LE ROBERT
& COLLINS
SUPER SENIOR

ANGLAIS - FRANÇAIS

© *Copyright 1995, 2000 HarperCollins Publishers and Dictionnaires Le Robert*
first edition / première édition 1995
second edition / seconde édition 2000

HarperCollins Publishers
Westerhill Road, Bishopbriggs, Glasgow G64 2QT, Great Britain

Volume 1: ISBN 0 00 472433-X
Volume 2: ISBN 0 00 472431-3

The HarperCollins website address is: www.fireandwater.com

Collins ® and Bank of English ® are registered trademarks of HarperCollins Publishers Limited

All rights reserved. Printed in France. No part of this book may be used or reproduced in any manner whatsoever without written permission except in the case of brief quotations embodied in critical articles and reviews. For information address HarperCollins Publishers, PO Box, Glasgow G64 2QT, Great Britain.

A catalogue record for this book is available from the British Library.

Dictionnaires Le Robert
27, rue de la Glacière - 75013 Paris
France

ISBN 2 85036 642-0
tome 1 : 285 036 643-9
tome 2 : 285 036 644-7

« Toute représentation ou reproduction, intégrale ou partielle, faite sans le consentement de l'auteur ou de ses ayants droit ou ayants cause, est illicite » (loi du 11 mars 1957, alinéa premier de l'article 40). Cette représentation ou reproduction, par quelque procédé que ce soit, constituerait une contrefaçon sanctionnée par les articles 425 et suivants du Code pénal. La loi du 11 mars 1957 n'autorise, aux termes des alinéas 2 et 3 de l'article 41, que les copies ou reproductions strictement réservées à l'usage privé du copiste et non destinées à une utilisation collective, d'une part, et, d'autre part, que les analyses et les courtes citations dans un but d'exemple et d'illustration.

Tous droits réservés / All rights reserved
Photocomposition / Typesetting MCP-Jouve Orléans
Imprimé en France par Jouve / Printed in France by Jouve

LE ROBERT & COLLINS SUPER SENIOR

GRAND DICTIONNAIRE
FRANÇAIS-ANGLAIS/ANGLAIS-FRANÇAIS

**

ANGLAIS-FRANÇAIS

DICTIONNAIRES LE ROBERT PARIS

DEUXIÈME ÉDITION/SECOND EDITION

Direction éditoriale/Publishing Director
société Dictionnaires Le Robert/HarperCollins
PIERRE VARROD - LORNA SINCLAIR KNIGHT

Responsable éditorial/Editorial Director
MARTYN BACK - MICHELA CLARI

Chef de projet/Project management
DOMINIQUE LE FUR

Rédaction/Editors
MARTYN BACK - DOMINIQUE LE FUR
CATHERINE LOVE, SABINE CITRON, JANET GOUGH

Secrétariat d'édition et correction/Editorial staff
MARIANNE EBERSBERG
Françoise Maréchal, Brigitte Orcel, Chantal Rieu-Labourdette
Anne-Marie Lentaigne, Michel Heron, Nadine Noël-Lefort, Murielle Zarka-Richard

Informatique éditoriale/Data management
KAMAL LOUDIYI

Cartes/Maps
Société CART Paris

Couverture
CAUMON

*Conception technique
et maquette/Design*
GONZAGUE RAYNAUD

TEXTE	TEXT
établi à partir de	*based on the*
la cinquième édition du	*fifth edition of the*
ROBERT & COLLINS	**COLLINS-ROBERT**
SENIOR	**FRENCH DICTIONARY**

Un dictionnaire Le Robert & Collins
A Collins-Robert dictionary
Première édition/First edition
par/by
BERYL T. ATKINS
ALAIN DUVAL - ROSEMARY C. MILNE
et/and
PIERRE-HENRI COUSIN
HÉLÈNE M.A. LEWIS - LORNA A. SINCLAIR
RENÉE O. BIRKS - MARIE-NOËLLE LAMY

PREMIÈRE ÉDITION/FIRST EDITION

Direction rédactionnelle/Project management
ALAIN DUVAL - VIVIAN MARR

Coordination rédactionnelle/Editorial coordination
DOMINIQUE LE FUR - SABINE CITRON

Principaux collaborateurs/Main contributors
KATHLEEN MICHAM - DIANA FERI
KEITH FOLEY - EDWIN CARPENTER - FRANÇOISE MORCELLET

Autres collaborateurs/Other contributors
Janet Gough - Mark Tuddenham - Hélène Bernaert - Chantal Testa
Jean-Benoît Ormal-Grenon - Cécile Aubinière-Robb
Harry Campbell - Christèle Éon - Phyllis Gautier

Administration, secrétariat/Editorial staff
Gail Norfolk - Silke Zimmermann - Sylvie Fontaine

Correction/Proofreading
Élisabeth Huault
Patricia Abbou - Elspeth Anderson - Pierre Bancel
Isobel Gordon - Michel Heron - Anne-Marie Lentaigne
Thierry Loisel - Françoise Maréchal - Brigitte Orcel
Chantal Rieu-Labourdette

Informatique éditoriale/Computing and keyboarding
Kamal Loudiyi
Monique Hébrard - Catherine Valat
Chantal Combes - Sylvette Robson - Lydia Vigné

Coordination
Dominique Lopin

Cartes/Maps
société CART Paris

Couverture
Caumon

Conception technique et maquette/Design
Gonzague Raynaud

CONTENTS / SOMMAIRE

Introduction	VIII-IX	Introduction
Using the Dictionary	X-XXVII	Guide d'utilisation
Abbreviations	XXVIII-XXIX	Abréviations
Pronunciation	XXX-XXXII	Prononciation
ENGLISH-FRENCH DICTIONARY	1-1138	**DICTIONNAIRE ANGLAIS-FRANÇAIS**
ENGLISH THESAURUS	1143-1373	**SYNONYMES ANGLAIS**
Language in use: a grammar of communication in French and English	1375-1405	Grammaire active de l'anglais et du français
APPENDICES		**ANNEXES**
The English verb	1408	Le verbe anglais
Numbers, time and dates	1414	Nombres, heures et dates
Weights, measures and temperatures	1420	Poids, mesures et températures

Note on trademarks ®

Entered words which we have reason to believe constitute trademarks have been designated as such. However, neither the presence nor the absence of such designation should be regarded as affecting the legal status of any trademark.

Les marques déposées ®

Les termes qui constituent à notre connaissance une marque déposée ont été désignés comme tels. La présence ou l'absence de cette désignation ne peut toutefois être considérée comme ayant valeur juridique.

INTRODUCTION

This new edition of the **COLLINS-ROBERT COMPREHENSIVE FRENCH DICTIONARY** is designed to fulfil the needs of translators, teachers and advanced students by providing extensive and in-depth coverage of the English and French languages in a form that is both clear and easy to use.

With its 500,000 references and 750,000 translations, this dictionary offers a complete overview of both languages as they are spoken and written today, as well as covering a wide range of specialist fields.

The **Comprehensive French Dictionary** is a considerably augmented version of the fifth edition of the famous **Collins-Robert French Dictionary**, and reflects the many innovations that have become the hallmark of the **Collins-Robert** range.

Further use has been made, for instance, of the vast lexical databases created by Collins and Le Robert. A **400-million-word electronic corpus** made up of authentic texts taken from literature, specialist and non-specialist publications and transcriptions of radio programmes and informal conversations, provides a unique insight into how English and French are used in today's world and enables us to produce entries that faithfully illustrate actual usage.

Many long and complex entries (*avoir, faire, do, get*, etc) have been completely reorganized so that the information they contain is easier to find than ever before. Important **set phrases** and structures are given special prominence, and essential **usage notes** help the user to avoid the pitfalls of translation.

Understanding vocabulary and grammar is not enough to achieve true proficiency in a foreign language; a knowledge of cultural references is equally important. For this reason we have included **encyclopedic entries** giving vital information about institutions, traditions and culturally significant events in French- and English-speaking countries.

The **Language in Use** supplement provides an invaluable aid to self-expression in a wide variety of contexts, and is linked to the dictionary itself by a system of cross-references. It gives the user access to a wide range of idiomatic expressions linked to particular concepts (regret, apology, agreement etc), and provides model phrases that can be used in situations such as letter-writing, preparing CVs and making telephone calls.

A unique feature of this dictionary is that each of the two volumes has its own **Thesaurus**. Over 20,000 words on each side of the dictionary are cross-referred to more than 200,000 synonyms in the corresponding Thesaurus, giving access to alternative translations and nuances of meaning and register that cannot be covered exhaustively in every dictionary entry.

Another important feature of the **Comprehensive French Dictionary** is the inclusion of 24 full-colour world and European **maps**. Both atlases are shown in French and English, and illustrate and complement the geographical names listed in the dictionary.

All these features make this dictionary a powerful all-in-one tool for users who require the fullest possible coverage of the language. We are confident that it will continue to be recognized as the most reliable and up-to-date authority on modern French and English.

INTRODUCTION

Cette seconde édition du **ROBERT & COLLINS SUPER SENIOR** s'adresse aux spécialistes de la langue, étudiants, enseignants et traducteurs et à toute personne qui désire avoir une connaissance approfondie du français, de l'anglais et de l'américain.

Avec ses **500 000 mots et expressions** et ses **750 000 traductions**, cet ouvrage offre un panorama complet de ces langues telles qu'elles sont pratiquées aujourd'hui, aussi bien dans l'usage courant que dans les domaines de spécialité.

Version considérablement enrichie de la cinquième édition du ROBERT & COLLINS SENIOR, elle en exploite plus systématiquement encore les innovations méthodologiques.

L'exploration de vastes bases de données informatisées a notamment été poursuivie et renforcée. Un **corpus** de plus **de 400 millions de mots**, formé de textes tirés de la littérature, de la presse générale et spécialisée ainsi que de retranscriptions d'émissions radiodiffusées et d'oral spontané, ont permis aux lexicographes de rendre compte d'une langue véritablement naturelle et vivante.

Certains articles particulièrement longs et complexes (*avoir, faire, do, get*, etc) ont été complètement réorganisés pour permettre à l'utilisateur de s'y repérer rapidement. Les **locutions et structures** particulièrement importantes sont mises en valeur et des remarques précieuses sont faites sur **l'usage** et les moyens d'éviter certains **pièges de traduction**.

Une maîtrise parfaite de la langue passe non seulement par la compréhension du lexique mais également par la connaissance de la culture et de la civilisation du pays. Nous présentons donc des **encadrés encyclopédiques** riches en précisions sur des institutions, des traditions et des événements culturellement ou historiquement importants dans les pays anglophones et francophones.

Une **Grammaire active** regroupe des centaines de phrases autour de notions-clés (l'expression du regret, de la volonté, etc) et de situations concrètes (écrire un CV, téléphoner, etc) et les relie aux articles bilingues, offrant ainsi à l'utilisateur une grande variété d'expressions parfaitement idiomatiques.

Le **Dictionnaire de synonymes** à la fin de chaque volume constitue un autre atout majeur du SUPER SENIOR. Plus de 20 000 mots de la partie français-anglais sont explicitement renvoyés à quelque 200 000 synonymes français, provenant du DICTIONNAIRE DES SYNONYMES LE ROBERT. Un nombre équivalent de mots de la partie anglais-français sont renvoyés aux 200 000 synonymes du THESAURUS anglais. L'utilisateur a ainsi à sa disposition un très large éventail d'équivalents qui lui permettent à la fois d'enrichir ses connaissances lexicales et de varier ses traductions.

Enfin, 24 planches de **cartes bilingues** en couleur apportent des indications toponymiques essentielles qui viennent compléter les noms propres et les notions géographiques présentes dans le texte.

Nous avons conçu cet ouvrage comme un **ensemble exhaustif et cohérent d'outils de traduction** et nous espérons que nos lecteurs, étudiants, traducteurs, enseignants et autres spécialistes de la langue y trouveront un compagnon de travail indispensable.

USING THE DICTIONARY

WORD ORDER

kabbalistique [kabalistik] adj ⇒ **cabalistique**
caldron ['kɔːldrən] n ⇒ **cauldron**

Alphabetical order is followed throughout. If two variant spellings are not alphabetically adjacent, each is treated as a separate headword; where the information is not duplicated, there is a cross-reference to the form treated in depth. For the alphabetical order of compounds in French, see COMPOUNDS.

honor ['ɒnəʳ] (US) ⇒ **honour**
honour, honor (US) ['ɒnəʳ] → SYN 1 n a

American variations in spelling are treated in the same fashion.

ICAO [ˌaɪsiːeɪˈəʊ] n (abbrev of **International Civil Aviation Organization**) OACI f
Icarus ['ɪkərəs] n Icare m
ICBM [ˌaɪsiːbiːˈem] n (abbrev of **intercontinental ballistic missile**) ICBM m

Proper names, as well as abbreviations and acronyms, will be found in their alphabetical place in the word list.

raie[1] [RE] → SYN nf a (= trait) line; (Agr = sillon) furrow; (= éraflure) mark, scratch ✦ **faire une**
raie[2] [RE] → SYN nf (= poisson) skate, ray; (Culin) skate ✦ **raie bouclée** thornback ray ✦ **raie manta** manta ray ✦ **raie électrique** electric
blow[1] [bləʊ] → SYN vb : pret **blew**, ptp **blown** 1 n a **to give a blow** (through mouth) souffler; (through nose) se moucher
blow[2] [bləʊ] → SYN 1 n a (lit) (= impact) coup m; (with fist) coup m de poing ✦ **to come to blows** en venir aux mains ✦ **at one blow** du

Superior numbers are used to separate words of like spelling: **raie**[1], **raie**[2]; **blow**[1], **blow**[2].

COMPOUNDS

body ['bɒdɪ] → SYN 1 n [...]
2 COMP [...]
▷ **body search** n fouille f corporelle ✦ **to carry out a body search on sb** fouiller qn ✦ **to submit to** or **undergo a body search** se faire fouiller ▷ **body shop** n (Aut) atelier m de carrosserie ▷ **body snatcher** n (Hist) déterreur m, -euse f de cadavres ▷ **body stocking** n combinaison f de danse ▷ **body-surf** vi faire du body(-surf) ▷ **body-surfing** n (NonC) body(-surf) m ▷ **body swerve** n (Sport) écart m ▷ **body warmer** n gilet m matelassé

Entries may include sections headed COMP (compounds). In these will be found English hyphenated words, such as **body-surf** (under **body**), and **point-to-point** (under **point**), and unhyphenated combinations of two or more elements, such as **hazardous waste** (under **hazardous**), **air traffic control** (under **air**).

Each compound is preceded by a triangle, and the order is alphabetical. Parts of speech are shown, and when there is more than one, this is signalled by a lozenge.

Single words such as **blackbird** and **partygoer**, which are made up of two elements, but are not hyphenated, appear as headwords in the main alphabetical list.

English spelling is variable in this area, and there are possible alternatives: **backhander/back-hander, paintbrush/paint brush/paint-brush** etc. If the single word form is the most common, this will be treated as a headword; **paintbrush** therefore does not appear in the entry **paint**. When looking for a word of this type, users should bear in mind that it may be found either in a compound section, or as a headword.

casque [kask] → SYN 1 nm [...]
2 COMP ▷ **Casque bleu** blue helmet ou beret ✦ **les Casques bleus** the U.N. peacekeeping force, the blue helmets ou berets ▷ **casque de chantier** hard hat ▷ **casque colonial** pith helmet, topee ▷ **casque intégral** full-face helmet ▷ **casque à pointe** spiked helmet ▷ **casque de visualisation** helmet-mounted display

On the French side, only unhyphenated combinations, such as **gaz naturel** and **modèle déposé**, appear in compound sections. Alphabetical order is not affected by linking prepositions, thus **Casque bleu** precedes **casque à pointe**. The part of speech is given where it could be ambiguous or where there is more than one. Hyphenated words, such as **arrière-pensée** and **lave-glace**, are treated as headwords. If a word can appear both with or without a hyphen, both spellings are given.

GUIDE D'UTILISATION

ORDRE DES MOTS

Le principe général est l'ordre alphabétique. Les variantes orthographiques qui ne se suivent pas immédiatement dans l'ordre alphabétique figurent à leur place dans la nomenclature avec un renvoi à la forme qui est traitée. Pour l'ordre d'apparition des composés, voir ci-dessous LES COMPOSÉS.

kabbalistique [kabalistik] adj ⇒ **cabalistique**
caldron ['kɔːldrən] n ⇒ **cauldron**

Les variantes orthographiques américaines sont traitées de la même manière.

honor ['ɒnər] (US) ⇒ **honour**
honour, honor (US) ['ɒnər] → SYN [1] n [a]

Les noms propres, ainsi que les sigles et acronymes, figurent à leur place dans l'ordre alphabétique général.

ICAO [ˌaɪsiːeɪˈəʊ] n (abbrev of **International Civil Aviation Organization**) OACI f
Icarus ['ɪkərəs] n Icare m
ICBM [ˌaɪsiːbiːˈem] n (abbrev of **intercontinental ballistic missile**) ICBM m

Les homographes sont suivis d'un chiffre qui permet de les distinguer.

raie¹ [Rɛ] → SYN nf [a] (= trait) line; (Agr = sillon) furrow; (= éraflure) mark, scratch ◆ **faire une**
raie² [Rɛ] → SYN nf (= poisson) skate, ray; (Culin) skate ◆ **raie bouclée** thornback ray ◆ **raie manta** manta ray ◆ **raie électrique** electric
blow¹ [bləʊ] → SYN vb : pret **blew**, ptp **blown** [1] n [a] to give a blow (through mouth) souffler ; (through nose) se moucher
blow² [bləʊ] → SYN [1] n [a] (lit) (= impact) coup m ; (with fist) coup m de poing ◆ **to come to blows** en venir aux mains ◆ **at one blow** du

LES COMPOSÉS

Certains articles comportent une section COMP (composés). En anglais, y figurent des groupes de mots avec trait d'union tels que **body-surf** (sous **body**) et **point-to-point** (sous **point**) ainsi que des groupes de mots sans trait d'union tels que **hazardous waste** (sous **hazardous**) et **air traffic control** (sous **air**).

Chaque composé est précédé d'un triangle et donné dans l'ordre alphabétique. Les catégories grammaticales sont mentionnées et, lorsqu'il y en a plusieurs, sont séparées par un losange.

Les mots soudés tels que **blackbird** et **partygoer** apparaissent comme des entrées normales à leur place dans l'ordre alphabétique.

L'orthographe anglaise est assez variable dans ce domaine et il existe souvent plusieurs variantes : **backhander/back-hander, paintbrush/paint brush/paint-brush**, etc. Si la forme en un seul mot est la plus fréquente, le composé est présenté comme entrée à part entière. Ainsi **paintbrush** n'apparaît pas sous **paint**. Lors de sa recherche, l'utilisateur doit donc garder à l'esprit qu'un mot de ce type peut se trouver soit dans un groupe de composés, soit dans l'ordre alphabétique général.

body ['bɒdɪ] → SYN [1] n [...]
[2] COMP [...]
▷ **body search** n fouille f corporelle ◆ **to carry out a body search on sb** fouiller qn ◆ **to submit to** ou **undergo a body search** se faire fouiller ▷ **body shop** n (Aut) atelier m de carrosserie ▷ **body snatcher** n (Hist) déterreur m, -euse f de cadavres ▷ **body stocking** n combinaison f de danse ▷ **body-surf** vi faire du body(-surf) ▷ **body-surfing** n (NonC) body(-surf) m ▷ **body swerve** n (Sport) écart m ▷ **body warmer** n gilet m matelassé

En français, les composés sans trait d'union comme **gaz naturel** ou **modèle déposé** apparaissent sous le premier mot, dans la catégorie COMP. La présence de prépositions n'influe pas sur l'ordre alphabétique : ainsi, **Casque bleu** précède **casque à pointe**. Les catégories grammaticales sont indiquées lorsqu'il y a un risque d'erreur ou que le composé traité appartient à plusieurs catégories grammaticales. Les composés à trait d'union comme **arrière-pensée** ou **lave-glace** sont traités comme des entrées à part entière et donnés à leur place dans l'ordre alphabétique général. Lorsque les deux orthographes, avec et sans trait d'union, sont possibles, elles sont toutes deux signalées à l'utilisateur.

casque [kask] → SYN [1] nm [...]
[2] COMP ▷ **Casque bleu** blue helmet ou beret ◆ **les Casques bleus** the U.N. peacekeeping force, the blue helmets ou berets ▷ **casque de chantier** hard hat ▷ **casque colonial** pith helmet, topee ▷ **casque intégral** full-face helmet ▷ **casque à pointe** spiked helmet ▷ **casque de visualisation** helmet-mounted display

USING THE DICTIONARY

XII

PLURALS

Irregular plural forms of English words are given in the English-French side, those of French words and compounds in the French-English side.

cheval, pl **-aux** [ʃ(ə)val, o] → SYN ① nm a
abat-son, pl **abat-sons** [abasɔ̃] nm louvre (Brit) ou louver (US) (boards)

In French, all plurals which do not consist of *headword* + *s* are shown, eg: **cheval, -aux**.

Regular plurals are not shown in English.
① Most English nouns take *-s* in the plural: **bed-s, site-s**.
② Nouns that end in *-s, -x, -z, -sh* and some in *-ch* [tʃ] take *-es* in the plural: **boss-es, box-es, dish-es, patch-es**.
③ Nouns that end in *-y* not preceded by a vowel change the *-y* to *-ies* in the plural: **lady-ladies, berry-berries** (but **tray-s, key-s**).

ail, pl **ails** ou **aulx** [aj, o] nm garlic; → **gousse**
aulx [o] nmpl → **ail**
child [tʃaɪld] → SYN pl **children** ① n a enfant
children [ˈtʃɪldrən] npl of child ; → **home**

Plural forms of the headword which differ substantially from the singular form are listed in their alphabetical place in the word list with a cross-reference, and repeated under the singular form.

chic [ʃiːk] → SYN ① adj chic inv, élégant

French invariable plurals are marked **inv** on the English-French side for ease of reference.

GENDERS

belle [bɛl] → SYN adj, nf → **beau**

Feminine forms in French which are separated alphabetically from the masculine form in the word list are shown as separate headwords with a cross-reference to the masculine form.

blanchisseur [blɑ̃ʃisœʀ] → SYN nm (lit) launderer; (fig hum) [argent sale] money launderer
blanchisseuse [blɑ̃ʃisøz] nf laundress
baladeur, -euse [baladœʀ, øz] ① adj wandering, roving ◆ **avoir la main baladeuse** ou **les mains baladeuses** to have wandering ou groping * hands ◆ **un micro baladeur circulait dans le public** a microphone circulated round the audience
② nm (= magnétophone) Walkman ®, personal stereo
③ **baladeuse** nf (= lampe) inspection lamp

A feminine headword requiring a different translation from its masculine form is given either a separate entry or a separate category in the case of complex entries.

In the English-French side the feminine forms of French adjectives are given only where these are not regular. The following are considered regular adjective inflections:
 -, e; -ef, -ève; -eil, -eille; -er, -ère; -et, -ette; -eur, -euse; -eux, -euse; -ien, -ienne; -ier, -ière; -if, -ive; -il, -ille; -on, -onne; -ot, -otte

gardener [ˈgɑːdnəʳ] n jardinier m, -ière f

When the translation of an English noun could be either masculine or feminine, according to sex, the feminine form of the French noun translation is always given.

PLURIEL

Les formes plurielles qui présentent des difficultés sont données dans la langue de départ.

En français, les pluriels autres que ceux qui se forment par le simple ajout du *-s* sont indiqués ; celui des composés avec trait d'union est également donné.

cheval, pl **-aux** [ʃ(ə)val, o] → SYN **1** nm a
abat-son, pl **abat-sons** [abasɔ̃] nm louvre (Brit) ou louver (US) (boards)

En anglais, les pluriels formés régulièrement ne sont pas donnés.
1. La plupart des noms prennent *-s* au pluriel : **bed-s, site-s.**
2. Les noms se terminant par *-s, -x, -z, -sh* et *-ch* [tʃ] prennent *-es* au pluriel : **boss-es, box-es, dish-es, patch-es.**
3. Les noms se terminant par *-y* non précédé d'une voyelle changent au pluriel le *-y* en *-ies* : **lady-ladies, berry-berries** (mais **tray-s, key-s**).

Quand le pluriel d'un mot est très différent du singulier, il figure à sa place dans la nomenclature générale avec un renvoi ; il est répété sous le singulier.

ail, pl **ails** ou **aulx** [aj, o] nm garlic; → **gousse**
aulx [o] nmpl → **ail**
child [tʃaɪld] → SYN pl **children** **1** n a enfant
children ['tʃɪldrən] npl of child ; → **home**

Dans la partie anglais-français, les mots français invariables au pluriel sont suivis de l'indication inv.

chic [ʃiːk] → SYN **1** adj chic inv, élégant

GENRE

Les formes féminines des mots français qui ne suivent pas directement le masculin dans l'ordre alphabétique sont données à leur place normale dans la nomenclature, avec un renvoi au masculin ; elles sont répétées sous celui-ci.

belle [bɛl] → SYN adj, nf → **beau**

Un mot féminin exigeant une traduction différente du masculin fait l'objet soit d'un article séparé soit d'une catégorie bien individualisée dans le cas d'articles complexes.

blanchisseur [blɑ̃ʃisœʀ] → SYN nm (lit) launderer; (fig hum) [argent sale] money launderer
blanchisseuse [blɑ̃ʃisøz] nf laundress
baladeur, -euse [baladœʀ, øz] **1** adj wandering, roving ◆ **avoir la main baladeuse** ou **les mains baladeuses** to have wandering ou groping * hands ◆ **un micro baladeur circulait dans le public** a microphone circulated round the audience
2 nm (= magnétophone) Walkman ®, personal stereo
3 baladeuse nf (= lampe) inspection lamp

Dans la partie anglais-français, le féminin des adjectifs français se construisant régulièrement n'est pas indiqué. Sont considérées comme régulières les formes suivantes :

-, e ; -ef, -ève ; -eil, -eille ; -er, -ère ; -et, -ette ; -eur, -euse ; -eux, -euse ; -ien, -ienne ; -ier, -ière ; -if, -ive ; -il, -ille ; -on, -onne ; -ot, -otte.

Quand un nom anglais peut recevoir une traduction au masculin ou au féminin, selon le sexe, la forme du féminin est toujours mentionnée.

gardener ['gɑːdnəʳ] n jardinier m, -ière f

USING THE DICTIONARY

XIV

break [breɪk] → SYN ... **2** vt **a** [...]
♦ **to break one's back** (lit) se casser la colonne vertébrale ♦ **he almost broke his back trying to lift the stone** il s'est donné un tour de reins en essayant de soulever la pierre ♦ **he's breaking his back to get the job finished in time** il s'échine à finir le travail à temps ♦ **to break the back of a task** (Brit) faire le plus dur or le plus gros d'une tâche ♦ **to break sb's heart** briser le cœur de qn ♦ **to break one's heart over sth** avoir le cœur brisé par qch ♦ **it breaks my heart to think that ...** cela me brise le cœur de penser que ... ; → **ball¹, barrier, bone, bread, code, ice, path¹, record, surface, wind¹**

SET PHRASES AND IDIOMS

Set phrases and idiomatic expressions are also placed under the first element or the first word in the phrase which remains constant despite minor variations in the phrase itself.
To break somebody's heart and **to break the back of a task** are both included under **break**. **To lend somebody a hand** is however under **hand** because it is equally possible to say **to give somebody a hand.**

Where this "first element" principle has been abandoned a cross-reference alerts the user.

At **break**, cross-references to **ice, record** etc indicate that **to break the ice** and **to break a record** are treated at these entries.

appointment [əˈpɔɪntmənt] → SYN **1** n **a** (= arrangement to meet) rendez-vous m ; (= meeting) entrevue f ♦ **to make an appointment with sb** donner rendez-vous à qn, prendre rendez-vous avec qn ♦ **to make an appointment** [two people] se donner rendez-vous ♦ **to keep an appointment** aller or se rendre à un rendez-vous ♦ **I have an appointment at 10 o'clock** j'ai (un) rendez-vous à 10 heures ♦ **do you have**

fête [fɛt] GRAMMAIRE ACTIVE 23.2 → SYN [...]
g (LOC) **hier il était à la fête** he had a field day yesterday, it was his day yesterday ♦ **je n'étais pas à la fête** it was no picnic (for me) *, I was feeling pretty uncomfortable ♦ **il n'avait jamais été à pareille fête** he'd never had such a fine time, he was having the time of his life ♦ **être de la fête** to be one of the party ♦ **ça va être ta fête** ‡ you've got it coming to you *, you're going to get it in the neck * ‡ ♦ **faire sa fête à qn** ‡ to bash sb up ‡ ♦ **faire la fête** * to live it up *, have a wild time ♦ **faire fête à qn** to give sb a warm welcome ou reception ♦ **le chien fit fête à son maître** the dog made a fuss of its master ♦ **elle se faisait une fête d'y aller/de cette rencontre** she was really looking forward to going/to this meeting ♦ **ce n'est pas tous les jours fête** it's not everyday that we have an excuse to celebrate

Certain very common French and English verbs, such as **faire** and **make**, form the basis of a very large number of phrases:
 faire honneur à, faire du ski, faire la fête etc.
 to make sense of something, to make an appointment, to make a mistake etc.
We have considered such verbs to have a diminished meaning and in such cases the set phrases will be found under the second element, eg: **faire la fête** under **fête**, **to make sense of something** under **sense**.
The following is a list of verbs which we consider to have a diminished meaning:
French: **avoir, être, faire, donner, mettre, passer, porter, prendre, remettre, reprendre, tenir, tirer**
English: **be, become, come, do, get, give, go, have, lay, make, put, set, take.**

LES LOCUTIONS ET EXEMPLES

Les formules figées et les expressions idiomatiques figurent sous le premier terme qui reste inchangé, quelles que soient les modifications que l'on apporte à l'expression en question.
Chercher une aiguille dans une botte ou **meule de foin, chercher midi à quatorze heures** sont traités sous **chercher.**
Lorsque ce principe a été abandonné, un renvoi prévient l'utilisateur.

chercher [ʃɛʀʃe] → SYN ► conjug 1 ◄ **1** vt [...]
f (LOC) **chercher midi à quatorze heures** to complicate the issue ◆ **chercher la petite bête** to split hairs ◆ **chercher une aiguille dans une botte** ou **meule de foin** to look for a needle in a haystack ◆ **chercher des poux dans la tête de qn** * to try to make trouble for sb ◆ **chercher querelle à qn** to try to pick a quarrel with sb ◆ **cherchez la femme !** cherchez la femme!; → **crosse, fortune, histoire, noise, salut**

Un certain nombre de verbes français et anglais, tels que **faire** et **make**, servent à former un très grand nombre de locutions verbales :
faire honneur à, faire du ski, faire la fête, etc. ;
to make sense of something, to make an appointment, to make a mistake, etc.
En pareil cas l'expression figurera sous le second élément : **faire la fête** sous **fête, to make sense of something** sous **sense.**
La liste qui suit indique les verbes que nous avons considérés comme "vides" à cet égard :
en français : **avoir, être, faire, donner, mettre, passer, porter, prendre, remettre, reprendre, tenir, tirer ;**
en anglais : **be, become, come, do, get, give, go, have, lay, make, put, set, take.**

appointment [əˈpɔɪntmənt] → SYN **1** n **a** (= arrangement to meet) rendez-vous m ; (= meeting) entrevue f ◆ **to make an appointment with sb** donner rendez-vous à qn, prendre rendez-vous avec qn ◆ **to make an appointment** [two people] se donner rendez-vous ◆ **to keep an appointment** aller or se rendre à un rendez-vous ◆ **I have an appointment at 10 o'clock** j'ai (un) rendez-vous à 10 heures ◆ **do you have**

fête [fɛt] GRAMMAIRE ACTIVE 23.2 → SYN [...]
g (LOC) **hier il était à la fête** he had a field day yesterday, it was his day yesterday ◆ **je n'étais pas à la fête** it was no picnic (for me) *, I was feeling pretty uncomfortable ◆ **il n'avait jamais été à pareille fête** he'd never had such a fine time, he was having the time of his life ◆ **être de la fête** to be one of the party ◆ **ça va être ta fête**‡ you've got it coming to you *, you're going to get it in the neck ◆ **faire sa fête à qn**‡ to bash sb up ‡ ◆ **faire la fête** * to live it up *, have a wild time ◆ **faire fête à qn** to give sb a warm welcome ou reception ◆ **le chien fit fête à son maître** the dog made a fuss of its master ◆ **elle se faisait une fête d'y aller/de cette rencontre** she was really looking forward to going/to this meeting ◆ **ce n'est pas tous les jours fête** it's not everyday that we have an excuse to celebrate

USING THE DICTIONARY

XVI

décent, e [desɑ̃, ɑ̃t] → SYN adj (= bienséant) decent, proper; (= discret, digne) proper; (= acceptable) logement, salaire decent; prix reasonable

climber ['klaɪməʳ] n (= person) grimpeur m, -euse f; (= mountaineer) alpiniste mf, ascensionniste mf; (fig pej: also **social climber**) arriviste mf (pej); (= plant) plante f grimpante; (also **rock-climber**) varappeur m, -euse f

décaper [dekape] → SYN ► conjug 1 ◄ vt (gén) to clean, cleanse; (à l'abrasif) to scour; (à l'acide) to pickle; (à la brosse) to scrub;

employment [ɪm'plɔɪmənt] → SYN ▢1 n (NonC = jobs collectively) emploi m (NonC); (= a job) emploi m, travail m; (modest) place f; (important) situation f

accessible [aksesibl] → SYN adj lieu accessible (à to), get-at-able *; personne approachable; œuvre accessible; but attainable;

ordain [ɔː'deɪn] → SYN vt ▢a [God, fate] décréter (*that* que); [law] décréter (*that* que), prescrire (*that* que + subj); [judge] ordonner (*that*

décroître [dekʀwɑtʀ] → SYN ► conjug 55 ◄ vi [nombre, population, intensité, pouvoir] to decrease, diminish, decline; [eaux, fièvre] to subside, go down; [popularité] to decline, drop; [vi-

fade [feɪd] → SYN ▢1 vi ▢a [colour] passer, perdre son éclat; [material] passer, se décolorer; [light] baisser, diminuer; [flower] se faner, se flétrir ◆ **guaranteed not to fade** (Tex) garanti bon teint ◆ **the daylight was fast**

bajoues [baʒu] nfpl [animal] cheeks, pouches; [personne] jowls, heavy cheeks

branch [brɑːntʃ] → SYN ▢1 n ▢a [of tree, candelabra] branche f; [of river] bras m, branche f; [of mountain chain] ramification f; [of road] embranchement m; [of railway] bifurcation f,

défaire [defɛʀ] → SYN ► conjug 60 ◄ ▢1 vt ▢a [+ échafaudage] to take down, dismantle; [+ installation électrique] to dismantle; [+ sapin de Noël] to take down
▢b [+ couture, tricot] to undo, unpick (Brit); [+ écheveau] to undo, unravel, unwind; [+ corde, nœud, ruban] to undo, untie; [+ courroie, fermeture, robe] to undo, unfasten; [+ valise] to unpack; [+ cheveux, nattes] to undo

impair [ɪm'pɛəʳ] → SYN vt [+ abilities, faculties] détériorer, diminuer; [+ negotiations, relations] porter atteinte à; [+ health] abîmer, détériorer; [+ sight, hearing] abîmer, affaiblir; [+ mind, strength] diminuer

élancé, e [elɑ̃se] → SYN (ptp de **élancer**) adj clocher, colonne, taille, personne slender

distinct [dɪs'tɪŋkt] → SYN adj ▢a (= definite) impression, preference, likeness, advantage, disadvantage net (before n); increase, progress sensible, net (before n); possibility réel ◆ **there was a distinct**

joliment [ʒɔlimɑ̃] adv ▢a (= élégamment) décoré, habillé nicely ◆ **il l'a joliment arrangé !** (iro) he sorted him out nicely ou good and proper! *

briskly ['brɪsklɪ] → SYN adv move vivement; walk d'un bon pas; speak brusquement; act sans tarder ◆ **these goods are selling briskly** (Comm etc) ces articles se vendent (très) bien

INDICATING MATERIAL

General indicating material takes the following forms:

In parentheses ( )

▢1 Synonyms preceded by =.

▢2 Partial definitions and other information which guide the user.

▢3 Syntactical information to allow the non-native speaker to use the word correctly. This is given after the translation.

In square brackets [ ]

▢1 Within verb entries, typical noun subjects of the headword.

▢2 Within noun entries, typical noun complements of the headword.

▢3 Typical objects of verbs preceded by +.

Unbracketed indicating material

▢1 Typical noun complements of adjectives.

▢2 Typical verb or adjective complements of adverbs.

INDICATIONS D'EMPLOI

Les indications guidant le lecteur prennent les formes suivantes :

Entre parenthèses ( )

[1] Les synonymes précédés du signe =.

décent, e [desã, ãt] → SYN **adj** (= bienséant) decent, proper; (= discret, digne) proper; (= acceptable) logement, salaire decent; prix reason-

climber ['klaɪməʳ] **n** (= person) grimpeur m, -euse f; (= mountaineer) alpiniste mf, ascensionniste mf; (fig pej: also **social climber**) arriviste mf (pej); (= plant) plante f grimpante; (also **rock-climber**) varappeur m, -euse f

[2] Les définitions partielles et autres précisions susceptibles de guider l'usager.

décaper [dekape] → SYN ► conjug 1 ◄ **vt** (gén) to clean, cleanse; (à l'abrasif) to scour; (à l'acide) to pickle; (à la brosse) to scrub;

employment [ɪm'plɔɪmənt] → SYN [1] **n** (NonC = jobs collectively) emploi m (NonC); (= a job) emploi m, travail m; (modest) place f; (important) situation f

[3] Les indications d'ordre grammatical permettant au lecteur étranger d'utiliser le mot correctement. Elles sont données après la traduction.

accessible [aksesibl] → SYN **adj** lieu accessible (à to), get-at-able *; personne approachable; œuvre accessible; but attainable;

ordain [ɔː'deɪn] → SYN **vt** [a] [God, fate] décréter (that que); [law] décréter (that que), prescrire (that que + subj); [judge] ordonner (that

Entre crochets [ ]

[1] Les noms sujets précisant le sens d'une entrée verbe.

décroître [dekʀwatʀ] → SYN ► conjug 55 ◄ **vi** [nombre, population, intensité, pouvoir] to decrease, diminish, decline; [eaux, fièvre] to subside, go down; [popularité] to decline, drop; [vi-

fade [feɪd] → SYN [1] **vi** [a] [colour] passer, perdre son éclat; [material] passer, se décolorer; [light] baisser, diminuer; [flower] se faner, se flétrir ◆ **guaranteed not to fade** (Tex) garanti bon teint ◆ **the daylight was fast**

[2] Les noms compléments d'une entrée nom.

bajoues [baʒu] **nfpl** [animal] cheeks, pouches; [personne] jowls, heavy cheeks

branch [brɑːntʃ] → SYN [1] **n** [a] [of tree, candelabra] branche f; [of river] bras m, branche f; [of mountain chain] ramification f; [of road] embranchement m; [of railway] bifurcation f,

[3] Les compléments d'objet d'une entrée verbe précédés du signe +.

défaire [defeʀ] → SYN ► conjug 60 ◄ [1] **vt** [a] [+ échafaudage] to take down, dismantle; [+ installation électrique] to dismantle; [+ sapin de Noël] to take down
[b] [+ couture, tricot] to undo, unpick (Brit); [+ écheveau] to undo, unravel, unwind; [+ corde, nœud, ruban] to undo, untie; [+ courroie, fermeture, robe] to undo, unfasten; [+ valise] to unpack; [+ cheveux, nattes] to undo

impair [ɪm'peəʳ] → SYN **vt** [+ abilities, faculties] détériorer, diminuer; [+ negotiations, relations] porter atteinte à; [+ health] abîmer, détériorer; [+ sight, hearing] abîmer, affaiblir; [+ mind, strength] diminuer

Sans parenthèses

[1] Les noms que peut qualifier une entrée adjectif.

élancé, e [elɑ̃se] → SYN (ptp de **élancer**) **adj** clocher, colonne, taille, personne slender

distinct [dɪs'tɪŋkt] → SYN **adj** [a] (= definite) impression, preference, likeness, advantage, disadvantage net (before n); increase, progress sensible, net (before n); possibility réel ◆ **there was a distinct**

[2] Les verbes ou adjectifs modifiés par une entrée adverbe.

joliment [ʒɔlimɑ̃] **adv** [a] (= élégamment) décoré, habillé nicely ◆ **il l'a joliment arrangé !** (iro) he sorted him out nicely ou good and proper! *

briskly ['brɪsklɪ] → SYN **adv** move vivement; walk d'un bon pas; speak brusquement; act sans tarder ◆ **these goods are selling briskly** (Comm etc) ces articles se vendent (très) bien

USING THE DICTIONARY

XVIII

aboiement [abwamɑ̃] nm **a** [chien] bark ◆ **aboiements** barking (NonC)
clignement [kliɲ(ə)mɑ̃] → SYN nm blinking (NonC)
aerodynamics [ˈɛərəʊdaɪˈnæmɪks] 1 n (NonC) aérodynamique f
implement [ˈɪmplɪmənt] → SYN 1 n outil m, instrument m ◆ **implements** équipement m (NonC), matériel m (NonC) ; (for gardening, [...])

NonC stands for "uncountable" and serves to mark nouns which are not normally used in the plural or with the indefinite article or with numerals. NonC occurs only as a warning device in cases where a non-native speaker might otherwise use the word wrongly. There has been no attempt to give an exhaustive account of "uncountability" in English. NonC has also been used as an indicator to distinguish meanings in the source language.

tympan [tɛ̃pɑ̃] → SYN nm **a** (Anat) eardrum, tympanum (SPÉC) [...]

SPÉC stands for "technical term".

This indicates that the common English word is "eardrum" and that "tympanum" is restricted to the vocabulary of specialists.

bêtise [betiz] → SYN nf [...]
  bêtise de Cambrai ≃ mint humbug (Brit), ≃ piece of hard mint candy (US)
AEA [ˌeɪiːˈeɪ] n (Brit) (abbrev of **Atomic Energy Authority**) ≃ CEA m

≃ is used when the source language headword or phrase has no equivalent in the target language and is therefore untranslatable. In such cases the nearest cultural equivalent is given.

achards [aʃaʀ] → SYN nmpl *spicy relish made with finely chopped fruit and vegetables*
Yorkshire [ˈjɔːkʃər] 1 n le Yorkshire
  2 COMP ▷ **Yorkshire pudding** n (Brit Culin) *pâte à crêpe cuite qui accompagne un rôti de bœuf*

Sometimes it is accompanied by an explanatory gloss (in italics). Such a gloss may be given alone in cases where there is no cultural equivalent in the target language.

toi [twa] pron pers **a** (sujet, objet) you [...]
  at last! ◆ qui l'a vu ? toi ? who saw him? did you? ◆ toi mentir ? ce n'est pas possible YOU tell a lie? I can't believe it ◆ toi qui sais tout, explique-moi you're the one who knows
her [hɜːr] 1 pers pron **a** [...] ◆ I know HIM but I have never seen HER lui je le connais, mais elle je ne l'ai jamais vue

Small capitals are used to indicate the spoken stress in certain English expressions.

Field labels

cuirasse [kɥiʀas] → SYN nf (Hist) [chevalier] breastplate; (Naut) armour(-plate ou -plating) (Brit), armor(-plate ou -plating)
cell [sel] → SYN 1 n **a** (gen, Bot, Phot, Telec) cellule f ; (Elec) élément m *(de pile)* ◆ **to form a cell** (Pol) créer une cellule
  b (Police etc) cellule f ◆ **he spent the night in the cells** il a passé la nuit au poste or en cellule ; → **condemn**

Labels indicating subject fields occur in the following cases :

1 To differentiate various meanings of the headword.

comprimé [kɔ̃pʀime] → SYN nm (Pharm) tablet
parabola [pəˈræbələ] n parabole f (Math)

2 When the meaning in the source language is clear but may be ambiguous in the target language.

A full list of the abbreviated field labels is given on pages XXVIII and XXIX.

GUIDE D'UTILISATION

NonC signifie "non comptable". Il est utilisé pour indiquer qu'un nom ne s'emploie pas normalement au pluriel et ne se construit pas, en règle générale, avec l'article indéfini ou un numéral. NonC a pour but d'avertir le lecteur étranger dans les cas où celui-ci risquerait d'employer le mot de manière incorrecte ; mais notre propos n'est nullement de donner une liste exhaustive de ces mots en anglais. NonC est parfois utilisé comme indication dans la langue de départ, lorsque c'est le seul moyen de distinguer emplois "non comptables" et "comptables".

aboiement [abwamɑ] nm **a** [chien] bark ◆ **aboiements** barking (NonC)
clignement [kliɲ(ə)mɑ̃] → SYN nm blinking (NonC)
aerodynamics [ˌɛərʊdaɪˈnæmɪks] **1** n (NonC) aérodynamique f
implement [ˈɪmplɪmənt] → SYN **1** n outil m, instrument m ◆ **implements** équipement m (NonC), matériel m (NonC) ; (for gardening, [...]

SPÉC signifie "terme de spécialiste".

Dans l'exemple ci-contre le mot anglais d'usage courant est "eardrum" et "tympanum" ne se rencontre que dans le vocabulaire des spécialistes.

tympan [tɛ̃pɑ̃] → SYN nm **a** (Anat) eardrum, tympanum (SPÉC) [...]

≃ introduit une équivalence culturelle, lorsque ce que représente le terme de la langue de départ n'existe pas ou n'a pas d'équivalent exact dans la langue d'arrivée, et n'est donc pas à proprement parler traduisible.

bêtise [betiz] → SYN nf [...]
  bêtise de Cambrai ≃ mint humbug (Brit), ≃ piece of hard mint candy (US)
AEA [ˌeɪiːˈeɪ] n (Brit) (abbrev of **Atomic Energy Authority**) ≃ CEA m

Une glose explicative accompagne parfois l'équivalent culturel choisi ; elle peut être donnée seule lorsqu'il n'existe pas d'équivalent culturel assez proche dans la langue d'arrivée.

achards [aʃaʀ] → SYN nmpl *spicy relish made with finely chopped fruit and vegetables*
Yorkshire [ˈjɔːkʃəʳ] **1** n le Yorkshire
  2 COMP ▷ **Yorkshire pudding** n (Brit Culin) *pâte à crêpe cuite qui accompagne un rôti de bœuf*

On a eu recours aux petites capitales pour indiquer, dans certaines expressions anglaises, l'accent d'insistance qui rend ou requiert une nuance particulière du français.

toi [twa] pron pers **a** (sujet, objet) you [...] at last! ◆ **qui l'a vu ? toi ?** who saw him? did you? ◆ **toi mentir ? ce n'est pas possible** YOU tell a lie? I can't believe it ◆ **toi qui sais tout, explique-moi** you're the one who knows
her [hɜːʳ] **1** pers pron **a** [...] ◆ **I know HIM but I have never seen HER** lui je le connais, mais elle je ne l'ai jamais vue

Domaines

Les indications de domaine figurent dans les cas suivants :

[1] Pour indiquer les différents sens d'un mot et introduire les traductions appropriées.

cuirasse [kɥiʀas] → SYN nf (Hist) [chevalier] breastplate; (Naut) armour(-plate ou -plating) (Brit), armor(-plate ou -plating)
cell [sel] → SYN **1** n **a** (gen, Bot, Phot, Telec) cellule f ; (Elec) élément m *(de pile)* ◆ **to form a cell** (Pol) créer une cellule
  b (Police etc) cellule f ◆ **he spent the night in the cells** il a passé la nuit au poste or en cellule ; → **condemn**

[2] Quand la langue de départ n'est pas ambiguë, mais que la traduction peut l'être.

comprimé [kɔ̃pʀime] → SYN nm (Pharm) tablet
parabola [pəˈræbələ] n parabole f (Math)

La liste des indications de domaine apparaissant sous forme abrégée figure pages XXVIII et XXIX.

USING THE DICTIONARY

XX

STYLE LABELS

A dozen or so indicators of register are used to mark non-neutral words and expressions. These indicators are given for both source and target languages and serve mainly as a warning to the reader using the foreign language. The following paragraphs explain the meaning of the most common style labels, of which a complete list is given, with explanations, on pages XXVIII and XXIX.

agréer [aɡʀee] → SYN ▸ conjug 1 ◂ (frm) **1** vt (= accepter) [+ demande, excuses] to accept;
heretofore [ˌhɪətʊˈfɔːʳ] adv (frm) (= up to specified point) jusque-là ; (= up to now) jusqu'ici

frm denotes formal language such as that used on official forms, in pronouncements and other formal communications.

accro * [akʀo] (abrév de **accroché**) **1** adj **a** (Drogue) être accro to have a habit (arg), be hooked * ◆ être accro à l'héroïne to be hooked on heroin *
kidology * [kɪˈdɒlədʒɪ] n (Brit) bluff m

* indicates that the expression, while not forming part of standard language, is used by all educated speakers in a relaxed situation but would not be used in a formal essay or letter, or on an occasion when the speaker wishes to impress.

taulard, -arde *⁂* [tolaʀ, aʀd] nm,f convict, con *⁂*
kisser *⁂* [ˈkɪsəʳ] n gueule *⁂* f

⁂ indicates that the expression is used by some but not all educated speakers in a very relaxed situation. Such words should be handled with extreme care by non-native speakers unless they are very fluent in the language and are very sure of their company.

baiser² [beze] ▸ conjug 1 ◂ **1** vt **a** (frm) [+ main, visage, sol] to kiss
b (*⁂*: sexuellement) to screw *⁂*, lay *⁂*, fuck *⁂*
arse *⁂* [ɑːs] (esp Brit) **1** n cul *⁂* m

⁂ means "Danger !" Such words are liable to offend in any situation, and therefore are to be avoided by the non-native speaker.

indéfrisable † [ɛ̃defʀizabl] nf perm, permanent (US)
botheration † * [ˌbɒðəˈreɪʃən] excl flûte ! *, la barbe ! *

† denotes old-fashioned terms which are no longer in wide current use but which the foreign user is likely to find in reading.

gageure [ɡaʒyʀ] → SYN nf [...] (†† = pari) wager

†† denotes obsolete words which the user will normally find only in classical literature.

ordalie [ɔʀdali] nf (Hist) ordeal

The use of † and †† should not be confused with the label **Hist**. **Hist** does not apply to the expression itself but denotes the historical context of the object it refers to.

ostentatoire [ɔstɑ̃tatwaʀ] adj (littér) ostentatious
beseech [bɪˈsiːtʃ] → SYN pret, ptp **besought** or **beseeched** vt (liter) **a** (= ask for) [+ permission] demander instamment, solliciter ; [+ pardon] implorer

liter, littér denote an expression which belongs to literary or poetic language.
The user should not confuse these style labels with the field labels **Literat, Littérat** which indicate that the expression belongs to the field of literature. Similarly the user should note that the abbreviation **lit** indicates the literal, as opposed to the figurative **fig**, meaning of a word.

camer (se) [kame] → SYN vpr (arg Drogue) to be on drugs
sorted [ˈsɔːtɪd] adj **a** (= arranged) arrangé ◆ in a few months everything should be sorted dans quelques mois tout devrait être arrangé
b (Drugs sl) **are you sorted?** tu as ce qu'il te faut ?

For the purpose of this dictionary the indicators **sl** (slang) and **arg** (argot) mark specific areas of vocabulary restricted to clearly defined groups of speakers (eg schoolchildren, soldiers, etc) and for this reason a field label is added to the label **sl** or **arg** marking the departure language expression.

The labels and symbols above are used to mark either an individual word or phrase, or a whole category, or even a complete entry. Where a headword is marked with asterisks, any phrases in the entry will only have asterisks if they are of a different register from the headword.

XXI GUIDE D'UTILISATION

NIVEAUX DE LANGUE

Une quinzaine d'indications de registre accompagnent les mots et expressions qui présentent un écart par rapport à la langue courante. Ces indications sont données aussi bien dans la langue de départ que dans la langue d'arrivée et constituent avant tout un avertissement au lecteur utilisant la langue étrangère. Les paragraphes suivants précisent le sens des principaux niveaux de langue, dont la liste complète figure sous forme abrégée sur les pages XXVIII et XXIX.

frm indique le style administratif, les formules officielles, la langue soignée.

agréer [agree] → SYN ▸ conjug 1 ◂ (frm) **1** vt (= accepter) [+ demande, excuses] to accept;
heretofore [ˌhɪətʊˈfɔːʳ] adv (frm) (= up to specified point) jusque-là ; (= up to now) jusqu'ici

* marque la majeure partie des expressions familières et les incorrections de langage employées dans la langue de tous les jours. Ce signe conseille au lecteur d'être prudent.

accro * [akʀo] (abrév de **accroché**) **1** adj **a** (Drogue) **être accro** to have a habit (arg), be hooked * ◆ **être accro à l'héroïne** to be hooked on heroin *
kidology * [kɪˈdɒlədʒɪ] n (Brit) bluff m

* marque les expressions très familières qui sont à employer avec la plus grande prudence par le lecteur étranger, qui devra posséder une grande maîtrise de la langue et savoir dans quel contexte elles peuvent être utilisées.

taulard, -arde *** [tolaʀ, aʀd] nm,f convict, con ***
kisser *** [ˈkɪsəʳ] n gueule *** f

** marque le petit nombre d'expressions courantes que le lecteur étranger doit pouvoir reconnaître, mais dont l'emploi risque d'être ressenti comme fortement indécent ou injurieux.

baiser² [beze] ▸ conjug 1 ◂ **1** vt **a** (frm) [+ main, visage, sol] to kiss
b (***: sexuellement) to screw ***, lay ***, fuck ***
arse **** [ɑːs] (esp Brit) **1** n cul **** m

† marque les termes ou expressions démodés, qui ont quitté l'usage courant mais que l'étranger peut encore rencontrer au cours de ses lectures.

indéfrisable † [ɛ̃defʀizabl] nf perm, permanent (US)
botheration †* [ˌbɒðəˈreɪʃən] excl flûte ! *, la barbe ! *

†† marque les termes ou expressions archaïques, que le lecteur ne rencontrera en principe que dans les œuvres classiques.

gageure [gaʒyʀ] → SYN nf [...] (†† = pari) wager

On évitera de confondre ces signes avec l'indication Hist, qui ne marque pas le niveau de langue du mot lui-même mais souligne que l'objet désigné ne se rencontre que dans un contexte historiquement daté.

ordalie [ɔʀdali] nf (Hist) ordeal

littér, liter marquent les expressions de style poétique ou littéraire.
Le lecteur veillera à ne pas confondre ces indications avec lit d'une part (sens propre, emploi littéral) et Littérat, Literat de l'autre (domaine de la littérature).

ostentatoire [ɔstɑ̃tatwaʀ] adj (littér) ostentatious
beseech [bɪˈsiːtʃ] → SYN pret, ptp **besought** or **beseeched** vt (liter) **a** (= ask for) [+ permission] demander instamment, solliciter ; [+ pardon] implorer

Les indications arg (argot) et sl (slang) désignent les termes appartenant au vocabulaire de groupes restreints (tels que les écoliers, les militaires) et l'indication du domaine approprié leur est adjointe dans la langue de départ.

camer (se) [kame] → SYN vpr (arg Drogue) to be on drugs
sorted [ˈsɔːtɪd] adj **a** (= arranged) arrangé ◆ **in a few months everything should be sorted** dans quelques mois tout devrait être arrangé
b (Drugs sl) **are you sorted?** tu as ce qu'il te faut ?

Les indications de niveau de langue peuvent soit s'attacher à un mot ou à une expression isolés, soit marquer une catégorie entière ou même un article complet. Lorsqu'un mot est suivi d'astérisques, les locutions et exemples de l'article ne prendront à leur tour l'astérisque que si elles appartiennent à un niveau de langue différent.

USING THE DICTIONARY

XXII

PUNCTUATION

légitime [leʒitim] → SYN **1** adj **a** (= légal) droits, gouvernement legitimate, lawful;
alluring [əˈljʊərɪŋ] adj séduisant, charmant

A comma is used to separate translations which have the same or very similar meanings.

direct, e [dirɛkt] → SYN **1** adj **a** (= sans détour) route, personne, reproche, regard direct; question direct, straight; allusion direct, pointed
melting [ˈmɛltɪŋ] **1** adj snow fondant; (fig) voice, look attendri; words attendrissant

A semi-colon separates translations which are not interchangeable. As a general rule, indicators are given to differentiate between non-interchangeable translations.

danger [dɑ̃ʒe] → SYN nm danger ◆ **un grave danger nous menace** we are in serious ou grave danger ◆ **courir un danger** to run a risk ◆ **en cas de danger** in case of emer-
sailboarding [ˈseɪlˌbɔːdɪŋ] n planche f à voile ◆ **to go sailboarding** faire de la planche à voile

A black lozenge precedes every new phrase.

ravi, e [ʀavi] → SYN (ptp de ravir) adj (= enchanté) delighted ... ◆ **ravi de vous connaître** delighted ou pleased to meet you
freshly [ˈfrɛʃlɪ] adv ground, grated, dug fraîchement ◆ **freshly baked bread** du pain qui sort or frais sorti du four ◆ **freshly caught fish** du

In the translation of phrases, an alternative translation of only part of the phrase is preceded by either or or ou.

académie [akademi] → SYN nf [...]
b (= école) academy ◆ **académie de dessin/danse** art/dancing school, academy of art/dancing ◆ **académie de cinéma** film school
eyetooth [ˈaɪtuːθ] n, pl **eyeteeth** [ˈaɪtiːθ] canine f supérieure ◆ **I'd give my eyeteeth* for a car like that/to go to China** qu'est-ce que je ne donnerais pas pour avoir une voiture comme ça/pour aller en Chine

An oblique / indicates alternatives in the source language which are reflected exactly in the target language.

abouter [abute] → SYN ► conjug 1 ◄ vt to join (up) (end to end)
bromide [ˈbrəʊmaɪd] n **a** (Chem, Typ) bromure m; (Med *) bromure m (de potassium)

Parentheses within illustrative phrases or their translations indicate that the material they contain is optional.

esteem [ɪsˈtiːm] → SYN **1** vt **a** (= think highly of) [+ person] avoir de l'estime pour, estimer; [+ quality] apprécier ◆ **our (highly) esteemed colleague** notre (très) estimé collègue or confrère

Such parentheses may be given for phrases in both source and target language.

PONCTUATION

Une virgule sépare les traductions considérées comme équivalentes ou pratiquement équivalentes.

légitime [leʒitim] → SYN **1** adj **a** (= légal) droits, gouvernement legitimate, lawful;

alluring [əˈljʊərɪŋ] adj séduisant, charmant

Un point-virgule sépare les traductions qui ne sont pas interchangeables. En règle générale, le point-virgule est accompagné d'une indication qui précise la différence de sens.

direct, e [diʀɛkt] → SYN **1** adj **a** (= sans détour) route, personne, reproche, regard direct; question direct, straight; allusion direct, pointed

melting [ˈmeltɪŋ] **1** adj snow fondant ; (fig) voice, look attendri ; words attendrissant

Un losange noir précède chaque exemple.

danger [dɑ̃ʒe] → SYN nm danger ◆ **un grave danger nous menace** we are in serious ou grave danger ◆ **courir un danger** to run a risk ◆ **en cas de danger** in case of emer-

sailboarding [ˈseɪlˌbɔːdɪŋ] n planche f à voile ◆ **to go sailboarding** faire de la planche à voile

Les traductions offrant plusieurs variantes interchangeables à partir d'un tronc commun sont séparées par ou ou par or.

ravi, e [ʀavi] → SYN (ptp de **ravir**) adj (= enchanté) delighted ... ◆ **ravi de vous connaître** delighted ou pleased to meet you

freshly [ˈfreʃlɪ] adv ground, grated, dug fraîchement ◆ **freshly baked bread** du pain qui sort or frais sorti du four ◆ **freshly caught fish** du

Le trait oblique / permet de regrouper des expressions de sens différent ayant un élément en commun, lorsque cette structure est reflétée dans la langue d'arrivée.

académie [akademi] → SYN nf [...]
b (= école) academy ◆ **académie de dessin/danse** art/dancing school, academy of art/dancing ◆ **académie de cinéma** film school

eyetooth [ˈaɪtuːθ] n, pl **eyeteeth** [ˈaɪtiːθ] canine f supérieure ◆ **I'd give my eyeteeth * for a car like that/to go to China** qu'est-ce que je ne donnerais pas pour avoir une voiture comme ça/pour aller en Chine

Les parenthèses figurant à l'intérieur des expressions ou de leur traduction indiquent que les mots qu'elles contiennent sont facultatifs.

abouter [abute] → SYN ► conjug 1 ◄ vt to join (up) (end to end)

bromide [ˈbrəʊmaɪd] n **a** (Chem, Typ) bromure m ; (Med *) bromure m (de potassium)

Ces parenthèses peuvent figurer en corrélation.

esteem [ɪsˈtiːm] → SYN **1** vt **a** (= think highly of) [+ person] avoir de l'estime pour, estimer ; [+ quality] apprécier ◆ **our (highly) esteemed colleague** notre (très) estimé collègue or confrère

USING THE DICTIONARY   XXIV

CROSS-REFERENCES

sainteté [sɛ̃te] → SYN nf **a** [personne] saintliness, godliness; [Évangile, Vierge] holiness; [lieu] holiness, sanctity; [mariage] sanctity; → **odeur**

These are used to refer the user to the headword under which a certain compound or idiom has been treated (see SET PHRASES AND IDIOMS p. XIV).

vendredi [vɑ̃dʀədi] nm Friday ◆ **Vendredi** (= personnage de Robinson Crusoé) Man Friday ◆ **c'était un vendredi treize** it was Friday the thirteenth; pour autres loc voir **samedi**

Friday ['fraɪdɪ] n vendredi m ◆ **Friday the thirteenth** vendredi treize ; → **good** ; for other phrases see **Saturday**

They are also used to draw the user's attention to the full treatment of such words as numerals, days of the week and months of the year under certain key words. The key words which have been treated in depth are: French: **six, sixième, soixante, samedi, septembre.** English: **six; sixth, sixty, Saturday, September.**

SYNONYMS

dictionnaire [diksjɔnɛʀ] → SYN nm dictionary ◆ **dictionnaire analogique** thesaurus ◆ **dictionnaire de langue/de rimes** language/rhyme dictionary ◆ **dictionnaire de données** (Ordin)

dictionary ['dɪkʃənrɪ] → SYN ☐1 n dictionnaire m ◆ **to look up a word in a dictionary** chercher un mot dans un dictionnaire ◆ **it's not in the dictionary** ce n'est pas dans le dictionnaire

Words which are cross-referred to the thesaurus are followed by the indicator → SYN.
The indicator → SYN tells the user the word is treated in the thesaurus, with a full list of synonyms.

CROSS-REFERENCES TO LANGUAGE IN USE

refuse¹ [rɪ'fjuːz] LANGUAGE IN USE 8.3, 9.3, 12 → SYN

Words which are also covered in Language in Use are shown by a cross-reference at the top of the entry.
In this example, the user is referred to topics on **Disagreement** (chapter 12), **Intentions and Desires** (chapter 8, § 3), and **Permission** (chapter 9, § 3).

VERBS

baisser [bese] → SYN ► conjug 1 ◄ ☐1 vt
arise [ə'raɪz] → SYN pret **arose**, ptp **arisen** [ə'rɪzn] vi **a** [difficulty] survenir, surgir ; [question] se

Tables of French and English verbs are included in the supplements at the end of each volume (vol. 1 for French verbs and vol. 2 for English verbs). At each verb headword in the French-English side of the dictionary, a number refers the user to these tables. The preterite and past participle of English strong verbs are given at the main verb entry.

☐3 **se baisser** vpr (pour ramasser) to bend down, stoop; (pour éviter) to duck ◆ **il n'y a qu'à se baisser (pour les ramasser)** (lit) they're lying thick on the ground; (fig) they're there for the taking

In the French-English part of the dictionary, verbs which are true pronominals are treated in a separate grammatical category.

grandir [gʀɑ̃diʀ] → SYN ► conjug 2 ◄ ☐1 vi [...]
☐2 vt **a** (= faire paraître grand) [microscope] to magnify ◆ **grandir les dangers/difficultés** to exaggerate the dangers/difficulties ◆ **ces chaussures te grandissent** those shoes make you (look) taller ◆ **il se grandit en se mettant sur la pointe des pieds** he made himself taller by standing on tiptoe

Pronominal uses which indicate a reciprocal, reflexive or passive sense are shown only if the translation requires it. In such cases they may be given within the transitive category of the verb as an illustrative phrase.

étendu, e¹ [etɑ̃dy] → SYN (ptp de **étendre**) adj **a**
broken ['bʀəʊkən] → SYN ☐1 vb (ptp of **break**)
☐2 adj **a** (= cracked, smashed) cup, window, branch, biscuits etc cassé ; (= uneven, rugged)

If the translation of a past participle cannot be reached directly from the verb entry or if the past participle has adjectival value then the past participle is treated as a headword.

RENVOIS

Ils renvoient le lecteur à l'article dans lequel est traitée une certaine expression, où figure un certain composé (voir LOCUTIONS ET EXEMPLES p. XV).

sainteté [sɛ̃tte] → SYN nf a [personne] saintliness, godliness; [Évangile, Vierge] holiness; [lieu] holiness, sanctity; [mariage] sanctity; → **odeur**

Ils attirent également l'attention de l'usager sur certains mots-clés qui ont été traités en profondeur ; pour les numéraux, **six, sixième** et **soixante** ; pour les jours de la semaine, **samedi** ; pour les mois de l'année **septembre**. Dans la nomenclature anglaise, ce seront les mots **six, sixth, sixty, Saturday, September**.

vendredi [vɑ̃dʀədi] nm Friday ◆ **Vendredi** (= personnage de Robinson Crusoé) Man Friday ◆ **c'était un vendredi treize** it was Friday the thirteenth; pour autres loc voir **samedi**

Friday ['fraɪdɪ] n vendredi m ◆ **Friday the thirteenth** vendredi treize ; → **good** ; for other phrases see **Saturday**

SYNONYMES

Les mots faisant l'objet d'un développement synonymique sont suivis de l'indication → SYN.
Cette indication invite l'usager à se reporter au dictionnaire de synonymes où il trouvera une liste d'équivalents.

dictionnaire [diksjɔnɛʀ] → SYN nm dictionary ◆ **dictionnaire analogique** thesaurus ◆ **dictionnaire de langue/de rimes** language/rhyme dictionary ◆ **dictionnaire de données** (Ordin)

dictionary ['dɪkʃənrɪ] → SYN ① n dictionnaire m ◆ **to look up a word in a dictionary** chercher un mot dans un dictionnaire ◆ **it's not in the dictionary** ce n'est pas dans le dictionnaire

RENVOIS À LA GRAMMAIRE ACTIVE

Les mots qui font l'objet d'un développement dans la Grammaire active sont accompagnés de l'indication GRAMMAIRE ACTIVE suivie d'un ou de plusieurs numéros. Ces numéros renvoient à la rubrique correspondante de la section grammaticale.
Dans l'exemple ci-contre, l'usager est renvoyé aux rubriques **la Suggestion** (chapitre 1, § 1), **Propositions** (chapitre 3), **la Permission** (chapitre 9, § 1) et **l'Obligation** (chapitre 10, § 4).

permettre [pɛʀmɛtʀ] GRAMMAIRE ACTIVE 1.1, 3, 9.1, 10.4 → SYN ► conjug 56 ◄

VERBES

Les tables de conjugaison des verbes français et anglais sont données en annexe à la fin de chaque tome : tome 1 pour les verbes français et tome 2 pour les verbes anglais. Dans la nomenclature française, chaque verbe est suivi d'un numéro qui renvoie le lecteur à ces tables. Le prétérit et le participe passé des verbes forts anglais sont donnés après le verbe dans le corps de l'article. Une liste des principaux verbes forts figure également en annexe du tome 2.

baisser [bese] → SYN ► conjug 1 ◄ ① vt

arise [ə'raɪz] → SYN pret **arose,** ptp **arisen** [ə'rɪzn] vi a [difficulty] survenir, surgir ; [question] se

Dans la partie français-anglais, les emplois véritablement pronominaux des verbes sont traités dans une catégorie à part.

③ **se baisser** vpr (pour ramasser) to bend down, stoop; (pour éviter) to duck ◆ **il n'y a qu'à se baisser (pour les ramasser)** (lit) they're lying thick on the ground; (fig) they're there for the taking

Les emplois pronominaux à valeur réciproque, réfléchie ou passive, ne figurent que lorsque la traduction l'exige. En pareil cas, ils peuvent être simplement donnés dans la catégorie appropriée du verbe transitif, à titre d'exemple.

grandir [gʀɑ̃diʀ] → SYN ► conjug 2 ◄ ① vi [...]
② vt a (= faire paraître grand) [microscope] to magnify ◆ **grandir les dangers/difficultés** to exaggerate the dangers/difficulties ◆ **ces chaussures te grandissent** those shoes make you (look) taller ◆ **il se grandit en se mettant sur la pointe des pieds** he made himself taller by standing on tiptoe

Si la traduction d'un participe passé ne peut se déduire directement à partir du verbe, ou si le participe a pris une valeur adjective, il est traité comme mot à part entière et figure à sa place alphabétique dans la nomenclature.

étendu, e¹ [etɑ̃dy] → SYN (ptp de **étendre**) adj a

broken ['brəʊkən] → SYN ① vb (ptp of **break**)
② adj a (= cracked, smashed) cup, window, branch, biscuits etc cassé ; (= uneven, rugged)

USING THE DICTIONARY

XXVI

AOC [aose] nf (abrév de **appellation d'origine contrôlée**) ◆ **fromage/vin AOC** AOC cheese/wine *(with a guarantee of origin)*

AOC

AOC is the highest French wine classification. It indicates that the wine meets strict requirements concerning the vineyard of origin, the type of vine grown, the method of production, and the volume of alcohol present. → VDQS

CULTURAL NOTES

Extra information on culturally significant events, institutions, traditions and customs that cannot be given in an ordinary translation or gloss is given in the form of boxed notes following the relevant entry.

COMPLEX ENTRIES

Entries that are very long because they cover function words (**to, do, à, faire** etc) or words that are used in a large number of set structures (**time, head, affaire, heure** etc) are given special treatment in this dictionary.

Complex entries with more than one part of speech begin with a special "menu" that shows how they are structured.

Special notes inside the entry either explain important points of grammar and usage that cannot be properly demonstrated by examples alone, or refer you to another part of the dictionary. The word *BUT* (or *MAIS*) introduces exceptions to any general point that has been made.

The beginning of each semantic category is clearly signposted with indicators in boxes, and set structures have been given special prominence to make them easy to locate.

Finally, in entries where there are long sequences of examples containing set collocates, these collocates are highlighted to make them stand out clearly.

---

aller [ale]
→ SYN ► conjug 9 ◄

1 VERBE INTRANSITIF	4 VERBE PRONOMINAL
2 VERBE IMPERSONNEL	5 LOCUTIONS EXCLAMATIVES
3 VERBE AUXILIAIRE	6 NOM MASCULIN

1 VERBE INTRANSITIF

a [= se déplacer, partir] to go ◆ **où vas-tu ?** where are you going? [MAIS] ◑ **il t'attend, va!** he's waiting for you, go on!

> **aller** se traduit régulièrement par un verbe spécifique en anglais :

◆ **j'allais par les rues désertes** I walked ou wandered through the empty streets ◆ **il allait trop vite quand il a eu son accident** he was driving ou going too fast when he had his accident ◆ **en ville, on va plus vite à pied qu'en voiture** in town it is quicker to walk than to go by car ◆ **aller à Paris en voiture/en avion** to drive/fly to Paris ◆ **il y est allé à ou en vélo** he cycled there, he went there on his bike ◆ **j'irai à pied** I'll walk, I'll go on foot

◆ **aller et venir** (entre deux endroits) to come and go; (dans une pièce) to pace up and down ◆ **tu sais, la chance, ça va ça vient** luck comes and goes, you know, you win some, you lose some ◆ **avec lui l'argent, ça va, ça vient** when it comes to money, it's easy come, easy go with him;

◆ **aller** + préposition (= se rendre à ou vers etc)
◆ **aller à** to go to ◆ **aller à Caen/à la campagne** to go to Caen/to the country ◆ **aller au lit/à l'église/à l'école** to go to bed/to church/to school ◆ **aller en Allemagne** to go to Germany ◆ **aller chez le boucher/chez un ami** to go to the butcher's/to a friend's (place)

NOTES CULTURELLES

Des informations concernant des événements culturellement importants, des traditions et coutumes ou des institutions, qui ne pouvaient être données dans le corps même des articles sous forme de traductions ou de simples gloses, sont présentées dans des encadrés placés juste en-dessous de l'entrée.

> **A LEVELS**
>
> Diplôme britannique préparé en deux ans, qui sanctionne la fin des études secondaires et permet l'accès à l'enseignement supérieur. Contrairement au baccalauréat français, dont le résultat est global, les **A levels** sont obtenus séparément dans un nombre limité de matières (trois en moyenne) choisies par le candidat. Le système d'inscription dans l'enseignement supérieur étant sélectif, les élèves cherchent à obtenir les meilleurs mentions possibles afin de pouvoir choisir plus facilement leur université.
> En Écosse, l'équivalent des **A levels** est le "Higher", ou "Higher Grade", qui se prépare en un an et porte sur cinq matières au maximum. → GCSE

ARTICLES LONGS

Les articles qui sont particulièrement longs, soit parce qu'ils traitent de mots-outils (**à, faire, to, do** etc.), soit parce qu'ils couvrent beaucoup d'expressions lexicales (**affaire, heure, head, time** etc.), bénéficient d'un traitement spécifique dans notre dictionnaire.

Les articles comprenant plus d'une catégorie grammaticale s'ouvrent par un "menu" qui présente leur structure.

Des notes à l'intérieur même des articles expliquent certains points de grammaire et d'usage importants que les exemples seuls ne peuvent parfaitement illustrer. Le mot MAIS (ou BUT) attire l'attention de l'usager sur des exceptions aux règles énoncées.

Chaque catégorie sémantique est clairement signalée par un indicateur mis en relief et les structures importantes sont présentées de manière à être très facilement repérables.

Dans certaines séquences d'exemples très longues, les collocateurs les plus fréquents sont mis en valeur.

Enfin, l'usager est régulièrement renvoyé à des articles moins denses pour y trouver plus aisément certaines expressions.

> **get** [get]
> vb : pret, ptp **got**, ptp (US) **gotten**
>
> [1] TRANSITIVE VERB   [3] COMPOUNDS
> [2] INTRANSITIVE VERB   [4] PHRASAL VERBS
>
> [1] TRANSITIVE VERB
>
> When **get** is part of a set combination, eg **get the sack, get hold of, get sth right**, look up the other word.
>
> **a** = have, receive, obtain avoir
>
> avoir covers a wide range of meanings, and like get is unspecific:
>
> • I go whenever I get the chance j'y vais dès que j'en ai l'occasion • he's got a cut on his finger il a une coupure au doigt • he got a fine il a eu une amende • she gets a good salary elle a un bon salaire • not everyone gets a pension tout le monde n'a pas la retraite • you need to get permission from the owner il faut avoir la permission du propriétaire • I got a lot of presents j'ai eu beaucoup de cadeaux • he got first prize il a eu le premier prix • you may get a surprise tu pourrais avoir une surprise
>
> Some **get** + noun combinations may take a more specific French verb:
>
> • we can get sixteen **channels** nous pouvons recevoir seize chaînes • it was impossible to get **help** il était impossible d'obtenir de l'aide • he got **help** from the others il s'est fait aider par les autres • first I need to get a better **idea** of the situation je dois d'abord me faire une meilleure idée de la situation • I think he got the wrong **impression** je pense qu'il s'est fait des idées • they get **lunch** at school ils déjeunent or ils mangent à l'école • he got his **money** by exploiting others il s'est enrichi en exploitant les autres • if I'm not working I get no **pay** si je ne travaille pas je ne suis pas payé

ABRÉVIATIONS ET SIGNES CONVENTIONNELS
ABBREVIATIONS AND SPECIAL SYMBOLS

SIGNES CONVENTIONNELS / SPECIAL SYMBOLS

marque déposée	®	registered trademark
langage familier	*	informal language
langage très familier	**	very informal language
langage vulgaire	***	offensive language
emploi vieilli	†	old-fashioned term or expression
emploi archaïque	††	archaic term or expression
renvoi au dictionnaire des synonymes	→ SYN	cross-reference to the thesaurus
voir entrée	→	see entry
voir variante	⇒	see alternative form

MARQUES DE DOMAINES / FIELD LABELS

administration	**Admin**	administration		militaire	**Mil**	military
agriculture	**Agr**	agriculture		mines	**Min**	mining
anatomie	**Anat**	anatomy		minéralogie	**Minér, Miner**	mineralogy
antiquité	**Antiq**	ancient history		musique	**Mus**	music
archéologie	**Archéol, Archeol**	archaeology		mythologie	**Myth**	mythology
architecture	**Archit**	architecture		nautique	**Naut**	nautical, naval
astrologie	**Astrol**	astrology		physique nucléaire	**Nucl Phys**	nuclear physics
astronomie	**Astron**	astronomy		optique	**Opt**	optics
automobile	**Aut**	automobiles		informatique	**Ordin**	computing
aviation	**Aviat**	aviation		ornithologie	**Orn**	ornithology
biologie	**Bio**	biology		parlement	**Parl**	parliament
botanique	**Bot**	botany		pharmacie	**Pharm**	pharmacy
chimie	**Chim, Chem**	chemistry		philatélie	**Philat**	philately
cinéma	**Ciné, Cine**	cinema		philosophie	**Philos**	philosophy
commerce	**Comm**	commerce		phonétique	**Phon**	phonetics
informatique	**Comput**	computing		photographie	**Phot**	photography
construction	**Constr**	building trade		physique	**Phys**	physics
cuisine	**Culin**	cookery		physiologie	**Physiol**	physiology
écologie	**Écol, Ecol**	ecology		politique	**Pol**	politics
économique	**Écon, Econ**	economics		psychologie, psychiatrie	**Psych**	psychology, psychiatry
enseignement	**Éduc, Educ**	education		radio	**Rad**	radio
électricité, électronique	**Élec, Elec**	electricity, electronics		chemin de fer	**Rail**	rail(ways)
finance	**Fin**	finance		religion	**Rel**	religion
football	**Ftbl**	football		sciences	**Sci**	science
géographie	**Géog, Geog**	geography		école	**Scol**	school
géologie	**Géol, Geol**	geology		sculpture	**Sculp**	sculpture
géométrie	**Géom, Geom**	geometry		ski	**Ski**	skiing
gouvernement	**Govt**	government		sociologie	**Sociol, Soc**	sociology
grammaire	**Gram**	grammar		Bourse	**St Ex**	Stock Exchange
gymnastique	**Gym**	gymnastics		chirurgie	**Surg**	surgery
héraldique	**Hér, Her**	heraldry		arpentage	**Surv**	surveying
histoire	**Hist**	history		technique	**Tech**	technical
industrie	**Ind**	industry		télécommunications	**Téléc, Telec**	telecommunications
droit, juridique	**Jur**	law, legal		industrie textile	**Tex**	textiles
linguistique	**Ling**	linguistics		théâtre	**Théât, Theat**	theatre
littérature	**Littérat, Literat**	literature		télévision	**TV**	television
mathématique	**Math**	mathematics		typographie	**Typ**	typography
médecine	**Méd, Med**	medicine		université	**Univ**	university
météorologie	**Mét, Met**	meteorology		médecine vétérinaire	**Vét, Vet**	veterinary medicine
métallurgie	**Métal, Metal**	metallurgy		zoologie	**Zool**	zoology

AUTRES ABRÉVIATIONS / OTHER ABBREVIATIONS

abréviation	**abrév, abbr**	abbreviated, abbreviation
adjectif	**adj**	adjective
adverbe	**adv**	adverb
approximativement	**approx**	approximately
argot	**arg**	slang
article	**art**	article
attribut	**attrib**	predicative
australien, Australie	**Austral**	Australian, Australia
auxiliaire	**aux**	auxiliary
belgicisme	**Belg**	Belgian idiom
britannique, Grande-Bretagne	**Brit**	British, Great Britain
canadien, Canada	**Can**	Canadian, Canada
mot composé	COMP	compound, in compounds
comparatif	**compar**	comparative
conditionnel	**cond**	conditional
conjonction	**conj**	conjunction
conjugaison	**conjug**	conjugation
défini	**déf, def**	definite
démonstratif	**dém, dem**	demonstrative
dialectal, régional	**dial**	dialect
diminutif	**dim**	diminutive
direct	**dir**	direct
écossais, Écosse	**Écos**	Scottish, Scotland
par exemple	**eg**	for example
épithète	**épith**	before noun
surtout	**esp**	especially
et cætera, et cetera	**etc**	et cetera
euphémisme	**euph**	euphemism
par exemple	**ex**	for example
exclamation	**excl**	exclamation
féminin	**f, fem**	feminine
au figuré	**fig**	figuratively
féminin pluriel	**fpl**	feminine plural
langue soignée	**frm**	formal language
futur	**fut**	future
en général, généralement	**gén, gen**	in general, generally
helvétisme	**Helv**	Swiss idiom
humoristique	**hum**	humorous
impératif	**impér, imper**	imperative
impersonnel	**impers**	impersonal
indéfini	**indéf, indef**	indefinite
indicatif	**indic**	indicative
indirect	**indir**	indirect
infinitif	**infin**	infinitive
inséparable	**insep**	inseparable
interrogatif	**interrog**	interrogative
invariable	**inv**	invariable
irlandais, Irlande	**Ir**	Irish, Ireland
ironique	**iro**	ironic
irrégulier	**irrég, irreg**	irregular
littéral, au sens propre	**lit**	literally
littéraire	**littér, liter**	literary
locution	LOC	locution
masculin	**m, masc**	masculine
masculin et féminin	**mf**	masculine and feminine
masculin pluriel	**mpl**	masculine plural
nom	**n**	noun
nord de l'Angleterre	**N Angl**	North of England
négatif	**nég, neg**	negative
nord de l'Angleterre	**N Engl**	North of England
nom féminin	**nf**	feminine noun
nom masculin	**nm**	masculine noun
nom masculin et féminin	**nmf**	masculine and feminine noun
nom masculin, féminin	**nm,f**	masculine, feminine noun
non comptable	**NonC**	uncountable
nom pluriel	**npl**	plural noun
numéral	**num**	numeral
néo-zélandais, Nouvelle-Zélande	**NZ**	New Zealand
objet	**obj**	object
opposé	**opp**	opposite
emploi réfléchi	**o.s.**	oneself
passif	**pass**	passive
péjoratif	**péj, pej**	pejorative
personnel	**pers**	personal
particule de verbe	**phr vb elem**	phrasal verb element
pluriel	**pl**	plural
possessif	**poss**	possessive
préfixe	**préf, pref**	prefix
préposition	**prép, prep**	preposition
prétérit	**prét, pret**	preterite
pronom	**pron**	pronoun
proverbe	**Prov**	proverb
participe présent	**prp**	present participle
participe passé	**ptp**	past participle
quelque chose	**qch**	something
quelqu'un	**qn**	somebody, someone
relatif	**rel**	relative
quelqu'un	**sb**	somebody, someone
écossais, Écosse	**Scot**	Scottish, Scotland
séparable	**sep**	separable
singulier	**sg**	singular
argot	**sl**	slang
terme de spécialiste	SPÉC, SPEC	specialist term
quelque chose	**sth**	something
subjonctif	**subj**	subjunctive
suffixe	**suf**	suffix
superlatif	**superl**	superlative
américain, États-Unis	**US**	American, United States
généralement	**usu**	usually
verbe	**vb**	verb
verbe intransitif	**vi**	intransitive verb
verbe pronominal	**vpr**	pronominal verb
verbe transitif	**vt**	transitive verb
verbe à particule inséparable	**vt fus**	phrasal verb with inseparable particle
verbe transitif et intransitif	**vti**	transitive and intransitive verb
verbe transitif indirect	**vt indir**	indirect transitive verb

PRONONCIATION DE L'ANGLAIS

La notation phonétique

La notation adoptée est celle de l'Association phonétique internationale. L'ouvrage de base qui nous a servi constamment d'outil de référence est l'*English Pronouncing Dictionary* de Daniel Jones, qui, mis à jour par le Professeur A.C. Gimson, continue de faire autorité en France et partout ailleurs où l'on apprend l'anglais britannique.

La transcription correspond à la *received pronunciation (RP)*, variété de l'anglais britannique la plus généralement étudiée dans le monde d'aujourd'hui. Elle correspond également, à quelques exceptions près, à celle de la 14ᵉ édition de l'*English Pronouncing Dictionary (EPD)* (Cambridge University Press). Ce système de transcription présente l'avantage d'utiliser des signes qui indiquent clairement la distinction à la fois quantitative et qualitative qui existe entre les voyelles tendues et relâchées (par exemple : [iː], [ɪ] ; [ɜː], [ə]).

TRANSCRIPTION PHONÉTIQUE DE L'ANGLAIS
PHONETIC TRANSCRIPTION OF ENGLISH

CONSONNES

[p]	*p*at, *p*o*p*e
[b]	*b*at, *b*a*b*y
[t]	*t*ab, s*t*ru*t*
[d]	*d*ab, men*ded*
[k]	*c*ot, *k*iss, *ch*ord
[g]	*g*ot, a*g*o*g*
[f]	*f*ine, ra*ff*e
[v]	*v*ine, ri*v*er
[s]	pot*s*, *s*it, ri*ce*
[z]	pod*s*, bu*zz*
[θ]	*th*in, ma*ths*
[ð]	*th*is, o*th*er
[ʃ]	*sh*ip, *s*ugar
[ʒ]	mea*s*ure
[tʃ]	*ch*ance
[dʒ]	*j*ust, e*dg*e
[l]	*l*ittle, p*l*ace
[r]	*r*an, sti*rr*ing
[m]	ra*m*, *m*u*mm*y
[n]	ra*n*, *n*ut
[ŋ]	ra*ng*, ba*n*k
[h]	*h*at, re*h*eat
[j]	*y*et, mill*i*on
[w]	*w*et, be*w*ail
[x]	lo*ch*

VOYELLES ET DIPHTONGUES

[iː]	b*ea*d, s*ee*
[ɑː]	b*ar*d, c*al*m
[ɔː]	b*or*n, c*or*k
[uː]	b*oo*n, f*oo*l
[ɜː]	b*ur*n, f*er*n, w*or*k
[ɪ]	s*i*t, p*i*ty
[e]	s*e*t, l*e*ss
[æ]	s*a*t, *a*pple
[ʌ]	f*u*n, c*o*me
[ɒ]	f*o*nd, w*a*sh
[ʊ]	f*u*ll, s*oo*t
[ə]	compos*er*, *a*bove
[eɪ]	b*ay*, f*a*te
[aɪ]	b*uy*, l*ie*
[ɔɪ]	b*oy*, v*oi*ce
[əʊ]	n*o*, ag*o*
[aʊ]	n*ow*, pl*ough*
[ɪə]	t*ier*, b*eer*
[ɛə]	t*are*, f*air*
[ʊə]	t*our*

DIVERS

Un caractère en italique représente un son qui peut ne pas être prononcé

[ʳ]	représente un [r] entendu s'il forme une liaison avec la voyelle du mot suivant
[ˈ]	accent tonique
[ˌ]	accent secondaire

Pour des raisons d'économie de place, une seule prononciation est donnée pour chaque mot, à l'exclusion des variantes éventuelles et connues. La prononciation ainsi transcrite est celle la plus fréquemment entendue selon l'*EPD*, ou, dans le cas de néologismes et de mots nouveaux, selon les membres de l'équipe Collins-Le Robert.

Il a été jugé inutile de compliquer la tâche de l'utilisateur en indiquant au moyen de symboles appropriés la prononciation de mots sortant du cadre du vocabulaire britannique. Ainsi, **aluminium, aluminum** sont transcrits : [ˌæljʊˈmɪnɪəm], [əˈluːmɪnəm], bien que la seconde forme, exclusivement américaine, ne s'entende normalement qu'avec un accent américain. Il s'agit, dans de tels cas, d'une approximation qui ne met pas en cause la compréhension du mot employé.

Les formes réduites

Certains mots monosyllabiques, en nombre limité, ayant une fonction plus structurale que lexicale, sont sujets, surtout à l'intérieur d'un énoncé, à une réduction vocalique plus ou moins importante. Le mot **and**, isolé, se prononce [ænd] ; mais, dans la chaîne parlée, il se prononcera, à moins d'être accentué, [ənd, ən, n] selon le débit du locuteur et selon le contexte. Les mots qui sont le plus souvent touchés par cette réduction vocalique sont les suivants ; *a, an, and, as, at, but, for, from, of, some, than, that, the, them, to, us, am, is, are, was, were, must, will, would, shall, should, have, has, had, do, does, can, could*

L'accent tonique

Voir tableau page suivante.

L'accent secondaire

Dans un mot, toute syllabe accentuée en plus de celle qui porte l'accent tonique porte un accent secondaire, c'est-à-dire un accent ayant moins d'intensité que l'accent tonique. L'accent secondaire est noté au moyen du signe (ˌ) devant la syllabe intéressée. Par exemple : **composition** [ˌkɒmpəzɪʃən] (accent secondaire sur [ˌkɒm] ; accent tonique sur [ˈzɪʃ]).

Les composés

La prononciation des mots ou groupes de mots rassemblés dans la catégorie **comp** d'un article n'est pas indiquée, car elle correspond à celle du mot-souche suivie de celle du mot ou des mots formant le reste du composé mais avec une restriction importante : pour des raisons pratiques, on considérera que la grande majorité des composés à deux éléments ne sont accentués que sur le premier élément, cette accentuation s'accompagnant d'une chute de la voix. Exemple ; **ˈfoodstuffs, ˈfood prices.**

L'accent de phrase

À la différence du français dont l'accent de phrase (syllabe allongée) tombe normalement sur la dernière syllabe des groupes de souffle, l'anglais met en relief la syllabe accentuée de chaque mot apportant un nouvel élément d'information. Dans la pratique cela veut dire que les mots lexicaux reçoivent un accent de phrase, tandis que les mots grammaticaux n'en reçoivent pas (voir ci-dessus LES FORMES RÉDUITES). Il est logique, dans un tel système, que même les mots lexicaux ne soient pas accentués s'ils n'apportent pas de nouveaux éléments d'information ; c'est le cas, notammment, de mots ou de concepts répétés dans une même séquence ; ils sont accentués une première fois, mais ils perdent leur accent par la suite. De même, lorsqu'une idée est répétée dans une même séquence, les mots qui l'expriment ne sont plus mis en relief lors de sa réapparition. Par contre, les éléments contrastifs de la phrase anglaise sont toujours fortement accentués.

Exemple : *John's recently bought himself a car, and Peter's got a new one too.*
Accents sur ; **John, recently, bought, car, Peter, too.**
Accents contrastifs sur ; **John** (facultatif) et **Peter**. Absence d'accent sur : **'s got a new one**, qui n'apporte aucun nouvel élément d'information et pourrait être supprimé : (**and Peter, too**).

L'intonation

L'intonation en anglais, beaucoup plus qu'en français, révèle le sentiment du locuteur vis-à-vis des propos qu'il tient. Dans les deux langues, l'intonation est liée à l'accent de phrase. L'intonation française, tout comme l'accent de phrase, se manifeste sur la dernière syllabe des groupes de souffle : légère montée de la voix à l'intérieur de la phrase, avec une chute ou une montée sur la syllabe finale, selon qu'il s'agit d'une déclarative ou d'une interrogative. En anglais, l'intonation est liée au sens, et se manifeste sur toutes les syllabes accentuées de la phrase (voir ci-dessus L'ACCENT DE PHRASE). La phrase anglaise type présente une intonation commençant relativement haut, et descendant vers le grave progressivement sur les syllabes accentuées. Sur la dernière syllabe accentuée de la phrase, la voix marque soit une chute, soit une montée, plus importante qu'en français, selon le type de phrase : une chute, s'il s'agit d'une indication de finalité (déclaratives, impératives, etc.) ; une montée s'il s'agit d'une invitation au dialogue (interrogatives, requêtes polies, etc.). Plus le discours est animé et plus l'écard entre l'aigu et le grave se creuse. Des mots ayant un sens affectif intense tendent à faire monter la voix beaucoup plus haut que n'exigent les habitudes du discours français.

L'ACCENT TONIQUE

Tout mot anglais, isolé, de deux syllabes ou plus, porte un accent tonique. Cet accent est noté au moyen du signe (') placé devant la syllabe intéressée ; par exemple : **composer** [kəm'pəʊzə']. Le Français doit veiller à bien placer l'accent tonique sous peine de poser de sérieux problèmes de compréhension à ses interlocuteurs. Le tableau suivant indique un certain nombre de suffixes qui permettent de prévoir la place de l'accent tonique sur de nombreux mots. Ce tableau est donné à titre indicatif et ne cherche pas à être exhaustif.

TABLEAU DES SUFFIXES DÉTERMINANT LA POSITION DE L'ACCENT TONIQUE

	SUFFIXE	EXEMPLE	EXCEPTIONS	REMARQUES
ACCENT SUR SYLLABE FINALE	**-ee**	refu'gee	'coffee, 'toffee, com'mittee, 'pedigree	
	-eer	engi'neer		
	-ese	Japa'nese		
	-esque	pictu'resque	'etiquette, 'omelette	
	-ette	quar'tette		
	-ate	cre'ate		verbes de 2 syllabes
	-fy	de'fy		verbes de 2 syllabes
	-ise, -ize	ad'vise		verbes de 2 syllabes
ACCENT SUR PÉNULTIÈME	**-ial**	com'mercial		
	-ian	I'talian		
	-ic, -ics	eco'nomics	'Arabic, a'rithmetic, 'Catholic, 'heretic, 'lunatic, 'politics	les suffixes **-ical, -ically** ne modifient pas la place de l'accent tonique, et n'admettent pas d'exceptions. Par exemple : po'litical, po'litically, arith'metical
	-ion	infor'mation	'dandelion, ('televison)*	
	-ish	di'minish	im'poverish	verbes en **-ish**
	-itis	appendi'citis		
	-osis	diag'nosis	(meta'morphosis)*	* N.B. Les mots placés entre parenthèses ont aussi une accentuation conforme au modèle
ACCENT SUR ANTÉPÉNULTIÈME	**-ety**	so'ciety		
	-ity	sin'cerity		
	-itive	com'petitive		
	-itude	'attitude		
	-grapher	pho'tographer		
	-graphy	pho'tography		
	-logy	bi'ology		
	-ate	ap'preciate		
	-fy	'pacify		pour les verbes de 2 syllabes, voir plus haut
	-ise, -ize	'advertise	'characterize, 'regularize, 'liberalize, 'nationalize	pour les verbes de 2 syllabes, voir plus haut

DICTIONNAIRE ANGLAIS-FRANÇAIS

ENGLISH-FRENCH DICTIONARY

A

A, a¹ [eɪ] **1** n **a** (= letter) A, a m ◆ **A for Able** ≈ A comme André ◆ **to know sth from A to Z** connaitre qch de A à Z ◆ **he doesn't know A from B** il est ignare ◆ **24a** (in house numbers) 24 bis ◆ **to get from A to B** aller d'un endroit à un autre ◆ **on the A4** (Brit Aut) sur la (route) A4, ≈ sur la nationale 4
b (Mus) la m ; → **key**
c (Scol) excellent (de 15 à 20 sur 20)
d (Elec) (abbrev of **ampere(s)**) A
2 COMP ▷ **A-1 adj** super * ▷ **A3 (paper)** n (papier m) A3 m ▷ **A4 (paper)** n (papier m) A4 m ▷ **A and M college** n (US) ≈ école f supérieure d'agriculture ▷ **A-bomb** n bombe f A or atomique ▷ **A levels** npl (Brit Scol) ≈ baccalauréat m ◆ **to do an A level in geography** ≈ passer l'épreuve de géographie au baccalauréat ▷ **A-line dress** n robe f trapèze inv ▷ **the A-list** n le gratin, le dessus du panier ◆ **to be on the A-list** faire partie du gratin ▷ **A number 1** adj (US) ⇒ **A-1** ▷ **A-OK** * adj ⇒ **A-1** ▷ **A-road** n (Brit) ≈ route f nationale ; → ROADS ▷ **A shares** npl (Fin, St Ex) actions fpl ordinaires (sans droit de vote) ▷ **A-side** n [of record] face f A ▷ **A-test** n essai m nucléaire ▷ **A to Z ®** n, pl **A to Zs** plan m avec répertoire des rues ◆ **a Glasgow A to Z, an A to Z of Glasgow** un plan de Glasgow avec répertoire des rues

---

A LEVELS

Diplôme britannique préparé en deux ans, qui sanctionne la fin des études secondaires et permet l'accès à l'enseignement supérieur. Contrairement au baccalauréat français, dont le résultat est global, les **A levels** sont obtenus séparément dans un nombre limité de matières (trois en moyenne) choisies par le candidat. Le système d'inscription dans l'enseignement supérieur étant sélectif, les élèves cherchent à obtenir les meilleures mentions possibles afin de pouvoir choisir plus facilement leur université.

En Écosse, l'équivalent des **A levels** est le "Higher", ou "Higher Grade", qui se prépare en un an et porte sur cinq matières au maximum. → GCSE

---

a² [eɪ, ə] indef art (before vowel or mute h: an) **a** un, une ◆ **a tree** un arbre ◆ **an apple** une pomme ◆ **such a hat** un tel or pareil chapeau ◆ **so large a country** un si grand pays
b (def art in French) le, la, les ◆ **he smokes a pipe** il fume la pipe ◆ **to set an example** donner l'exemple ◆ **I have read a third of the book** j'ai lu le tiers du livre ◆ **we haven't a penny** nous n'avons pas le sou ◆ **a woman hates violence** les femmes détestent la violence
c (absent in French) **she was a doctor** elle était médecin ◆ **as a soldier** en tant que soldat ◆ **my uncle, a sailor ...** mon oncle, qui est marin ... ◆ **she's a widow** elle est veuve ◆ **what a pleasure!** quel plaisir ! ◆ **what a lovely day!** quelle belle journée ! ◆ **to make a fortune** faire fortune
d un(e) certain(e) ◆ **I have heard of a Mr Gordon who ...** j'ai entendu parler d'un certain M. Gordon qui ...
e le or la même ◆ **they are much of an age** ils sont du même âge ◆ **they are of a size** ils sont de la même grandeur
f (= a single) un(e) seul(e) ◆ **to empty a glass at a draught** vider un verre d'un trait ◆ **at a blow** d'un seul coup
g (with abstract nouns) du, de la, des ◆ **to make a noise/a fuss** faire du bruit/des histoires
h **a few survivors** quelques survivants ◆ **a lot of** or **a great many flowers** beaucoup de fleurs
i (= per) **£4 a person** or **head** 4 livres par personne ◆ **3 francs a kilo** 3 F le kilo ◆ **twice a month** deux fois par mois ◆ **twice a year** deux fois par an or l'an ◆ **80km an hour** 80 kilomètres-heure, 80 kilomètres à l'heure

AA [eɪ'eɪ] n **a** (Brit) (abbrev of **Automobile Association**) société de dépannage
b (abbrev of **Alcoholics Anonymous**) → **alcoholic**
c (US Univ) (abbrev of **Associate in Arts**) ≈ DEUG m de lettres

A/A [eɪ'eɪ] (abbrev of **articles of association**) (Jur) statuts mpl

AAA [eɪeɪ'eɪ] n **a** (Brit) abbrev of **Amateur Athletics Association**
b ['trɪpl,eɪ] (abbrev of **American Automobile Association**) société de dépannage

Aachen ['ɑːxən] n Aix-la-Chapelle

A & E [eɪənd'iː] n (abbrev of **Accident and Emergency**) → **accident**

A & R n (abbrev of **artists and repertoire**) ◆ **A & R man** (Brit Mus) découvreur m de talents

AAR [eɪeɪ'ɑːʳ] (abbrev of **against all risks**) (Insurance) tous risques

aardvark ['ɑːdvɑːk] n (Zool) oryctérope m

aardwolf ['ɑːdwʊlf] n, pl **aardwolves** (Zool) protèle m

Aaron ['ɛərən] **1** n Aaron m
2 COMP ▷ **Aaron's beard** n (Bot) millepertuis m (à grandes feuilles) ▷ **Aaron's rod** n (Bot) bouillon-blanc m

AAU [eɪeɪ'juː] n (US) (abbrev of **Amateur Athletic Union**) association d'athlétisme amateur

AAUP [eɪeɪjuː'piː] n abbrev of **American Association of University Professors**

AB [eɪ'biː] n **a** (abbrev of **able(-bodied) seaman**) → **able**
b (US) (abbrev of **Bachelor of Arts**) **to have an AB in French** ≈ avoir une licence de français ; → **bachelor** ; → DEGREE

ABA [eɪbiː'eɪ] n abbrev of **Amateur Boxing Association**

abaca ['æbəkə] n (Bot, Tex) abaca m

aback [ə'bæk] adv ◆ **to be taken aback** être interloqué or décontenancé

abacus ['æbəkəs] n, pl **abacuses** or **abaci** ['æbəsaɪ] **a** boulier m, abaque m
b (Archit) abaque m

Abadan [,æbə'dæn] n Abadan

abaft [ə'bɑːft] (Naut) **1** adv sur or vers l'arrière
2 prep en arrière de, sur l'arrière de

abalone [,æbə'ləʊnɪ] n ormeau m, haliotide f

abandon [ə'bændən] → SYN **1** vt **a** (= forsake) [+ person, car] abandonner ◆ **to abandon o.s. to** [+ despair, pleasure] s'abandonner à, se laisser aller à ; [+ sleep] s'abandonner à ◆ **to abandon o.s. to one's fate** accepter son destin
b [+ property, right, project, idea, principles, pretence] renoncer à ; [+ course of action] abandonner, renoncer à ◆ **to abandon the attempt to do sth** renoncer à faire qch ◆ **play was abandoned** (Ftbl etc) le match a été interrompu or reporté
c (Jur) [+ cargo] faire (acte de) délaissement de ◆ **to abandon ship** (Naut) abandonner le navire ◆ **to abandon any claim** (Jur) renoncer à toute prétention
2 n (NonC) abandon m ◆ **to dance with abandon** danser avec abandon ◆ **with (gay) abandon** avec (une belle) désinvolture

abandoned [ə'bændənd] → SYN adj **a** (= forsaken) person, place abandonné
b (= dissolute) débauché
c (= wild) dancing frénétique ; emotion éperdu

abandonee [ə,bændə'niː] n abandonnataire mf

abandonment [ə'bændənmənt] → SYN n (lit, fig) abandon m ; (Jur) [of action] désistement m ; [of property, right] cession f ; [of cargo] délaissement m

abase [ə'beɪs] vt (= humiliate) [+ person] mortifier, humilier, (= degrade) [+ person] abaisser, avilir ; [+ person's qualities, actions] rabaisser, ravaler ◆ **to abase o.s. so far as to do sth** s'abaisser or s'humilier jusqu'à faire qch

abasement [ə'beɪsmənt] n (NonC) (= moral decay) dégradation f, avilissement m ; (= humiliation) humiliation f, mortification f

abashed [ə'bæʃt] adj confus

abate [ə'beɪt] **1** vi [storm, emotions, pain] s'apaiser, se calmer ; [noise, flood] baisser ; [violence] se calmer ; [fever] baisser, décroître ; [wind] se modérer ; (Naut) mollir ◆ **the crime wave shows no sign of abating** on n'enregistre aucune baisse du taux de criminalité
2 vt [+ tax] baisser ; (Jur) [+ writ] annuler ; [+ sentence] remettre

abatement [ə'beɪtmənt] n (NonC) (gen) réduction f ◆ **abatement of the levy** (Fin) abattement m sur le prélèvement ; → **noise**

abattoir ['æbətwɑːʳ] n abattoir m

abbess ['æbɪs] n abbesse f

Abbevillian [æb'vɪlɪən] adj, n abbevillien m

abbey [ˈæbɪ] → SYN n abbaye f ◆ **Westminster Abbey** l'abbaye f de Westminster

abbot [ˈæbət] n abbé m, (Père m) supérieur m

abbr., abbrev. (abbrev of **abbreviation, abbreviated**) abrév.

abbreviate [əˈbriːvɪeɪt] → SYN vt abréger (*to en*), raccourcir

abbreviation [ə₁briːvɪˈeɪʃən] → SYN n abréviation f

ABC [ˌeɪbiːˈsiː] **1** n **a** (= alphabet) abc m, alphabet m ◆ **it's as easy** or **simple as ABC** * c'est simple comme bonjour
  b abbrev of **Associated British Cinemas**
  c abbrev of **Australian Broadcasting Commission**
  d (abbrev of **American Broadcasting Corporation**) ABC f
2 **ABCs** npl ◆ **the ABCs of sth** le b a ba de qch

ABD [ˌeɪbiːˈdiː] n (US Univ) (abbrev of **all but dissertation**) *étudiant(e) n'ayant plus que sa thèse à rédiger pour compléter son doctorat* ◆ **she was still ABD after four years** au bout de quatre ans, elle n'avait toujours pas rédigé sa thèse

abdicate [ˈæbdɪkeɪt] → SYN **1** vt [+ right] renoncer à, abdiquer ; [+ post, responsibility] se démettre de ◆ **to abdicate the throne** renoncer à la couronne, abdiquer
2 vi abdiquer

abdication [ˌæbdɪˈkeɪʃən] → SYN n [of king] abdication f, renonciation f ; [of mandate etc] démission f (*of* de) ; [of right] renonciation f (*of* à), désistement m (*of* de)

abdicative [æbˈdɪkətɪv] adj abdicataire

abdicator [ˈæbdɪˌkeɪtəʳ] n abdicataire mf

abdomen [ˈæbdəmən, æbˈdəʊmen] n (Med) abdomen m

abdominal [æbˈdɒmɪnl] → SYN **1** adj abdominal
2 **abdominals** npl abdominaux mpl

abduct [æbˈdʌkt] → SYN vt enlever, kidnapper

abduction [æbˈdʌkʃən] n enlèvement m, rapt m ; → **child**

abductor [æbˈdʌktəʳ] n **a** (= kidnapper) ravisseur m, -euse f
  b (Anat) abducteur m

abed † [əˈbed] adv (liter) au lit, couché ◆ **to lie abed** rester couché

Abel [ˈeɪbl] n Abel m

Abelian [əˈbiːlɪən] adj abélien

aber [ˈæbəʳ] n (Geog) aber m

Aberdeen Angus [ˌæbəˈdiːn ˈæŋɡəs] n (Agr) (Aberdeen-)Angus m

Aberdonian [ˌæbəˈdəʊnɪən] **1** n habitant(e) m(f) or natif m, -ive f d'Aberdeen
2 adj d'Aberdeen

aberrance [əˈberəns] n aberrance f

aberrant [əˈberənt] adj (Bio, fig) aberrant, anormal

aberration [ˌæbəˈreɪʃən] n (lit, fig) aberration f

abet [əˈbet] → SYN vt encourager, soutenir ◆ **to abet sb in a crime** aider qn à commettre un crime ; → **aid**

abetter, abettor [əˈbetəʳ] n complice mf

abeyance [əˈbeɪəns] → SYN n (NonC) ◆ **to be in abeyance** [law, custom] ne pas être en vigueur ◆ **to fall into abeyance** tomber en désuétude ◆ **the question is in abeyance** la question reste en suspens

abhor [əbˈhɔːʳ] → SYN vt abhorrer ; → **nature**

abhorrence [əbˈhɒrəns] n horreur f (*of* de), aversion f (*of* pour) ◆ **to hold in abhorrence, have an abhorrence of** avoir horreur de, avoir en horreur

abhorrent [əbˈhɒrənt] → SYN adj odieux

abide [əˈbaɪd] → SYN pret, ptp **abided** or **abode**
1 vt **a** (neg only = tolerate) **I can't abide her** je ne peux pas la supporter or la souffrir ◆ **I can't abide living here** je ne supporte pas de vivre ici
  b (liter = await) attendre
2 vi † (= endure) durer ; (= live) demeurer

▶ **abide by** vt fus [+ rule, decision] respecter ; [+ consequences] accepter, supporter ; [+ promise] rester or demeurer fidèle à ; [+ resolve] maintenir, s'en tenir à ◆ **they agreed to abide by the terms of the contract** ils ont accepté de se conformer aux termes du contrat ◆ **I abide by what I said** je maintiens ce que j'ai dit

abiding [əˈbaɪdɪŋ] → SYN adj (liter) constant, éternel ; → **law**

Abidjan [ˌæbɪˈdʒɑːn] n Abidjan

ability [əˈbɪlɪtɪ] → SYN n **a** (gen) aptitude f (*to do sth* à faire qch), capacité f (*to do sth* pour faire qch) ◆ **people have lost confidence in the government's ability to keep inflation in check** les gens ne croient plus que le gouvernement est capable de maîtriser l'inflation ◆ **the virus's ability to infect the cells of the human immune system** la capacité du virus à infecter les cellules du système immunitaire humain ◆ **to have faith in sb's/one's ability** or **abilities** croire en qn/en soi ◆ **to the best of one's ability** or **abilities** de son mieux ◆ **he has the ability to bring out the best in people** avec lui, les gens donnent le meilleur d'eux-mêmes ◆ **ability to pay** (Fin, Jur) solvabilité f ◆ **ability to pay tax** (Fin, Jur) capacité f or faculté f contributive
  b (NonC = talent) talent m ◆ **a person of great ability** une personne de grand talent ◆ **he has a certain artistic ability** il a un certain don or talent artistique ◆ **her drama teacher spotted her ability** son professeur d'art dramatique a découvert son talent
  c (Scol etc) (= mental powers) **abilities** compétences fpl

abiogenesis [ˌeɪbaɪəʊˈdʒenɪsɪs] n (Bio) abiogenèse f

abiotic [ˌeɪbaɪˈɒtɪk] adj abiotique

abject [ˈæbdʒekt] → SYN adj **a** (= wretched) misery, poverty noir ◆ **the abject state of sth** l'état lamentable de qch
  b (= servile) person, obedience, surrender servile ◆ **an abject apology** de plates excuses fpl
  c (= contemptible) person, stupidity méprisable ; failure lamentable

abjectly [ˈæbdʒektlɪ] adv apologize platement ◆ **he has abjectly failed** il a lamentablement échoué ◆ **to be abjectly poor** être dans une misère noire ◆ **abjectly miserable** profondément malheureux

abjuration [ˌæbdʒʊəˈreɪʃən] n [of rights] renoncement m (*of* à) ; [of religion] abjuration f

abjure [əbˈdʒʊəʳ] vt [+ one's rights] renoncer (publiquement or par serment) à ◆ **to abjure one's religion** abjurer sa religion, apostasier

Abkhaz [æbˈkɑːz], **Abkhazi** [æbˈkɑːzɪ] **1** adj abkhaze
2 n, pl **Abkhaz a** (= person) Abkhaze mf
  b (Ling) abkhaze m

Abkhazia [æbˈkɑːzɪə] n l'Abkhazie f

Abkhazian [æbˈkɑːzɪən] ⇒ **Abkhaz**

ablate [æbˈleɪt] vt (Med) pratiquer l'ablation de

ablation [æbˈleɪʃən] n (Med) ablation f

ablative [ˈæblətɪv] **1** n ablatif m ◆ **in the ablative** à l'ablatif ◆ **ablative absolute** ablatif m absolu
2 adj ablatif

ablaut [ˈæblaʊt] n (Ling) apophonie f

ablaze [əˈbleɪz] → SYN adj **a** (lit) en feu, en flammes ◆ **to set sth ablaze** [person] mettre le feu à qch ; [spark, fire] embraser (liter) qch ◆ **to be ablaze** flamber
  b (fig) his eyes were ablaze with anger ses yeux lançaient des éclairs ◆ **ablaze with light** resplendissant de lumière ◆ **the garden is ablaze with colour** c'est une débauche de couleurs dans le jardin

able [ˈeɪbl] → SYN **1** adj **a to be able to do sth** (= have means or opportunity) pouvoir faire qch ; (= know how to) savoir faire qch ; (= be capable of) être capable de faire qch ; (= in position to) être en mesure de or à même de faire qch ◆ **I wasn't able to help him** je n'ai pas pu l'aider ◆ **I ran fast and so was able to catch the bus** en courant vite j'ai réussi à attraper l'autobus ◆ **he is able to read and write** il sait lire et écrire ◆ **able to pay** en mesure de payer ◆ **you are better able to do it than he is** vous êtes mieux à même de le faire que lui ◆ **she was hardly able to see** (due to darkness, fog etc) elle arrivait à peine à voir ; (due to poor eyesight) elle voyait à peine
  b (= clever) capable, compétent ◆ **an able man** un homme très capable or très compétent ◆ **she is one of our ablest pupils** c'est une de nos meilleures élèves
  c (Med = healthy) sain ◆ **able in body and mind** (Jur) sain de corps et d'esprit
2 COMP ◆ **able-bodied** → SYN adj (gen = not disabled) valide ; (Mil) recruit bon pour le service ▷ **able-bodied seaman** n ⇒ **able seaman** ▷ **able-minded** adj (= not mentally handicapped) sain d'esprit ; (= intelligent) intelligent ▷ **able rating** n (Brit Naut) matelot m breveté ▷ **able seaman** n, pl **able seamen** (Naut) matelot m breveté or de deuxième classe

ablet [ˈæblət] n (= fish) ablette f

ablution [əˈbluːʃən] n (Rel) ablution f ◆ **to perform one's ablutions** (hum) faire ses ablutions

ably [ˈeɪblɪ] adv (= competently) de façon très compétente ; (= skilfully) habilement ◆ **he was ably assisted by his brother** son frère l'assistait avec compétence ◆ **he did it perfectly ably** il s'en est tiré d'une manière tout à fait compétente

ABM [ˌeɪbiːˈem] n (abbrev of **antiballistic missile**) → **antiballistic**

abnegate [ˈæbnɪɡeɪt] vt [+ responsibility] nier ; [+ one's rights] renoncer à ; [+ one's religion] abjurer

abnegation [ˌæbnɪˈɡeɪʃən] n (= denial) reniement m, désaveu m (*of* de) ; (= renunciation) renoncement m (*of* à) ; (also **self-abnegation**) abnégation f

abnormal [æbˈnɔːml] → SYN adj anormal

abnormality [ˌæbnɔːˈmælɪtɪ] → SYN n **a** (gen, Bio, Psych) anomalie f ; (Med) difformité f, malformation f ◆ **genetic abnormalities** anomalies fpl génétiques
  b (NonC) caractère m anormal, anormalité f

abnormally [æbˈnɔːməlɪ] adv anormalement ◆ **a city with an abnormally high rate of HIV infection** une ville présentant un taux anormalement élevé de séropositivité ◆ **the cells were growing abnormally** les cellules se développaient de manière anormale

Abo * [ˈæbəʊ] n (Austral pej) aborigène mf

aboard [əˈbɔːd] **1** adv **a** (Aviat, Naut = on) à bord ◆ **to go aboard** (s')embarquer, monter à bord ◆ **to take aboard** embarquer ◆ **all aboard!** (on train, bus, car) en voiture ! ; (on ship) tout le monde à bord !
  b (Naut = alongside) le long du bord ◆ **close aboard** bord à bord
2 prep (Aviat, Naut) à bord de ◆ **aboard the train/bus** dans le train/le bus ◆ **aboard ship** à bord

abode [əˈbəʊd] **1** vb (pret, ptp of **abide**)
2 n (= home) demeure f ◆ **place of abode** (Jur) domicile m ◆ **right of abode** (Jur) droit m de résidence ◆ **to take up one's abode** élire domicile ◆ **the abode of the gods** le séjour des dieux ; → **fixed, humble**

abolish [əˈbɒlɪʃ] → SYN vt [+ practice, custom, slavery, apartheid, tax] abolir ; [+ law] abroger, abolir

abolishment [əˈbɒlɪʃmənt] n ⇒ **abolition**

abolition [ˌæbəʊˈlɪʃən] n abolition f

abolitionist [ˌæbəʊˈlɪʃənɪst] n (Hist) abolitionniste mf, antiesclavagiste mf

abominable [əˈbɒmɪnəbl] → SYN **1** adj abominable
2 COMP ▷ **the abominable snowman** n l'abominable homme m des neiges

abominably [əˈbɒmɪnəblɪ] adv treat, behave, suffer abominablement, d'une manière abominable ◆ **abominably rude/cruel** d'une grossiereté/cruauté abominable ◆ **it's abominably cold** il fait un froid de loup

abominate [əˈbɒmɪneɪt] → SYN vt abominer, abhorrer

abomination [əˌbɒmɪˈneɪʃən] → SYN n abomination f ◆ **I hold him in abomination** (liter) je l'ai en abomination, je l'abomine ◆ **this coffee is an abomination** * ce café est abominable

Aboriginal [ˌæbəˈrɪdʒənl] (in Austral) **1** adj aborigène (australien)
2 n ⇒ **Aborigine**

aboriginal [ˌæbəˈrɪdʒənl] → SYN 1 adj person autochtone, aborigène ; plant, animal aborigène
2 n (= person) autochtone mf, aborigène mf ; (= plant) plante f aborigène ; (= animal) animal m aborigène

Aborigine [ˌæbəˈrɪdʒɪni] n (in Austral) Aborigène mf (australien)

abort [əˈbɔːt] 1 vi (Med, fig) avorter ; (Mil, Space) échouer ; (Comput) abandonner
2 vt (Med) faire avorter ; (Comput) abandonner ; (Space) [+ mission, operation] abandonner, interrompre ; (fig) [+ deal, agreement, plan] faire échouer ♦ **an aborted coup** une tentative avortée de coup d'État, un coup d'État manqué ♦ **an aborted attempt** une tentative avortée
3 n (Comput) abandon m

abortifacient [əˌbɔːtɪˈfeɪʃənt] adj, n (Med) abortif m

abortion [əˈbɔːʃən] 1 n a (Med) (gen) avortement m ; (= termination) avortement m, interruption f volontaire de grossesse ♦ **to have an abortion** (se faire) avorter
b (fig) [of plans, scheme, mission] (= abandoning) abandon m ; (= failure) échec m
2 COMP ▷ **abortion law reform** n réforme f de la loi sur l'avortement ▷ **abortion pill** n (Med) pilule f abortive

abortionist [əˈbɔːʃənɪst] n avorteur m, -euse f ; → backstreet

abortive [əˈbɔːtɪv] adj a (= unsuccessful) attempt avorté ; coup, operation, mission avorté, manqué ; plan qui a échoué
b (Med) method abortif, d'avortement

abortively [əˈbɔːtɪvlɪ] adv en vain

ABO system [ˌeɪbiːˈəʊ] n (Med) système m ABO

aboulia [əˈbuːlɪə] n (Psych) aboulie f

abound [əˈbaʊnd] → SYN vi (fish, resources etc) abonder ; (river, town, area etc) abonder (in en), regorger (in de)

about [əˈbaʊt] → SYN
    When **about** is an element in a phrasal verb, eg **bring about, come about, turn about, wander about**, look up the verb.

1 adv a (= approximately) à peu près, environ ♦ **there were about 25 and now there are about 30** il y en avait environ or à peu près 25 et à présent il y en a une trentaine ♦ **it's about 11 o'clock** il est environ or à peu près 11 heures ♦ **about 11 o'clock** vers 11 heures ♦ **it's about time!** (emphatic) il est (grand) temps ! ♦ **it's about time to go** il est presque temps de partir ♦ **she's about as old as you** elle a à peu près votre âge ♦ **that's about it** or **all** c'est à peu près tout ♦ **I've had about enough!** * je commence à en avoir assez !
b (= here and there) çà et là ♦ **shoes lying about** des chaussures qui traînent (çà et là) ♦ **to throw one's arms about** gesticuler, agiter les bras en tous sens
c (= near, in circulation) par ici ♦ **he's somewhere about** il est quelque part par ici, il est dans les parages ♦ **is anyone about?** il y a quelqu'un ? ♦ **there was nobody about** il n'y avait personne ♦ **there's a lot of flu about** il y a beaucoup de cas de grippe en ce moment ♦ **there is a rumour about that ...** le bruit court que ... ♦ **she's up and about again** elle est de nouveau sur pied ♦ **you should be out and about!** ne restez donc pas enfermé !
d (= all round) **all about** tout autour ♦ **to glance about** jeter un coup d'œil autour de soi
e (= opposite direction) **to turn sth (the other way) about** retourner qch ♦ **it's the other way about** (fig) c'est le contraire ♦ **about turn!, about face!** (Brit Mil) demi-tour, marche ! ♦ **to go** or **put about** (Naut) virer de bord ; → **ready, right**
f **to be about to do sth** être sur le point de faire qch, aller faire ♦ **I was about to go out when ...** j'étais sur le point de sortir or j'allais sortir quand ... ♦ **the film is just about to start** le film va commencer
2 prep a (= concerning) au sujet de, concernant, à propos de ♦ **about it** (before vb) ♦ **I need to see you about this contract** j'ai besoin de vous voir au sujet de ce contrat ♦ **I heard nothing about it** je n'en ai pas entendu parler ♦ **what's the film/book about?** quel est le sujet du film/du livre ? ♦ **what's all this about?** de quoi s'agit-il ? ♦ **a book about cats** un livre sur les chats ♦ **I know what it's all about** je sais de quoi il retourne ♦ **to speak about sth** parler de qch ♦ **he wants to talk to you — what about?** il veut te parler — de quoi ? ; → **how, what**
b (= near to) près de ; (= somewhere in) quelque part dans ♦ **I dropped it about here** je l'ai laissé tomber par ici or près d'ici ♦ **round about the Arctic Circle** près du Cercle polaire ♦ **(somewhere) about the house** quelque part dans la maison
c (= round) autour de ♦ **the trees (round) about the pond** les arbres qui entourent l'étang ♦ **the countryside (round) about Edinburgh** la campagne autour d'Édimbourg
d (= with, on) **I've got it about me somewhere** je l'ai quelque part sur moi ♦ **to have drugs about one's person** avoir de la drogue sur soi
e (describing characteristics) **there's something sinister about him** il a quelque chose de sinistre, il a un côté sinistre ♦ **there's something interesting about him** il a un côté intéressant ♦ **there's something charming about him** il a un certain charme ♦ **there's something odd about all this** il y a quelque chose qui cloche là-dedans
f (= occupied with) **what are you about?** que faites-vous ?, qu'est-ce que vous fabriquez ? * ♦ **I don't know what he's about** je ne sais pas ce qu'il fabrique * ♦ **mind what you're about!** faites (un peu) attention ! ♦ **while we're about it** pendant que nous y sommes

about-face [əˈbaʊtˈfeɪs], **about-turn** [əˈbaʊtˈtɜːn] 1 vi (Mil) faire demi-tour ; (fig) faire volte-face
2 n (Mil) demi-tour m ; (fig) volte-face f ♦ **to do an about-face** faire demi-tour ; (fig) faire volte-face

above [əˈbʌv] → SYN
    When **above** is an element in a phrasal verb, eg **get above**, look up the verb.

1 adv a (= overhead, higher up) au-dessus, en haut ♦ **from above** d'en haut ♦ **the view from above** la vue d'en haut ♦ **the flat above** l'appartement m au-dessus or du dessus ♦ **the powers above** (= of higher rank) les autorités fpl supérieures ; (in heaven) les puissances fpl célestes ♦ **orders from above** des ordres mpl venant d'en haut ♦ **a warning from above** un avertissement (venu) d'en haut
b (= more) boys of 16 and above les garçons à partir de 16 ans, les garçons de 16 ans et plus ♦ **seats are available at 80 francs and above** il y a des places à partir de 80 F ; → **over**
c (= earlier: in book etc) ci-dessus, plus haut ♦ **as above** comme ci-dessus, comme plus haut ♦ **the address as above** l'adresse m ci-dessus
d (= upstream) en amont, plus haut
2 prep a (= higher than, superior to) au-dessus de, plus haut que ♦ **above it** plus haut ♦ **above the horizon** au-dessus de l'horizon ♦ **above all (else)** par-dessus tout, surtout ♦ **he put his hands above his head** il a levé les mains au-dessus de sa tête ♦ **he values honesty above everything else** pour lui, il n'y a rien de plus important que l'honnêteté, il place l'honnêteté au-dessus de tout ; → **average**
b (= more than) plus de ♦ **children above seven years of age** les enfants de plus de sept ans or au-dessus de sept ans ♦ **it will cost above $10** ça coûtera plus de 10 dollars ♦ **temperatures above 40 degrees** des températures supérieures à 40 degrés ♦ **wage rises of 3% above inflation** des augmentations de salaire supérieures à 3 % à l'inflation ; → **over**
c (= beyond) au-delà de ♦ **that is quite above me** * ceci me dépasse ♦ **this book is above me** * ce livre est trop compliqué pour moi ; → **head**
d (= too proud, honest etc for) **he is above such behaviour** il est incapable de se conduire ainsi ♦ **he's not above stealing/theft** il irait jusqu'à voler/jusqu'au vol ♦ **he's not above playing with the children** il ne dédaigne pas de jouer avec les enfants ♦ **they're not above changing the rules to suit their own purposes** ils iraient jusqu'à modifier les règles en leur faveur ♦ **he thought he was above failure** (gen) il croyait être infaillible ; (in specific situation, task etc) il pensait qu'il ne pouvait pas échouer ♦ **to get above o.s.** avoir des idées de grandeur
e (= over) **I couldn't hear what she was saying above the barking** les aboiements m'empêchaient d'entendre ce qu'elle disait
f (= upstream from) en amont de, plus haut que
g (= north of) au nord de, au-dessus de
3 adj mentionné ci-dessus, précité ♦ **the above decree** le décret précité
4 n ♦ **the above is a photo of ...** ci-dessus nous avons une photo de ... ♦ **please translate the above** veuillez traduire ce qui se trouve au-dessus
5 COMP ▷ **above board** adj person, action régulier, correct ◊ adv cartes sur table ▷ **above ground** adj (lit) au-dessus du sol, à la surface ; (Tech) extérieur (-eure f) ; (US* fig) déclaré ▷ **above-mentioned** adj susmentionné, précité ▷ **above-named** adj susnommé ▷ **above-the-line advertising** n (Comm) publicité-média f

abracadabra [ˌæbrəkəˈdæbrə] excl abracadabra !

abrade [əˈbreɪd] vt user en frottant or par le frottement ; [+ skin etc] écorcher, érafler ; (Geol) éroder

Abraham [ˈeɪbrəhæm] n Abraham m

abrasion [əˈbreɪʒən] → SYN (frm) n a (Med) [of skin] écorchure f ; [of teeth] abrasion f
b (NonC = damage) abrasion f

abrasive [əˈbreɪsɪv] → SYN 1 adj a (lit) substance, surface abrasif
b (fig) person, personality, manner, speech caustique ; voice acerbe ; wit corrosif
2 n abrasif m

abrasively [əˈbreɪsɪvlɪ] adv say, reply d'une voix acerbe ♦ **he was abrasively aggressive** il a été d'une agressivité caustique

abreaction [ˌæbrɪˈækʃən] n abréaction f

abreast [əˈbrest] → SYN adv a horses, vehicles, ships de front ; people de front, côte à côte ♦ **to walk three abreast** marcher trois de front ♦ **(in) line abreast** (Naut) en ligne de front ♦ **abreast of sb/sth** (in line with) à la hauteur de qn/qch ♦ **to draw abreast of sb/sth** arriver à la hauteur de qn/qch
b (fig) abreast of sth (= aware of) au courant de qch ♦ **to keep abreast of sth** se tenir au courant de qch ♦ **to be abreast of the times** être de son temps, marcher avec son temps

abridge [əˈbrɪdʒ] → SYN vt [+ book] abréger ; [+ article, speech] raccourcir, abréger ; [+ interview] écourter ; [+ text] réduire

abridgement [əˈbrɪdʒmənt] → SYN n a (= shortened version) résumé m, abrégé m
b (NonC) diminution f, réduction f

abroad [əˈbrɔːd] → SYN adv a (= in foreign country) à l'étranger ♦ **to go/be abroad** aller/être à l'étranger ♦ **news from abroad** nouvelles fpl de l'étranger ; → **home**
b (= far and wide) au loin ; (= in all directions) de tous côtés, dans toutes les directions ♦ **scattered abroad** éparpillé de tous côtés or aux quatre vents ♦ **there is a rumour abroad that ...** le bruit circule or court que ... ; → **noise**
c († = out of doors) (au) dehors, hors de chez soi

abrogate [ˈæbrəʊɡeɪt] vt (frm) abroger, abolir

abrogation [ˌæbrəʊˈɡeɪʃən] n (frm) abrogation f

abrupt [əˈbrʌpt] → SYN adj a (= sudden) change, rise, fall soudain, brusque ; resignation, dismissal soudain ; movement, turn brusque ; departure précipité ♦ **to come to an abrupt end** se terminer brusquement ♦ **to bring an abrupt end to sth** mettre brusquement fin or un terme à qch ♦ **to come to an abrupt halt** or **stop** (lit, fig) s'arrêter brusquement
b (= brusque) person, manner, comment abrupt
c (= steep) hillside, precipice abrupt, raide

abruptly [əˈbrʌptlɪ] adv a (= suddenly) stop, move, turn brusquement
b (= brusquely) say, ask abruptement
c (= steeply) rise en pente raide

abruptness [əˈbrʌptnɪs] n a (= suddenness) soudaineté f ; (= haste) précipitation f

b (= brusqueness) [of person, behaviour] brusquerie f
c (= steepness) **the abruptness of the slope** la pente raide

ABS [ˌeɪbiːˈes] **1** n (abbrev of **anti-lock braking system**) ABS m
2 COMP ▷ **ABS brakes** npl freins mpl ABS

abs [æbz] npl abdos * mpl

abscess [ˈæbses] n abcès m

abscissa [æbˈsɪsə] n, pl **abscissas** or **abscissae** [æbˈsɪsiː] (Math) abscisse f

abscond [əbˈskɒnd] → SYN vi s'enfuir, prendre la fuite (from de)

absconder [əbˈskɒndəʳ] n fugitif m, -ive f; (from prison) évadé(e) m(f)

absconding [əbˈskɒndɪŋ] **1** adj en fuite
2 n fuite f; [of prisoner] évasion f

abseil [ˈæbseɪl] (Brit) **1** vi descendre en rappel
2 n (descente f en) rappel m ◆ **abseil device** descendeur m

abseiling [ˈæbseɪlɪŋ] n (Brit) (descente f en) rappel m

absence [ˈæbsəns] → SYN **1** n **a** (= being away) absence f; (Jur) non-comparution f, défaut m ◆ **during/in the absence of sb** pendant/en l'absence de qn ◆ **sentenced in his absence** (Jur) condamné par contumace ◆ **absence makes the heart grow fonder** l'éloignement renforce les sentiments ◆ **absence without leave** (Admin) absence f irrégulière ◆ **an absence of three months** une absence de trois mois; → **conspicuous, leave, unauthorized**
b (NonC = lack) manque m, défaut m ◆ **in the absence of accurate information** faute de données précises
2 COMP ▷ **absence of mind** n (= distraction) distraction f; (= forgetfulness) absence f

absent [ˈæbsənt] → SYN **1** adj **a** (= away) absent (from de) ◆ **to be or go absent without leave** être absent sans permission ◆ **to absent friends!** (buvons) à la santé des absents!
b (= inattentive) distrait
c (= lacking) **her name was absent from the list** son nom n'était pas sur la liste
2 [æbˈsent] vt ◆ **to absent o.s.** s'absenter (from de)
3 COMP ▷ **absent-minded** → SYN adj person (gen) distrait; (= forgetful) absent; air, manner absent, distrait ◆ **absent-mindedly** adv (= distractedly) distraitement; (= inadvertently) par inadvertance ▷ **absent-mindedness** n (= distraction) distraction f; (= forgetfulness) absence f

absentee [ˌæbsənˈtiː] **1** n absent(e) m(f); (habitual) absentéiste mf
2 COMP ▷ **absentee ballot** n (US Pol) vote m par correspondance ▷ **absentee landlord** n propriétaire mf absentéiste ▷ **absentee rate** n (Ind, Scol) taux m d'absentéisme ▷ **absentee voter** (US) n électeur m, -trice f qui vote par correspondance

absenteeism [ˌæbsənˈtiːɪzəm] n absentéisme m

absently [ˈæbsəntlɪ] → SYN adv distraitement

absinth(e) [ˈæbsɪnθ] n absinthe f

absolute [ˈæbsəluːt] → SYN **1** adj **a** (= complete, unqualified) refusal, command, majority, silence, poverty absolu; (Jur) proof irréfutable, formel ◆ **an absolute truth** une vérité absolue ◆ **she has absolute faith** or **confidence in him** elle lui fait entièrement confiance ◆ **it's an absolute necessity** c'est indispensable ◆ **it's an absolute fact that** ... c'est un fait indiscutable or il est indiscutable que ... ◆ **in absolute terms** dans l'absolu ◆ **absolute veto** (Pol etc) veto m formel ◆ **the divorce was made absolute** (Jur) le (jugement de) divorce a été prononcé
b (used for emphasis) **it's an absolute scandal** c'est un véritable scandale, c'est vraiment scandaleux ◆ **that's absolute nonsense** or **rubbish** * c'est absurde, c'est une absurdité ◆ **it was an absolute nightmare** * c'était un vrai cauchemar ◆ **an absolute idiot** * un parfait crétin *
c (= unlimited) power absolu, souverain; monarch absolu
d (Math, Phys) value absolu; (Chem) alcohol absolu, anhydre
2 n absolu m

3 COMP ▷ **absolute liability** n (Fin, Jur) responsabilité f objective ▷ **absolute monopoly** n monopole m absolu ▷ **absolute pitch** n (Mus) oreille f absolue ▷ **absolute undertaking** n (Jur) engagement m de responsabilité absolue ▷ **absolute zero** n (Phys) zéro m absolu

absolutely [ˌæbsəˈluːtlɪ] **a** (= completely) absolument ◆ **I absolutely agree** je suis absolument or tout à fait d'accord ◆ **to be absolutely right** avoir entièrement raison ◆ **to lie absolutely still** rester parfaitement immobile, faire le mort ◆ **absolutely everything** absolument tout ◆ **it's absolutely scandalous** * c'est un véritable scandale, c'est scandaleux ◆ **absolutely!** (expressing agreement) absolument! ◆ **absolutely not!** (expressing disagreement) jamais de la vie!, sûrement pas!
b [ˈæbsəluːtlɪ] (Gram) absolument ◆ **verb used absolutely** verbe m employé absolument

absolution [ˌæbsəˈluːʃən] → SYN n absolution f ◆ **the Absolution** (in liturgy) l'absoute f

absolutism [ˈæbsəluːtɪzəm] → SYN n (Pol) absolutisme m; (Rel) prédestination f

absolutist [ˈæbsəluːtɪst] → SYN adj, n (Pol) absolutiste mf

absolutory [æbˈsɒljʊtərɪ] adj absolutoire

absolve [əbˈzɒlv] → SYN vt (from sin, of crime) absoudre (from, of de); (Jur) acquitter (of de); (from obligation, oath) décharger, délier (from de)

absorb [əbˈsɔːb] → SYN vt **a** (lit, fig) absorber; [+ sound, shock] amortir ◆ **to absorb surplus stocks** absorber les surplus
b **to become absorbed in one's work/in a book** s'absorber dans son travail/dans la lecture d'un livre ◆ **to be absorbed in a book** être plongé dans un livre ◆ **to be completely absorbed in one's work** être tout entier à son travail

absorbency [əbˈsɔːbənsɪ] n pouvoir m absorbant; (Chem, Phys) absorptivité f

absorbent [əbˈsɔːbənt] **1** adj absorbant
2 n absorbant m
3 COMP ▷ **absorbent cotton** n (US) coton m hydrophile

absorbing [əbˈsɔːbɪŋ] → SYN adj (lit) absorbant; (fig) book, film passionnant, captivant; work absorbant

absorptance [əbˈsɔːptəns] n (Phys) facteur m d'absorption, absorptance f

absorption [əbˈsɔːpʃən] **1** n **a** (Phys, Physiol) absorption f; (Aut) [of shock] amortissement m; [of person into group etc] absorption f, intégration f
b (fig) concentration f (d'esprit) ◆ **his absorption in his studies prevented him from ...** ses études l'absorbaient à tel point qu'elles l'empêchaient de ...
2 COMP ▷ **absorption costing** n coûts mpl complets ▷ **absorption spectrum** n spectre m d'absorption

absorptivity [ˌæbsɔːpˈtɪvɪtɪ] n (Phys) absorptivité f

absquatulate * [æbˈskwɒtʃəleɪt] vi se tirer *, mettre les voiles *

abstain [əbˈsteɪn] vi (gen, Rel, Pol) s'abstenir (from de; from doing sth de faire qch); (from alcohol) s'abstenir complètement (de l'usage) des boissons alcoolisées

abstainer [əbˈsteɪnəʳ] n **a** (also **total abstainer**) personne f qui s'abstient de toute boisson alcoolisée
b (Pol) abstentionniste mf

abstemious [əbˈstiːmɪəs] → SYN adj (frm) person sobre, frugal; meal frugal

abstemiously [æbˈstiːmjəslɪ] adv sobrement

abstemiousness [əbˈstiːmɪəsnɪs] n (NonC) (frm) [of person] (from drinking) sobriété f; (from eating) frugalité f; [of meal] frugalité f

abstention [əbˈstenʃən] → SYN n (from voting) abstention f; (from drinking) abstinence f ◆ **400 votes with 3 abstentions** (Parl etc) 400 voix et 3 abstentions

abstinence [ˈæbstɪnəns] → SYN n (gen, Rel) abstinence f (from de); (from alcohol: also **total abstinence**) abstention f de toute boisson alcoolisée

abstinent [ˈæbstɪnənt] → SYN adj sobre, tempérant; (Rel) abstinent

abstract [ˈæbstrækt] → SYN **1** adj idea, number, noun, art, artist abstrait ◆ **abstract expressionism** expressionnisme m abstrait
2 n **a** (Philos) abstrait m; (= idea) abstraction f ◆ **in the abstract** dans l'abstrait
b (= summary) (for thesis, conference) résumé m, abrégé m ◆ **abstract of accounts** (Fin) extrait m de compte
3 [æbˈstrækt] vt **a** (gen, Chem = remove) extraire (from de)
b (= steal) soustraire (sth from sb qch à qn), dérober
c (= summarize) [+ book] résumer

abstracted [æbˈstræktɪd] → SYN adj person (= absent-minded) distrait; (= preoccupied) préoccupé, absorbé

abstractedly [æbˈstræktɪdlɪ] adv distraitement

abstraction [æbˈstrækʃən] n **a** (= act of removing) extraction f; (hum = stealing) appropriation f
b (= absent-mindedness) distraction f ◆ **with an air of abstraction** d'un air distrait
c (= concept) idée f abstraite, abstraction f

abstruse [æbˈstruːs] → SYN adj abstrus

abstruseness [æbˈstruːsnɪs] n caractère m abstrus

absurd [əbˈsɜːd] → SYN **1** adj absurde ◆ **it's absurd!** c'est absurde!
2 n (Philos) absurde m

absurdist [əbˈsɜːdɪst] adj writer de l'absurde; humour absurde; book, play fondé sur l'absurde

absurdity [əbˈsɜːdɪtɪ] → SYN n absurdité f

absurdly [əbˈsɜːdlɪ] adv demand, laugh de façon ridicule; expensive, young, rich ridiculement ◆ **absurdly funny** d'un humour qui confine à l'absurde

ABTA [ˈæbtə] n (abbrev of **Association of British Travel Agents**) ≃ Syndicat m national des agences de voyage

Abu Dhabi [ˌæbuːˈdɑːbɪ] n Abou Dhabi

abulia [əˈbuːlɪə] n (Psych) aboulie f

abundance [əˈbʌndəns] → SYN n **a** (= plenty) abondance f, profusion f ◆ **in abundance** en abondance
b (= wealth) abondance f, aisance f ◆ **to live in abundance** vivre dans l'abondance

abundant [əˈbʌndənt] → SYN adj abondant ◆ **there is abundant proof that he is guilty** les preuves de sa culpabilité abondent

abundantly [əˈbʌndəntlɪ] adv abondamment, copieusement ◆ **to grow abundantly** pousser à foison ◆ **it was abundantly clear that ...** il était tout à fait clair que ... ◆ **he made it abundantly clear to me that ...** il m'a bien fait comprendre or m'a bien précisé que ...

abuse [əˈbjuːz] → SYN **1** vt **a** (= misuse) [+ privilege] abuser de
b [+ person] (= insult) injurier, insulter; (= ill-treat) (gen) maltraiter; (Sociol, Jur) faire subir des mauvais traitements à; (sexually) faire subir des sévices sexuels à
2 [əˈbjuːs] n **a** [of power, authority] abus m ◆ **the system is open to abuse** le système présente des risques d'abus
b (= unjust practice) abus m ◆ **to remedy abuses** réprimer les abus
c (NonC = curses, insults) insultes fpl, injures fpl; (= ill-treatment) (gen) mauvais traitements mpl (of infligés à); (Sociol, Jur) (gen) maltraitance f; (sexual) abus m sexuel, sévices mpl sexuels

abuser [əˈbjuːzəʳ] n **a** (gen) abusers of the system les gens qui exploitent le système
b (Sociol, Jur, gen) auteur m de sévices; (also **sex abuser**) auteur m de sévices sexuels

Abu Simbel [ˌæbuːˈsɪmbl] n Abou Simbel

abusive [əˈbjuːsɪv] → SYN adj **a** (= offensive) speech, words injurieux ◆ **to use abusive language to sb** injurier qn ◆ **he was very abusive** (= rude) il s'est montré très grossier
b (Sociol, Jur) parents qui exercent des sévices sur leurs enfants ◆ **children from an abusive home** les enfants maltraités par leurs parents
c (= wrongly used) abusif, mauvais

abusively [əˈbjuːsɪvlɪ] adv refer to injurieusement ◆ **to shout/scream abusively at sb** crier/hurler des insultes à qn

abusiveness [əˈbjuːsɪvnɪs] n ⓐ (= rudeness) grossièreté f
ⓑ (= violence) **their father's abusiveness continued** leur père a continué à leur faire subir des sévices

abut [əˈbʌt] vi ◆ **to abut on** confiner à, être contigu (-guë f) à

abutment [əˈbʌtmənt] n (Archit) contrefort m, piédroit m ; (esp on bridge) butée f

abuzz [əˈbʌz] adj ◆ **the office was abuzz with the news** la nouvelle courait dans tout le bureau

abysmal [əˈbɪzməl] → SYN adj taste, quality épouvantable, catastrophique * ◆ **abysmal ignorance** ignorance f crasse ◆ **his work was quite abysmal** son travail était tout à fait exécrable

abysmally [əˈbɪzməlɪ] adv bad, low, unsuccessful atrocement ; play atrocement mal ◆ **abysmally ignorant** d'une ignorance crasse ◆ **the government has failed abysmally** le gouvernement a échoué lamentablement

abyss [əˈbɪs] → SYN n (lit, fig) abîme m, gouffre m ; (in sea) abysse m

abyssal [əˈbɪsəl] adj (Geog) abyssal

Abyssinia [ˌæbɪˈsɪnɪə] n Abyssinie f

Abyssinian [ˌæbɪˈsɪnɪən] ① adj abyssinien, abyssin *(rare)*
② n Abyssinien(ne) m(f), Abyssin(e) m(f) *(rare)* ◆ **the Abyssinian Empire** l'empire m d'Éthiopie

AC [eɪˈsiː] n (abbrev of **alternating current**) → **alternating**

a/c n (abbrev of **account**) C, compte m

acacia [əˈkeɪʃə] n acacia m

Acad abbrev of **academy, academic**

academe [ˈækədiːm], **academia** [ˌækəˈdiːmɪə] n (NonC) le monde universitaire

academic [ˌækəˈdemɪk] → SYN ① adj ⓐ (= of studying, colleges) (Univ) universitaire ; (Scol) scolaire ; failure, progress scolaire ◆ **academic freedom** liberté f de l'enseignement
ⓑ (= theoretical) théorique, spéculatif ◆ **academic debate** discussion f sans portée pratique or toute théorique
ⓒ (= scholarly) style, approach intellectuel
ⓓ (= of no practical use) **that's all quite academic, it's an academic question** c'est (une question) purement théorique ◆ **out of purely academic interest** par simple curiosité
ⓔ art, portrait académique
② n (= university teacher) universitaire mf
③ COMP ▷ **academic advisor** n (US) directeur m, -trice f d'études ▷ **academic dean** n (US) ≃ président(e) m(f) de faculté ▷ **academic dress** n toge f et toque f de professeur (or d'étudiant) ▷ **academic gown** n toge f de professeur (or d'étudiant) ▷ **academic officers** npl (US) personnel m enseignant et cadres mpl administratifs ▷ **academic rank** n (US) grade m ▷ **academic year** n année f universitaire

academically [ˌækəˈdemɪkəlɪ] adv competent sur le plan scolaire ; sound intellectuellement ◆ **academically gifted** doué pour les études ◆ **academically qualified** possédant des diplômes universitaires

academicals [ˌækəˈdemɪkəlz] npl toge f et toque f de professeur (or d'étudiant)

academician [əˌkædəˈmɪʃən] n académicien(ne) m(f)

academicism [ˌækəˈdemɪsɪzəm] n académisme m

academy [əˈkædəmɪ] ① n ⓐ (= private college) école f privée, collège m, pensionnat m ◆ **military/naval academy** école f militaire/navale ◆ **academy of music** conservatoire m ; → **police**
ⓑ (= society) académie f, société f ◆ **the (Royal) Academy** l'Académie f Royale ; → **French**
② COMP ▷ **Academy Award** n oscar m

Acadia [əˈkeɪdɪə] n (Geog) l'Acadie f

acanthus [əˈkænθəs] n, pl **acanthuses** or **acanthi** [əˈkænθaɪ] acanthe f

a capella [ɑːkəˈpelə] adj, adv (Mus) a cap(p)ella

Acapulco [ˌækəˈpʊlkəʊ] n (Geog) Acapulco

acariasis [ˌækəˈraɪəsɪs] n (Med) acariose f

acaricide [əˈkærɪˌsaɪd] n acaricide m

acarid [ˈækərɪd] n (Zool) acarien m

acarpous [eɪˈkɑːpəs] adj (Bot) acarpe

acarus [ˈækərəs] n, pl **acari** [ˈækəˌraɪ] (Zool) acarus m

ACAS, Acas [ˈeɪkæs] n (abbrev of **Advisory, Conciliation and Arbitration Service**) organisme d'arbitrage des conflits du travail

acc. n (Banking) abbrev of **account**

Accadian [əˈkeɪdɪən] adj, n akkadien(ne) m(f)

accede [ækˈsiːd] → SYN vi ⓐ (= agree) **to accede to** [+ request] agréer, donner suite à ; [+ suggestion] agréer, accepter
ⓑ (= gain position) entrer en possession ◆ **to accede to office** entrer en fonction ◆ **to accede to the throne** monter sur le trône
ⓒ (= join) adhérer, se joindre (*to* à)

accelerando [ækˌseləˈrændəʊ] adv (Mus) accelerando

accelerate [ækˈseləreɪt] → SYN ① vt [+ movement, growth] accélérer ; [+ work] activer ; [+ events] précipiter, hâter ◆ **to accelerate the process of reform/modernization** accélérer le processus de réformes/de modernisation
② vi (esp Aut) accélérer

accelerated [ækˈseləreɪtɪd] adj (Econ) depreciation, increments etc accéléré ◆ **accelerated program** (US Univ) cursus m intensif

acceleration [ækˌseləˈreɪʃən] → SYN ① n accélération f ◆ **repayment by acceleration** (Fin) remboursement m par déchéance du terme
② COMP ▷ **acceleration clause** n (Fin) clause f d'accélération

accelerator [ækˈseləreɪtər] n (Aut) accélérateur m ◆ **to step on the accelerator** appuyer sur l'accélérateur or le champignon *

accelerometer [ækˌseləˈrɒmɪtər] n accéléromètre m

accent [ˈæksənt] → SYN ① n ⓐ (= intonation, pronunciation) accent m ◆ **to speak French without an accent** parler français sans accent ◆ **to have a foreign accent** avoir un accent (étranger) ◆ **she speaks with a Yorkshire accent** elle parle avec l'accent du Yorkshire
ⓑ (= stress on part of word) accent m (tonique)
ⓒ (= written mark) accent m ; → **acute**
ⓓ (liter = way of speaking) **accents** accents mpl, paroles fpl ◆ **in accents of rage** avec des accents de rage (dans la voix)
② [ækˈsent] vt ⓐ (= emphasize) [+ word] accentuer, mettre l'accent sur ; [+ syllable] accentuer
ⓑ (= make prominent) accentuer, mettre en valeur

accentor [ækˈsentər] n (Orn) accenteur m

accentuate [ækˈsentjʊeɪt] → SYN vt (= emphasize) [+ inequality, hostility, tendency] accentuer ; [+ physical feature] faire ressortir ; (= draw attention to) attirer l'attention sur

accentuation [ækˌsentjʊˈeɪʃən] n accentuation f

accept [əkˈsept] LANGUAGE IN USE 11.2, 11.3, 12.1, 12.2, 18.3, 25 → SYN vt ⓐ [+ gift, invitation, apology] accepter ; [+ goods] prendre livraison de ; [+ excuse, fact, report, findings] admettre, accepter ; [+ one's duty] se soumettre à ; [+ one's fate] accepter, se résigner à ; [+ task] se charger de, accepter ; (Comm) [+ bill] accepter ◆ **I accept that ...** je conviens que ... ◆ **it is generally or widely accepted that ...** il est généralement admis que ...
ⓑ (= allow) [+ action, behaviour] admettre, accepter
ⓒ (Med) [+ transplanted organ] assimiler

acceptability [əkˌseptəˈbɪlɪtɪ] n ⓐ (gen) **the organization's new-found international acceptability** le fait que cette organisation soit depuis peu cautionnée ou admise par la communauté internationale
ⓑ (Ling) acceptabilité f

acceptable [əkˈseptəbl] → SYN ① adj ⓐ (= reasonable) offer, suggestion acceptable (also Ling) ; (morally) behaviour admissible ◆ **I hope you will find this acceptable** j'espère que cela vous conviendra ◆ **if this offer is acceptable to you** si la présente offre est à votre convenance
ⓑ (= welcome) bienvenu, opportun ; gift qui fait plaisir ◆ **the money was most acceptable** l'argent était vraiment le bienvenu
② COMP ▷ **acceptable daily intake** n (Med) dose f quotidienne admissible ▷ **acceptable quality level** n (Ind) niveau m de qualité acceptable

acceptably [əkˈseptəblɪ] adv ⓐ (= properly) behave, treat de façon acceptable, d'une manière décente ; (= sufficiently) ◆ **acceptably accurate/safe** d'une précision/sécurité satisfaisante ◆ **noise levels were acceptably low** les niveaux sonores étaient suffisamment bas pour être tolérables
ⓑ (= adequately) play à peu près comme il faut, d'une manière convenable

acceptance [əkˈseptəns] LANGUAGE IN USE 19.5 → SYN ① n ⓐ [of invitation, gift] acceptation f ; [of proposal] consentement m (*of* à) ; (Comm) [of bill] acceptation f ; (Comm, Jur) [of delivered goods] réception f
ⓑ (= approval) réception f favorable, approbation f ◆ **the idea met with general acceptance** l'idée a reçu l'approbation générale
② COMP ▷ **acceptance house** n banque f d'acceptation

acceptation [ˌæksepˈteɪʃən] n ⓐ (= meaning) acception f, signification f
ⓑ (= approval) approbation f

accepted [əkˈseptɪd] → SYN adj accepté ; fact reconnu ; idea répandu ; behaviour, pronunciation admis ◆ **... in the accepted sense of the word** ... dans le sens usuel or courant du mot

acceptor [əkˈseptər] n (Comm) accepteur m

access [ˈækses] → SYN ① n ⓐ (NonC) (= way of approach) accès m, abord m ; (Jur) (= through lane etc) droit m de passage ; (into property) droit m d'accès ; (= permission to see, use) accès m ◆ **easy of access** d'accès facile, facilement accessible ◆ **access to his room is by a staircase** on accède à sa chambre par un escalier ◆ **to give access to ...** donner accès à ... ◆ **to have access to sb** avoir accès auprès de qn, avoir ses entrées chez qn ◆ **to have (right of) access to papers** avoir accès à des documents ◆ **to have access to (an) education** avoir accès or droit à l'éducation ◆ **these children now have access to (an) education** ces enfants peuvent désormais bénéficier d'une scolarisation ; → **gain**
ⓑ (= way of entry) **there is another access to this room** cette pièce a un autre accès
ⓒ (Jur: in divorce) droit m de visite
ⓓ (Comput) **access port/time** port m/temps m d'accès ; → **random**
ⓔ (= sudden outburst) [of anger, remorse, melancholy] accès m ; [of generosity] élan m
② vt (Comput) [+ file etc] accéder à
③ COMP ▷ **access course** n (Univ) cours intensif permettant aux personnes sans baccalauréat d'accéder aux études supérieures ▷ **access provider** n fournisseur m d'accès ▷ **access road** n route f d'accès ; [of motorway] bretelle f d'accès or de raccordement ◆ **there is an access road for Melun** (to motorway) Melun est raccordé (à l'autoroute)

accessary [ækˈsesərɪ] (Jur) ① n complice mf ◆ **accessary before/after the fact** complice mf par instigation/par assistance
② adj complice (*to* de)

accessibility [ækˌsesɪˈbɪlɪtɪ] → SYN n accessibilité f

accessible [ækˈsesəbl] → SYN adj ⓐ place accessible, d'accès facile ; knowledge à la portée de tous, accessible ; person accessible, d'un abord facile
ⓑ (= able to be influenced) ouvert, accessible (*to* à)

accession [ækˈseʃən] ① n ⓐ (= gaining of position) accession f (*to* à) ; (to fortune, property) accession f (*to* à), entrée f en possession (*to* de) ◆ **accession (to the throne)** avènement m
ⓑ (= addition, increase) accroissement m, augmentation f ◆ **the accession of new members to the party** l'adhésion f de membres nouveaux au parti

accessorize / account

c (= consent) accord m, assentiment m ; (Jur, Pol: to a treaty etc) adhésion f
d (in library, museum) nouvelle acquisition f
2 vt [+ library book etc] mettre au catalogue

accessorize [æk'sesəraɪz] vt accessoiriser

accessory [æk'sesərɪ] → SYN **1** adj **a** (= additional) accessoire, auxiliaire
b (Jur) ⇒ accessary 2
2 n **a** (Comm, Tech, Dress, Theat etc) accessoire m ◆ **car accessories** accessoires mpl d'automobile ◆ **toilet accessories** objets mpl de toilette
b (Jur) ⇒ accessary 1

accidence ['æksɪdəns] n (Ling) morphologie f flexionnelle ; (Philos) accident m

accident ['æksɪdənt] → SYN **1** n **a** (= mishap, disaster) accident m ◆ **to meet with** or **have an accident** avoir un accident ◆ **road accident** accident m de la route or de la circulation ◆ **accidents in the home** accidents mpl domestiques ◆ **it's an accident waiting to happen** (fig) c'est une bombe à retardement
b (= unforeseen event) événement m fortuit, accident m ; (= chance) hasard m, chance f ◆ **it's no accident that ...** ce n'est pas un hasard si ...
◆ **by accident** injure, break accidentellement ; meet, find par hasard
c (Philos) accident m
2 COMP ▷ **Accident and Emergency Unit** n (service m des) urgences fpl ▷ **accident figures** npl nombre m des accidents ▷ **accident insurance** n assurance f (contre les) accidents ▷ **accident prevention** n (in home, factory) prévention f des accidents ; (Aut) prévention f routière ▷ **accident-prone** adj **to be accident-prone** être sujet aux accidents, attirer les accidents ▷ **accident protection** n (Aut) prévention f routière ▷ **accident statistics** npl statistiques fpl des accidents ▷ **Accident Unit** n ⇒ **Accident and Emergency Unit**

accidental [æksɪ'dentl] → SYN **1** adj **a** (= happening by chance) shooting, poisoning, death accidentel ◆ **the accidental discovery of the explosives** la découverte fortuite des explosifs ◆ **the cure was an accidental discovery** le traitement a été découvert par hasard
b (= of secondary importance) effect, benefit secondaire, accessoire
c (Mus, Philos) accidentel
2 n (Mus) accident m
3 COMP ▷ **accidental damage** n (Insurance) accident(s) m(pl) ▷ **accidental injury** n (Insurance) accident m

accidentally [æksɪ'dentəlɪ] → SYN adv shoot, kill accidentellement ◆ **it was discovered quite accidentally** on l'a découvert par hasard
◆ **accidentally on purpose** * (hum) comme par hasard

acclaim [ə'kleɪm] → SYN **1** vt (= applaud) acclamer ◆ **to acclaim sb king** proclamer qn roi
2 n acclamations fpl ◆ **it met with great public/critical acclaim** cela a été salué unanimement par le public/les critiques

acclamation [æklə'meɪʃən] → SYN n acclamation f ◆ **to be elected/nominated by acclamation** être élu/nommé par acclamation

acclamatory [ə'klæmətərɪ] adj enthousiaste

acclimate [ə'klaɪmət] vt (US) ⇒ **acclimatize**

acclimatization [ə,klaɪmətaɪ'zeɪʃən] → SYN, **acclimation** (US) [ækla'meɪʃən] n (lit) acclimatation f ; (fig: to new situation etc) accoutumance f (to à)

acclimatize [ə'klaɪmətaɪz] → SYN, **acclimate** (US) [ə'klaɪmət] **1** vt (lit, fig) acclimater (to à)
2 vi (to new place, climate) s'acclimater (to à) ◆ **to acclimatize to a new job** s'accoutumer ou se faire à un nouveau travail

acclivity [ə'klɪvɪtɪ] n montée f

accolade ['ækəʊleɪd] n accolade f ; (fig) marque f d'approbation

accommodate [ə'kɒmədeɪt] → SYN vt **a** (= provide lodging or housing for) loger ; (= contain) [car] contenir ; [house] contenir, recevoir ◆ **the hotel/room can accommodate 60 people** l'hôtel/la salle peut recevoir ou accueillir 60 personnes
b (= supply) équiper (sb with sth qn de qch), fournir (sb with sth qch à qn) ; (= satisfy) [+ demand etc] accéder à ◆ **to accommodate sb with a loan** consentir un prêt à qn ◆ **I think we can accommodate you** je crois que nous pouvons satisfaire à votre demande
c (= adapt) [+ plans, wishes] accommoder, adapter (to à) ◆ **to accommodate o.s. to sth** s'adapter à qch, s'accommoder à qch

accommodating [ə'kɒmədeɪtɪŋ] → SYN adj (= obliging) obligeant ; (= easy to deal with) accommodant, conciliant

accommodation [ə,kɒmə'deɪʃən] → SYN **1** n
a [of person] logement m ◆ **accommodations** (US) logement m ◆ **"accommodation (to let)" "appartements or chambres à louer"** ◆ **we have no accommodation (available)** nous n'avons pas de place, c'est complet ◆ **there is no accommodation for children on n'accepte pas les enfants** ◆ **"office accommodation to let" "bureaux à louer"** ; → **seating**
b (= compromise) compromis m
c (Anat, Psych) accommodation f
d (Fin) prêt m, crédit m ◆ **to take accommodation** contracter un emprunt, faire un prêt
2 COMP ▷ **accommodation address** n adresse f (utilisée uniquement pour la correspondance), boîte f à lettres ▷ **accommodation bill** n (Comm) billet m or effet m de complaisance ▷ **accommodation bureau** n agence f de logement ▷ **accommodation ladder** n (Naut) échelle f de coupée ▷ **accommodation officer** n responsable mf de l'hébergement ▷ **accommodation party** n (Fin) avaliseur m ▷ **accommodation road** n route f à usage restreint ▷ **accommodation train** n (US Rail) (train m) omnibus m

accompaniment [ə'kʌmpənɪmənt] n accompagnement m, complément m ; (Mus) accompagnement m ; (Culin) accompagnement m, garniture f ◆ **they marched to the accompaniment of a military band** ils ont défilé au son d'une fanfare militaire

accompanist [ə'kʌmpənɪst] n (Mus) accompagnateur m, -trice f

accompany [ə'kʌmpənɪ] → SYN vt **a** (= escort) accompagner, suivre ◆ **accompanied by** accompagner de or par
b (fig) accompagner ◆ **cold accompanied by fever** rhume m accompagné de fièvre ◆ **accompanying letter** lettre f d'accompagnement
c (Mus) accompagner (on à)

accomplice [ə'kʌmplɪs] → SYN n complice mf ◆ **to be an accomplice to** or **in a crime** tremper dans un crime, être complice d'un crime

accomplish [ə'kʌmplɪʃ] → SYN vt accomplir, exécuter ; [+ task] accomplir, achever ; [+ desire] réaliser ; [+ journey] effectuer ◆ **to accomplish one's object** arriver à ses fins

accomplished [ə'kʌmplɪʃt] → SYN adj person (gen) doué ; musician, skater etc accompli ; performance accompli, parfait ◆ **she's very accomplished** elle est très douée ◆ **an accomplished pianist** un pianiste accompli

accomplishment [ə'kʌmplɪʃmənt] → SYN n **a** (= achievement) œuvre f accomplie, projet m réalisé
b (= skill) talent m ◆ **a woman of many accomplishments** une femme aux multiples talents or très talentueuse
c (NonC = completion) **on accomplishment of the project** quand le projet aura été mené à bien

accord [ə'kɔːd] → SYN **1** vt [+ favour, status, right, honour, privilege] accorder (to à) ; [+ respect] témoigner ◆ **to accord priority to** accorder la priorité à ◆ **to accord great importance to sth** accorder beaucoup d'importance à qch ◆ **she insisted she be accorded the same treatment as her male colleagues** elle a insisté pour avoir droit au même traitement que ses collègues masculins ◆ **he was accorded a hero's welcome** il a été accueilli en héros
2 vi s'accorder, concorder (with avec)
3 n **a** (NonC = agreement) consentement m, accord m ◆ **of his own accord** de lui-même ◆ **the problem disappeared of its own accord** le problème s'est résolu tout seul ◆ **with one accord** d'un commun accord ◆ **to be in accord with** être d'accord avec
b (= treaty) traité m, pacte m

accordance [ə'kɔːdəns] → SYN n accord m (with avec), conformité f (with à) ◆ **in accordance with** conformément à, suivant, en accord avec ◆ **to be in accordance with** être conforme à, correspondre à

according [ə'kɔːdɪŋ] LANGUAGE IN USE 26.1, 26.2 adv
a (gen) **according to** selon ◆ **according to him they've gone** selon lui or d'après lui ils sont partis ◆ **classified according to size** classés par ordre de grandeur ◆ **everything went according to plan** tout s'est passé comme prévu ◆ **according to what he says ...** d'après ce qu'il dit ... ◆ **to act according to the law** agir conformément à la loi
b **according as** selon que (+ subj), suivant que (+ indic)

accordingly [ə'kɔːdɪŋlɪ] → SYN adv **a** (= appropriately) act, pay, plan en conséquence
b (= consequently) par conséquent

accordion [ə'kɔːdɪən] **1** n accordéon m
2 COMP ▷ **accordion file** n (US) dossier m à soufflet ▷ **accordion pleat** n pli m (en) accordéon

accordionist [ə'kɔːdɪənɪst] n accordéoniste mf

accost [ə'kɒst] vt accoster, aborder ; (Jur) accoster

account [ə'kaʊnt] → SYN **1** n **a** (Comm, Fin) compte m ◆ **to open an account** ouvrir un compte ◆ **put it on my account** (in shop) vous le mettrez à or sur mon compte ; (in hotel) vous le mettrez sur mon compte or sur ma note ◆ **to pay a sum into one's account** (Banking) verser une somme à son compte ◆ **I have an account with them** (at shop) ils me font crédit ◆ **in account with en compte avec** ◆ **accounts payable** comptes mpl clients, comptes mpl créditeurs ◆ **accounts receivable** comptes mpl fournisseurs, effets mpl à recevoir ◆ **"to account rendered" "facture non payée"** ◆ **on account** à compte ◆ **payment on account** acompte m, à-valoir m, paiement m à compte ◆ **to pay £50 on account** verser un acompte de 50 livres ◆ **cash or account?** (in hotel, bar) vous payez comptant ou je le mets sur votre note ? ; (in shop) vous payez comptant ou je le mets sur votre compte ? ◆ **they have the Michelin account** (Advertising) ce sont eux qui font la publicité de Michelin ◆ **to settle** or **square accounts with sb** (fig) régler son compte à qn ; → **bank², current, settle²**
b **accounts** (= calculation) comptabilité f, comptes mpl ; (= department) (service m) comptabilité f ◆ **to do/keep the accounts** faire/tenir la comptabilité or les comptes
c (= report) compte rendu m ◆ **to give an account of sth** faire le compte rendu de qch or un exposé sur qch ◆ **by her own account** d'après ce qu'elle dit, d'après ses dires ◆ **by all accounts** d'après l'opinion générale, au dire de tous ◆ **he gave a good account of himself** (= made a good impression) il s'en est bien tiré, il a fait bonne impression
d (= importance) **of little account** peu important ◆ **of no account** sans importance ◆ **your statement is of no account to them** ils n'attachent aucune importance or valeur à votre déclaration
e (set structures)
◆ **on + account** ◆ **on account of** à cause de
◆ **on no account, not on any account** en aucun cas, sous aucun prétexte ◆ **on no account must you leave** vous ne devez partir sous aucun prétexte ◆ **on this** or **that account** pour cette raison ◆ **on her account** à cause d'elle ◆ **I was worried on her account** je m'inquiétais pour elle ◆ **don't leave on my account** ne partez pas à cause de moi
◆ **to call** or **hold sb to account** demander des comptes à qn ◆ **they can't be held to account for this** ils ne peuvent pas être tenus responsables de cela
◆ **to leave sth out of account** ne pas tenir compte de qch
◆ **to take account of sth/sb, to take sth/sb into account** tenir compte de qch/qn ◆ **these facts must be taken into account** ces faits doivent entrer en ligne de compte ◆ **to take little account of sth** faire peu de cas de qch ◆ **to take no account of sth** ne pas tenir compte de qch
◆ **to turn** or **put sth to (good) account** mettre qch à profit, tirer parti de qch
2 vt estimer, juger ◆ **to account o.s. lucky** s'estimer heureux ◆ **to account sb (to be) innocent** considérer qn comme innocent
3 COMP ▷ **account book** n livre m de comptes ▷ **account day** n (St Ex) terme m,

jour m de liquidation ▷ **account executive** n (Advertising) responsable mf du budget ▷ **account holder** n (Banking) titulaire mf d'un compte ▷ **account number** n (Fin) numéro m de compte ▷ **accounts department** n (service m) comptabilité f

▶ **account for** vt fus [a] (= explain, justify) [+ expenses] rendre compte de, justifier de ; [+ one's conduct] justifier ; [+ circumstances] expliquer ◆ **poor sanitation accounts for the recent outbreaks of disease** les mauvaises conditions d'hygiène expliquent les récentes épidémies ◆ **there's no accounting for tastes** des goûts et des couleurs on ne dispute pas (Prov), chacun son goût (Prov) ◆ **everyone is accounted for** on n'a oublié personne ◆ **three people have not yet been accounted for** (after accident etc) trois personnes n'ont pas encore été retrouvées
[b] (= represent) représenter ◆ **this accounts for 10% of the total** ceci représente 10 % du chiffre total ◆ **the Greens account for 10% of the vote** les Verts totalisent or représentent 10 % des voix ◆ **this area accounts for most of the country's mineral wealth** cette région produit or possède la plus grande partie des ressources minières du pays
[c] (= kill, destroy : shooting etc) tuer ; (Fishing = catch) attraper ◆ **he accounted for four enemy planes** il a abattu quatre avions ennemis

accountability [əˌkaʊntəˈbɪlɪtɪ] → SYN n responsabilité f ; (financial) responsabilité f financière

accountable [əˈkaʊntəbl] → SYN adj responsable (*for* de) ◆ **to be accountable to sb for sth** être responsable de qch or répondre de qch devant qn ◆ **he is not accountable for his actions** (= need not account for) il n'a pas à répondre de ses actes ; (= is not responsible for) il n'est pas responsable de ses actes

accountancy [əˈkaʊntənsɪ] n (= subject) comptabilité f ; (= profession) profession f de comptable ◆ **to study accountancy** faire des études de comptable or de comptabilité

accountant [əˈkaʊntənt] n comptable mf ◆ **accountant's office** agence f comptable

accounting [əˈkaʊntɪŋ] [1] n comptabilité f
[2] COMP ▷ **accounting period** n exercice m comptable ▷ **accounting policy** n politique f comptable ▷ **accounting practices** npl pratique f comptable ▷ **accounting procedures** npl procédures fpl comptables ▷ **accounting standards** npl normes fpl comptables ▷ **accounting system** n système m comptable ▷ **accounting year** n ⇒ **accounting period**

accouterments [əˈkuːtərmənts] npl (US) ⇒ **accoutrements**

accoutre [əˈkuːtər] vt (esp Mil) équiper (*with* de)

accoutred [əˈkuːtəd] adj (esp Mil) équipé (*with* de)

accoutrements [əˈkuːtrəmənts], **accouterments** (US) [əˈkuːtərmənts] npl (Mil) équipement m ; (gen) attirail m

accredit [əˈkredɪt] → SYN vt [a] (= credit) [+ rumour] accréditer ◆ **to accredit sth to sb** attribuer qch à qn ◆ **he is accredited with having discovered the site** on lui attribue la découverte de ce site
[b] [+ representative, ambassador] accréditer (*to* auprès de) → **accredited**

accreditation [əˌkredɪˈteɪʃn] [1] n (US Scol, Univ) habilitation f
[2] COMP ▷ **accreditation officer** n (US Scol) inspecteur m d'académie

accredited [əˈkredɪtɪd] → SYN adj person accrédité, autorisé ; opinion, belief admis, accepté ; agent accrédité ◆ **accredited institution** (Univ, Scol) *établissement scolaire ou universitaire dont les diplômes sont reconnus par l'État* ◆ **accredited representative** représentant m accrédité (*to* auprès de)

accrescent [æˈkresnt] adj (Bot) accrescent

accrete [əˈkriːt] [1] vi s'accumuler
[2] vt accumuler

accretion [əˈkriːʃən] n [a] (= increase, growth) accroissement m (organique)
[b] (= result of growth: Geol etc) concrétion f, addition f ; [of wealth etc] accroissement m, accumulation f

accruals [əˈkruːəlz] npl (Fin) compte m de régularisation (du passif)

accrue [əˈkruː] → SYN [1] vi [a] [money, advantages] revenir (*to* à)
[b] (Fin) [interest] courir
[2] COMP ▷ **accrued alimony** n (Jur) pension f alimentaire due ▷ **accrued charges** npl (Fin) charges fpl à payer ▷ **accrued expenses** npl (Fin) frais mpl à payer ▷ **accrued income** n recettes fpl échues ▷ **accrued interest** n intérêts mpl courus

acct n (abbrev of **account**) cpte m

acculturate [əˈkʌltʃəreɪt] vt acculturer

acculturation [əˌkʌltʃəˈreɪʃən] n acculturation f

accumulate [əˈkjuːmjʊleɪt] → SYN [1] vt accumuler
[2] vi s'accumuler ◆ **to allow interest to accumulate** laisser courir les intérêts

accumulation [əˌkjuːmjʊˈleɪʃən] → SYN n [a] (NonC) accumulation f ; (Fin) [of capital] accroissement m ; [of interest] accumulation f
[b] (= objects accumulated) amas m, tas m

accumulative [əˈkjuːmjʊlətɪv] adj qui s'accumule ; (Fin) cumulatif

accumulator [əˈkjuːmjʊleɪtər] n [a] (Elec) accumulateur m, accus * mpl
[b] (Brit = bet) report m

accuracy [ˈækjʊrəsɪ] → SYN n [of figures, clock] exactitude f ; [of aim, shot, story, report] précision f ; [of translation] exactitude f, fidélité f ; [of judgement, assessment] justesse f

accurate [ˈækjʊrɪt] → SYN adj information, figures, description exact ; typist bon ; missile précis ; measurement, clock, assessment, prediction juste ; translation, account, memory fidèle ; spelling correct ◆ **his father or, to be accurate, his stepfather ...** son père ou, pour être exact, son beau-père ... ◆ **the newspaper is well-known for its accurate reporting** ce journal est réputé pour l'exactitude de ses informations ◆ **the tests are 90% accurate** ces tests sont fiables à 90 % ◆ **the scales were accurate to half a gram** la balance avait une précision de l'ordre du demi-gramme

accurately [ˈækjʊrɪtlɪ] → SYN adv reflect, report, tell exactement, avec exactitude ; calculate, predict, reproduce exactement ; describe, measure, draw avec précision ; type, spell correctement ; translate fidèlement

accursed [əˈkɜːst] → SYN, **accurst** [əˈkɜːst] adj († or liter) maudit

accusal [əˈkjuːzl] n accusation f

accusation [ˌækjʊˈzeɪʃən] → SYN n accusation f ; (Jur) accusation f, plainte f ◆ **to bring an accusation against sb** (Jur) porter plainte or déposer (une) plainte contre qn

accusative [əˈkjuːzətɪv] [1] n accusatif m ◆ **in the accusative** à l'accusatif
[2] adj accusatif

accusatorial [əˌkjuːzəˈtɔːrɪəl] adj accusatoire (-trice f) ; (Jur) accusatoire

accusatory [əˈkjuːzətərɪ] adj accusateur (-trice f)

accuse [əˈkjuːz] → SYN vt accuser (*sb of sth* qn de qch) ◆ **they accused him of stealing the car or of having stolen the car** ils l'ont accusé d'avoir volé la voiture ◆ **they stand accused of murder** (Jur) ils sont accusés de meurtre

accused [əˈkjuːzd] n, pl **accused** (Jur) accusé(e) m(f), inculpé(e) m(f)

accuser [əˈkjuːzər] n accusateur m, -trice f

accusing [əˈkjuːzɪŋ] adj accusateur (-trice f)

accusingly [əˈkjuːzɪŋlɪ] adv d'une manière accusatrice

accustom [əˈkʌstəm] → SYN vt habituer, accoutumer (*sb to sth* qn à qch ; *sb to doing sth* qn à faire qch) ◆ **to accustom o.s. to** s'habituer à, s'accoutumer à

accustomed [əˈkʌstəmd] → SYN adj [a] (= used) habitué, accoutumé (*to* à ; *to do sth, to doing sth* à faire qch) ◆ **to become** or **get accustomed to sth/to doing sth** s'habituer or s'accoutumer à qch/à faire qch ◆ **I am not accustomed to such treatment** je n'ai pas l'habitude qu'on me traite (subj) de cette façon
[b] (= usual) habituel, coutumier

AC/DC [ˌeɪsiːˈdiːsiː] [1] n (abbrev of **alternating current/direct current**) → **alternating, direct**
[2] adj ◆ **he's AC/DC** ‡ il marche à voile et à vapeur ‡

ace [eɪs] → SYN [1] n [a] (Cards, Dice, Dominoes) as m ; (Tennis = shot) ace m ◆ **ace of diamonds** as m de carreau
[b] (fig) **to have** or **keep an ace up one's sleeve** avoir une carte maîtresse or un atout en réserve ◆ **to have the ace in one's hand** (Brit) ◆ **to have an ace in the hole** * avoir un atout en réserve ◆ **to play one's ace** jouer sa meilleure carte ◆ **to hold all the aces** avoir tous les atouts en main ◆ **to come within an ace of sth** être à deux doigts de qch ; → **clean**
[c] (= pilot, racing driver etc) as m ◆ **he's aces** * (US) il est super *
[2] adj super * ◆ **an ace driver** un as du volant
[3] COMP ▷ **Ace Bandage** ® n (US) bande f Velpeau ®

acellular [eɪˈseljʊlər] adj (Bio) acellulaire

acephalous [əˈsefələs] adj (Zool) acéphale

acerbic [əˈsɜːbɪk] adj taste âpre ; wit, humour acerbe, caustique

acerbity [əˈsɜːbɪtɪ] n âpreté f, aigreur f

acescence [əˈsesns] n acescence f

acescent [əˈsesnt] adj acescent

acetamide [ˌæsɪˈtæmaɪd] n (Chem) acétamide m

acetate [ˈæsɪteɪt] n acétate m

acetic [əˈsiːtɪk] adj acétique ◆ **acetic acid** acide m acétique

acetification [əˌsetɪfɪˈkeɪʃən] n (Chem) acétification f

acetify [əˈsetɪfaɪ] [1] vt acétifier
[2] vi s'acétifier

acetometer [ˌæsɪˈtɒmɪtər] n acétimètre m

acetone [ˈæsɪtəʊn] n acétone f

acetyl [əˈsiːtaɪl] n (Chem) acétyle m

acetylcholine [ˌæsɪtaɪlˈkəʊliːn] n acétylcholine f

acetylene [əˈsetɪliːn] [1] n acétylène m
[2] COMP ▷ **acetylene burner** n chalumeau m à acétylène ▷ **acetylene lamp** n lampe f à acétylène ▷ **acetylene torch** n ⇒ **acetylene burner** ▷ **acetylene welding** n soudure f à l'acétylène

ache [eɪk] → SYN [1] vi faire mal, être douloureux ◆ **my head aches** j'ai mal à la tête ◆ **to be aching all over** (after exercise) être courbaturé ; (from illness) avoir mal partout ◆ **it makes my heart ache** cela me brise or me fend le cœur ◆ **her heart ached for them** elle souffrait pour eux ◆ **to be aching** or **to ache to do sth** mourir d'envie de faire qch, brûler de faire qch
[2] n [a] (physical) douleur f, souffrance f ◆ **all his aches and pains** toutes ses douleurs, tous ses maux ◆ **he's always complaining of aches and pains** il se plaint toujours d'avoir mal partout ; → **toothache**
[b] (fig) peine f ; → **heartache**

achene [əˈkiːn] n (Bot) akène m

Acheulean [əˈʃuːlɪən], **Acheulian** [əˈʃuːlɪən] adj (Archeol) acheuléen ◆ **the Acheulean** l'acheuléen m

achieve [əˈtʃiːv] → SYN [1] vt (gen) accomplir, réaliser ; [+ aim, standard] atteindre, parvenir à ; [+ success] obtenir ; [+ fame] parvenir à ; [+ victory] remporter ◆ **what they have achieved** ce qu'ils ont accompli or réalisé ◆ **how did you achieve that?** comment est-ce que vous avez réussi à faire ça ? ◆ **to achieve something in life** arriver à quelque chose dans la vie ◆ **I feel I've really achieved something today** j'ai l'impression d'avoir fait quelque chose de valable aujourd'hui ; → **underachieve**
[2] vi (= be successful) réussir

achievement [əˈtʃiːvmənt] → SYN [1] n [a] (= success, feat) exploit m, réussite f
[b] (Scol) **the level of achievement** le niveau des élèves
[c] (NonC = completion) accomplissement m, réalisation f
[2] COMP ▷ **achievement test** n (Scol) test m de niveau *(dans les écoles primaires)*

achiever [əˈtʃiːvər] n (= successful person) gagneur m, -euse f ◆ **high-/low-achiever** sujet m doué/peu doué

achillea [ˌækɪˈliːə] n (Bot) achillée f

Achilles [əˈkɪliːz] **1** n Achille m **2** COMP ▷ **Achilles' heel** n (fig) talon m d'Achille ▷ **Achilles' tendon** n (Anat) tendon m d'Achille

aching [ˈeɪkɪŋ] adj douloureux, endolori ◆ **to have an aching heart** avoir le cœur gros

achingly [ˈeɪkɪŋli] adv funny, sad, beautiful à pleurer

achondroplasia [eɪˌkɒndrəʊˈpleɪzɪə] n achondroplasie f

achromat [ˈækrəˌmæt] (also **achromat lens**) n achromat m

achromatic [ˌeɪkrəʊˈmætɪk] adj achromatique

achromatism [əˈkrəʊməˌtɪzəm] n (Opt) achromatisme m

achromatize [əˈkrəʊmətaɪz] vt achromatiser

achy * [ˈeɪki] adj legs, muscles, joints douloureux ◆ **I feel achy all over** j'ai mal partout

acid [ˈæsɪd] → SYN **1** n **a** acide m **b** (Drugs *) acide * m ◆ **to drop acid** prendre de l'acide * **c** Acid ⇒ Acid house **2** adj **a** (= sour) acide **b** (= sharp) person revêche ; voice aigre ; remark mordant, acide **3** COMP ▷ **acid drop** n bonbon m acidulé ▷ **acid head** * n (Drugs) drogué(e) m(f) au LSD ▷ **Acid house** n acid music f ▷ **Acid house party** n acid party f ▷ **acid jazz** n acid jazz m ▷ **acid-proof** adj résistant aux acides ▷ **acid rain** n pluies fpl acides ▷ **acid rock** n (Mus) acid rock m ▷ **acid test** n (fig) test m ◆ **to pass the acid test** passer le test

acidic [əˈsɪdɪk] adj acide

acidify [əˈsɪdɪfaɪ] vt acidifier

acidimeter [ˌæsɪˈdɪmɪtəʳ] n acidimètre m

acidimetry [ˌæsɪˈdɪmɪtri] n acidimétrie f

acidity [əˈsɪdɪti] → SYN **1** n (Chem, fig) acidité f **2** COMP ▷ **acidity regulator** n régulateur m d'acidité

acidly [ˈæsɪdli] adv acidement, d'un ton acide

acidosis [ˌæsɪˈdəʊsɪs] n (Med) acidose f

acidulate [əˈsɪdjʊleɪt] vt aciduler

acidulous [əˈsɪdjʊləs] adj acidulé

ack-ack [ˈækˈæk] **1** n défense f contre avions, DCA f **2** COMP ▷ **ack-ack fire** n tir m de DCA ▷ **ack-ack guns** npl canons mpl antiaériens or de DCA

acknowledge [əkˈnɒlɪdʒ] → SYN vt **a** (= admit) avouer, admettre ; [+ error] reconnaître, avouer ◆ **to acknowledge sb as leader** reconnaître qn pour chef ◆ **to acknowledge o.s. beaten** s'avouer vaincu or battu **b** (also **acknowledge receipt of**) [+ letter, parcel] accuser réception de ◆ **to acknowledge a gift from sb** remercier qn pour or d'un cadeau **c** (= express thanks for) [+ person's action, services, help] manifester sa gratitude pour, se montrer reconnaissant de ; [+ applause, cheers] saluer pour répondre à **d** (= indicate recognition of) [+ greeting] répondre à ◆ **I smiled at him but he didn't even acknowledge me** je lui ai souri mais il a fait comme s'il ne me voyait pas ◆ **he didn't even acknowledge my presence** il a fait comme si je n'étais pas là ◆ **to acknowledge a child** (Jur) reconnaître un enfant

acknowledged [əkˈnɒlɪdʒd] → SYN adj leader, expert etc reconnu (de tous) ; child reconnu ; letter dont on a accusé réception

acknowledgement [əkˈnɒlɪdʒmənt] → SYN **1** n **a** (NonC) reconnaissance f ; [of one's error etc] aveu m ◆ **in acknowledgement of your help** en reconnaissance or en remerciement de votre aide ◆ **to raise one's arm in acknowledgement** saluer d'un geste **b** [of money] reçu m, récépissé m, quittance f ; [of letter] accusé m de réception ◆ **acknowledgements** (in preface etc) remerciements mpl ◆ **to quote without acknowledgement** faire une citation sans mentionner la source **2** COMP ▷ **acknowledgement slip** n (Comm) accusé m de réception

aclinic line [əˈklɪnɪk] n (Geog) ligne f aclinique

ACLU [ˌeɪsiːelˈjuː] n (abbrev of **American Civil Liberties Union**) Ligue f des droits de l'homme

acme [ˈækmi] → SYN n point m culminant

acne [ˈækni] n acné f

acolyte [ˈækəʊlaɪt] n acolyte m

aconite [ˈækənaɪt] n aconit m

acorn [ˈeɪkɔːn] **1** n (Bot) gland m **2** COMP ▷ **acorn cup** n cupule f

acoustic [əˈkuːstɪk] **1** adj acoustique ; → **coupler** **2** COMP ▷ **acoustic feature** n (Phon) trait m distinctif acoustique ▷ **acoustic feedback** n (Recording) effet m Larsen, réaction f acoustique ▷ **acoustic guitar** n guitare f acoustique ▷ **acoustic hood** n (Comput) capot m insonorisant ▷ **acoustic phonetics** (NonC: Phon) phonétique f acoustique ▷ **acoustic regeneration** n ⇒ **acoustic feedback** ▷ **acoustic screen** (in office) cloison f insonorisante

acoustically [əˈkuːstɪkəli] adv poor, perfect du point de vue de l'acoustique ; play en acoustique

acoustician [ˌækuːˈstɪʃən] n acousticien(ne) m(f)

acoustics [əˈkuːstɪks] n **a** (Phys : + sg vb) acoustique f **b** [of room etc] (+ pl vb) acoustique f

acoustoelectronic [əˌkuːstəʊˌɪlekˈtrɒnɪk] adj électroacoustique ◆ **acoustoelectronic engineer** électroacousticien(ne) m(f)

acoustoelectronics [əˌkuːstəʊˌɪlekˈtrɒnɪks] n (NonC) électroacoustique f

ACPO [ˈækpəʊ] n abbrev of **Association of Chief Police Officers**

acquaint [əˈkweɪnt] → SYN vt **a** (= inform) ◆ **to acquaint sb with sth** aviser qn de qch, renseigner qn sur qch ◆ **to acquaint sb with the situation** mettre qn au courant or au fait de la situation **b** **to be acquainted with** [+ person, subject] connaître ; [+ fact] savoir, être au courant de ◆ **to become** or **get acquainted with sb** faire la connaissance de qn ◆ **to become acquainted with the facts** prendre connaissance des faits ◆ **to get acquainted** faire connaissance

acquaintance [əˈkweɪntəns] → SYN n **a** (NonC) connaissance f ◆ **to make sb's acquaintance** faire la connaissance de qn, faire connaissance avec qn ◆ **to improve upon acquaintance** gagner à être connu ◆ **to have some acquaintance with French** avoir une certaine connaissance du français, savoir un peu le français ◆ **a person of my acquaintance** une connaissance ; → **claim** **b** (= person) relation f, connaissance f ◆ **to have a wide circle of acquaintances** avoir des relations très étendues ◆ **she's an acquaintance of mine** je la connais un peu, c'est une de mes relations ◆ **old acquaintances** de vieilles connaissances fpl

acquaintanceship [əˈkweɪntənsʃɪp] n relations fpl, cercle m de connaissances ◆ **a wide acquaintanceship** de nombreuses relations fpl

acquiesce [ˌækwɪˈes] → SYN vi acquiescer, consentir ◆ **to acquiesce in an opinion** se ranger à une opinion or à un avis ◆ **to acquiesce in a proposal** donner son accord or son assentiment à une proposition

acquiescence [ˌækwɪˈesns] → SYN n consentement m, assentiment m

acquiescent [ˌækwɪˈesnt] adj consentant

acquire [əˈkwaɪəʳ] → SYN vt [+ house, car, knowledge, money, fame, experience] acquérir ; [+ company] acheter ; [+ language] apprendre ; [+ habit] prendre, contracter ; [+ reputation] se faire ◆ **to acquire a taste for sth** prendre goût à qch ◆ **she has acquired a new husband** (hum) elle s'est dotée d'un nouveau mari

acquired [əˈkwaɪəd] **1** adj acquis ◆ **acquired characteristic** caractère m acquis ◆ **it's an acquired taste** on finit par aimer ça, c'est un goût qui s'acquiert **2** COMP ▷ **acquired immune deficiency syndrome** n syndrome m immunodéficitaire acquis ▷ **acquired immunity** n immunité f acquise

acquirement [əˈkwaɪəmənt] n (NonC) acquisition f (of de)

acquirer [əˈkwaɪərəʳ] n (Fin) acquéreur m

acquisition [ˌækwɪˈzɪʃən] → SYN n (gen, Ling) acquisition f ; (* = person) recrue f (to pour) ◆ **acquisition of holdings** (Fin) prise f de participation

acquisitive [əˈkwɪzɪtɪv] → SYN adj (for money) âpre au gain ; (= greedy) avide (of de) ◆ **acquisitive instinct** instinct m de possession ◆ **to have an acquisitive nature** avoir l'instinct de possession très développé

acquisitiveness [əˈkwɪzɪtɪvnɪs] → SYN n instinct m de possession, goût m de la propriété

acquit [əˈkwɪt] → SYN vt **a** (Jur) acquitter, décharger (of de) **b** ◆ **to acquit o.s. well in battle** bien se conduire or se comporter au combat ◆ **it was a difficult job but he acquitted himself well** c'était une tâche difficile mais il s'en est bien tiré **c** [+ debt] régler, s'acquitter de

acquittal [əˈkwɪtl] → SYN n **a** (Jur) acquittement m **b** [of debt] acquittement m

acre [ˈeɪkəʳ] n ≈ demi-hectare m, ≈ arpent † m, ≈ acre f ◆ **he owns a few acres in Sussex** il possède quelques hectares dans le Sussex ◆ **the rolling acres of the estate** la vaste étendue du domaine ◆ **acres of*** (fig) des kilomètres m et des kilomètres de ; → **god**

acreage [ˈeɪkərɪdʒ] n aire f, superficie f ◆ **what acreage have you?** combien avez-vous d'hectares ? ◆ **to farm a large acreage** cultiver or exploiter de grandes superficies

acrid [ˈækrɪd] → SYN adj (lit) âcre ; (fig) remark, style acerbe, mordant

acridity [əˈkrɪdɪti] n [of taste, smell] âcreté f ; [of language, remark, tone] caractère m acerbe, causticité f

Acrilan ® [ˈækrɪlæn] n Acrilan ® m

acrimonious [ˌækrɪˈməʊnɪəs] → SYN adj acrimonieux

acrimoniously [ˌækrɪˈməʊnɪəsli] adv avec acrimonie

acrimony [ˈækrɪməni] → SYN n acrimonie f

acrobat [ˈækrəbæt] n acrobate mf

acrobatic [ˌækrəˈbætɪk] adj acrobatique

acrobatics [ˌækrəˈbætɪks] npl (lit) acrobatie f ; (fig) acrobaties fpl ◆ **to do acrobatics** (lit) faire des acrobaties or de l'acrobatie ◆ **political/linguistic acrobatics** des acrobaties fpl politiques/linguistiques

acrocyanosis [ˌækrəʊˌsaɪəˈnəʊsɪs] n acrocyanose f

acrogen [ˈækrədʒən] n (Bot) acrogène m

acrogenous [əˈkrɒdʒɪnəs] adj (Bot) acrogène

acrolein [əˈkrəʊlɪn] n acroléine f

acromegalic [ˌækrəʊmɪˈgælɪk] adj (Med) acromégalique

acromegaly [ˌækrəʊˈmegəli] n (Med) acromégalie f

acromion [əˈkrəʊmɪən] n, pl **acromia** [əˈkrəʊmɪə] acromion m

acronym [ˈækrənɪm] n acronyme m

acrophobia [ˌækrəˈfəʊbɪə] n (Psych) acrophobie f

Acropolis [əˈkrɒpəlɪs] n Acropole f

across [əˈkrɒs]
When **across** is an element in a phrasal verb, eg **come across**, **run across**, **stumble across**, look up the verb.

1 prep **a** (= from one side to other of) d'un côté à l'autre de ◆ **across it** d'un côté à l'autre ◆ **a bridge across the river** un pont sur le fleuve ◆ **to walk across the road** traverser la rue
b (= on other side of) de l'autre côté de ◆ **across it** de l'autre côté ◆ **he lives across the street (from me/him)** il habite en face (de chez moi/lui) ◆ **the shop across the road** le magasin d'en face, le magasin de l'autre côté de la rue ◆ **territories across the sea** territoires mpl d'outre-mer ◆ **from across the Channel** de l'autre côté de la Manche, d'outre-Manche
c (= crosswise over) en travers de, à travers ◆ **across it** en travers ◆ **to go across the fields** or **across country** aller or prendre à travers champs ◆ **a plank across a door** une planche en travers d'une porte ◆ **with his arms**

folded across his chest les bras croisés sur la poitrine
[2] adv (= from one side to other) ◆ **the river is 5km across** le fleuve a 5 km de large ◆ **the plate is 30cm across** l'assiette fait 30 cm de diamètre ◆ **to help sb across** aider qn à traverser ◆ **to get sth across** (fig) faire comprendre qch (*to sb* à qn) ◆ **across from** en face de
[3] COMP ▷ **across-the-board** adj cuts, increases général see also **board**

acrostic [əˈkrɒstɪk] n acrostiche m

acroter [əˈkrəʊtəʳ] n acrotère m

acrylic [əˈkrɪlɪk] adj, n acrylique m ◆ **acrylic paint** peinture f acrylique

act [ækt] → SYN [1] n [a] (= deed) acte m ◆ **in the act of doing sth** en train de faire qch ◆ **caught in the act** pris sur le fait or en flagrant délit
[b] (Jur) loi f
[c] [of play] acte m; (in circus etc) numéro m ◆ **they're a brilliant act** (Theat) ils font un numéro superbe ◆ **he's a class act** * c'est un crack * or un as * ◆ **it was a class act** * (= performance etc) c'était génial * ◆ **she'll be a hard** or **tough act to follow** il sera difficile de l'égaler ◆ **he's just putting on an act** il joue la comédie ◆ **it's just an act** (fig) c'est du cinéma ◆ **to get in on the act** * (fig) s'imposer ◆ **to get one's act together** * (fig) se ressaisir, se reprendre en main
[2] vi [a] (= do sth) agir ◆ **the government must act now** le gouvernement doit agir immédiatement or prendre des mesures immédiates ◆ **you have acted very generously** vous avez été très généreux ◆ **to act for the best** faire pour le mieux ◆ **to act on sb's behalf, to act for sb** agir au nom de qn, représenter qn ◆ **the Board, acting by a majority** (Admin) le conseil statuant à la majorité ◆ **acting on a proposal from the Commission** (Admin) sur proposition de la Commission
[b] (= behave) agir, se comporter ◆ **to act like a fool** agir or se comporter comme un imbécile
[c] (Theat) jouer ◆ **have you ever acted before?** avez-vous déjà fait du théâtre (or du cinéma) ? ◆ **she's not crying, she's only acting** elle ne pleure pas, elle fait semblant or elle joue la comédie
[d] (= serve) servir, faire office (*as* de) ◆ **the table acts as a desk** la table sert de bureau ◆ **she acts as his assistant** elle lui sert d'assistante
[e] [medicine, chemical] (= have an effect) agir (*on* sur)
[3] vt (Theat) [+ part] jouer, tenir ◆ **to act Hamlet** jouer or tenir le rôle d'Hamlet, incarner Hamlet ◆ **to act the part of ...** (Theat, fig) tenir le rôle de ... ◆ **to act the fool** * or **act stupid** * (fig) faire l'idiot(e)
[4] COMP ▷ **Acts of the Apostles** npl (Rel) Actes mpl des Apôtres ▷ **Act of Congress** n loi f *(adoptée par le Congrès)* ▷ **act of contrition** (Rel) acte m de contrition ▷ **act of faith** n acte m de foi ▷ **act of God** n catastrophe f naturelle ▷ **Act of Parliament** n loi f *(adoptée par le Parlement)* ▷ **act of war** n acte m de guerre

▶ **act on** vt fus ⇒ **act upon**

▶ **act out** vt sep [+ event] faire un récit mimé de; [+ fantasies] vivre; [+ emotions] exprimer, mimer

▶ **act up** * vi [person] se conduire mal ◆ **the car has started acting up** la voiture s'est mise à faire des caprices

▶ **act upon** vt fus [+ advice, suggestion] suivre, se conformer à; [+ order] exécuter ◆ **I acted upon your letter at once** j'ai fait le nécessaire dès que j'ai reçu votre lettre

actin [ˈæktɪn] n actine f

acting [ˈæktɪŋ] → SYN [1] adj ◆ **acting headmaster** directeur m suppléant ◆ **acting president/head of department/police superintendent** etc président m/chef m de section/commissaire m etc par intérim
[2] n (Cine, Theat = performance) jeu m, interprétation f ◆ **his acting is very good** il joue très bien ◆ **I like his acting** j'aime son jeu ◆ **he has done some acting** il a fait du théâtre (or du cinéma)

[3] COMP ▷ **acting profession** n métier m de comédien ◆ **to be in the acting profession** être comédien(ne) m(f)

actinia [ækˈtɪnɪə] n actinie f

actinic [ækˈtɪnɪk] adj actinique

actinide [ˈæktɪˌnaɪd] n actinide m

actinium [ækˈtɪnɪəm] n actinium m

actinobiology [ˌæktɪnəʊbaɪˈɒlədʒɪ] n (Bio) actinologie f

actinolite [ækˈtɪnəˌlaɪt] n actinote f

actinometer [ˌæktɪˈnɒmɪtəʳ] n (Phys) actinomètre m

actinomycete [ˌæktɪnəʊmaɪˈsiːt] n actinomycète m

actinomycosis [ˌæktɪnəʊmaɪˈkəʊsɪs] n actinomycose f

actinotherapy [ˌæktɪnəʊˈθerəpɪ] n actinothérapie f

action [ˈækʃən] → SYN [1] n [a] (NonC) action f ◆ **to put into action** [+ plan] mettre à exécution; [+ one's principles, a suggestion] mettre en action or en pratique; [+ machine] mettre en marche ◆ **the time has come for action** il est temps d'agir ◆ **they want a piece** or **slice of the action** or **their share of the action** ils veulent être dans le coup * ◆ **let's go where the action is** * allons là où il se passe quelque chose ◆ **to take action** agir, prendre des mesures ◆ **to go into action** entrer en action, passer à l'action ; → **1g** ◆ **he needs prodding into action** il faut le pousser pour qu'il agisse or qu'il passe à l'action ◆ **telephone out of action** appareil m en dérangement ◆ **machine out of action** machine f hors d'usage or hors service ◆ **to put sth out of action** (lit, fig) mettre qch hors d'usage or hors service ◆ **his illness put him out of action for six weeks** sa maladie l'a mis hors de combat pendant six semaines ◆ **through** or **by volcanic** etc **action** sous l'action des volcans etc
[b] (= deed) acte m, action f ◆ **to judge sb by his actions** juger qn sur ses actes ◆ **to suit the action to the word** joindre le geste à la parole ◆ **actions speak louder than words** les actes sont plus éloquents que les paroles
[c] (= effect) [of medicine, chemical] effet m
[d] (Theat) [of play] intrigue f, action f ◆ **action!** (Cine) moteur ! ◆ **the action (of the play) takes place in Greece** l'action (de la pièce) se passe en Grèce ◆ **there's not enough action in the play** la pièce manque d'action
[e] (Jur) procès m, action f en justice ◆ **action for damages/libel** procès m or action f en dommages-intérêts/en diffamation ◆ **to bring an action against sb** intenter une action or un procès contre qn, poursuivre qn en justice
[f] (Tech) mécanisme m, marche f ; [of piano] action f, mécanique f ; [of clock etc] mécanique f
[g] (Mil) combat m ◆ **to go into action** [unit, person] aller or marcher au combat ; [army] engager le combat ◆ **killed in action** tué à l'ennemi or au combat, tombé au champ d'honneur (frm) ◆ **he saw (some) action in North Africa** il a combattu or il a vu le feu en Afrique du Nord ; → **enemy**
[2] vt (Admin) exécuter
[3] COMP ▷ **action committee** n comité m d'action ▷ **action film** n film m d'action ▷ **action group** n groupe m d'action ▷ **action man** n, pl **action men** aventurier m ▷ **action movie** n (esp US) ⇒ **action film** ▷ **action-packed** adj film plein d'action ; week-end bien rempli ▷ **action painting** n tachisme m ▷ **action replay** n (Brit TV Sport) répétition immédiate d'une séquence ; (= slow-motion) ralenti m ▷ **action stations** npl (Mil) postes mpl de combat ◆ **action stations!** à vos postes !

actionable [ˈækʃnəbl] adj claim recevable ; person passible de poursuites

activate [ˈæktɪveɪt] → SYN [1] vt (also Chem, Tech) activer ; (Phys) rendre radioactif
[2] COMP ▷ **activated sludge** n boues fpl radioactives

activation [ˌæktɪˈveɪʃən] n (NonC) activation f

active [ˈæktɪv] → SYN [1] adj [a] person, life, population actif ; mind, imagination vif, actif ; file, case en cours ◆ **active volcano** volcan m en activité ◆ **to take an active part in sth** prendre une part active à qch ◆ **to be an active member of** or **be active in an organization** être un membre actif d'une organisation ◆ **to give active consideration to sth** soumettre qch à une étude attentive ◆ **we're giving active consideration to the idea of doing ...** nous examinons sérieusement la possibilité or le projet de faire ... ◆ **in active employment** en activité ◆ **active childbirth** (Med) accouchement m sauvage or accroupi
[b] (Brit Mil) **the active list** l'armée f active ◆ **to be on the active list** être en activité (de service)
[c] (Gram) **active voice** voix f active, actif m ◆ **in the active (voice)** à la voix active
[d] (Comm) **active assets** capital m productif ◆ **active money** monnaie f or argent m en circulation ◆ **active partner** partenaire m actif ◆ **Germany has an active trade balance** l'Allemagne a une balance commerciale excédentaire
[2] COMP ▷ **active duty** n (esp US Mil) ⇒ **active service** ▷ **active euthanasia** n euthanasie f active ▷ **active ingredient** n principe m actif ▷ **active service** n (Brit Mil) service m actif ◆ **on active service** en campagne ◆ **he saw active service in Italy and Germany** il a servi en Italie et en Allemagne ▷ **active suspension** n (Aut) suspension f active

actively [ˈæktɪvlɪ] adv campaign, support, promote, involve activement ; encourage, discourage vivement ; consider sérieusement ◆ **to be actively seeking employment** rechercher activement un emploi

activism [ˈæktɪvɪzəm] n activisme m

activist [ˈæktɪvɪst] n activiste mf

activity [ækˈtɪvɪtɪ] → SYN [1] n [a] (NonC) [of person] activité f ; [of town, port] mouvement m
[b] **activities** activités fpl, occupations fpl ◆ **business activities** activités fpl professionnelles
[2] COMP ▷ **activity chart** n (Comm) graphique m des activités ▷ **activity holiday** n vacances fpl actives, vacances fpl à thème ▷ **activity method** n (Scol) méthode f active

actor [ˈæktəʳ] → SYN n acteur m, comédien m ◆ **to be a good/bad actor** (lit) être (un) bon/mauvais acteur ; (fig) savoir/ne pas savoir jouer la comédie

actress [ˈæktrɪs] → SYN n actrice f, comédienne f

actual [ˈæktjʊəl] → SYN [1] adj [a] (= real) number, cost, reason réel ; figures exact ◆ **there is no actual contract** il n'y a pas vraiment or à proprement parler de contrat ◆ **to take an actual example ...** pour prendre un exemple concret ... ◆ **an actual fact** un fait réel ◆ **in actual fact** en fait ◆ **you met an actual film star?** * vous avez rencontré une vraie star de cinéma ? ◆ **the film used the actual people involved as actors** pour jouer dans ce film, on a fait appel à des gens qui avaient eux-mêmes vécu les événements ◆ **actual size** grandeur f nature ◆ **actual size: 15cm** taille réelle : 15 cm ◆ **his actual words were ...** les mots exacts qu'il a employés étaient ...
[b] (= proper) **the actual film doesn't start till 8.55** le film ne commence qu'à 20 h 55 ◆ **this is the actual house** (as opposed to its outbuildings) voici la maison elle-même ; (previously mentioned) voici la maison en question
[2] **actuals** npl (Fin) chiffres mpl réels
[3] COMP ▷ **actual bodily harm** n (Jur) coups mpl et blessures fpl ▷ **actual total loss** n (Insurance) perte f totale absolue

actuality [ˌæktjʊˈælɪtɪ] n [a] (NonC) réalité f ◆ **in actuality** en réalité
[b] **actualities** réalités fpl, conditions fpl réelles or actuelles

actualize [ˈæktjʊəlaɪz] vt réaliser ; (Philos) actualiser

actually [ˈæktjʊəlɪ] → SYN adv [a] (gen) en fait ; (= truth to tell) en fait, à vrai dire ◆ **actually I don't know him at all** en fait or à vrai dire je ne le connais pas du tout ◆ **his name is Smith, actually** en fait, il s'appelle Smith ◆ **the person actually in charge is ...** la personne véritablement responsable or la personne responsable en fait, c'est ... ◆ **actually you were quite right** en fait or au fond vous aviez entièrement raison ◆ **I don't actually feel like going** au fond je n'ai pas envie d'y aller, je n'ai pas vraiment envie

actuarial / address

d'y aller ◆ **I'm in the middle of something actually** en fait, je suis en train de faire quelque chose ◆ **actually, before I forget, she asked me to give you this** au fait, avant que je n'oublie (subj) or que j'oublie (subj), elle m'a demandé de te donner ça ◆ **I bet you've never done that! – actually I have** je parie que tu n'as jamais fait ça ! – en fait, si ◆ **so, you're a doctor? – a surgeon, actually** donc, vous êtes médecin ? — chirurgien, plutôt
  b (= truly, even: often showing surprise) vraiment ◆ **are you actually going to buy it?** est-ce que tu vas vraiment l'acheter ? ◆ **if you actually own a house** si vous êtes vraiment or bel et bien propriétaire d'une maison ◆ **what did he actually say?** qu'est-ce qu'il a dit exactement or au juste ? ◆ **did it actually happen?** est-ce que ça s'est vraiment or réellement passé ? ◆ **it's actually taking place right now** ça se produit en ce moment même

actuarial [ˌæktjʊˈɛərɪəl] adj actuariel ◆ **actuarial expectation** espérance f mathématique ◆ **actuarial tables** tableaux mpl d'espérance de vie

actuary [ˈæktjʊərɪ] n actuaire mf

actuate [ˈæktjʊeɪt] → SYN vt [+ device] mettre en marche

actuator [ˈæktjʊeɪtər] n actionneur m

acuity [əˈkjuːɪtɪ] n acuité f

acumen [ˈækjʊmen] → SYN n flair m, perspicacité f ◆ **business acumen** sens m aigu des affaires

acupoint [ˈækjʊpɔɪnt] n point m d'acupuncture

acupressure [ˈækjʊpreʃər] n shiatsu m

acupuncture [ˈækjʊpʌŋktʃər] n acupuncture f, acuponcture f

acupuncturist [ˌækjʊˈpʌŋktʃərɪst] n acupuncteur m, -trice f, acuponcteur m, -trice f

acute [əˈkjuːt] → SYN ① adj **a** (= extreme) situation, problem, shortage grave ; embarrassment profond ; anxiety, pain vif ◆ **to live in acute poverty** vivre dans une extrême pauvreté
  b (= keen, perceptive) person perspicace ; observer, mind perspicace, pénétrant ; powers of observation pénétrant ; intelligence aigu (-güe f) ◆ **to have an acute awareness of sth** être pleinement conscient de qch ◆ **to have acute hearing** avoir l'oreille fine ◆ **to have an acute sense of smell** avoir l'odorat très développé
  c (Med) appendicitis, leukaemia, case aigu (-güe f) ◆ **acute beds** lits mpl réservés aux urgences
  d (Ling) **e acute** e accent aigu
  ② COMP ▷ **acute accent** n (Ling) accent m aigu ▷ **acute angle** n (Geom) angle m aigu ▷ **acute-angled** adj acutangle

acutely [əˈkjuːtlɪ] adv **a** (= extremely) embarrassing, unhappy, difficult extrêmement ; aware, conscious pleinement
  b (= strongly) feel, suffer intensément
  c (= perceptively) observe avec perspicacité

acuteness [əˈkjuːtnɪs] → SYN n **a** (Med) violence f
  b [of person] perspicacité f ; [of senses] finesse f

acv [ˌeɪsiːˈviː] n (abbrev of **actual cash value**) valeur f effective au comptant

acyclic [eɪˈsaɪklɪk] adj (Chem) acyclique

AD [ˌeɪˈdiː] n **a** (abbrev of **Anno Domini**) ap. J-C
  b (US Mil) (abbrev of **active duty**) → **active**

ad * [æd] n (abbrev of **advertisement**) (= announcement) annonce f ; (Comm) pub * f ; → **small**

A/D [ˌeɪˈdiː] (abbrev of **analogue-digital**) → **analogue**

a/d [ˌeɪˈdiː] (abbrev of **after date**) payable 3 days a/d (Comm) payable à 3 jours de date

Ada [ˈeɪdə] n Ada

adage [ˈædɪdʒ] n adage m

Adam [ˈædəm] ① n Adam m ◆ **I don't know him from Adam** * je ne le connais ni d'Ève ni d'Adam ◆ **it's as old as Adam** c'est vieux comme le monde, ça remonte au déluge
  ② COMP ▷ **Adam's ale** * Château-la-Pompe * m ▷ **Adam's apple** n pomme f d'Adam

adamant [ˈædəmənt] → SYN adj inflexible ◆ **to be adamant that ...** maintenir catégoriquement que ...

adamantly [ˈædəməntlɪ] adv say, refuse catégoriquement ; opposed résolument

adapt [əˈdæpt] → SYN ① vt [+ device, room, plan, idea] adapter (sth to sth qch à qch) ◆ **to adapt o.s.** s'adapter, se faire (to à) ◆ **to adapt a novel for television** adapter un roman pour la télévision
  ② vi s'adapter ◆ **he adapts easily** il s'adapte bien or à tout ◆ **she's very willing to adapt** elle est très accommodante

adaptability [əˌdæptəˈbɪlɪtɪ] → SYN n [of person] faculté f d'adaptation

adaptable [əˈdæptəbl] → SYN adj adaptable

adaptation [ˌædæpˈteɪʃən] → SYN n adaptation f (of de ; to à)

adapted [əˈdæptɪd] adv adapté (for, to à ; from de)

adapter [əˈdæptər] ① n **a** (= device) adaptateur m ; (Brit Elec) prise f multiple
  b (= person) adaptateur m, -trice f
  ② COMP ▷ **adapter ring** n (Phot) bague f d'adaptation

adaption [əˈdæpʃən] n ⇒ **adaptation**

adaptive [əˈdæptɪv] adj mechanism, process d'adaptation ◆ **the human body is remarkably adaptive** le corps humain s'adapte remarquablement bien ◆ **to have an adaptive approach to business** avoir une grande capacité d'adaptation en affaires

adaptor [əˈdæptər] n ⇒ **adapter**

ADC [ˌeɪdiːˈsiː] n **a** (abbrev of **aide-de-camp**) → **aide**
  b (abbrev of **analogue-digital converter**) → **analogue**

ADD [ˌeɪdiːˈdiː] n (Med) (abbrev of **Attention Deficit Disorder**) troubles mpl déficitaires de l'attention avec hyperactivité

add [æd] LANGUAGE IN USE 26.2 → SYN vt **a** ajouter (to à) ◆ **add some more pepper** ajoutez encore or rajoutez un peu de poivre ◆ **to add insult to injury ...** (et) pour comble ... ◆ **that would be adding insult to injury** ce serait vraiment dépasser la mesure or aller trop loin ◆ **added to which** or **this ...** ajoutez à cela que ... ; see also **added**
  b (Math) [+ figures] additionner ; [+ column of figures] totaliser
  c (= say besides) ajouter (that que) ◆ **there is nothing to add** il n'y a rien à ajouter

▶ **add in** vt sep [+ details] inclure, ajouter ; [+ considerations] faire entrer en ligne de compte

▶ **add on** ① vt sep rajouter
  ② add-on n, adj → **add-on**

▶ **add to** vt fus [+ amount, numbers] augmenter ; [+ anxiety, danger] accroître, ajouter à

▶ **add together** vt sep [+ figures] additionner ; [+ advantages, drawbacks] faire la somme de

▶ **add up** ① vi [figures, results] se recouper ◆ **these figures don't add up (right)** or **won't add up** (Math) ces chiffres ne font pas le compte (exact) ◆ **it all adds up** * (fig) tout concorde, tout s'explique ◆ **it doesn't add up** * (fig) cela ne rime à rien, il y a quelque chose qui cloche *
  ② vt sep **a** [+ figures] additionner ◆ **to add up a column of figures** totaliser une colonne de chiffres
  b [+ advantages, reasons] faire la somme de

▶ **add up to** vt fus [figures] s'élever à, se monter à ; (* = mean) signifier, se résumer à

added [ˈædɪd] ① adj advantage, benefit supplémentaire ◆ **"no added colouring/salt"** (on packets) "sans adjonction de colorants/de sel"
  ② COMP ▷ **added value** n valeur f ajoutée

addend [ˈædend] n (Math) second terme m de l'addition

addendum [əˈdendəm] → SYN n, pl **addenda** [əˈdendə] addendum m

adder [ˈædər] ① n **a** (= snake) vipère f
  b (= machine) additionneur m
  ② COMP ▷ **adder's tongue** n (Bot) langue-de-serpent f

addict [ˈædɪkt] → SYN ① n (Med) intoxiqué(e) m(f) ; (fig) fanatique mf ◆ **he's an addict now** il ne peut plus s'en passer ◆ **he's a yoga addict** * c'est un fanatique or un mordu * de yoga ; → **drug, heroin**
  ② [əˈdɪkt] vt ◆ **to addict o.s. to** devenir dépendant de

addicted [əˈdɪktɪd] → SYN adj adonné (to à) ◆ **to become addicted to ...** s'adonner à ... ◆ **addicted to drink/drugs** adonné à la boisson/aux stupéfiants ◆ **he's addicted to drugs** c'est un toxicomane ◆ **he's addicted to cigarettes** c'est un fumeur invétéré ◆ **to be addicted to football** * se passionner pour le football, être un mordu * or un fana * de football

addiction [əˈdɪkʃən] → SYN n goût m (to pour) ; (Med) dépendance f, accoutumance f (to à) ◆ **this drug causes addiction** cette drogue crée une dépendance or un effet d'accoutumance ; → **drug**

addictive [əˈdɪktɪv] adj **a** (Med, Psych) drug qui crée une dépendance ou une accoutumance ◆ **cigarettes are highly addictive** les cigarettes créent une forte dépendance ◆ **addictive habit** dépendance f ◆ **people with addictive personalities** les gens qui deviennent facilement dépendants
  b (fig = enjoyable) crosswords/these biscuits are addictive les mots croisés/ces biscuits, c'est comme une drogue

adding [ˈædɪŋ] ① n (NonC) → **addition a**
  ② COMP ▷ **adding machine** n machine f à calculer

Addis Ababa [ˌædɪsˈæbəbə] n Addis-Abeba

Addison's disease [ˈædɪsənz] n (Med) maladie f d'Addison, maladie bronzée

addition [əˈdɪʃən] → SYN n **a** (Math etc) addition f
  b (to tax, income, profit) surcroît m (to de) ; (= fact of adding) adjonction f ◆ **there's been an addition to the family** la famille s'est agrandie ◆ **he is a welcome addition to our team** son arrivée enrichit notre équipe ◆ **this is a welcome addition to the series/collection** etc ceci enrichit la série/la collection etc
  ◆ **in addition** de plus, de surcroît ◆ **in addition to** en plus de

additional [əˈdɪʃənl] → SYN ① adj additionnel, (= extra) supplémentaire, de plus ◆ **additional benefits** (Fin) avantages mpl supplémentaires ◆ **additional charge** (Fin) supplément m de prix ◆ **additional agreement** (Jur) accord m complémentaire
  ② COMP ▷ **Additional Member System** n (Pol) mode de scrutin à double vote, combinant représentation proportionnelle et scrutin majoritaire (en vigueur en Allemagne)

additionality [əˌdɪʃəˈnælɪtɪ] n (in EU) additionnalité f

additionally [əˈdɪʃnəlɪ] adv **a** (= further) worry, burden davantage
  b (= moreover) en outre, de plus

additive [ˈædɪtɪv] adj, n additif m ◆ **additive-free** sans additifs

addle [ˈædl] ① vt (lit) faire pourrir ; (fig) embrouiller
  ② COMP ▷ **addle-headed** * adj écervelé, brouillon

addled [ˈædld] adj egg pourri ; (fig) brain embrouillé ; person aux idées confuses

add-on [ˈædɒn] ① n **a** (Comput) accessoire m
  b (Telec) conférence f à trois
  ② adj **a** (Comput) component, equipment, memory complémentaire
  b (Aviat) add-on fare tarif m complémentaire

address [əˈdres] LANGUAGE IN USE 24.5 → SYN
  ① n **a** [of person] (on letter etc) adresse f ◆ **to change one's address** changer d'adresse or de domicile ◆ **he has left this address** il n'est plus à cette adresse ; → **name**
  b (Comput, Ling) adresse f
  c (= speech) discours m, allocution f ; → **public**
  d (= way of speaking) conversation f ; (= way of behaving) abord m
  e form or manner of address titre m (à employer en s'adressant à qn)
  f († , liter) addresses cour f, galanterie f ◆ **to pay one's addresses to a lady** faire la cour à une dame

2 vt **a** (= put address on) [+ envelope, parcel] mettre or écrire l'adresse sur ; (= direct) [+ speech, writing, complaints] adresser (*to* à) ◆ **this is addressed to you** [letter etc] ceci vous est adressé ; [words, comments] ceci s'adresse à vous ◆ **to address o.s. to a task** s'atteler à une tâche ◆ **to address (o.s. to) an issue** aborder un problème

b (= speak to) s'adresser à ; [+ crowd] haranguer ; (= write to) adresser un écrit à ◆ **he addressed the meeting** il a pris la parole devant l'assistance ◆ **don't address me as "Colonel"** ne m'appelez pas "Colonel" ; → **chair**

3 COMP ▷ **address book** n carnet m d'adresses

addressee [ˌædreˈsiː] n destinataire mf ; (Ling) allocutaire mf

addresser [əˈdresər] n expéditeur m, -trice f

addressing [əˈdresɪŋ] **1** n (Comput) adressage m
2 COMP ▷ **addressing machine** n machine f à adresser

Addressograph ® [əˈdresəʊɡrɑːf] n (US) *machine à imprimer des adresses*

addressor [əˈdresər] n ⇒ **addresser**

adduce [əˈdjuːs] → SYN vt (frm) [+ proof, reason] apporter, fournir ; [+ authority] invoquer, citer

adductor [əˈdʌktər] n (Anat) adducteur m

Adelaide [ˈædəleɪd] n Adélaïde

Aden [ˈeɪdn] n Aden ◆ **the Gulf of Aden** le golfe d'Aden

adenine [ˈædənɪn] n adénine f

adenitis [ˌædəˈnaɪtɪs] n adénite f

adenocarcinoma [ˌædənəʊˌkɑːsɪˈnəʊmə] n, pl **adenocarcinomas** or **adenocarcinomata** [ˌædənəʊˌkɑːsɪˈnəʊmətə] adénocarcinome m

adenoidal [ˈædɪnɔɪdl] adj adénoïde ◆ **in an adenoidal voice** en parlant du nez

adenoids [ˈædɪnɔɪdz] npl végétations fpl (adénoïdes)

adenoma [ˌædɪˈnəʊmə] n, pl **adenomas** or **adenomata** [ˌædɪˈnəʊmətə] (Med) adénome m

adenopathy [ˌædɪˈnɒpəθɪ] n (Med) adénopathie f

adenosine [æˈdenəˌsiːn] n adénosine f

adept [ˈædept] → SYN **1** n expert m (*in*, *at* en)
2 [əˈdept] adj expert (*in*, *at* à, en, dans ; *at doing sth* à faire qch), compétent (*in* en) ◆ **he's adept with numbers** il manie bien les chiffres

adequacy [ˈædɪkwəsɪ] → SYN n [of reward, punishment, amount] caractère m adéquat ; [of description] à-propos m ; [of person] compétence f, capacité f ; (Ling) adéquation f

adequate [ˈædɪkwɪt] → SYN adj **a** (gen) adéquat ; amount, supply suffisant, adéquat ; tool adapté (*to sth* à qch), qui convient (*to sth* à qch) ◆ **to be adequate for sb's needs** répondre aux besoins de qn ◆ **to be adequate to the task** [person] être à la hauteur de la tâche ◆ **to be adequate to do sth** être adéquat pour faire qch ◆ **there are no words adequate to express my gratitude** les mots ne suffisent pas pour exprimer ma gratitude

b (= not outstanding) performance, essay acceptable

c (Ling) adéquat

adequately [ˈædɪkwɪtlɪ] adv de manière adéquate ◆ **I speak Turkish adequately** mes connaissances en turc sont suffisantes

adhere [ədˈhɪər] → SYN vi **a** (= stick) adhérer, coller (*to* à)
b (= be faithful to) **to adhere to** [+ party] adhérer à, donner son adhésion à ; [+ rule] obéir à ; [+ resolve] persister dans, maintenir ◆ **the plan must be adhered to** il faut se conformer au plan

adherence [ədˈhɪərəns] n adhésion f (*to* à)

adherent [ədˈhɪərənt] → SYN n (= sympathizer) sympathisant(e) m(f), partisan m ; (= member of group) adhérent(e) m(f) ; [of religion, doctrine] adepte mf

adhesion [ədˈhiːʒən] n (lit, Med, Tech) adhérence f ; (fig = support) adhésion f

adhesive [ədˈhiːzɪv] → SYN **1** adj paper, label, stamp adhésif, collant ; dressing, plaster, properties adhésif ; → **self**
2 n adhésif m
3 COMP ▷ **adhesive tape** n (Med) sparadrap m ; (Stationery) ruban m adhésif, scotch ® m

adhesiveness [ədˈhiːsɪvnɪs] n adhésivité f

ad hoc [ˌædˈhɒk] **1** adj decision, solution, arrangement, measure, approach, payment ad hoc inv ◆ **ad hoc committee** comité m ad hoc ◆ **on an ad hoc basis** de manière ad hoc
2 adv de manière ad hoc

ADI [ˌeɪdiːˈaɪ] n (Med) (abbrev of **acceptable daily intake**) dose f quotidienne admissible

adieu [əˈdjuː] → SYN n, excl, pl **adieus** or **adieux** [əˈdjuːz] adieu m ◆ **to bid sb adieu** † faire ses adieux à qn

ad infinitum [ˌædɪnfɪˈnaɪtəm] adv à l'infini

ad interim [ˈædˈɪntərɪm] **1** adv par intérim
2 adj (Jur) judgement provisoire

adipic acid [əˈdɪpɪk] n acide m adipique

adipocyte [ˈædɪpəʊˌsaɪt] n adipocyte m

adipose [ˈædɪpəʊs] adj adipeux

adiposity [ˌædɪˈpɒsɪtɪ] n adiposité f

adipsia [eɪˈdɪpsɪə] n adipsie f

adjacency [əˈdʒeɪsnsɪ] n contiguïté f

adjacent [əˈdʒeɪsənt] → SYN adj (Math) angle adjacent ; street, room, building adjacent (*to* à) ; territory limitrophe

adjectival [ˌædʒekˈtaɪvəl] adj adjectif, adjectival

adjectivally [ˌædʒekˈtaɪvəlɪ] adv use adjectivement

adjective [ˈædʒektɪv] n adjectif m

adjoin [əˈdʒɔɪn] → SYN **1** vt être contigu à
2 vi se toucher, être contigu

adjoining [əˈdʒɔɪnɪŋ] → SYN adj voisin, attenant ◆ **the room adjoining the kitchen** la pièce à côté de or attenant à la cuisine ◆ **in the adjoining room** dans la pièce voisine or d'à côté

adjourn [əˈdʒɜːn] → SYN **1** vt ajourner, reporter (*to*, *for*, *until* à) ◆ **to adjourn sth until the next day** ajourner or remettre or reporter qch au lendemain ◆ **to adjourn sth for a week** remettre or renvoyer qch à huitaine ◆ **to adjourn a meeting** (= break off) suspendre la séance ; (= close) lever la séance
2 vi **a** (= break off) suspendre la séance ; (= close) lever la séance ◆ **the meeting adjourned** on a suspendu ou levé la séance ◆ **Parliament adjourned** (= concluded debate) la séance de la Chambre a été levée ; (= interrupted debate) la Chambre a suspendu or interrompu la séance ; (= recessed) les vacances parlementaires ont commencé
b (= move) se retirer (*to* dans, à), passer (*to* à) ◆ **to adjourn to the drawing room** passer au salon

adjournment [əˈdʒɜːnmənt] → SYN **1** n [of meeting] suspension f, ajournement m ; (Jur) [of case] remise f, renvoi m ◆ **to move the adjournment** (Parl) demander la clôture
2 COMP ▷ **adjournment debate** n (Parl) ≃ débat m de clôture

adjudge [əˈdʒʌdʒ] → SYN vt **a** (= pronounce, declare) déclarer ◆ **he was adjudged the winner** il a été déclaré gagnant
b (Jur) (= pronounce) prononcer, déclarer ; (= decree) décider ; (+ award, + costs, damages) adjuger, accorder (*to sb* à qn) ◆ **to adjudge sb bankrupt** déclarer qn en faillite ◆ **the court adjudged that ...** le tribunal a décidé que ... ◆ **the court shall adjudge costs** le tribunal statue sur les frais

adjudicate [əˈdʒuːdɪkeɪt] → SYN **1** vt [+ competition] juger ; [+ claim] décider
2 vi (frm) se prononcer (*upon* sur)

adjudication [əˌdʒuːdɪˈkeɪʃən] → SYN n **a** jugement m, décision f (*du juge etc*)
b (Jur) **adjudication of bankruptcy** déclaration f de faillite

adjudicator [əˈdʒuːdɪˌkeɪtər] n juge m (*d'une compétition etc*)

adjunct [ˈædʒʌŋkt] **1** n **a** (= thing) accessoire m ; (= person) adjoint(e) m(f), auxiliaire mf
b (Gram) adjuvant m
2 adj **a** (= added, connected) accessoire, complémentaire

b (= subordinate) person subordonné, auxiliaire

adjure [əˈdʒʊər] vt adjurer, supplier (*sb to do sth* qn de faire qch)

adjust [əˈdʒʌst] → SYN **1** vt **a** [+ height, speed, flow, tool] ajuster, régler ; [+ knob, lever, length of clothes] ajuster ; [+ machine, engine, brakes] régler, mettre au point ; [+ formula, plan, production, terms] ajuster, adapter (*to* à) ; (Admin) [+ salaries, wages, prices] réajuster, rajuster ; (= correct) [+ figures etc] rectifier ; [+ differences] régler ; [+ hat, tie, clothes] rajuster ◆ **you can adjust the seat to three different heights** on peut régler or ajuster le siège à trois hauteurs différentes ◆ **do not adjust your set** (TV) ne changez pas le réglage de votre téléviseur ◆ **to adjust sth to meet requirements** adapter qch aux conditions requises ◆ **the terms have been adjusted in your favour** on a adapté les conditions en votre faveur ◆ **we have adjusted all salaries upwards/downwards** nous avons réajusté tous les salaires à la hausse/à la baisse ◆ **figures adjusted for seasonal variation(s)** données corrigées des variations saisonnières ◆ **to adjust o.s. to a new situation** s'adapter à une situation nouvelle ◆ **to adjust o.s. to new demands** faire face à de nouvelles exigences
b (Insurance) **to adjust a claim** régler une demande d'indemnité
2 vi [person] s'adapter (*to* à) ; [device, machine] se régler, s'ajuster ◆ **the seat adjusts to various heights** on peut régler or ajuster le siège à différentes hauteurs

adjustability [əˌdʒʌstəˈbɪlɪtɪ] n (NonC) [of seat, lamp] possibilité f de réglage

adjustable [əˈdʒʌstəbl] → SYN **1** adj (= movable) strap, chair, height, angle réglable ; rate ajustable ; dates, hours flexible ◆ **adjustable timetable** (Scol, Univ) horaire m aménagé
2 COMP ▷ **adjustable spanner** n (Brit) clé f universelle

adjusted [əˈdʒʌstɪd] adj (Psych) ◆ **badly/well/ normally adjusted** mal/bien/normalement adapté

adjuster [əˈdʒʌstər] n expert m (en assurances)

adjustment [əˈdʒʌstmənt] → SYN n (to height, speed, knob, lever, machine, engine) réglage m ; (to clothes) retouches fpl ; (to plan, terms etc) ajustement m (*to de*) ; (to wages, prices etc) réajustement m, rajustement m (*to de*) ◆ **the text needs a lot of adjustment** ce texte a vraiment besoin d'une mise au point ◆ **to make adjustments** (psychologically, socially) s'adapter (*to* à) ◆ **"exchange flat for house – cash adjustment"** "échangerais appartement contre maison : règlement de la différence au comptant"

adjustor [əˈdʒʌstər] n ⇒ **adjuster**

adjutant [ˈædʒətənt] n **a** (Mil) adjudant-major m
b (also **adjutant bird**) marabout m

adland * [ˈædlænd] n le monde de la pub *

Adlerian [ædˈlɪərɪən] adj de Adler

ad lib [ædˈlɪb] → SYN **1** adv continue ad libitum, à volonté ; (Mus) ad libitum
2 n ◆ **ad-lib** (Theat) improvisation(s) f(pl), paroles fpl improvisées ; (= witticism) mot m d'esprit impromptu
3 adj speech, performance, comment improvisé, impromptu
4 vi (Theat etc) improviser
5 vt (*: gen, also Theat) [+ speech, joke] improviser

Adm. **a** (abbrev of **Admiral**) Am
b abbrev of **Admiralty**

adman * [ˈædmæn] n, pl -**men** publicitaire mf

admass [ˈædmæs] **1** n masse(s) f(pl)
2 COMP culture, life de masse, de grande consommation

admin * [ˈædmɪn] n abbrev of **administration** a

administer [ədˈmɪnɪstər] → SYN **1** vt **a** (= manage) [+ business, company] gérer, administrer ; [+ sb's affairs, funds] gérer ; [+ property] régir ; [+ public affairs, department, country] administrer
b (= dispense) [+ alms] distribuer (*to* à) ; [+ justice] rendre, dispenser ; [+ punishment, sacraments, medicine, drug, relief] administrer (*to* à) ◆ **to administer the law** appliquer la loi ◆ **to administer an oath to sb** faire prêter serment

administrate / adulatory

ANGLAIS-FRANÇAIS

à qn ◆ **the oath has been administered to the witness** le témoin a prêté serment
2 COMP ▷ **administered price** n (US) prix m imposé (par le fabricant)

administrate [ədˈmɪnɪˌstreɪt] vt gérer, administrer

administration [ədˌmɪnɪˈstreɪʃən] → SYN **1** n **a** (NonC = management) [of business, company, public affairs, department, country] administration f; [of funds] gestion f; (= paperwork) administration f; (Jur) [of estate, inheritance] curatelle f ◆ **his new job involves a lot of administration** son nouveau poste est en grande partie administratif
b (esp US Pol) (= government) gouvernement m; (= ministry) ministère m ◆ **under previous administrations** sous les gouvernements précédents
c (NonC) [of justice, remedy, sacrament] administration f; [of oath] prestation f
2 COMP ▷ **administration order** n (Jur) ordonnance instituant l'administrateur judiciaire d'une succession ab intestat

administrative [ədˈmɪnɪstrətɪv] → SYN **1** adj work, post, staff administratif; skills d'administrateur; costs, expenses d'administration ◆ **administrative machinery** rouages mpl administratifs
2 COMP ▷ **administrative assistant** n assistant(e) m(f) chargé(e) des tâches administratives ▷ **administrative court** n (US Jur) tribunal m administratif ▷ **administrative expenses** npl (Comm) frais mpl d'administration ▷ **administrative law** n droit m administratif ▷ **administrative officer** n employé(e) m(f) chargé(e) des tâches administratives

administratively [ədˈmɪnɪstrətɪvlɪ] adv d'un point de vue administratif

administrator [ədˈmɪnɪstreɪtəʳ] n [of business, public affairs etc] administrateur m, -trice f; (Jur) [of estate, inheritance] curateur m, -trice f

admirable [ˈædmərəbl] → SYN adj admirable, excellent

admirably [ˈædmərəblɪ] adv admirablement

admiral [ˈædmərəl] n **a** (Naut) amiral m (d'escadre) ◆ **Admiral of the Fleet** ≈ Amiral m de France
b (= butterfly) vanesse f, paon-de-jour m; → **red**

admiralship [ˈædmərəlʃɪp] n (Naut) amirauté f

admiralty [ˈædmərəltɪ] **1** n amirauté f
2 COMP ▷ **Admiralty Board** n (Brit) ≈ ministère m de la Marine ▷ **admiralty court** n (US Jur) tribunal m maritime

admiration [ˌædməˈreɪʃən] → SYN n admiration f (of, for pour) ◆ **to be the admiration of ...** faire l'admiration de ...

admire [ədˈmaɪəʳ] LANGUAGE IN USE 13 → SYN vt admirer

admirer [ədˈmaɪərəʳ] → SYN n **a** admirateur m, -trice f
b († = suitor) soupirant † m

admiring [ədˈmaɪərɪŋ] adj admiratif

admiringly [ədˈmaɪərɪŋlɪ] adv avec admiration

admissibility [ədˌmɪsəˈbɪlɪtɪ] n admissibilité f; (Jur, Fin) recevabilité f

admissible [ədˈmɪsəbl] → SYN adj **a** (Jur) document, appeal, witness receivable ◆ **to rule a piece of evidence admissible** déclarer une preuve recevable ◆ **admissible as evidence/in court** recevable comme preuve/devant le tribunal
b (= acceptable) behaviour, subject acceptable

admission [ədˈmɪʃən] → SYN **1** n **a** (= entry) (to organization, university, school, hospital) admission f; (to museum, zoo, theatre) entrée f ◆ **"admission free"** « entrée gratuite » ◆ **"no admission to minors"** « entrée interdite aux mineurs » ◆ **a visa is necessary for admission to this country** il faut un visa pour entrer dans ce pays ◆ **admission to a school** admission f à une école ◆ **to gain admission to sb** trouver accès auprès de qn ◆ **to gain admission to a school/club** être admis dans une école/un club ◆ **to grant sb admission to a society** admettre qn dans une association
b (= person admitted) entrée f
c (Jur) [of evidence etc] acceptation f, admission f

d (= confession) aveu m ◆ **by** or **on one's own admission** de son propre aveu ◆ **it's an admission of guilt** en fait, c'est un aveu
2 COMP ▷ **admission fee** n droits mpl d'admission ▷ **admissions form** n (US Univ) dossier m d'inscription ▷ **admissions office** n (US Univ) service m des inscriptions ▷ **admissions officer** n (Univ) responsable mf du service des inscriptions

admit [ədˈmɪt] LANGUAGE IN USE 15.1, 18.1, 18.3, 26.3 → SYN
1 vt **a** (= let in) [+ person] laisser entrer, faire entrer; [+ light, air] laisser passer, laisser entrer ◆ **children not admitted** entrée interdite aux enfants ◆ **this ticket admits two** ce billet est valable pour deux personnes
b (= have space for) [halls, harbours etc] contenir, (pouvoir) recevoir
c (= acknowledge, recognize) reconnaître, admettre (that que) ◆ **to admit the truth of sth** reconnaître or admettre que qch est vrai ◆ **he admitted that this was the case** il a reconnu or admis que tel était le cas ◆ **I must admit that ...** je dois reconnaître or admettre que ... ◆ **I must admit I was wrong, I was wrong I admit** je reconnais que j'ai eu tort, j'ai eu tort, j'en conviens
d [criminal, wrongdoer] avouer (that que); [+ crime, murder etc] reconnaître avoir commis ◆ **he admitted stealing the books** il a reconnu avoir volé les livres ◆ **you'll never get him to admit it** vous ne le lui ferez jamais avouer or reconnaître ◆ **to admit one's guilt** reconnaître sa culpabilité, s'avouer coupable
e [+ claim] faire droit à ◆ **to admit sb's evidence** (Jur) admettre comme valable le témoignage de qn, prendre en considération les preuves fournies par qn
2 COMP ▷ **admitting office** n (US Med) service m des admissions

▶ **admit of** vt fus admettre, permettre ◆ **it admits of no delay** cela n'admet or ne peut souffrir aucun retard; → **excuse**

▶ **admit to** vt fus reconnaître; [+ crime] reconnaître avoir commis ◆ **to admit to a feeling of ...** avouer avoir un sentiment de ...

admittance [ədˈmɪtəns] → SYN n droit m d'entrée, admission f (to sth à qch), accès m (to sth à qch; to sb auprès de qn) ◆ **I gained admittance to the hall** on m'a laissé entrer dans la salle ◆ **I was denied** or **refused admittance** on m'a refusé l'entrée ◆ **admittance: £5** droit d'entrée : 5 livres ◆ **"no admittance"** « accès interdit au public » ◆ **no admittance except on business** accès interdit à toute personne étrangère au service

admittedly [ədˈmɪtɪdlɪ] adv ◆ **admittedly this is true** il faut reconnaître or convenir que c'est vrai ◆ **it's only a theory, admittedly, but ...** il est vrai que ce n'est qu'une théorie, mais ...

admixture [ədˈmɪkstʃəʳ] n mélange m, incorporation f ◆ **X with an admixture of Y** X additionné de Y

admonish [ədˈmɒnɪʃ] → SYN vt **a** (= reprove) admonester, réprimander (for doing sth pour avoir fait qch; about, for pour, à propos de)
b (= warn) avertir, prévenir (against doing sth de ne pas faire qch, mettre en garde (against contre); (Jur) avertir
c (= exhort) exhorter, engager (to do sth à faire qch)
d (liter = remind) **to admonish sb of a duty** † rappeler qn à un devoir

admonishment [ədˈmɒnɪʃmənt] n (frm) **a** (= rebuke) remontrance f, réprimande f
b (= warning) avertissement m

admonition [ˌædməʊˈnɪʃən] → SYN n **a** (= rebuke) remontrance f, admonestation f
b (= warning) avertissement m, admonition f; (Jur) avertissement m

admonitory [ədˈmɒnɪtərɪ] → SYN adj réprobateur (-trice f)

ad nauseam [ˌædˈnɔːsɪæm] adv repeat ad nauseam, à satiété; do jusqu'à saturation, à satiété ◆ **to talk ad nauseam about sth** raconter des histoires à n'en plus finir sur qch

adnominal [ˌædˈnɒmɪnl] adj, n (Ling) adnominal m

ado [əˈduː] n agitation f ◆ **much ado about nothing** beaucoup de bruit pour rien ◆ **without further** or **more ado** sans plus de cérémonie

adobe [əˈdəʊbɪ] **1** n pisé m
2 COMP ▷ **adobe wall** n mur m d'adobe

adolescence [ˌædəʊˈlesns] → SYN n adolescence f

adolescent [ˌædəʊˈlesnt] → SYN adj, n adolescent(e) m(f)

Adonis [əˈdəʊnɪs] n (Myth, fig) Adonis m

adopt [əˈdɒpt] → SYN vt **a** [+ child] adopter
b [+ idea, method] adopter; [+ career] choisir; (Pol) [+ motion] adopter; [+ candidate] choisir; (Jur, Admin) [+ wording] retenir

adopted [əˈdɒptɪd] adj child adopté; country d'adoption, adoptif ◆ **adopted son** fils m adoptif ◆ **adopted daughter** fille f adoptive

adoption [əˈdɒpʃən] → SYN **1** n [of child, country, law] adoption f; [of career, idea, method] choix m ◆ **a Londoner by adoption** un Londonien d'adoption
2 COMP ▷ **adoption agency** n organisme spécialisé dans les adoptions

adoptive [əˈdɒptɪv] adj parent, child adoptif; country d'adoption

adorable [əˈdɔːrəbl] → SYN adj adorable

adorably [əˈdɔːrəblɪ] adv ◆ **she is adorably sweet** elle est absolument adorable ◆ **he's adorably innocent** il est d'une naïveté charmante

adoration [ˌædəˈreɪʃən] → SYN n adoration f

adore [əˈdɔːʳ] → SYN vt adorer

adoring [əˈdɔːrɪŋ] adj expression d'adoration; eyes remplis d'adoration ◆ **his adoring wife** sa femme qui est en adoration devant lui

adoringly [əˈdɔːrɪŋlɪ] adv avec adoration

adorn [əˈdɔːn] → SYN vt [+ room] orner (with de); [+ dress] orner, parer (with de) ◆ **to adorn o.s.** se parer

adornment [əˈdɔːnmənt] → SYN n **a** (in room) ornement m; (on dress) parure f
b (NonC) décoration f

ADP [ˌeɪdiːˈpiː] n (abbrev of **automatic data processing**) → **automatic**

adrate * [ˈædreɪt] n tarif m publicitaire or des annonces

adrenal [əˈdriːnl] **1** adj surrénal
2 n (also **adrenal gland**) surrénale f

adrenalin(e) [əˈdrenəlɪn] **1** n adrénaline f ◆ **he felt the adrenalin(e) flowing** il a eu une poussée d'adrénaline
2 COMP ▷ **adrenaline rush** n poussée f d'adrénaline

adrenergic [ˌædrəˈnɜːdʒɪk] adj adrénergique

Adriatic [ˌeɪdrɪˈætɪk] **1** adj coast adriatique
2 n ◆ **Adriatic (Sea)** (mer f) Adriatique f

adrift [əˈdrɪft] → SYN adv, (Naut) à la dérive; (fig) à l'abandon ◆ **to go adrift** [ship] aller à la dérive ◆ **to be (all) adrift** (fig) divaguer ◆ **to turn sb adrift** (fig) laisser qn se débrouiller tout seul ◆ **to come adrift** * [wire, connection] se détacher; [plans] tomber à l'eau ◆ **to be five points/seconds adrift of ...** (Sport) être cinq points/secondes derrière ...

adroit [əˈdrɔɪt] → SYN adj adroit, habile

adroitly [əˈdrɔɪtlɪ] adv adroitement, habilement

adroitness [əˈdrɔɪtnɪs] → SYN n adresse f, dextérité f

adsorb [ædˈsɔːb] (Phys) **1** vi être adsorbé
2 vt adsorber

adsorption [ædˈsɔːpʃən] n (Phys) adsorption f

adspeak * [ˈædspiːk] n style m or jargon m publicitaire

adsuki bean [ædˈzuːkɪ] n (Bot, Culin) petit haricot rouge d'origine japonaise

ADT [ˌeɪdiːˈtiː] n (US, Can) abbrev of **Atlantic Daylight Time**

adulate [ˈædjʊleɪt] vt aduler, flagorner

adulation [ˌædjʊˈleɪʃən] → SYN n adulation f

adulator [ˈædjʊleɪtəʳ] n adulateur m, -trice f

adulatory [ˈædjʊleɪtərɪ, (US) ˈædʒələtɔːrɪ] adj élogieux

adult ['ædʌlt] → SYN **1** n adulte mf ◆ **adults only** (Cine etc) réservé aux adultes, interdit aux moins de 18 ans

2 adj **a** person, animal adulte ◆ **we were very adult about it** nous nous sommes comportés en adultes

b film, book pour adultes (seulement)

3 COMP ▷ **adult audience** n public m d'adultes ▷ **adult classes** npl cours mpl pour adultes ▷ **adult education, adult learning** n enseignement m pour adultes ▷ **Adult Education Centre** n (Brit) centre m de formation pour adultes ▷ **adult literacy** n alphabétisation f des adultes ▷ **adult publishing** n publications fpl pour adultes

adulterant [ə'dʌltərənt] **1** n (produit m) adultérant m

2 adj adultérant

adulterate [ə'dʌltəreɪt] → SYN **1** vt frelater, falsifier ◆ **adulterated milk** lait m falsifié

2 adj [ə'dʌltərɪt] goods, wine falsifié, frelaté

adulteration [ə,dʌltə'reɪʃən] n frelatage m, falsification f

adulterer [ə'dʌltərəʳ] n adultère m

adulteress [ə'dʌltərɪs] n femme f adultère

adulterous [ə'dʌltərəs] adj adultère

adultery [ə'dʌltərɪ] n adultère m

adulthood ['ædʌlthʊd] n âge m adulte

adumbrate ['ædʌmbreɪt] → SYN vt esquisser, ébaucher ; [+ event] faire pressentir, préfigurer

ad val. ['æd'væl] adj, adv (Comm) abbrev of **ad valorem**

ad valorem [ædvə'lɔːrəm] **1** adj, adv (Comm) ad valorem, sur la valeur

2 COMP ▷ **ad valorem tax** n taxe f ad valorem

advance [əd'vɑːns] LANGUAGE IN USE 19.3 → SYN

1 n **a** (= progress, movement forward) avance f, marche f en avant ; [of science, ideas] progrès mpl ; (Mil) avance f, progression f ◆ **with the advance of (old) age** avec l'âge ◆ **to make advances in technology** faire des progrès en technologie

b **in advance** book, warn, prepare, announce à l'avance ; thank, pay, decide à l'avance, d'avance ◆ **to send sb on in advance** envoyer qn en avant ◆ **$10 in advance** 10 dollars d'avance ◆ **he arrived in advance of the others** il est arrivé en avance sur les autres ◆ **to be in advance of one's time** être en avance sur son époque ◆ **a week in advance** une semaine à l'avance ◆ **luggage in advance** (Rail) bagages mpl enregistrés

c (in prices, wages) hausse f, augmentation f (in de)

d (= sum of money) avance f (on sur) ◆ **an advance against security** une avance sur nantissement

2 **advances** npl (= overtures of friendship) avances fpl ◆ **to make advances to sb** faire des avances à qn

3 vt **a** (= move forward) [+ date, time] avancer ; (Mil) [+ troops] avancer ; [+ work, knowledge, project] faire progresser or avancer ; [+ interest, growth] développer ; [+ cause] promouvoir ; (= promote) [+ person] élever, promouvoir (to à)

b (= suggest, propose) [+ reason, explanation] avancer ; [+ opinion] avancer, émettre

c (= pay on account) avancer, faire une avance de ; [= lend] prêter

d (US Pol) [+ campaign] organiser

4 vi **a** (= go forward) avancer, s'avancer (on, towards vers) ; [army] avancer (on sur) ; (during a battle) [troops] se porter en avant ◆ **he advanced upon me** il est venu vers or a marché sur moi ◆ **the advancing army** l'armée f en marche

b (= progress) [work, civilization, mankind] progresser, faire des progrès ; [person] (in rank) recevoir de l'avancement ; (Mil) monter en grade

c (= rise) [prices] monter, augmenter

5 COMP ▷ **advance booking advisable** "il est conseillé de louer les places à l'avance" ◆ **advance booking (office)** (guichet m de) location f ▷ **advance copy** n [of book] exemplaire m de lancement ; [of speech] texte m distribué à l'avance (à la presse) ▷ **advance deposit** n dépôt m préalable ▷ **advance factory** n usine-pilote f ▷ **advance guard** n (Mil) avant-garde f ▷ **advance information sheet(s)** n(pl) (Publishing) bonnes feuilles fpl (destinées à la promotion d'un livre) ▷ **advance man** n, pl **advance men** (US Pol) organisateur m (de campagne électorale) ▷ **advance notice** n préavis m, avertissement m ▷ **advance party** n (Mil) groupe m de reconnaissance ; (fig) éclaireurs mpl ▷ **advance payment** n (Fin) paiement m anticipé or par anticipation ▷ **advance post** n (Mil) poste m avancé ▷ **advance publicity** n publicité f d'amorçage ▷ **advance warning** n ⇒ **advance notice**

advanced [əd'vɑːnst] → SYN **1** adj student, society, ideas, stage avancé ; child avancé, en avance ; disease à un stade avancé ; level, studies, class supérieur (-eure f) ; test, skill poussé ; design sophistiqué ; equipment de pointe ◆ **he is very advanced for his age** il est très avancé or très en avance pour son âge ◆ **at an advanced age** à un âge avancé ◆ **advanced in years** d'un âge avancé ◆ **a man of advanced years** un homme d'âge avancé ◆ **the day/season is well advanced** la journée/saison est bien avancée

2 COMP ▷ **advanced gas-cooled reactor** n (Nucl Phys) réacteur m à gaz avancé ▷ **Advanced level** n (Brit Scol) (frm) ⇒ **A level** ; → A ▷ **advanced skills teacher** (Brit Scol) enseignant chevronné recevant un salaire relativement élevé ▷ **advanced standing** n (US Univ) **to receive advanced standing** ≈ être admis par équivalence

advancement [əd'vɑːnsmənt] → SYN n **a** (= improvement) progrès m, avancement m

b (= promotion) avancement m, promotion f

advantage [əd'vɑːntɪdʒ] → SYN **1** n **a** avantage m ◆ **to have an advantage over sb, to have the advantage of sb** avoir un avantage sur qn ◆ **that gives you an advantage over me** cela vous donne un avantage sur moi ◆ **to get the advantage of sb** prendre l'avantage sur qn (by doing sth en faisant qch) ◆ **to have the advantage of numbers** avoir l'avantage du nombre (over sur) ◆ **to take advantage of sb** profiter de qn ; [employer etc] exploiter qn ; (sexually) abuser de qn ◆ **I took advantage of the opportunity** j'ai profité de l'occasion ◆ **to turn sth to (one's) advantage** tirer parti de qch, tourner qch à son avantage ◆ **I find it to my advantage** j'y trouve mon compte ◆ **it is to his advantage to do it** c'est dans son intérêt de le faire ◆ **to the best advantage** le plus avantageusement possible ◆ **this dress shows her off to advantage** cette robe l'avantage

b (Tennis) avantage m ◆ **to play the advantage rule** (Rugby) laisser jouer la règle de l'avantage

2 vt avantager ◆ **advantaged** (= wealthy) privilégié

advantageous [ædvən'teɪdʒəs] → SYN adj avantageux (to pour)

advantageously [ædvən'teɪdʒəslɪ] adv de façon avantageuse

advection [əd'vekʃən] n advection f

advent ['ædvənt] → SYN **1** n venue f, avènement m

b (Rel) **Advent** l'Avent m

2 COMP ▷ **Advent Calendar** n calendrier m de l'Avent ▷ **Advent Sunday** n dimanche m de l'Avent

Adventist ['ædventɪst] n adventiste mf

adventitious [ædven'tɪʃəs] → SYN adj fortuit, accidentel ; (Bot, Med) adventice

adventure [əd'ventʃəʳ] → SYN **1** n aventure f ◆ **to have an adventure** avoir une aventure

2 vi s'aventurer, se risquer (on dans)

3 COMP story, film d'aventures ▷ **adventure holiday** n (Brit) circuit m aventure ▷ **adventure playground** n (Brit) aire f de jeux

adventurer [əd'ventʃərəʳ] → SYN n aventurier m

adventuress [əd'ventʃərɪs] n aventurière f

adventurism [əd'ventʃərɪzəm] n aventurisme m

adventurist [əd'ventʃərɪst] **1** n (Pol: also **political adventurist**) aventuriste mf ; (Comm) aventurier m, -ière f

2 adj (Pol) aventuriste ; (Comm) sans scrupules

adventurous [əd'ventʃərəs] → SYN adj person aventureux, audacieux ; journey aventureux, hasardeux

adventurously [əd'ventʃərəslɪ] adv aventureusement, audacieusement

adverb ['ædvɜːb] n adverbe m

adverbial [əd'vɜːbɪəl] adj adverbial

adverbially [əd'vɜːbɪəlɪ] adv use adverbialement

adversarial [ædvə'sɛərɪəl] adj politics de confrontation ◆ **the adversarial system** le système de débat contradictoire

adversary ['ædvəsərɪ] → SYN n adversaire mf

adverse ['ædvɜːs] → SYN **1** adj effect, reaction, consequences négatif ; conditions, comment, decision défavorable ; publicity, weather mauvais ; wind contraire ◆ **adverse weather conditions** conditions fpl météorologiques défavorables

2 COMP ▷ **adverse trade balance** n balance f commerciale déficitaire

adversely ['ædvɜːslɪ] adv défavorablement ◆ **to affect sth adversely** avoir un effet défavorable sur qch ◆ **to comment adversely on sth** faire des commentaires défavorables sur qch

adversity [əd'vɜːsɪtɪ] → SYN n **a** (NonC) adversité f ◆ **in adversity** dans l'adversité

b (= event) malheur m

advert[1] [əd'vɜːt] vi (frm) ◆ **to advert to sth** faire référence à qch, se référer à qch

advert[2]* ['ædvɜːt] n (Brit) (abbrev of **advertisement**) (= announcement) annonce f (publicitaire) ; (Comm) publicité f, pub* f

advertise ['ædvətaɪz] → SYN **1** vt **a** (Comm etc) [+ goods] faire de la publicité pour ◆ **I've seen that soap advertised on television** j'ai vu une publicité pour ce savon à la télévision

b (in newspaper etc) **to advertise a flat (for sale)** mettre or insérer une annonce pour vendre un appartement ◆ **I saw it advertised in a shop window** j'ai vu une annonce là-dessus dans une vitrine

c (= draw attention to) afficher ◆ **don't advertise your ignorance!** inutile d'afficher votre ignorance ! ◆ **don't advertise the fact that ...** essaie de ne pas trop laisser voir que ..., ne va pas crier sur les toits que ...

2 vi **a** (Comm) faire de la publicité or de la réclame ◆ **it pays to advertise** la publicité paie

b chercher par voie d'annonce ◆ **to advertise for a flat/a secretary** faire paraître une annonce pour trouver un appartement/une secrétaire

advertisement [əd'vɜːtɪsmənt] LANGUAGE IN USE 19.1, 20.1 → SYN

1 n **a** (Comm) réclame f, publicité f ; (TV) spot m publicitaire ◆ **advertisements** (Cine, Press, Rad, TV) publicité f ◆ **I saw an advertisement for that soap in the papers** j'ai vu une réclame or une publicité pour ce savon dans les journaux ◆ **I made tea during the advertisements** j'ai fait le thé pendant la publicité ◆ **he's not a good advertisement or an advertisement for his school** (esp Brit) il ne donne pas une bonne image de son école

b (private: in newspaper etc) annonce f ◆ **to put an advertisement in a paper** (Brit) mettre une annonce dans un journal ◆ **I got it through an advertisement** je l'ai eu par or grâce à une annonce ; → **classified, small**

c (NonC) réclame f, publicité f ◆ **his arrival received no advertisement** son arrivée n'a pas été annoncée ; → **self**

2 COMP ▷ **advertisement column** petites annonces fpl ▷ **advertisement hoarding** n panneau m publicitaire

advertiser ['ædvətaɪzəʳ] n annonceur m

advertising ['ædvətaɪzɪŋ] **1** n (= activity) publicité f ; (= advertisements) réclames fpl ◆ **a career in advertising** une carrière dans la publicité

2 COMP firm, work publicitaire ▷ **advertising agency** n agence f de publicité ▷ **advertising allowance** n budget m publicitaire or publicité ▷ **advertising brief** n (Comm) résumé m des objectifs publicitaires, brief* m ▷ **advertising budget** n (Comm) budget m

afresh / against ANGLAIS-FRANÇAIS 16

mal ◆ I am afraid to go or of going je n'ose pas y aller, j'ai peur d'y aller ◆ to be afraid for sb/sth avoir peur pour qn/qch ◆ to be afraid for one's life craindre pour sa vie ; → shadow

b (expressing polite regret) I'm afraid I can't do it je regrette or je suis désolé, (mais) je ne pourrai pas le faire ◆ I am afraid I shall not be able to come je suis désolé de ne pouvoir venir, je crains de ne pas pouvoir venir ◆ are you going? – I'm afraid not/I'm afraid so vous y allez ? – hélas non/hélas oui ◆ it's a bit stuffy in here, I'm afraid je regrette or je suis désolé, mais on étouffe un peu ici

afresh [əˈfreʃ] → SYN adv de nouveau ◆ to start afresh recommencer

Africa [ˈæfrɪkə] n l'Afrique f ; → south

African [ˈæfrɪkən] 1 adj africain ; → south
2 n Africain(e) m(f)
3 COMP ▷ **African-American** adj afro-américain ◇ n Afro-Américain(e) m(f) ▷ **African elephant** n éléphant m d'Afrique ▷ **African National Congress** n Congrès m national africain ▷ **African violet** n saintpaulia m

Africanism [ˈæfrɪkənɪzəm] n (Ling) africanisme m

Africanization [æfrɪkənaɪˈzeɪʃən] n africanisation f

Africanize [ˈæfrɪkəˌnaɪz] vt africaniser

Afrikaans [ˌæfrɪˈkɑːns] 1 n (Ling) afrikaans m
2 adj afrikaans

Afrikaner [ˌæfrɪˈkɑːnəʳ] 1 n Afrikaner mf
2 adj afrikaner

afro [ˈæfrəʊ] 1 adj ◆ to go afro * s'africaniser ◆ afro hair style coiffure f afro *
2 COMP ▷ **Afro-American** adj afro-américain ◇ n Afro-Américain(e) m(f) ▷ **Afro-Asian** adj afro-asiatique ▷ **Afro-Caribbean** adj afro-antillais

AFT [ˌeɪefˈtiː] n (US) (abbrev of American Federation of Teachers) *syndicat*

aft [ɑːft] (Naut) 1 adv sur or à or vers l'arrière ◆ wind dead aft vent m en poupe, vent m arrière
2 adj cabin, deck, engine arrière

after [ˈɑːftəʳ] → SYN

When **after** is an element in a phrasal verb, eg **ask after**, **look after**, **take after**, look up the verb.

1 prep a (time) après ◆ after that après cela, après ça ◆ after dinner après le dîner ; see also 6 ◆ after this date passé cette date ◆ after a week/ten minutes au bout d'une semaine/de dix minutes ◆ shortly after 10 o'clock peu après 10 heures ◆ it was after 2 o'clock il était plus de 2 heures ◆ it was 20 after 3 (US) il était 3 heures 20 ◆ after seeing her après l'avoir vue ◆ after which he sat down après quoi il s'est assis ◆ after what has happened après ce qui s'est passé ; → day, hour

b (order) après ◆ the noun comes after the verb le substantif vient après le verbe ◆ after Germany, America is Britain's second-biggest customer l'Amérique est le plus gros client de la Grande-Bretagne après l'Allemagne ◆ after you, sir après vous, Monsieur ◆ after you with the salt * passez-moi le sel s'il vous plaît (quand vous aurez fini)

c (place) come in and shut the door after you entrez et (re)fermez la porte (derrière vous) ◆ he shut the door after her il a refermé la porte derrière elle

d after all après tout ◆ to succeed after all réussir malgré or après tout ◆ after all, no one made him go après tout, personne ne l'a obligé à y aller ◆ after all, you'd expect her to say that évidemment, il n'est pas étonnant qu'elle dise ça ◆ it's only two days, after all après tout or au fond, ça fait seulement deux jours

e (often expressing surprise) après ◆ after all I said to him après tout ce que je lui ai dit ◆ after all I've done for you! après tout ce que j'ai fait pour toi !, quand je pense à tout ce que j'ai fait pour toi ! ◆ after all that happened, it's not surprising avec tout ce qui est arrivé or quand on pense à tout ce qui est arrivé ça n'a rien d'étonnant

f (succession) day after day jour après jour, tous les jours ◆ (for) kilometre after kilometre sur des kilomètres et des kilomètres ◆ kilometre after kilometre of forest des kilomètres et des kilomètres de forêt ◆ you tell me lie after lie tu me racontes mensonge sur mensonge ◆ she gave one excuse after another elle a avancé une excuse après l'autre ◆ time after time maintes (et maintes) fois ◆ she ate three biscuits, one after the other elle a mangé trois biscuits l'un après l'autre or d'affilée ◆ they went out one after the other (= individually) ils sont sortis les uns après les autres ; (= in a line) ils sont sortis à la file

g (manner = according to) after El Greco d'après le Greco ◆ after the old style à la vieille mode, à l'ancienne ; → heart, name

h (pursuit, inquiry) to be after sb/sth chercher qn/qch ; (after loss, disappearance etc) rechercher qn/qch ◆ the police are after him for this robbery il est recherché par la police or la police est à ses trousses pour ce vol ◆ she's after a green hat elle cherche or voudrait un chapeau vert ◆ what are you after? (= want) qu'est-ce que vous voulez or désirez ? ; (= have in mind) qu'avez-vous en tête ? ◆ I see what he's after je vois où il veut en venir ◆ she's always after her children * (= nagging) elle est toujours après ses enfants *

2 adv (place, order, time) après, ensuite ◆ for years after pendant des années après cela ◆ soon after bientôt après ◆ the week after la semaine d'après, la semaine suivante ◆ what comes after? qu'est-ce qui vient ensuite ?, et ensuite ?

3 conj après (que) ◆ after he had closed the door, she spoke après qu'il eut fermé la porte, elle parla ◆ after he had closed the door, he spoke après avoir fermé la porte, il a parlé

4 adj ◆ in after years plus tard (dans la vie), par la suite

5 npl (Brit = dessert) ◆ afters * le dessert

6 COMP ▷ **after-dinner drink** n digestif m ▷ **after-dinner speaker** n orateur m (de fin de repas) ◆ he's a good after-dinner speaker il fait de très bonnes allocutions or de très bons discours (de fin de repas) ▷ **after-hours drinking** n consommation f de boissons après la fermeture des pubs (or du pub) ; see also hour ▷ **after-image** n image f rémanente ▷ **after-lunch** adj ◆ to have an after-lunch nap faire la sieste ▷ **after-sales service** n (Comm) service m après-vente ▷ **after-school** adj activities etc extrascolaire ◆ after-school club (Brit) or center (US) garderie f ▷ **after-sun** adj lotion, cream après-soleil ◇ n (= lotion) lotion f après-soleil ; (= cream) crème f après-soleil ▷ **after-tax** adj après impôts ▷ **after-treatment** n (Med) soins mpl ; (Tex) apprêt m

afterbirth [ˈɑːftəbɜːθ] n (Med) placenta m

afterburner [ˈɑːftəbɜːnəʳ], **afterburning** [ˈɑːftəbɜːnɪŋ] n postcombustion f

aftercare [ˈɑːftəkɛəʳ] n [of convalescent] postcure f ; [of appliance, product] entretien m ◆ (prisoner) aftercare assistance f (aux anciens détenus)

afterdamp [ˈɑːftədæmp] n (Min) mofette f

afterdeck [ˈɑːftədek] n (Naut) arrière-pont m, pont m arrière

aftereffects [ˈɑːftərɪˌfekts] npl [of events etc] suites fpl, répercussions fpl ; [of treatment] réaction f ; [of illness] séquelles fpl ; (Psych) aftereffect m

afterglow [ˈɑːftəgləʊ] n [of setting sun] dernières lueurs fpl, derniers reflets mpl ; [of person] (after exercise) sensation f de bien-être

afterimage [ˈɑːftərˌɪmɪdʒ] n (Physiol) image f rémanente

afterlife [ˈɑːftəlaɪf] n vie f après la mort

aftermath [ˈɑːftəmæθ] → SYN n suites fpl, conséquences fpl, séquelles fpl ◆ the aftermath of war le contrecoup or les conséquences de la guerre

afternoon [ˈɑːftəˈnuːn] 1 n après-midi m or f ◆ in the afternoon, afternoons * l'après-midi ◆ at 3 o'clock in the afternoon à 3 heures de l'après-midi ◆ on Sunday afternoon(s) le dimanche après-midi ◆ every afternoon l'après-midi, chaque après-midi ◆ on the afternoon of 2 December l'après-midi du 2 décembre, le 2 décembre dans l'après-midi ◆ he will go this afternoon il ira cet après-midi ◆ good afternoon! (on meeting sb) bonjour ! ; (on leaving sb) au revoir ! ◆ have a nice afternoon! bon après-midi ! ◆ in the early afternoon tôt dans l'après-midi ◆ this afternoon cet après-midi ◆ tomorrow/yesterday afternoon demain/hier après-midi ◆ the next or following afternoon l'après-midi suivant ◆ the afternoon before l'après-midi précédant ◆ every Sunday afternoon le dimanche après-midi ◆ one summer afternoon (par) un après-midi d'été

2 COMP lecture, class, train, meeting etc (de) l'après-midi ▷ **afternoon performance** n (Theat) matinée f ▷ **afternoon session** n séance f de l'après-midi ▷ **afternoon tea** n thé m (de cinq heures)

afterpains [ˈɑːftəpeɪnz] npl tranchées fpl utérines

aftershave [ˈɑːftəʃeɪv] n (lotion f) après-rasage m inv

aftershock [ˈɑːftəʃɒk] n [of earthquake] réplique f

aftertaste [ˈɑːftəteɪst] n (lit, fig) arrière-goût m

afterthought [ˈɑːftəθɔːt] n pensée f après coup ◆ I had an afterthought cela m'est venu après coup ◆ I had afterthoughts or an afterthought about my decision j'ai eu après coup des doutes sur ma décision ◆ the window was added as an afterthought la fenêtre a été ajoutée après coup

afterward(s) [ˈɑːftəwəd(z)] adv après, ensuite, plus tard, par la suite

afterword [ˈɑːftəwɜːd] n postface f

AG [eɪˈdʒiː] n a abbrev of Adjutant General
b (abbrev of Attorney General) → attorney

Aga ® [ˈɑːgə] n (Brit) *grand fourneau de cuisine en fonte*

again [əˈgen] → SYN adv a (= once more) de nouveau ◆ here we are again! nous revoilà !, nous voilà de nouveau ! ◆ it's him again! c'est encore lui ! ◆ he was soon well again il s'est vite remis ◆ she is home again elle est rentrée chez elle, elle est de retour chez elle ◆ what's his name again? comment s'appelle-t-il déjà ? ◆ to begin again recommencer ◆ to see again revoir
♦ again and again, time and again à plusieurs reprises, maintes et maintes fois ◆ I've told you again and again je te l'ai dit et répété (je ne sais combien de fois)
♦ (all) over again ◆ start all over again recommencez au début or à partir du début, reprenez au commencement ◆ he had to count them over again il a dû les recompter

b (with neg) not ... again ne ... plus ◆ I won't do it again je ne le ferai plus ◆ never again jamais plus, plus jamais ◆ I won't do it ever again je ne le ferai plus jamais ◆ never again! c'est bien la dernière fois ! ◆ not again! encore !

c as ... again ◆ as much again deux fois autant ◆ he is as old again as Christine il a deux fois l'âge de Christine

d (emphatic = besides, moreover) là encore, encore une fois ◆ but there again mais là encore ◆ then again, and again d'autre part, d'un autre côté ◆ again, it is not certain that ... et d'ailleurs or et encore il n'est pas sûr que ...

against [əˈgenst] LANGUAGE IN USE 9.2, 12.1, 12.2 → SYN

When **against** is an element in a phrasal verb, eg **go against**, **run up against**, **take against**, look up the verb.

prep a (indicating opposition) contre ◆ Tyson's fight against Bruno le combat entre Tyson et Bruno, le combat opposant Tyson à Bruno ◆ an upsurge in racism against immigrants une montée du racisme contre les immigrants ◆ a demonstration against the government's reforms une manifestation contre les réformes du gouvernement ◆ he did it against my wishes il l'a fait contre mon gré ◆ against the law (adj) contraire à la loi ; (adv) contrairement à la loi ◆ there's no law against it (lit, fig) il n'y a pas de loi qui l'interdise ◆ I've got nothing against him/it je n'ai rien contre lui/rien contre (cela) ◆ conditions are against us les conditions nous sont défavorables or sont contre nous ◆ to be against capital punishment être contre la peine de mort ◆ I'm against helping him at all je ne suis pas d'avis qu'on l'aide (subj) ◆ I'm against it je suis contre (cela) ◆ to be (dead) against sth être (farouchement) opposé à qch

- **against all comers** envers et contre tous ◆ **now we're up against it!** nous voici au pied du mur ! ◆ **against my will** (= despite myself) malgré moi, à contrecœur ; (= despite my opposition) malgré moi, contre ma volonté ◆ **to work against time** or **the clock** travailler contre la montre, faire la course contre la montre (fig) ; → **grain, odds, vote**

b (indicating collision, impact) contre, sur ◆ **to hit one's head against the mantelpiece** se cogner la tête contre la cheminée ◆ **the truck ran against a tree** le camion s'est jeté sur or a percuté contre un arbre

c (indicating support) contre ◆ **to lean against a wall** s'appuyer contre un mur or au mur ◆ **push the chairs right back against the wall** repoussez les chaises tout contre le mur ◆ **he leaned against it** il s'y est appuyé ; → **up**

d (= in contrast to) contre, sur ◆ **against the light** à contre-jour ◆ **the trees stood out against the sunset** les arbres se détachaient sur le (soleil) couchant

e (indicating comparison) **(as) against** contre, en comparaison de ◆ **my rights as against his** mes droits comparés aux siens ◆ **the strength of the pound (as) against the dollar** la fermeté de la livre par rapport au dollar ◆ **the pound is down against the franc** la livre a baissé par rapport au franc ◆ **against that, it might be said ...** en revanche or par contre on pourrait dire ... ; → **over, word**

f numbered tickets are available against this voucher on peut obtenir des billets numérotés contre remise de ce bon ◆ **against presentation of documents** sur présentation des pièces justificatives

g (in preparation for) en vue de, en prévision de, pour ◆ **preparations against sb's return** préparatifs mpl pour le retour or en prévision du retour de qn ◆ **to have the roof repaired against the rainy season** faire réparer le toit en prévision de la saison des pluies

agalactia [ˌægəˈlæktɪə] n agalactie f

agalloch [əˈɡælək] n calambac m

Agamemnon [ˌæɡəˈmɛmnən] n Agamemnon m

agamic [əˈɡæmɪk] adj agame

agamogenesis [ˌæɡəməʊˈdʒɛnɪsɪs] n (Bio) agamie f

agapanthus [ˌæɡəˈpænθəs] n (Bot) agapanthe f

agape [əˈɡeɪp] adj, adv bouche bée

agar(-agar) [ˌeɪɡəˈeɪɡəʳ] n agar-agar m, gélose f

agaric [əˈɡærɪk] n agaric m

agate [ˈæɡət] n agate f

agave [əˈɡeɪvɪ] n agavé m

age [eɪdʒ] → SYN **1** n **a** (= length of life) âge m ◆ **what's her age?, what age is she?** quel âge a-t-elle ? ◆ **when I was your age** quand j'avais votre âge ◆ **I have a daughter your age** or **the same age as you** j'ai une fille de votre âge ◆ **be** or **act your age!** allons, sois raisonnable ! ◆ **he is ten years of age** il a dix ans ◆ **you don't look your age** vous ne faites pas votre âge ◆ **he's twice your age** il a le double de votre âge ◆ **we are of an age** nous sommes du même âge ◆ **to be under age** (Jur etc) être mineur ◆ **to be of age** être majeur ◆ **to come of age** (lit) atteindre sa majorité ; (fig) [issue, idea] faire son chemin ◆ **the age of reason** l'âge m de raison ◆ **age of consent** (Jur) âge m de consentement ; → **middle**

b (= latter part of life) vieillesse f, âge m ◆ **the infirmities of age** les infirmités fpl de la vieillesse or de l'âge ; → **old**

c (Geol etc) âge m ; (Hist, Literat) époque f, siècle m ; → **enlightenment, stone**

d (gen pl: * = long time) **I haven't seen him for ages** il y a un siècle que je ne le vois plus, il y a une éternité que je ne l'ai vu ◆ **she stayed for ages** or **for an age** elle est restée (là) pendant une éternité or un temps fou

2 vi vieillir, prendre de l'âge ◆ **she had aged beyond her years** elle paraissait or faisait maintenant plus que son âge ◆ **to age well** [wine] s'améliorer en vieillissant ; [person] vieillir bien ◆ **he has aged a lot** il a beaucoup vieilli, il a pris un coup de vieux

3 vt **a** vieillir ◆ **this dress ages you** cette robe vous vieillit

b [+ wine etc] laisser vieillir

c [+ accounts] classer par antériorité or par ancienneté ◆ **to age inventories** classer or analyser le stock par date d'entrée

4 COMP d'âge ▷ **age allowance** n (Brit Tax) abattement m vieillesse ▷ **age bracket** n ⇒ **age group** ▷ **age discrimination** n (US) discrimination f pour raisons d'âge, âgisme m ▷ **age group** n tranche f d'âge ◆ **the 40-50 age group** la tranche d'âge de 40 à 50 ans, les 40 à 50 ans ▷ **age limit** n limite f d'âge ▷ **age-old** adj séculaire, antique ▷ **age range** n children in the age range 12-14 les enfants (âgés) de 12 à 14 ans

aged [eɪdʒd] → SYN **1** adj **a** âgé de ◆ **a boy aged ten** un garçon (âgé) de dix ans

b [ˈeɪdʒɪd] (= old) âgé, vieux (vieille f), vieil (m before vowel)

2 **the aged** npl les personnes fpl âgées ◆ **the aged and infirm** les gens mpl âgés et infirmes

ageing [ˈeɪdʒɪŋ] **1** adj person vieillissant, qui se fait vieux (vieille f) ; hairstyle etc qui fait paraître plus vieux (vieille f)

2 n vieillissement m

ageism [ˈeɪdʒɪzəm] n âgisme m

ageist [ˈeɪdʒɪst] **1** adj faisant preuve d'âgisme

2 n personne f faisant preuve d'âgisme

ageless [ˈeɪdʒlɪs] adj person sans âge ; beauty toujours jeune

agency [ˈeɪdʒənsɪ] → SYN **1** n **a** (Comm) agence f, bureau m ; (Govt) organisme m ◆ **this garage has the Citroën agency** ce garage est le concessionnaire Citroën ◆ **he has the sole agency for ...** il a l'exclusivité de ... ◆ **agency agreement** contrat m de représentation ; → **advertising, news, tourist**

b (= means) intermédiaire m, entremise f ◆ **through** or **by the agency of friends** par l'intermédiaire or l'entremise d'amis, grâce à des amis ◆ **through the agency of water** par l'action de l'eau

2 COMP ▷ **agency fee** n frais mpl d'agence

agenda [əˈdʒɛndə] → SYN n ordre m du jour, programme m ◆ **on the agenda** à l'ordre du jour ◆ **to set the agenda** (fig) donner le ton ◆ **to have an agenda** (fig) avoir une idée en tête ◆ **they denied having a hidden agenda** ils ont nié avoir des intentions cachées ◆ **what's on the agenda (for) today?** (fig) qu'y a-t-il au programme or au menu* aujourd'hui ?

agenesis [eɪˈdʒɛnɪsɪs] n agénésie f

agent [ˈeɪdʒənt] → SYN **1** n **a** (Comm) (= person) agent m, concessionnaire mf (of, for de) ; (= firm) concessionnaire m ◆ **agent for Ford cars** concessionnaire m Ford ; → **foreign, free, special**

b (= thing, person, also Ling) agent m ; → **chemical, principal**

2 COMP ▷ **Agent Orange** n (Agr, Mil) agent m orange ▷ **agent provocateur** n agent m provocateur

agentive [ˈeɪdʒəntɪv] n (Ling) agentif m

ageratum [ˌædʒəˈreɪtəm] n ageratum m

aggiornamento [ædˌdʒɔːrnəˈmɛntəʊ] n aggiornamento m

agglomerate [əˈɡlɒməreɪt] **1** vt agglomérer

2 vi s'agglomérer

3 adj aggloméré

agglomeration [əˌɡlɒməˈreɪʃən] n agglomération f

agglutinate [əˈɡluːtɪneɪt] **1** vt agglutiner

2 vi s'agglutiner

3 adj agglutiné ; (Ling) agglutinant

4 COMP ▷ **agglutinating language** n (Ling) langue f agglutinante

agglutination [əˌɡluːtɪˈneɪʃən] n agglutination f

agglutinative [əˈɡluːtɪnətɪv] adj substance, language agglutinant

agglutinin [əˈɡluːtɪnɪn] n agglutinine f

agglutinogen [ˌæɡlʊˈtɪnədʒən] n (Physiol) agglutinogène m

aggrandize [əˈɡrændaɪz] vt agrandir, grandir

aggrandizement [əˈɡrændɪzmənt] n agrandissement m ; [of influence] accroissement m

aggravate [ˈæɡrəveɪt] → SYN vt **a** [+ illness] aggraver, (faire) empirer ; [+ quarrel, situation] envenimer ; [+ pain] augmenter ◆ **aggravated assault** (Jur) coups mpl et blessures

b (= annoy) exaspérer, agacer

aggravating [ˈæɡrəveɪtɪŋ] adj **a** (= worsening) circumstances aggravant

b (= annoying) exaspérant, agaçant

aggravation [ˌæɡrəˈveɪʃən] → SYN n **a** (NonC = exacerbation) [of problem, situation, illness] aggravation f

b (= annoyance) contrariété f ◆ **I don't need all this aggravation** je pourrais me passer de toutes ces contrariétés ◆ **the aggravation of having to do sth** la contrariété d'avoir à faire qch

aggregate [ˈæɡrɪɡɪt] → SYN **1** n **a** ensemble m, total m ◆ **in the aggregate** dans l'ensemble, en somme ◆ **on aggregate** ≈ au total des points (dans le groupe de sélection)

b (Constr, Geol) agrégat m

2 adj global, total ◆ **aggregate value** valeur f totale or globale

3 [ˈæɡrɪɡeɪt] vt **a** (= gather together) agréger, rassembler

b (= amount to) s'élever à, former un total de

4 vi s'agréger, s'unir en un tout

aggression [əˈɡrɛʃən] → SYN n (also Psych) agression f ; (= aggressiveness) agressivité f ; → **non-aggression**

aggressive [əˈɡrɛsɪv] → SYN adj person, behaviour, speech agressif ; salesman, ad etc accrocheur ; (Mil etc) tactics, action offensif ; (Psych) agressif

aggressively [əˈɡrɛsɪvlɪ] adv agressivement

aggressiveness [əˈɡrɛsɪvnɪs] n agressivité f

aggressor [əˈɡrɛsəʳ] → SYN n agresseur m

aggrieved [əˈɡriːvd] → SYN adj (= angry) fâché, contrarié ; (= unhappy) chagriné, mécontent ; → **party**

aggro* [ˈæɡrəʊ] n (Brit) (abbrev of **aggravation**) (= emotion) agressivité f ; (= physical violence) grabuge* m ; (= hassle) embêtements mpl

aghast [əˈɡɑːst] → SYN adj atterré (at de), frappé d'horreur

agile [ˈædʒaɪl] → SYN adj agile, leste

agilely [ˈædʒaɪllɪ] adv agilement, avec agilité

agility [əˈdʒɪlɪtɪ] → SYN n agilité f, souplesse f

Agincourt [ˈædʒɪnˌkɔːt] n Azincourt

aging [ˈeɪdʒɪŋ] n, adj ⇒ **ageing**

agio [ˈædʒɪəʊ] n agio m

agiotage [ˈædʒətɪdʒ] n agiotage m

agism [ˈeɪdʒɪzəm] n ⇒ **ageism**

agist [ˈeɪdʒɪst] n, adj ⇒ **ageist**

agitate [ˈædʒɪteɪt] → SYN **1** vt **a** [+ liquid] agiter, remuer

b (= excite, upset) perturber

2 vi ◆ **to agitate for/against sth** faire campagne or mener une campagne en faveur de/contre qch

agitated [ˈædʒɪteɪtɪd] adj inquiet (-ète f), agité ◆ **to be very agitated** être dans tous ses états

agitatedly [ˈædʒɪteɪtɪdlɪ] adv avec agitation

agitation [ˌædʒɪˈteɪʃən] → SYN n **a** [of person] agitation f ◆ **in a state of agitation** agité

b (= social unrest) agitation f, troubles mpl ; (= deliberate stirring up) campagne f (for pour ; against contre)

c [of liquid] agitation f, mouvement m

agitato [ˌædʒɪˈtɑːtəʊ] adv (Mus) agitato

agitator [ˈædʒɪteɪtəʳ] → SYN n **a** (= person) agitateur m, -trice f, fauteur m (de troubles)

b (= device) agitateur m

agitprop [ˈædʒɪtˌprɒp] **1** n agit-prop f inv

2 adj agit-prop inv

aglow [əˈɡləʊ] adj sky embrasé (liter) ; fire rougeoyant, incandescent ◆ **the sun sets the mountain aglow** le soleil embrase la montagne ◆ **aglow with pleasure/health** rayonnant de plaisir/de santé

AGM [ˌeɪdʒiːˈɛm] n (Brit) (abbrev of **annual general meeting**) AG f, assemblée f générale

agnail [ˈæɡneɪl] n petite peau f, envie f

Agnes [ˈæɡnɪs] n Agnès f

agnosia [æɡˈnəʊzɪə] n agnosie f

agnostic [æɡˈnɒstɪk] adj, n agnostique mf

agnosticism [æɡˈnɒstɪsɪzəm] n agnosticisme m

ago / ahoy

ago [əˈgəʊ] adv il y a ◆ **a week ago** il y a huit jours ◆ **how long ago?** il y a combien de temps (de cela) ? ◆ **a little while ago** il y a peu de temps ◆ **he left ten minutes ago** il est sorti il y a dix minutes or depuis dix minutes ◆ **as long ago as 1950** déjà en 1950, dès 1950 ◆ **no longer ago than yesterday** pas plus tard qu'hier ; → **long**

agog [əˈgɒg] → SYN adj en émoi ◆ **to be (all) agog (with excitement) about sth** être en émoi à cause de qch ◆ **to set agog** mettre en émoi ◆ **to be agog to do sth** griller d'envie or être impatient de faire qch, brûler de faire qch ◆ **agog for news** impatient d'avoir des nouvelles

agonize [ˈægənaɪz] vi ◆ **to agonize over** or **about sth** se tourmenter à propos de qch ◆ **to agonize over how to do sth** se ronger les sangs pour savoir comment faire qch

agonized [ˈægənaɪzd] adj look angoissé ; cry, letter déchirant

agonizing [ˈægənaɪzɪŋ] adj death atroce ; feeling, decision, choice déchirant

agonizingly [ˈægənaɪzɪŋli] adv atrocement

agony [ˈægəni] → SYN ⓵ n (= mental pain) angoisse f, supplice m ; (= physical pain) douleur f atroce ◆ **it was agony** la douleur était atroce ◆ **death agony** agonie f ◆ **to suffer agonies** souffrir le martyre or mille morts ◆ **to be in an agony of impatience** mourir d'impatience ◆ **to be in agony** souffrir le martyre ; → **prolong**
⓶ COMP ▷ **agony aunt** * n (Brit Press) rédactrice de la rubrique du courrier du cœur ▷ **agony column** * n (Brit Press) courrier m du cœur ▷ **agony uncle** * n (Brit Press) rédacteur de la rubrique du courrier du cœur

agoraphobia [ˌægərəˈfəʊbɪə] n agoraphobie f

agoraphobic [ˌægərəˈfəʊbɪk] adj agoraphobe

agouti [əˈguːtɪ] n, pl **agoutis** or **agouties** (Zool) agouti m

AGR [ˌeɪdʒiːˈɑːʳ] (abbrev of **advanced gas-cooled reactor**) → **advanced**

agrammatical [ˌeɪgrəˈmætɪkəl] adj agrammatical

agranulocytosis [əˌgrænjʊləʊsaɪˈtəʊsɪs] n agranulocytose f

agraphia [eɪˈgræfɪə] n agraphie f

agrarian [əˈgrɛərɪən] ⓵ adj reform, laws agraire ◆ **Agrarian Revolution** réforme(s) f(pl) agraire(s)
⓶ n (Pol Hist) agrarien(ne) m(f)

agree [əˈgriː] LANGUAGE IN USE 11, 12, 26.1, 26.3 → SYN
⓵ vt ⓐ (= consent) consentir (to do sth à faire qch), accepter (to do sth de faire qch) ; [+ statement, report] accepter or reconnaître la véracité de ◆ **he agreed to do it** il a consenti à or accepté de le faire
ⓑ (= admit) reconnaître, admettre (that que) ◆ **I agree (that) I was wrong** je reconnais or conviens que je me suis trompé
ⓒ (= come to an agreement) convenir (to do sth de faire qch), se mettre d'accord (to do sth pour faire qch) ; [+ time, price] se mettre d'accord sur, convenir de ; (= be of same opinion) être d'accord (with avec ; that que) ◆ **everyone agrees that we should stay** tout le monde s'accorde à reconnaître que nous devrions rester ◆ **they agreed (amongst themselves) to do it** ils ont convenu de le faire, ils se sont mis d'accord ou se sont accordés pour le faire ◆ **it was agreed** c'était convenu ◆ **to agree to disagree** or **differ** en rester là, accepter que chacun reste sur ses positions ◆ **I agree that it's difficult** je conviens que c'est difficile, je suis d'accord, c'est difficile ◆ **the delivery was three days later than agreed** la livraison a été effectuée trois jours après la date convenue ◆ **unless otherwise agreed** (Jur) sauf accord contraire, sauf convention contraire
⓶ vi ⓐ (= hold same opinion) être d'accord (with avec), être du même avis (with que) ◆ **I (quite) agree** je suis (tout à fait) d'accord ◆ **I don't agree (at all)** je ne suis pas (du tout) d'accord ◆ **I agree about trying again tomorrow** je suis d'accord avec l'idée de ressayer demain ◆ **they all agreed in finding the play dull** tous ont été d'accord pour trouver la pièce ennuyeuse, tous ont été d'avis que la pièce était ennuyeuse ◆ **she agrees**
with me that it is unfair elle est d'accord avec moi pour dire or elle trouve comme moi que c'est injuste ◆ **he entirely agrees with me** il est tout à fait d'accord or en plein accord avec moi ◆ **I can't agree with you there** je ne suis absolument pas d'accord avec vous sur ce point ◆ **I don't agree with children smoking** je n'admets pas que les enfants fument (subj)
ⓑ (= come to terms) se mettre d'accord (with avec) ; (= get on well) s'entendre (bien), s'accorder (bien) ◆ **to agree about** or **on sth** se mettre d'accord sur qch, convenir de qch ◆ **we haven't agreed about the price/about where to go** nous ne nous sommes pas mis d'accord sur le prix/sur l'endroit où aller, nous n'avons pas convenu du prix/de l'endroit où aller ◆ **they agreed as to** or **on how to do it/as to what it should cost** ils sont tombés or se sont mis d'accord sur la manière de le faire/sur le prix que cela devrait coûter
◆ **to agree to** ◆ **to agree to a proposal** accepter une proposition, donner son consentement à une proposition ◆ **he won't agree to that** il ne sera jamais d'accord, il n'acceptera pas ◆ **I agree to your marriage/your marrying her** je consens à votre mariage/à ce que vous l'épousiez ◆ **he agreed to the project** il a donné son adhésion au projet
ⓒ [ideas, stories, assessments] concorder, coïncider (with avec) ◆ **his explanation agrees with what I know** son explication correspond à ce que je sais ◆ **these statements do not agree with each other** ces affirmations ne concordent pas
ⓓ (Gram) s'accorder (with avec ; in en)
ⓔ (= suit the health of) sea air agrees with invalids l'air marin est bon pour les malades ou réussit aux malades ◆ **the heat does not agree with her** la chaleur l'incommode ◆ **onions don't agree with me** les oignons ne me réussissent pas

agreeable [əˈgriːəbl] → SYN adj ⓐ (= pleasant, friendly) agréable ◆ **she was always agreeable to them** elle était toujours agréable avec eux
ⓑ (frm = willing) **if you are agreeable, we can start immediately** si vous le voulez bien ou si vous y consentez, nous pouvons commencer immédiatement ◆ **to be agreeable to (doing) sth** consentir volontiers à (faire) qch ◆ **I am quite agreeable** volontiers ◆ **I am quite agreeable to doing it** je le ferai très volontiers
ⓒ (frm = acceptable) **we can start the work tomorrow, if that's agreeable** nous pouvons commencer le travail demain si vous n'y voyez pas d'inconvénient ◆ **is that agreeable to you?** est-ce que cela vous convient ?, cela vous agrée-t-il ? (frm)

agreeably [əˈgriːəbli] adv chat, spend time agréablement ; say, smile aimablement ◆ **agreeably surprised** agréablement surpris

agreed [əˈgriːd] LANGUAGE IN USE 11
⓵ adj ⓐ d'accord ◆ **we are agreed** nous sommes d'accord (about au sujet de, à propos de ; on sur) ◆ **the ministers were agreed** les ministres sont tombés d'accord
ⓑ time, place, amount convenu ◆ **it's all agreed** c'est tout décidé or convenu ◆ **as agreed** comme convenu ◆ **it's agreed that ...** il est convenu que ... (+ indic) ◆ **(is that) agreed?** entendu ?, d'accord ? ◆ **agreed!** entendu !, d'accord !
⓶ COMP ▷ **agreed procedure** n (Ind) procédure f conventionnelle

agreement [əˈgriːmənt] → SYN ⓵ n ⓐ (= mutual understanding) accord m, harmonie f ◆ **to be in agreement on a subject** être d'accord sur un sujet ◆ **by (mutual) agreement** (= both thinking same) d'un commun accord ; (without quarrelling) à l'amiable
ⓑ (= arrangement, contract) accord m ; (Pol, frm) pacte m ◆ **to come to an agreement** parvenir à une entente, tomber d'accord ◆ **to sign an agreement** signer un accord ◆ **the Helsinki agreement** les accords mpl d'Helsinki ; → **gentleman**
ⓒ (Gram) accord m
⓶ COMP ▷ **agreement to sell** n (Jur) promesse f de vente

agribusiness [ˈægrɪˌbɪznɪs] n agro-industries fpl
agricultural [ˌægrɪˈkʌltʃərəl] ⓵ adj policy, production, machinery agricole ; subsidy à l'agriculture ; method d'agriculture ; reform of l'agriculture ; exporter, exports de produits agricoles
⓶ COMP ▷ **agricultural college** n école f d'agriculture ▷ **agricultural engineer** n ingénieur m agronome ▷ **agricultural expert** n expert m agronome ▷ **agricultural show** n exposition f agricole ▷ **agricultural worker** n travailleur m agricole

agricultur(al)ist [ˌægrɪˈkʌltʃər(əl)ɪst] n agronome mf ; (= farmer) agriculteur m

agriculture [ˈægrɪkʌltʃəʳ] → SYN n agriculture f ◆ **Minister/Ministry of Agriculture** (Brit) ◆ **Secretary/Department of Agriculture** (US) ministre m/ministère m de l'Agriculture

agrifoodstuffs [ˈægrɪˈfuːdstʌfs] npl agroalimentaire m

agrimony [ˈægrɪmənɪ] n (Bot) aigremoine f

agrobiology [ˌægrəʊbaɪˈɒlədʒɪ] n agrologie f

agrochemical [ˌægrəʊˈkemɪkəl] ⓵ adj agrochimique
⓶ n produit m chimique à usage agricole ◆ **agrochemicals industry** agrochimie f

agroforestry [ˌægrəʊˈfɒrɪstrɪ] n (Agr) agroforesterie f

agrology [əˈgrɒlədʒɪ] n agrologie f

agronomics [ˌægrəˈnɒmɪks] n (NonC: Econ) économie f agraire or agricole

agronomist [əˈgrɒnəmɪst] n agronome mf

agronomy [əˈgrɒnəmɪ] n agronomie f

aground [əˈgraʊnd] → SYN adv, adj ship échoué ◆ **to be aground** toucher le fond ◆ **to be fast aground** être bien échoué ◆ **to run aground** s'échouer, se jeter à la côte

ague †† [ˈeɪgjuː] n (Med) fièvre f

ah [ɑː] excl ah !

aha [ɑːˈhɑː] excl ah, ah !

Ahasuerus [əˌhæzjʊˈɪərəs] n Assuérus m

ahead [əˈhed] → SYN

When **ahead** is an element in a phrasal verb, eg **book ahead, draw ahead, fire ahead, go ahead**, look up the verb.

adv ⓐ (in space) en avant, devant ◆ **stay here, I'll go on ahead** restez ici, moi je vais en avant or devant ◆ **to get ahead** (lit, fig) prendre de l'avance ◆ **full speed ahead!** (Naut, also fig) en avant toute !
ⓑ (in classification, sport etc) en tête ◆ **to be five points etc ahead** avoir une avance de cinq points etc ◆ **the goal put Scotland 2-1 ahead** grâce à ce but, l'Écosse menait 2 à 1
ⓒ (in time) book à l'avance ◆ **ahead of time** decide, announce à l'avance ; arrive, be ready avant l'heure, en avance ◆ **the project's ahead of schedule** le projet est plus avancé que prévu ◆ **the project's two months ahead of schedule** le projet est en avance de deux mois sur le planning or sur le programme prévu ◆ **ahead of the meeting** avant la réunion ◆ **two hours ahead of the next car** avec deux heures d'avance sur la voiture suivante ◆ **he's two hours ahead of you** il a deux heures d'avance sur vous ◆ **clocks here are two hours ahead of clocks over there** les pendules d'ici ont deux heures d'avance sur celles de là-bas, il y a un décalage horaire de deux heures entre ici et là-bas ◆ **the months ahead** les mois à venir ◆ **there are difficult times ahead** l'avenir s'annonce difficile ◆ **to think** or **plan ahead** prévoir (à l'avance) ◆ **looking** or **thinking ahead five years, what ...** essayez d'imaginer la situation dans cinq ans : qu'est-ce que ... ◆ **to plan ahead** faire des projets ◆ **to be ahead of one's time** être en avance sur son temps ◆ **what is** or **lies ahead** ce que l'avenir nous réserve ◆ **what is** or **lies ahead for him/us** ce que l'avenir lui/nous réserve

ahem [əˈhem] excl hum !

ahold [əˈhəʊld] n (esp US) ◆ **to get ahold of sb** (= contact) contacter qn, joindre qn ; (= grab) saisir qn ◆ **to get ahold of sth** (= obtain) mettre la main sur qch ; (= grab) saisir qch ◆ **to get ahold of o.s.** (= pull o.s. together) se ressaisir ; (= control o.s.) se maîtriser

ahoy [əˈhɔɪ] excl (Naut) ohé ! ◆ **ship ahoy!** ohé du navire !

AI [eɪ'aɪ] n a (abbrev of **artificial intelligence**) IA f, intelligence f artificielle
b (abbrev of **artificial insemination**) IA f, insémination f artificielle
c abbrev of **Amnesty International**

ai ['ɑːɪ] n, pl **ais** (Zool) aï m, paresseux m

AID [ˌeɪaɪ'diː] a (abbrev of **artificial insemination by donor**) IAD f
b (US) abbrev of **Agency for International Development**
c (US Admin) abbrev of **Aid to Families with Dependent Children**

aid [eɪd] → SYN 1 n a (NonC) (= help) aide f, assistance f ; (international) aide f ◆ **by** or **with the aid of sb** avec l'aide de qn ◆ **by** or **with the aid of sth** à l'aide de qch
◆ **in aid of** (esp Brit) ◆ **sale in aid of the blind** vente f (de charité) au profit des aveugles ◆ **what is the meeting in aid of?** * c'est dans quel but or en quel honneur *, cette réunion ?
b (= helper) aide mf, assistant(e) m(f) ; (gen pl = equipment, apparatus) aide f ◆ **audio-visual aids** supports mpl or moyens mpl audiovisuels ◆ **teaching aids** outils mpl or matériel m pédagogique(s) ; → **deaf**
2 vt [+ person] aider ; [+ progress, recovery] contribuer à ◆ **to aid one another** s'entraider, s'aider les uns les autres ◆ **to aid sb to do sth** aider qn à faire qch ◆ **to aid and abet (sb)** (Jur) être complice (de qn)
3 COMP ▷ **aid agency** n organisation f humanitaire ▷ **aid climbing** n (Climbing) escalade f artificielle ▷ **aid worker** n *personne qui travaille pour une organisation humanitaire*

aide [eɪd] 1 n aide mf, assistant(e) m(f) ; (US Pol) conseiller m, -ère f
2 COMP ▷ **aide-de-camp** n, pl **aides-de-camp** aide m de camp ▷ **aide-mémoire** n, pl **aides-mémoire** mémorandum m

AIDS, Aids, aids [eɪdz] 1 n (abbrev of **acquired immune deficiency syndrome**) sida m
2 COMP ▷ **AIDS patient** n sidéen(ne) m(f), malade mf du sida ▷ **AIDS-related** adj associé au sida ▷ **AIDS-related complex** n pré-sida m ▷ **AIDS test** n test m de dépistage du sida ▷ **AIDS victim** n ⇒ **AIDS patient**

aigrette [e'gret] n (Bot, Zool) aigrette f

aiguillette [ˌeɪgwɪ'let] n (Mil) aiguillette f

AIH [ˌeɪaɪ'eɪtʃ] n (abbrev of **artificial insemination by husband**) IAC f

aikido ['aɪkɪdəʊ] n aïkido m

ail [eɪl] 1 vt affliger ◆ **what ails you?** † qu'avez-vous ?
2 vi être souffrant

ailanthus [eɪ'lænθəs] n ailante m

aileron ['eɪlərɒn] n (Aviat) aileron m

ailing ['eɪlɪŋ] adj souffrant ◆ **she is always ailing** elle est de santé fragile, elle a une petite santé ◆ **an ailing company** une compagnie qui périclite

ailment ['eɪlmənt] n affection f ◆ **all his (little) ailments** tous ses maux mpl

aim [eɪm] → SYN 1 n a **his aim is bad** il vise mal ◆ **to take aim (at sb/sth)** viser (qn/qch) ◆ **to miss one's aim** manquer la cible
b (= purpose) but m ◆ **with the aim of doing sth** dans le but de faire qch ◆ **her aim is to work in London** elle a pour but de travailler à Londres ◆ **the aim of this policy is to ...** cette politique vise à ... ◆ **the aim of this government is to ...** le but que s'est fixé le gouvernement est de ... ◆ **his aims are open to suspicion** ses visées or ses ambitions sont suspectes ◆ **political aims** finalités fpl or buts mpl politiques
2 vt a (= direct) [+ hosepipe, extinguisher] pointer, diriger ; [+ gun] braquer (*at* sur) ; [+ missile] pointer (*at* sur) ; [+ blow] allonger, décocher (*at* à) ; [+ remark] diriger (*at* contre) ◆ **to aim a gun at sb** braquer un revolver sur qn, viser qn avec un revolver ◆ **to aim a stone at sb** (= throw) lancer une pierre sur or à qn ◆ **his remarks are aimed at his father** ses remarques visent son père
b (= intend) viser, aspirer (*to do sth, at doing sth* à faire qch)
3 vi viser ◆ **to aim at** (lit) viser ; (fig) viser, aspirer à ; → **high**

AIM [ˌeɪaɪ'em] n (Brit) (abbrev of **Alternative Investment Market**) nouveau marché m

aimless ['eɪmlɪs] → SYN adj person, way of life sans but, désœuvré ; activity, pursuit qui ne mène à rien, futile

aimlessly ['eɪmlɪslɪ] adv wander, drift sans but ; chat à bâtons rompus

aimlessness ['eɪmlɪsnɪs] n ◆ **a mood of aimlessness and despair** une sensation d'errance (liter) et de désespoir ◆ **his sense of aimlessness** le sentiment qu'il éprouvait de ne pas avoir de but dans la vie

ain't ‡ [eɪnt] ⇒ **am not, is not, are not, has not, have not** ; → **be, have**

air [ɛəʳ] → SYN 1 n a air m ◆ **in the open air** en plein air ◆ **a change of air** un changement d'air ◆ **I need some air!** j'ai besoin d'air ! ◆ **to go out for a breath of (fresh) air** sortir prendre l'air ◆ **to take the air** † prendre le frais ◆ **to throw sth (up) into the air** jeter or lancer qch en l'air ◆ **the balloon rose up into the air** le ballon s'est élevé (dans les airs) ◆ **(seen) from the air** vu d'en haut ◆ **I can't live on air** je ne peux pas vivre de l'air du temps ◆ **to be walking** or **treading on air** être aux anges, ne pas se sentir de joie ◆ **to pull** or **pluck a figure out of the air** donner un chiffre au hasard ◆ **to give sb the air** * (US) [employer] virer * or renvoyer qn ; [girlfriend etc] plaquer ‡ qn
◆ **by air** par avion ◆ **to transport sth by air** transporter qch par avion ◆ **to go by air** aller en avion, voyager par avion
◆ **in the air** (fig) ◆ **there's something in the air** il se prépare quelque chose, il se trame quelque chose ◆ **there's a rumour in the air that ...** le bruit court que ... ◆ **it's still all in the air** ce ne sont encore que des projets en l'air or de vagues projets ◆ **all her plans were up in the air** (= vague) tous ses projets étaient vagues or flous ◆ **all her plans have gone up in the air** (= destroyed) tous ses projets sont tombés à l'eau ◆ **he went up in the air** * **when he heard the news** (in anger) il a bondi en apprenant la nouvelle ; (in excitement) il a sauté d'enthousiasme en apprenant la nouvelle ◆ **to be up in the air about** * **...** (= angry) être très monté or très en colère à l'idée de ... ; (= excited) être tout en émoi or très excité à l'idée de ...
◆ **off (the) air** ◆ **to go off (the) air** quitter l'antenne
◆ **on (the) air** (Rad) à la radio, sur les ondes, à l'antenne ; (TV) à l'antenne ◆ **you're on (the) air** vous êtes à l'antenne, vous avez l'antenne ◆ **he's on (the) air every day** il passe tous les jours à la radio ◆ **the station is on the air** la station émet ◆ **the programme goes** or **is on (the) air every week** l'émission passe (sur l'antenne) or est diffusée toutes les semaines
b († = breeze) brise f, léger souffle m
c (= manner) air m ◆ **with an air of bewilderment/superiority** d'un air perplexe/supérieur ◆ **with a proud air** d'un air fier, avec une mine hautaine ◆ **she has an air about her** elle a de l'allure, elle a un certain chic ◆ **to put on airs, to give o.s. airs** se donner de grands airs ◆ **airs and graces** minauderies fpl ◆ **to put on airs and graces** minauder
d (Mus) air m
2 vt a [+ clothes, room, bed] aérer
b [+ anger] exhaler ; [+ opinions] faire connaître ; [+ idea, proposal] mettre sur le tapis
c (esp US * = broadcast) diffuser
3 vi (TV, Rad = be broadcast) être diffusé
4 COMP ▷ **air alert** n alerte f aérienne ▷ **air ambulance** n (= plane) avion m sanitaire ; (= helicopter) hélicoptère m sanitaire ▷ **air base** n base f aérienne ▷ **air battle** n bataille f aérienne ▷ **air bed** n (Brit) matelas m pneumatique ▷ **air brake** n (on truck) frein m à air comprimé ; (Aviat) frein m aérodynamique, aérofrein m ▷ **air brick** n (Constr) brique f évidée or creuse ▷ **air bridge** n pont m aérien ▷ **air-brush** n aérographe m ◇ vt (lit) retoucher à l'aérographe ; (fig) embellir ▷ **air bubble** n (in liquids) bulle f d'air ; (in glass, metal) soufflure f ▷ **air burst** n explosion f aérienne ▷ **air cargo** n (Comm) fret m aérien ▷ **air cast** n attelle f gonflable ▷ **air chamber** n (Aut, Physiol) chambre f à air ▷ **air chief marshal** n (Brit) général m d'armée aérienne ▷ **air commodore** n (Brit) général m de brigade aérienne ▷ **air-condition** vt climatiser ▷ **air-conditioned** adj climatisé ▷ **air conditioner** n climatiseur m ▷ **air conditioning** n climatisation f, air m conditionné ▷ **air consignment note** n (Comm) lettre f de transport aérien ▷ **air-cool** vt (Tech) refroidir par air ▷ **air-cooled** adj [+ engine] à refroidissement par air ; (US *) [+ room] climatisé ▷ **air corridor** n couloir m aérien ▷ **air cover** n couverture f aérienne ▷ **air crash** n accident m d'avion ▷ **air current** n courant m atmosphérique ▷ **air cushion** n coussin m pneumatique ; (Tech) matelas m or coussin m d'air ▷ **air cylinder** n bouteille f d'air comprimé ▷ **air disaster** n catastrophe f aérienne ▷ **air display** n meeting m aérien ▷ **air-dry** vt sécher à l'air ▷ **air duct** n (Tech) conduit m d'aération ▷ **air engine** n moteur m à air ; (using compressed air) moteur à air comprimé ▷ **air express** n (US) cargo m aérien ▷ **air ferry** n avion m transbordeur ▷ **air filter** n filtre m à air ▷ **air flow** n courant m atmosphérique ; (in wind tunnel) écoulement m d'air ▷ **air force** n armée f de l'air, aviation f militaire ▷ **air-force blue** adj bleu gris inv ▷ **Air Force One** n (US) l'avion m présidentiel ▷ **air freight** n (= goods) fret m aérien ; (= method) transport m aérien ◆ **to send by air freight** expédier par voie aérienne or par avion ▷ **air freshener** n désodorisant m ▷ **air guitar** n (hum) *guitare imaginaire dont on fait semblant de jouer en écoutant de la musique* ▷ **air hole** n trou m d'aération ▷ **air hostess** n (Brit) hôtesse f de l'air ▷ **air intake** n arrivée f d'air, prise f d'air ▷ **air-kiss** vt envoyer un baiser à ▷ **air lane** n couloir m aérien or de navigation aérienne ▷ **air letter** n aérogramme m ▷ **air marshal** n général m de corps aérien ▷ **air mass** n (Met) masse f d'air ▷ **air mattress** n matelas m pneumatique ▷ **air miles** npl miles mpl ▷ **air miss** n quasi-collision f ▷ **air pocket** n trou m or poche f d'air ▷ **air power** n puissance f aérienne ▷ **air pressure** n pression f atmosphérique ▷ **air pump** n compresseur m, machine f pneumatique ▷ **air purifier** n purificateur m d'air ▷ **air rage** n *comportement agressif de passagers dans un avion* ▷ **air raid** n attaque f aérienne, raid m aérien ▷ **air-raid precautions** npl défense f passive ▷ **air-raid shelter** n abri m antiaérien ▷ **air-raid warden** n préposé(e) m(f) à la défense passive ▷ **air-raid warning** n alerte f (aérienne) ▷ **air rifle** n carabine f à air comprimé ▷ **air-sea base** n base f aéronavale ▷ **air-sea missile** n missile m air-mer ▷ **air-sea rescue** n sauvetage m en mer *(par hélicoptère etc)* ▷ **air shaft** n (Min) puits m d'aérage ; (Naut) manche f à vent ▷ **air show** n (= trade exhibition) salon m de l'aéronautique ; (= flying display) meeting m aérien ▷ **air shuttle** n navette f aérienne ▷ **air sock** n manche f à air ▷ **air space** n espace m aérien ◆ **French air space** l'espace m aérien français ▷ **air stream** n courant m atmosphérique ; (Ling) colonne f d'air ▷ **air superiority** n supériorité f aérienne ▷ **air surfing** n (Sport) sky-surf m ▷ **air suspension** n (Aut) suspension f pneumatique ▷ **air terminal** n aérogare f ▷ **air ticket** n billet m d'avion ▷ **air time** n temps m d'antenne ▷ **air-to-air** adj (Mil) air-air inv, avion-avion inv ▷ **air-to-ground** adj (Mil) air-sol inv ▷ **air-to-sea** adj (Mil) air-mer inv ▷ **air-to-surface** adj ⇒ **air-to-ground** ▷ **air traffic control** n contrôle m du trafic aérien ▷ **air traffic controller** n contrôleur m, -euse f de la navigation aérienne, aiguilleur m du ciel ▷ **air valve** n soupape f ▷ **air vent** n prise f d'air ▷ **air vice marshal** n (Brit) général m de division aérienne ▷ **air waves** † npl ondes fpl (hertziennes) ◆ **on the air waves** (= on radio) sur les ondes ▷ **air waybill** n (Comm) lettre f de transport aérien

airbag ['ɛəbæg] n (Aut) airbag ® m

airborne ['ɛəbɔːn] adj [+ troops] aéroporté ◆ **the plane was airborne** l'avion avait décollé

Airbus ® ['ɛəbʌs] n Airbus ® m

aircraft ['ɛəkrɑːft] 1 n (pl inv) avion m
2 COMP ▷ **aircraft carrier** n porte-avions m inv

aircraft(s)man / aldosterone

aircraft(s)man ['ɛəkrɑːft(s)mən] n, pl **-men** (Brit) soldat m de deuxième classe (de l'armée de l'air)

aircrew ['ɛəkruː] n équipage m

airdrome ['ɛədrəʊm] n (US) aérodrome m

airdrop ['ɛədrɒp] ① vt parachuter ② n parachutage m

Airedale ['ɛədeɪl] n (also **Airedale terrier**) airedale m

airfare ['ɛəfɛəʳ] n prix m du billet d'avion

airfield ['ɛəfiːld] n terrain m d'aviation, (petit) aérodrome m

airfoil ['ɛəfɔɪl] n (US) ⇒ **aerofoil**

airframe ['ɛəfreɪm] n cellule f (d'avion)

airgun ['ɛəgʌn] n fusil m or carabine f à air comprimé

airhead * ['ɛəhed] n cruche * f

airily ['ɛərɪlɪ] → SYN adv say, dismiss avec désinvolture

airiness ['ɛərɪnɪs] → SYN n [of room] aération f, (bonne) ventilation f; [of manner] désinvolture f

airing ['ɛərɪŋ] → SYN ① n (fig) ◆ **to give an idea an airing** mettre une idée sur le tapis ② COMP ▷ **airing cupboard** n (Brit) placard-séchoir m

airless ['ɛəlɪs] → SYN adj a room privé d'air ◆ **it is airless in here** il n'y a pas d'air ici, cela sent le renfermé ici b weather lourd

airlift ['ɛəlɪft] ① n pont m aérien ② vt évacuer par pont aérien

airline ['ɛəlaɪn] n a (Aviat) compagnie f aérienne b (diver's) voie f d'air

airliner ['ɛəlaɪnəʳ] n avion m de ligne, (avion m) long-courrier m or moyen-courrier m

airlock ['ɛəlɒk] n a (in spacecraft, caisson etc) sas m b (in pipe) bulle f d'air

airmail ['ɛəmeɪl] ① n poste f aérienne ◆ **by airmail** par avion ② vt [+ letter, parcel] expédier par avion ③ COMP ▷ **airmail edition** n édition f par avion ▷ **airmail letter** n lettre f par avion ▷ **airmail paper** n papier m pelure ▷ **airmail stamp, airmail sticker** n étiquette f par avion

airman ['ɛəmən] ① n, pl **-men** aviateur m; (Brit Aviat) soldat m de l'armée de l'air; (US Aviat) soldat m de première classe ② COMP ▷ **airman first class** n (US) caporal m

airmobile ['ɛəməbiːl] adj (US Mil) aéroporté

airplane ['ɛəpleɪn] n (US) avion m

airplay ['ɛəpleɪ] n (Rad) temps m de passage à l'antenne ◆ **to get a lot of airplay** passer souvent à l'antenne

airport ['ɛəpɔːt] ① n aéroport m ② COMP ▷ **airport bus** n bus m de l'aéroport ▷ **airport lounge** n salon m d'aéroport ▷ **airport police** n ≈ police f de l'air et des frontières ▷ **airport tax(es)** n(pl) taxes fpl d'aéroport

airscrew ['ɛəskruː] n (Brit) hélice f

airshed ['ɛəʃed] n hangar m (d'aviation)

airship ['ɛəʃɪp] n dirigeable m

airsick ['ɛəsɪk] adj ◆ **to be airsick** avoir le mal de l'air ◆ **I get airsick** je souffre du mal de l'air

airsickness ['ɛəsɪknɪs] n mal m de l'air

airside ['ɛəsaɪd] n *partie de l'aéroport la plus proche des pistes*

airspeed ['ɛəspiːd] ① n (Aviat) vitesse f relative ② COMP ▷ **airspeed indicator** n badin m, anémomètre m

airstrike ['ɛəstraɪk] n ⇒ **air raid**; → **air**

airstrip ['ɛəstrɪp] n piste f (d'atterrissage)

airtight ['ɛətaɪt] adj hermétique

airway ['ɛəweɪ] ① n (= route) voie f aérienne; (= airline company) compagnie f aérienne; (= ventilator shaft) conduit m d'air ② **airways** npl voies fpl respiratoires

airwoman ['ɛəwʊmən] n, pl **-women** aviatrice f; (in air force) auxiliaire f de l'armée de l'air

airworthiness ['ɛəwɜːðɪnɪs] n navigabilité f; → **certificate**

airworthy ['ɛəwɜːðɪ] adj en état de navigation

airy ['ɛərɪ] → SYN ① adj a (= spacious) room, building clair et spacieux b (= lightweight) fabric léger c (= casual) manner, gesture, wave désinvolte d (= empty) promise, idea en l'air ② COMP ▷ **airy-fairy** * adj (Brit) idea, person farfelu

AIS [ˌeɪaɪ'es] n (Publishing) (abbrev of **advance information sheet**) bonnes feuilles fpl (*destinées à la promotion d'un livre*)

aisle [aɪl] → SYN n a [of church] (central) allée f centrale; (side) bas-côté m ◆ **to take a girl up the aisle** † mener une jeune fille à l'autel ◆ **to walk up the aisle with sb** (fig) épouser qn b [of theatre, cinema] allée f; [of plane, train, coach] couloir m ◆ **aisle seat** (on plane etc) place f côté couloir

aitch [eɪtʃ] n (= letter) H, h m ◆ **aitch bone** (Culin) culotte f (de bœuf); → **drop**

Ajaccio [əˈʒæsjəʊ] n Ajaccio

ajar [əˈdʒɑːʳ] adj, adv entrouvert, entrebâillé

Ajax ['eɪdʒæks] n Ajax m

AK abbrev of **Alaska**

AKA, aka [ˌeɪkeɪ'eɪ] (abbrev of **also known as**) alias

akene [əˈkiːn] n (Bot) akène m

akimbo [əˈkɪmbəʊ] adj ◆ **with arms akimbo** les poings sur les hanches

akin [əˈkɪn] adj ◆ **akin to** (= similar) qui tient de, qui ressemble à, analogue à; (= of same family as) parent de, apparenté à

Akita [æˈkiːtə] n (= dog) Akita Inu m

Akkadian [əˈkædɪən] adj, n akkadien m

AL, Ala. abbrev of **Alabama**

Alabama [ˌæləˈbæmə] n l'Alabama m ◆ **in Alabama** en Alabama

alabaster ['æləbɑːstəʳ] ① n albâtre m ② adj (lit, fig) d'albâtre

à la carte [ˌæləˈkɑːt] adj, adv (Culin) à la carte

alacrity [əˈlækrɪtɪ] n empressement m ◆ **with alacrity** avec empressement

Aladdin [əˈlædɪn] ① n Aladin m ② COMP ▷ **Aladdin's cave** n (fig) caverne f d'Ali Baba

Alan ['ælən] n Alain m

alanine ['æləniːn] n alanine f

alar ['eɪləʳ] adj alaire

alarm [əˈlɑːm] → SYN ① n a (= warning) alarme f, alerte f ◆ **to raise the alarm** donner l'alarme or l'éveil ◆ **alarms and excursions** (Theat) bruits mpl de bataille en coulisse; (fig) branle-bas m de combat; → **burglar, false** b (NonC = fear) inquiétude f, alarme f ◆ **to cause sb alarm** mettre qn dans l'inquiétude, alarmer qn c ⇒ **alarm clock** ② vt a (= frighten) [+ person] alarmer, éveiller des craintes chez; [+ animal, bird] effaroucher, faire peur à ◆ **to become** or **be alarmed** [person] prendre peur, s'alarmer; [animal] prendre peur, s'effaroucher b (= warn) alerter, alarmer ③ COMP ▷ **alarm bell** n sonnerie f d'alarme ◆ **the court's decision has set alarm bells ringing in government** la décision du tribunal a alerté or inquiété le gouvernement ▷ **alarm call** n (Telec) appel m du service réveil ◆ **I'd like an alarm call (for 6 am)** je voudrais être réveillé (à 6 heures) ▷ **alarm clock** n réveil m ▷ **alarm signal** n signal m d'alarme ▷ **alarm system** n système m d'alarme

alarming [əˈlɑːmɪŋ] → SYN adj alarmant

alarmingly [əˈlɑːmɪŋlɪ] adv rise, deteriorate de façon alarmante ◆ **the deadline is alarmingly close** la date limite se rapproche de manière inquiétante ◆ **alarmingly quickly** à une vitesse alarmante ◆ **an alarmingly high divorce rate** un taux de divorce qui atteint des niveaux alarmants ◆ **alarmingly, there was a sharp fall in house prices** fait alarmant, il y a eu une forte chute des prix de l'immobilier

alarmism [əˈlɑːmɪzəm] n alarmisme m

alarmist [əˈlɑːmɪst] adj, n alarmiste mf

alas [əˈlæs] excl hélas!

Alas. abbrev of **Alaska**

Alaska [əˈlæskə] n l'Alaska m ◆ **in Alaska** en Alaska ◆ **Alaska Highway** route f de l'Alaska ◆ **Alaska Range** chaîne f de l'Alaska; → **bake**

Alaskan [əˈlæskən] ① adj de l'Alaska ② n habitant(e) m(f) de l'Alaska

alb [ælb] n aube f (*d'un prêtre*)

albacore ['ælbəkɔːʳ] n (= fish) albacore m

Albania [ælˈbeɪnɪə] n l'Albanie f

Albanian [ælˈbeɪnɪən] ① adj albanais ② n a (= person) Albanais(e) m(f) b (Ling) albanais m

albatross ['ælbətrɒs] n (also Golf) albatros m; (= burden) boulet m ◆ **to be an albatross around sb's neck** être un boulet pour qn

albedo [ælˈbiːdəʊ] n (Phys) albédo m

albeit [ɔːlˈbiːɪt] conj (frm) encore que (+ subj), bien que (+ subj)

Alberta [ælˈbɜːtə] n (Geog) Alberta m

Albigensian [ˌælbɪˈdʒensɪən] ① adj albigeois ◆ **the Albigensian Heresy** l'hérésie f albigeoise or cathare ② n Albigeois(e) m(f)

Albigensianism [ˌælbɪˈdʒensɪənɪzəm] n (Hist) albigéisme m

albinism ['ælbɪnɪzəm] n albinisme m

albino [ælˈbiːnəʊ] n albinos mf ◆ **albino rabbit** lapin m albinos

Albion ['ælbɪən] n Albion f

albite ['ælbaɪt] n albite f

album ['ælbəm] ① n (= book, record etc) album m ② COMP ▷ **album cover** n pochette f (de disque)

albumen, albumin ['ælbjʊmɪn] n (= egg white) albumen m, blanc m de l'œuf; (Bot) albumen m; (Physiol) albumine f

albuminous [ælˈbjuːmɪnəs] adj albumineux

albuminuria [ˌælbjuːmɪˈnjʊərɪə] n (Med) albuminurie f

Alcestis [ælˈsestɪs] n Alceste f

alchemical [ælˈkemɪkəl] adj alchimique

alchemist ['ælkɪmɪst] n alchimiste m

alchemy ['ælkɪmɪ] n (lit, fig) alchimie f

alcohol ['ælkəhɒl] ① n alcool m ② COMP ▷ **alcohol abuse** n abus m d'alcool ▷ **alcohol abuser** n alcoolique mf ▷ **alcohol consumption** n consommation f d'alcool ▷ **alcohol content** n [of drink] teneur f en alcool ▷ **alcohol-free** adj sans alcool

alcoholic [ˌælkəˈhɒlɪk] → SYN ① adj person alcoolique; drink alcoolisé ② n alcoolique mf ◆ **Alcoholics Anonymous** Alcooliques mpl anonymes

alcoholism ['ælkəhɒlɪzəm] n alcoolisme m

alcoholization [ˌælkəhɒlaɪˈzeɪʃən] n alcoolisation f

alcoholize ['ælkəhɒlaɪz] vt alcooliser

alcoholometer [ˌælkəhɒˈlɒmɪtəʳ] n alcoomètre m

alcopop ['ælkəpɒp] n (Brit) prémix m

Alcoran [ˌælkɒˈrɑːn] n (Rel) l'Alcoran m, le Coran

alcove ['ælkəʊv] → SYN n (in room) alcôve f; (in wall) niche f; (in garden) tonnelle f, berceau m

aldehyde ['ældɪhaɪd] n aldéhyde m

al dente [ˌælˈdentɪ] adj (Culin) al dente inv

alder ['ɔːldəʳ] ① n aulne or aune m ② COMP ▷ **alder buckthorn** n bourdaine f

alderman ['ɔːldəmən] n, pl **-men** alderman m, conseiller m, -ère f municipal(e); (Hist) échevin m

Alderney ['ɔːldənɪ] n (Geog) Aurigny f

aldose ['ældəʊs] n aldose m

aldosterone [ælˈdɒstərəʊn] n aldostérone f

ale [eɪl] n bière f, ale f ; → **brown, light², pale¹**

aleatoric [ˌælɪəˈtɒrɪk] adj (Mus) aléatoire

aleatory [ˈeɪlɪətərɪ] adj aléatoire

alehouse †† [ˈeɪlˌhaʊs] n taverne f

aleph [ˈɑːlɪf] n (Ling) aleph m

Aleppo [əˈlepəʊ] n Alep

alert [əˈlɜːt] → SYN **1** n alerte f ◆ **to give the alert** donner l'alerte ◆ **on the alert** (gen) sur le qui-vive ; (Mil) en état d'alerte ◆ **to put the forces on full alert** (Mil) mettre les troupes en état d'alerte maximale
2 adj **a** (= watchful) vigilant
b (= aware) **to be alert to sth** avoir conscience de qch
c (= acute) old person alerte ; child éveillé ◆ **to be mentally alert** avoir l'esprit vif
3 vt alerter ; (fig) éveiller l'attention de (to sur) ◆ **we are now alerted to the dangers** nous sommes maintenant sensibilisés aux dangers

alertly [əˈlɜːtlɪ] adv look, watch d'un œil alerte

alertness [əˈlɜːtnɪs] → SYN n (NonC) **a** (= watchfulness) [of person, animal] vigilance f
b (= liveliness) [of person] vivacité f ◆ **mental alertness** vivacité f d'esprit

aleurone [əˈlʊərəʊn] n aleurone m

Aleut [əˈluːt] n Aléoute mf

Aleutian [əˈluːʃən] adj ◆ **the Aleutian Islands** ◆ **the Aleutians** les (îles fpl) Aléoutiennes fpl

alevin [ˈælɪvɪn] n alevin m

alewife [ˈeɪlwaɪf] n, pl **-wives** alose f

Alexander [ˌælɪgˈzɑːndə^r] **1** n Alexandre m
2 COMP ▷ **Alexander technique** n technique d'Alexander, consistant à prendre conscience de sa posture de manière à l'améliorer ▷ **Alexander the Great** Alexandre m le Grand

alexanders [ˌælɪgˈzɑːndəz] n (Bot) maceron m

Alexandria [ˌælɪgˈzɑːndrɪə] n Alexandrie

alexandrine [ˌælɪgˈzændraɪn] adj, n alexandrin m

alexia [əˈleksɪə] n alexie f

ALF [ˌeɪelˈef] n (Brit) (abbrev of **Animal Liberation Front**) mouvement de lutte en faveur du statut animal

alfalfa [ælˈfælfə] n luzerne f

Alfonso [ælˈfɒnsəʊ] n Alphonse m

Alfred [ˈælfrɪd] n Alfred m

alfresco [ælˈfreskəʊ] adj, adv en plein air

alga [ˈælgə] n, pl **algae** [ˈældʒiː] (gen pl) algue(s) f(pl)

algal [ˈælgəl] adj algal

Algarve [ælˈgɑːv] n (Geog) ◆ **the Algarve** l'Algarve m

algebra [ˈældʒɪbrə] n algèbre f

algebraic [ˌældʒɪˈbreɪɪk] adj algébrique

Algeria [ælˈdʒɪərɪə] n l'Algérie f

Algerian [ælˈdʒɪərɪən] **1** adj algérien
2 n Algérien(ne) m(f)

algesic [ælˈdʒiːzɪk] adj algique

algid [ˈældʒɪd] adj (Med) algide

algidity [ælˈdʒɪdɪtɪ] n (Med) algidité f

Algiers [ælˈdʒɪəz] n Alger m

algin [ˈældʒɪn] n algine f

alginate [ˈældʒɪneɪt] n (Chem) alginate m

alginic acid [ælˈdʒɪnɪk] n (Chem) acide m alginique

Algol [ˈælgɒl] n (Comput) Algol m

algolagnia [ˌælgəˈlægnɪə] n (Psych) algolagnie f

algology [ælˈgɒlədʒɪ] n algologie f

Algonquian [ˌælˈgɒŋkwɪən], **Algonquin** [ælˈgɒŋkwɪn] adj algonquien, algonkin

algorithm [ˈælgəˌrɪðəm] n (Comput, Ling) algorithme m

algorithmic [ˌælgəˈrɪðmɪk] adj algorithmique

Alhambra [ælˈhæmbrə] n Alhambra m

alias [ˈeɪlɪəs] → SYN **1** adv alias
2 n faux nom m, nom m d'emprunt ; [of writer] pseudonyme m

Ali Baba [ˈælɪˈbɑːbə] n Ali Baba m

alibi [ˈælɪbaɪ] → SYN **1** n (Police) alibi m ; (*: gen) excuse f, alibi m (hum)
2 vi (US *) trouver des excuses (for sth pour expliquer qch ; for doing sth pour avoir fait qch)
3 vt (US) ◆ **to alibi sb** * trouver des excuses à qn

Alice [ˈælɪs] **1** n Alice f ◆ **Alice in Wonderland** Alice au pays des merveilles
2 COMP ▷ **Alice band** n (Brit) bandeau m (pour les cheveux)

alien [ˈeɪlɪən] → SYN **1** n **a** (from abroad) étranger m, -ère f ◆ **resident/non-resident alien** étranger m, -ère f résident(e)/non résident(e)
b (from outer space) extra-terrestre mf
2 adj **a** (= foreign) forces, environment, concept étranger (to sb/sth à qn/qch)
b (= from outer space) spacecraft, species, civilization extraterrestre ◆ **alien being** extraterrestre mf

alienate [ˈeɪlɪəneɪt] → SYN vt (also Jur) aliéner ◆ **this has alienated all his friends** ceci (lui) a aliéné tous ses amis ◆ **she has alienated all her friends** elle s'est aliéné tous ses amis (by doing sth en faisant qch)

alienated [ˈeɪlɪəneɪtɪd] adj (= estranged) étranger (from à) ; (Psych) aliéné ◆ **to become alienated from sb/sth** se détacher de qn/qch

alienation [ˌeɪlɪəˈneɪʃən] → SYN n **a** (= estrangement) désaffection f, éloignement m (from de)
b (Jur, Psych) aliénation f

alienist [ˈeɪlɪənɪst] n aliéniste mf

aliform [ˈælɪfɔːm] adj (Bot) aliforme

alight¹ [əˈlaɪt] → SYN vi [person] descendre (from de) ; [bird] se poser (on sur)
▶ **alight on** vt fus [+ fact] apprendre par hasard ; [+ idea] tomber sur

alight² [əˈlaɪt] → SYN adj **a** (= lit) **to be alight** [candle, fire] être allumé ; building être en feu ◆ **try and keep the fire alight** ne laissez pas éteindre le feu ◆ **to set sth alight** mettre le feu à qch ◆ **bushes alight with fireflies** buissons mpl illuminés par des lucioles
b (= radiant) **to be alight** [eyes] briller, pétiller ; [face] rayonner ◆ **his eyes were alight with laughter** ses yeux pétillaient ◆ **her face was alight with happiness** son visage rayonnait de bonheur

align [əˈlaɪn] → SYN **1** vt **a** aligner, mettre en ligne ; (Tech) dégauchir
b (Fin, Pol) aligner (on, with sur) ◆ **to align o.s. with sb** s'aligner sur qn
2 vi [persons] s'aligner (with sur) ; [objects] être alignés

alignment [əˈlaɪnmənt] → SYN n (lit, fig) alignement m ; (Aut) parallélisme m ; → **nonalignment**

alike [əˈlaɪk] → SYN **1** adj ◆ **to be alike** [people] se ressembler, être semblables ◆ **they all look alike to me** pour moi, ils se ressemblent tous ◆ **no two are exactly alike** il n'y en a pas deux qui soient exactement identiques ◆ **the sisters were remarkably alike in appearance** la ressemblance physique entre les sœurs était remarquable
2 adv **a** (= in the same way) treat, speak, think, dress de la même façon
b (= equally) **winter and summer alike** été comme hiver ◆ **the southern and northern states alike** les États du nord comme ceux du sud ; → **share**

alimentary [ˌælɪˈmentərɪ] adj alimentaire ◆ **alimentary canal** tube m digestif

alimony [ˈælɪmənɪ] n (Jur) pension f alimentaire

aliphatic [ˌælɪˈfætɪk] adj aliphatique

aliterate [eɪˈlɪtərət] **1** n ennemi(e) m(f) de la lecture
2 adj antilecture

alive [əˈlaɪv] → SYN adj **a** (= living) vivant, en vie ; (= in existence) au monde ◆ **to burn alive** brûler vif ◆ **to bury sb alive** enterrer qn vivant ◆ **he must be taken alive** prisoner il faut le prendre or capturer vivant ◆ **while alive, he ... do she vivant,** il fait bon vivre ◆ **no man alive could do it** personne au monde ne serait capable de le faire ◆ **to do sth as well as anyone alive** faire qch aussi bien que n'importe qui ◆ **to keep sb alive** (lit) maintenir qn en vie ◆ **to stay alive** rester en vie, survivre ◆ **he's going to be eaten alive by the press** il ne va en faire qu'une bouchée ◆ **we were eaten alive by mosquitoes** nous avons été dévorés par les moustiques
b (fig = lively) **to bring alive** meeting etc animer ; past faire revivre ◆ **to keep alive** tradition préserver ; memory garder ◆ **to come alive** s'animer
c (frm) **alive to** sensible à ◆ **I am very alive to the honour you do me** je suis très sensible à l'honneur que vous me faites ◆ **to be alive to one's interests** veiller à ses intérêts ◆ **to be alive to a danger** être conscient d'un danger
d (= alert) alerte, vif ; (= active) actif, plein de vie ◆ **to be alive and kicking*** (= living) être bien en vie ; (= full of energy) être plein de vie ◆ **look alive!*** allons, remuez-vous ! *
e **alive with insects/tourists** etc grouillant d'insectes/de touristes etc

alkali [ˈælkəlaɪ] n, pl **alkalis** or **alkalies** alcali m

alkalimeter [ˌælkəˈlɪmɪtə^r] n alcalimètre m

alkalimetry [ˌælkəˈlɪmɪtrɪ] n alcalimétrie f

alkaline [ˈælkəlaɪn] adj alcalin

alkalinity [ˌælkəˈlɪnɪtɪ] n alcalinité f

alkalize [ˈælkəlaɪz] vt (Chem) alcaliniser

alkaloid [ˈælkəlɔɪd] n alcaloïde m

alkalosis [ˌælkəˈləʊsɪs] n (Med) alcalose f

alkane [ˈælkeɪn] n alcane m

alkanet [ˈælkənet] n (Bot) (= Alkanna) orcanette f, orcanète f ; (= Anchusa) buglosse f officinale

alkene [ˈælkiːn] n (Chem) alcène m

alkie ⁂ , **alky** ⁂ [ˈælkɪ] n alcoolo * mf, poivrot(e) * m(f)

alkyne [ˈælkaɪn] n alcyne m

---

all [ɔːl]

→ SYN

1 ADJECTIVE	**4** NOUN
2 PRONOUN	**5** SET STRUCTURES
3 ADVERB	**6** COMPOUNDS

When **all** is part of a set combination, eg **in all seriousness/probability, beyond all doubt, of all people**, look up the noun.

1 ADJECTIVE

tout (le), toute (la), tous (les), toutes (les) ◆ **all the time** tout le temps ◆ **all my life** toute ma vie ◆ **all kinds** of toutes sortes de ◆ **all the others** tous (toutes) les autres ◆ **all that** tout cela ◆ **all that is irrelevant** tout cela n'a aucun rapport ◆ **he went on about loyalty and all that** * il parlait de loyauté et tout ça * ◆ **loss of appetite, sleepless nights and all that** la perte d'appétit, les nuits blanches, et tout le reste

  Articles or pronouns often need to be added in French :

◆ **all day** toute la journée ◆ **all three** tous les trois ◆ **all three said the same** ils ont tous les trois dit la même chose ◆ **all three accused were found guilty of fraud** les accusés ont tous (les) trois été jugés coupables de fraude ; see also **5**

2 PRONOUN

a = everything tout ◆ **all or nothing** tout ou rien ◆ **all is well** tout va bien ◆ **that's all** c'est tout ◆ **you can't see all of Paris in a day** on ne peut pas voir tout Paris en une journée BUT ◆ **if that's all it is, it's not important** si ce n'est que ça, ce n'est pas bien grave

◆ **it all** tout ◆ **he drank it all** il a tout bu ◆ **he's seen it all, done it all** il a tout vu, tout fait ◆ **it all happened so quickly** tout s'est passé si vite

◆ **all that** (subject of relative clause) tout ce qui ◆ **that's all that matters** c'est tout ce qui importe ◆ **you can have all that's left** tu peux prendre tout ce qui reste

all / all ANGLAIS-FRANÇAIS 22

♦ **all (that)** (object of relative clause) tout ce que ; (after verb taking de) tout ce dont ◆ **all I want is to sleep** tout ce que je veux, c'est dormir ◆ **that is all he said** c'est tout ce qu'il a dit ◆ **we saw all there was to see** nous avons vu tout ce qu'il y avait à voir ◆ **all I remember is ...** tout ce dont je me souviens, c'est ... BUT ◑ **it was all I could do not to laugh** j'ai eu toutes les peines du monde à m'empêcher de rire

b plural tous mpl, toutes fpl ◆ **we all sat down** nous nous sommes tous assis ◆ **they've invited us all** ils nous ont tous invités ◆ **the girls all knew that ...** les filles savaient toutes que ... ◆ **they all came with their husbands** elles sont toutes venues avec leurs maris ◆ **they were all broken** ils étaient tous cassés ◆ **the peaches? I've eaten them all!** les pêches ? je les ai toutes mangées ! BUT ◑ **evening, all !** * (greeting people) bonsoir, tout le monde ! ; see also **each, sundry**

♦ **all who** tous ceux qui mpl, toutes celles qui fpl ◆ **all who knew him loved him** tous ceux qui le connaissaient l'appréciaient ◆ **education should be open to all who want it** l'éducation devrait être accessible à tous ceux qui veulent en bénéficier

♦ **the worst/biggest/most** etc **of all** ◆ **this was the worst** or **biggest disappointment of all** ça a été la plus grosse déception ◆ **this result was the most surprising of all** ce résultat était le plus surprenant ◆ **best of all, the reforms will cost nothing** et surtout, ces réformes ne coûteront rien

c **all of the** tout le m, toute la f, tous les mpl, toutes les fpl ◆ **all of the work** tout le travail ◆ **all of the cooking** toute la cuisine ◆ **all of the cakes went** tous les gâteaux ont été mangés

♦ **all of it** ◆ **I gave him some soup and he ate all of it** je lui ai donné de la soupe et il a tout mangé ◆ **I didn't read all of it** je ne l'ai pas lu en entier ◆ **not all of it was true** ce n'était pas entièrement vrai

♦ **all of them** tous mpl, toutes fpl ◆ **all of them failed** ils ont tous échoué ◆ **I love his short stories, I've read all of them** j'aime beaucoup ses nouvelles, je les ai toutes lues

♦ **all of** + number (= at least) ◆ **it took him all of three hours** ça lui a pris trois bonnes heures ◆ **it weighed all of 30 kilos** ça pesait bien 30 kilos ◆ **exploring the village took all of ten minutes** (iro = only) la visite du village a bien dû prendre dix minutes

3 ADVERB

a = entirely tout ◆ **she was dressed all in white** elle était habillée tout en blanc

> When used with a feminine adjective starting with a consonant, **tout** agrees :

◆ **she came in all dishevelled** elle est arrivée tout ébouriffée ◆ **she went all red** elle est devenue toute rouge

♦ **all by o.s., all alone** tout seul ◆ **he had to do it all by himself** il a dû le faire tout seul ◆ **she's all alone** elle est toute seule ◆ **she left her daughters all alone in the flat** elle a laissé ses filles toutes seules dans l'appartement

b in scores **the score was two all** (tennis, squash) les joueurs étaient à deux jeux (or sets) partout ; (other sports) le score était de deux à deux ◆ **what's the score? – two all** quel est le score ? — deux partout or deux à deux

4 NOUN

= utmost ◆ **I decided to give it my all** j'ai décidé de donner mon maximum ◆ **he puts his all into every game** il s'investit complètement dans chaque match

5 SET STRUCTURES

♦ **all along** (= from the start) depuis le début ; (= the whole length of) tout le long de ◆ **I feared that all along** je l'ai craint depuis le début ◆ **all along the road** tout le long de la route

♦ **all but** (= nearly) presque, pratiquement ; (= all except) tous sauf ◆ **he is all but forgotten now** il est presque or pratiquement tombé dans l'oubli ◆ **the party won all but six of the seats** le parti a remporté tous les sièges sauf six ◆ **this would exclude all but those able to pay** cela exclurait tout le monde sauf ceux qui peuvent payer BUT ◑ **the plant will stand all but the harshest winters** cette plante supportera bien le froid, à moins que l'hiver ne soit des plus rudes

♦ **all for** ◆ **to be all for sth** être tout à fait pour qch ◆ **I'm all for giving him a chance** je suis tout à fait pour lui donner une chance ◆ **I'm all for it** je suis tout à fait pour *

♦ **all in** * (= exhausted) lessivé *, crevé * ◆ **after a day's skiing I was all in** j'étais lessivé * or crevé * au bout d'une journée de ski ◆ **you look all in** tu as l'air lessivé * or crevé * ; see also **6**

♦ **all in all** (= altogether) l'un dans l'autre ◆ **we thought, all in all, it wasn't a bad idea** nous avons pensé que, l'un dans l'autre, ce n'était pas une mauvaise idée

♦ **all one** ◆ **it's all one** c'est du pareil au même ◆ **it's all one to them** c'est du pareil au même pour eux

♦ **all over** (= everywhere) partout ◆ **I looked for you all over** je vous ai cherché partout ◆ **I'm aching all over** j'ai mal partout ◆ **she was all over flour** * elle était couverte de farine, elle avait de la farine partout ◆ **all over France** partout en France BUT ◑ **he was trembling all over** il tremblait de tous ses membres ◑ **embroidered all over** recouvert de broderies ◑ **all over the country** dans tout le pays ◑ **all over the world** à travers le monde, dans le monde entier ◑ **that's him all over** * c'est bien lui !, on le reconnaît bien là !

♦ **to be all over** (= finished) être fini ◆ **it's all over!** c'est fini ! ◆ **it's all over between us** tout est fini entre nous ◆ **it'll be all over with him** ce sera un homme fini

♦ **to be all over sb** * (= affectionate with) ◆ **they were all over each other** ils étaient pendus au cou l'un de l'autre ◆ **when they hear about the money, they'll be all over you** quand ils sauront que tu as cet argent, ils ne vont plus te lâcher ◆ **Celtic were all over Rangers** * (= dominating) le Celtic a complètement dominé or baladé * les Rangers

♦ **all the more** ◆ **this was all the more surprising since ...** c'était d'autant plus surprenant que ... ◆ **all the more so since ...** d'autant plus que ...

♦ **all the better !** tant mieux !

♦ **all too** ◆ **it was all too obvious he didn't mean it** on voyait bien qu'il n'en pensait rien ◆ **the evening passed all too quickly** la soirée a passé bien trop rapidement

♦ **all up** ◆ **it is all up with him** * il est fichu *

♦ **all very** ◆ **that's all very well but ...** c'est bien beau mais ... ◆ **it was all very embarrassing** c'était vraiment très gênant

♦ **and all** ◆ **the dog ate the sausage, mustard and all** le chien a mangé la saucisse avec la moutarde et tout * ◆ **what with the snow and all, we didn't go** avec la neige et tout le reste, nous n'y sommes pas allés

♦ **as all that** ◆ **it's not as important/urgent as all that** ce n'est pas si important/urgent que ça

♦ **for all ...** (= despite) malgré ◆ **for all its beauty, the city may be losing its individuality** malgré sa beauté, la ville est peut-être en train de perdre son individualité ◆ **for all that** malgré tout

♦ **for all I know ...** ◆ **for all I know he could be right** il a peut-être raison, je n'en sais rien ◆ **for all I know or care, they're still living together** ils vivent peut-être encore ensemble, mais c'est le dernier de mes soucis

♦ **if ... at all** ◆ **they won't attempt it, if they have any sense at all** ils ne vont pas essayer s'ils ont un peu de bon sens ◆ **the little grammar they learn, if they study grammar at all** le peu de grammaire qu'ils apprennent, si tant est qu'ils étudient la grammaire ◆ **very rarely if at all** très rarement pour ne pas dire jamais ◆ **if at all possible** dans la mesure du possible

♦ **in all** en tout ◆ **5 people in all witnessed the accident** 5 personnes en tout ont vu l'accident

♦ **no ... at all** ◆ **it makes no difference at all** ça ne fait aucune différence ◆ **I have no regrets at all** je n'ai aucun regret, je ne regrette rien

♦ **none at all** ◆ **have you any comments? – none at all!** vous avez des commentaires à faire ? — absolument aucun !

♦ **not ... at all** (= not in the least) pas ... du tout ◆ **I don't mind at all** ça ne me gêne pas du tout ◆ **are you disappointed? – not at all!** vous êtes déçu — pas du tout or pas le moins du monde ! ◆ **thank you! – not at all!** merci ! — de rien or je vous en prie !

♦ **not all that** (= not so) ◆ **it isn't all that far** ce n'est pas si loin que ça

♦ **not all there** ◆ **he's not all there** * il lui manque une case *

6 COMPOUNDS

▷ **all-American** adj cent pour cent américain ▷ **all-around** adj (US) → **all-round** ▷ **All Blacks** npl (Rugby) All Blacks mpl ▷ **all clear** n all clear (signal) (signal m de) fin f d'alerte ◆ **all clear!** (= you can go through) la voie est libre ; (= the alert is over) l'alerte est passée ; (Mil) fin d'alerte ! ◆ **to give sb the all clear** (fig) (gen) donner le feu vert à qn ; (doctor to patient) dire à qn que tout va bien ▷ **all-conquering** adj hero, team qui triomphe de tous ▷ **all-consuming** adj passion dévorant ▷ **all-dancing** * adj ⇒ **all-singing** ▷ **all-day** adj qui dure toute la journée ▷ **all-dayer** n (= show) *spectacle qui dure toute une journée* ; (= meeting) *réunion qui dure toute une journée* ▷ **all-embracing** adj global ▷ **all-expenses-paid** adj tous frais payés ▷ **all-fired** * adv (US) **what's so all-fired important about it?** qu'est-ce que ça a de si important ? ▷ **All Fools' Day** n le premier avril ▷ **all found** adj logé et nourri ▷ **all fours** npl **on all fours** à quatre pattes ▷ **all get-out** ‡ n (US) **angry as all get-out** vachement * en colère ▷ **All Hallows** n la Toussaint ▷ **all-important** adj de la plus haute importance, capital ▷ **all in** adj → **all 5** ▷ **all-in** adj (Brit) price net, tout compris inv ; insurance policy tous risques ; (Comm) tariff tout compris ◆ **the holiday cost £80 all-in** (Brit) les vacances ont coûté 80 livres tout compris ▷ **all-inclusive** adj price, rate tout compris inv, net ; policy tous risques ▷ **all-in-one** n combinaison f ◇ adj **an all-in-one outfit** une combinaison ◆ **an all-in-one sleepsuit** une grenouillère ◆ **all-in-one shampoo and conditioner** shampoing (et baume démêlant) deux en un ◆ **all-in-one detergent and fabric conditioner** lessive avec adoucissant incorporé ▷ **all-in wrestling** n catch m ▷ **all-metal body** n (Aut) carrosserie f toute en tôle ▷ **all-nighter** n *spectacle qui dure toute la nuit* ▷ **all-night pass** n (Mil) permission f de nuit ▷ **all-night service** n (Comm etc) permanence f or service m de nuit ▷ **all-night showing** n (Cine) *projection ininterrompue pendant toute la nuit* ▷ **all out** adv **to go all out** (physically) y aller à fond ◆ **to go all out for growth/monetary union** jeter toutes ses forces dans la bataille pour la croissance/l'union monétaire ▷ **all-out effort** n effort m maximum ▷ **all-out strike** n grève f totale ▷ **all-out war** n (Mil, fig) guerre f totale ◆ **an all-out war on inflation** une guerre totale contre l'inflation ▷ **all-over** adj (qui est) sur toute la surface ▷ **all-over pattern** n *dessin* ou *motif qui recouvre toute une surface* ▷ **all-party** adj (Pol) multipartite, où tous les partis sont représentés ▷ **all-pervading, all-pervasive** adj influence, presence qui se fait sentir partout ▷ **all-points bulletin** n (US) message m à toutes les patrouilles (*on* à propos de) ▷ **all-powerful** adj tout-puissant ▷ **all-purpose** adj flour, vehicle, cleaner tous usages ; knife, spanner, glue universel ▷ **all-right** * adj (US) → **all-right** ▷ **all-risks insurance** n assurance f tous risques ▷ **all-round** adj sportsman complet (-ète f) ; improvement général, sur toute la ligne ▷ **all-rounder** n (Cricket) joueur m complet ◆ **to be a good all-rounder** être bon en tout ▷ **All Saints' Day** n (le jour de) la Toussaint ▷ **all-seater** adj (Brit Sport) stadium, stand n'ayant que des places assises ▷ **all-singing** * (Brit), **all-singing all-dancing** * adj (hum) polyvalent ▷ **All Souls' Day** n le jour or la fête des Morts ▷ **all-star** adj (Theat etc) **all-star performance, show with an all-star cast** plateau m de vedettes ▷ **all-terrain bike** n vélo m tout-terrain, VTT m ▷ **all-terrain vehicle** n véhicule m tout-terrain ▷ **all-time** adj → **all-time** ▷ **all told** adv en tout ▷ **all-weather** adj toute saison ▷ **all-weather court** n (Tennis) (court m en) quick ® m ▷ **all-wheel-drive** n voiture f à quatre (or six etc) roues motrices ▷ **all-year-round** adj sport que l'on pratique toute l'année ; resort ouvert toute l'année

ALL-AMERICAN

Titre honorifique décerné aux meilleurs sportifs des universités américaines, qui constituent une sorte d'équipe fictive dans leur discipline respective. Le terme désigne également l'archétype de l'Américain idéal, sain de corps et d'esprit, "bien sous tous rapports".

Allah ['ælə] n Allah m

allay [ə'leɪ] vt [+ fears] modérer, apaiser ; [+ pain, thirst] soulager, apaiser ♦ **to allay suspicion** dissiper les soupçons

allcomers ['ɔːlkʌməz] npl (Sport) ♦ **the British allcomers record** la meilleure performance jamais réalisée sur sol britannique

allegation [ˌælɪ'geɪʃən] → SYN n allégation f

allege [ə'ledʒ] → SYN vt alléguer, prétendre (that que) ♦ **to allege illness** prétexter or alléguer une maladie ♦ **he is alleged to have said that ...** il aurait dit que ..., on prétend qu'il a dit que ...

alleged [ə'ledʒd] → SYN adj (gen) présumé ; reason allégué

allegedly [ə'ledʒɪdlɪ] LANGUAGE IN USE 26.3 adv (esp Jur) ♦ **the crime he had allegedly committed** le crime qu'il aurait commis ♦ **allegedly illegal immigrants** les immigrants qui seraient en situation illégale ♦ **he's ill, allegedly** (= supposedly) il est soi-disant or prétendument malade

allegiance [ə'liːdʒəns] n allégeance f (to à) ♦ **the oath of allegiance** (Brit) le serment d'allégeance

allegoric(al) [ˌælɪ'gɒrɪk(əl)] adj allégorique

allegorically [ˌælɪ'gɒrɪkəlɪ] adv interpret allégoriquement ; speak, write de façon allégorique

allegorist ['ælɪgərɪst] n allégoriste mf

allegorization [ˌælɪgəraɪ'zeɪʃən] n allégorisation f

allegorize ['ælɪgəraɪz] vti allégoriser

allegory ['ælɪgərɪ] n allégorie f

allegretto [ˌælɪ'gretəʊ] adv, n (Mus) allegretto m

allegro [ə'legrəʊ] adv, n (Mus) allegro m

allele [ə'liːl] n (Bio) allèle m

alleluia [ˌælɪ'luːjə] excl alléluia !

Allen key ['ælənkiː], **Allen wrench** (US) ['ælənrentʃ] n clé f à six pans

allergen ['ælədʒən] n allergène m

allergenic [ˌælə'dʒenɪk] adj allergénique

allergic [ə'lɜːdʒɪk] → SYN adj (Med, * fig) allergique (to à)

allergist ['ælədʒɪst] n allergologue mf

allergy ['ælədʒɪ] → SYN n allergie f (to à) ♦ **an allergy to dust, a dust allergy** une allergie à la poussière

alleviate [ə'liːvɪeɪt] vt [+ pain] soulager, calmer ; [+ sorrow] adoucir ; [+ thirst] apaiser, calmer

alleviation [əˌliːvɪ'eɪʃən] n (NonC) [of suffering, condition, pain] soulagement m ; [of poverty] réduction f ; [of symptoms] atténuation f ; [of sorrow] adoucissement m ; [of thirst] apaisement m

alley ['ælɪ] → SYN 1 n (between buildings) ruelle f ; (in garden) allée f ; (US: between counters) passage m ♦ **this is right up my alley** * c'est tout à fait mon rayon * ; → **blind, bowling**
2 COMP ▷ **alley cat** n chat m de gouttière ♦ **she's got the morals of an alley cat** * elle couche à droite et à gauche *

alleyway ['ælɪweɪ] n ruelle f

alliance [ə'laɪəns] → SYN n [of states, persons] alliance f ♦ **to enter into an alliance with ...** s'allier avec ...

allied ['ælaɪd] → SYN 1 adj a (= in league) allié (against sb/sth contre qn/qch ; to sb/sth à qn/qch ; with sb/sth avec qn/qch)
b (= associated) industries assimilé, apparenté ; conditions apparenté ; subjects connexe ♦ **lectures on subjects allied to health** conférences fpl sur des sujets liés à la santé ♦ **allied products** (Jur) produits mpl assimilés ou apparentés
c (= coupled) **allied to** or **with sth** allié à qch ♦ **an interest rate rise allied with a stock market slump** une augmentation des taux d'intérêts conjuguée à une chute de la Bourse
d (Bio) de la même famille or espèce
2 COMP ▷ **allied health professional** n (US) médecin ou infirmière dont les prestations sont remboursées par une mutuelle

alligator ['ælɪgeɪtəʳ] 1 n alligator m
2 COMP ▷ **alligator pear** n (Bot) avocat m

allis shad ['ælɪs] n (= fish) alose f commune

alliterate [ə'lɪtəreɪt] vi [person] faire des allitérations

alliteration [əˌlɪtə'reɪʃən] n allitération f

alliterative [ə'lɪtərətɪv] adj allitératif

allocate ['æləkeɪt] → SYN vt a (= allot) [+ task] allouer, attribuer (to sb à qn) ; [+ money] affecter (to à)
b (= apportion) répartir, distribuer (among parmi)
c (Jur, Fin) ventiler

allocation [ˌæləʊ'keɪʃən] → SYN 1 n a (= allotting) affectation f ; (to individual) attribution f
b (= apportioning) répartition f
c (= money allocated) part f, allocation f
d (Jur, Fin) ventilation f
2 COMP ▷ **allocation of overheads** n ventilation f des frais généraux

allochthonous [ə'lɒkθənəs] adj allochtone

allogamy [ə'lɒgəmɪ] n allogamie f

allograft ['æləʊˌgrɑːft] n allogreffe f

allograph ['æləˌgrɑːf] n (Ling) allographe m

allomorph ['æləˌmɔːf] n (Ling) allomorphe m

allopathic [ˌælə'pæθɪk] adj allopathique

allopathy [ə'lɒpəθɪ] n (NonC) allopathie f

allophone ['æləˌfəʊn] n (Ling) allophone m

allophonic [ˌælə'fɒnɪk] adj (Ling) allophone

allosteric [ˌæləʊ'stɪərɪk] adj ♦ **allosteric function** allostérie f

allot [ə'lɒt] → SYN vt a (= allocate) attribuer, assigner (sth to sb qch à qn) ♦ **everyone was allotted a piece of land** chacun a reçu un terrain en lot ♦ **to do sth in the time allotted (to one)** faire qch dans le temps qui (vous) est imparti or assigné ♦ **to allot sth to a certain use** affecter or destiner qch à un certain usage
b (= share among group) répartir, distribuer

allotment [ə'lɒtmənt] → SYN n a (Brit = ground for cultivation) parcelle f or lopin m de terre (loué pour la culture), lotissement m
b (= division of shares) partage m, lotissement m ; (= distribution of shares) distribution f, part f

allotrope ['ælətrəʊp] n variété f allotropique

allotropic [ˌælə'trɒpɪk] adj (Chem) allotropique

allotropy [ə'lɒtrəpɪ] n (Chem) allotropie f

allottee [əlɒ'tiː] n (St Ex) attributaire mf

allow [ə'laʊ] LANGUAGE IN USE 9, 10.4, 12 → SYN vt a (= permit) permettre, autoriser ; (= tolerate) tolérer, souffrir ♦ **to allow sb sth** permettre qch à qn ♦ **to allow sb to do sth** permettre à qn de faire qch, autoriser qn à faire qch ♦ **to allow sb in/out/past** etc permettre à qn d'entrer/de sortir/de passer etc ♦ **to allow sth to happen** laisser se produire qch ♦ **to allow o.s. to be persuaded** se laisser persuader ♦ **allow us to help you** permettez que nous vous aidions, permettez-nous de vous aider ♦ **we are not allowed much freedom** on nous accorde peu de liberté ♦ **smoking is not allowed** il est interdit or défendu de fumer ♦ **no children/dogs allowed** interdit aux enfants/chiens ♦ **I will not allow such behaviour** je ne tolérerai ou souffrirai pas une telle conduite
b (= grant) [+ money] accorder, allouer ♦ **to allow sb £30 a month** allouer or accorder à qn 30 livres par mois ♦ **to allow sb a thousand pounds damages** (Jur) accorder à qn mille livres de dommages et intérêts ♦ **to allow space for** prévoir or ménager de la place pour ♦ **to allow sb a discount** (Comm) faire bénéficier qn d'une remise, consentir une remise à qn ♦ **allow (yourself) an hour to cross the city** comptez une heure pour traverser la ville ♦ **allow 5cm for shrinkage** prévoyez 5 cm (de plus) pour le cas où le tissu rétrécirait
c (= agree as possible) [+ claim] admettre
d (= concede) admettre (that que) ♦ **allowing that ...** en admettant que ... (+ subj)

▶ **allow for** vt fus tenir compte de ; [+ money spent, funds allocated] (by deduction) déduire pour ; (by addition) ajouter pour ♦ **allowing for the circumstances** compte tenu des circonstances ♦ **after allowing for his expenses** déduction faite de or en tenant compte de ses dépenses ♦ **we must allow for the cost of the wood** il faut compter (avec) le prix du bois ♦ **allowing for the shrinking of the material** en tenant compte du rétrécissement du tissu or du fait que le tissu rétrécit ♦ **to allow for all possibilities** parer à toute éventualité

▶ **allow of** vt fus admettre, souffrir

allowable [ə'laʊəbl] → SYN adj permis, admissible ; (Tax) déductible ♦ **allowable against tax** déductible des impôts

allowance [ə'laʊəns] → SYN n a (= money given to sb) allocation f ; (for lodgings, food etc) indemnité f ; (from separated husband) pension f alimentaire ; (= salary) appointements mpl ; (= food) ration f ; (esp US = pocket money) argent m de poche ♦ **he makes his mother an allowance** il verse une rente ou une pension à sa mère ♦ **his father gives him an allowance of $800 per month** son père lui verse 800 dollars par mois ♦ **rent allowance** allocation f de logement ♦ **London allowance** prime f de vie chère or indemnité f de résidence pour poste basé à Londres ♦ **allowance in kind** prestation f en nature ♦ **allowance for quarters** (Mil) indemnité f de logement ; → **car, clothing, family**
b (Comm, Fin = discount) réduction f ♦ **tax allowances** sommes fpl déductibles
c (= concession) **you must learn to make allowances** il faut savoir faire la part des choses ♦ **to make allowance(s) for sb** (= excuse) se montrer indulgent envers qn, essayer de comprendre qn ♦ **to make allowance(s) for sth** (= allow for) tenir compte de qch, prendre qch en considération

alloy ['ælɔɪ] → SYN 1 n alliage m
2 [ə'lɔɪ] vt (Metal) allier, faire un alliage de
3 COMP ▷ **alloy steel** n acier m allié ♦ **alloy wheels** npl (Aut) roues fpl en alliage léger

all right [ˌɔːl'raɪt] → SYN 1 adj a (= satisfactory) bien ♦ **he's all right** il est bien or valable * ♦ **do you like the champagne? – it's all right** aimez-vous ce champagne ? — il n'est pas mal ♦ **it's all right** ça va ; (= don't worry) ce n'est pas grave ♦ **is it all right if ...?** ça vous dérange si ... ? ♦ **that's all right, don't worry** ce n'est pas grave ♦ **is everything all right?** tout va bien ? ♦ **it's** or **that's all right by me** d'accord ♦ **see you later, all right?** à tout à l'heure, d'accord ?
b (= safe, well) **to be all right** (= healthy) aller bien, être en bonne santé ; (= safe) être sain et sauf ♦ **someone should see if she's all right** quelqu'un devrait aller voir si elle va bien ♦ **the car will be all right there overnight** la voiture ne risque rien à passer la nuit là
c (= well-provided) **to be all right for money/paper** etc avoir assez d'argent/de papier etc ♦ **we're all right for the rest of our lives** nous sommes tranquilles or nous avons tout ce qu'il nous faut pour le restant de nos jours ♦ **I'm all right Jack** * moi, je suis peinard *
2 excl (in approval) ça y est !, ça va ! * ; (in agreement) d'accord ! ; (in exasperation) ça va ! * ; (esp US : in triumph) bravo !
3 adv a (= without difficulty) sans problème ♦ **he's getting on all right** il se débrouille pas mal ♦ **did you get home all right last night?** tu es bien rentré chez toi, hier soir ? ♦ **I managed that all right, but I couldn't ...** j'ai réussi à faire ça sans problème, mais je n'ai pas pu ... ♦ **he's doing all right for himself** il se débrouille bien
b (= definitely) **he's at home all right, but he's not answering the phone** il est chez lui c'est sûr, c'est simplement qu'il ne répond pas au téléphone ♦ **you'll get the money back all right** vous serez remboursé, c'est sûr ♦ **it's warm enough all right!** il fait bien chaud, ça c'est vrai
c (expressing agreement) **can you help? – all right, what do you want me to do?** pouvez-vous m'aider ? — certainement, que

all-right / Alsace-Lorraine

puis-je faire pour vous ? ◆ **you say I was wrong; all right but ...** vous dites que j'avais tort ; d'accord or admettons, mais ...
d (summoning attention) **all right, let's get started** bon, allons-y ◆ **all right, who's in charge here?** bon, qui est responsable ici ?
e (introducing a challenge, threat) **all right, what's the joke?** bon, qu'est-ce qu'il y a de drôle ?

all-right * [ˈɔːlˈraɪt] adj (US) ◆ **an all-right guy** un type sûr or réglo *

allseed [ˈɔːlsiːd] n (Bot) radiole f

allspice [ˈɔːlspaɪs] n quatre-épices m inv

all-time [ˈɔːltaɪm] 1 adj sans précédent, de tous les temps ◆ **he's my all-time favourite** c'est mon préféré ◆ **"Casablanca" is one of the all-time greats** or **great films** "Casablanca" est l'un des plus grands films de tous les temps or un grand classique du cinéma ◆ **he's one of the all-time greats** il fait partie des plus grands ◆ **all-time record** record m absolu ◆ **the pound has reached an all-time low** la livre a atteint le niveau le plus bas jamais enregistré ◆ **to be at an all-time low** être au plus bas
2 adv ◆ **an all-time best performance** un record personnel ◆ **the all-time worst performance of that song** la pire interprétation qu'il y ait jamais eu de cette chanson ◆ **John's all-time favourite artist** l'artiste préféré de John

allude [əˈluːd] vi ◆ **to allude to** [person] faire allusion à ; [letter etc] avoir trait à, se rapporter à

allure [əˈljʊər] → SYN 1 vt (= attract) attirer ; (= entice) séduire
2 n charme m, attrait m

alluring [əˈljʊərɪŋ] adj séduisant, charmant

alluringly [əˈljʊərɪŋlɪ] adv ◆ **to smile alluringly** avoir un sourire séduisant ◆ **alluringly mysterious** séduisant par son côté mystérieux

allusion [əˈluːʒən] → SYN n allusion f

allusive [əˈluːsɪv] adj allusif, qui contient une allusion

allusively [əˈluːsɪvlɪ] adv par allusion

allusiveness [əˈluːsɪvnɪs] n caractère m allusif

alluvia [əˈluːvɪə] npl of **alluvium**

alluvial [əˈluːvɪəl] adj ground alluvial ; deposit alluvionnaire

alluvium [əˈluːvɪəm] n, pl **alluviums** or **alluvia** alluvion f

ally [əˈlaɪ] → SYN 1 vt allier, unir (with avec) ◆ **to ally o.s. with** s'allier avec
2 [ˈælaɪ] n (gen) allié(e) m(f) ; (Pol) allié(e) m(f), coalisé(e) m(f) ◆ **the Allies** (Mil Hist) les Alliés mpl

allyl [ˈælaɪl] n allyle m

alma mater [ˌælməˈmɑːtər] n alma mater f inv

almanac [ˈɔːlmənæk] n almanach m, annuaire m ; → **nautical**

almandine [ˈælməndɪn] n almandin m, almandine f

almighty [ɔːlˈmaɪtɪ] → SYN 1 adj a tout-puissant, omnipotent ◆ **Almighty God** Dieu Tout-Puissant ◆ **the almighty dollar** le dollar tout-puissant
b (* = tremendous) row, scandal énorme ◆ **an almighty din** un vacarme de tous les diables
2 n ◆ **the Almighty** le Tout-Puissant
3 adv * extrêmement, énormément

almond [ˈɑːmənd] 1 n amande f ; (also **almond tree**) amandier m ◆ **split almonds** amandes fpl effilées ; → **burnt, sugar**
2 COMP oil, paste d'amande ▷ **almond-eyed** adj aux yeux en amande ▷ **almond-shaped** adj aux yeux en amande ▷ **almond willow** n (Bot) saule m des vanniers

almoner † [ˈɑːmənər] n (Brit) ◆ (lady) almoner assistante f sociale (attachée à un hôpital)

almost [ˈɔːlməʊst] → SYN adv presque ◆ **I had almost forgotten about it** j'avais presque oublié ◆ **he almost fell/died** il a failli tomber/mourir ◆ **you're almost there** vous y êtes presque ◆ **I can almost do it** j'arrive presque à le faire, j'y arrive presque ◆ **almost finished/cooked/cold** presque terminé/cuit/froid ◆ **almost always** presque toujours

◆ **he's almost certainly been murdered** il est pratiquement certain or très probable qu'il a été assassiné ◆ **almost a month** presque un mois, près d'un mois

alms [ɑːmz] n aumône f ◆ **to give alms** faire l'aumône or la charité ◆ **alms box** tronc m des pauvres ◆ **alms house** (Hist) hospice m

aloe [ˈæləʊ] 1 n aloès m ; → **bitter**
2 COMP ▷ **aloe vera** n (= plant) aloe vera f ; (= extract) (extrait m d')aloès m

aloft [əˈlɒft] adv (also **up aloft**) en haut, en l'air ; (Naut) dans la mâture ; (hum = in heaven) au ciel

Aloha [əˈləʊə] n (US) ◆ **the Aloha State** Hawaï m

alone [əˈləʊn] → SYN adj, adv **a** (= by o.s.) seul ◆ **all alone** tout(e) seul(e) ◆ **quite alone** tout à fait seul(e) ◆ **you can't do it alone** vous ne pouvez pas le faire seul ◆ **she brought up two children alone** elle a élevé deux enfants toute seule ◆ **a gunman acting alone** un bandit arme agissant seul ◆ **to go it alone** * faire cavalier seul ◆ **don't leave them alone together** ne les laissez pas seuls ensemble ◆ **we'd never spent such a long time alone together** nous n'avions jamais passé autant de temps seuls ensemble or en tête à tête ◆ **I was alone with her/my thoughts** j'étais seul avec elle/mes pensées ◆ **I need to get her alone** il faut que je lui parle en tête-à-tête or entre quat'z'yeux *
◆ **let alone** encore moins ◆ **he can't read, let alone write** il ne sait pas lire, (et) encore moins écrire ◆ **he can't afford food, let alone clothes** il n'a pas de quoi s'acheter de la nourriture, sans parler de vêtements or encore moins des vêtements
b (= only) seul ◆ **he alone could tell you** lui seul pourrait vous le dire ◆ **you alone can do it** vous êtes le seul à pouvoir le faire ◆ **we are not alone in thinking this** nous ne sommes pas les seuls à le penser ◆ **pride alone prevented her from giving up** seul l'orgueil l'a empêchée d'abandonner ◆ **we must have gained 100 members from this alone** nous devons avoir gagné 100 membres de plus rien qu'avec cela ◆ (Prov) **man cannot live by bread alone** l'homme ne vit pas seulement de pain ◆ **that charm which is hers (and hers) alone** ce charme qui lui est propre or qui n'appartient qu'à elle
c (= lonely) seul ◆ **I feel so alone** je me sens si seul
d (= in peace) **to leave** or **let sb alone** laisser qn tranquille, laisser qn en paix ◆ **leave** or **let me alone!** laisse-moi tranquille !, fiche-moi la paix ! * ◆ **leave** or **let him alone to do it** laisse-le faire tout seul ◆ **leave** or **let the book alone!** ne touche pas au livre ! ◆ **I advise you to leave the whole business alone** je vous conseille de ne pas vous en mêler ◆ **leave** or **let well alone** le mieux est l'ennemi du bien (Prov)

along [əˈlɒŋ]

When **along** is an element in a phrasal verb, eg **go along, play along, string along,** look up the verb.

1 adv **a** **come along!** allez venez !, venez donc ! ◆ **I'll be along in a moment** j'arrive tout de suite ◆ **she'll be along tomorrow** elle viendra demain ◆ **how is John getting along?** et John, ça va bien ?, quelles nouvelles de John ? ; → **move along**
b **come along with me** venez avec moi ◆ **he came along with six others** il est venu accompagné de six autres ◆ **she escaped from the fire along with her baby** elle a échappé à l'incendie et son bébé aussi ◆ **bring your friend along** amène ton ami ◆ **along came her father** là ◆ **get along with you!** * (= go away) fiche le camp ! *, décampe ! * ; (= you can't mean it) tu plaisantes or rigoles * ?
c **all along** (space) d'un bout à l'autre ; (time) depuis le début ◆ **I could see all along that he would refuse** je savais depuis le début qu'il allait refuser ◆ **that's what I've been saying all along** c'est ce que je n'ai pas arrêté de dire

2 prep le long de ◆ **to walk along the beach** se promener le long de or sur la plage ◆ **the railway runs along the beach** la ligne de chemin de fer longe la plage ◆ **the trees along the road** les arbres au bord de la route or qui bordent la route ◆ **they built houses along the river** ils ont construit des maisons le long de la rivière ◆ **all along the**

street tout le long de la rue ◆ **somewhere along the way he lost a glove** il a perdu un gant en chemin or quelque part ◆ **somewhere along the way** or **the line** * **someone made a mistake** à un moment donné, quelqu'un a commis une erreur ◆ **to proceed along the lines suggested** agir or procéder conformément à la ligne d'action proposée

alongside [əˈlɒŋˈsaɪd] 1 prep (= along: also Naut) le long de ; (= beside) à côté de, près de ◆ **to work alongside sb** travailler aux côtés de qn ◆ **to come alongside the quay** (Naut) accoster le quai ◆ **the road runs alongside the beach** la route longe la plage ◆ **to stop alongside the kerb** [vehicle] s'arrêter le long du trottoir ◆ **the car drew up alongside me** la voiture s'est arrêtée à côté de moi or à ma hauteur
2 adv **a** (Naut) (ships = beside one another) bord à bord, à couple ◆ **to come alongside** accoster ◆ **to make fast alongside** (quayside) s'amarrer à or au quai ; (another vessel) s'amarrer bord à bord, s'amarrer à or en couple ◆ **to pass alongside of a ship** longer un navire
b (people = side by side) côte à côte

aloof [əˈluːf] → SYN adj **a** (= standoffish) person, character distant ◆ **he was very aloof with me** il s'est montré très distant à mon égard ◆ **she kept very (much) aloof** elle a gardé or conservé ses distances
b (= uninvolved) **to hold o.s.** or **remain aloof** se tenir à l'écart (from sb/sth de qn/qch)

aloofness [əˈluːfnɪs] n attitude f distante, réserve f

alopecia [ˌæləˈpiːʃə] n alopécie f

aloud [əˈlaʊd] → SYN adv read à haute voix, à voix haute ; laugh, think, wonder tout haut

alp [ælp] n (= peak) pic m ; (= mountain) montagne f ; (= pasture) alpage m, alpe f ◆ **the Alps** les Alpes fpl

alpaca [ælˈpækə] n (= animal, wool) alpaga m

alpenhorn [ˈælpənhɔːn] n cor m des Alpes

alpenstock [ˈælpənstɒk] n alpenstock m

alpha [ˈælfə] 1 n **a** (= letter) alpha m ◆ **alpha particle** particule f alpha
b (Brit Scol, Univ) ≃ très bien ◆ **alpha plus** ≃ excellent
2 COMP ▷ **alpha-carotene** n alpha-carotène m ▷ **alpha-cellulose** n alpha-cellulose f ▷ **alpha decay** n désintégration f alpha ▷ **alpha-fetoprotein** n alpha-fœto-protéine f ▷ **alpha rhythm** n rythme m alpha ▷ **alpha wave** n onde f alpha

alphabet [ˈælfəbet] n alphabet m ◆ **alphabet soup** (Culin) potage m aux pâtes (en forme de lettres) ; (* fig pej) salade f de sigles ; → **deaf, finger**

alphabetic(al) [ˌælfəˈbetɪk(əl)] adj alphabétique ◆ **to put in alphabetical order** classer par ordre alphabétique ◆ **to be in alphabetical order** être dans l'ordre alphabétique

alphabetically [ˌælfəˈbetɪkəlɪ] adv par ordre alphabétique, alphabétiquement

alphabetize [ˈælfəbətaɪz] vt classer par ordre alphabétique

alphanumeric [ˌælfənjuːˈmerɪk] adj alphanumérique

alpine [ˈælpaɪn] 1 adj scenery, village des Alpes, alpin ; mountain, chalet (= in the Alps) des Alpes ; (= alpine-style) alpin ; troops, skiing, skier alpin ; plant (on lower slopes) alpestre ; (on higher slopes) alpin ; meadow, pasture, climate alpestre
2 COMP ▷ **alpine accentor** n (Orn) accenteur m alpin ▷ **alpine chough** n (Orn) crave m des Alpes ▷ **alpine hut** n refuge m de montagne

alpinist [ˈælpɪnɪst] n alpiniste mf

already [ɔːlˈredɪ] → SYN adv déjà ◆ **(that's) enough already!** * (esp US: expressing impatience) maintenant, ça suffit !

alright [ɔːlˈraɪt] ⇒ **all right**

Alsace [ˈælsæs] n l'Alsace f

Alsace-Lorraine [ˈælsæsləˈreɪn] n l'Alsace-Lorraine f

Alsatian [æl'seɪʃən] **1** n **a** (= person) Alsacien(ne) m(f)
b (Brit: also **Alsatian dog**) chien m loup, berger m allemand
2 adj alsacien, d'Alsace

also ['ɔːlsəʊ] → SYN **1** adv **a** (= too) aussi, également ◆ her cousin also came son cousin aussi est venu or est venu également
b (= moreover) de plus, également ◆ **also I must explain that ...** de plus, je dois vous expliquer que ..., je dois également vous expliquer que ...
2 COMP ▷ **also-ran** n (Sport) autre concurrent m (non classé); (Racing) cheval m non classé; (* = person) perdant(e) m(f)

Alta abbrev of **Alberta**

Altamira [ˌæltə'miːrə] n ◆ **the Altamira caves** les grottes fpl d'Altamira

altar ['ɒltər] **1** n (Rel) autel m ◆ **high altar** maître-autel m ◆ **he was sacrificed on the altar of productivity** il a été immolé sur l'autel de la productivité
2 COMP ▷ **altar boy** n enfant m de chœur ▷ **altar cloth** n nappe f d'autel ▷ **altar piece** n retable m ▷ **altar rail(s)** n(pl) clôture f or balustre m (du chœur); (Rel) table f de communion

alter ['ɒltər] → SYN **1** vt **a** (gen) changer, modifier; (stronger) transformer; (= adapt) adapter, ajuster; [+ painting, poem, speech etc] retoucher; (stronger) remanier; [+ garment] retoucher; (stronger) transformer ◆ **to alter one's plans** modifier or transformer ses projets ◆ **to alter one's attitude** changer d'attitude (to envers) ◆ **that alters the case** voilà qui est différent or qui change tout ◆ **to alter course** (Naut) changer de cap or de route ◆ **to alter sth for the better** changer qch en mieux, améliorer qch ◆ **to alter sth for the worse** changer qch en mal, altérer qch
b (US = castrate) châtrer, castrer
2 vi changer ◆ **to alter for the better** [circumstances] s'améliorer; [person, character] changer en mieux ◆ **to alter for the worse** [circumstances] empirer, s'aggraver; [person, character] changer en mal

alteration [ˌɒltə'reɪʃən] → SYN n **a** (= change) (to plan, team, rules etc) modification f, changement m; (to behaviour, diet) changement m ◆ **to make alterations to existing arrangements** apporter des modifications aux dispositions existantes ◆ **an alteration in the rules** une modification des règlements ◆ **to make alterations to a garment/text/painting** retoucher un vêtement/texte/tableau ◆ **textual alterations** retouches fpl au texte ◆ **climatic alterations** changements mpl climatiques ◆ **to make alterations to a team** modifier une équipe ◆ **the alterations to the house** les transformations fpl apportées à la maison ◆ **they're having alterations made to their house** ils font faire des travaux ◆ **"closed for alterations"** (shop, building) "fermé pour travaux" ◆ **alteration of route** (Naut) (deliberate) changement m de route; (involuntary) déroutement m
b (NonC = altering) [of structure, building] transformation f; [of climate] changements mpl; [of garment] retouches fpl ◆ **did you see any alteration in his behaviour?** avez-vous remarqué un changement dans son comportement ? ◆ **"times and programmes are subject to alteration"** "les horaires et les programmes peuvent être modifiés"

altercation [ˌɒltə'keɪʃən] n (frm) altercation f ◆ **to have an altercation** se disputer, avoir une altercation

alter ego [ˌæltər'iːɡəʊ] n alter ego m ◆ **he is my alter ego** c'est mon alter ego

alternate [ɒl'tɜːnɪt] → SYN **1** adj **a** (= successive) actions, periods, colours alterné ◆ **cover with alternate slices of tomato and mozzarella** recouvrir en alternant tranches de tomate et de mozzarella ◆ **a week of alternate rain and sunshine** une semaine où la pluie et le beau temps ont alterné
b (= every second) on alternate days un jour sur deux ◆ **he works on alternate days** il travaille un jour sur deux ◆ **they work on alternate days** (taking turns) ils travaillent un jour sur deux ◆ **to take alternate weeks off** être en congé une semaine sur deux ◆ **he lives alternate months in Brussels and London** il habite un mois à Bruxelles, un mois à Londres ◆ **to read alternate lines** lire une ligne sur deux
c (US) ⇒ **alternative 1**
d (Bot, Math) alterne
e (Poetry) alternate rhymes rimes fpl alternées or croisées
2 n (US) remplaçant(e) m(f), suppléant(e) m(f)
3 [ˈɒltɜːneɪt] vt faire alterner, employer alternativement or tour à tour ◆ **to alternate crops** alterner les cultures, pratiquer l'assolement
4 vi **a** (= occur etc in turns) alterner (with avec), se succéder (tour à tour)
b **to alternate between French and English** passer du français à l'anglais (et vice versa) ◆ **he alternates between aggression and indifference** il passe de l'agressivité à l'indifférence ◆ **in the desert the temperature alternates between boiling and freezing** dans le désert la température est tantôt torride, tantôt glaciale
c (= interchange regularly) se relayer, travailler (or jouer etc) en alternance
d (Elec) changer périodiquement de sens

alternately [ɒl'tɜːnɪtlɪ] adv tour à tour ◆ **he would alternately bully and charm people** il se montrait tour à tour tyrannique et charmant, il se montrait tantôt tyrannique, tantôt charmant ◆ **she became alternately angry and calm** elle passait de la colère au calme, et du calme à la colère ◆ **I lived alternately with my mother and my grandmother** je vivais tantôt avec ma mère, tantôt avec ma grand-mère

alternating ['ɒltəneɪtɪŋ] adj alternant, en alternance; movement alternatif ◆ **alternating series** (Math) série f alternée ◆ **alternating current** (Elec) courant m alternatif

alternation [ˌɒltə'neɪʃən] n alternance f; [of emotions etc] alternatives fpl

alternative [ɒl'tɜːnətɪv] → SYN **1** adj **a** (gen) autre; (Philos) proposition alternatif; (Mil) position de repli; (Tech) de rechange ◆ **alternative proposal** contre-proposition f ◆ **the only alternative method** la seule autre méthode, la seule méthode de rechange ◆ **alternative route** (Aut) itinéraire m de délestage ◆ **Alternative Vote** vote m alternatif
b (= non-traditional) parallèle, alternatif; lifestyle alternatif, différent ◆ **alternative school** (US) école privée ayant adopté des méthodes nouvelles ◆ **alternative education** (US) enseignement privé basé sur des méthodes nouvelles ◆ **alternative comedian** nouveau comique m ◆ **alternative comedy** nouvelle comédie f ◆ **alternative (sources of) energy** (sources fpl d')énergie f de substitution
2 n (= choice) (between two) alternative f, choix m; (among several) choix m; (= solution) (only one) alternative f, seule autre solution f; (one of several) autre solution f, solution f de rechange; (Philos) terme m d'une alternative or d'un dilemme ◆ **she had no alternative but to accept** elle n'avait pas d'autre solution que d'accepter, elle a été obligée d'accepter ◆ **there's no alternative** il n'y a pas le choix
3 COMP ▷ **alternative medicine** n médecine f alternative or douce ▷ **alternative technology** n les technologies fpl douces

alternatively [ɒl'tɜːnətɪvlɪ] → SYN adv autrement

alternator ['ɒltəneɪtər] n (Brit Elec) alternateur m

althaea [æl'θiːə] n (Bot) althæa f

although [ɔːl'ðəʊ] LANGUAGE IN USE 26.3 → SYN conj bien que (+ subj), quoique (+ subj) ◆ **although it's raining there are 20 people here already** bien qu'il pleuve or malgré la pluie, il y a déjà 20 personnes ◆ **I'll do it, although I don't want to** je vais le faire bien que je n'en aie pas envie or même si je n'en ai pas envie ◆ **although poor they were honest** ils étaient honnêtes bien que or quoique or encore que pauvres ◆ **although young he knew that ...** malgré sa jeunesse il savait que ..., malgré sa jeunesse il savait que ... ◆ **although he might agree to go** quand bien même il accepterait d'y aller, même s'il accepte d'y aller ◆ **I will do it although I (should) die in the attempt** (liter) je le ferai dussé-je y laisser la vie

altimeter ['æltɪmiːtər] n altimètre m

altimetry [æl'tɪmɪtrɪ] n altimétrie f

altitude ['æltɪtjuːd] → SYN n (= height above sea level) altitude f; [of building] hauteur f ◆ **altitudes** (gen pl = high place) hauteur(s) f(pl), altitude f ◆ **it is difficult to breathe at these altitudes** or **at this altitude** il est difficile de respirer à cette altitude ◆ **altitude sickness** mal m d'altitude or des montagnes

alto ['æltəʊ] **1** n **a** (= female voice) contralto m; (male voice) haute-contre f
b (= instrument) alto m
2 adj (female) de contralto; (male) de haute-contre; (instrument) d'alto ◆ **alto clef** clef f d'ut ◆ **alto saxophone/flute** saxophone m/flûte f alto

altocumulus [ˌæltəʊ'kjuːmjələs] n, pl **altocumuli** [ˌæltəʊ'kjuːmjəlaɪ] (Met) altocumulus m

altogether [ˌɔːltə'ɡeðər] → SYN **1** adv **a** (= completely) stop, disappear complètement; different tout à fait ◆ **that's another matter altogether** c'est une tout autre affaire ◆ **it is altogether out of the question** il n'en est absolument pas question ◆ **you don't believe him? – no, not altogether** vous ne le croyez pas ? – non, pas vraiment ◆ **such methods are not altogether satisfactory** de telles méthodes ne sont pas vraiment satisfaisantes ◆ **I'm not altogether happy about this** je n'en suis pas vraiment satisfait
b (= in all) en tout ◆ **what do I owe you altogether?** je vous dois combien en tout ?, combien vous dois-je au total ? ◆ **altogether, he played in 44 test matches** en tout, il a joué dans 44 matchs internationaux ◆ **taken altogether** à tout prendre ◆ **altogether, it wasn't very pleasant** ce n'était somme toute pas très agréable
2 n (hum) ◆ **in the altogether*** tout nu, en costume d'Adam (or d'Ève)*

altoist ['æltəʊɪst] n (Mus) saxophoniste mf alto

altostratus [ˌæltəʊ'streɪtəs] n, pl **altostrati** [ˌæltəʊ'streɪtaɪ] (Met) altostratus m

altruism ['æltrʊɪzəm] n altruisme m

altruist ['æltrʊɪst] n altruiste mf

altruistic [ˌæltrʊ'ɪstɪk] adj altruiste

altruistically [ˌæltrʊː'ɪstɪkəlɪ] adv par altruisme

ALU [ˌeɪel'juː] n (Comput) (abbrev of **arithmetical logic unit**) UAL f

alum ['æləm] n alun m

alumina [ə'luːmɪnə] n alumine f

aluminiferous [əˌluːmɪ'nɪfərəs] adj alumineux

aluminium [ˌæljʊ'mɪnɪəm], **aluminum** (US) [ə'luːmɪnəm] **1** n aluminium m
2 COMP pot, pan etc en aluminium ▷ **aluminium bronze** n bronze m d'aluminium ▷ **aluminium foil** n papier m aluminium ▷ **aluminium oxide** n oxyde m d'aluminium

aluminize [ə'luːmɪnaɪz] vt (Tech) aluminer

aluminothermy [əˌluːmɪnəʊ'θɜːmɪ] n aluminothermie f

alumna [ə'lʌmnə] n, pl **alumnae** [ə'lʌmniː] (US) (Scol) ancienne élève f; (Univ) ancienne étudiante f

alumnus [ə'lʌmnəs] n, pl **alumni** [ə'lʌmnaɪ] (US) (Scol) ancien élève m; (Univ) ancien étudiant m

alunite ['æljʊnaɪt] n alunite f

alveolar [æl'vɪələr] adj alvéolaire ◆ **alveolar ridge** alvéoles fpl dentaires

alveolus [æl'vɪələs] n, pl **alveoli** [æl'vɪəlaɪ] alvéole f

always ['ɔːlweɪz] → SYN adv toujours ◆ **he's always late** il est toujours en retard ◆ **I'll always love you** je t'aimerai toujours ◆ **I can always come back later** je peux toujours revenir plus tard ◆ **there's always tomorrow** demain, il fera jour ◆ **office always open** bureau m ouvert en permanence
◆ **as always** comme toujours

alyssum ['ælɪsəm] n (Bot) alysse f

Alzheimer's (disease) ['æltshaɪməz(dɪˌziːz)] n maladie f d'Alzheimer

AM [eɪ'em] **a** (abbrev of **amplitude modulation**) AM; → **modulation**
b (Brit) (Pol) (abbrev of **Assembly Member**) → **assembly**

am[1] [æm] → **be**

angiosperm [ˈændʒɪəˌspɜːm] n (Bot) angiosperme f

angiospermous [ˌændʒɪəˈspɜːməs] adj (Bot) angiosperme

angiotensin [ˌændʒɪəˈtensɪn] n angiotensine f

angle[1] [ˈæŋɡl] → SYN **1** n **a** (also Math) angle m ♦ **at an angle** en biais (*to* par rapport à) ♦ **at an angle of ...** formant un angle de ... ♦ **cut at an angle** pipe, edge coupé en biseau ♦ **the building stands at an angle to the street** le bâtiment fait un angle avec la rue

b (= aspect, point of view) aspect m ♦ **the various angles of a topic** les divers aspects mpl d'un sujet ♦ **to study a topic from every angle** étudier un sujet sous toutes ses faces or sous tous les angles ♦ **his article has a new angle on the question** son article apporte un éclairage nouveau sur la question ♦ **from the parents' angle** du point de vue des parents ♦ **let's have your angle on it** * donnez-nous votre point de vue là-dessus or sur la question

2 vt **a** * [+ information, report] présenter sous un certain angle ♦ **he angled his article towards middle-class readers** il a rédigé son article à l'intention des classes moyennes or de façon à plaire au lecteur bourgeois

b (Tennis) **to angle a shot** croiser sa balle, jouer la diagonale

c [+ lamp etc] régler à l'angle voulu ♦ **she angled the lamp towards her desk** elle a dirigé la lumière (de la lampe) sur son bureau

3 COMP ▷ **angle bracket** n chevron m ▷ **angle iron** n fer m, équerre f ▷ **angle of incidence** n angle m d'incidence

angle[2] [ˈæŋɡl] → SYN vi **a** (lit) pêcher à la ligne ♦ **to angle for trout** pêcher la truite

b (fig) **to angle for sb's attention** chercher à attirer l'attention de qn ♦ **to angle for compliments** chercher or quêter des compliments ♦ **to angle for a rise in salary/for an invitation** chercher à se faire augmenter/à se faire inviter ♦ **she's angling for a husband** elle fait la chasse au mari

Anglepoise ® [ˈæŋɡlˌpɔɪz] n (Brit : also **Anglepoise lamp**) lampe f d'architecte

angler [ˈæŋɡləʳ] n pêcheur m, -euse f (à la ligne) ♦ **angler (fish)** lotte f de mer

Angles [ˈæŋɡlz] npl (Hist) Angles mpl

Anglican [ˈæŋɡlɪkən] adj, n anglican(e) m(f) ♦ **the Anglican Communion** la communion or la communauté anglicane

Anglicanism [ˈæŋɡlɪkənɪzəm] n anglicanisme m

anglicism [ˈæŋɡlɪsɪzəm] n anglicisme m

anglicist [ˈæŋɡlɪsɪst] n angliciste mf

anglicize [ˈæŋɡlɪsaɪz] vt angliciser

angling [ˈæŋɡlɪŋ] n pêche f (à la ligne)

Anglo * [ˈæŋɡləʊ] n ⇒ **Anglo-American**

Anglo- [ˈæŋɡləʊ] pref anglo-

Anglo-American [ˌæŋɡləʊəˈmerɪkən] **1** adj anglo-américain

2 n (US) Anglo-Américain(e) m(f), (Américain d'origine anglo-saxonne)

Anglo-Asian [ˈæŋɡləʊˈeɪʃn] **1** adj britannique originaire du sous-continent indien

2 n Britannique originaire du sous-continent indien

Anglo-Catholic [ˈæŋɡləʊˈkæθəlɪk] adj, n anglo-catholique mf

Anglo-Catholicism [ˈæŋɡləʊkəˈθɒlɪsɪzəm] n anglo-catholicisme m

Anglo-French [ˈæŋɡləʊˈfrentʃ] **1** adj franco-britannique

2 n (Ling) anglo-normand m

Anglo-Indian [ˈæŋɡləʊˈɪndɪən] n (= British person in India) Anglais(e) m(f) des Indes ; (= person of British and Indian descent) métis(se) m(f) d'Anglais(e) et d'Indien(ne)

Anglo-Irish [ˈæŋɡləʊˈaɪrɪʃ] **1** **the Anglo-Irish** npl les Anglo-Irlandais mpl

2 adj anglo-irlandais

Anglomania [ˌæŋɡləʊˈmeɪnɪə] n anglomanie f

Anglo-Norman [ˈæŋɡləʊˈnɔːmən] **1** adj anglo-normand

2 n **a** (= person) Anglo-Normand(e) m(f)

b (Ling) anglo-normand m

anglophile [ˈæŋɡləʊfaɪl] adj, n anglophile mf

anglophilia [ˌæŋɡləʊˈfɪlɪə] n anglophilie f

anglophobe [ˈæŋɡləʊfəʊb] adj, n anglophobe mf

anglophone [ˈæŋɡləʊfəʊn] adj, n anglophone mf

Anglo-Saxon [ˈæŋɡləʊˈsæksən] **1** adj anglo-saxon

2 n **a** (= person) Anglo-Saxon(ne) m(f)

b (Ling) anglo-saxon m

ANGLO-SAXON

Langue de la famille des langues germaniques, parlée en Grande-Bretagne entre le Ve siècle et la conquête normande (1066), et dont l'anglais actuel est partiellement dérivé. Beaucoup de mots d'usage très courant, par exemple "man", "child", "eat", "love" ou "harvest" sont d'origine **anglo-saxonne**.

Angola [æŋˈɡəʊlə] n Angola m

Angolan [æŋˈɡəʊlən] **1** adj angolais

2 n Angolais(e) m(f)

angora [æŋˈɡɔːrə] **1** n **a** (= cat/rabbit) (chat m/lapin m) angora m inv ; (= goat) chèvre f angora inv

b (= wool) laine f angora inv, angora m inv

2 adj cat, rabbit etc angora inv ; sweater (en) angora

angostura [ˌæŋɡəˈstjʊərə] **1** n angustura f

2 COMP ▷ **angostura bitters** ® n bitter m additionné d'angustura

angrily [ˈæŋɡrɪlɪ] adv say, react avec colère ; leave en colère

angry [ˈæŋɡrɪ] → SYN adj person en colère, fâché (*with sb* contre qn ; *at sth* à cause de qch ; *about sth* à propos de qch) ; look furieux, plein or vibrant de colère ; (fig) sea mauvais, démonté ♦ **to get angry** se fâcher, se mettre en colère ♦ **to make sb angry** mettre qn en colère ♦ **he was angry at being dismissed** il était furieux d'avoir été renvoyé ou qu'on l'ait renvoyé ♦ **in an angry voice** sur le ton de la colère ♦ **you won't be angry if I tell you?** tu ne vas pas te fâcher si je te le dis ? ♦ **this sort of thing makes me really angry** ce genre de chose me met hors de moi ♦ **there were angry scenes when it was announced that ...** la colère de la foule a éclaté quand on a annoncé que ... ♦ **angry young man** (Literat) jeune homme m en colère ♦ **the blow left an angry scar on his forehead** le coup lui a laissé une vilaine cicatrice au front

angst [æŋst] n angoisse f existentielle

angstrom [ˈæŋstrəm] n angström or angstroem m

Anguilla [æŋˈɡwɪlə] n Anguilla f

anguilliform [æŋˈɡwɪlɪˌfɔːm] adj anguilliforme

anguine [ˈæŋɡwɪn] adj anguine

anguish [ˈæŋɡwɪʃ] → SYN n (mental) angoisse f, anxiété f ; (physical) supplice m ♦ **to be in anguish** (mentally) être dans l'angoisse or angoissé ; (physically) être au supplice, souffrir le martyre

anguished [ˈæŋɡwɪʃt] adj (mentally) angoissé ; (physically) plein de souffrance

angular [ˈæŋɡjʊləʳ] → SYN adj anguleux ; face anguleux, osseux ; features anguleux ; movement dégingandé, saccadé

anhidrosis [ˌænhɪˈdrəʊsɪs] n anhidrose f

anhidrotic [ˌænhɪˈdrɒtɪk] adj, n antisudoral m

anhydrite [ænˈhaɪdraɪt] n anhydrite f

anhydrous [ænˈhaɪdrəs] adj (Chem) anhydre

aniline [ˈænɪliːn] **1** n aniline f

2 COMP ▷ **aniline dyes** npl colorants mpl à base d'aniline

anima [ˈænɪmə] n (Psych) anima m

animal [ˈænɪməl] → SYN **1** n (lit) animal m ; (* pej = person) brute f ♦ **I like animals** j'aime les animaux or les bêtes ♦ **man is a social animal** l'homme est un animal sociable ♦ **the animal in him** (pej) la bête en lui, son côté bestial ♦ **he's nothing but an animal** c'est une brute ♦ **there's no such animal** (fig) ça n'existe pas ♦ **they're two different animals** (fig) ce sont deux choses complètement différentes

2 adj instinct animal ♦ **animal spirits** entrain m, vivacité f ♦ **full of animal spirits** plein d'entrain or de vivacité or de vie

3 COMP ▷ **animal cracker** n (US) cracker en forme d'animal ▷ **animal experimentation** n (NonC) expérimentation f animale or sur les animaux ▷ **animal fat** n graisse f animale ▷ **animal husbandry** n (NonC) élevage m ▷ **the animal kingdom** n le règne animal ▷ **Animal Liberation Front** n (Brit) mouvement pour la libération des animaux ▷ **animal liberationist** n militant du mouvement de libération des animaux ▷ **animal lover** n personne f qui aime les animaux ▷ **animal magnetism** n (= sex appeal) sex-appeal m ▷ **animal rights** npl droits mpl des animaux ▷ **animal rights campaigner** n défenseur m des droits des animaux ▷ **animal sanctuary** n refuge m pour animaux ▷ **animal testing** n expérimentation f animale

animalcule [ˌænɪˈmælkjuːl] n (Bio) animalcule m

animate [ˈænɪmɪt] → SYN **1** adj (= living) vivant, animé ; (Ling) animé

2 [ˈænɪmeɪt] vt (= make lively) [+ discussion] animer, rendre vivant

animated [ˈænɪmeɪtɪd] → SYN adj **a** (= lively) animé ♦ **to become animated** s'animer ♦ **the talk was growing animated** la conversation s'animait or s'échauffait

b (Cine) animé ♦ **animated film** dessin m animé, film m d'animation

animatedly [ˈænɪmeɪtɪdlɪ] adv avec animation ♦ **he pointed animatedly at the package** tout agité, il désigna le paquet

animation [ˌænɪˈmeɪʃn] → SYN n **a** [of person] vivacité f, entrain m ; [of face] animation f ; [of scene, street etc] activité f, animation f

b (Cine) animation f ; → **suspend**

animato [ˌænɪˈmɑːtəʊ] adv (Mus) animato

animator [ˈænɪmeɪtəʳ] n (Cine) animateur m, -trice f

animatronics [ˌænɪməˈtrɒnɪks] n (NonC: Cine) animatronique f

animism [ˈænɪmɪzəm] n animisme m

animist [ˈænɪmɪst] adj, n animiste mf

animosity [ˌænɪˈmɒsɪtɪ] → SYN n animosité f (*against, towards* contre), hostilité f (*against, towards* envers)

animus [ˈænɪməs] n **a** (NonC) ⇒ **animosity**

b (Psych) animus m

anion [ˈænaɪən] n (Chem) anion m

anise [ˈænɪs] n anis m

aniseed [ˈænɪsiːd] **1** n graine f d'anis

2 COMP flavoured à l'anis

anisette [ˌænɪˈzet] n anisette f

anisotropy [ˌænaɪˈsɒtrəpɪ] n (Bot, Miner) anisotropie f

Anjou [ɑːˈʒuː] n Anjou m

Ankara [ˈæŋkərə] n Ankara m

ankle [ˈæŋkl] **1** n cheville f

2 COMP ▷ **ankle biter** * n (Austral) môme * mf, moutard * m ▷ **ankle boot** n bottine f ▷ **ankle bracelet** n bracelet m de cheville ▷ **ankle-deep** adj he was ankle-deep in water l'eau lui montait or il avait de l'eau jusqu'à la cheville ♦ **the water is ankle-deep** l'eau vient (jusqu')à la cheville ▷ **ankle joint** n articulation f de la cheville ▷ **ankle sock** n (Brit) socquette f ▷ **ankle strap** n bride f

anklebone [ˈæŋklbəʊn] n astragale m

anklet [ˈæŋklɪt] n bracelet m or anneau m de cheville ; (US) socquette f

ankylose [ˈæŋkɪləʊz] vi (Med) s'ankyloser

ankylosis [ˌæŋkɪˈləʊsɪs] n ankylose f

ankylostomiasis [ˌæŋkɪˌlɒstəˈmaɪəsɪs] n ankylostomiase f

Ann [æn] n Anne f

annalist [ˈænəlɪst] n annaliste m

annals [ˈænəlz] → SYN npl annales fpl ♦ **unique in the annals of ...** unique dans les annales de ...

Annam [æˈnæm] n Annam m

Annapurna [ˌænəˈpʊənə] n l'Annapurna m

annatto [əˈnætəʊ] n, pl **annattos** (= tree) rocouyer m ; (= dye) rocou m

Anne [æn] n Anne f ; → **queen**

anneal [əˈniːl] vt [+ glass, metal] recuire

annelid [ˈænəlɪd] adj, n (Zool) annélide m

annex [əˈneks] → SYN **1** vt annexer
2 [ˈæneks] n (= building, document) annexe f

annexation [ˌænekˈseɪʃən] n (= act) annexion f (of de) ; [of territory] territoire m annexe

annexe [ˈæneks] → SYN n ⇒ **annex 2**

Annie Oakley* [ˌænɪˈəʊklɪ] n (US) billet m de faveur

annihilate [əˈnaɪəleɪt] → SYN vt [+ army, fleet] anéantir ; [+ space, time] annihiler, supprimer ; [+ effect] annihiler ; (fig: in game, argument) écraser

annihilation [əˌnaɪəˈleɪʃən] → SYN n (Mil) anéantissement m ; (fig) suppression f

anniversary [ˌænɪˈvɜːsərɪ] **1** n (= date, event) anniversaire m (of de) ✦ **it's our anniversary** c'est l'anniversaire de notre mariage ; → **wedding**
2 COMP ▷ **anniversary dinner** n dîner m commémoratif or anniversaire

Anno Domini [ˌænəʊˈdɒmɪnaɪ] adv (frm) après Jésus-Christ ✦ **Anno Domini 1965** 1965 après J.-C.

annotate [ˈænəʊteɪt] → SYN vt annoter

annotation [ˌænəʊˈteɪʃən] → SYN n annotation f, note f

announce [əˈnaʊns] LANGUAGE IN USE 24 → SYN vt annoncer ✦ **to announce the birth/death of ...** faire part de la naissance/du décès de ... ✦ **"I won't"** he announced **"je ne le ferai pas"** annonça-t-il ✦ **it is announced from London that ...** on apprend de Londres que ...

announcement [əˈnaʊnsmənt] → SYN n (gen) annonce f ; (esp Admin) avis m ; [of birth, marriage, death] avis m ; (privately inserted or circulated) faire-part m inv

announcer [əˈnaʊnsə^r] → SYN n **a** (Rad, TV) (linking announcements) speaker(ine) m(f), annonceur m, -euse f ; (within a programme) présentateur m, -trice f ; (= newsreader) présentateur m, -trice f
b (at airport, station) annonceur m, -euse f

annoy [əˈnɔɪ] → SYN vt (= vex) ennuyer, agacer ; (= deliberately irritate) [+ person, animal] agacer, énerver ; (= inconvenience) importuner, ennuyer ✦ **to be/get annoyed with sb** être/se mettre en colère contre qn ✦ **to be annoyed about sth** être contrarié par qch ✦ **to be annoyed about a decision** être mécontent d'une décision ✦ **to be annoyed with sb about sth** être mécontent de qn à propos de qch ✦ **to get annoyed with a machine** se mettre en colère or s'énerver contre une machine ✦ **don't get annoyed!** ne vous fâchez or énervez pas ! ✦ **I am very annoyed that he hasn't come** je suis très ennuyé or contrarié qu'il ne soit pas venu ✦ **I am very annoyed with him for not coming** je suis très mécontent qu'il ne soit pas venu

annoyance [əˈnɔɪəns] → SYN n **a** (= displeasure) contrariété f, mécontentement m ✦ **with a look of annoyance** d'un air contrarié or mécontent ✦ **he found to his great annoyance that ...** il s'est aperçu à son grand mécontentement que ...
b (= cause of annoyance) tracas m, ennui m

annoying [əˈnɔɪɪŋ] → SYN adj agaçant ; (= very irritating) ennuyeux ✦ **the annoying thing about it is that ...** ce qui est agaçant or ennuyeux dans cette histoire c'est que ... ✦ **how annoying!** que c'est agaçant or ennuyeux !

annoyingly [əˈnɔɪɪŋlɪ] adv behave de façon énervante or agaçante ✦ **she was annoyingly vague/cheerful** elle était si vague/gaie que c'était énervant or agaçant ✦ **he was annoyingly successful** sa réussite avait quelque chose d'énervant or d'agaçant

annual [ˈænjʊəl] → SYN **1** adj annuel ✦ **annual general meeting** (Comm etc) assemblée f générale annuelle
2 n **a** (Bot) plante f annuelle ; → **hardy**
b (= book) publication f annuelle ; (children's) album m
3 COMP ▷ **annual percentage rate** n (Fin) taux m effectif global ▷ **annual ring** n (Bot) anneau m de croissance, cerne m

annualize [ˈænjʊəlaɪz] vt annualiser

annually [ˈænjʊəlɪ] → SYN adv annuellement, tous les ans ✦ **$5,000 annually** 5 000 dollars par an

annuity [əˈnjuːɪtɪ] **1** n (= regular income) rente f ; (for life) rente f viagère, viager m ; (= investment) viager m ✦ **to invest money in an annuity** placer de l'argent en viager ; → **defer¹, life**
2 COMP ▷ **annuity bond** n titre m de rente

annul [əˈnʌl] → SYN vt [+ law] abroger, abolir ; [+ decision, judgement] casser, annuler ; [+ marriage] annuler

annular [ˈænjʊlə^r] **1** adj annulaire
2 COMP ▷ **annular eclipse** n (Astron) éclipse f annulaire ▷ **annular ligament** n (Anat) ligament m annulaire

annulment [əˈnʌlmənt] → SYN n annulation f

Annunciation [əˌnʌnsɪˈeɪʃən] n Annonciation f

anode [ˈænəʊd] n anode f

anodic [əˈnɒdɪk] adj anodique

anodize [ˈænədaɪz] vt anodiser

anodyne [ˈænəʊdaɪn] → SYN **1** n (Med) analgésique m, calmant m ; (fig liter) baume m
2 adj (Med) antalgique, analgésique ; (fig liter) apaisant

anoint [əˈnɔɪnt] → SYN vt oindre (with de), consacrer or bénir par l'onction ✦ **to anoint sb king** sacrer qn roi ✦ **the anointed King** le roi consacré ✦ **the press have anointed her queen of detective fiction** la presse l'a sacrée reine du roman policier

anointing [əˈnɔɪntɪŋ] n (Rel) ✦ **anointing of the sick** onction f des malades

anomalous [əˈnɒmələs] → SYN adj (Med) anormal, irrégulier ; (Gram) anomal ; (fig) anormal

anomaly [əˈnɒməlɪ] → SYN n anomalie f

anomie, anomy [ˈænəʊmɪ] n (NonC) anomie f

anon¹ [əˈnɒn] adv (†† or hum = soon) sous peu ✦ **... of which more anon** ... nous y reviendrons ✦ **see you anon** à tout à l'heure ; → **ever**

anon² [əˈnɒn] adj (abbrev of **anonymous**) anonyme ✦ **"Anon"** (at end of text) "Anonyme"

anonymity [ˌænəˈnɪmɪtɪ] n anonymat m ✦ **to preserve one's anonymity** garder l'anonymat

anonymized [əˈnɒnɪmaɪzd] adj rendu anonyme

anonymous [əˈnɒnɪməs] → SYN adj (lit, fig) anonyme ✦ **an anonymous caller claiming to represent the group** un coup de téléphone anonyme d'une personne affirmant représenter le groupe ✦ **an anonymous woman called to say that ...** une femme qui n'a pas donné son nom a appelé pour dire que ... ✦ **to remain anonymous** garder l'anonymat ; → **alcoholic, gambler**

anonymously [əˈnɒnɪməslɪ] adv send, give, publish anonymement ; speak, quote, live sous couvert de l'anonymat

anopheles [əˈnɒfɪliːz] n, pl inv (Zool) anophèle m

anorak [ˈænəræk] n (esp Brit) **a** (= jacket) anorak m
b (* = unstylish person) ringard(e) * m(f)

anorectic [ˌænəˈrektɪk] adj ⇒ **anorexic**

anorexia [ˌænəˈreksɪə] n anorexie f ✦ **anorexia nervosa** anorexie f mentale

anorexic [ˌænəˈreksɪk] adj, n anorexique mf

anosmia [ænˈɒzmɪə] n (Med) anosmie f

A. N. Other [ˌeɪenˈʌðə^r] n (Brit) ≈ monsieur X m, ≈ madame X f

another [əˈnʌðə^r] **1** adj **a** (= one more) un ... de plus, encore un ✦ **take another ten** prenez-en encore dix ✦ **to wait another hour** attendre une heure de plus or encore une heure ✦ **I won't wait another minute!** je n'attendrai pas une minute de plus ! ✦ **without another word** sans ajouter un mot, sans un mot de plus ✦ **another beer?** vous reprendrez bien une bière ? ✦ **in another 20 years** dans 20 ans ✦ **and another thing ... *** (= what's more) et de plus ..., et d'ailleurs ...
b (= similar) un autre, un second ✦ **there is not another book like it, there is not another such book** ce livre est unique en son genre ✦ **he will be another Hitler** ce sera un second or nouvel Hitler
c (= different) un autre ✦ **that's quite another matter** c'est une tout autre question, c'est tout autre chose ✦ **do it another time** remettez cela à plus tard, vous le ferez une autre fois

2 pron **a** un(e) autre, encore un(e) ✦ **in one form or another** sous une forme ou une autre ✦ **he was opening bottles one after another** il ouvrait des bouteilles les unes après les autres ✦ **between** or **what with one thing and another *** en fin de compte ; see also **after, thing**
b one another ⇒ **each other** ; → **each**

anoxaemia, anoxemia (US) [ˌænɒkˈsiːmɪə] n anoxémie f

anoxia [əˈnɒksɪə] n anoxie f

anoxic [əˈnɒksɪk] adj anoxique

ansaphone ® [ˈɑːnsəˌfəʊn] n répondeur m (téléphonique)

ansate [ˈænseɪt] adj ansé

Anschluss [ˈænʃlʊs] n (Hist) Anschluss m

ANSI [ˌeɪenesˈaɪ] n (US) (abbrev of **American National Standards Institute**) ANSI m, institut m américain de normalisation

answer [ˈɑːnsə^r] → SYN **1** n **a** (= reply) réponse f ✦ **to get** or **receive an answer** recevoir une réponse ✦ **to write sb an answer** répondre à qn (par écrit) ✦ **his only answer was to shrug his shoulders** pour toute réponse il a haussé les épaules, il a répondu par un haussement d'épaules ✦ **there's no answer** (Telec) ça ne répond pas ✦ **I knocked but there was no answer** j'ai frappé mais il n'y a pas eu de réponse or mais on ne m'a pas répondu ✦ **in answer to your letter** (Comm) en réponse à votre lettre ✦ **I could find no answer** je n'ai rien trouvé à répondre ✦ **she's got an answer to everything, she's always got an answer** elle a réponse à tout ✦ **answer to a charge** (Jur) réponse f à une accusation ✦ **the answer to my prayer** (Rel) l'exaucement m de ma prière ✦ **it's the answer to a maiden's prayer*** (hum) c'est ce dont j'ai toujours rêvé ✦ **for her he was the answer to a maiden's prayer*** (hum) c'était l'homme de ses rêves ✦ **there's no answer to that!** que voulez-vous répondre à ça ? ✦ **Belgium's answer to Sylvester Stallone** le Sylvester Stallone belge ✦ **it's the poor man's answer to caviar** c'est le caviar du pauvre
b (= solution) solution f ✦ **there must be an answer** il doit y avoir une solution ✦ **there is no easy answer** (fig) c'est un problème difficile à résoudre, il n'y a pas de réponse toute faite ✦ **he knows all the answers** il a réponse à tout

2 vt **a** [+ letter, question] répondre à ; [+ criticism] répondre à ; (sharply) répliquer à ✦ **answer me!** répondez-moi ! ✦ **to answer the bell** or **door** aller or venir ouvrir (la porte), aller voir qui est à la porte or qui est là ✦ **to answer the bell** [servant summoned] répondre au coup de sonnette ✦ **to answer the phone** répondre au téléphone ✦ **I didn't answer a word** je n'ai rien répondu, je n'ai pas soufflé mot
b (= fulfil, solve) [+ description] répondre à, correspondre à ; [+ prayer] exaucer ; [+ problem] résoudre ; [+ need] répondre à, satisfaire ✦ **it answers the purpose** cela fait l'affaire ✦ **this machine answers several purposes** cet appareil a plusieurs utilisations
c (Jur) **to answer a charge** (of assault) répondre d'une accusation (d'agression)
d (Naut) **to answer the helm** obéir à la barre

3 vi **a** (= say, write in reply) répondre
b (= succeed) [plan etc] faire l'affaire, réussir
c **he answers to the name of Baby Boy** il répond au nom de "Baby Boy", il s'appelle "Baby Boy" ✦ **he answers to that description** il répond à cette description

4 COMP ▷ **answer-back (code)** n indicatif m ▷ **answering machine** n répondeur m (téléphonique) ▷ **answering service** n permanence f téléphonique

▶ **answer back** **1** vi, vt sep répondre (avec impertinence) ((to) sb à qn) ✦ **don't answer back!** ne réponds pas !
2 answer-back n → **answer**

▶ **answer for** vt fus (= be responsible for) [+ sb's safety etc] répondre de ✦ **to answer for the truth of sth** répondre de l'exactitude de qch ✦ **he has a lot to answer for** il a bien des comptes à rendre

answerable [ˈɑːnsərəbl] → SYN adj **a** (= accountable) person responsable (to sb devant qn ;

answerphone / **anticorrosive**

for sth de qch) ◆ **I am answerable to no one** je n'ai de comptes à rendre à personne
   b (= having an answer) question qui admet une réponse ; argument réfutable

answerphone ['ɑːnsəfəʊn] n répondeur m (téléphonique)

ant [ænt] **1** n fourmi f ◆ **to have ants in one's pants** * ne pas (pouvoir) tenir en place
   2 COMP ▷ **ant-heap, ant-hill** n fourmilière f

anta ['æntə] n, pl **antae** ['æntiː] ante f

antacid ['ænt'æsɪd] **1** adj alcalin, antiacide
   2 n (médicament m) alcalin m, antiacide m

antagonism [æn'tægənɪzəm] → SYN n antagonisme m (*between* entre), opposition f (*to* à) ◆ **to show antagonism to an idea** se montrer hostile à une idée

antagonist [æn'tægənɪst] → SYN n antagoniste mf, adversaire mf

antagonistic [æn,tægə'nɪstɪk] → SYN adj force, interest antagonique, contraire ◆ **to be antagonistic to sth** être opposé or hostile à qch ◆ **to be antagonistic to sb** être en opposition avec qn ◆ **two antagonistic ideas/decisions** deux idées fpl/décisions fpl antagoniques or antagonistes or opposées

antagonize [æn'tægənaɪz] → SYN vt [+ person] contrarier, se mettre à dos ◆ **I don't want to antagonize him** je ne veux pas le contrarier or me le mettre à dos

Antarctic [ænt'ɑːktɪk] **1** n Antarctique m
   2 adj **a** antarctique, austral
   b ⇒ Antarctic Ocean
   3 COMP ▷ **Antarctic Circle** n cercle m Antarctique ▷ **Antarctic Ocean** n océan m Antarctique or Austral

Antarctica [ænt'ɑːktɪkə] n l'Antarctique m

Antares [æn'tɛərɪːz] n (Astron) Antarès f

ante ['æntɪ] **1** n (Cards: in poker) première mise f ◆ **to raise** or **up the ante** * (fig) placer la barre plus haut
   2 vi (Cards) faire une première mise ; (US * = pay) casquer *

▶ **ante up** vi (Cards) augmenter la mise ; (US * = pay) casquer *

ante... ['æntɪ] pref anté..., anti...

anteater ['æntiːtə'] n fourmilier m

antebellum [,æntɪ'beləm] adj (US Hist) d'avant la guerre de Sécession

antecedent [,æntɪ'siːdənt] → SYN **1** adj antérieur (-eure f) (*to* à)
   2 n **a** (Gram, Math, Philos) antécédent m
   b **the antecedents of sb** les antécédents de qn

antechamber ['æntɪ,tʃeɪmbə'] n antichambre f

antedate ['æntɪ'deɪt] vt **a** (= give earlier date to) [+ document] antidater
   b (= come before) [+ event] précéder

antediluvian [,æntɪdɪ'luːvɪən] → SYN adj antédiluvien ; (* hum) person, hat antédiluvien * (hum)

antefix ['æntɪ,fɪks] n, pl **antefixes** or **antefixa** ['æntɪ,fɪksə] antéfixe f

antelope ['æntɪləʊp] n, pl **antelope** or **antelopes** antilope f

antenatal [,æntɪ'neɪtl] **1** n (= examination) examen m prénatal
   2 adj prénatal ◆ **antenatal clinic** service m de consultation prénatale ◆ **to attend an antenatal clinic** aller à la consultation prénatale ◆ **antenatal ward** salle f de surveillance prénatale

antenna [æn'tenə] n, pl **antennas** or **antennae** [æn'teniː] (Rad, Telec, TV, Zool) antenne f

antepenult [,æntɪpɪ'nʌlt] n (Ling) antépénultième f

antepenultimate [,æntɪpɪ'nʌltɪmət] adj antépénultième

ante-post ['æntɪ'pəʊst] (Brit Gambling) **1** adj bet engagé avant le jour de la course ◆ **the ante-post favourite** le favori d'avant la course
   2 adv ◆ **to bet ante-post** parier avant le jour de la course

anterior [æn'tɪərɪə'] adj antérieur (-eure f) (*to* à)

anteroom ['æntɪrʊm] → SYN n antichambre f, vestibule m

anteversion [,æntɪ'vɜːʃən] n antéversion f

anthelmintic [,ænθel'mɪntɪk] n (Med) anthelminthique m, vermifuge m

anthem ['ænθəm] → SYN n motet m ; → national

anthemis [æn'θiːmɪs] n (Bot) anthémis f

anther ['ænθə'] n anthère f

antheridium [,ænθə'rɪdɪəm] n, pl **antheridia** [,ænθə'rɪdɪə] anthéridie f

antherozoid [,ænθərə'zəʊɪd] n anthérozoïde m

anthesis [æn'θiːsɪs] n anthèse f

anthologist [æn'θɒlədʒɪst] n anthologiste mf

anthologize [æn'θɒlə,dʒaɪz] vt faire une anthologie de

anthology [æn'θɒlədʒɪ] → SYN n anthologie f

Anthony ['æntənɪ] n Antoine m

anthracene ['ænθrə,siːn] n anthracène m

anthraces ['ænθrə,siːz] npl of **anthrax**

anthracite ['ænθrəsaɪt] **1** n anthracite m
   2 adj ◆ **anthracite (grey)** (gris) anthracite inv

anthracnose [æn'θræknəʊs] n anthracnose f

anthracosis [,ænθrə'kəʊsɪs] n (Med) anthracose f

anthraquinone [,ænθrəkwɪ'nəʊn] n anthraquinone f

anthrax ['ænθræks] n, pl **anthraces** (Med, Vet = disease) charbon m ; (Med = boil) anthrax m

anthropic [æn'θrɒpɪk] adj anthropique

anthropo... ['ænθrəʊpɒ] pref anthropo...

anthropocentric [,ænθrəpəʊ'sentrɪk] adj anthropocentrique

anthropocentrism [,ænθrəpəʊ'sentrɪzəm] n anthropocentrisme m

anthropogenesis [,ænθrəpəʊ'dʒenɪsɪs] n anthropogenèse f

anthropogeny [,ænθrə'pɒdʒɪnɪ] n anthropogénie f

anthropoid ['ænθrəʊpɔɪd] adj, n anthropoïde m

anthropological [,ænθrəpə'lɒdʒɪkəl] adj anthropologique

anthropologist [,ænθrə'pɒlədʒɪst] n anthropologue mf

anthropology [,ænθrə'pɒlədʒɪ] n anthropologie f

anthropometry [,ænθrə'pɒmɪtrɪ] n anthropométrie f

anthropomorphic [,ænθrəpəʊ'mɔːfɪk] adj anthropomorphe, anthropomorphique

anthropomorphism [,ænθrəʊpə'mɔːfɪzəm] n anthropomorphisme m

anthropomorphist [,ænθrəpəʊ'mɔːfɪst] adj, n anthropomorphiste mf

anthropomorphize [,ænθrəpəʊ'mɔːfaɪz] vt anthropomorphiser

anthropomorphous [,ænθrəʊpə'mɔːfəs] adj anthropomorphe

anthropophagi [,ænθrəʊ'pɒfəgaɪ] npl anthropophages mpl

anthropophagous [,ænθrəʊ'pɒfəgəs] adj anthropophage

anthropophagy [,ænθrəʊ'pɒfədʒɪ] n anthropophagie f

anthroposophical [,ænθrəpəʊ'sɒfɪkəl] adj anthroposophique

anthroposophy [,ænθrə'pɒsəfɪ] n anthroposophie f

anti * ['æntɪ] **1** adj ◆ **he's rather anti** il est plutôt contre
   2 n ◆ **the antis** ceux qui sont contre
   3 prep ◆ **to be anti sth** être contre qch

anti... ['æntɪ] pref anti..., contre...

anti-abortion [,æntɪə'bɔːʃən] n ◆ **anti-abortion campaign** campagne f contre l'avortement

anti-abortionist [,æntɪə'bɔːʃənɪst] n adversaire mf de l'avortement

anti-ageing [,æntɪ'eɪdʒɪŋ] adj anti-âge inv

ANGLAIS-FRANÇAIS   32

anti-aircraft [,æntɪ'ɛəkrɑːft] adj gun, missile anti-aérien ◆ **anti-aircraft defence** défense f contre avions, DCA f

anti-allergic [,æntɪə'lɜːdʒɪk] adj antiallergique

anti-apartheid [,æntɪə'pɑːteɪt, ,æntɪə'pɑːtaɪd] adj anti-apartheid

anti-authority [,æntɪɔː'θɒrɪtɪ] adj contestataire

antibacterial [,æntɪbæk'tɪərɪəl] adj antibactérien

antiballistic [,æntɪbə'lɪstɪk] adj missile antibalistique

antibiotic [,æntɪbaɪ'ɒtɪk] adj, n antibiotique m ◆ **to be on antibiotics** être sous antibiotiques

antibody [,æntɪ'bɒdɪ] n anticorps m

anti-bourgeois [,æntɪ'bʊəʒwɑː] adj antibourgeois

anticathode [,æntɪ'kæθəʊd] n anticathode f

Antichrist ['æntɪkraɪst] n Antéchrist m

anti-Christian [,æntɪ'krɪstɪən] adj antichrétien

antichurch [,æntɪ'tʃɜːtʃ] adj anticlérical

anticipate [æn'tɪsɪpeɪt] → SYN **1** vt **a** (= expect, foresee) prévoir, s'attendre à ◆ **we don't anticipate any trouble** nous ne prévoyons pas d'ennuis ◆ **I anticipate that he will come** je m'attends à ce qu'il vienne ◆ **do you anticipate that it will be easy?** pensez-vous que ce sera facile ? ◆ **I anticipate seeing him tomorrow** je pense le voir demain ◆ **the attendance is larger than I anticipated** je ne m'attendais pas à ce que l'assistance soit aussi nombreuse ◆ **as anticipated** comme prévu
   b (= use, deal with or get before due time) [+ pleasure] savourer à l'avance ; [+ grief, pain] souffrir à l'avance ; [+ success] escompter ; [+ wishes, objections, command, needs, request] aller au devant de, devancer ; [+ blow, attack, events] anticiper ◆ **to anticipate one's income/ profits** anticiper sur son revenu/sur ses bénéfices
   c (= forestall) **to anticipate sb's doing sth** faire qch avant qn ◆ **they anticipated Columbus' discovery of America, they anticipated Columbus in discovering America** ils ont découvert l'Amérique avant Christophe Colomb
   2 vi (= act too soon) agir avec précipitation
   3 COMP ▷ **anticipated profit** n (Fin) bénéfice m escompté

anticipation [æn,tɪsɪ'peɪʃən] → SYN n **a** (= expectation, foreseeing) attente f
   b (= experiencing etc in advance) [of pleasure] attente f ; [of grief, pain] appréhension f ; [of profits, income] jouissance f anticipée ◆ **anticipation of sb's wishes** etc empressement m à aller au-devant des désirs etc de qn
   c **in anticipation** par anticipation, à l'avance ◆ **thanking you in anticipation** (Comm) en vous remerciant d'avance, avec mes remerciements anticipés ◆ **in anticipation of a fine week** en prévision d'une semaine de beau temps ◆ **we wait with growing anticipation** nous attendons avec une impatience grandissante

anticipatory [æn'tɪsɪpeɪtərɪ] **1** adj (Phon) régressif
   2 COMP ▷ **anticipatory breach** n (Jur) rupture f de contrat par anticipation

anticlerical [,æntɪ'klerɪkl] adj, n anticlérical(e) m(f)

anticlericalism [,æntɪ'klerɪkəlɪzəm] n anticléricalisme m

anticlimactic [,æntɪklaɪ'mæktɪk] adj décevant

anticlimax [,æntɪ'klaɪmæks] → SYN n [of style, thought] chute f (dans le trivial) ◆ **the ceremony was an anticlimax** la cérémonie n'a pas été à la hauteur de l'attente ◆ **what an anticlimax!** quelle douche froide !

anticline [,æntɪklaɪn] n anticlinal m

anticlockwise [,æntɪ'klɒkwaɪz] adj, adv (Brit) dans le sens inverse des aiguilles d'une montre ◆ **in an anticlockwise direction** dans le sens inverse des aiguilles d'une montre

anticoagulant ['æntɪkəʊ'ægjʊlənt] adj, n anticoagulant m

anticonvulsant [,æntɪkən'vʌlsənt] adj, n antispasmodique m, anticonvulsivant m

anticorrosive ['æntɪkə'rəʊsɪv] **1** adj anticorrosion inv
   2 n produit m anticorrosion inv

antics ['æntɪks] npl [of child, animal] cabrioles fpl, gambades fpl ; [of clown] bouffonneries fpl, singeries fpl ♦ **all his antics** (pej) tout le cinéma * qu'il a fait ♦ **he's up to his antics again** il fait de nouveau des siennes *

anticyclone [ˌæntɪ'saɪkləʊn] n anticyclone m

antidandruff [ˌæntɪ'dændrʌf] adj antipelliculaire

antidazzle ['æntɪdæzl] adj glass, coating antireflet f inv ♦ **antidazzle headlights** phares mpl antiéblouissants

antidepressant [ˌæntɪdɪ'presənt] [1] n antidépresseur
[2] adj antidépresseur m

antidiuretic [ˌæntɪˌdaɪjʊ'retɪk] adj, n (Med) antidiurétique m

antidotal [ˌæntɪdəʊtəl] adj antivenimeux

antidote ['æntɪdəʊt] → SYN n (Med, fig) antidote m (for, to à, contre), contrepoison m (for, to de)

antidumping ['æntɪˌdʌmpɪŋ] n antidumping m ♦ **antidumping agreement** convention f antidumping

antiemetic [ˌæntɪ'metɪk] adj, n (Med) antiémétique m

anti-establishment [ˌæntɪɪs'tæblɪʃmənt] adj contestataire

antifoaming agent [ˌæntɪ'fəʊmɪŋ] n (Chem) agent m antimousse

antifreeze ['æntɪfri:z] n antigel m

anti-friction [ˌæntɪ'frɪkʃən] adj antifriction inv

antigen ['æntɪdʒən] n antigène m

antiglare ['æntɪɡleər] adj ⇒ **antidazzle**

Antigone [æn'tɪɡəni] n Antigone f

Antigua [æn'tɪɡjʊə] n Antigua ♦ **Antigua and Barbuda** Antigua et Barbuda

Antiguan [æn'ti:ɡən] [1] adj antiguais
[2] n Antiguais(e) m(f)

antihero ['æntɪˌhɪərəʊ] n, pl **antiheroes** antihéros m

antiheroine ['æntɪ'herəʊɪn] n antihéroïne f

antihistamine [ˌæntɪ'hɪstəmɪn] n (produit m) antihistaminique m

anti-inflammatory ['æntɪɪn'flæmət(ə)rɪ] adj (Med) anti-inflammatoire

anti-inflation [ˌæntɪɪn'fleɪʃən] adj anti-inflationniste

anti-inflationary [ˌæntɪɪn'fleɪʃənərɪ] adj anti-inflationniste

anti-intellectualism [ˌæntɪˌɪntɪ'lektʃʊəlɪzəm] n anti-intellectualisme m

anti-interference [ˌæntɪˌɪntə'fɪərəns] adj antiparasite

anti-knock ['æntɪ'nɒk] n antidétonant m

Antilles [æn'tɪli:z] n ♦ **the Antilles** les Antilles fpl ♦ **the Greater/the Lesser Antilles** les Grandes/Petites Antilles fpl

antilock ['æntɪlɒk] adj (Aut) ♦ **antilock braking system** système m antiblocage or ABS ♦ **anti-lock brakes** freins mpl ABS ♦ **antilock device** dispositif m antiblocage

antilogarithm [ˌæntɪ'lɒɡərɪθəm] n antilogarithme m

antilogy [æn'tɪlədʒɪ] n antilogie f

antimacassar [ˌæntɪmə'kæsər] n têtière f, appui-tête m

antimagnetic [ˌæntɪmæɡ'netɪk] adj antimagnétique

antimalarial [ˌæntɪmə'lɛərɪəl] adj, n (Med) antimalarique m, antipaludéen m

antimarketeer [ˌæntɪmɑ:kə'tɪər] n (Brit Pol) adversaire mf du Marché commun

antimatter ['æntɪˌmætər] n antimatière f

antimissile ['æntɪmɪsaɪl] adj antimissile

antimony ['æntɪmənɪ] n antimoine m

anti-motion-sickness ['æntɪˌməʊʃən'sɪknɪs] adj ♦ **antimotion-sickness tablets** comprimés mpl contre le mal des transports

antimycotic [ˌæntɪmaɪ'kɒtɪk] adj, n antimycosique m

anti-Nazi adj, n antinazi(e) m(f)

antineutrino [ˌæntɪnju:'tri:nəʊ] n antineutrino m

antineutron [ˌæntɪ'nju:trɒn] n antineutron m

antinode ['æntɪnəʊd] n (Phys) ventre m

antinomy [æn'tɪnəmɪ] n antinomie f

antinovel ['æntɪˌnɒvəl] n (Literat) antiroman m

antinuclear ['æntɪ'nju:klɪər] adj antinucléaire

antinuke * ['æntɪ'nju:k] adj antinucléaire

Antioch ['æntɪɒk] n Antioche f

antioxidant ['æntɪ'ɒksɪdənt] n antioxydant m

antiparticle ['æntɪˌpɑ:tɪkl] n antiparticule f

antipathetic [ˌæntɪpə'θetɪk] adj antipathique (to à)

antipathy [æn'tɪpəθɪ] → SYN n antipathie f, aversion f (against, to pour)

antiperistaltic [ˌæntɪˌperɪ'stæltɪk] adj antipéristaltique

antipersonnel ['æntɪpɜ:sə'nel] adj (Mil) antipersonnel inv

antiperspirant ['æntɪ'pɜ:spɪrənt] [1] n déodorant m (antisudoral)
[2] adj antisudoral

antiphon ['æntɪfən] n (Rel) antienne f

antiphonary [æn'tɪfənərɪ] n antiphonaire m

antiphony [æn'tɪfənɪ] n (Mus) antienne f

antiphrasis [æn'tɪfrəsɪs] n antiphrase f

antipodean [ænˌtɪpə'dɪən] adj (esp Brit) des antipodes

antipodes [æn'tɪpədi:z] npl (esp Brit) antipodes mpl

antipollution [ˌæntɪpə'lu:ʃən] adj antipollution

antiproton ['æntɪˌprəʊtɒn] n antiproton m

antiquarian [ˌæntɪ'kwɛərɪən] [1] adj d'antiquaire ♦ **antiquarian bookseller** libraire mf spécialisé(e) dans le livre ancien ♦ **antiquarian collection** collection f d'antiquités
[2] n [a] amateur m d'antiquités
[b] (Comm) antiquaire mf ♦ **antiquarian's shop** magasin m d'antiquités

antiquary ['æntɪkwərɪ] n (= collector) collectionneur m, -euse f d'antiquités ; (= student) archéologue mf ; (Comm) antiquaire mf

antiquated ['æntɪkweɪtɪd] → SYN adj factory, prison, industry vétuste ; machinery, equipment vétuste, archaïque ; system, practice archaïque ; idea, belief vieillot (-otte f) ; person vieux jeu inv

antique [æn'ti:k] → SYN [1] adj (= very old) furniture etc ancien ; († = ancient) civilization etc antique ; (* hum) antédiluvien *
[2] n (= sculpture, ornament etc) objet m d'art (ancien) ; (= furniture) meuble m ancien ♦ **it's a genuine antique** c'est un objet (or un meuble) d'époque
[3] COMP ▷ **antique dealer** n antiquaire mf ▷ **antique shop** n magasin m d'antiquités

antiqued [æn'ti:kt] adj furniture, pine verni à l'ancienne ; finish à l'ancienne ; leather vieilli, patiné

antiquity [æn'tɪkwɪtɪ] → SYN n [a] (NonC = great age) ancienneté f
[b] (= ancient times) antiquité f ♦ **in antiquity** dans l'Antiquité
[c] **antiquities** (= buildings) monuments mpl antiques ; (= works of art) objets mpl d'art antiques, antiquités fpl

anti-racism ['æntɪ'reɪsɪzəm] n antiracisme m

anti-racist ['æntɪ'reɪsɪst] adj antiraciste, contre le racisme

anti-religious [ˌæntɪrɪ'lɪdʒəs] adj antireligieux

antirevolutionary [ˌæntɪˌrevə'lu:ʃnərɪ] adj, n (Pol) antirévolutionnaire mf

anti-riot ['æntɪ'raɪət] adj antiémeute

anti-roll bar ['æntɪ'rəʊlbɑ:r] n barre f antiroulis, stabilisateur m

antirrhinum [ˌæntɪ'raɪnəm] n muflier m, gueule-de-loup f

anti-rust ['æntɪ'rʌst] adj paint, spray etc antirouille inv

antiscorbutic [ˌæntɪskɔ:'bju:tɪk] adj, n (Med) antiscorbutique m

antisegregationist ['æntɪsɛɡrə'ɡeɪʃənɪst] adj, n antiségrégationniste mf

anti-Semite ['æntɪ'si:maɪt] n antisémite mf

anti-Semitic ['æntɪsɪ'mɪtɪk] adj antisémite

anti-Semitism ['æntɪ'semɪtɪzəm] n antisémitisme m

antisepsis [ˌæntɪ'sepsɪs] n antisepsie f

antiseptic [ˌæntɪ'septɪk] → SYN adj, n antiseptique m

antiserum [ˌæntɪ'sɪərəm] n, pl **antiserums** or **antisera** [ˌæntɪ'sɪərə] antisérum m

anti-skid ['æntɪ'skɪd] adj antidérapant

anti-slavery ['æntɪ'sleɪvərɪ] adj antiesclavagiste

anti-smoking ['æntɪ'sməʊkɪŋ] adj anti-tabac

antisocial ['æntɪ'səʊʃəl] → SYN adj person sauvage ; behaviour, activity antisocial, asocial ; habit antisocial ♦ **he arrived at an antisocial hour** il est arrivé à une heure indue ♦ **don't be antisocial *, come and join us** ne sois pas si sauvage, viens nous rejoindre

antispasmodic ['æntɪspæz'mɒdɪk] adj, n antispasmodique m

antistatic ['æntɪ'stætɪk] adj antistatique

antistrike ['æntɪ'straɪk] adj antigrève

antisubmarine [ˌæntɪˌsʌbmə'ri:n] adj anti-sous-marin

antisymmetric [ˌæntɪsɪ'metrɪk] adj antisymétrique

anti-tank ['æntɪ'tæŋk] adj antichar (f inv) ♦ **anti-tank mines** mines fpl antichars

anti-terrorist ['æntɪ'terərɪst] adj antiterroriste

anti-theft ['æntɪ'θeft] adj ♦ **anti-theft device** (Aut) antivol m ; (gen) dispositif m contre le vol, dispositif m antivol

antithesis [æn'tɪθɪsɪs] n, pl **antitheses** [æn'tɪθɪsi:z] [a] (= direct opposite) antithèse f (to, of de)
[b] (= contrast) contraste m
[c] (Literat) antithèse f

antithetic(al) [ˌæntɪ'θetɪk(əl)] adj antithétique

antithetically [ˌæntɪ'θetɪkəlɪ] adv par antithèse

antitoxic ['æntɪ'tɒksɪk] adj antitoxique

antitoxin ['æntɪ'tɒksɪn] n antitoxine f

antitrades ['æntɪtreɪdz] npl (Met, Naut) contrealizés mpl

antitrinitarian [ˌæntɪˌtrɪnɪ'tɛərɪən] n (Rel) antitrinitaire mf

antitrust ['æntɪ'trʌst] adj (US) ♦ **antitrust commission** commission f antitrust inv ♦ **antitrust law** (esp US) loi f antitrust inv

antitussive [ˌæntɪ'tʌsɪv] adj, n (Med) antitussif m

antivenin [ˌæntɪ'venɪn] n anavenin m

antiviral [ˌæntɪ'vaɪrəl] adj (Med) antiviral

antivivisection ['æntɪˌvɪvɪ'sekʃən] n antivivisection f, antivivisectionnisme m

antivivisectionist ['æntɪˌvɪvɪ'sekʃənɪst] n adversaire mf de la vivisection

antiwrinkle ['æntɪ'rɪŋkl] adj antirides inv

antler ['æntlər] n bois m ♦ **the antlers** les bois mpl, la ramure ♦ **a fine set of antlers** une belle ramure

antlion ['æntlaɪən] n (Zool) fourmilion m, fourmi-lion m

Antonine Wall ['æntənaɪn] n (Brit Hist) mur m d'Antonin

antonomasia [ˌæntənə'meɪzɪə] n antonomase f

Antony ['æntənɪ] n Antoine m

antonym ['æntənɪm] n antonyme m

antonymous [æn'tɒnɪməs] adj antonymique

antonymy [æn'tɒnɪmɪ] n antonymie f

antsy * ['æntsɪ] adj (US) nerveux, agité

Antwerp ['æntwɜ:p] n Anvers

Anubis [ə'nju:bɪs] n (Myth) Anubis m

anuresis [ˌænjʊ'ri:sɪs] n (Med) rétention f urinaire

anuria [ə'njʊərɪə] n (Med) anurie f

anus ['eɪnəs] n anus m

anvil ['ænvɪl] n enclume f ♦ **forged on the anvil of ...** (fig) forgé à la dure réalité de ...

anxiety [æŋ'zaɪətɪ] → SYN n [a] (= concern, also Psych) anxiété f ♦ **deep anxiety** angoisse f ♦ **this is a great (cause of) anxiety to me** ceci m'inquiète énormément, ceci me donne énormément de soucis ◆ **anxiety neurosis** (Psych) anxiété f névrotique

b (= keen desire) grand désir m, désir m ardent ◆ **his anxiety to do well** son grand désir de réussir ◆ **in his anxiety to be gone he left his pen behind** il était si pressé de partir qu'il en a oublié son stylo, dans son souci de partir au plus vite il a oublié son stylo

anxious ['æŋkʃəs] → SYN adj **a** (= worried) person, face, look anxieux (*about sth* à propos de qch ; *about doing sth* à l'idée de faire qch) ; feeling d'anxiété ◆ **to keep an anxious eye on sb** surveiller qn d'un œil inquiet ◆ **she is anxious about my health** mon état de santé l'inquiète beaucoup

b (= worrying) time, situation, wait angoissant

c (= eager) **to be anxious to do sth** tenir beaucoup à faire qch ◆ **not to be very anxious to do sth** n'avoir guère envie de faire qch ◆ **to be anxious that ...** tenir beaucoup à ce que ... (+ subj) ◆ **to be anxious for sth** attendre qch avec impatience ◆ **anxious for praise** avide de louanges ◆ **she was anxious for him to leave** elle avait hâte qu'il s'en aille

anxiously ['æŋkʃəslɪ] adv **a** (= worriedly) say, ask anxieusement ◆ **to look anxiously at sb/sth** jeter un regard anxieux à qn/qch

b (= eagerly) wait for impatiemment

anxiousness ['æŋkʃəsnɪs] n ⇒ **anxiety**

any ['enɪ] **1** adj **a** (with neg and implied neg = some) **I haven't got any money/books** je n'ai pas d'argent/de livres ◆ **you haven't got any excuse** vous n'avez aucune excuse ◆ **this pan hasn't got any lid** cette casserole n'a pas de couvercle ◆ **there isn't any sign of life** il n'y a pas le moindre signe de vie ◆ **without any difficulty** sans la moindre difficulté ◆ **the impossibility of giving them any money/advice** l'impossibilité de leur donner de l'argent/le moindre conseil ◆ **I have hardly any money left** il ne me reste presque plus d'argent

b (in interrog sentences, clauses of cond and hypotheses = some) **have you got any butter?** avez-vous du beurre ? ◆ **did they find any survivors?** ont-ils trouvé des survivants ? ◆ **do you speak any foreign languages?** parlez-vous une ou plusieurs langues étrangères ? ◆ **are there any others?** y en a-t-il d'autres ? ◆ **is it any use trying?** est-ce que cela vaut la peine d'essayer ? ◆ **do you have any complaints?** avez-vous quelque sujet de vous plaindre ?, avez-vous à vous plaindre de quelque chose ? ◆ **if you see any children** si vous voyez des enfants ◆ **if you have any money** si vous avez de l'argent ◆ **he can do it if any man can** si quelqu'un peut le faire, c'est bien lui ◆ **if it is in any way inconvenient to you** (frm) si cela vous cause un dérangement quel qu'il soit, si cela vous cause le moindre dérangement

c (= no matter which) n'importe quel, quelconque ; (= each and every) tout ◆ **take any two points** prenez deux points quelconques ◆ **take any card you like** prenez n'importe quelle carte, prenez la carte que vous voulez ◆ **come at any time** venez à n'importe quelle heure ◆ **at any hour of the day (or night)** à toute heure du jour (ou de la nuit) ◆ **any time now** d'un moment à l'autre, très bientôt ◆ **any pupil who breaks the rules will be punished** tout élève qui enfreindra le règlement sera puni ◆ **any actor will tell you that performing is not easy** n'importe quel acteur vous dira que ce n'est pas facile de jouer ◆ **he's not just any (old *) footballer** ce n'est pas n'importe quel footballeur ◆ **they're not just any old * trainers, they're Reeboks ®** ce ne sont pas des chaussures de sport quelconques, ce sont des Reeboks ® ◆ **they eat any old thing** * ils mangent n'importe quoi ; → **day, minute**

d (phrases) **we have any amount of time** nous avons tout le or notre temps ◆ **we have any amount of money** nous avons tout l'argent qu'il nous faut ◆ **there are any number of ways to do it** il y a des quantités de façons or il y a mille façons de le faire ; → **case, rate**

2 pron **a** (with neg and implied neg) **she has two brothers but I haven't got any** elle a deux frères mais moi je n'en ai pas ◆ **I don't believe any of them has done it** je ne crois pas qu'aucun d'eux l'ait fait ◆ **I have hardly any left** il ne m'en reste presque plus

b (in interrog, cond, hypothetical constructions) **have you got any?** en avez-vous ? ◆ **if any of you can sing** si l'un d'entre vous or si quelqu'un parmi vous sait chanter ◆ **if any of them come out** s'il y en a parmi eux qui sortent, si quelques-uns d'entre eux sortent ◆ **if any of them comes out** si l'un d'entre eux sort ◆ **few, if any, will come** il viendra peu de gens — si tant est qu'il en vienne, il ne viendra pas grand-monde, voire personne

c (in affirmative sentences) **any of those books will do** n'importe lequel de ces livres fera l'affaire

3 adv **a** (in neg sentences) **she is not any more intelligent than her sister** elle n'est pas plus intelligente que sa sœur ◆ **I can't hear him any more** je ne l'entends plus ◆ **don't do it any more!** ne recommence pas ! ◆ **we can't go any further** nous ne pouvons pas aller plus loin ◆ **I won't wait any longer** je n'attendrai pas plus longtemps ◆ **the room didn't look any too clean** la pièce ne faisait vraiment pas propre ◆ **without any more discussion they left** ils sont partis sans ajouter un mot ◆ **I can't imagine things getting any better for the unemployed** je ne pense pas que la situation puisse s'améliorer pour les chômeurs ◆ **any colder and we'd have frozen to death** si la température avait encore baissé, nous serions morts de froid

b (in interrog, cond and hypothetical constructions, gen with comps) un peu ◆ **are you feeling any better?** vous sentez-vous un peu mieux ? ◆ **do you want any more soup?** voulez-vous encore de la soupe or encore un peu de soupe ? ◆ **if you see any more beautiful flower than this** si vous voyez jamais plus belle fleur que celle-ci ◆ **I couldn't do that any more than I could fly** je ne serais pas plus capable de faire cela que de voler

c (= at all) **the rope didn't help them any** * la corde ne leur a pas servi à grand-chose or ne leur a servi à rien du tout

anybody ['enɪbɒdɪ] pron **a** (with neg and implied neg = somebody) **I can't see anybody** je ne vois personne ◆ **there is hardly anybody there** il n'y a presque personne ◆ **without anybody seeing him** sans que personne (ne) le voie ◆ **it's impossible for anybody to see him today** personne ne peut le voir aujourd'hui

b (in interrog, cond and hypothetical constructions = somebody) quelqu'un ◆ **was (there) anybody there?** est-ce qu'il y avait quelqu'un ? ◆ **did anybody see you?** est-ce que quelqu'un t'a vu ?, est-ce qu'on t'a vu ? ◆ **anybody want my sandwich?** quelqu'un veut mon sandwich ? ◆ **if anybody can do it, he can** si quelqu'un peut le faire c'est bien lui

c (in affirmative sentences = no matter who) **anybody who wants to do it should say so now** si quelqu'un veut le faire qu'il le dise tout de suite ◆ **anybody could tell you** n'importe qui pourrait vous le dire ◆ **anybody would have thought he had lost** on aurait pu croire or on aurait cru qu'il avait perdu ◆ **bring anybody you like** amenez qui vous voudrez ◆ **anybody who had heard him speak would agree** quiconque l'a entendu parler serait d'accord ◆ **anybody with any sense would know that!** le premier venu saurait cela pourvu qu'il ait un minimum de bon sens ! ◆ **anybody but Robert** n'importe qui d'autre que or tout autre que Robert ◆ **bring somebody to help us, anybody will do** amenez quelqu'un pour nous aider, n'importe qui fera l'affaire ◆ **he's not just anybody *, he's the boss** ce n'est pas le premier venu or n'importe qui, c'est le patron ; → **else**

anyhow ['enɪhaʊ] adv **a** (= in any case, at all events) en tout cas, de toute façon ◆ **whatever you say, they'll do it anyhow** vous pouvez dire ce que vous voulez, ils le feront de toute façon or quand même ◆ **you can try anyhow** vous pouvez toujours essayer

b (* = carelessly, haphazardly: also **any old how**) n'importe comment ◆ **he just did it anyhow** il l'a fait n'importe comment ◆ **the books were all anyhow on the floor** les livres étaient tous en désordre par terre

c (= no matter how) **do it anyhow you like** faites-le comme vous voulez ◆ **the house was locked and I couldn't get in anyhow** la maison était fermée à clé et je n'avais aucun moyen d'entrer ◆ **anyhow I do it, it always fails** de quelque façon que je m'y prenne ça ne réussit jamais

d (*: summing up, changing subject) bon ◆ **anyhow, it's time I was going** bon, il faut que j'y aille

anymore [,enɪ'mɔːʳ] adv ne ... plus ◆ **I couldn't trust him anymore** je ne pouvais plus lui faire confiance ; see also **any 3a**

anyone ['enɪwʌn] pron ⇒ **anybody**

anyplace * ['enɪpleɪs] adv (US) ⇒ **anywhere**

anyroad * ['enɪrəʊd] adv (Brit) ⇒ **anyhow c**

anything ['enɪθɪŋ] pron **a** (with neg and implied neg = something) **there isn't anything to be done** il n'y a rien à faire ◆ **there wasn't anything in the box** il n'y avait rien dans la boîte ◆ **we haven't seen anything** nous n'avons rien vu ◆ **he won't eat meat or cheese or anything** * il ne veut manger ni viande ni fromage ni rien * ◆ **hardly anything** presque rien ◆ **without anything happening** sans qu'il se passe (subj) rien

◆ **anything but** ◆ **this is anything but pleasant** ceci n'a vraiment rien d'agréable ◆ **anything but!** pas du tout !, bien au contraire !

b (in interrog, cond and hypothetical constructions = something) **was there anything in the box?** est-ce qu'il y avait quelque chose dans la boîte ? ◆ **did you see anything?** avez-vous vu quelque chose ? ◆ **are you doing anything tonight?** vous faites quelque chose ce soir ?, avez-vous quelque chose de prévu pour ce soir ? ◆ **is there anything in this idea?** peut-on tirer quoi que ce soit de cette idée ? ◆ **can anything be done?** y a-t-il quelque chose à faire ?, peut-on faire quelque chose ? ◆ **can't anything be done?** n'y a-t-il rien à faire ?, ne peut-on faire quelque chose ? ◆ **have you heard anything of her?** avez-vous de ses nouvelles ? ◆ **if anything should happen to me** s'il m'arrivait quelque chose or quoi que ce soit ◆ **if I see anything I'll tell you** si je vois quelque chose je te le dirai ◆ **he must have anything between 15 and 20 apple trees** il doit avoir quelque chose comme 15 ou 20 pommiers ; → **else**

◆ **if anything ...** ◆ **if anything it's an improvement** ce serait plutôt une amélioration ◆ **it is, if anything, even smaller** c'est peut-être encore plus petit

c (with adj) **I didn't see anything interesting** je n'ai rien vu d'intéressant ◆ **did you see anything interesting?** tu as vu quelque chose d'intéressant ? ◆ **is there anything more tiring/boring than ...?** y a-t-il rien de plus fatigant/ennuyeux que ... ?

d (= no matter what) **say anything (at all)** dites n'importe quoi ◆ **take anything you like** prenez ce que vous voudrez ◆ **anything else would disappoint her** s'il en était autrement elle serait déçue ◆ **anything else is impossible** il n'y a pas d'autre possibilité ◆ **I'll try anything else** j'essaierai n'importe quoi d'autre ◆ **I'd give anything to know the secret** je donnerais n'importe quoi pour connaître le secret ◆ **this isn't just anything** ce n'est pas n'importe quoi ◆ **they eat anything** (= they're not fussy) ils mangent de tout

◆ **like anything** * ◆ **he ran like anything** il s'est mis à courir comme un dératé * or un fou ◆ **she cried like anything** elle a pleuré comme une Madeleine * ◆ **we laughed like anything** on a ri comme des fous, qu'est-ce qu'on a pu rire ! ◆ **they worked like anything** ils ont travaillé d'arrache-pied or comme des fous * ◆ **it's raining like anything** il pleut or tombe des cordes *

◆ **as ... as anything** * ◆ **it's as big as anything** c'est très grand ◆ **it was as silly as anything** c'était idiot comme tout *

anytime ['enɪtaɪm] adv ⇒ **any time** : → **any**

anyway ['enɪweɪ], **anyways** * (US) ['enɪweɪz] adv ⇒ **anyhow**

anywhere ['enɪwɛəʳ] adv **a** (in affirmative sentences) (= no matter where) n'importe où, partout ◆ **I'd live anywhere in France** je vivrais n'importe où en France ◆ **the oldest rock paintings anywhere in North America** les peintures rupestres les plus anciennes de toute l'Amérique du Nord ◆ **there are more of this species in these waters than anywhere in the world** il y a plus de représentants de cette espèce dans ces eaux que partout ailleurs dans le monde ◆ **put it down anywhere** pose-le n'importe où ◆ **you can**

find that soap anywhere ce savon se trouve partout ♦ **go anywhere you like** va où tu veux ♦ **anywhere you go it's the same (thing)** où qu'on aille c'est la même chose ♦ **anywhere else** partout ailleurs ♦ **miles from anywhere** * loin de tout ♦ **there were anywhere between 200 and 300 people at the meeting** le nombre de personnes présentes à la réunion pouvait aller de 200 à 300 ♦ **the time of death could have been anywhere from two to five days ago** la mort aurait pu survenir entre deux et cinq jours auparavant

b (in neg sentences) nulle part ♦ **they didn't go anywhere** ils ne sont allés nulle part ♦ **we haven't been anywhere this summer** nous ne sommes allés nulle part cet été ♦ **this species is not to be found anywhere else** cette espèce ne se trouve nulle part ailleurs ♦ **we're not going anywhere in particular** nous n'allons nulle part en particulier ♦ **we can't afford to eat anywhere expensive** nous ne pouvons pas nous permettre d'aller dans un restaurant cher ♦ **that had not happened anywhere in human history** cela ne s'était jamais produit dans l'histoire de l'humanité ♦ **we aren't anywhere near** * **Paris** nous sommes loin de Paris ♦ **the house isn't anywhere near** * **big enough** la maison est loin d'être assez grande ♦ **you aren't anywhere near it!** * (fig : in guessing etc) tu n'y es pas du tout ! ♦ **it won't get you anywhere** (fig) cela ne vous mènera à rien ♦ **we're not getting anywhere** (fig) cela ne nous mène à rien ♦ **I'm not earning any money, so I'm not going anywhere** (fig) je ne gagne pas d'argent, alors je ne vais nulle part ♦ **he came first and the rest didn't come anywhere** * (Sport etc) il est arrivé premier et les autres étaient loin derrière

c (in interrog sentences) quelque part ♦ **have you seen it anywhere?** l'avez-vous vu quelque part ? → **else**

Anzac ['ænzæk] n (= soldier) soldat australien ou néo-zélandais

AOB, a.o.b. [ˌeɪəʊ'biː] (abbrev of **any other business**) autres sujets mpl à l'ordre du jour

AOCB [ˌeɪəʊsiː'biː] n (abbrev of **any other competent business**) ⇒ **AOB**

AONB [ˌeɪəʊen'biː] n (Brit) (abbrev of **Area of Outstanding Natural Beauty**) → **area**

aorist ['eərɪst] n aoriste m

aorta [eɪ'ɔːtə] n, pl **aortas** or **aortae** [eɪ'ɔːtiː] aorte f

aortic [eɪ'ɔːtɪk] adj (Anat) aortique

aortitis [ˌeɪɔː'taɪtɪs] n aortite f

Aosta [æ'ɒstə] n Aoste f

AP [eɪ'piː] (abbrev of **Associated Press**) agence de presse

apace [ə'peɪs] adv (frm) rapidement, vite

Apache [ə'pætʃi] n (= person) Apache mf

APACS ['æpæks] n (abbrev of **Association for Payment Clearing Services**) association britannique des services de compensation

apart [ə'pɑːt] → SYN

When **apart** is an element in a phrasal verb, eg **fall apart, keep apart, tear apart, tell apart,** look up the verb.

adv **a** (= separated) **houses a long way apart** maisons (fort) éloignées l'une de l'autre ou à une grande distance l'une de l'autre ♦ **set equally apart** espacés à intervalles réguliers ♦ **their birthdays were two days apart** leurs anniversaires étaient à deux jours d'intervalle ♦ **to stand with one's feet apart** se tenir les jambes écartées ; → **class, world**

b (= on one side) à part, à l'écart ♦ **to hold o.s. apart** se tenir à l'écart (from de) ♦ **joking apart** plaisanterie mise à part, blague à part ♦ **that apart** à part cela, cela mis à part

♦ **apart from** ♦ **apart from these difficulties** en dehors de or à part ces difficultés, ces difficultés mises à part ♦ **apart from the fact that ...** en dehors du fait que ...

c (= separately, distinctly) séparément ♦ **they are living apart now** ils sont séparés maintenant ♦ **he lives apart from his wife** il est séparé de sa femme, il n'habite plus avec sa femme ♦ **you can't tell the twins apart** on ne peut distinguer les jumeaux l'un de l'autre ♦ **we'll have to keep those boys apart** il va falloir séparer ces garçons

d (= into pieces) en pièces, en morceaux ♦ **to take apart** démonter, désassembler ; → **come, fall, tear**

apartheid [ə'pɑːteɪt, ə'pɑːtaɪd] n apartheid m ♦ **the apartheid laws** la législation permettant l'apartheid

apartment [ə'pɑːtmənt] → SYN n **a** (esp US = flat) appartement m ♦ **apartment building** or **house** (= block) immeuble m (de résidence) ; (= divided house) maison f (divisée en appartements)

b (Brit) (= room) pièce f ; (= bedroom) chambre f ♦ **a five-apartment house** une maison de cinq pièces ♦ **furnished apartments** meublé m

apathetic [ˌæpə'θetɪk] → SYN adj apathique, indifférent

apathetically [ˌæpə'θetɪkli] adv avec apathie

apathy ['æpəθɪ] → SYN n apathie f, indifférence f

apatite ['æpətaɪt] n apatite f

APB [eɪpiː'biː] n (US) (abbrev of **all-points bulletin**) message m à toutes les patrouilles ♦ **to put out an APB** envoyer un message à toutes les patrouilles

ape [eɪp] → SYN **1** n (Zool) (grand) singe m ♦ **big ape** * (pej = person) grande brute f ♦ **to go ape*** (esp US) (= angry) se mettre en rogne * ; (= excited) s'emballer * (over pour) → **apeshit**

2 vt (pej = imitate) singer (pej)

APEC ['eɪpek] n (abbrev of **Asia Pacific Economic Cooperation**) APEC f, Coopération f économique Asie-Pacifique

apeman ['eɪpmæn] n anthropoïde m, homme-singe m

Apennines ['æpənaɪnz] npl Apennin m

aperient [ə'pɪərɪənt] adj, n laxatif m

aperitif [əˌperɪ'tiːf] n apéritif m

aperture ['æpətʃʊər] → SYN n (= hole) trou m, ouverture f ; (= gap) brèche f, trouée f ; (Phot) ouverture f (du diaphragme)

apeshit* ['eɪpʃɪt] adj (esp US) ♦ **to go apeshit** (= angry) piquer une crise * ; (= excited) devenir hystérique ; → **ape**

apetalous [eɪ'petələs] adj (Bot) apétale

APEX ['eɪpeks] n **a** (abbrev of **Association of Professional, Executive, Clerical and Computer Staff**) syndicat

b (also **apex**) (abbrev of **advance purchase excursion**) APEX fare/ticket prix m/billet m APEX

apex ['eɪpeks] n, pl **apexes** or **apices** (Geom, Med) sommet m ; [of tongue] pointe f ; (fig) sommet m, point m culminant

apgar score ['æpgɑː] n (Med) indice m or score m d'Apgar

aphaeresis [ə'fɪərɪsɪs] n (Ling) aphérèse f

aphasia [æ'feɪzɪə] n aphasie f

aphasic [æ'feɪzɪk] adj aphasique

aphelion [æp'hiːlɪən] n, pl **aphelia** [æp'hiːlɪə] (Astron) aphélie f

aphesis ['æfɪsɪs] n (Ling) aphérèse f

aphid ['eɪfɪd] n puceron m

aphis ['eɪfɪs] n, pl **aphides** ['eɪfɪdiːz] aphidé m

aphonia [ə'fəʊnɪə] n (Med) aphonie f

aphonic [eɪ'fɒnɪk] adj **a** person aphone
b (= silent) consonant etc muet

aphorism ['æfərɪzəm] → SYN n aphorisme m

aphorist ['æfərɪst] n auteur m d'aphorismes

aphoristic [ˌæfə'rɪstɪk] adj aphoristique

aphrodisiac [ˌæfrəʊ'dɪzɪæk] adj, n aphrodisiaque m

Aphrodite [ˌæfrə'daɪti] n Aphrodite f

aphyllous [ə'fɪləs] adj (Bot) aphylle

apian ['eɪpɪən] adj des abeilles

apiarist ['eɪpɪərɪst] n apiculteur m, -trice f

apiary ['eɪpɪərɪ] n rucher m

apices ['eɪpɪsiːz] npl of **apex**

apiculture ['eɪpɪˌkʌltʃər] n apiculture f

apiece [ə'piːs] → SYN adv (= for each person) chacun(e), par personne ; (= for each thing) chacun(e), pièce inv

Anzac / apoplectic

aplanatic [ˌæplə'nætɪk] adj aplanétique

aplasia [ə'pleɪzɪə] n aplasie f

aplastic [eɪ'plæstɪk] **1** adj aplastique
2 COMP ▷ **aplastic anaemia, aplastic anemia** (US) n anémie f aplastique

aplenty [ə'plenti] adv (liter) en abondance

aplomb [ə'plɒm] → SYN n (liter) sang-froid m, assurance f

apnoea, apnea (US) [æp'niːə] n (Med) apnée f

Apocalypse [ə'pɒkəlɪps] n Apocalypse f (also fig)

apocalyptic [əˌpɒkə'lɪptɪk] adj apocalyptique

apocarpous [ˌæpə'kɑːpəs] adj (Bot) apocarpe

apocopate [ə'pɒkəpeɪt] vt raccourcir par apocope

apocope [ə'pɒkəpi] n apocope f

Apocrypha [ə'pɒkrɪfə] npl apocryphes mpl

apocryphal [ə'pɒkrɪfəl] → SYN adj apocryphe

apodal ['æpədl] adj apode

apodous ['æpədəs] adj apode

apoenzyme [ˌæpəʊ'enzaɪm] n apoenzyme m or f

apogamy [ə'pɒgəmi] n apogamie f

apogee ['æpəʊdʒiː] n apogée m

apolitical [ˌeɪpə'lɪtɪkəl] adj apolitique

Apollo [ə'pɒləʊ] n (Myth) Apollon m ; (Space) Apollo m

apologetic [əˌpɒlə'dʒetɪk] → SYN adj smile, letter d'excuse ; manner, tone contrit ♦ **with an apologetic air** d'un air contrit ♦ **to be apologetic (about sth)** se montrer très contrit (au sujet de qch) ♦ **to be profusely apologetic** [person] se confondre or se répandre en excuses ♦ **he didn't look in the least apologetic** il n'avait du tout l'air désolé

apologetically [əˌpɒlə'dʒetɪkəli] adv say, smile d'un air contrit, pour s'excuser

apologetics [əˌpɒlə'dʒetɪks] n (NonC) apologétique f

apologia [ˌæpə'ləʊdʒɪə] n apologie f

apologist [ə'pɒlədʒɪst] n apologiste mf (for de)

apologize [ə'pɒlədʒaɪz] LANGUAGE IN USE 18.1 → SYN vi s'excuser ♦ **to apologize to sb (for sth)** s'excuser (de qch) auprès de qn, faire or présenter des excuses à qn (pour qch) ♦ **she apologized to them for her son** elle leur a demandé d'excuser la conduite de son fils ♦ **to apologize profusely** se confondre or se répandre en excuses

apologue ['æpəlɒg] n apologue m

apology [ə'pɒlədʒɪ] → SYN n **a** (= expression of regret) excuses fpl ♦ **a letter of apology** une lettre d'excuses ♦ **to make an apology for sth/for having done sth** s'excuser de qch/d'avoir fait qch, faire or présenter ses excuses pour qch/pour avoir fait qch ♦ **there are apologies from Mr Watt** (for absence at meeting) M. Watt vous prie d'excuser son absence ♦ **to send one's apologies** envoyer une lettre d'excuse, envoyer un mot d'excuse ♦ **to offer** or **make one's apologies** présenter ses excuses ♦ **to make no apology** or **apologies for sth** assumer pleinement qch ♦ **with apologies to Shakespeare** (hum) au risque que Shakespeare se retourne dans sa tombe

b (= defence: for beliefs etc) apologie f

c (pej) **it was an apology for** or **a feeble apology for a speech/bed** en fait de or comme discours/lit c'était plutôt minable * ♦ **he gave me an apology for a smile** il m'a gratifié d'une sorte de grimace qui se voulait être un sourire ♦ **we were given an apology for a lunch** on nous a servi un soi-disant déjeuner

apomorphine [ˌæpə'mɔːfiːn] n apomorphine f

aponeurosis [ˌæpənjʊə'rəʊsɪs] n, pl **aponeuroses** [ˌæpənjʊə'rəʊsiːz] aponévrose f

aponeurotic [ˌæpənjʊə'rɒtɪk] adj aponévrotique

apophthegm ['æpəθem] n apophtegme m

apophyge [ə'pɒfɪdʒi] n escape f

apoplectic [ˌæpə'plektɪk] **1** adj apoplectique ♦ **apoplectic fit** (Med, fig) attaque f d'apoplexie
2 n apoplectique mf

apoplexy / appertain

apoplexy ['æpəpleksɪ] n **a** († = heart attack) apoplexie f
 b (fig = rage) fureur f

apoprotein [,æpə,prəʊti:n] n apoprotéine f

aporia [ə'pɔ:rɪə] n (Philos) aporie f

aposiopesis [,æpəʊ,saɪə'pi:sɪs] n, pl **aposiopeses** [,æpəʊ,saɪə'pi:si:z] aposiopèse f

apostasy [ə'pɒstəsɪ] n apostasie f

apostate [ə'pɒstɪt] adj, n apostat(e) m(f)

apostatize [ə'pɒstətaɪz] vi apostasier

a posteriori ['eɪpɒs,terɪ'ɔ:raɪ, 'eɪpɒs,terɪ'ɔ:ri:] adv, adj a posteriori ◆ **a posteriori reasoning** raisonnement m a posteriori

apostil [ə'pɒstɪl] n (Jur) apostille f

apostle [ə'pɒsl] → SYN **1** n (Hist, Rel, fig) apôtre m ◆ **Apostles' Creed** symbole m des apôtres, Credo m ◆ **to say the Apostles' Creed** dire le Credo
 2 COMP ▷ **apostle spoon** n petite cuiller décorée d'une figure d'apôtre

apostolate [æ'pɒstəleɪt] n apostolat m

apostolic [,æpəs'tɒlɪk] adj apostolique

apostrophe [ə'pɒstrəfɪ] n (Gram, Literat) apostrophe f

apostrophize [ə'pɒstrəfaɪz] vt apostropher

apothecary [ə'pɒθɪkərɪ] **1** n apothicaire m
 2 COMP ▷ **apothecaries' measure** n système britannique de mesure des fluides en pharmacie ▷ **apothecaries' weight** n ancien système pondéral britannique, utilisé en pharmacie

apothecium [,æpə'θi:sɪəm] n, pl **apothecia** [,æpə'θi:sɪə] apothécie f

apotheosis [ə,pɒθɪ'əʊsɪs] → SYN n, pl **apotheoses** [ə,pɒθɪ'əʊsi:z] **a** (= epitome) archétype m
 b (= high point) apothéose f

apotheosize [ə'pɒθɪə,saɪz] vt apothéoser

appal, appall (US) [ə'pɔ:l] → SYN vt consterner ; (= frighten) épouvanter ◆ **I am appalled at your behaviour** votre conduite me consterne

Appalachian [,æpə'leɪʃən] adj, n ◆ **the Appalachian Mountains** ◆ **the Appalachians** les (monts mpl) Appalaches mpl

appall [ə'pɔ:l] vt (US) ⇒ appal

appalling [ə'pɔ:lɪŋ] → SYN adj sight, behaviour, weather épouvantable ; suffering, crime, ignorance, poverty effroyable, épouvantable

appallingly [ə'pɔ:lɪŋlɪ] adv **a** (= badly) behave de manière épouvantable
 b (= extremely) difficult, busy terriblement

appanage ['æpənɪdʒ] n [of person] apanage m

apparatchik [,æpə'rættʃi:k] n apparatchik m

apparatus [,æpə'reɪtəs] → SYN n, pl **apparatus** or **apparatuses** (also Anat) appareil m ; (for filming, camping etc) équipement m ; (in laboratory etc) instruments mpl ; (in gym) agrès mpl ◆ **camping apparatus** équipement m de camping ◆ **heating apparatus** appareil m de chauffage ◆ **apparatus work** (in gym) exercices mpl aux agrès ◆ **the apparatus of government** l'appareil m d'État ◆ **critical apparatus** (Literat) appareil m or apparat m critique

apparel (Brit † or US) [ə'pærəl] (liter) **1** n (NonC) habillement m
 2 vt vêtir

apparent [ə'pærənt] → SYN adj **a** (= seeming) success, contradiction, interest apparent ◆ **the apparent coup attempt** l'apparente tentative de coup d'état
 b (= obvious) évident (to sb pour qn) ◆ **it is apparent that ...** il est évident que ... ◆ **it is apparent to me that ...** il me semble évident que ... ◆ **for no apparent reason** sans raison apparente ; → **heir**

apparently [ə'pærəntlɪ] → SYN adv apparemment ; (= according to rumour) à ce qu'il paraît ◆ **this is apparently the case** il semble que ce soit le cas, c'est le cas apparemment ◆ **apparently, they're getting a divorce** ils sont en instance de divorce, à ce qu'il paraît ◆ **I thought he was coming — apparently not** je pensais qu'il venait — apparemment non or il semble que non ◆ **to be apparently calm** paraître calme ◆ **an apparently harmless question** une question apparemment or en apparence anodine ◆ **the murders follow an apparently random pattern** ces meurtres ont apparemment été commis au hasard

apparition [,æpə'rɪʃən] → SYN n (= spirit, appearance) apparition f

appassionato [ə,pæsjə'nɑ:təʊ] adv (Mus) appassionato

appeal [ə'pi:l] → SYN **1** vi **a** (= request publicly) lancer un appel (for sth pour qch) ◆ **to appeal for the blind** lancer un appel au profit des or pour les aveugles ◆ **to appeal for calm** lancer un appel au calme ◆ **to appeal for funds** (Fin) faire un appel de fonds ◆ **he appealed for silence** il a demandé le silence ◆ **he appealed for tolerance** il a appelé à la tolérance ◆ **to appeal to the country** (Pol) en appeler au pays
 b (= beg) faire appel (to à) ◆ **she appealed to his generosity** elle a fait appel à sa générosité, elle en a appelé à sa générosité ◆ **to appeal to sb for money/help** demander de l'argent/des secours à qn ◆ **I appeal to you!** je vous le demande instamment !, je vous en supplie ! ; → **better**
 c (Jur) interjeter appel, se pourvoir en appel ◆ **to appeal to the supreme court** se pourvoir en cassation ◆ **to appeal against a judgement** (Brit) appeler d'un jugement ◆ **to appeal against a decision** (Brit) faire appel d'une décision
 d (= attract) **to appeal to sb** [object, idea] plaire à qn ; [person] plaire à qn ◆ **it doesn't appeal to me** cela ne m'intéresse pas, cela ne me dit rien* ◆ **the idea appealed to him** cette idée l'a séduit ◆ **it appeals to the imagination** cela parle à l'imagination ◆ **does that appeal?*** ça te dit ? *
 2 vt (Jur = appeal against) faire appel de
 3 n **a** (= public call) appel m ◆ **appeal to arms** appel m aux armes ◆ **appeal for funds** (Comm, Fin) appel m de fonds ◆ **he made a public appeal for the blind** il a lancé un appel au profit des aveugles
 b (by individual: for help etc) appel m (for à) ; (for money) demande f (for de) ; (= supplication) prière f, supplication f ◆ **with a look of appeal** d'un air suppliant or implorant ◆ **appeal for help** appel m au secours
 c (Jur) appel m, pourvoi m ◆ **notice of appeal** infirmation f ◆ **act of appeal** acte m d'appel ◆ **with no right of appeal** sans appel ◆ **acquitted on appeal** acquitté en seconde instance ; → **enter, lodge, lord**
 d (= attraction) [of person, object] attrait m, charme m ; [of plan, idea] intérêt m
 4 COMP ▷ **Appeal Court** n (Jur) cour f d'appel ▷ **appeal fund** n fonds m d'aide (constitué à partir de dons publics)

appealing [ə'pi:lɪŋ] adj (= moving) émouvant, attendrissant ; look pathétique ; (= begging) suppliant, implorant ; (= attractive) attirant, attachant

appealingly [ə'pi:lɪŋlɪ] adv **a** (= charmingly) appealingly naïve/modest d'une charmante naïveté/modestie
 b (= beseechingly) look at d'un air implorant ; say d'un ton implorant

appear [ə'pɪər] → SYN vi **a** (= become visible) [person, sun etc] apparaître, se montrer ; [ghost, vision] apparaître, se manifester (to sb à qn)
 b (= arrive) arriver, se présenter ◆ **he appeared from nowhere** il est apparu comme par miracle or comme par un coup de baguette magique ◆ **where did you appear from?** d'où est-ce que tu sors ?
 c (Jur etc) comparaître ◆ **to appear before a court** comparaître devant un tribunal ◆ **to appear on a charge of ...** être jugé pour ... ◆ **to appear for sb** plaider pour qn, représenter qn ◆ **to appear for the defence/for the accused** plaider pour la défense/pour l'accusé ; → **fail, failure**
 d (Theat) **to appear in "Hamlet"** jouer dans "Hamlet" ◆ **to appear as Hamlet** jouer Hamlet ◆ **to appear on TV** passer à la télévision
 e (= be published) [magazine etc] paraître, sortir, être publié
 f (= seem: physical aspect) paraître, avoir l'air ◆ **they appear (to be) ill** ils ont l'air malades
 g (= seem: on evidence) paraître (that que + indic) ◆ **he came then? — so it appears** or **so it would appear** il est donc venu ? — il paraît que oui ◆ **it appears that he did say that** il paraît qu'il a bien dit cela ; see also **h** ◆ **he got the job or so it appears** or **so it would appear** il a eu le poste à ce qu'il paraît, il paraît qu'il a eu le poste ◆ **as will presently appear** comme il paraîtra par la suite, comme on le verra bientôt ◆ **it's raining! — (iro) so it appears!** il pleut ! — on dirait ! (iro)
 h (= seem: by surmise) sembler (that que gen + subj), sembler bien (that que + indic), sembler à qn (that que + indic) ◆ **there appears to be a mistake** il semble qu'il y ait une erreur ◆ **it appears he did say that** il semble avoir bien dit cela, il semble bien qu'il a dit cela ◆ **it appears to me they are mistaken** il me semble qu'ils ont tort ◆ **how does it appear to you?** qu'en pensez-vous ?

appearance [ə'pɪərəns] → SYN n **a** (= act) apparition f, arrivée f ◆ **to make an appearance** faire son apparition, se montrer, se présenter ◆ **to make a personal appearance** apparaître en personne ◆ **to put in an appearance** faire acte de présence ◆ **appearance money** cachet m
 b (Jur) **appearance before a court** comparution f devant un tribunal
 c (Theat) **since his appearance in "Hamlet"** depuis qu'il a joué dans "Hamlet" ◆ **in order of appearance** par ordre d'entrée en scène ◆ **his appearance on TV** son passage à la télévision
 d (= publication) parution f
 e (= look, aspect) apparence f, aspect m ◆ **to have a good appearance** [person] faire bonne figure ◆ **at first appearance** au premier abord, à première vue ◆ **the appearance of the houses** l'aspect m des maisons ◆ **it had all the appearances of a murder** cela avait tout l'air d'un meurtre, cela ressemblait fort à un meurtre ◆ **his appearance worried us** la mine qu'il avait or son apparence nous a inquiétés ◆ **appearances are deceptive** il ne faut pas se fier aux apparences, les apparences peuvent être trompeuses ◆ **to judge by appearances** juger sur les or d'après les apparences ◆ **you shouldn't judge** or **go by appearances** il ne faut pas se fier aux apparences ◆ **for appearances' sake, (in order) to keep up appearances** pour sauver les apparences ◆ **to** or **by all appearances** selon toute apparence ◆ **contrary to** or **against all appearances** contrairement aux apparences, contre toute apparence

appease [ə'pi:z] → SYN vt apaiser, calmer

appeasement [ə'pi:zmənt] → SYN n apaisement m ; (Pol) apaisement, conciliation f

appellant [ə'pelənt] **1** n partie f appelante, appelant(e) m(f)
 2 adj appelant

appellate [ə'pelɪt] adj ◆ (US Jur) **appellate court** cour f d'appel ◆ **appellate jurisdiction** juridiction f d'appel

appellation [,æpe'leɪʃən] n appellation f, désignation f

append [ə'pend] → SYN vt [+ notes] joindre, ajouter ; [+ document] joindre, annexer ; [+ signature] apposer ; (Comput) ajouter (à la fin d'un fichier)

appendage [ə'pendɪdʒ] → SYN n (frm) appendice m

appendectomy [,æpen'dektəmɪ], **appendicectomy** [æpendɪ'sektəmɪ] n appendicectomie f

appendices [ə'pendɪsi:z] npl of appendix

appendicitis [ə,pendɪ'saɪtɪs] n appendicite f ◆ **to have appendicitis** avoir une (crise d')appendicite ◆ **was it appendicitis?** c'était une appendicite ?

appendix [ə'pendɪks] → SYN n, pl **appendixes** or **appendices a** (Anat) appendice m ◆ **to have one's appendix out** se faire opérer de l'appendicite
 b [of book] appendice m ; [of document] annexe f

apperceive [,æpə'si:v] vt (Psych) percevoir (par aperception)

apperception [,æpə'sepʃən] n aperception f, appréhension f

appertain [,æpə'teɪn] → SYN vi (= belong) appartenir (to à) ; (= form part) faire partie (to de) ; (= relate) se rapporter (to à), relever (to de)

ANGLAIS-FRANÇAIS 36

ENGLISH-FRENCH — appetence / appreciative

appetence ['æpɪtəns] n (= desire) appétence f

appetite ['æpɪtaɪt] → SYN ① n appétit m ◆ **he has no appetite** il n'a pas d'appétit ◆ **to have a good appetite** avoir bon appétit ◆ **to eat with (an) appetite** manger de bon appétit ◆ **skiing gives one an appetite** le ski ouvre l'appétit ◆ **I have no appetite for this sort of book** je n'ai pas de goût pour ce genre de livre ; → **spoil**
② COMP ▷ **appetite depressant, appetite suppressant** n coupe-faim m inv

appetizer ['æpɪtaɪzəʳ] → SYN n (= drink) apéritif m ; (= food) amuse-gueule m inv ; (US = starter) entrée f

appetizing ['æpɪtaɪzɪŋ] → SYN adj (lit, fig) appétissant

appetizingly ['æpɪtaɪzɪŋlɪ] adv de manière appétissante

Appian ['æpɪən] adj ◆ **the Appian Way** la voie Appienne

applaud [ə'plɔːd] → SYN vt [+ person, thing] applaudir ; (fig) [+ decision, efforts] applaudir à, approuver

applause [ə'plɔːz] → SYN n (NonC) applaudissements mpl, acclamation f ◆ **to win the applause of ...** être applaudi or acclamé par ... ◆ **there was loud applause** les applaudissements ont crépité ◆ **a round of applause** une salve d'applaudissements ◆ **let's have a round of applause for Lucy!** (Theat) applaudissons Lucy!, un ban* pour Lucy!

apple ['æpl] ① n pomme f ; (also **apple tree**) pommier m ◆ **he's/it's the apple of my eye** je tiens à lui/j'y tiens comme à la prunelle de mes yeux ◆ **apple of discord** pomme f de discorde ◆ **the (Big) Apple*** (US) New York ◆ (Prov) **one bad** or **rotten apple can spoil the whole barrel** il suffit d'une brebis galeuse pour contaminer tout le troupeau ◆ **the two things are apples and oranges** (esp US) on ne peut pas comparer deux choses si différentes ; → **Adam, cooking, eating**
② COMP ▷ **apple blossom** n fleur f de pommier ▷ **apple brandy** n eau-de-vie f de pommes ▷ **apple core** n trognon m de pomme ▷ **apple fritter** n beignet m aux pommes ▷ **apple-green** adj vert pomme inv ▷ **the Apple Isle*** n (Austral) la Tasmanie ▷ **apple orchard** n champ m de pommiers, pommeraie f ▷ **apple-pie bed** n (Brit) lit m en portefeuille ▷ **apple-pie order** n in apple-pie order parfaitement en ordre ▷ **apple sauce** n (Culin) compote f de pommes ; (US * fig) bobards* mpl ▷ **apple tart** n tarte f aux pommes ; (individual) tartelette f aux pommes ▷ **apple turnover** n chausson m aux pommes

applecart ['æplkɑːt] n → **upset**

applejack ['æpldʒæk] n (US) ⇒ **apple brandy**

appliance [ə'plaɪəns] → SYN n ⓐ (= device) appareil m ◆ **electrical/domestic appliances** appareils mpl électriques/ménagers ◆ **household appliance** appareil m électroménager
ⓑ (Brit: also **fire appliance**) voiture f de pompiers
ⓒ (of skill, knowledge) application f

applicability [,æplɪkə'bɪlɪtɪ] n applicabilité f

applicable [ə'plɪkəbl] → SYN adj applicable (to à)

applicant ['æplɪkənt] → SYN n (for job) candidat(e) m(f), postulant(e) m(f) ; (Jur) requérant(e) m(f) ; (Admin: for money, assistance etc) demandeur m, -euse f

application [,æplɪ'keɪʃən] → SYN ① n ⓐ (= request) demande f (for de) ◆ **application for a job** candidature f à un poste ◆ **application for membership** demande f d'adhésion ◆ **on application** sur demande ◆ **to make application to sb for sth** s'adresser à qn pour obtenir qch ◆ **to submit an application** faire une demande ◆ **details may be had on application to ...** s'adresser à ... pour tous renseignements
ⓑ (= act of applying) application f (of sth to sth de qch à qch) ◆ **for external application only** (Pharm) réservé à l'usage externe
ⓒ (= diligence) application f, attention f
ⓓ (= relevancy) portée f, pertinence f ◆ **his arguments have no application to the present case** ses arguments ne s'appliquent pas au cas présent
ⓔ (Comput) application f ; see also **2**

② COMP ▷ **application development** n développement m d'applications ▷ **application form** n (gen: for benefits etc) formulaire m de demande ; (for job) formulaire m de demande d'emploi ; (for important post) dossier m de candidature ; (Univ) dossier m d'inscription ▷ **application program** n ⇒ **applications program** ▷ **application software** n logiciel m d'application ▷ **applications package** n (Comput) progiciel m d'application ▷ **applications program** n (Comput) (programme m d')application f

applicator ['æplɪkeɪtəʳ] n applicateur m

applied [ə'plaɪd] ① adj appliqué
② COMP ▷ **applied arts** arts mpl appliqués ▷ **applied psychology** n psychologie f appliquée ▷ **applied research** n recherche f appliquée ▷ **applied sciences** sciences fpl appliquées

appliqué [æ'pliːkeɪ] ① vt coudre (en application)
② n (= ornament) application f ; (= end product: also **appliqué work**) travail m d'application

apply [ə'plaɪ] LANGUAGE IN USE 19.1, 26.1 → SYN
① vt ⓐ [+ paint, ointment, dressing] appliquer, mettre (to sur) ◆ **to apply heat to sth** (Tech) exposer qch à la chaleur ; (Med) traiter qch par la thermothérapie ◆ **to apply a match to sth** mettre le feu à qch avec une allumette, allumer qch avec une allumette
ⓑ [+ theory] appliquer (to à), mettre en pratique or en application ; [+ rule, law] appliquer (to à) ◆ **we can't apply this rule to you** nous ne pouvons pas appliquer cette règle à votre cas
ⓒ **to apply pressure on sth** exercer une pression sur qch ◆ **to apply pressure on sb** faire pression sur qn ◆ **to apply the brakes** (Aut, Tech) actionner les freins, freiner
ⓓ **to apply one's mind** or **o.s. to (doing) sth** s'appliquer à (faire) qch ◆ **to apply one's attention to ...** porter or fixer son attention sur ...
② vi s'adresser, avoir recours (to sb for sth à qn pour obtenir qch) ◆ **apply at the office/to the manager** adressez-vous au bureau/au directeur ; (on notice) s'adresser au bureau/au directeur ◆ **to apply to university** faire une demande d'inscription à l'université ◆ **right to apply to the courts against decisions by ...** (Jur) droit m de recours contre des décisions de ...

▶ **apply for** vt fus [+ scholarship, grant] faire une demande de ; [+ money, assistance] demander ◆ **to apply for a job** faire une demande d'emploi (to sb auprès de qn), poser sa candidature pour un poste ◆ **to apply for a divorce** (Jur) formuler une demande en divorce ; → **apply 2, patent**

▶ **apply to** vt fus [gen] s'appliquer à ; [remarks] s'appliquer à, se rapporter à ◆ **this does not apply to you** ceci ne s'applique pas à vous, ceci ne vous concerne pas ; → **apply 2**

appoggiatura [ə,pɒdʒə'tʊərə] n, pl **appoggiaturas** or **appoggiature** [ə,pɒdʒə'tʊəre] appoggiature f

appoint [ə'pɔɪnt] → SYN vt ⓐ (= fix, decide) [+ date, place] fixer
ⓑ (= nominate) **to appoint sb (to a post)** nommer qn (à un poste) ◆ **to appoint sb manager** nommer qn directeur ◆ **to appoint a new secretary** engager une nouvelle secrétaire
ⓒ († = ordain) prescrire, ordonner (that que + subj), décider (that que + indic)
ⓓ → **well**

appointed [ə'pɔɪntɪd] adj time, hour, place convenu ; task fixé ; representative, agent attitré ◆ **at the appointed time** à l'heure convenue ; → **well**

appointee [əpɔɪn'tiː] n candidat(e) m(f) retenu(e), titulaire mf du poste ; (esp US) délégué m (or ambassadeur m etc) nommé pour des raisons politiques

appointive [ə'pɔɪntɪv] adj (US) position pourvu par nomination

appointment [ə'pɔɪntmənt] → SYN ① n ⓐ (= arrangement to meet) rendez-vous m ; (= meeting) entrevue f ◆ **to make an appointment with sb** donner rendez-vous à qn, prendre rendez-vous avec qn ◆ **to make an appointment** [two people] se donner rendez-vous ◆ **to keep an appointment** aller or se rendre à un rendez-vous ◆ **I have an appointment at 10 o'clock** j'ai (un) rendez-vous à 10 heures ◆ **do you have an appointment?** (to caller) vous avez (pris) rendez-vous ? ◆ **I have an appointment to see Mr Martin** j'ai rendez-vous avec M. Martin ◆ **to meet sb by appointment** rencontrer qn sur rendez-vous ; → **break**
ⓑ (= selection, nomination) nomination f, désignation f (to a post à un poste) ; (= office assigned) poste m ; (= posting) affectation f ◆ **there are still several appointments to be made** il y a encore plusieurs postes à pourvoir ◆ **"by appointment to Her Majesty the Queen"** (Comm) "fournisseur m de S.M. la Reine" ◆ **"appointments (vacant)"** (Press) "offres d'emploi"
② COMP ▷ **appointments bureau, appointments office** n agence f or bureau m de placement

apportion [ə'pɔːʃən] → SYN vt [+ money] répartir, partager ; [+ land, property] lotir ; [+ blame] répartir ◆ **to apportion sth to sb** assigner qch à qn

apportionment [ə'pɔːʃənmənt] → SYN n (US Pol) répartition f des sièges (par districts)

apposite ['æpəzɪt] → SYN adj (frm) pertinent, juste

appositely ['æpəzɪtlɪ] adv pertinemment

appositeness ['æpəzɪtnɪs] n pertinence f

apposition [,æpə'zɪʃən] n apposition f ◆ **in apposition** en apposition

appositional [,æpə'zɪʃənl] adj en apposition

appraisal [ə'preɪzəl] → SYN ① n évaluation f
② COMP ▷ **appraisal interview** n entretien m d'évaluation ▷ **appraisal method** n méthode f d'évaluation

appraise [ə'preɪz] vt [+ property, jewellery] évaluer, estimer (la valeur or le coût de) ; [+ importance] évaluer, apprécier ; [+ worth] estimer, apprécier

appraiser [ə'preɪzəʳ] n (US) [of property, value, asset] expert m

appreciable [ə'priːʃəbl] → SYN adj appréciable, sensible

appreciably [ə'priːʃəblɪ] adv sensiblement

appreciate [ə'priːʃɪeɪt] LANGUAGE IN USE 4, 13 → SYN
① vt ⓐ (= assess, be aware of) [+ fact, difficulty, sb's attitude] se rendre compte de, être conscient de ◆ **to appreciate sth at its true value** apprécier qch à sa juste valeur ◆ **yes, I appreciate that** oui, je comprends bien or je m'en rends bien compte ◆ **I fully appreciate the fact that ...** je me rends parfaitement compte du fait que ... ◆ **they did not appreciate the danger** ils ne se sont pas rendu compte du danger
ⓑ (= value, esteem, like) [+ help] apprécier ; [+ music, painting, books] apprécier, goûter ; [+ person] apprécier (à sa juste valeur), faire (grand) cas de
ⓒ (= be grateful for) être sensible à, être reconnaissant de ◆ **we do appreciate your kindness/your work/what you have done** nous vous sommes très reconnaissants de votre gentillesse/du travail que vous avez fait/de ce que vous avez fait ◆ **we should appreciate an early reply, an early reply would be appreciated** (Comm: in letter) nous vous serions obligés de bien vouloir nous répondre dans les plus brefs délais ◆ **we deeply appreciate this honour** nous sommes profondément reconnaissants de l'honneur qui nous est fait ◆ **he felt that nobody appreciated him** il avait le sentiment que personne ne l'appréciait
ⓓ (= raise in value) hausser la valeur de
② vi (Fin etc) [currency] s'apprécier ; [object, property] prendre de la valeur

appreciation [ə,priːʃɪ'eɪʃən] → SYN n ⓐ (= judgement, estimation) appréciation f, évaluation f ; (Art, Literat, Mus) critique f
ⓑ (= gratitude) reconnaissance f ◆ **she smiled her appreciation** elle a exprimé d'un sourire ◆ **in appreciation of ...** en remerciement de ...
ⓒ (Fin) appréciation f

appreciative [ə'priːʃɪətɪv] → SYN adj ⓐ (= grateful) person reconnaissant (of sth de qch)
ⓑ (= admiring) person, murmur, laughter, whistle approbateur (-trice f) ◆ **to be appreciative of sb's cooking** apprécier la cuisine de qn

appreciatively / **apterous**

c (frm = aware) **to be appreciative of sth** se rendre compte de qch

appreciatively [əˈpriːʃɪətɪvlɪ] adv (= with pleasure) avec plaisir ; (= gratefully) avec reconnaissance

apprehend [ˌæprɪˈhend] → SYN vt a (= arrest) appréhender, arrêter
b (= fear) redouter, appréhender

apprehension [ˌæprɪˈhenʃən] → SYN n a (= fear) appréhension f, inquiétude f
b (frm = arrest) arrestation f

apprehensive [ˌæprɪˈhensɪv] → SYN adj inquiet (-ète f), plein d'appréhension ◆ **to be apprehensive for sb's safety** craindre pour la sécurité de qn ◆ **to be apprehensive of danger** appréhender or redouter le danger

apprehensively [ˌæprɪˈhensɪvlɪ] adv avec appréhension

apprentice [əˈprentɪs] → SYN 1 n apprenti(e) m(f) ; (Archit, Mus etc) élève mf ◆ **to place sb as an apprentice to ...** mettre qn en apprentissage chez ... ◆ **plumber's/joiner's apprentice** apprenti m plombier/menuisier
2 vt mettre or placer en apprentissage (to chez), placer comme élève (to chez) ◆ **he is apprenticed to a joiner/plumber** etc il est en apprentissage chez un menuisier/plombier etc ◆ **he is apprenticed to an architect** c'est l'élève d'un architecte
3 COMP ▷ **apprentice electrician** n apprenti m électricien ▷ **apprentice plumber** n apprenti m plombier

apprenticeship [əˈprentɪsʃɪp] n apprentissage m

apprise [əˈpraɪz] vt informer (sb of sth qn de qch) ◆ **to be apprised of sth** être informé de or sur qch

appro* [ˈæprəʊ] n (Brit Comm) (abbrev of **approval**) ◆ **on appro** à or sous condition, à l'essai

approach [əˈprəʊtʃ] → SYN 1 vi [person, vehicle] (s')approcher ; [date, season, death, war] approcher, être proche
2 vt a [+ place, person] s'approcher de ◆ **I saw him approaching me** je l'ai vu qui s'approchait de moi
b (= tackle) [+ problem, subject, task] aborder ◆ **it all depends on how one approaches it** tout dépend de la façon dont on s'y prend
c (= speak to) **to approach sb about sth** s'adresser à qn à propos de qch, aller voir qn pour qch ◆ **a man approached me in the street** un homme m'a abordé dans la rue ◆ **he is easy/difficult to approach** (fig) il est d'un abord facile/difficile
d (= get near to) approcher de ◆ **we are approaching the time when ...** le jour approche où ... ◆ **she is approaching 30** elle approche de la trentaine, elle va sur ses 30 ans ◆ **it was approaching midnight** il était près de or presque minuit ◆ **a colour approaching red** une couleur voisine du rouge
3 n a [of person, vehicle] approche f, arrivée f ◆ **the cat fled at his approach** le chat s'est enfui à son approche ◆ **we watched his approach** nous l'avons regardé arriver
b [of date, season, death etc] approche f ◆ **at the approach of Easter** à l'approche de Pâques
c (fig) approche f, démarche f ◆ **his approach to the problem** son approche du problème, sa façon d'aborder le problème ◆ **I like his approach (to it)** j'aime sa façon de s'y prendre ◆ **a new approach to teaching French** une nouvelle approche de l'enseignement du français ◆ **to make approaches to sb** (gen) faire des ouvertures fpl à qn, faire des démarches fpl auprès de qn ; (amorous) faire des avances fpl à qn ◆ **to make an approach to sb** (Comm, gen) faire une proposition à qn ◆ **he is easy/not easy of approach** (frm) il est d'un abord facile/difficile ; see also **3d**
d (= access route: to town) voie f d'accès ; (Climbing) marche f d'approche ◆ **a town easy/not easy of approach** une ville d'accès facile/difficile ◆ **the approach to the top of the hill** le chemin qui mène au sommet de la colline ◆ **the station approach** les abords mpl de la gare
e (= approximation) ressemblance f (to à), apparence f (to de) ◆ **some approach to gaiety** une certaine apparence de gaieté

4 COMP ▷ **approach light** n (Aviat) balise f ▷ **approach lights** npl (Aviat) balisage m, balises fpl ▷ **approach march** n (Climbing) marche f d'approche ▷ **approach road** n (gen) route f d'accès ; (to motorway) voie f de raccordement, bretelle f ▷ **approach shot** n (Golf) approche f ▷ **approach stage** n (Aviat) phase f d'approche

approachability [əˌprəʊtʃəˈbɪlɪtɪ] n facilité f d'abord

approachable [əˈprəʊtʃəbl] → SYN adj place, idea, text accessible ; person d'abord facile, approchable, accessible

approaching [əˈprəʊtʃɪŋ] adj crisis, death, retirement, election prochain ; storm, winter, date qui approche ◆ **the approaching vehicle** le véhicule venant en sens inverse

approbation [ˌæprəˈbeɪʃən] n approbation f ◆ **a nod of approbation** un signe de tête approbateur

appropriate [əˈprəʊprɪt] → SYN 1 adj time, remark opportun ; place, response, word, level, name approprié ; treatment adapté ; person, authority, department compétent ◆ **to take appropriate action** prendre des mesures appropriées ◆ **he is the appropriate person to ask** c'est à lui qu'il faut le demander ◆ **she's a most appropriate choice** c'est la personne idéale ◆ **to be appropriate for sb/sth** convenir à qn/qch ◆ **what is it appropriate to wear for a dinner party?** quelle est la tenue appropriée pour un dîner ? ◆ **to be appropriate to sth** être approprié à qch ◆ **an outfit appropriate to the job** une tenue appropriée à l'emploi ◆ **a job appropriate to his talents** un emploi à la mesure de ses talents ◆ **it is appropriate that ...** il est opportun que ... ◆ **it seemed appropriate to end with a joke** il semblait opportun de finir par une plaisanterie ◆ **it would not be appropriate for me to comment** ce n'est pas à moi de faire des commentaires
2 [əˈprəʊprɪeɪt] vt a (= take for one's own use) s'approprier
b (= set aside for special use) [+ funds] affecter (to, for à)

appropriately [əˈprəʊprɪtlɪ] adv act, respond comme il faut, de façon appropriée ; dress de façon appropriée ; speak avec à-propos, avec pertinence ; called, titled de façon appropriée ; designed convenablement ◆ **appropriately named** bien nommé ◆ **appropriately, the winner is British** comme de juste, le gagnant est britannique

appropriateness [əˈprəʊprɪtnɪs] n [of moment, decision] opportunité f ; [of remark, word] justesse f

appropriation [əˌprəʊprɪˈeɪʃən] → SYN 1 n (= act: also Jur) appropriation f ; (= funds assigned) dotation f, (US Pol) crédit m budgétaire
2 COMP ▷ **appropriation account** n (Comm) compte m d'affectation ▷ **appropriation bill** n (US Pol) projet m de loi de finances ▷ **Appropriations Committee** n (US Pol) commission des finances de la Chambre des représentants (examinant les dépenses)

approval [əˈpruːvəl] → SYN n approbation f, assentiment m ◆ **to give a nod of approval, to nod one's approval** hocher la tête en signe d'approbation ◆ **to meet with sb's approval** avoir l'approbation de qn ◆ **to pat sb on the shoulder in approval** donner une petite tape sur l'épaule de qn en signe d'approbation ◆ **on approval** (Comm) à l'essai ◆ **the book will be sent to you on approval** le livre vous sera envoyé en examen gratuit

approve [əˈpruːv] LANGUAGE IN USE 12.2, 13, 26.3 → SYN
1 vt [+ action, publication, medicine, drug] approuver ; [+ decision] ratifier, homologuer ; [+ request] agréer ◆ **to be approved by ...** recueillir or avoir l'approbation de ... ◆ **"read and approved"** "lu et approuvé"
2 COMP ▷ **approved school** † n (Brit) maison f de correction †

▶ **approve of** vt fus [+ behaviour, idea] approuver ; [+ person] avoir bonne opinion de ◆ **I don't approve of his conduct** je n'approuve pas sa conduite ◆ **I don't approve of your decision** je n'approuve pas or je désapprouve la décision que vous avez prise ◆ **she doesn't approve of drinking/smoking** elle n'approuve pas qu'on boive/fume (subj) ◆ **he doesn't approve of me** il n'a pas bonne

ANGLAIS-FRANÇAIS   38

opinion de moi ◆ **we approve of our new neighbours*** nos nouveaux voisins nous plaisent

approving [əˈpruːvɪŋ] adj approbateur (-trice f), approbatif

approvingly [əˈpruːvɪŋlɪ] adv d'un air or d'un ton approbateur

approx abbrev of **approximately**

approximate [əˈprɒksɪmɪt] → SYN 1 adj time, amount, description approximatif ◆ **a sum approximate to what is needed** une somme voisine or proche de celle qui est requise ◆ **figures approximate to the nearest franc** chiffres mpl arrondis au franc près
2 [əˈprɒksɪmeɪt] vi être proche, se rapprocher (to de)

approximately [əˈprɒksɪmətlɪ] → SYN adv a (= about: with numbers) approximativement ◆ **we have approximately 40 pupils** nous avons approximativement 40 élèves
b (= roughly) true plus ou moins ◆ **the figures were approximately correct** les chiffres étaient à peu près corrects ◆ **the word means approximately ...** en gros or grosso modo, ce mot veut dire ...

approximation [əˌprɒksɪˈmeɪʃən] → SYN n approximation f

appurtenance [əˈpɜːtɪnəns] n (gen pl) ◆ **appurtenances** installations fpl, accessoires mpl ◆ **the house and its appurtenances** (= outhouses etc) l'immeuble avec ses dépendances ; (Jur = rights, privileges etc) l'immeuble avec ses circonstances et dépendances or ses appartenances

APR [ˌeɪpiːˈɑːʳ] n (abbrev of **annual(ized) percentage rate**) taux m annuel

Apr abbrev of **April**

apraxia [əˈpræksɪə] n (Med) apraxie f

après-ski [ˌæpreɪˈskiː] n (= period) après-ski m

apricot [ˈeɪprɪkɒt] 1 n abricot m ; (also **apricot tree**) abricotier m
2 COMP ▷ **apricot jam** n confiture f d'abricots ▷ **apricot tart** n tarte f aux abricots

April [ˈeɪprəl] 1 n avril m ; for phrases see **September**
2 COMP ▷ **April fool** n (= person) victime f d'un poisson d'avril ; (= joke) poisson m d'avril ◆ **to make an April fool of sb** faire un poisson d'avril à qn ▷ **April Fools' Day** n le premier avril ▷ **April showers** npl ≃ giboulées fpl de mars

a priori [ˌeɪpraɪˈɔːraɪ, ˌɑːprɪˈɔːrɪ] adj, adv a priori

apron [ˈeɪprən] → SYN a (= garment) tablier m ◆ **tied to his mother's apron strings** pendu aux jupes de sa mère
b (Aviat) aire f de stationnement
c (Tech) tablier m
d (Theat: also **apron stage**) avant-scène f
e (Phot) bande f gaufrée

apropos [ˌæprəˈpəʊ] → SYN (frm) 1 adv à propos ◆ **apropos, I have often wondered what happened to him** à propos, je me suis souvent demandé ce qu'il était devenu
2 prep ◆ **apropos (of) sth** à propos de qch
3 adj opportun, pertinent ◆ **it seems apropos to do that** cela semble opportun or judicieux de faire cela

apse [æps] n abside f

apsidal [æpˈsaɪdl] adj (Astron) absidal

apsis [ˈæpsɪs] n (Astron) apside f

APT [ˌeɪpiːˈtiː] n (Brit: formerly) (abbrev of **Advanced Passenger Train**) ≃ TGV m, ≃ train m à grande vitesse

apt [æpt] → SYN adj a (= appropriate) remark, comment, reply juste, pertinent
b (frm = inclined, tending) **to be apt to do sth** avoir tendance à faire qch ◆ **he is apt to be late** il a tendance à être en retard ◆ **one is apt to believe that ...** (frm) on croirait volontiers que ..., on pourrait croire que ... ◆ **this is apt to occur** il faut s'y attendre
c (= gifted) pupil doué, intelligent

apt. (abbrev of **apartment**) appt

apterous [ˈæptərəs] adj aptère

aptitude ['æptɪtjuːd] LANGUAGE IN USE 16.4 → SYN
  [1] n aptitude f (*for* à), disposition f (*for* pour) ◆ **to have an aptitude for learning** avoir des dispositions pour l'étude ◆ **he shows great aptitude** il promet beaucoup
  [2] COMP ▷ **aptitude test** n test m d'aptitude

aptly ['æptlɪ] adv describe, remark judicieusement, avec à-propos ; called, titled judicieusement ◆ **aptly, his place was taken by his wife** comme de juste, sa femme a pris sa place

aptness ['æptnɪs] → SYN n **a** (= suitability) [of remark etc] à-propos m, justesse f
  b (= giftedness) ⇒ **aptitude**

Apulia [ə'pjuːljə] n les Pouilles fpl

apyretic [æpaɪ'retɪk] adj apyrétique

apyrexia [æpaɪ'reksɪə] n apyrexie f

aquaculture ['ækwə,kʌltʃər] n ⇒ **aquafarming**

aquaerobics ['ækweɪ'rəʊbɪks] n (NonC) aérobic f en piscine

aquafarming ['ækwəfɑːmɪŋ] n aquaculture f

aqualung ['ækwəlʌŋ] n scaphandre m autonome

aquamarine [ˌækwəmə'riːn] [1] n (= stone) aigue-marine f ; (= colour) bleu vert m inv
  [2] adj bleu-vert inv

aquanaut ['ækwənɔːt] n scaphandrier m, plongeur m

aquaplane ['ækwəpleɪn] [1] n aquaplane m
  [2] vi **a** (Sport) faire de l'aquaplane
  b (Brit Aut) faire de l'aquaplaning or de l'aquaplanage

aquaplaning ['ækwəpleɪnɪŋ] n (Brit Aut) aquaplaning m, aquaplanage m

aquaria [ə'kweərɪə] npl of **aquarium**

Aquarian [ə'kweərɪən] n (personne née sous le signe du) Verseau m

aquarium [ə'kweərɪəm] n, pl **aquariums** or **aquaria** aquarium m

Aquarius [ə'kweərɪəs] n (Astron) le Verseau ◆ **I'm (an) Aquarius** (Astrol) je suis (du) Verseau

aquatic [ə'kwætɪk] adj animal, plant aquatique ; sport nautique

aquatint ['ækwətɪnt] n aquatinte f

aquavit ['ækwəvɪt] n (Culin) aquavit m

aqueduct ['ækwɪdʌkt] n (= canal) aqueduc m ; (= pipe) canalisation f d'amenée d'eau

aqueous ['eɪkwɪəs] adj aqueux ◆ **aqueous humour** humeur f aqueuse

aquiculture ['ækwɪ,kʌltʃər, 'eɪkwɪ,kʌltʃər] n ⇒ **aquafarming**

aquifer ['ækwɪfər] n (Geog) aquifère m

aquilegia [ˌækwɪ'liːdʒɪə] n (Bot) ancolie f

aquiline ['ækwɪlaɪn] adj nose, profile aquilin

Aquinas [ə'kwaɪnəs] n ◆ **(St) Thomas Aquinas** (saint) Thomas d'Aquin

AR abbrev of **Arkansas**

A/R (abbrev of **all risks (insurance)**) (assurance f) tous risques

Arab ['ærəb] [1] n **a** (= person) Arabe mf ; → **street**
  b (= horse) cheval m arabe or anglo-arabe
  [2] adj arabe ◆ **the Arab States** les États mpl arabes ◆ **the United Arab Emirates** les Émirats mpl arabes unis ◆ **the Arab-Israeli conflict** le conflit israélo-arabe ◆ **the Arab League** la Ligue arabe

arabesque [ˌærə'besk] n arabesque f

Arabia [ə'reɪbɪə] n Arabie f

Arabian [ə'reɪbɪən] adj arabe, d'Arabie ◆ **Arabian Desert** désert m d'Arabie ◆ **Arabian Gulf** golfe m Persique ◆ **the Arabian Nights** les Mille et Une Nuits fpl ◆ **Arabian Sea** mer f d'Arabie

Arabic ['ærəbɪk] [1] adj arabe ◆ **Arabic numerals** chiffres mpl arabes ; → **gum²**
  [2] n (Ling) arabe m ◆ **written Arabic** l'arabe m littéral

arabica bean [ə'ræbɪkə] n grain m d'arabica

Arabist ['ærəbɪst] n (= scholar) arabisant(e) m(f) ; (= politician) pro-Arabe mf

arabization [ˌærəbaɪ'zeɪʃən] n arabisation f

arabize ['ærəbaɪz] vt arabiser

arable ['ærəbl] → SYN [1] adj land arable, cultivable ; farm agricole
  [2] COMP ▷ **arable farmer** n cultivateur m, -trice f ▷ **arable farming** n culture f

Araby † ['ærəbɪ] n (Geog) Arabie f

arachnid [ə'ræknɪd] n ◆ **arachnids** arachnides mpl

arachnoid [ə'ræknɔɪd] (Anat) [1] n arachnoïde f
  [2] adj arachnoïdien

arachnology [ˌæræk'nɒlədʒɪ] n (Zool) arachnologie f

arachnophobia [æˌræknə'fəʊbɪə] n (Psych) arachnophobie f

aragonite [ə'rægə,naɪt] n aragonite f

Araldite ® ['ærəldaɪt] n Araldite ® m

ARAM [eɪəˈreɪem] n (abbrev of **Associate of the Royal Academy of Music**) membre de l'Académie nationale britannique de musique

Aramaic [ˌærə'meɪɪk] n araméen m

Aran ['ærən] n ◆ **the Aran Islands** les îles fpl d'Aran

Ararat ['ærəræt] n (Geog) ◆ **(Mount) Ararat** le mont Ararat, l'Ararat m

araucaria [ˌærɔː'keərɪə] n (Bot) araucaria m

arbalest ['ɑːbəlɪst] n (Mil) arbalète f

arbiter ['ɑːbɪtər] → SYN n (= judge) arbitre m ; (= mediator) médiateur m, -trice f ◆ **the Supreme Court is the final arbiter of any dispute over constitutional rights** la Cour suprême est l'ultime arbitre en cas de litige concernant les droits constitutionnels ◆ **to be an arbiter of taste/style** etc être une référence en matière de bon goût/de style etc

arbitrage ['ɑːbɪtrɪdʒ] n (Fin, St Ex) arbitrage m, opération f d'arbitrage

arbitrager, arbitrageur ['ɑːbɪtræ'ʒɜːr] n arbitragiste mf

arbitrarily ['ɑːbɪtrərəlɪ] adv arbitrairement

arbitrary ['ɑːbɪtrərɪ] → SYN adj arbitraire

arbitrate ['ɑːbɪtreɪt] → SYN [1] vt arbitrer, juger
  [2] vi arbitrer

arbitration [ˌɑːbɪ'treɪʃən] → SYN [1] n (also Ind) arbitrage m ◆ **to go to arbitration** recourir à l'arbitrage ; → **refer**
  [2] COMP ▷ **arbitration clause** n clause f compromissoire ▷ **arbitration tribunal** n tribunal m arbitral

arbitrator ['ɑːbɪtreɪtər] → SYN n arbitre m, médiateur m, -trice f

arbor ['ɑːbər] n (US) ⇒ **arbour**

arboreal [ɑː'bɔːrɪəl] adj shape arborescent ; animal, technique arboricole

arboretum [ˌɑːbə'riːtəm] n, pl **arboretums** or **arboreta** [ˌɑːbə'riːtə] arboretum m

arboriculture ['ɑːbərɪ,kʌltʃər] n arboriculture f

arboriculturist [ˌɑːbərɪ'kʌltʃərɪst] n arboriculteur m, -trice f

arborization [ˌɑːbəraɪ'zeɪʃən] n arborisation f

arbour, arbor (US) ['ɑːbər] n tonnelle f, charmille † f

arbutus [ɑː'bjuːtəs] n arbousier m

ARC [eɪɑː'siː] n **a** (abbrev of **AIDS-related complex**) ARC m, pré-sida m
  b (abbrev of **American Red Cross**) Croix-Rouge f américaine

arc [ɑːk] → SYN [1] n arc m
  [2] vi **a** décrire un arc (de cercle) ◆ **the rocket arced down into the sea** la fusée a décrit un arc avant de retomber dans la mer
  b (Elec) former un arc (électrique)
  [3] COMP ▷ **arc lamp, arc light** n lampe f à arc ; (Cine, TV) sunlight m ▷ **arc welding** n soudure f à l'arc

arcade [ɑː'keɪd] [1] n (= series of arches) arcade f, galerie f ; (= shopping precinct) passage m, galerie f marchande ; (Brit : also **amusement arcade**) galerie f de jeux, salle f de jeux d'arcade
  [2] COMP ▷ **arcade game** n (Brit) jeu m vidéo, jeu m d'arcade

Arcadia [ɑː'keɪdɪə] n l'Arcadie f

Arcadian [ɑː'keɪdɪən] [1] adj arcadien, d'Arcadie
  [2] n Arcadien(ne) m(f)

Arcady ['ɑːkədɪ] n (Poetry, Literat) l'Arcadie f

arcane [ɑː'keɪn] adj ésotérique, obscur

arch¹ [ɑːtʃ] → SYN [1] n **a** (Archit: in church etc) arc m, voûte f ; [of bridge etc] arche f
  b [of eyebrow] arcade f ; [of foot] cambrure f, voûte f plantaire ; → **fallen**
  [2] vi (s')arquer
  [3] vt arquer, cambrer ◆ **the cat arched his back** le chat a fait le gros dos

arch² [ɑːtʃ] → SYN adj **a** (= cunning) glance, person malicieux
  b (= superior) look, remark condescendant

arch³ [ɑːtʃ] → SYN [1] adj (gen) grand, par excellence ◆ **an arch traitor** un grand traître, le traître par excellence ◆ **an arch villain** un parfait scélérat ◆ **the arch villain** le principal scélérat
  [2] pref arch(i)
  [3] COMP ▷ **arch-enemy** n ennemi m juré ◆ **the Arch-enemy** (Rel) Satan m

Archaean, Archean (US) [ɑː'kiːən] adj archéen

archaeological, archeological [ˌɑːkɪə'lɒdʒɪkəl] adj archéologique

archaeologist, archeologist [ˌɑːkɪ'ɒlədʒɪst] n archéologue mf

archaeology, archeology [ˌɑːkɪ'ɒlədʒɪ] n archéologie f

archaeopteryx [ˌɑːkɪ'ɒptərɪks] n archéoptéryx m

Archaeozoic, Archeozoic (US) [ˌɑːkɪə'zəʊɪk] adj archéozoïque

archaic [ɑː'keɪɪk] → SYN adj archaïque

archaism ['ɑːkeɪɪzəm] n archaïsme m

archangel ['ɑːˌkeɪndʒəl] n archange m ◆ **the Archangel Michael** l'archange m Michel, saint Michel archange

archbishop ['ɑːtʃ'bɪʃəp] n archevêque m

archbishopric ['ɑːtʃ'bɪʃəprɪk] n archevêché m

archdeacon ['ɑːtʃ'diːkən] n archidiacre m

archdiocese ['ɑːtʃ'daɪəsɪs] n archidiocèse m

archduchess ['ɑːtʃ'dʌtʃɪs] n archiduchesse f

archduchy ['ɑːtʃ'dʌtʃɪ] n archiduché m

archduke ['ɑːtʃ'djuːk] n archiduc m

arched [ɑːtʃt] → SYN adj window, alcove cintré ; roof cintré, en voûte ; ceiling, doorway en voûte ; bridge à arches ; eyebrows voûté (liter) ◆ **with an arched back** (convex) le dos voûté ; (concave) la taille cambrée, les reins cambrés

archeological [ˌɑːkɪə'lɒdʒɪkəl] adj (US) ⇒ **archaeological**

archeologist [ˌɑːkɪ'ɒlədʒɪst] n (US) ⇒ **archaeologist**

archeology [ˌɑːkɪ'ɒlədʒɪ] n (US) ⇒ **archaeology**

archer ['ɑːtʃər] → SYN n archer m

Archers ['ɑːtʃəz] npl (Brit) ◆ **The Archers** feuilleton radiophonique

---

THE ARCHERS

The Archers est un feuilleton fleuve diffusé quotidiennement depuis 1951 par la BBC (Radio 4), avec un succès constant auprès des auditeurs de tous âges. Il retrace la vie d'une famille d'un village fictif, Ambridge, et de ses institutions locales, le pub et le club de cricket en particulier. Au fil des années, l'histoire s'est enrichie de thèmes plus contemporains tels que le racisme, la drogue, les familles monoparentales ou l'ordination des femmes.

---

archery ['ɑːtʃərɪ] n tir m à l'arc

archetypal ['ɑːkɪtaɪpəl] adj archétypal

archetypally [ˌɑːkɪ'taɪpəlɪ] adv exemplairement

archetype ['ɑːkɪtaɪp] → SYN n archétype m

archetypical [ˌɑːkɪ'tɪpɪkəl] adj ⇒ **archetypal**

archfiend / arithmetic

archfiend [ˈɑːtʃfiːnd] n ✦ **the archfiend** le malin, Satan m

archidiaconal [ˌɑːkɪdaɪˈækənl] adj archidiocésain

archil [ˈɑːtʃɪl] n orseille f

archimandrite [ˌɑːkɪˈmændraɪt] n (Rel) archimandrite m

Archimedes [ˌɑːkɪˈmiːdiːz] **1** n Archimède m
2 COMP ▷ **Archimedes' principle** n principe m d'Archimède ▷ **Archimedes' screw** n vis f d'Archimède

archipelago [ˌɑːkɪˈpelɪgəʊ] n, pl **archipelagos** or **archipelagoes** archipel m

archiphoneme [ˌɑːkɪˈfəʊniːm] n archiphonème m

architect [ˈɑːkɪtekt] → SYN n architecte m ; (fig) architecte m, artisan m ; → **naval**

architectonic [ˌɑːkɪtekˈtɒnɪk] adj (Art) architectonique

architectonics [ˌɑːkɪtekˈtɒnɪks] n (NonC: Archit, Philos) architectonique f

architectural [ˌɑːkɪˈtektʃərəl] adj architectural

architecturally [ˌɑːkɪˈtektʃərəlɪ] adv innovative, interesting du point de vue architectural ✦ **architecturally, it represents a significant advance** du point de vue architectural, ça représente un progrès important

architecture [ˈɑːkɪtektʃəʳ] → SYN n architecture f

architrave [ˈɑːkɪtreɪv] n (Archit) architrave f ; [of door, window] encadrement m

archive [ˈɑːkaɪv] **1** n **a** (also **archives** = records) archives fpl
b (Comput) archive f
2 vt archiver
3 adj d'archives ✦ **archive material/film** documentation f/film m d'archives ✦ **archive file** (Comput) fichier m d'archives

archivist [ˈɑːkɪvɪst] n archiviste mf

archly [ˈɑːtʃlɪ] adv **a** (= cunningly) malicieusement
b (= in a superior way) avec condescendance

archness [ˈɑːtʃnɪs] n malice f

archpriest [ˈɑːtʃpriːst] n archiprêtre m

archway [ˈɑːtʃweɪ] n voûte f (d'entrée), porche m ; (longer) passage m voûté

Arctic [ˈɑːktɪk] → SYN **1** adj (Geog) arctique ; (fig = very cold) glacial
2 n ✦ **the Arctic** (regions) les régions fpl arctiques, l'Arctique m
3 COMP ▷ **arctic char(r)** n (= fish) omble m chevalier ▷ **Arctic Circle** n cercle m polaire arctique ▷ **arctic fox** n renard m polaire ▷ **arctic hare** n lièvre m polaire ▷ **Arctic Ocean** n océan m Arctique ▷ **arctic skua** n (Orn) labbe m parasite ▷ **arctic tern** n (Orn) sterne f arctique

Ardennes [ɑːˈden] n (Geog) ✦ **the Ardennes** les Ardennes fpl

ardent [ˈɑːdənt] → SYN adj **a** (= enthusiastic) person, opponent, feminist, desire, belief, appeal ardent ; admirer, supporter fervent
b (= passionate) lover, lovemaking passionné

ardently [ˈɑːdəntlɪ] adv **a** (= enthusiastically) oppose, support, defend avec ardeur, ardemment ✦ **she's ardently socialist** c'est une fervente socialiste
b (= passionately) kiss, respond passionnément

ardour, ardor (US) [ˈɑːdəʳ] → SYN n ardeur f, ferveur f

arduous [ˈɑːdjʊəs] → SYN adj work, conditions, journey, task ardu, difficile

arduously [ˈɑːdjʊəslɪ] adv péniblement, laborieusement

arduousness [ˈɑːdjʊəsnɪs] n difficulté f

are [ɑːʳ, əʳ] → **be**

area [ˈɛərɪə] → SYN **1** n **a** (= surface measure) superficie f ✦ **this field has an area of 2 hectares** ce champ a une superficie de 2 hectares or a 2 hectares de superficie
b (= region) région f ; (Mil, Pol) (large) territoire m ; (smaller) secteur m, zone f ✦ **the London area** la région londonienne or de Londres ✦ **in the whole area** dans toute la région ; → **sterling**
c (fig) [of knowledge, enquiry] domaine m, champ m ✦ **in this area** dans ce domaine ✦ **the areas of disagreement** les zones fpl de désaccord
d (Brit = courtyard) courette f en contrebas (sur la rue)
e (with specified function) dining area (= part of room) coin m salle à manger ✦ **sleeping area** coin m chambre ✦ **play/parking area** (= part of building, housing estate etc) aire f de jeux/de stationnement
f (Ftbl = penalty area) surface f de réparation
2 COMP ▷ **area code** n (Brit Post) code m postal ; (US Telec) indicatif m de zone ▷ **area manager** n directeur m régional ▷ **area office** n agence f régionale ▷ **area of outstanding natural beauty** n site m naturel exceptionnel

areaway [ˈɛərɪəweɪ] n (US) ⇒ **area d**

areca [ˈærɪkə] n arec m, aréquier m

arena [əˈriːnə] → SYN n (lit, fig) arène f ✦ **the political arena** l'arène f politique ✦ **to enter the arena** (fig) descendre dans l'arène

arenaceous [ˌærɪˈneɪʃəs] adj (Geol) arénacé ; (Bot) arénicole

aren't [ɑːnt] ⇒ **are not, am not** ; → **be**

areola [əˈrɪələ] n, pl **areolas** or **areolae** [əˈrɪəˌliː] (Anat) aréole f

arête [əˈret] n (Geog) arête f

argentic [ɑːˈdʒentɪk] adj argentique

argentiferous [ˌɑːdʒənˈtɪfərəs] adj argentifère

Argentina [ˌɑːdʒənˈtiːnə] n l'Argentine f

Argentine [ˈɑːdʒəntaɪn] **1** n **a** (Geog †) the Argentine l'Argentine f ✦ **in the Argentine** en Argentine
b ⇒ **Argentinian**
2 adj argentin

argentine [ˈɑːdʒəntaɪn] n (= fish) argentin m

Argentinean [ˌɑːdʒənˈtɪnɪən] adj (US) ⇒ **Argentinian**

Argentinian [ˌɑːdʒənˈtɪnɪən] **1** adj argentin
2 n Argentin(e) m(f)

argentite [ˈɑːdʒənˌtaɪt] n argentite f

arginine [ˈɑːdʒɪˌnaɪn] n arginine f

argon [ˈɑːgɒn] n argon m

Argonaut [ˈɑːgənɔːt] n Argonaute m

Argos [ˈɑːgɒs] n Argos

argosy [ˈɑːgəsɪ] n (liter) galion m

argot [ˈɑːgəʊ] → SYN n argot m

arguable [ˈɑːgjʊəbl] adj discutable, contestable ✦ **it is arguable that** ... on peut soutenir que ...

arguably [ˈɑːgjʊəblɪ] adv ✦ **he is arguably the greatest footballer of all time** c'est sans doute le plus grand footballeur de tous les temps

argue [ˈɑːgjuː] → SYN **1** vi **a** (= dispute, quarrel) se disputer (with sb avec qn ; about sth au sujet or à propos de qch) ✦ **they are always arguing** ils se disputent tout le temps ✦ **don't argue!** pas de discussion ! ✦ **stop arguing!** (to others arguing) arrêtez de vous disputer ! ✦ **no one can argue with that** personne ne peut contester cela
b (= debate) argumenter (frm) (against sb contre qn ; about sth sur qch) ✦ **he argued against going** il a donné les raisons qu'il avait de ne pas y aller ✦ **they argued (about it) for hours** ils ont discuté (à ce sujet) pendant des heures ✦ **to argue from sth** tirer argument de qch
c (Jur etc) [fact, evidence] témoigner (against sth contre qch ; for, in favour of sth en faveur de qch) ✦ **it argues well for him** cela parle en sa faveur
2 vt **a** to argue sb into/out of doing sth persuader/dissuader qn de faire qch ✦ **to argue sb into/out of a scheme** persuader/dissuader qn d'adopter un projet ✦ **they argued me into believing it** à force d'arguments ils sont parvenus à me le faire croire
b (= debate) [+ case] discuter, débattre ✦ **a well-argued case** une argumentation solide ✦ **to argue one's way out of a situation** se sortir d'une situation à force d'argumentation or d'arguments ✦ **to argue the toss** * (gen pej) discuter le coup *
c (= show evidence of) dénoter, indiquer ✦ **it argues a certain lack of feeling** cela dénote or indique un certain manque de sensibilité
d (= maintain) soutenir, affirmer (that que)

▶ **argue out** vt sep [+ problem] discuter or débattre (à fond)

argufy [ˈɑːgjʊfaɪ] vi (hum or dial) se chamailler

argument [ˈɑːgjʊmənt] LANGUAGE IN USE 26.2 → SYN n **a** (= debate) discussion f, débat m ✦ **it is beyond argument** c'est indiscutable ✦ **you've only heard one side of the argument** tu n'as entendu qu'une seule version de l'affaire or de l'histoire ✦ **for argument's sake** à titre d'exemple ✦ **he is open to argument** il est prêt à écouter les arguments ✦ **it is open to argument that** ... on peut soutenir que ...
b (= dispute) dispute f, discussion f ✦ **to have an argument** se disputer (with sb avec qn) ✦ **he has had an argument with a tree** (hum) il s'est bagarré * avec un arbre (hum)
c (= reasons advanced) argument m ✦ **his argument is that** ... il soutient que ..., son argument est que ... ✦ **there is a strong argument in favour of** or **for doing sth** il y a de bonnes raisons pour faire qch ✦ **there is a strong argument in favour of his resignation** il y a de bonnes raisons pour qu'il démissionne (subj) ✦ **the argument that Europe needs Britain** le raisonnement selon lequel l'Europe a besoin de la Grande-Bretagne ; → **line**[1]
d (= synopsis) sommaire m, argument m

argumentation [ˌɑːgjʊmənˈteɪʃən] n argumentation f

argumentative [ˌɑːgjʊˈmentətɪv] → SYN adj ergoteur, raisonneur

argy-bargy * [ˈɑːdʒɪˈbɑːdʒɪ] n, pl **-bargies** (Brit) discutailleries * fpl ✦ **to get caught up in an argy-bargy** se laisser entraîner dans des discussions sans fin

aria [ˈɑːrɪə] n aria f

Ariadne [ˌærɪˈædnɪ] n Ariane f

Arian [ˈɛərɪən] **1** n Arien(ne) m(f)
2 adj arien

Arianism [ˈɛərɪənɪzəm] n arianisme m

ARIBA [əˈriːbə] (abbrev of **Associate of the Royal Institute of British Architects**) membre de l'institut britannique des architectes

arid [ˈærɪd] → SYN adj (lit, fig) aride

aridity [əˈrɪdɪtɪ] n (lit, fig) aridité f

Aries [ˈɛəriːz] n (Astron) le Bélier ✦ **I'm (an) Aries** (Astrol) je suis (du) Bélier

aright [əˈraɪt] → SYN adv bien, correctement ✦ **did I hear aright?** ai-je bien entendu ? ✦ **to set things aright** mettre bon ordre à l'affaire

arioso [ˌɑːrɪˈəʊzəʊ] n, pl **ariosos** or **ariosi** [ˌɑːrɪˈəʊziː] (Mus) arioso m

arise [əˈraɪz] → SYN pret **arose**, ptp **arisen** [əˈrɪzn] vi **a** (difficulty) survenir, surgir ; [question] se présenter, se poser ; [cry] s'élever ✦ **if the question arises** le cas échéant ✦ **should the need arise** en cas de besoin, si le besoin s'en fait sentir ✦ **should the occasion arise** si l'occasion se présente ✦ **a doubt arose** un doute a surgi
b (= result) résulter, provenir (from de)
c († , liter) [person] se lever ; [sun] se lever, paraître, poindre (liter)

aristo * [ˈærɪstəʊ] n (Brit) (abbrev of **aristocrat**) aristo * mf

aristocracy [ˌærɪsˈtɒkrəsɪ] → SYN n aristocratie f

aristocrat [ˈærɪstəkræt] → SYN n aristocrate mf

aristocratic [ˌærɪstəˈkrætɪk] → SYN adj aristocratique

Aristophanes [ˌærɪsˈtɒfəniːz] n Aristophane m

Aristotelian [ˌærɪstəˈtiːlɪən] adj aristotélicien

Aristotelianism [ˌærɪstəˈtiːlɪənɪzəm] n aristotélisme m

Aristotle [ˈærɪstɒtl] n Aristote m

arithmetic [əˈrɪθmətɪk] **1** n arithmétique f
2 [ˌærɪθˈmetɪk] adj arithmétique
3 COMP ▷ **arithmetic logic unit** n (Comput) unité f arithmétique et logique ▷ **arith-**

metic mean n moyenne f arithmétique ▷ **arithmetic progression** n progression f arithmétique

arithmetical [ˌærɪθˈmetɪkəl] adj arithmétique

arithmetician [əˌrɪθməˈtɪʃən] n arithméticien(ne) m(f)

Ariz. abbrev of **Arizona**

Arizona [ˌærɪˈzəʊnə] n l'Arizona m

ark [ɑːk] n (Hist) arche f ✦ **Ark of the Covenant** (Rel) arche f d'alliance ✦ **it's out of the ark** * c'est vieux comme Hérode, c'est antédiluvien ; → **Noah**

Ark. abbrev of **Arkansas**

Arkansas [ˈɑːkənsɔː] n l'Arkansas m

arm¹ [ɑːm] → SYN ① n a (Anat) bras m ✦ **to hold sth/sb in one's arms** tenir qch/qn dans ses bras ✦ he had a coat over his arm il avait un manteau sur le bras ✦ **take my arm** prenez mon bras ✦ **to give one's arm to sb** donner or offrir le bras à qn ✦ **to have sb on one's arm** † avoir qn à son bras ✦ **on her husband's arm** au bras de son mari ✦ **to take sb in one's arms** prendre qn dans ses bras ✦ **to put one's arm round sb** passer son bras autour des épaules de qn ✦ **with arms wide apart** les bras écartés or en croix ✦ **with folded arms** les bras croisés ✦ **with open arms** à bras ouverts ✦ **in the arms of Morpheus** (liter) dans les bras de Morphée ✦ **the (long) arm of the law** le bras de la justice ✦ **a list as long as your arm** * une liste longue comme le bras * ✦ **to have a long arm** (fig) avoir le bras long ✦ **to put the arm on sb** * (US) (gen) forcer la main à qn (to do sth pour qu'il fasse qch) ; (= make him pay up) faire cracher⁎ qn ✦ **I'd give my right arm** * or **I'd give an arm and a leg** * **for that/to do that** je donnerais n'importe quoi pour avoir ça/ pour faire ça ✦ **they must have paid an arm and a leg for that**, that must have cost them an arm and a leg ça a dû leur coûter les yeux de la tête *

✦ **arm in arm** bras dessus bras dessous

✦ **within arm's reach** à portée de la main

✦ **at arm's length** à bout de bras ✦ **to keep sb at arm's length** tenir qn à distance

b [of river, crane, pick-up] bras m ; [of spectacle frames] branche f (de monture) ; [of coat etc] manche f ; [of armchair] bras m, accoudoir m ✦ **arm of the sea** bras m de mer

② COMP ▷ **arm's length agreement** n (Jur) contrat m conclu dans les conditions normales du commerce ▷ **arm's length price** n (Fin) prix m fixé dans les conditions normales de la concurrence ▷ **arm-twisting** * n pressions fpl directes ✦ **I don't like his arm-twisting** * **techniques** je n'aime pas ses façons de faire pression sur les gens ▷ **arm-wrestle** vi to arm-wrestle with sb faire un bras de fer avec qn ▷ **arm-wrestling** n bras m de fer ✦ **an arm-wrestling match** une partie de bras de fer

arm² [ɑːm] → SYN ① n a (= weapon) arme f ✦ **under arms** sous les armes ✦ **in arms** en armes ✦ **to arms!** aux armes ! ✦ **to call to arms** [rebel leader] appeler aux armes ; [government] appeler sous les drapeaux ✦ **to take up arms against sb/sth** (lit) prendre des armes contre qn/qch ; (fig) s'insurger contre qn/ qch

✦ **up in arms** ✦ **to be up in arms against sb/the authorities** être en rébellion ouverte contre qn/les autorités ✦ **to be up in arms against a decision/the cost of living** etc s'élever contre or partir en guerre contre une décision/le coût de la vie etc ✦ **she was up in arms about it** cela la mettait hors d'elle-même ✦ **no need to get up in arms over such a small thing!** pas la peine de t'emballer * pour si peu !

b (= branch of military service) arme f ; → **fleet¹**

c (Her) arms armes fpl, armoiries fpl ; → **coat**

② vt [+ person, nation] armer ✦ **to arm o.s. with patience** s'armer de patience

③ vi (s')armer, prendre les armes (against contre)

④ COMP ▷ **arms control** n contrôle m des armements ▷ **arms dealer** n marchand m d'armes ▷ **arms factory** n usine f d'armement ▷ **arms limitation** n limitation f des armements ▷ **arms manufacturer** n fabricant m d'armes ▷ **arms race** n course f aux armements ▷ **arms trade** n commerce m des armes

Armada [ɑːˈmɑːdə] → SYN n Armada f

armadillo [ˌɑːməˈdɪləʊ] n tatou m

Armageddon [ˌɑːməˈgedn] n (lit, fig) Armageddon m

armagnac [ˈɑːmənjæk] n (Culin) armagnac m

Armalite ® [ˈɑːməlaɪt] n fusil automatique rapide et ultraléger

armament [ˈɑːməmənt] n a (gen pl = fighting strength) force f de frappe

b armaments (= weapons) armement m, matériel m de guerre

c (NonC = preparation for war) armement m

armature [ˈɑːmətjʊər] n (gen, also Elec, Phys) armature f ; (Zool) carapace f

armband [ˈɑːmbænd] n brassard m ; (for swimming) brassard m gonflable ; (mourning) brassard m de deuil, crêpe m

armchair [ˈɑːmtʃeər] ① n fauteuil m ✦ **armchair general/traveller** stratège m/voyageur m en chambre

② COMP ▷ **armchair banking** n services mpl (bancaires) télématiques ▷ **armchair shopping** n (by post, telephone) achats par correspondance ou par téléphone ; (by computer, television) téléachats mpl

armed [ɑːmd] → SYN adj (lit, fig) armé (with de) ; missile muni d'une charge explosive ✦ **to go armed** (lit) porter une arme ✦ **to go armed with statistics** etc s'armer de statistiques etc ✦ **armed to the teeth** armé jusqu'aux dents ✦ **armed conflict/struggle** conflit m armé/ lutte f armée ✦ **the armed forces** les forces fpl armées ✦ **armed neutrality** neutralité f armée ✦ **armed robbery** vol m or attaque f à main armée

-armed [ɑːmd] adj (in compounds) a (Anat) long-/ short-armed aux bras longs/courts

b (Mil) nuclear-/missile-armed armé d'engins nucléaires/de missiles

Armenia [ɑːˈmiːnɪə] n l'Arménie f

Armenian [ɑːˈmiːnɪən] ① adj arménien

② n a (= person) Arménien(ne) m(f)

b (Ling) arménien m

armful [ˈɑːmfʊl] n brassée f ✦ **in armfuls** à pleins bras ✦ **he arrived with armfuls of presents** il est arrivé avec des cadeaux plein les bras

armhole [ˈɑːmhəʊl] n emmanchure f

armistice [ˈɑːmɪstɪs] → SYN ① n armistice m

② COMP ▷ **Armistice Day** n le 11 novembre, l'Armistice m

armlet [ˈɑːmlɪt] n (= armband) brassard m ; (= bracelet) bracelet m

armor [ˈɑːmər] n (US) ⇒ **armour**

armorer [ˈɑːmərər] n (US) ⇒ **armourer**

armorial [ɑːˈmɔːrɪəl] ① adj armorial ✦ **armorial bearings** armoiries fpl

② n armorial m

Armorica [ɑːˈmɒrɪkə] n (Antiq) l'Armorique f

armory [ˈɑːmərɪ] n (US) ⇒ **armoury**

armour, armor (US) [ˈɑːmər] → SYN ① n a (NonC) [of knight] armure f ✦ **in full armour** armé de pied en cap ; → **suit**

b (Mil) (NonC = armour-plating) blindage m ; (collectively) [of vehicles] blindés mpl ; (= forces) forces fpl blindées

② COMP ▷ **armour-clad** adj (Mil) blindé ; (Naut) cuirassé, blindé ▷ **armour-piercing** adj (Mil) mine, gun antichar ; shell, bullet perforant ▷ **armour-plate** n (Mil) blindage m ; (Naut) cuirasse f ▷ **armour-plated** adj ⇒ **armour-clad** ▷ **armour-plating** n ⇒ **armour-plate**

armoured car [ˌɑːməd'kɑːr] n voiture f blindée

armoured personnel carrier [ˈɑːməd,pɜːsəˈnelˈkærɪər] n véhicule m blindé de transport de troupes

armourer, armorer (US) [ˈɑːmərər] n armurier m

armoury, armory (US) [ˈɑːmərɪ] → SYN n dépôt m d'armes, arsenal m ; (US = arms factory) usine f d'armement

armpit [ˈɑːmpɪt] n aisselle f ✦ **to be up to one's armpits in water** avoir de l'eau jusqu'aux épaules

armrest [ˈɑːmrest] n accoudoir m

army [ˈɑːmɪ] → SYN ① n a armée f (de terre) ✦ **to be in the army** être dans l'armée, être militaire ✦ **to join the army** s'engager (dans l'armée) ✦ **to go into the army** [professional] s'engager dans l'armée ; [conscript] partir au service (militaire) ; → **occupation, territorial**

b (fig) armée f

② COMP life, nurse, uniform militaire ; family de militaires ▷ **army ant** n fourmi f légionnaire ▷ **army corps** n corps m d'armée ▷ **army-issue** adj rifle de l'armée ✦ **police say the grenade was army-issue** la police dit que c'était une grenade de l'armée ▷ **Army List** n annuaire m militaire, annuaire m des officiers de carrière (de l'armée de terre) ▷ **army officer** n officier m (de l'armée de terre) ▷ **army surplus** n (NonC) surplus mpl de l'armée ▷ **army-surplus** adj boots, jacket etc des surplus de l'armée ; store de surplus (de l'armée)

Arno [ˈɑːnəʊ] n Arno m

Arolla pine [əˈrɒlə] n arolle m or f

aroma [əˈrəʊmə] → SYN n arôme m

aromatherapist [əˌrəʊməˈθerəpɪst] n aromathérapeute mf

aromatherapy [əˌrəʊməˈθerəpɪ] n aromathérapie f

aromatic [ˌærəʊˈmætɪk] → SYN ① adj aromatique

② n aromate m

aromatization [əˌrəʊmətaɪˈzeɪʃən] n aromatisation f

aromatize [əˈrəʊmətaɪz] vt aromatiser

arose [əˈrəʊz] vb (pt of **arise**)

around [əˈraʊnd] → SYN

> When **around** is an element in a phrasal verb, eg **come around, move around, potter around**, look up the verb.

① adv a autour ✦ **all around** tout autour, de tous côtés ✦ **for miles around** sur or dans un rayon de plusieurs kilomètres

b (= nearby) dans les parages ✦ **he is somewhere around** il est dans les parages ✦ **you haven't seen Susan around, have you?** vous n'auriez pas vu Susan dans les parages, par hasard ? ✦ **she'll be around soon** elle sera bientôt là ✦ **is he around?** * (est-ce qu')il est là ? ✦ **there's a lot of flu around** il y a beaucoup de cas de grippe en ce moment

✦ **to have been around** * ✦ **he's been around** * (= travelled) il a pas mal roulé sa bosse * ; (= experienced) il n'est pas né d'hier or de la dernière pluie ✦ **it's been around** * **for more than 20 years** ça existe depuis plus de 20 ans

② prep (esp US) a (= round) autour de ✦ **around the fire** autour du feu ✦ **around it** autour ✦ **the country around the town** les environs mpl or alentours mpl de la ville ✦ **the first building around the corner** le premier immeuble au coin de la rue ✦ **it's just around the corner** (lit) c'est juste au coin ; (fig = very near) c'est à deux pas (d'ici) ; (in time) c'est pour demain

b (= about) they are somewhere around the house ils sont quelque part dans la maison

c (= approximately) environ, à peu près ✦ **around 2 kilos** environ or à peu près 2 kilos, 2 kilos environ ✦ **around 1800** vers or aux alentours de 1800 ✦ **around 10 o'clock** vers 10 heures

arousal [əˈraʊzəl] n (sexual) excitation f (sexuelle) ; [of emotions] éveil m

arouse [əˈraʊz] → SYN vt a (= awaken) [+ person] réveiller, éveiller ✦ **to arouse sb from his sleep** tirer qn du sommeil

b (= cause) [+ suspicion, curiosity etc] éveiller ; [+ anger] exciter, provoquer ; [+ contempt] susciter, provoquer

c (= stimulate) stimuler, réveiller * ; (= stir to action) pousser à agir, secouer ✦ **that aroused him to protest** cela l'a poussé à protester ✦ **to arouse sb to an effort** obtenir un effort de qn

aroused [əˈraʊzd] adj (sexually) excité

arpeggio [ɑːˈpedʒɪəʊ] n arpège m

arquebus [ˈɑːkwɪbəs] n (Mil Hist) arquebuse f

arr. a (on timetable) (abbrev of **arrives, arrival**) arr., arrivée

b (Mus) (abbrev of **arranged**) adaptation de

arrack [ˈærək] n (Culin) arack m

arraign [əˈreɪn] vt (Jur) traduire en justice ; (fig) accuser, mettre en cause

arraignment [əˈreɪnmənt] n (Jur) ≈ lecture f de l'acte d'accusation

Arran [ˈærən] n l'île f d'Arran

arrange [əˈreɪndʒ] → SYN **1** vt **a** (= put in order) [+ room] [+ clothing] arranger ; [+ books, objects] ranger, mettre en ordre ; [+ flowers] arranger, disposer ◆ **to arrange one's hair** arranger sa coiffure ◆ **a room arranged as a waiting room** une pièce aménagée en salle d'attente

b (= decide on) [+ meeting] arranger, organiser ; [+ date] fixer ; [+ plans, programme] arrêter, convenir de ; [+ arranged marriage] arranger ◆ **it was arranged that ...** il a été arrangé or décidé or convenu que ... (+ cond) ◆ **I have something arranged for tonight** j'ai quelque chose de prévu pour ce soir

c († = settle) [+ dispute] régler, arranger

d (Mus) arranger, adapter ◆ **to arrange sth for violin and piano** faire un arrangement de qch pour violon et piano

2 vi (= fix details) s'arranger (*to do sth* pour faire qch ; *with sb about sth* avec qn au sujet de qch), prendre des or ses dispositions (*for sb to do sth* pour que qn fasse qch) ◆ **we have arranged for the goods to be dispatched** nous avons fait le nécessaire pour que les marchandises soient expédiées ◆ **to arrange for sb's luggage to be sent up** faire monter les bagages de qn ◆ **to arrange with sb to do sth** décider avec qn de faire qch, s'entendre avec qn pour faire qch

3 COMP ▷ **arranged marriage** n mariage m arrangé

arrangement [əˈreɪndʒmənt] → SYN n **a** [of room, furniture] arrangement m, agencement m ; [of flowers, hair, clothing] arrangement m ; → **flower**

b (= agreement) arrangement m ◆ **to do sth by arrangement with sb** s'entendre or s'arranger avec qn pour faire qch ◆ **larger sizes by arrangement** tailles fpl supérieures sur demande ◆ **price by arrangement** prix m à débattre ◆ **to come to an arrangement with sb** parvenir à un arrangement avec qn, s'arranger or s'entendre avec qn (*to do sth* pour faire qch) ◆ **by arrangement with Covent Garden** avec l'autorisation f de Covent Garden ; → **exceptional**

c (= sth decided) arrangement m ◆ **arrangements** (= plans, preparations) dispositions fpl, préparatifs mpl ◆ **this arrangement suited everyone** cet arrangement convenait à tous ◆ **I want to change the arrangements we made** je veux changer les dispositions que nous avons prises ◆ **the arrangement whereby he should visit her monthly** l'arrangement selon lequel il doit aller la voir une fois par mois ◆ **I write to confirm these arrangements** je vous écris pour confirmer ces dispositions ◆ **to make arrangements for a holiday** faire des préparatifs pour des vacances, organiser des vacances (à l'avance) ◆ **to make arrangements for sth to be done** prendre des dispositions pour faire faire qch ◆ **can you make arrangements to come tomorrow?** pouvez-vous vous arranger pour venir demain ?

d (Mus) adaptation f, arrangement m

arranger [əˈreɪndʒəʳ] n **a** (Mus) arrangeur m, -euse f

b (= organizer) organisateur m, -trice f

arrant [ˈærənt] adj (frm) fool, liar, coward fieffé † (before n) ; hypocrisy consommé, éhonté ◆ **his arrant stupidity** son imbécillité totale ◆ **that's the most arrant nonsense I've ever heard** je n'ai jamais rien entendu de plus absurde

arras [ˈærəs] n tapisserie f

array [əˈreɪ] → SYN **1** vt **a** (Mil) [+ troops] déployer, disposer

b (liter = clothe) [+ person] revêtir (*in* de)

2 n **a** (Mil) rang m, ordre m ◆ **in battle array** en ordre de bataille

b [of objects] étalage m ; [of people] assemblée f ◆ **an array of solar panels** une batterie de panneaux solaires

c (Math etc: also Comput) tableau m ◆ **array of figures** tableau m

d (= ceremonial dress) habit m d'apparat ; (= fine clothes) atours mpl (iro)

arrears [əˈrɪəz] npl arriéré m ◆ **rent in arrears** arriéré m de loyers ◆ **to get** or **fall into arrears** accumuler des arriérés ◆ **she is three months in arrears with her rent, her rent is three months in arrears** elle doit trois mois de loyer, elle a un arriéré de trois mois sur son loyer ◆ **he fell into arrears with his mortgage/his rent** il a pris du retard dans le remboursement de son emprunt logement/dans le paiement de son loyer ◆ **to be/get in arrears with one's correspondence** avoir/prendre du retard dans sa correspondance ◆ **arrears of work** travail m en retard

arrest [əˈrest] → SYN **1** vt **a** (police suspect) arrêter, appréhender ◆ **he can't get arrested** * (fig) personne ne veut de lui

b [+ person's attention, interest] retenir, attirer

c [+ growth, development, progress] (= stop) arrêter ; (= hinder) entraver ; (= retard) retarder ◆ **measures to arrest inflation** des mesures pour arrêter l'inflation ◆ **to arrest (the course of) a disease** (Med) enrayer une maladie

2 n **a** [of person] arrestation f ◆ **under arrest** en état d'arrestation, (Mil) aux arrêts ◆ **to put sb under arrest** arrêter qn ; (Mil) mettre qn aux arrêts ◆ **to make an arrest** procéder à une arrestation ◆ **open/close arrest** (Mil) = arrêts mpl simples/de rigueur

b (Jur) **arrest of judgement** suspension f d'exécution d'un jugement

3 COMP ▷ **arrested development** n (Med) arrêt m de croissance ; (Psych) atrophie f de la personnalité ▷ **arresting officer** n (Police) policier ayant procédé à l'arrestation ▷ **arrest warrant** n mandat m d'arrêt

arresting [əˈrestɪŋ] → SYN adj (frm = striking) frappant, saisissant

arrestment [əˈrestmənt] n (Scot Jur) saisie f

arrhythmia [əˈrɪðmɪə] n (NonC) arythmie f

arris [ˈærɪs] n (Constr) arête f

arrival [əˈraɪvəl] LANGUAGE IN USE 24.1 → SYN

1 n **a** (NonC) [of person, vehicle, letter, parcel] arrivée f ; (Comm) [of goods in bulk] arrivage m ◆ **on arrival** à l'arrivée ◆ **arrivals and departures** (Rail etc) arrivées fpl et départs mpl

b (= consignment) **an arrival of** un arrivage de ◆ **who was the first arrival?** (= person) qui est arrivé le premier ? ◆ **a new arrival** un nouveau venu, une nouvelle venue ; (hum = baby) un(e) nouveau-né(e) ◆ **the latest arrival** le dernier arrivé

2 COMP ▷ **arrival board** n (US) ⇒ **arrivals board** ▷ **arrival platform** n quai m d'arrivée ▷ **arrivals board** n tableau m des arrivées ▷ **arrivals lounge** n salon m d'arrivée ▷ **arrival time** n heure f d'arrivée

arrive [əˈraɪv] → SYN vi **a** [person, vehicle, letter, goods] arriver ◆ **to arrive at a town** arriver à or atteindre une ville ◆ **as soon as he arrives** dès qu'il arrivera, dès son arrivée ◆ **arriving Paris 14.43** (on timetable etc) arrivée f à Paris (à) 14 h 43 ◆ **to arrive (up)on the scene** survenir ◆ **the moment has arrived when we must go** le moment est venu pour nous de partir

b (= succeed in business etc) arriver, réussir

▶ **arrive at** vt fus [+ decision, solution] aboutir à, parvenir à ; [+ perfection] atteindre ◆ **to arrive at a price** [one person] fixer un prix ; [two people] se mettre d'accord sur un prix ◆ **they finally arrived at the idea of selling it** ils en sont finalement venus à l'idée de le vendre

arrogance [ˈærəgəns] → SYN n arrogance f, morgue f

arrogant [ˈærəgənt] → SYN adj arrogant, plein de morgue

arrogantly [ˈærəgəntlɪ] adv behave, say avec arrogance ◆ **arrogantly casual/careless** d'une désinvolture/insouciance arrogante

arrogate [ˈærəʊgeɪt] vt (frm) **a** (= claim unjustly) [+ authority, right] revendiquer à tort, s'arroger ; [+ victory] s'attribuer

b (= attribute unjustly) attribuer injustement (*to sb* à qn)

arrow [ˈærəʊ] → SYN **1** n (= weapon, directional sign) flèche f ◆ **to shoot** or **loose off an arrow** décocher une flèche

2 vt [+ item on list etc] cocher ; [+ route, direction] flécher ◆ **to arrow sth in** (= insert) indiquer l'emplacement de qch

arrowhead [ˈærəʊhed] n fer m or pointe f de flèche ; (Bot) sagittaire f, flèche f d'eau

arrowroot [ˈærəʊruːt] n (Culin) arrow-root m ; (Bot) maranta f

arroyo [əˈrɔɪəʊ] n (US Geog) arroyo m

arse ****** [ɑːs] (esp Brit) **1** n cul ****** m ◆ **shift** or **move your arse!** (= move over) bouge ton cul ! ****** ; (= hurry up) magne-toi le cul ! ****** ◆ **get (up) off your arse** (= stand up) lève ton cul de là ****** ; (fig) bouge-toi le cul ****** ◆ **if you fancy that girl, don't sit on your arse, ask her out** si cette fille te plaît, bouge-toi le cul ****** et invite-la à sortir ◆ **he doesn't know his arse from his elbow** il comprend rien à rien * ; → **ass²**, **pain**

2 vt ◆ **I can't be arsed** j'ai la flemme *

▶ **arse about** ******, **arse around** ****** vi déconner ******

arsehole ****** [ˈɑːshəʊl] n (Brit) trou m du cul ****** ◆ **you arsehole!** trou du cul ! ******

arselicker ****** [ˈɑːslɪkəʳ] n lèche-cul ****** mf

arsenal [ˈɑːsɪnl] → SYN n arsenal m

arsenic [ˈɑːsnɪk] **1** n arsenic m

2 COMP ◆ **arsenic acid** n acide m arsénique ▷ **arsenic poisoning** n empoisonnement m à l'arsenic

arsenical [ɑːˈsenɪkəl] adj substance arsenical ◆ **arsenical poisoning** empoisonnement m à l'arsenic

arsenide [ˈɑːsəˌnaɪd] n arséniure m

arsenite [ˈɑːsɪˌnaɪt] n arsénite m

arsenopyrite [ˌɑːsɪnəʊˈpaɪraɪt] n mispickel m

arsine [ˈɑːsiːn] n arsine f

arson [ˈɑːsn] n incendie m volontaire or criminel

arsonist [ˈɑːsənɪst] n (gen) incendiaire mf ; (= maniac) pyromane mf

art¹ [ɑːt] → SYN **1** n **a** (NonC) art m ◆ **art for art's sake** l'art pour l'art ◆ **to study art** (gen) faire des études d'art ; (Univ) faire les beaux-arts ◆ **the arts** les arts mpl ; → **work**

b (= human skill) art m, habileté f ◆ **the art of embroidering/embroidery** l'art m de broder/de la broderie ◆ **to do sth with art** faire qch avec art or habileté ◆ **arts and crafts** artisanat m (d'art) ; → **black**, **fine²**, **state**

c (Univ) Arts lettres fpl ◆ **Faculty of Arts** faculté f des Lettres (et Sciences humaines) ◆ **he's doing Arts** il fait des (études de) lettres ; → **bachelor**, **master**

d (= cunning) artifice m, ruse f ◆ **to use every art in order to do sth** user de tous les artifices pour faire qch

2 COMP ▷ **art collection** n collection f d'œuvres d'art ▷ **art collector** n collectionneur m, -euse f d'art ▷ **art college** n = école f des beaux-arts ▷ **art dealer** n marchand m de tableaux ▷ **art deco** n art m déco ◊ adj art déco inv ▷ **art director** n (Cine) directeur m, -trice f artistique ▷ **art exhibition** n exposition f (d'œuvres) d'art ▷ **art form** n moyen m d'expression artistique ▷ **art gallery** n (= museum) musée m d'art ; (= shop) galerie f (de tableaux or d'art) ▷ **art-house** adj film, cinema d'art et d'essai ▷ **art nouveau** n art m nouveau, modern style m ▷ **art paper** n papier m couché ▷ **art school** n = école f des beaux-arts ▷ **Arts Council** n (Brit) organisme encourageant les activités culturelles ▷ **Arts degree** n (Univ) = licence f ès lettres ▷ **Arts student** n étudiant(e) m(f) de or en lettres ▷ **art student** n étudiant(e) m(f) des or en beaux-arts

art² [ɑːt] (††, liter: also **thou art**) ⇒ **you are** ; → **be**

artefact [ˈɑːtɪfækt] n objet m (fabriqué), artefact m

artel [ɑːˈtel] n artel m

Artemis [ˈɑːtɪmɪs] n Artémis f

artemisia [ˌɑːtɪˈmɪzɪə] n armoise f

arterial [ɑːˈtɪərɪəl] adj **a** (Anat) artériel

b (Rail) **arterial line** grande ligne f ◆ **arterial road** (Aut) route f or voie f à grande circulation, (grande) artère f

arterialization [ɑːˌtɪərɪəlaɪˈzeɪʃən] n (Physiol) artérialisation f

arteriography [ɑːˌtɪərɪˈɒɡrəfɪ] n artériographie f

arteriole [ɑːˈtɪərɪəʊl] n (Anat) artériole f

arteriosclerosis [ɑːˌtɪərɪəʊskləˈrəʊsɪs] n artériosclérose f

arteriosclerotic [ɑːˌtɪərɪəʊskləˈrɒtɪk] adj artérioscléreux

arteritis [ˌɑːtəˈraɪtɪs] n (Med) artérite f

artery [ˈɑːtərɪ] n (Anat) artère f; (fig = road) artère f, route f or voie f à grande circulation

artesian well [ɑːˈtiːzɪənwel] n puits m artésien

artful [ˈɑːtfʊl] → SYN adj rusé, malin (-igne f) ◆ he's an artful one * c'est un petit malin * ◆ artful dodger roubard(e) * m(f)

artfully [ˈɑːtfəlɪ] adv a (= skilfully) arranged, constructed, designed ingénieusement
b (= cunningly) avec ruse

artfulness [ˈɑːtfʊlnɪs] n (= cunning) astuce f, ruse f; (= skill) adresse f, habileté f

arthralgia [ɑːˈθrældʒə] n (Med) arthralgie f

arthritic [ɑːˈθrɪtɪk] adj, n arthritique mf

arthritis [ɑːˈθraɪtɪs] n arthrite f; → **rheumatoid**

arthrography [ɑːˈθrɒɡrəfɪ] n arthrographie f

arthropod [ˈɑːθrəpɒd] n arthropode m

Arthurian [ɑːˈθjʊərɪən] adj du roi Arthur, d'Arthur ◆ **Arthurian legend** or **legends** la légende du roi Arthur, le cycle d'Arthur

artic * [ˈɑːtɪk] n (Brit Aut) (abbrev of **articulated lorry**) → **articulate**

artichoke [ˈɑːtɪtʃəʊk] n artichaut m; → **globe, Jerusalem**

article [ˈɑːtɪkl] → SYN 1 n a (= object) objet m; (Comm) article m, marchandise f ◆ **article of clothing** pièce f d'habillement ◆ **articles of clothing** vêtements mpl ◆ **article of food** produit m or denrée f alimentaire ◆ **articles of value** objets mpl de valeur
b (Press) article m; → **leading**
c (Jur etc) [of treaty, document] article m ◆ **articles of apprenticeship** contrat m d'apprentissage ◆ **article of faith** article m de foi ◆ **the Thirty-Nine Articles** (Rel) les trente-neuf articles de foi de l'Église anglicane ◆ **articles of war** (US Mil) code m de justice militaire
d (Gram) article m; → **definite, indefinite**
2 vt a (+ apprentice) (to trade) mettre en apprentissage (to chez); (to profession) mettre en stage (to chez, auprès de)
b (Jur) stipuler
3 COMP ▷ **articled clerk** n (Brit) avocat(e) m(f) stagiaire ▷ **articles of association** npl (Jur) statuts mpl

articulacy [ɑːˈtɪkjʊləsɪ] n faculté f d'expression

articulate [ɑːˈtɪkjʊlɪt] → SYN 1 adj a speech net, distinct; thought clair, net; person qui s'exprime bien, qui sait s'exprimer
b (Anat, Bot) articulé
2 [ɑːˈtɪkjʊleɪt] vt a (+ word, sentence) articuler; (fig) (+ plan, goal) exprimer clairement
b (Anat, Bot) articuler
3 vi articuler
4 COMP ▷ **articulated lorry** n (Brit) semi-remorque m

articulately [ɑːˈtɪkjʊlɪtlɪ] adv (= fluently) avec aisance; (= clearly) clairement

articulation [ɑːˌtɪkjʊˈleɪʃən] n (also Ling) articulation f

articulatory phonetics [ɑːˌtɪkjʊˈleɪtərɪ fəʊˈnetɪks] n (NonC) phonétique f articulatoire

artifact [ˈɑːtɪfækt] n ⇒ **artefact**

artifice [ˈɑːtɪfɪs] → SYN n a (= stratagem) artifice m, ruse f
b (NonC = cunning) adresse f, art m
c (NonC: † = artificiality) stratagème m

artificer [ɑːˈtɪfɪsər] → SYN n (Mil) mécanicien m

artificial [ˌɑːtɪˈfɪʃəl] → SYN 1 adj a (= synthetic) light, flowers artificiel; leather, jewel synthétique, artificiel ◆ **artificial climbing** escalade f artificielle ◆ **artificial hair** cheveux mpl postiches ◆ **artificial arm/leg** bras m/jambe f artificiel(le) ◆ **artificial limb** prothèse f, membre m artificiel ◆ **artificial manure** engrais mpl chimiques ◆ **artificial silk** rayonne f, soie f artificielle ◆ **artificial teeth** fausses dents fpl, prothèse f dentaire
b (= affected) manner artificiel, affecté; tears feint, factice; smile forcé; person affecté ◆ **it was a very artificial situation** la situation manquait de spontanéité or de naturel
2 COMP ▷ **artificial horizon** n horizon m artificiel ▷ **artificial insemination (by donor)** n insémination f artificielle (par un donneur) ▷ **artificial intelligence** n intelligence f artificielle ▷ **artificial respiration** n respiration f artificielle

artificiality [ˌɑːtɪfɪʃɪˈælɪtɪ] n manque m de naturel

artificially [ˌɑːtɪˈfɪʃəlɪ] adv artificiellement

artillery [ɑːˈtɪlərɪ] → SYN n artillerie f

artilleryman [ɑːˈtɪlərɪmən] n, pl **-men** artilleur m

artiness * [ˈɑːtɪnɪs] n genre m prétentieux

artisan [ˈɑːtɪzæn] → SYN n artisan m ◆ **the artisans** (collectively) l'artisanat m

artisanal [ˈɑːtɪzənəl] adj artisanal

artist [ˈɑːtɪst] 1 n a (Art etc, also fig) artiste mf; → **con, piss, rip-off**
b ⇒ **artiste**

artiste [ɑːˈtiːst] n (esp Brit Cine, Theat, TV) artiste mf; → **variety**

artistic [ɑːˈtɪstɪk] → SYN 1 adj talent, design, heritage, freedom artistique; person qui a un sens artistique
2 COMP ▷ **artistic director** n (Theat) directeur m, -trice f artistique

artistically [ɑːˈtɪstɪkəlɪ] adv a (Art, Mus, Theat etc) gifted, successful du point de vue artistique
b (= attractively) arranged, presented avec art

artistry [ˈɑːtɪstrɪ] n (NonC) art m, talent m artistique

artless [ˈɑːtlɪs] → SYN adj a (= straightforward) person, beauty naturel; behaviour, comment, simplicity ingénu
b (pej = without art, skill) object grossier; translation lourd

artlessly [ˈɑːtlɪslɪ] adv ingénument

artlessness [ˈɑːtlɪsnɪs] n (NonC) a (= straightwardness) [of person, beauty] naturel m; [of behaviour, comment, simplicity] ingénuité f
b (pej = lack of art, skill) object grossièreté f; translation lourdeur f

artsy * [ˈɑːtsɪ] adj (US) ⇒ **arty**

artsy-craftsy * [ˈɑːtsɪˈkrɑːftsɪ] adj (US) ⇒ **arty-crafty**

artsy-fartsy * [ˈɑːtsɪˈfɑːtsɪ] adj (US) ⇒ **arty-farty**

artwork [ˈɑːtwɜːk] n (Publishing) iconographie f; (= painting, sculpture) œuvre f d'art; (US = objects) objets mpl d'art

arty * [ˈɑːtɪ], **artsy** * (US) adj person qui se donne le genre artiste or bohème; clothes de style faussement artiste

arty-crafty * [ˈɑːtɪˈkrɑːftɪ], **artsy-craftsy** * (US) adj (pej) object, style (exagérément) artisanal; person qui affiche un genre artiste or bohème

arty-farty * [ˈɑːtɪˈfɑːtɪ], **artsy-fartsy** * (US) adj (pej) person poseur; book, film prétentieux ◆ **an arty-farty man/woman** un poseur/une poseuse

arum [ˈɛərəm] n (Bot: also **arum lily**) arum m

ARV [ˌeɪɑːˈviː] (US Bible) (abbrev of **American Revised Version**) traduction américaine de la Bible

arvee * [ɑːˈviː] n (US) (abbrev of **recreational vehicle**) → **recreational**

arvo * [ˈɑːvəʊ], pl **arvos** n (Austral) après-midi m or f

Aryan [ˈɛərɪən] 1 n Aryen(ne) m(f)
2 adj aryen

aryl [ˈæərɪl] n aryle m

AS [eɪˈes] a abbrev of **American Samoa**
b (US) (abbrev of **Associate in Sciences**) ≈ titulaire d'un DEUG de sciences

arterialization / as

as [æz, əz]
→ SYN LANGUAGE IN USE 17.1, 26.2

1 CONJUNCTION
2 PREPOSITION
3 ADVERB

For set combinations in which **as** is not the first word, eg **such ... as, the same ... as, dressed/disguised as, acknowledge as**, look up the other word.

1 CONJUNCTION

a = while alors que ◆ **as she was falling asleep she heard a noise** elle entendit un bruit alors qu'elle commençait à s'endormir ◆ **he saw the accident as he was going to school** il a vu l'accident en allant à l'école ◆ **another policeman has been killed as fighting continued this morning** un autre policier a été tué tandis que or alors que les combats continuaient ce matin ◆ **all the jury's eyes were upon him as he continued** les jurés ne le quittaient pas des yeux tandis qu'il or alors qu'il continuait à parler

b with comparative **things will get more difficult as the year goes on** ça va devenir de plus en plus difficile au fur et à mesure que la fin de l'année approche ◆ **he grew deafer as he got older** il devenait de plus en plus sourd en vieillissant

c = just when (juste) au moment où, alors que ◆ **he came in as I was leaving** il est arrivé (juste) au moment où je partais or alors que je partais

d = because étant donné que, comme ◆ **as he hasn't phoned, we don't know where he is** comme il or étant donné qu'il n'a pas téléphoné, nous ne savons pas où il est ◆ **patient as she is, she'll probably put up with it** patiente comme elle est, elle arrivera probablement à le supporter

parce que or car can also be used, but not at the beginning of the sentence:

◆ **this is important as it reduces the effectiveness of the drug** c'est important parce que or car cela diminue l'efficacité du médicament

e = though **long as it was, I didn't find the journey boring** bien que le trajet ait été long, je ne me suis pas ennuyé ◆ **unlikely/amazing as it may seem** aussi improbable/surprenant que cela paraisse ◆ **hard as it is to believe, ...** aussi incroyable que cela puisse paraître, ... ◆ **(as) important as the president is ...** pour or si important que soit le président ...

f indicating manner comme ◆ **do as you like** faites comme vous voulez ◆ **France, as you know, is ...** la France, comme vous le savez, est ... ◆ **as (is) usual** comme d'habitude, comme à l'ordinaire ◆ **as often happens** comme c'est souvent le cas ◆ **she is very gifted, as is her brother** elle est très douée, comme son frère ◆ **they are fine as they are** ils sont très bien comme ça ◆ **I'm okay as I am** je me trouve très bien comme ça ◆ **knowing him as I do, I am sure he'll refuse** le connaissant comme je le connais, je suis sûr qu'il refusera ◆ **don't tidy up, leave it as it is** ne range rien, laisse ça comme ça BUT ◗ **A is to B as C is to D** C est à D ce que A est à B ◗ **the village, situated as it is near a motorway, ...** le village, étant situé non loin d'une autoroute, ...

2 PREPOSITION

a = in the capacity of comme ◆ **he works as a waiter** il travaille comme serveur BUT ◗ **Olivier as Hamlet** (Theat) Olivier dans le rôle de Hamlet

b = being en tant que ◆ **Napoleon, as a statesman, was ...** Napoléon, en tant qu'homme d'État, était ... ◆ **as a mother of five children, she is well aware ...** en tant que mère de cinq enfants, elle sait très bien ...

c = when **as a child, she was rather shy** (lorsqu'elle or quand elle était) enfant, elle était plutôt timide ◆ **as a young woman, she was very interested in politics** lorsqu'elle or quand elle était jeune, elle s'intéressait beaucoup à la politique

3 ADVERB

a ⎡= in the way⎤ comme ◆ **you'll have it by noon as agreed** vous l'aurez pour midi comme convenu ◆ **he came as agreed** il est venu comme convenu or prévu ◆ **as in all good detective stories** comme dans tout bon roman policier ◆ **"m" as in mother** "m" comme mère

b ⎡set structures⎤

◆ **as .... as** (in comparisons of equality) aussi ... que ◆ **I am as tall as you** je suis aussi grand que toi ◆ **is it as far as that?** c'est vraiment aussi loin que ça ?

◆ **as much as** autant que ◆ **you ate as much as me** * or **as I did** tu as mangé autant que moi ◆ **you spend as much as me** * or **as I do** tu dépenses autant que moi

◆ **twice/half as ... as** ◆ **she's twice as nice as her sister** elle est deux fois plus gentille que sa sœur ◆ **it's half as expensive** ça coûte deux fois moins cher ◆ **it's twice/three times as expensive** ça coûte deux fois/trois fois plus cher

◆ **not as** or **not so ... as** pas aussi ... que ◆ **I am not so** or **not as ambitious as you** je ne suis pas aussi ambitieux que toi ◆ **it's not so** or **not as bad as all that** ce n'est pas si terrible que ça

◆ **as for** (when changing subject) quant à ◆ **as for her mother ...** quant à sa mère ... ◆ **as for that ...** (= regarding) pour ce qui est de ça ..., quant à cela ...

◆ **as from** (referring to past) depuis ; (referring to present, future) à partir de ◆ **as from last Tuesday** depuis mardi dernier ◆ **as from today/next Tuesday** à partir d'aujourd'hui/de mardi prochain

◆ **as if**, **as though** comme si ◆ **he was staggering as if** or **as though he'd been drinking** il titubait comme s'il avait bu ◆ **it was as if** or **as though he was still alive** c'était comme s'il était toujours vivant ◆ **it's not as if** or **as though he was nice-looking** ce n'est pas comme s'il était beau garçon ◆ **as if!** * tu parles !*

◆ **as if to** comme pour ◆ **as if to confirm his prediction there was a loud explosion** comme pour confirmer ses prédictions on entendit une forte explosion ◆ **he looked at me as if to say ...** il m'a regardé avec l'air de dire ...

◆ **as it is** (= in fact) dans l'état actuel des choses ; (= already) comme ça ◆ **as it is, it doesn't make much difference** dans l'état actuel des choses, ça ne fait pas grande différence ◆ **I've got quite enough to do as it is** j'ai bien assez à faire comme ça

◆ **as it were** pour ainsi dire, en quelque sorte ◆ **I have become, as it were, her companion** je suis devenu, pour ainsi dire or en quelque sorte, son compagnon

◆ **as of** (from past time) depuis ; (from present, future time) à partir de ; (= up to) jusqu'à ◆ **as of last Tuesday** depuis mardi dernier ◆ **as of today/next Tuesday** à partir d'aujourd'hui/de mardi prochain ◆ **as of yesterday, the city has recorded 751 homicides this year** jusqu'à hier, la ville avait enregistré 751 meurtres cette année ◆ **the balance of your account as of 16 June** (= on) le solde de votre compte au 16 juin

◆ **as of now** pour l'instant ◆ **as of now, I have no definite plans** pour l'instant, je ne sais pas encore ce que je vais faire

◆ **as regards** → **regard**

◆ **as such** (= in itself) en soi ; (= in that capacity) en tant que tel or telle, à ce titre ◆ **the work as such is boring but the pay is good** le travail en soi est ennuyeux mais le salaire est correct ◆ **they are the best players in the world and, as such, are highly paid** ce sont les meilleurs joueurs du monde et, en tant que tels or à ce titre, ils touchent un salaire très élevé ◆ **he was still a novice and they treated him as such** ce n'était qu'un débutant et ils le traitaient comme tel

◆ **not/no ... as such** pas à proprement parler, pas vraiment ◆ **I'm not a beginner as such** je ne suis pas à proprement parler un débutant, je ne suis pas vraiment débutant ◆ **he had no qualifications as such** il n'avait à proprement parler aucune qualification

◆ **as to** (when changing subject) quant à ◆ **as to her mother ...** quant à sa mère ... ◆ **as to that** (= regarding that) pour ce qui est de ça, quant à cela ◆ **to question sb as to his intentions** (= about) interroger qn sur ses intentions ◆ **they should make decisions as to whether students need help** il faudrait qu'ils décident si les étudiants ont besoin d'aide (ou non) ◆ **he inquired as to what the problem was** il demanda ce qui n'allait pas

◆ **as yet** → **yet**

◆ **as you were** * (to correct oneself) non, je me trompe ◆ **it was in 1990 he won the trophy, as you were, 1992** c'est en 1990 qu'il a remporté la coupe, non, je me trompe, en 1992 ◆ **as you were!** (Mil) repos !

A/s (abbrev of **account sales**) compte m de ventes

a/s (abbrev of **after sight**) **payable 30 days a/s** (Comm) payable à trente jours de vue

ASA [ˌeɪesˈeɪ] **a** (Brit) (abbrev of **Advertising Standards Authority**) → **advertising**
 b (Brit) (abbrev of **Amateur Swimming Association**) fédération de natation
 c (abbrev of **American Standards Association**) **100/200 ASA** 100/200 ASA

ASA/BS [ˌeɪesɜːbiːˈes] abbrev of **American Standards Association/British Standard**

asafoetida [ˌæsəˈfetɪdə] n (Bot) ase f fétide

a.s.a.p. * [ˌeɪeseɪˈpiː] (abbrev of **as soon as possible**) aussitôt que possible

asbestos [æzˈbestəs] 1 n amiante f, asbeste m
 2 COMP ▷ **asbestos mat** n plaque f d'amiante

asbestosis [ˌæzbesˈtəʊsɪs] n asbestose f

ascariasis [ˌæskəˈraɪəsɪs] n ascaridiase f, ascaridiose f

ascarid [ˈæskərɪd] n ascaride m, ascaris m

ascend [əˈsend] → SYN 1 vi monter, s'élever (to à, jusqu'à) ; (in time) remonter (to à) ◆ **in ascending order** en ordre croissant
 2 vt [+ ladder] monter à ; [+ mountain] gravir, faire l'ascension de ; [+ river] remonter ; [+ staircase] monter ◆ **to ascend the throne** monter sur le trône
 3 COMP ▷ **ascending scale** n (Mus) gamme f ascendante or montante

ascendancy [əˈsendənsɪ] → SYN n (= influence) ascendant m, empire m (over sur) ; (= rise to power etc) montée f, ascension f

ascendant [əˈsendənt] → SYN 1 n (Astrol, fig) ascendant m ◆ **to be in the ascendant** (Astrol) être à l'ascendant ◆ **his fortunes are in the ascendant** tout lui sourit
 2 adj (gen) dominant ; (Astrol) ascendant

ascender [əˈsendər] n hampe f montante

ascension [əˈsenʃən] 1 n ascension f ◆ **the Ascension** (Rel) l'Ascension f
 2 COMP ▷ **Ascension Day** n l'Ascension f ▷ **Ascension Island** n l'île f de l'Ascension

ascensionist [əˈsenʃənɪst] n ascensionniste mf

ascent [əˈsent] → SYN n [of mountain etc] ascension f ; (fig: in time) retour m ; (in rank) montée f, avancement m

ascertain [ˌæsəˈteɪn] → SYN 1 vt (gen) établir ; [+ person's age, name, address etc] vérifier ◆ **to ascertain that sth is true** s'assurer or vérifier que qch est vrai
 2 COMP ▷ **ascertained goods** npl (Jur) marchandises fpl déterminées

ascertainable [ˌæsəˈteɪnəbl] adj vérifiable

ascertainment [ˌæsəˈteɪnmənt] n constatation f, vérification f

ascetic [əˈsetɪk] → SYN 1 adj ascétique
 2 n ascète mf

asceticism [əˈsetɪsɪzəm] → SYN n ascétisme f

ASCII [ˈæskiː] 1 n (abbrev of **American Standard Code for Information Interchange**) ASCII m
 2 COMP ▷ **ASCII file** n fichier m ASCII

ascites [əˈsaɪtiːz] n ascite f

ascitic [əˈsɪtɪk] adj ascitique

asclepias [əˈskliːpɪəs] n (Bot) asclépiade f

ascomycete [ˌæskəmaɪˈsiːt] n (Bot) ascomycète m

ascomycetous [ˌæskəmaɪˈsiːtəs] adj (Bot) ascomycète

ascorbic acid [əˈskɔːbɪkˈæsɪd] n acide m ascorbique

ascribable [əˈskraɪbəbl] adj virtue, piece of work attribuable ; fault, blame imputable (to à)

ascribe [əˈskraɪb] → SYN vt [+ virtue, piece of work] attribuer (to à) ; [+ fault, blame] imputer (to à)

ascription [əˈskrɪpʃən] n [of book, painting, characteristic] attribution f (to sb/sth à qn/qch) ; [of blame] imputation f (to sb/sth à qn/qch)

asdic [ˈæzdɪk] n (Brit Mil) asdic m

ASEAN [ˌeɪesiːˈen] (abbrev of **Association of South-East Asian Nations**) ASEAN f

asemantic [eɪsɪˈmæntɪk] adj asémantique

asepsis [eɪˈsepsɪs] n (Med) asepsie f

aseptic [eɪˈseptɪk] adj aseptique ◆ **aseptic tank** (Space) cuve f W.-C.

asexual [eɪˈseksjʊəl] adj **a** (= sexless) person etc asexué
 b (Zool) asexué ◆ **asexual reproduction** reproduction f asexuée

asexuality [ˌeɪseksjʊˈælɪtɪ] n (Bio) asexualité f

asexually [eɪˈseksjʊəlɪ] adv reproduce par multiplication asexuée

ASH [ˈæʃ] (Brit) (abbrev of **Action on Smoking and Health**) comité contre le tabagisme

ash¹ [æʃ] n (Bot: also **ash tree**) frêne m ; → **mountain**

ash² [æʃ] 1 n [of fire, coal, cigarette] cendre f ◆ **ashes** (of the dead) cendres fpl ◆ **to reduce sth to ashes** réduire qch en cendres ◆ **ashes to ashes, dust to dust** (Rel) tu es poussière et tu retourneras en poussière ◆ **the Ashes** (Cricket) trophée des matchs Australie-Angleterre ; → **sackcloth**
 2 COMP ▷ **ash-bin** n (for ashes) cendrier m (de poêle etc) ; (for rubbish) poubelle f, boîte f à ordures ▷ **ash blond(e)** adj blond(e) cendré(e) inv ▷ **ash-coloured** adj gris cendré inv ▷ **ash pan** n cendrier m (de poêle etc) ▷ **Ash Wednesday** n (Rel) mercredi m des Cendres

ashamed [əˈʃeɪmd] → SYN adj honteux ◆ **to be** or **feel ashamed, to be ashamed of o.s.** avoir honte ◆ **to be ashamed of sb/sth** avoir honte de qn/qch ◆ **it's nothing to be ashamed of** il n'y a aucune raison d'en avoir honte ◆ **I am ashamed of her** elle me fait honte, j'ai honte d'elle ◆ **you ought to** or **should be ashamed** (of yourself)! vous devriez avoir honte ! ◆ **to be ashamed of o.s. for doing sth** avoir honte d'avoir fait qch ◆ **to be ashamed about sth** avoir honte de qch ◆ **to be ashamed to do sth** avoir honte de faire qch ◆ **I'm too ashamed to tell anyone** j'ai trop honte pour le dire à quiconque ◆ **I've done nothing, I'm ashamed to say** à ma honte je dois dire que je n'ai rien fait, c'est honteux à dire, mais je n'ai rien fait ◆ **she was ashamed that she had been so nasty** elle avait honte d'avoir été aussi méchante

ashamedly [əˈʃeɪmɪdlɪ] adv honteusement, non sans honte

ashcan [ˈæʃkæn] n (US) poubelle f

ashen [ˈæʃn] adj **a** (liter) (= pale) face terreux, livide ; (= greyish) cendré, couleur de cendre
 b (= of ashwood) en (bois de) frêne

Ashkenazi [ˌæʃkəˈnɑːzɪ] 1 adj ashkénaze
 2 n ashkénaze mf

Ashkenazic [ˌæʃkəˈnɑːzɪk] adj ashkénaze

ashlar [ˈæʃlər] n pierre f de taille (équarrie)

ashman [ˈæʃmən] n, pl **-men** (US) éboueur m

ashore [əˈʃɔːr] → SYN adv (= on land) à terre ; (= to the shore) vers la rive, vers le rivage ◆ **to go ashore** débarquer, descendre à terre ◆ **to set** or **put sb ashore** débarquer qn ◆ **to run ashore** (Naut) s'échouer, se jeter à la côte ◆ **to swim ashore** rejoindre la rive à la nage

ashram [ˈæʃrəm] n ashram m

ashtray [ˈæʃtreɪ] n cendrier m

ashy [ˈæʃɪ] adj **a** (= ash-coloured) cendré, couleur de cendre ; (= pale) terreux, livide
 b (= covered with ashes) couvert de cendres

Asia [ˈeɪʃə] 1 n Asie f
 2 COMP ▷ **Asia Minor** n Asie f Mineure

Asian [ˈeɪʃn] 1 adj **a** (= from Asia) asiatique ◆ **Asian flu** (Med) grippe f asiatique
 b (Brit = from Indian subcontinent) originaire du sous-continent indien, indo-pakistanais
 2 n **a** (= person from Asia) Asiatique mf

b (Brit = person from Indian subcontinent) *personne originaire du sous-continent indien*, Indo-Pakistanais(e) m(f)

3 COMP ▷ **Asian-American** adj américain d'origine asiatique ◇ n Américain(e) m(f) d'origine asiatique

Asiatic [ˌeɪsɪˈætɪk] **1** adj ⇒ **Asian** 1
2 n (offensive usage) ⇒ **Asian** 2

aside [əˈsaɪd] → SYN

When **aside** is an element in a phrasal verb, eg **brush aside, cast aside, put aside, stand aside**, look up the verb.

1 adv de côté, à l'écart, à part ◆ **joking aside** plaisanterie or blague * à part ◆ **aside from** (esp US) à part

2 n (esp Theat) aparté m ◆ **to say sth in an aside** dire qch en aparté

asinine [ˈæsɪnaɪn] → SYN adj (frm) sot, idiot

ask [ɑːsk] LANGUAGE IN USE 4, 9.1, 26.1 → SYN

1 vt **a** (= inquire) demander ◆ **to ask sb sth** demander qch à qn ◆ **to ask sb about sth** interroger qn or questionner qn or poser des questions à qn au sujet de qch ◆ **to ask (sb) a question** poser une question (à qn) ◆ **I don't know, ask your father** je ne sais pas, demande(-le) à ton père ◆ **ask him if he has seen her** demande-lui s'il l'a vue ◆ **asked whether this was true, he replied ...** quand on lui a demandé si c'était vrai, il a répondu ... ◆ **don't ask me!** allez savoir ! *, est-ce que je sais (moi) ! * ◆ **I ask you!** (in exasperation) je vous demande un peu ! * ◆ **I'm not asking you!** * (= keep quiet) je ne te demande rien (à toi) ! *

b (= request) demander, solliciter ; (Comm) [+ price] demander ◆ **to ask sb to do sth** demander à qn de faire qch, prier qn de faire qch ◆ **to ask that sth (should) be done** demander que qch soit fait ◆ **to ask sb for sth** demander qch à qn ◆ **he asked to go on the picnic** il a demandé à se joindre or s'il pouvait se joindre au pique-nique ◆ **I don't ask much from you** je ne t'en demande pas beaucoup ◆ **it's not much to ask!** ce n'est pas trop demander !, ce n'est pas grand-chose ! ◆ **that's asking a lot/too much!** c'est beaucoup/trop (en) demander ! ◆ **that's asking the impossible** c'est demander l'impossible ◆ **how much are they asking for it?** ils en demandent or veulent combien ? ◆ **he is asking £80,000 for the house** il demande 80 000 livres or veut 80 000 livres pour la maison

c (= invite) inviter ◆ **to ask sb to (come to) the theatre** inviter qn (à aller) au théâtre ◆ **to ask sb to lunch** inviter qn à déjeuner ◆ **I was asked into the drawing room** on m'a prié d'entrer au salon ◆ **how about asking Sabine?** et si on invitait Sabine ?, et si on demandait à Sabine de venir ? ◆ **to ask sb in/out/up** etc demander à qn or prier qn d'entrer/de sortir/de monter etc

2 vi demander ◆ **to ask about sth** s'informer de qch, se renseigner sur qch ◆ **to ask around** (= make enquiries) demander autour de soi ◆ **it's there for the asking** * il suffit de le demander (pour l'obtenir), on l'a comme on veut ◆ **now you're asking!** * est-ce que je sais (moi) ! *

3 n (US) ◆ **that's a big ask** * c'est beaucoup demander

4 COMP ▷ **asking price** n (Comm) prix m de départ, prix m demandé au départ

▶ **ask after** vt fus [+ person] demander des nouvelles de ◆ **to ask after sb's health** s'informer de la santé de qn

▶ **ask along** vt sep ◆ **they didn't ask me along** ils ne m'ont pas demandé de les accompagner

▶ **ask back** vt sep **a** (for a second visit) réinviter
b (on a reciprocal visit) **to ask sb back** rendre son invitation à qn
c (to one's home) **to ask sb back for coffee** inviter qn à prendre le café

▶ **ask for** vt fus [+ help, permission, money] demander ; [+ person] demander à voir ◆ **he asked for his pen back** il a demandé (qu'on lui rende) son stylo ◆ **they are asking for trouble** * ils cherchent les ennuis or les embêtements * ◆ **she was asking for it!** (= deserved it) elle l'a bien cherché ! *, elle ne l'a pas volé ! * ; → **moon**

▶ **ask in** vt sep inviter à entrer ◆ **to ask sb in for a drink** inviter qn à (entrer) prendre un verre

▶ **ask out** vt sep inviter à sortir ◆ **he asked her out to dinner/to see a film** il l'a invitée (à dîner) au restaurant/au cinéma

▶ **ask over** vt sep inviter (à la maison) ◆ **let's ask Paul over** si on invitait Paul à venir nous voir ?

▶ **ask round** vt sep inviter (à la maison)

askance [əˈskɑːns] → SYN adv ◆ **to look askance at** (= sideways) regarder de côté ; (= suspiciously/disapprovingly) regarder d'un air soupçonneux/d'un œil désapprobateur ◆ **to look askance at a suggestion** se formaliser d'une suggestion

askew [əˈskjuː] → SYN adj, adv de travers, de guingois * ◆ **something is askew** (US fig) il y a quelque chose qui ne tourne pas rond *

aslant [əˈslɑːnt] **1** adv de travers
2 prep en travers de

asleep [əˈsliːp] → SYN adj **a** (= sleeping) endormi ◆ **to be asleep** dormir, être endormi ◆ **to be fast** or **sound asleep** dormir profondément or d'un sommeil profond or à poings fermés ◆ **to fall asleep** s'endormir
b (= numb) finger etc engourdi

ASLEF, Aslef [ˈæzlef] n (Brit) (abbrev of **Associated Society of Locomotive Engineers and Firemen**) syndicat

ASM [ˌeɪesˈem] n (Theat) (abbrev of **assistant stage manager**) régisseur m adjoint

asocial [eɪˈsəʊʃəl] adj asocial

asp¹ [æsp] n (Zool) aspic m

asp² [æsp] n (Bot) ⇒ **aspen**

asparagine [əˈspærədʒɪn] n asparagine f

asparagus [əˈspærəɡəs] **1** n (NonC) asperges fpl
2 COMP ▷ **asparagus fern** n asparagus m ▷ **asparagus spears** npl asperges fpl ▷ **asparagus tips** npl pointes fpl d'asperges

aspartame [əˈspɑːˌteɪm] n aspartam(e) m

aspartic acid [əˈspɑːtɪk] n acide m aspartique

ASPCA [ˌeɪespiːsiːˈeɪ] n (abbrev of **American Society for the Prevention of Cruelty to Animals**) SPA américaine

aspect [ˈæspekt] → SYN n **a** (= facet, element) [of question, subject etc] aspect m, angle m ◆ **to study every aspect of a question** étudier une question sous toutes ses faces or tous ses aspects ◆ **seen from this aspect ...** vu sous cet angle ...
b (liter = appearance) air m, mine f ◆ **of fierce aspect** à la mine or à l'aspect féroce
c (= face) [of building etc] exposition f, orientation f ◆ **the house has a southerly aspect** la maison est exposée or orientée au midi
d (Gram) aspect m

aspen [ˈæspən] n (Bot) tremble m ◆ **to shake** or **tremble like an aspen** trembler comme une feuille

aspergillosis [ˌæspɜːdʒɪˈləʊsɪs] n, pl **aspergilloses** [ˌæspɜːdʒɪˈləʊsɪz] aspergillose f

aspergillus [ˌæspəˈdʒɪləs] n, pl **aspergilli** [ˌæspəˈdʒɪlaɪ] aspergille f

asperity [æsˈperɪtɪ] → SYN n **a** (NonC) [of manner, style, voice] aspérité f ; [of person] rudesse f
b (gen pl) [of climate, weather] rigueur(s) f(pl)

aspermia [əˈspɜːmɪə] n aspermie f

aspersion [əsˈpɜːʃən] n (untruthful) calomnie f ; (truthful) médisance f ; → **cast**

aspersorium [ˌæspəˈsɔːrɪəm] n, pl **aspersoriums** or **aspersoria** [ˌæspəˈsɔːrɪə] aspersoir m

asphalt [ˈæsfælt] **1** n asphalte m
2 vt asphalter
3 COMP road asphalté ▷ **asphalt jungle** n jungle f des rues

asphodel [ˈæsfədel] n (Bot) asphodèle m

asphyxia [æsˈfɪksɪə] n asphyxie f

asphyxiate [æsˈfɪksɪeɪt] → SYN **1** vt asphyxier
2 vi s'asphyxier

asphyxiation [æsˌfɪksɪˈeɪʃən] n asphyxie f

aspic [ˈæspɪk] n (Culin) gelée f (pour hors-d'œuvre) ◆ **chicken in aspic** aspic m de volaille

aspidistra [ˌæspɪˈdɪstrə] n aspidistra m

aspirant [ˈæspɪrənt] → SYN **1** n aspirant(e) m(f), candidat(e) m(f) (to, after à)
2 adj artist, poet, writer en herbe

aspirate [ˈæspərɪt] **1** n aspirée f
2 adj aspiré ◆ **aspirate h** h aspiré
3 [ˈæspəreɪt] vt aspirer

aspiration [ˌæspəˈreɪʃən] → SYN n (also Ling) aspiration f

aspirational [ˌæspəˈreɪʃənl] adj person ambitieux ; product qui fait chic

aspirator [ˈæspəˌreɪtər] n aspirateur m

aspire [əsˈpaɪər] → SYN vi ◆ **to aspire after** or **to sth** aspirer or viser à qch, ambitionner qch ◆ **to aspire to do sth** aspirer à faire qch ◆ **to aspire to fame** briguer la célébrité ◆ **to aspire to a second car** ambitionner (d'avoir) une deuxième voiture ◆ **we can't aspire to that** nos prétentions ne vont pas jusque-là

aspirin [ˈæsprɪn] n, pl **aspirin** or **aspirins** (= substance) aspirine f ; (= tablet) (comprimé m d')aspirine

aspiring [əsˈpaɪərɪŋ] → SYN adj artist, poet, writer en herbe ; manager, officer potentiel

asquint [əˈskwɪnt] adv du coin de l'œil

ass¹ [æs] → SYN n **a** âne m ◆ **she-ass** ânesse f ◆ **ass's foal** ânon m
b († = pej idiot(e) m(f), imbécile mf ◆ **a silly ass** un pauvre imbécile ◆ **he is a perfect ass** il est bête comme ses pieds * ◆ **to make an ass of o.s.** se rendre ridicule, se conduire comme un idiot or imbécile ◆ **don't be an ass!** (action) ne fais pas l'imbécile ! ; (speech) ne dis pas de sottises !

ass² ** [æs] → SYN (US) **1** n cul ** m ◆ **to chew sb's ass** engueuler qn ** ◆ **to kiss sb's ass** lécher le cul à qn ** ◆ **kiss my ass!** va te faire foutre ! ** ◆ **to work one's ass off** bosser comme un dingue *, se casser le cul ** ◆ **my ass!** mon cul ! ** ◆ **stick it** or **shove it up your ass!** tu peux te le foutre au cul ! ** ◆ **to have one's ass in a sling** être dans la merde ** ◆ **to get one's ass in gear** se remuer le cul ** ◆ **a piece of ass** (= sex) une baise ** ; (= girl) une fille bonne à baiser ** ; → **bust**

2 COMP ▷ **ass-backward** ** adj (= reversed) cul par-dessus tête ** ; (= confused) bordélique ** ◇ adv (= in reverse) cul par-dessus tête * ; (= in confused manner) de façon bordélique ** ▷ **ass kisser** ** n lèche-cul ** mf inv ▷ **ass-wipe** ** n papier m cul **

assai [æˈsaɪ] adv assai

assail [əˈseɪl] → SYN vt (lit) attaquer, assaillir ; (fig: with questions, doubts etc) assaillir (with de)

assailant [əˈseɪlənt] n agresseur m, assaillant(e) m(f)

Assam [æˈsæm] n Assam m

assassin [əˈsæsɪn] → SYN n (Pol) assassin m

assassinate [əˈsæsɪneɪt] → SYN vt (Pol) assassiner

assassination [əˌsæsɪˈneɪʃən] n (Pol) assassinat m ◆ **assassination attempt** tentative f d'assassinat

assault [əˈsɔːlt] → SYN **1** n **a** (Mil, Climbing) assaut m (on de) ◆ **taken by assault** emporté or pris d'assaut ◆ **to make an assault on ...** donner l'assaut à ..., aller or monter à l'assaut de ...
b (Jur) agression f ◆ **assault and battery** coups mpl et blessures fpl, voies fpl de fait ◆ **the assault on the old lady** l'agression dont a été victime la vieille dame ◆ **assault on sb's good name** atteinte f à la réputation de qn ; → **aggravate, common, indecent**

2 vt agresser ; (Jur = attack) se livrer à des voies de fait sur ; (= attack sexually) se livrer à des violences sexuelles sur, violenter ◆ **to assault sb's sensibilities** blesser la sensibilité de qn

3 COMP ▷ **assault course** n (Mil) parcours m du combattant ▷ **assault photographer** * n (pej) paparazzi m ▷ **assault rifle** n fusil m d'assaut

assay [əˈseɪ] → SYN **1** n essai m (d'un métal précieux etc)
2 vt **a** [+ mineral, ore] essayer
b († = try) essayer, tenter (to do sth de faire qch)
3 COMP ◆ **assay office** n (US) laboratoire m d'essais (d'un hôtel des monnaies)

assegai [ˈæsəgaɪ] n (Mil) sagaie f

assemblage [əˈsemblɪdʒ] n **a** (Tech = putting together) assemblage m, montage m
b (= collection) [of things] collection f, ensemble m ; [of people] assemblée f

assemble [əˈsembl] → SYN **1** vt (+ objects, ideas) assembler ; [+ people] rassembler, réunir ; (Tech) [+ device, machine] monter, assembler
2 vi se réunir, se rassembler

assembler [əˈsemblər] n (Comput) assembleur m

assembly [əˈsemblɪ] → SYN **1** n **a** (= meeting) assemblée f, réunion f ; (Scol) *réunion de tous les élèves de l'établissement pour la prière, les annonces etc* ◆ **in open assembly** en séance publique ; → **unlawful**
b (Tech = assembling of framework, machine) assemblage m, montage m ; (= whole unit) assemblage m ◆ **the engine assembly** le bloc moteur ; → **tail**
c (Mil = call) rassemblement m *(sonnerie)*
d (Pol) assemblée f
e (Comput) assemblage m
2 COMP ▷ **assembly hall** n (for public meetings, stage shows) salle f des fêtes ; (in school) salle f de réunion ▷ **assembly language** n (Comput) langage m d'assemblage ▷ **assembly line** n chaîne f de montage ▷ **assembly plant** n (Ind) usine f de montage ▷ **assembly point** n lieu m or point m de rassemblement ▷ **assembly room(s)** n(pl) salle f de réunion ; [of town hall] salle f des fêtes ▷ **assembly shop** n atelier m de montage

assemblyman [əˈsemblɪmən] n, pl **-men** (US) membre m d'une assemblée législative

assemblywoman [əˈsemblɪwʊmən] n, pl **-women** (US) membre m d'une assemblée législative

assent [əˈsent] → SYN **1** n assentiment m, consentement m ◆ **with one assent** (two people) d'un commun accord ; (more than two people) à l'unanimité ◆ **to give one's assent to** donner son assentiment à ; → **nod, royal**
2 vi consentir, donner son assentiment *(to* à*)*

assert [əˈsɜːt] → SYN vt **a** (= declare) affirmer, soutenir ; [+ one's innocence] protester de
b (= maintain) [+ claim] défendre ; [+ one's due] revendiquer ; [+ one's authority] faire respecter ◆ **to assert o.s.** or **one's rights** faire valoir ses droits

assertion [əˈsɜːʃən] → SYN n **a** (= statement) affirmation f, assertion f ; → **self**
b [of one's rights] revendication f

assertive [əˈsɜːtɪv] → SYN adj tone, voice assuré ; personality affirmé ◆ **assertive behaviour** or **manner** assurance f ◆ **to be assertive** [person] avoir de l'assurance, avoir confiance en soi ◆ **to become more assertive** [person] prendre de l'assurance, s'affirmer

assertively [əˈsɜːtɪvlɪ] adv avec assurance

assertiveness [əˈsɜːtɪvnɪs] **1** n assurance f, confiance f en soi
2 COMP ▷ **assertiveness training** n (NonC) stages mpl d'affirmation de la personnalité ◆ **assertiveness training course** stage m d'affirmation de la personnalité

assess [əˈses] → SYN **1** vt **a** (= estimate) estimer, évaluer
b [+ payment] fixer or déterminer le montant de ; [+ income tax] établir ; [+ rateable property] calculer la valeur imposable de ; [+ damages] fixer ; → **basis**
c (fig = evaluate) [+ situation] évaluer ; [+ time, amount] estimer, évaluer ; [+ candidate] juger (la valeur de)
2 COMP ▷ **assessed income** n revenu m imposable

assessable [əˈsesəbl] adj imposable ◆ **assessable income** (or **profits** etc) (Fin) assiette f de l'impôt

assessment [əˈsesmənt] → SYN **1** n **a** (= evaluation) [of situation, effect, risk] évaluation f ; [of prospects, chances, needs] estimation f ; [of damage] évaluation f, estimation f ◆ **he gave his assessment of the situation** il a dit comment il voyait ou jugeait la situation ou ce qu'il pensait de la situation
b (esp Educ, Ind = appraisal) [of person] évaluation f ; (on pupil's report) appréciation f des professeurs ◆ **I should be interested to hear your assessment of him** ça m'intéresserait de savoir ce que vous pensez de lui ; → **continuous, self**
c (Med, Psych, Sociol) [of patient, case] examen m ◆ **neurological assessment** diagnostic m neurologique
d (= critique) [of book, film, play] jugement m ; [of plan, policy, idea] opinion f
e (Fin, Tax, Jur) [of finances] estimation f ; [of rateable property] calcul m (de la valeur imposable) ; [of damages] fixation f ◆ **appeals against assessments made by the taxman** opposition f aux estimations du fisc ◆ **income assessment** évaluation f du revenu ◆ **tax assessment** calcul m de l'impôt
2 COMP ▷ **assessment centre** n (Ind) centre m d'évaluation *(des demandeurs d'emploi)* ▷ **assessment method** n (gen) méthode f d'évaluation ◆ **the assessment method** (Educ) le contrôle des connaissances ; (Univ) le contrôle continu ▷ **assessment procedure** n (Educ, Ind) procédure f d'évaluation ▷ **assessment process** n (Educ, Ind) processus m d'évaluation ▷ **assessment tests** npl (Brit Educ) *examens nationaux de contrôle des connaissances pour les élèves du secondaire*

assessor [əˈsesər] n **a** (Jur) (juge m) assesseur m
b [of property] expert m ◆ **assessor of taxes** (US) contrôleur m, -euse f des contributions directes
c (in exam) examinateur m, -trice f, correcteur m, -trice f ; (in sport) juge m

asset [ˈæset] → SYN **1** n **a** bien m ◆ **assets** biens mpl, avoir m, capital m ; (Comm, Fin, Jur) actif m ◆ **assets and liabilities** actif m et passif m ◆ **their assets amount to £1m** leur actif est d'un or s'élève à un million de livres ; → **liquid**
b (= advantage) avantage m, atout m ◆ **he is one of our greatest assets** sa collaboration (or sa présence etc) constitue un de nos meilleurs atouts
2 COMP ▷ **asset-stripper** n (Fin) repreneur m d'entreprises (en faillite) ▷ **asset-stripping** n (Fin) dépeçage m

asseverate [əˈsevəreɪt] vt affirmer solennellement ; [+ one's innocence, loyalty] protester de

asseveration [əˌsevəˈreɪʃən] n (frm) affirmation f solennelle

asshole** [ˈæshəʊl] n (US lit, also fig = person) trou m du cul**

assibilate [əˈsɪbɪleɪt] vt (Phon) assibiler

assibilation [əˌsɪbɪˈleɪʃən] n (Phon) assibilation f

assiduity [ˌæsɪˈdjʊɪtɪ] n assiduité f, zèle m

assiduous [əˈsɪdjʊəs] → SYN adj assidu

assiduously [əˈsɪdjʊəslɪ] adv study, work assidûment ◆ **to assiduously avoid doing sth** prendre bien soin d'éviter de faire qch

assign [əˈsaɪn] → SYN vt **a** (= allot) [+ task, office] assigner ; [+ date] assigner, fixer ; [+ room] attribuer (*to sb/sth* à qn/qch) ; [+ meaning] donner, attribuer (*to* à) ◆ **to assign a reason for sth** donner la raison de qch ◆ **the event is assigned to the year 1600** on fait remonter cet événement à 1600
b (= appoint) [+ person] affecter (*to* à)
c (Jur) [+ property, right] céder, faire cession de (*to sb* à qn), transférer (*to sb* au nom de qn)

assignation [ˌæsɪɡˈneɪʃən] n **a** (= appointment) rendez-vous m *(souvent galant)*
b (= allocation) attribution f ; [of money] allocation f ; [of person, room] affectation f
c (Jur) cession f, transfert m (de biens)

assignee [ˌæsaɪˈniː] n (Jur) cessionnaire mf

assignment [əˈsaɪnmənt] → SYN n **a** (= task) mission f ; (Scol) devoir m ; (Univ) devoir m ; (= essay) dissertation f ◆ **to be on (an) assignment** être en mission
b (NonC = allocation) attribution f ; [of money] allocation f ; [of person, room] affectation f
c (Jur) **assignment of contract** cession f des droits et obligations découlant d'un ou du contrat

assignor [ˌæsɪˈnɔːr] n (Jur) cédant m

assimilate [əˈsɪmɪleɪt] **1** vt **a** (= absorb) [+ food, knowledge] assimiler
b (= compare) comparer, assimiler (*to* à), rapprocher (*to* de)
2 vi s'assimiler, être assimilé

assimilation [əˌsɪmɪˈleɪʃən] n (= absorption) assimilation f ; (= comparison) assimilation f (*to* à), comparaison f, rapprochement m (*to avec*) ; (Phon) assimilation f

Assisi [əˈsiːzɪ] n Assise

assist [əˈsɪst] → SYN **1** vt aider (*to do sth, in doing sth* à faire qch) ◆ **to assist sb in/out** etc aider qn à entrer/sortir etc ◆ **to assist one another** s'entraider ◆ **assisted by** avec le concours de
2 vi (= help) aider ◆ **to assist in (doing) sth** aider à (faire) qch
3 n (Sport) action f qui aide un coéquipier à marquer un point
4 COMP ▷ **assisted passage** n (Travel) billet m subventionné ▷ **assisted place** n (Brit Scol) *place réservée dans une école privée à un élève de milieu modeste dont les frais de scolarité sont payés par l'État* ▷ **assisted suicide** n suicide m assisté

assistance [əˈsɪstəns] → SYN n aide f, assistance f ◆ **to give assistance to sb** prêter assistance à qn ◆ **to come to sb's assistance** venir en aide à qn, porter assistance à qn ◆ **can I be of assistance?** puis-je vous aider ?, puis-je vous être utile ?

assistant [əˈsɪstənt] → SYN **1** n aide mf, auxiliaire mf ◆ **(foreign language) assistant** (Scol) assistant(e) m(f) ; (Univ) lecteur m, -trice f ; → **shop**
2 COMP adjoint, sous- ▷ **assistant editor** n rédacteur m, -trice f adjoint(e), assistant(e) m(f) de rédaction ▷ **assistant judge** n (US Jur) juge m adjoint ▷ **assistant librarian** n bibliothécaire mf adjoint(e) ▷ **assistant manager** n directeur m, -trice f adjoint(e), sous-directeur m, -trice f ▷ **assistant master†, assistant mistress†** n (Brit Scol) professeur m *(qui n'a pas la responsabilité d'une section)* ▷ **assistant priest** n vicaire m ▷ **assistant principal** n (Scol) directeur m, -trice f adjoint(e) ; (in a French lycée) censeur m ▷ **assistant professor** n (US Univ) ≃ maître m assistant ▷ **assistant referee** n (Ftbl) juge m de touche ▷ **assistant secretary** n secrétaire mf adjoint(e), sous-secrétaire mf ▷ **assistant teacher** n (primary) instituteur m, -trice f ; (secondary) professeur m *(qui n'a pas la responsabilité d'une section)*

assistantship [əˈsɪstəntʃɪp] n (US Univ) poste m d'étudiant(e) chargé(e) de travaux dirigés

assizes [əˈsaɪzɪz] npl (Jur) assises fpl

assn. abbrev of **association**

assoc. abbrev of **association** and **associated**

associate [əˈsəʊʃɪɪt] → SYN **1** adj uni, associé ◆ **associate director** directeur m, -trice f adjoint(e) ◆ **associate judge** (Jur) juge m assesseur ◆ **Associate Justice** (US Jur) juge m de la Cour suprême ◆ **associate professor** (US Univ) ≃ maître m de conférences
2 n **a** (= fellow worker) associé(e) m(f), collègue mf ; (Jur: also **associate in crime**) complice mf ◆ **to be associates in an undertaking** participer conjointement à une entreprise ; → **business**
b [of a society] membre m, associé(e) m(f) ; [of learned body] (membre m) correspondant m ◆ **associate's degree** (US Univ) ≃ DEUG m
3 [əˈsəʊʃɪeɪt] vt **a** [+ ideas, things] associer ◆ **to associate one thing with another** associer une chose à ou avec une autre
b **to be associated with sth** être associé à qch ◆ **to associate o.s.** or **be associated with sb in an undertaking** s'associer à ou avec qn dans une entreprise ◆ **to be associated with a plot** tremper dans un complot ◆ **I should like to associate myself with what has been said** je voudrais me faire l'écho de cette opinion ◆ **I don't wish to be associated with it** je préfère que mon nom ne soit pas mêlé à ceci
4 [əˈsəʊʃɪeɪt] vi ◆ **to associate with sb** fréquenter qn, être en relations avec qn
5 COMP ▷ **associated company** n société f associée

association [əˌsəʊsɪˈeɪʃən] → SYN **1** n **a** (NonC = connection) association f (*with* avec), fréquentation f (*with* de) ◆ **in association with** en association avec ◆ **by association of ideas** par (une) association d'idées ◆ **to be guilty by association** être incriminé (à cause de ses relations)

47 ENGLISH-FRENCH associative / asymmetric(al)

b (= organization) association f ◆ **to form an association** constituer une société ; → **freedom**

c (= connotation) **full of historic associations** portant l'empreinte du passé ▷ **this word has nasty associations** ce mot a des connotations fpl désagréables

2 COMP ▷ **association football** n (Brit) football m (association) ▷ **Association for Payment Clearing Services** n (Fin) association britannique des services de compensation ▷ **Association of British Ports** n association des ports britanniques ▷ **Association of South-East Asian Nations** n Association f des nations de l'Asie du Sud-Est

associative [əˈsəʊʃɪətɪv] adj (Math) associatif ◆ **associative storage** (Comput) mémoire f associative

assonance [ˈæsənəns] n assonance f

assort [əˈsɔːt] → SYN **1** vt classer, classifier
2 vi [colours etc] s'assortir, aller bien (*with* avec)

assorted [əˈsɔːtɪd] → SYN adj **a** (= mixed), shapes, styles, colours, items différent ◆ **in assorted sizes** dans toutes les tailles ◆ **assorted wild flowers** des fleurs des champs de différentes sortes

b (= matched) **an oddly assorted group** un groupe hétérogène ◆ **an strangely assorted pair** un couple qui ne semble pas bien assorti ; → **ill, well**

assortment [əˈsɔːtmənt] → SYN n [of objects] collection f, assortiment m ; [of people] mélange m ◆ **this shop has a good assortment** il y a beaucoup de choix dans ce magasin, ce magasin est bien achalandé ◆ **an assortment of people/guests** des gens/des invités (très) divers

asst. abbrev of **assistant**

assuage [əˈsweɪdʒ] vt (liter) [+ hunger, desire, thirst] assouvir ; [+ anger, pain] soulager, apaiser ; [+ person] apaiser, calmer

assume [əˈsjuːm] LANGUAGE IN USE 26.3 → SYN vt **a** (= accept, presume, suppose) supposer, présumer ◆ **assuming** or **if we assume this to be true** ... en supposant que or supposons que ceci soit vrai ... ◆ **let us assume that** ... supposons que ... (+ subj) ◆ **you resigned, I assume?** vous avez démissionné, je suppose or présume ? ◆ **you are assuming a lot** vous faites bien des suppositions

b (= take on) [+ responsibility, burden] assumer, endosser ; [+ power, importance, possession] prendre ; [+ title, right, authority] s'arroger, s'attribuer ; [+ name] adopter, prendre ; [+ air, attitude] adopter, se donner ◆ **to assume control of sth** prendre en main la direction de qch ◆ **to assume the role of arbiter** assumer le rôle d'arbitre ◆ **to assume a look of innocence** affecter un air d'innocence ◆ **to go under an assumed name** se servir d'un nom d'emprunt or d'un pseudonyme

assumption [əˈsʌmpʃən] → SYN **1** n **a** (= supposition) supposition f, hypothèse f ◆ **on the assumption that** ... en supposant que ... (+ subj) ◆ **to go on the assumption that** ... présumer que ...

b [of power etc] appropriation f ; [of indifference] affectation f

c (Rel) **the Assumption** l'Assomption f

2 COMP ▷ **Assumption Day** n (= religious festival) l'Assomption f ; (= public holiday) le 15 août

assurance [əˈʃʊərəns] → SYN n **a** (= certainty) assurance f, conviction f ◆ **in the assurance that** ... avec la conviction or l'assurance que ...

b (= self-confidence) assurance f

c (= promise) promesse f, assurance f ◆ **you have my assurance that** ... je vous promets or assure que ...

d (Brit = insurance) assurance f ; → **life**

assure [əˈʃʊər] LANGUAGE IN USE 11.3, 18.1 → SYN vt
a (= tell positively) assurer ; (= convince, reassure) convaincre, assurer (*sb of sth* qn de qch) ◆ **it is so, I (can) assure you** c'est vrai, je vous assure ; → **rest**

b (= ensure) [+ happiness, success] garantir, assurer

c (Brit = insure) assurer

assured [əˈʃʊəd] → SYN adj, n assuré(e) m(f) (*of* de) ◆ **will you be assured of a good salary?** aurez-vous l'assurance d'avoir un bon salaire ?

assuredly [əˈʃʊərɪdlɪ] adv assurément ◆ **most assuredly** sans aucun doute

asswipe ** [ˈæswaɪp] n (US) trou m du cul **

Assyria [əˈsɪrɪə] n l'Assyrie f

Assyrian [əˈsɪrɪən] **1** adj assyrien
2 n Assyrien(ne) m(f)

Assyriologist [əˌsɪrɪˈɒlədʒɪst] n assyriologue mf

Assyriology [əˌsɪrɪˈɒlədʒɪ] n assyriologie f

AST [ˌeɪesˈtiː] n (US, Can) (abbrev of **Atlantic Standard Time**) → **Atlantic**

astatine [ˈæstətiːn] n astate m

aster [ˈæstər] n aster m

astereognosis [əˌstɪərɪəʊgˈnəʊsɪs] n astéréognosie f

asterisk [ˈæstərɪsk] **1** n astérisque m
2 vt marquer d'un astérisque

asterism [ˈæstərɪzəm] n (in text) triple astérisque m

Asterix [ˈæstərɪks] n Astérix m

astern [əˈstɜːn] adv (Naut) à l'arrière ◆ **slow astern!** (en) arrière doucement ! ◆ **to go or come astern** (using engine) faire machine arrière ; (using sail) culer ◆ **astern of** à l'arrière de

asteroid [ˈæstərɔɪd] n astéroïde m

asthenia [æsˈθiːnɪə] n (Med) asthénie f

asthenosphere [əsˈθiːnəsfɪər] n asthénosphère f

asthma [ˈæsmə] n asthme m ◆ **asthma sufferer** asthmatique mf

asthmatic [æsˈmætɪk] adj, n asthmatique mf

asthmatically [æsˈmætɪkəlɪ] adv comme un (or une) asthmatique

astigmatic [ˌæstɪgˈmætɪk] adj, n astigmate mf

astigmatism [æsˈtɪgmətɪzəm] n astigmatisme m

astir [əˈstɜːr] adj, adv **a** (= excited) agité, en émoi
b († = out of bed) debout inv, levé

ASTMS [ˌeɪestiːemˈes] (Brit) (abbrev of **Association of Scientific, Technical and Managerial Staffs**) syndicat

astonish [əˈstɒnɪʃ] → SYN vt étonner ; (stronger) stupéfier ◆ **you astonish me!** (also iro) vous m'étonnez !

astonished [əˈstɒnɪʃt] adj étonné, stupéfait ◆ **I am astonished that** ... cela m'étonne or m'ahurit que ... (+ subj)

astonishing [əˈstɒnɪʃɪŋ] → SYN adj étonnant ; (stronger) ahurissant, stupéfiant ◆ **that is astonishing, coming from them** venant d'eux, c'est ahurissant or étonnant ◆ **with an astonishing lack of discretion** avec un incroyable manque de discrétion

astonishingly [əˈstɒnɪʃɪŋlɪ] adv étonnamment, incroyablement ◆ **astonishingly (enough), he was right** chose étonnante, il avait raison

astonishment [əˈstɒnɪʃmənt] → SYN n étonnement m, surprise f ; (stronger) ahurissement m, stupéfaction f ◆ **look of astonishment** regard m stupéfait ◆ **to my astonishment** à mon grand étonnement, à ma stupéfaction ; → **stare**

astound [əˈstaʊnd] vt stupéfier, ébahir

astounded [əˈstaʊndɪd] adj abasourdi, ébahi ◆ **I am astounded** j'en reste abasourdi, je n'en crois pas mes yeux or mes oreilles

astounding [əˈstaʊndɪŋ] → SYN adj stupéfiant, ahurissant

astoundingly [əˈstaʊndɪŋlɪ] adv good, bad, talented incroyablement

astragal [ˈæstrəgəl] n (Archit, Anat) astragale m

astragalus [æsˈtrægələs] n, pl **astragali** [æsˈtrægəlaɪ] (Anat) astragale m

astrakhan [ˌæstrəˈkæn] **1** n astrakan m
2 COMP **coat d'astrakan**

astral [ˈæstrəl] **1** adj astral
2 COMP ▷ **astral projection** n projection f astrale

astray [əˈstreɪ] → SYN adv (lit, fig) ◆ **to go astray** s'égarer ◆ **to lead sb astray** (fig) détourner qn du droit chemin, dévoyer qn (liter)

astride [əˈstraɪd] **1** adj, adv à califourchon, à cheval ◆ **to ride astride** monter à califourchon
2 prep à califourchon sur, à cheval sur

astringent [əsˈtrɪndʒənt] **1** adj (Med) astringent ; (fig) dur, sévère ◆ **astringent lotion** lotion f astringente
2 n (Med) astringent m

astro... [ˈæstrəʊ] pref astro...

astrobiology [ˌæstrəʊbaɪˈɒlədʒɪ] n astrobiologie f

astrochemistry [ˌæstrəʊˈkemɪstrɪ] n astrochimie f

astrodome [ˈæstrədəʊm] n (Aviat) astrodôme m

astrolabe [ˈæstrəleɪb] n (Astron) astrolabe m

astrologer [əsˈtrɒlədʒər] n astrologue mf

astrological [ˌæstrəˈlɒdʒɪkəl] adj astrologique ◆ **astrological chart** thème m astrologique

astrologically [ˌæstrəˈlɒdʒɪkəlɪ] adv d'un point de vue astrologique

astrologist [əsˈtrɒlədʒɪst] n astrologue mf

astrology [əsˈtrɒlədʒɪ] n astrologie f

astronaut [ˈæstrənɔːt] → SYN n astronaute mf

astronautic(al) [ˌæstrəʊˈnɔːtɪk(əl)] adj astronautique

astronautics [ˌæstrəʊˈnɔːtɪks] n (NonC) astronautique f

astronomer [əsˈtrɒnəmər] **1** n astronome mf
2 COMP ▷ **Astronomer Royal** n (Brit) titre honorifique attribué aux astronomes éminents

astronomical [ˌæstrəˈnɒmɪkəl] **1** adj **a** (= enormous) amount, cost, price astronomique ◆ **the odds against another attack were astronomical** une nouvelle attaque était des plus improbables

b (Astron) observatory, instrument, society d'astronomie ; telescope, observation astronomique

2 COMP ▷ **astronomical clock** n horloge f astronomique ▷ **astronomical unit** n unité f astronomique

astronomically [ˌæstrəˈnɒmɪkəlɪ] adv **a** (= enormously) rise, increase dans des proportions astronomiques ; high effroyablement ◆ **to be astronomically expensive** coûter un prix astronomique

b (Astron) interesting, important d'un point de vue astronomique

astronomy [əsˈtrɒnəmɪ] n astronomie f

astrophotography [ˌæstrəʊfəˈtɒgrəfɪ] n astrophotographie f

astrophysicist [ˌæstrəʊˈfɪzɪsɪst] n astrophysicien(ne) m(f)

astrophysics [ˌæstrəʊˈfɪzɪks] n (NonC) astrophysique f

Astroturf ® [ˈæstrəʊtɜːf] n gazon m artificiel

Asturian [æˈstʊərɪən] adj asturien

Asturias [æˈstʊərɪæs] n les Asturies fpl

astute [əsˈtjuːt] → SYN adj fin, astucieux, intelligent

astutely [əsˈtjuːtlɪ] adv avec finesse, astucieusement

astuteness [əsˈtjuːtnɪs] → SYN n (NonC) finesse f, astuce f, intelligence f

Asuncion [ˌæsʊnˈtsɪɒn] n Asunción

Asunción [ˌæsʊnsɪˈəʊn] n Asunción

asunder [əˈsʌndər] adv (liter) (= apart) écartés, éloignés (l'un de l'autre) ; (= in pieces) en morceaux

ASV [ˌeɪesˈviː] n (US) (abbrev of **American Standard Version**) traduction américaine de la bible

Aswan [æsˈwɑːn] **1** n Assouan
2 COMP ▷ **the Aswan (High) Dam** n le (haut) barrage d'Assouan

asylum [əˈsaɪləm] → SYN **1** n **a** (NonC) asile m, refuge m ◆ **political asylum** asile m politique

b († : also **lunatic asylum**) asile m (d'aliénés) †

2 COMP ▷ **asylum seeker** n demandeur m, -euse f d'asile

asymmetric(al) [ˌeɪsɪˈmetrɪk(əl)] **1** adj asymétrique

2 COMP ▷ **asymmetric(al) bars** npl (Sport) barres fpl asymétriques

asymmetry [æˈsɪmətrɪ] n asymétrie f

asymptomatic [ˌeɪsɪmptəˈmætɪk] adj asymptomatique

asymptote [ˈæsɪmtəʊt] n (Math) asymptote f

asynchronous [æˈsɪŋkrənəs] adj (Comput) asynchrone

asyndeton [æˈsɪndɪtən] n, pl **asyndeta** [æˈsɪndɪtə] (Gram) asyndète f

asynergia [ˌæsɪnˈɜːdʒɪə] n, **asynergy** [əˈsɪnədʒɪ] asynergie f

AT [eɪˈtiː] (abbrev of **alternative technology**) → **alternative**

at [æt]

When **at** *is an element in a phrasal verb, eg* **look at**, *look up the verb. When it is part of an expression such as* **at best** *or* **at first**, *look up the other word.*

1 prep **a** (place, position) à ◆ **at the table** à la table ◆ **at my brother's** chez mon frère ◆ **at home** à la maison, chez soi ◆ **to dry o.s. at the fire** se sécher devant le feu ◆ **to stand at the window** se tenir à or devant la fenêtre ◆ **at her heels** sur ses talons ◆ **to come in at the door** entrer par la porte ◆ **to find a gap to go in at** trouver une brèche par où passer or entrer ◆ **where are we at?** * (fig: progress) où en sommes-nous ? ; (US lit: position) où sommes-nous ? ◆ **this is where it's at** * (fashion) c'est là que ça se passe * ; → **hand, sea**

b (direction) vers, dans la direction de, sur ◆ **an attempt at escape** une tentative d'évasion ; → **jump at, laugh at**

c (arrival) à ◆ **to arrive at the house** arriver à la maison

d (time) à ◆ **at 10 o'clock** à 10 heures ◆ **at a time like this** à un moment pareil ◆ **at my time of life** à mon âge

e (activity) ◆ **they were at their needlework** elles étaient en train de coudre

◆ **at it** * ◆ **while we are at it** pendant que nous y sommes or qu'on y est * ◆ **they are at it again!** les voilà qui recommencent !, voilà qu'ils remettent ça ! * ◆ **they are at it all day** ils font ça toute la journée

f (state, condition) en ◆ **good/bad at languages** bon/mauvais en langues ; → **war**

g (manner) à ◆ **at full speed** à toute allure ◆ **at 80km/h** à 80 km/h ◆ **he was driving at 80km/h** il faisait du 80 (à l'heure)

h (cause) (à cause) de, à propos de ◆ **to be surprised at sth** être étonné de qch ◆ **annoyed at** contrarié par ◆ **angry at sb/sth** en colère contre qn/qch ◆ **at the request of ...** à or sur la demande or la requête de ...

i (rate, value) à ◆ **at a higher rate** à un taux plus élevé ◆ **he sells them at 12 francs a kilo** il les vend 12 F le kilo

j (* = nagging) **she's been at me the whole day** elle m'a harcelé or tanné * toute la journée ◆ **she was (on) at her husband to buy a new car** elle harcelait or tannait * son mari pour qu'il achète (subj) une nouvelle voiture ◆ **he's always (on) at me** * il est toujours après moi *

2 COMP ▷ **at-home** n réception f (chez soi) ▷ **at-risk register** n (Social Work) registre m des enfants en risque de maltraitance

atactic [eɪˈtæktɪk] adj (Med) ataxique

Atalanta [ˌætəˈlæntə] n (Myth) Atalante f

ataractic [ˌætəˈræktɪk] adj ataraxique

ataraxia [ˌætəˈræksɪə] n ataraxie f

ataraxic [ˌætəˈræksɪk] adj ataraxique

ataraxy [ˈætəˌræksɪ] n ataraxie f

atavism [ˈætəvɪzəm] n atavisme m

atavistic [ˌætəˈvɪstɪk] adj atavique

ataxia [əˈtæksɪə] n ataxie f

ataxic [əˈtæksɪk] adj ataxique

ataxy [əˈtæksɪ] n ataxie f

ATB [ˌeɪtiːˈbiː] n (abbrev of **all-terrain bike**) VTT m

ATC [ˌeɪtiːˈsiː] (Brit) (abbrev of **Air Training Corps**) préparation à l'école de l'air

ate [et, eɪt] vb (pt of **eat**)

Athalia [əˈθeɪlɪə] n Athalie f

Athanasian [ˌæθəˈneɪʃən] adj ◆ **the Athanasian Creed** le symbole de saint Athanase

Athanasius [ˌæθəˈneɪʃəs] n Athanase m

atheism [ˈeɪθɪɪzəm] n → SYN athéisme m

atheist [ˈeɪθɪɪst] → SYN n athée mf

atheistic(al) [ˌeɪθɪˈɪstɪk(əl)] adj athée

athematic [ˌæθɪˈmætɪk] adj (Ling) athématique

Athena [əˈθiːnə] n Athéna f

athenaeum [ˌæθɪˈniːəm] n association f littéraire (or culturelle)

Athene [əˈθiːnɪ] n ⇒ **Athena**

Athenian [əˈθiːnɪən] **1** n Athénien(ne) m(f)
2 adj athénien

Athens [ˈæθɪnz] n Athènes

athermanous [æˈθɜːmənəs] adj athermane

atheroma [ˌæθəˈrəʊmə] n, pl **atheromas** or **atheromata** [ˌæθəˈrəʊmətə] (Med) athérome m

atherosclerosis [ˌæθərəʊsklɪəˈrəʊsɪs] n (Med) athérosclérose f

athetosis [ˌæθɪˈtəʊsɪs] n athétose f

athirst [əˈθɜːst] adj (liter: lit, fig) altéré, assoiffé (*for* de)

athlete [ˈæθliːt] → SYN **1** n (in competitions) athlète mf
2 COMP ▷ **athlete's foot** n (Med) pied m d'athlète

athletic [æθˈletɪk] → SYN **1** adj **a** (Sport) club, association, competition d'athlétisme ; activity, achievement athlétique
b (= muscular) person, body, build athlétique
2 COMP ▷ **athletic coach** n (US Scol, Univ) entraîneur m (sportif) ▷ **athletic sports** npl athlétisme m ▷ **athletic support(er)** n suspensoir m

athletically [æθˈletɪkəlɪ] adv **a** (Sport) talented d'un point de vue athlétique
b (= agilely) jump avec agilité

athleticism [æθˈletɪsɪzəm] n constitution f athlétique

athletics [æθˈletɪks] n (NonC) (Brit) athlétisme m ; (US) sport m

Athos [ˈæθɒs] n ◆ (Mount) **Athos** le mont Athos

athwart [əˈθwɔːt] **1** adv en travers ; (Naut) par le travers
2 prep en travers de ; (Naut) par le travers de

atishoo [əˈtɪʃuː] excl atchoum !

Atlantic [ətˈlæntɪk] **1** adj coast, current atlantique ; winds, island de l'Atlantique
2 n ⇒ **Atlantic Ocean** ; → **north**
3 COMP ▷ **Atlantic Charter** n Pacte m atlantique ▷ **Atlantic liner** n transatlantique m ▷ **the Atlantic Ocean** n l'Atlantique m, l'océan m Atlantique ▷ **the Atlantic Provinces** npl (Can) les Provinces fpl atlantiques ▷ **Atlantic Standard Time** n l'heure f normale de l'Atlantique

Atlanticism [ətˈlæntɪsɪzəm] n (Pol) atlantisme m

Atlanticist [ətˈlæntɪsɪst] adj, n (Pol) atlantiste mf

Atlantis [ətˈlæntɪs] n l'Atlantide f

atlas [ˈætləs] **1** n **a** (= book) atlas m
b (Myth) **Atlas** Atlas m ◆ **the Atlas Mountains** (les monts mpl de) l'Atlas m
2 COMP ▷ **Atlas cedar** n (Bot) cèdre m de l'Atlas

ATM [ˌeɪtiːˈem] n (US) (abbrev of **Automated Teller Machine**) GAB m, DAB m

atmosphere [ˈætməsfɪər] → SYN n (lit, Phys) atmosphère f ; (fig) atmosphère f, ambiance f ◆ **I can't stand atmospheres** je ne peux pas supporter une ambiance hostile

atmospheric [ˌætməsˈferɪk] **1** adj **a** (Met, Phys) atmosphérique
b (= evocative) music, film, book évocateur (-trice f)
2 COMP ▷ **atmospheric pressure** n pression f atmosphérique

atmospherics [ˌætməsˈferɪks] n **a** (NonC: Rad, Telec = interference) bruit m atmosphérique
b (* = ambience, atmosphere) ambiance f, atmosphère f

atoll [ˈætɒl] n atoll m

atom [ˈætəm] → SYN **1** n atome m ; (fig) grain m, parcelle f ◆ **smashed to atoms** réduit en miettes ◆ **not an atom of truth** pas la moindre parcelle de vérité ◆ **if you had an atom of sense** si tu avais un atome or un grain de bon sens
2 COMP ▷ **atom bomb** n bombe f atomique ▷ **atom smasher** n (Phys) accélérateur m (de particules)

atomic [əˈtɒmɪk] **1** adj atomique
2 COMP ▷ **atomic age** n ère f atomique ▷ **atomic bomb** n bombe f atomique ▷ **atomic clock** n horloge f atomique ▷ **atomic energy** n énergie f atomique or nucléaire ▷ **Atomic Energy Authority** (in Brit), **Atomic Energy Commission** (in US) n ≈ Commissariat m à l'énergie atomique ▷ **atomic number** n nombre m or numéro m atomique ▷ **atomic physicist** n physicien(ne) m(f) nucléaire ▷ **atomic physics** n physique f nucléaire ▷ **atomic pile** n pile f atomique ▷ **atomic-powered** adj (fonctionnant à l'énergie) nucléaire or atomique ▷ **atomic power station** n centrale f nucléaire or atomique ▷ **atomic reactor** n réacteur m nucléaire or atomique ▷ **atomic structure** n structure f atomique ▷ **atomic theory** n théorie f atomique ▷ **atomic warfare** n guerre f nucléaire or atomique ▷ **atomic weapon** n arme f atomique or nucléaire ▷ **atomic weight** n poids m or masse f atomique

atomize [ˈætəmaɪz] vt pulvériser, atomiser

atomizer [ˈætəmaɪzər] n atomiseur m

atonal [æˈtəʊnl] adj atonal

atonality [ˌeɪtəʊˈnælɪtɪ] n atonalité f

atone [əˈtəʊn] → SYN vi ◆ **to atone for** [+ sin] expier ; [+ mistake] racheter, réparer

atonement [əˈtəʊnmənt] n (NonC) (for sin, misdeed) expiation f (*for sth* de qch) ; (for mistake) réparation f (*for sth* de qch) ◆ **in atonement for** [+ sin, misdeed] en expiation de ; [+ mistake] en réparation de ◆ **to make atonement for** [+ sin] faire acte d'expiation ◆ **to make atonement for** [+ sin, misdeed] expier ; [+ mistake] réparer ◆ **he was ready to make atonement for what he'd done wrong** il était prêt à réparer le mal qu'il avait fait ; → **day**

atonic [æˈtɒnɪk] adj syllable atone ; muscle atonique

atop [əˈtɒp] **1** adv en haut, au sommet
2 prep en haut de, au sommet de

ATP [ˌeɪtiːˈpiː] n (abbrev of **adenosine triphosphate**) ATP m

atrabilious [ˌætrəˈbɪlɪəs] adj (liter) atrabilaire

Atreus [ˈeɪtrɪəs] n Atrée m

atria [ˈeɪtrɪə] npl of **atrium**

Atridae [ˈætrɪdeɪ] npl Atrides mpl

atrium [ˈeɪtrɪəm] n, pl **atria a** (Anat) orifice m de l'oreillette
b (Archit) atrium m (couvert d'une verrière)

atrocious [əˈtrəʊʃəs] → SYN adj crime atroce ; (* = very bad) behaviour, behaviour épouvantable ; weather épouvantable, affreux ; food, accent épouvantable, atroce

atrociously [əˈtrəʊʃəslɪ] adv behave, sing, play de façon épouvantable, atrocement mal ◆ **atrociously bad** film, restaurant horriblement mauvais

atrocity [əˈtrɒsɪtɪ] → SYN n atrocité f

atrophy [ˈætrəfɪ] **1** n atrophie f
2 vt atrophier
3 vi s'atrophier

atropine [ˈætrəpiːn] n (Med) atropine f

att. a (Comm) abbrev of **attached**
b abbrev of **attorney**

attaboy * [ˈætəbɔɪ] excl (in encouragement) vas-y ! ; (in congratulation) bravo !

attach [əˈtætʃ] → SYN **1** vt **a** (= join) (gen) attacher, lier ; (to letter) joindre ◆ **document attached to a letter** document m joint à une lettre ◆ **the attached letter** la lettre ci-jointe ◆ **I attach a report from ...** (in letter) je joins à cette lettre un rapport de ... ◆ **to attach conditions to sth** soumettre qch à des conditions ◆ **to attach o.s. to a group** se joindre à un groupe, entrer dans un groupe ◆ **to be attached to sb/sth** (= fond of) être attaché à qn/qch ◆ **he's attached** * (= married etc) il n'est pas libre
b (= attribute) [+ value] attacher, attribuer (*to* à) ◆ **to attach credence to sth** ajouter foi à qch ; → **importance**
c (Jur) [+ person] arrêter, appréhender ; [+ goods, salary] saisir

d [+ employee, troops] affecter (*to* à) ◆ **he is attached to the Foreign Office** il est attaché au ministère des Affaires étrangères

e (Phys) compound, atom fixer (*to* à)

2 vi **a** (frm = belong) être attribué, être imputé (*to* à) ◆ **no blame attaches to you** le blâme ne repose nullement sur vous ◆ **salary attaching to a post** salaire m afférent à un emploi (frm)

b (Phys) [compound, atom] se fixer

attaché [əˈtæʃeɪ] **1** n attaché(e) m(f)

2 COMP ▷ **attaché case** n mallette f, attaché-case m

attachment [əˈtætʃmənt] → SYN n **a** (NonC) fixation f

b (= accessory: for tool etc) accessoire m

c (fig = affection) attachement m (*to* à), affection f (*to* pour)

d (Jur) (on person) arrestation f ; (on goods, salary) saisie f (*on* de)

e (= period of practical work, temporary transfer) stage m ◆ **to be on attachment** faire un stage (*to* à, auprès de, chez)

f (Comput) fichier m adjoint

attack [əˈtæk] → SYN **1** n **a** (gen, Mil, Sport) attaque f (*on* contre) ◆ **to return to the attack** revenir à la charge ◆ **an attack on sb's life** un attentat contre qn ; (Jur) un attentat à la vie de qn ◆ **to leave o.s. open to attack** (fig) prêter le flanc à la critique ◆ **attack is the best form of defence** le meilleur moyen de défense c'est l'attaque ◆ **to be under attack** (Mil) être attaqué (*from* par) ; (fig) être en butte aux attaques (*from* de) ◆ **to feel under attack** (Psych) se sentir agressé

b (Med etc) crise f ◆ **attack of fever** accès m de fièvre ◆ **attack of nerves** crise f de nerfs ; → **heart**

2 vt **a** (lit, fig) [+ person] attaquer ; (Mil) [+ enemy] attaquer, assaillir ◆ **this idea attacks the whole structure of society** cette idée menace toute la structure de la société ◆ **to be attacked by doubts** être assailli par des doutes

b [+ task, problem] s'attaquer à ; [+ poverty etc] combattre

c (Chem) [+ metal] attaquer

3 vi attaquer

4 COMP ▷ **attack dog** n chien m d'attaque

attackable [əˈtækəbl] adj attaquable

attacker [əˈtækəʳ] → SYN n (gen) agresseur m ; (Mil) attaquant(e) m(f)

attagirl * [ˈætəgɜːl] excl (in encouragement) vas-y ! ; (in congratulation) bravo !

attain [əˈteɪn] → SYN **1** vt [+ aim, rank, age] atteindre, parvenir à ; [+ knowledge] acquérir ; [+ happiness] atteindre à ; [+ one's hopes] réaliser ◆ **he's well on the way to attaining his pilot's licence** il est en bonne voie pour obtenir sa licence de pilote

2 vi ◆ **to attain to** [+ perfection] atteindre à, toucher à ; [+ power, prosperity] parvenir à

attainable [əˈteɪnəbl] adj accessible (*by* à), à la portée (*by* de)

attainder [əˈteɪndəʳ] n (Jur) mort f civile ; → **bill**

attainment [əˈteɪnmənt] → SYN **1** n **a** (NonC) [of knowledge] acquisition f ; [of happiness] conquête f ; [of one's hopes] réalisation f

b (gen pl = achievement) travail m, résultats mpl (obtenus)

2 COMP ▷ **attainment target** n (Brit Educ) niveau que les élèves sont censés atteindre dans les différentes matières du programme

attar [ˈætəʳ] n essence f ◆ **attar of roses** essence de rose

attempt [əˈtempt] → SYN **1** vt essayer, tenter (*to do sth* de faire qch) ; [+ task] entreprendre, s'attaquer à ◆ **attempted escape/murder/theft** etc tentative f d'évasion/de meurtre/de vol etc ◆ **to attempt suicide** essayer or tenter de se suicider

2 n **a** tentative f ◆ **an attempt at escape** une tentative d'évasion ◆ **to make one's first attempt** faire sa première tentative, essayer pour la première fois ◆ **to make an attempt at doing sth** or **to do sth** essayer de faire qch, chercher à faire qch ◆ **to be successful at the first attempt** réussir du premier coup ◆ **he failed at the first attempt** la première fois, il a échoué ◆ **he had to give up the attempt** il lui a fallu (y) renoncer ◆ **he made no attempt to help us** il n'a rien fait pour nous aider, il n'a pas essayé de or cherché à nous aider ◆ **to make an attempt on the record** essayer de or tenter de battre le record ◆ **he made two attempts at it** il a essayé or tenté par deux fois de le faire ◆ **it was a good attempt on his part but ...** il a vraiment essayé mais ...

b (= attack) attentat m ◆ **an attempt on sb's life** un attentat contre qn

attend [əˈtend] LANGUAGE IN USE 19.3, 19.5, 25.1 → SYN

1 vt **a** [+ meeting, lecture] assister à, être à ; [+ classes, course of studies] suivre ; [+ church, school] aller à ◆ **the meeting was well attended** il y avait beaucoup de monde à la réunion ; see also **well**

b (= serve, accompany) servir, être au service de ◆ **to attend a patient** [doctor] soigner un malade ◆ **attended by a maid** servi par une or accompagné d'une femme de chambre ◆ **a method attended by great risks** une méthode qui comporte de grands risques

2 vi **a** (= be present) être présent or là ◆ **will you attend?** est-ce que vous y serez ?

b (= pay attention) faire attention (*to* à)

▶ **attend on** † vt fus ⇒ **attend upon**

▶ **attend to** vt fus (= pay attention to) [+ lesson, speech] faire attention à ; [+ advice] prêter attention à ; (= deal with, take care of) s'occuper de ◆ **to attend to a customer** s'occuper d'un client, servir un client ◆ **are you being attended to?** (in shop) est-ce qu'on s'occupe de vous ?

▶ **attend upon** † vt fus [+ person] être au service de

attendance [əˈtendəns] → SYN **1** n **a** service m ◆ **to be in attendance** être de service ◆ **he was in attendance on the queen** il escortait la reine ◆ **attendance on a patient** (Med) visites fpl à un malade ; → **dance**

b (= being present) présence f ◆ **regular attendance at** assiduité f à ◆ **is my attendance necessary?** est-il nécessaire que je sois présent or là ?

c (= number of people present) assistance f ◆ **a large attendance** une nombreuse assistance ◆ **what was the attendance at the meeting?** combien de gens y avait-il à la réunion ?

2 COMP ▷ **attendance allowance** n (Brit) allocation pour soins constants ▷ **attendance centre** n (Brit Jur) ≃ centre m de réinsertion ▷ **attendance officer** n (Brit Scol) inspecteur chargé de faire respecter l'obligation scolaire ▷ **attendance order** n (Brit) injonction exigeant des parents l'assiduité scolaire de leur enfant ▷ **attendance record** n his attendance record is bad il est souvent absent ▷ **attendance register** n (= book) registre m de(s) présence(s) ▷ **attendance sheet** n feuille f d'appel

attendant [əˈtendənt] → SYN **1** n **a** [of museum etc] gardien(ne) m(f) ; [of petrol station] pompiste mf ; (= servant) domestique mf, serviteur † m

b (US: in hospital) garçon m de salle ; († = doctor) médecin m (de famille)

c (= companion, escort) attendants membres mpl de la suite (*on* de) ◆ **the prince and his attendants** le prince et sa suite

2 adj **a** (= accompanying) person qui accompagne ◆ **to be attendant on** or **upon sb** accompagner qn ◆ **the attendant crowd** la foule qui était présente

b (frm = associated) **old age and its attendant ills** la vieillesse et les maux qui l'accompagnent ◆ **country life with all its attendant benefits** la vie à la campagne, avec tous les avantages qu'elle présente or comporte ◆ **the attendant circumstances** les circonstances fpl concomitantes ◆ **the attendant rise in prices** la hausse des prix correspondante ◆ **attendant on** or **upon sth** (= linked to) lié à qch ; (= due to) dû (due f) à qch

attendee [əˌtenˈdiː] n (esp US) participant(e) m(f) (*at* à)

attention [əˈtenʃən] LANGUAGE IN USE 26.1 → SYN

1 n **a** (NonC = consideration, notice, observation) attention f ◆ **may I have your attention?** puis-je avoir votre attention ? ◆ **give me your attention for a moment** accordez-moi votre attention un instant ◆ **he gave her his full attention** il lui a accordé toute son attention ◆ **to call (sb's) attention to sth** attirer l'attention (de qn) sur qch ◆ **to pay attention to ...** faire or prêter attention à ... ◆ **to pay little/no attention to ...** prêter peu d'attention/ne prêter aucune attention à ... ◆ **to pay special attention to ...** faire tout particulièrement attention à ..., prêter une attention toute particulière à ... ◆ **no attention has been paid to my advice** on n'a fait aucun cas de or tenu aucun compte de mes conseils ◆ **it has come to my attention that ...** j'ai appris que ... ◆ **for the attention of Mrs C. Montgomery** à l'attention de Mme C. Montgomery ◆ **it needs daily attention** il faut s'en occuper tous les jours ◆ **it shall have my earliest attention** (Comm etc) je m'en occuperai dès que possible ◆ **I was all attention** * j'étais tout oreilles ; → **attract, catch, hold**

b (= kindnesses) **attentions** attentions fpl, prévenances fpl ◆ **to show attentions to** avoir des égards pour ◆ **to pay one's attentions to a woman** faire la cour à or courtiser une femme

c (Mil) garde-à-vous m ◆ **to stand at/come** or **stand to attention** être/se mettre au garde-à-vous ◆ **attention!** garde-à-vous !

2 COMP ▷ **attention deficit disorder** n troubles mpl déficitaires de l'attention avec hyperactivité ▷ **attention-seeking** adj cherchant à attirer l'attention ◊ n désir m d'attirer l'attention ▷ **attention span** n **his attention span is limited** il n'arrive pas à se concentrer très longtemps

attentive [əˈtentɪv] → SYN adj **a** prévenant (*to sb* envers qn), empressé (*to sb* auprès de qn) ◆ **attentive to sb's interests** soucieux des intérêts de qn ◆ **attentive to detail** soucieux du détail, méticuleux

b audience, spectator attentif (*to* à)

attentively [əˈtentɪvlɪ] adv attentivement, avec attention ◆ **to listen attentively** écouter de toutes ses oreilles or attentivement

attentiveness [əˈtentɪvnɪs] n attention f, prévenance f

attenuate [əˈtenjʊeɪt] **1** vt **a** [+ statement] atténuer, modérer

b [+ gas] raréfier

c [+ thread, line] affiner, amincir

2 vi s'atténuer, diminuer

3 adj (also **attenuated**) atténué, diminué ; (fig = refined) adouci, émoussé

4 COMP ▷ **attenuating circumstances** npl circonstances fpl atténuantes

attenuation [əˌtenjʊˈeɪʃən] n atténuation f, diminution f

attenuator [əˈtenjʊˌeɪtəʳ] n atténuateur m

attest [əˈtest] **1** vt **a** (= certify) attester (*that* que) ; (under oath) affirmer sous serment (*that* que) ; (= prove) attester, témoigner de ; (Jur) [+ signature] légaliser

b (= put on oath) faire prêter serment à

2 vi prêter serment ◆ **to attest to sth** attester qch, témoigner de qch

3 COMP ▷ **attested form** n (Ling) forme f attestée ▷ **attested herd** n (Brit Agr) cheptel m certifié (comme ayant été tuberculinisé)

attestation [ˌætesˈteɪʃən] n attestation f (*that* que) ; (Jur) attestation f, témoignage m ; [of signature] légalisation f ; (= taking oath) assermentation f, prestation f de serment

Attic [ˈætɪk] **1** adj (Hist, Geog) attique

2 COMP ▷ **Attic salt**, **Attic wit** n (fig) sel m attique, esprit m

attic [ˈætɪk] → SYN **1** n grenier m

2 COMP ▷ **attic room** n mansarde f

Attica [ˈætɪkə] n Attique f

Atticism [ˈætɪˌsɪzəm] n atticisme m

Attila [əˈtɪlə] n Attila m

attire [əˈtaɪəʳ] (frm) **1** vt vêtir, parer (*in* de) ◆ **to attire o.s. in ...** se parer de ... ◆ **elegantly attired** vêtu avec élégance

2 n (NonC) vêtements mpl, habits mpl ; (ceremonial) tenue f ; (hum) atours mpl (hum) ◆ **in formal attire** en tenue de cérémonie

attitude [ˈætɪtjuːd] → SYN **1** n **a** (= way of standing) attitude f, position f ◆ **to strike an attitude** poser, prendre une pose affectée or théâtrale

b (= way of thinking) disposition f, attitude f ◆ **attitude of mind** état m or disposition f d'esprit ◆ **he takes the attitude that life is**

attitudinal / **Auld Lang Syne**

sacred il considère que la vie est sacrée ✦ **his attitude towards me** son attitude envers moi or à mon égard ✦ **I don't like your attitude** je n'aime pas l'attitude que vous prenez ✦ **if that's your attitude** si c'est ainsi or si c'est comme ça * que tu le prends

c * **sb with attitude** qn de tonique ✦ **women with attitude** des battantes

2 COMP ▷ **attitude problem** n troubles mpl du comportement ✦ **he's got a real attitude problem** il est un peu caractériel ▷ **attitude survey** n (Comm) étude f de comportement

attitudinal [ˌætɪˈtjuːdɪnəl] adj change, difference d'attitude

attitudinize [ˌætɪˈtjuːdɪnaɪz] vi se donner des airs, adopter des attitudes affectées

attn prep (abbrev of **(for the) attention (of)**) à l'attention de

attorney [əˈtɜːnɪ] **1** n **a** (Comm, Jur = representative) mandataire mf, représentant(e) m(f) ✦ **power of attorney** procuration f, pouvoir m

b (US: also **attorney-at-law**) avocat(e) m(f) ; → **district** ; → LAWYER

2 COMP ▷ **Attorney General** n, pl **Attorneys General** or **Attorney Generals** (Brit) ≈ Procureur Général ; (US) ≈ Garde m des Sceaux, ≈ ministre m de la Justice

attract [əˈtrækt] → SYN vt **a** [magnet etc] attirer ✦ **to attract sb's attention** (fig) attirer l'attention de qn ✦ **to attract sb's interest** éveiller l'intérêt de qn

b (= charm, interest) [person, subject, quality] attirer, séduire ✦ **what attracted me to her ...** ce qui m'a attiré or séduit chez elle ... ✦ **I am not attracted to her** elle ne m'attire pas

attraction [əˈtrækʃən] → SYN n **a** (NonC: Phys, fig) attraction f ✦ **attraction of gravity** attraction f universelle

b (= pleasant thing) attrait m, séduction f ; (= source of entertainment) attraction f ✦ **the chief attraction of this plan** l'attrait m principal de ce projet ✦ **the chief attraction of the party** la grande attraction de la soirée ✦ **one of the attractions of family life** un des charmes de la vie de famille

attractive [əˈtræktɪv] → SYN adj **a** (= appealing) person séduisant, attirant ; personality, voice, offer séduisant ; features, object, prospect attrayant ; sound agréable ; price, salary intéressant, attractif ✦ **he was immensely attractive to women** les femmes le trouvaient extrêmement séduisant ✦ **the idea was attractive to her** elle trouvait cette idée séduisante

b (Phys) attractif

attractively [əˈtræktɪvlɪ] adv dressed de façon séduisante ; illustrated, packaged de façon attrayante ; furnished agréablement ✦ **attractively priced, at an attractively low price** à un prix intéressant or attractif ✦ **attractively simple** d'une simplicité séduisante

attractiveness [əˈtræktɪvnəs] n [of person] charme m, beauté f ; [of voice, place] charme m ; [of idea, plan] attrait m ✦ **physical attractiveness** attrait m physique

attributable [əˈtrɪbjʊtəbl] adj attribuable, imputable (**to** à)

attribute [əˈtrɪbjuːt] LANGUAGE IN USE 17.1 → SYN

1 vt attribuer (sth to sb qch à qn) ; [+ feelings, words] prêter, attribuer (to sb à qn) ; [+ crime, fault] imputer (to sb à qn) ✦ **they attribute his failure to his laziness** ils attribuent son échec à sa paresse, ils mettent son échec sur le compte de sa paresse

2 [ˈætrɪbjuːt] **a** attribut m

b (Gram) attribut m

attribution [ˌætrɪˈbjuːʃən] n (gen) attribution f ✦ **attribution of sth to a purpose** affectation f de qch à un but

attributive [əˈtrɪbjʊtɪv] **1** adj attributif ; (Gram) attributif

2 n attribut m ; (Gram) attribut m

attributively [əˈtrɪbjʊtɪvlɪ] adv (Gram) comme épithète

attrition [əˈtrɪʃən] **1** n usure f (par frottement) ; → **war**

2 COMP ▷ **attrition rate** n (esp US Comm) [of customers] pourcentage m de clients perdus ; [of subscribers] taux m de désabonnement

attune [əˈtjuːn] vt (lit, fig) ✦ **to become attuned to** (= used to) s'habituer à ✦ **tastes attuned to mine** des goûts en accord avec les miens ✦ **to attune o.s. to (doing) sth** s'habituer à (faire) qch ✦ **to be attuned to sb's needs** (= listening) être à l'écoute des besoins de qn

ATV [ˌeɪtiːˈviː] n (US) (abbrev of **all-terrain vehicle**) → **all**

atypical [ˌeɪˈtɪpɪkəl] adj atypique

atypically [ˌeɪˈtɪpɪkəlɪ] adv exceptionnellement ✦ **today, atypically, he was early** exceptionnellement or fait inhabituel, il est arrivé en avance aujourd'hui

aubergine [ˈəʊbəʒiːn] n (esp Brit) aubergine f

aubrietia [ɔːˈbriːʃə] n (Bot) aubriétia m

auburn [ˈɔːbən] → SYN adj auburn inv

auction [ˈɔːkʃən] **1** n (vente f aux) enchères fpl, (vente f à la) criée f ✦ **to sell by auction** vendre aux enchères or à la criée ✦ **to put sth up for auction** mettre qch dans une vente aux enchères ; → **Dutch**

2 vt (also **auction off**) vendre aux enchères or à la criée

3 COMP ▷ **auction bridge** n bridge m aux enchères ▷ **auction house** n société f de vente(s) aux enchères ▷ **auction room** n salle f des ventes ▷ **auction sale** n (vente f aux) enchères fpl, vente f à la criée

auctioneer [ˌɔːkʃəˈnɪər] n commissaire-priseur m

audacious [ɔːˈdeɪʃəs] → SYN adj audacieux

audaciously [ɔːˈdeɪʃəslɪ] adv audacieusement

audacity [ɔːˈdæsɪtɪ] → SYN n (NonC) audace f ✦ **to have the audacity to do sth** avoir l'audace de faire qch

audibility [ˌɔːdɪˈbɪlɪtɪ] n audibilité f

audible [ˈɔːdɪbl] → SYN adj (gen) audible, perceptible ; words intelligible, distinct ✦ **she was hardly audible** on l'entendait à peine ✦ **there was audible laughter** des rires se firent entendre

audibly [ˈɔːdɪblɪ] adv distinctement

audience [ˈɔːdɪəns] → SYN **1** n **a** (NonC) (Theat) spectateurs mpl, public m ; (of speaker) auditoire m, assistance f ; (Mus, Rad) auditeurs mpl ; (TV) téléspectateurs mpl ✦ **the whole audience applauded** (Theat) toute la salle a applaudi ✦ **those in the audience** les gens dans la salle, les membres de l'assistance or du public ✦ **there was a big audience** les spectateurs étaient nombreux

b (= formal interview) audience f ✦ **to grant an audience to sb** donner or accorder audience à qn

2 COMP ▷ **audience appeal** n it's got audience appeal cela plaît au public ▷ **audience chamber** n salle f d'audience ▷ **audience figures** npl (Rad) indice m d'écoute ; (TV) audimat m ▷ **audience participation** n participation f du public ▷ **audience rating** n (Rad, TV) indice m d'écoute ▷ **audience research** n (Rad, TV) études fpl d'opinion

audio [ˈɔːdɪəʊ] **1** adj acoustique

2 n * partie f son ✦ **the audio's on the blink** * il n'y a plus de son

3 COMP ▷ **audio book** n livre-cassette m ▷ **audio conferencing** n audioconférence f ▷ **audio equipment** n équipement m acoustique ▷ **audio frequency** n audiofréquence f ▷ **audio recording** n enregistrement m sonore ▷ **audio system** n système m audio

audio- [ˈɔːdɪəʊ] **1** pref audio-

2 COMP ▷ **audio-cassette** n cassette f audio

audiology [ˌɔːdɪˈɒlədʒɪ] n (Med) audiologie f

audiometer [ˌɔːdɪˈɒmɪtər] n audiomètre m

audiometry [ˌɔːdɪˈɒmɪtrɪ] n (Med) audiométrie f

audiophile [ˈɔːdɪəʊfaɪl] n audiophile mf

audiotronic [ˌɔːdɪəʊˈtrɒnɪk] adj audio-électronique

audiotyping [ˈɔːdɪəʊtaɪpɪŋ] n audiotypie f

audiotypist [ˈɔːdɪəʊtaɪpɪst] n audiotypiste mf

audiovisual [ˌɔːdɪəʊˈvɪzjʊəl] adj audiovisuel ✦ **audiovisual aids** supports mpl or moyens mpl audiovisuels ✦ **audiovisual methods** méthodes fpl audiovisuelles

audit [ˈɔːdɪt] **1** n audit m, vérification f des comptes

2 vt **a** [+ accounts] vérifier, apurer ; [+ company] auditer ✦ **audited statement of accounts** état vérifié des comptes

b (US Univ) **to audit a lecture course** assister (à un cours) comme auditeur libre

3 COMP ▷ **Audit Bureau of Circulation** n (Brit) bureau de contrôle du tirage des journaux

auditing [ˈɔːdɪtɪŋ] n (Fin) ✦ **auditing of accounts** audit m or vérification f des comptes

audition [ɔːˈdɪʃən] **1** n **a** (Theat) audition f ; (Cine, TV) (séance f d')essai m ✦ **to give sb an audition** (Theat) auditionner qn ; (Cine) faire faire un essai à qn

b (NonC: frm = power of hearing) ouïe f, audition f

2 vt auditionner ✦ **he was auditioned for the part** (Theat) on lui a fait passer une audition or on l'a auditionné pour le rôle ; (Cine) on lui a fait faire un essai pour le rôle

3 vi (Theat) auditionner ✦ **he auditioned for (the part of) Hamlet** (Theat) il a auditionné pour le rôle de Hamlet ; (Cine, TV) on lui a fait faire un essai pour le rôle de Hamlet

auditor [ˈɔːdɪtər] n **a** (= listener) auditeur m, -trice f

b (Comm) auditeur m, -trice f, vérificateur m, -trice f (des comptes) ; → **internal**

c (US Univ) auditeur m, -trice f libre

auditorium [ˌɔːdɪˈtɔːrɪəm] n, pl **auditoriums** or **auditoria** [ˌɔːdɪˈtɔːrɪə] salle f

auditory [ˈɔːdɪtərɪ] **1** adj auditif

2 COMP ▷ **auditory phonetics** n (NonC) phonétique f auditive

Audubon Society [ˈɔːdəbɒnsəˈsaɪətɪ] n (US) société f de protection de la nature

au fait [əʊˈfeɪ] → SYN adj au courant, au fait (**with** de)

Aug abbrev of **August**

Augean Stables [ɔːˈdʒiːənˈsteɪblz] npl ✦ **the Augean Stables** les écuries fpl d'Augias

augend [ˈɔːdʒend] n (Math) premier terme m de l'addition

auger [ˈɔːgər] n (Carpentry) vrille f ; (Tech) foreuse f

aught [ɔːt] n († ††, liter = anything) ✦ **for aught I know** (pour) autant que je sache ✦ **for aught I care** pour ce que cela me fait

augment [ɔːgˈment] → SYN **1** vt augmenter (**with**, **by** de), accroître ; (Mus) augmenter ✦ **augmented sixth/third** (Mus) sixte f/tierce f augmentée

2 vi augmenter, s'accroître

augmentation [ˌɔːgmenˈteɪʃən] → SYN n augmentation f, accroissement m

augmentative [ɔːgˈmentətɪv] adj augmentatif

augur [ˈɔːgər] → SYN **1** n augure m

2 vi ✦ **to augur well/ill** être de bon/de mauvais augure (**for** pour)

3 vt (= foretell) prédire, prévoir ; (= be an omen of) présager ✦ **it augurs no good** cela ne présage or n'annonce rien de bon

augury [ˈɔːgjʊrɪ] → SYN n (= omen, sign) augure m, présage m ; (= forecast) prédiction f ✦ **to take the auguries** consulter les augures

August [ˈɔːgəst] n août m ; for phrases see **September**

august [ɔːˈgʌst] → SYN adj (frm) auguste

Augustan [ɔːˈgʌstən] adj **a** d'Auguste ✦ **the Augustan Age** (Latin Literat) le siècle d'Auguste ; (English Literat) l'époque f néo-classique

b **Augustan Confession** Confession f d'Augsbourg

Augustine [ɔːˈgʌstɪn] n Augustin m

Augustinian [ˌɔːgəsˈtɪnɪən] **1** adj augustinien, de (l'ordre de) saint Augustin

2 n augustin(e) m(f)

Augustus [ɔːˈgʌstəs] n ✦ **(Caesar) Augustus** (César) Auguste m

auk [ɔːk] n pingouin m

Auld Lang Syne [ˈɔːldlæŋˈzaɪn] n le bon vieux temps (chanson écossaise chantée sur le coup de minuit à la Saint-Sylvestre)

aunt [ɑːnt] **1** n tante f ◆ **yes aunt** oui ma tante **2** COMP ▷ **Aunt Sally** n (Brit) (= game) jeu m de massacre ; (fig = person) tête f de Turc

auntie*, **aunty*** ['ɑːntɪ] n tantine* f, tata* f ◆ **auntie Mary** tante f Marie ◆ **Auntie** (Brit hum) la BBC

au pair [əʊ'pɛə] **1** adj (also **au pair girl**) jeune fille f au pair **2** n, pl **au pairs** jeune fille f au pair **3** vi ◆ **to au pair (for sb)** être au pair (chez qn)

aura ['ɔːrə] n, pl **auras** or **aurae** ['ɔːriː] [of person] aura f ; [of place] atmosphère f, ambiance f ◆ **he had an aura of serenity about him** il respirait la sérénité ◆ **an aura of mystery** une aura de mystère

aural ['ɔːrəl] adj **a** (Anat) auriculaire *(des oreilles)*
b (Educ) **aural comprehension (work)** compréhension f (orale) ◆ **aural comprehension (test)** exercice m de compréhension (orale) ◆ **aural training** (Mus) dictée f musicale

aureole ['ɔːrɪəʊl] n (Art, Astron) auréole f

auric ['ɔːrɪk] adj aurique

auricle ['ɔːrɪkl] n (Anat) [of ear] pavillon m auriculaire, oreille f externe ; [of heart] oreillette f

Aurignacian [ˌɔːrɪg'neɪʃən] adj aurignacien

aurochs ['ɔːrɒks] n, pl **aurochs** aurochs m

aurora [ɔː'rɔːrə] n, pl **auroras** or **aurorae** [ɔː'rɔːriː] ◆ **aurora borealis/australis** aurore f boréale/australe

auroral [ɔː'rɔːrəl] adj auroral

auscultate ['ɔːskəlteɪt] vt ausculter

auscultation [ˌɔːskəl'teɪʃən] n auscultation f

auspices ['ɔːspɪsɪz] npl (all senses) auspices mpl ◆ **under the auspices of ...** sous les auspices de ...

auspicious [ɔːs'pɪʃəs] → SYN adj start prometteur ; occasion, day, time propice ; sign de bon augure

auspiciously [ɔːs'pɪʃəslɪ] adv favorablement, sous d'heureux auspices ◆ **to start auspiciously** prendre un départ prometteur

Aussie* ['ɒzɪ] ⇒ **Australian**

austenite ['ɔːstəˌnaɪt] n austénite f

austere [ɒs'tɪər] → SYN adj person, building, lifestyle, beauty austère ; times, economic policy d'austérité

austerely [ɒs'tɪəlɪ] adv avec austérité, austèrement

austerity [ɒs'terɪtɪ] → SYN n austérité f ◆ **days or years of austerity** période f d'austérité

austral ['ɔːstrəl] adj austral

Australasia [ˌɔːstrə'leɪzɪə] n l'Australasie f

Australasian [ˌɔːstrə'leɪzɪən] **1** adj d'Australasie **2** n habitant(e) m(f) or natif m, -ive f d'Australasie

Australia [ɒs'treɪlɪə] n ◆ **(the Commonwealth of) Australia** l'Australie f

Australian [ɒs'treɪlɪən] **1** adj (gen) australien ; ambassador, embassy d'Australie ◆ **Australian Alps** Alpes fpl australiennes ◆ **Australian Antarctic Territory** Antarctique f australienne ◆ **Australian Capital Territory** Territoire m fédéral de Canberra **2** n **a** Australien(ne) m(f) **b** (Ling) australien m **3** COMP ▷ **Australian Rules** n sport australien ressemblant au rugby ▷ **Australian silky terrier** n (= dog) terrier m australien à poil soyeux, silky m

australopithecine [ˌɒstrələʊ'pɪθɪsiːn] n australopithèque m

Austria ['ɒstrɪə] n Autriche f ◆ **in Austria** en Autriche

Austrian ['ɒstrɪən] **1** adj (gen) autrichien ; ambassador, embassy d'Autriche **2** n Autrichien(ne) m(f) **3** COMP ▷ **Austrian blind** n rideau m bouillonné ▷ **Austrian pine** n (Bot) pin m noir d'Autriche

Austro- ['ɒstrəʊ] pref austro- ◆ **Austro-Hungarian** austro-hongrois

Austronesian [ˌɒstrəʊ'niːʒən] adj, n malayo-polynésien(ne) m(f)

AUT [ˌeɪjuː'tiː] n (Brit) (abbrev of **Association of University Teachers**) syndicat

autarchy ['ɔːtɑːkɪ] n autocratie f

authentic [ɔː'θentɪk] → SYN adj authentique ◆ **both texts shall be deemed authentic** (Jur) les deux textes feront foi

authentically [ɔː'θentɪkəlɪ] adv **a** (= genuinely) furnished, restored authentiquement ◆ **authentically Chinese dishes** des plats authentiquement chinois, des plats chinois authentiques ◆ **the brass has an authentically tarnished look** l'aspect terni de ce cuivre a l'air authentique
b (= accurately) describe, depict de façon authentique

authenticate [ɔː'θentɪkeɪt] vt [+ document] authentifier ; [+ report] établir l'authenticité de ; [+ signature] légaliser

authentication [ɔːˌθentɪ'keɪʃən] n [of document] authentification f ; [of report] confirmation f (de l'authenticité de)

authenticity [ˌɔːθen'tɪsɪtɪ] → SYN n authenticité f

author ['ɔːθər] → SYN **1** n **a** (= writer) écrivain m, auteur m ◆ **author's copy** manuscrit m de l'auteur
b [of any work of art] auteur m, créateur m ; [of plan, trouble etc] auteur m
2 vt (US, † Brit = be author of) être l'auteur de

authoress ['ɔːθərɪs] n femme f écrivain

authorial [ɔː'θɔːrɪəl] adj de l'auteur

authoritarian [ɔːˌθɒrɪ'tɛərɪən] → SYN **1** adj autoritaire **2** n partisan(e) m(f) de l'autorité

authoritarianism [ɔːˌθɒrɪ'tɛərɪənɪzəm] n autoritarisme m

authoritative [ɔː'θɒrɪtətɪv] adj **a** (= commanding) person, voice, manner autoritaire
b (= reliable) person, book, guide faisant autorité, digne de foi ; source sûr, autorisé ; survey, study, information sûr, digne de foi
c (= official) statement officiel

authoritatively [ɔː'θɒrɪtətɪvlɪ] adv **a** (= commandingly) say, nod, behave de façon autoritaire
b (= reliably) speak, write avec autorité

authority [ɔː'θɒrɪtɪ] → SYN n **a** (= power to give orders) autorité f, pouvoir m ◆ **I'm in authority here** c'est moi qui dirige ici ◆ **to be in authority over sb** avoir autorité sur qn ◆ **those in authority** ceux qui nous dirigent
b (= permission, right) autorisation f (formelle) ◆ **to give sb authority to do sth** habiliter qn à faire qch ◆ **to do sth without authority** faire qch sans autorisation ◆ **she had no authority to do it** elle n'avait pas qualité pour le faire ◆ **on her own authority** de son propre chef, de sa propre autorité ◆ **on whose authority?** avec l'autorisation de qui ? ◆ **to speak with authority** parler avec compétence or autorité ◆ **to carry authority** faire autorité ◆ **I have it on good authority that ...** je tiens de bonne source que ... ◆ **what is your authority?** sur quoi vous appuyez-vous (pour dire cela) ? ◆ **to say sth on the authority of Plato** dire qch en invoquant l'autorité de Platon
c (gen pl = person or group) **authorities** autorités fpl, corps mpl constitués, administration f ◆ **apply to the proper authorities** adressez-vous à qui de droit or aux autorités compétentes ◆ **the health authorities** les services mpl de la santé publique ◆ **the public/local/district authorities** les autorités fpl publiques/locales/régionales
d (= person with special knowledge) autorité f (on en matière de), expert m (on en) ; (= book) autorité f, source f (autorisée) ◆ **to be an authority** [person, book] faire autorité (on en matière de) ◆ **to consult an authority** consulter un avis autorisé

authorization [ˌɔːθəraɪ'zeɪʃən] → SYN n **a** (= giving of authority) autorisation f (of, for pour ; to do sth de faire qch)
b (= legal right) pouvoir m (to do sth de faire qch)

authorize ['ɔːθəraɪz] → SYN vt autoriser (sb to do sth qn à faire qch) ◆ **to be authorized to do sth** avoir qualité pour faire qch, être autorisé à faire qch ◆ **authorized by custom** sanctionné par l'usage

authorized ['ɔːθəraɪzd] **1** adj person, signatory, overdraft autorisé ; dealer, representative, bank agréé ; signature social ; biography officiel ◆ **"authorized personnel only"** (on door) "entrée réservée au personnel" ◆ **duly authorized officer** (Jur, Fin) représentant m dûment habilité
2 COMP ▷ **authorized bank** n banque f agréée ▷ **authorized capital** n (NonC: Fin) capital m social ▷ **authorized dealer** n (Comm) distributeur m agréé ▷ **authorized signature** n (Jur, Fin) signature f sociale ▷ **the Authorized Version** n (Rel) la Bible de 1611 *(autorisée par le roi Jacques Ier)*

authorship ['ɔːθəʃɪp] n [of book, idea etc] paternité f ◆ **to establish the authorship of a book** identifier l'auteur d'un livre, établir la paternité littéraire d'un livre

autism ['ɔːtɪzəm] n autisme m

autistic [ɔː'tɪstɪk] adj autistique

auto ['ɔːtəʊ] (US) **1** n voiture f, auto f **2** COMP ▷ **Auto show** n Salon m de l'auto ▷ **auto worker** n ouvrier m de l'industrie automobile

auto- ['ɔːtəʊ] pref auto-

autobahn ['ɔːtəbɑːn] n autoroute f *(en Allemagne)* autobahn f

autobank ['ɔːtəʊbæŋk] n distributeur m automatique de billets (de banque)

autobiographer [ˌɔːtəʊbaɪ'ɒgrəfər] n auteur d'une autobiographie

autobiographic(al) ['ɔːtəʊˌbaɪəʊ'græfɪk(əl)] adj autobiographique

autobiography [ˌɔːtəʊbaɪ'ɒgrəfɪ] n autobiographie f

autocade ['ɔːtəʊkeɪd] n (US) cortège m d'automobiles

autochthonous [ɔː'tɒkθənəs] adj autochtone

autoclave ['ɔːtəkleɪv] n (Chem, Med) autoclave m

autocracy [ɔː'tɒkrəsɪ] n autocratie f

autocrat ['ɔːtəʊkræt] → SYN n autocrate m

autocratic [ˌɔːtəʊ'krætɪk] → SYN adj **a** (= dictatorial) person, style, behaviour, leadership autocratique
b (Pol) leader, ruler absolu ; government, regime autocratique

autocross ['ɔːtəʊkrɒs] n auto-cross m

Autocue ® ['ɔːtəʊkjuː] n (Brit TV) téléprompteur m

autocycle ['ɔːtəʊsaɪkl] n (small) cyclomoteur m ; (more powerful) vélomoteur m

auto-da-fé ['ɔːtəʊdɑː'feɪ] n, pl **autos-da-fé** ['ɔːtəʊdɑː'feɪ] autodafé m

autodidact ['ɔːtəʊˌdaɪdækt] n (frm) autodidacte mf

autodrome ['ɔːtəʊdrəʊm] n autodrome m

autoerotic [ˌɔːtəʊɪ'rɒtɪk] adj (Psych) autoérotique

autoeroticism [ˌɔːtəʊɪ'rɒtɪsɪzəm] n (Psych) autoérotisme m

autofocus ['ɔːtəʊfəʊkəs] n (Phot) autofocus m

autogamic [ˌɔːtə'gæmɪk] adj autogame

autogamous [ɔː'tɒgəməs] adj (Bio) autogame ◆ **autogamous fertilization** autofécondation f, autogamie f

autogamy [ɔː'tɒgəmɪ] n (Bio) autogamie f, autofécondation f

autogenic [ˌɔːtəʊ'dʒenɪk] adj ◆ **autogenic training** training m autogène

autogiro ['ɔːtəʊ'dʒaɪərəʊ] n autogire m

autograph ['ɔːtəgrɑːf] **1** n autographe m **2** vt [+ book] dédicacer ; [+ other object] signer **3** COMP ▷ **autograph album** n livre m or album m d'autographes ▷ **autograph hunter** n collectionneur m, -euse f d'autographes

autographic [ˌɔːtə'græfɪk] adj autographique

autographical [ˌɔːtə'græfɪkəl] adj autographique

autography [ɔː'tɒgrəfɪ] n autographie f

autohypnosis [ˌɔːtəʊhɪp'nəʊsɪs] n autohypnose f

autoimmune [ˌɔːtəʊɪˈmjuːn] adj reaction, response, disease auto-immun

autoinfection [ˌɔːtəʊɪnˈfekʃən] n auto-infection f

autoloading [ˈɔːtəʊləʊdɪŋ] adj semi-automatique

autologous [ɔːˈtɒləgəs] adj (Med) autologue

autolysis [ɔːˈtɒlɪsɪs] n (Bio) autolyse f

automat [ˈɔːtəmæt] n cafétéria f automatique *(munie exclusivement de distributeurs)*

automata [ɔːˈtɒmətə] npl of automaton

automate [ˈɔːtəmeɪt] vt automatiser ◆ **automated teller** (= machine) distributeur m automatique de billets, guichet m automatique de banque

automatic [ˌɔːtəˈmætɪk] → SYN **1** adj (lit, fig) automatique ◆ **automatic data processing** (Comput) traitement m automatique de l'information ◆ **automatic exposure** (Phot) exposition f automatique ◆ **automatic vending machine** distributeur m automatique ◆ **on automatic pilot** (Aviat) en pilotage or sur pilote automatique ◆ **to work/drive on automatic pilot** * (fig) travailler/conduire au radar *
2 n (= gun, washing machine) automatique m ; (= car) voiture f à boîte or à transmission automatique ◆ **a Citroën automatic** une Citroën à boîte or transmission automatique
3 COMP ▷ **automatic document feeder** n dispositif m d'alimentation automatique ▷ **automatic transmission** n (Aut) transmission f automatique

automatically [ˌɔːtəˈmætɪkəlɪ] adv (lit, fig) automatiquement ◆ **automatically void** (Jur) nul de plein droit

automaticity [ˌɔːtəʊməˈtɪsɪtɪ] n automaticité f

automation [ˌɔːtəˈmeɪʃən] n (= technique, system, action) automatisation f ; (= state of being automated) automation f ◆ **industrial automation** productique f

automatism [ɔːˈtɒmətɪzəm] n automatisme m

automatization [ɔːˌtɒmətaɪˈzeɪʃən] n automatisation f

automatize [ɔːˈtɒmətaɪz] vt automatiser

automaton [ɔːˈtɒmətən] n, pl **automatons** or **automata** automate m

automobile [ˈɔːtəməbiːl] n (esp US) automobile f, auto f

automobilia [ˌɔːtəməʊˈbiːlɪə] npl accessoires mpl auto

automotive [ˌɔːtəˈməʊtɪv] adj **a** (Aut) industry, design (de l')automobile
b (= self-propelled) automoteur

autonomic [ˌɔːtəˈnɒmɪk] **1** adj (Physiol) autonome, végétatif
2 COMP ▷ **autonomic nervous system** n (Physiol) système m nerveux autonome, système m neurovégétatif

autonomous [ɔːˈtɒnəməs] → SYN adj autonome

autonomously [ɔːˈtɒnəməslɪ] adv de façon autonome

autonomy [ɔːˈtɒnəmɪ] → SYN n autonomie f

autonymous [ɔːˈtɒnɪməs] adj (Ling) autonyme

autopilot [ˈɔːtəʊpaɪlət] n pilote m automatique ◆ **on autopilot** (lit) sur pilote automatique ◆ **to be on autopilot** * (fig) marcher au radar *

autoplasty [ˈɔːtəˌplæstɪ] n autoplastie f

autopsy [ˈɔːtɒpsɪ] → SYN n autopsie f

autoreverse [ˌɔːtəʊrɪˈvɜːs] n (Elec, Mus) autoreverse m, lecture f arrière automatique ◆ **a cassette deck with autoreverse** une platine à cassettes (avec) autoreverse

autoroute [ˈɔːtəʊruːt] n autoroute f

autosome [ˈɔːtəˌsəʊm] n autosome m

autostrada [ˌɔːtəʊˈstrɑːdə] n autostrade f

autosuggestion [ˌɔːtəʊsəˈdʒestʃən] n autosuggestion f

autoteller [ˈɔːtəʊtelər] n (Banking) distributeur m automatique de billets

autotimer [ˈɔːtəʊtaɪmər] n [of oven] programmateur m (de four)

autotomy [ɔːˈtɒtəmɪ] n autotomie f

autotrophic [ˌɔːtəˈtrɒfɪk] adj autotrophe

autumn [ˈɔːtəm] **1** n automne m ◆ **in autumn** en automne ◆ **he's in the autumn of his life** il est à l'automne de sa vie
2 COMP d'automne, automnal (liter) ▷ **autumn crocus** n (Bot) colchique m ▷ **autumn leaves** npl (dead) feuilles fpl mortes ; (on tree) feuilles fpl d'automne

autumnal [ɔːˈtʌmnəl] adj d'automne, automnal (liter)

autunite [ˈɔːtəˌnaɪt] n autunite f

auxiliary [ɔːgˈzɪlɪərɪ] → SYN **1** adj subsidiaire (to à), auxiliaire ◆ **auxiliary police** (US) corps m de policiers auxiliaires volontaires ◆ **auxiliary staff** (Brit Scol) personnel m auxiliaire non enseignant ◆ **auxiliary tank** (Aviat) réservoir m supplémentaire ◆ **auxiliary verb** verbe m auxiliaire
2 n **a** auxiliaire mf ◆ **nursing auxiliary** infirmier m, -ière f auxiliaire, aide-soignant(e) m(f) ◆ **auxiliaries** (Mil) auxiliaires mpl
b (Gram) (verbe m) auxiliaire m
3 COMP ▷ **auxiliary nurse** n aide-soignant(e) m(f)

auxin [ˈɔːksɪn] n auxine f

AV [eɪˈviː] abbrev of **audiovisual**

Av. n (abbrev of **Avenue**) av.

a.v., A/V abbrev of **ad valorem**

av (abbrev of **average**) moyenne f

avail [əˈveɪl] **1** vt ◆ **to avail o.s. of** [+ opportunity] saisir, profiter de ; [+ right] user de, valoir de ; [+ service] utiliser ◆ **to avail o.s. of the rules of jurisdiction** (Jur) invoquer les règles de compétence
2 vi († liter) être efficace, servir ◆ **nought availed** rien n'y faisait ◆ **it availed him nothing** cela ne lui a servi à rien
3 n ◆ **to no avail** sans résultat, en vain ◆ **your advice was of no avail** vos conseils n'ont eu aucun effet ◆ **it is of no avail to complain** il ne sert à rien de protester ◆ **to little avail** sans grand effet or résultat ◆ **it is of** or **to little avail** cela ne sert pas à grand-chose

availability [əˌveɪləˈbɪlɪtɪ] n **a** [of material, people] disponibilité f
b (US = validity) validité f

available [əˈveɪləbl] LANGUAGE IN USE 19.3 → SYN adj **a** (= obtainable) information, product, funding, accommodation disponible ◆ **he is not available at the moment** il n'est pas libre en ce moment ◆ **television isn't yet available here** on ne dispose pas encore de la télévision ici ◆ **new treatments are becoming available** de nouveaux traitements font leur apparition ◆ **to be available for sb** être à la disposition de qn ◆ **the MP was not available for comment yesterday** (Press) hier, le député ne s'est prêté à aucune déclaration ◆ **available for hire** à louer ◆ **money available for spending** argent m disponible ◆ **a car park is available for the use of customers** un parking est à la disposition des clients ◆ **the guide is available from all good bookshops** on peut trouver ce guide dans toutes les bonnes librairies ◆ **this service is available in stores everywhere** tous les magasins proposent ce service ◆ **tickets are available from the box office** on peut se procurer des billets auprès du bureau de location ◆ **to make sth available** mettre qch à disposition ◆ **to make sth available to sb** mettre qch à la disposition de qn ◆ **to make o.s. available** se rendre disponible ◆ **to use every available means to do sth** utiliser tous les moyens disponibles pour faire qch ◆ **the next available** le prochain voi ◆ **"other sizes/colours available"** (Comm) "existe également en d'autres tailles/couleurs" ◆ **in the time available** dans le temps disponible ◆ **information available to patients** les informations fpl à la disposition des patients ◆ **benefits available to employees** les avantages mpl dont peuvent bénéficier les employés
b (= unattached) (person) libre ; (sexually) disponible *(sexuellement)*
c (US Pol pej) candidate honnête (before n)

avalanche [ˈævəlɑːnʃ] → SYN **1** n (lit, fig) avalanche f
2 vi tomber en avalanche
3 COMP ▷ **avalanche precautions** npl mesures fpl de sécurité anti-avalanche ▷ **avalanche warning** n alerte f aux avalanches ; (on sign) attention (aux) avalanches

avalement [avalˈmɑ̃] n (Ski) avalement m

avant-garde [ˈævɑ̃ŋgɑːd] → SYN **1** n (gen, Mil) avant-garde f
2 COMP dress, style d'avant-garde

avarice [ˈævərɪs] n avarice f, cupidité f

avaricious [ˌævəˈrɪʃəs] → SYN adj avare, cupide (liter)

avatar [ˈævətɑːr] n **a** (Rel) avatar m
b (fig = manifestation) incarnation f
c (Comput) avatar m

avdp n abbrev of **avoirdupois**

Ave n (abbrev of **Avenue**) av

Ave Maria [ˈɑːveɪmɑˈrɪə] n Ave Maria m inv

avenge [əˈvendʒ] → SYN vt [+ person, thing] venger ◆ **to avenge o.s.** se venger, prendre sa revanche (on sb sur qn)

avenger [əˈvendʒər] n vengeur m, -eresse f

avenging [əˈvendʒɪŋ] adj vengeur (-eresse f) (liter)

avens [ˈævɪnz] n, pl inv (Bot) benoîte f

avenue [ˈævənjuː] → SYN n (= private road) avenue f ; (= wide road in town) avenue f, boulevard m ; (fig) route f

aver [əˈvɜːr] vt affirmer, déclarer

average [ˈævərɪdʒ] → SYN **1** n **a** moyenne f ◆ **on average** en moyenne ◆ **a rough average** une moyenne approximative ◆ **to take an average of results** prendre la moyenne des résultats ◆ **above/below average** au-dessus/en-dessous de la moyenne ◆ **to do an average of 70km/h** rouler à or faire une moyenne de 70 km/h, faire du 70 de moyenne *
b (Marine Insurance) avarie f ◆ **to adjust the average** répartir les avaries
2 adj age, wage, price moyen ◆ **the average American car owner drives 10,000 miles per year** l'automobiliste américain moyen fait 16 000 kilomètres par an ◆ **an average thirteen-year-old child could understand it** un enfant or n'importe quel enfant de treize ans comprendrait cela ◆ **$2 for a beer is average** il faut compter en moyenne 2 dollars pour une bière ◆ **it was an average piece of work** c'était un travail moyen ◆ **I was only average academically** sur le plan des études, je ne dépassais pas la moyenne
3 vt **a** (= find the average of) établir or faire la moyenne de
b (= reach an average of) atteindre la moyenne de ◆ **we average eight hours' work a day** nous travaillons en moyenne huit heures par jour ◆ **the sales average 200 copies a month** la vente moyenne est de 200 exemplaires par mois ◆ **we averaged 50km/h the whole way** nous avons fait 50 km/h de moyenne sur ce trajet
4 COMP ▷ **average clause** n (Insurance) clause f d'avaries

▶ **average out** **1** vi ◆ **it'll average out in the end** en fin de compte ça va s'égaliser ◆ **our working hours average out at eight per day** nous travaillons en moyenne huit heures par jour
2 vt sep faire la moyenne de

averagely [ˈævərɪdʒlɪ] adv moyennement

averager [ˈævərɪdʒər] n (Marine Insurance) répartiteur m d'avaries, dispatcheur m

averse [əˈvɜːs] → SYN adj ennemi (to de), peu disposé (to à) ◆ **to be averse to doing sth** répugner à faire qch ◆ **he is averse to getting up early** il déteste se lever tôt ◆ **I am not averse to an occasional drink** je ne suis pas opposé à un petit verre de temps à autre

aversion [əˈvɜːʃən] → SYN **1** n **a** (NonC = strong dislike) aversion f ◆ **he has an aversion to spiders** il a or éprouve de l'aversion pour les araignées ◆ **he has a strong aversion to work** il a horreur de travailler ◆ **I have an aversion to garlic** une chose que je déteste, c'est l'ail ◆ **he has a strong aversion to me** il ne peut pas me souffrir ◆ **I took an aversion to it** je me suis mis à détester cela ◆ **I have an aversion to him** il m'est antipathique
b (= object of aversion) objet m d'aversion ◆ **my greatest aversion is ...** ce que je déteste le plus, c'est ... ; → **pet**[1]
2 COMP ▷ **aversion therapy** n (Psych) cure f de dégoût or d'interdiction provoquée

avert [əˈvɜːt] vt [+ danger, accident] prévenir, éviter ; [+ blow] détourner, parer ; [+ suspicion] écarter ; [+ one's eyes, one's thoughts] détourner (*from* de)

avian [ˈeɪvɪən] adj aviaire

aviary [ˈeɪvɪərɪ] n volière f

aviation [ˌeɪvɪˈeɪʃən] → SYN 1 n aviation f
 2 COMP ▷ **aviation fuel** n kérosène m ▷ **aviation industry** n aéronautique f

aviator [ˈeɪvɪeɪtəʳ] → SYN 1 n aviateur m, -trice f
 2 COMP ▷ **aviator glasses** npl lunettes fpl sport

aviculture [ˈeɪvɪkʌltʃəʳ] n aviculture f

aviculturist [ˌeɪvɪˈkʌltʃərɪst] n aviculteur m, -trice f

avid [ˈævɪd] → SYN adj a (= keen) reader, collector, viewer passionné ; supporter, fan fervent
 b (= desirous) **avid for sth** avide de qch

avidity [əˈvɪdɪtɪ] n avidité f (*for* de)

avidly [ˈævɪdlɪ] adv avidement, avec avidité

avifauna [ˌeɪvɪˈfɔːnə] n avifaune f

Avila [ˈævɪlə] n Ávila

avionics [ˌeɪvɪˈɒnɪks] n (NonC) (= science) avionique f ; (pl = circuitry) avionique f

avitaminosis [æˌvɪtəmɪˈnəʊsɪs] n (Med) avitaminose f

avocado [ˌævəˈkɑːdəʊ] n (Brit: also **avocado pear**) avocat m ; (= tree) avocatier m

avocation [ˌævəʊˈkeɪʃən] n a (= employment) métier m, profession f
 b (= minor occupation) passe-temps m inv favori, violon m d'Ingres

avocet [ˈævəset] n avocette f

Avogadro constant [ˌævəˈgɑːdrəʊ] n (Phys) nombre m d'Avogadro

Avogadro's law n (Phys) loi f d'Avogadro

avoid [əˈvɔɪd] → SYN vt [+ person, obstacle] éviter ; [+ danger] échapper à ; **to avoid tax** (legally) se soustraire à l'impôt, (illegally) frauder le fisc ◆ **to avoid doing sth** éviter de faire qch ◆ **avoid being seen** évitez qu'on ne vous voie ◆ **to avoid sb's eye** fuir le regard de qn ◆ **to avoid notice** échapper aux regards ◆ **I can't avoid going now** je ne peux plus faire autrement que d'y aller, je ne peux plus me dispenser d'y aller ◆ **this way we avoid London** en passant par ici nous évitons Londres ◆ **it is to be avoided like the plague** il faut fuir cela comme la peste ; → **plague**

avoidable [əˈvɔɪdəbl] adj évitable

avoidance [əˈvɔɪdəns] → SYN n ◆ **his avoidance of me** le soin qu'il met à m'éviter ◆ **his avoidance of his duty** ses manquements mpl au devoir ◆ **tax avoidance** évasion f fiscale

avoirdupois [ˌævədəˈpɔɪz] 1 n a (lit) système m des poids commerciaux (*système britannique des poids et mesures*)
 b (* = overweight) embonpoint m
 2 COMP *conforme aux poids et mesures officiellement établis* ▷ **avoirdupois pound** n livre f (*453,6 grammes*)

avow [əˈvaʊ] vt (frm = proclaim) déclarer, affirmer ◆ **to avow o.s. defeated** s'avouer or se déclarer battu

avowal [əˈvaʊəl] n (frm) aveu m

avowed [əˈvaʊd] → SYN adj (frm) enemy, supporter, atheist déclaré ; aim, intention, purpose avoué

avowedly [əˈvaʊɪdlɪ] adv (frm) de son propre aveu

avulsion [əˈvʌlʃən] n (Med) avulsion f

avuncular [əˈvʌŋkjʊləʳ] adj avunculaire

AWACS [ˈeɪwæks] n (abbrev of **Airborne Warning and Control System**) ◆ **AWACS plane** (avion m) AWACS m

await [əˈweɪt] → SYN vt a (= wait for) [+ object, event] attendre, être dans l'attente de ; [+ person] attendre ◆ **parcels awaiting delivery** colis mpl en souffrance ◆ **long-awaited event** événement m longtemps attendu
 b (= be in store for) être réservé à, attendre ◆ **the fate that awaits us** le sort qui nous attend or qui nous est réservé

awake [əˈweɪk] → SYN pret **awoke** or **awaked**, ptp **awoken** or **awaked** 1 vi s'éveiller, se réveiller ◆ **to awake from sleep** sortir du sommeil, s'éveiller ◆ **to awake to one's responsibilities** prendre conscience de ses responsabilités ◆ **to awake to the fact that ...** s'apercevoir du fait que ... ◆ **to awake from one's illusions** revenir de ses illusions
 2 vt a (= wake) [+ person] éveiller, réveiller
 b (fig = arouse) [+ suspicion] éveiller ; [+ hope, curiosity] éveiller, faire naître ; [+ memories] réveiller
 3 adj a (= not asleep) (before sleep) éveillé ; (after sleep) réveillé ◆ **are you awake?** est-ce que tu dors ? ◆ **he was instantly awake** il s'est réveillé immédiatement ◆ **to keep sb awake** empêcher qn de dormir ◆ **to lie awake all night** ne pas fermer l'œil de la nuit ◆ **she lies awake at night worrying about it** ça la tracasse tellement qu'elle n'en dort plus ◆ **to shake sb awake** secouer qn pour le réveiller ◆ **to stay** or **keep awake** veiller ◆ **I couldn't stay** or **keep awake** je n'arrivais pas à rester éveillé ◆ **I don't stay awake at night worrying about that** cela ne m'inquiète pas au point de m'empêcher de dormir ; → **wide**
 b (= aware) **to be awake to sth** être conscient de qch

awaked † [əˈweɪkt] vb (pt, ptp of **awake**)

awaken [əˈweɪkən] → SYN vti ⇒ **awake 1, 2**

awakening [əˈweɪknɪŋ] → SYN 1 n (lit, fig) réveil m ◆ **a rude awakening** un réveil brutal
 2 adj interest, passion naissant

award [əˈwɔːd] → SYN 1 vt [+ prize etc] décerner, attribuer (*to* à) ; [+ sum of money] allouer, attribuer (*to* à) ; [+ dignity, honour] conférer (*to* à) ; [+ damages] accorder (*to* à)
 2 n a (= prize) prix m ; (for bravery etc) récompense f, décoration f ; (= scholarship) bourse f
 b (Jur = judgement) décision f, sentence f arbitrale ; (= sum of money) montant m (or dommages-intérêts mpl) accordé(s) par le juge
 3 COMP ▷ **award ceremony, awards ceremony** n (Cine, Theat, TV) cérémonie f de remise des prix ▷ **award-winner** n (= person) lauréat(e) m(f) ; (= work) livre m (or film m etc) primé ▷ **award-winning** adj person, book, film primé

aware [əˈwɛəʳ] → SYN adj a (= conscious) conscient (*of* de) ; (= informed) au courant, averti (*of* de) ◆ **to become aware of sth/that sth is happening** prendre conscience or se rendre compte de qch/que qch se passe ◆ **to be aware of sth** être conscient de qch, avoir conscience de qch ◆ **to be aware that something is happening** être conscient or avoir conscience que quelque chose se passe ◆ **I am quite aware of it** je ne l'ignore pas, j'en ai bien conscience ◆ **as far as I am aware** autant que je sache ◆ **not that I am aware of** pas que je sache ◆ **to make sb aware of sth** rendre qn conscient de qch
 b (= knowledgeable) informé, avisé ◆ **politically aware** politisé ◆ **socially aware** au courant des problèmes sociaux

awareness [əˈwɛənɪs] → SYN 1 n (NonC) conscience f (*of* de)
 2 COMP ▷ **awareness programme** n programme m de sensibilisation

awash [əˈwɒʃ] adj (Naut) à fleur d'eau, qui affleure ; (= flooded) inondé (*with* de)

away [əˈweɪ] → SYN

When **away** is an element in a phrasal verb, eg **boil away, die away, gabble away, get away**, look up the verb.

 1 adv a (= to or at a distance) au loin, loin ◆ **far away** au loin, très loin ◆ **the lake is 3km away** le lac est à 3 km (de distance) or à une distance de 3 km ◆ **away back in the distance** très loin derrière (dans le lointain) ◆ **away back in prehistoric times** dans les temps reculés de la préhistoire ◆ **away back in 1600** il y a bien longtemps en 1600 ◆ **away back in the 40s** il y a longtemps déjà dans les années 40 ◆ **keep the child away from the fire** tenez l'enfant loin or éloigné du feu ◆ **away over there** là-bas au loin or dans le lointain, loin là-bas
 b (= absent) **he's away today** (gen) il est absent or il n'est pas là aujourd'hui ; [businessman etc] il est en déplacement aujourd'hui ◆ **he is away in London** il est (parti) à Londres ◆ **when I have to be away** lorsque je dois m'absenter ◆ **she was away before I could speak** elle était partie avant que j'aie pu parler ◆ **now she's away with the idea that ...** * la voilà partie avec l'idée que ... ◆ **away!** hors d'ici ! ◆ **away with you!** (= go away) allez-vous-en ! *, **away with you!** * (disbelief) allons ! ne dis pas de bêtises ; → **far, right, brush away, go away**
 c (Sport) **they're playing away this week** ils jouent à l'extérieur cette semaine ◆ **Chelsea are away to Everton on Saturday** Chelsea se déplace à Everton samedi
 d (= continuously) sans arrêt or interruption, continuellement ◆ **to be talking/working away** parler/travailler sans arrêt
 2 COMP ▷ **away-day** n (Comm, Ind: for training) journée f de formation ▷ **away defeat** n (Sport) défaite f à l'extérieur ▷ **away game, away match** n (Sport) match m à l'extérieur ▷ **away team** n (Sport) (équipe f des) visiteurs mpl, équipe f jouant à l'extérieur ▷ **away win** n (Sport) victoire f à l'extérieur

awe [ɔː] → SYN 1 n (fearful) respect m mêlé de crainte ; (admiring) respect m mêlé d'admiration ◆ **to be** or **stand in awe of sb** être intimidé par qn, être rempli du plus grand respect pour qn
 2 vt inspirer un respect mêlé de crainte à ◆ **in an awed voice** d'une voix (à la fois) respectueuse et intimidée
 3 COMP ▷ **awe-inspiring** → SYN adj ⇒ **awesome** ▷ **awe-struck** adj (= frightened) frappé de terreur ; (= astounded) stupéfait

awesome [ˈɔːsəm] adj (= impressive) impressionnant, imposant ; (= frightening) terrifiant ; (esp US * = excellent) super *, génial *

awesomely [ˈɔːsəmlɪ] adv talented, complex terriblement ◆ **the streets were awesomely quiet** il régnait un calme impressionnant dans les rues

awful [ˈɔːfəl] → SYN adj a affreux, terrible, atroce ◆ **he's an awful bore** il est assommant * ◆ **what awful weather!** quel temps affreux ! or de chien ! * ◆ **he's got an awful cheek!** il a un de ces culots ! * ou un fameux culot ! * ◆ **how awful!** comme c'est affreux !, quelle chose affreuse ! ◆ **it was just awful** c'était vraiment affreux ◆ **his English is awful** son anglais est atroce, il parle anglais comme une vache espagnole ◆ **I feel awful** (= ill) je me sens vraiment mal ◆ **an awful lot of time/money** un temps/un argent fou ◆ **there's an awful lot of people/cars/cream** etc il y a énormément de monde/voitures/crème etc ◆ **I have an awful lot of things to do** j'ai énormément de or un tas * de choses à faire ◆ **he drinks an awful lot** il boit énormément or comme un trou *
 b (= dreadful) news, crime, accident, realization épouvantable, terrifiant

awfully [ˈɔːflɪ] → SYN adv good, nice, clever extrêmement, vraiment ; bad, difficult, hot, late terriblement ◆ **an awfully big house** une énorme maison ◆ **I'm awfully glad** je suis absolument ravi ◆ **I'm awfully sorry** je suis absolument désolé ◆ **I'm not awfully sure** je n'en suis pas vraiment sûr ◆ **I don't know her awfully well** je ne la connais pas vraiment bien or très bien ◆ **thanks awfully** † merci infiniment ◆ **would you mind awfully (if ...)?** † est-ce que cela vous ennuierait (si ...) ?

awfulness [ˈɔːfʊlnɪs] n horreur f ◆ **the awfulness of it** ce qu'il y a d'affreux or de terrible dans cette affaire, ce que cette affaire a d'affreux or de terrible

awhile [əˈwaɪl] → SYN adv (US) un instant, un moment ◆ **wait awhile** attendez un peu ◆ **not yet awhile** pas de sitôt

awkward [ˈɔːkwəd] → SYN adj a (= inconvenient, difficult) question, job, task difficile ; problem, situation, stage délicat ◆ **he's at an awkward age** il est à l'âge ingrat ◆ **it's awkward for me** cela m'est assez difficile, cela ne m'est pas très facile ◆ **tomorrow's awkward (for me); how about Thursday?** demain n'est pas très commode (pour moi) - que pensez-vous de jeudi ? ◆ **you've come at an awkward moment** vous tombez mal ; ◆ **to put sb in an awkward position** mettre qn dans une position délicate ◆ **to make things awkward for sb** rendre les choses difficiles pour qn ◆ **at an awkward time for sb** au mauvais moment pour qn ◆ **it would be awkward to postpone my trip again** il me serait difficile de reporter à nouveau mon voyage
 b (= embarrassing) silence gêné ◆ **there was an awkward moment when ...** il y a eu un

awkwardly ['ɔːkwədlɪ] adv **a** (= clumsily) move, walk, express o.s., translate maladroitement, de façon maladroite ; fall mal ; lie dans une position inconfortable ; hang bizarrement ◆ **awkwardly placed** mal placé
 b (= embarrassingly) **an awkwardly long silence** un long silence gêné
 c (= embarrassedly) say, behave, shake hands d'un air gêné or embarrassé

awkwardness ['ɔːkwədnɪs] → SYN n **a** (= clumsiness) gaucherie f, maladresse f
 b [of situation] côté m gênant or embarrassant
 c (= discomfort) embarras m, gêne f

awl [ɔːl] n alène f, poinçon m

awn [ɔːn] n (Bot) arête f, barbe f

awning ['ɔːnɪŋ] n (Naut) taud m or taude f, tente f ; [of shop] banne f, store m ; [of hotel door] marquise f ; [of tent] auvent m ; (in garden) vélum m

awoke [ə'wəʊk] vb (pt of **awake**)

awoken [ə'wəʊkən] vb (ptp of **awake**)

AWOL ['eɪwɒl] (Mil) (abbrev of **absent without leave**) → **absent**

awry [ə'raɪ] adj, adv **a** (= askew) de travers, de guingois *

moment de gêne quand ... ; → **a** ◆ **it's all a bit awkward** tout ceci est un peu ennuyeux or gênant
 c (= ill at ease) **to be** or **feel awkward (with sb)** être mal à l'aise (avec qn) ◆ **I felt awkward about his hand on my knee** ça me gênait de sentir sa main sur mon genou ◆ **I felt awkward about touching him** ça me gênait de le toucher
 d (= uncooperative) person difficile, peu commode ◆ **he's being awkward (about it)** il fait des difficultés (à ce sujet) ◆ **to be awkward about doing sth** faire des difficultés pour faire qch ; → **customer**
 e (= cumbersome) object encombrant ; shape encombrant, malcommode ◆ **awkward to carry/use** difficile à porter/utiliser
 f (= clumsy) person gauche, maladroit ; movement, gesture, phrase maladroit ; style gauche, emprunté ; position inconfortable

 b (= wrong) de travers ◆ **to go awry** [plan] s'en aller à vau-l'eau ; [undertaking] mal tourner

axe, ax (US) [æks] → SYN **1** n hache f ; (fig: in expenditure etc) coupe f claire or sombre ; (Mus * = guitar) gratte * f ◆ **to have an axe to grind** prêcher pour son saint (fig) ◆ **I've no axe to grind** ce n'est pas mon intérêt personnel que j'ai en vue, je ne prêche pas pour mon saint ◆ **when the axe fell** (fig) quand le couperet est tombé ◆ **to get** or **be given the axe** [employee] être mis à la porte ; [project] être abandonné
 2 vt (fig) [+ scheme, project] annuler, abandonner ; [+ jobs] supprimer ; [+ employees] licencier ◆ **to axe expenditure** réduire les dépenses, faire or opérer des coupes claires dans le budget
 3 COMP ▷ **axe-murderer** n assassin m (qui tue ses victimes à la hache)

axel ['æksəl] n (Skating) axel m

axeman * ['æksmən] n, pl **-men** (Mus = guitarist) guitariste m ◆ **(mad) axeman** tueur m fou (qui se sert d'une hache)

axenic [eɪ'ziːnɪk] adj axénique

axes ['æksiːz] npl of **axis**

axial ['æksɪəl] adj axial

axilla [æk'sɪlə] n (Anat) aisselle f

axiological [ˌæksɪə'lɒdʒɪkəl] adj axiologique

axiology [ˌæksɪ'ɒlədʒɪ] n axiologie f

axiom ['æksɪəm] → SYN n axiome m

axiomatic [ˌæksɪəʊ'mætɪk] → SYN adj axiomatique ; (= clear) évident

axis ['æksɪs] → SYN n, pl **axes** axe m ◆ **the Axis (Powers)** (Hist) les puissances fpl de l'Axe

axle ['æksl] → SYN **1** n [of wheel] axe m ; (Aut: also **axle-tree**) essieu m ◆ **front/rear axle** essieu m avant/arrière
 2 COMP ▷ **axle-box** n (Rail) boîte f d'essieu ▷ **axle cap** n chapeau m de roue or de moyeu ▷ **axle grease** n graisse f à essieux ▷ **axle-pin** n esse f, clavette f d'essieu

axolotl ['æksəˌlɒtl] n axolotl m

axon ['æksɒn] n axone m

axone ['æksəʊn] n axone m

ay [aɪ] ⇒ **aye**

ayatollah [ˌaɪə'tɒlə] n ayatollah m

aye[1] [aɪ] **1** particle (esp Scot, N Engl) oui ◆ **aye, aye sir!** (Naut) oui, commandant (or capitaine etc)
 2 n oui m ◆ **the ayes and noes** (in voting) les voix fpl pour et contre ◆ **90 ayes and 2 noes** 90 pour et 2 contre ◆ **the ayes have it** les oui l'emportent

aye[2] † [eɪ] adv (Scot) toujours

aye-aye ['aɪˌaɪ] n aye-aye m

AYH [ˌeɪwaɪ'eɪtʃ] n (US) abbrev of **American Youth Hostels**

AZ abbrev of **Arizona**

azalea [ə'zeɪlɪə] n azalée f

azeotropic [ˌeɪzɪə'trɒpɪk] adj azéotrope

Azerbaijan [ˌæzəbaɪ'dʒɑːn] n l'Azerbaïdjan m

Azerbaijani [ˌæzəbaɪ'dʒɑːnɪ] **1** adj azerbaïdjanais
 2 n **a** Azerbaïdjanais(e) m(f)
 b (Ling) Azerbaïdjanais m

Azeri [ə'zɛərɪ] **1** adj azéri
 2 n Azéri(e) m(f)

AZERTY, azerty [ə'zɜːtɪ] adj ◆ **AZERTY keyboard** clavier m AZERTY

azimuth ['æzɪməθ] n azimut m

azo ['eɪzəʊ] **1** adj (Chem) azoïque
 2 COMP ▷ **azo dye** n colorant m azoïque

azoic [ə'zəʊɪk] adj (Bio) azoïque

azoospermia [eɪˌzəʊə'spɜːmɪə] n azoospermie f

Azores [ə'zɔːz] npl Açores fpl

azotaemia, azotemia (US) [ˌæzə'tiːmɪə] n azotémie f

azotaemic, azotemic (US) [ˌæzə'tiːmɪk] adj azotémique

AZT [ˌeɪzed'tiː] (abbrev of **azidothymidine**) AZT f

Aztec ['æztek] **1** n Aztèque mf
 2 adj aztèque

azure ['eɪʒə[r]] **1** n azur m
 2 adj d'azur

B

B, b [biː] **1** n **a** (= letter) B, b m ◆ **B for Baker** ≃ B comme Berthe ◆ **number 7b** (in house numbers) numéro m 7 ter
b (Mus) si m ; → **key**
c (Scol) bien, ≃ 14 sur 20
d (Cine) **B movie** or **picture** † or **film** film m de série B
e [of record] **B side** face f B
2 COMP ▷ **B-girl** * n (US) entraîneuse f (de bar) ▷ **B-road** n (Brit) route f secondaire, route f départementale ; → ROADS

BA [biːˈeɪ] n (Univ) (abbrev of **Bachelor of Arts**) ◆ **to have a BA in French** avoir une licence de français ; → **bachelor** ; → DEGREE

BAA [ˌbiːeɪˈeɪ] n (abbrev of **British Airports Authority**) → **British**

baa [bɑː] **1** n bêlement m ◆ **baa!** bé, bê !
2 vi bêler
3 COMP ▷ **baa-lamb** n (baby talk) petit agneau m

Baal [bɑːl] n (Myth) Baal m

babble [ˈbæbl] → SYN **1** n [of baby] babil m, babillage m ; [of stream] gazouillement m ◆ **a babble of voices** un brouhaha de voix
2 vi **a** [baby] gazouiller, babiller ; [stream] jaser, gazouiller
b (= gabble: also **babble away**, **babble on**) bredouiller, bafouiller * ◆ **he was babbling about his holidays** il nous débitait des histoires à n'en plus finir sur ses vacances ◆ **he was babbling about saving the rainforests** il nous débitait des banalités sur la sauvegarde des forêts tropicales
3 vt (also **babble out**) bredouiller ◆ **"don't hurt me, don't hurt me!" he babbled** "ne me faites pas de mal, ne me faites pas de mal !" bredouilla-t-il ◆ **he was just babbling nonsense** il était en train de débiter des absurdités

babbler [ˈbæblər] n bavard(e) m(f)

babbling [ˈbæblɪŋ] **1** adj person, baby, stream babillard
2 n ⇒ **babble 1**

babe [beɪb] → SYN **1** n **a** (liter) bébé m, enfant mf en bas âge ◆ **babe in arms** enfant mf au berceau or qui vient de naître
b (* = inexperienced person) innocent(e) m(f) ◆ **babes in the wood(s)** des jeunes gens naïfs perdus dans un monde impitoyable
c (esp US * = attractive woman) jolie pépée * f ◆ **come on babe!** viens ma belle !

babel [ˈbeɪbəl] n (= noise) brouhaha m ; (= confusion) tohu-bohu m ; → **tower**

babirusa [ˌbɑːbɪˈruːsə] n babiroussa m

baboon [bəˈbuːn] n babouin m

baby [ˈbeɪbɪ] → SYN **1** n **a** bébé m ◆ **she's just had a baby** elle vient d'avoir un bébé ◆ **the baby of the family** le petit dernier or la petite dernière, le benjamin or la benjamine ◆ **I've known him since he was a baby** je l'ai connu tout petit or tout bébé ◆ **a new baby** un(e) nouveau-né(e) m(f) ◆ **don't be such a baby (about it)!** (pej) ne fais pas l'enfant ! ◆ **he was left holding the baby** * on lui a refilé le bébé * ◆ **to throw out the baby with the bathwater** jeter le bébé avec l'eau du bain
b (US *) (= girlfriend) copine * f, nana * f ; (= man) mec * m ◆ **come on baby!** (to woman) viens ma belle ! ; (to man) viens mon gars ! *
c (* = special responsibility) bébé m ◆ **the new system is his baby** le nouveau système est son bébé ◆ **that's not my baby** je n'ai rien à voir là-dedans
d (esp US * = thing) petite merveille f
2 adj ◆ **baby vegetables/carrots/sweetcorn** mini-légumes mpl/-carottes fpl/-épis mpl de maïs
3 vt * [+ person] dorloter, cajoler
4 COMP clothes etc de bébé ; rabbit etc bébé ▷ **baby-batterer** n bourreau m d'enfants ▷ **baby-battering** n sévices mpl à enfant(s) ▷ **baby-blue** * adj eyes bleu *(plein d'innocence)* ; ribbon, car bleu clair inv ▷ **baby blues** * npl **a** (= depression) bébé blues * m **b** (= eyes) yeux mpl bleus *(pleins d'innocence)* ▷ **baby boom** n baby-boom m ▷ **baby boomer** n enfant mf du baby-boom ▷ **Baby-bouncer** ® n Baby Bouncer ® m ▷ **baby boy** n petit garçon m ▷ **baby brother** n petit frère m ▷ **baby buggy** ® n (Brit) poussette f ▷ **baby carriage** n (US) voiture f d'enfant, landau m ▷ **baby carrier** n porte-bébé m, (sac m) kangourou m ▷ **baby-doll pyjamas** npl baby doll m ▷ **baby elephant** n éléphanteau m ▷ **baby face** n visage m poupin ▷ **baby-faced** adj au visage poupin ▷ **baby food(s)** n(pl) aliments mpl pour bébés ▷ **baby girl** n petite fille f ▷ **baby grand** n (also **baby grand piano**) (piano m) demi-queue m ▷ **Baby-gro** ® n grenouillère f ▷ **baby Jesus** n l'enfant m Jésus ▷ **baby linen** n layette f ▷ **baby milk** n lait m maternisé ▷ **baby-minder** n nourrice f *(qui s'occupe des enfants pendant que les parents travaillent)* ▷ **baby-scales** npl pèse-bébé m ▷ **baby seat** n siège m pour bébés ▷ **baby sister** n petite sœur f ▷ **baby-sit** vi faire du baby-sitting ▷ **baby-sitter** n baby-sitter mf ▷ **baby-sitting** n garde f d'enfants, baby-sitting m ◆ **to go baby-sitting** faire du baby-sitting ▷ **baby sling** n porte-bébé m, (sac m) kangourou m ▷ **baby snatcher** n ravisseur m, -euse f d'enfant ◆ **he/she is a baby snatcher!** * (fig) il/elle les prend au berceau ! * ▷ **baby talk** n langage m enfantin or de bébé ▷ **baby tooth** * n, pl **baby teeth** dent f de lait ▷ **baby-walker** n trotteur m ▷ **baby wipe** n lingette f *(pour bébé)*

babyhood [ˈbeɪbɪhʊd] n petite enfance f

babyish [ˈbeɪbɪʃ] → SYN adj puéril, enfantin

Babylon [ˈbæbɪlən] n (Geog, fig) Babylone

Babylonian [ˌbæbɪˈləʊnɪən] **1** adj babylonien
2 n Babylonien(ne) m(f)

baccalaureate [ˌbækəˈlɔːrɪɪt] n licence f

baccara(t) [ˈbækərɑː] n baccara m

bacchanal [ˈbækənæl] **1** adj bachique
2 n (= worshipper) adorateur m, -trice f de Bacchus ; (= reveller) noceur * m, -euse * f ; (= orgy) orgie f

bacchanalia [ˌbækəˈneɪlɪə] n (= festival) bacchanales fpl ; (= orgy) orgie f

bacchanalian [ˌbækəˈneɪlɪən], **bacchic** [ˈbækɪk] adj bachique

Bacchus [ˈbækəs] n Bacchus m

bacciferous [bækˈsɪfərəs] adj baccifère

bacciform [ˈbæksɪˌfɔːm] adj bacciforme

baccy * [ˈbækɪ] n (abbrev of **tobacco**) tabac m

Bach [bɑːk] n ◆ **Johann Sebastian Bach** Jean-Sébastien Bach

bachelor [ˈbætʃələr] **1** n **a** (= unmarried man) célibataire m ; → **confirmed**
b (Univ) **Bachelor of Arts/of Science/of Law** licencié(e) m(f) ès lettres/ès sciences/en droit ◆ **Bachelor of Education** licencié(e) m(f) en sciences de l'éducation ◆ **bachelor's degree** ≃ licence f ; → DEGREE
c (Hist) bachelier m
2 adj uncle, brother etc célibataire ; life, habits de célibataire
3 COMP ▷ **bachelor flat** n garçonnière f, studio m ▷ **bachelor girl** n célibataire f

bachelorhood [ˈbætʃələhʊd] n (gen) vie f de garçon, (= celibacy) célibat m

bacillary [bəˈsɪlərɪ] adj bacillaire

bacilliform [bəˈsɪlɪˌfɔːm] adj bacilliforme

bacilluria [ˌbæsɪˈljʊərɪə] n bacillurie f

bacillus [bəˈsɪləs] **1** n, pl **bacilli** [bəˈsɪlaɪ] bacille m
2 COMP ▷ **bacillus infection** n (Med) infection f bacillaire

---

back [bæk]

→ SYN

1 NOUN **4** TRANSITIVE VERB
2 ADJECTIVE **5** INTRANSITIVE VERB
3 ADVERB **6** COMPOUNDS
    7 PHRASAL VERBS

1 NOUN

a of person, animal dos m ◆ **I've got a bad back** j'ai des problèmes de dos ◆ **to carry sb/sth on one's back** porter qn/qch sur son dos ◆ **with one's back to the light** le dos à la lumière ◆ **to have** or **stand** or **sit with one's back to sb/sth** tourner le dos à qn/qch ◆ **back to back** (lit, fig) dos à dos ; see also **6** ◆ **to be on one's back** (lit) être (étendu) sur le dos ; (* = be ill) être alité ◆ **behind sb's back** (also fig) derrière le dos de qn ◆ **he went behind Mr Brown's back to the headmaster** il est allé voir le directeur derrière le dos de M. Brown ◆ **as soon as he turns his back, as soon as his back is turned** (fig) dès qu'il a le dos tourné

back / back

◆ to fall on one's back tomber à la renverse or sur le dos [BUT] ◐ he stood with his back (up) against the wall il était adossé au mur ◐ I was glad to see the back of him* j'étais content de le voir partir ◐ to have one's back to the wall (lit) être adossé au mur ; (fig) être le dos au mur, être acculé

♦ to be on sb's back* être sur le dos de qn ◆ my boss is always on my back mon patron est toujours sur mon dos, j'ai sans arrêt mon patron sur le dos

♦ to get off sb's back* laisser qn tranquille, ficher la paix à qn* ◆ get off my back, will you? laisse-moi donc tranquille à la fin !, fiche-moi la paix !

♦ to get or put sb's back up hérisser qn, horripiler qn ◆ what gets my back up is the way he thinks he's always right ce qui me hérisse or m'horripile chez lui, c'est qu'il croit qu'il a toujours raison

♦ to live off the back of sb exploiter qn ◆ the rich have always lived off the backs of the poor les riches ont toujours exploité les pauvres

♦ to put one's back into sth mettre toute son énergie dans qch [BUT] ◐ put your back into it ! * allons, un peu de nerf ! *

♦ to turn one's back on sb/sth (lit, fig) ◆ he turned his back on us il nous a tourné le dos ◆ you can't just turn your back on your parents ça ne se fait pas de tourner le dos à ses parents ◆ he turned his back on the past il a tourné la page

♦ on the back of (= by means of) en profitant de ◆ they became immensely rich on the back of the property boom ils ont fait fortune en profitant du boom immobilier

b [of object] [of photo, picture, dress, spoon, book] dos m ; [of chair] dossier m ; [of building] arrière m ; [of fabric] envers m

♦ at the back [of building] à l'arrière, derrière ; [of book] à la fin ; [of cupboard, hall, stage] au fond ◆ at the very back tout au fond ◆ there's a car park at the back il y a un parking à l'arrière or derrière

♦ at the back of [+ building] derrière, à l'arrière de ; [+ book] à la fin de ; [+ cupboard, hall, stage] au fond de ◆ the flour's at the back of the cupboard la farine est au fond du placard ◆ he's at the back of all this trouble c'est lui qui est derrière tous ces problèmes ◆ ambition is at the back of this c'est l'ambition qui est à l'origine de tout cela ; → beyond, mind

♦ in back (US) [of building, car] à l'arrière, derrière ◆ Chuck was in back Chuck était à l'arrière or derrière

♦ in back of (US) [+ building, car] à l'arrière de, derrière ◆ in back of the house à l'arrière de or derrière la maison

♦ in the back [of car] à l'arrière ◆ to sit in the back of the car être (assis) à l'arrière

♦ out or round the back * (Brit) derrière ◆ the toilet's out or round the back les toilettes sont derrière

♦ back to front à l'envers, devant derrière ◆ you've got it on back to front tu l'as mis à l'envers or devant derrière

c [of part of body] [of head] derrière m ; [of hand] dos m, revers m ◆ the back of one's neck la nuque ◆ I know Paris like the back of my hand je connais Paris comme ma poche

d [Ftbl, Hockey etc] arrière m ◆ right/left back arrière m droit/gauche

2 ADJECTIVE

a = not front wheel arrière inv ◆ the back room [of house] la pièce du fond ; [of pub, restaurant] l'arrière-salle f, la salle du fond ◆ back legs [of animal] pattes fpl de derrière ; see also 6, backroom

b = overdue taxes arriéré ◆ to owe back rent devoir un arriéré de loyer

3 ADVERB

*When **back** is an element in a phrasal verb, eg **come back**, **go back**, **put back**, look up the verb.*

a in space, time (stand) back! reculez ! ◆ stay well back! n'approchez pas ! ◆ far back loin derrière ◆ a week back* il y a une semaine ◆ as far back as 1800 dès 1800, en 1800 déjà ;

*When followed by a preposition, **back** is often not translated:*

♦ meanwhile, back in London ... pendant ce temps-là, à Londres ... ◆ it all started back in 1980 tout a commencé en 1980 ◆ I saw her back in August je l'ai vue en août ◆ he little suspected how worried they were back at home il était loin de se douter que sa famille s'inquiétait autant ◆ the house stands back from the road la maison est en retrait par rapport à la route

♦ to go back and forth, to go back and forward [person] faire des allées et venues ; [phone calls, e-mails, letters] être échangé

b = returned

♦ to be back [person] être rentré ◆ he's not back yet il n'est pas encore rentré ◆ I'll be back at six je serai de retour or je rentrerai à six heures [BUT] ◐ she's now back at work elle a repris le travail ◐ the electricity is back l'électricité est revenue, il y a à nouveau de l'électricité ◐ the water is back il y a à nouveau de l'eau ◐ everything's back to normal tout est revenu à la normale, tout est rentré dans l'ordre ; ◐ black is back (in fashion) le noir est de nouveau à la mode

♦ ... and back ◆ he went to Paris and back il a fait le voyage de Paris aller et retour ◆ the journey there and back le trajet aller et retour ◆ you can go there and back in a day tu peux faire l'aller et retour en une journée ◆ he went to Lyons and then back to Paris il est allé à Lyon, puis est rentré à Paris

c = reimbursed full satisfaction or your money back "satisfait ou remboursé" ◆ I got/want my money back j'ai récupéré/je veux récupérer mon argent, j'ai été/je veux être remboursé

4 TRANSITIVE VERB

a = support [+ person, candidate, plan] soutenir ; [+ statement] confirmer ◆ they've found a witness to back his claim ils ont trouvé un témoin qui confirme or corrobore ce qu'il a dit ; → hilt

b = accompany [+ singer] accompagner

c = finance [+ person, enterprise] financer, commanditer ; [+ loan] garantir ◆ to back a bill (Fin) endosser or avaliser un effet

d = bet on [+ horse, team, contestant] parier sur, miser sur ◆ I'm backing Manchester to win je parie que Manchester va gagner ◆ to back the wrong horse (lit, fig) miser sur le mauvais cheval ◆ to back a loser (lit) miser sur un perdant ; (fig) miser sur le mauvais cheval ◆ the horse was heavily backed on avait beaucoup parié sur ce cheval [BUT] ◐ to back a horse each way jouer un cheval gagnant et placé

e = reverse [+ vehicle] reculer ; [+ train] refouler ◆ to back the car in/out entrer/sortir en marche arrière ◆ to back a car round a corner prendre un coin de rue en marche arrière ◆ to back water or the oars (Naut) nager à culer

f = attach backing to [+ rug, quilt] doubler

5 INTRANSITIVE VERB

a = move backwards [person, animal] reculer ; [vehicle] reculer, faire marche arrière ◆ to back in/out [vehicle] entrer/sortir en marche arrière ; [person] entrer/sortir à reculons

b = change direction tourner ◆ during the night the south wind backed as predicted au cours de la nuit le vent a tourné au nord comme prévu

6 COMPOUNDS

▷ **back alley** n ruelle f, venelle f ▷ **back benches** npl (Brit Parl) bancs mpl des députés de base ; → **backbencher** ▷ **back boiler** n (Brit) (petite) chaudière f (à l'arrière d'une cheminée) ▷ **back-breaking** adj work éreintant ▷ **back burner** n to put sth on the back burner mettre qch en veilleuse or en attente ◊ adj ◆ **a back burner issue** un problème non urgent ▷ **back catalogue** n (Mus) anciens enregistrements mpl ▷ **back-cloth** n (Brit Theat) ⇒ **backdrop** ▷ **back-comb** vt (Brit) [+ hair] crêper ▷ **back copy** n (Press) ancien or vieux numéro m ▷ **the back country** n (US) la campagne profonde ▷ **back-country** adj (US) road de campagne ◆ expedition en campagne profonde ▷ **back cover** n [of

ANGLAIS-FRANÇAIS 56

book, magazine] quatrième f de couverture ▷ **back door** n porte f de derrière ◆ **to do sth by or through the back door** faire qch par des moyens détournés ◆ **the Government is privatizing health care through the back door** le gouvernement est en train de privatiser les services de santé par des moyens détournés ◆ **he got into the company by or through the back door** il est entré dans la société par la petite porte ▷ **back electromotive force** n (Phys) force f contre-électromotrice ▷ **back-end** n [of bus, train] arrière m ◆ **back-end of the year** (Brit) arrière-saison f ▷ **back-flip** n flip-flap m ▷ **back-formation** n (Ling) dérivation f régressive ▷ **back garden** n (Brit) jardin m (de derrière) ◆ **they were sitting in the back garden** ils étaient assis dans le jardin (de derrière) ▷ **back-heel** (Ftbl) n talonnade f ◊ vt **to back-heel the ball** faire une talonnade ◆ **he back-heeled the ball into the net** il a marqué le but d'une talonnade ▷ **back interest** n (Fin) arriérés mpl d'intérêts ▷ **back issue** n [of magazine] vieux or ancien numéro m ▷ **back-kitchen** n arrière-cuisine f ▷ **back-line player** n (US Sport) arrière m ▷ **back-lit** adj stage éclairé de derrière or par l'arrière ; (Comput) screen rétro-éclairé ▷ **back lot** n (esp US) [of film studio] grand terrain à l'arrière d'un studio de cinéma ▷ **back marker** n (Brit Sport) dernier m, -ière f ▷ **back matter** n [of book] appendice(s) m(pl) ▷ **back number** n [of newspaper etc] vieux or ancien numéro m ◆ **to be a back number** [person] ne plus être dans le coup* ▷ **back-pack** n (Space) appareil m dorsal de survie ; (Sport) sac m à dos ▷ **back-packer** n routard(e) m(f) ▷ **back-packing** n to go back-packing voyager sac au dos ▷ **back pain** n (Med) mal m or maux mpl de dos ▷ **back pass** n (Ftbl) passe f en retrait ▷ **back passage** n (Brit Anat) rectum m ▷ **back pay** n (Ind) rappel m de salaire or de traitement ; (Mil, Naut) rappel m or arriéré m de solde ▷ **back-pedal** vi rétropédaler, pédaler en arrière ; (fig = retreat) faire marche arrière ▷ **back-pedalling** n (lit) rétropédalage m ; (fig) reculade f ▷ **back pocket** n poche f arrière ▷ **back projection** n (Cine) projection f par transparence ▷ **back road** n petite route f de campagne ▷ **back-scratching** n (NonC) renvoi m d'ascenseur ▷ **back seat** n siège m or banquette f arrière ◆ **in the back seat** (Aut) sur le siège arrière, sur la banquette arrière ◆ **to take a back seat* (to sth)** passer au second plan (par rapport à qch) ▷ **back-seat driver** n **he's a back-seat driver** il est toujours à donner des conseils (au conducteur) ▷ **back-shop** n arrière-boutique f ▷ **back sight** n [of rifle] cran m de mire ; (Surv) rétrovisée f ▷ **back slang** n ≃ verlan m ▷ **back straight** n (Sport) ligne f droite (opposée à celle de l'arrivée) ▷ **back street** n ruelle f ; (pej) rue f des quartiers pauvres ◆ **he grew up in the back streets of Leeds** il a grandi dans les quartiers pauvres de Leeds ; see also **backstreet** ▷ **back stretch** n ⇒ **back straight** ▷ **back talk*** n (NonC: US) ⇒ **backchat** ▷ **back-to-back** adj dos à dos ◆ **a row of back-to-back houses** (Brit) une rangée de maisons adossées les unes aux autres ◊ adv **they showed two episodes back-to-back** ils ont passé deux épisodes de suite ▷ **back tooth** n, pl **back teeth** molaire f ▷ **back-to-the-office report** n compte rendu m de mission ▷ **back-up light** n (US Aut) feu m de recul, feu m de marche arrière ▷ **back vowel** n (Ling) voyelle f postérieure

7 PHRASAL VERBS

▶ **back away** vi (se) reculer ◆ **to back away from** [+ problem] prendre ses distances par rapport à

▶ **back down** vi revenir sur sa position

▶ **back off** ① vi **a** (= draw back) reculer
b (US) **back off*** **Mom, I can make my own decisions** arrête un peu, maman, je peux prendre mes propres décisions
② vt fus (= withdraw) abandonner ◆ **the union has backed off that demand** le syndicat a abandonné cette revendication

▶ **back on to** vt fus [house etc] ◆ **the house backs on to the golf course** l'arrière de la maison donne sur le terrain de golf

ENGLISH-FRENCH

▶ **back out** 1 vi (lit) [person] sortir à reculons ; [car] sortir en marche arrière (*of* de) ; (fig) revenir sur ses engagements ♦ **at the last minute he backed out** à la dernière minute il a fait machine arrière
2 vt sep [+ vehicle] sortir en marche arrière

▶ **back out of** vt fus [+ deal, agreement] revenir sur ; [+ duty, undertaking] se soustraire à

▶ **back up** 1 vi a (= reverse) faire marche arrière
b (= queue) **the traffic is backing up for miles behind the accident** l'accident a provoqué des kilomètres de bouchon
c [water] refouler
2 vt sep a (= support) [+ theory, claim] confirmer ; [+ person] soutenir ♦ **his colleagues backed him up** ses collègues l'ont soutenu ♦ **he said he had never been there and she backed him up** il a dit qu'il n'y était jamais allé et elle a confirmé ses dires
b (= reverse) [+ vehicle] faire reculer
c (Comput) [+ file] sauvegarder

backache ['bækeɪk] n mal m de dos ♦ **I've got (a) backache** j'ai mal au dos

backbencher ['bæk,bentʃəʳ] n (Brit Parl) député m de base

BACKBENCHER

Député de la Chambre des communes qui n'occupe aucune fonction officielle, ni au gouvernement, ni dans le cabinet fantôme. Il siège donc sur les bancs du fond de la Chambre, contrairement aux "frontbenchers", membres du gouvernement ou de l'opposition, qui sont assis aux premiers rangs. Par leur position, les **backbenchers** ne sont pas tenus de suivre aussi rigoureusement les consignes de vote de leur parti. L'expression **back benches** désigne l'ensemble des **backbenchers**, toutes appartenances confondues.

---

backbite ['bækbaɪt] vt médire de, débiner *

backbiting ['bækbaɪtɪŋ] n médisance f

backboard ['bækbɔːd] n (US Sport) panneau m

backbone ['bækbəʊn] → SYN n a [of person, animal] épine f dorsale, colonne f vertébrale ; [of fish] arête f centrale ♦ **English to the backbone** anglais jusqu'à la moelle (des os)
b (fig = main part, axis) base f, ossature f ♦ **to be the backbone of an organization** être or former la base or l'ossature d'une organisation ♦ **the economic backbone of the country** la base de l'économie du pays
c (NonC: fig = strength of character) [of person] courage m, cran * m ; [of government, organization] fermeté f ♦ **he's got no backbone** il n'a pas de cran *

backchat * ['bæktʃæt] n (NonC) impertinence f

backdate [,bæk'deɪt] vt [+ cheque] antidater ♦ **increase backdated to January** augmentation f avec effet rétroactif à compter de janvier

backdoor ['bækdɔːʳ] adj loan, attempt etc déguisé ; methods détourné

backdrop ['bækdrɒp] n (Theat, fig) toile f de fond

-backed [bækt] adj (in compounds) a (= with back) à dossier ♦ **low-backed chair** chaise f à dossier bas
b (with backing) doublé de ♦ **rubber-backed carpet** tapis m doublé de caoutchouc
c (= supported by) soutenu (*by* par) ♦ **American-backed** soutenu par les américains

backer ['bækəʳ] → SYN n (= supporter) partisan(e) m(f) ; (Betting) parieur m, -euse f ; (Fin) [of bill] avaliseur m ; [of firm, play, film, business venture] commanditaire m ♦ **our financial backers** nos bailleurs de fonds, nos commanditaires

backfire ['bækˈfaɪəʳ] → SYN 1 n (Aut) (= explosion) raté m (d'allumage) ; (= noise) pétarade f ; (US: for halting a fire) contre-feu m
2 vi a (Aut) pétarader, avoir un raté d'allumage ; (US = halt a fire) allumer un contre-feu

b (fig = miscarry) [plan] avoir l'effet inverse que prévu ♦ **to backfire on sb** se retourner contre qn ♦ **his tactics could backfire (on him)** sa tactique pourrait avoir l'effet inverse or se retourner contre lui

backgammon ['bæk,gæmən] n trictrac m, jacquet m

background ['bækgraʊnd] → SYN 1 n a (Theat, Cine) découverte f ; [of design, fabric, picture, photo] fond m ♦ **in the background** dans le fond, à l'arrière-plan ; see also b ♦ **on a blue background** sur fond bleu
b (fig) arrière-plan m, second plan m ♦ **to remain in the background** s'effacer, rester dans l'ombre ♦ **to keep sb in the background** tenir qn à l'écart
c (Sociol) milieu m socioculturel, cadre m de vie ; (Pol) climat m politique ; (= basic knowledge) données fpl or éléments mpl de base ; (= job experience) expérience f (professionnelle) ; (= education) formation f ♦ **he has a good professional background** il a une bonne expérience professionnelle ♦ **family/working-class background** milieu m familial/ouvrier ♦ **what is his background?** (social) de quel milieu est-il ? ; (professional) qu'est-ce qu'il a comme expérience (professionnelle) ? ♦ **from diverse backgrounds** venant d'horizons différents
d (= circumstances) antécédents mpl ♦ **can you fill me in on the background to this case?** (gen) pouvez-vous me résumer les éléments de cette affaire ? ; (doctor) pouvez-vous me rappeler les antécédents or le dossier médical de ce patient ? ; (= history) pouvez-vous me rappeler l'historique de cette affaire ? ♦ **what is the background to these events?** quel est le contexte de ces événements ? ♦ **this decision was taken against a background of violence** cette décision a été prise dans un climat de violence ♦ **the meeting took place against a background of growing social unrest** la réunion s'est tenue sur fond d'une agitation sociale de plus en plus virulente
2 COMP ▷ **background music** n musique f de fond ♦ **to play sth as background music** passer qch en fond sonore ▷ **background noise** n bruit m de fond ▷ **background paper** n document m de référence or d'information ▷ **background radiation** n (Phys) radioactivité f naturelle ▷ **background reading** n lectures fpl générales (autour du sujet) ▷ **background story** n (Press) papier m d'ambiance ▷ **background studies** npl (études fpl de) culture f générale

backhand ['bækhænd] 1 adj blow en revers ; writing penché à gauche ♦ **backhand drive** (Tennis) coup m droit de dos ♦ **backhand volley/shot** coup m/volée f de revers
2 n (Tennis) revers m

backhanded [,bæk'hændɪd] → SYN adj a shot, blow donné du revers de la main
b action déloyal ; compliment équivoque

backhander [,bæk'hændəʳ] n (Brit) a (= blow) revers m
b (* = reproof) réprimande f, semonce f
c (* = bribe) pot-de-vin m

backing ['bækɪŋ] → SYN 1 n a (lit) renforcement m ; [of book] endossure f ; [of picture] entoilage m
b (Mus) accompagnement m
c (fig: Fin, Pol) soutien m
d (Betting) paris mpl
e (= movement) [of horse, cart etc] recul m ; [of boat] nage f à culer ; [of wind] changement m de direction (en sens inverse des aiguilles d'une montre)
2 COMP ▷ **backing group** n (Mus) groupe m (accompagnant un chanteur) ▷ **backing singer** n (Mus) choriste mf ▷ **backing store** n (Comput) mémoire f auxiliaire ▷ **backing vocals** npl (Mus) chœurs mpl

backlash ['bæklæʃ] → SYN n (Tech) secousse f, saccade f ; [of explosion] contrecoup m, répercussion f ; (Pol, fig) réaction f brutale ♦ **there was a backlash against reforms within the party** il y a eu une réaction brutale contre les réformes au sein du parti

backless ['bæklɪs] adj dress etc dos nu inv

backlight ['bæklaɪt] n a (Comput) rétro-éclairage m

backache / backward

b (Phot) **backlight compensation** or **control** correction f d'exposition

backlist ['bæklɪst] n (liste f des) ouvrages mpl disponibles or en stock

backlog ['bæklɒg] → SYN n [of rent] arriéré m (de loyers) ♦ **backlog of work** travail m en retard ♦ **backlog of orders** (Comm) commandes fpl en carnet, commandes fpl inexécutées ♦ **backlog of accumulated arrears** (Fin) accumulation f d'arriérés de paiement

backrest ['bækrest] n [of chair] dossier m

backroom ['bækrʊm] n (fig) ♦ **the backroom boys** * (gen) les travailleurs mpl de l'ombre, ceux qui restent dans la coulisse ; (= experts, scientists) les chercheurs mpl anonymes or qui travaillent dans l'ombre

backshift ['bækʃɪft] n (= period) poste m du soir ; (= workers) équipe f du soir ♦ **to be on the backshift** faire le (poste du) soir

backside ['bæksaɪd] n (= back part) arrière m ; (* = buttocks) derrière m, postérieur * m ♦ **to sit on one's backside** * (fig) rester le derrière sur sa chaise *

backslapping * ['bæk,slæpɪŋ] n (fig) (grandes) démonstrations fpl d'amitié

backslash ['bækslæʃ] n (Typ) barre f oblique inversée

backslide [,bæk'slaɪd] → SYN vi récidiver

backslider ['bækslaɪdəʳ] → SYN n récidiviste mf

backsliding ['bækslaɪdɪŋ] n récidive f

backspace ['bækspeɪs] 1 vi revenir en arrière
2 COMP ▷ **backspace key** n ⇒ **backspacer**

backspacer [,bæk'speɪsəʳ] n touche f d'espacement or de rappel arrière

backspin ['bækspɪn] n (Tennis, Cricket etc) coupé m ♦ **to give a ball backspin, to put backspin on a ball** couper une balle

backstage [,bæk'steɪdʒ] 1 adv derrière la scène, dans les coulisses
2 n coulisse(s) f(pl) ♦ **to go backstage** aller dans les coulisses

backstairs [,bæk'stɛəz] 1 n escalier m de service ; (secret) escalier m dérobé
2 adj (in servants' quarter) work, activities des domestiques ♦ **backstairs gossip** or **rumours** (lit) commérages mpl de domestiques ; (fig) bruits mpl de couloir ♦ **backstairs intrigue** manigances fpl ♦ **the government did a backstairs deal with the opposition** le gouvernement a manigancé quelque chose avec l'opposition

backstay ['bæk,steɪ] n (Naut) bastaque f

backstitch [,bæk'stɪtʃ] 1 n point m arrière
2 vt, vi coudre en point arrière

backstop ['bækstɒp] n (Sport) (= screen, fence) grillage m ; (US Baseball * = person) receveur m

backstreet ['bækstriːt] 1 adj hotel, shop louche
2 COMP ▷ **backstreet abortion** n avortement m clandestin or illégal ▷ **backstreet abortionist** n faiseuse f d'anges, avorteur m, -euse f (pej)

backstroke ['bækstrəʊk] n (Swimming) dos m crawlé

backswing ['bækswɪŋ] n (Sport) swing m en arrière

backtrack ['bæktræk] vi faire marche arrière or machine arrière (fig) ♦ **to backtrack on a promise** revenir sur une promesse ♦ **to backtrack home** * (US) retourner chez soi

backup ['bækʌp] 1 n (= support) appui m, soutien m (from sb de qn) ; (= reserves) réserves fpl ; [of personnel, police etc] renforts mpl
2 adj a vehicles, supplies, weapons supplémentaire, de réserve ; pilot, personnel, policeman en renfort
b (Comput) de sauvegarde
3 COMP ▷ **backup copy** n copie f sauvegarde ▷ **backup disk** n disque m sauvegarde ▷ **backup file** n sauvegarde f ▷ **backup store** n mémoire f auxiliaire

backward ['bækwəd] → SYN 1 adj a (= to the rear) look, step en arrière ; somersault arrière ; (fig) step, move rétrograde, en arrière ♦ **backward and forward movement** mouvement m de va-et-vient ♦ **backward flow** contre-courant m ♦ **he walked out without a**

backward glance (lit, fig) il est parti sans jeter un regard en arrière

b (= retarded) district, nation, culture arriéré, peu avancé ; economy arriéré ; technology, equipment peu moderne ; † child retardé ◆ **to be socially/economically backward** être en retard *or* être arriéré sur le plan social/économique

c (= reluctant) peu disposé (*in doing sth* à faire qch) ; (= hesitant) hésitant ◆ **he wasn't backward in offering his opinion** il ne s'est pas fait prier pour donner son avis ◆ **he's never been backward in coming forward** (hum) il n'a pas peur de se mettre en avant

2 adv ⇒ **backwards**

3 COMP ▷ **backward-looking** adj project, attitude rétrograde

backwardation [ˈbækwəˌdeɪʃən] n (St Ex) report m

backwardness [ˈbækwədnɪs] n **a** [of child] retard m mental ; (Econ) retard m ◆ **industrial/intellectual backwardness** retard m industriel/intellectuel

b (= reluctance, shyness) réticence f, hésitation f (*in doing sth* à faire qch)

backwards [ˈbækwədz] adv **a** (= towards the back) en arrière ◆ **to fall backwards** tomber en arrière *or* à la renverse ◆ **to flow backwards** aller *or* couler à contre-courant ◆ **to walk backwards and forwards** marcher de long en large, aller et venir ◆ **to go backwards and forwards between two places** aller et venir *or* faire la navette entre deux endroits ; → **lean over**

b (= back foremost) à rebours ◆ **to go/walk backwards** aller/marcher à reculons *or* à rebours ◆ **the car moved backwards a little** la voiture a reculé un peu

c (= in reverse of usual way) à l'envers, en commençant par la fin ◆ **I know the poem backwards** * je connais le poème sur le bout des doigts ◆ **I know this road backwards** * je connais cette route comme ma poche ◆ **he's got it backwards** * (fig = misunderstood) il a tout compris de travers

d (fig: in time) en arrière, vers le passé ◆ **to look backwards** jeter un regard en arrière, remonter dans le passé ◆ **to reckon backwards to a date** remonter jusqu'à une date

e (= retrogressively) en rétrogradant

backwash [ˈbækwɒʃ] n (Naut) remous m ; (fig) contre-coup m (*from* provoqué par)

backwater [ˈbækˌwɔːtəʳ] n [of pool] eau f stagnante ; [of river] bras m mort ; (fig = backward place) trou m perdu ; (fig = peaceful spot) (petit) coin m tranquille ◆ **to live in a backwater** habiter un petit coin tranquille ; (pej) habiter un trou perdu

backwoods [ˈbækˌwʊdz] [→ SYN] npl région f (forestière) inexploitée ◆ **to live in the backwoods** (fig pej) vivre dans un trou perdu

backwoodsman [ˈbækˌwʊdzmən] n, pl **-men** pionnier m ; (fig pej) rustre m

backyard [ˌbækˈjɑːd] n (Brit) arrière-cour f ; (US) jardin m (de derrière) ◆ **in one's own backyard** (fig) à sa porte

baclava [ˈbɑːkləˌvɑː] n baklava m

bacon [ˈbeɪkən] **1** n lard m (*gén en tranches*), bacon m ◆ **bacon fat/rind** gras m/couenne f de lard ◆ **bacon and eggs** œufs mpl au lard *or* au bacon ◆ **to bring home the bacon** * (= be breadwinner) faire bouillir la marmite * ; (= achieve goal) décrocher la timbale * ; → **boil¹**, **save¹**, **streaky**

2 COMP ▷ **bacon rasher** n tranche f de lard ▷ **bacon-slicer** n coupe-jambon m inv

Baconian [beɪˈkəʊnɪən] adj baconien

bacteria [bækˈtɪərɪə] [→ SYN] npl of **bacterium**

bacterial [bækˈtɪərɪəl] adj bactérien

bactericidal [bækˌtɪərɪˈsaɪdl] adj (Med) bactéricide

bactericide [bækˈtɪərɪsaɪd] n (Med) (produit m) bactéricide m

bacteriological [bækˌtɪərɪəˈlɒdʒɪkəl] adj bactériologique

bacteriologist [bækˌtɪərɪˈɒlədʒɪst] n bactériologiste mf

bacteriology [bækˌtɪərɪˈɒlədʒɪ] n bactériologie f

bacteriophage [bækˈtɪərɪəfeɪdʒ] n (Bio) bactériophage m

bacteriostatic [bækˌtɪərɪəʊˈstætɪk] adj bactériostatique

bacterium [bækˈtɪərɪəm] n, pl **bacteria** bactérie f

Bactrian camel [ˈbæktrɪən] n (Zool) chameau m de Bactriane

bad [bæd] [→ SYN] **1** adj, compar **worse**, superl **worst** **a** (= wicked) action, habit, behaviour mauvais ; person méchant ◆ **it was a bad thing to do/to say** ce n'était pas bien de faire cela/de dire cela ◆ **it was very bad of you to treat her like that** c'était très mal de votre part de la traiter ainsi ◆ **it's too bad of you** ce n'est vraiment pas bien de votre part ◆ **you bad boy!** vilain !, méchant ! ◆ **bad dog!** vilain chien ! ◆ **he's a bad lot** *or* **sort** *or* **type** * c'est un mauvais sujet ; (stronger) c'est un sale type * ; → **blood, breath, language**

b (= inferior, poor quality) workmanship mauvais, de mauvaise qualité ◆ **she speaks very bad English, her English is very bad** elle parle très mal l'anglais, son anglais est très mauvais ◆ **bad quality food/material** etc aliments mpl/tissu m etc de mauvaise qualité ◆ **bad light stopped play** (Cricket etc) le match a été interrompu à cause du manque de lumière ; → **penny**

c (= unpleasant) news, weather, smell mauvais ◆ **there is a bad smell in this room** ça sent mauvais dans cette pièce ◆ **it's a bad business** (= sad) c'est une triste affaire ; (= unpleasant) c'est une mauvaise histoire ; (= terrible) c'est une affreuse expérience ; see also **news**

d (= difficult, going badly) **business is bad** les affaires vont mal ◆ **I didn't know things were so bad between them** je ne savais pas que les choses allaient aussi mal entre eux ◆ **it's not so bad** ce n'est pas si mal ◆ **it's not bad at all** ce n'est pas mal du tout ◆ **(that's) too bad!** (indignant) c'est un peu fort ! ; (sympathetic) quel dommage ! ◆ **how is he? – (he's) not so bad** comment va-t-il ? – (il ne va) pas trop mal ◆ **she's ill? that's very bad** elle est malade ? c'est bien ennuyeux ◆ **I've had a really bad day** j'ai eu une très mauvaise journée ◆ **to have a bad hair day** * (hum) être en petite forme ◆ **to come to a bad end** mal finir ◆ **she's been having a really bad time lately** elle traverse une période très difficile ◆ **things are going from bad to worse** les choses vont de mal en pis

e (= serious) mistake, accident, illness grave ; sprain, wound sérieux ◆ **a bad error of judgement** une grossière erreur de jugement ◆ **a bad cold** un mauvais *or* gros rhume ◆ **a bad headache** un sérieux mal de tête ◆ **a bad case of chickenpox/flu** une mauvaise varicelle/grippe

f (= unfortunate) idea, decision, method mauvais ◆ **that's not a bad idea!** ce n'est pas une mauvaise idée ! ◆ **it was a bad idea to invite him** c'était une mauvaise idée (que) de l'inviter ◆ **it wouldn't be a bad thing (to do)** ça ne ferait pas de mal (de faire), ce ne serait pas une mauvaise idée (de faire)

g (= unfavourable) report, publicity mauvais ; opinion mauvais, triste ; result mauvais, malheureux ◆ **bad publicity** une mauvaise publicité

h (= ill) **to feel bad** se sentir mal ◆ **I didn't know she was so bad** je ne la savais pas si malade ◆ **to have a bad back** (on one occasion) avoir mal au dos ; (= have back problems) avoir des problèmes de dos ◆ **to have a bad head** * avoir mal à la tête ◆ **his bad leg** sa mauvaise jambe, sa jambe malade

i (= guilty, uncomfortable) **to feel bad about doing sth** (= reproach oneself) s'en vouloir d'avoir fait qch ◆ **I feel bad about it** je m'en veux (de l'avoir fait) ◆ **she feels very bad about the way she treated him** elle s'en veut de l'avoir traité ainsi

j (= decayed) food mauvais, gâté ; tooth carié ◆ **to go bad** [food] se gâter, pourrir ; [milk] tourner ; [bread] moisir ; [teeth] se carier

k (= false) coin, money faux (fausse f)

l (= harmful) **(to be) bad for ...** (être) mauvais pour ... ◆ **bad for the health/the eyes** mauvais pour la santé/les yeux ◆ **not all forms of sugar are bad for you** toutes les formes de sucre ne sont pas mauvaises ◆ **this is bad for you** ce n'est pas bon pour vous ◆ **can exercise be bad for you?** l'exercice peut-il faire du mal ?, est-ce qu'il peut être mauvais de faire de l'exercice ? ◆ **it's bad for business** c'est mauvais pour les affaires

m (= not clever, not good) **to be bad at ...** être mauvais en ... ◆ **bad at English/spelling** mauvais en anglais/en orthographe ◆ **I'm bad at languages** je ne suis pas doué pour les langues ◆ **he's bad at remembering birthdays** il n'est pas doué pour se rappeler les anniversaires

2 n (NonC) mauvais m ◆ **to take the good with the bad** prendre le bon avec le mauvais ◆ **he's gone to the bad** * il a mal tourné ◆ **I am 50p to the bad** * j'en suis de 50 pence * ◆ **I'm in bad** ‡ **with him** (esp US) je ne suis pas dans ses petits papiers *, je suis mal vu de lui

3 adv (= is obsessed by) ◆ **he's got it bad** * (about hobby etc) c'est une marotte chez lui ; (about person) il l'a dans la peau ‡

4 COMP ▷ **bad apple** n (fig = person) brebis f galeuse ▷ **bad cheque** n chèque m sans provision ▷ **bad claim** n (Insurance) réclamation f mal fondée ▷ **bad debt** n créance f douteuse *or* irrécouvrable ▷ **bad-mannered** adj mal élevé ▷ **bad-mouth** * vt débiner * ▷ **bad-tempered** adj person qui a mauvais caractère ; (on one occasion) de mauvaise humeur ; look, answer désagréable

baddie * [ˈbædɪ] n méchant m

baddish [ˈbædɪʃ] adj pas fameux, pas brillant

baddy * [ˈbædɪ] n méchant m

bade [bæd, beɪd] vb (pt of **bid**)

badge [bædʒ] [→ SYN] n [of team, association] insigne m ; [of an order, police] plaque f ; (Mil) insigne m ; (sew-on, stick-on: for jeans etc) badge m ; (Scouting) badge m ; (fig = symbol) symbole m, signe m (distinctif) ◆ **his badge of office** l'insigne m de sa fonction

badger [ˈbædʒəʳ] [→ SYN] **1** n (= animal, brush) blaireau m ◆ **the Badger State** (US) le Wisconsin

2 vt harceler, importuner (*with* de) ◆ **to badger sb to do sth** *or* **into doing sth** harceler qn jusqu'à ce qu'il fasse qch, tanner * (la peau à) qn pour qu'il fasse qch ◆ **to badger sth out of sb** soutirer qch à qn à force de le harceler

3 COMP ▷ **badger baiting** n déterrage m de blaireaux

badinage [ˈbædɪnɑːʒ] n (NonC: frm) badinage m

badlands [ˈbædlændz] npl (US) bad-lands fpl

badly [ˈbædlɪ] [→ SYN] adv, compar **worse**, superl **worst** **a** (= poorly) behave, function, start, end, sleep, designed, taught, written mal ◆ **the project was very badly managed** le projet a été très mal géré ◆ **badly dressed** mal habillé ◆ **to treat sb badly, to behave badly towards sb** mal se comporter avec qn ◆ **some people react badly to this medicine** certaines personnes réagissent mal à ce médicament ◆ **he took it very badly** il a très mal pris la chose ◆ **to go badly** mal se passer ◆ **things aren't going too badly** ça ne se passe pas trop mal, les choses ne vont pas trop mal ◆ **things are going pretty badly for me at the moment** tout va assez *or* plutôt mal pour moi en ce moment ◆ **to do** *or* **perform badly** [athlete] faire une mauvaise performance ; [pupil, student, company, economy] avoir de mauvais résultats ; [political party] (in opinion polls) ne pas être populaire ; (in elections) obtenir de mauvais résultats ◆ **the dollar is doing badly** le dollar n'est pas très fort ◆ **you did badly out of it, you came off badly** tu n'as pas été gâté ◆ **she didn't come off too badly in the debate** elle ne s'est pas trop mal débrouillée dans ce débat ◆ **to be badly off** (financially) être dans la gêne ◆ **they're not so badly off** (gen) ils ne s'en tirent pas si mal que ça ◆ **to be badly off for sth** manquer de qch

b (= unfavourably) **to speak badly of sb** dire du mal de qn ◆ **to think badly of sb** avoir une mauvaise opinion de qn ◆ **nobody will think badly of you if ...** personne ne t'en voudra si ... ◆ **to reflect badly on sb** donner une mauvaise image de qn

c (= seriously) wound, injure grièvement, gravement ; affect gravement ; disrupt sérieusement, gravement ◆ **his schoolwork suffered very badly after his mother died** son travail scolaire s'est beaucoup ressenti de la mort de sa mère ◆ **she was badly shaken after the accident** elle a été très secouée à la suite de cet accident ◆ **they were badly**

defeated ils ont subi une sévère or cuisante défaite ◆ **he was badly beaten** (physically) il a été violemment frappé ◆ **to go badly wrong** très mal tourner ◆ **something is badly wrong with him** il ne va pas bien du tout ◆ **the badly disabled** les grands infirmes mfpl, les grands invalides mfpl

d (= very much) **to want sth badly** avoir très envie de qch ◆ **I need it badly** j'en ai absolument besoin, il me le faut absolument ◆ **I am badly in need of advice** j'ai grand besoin de conseils ◆ **I badly need a haircut** j'ai vraiment besoin de me faire couper les cheveux ◆ **the house badly needs a coat of paint** la maison a sacrément besoin d'un coup de peinture or a besoin d'un bon coup de peinture ◆ **we need the money badly** nous avons vraiment besoin de cet argent ◆ **they will get their badly needed medical supplies** ils vont recevoir les médicaments qui leur font cruellement défaut

badman * ['bæd,mæn] n, pl **-men** (US) bandit m ; (in movies) méchant m

badminton ['bædmɪntən] n badminton m

badness ['bædnɪs] n (NonC) **a** (= poor quality) mauvaise qualité f, mauvais état m
b (= wickedness) méchanceté f

Baffin ['bæfɪn] n ◆ **Baffin Bay** la mer or la baie de Baffin ◆ **Baffin Island** la terre de Baffin

baffle ['bæfl] → SYN **1** vt [+ person] déconcerter, dérouter ; [+ pursuers] semer ; [+ plot] déjouer ; [+ hope, expectation] décevoir, tromper ; [+ description, explanation] échapper à, défier
2 n (Tech) déflecteur m ; (Acoustics) baffle m
3 COMP ▷ **baffle-board, baffle-plate** n (Tech) déflecteur m ; (Acoustics) baffle m

bafflement ['bæflmənt] n confusion f

baffling ['bæflɪŋ] adj déconcertant, déroutant

BAFTA ['bæftə] n (abbrev of **British Academy of Film and Television Arts**) Académie britannique chargée de promouvoir le cinéma et la télévision

bag [bæg] → SYN **1** n sac m ; (= luggage) sac m (de voyage) ; (Zool) sac m, poche f ◆ **a bag of apples** un sac de pommes ◆ **a bag of sweets** un sachet de bonbons ◆ **a bag of chips** (Brit) un cornet de frites ◆ **a bag of bones** un sac d'os * ◆ **bags** (= luggage) bagages mpl, sacs mpl (de voyage) ; (Brit ‡ = trousers) falzar ‡ m, pantalon m ◆ **bags of** * (Brit) des masses de * ◆ **paper bag** sac m en papier ◆ **she's got bags under the** or **her eyes** * elle a des poches sous les yeux ◆ **with bag and baggage** avec armes et bagages ◆ **to pack up bag and baggage** plier bagage, prendre ses cliques et ses claques * ◆ **the whole bag of tricks** tout le bataclan *, tout le fourbi * ◆ **tea/coffee bag** sachet m de thé/café ◆ **to get a good bag** (Hunting) faire bonne chasse, faire un beau tableau ◆ **it's not my bag** ‡ ce n'est pas mon truc * ◆ **it's in the bag** ‡ c'est dans le sac * or dans la poche * ◆ **he was left holding the bag** * (US) il s'est retrouvé avec tout sur les bras ◆ **she's an old bag** * (pej) c'est une vieille teigne ◆ **you stupid (old) bag!** ‡ espèce de vieille croûte ! * ; → **cat, moneybag**
2 vt **a** * (= get possession of) empocher ; (= steal) faucher *, piquer ‡ ◆ **bags I, I bags (that)!** ‡ (Brit) moi, je le prends ! ◆ **Anne has already bagged that seat** (Brit = claimed in advance) Anne s'est déjà réservé cette place
b (Hunting = kill) tuer
c (also **bag up**) [+ flour, goods] mettre en sac, ensacher
3 vi (also **bag out**) [garment] goder
4 COMP ▷ **bag lady** * n clocharde f ▷ **bag snatcher** n voleur m, -euse f à l'arraché ▷ **bag-snatching** n vol m à l'arraché

bagatelle [ˌbægə'tel] n (= trifle) bagatelle f ; (Mus) divertissement m ; (= board game) sorte de flipper ; (Billiards) billard m anglais, billard m à blouses

bagel ['beɪɡl] n (Culin) petit pain rond

bagful ['bæɡfʊl] n sac m plein, plein sac m

baggage ['bæɡɪdʒ] → SYN **1** n **a** (NonC = luggage) bagages mpl ; (Mil) équipement m ; → **bag, emotional**
b † (* = pert girl) coquine † f
2 COMP ▷ **baggage allowance** n poids m de bagages autorisé ▷ **baggage car** n (esp US) fourgon m ▷ **baggage check** n (US = receipt) bulletin m de consigne ; (= security check) contrôle m des bagages ▷ **baggage check-room** n (US) consigne f ▷ **baggage elastic** n pieuvre f ▷ **baggage hall** n ⇒ **baggage reclaim (area)** ▷ **baggage handler** n bagagiste m ▷ **baggage locker** n (casier m de) consigne f automatique ▷ **baggage reclaim (area)** n (in airport) livraison f des bagages ▷ **baggage room** n consigne f ▷ **baggage tag** n étiquette f à bagages ▷ **baggage train** n (Mil) train m des équipages ▷ **baggage wagon** n ⇒ **baggage car**

bagging ['bæɡɪŋ] n (Tex) toile f à sac

baggy ['bæɡɪ] → SYN adj **a** (= puffy) gonflé, bouffant
b jacket, coat trop ample, flottant ; (fashionably) ample ◆ **trousers baggy at the knees** pantalon m qui fait des poches aux genoux

Baghdad [bæɡ'dæd] n Bagdad

bagpiper ['bæɡpaɪpəʳ] n (of Scottish bagpipes) joueur m de cornemuse ; (of Breton bagpipes) joueur m de biniou or de cornemuse

bagpipes ['bæɡpaɪps] npl (Scottish) cornemuse f ; (Breton) biniou m, cornemuse f

baguette [bæ'ɡet] n baguette f

bah [bɑː] excl bah !

Baha'i [bə'haɪ] **1** adj bahaï
2 n Bahaï(e) m(f)

Baha'ist [bə'hɑːɪst] n (Rel) bahaï mf, baha'i mf

Bahama [bə'hɑːmə] adj, n ◆ **the Bahama Islands** ◆ **the Bahamas** les Bahamas fpl

Bahamian [bə'heɪmɪən] **1** adj bahamien
2 n bahamien(ne) m(f)

Bahrain [bɑː'reɪn] n Bahreïn

Bahraini [bɑː'reɪnɪ] **1** adj bahreïni
2 n Bahreïni mf

Bahrein [bɑː'reɪn] n Bahreïn

Baikal [baɪ'kɑːl] n ◆ **Lake Baikal** le lac Baïkal

bail¹ [beɪl] → SYN **1** n (Jur) mise f en liberté sous caution ; (= sum) caution f ; (= person) caution f, répondant m ◆ **on bail** sous caution ◆ **to free sb on bail** mettre qn en liberté provisoire sous caution ◆ **to go or stand bail for sb** se porter or se rendre garant de qn ◆ **to find bail for sb** fournir une caution pour qn (pour sa mise en liberté provisoire) ◆ **to ask for/grant/refuse bail** demander/accorder/refuser la mise en liberté sous caution ◆ **to put up bail for sb** payer la caution de qn ; → **jump, remand**
2 vt **a** (Jur : also **bail out**) faire mettre en liberté provisoire sous caution
b [+ goods] mettre en dépôt
3 COMP ▷ **bail bandit** * n (Brit) condamné qui commet une infraction pendant qu'il est en liberté provisoire sous caution ▷ **bail bond** n (US Jur) (= document) cautionnement m ; (= money) caution f ▷ **bail bondsman** n, pl **bail bondsmen** (US Jur) garant m (d'un condamné en liberté sous caution)

▶ **bail out** vt sep **a** ⇒ **bail¹ 2a**
b (fig) (gen) sortir d'affaire ; (financially) renflouer ◆ **to bail o.s. out** s'en sortir

bail² [beɪl] n (Cricket) ◆ **bails** bâtonnets mpl (qui couronnent le guichet)

bail³ [beɪl] **1** vt [+ boat] écoper ; [+ water] vider
2 n écope f

▶ **bail out** **1** vi (Aviat) sauter (en parachute)
2 vt sep [+ boat] écoper ; [+ water] vider
3 n ◆ **bailout** → **bailout**

bailee [beɪ'liː] n (Jur) dépositaire m

bailey ['beɪlɪ] n (= wall) mur m d'enceinte ; (= courtyard) cour f intérieure ◆ **Bailey bridge** pont m Bailey ; → **old**

bailiff ['beɪlɪf] n (Jur) huissier m ; (Brit) [of estate, lands] régisseur m, intendant m ; (Hist) bailli m, gouverneur m

bailiwick ['beɪlɪwɪk] n **a** (Jur) juridiction f, circonscription f
b (esp US = speciality) domaine m

bailment ['beɪlmənt] n (Criminal Law) mise f en liberté sous caution

bailor ['beɪləʳ] n (Jur) déposant m

bailout ['beɪlaʊt] n [of company] sauvetage m, renflouement m

bain-marie [ˌbeɪnmə'riː, ˌbɛmɑrɪ] n, pl **bains-marie** bain-marie m

bairn [bɛən] n (Scot, N Engl) enfant mf

bait [beɪt] → SYN **1** n (Fishing, Hunting) amorce f, appât m ; (fig) appât m, leurre m ◆ **to rise to** or **take** or **swallow the bait** (lit, fig) mordre à l'hameçon
2 vt [+ hook] amorcer ; [+ trap] appâter, garnir d'un appât
b (= torment) tourmenter ; → **bear²**

baize [beɪz] n (Snooker) tapis m ◆ **baize door** porte f matelassée

bake [beɪk] **1** vt **a** [+ food] faire cuire au four ◆ **she bakes her own bread** elle fait son pain elle-même ◆ **to bake a cake** faire (cuire) un gâteau ◆ **baked apples** pommes fpl au four ; → **half**
b [+ pottery, bricks] cuire (au four) ◆ **earth baked by the sun** sol desséché or cuit par le soleil
2 vi **a** [bread, cakes] cuire (au four)
b **she bakes every Tuesday** * (= makes bread) elle fait du pain tous les mardis ; (= bakes cakes) elle fait de la pâtisserie tous les mardis
c [pottery etc] cuire ◆ **we are baking in this heat** * on cuit * or on grille * par cette chaleur ◆ **it's baking (hot) today!** * il fait une de ces chaleurs aujourd'hui !
3 COMP ▷ **baked Alaska** n omelette f norvégienne ▷ **baked beans** npl haricots mpl blancs à la sauce tomate ▷ **baked potato** n pomme f de terre cuite au four

bakehouse ['beɪkhaʊs] n boulangerie f (lieu de fabrication)

Bakelite ® ['beɪkəlaɪt] n bakélite ® f

baker ['beɪkəʳ] **1** n boulanger m, -ère f ◆ **baker's shop** boulangerie f
2 COMP ▷ **a baker's dozen** n treize m à la douzaine ▷ **baker's oven** n four m à pain

bakery ['beɪkərɪ] n boulangerie(-pâtisserie) f

bakeware ['beɪkwɛəʳ] n (NonC) plats mpl et moules mpl à gâteaux

Bakewell tart ['beɪkwel'tɑːt] n tourte f de Bakewell

baking ['beɪkɪŋ] **1** n **a** (NonC = process) cuisson f (au four) ◆ **after baking** après la cuisson ◆ **use wholemeal flour in your baking** faites votre pain (or vos gâteaux etc) à la farine complète ◆ **she's busy doing her baking** elle est en train de faire son pain (or des gâteaux etc)
b (in bakery = batch of bread) fournée f
2 COMP ▷ **baking dish** n plat m allant au four ▷ **baking powder** n levure f chimique ▷ **baking sheet** n ⇒ **baking tray** ▷ **baking soda** n bicarbonate m de soude ▷ **baking tin** n (for cakes) moule m (à gâteaux) ; (for tarts) moule m à tarte, tourtière f ▷ **baking tray** n plaque f de four

baklava ['bɑːkləvɑː] n (Culin) baklava m

baksheesh ['bækʃiːʃ] n bakchich m

Baku [bæ'kuː] n (Geog) Bakou

Balaclava, Balaklava [ˌbælə'klɑːvə] n (Geog) Balaklava ◆ **balaclava (helmet)** (Brit) passe-montagne m

balalaika [ˌbælə'laɪkə] n balalaïka f

balance ['bæləns] → SYN **1** n **a** (= scales) balance f ◆ **to be** or **hang in the balance** être en jeu ◆ **his life was hanging in the balance** (gen) sa vie était en jeu ; [sick person] il était entre la vie et la mort ◆ **to hold the balance** faire pencher la balance ; → **spring**
b (NonC = equilibrium) équilibre m ◆ **to keep/lose one's balance** (lit, fig) garder/perdre son équilibre ◆ **off balance** (lit, fig) mal équilibré ◆ **to throw sb off balance** (lit) faire perdre l'équilibre à qn ; (fig) déconcerter qn ◆ **the balance of nature** l'équilibre m de la nature ◆ **the balance of his mind was disturbed** (Jur) il n'était pas responsable de ses actes ◆ **to strike a balance** trouver le juste milieu ◆ **he has no sense of balance** il n'a aucun sens des proportions or de la mesure ◆ **a nice balance of humour and pathos** un délicat dosage d'humour et de pathétique

◆ **on balance** à tout prendre, tout compte fait

c (Comm, Fin) solde m ; (also **bank balance**) solde m (d'un compte) ◆ **what's my balance?** (in bank) quelle est la position de mon compte ? ◆ **credit/debit balance** solde m créditeur/débiteur ◆ **balance in hand** solde m créditeur ◆ **balance carried forward** (gen)

balanced / ballot

solde m à reporter ; (on balance sheet) report m à nouveau ✦ **balance due** solde m débiteur ✦ **to pay off the balance of an account** solder un compte ✦ **sterling balances** balances fpl sterling

d (= remainder) reste m

e [of clock, watch] régulateur m, balancier m

2 vt **a** (= maintain equilibrium of) tenir en équilibre ; (= place in equilibrium) mettre or poser en équilibre ; [+ wheels] équilibrer ; (fig) équilibrer, compenser ✦ **I balanced the glass on top of the books** j'ai posé le verre en équilibre sur les livres ✦ **the seal balanced the ball on its nose** le phoque posa le ballon en équilibre sur son nez

b (= compare etc) balancer, peser ; [+ two arguments, two solutions] comparer ✦ **this must be balanced against that** il faut peser le pour et le contre

c (= counterbalance) (in weighing, symmetrical display etc) équilibrer ; (in value, amount) compenser, contrebalancer ✦ **they balance each other** [two objects] (in weighing) ils se font contrepoids ; (in symmetrical display) ils s'équilibrent

d (Comm, Fin) **to balance an account** arrêter un compte ✦ **to balance the budget** équilibrer le budget ✦ **to balance the books** arrêter les comptes, dresser le bilan ✦ **to balance the cash** faire la caisse

3 vi **a** [two objects] se faire contrepoids ; [acrobat etc] se maintenir en équilibre ; [scales] être en équilibre ✦ **to balance on one foot** se tenir en équilibre sur un (seul) pied

b (Comm, Fin) [accounts] s'équilibrer, être en équilibre

4 COMP ▷ **balance of payments** n balance f des paiements ✦ **balance of payments surplus/deficit** excédent m/déficit m de la balance des paiements ▷ **balance of power** n (gen) équilibre m des forces ; (in government) équilibre m des pouvoirs ✦ **the European balance of power** l'équilibre m européen ▷ **balance of terror** n équilibre m de la terreur ▷ **balance of trade** n (Econ) balance f commerciale ▷ **balance sheet** n → SYN ▷ bilan m ▷ **balance weight** n contrepoids m ▷ **balance wheel** n balancier m

▶ **balance out** vt sep (fig) contrebalancer, compenser

balanced ['bælənst] → SYN adj (gen) équilibré ✦ **balanced views** vues fpl sensées or mesurées

balancing ['bælənsɪŋ] n **a** (= equilibrium) mise f en équilibre, stabilisation f ✦ **to do a balancing act** (Theat) faire de l'équilibrisme ; (fig) jongler

b (Comm, Fin) **balancing of accounts** règlement m or solde m des comptes ✦ **balancing of the books** balances fpl (mensuelles)

balanitis [ˌbælə'naɪtɪs] n balanite f

balata ['bælətə] n (= gum) balata f

balcony ['bælkənɪ] → SYN n **a** balcon m

b (Theat) fauteuils mpl or stalles fpl de deuxième balcon

bald [bɔːld] → SYN **1** adj **a** (gen) chauve ; [tyre] lisse ✦ **as bald as a coot** * or **an egg** * chauve comme une boule de billard * or comme un œuf * ✦ **to be going bald** perdre ses cheveux, devenir chauve

b [style] plat, sec (sèche f) ✦ **a bald statement** une simple exposition de faits ✦ **a bald lie** un mensonge flagrant or non déguisé

2 COMP ▷ **bald eagle** n aigle m d'Amérique ▷ **bald-faced** adj **a bald-faced lie** un mensonge éhonté ▷ **bald-headed** adj chauve, à (la) tête chauve ▷ **bald patch** n [of person] (petite) tonsure f ; [of animal] place f dépourvue de poils ; [of carpet etc] coin m dégarni or pelé

baldachin ['bɔːldəkɪn], **baldachino** [ˌbældə'kiːnəʊ] n baldaquin m

balderdash ['bɔːldədæʃ] → SYN n balivernes fpl

balding ['bɔːldɪŋ] adj qui devient chauve, atteint de calvitie naissante

baldly ['bɔːldlɪ] adv say, state abruptement

baldness ['bɔːldnɪs] → SYN n [of person] calvitie f ; [of tyre] état m lisse ; [of mountains etc] nudité f ; [of style] platitude f, pauvreté f

baldric ['bɔːldrɪk] n (Hist) baudrier m

baldy * ['bɔːldɪ] adj (= balding) dégarni ; (= bald) chauve

bale¹ [beɪl] **1** n [of cotton, hay] balle f

2 vt (also **bale up**) mettre en balles

bale² [beɪl] vt (Naut) ⇒ **bail³** 1

▶ **bale out** ⇒ **bail out** ; → **bail³**

Balearic [ˌbælɪ'ærɪk] adj, n ✦ **the Balearic Islands** ✦ **the Balearics** les (îles fpl) Baléares fpl

baleful ['beɪlfʊl] adj sinistre, menaçant ✦ **to give sb/sth a baleful look** regarder qn/qch d'un œil torve

balefully ['beɪlfəlɪ] adv look d'un œil torve ; say d'un ton sinistre or menaçant

baler ['beɪlər] n (Agr = machine) ramasseuse-presse f

Bali ['bɑːlɪ] n Bali

Balinese [ˌbɑːlɪ'niːz] **1** adj balinais

2 n **a** (= person) Balinais(e) m(f)

b (Ling) balinais m

balk [bɔːk] → SYN **1** n (Agr) terre f non labourée ; (Constr) (on ceiling) solive f ; (= building timber) bille f

2 vt contrecarrer

3 vi [horse] se dérober (at devant) ✦ **to balk at doing sth** [person] regimber pour faire qch

Balkan ['bɔːlkən] adj, n ✦ **the Balkans** les Balkans mpl ✦ **the Balkan States** les États mpl balkaniques ✦ **the Balkan Peninsula** la péninsule Balkanique

balkanization ['bɔːlkənaɪ'zeɪʃən] n balkanisation f

balkanize ['bɔːlkənaɪz] vt (Pol) balkaniser

ball¹ [bɔːl] → SYN **1** n **a** (gen, Cricket, Golf, Hockey, Tennis) balle f ; (inflated: Ftbl etc) ballon m ; (Billiards) bille f, boule f ; (Croquet) boule f ✦ **as round as a ball** rond comme une boule or bille ✦ **behind the eight ball** * (US fig) dans le pétrin ✦ **cat curled up in a ball** chat m couché en rond or pelotonné (en boule) ✦ **tennis/golf etc ball** balle f de tennis/de golf etc ✦ **croquet ball** boule f de croquet ✦ **ball of fire, ball lightning** (Met) éclair m en boule

b (fig phrases) (US) **that's the way the ball bounces!** * c'est la vie ! ✦ **to keep a lot of balls in the air** faire plein de choses à la fois ✦ **take the ball and run with it!** vas-y fonce ! *, saisis ta chance ! ✦ **to keep the ball rolling** (= maintain conversation) alimenter la conversation ; (= maintain activity) maintenir le mouvement ; (= maintain interest) soutenir l'intérêt ✦ **to start** or **set the ball rolling** * lancer une affaire (or la conversation) ✦ **he's got the ball at his feet** c'est à lui de saisir cette chance ✦ **the ball is with you** or **in your court** (c'est) à vous de jouer ✦ **to have something on the ball** * (US) en avoir là-dedans * or dans le ciboulot ✶ ✦ **to be on the ball** * (= competent) être à la hauteur (de la situation or des circonstances) ; (= alert) ouvrir l'œil et le bon * ✦ **he's a real ball of fire** * il est débordant d'activité ✦ **the whole ball of wax** (US) absolument tout ; → **eyeball, play, tennis**

c [of rifle etc] balle f ✦ **ball and chain** (lit, fig) boulet m ; → **cannonball**

d [of wool, string] pelote f, peloton m ✦ **to wind sth up into a ball** mettre qch en pelote

e (Culin) [of meat, fish] boulette f ; [of potato] croquette f

f (Tech) bille f (de roulement)

g (Anat) **ball of the foot** (partie f antérieure de la) plante f du pied ✦ **ball of the thumb** (partie f charnue du) pouce m ; → **eyeball**

2 **balls** ✶ npl (Anat) couilles ✶ fpl ; (Brit = nonsense) conneries ✶ fpl, couillonnades ✶ fpl ✦ **to have balls** ✶ (Brit = courage) avoir des couilles ✶ ✦ **balls!** ✶ (esp US) quelles conneries ! ✶ ✦ **to break sb's balls** ✶ casser les couilles ✶ à qn

3 vt [+ wool etc] mettre en pelote, pelotonner

b (✶ esp US = have sex with) s'envoyer ✶

4 vi **a** (= form into ball) s'agglomérer

b (✶ = have sex) s'envoyer en l'air

5 COMP ▷ **ball-and-socket joint** n (joint m à) rotule f ▷ **ball bearings** npl roulement m à billes ▷ **ball boy** n (Tennis) ramasseur m de balles ▷ **ball cartridge** n cartouche f à balle ▷ **ball control** n (NonC: Ftbl, Basketball etc) contrôle m du ballon ▷ **ball game** n jeu m de balle (or ballon) ; (US) match m de base-ball ✦ **it's a whole new ball game** *, **it's not the same ball game** * c'est une tout autre histoire ▷ **ball girl** n (Tennis) ramasseuse f de balles ▷ **ball joint** n (Tech) joint m à rotule ▷ **ball-point (pen)** n stylo m (à) bille, (pointe f) Bic ® m ▷ **ball-shaped** adj sphérique ▷ **balls-up** ✶, **ball-up** ✶ (US) n bordel ✶ m ✦ **he made a balls-up of the job** il a foutu le bordel ✶ or salopé le boulot ✶ ✦ **the meeting was a balls-up** (Brit) la réunion a été bordélique ✶

▶ **ball up** **1** vi (Ski etc) botter

2 vt sep ✶ ⇒ **balls up**

▶ **balls up** ✶ **1** vt sep foutre la merde ✶ or le bordel ✶ dans ✦ **to be/get ballsed up** ✶ être/se retrouver dans la merde jusqu'au cou ✶

2 **balls-up** ✶ n → **ball¹**

ball² [bɔːl] **1** n (= dance) bal m ✦ **to give a ball** donner un bal ✦ **to open the ball** (lit, fig) ouvrir le bal ✦ **to have a ball** * s'amuser comme des fous, se marrer *

2 COMP ▷ **ball gown** n robe f de bal

ballad ['bæləd] n (Mus) romance f ; (Literat) ballade f

ballade [bæ'lɑːd] n (Literat, Mus) ballade f

ballan wrasse ['bælən] n (= fish) grande vieille f

ballast ['bæləst] → SYN **1** n (NonC) **a** (Aviat, Naut) lest m ✦ **ship in ballast** vaisseau m en lest ✦ **to sail in ballast** être sur lest

b (= stone, clinker) pierraille f ; (Rail) ballast m

2 vt **a** (Aviat, Naut) lester

b (Tech) empierrer, caillouter ; (Rail) ballaster

ballbreaker ✶ ['bɔːlˌbreɪkər] n chieuse ✶ f

ballcock ['bɔːlkɒk] n robinet m à flotteur

ballerina [ˌbælə'riːnə] n ballerine f

ballet ['bæleɪ] **1** n **a** (= show, work of art) ballet m

b (NonC = type of dance) danse f classique

2 COMP ▷ **ballet dancer** n danseur m, -euse f classique ▷ **ballet lesson** n cours m de danse (classique) ▷ **ballet master** n maître m de ballet ▷ **ballet mistress** n maîtresse f de ballet ▷ **ballet school** n école f de danse (classique) ▷ **ballet shoe** n chausson m de danse ▷ **ballet skirt** n tutu m

balletic [bæ'letɪk] adj movement, grace, style de danseur de ballet

balletomane ['bælɪtəʊmeɪn] n ballet(t)omane mf

ballistic [bə'lɪstɪk] **1** adj balistique ✦ **to go ballistic** * piquer une crise *

2 COMP ▷ **ballistic missile** n engin m balistique

ballistics [bə'lɪstɪks] n (NonC) balistique f

balloon [bə'luːn] → SYN **1** n **a** (Aviat) ballon m, aérostat m ✦ **navigable/captive balloon** ballon m dirigeable/captif ✦ **to go up in a balloon** monter en ballon ✦ **the balloon went up** * (fig) l'affaire a éclaté ✦ **(meteorological** or **weather) balloon** ballon-sonde m ; → **barrage**

b (= toy) ballon m

c (for brandy: also **balloon glass**) verre m ballon inv ; (Chem: also **balloon flask**) ballon m

d (in drawings, comic: for speech etc) bulle f

2 vi **a** **to go ballooning** faire une (or des) ascension(s) en ballon

b (= swell out) gonfler, être ballonné

3 COMP ▷ **balloon tyre** n pneu m ballon

balloonist [bə'luːnɪst] n aéronaute mf

ballot ['bælət] → SYN **1** n **a** (Pol etc) (= paper) bulletin m de vote ; (= method of voting) scrutin m ; (= round of voting) (tour m de) scrutin m ✦ **to vote by ballot** voter par scrutin ✦ **first/second ballot** premier/second tour de scrutin ✦ **to take a ballot** procéder à un scrutin or à un vote

b (= drawing of lots) tirage m au sort

2 vi **a** (Pol etc) voter à bulletin secret ✦ **union members are currently balloting on the offer** les membres du syndicat votent actuellement sur cette proposition (à bulletins secrets)

b (= draw lots) tirer au sort ✦ **to ballot for a place** tirer au sort pour avoir une place

3 vt faire voter (à bulletin secret), consulter (au moyen d'un vote à bulletin secret) ✦ **the union is balloting members on strike**

action le syndicat fait voter la base (à bulletin secret) sur la décision de faire grève
[4] COMP ▷ **ballot box** n urne f (électorale) ◆ we accept the verdict of the ballot box nous acceptons le verdict des urnes ▷ **ballot-box stuffing** n (US Pol) bourrage m des urnes ▷ **ballot paper** n bulletin m de vote ▷ **ballot rigging** n (Brit) fraude f électorale

balloting ['bælətɪŋ] n (US Pol) scrutin m

ballpark ['bɔːlpɑːk] [1] n (US) stade m de base-ball ◆ **to be in the (right) ballpark** (fig) [estimates, figures] être dans la bonne fourchette ◆ the figures were in the ballpark of our estimates les chiffres rentraient dans la fourchette de nos premières estimations ◆ we're in the same ballpark (in estimates, figures) on arrive à peu près à la même somme ◆ the two companies are not in the same ballpark les deux sociétés ne sont pas comparables
[2] adj figure, estimate approximatif

ballplayer ['bɔːlˌpleɪəʳ] n (US) joueur m de base-ball

ballroom ['bɔːlrʊm] [1] n [of hotel] salle f de danse ; [of mansion] salle f de bal
[2] COMP ▷ **ballroom dancing** n (NonC) danse f de salon

ballsy* ['bɔːlzɪ] adj person, attempt gonflé *

bally †* ['bælɪ] adj (before n) (Brit) sacré *, satané

ballyhoo* [ˌbælɪ'huː] n (pej) (= publicity) battage * m, bourrage m de crâne * ; (= non-sense) balivernes fpl

balm [bɑːm] [1] n a (lit, fig) baume m
b (Bot) mélisse f officinale ; (also **lemon balm**) citronnelle f
[2] COMP ▷ **balm of Gilead** n (Bot: American) peuplier m de l'Ontario

Balmoral [bæl'mɒrəl] n résidence f d'été de la famille royale britannique, située dans le nord-est de l'Écosse

balmy ['bɑːmɪ] → SYN adj a (liter) (= fragrant) embaumé, parfumé ; (= mild) doux (douce f), adoucissant
b (Bot) balsamique

baloney* [bə'ləʊnɪ] n (NonC: esp US) balivernes fpl

BALPA ['bælpə] n (abbrev of **British Airline Pilots' Association**) syndicat

balsa ['bɔːlsə] n (also **balsa wood**) balsa m

balsam ['bɔːlsəm] [1] n a (= substance) baume m
b (= plant) balsamine f
c (Chem) oléorésine f
[2] COMP ▷ **balsam fir** n sapin m baumier

balsamic [bɔːl'sæmɪk] adj vinegar balsamique

balti ['bɔːltɪ, 'bæltɪ] n (Culin) plat indien mijoté dans une petite poêle

Baltic ['bɔːltɪk] [1] n ◆ **the Baltic (Sea)** la (mer) Baltique
[2] adj trade, port de la Baltique ◆ **the Baltic States** les pays mpl baltes ◆ **the Baltic Exchange** n (Fin) bourse de commerce de Londres

baluster ['bæləstəʳ] n balustre m ◆ **balusters** ⇒ **bannisters**

balustrade [ˌbæləs'treɪd] n balustrade f

bamboo [bæm'buː] [1] n bambou m
[2] COMP chair, fence de or en bambou ▷ **Bamboo Curtain** n (Pol) rideau m de bambou ▷ **bamboo shoots** npl pousses fpl de bambou

bamboozle* [bæm'buːzl] vt a (= deceive) embobiner * ◆ I was bamboozled into believing he was a qualified doctor on m'a embobiné * en me faisant croire que c'était un médecin qualifié
b (= perplex) déboussoler * ◆ she was quite bamboozled elle ne savait plus où elle en était, elle était complètement déboussolée *

ban [bæn] → SYN [1] n interdit m ; (Comm) embargo m ◆ **to put a ban on sth/sb's doing sth** interdire qch/à qn de faire qch

[2] vt (gen) interdire (sth qch ; sb from doing sth à qn de faire qch) ; (= exclude) [+ person] exclure (from de) ◆ **Ban the Bomb Campaign** campagne f contre la bombe atomique

banal [bə'nɑːl] → SYN adj banal, ordinaire

banality [bə'nælɪtɪ] → SYN n banalité f

banana [bə'nɑːnə] [1] n (= fruit) banane f ; (= tree) bananier m
[2] adj ◆ **to go bananas*** devenir dingue * ; (= get angry) piquer une crise *
[3] COMP ▷ **banana-boat** n bananier m (cargo) ▷ **banana republic** n (pej) république f bananière ▷ **banana skin** n peau f de banane ◆ **to slip on a banana skin** (esp Brit fig) glisser sur une peau de banane ▷ **banana split** n (Culin) banana split m inv

band[1] [bænd] → SYN [1] n (gen, Comm) bande f ; (narrow) bandelette f ; [of barrel] cercle m ; [of metal wheel] bandage m ; (leather) lanière f ; [of cigar] bague f ; [of hat] ruban m ; (Rad) bande f ; (= magnetic tape) bande f (magnétique) ; [of gramophone record] plage f ; (Tech) bande f or courroie f de transmission ; (Educ) tranche f ◆ **bands of the spectrum** (Opt) bandes fpl du spectre ◆ **metal band** bande f métallique ◆ **to vary within a narrow band** [figures, prices etc] varier à l'intérieur d'une fourchette étroite ; → **elastic, frequency, rubber**[1], **waistband, waveband**
[2] vt [+ tax, property] ◆ **to be banded** être réparti par tranches
[3] COMP ▷ **banded pack** n (Comm) [of same product] vente f groupée ; [of two different products] vente f jumelée ▷ **band-pass filter** n (Elec) filtre m passe-bande ▷ **band-saw** n (Tech) scie f à ruban

▶ **band together** vi se grouper ; (= form a gang) former une bande

band[2] [bænd] → SYN n a (= group) bande f, troupe f
b (Mus) (gen) orchestre m ; (brass only) fanfare f ◆ **members of the band** musiciens mpl ; → **brass, one-man**

bandage ['bændɪdʒ] → SYN [1] n (for wound) bande f ; (Med = prepared dressing) bandage m, pansement m ; (blindfolding) bandeau m ◆ head swathed in bandages tête f enveloppée de pansements or de bandages ; → **crêpe**
[2] vt (also **bandage up**) [+ broken limb] bander ; [+ wound] mettre un pansement or un bandage sur ; [+ person] mettre un pansement or un bandage à

Band-Aid ® ['bændeɪd] n pansement m adhésif ; (US * fig) measures de fortune ◆ **a Band-Aid approach** une méthode qui tient du rafistolage

bandan(n)a [bæn'dænə] n foulard m

B & B [ˌbiːənd'biː] n (abbrev of **bed and breakfast**) → **bed**

bandbox ['bændbɒks] n carton m à chapeau(x) ◆ he looked as if he had just stepped out of a bandbox il avait l'air de sortir d'une boîte

bandeau ['bændəʊ] n, pl **bandeaux** ['bændəʊz] bandeau m

banderilla [ˌbændə'riːə] n banderille f

banderillero [ˌbændərɪ'ɛərəʊ] n banderillero m

banderol(e) ['bændərɒl] n (Archit, Her, Naut) banderole f

bandicoot ['bændɪkuːt] n (Zool) péramèle m

banding ['bændɪŋ] n (Brit) [of school pupils] répartition f en groupes de niveaux (dans le primaire) ; [of houses] répartition f par tranches

bandit ['bændɪt] → SYN n (lit, fig) bandit m ; → **one**

banditry ['bændɪtrɪ] n (NonC) banditisme m

bandleader ['bændˌliːdəʳ], **bandmaster** ['bændˌmɑːstəʳ] n chef m d'orchestre ; (Mil etc) chef m de musique or de fanfare

bandolier [ˌbændə'lɪəʳ] n cartouchière f

bandsman ['bændzmən] n, pl -**men** musicien m (d'orchestre or de fanfare)

bandstand ['bændstænd] n kiosque m (à musique)

bandwagon ['bændˌwægən] n (fig) ◆ **to jump or climb on the bandwagon** suivre le mouvement, prendre le train en marche *

bandwidth ['bændwɪdθ] n (Comput) largeur f de bande

bandy[1] ['bændɪ] → SYN vt [+ ball, reproaches] se renvoyer ; [+ jokes] échanger ◆ **to bandy blows (with sb)** échanger des coups (avec qn) ◆ **to bandy words (with sb)** discuter (avec qn)

▶ **bandy about, bandy around** vt sep (pej) [+ story, report] faire circuler ; [+ figures, sums] avancer ◆ **to bandy sb's name about** parler de qn ◆ **to have one's name bandied about** faire parler de soi ◆ his name is being bandied about in all the newspapers il a son nom dans tous les journaux

bandy[2] ['bændɪ] → SYN adj a leg arqué, bancal
b (also **bandy-legged**) person bancal ; horse arqué ◆ **to be bandy-legged** avoir les jambes arquées

bane [beɪn] → SYN n a fléau m, peste f ◆ he's/it's the bane of my life * il/cela m'empoisonne la vie ◆ rain is the bane of holidaymakers la pluie est le fléau numéro un des vacanciers ◆ spots can be the bane of a teenager's life les boutons peuvent empoisonner la vie d'un adolescent
b (= poison) poison m

baneberry ['beɪnbərɪ] n actée f

baneful ['beɪnfʊl] → SYN adj (liter) funeste, fatal ; poison mortel

banefully ['beɪnfəlɪ] adv funestement

bang [bæŋ] → SYN [1] n a (= noise) [of gun, explosives] détonation f, boum m ; (Aviat) bang m (supersonique) ; [of door] claquement m ◆ the door closed with a bang la porte a claqué ◆ **to go off with a bang** [fireworks] détoner, éclater ; (* = succeed) être une réussite du tonnerre * ◆ **to get more bang for the buck** or **more bangs for your bucks** * (esp US) en avoir pour son argent ◆ **to end or finish not with a bang but a whimper** finir en queue de poisson
b (= blow) coup m (violent)
[2] adv ◆ **to go bang** éclater ◆ **bang in the middle** au beau milieu, en plein milieu ◆ **bang against the wall** tout contre le mur ◆ I ran bang into a traffic jam je suis tombé en plein dans un embouteillage ◆ **to hit the target bang on** (Brit) frapper en plein dans la cible or le mille ◆ his answer was bang on (Brit) sa réponse est tombée pile ◆ **she arrived bang on time** (Brit) elle est arrivée à l'heure pile ◆ **the play's bang up to date** cette pièce est complètement d'actualité ◆ **bang goes my chance of promotion** je peux faire une croix sur mes chances de promotion, je peux dire adieu à mes chances de promotion ◆ **bang goes the fantasy of retiring at 35** * on peut dire adieu au rêve de prendre sa retraite à 35 ans
[3] excl (firearm) pan ! ; (explosion) boum !
[4] vt a frapper violemment ◆ **to bang one's fist on the table** taper du poing sur la table, frapper la table du poing ◆ **to bang one's head against** or **on sth** se cogner la tête contre or sur qch ◆ **talking to him is like banging your head against a brick wall** * autant parler à un mur que d'essayer de discuter avec lui ◆ **to bang the door** (faire) claquer la porte ◆ he banged the window shut il a claqué la fenêtre
b (** = have sex with) baiser **
[5] vi [door] claquer ; (repeatedly) battre ; [fireworks] éclater ; [gun] détoner
b **to bang on** or **at the door** donner de grands coups dans la porte ◆ **to bang on the table** taper du poing sur la table, frapper la table du poing

▶ **bang about***, **bang around** * vi faire du bruit or du potin *

▶ **bang away** vi [guns] tonner ; [person] (= keep firing) tirer sans arrêt (at sur) ; [workman etc] faire du vacarme ◆ **to bang away at sth** taper sans arrêt sur qch

▶ **bang down** vt sep poser or jeter brusquement ◆ **to bang down the lid** rabattre violemment le couvercle ◆ **to bang down the receiver** (on telephone) raccrocher brutalement

▶ **bang into** vt fus (= collide with) se cogner contre, heurter ◆ **the car banged into a tree** la voiture a heurté un arbre or est rentrée * dans un arbre

banger / bar

▶ **bang on** * vi continuer à laïusser * ◆ **to bang on about sth** laïusser * sur qch

▶ **bang out** vt sep [+ tune] taper

▶ **bang to** vi [door, window] se fermer en claquant

▶ **bang together** vt sep [+ objects] cogner l'un(e) contre l'autre ◆ **I could have banged their heads together!** j'en aurais pris un pour taper sur l'autre !

▶ **bang up** * vt sep (Brit) [+ prisoner] boucler *, coffrer *

▶ **bang up against** vt fus ⇒ **bang into**

banger ['bæŋəʳ] n (Brit) **a** (* = sausage) saucisse f ◆ **bangers and mash** saucisses fpl à la purée
  b (* = old car) (vieux) tacot * m, (vieille) guimbarde f
  c (= firework) pétard m

Bangkok [bæŋ'kɒk] n Bangkok

Bangladesh [ˌbæŋglə'deʃ] n le Bangladesh

Bangladeshi [ˌbæŋglə'deʃɪ] **1** adj du Bangladesh
  2 n habitant(e) m(f) or natif m, -ive f du Bangladesh

bangle ['bæŋgl] n jonc m, bracelet m

bangs [bæŋz] npl (US = fringe) frange f (droite)

bang-up * ['bæŋʌp] adj (US) formidable, impec *

banish ['bænɪʃ] → SYN vt [+ person] exiler (from de ; to en, à), bannir (from de) ; [+ cares, fear] bannir, chasser

banishment ['bænɪʃmənt] → SYN n bannissement m, exil m

banister ['bænɪstəʳ] n ⇒ **bannister**

banjax * ['bændʒæks] vt (US) assommer

banjaxed * ['bændʒækst] adj nase *

banjo ['bændʒəʊ] n, pl **banjos** or **banjoes** banjo m

Banjul [bæn'dʒuːl] n (Geog) Banjul

bank¹ [bæŋk] → SYN **1** n **a** (= mound) [of earth, snow, flowers] talus m ; [Rail = embankment] remblai m ; [of road, racetrack] bord m relevé ; (in horse-racing) banquette f irlandaise ; (Min = coal face) front m de taille ; (= pithead) carreau m ; [of sand] (in sea, river) banc m ◆ **a bank of clouds** un amoncellement de nuages
  b (= edge) [of river, lake] bord m, rive f ; (above water level) berge f ; [of canal] bord m, berge f ◆ **the banks** [of river, lake] le rivage ◆ **the left/right bank** (in Paris) la Rive gauche/droite
  c (Aviat) virage m incliné or sur l'aile
  2 vt **a** (also **bank up**) [+ road] relever (dans un virage) ; [+ river] endiguer ; [+ earth] amonceler ◆ **to bank the fire** couvrir le feu
  b (Aviat) **to bank an aircraft** faire faire un virage sur l'aile à un avion
  3 vi **a** [snow, clouds etc] s'amonceler
  b (Aviat) [pilot, aircraft] virer (sur l'aile)

bank² [bæŋk] → SYN **1** n **a** (= institution) banque f, (= company) agence f (bancaire), banque f ◆ **bank of issue** banque f d'émission ◆ **the Bank of France** la Banque de France ◆ **the Bank of England** la Banque d'Angleterre ◆ **it's as safe as the Bank of England** ça ne court aucun risque, c'est de tout repos ; → **saving**
  b (Betting) banque f ◆ **to break the bank** faire sauter la banque
  c (Med) banque f ; → **blood, eyebank**
  2 vt [+ money] mettre or déposer en banque ; (Med) [+ blood] entreposer, conserver
  3 vi ◆ **to bank with Lloyds** avoir un compte à la Lloyds ◆ **who do you bank with?** à quelle banque êtes-vous ?, où avez-vous votre compte bancaire ?
  4 COMP cheque, credit, staff bancaire ▷ **bank acceptance** n acceptation f bancaire ▷ **bank account** n compte m bancaire, compte m en banque ▷ **bank balance** n solde m bancaire ▷ **bank bill** n (US) billet m de banque ; (Brit) effet m bancaire ▷ **bankbook** n livret m or carnet m de banque ▷ **bank card** n carte f d'identité bancaire ▷ **bank charges** npl (Brit) frais mpl bancaires ▷ **bank clerk** n (Brit) employé(e) m(f) de banque ▷ **bank deposit** n dépôt m bancaire ▷ **bank draft** n traite f bancaire ▷ **bank employee** n employé(e) m(f) de banque ▷ **Bank for International Settlements** n Banque f des règlements internationaux ▷ **Bank Giro** (Brit) (paiement m par) virement m bancaire ▷ **bank holiday** n jour m férié ▷ **bank loan** n crédit m bancaire ▷ **bank manager** n directeur m d'agence (bancaire) ◆ **my bank manager** mon banquier ▷ **bank rate** n taux m d'escompte ▷ **bank robber** n cambrioleur m, -euse f de banque ▷ **bank robbery** n cambriolage m de banque ▷ **bank statement** n relevé m de compte ▷ **bank transfer** n by bank transfer par virement bancaire ; → **job**

▶ **bank on** vt fus (= count on) compter sur ◆ **you mustn't** or **I wouldn't bank on it** il ne faut pas compter là-dessus

bank³ [bæŋk] **1** n **a** (= row, tier) [of organ] clavier m ; [of typewriter] rang m ; (Elec) [of switches] rangée f ◆ **bank of oars** rangée f d'avirons
  b (= rowers' bench) banc m (de rameurs)
  2 vt (Sport) ◆ **double/single banked rowing** nage f à couple/en pointe

▶ **bank up** vt sep **a** (= arrange in tiers) étager, disposer par étages
  b → **bank¹** 2a

bankable ['bæŋkəbl] adj (Comm) bancable, négociable en banque ◆ **to be bankable** film star etc être une valeur sûre

banker ['bæŋkəʳ] **1** n (Betting, Fin) banquier m
  2 COMP ▷ **banker's card** n carte f d'identité bancaire ▷ **banker's draft** n traite f bancaire ▷ **banker's order** n (Brit) prélèvement m automatique ▷ **banker's reference** n références fpl bancaires

banking¹ ['bæŋkɪŋ] n (Aviat) virage m sur l'aile

banking² ['bæŋkɪŋ] **1** n (Fin) (= transaction) opérations fpl de banque or bancaires ; (= profession) profession f de banquier, la banque ◆ **to study banking** faire des études bancaires
  2 COMP ▷ **banking hours** npl heures fpl d'ouverture des banques ▷ **banking house** n banque f, établissement m bancaire ◆ **the big banking houses** les grandes banques fpl ▷ **banking industry** n secteur m bancaire ▷ **banking product** n produit m bancaire ▷ **banking services** npl services mpl bancaires

banknote ['bæŋknəʊt] n (Brit) billet m de banque

bankroll * ['bæŋkrəʊl] (esp US) **1** n fonds mpl, finances fpl
  2 vt financer

bankrupt ['bæŋkrʌpt] → SYN **1** n **a** (Jur) failli(e) m(f)
  b (* fig = penniless person) fauché(e) * m(f)
  2 adj **a** (Jur) failli ◆ **to go bankrupt** [person, business] faire faillite ◆ **to be bankrupt** [person] être en faillite ◆ **to be declared bankrupt** être déclaré or mis en faillite
  b (* fig = penniless) fauché *
  c (= completely lacking) **spiritually/morally** etc **bankrupt** dépourvu or dénué de spiritualité/de moralité etc ◆ **bankrupt of ideas** etc dépourvu or dénué d'idées etc
  3 vt (Jur) [+ person] mettre en faillite
  b (* fig) ruiner
  4 COMP ▷ **bankrupt's certificate** n concordat m ▷ **bankrupt's estate** n actif m de la faillite

bankruptcy ['bæŋkrʌptsɪ] → SYN **1** n **a** (Jur) faillite f
  b (* fig = pennilessness) ruine f
  c (fig = lack) **spiritual/moral** etc **bankruptcy** manque m de spiritualité/de moralité etc
  2 COMP ▷ **Bankruptcy Court** n (Brit) ≈ tribunal m de commerce ▷ **bankruptcy estate** n masse f or actif m de la faillite ▷ **bankruptcy proceedings** npl procédure f de faillite

banksia ['bæŋksɪə] n (Bot) banksia m

banner ['bænəʳ] → SYN **1** n bannière f, étendard m ; (Rel, fig) bannière f
  2 COMP ▷ **banner headlines** npl (Press) gros titres mpl ◆ **in banner headlines** en gros titres, sur cinq colonnes à la une

banning ['bænɪŋ] n (= prohibition) [of activity, publication, film, organization, substance] interdiction f ◆ **the banning of right-wing parties** l'interdiction f des partis de droite ◆ **the banning of anti-apartheid leaders** l'interdiction f frappant les dirigeants du mouvement anti-apartheid ◆ **the banning of cars from city centres** l'interdiction f de la circulation automobile dans les centre-villes ◆ **the banning of three athletes from the Olympic Games** l'exclusion f de trois athlètes des Jeux olympiques

bannister ['bænɪstəʳ] → SYN n rampe f (d'escalier) ◆ **to slide down the bannister(s)** descendre sur la rampe

bannock ['bænək] n (Culin) gâteau écossais à base d'orge ou d'avoine

banns [bænz] npl bans mpl (de mariage) ◆ **to call the banns** publier les bans

banquet ['bæŋkwɪt] → SYN **1** n (= ceremonial dinner) banquet m ; (= lavish meal) festin m
  2 vi faire un banquet, festoyer
  3 COMP ▷ **banqueting hall** n salle f de(s) banquet(s)

banquette [ˌbæŋ'ket] n banquette f

banshee ['bænʃiː] n fée f (dont les cris présagent la mort)

bantam ['bæntəm] **1** n coq m nain, poule f naine
  2 COMP ▷ **bantam-weight** n (Boxing) poids m coq

banter ['bæntəʳ] → SYN **1** n badinage m, plaisanteries fpl
  2 vi badiner, plaisanter

bantering ['bæntərɪŋ] adj plaisantin, badin

Bantu ['bæntuː] **1** adj bantou
  2 n, pl **Bantu** or **Bantus** **a** (= people) Bantu(s) Bantous mpl
  b (Ling) Bantou m

banyan ['bænɪən] n banian m

baobab ['beɪəʊbæb] n baobab m

BAOR [ˌbiːeɪəʊ'ɑːʳ] n (abbrev of **British Army of the Rhine**) troupes britanniques stationnées en RFA

bap [bæp] n (Brit Culin) petit pain m

baptism ['bæptɪzəm] → SYN n baptême m ◆ **baptism of fire** baptême m du feu

baptismal [bæp'tɪzməl] **1** adj de baptême
  2 COMP ▷ **baptismal font** n fonts mpl baptismaux ▷ **baptismal name** n nom m de baptême ▷ **baptismal vows** npl vœux mpl du baptême

baptist ['bæptɪst] **1** n **a** baptiste m ◆ **(Saint) John the Baptist** saint Jean-Baptiste
  b (Rel) Baptist baptiste mf
  2 adj (Rel) ◆ **Baptist** baptiste
  3 COMP ▷ **the Baptist Church** n l'Église f baptiste

baptistry ['bæptɪstrɪ] n baptistère m

baptize [bæp'taɪz] → SYN vt (Rel, fig) baptiser

bar¹ [bɑːʳ] → SYN **1** n **a** (= block, slab) [of metal] barre f ; [of wood] planche f ; [of gold] lingot m ; [of chocolate] tablette f ◆ **bar of soap** savonnette f, pain m de savon ◆ **bar of gold** lingot m (d'or)
  b (= rod) [of window, cage] barreau m ; [of grate] barre f ; [of door] barre f, bâcle f ; (Sport) barre f ; [of ski-lift] perche f ; [of electric fire] résistance f ◆ **a two-bar electric fire** un radiateur électrique à deux résistances ◆ **to be/put sb behind (prison) bars** être/mettre qn derrière les barreaux ; → **anti-roll bar, parallel**
  c [of river, harbour] barre f
  d (fig = obstacle) obstacle m ◆ **to be a bar to progress** faire obstacle au progrès ; → **colour**
  e [of light] raie f ; [of colour] bande f
  f (NonC ; Jur) (= profession) barreau m ; (in court) barre f ◆ **to call** (Brit) or **admit** (US) **sb to the bar** inscrire qn au barreau ◆ **to be called** (Brit) or **admitted** (US) **to the bar** s'inscrire au barreau ◆ **to read for the bar** préparer le barreau ◆ **the prisoner at the bar** l'accusé(e) m(f)
  g (= public house) café m, bar m ; [of hotel, theatre] bar m ; [of station] café m, bar m ; (at open-air shows etc) buvette f ; → **coffee, public**
  h (= counter : for drinks) comptoir m ◆ **to have a drink at the bar** prendre un verre au

comptoir ◆ **sock/hat bar** (Comm) rayon m des chaussettes/des chapeaux ◆ **heel bar** talon-minute m
i (Mus) mesure f ; (also **bar line**) barre f de mesure ◆ **the opening bars** les premières mesures fpl ; → **double**
j (Brit Mil) barrette f (*portée sur le ruban d'une médaille*) ; (US Mil) galon m
k (Her) burelle f
l (Met) bar m
2 vt **a** (= obstruct) [+ road] barrer ◆ **to bar sb's way** or **path** barrer le passage à qn, couper la route à qn ◆ **to bar the way to progress** faire obstacle au progrès
b (= put bars on) [+ window] munir de barreaux ◆ **to bar the door** mettre la barre à la porte ◆ **to bar the door against sb** (lit, fig) barrer la porte à qn
c (= exclude, prohibit) [+ person] exclure (*from* de) ; [+ action, thing] défendre ◆ **to bar sb from doing sth** interdire à qn de faire qch ◆ **many jobs were barred to them** de nombreux emplois leur étaient interdits ◆ **they're barred from the country/the pub** il leur est interdit d'entrer dans le pays/le bar ◆ **she bars smoking in her house** elle défend qu'on fume (subj) chez elle ◆ **to be barred** (Jur) [contract provisions] se prescrire ; → **hold**
d (= stripe) rayer, barrer
3 COMP ▷ **bar billiards** n (NonC: Brit) *forme de billard joué dans les pubs* ▷ **bar chart** n ⇒ **bar graph** ▷ **bar code** n (Comm) code m à barres, code-barre m ▷ **bar-coded** adj avec code à barres, avec code-barre ▷ **bar-code reader** n lecteur m de code à barres or de code-barre ▷ **bar game** n *jeu de société pratiqué dans les pubs* ▷ **bar girl*** n (US) entraîneuse f de bar ▷ **bar graph** n graphique m en barres or en tuyaux d'orgue ▷ **bar snack** n *collation servie dans les pubs* ▷ **bar-tailed godwit** n (Orn) barge f rousse

bar² [bɑːʳ] prep sauf, à l'exception de ◆ **bar none** sans exception ◆ **bar one** sauf un(e) ; see also **shouting**

Barabbas [bəˈræbəs] n Barabbas m

baraesthesia [ˌbærɪsˈθiːzɪə] n baresthésie f

barb¹ [bɑːb] [→ SYN] **1** n **a** [of fish hook] barbillon m ; [of arrow] barbelure f ; [of feather] barbe f
b (fig) [of wit etc] trait m ◆ **the barbs of criticism** les traits mpl acérés de la critique
c (Dress) barbette f
2 vt [+ arrow] garnir de barbelures, barbeler ; [+ fish hook] garnir de barbillons
3 COMP ▷ **barb wire** n ⇒ **barbed wire** ; → **barbed**

barb² [bɑːb] n (= horse) (cheval m) barbe m

Barbadian [bɑːˈbeɪdɪən] **1** adj barbadien
2 n Barbadien(ne) m(f)

Barbados [bɑːˈbeɪdɒs] n la Barbade ◆ **in Barbados** à la Barbade

barbarian [bɑːˈbɛərɪən] [→ SYN] adj, n (Hist, fig) barbare mf

barbaric [bɑːˈbærɪk] [→ SYN] adj (Hist, fig) barbare, de barbare

barbarism [ˈbɑːbərɪzəm] [→ SYN] n **a** (NonC) barbarie f
b (Ling) barbarisme m

barbarity [bɑːˈbærɪtɪ] [→ SYN] n barbarie f, cruauté f ◆ **the barbarities of modern warfare** la barbarie or les atrocités fpl de la guerre moderne

barbarize [ˈbɑːbəraɪz] vt **a** [+ people] ramener à l'état barbare
b [+ language] corrompre

Barbarossa [ˌbɑːbəˈrɒsə] n Barberousse m

barbarous [ˈbɑːbərəs] [→ SYN] adj (Hist, Ling, fig) barbare

barbarously [ˈbɑːbərəslɪ] adv cruellement, inhumainement

Barbary [ˈbɑːbərɪ] **1** n la Barbarie, les États mpl barbaresques
2 COMP ▷ **Barbary ape** n magot m ▷ **the Barbary Coast** n les côtes fpl de Barbarie ▷ **Barbary duck** n canard m de Barbarie ▷ **Barbary horse** n (cheval m) barbe m

barbate [ˈbɑːbeɪt] adj (Bio) barbu

barbecue [ˈbɑːbɪkjuː] vb : prp **barbecuing** **1** n barbecue m ◆ **to have a barbecue** faire un barbecue
2 vt faire cuire au barbecue
3 COMP ▷ **barbecue sauce** n sauce f barbecue ▷ **barbecue set** n (grill) barbecue m

barbed [bɑːbd] **1** adj **a** arrow barbelé
b (fig) words, wit acéré
2 COMP ▷ **barbed wire** n fil m de fer barbelé ▷ **barbed wire entanglements** npl (réseau m de) barbelés mpl ▷ **barbed wire fence** n (haie f de fils) barbelés mpl

barbel [ˈbɑːbəl] n (= fish) barbeau m ; (smaller) barbillon m ; (= filament) barbillon m

barbell [ˈbɑːbɛl] n (Sport) barre f d'haltères

barber [ˈbɑːbəʳ] **1** n coiffeur m (pour hommes) ◆ **barber's** (Brit) salon m de coiffure (pour hommes) ◆ **to go to the barber's** aller chez le coiffeur
2 COMP ▷ **barber's pole** n enseigne f de coiffeur

barbershop [ˈbɑːbəʃɒp] **1** n **a** (US: = shop) salon m de coiffure (pour hommes)
b (Mus) mélodies fpl sentimentales (*chantées en harmonie étroite*)
2 COMP ▷ **barbershop quartet** n (Mus) *groupe de quatre hommes chantant en harmonie étroite*

barbican [ˈbɑːbɪkən] n barbacane f

barbicel [ˈbɑːbɪsəl] n (Orn) barbicelle f

Barbie ® [ˈbɑːbɪ] n (also **Barbie doll**) poupée f Barbie ®

barbitone [ˈbɑːbɪtəʊn] n véronal m

barbiturate [bɑːˈbɪtjʊrɪt] **1** n barbiturique m
2 COMP ▷ **barbiturate poisoning** n le barbiturisme

barbituric [ˌbɑːbɪˈtjʊərɪk] adj barbiturique

barbs* [bɑːbz] npl (US) barbituriques mpl

barbule [ˈbɑːbjuːl] n (Orn) barbule f

barcarol(l)e [ˌbɑːkəˈrəʊl] n barcarolle f

Barcelona [ˌbɑːsɪˈləʊnə] n Barcelone f

bard¹ [bɑːd] n (= minstrel) (esp Celtic) barde m ; [of Ancient Greece] aède m ; (Poetry, also hum = poet) poète m ◆ **the Bard of Avon** le chantre d'Avon *(Shakespeare)*

bard² [bɑːd] (Culin) **1** n barde f (de lard)
2 vt barder

bardic [ˈbɑːdɪk] adj (esp Celtic) poetry etc du barde, des bardes

bare [bɛəʳ] [→ SYN] **1** adj **a** (= naked, uncovered) person, skin, sword, floor etc nu ; hill, summit pelé ; countryside, tree dénudé, dépouillé ; (Elec) wire dénudé, à nu ◆ **bare to the waist** nu jusqu'à la ceinture ◆ **in his bare skin*** tout nu ◆ **he killed the wolf with his bare hands** il a tué le loup à mains nues ◆ **to fight with bare hands** se battre à main nue ◆ **there are bare patches on the lawn** la pelouse est pelée par endroits ◆ **the dog had a few bare patches on his back** le chien avait la peau du dos pelée par endroits ◆ **with his head bare** nu-tête inv ◆ **to sleep on bare boards** coucher sur la dure ◆ **the bare bones** les grandes lignes fpl, les lignes fpl essentielles ◆ **to strip sth down to the bare bones** réduire qch à l'essentiel or à sa plus simple expression ; see also **3** ◆ **she told him the bare bones of the story** elle lui a raconté les grandes lignes or les lignes essentielles de l'histoire ◆ **ace/king bare** (Cards) as m/roi m sec ; → **lay**
b (= empty, unadorned) garden dépouillé de sa végétation ; wall nu ; style dépouillé ◆ **a bare room** une pièce vide ◆ **a bare cupboard** un placard vide or dégarni ◆ **a bare statement of facts** un simple énoncé des faits ◆ **they only told us the bare facts** ils ne nous ont raconté que les faits à l'état brut
c (= absolute) **the bare necessities (of life)** le strict nécessaire ◆ **to provide people with the bare necessities of life** assurer aux gens le minimum vital ◆ **we're happy with the bare necessities of life** nous nous contentons du strict minimum ◆ **the bare essentials** le strict nécessaire ◆ **the bare essentials of furnishing** les meubles mpl de base ◆ **a bare majority** une faible majorité ◆ **the bare minimum** le plus strict minimum
d (= mere) **the match lasted a bare 18 minutes** le match n'a pas duré plus de 18 minutes ◆ **sales grew at a bare two percent a year** les ventes n'ont pas augmenté de plus de deux pour cent par an
2 vt mettre à nu, découvrir ; [+ sword] dégainer, tirer du fourreau ; [+ electrical wire] dénuder, mettre à nu ◆ **to bare one's teeth** (person, animal) montrer les dents (*at* à) ◆ **he bared his teeth in a smile** il a grimacé un sourire ◆ **to bare one's head** se découvrir (la tête) ◆ **to bare one's soul (to sb)** mettre son cœur à nu (à qn)
3 COMP ▷ **bare-ass(ed)*** adj cul-nu* ▷ **bare-bones** adj (esp US) réduit à l'essentiel or à sa plus simple expression ▷ **bare-knuckle** adj fight à mains nues ; (fig) confrontation à couteaux tirés ▷ **bare owner** n nu(e)-propriétaire m(f) ▷ **bare ownership, bare property** n nue-propriété f

bareback [ˈbɛəbæk] **1** adv à cru ◆ **bareback rider** cavalier m, -ière f qui monte à cru
2 vi (* = have unprotected sex) avoir des rapports sexuels non protégés

barebacking* [ˈbɛəbækɪŋ] n (= unprotected sex) rapports mpl sexuels non protégés

barefaced [ˌbɛəˈfeɪst] [→ SYN] adj lie, liar éhonté ◆ **it is barefaced robbery** c'est un or du vol manifeste

barefoot(ed) [ˈbɛəfʊt(ɪd)] **1** adv nu-pieds, (les) pieds nus
2 adj aux pieds nus

bareheaded [ˌbɛəˈhɛdɪd] **1** adv nu-tête inv, (la) tête nue
2 adj nu-tête inv ; woman en cheveux †

barelegged [ˌbɛəˈlegd] **1** adv nu-jambes, (les) jambes nues
2 adj aux jambes nues

barely [ˈbɛəlɪ] [→ SYN] adv **a** (= only just) à peine, tout juste ◆ **he can barely read** c'est tout juste or à peine s'il sait lire, il sait tout juste or à peine lire ◆ **the temperature barely rose above freezing** la température est à peine montée au-dessus de zéro ◆ **barely visible/perceptible** à peine visible/perceptible ◆ **her voice was barely audible** sa voix était à peine audible, on entendait à peine sa voix ◆ **he was barely able to speak** il pouvait à peine parler ◆ **she was barely conscious** elle était à peine consciente ◆ **barely concealed** or **disguised resentment/contempt** une rancœur/un mépris mal dissimulé(e) ◆ **she had barely begun to speak when ...** elle avait à peine commencé à parler lorsque ... ◆ **the car was barely a year old** la voiture avait à peine un an ◆ **barely half the graduates had found jobs** à peine la moitié des diplômés avaient trouvé des emplois ◆ **the truce is holding, barely** la trêve est respectée, (mais) tout juste
b **a barely furnished room** (= poorly furnished) une pièce pauvrement meublée ; (= scantily furnished) une pièce très peu meublée
c (= plainly) sans ambages ◆ **to state a fact barely** ne pas tourner autour du pot

bareness [ˈbɛənɪs] n [of person] nudité f ; [of room] dénuement m ; [of furniture] pauvreté f ; [of style] (= poverty) sécheresse f, pauvreté f ; (= simplicity) dépouillé m

Barents Sea [ˈbærəntsˈsiː] n mer f de Barents

baresthesia [ˌbærɪsˈθiːzɪə] n (US) ⇒ **baraesthesia**

barf* [bɑːf] vi (US) dégueuler*

barfly* [ˈbɑːflaɪ] n (US) pilier m de bistro(t)

bargain [ˈbɑːgɪn] [→ SYN] **1** n **a** (= transaction) marché m, affaire f ◆ **to make** or **strike** or **drive a bargain** conclure un marché (*with* avec) ◆ **it's a bargain!*** (= agreed) c'est convenu or entendu ! ◆ **a good bargain** une bonne affaire ◆ **a bargain's a bargain** on ne peut pas revenir sur un marché conclu ◆ **to keep one's side of the bargain** (fig) tenir ses engagements ; → **best, drive**
◆ **into the bargain** par-dessus le marché, en plus ◆ **... and we get paid into the bargain** ... et en plus nous sommes payés
b (= good buy) occasion f ◆ **it's a (real) bargain!** c'est une véritable occasion or affaire !
2 vi **a** (= haggle) **to bargain with sb** marchander avec qn ◆ **to bargain over an article** marchander un article
b (= negotiate) négocier (*with* avec) ◆ **to bargain with sb for sth** négocier qch avec qn
c (= count on) **to bargain for sth** s'attendre à qch ◆ **I didn't bargain for that** je ne m'atten-

bargaining / barrier

dais pas à cela ♦ **I got more than I bargained for** je ne m'attendais pas à cela ♦ **to bargain on sth** compter sur qch ♦ **to bargain on doing sth** penser faire qch ♦ **to bargain on sb's doing sth** s'attendre à ce que qn fasse qch
3 COMP ▷ **bargain basement** n coin m des (bonnes) affaires ▷ **bargain-hunter** n personne f à l'affût des bonnes occasions ▷ **bargain-hunting** n chasse f aux (bonnes) occasions ▷ **bargain offer** n (Comm) offre f exceptionnelle ♦ **this week's bargain offer** la promotion de la semaine ▷ **bargain price** n prix m avantageux ▷ **bargain sale** n soldes fpl

bargaining ['bɑːgənɪŋ] 1 n marchandage m ♦ **that gives us more bargaining power** ceci nous met dans une position de force or nous donne plus d'atouts dans les négociations ; → **collective**
2 COMP ▷ **bargaining chip** n to use sth as a bargaining chip se servir de qch comme argument dans une négociation ▷ **bargaining position** n position f de négociation ♦ **to be in a weak/strong bargaining position** être en mauvaise/bonne position pour négocier ▷ **bargaining table** n table f de négociations

barge [bɑːdʒ] → SYN 1 n (on river, canal) chaland m ; (large) péniche f ; (with sail) barge f ♦ **the admiral's barge** la vedette de l'amiral ♦ **motor barge** chaland m automoteur, péniche f automotrice ♦ **state barge** barque f de cérémonie
2 vi ♦ **he barged through the crowd** il bousculait les gens pour passer
3 COMP ▷ **barge pole** n gaffe f ♦ **I wouldn't touch it with a barge pole** * (Brit) (revolting) je n'y toucherais pas avec des pincettes ; (risky) je ne m'y frotterais pas

▶ **barge about**, **barge around** vi aller et venir comme un troupeau d'éléphants *

▶ **barge in** vi (= enter) faire irruption ; (= interrupt) interrompre la conversation ; (= interfere) se mêler de ce qui ne vous regarde pas

▶ **barge into** vt fus a (= knock against) [+ person] rentrer dans * ; [+ thing] donner or se cogner contre ♦ **to barge into a room** faire irruption dans une pièce, entrer sans façons dans une pièce
b (= interfere in) [+ discussion] (clumsily) intervenir mal à propos dans ; (rudely) intervenir impoliment dans ; [+ affair] s'immiscer dans

▶ **barge through** vi traverser comme un ouragan

bargeboard ['bɑːdʒbɔːd] n (Constr) bordure f de rive or de pignon

bargee [bɑːˈdʒiː] n (Brit) batelier m, marinier m

bargeman ['bɑːdʒmən] n, pl **-men** batelier m, marinier m

barite ['bɛəraɪt] n (US Miner) barytine f

baritone ['bærɪtəʊn] 1 n (= voice, singer, instrument) baryton m
2 COMP voice, part de baryton

barium ['bɛərɪəm] 1 n baryum m
2 COMP ▷ **barium enema** n (Med) lavement m baryté ▷ **barium meal** n (Med) (bouillie f de) sulfate m de baryum

bark[1] [bɑːk] → SYN 1 n [of tree] écorce f ♦ **to strip the bark off a tree** écorcer un arbre
2 vt [+ tree] écorcer ♦ **to bark one's shins** s'écorcher or s'égratigner les jambes

bark[2] [bɑːk] → SYN 1 n [of dog] aboiement m ; [of fox] glapissement m ; (* = cough) toux f sèche ♦ **to let out a bark** (lit) aboyer ; (= cough) tousser ♦ **his bark is worse than his bite** il fait plus de bruit que de mal, chien qui aboie ne mord pas
2 vi [dog] aboyer (at après) ; [fox] glapir ; [gun] aboyer ; (= speak sharply) aboyer ; (= cough) tousser ♦ **to bark at sb** aboyer après qn ♦ **to bark up the wrong tree** faire fausse route
3 vt ♦ **leave me in peace!**, **he barked** "laissez-moi tranquille !", aboya-t-il

▶ **bark out** vt sep [+ order] glapir

bark[3] [bɑːk] n (liter) barque f ; (Naut) trois-mâts m inv or quatre-mâts m inv carré

barkeeper ['bɑːkiːpəʳ] n (US) barman m, barmaid f

barker ['bɑːkəʳ] n [of fairground] bonimenteur m, aboyeur † m

barking ['bɑːkɪŋ] 1 n [of dog] aboiement m ; [of fox] glapissement m
2 adj (Brit *: also **barking mad**) complètement cinglé * or frappé *

barley ['bɑːlɪ] 1 n orge f ♦ **pearl barley** orge m perlé ♦ **Scotch barley** orge m mondé
2 excl (N Engl, Scot: in games) pouce !
3 COMP ▷ **barley beer** n cervoise f ▷ **barley field** n champ m d'orge ▷ **barley sugar** n sucre m d'orge ▷ **barley water** n (esp Brit) ≃ orgeat m ▷ **barley wine** n sorte de bière très forte et sucrée

barleycorn ['bɑːlɪkɔːn] n grain m d'orge

barm [bɑːm] n levure f (de bière)

barmaid ['bɑːmeɪd] n (esp Brit) serveuse f (de bar)

barman ['bɑːmən] n, pl **-men** barman m

Bar Mitzvah, **bar mitzvah** [ˌbɑːˈmɪtsvə] n bar-mitsva f

barmy † * ['bɑːmɪ] adj (Brit) timbré *, maboul *

barn [bɑːn] 1 n a grange f ♦ **it's a great barn of a house** * c'est une énorme bâtisse
b (US) (for horses) écurie f ; (for cattle) étable f
2 COMP ▷ **barn dance** n (= dance) danse f campagnarde or paysanne ; (= party) soirée f de danse campagnarde or paysanne ▷ **barn dancing** n (NonC) danse f campagnarde or paysanne ▷ **barn door** n it's as big as a barn door c'est gros comme une maison * ▷ **barn owl** n chat-huant m

barnacle ['bɑːnəkl] n a (= shellfish) bernache f, anatife m ; (pej = person) crampon * m ; (* = old sailor) vieux loup de mer * m
b (also **barnacle goose**) bernache (nonnette) f, bernacle f

Barnardos [bəˈnɑːdəʊz] n (Brit) association caritative qui vient en aide aux enfants défavorisés

barney * ['bɑːnɪ] n (Brit = quarrel) prise f de bec *

barnstorm ['bɑːnstɔːm] vi (Theat) jouer sur les tréteaux ; (US Pol) faire une tournée électorale (dans les circonscriptions rurales)

barnstormer ['bɑːnstɔːməʳ] n (Theat) acteur m ambulant ; (US Pol) orateur m électoral

barnstorming ['bɑːnstɔːmɪŋ] 1 n (Theat) ≃ tournée f théâtrale ; (US Pol) tournée f or campagne f électorale (dans les circonscriptions rurales)
2 adj * performance emballant

barnyard ['bɑːnjɑːd] 1 n basse-cour f
2 COMP ▷ **barnyard fowl(s)** n(pl) volaille f

barogram ['bærəʊgræm] n barogramme m

barograph ['bærəʊgrɑːf] n barographe m

barometer [bəˈrɒmɪtəʳ] n (lit, fig) baromètre m ♦ **the barometer is showing set fair** le baromètre est au beau fixe ; → **aneroid**

barometric [ˌbærəʊˈmetrɪk] adj barométrique

baron ['bærən] n a baron m ♦ **cattle baron** magnat m or gros industriel m du bétail ♦ **drug(s) baron** baron m de la drogue ♦ **industrial baron** magnat m de l'industrie, gros industriel m
♦ **baron of beef** double aloyau m de bœuf

baroness ['bærənɪs] n baronne f

baronet ['bærənɪt] n (Brit) baronnet m

baronetcy ['bærənɪtsɪ] n dignité f de baronnet

baronial [bəˈrəʊnɪəl] adj (lit) de baron ; (fig) seigneurial
2 COMP ▷ **baronial hall** n demeure f seigneuriale

barony ['bærənɪ] n baronnie f

baroque [bəˈrɒk] → SYN adj, n (Archit, Art, Mus) baroque m

baroreceptor ['bærəʊrɪˌseptəʳ] n (Anat) barorécepteur m, barocepteur m

baroscope ['bærəskəʊp] n baroscope m

barperson ['bɑːpɜːsn] n (= man) barman m, serveur m (de bar) ; (= woman) serveuse f (de bar)

barque † [bɑːk] n ⇒ **bark**[3]

barrack[1] ['bærək] 1 n caserne f, quartier m ; → **barracks**
2 COMP ▷ **barrack life** n vie f de caserne ▷ **barrack room** n chambrée f ♦ **barrack-room language** propos mpl de caserne or de corps de garde ♦ **to be a barrack-room lawyer** se promener toujours avec le code sous le bras ▷ **barrack square** n cour f (de caserne)

barrack[2] ['bærək] vt (esp Brit) chahuter, conspuer (frm)

barracking ['bærəkɪŋ] n huées fpl

barracks ['bærəks] 1 n caserne f, quartier m ♦ **cavalry barracks** quartier m de cavalerie ♦ **in barracks** à la caserne, au quartier ; → **confine**, **naval**
2 COMP ▷ **barracks bag** n (US) sac m (de soldat)

barracuda [ˌbærəˈkjuːdə] n, pl **barracuda** or **barracudas** barracuda m

barrage ['bærɑːʒ] → SYN 1 n a [of river] barrage m
b (Mil) tir m de barrage ; (fig) [of questions, reproaches] pluie f ; [of words] flot m, déluge m
2 COMP ▷ **barrage balloon** n ballon m de barrage

barratry ['bærətrɪ] n (Marine Insurance) baraterie f

barred [bɑːd] 1 adj window etc muni de barreaux
2 COMP ▷ **barred warbler** n (Orn) fauvette f épervière ▷ **barred woodpecker** n (Orn) (pic m) épeichette f

-barred [bɑːd] adj (in compounds) ♦ **five-barred gate** barrière f à cinq barreaux

barrel ['bærəl] 1 n a (= cask) tonneau m, fût m ; [of cider] futaille f ; [of beer] tonneau m ; [of herring] caque f ; [of oil] baril m ; [of tar] gonne f ; (small) baril m ♦ **to have sb over a barrel** tenir qn à sa merci ♦ **to pay cash on the barrel** (US) payer rubis sur l'ongle ; → **biscuit**, **scrape**
b [of firearm] canon m ; [of fountain pen] corps m ; [of key] canon m ; [of lock, clock] barillet m ♦ **to give sb both barrels** * (fig) enguirlander qn *
2 vt [+ wine, cider etc] mettre en fût (or en futaille etc)
3 vi (US *) foncer *, aller à toute pompe *
4 COMP ▷ **barrel-chested** adj au torse puissant ▷ **barrel-house jazz** n (US) jazz m de bastringue ▷ **barrel organ** n orgue m de Barbarie ▷ **barrel roll** n (Aviat) tonneau m ▷ **barrel-shaped** adj en forme de barrique or de tonneau ; person gros (grosse f) comme une barrique ▷ **barrel vault** n voûte f en berceau

barrelhead ['bærəlhed] n (US) ♦ **to pay cash on the barrelhead** payer rubis sur l'ongle

barren ['bærən] → SYN 1 adj a († † = infertile) woman, plant, tree stérile
b (= dry) land, landscape aride
c (fig) film, book dénué or dépourvu d'intérêt ; discussion, period of time stérile ; lifestyle vide de sens ; surroundings monotone ; style aride, sec (sèche f) ♦ **his latest book is barren of interest** son dernier livre est dénué or dépourvu d'intérêt ♦ **a government barren of new ideas** un gouvernement qui ne sait plus innover
2 n (esp US) ♦ **barren(s)** (gen pl) lande(s) f(pl)
3 COMP ▷ **Barren Grounds**, **Barren Lands** npl toundra f canadienne

barrenness ['bærənɪs] n a († † = infertility) [of woman, plant, tree, land] stérilité f
b (= dryness) [of land, landscape] aridité f
c (fig) [of film, book, surroundings] manque m d'intérêt ; [of lifestyle] monotonie f ; [of discussion] stérilité f ; [of style] aridité f, sécheresse f

barrette [bəˈret] n (US) barrette f

barricade [ˌbærɪˈkeɪd] → SYN 1 n barricade f
2 vt [+ street] barricader ♦ **to barricade o.s. (in)** se barricader ♦ **police barricaded them in** la police les a empêchés de sortir

barrier ['bærɪəʳ] → SYN 1 n barrière f ; (Rail: also **ticket barrier**) portillon m (d'accès) ; (fig) obstacle m, barrière f (to à) ♦ **age is no barrier to success** l'âge n'est pas un obstacle à la réussite ♦ **a trade barrier** une barrière douanière ♦ **to put up barriers to sb/sth** dresser or mettre des obstacles sur le chemin de qn/qch ♦ **to break down barriers** supprimer les barrières ; → **language**, **sound**[1]

barring / basket

[2] COMP ▷ **barrier contraceptive** n contraceptif m local ▷ **barrier cream** n crème f protectrice ▷ **barrier method** n méthode f de contraception locale ▷ **barrier reef** n barrière f or récif m de corail ◆ **the Great Barrier Reef** la Grande Barrière (de corail or d'Australie)

barring ['bɑːrɪŋ] prep excepté, sauf ◆ **barring accidents** sauf accident, à moins d'accident(s) ◆ **barring the unforeseen** sauf imprévu

barrio ['bærɪəʊ] n (US) quartier m latino-américain

barrister ['bærɪstəʳ] n (Brit: also **barrister-at-law**) avocat m ; → LAWYER

barroom ['bɑːrʊm] n (US) salle f de bar

barrow¹ ['bærəʊ] [1] n (also **wheelbarrow**) brouette f ; (esp Brit: also **coster's barrow**) voiture f des quatre saisons ; (Rail: also **luggage barrow**) diable m ; (also **hand barrow**) civière m ; (without wheels) brancard m ; (Min) wagonnet m ◆ **to wheel sth in a barrow** brouetter qch
[2] COMP ▷ **barrow-boy** n marchand m des quatre saisons

barrow² ['bærəʊ] n (Archeol) tumulus m

Bart [bɑːt] n (Brit) abbrev of **baronet**

bartender ['bɑːˌtendəʳ] n (US) barman m, barmaid f

barter ['bɑːtəʳ] → SYN [1] n échange m, troc m
[2] vt échanger, troquer (for contre)
[3] vi faire un échange or un troc

▶ **barter away** vt [+ rights, liberty] vendre ; [+ one's honour] faire trafic de

Bartholomew [bɑːˈθɒləmjuː] n Barthélemy m ◆ **the Massacre of St Bartholomew** (Hist) (le massacre de) la Saint-Barthélemy

baryon ['bærɪɒn] [1] n (Phys) baryon m
[2] COMP ▷ **baryon number** n nombre m baryonique

barysphere ['bærɪˌsfɪəʳ] n barysphère f

barytes [bəˈraɪtiːz] n (Miner) barytine f

barytone ['bærɪtəʊn] n (Mus) baryton m (instrument)

basal ['beɪsl] adj (lit, fig) fondamental ; (Physiol) basal

basalt ['bæsɔːlt] n basalte m

bascule ['bæskjuːl] [1] n bascule f
[2] COMP ▷ **bascule bridge** n pont m à bascule

base¹ [beɪs] → SYN [1] n a (= main ingredient) base f ; (= starting point) base f, point m de départ ; (Chem, Math, Ling) base f ; (= lowest part) base f, partie f inférieure ; (of column) base f, pied m ; (of building) soubassement m ; (of cartridge, electric bulb) culot m ; (of tree) pied m ◆ **base 2/10** etc (Comput) base 2/10 etc
b (Mil) base f ; → **air**
c (Baseball) base f ◆ **he's way off base** * (esp US) il a tort ◆ **to touch base with sb** * reprendre contact avec qn ◆ **we'll touch base this afternoon** * on se tient au courant or on s'appelle cet après-midi ◆ **I'll touch base with you about the schedule** * je t'appellerai pour discuter du programme ◆ **to touch** or **cover all the bases** (US) penser à tout
[2] vt (fig) [+ reasoning, belief, opinion] baser, fonder (on sur) ◆ **to be based in** or **on York** (Mil etc) être basé à York ◆ **the post will be based in London but will involve considerable travel** le poste sera basé à Londres mais il exigera de nombreux déplacements ◆ **I am based in** or **on Glasgow now** je suis maintenant basé à Glasgow, j'opère maintenant à partir de Glasgow ◆ **the company is based in Glasgow** l'entreprise a son siège or est basée à Glasgow
[3] COMP ▷ **base camp** n (Climbing) camp m de base ▷ **base coat** n [of paint] première couche f ▷ **base form** n (Ling) forme f de base ▷ **base jumping** n base-jump m ▷ **base lending rate** n (Fin) taux m de base bancaire ▷ **base line** n (Baseball) ligne f des bases ; (Surv) base f ; [of diagram] ligne f zéro ; (Tennis) ligne f de fond ; (Art) ligne f de fuite ▷ **base period** n (Stat) période f de référence or de base ▷ **base rate** n (Fin) ▷ **base lending rate** ▷ **base year** n (Fin) année f de référence

base² [beɪs] → SYN [1] adj a (= contemptible) person, behaviour, crime, betrayal, action, motive, thoughts, emotions vil (vile f), indigne ; instincts bas (basse f) ; task ingrat
b (liter) birth, descent bas (basse f) ◆ **of base descent** de basse extraction
c (= counterfeit) coin faux (fausse f)
d (US) ⇒ **bass**¹ 2
[2] COMP ▷ **base metal** n métal m vil

baseball ['beɪsbɔːl] [1] n base-ball or baseball m
[2] COMP ▷ **baseball cap** n casquette f de base(-)ball

BASEBALL

Sport national américain, très répandu aussi au Canada, dont certaines qualités - l'esprit de camaraderie et de compétition, par exemple - ont été popularisées par le cinéma et en viennent à symboliser l'"American way of life".

En plus de la célèbre casquette, le base-ball est à l'origine d'un certain nombre d'expressions courantes telles que "ballpark figure" (chiffre approximatif), a "whole new ball game" (une autre histoire) ou "to get to first base" (franchir le premier obstacle).

---

baseboard ['beɪsbɔːd] n (US Constr) plinthe f

-based [beɪst] adj (in compounds) ◆ **to be London-based** être basé à Londres ◆ **an oil-based economy** une économie basée sur le pétrole ◆ **sea-/land-based missile** missile m marin/terrestre

Basel ['bɑːzəl] n Bâle

baseless ['beɪslɪs] → SYN adj sans fondement

baseline costs [ˌbeɪslaɪnˈkɒsts] npl (Fin) coûts mpl de base

basely ['beɪslɪ] adv bassement, vilement

baseman ['beɪsmən] pl **-men** n (Baseball) gardien m de base

basement ['beɪsmənt] [1] n sous-sol m ◆ **in the basement** au sous-sol
[2] COMP ▷ **basement flat** n appartement m en sous-sol

baseness ['beɪsnɪs] → SYN n a [of person, behaviour, crime, betrayal] ignominie f ; [of action, motive, thoughts, instincts, emotions] bassesse f ; [of task] côté m ingrat
b (liter) **the baseness of his birth** or **descent** sa basse extraction

basenji [bəˈsendʒɪ] n (= dog) basenji m, terrier m du Congo

bases¹ ['beɪsiːz] npl of **basis**

bases² ['beɪsɪz] npl of **base**¹

bash * [bæʃ] [1] n a coup m ; (with fist) coup m de poing ◆ **to give sb a bash on the nose** donner un coup de poing sur le nez de qn ◆ **the car bumper has had a bash** le pare-chocs est cabossé or bosselé ◆ **to have a bash at sth/at doing sth** * s'essayer à qch/à faire qch ◆ **I'll have a bash (at it)** *, **I'll give it a bash** * je vais tenter le coup ◆ **have a bash!** * vas-y, essaie !
c († = party) surboum † * f
[2] vt frapper, cogner ◆ **to bash one's head against a wall** se cogner la tête contre un mur ◆ **to bash sb on the head** assommer qn

▶ **bash about** *, **bash around** * vt sep [+ person] (= hit) flanquer * des coups à ; (= ill-treat) maltraiter, rudoyer ; [+ object] malmener

▶ **bash in** * vt sep [+ door] enfoncer ; [+ hat, car] cabosser, défoncer ; [+ lid, cover] défoncer ◆ **to bash sb's head in** ‡ défoncer le crâne de qn ‡

▶ **bash on** * vi continuer (with sth avec qch)

▶ **bash up** * vt sep [+ car] bousiller * ; (Brit) [+ person] tabasser ‡

basher * ['bæʃəʳ] [1] n cogneur * m
[2] n (in compounds) ◆ **he's a queer-basher** ‡ il casse du pédé ‡

bashful ['bæʃfʊl] → SYN adj timide, qui manque d'assurance

bashfully ['bæʃfəlɪ] adv d'un air embarrassé

bashfulness ['bæʃfʊlnɪs] n timidité f

bashibazouk [ˌbæʃɪbəˈzuːk] n bachi-bouzouk m

bashing * ['bæʃɪŋ] [1] n rossée * f, raclée * f ◆ **to take a bashing** [team, regiment] prendre une raclée * or une dérouillée ‡ ; [car, carpet etc] en prendre un (vieux or sacré) coup *
[2] n (in compounds) ◆ **union-bashing** dénigrement m systématique des syndicats ; → **Paki, queer**

BASIC, Basic ['beɪsɪk] n (Comput) basic m

basic ['beɪsɪk] → SYN [1] adj a (= fundamental) difficulty, principle, problem, essentials fondamental ; (= elementary) rule élémentaire ◆ **the four basic operations** (Math) les quatre opérations fondamentales ◆ **basic French** le français fondamental or de base ◆ **a basic knowledge of Russian** une connaissance de base du russe ◆ **basic research** recherche f fondamentale ◆ **basic vocabulary** vocabulaire m de base ◆ **basic English** l'anglais m fondamental ◆ **basic needs** besoins mpl essentiels
b (= forming starting point) salary, working hours de base ◆ **a basic suit to which one can add accessories** un petit tailleur neutre auquel on peut ajouter des accessoires ◆ **a basic black dress** une petite robe noire
c (Chem) basique ◆ **basic salt** sel m basique ◆ **basic slag** scorie f de déphosphoration
[2] **the basics** npl l'essentiel m ◆ **to get down to the basics** en venir à l'essentiel ◆ **to get back to basics** revenir au b.a.-ba ◆ **a new back-to-basics drive** une nouvelle campagne prônant un retour à la simplicité
[3] COMP ▷ **basic airman** n, pl **basic airmen** (US) soldat m de deuxième classe (de l'armée de l'air) ▷ **basic industry** n industrie f de base ▷ **basic overhead expenditure** n (Fin) frais mpl généraux essentiels ▷ **basic rate** n (Fin, Comm) taux m de référence ◆ **basic rate of (income) tax** taux m de base de l'impôt sur le revenu ▷ **basic training** n (Mil) **to do one's basic training** faire ses classes ▷ **basic wage** n salaire m de base

basically ['beɪsɪklɪ] LANGUAGE IN USE 26.2 → SYN adv au fond ◆ **it's basically simple** au fond, c'est simple ◆ **it's basically the same** c'est pratiquement la même chose ◆ **he's basically lazy** au fond, il est paresseux, il est fondamentalement paresseux ◆ **well, basically, all I have to do is ...** eh bien, en fait, je n'ai qu'à ... ◆ **basically we agree** en principe or dans l'ensemble, nous sommes d'accord

basidium [bæˈsɪdɪəm] n, pl **basidia** [bæˈsɪdɪə] baside f

basil ['bæzl] n (Bot) basilic m

basilar ['bæsɪləʳ] adj basilaire

basilica [bəˈzɪlɪkə] n basilique f

basilisk ['bæzɪlɪsk] n (Myth, Zool) basilic m

basin ['beɪsn] n a (gen) cuvette f, bassine f ; (for food) bol m ; (wide: for cream etc) jatte f ; (also **washbasin, wash-hand basin**) lavabo m ; [of lavatory] cuvette f ; [of fountain] vasque f ; → **sugar**
b (Geog) [of river] bassin m ; (= valley) cuvette f ; (= harbour) bassin m ; → **catchment, tidal**

basinful ['beɪsnfʊl] n [of milk] bolée f ; [of water] pleine cuvette f ◆ **I've had a basinful** ‡ j'en ai par-dessus la tête * or ras le bol * (of de)

basis ['beɪsɪs] → SYN [1] n, pl **bases** (lit, fig) base f ◆ **on an ad hoc basis** de façon ad hoc, en fonction des circonstances ◆ **paid on a daily/day-to-day/regular basis** payé à la journée/au jour le jour/régulièrement ◆ **on a mileage basis** en fonction du kilométrage ◆ **open on a 24-hour basis** ouvert 24 heures sur 24 ◆ **payments are calculated on a family basis** les paiements sont calculés en prenant pour base la famille ◆ **on that basis** dans ces conditions ◆ **on the basis of what you've told me** par suite de ce que vous m'avez dit, en me basant sur ce que vous m'avez dit ◆ **basis for assessing VAT** assiette f de la TVA
[2] COMP ▷ **basis point** n (Fin) point m de base

bask [bɑːsk] → SYN [1] vi ◆ **to bask in the sun** [person] se dorer au soleil, se prélasser au soleil ; [animal] se prélasser au soleil ◆ **to bask in sb's favour** jouir de la faveur de qn
[2] COMP ▷ **basking shark** n requin m pèlerin

basket ['bɑːskɪt] [1] n (gen) corbeille f ; (also **shopping basket**) (one-handled) panier m ; (deeper, two-handled) cabas m ; (also **clothes**

basketball / batter

basket) corbeille f or panier m à linge (sale); (also **wastepaper basket**) corbeille f (à papier); (on person's back) hotte f; (on donkey) panier m; (for game, fish, oysters) bourriche f; (Basketball) panier m; (on ski stick) rondelle f (de ski) ♦ **a basket of currencies/products** (Econ) un panier de devises/produits ♦ **a basket(ful) of eggs** un panier d'œufs ♦ **to make a basket** (Basketball) marquer un panier; → **laundry, luncheon, picnic, workbasket**
[2] COMP handle etc de panier ▷ **basket case**⁎ n (= country) cas m désespéré ♦ **he's a basket case** (= person) (= crazy) il est cinglé⁎; (= inadequate) c'est un paumé⁎; (= nervous) c'est un paquet de nerfs⁎ ▷ **basket chair** n chaise f en osier ▷ **basket maker** n vannier m

basketball ['bɑːskɪtbɔːl] [1] n basket(-ball) m
[2] COMP ▷ **basketball player** n basketteur m, -euse f

basketry ['bɑːskɪtrɪ] n ⇒ **basketwork**

basketweave ['bɑːskɪtwiːv] n (= cloth) tissage m; (= cane) tressage m

basketwork ['bɑːskɪtwɜːk] n vannerie f

Basle [bɑːl] n Bâle

basmati [bɒzˈmætɪ] n (also **basmati rice**) (riz m) basmati m

Basotho [bəˈsuːtuː] n, pl **Basothos** Basotho mf

Basque [bæsk] [1] n a Basque m, Basque f or Basquaise f
b (Ling) basque m
[2] adj basque ♦ **a Basque woman** une Basque or Basquaise ♦ **the Basque Country** le Pays basque ♦ **the Basque Provinces** les provinces fpl basques

basque [bæsk] n guêpière f

bas-relief [ˈbæsrɪˌliːf] n bas-relief m

bass¹ [beɪs] → SYN (Mus) [1] n (= part, singer, guitar) basse f; (also **double bass**) contrebasse f; → **double**
[2] adj voice de basse; note grave; (= low-sounding) bas (basse f), grave
[3] COMP ▷ **bass-baritone** n baryton-basse m ▷ **bass clarinet** n clarinette f basse ▷ **bass clef** n clef f de fa ▷ **bass drum** n grosse caisse f ▷ **bass flute** n flûte f basse ▷ **bass guitar** n guitare f basse ▷ **bass guitarist** n bassiste mf ▷ **bass horn** n serpent m ▷ **bass player** [beɪs] n (Mus) bassiste mf ▷ **bass-relief** adj ▷ **bas-relief** ▷ **bass strings** npl basses fpl ▷ **bass trombone** n trombone m basse ▷ **bass tuba** n tuba m d'orchestre ▷ **bass viol** n viole f de gambe

bass² [bæs] n (= fish) (freshwater) perche f; (sea) bar m, loup m

basset ['bæsɪt] [1] n (also **basset hound**) basset m
[2] COMP ▷ **basset horn** n (Mus) cor m de basset

bassi ['bæsiː] npl of **basso**

bassinet [ˌbæsɪˈnet] n berceau m en osier

bassist ['beɪsɪst] n bassiste mf

bassline ['beɪslaɪn] n (ligne f de) basse f

basso continuo [ˌbæsəʊkənˌtɪnjʊəʊ] n, pl **bassos** or **bassi continuo** (Mus) basse f continue

bassoon [bəˈsuːn] n basson m; → **double**

bassoonist [bəˈsuːnɪst] n basson m, bassoniste mf

basso profundo [ˌbæsəʊprəʊˈfʌndəʊ] n, pl **bassos** or **bassi profundo** (Mus) basse f profonde

Bass Strait ['bæsstreɪt] n ♦ **the Bass Strait** le détroit de Bass

bastard ['bɑːstəd] → SYN [1] n a (lit) enfant naturel(le) m(f), bâtard(e) m(f)
b (⁎ pej = unpleasant person) salaud⁎ m
c ⁎ **he's a lucky bastard!** c'est un drôle de veinard!⁎ ♦ **you old bastard!** sacré vieux!⁎ ♦ **poor bastard** pauvre type⁎ ♦ **silly bastard!** quel corniaud!⁎
[2] adj child naturel, bâtard; language, dialect corrompu, abâtardi; (Typ) character d'un autre œil ♦ **bastard title** faux-titre m

bastardized ['bɑːstədaɪzd] adj language corrompu, abâtardi

bastardy ['bɑːstədɪ] n (Jur) bâtardise f

baste¹ [beɪst] vt (Sewing) bâtir, faufiler

baste² [beɪst] vt (Culin) arroser

basting thread ['beɪstɪŋ] n faufil m

bastion ['bæstɪən] → SYN n bastion m

Basutoland [bəˈsuːtəʊlænd] n le Bas(o)utoland

bat¹ [bæt] → SYN n (Zool) chauve-souris f ♦ **an old bat**⁎ une vieille bique⁎ ♦ **to have bats in the belfry**⁎ avoir une araignée au plafond⁎ ♦ **he ran like a bat out of hell**⁎ il a couru comme un dératé⁎ ♦ **her new Ferrari goes like a bat out of hell**⁎ sa nouvelle Ferrari est un vrai bolide⁎; → **blind**

bat² [bæt] (Sport etc) [1] n a (Baseball, Cricket) batte f; (Table Tennis) raquette f ♦ **off one's own bat** de sa propre initiative, de son propre chef ♦ **right off the bat** (US) sur-le-champ ♦ **he's a good bat** (Sport) il manie bien la batte
b (= blow) coup m
[2] vi (Baseball, Cricket) manier la batte ♦ **he batted yesterday** il était à la batte hier ♦ **to go (in) to bat for sb** ⁎ (= support) intervenir en faveur de qn
[3] vt a [+ ball] frapper (avec une batte, raquette etc)
b (= hit) cogner⁎, flanquer un coup à⁎ ♦ **to bat sth around** (US fig) (= discuss) discuter de qch (à bâtons rompus)

bat³ [bæt] vt ♦ **he didn't bat an eyelid** (Brit) or **an eye** (US) il n'a pas sourcillé or bronché ♦ **without batting an eyelid** (Brit) or **an eye** (US) sans sourciller or broncher

bat⁴ ⁎ [bæt] n (Brit = speed) allure f

batch [bætʃ] → SYN [1] n [of loaves] fournée f; [of people] groupe m; [of prisoners] convoi m; [of recruits] contingent m, fournée f; [of letters] paquet m; (Comm) [of goods] lot m; [of concrete] gâchée f
[2] COMP ▷ **batch file** n (Comput) fichier m batch ▷ **batch mode** n (Comput) **in batch mode** en temps différé ▷ **batch-process** vt (Comput) traiter par lots ▷ **batch processing** n (Comput) traitement m par lots ▷ **batch production** n production f par lots

bated ['beɪtɪd] adj ♦ **with bated breath** en retenant son souffle

bath [bɑːθ] → SYN [1] n, pl **baths** [bɑːðz] a bain m; (also **bath tub**) baignoire f ♦ **to take** or **have a bath** prendre un bain ♦ **to give sb a bath** baigner qn, donner un bain à qn ♦ **while I was in my** or **the bath** pendant que j'étais dans or que je prenais mon bain ♦ **room with (private) bath** (in hotel) chambre f avec salle de bains (particulière); → **blood, eyebath, Turkish**
b (Chem, Phot, Tech) bain m; (Phot = container) cuvette f
[2] **baths** npl (for swimming) piscine f; (for washing) établissement m de bains(-douches) mpl; (Hist) thermes mpl
[3] vt (Brit) baigner, donner un bain à
[4] vi (Brit) prendre un bain
[5] COMP ▷ **bath cube** n sels mpl de bain en cube ▷ **bath oil** n huile f pour le bain ▷ **bath salts** npl sels mpl de bain ▷ **bath sheet** n drap m de bain ▷ **bath towel** n serviette f de bain

Bath bun ['bɑːθbʌn] n (Brit) ≈ pain m aux raisins

bathchair † ['bɑːθtʃɛəʳ] n fauteuil m roulant, voiture f d'infirme

bathe [beɪð] → SYN [1] vt (gen, also fig) baigner; [+ wound] laver ♦ **to bathe one's eyes** se baigner or se bassiner les yeux ♦ **to bathe one's feet** prendre un bain de pieds ♦ **bathed in tears** baigné de larmes ♦ **to be bathed in sweat** être en nage ♦ **to bathe the baby** (US) baigner l'enfant ♦ **bathed in light** baigné or inondé de lumière
[2] vi (Brit) se baigner, prendre un bain (de mer ou de rivière); (US) prendre un bain (dans une baignoire)
[3] n (Brit) bain m (de mer ou de rivière) ♦ **an enjoyable bathe** une baignade agréable ♦ **to take** or **have a bathe** se baigner ♦ **let's go for a bathe** allons nous baigner

bather ['beɪðəʳ] n baigneur m, -euse f

bathetic [bəˈθetɪk] adj (Literat) qui passe du sublime au ridicule

bathhouse ['bɑːθhaʊs] n bains mpl publics

bathing ['beɪðɪŋ] [1] n bains mpl, baignade(s) f(pl) ♦ **bathing prohibited** défense de se baigner, baignade interdite ♦ **safe bathing** baignade f sans (aucun) danger; → **sea**
[2] COMP ▷ **bathing beauty** n naïade f ▷ **bathing cap** n bonnet m de bain ▷ **bathing costume** → SYN n (Brit) maillot m (de bain) ▷ **bathing hut** n cabine f (de bains) ▷ **bathing machine** n cabine f de bains roulante ▷ **bathing suit** n (esp US) ⇒ **bathing costume** ▷ **bathing trunks** npl (Brit) maillot m or slip m de bain ▷ **bathing wrap** n peignoir m (de bain), sortie f de bain

bathmat ['bɑːθmæt] n tapis m de bain

bathos ['beɪθɒs] → SYN n (Literat) chute f du sublime au ridicule

bathrobe ['bɑːθrəʊb] n peignoir m (de bain)

bathroom ['bɑːθrʊm] [1] n salle f de bains ♦ **to go to** or **use the bathroom** (esp US) aller aux toilettes
[2] COMP ▷ **bathroom cabinet** n armoire f de toilette ▷ **bathroom fittings** npl (= main fixtures) appareils mpl or installations fpl sanitaires; (= accessories) accessoires mpl de salle de bains ▷ **bathroom scales** npl balance f, pèse-personne m inv

Bathsheba [bæθˈʃiːbə] n Bethsabée f

bathtub ['bɑːθtʌb] n (esp US) baignoire f; (round) tub m

bathwater ['bɑːθwɔːtəʳ] n eau f du bain

bathyal ['bæθɪəl] adj bathyal

bathymeter [bəˈθɪmɪtəʳ] n bathymètre m

bathymetric [ˌbæθɪˈmetrɪk] adj bathymétrique

bathymetry [bəˈθɪmɪtrɪ] n bathymétrie f

bathyscaphe ['bæθɪskeɪf] n (Naut) bathyscaphe m

bathysphere ['bæθɪsfɪəʳ] n bathysphère f

batik [bəˈtiːk] n batik m

batiste [bæˈtiːst] n batiste f

batman ['bætmən] n, pl **-men** (Brit Mil) ordonnance f

baton ['bætən] → SYN [1] n (Mil, Mus) bâton m, baguette f; (Brit) [of policeman] matraque f; [of French traffic policeman] bâton m; [of relay race] témoin m ♦ **to hand on** or **pass the baton to sb** passer le flambeau à qn
[2] COMP ▷ **baton charge** n charge f (de police etc) à la matraque ▷ **baton round** n (Mil) balle f en plastique ▷ **baton twirler** n majorette f (menant un défilé)

batrachian [bəˈtreɪkɪən] (Zool) [1] n batracien m
[2] adj amphibie

bats⁎ [bæts] adj toqué⁎, timbré⁎

batsman ['bætsmən] n, pl **-men** (Cricket) batteur m

battalion [bəˈtælɪən] → SYN n (Mil, fig) bataillon m

batten¹ ['bætn] → SYN [1] n (Carpentry) latte f; [of roofing] volige f; [of flooring] latte f, planche f (de parquet); (Naut) latte f (de voile); (Theat) herse f
[2] vt latter; [+ roof] voliger; [+ floor] planchéier
▶ **batten down** vt sep (Naut) ♦ **to batten down the hatches** fermer les écoutilles, condamner les panneaux

batten² ['bætn] → SYN vi (= prosper illegitimately) s'engraisser (on sb aux dépens de qn; on sth de qch); (= feed greedily) se gorger, se gaver (on de)

batter¹ ['bætəʳ] n (Culin) (for frying) pâte f à frire; (for pancakes) pâte f à crêpes ♦ **fried fish in batter** poisson m frit (enrobé de pâte à frire)

batter² ['bætəʳ] → SYN [1] vt a (= strike repeatedly) battre, frapper; [+ baby] maltraiter, martyriser ♦ **ship battered by the waves** navire m battu par les vagues ♦ **town battered by bombing** ville f ravagée or éventrée par les bombardements
b (Typ) [+ type] endommager
[2] vi ♦ **to batter at the door** cogner or frapper à la porte à coups redoublés
[3] n (US Sport) batteur m

▶ **batter about** vt sep [+ person] rouer de coups, rosser

▶ **batter down** vt sep [+ wall] démolir, abattre; (Mil) battre en brèche

▶ **batter in** vt sep [+ door] enfoncer, défoncer; [+ skull] défoncer

battered ['bætəd] → SYN adj hat, pan cabossé, bosselé; face (lit) meurtri; (fig) buriné; furniture, house délabré ♦ **battered babies** or **children** enfants mpl battus or martyrs ♦ **battered child syndrome** syndrome m de l'enfant battu or martyr ♦ **battered wife** femme f battue ♦ **a battered old car** une vieille bagnole cabossée *

batterer ['bætərə'] n personne qui bat son conjoint ou ses enfants; → **wife**

battering ['bætərɪŋ] 1 n ♦ **the town took a dreadful battering during the war** la ville a été terriblement éprouvée pendant la guerre ♦ **he got such a battering** on l'a roué de coups, on l'a rossé *; → **baby**
2 COMP ▷ **battering ram** n (Mil) bélier m

battery ['bætərɪ] → SYN 1 n a (= guns) batterie f
b (Elec) [of torch, radio] pile f; [of vehicle] batterie f
c (= number of similar objects) batterie f ♦ **to undergo a battery of tests** subir une batterie de tests ♦ **a battery of questions** une pluie or un feu nourri de questions
d (Agr) batterie f
e (Jur) voie f de fait; → **assault**
2 COMP ▷ **battery acid** n électrolyte m ▷ **battery charger** n (Elec) chargeur m de batterie ▷ **battery-driven** adj à piles; car électrique ▷ **battery egg** n œuf m produit en batterie ▷ **battery farm** n (Brit) élevage m en batterie ▷ **battery fire** n (Mil) tir m par salves ▷ **battery hen** n poulet m d'élevage en batterie, poulet m de batterie ▷ **battery lead connection** n (Aut) cosse f de batterie ▷ **battery-operated, battery-powered** adj à pile(s); car électrique ▷ **battery set** n (Rad) poste m à piles

battle ['bætl] → SYN 1 n a (Mil) bataille f, combat m ♦ **to fight a battle** se battre, lutter (against contre) ♦ **to lead an army into battle** mener une armée au combat ♦ **the Battle of Britain** la bataille d'Angleterre ♦ **killed in battle** tué au combat
b (fig) combat m, lutte f ♦ **to have a battle of wits** jouer au plus fin ♦ **battle of wills** (partie f de) bras m de fer ♦ **life is a continual battle** la vie est un combat perpétuel or une lutte perpétuelle ♦ **a political battle** une lutte or un combat politique ♦ **to do battle for/against** lutter pour/contre ♦ **the battle against crime** la lutte contre le crime ♦ **to fight sb's battles** se battre à la place de qn ♦ **we are fighting the same battle** nous nous battons pour la même cause ♦ **that's half the battle** * c'est déjà pas mal * ♦ **getting an interview is only half the battle** quand on obtient un entretien la partie n'est pas encore gagnée ♦ **battle for control of sth/to control sth** lutte f or combat m pour obtenir le contrôle de qch/pour contrôler qch ♦ **to lose/win the battle** perdre/gagner la bataille ♦ **to win the battle but lose the war** gagner une bataille mais perdre la guerre; → **cancer, join, losing, Nile**
2 vi (lit, fig) se battre, lutter (against contre; to do sth pour faire qch) ♦ **sailors constantly battling with the elements** des marins luttant sans cesse contre les éléments
3 COMP ▷ **battle array** n in battle array en ordre de bataille ▷ **battle-axe** n (= weapon) hache f d'armes; (* pej = woman) virago f ▷ **battle cruiser** n croiseur m cuirassé ▷ **battle cry** n cri m de guerre ▷ **battle dress** n (Mil) tenue f de campagne or de combat ▷ **battle fatigue** n psychose f traumatique (du soldat) ▷ **battle lines** npl lignes fpl de combat ♦ **the battle lines are drawn** chacun a choisi son camp ▷ **battle order** n ⇒ **battle array** ▷ **battle royal** n (= quarrel) bataille f en règle ▷ **battle-scarred** adj (lit) troops, country marqué par les combats; (fig) person marqué par la vie; (* hum) furniture endommagé, abîmé ▷ **battle zone** n zone f de combat

▶ **battle out** vt sep ♦ **Leeds battled it out with Manchester in the final** Leeds s'est mesuré à or avec Manchester en finale ♦ **the three political parties battled it out** les trois partis politiques se sont livré une bataille acharnée

battledore ['bætldɔː'] n (Sport) raquette f ♦ **battledore and shuttlecock** (jeu de) volant m

battlefield ['bætlfiːld] → SYN , **battleground** ['bætlgraʊnd] n (Mil, fig) champ m de bataille

battlements ['bætlmənts] npl (= wall) remparts mpl; (= crenellation) créneaux mpl

battleship ['bætlʃɪp] → SYN n cuirassé m

battleships ['bætlʃɪps] n (NonC = game) bataille f navale

batty * ['bætɪ] adj (esp Brit) ⇒ **bats**

bauble ['bɔːbl] → SYN n babiole f, colifichet m; [of jester] marotte f

baud [bɔːd] (Comput) 1 n baud m
2 COMP ▷ **baud rate** n vitesse f en bauds

bauera ['baʊərə] n (Bot) bauera f

bauhinia [bɔːˈhɪnɪə] n (Bot) bauhinia f, bauhinie f

baulk [bɔːlk] ⇒ **balk**

bauxite ['bɔːksaɪt] n bauxite f

Bavaria [bəˈvɛərɪə] n la Bavière

Bavarian [bəˈvɛərɪən] 1 adj bavarois ♦ **Bavarian Alps** Alpes fpl bavaroises ♦ **Bavarian cream** (Culin) bavaroise f
2 n Bavarois(e) m(f)

bawd †† [bɔːd] n (= prostitute) catin † f

bawdiness ['bɔːdɪnɪs] n paillardise f

bawdy ['bɔːdɪ] → SYN adj paillard

bawdyhouse †† ['bɔːdɪhaʊs] n maison f de tolérance ††

bawl [bɔːl] → SYN 1 vi a (= shout) brailler, hurler (at contre)
b (* = weep) brailler, beugler *
2 vt brailler, hurler

▶ **bawl out** vt sep a ⇒ **bawl** 2
b (* = scold) engueuler *

bay[1] [beɪ] → SYN n (Geog) baie f; (small) anse f ♦ **the Bay of Biscay** le golfe de Gascogne ♦ **the Bay State** (US) le Massachusetts

bay[2] [beɪ] 1 n (Bot: also **bay tree, sweet bay**) laurier(-sauce) m
2 COMP ▷ **bay leaf** n, pl **bay leaves** feuille f de laurier ▷ **bay rum** n lotion capillaire ▷ **bay wreath** n couronne f de laurier

bay[3] [beɪ] → SYN 1 n a (= alcove) renfoncement m; [of window] baie f
b (Rail) voie f d'arrêt; → **bomb, loading, parking, sick**
2 COMP ▷ **bay window** n bow-window m, bay-window f

bay[4] [beɪ] → SYN 1 n (Hunting, fig) ♦ **to be at bay** être aux abois ♦ **to bring to bay** acculer ♦ **to keep** or **hold at bay** (fig) tenir à distance or en échec
2 vi aboyer (at à, après), donner de la voix ♦ **to bay at the moon** aboyer or hurler à la lune ♦ **to bay for blood** (Brit fig) crier vengeance ♦ **to bay for sb's blood** (Brit fig) réclamer la tête de qn (fig)

bay[5] [beɪ] 1 adj horse bai
2 n cheval m bai ♦ **red bay** (= horse) alezan m

Baykal [baɪˈkɑːl] n ♦ **Lake Baykal** le lac Baïkal

bayonet ['beɪənɪt] → SYN 1 n baïonnette f; → **fix**
2 vt passer à la baïonnette
3 COMP ▷ **bayonet bulb** n (Elec) ampoule f à baïonnette ▷ **bayonet charge** n charge f à la baïonnette ▷ **bayonet drill** n (NonC) ⇒ **bayonet practice** ▷ **bayonet fitting** n (Elec) douille f à baïonnette ▷ **bayonet-fitting bulb** n ⇒ **bayonet bulb** ▷ **bayonet point** n at bayonet point à (la pointe de) la baïonnette ▷ **bayonet practice** n (NonC) exercices mpl de baïonnette ▷ **bayonet socket** n (Elec) douille f à baïonnette

bayou ['baɪjuː] n (US) bayou m, marécages mpl

bazaar [bəˈzɑːʳ] → SYN n (in East) bazar m; (= large shop) bazar m; (= sale of work) vente f de charité

bazoo * [bəˈzuː] n (US) gueule * f, bouche f

bazooka [bəˈzuːkə] n bazooka m

BB [biːˈbiː] 1 n (abbrev of Boys' Brigade) → **boy**
2 COMP ▷ **BB gun** n (US) carabine f à air comprimé

BBB [biːbiːˈbiː] n (US) (abbrev of Better Business Bureau) organisme américain de déontologie

BBC [biːbiːˈsiː] n (abbrev of British Broadcasting Corporation) BBC f

BBQ [ˌbɑːbɪˈkjuː] n abbrev of **barbecue**

BBS [ˌbiːbiːˈes] n (Comput) (abbrev of bulletin board system) BBS m, babillard m

BC [biːˈsiː] a (abbrev of Before Christ) av. J.-C.
b (abbrev of British Columbia) → **British**

BCD [ˌbiːsiːˈdiː] n (Comput) (abbrev of binary-coded decimal) DCB f

BCG [ˌbiːsiːˈdʒiː] n (abbrev of bacille Calmette et Guérin) BCG m

BD [biːˈdiː] n a (abbrev of bank draft) → **bank**[2]
b (Univ) (abbrev of Bachelor of Divinity) licence de théologie

BDS [ˌbiːdiːˈes] n (Univ) (abbrev of Bachelor of Dental Surgery) diplôme de chirurgie dentaire

BE [biːˈiː] n (Comm) (abbrev of bill of exchange) → **bill**[1]

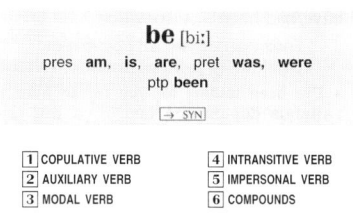

be [biː]

pres **am, is, are,** pret **was, were** ptp **been**

→ SYN

1 COPULATIVE VERB	4 INTRANSITIVE VERB
2 AUXILIARY VERB	5 IMPERSONAL VERB
3 MODAL VERB	6 COMPOUNDS

1 COPULATIVE VERB

a joining subject and predicate être ♦ **the sky is blue** le ciel est bleu ♦ **be good!** sois sage! ♦ **who is that? – it's me!** qui est-ce? — c'est moi! ♦ **she is English** elle est anglaise ♦ **they are friendly** ils sont sympathiques ♦ **if I were you I would refuse** à votre place or si j'étais vous, je refuserais ♦ **and even if it were true ...** et même si c'était vrai ...

> The following translations use **ce** + **être** because they contain an article or possessive in French:

♦ **she is an Englishwoman** c'est une Anglaise ♦ **they are friendly people** ce sont des gens sympathiques ♦ **they are my best friends** ce sont mes meilleurs amis ♦ **it's the most expensive** c'est le plus cher

b with occupation être

> No article is used in French, unless the noun is qualified by an adjective:

♦ **he wants to be a doctor** il veut être médecin ♦ **she is a lawyer** elle est avocate ♦ **she's a well-known lawyer** c'est une avocate renommée

c referring to health aller ♦ **how are you?** comment allez-vous? ♦ **I'm better now** je vais mieux maintenant ♦ **she's none too well** elle ne va pas très bien

d = cost coûter ♦ **how much is it?** combien ça coûte? ♦ **the book is 20 francs** le livre coûte 20 F

e Math = equal faire ♦ **two and two are four** deux et deux font quatre ♦ **three times two is six** trois fois deux font six

f **to be cold/hot/hungry/thirsty/ashamed/right/wrong** avoir froid/chaud/faim/soif/honte/raison/tort

> Note how French makes the person, not the part of the body, the subject of the sentence in the following:

♦ **my feet are cold** j'ai froid aux pieds ♦ **my hands are frozen** j'ai les mains gelées

g with age avoir ♦ **how old is he?** quel âge a-t-il? ♦ **he's 25** il a vingt-cinq ans ♦ **she's about my age** elle a à peu près mon âge ♦ **he will be three next week** il aura trois ans la semaine prochaine ♦ **she was 40 on Sunday** elle a eu quarante ans dimanche

2 AUXILIARY VERB

a in continuous tenses

♦ **to be + -ing**

> French does not distinguish between simple and continuous actions as much as English does:

♦ **I'm coming!** j'arrive! ♦ **she's always complaining** elle se plaint constamment, elle est toujours en train de se plaindre ♦ **what have you been doing this week?** qu'est-ce que

beastly / because

beastly ‡ ['biːstlɪ] → SYN [1] adj person, conduct bestial, brutal; language obscène; food, sight dégoûtant, répugnant; (*: less strong) infect *, abominable; child, trick sale, vilain (both before n) ◆ **what beastly weather!** * quel temps infect!*, quel sale temps!* ◆ **it's a beastly business** * c'est une sale affaire ◆ **to be beastly to sb** * être infect * avec qn, se conduire de façon abominable avec qn [2] adv (Brit *) méchamment *, terriblement

beat [biːt] → SYN vb : pret **beat**, ptp **beaten** [1] n
a [of heart, pulse] battement m; [of drums] battement m, roulement m; (Acoustics) battement m ◆ **to march to the beat of the drum** marcher au (son du) tambour ◆ **80 beats a minute** [of heart] 80 pulsations fpl par minute; see also **drum**
b (Mus) temps m; [of conductor's baton] battement m (de la mesure); (Jazz) rythme m ◆ **strong/weak beat** temps m fort/faible ◆ **he answered without missing a beat** il a répondu sans se démonter ◆ **she never misses a beat** (fig) elle a toujours une longueur d'avance
c [of policeman] (= round) ronde f; (= area) secteur m; [of sentry] ronde f ◆ **the policeman on the beat noticed it** l'agent l'a remarqué pendant qu'il effectuait sa ronde ◆ **we need to put more officers on the beat** il faut augmenter le nombre des policiers affectés aux rondes ◆ **policeman on the beat** îlotier m ◆ **that's off my beat** (fig) cela n'est pas de mon domaine or de mon rayon *; → **offbeat**
d (Hunting) battue f
e * → **beatnik**
[2] adj a (*: also **dead-beat**) claqué*, crevé*
b * beatnik inv
[3] vt a (= strike) [+ person, animal] battre, frapper; [+ carpet] battre; [+ eggs, cream] fouetter, battre; [+ metal] battre ◆ **to beat sth flat** aplatir qch ◆ **to beat sb with a stick** donner des coups de bâton à qn ◆ **to beat sb black and blue** rouer qn de coups, battre qn comme plâtre ◆ **to beat sb to death** battre qn à mort ◆ **she beat the flames with her jacket** elle essayait d'étouffer les flammes avec sa veste ◆ **to beat a drum** battre du tambour ◆ **to beat a drum for sth*** (US = publicize) faire du battage* autour de qch ◆ **to beat the retreat** (Mil) battre la retraite ◆ **to beat a retreat** (Mil, fig) battre en retraite ◆ **beat it!*** fiche le camp!*, fous le camp!* ◆ **to beat one's breast** (liter: lit, fig) se frapper la poitrine ◆ **to beat a way through sth** se frayer un passage or un chemin à travers qch ◆ **to beat the forest/the moors** (Hunting) battre les bois/les landes ◆ **to beat the bushes to do sth** (US) se donner de la peine pour faire qch ◆ **beating the air with its wings** battant l'air de ses ailes ◆ **the bird beats its wings** l'oiseau bat des ailes ◆ **to beat time** battre la mesure ◆ **to beat the bounds** (Brit Hist) marquer les limites d'une paroisse (au cours d'une procession); → **dead, tattoo²**
b (= defeat) battre, vaincre ◆ **the army was beaten** l'armée a été battue ◆ **to beat sb to the top of a hill** arriver au sommet d'une colline avant qn ◆ **to beat sb at chess** battre qn aux échecs ◆ **to beat sb into second place** reléguer qn à la seconde place, battre qn et lui prendre la première place ◆ **to beat sb hollow** (Brit) or **hands down** or **into a cocked hat** battre qn à plate(s) couture(s) ◆ **to beat the record** battre le record ◆ **to beat the system** contourner le système ◆ **to beat the charge** * or **the rap** ‡ (US) [accused person] se tirer d'affaire ◆ **to beat sb to it** (fig) couper l'herbe sous le pied à qn, devancer qn ◆ **coffee beats tea any day** * le café vaut tout le thé du monde ◆ **the police confess themselves beaten** la police s'avoue vaincue ◆ **this problem has got me beaten** or **beat** * ce problème me dépasse complètement ◆ **if you can't beat them, join them** si tu n'es pas sûr de les vaincre, mets-toi de leur côté ◆ **that beats everything!** *, **that beats some beating!** * (fig) ça, c'est le bouquet!*, faut le faire!* ◆ **his behaviour takes some beating** * (fig) il dépasse les bornes ◆ **that will take some beating!** (admiring) pour faire mieux, il faudra se lever de bonne heure!* ◆ **that beats me** * (fig) cela me dépasse ◆ **it beats me how you can speak to her** * (fig) je ne comprends pas or ça me dépasse que tu lui adresses (subj) la parole ◆ **can you beat that or it!** * faut le faire!*

[4] vi a [rain, wind] battre; [sun] (also **beat down**) taper *, cogner * ◆ **to beat at the door** cogner à la porte ◆ **the rain was beating against the window** la pluie battait contre la vitre ◆ **the waves beat against the cliff** les vagues battent la falaise ◆ **he doesn't beat about the bush** il n'y va pas par quatre chemins, il ne tourne pas autour du pot ◆ **well, not to beat about the bush, he ...** bref, il ...
b [heart, pulse, drum] battre ◆ **her heart was beating with joy** son cœur battait or palpitait de joie ◆ **with beating heart** le cœur battant ◆ **his pulse began to beat quicker** son pouls s'est mis à battre plus fort ◆ **they heard the drums beating** ils entendaient le roulement des tambours
c (Naut) **to beat (to windward)** louvoyer au plus près
[5] COMP ▷ **Beat Generation** n beat generation f ▷ **beat-up** * adj ⇒ **beaten-up**; → **beaten**

▶ **beat back** vt sep [+ enemy, flames] repousser

▶ **beat down** [1] vi ◆ **the rain was beating down** il pleuvait à verse or à seaux or à torrents ◆ **the sun was beating down** le soleil tapait * or cognait * dur see also **beat 4a**; [2] vt sep a (= reduce) [+ prices] faire baisser; [+ person] faire baisser ses prix à ◆ **I beat him down to £8** je l'ai fait descendre à 8 livres
b **the rain has beaten down the wheat** la pluie a couché les blés

▶ **beat in** vt sep [+ door] défoncer ◆ **to beat sb's brains in** ‡ défoncer le crâne à qn

▶ **beat off** vt sep [+ attack, attacker, competition] repousser

▶ **beat out** vt sep a [+ fire] étouffer ◆ **he beat out the flames with a blanket** il a étouffé les flammes avec une couverture
b [+ metal] marteler, étaler or amincir au marteau ◆ **to beat one's brains out** * (US) se creuser la cervelle
c **to beat out the rhythm** marquer le rythme, battre la mesure
d (esp US = beat) battre

▶ **beat up** [1] vt sep [+ eggs, cream] fouetter, battre; (*fig) [+ person] passer à tabac, tabasser *
[2] beat-up * adj ⇒ **beaten-up**; → **beaten**
[3] beating-up n → **beating**

▶ **beat up on** * vt fus (US) (= hit) tabasser *; (= bully) intimider; (= criticize) descendre en flammes *

beatable ['biːtəbl] adj qui peut être battu

beatbox ['biːtbɒks] n (Mus) boîte f à rythmes

beaten ['biːtn] → SYN [1] vb (ptp of **beat**)
[2] adj a metal battu, martelé; earth, path battu ◆ **beaten track** chemin m or sentier m battu ◆ **off the beaten track** (lit, fig) hors des sentiers battus
b (= defeated) battu, vaincu
c (= exhausted) claqué *, crevé *
[3] COMP ▷ **beaten-up** * adj déglingué *, bousillé *

beater ['biːtə'] n a (= gadget) (for carpet) tapette f; (for eggs = whisk) fouet m; (rotary) batteur m; (Tex) peigne m; → **wife**
b (Shooting) rabatteur m

beatific [ˌbiːə'tɪfɪk] adj béatifique ◆ **to wear a beatific smile** sourire aux anges, arborer un sourire béat

beatification [biːˌætɪfɪ'keɪʃən] n béatification f

beatify [biː'ætɪfaɪ] vt béatifier

beating ['biːtɪŋ] → SYN [1] n a (= punishment) correction f, raclée * f; (= series of blows) passage m à tabac ◆ **to give sb a beating** flanquer une correction or une raclée * à qn, passer qn à tabac ◆ **to get a beating** recevoir une correction ou une raclée *, être passé à tabac
b (NonC) [of metal] batte f; [of drums] battement m, roulement m; [of carpet] battage m
c (= defeat) défaite f ◆ **to take a beating** (= rough time) [person] en voir de toutes les couleurs *, passer un mauvais quart d'heure *; (Sport) se faire battre à plate(s) couture(s), se faire piler * ◆ **the car takes a beating on that road** la voiture en voit de dures sur cette route; → **beat 3b**

d [of wings, heart etc] battement m
e (Shooting) battue f
[2] COMP ▷ **beating-up** * n passage m à tabac, raclée * f

beatitude [biː'ætɪtjuːd] n béatitude f ◆ **the Beatitudes** les béatitudes

beatnik ['biːtnɪk] n, adj beatnik mf

beau [bəʊ] → SYN n, pl **beaus** or **beaux** (= dandy) élégant m, dandy m; (= suitor) galant m; (US = boyfriend) petit ami * m

Beaufort scale ['bəʊfət,skeɪl] n échelle f de Beaufort

beaut * [bjuːt] n ◆ **what a beaut!** quelle merveille!*

beauteous ['bjuːtɪəs] adj (liter) ⇒ **beautiful 1**

beautician [bjuː'tɪʃən] n esthéticien(ne) m(f), visagiste mf

beautification [ˌbjuːtɪfɪ'keɪʃən] n embellissement m

beautiful ['bjuːtɪfəl] → SYN [1] adj person, music, picture, clothes beau (belle f), bel (m before vowel); weather superbe, splendide; dinner magnifique ◆ **really beautiful** de toute beauté
[2] n ◆ **the beautiful** le beau

beautifully ['bjuːtɪflɪ] adv sew, drive etc admirablement, à la perfection; quiet, empty merveilleusement ◆ **that will do beautifully** cela convient parfaitement, c'est tout à fait ce qu'il faut

beautify ['bjuːtɪfaɪ] → SYN vt embellir, orner ◆ **to beautify o.s.** se faire une beauté

beauty ['bjuːtɪ] → SYN [1] n a (NonC) beauté f ◆ **to mar** or **spoil** or **ruin the beauty of sth** déparer qch ◆ (Prov) **beauty is only skin-deep** la beauté n'est pas tout ◆ (Prov) **beauty is in the eye of the beholder** la beauté est quelque chose de subjectif ◆ **the beauty of it is that** * ... (fig) le plus beau, c'est que ... ◆ **that's the beauty of it** * (fig) c'est ça qui est formidable *
b (= person) beauté f ◆ **she is a beauty** elle est d'une grande beauté, c'est une beauté ◆ **she's no beauty** * ce n'est pas une beauté ◆ **Beauty and the Beast** la Belle et la Bête
c * his goal was a real beauty son but était vraiment superbe ◆ **isn't this car a beauty!** elle est pas superbe, cette voiture?
[2] COMP ▷ **beauty competition**, **beauty contest** n concours m de beauté ▷ **beauty cream** n crème f de beauté ▷ **beauty editor** n rédacteur m, -trice f de la rubrique beauté ▷ **beauty parlour** n institut m or salon m de beauté ▷ **beauty preparations** npl produits mpl de beauté ▷ **beauty queen** n reine f de beauté ▷ **beauty salon** n beauty parlour ▷ **beauty sleep** n off you go to bed now, you need your beauty sleep va te coucher maintenant pour être frais et dispos demain matin ▷ **beauty specialist** n esthéticien(ne) m(f), visagiste mf ▷ **beauty spot** n (on skin) (natural) grain m de beauté; (applied) mouche f; (in countryside) site m pittoresque ▷ **beauty treatment** n soins mpl de beauté

beaux [bəʊz] npl of **beau**

beaver ['biːvə'] [1] n a (= animal) castor m; (= fur) (fourrure f de) castor m; (= hat) (chapeau m de) castor m ◆ **to work like a beaver** travailler d'arrache-pied; → **eager**
b (esp US *‡) foufoune *‡ f, chatte *‡ f
[2] vi (Brit) ◆ **to beaver away** * **at sth** travailler d'arrache-pied à qch
[3] COMP coat, hat (en poil) de castor ▷ **the Beaver State** n (US) l'Oregon m

Beaverboard ® ['biːvəbɔːd] n (Constr) (panneau m d')agglomèré m (de bois)

bebop ['biːbɒp] n (Mus) be-bop m

becalm [bɪ'kɑːm] vt ◆ **to be becalmed** (Naut) être encalminé; (fig) [economy, stock market, talks] faire du surplace

became [bɪ'keɪm] vb (pt of **become**)

because [bɪ'kɒz] LANGUAGE IN USE 17.1, 26.3 → SYN conj parce que ◆ **I did it because you asked me to** je l'ai fait parce que tu me l'as demandé ◆ **I won't go out because it's raining** je ne sortirai pas parce qu'il pleut or à cause de la pluie ◆ **it is the more surprising because we were not expecting it** c'est d'autant plus surprenant que nous ne nous y attendions pas ◆ **if I did it, it was because it had to be done**

je l'ai fait parce qu'il fallait bien le faire ♦ **because he lied**, mais **he was punished** il a été puni pour avoir menti or parce qu'il avait menti ♦ **we are annoyed because the weather is bad** nous sommes contrariés parce qu'il fait mauvais ♦ **not because he was offended but because he was angry** non qu'il fût offusqué mais parce qu'il était furieux ♦ **because he was leaving** à cause de son départ ♦ **because of** à cause de, en raison de ♦ **because of his age** en raison de son âge, vu son âge

bechamel [ˌbeɪʃəˈmɛl] n (also **bechamel sauce**) (sauce f) béchamel f

beck[1] [bek] n ♦ **to be at sb's beck and call** être à l'entière disposition de qn, être constamment à la disposition de qn ♦ **to have sb at one's beck and call** faire marcher qn à la baguette or au doigt et à l'œil

beck[2] [bek] n (N Engl) ruisseau m, ru m

beckon [ˈbekən] → SYN ▫1▫ vi a (= signal) faire signe (*to sb* à qn) ♦ **he beckoned to her to follow him** il lui a fait signe de le suivre
b (= be attractive) [bright lights, fame] attirer
▫2▫ vt a (= signal) faire signe à ♦ **he beckoned me in/back/over** etc il m'a fait signe d'entrer/de revenir/d'approcher etc
b (= attract) attirer

become [bɪˈkʌm] → SYN pret **became**, ptp **become** ▫1▫ vi a (= grow to be) devenir, se faire ♦ **to become famous** etc devenir célèbre etc ♦ **to become old** vieillir, se faire vieux ♦ **to become thin** maigrir ♦ **to become fat** grossir ♦ **to become accustomed to ...** s'accoutumer à ..., s'habituer à ... ♦ **to become interested in ...** commencer à s'intéresser à ... ♦ **to become known** [person] commencer à être connu, se faire connaître ♦ **we are fast becoming a nation of cynics** nous nous transformons rapidement en une nation de cyniques
b (= acquire position of) devenir ♦ **to become king** devenir roi ♦ **to become a doctor** devenir or se faire médecin
▫2▫ impers vb ♦ **what has become of him?** qu'est-il devenu ? ♦ **I don't know what will become of her** je ne sais pas ce qu'elle va devenir
▫3▫ vt (liter, frm) a (= suit) aller à ♦ **her hat does not become her** son chapeau ne lui sied pas (frm)
b (= befit) convenir à, être digne de ♦ **it does not become him to speak thus** il lui sied mal (frm) de parler ainsi

becoming [bɪˈkʌmɪŋ] → SYN adj behaviour, speech convenable, bienséant; clothes, hair style seyant, qui va bien ♦ **her hat is not becoming** son chapeau ne lui va pas or n'est pas seyant

becomingly [bɪˈkʌmɪŋlɪ] adv a (= attractively) smile, blush de façon charmante ♦ **she was dressed becomingly in black** elle était habillée en noir, ce qui lui allait fort bien
b (= suitably) convenablement, d'une manière convenable

becquerel [ˌbekəˈrel] n becquerel m

BECTU [ˈbektuː] n (Brit) (abbrev of **Broadcasting Entertainment Cinematograph and Theatre Union**) syndicat

BEd [biːˈed] n (abbrev of **Bachelor of Education**) → **bachelor**

bed [bed] → SYN ▫1▫ n a (= furniture) lit m ♦ **a room with two beds** une chambre à deux lits ♦ **to book in (at a hotel) for bed and breakfast** (Brit) réserver une chambre avec le petit déjeuner (à l'hôtel) ♦ **to sleep in separate beds** faire lit à part ♦ **to make the bed** faire le lit ♦ **to turn down the bed** préparer le lit (*en repliant le haut des draps*) ♦ **to change the bed** changer les draps (du lit) ♦ **to be in bed** être couché; (through illness) être alité, garder le lit ♦ **to get into bed** se coucher, se mettre au lit ♦ **before bed** avant de se coucher ♦ **to get out of bed** se lever ♦ **to get out of bed on the wrong side, to get up (on) the wrong side of the bed** * (US) se lever du pied gauche ♦ **to get sb to bed** réussir à coucher qn ♦ **to put sb to bed** coucher qn ♦ **to go to bed** se coucher ♦ **to go to bed with sb** * (euph) coucher avec qn * ♦ **to get into bed with sb** (fig) s'allier à qn ♦ **to go home to bed** rentrer se coucher ♦ (Prov) **as you make your bed so you must lie on it** comme on fait son lit on se couche; → **campbed, deathbed, feather**

b (liter) **she was brought to bed of a boy** †† elle accoucha d'un garçon
c (Press) **to put a paper to bed** * mettre un journal sous presse ♦ **the paper has gone to bed** * le journal est sous presse ♦ **to put sth to bed** (fig) mener qch à bien
d (= layer) (Geol) [of coal] couche f, gisement m; [of clay] couche f, lit m; [of coral] banc m; [of ore] gisement m; (Constr) [of mortar] bain m (de mortier); (Zool) [of oysters] banc m
e (= base) (Tech) [of engine] berceau m; [of lathe] banc m; [of machine] base m, bâti m; [of truck] plateau m; (Archit) [of building] assises fpl ♦ **on a bed of lettuce/rice** (Culin) sur un lit de laitue/riz
f (= bottom) [of sea] fond m; [of river] lit m
g (Hort) [of vegetables] planche f; (square) carré m; [of flowers] parterre m, massif m; (strip) platebande f; (oval, circular) corbeille f ♦ **life is not a bed of roses** la vie n'est pas une partie de plaisir ♦ **my job isn't exactly a bed of roses** * mon travail n'est pas drôle tous les jours
▫2▫ vt a (Hort) **to bed (out) plants** repiquer des plantes
b (Tech) [+ foundations] asseoir ♦ **to bed stones in mortar** cimenter or sceller des pierres
c †† * [+ woman] coucher avec *
▫3▫ COMP ▷ **bed and board** n le gîte or le vivre et le couvert ▷ **bed and breakfast** n (gen) chambre f et petit déjeuner m, chambre f d'hôte ♦ **we stayed at bed and breakfasts** or **bed-and-breakfast places** nous avons logé dans des chambres d'hôtes ♦ **price for bed and breakfast** prix m pour la chambre et le petit déjeuner ▷ **bed bath** n toilette f (*d'un malade*) ▷ **bed jacket** n liseuse f ▷ **bed linen** n (NonC) draps mpl de lit (et taies fpl d'oreillers), literie f ▷ **bed of nails** n (lit) lit m de clous ♦ **it's a bed of nails** (Brit fig) c'est extrêmement pénible ▷ **bed pad** n (waterproof) alaise f; (for extra comfort) molleton m ▷ **bed-settee** n canapé-lit m ▷ **bed-sitter, bed-sitting room** n (Brit) chambre f meublée ▷ **bed-wetting** n (Med) incontinence f nocturne

▶ **bed down** ▫1▫ vi (= go to bed) (aller) se coucher; (= spend night) coucher
▫2▫ vt [+ children etc] coucher

bedaub [bɪˈdɔːb] vt barbouiller (*with* de)

bedazzle [bɪˈdæzəl] → SYN vt éblouir

bedbug [ˈbedbʌɡ] n punaise f des lits

bedchamber †† [ˈbedˌtʃeɪmbəʳ] n chambre f à coucher

bedclothes [ˈbedkləʊðz] → SYN npl couvertures fpl et draps mpl (de lit)

bedcover [ˈbedkʌvəʳ] n couvre-lit m, dessus-de-lit m inv

beddable * [ˈbedəbl] adj baisable *⁑*

-bedded [ˈbedɪd] adj (in compounds) ♦ **twin-bedded room** chambre f à deux lits

bedding [ˈbedɪŋ] ▫1▫ n literie f; (Mil) matériel m de couchage; (for animals) litière f
▫2▫ COMP ▷ **bedding out** n (Hort) repiquage m ▷ **bedding(-out) plants** npl (Hort) plantes fpl à repiquer

bedeck [bɪˈdek] → SYN vt parer, orner (*with* de); (slightly pej) attifer * (*with* de)

bedevil [bɪˈdevl] → SYN vt (= confuse) [+ issue, person] embrouiller; (= torment) [+ person] tourmenter, harceler ♦ **to be bedevilled by** [+ person, project] beaucoup souffrir de

bedevilment [bɪˈdevlmənt] n (= confusion) confusion f; (= torment) tourment m, harcèlement m

bedfellow [ˈbedˌfeləʊ] n (lit) ♦ **they were bedfellows for a night** ils ont partagé le même lit une nuit ♦ **they are strange bedfellows** ils forment une drôle de paire or un drôle de couple

bedhead [ˈbedhed] n tête f de lit, chevet m

bedlam [ˈbedləm] → SYN n a (= uproar) chahut m ♦ **the crowd went absolutely mad – it was bedlam** la foule est devenue complètement folle – c'était le cirque ♦ **he's causing bedlam at the hotel** il fait du chahut dans l'hôtel ♦ **the room was a bedlam of banging and shouting** la pièce retentissait de coups et de cris
b (Hist) maison f de fous †

Bedlington terrier [ˈbedlɪŋtən] n terrier m Bedlington

bedmate * [ˈbedmeɪt] n ⇒ **bedfellow**

Bedouin [ˈbeduːɪn] ▫1▫ n, pl **Bedouin** or **Bedouins** Bédouin(e) m(f)
▫2▫ adj bédouin

bedpan [ˈbedpæn] n bassin m (hygiénique)

bedplate [ˈbedpleɪt] n (Tech) assise f, semelle f

bedpost [ˈbedpəʊst] n colonne f de lit

bedraggled [bɪˈdræɡld] → SYN adj clothes person débraillé; hair embroussaillé; (= wet) trempé

bedridden [ˈbedrɪdn] → SYN adj alité, cloué au lit; (permanently) grabataire

bedrock [ˈbedrɒk] → SYN n (Geol) soubassement m; (fig) base f

bedroll [ˈbedrəʊl] n tapis m de couchage

bedroom [ˈbedrʊm] ▫1▫ n chambre f (à coucher); → **spare**
▫2▫ COMP ▷ **bedroom farce** n (Theat) comédie f de boulevard ▷ **bedroom scene** n ≃ scène f d'amour ▷ **bedroom slipper** n pantoufle f ▷ **bedroom suburb** * n (US fig) banlieue-dortoir f ▷ **bedroom suite** n chambre f à coucher (*mobilier*)

-bedroomed [ˈbedrʊmd] adj (in compounds) ♦ **a two-/four-bedroomed house** une maison avec deux/quatre chambres ♦ **a one-bedroomed flat** un (appartement) deux-pièces

Beds n abbrev of **Bedfordshire**

bedside [ˈbedsaɪd] ▫1▫ n chevet m ♦ **at his bedside** à son chevet
▫2▫ COMP book, lamp de chevet ▷ **bedside manner** n [of doctor] comportement m envers les malades ♦ **he has a good bedside manner** il sait parler à ses malades ▷ **bedside rug** n descente f de lit ▷ **bedside table** n table f de chevet or de nuit

bedsit * [ˈbedsɪt] n (Brit) chambre f meublée

bedsocks [ˈbedsɒks] npl chaussettes fpl (de lit)

bedsore [ˈbedsɔːʳ] n escarre f

bedspread [ˈbedspred] n dessus-de-lit m inv, couvre-lit m

bedspring [ˈbedsprɪŋ] n (US) (= framework) sommier m à ressorts; (= single spring) ressort m de sommier

bedstead [ˈbedsted] n châlit m, bois m de lit

bedstraw [ˈbedstrɔː] n (Bot) gaillet m

bedtime [ˈbedtaɪm] ▫1▫ n heure f du coucher ♦ **it is bedtime** il est l'heure d'aller se coucher or d'aller au lit ♦ **his bedtime is 7 o'clock** il se couche à 7 heures ♦ **it's past your bedtime** tu devrais être déjà couché
▫2▫ COMP ▷ **bedtime drink** n boisson f chaude (*prise avant d'aller se coucher*) ▷ **bedtime reading** n **it's my favourite bedtime reading** c'est ce que je préfère lire le soir, au lit ▷ **bedtime story** n **to tell a child a bedtime story** raconter une histoire à un enfant avant qu'il s'endorme

bee [biː] ▫1▫ n a abeille f ♦ **to have a bee in one's bonnet** * avoir une idée fixe (*about* en ce qui concerne), avoir une marotte ♦ **they crowded round him like bees round a honeypot** ils se pressaient autour de lui comme des mouches sur un pot de confiture ♦ **it's the bee's knees** * c'est extra * or super * ♦ **he thinks he's the bee's knees** * il se croit sorti de la cuisse de Jupiter *; → **bumblebee, busy, queen**
b (esp US = meeting) réunion entre voisins ou voisines pour effectuer des activités en commun ♦ **they have a sewing bee on Thursdays** ils se réunissent pour coudre le jeudi; → **spelling**
▫2▫ COMP ▷ **bee eater** n (Orn) guêpier m ▷ **bee sting** n piqûre f d'abeille

Beeb * [biːb] n (Brit) ♦ **the Beeb** la BBC

beech [biːtʃ] ▫1▫ n (also **beech tree**) hêtre m; (= wood) (bois m de) hêtre; → **copper**
▫2▫ COMP hedge, chair de hêtre ▷ **beech grove** n hêtraie f

beechmast [ˈbiːtʃmɑːst] n (NonC) faînes fpl (tombées)

beechnut [ˈbiːtʃnʌt] n faîne f

beechwood [ˈbiːtʃwʊd] n (= material) (bois m de) hêtre m; (= group of trees) bois m de hêtres

beef / beggar

beef [biːf] → SYN **1** n (NonC) bœuf m ◆ **roast beef** rôti m de bœuf, rosbif ◆ **there's too much beef on him**⁑ il a trop de viande⁑, il est trop gros ; → **bully³, corned beef**
b (US) **what's your beef?** ⁑ (= complaint) qu'est-ce que tu as à râler ? ⁑
2 vi (⁑ = complain) rouspéter ⁑, râler ⁎ (*about* contre)
3 COMP ▷ **beef cattle** n bœufs mpl de boucherie ▷ **beef olive** n paupiette f de bœuf ▷ **beef sausage** n ≈ saucisse f de Strasbourg ▷ **beef tea** n bouillon m (de viande) ▷ **beef tomato** n tomate f à farcir

▶ **beef up** ⁎ vt sep [+ speech, essay] étoffer ; [+ team] renforcer

beefburger [ˈbiːfˌbɜːgəʳ] n ≈ hamburger m

beefcake ⁎ [ˈbiːfkeɪk] n (hum) monsieur-muscles ⁎ m

beefeater [ˈbiːfˌiːtəʳ] n (Brit) hallebardier m (*de la Tour de Londres*)

beefsteak [ˈbiːfsteɪk] **1** n bifteck m, steak m
2 COMP ▷ **beefsteak fungus** n fistuline m ▷ **beefsteak tomato** n tomate f à farcir

beefwood [ˈbiːfwʊd] n filao m

beefy ⁎ [ˈbiːfɪ] adj **a** (= strong) costaud ⁎ f inv ; (= fat) bien en chair
b flavour de bœuf

beehive [ˈbiːhaɪv] **1** n (gen) (lit, fig) ruche f ; (= hair style) choucroute ⁎ f
2 COMP ▷ **the Beehive State** n (US) l'Utah m

beekeeper [ˈbiːˌkiːpəʳ] n apiculteur m, -trice f

beekeeping [ˈbiːˌkiːpɪŋ] n apiculture f

beeline [ˈbiːlaɪn] n ◆ **in a beeline** à vol d'oiseau, en ligne droite ◆ **to make a beeline for** (= go straight to) se diriger tout droit or en droite ligne vers ; (= rush towards) se ruer sur, filer droit sur

Beelzebub [bɪˈelzɪbʌb] n Belzébuth m

been [biːn] vb (ptp of **be**)

beep [biːp] **1** n (esp Brit) [of watch] bip m ; [of answering machine] signal m sonore, bip m (sonore) ◆ **after the beep** après le bip or le signal sonore
2 vi faire bip

beeper [ˈbiːpəʳ] n ⇒ **bleeper**

beer [bɪəʳ] **1** n bière f ◆ **life's not all beer and skittles** ⁎ (Brit) la vie n'est pas une partie de plaisir ; → **ginger**
2 COMP ▷ **beer barrel** n tonneau m à or de bière ▷ **beer belly** ⁎ n bedaine ⁎ f (de buveur de bière) ▷ **beer bottle** n canette f (de bière) ▷ **beer bust** ⁎ n (US) (= party) soirée f bière inv ; (= drinking spree) soûlerie ⁎ f à la bière ▷ **beer can** n boîte f de bière (vide) ▷ **beer drinker** n buveur m, -euse f de bière ▷ **beer engine** n pompe à bière ▷ **beer garden** n (Brit) jardin m attenant à un pub (*où l'on peut amener ses consommations*) ▷ **beer glass** n bock m ▷ **beer gut** ⁎ n ⇒ **beer belly** ▷ **beer pump** n ⇒ **beer engine** ▷ **beer-swilling** ⁎ adj (pej) qui s'envoie de la bière à tire-larigot ⁎

beerfest [ˈbɪəfest] n (US) fête f de la bière

beermat [ˈbɪəmæt] n dessous m de verre, dessous m de bock

beery [ˈbɪərɪ] adj atmosphere, room, breath qui sent la bière ; party, evening où la bière coule à flots ; person un peu éméché ⁎, parti ⁎

beeswax [ˈbiːzwæks] **1** n cire f d'abeille
2 vt [+ floor, furniture] cirer, encaustiquer

beet [biːt] **1** n betterave f ◆ **red beet** (US) betterave f (potagère) ; → **sugar**
2 COMP ▷ **beet sugar** n sucre m de betterave

beetle¹ [ˈbiːtl] **1** n (gen) scarabée m ; (Zool) coléoptère m ; → **black, Colorado, deathwatch beetle, stag**
2 vi **to beetle in/through** ⁎ etc entrer/traverser etc en vitesse
3 COMP ▷ **beetle-browed** adj (bushy eyebrows) aux sourcils broussailleux ; (= sullen) renfrogné

▶ **beetle off** ⁎ vi décamper, ficher le camp ⁎

beetle² [ˈbiːtl] n (= mallet) mailloche f ; (heavier) mouton m

beetling [ˈbiːtlɪŋ] adj ◆ **beetling brow** front m proéminent ◆ **beetling cliffs** falaises fpl surplombantes

beetroot [ˈbiːtruːt] n (Brit) betterave f (potagère or rouge) ◆ **to go beetroot** ⁎ devenir rouge comme une tomate, devenir cramoisi ◆ **beetroot salad** salade f de betterave(s)

befall [bɪˈfɔːl] → SYN pret **befell** [bɪˈfel] ptp **befallen** (liter: only infin and 3rd pers) **1** vi arriver ◆ **whatever may befall** quoi qu'il puisse arriver, quoi qu'il advienne
2 vt arriver à, échoir à ◆ **a misfortune befell him** il lui arriva un malheur

befit [bɪˈfɪt] vt (frm: only infin and 3rd pers) convenir à ◆ **it ill befits him to speak thus** il lui convient or il lui sied (frm) mal de parler ainsi

befitting [bɪˈfɪtɪŋ] → SYN adj convenable, seyant ◆ **with befitting humility** avec l'humilité qui convient or qui sied (frm)

befog [bɪˈfɒg] vt (= puzzle) brouiller, embrouiller ; (= obscure) [+ origin, meaning] obscurcir ◆ **she was quite befogged** elle était dans le brouillard le plus complet

before [bɪˈfɔːʳ] → SYN

> When **before** is an element in a phrasal verb, eg **come before, go before,** look up the verb.

1 prep **a** (time) avant ◆ **I got there before you** je suis arrivé avant vous, je vous ai devancé ◆ **that was before my time** (= before I was here) je n'étais pas encore là ; (= before I was born) je n'étais pas encore né ◆ **she died before I was born** elle est morte avant que je naisse or avant ma naissance ◆ **I cannot do it before next week** je ne peux pas le faire avant la semaine prochaine ◆ **before Christ** avant Jésus-Christ ◆ **the day before yesterday** avant-hier m ◆ **he came before last** il est venu il y a deux ans ◆ **the year before last was his centenary** son centenaire a eu lieu il y a deux ans ◆ **the programme before last** l'avant-dernier programme m ◆ **the day before their departure** la veille de leur départ ◆ **two days before Christmas** l'avant-veille f de Noël ◆ **before it, before now, before then** avant (cela or ça), auparavant ◆ **you should have done it before now** vous devriez l'avoir déjà fait ◆ **before long** sous peu, d'ici peu ◆ **before doing sth** avant de faire qch
b (order, rank) avant ◆ **ladies before gentlemen** les dames avant les messieurs ◆ **before everything** avant tout
c (place, position) devant ◆ **he stood before me** il était (là) devant moi ◆ **before my (very) eyes** sous mes (propres) yeux ◆ **turn left at the junction before the roundabout** tournez à gauche au croisement avant le rond-point ◆ **the question before us** la question qui nous occupe ◆ **the task before him** la tâche qu'il a devant lui or qui l'attend ◆ **he fled before the enemy** il s'est enfui à l'approche de or devant l'ennemi ◆ **to sail before the mast** (Naut) servir comme simple matelot ◆ **to run before the wind** (Naut) aller or avoir vent arrière ; → **carry**
d (= in presence of) devant, en présence de ◆ **he said it before us all** il l'a dit en notre présence or devant nous tous ◆ **before a lawyer** par-devant notaire ◆ **to appear before a court/a judge** comparaître devant un tribunal/un juge ◆ **he brought the case before the court** il a saisi le tribunal de l'affaire
e (= rather than) plutôt que ◆ **he would die before betraying his country** il mourrait plutôt que de trahir sa patrie ◆ **to put death before dishonour** préférer la mort au déshonneur
2 adv **a** (time) avant, auparavant ◆ **the day before** la veille ◆ **the evening before** la veille au soir ◆ **the week/year before** la semaine/l'année d'avant or précédente ◆ **two days before** l'avant-veille f, deux jours avant or auparavant ◆ **I have read that book before** j'ai déjà lu ce livre ◆ **I had read it before** je l'avais déjà lu ou je l'avais lu auparavant ◆ **I said before that ...** j'ai déjà dit que ... ◆ **she has never met him before** c'est la première fois qu'elle le rencontre, elle ne l'a encore jamais rencontré ◆ **it has never happened before** c'est la première fois que cela arrive ◆ **long before** longtemps auparavant ◆ **to continue as before** faire comme par le passé ◆ **he should have told me before** il aurait dû me le dire avant or plus tôt
b (place) en avant, devant
c (order) avant ◆ **that chapter and the one before** ce chapitre et le précédent or et celui d'avant
3 conj **a** (time) avant de (+ infin), avant que (+ ne) (+ subj) ◆ **I did it before going out** je l'ai fait avant de sortir ◆ **go and see him before he goes** allez le voir avant son départ or avant qu'il (ne) parte ◆ **before I come/go/return** avant mon arrivée/mon départ/mon retour ◆ **we will need a year before it is finished** il nous faudra un an pour l'achever ◆ **it will be a long time before he comes again** il ne reviendra pas avant longtemps ◆ **it will be six weeks before the boat returns** le bateau ne reviendra pas avant six semaines ◆ **before you could say Jack Robinson** en moins de deux, en moins de temps qu'il n'en faut pour le dire ◆ **before I forget, your mother phoned** avant que je n'oublie (subj) or que j'oublie (subj), votre mère a téléphoné
b (= rather than) plutôt que de (+ infin) ◆ **he will die before he surrenders** il mourra plutôt que de se rendre
4 COMP ▷ **before-and-after test** n test m avant-après ▷ **before-tax** adj income brut ; profit avant impôts

beforehand [bɪˈfɔːhænd] → SYN adv à l'avance ◆ **you must tell me beforehand** il faut me le dire à l'avance ◆ **to make preparations well beforehand** faire des préparatifs bien à l'avance

befoul [bɪˈfaʊl] vt (liter: lit, fig) souiller (liter), salir

befriend [bɪˈfrend] → SYN vt (= be friend to) se lier d'amitié avec ; (= help) venir en aide à, aider

befuddle [bɪˈfʌdl] vt (= confuse) brouiller l'esprit or les idées de ; (= make tipsy) griser, émécher ◆ **befuddled with drink** éméché ⁎

beg [beg] → SYN **1** vt **a** [+ money, alms, food] mendier
b [+ favour] solliciter, quémander ◆ **to beg sb's pardon** demander pardon à qn ◆ **(I) beg your pardon** (apologizing) je vous demande pardon ; (not having heard) pardon ?, vous disiez ? ◆ **to beg (sb's) forgiveness** demander pardon (à qn) ◆ **I beg to point out that ...** (frm) je me permets de (vous) faire remarquer que ..., qu'il me soit permis de faire remarquer que ... ◆ **I beg to differ** (frm) permettez-moi d'être d'un autre avis, je me permets de ne pas partager cet avis ◆ **I beg to inform you that ...** (frm) je tiens à or j'ai l'honneur (frm) de vous faire savoir que ... ◆ **to beg leave to do sth** (frm) solliciter l'autorisation de faire qch
c (= entreat) supplier ◆ **to beg (of) sb to do sth** supplier qn de faire qch ◆ **I beg (of) you!** je vous en supplie !, de grâce !
d **to beg the question** (= raise the question) poser or soulever la question ; (= evade the issue) éluder la question ; (= assume sth already proved) présumer la question résolue
2 vi **a** mendier, demander la charité ◆ **to beg for money** mendier ◆ **to beg for food** mendier de la nourriture ◆ **to sit up and beg** [dog] faire le beau ◆ **I'll have that sausage if it's going begging** ⁎ donne-moi cette saucisse s'il n'y a pas d'amateurs
b (= entreat) supplier ◆ **to beg for mercy/help** demander grâce/de l'aide ; see also **1c**

▶ **beg off** ⁎ vi se faire excuser (*from* de)

began [bɪˈgæn] vb (pt of **begin**)

beget †† [bɪˈget] pret **begot** or **begat** [bɪˈgæt] ptp **begotten** vt (lit) engendrer ; (fig) engendrer, causer ◆ **the only begotten Son of the Father** le Fils unique engendré par le Père

begetter [bɪˈgetəʳ] n (frm: fig) créateur m, -trice f

beggar [ˈbegəʳ] → SYN **1** n **a** (also **beggar man, beggar woman**) mendiant(e) m(f), mendigot(e) m(f) ; (= very poor person) indigent(e) m(f), pauvre(sse) m(f) ◆ (Prov) **beggars can't be choosers** nécessité fait loi (Prov) ◆ **beggar's opera** opéra m de quat' sous
b (⁎ = fellow) poor beggar! pauvre diable ! ⁎ ◆ **a lucky beggar** un veinard ◆ **a funny little beggar** un drôle de petit bonhomme

2 vt (lit) réduire à la mendicité ; (fig = ruin) mettre sur la paille, ruiner ◆ **to beggar description** défier toute description ◆ **to beggar belief** défier la raison ◆ **the arrogance of the man beggars belief** l'arrogance de cet homme défie la raison

3 COMP ▷ **beggar-my-neighbour** n (Cards) bataille f ◆ **beggar-my-neighbour policy** (Econ) politique f protectionniste

beggarly [ˈbegəlɪ] → SYN adj amount piètre, misérable ; existence misérable, sordide ; meal maigre, piètre, pauvre ; wage dérisoire, de famine

beggary [ˈbegərɪ] n mendicité f

begging [ˈbegɪŋ] 1 n mendicité f ◆ **to live by begging** vivre de charité or d'aumône ; see also **beg**

2 adj ◆ **begging letter** lettre f quémandant de l'argent

3 COMP ▷ **begging bowl** n sébile f ◆ **to hold out a begging bowl** (fig) tendre la main (fig)

begin [bɪˈgɪn] → SYN pret **began**, ptp **begun** 1 vt

a (= start) [+ work] commencer (*to do sth, doing sth* à faire qch) ; [+ task] entreprendre ; [+ song] commencer (à chanter), entonner ; [+ attack] déclencher ; [+ packet, cake, cheese etc] entamer ; [+ book, letter] [writer] commencer (à écrire) ; [reader] commencer (à lire) ◆ **to begin a cheque book/a page** commencer or prendre un nouveau carnet de chèques/une nouvelle page ◆ **to begin a journey** partir en voyage ◆ **he began the day with a glass of milk** il a bu un verre de lait pour bien commencer la journée ◆ **to begin the day right** bien commencer la journée, se lever du pied droit ◆ **to begin life as ...** débuter dans la vie comme ... ◆ **that doesn't (even) begin to compare with ...** cela est loin d'être comparable à ..., cela n'a rien de comparable avec ... ◆ **it soon began to rain** il n'a pas tardé à pleuvoir ◆ **I'd begun to think you weren't coming** je commençais à croire que tu ne viendrais pas ◆ **to begin again** recommencer (*to do sth* à faire qch) ◆ **"listen, darling" he began** "écoute, chérie" commença-t-il

b (= originate, initiate) [+ discussion] commencer, ouvrir ; [+ conversation] amorcer, engager ; [+ quarrel, argument, dispute] faire naître ; [+ reform, movement, series of events] déclencher ; [+ fashion] lancer ; [+ custom, policy] inaugurer ; [+ war] causer ; [+ rumour] faire naître

2 vi a commencer (*with* par) ◆ **let's begin!** commençons !, allons-y ! ◆ **we must begin at once** il faut commencer or nous y mettre immédiatement ◆ **well, to begin at the beginning ...** bon, commençons par le commencement ... ◆ **it's beginning rather well/badly** cela commence plutôt bien/mal ◆ **to begin in business** se lancer dans les affaires ◆ **just where the hair begins** à la naissance des cheveux ◆ **before October begins** avant le début octobre or le début du mois d'octobre ◆ **to begin again** recommencer ◆ **he began afresh in a new country** il est reparti à zéro dans un nouveau pays ◆ **school begins again on Tuesday** les cours reprennent mardi, la rentrée (des classes) est mardi ◆ **the classes begin again soon** (after short break) les cours reprennent bientôt ; (after summer break) c'est bientôt la rentrée ◆ **beginning from Monday** à partir de lundi ◆ **he began in the sales department/as a clerk** il a débuté dans le service des ventes/comme employé de bureau ◆ **he began as a Marxist** il a commencé par être marxiste, au début or au départ il était marxiste ◆ **he began with the intention of writing a thesis** au début son intention était d'écrire or il avait l'intention d'écrire une thèse ◆ **to begin by doing sth** commencer par faire qch ◆ **begin by putting everything away** commence par tout ranger ◆ **to begin with sth** commencer or débuter par qch ◆ **begin with me!** commencez par moi ! ◆ **we only had 100 francs to begin with** nous n'avions que 100 F pour commencer or au début ◆ **to begin with there were only three of them but later ...** (tout) d'abord ils n'étaient que trois, mais plus tard ... ◆ **the spelling is wrong, to begin with** d'abord, l'orthographe est fausse ◆ **begin on a new page** prenez une nouvelle page ◆ **the fields begin where the garden ends** au bout du jardin il y a des champs

b (= make a start) **to begin on** [+ book] commencer (à écrire or à lire) ; [+ course of study] commencer, entreprendre ◆ **I began on the job last week** j'ai commencé à travailler or j'ai débuté dans ce travail la semaine dernière

c [shooting, fight, quarrel] commencer ; [music, noise, guns] commencer, retentir ; [fire] prendre, se déclarer ; [river] prendre sa source ; [road] partir (*at* de) ; [political party, movement, custom] commencer, naître ◆ **that's when the trouble begins** c'est alors or là que les ennuis commencent ◆ **it all began when he refused to pay** toute cette histoire a commencé or tout a commencé quand il a refusé de payer ◆ **since the world began** depuis le commencement du monde, depuis que le monde est monde

beginner [bɪˈgɪnəʳ] → SYN n a (= novice) débutant(e) m(f), novice mf ◆ **it's just beginner's luck** c'est la chance des débutants

b (= originator) auteur m, cause f

beginning [bɪˈgɪnɪŋ] → SYN 1 n a [of speech, book, film, career etc] début m, commencement m ◆ **from the beginning** dès le début, dès le commencement ◆ **from beginning to end** du début à la fin ◆ **to start again at** or **from the beginning** recommencer depuis le début ◆ **in the beginning** (gen) au début ; (Bible) au commencement ◆ **to make a beginning** commencer, débuter ◆ **the beginning of the academic year** la rentrée (universitaire or scolaire) ◆ **the beginning of the world** le commencement or l'origine f du monde ◆ **the beginning of negotiations** l'amorce f or l'ouverture f des négociations ◆ **it was the beginning of the end for him** ce fut pour lui le commencement de la fin ◆ **since the beginning of time** depuis le commencement du monde, depuis que le monde est monde

b (= origin) origine f, commencement m ◆ **the shooting was the beginning of the rebellion** la fusillade a été à l'origine de la révolte ◆ **fascism had its beginnings in Italy** le fascisme prit naissance en Italie ◆ **to come from humble beginnings** [person] être d'origine modeste or d'un milieu humble

2 adj ◆ **beginning learner** or **student** débutant(e) m(f)

begone †† [bɪˈgɒn] excl (liter) partez !, hors d'ici ! (liter)

begonia [bɪˈgəʊnɪə] n bégonia m

begot [bɪˈgɒt] vb (pt of **beget**)

begotten [bɪˈgɒtn] vb (ptp of **beget**)

begrimed [bɪˈgraɪmd] adj (liter) noirci, sale

begrudge [bɪˈgrʌdʒ] → SYN vt ⇒ **grudge 1**

begrudgingly [bɪˈgrʌdʒɪŋlɪ] adv à contrecœur, de mauvaise grâce

beguile [bɪˈgaɪl] → SYN vt a (= swindle) abuser, duper ◆ **to beguile sb with promises** bercer qn de promesses, endormir qn avec des promesses ◆ **to beguile sb into doing sth** amener qn par la supercherie à faire qch ◆ **to beguile the time (doing sth)** faire passer le temps (en faisant qch)

b (= charm) séduire, captiver ; (= amuse) distraire

beguiling [bɪˈgaɪlɪŋ] → SYN adj woman, charm captivant, séduisant ; ideas, theory séduisant ; story captivant

begum [ˈbeɪgəm] n bégum f

begun [bɪˈgʌn] vb (ptp of **begin**)

behalf [bɪˈhɑːf] → SYN n ◆ **on behalf of** (= as representing) de la part de, au nom de, pour ; (= in the interest of) en faveur de, dans l'intérêt de, pour ◆ **to come on sb's behalf** venir de la part de qn ◆ **to act on sb's behalf** agir pour qn or pour le compte de qn ◆ **he spoke on my behalf** il a parlé pour moi or en mon nom ◆ **to plead on sb's behalf** plaider en faveur de qn ◆ **he was worried on my behalf** il s'inquiétait pour moi or à mon sujet

behave [bɪˈheɪv] → SYN vi a (= conduct o.s.) se conduire, se comporter ◆ **to behave (o.s.) well/badly** bien/mal se conduire or se comporter ◆ **to behave well towards sb** bien se comporter à l'égard de or envers qn, bien agir envers qn ◆ **to behave wisely** agir sagement ◆ **to behave like an honest man** se comporter or se conduire en honnête homme ◆ **he was behaving strangely** il avait un comportement bizarre

b (* = conduct o.s. well) bien se tenir ; [child] être sage ◆ **he knows how to behave in society** il sait se tenir dans le monde ◆ **behave (yourself)!** (physical behaviour) sois sage !, tiens-toi bien ! ; (sth said) ne dis pas n'importe quoi !

c [machines etc] marcher, fonctionner ◆ **the ship behaves well at sea** le navire tient bien la mer ◆ **we are studying how electrons behave within atoms** nous étudions le comportement des électrons à l'intérieur des atomes

behaviour, behavior (US) [bɪˈheɪvjəʳ] → SYN

1 n a (= manner, bearing) conduite f, comportement m ◆ **to be on one's best behaviour** * se conduire de son mieux ; [child] se montrer d'une sagesse exemplaire

b (= conduct towards others) conduite f, comportement m (*to sb, towards sb* envers qn, à l'égard de qn)

c [of machines] fonctionnement m

2 COMP ▷ **behaviour modification** n modification f du comportement ▷ **behaviour patterns** npl types mpl de comportement ▷ **behaviour therapy** n thérapie f comportementale

behavioural, behavioral (US) [bɪˈheɪvjərəl] adj

a sciences, studies behavioriste

b pattern de comportement ◆ **behavioural problems** troubles mpl du comportement

behaviourism, behaviorism (US) [bɪˈheɪvjərɪzəm] n behaviorisme m

behaviourist, behaviorist (US) [bɪˈheɪvjərɪst] adj, n behavioriste mf

behead [bɪˈhed] vt décapiter

beheading [bɪˈhedɪŋ] n décapitation f

beheld [bɪˈheld] vb (pt, ptp of **behold**)

behemoth [bɪˈhiːmɒθ] n (= creature) béhémot(h) m ; (fig) monstre m ingérable

behest [bɪˈhest] → SYN n (frm) commandement m, ordre m ◆ **at the behest of ...** sur l'ordre de ...

behind [bɪˈhaɪnd] → SYN

When **behind** is an element in a phrasal verb, eg **fall behind**, **lag behind**, **stay behind**, look up the verb.

1 adv a (= in or at the rear) derrière, en arrière ◆ **to follow a long way behind/not far behind** suivre de loin/d'assez près ; → **fall behind**

b (= late) en retard ◆ **to be behind with one's studies/payments** être en retard dans ses études/ses paiements ◆ **to be behind with one's work** avoir du travail en retard, être en retard dans son travail ◆ **I'm too far behind to catch up now** j'ai pris trop de retard pour me rattraper maintenant

2 prep a (lit, fig = at the back of) derrière ◆ **behind the table** derrière la table ◆ **come out from behind the door** sortez de derrière la porte ◆ **walk close behind me** suivez-moi de près ◆ **she closed the door behind her** elle a fermé la porte derrière elle ◆ **an employee with seven years' service behind her** une employée ayant sept ans d'ancienneté ◆ **behind my back** (lit) derrière mon dos ; (fig) derrière mon dos, à mon insu ◆ **to put sth behind one** (fig) oublier qch, refuser de penser à qch ◆ **behind the scenes** (Theat, fig) dans les coulisses ◆ **what is behind this?** (fig) qu'y a-t-il là-dessous ? ; → **bar¹**, **schedule**

b (support) **he has the Communists behind him** il a les communistes derrière lui ◆ **she's the one behind this scheme** c'est elle qui est à l'origine de ce projet ◆ **the motives behind her decision** les motivations fpl profondes de sa décision

c (= responsible for) **who was behind the attack?** qui est derrière cet attentat ?, qui est le commanditaire de cet attentat ?

d (= less advanced than) en retard sur, en arrière de ◆ **her son is behind the other pupils** son fils est en retard sur les autres élèves

e (time) **behind time** en retard ◆ **to be behind the times** être en retard sur son temps, ne pas être de son époque ◆ **their youth is far behind them** leur jeunesse est loin derrière eux

3 n (* = buttocks) derrière m, postérieur * m

behindhand [bɪˈhaɪndhænd] → SYN adv en retard (*with* dans)

behold [bɪˈhəʊld] → SYN pret, ptp **beheld** vt (liter) voir ◆ **behold!** regardez ! ◆ **behold thy servant** voici ton serviteur ◆ **and behold I am with you** et voici que je suis avec vous ; → **lo**

beholden / bellyband

beholden [bɪˈhəʊldən] → SYN adj (frm) ♦ to be beholden être redevable (to sb for sth à qn de qch)

beholder [bɪˈhəʊldəʳ] n → beauty

behove [bɪˈhəʊv], **behoove** (US) [bɪˈhuːv] impers vt (frm) incomber, appartenir (sb to do sth à qn de faire qch), être du devoir or de l'intérêt (sb to do sth de qn de faire qch) ♦ it ill behoves me/him etc to ... il me/lui etc siéd mal de ...

beige [beɪʒ] → SYN adj, n beige m

Beijing [ˈbeɪˈdʒɪŋ] n Beijing

being [ˈbiːɪŋ] → SYN n **a** (NonC = existence) existence f ♦ to come into being prendre naissance ♦ when the world came into being lorsque le monde fut créé, au moment de la naissance du monde ♦ to bring or call into being faire naître, susciter ♦ to bring a plan into being exécuter or réaliser un plan ♦ then in being qui existait alors
b être m, créature f ♦ human beings les êtres mpl humains ♦ beings from outer space des extraterrestres mpl ; → supreme
c (= essential nature) être m, essence f ♦ with all or every fibre of my being de tout mon être ♦ I wanted to be an actress with every fibre of my being je désirais être actrice de tout mon être

Beirut [beɪˈruːt] n Beyrouth

bejewelled, bejeweled (US) [bɪˈdʒuːəld] adj person paré de bijoux ; thing incrusté de joyaux ; (fig) grass émaillé (with de)

bel [bel] n bel m

belabour, belabor (US) [bɪˈleɪbəʳ] → SYN vt rouer de coups ; (fig: with words) invectiver

Belarus [belaˈrus] n le Bélarus, la Biélorussie

Belarussian [ˌbelaˈrʌʃən] **1** adj bélarusse, biélorusse
2 n (= person) Bélarusse mf, Biélorusse mf

belated [bɪˈleɪtɪd] → SYN adj apology, greetings, measures tardif

belatedly [bɪˈleɪtɪdlɪ] adv tardivement

belay [bɪˈleɪ] **1** vt **a** (Naut) amarrer
b (Climbing) assurer
2 vi (Climbing) assurer
3 n assurage m, assurance f
4 COMP ▷ **belaying cleat** n taquet m (d'amarrage) ♦ **belaying pin** n cabillot m (d'amarrage)

bel canto [belˈkæntəʊ] n (Mus) bel canto m

belch [beltʃ] → SYN **1** vi [person] avoir un renvoi, éructer
2 vt (also **belch forth** or **out**: liter) [volcano, gun] [+ smoke, flames] vomir, cracher
3 n renvoi m, éructation f

beleaguered [bɪˈliːgəd] → SYN adj **a** city assiégé, investi ; army cerné
b (fig) aux abois

belemnite [ˈbeləmnaɪt] n (= fossil) bélemnite f

belfry [ˈbelfrɪ] n beffroi m ; [of church] clocher m, beffroi m ; → bat¹

Belgian [ˈbeldʒən] **1** adj (gen) belge, de Belgique ; ambassador, embassy de Belgique ♦ **Belgian French** le français de Belgique
2 n Belge mf ♦ **the king of the Belgians** le roi des Belges

belgicism [ˈbeldʒɪsɪzəm] n belgicisme m

Belgium [ˈbeldʒəm] n la Belgique

Belgrade [belˈgreɪd] n Belgrade

belie [bɪˈlaɪ] vt (= fail to justify) [+ hopes] démentir, tromper ; (= prove false) [+ words] donner le démenti à, démentir ; [+ proverb] faire mentir ; (= misrepresent) [+ facts] donner une fausse impression or idée de

belief [bɪˈliːf] → SYN **1** n **a** (NonC = acceptance as true) croyance f (in en, à) ♦ **belief in ghosts** croyance f aux revenants ♦ **belief in God** croyance f en Dieu ♦ **he has lost his belief in God** il ne croit plus en Dieu, il a perdu la foi ♦ **worthy of belief** digne de foi ♦ **it is beyond** or **past (all) belief** c'est incroyable, c'est à ne pas (y) croire ♦ **wealthy beyond belief** incroyablement riche
b (Rel) (= faith) foi f ; (= doctrine) credo m
c (= conviction) opinion f, conviction f ♦ **in the belief that ...** persuadé que ..., convaincu que ... ♦ **it is my belief that ...** je suis convaincu or persuadé que ... ♦ **to the best of my belief** (pour) autant que je sache ; → **strong**
d (NonC = trust) confiance f, foi f (in en) ♦ **he has no belief in doctors** il n'a aucune confiance dans les médecins ♦ **he has no belief in the future** il ne croit pas en l'avenir
2 COMP ▷ **belief system** n système m de croyances

believable [bɪˈliːvəbl] → SYN adj croyable

believe [bɪˈliːv] LANGUAGE IN USE 6.2, 26.2 → SYN
1 vt **a** (= accept truth of) [+ statement, account, evidence, person] croire ♦ **to believe what sb says** croire ce que dit qn ♦ **I don't believe a word of it** je n'en crois rien or pas un mot ♦ **I don't believe it!** (in exasperation) ce n'est pas vrai ! ; (in incredulity, triumph) ce n'est pas possible or vrai ! ♦ **don't you believe it!** ne va pas croire ça ! ♦ **and would you believe it, he's younger than me!** et figurez-vous qu'il est plus jeune que moi ! ♦ **he could hardly believe his eyes/ears** il en croyait à peine ses yeux/ses oreilles ♦ **if he is to be believed** à l'en croire, s'il faut l'en croire ♦ **believe it or not, he ...** c'est incroyable, mais il ... ♦ **believe me** crois-moi, tu peux me croire ♦ **believe you me** * tu peux m'en croire ♦ **I believe you, thousands wouldn't** * (hum) moi, je te crois, mais je dois être le seul !
b (= think) croire ♦ **I believe I'm right** je crois avoir raison, je crois que j'ai raison ♦ **I don't believe he will come** je ne crois pas qu'il viendra or qu'il vienne ♦ **he is believed to be ill** on le croit malade ♦ **he is believed to have a chance of succeeding** on lui donne des chances de succès ♦ **that is believed to be true** cela passe pour vrai ♦ **I have every reason to believe that ...** j'ai tout lieu de croire que ... ♦ **I believe so** je crois que oui, je le crois ♦ **I believe not** je crois que non, je ne (le) crois pas ♦ **I don't know what to believe** je ne sais que croire à ou quoi m'en tenir ; → **make**
2 vi croire ; (Rel) croire, avoir la foi ♦ **to believe in** [+ God] croire en ; [+ ghosts, promises, antibiotics etc] croire à ♦ **to believe in sb** croire en qn, avoir confiance en qn ♦ **to believe in a method** être partisan d'une méthode ♦ **I don't believe in doctors** je n'ai pas confiance dans les médecins ♦ **I don't believe in letting children do what they want** je ne suis pas d'avis qu'il faille laisser les enfants faire ce qu'ils veulent

believer [bɪˈliːvəʳ] → SYN **a** (= advocate) partisan(e) m(f) ♦ **a believer in capital punishment** un partisan de la peine capitale ♦ **I'm a great believer in giving rewards for achievement** je suis tout à fait partisan de récompenser la réussite ♦ **she's a firm believer in herbal medicines** elle croit profondément aux vertus de la phytothérapie
b (Rel) croyant(e) m(f) ♦ **to be a believer** être croyant, avoir la foi ♦ **to be a believer in ghosts/in astrology** croire aux fantômes/à l'astrologie

Belisha beacon [bɪˈliːʃəˈbiːkən] n lampadaire m (à globe orange marquant un passage pour piétons)

belittle [bɪˈlɪtl] vt [+ person, action, object] déprécier, rabaisser ♦ **to belittle o.s.** se déprécier

Belize [beˈliːz] n le Belize ♦ **in Belize** au Belize

Belizean [beˈliːzɪən] **1** adj belizien
2 n Belizien(ne) m(f)

bell¹ [bel] **1** n **a** [of church, school] cloche f ; (also **handbell**) clochette f ; (on toy, cat's collar, clothes etc) grelot m ; (on cows) cloche f, clarine f ; (on goats, sheep) clochette f ; (at door) sonnette f ; (on cycle, typewriter) timbre m ; [of telephone] sonnerie f ♦ **great bell** bourdon m, grosse cloche f ♦ **the first bell for mass was ringing** le premier coup de la messe sonnait ♦ **to give sb a bell** * (Brit = phone sb) donner or passer un coup de fil * or bigophone * à qn ♦ **there's the bell!** (door) on sonne!, ça sonne! * ; (telephone) le téléphone (sonne)! ♦ **bells** (Naut) coups mpl de cloche ♦ **eight bells** huit coups mpl piqués ♦ **to sound four/six/eight bells** piquer quatre/six/huit coups ♦ **bells and whistles** * accessoires mpl fantaisie ; → **answer, chime, ring²**
b [of flower] calice m, clochette f ; [of trumpet] pavillon m
2 vt mettre une cloche à ♦ **to bell the cat** (fig) attacher le grelot (fig)
3 COMP ▷ **bell-bottomed trousers, bell-bottoms** npl (pantalon m à) pattes fpl d'éléphant ; (Naut) pantalon m de marine ▷ **bell buoy** n bouée f à cloche ▷ **bell captain** n (US) chef des grooms dans un hôtel ▷ **bell glass** n cloche f (en verre) ▷ **bell heather** n bruyère f cendrée ▷ **bell jar** n cloche f (en verre) ▷ **bell metal** n bronze m à cloches ▷ **bell pepper** n (US) (= capsicum) poivron m ; (= chilli) piment m antillais ▷ **bell pull** n [of door] poignée f de sonnette ; [of room] cordon m de sonnette ▷ **bell push** n bouton m de sonnette ▷ **bell-ringer** n sonneur m, carillonneur m ▷ **bell-ringing** n art du sonneur ▷ **bell rope** n (in belfry) corde f de cloche ; (in room) cordon m de sonnette ▷ **bell-shaped** adj en forme de cloche or de clochette ▷ **bell tent** n tente f conique ▷ **bell tower** n clocher m

bell² [bel] **1** n [of stag] bramement m
2 vi bramer

belladonna [ˌbeləˈdɒnə] n (Bot, Med) belladone f

bellboy [ˈbelbɔɪ] n groom m, chasseur m

belle [bel] n beauté f, belle f ♦ **the belle of the ball** la reine du bal

bellflower [ˈbelflaʊəʳ] n (Bot) campanule f

bellfounder [ˈbelfaʊndəʳ] n fondeur m de cloches

bellhop [ˈbelhɒp] n (US) ⇒ bellboy

bellicose [ˈbelɪkəʊs] adj (frm) belliqueux, guerrier

bellicosity [ˌbelɪˈkɒsɪtɪ] n (frm) caractère m belliqueux

bellig erence [bɪˈlɪdʒərəns], **belligerency** [bɪˈlɪdʒərənsɪ] n belligérance f

belligerent [bɪˈlɪdʒərənt] **1** n belligérant(e) m(f)
2 adj person belliqueux ; voice, remarks, statement, policies, mood agressif

belligerently [bɪˈlɪdʒərəntlɪ] adv say, ask, demand sur un ton agressif ; stare, look d'un air belliqueux or agressif

bellow [ˈbeləʊ] **1** vi [animals] mugir, [esp cow, bull] beugler, meugler ; [person] brailler, beugler * (with de) ; [wind, ocean] mugir
2 vt (also **bellow out**) [+ song, order] brailler, hurler ; [+ blasphemies] vociférer
3 n [of animal] mugissement m ; [of esp cow, bull] beuglement m, meuglement m ; [of person] hurlement m, beuglement * m ; [of storm, ocean] mugissement m

bellows [ˈbeləʊz] npl [of forge, organ] soufflerie f ; [of fire] soufflet m ♦ **a pair of bellows** un soufflet

Bell's palsy [ˌbelzˈpɔːlzɪ] n (Med) paralysie f de Bell

bellwether [ˈbelˌweðəʳ] n (US) (= sheep) sonnailler m ; (fig) indicateur m

belly [ˈbelɪ] → SYN **1** n **a** (= abdomen) ventre m ; (fat) panse * f, bedaine * f ♦ **your eyes are bigger than your belly!** tu as les yeux plus grands que le ventre ! ♦ **to go belly up** * se casser la figure *
b [of container] panse f, ventre m ; [of violin] table f (d'harmonie) ; [of guitar] table f (d'harmonie), ventre m ; [of ship] ventre m ; [of sail] creux m
c (Culin) **belly of pork** poitrine f de porc
2 vt [wind] gonfler, enfler
3 vi (also **belly out**) se gonfler, s'enfler
4 COMP ▷ **belly button** * n nombril m ▷ **belly dance** n danse f du ventre ▷ **belly dancer** n danseuse f du ventre ▷ **belly flop** n (Swimming) **to do a belly flop** faire un plat ▷ **belly-landing** n (Aviat) atterrissage m sur le ventre ♦ **to make a belly-landing** atterrir or se poser sur le ventre ▷ **belly laugh** n gros rire m (gras) ▷ **belly tank** n (Aviat) réservoir m de secours ▷ **belly-up** adv **to go belly-up** * (= fail) [company] se planter *, se ramasser * ; [scheme] capoter *

bellyache [ˈbelɪeɪk] **1** n mal m de or au ventre ♦ **to have a bellyache** avoir mal au ventre
2 vi * ronchonner *, bougonner *

bellyaching * [ˈbelɪeɪkɪŋ] n ronchonnements * mpl, bougonnements * mpl

bellyband [ˈbelɪbænd] n sous-ventrière f

bellyful ['belɪfʊl] n [of food] ventre m plein ◆ he'd had a bellyful ⁑ (fig) il en avait plein le dos *, il en avait ras le bol *

belong [bɪ'lɒŋ] → SYN vi [a] belong to (= be the property of) appartenir à ◆ this book belongs to me ce livre m'appartient, ce livre est à moi ◆ lands which belong to the Crown des terres fpl qui appartiennent à la Couronne ◆ the lid belongs to this box le couvercle va avec cette boîte, c'est le couvercle de cette boîte ◆ the handwriting belongs to a male c'est une écriture masculine or d'homme ◆ ... but the last word belonged to Roseanne ... mais c'est Roseanne qui a eu le dernier mot

[b] (= be member, inhabitant etc) to belong to a society faire partie or être membre d'une société ◆ to belong to a town [native] être originaire or natif d'une ville ; [inhabitant] habiter une ville

[c] (= be in right place) être à sa place ◆ to feel that one doesn't belong se sentir étranger ◆ you don't belong here tu n'es pas à ta place ici ◆ people need to feel they belong les gens ont besoin de sentir qu'ils ont leur place dans la société ◆ to belong together aller ensemble ◆ socks that don't belong (together) des chaussettes fpl qui ne vont pas ensemble ◆ the book belongs on this shelf le livre va sur ce rayon ◆ put it back where it belongs remets-le à sa place ◆ murder belongs under the heading of capital crimes le meurtre rentre dans la catégorie des crimes capitaux ◆ his attitude belongs to a bygone era c'est une attitude d'un autre âge ◆ the future belongs to democracy l'avenir est dans la démocratie

[d] (Jur) this case belonged to the Appeal Court ce procès ressortissait à la cour d'appel

belonging [bɪ'lɒŋɪŋ] → SYN n ◆ a sense of belonging un sentiment d'appartenance

belongings [bɪ'lɒŋɪŋz] → SYN npl affaires fpl, possessions fpl ◆ personal belongings objets mpl or effets mpl personnels

Belorussia [ˌbelə'rʌʃə] n ⇒ Byelorussia

Belorussian [ˌbeləʊ'rʌʃən] adj, n ⇒ Byelorussian

beloved [bɪ'lʌvɪd, bɪ'lʌvd] → SYN [1] adj bien-aimé, chéri ◆ beloved by all aimé de tous ◆ dearly beloved brethren ... mes bien chers frères ...
[2] n bien-aimé(e) m(f)

below [bɪ'ləʊ] → SYN

When **below** is an element in a phrasal verb, eg **go below**, look up the verb.

[1] prep [a] (= under) sous ; (= lower than) au-dessous de ◆ below the bed sous le lit ◆ on the bed and below it sur le lit et en dessous ◆ her skirt is well below her knees sa jupe est bien au-dessous du genou ◆ below average/sea level au-dessous de la moyenne/du niveau de la mer ◆ below freezing point au-dessous de zéro ◆ below the horizon au-dessous de l'horizon ◆ below the surface sous la surface ◆ to be below sb in rank occuper un rang inférieur à qn, être au-dessous de qn

[b] (river) en aval de ◆ the Thames below Oxford la Tamise en aval de Oxford

[c] (= unworthy of) it would be below my dignity to speak to him je m'abaisserais en lui parlant ◆ he feels housework is below him pour lui, faire le ménage c'est s'abaisser, il trouve que les tâches ménagères sont indignes de lui

[2] adv [a] (at lower level) plus bas, en contrebas ; (at lowest level) en bas ; (= directly underneath) au-dessous ◆ you can see the town spread out below on voit la ville qui s'étale plus bas or en contrebas ◆ the canopy of trees shades the ground below la voûte des arbres fait de l'ombre sur le sol au-dessous ◆ below, we could see the valley plus bas or en bas, on apercevait la vallée, on apercevait la vallée en contrebas ◆ the road below la route en contrebas ◆ a window with a view to the street below une fenêtre avec vue sur la rue en bas ◆ lying in our bunks, she above, me below couchés dans nos lits superposés, elle en haut, moi en bas ◆ several thousand feet below (from mountain top) plusieurs milliers de mètres plus bas ; (from aeroplane) plusieurs milliers de mètres au-dessous ◆ down below plus bas, en contrebas ◆ far below beaucoup plus bas, loin en contrebas ◆ from below d'en bas

[b] (= downstairs) en bas ◆ she heard two men talking below elle a entendu deux hommes qui parlaient en bas ◆ the floor below l'étage m au-dessous ◆ they live two floors below ils habitent deux étages plus bas or au-dessous ◆ the people (in the flat) below les gens mpl (de l'appartement) du dessous or d'en dessous * ◆ voices from below des voix fpl venant d'en bas

[c] (later in document) mentioned, summarized plus bas, ci-dessous ◆ please write to me at the address below veuillez m'écrire à l'adresse ci-dessous ◆ listed below are some of the books we have in stock vous trouverez ci-dessous une liste de certains des livres que nous avons en stock ◆ see below voir ci-dessous or plus bas ◆ see the picture immediately below voir l'image juste ci-dessous ◆ as stated below comme indiqué ci-dessous or plus bas

[d] (in hierarchy) plus bas, au-dessous

[e] (Naut) en bas ◆ to go below descendre

[f] (Met) au-dessous ◆ it will be extremely cold, with temperatures at zero or below il fera extrêmement froid, avec des températures tombant à zéro ou au-dessous ◆ it was twenty (degrees) below * il faisait moins vingt

[g] (liter = on earth) here below ici-bas

[h] (liter = in hell : also down below) en enfer

[3] COMP ▷ **below-the-line advertising** n publicité f hors média

belt [belt] → SYN [1] n [a] (Dress, Judo, fig) ceinture f ; (Mil etc) ceinturon m, ceinture f ; (= corset) gaine f ◆ (shoulder) belt baudrier m ◆ he has ten years' experience under his belt * il a dix années d'expérience à son actif ◆ blow below the belt (Boxing, also fig) coup m bas ◆ to hit below the belt porter un coup bas ◆ that was below the belt! (fig) c'était un coup bas or un coup en traître ! ◆ to pull in or tighten one's belt (fig) se serrer la ceinture ◆ to be a black belt (in judo etc) être ceinture noire (de judo etc) ◆ to give sb the belt (= punishment) punir qn à coups d'étrivière ; → **safety**

[b] (= tract of land) région f ◆ industrial belt région f industrielle ◆ the cotton belt la région de culture du coton ; → **green**

[c] (Tech) courroie f

[d] (US = road) route f de ceinture

[e] (= region) région f

[2] vt [a] (= thrash) administrer une correction à, donner une raclée * à ; (⁑ = hit) flanquer or coller un gnon ⁑ à ◆ she belted him (one) in the eye ⁑ elle lui a flanqué or collé un gnon ⁑ dans l'œil

[b] (US) ⇒ belt out

[3] vi ◆ (esp Brit * = rush) to belt in/out/across etc entrer/sortir/traverser etc à toutes jambes or à toute blinde ⁑ ◆ he belted down the street il a descendu or dévalé la rue à fond de train

[4] COMP ▷ **belt-and-braces** adj (fig) it was a belt-and-braces job * on a fait ça pour se donner une marge de sécurité or pour être vraiment tranquilles ▷ **belt bag** n banane f ▷ **belt pulley** n poulie f de courroie ; → **conveyor**

▶ **belt down** * vt sep (US) [+ drink] descendre ⁑, se taper ⁑

▶ **belt out** * vt sep ◆ to belt out a song chanter une chanson de tout son cœur or à pleins poumons

▶ **belt up** vi [a] (= put on seat belt) attacher sa ceinture

[b] (Brit ⁑ = be quiet) la boucler ⁑, la fermer ⁑ ◆ belt up! la ferme ! ⁑, boucle-la ! ⁑

belter * ['beltəʳ] n (= singer) chanteur ou chanteuse qui chante à pleins poumons ; (= song) beuglante ⁑ f ; (= shot, kick) boulet m (de canon) ; (= match, game) super match * m ; (= party) super soirée * f

belting * ['beltɪŋ] n (= beating) raclée * f, dérouillée ⁑ f ◆ to give sb a good belting donner or filer une bonne raclée * or dérouillée ⁑ à qn

beltway ['beltweɪ] n (US: motorway-type) périphérique m

beluga [bɪ'luːɡə] n (= fish, caviar) bél(o)uga m

belvedere [ˌbelvɪ'dɪəʳ] n belvédère m

bemoan [bɪ'məʊn] vt pleurer, déplorer

bemuse [bɪ'mjuːz] vt rendre perplexe

bemused [bɪ'mjuːzd] adj person, expression, smile perplexe

bemusedly [bɪ'mjuːzɪdlɪ] adv stare, gaze d'un air perplexe ; say sur un ton perplexe

ben [ben] (Scot) [1] n mont m, sommet m
[2] COMP ▷ **Ben Nevis** n Ben Nevis m

bench [bentʃ] → SYN [1] n [a] (= seat) (Brit Parl) banc m (in tiers) gradin m ; (padded) banquette f ◆ on the bench (Sport) sur le banc de touche ; → **back**, **Opposition**

[b] (Jur) the Bench (= court) la cour, le tribunal ; (= judges collectively) les magistrats mpl ◆ to be raised to the bench être nommé juge ◆ to be on the bench (permanent office) être juge (or magistrat) ; (when in court) siéger au tribunal ◆ to appear before the bench comparaître devant le tribunal ◆ the Bench has ruled that ... la cour a décrété que ... ; → **king**

[c] (also **workbench**) [of laboratory, factory, workshop] établi m

[2] vt (US Sport *) [+ player] exclure du jeu (souvent comme pénalisation)

[3] COMP ▷ **bench lathe** n tour m à banc ▷ **bench mark** n (Surv) repère m de nivellement ; (fig = reference point) point m de référence, repère m ; (Comput) jeu m d'essai ◆ the 1984 bench mark (Stat) l'année f de référence 1984 ▷ **bench-mark** adj (Econ, Comm) bench-mark price prix m de base or de référence ◆ bench-mark test (Comput) test m d'évaluation de performance ▷ **bench-press** vt (Weight Lifting) soulever ▷ **bench scientist** n expérimentateur m, -trice f ▷ **bench seat** n banquette f ▷ **bench study** n étude-pilote f ▷ **bench test** n essai m ▷ **bench vice** n étau m d'établi

bencher ['bentʃəʳ] n (Brit Jur) ≃ membre m de l'ordre des avocats ; → **backbencher**

benchwarmer * ['bentʃwɔːməʳ] n (US Sport) joueur m (médiocre) en réserve

bend [bend] → SYN vb : pret, ptp **bent** [1] n [a] [of river] coude m, détour m ; [of tube, pipe] coude m ; [of arm] pli m, saignée f ; [of knee] pli m ; [of road] virage m, coude m ; (Naut = knot) nœud m de jonction ◆ there is a bend in the road la route fait un coude ◆ bends for 8km (Aut) virages mpl sur 8 km ◆ to take a bend [car] prendre un virage or un tournant ◆ round the bend ⁑ (Brit) tombé sur la tête *, cinglé * ◆ to drive sb round the bend * (Brit) rendre qn chèvre *

[b] (Med) the bends * la maladie des caissons

[2] vt [a] [+ back, body] courber ; [+ leg, arm] plier ; [+ knee, leg] fléchir, plier ; [+ head] baisser, pencher ; [+ branch] courber, faire ployer ; [+ light ray] réfracter ; [+ rail, pipe, rod, beam] tordre, courber ; [+ bow] bander ; (Naut) [+ cable] étalinguer ; [+ sail] enverguer ◆ to bend the rules * faire une entorse au règlement ◆ to bend at right angles couder ◆ to bend out of shape fausser, gauchir ◆ to get bent out of shape * (about sth) (US) s'énerver (à cause de qch) ◆ to be (all) bent out of shape * être contrarié ◆ with her head bent over a book la tête penchée or courbée sur un livre ◆ on bended knee(s) à genoux ◆ to go down on bended knee (to or before sb) s'agenouiller or se mettre à genoux (devant qn) ◆ to bend the elbow * (= drink) lever le coude * ◆ to bend o.s. to sb's will (liter) se plier à la volonté de qn ◆ to bend sb to one's will (liter) mettre qn sous son joug ◆ to bend sb's ear (gen) accaparer (l'attention de) qn ; (* pej) casser les pieds à qn * ; see also **bent**¹

[b] (= direct) all eyes were bent on him tous les yeux or les regards étaient fixés or braqués sur lui ◆ the Government bent its efforts to lowering unemployment le gouvernement a concentré ses efforts sur la lutte contre le chômage

[3] vi [person] se courber ; [branch, instrument etc] être courbé, plier ; [river, road] faire un coude, tourner ; (fig = submit) se soumettre, céder (to à) ◆ to bend backward/forward se pencher en arrière/en avant

[4] COMP ▷ **bend sinister** n (Her) barre f de bâtardise ; → **double**, **hairpin**

▶ **bend back** [1] vi [wire etc] se recourber ; [person] se pencher en arrière
[2] vt sep replier, recourber

bend down ① vi [person] se courber, se baisser ; [tree, branch] ployer, plier ② vt sep [+ wire] replier, recourber ; [+ branch] faire ployer

bend over ① vi [person] se pencher ◆ **to bend over backwards to help sb** * se mettre en quatre pour aider qn ② vt sep replier

bendable ['bendəbl] adj flexible

bender ['bendəʳ] n **a** (Tech) cintreuse f **b to go on a bender** * aller se cuiter * **c** (= tent) hutte f (improvisée)

bendy * ['bendɪ] ① adj branch flexible ; river, road sinueux ② COMP ▷ **bendy straw** n paille f courbée

beneath [bɪˈniːθ] → SYN ① prep **a** (= under) sous ◆ **beneath the table** sous la table ◆ **to labour beneath a burden** (liter) ployer sous un fardeau
b (= lower than) au-dessous de, sous ◆ **the town beneath the castle** la ville (située) au-dessous du château
c (= unworthy of) indigne de ◆ **it is beneath my notice** cela ne mérite pas mon attention or que je m'y arrête (subj) ◆ **he regards the critics as beneath his notice** il se considère au-dessus des critiques ◆ **she considered it beneath her to lie** elle pensait que mentir aurait été indigne d'elle ◆ **she married beneath her** elle a fait une mésalliance ◆ **they took jobs that were far beneath them** ils ont accepté des emplois qui étaient vraiment indignes d'eux
② adv dessous, au-dessous ◆ **the flat beneath** l'appartement m au-dessous or du dessous

Benedict ['benɪdɪkt] n Benoît m

Benedictine [ˌbenɪˈdɪktɪn] ① n (Rel) bénédictin(e) m(f)
② adj (Rel) bénédictin

benedictine [ˌbenɪˈdɪktiːn] n (= liqueur) Bénédictine f

benediction [ˌbenɪˈdɪkʃən] n (= blessing) bénédiction f ; (at table) bénédicité m ; (Rel = office) salut m

benefaction [ˌbenɪˈfækʃən] n (= good deed) bienfait m ; (= gift) donation f, don m

benefactor ['benɪfæktəʳ] n bienfaiteur m

benefactress † ['benɪfæktrɪs] n bienfaitrice f

benefice ['benɪfɪs] n bénéfice m (Rel)

beneficence [bɪˈnefɪsəns] n **a** (NonC = generosity) bienfaisance f
b (= act) acte m or œuvre f de bienfaisance

beneficent [bɪˈnefɪsənt] adj person bienfaisant ; thing salutaire

beneficial [ˌbenɪˈfɪʃəl] → SYN adj salutaire, avantageux (to pour), favorable (to à) ◆ **beneficial to health** bon pour la santé ◆ **the change will be beneficial to you** le changement vous fera du bien or vous sera salutaire ◆ **beneficial owner** (Jur) usufruitier m, -ière f

beneficially [ˌbenɪˈfɪʃəlɪ] adv avantageusement

beneficiary [ˌbenɪˈfɪʃərɪ] n [of will etc] bénéficiaire mf, légataire mf ; [of person] ayant droit m ; [of insurance] bénéficiaire mf ; (Rel) bénéficier m

benefit ['benɪfɪt] → SYN ① n **a** (gen) bienfait m ◆ **for the benefit of your health** dans l'intérêt de votre santé ◆ **it's to your benefit** c'est dans votre intérêt ◆ **the book was not (of) much benefit to me, I didn't get much benefit from the book** le livre ne m'a pas beaucoup aidé or ne m'a pas été très utile ◆ **did he get much benefit from his holiday?** est-ce que ses vacances lui ont profité or lui ont fait du bien ? ◆ **he's beginning to feel the benefit of his stay in the country** il commence à ressentir les bienfaits de son séjour à la campagne ◆ **he had the benefit of the work I had put in** il a profité de mon travail ◆ **a concert for the benefit of the refugees** un concert au profit des réfugiés ◆ **we're doing all this for his benefit** c'est pour lui que nous faisons tout cela ◆ **he's not really hurt, he's just crying for your benefit** * il ne s'est pas vraiment fait mal, il pleure juste pour que vous fassiez attention à lui ◆ **to give sb/get the benefit of the doubt** laisser à qn/avoir le bénéfice du doute ◆ **the benefits of a good education** les bienfaits d'une bonne éducation
b (Admin = money) allocation f, prestation f ◆ **unemployment benefit** (formerly) allocation f (de) chômage ; → sickness ; → DSS
c (Mus, Theat = charity performance) représentation f de bienfaisance
d benefit of clergy (= privileges) privilège m du clergé ; (= rites) rites mpl de l'Église, rites mpl religieux ◆ **marriage without benefit of clergy** mariage non béni par l'Église
② vt faire du bien à ; (financially) profiter à
③ vi [person] se trouver bien (from, by de) ; (financially) gagner (from or by doing sth à faire qch) ; [work, situation] être avantagé (from par) ◆ **he will benefit from a holiday** des vacances lui feront du bien
④ COMP ▷ **benefit association** n (US) ⇒ **benefit society** ▷ **benefit club** n assurance f mutuelle, caisse f de secours mutuel ▷ **benefit in kind** n (Comm) avantage m en nature ▷ **benefit match** n (Sport) match m au profit d'un joueur ▷ **benefit performance** n représentation f de bienfaisance ▷ **benefit society** n (US) société f de prévoyance, (société f) mutuelle f

Benelux ['benɪlʌks] n le Benelux ◆ **the Benelux countries** les pays du Benelux

benevolence [bɪˈnevələns] n **a** (NonC) (= kindness) bienveillance f ; (= generosity) bienfaisance f, générosité f
b (= gift, act) bienfait m
c (Hist) don m forcé (au souverain)

benevolent [bɪˈnevələnt] adj **a** (= kind) bienveillant (to envers) ◆ **a benevolent smile** un sourire bienveillant or plein de bonté
b (= charitable) organization, society de bienfaisance ◆ **benevolent fund** fonds m de secours

benevolently [bɪˈnevələntlɪ] adv avec bienveillance or bonté

BEng [biːˈendʒ] n abbrev of Bachelor of Engineering

Bengal [beŋˈgɔːl] ① n le Bengale ◆ **the Bay of Bengal** le golfe du Bengale
② COMP ▷ **Bengal light** n feu m de Bengale ▷ **Bengal tiger** n tigre m du Bengale

Bengali [beŋˈgɔːlɪ] ① adj bengali f inv
② n **a** (= person) Bengali mf
b (Ling) bengali m

benighted [bɪˈnaɪtɪd] adj **a** (fig = uncultured) person plongé dans (les ténèbres de) l'ignorance ; policy etc à courte vue, aveugle
b († lit) surpris par la nuit

benign [bɪˈnaɪn], **benignant** [bɪˈnɪgnənt] adj **a** (= kindly) bienveillant, affable ; (= beneficial) bienfaisant, salutaire ; climate doux (douce f)
b (= harmless) research, substance, process inoffensif
c (Med) tumour bénin (-igne f)
d benign neglect laisser-faire m ◆ **a policy of benign neglect of the economy** une politique de laisser-faire en matière économique, une politique économique non-interventionniste ◆ **the best thing for these moors is benign neglect** la meilleure chose qu'on puisse faire pour cette lande, c'est de la laisser en friche

benignly [bɪˈnaɪnlɪ] adv avec bienveillance

Benin [beˈniːn] n le Bénin

Beninese [ˌbenɪˈniːz] ① adj béninois
② n Béninois(e) m(f)

benison ['benɪzn] n bénédiction f

Benjamin ['bendʒəmɪn] n Benjamin m

benny * ['benɪ] n (Drugs) (comprimé m de) benzédrine f

bent[1] [bent] → SYN ① vb (pt, ptp of bend)
② adj **a** wire, pipe tordu
b (esp Brit * = dishonest) véreux, ripou * ◆ **a bent copper** un ripou *
c (Brit pej * = homosexual) homo *
d to be bent on doing sth être résolu or décidé à faire qch, vouloir absolument faire qch ◆ **he is bent on seeing me** il veut absolument me voir ◆ **he is bent on pleasure** il ne recherche que son plaisir
③ n **a** (= aptitude) dispositions fpl, aptitudes fpl (for pour) ◆ **to have a bent for languages** avoir des dispositions pour les langues
b (= liking) penchant m, goût m ◆ **to have a bent for** or **towards sth** avoir du goût or un penchant pour qch ◆ **to follow one's bent** suivre son inclination f ◆ **of literary bent** tourné vers les lettres

bent[2] [bent] n (also bent grass) agrostide f

benthos ['benθɒs] n (Bio) benthos m

bentonite ['bentənaɪt] n (Miner) bentonite f

bentwood ['bentwʊd] adj furniture en bois courbé

benumb [bɪˈnʌm] vt [+ limb] engourdir, endormir

benumbed [bɪˈnʌmd] adj (= cold) person transi (de froid) ; fingers engourdi par le froid ; (= frightened) transi de peur ; (= shocked) paralysé

Benzedrine ® ['benzɪdriːn] n benzédrine f

benzene ['benziːn] n benzène m

benzine ['benziːn] n benzine f

benzoate ['benzəʊeɪt] n (Chem) benzoate m

benzocaine ['benzəʊkeɪn] n benzocaïne f

benzodiazepine [ˌbenzəʊdaɪˈeɪzəpiːn] n benzodiazépine f

benzoic [benˈzəʊɪk] adj (Chem) benzoïque ◆ **benzoic acid** acide m benzoïque

benzoin[1] ['benzəʊɪn] n (= resin) benjoin m ; (= shrub) styrax m (benjoin)

benzoin[2] ['benzəʊɪn] n (Chem) benzoïne f

benzol(e) ['benzɒl] n (Chem) benzol m

bequeath [bɪˈkwiːð] → SYN vt (in will) léguer (to à) ; (fig) [+ tradition] transmettre, léguer (to à)

bequest [bɪˈkwest] → SYN n legs m

berate [bɪˈreɪt] vt admonester (liter), réprimander

Berber ['bɜːbəʳ] ① adj berbère
② n **a** (= person) Berbère mf
b (Ling) berbère m

berberis ['bɜːbərɪs] n (Bot) berbéris m, épine-vinette f

bereave [bɪˈriːv] → SYN vt **a** pret, ptp bereft (= deprive) priver, déposséder (of de), see also bereft
b (pret, ptp gen bereaved) (by death) ravir (sb of sb qn à qn)

bereaved [bɪˈriːvd] adj endeuillé, affligé

bereavement [bɪˈriːvmənt] → SYN n (= loss) perte f ; (NonC = state) deuil m ◆ **a sad bereavement** une perte cruelle ◆ **in his bereavement** dans son deuil ◆ **owing to a recent bereavement** en raison d'un deuil récent

bereft [bɪˈreft] ① vb (pt, ptp of bereave → a)
② adj (liter) = bereft of privé or démuni de ◆ **bereft of hope** désespéré ◆ **he is bereft of reason** il a perdu la raison

beret ['bereɪ] n béret m

Berezina [bɪrɪˈziːna] n (Geog, Hist) Bérézina f

berg * [bɜːg] n abbrev of iceberg

bergamot ['bɜːgəmɒt] n bergamote f

bergschrund ['bɜːkʃrʊnt] n (Climbing) rimaye f

beriberi ['berɪ'berɪ] n béribéri m

Bering ['beɪrɪŋ] adj ◆ **Bering Sea/Strait** mer f/détroit m de Béring

berk * [bɜːk] n (Brit) connard * m, connasse * f

berkelium [bɜːˈkiːlɪəm] n berkélium m

Berks n abbrev of Berkshire

Berlin [bɜːˈlɪn] ① n **a** (Geog) Berlin ◆ **East/West Berlin** Berlin Est/Ouest
b (= carriage) berlin berline f
② COMP ▷ **the Berlin Wall** n le mur de Berlin ▷ **Berlin wool** n laine f à broder

Berliner [bɜːˈlɪnəʳ] n Berlinois(e) m(f)

berm [bɜːm] n (US Aut) accotement m, bas-côté m

Bermuda [bɜːˈmjuːdə] ① n les Bermudes fpl
② COMP ▷ **Bermuda shorts** npl bermuda m ▷ **the Bermuda Triangle** n le triangle des Bermudes

Bern [bɜːn] n Berne f

Bernard ['bɜːnəd] n Bernard m

Bernese ['bɜːniːz] ① adj bernois ◆ **Bernese Oberland** Oberland m bernois ◆ **Bernese Mountain Dog** (Zool) bouvier m bernois
② n Bernois(e) m(f)

berry ['berɪ] **1** n baie f; → **brown**
2 vi ◆ **to go berrying** aller cueillir des baies

bersagliere [ˌbɛəsɑːˈljeərɪ] n bersaglier m

berserk [bəˈsɜːk] → SYN adj fou furieux (folle furieuse f) ◆ **to go berserk** devenir fou furieux, se déchaîner

berth [bɜːθ] → SYN **1** n **a** [of plane, train, ship] couchette f ◆ **to find a soft berth** (fig) trouver une bonne planque *
b (Naut = place for ship) mouillage m, poste m d'amarrage ◆ **to give a wide berth to a ship** passer au large d'un navire ◆ **to give sb a wide berth** éviter qn, se tenir à une distance respectueuse de qn ◆ **you should give him a wide berth** vous devriez l'éviter à tout prix
2 vi (at anchor) mouiller; (alongside) venir à quai, accoster
3 vt [+ ship] (= assign place) donner or assigner un poste d'amarrage à; (perform action) amarrer, faire accoster

beryl ['berɪl] n béryl m

beryllium [beˈrɪljəm] n béryllium m

beseech [bɪˈsiːtʃ] → SYN pret, ptp **besought** or **beseeched** vt (liter) **a** (= ask for) [+ permission] demander instamment, solliciter; [+ pardon] implorer
b (= entreat) conjurer (liter), supplier (sb to do sth qn de faire qch)

beseeching [bɪˈsiːtʃɪŋ] **1** adj voice, look suppliant, implorant
2 n (NonC) supplications fpl

beseechingly [bɪˈsiːtʃɪŋlɪ] adv d'un air or d'un ton suppliant or implorant

beset [bɪˈset] pret, ptp **beset** vt [dangers, fears] assaillir; [temptations] entourer ◆ **a path beset with obstacles** un chemin semé d'obstacles ◆ **beset with difficulties** enterprise, journey semé de difficultés ◆ **he is beset with difficulties** les difficultés l'assaillent (de toutes parts) ◆ **beset with** or **by doubts** assailli par le doute

besetting [bɪˈsetɪŋ] adj ◆ **his besetting sin** son grand défaut

beside [bɪˈsaɪd] → SYN prep **a** (= at the side of) à côté de, auprès de ◆ **she sat down beside him** elle s'est assise à côté or auprès de lui ◆ **beside it** à côté
b (= compared with) à côté de
c (= except) **beside him, no one agreed with me** à part lui, personne n'était d'accord avec moi
d (phrases) **that's beside the point** cela n'a rien à voir (avec la question) ◆ **it's quite beside the point to suggest that ...** il est tout à fait inutile de suggérer que ... ◆ **to be beside o.s. (with anger)** * être hors de soi ◆ **he was quite beside himself with excitement** * il était dans un grand état d'excitation ◆ **he is beside himself with joy** * il est transporté de joie, il ne se sent pas de joie

besides [bɪˈsaɪdz] → SYN **1** adv **a** (= in addition) en outre, en plus, de plus ◆ **and many more besides** et bien d'autres encore ◆ **he wrote a novel and several short stories besides** il a écrit un roman et aussi plusieurs nouvelles
b (= else) de plus, d'autre ◆ **there is nothing besides** il n'y a rien de plus or d'autre
c (= moreover) d'ailleurs, du reste
2 prep **a** (= in addition to) en plus de, en dehors de ◆ **others besides ourselves** d'autres que nous ◆ **there were three of us besides Jacques** nous étions trois sans compter Jacques ◆ **besides this book I bought some CDs** outre ce livre, j'ai acheté des CD ◆ **besides which he was unwell** sans compter qu'il était souffrant, et en plus il était souffrant
b (= except) excepté, hormis, en dehors de ◆ **no one besides you** personne en dehors de vous or excepté vous, personne d'autre que vous ◆ **who besides them could have done it?** qui aurait pu le faire cela, à part eux or sinon eux ?, qui d'autre aurait pu le faire ?

besiege [bɪˈsiːdʒ] → SYN vt **a** [+ town] assiéger, mettre le siège devant
b (fig = surround) assaillir ◆ **besieged by journalists** assailli par des journalistes
c (fig = pester) assaillir, harceler (with de) ◆ **besieged with questions** assailli de questions

besieger [bɪˈsiːdʒər] n (lit) assiégeant(e) m(f)

besmear [bɪˈsmɪər] vt (lit) barbouiller (with de); (fig) salir, souiller (liter)

besmirch [bɪˈsmɜːtʃ] vt ternir, entacher

besom ['biːzəm] n balai m de bouleau

besotted [bɪˈsɒtɪd] → SYN adj **a** (= drunk) abruti, hébété (with de)
b (= infatuated) entiché, fou (folle f) (with de)
c (= foolish) idiot, imbécile

besought [bɪˈsɔːt] vb (pt, ptp of **beseech**)

bespatter [bɪˈspætər] vt éclabousser (with de)

bespeak [bɪˈspiːk] pret **bespoke**, ptp **bespoken** or **bespoke** vt **a** (= order) [+ goods] commander; [+ room, place] retenir, réserver
b (= indicate) témoigner de; [+ weakness, fault] accuser

bespectacled [bɪˈspektɪkld] adj à lunettes

bespoke [bɪˈspəʊk] **1** vb (pt, ptp of **bespeak**)
2 adj (Brit) goods fait sur commande; garments fait sur mesure; tailor etc à façon ◆ **bespoke software** (Comput) logiciel m sur mesure

bespoken [bɪˈspəʊkən] vb (ptp of **bespeak**)

besprinkle [bɪˈsprɪŋkl] vt (liter) (with liquid) arroser, asperger (with de); (with powder) saupoudrer (with de); (= dot with) parsemer (with de)

Bess [bes] n (dim of Elizabeth) ◆ **Good Queen Bess** (Brit Hist) la reine Élisabeth (Ire)

Bessarabia [ˌbesəˈreɪbɪə] n la Bessarabie

Bessemer converter ['besɪmər] n Bessemer m

Bessemer process ['besɪmər] n (Metal) procédé m Bessemer

best [best] LANGUAGE IN USE 2.2, 7.4, 23 → SYN
1 adj (superl of **good**) le meilleur, la meilleure ◆ **the best novel he's written** le meilleur roman qu'il ait écrit ◆ **the best pupil in the class** le meilleur élève de la classe ◆ **Belgian beer is the best in the world** la bière belge est la meilleure du monde or au monde ◆ **the best route to Paris** le meilleur chemin or itinéraire pour Paris ◆ **the best thing about Spain/living abroad is ...** ce qu'il y a de mieux en Espagne/quand on vit à l'étranger, c'est ... ◆ **the best thing about her is ...** sa plus grande qualité, c'est ... ◆ **the best thing to do is to wait** le mieux c'est d'attendre ◆ **the best years of one's life** les plus belles années de sa vie ◆ **in one's best clothes** vêtu de ses plus beaux vêtements ◆ **may the best man win!** que le meilleur gagne ! ◆ **to put one's best foot forward** (in walking) allonger le pas; (= do one's best) faire de son mieux ◆ **she's his best girl** † * c'est sa petite amie ◆ **best before ...** (Comm: on product) à consommer de préférence avant ... ◆ **to have the best diamond** (Cards) être maître à carreau; see also **5** ; → **behaviour**, **second-best**, **wish**

◆ **the best part of** * (= most of) la plus grande partie de ◆ **for the best part of an hour/month** pendant près d'une heure/d'un mois ◆ **it took the best part of an hour** ça m'a pris une petite heure

2 n **a** **the best** le mieux, le meilleur ◆ **she's the best in the class at maths/drawing** elle est la meilleure de la classe en maths/en dessin ◆ **to get the best out of sb/sth** tirer le maximum de qn/qch ◆ **to get the best of the bargain** or **of it** l'emporter, avoir le dessus ◆ **to have** or **get the best of both worlds** gagner sur les deux tableaux ◆ **the best there is** ce qu'il y a de mieux ◆ **to save the best for last** garder le meilleur pour la fin ◆ **the best is yet to come** il y a mieux ◆ **the best of it is that ...** le plus beau de l'affaire c'est que ... ◆ **the final is the best of three matches** (Sport) la finale se dispute au meilleur des trois matchs ◆ **to be the best of friends** être les meilleurs amis (du monde) ◆ **even the best of us can make mistakes** tout le monde peut se tromper ◆ **the best of plans can go astray** les meilleurs projets peuvent échouer ◆ **he can sing with the best of them** * il sait chanter comme pas un * ◆ **even at the best of times** même dans les circonstances les plus favorables ◆ **he's not very patient (even) at the best of times but ...** il n'est jamais particulièrement patient mais ...

◆ **all the best !** * (= goodbye) salut ! * ; (at end of letter) amicalement, amitiés ◆ **all the best to your sister** mes amitiés à ta sœur ◆ **all the best for your exam** bonne chance pour ton examen

◆ **at best** au mieux

◆ **do + best** ◆ **to do one's (level) best (to come)** faire tout son possible (pour venir) ◆ **do the best you can!** faites de votre mieux !, faites pour le mieux ! ◆ **it's the best I can do** je ne peux pas faire mieux ◆ **well, I did my best** eh bien, j'ai fait de mon mieux

◆ **for the best** ◆ **it's (all) for the best** c'est pour le mieux ◆ **to do sth for the best** faire qch dans les meilleures intentions

◆ **to be at one's best** (= on form) être en pleine forme * or en train ◆ **the roses are at their best just now** les roses sont de toute beauté en ce moment ◆ **that is Racine at his best** voilà du meilleur Racine

◆ **to look one's best** être resplendissant; [+ woman] être en beauté ◆ **I always like to look my best** j'aime bien être à mon avantage ; ◆ **she looks her best in blue** c'est le bleu qui l'avantage le plus

◆ **to make the best of sth** s'accommoder de qch (du mieux que l'on peut) ◆ **to make the best of a bad job** faire contre mauvaise fortune bon cœur ◆ **to make the best of one's opportunities** profiter au maximum des occasions qui se présentent

◆ **to the best of ...** ◆ **to the best of my ability/knowledge/recollection** autant que je puisse/que je sache/que je me souviens ◆ **to the best of my (knowledge and) belief** autant que je sache ◆ **I avoided it to the best of my power** je l'ai évité autant que j'ai pu

b (= clothes) **in one's Sunday best** * endimanché, sur son trente et un ◆ **(to keep sth) for best** * (garder qch) pour les grandes occasions

3 adv (superl of **well**) le mieux, le plus ◆ **the best dressed man in Paris** l'homme m le mieux habillé de Paris ◆ **the best loved actor** l'acteur m le plus aimé ◆ **I like apples best** ce que je préfère, ce sont les pommes ◆ **I like strawberries best of all** j'aime les fraises par-dessus tout ◆ **that is the hat which suits her best** voilà le chapeau qui lui va le mieux ◆ **I helped him as best I could** je l'ai aidé de mon mieux or du mieux que j'ai pu ◆ **he thought it best to accept** il a trouvé or jugé préférable d'accepter ◆ **do as you think best** faites à votre idée, faites pour le mieux ◆ **you know best** vous savez mieux que personne, c'est vous le mieux placé pour en juger, vous êtes (le) meilleur juge en la matière ◆ **you had best go at once** tu ferais mieux de t'en aller tout de suite ◆ **the best-laid plans of mice and men oft go awry** même les projets les mieux élaborés peuvent échouer

4 vt (= defeat, win over) battre, l'emporter sur

5 COMP ▷ **best-before date** n (Comm) date f limite d'utilisation or de consommation ▷ **best boy** n (Cine) assistant du chef électricien ou du technicien ▷ **best friend** n meilleur(e) ami(e) m(f) ◆ **she is her best friend** c'est sa meilleure amie ▷ **best man** n, pl **best men** (at wedding) ≃ garçon m d'honneur, ≃ témoin m ▷ **best-selling** adj [+ book, writer] à succès ; [+ record] qui remporte un grand succès

---

BEST MAN

Choisi parmi les amis ou les proches parents du marié, le **best man** est à la fois le témoin et le garçon d'honneur. Traditionnellement responsable du bon déroulement de la journée, il doit veiller à ce que le marié soit à l'heure et à ce que les invités soient bien accueillis. Pendant la réception, il lui revient de lire les messages de félicitations, d'annoncer les orateurs, de prononcer le discours humoristique d'usage et de porter un toast aux nouveaux mariés.

---

bestial ['bestɪəl] → SYN adj (lit, fig) bestial

bestiality [ˌbestɪˈælɪtɪ] n bestialité f

bestiary ['bestɪərɪ] n bestiaire m (recueil)

bestir [bɪˈstɜːr] vt ◆ **to bestir o.s.** se remuer, se démener, s'activer

bestow [bɪ'stəʊ] → SYN vt (frm) **a** (= grant) [+ favour, sb's hand] accorder (*on, upon* à); [+ title] conférer (*on, upon* à)
b (= devote) [+ energy] consacrer, employer (*upon* à); [+ admiration] accorder ◆ **to bestow friendship on sb** prendre qn en amitié ◆ **the attention bestowed on this boy** l'attention dont ce garçon est l'objet

bestowal [bɪ'stəʊəl] n (NonC: frm) octroi m

bestraddle [bɪ'strædl] vt [+ horse, bicycle] enfourcher; [+ wall] chevaucher; [+ chair] se mettre à califourchon sur

bestrew [bɪ'stru:] pret **bestrewed**, ptp **bestrewed** or **bestrewn** [bɪ'stru:n] vt (liter) parsemer, joncher (*with* de)

bestride [bɪ'straɪd] → SYN pret **bestrode** [bɪ'strəʊd] ptp **bestridden** [bɪ'strɪdn] vt **a** [+ chair] être à cheval or à califourchon sur; [+ horse, bicycle] enfourcher
b [+ brook, ditch] enjamber

bestseller [best,selə^r] n (= book) best-seller m, livre m à succès, succès m de librairie; (Comm) (other article) article m très demandé; (= author) auteur m à succès

bet [bet] → SYN pret, ptp **bet** or **betted** 1 vi parier (*against* contre; *on* sur; *with* avec) ◆ **to bet 10 to 1** parier or miser à 10 contre 1 ◆ **to bet on horses** parier or jouer aux courses ◆ **to bet on a horse** jouer un cheval, miser sur un cheval ◆ **don't bet on it!, I wouldn't bet on it!** ne compte pas trop dessus
2 vt **a** **to bet £10 on a horse** parier or miser 10 livres sur un cheval ◆ **she bet me $10 he would refuse** elle m'a parié 10 dollars qu'il refuserait
b **I bet he'll come!** je te parie qu'il viendra! ◆ **I'll bet you anything (you like)** je te parie tout ce que tu veux ◆ **bet you won't do it** * (je te parie que) t'es pas capable de le faire * ◆ **you bet!** * un peu! *, tu parles! * ◆ **bet you can't!** * chiche! * ◆ **you can bet your boots** * or **your bottom dollar** * or **your life** * **that ...** tu peux parier tout ce que tu veux or parier ta chemise que ... ◆ **to bet the ranch** or **farm on sb/sth** (US fig) tout miser sur qn/qch
3 n **a** (lit) pari m ◆ **to make** or **lay a bet (on sth/sb)** parier (sur qch/qn), faire un pari (sur qch/qn) ◆ **to accept** or **take (on) a bet** accepter un pari ◆ **to win a bet** gagner un pari ◆ **place your bets!** (in casino) faites vos jeux! ◆ **want a bet?** * (qu'est-ce que) tu paries? *
b **this is your best bet** c'est ce que vous avez de mieux à faire ◆ **it's a good** or **safe bet that she'll turn up** il est à peu près certain qu'elle viendra ◆ **Liverpool look a good** or **safe bet for the championship** Liverpool a toutes les chances de gagner le championnat ◆ **all bets are off** (fig) impossible de dire ce qui va se passer; → **hedge**

beta ['bi:tə] 1 n bêta m
2 COMP ▷ **beta blocker** n (Med, Pharm) bêta-bloquant m ▷ **beta-blocking** adj bêta-bloquant ▷ **beta decay** n désintégration f bêta or négatogène ▷ **beta globulin** n transferrine f ▷ **beta particle** n particule f bêta ▷ **beta ray** n rayon m bêta ▷ **beta rhythm** n rythme m bêta

betacarotene [,bi:tə'kærəti:n] n â-carotène m, bêta-carotène m

betake [bɪ'teɪk] pret **betook**, ptp **betaken** [bɪ'teɪkən] vt ◆ **to betake o.s. to ...** (s'en) aller à ..., se rendre à ...

betatron ['bi:tə,trɒn] n (Phys) bêtatron m

betcha * ['betʃə] excl ◆ **(you) betcha!** un peu! *, tu parles! *

betel ['bi:təl] 1 n bétel m
2 COMP ▷ **betel nut** n noix f de bétel

Betelgeuse ['bi:tl,dʒɜ:z] n (Astron) Bételgeuse f

Bethany ['beθənɪ] n Béthanie

bethink † [bɪ'θɪŋk] pret, ptp **bethought** vt ◆ **to bethink o.s.** réfléchir, considérer ◆ **to bethink o.s. of sth/to do/that** s'aviser de qch/de faire/que

Bethlehem ['beθlɪhem] n Bethléem

bethought [bɪ'θɔ:t] vb (pt, ptp of **bethink**)

betide [bɪ'taɪd] → SYN vti ◆ **whatever (may) betide** quoi qu'il advienne or arrive (subj); → **woe**

betimes † [bɪ'taɪmz] → SYN adv (= early) de bonne heure, tôt; (= quickly) promptement, vite; (= in good time) à temps, assez tôt

betoken [bɪ'təʊkən] → SYN vt (frm) (= forecast) présager, annoncer; (= indicate) dénoter, être signe de

betony ['betənɪ] n (Bot) bétoine f

betook [bɪ'tʊk] vb (pt of **betake**)

betray [bɪ'treɪ] → SYN vt **a** (= be disloyal to) [+ one's country] trahir, être traître à; [+ friends] trahir; [+ spouse, partner] tromper, trahir; (fig) [+ hope etc] trahir, décevoir; [+ ideals, principles] trahir ◆ **he has betrayed our trust** il a trahi notre confiance, il a commis un abus de confiance
b (= give up treacherously) [+ person, secret] livrer (*to* à), trahir ◆ **to betray sb into enemy hands** livrer qn à l'ennemi or aux mains de l'ennemi
c (= disclose) [+ age, fears, intentions, facts, truth] trahir, révéler ◆ **to betray o.s.** se trahir ◆ **his speech betrayed the fact that he had been drinking** on devinait à l'écouter qu'il avait bu

betrayal [bɪ'treɪəl] → SYN n [of country, ally etc] trahison f; [of age, secret, plan] divulgation f; [of fears, intentions] manifestation f (involontaire); [of facts, truth] révélation f ◆ **a betrayal of trust** un abus de confiance ◆ **to feel a sense of betrayal** se sentir trahi

betrayer [bɪ'treɪə^r] n [of country] traître(sse) m(f) (*of* à, envers); [of friend] dénonciateur m, -trice f (*of* de) ◆ **she killed her betrayer** elle a tué celui qui l'avait trahie

betroth [bɪ'trəʊð] vt (††, liter) fiancer (*to* à, avec), promettre en mariage (*to* à)

betrothal [bɪ'trəʊðəl] n (liter) fiançailles fpl (*to* avec)

betrothed [bɪ'trəʊðd] adj, n (pl inv: liter or hum) fiancé(e) m(f)

better[1] ['betə^r] LANGUAGE IN USE 1, 2.2, 7.1, 7.4, 23.4 → SYN
1 adj (compar of **good**) meilleur ◆ **that book is better than this one** ce livre-là est meilleur que celui-ci ◆ **she is a better dancer than her sister, she is better at dancing than her sister** elle danse mieux que sa sœur ◆ **she is better at dancing than at singing** elle danse mieux qu'elle ne chante ◆ **these products are better for the environment** ces produits polluent moins ◆ **he's a better man than his brother** il est mieux que son frère ◆ **you're a better man than I!** tu as plus de courage que moi! ◆ **he's no better than a thief** c'est un voleur ni plus ni moins ◆ **she's no better than she should be!** † (= slightly dishonest) ce n'est pas l'honnêteté qui l'étouffe! *; (loose morals) elle n'est pas d'une vertu farouche! ◆ **he is much better now** (in health) il va or se porte bien mieux maintenant ◆ **how are you? – much better** comment allez-vous? — bien mieux ◆ **to grow better** s'améliorer ◆ **his writing is better since he got a new pen** son écriture est meilleure depuis qu'il a un nouveau stylo ◆ **(it's getting) better and better!** (ça va) de mieux en mieux! ◆ **that's better!** voilà qui est mieux! ◆ **it** or **things couldn't be better!** ça ne pourrait pas mieux aller! ◆ **it would be better to stay at home** il vaudrait mieux rester à la maison ◆ **wouldn't it be better to refuse?** ne vaudrait-il pas mieux refuser? ◆ **it is better not to promise anything than to let him down** il vaut mieux ne rien promettre que de le décevoir ◆ **a better class of hotel** un hôtel de catégorie supérieure ◆ **he has seen better days** il a connu des jours meilleurs ◆ **this hat has seen better days** ce chapeau n'est plus de la première fraîcheur ◆ **his better half** * (hum) sa moitié * (hum) ◆ **his better nature stopped him from ...** ses bons sentiments, reprenant le dessus, l'ont empêché de ... ◆ **to appeal to sb's better nature** faire appel au bon cœur de qn ◆ **to go one better than sb** damer le pion à qn ◆ **the better part of a year/of 200km** etc près d'un an/de 200 km etc ◆ **to hope for better things** espérer mieux
◆ **to get better** ◆ **he got better very quickly after his illness** il s'est très vite remis de sa maladie ◆ **the weather is getting better** le temps s'améliore ◆ **this book gets better towards the end** ce livre s'améliore vers la fin ◆ **his technique got better as he grew older** sa technique s'est affirmée avec l'âge
2 adv (compar of **well**) mieux ◆ **he sings better than you** il chante mieux que toi ◆ **he sings better than he dances** il chante mieux qu'il ne danse ◆ **I like it better than I used to** je l'aime mieux qu'autrefois or que je ne l'aimais autrefois ◆ **better dressed** mieux habillé ◆ **better known** plus or mieux connu ◆ (Prov) **better late than never** mieux vaut tard que jamais (Prov)
◆ **better off** ◆ **they are better off than we are** (= richer) ils ont plus d'argent que nous; (= more fortunate) ils sont dans une meilleure position que nous ◆ **he is better off at his sister's than living alone** il est mieux chez sa sœur que s'il vivait tout seul ◆ **he is better off where he is** il est mieux là où il est
◆ **better still** ◆ **write to her, or better still go and see her** écris-lui, ou mieux encore va la voir
◆ **had better** ◆ **I had better do it** (= must do it) il faut que je le fasse; (= would be preferable to do it) il vaut mieux que je le fasse ◆ **hadn't you better speak to him?** ne vaudrait-il pas mieux que tu lui parles (subj)?
◆ **the better (...)** ◆ **the better I know him the more I admire him** mieux je le connais plus je l'admire ◆ **the better to see/hear** pour mieux voir/entendre ◆ **he was all the better for it** il s'en est trouvé mieux ◆ **it would be all the better for a lick of paint** un petit coup de peinture ne lui ferait pas de mal ◆ **all the better!, so much the better!** tant mieux!
3 n **a** mieux m ◆ **it's a change for the better** c'est une amélioration ◆ **for better or (for) worse** pour le meilleur ou pour le pire ◆ **to get the better of sb** triompher de qn ◆ **to get the better of sth** venir à bout de qch
b **one's betters** ses supérieurs mpl
4 vt [+ sb's achievements] dépasser; [+ record, score] améliorer ◆ **to better o.s.** améliorer sa condition

better[2] ['betə^r] n (= person betting) parieur m, -euse f; (at races) turfiste mf *(qui parie sur les chevaux)*

betterment ['betəmənt] 1 n amélioration f; (Jur) [of property] plus-value f
2 COMP ▷ **betterment tax** n (Jur) impôt m sur les plus-values

betting ['betɪŋ] 1 n pari(s) m(pl) ◆ **the betting was brisk** les paris allaient bon train ◆ **what is the betting on Omar?** quelle cote fait Omar? ◆ **the betting was 2 to 1 on Baby Boy** la cote était 2 contre 1 sur Baby Boy, Baby Boy avait une cote de 2 contre 1 ◆ **what's the betting he'll leave?** combien on parie qu'il partira? ◆ **the betting is he won't succeed** il y a peu de chances (pour) qu'il réussisse
2 COMP ▷ **betting man** n, pl **betting men** **if I were a betting man I'd say that ...** si j'avais l'habitude de faire des paris je dirais que ... ▷ **betting news** n résultats mpl des courses ▷ **betting office** n bureau m de paris,, ≃ bureau m du PMU ▷ **betting shop** n (Brit) bureau m de paris *(appartenant à un bookmaker)*, ≃ bureau m de PMU ▷ **betting slip** n (Brit) ≃ ticket m de PMU ▷ **betting tax** n impôt m sur les paris

bettor ['betə^r] n ⇒ **better**[2]

between [bɪ'twi:n] → SYN 1 prep entre ◆ **sit between those two boys** asseyez-vous entre ces deux garçons ◆ **F comes between E and G** F se trouve or vient entre E et G ◆ **a captain comes between a lieutenant and a major** la grade de capitaine se situe entre celui de lieutenant et celui de commandant ◆ **between 5 and 6 o'clock** entre 5 et 6 heures ◆ **between 6 and 7 kilometres/litres** etc entre 6 et 7 kilomètres/litres etc ◆ **she is between 25 and 30** elle a entre 25 et 30 ans ◆ **the ferry goes between Dover and Calais** le ferry fait la navette entre Douvres et Calais ◆ **you will have time to rest between flights** vous aurez le temps de vous reposer entre les deux vols ◆ **the train does not stop between here and London** le train est direct d'ici (à) Londres, le train ne s'arrête pas entre ici et Londres ◆ **between now and next week we must ...** d'ici la semaine prochaine nous devons ... ◆ **after all there has been between us** après tout ce qu'il y a eu entre nous ◆ **no one can come between us** personne ne peut nous séparer ◆ **to choose between two cars** choisir entre deux voitures ◆ **the difference**

between them la différence entre eux ♦ **the match between A and B** le match qui oppose (or opposait etc) A à B ♦ **the war between the two countries** la guerre entre les deux pays ♦ **the distance between them** la distance qui les sépare (l'un de l'autre), la distance entre eux ♦ **a comparison between the two books** une comparaison entre les deux livres, une comparaison des deux livres ♦ **divide the sweets between the two children** partagez les bonbons entre les deux enfants ♦ **between ourselves** or **between you and me**, he is not very clever entre nous, il n'est pas très intelligent ♦ **between housework and study I have no time for going out** entre le ménage et mes études je n'ai pas le temps de sortir ♦ **between rage and alarm she could hardly think properly** prise entre la colère et l'inquiétude elle avait du mal à mettre de l'ordre dans ses pensées

♦ **between us/you/them** (indicating sharing) ♦ **the four boys have five oranges between them** les quatre garçons ont cinq oranges en tout or à eux tous ♦ **the boys managed to lift the box between (the two of) them** à eux deux les garçons sont arrivés à soulever la caisse ♦ **we got the letter written between us** à nous tous nous avons réussi à écrire la lettre ♦ **you should manage it between you** en vous y mettant tous ensemble, vous devriez y arriver

[2] *adv* au milieu, dans l'intervalle ♦ **her visits are few and far between** ses visites sont très espacées or très rares

♦ **in between** ♦ **rows of trees with grass in between** des rangées fpl d'arbres séparées par de l'herbe ♦ **in between the two world wars** pendant l'entre-deux-guerres, entre les deux guerres mondiales ♦ **two flights with a four-hour wait in between** deux vols avec une attente de quatre heures entre les deux

betweentimes [bɪ'twiːn,taɪmz] *adv* dans l'intervalle, entre-temps

betwixt [bɪ'twɪkst] [1] *prep* (††, liter, dial) ⇒ **between 1**

[2] *adv* **betwixt and between** entre les deux, ni l'un ni l'autre

bevatron ['bevətrɒn] *n* (Phys) bévatron *m*

bevel ['bevəl] [1] *n* (= surface) surface f oblique ; (also **bevel edge**) biseau *m* ; (= tool: also **bevel square**) fausse équerre f

[2] *vt* biseauter, tailler de biais or en biseau

[3] COMP en biseau ▷ **bevel gear** *n* engrenage *m* conique ▷ **bevelled edge** *n* bord *m* biseauté ▷ **bevelled mirror** *n* glace f biseautée ▷ **bevel wheel** *n* roue f dentée conique

beverage ['bevərɪdʒ] → SYN *n* boisson f ; (liter, hum) breuvage *m*

bevvied * ['bevɪd] adj (Brit : also **bevvied up**) soûl ♦ **to get bevvied** se soûler la gueule *, se biturer *

bevvy * ['bevɪ] (Brit) *n* [a] (= a drink) verre *m*, pot * *m* ; (= alcohol in general) boisson f ♦ **to go for a bevvy** aller prendre un verre or un pot * ♦ **he fancied a few bevvies** il avait envie d'aller écluser quelques godets * ♦ **he's back on the bevvy** il s'est remis à picoler *

[b] (= drinking session) beuverie f ♦ **to go out on the bevvy** aller picoler *

bevy ['bevɪ] → SYN *n* (gen) bande f, troupe f ; [of girls, beauties] essaim *m* ; [of larks, quails] volée f ; [of roe deer] harde f

bewail [bɪ'weɪl] *vt* [+ one's lot] se lamenter sur, déplorer ; [+ sb's death] pleurer

beware [bɪ'wɛəʳ] LANGUAGE IN USE 2.3 → SYN *vti* ♦ **to beware** prendre garde (of sb/sth à qn/qch ; of doing sth de faire qch), se méfier (of sth de qch) ♦ **beware of falling** prenez garde de tomber ♦ **beware of being deceived**, **beware lest you are** or **lest you be deceived** (frm) prenez garde qu'on ne vous trompe (subj) ♦ **beware of listening to him** gardez-vous de l'écouter ♦ **beware (of) how you speak** faites attention à ce que vous dites, surveillez vos paroles ♦ "beware of the dog" "(attention,) chien méchant" ♦ "beware of pickpockets" "attention aux pickpockets" ♦ "trespassers beware" "défense d'entrer" ♦ "beware of imitations" (Comm) "méfiez-vous des contrefaçons"

bewhiskered [bɪ'wɪskəd] *adj* (liter) barbu (or moustachu)

Bewick's swan ['bjuːɪks] *n* (Orn) cygne *m* de Bewick

bewilder [bɪ'wɪldəʳ] → SYN *vt* dérouter ; (stronger) abasourdir

bewildered [bɪ'wɪldəd] → SYN *adj* person, look perplexe

bewildering [bɪ'wɪldərɪŋ] *adj* déroutant, déconcertant ; (stronger) ahurissant

bewilderingly [bɪ'wɪldərɪŋlɪ] *adv* d'une façon déroutante or déconcertante ; (stronger) d'une façon ahurissante ♦ **it is bewilderingly complicated** c'est d'un compliqué déconcertant

bewilderment [bɪ'wɪldəmənt] *n* confusion f, perplexité f ; (stronger) ahurissement *m*

bewitch [bɪ'wɪtʃ] → SYN *vt* ensorceler, enchanter ; (fig) charmer, enchanter

bewitching [bɪ'wɪtʃɪŋ] *adj* look, smile enchanteur (-teresse f) ; face, person séduisant, ravissant

bewitchingly [bɪ'wɪtʃɪŋlɪ] *adv* d'une façon séduisante or enchanteresse ♦ **bewitchingly beautiful** belle à ravir

bey [beɪ] *n* bey *m* ♦ **Hassan Bey** Hassan Bey

beyond [bɪ'jɒnd] → SYN [1] *prep* [a] (place) au-delà de, de l'autre côté de ♦ **beyond the Pyrenees** au-delà des Pyrénées ♦ **you can't go beyond the barrier** vous ne pouvez pas aller au-delà de la barrière, vous ne pouvez pas dépasser la barrière ♦ **beyond the convent walls** en dehors des or par-delà les murs du couvent ♦ **the countries beyond the sea** les pays mpl au-delà des mers, les pays mpl d'outre-mer

[b] (in time) plus de ♦ **she won't stay much beyond a month** elle ne restera pas beaucoup plus d'un mois ♦ **beyond next week/June** au-delà de or après la semaine prochaine/juin ♦ **it was beyond the middle of June** on avait dépassé la mi-juin ♦ **beyond bedtime** passé l'heure du coucher

[c] (= surpassing, exceeding) au-dessus de ♦ **a task beyond her abilities** une tâche au-dessus de ses capacités ♦ **this work is quite beyond him** ce travail le dépasse complètement ♦ **it was beyond him to pass the exam** réussir à l'examen était au-dessus de ses forces ♦ **maths is quite beyond me** les maths, ça me dépasse * ♦ **it's beyond me why he hasn't left her** je ne comprends pas or ça me dépasse * qu'il ne l'ait pas quittée ♦ **beyond my reach** hors de ma portée ♦ **beyond doubt** (adv) hors de doute, indubitable ; (adv) à n'en pas douter, indubitablement ♦ **that is beyond human understanding** cela dépasse l'entendement humain ♦ **he is beyond caring** il ne s'en fait plus du tout ♦ **beyond repair** irréparable ♦ **beyond his means** au-dessus de ses moyens ; → **compare**, **grave¹**, **help**

[d] (with neg or interrog) sauf, excepté ♦ **he gave her no answer beyond a grunt** il ne lui a répondu que par un grognement, pour toute réponse il a émis un grognement

[2] *adv* au-delà, plus loin, là-bas ♦ **the year 2000 and beyond** l'an 2000 et au-delà ♦ **the room beyond** la pièce d'après ♦ **the lands beyond** les terres fpl lointaines

[3] *n* au-delà *m* ♦ **in** or **at the back of beyond** au diable *, en pleine cambrousse * ♦ **the great Beyond** l'au-delà

bezant ['bezənt] *n* besant *m*

bezel ['bezl] [1] *n* [of chisel] biseau *m* ; [of gem] facette f ; (holding gem) chaton *m* ; (holding watch glass) portée f

[2] *vt* tailler en biseau

bezique [bɪ'ziːk] *n* bésigue *m*

bezoar ['biːzɔːʳ] *n* bézoard *m*

b.f. [biːʔef] (abbrev of **brought forward**) report *m*

BFI [biːef'aɪ] *n* (abbrev of **British Film Institute**) organisation officielle du cinéma britannique

BFPO [ˌbiːefpiː'əʊ] *n* (Brit Mil) abbrev of **British Forces Post Office**

bhaji ['bɑːdʒɪ] *n*, pl **bhaji** bhaji *m* (beignet indien à base de légumes)

bhang [bæŋ] *n* chanvre *m* indien

bhangra ['bæŋgrə] *n* musique de danse de la communauté indo-pakistanaise du Royaume-Uni, combinant rythmes pop et traditionnels

bhp [ˌbiːeɪtʃ'piː] abbrev of **brake horsepower**

Bhutan [buː'tɑːn] *n* le Bhoutan

Bhutanese [ˌbuːtəˈniːz] [1] *adj* bhoutanais
[2] *n* (= person) Bhoutanais(e) *m(f)*

bi * [baɪ] *adj* (= bisexual) bi *

bi... [baɪ] pref bi...

Biafra [bɪ'æfrə] *n* le Biafra

Biafran [bɪ'æfrən] [1] *adj* biafrais
[2] *n* Biafrais(e) *m(f)*

biannual [baɪ'ænjʊəl] *adj* semestriel

biannually [baɪ'ænjʊəlɪ] *adv* deux fois par an, semestriellement

bias ['baɪəs] → SYN [1] *n* [a] (= inclination) tendance f, inclination f (towards à), penchant *m* (towards pour) ; (= prejudice) préjugé *m*, parti pris *m* (towards pour ; against contre), prévention f (towards en faveur de ; against contre) ; (Jur) distorsion f ♦ **a strong bias towards ...** un penchant marqué pour ... ♦ **he is without bias** il n'a aucun parti pris, il est sans préjugés

[b] (Sewing) biais *m* ♦ **cut on the bias** coupé dans le biais

[c] (Sport) [of bowls] (= weight) poids placé à l'intérieur d'une boule ; (= swerve) déviation f

[2] *vt* (= give inclination) influencer (towards en faveur de ; against contre) ; (= prejudice) prévenir (towards en faveur de ; against contre)

[3] COMP ▷ **bias binding** *n* biais *m* (ruban)

bias(s)ed ['baɪəst] *adj* person, jury qui n'est pas impartial ; judgement qui n'est pas objectif ; report déformé, tendancieux

biathlon [baɪ'æθlɒn] *n* (Sport) biathlon *m*

bib [bɪb] *n* [a] [of child] bavoir *m*
[b] [of apron] bavette f ♦ **in her best bib and tucker** * sur son trente et un
[c] (= fish) tacaud *m*

bibcock ['bɪbkɒk] *n* robinet *m* à bec courbe

Bible ['baɪbl] [1] *n* (lit) Bible f ; (fig) bible f, évangile *m* ; → **holy**

[2] COMP ▷ **Bible-basher** * *n* prédicateur *m*, -trice f frénétique * ▷ **Bible-bashing** * *n* he really likes Bible-bashing il brandit sa Bible à tout va * ▷ **a Bible-bashing preacher** un prêcheur qui brandit sa Bible à tout va * ▷ **the Bible Belt** *n* (US) les États du sud des USA, profondément protestants ▷ **Bible class** *n* (Scol) classe f d'instruction religieuse ; (Rel) catéchisme *m* ▷ **Bible college** *n* université f de théologie ▷ **Bible oath** *n* serment *m* (prêté) sur la Bible ▷ **Bible school** *n* (US) cours *m* d'été d'instruction religieuse ▷ **Bible stories** *npl* histoires fpl tirées de la Bible ▷ **Bible study** *n* étude f de la Bible ; (in group) lecture f commentée de la Bible ▷ **Bible-thumper** * *n* (pej) ⇒ **Bible-basher** ▷ **Bible-thumping** * *n* ⇒ **Bible-bashing**

biblical ['bɪblɪkəl] *adj* biblique ♦ **to know sb in the biblical sense** connaître qn dans le sens biblique du terme

Biblicist ['bɪblɪsɪst] *n* (Rel = scholar) bibliste *mf*, bibliciste *mf* ; (pej) bibliste

biblio... ['bɪblɪəʊ] pref biblio...

bibliographer [ˌbɪblɪ'ɒgrəfəʳ] *n* bibliographe *mf*

bibliographic(al) [ˌbɪblɪəʊ'græfɪk(əl)] *adj* bibliographique

bibliography [ˌbɪblɪ'ɒgrəfɪ] *n* bibliographie f

bibliomania [ˌbɪblɪəʊ'meɪnɪə] *n* bibliomanie f

bibliomaniac [ˌbɪblɪəʊ'meɪnɪæk] *n* bibliomane *mf*

bibliophile ['bɪblɪəʊfaɪl] *n* bibliophile *mf*

bibulous ['bɪbjʊləs] *adj* adonné à la boisson ; look aviné ; evening, party bien arrosé

bicameral [baɪ'kæmərəl] *adj* bicaméral ♦ **bicameral system** bicamér(al)isme *m*

bicarb * ['baɪkɑːb] *n* (abbrev of **bicarbonate of soda**) bicarbonate *m* (de soude)

bicarbonate [baɪ'kɑːbənɪt] [1] *n* bicarbonate *m*
[2] COMP ▷ **bicarbonate of soda** *n* bicarbonate *m* de soude

bicentenary [ˌbaɪsen'tiːnərɪ] *adj*, *n* bicentenaire *m*

bicentennial [ˌbaɪsen'tenɪəl] *adj*, *n* (US) bicentenaire *m*

bicephalous [baɪ'sefələs] *adj* bicéphale

biceps ['baɪseps] *n* (pl inv) biceps *m*

bichloride [ˈbaɪˈklɔːraɪd] n bichlorure m

bichon frise [ˌbiːʃɒnˈfriːzeɪ] n (= dog) bichon m (à poil frisé)

bichromate [ˈbaɪˈkrəʊmɪt] n bichromate m

bicker [ˈbɪkəʳ] → SYN vi (= quarrel) se chamailler (*over, about* à propos de) ◆ **they are always bickering** ils sont toujours à se chamailler or toujours en bisbille *

bickering [ˈbɪkərɪŋ] 1 n chamailleries fpl
2 adj a person querelleur
b stream murmurant ; flame tremblotant, vacillant

bickie * [ˈbɪkɪ] n (Brit) petit gâteau m, biscuit m

bicolour, bicolor (US) [ˈbaɪˌkʌləʳ] adj bicolore

biconcave [baɪˈkɒnkeɪv] adj (Opt) biconcave

biconditional [ˌbaɪkənˈdɪʃənl] n (Math) (relation f d')équivalence f

biconvex [baɪˈkɒnveks] adj (Opt) biconvexe

bicuspid [baɪˈkʌspɪd] 1 adj bicuspide
2 n (dent f) prémolaire f

bicycle [ˈbaɪsɪkl] 1 n bicyclette f, vélo m ◆ **to ride a bicycle** faire de la bicyclette or du vélo ; → **racing**
2 vi † faire de la bicyclette, aller à bicyclette
3 COMP lamp, chain, wheel de bicyclette, de vélo ▷ **bicycle bell** n sonnette f de bicyclette ▷ **bicycle clip** n pince f de cycliste ▷ **bicycle kick** n (Ftbl) coup m de pied retourné ▷ **bicycle pump** n pompe f à bicyclette ▷ **bicycle rack** n (on ground) râtelier m à bicyclettes ; (on car) porte-vélos m inv ▷ **bicycle rickshaw** n vélo-pousse m ▷ **bicycle shed** n abri m à bicyclettes ▷ **bicycle shop** n magasin m de cycles ▷ **bicycle touring** n (Sport) cyclotourisme m

bicyclist † [ˈbaɪsɪklɪst] n cycliste mf

bid [bɪd] → SYN pret **bade** or **bid**, ptp **bidden** or **bid** 1 vt a (liter = command) ordonner, enjoindre (liter) (*sb to do sth* à qn de faire qch) ◆ **he was bidden to come** on lui a ordonné de venir ◆ **do what I bid you** fais ce que je te dis or t'ordonne
b (= say) dire ◆ **to bid sb good morning** dire bonjour à qn ◆ **to bid sb welcome** souhaiter la bienvenue à qn ; → **farewell**
c (†† = invite) inviter, convier
d (= offer) [+ amount] offrir, faire une offre de ; (at auction) faire une enchère de ◆ **he is bidding 2,000 francs for the painting** il fait une offre or une enchère de 2 000 francs pour ce tableau ◆ **I did not bid (high) enough** je n'ai pas offert assez ◆ **the one that bids most** le plus offrant
e (Cards) demander ◆ **he bid three spades** il a demandé trois piques
2 vi a (= make an offer) faire une offre, proposer un prix ◆ **to bid for sth** faire une offre pour qch ; (at auction) faire une enchère pour qch ◆ **to bid against sb** renchérir sur qn ◆ **to bid on** (US Comm) [+ contract etc] soumissionner
b (phrases) **to bid for power/fame** viser or ambitionner le pouvoir/la gloire ◆ **to bid fair to do sth** (liter) sembler devoir faire qch, promettre de faire qch ◆ **everything bids fair to be successful** (liter) tout semble annoncer or promettre le succès
3 n a (Comm) offre f ; (at auction) enchère f ◆ **to make a bid for** faire une offre pour ; (at auction) faire une enchère pour ◆ **a high bid** une forte enchère ◆ **a higher bid** une surenchère ◆ **to make a higher bid** surenchérir
b (Cards) demande f, annonce f ◆ **to raise the bid** monter ◆ **to make no bid** (Bridge) passer parole ◆ **"no bid"** "parole", "passe"
c (= attempt) tentative f ◆ **escape/suicide bid** tentative f d'évasion/de suicide ◆ **to make a bid for power** tenter de s'emparer du pouvoir ◆ **to make a bid for freedom** tenter de s'évader ◆ **he scaled the wall in a bid for freedom** il a escaladé le mur pour tenter de s'évader ◆ **in a desperate bid for a better life abroad** tentant désespérément de trouver une vie meilleure à l'étranger ◆ **to make a bid to do sth** tenter de faire qch ◆ **she tried acupuncture in a bid to stop smoking** elle a essayé l'acupuncture pour tenter d'arrêter de fumer
4 COMP ▷ **bid bond** n caution f de soumission ▷ **bid price** n (St Ex) cours m d'achat

biddable [ˈbɪdəbl] adj a child docile, obéissant
b (Cards) **biddable suit** couleur f demandable

bidden [ˈbɪdn] vb (ptp of **bid**)

bidder [ˈbɪdəʳ] n (at sale) enchérisseur m, offrant m ; (Fin) soumissionnaire m ◆ **the highest bidder** (at sale) le plus offrant ; (Fin) le soumissionnaire le plus offrant ◆ **the lowest bidder** (at sale) le moins offrant ; (Fin) le soumissionnaire le moins disant ◆ **successful bidder** adjudicataire mf ◆ **there were no bidders** personne n'a fait d'offre

bidding [ˈbɪdɪŋ] → SYN 1 n a (NonC) (at sale) enchère(s) f(pl) ◆ **bidding up** surenchères fpl ◆ **bidding was brisk** les enchères étaient vives ◆ **the bidding is closed** l'enchère est faite, c'est adjugé ◆ **to raise the bidding** (at sale) surenchérir
b (NonC) (Cards) enchères fpl ◆ **to open the bidding** (Bridge) ouvrir (les enchères)
c († = order) ordre m, commandement m ◆ **at whose bidding?** sur l'ordre de qui ? ◆ **I did his bidding** j'ai fait ce qu'il m'a ordonné or demandé ◆ **at sb's bidding** sur l'ordre or l'injonction de qn ◆ **he needed no second bidding** il ne se l'est pas fait dire deux fois
2 COMP ▷ **bidding war** n (Fin) guerre f des enchères

biddy [ˈbɪdɪ] n ◆ **old biddy** vieille bonne femme f

bide [baɪd] 1 vi († or liter or dial) ⇒ **abide 2**
2 vt a **to bide one's time** se réserver, attendre son heure or le bon moment
b († or liter or dial) ⇒ **abide 1**

bidet [ˈbiːdeɪ] n bidet m

bidirectional [baɪdɪˈrekʃənl] adj (Comput) bidirectionnel

biennial [baɪˈenɪəl] 1 adj a (= happening every two years) biennal, bisannuel
b (= lasting two years) biennal
c (Bot) bisannuel
2 n (Bot) bisannuel m

biennially [baɪˈenɪəlɪ] adv tous les deux ans

bier [bɪəʳ] n (for coffin) brancards mpl (de cercueil) ; (for corpse) bière f

biff † * [bɪf] 1 n coup m de poing, baffe ⁑ f ◆ **biff!** (onomatopoeia) vlan !, pan !
2 vt cogner sur, flanquer une baffe à * ◆ **to biff sb on the nose** flanquer * son poing dans or sur la figure de qn

bifid [ˈbaɪfɪd] adj bifide

bifidus [ˈbɪfɪdəs] n (Bio, Culin) bifidus m

bifocal [ˈbaɪˈfəʊkəl] 1 adj bifocal, à double foyer
2 **bifocals** npl lunettes fpl à double foyer

bifurcate [ˈbaɪfɜːkeɪt] 1 vi bifurquer
2 adj à deux branches

bifurcation [ˌbaɪfɜːˈkeɪʃən] n bifurcation f, embranchement m

big [bɪg] → SYN 1 adj a (in size) person, fruit, parcel, book gros (grosse f) ; person, building, tree grand ◆ **a big fellow** un grand gaillard ◆ **a big man** un homme grand et fort ◆ **to grow big** or **bigger** grossir ; (= taller) grandir ◆ **a big stick** un gros bâton ; see also **stick** ◆ **big with child** grosse, enceinte ; → **drum**
b (in age) grand, aîné ◆ **a big boy/girl** un grand garçon/une grande fille ◆ **my big brother** mon grand frère, mon frère aîné ◆ **to grow** or **get bigger** grandir ◆ **to be a big brother to sb** servir de conseiller à qn ; see also **3** ◆ **you're a big boy/girl now!** (lit, fig) tu es un grand garçon/une grande fille maintenant ! ◆ **I am big enough to know ...** je suis assez grand pour savoir ...
c (= important) grand, important, marquant, remarquable ◆ **a big man** un grand homme, un homme marquant or remarquable or important ◆ **what's the big hurry?** * il n'y a pas le feu ! * ◆ **he's a big fish** * c'est un gros poisson * ◆ **he's a big fish** or (US) **frog in a small pond** c'est une gloire locale ◆ **boots are big this year** * (fig = fashionable) les bottes sont in ⁑ cette année ◆ **this is my/his big day** c'est le grand jour (pour moi/lui) ◆ **a big event** un événement marquant ◆ **to have big ideas** voir grand ◆ **a big lie** un gros mensonge ◆ **the bigger they are, the harder they fall** plus haut ils sont arrivés, plus dure sera la chute ◆ **to do things in a big way** faire les choses en grand ◆ **a tragedy? that's rather a big word** une tragédie ? c'est un bien grand mot
d (* = grand) words ambitieux ◆ **big talk** fanfaronnades fpl, grands discours mpl ◆ **to get/be too big for one's boots** attraper/avoir la grosse tête * ◆ **he's got a big head** il est crâneur *, il a la grosse tête * ◆ **he's got a big mouth** il ne sait pas se taire or la boucler * ◆ **why can't you keep your big mouth shut!** pas moyen que tu te taises ! *, tu aurais mieux fait de la boucler ! ⁑ ; see also **3, bigmouth**
e (= generous) grand, généreux ◆ **a heart as big as yours** un cœur aussi grand or aussi généreux que le vôtre ◆ **that's big of you!** * (iro) quelle générosité ! (iro) ◆ **to be big on** ⁑ [+ person] adorer, être un fan * de ; [+ thing] être grand amateur or un fana * de
2 adv ◆ **to talk big** * fanfaronner, se faire mousser * ◆ **to act big** * frimer *, faire l'important ◆ **to go over big** ⁑ avoir un succès fou or monstre * ◆ **to make it big** * avoir un succès fou * ◆ **his speech went down big with his audience** ⁑ ses auditeurs ont été emballés * par son discours
3 COMP ▷ **the Big Apple** * n New York ▷ **big band** n (Mus) big band m, grand orchestre m (*des années 40-50*) ▷ **big bang** n (Phys) big-bang or big bang m ◆ **the Big Bang** (Brit St Ex) le Big Bang (*informatisation de la Bourse de Londres*) ▷ **Big Ben** n (Brit) Big Ben m ▷ **big-boned** adj bien or fortement charpenté ▷ **Big Brother** n (Pol etc) Big Brother m, l'État m omniprésent ◆ **Big Brother is watching you** on vous espionne ▷ **big bucks** ⁑ mpl des gros sous * mpl, des biffetons ⁑ mpl ▷ **big bug** ⁑ n grosse légume * f, huile * f ▷ **big business** n (NonC) les grandes entreprises fpl, les grandes firmes fpl ◆ **the lottery has become big business** la loterie rapporte beaucoup d'argent or rapporte gros ◆ **tourism in Hong Kong is big business** le tourisme est un secteur florissant à Hong-Kong ▷ **big cat** n fauve m, grand félin m ▷ **big cheese** ⁑ n grosse légume * f, huile * f ▷ **the big city** n la grande ville ▷ **big dipper** n [of fairground] montagnes fpl russes ◆ **the Big Dipper** (US Astron) la Grande Ourse ▷ **the Big Eight** n (US Univ) *les grandes universités du Midwest* ▷ **big end** n (Aut) tête f de bielle ▷ **the Big Four** n (Pol) les Quatre (Grands) ; (Brit Comm) *les quatre grandes banques anglaises* ▷ **big game** n gros gibier m ◆ **big game hunter** chasseur m de gros gibier ◆ **big game hunting** chasse f au gros (gibier) ▷ **big-hearted** adj au grand cœur ◆ **to be big-hearted** avoir bon cœur, avoir du cœur ◆ **a big-hearted fellow** un homme de cœur ▷ **The Big Issue** n (Brit) *journal des sans-abri* ▷ **big money** * n **he's making big money** il se fait un paquet de fric ⁑ or un fric fou ⁑ ▷ **big-mouthed** * adj fort en gueule * ◆ **to be big-mouthed** être fort en gueule *, avoir une grande gueule ⁑ ▷ **big name** * n (= authority) grand nom m ◆ **he's a big name in politics** (person) c'est un grand nom de la politique ▷ **big noise** * n (Brit) grand ponte * m ◆ **she's a big noise in linguistics** c'est un grand ponte * de la linguistique ▷ **big one** ⁑ n (US = a thousand dollars) (billet m de) mille dollars mpl ▷ **big science** n *la recherche scientifique à gros budget* ▷ **the big screen** n (Cine) le grand écran ▷ **big shot** * n grand ponte * m ▷ **big-sounding** adj idea, plan etc prétentieux ; name ronflant, pompeux ▷ **the Big Ten** n → **the Big Eight** ▷ **big-ticket** * adj (US) **big-ticket item** or **purchase** gros achat m ▷ **big time** * n **to make the big time** percer ▷ **big-time** * adj politician, industrialist de première catégorie ; part, role de premier plan ; farming sur une grande échelle ◆ **big-time gambler** flambeur ⁑ m ◇ adv ◆ **you screwed up big-time!** * tu as cafouillé quelque chose de bien ! * ▷ **big toe** n gros orteil m ▷ **big top** n (= circus) cirque m ; (= main tent) grand chapiteau m ▷ **big wheel** n (in fairground etc) grande roue f ; (* = important person) huile * f ; → **apple, deal¹**

bigamist [ˈbɪgəmɪst] n bigame mf

bigamous [ˈbɪgəməs] adj bigame

bigamy [ˈbɪgəmɪ] n bigamie f

biggie ⁑ [ˈbɪgɪ] n (= success) (song, record) tube * m ; (film) succès m ◆ **now it's the biggie** (= anything important) maintenant, on passe aux choses sérieuses

biggish * ['bɪgɪʃ] adj assez or relativement grand

bighead * ['bɪghed] n crâneur * m, -euse * f

bigheaded * [ˌbɪgˈhedɪd] adj crâneur *

bight [baɪt] n **a** (Geog) baie f, anse f ; (larger) golfe m
 b [of rope] boucle f

bigmouth * ['bɪgmaʊθ] n grande gueule *‡ f ◆ **he is just a bigmouth** il a or c'est une grande gueule *‡

bignonia [bɪgˈnəʊnɪə] n bignonia m

bigot ['bɪgət] → SYN n (Philos, Pol) fanatique mf, sectaire mf ; (Rel) bigot(e) m(f)

bigoted ['bɪgətɪd] → SYN adj (Rel) bigot ; (Pol etc) **person** fanatique, sectaire ; **attitude, devotion** fanatique

bigotry ['bɪgətrɪ] → SYN n (NonC) (Rel) bigoterie f ; (Philos, Pol etc) fanatisme m, sectarisme m

bigwig *‡ ['bɪgwɪg] n grosse légume *‡ f, huile *‡ f

Bihar [bɪˈhɑːʳ] n le Bihâr

bijection [baɪˈdʒekʃən] n bijection f

bijective [baɪˈdʒektɪv] adj bijectif

bijou ['biːʒuː] adj (Brit) ◆ **"bijou residence for sale"** "maison à vendre, véritable bijou"

bike [baɪk] **1** n (abbrev of **bicycle**) vélo m ; (= motorbike) moto f ◆ **on your bike!** * (Brit) (= go away) dégage ! * ; (= no way) tu plaisantes ! *
 2 vi * faire du vélo ◆ **to bike to work** aller au travail à vélo ◆ **to bike 10km** faire 10 km à vélo
 3 COMP ▷ **bike lane** n piste f cyclable ▷ **bike rack** n (on floor) râtelier m à bicyclettes ; (on car roof) porte-vélos m inv ▷ **bike shed** n abri m à bicyclettes ▷ **bike shop** n magasin m de cycles

biker * ['baɪkəʳ] n motard(e) m(f)

bikeway ['baɪkweɪ] n piste f cyclable

bikini [bɪˈkiːnɪ] **1** n bikini ® m
 2 COMP ▷ **bikini bottom(s)** * n(pl) bas m de bikini ® ▷ **bikini briefs, bikini pants** npl mini-slip m ▷ **bikini line** n (ligne f du) maillot m ◆ **to do one's bikini line** s'épiler le maillot ▷ **bikini top** n haut m de bikini ®

bilabial [baɪˈleɪbɪəl] **1** adj bilabial
 2 n bilabiale f

bilabiate [baɪˈleɪbɪeɪt] adj (Bot) bilabié

bilateral [baɪˈlætərəl] adj bilatéral

bilaterally [baɪˈlætərəlɪ] adv bilatéralement

Bilbao [bɪlˈbɑːəʊ] n Bilbao

bilberry ['bɪlbərɪ] n myrtille f, airelle f

bile [baɪl] → SYN **1** n **a** (Physiol) bile f
 b (fig = anger) mauvaise humeur f
 c (Hist = choler) bile f
 2 COMP ▷ **bile duct** n canal m biliaire ▷ **bile stone** n calcul m biliaire

bilevel [baɪˈlevl] adj sur or à deux niveaux

bilge [bɪldʒ] n **a** (Naut) (= rounded part of hull) bouchain m, renflement m ; (= bottom of hold) fond m de cale, sentine f
 b (also **bilge water**) eau f de cale or de sentine
 c (*‡ = nonsense) idioties fpl, foutaises *‡ fpl

bilharzia [bɪlˈhɑːzɪə], **bilharziasis** [ˌbɪlhɑːˈzaɪəsɪs] n bilharziose f

biliary ['bɪlɪərɪ] adj (Anat) biliaire

bilingual [baɪˈlɪŋgwəl] adj bilingue

bilingualism [baɪˈlɪŋgwəlɪzəm] n bilinguisme m

bilious ['bɪlɪəs] → SYN adj **a** (Med) bilieux ◆ **bilious attack** crise f de foie
 b (fig) maussade, irritable

biliousness ['bɪlɪəsnɪs] n (NonC: Med) affection f hépatique

bilirubin [ˌbɪlɪˈruːbɪn] n bilirubine f

biliverdin [ˌbɪlɪˈvɜːdɪn] n biliverdine f

bilk [bɪlk] → SYN vt (esp US) [+ creditor] filouter, blouser * ◆ **to bilk sb's efforts** mettre des bâtons dans les roues à qn

Bill [bɪl] n (dim of **William**) Guillaume m

bill¹ [bɪl] → SYN **1** n **a** (for product, work done) facture f ; (for gas etc) note f ; (of restaurant) addition f ; (of hotel) note f ◆ **have you paid the milk bill?** as-tu payé le lait ? ◆ **a pile of bills in the post** une pile de factures dans le courrier ◆ **may I have the bill please** l'addition (or la note) s'il vous plaît ◆ **put it on my bill please** mettez-le sur ma note, s'il vous plaît ◆ **the factory has a high wages bill** l'usine a d'importantes sorties en salaires, le poste salaires est élevé dans l'entreprise ; → **foot, pay, settle²**
 b (= written statement) état m, liste f
 c (Comm, Fin etc) effet m, traite f ◆ **to meet a bill** faire honneur à un effet ◆ **to draw a bill on ...** tirer une traite sur ... ◆ **bills payable** (Fin) effets mpl à payer ◆ **bills receivable** (Fin) effets mpl à recevoir ◆ **exchequer bill** bon m du Trésor ; → **endorse**
 d (US = banknote) billet m (de banque) ◆ **5-dollar bill** billet m de 5 dollars
 e (Parl) projet m de loi ◆ **to propose/pass/throw out a bill** présenter/voter/rejeter un projet de loi ◆ **the bill passed the Commons** (Brit) le projet de loi a été voté par la Chambre des communes
 f (Jur) plainte f, requête f
 g (= poster, advertisement) (Theat etc) affiche f ; [of house for sale] écriteau m ; (= public notice) placard m ◆ **to head** or **top the bill** être en vedette, être en tête d'affiche ◆ **to fit** or **fill the bill** (gen) faire l'affaire ; (for job) avoir le profil ◆ **we need someone with leadership qualities, and she fits the bill perfectly** il nous faut quelqu'un qui ait des qualités de chef et elle fait tout à fait l'affaire or elle a le profil requis ◆ **she fits the bill as a leader** elle a tout à fait le profil d'un chef ; → **handbill, stick**
 2 vt **a** [+ goods] facturer ◆ **to bill sb for sth** envoyer la facture de qch à qn
 b [+ play] mettre à l'affiche, annoncer ◆ **he is billed to play Hamlet** il est à l'affiche dans le rôle de Hamlet
 3 COMP ▷ **bill of attainder** n décret m de confiscation de biens et de mort civile ▷ **bill broker** n (Fin) courtier m d'escompte ▷ **bill of costs** n état m de frais ▷ **bill of entry** n (Customs) déclaration f d'entrée en douane ▷ **bill of exchange** n (Comm) lettre f de change ◆ **foreign bill of exchange** traite f sur l'étranger ▷ **bill of fare** n menu m, carte f (du jour) ▷ **bill of goods** n (US) **to sell sb a bill of goods** * rouler * qn ▷ **bill of health** n (Naut) patente f (de santé) ; → **clean** ▷ **bill of indictment** n acte m d'accusation ▷ **bill of lading** n (Comm) connaissement m ▷ **bill of quantities** n (Constr) métré m (devis) ▷ **bill of rights** n déclaration f des droits ◆ **the Bill of Rights** (US Hist) la Déclaration des droits ▷ **bill of sale** n acte m or contrat m de vente

---
BILL OF RIGHTS

Ensemble des dix premiers amendements ajoutés à la Constitution américaine en 1791 et qui définissent les droits individuels des citoyens et les pouvoirs respectifs du gouvernement fédéral et des États. Ainsi le premier amendement garantit la liberté de culte et de réunion et la liberté de la presse, le second le droit au port d'armes, le sixième le droit à un procès équitable. → FIFTH AMENDMENT

---

bill² [bɪl] → SYN **1** n **a** [of bird] bec m ; → **scissor**
 b (Geog) promontoire m, bec m ◆ **Portland Bill** la presqu'île de Portland
 2 vi [birds] se becqueter ◆ **to bill and coo** (lit, fig) roucouler

bill³ [bɪl] n **a** (= tool) serpe f
 b (Hist = weapon) hache f d'armes

billabong ['bɪləbɒŋ] n (Austral) plan m d'eau, mare f

billboard ['bɪlbɔːd] n panneau m d'affichage

billet¹ ['bɪlɪt] → SYN **1** n (Mil) (= document) billet m de logement ; (= accommodation) cantonnement m (chez l'habitant) ◆ **a cushy billet** *‡ (fig) un fromage *, une planque *
 2 vt (Mil) ◆ **to billet a soldier (on sb)** loger un soldat (chez qn), cantonner un soldat (chez qn) ◆ **to billet soldiers on a town** cantonner des soldats dans une ville

billet² ['bɪlɪt] n [of wood etc] billette f (also Archit)

billeting ['bɪlɪtɪŋ] **1** n (Mil) cantonnement m
 2 COMP ▷ **billeting officer** n chef m de cantonnement

billfold ['bɪlfəʊld] n (US) portefeuille m

billhook ['bɪlhʊk] n serpette f

billiard ['bɪljəd] **1** n (NonC) ◆ **billiards** (jeu m de) billard m ◆ **to have a game of billiards** faire une partie de billard
 2 COMP ▷ **billiard ball** n boule f de billard ▷ **billiard cue** n queue f de billard ▷ **billiard table** n (table f de) billard m

billing¹ ['bɪlɪŋ] n **a** (of posters) affichage m
 b (Theat) **to get top** or **star/second billing** figurer en tête d'affiche/en deuxième place à l'affiche

billing² ['bɪlɪŋ] n (lit, fig) ◆ **billing and cooing** roucoulements mpl

billing³ ['bɪlɪŋ] n (Comm) facturation f

Billingsgate ['bɪlɪŋzgeɪt] n ancien marché au poisson du quartier de Billingsgate à Londres

billion ['bɪljən] n, pl **billion** or **billions** (= thousand million) milliard m ; (Brit † = million million) billion m

billionaire [ˌbɪljəˈnɛəʳ] n milliardaire mf

billionth ['bɪljənθ] adj milliardième

billow ['bɪləʊ] → SYN **1** n (liter) ◆ **the billows** les flots mpl (liter)
 2 vi [sail] se gonfler ; [cloth] onduler ; [smoke] s'élever en tourbillons or en volutes, tournoyer

▶ **billow out** vi [sail etc] se gonfler

billowy ['bɪləʊɪ] → SYN adj **sea** houleux, agité ; **waves** gros (grosse f) ; **sail** gonflé (par le vent) ; **smoke** en (grosses) volutes

billposter ['bɪlˌpəʊstəʳ], **billsticker** ['bɪlˌstɪkəʳ] n colleur m d'affiches, afficheur m

billy¹ ['bɪlɪ] n (US = club) matraque f

billy² ['bɪlɪ] n (also **billy can**) gamelle f

billy goat ['bɪlɪgəʊt] **1** n bouc m
 2 COMP ▷ **billy goat beard** n bouc m (barbe)

billy-ho *, **billy-o** * ['bɪlɪhəʊ] n ◆ **like billy-ho** **laugh** à gorge déployée ; **run** à toutes jambes

bilobate [baɪˈləʊbeɪt] adj bilobé

bimanous ['bɪmənəs] n (Bio) bimane

bimanual [ˌbaɪˈmænjʊəl] adj bimanuel

bimbo * ['bɪmbəʊ] n, pl **bimbos** or **bimboes** (pej) ravissante idiote f

bimetallic [ˌbaɪmɪˈtælɪk] adj bimétallique ◆ **bimetallic strip** bilame m

bimetallism [baɪˈmetəlɪzəm] n bimétallisme m

bimillenary [ˌbaɪmɪˈliːnərɪ] adj, n bimillénaire m

bimonthly ['baɪˈmʌnθlɪ] **1** adj (= twice a month) bimensuel ; (= every two months) bimestriel
 2 adv deux fois par mois, tous les deux mois

bin [bɪn] **1** n **a** [of coal, corn] coffre m ; [of bread] boîte f ; (larger) huche f
 b (Brit Wine) casier m (à bouteilles)
 c (Brit: also **dustbin, rubbish bin**) boîte f à ordures, poubelle f
 2 vt (* = throw away) mettre or jeter à la poubelle
 3 COMP ▷ **bin bag** n (grand) sac m poubelle ▷ **bin card** n (Comm) fiche f d'inventaire ; (Comput) carte f stock ▷ **bin end** (Wine) fin f de série ▷ **bin liner** n sac m poubelle

binary ['baɪnərɪ] **1** adj binaire
 2 n (= the binary system) système m binaire ◆ **in binary** en binaire
 3 COMP ▷ **binary code** n (Comput) code m binaire ▷ **binary form** n (Mus) forme f binaire ▷ **binary notation** n (Math) numération f binaire ▷ **binary number** n (Math) nombre m binaire ▷ **binary star** n (Astron) étoile f double ▷ **binary system** n (Math) système m binaire ▷ **binary weapon** n (Mil) arme f binaire

binaural [baɪˈnɔːrəl] adj (Physiol) biaural, binaural

bind [baɪnd] → SYN pret, ptp **bound** **1** vt **a** (= fasten) [+ thing] attacher ; [+ two or more things] attacher, lier ; [+ person, animal] lier, attacher (to à) ; [+ prisoner] ligoter ◆ **he bound the files (together) with string** il a attaché or lié (ensemble) les dossiers avec une ficelle ◆ **bound hand and foot** pieds et poings liés ◆ **bound by gratitude to sb** attaché à qn par la reconnaissance ◆ **to be bound together** [people, ideas] être liés

binder / bird

b (= encircle) entourer (*with* de), ceindre (liter) (*with* de); (Med) [+ artery] ligaturer; [+ wound] bander

c [+ book] relier ◆ **bound in calf** relié (en) veau

d (= oblige, pledge) obliger, contraindre (*sb to do sth* qn à faire qch) ◆ **to bind o.s. to sth/to do sth** s'engager à qch/à faire qch ◆ **to bind sb to a promise** astreindre qn à tenir une promesse ◆ **to bind by an oath** lier par (un) serment ◆ **to bind sb as an apprentice (to)** mettre qn en apprentissage (chez); → **bound**³

e (= stick together) (also Chem, Phys) lier; (Med) [+ bowels] resserrer ◆ **bind the mixture with an egg** (Culin) lier la préparation avec un œuf
[2] vi [rule] être obligatoire; [agreement] engager; [machinery] se coincer, (se) gripper
[3] n **a** (Mus) liaison f
b (Brit * = nuisance) **what a bind you've got to go** quelle barbe * que tu doives partir ◆ **this meeting is a terrible bind** cette réunion me casse les pieds * ◆ **to be in a bind** être dans le pétrin *, être coincé

▶ **bind down** vt sep (fig) obliger, contraindre, astreindre (*sb to do sth* qn à faire qch) ◆ **to be bound down (to do sth)** être obligé or contraint (de faire qch), être astreint (à faire qch)

▶ **bind on** [1] vt sep attacher *(avec une corde etc)*
[2] vi * rouspéter *, geindre * *(about* à propos de)

▶ **bind over** vt sep (esp Brit Jur) mettre en liberté conditionnelle ◆ **to bind sb over to keep the peace** relaxer qn sous condition qu'il ne trouble (subj) pas l'ordre public ◆ **he was bound over for six months** on l'a relaxé sous peine de comparaître en cas de récidive dans les six mois

▶ **bind to** vt fus (Chem) se lier à

▶ **bind together** vt sep (lit) [+ sticks] lier; (fig) [+ people] unir

▶ **bind up** vt sep [+ wound] panser, bander; (fig) lier, attacher ◆ **his money is bound up in shares** son argent est immobilisé dans des actions ◆ **your life is bound up in hers** votre existence est étroitement liée à la sienne ◆ **their fate is closely bound up with that of the other hostages** leur sort est étroitement lié à celui des autres otages ◆ **the future of their country is inextricably bound up with Europe** l'avenir de leur pays est inextricablement lié à celui de l'Europe ◆ **to be totally bound up with sb** se dévouer entièrement à qn ◆ **to be totally bound up with one's work** se donner corps et âme à son travail

binder ['baɪndə'] n **a** (= machine) lieuse f; (= person) lieur m, -euse f; → **bookbinder**
b (for papers) classeur m; → **ring¹, spring**
c (Med etc) bandage m
d (Constr) (= cement, mortar) liant m, aggloméant m; (= joist) entrait m
e (US = agreement in deal) engagement m, option f d'achat

bindery ['baɪndərɪ] n atelier m de reliure

binding ['baɪndɪŋ] → SYN [1] n **a** [of book] reliure f; → **cloth, half**
b (Tex = tape) extrafort m; → **bias**
c [of skis] fixation f
[2] adj **a** rule obligatoire; agreement, promise qui lie, qui engage; price ferme ◆ **to be binding on sb** lier qn, engager qn ◆ **a promise is binding** on est lié par une promesse ◆ **binding effect** (Jur: of agreement) force f obligatoire ◆ **measure binding on each contracting party** (Jur) mesure f exécutoire pour chaque partie contractante
b (Med) food etc constipant m; (Constr) agglomérant
[3] COMP ▷ **binding screw** n (Tech) vis f de serrage or de blocage

bindweed ['baɪndwiːd] n liseron m

binge [bɪndʒ] [1] vi (gen) faire des excès; (on alcohol) se soûler, boire avec frénésie; (on food) manger à l'excès; (spending) dépenser comme un fou ◆ **to binge on chocolate** s'empiffrer * de chocolat ◆ **to binge on chartreuse** se soûler à la chartreuse
[2] n ◆ **a drinking binge** une beuverie ◆ **to go on a binge** ⇒ **to binge 1**

bingo ['bɪŋgəʊ] [1] n bingo m
[2] excl ◆ **bingo!** * eurêka! *

binman ['bɪnmæn] n, pl **-men** (= dustman) boueux m, éboueur m

binnacle ['bɪnəkl] n (Naut) habitacle m

binocular [bɪ'nɒkjʊlə'] [1] adj binoculaire
[2] **binoculars** npl jumelle(s) f(pl)

binomial [baɪ'nəʊmɪəl] adj, n (Math) binôme m ◆ **binomial distribution** distribution f binomiale ◆ **the binomial theorem** le théorème (de binôme) de Newton

bint ⁑ [bɪnt] n (Brit) nana ⁑ f

binuclear [baɪ'njuːklɪə'] adj binucléaire

bio... ['baɪəʊ] pref bio...

bioassay [,baɪəʊ'æseɪ] [1] n titrage m or dosage m biologique
[2] vt faire un titrage or dosage biologique de

bioastronautics [,baɪəʊ,æstrə'nɔːtɪks] n (NonC) bioastronautique f

bioastronomy [,baɪəʊə'strɒnəmɪ] n bioastronomie f

biocatalyst [,baɪəʊ'kætəlɪst] n biocatalyseur m

biochemical ['baɪəʊ'kemɪkəl] adj biochimique ◆ **biochemical oxygen demand** demande f biochimique d'oxygène

biochemist ['baɪəʊ'kemɪst] n biochimiste mf

biochemistry ['baɪəʊ'kemɪstrɪ] n biochimie f

biocidal [,baɪəʊ'saɪdl] adj (Chem) biocide

biocide ['baɪəsaɪd] n (Chem) biocide m

bioclimatology [,baɪəʊ,klaɪmə'tɒlədʒɪ] n bioclimatologie f

biocoenosis, biocenosis (US) [,baɪəʊsɪ'nəʊsɪs] n (Bio) biocénose f

biodegradability [,baɪəʊdɪ,greɪdə'bɪlɪtɪ] n biodégradabilité f

biodegradable ['baɪəʊdɪ'greɪdəbl] adj biodégradable

biodegradation [,baɪəʊ,degrə'deɪʃən] n biodégradation f

biodiesel ['baɪəʊ,diːzəl] n gasoil d'origine végétale

biodiversity [,baɪəʊdaɪ'vɜːsɪtɪ] n biodiversité f

biodynamic [,baɪəʊdə'næmɪk] adj biodynamique

bioenergetic [,baɪəʊenə'dʒetɪk] adj bioénergétique

bioenergy [,baɪəʊ'enədʒɪ] n (Psych) bioénergie f

bioengineering [,baɪəʊ,endʒɪ'nɪərɪŋ] n bio-ingénierie f

bioethics [,baɪəʊ'eθɪks] n (NonC) bioéthique f

biofeedback [,baɪəʊ'fiːdbæk] n biofeedback m

biofibres, biofibers (US) [,baɪəʊ'faɪbəz] npl biofibres fpl

biofuel ['baɪəʊfjʊəl] n biocarburant m

biogenesis ['baɪəʊ'dʒenɪsɪs] n biogenèse f

biogenetic [,baɪəʊdʒɪ'netɪk] adj (Bio) biogénétique

biogeography [,baɪəʊdʒɪ'ɒgrəfɪ] n biogéographie f

biographer [baɪ'ɒgrəfə'] n biographe mf

biographic(al) [,baɪəʊ'græfɪk(əl)] adj biographique

biography [baɪ'ɒgrəfɪ] → SYN n biographie f

biological [,baɪə'lɒdʒɪkəl] [1] adj (gen) biologique; detergent, washing powder aux enzymes
[2] COMP ▷ **biological clock** n horloge f biologique ▷ **biological control** n (Agr) lutte f biologique ▷ **biological diversity** n diversité f biologique ▷ **biological father** n père m biologique ▷ **biological mother** n mère f biologique ▷ **biological parents** npl parents mpl biologiques ▷ **biological warfare** n guerre f biologique ▷ **biological weapons** npl armes fpl biologiques

biologically [,baɪəʊ'lɒdʒɪkəlɪ] adv biologiquement

biologist [baɪ'ɒlədʒɪst] n biologiste mf

biology [baɪ'ɒlədʒɪ] n biologie f

bioluminescence [,baɪəʊ,luːmɪ'nesns] n bioluminescence f

bioluminescent [,baɪəʊ,luːmɪ'nesnt] adj bioluminescent

biomass ['baɪəʊmæs] n biomasse f

biomathematics [,baɪəʊ,mæθə'mætɪks] n (NonC) biomathématique(s) f(pl)

biome ['baɪəʊm] n biome m

biomechanics [,baɪəʊmɪ'kænɪks] n (NonC) biomécanique f

biomedical [,baɪəʊ'medɪkəl] adj biomédical

biometric [,baɪə'metrɪk] adj biométrique

biometrics [,baɪə'metrɪks], **biometry** [baɪ'ɒmɪtrɪ] n (NonC) biométrie f

bionic [baɪ'ɒnɪk] adj bionique

bionics [baɪ'ɒnɪks] n (NonC) bionique f

biophysical [,baɪəʊ'fɪzɪkəl] adj biophysique

biophysicist [,baɪəʊ'fɪzɪsɪst] n biophysicien(ne) m(f)

biophysics [,baɪəʊ'fɪzɪks] n (NonC) biophysique f

biopic * ['baɪəʊ,pɪk] n film m biographique

biopsy ['baɪɒpsɪ] n biopsie f

biorhythm ['baɪəʊrɪðəm] n biorythme m

biosphere ['baɪəsfɪə'] n biosphère f

biosynthesis [,baɪəʊ'sɪnθɪsɪs] n biosynthèse f, anabolisme m

biosynthetic [,baɪəʊsɪn'θetɪk] adj biosynthétique

biota [baɪ'əʊtə] n biote m

biotechnology [,baɪəʊtek'nɒlədʒɪ] n biotechnologie f

biotic [baɪ'ɒtɪk] adj biotique

biotin ['baɪətɪn] n (Bio) biotine f

biotite ['baɪə,taɪt] n biotite f

biotope ['baɪə,təʊp] n biotope m

biotype ['baɪətaɪp] n biotype m

biowarfare [,baɪəʊ'wɔːfɛə'] n guerre f biologique

bipartisan [,baɪ'pɑːtɪzæn] adj biparti or bipartite ◆ **bipartisan politics** politique f qui fait l'unanimité

bipartisanship [,baɪpɑː'tɪzænʃɪp] n (Pol) bipartisme m

bipartite [baɪ'pɑːtaɪt] adj (Bio, Pol) biparti or bipartite; (Jur) document rédigé en double

biped ['baɪped] adj, n bipède m

biphenyl [baɪ'fiːnaɪl] n (Chem) diphényle m

bipinnate [baɪ'pɪneɪt] adj (Bio) bipenné

biplane ['baɪpleɪn] n (avion m) biplan m

bipod ['baɪpɒd] n bipied m

bipolar [baɪ'pəʊlə'] adj bipolaire

bipolarity [,baɪpə'lærɪtɪ] n (Phys) bipolarité f

bipolarization [baɪ,pəʊləraɪ'zeɪʃən] n bipolarisation f

bipolarize [baɪ'pəʊləraɪz] vt bipolariser

biquadratic ['baɪkwɒ'drætɪk] (Math) [1] adj biquadratique
[2] n équation f biquadratique or du quatrième degré

birch [bɜːtʃ] [1] n (also **birch tree**) bouleau m; (also **birch wood**) (bois m de) bouleau m; (for whipping) verge f, fouet m ◆ **the birch** (Jur) la peine du fouet (avec les verges); → **silver**
[2] vt fouetter
[3] COMP de bouleau ▷ **birch plantation** n boulaie f, plantation f de bouleaux

birching ['bɜːtʃɪŋ] n peine f du fouet (avec les verges)

bird [bɜːd] [1] n **a** oiseau m; (Culin) volaille f ◆ **they shot six birds** ils ont abattu six oiseaux or six pièces de gibier (à plumes) ◆ **young** or **little bird** petit oiseau m, oisillon m ◆ **bird of ill omen** (liter) oiseau m de mauvais augure or de malheur ◆ (Prov) **a bird in the hand is worth two in the bush** un tiens vaut mieux que deux tu l'auras (Prov) ◆ **birds of a feather flock together** qui se ressemble s'assemble (Prov) ◆ **they're birds of a feather** (gen) ils se ressemblent beaucoup; (pej) ils sont à mettre dans le même sac ◆ **a little bird told me** * mon petit doigt me l'a dit ◆ **the bird has flown** (fig) l'oiseau s'est envolé ◆ **to give sb the bird** †* (Theat, Sport) huer or

83 ENGLISH-FRENCH

siffler qn; (= send sb packing) envoyer bouler* or paître* qn ◆ **to get the bird** †* (Theat) se faire siffler or huer ◆ **for the birds** (*= worthless) nul*; (= silly) débile* ◆ he'll have to be told about the birds and the bees (hum) il va falloir lui expliquer que les bébés ne naissent pas dans les choux; → **early, jailbird, kill**

b (*= fellow) oiseau* m (pej), type* m ◆ **he's a queer bird** c'est un drôle d'oiseau* or de numéro* ◆ **he's a cunning old bird** c'est un vieux singe or rusé

c (Brit *= girl) nana* f, gonzesse* f ◆ **I've split up with my bird** j'ai rompu avec ma nana* or ma gonzesse*

d (*= prison) **five years' bird** cinq ans de taule*; ◆ **to do bird** faire de la taule*

2 COMP ▷ **bird bath** n vasque f (pour les oiseaux) ▷ **bird brain*** n (pej) étourneau m, tête f de linotte ▷ **bird-brained*** adj qui a une cervelle d'oiseau, écervelé ▷ **bird call** n cri m d'oiseau ▷ **bird cherry** n (Bot) merisier m à grappes ▷ **bird dog** n (US) chien m de chasse (pour le gibier à plume) ▷ **bird fancier** n aviculteur m, -trice f ▷ **bird feeder** n mangeoire f, trémie f ▷ **bird-like** adj eyes, features d'oiseau ▷ **bird nesting** n **to go bird nesting** aller dénicher les oiseaux ▷ **bird of paradise** n oiseau m de paradis ▷ **bird of passage** n (lit, fig) oiseau m de passage ▷ **bird of prey** n oiseau m de proie ▷ **bird sanctuary** n réserve f ornithologique ▷ **birds' eggs** npl œufs mpl d'oiseaux ▷ **bird's-eye** n (Bot) petit chêne m ▷ **bird's-eye view** n (fig) vue f d'ensemble, vue f générale ◆ **a bird's-eye view of Paris** (lit) Paris vu d'avion ▷ **bird's foot** n, pl **bird's foots** (Bot) pied-d'oiseau m ▷ **bird's-foot trefoil** n lotier m ▷ **bird's nest** n nid m d'oiseau(x) ▷ **bird's-nest orchid** n néottie f ▷ **bird's-nest soup** n (Culin) soupe f aux nids d'hirondelles ▷ **bird-spotter** n ornithologue mf amateur ▷ **bird strike** n impact m d'oiseau (provoquant un accident aérien) ▷ **bird table** n (in garden) mangeoire f ▷ **bird-watcher** n ornithologue mf amateur ▷ **bird-watching** n ornithologie f (pratiquée en amateur) ◆ **to go bird-watching** aller observer les oiseaux

birdcage ['bɜːdkeɪdʒ] n cage f à oiseaux; (large) volière f

birdie ['bɜːdɪ] **1** n **a** (baby talk) (gentil) petit oiseau m ◆ **watch the birdie!*** (for photo) le petit oiseau va sortir!
b (Golf) birdie m
2 vt (Golf) ◆ **to birdie a hole** faire un birdie

birdlime ['bɜːdlaɪm] n glu f

birdseed ['bɜːdsiːd] n (NonC) graines fpl (pour les oiseaux)

birdsong ['bɜːdsɒŋ] n chant m des oiseaux

birefringence [ˌbaɪrɪ'frɪndʒəns] n (Phys) biréfringence f

birefringent [ˌbaɪrɪ'frɪndʒənt] adj (Phys) biréfringent

biretta [bɪ'retə] n barrette f

biriani [ˌbɪrɪ'ɑːnɪ] n ⇒ **biryani**

birling ['bɜːlɪŋ] n (US) sport de bûcheron, consistant à faire tourner avec les pieds, sans tomber, un tronc d'arbre flottant

Birman ['bɜːmən] n (Zool: also **Birman cat**) birman m

Biro ® ['baɪərəʊ] n (Brit) stylo m (à) bille, Bic ® m

birth [bɜːθ] LANGUAGE IN USE 24.1 → SYN
1 n **a** (= being born) naissance f; (also **childbirth**) accouchement m, couches fpl; [of animal] mise f bas ◆ **at birth** à la naissance ◆ **during the birth** pendant l'accouchement ◆ **to give birth to** [woman] donner naissance à; [animal] mettre bas ◆ **blind/deaf from or since birth** aveugle/sourd de naissance ◆ **the village/country of one's birth** son village/pays natal; → **childbirth, place, premature**
b (= parentage) naissance f, extraction f ◆ **Scottish by birth** écossais de naissance ◆ **of good birth** bien né, de bonne famille ◆ **of humble birth** de basse extraction
c (fig) [of movement, idea] naissance f, éclosion f; [of new era] naissance f, commencement m; [of trend, project] naissance f, lancement m; [of phenomenon] apparition f

2 COMP ▷ **birth certificate** n (original) acte m de naissance; (copy) extrait m de naissance ▷ **birth control** n régulation f or contrôle m des naissances ◆ **birth control pill** ⇒ **birth pill** ▷ **birth defect** n défaut m de naissance ▷ **birth father** n père m biologique, géniteur m ▷ **birth mother** n mère f biologique, génitrice f ▷ **birth parents** npl parents mpl biologiques, géniteurs mpl ▷ **birth pill** n pilule f contraceptive ▷ **birth rate** n (taux m de) natalité f ▷ **births, marriages and deaths** npl (in newspaper) carnet m du jour ▷ **birth weight** n poids m à la naissance

birthdate ['bɜːθdeɪt] n date f de naissance

birthday ['bɜːθdeɪ] LANGUAGE IN USE 23.3
1 n anniversaire m ◆ **what did you get for your birthday?** qu'est-ce que tu as eu pour ton anniversaire?; → **happy**
2 COMP ▷ **birthday cake** n gâteau m d'anniversaire ▷ **birthday card** n carte f d'anniversaire ▷ **Birthday Honours** n (Brit) ⇒ **Honours List**; → **honour**; → HONOURS LIST ▷ **birthday party** n **she is having a birthday party** elle a organisé une petite fête or une soirée pour son anniversaire ▷ **birthday present** n cadeau m d'anniversaire ▷ **birthday suit*** n (hum) **in one's birthday suit** en costume d'Adam (or d'Ève)*, dans le plus simple appareil (hum)

birthing ['bɜːθɪŋ] **1** adj equipment, room d'accouchement
2 COMP ▷ **birthing chair** n chaise f d'accouchement ▷ **birthing pool** n piscine f or bassin m d'accouchement ▷ **birthing stool** n tabouret m d'accouchement

birthmark ['bɜːθmɑːk] n tache f de vin

birthplace ['bɜːθpleɪs] n (gen, Admin) lieu m de naissance; (= house) maison f natale ◆ **the birthplace of civilization** le berceau de la civilisation

birthright ['bɜːθraɪt] n (lit) [of firstborn] droit m d'aînesse ◆ **it is the birthright of every Englishman** (fig) c'est un droit que chaque Anglais a or acquiert à sa naissance

birthstone ['bɜːθstəʊn] n pierre f porte-bonheur

birthwort ['bɜːθˌwɜːt] n aristoloche f

biryani [ˌbɪrɪ'ɑːnɪ] n biriani m (plat indien à base de riz)

BIS [ˌbiː'aɪ'es] n (abbrev of **Bank for International Settlements**) BIS f

Biscay ['bɪskeɪ] n Biscaye f ◆ **the Bay of Biscay** le Golfe de Gascogne

biscuit ['bɪskɪt] **1** n **a** (Brit) petit gâteau m sec, biscuit m ◆ **that takes the biscuit!*** ça c'est le bouquet!* ◆ **he takes the biscuit!*** il décroche le pompon!*; → **digestive, ship, water**
b (US) biscuit m sec
2 adj (also **biscuit-coloured**) (couleur) biscuit inv, beige
3 COMP ▷ **biscuit barrel** n boîte f à biscuits ▷ **biscuit-firing** n (Pottery) dégourdi m ▷ **biscuit ware** n (Pottery) biscuit m

bisect [baɪ'sekt] → SYN **1** vt couper or diviser en deux; (Math) couper en deux parties égales
2 vi [road etc] bifurquer

bisection [baɪ'sekʃən] n (Math) division f en deux parties égales; [of angle] bissection f

bisector [baɪ'sektə'] n (Math) bissectrice f

bisexual [baɪ'seksjʊəl] adj **a** person bisexuel **b** (Bio, Zool) bisexué

bisexuality [ˌbaɪseksjʊ'ælɪtɪ] n bisexualité f

bishop ['bɪʃəp] n **a** (Rel) évêque m; (as term of address) Monseigneur
b (Chess) fou m

bishopric ['bɪʃəprɪk] → SYN n (= diocese) évêché m; (= function) épiscopat m

Bismarck ['bɪsmɑːk] n (Hist) Bismarck m

bismuth ['bɪzməθ] n bismuth m

bison ['baɪsn] n (pl inv) bison m

bisque [bɪsk] n (Culin, Sport) bisque f; (Pottery) biscuit m

bissextile [bɪ'sekstaɪl] **1** n année f bissextile
2 adj bissextile

---

birdcage / bitch

bistable [baɪ'steɪbl] adj (Comput) bistable

bistoury ['bɪstʊrɪ] n bistouri m

bistre ['bɪstə'] adj, n bistre m

bistro ['biːstrəʊ] n petit restaurant m (style bistrot)

bisulphate [baɪ'sʌlfeɪt] n bisulfate m

bit¹ [bɪt] → SYN n **a** [of horse] mors m ◆ **to get or take the bit between one's teeth** (lit, fig) prendre le mors aux dents; → **champ¹**
b (= tool) mèche f ▷ **brace, centre**

bit² [bɪt] **1** n **a** (= piece) [of bread] morceau m; [of paper, string] bout m; [of book, talk etc] passage m; (= tiny amount) peu m ◆ **a bit of garden** un bout de jardin, un tout petit jardin ◆ **a tiny little bit** un tout petit peu ◆ **there's a bit of the soldier in him** il y a un peu du soldat en lui ◆ **a bit of advice** un petit conseil ◆ **a bit of news** une nouvelle ◆ **a bit of luck** une chance ◆ **what a bit of luck!** * quelle chance or veine !* ◆ **in bits and pieces** (= broken) en morceaux, en miettes; (= dismantled) en pièces détachées; (fig) [plan, scheme] en ruines ◆ **bring all your bits and pieces*** apporte toutes tes petites affaires ◆ **bits and bobs** * petites affaires fpl ◆ **to come to bits** (= break) s'en aller or tomber en morceaux; (= dismantle) se démonter ◆ **he went to bits*** il a craqué* ◆ **bit by bit** (= gradually) petit à petit; (= piecemeal) par morceaux ◆ **and a bit over** et même un peu plus ◆ **to do one's bit** fournir sa part d'effort ◆ **he's got a bit on the side*** il a une maîtresse ◆ **for him, I was just a bit on the side*** pour lui, je n'étais qu'une aventure
b (phrases) **a bit** un peu ◆ **a bit of money** un peu d'argent ◆ **it is** or **that is a bit much** (= expensive) c'est un peu exagéré!; (= unfair) c'est un peu fort*! ◆ **a good bit of** or **quite a bit of money** pas mal d'argent ◆ **he paid a good bit for it** ça lui a coûté assez cher (lit) ◆ **I'm a bit/a little bit/a good bit late** je suis un peu/un petit peu/très en retard ◆ **it's a good bit further than we thought** c'est bien or beaucoup plus loin que nous ne pensions ◆ **a good bit bigger** bien or beaucoup plus grand ◆ **every bit as good as** tout aussi bon que ◆ **every bit of the wall** le mur tout entier ◆ **he's every bit a soldier** il est militaire jusqu'à la moelle ◆ **I'm a bit of a socialist*** je suis un peu socialiste ou je dirais ◆ **he seems to be a bit of an expert** il a l'air de s'y connaître (pas mal) ◆ **she's a bit of a liar** elle est un brin or un tantinet menteuse ◆ **it was a bit of a shock** ça (nous) a plutôt fait un choc ◆ **that's a bit of all right** * c'est super* or chouette* ◆ **he's/she's a bit of all right*** (= attractive) il/elle est plutôt bien balancé(e) * ◆ **that's a bit thick!** * ça c'est un peu fort or violent!* ◆ **not a bit** pas du tout ◆ **not a bit of it!** pas du tout!, pas le moins du monde! ◆ **it's not a bit of use** cela ne sert strictement or absolument à rien ◆ **he wasn't a bit the wiser** or **the better for it** il n'en était pas plus avancé; → **much**
c (of time) **after a bit** après un moment ◆ **a good** or **quite a bit** un bon bout de temps* ◆ **wait a bit** attendez un instant or un peu
d († = coin) pièce f; → **threepenny, two**
e (Comput) bit m
2 adj (Theat) ◆ **bit part** petit rôle m, panne* f (Theat)
3 COMP ▷ **bit-map** (Comput) n **a** (NonC = mode) mode point m **b** (also **bit-map(ped) image**) image f en mode point ◇ adj (also **bit-mapped**) graphics en mode point, par points ◆ **bit-map font** police f en mode point or par points ◆ **bit player*** n (Theat, Cine, fig) figurant(e) m(f)

bit³ [bɪt] → SYN vb (pt of **bite**)

bitch [bɪtʃ] **1** n **a** (dog) chienne f; (canines generally) femelle f; (fox) renarde f; (wolf) louve f ◆ **terrier bitch** terrier m femelle
b (**pej = woman**) garce* f ◆ **she's a bitch** elle est rosse*, c'est une garce*
c * **that bitch of a car** cette putain de bagnole* ◆ **that bitch of a job** cette saloperie de boulot* ◆ **it's a bitch** c'est la merde* ◆ **life's a bitch (and then you die)** chienne de vie*
d (esp US) **what's your bitch?** * (= complaint) qu'est-ce que tu as à râler?*
2 vi (* = complain) rouspéter*, râler* ◆ **to bitch about sb** dire du mal de qn

bitchiness * ['bɪtʃɪnɪs] n vacherie * f

bitching * ['bɪtʃɪŋ] adj (esp US) du tonnerre

bitchy * ['bɪtʃɪ] adj rosse *, vache * ◆ **to be bitchy to sb** être vache * avec qn ◆ **he was bitchy about it** il a été vache * (à ce sujet) ◆ **that was a bitchy thing to do** c'était (un coup) vache *

bite [baɪt] → SYN vb : pret **bit,** ptp **bitten** 1 n a [of dog etc] morsure f ; [of snake, insect] piqûre f ◆ **face covered in (insect) bites** visage couvert de piqûres d'insectes ; → **bark**[2], **fleabite**

b (= piece bitten off) bouchée f ; (= something to eat) morceau m, quelque chose (à manger) ◆ **in two bites** en deux bouchées ◆ **chew each bite carefully** mâchez bien chaque bouchée ◆ **to take a bite out of** (lit) [+ apple etc] manger une bouchée de ; (esp US fig) [+ savings, budget] faire un trou dans ◆ **to get a second** or **another bite at the cherry, to have two bites at the cherry** avoir une seconde chance

c * **a bite (to eat)** un casse-graine ◆ **I'll get a bite on the train** je mangerai un morceau dans le train ◆ **come and have a bite** venez manger un morceau

d (Fishing) touche f ◆ **I haven't had a bite all day** je n'ai pas eu une seule touche aujourd'hui ◆ **got a bite?** ça a mordu ?

e [of sauce etc] piquant m ◆ **there's a bite in the air** l'air est piquant ◆ **his speech didn't have much bite** son discours manquait de mordant

2 vt [person, animal] mordre ; [snake, insect] piquer, mordre ◆ **to bite one's nails** se ronger les ongles ◆ **to bite sth in two** couper qch en deux d'un coup de dents ◆ **to bite one's lips/fingers** se mordre les lèvres/les doigts ◆ **to bite one's tongue** (lit, fig) se mordre la langue ◆ **to bite one's tongue** or **one's lip** (fig) tenir sa langue ◆ **it won't bite (you)!** * (hum) ça ne mord pas ! * ◆ **what's biting you?** * qu'est-ce que tu as à râler ? * ◆ **to bite the bullet** * serrer les dents (fig) ◆ **to bite the dust** (lit, fig) mordre la poussière ◆ **to bite the hand that feeds one** cracher dans la soupe * ◆ (Prov) **once bitten twice shy** chat échaudé craint l'eau froide (Prov) ◆ **to be bitten with** * **the desire to do sth** mourir d'envie de faire qch ◆ **to get bitten** * (= be cheated) se faire avoir *, se faire rouler * ; → **biter**

3 vi [dog] mordre ; [fish] mordre (à l'hameçon) ; [insect] piquer ; [cold, frost, wind] mordre, pincer ; [cogs] s'engrener ; [anchor, screw] mordre ◆ **to bite into sth** [person] mordre (dans) qch ; [acid] mordre sur qch

4 COMP ▷ **bite-size(d)** * adj (lit) piece of food petit ; biscuit, chocolate bar miniature ◆ **bite-size(d) cheeses** mini-fromages mpl ◆ **bite-size(d) chunks** petits morceaux mpl ◆ **cut the food into bite-size(d) chunks** coupez la nourriture en petits morceaux ◆ **bite-size(d) chunks of information** informations fpl brèves de lecture aisée ◆ **classical music in bite-size(d) chunks** des extraits de musique classique

► **bite back** 1 vi (= respond) réagir, rendre la pareille

2 vt sep [+ words, retort] ravaler

► **bite off** vt sep arracher d'un coup de dent(s) ◆ **she bit off a piece of apple** elle a mordu dans la pomme ◆ **he has bitten off more than he can chew** il a eu les yeux plus grands que le ventre, il a visé trop haut ◆ **to bite sb's head off** * rembarrer qn (brutalement)

► **bite on** vt fus mordre

► **bite through** vt fus [+ tongue, lip] mordre (de part en part) ; [+ string, thread] couper or casser avec les dents

biter ['baɪtəʳ] n ◆ **the biter bit** tel est pris qui croyait prendre

biting ['baɪtɪŋ] → SYN adj cold âpre, mordant ; winter dur, rude ; wind piquant, cinglant ; (fig) style, wit, remarks mordant, caustique ◆ **biting irony** ironie f mordante or cinglante ◆ **biting sarcasm** sarcasme m acerbe or mordant ◆ **biting insects** insectes mpl piqueurs or voraces

bitingly ['baɪtɪŋlɪ] adv speak d'un ton mordant or caustique

bitten ['bɪtn] vb (ptp of **bite**)

bitter ['bɪtəʳ] → SYN 1 adj a taste amer, âpre ◆ **it was a bitter pill (to swallow)** la pilule était dure à avaler

b cold, weather glacial ; wind glacial, cinglant ; winter rude, rigoureux

c person amer ; critic, criticism acerbe ; disappointment, reproach, tears amer ; fate, sorrow pénible, cruel ; hatred acharné, profond ; opposition, protest violent ; remorse cuisant ; sight, look amer, plein d'amertume ; suffering âpre, cruel ; tone amer ◆ **to the bitter end** jusqu'au bout ◆ **his bitter enemy** son ennemi acharné ◆ **he was always a bitter enemy of corruption** il a toujours été un adversaire acharné de la corruption ◆ **I feel (very) bitter about the whole business** toute cette histoire me remplit d'amertume ◆ **bitter and twisted** aigri

2 n a (Brit = beer) *sorte de bière brune anglaise*

b (Pharm) amer m

3 **bitters** npl (= drink) bitter m, amer m ◆ **gin and bitters** cocktail m au gin et au bitter

4 COMP ▷ **bitter aloes** npl aloès m (médicinal) ▷ **bitter lemon** n Schweppes ® m au citron ▷ **bitter orange** n orange f amère, bigarade f

bitterling ['bɪtəlɪŋ] n (= fish) bouvière f

bitterly ['bɪtəlɪ] adv regret, weep amèrement ; say, think avec amertume ; criticize, denounce, reproach âprement ; oppose, contest, fight farouchement ; ashamed profondément ◆ **bitterly disappointed** amèrement déçu ◆ **bitterly jealous** atrocement jaloux ◆ **to be bitterly resentful of sb's success** en vouloir amèrement à qn de son succès ◆ **opinions are bitterly divided** les avis sont profondément partagés ◆ **it's bitterly cold** il fait un froid de canard ◆ **on a bitterly cold day** par une journée glaciale

bittern ['bɪtɜːn] n (Orn) butor m

bitterness ['bɪtənɪs] → SYN n (NonC: gen) amertume f ; [of opposition etc] violence f

bittersweet ['bɪtəswiːt] 1 adj (lit, fig) aigre-doux (-douce f)

2 n (Bot) douce-amère f ; (fig) amère douceur f

bitty * ['bɪtɪ] adj (Brit) décousu

bitumen ['bɪtjʊmɪn] n bitume m

bituminize [bɪ'tjuːmɪnaɪz] vt bitumer

bituminous [bɪ'tjuːmɪnəs] adj bitumineux

bivalency [baɪ'veɪlənsɪ] n (Chem) bivalence f

bivalent ['baɪ'veɪlənt] adj (Bio, Chem) bivalent

bivalve ['baɪvælv] adj, n bivalve m

bivouac ['bɪvʊæk] 1 n bivouac m

2 vi bivouaquer

bivvy * ['bɪvɪ] 1 n (= bivouac) bivouac m ; (= tent) canadienne f

2 vi bivouaquer, camper

bi-weekly ['baɪ'wiːklɪ] 1 adj (= twice in a week) bihebdomadaire ; (US = fortnightly) bimensuel

2 adv (= twice a week) deux fois par semaine ; (US = fortnightly) tous les quinze jours

biz * [bɪz] n (abbrev of **business**) → **show**

bizarre [bɪ'zɑːʳ] → SYN adj bizarre

bk a abbrev of **book**

b abbrev of **bank**

BL [biː'el] a (abbrev of **British Library**) → **British**

b (abbrev of **Bachelor of Law**) → **bachelor**

c (abbrev of **bill of lading**) → **bill**[1]

blab [blæb] → SYN 1 vi a (= tell secret) manger le morceau *

b (= chatter) jaser

2 vt (also **blab out**) [+ secret] laisser échapper, aller raconter

blabber * ['blæbəʳ] vi (also **blabber on**) ⇒ **blab 1a**

blabbermouth * ['blæbə,maʊθ] n (pej) grande bouche * f, grande gueule * f

black [blæk] → SYN 1 adj a hair, clouds, coffee etc noir ◆ **eyes as black as sloes** des yeux noirs comme (du) jais, des yeux de jais ◆ **black and blue** (fig) couvert de bleus ◆ **to beat sb black and blue** battre qn comme plâtre, rouer qn de coups ◆ **black gold** (= oil) l'or m noir ◆ **"black tie"** (on invitation) "smoking", "cravate noire" ; see also **4, belt, coal, jet**[2], **pitch**[2], **pot**[1]

b race, skin noir ◆ **black man** Noir m ◆ **black woman** Noire f ◆ **Black American** Noir(e) m(f) américain(e) ◆ **black art** art m nègre ◆ **black college** (US) (Univ) université f noire ◆ **black consciousness** conscience f de la négritude ◆ **Black English** l'anglais m des Noirs américains ◆ **Black Nationalism** (US) mouvement m nationaliste noir ◆ **Black Studies** études fpl afro-américaines ; see also **4**

c (= dark) obscur, noir ◆ **it is as black as pitch** il fait noir comme dans un four

d (= dirty) noir, sale ◆ **his hands were black** il avait les mains noires ◆ **he was as black as a sweep** il était noir de la tête aux pieds

e (fig) (= wicked) crime, action noir ; thought mauvais ; (= gloomy) thoughts, prospects noir ; grief intense, violent ; rage noir ; despair sombre ; (= angry) furieux, menaçant ◆ **he looked as black as thunder** il avait l'air furibond ◆ **to look black** avoir l'air hors de soi ◆ **to give sb a black look** lancer un regard noir à qn ◆ **I got some black looks from John** j'ai eu des regards noirs de la part de John, John m'a lancé des regards noirs ◆ **black in the face** noir de fureur ◆ **you can scream till you're black in the face but ...** tu peux toujours t'égosiller or t'époumoner mais ... ◆ **a black deed** (liter) un crime, un forfait (liter) ◆ **he painted their conduct in the blackest colours** il a présenté leur conduite sous les couleurs les plus noires ◆ **he's not as black as he's painted** il n'est pas aussi mauvais qu'on le dit ◆ **things are looking black** les choses se présentent très mal ◆ **it's a black outlook** or **things are looking black for him** ses affaires se présentent très mal ◆ **a black day on the roads** une sombre journée sur les routes ◆ **it's a black day for England** c'est un jour (bien) triste pour l'Angleterre ; (stronger) c'est un jour de deuil pour l'Angleterre ◆ **black goods** (Ind) marchandises fpl boycottées ◆ **black economy** économie f parallèle or souterraine

2 n a (= colour) noir m, couleur f noire ; (mourning) noir m, deuil m ; (Roulette etc) noir m ◆ **dressed in black** habillé de noir ◆ **to wear black for sb** porter le deuil de qn ◆ **there it is in black and white** c'est écrit noir sur blanc ◆ **black and white** (Art) dessin m en noir et blanc ◆ **to swear that black is white** (fig) (obstinate person) se refuser à l'évidence, nier l'évidence ; (liar) mentir effrontément ◆ **to be in the black** * (Fin) être créditeur ; → **lampblack**

b (= person) Noir(e) m(f)

c (= darkness) ténèbres fpl, obscurité f ; (outdoors only) nuit f noire

3 vt a (= blacken) noircir ; [+ shoes] cirer ◆ **to black one's face** se noircir le visage ◆ **to black sb's eye (for him)** pocher l'œil à qn

b (Brit Ind) [+ cargo, firm, goods] boycotter

4 COMP ▷ **Black Africa** n l'Afrique f Noire ▷ **black art(s)** n(pl) magie f noire, sciences fpl occultes ▷ **black bag** n sac-poubelle m ▷ **black-ball** n vote m contre ◇ vt blackbouler ▷ **black bass** n achigan m ▷ **black bear** n ours m noir ▷ **black beetle** n cafard m, cancrelat m ▷ **black belt** n (Sport = belt, wearer) ceinture f noire ▷ **black body** n (Phys) corps m noir ▷ **black books** npl **she was in his black books** elle n'était pas dans ses petits papiers *, elle était mal vue (de lui) ▷ **black box** n (Aviat) boîte f noire or enregistreuse ; (= mysterious device) boîte f noire ▷ **black bread** n pain m noir ▷ **black bryony** n tamier m ▷ **black cab** n (Brit) taxi m anglais ▷ **black cap** n (Orn) fauvette f à tête noire ; (Brit Jur Hist) bonnet m noir *(que mettait un juge avant de prononcer la peine de mort)* ▷ **black cherry** n (= fruit) cerise f noire ; (= tree) cerisier m noir ▷ **black comedy** n comédie f noire ▷ **Black Country** n Pays m noir *(région industrielle des Midlands)* ▷ **Black Death** n (Hist) peste f noire ▷ **black disc** n (Mus) disque m noir, vinyle m, microsillon m ▷ **black earth** n (Geog) terre f noire, tchernoziom m ▷ **black eye** n œil m poché or au beurre noir * ◆ **to give sb a black eye** pocher l'œil à qn ▷ **Black Forest** n Forêt-Noire f ▷ **Black Forest gateau** n forêt-noire f ▷ **Black Friar** n frère m prêcheur, dominicain m ▷ **black frost** n gel m ▷ **black grouse** n tétras-lyre m, coq m de bruyère ▷ **black guillemot** n (Orn) petit guillemot m, grylle m ▷ **black-headed gull** n mouette f rieuse ▷ **black-hearted** adj

mauvais, malfaisant ▷ **black hole** n (Astron, also fig) trou m noir ♦ **the Black Hole of Calcutta** (Brit Hist) le cachot de Calcutta ♦ **it's like the Black Hole of Calcutta in here** on étouffe ici ▷ **black horehound** n ballote f ▷ **black humour** n humour m noir ▷ **black ice** n verglas m ▷ **black kite** n (Orn) milan m noir ▷ **black knight** n (Comm) chevalier m noir ▷ **black light** n (Phys) lumière f noire ▷ **black magic** → SYN n magie f noire ▷ **Black Maria** * n (Brit) panier m à salade * ▷ **black mark** n (fig) that gets a black mark c'est zéro * ♦ that's a black mark for or against him c'est un mauvais point pour lui ▷ **black market** n marché m noir ♦ **on the black market** au marché noir ▷ **black marketeer** n profiteur m, -euse f (vendant au marché noir) ▷ **black mass** n messe f noire ▷ **black medick** n (Bot) lupuline f ▷ **black money** n argent m (gagné au) noir ▷ **black mulberry** n (= tree) mûrier m noir ; (= fruit) mûre f noire ▷ **Black Muslim** n Musulman(e) noir(e) m(f), Black Muslim mf ▷ **black-necked grebe** n (Orn) grèbe m à cou noir ▷ **black nightshade** n (Bot) morelle f noire ▷ **black-on-black** adj violence entre noirs ▷ **Black Panthers** npl (Hist) Panthères fpl noires ▷ **Black Papers** npl (Brit Scol) livres blancs sur le système éducatif ▷ **black pepper** n poivre m noir ▷ **black poplar** n (Bot) peuplier m noir ▷ **Black Power (movement)** n Black Power m, pouvoir m noir ▷ **the Black Prince** n (Brit Hist) le Prince Noir ▷ **black pudding** n (Brit) boudin m noir ▷ **black redstart** n (Orn) rouge-queue m noir ▷ **Black Rod** n (Brit Parl) membre de la Chambre des lords chargé de convoquer les Communes lors de l'ouverture de la session parlementaire ▷ **black rot** n black-rot m ▷ **the Black Sea** n la mer Noire ▷ **black sea bream** n (= fish) dorade f grise ▷ **Black September** n (Pol) Septembre m noir ▷ **black sheep** → SYN n the black sheep of the family la brebis galeuse (de la famille) ▷ **black spot** n (also **accident black spot**: Brit) point m noir ▷ **black-tailed godwit** n (Orn) barge f à queue noire ▷ **black tern** n (Orn) guifette f noire ▷ **black-throated diver** n (Orn) plongeon m arctique ▷ **black-tie** adj dinner, function habillé, en smoking ; see also **1a** ▷ **black velvet** n cocktail de champagne et de stout ▷ **black vulture** n (Orn) moine m ▷ **Black Watch** n (Brit Mil) Black Watch mpl (régiment écossais) ▷ **black widow** n (Zool) veuve f noire ▷ **black woodpecker** n (Orn) pic m noir

▶ **black out** [1] vi (= faint) s'évanouir
[2] vt sep **a** (in wartime) [+ town, building] faire le black-out dans ♦ **a power cut blacked out the building** (in peacetime) une panne d'électricité a plongé l'immeuble dans l'obscurité (totale) ♦ **to black out the stage** (Theat) faire l'obscurité sur scène
b (= censor) censurer
[3] blackout n → **blackout**

blackamoor †† ['blækmʊər] n nègre † m

blackberry ['blækbərɪ] n mûre f ♦ **blackberry bush** mûrier m, ronce f

blackberrying ['blækbərɪɪŋ] n ♦ **to go blackberrying** aller cueillir des mûres

blackbird ['blækbɜːd] n merle m

blackboard ['blækbɔːd] n tableau m (noir) ♦ **blackboard duster** chiffon m ♦ **the blackboard jungle** la loi de la jungle (dans les classes) ♦ **blackboard rubber** frottoir m

blackcock ['blækkɒk] n (= male grouse) tétras-lyre m, coq m de bruyère

blackcurrant [ˌblækˈkʌrənt] n (= fruit, bush) cassis m

blacken ['blækən] → SYN [1] vt **a** (with dirt, soot, dust) noircir, salir ♦ **his hands were blackened with filth** il avait les mains noires de crasse
b (with paint, cosmetics etc) noircir, barbouiller de noir
c (with smoke, by fire) noircir ♦ **blackened remains** restes mpl calcinés
d (fig = discredit) salir, noircir, ternir
[2] vi [sky] noircir, s'assombrir ; [furniture] noircir, devenir noir

blackfly ['blækflaɪ] n puceron m noir

blackguard† ['blægɑːd] n canaille f, fripouille f

blackguardly† ['blægɑːdlɪ] adj deed, person infâme, ignoble

blackhead ['blækhed] n (Med) point m noir

blacking ['blækɪŋ] n **a** [of shoes] cirage m (noir) ; [of stoves] pâte f à noircir
b [of goods, cargo] boycottage m

blackish ['blækɪʃ] adj tirant sur le noir, noirâtre (pej)

blackjack ['blækdʒæk] [1] n (= flag) pavillon m noir (des pirates) ; (= drinking vessel) pichet m ; (Min) blende f ; (US = weapon) matraque f ; (Cards) black-jack m ≈ vingt-et-un m
[2] vt (= beat) matraquer ; (= coerce) contraindre sous la menace (sb into doing sth qn à faire qch)

blacklead ['blækled] [1] n mine f de plomb, graphite m
[2] vt [+ stove] frotter à la mine de plomb

blackleg ['blækleg] (Brit Ind) [1] n jaune m, briseur m de grève
[2] vi briser la grève

blacklist ['blæklɪst] → SYN [1] n liste f noire
[2] vt [+ person] mettre sur la liste noire ; [+ book] mettre à l'index (lit, fig)

blackmail ['blækmeɪl] → SYN [1] n chantage m ♦ **emotional blackmail** chantage m affectif
[2] vt faire chanter, faire du chantage auprès de ♦ **to blackmail sb into doing sth** forcer qn par le chantage à faire qch

blackmailer ['blækmeɪlər] n maître-chanteur m

blackness ['blæknɪs] → SYN n [of colour, substance] couleur f or teinte f noire, noir m ; [of night] obscurité f, ténèbres fpl ; [of hands, face] saleté f, crasse f

blackout ['blækaʊt] → SYN n **a** (= amnesia) trou m de mémoire ; (= fainting) étourdissement m, évanouissement m ♦ **to have a blackout** avoir un étourdissement, s'évanouir
b [of lights] panne f d'électricité ; (during war) black-out m ; (Theat) obscurcissement m de la scène ; → **news**

blackshirt ['blækʃɜːt] n (Pol) chemise f noire

blacksmith ['blæksmɪθ] n (shoes horses) maréchal-ferrant m ; (forges iron) forgeron m

blackthorn ['blækθɔːn] n (Bot) épine f noire, prunellier m

blacktop ['blæktɒp] n (US) bitume m

blackwater fever [ˌblækwɔːtəˈfiːvər] n fièvre f bilieuse hémoglobinurique

blackwood ['blækwʊd] n bois m d'amourette

bladder ['blædər] [1] n (Anat) vessie f ; (Bot) vésicule f ; (Ftbl etc) vessie f (de ballon) ; → **gall**[1]
[2] COMP ▷ **bladder kelp**, **bladder wrack** n fucus m vésiculeux ▷ **bladder senna** n baguenaudier m

bladdernut ['blædəˌnʌt] n staphylier m

bladderwort ['blædəwɜːt] n utriculaire f

blade [bleɪd] **a** [of knife, tool, weapon, razor] lame f ; [of chopper, guillotine] couperet m ; [of tongue] dos m ; [of oar] plat m, pale f ; [of spade] fer m ; [of turbine] aube f ; [of propeller] pale f, aile f ; [of windscreen wiper] caoutchouc m, balai m ; [of grass, mace] brin m ; [of cereal] pousse f ; [of leaf] limbe m ♦ **wheat in the blade** blé m en herbe ; → **shoulder**
b (liter = sword) lame f
c († = gallant) gaillard m ♦ **a gay blade** un joyeux luron

-bladed ['bleɪdɪd] adj (in compounds) ♦ **two-bladed knife** canif m à deux lames

blaeberry ['bleɪbərɪ] n (Brit) myrtille f, airelle f

blag‡ [blæg] vt (Brit) [+ ticket] obtenir à esbroufe * (out of or off sb de qn) ♦ **he blagged his way into the nightclub** il est entré dans la boîte de nuit à esbroufe *

blah * [blɑː] [1] n boniment m, blablabla * m ♦ **blah, blah, blah bla, bla, bla** * ♦ **the blahs** (US) le cafard ‡
[2] adj (US) barbant ‡, peu attrayant

Blairite ['blɛəraɪt] n, adj (Brit Pol) blairiste mf

blamable ['bleɪməbl] adj blâmable

blame [bleɪm] → SYN [1] vt **a** (= fix responsibility on) **to blame sb for sth**, **to blame sth on sb** * rejeter la responsabilité de qch sur qn, mettre qch sur le dos de qn * ♦ **I'm not to blame** ce n'est pas ma faute ♦ **you have only yourself to blame**, **you have no one but yourself to blame** tu ne peux t'en prendre qu'à toi-même, tu l'auras cherché ♦ **who/what is to blame** or **whom/what are we to blame for this accident?** à qui/à quoi attribuer cet accident ? ; → **workman**
b (= censure) condamner, blâmer ♦ **to blame sb for doing sth** reprocher à qn de faire qch ♦ **to blame sb for sth** reprocher qch à qn ♦ **to blame o.s. for sth/for having done sth** se reprocher qch/d'avoir fait qch ♦ **he was greatly to blame for doing that** il a eu grand tort de faire cela ♦ **you can't blame him for wanting to leave** vous ne pouvez lui reprocher de vouloir s'en aller ♦ **he's leaving – you can't blame him!** il part — on ne peut pas lui en vouloir or je le comprends !
[2] n **a** (= responsibility) faute f, responsabilité f ♦ **to put** or **lay** or **place** or **throw the blame for sth on sb** rejeter la responsabilité de qch sur qn ♦ **to bear** or **take the blame (for sth)** supporter la responsabilité (de qch)
b (= censure) blâme m, reproches mpl ♦ **without blame** exempt de blâme, irréprochable

blameless ['bleɪmlɪs] → SYN adj irréprochable

blamelessly ['bleɪmlɪslɪ] adv behave, live de façon irréprochable

blameworthy ['bleɪmwɜːðɪ] → SYN adj action répréhensible ; person blâmable

blanch [blɑːntʃ] [1] vt (gen, Agr, Culin) blanchir ♦ **blanched almonds** amandes fpl (é)mondées or épluchées
[2] vi [person] blêmir

blancmange [bləˈmɒnʒ] n (esp Brit) blanc-manger m

bland [blænd] → SYN adj taste, food fade ; book, film fade, terne ; person, character terne, falot ; smile, expression terne

blandish ['blændɪʃ] vt flatter, cajoler

blandishment ['blændɪʃmənt] n (gen pl) flatterie(s) f(pl)

blandly ['blændlɪ] adv say, reply platement ; smile mollement

blandness ['blændnɪs] n [of taste, food, book, film] fadeur f ; [of person] manque m de personnalité

blank [blæŋk] → SYN [1] adj **a** paper blanc (blanche f), page blanc (blanche f), vierge ; map muet ; cheque en blanc ♦ **to give sb a blank cheque (to do sth)** (fig) donner à qn carte blanche (pour faire qch) ♦ **blank cartridge** cartouche f à blanc ♦ **blank space** blanc m, (espace m) vide m ♦ **blank form** formulaire m, imprimé m (à remplir) ♦ **please leave blank** (on form) laisser en blanc s.v.p.
b (= unrelieved) wall aveugle ; silence, darkness profond ; refusal, denial absolu, net ; (= empty) life etc dépourvu d'intérêt, vide ; (= expressionless) face sans expression ; look sans expression, vide ; (= puzzled) déconcerté, dérouté ♦ **to look blank** (= expressionless) être sans expression ; (= puzzled) avoir l'air interdit ♦ **a look of blank astonishment** un regard ébahi ♦ **his mind went blank** il a eu un blanc
c (Poetry) **blank verse** vers mpl blancs or non rimés
[2] n **a** (= void) blanc m, (espace m) vide m ; (fig = gap) lacune f, trou m ♦ **she left several blanks in her answers** elle a laissé plusieurs de ses réponses en blanc ♦ **your departure has left a blank** votre départ a laissé un vide ♦ **my mind was a blank** j'avais la tête vide, j'ai eu un blanc
b (= form) formulaire m ♦ **telegraph blank** formule f de télégramme
c [of target] but m ; (Dominoes) blanc m ; [of coin, medal, record] flan m ; [of key] ébauche f ; (= cartridge) cartouche f à blanc ♦ **to draw a blank** (fig) (= fail in search etc) échouer, faire chou blanc ; (mentally) avoir un trou ♦ **double blank** (Dominoes) double blanc m
[3] vt * [+ person] snober

▶ **blank out** vt sep [+ feeling, thought] faire abstraction de

blanket ['blæŋkɪt] → SYN [1] n couverture f ; [of snow etc] couche f ; [of fog] manteau m, nappe f ; [of smoke] nuage m ♦ **born on the wrong side of the blanket** † illégitime, adultérin † ; → **electric**, **wet**

blankety-blank / bleed

2 adj ban, condemnation général ; bombing intensif ; coverage complet (-ète f)

3 vt **a** [snow] recouvrir ; [fog, smoke] recouvrir, envelopper

b [+ sounds] étouffer, assourdir

c (Naut) déventer

4 COMP ▷ **blanket bath** n toilette f *(de malade alité)* ♦ **to give sb a blanket bath** faire la toilette de qn dans son lit ▷ **blanket bombing** n (Mil) bombardements mpl intensifs, tapis m de bombes ▷ **blanket cover** n **this insurance policy gives blanket cover** cette police d'assurances couvre tous les risques or est tous risques ▷ **blanket finish** n arrivée f très serrée or dans un mouchoir ▷ **blanket policy** n police f d'assurance tous risques ▷ **blanket stitch** n point m de feston ▷ **blanket-stitch** vti border au point de feston

▶ **blanket out** vt noyer

blankety-blank * ['blæŋkɪtɪ'blæŋk] adj (euph) ⇒ **blinking 1**

blankly ['blæŋklɪ] adv **a** (= expressionlessly) **to look** or **stare blankly at sb/sth** fixer qn/qch le regard vide or d'un air absent

b (= uncomprehendingly) look at, stare at, say d'un air ébahi

blankness ['blæŋknɪs] n (NonC: in eyes, face) air m mort, absence f d'expression ; [of life] vide m

blare [blɛəʳ] → SYN **1** n (gen) vacarme m ; [of hooter, car horn] bruit m strident ; [of radio, music] beuglement m ; [of trumpet] sonnerie f

2 vi (also **blare out**) [music, horn etc] retentir ; [loud voice] trompeter, claironner ; [radio] beugler

3 vt (also **blare out**) [+ music] faire retentir

blarney * ['blɑːnɪ] **1** n boniment * m, bobards * mpl ♦ **he's kissed the Blarney stone** c'est un beau parleur

2 vt [+ person] enjôler, embobeliner *

3 vi manier la flatterie

blasé ['blɑːzeɪ] → SYN adj blasé *(about* de) ♦ **he's acting blasé** il joue les blasés

blaspheme [blæs'fiːm] → SYN vti blasphémer *(against* contre)

blasphemer [blæs'fiːməʳ] n blasphémateur m, -trice f

blasphemous ['blæsfɪməs] → SYN adj person blasphémateur (-trice f) ; words blasphématoire

blasphemously ['blæsfɪməslɪ] adv de façon blasphématoire

blasphemy ['blæsfɪmɪ] → SYN n blasphème m ♦ **to utter blasphemy** blasphémer ♦ **it is blasphemy to say that** c'est blasphémer que de dire cela

blast [blɑːst] → SYN **1** n **a** (= sound) [of bomb] explosion f ; [of space rocket] grondement m, rugissement m ; [of trumpets etc] fanfare f, sonnerie f ; [of whistle, car horn] coup m strident ♦ **a blast on the siren** un coup de sirène ♦ **to blow a blast on the bugle** donner un coup de clairon ♦ **hearing those old records was a blast from the past** * entendre ces vieux disques nous ramenait des années en arrière ♦ **a letter from Paul! what a blast from the past!** * une lettre de Paul ! ça me ramène des années en arrière !

♦ **at full blast** ♦ **a radio on at full blast** * une radio à plein(s) tube(s) * ♦ **the heating was on at full blast** * le chauffage était au maximum

b (= explosion) explosion f ; (= shock wave) [of bomb etc] souffle m ; (= gust) [of furnace] souffle m (d'air chaud) ♦ **blast victims** victimes fpl de l'explosion ♦ **blast of air/steam** jet m d'air/de vapeur ♦ **blast of wind** coup m de vent, rafale f

c (liter = wind) → **icy**

d (* = fun) fête f, foire f ♦ **to have a blast** faire la foire ♦ **it was a blast** ça a été le pied * ♦ **to get a blast out of sth** trouver qch marrant *

2 vt **a** [lightning] [+ tree] foudroyer ; (with explosive) [+ rocks] faire sauter ; (= blight) [+ plant] détruire ; (fig) [+ reputation, hopes, future] anéantir, briser ; (verbally) attaquer à boulets rouges or violemment

b (= shoot) **he blasted the policeman with a shotgun** il a tiré sur le policier avec un fusil de chasse

c (* = criticize) éreinter ♦ **"it's a disgrace", he blasted** "c'est une honte", fulmina-t-il

d (= shoot out) [+ air, water] souffler

3 excl (Brit *) la barbe ! * ♦ **blast him!** il est embêtant ou empoisonnant ! *

4 COMP ▷ **blast effect** n effet m de souffle ▷ **blast furnace** n haut fourneau m ▷ **blast-off** → SYN n (Space) lancement m, mise f à feu

▶ **blast away** vi [music, band] brailler ; [gun] retentir ♦ **to blast away with a rifle/shotgun** etc tirer continuellement avec un fusil/fusil de chasse etc

▶ **blast off** **1** vi [rocket etc] être mis à feu ; (US fig *) partir

2 **blast-off** n → **blast**

▶ **blast out** **1** vi [music, radio] brailler

2 vt sep [+ song, tune] brailler

blasted ['blɑːstɪd] → SYN adj **a** heath désolé, desséché ; tree foudroyé, frappé par la foudre ; (fig) hopes anéanti

b (* = annoying) fichu * (before n) ♦ **he's a blasted nuisance** c'est un enquiquineur *, il nous enquiquine *

blasting ['blɑːstɪŋ] n (Tech) minage m ♦ "**blasting in progress**" "attention, tir de mines" ♦ **to give sb a blasting for sth/for having done sth** attaquer violemment qn pour qch/pour avoir fait qch

blastoderm ['blæstəʊdɜːm] n blastoderme m

blastomere ['blæstəʊmɪəʳ] n blastomère m

blastopore ['blæstəʊpɔːʳ] n blastopore m

blastula ['blæstjʊlə] n, pl **blastulas** or **blastulae** ['blæstjʊliː] (Bio) blastula f

blatancy ['bleɪtənsɪ] n (= flagrance) caractère m flagrant, évidence f ; (= showiness) aspect m criard or voyant

blatant ['bleɪtənt] → SYN adj injustice, lie etc criant, flagrant ; bully, social climber éhonté ; coward, thief fieffé ♦ **a blatant liar** un menteur éhonté, un fieffé menteur

blatantly ['bleɪtəntlɪ] adv false, untrue, unfair manifestement ; sexist, prejudiced ouvertement ; disregard, encourage de façon éhontée ♦ **it's blatantly obvious that ...** il n'est que trop évident que ..., il est manifeste que ...

blather * ['blæðəʳ] **1** vi raconter or débiter des bêtises, parler à tort et à travers ; (Scot * = chat) bavarder

2 n **a** (NonC) bêtises fpl, blabla * m ; (Scot = chat) causette f ♦ **to have a blather** * (Scot) bavarder, causer

b (= person) **she's a blather** * elle dit n'importe quoi, elle dit tout ce qui lui passe par la tête

blatherskite * ['blæðəskaɪt] n (= chatterbox) moulin m à paroles ; (NonC US = nonsense) bêtises fpl

blaze¹ [bleɪz] → SYN **1** n **a** (= cheering fire) (belle) flambée f ; (= conflagration) incendie m ; (= light from fire) lueur f des flammes ou du brasier ♦ **forest blaze** incendie m de forêt ♦ **all in a blaze** en flammes

b (= shine) [of gems, beauty etc] éclat m, splendeur f ♦ **blaze of day** éclat m du jour ♦ **blaze of light** torrent m de lumière ♦ **blaze of colour** flamboiement m de couleur(s) ♦ **in a blaze of glory** auréolé de gloire

c (= outburst) [of rage, passion etc] explosion f, flambée f ♦ **in a blaze of anger he killed her** dans le feu de la colère or dans une explosion de colère il l'a tuée

2 **blazes** * npl ♦ **go to blazes!** va te faire voir ! * ♦ **what the blazes!** qu'est-ce que ça peut bien fiche ! * ♦ **how the blazes!** comment diable ! ♦ **what the blazes have you done now?** qu'est-ce que tu as ou es encore fichu ? * ♦ **like blazes** comme un fou or dingue *, furieusement ♦ **he ran like blazes** il a filé comme un zèbre ♦ **he worked like blazes** il a travaillé comme une brute or un dingue *

3 vi **a** [fire] flamber ; [sun] flamboyer, darder ses rayons

b [colour] flamboyer ; [jewel, light] resplendir, jeter un vif éclat ; [anger] éclater ♦ **a garden blazing with colour** un jardin resplendissant de couleurs

▶ **blaze abroad** vt sep (liter) [+ news etc] crier sur tous les toits

▶ **blaze away** vi [fire etc] flamber (toujours) ; [soldiers, guns] maintenir un feu nourri *(at* contre)

▶ **blaze down** vi [sun] flamboyer, darder ses rayons

▶ **blaze forth** vi (liter) [sun] apparaître soudain (dans tout son éclat) ; [anger] éclater

▶ **blaze out** vi [sun] apparaître soudain ; [light] ruisseler ; [anger, hatred] éclater

▶ **blaze up** vi [fire] s'enflammer, s'embraser (liter) ; (fig) [person] éclater, s'emporter ; [anger] éclater

blaze² [bleɪz] **1** n (= mark) [of horse etc] étoile f ; [of tree] encoche f

2 vt [+ tree] faire une encoche à ♦ **to blaze a trail** (lit) frayer un or le chemin ; (fig) montrer la voie, faire un travail de pionnier

blazer ['bleɪzəʳ] n blazer m

blazing ['bleɪzɪŋ] adj **a** building etc en feu, en flammes ; torch enflammé ; sun éclatant, ardent ; (fig) eyes flamboyant, qui jette des éclairs ; jewel étincelant ; colour très vif ♦ **a blazing hot day** un jour de canicule

b (*: also **blazing angry**) furibond, furibard *

blazon ['bleɪzn] **1** n (Her) blason m

2 vt (Her) blasonner ; (fig: also **blazon abroad, blazon forth**) [+ virtues, story] proclamer, claironner

bldg abbrev of **building**

bleach [bliːtʃ] → SYN **1** n décolorant m ; (= liquid) eau f oxygénée ♦ **(household) bleach** eau f de Javel

2 vt **a** [sun, bleach etc] [+ linen, bones, etc] blanchir ♦ **bleaching agent** produit m à blanchir, décolorant m ♦ **bleaching powder** (chlorure m) décolorant m

b [+ hair] décolorer, oxygéner ; [+ jeans] délaver ; [+ flour] raffiner ; [+ paper] blanchir ♦ **to bleach one's hair** se décolorer or s'oxygéner les cheveux ♦ **bleached hair** cheveux mpl décolorés or oxygénés

c (Phot) [+ image] blanchir

3 vi blanchir

▶ **bleach out** vt sep [+ colour] enlever

bleachers ['bliːtʃəz] n (US) gradins mpl *(de stade en plein soleil)*

bleak¹ [bliːk] n (= fish) ablette f

bleak² [bliːk] → SYN adj country, landscape morne, désolé ; room nu, austère ; weather, wind froid, glacial ; (fig) existence sombre, désolé ; prospect triste, morne ; smile pâle ; voice, tone monocorde, morne ♦ **it looks** or **things look rather bleak for him** les choses se présentent plutôt mal pour lui

bleakly ['bliːklɪ] adv look d'un air désolé, sombrement ; speak d'un ton morne, sombrement

bleakness ['bliːknɪs] n [of landscape] aspect m morne or désolé ; [of room, furnishings] austérité f ; [of weather] froid m, rigueurs fpl ; [of prospects, future] aspect m sombre or décourageant

blearily ['blɪərɪlɪ] adv look avec un regard trouble

bleary ['blɪərɪ] → SYN adj **a** eyes (from sleep, fatigue) trouble, voilé ; (from illness) chassieux ; (from tears, wind etc) larmoyant ♦ **bleary-eyed** aux yeux troubles (or chassieux or larmoyants)

b outline indécis, vague

bleat [bliːt] **1** vi [sheep] bêler ; [goat] bêler, chevroter

b [person, voice] bêler, chevroter ; (* = talk nonsense) débiter des idioties, débloquer * ; (* = complain) se plaindre *(about* de) ♦ **what are you bleating about?** * qu'est-ce que tu as à te lamenter ?

2 vt (also **bleat out**) dire d'une voix bêlante, chevroter

3 n [of sheep] bêlement m ; [of voice, goat] bêlement m, chevrotement m

bleb [bleb] n [of skin] cloque f, ampoule f ; [of glass, water] bulle f

bled [bled] vb (pt, ptp of **bleed**)

bleed [bliːd] → SYN pret, ptp **bled** **1** vi **a** saigner, perdre du sang ♦ **his nose is bleeding** il saigne du nez ♦ **the wound bled**

profusely la plaie saignait copieusement ◆ **his heart is bleeding** (liter) son cœur saigne ◆ **my heart bleeds for you** (gen iro) tu me fends le cœur (iro), tu vas me faire pleurer (iro) ; → **death**

b [plant] pleurer, perdre sa sève

2 vt a (Med) [+ person] saigner, faire une saignée à ; [+ brakes, radiator] purger

b (⁑ fig = get money from) tirer de l'argent à, faire casquer⁑ ◆ **to bleed sb dry** or **white** saigner qn à blanc

3 n saignement m ; → **nosebleed**

bleeder ['bliːdə^{r}] n a (Med* = haemophiliac) hémophile mf

b (Brit ⁑) gars* m ◆ **poor bleeder!** le pauvre gars ! * ◆ **lucky bleeder!** veinard ! *

bleeding ['bliːdɪŋ] 1 n a (= taking blood from) saignée f ; (= losing blood) saignement m ; (more serious) hémorragie f ◆ **bleeding from the nose** saignement m de nez ◆ **to stop the bleeding** arrêter l'hémorragie

b [of plant] écoulement m de sève

2 adj a wound saignant ; person qui saigne, ensanglanté ◆ **bleeding heart** (pej = person) âme f sensible ◆ **bleeding-heart Liberal** (fig, pej) libéral(e) m(f) au grand cœur

b (Brit⁑ = bloody) maudit (before n) ◆ **that bleeding car** cette maudite voiture

3 adv (Brit⁑ = bloody) vachement⁑, fichtrement⁑

bleep [bliːp] 1 n a (Rad, TV = noise) top m

b (* = pager) bip m

2 vi [transmitter] émettre des signaux

3 vt (using pager) biper

bleeper ['bliːpə^{r}] n (= pager) bip m

blemish ['blemɪʃ] → SYN 1 n (= defect) défaut m, imperfection f ; (on fruit) tache f ; (fig) (moral) souillure f (liter), tare f ; (inborn) défaut m ◆ **there's a blemish in this cup** cette tasse a un défaut ◆ **to find a blemish in sth** (fig) trouver à redire à qch ◆ **a blemish on his reputation** une tache or une souillure (liter) à sa réputation ◆ **without (a) blemish** (lit) sans imperfection ; (fig) sans tache, sans souillure (liter)

2 vt [+ beauty etc] gâter ; [+ reputation, honour] ternir, flétrir

blemished ['blemɪʃt] adj [+ fruit] talé, meurtri, abîmé ; [+ skin] abîmé

blench [blentʃ] vi a (= flinch) sursauter ◆ **without blenching** sans sourciller, sans broncher

b (= turn pale) pâlir or blêmir (de peur)

blend [blend] → SYN 1 n (= mixture) [of tea, whisky, wine etc] mélange m ; [of colours, styles] mariage m ; [of cultures] fusion f ; [of qualities] ensemble m ◆ **an excellent blend of tea** un excellent mélange de thés, un excellent thé ◆ **Brazilian blend** (= coffee) café m du Brésil ◆ **"our own blend"** "mélange (spécial de la) maison"

2 vt (also **blend in**) mélanger, mêler (*with* à, avec), faire un mélange (*sth with sth* de qch avec qch) ; [+ teas, coffees etc] mélanger, faire un mélange de ; [+ wines] couper, mélanger ; [+ qualities] joindre, unir (*with* à) ; [+ ideas] fusionner ; [+ colours, styles] fondre, mêler

3 vi (also **blend in, blend together**) se mêler, se mélanger (*with* à, avec), former un mélange (*with* avec), se confondre (*into* en) ; [voices, perfumes] se confondre, se mêler ; [styles] se marier, s'allier ; [ideas, political parties, races] fusionner ; [colours] (= shade into one another) se fondre ; (= go well together) aller bien ensemble ◆ **the colours blend (in) well** les couleurs vont bien ensemble

blended ['blendɪd] adj ◆ **a blended tea/wine** un mélange de thés/vins ◆ **blended whisky** du whisky blended or de mélange

blender ['blendə^{r}] n (= machine) (Tech) malaxeur m ; (Culin) mixer m

blennorrhoea, blennorrhea (US) [ˌblenəˈrɪə] n blennorrhée f

blenny ['blenɪ] n (= fish) blennie f

blepharitis [ˌblefəˈraɪtɪs] n (Med) blépharite f

bless [bles] → SYN pret, ptp **blest** or **blessed** [blest] vt [God, priest, person, fate] bénir ◆ **God bless the king!** Dieu bénisse le roi ! ◆ **to be blessed with** avoir la chance de posséder, être doté de ◆ **God did not bless them with ...** Dieu ne leur accorda pas le bonheur d'avoir ... ◆ **Nature blessed him with ...** la Nature l'a doué de ... ◆ **I was never blessed with children** je n'ai jamais connu le bonheur d'avoir des enfants ◆ **she'll bless you for this!** (iro) elle va te bénir ! * ◆ **bless you!** * mille fois merci !, tu es un ange ! ; (sneezing) à vos souhaits ! ◆ **and Paul, bless him** or **bless his heart, had no idea that ...** et ce brave Paul (dans son innocence) ne savait pas que ... ◆ **bless his little heart!** qu'il est mignon ! ◆ **bless my soul!** † * mon Dieu !, Seigneur ! † ◆ **well, I'm blessed!** * par exemple !, ça alors ! * ◆ **I'm** or **I'll be blessed if I remember!** * c'est bien le diable * si je m'en souviens !

blessed ['blesɪd] → SYN 1 adj a (Rel) (= holy) béni, saint ; (= beatified) bienheureux ◆ **Blessed Virgin** Sainte Vierge f ◆ **Blessed Sacrament** Saint Sacrement m ◆ **blessed be God!** (que) Dieu soit béni ! ◆ **the Blessed John of ...** le bienheureux Jean de ... ◆ **the Blessed Elizabeth the Good** la bienheureuse Élisabeth la Bonne

b (Rel, liter = happy) bienheureux, heureux ◆ **blessed are the pure in heart** bienheureux or heureux ceux qui ont le cœur pur ◆ **of blessed memory** d'heureuse mémoire

c (liter = giving joy) thing béni ; person cher

d (esp Brit*: for emphasis) sacré * (before n), satané (before n) ◆ **that child is a blessed nuisance!** cet enfant, quelle peste or quel poison ! * ◆ **the whole blessed day** toute la sainte journée ◆ **every blessed evening** tous les soirs que le bon Dieu fait *

2 **the Blessed** npl les bienheureux mpl

blessedly ['blesɪdlɪ] adv (liter) cool, quiet merveilleusement ; brief fort heureusement

blessedness ['blesɪdnɪs] → SYN n (Rel) béatitude f ; (= happiness) bonheur m, félicité f

blessing ['blesɪŋ] → SYN n a (= divine favour) grâce f, faveur f ; (= prayer) bénédiction f ; (at meal) bénédicité m ; (= approval) bénédiction f ◆ **with God's blessing we shall succeed** nous réussirons par la grâce de Dieu ◆ **the priest pronounced the blessing** le prêtre a donné la bénédiction ◆ **to ask a** or **the blessing** (at meal) dire le bénédicité ◆ **the plan had his blessing** * il avait donné sa bénédiction à ce projet *

b (= benefit) bien m, bienfait m ◆ **the blessings of civilization** les bienfaits de la civilisation ◆ **what a blessing that the weather was fine!** quelle chance qu'il ait fait beau !, heureusement qu'il a fait beau ! ◆ **this rain has been a real blessing** * cette pluie a été une vraie bénédiction * ◆ **it was a blessing in disguise** à quelque chose malheur est bon (Prov) ; → **count**[1]

blest [blest] (liter) 1 vb (pt, ptp of **bless**)

2 adj heureux

blether ['bleðə^{r}] ⇒ **blather**

blew [bluː] vb (pt of **blow**[1])

blight [blaɪt] → SYN 1 n [of cereals] rouille f, charbon m ; [of potato] mildiou m ; [of rose] rouille f ; [of fruit trees] cloque f ◆ **this marriage was a blight on his happiness** ce mariage a terni son bonheur ◆ **she's been a blight on his life** elle a gâché son existence ◆ **what a blight that woman is!** ⁑ cette femme est un vrai fléau or une véritable plaie ! * ◆ **urban blight** dégradation f urbaine

2 vt [disease] [+ plants] rouiller ; [+ wheat etc] nieller ; [wind] saccager ; (fig) [+ hopes] anéantir, détruire ; [+ career, life] gâcher, briser ; [+ future] gâcher

blighter † * ['blaɪtə^{r}] n (Brit) type * m, bonne femme f ◆ **a funny blighter** un drôle de numéro * ◆ **silly blighter** imbécile mf ◆ **lucky blighter!** quel(le) veinard(e) * ! ◆ **you blighter!** espèce de chameau ! *

Blighty † * ['blaɪtɪ] n (Brit Mil) l'Angleterre f

blimey ⁑ ['blaɪmɪ] excl (Brit) mince alors !*, merde alors !⁑

blimp [blɪmp] n a (Brit) **a (Colonel) Blimp** * une (vieille) culotte de peau (pej)

b (esp US Aviat) petit dirigeable m de reconnaissance

blind [blaɪnd] → SYN 1 adj a (= unable to see) person aveugle ◆ **a blind man** un aveugle ◆ **a blind boy** un garçon aveugle ◆ **to go blind** perdre la vue, devenir aveugle ◆ **the accident left him blind** cet accident l'a rendu aveugle, il a perdu la vue dans cet accident ◆ **blind in one eye** borgne ◆ **blind in the left eye** aveugle de l'œil gauche ◆ **blind from birth** aveugle de naissance ◆ **(as) blind as a bat** myope comme une taupe ◆ **to be struck blind** être frappé de cécité ◆ **to be blind with rage/tears** être aveuglé par la rage/par les larmes ◆ (Prov) **there's none so blind as them that won't see** il n'est pire aveugle que celui qui ne veut pas voir

b (fig = unwilling to see) person aveugle ◆ **love is blind** l'amour est aveugle ◆ **to be blind to sb's faults** ne pas voir les défauts de qn ◆ **to be blind to the consequences of one's actions** ne pas se rendre compte des conséquences de ses actes ◆ **I am not blind to that consideration** cela ne m'échappe pas ◆ **to turn a blind eye (to sth)** fermer les yeux (sur qch) ; → **colour**

c (= unthinking) panic, obedience aveugle ◆ **blind faith (in sth)** foi f aveugle (en qch)

d (Aut, Aviat = without visibility) flying, landing, corner, turning sans visibilité ◆ **on sb's blind side** hors du champ visuel de qn

e (= without openings) building, wall, window aveugle

f (⁑: for emphasis) **she never takes a blind bit of notice (of sb/sth)** elle n'écoute jamais (qn/qch) ◆ **it won't make a blind bit of difference** ça ne changera strictement rien ◆ **it's not a blind bit of use** ça ne sert strictement à rien

2 vt aveugler, rendre aveugle ; [sun, light] aveugler, éblouir ; (fig) aveugler, empêcher de voir ◆ **the war blinded** les aveugles mpl de guerre ◆ **her love blinded her to his faults** son amour l'aveuglait au point qu'elle ne voyait pas ses défauts ; → **science**

3 n a [of window] store m ◆ **to lower/raise the blinds** baisser/lever les stores ; → **Venetian**

b (= pretence) paravent m ◆ **this action is only a blind** cette action n'est qu'un paravent

c **to go on a blind** ⁑ (aller) se soûler la gueule ⁑

d (Hunting) affût m

4 **the blind** npl les aveugles mpl ◆ **it's the blind leading the blind** c'est un aveugle qui conduit un aveugle

5 adv a (Aut, Aviat) **to drive/fly blind** conduire/voler sans visibilité

b (Culin) **to bake sth blind** cuire qch à blanc

c (= categorically) **to swear blind that ...** * jurer ses grands dieux que ...

d (Brit) **blind drunk** * complètement bourré *

6 COMP ▷ **blind alley** n (lit, fig) impasse f ▷ **blind bid** n (Comm) *offre faite sans connaître le montant des offres concurrentes* ▷ **blind corner** n virage m sans visibilité ▷ **blind date** n (= meeting) rendez-vous m arrangé *(avec quelqu'un qu'on ne connaît pas)* ; (= person) inconnu(e) m(f) (avec qui on a rendez-vous) ◆ **on a blind date** lors d'un rendez-vous arrangé ◆ **to go on a blind date** sortir avec quelqu'un qu'on ne connaît pas ◆ **to go on a blind date with sb** aller à un rendez-vous arrangé avec qn ▷ **blind man's buff** n colin-maillard m ▷ **blind spot** n (Anat) tache f aveugle ; (in road) section f sans visibilité ; (in car, plane) angle m mort ◆ **to have a blind spot about sth** ne rien comprendre à qch ◆ **computers are a blind spot with me** je ne comprends rien aux ordinateurs ◆ **he has a blind spot where she's concerned** il ne voit pas ses défauts ▷ **blind-stitch** n point m perdu ◇ vi coudre à points perdus ▷ **blind test** n (Marketing) test m (en) aveugle ▷ **blind trust** n (Fin) *fiduciaire qui gère la fortune de quelqu'un sans l'informer de la manière dont elle l'investit*

blinder ['blaɪndə^{r}] n a (US) œillère f

b (Brit) **to play a blinder** * jouer merveilleusement bien

blindfold ['blaɪndfəʊld] 1 vt bander les yeux à or de

2 n bandeau m

3 adj (also **blindfolded**) aux yeux bandés

4 adv (also **blindfolded**) les yeux bandés ◆ **(it's so easy) I could do it blindfold** (c'est si facile que) je le ferais les yeux bandés

blinding ['blaɪndɪŋ] adj light aveuglant ; pain fulgurant

blindingly ['blaɪndɪŋlɪ] adv ◆ **it is blindingly obvious** c'est d'une évidence flagrante, ça saute aux yeux

blindly ['blaɪndlɪ] → SYN adv a (= unseeingly) grope, stumble, shoot à l'aveuglette ◆ **she stared blindly at the wall** elle fixait le mur comme si elle ne le voyait pas

blindness / blood

ANGLAIS-FRANÇAIS 88

b (= unquestioningly) follow, accept, obey aveuglément ♦ **a blindly obedient follower** un disciple inconditionnel

blindness ['blaɪndnɪs] n cécité f; (fig) aveuglement m (*to* devant) ♦ **blindness to the truth** refus m de voir la vérité; → **colour**

blindworm ['blaɪndwɜːm] n orvet m

blini(s) ['blɪnɪ(z)] npl blinis mpl

blink [blɪŋk] → SYN **1** n [of eyes] clignotement m (des yeux), battement m des paupières; [of sun] (petit) rayon m; [of hope] lueur f; (= glimpse) coup m d'œil ♦ **in the blink of an eye** en un clin d'œil ♦ **my telly's on the blink*** ma télé est détraquée
2 vi **a** cligner des yeux; (= half-close eyes) plisser les yeux
b [light] vaciller
3 vt ♦ **to blink one's eyes** cligner des yeux ♦ **to blink back the tears** refouler les larmes (d'un battement de paupières)

blinker ['blɪŋkəʳ] n **a** (Brit) blinkers œillères fpl; (Aut) feux mpl de détresse, clignotants mpl ♦ **to wear blinkers** (fig) avoir des œillères
b (also **blinker light**) (feu m) clignotant m

blinkered ['blɪŋkəd] adj (Brit) **a** (pej = narrow-minded) person, approach, attitude borné, view étroit ♦ **to be blinkered** [person] avoir des œillères ♦ **to be blinkered to sth, to have a blinkered view of sth** or **approach to sth** voir qch avec des œillères
b horse qui porte des œillères

blinking ['blɪŋkɪŋ] **1** adj (Brit *) sacré * (before n) ♦ **blinking idiot** espèce f d'idiot
2 n [of eyes] clignement m (d'yeux); [of light] vacillement m

blintz(e) [blɪnts] n (US Culin) sorte de crêpe fourrée

blip [blɪp] n **a** (on radar etc) spot m; (= beep) bip m
b (on graph) petite déviation f; (fig = aberration) petite anomalie f (passagère)

bliss [blɪs] → SYN n **a** (Rel) béatitude f; (gen) félicité f, bonheur m suprême or absolu
b (* fig) **what bliss to collapse into a chair!** quelle volupté de se laisser tomber dans un fauteuil! ♦ **the concert was bliss** le concert était divin ♦ **it's bliss!** c'est merveilleux!, c'est divin!

▶ **bliss out*** vt sep (esp US) ♦ **to be blissed out** être au septième ciel

blissful ['blɪsfʊl] → SYN adj (Rel, gen) bienheureux; (* = wonderful) divin, merveilleux ♦ **to be in blissful ignorance** être dans l'ignorance la plus totale

blissfully ['blɪsfəlɪ] adv smile d'un air béat; happy, quiet, ignorant, unaware parfaitement

blister ['blɪstəʳ] → SYN **1** n (on skin) ampoule f, cloque f; (on paintwork) cloque f; (in glass) bulle f
2 vi [skin] se couvrir de cloques; [paintwork] cloquer; [metal, glass] former des souffrures
3 vt [+ paint] faire cloquer
4 COMP ▷ **blister pack** n (for pills etc) plaquette f; (for pens, plugs etc) blister m ▷ **blister-packed** adj pills etc en plaquette; pens, plugs etc sous blister

blistered ['blɪstəd] adj skin, feet, hands couvert d'ampoules; paintwork cloqué

blistering ['blɪstərɪŋ] **1** n [of skin] formation f d'ampoules; [of paint] boursouflage m
2 adj **a** (= scorching) heat torride, day torride, de canicule; sun brûlant ♦ **a blistering pace** or **speed** une vitesse foudroyante
b (= scathing) attack, criticism, speech cinglant

blithe [blaɪð] → SYN adj (liter) joyeux, allègre

blithely ['blaɪðlɪ] adv allègrement

blithering ['blɪðərɪŋ] adj ♦ **blithering idiot** crétin fini* ♦ **you blithering idiot!** espèce f d'idiot!

blithesome ['blaɪðsəm] adj ⇒ **blithe**

BLitt [biːˈlɪt] abbrev of **Bachelor of Literature**

blitz [blɪts] → SYN **1** n (Mil) attaque f éclair inv; (Aviat) bombardement m (aérien) ♦ **the Blitz** (Brit Hist) le Blitz ♦ **to have a blitz on sth*** s'attaquer à qch
2 vt **a** (Mil) bombarder ♦ **blitzed houses** maisons fpl bombardées
b (* fig = go to work on) s'attaquer à

blitzed* [blɪtst] adj (= drunk) bourré*

blitzkrieg ['blɪtskriːg] n **a** (Mil Hist) guerre f éclair
b (* fig = attack) attaque f éclair ♦ **an advertising blitzkrieg** une intense campagne publicitaire

blizzard ['blɪzəd] → SYN n tempête f de neige; (in Arctic) blizzard m; (fig) avalanche f

BLM [biːelˈem] n (US) (abbrev of **Bureau of Land Management**) services américains de l'aménagement du territoire

bloated ['bləʊtɪd] adj **a** (= swollen) stomach, body, corpse gonflé; face bouffi
b (after eating) **to feel bloated** se sentir ballonné
c (= over-large) bureaucracy hypertrophié; budget, ego démesuré
d (= self-important: also **bloated with pride**) person gonflé d'orgueil

bloater ['bləʊtəʳ] n hareng m saur or fumé

blob [blɒb] → SYN n (= drop: gen) (grosse) goutte f; [of ink] pâté m, tache f; (= stain) tache f

bloc [blɒk] → SYN n (Pol) bloc m
b en bloc en bloc, en gros

block [blɒk] → SYN **1** n **a** [of stone] bloc m; [of wood] bille f; [of blacksmith, butcher, executioner] billot m; [of chocolate] tablette f ♦ **blocks** (= toy) cubes mpl, jeu m de construction ♦ **a block of ice cream** un litre (or demi-litre etc) de glace ♦ **butcher's block** billot m de boucher ♦ **on the block** (US) buy aux enchères; pay rubis sur l'ongle ♦ **to die on the block** périr sur le billot or l'échafaud; → **chip**
b [of buildings] pâté m (de maisons) ♦ **a block of flats** (Brit) un immeuble ♦ **to take a stroll round the block** faire le tour du pâté de maisons, faire un tour dans le coin ♦ **she lived three blocks away** (US) elle habitait trois rues plus loin
c (= part of prison, hospital etc) quartier m, pavillon m; [of factory etc] bâtiment m
d (= obstruction) [of traffic] embouteillage m; [of pipe] obstruction f; (Med, Psych) blocage m ♦ **I've got a (mental) block about that whole period** je n'ai aucun souvenir de cette période ♦ **I couldn't do it – I had a mental block about it** (fig : frightened etc) je n'ai pas pu le faire, c'est plus fort que moi ♦ **he's/I've got a block** [writer] c'est le vide or blocage total; → **road-block**
e [of tickets] série f; [of shares] tranche f; [of seats] groupe m
f (Brit Typ) cliché m *(plaque)*
g (also **block and tackle**) palan m, moufles mpl
h (* = head) caboche* f, ciboulot* m; → **knock off**
i (Brit = writing pad) bloc-notes m; (also **artist's block**) bloc m à dessein
j (Comput) sélection f
k (Fin) [of shares] paquet m; (larger) bloc m
l (also **starting block**) **to be first/fast off the (starting) blocks** être le premier à/ne pas attendre pour se lancer
2 vt **a** [+ pipe etc] boucher, bloquer; [+ road] bloquer, barrer; [+ harbour, wheel] bloquer; [+ progress, traffic] entraver, gêner; (Ftbl) [+ opponent] gêner; [+ transaction, credit, negotiations] bloquer; (Med) [+ pain] anesthésier, neutraliser ♦ **the leaves blocked the drain** les feuilles mortes ont bouché or bloqué le puisard ♦ **to block sb's way** barrer le chemin à qn ♦ **to block the ball** (Ftbl etc) bloquer (la balle)
b [+ title, design] graver au fer
c (Comput) sélectionner
3 vi [wheel] (se) bloquer
4 COMP ▷ **block association** n association f de copropriétaires *(d'un immeuble)* ▷ **block booking** n réservation f groupée or en bloc ▷ **block calendar** n éphéméride f ▷ **block capitals** npl ⇒ **block letters** ▷ **block diagram** n (Comput, Geog) bloc-diagramme m; (Elec) schéma m (de principe) ▷ **blocked currency** n (Fin) monnaie f non convertible ▷ **block grant** n (Brit Admin) dotation f or enveloppe f gouvernementale *(accordée aux autorités locales)* ▷ **block letters** npl majuscules fpl, capitales fpl ♦ **in block letters** en majuscules ▷ **block release** n (Brit Educ) système m de stages de formation alternant avec l'activité professionnelle ▷ **block system** n (Rail) bloc-système m, bloc m automatique à signaux lumineux ▷ **block vote** n (Pol, Ind) vote m groupé ▷ **block voting** n (Pol, Ind) (pratique f du) vote m groupé

▶ **block in** vt sep (= sketch out) esquisser

▶ **block off** vt sep [+ part of road etc] interdire, condamner; (accidentally) obstruer

▶ **block out** vt sep **a** (= obscure) [+ view] boucher; [+ light] empêcher de passer
b (from mind) [+ thoughts, idea] refouler, repousser
c (= sketch) [+ scheme, design] ébaucher

▶ **block up** vt sep [+ gangway] encombrer; [+ pipe etc] bloquer, boucher; [+ window, entrance] murer, condamner; [+ hole] boucher, bloquer; (Comput) [+ text] sélectionner

blockade [blɒˈkeɪd] → SYN **1** n (Mil) blocus m; (fig) barrage m ♦ **under blockade** en état de blocus ♦ **to break/raise the blockade** forcer/lever le blocus ♦ **to run a blockade** forcer un blocus
2 vt **a** (Mil) [+ town, port] bloquer, faire le blocus de; (fig) bloquer, obstruer
b (US) [+ traffic] bloquer; [+ street] encombrer
3 COMP ▷ **blockade runner** n briseur m de blocus

blockage ['blɒkɪdʒ] → SYN n (gen) obstruction f; (Med) obstruction f, blocage m; (intestinal) occlusion f; (mental) blocage m; (fig) bouchon m

blockboard ['blɒkbɔːd] n (Constr) panneau m contreplaqué *(à âme lattée)*

blockbuster* ['blɒkˌbʌstəʳ] n (= bomb) bombe f de gros calibre; (film) film m à grand succès; (= book) best-seller m; (= argument) argument m massue ♦ **he's a real blockbuster** il est d'une efficacité à tout casser *

blockhead* ['blɒkhed] n (pej) imbécile mf, crétin(e) * m(f)

blockhouse ['blɒkhaʊs] n (Mil) casemate f, blockhaus m

bloke* [bləʊk] n (Brit) type * m, mec * m

blokey* ['bləʊkɪ], **blok(e)ish*** ['bləʊkɪʃ] adj (Brit) behaviour, activity de mec *; man macho * ♦ **a blokey sense of humour** un humour typiquement masculin

blond(e) [blɒnd] **1** adj blond
2 n blond(e) m(f); → **ash²**, **platinum**
3 COMP ▷ **blonde bombshell*** n blonde f explosive

blonde [blɒnd] n (also **blonde lace**) blonde f

blood [blʌd] → SYN **1** n **a** (NonC) sang m ♦ **to beat/whip sb till the blood comes** battre/fouetter qn jusqu'au sang ♦ **it's like trying to get blood out of** or **from a stone** c'est comme si on parlait à un mur ♦ **to give** or **donate blood** donner son sang ♦ **bad blood** animosité f ♦ **there is bad blood between them** le torchon brûle (entre eux) ♦ **his blood will be on your head** (liter) vous aurez sa mort sur la conscience ♦ **to have blood on one's hands** (fig) avoir du sang sur les mains ♦ **to spill** or **shed blood** (in conflict, war) faire couler le sang ♦ **the blood rushed to his face** le sang lui est monté au visage ♦ **it makes my blood boil** cela me fait bouillir ♦ **my blood was boiling** je bouillais (de rage) ♦ **his blood is up** il est très monté ♦ **he's out for blood*** il cherche quelqu'un sur qui passer sa colère ♦ **to be out for** or **after sb's blood*** vouloir la peau * de qn ♦ **I've already apologized! what do you want, blood?*** je me suis déjà excusé! qu'est-ce que tu veux, que je me mette à genoux? ♦ **you make my blood run cold** vous me donnez le frisson ♦ **his blood ran cold** son sang s'est figé or s'est glacé dans ses veines ♦ **the ties of blood** les liens mpl du sang ♦ (Prov) **blood is thicker than water** la voix du sang est la plus forte ♦ **it's in his blood** il a cela dans le sang ♦ **of Irish blood** de sang irlandais ♦ **he believes in putting blood, sweat and tears into any job he does** il se donne à fond dans tout ce qu'il fait ♦ **this firm needs new** or **fresh** or **young blood** cette maison a besoin d'un or de sang nouveau; → **blue**, **cold**, **flesh**, **sweat**
b († = dashing young man) petit-maître † m
c (US *) (= **blood brother**) frère m

2 vt (Hunting) [+ hounds] acharner, donner le goût du sang à; (fig) [+ troops] donner le baptême du feu à

3 COMP ▷ **blood-alchohol level** n (Med) taux m d'alcoolémie ▷ **blood-and-thunder** adj (Brit) **a blood-and-thunder speech** un discours mélodramatique ◆ **blood-and-thunder novel** roman m à sensation ▷ **blood bank** n (Med) banque f du sang ▷ **blood bath** n (fig) bain m de sang, massacre m ▷ **blood blister** n pinçon m ▷ **blood brother** n frère m de sang ▷ **blood-caked** adj couvert de sang coagulé ▷ **blood cell** n cellule f sanguine ◆ **red/white blood cell** globule m rouge/blanc ▷ **blood clot** n caillot m de sang ▷ **blood corpuscle** n globule m sanguin ▷ **blood count** n (Med) numération f globulaire ▷ **blood donor** n donneur m, -euse f de sang ▷ **blood doping** n dopage m par autotransfusion ▷ **blood feud** n vendetta f ▷ **blood group** n (Med) groupe m sanguin ▷ **blood grouping** n (Med) recherche f du groupe sanguin ▷ **blood heat** n température f du sang ▷ **blood lust** n soif f de sang ▷ **blood money** n prix m du sang ▷ **blood orange** n (orange f) sanguine f ▷ **blood plasma** n plasma m sanguin ▷ **blood poisoning** n septicémie f ▷ **blood pressure** n tension f (artérielle) ◆ **to have high/low blood pressure** faire de l'hypertension/hypotension ◆ **to take sb's blood pressure** prendre la tension de qn ◆ **his blood pressure went up/down** (Med) sa tension a monté/a baissé ◆ **his blood pressure shot up at the news** (fig) il a failli avoir une attaque en apprenant la nouvelle ▷ **blood pudding** n (US) boudin m noir ▷ **blood-red** n, adj rouge m sang inv ▷ **blood relation** n parent(e) m(f) (par le sang) ▷ **blood sausage** n (US) ▷ **blood pudding** ▷ **blood sister** n sœur f de sang ▷ **blood sports** npl sports mpl sanguinaires ▷ **blood substitute** n (Med) succédané m de plasma sanguin ▷ **blood sugar** n sucre m dans le sang ◆ **blood sugar level** taux m de sucre dans le sang ▷ **blood test** n (Med) analyse f or examen m de sang ▷ **blood-test** vt faire une analyse de sang à ▷ **blood transfusion** n transfusion f sanguine ▷ **blood type** n ⇒ **blood group** ▷ **blood vessel** n vaisseau m sanguin; → **burst**

bloodcurdling ['blʌdkɜːdlɪŋ] → SYN adj à (vous) figer or tourner * le sang, qui (vous) fige le sang

bloodhound ['blʌdhaʊnd] n (= dog) limier m; (* = detective) détective m, limier m

bloodied ['blʌdɪd] adj sanglant, ensanglanté ◆ **bloodied but unbowed** vaincu mais sa fierté intacte

bloodily ['blʌdɪlɪ] adv kill d'une manière sanglante; defeat, repress dans le sang

bloodiness ['blʌdɪnɪs] n (lit) état m sanglant

bloodless ['blʌdlɪs] → SYN adj **a** (= pallid) face, lips blême, exsangue (liter)
b (= without bloodshed) coup, revolution, victory sans effusion de sang ◆ **the Bloodless Revolution** (Brit Hist) la révolution de 1688-89 en Angleterre

bloodlessly ['blʌdlɪslɪ] adv sans effusion de sang

bloodletting ['blʌdˌletɪŋ] n (Med) saignée f

bloodline ['blʌdlaɪn] n lignée f

bloodmobile ['blʌdməˌbiːl] n (US) centre m mobile de collecte du sang

bloodshed ['blʌdʃed] → SYN n effusion f de sang, carnage m ◆ **without bloodshed** sans effusion de sang

bloodshot ['blʌdʃɒt] adj eyes injecté (de sang) ◆ **to become bloodshot** s'injecter de sang

bloodstain ['blʌdsteɪn] n tache f de sang

bloodstained ['blʌdsteɪnd] adj taché de sang, ensanglanté

bloodstock ['blʌdstɒk] n (NonC) bêtes fpl de race (pure) or de sang

bloodstone ['blʌdstəʊn] n (Miner) héliotrope m

bloodstream ['blʌdstriːm] n système m sanguin

bloodsucker ['blʌdˌsʌkər] n (lit, fig) sangsue f

bloodthirstiness ['blʌdˌθɜːstɪnɪs] n [of person, animal] soif f de sang; [of book, story] cruauté f, caractère m sanguinaire

bloodthirsty ['blʌdˌθɜːstɪ] → SYN adj [+ person, animal] assoiffé de sang, sanguinaire; [+ disposition, tale] sanguinaire

bloody ['blʌdɪ] → SYN **1** adj **a** (lit) sanglant, ensanglanté; battle, history sanglant; (= blood-coloured) rouge, rouge sang inv ◆ **a bloody nose** un nez en sang ◆ **to give sb a bloody nose** (in contest) donner or infliger un camouflet à qn; (in war) faire subir une défaite à qn ◆ **with bloody hands** les mains couvertes de sang or ensanglantées ◆ **a bloody sun** un soleil rouge sang
b (Brit *⁑) foutu⁑, sacré * (before n) ◆ **this bloody machine won't start!** cette bon Dieu⁑ de machine or cette foutue⁑ machine refuse de démarrer! ◆ **shut the bloody door!** (mais) nom de Dieu*⁑ veux-tu fermer la porte! ◆ **it's a bloody nuisance** ce que c'est emmerdant⁑ ◆ **you bloody fool!** espèce de con!*⁑ ◆ **you've got a bloody cheek or nerve!** tu charries!⁑ ◆ **those bloody doctors!** ces bon Dieu⁑ de médecins!, ces foutus⁑ médecins! ◆ **bloody hell!** merde alors!⁑ ◆ **it's a bloody miracle he wasn't killed!** c'est un sacré * miracle qu'il en ait réchappé!
c († * = awful) affreux, atroce ◆ **we had a perfectly bloody evening with them** ils nous ont fait passer une soirée (drôlement) barbante⁑
2 adv (Brit *⁑) vachement⁑ ◆ **not bloody likely!** tu te fous de moi!⁑, tu te fous de ma gueule!⁑ ◆ **I've bloody (well) lost it!** je l'ai perdu nom de Dieu!⁑
3 vt ensanglanter, souiller de sang (liter)
4 COMP ▷ **Bloody Mary** n (= cocktail) bloody mary m ▷ **bloody-minded** * adj (Brit) person qui fait toujours des difficultés; attitude buté ◆ **he's being bloody-minded** il le fait pour emmerder le monde⁑ ▷ **bloody-mindedness** * n out of sheer bloody-mindedness (rien que) pour emmerder le monde⁑

bloom [bluːm] → SYN **1** n **a** fleur f
b (NonC) [of flower, plant] floraison f; (fig) épanouissement m, floraison f ◆ **in bloom** tree en fleurs; flower éclos ◆ **in full bloom** tree en pleine floraison; flower épanoui ◆ **roses in full bloom** roses fpl épanouies ◆ **to burst or come into bloom** fleurir, s'épanouir ◆ **in the bloom of her youth** (fig liter) dans la fleur de sa jeunesse, en pleine jeunesse
c (of fruit, skin) velouté m ◆ **the bloom had gone from her cheek** ses joues avaient perdu leurs fraîches couleurs
2 vi [flower] éclore; [tree] fleurir; [person] être florissant ◆ **blooming with health** resplendissant de santé

bloomer ['bluːmər] **1** n * bévue f, gaffe f ◆ **to make a bloomer** faire une gaffe, mettre les pieds dans le plat
2 bloomers npl (Dress) culotte f bouffante

blooming ['bluːmɪŋ] adj (Brit) **a** tree en fleur, fleuri; looks, health florissant
b * ⇒ **blinking 1**

blooper⁑ ['bluːpər] n (esp US) gaffe f

blossom ['blɒsəm] → SYN **1** n **a** (NonC) floraison f, fleur(s) f(pl) ◆ **a spray of blossom** une petite branche fleurie, un rameau en fleur(s) ◆ **tree in blossom** arbre m en fleur(s) ◆ **pear trees in full blossom** poiriers mpl en pleine floraison ◆ **to come into blossom** fleurir, s'épanouir ◆ **peach blossom** fleur f de pêcher; → **orange**
b (= flower) fleur f
2 vi fleurir; [person] s'épanouir ◆ **to blossom (out) into** devenir

blot [blɒt] → SYN **1** n [of ink] tache f, pâté m; (fig) tache f, souillure f (liter) ◆ **a blot on his character or on his escutcheon** une tache à sa réputation ◆ **to be a blot on the landscape** déparer le paysage
2 vt **a** (= spot with ink) tacher, faire des pâtés sur ◆ **you've really blotted your copybook** (Brit) ta réputation en a pris un coup *
b (= dry) [+ ink, page] sécher
3 COMP ▷ **blotting-pad** n (bloc m) buvard m ▷ **blotting-paper** n (papier m) buvard m

▶ **blot out** vt sep [+ words] biffer, rayer; [+ memories] effacer; [fog etc] voiler, masquer; [sound] étouffer, couvrir

blotch [blɒtʃ] **1** n **a** (on skin) (= mark) tache f, marbrure f; (= spot) bouton m
b [of ink, colour] tache f

2 vt [+ paper, written work] tacher, barbouiller, faire des taches sur ◆ **blotched with** taché de, couvert de taches de

blotchy ['blɒtʃɪ] adj skin, complexion marbré, couvert de taches or de marbrures; drawing, written work couvert de taches, barbouillé

blotter ['blɒtər] n **a** (= block) (bloc m) buvard m; (= sheet) buvard m; (also **hand blotter**) tampon m buvard; (= desk pad) sous-main m inv
b (US = notebook) registre m

blotto⁑ ['blɒtəʊ] adj bourré⁑, bituré⁑

blouse [blaʊz] n [of woman] corsage m, chemisier m; [of workman, artist, peasant] blouse f, sarrau m; (US Mil) vareuse f

blouson ['bluːzɒn] n blouson m

blow¹ [bləʊ] → SYN vb : pret **blew**, ptp **blown** **1** n **a** to give a blow (through mouth) souffler; (through nose) se moucher
b (= wind) coup m de vent, bourrasque f
c (Drugs *) (Brit = marijuana) herbe * f; (US = cocaine) coke * f
2 vt **a** [wind] [+ ship] pousser; [+ leaves] chasser, faire voler ◆ **the wind blew the ship off course** le vent a fait dévier le navire (de sa route) or a dérouté le navire ◆ **a gust of wind blew her hat off** un coup de vent a fait s'envoler son chapeau ◆ **the wind blew the chimney down** le vent a fait tomber or a renversé la cheminée ◆ **the wind blew away the clouds** le vent a chassé or dispersé les nuages ◆ **the wind blew the door open/shut** un coup de vent a ouvert/fermé la porte ◆ **it was blowing a gale** le vent soufflait en tempête ◆ **it's blowing great guns *** il fait un vent à décorner les bœufs *; → **ill**
b (= drive air into) [+ fire] souffler sur; [+ bellows] faire marcher ◆ **to blow one's nose** se moucher ◆ **to blow an egg** vider un œuf (en soufflant dedans) ◆ **to blow smoke in sb's face** (lit) souffler la fumée à la figure de qn; (US fig) induire qn en erreur ◆ **to blow smoke up sb's ass** *⁑ lécher le cul de qn *⁑
c (= make by blowing) [+ bubbles] faire; [+ glass] souffler ◆ **to blow a kiss** envoyer un baiser ◆ **to blow smoke rings** faire des ronds de fumée
d [+ trumpet, horn] jouer de, souffler dans ◆ **the referee blew his whistle** l'arbitre a sifflé; see also **whistle** ◆ **to blow one's own trumpet** or (US) **horn** se faire mousser *, chanter ses propres louanges ◆ **he blew the dust off the record** il a enlevé la poussière du disque en soufflant dessus
e (Brit Drugs) **to blow grass**⁑ fumer de l'herbe
f (= destroy) [+ safe] faire sauter ◆ **to blow a fuse** (lit) faire sauter un plomb or un fusible ◆ **to blow a tyre** [driver, vehicle] crever ◆ **the car blew a tyre** la voiture a crevé ◆ **to blow a gasket** (Aut) griller * or casser un joint de culasse ◆ **to blow a gasket *** or (US) **one's cork *** or (US) **one's stack *** or **one's top *** or **a fuse *** piquer une crise * ◆ **that blew the lid off the whole business *** c'est cela qui a fait découvrir le pot aux roses ◆ **the whole plan has been blown sky-high *** tout le projet a volé en éclats ◆ **to blow sth out of the water** * (fig) réduire qch à néant
g (= spend extravagantly) [+ wages, money] claquer * ◆ **I blew $60 on a new hat** j'ai claqué * 60 dollars pour un nouveau chapeau
h (* = spoil, fail) rater, gâcher ◆ **he blew it (with her)** il a tout loupé * or raté (avec elle) ◆ **to blow one's lines** (US) s'emmêler les pinceaux *
i (esp US *⁑ = fellate) tailler une pipe à⁑
j (phrases) **to blow sb's mind**⁑ (= astound) en boucher un coin à qn *, en mettre plein la vue à qn * ◆ **to blow the gaff** * (Brit) (= reveal a secret) vendre la mèche; (= leave) mettre les voiles * ◆ **to blow the gaff on sb** * (Brit) dénoncer or vendre qn ◆ **he realized he was blown**⁑ il a compris qu'il était grillé * ◆ **blow the expense!** * tant pis pour la dépense!, au diable la dépense!* ◆ **well, I'm blowed!** * ça alors!*, par exemple! ◆ **I'll be blowed**⁑ **if I'll do it!** pas question que je le fasse!, je veux être pendu si je le fais! ◆ **blow it! *** la barbe!*, zut!*
3 vi **a** [wind] souffler ◆ **the wind was blowing hard** le vent soufflait très fort, il faisait

blow / bluebottle

grand vent ◆ **the wind was blowing from the south** le vent soufflait du sud ◆ **to see which way the wind blows** (fig) regarder or voir de quel côté souffle le vent ◆ **she blows hot and cold with me** avec moi elle souffle le chaud et le froid ◆ **the government has been blowing hot and cold on the subject of peace talks** le gouvernement souffle le chaud et le froid en ce qui concerne les pourparlers de paix

b (= move with wind) **the door blew open/shut** un coup de vent a ouvert/a fermé la porte ◆ **his hat blew out of the window** son chapeau s'est envolé par la fenêtre ◆ **the question/agreement is blowing in the wind*** la question/l'accord est dans l'air

c [whistle] retentir ; [foghorn] mugir ◆ **when the whistle blows** au coup de sifflet

d (= breathe out hard) souffler ; (= breathe hard) [person] souffler, être à bout de souffle ; [animal] souffler ◆ **to blow on one's fingers** souffler dans ses doigts ◆ **to blow on one's soup** souffler sur sa soupe ; → **puff**

e [whale] souffler (par les évents)

f [fuse] sauter ; [light bulb] sauter ; [tyre] éclater

g (⁕ = leave) filer*

4 excl * la barbe !*, zut !*

5 COMP ▷ **blow-dry** n brushing m ◇ vt to blow-dry sb's hair faire un brushing à qn ▷ **blow dryer** n sèche-cheveux m inv ▷ **blow job** ⁕⁕ n pipe ⁕⁕ f ◆ **to give sb a blow job** tailler une pipe à qn ⁕⁕ ▷ **blow-up** n explosion f ; (⁕ = quarrel) engueulade ⁕⁕ f, prise f de bec * ; (Phot *) agrandissement m

▶ **blow away** ⁕ vt sep (esp US) (= kill) descendre*, flinguer ⁕⁕ ; (= defeat) écraser, battre à plate(s) couture(s) ; (= surprise) sidérer

▶ **blow down** [1] vi [tree, fence etc] être abattu par le vent, tomber
[2] vt sep [tree] faire tomber ; [person] faire tomber (en soufflant)

▶ **blow in** [1] vi (* = turn up) s'amener*, débarquer * ; (unexpectedly) arriver or débarquer * à l'improviste
[2] vt sep [+ door, window] enfoncer ◆ **look what the wind's blown in!*** (hum) regardez qui s'amène !*

▶ **blow off** [1] vi **a** [hat] s'envoler
b (Brit ⁕) lâcher un pet, péter
[2] vt sep **a** [+ hat] emporter
b [+ air] laisser échapper, lâcher ◆ **to blow off steam** * (fig) se défouler

▶ **blow out** [1] vi [light] s'éteindre ; [tyre] éclater ; [fuse] sauter
[2] vt sep **a** [+ light] éteindre ; [+ candle] souffler ◆ **the storm blew itself out** la tempête a fini par s'apaiser
b (= puff out) [+ one's cheeks] gonfler
c to blow one's brains out se faire sauter or se brûler la cervelle ◆ **to blow sb's brains out** faire sauter la cervelle à qn
d (esp US * = let down, reject) [+ person] envoyer balader*, laisser tomber
[3] blow-out n → **blow-out**

▶ **blow over** [1] vi [storm, dispute] se calmer
[2] vt sep [+ tree] renverser, abattre

▶ **blow up** [1] vi **a** [bomb] exploser, sauter ◆ **the whole thing has blown up** (fig) tout a été fichu en l'air * ◆ **his allegations could blow up in his face** ses allégations pourraient se retourner contre lui
b [wind] se lever ; [storm] se préparer
c (* : with anger, indignation) exploser*, sauter au plafond * ◆ **to blow up at sb** s'emporter contre qn, se mettre en colère contre qn
d (= start up) [affair, crisis] se déclencher
[2] vt sep **a** [+ mine] (faire) exploser, sauter ; [+ building, bridge] faire sauter
b [+ tyre] gonfler ◆ **blown up with pride** gonflé or bouffi d'orgueil ◆ **the media blew up the story** les médias ont grossi l'affaire
c * [+ photo] agrandir ; [+ event] exagérer
d (= reprimand) [+ person] passer un (bon) savon à *
[3] blow-up n → **blow¹**

blow² [bləʊ] → SYN [1] n **a** (lit) (= impact) coup m ; (with fist) coup m de poing ◆ **to come to blows** en venir aux mains ◆ **at one blow** du premier coup ◆ **to cushion** or **soften the blow** (fig) amortir le choc ; → **strike**
b (fig = sudden misfortune) coup m, malheur m ◆ **it was a terrible blow for them** cela a été un coup terrible pour eux
[2] COMP ▷ **blow-by-blow** adj (fig) **he gave me a blow-by-blow account** il ne m'a fait grâce d'aucun détail

blow³ [bləʊ] vi (††, liter) [flowers] fleurir, s'épanouir

blower ['bləʊəʳ] n **a** [of grate] tablier m or rideau m de cheminée ; [of ventilation] ventilateur m (soufflant), machine f à vent ; (Min) jet m de grisou
b (Brit †⁕ = telephone) bigophone * m ◆ **to get on the blower to sb** passer un coup de bigophone ⁕ à qn ; → **glassblower**

blowfly ['bləʊflaɪ] n mouche f à viande

blowgun ['bləʊɡʌn] n (US) sarbacane f

blowhard* ['bləʊhɑːd] n (US) vantard(e) m(f)

blowhole ['bləʊhəʊl] n [of whale] évent m ; (Tech) évent m, bouche f d'aération ◆ **blowholes** (Metal) soufflures fpl

blowlamp ['bləʊlæmp] n (Brit) lampe f à souder, chalumeau m

-blown [bləʊn] adj (in compounds) → **fly, windblown**

blown [bləʊn] (ptp of **blow¹**)

blow-out [ˈbləʊaʊt] n **a** [of tyre] éclatement m ◆ **he had a blow-out** il a eu un pneu qui a éclaté
b (Elec) there's been a blow-out les plombs ont sauté
c [of gas well, oil well] jaillissement m
d (⁕ = meal) gueuleton ⁕ m ◆ **to have a blow-out** faire un gueuleton ⁕ or une bouffe⁕

blowpipe ['bləʊpaɪp] n (= weapon) sarbacane f ; (Chem, Ind) chalumeau m ; (in glass-making) canne f (de souffleur), fêle f

blowsy ['blaʊzɪ] adj woman débraillé

blowtorch ['bləʊtɔːtʃ] n lampe f à souder, chalumeau m

blowy* ['bləʊɪ] adj venté, venteux

blowzy ['blaʊzɪ] adj ⇒ **blowsy**

BLS [biːelˈes] n (US) (abbrev of **Bureau of Labor Statistics**) institut de statistiques du travail

BLT [ˌbiːelˈtiː] n (abbrev of **bacon, lettuce and tomato**) ◆ **a BLT sandwich** un sandwich bacon, laitue, tomate

blub [blʌb] vi (Brit = cry) pleurer comme un veau

blubber ['blʌbəʳ] [1] n [of whale] blanc m de baleine
[2] vi (⁕ = cry) pleurer comme un veau ◆ **stop blubbering!** arrête de chialer !⁕

blubbery ['blʌbərɪ] adj (= fat) plein de graisse

bludge* [blʌdʒ] (Austral) [1] vi vivre en parasite ◆ **to bludge on sb** vivre aux crochets de qn
[2] vt [+ friends] vivre aux crochets de

bludgeon ['blʌdʒən] → SYN [1] n gourdin m, matraque f
[2] vt matraquer, assener un coup de gourdin or de matraque à ◆ **he bludgeoned me into doing it** (fig) il m'a forcé la main (pour que je le fasse)

bludger* ['blʌdʒəʳ] n (Austral = person) parasite m

blue [bluː] → SYN [1] adj **a** bleu ◆ **to go** or **turn blue** devenir bleu ◆ **blue with cold** bleu de froid ◆ **to be blue in the face** (lit) avoir le visage cyanosé ◆ **you can talk till you are blue in the face*** tu peux toujours parler ◆ **you can shout till you're blue in the face** *, nobody will come tu auras beau crier or tu pourras crier tout ce que tu voudras*, personne ne viendra ◆ **I've told you till I'm blue in the face*** je me tue à le dire ◆ **once in a blue moon** tous les trente-six du mois ◆ **the wide** or **wild blue yonder** (liter) l'inconnu m ◆ **like a blue streak** * run, go comme une flèche, au triple galop ◆ **to have a blue fit** ⁕ piquer une crise * ; see also **4, black, murder, wide**
b (* = miserable) cafardeux, triste ◆ **to feel blue** broyer du noir, avoir le cafard ◆ **to be in a blue funk** avoir la frousse * or la trouille *
c (* = obscene) talk, language cochon *, obscène ; book, film porno * inv
[2] n **a** (= colour) bleu m, azur m ; → **navy, Prussian, sky**
b (= sky) azur m (liter), ciel m ◆ **to come out of the blue** (gen) être complètement inattendu ; [pleasant thing] tomber du ciel ◆ **to go off into the blue** (= into the unknown) partir à l'aventure ; (= out of touch) disparaître de la circulation * ; → **bolt**
c (liter = sea) the blue la mer, les flots mpl
d (* = depression) the blues le cafard ◆ **to have the blues** avoir le cafard, broyer du noir
e (Mus) the blues le blues
f (Brit Univ) the Dark/Light Blues l'équipe f d'Oxford/de Cambridge ◆ **he got his blue for rugby, he is a rugby blue** il est dans l'équipe (universitaire) de rugby (surtout à Oxford et Cambridge)
g (in washing) bleu m
[3] vt (Brit⁕ = squander) croquer *, dilapider ◆ **to blue money on sth** dilapider de l'argent pour acheter qch
[4] COMP ▷ **The Blue Angel** n (Cine) L'Ange bleu ▷ **blue-arsed fly** ⁕⁕ n (Brit) **to run about** or **around like a blue-arsed fly** courir dans tous les sens, ne plus savoir où donner de la tête ▷ **blue baby** n enfant m bleu ▷ **Blue Beret** n béret m bleu ▷ **blue-black** adj noir bleuté inv ▷ **blue blood** n sang m bleu or noble ▷ **blue-blooded** adj de sang noble, aristocratique ▷ **blue book** n (Brit Parl) livre m bleu, publication officielle du gouvernement ; (US Scol etc) cahier m d'examen ▷ **Blue Boy** n (Art) Blue Boy ▷ **blue cheese** n (fromage m) bleu m ▷ **blue chips, blue-chip securities** npl valeurs fpl de premier ordre, placements mpl de tout repos or de père de famille ▷ **blue collar worker** n col m bleu ▷ **blue disease** n (Med) maladie f bleue ▷ **blue-eyed** adj aux yeux bleus ◆ **the blue-eyed boy** le chouchou *, le chéri ▷ **blue fin tuna, blue fin tunny** n thon m rouge ▷ **Blue Flag** n (on beach) drapeau m bleu ▷ **blue fox** n (Zool) renard m bleu ▷ **blue-green algae** npl (Bio) cyanophycées fpl ▷ **blue gum** n (Bot) gommier m bleu, eucalyptus m (globulus) ▷ **Blue Helmet** n casque m bleu ▷ **the Blue Hen State** n (US) le Delaware ▷ **blue jeans** npl blue-jean(s) m(pl) ▷ **blue law** n (US) loi limitant les activités publiques le dimanche ▷ **blue-pencil** vt corriger ▷ **Blue Peter** n (Naut) pavillon m de partance **b** (Brit TV) émission télévisée pour enfants ▷ **blue riband, blue ribbon** (US) n (Naut) the blue riband or ribbon le ruban bleu ◆ adj event, competition de très haut niveau ; prize prestigieux ; committee, panel éminent ▷ **blue rinse** n rinçage m bleuté ◆ **the blue rinse brigade** les rombières * fpl ▷ **blue-rinsed** adj [+ hair] aux reflets bleutés ; [+ woman] à la chevelure bleutée ▷ **blue shark** n requin m bleu ▷ **blue-sky** adj (US) stock, bond douteux ; project, research sans but pratique ◆ **blue-sky laws** lois protégeant le public contre les titres douteux ▷ **blue tit** n mésange f bleue ▷ **blue whale** n baleine f bleue ▷ **blue whiting** n (= fish) merlan m bleu, poutassou m

---

BLUE PETER

Célèbre émission télévisée pour enfants dont les programmes vont du documentaire sur des sujets intéressant les enfants à la recette de cuisine ou à la confection d'objets artisanaux. Les badges **Blue Peter** récompensent les spectateurs qui participent aux émissions ou se rendent utiles à la communauté.

Bluebeard ['bluːbɪəd] n Barbe-Bleue m

bluebell ['bluːbel] n jacinthe f des bois ; (Scot = harebell) campanule f

blueberry ['bluːbərɪ] n myrtille f

bluebird ['bluːbɜːd] n (Orn) oiseau m bleu

bluebottle ['bluːbɒtl] n **a** mouche f bleue or à viande
b (Bot) bleuet m
c (†⁕ = policeman) poulet * m, flic * m

ENGLISH-FRENCH — bluegrass / boarder

bluegrass [ˈbluːgrɑːs] **1** n (US Bot) pâturin m des champs
2 COMP ▷ **bluegrass music** n musique f bluegrass ▷ **the Bluegrass State** n le Kentucky

blueish [ˈbluːɪʃ] adj ⇒ bluish

bluemouth [ˈbluːmaʊθ] n (= fish) sébaste m

blueness [ˈbluːnɪs] n bleu m

blueprint [ˈbluːprɪnt] → SYN n (print, process) bleu m; (US = Ozalid) ozalid ® m; (fig) plan m, projet m (for de)

bluesman [ˈbluːzmən] n, pl **bluesmen** [ˈbluːzmen] (Mus) chanteur m de blues, bluesman m

bluestocking † [ˈbluːˌstɒkɪŋ] n (fig) bas-bleu m

bluesy [ˈbluːzɪ] adj (Mus) dans le style du blues

bluethroat [ˈbluːθrəʊt] n (Orn) gorge-bleue m à miroir

bluey * [ˈbluːɪ] **1** adj (= bluish) bleuté ✦ **bluey green** vert bleuâtre or bleuté ✦ **bluey grey** gris bleu
2 n (Austral ✶ = redhead) rouquin(e) * m(f)

bluff¹ [blʌf] **1** adj **a** person carré, direct
b cliff, coast à pic, escarpé
2 n (= headland) promontoire m

bluff² [blʌf] → SYN **1** vi (also Cards) bluffer *
2 vt **a** [+ person] bluffer *, donner le change à ✦ **we bluffed him into believing ...** nous l'avons si bien bluffé * qu'il a cru ... ✦ **he bluffed his way through (it)** il y est allé au culot ✦ **to bluff one's way out of a situation** se tirer d'une situation délicate en bluffant
b (Cards) [+ opponent] bluffer *
3 n (esp Cards) bluff m ✦ **he called my bluff** (fig) il m'a pris au mot ✦ **let's call his bluff** on va le mettre au pied du mur

bluffer [ˈblʌfər] n bluffeur m, -euse f

bluffness [ˈblʌfnɪs] n [of person] côté m direct

bluish [ˈbluːɪʃ] adj tirant sur le bleu; (pej) bleuâtre ✦ **bluish grey** gris bleuté ✦ **bluish white** blanc bleuté or aux reflets bleus

blunder [ˈblʌndər] → SYN **1** n **a** (= gaffe) bévue f, impair m, gaffe * f; (= error) faute f, bourde f ✦ **to make a blunder** faire une bévue or un impair or une gaffe * ✦ **social blunder** impair m
2 vi **a** (= make mistake) faire une bourde or une faute
b (= move clumsily) avancer d'un pas maladroit ✦ **to blunder in/out** etc entrer/sortir etc d'un pas maladroit ✦ **to blunder against or into sth** buter or se cogner contre qch ✦ **he blundered his way through his speech** il s'est embrouillé dans son discours ✦ **to blunder into sth** (fig) s'engager par erreur dans qch
3 vt [+ affair, business] gâcher, saboter

blunderbuss [ˈblʌndəbʌs] n tromblon m, espingole f

blunderer [ˈblʌndərər] n gaffeur m, -euse f

blundering [ˈblʌndərɪŋ] **1** adj person gaffeur *, maladroit; words, act maladroit, malavisé
2 n maladresse f

blunge [blʌndʒ] vt (Ceramics) mélanger

blunt [blʌnt] → SYN **1** adj **a** blade, knife émoussé, peu tranchant; pencil mal taillé, épointé; point, needle émoussé, épointé ✦ **with a blunt instrument** (Jur, Police) avec un instrument contondant
b (fig = outspoken) person brusque; fact brutal ✦ **he was very blunt** il n'a pas mâché ses mots
2 vt [+ blade, knife, point, sword] émousser; [+ pencil, needle] épointer; (fig) [+ palate, feelings] émousser

bluntly [ˈblʌntlɪ] adv speak sans ménagements, sans mettre de gants

bluntness [ˈblʌntnɪs] n **a** [of blade, knife] manque m de tranchant; [of needle, pencil] pointe f émoussée
b (= frankness) franc-parler m; (= brusqueness) brusquerie f

blur [blɜːr] → SYN **1** n **a** (= smear, blot) tache f, bavure f
b (= vague form) masse f indistincte ✦ **a blur of colours and forms** une masse confuse de couleurs et de formes ✦ **a blur of movement** un mouvement confus ✦ **the evening passed in a blur** la soirée a passé dans une sorte de brouillard
c (= mist: on mirror etc) buée f
2 vt **a** [+ shining surface] embuer, troubler; [+ writing, inscription] estomper, effacer; [+ view, outline] estomper
b [+ sight, judgement] troubler, brouiller ✦ **eyes blurred with tears** yeux mpl voilés de larmes
c (fig) [+ distinction, boundary] brouiller, rendre flou
3 vi [vision] se voiler

blurb [blɜːb] n notice f publicitaire; [of book] (texte m de) présentation f, texte m de couverture (or au volet de jaquette)

blurred [blɜːd] → SYN **1** adj photo, image, outline, inscription flou; eyesight troublé ✦ **to become blurred** s'estomper ✦ **the issue is threatening to become blurred** on risque de perdre de vue le vrai problème ✦ **class distinctions are becoming blurred** les distinctions entre les classes s'estompent ✦ **his memory of what happened was rather blurred** il avait un souvenir assez flou de ce qui s'était passé
2 COMP ▷ **blurred vision** n vue f trouble

blurry * [ˈblɜːrɪ] adj photo, image, outline, inscription flou; eyesight troublé

blurt [blɜːt] vt (also **blurt out**) [+ word] lâcher, jeter; [+ information, secrets] laisser échapper, lâcher étourdiment or à l'étourdie

blush [blʌʃ] → SYN **1** vi **a** rougir, devenir rouge (with de) ✦ **to blush deeply** rougir très fort, devenir tout rouge, piquer un fard * ✦ **to blush to the roots of one's hair** or **up to the ears** rougir jusqu'aux oreilles
b (fig = be ashamed) rougir, avoir honte ✦ **I blush for him** j'ai honte pour lui ✦ **I blush to say so** je rougis de le dire
2 n rougeur f ✦ **with a blush** en rougissant ✦ **without a blush** sans rougir ✦ **the first blush of dawn** (liter) les premières rougeurs fpl de l'aube ✦ **the blush of the rose** (liter) l'incarnat m de la rose (liter) ✦ **at the first blush** (= at first sight) au premier aspect, de prime abord; → spare

blusher [ˈblʌʃər] n fard m à joues

blushing [ˈblʌʃɪŋ] adj (with shame) le rouge au front; (from embarrassment) le rouge aux joues ✦ **the blushing bride** (hum) la mariée rougissante

bluster [ˈblʌstər] **1** vi **a** [wind] faire rage, souffler violemment or en rafales; [storm] faire rage, se déchaîner
b (= rage) tempêter, fulminer (at sb contre qn); [boast] fanfaronner
2 n (NonC = boasting) fanfaronnade(s) f(pl)

blusterer [ˈblʌstərər] n fanfaron(ne) m(f), bravache m

blustering [ˈblʌstərɪŋ] **1** adj fanfaron
2 n (NonC = boasting) fanfaronnades fpl

blustery [ˈblʌstərɪ] → SYN adj wind de tempête, qui souffle en rafales; weather, day venteux, à bourrasques

Blu-Tack ® [ˈbluːtæk] n pâte f adhésive

Blvd n (abbrev of **Boulevard**) Bd, Bld

BM [ˌbiːˈem] **a** (abbrev of **British Museum**) British Museum m
b n (abbrev of **Bachelor of Medicine**) (= diploma) diplôme de médecine; (= person) diplômé de médecine

BMA [ˌbiːemˈeɪ] (abbrev of **British Medical Association**) ≃ ordre m des médecins

BMus (abbrev of **Bachelor of Music**) diplômé(e) m(f) des études musicales

BMX [ˌbiːemˈeks] n (abbrev of **bicycle motorcross**)
a (= sport) bicross m
b (also **BMX bike**) (vélo m de) bicross m

BO * [ˌbiːˈəʊ] **a** (abbrev of **body odour**) odeur f corporelle ✦ **he's got BO** il sent la transpiration
b (US) abbrev of **box office**
c (abbrev of **branch office**) → branch

boa [ˈbəʊə] **1** n (= snake, fur or feather wrap) boa m
2 COMP ▷ **boa constrictor** n (boa m) constrictor m

Boadicea [ˌbəʊædɪˈsiːə] n Boadicée f

boar [bɔːr] **1** n (wild) sanglier m; (= male pig) verrat m ✦ **young (wild) boar** marcassin m ✦ **boar's head** (Culin) hure f (de sanglier)
2 COMP ▷ **boar-hunting** n chasse f au sanglier

board [bɔːd] → SYN **1** n **a** (= piece of wood) planche f; († or hum = table) table f ✦ **the boards** (Theat) les planches fpl, la scène
✦ **above board** ✦ **it is all quite above board** c'est tout ce qu'il y a de plus régulier, c'est tout à fait dans les règles
✦ **across the board** systématiquement ✦ **they cut salaries across the board** ils ont réduit les salaires à tous les niveaux ✦ **prices fell across the board** les prix ont chuté partout
b (NonC = cardboard) carton m (NonC); (= piece of board: for games) tableau m
c (NonC = provision of meals) pension f ✦ **board and lodging** (Brit) (chambre f avec) pension f ✦ **full board** (Brit) pension f complète; → bed, half
d (= group of officials, council) conseil m, comité m, commission f ✦ **he is on the board (of directors)**, **he has a seat on the board (of directors)** (Fin, Ind) il siège au conseil d'administration ✦ **medical board** commission f médicale
e (NonC: Aviat, Naut) bord m
✦ **on board** ✦ **to come (or go) on board** monter à bord, embarquer ✦ **to take goods on board** embarquer des marchandises ✦ **on board the Queen Elizabeth** à bord du Queen Elizabeth ✦ **on board (ship)** à bord ✦ **welcome on board!** (fig) bienvenue (dans notre équipe)!
✦ **to take sth on board** * (= take note of) prendre note de qch; (= accept responsibility for) prendre qch sur soi; (= undertake) assumer qch
✦ **to go by the board** [plan, attempt] échouer; [principles, hopes, dreams] être abandonné; [business, firm] aller à vau-l'eau
2 vt **a** (= go on to) [+ ship, plane] monter à bord de; (Naut) (in attack) monter à l'abordage de, prendre à l'abordage; (for inspection) arraisonner; [+ train, bus] monter dans
b (= cover with boards) couvrir or garnir de planches, planchéier
c (= feed, lodge) prendre en pension or comme pensionnaire
3 vi **a** (= lodge) **to board with sb** être en pension chez qn
b [passengers] embarquer ✦ **your flight is now boarding** l'embarquement a commencé ✦ **"flight A123 is now boarding at gate 3"** "vol A123: embarquement immédiat porte 3"
4 COMP (Ind, Comm) decision etc du conseil d'administration ▷ **board game** n jeu m de société (se jouant sur un tableau) ▷ **board meeting** n (Ind, Comm) réunion f du conseil d'administration ▷ **board of directors** n conseil m d'administration ▷ **board of education** n (US Scol) ≃ conseil d'établissement ▷ **board of examiners** n (Scol, Univ) jury m d'examen ▷ **board of governors** n (Brit Scol) ≃ conseil d'établissement (d'un lycée ou d'un IUT) ▷ **board of health** n (US) service m municipal d'hygiène; (Mil) conseil m de révision ▷ **board of inquiry** n commission f d'enquête ▷ **board of managers** n (Brit Scol) ≃ conseil d'établissement (d'une école primaire) ▷ **board of pardons** n (US Jur) commission f de remises de peine ▷ **board of parole** n (US Jur) commission f de mise en liberté surveillée ▷ **board of regents** n ≃ conseil of trustees ▷ **Board of Trade** n (in Brit) ≃ ministère m du Commerce ▷ **board of trade** n (US) chambre f de commerce ▷ **board of trustees** n (US Univ) ≃ conseil m d'université ▷ **board room** n salle f de conférence; (in large organization) salle f du conseil ▷ **board school** n (Hist) école f communale

▶ **board out** vt sep [+ person] mettre en pension (with chez)

▶ **board up** vt sep [+ door, window] condamner (à l'aide de planches)

boarded-up [ˌbɔːdɪdˈʌp] adj ✦ **a boarded-up window/door** une fenêtre/porte condamnée

boarder [ˈbɔːdər] n **a** pensionnaire mf ✦ **to take in boarders** prendre des pensionnaires
b (Brit Scol) interne mf, pensionnaire mf; → day

boarding / body

boarding ['bɔːdɪŋ] **1** n **a** [of floor] planchéiage m; [of fence] planches fpl
  b [of ship, plane] embarquement m; (Naut) (in attack) abordage m; (for inspection) arraisonnement m
  2 COMP ▷ **boarding card** n (Brit Aviat, Naut) carte f d'embarquement ▷ **boarding fees** npl pension f (dans une école privée) ▷ **boarding house** n pension f (de famille); (Scol) internat m ◆ **to live at a boarding house** vivre dans une or en pension ▷ **boarding kennels** npl pension f pour chiens ▷ **boarding officer** n officier m chargé de l'arraisonnement ▷ **boarding party** n (Naut) section f d'abordage ▷ **boarding pass** n ⇒ **boarding card** ▷ **boarding school** n pension f, pensionnat m ◆ **to send a child to boarding school** mettre un enfant en pension ◆ **to be at boarding school** être en pension

boardwalk ['bɔːdwɔːk] n (US) passage m en bois, trottoir m en planches; (on beach) promenade f (en planches)

boarfish ['bɔːfɪʃ] n (= fish) sanglier m

boarhound ['bɔːhaʊnd] n vautre m ◆ **pack of boarhounds** vautrait m

boart [bɔːt] n bort m

boast [bəʊst] → SYN **1** n rodomontade f, fanfaronnade f ◆ **it is their boast that they succeeded** ils se vantent or ils s'enorgueillissent d'avoir réussi ◆ **it is their boast that no one went hungry** ils se vantent que personne n'ait eu faim
  2 vi se vanter (about, of de) ◆ **without boasting** or **without wishing to boast, I may say that ...** sans (vouloir) me vanter, je peux dire que ... ◆ **that's nothing to boast about** il n'y a pas de quoi se vanter
  3 vt être fier de posséder, se glorifier d'avoir ◆ **the church boasts a fine organ** l'église est fière de posséder un bel orgue

boaster ['bəʊstəʳ] n vantard(e) m(f), fanfaron(ne) m(f)

boastful ['bəʊstfʊl] → SYN adj person, words fanfaron, vantard

boastfully ['bəʊstfəlɪ] adv en se vantant, avec forfanterie

boasting ['bəʊstɪŋ] n vantardise f, fanfaronnade(s) f(pl)

boat [bəʊt] **1** n (gen) bateau m; (= small light boat) embarcation f; (= ship) navire m, bâtiment m; (= vessel) vaisseau m; (= liner) paquebot m; (= rowing-boat) barque f, canot m; (= sailing-boat) voilier m; (= barge) chaland m, péniche f ◆ **to go by boat** aller en bateau ◆ **to cross the ocean by boat** traverser l'océan en bateau or en paquebot ◆ **to take the boat at Dover** s'embarquer or prendre le bateau à Douvres ◆ **we're all in the same boat** nous sommes tous logés à la même enseigne, nous sommes tous dans la même galère; → **burn¹, lifeboat, miss¹, rock¹**
  2 vi ◆ **to go boating** aller faire une partie de canot ◆ **to boat up/down the river** remonter/descendre la rivière en bateau
  3 COMP ▷ **boat deck** n pont m des embarcations ▷ **boat hook** n gaffe f ▷ **boat people** npl boat people mpl ▷ **boat race** n course f d'aviron, régate(s) f(pl) ◆ **the Boat Race** la course d'aviron (entre les universités d'Oxford et de Cambridge) ▷ **boat-shaped** adj en forme de bateau ▷ **boat train** n train m (qui assure la correspondance avec le ferry)

boatbuilder ['bəʊtˌbɪldəʳ] n constructeur m naval or de bateaux

boatbuilding ['bəʊtˌbɪldɪŋ] n (NonC) construction f navale

boater ['bəʊtəʳ] n (= hat) canotier m

boatful ['bəʊtfʊl] n [of goods] cargaison f; [of people] plein bateau m, cargaison f (hum)

boathouse ['bəʊthaʊs] n hangar m or abri m à bateaux

boating ['bəʊtɪŋ] **1** n canotage m
  2 COMP club, accident de canotage ▷ **boating holiday** n vacances fpl en bateau ▷ **boating trip** n excursion f en bateau

boatload ['bəʊtləʊd] n [of goods etc] cargaison f; [of people] plein bateau m, cargaison f (hum)

boatman ['bəʊtmən] n, pl **-men** (= boat-hire proprietor) loueur m de canots; (actually rowing) passeur m

boatswain ['bəʊsn] **1** n maître m d'équipage
  2 COMP ▷ **boatswain's chair** n sellette f ▷ **boatswain's mate** n second maître m ▷ **boatswain's pipe** n sifflet m

boatyard ['bəʊtjɑːd] n chantier m naval

Bob [bɒb] n (dim of **Robert**) Bob m ◆ **Bob's your uncle!** * (Brit) le tour est joué!

bob¹ [bɒb] → SYN **1** vi **a** **to bob (up and down)** (in the air) pendiller; (in water) danser sur l'eau ◆ **to bob for apples** essayer d'attraper avec les dents des pommes flottant sur l'eau
  b (= curtsy) faire une (petite) révérence
  2 n **a** (= curtsy) (petite) révérence f; (= nod) (bref) salut m de tête; (= jerky movement) petite secousse f, petit coup m
  b (= weight) [of pendulum] poids m; [of plumbline] plomb m; (= float) bouchon m
  3 vi (Fishing) pêcher à la ligne flottante

▶ **bob down** vi **a** (= duck) baisser la tête; (straight) se baisser subitement
  b (* = be quiet) la fermer *

▶ **bob up** vi remonter brusquement

bob² * [bɒb] **1** n (pl inv: Brit) shilling m ◆ **five bob** cinq shillings mpl ◆ **he's not short of a bob or two** il n'est pas à court d'argent ◆ **that must be worth a few bob!** ça doit coûter les yeux de la tête
  2 COMP ▷ **bob-a-job** n (Brit) collecte organisée par les scouts en échange de petits travaux à domicile ▷ **bob-a-job week** n (Brit) semaine de la collecte organisée par les scouts en échange de petits travaux à domicile

bob³ [bɒb] **1** n (= curl) boucle f; (gen = short haircut) coiffure f courte; (= haircut: chin-length all round) coupe f au carré; (= horse's tail) queue f écourtée
  2 vt [+ hair] couper au carré; [+ horse's tail] écourter

bob⁴ [bɒb] n (= sleigh: also **bobsled, bobsleigh**) bobsleigh m, bob m; (= runner) patin m

bobbin ['bɒbɪn] **1** n [of thread, wire] bobine f; [of sewing machine] bobine f; [of lace] fuseau m
  2 COMP ▷ **bobbin lace** n dentelle f aux fuseaux

bobble ['bɒbl] **1** n **a** (Brit = pom-pom) pompon m
  b (US * = mistake etc) cafouillage * m
  2 vt (US * = handle ineptly) cafouiller *
  3 COMP ▷ **bobble hat** n (Brit) bonnet m à pompon

Bobby ['bɒbɪ] n (dim of **Robert**)

bobby * ['bɒbɪ] n (= policeman) flic * m

bobby-dazzler † * [ˌbɒbɪˈdæzləʳ] n (Brit) (= object) truc m sensass † * inv; (= girl) jolie pépée † * f

bobby pin ['bɒbɪpɪn] n (esp US) pince f à cheveux

bobbysocks, bobbysox * ['bɒbɪsɒks] npl (US) socquettes fpl

bobbysoxer * ['bɒbɪsɒksəʳ] n (US) minette * f (des années 40)

bobcat ['bɒbkæt] n (US) lynx m

bobolink ['bɒbəlɪŋk] n (Orn) bobolink m, goglu m (Can)

bobtail ['bɒbteɪl] n (= tail) queue f écourtée; (= horse/dog) cheval m/chien m écourté

bobtailed ['bɒbteɪld] adj écourté

bobwhite ['bɒbˌwaɪt] n (Orn) colin m

Boccaccio [bɒˈkɑːtʃɪəʊ] n (Literat) Boccace m

Boche * [bɒʃ] (pej) **1** n Boche * m (pej)
  2 adj boche * (pej)

bock [bɒk] n (US: also **bock beer**) **a** (NonC) bière f bock
  b (= glass of beer) bock m

BOD [ˌbiːəʊˈdiː] n (abbrev of **biological oxygen demand**) DBO f

bod * [bɒd] n **a** (Brit = person) type * m; → **odd-bod**
  b (= body) physique m, corps m

bodacious * [ˌbəʊˈdeɪʃəs] adj (US) fabuleux *

bode [bəʊd] → SYN **1** vi ◆ **to bode well (for)** être de bon augure (pour) ◆ **it bodes ill (for)** cela est de mauvais augure (pour), cela ne présage rien de bon (pour)
  2 vt présager, augurer

bodega [bəʊˈdiːgə] n (US) épicerie f portoricaine

bodge * [bɒdʒ] (Brit) ⇒ **botch**

Bodhisattva [ˌbɒdɪˈsætvə] n bodhisattva m

bodice ['bɒdɪs] **1** n **a** [of dress] corsage m; [of peasant's dress] corselet m
  b (= undergarment) cache-corset m
  2 COMP ▷ **bodice ripper** * n roman m rose sur fond historique ▷ **bodice-ripping** * adj **bodice-ripping novel/film** roman m/film m rose sur fond historique

-bodied ['bɒdɪd] adj (in compounds) → **able, full**

bodily ['bɒdɪlɪ] → SYN **1** adv lift à bras-le-corps; carry dans ses etc bras ◆ **the explosion flung him bodily to the ground** l'explosion l'a plaqué au sol
  2 adj need, comfort matériel; pain physique ◆ **bodily functions** fonctions fpl physiologiques ◆ **bodily fluids** fluides mpl organiques ◆ **bodily illness** troubles mpl physiques ◆ **bodily injury** blessure f corporelle ◆ **bodily harm** blessures fpl; → **actual, grievous**

bodkin ['bɒdkɪn] n (= big darning needle) aiguille f à repriser; (for threading tape) passe-lacet m; (for leather) alêne f; († † = hairpin) épingle f à cheveux

body ['bɒdɪ] → SYN **1** n **a** [of man, animal] corps m ◆ **just enough to keep body and soul together** juste assez pour subsister ◆ **to belong to sb body and soul** appartenir à qn corps et âme; → **sound²**
  b (= corpse) cadavre m, corps m
  c (= main part of structure) [of dress] corsage m, corps m (de robe); [of car] carrosserie f; [of plane] fuselage m; [of ship] coque f; [of church] nef f; [of camera] boîtier m; [of speech, document] fond m, corps m ◆ **in the body of the hall** au centre de la salle
  d (= mass, force) **body of troops** corps m de troupes ◆ **the main body of the army** le gros de l'armée ◆ **the great body of readers** la masse des lecteurs ◆ **a large body of people** une masse de gens, une foule nombreuse ◆ **a large body of information** une importante documentation ◆ **a large body of literature on ...** une abondante bibliographie sur ... ◆ **in a body** en masse ◆ **taken in a body** pris ensemble, dans leur ensemble ◆ **the body politic** le corps politique ◆ **legislative body** corps m législatif ◆ **a large body of water** une grande étendue d'eau ◆ **a strong body of evidence** une forte accumulation de preuves ◆ **a strong body of opinion was against it** une grande partie de l'opinion était contre
  e * (= man) bonhomme * m; (= woman) bonne femme * f ◆ **an inquisitive old body** une vieille fouine ◆ **a pleasant little body** une gentille petite dame
  f (Phys etc = piece of matter) corps m ◆ **heavenly body** corps m céleste; → **foreign**
  g (NonC) [of wine, paper] corps m ◆ **a white wine with some body** un vin blanc qui a du corps ◆ **to give one's hair body** donner du volume à ses cheveux
  h (= garment) body m
  2 COMP ▷ **body armour** n (NonC) gilet m d'armes ▷ **body bag** n (esp Mil) housse f mortuaire ▷ **body belt** n ceinture f d'hétérophilie or de force ▷ **body blow** n (Boxing) coup m au corps; (fig: disappointment) coup m dur ▷ **body building** n culturisme m ◆ **body-building exercises** exercices mpl de culturisme or de musculation ▷ **body-check** (Sport) n body-check m (on à) vt faire un body-check à ▷ **body clock** n horloge f biologique ▷ **body copy** n (Advertising) texte m ▷ **body corporate** n (Jur) personne f morale ▷ **body count** n **to do a body count** (of those present) compter les présents; (of fatalities) compter le nombre des morts ▷ **body double** n doublure f ▷ **body fascism** n discrimination fondée sur l'apparence physique ▷ **body fluids** npl fluides mpl organiques ▷ **body image** n schéma m corporel ▷ **body language** n (lit) langage m du corps ◆ **the body language is good between the two leaders** (fig) le courant passe bien entre les deux leaders ▷ **body lotion** n lait m corporel or pour le corps ▷ **body mike** n (on clip) micro m cravate inv; (clandestine) micro m caché ▷ **body odour** n odeur f corporelle ▷ **body piercing** n piercing m ▷ **body popping** n (NonC) smurf m ▷ **body repairs**

93 ENGLISH-FRENCH   **bodybuilder / bolshie**

npl (Aut) travaux mpl de carrosserie ▷ **body repair shop** n (Aut) ⇒ **body shop** ▷ **body scanner** n scanner m, scanographe m ▷ **body search** n fouille f corporelle ◆ **to carry out a body search on sb** fouiller qn ◆ **to submit to** or **undergo a body search** se faire fouiller ▷ **body shop** n (Aut) atelier m de carrosserie ▷ **body snatcher** n (Hist) déterreur m, -euse f de cadavres ▷ **body stocking** n combinaison f de danse ▷ **body-surf** vi faire du body(-surf) ▷ **body-surfing** n (NonC) body(-surf) m ▷ **body swerve** n (Sport) écart m ▷ **body warmer** n gilet m matelassé

bodybuilder ['bɒdɪˌbɪldəʳ] n (Aut) carrossier m ; (= food) aliment m énergétique ; (= person) culturiste mf ; (= apparatus) extenseur m

bodyguard ['bɒdɪgɑːd] n (= person) garde m du corps ; (= group) gardes mpl du corps

bodyshaper ['bɒdɪˌʃeɪpəʳ] n body m

bodyshell ['bɒdɪʃel] n (Aut) carrosserie f, caisse f

bodysuit ['bɒdɪsuːt] n combinaison f

bodywork ['bɒdɪwɜːk] n (Aut) carrosserie f

Boeotia [bɪˈəʊʃɪə] n la Béotie

Boeotian [bɪˈəʊʃɪən] adj béotien

Boer ['bəʊəʳ] ▮1▮ n Boer mf ◆ **the Boer War** la guerre des Boers
▮2▮ adj boer (f inv)

boffin * ['bɒfɪn] n (Brit) expert m

boffo ⁎ ['bɒfəʊ] adj (US) sensationnel

bog [bɒg] → SYN ▮1▮ n ▮a▮ marais m, marécage m ; [of peat] tourbière f
▮b▮ (Brit ⁎ = lavatory) chiottes ⁎ fpl (gen pass)
▮2▮ vt (also **bog down**: gen pass) [+ cart etc] embourber, enliser ◆ **to be** or **get bogged down** (lit, fig) s'embourber, s'enliser (in dans)
▮3▮ COMP ▷ **bog oak** n chêne m des marais ▷ **bog paper** n (Brit) PQ ⁎ m ▷ **bog roll** ⁎ n (Brit) (= roll) rouleau m de PQ ⁎ ; (NonC = paper) PQ ⁎ m ◆ **there's no bog roll** il n'y a pas de PQ ⁎ ▷ **bog-standard** * adj (Brit) ordinaire

bogey ['bəʊgɪ] → SYN ▮1▮ n ▮a▮ (frightening) démon m ; (= bugbear) bête f noire ◆ **this is a bogey for them** (fig) c'est leur bête noire
▮b▮ (Golf) bogey or bogée m
▮c▮ (⁎ in nose) crotte f de nez
▮2▮ vt (Golf) ◆ **to bogey a hole** faire un bogey

bogeyman ['bəʊgɪmæn] n, pl **-men** croque-mitaine m, père m fouettard

boggle ['bɒgl] → SYN ▮1▮ vi ▮a▮ (= be alarmed, amazed) être ahuri ◆ **the mind boggles!** on croit rêver ! ◆ **stories that make the mind boggle** des histoires à dormir debout
▮b▮ (= hesitate) hésiter (at à), reculer (at devant)
▮2▮ vt (US) ◆ **to boggle sb's mind** époustoufler qn

boggy ['bɒgɪ] → SYN adj ground marécageux, bourbeux, tourbeux

bogie ['bəʊgɪ] n (Rail) bogie m ; (esp Brit = trolley) diable m

Bogotá [ˌbɒgəˈtɑː] n Bogotá

bogue [bəʊg] n (= fish) bogue m

bogus ['bəʊgəs] → SYN adj faux (fausse f) ◆ a **bogus marriage** un mariage blanc ◆ **measures to deter bogus asylum seekers** des mesures fpl visant à décourager les faux demandeurs d'asile

bogy ['bəʊgɪ] n ⇒ **bogey**

Bohemia [bəʊˈhiːmɪə] n la Bohême

Bohemian [bəʊˈhiːmɪən] → SYN ▮1▮ n ▮a▮ (Geog) Bohémien(ne) m(f)
▮b▮ († = gipsy) bohémien(ne) m(f)
▮c▮ (= artist, writer etc) bohème mf
▮2▮ adj ▮a▮ (Geog) bohémien
▮b▮ († = gipsy) bohémien
▮c▮ artist, surroundings bohème ◆ **Bohemian life** la (vie de) bohème

bohemianism [bəʊˈhiːmɪənɪzəm] n (vie f de) bohème f

boho * ['bəʊhəʊ] adj, n branché(e) * m(f)

boil¹ [bɔɪl] LANGUAGE IN USE 26.1 → SYN
▮1▮ vi [water etc] bouillir ◆ **the kettle is boiling** l'eau bout (dans la bouilloire) ◆ **to begin to boil** se mettre à bouillir, entrer en ébullition ◆ **to boil fast/gently** bouillir à gros bouillons/à petits bouillons ◆ **to let the kettle/the vegetables boil dry** laisser s'évaporer complètement l'eau de la bouilloire/des légumes ◆ **the potatoes were boiling** (Culin) les pommes de terre bouillaient ; → **pot¹**
▮b▮ [sea] bouillonner ; (fig) [person] bouillir (with de) ◆ **he was boiling with rage** il bouillait (de rage) ; see also **boiling** ; → **blood**
▮2▮ vt ▮a▮ [+ water] faire bouillir ; (= bring to the boil) amener à ébullition
▮b▮ [+ food] (faire) cuire à l'eau, (faire) bouillir ◆ **boiled bacon** lard m bouilli ◆ **boiled beef** bœuf m bouilli, pot-au-feu m ◆ **boiled egg** œuf m à la coque ◆ **boiled potatoes** pommes fpl à l'anglaise or à l'eau ◆ **boiled ham** jambon m cuit ◆ **boiled sweet** (Brit) bonbon m à sucer, ≃ berlingot m ; → **hard, soft**
▮c▮ [+ washing] **to boil the whites** faire bouillir le (linge) blanc ◆ **boiled shirt** * chemise f empesée
▮3▮ n ◆ **on the boil** (lit) bouillant, qui bout ; (* fig) situation, project en ébullition ◆ **off the boil** (lit) qui ne bout plus ; (* fig) situation en voie d'apaisement ; project au ralenti ◆ **to bring sth to the** (Brit) or **a** (US) **boil** faire bouillir qch ◆ **to come to the** (Brit) or **a** (US) **boil** venir à ébullition ◆ **to go off the boil** (lit) cesser de bouillir ; (* fig) [person] baisser ◆ **to bring a situation to the boil** amener une situation au point critique
▮4▮ COMP ▷ **boil-in-a-bag, boil-in-the-bag** adj que l'on cuit dans le sachet

▶ **boil away** vi ▮a▮ (= go on boiling) (continuer de) bouillir
▮b▮ (= evaporate completely) s'évaporer, se réduire (par ébullition)

▶ **boil down**
▮1▮ vi ▮a▮ (lit) [jam etc] se réduire
▮b▮ (* fig) se ramener, revenir (to à) ◆ **all the arguments boil down to this** tous les arguments se résument or reviennent or se ramènent à ceci ◆ **it all boils down to the same thing** tout cela revient absolument au même
▮2▮ vt sep ▮a▮ (lit) [+ sauce etc] faire réduire (par ébullition)
▮b▮ (* fig) [+ text] réduire (to à), abréger

▶ **boil over** vi ▮a▮ [water] déborder ; [milk] se sauver, déborder ◆ **the pot boiled over** la casserole a débordé
▮b▮ (with rage) bouillir (with de) ◆ **their anger boiled over into violence** leur colère a dégénéré en violence

▶ **boil up** vi (lit) [milk] monter ◆ **anger was boiling up in him** la moutarde lui montait au nez

boil² [bɔɪl] → SYN n (Med) furoncle m, clou m

boiler ['bɔɪləʳ] ▮1▮ n ▮a▮ (for hot water, steam) chaudière f ; (Brit: for washing clothes) lessiveuse f ; (= pan) casserole f ; → **double, potboiler**
▮b▮ (= fowl) poule f à faire au pot
▮2▮ COMP ▷ **boiler house** n bâtiment m des chaudières ▷ **boiler room** n (gen) salle f des chaudières ; (Naut) chaufferie f, chambre f de chauffe ▷ **boiler suit** n (Brit) bleu(s) m(pl) (de travail or de chauffe)

boilermaker ['bɔɪləˌmeɪkəʳ] n chaudronnier m

boilermaking ['bɔɪləˌmeɪkɪŋ] n grosse chaudronnerie f

boilerman ['bɔɪləmæn] n, pl **-men** (Tech) chauffeur m

boilerplate ['bɔɪləpleɪt] n (Comput) paragraphes mpl passe-partout

boiling ['bɔɪlɪŋ] ▮1▮ n [of water etc] ébullition f
▮2▮ adj ▮a▮ water, oil bouillant ◆ **the whole boiling lot** ⁎ (Brit) tout le bataclan *, tout le bazar * ◆ **it's boiling (hot) today** * il fait une chaleur terrible aujourd'hui ◆ **I'm boiling (hot)!** * je meurs de chaleur !
▮b▮ (* fig = angry) bouillant de colère, en rage ◆ **he is boiling** il bout de colère
▮c▮ (Culin) **boiling beef** bœuf m pour pot-au-feu ◆ **boiling fowl** poule f à faire au pot
▮3▮ adv ◆ **boiling hot** (lit) tout bouillant ; (fig) → **2**
▮4▮ COMP ▷ **boiling point** n point m d'ébullition ◆ **at boiling point** (fig) en ébullition ◆ **to reach boiling point** (fig) atteindre un point de non-retour ▷ **boiling water reactor** n (Phys) réacteur m à eau (ordinaire) bouillante

boisterous ['bɔɪstərəs] → SYN adj person, crowd, behaviour tapageur, turbulent ; game tumultueux ; (fig) wind furieux

boisterously ['bɔɪstərəslɪ] adv tumultueusement

boisterousness ['bɔɪstərəsnɪs] n [of person, crowd, behaviour] gaieté f turbulente ; [of game] tumulte m

bold [bəʊld] → SYN ▮1▮ adj ▮a▮ (= brave) person, action hardi, intrépide ◆ **to grow bold** s'enhardir ◆ **a bold step** une démarche osée or audacieuse ◆ **a bold stroke** un coup d'audace ; → **face**
▮b▮ person, look (= forward) hardi, effronté (pej) ; (= not shy) assuré ◆ **to be** or **make so bold as to do sth** (frm) avoir l'audace de faire qch ◆ **to make bold with sth** (frm) prendre la liberté de se servir de qch ◆ **if I may make so bold ...** (frm) si je peux me permettre de faire remarquer ... ◆ **as bold as brass** d'une impudence peu commune, culotté *
▮c▮ (Art, Literat = striking) hardi, vigoureux ◆ **to bring out in bold relief** faire ressortir vigoureusement ◆ **to paint in bold strokes** [artist] avoir une touche puissante
▮d▮ (Typ) en grasse, gras (grasse f)
▮2▮ n (NonC: Typ) caractères mpl gras ◆ **in bold** en (caractères) gras
▮3▮ COMP ▷ **bold-faced** adj effronté

boldly ['bəʊldlɪ] adv ▮a▮ (= bravely) hardiment, audacieusement
▮b▮ (= confidently, not shyly) declare, announce, claim avec assurance ; gaze effrontément ◆ **to smile boldly** sourire avec assurance
▮c▮ (= strikingly) **boldly patterned/checked** à grands motifs/carreaux ◆ **boldly coloured** (one colour) de couleur voyante ; (contrasting colours) de couleurs voyantes

boldness ['bəʊldnɪs] n ▮a▮ (= braveness, daring) [of person, action, plan, idea] audace f ; [of gaze] audace f, aplomb m
▮b▮ [of colour, design] vigueur f

bole [bəʊl] n fût m, tronc m (d'arbre)

bolero [bəˈlɛərəʊ] n ▮a▮ (= music, dance) boléro m
▮b▮ ['bɒlərəʊ] (also **bolero jacket**) boléro m

boletus [bəʊˈliːtəs] n, pl **boletuses** or **boleti** [bəʊˈliːtaɪ] bolet m

bolide ['bəʊlaɪd] n (Astron) bolide m

Bolivar ['bɒlɪvɑːʳ] n (Hist) Bolivar m

Bolivia [bəˈlɪvɪə] n la Bolivie

Bolivian [bəˈlɪvɪən] ▮1▮ adj (gen) bolivien ; ambassador, embassy de Bolivie
▮2▮ n Bolivien(ne) m(f)

boliviano [bəˌlɪvɪˈɑːnəʊ] n boliviano m

boll [bəʊl] ▮1▮ n graine f (du cotonnier, du lin)
▮2▮ COMP ▷ **boll weevil** n anthonome m (du cotonnier)

bollard ['bɒləd] n [of quay] bollard m ; (Brit) [of road] borne f

bollix ⁎ ['bɒlɪks] vt (US: also **bollix up**) ⇒ **ball(s) up 1** ; → **ball¹**

bollocking ⁎ ['bɒləkɪŋ] n engueulade ⁎ f ◆ **to give sb a bollocking** engueuler qn ⁎ ◆ **I got a real bollocking from him** il m'a bien engueulé ⁎

bollocks ⁎ ['bɒləks] n (Brit) ⇒ **balls** ; → **ball¹**

Bollywood * ['bɒlɪwʊd] n Bollywood m (le Hollywood du cinéma indien, à Bombay)

Bologna [bəˈləʊnjə] n Bologne

bolognese [ˌbɒləˈnjeɪz] adj ◆ **bolognese sauce** sauce f bolognaise

bolometer [bəʊˈlɒmɪtəʳ] n (Phys) bolomètre m

boloney ⁎ [bəˈləʊnɪ] n ⇒ **baloney**

Bolshevik ['bɒlʃəvɪk] ▮1▮ n Bolchevik mf
▮2▮ adj bolchevique

Bolshevism ['bɒlʃəvɪzəm] n bolchevisme m

Bolshevist ['bɒlʃəvɪst] n, adj bolcheviste mf

bolshie ⁎, **bolshy** ⁎ ['bɒlʃɪ] (Brit pej) ▮1▮ n (Pol) rouge m
▮2▮ adj (Pol) rouge ◆ **he's rather bolshie** il ne pense qu'à enquiquiner le monde *, c'est un mauvais coucheur ◆ **he turned bolshie** il a commencé à râler *

bolster ['bəʊlstə'] → SYN **1** n **a** (of bed) traversin m
b (Constr) racinal m, sous-poutre f
2 vt (also **bolster up**) (+ person, morale) soutenir (*with* par)

bolt [bəʊlt] → SYN **1** n **a** (of door, window) verrou m ; (of lock) pêne m ; (Tech: for nut) boulon m ; (of crossbow) carreau m ; (of rifle) culasse f mobile ; (Climbing: also **expansion bolt**) piton m à expansion ; → **shoot**
b (of cloth) rouleau m
c (= lightning) éclair m ◆ **it was a bolt from the blue** c'était totalement inattendu
d **to make a bolt for ...** ◆ **he made a bolt for the door** il a fait un bond or a bondi vers la porte ◆ **to make a bolt for it*** filer * or se sauver à toutes jambes
2 adv ◆ **bolt upright** droit comme un piquet or comme un i
3 vi **a** (= run away) [horse] s'emballer ; [person] filer*, se sauver
b (= move quickly) se précipiter, foncer* ◆ **he bolted along the corridor** il a enfilé le couloir à toutes jambes
c [plant] monter
4 vt **a** [+ food] engouffrer, engloutir
b [+ door, window] verrouiller, fermer au verrou ◆ **bolt the door!** mettez or poussez le(s) verrou(s) !
c (Tech) [+ beams] boulonner
d (US * = stop) abandonner, laisser tomber
5 COMP ▷ **bolt cutters** npl coupe-boulons m ▷ **bolt-hole** n (Brit) [of animal] terrier m, trou m ; [of person] abri m, refuge m

▶ **bolt in** **1** vi (= rush in) entrer comme un ouragan
2 vt sep (= lock in) enfermer au verrou

▶ **bolt on** vt sep (Tech) boulonner

▶ **bolt out** vi (= rush out) sortir comme un ouragan

boltrope ['bəʊltrəʊp] n (Naut) ralingue f

bolus ['bəʊləs] n, pl **boluses** (Med) bol m

bomb [bɒm] → SYN **1** n **a** (= explosive device) bombe f ◆ **letter/parcel bomb** lettre f/paquet m piégé(e) ◆ **the Bomb** la bombe atomique ◆ **to put a bomb under sb*** (fig) secouer (les puces) à qn ◆ **his party went like a bomb*** (Brit) sa réception a été (un succès) du tonnerre ◆ **the record went down a bomb*** (Brit) le disque a fait un malheur or un tabac* ◆ **this car goes like a bomb***(Brit) elle file, cette bagnole* ◆ **the car cost a bomb***(Brit) la bagnole * a coûté les yeux de la tête ◆ **we made a bomb*** (fig, Brit) on a gagné une fortune or un bon paquet* ; → **A, car, H**
b (US * = flop) fiasco m, bide * m
2 vt [+ town] bombarder ; → **dive**¹
3 vi **a** (esp US * = flop) être un fiasco or un bide *
b (* = go quickly) **to bomb along** foncer, bomber* ◆ **we bombed down the road** nous avons foncé le long de la rue ◆ **we bombed down to London** nous avons bombé* jusqu'à Londres
4 COMP ▷ **bomb aimer** n (Aviat = person) bombardier m ▷ **bomb attack** n attentat m à la bombe ▷ **bomb bay** n soute f à bombes ▷ **bomb crater** n (Geog) entonnoir m ▷ **bomb disposal** n déminage m ◆ **bomb disposal expert** démineur m ; (Mil) artificier m ◆ **bomb disposal squad** n **unit** équipe f de déminage ▷ **bomb factory** n fabrique f de bombes ▷ **bomb scare** n alerte f à la bombe ▷ **bomb shelter** n abri m (antiaérien) ▷ **bomb site** n lieu m bombardé

▶ **bomb out** **1** vi (* = collapse) s'effondrer
2 vt sep [+ house] détruire par un bombardement ◆ **the family was bombed out** la famille a dû abandonner sa maison bombardée ◆ **bombed out families** familles fpl sinistrées (par un bombardement)

bombard [bɒm'bɑːd] → SYN vt (Mil, Phys, fig) bombarder (*with* de)

bombardier [ˌbɒmbə'dɪə'] n (Mil) caporal m d'artillerie ; (Aviat) bombardier m (*aviateur*)

bombardment [bɒm'bɑːdmənt] → SYN n bombardement m

bombast ['bɒmbæst] n grandiloquence f, boursouflure f

bombastic [bɒm'bæstɪk] adj style, person grandiloquent, pompeux

bombastically [bɒm'bæstɪkəlɪ] adv speak avec grandiloquence, avec emphase ; write dans un style ampoulé

Bombay [bɒm'beɪ] **1** n **a** Bombay
b **Bombay (cat)** Bombay m
2 COMP ▷ **Bombay duck** n (Culin) poisson m salé (*indien*)

bombazine ['bɒmbəziːn] n bombasin m

bombed* [bɒmd] adj (esp US) (= drunk) bourré*; (= on drugs) défoncé*

bomber ['bɒmə'] **1** n **a** (= aircraft) bombardier m ; (terrorist) plastiqueur m
2 COMP ▷ **bomber command** n commandement m tactique aérien ▷ **bomber jacket** n blouson m d'aviateur ▷ **bomber pilot** n pilote m de bombardier

bombing ['bɒmɪŋ] **1** n (Aviat) bombardement m ; (by terrorist) attentat m à la bombe ; → **dive**¹
2 adj raid, mission, plane de bombardement

bombproof [bɒm'pruːf] adj **a** (lit) bunker etc à l'épreuve des bombes
b (* fig) indestructible

bombshell ['bɒmʃel] n **a** († = bomb) obus m
b (= shock) **to come like a bombshell** faire l'effet d'une bombe ◆ **the decision was a legal/political bombshell** cette décision a fait l'effet d'une bombe dans les milieux juridiques/politiques ◆ **this news was a bombshell** la nouvelle a fait l'effet d'une bombe ◆ **to drop a** or **one's bombshell** lâcher une bombe* (fig)
c * **she's a real bombshell** c'est une fille canon !

bombsight ['bɒmsaɪt] n viseur m de bombardement

bombyx ['bɒmbɪks] n (Zool) bombyx m

bona fide ['bəʊnə'faɪdɪ] → SYN adj member, traveller, student etc authentique, vrai ; offer sérieux

bona fides ['bəʊnə'faɪdɪz] n bonne foi f

bonanza [bə'nænzə] **1** n (= windfall) aubaine f ; (= boom) boom m ; (US Min) riche filon m ◆ **a property/sales bonanza** un boom immobilier/sur les ventes ◆ **the North Sea oil bonanza** la manne pétrolière de la mer du Nord
2 COMP ▷ **the Bonanza State** n (US) le Montana ▷ **bonanza year** n année f exceptionnelle

Bonaparte ['bəʊnəpɑːt] n Bonaparte m

bonbon ['bɒnbɒn] n bonbon m

bonce* [bɒns] n (Brit = head) tronche* f

bond [bɒnd] → SYN **1** n **a** (= agreement) engagement m, contrat m ◆ **to enter into a bond** s'engager (*to do sth* à faire qch)
b (= link) lien(s) m(pl), attachement m ◆ **to break a bond with the past** rompre les liens avec le passé ◆ **bonds** (= chains) fers mpl, chaînes fpl ; (fig = ties) liens mpl ◆ **marriage bonds** liens mpl conjugaux ; → **pair**
c (Comm, Fin) bon m, titre m
d (NonC: Comm = custody of goods) entreposage m (*en attendant le paiement de la taxe*) ◆ **to put sth into bond** entreposer qch en douane ◆ **to take goods out of bond** dédouaner des marchandises
e (= adhesion between surfaces) adhérence f
f (Constr) appareil m
g (Chem) liaison f
h (also **bond paper**) papier m à lettres de luxe
2 vt **a** (Comm) [+ goods] entreposer
b (= stick) coller ; (+ bricks) liaisonner
c (Fin) lier (par une garantie financière)
d (= place under bond) placer sous caution ; (= put up bond for) se porter caution pour
3 vi **a** (= stick together) coller
b (Psych) se lier ◆ **to bond with one's baby** s'attacher à son bébé ◆ **we bonded immediately** nous nous sommes tout de suite liés d'amitié, nous avons tout de suite sympathisé
4 COMP ▷ **bonded goods** npl (Comm) marchandises fpl en douane ▷ **bonded labour** n (NonC: Brit) travail m non rémunéré (*pour le compte d'un créancier*) ▷ **bonded warehouse** n entrepôt m des douanes ▷ **bond market** n (Fin) marché m obligataire ▷ **bond washing** n (Fin) *vente de valeurs à revenu fixe (pour raisons fiscales)*

bondage ['bɒndɪdʒ] **1** n **a** (lit) esclavage m, servage m ◆ **to be in bondage to sb** (Hist) être le serf de qn
b (fig) esclavage m, asservissement m ◆ **the bondage of dieting/heroin addiction** l'esclavage que représentent les régimes/que représente l'héroïnomanie
c (= sexual practice) bondage m
2 COMP gear, magazine de bondage

bondholder ['bɒndˌhəʊldə'] n (Fin) porteur m d'obligations or de bons

bonding ['bɒndɪŋ] n **a** (Constr) liaison f ; [of wood, plastic etc] collage m ; (Elec) système m or circuit m régulateur de tension
b (Psych) formation f de liens affectifs ; (in general parlance) action f de sympathiser

bondsman ['bɒndzmən] n, pl **-men** (Hist) serf m, esclave m ; (Jur) garant m, caution f

bone [bəʊn] **1** n **a** os m ; [of fish] arête f ◆ **bones** [of the dead] ossements mpl, os mpl ; (* = dice) dès mpl (à jouer) ◆ **to cut costs to the bone** réduire les coûts au strict minimum ◆ **chilled** or **frozen to the bone** transi de froid, glacé jusqu'à la moelle (des os) ◆ **my old bones** (hum) mes vieux os, ma vieille carcasse* ◆ **to have a bone to pick with sb** avoir un compte à régler avec qn ◆ **he made no bones about saying what he thought** il n'a pas hésité à dire ce qu'il pensait ◆ **he made no bones about it** il n'y est pas allé par quatre chemins or avec le dos de la cuiller ◆ **there are no bones broken** (lit) il n'y a rien de cassé ; (fig) il y a plus de peur que de mal, il n'y a rien de grave ◆ **he won't make old bones** il ne fera pas de vieux os ◆ **that was a bit close** or **near to the bone** [remark] c'était un peu limite ◆ **to work one's fingers to the bone*** s'user au travail, s'épuiser à la tâche ◆ **on the bone** à l'os ; → **anklebone, bag, feel, skin**
b (NonC = substance) os m ◆ **a handle (made) of bone** un manche en os
c [of corset] baleine f
2 vt [+ meat, fowl] désosser ; [+ fish] ôter les arêtes de
3 COMP buttons, handle etc en os ▷ **bone-chilling** adj à vous glacer le sang ▷ **bone china** n porcelaine f tendre ▷ **bone-dry** adj absolument sec (sèche f) ▷ **bone-idle***, **bone-lazy*** adj fainéant, paresseux comme une couleuvre ▷ **bone marrow** n (Anat) moelle f osseuse ▷ **bone meal** n engrais m (de cendres d'os) ▷ **bone of contention** n pomme f de discorde ▷ **bone-shaker** n (car) vieille guimbarde f, tacot* m ; (= dilapidated cycle) vieux clou* m ▷ **bone structure** n (NonC: gen) ossature f ; [of face] ossature f de la tête

▶ **bone up** vt sep, **bone up on**⁎ vt fus [+ subject] bûcher *, potasser *

boned [bəʊnd] adj **a** meat désossé ; fish sans arêtes
b corset baleiné

bonehead* ['bəʊnhed] n crétin(e) * m(f), abruti(e) * m(f)

boneheaded* ['bəʊnˌhedɪd] adj idiot, abruti *

boneless ['bəʊnlɪs] adj meat désossé, sans os ; fish sans arêtes

boner ['bəʊnə'] n **a** (US * = blunder) gaffe * f, bourde f ◆ **to pull a boner** faire une gaffe *, mettre les pieds dans le plat
b (= erection) **to have a boner*** bander**

bonesetter ['bəʊnˌsetə'] n rebouteux m

boneyard* ['bəʊnjɑːd] n (US) cimetière m

bonfire ['bɒnfaɪə'] **1** n feu m (de joie) ; (for rubbish) feu m de jardin
2 COMP ▷ **Bonfire Night** n (Brit) le 5 novembre ; → GUY FAWKES NIGHT

bong [bɒŋ] n **a** (= sound) bong m
b (* = pipe) bong m

bongo (drum) ['bɒŋɡəʊ(drʌm)] n (tambour m) bongo m

bonhomie ['bɒnɒmiː] n bonhomie f

bonk* [bɒŋk] **1** n **a** (* = hit) coup m ; (with hand) beigne* f, pain * m

bonkers / **boom**

b (Brit) **to have a bonk** (= sex) s'envoyer en l'air
2 vi (Brit = have sex) s'envoyer en l'air
3 vt **a** (* = hit) frapper, filer un coup à *; (with hand also) filer une beigne or un pain * à
b (Brit = have sex with) s'envoyer, sauter
4 excl bang

bonkers ['bɒŋkəz] adj cinglé *, dingue *

bonking ['bɒŋkɪŋ] n (NonC: Brit) partie f de jambes en l'air

Bonn [bɒn] n Bonn

bonnet ['bɒnɪt] n **a** (= hat) [of woman] bonnet m; [of child] béguin m, bonnet m; → bee, sun
b (Brit Aut) capot m
c (Archit) auvent m; [of chimney] capuchon m
d (Naut) bonnette f

bonny ['bɒnɪ] adj (esp N Engl, Scot) joli, beau (belle f)

bonsai ['bɒnsaɪ] n (pl inv) bonsaï m

bonus ['bəʊnəs] → SYN **1** n prime f, bonus m; (Brit Fin) dividende m exceptionnel; (Educ, cycle racing) bonification f ◆ **bonus of 500 francs** 500 francs de prime ◆ **as a bonus** (fig) en prime ◆ **an added bonus** (fig) un avantage supplémentaire; → incentive, no
2 COMP ▷ **bonus issue** n (Fin) émission f d'actions gratuites ▷ **bonus number** n (Lottery) numéro m complémentaire ▷ **bonus pack** n offre f promotionnelle ▷ **bonus point** n (in game, quiz etc) point m (en prime) ▷ **bonus share** n action f gratuite

bonxie ['bɒŋksɪ] n (Orn) stercoraire m

bony ['bəʊnɪ] → SYN **1** adj **a** (Anat) tissue osseux; (fig) knee, person anguleux, maigre, décharné
b fish plein d'arêtes; meat plein d'os
2 COMP ▷ **bony fish** n (Zool) poisson m osseux, ostéichtyen m (SPÉC)

bonze [bɒnz] n (Rel) bonze m

bonzer * ['bɒnzər] adj (Austral) super *

boo [buː] **1** excl hou !, peuh ! ◆ **he wouldn't say boo to a goose** * il n'ose jamais ouvrir le bec *
2 vt [+ actor, play] huer, siffler ◆ **to be booed off the stage** sortir de scène sous les huées ou les sifflets
3 vi huer
4 n huée f

boob [buːb] **1** n **a** (Brit = mistake) gaffe f; (= silly person) ballot * m, nigaud(e) m(f)
b (= breast) sein m, nichon * m
2 vi (Brit) gaffer
3 COMP ▷ **boob job** * n **to have a boob job** se faire refaire les seins ▷ **boob tube** * n (Dress = sun top) bain m de soleil; (US = TV set) télé f

boo-boo * ['buːbuː] n boulette f, bourde f

booby ['buːbɪ] **1** n nigaud(e) m(f), bêta(sse) * m(f)
2 COMP ▷ **booby hatch** n (Naut) écoutillon m; (US* pej = mental hospital) cabanon * m, maison f de fous * ▷ **booby prize** n prix m de consolation (décerné au dernier) ▷ **booby trap** n traquenard m; (Mil) objet m piégé ▷ **booby-trapped** adj car, door etc piégé

boodle †* ['buːdl] n (= money) oseille * f, pèze * m; (US = bribe) pot-de-vin m ◆ **the whole boodle** (US) le tout, tous les trucs *

booger * ['buːgər] n (US) crotte f de nez

boogie * ['buːgɪ] **1** n (= dance) ◆ **to have a boogie** guincher * ◆ **to go for a boogie** aller guincher * ou se trémousser *
2 vi guincher *
3 COMP ▷ **boogie-woogie** n boogie-woogie m

boohoo * [ˌbuːˈhuː] **1** vi pleurnicher, brailler *
2 excl ouin ! ouin !

booing ['buːɪŋ] n (NonC) huées fpl; (Theat) sifflets mpl

book [bʊk] → SYN **1** n **a** livre m, bouquin * m ◆ **the (Good) Book** la Bible; → bank², telephone, textbook
b (= chapter) [of Bible etc] livre m; [of poem] chant m ◆ **the Book of Job/Kings** etc (Bible) le livre de Job/des Rois etc
c (also **exercise book**) cahier m; → notebook

d [of tickets, stamps, cheques etc] carnet m ◆ **book of matches** pochette f d'allumettes; → chequebook, passbook
e (Comm, Fin) **(account) books** livre m de comptes ◆ **to keep the books of a firm** tenir la comptabilité ou les comptes d'une entreprise ◆ **the books and records** la comptabilité
f [of club, society] registre m ◆ **to be on the books of an organization** être inscrit à une organisation ◆ **to take one's name off the books** donner sa démission
g (Betting) **to keep a book on sth** prendre les paris sur qch ◆ **to make a book** (= take bets) inscrire les paris ◆ **to bet** parier ◆ **to open** ou **start a book (on sth)** ouvrir les paris (sur qch)
h (= libretto) [of opera etc] livret m
i (Comm) **book of samples** album m ou jeu m d'échantillons
j (phrases) **to bring sb to book** obliger qn à rendre des comptes ◆ **by the book** selon les règles ◆ **to close the book on sth** considérer qch comme une affaire classée ◆ **to go by the book, to stick to the book** appliquer strictement le règlement ◆ **to be in sb's bad** ou **black books** * être mal vu de qn ◆ **I am in his good books** * je suis dans ses petits papiers *, il m'a à la bonne ◆ **in my book** * he's unreliable à mon avis ou d'après moi on ne peut pas se fier à lui ◆ **he knew the district like a book** il connaissait la région comme sa poche ◆ **that's one for the book** ou **books!** * c'est à marquer d'une pierre blanche !, il faut faire une croix à la cheminée ! ◆ **already on the books** [regulation etc] qui figure déjà dans les textes; [member etc] déjà inscrit au registre ◆ **to go on the books** law entrer en vigueur; → suit, throw
2 vt **a** [+ seat] louer; [+ room, sleeper, table] retenir, réserver; (Brit) [+ ticket] prendre ◆ **to book one's seat in advance** louer sa place à l'avance ou d'avance ◆ **tonight's performance is booked up** ou **fully booked** (Theat) on joue à bureaux fermés ou à guichets fermés ce soir ◆ **the hotel is booked up** ou **fully booked (until September)** l'hôtel est complet (jusqu'en septembre) ◆ **I'm booked for tomorrow lunch** je suis pris demain à déjeuner ◆ **to book sb through to Birmingham** (Rail) assurer à qn une réservation jusqu'à Birmingham ◆ **I've booked (up) my holiday** j'ai fait les réservations pour mes vacances; → solid
b (Comm, Fin) [+ order] inscrire, enregistrer ◆ **to book goods to sb's account** inscrire des marchandises au compte de qn
c (Police) [+ driver etc] donner ou mettre un procès-verbal ou P.-V. à; (Ftbl) [+ player] montrer un carton jaune à ◆ **to be booked for speeding** attraper une contravention pour excès de vitesse ◆ **to be booked** (Ftbl) recevoir un carton jaune
3 vi (at hotel) (on arrival) se présenter à la réception; (= reserve in advance) réserver une chambre
4 COMP ▷ **book club** n cercle m de lecture, club m du livre ▷ **Book of Common Prayer** n missel de l'Église anglicane (jusqu'en 1980) ▷ **book ends** npl serre-livres m inv ▷ **book fair** n salon m du livre ▷ **book jacket** n jaquette f ▷ **book-keeper** n comptable mf ▷ **book-keeping** n comptabilité f ▷ **book knowledge, book learning** n connaissances fpl livresques ▷ **book lover** n bibliophile mf ▷ **book post** n tarif m livres ▷ **book review** n compte rendu m de livre ▷ **book rights** npl droits mpl de publication ▷ **book token** n (Brit) bon-cadeau m (négociable en librairie), chèque-livre m ▷ **book value** n (Fin) valeur f comptable

▶ **book in** (Brit) **1** vi (at hotel etc) (on arrival) se présenter à la réception; (= reserve in advance) réserver une chambre
2 vt sep (at reception) se présenter à la réception; (= reserve room for) réserver une chambre pour

▶ **book up** (Brit) **1** vi réserver
2 vt sep retenir, réserver ◆ **the school booked up all the seats on the coach** l'école a réservé toutes les places dans le car ◆ **the tour is booked up** on ne prend plus d'inscriptions pour l'excursion ◆ **the hotel is booked up** ou **fully booked until September**

l'hôtel est complet jusqu'en septembre ◆ **I'm very booked up** je suis très pris see also **book 2a**

bookable ['bʊkəbl] adj (Brit) **a** seat etc qu'on peut retenir ou réserver ou louer ◆ **seats are bookable in advance** on peut retenir ses places (à l'avance) ◆ **seats bookable from 6 June** location (des places) ouverte dès le 6 juin
b (Sport) offence passible d'un avertissement

bookbinder ['bʊkbaɪndər] n relieur m, -euse f

bookbinding ['bʊkbaɪndɪŋ] n (NonC) reliure f

bookcase ['bʊkkeɪs] n bibliothèque f (meuble)

Booker Prize ['bʊkəˌpraɪz] n (Brit) ◆ **the Booker Prize** le Booker Prize

---

BOOKER PRIZE

Prix littéraire britannique créé en 1969 par un industriel (M. Booker) pour récompenser une œuvre de fiction écrite par un romancier originaire du Royaume-Uni, d'Irlande ou du Commonwealth. La cérémonie de remise du prix est diffusée en direct à la télévision, et le choix du jury suscite souvent des controverses.

---

bookie * ['bʊkɪ] n book * m, bookmaker m

booking ['bʊkɪŋ] LANGUAGE IN USE 21.4
1 n **a** (esp Brit) réservation f ◆ **to make a booking** louer, réserver, faire une réservation
b (Ftbl) there were three bookings at the game il y a eu trois cartons jaunes lors de ce match
2 COMP ▷ **booking clerk** n (Brit Rail etc) préposé(e) m(f) aux réservations ▷ **booking fee** n frais mpl de location ▷ **booking office** n (Brit: Rail, Theat) (bureau m de) location f

bookish ['bʊkɪʃ] → SYN adj person studieux, scolaire (pej); word, phrase livresque

booklet ['bʊklɪt] n brochure f, plaquette f

bookmaker ['bʊkmeɪkər] n bookmaker m

bookmaking ['bʊkmeɪkɪŋ] **1** n (NonC) métier m de bookmaker
2 COMP ▷ **bookmaking firm** n bookmaker m

bookmark ['bʊkmɑːk] **1** n marque-page m, signet m; (Internet) signet m
2 vt (Internet) mettre un signet à

bookmobile ['bʊkməˌbiːl] n (US) bibliobus m

bookplate ['bʊkpleɪt] n ex-libris m

bookrest ['bʊkrest] n lutrin m

bookseller ['bʊkˌselər] n libraire mf; → secondhand

bookshelf ['bʊkʃelf] n étagère f (à livres); (in bookcase) rayon m (de bibliothèque)

bookshop ['bʊkʃɒp] n (esp Brit) librairie f; → secondhand

bookstall ['bʊkstɔːl] n (Brit: in station, airport) kiosque m à journaux; [of secondhand books] étalage m de bouquiniste

bookstand ['bʊkstænd] n (US) **a** (= bookrest, lectern) lutrin m
b (= bookstall: in station, airport) kiosque m à journaux ◆ **to hit the bookstands** * [book] sortir en librairie

bookstore ['bʊkstɔːr] n (esp US) librairie f

bookworm ['bʊkwɜːm] n (fig) rat m de bibliothèque

Boolean ['buːlɪən] adj booléen

boom¹ [buːm] **1** n **a** (= barrier: across river etc) barrage m (de radeaux, de chaines etc), bôme f
b [of boat] gui m; (Tech : also **derrick boom**) bras m; [of crane] flèche f; [of microphone, camera] perche f, girafe f
2 COMP ▷ **boom operator** n (Cine, TV) perchiste mf

boom² [buːm] → SYN **1** n (= sound) [of sea, waves] grondement m, mugissement m; [of wind] mugissement m, hurlements mpl; [of guns, thunder] grondement m; [of storm] rugissement m; [of organ] ronflement m; [of voices] rugissement m, grondement m ◆ **sonic boom** (Aviat) bang m supersonique

boom / bore

2 vi **a** [sea] gronder, mugir ; [wind] hurler, mugir (sourdement) ; [thunder] gronder, rouler

b (also **boom out**) [organ] ronfler ; [guns] tonner, gronder ; [voice] retentir ; [person] tonner, tonitruer

3 vt ◆ never! he boomed "jamais !" dit-il d'une voix tonitruante or retentissante

4 COMP ▷ **boom box** * n (US) ghetto-blaster m

boom³ [buːm] → SYN **1** vi **a** (Comm) [trade] être en expansion or en plein essor ◆ **business is booming** les affaires prospèrent

b (Comm, Fin, St Ex) [prices] monter en flèche

2 vt (US *) [+ market, sales] développer ; (= publicize) [+ person, place] promouvoir

3 n (Comm) (in business, transactions) montée f en flèche, boom m ; (for firm) forte progression f ; (for product) popularité f, vogue f ; (Comm, Econ, Fin, St Ex) boom m ◆ **a property boom** un boom sur l'immobilier ◆ **an export boom** un boom sur les exportations

4 COMP ▷ **boom and bust** adj ⇒ **boom-bust** ▷ **boom baby** n bébé m du baby-boom ▷ **boom-bust** adj (Econ) economy, market en dents de scie ◆ **the boom-bust pattern of the economy in recent years** l'évolution f en dents de scie de l'économie ces dernières années ◆ **property is a boom-bust business** l'immobilier est un marché en dents de scie, l'immobilier connaît des hauts et des bas ▷ **boom time** n période f de prospérité, boom m ▷ **boom town** n ville f en plein développement, ville f champignon

boomerang [ˈbuːməræŋ] → SYN **1** n (lit, fig) boomerang m

2 vi (fig) [words, actions] faire boomerang

booming [ˈbuːmɪŋ] adj sound retentissant ; voice tonitruant, retentissant

boomlet [ˈbuːmlɪt] n (Econ) expansion f de faible amplitude

boon [buːn] → SYN **1** n **a** (= blessing) bénédiction * f, aubaine f ◆ **it would be a boon if he went** quelle aubaine s'il s'en allait ◆ **this new machine is a great boon** cette nouvelle machine est une bénédiction ◆ **it is a boon to me** cela m'est très précieux

b († † = favour) faveur f

2 comp ▷ **boon companion** † n joyeux compère m, compagnon m de virée

boondocks * [ˈbuːndɒks] npl (US) ◆ **the boondocks** le bled * (pej)

boondoggle ‡ [ˈbuːndɒgl] vi (US) **a** (= work uselessly) passer son temps à des tâches secondaires

b (esp Pol) créer des emplois bidon *

boonies ‡ [ˈbuːnɪz] npl (US) ⇒ **boondocks**

boor [bʊə^r] n (coarse) rustre m ; (ill-mannered) malotru(e) m(f), butor m

boorish [ˈbʊərɪʃ] → SYN adj rustre, grossier

boorishly [ˈbʊərɪʃlɪ] adv behave en rustre, avec grossièreté ; speak sans tact

boorishness [ˈbʊərɪʃnɪs] n manque m de savoir-vivre, grossièreté f

boost [buːst] → SYN **1** n ◆ **to give sb a boost (up)** (lit) soulever qn par derrière or par en dessous ; (fig: also **give a boost to sb's morale**) remonter le moral à qn ◆ **to give sb/a product a boost** (= do publicity for) faire du battage * pour qn/un produit

2 vt **a** (Elec) survolter ; (Aut) [+ engine] suralimenter ; (Space) [+ spacecraft] propulser

b (Comm, Ind etc = increase) [+ price] hausser, faire monter ; [+ output, productivity] accroître, développer ; [+ sales, product] promouvoir, faire monter en flèche ; [+ confidence etc] renforcer ◆ **to boost the economy** donner du tonus à l'économie

c (= do publicity for) [+ person, product] faire de la réclame or du battage * pour

booster [ˈbuːstə^r] **1** n (Elec) (= device) survolteur m ; (= charge) charge f d'appoint ; (Rad) amplificateur m ; (Rail) booster m ; (Space: also **booster rocket**) fusée f de lancement, booster m ; (Med: also **booster shot, booster**

dose) (piqûre f de) rappel m ; (US * = supporter) supporter m actif or enthousiaste

2 COMP ▷ **booster cushion** n (Brit Aut) rehausseur m ▷ **booster seat** n (Aut) rehausseur m

boot¹ [buːt] → SYN **1** n **a** (gen) botte f ; (also **ankle boot**) bottine f, boot m ; [of soldier, workman etc] (grosse) chaussure f, brodequin m ◆ **the boot is on the other foot** (Brit) les rôles sont renversés ◆ **to quake or shake or tremble or shiver in one's boots** trembler comme une feuille ◆ **to fill one's boots with sth** (Brit) se remplir les poches de qch ◆ **his heart was in his boots** il avait la mort dans l'âme ◆ **to give sb the boot** ‡ flanquer * qn à la porte, sacquer * qn ◆ **to get or be given the boot** ‡ être flanqué * à la porte, être sacqué * ◆ **to put the boot in** ‡ (Brit) (= attack physically) rentrer dans le chou * des gens ; (fig) enfoncer le couteau dans la plaie ◆ **to put the boot into sb/sth** ‡ (Brit) débiner * or éreinter qn/qch ◆ **Boots** † (Brit) garçon m d'hôtel ; → **bet, big, die¹, lick**

b (Brit) [of car etc] coffre m, malle f (arrière)

2 vt **a** (* = kick) donner or flanquer * des coups de pied à ◆ **to boot sb out** (lit, fig) flanquer * qn à la porte

b (Comput: also **boot up**) amorcer

3 COMP ▷ **boot boy** * n (Brit) skinhead m (qui porte des rangers) ▷ **boot camp** n (US Mil) camp m d'entraînement (pour nouvelles recrues) ▷ **boot-polish** n cirage m ▷ **boot sale** n ⇒ **car-boot sale** ; → **car** ▷ **boot-scraper** n décrottoir m

boot² [buːt] n ◆ **to boot** par-dessus le marché, en plus, de plus, par surcroît ◆ **and his insolence to boot** sans parler de son insolence

bootblack † [ˈbuːtblæk] n cireur m (de chaussures)

bootee [buːˈtiː] n [of baby] petit chausson m (tricoté) ; [of woman] bottillon m

booth [buːð] n [of fair] baraque f (foraine) ; [of cinema, language laboratory, telephone etc] cabine f ; [of restaurant] box m ; (also **voting booth**) isoloir m

bootjack [ˈbuːtdʒæk] n tire-botte m

bootlace [ˈbuːtleɪs] n lacet m (de chaussure) ◆ **to pull o.s. up by one's (own) bootlaces** se faire tout seul, se hisser à la force du poignet

bootleg * [ˈbuːtleg] **1** vi faire de la contrebande d'alcool or de boissons alcoolisées

2 vt vendre or importer en contrebande, fabriquer illicitement

3 adj spirits de contrebande ; software, tape, copy, edition pirate

4 n (= illicit recording) enregistrement m pirate

bootlegger * [ˈbuːtlegə^r] n bootlegger m

bootless [ˈbuːtlɪs] adj **a** (= without boots) sans bottes

b (liter = to no avail) infructueux

bootlicker * [ˈbuːtlɪkə^r] n lèche-botte * mf inv

bootmaker [ˈbʊtmeɪkə^r] n bottier m

bootstrap [ˈbʊtstræp] n **a** (lit) tirant m de botte ◆ **to pull o.s. up by one's (own) bootstraps** se faire tout seul, se hisser à la force du poignet ◆ **he's British/a republican etc to his bootstraps** (Austral) il est britannique/républicain etc jusqu'au bout des ongles

b (Comput) programme m amorce, amorce f

booty [ˈbuːtɪ] n butin m

booze ‡ [buːz] **1** n (NonC) boisson(s) f(pl) alcoolisée(s) ◆ **bring the booze** apporte à boire ◆ **I'm going to buy some booze** je vais acheter à boire ◆ **to go on the booze** se mettre à picoler ◆ **he's on the booze** il picole ‡ ◆ **he's off the booze** il ne boit plus

2 vi picoler ‡

3 COMP ▷ **booze-up** ‡ n (Brit) beuverie f, (partie f de) soûlographie * f

boozer ‡ [ˈbuːzə^r] n **a** (= drunkard) soûlard(e) ‡ m(f)

b (Brit = pub) bistro(t) * m

boozy ‡ [ˈbuːzɪ] adj person pochard ‡, soûlard ‡ ◆ **a boozy party** une (partie de) soûlographie *

ANGLAIS-FRANÇAIS 96

bop¹ [bɒp] **1** n **a** (Mus) bop m

b (= dance) **to have a bop** * guincher *

2 vi guincher *

bop² * [bɒp] vt (= hit) cogner *, taper

▶ **bop off** vi (US) filer

bo-peep [bəʊˈpiːp] n cache-cache m ◆ **Little Bo-Peep** la petite bergère (chanson enfantine)

boraces [ˈbɔːrəsiːz] npl of **borax**

boracic [bəˈræsɪk] adj borique

borage [ˈbɒrɪdʒ] n bourrache f

borate [ˈbɔːreɪt] n (Chem) borate m

borax [ˈbɔːræks] n, pl **boraxes** or **boraces** borax m

borazon [ˈbɔːrəzɒn] n (Chem) borazon m

Bordeaux [bɔːˈdəʊ] **1** n **a** (Geog) Bordeaux ◆ **native of Bordeaux** Bordelais(e) m(f)

b (= wine) bordeaux m

2 COMP ▷ **Bordeaux mixture** n (Agr) bouillie f bordelaise

bordello [bɔːˈdeləʊ] n maison f de tolérance

border [ˈbɔːdə^r] → SYN **1** n **a** (= edge, side) [of lake] bord m, rive f ; [of woods, field] lisière f, bordure f

b (= boundary, frontier) frontière f, limite f ◆ **within the borders of ...** dans les limites or frontières de ..., à l'intérieur des frontières de ... ◆ **to escape over the border** s'enfuir en passant la frontière ◆ **on the borders of France** aux frontières françaises ; → **Borders**

c (in garden) bordure f, platebande f ; → **herbaceous**

d (= edging) [of carpet, dress] bord m ; [of picture] encadrement m, cadre m ◆ **black border** [of notepaper] liseré m noir

2 vt **a** [trees etc] (= line edges of) border ; (= surround) entourer, encadrer

b **France borders Germany** la France touche à l'Allemagne, la France et l'Allemagne ont une frontière commune

3 COMP state, post frontière inv ; zone, town frontière inv, frontalier ; search à la frontière ▷ **border collie** n border colley m ▷ **border dispute** n différend m sur une question de frontière(s) ▷ **border guard** n garde-frontière mf ▷ **border incident** n incident m de frontière ▷ **bordering countries** npl pays mpl avoisinants or limitrophes ▷ **border patrol** n (US Police) patrouille f frontalière ▷ **border police** n police f de l'air et des frontières ▷ **border raid** n incursion f ▷ **border taxes** npl taxes fpl douanières ▷ **border terrier** n border terrier m, terrier m border

▶ **border (up)on** vt fus **a** [country etc] être limitrophe de, avoisiner ◆ **the two countries border (up)on one another** les deux pays ont une frontière commune or se touchent ◆ **his estate borders (up)on mine** sa propriété et la mienne se touchent

b (fig = come near to being) être voisin or proche de, frôler ◆ **to border (up)on insanity** être voisin de or frôler la folie ◆ **it borders (up)on fanaticism** cela touche au fanatisme, cela frise le fanatisme ◆ **with a boldness bordering (up)on insolence** avec une hardiesse qui frise l'insolence

borderer [ˈbɔːdərə^r] n frontalier m, -ière f

borderland [ˈbɔːdəlænd] n région f limitrophe

borderline [ˈbɔːdəlaɪn] → SYN **1** n ligne f de démarcation

2 adj ◆ **it's borderline** c'est un cas limite ◆ **borderline case** cas m limite

Borders [ˈbɔːdəz] npl (Brit Geog) ◆ **the Borders** la région du sud-est de l'Écosse

bore¹ [bɔː^r] → SYN **1** vt **a** [+ hole] percer ; [+ well] forer, creuser ; [+ tunnel] creuser, percer

b [+ rock] forer

2 vi forer, sonder ◆ **to bore for oil** forer (le sous-sol) pour extraire du pétrole, rechercher du pétrole par sondage or forage

3 n **a** (also **borehole**) trou m de sonde

b [of tube, pipe, shot, gun, wind instrument] calibre m ◆ **a 12-bore shotgun, a 12-bore** * un fusil de (calibre) 12

bore² [bɔːʳ] → SYN 1 n a (= person) raseur m, -euse f, casse-pieds * mf inv, importun(e) m(f) ✦ **what a bore he is!** ce qu'il peut être ennuyeux or raseur ! *

 b (* = nuisance, annoyance) corvée f ✦ **it's a frightful bore** quelle barbe ! *, quelle corvée ! ✦ **what a bore this meeting is!** quelle corvée, cette réunion !

 2 vt ennuyer, assommer ✦ **to bore sb rigid** or **stiff** or **stupid** or **silly** or **to death** or **to tears** *, **to bore the pants off sb** * pomper l'air à qn *

bore³ [bɔːʳ] vb (pt of **bear¹**)

bore⁴ [bɔːʳ] n (= tidal wave) mascaret m

Boreas [ˈbɔːrɪəs] n (Myth) Borée m

bored [bɔːd] adj person qui s'ennuie ; look de quelqu'un qui s'ennuie ✦ **to be bored (with doing sth)** s'ennuyer (à faire qch) ✦ **I am bored with this work/book/film** ce travail/livre/film m'ennuie ✦ **to be bored rigid** or **stiff** or **stupid** or **silly** or **to death** or **to tears** * s'ennuyer à mourir, s'emmerder *⚹

boredom [ˈbɔːdəm] → SYN n ennui m ✦ **his boredom with the whole proceedings** l'ennui que lui inspirait toute cette cérémonie

borehole [ˈbɔːhəʊl] n → **bore¹ 3a**

borer [ˈbɔːrəʳ] n a (Tech = tool) (for wood) vrille f, foret m ; (for metal cylinders) alésoir m ; (for a well, mine) foret m, sonde f ; (= person) foreur m, perceur m

 b (Zool = insect) insecte m térébrant

boric [ˈbɔːrɪk] adj borique

boring¹ [ˈbɔːrɪŋ] n [of tunnel] percement m ; [of well] forage m ; [of wood] perçage m ; [of metal] perçage m, alésage m (Tech)
 2 COMP ▷ **boring machine** n (gen) perforatrice f ; (for metal cylinders) alésoir m

boring² [ˈbɔːrɪŋ] adj person, place, job, life, film, book ennuyeux ; colour, taste, food fade ; clothes sans originalité

boringly [ˈbɔːrɪŋlɪ] adv speak, write etc de façon ennuyeuse ✦ **it was boringly predictable** c'était tout ce qu'il y a de plus prévisible

borlotti bean [bɔːˈlɒtɪ] n variété de haricot rouge

born [bɔːn] 1 adj né ✦ **to be born** naître ✦ **to be born again** renaître ; see also 2 ✦ **born in Paris** né à Paris ✦ **the town where he was born** la ville où il est né, sa ville natale ✦ **Napoleon was born in 1769** Napoléon est né or naquit en 1769 ✦ **three sons born to her** trois fils nés d'elle ✦ **every baby born into the world** tout enfant qui vient au monde ✦ **when he was born** quand il est né ✦ **she was born blind/deaf** elle est née aveugle/sourde, elle est aveugle/sourde de naissance ✦ **the baby was born dead** l'enfant était mort-né ✦ **he was born evil** c'est de la mauvaise graine * ✦ **he was born stupid** il a toujours été stupide ✦ **a Parisian born and bred** un Parisien de souche ✦ **he wasn't born yesterday** il n'est pas né d'hier or de la dernière pluie ✦ **in all my born days** * de toute ma vie ✦ **born of poor parents** né de parents pauvres ✦ **people born to riches** ceux qui naissent riches ✦ **poets are born, not made** on naît poète, on ne le devient pas ✦ **qualities born in him** qualités fpl innées (en lui) ✦ **misfortunes born of war** malheurs mpl dûs à la guerre ✦ **anger born of frustration** colère f issue de la frustration ✦ **there's one born every minute** * je (or il etc) tombe toujours dans le panneau * ; → **first, highborn, lowborn, newborn, silver, stillborn**

 b (= innate) **a born poet** un poète-né ✦ **a born actress** une actrice-née ✦ **born fool** parfait idiot m ; → **loser**

 2 COMP ▷ **born-again** adj born-again Christian évangéliste mf ✦ **he's a born-again cyclist/ socialist** etc (fig = convert) il s'est converti au cyclisme/socialisme etc

-born [bɔːn] adj (in compounds) ✦ **Chicago-born** originaire de Chicago, né à Chicago ✦ **Australian-born** originaire d'Australie, né en Australie

borne [bɔːn] vb (ptp of **bear¹**)

...borne [bɔːn] adj (in compounds) ✦ **airborne** assault, troops aérien ; supplies transporté par air ✦ **seaborne** assault, troops, traffic maritime ; supplies transporté par mer ✦ **waterborne** disease véhiculé par l'eau

Borneo [ˈbɔːnɪəʊ] n Bornéo f ✦ **in Borneo** à Bornéo

boron [ˈbɔːrɒn] n bore m

borosilicate glass [ˌbɒrəʊˈsɪlɪkət] n verre m de borosilicate

borough [ˈbʌrə] n municipalité f ; (in London) arrondissement m ; (Brit Parl) circonscription f électorale urbaine

borrow [ˈbɒrəʊ] → SYN vt [+ money, word, book] emprunter (*from* à), adapter (*from* de) ✦ **a borrowed word** un mot d'emprunt ✦ **a word borrowed from Greek** un mot emprunté au grec ✦ **to borrow trouble** (US) voir toujours tout en noir ✦ **borrow 1** (Math: in subtraction) je retiens 1

borrower [ˈbɒrəʊəʳ] n emprunteur m, -euse f

borrowing [ˈbɒrəʊɪŋ] 1 n (Fin, Ling) emprunt m
 2 COMP ▷ **borrowing rate** n (Econ, Fin) taux m d'intérêt des emprunts

borsch(t) [bɔːʃt] n bortsch or bortch m

borstal † [ˈbɔːstəl] 1 n (Brit Jur) ≃ maison f de redressement †
 2 COMP ▷ **borstal boy** n jeune délinquant m

bort [bɔːt], **bortz** [bɔːts] n (Tech) bort m

borzoi [ˈbɔːzɔɪ] n (lévrier m) barzoï m

bosh † * [bɒʃ] n niaiseries fpl

bosk [bɒsk], **bosket** [ˈbɒskɪt] n (= plantation) bosquet m ; (= thicket) fourré m

bos'n [ˈbəʊsn] n ⇒ **boatswain**

Bosnia [ˈbɒznɪə] 1 n la Bosnie
 2 COMP ▷ **Bosnia-Herzegovina** la Bosnie-Herzégovine

Bosnian [ˈbɒznɪən] 1 adj bosniaque
 2 n Bosniaque mf

bosom [ˈbʊzəm] 1 n [of person] poitrine f, seins mpl ; [of dress] corsage m ; (fig) sein m, milieu m ✦ **in the bosom of the family** au sein de la famille ✦ **the bosom of the earth** (liter) les entrailles fpl (liter) de la terre
 2 COMP ▷ **bosom friend** n ami(e) m(f) intime or de cœur

bosomy [ˈbʊzəmɪ] adj à la poitrine généreuse

boson [ˈbəʊzɒn] n (Phys) boson m

Bosphorus [ˈbɒsfərəs], **Bosporus** [ˈbɒspərəs] n ✦ **the Bosphorus** le Bosphore

bosquet [ˈbɒskɪt] n ⇒ **bosk**

BOSS [bɒs] (in South Africa) abbrev of **Bureau of State Security**

boss¹ * [bɒs] → SYN 1 n patron(ne) m(f), chef m ; [of gang etc] caïd⚹ m ; (US Pol) chef m (du parti) ✦ **to be one's own boss** être son propre patron ✦ **we'll have to show him who's boss** il va falloir lui montrer qui commande ici ✦ **who's the boss round here?** qui est le chef ici ? ✦ **it's his wife who's the boss** c'est sa femme qui porte la culotte *
 2 vt [+ person] mener, régenter, [+ organization] diriger, faire marcher
 3 adj (US ⚹ = terrific) formidable, terrible *

▶ **boss about** *, **boss around** * vt sep [+ person] mener à la baguette ✦ **I don't like being bossed around** je n'aime pas qu'on me donne des ordres

boss² [bɒs] → SYN 1 n (= knob) [of shield] ombon m ; (Archit) bossage m ; (Tech) mamelon m, bossage m ; [of propeller] moyeu m
 2 COMP ▷ **boss-eyed** adj **to be boss-eyed** loucher

bossa nova [ˌbɒsəˈnəʊvə] n bossa-nova f

bossiness * [ˈbɒsɪnɪs] n autoritarisme m

bossy * [ˈbɒsɪ] adj autoritaire, tyrannique ✦ **she's very bossy** elle mène tout le monde à la baguette, c'est un vrai gendarme *

Boston [ˈbɒstən] 1 n Boston
 2 COMP ▷ **Boston baked beans** npl (US) haricots blancs cuits avec du petit salé et de la mélasse ▷ **Boston ivy** n (US) vigne f vierge ▷ **Boston terrier** n (= dog) boston terrier m, terrier m Boston

Bostonian [bɒsˈtəʊnɪən] n Bostonien(ne) m(f)

bosun [ˈbəʊsn] n ⇒ **boatswain**

botanic(al) [bəˈtænɪk(əl)] adj botanique ✦ **botanic(al) garden(s)** jardin m botanique

botanical [bəˈtænɪkəl] n (gen pl: Med) médicament m à base de plantes

botanist [ˈbɒtənɪst] n botaniste mf

botanize [ˈbɒtənaɪz] vi herboriser

botany [ˈbɒtənɪ] 1 n (NonC) botanique f
 2 COMP ▷ **botany wool** n laine f mérinos

BOTB [ˌbiːəʊtiːˈbiː] n (abbrev of **British Overseas Trade Board**) office britannique du commerce extérieur

botch [bɒtʃ] → SYN 1 vt (also **botch up**) (= repair crudely) rafistoler * ; (= bungle) bâcler, saboter ✦ **a botched job** * un travail bâclé or de cochon *
 2 n (also **botch-up**) **to make a botch of sth** bâcler or saboter qch

both [bəʊθ] 1 adj les deux, l'un(e) et l'autre ✦ **both books are his** les deux livres sont à lui, les livres sont à lui tous les deux ✦ **on both sides** des deux côtés, de part et d'autre ✦ **to hold sth in both hands** tenir qch à or des deux mains ✦ **you can't have it both ways** * il faut choisir
 2 pron tous (les) deux m, toutes (les) deux f, l'un(e) et l'autre m(f) ✦ **both (of them) were there, they were both there** ils étaient là tous les deux ✦ **from both of us** de nous deux ✦ **both of us agree** nous sommes d'accord tous les deux ✦ **both alike** l'un comme l'autre
 3 adv ✦ **both this and that** non seulement ceci mais aussi cela, aussi bien ceci que cela ✦ **both you and I saw him** nous l'avons vu tous et moi, nous l'avons vu ✦ **both Paul and I came** Paul et moi sommes venus tous les deux ✦ **she was both laughing and crying** elle riait et pleurait à la fois ✦ **he can both read and write** il sait et lire et écrire

bother [ˈbɒðəʳ] → SYN 1 vt (= annoy) ennuyer ; (= pester) harceler ; (= worry) inquiéter, ennuyer ✦ **don't bother me!** laisse-moi tranquille !, fiche-moi la paix ! *, ne viens pas m'embêter ! * ✦ **don't bother him with your problems** ne l'embête pas * or ne l'ennuie pas avec tes problèmes ✦ **I'm sorry to bother you** je m'excuse de vous déranger ✦ **does it bother you if I smoke?** ça vous ennuie or dérange que je fume (subj) or si je fume ? ✦ **to bother o.s. about sth** se tracasser au sujet de qch, se mettre martel en tête au sujet de qch ✦ **to be bothered about sb/sth** se faire du souci or s'inquiéter au sujet de qn/qch ✦ **which do you prefer? – I'm not bothered** * lequel tu préfères ? – ça m'est égal ✦ **it doesn't bother me** * ça m'est égal ✦ **to get (all hot and) bothered** * **(about sth)** se mettre dans tous ses états (à propos de qch) ✦ **I can't be bothered going out** or **to go out** je n'ai pas le courage de sortir ✦ **are you going? – no, I can't be bothered** tu y vas ? — non, je n'en ai pas envie or non, ça me casse les pieds * ✦ **his leg bothers him a lot** sa jambe le fait pas mal souffrir ✦ **bother that child!** quelle barbe ce gosse ! *
 2 vi se donner la peine (*to do sth* de faire qch) ✦ **please don't bother to get up!** ne vous donnez pas la peine de vous lever ! ✦ **you needn't bother to come** ce n'est pas la peine de venir ✦ **don't bother about me/about my lunch** ne vous occupez pas de moi/de mon déjeuner, ne vous tracassez pas pour moi/pour mon déjeuner ✦ **I'll do it – please don't bother** je vais le faire — non ce n'est pas la peine or ne vous donnez pas cette peine ✦ **why bother?** à quoi bon ?
 3 n a (= nuisance) barbe * f ✦ **what a bother it all is!** quelle barbe ! *

 b (NonC = problems) ennui m, embêtement * m ✦ **he's having** or **she's in a spot of bother** elle a des ennuis or des embêtements * en ce moment ✦ **we had a spot** or **bit of bother with the car** on a eu un petit embêtement * avec la voiture

 c (= effort) mal m ✦ **to go to (all) the bother of doing sth** se donner beaucoup de mal pour faire qch ✦ **it's not worth (going) to the bother of ...** ça ne vaut pas la peine de ... ✦ **it is no bother (at all)** il n'y a pas de problème ✦ **he found it without any bother** il l'a trouvé sans aucune difficulté ✦ **he is no bother to look after** il est facile à garder ✦ **save yourself a lot of bother and have it done professionally** épargnez-vous beaucoup de mal et laissez les professionnels s'en occuper

 d (Brit * = violence) bagarre * f, baston⚹ m or f

 4 excl (esp Brit *) flûte ! *, la barbe ! *

botheration / bounder

botheration †* [ˌbɒðəˈreɪʃən] **excl** flûte!*, la barbe!*

bothersome* [ˈbɒðəsəm] → SYN **adj** ennuyeux, gênant

Bothnia [ˈbɒθnɪə] **n** ◆ Gulf of Bothnia golfe m de Botnie

Botswana [ˌbɒtˈswɑːnə] **n** le Botswana

bottle [ˈbɒtl] **1 n a** (= container, contents) bouteille f ; (also **perfume bottle**) flacon m ; (also **medicine bottle**) flacon m, fiole f ; (widemouthed) bocal m ; (goatskin) outre f ; (of stone) cruche f, cruchon m ; (for beer) canette f ; (also **baby's bottle**) biberon m ◆ **wine bottle** bouteille f à vin ◆ **to drink a bottle of wine** boire une bouteille de vin ◆ **we'll discuss it over a bottle** nous en discuterons en prenant un verre ◆ **he is too fond of the bottle*** il aime trop la bouteille ◆ **to take to the bottle*** se mettre à boire or picoler* ; ◆ **her husband's on the bottle*** son mari picole * ◆ child brought up on the bottle enfant m élevé or nourri au biberon ; → **hot, ink**
b (Brit *) he's got a lot of bottle il a un drôle de cran* ◆ **to lose one's bottle** perdre courage
2 vt [+ wine] mettre en bouteille(s) ; [+ fruit] mettre en bocal or en conserve ◆ **to bottle it*** se dégonfler*
3 COMP ▷ **bottle bank n** conteneur m de collecte du verre usagé ▷ **bottle blonde n** (pej) fausse blonde f ▷ **bottled beer n** bière f en canette ▷ **bottled fruit n** fruits mpl en bocal or en conserve ▷ **bottled gas n** gaz m en bouteille ▷ **bottled wine n** vin m en bouteille(s) ▷ **bottle-feed vt** nourrir au biberon ▷ **bottle glass n** verre m à bouteilles ▷ **bottle-green adj** vert m bouteille inv ▷ **bottle-opener n** décapsuleur m, ouvre-bouteille m ▷ **bottle party n** soirée f (où chacun apporte une bouteille) ▷ **bottle rack n** porte-bouteilles m inv, casier m à bouteilles ▷ **bottle-top n** capsule f ▷ **bottle-washer n** laveur m, -euse f de bouteilles, plongeur m, -euse f ; → **cook**

▶ **bottle out*** vi (Brit) se dégonfler*

▶ **bottle up vt sep** (fig) [+ feelings etc] contenir, refouler

bottlebrush [ˈbɒtlbrʌʃ] **1 n** rince-bouteille(s) m inv
2 COMP ▷ **bottlebrush moustache n** moustache f en brosse

bottleneck [ˈbɒtlnek] → SYN **n** (lit) goulot m ; (fig) [road] rétrécissement m de la chaussée ; [traffic] embouteillage m, bouchon m ; [production etc] goulet m d'étranglement

bottler [ˈbɒtləʳ] **n** (= company) société f de mise en bouteille or d'embouteillage

bottling plant [ˈbɒtlɪŋ] **n** usine f de mise en bouteille or d'embouteillage

bottom [ˈbɒtəm] → SYN **1 n a** [of box] (outside) bas m ; (inside) fond m ; [of glass, well] fond m ; [of dress, heap, page] bas m ; [of tree, hill] pied m ; [of sea, lake, river] fond m ; [of garden] fond m, bas m ; [of ship] siège m, fond m ; (= keel) carène f ◆ "bottom" (on label) "bas" ◆ **at the bottom of page ten** en or au bas de la page dix ◆ **at the bottom of the hill** au pied or au bas de la colline ◆ **the name at the bottom of the list** le nom en bas de la liste ◆ **he's at the bottom of the list** (fig) il est en queue de liste ◆ **to be at the bottom of the heap** or **pile** (fig) être en bas de l'échelle ◆ **to be (at the) bottom of the class** être le dernier de la classe ◆ **to knock the bottom out of an argument** démolir un argument ◆ **the bottom has fallen out of the market** le marché s'est effondré ◆ **the bottom fell out of his world*** son monde s'est effondré or a basculé ◆ **at the bottom of the table** en bout de table, au bout de la table ◆ **the ship went to the bottom** le navire a coulé ◆ **the ship touched bottom** le navire a touché le fond ◆ **to go bottom up** (= capsize) se renverser ◆ **the ship was floating bottom up** le navire flottait la quille en l'air
b (= buttocks) derrière m, postérieur m ◆ **bottoms up!*** cul sec!
c (fig = origin, foundation) base f, origine f ◆ **to be at the bottom of sth** être à l'origine de qch ◆ **to get to the bottom of a mystery** aller jusqu'au fond du mystère ◆ **we can't get to the bottom of it** impossible de découvrir le fin fond de cette histoire or affaire

◆ **at bottom** au fond
2 adj shelf du bas, inférieur (-eure f) ; step, rung etc premier ; price le plus bas ; part of garden etc du fond ◆ **bottom dollar** dernier dollar m ; → **bet** ◆ **to put sth away in one's bottom drawer** (Brit) mettre qch de côté pour son trousseau ◆ **bottom floor** [of building] rez-de-chaussée m ◆ **bottom gear** (Aut) première f (vitesse) ◆ **bottom half** [of box] partie f inférieure ; [of class, list] deuxième moitié f ◆ **bottom land** (US) terre f alluviale ◆ **bottom lands** (US) plaine f alluviale ◆ **the bottom line** (Fin) le résultat financier ; (fig) l'essentiel m ◆ **the bottom right-hand corner** le coin en bas à droite ◆ **bottom round** (US) (Culin) gîte m à la noix ; → **rock**
3 COMP ▷ **bottom-up adj** bottom-up design/information conception f/information f ascendante ◆ **bottom-up planning** planification f du bas en haut or de la base au sommet, planification f pyramidale

▶ **bottom out** vi [figures, sales, graph] atteindre son niveau plancher ; [recession] atteindre son plus bas niveau

bottomless [ˈbɒtəmlɪs] → SYN **adj** pit, well sans fond ; supply inépuisable ◆ **he's a bottomless pit*** il a un appétit d'ogre

bottommost [ˈbɒtəmməʊst] **adj** le plus bas

bottomry [ˈbɒtəmrɪ] **n** (Marketing) hypothèque f à la grosse aventure

botulism [ˈbɒtjʊlɪzəm] **n** botulisme m

bouclé [buːˈkleɪ] **1 n** (laine f or tissu m) bouclette f
2 adj en laine or en tissu bouclette

boudoir [ˈbuːdwɑːʳ] **n** boudoir m

bouffant [ˈbuːfɒŋ] **1 n** (= hairdo) coiffure f bouffante
2 adj hairdo bouffant

bougainvill(a)ea [ˌbuːɡənˈvɪlɪə] **n** bougainvillée f, bougainvillier m

bough [baʊ] **n** (liter) rameau m, branche f

bought [bɔːt] **vb** (pt, ptp of **buy**)

bouillon [ˈbuːjɒn] **1 n** bouillon m, consommé m
2 COMP ▷ **bouillon cube n** bouillon cube m

boulder [ˈbəʊldəʳ] **1 n** rocher m (rond), grosse pierre f ; (smaller) (gros) galet m
2 COMP ▷ **boulder clay n** (Geol) dépôt m (argileux) erratique

boulevard [ˈbuːləvɑːʳ] **n** boulevard m

bounce [baʊns] → SYN **1 vi a** [ball] rebondir ; [person] bondir (into dans ; out of hors de) ◆ **to bounce in/out etc** entrer/sortir etc d'un bond ◆ **the child bounced up and down on the bed** l'enfant faisait des bonds sur le lit ◆ **the car bounced along the road** la voiture faisait des bonds sur la route ◆ **the ball bounced down the stairs** la balle a rebondi de marche en marche ◆ **to bounce off sth** [light, sound etc] se réverbérer sur qch ◆ **the heat/light bounced off the white walls** la chaleur/lumière se réverbérait sur les murs blancs, les murs blancs réverbéraient la chaleur/lumière
b * [cheque] être sans provision, être refusé pour non-provision
c (= be returned) [e-mail message] être retourné ou renvoyé (à l'expéditeur)
2 vt a [+ ball] faire rebondir ; [+ light, heat etc] renvoyer, réverbérer ◆ **use a mirror to bounce light onto the subject's face** servez-vous d'un miroir pour renvoyer ou réverbérer la lumière sur le visage du sujet ◆ **they bounce radio waves off the moon** ils émettent des ondes radio qui se réverbèrent sur la surface de la lune ◆ **to bounce one's ideas off sb*** soumettre ses idées à qn, tester ses idées sur qn * ◆ **to bounce sb into doing sth** pousser qn à faire qch
b (*; = eject) [+ person] vider *, flanquer * à la porte (out of de)
c [+ cheque] refuser
3 n a (= rebound) [of ball] bond m, rebond m
b (= springiness) **there's not much bounce in this pitch** les balles ne rebondissent pas bien sur ce terrain
c (NonC) **this ball hasn't much bounce left** cette balle ne rebondit plus beaucoup ◆ **to give your hair bounce** pour donner du volume à vos cheveux ◆ **he's got plenty of bounce*** il a beaucoup d'allant, il est très dynamique

▶ **bounce back** vi se remettre très vite

bouncer [ˈbaʊnsəʳ] **n** (at pub, dance hall etc) videur m

bouncing [ˈbaʊnsɪŋ] → SYN **1 adj** ◆ **a beautiful bouncing baby** un beau bébé qui respire la santé
2 COMP ▷ **bouncing bomb n** bombe f à ricochets

bouncy [ˈbaʊnsɪ] **1 adj** ball, mattress élastique ; hair vigoureux ; person dynamique, plein d'allant
2 COMP ▷ **bouncy castle n** château m gonflable (servant de trampoline géant pour enfants)

bound¹ [baʊnd] → SYN **1 n** (lit, fig) ◆ **bounds** limite(s) f(pl), bornes fpl ◆ **his ambition knows no bounds** son ambition est sans bornes ◆ **to keep within bounds** (fig) rester dans la juste mesure, user de modération ; (lit) rester dans les limites ◆ **to break bounds** (Mil) violer la consigne ◆ **within the bounds of probability** dans les limites du probable ◆ **within the bounds of possibility** dans la limite du possible ◆ **to go over** or **pass over the bounds** dépasser les bornes
◆ **out of bounds** (place etc) dont l'accès est interdit ; (Scol) interdit aux élèves ; (Sport) hors du terrain, sorti ◆ **it's out of bounds to soldiers** c'est interdit or consigné aux soldats
2 vt (gen pass) [+ country] borner ◆ **bounded by** borné or limité par

bound² [baʊnd] → SYN **1 n** bond m, saut m ◆ **at a bound** d'un saut, d'un bond ; → **leap**
2 vi [person] bondir, sauter ; [horse] bondir, faire un bond or des bonds ◆ **to bound in/away/back etc** entrer/partir/revenir etc en bondissant or d'un bond ◆ **the horse bounded over the fence** le cheval sauta la barrière (d'un bond)

bound³ [baʊnd] → SYN **1 vb** (pt, ptp of **bind**)
2 adj a lié, attaché ; (Ling) morphème lié ◆ **bound hand and foot** pieds mpl et poings mpl liés ; → **earthbound, icebound, spellbound**
b book etc relié ◆ **bound in boards** cartonné
c (= obliged) obligé ◆ **to be bound by law/an oath etc to do sth** être tenu par la loi/un serment à faire qch ◆ **you are not bound to do it** vous n'êtes pas obligé de le faire ◆ **I am bound to confess** je suis forcé d'avouer ◆ **to feel bound to do sth** se sentir obligé de faire qch ; → **duty, honour**
d to be bound to do sth (= sure to) ◆ **he's bound to say no** il dira sûrement non ◆ **it is bound to rain** il va sûrement pleuvoir, il ne peut pas manquer de pleuvoir ◆ **it was bound to happen** cela devait arriver, c'était à prévoir
e (= destined) **bound for** person en route pour ; parcel à destination de ; train en direction de, à destination de ; ship, plane à destination de, en route pour ; (= about to leave) en partance pour ◆ **ship bound for Australia** (before sailing) navire m en partance pour l'Australie ; (en route) navire m à destination de or en route pour l'Australie ◆ **where are you bound (for)?** où allez-vous ?

-bound [baʊnd] **adj** (in compounds) ◆ Australia-bound à destination de l'Australie ◆ **Paris-bound traffic** la circulation dans le sens province-Paris ; → **northbound, outward**

boundary [ˈbaʊndərɪ] → SYN **1 n** limite f, frontière f ◆ **to score a boundary** (Cricket) envoyer une balle jusqu'aux limites du terrain
2 COMP ▷ **boundary changes npl** (Brit Pol) **to make boundary changes** effectuer un redécoupage des circonscriptions, redécouper la carte des circonscriptions ▷ **Boundary Commission n** (Brit Pol) organisme chargé du redécoupage de circonscriptions ▷ **boundary line n** ligne f frontière inv or de démarcation ; (Sport: gen) limites fpl du terrain ; (Basketball) ligne f de touche ▷ **boundary-stone n** borne f, pierre f de bornage (Jur)

bounden duty [ˈbaʊndənˈdjuːtɪ] **n** devoir m impérieux

bounder †* [ˈbaʊndəʳ] **n** (esp Brit) butor m, goujat m

boundless ['baʊndlɪs] → SYN **adj** space infini ; trust illimité ; ambition, devotion sans bornes

bounteous ['baʊntɪəs], **bountiful** ['baʊntɪfʊl] **adj** harvest abondant ; rain bienfaisant ; person généreux

bounty ['baʊntɪ] **1 n a** (NonC = generosity) générosité f, libéralité f
b (= gift) don m ; (= reward) prime f
2 COMP ▷ **bounty-fed farmers** npl agriculteurs mpl qui ne vivent que de subventions ▷ **bounty hunter** n chasseur m de primes

bouquet ['bʊkeɪ] → SYN **1 n a** [of flowers] bouquet m
b [of wine] bouquet m
2 COMP ▷ **bouquet garni** n, pl **bouquets garnis** (Culin) bouquet garni m

Bourbon ['bʊəbən] n (Hist) Bourbon m

bourbon ['bɜːbən] n (US) (whisky) bourbon m

bourgeois ['bʊəʒwɑː] → SYN **1 adj** bourgeois
2 n (pl inv) bourgeois(e) m(f)

bourgeoisie [ˌbʊəʒwɑːˈziː] n bourgeoisie f

bout [baʊt] → SYN **n a** (= period) période f ; [of malaria etc] attaque f, accès m ◆ **bout of rheumatism** crise f de rhumatisme ◆ **bout of fever** accès m de fièvre ◆ **a bout of bronchitis** une bronchite ◆ **a bout of flu** une grippe ◆ **he's had several bouts of illness** il a été malade plusieurs fois ◆ **a bout of work(ing)** une période de travail intensif ◆ **drinking bout** beuverie f
b (Boxing, Wrestling) combat m ; (Fencing) assaut m

boutique [buːˈtiːk] n (= shop) boutique f (de mode ou d'objets branchés) ◆ **hat/teenage boutique** (= within a store) rayon m des chapeaux/des jeunes

Bouvier des Flandres ['buːvɪeɪdərˈflɑːndəz] n (= dog) bouvier m des Flandres

bouzouki [buːˈzuːkɪ] n (Mus) bouzouki m

bovine ['bəʊvaɪn] → SYN **adj** (lit, fig) bovin ◆ **bovine spongiform encephalopathy** encéphalopathie f spongiforme bovine

bovver * ['bɒvəʳ] n (Brit) bagarre f ◆ **don't give me no bovver** viens pas me chercher *

bovver boots * ['bɒvəˌbuːts] npl (Brit) rangers mpl

bovver boy * n (Brit) loubard * m

bow¹ [bəʊ] → SYN **1 n a** (= weapon etc) arc m ◆ **to draw the bow** tirer à l'arc ; → **crossbow, longbow, string**
b (Mus) archet m
c (= curve) [of rainbow etc] arc m ; → **saddlebow**
d (= knot) [of ribbon etc] nœud m
2 vi (Mus) manier l'archet
3 COMP ▷ **bow and arrow** n (= child's game) arc m et flèches, jeu m de tir à l'arc ▷ **bow compass** n compas m à balustre ▷ **bow-legged** adj aux jambes arquées ▷ **bow legs** npl jambes fpl arquées ▷ **bow tie** n nœud m papillon ▷ **bow window** n bow-window m (en arc-de-cercle)

bow² [baʊ] → SYN **1 n** (with head) salut m ; (with body) révérence f ◆ **to make a (deep) bow** saluer (bas) ◆ **to make a bow to sb** faire un salut à qn, saluer qn ◆ **to give sb a gracious bow** adresser un gracieux salut à qn ◆ **to make one's bow** (as a pianist etc) (fig) faire ses débuts (de pianiste etc) ◆ **to take a bow** saluer
2 vi a (in greeting) saluer, incliner la tête ◆ **to bow to sb** saluer qn ◆ **to bow and scrape** faire des courbettes ; see also **bowing²**
b (= bend) [branch etc] (in wind) fléchir, se courber ; (under weight) ployer ; [person] se courber
c (fig = submit) s'incliner (before, to devant ; under sous), se soumettre (before, to à ; under sous) ◆ **to bow before the storm** laisser passer l'orage ◆ **we must bow to your greater knowledge** (iro) nous devons nous incliner devant votre grand savoir ◆ **to bow to sb's opinion** se soumettre à l'opinion de qn ◆ **to bow to the inevitable** s'incliner devant les faits or devant l'inévitable ◆ **to bow to the majority** s'incliner devant la majorité
3 vt courber ◆ **to bow one's back** courber le dos ◆ **to bow one's knee** fléchir le genou ◆ **to bow one's head** pencher or courber la tête ◆ **his head was bowed in thought** il méditait la tête penchée ◆ **to bow one's consent** signifier son consentement par une inclination de tête ◆ **to bow sb in/out** faire entrer/faire sortir qn en saluant ◆ **to bow o.s. out** saluer pour prendre congé

▶ **bow down 1 vi** (lit, fig) s'incliner (to sb devant qn)
2 vt sep (lit) faire plier, courber ; (fig) écraser, briser

▶ **bow out** vi (fig) tirer sa révérence (fig) ; see also **bow²**

bow³ [baʊ] → SYN **1 n a** (often pl) [of ship] avant m, proue f ◆ **in the bows** à l'avant, en proue ◆ **on the port bow** par bâbord devant ◆ **on the starboard bow** par tribord devant
b (= oarsman) nageur m de l'avant
2 COMP ▷ **bow doors** npl (on ferry) porte(s) f(pl) d'étrave ▷ **bow wave** n lame f or vague f d'étrave

Bow Bells [bəʊˈbelz] npl les cloches fpl de l'église de St-Mary-le-Bow (à Londres) ◆ **born within the sound of Bow Bells** né en plein cœur de Londres ; → **COCKNEY**

bowdlerization [ˌbaʊdləraɪˈzeɪʃən] n expurgation f

bowdlerize ['baʊdləraɪz] → SYN vt [+ book] expurger

bowel ['baʊəl] **1 n** (gen pl: Anat) [of person] intestin(s) m(pl) ; [of animal] boyau(x) m(pl), intestin(s) m(pl) ◆ **to empty** or **relieve one's bowels** déféquer ◆ **bowels** (fig) entrailles fpl ◆ **bowels of the earth** entrailles fpl de la terre ; → **move, movement**
2 COMP ▷ **bowel cancer** n cancer m des intestins ▷ **bowel complaint** n dérangement m intestinal

bower ['baʊəʳ] n (= arbour) tonnelle f ; († † † , liter = cottage) chaumière f ; [of lady] boudoir m

bowerbird ['baʊəbɜːd] n (Orn) ptilonorhynchidé m

bowie knife ['bəʊɪ] n couteau m de chasse

bowing¹ ['bəʊɪŋ] n (Mus) technique f d'archet ; (marked on score) indications fpl d'archet ◆ **his bowing was very sensitive** il avait un coup d'archet très délicat ◆ **to mark the bowing** indiquer or introduire les coups d'archet

bowing² ['baʊɪŋ] n ◆ **bowing and scraping** salamalecs mpl, courbettes fpl ; see also **bow²**

bowl¹ [bəʊl] → SYN **n a** (= container) (gen) bol m ; (larger) saladier m, jatte f ; (for water) cuvette f ; (for fruit) coupe f ; [of beggar] sébile f ; (US Sport) championnat m, coupe f ◆ **a bowl of milk** un bol de lait ◆ **a bowl of water** une cuvette d'eau ◆ **a bowl of punch** un bol de punch ; → **finger, salad, sugar**
b [of wineglass] coupe f ; [of pipe] fourneau m ; [of spoon] creux m ; [of lamp] globe m ; [of lavatory, sink] cuvette f
c (Geog) bassin m, cuvette f

bowl² [bəʊl] **1 n** (Sport) boule f ◆ **(game of) bowls** (Brit) (jeu m de) boules fpl ; (in Provence) pétanque f, boules fpl ; (US = skittles) bowling m
2 vi (Brit) jouer aux boules ; (US) jouer au bowling ; (in Provence) jouer à la pétanque ; (Cricket) lancer (la balle) (to à)
◆ **to bowl down the street** [person, car] descendre la rue à bonne allure ◆ **to bowl along, to go bowling along** [car] rouler bon train
3 vt a (Sport) [+ bowl] [+ hoop] faire rouler ; [+ ball] lancer
b (Cricket) [+ ball] servir ; [+ batsman] (also **bowl out**) éliminer (en lançant la balle contre les guichets)

▶ **bowl down** * vt sep renverser

▶ **bowl out** vt sep → **bowl² 3b**

▶ **bowl over** vt sep **a** [+ ninepins] renverser, faire tomber
b (fig) stupéfier, sidérer * ◆ **to be bowled over (by)** (surprise) rester stupéfait or abasourdi or sidéré * (devant) ; (emotion) être bouleversé (par) ◆ **she was bowled over by him** (= impressed) il l'a éblouie

bowler¹ ['bəʊləʳ] n (Brit) joueur m, -euse f de boules ; (US) joueur m, -euse f de bowling ; (in Provence) joueur m, -euse f de pétanque, bouliste mf ; (Cricket) lanceur m, -euse f (de la balle)

bowler² ['bəʊləʳ] n (Brit: also **bowler hat**) (chapeau m) melon m

bowline ['bəʊlɪn] n (= knot) nœud m de chaise ; (= rope) bouline f

bowling ['bəʊlɪŋ] **1 n** bowling m
2 COMP ▷ **bowling alley** n bowling m ▷ **bowling green** n terrain m de boules (sur gazon) ▷ **bowling match** n (Brit) concours m de boules ; (US) concours m de bowling ; (in Provence) concours m de pétanque

bowman ['bəʊmən] n, pl **-men** (Archery) archer m

bowshot ['bəʊʃɒt] n (Archery) trajectoire f (d'une flèche)

bowsprit ['bəʊsprɪt] n beaupré m

bowstring ['bəʊstrɪŋ] n corde f

bow-wow ['baʊwaʊ] (baby talk) **1 n** toutou m
2 ['baʊˌwaʊ] **excl** ouah, ouah !

box¹ [bɒks] → SYN **1 n a** boîte f ; (= crate) caisse f ; (also **cardboard box**) (boîte f en) carton m ; (= casket) coffret m ; († = trunk) malle f ◆ **a box of matches/chocolates** une boîte d'allumettes/de chocolats ◆ **(on) the box** * (esp Brit = television) (à) la télé * ◆ **to be first out of the box with sth** (US) être le premier à faire qch ◆ **to come out of the box with sth** (US) se lancer dans qch ◆ **to be out of one's box** * (Brit) (through drink) être pété * ; (through drugs) être défoncé * ; (= crazy) être débile * ; → **icebox, letterbox, toolbox**
b (for money) caisse f ; (in church) tronc m ; → **strongbox**
c (Aut, Tech) [of axle, steering] carter m ; → **axle, gearbox**
d (Theat) loge f ; [of coachman] siège m (du cocher) ; (Jur) (for jury, press) banc m ; (also **witness-box**) barre f ; (in stable) box m ; → **horsebox, sentry, signal**
e (also **wine box**) cubitainer ® m
f (Sport = protection) coquille f
g (Brit) (road junction) zone f (de carrefour) d'accès réglementé
h (Printing) encadré m
2 vt mettre en boîte or en caisse etc
3 COMP ▷ **box calf** n box(-calf) m ▷ **box camera** n appareil m (photographique) (rudimentaire) ▷ **boxed set** n coffret m ▷ **box file** n boîte f à archives ▷ **box girder** n (Constr) poutre-caisson f ▷ **box junction** n (Brit) zone f (de carrefour) d'accès réglementé ▷ **box kite** n cerf-volant m cellulaire ▷ **box lunch** n panier-repas m ▷ **box number** n (Post: in newspaper) référence f d'annonce ; see also **post office** ▷ **box pleat** n (Sewing) pli m creux ▷ **box spanner** n (Brit) clé f polygonale ▷ **box spring** n sommier m à ressorts ▷ **box stall** n (US) box m

▶ **box in** vt sep [+ bath, sink] encastrer ◆ **to feel boxed in** se sentir confiné or à l'étroit ◆ **house boxed in by tall buildings** maison f coincée entre de grands immeubles

▶ **box off** vt sep compartimenter

▶ **box up** vt sep mettre en boîte ; (fig) enfermer

box² [bɒks] → SYN **1 vi** (Sport) boxer, faire de la boxe ◆ **to box clever** (Brit) bien manœuvrer
2 vt a (Sport) boxer avec, boxer *
b **to box sb's ears** chauffer les oreilles à qn, gifler or claquer qn, flanquer * une claque or une gifle à qn
3 n ◆ **a box on the ear** une claque, une gifle

box³ [bɒks] **1 n** (Bot) buis m
2 COMP en or de buis ▷ **box elder** n négondo m

boxboard ['bɒksbɔːd] n carton m d'emballage

boxcar ['bɒkskɑːʳ] n (Rail) wagon m (de marchandises) couvert

boxer¹ ['bɒksəʳ] → SYN **1 n** (Sport) boxeur m
2 boxers npl ⇒ **boxer shorts**
3 COMP ▷ **boxer shorts** npl boxer-short m

boxer² ['bɒksəʳ] n (= dog) boxer m

boxing ['bɒksɪŋ] → SYN **1 n** boxe f
2 COMP gloves, match de boxe ▷ **boxing ring** n ring m (de boxe)

Boxing Day / brainstorming

Boxing Day ['bɒksɪŋdeɪ] n (Brit) le lendemain de Noël

> **BOXING DAY**
>
> Boxing Day est un jour férié en Grande-Bretagne ; il est fixé le 26 décembre, ou le 27 si Noël tombe un samedi. C'était à l'origine le jour où l'on donnait les étrennes (une "boîte de Noël" ou "Christmas box") au facteur et aux artisans. Aujourd'hui, cette journée est surtout consacrée aux sports, au repos ou à la poursuite des festivités de Noël.

box office ['bɒksɒfɪs] (Theat) **1** n (= office) bureau m de location ; (= window) guichet m (de location) ◆ **this show will be good box office** ce spectacle fera recette
2 COMP ▷ **box-office attraction** n spectacle m à (grand) succès ▷ **box-office receipts** npl recette f ▷ **box-office success** n pièce f etc qui fait courir les foules ou qui fait recette ; (= film) succès m au box-office

boxroom ['bɒksrʊm] n (Brit) débarras m

boxwood ['bɒkswʊd] n buis m

boxy* ['bɒksɪ] adj building en forme de boîte, qui ressemble à une boîte ; car en forme de caisse à savon

boy [bɔɪ] → SYN **1** n **a** (= child) garçon m, enfant m ; (= young man) jeune m (homme m), garçon m ; (= son) fils m, garçon m ; (Scol) élève m, garçon m ◆ **little boy** petit garçon m, garçonnet m ◆ **beggar boy** petit mendiant m ◆ **English boy** petit or jeune Anglais m ◆ **come here, my boy** viens ici mon petit or mon grand ◆ **bad boy!, naughty boy!** vilain ! ◆ **the Jones boy** le petit Jones ◆ **I lived here as a boy** j'habitais ici quand j'étais petit or enfant ◆ **he knew me from a boy** il me connaissait depuis tout petit ◆ **boys will be boys!** les garçons, on ne les changera jamais ! ◆ **he was as much a boy as ever** il était toujours aussi gamin ◆ **sit down, boys** (Scol) (to small boys) asseyez-vous, mes enfants ; (to sixth formers etc) asseyez-vous, messieurs or mes amis ; → **choirboy, day, old, page²**
b (* = fellow) **my dear boy** mon cher (ami) ◆ **old boy** mon vieux ◆ **the old boy** (= boss) le patron ; (= father) le paternel* ◆ **a night out with the boys** une sortie avec les copains ; → **wide**
c (= native servant) boy m
2 excl ◆ bigre !
3 COMP ◆ **boy band** n (Brit Mus) boys band m ▷ **boy-meets-girl story** n (film, novel etc) histoire f romantique conventionnelle ▷ **boy racer*** n (Brit) jeune fou m du volant ▷ **Boys' Brigade** n (Brit) organisation de scoutisme ▷ **boy scout** † n (Catholic) scout m ; (non-Catholic) éclaireur m ▷ **the boys in blue** ◆ npl (Brit) les défenseurs mpl de l'ordre ▷ **boy soprano** n soprano m ▷ **boy wonder** † n jeune prodige m

boycott ['bɔɪkɒt] → SYN **1** vt [+ person, product, place] boycotter
2 n boycottage m, boycott m

boyfriend ['bɔɪfrend] → SYN n petit ami m

boyhood ['bɔɪhʊd] n enfance f, adolescence f

boyish ['bɔɪɪʃ] adj male's behaviour d'enfant, de garçon ; smile gamin ; (pej) enfantin, puéril (puérile f) ; (= tomboyish) girl garçonnier ; behaviour garçonnier, de garçon ◆ **he looks very boyish** il fait très jeune ◆ **his boyish good looks** son air de beau garçon

boyishly ['bɔɪɪʃlɪ] adv comme un garçon ◆ **boyishly cut hair** cheveux mpl coupés à la garçonne

Boyle's law [bɔɪlz] n loi f de la compressibilité des gaz, ≈ loi de Mariotte

boyo* ['bɔɪəʊ] n (Brit dial) gars* m ◆ **listen, boyo** écoute, mon gars*

boysenberry ['bɔɪzənbərɪ] n boysenberry f (variété de mûre)

bozo* ['bəʊzəʊ] n (esp US) bozo* m, drôle de type* m

BP [bi:'pi:] n abbrev of **blood pressure**

Bp abbrev of **Bishop**

bpi [bi:pi:'aɪ] n (Comput) (abbrev of **bits per inch**) bits mpl par pouce

bps [bi:pi:'es] n (Comput) (abbrev of **bits per second**) bits mpl par seconde

BR [bi:'ɑː'] **1** n (formerly) (abbrev of **British Rail**) → **British**
2 npl abbrev of **bills receivable**

Br n (abbrev of **Brother**) fr

bra [brɑː] n (abbrev of **brassière**) soutien-gorge m ◆ **half-cup bra** balconnet m, soutien-gorge m pigeonnant

Brabant [brə'bænt] n le Brabant

brace [breɪs] → SYN **1** n **a** attache f, agrafe f ; (Med) appareil m orthopédique ; (Constr) entretoise f, étrésillon m ; (US Mil *) garde-à-vous m rigide ◆ **brace(s)** (for teeth) appareil m dentaire or orthodontique ◆ **brace (and bit)** (Tech) vilebrequin m (à main)
b (pl inv = pair) [of animals, pistols] paire f
c (Mus, Typ: also **brace bracket**) accolade f
2 braces npl (Brit Dress) bretelles fpl
3 vt **a** (= support, strengthen) soutenir, consolider ; [+ structure] entretoiser, étrésillonner ; [+ beam] armer (with de), soutenir
b **to brace o.s.** (lit) s'arc-bouter ; (fig) rassembler ses forces (to do sth à faire qch), fortifier son âme (to do sth pour faire qch) ◆ **he braced his leg against the door** il a bloqué la porte avec sa jambe ◆ **brace yourself for the news!** tenez-vous bien que je vous en raconte (subj) la nouvelle ! or que je vous en dise une bien bonne !*
c [climate etc] fortifier, tonifier

▶ **brace up 1** vt sep [+ person] revigorer, remonter ◆ **to brace o.s. up** rassembler ses forces (to do sth pour faire qch) ; (by having a drink) reprendre des forces (hum)
2 excl ◆ **brace up!** du courage !

bracelet ['breɪslɪt] n **a** bracelet m
b bracelets* (= handcuffs) menottes fpl, bracelets mpl (hum)

bracer* ['breɪsə'] n (= drink) remontant m

brachiopod ['breɪkɪəpɒd] n (Zool) brachiopode m

brachycephalic [ˌbrækɪsɪ'fælɪk] adj (Anthropology) brachycéphale

brachydactylic [ˌbrækɪdæk'tɪlɪk] adj brachydactyle

brachydactylous [ˌbrækɪ'dæktɪləs] adj brachydactyle

bracing ['breɪsɪŋ] → SYN adj air, climate fortifiant, tonifiant ◆ **a bracing wind** un vent vivifiant

bracken ['brækən] n (NonC) fougère f

bracket ['brækɪt] **1** n **a** (= angled support) support m ; [of shelf] tasseau m, équerre f ; (Archit) console f, corbeau m
b [of lamp] fixation f
c (= small shelf) rayon m, étagère f
d (Typ) (also **round bracket**) parenthèse f ; (also **square bracket**) crochet m ; (Mus, Typ: also **brace bracket, curly bracket**) accolade f ◆ **in brackets** entre parenthèses
e (fig = group) tranche f ◆ **the lower/upper income bracket** la tranche des petits/des gros revenus ◆ **he's in the £30,000-a-year bracket** il est dans la tranche (de revenus) des 30 000 livres par an ◆ **price bracket** fourchette f de prix ◆ **tax bracket** tranche f d'imposition ◆ **age bracket** classe f d'âge
2 vt **a** (Typ) [+ sentence etc] mettre entre parenthèses or entre crochets
b (= join by brackets) réunir par une accolade ; (fig: also **bracket together**) [+ names, persons] mettre dans le même groupe or dans la même catégorie ; [+ candidates etc] mettre ex aequo, accoler ; (fig = link in one's mind) mettre dans le même sac ◆ **bracketed first** (Scol, Sport etc) premiers ex aequo
c (Mil) [+ target] encadrer
3 COMP ▷ **bracket lamp** n applique f

bracketing ['brækɪtɪŋ] n (Gram) parenthétisation f

brackish ['brækɪʃ] adj water, taste saumâtre

bract [brækt] n (Bot) bractée f

brad [bræd] n semence f, clou m de tapissier
2 COMP ▷ **brad awl** n poinçon m

bradycardia [ˌbrædɪ'kɑːdɪə] n (Med) bradycardie f

bradykinin [ˌbrædɪ'kaɪnɪn] n bradykinine f

brae [breɪ] n (Scot) pente f, côte f

brag [bræg] → SYN **1** vi se vanter (about, of de)
2 vt ◆ **to brag that one has done sth** se vanter d'avoir fait qch
3 n **a** (= boast) vantardise f, fanfaronnades fpl
b ⇒ **braggart**
c (Cards) jeu de cartes semblable au poker

braggadocio [ˌbrægə'dəʊtʃɪəʊ] n fanfaron m

braggart ['brægət] → SYN n vantard(e) m(f), fanfaron(ne) m(f)

bragging ['brægɪŋ] n vantardise f (about à propos de)

Brahma ['brɑːmə] n **a** (= god) Brahmâ m
b (US Zool) zébu m américain

Brahman ['brɑːmən] n, pl **Brahmans a** (= person) brahmane m
b ⇒ **Brahma b**

Brahmaputra [ˌbrɑːmə'puːtrə] n Brahmapoutre m, Brahmaputra m

Brahmin ['brɑːmɪn] n, pl **Brahmin** or **Brahmins** ⇒ **Brahman a**

braid [breɪd] → SYN **1** vt **a** (esp US) (= plait) tresser, natter ; (= interweave) entrelacer (with avec)
b (= trim with braid) [+ clothing, material] galonner, soutacher
2 n **a** (esp US = plait of hair) tresse f, natte f
b (NonC = trimming) soutache f, ganse f, galon m ; (Mil) galon m ◆ **gold braid** galon m d'or or doré

braided ['breɪdɪd] adj galonné

brail [breɪl] vt (Naut) carguer

Braille [breɪl] **1** n braille m
2 adj braille inv

brain [breɪn] → SYN **1** n **a** (Anat) cerveau m ; (fig) cerveau m, tête f ◆ **brains** (Anat, Culin) cervelle f ◆ **he's got that on the brain!*** il ne pense qu'à ça ! ◆ **he's got politics on the brain*** il n'a que la politique en tête ◆ **his brain reeled** la tête lui a tourné ◆ **to beat sb's brains out*** estourbir qn* ◆ **to blow sb's brains out*** brûler la cervelle à qn ◆ **calves' brain** (Culin) cervelle f de veau ; → **pick, rack¹**
b (gen pl = intelligence) **brains** intelligence f ◆ **he's got brains** il est intelligent ◆ **he's the brains of the family** c'est le cerveau de la famille ◆ **she's the brain(s) of the operation** c'est elle le cerveau de l'opération
2 vt (* = knock out) [+ person] assommer
3 COMP (Med) disease du cerveau, cérébral ; operation au cerveau ▷ **brain-box*** n boîte* f, cerveau m ▷ **brain-child** n idée f personnelle, invention f personnelle ◆ **it's his brain-child** c'est lui qui l'a inventé ▷ **brain damage** n lésions fpl cérébrales ▷ **brain dead** adj (Med) dans un coma dépassé ; (* = stupid) balourd* ▷ **brain death** n (Med) mort f cérébrale ▷ **brain drain** n exode m or fuite f des cerveaux ▷ **brain fever** n fièvre f cérébrale ▷ **brain pan** n boîte f crânienne ▷ **brain scan** n scanographie f du cerveau, scanner m cérébral ▷ **brain scanner** n scanner m, tomodensitomètre m ▷ **brains trust** n (= panel of experts) groupe m d'experts or de spécialistes ; (US = advisory experts: also **brain trust**) brain-trust m ▷ **brain surgeon** n neurochirurgien(ne) m(f) ▷ **brain-teaser** n casse-tête f ▷ **brain trust** n (US) → **brains trust** ▷ **brain tumour** n tumeur f au cerveau ▷ **brain wave** n (Brit) idée f géniale, inspiration f ▷ **brain waves** npl (Psych) ondes fpl cérébrales

brainless ['breɪnlɪs] → SYN adj person sans cervelle, stupide ; idea stupide ◆ **to be brainless** [person] n'avoir rien dans la tête

brainpower ['breɪnpaʊə'] n intelligence f

brainstem ['breɪnstem] n (Anat) tronc m cérébral

brainstorm ['breɪnstɔːm] **1** n (Med) congestion f cérébrale ; (Brit fig = sudden aberration) moment m d'aberration ; (US = brilliant idea) idée f géniale
2 vi faire du remue-méninges, faire du brainstorming
3 vt explorer

brainstorming ['breɪnstɔːmɪŋ] **1** n remue-méninges m, brainstorming m
2 COMP ▷ **brainstorming session** n (séance de) brainstorming m, séance f de remue-méninges

ANGLAIS-FRANÇAIS 100

brainwash ['breɪnwɒʃ] vt faire un lavage de cerveau à ♦ **he was brainwashed into believing that ...** on a réussi à lui faire croire or à lui mettre dans la tête que ...

brainwashing ['breɪnwɒʃɪŋ] n [of prisoners etc] lavage m de cerveau ; * [of public etc] bourrage * m de crâne, intox * f

brainwork ['breɪnwɜːk] n travail m intellectuel

brainy * ['breɪnɪ] adj intelligent, doué

braise [breɪz] vt (Culin) braiser

brake¹ [breɪk] n (Bot) (= bracken) fougère f ; (= thicket) fourré m

brake² [breɪk] n (= vehicle) break m

brake³ [breɪk] → SYN ① n (Aut etc) frein m ♦ **to put on** or **apply the brakes** freiner ♦ **to act as a brake on sb's activities** mettre un frein aux activités de qn ; → **handbrake, slam on**
② vi freiner
③ COMP ▷ **brake band** n bande f de frein ▷ **brake block** n sabot m or patin m de frein ▷ **brake cable** n (Aut) câble m de frein ▷ **brake disc** n disque m de frein ▷ **brake drum** n tambour m de frein ▷ **brake fluid** n liquide m de freins, lockheed ® m ▷ **brake horsepower** n puissance f au frein or effective ▷ **brake lever** n frein m à main ▷ **brake light** n (feu m de) stop m ▷ **brake lining** n garniture f de frein ▷ **brake pad** n plaquette f de frein ▷ **brake pedal** n pédale f de frein ▷ **brake shoe** n mâchoire f de frein ▷ **brake-van** n (Brit Rail) fourgon m à frein

brakeman ['breɪkmən] n, pl **-men** (US Rail) chef m de train

braking ['breɪkɪŋ] ① n freinage m
② COMP ▷ **braking distance** n distance f de freinage ▷ **braking power** n puissance f de freinage

bramble ['bræmbl] n ⓐ (= thorny shrub) roncier m, roncière f
ⓑ (= blackberry) (bush) ronce f des haies, mûrier m sauvage ; (berry) mûre f (sauvage)

brambling ['bræmblɪŋ] n (= bird) pinson m du nord

bran [bræn] ① n son m (de blé)
② COMP ▷ **bran loaf** n pain m au son ▷ **bran mash** n bran m or son m mouillé ▷ **bran tub** n (Brit) pêche f miraculeuse (jeu)

branch [brɑːntʃ] → SYN ① n ⓐ [of tree, candelabra] branche f ; [of river] bras m, branche f ; [of mountain chain] ramification f ; [of road] embranchement m ; [of railway] bifurcation f, raccordement m ; [of pipe] branchement m ; [of family] rameau m, branche f ; (Ling) rameau m ; [of subject, science etc] branche f ; (Admin) division f, section f ♦ **he did not belong to their branch of the service** (Mil) il n'appartenait pas à leur arme ; → **olive, root**
ⓑ (Comm) [of store] succursale f ; [of company] succursale f, filiale f ; [of bank] agence f, succursale f ; [of police force] antenne f ; [of industry] branche f, secteur m
ⓒ (Comput) branchement m
ⓓ (US = stream) ruisseau m
② vi ⓐ [tree] se ramifier
ⓑ [road] bifurquer ; [river] se diviser ♦ **the road branches off the main road at ...** la route quitte la grand-route à ...
③ COMP ▷ **branch depot** n (Comm) dépôt m auxiliaire ▷ **branch line** n (Rail) ligne f secondaire ▷ **branch manager** n (gen) directeur m de succursale etc ; [of bank] directeur m d'agence or de succursale ▷ **branch office** n succursale f ; [of bank] agence f, succursale f ▷ **branch water** * n (US) eau f plate

▶ **branch off** vi [road] bifurquer

▶ **branch out** vi [person, company] étendre ses activités ♦ **the firm is branching out into the publishing business** la compagnie étend ses activités à l'édition

branchia ['bræŋkɪə] n, pl **branchiae** ['bræŋkɪiː] branchie f

branching ['brɑːntʃɪŋ] ① n (Gram) branchement m, arborescence f
② COMP ▷ **branching rules** npl règle f de formation d'arbre

brand [brænd] → SYN ① n ⓐ (Comm = trademark: also **brand name**) marque f (de fabrique ♦ **that rum is an excellent brand** c'est une excellente marque de rhum ♦ **a brand of chocolate** une marque de chocolat
ⓑ (= mark) [of cattle, property] marque f ; [of prisoner] flétrissure f ; (fig = stigma) marque f, stigmate m
ⓒ (also **branding-iron**) fer m à marquer
ⓓ (= burning wood) tison m ; → **firebrand**
ⓔ (†, liter = sword) glaive m (liter), épée f
② vt [+ cattle, property] marquer ; (fig) [+ person] cataloguer (as comme) ♦ **he was branded (as) a traitor** (fig) on l'a catalogué comme traître ♦ **to brand sth on sb's memory** graver qch dans la mémoire de qn
③ COMP ▷ **brand acceptance** n (Comm) accueil m réservé à une (or la) marque ▷ **brand awareness** n (Comm) notoriété f de (la) marque ▷ **branded goods** npl (Comm) produits mpl de marque ▷ **brand image** n (Comm) image f de marque ▷ **branding-iron** n fer m à marquer ▷ **brand leader** n (Comm) leader m du marché ▷ **brand loyalty** n (Comm) fidélité f à la marque ▷ **brand manager** n (Comm) responsable mf de produit ▷ **brand name** n (Comm) marque f ▷ **brand-new** adj tout neuf (toute neuve f), flambant neuf (neuve f)

Brandenburg Gate ['brændnbɜːg] n ♦ **the Brandenburg Gate** la porte de Brandebourg

brandish ['brændɪʃ] → SYN vt brandir

brandling ['brændlɪŋ] n (Zool) ver m annelé or de fumier

brandy ['brændɪ] ① n cognac m ♦ **brandy and soda** fine f à l'eau ♦ **plum brandy** eau-de-vie f de prune or de quetsche
② COMP ▷ **brandy butter** n beurre sucré et aromatisé au cognac ▷ **brandy snap** n (Culin) cornet m croquant

brash [bræʃ] → SYN adj (pej) ⓐ (= overconfident) person effronté, culotté * ; behaviour, style impertinent
ⓑ (= bold) colour criard ; perfume qui cocotte *

brashly ['bræʃlɪ] adv (pej) say, behave avec outrecuidance ♦ **to be brashly confident** or assertive faire preuve d'outrecuidance

brashness ['bræʃnɪs] n (NonC) (pej) ⓐ (= overconfidence) [of person] outrecuidance f
ⓑ (= boldness) [of colour] aspect m criard

Brasilia [brəˈzɪljə] n Brasilia

brass [brɑːs] → SYN ① n ⓐ (NonC) cuivre m (jaune), laiton m ; → **bold**
ⓑ (= tablet) plaque f mortuaire (en cuivre)
ⓒ (= object/ornament of brass) objet m/ornement m en cuivre ♦ **to do/clean the brass(es)** faire/astiquer les cuivres ♦ **the brass** (Mus) les cuivres mpl ♦ **the (top) brass** * les huiles * fpl
ⓓ (NonC: ⁎) (= impudence) toupet * m, culot * m ; (Brit = money) pognon ⁎ m
② COMP ornament etc en or de cuivre ▷ **brass band** n fanfare f, clique f ▷ **brassed-off** ⁎ adj (Brit) **to be brassed-off with sth** en avoir ras le bol * de qch ▷ **brass farthing** * n **it's not worth a brass farthing** cela ne vaut pas un clou * or un pet de lapin * ; → **care** ▷ **brass foundry** n fonderie f de cuivre ▷ **brass hat** * n (Mil) huile * f ▷ **brass knuckles** npl coup m de poing américain ▷ **brass monkey** ⁎ n (Brit) **it's brass monkey weather** or **brass monkeys it's cold enough to freeze the balls off a brass monkey** on se les gèle ⁎, on caille ⁎ ▷ **brass neck** ⁎ n **he's got a brass neck** il a du toupet * or du culot * ▷ **brass plate** n plaque f de cuivre ; [of church] plaque f mortuaire or commémorative ▷ **brass ring** n (US fig) **to go** or **reach for the brass ring** * essayer de décrocher la timbale * ▷ **brass rubbing** n (= action) décalquage m par frottement ; (= object) décalque m ▷ **brass tacks** * npl **to get down to brass tacks** en venir aux faits or aux choses sérieuses

brasserie ['bræsərɪ] n brasserie f

brassica ['bræsɪkə] n (Bot) crucifère f, brassicacée f

brassie ['bræsɪ] n (Golf) ⇒ **brassy 2**

brassière † [ˈbræsɪəʳ] n soutien-gorge m

brassware ['brɑːswɛəʳ] n (NonC) chaudronnerie f d'art, dinanderie f

brassy ['brɑːsɪ] ① adj ⓐ (= yellow) hair d'un blond cuivré artificiel
ⓑ (= harsh) sound métallique ; voice claironnant ; laugh éclatant
ⓒ (pej = flashy) woman à l'allure tapageuse
ⓓ (* pej = impudent) person culotté *
② n (Golf) brassie m

brat [bræt] n (pej) (sale) môme * mf, (sale) gosse * mf ♦ **all these brats** toute cette marmaille * ♦ **one of his brats** un de ses gosses *

Bratislava [ˌbrætɪˈslɑːvə] n Bratislava

bratpack ['brætpæk] n jeunes loups mpl

bravado [brəˈvɑːdəʊ] → SYN n, pl **bravados** or **bravadoes** bravade f

brave [breɪv] → SYN ① adj ⓐ person, smile, attempt, action courageux, brave ♦ **to be as brave as a lion** être courageux comme un lion, être intrépide ♦ **be brave!** du courage ! ♦ **be brave and tell her** prends ton courage à deux mains et va lui dire ; → **face**
ⓑ (liter = fine) beau (belle f), élégant ♦ **it's a brave new world!** (iro) on n'arrête pas le progrès ! (iro)
② n ⓐ **the bravest of the brave** des braves parmi les braves
ⓑ (= Indian warrior) guerrier m indien, brave m
③ vt [+ danger, person, sb's anger] braver, affronter

▶ **brave out** vt sep ♦ **to brave it out** faire face à la situation

bravely ['breɪvlɪ] adv fight, struggle, try, speak, smile bravement ♦ **the flag was flying bravely** le drapeau flottait fièrement

bravery ['breɪvərɪ] → SYN n (NonC) courage m, bravoure f

bravissimo [brɑːˈvɪsɪˌməʊ] excl bravissimo

bravo [ˈbrɑːˈvəʊ] excl, n, pl **bravoes** or **bravos** bravo m

bravura [brəˈvʊərə] → SYN n (also Mus) bravoure f

brawl [brɔːl] → SYN ① vi se bagarrer *, se quereller
② n rixe f, bagarre f ♦ **drunken brawl** querelle f d'ivrognes

brawler ['brɔːləʳ] n adversaire mf (dans une bagarre)

brawling ['brɔːlɪŋ] ① adj bagarreur *, querelleur
② n rixe f, bagarre f

brawn [brɔːn] → SYN n ⓐ (Brit Culin) fromage m de tête
ⓑ (= muscle) muscle(s) m(pl) ; (= strength) muscle m ♦ **to have plenty of brawn** être bien musclé, avoir du muscle ♦ **he is all brawn and no brain** (hum) il est tout en muscles et sans cervelle

brawny ['brɔːnɪ] → SYN adj arms musculeux ; person musclé

bray [breɪ] ① n [of ass] braiment m ; [of trumpet] sonnerie f, son m éclatant
② vi [ass] braire ; [trumpet] sonner

braze [breɪz] vt souder (au laiton)

brazen ['breɪzn] ① adj ⓐ (pej = shameless) person, action, attitude, lie effronté ♦ **I'm brazen about asking for things** je ne me gêne pas pour demander ♦ **they are brazen about their sales tactics** ils ne font pas mystère de leur stratégie de vente ♦ **a brazen hussy** une dévergondée
ⓑ (= made of brass) en or de laiton
ⓒ (liter = brass-coloured) light, sun cuivré
ⓓ (= harsh) sound métallique
② vt ♦ **to brazen it out** crâner *
③ COMP ▷ **brazen-faced** adj effronté

brazenly ['breɪznlɪ] adv effrontément

brazier¹ ['breɪzɪəʳ] n [of fire] brasero m

brazier² ['breɪzɪəʳ] n (= craftsman) chaudronnier m

Brazil [brəˈzɪl] n le Brésil

brazil [brəˈzɪl] n (also **brazil nut**) noix f du Brésil

Brazilian [brəˈzɪlɪən] ① adj brésilien, du Brésil
② n Brésilien(ne) m(f)

BRCS [ˌbiːɑːsiːˈes] n (abbrev of **British Red Cross Society**) → **British**

breach [briːtʃ] [→ SYN] [1] n a (Jur etc = violation) infraction f, manquement m (*of* à) ; [of rules, order, discipline, law, security] infraction f ; [of friendship, good manners] manquement m (*of* à) ◆ **breach of contract** rupture f de contrat ◆ **a breach of decorum** un manquement au protocole ◆ **breach of faith** déloyauté f ◆ **breach of the peace** atteinte f à l'ordre public ◆ **breach of privilege** (US Pol) atteinte f portée aux prérogatives parlementaires ◆ **breach of promise** violation f de promesse de mariage ◆ **action for breach of promise** ≈ action f en dommages-intérêts *(pour violation de promesse de mariage)* ◆ **breach of professional secrecy** violation f du secret professionnel ◆ **breach of trust** abus m de confiance

b (= estrangement) brouille f, désaccord m

c (= gap: in wall etc) brèche f, trou m ◆ **to make a breach in the enemy's lines** (Mil) percer les lignes ennemies ◆ **to make a breach in sb's defences** (fig) entamer la résistance de qn, faire une brèche dans la défense de qn ◆ **to step into the breach** (fig) s'engouffrer dans la brèche

[2] vt a [+ wall] ouvrir une brèche dans, faire une trouée dans ; (Mil) [+ enemy lines, defences] percer

b [+ security] violer

[3] vi [whale] sauter hors de l'eau

bread [bred] [→ SYN] [1] n a pain m ◆ **a loaf of bread** un pain, une miche de pain ◆ **new bread** pain m frais ◆ **bread fresh from the oven** du pain sortant du four ◆ **an invalid on a diet of bread and milk** un invalide qui se nourrit de pain et de lait ◆ **to put sb on (dry) bread and water** mettre qn au pain (sec) et à l'eau ◆ **the bread and wine** (Rel) les (deux) espèces fpl ◆ **to break bread** (Rel) [congregation] recevoir la communion ; [priest] administrer la communion ◆ **bread and butter** du pain et du beurre ; see also **2**

b (fig phrases) **writing is his bread and butter** sa plume est son gagne-pain, il vit de sa plume ◆ **to earn one's bread** gagner son pain or sa vie ◆ **to take the bread out of sb's mouth** ôter à qn le pain de la bouche ◆ **he knows which side his bread is buttered** il sait où est son intérêt ◆ **to throw** or **cast one's bread upon the water(s)** agir de façon désintéressée ◆ **bread and circuses** du pain et des jeux ; → **brown, gingerbread, slice**

c (‡ = money) fric‡ m, oseille‡ f

[2] COMP ▷ **bread-and-butter** adj (fig) job etc alimentaire ; (= reliable) player etc sur qui l'on peut compter ▷ **bread-and-butter letter** n lettre f de château, lettre f de remerciements *(pour hospitalité reçue)* ▷ **bread-and-butter pudding** n pudding m *(à base de pain beurré)* ▷ **bread line** n (US) file f d'attente pour la soupe populaire ◆ **to be on the bread line*** (Brit) vivre en-dessous du seuil de pauvreté ◆ **to be near the bread line*** (Brit) être presque sans le sou ▷ **bread poultice** n cataplasme m à la mie de pain ▷ **bread pudding** n pudding or pouding m ▷ **bread sauce** n sauce f à la mie de pain

breadbasket [ˈbred,bɑːskɪt] [1] n corbeille f à pain ; (fig) (= granary) grenier m ; (‡ = stomach) estomac m

[2] adj (Econ etc) fondamental

breadbin [ˈbredbɪn] n boîte f à pain ; (larger) huche f à pain

breadboard [ˈbredbɔːd] n planche f à pain ; (Comput, Elec) montage m expérimental

breadbox [ˈbredbɒks] n (US) ⇒ **breadbin**

breadcrumb [ˈbredkrʌm] n miette f de pain ◆ **breadcrumbs** (Culin: as topping) chapelure f ◆ **fried in breadcrumbs** pané

breaded [ˈbredɪd] adj cutlet, fillet pané

breadfruit [ˈbredfruːt] n, pl **breadfruit** or **breadfruits** (= tree) arbre m à pain, artocarpe m ; (= fruit) fruit m de l'arbre à pain

breadknife [ˈbrednaɪf] n, pl **-knives** couteau m à pain

breadstick [ˈbredstɪk] n longuet m, gressin m

breadth [bretθ] [→ SYN] n a (= width) largeur f ◆ **this field is 100 metres in breadth** ce champ a 100 mètres de large ; → **hair's breadth**

b (fig) [of mind, thought] largeur f ; [of style] ampleur f ; (Art) largeur f d'exécution ; (Mus) jeu m large ◆ **breadth of tone** (Mus) ampleur f du son

breadthwise [ˈbretθwaɪz] adv en largeur, dans la largeur

breadwinner [ˈbred,wɪnəʳ] n soutien m de famille

break [breɪk] [→ SYN] vb : pret **broke**, ptp **broken**

[1] n a (= fracture) (lit) cassure f, rupture f ; (fig) [of relationship] rupture f, brouille f ◆ **he spoke of the need for a break with the past** il a dit qu'il fallait rompre avec le passé

b (= gap) (in wall) trouée f, brèche f ; (in rock) faille f ; (in line) interruption f, rupture f

c (= interruption, interval) (in conversation) interruption f, pause f ; (in TV programme etc) interruption f ; (in journey) arrêt m ; (Brit Scol) récréation f ; (Gram, Typ) points mpl de suspension ◆ **I need a break** (= few minutes) j'ai besoin d'une pause ; (= holiday) j'ai besoin de vacances ; (= change) j'ai besoin de me changer les idées ◆ **to take a break** (= few minutes) faire une pause ; (= holiday) prendre des vacances ; (= change) se changer les idées ◆ **six hours without a break** six heures de suite, six heures d'affilée ◆ **after the break** (Rad, TV = advertisements) après la publicité ◆ **a break in transmission** (Rad) une interruption (due à un incident technique) ◆ **break in circuit** (Elec) rupture f de circuit ◆ **a break in the clouds** une éclaircie ◆ **a break in the weather** un changement de temps ◆ **with a break in her voice** d'une voix entrecoupée

d (liter) **at break of day** or **dawn** au point du jour, à l'aube

e (* = escape: also **breakout**) évasion f ◆ **to make a break for it** prendre la fuite ◆ **he made a break for the door** il s'est élancé vers la porte

f (* = luck, opportunity) chance f, veine* f ◆ **to have a good/bad break** avoir une période de veine*/de déveine* ◆ **he's had all the breaks** il a eu toutes les veines* ◆ **she got her first big break in the Broadway play "Sarafina"** elle a percé dans "Sarafina", une pièce montée à Broadway ◆ **to give sb a break** or **an even break** donner une chance à qn ◆ **give me a break!*** (= leave me alone) fichez-moi la paix !*

g (Sport) (Snooker) série f ◆ **to have a break of serve** or **service** (Tennis) prendre le service de son adversaire, faire le break

h (= vehicle) break m

[2] vt a (= smash, fracture, tear) [+ cup, chair, stick] casser, briser ; [+ shoelace] casser ; [+ bone] casser, fracturer ; [+ skin] entamer, écorcher ◆ **to break sth in two** casser qch en deux ◆ **the child has broken all his toys** l'enfant a cassé or brisé tous ses jouets ◆ **to break one's neck** se rompre or se casser le cou ; see also **breakneck** ◆ **I'll break his neck if I catch him doing that again*** (fig) si je l'y reprends, je lui tords le cou* ◆ **to break one's leg** se casser la jambe ◆ **break a leg!*** (Theat) merde !‡ ◆ **the bone is not broken** il n'y a pas de fracture ◆ **his skin is not broken** il ne s'est pas écorché ◆ **to break open** [+ door] enfoncer, forcer ; [+ packet] ouvrir ; [+ lock, safe] fracturer, forcer ◆ **to break ground on a new building** (US) commencer la construction d'un nouveau bâtiment, commencer à construire un nouveau bâtiment ◆ **to break new** or **fresh ground** (fig) innover, faire œuvre de pionnier ◆ **to break one's back** (lit) se casser la colonne vertébrale ◆ **he almost broke his back trying to lift the stone** il s'est donné un tour de reins en essayant de soulever la pierre ◆ **he's breaking his back to get the job finished in time** il s'échine à finir le travail à temps ◆ **to break the back of a task** (Brit) faire le plus dur or le plus gros d'une tâche ◆ **to break sb's heart** briser le cœur de qn ◆ **to break one's heart over sth** avoir le cœur brisé par qch ◆ **it breaks my heart to think that ...** cela me brise le cœur de penser que ... ; → **ball[1], barrier, bone, bread, code, ice, path[1], record, surface, wind[1]**

b (fig = fail to observe) [+ promise] manquer à ; [+ treaty] violer ; [+ commandment] désobéir à ◆ **to break the law** violer la loi ◆ **to break a vow** rompre un serment ◆ **to break an appointment with sb** (= cancel) annuler un rendez-vous avec qn ; (= stand sb up) faire faux bond à qn, poser un lapin* à qn ; → **bound[1], camp[1], cover, faith, jail, parole, rank[1], Sabbath**

c (= weaken) [+ health] abîmer, détériorer ; [+ courage, spirit] abattre, briser ; [+ strike] briser ; [+ rebellion] mater ; [+ horse] dresser ; (Mil) [+ officer] casser ◆ **to break sb** (morally) causer la perte de qn ; (financially) ruiner qn ◆ **this will make or break him** (financially) cela fera sa fortune ou sa ruine ; (morally) cela sera son salut ou sa perte ◆ **to break sb of a habit** faire perdre une habitude à qn ◆ **to break a habit** se débarrasser or se défaire d'une habitude ◆ **to break the bank** (Betting) faire sauter la banque ◆ **it won't break the bank*** cela ne va pas te (or nous or les etc) ruiner

d (= interrupt) [+ silence, spell, fast] rompre ; (Elec) [+ current, circuit] couper ◆ **to break sb's serve** or **service** (Tennis) prendre le service de qn ◆ **to break one's journey** faire une étape (or des étapes) ◆ **to break the thread of a story** couper le fil d'un récit

e (= soften) [+ fall, blow] amortir, adoucir ◆ **the wall breaks the force of the wind** le mur coupe le vent

f [+ news] révéler, annoncer ◆ **try to break it to her gently** essayez de le lui annoncer avec ménagement

g (Naut) [+ flag, signal] déployer, déferler

[3] vi a (= fracture) (gen) (se) casser, se briser ; [stick, rope] se casser, se rompre ; [bone] se casser, se fracturer ; (fig) [heart] se briser ◆ **to break in two** se casser en deux

◆ **to break with sb/sth** rompre avec qn/qch ◆ **to break with tradition/the past** rompre avec la tradition/avec le passé

b (= disperse) [clouds] se disperser, se dissiper ; [troops] rompre les rangs ; [ranks] se rompre

c (= escape) se libérer (*from* de) ◆ **to break free** se libérer, se dégager ◆ **to break loose** [person, animal] s'échapper (*from* de) ; [boat] rompre ses amarres, partir à la dérive

d [storm] éclater, se déchaîner ; [wave] déferler ◆ **she tried to reach the house before the storm broke** elle a essayé d'atteindre la maison avant que l'orage éclate (subj) ; → **water**

e [news, story] éclater, se répandre

f (= weaken, change) [health] se détériorer ; [voice] (boy's) muer ; (in emotion) se briser, s'étrangler (*with* sous le coup de) ; [weather] se gâter ◆ **the heat wave was breaking** la vague de chaleur touchait à sa fin ◆ **he broke under torture** il a craqué sous la torture ◆ **his courage** or **spirit broke** son courage l'a abandonné

g (in relationship, friendship) **to break with sb** rompre avec qn

h (Boxing) se dégager

i [dawn] poindre ; [day] se lever, poindre

j (financially) **to break even** rentrer dans ses fonds

k (= pause) **we broke for lunch** nous nous sommes arrêtés or nous avons fait une pause pour le déjeuner

l (Ling) [vowel] se diphtonguer

m (Sport) [ball] dévier

[4] COMP ▷ **break dancer** n smurfeur m, -euse f ▷ **break dancing** n smurf m ▷ **break-even chart** n (Comm) graphique m de rentabilité ▷ **break-even point** n (Comm) seuil m de rentabilité ▷ **break-in** [→ SYN] n cambriolage m ▷ **break point** n (Tennis) balle f de break ; (Comput) point m de rupture ▷ **break-up** [→ SYN] n [of ship] dislocation f ; [of ice] débâcle f ; [of friendship] rupture f ; [of empire] démembrement m ; [of political party] scission f, schisme m ▷ **break-up value** n (Fin) valeur f de liquidation

► **break away** [1] vi a [piece of cliff, railway coach] se détacher (*from* de) ; [boat] rompre ses amarres, partir à la dérive ◆ **to break away from a group** (lit, fig) se séparer d'un groupe ◆ **to break away from routine** sortir de la routine ◆ **she broke away from her family/lover** elle a coupé les ponts avec sa famille/son amant

b (Ftbl) déborder ; (Racing) s'échapper, se détacher du peloton

[2] vt sep (lit, fig) détacher (*from* de)

[3] **breakaway** adj, n → **breakaway**

► **break down** [1] vi a (= fail, cease to function) [vehicle, machine] tomber en panne ; [health] se détériorer ; [argument] s'effondrer ; [resistance] céder ; [negotiations, plan] échouer ◆ **after negotiations broke down ...** après l'échec m or la rupture des négociations ...

breakable / breathe

▸ **break forth** vi (liter) [light, water] jaillir ; [storm] éclater ◆ **to break forth into song** se mettre à chanter, entonner un chant

▸ **break in** **1** vi **a** (= interrupt, intrude) interrompre ◆ **to break in (up)on sb/sth** interrompre qn/qch
b (= enter illegally) entrer par effraction
2 vt sep **a** [+ door] enfoncer ; [+ cask] défoncer
b (= tame, train) [+ horse] dresser ; (esp US) [+ engine, car] roder ◆ **it took a month to break in my new running shoes** cela a pris un mois avant que mes nouvelles chaussures de course se fassent ◆ **it will take you six months before you're broken in*** (to the job) vous mettrez six mois à vous faire au métier
3 **break-in** n → **break**

▸ **break into** vt fus **a** (= enter illegally) [+ house] entrer par effraction dans ◆ **to break into a safe** fracturer or forcer un coffre-fort ◆ **to break into the cashbox** forcer la caisse
b (= use part of) [+ savings] entamer ◆ **to break into a new box of sth** entamer une nouvelle boîte de qch
c (Comm etc) **to break into a new market** percer sur un nouveau marché ◆ **she finally broke into films after an acclaimed singing career** elle a fini par percer au cinéma après une brillante carrière de chanteuse
d (= begin suddenly) **to break into song** se mettre à chanter ◆ **she broke into a smile** elle s'est mise à sourire ◆ **he broke into a long explanation** il s'est lancé dans une longue explication ◆ **to break into a trot** [horse] prendre le trot ◆ **to break into a run** se mettre à courir

▸ **break off** **1** vi **a** [piece, twig] se détacher net, se casser net
b (= stop) s'arrêter (doing sth de faire qch) ◆ **he broke off in mid-sentence** il s'est arrêté au milieu d'une phrase ◆ **to break off from work** faire une pause
c (= end relationship) rompre (with sb avec qn)
d (Snooker) commencer la partie
2 vt sep **a** (gen) casser, détacher ; [+ piece of chocolate] casser
b (= end, interrupt) [+ engagement, negotiations] rompre ; [+ habit] rompre avec, se défaire de ; [+ work] interrompre, cesser

▸ **break out** **1** vi **a** [epidemic, fire] éclater, se déclarer ; [storm, war, argument] éclater ◆ **to break out in spots** se couvrir de boutons ◆ **to break out into a sweat** suer, prendre une suée * ; (from fear etc) commencer à avoir des sueurs froides ◆ **he broke out into a stream of insults** il a déversé un chapelet d'injures
b (= escape) s'échapper, s'évader (of de)
2 vt fus [+ champagne etc] sortir
3 **breakout** n → **breakout**

▸ **break through** **1** vi (Mil) faire une percée ; [sun] percer les nuages
2 vt fus [+ defences, obstacles] enfoncer, percer ◆ **to break through sb's reserve** faire sortir qn de sa réserve ◆ **to break through the crowd** se frayer un passage à travers la foule
3 **breakthrough** n → **breakthrough**

▸ **break up** **1** vi **a** [ice] craquer, se fêler ; [road] être défoncé ; [ship in storm] se disloquer ; [partnership] cesser, prendre fin ; [health] se détériorer ◆ **the weather is breaking up** le temps se gâte ◆ **their marriage broke up** leur couple s'est brisé ◆ **to break up with sb** rompre avec qn
b (= disperse) [clouds, crowd, meeting] se disperser ; [group] se disperser, se séparer ; [friends] se quitter, se séparer ◆ **the schools break up tomorrow** (Brit) les vacances (scolaires) commencent demain
c (US * = laugh) se tordre de rire
2 vt sep **a** (lit) mettre en morceaux, morceler ; [+ home] démolir ; [+ ground] ameublir ; [+ road] défoncer ◆ **to break sth up into three pieces** casser qch en trois morceaux
b (fig) [+ coalition] briser, rompre ; [+ empire] démembrer ◆ **to break up a marriage/a home** désunir un couple/les membres d'une famille ◆ **to do sth to break up one's day** faire qch pour faire une coupure dans la journée
c (= disperse) [+ crowd, meeting] disperser ◆ **break it up!** séparez-vous ! ; (said by policeman) circulez ! ◆ **police used tear gas to break up the demonstration** la police a utilisé du gaz lacrymogène pour disperser les manifestants
d (US * = make laugh) donner le fou rire à
3 n **a** **break-up** → **break-up**
b **breaking-up** → **breaking**

breakable ['breɪkəbl] → SYN **1** adj cassable, fragile
2 breakables npl objets mpl fragiles

breakage ['breɪkɪdʒ] n (in chain) rupture f ; [of glass, china] casse f, bris m ◆ **to pay for breakages** payer la casse

breakaway ['breɪkəˌweɪ] **1** n (separating) séparation f (from d'avec), rupture f (from avec) ; (Sport) échappée f ; (Boxing) dégagement m
2 adj group, movement séparatiste, dissident ; (Pol) state, region séparatiste

breakdown ['breɪkdaʊn] → SYN **1** n **a** [of machine, vehicle, electricity supply] panne f
b [of communications etc] rupture f ; [of railway system etc] interruption f (subite) de service ; (fig) [of moral values etc] érosion f, dégradation f
c (Med) (mental) dépression f nerveuse ; (physical) effondrement m
d (= analysis) analyse f ; (into categories) décomposition f (into en) ; [of sales figures, costs etc] ventilation f ◆ **give me a breakdown of these results** faites-moi l'analyse de ces résultats
e (Ecol) [of matter] décomposition f
2 COMP gang, service de dépannage ▷ **breakdown truck, breakdown van** n (Brit) dépanneuse f

breaker ['breɪkə^r] n **a** (= wave) brisant m
b [of cars] (= person) casseur m ; (= business) casse f ◆ **to send to the breaker's** [+ ship, car] envoyer à la casse ◆ **breaker's yard** casse f ; → **housebreaker, lawbreaker**
c (= machine) concasseur m, broyeur m ; → **icebreaker**
d (= CB user) cibiste mf

breakfast ['brekfəst] **1** n petit déjeuner m ◆ **to have breakfast** déjeuner, prendre le (petit) déjeuner ; → **wedding**
2 vi déjeuner (off, on de)
3 COMP ▷ **breakfast bar** n bar m américain (dans une cuisine américaine) ▷ **breakfast cereals** npl céréales fpl ▷ **breakfast cloth** n nappe f (ordinaire) ▷ **breakfast cup** n déjeuner m (tasse) ▷ **breakfast meeting** n (Comm) petit déjeuner m d'affaires ▷ **breakfast room** n salle f à manger (où l'on prend le petit déjeuner) ▷ **breakfast set** n service m à petit déjeuner ▷ **breakfast table** n they were still sitting at the breakfast table ils étaient encore assis à la table du petit déjeuner ▷ **breakfast TV** n la télévision du matin

breaking ['breɪkɪŋ] **1** n [of cup, chair] bris m ; [of bone, limb] fracture f ; (Jur) [of window, seals] bris m ; [of promise] manquement m (of à) ; [of treaty, law] violation f (of de) ; [of commandment] désobéissance f (of à) ; [of silence, spell] rupture f ; [of journey] interruption f (of de)
2 COMP ▷ **breaking and entering** n (Jur) effraction f ▷ **breaking-point** n (Tech) point m de rupture ◆ **to try sb's patience to breaking-point** pousser à bout la patience de qn ◆ **she has reached breaking-point** elle est à bout, elle n'en peut plus ◆ **the situation has reached breaking-point** (Pol etc) la situation a atteint le point de rupture ▷ **breaking strain, breaking stress** n (Tech) point m de rupture ▷ **breaking-up** n [of school, college] début m des vacances, fin f des cours ; [of meeting etc] clôture f, levée f

breakneck ['breɪknek] adj ◆ **at breakneck speed** run à une allure folle, à fond de train ; drive à une allure folle, à tombeau ouvert

breakout ['breɪkaʊt] n évasion f

breakthrough ['breɪkθruː] → SYN **1** n (Mil) percée f ; (in research etc) découverte f capitale
2 COMP ▷ **breakthrough bleeding** n (Med) métrorragie f

breakwater ['breɪkˌwɔːtə^r] → SYN n brise-lames m inv, digue f

bream [briːm] n (pl inv) brème f

breast [brest] → SYN **1** n **a** (= chest) [of man, woman] poitrine f ; [of animal] poitrine f, poitrail m ; (Culin) [of chicken] blanc m ; → **beat, clean**
b [of woman] sein m, mamelle † f (liter) ; [of man] sein m ◆ **baby at the breast** enfant mf au sein
c (Min) front m de taille ; → **chimney**
2 vt **a** (= face) [+ waves, storm, danger] affronter
b [+ hill] atteindre le sommet de ◆ **to breast the tape** (Sport) franchir la ligne d'arrivée (le premier)
3 COMP ▷ **breast cancer** n cancer m du sein ▷ **breast enlargement** n augmentation f mammaire ▷ **breast-fed** adj nourri au sein ▷ **breast-feed** vt allaiter, donner le sein à ◇ vi allaiter ▷ **breast-feeding** n allaitement m maternel or au sein ▷ **breast milk** n lait m maternel ▷ **breast-pocket** n poche f de poitrine ▷ **breast pump** n tire-lait m inv ▷ **breast-stroke** n brasse f ◆ **to swim breast-stroke** nager la brasse ▷ **breast wall** n (Constr) mur m de soutènement

breastbone ['brestbəʊn] n (Anat) sternum m ; [of bird] bréchet m

breastplate ['brestpleɪt] n (= armour) plastron m (de cuirasse) ; [of priest] pectoral m

breastwork ['brestwɜːk] n (Mil) parapet m ; (Naut) rambarde f

breath [breθ] → SYN **1** n **a** haleine f, souffle m, respiration f ◆ **bad breath** mauvaise haleine f ◆ **to have bad breath** avoir mauvaise haleine ◆ **to get one's breath back** (esp Brit) reprendre haleine, retrouver son souffle ◆ **to catch one's breath** retenir son souffle ◆ **out of breath** à bout de souffle, essoufflé, hors d'haleine ◆ **to take breath** respirer, reprendre haleine ◆ **to take a deep breath** respirer à fond ◆ **take a deep breath!** (fig) accroche-toi bien ! * ◆ **to take sb's breath away** couper le souffle à qn ◆ **save your breath!** inutile de perdre or gaspiller ta salive ! ◆ **to be short of breath** avoir le souffle court ◆ **to gasp for breath** haleter ◆ **to stop for breath** s'arrêter pour reprendre haleine ◆ **below or beneath or under one's breath** say, talk à voix basse, tout bas ◆ **to laugh under one's breath** rire sous cape ◆ **to say sth (all) in one breath** dire qch tout d'un trait ◆ **it was the breath of life to him** c'était (toute) sa vie, cela lui était aussi précieux que la vie même ◆ **his last or dying breath** son dernier soupir ◆ **with one's dying breath** en mourant ◆ **to draw one's last breath** (liter) rendre l'âme, rendre le dernier soupir ; → **hold, same, waste**
b (air in movement) souffle m ◆ **there wasn't a breath of air** il n'y avait pas un souffle d'air ◆ **to go out for a breath of (fresh) air** sortir prendre l'air ◆ **a breath of fresh air** (fig) une bouffée d'air frais ◆ **a little breath of wind** un (léger) souffle d'air ◆ **not a breath of scandal** pas le moindre soupçon de scandale
2 COMP ▷ **breath test** n (Aut) alcootest ® m, éthylotest m ▷ **breath-test** vt faire subir l'alcootest ® à

breathable ['briːðəbl] adj air, atmosphere respirable ; fabric, garment aéré, qui respire

breathalyse, breathalyze (US) ['breθəlaɪz] vt (esp Brit) faire subir l'alcootest ® à

Breathalyser ®, Breathalyzer ® (US) ['breθəlaɪzə^r] n alcootest ® m, éthylomètre m

breathe [briːð] → SYN **1** vi [person, fabric, garment] respirer ◆ **to breathe deeply or heavily** (after running etc) haleter, souffler (fort) ; (in illness) respirer péniblement ◆ **to breathe**

hard souffler (fort), haleter ◆ **to breathe freely** or **again** or **more easily** (fig) (pouvoir) respirer ◆ **she is still breathing** (= be alive) elle respire encore ◆ **red wine should be allowed to breathe before drinking** il faut faire respirer le vin rouge avant de le boire ◆ **to breathe down sb's neck** (fig) talonner qn ◆ **Newcastle are breathing down Liverpool's neck at the top of the table** Newcastle talonne Liverpool en haut du classement ◆ **I've got the bank manager breathing down my neck** j'ai le directeur de la banque sur le dos

② vt **a** [+ air] respirer ◆ **to breathe one's last (breath)** rendre le dernier soupir ◆ **to breathe air into sth** insuffler de l'air or souffler dans qch ◆ **to breathe new life into sb** redonner goût à la vie or du courage à qn ◆ **to breathe fire over** or **about sth** fulminer contre qch

b (= utter) [+ sigh] pousser ; [+ prayer] murmurer ◆ **to breathe a sigh of relief** pousser un soupir de soulagement ◆ **don't breathe a word (about it)!** n'en dis rien à personne !, motus (et bouche cousue) !

c (Ling) aspirer

▶ **breathe in** vi, vt sep aspirer, inspirer

▶ **breathe out** vi, vt sep expirer

breather * ['briːðə^r] n **a** (= short rest) moment m de repos or répit ◆ **to give sb a breather** laisser souffler qn

b (= fresh air) **let's go (out) for a breather** sortons prendre l'air

breathily ['breθɪlɪ] adv [speak] d'une voix essoufflée ; [sing] d'une voix sourde

breathing ['briːðɪŋ] ① n **a** respiration f, souffle m ; [of singer, flautist etc] respiration f ◆ **heavy breathing** respiration f bruyante

b (Ling) aspiration f ◆ **rough/smooth breathing** (Greek Gram) esprit m rude/doux

② COMP ▷ **breathing apparatus** n appareil m respiratoire ▷ **breathing space** n (fig) **to give sb a breathing space** donner à qn le temps de souffler or un moment de répit

breathless ['breθlɪs] → SYN adj **a** (= out of breath) (from exertion) essoufflé, à bout de souffle, hors d'haleine ; (from illness) qui a du mal à respirer ; voice essoufflé ◆ **to make sb breathless** essouffler qn ◆ **breathless from doing sth** essoufflé d'avoir fait qch ◆ **at a breathless pace** à une allure folle

b (emotionally) excitement fébrile ◆ **she was breathless with excitement** elle avait le souffle coupé par l'excitation ◆ **he was breathless with anticipation** il retenait son souffle

breathlessly ['breθlɪslɪ] adv (lit) say, ask en haletant, à bout de souffle ; (fig) (= excitedly) wait, watch en retenant son souffle

breathlessness ['breθlɪsnɪs] n difficulté f respiratoire

breathtaking ['breθˌteɪkɪŋ] → SYN adj stupéfiant, à vous couper le souffle

breathtakingly ['breθˌteɪkɪŋlɪ] adv ◆ **breathtakingly beautiful** d'une beauté à vous couper le souffle ◆ **breathtakingly simple** d'une simplicité stupéfiante

breathy ['breθɪ] adj voice voilé

breccia ['bretʃɪə] n (Geol) brèche f

bred [bred] ① vb (pt, ptp of **breed**)
② adj (in compounds) ◆ **well-bred** bien élevé ; → **country, ill**

breech [briːtʃ] ① n **a** [of gun] culasse f

b (Med) **breech** (**birth** or **delivery**) (accouchement m par le) siège m ◆ **he was a breech** * il s'est présenté par le siège

② vt [+ gun] munir d'une culasse

breechblock ['briːtʃblɒk] n bloc m de culasse

breechcloth ['briːtʃklɒθ] n (US) pagne m (d'étoffe)

breeches ['brɪtʃɪz] ① npl ◆ (**pair of**) **breeches** (also **knee breeches**) haut-de-chausses m ; (also **riding breeches**) culotte f (de cheval) ◆ **his wife wears the breeches** c'est sa femme qui porte la culotte

② COMP ▷ **breeches buoy** n (Naut) bouée-culotte f

breechloader ['briːtʃˌləʊdə^r] n (Mil) arme f qui se charge par la culasse

breed [briːd] → SYN pret, ptp **bred** ① vt [+ animals] élever, faire l'élevage de ; †† [+ children] élever ; (fig = give rise to) [+ hatred, resentment, violence, confusion, despair] engendrer ◆ **he breeds horses** il fait l'élevage des chevaux, il élève des chevaux ◆ **to breed in/out a characteristic** faire acquérir/faire perdre une caractéristique (par la sélection) ◆ **to be bred for sth/to do sth** [animals] être élevé pour qch/pour faire qch ; [people] être conditionné pour qch/pour faire qch ; → **born, cross, familiarity**

② vi [animals] se reproduire, se multiplier ◆ **they breed like rabbits** ils se multiplient comme des lapins

③ n (Zool) (= race) race f, espèce f ; (within race) type m ; (Bot) espèce f ; (fig) sorte f, espèce f ; → **crossbreed, half**

breeder ['briːdə^r] n **a** (Phys: also **breeder reactor**) sur(ré)générateur m

b (Agr etc = person) éleveur m, -euse ; → **cattle, plant, stockbreeder**

breeding ['briːdɪŋ] → SYN ① n **a** (= reproduction) reproduction f, procréation f

b (Agr = raising) élevage m ; → **cattle**

c (= upbringing) (**good**) **breeding** (bonne) éducation f, bonnes manières fpl, savoir-vivre m ◆ **to lack breeding** manquer de savoir-vivre or d'éducation

d (Phys) surrégénération f

② COMP ▷ **breeding ground** n (lit) zone f de reproduction ◆ **breeding ground for revolution/germs** terrain m propice à la révolution/aux microbes ◆ **breeding ground for talent/revolutionaries** pépinière f de talents/de révolutionnaires ▷ **breeding season** n [of animals] saison f des amours

breeks [briːks] npl (Scot) pantalon m

breeze[1] [briːz] → SYN ① n **a** (= wind) brise f ◆ **gentle breeze** petite brise f, brise f légère ◆ **stiff breeze** vent m frais ◆ **there is quite a breeze** cela souffle ; → **sea**

b * **it's a breeze** c'est facile comme tout, c'est fastoche * ◆ **to do sth in a breeze** faire qch les doigts dans le nez *

② vi ◆ **to breeze in/out** etc (jauntily) entrer/sortir etc d'un air dégagé ; (briskly) entrer/sortir etc en coup de vent ◆ **to breeze through sth** * faire qch les doigts dans le nez *

breeze[2] [briːz] ① n (= cinders) cendres fpl (de charbon)

② COMP ▷ **breeze block** n (Brit) parpaing m (de laitier)

breezeway ['briːzweɪ] n (US) passage couvert reliant deux bâtiments

breezily ['briːzɪlɪ] adv jovialement

breezy ['briːzɪ] → SYN adj **a** (= windy) day de brise ; place venteux, éventé ◆ **it's breezy today** il y a du vent aujourd'hui

b (= cheery) person, manner pétulant ; style pétulant, enlevé ; melody enjoué ; clothes gai ; → **bright**

Bremen ['breɪmən] n (Geog) Brême

Bren carrier ['bren,kærɪə^r] n ⇒ **Bren gun carrier**

Bren gun ['brenɡʌn] ① n fusil-mitrailleur m

② COMP ▷ **Bren gun carrier** n chenillette f (pour fusil-mitrailleur)

Brenner Pass ['brenə^r] n (col m du) Brenner m

brent goose [,brent'ɡuːs] n bernache f cravant

brethren ['breðrɪn] npl **a** (††, Rel) frères mpl

b (= fellow members) [of trade union etc] camarades mpl

Breton ['bretən] ① adj breton
② n **a** Breton(ne) m(f)
b (Ling) breton m

breve [briːv] n (Typ) brève f ; (Mus) double ronde f

brevet ['brevɪt] n (esp Mil) brevet m

breviary ['briːvɪərɪ] n bréviaire m

brevity ['brevɪtɪ] → SYN n (= shortness) brièveté f ; (= conciseness) concision f ; (= abruptness) [of reply] laconisme m ; [of manner] brusquerie f ◆ (Prov) **brevity is the soul of wit** les plaisanteries les plus courtes sont les meilleures

brew [bruː] → SYN ① n **a** [of beer] brassage m ; (= amount brewed) brassin m ; → **home**

b [of tea] infusion f ; [of herbs] tisane f ◆ **what's this brew** * **in the jug?** (hum) qu'est-ce que c'est que ce liquide or cette mixture dans la cruche ?

② vt [+ beer] brasser ; [+ tea] faire infuser, préparer ; [+ punch] préparer, mélanger ; (fig) [+ scheme, mischief, plot] tramer, mijoter *

③ vi **a** (= make beer) brasser, faire de la bière

b [beer] fermenter ; [tea] infuser ; (fig) [storm] couver, se préparer ; [plot] se tramer ◆ **there's trouble brewing** il y a de l'orage dans l'air, ça va barder * ◆ **something's brewing** il se trame quelque chose

④ COMP ▷ **brew-up** * n (Brit) **let's have a brew-up** on va se faire du thé

▶ **brew up** ① vi **a** (Brit * = make tea) faire du thé

b [storm, dispute] se préparer, couver

② **brew-up** * n → **brew**

brewer ['bruːə^r] ① n brasseur m

② COMP ▷ **brewer's droop** * n (NonC: Brit hum) impuissance f (passagère) due à l'alcool ◆ **to get brewer's droop** bander mou * ▷ **brewer's yeast** n levure f de bière

brewery ['bruːərɪ] n brasserie f (fabrique)

briar ['braɪə^r] n ⇒ **brier**

bribe [braɪb] → SYN ① n pot-de-vin m ◆ **to take a bribe** se laisser corrompre or acheter, accepter un pot-de-vin ◆ **to offer a bribe** faire une tentative de corruption, offrir un pot-de-vin ◆ **I'll give the child a sweet as a bribe to be good** je donnerai un bonbon à l'enfant pour qu'il se tienne tranquille

② vt acheter, soudoyer ; [+ witness] suborner ◆ **to bribe sb into silence** acheter le silence de qn ◆ **to bribe sb to do sth** soudoyer or corrompre qn pour qu'il fasse qch ◆ **to let o.s. be bribed** se laisser soudoyer

bribery ['braɪbərɪ] → SYN n corruption f ; (Jur) [of witness] subornation f ◆ **bribery and corruption** (Jur) corruption f ◆ **open to bribery** corruptible

bric-à-brac ['brɪkəbræk] n (NonC) bric-à-brac m ◆ **bric-à-brac dealer** brocanteur m

brick [brɪk] ① n **a** (Constr) brique f ◆ **made of brick** en brique(s) ◆ **it has not damaged the bricks and mortar** ça n'a pas endommagé les murs ◆ **to put one's money into bricks and mortar** investir dans la pierre or l'immobilier ◆ (Prov) **you can't make bricks without straw** à l'impossible nul n'est tenu (Prov) ◆ **he came down on me like a ton of bricks!** * il m'est tombé sur le râble ! *, il m'a passé un de ces savons ! * ◆ **you might as well talk to a brick wall** * autant parler à un mur ◆ **to run one's head against** or **come up against a brick wall** se heurter à un mur ◆ **to drop a brick** * (fig) faire une gaffe * or une bourde * ; → **built, cat**

b (Brit = toy) cube m (de construction) ◆ **box of bricks** jeu m or boîte f de construction

c **a brick of ice cream** une glace (empaquetée)

d † (* = person) type m sympa *, fille f sympa * ◆ **be a brick!** sois sympa * or chic !

② COMP house en brique(s) ▷ **brick-built** adj en brique(s) ▷ **brick-kiln** n four m à briques ▷ **brick red** n, adj (rouge m) brique inv

▶ **brick in** vt sep ⇒ **brick up**

▶ **brick off** vt sep [+ area] (em)murer

▶ **brick up** vt sep [+ door, window] murer

brickbat ['brɪkbæt] n (lit) morceau m de brique ; (* fig) critique f

brickie * ['brɪkɪ] n (Brit) abbrev of **bricklayer**

bricklayer ['brɪkˌleɪə^r] n maçon m

bricklaying ['brɪkˌleɪɪŋ] n (NonC) maçonnerie f

brickwork ['brɪkwɜːk] n briquetage m, brique f

brickworks ['brɪkwɜːks], **brickyard** ['brɪkjɑːd] n briqueterie f

bridal ['braɪdl] ① adj feast de noce(s) ; bed, chamber, procession nuptial ; bouquet de la mariée

② COMP ▷ **bridal gown** n robe f de mariée ▷ **bridal party** n famille f et amis mpl de la mariée ▷ **bridal shop** n magasin m de robes de mariées ▷ **bridal shower** n (US) fête en l'honneur de la future mariée ▷ **bridal suite** n suite f nuptiale ◆ **bridal veil** n voile m de mariée ▷ **bridal wear** n (NonC) vêtements mpl de mariée

bride [braɪd] **1** n (about to be married) (future) mariée f; (just married) (jeune) mariée f ◆ **the bride and (bride)groom** les jeunes mariés mpl ◆ **the bride of Christ** (Rel) l'épouse f du Christ **2** COMP ▷ **bride price** n dot payée par le fiancé ▷ **bride-to-be** n future mariée f ◆ **his bride-to-be** sa future femme, sa promise (hum)

bridegroom ['braɪdgruːm] n (about to be married) (futur) marié m; (just married) (jeune) marié m

bridesmaid ['braɪdzmeɪd] n demoiselle f d'honneur

bridge¹ [brɪdʒ] → SYN **1** n **a** pont m ◆ **to build/throw a bridge across a river** construire/jeter un pont sur un fleuve ◆ **to build bridges between two communities/organizations** jeter un pont entre deux communautés/organisations ◆ (Prov) **don't cross your bridges before you come to them** chaque chose en son temps (Prov) ◆ **let's cross that bridge when we come to it** on s'occupera de ce problème-là en temps et en heure; → **burn¹, drawbridge, footbridge**
b (Naut) passerelle f (de commandement)
c [of nose] arête f, dos m; [of spectacles] arcade f; [of violin] chevalet m
d (Dentistry) bridge m
2 vt [+ river] construire or jeter un pont sur ◆ **to bridge a gap** (fig) (in knowledge, facts) combler une lacune (in dans); (in budget) combler un trou (in dans) ◆ **to bridge the gap or divide** (between people) combler le fossé (between entre)
3 COMP ▷ **bridge-builder** n (fig) médiateur m, -trice f ▷ **bridge-building** n (Mil) pontage m; (fig) efforts mpl de rapprochement ▷ **Bridge of Sighs** n pont m des Soupirs

bridge² [brɪdʒ] **1** n (Cards) bridge m ◆ **to play bridge** bridger, jouer au bridge; → **auction, contract**
2 COMP ▷ **bridge party** n soirée f or réunion f de bridge ▷ **bridge player** n bridgeur m, -euse f ▷ **bridge roll** n petit pain m (brioché)

bridgehead ['brɪdʒhed] n (Mil) tête f de pont

bridgework ['brɪdʒwɜːk] n (esp US Dentistry) bridge m

bridging ['brɪdʒɪŋ] **1** n (Climbing) opposition f **2** COMP ▷ **bridging loan** n (Brit Fin) prêt-relais m

bridle ['braɪdl] → SYN **1** n [of horse] bride f; (fig) frein m, contrainte f
2 vt [+ horse] brider; [+ one's emotions] refréner, tenir en bride ◆ **to bridle one's tongue** se taire, tenir sa langue
3 vi (in anger) regimber, se rebiffer; (in scorn) lever le menton (en signe de mépris)
4 COMP ▷ **bridle path** n piste f cavalière

bridleway ['braɪdlweɪ] n piste f cavalière

brief [briːf] → SYN **1** adj **a** (= short) period, career, visit, glimpse, moment, interval bref
b (= concise) description, statement bref ◆ **I shall be brief** je serai bref ◆ **to be brief, the same thing happened again** bref or en deux mots, il s'est passé la même chose
c (= curt) person sec (sèche f)
d (= skimpy) skirt, shorts très court
2 n **a** (Jur) dossier m, cause f, affaire f ◆ **to hold a brief for sb** (Jur) représenter qn en justice ◆ **I hold no brief for those who ...** (fig) je ne me fais pas l'avocat or le défenseur de ceux qui ... ◆ **I hold no brief for him** (fig) je ne prends pas sa défense ◆ **to have a watching brief for ...** veiller aux intérêts de ... ◆ **to take a brief** (Jur) accepter de plaider une cause
◆ **in brief** en bref ◆ **in brief then, do you agree?** en bref, vous êtes d'accord ? ◆ **the news in brief** les actualités en bref
b (Mil = instructions) briefing m ◆ **his brief is to ...** (fig) la tâche qui lui a été assignée consiste à ...
c (Brit * = lawyer) avocat m
3 **briefs** npl (Dress) slip m
4 vt **a** (Jur) [+ barrister] confier une cause à
b (Mil) [+ pilots, soldiers] briefer, donner des instructions à; (gen) [+ person] (= give order to) briefer, donner des instructions à; (= bring up to date) mettre au courant (on sth de qch) ◆ **the pilots were briefed** (Mil) les pilotes ont reçu leur briefing or bref
c (Comm) [+ salesman] briefer, donner des instructions à ◆ **we brief our salesmen once a week** nous faisons un briefing hebdomadaire à l'intention de nos vendeurs

briefcase ['briːfkeɪs] n serviette f; (handleless) porte-documents m inv

briefer ['briːfəʳ] n (= spokesperson) porte-parole m inv

briefing ['briːfɪŋ] → SYN n (Aviat, Mil) briefing m, dernières instructions fpl; (gen) briefing m; (= notes) notes fpl

briefly ['briːflɪ] → SYN adv **a** (= for short time) smile, glance, pause un bref instant; speak, visit brièvement
b (= concisely) tell, reply, describe en peu de mots ◆ **put briefly, his argument was this** en deux mots or en bref, voici quel était son argument ◆ **the facts, briefly, are these** en deux mots or en bref, les faits sont les suivants

briefness ['briːfnɪs] n (NonC) **a** (= shortness) [of visit, career] brièveté f; [of interval] courte durée f
b (= conciseness) [of description, statement] brièveté f

brier ['braɪəʳ] **1** n **a** (= wood) (racine f de) bruyère f; (also **brier pipe**) pipe f de bruyère
b (= wild rose) églantier m; (= thorny bush) ronces fpl; (= thorn) épine f
2 COMP ▷ **brier rose** n églantine f

brig [brɪg] n (Naut) brick m

Brig. (abbrev of **brigadier**) Brig. A. Robert le général A. Robert

brigade [brɪˈgeɪd] → SYN n (Mil, fig) brigade f ◆ **one of the old brigade** (fig) un vétéran, un vieux de la vieille; → **blue, fire, green**

brigadier [ˌbrɪgəˈdɪəʳ] **1** n (Brit) général m de brigade
2 COMP ▷ **brigadier general** n, pl **brigadier generals** (US) (Mil) général m de brigade; (Aviat) général m de brigade aérienne

brigand ['brɪgənd] n brigand m, bandit m

brigandage ['brɪgəndɪdʒ] n brigandage m

brigantine ['brɪgəntiːn] n (Naut) brigantin m

bright [braɪt] → SYN **1** adj **a** (= vivid, shining) colour, light vif; room, water clair; clothes, bird, flower (one colour) d'une couleur vive; (two or more colours) aux couleurs vives; star, eyes brillant; metal luisant ◆ **bright red/yellow/blue** rouge/jaune/bleu vif inv ◆ **her eyes bright with excitement, she ...** les yeux brillants d'excitation, elle ...
b day, weather radieux; sunshine, sun éclatant ◆ **to become brighter** [weather] s'éclaircir ◆ **bright intervals** or **periods** éclaircies fpl ◆ **the outlook is brighter** on prévoit une amélioration (du temps); → **1e**
c (= clever) person intelligent; child éveillé, intelligent ◆ **she's as bright as a button** elle est très vive d'esprit ◆ **full of bright ideas** plein de bonnes idées ◆ **to have the bright idea of doing sth** avoir la bonne idée de faire qch
d (= cheerful) person, smile, voice jovial ◆ **bright and breezy** person, manner décontracté et jovial
e (= promising) future, outlook, prospects, start brillant; (= positive) moment bon ◆ **the future looks bright (for him)** l'avenir s'annonce bien (pour lui) ◆ **the outlook is brighter** les perspectives d'avenir sont plus prometteuses ◆ **brighter days** des jours plus heureux ◆ **bright spot** lueur f d'espoir ◆ **to look on the bright side** prendre les choses du bon côté ◆ **(looking) on the bright side, ...** si l'on prend les choses du bon côté, ...; → **1b**
f **to be (up) bright and early** se lever de bon matin ◆ **to arrive bright and early** arriver de bon matin
2 adv (liter) ◆ **to shine bright** briller
3 COMP ▷ **bright-eyed** adj person aux yeux brillants ◆ **bright-eyed idealism** idéalisme m fervent ◆ **bright-eyed and bushy-tailed *** en pleine forme ▷ **the bright lights** npl les lumières fpl de la grande ville ◆ **the bright lights of New York** les lumières fpl de New York ▷ **bright spark *** n petit(e) futé(e) * m(f) ▷ **bright young things** npl la génération qui monte

brighten ['braɪtn] → SYN (also **brighten up**) **1** vt
a (= make cheerful) [+ room, spirits, person] égayer; [+ conversation] égayer, animer; [+ prospects, situation, future] améliorer
b (= make shine) faire briller, rendre (plus) brillant; [+ metal] faire reluire; [+ colour] aviver
2 vi **a** (weather, sky) s'éclaircir, se dégager
b [eyes] s'éclairer, s'allumer; [expression] s'éclairer, s'épanouir; [person] s'égayer, s'animer; [prospects, situation, future] s'améliorer, se présenter sous un meilleur jour
3 COMP ▷ **brightening agent** n [of washing powder] agent m blanchissant

brightly ['braɪtlɪ] adv **a** (with light) sparkle de mille feux ◆ **to burn brightly** [fire, substance] flamber; [light] étinceler ◆ **brightly lit** bien éclairé
b **the stars were shining brightly** les étoiles brillaient; (= vividly) ◆ **brightly coloured** (one colour) d'une couleur vive; (two or more colours) aux couleurs vives ◆ **brightly painted** (one colour) peint d'une couleur vive; (two or more colours) peint avec des couleurs vives ◆ **brightly patterned** (one colour) avec des motifs d'une couleur vive; (two or more colours) avec des motifs aux couleurs vives
c (cheerfully) say, answer, smile jovialement

brightness ['braɪtnɪs] **1** n (NonC) **a** (= vividness) [of colour] vivacité f; [of clothes, fire, sunshine, eyes] éclat m; [of star, daylight, room] luminosité f; [of light] intensité f; [of metal] brillant m; (TV, Comput) [of screen] luminosité f
b (= light) lumière f
c (= cheerfulness) [of person, expression, tone] vivacité f, jovialité f; [of smile] éclat m, jovialité f
d (= intelligence) intelligence f
e (= promise) [of prospects, future] caractère m prometteur
2 COMP ▷ **brightness control** n réglage m de la luminosité

Bright's disease ['braɪtsdɪˌziːz] n mal m de Bright, néphrite f chronique

brill¹ [brɪl] n, pl **brill** or **brills** barbue f

brill² * [brɪl] adj (Brit) (abbrev of **brilliant**) sensass * inv, super * inv

brilliance ['brɪljəns], **brilliancy** ['brɪljənsɪ] n **a** (= splendour: lit, fig) éclat m, brillant m
b (= great intelligence) intelligence f supérieure

brilliant ['brɪljənt] → SYN adj **a** (= clever) person, mind, book, performance brillant; idea génial
b (= successful) career brillant; future radieux; success éclatant; victory brillant, éclatant
c (= bright) light, sunshine, colour, smile éclatant
d (Brit * = excellent) génial *, super * inv ◆ **I'll help – brilliant!** je vais aider — super ! * ◆ **she's brilliant with children** elle est super * avec les enfants ◆ **brilliant at sth** super bon * (bonne * f) en qch ◆ **to be brilliant at doing sth** être drôlement * doué pour faire qch ◆ **yoga is brilliant for stress reduction** or **for reducing stress** le yoga est génial * or super * pour combattre le stress

brilliantine ['brɪljənˌtiːn] n brillantine f

brilliantly ['brɪljəntlɪ] adv **a** (= cleverly) write, play, perform brillamment; simple, funny remarquablement
b (= superbly) succeed, work magnifiquement ◆ **he was brilliantly successful** il a magnifiquement réussi
c (= brightly) lit, illuminated bien; shine d'un vif éclat ◆ **to smile brilliantly** sourire de toutes ses dents ◆ **brilliantly coloured** (one colour) d'une couleur vive; (two or more colours) aux couleurs vives ◆ **a brilliantly sunny day** une journée radieuse
d (Brit * = excellently) **she played/drove brilliantly** elle a super bien * joué/conduit

Brillo ® ['brɪləʊ] n (also **Brillo pad**) tampon m Jex ®

brim [brɪm] → SYN **1** n [of cup, hat, lake] bord m ◆ **to be full to the brim with sth** (lit) être plein à ras bord de qch; (fig) déborder de qch
2 vi déborder (with de) ◆ **brimming with** (lit) plein à ras bord de; (fig) débordant de
◆ **her eyes were brimming with tears** ses yeux étaient or elle avait les yeux noyés de larmes

brimful / British

▶ **brim over** vi (lit, fig) déborder (*with* de)

brimful ['brɪm'fʊl] → SYN adj (lit) plein à ras bord ; (fig) débordant (*with* de)

brimless ['brɪmlɪs] adj hat sans bord

brimstone ['brɪmstəʊn] n soufre m ; → **fire**

brindle(d) ['brɪndl(d)] adj moucheté, tavelé

brine [braɪn] n **a** (= salt water) eau f salée ; (Culin) saumure f
b (liter) (= sea) mer f, océan m ; (= sea water) eau f de mer

bring [brɪŋ] LANGUAGE IN USE 17.1, 26.3 → SYN pret, ptp **brought**
1 vt **a** [+ person, animal, vehicle] amener ; [+ object, news, information] apporter ◆ **to bring sb up/down/across** etc faire monter/faire descendre/faire traverser etc qn (avec soi) ◆ **to bring sth up/down** monter/descendre qch ◆ **I brought him up his breakfast** je lui ai monté son petit déjeuner ; → **bacon, bed**
b (= cause) amener ◆ **the hot weather brings storms** le temps chaud provoque or amène des orages ◆ **his books brought him a good income** ses livres lui rapportaient bien or lui étaient d'un bon rapport ◆ **to bring good/bad luck** porter bonheur/malheur ◆ **to bring a blush to sb's cheeks** faire rougir qn, faire monter le rouge aux joues de qn ◆ **to bring tears to sb's eyes** faire venir les larmes aux yeux de qn ◆ **that brought him to the verge of insanity** cela l'a mené or amené au bord de la folie ◆ **to bring sth (up)on o.s.** s'attirer qch ◆ **to bring sb to book** faire rendre des comptes à qn ◆ **to bring sth to a close** or **an end** mettre fin à qch ◆ **to bring sb to his feet** faire lever qn ◆ **to bring sb to justice** traduire qn en justice ◆ **to bring sb low** abaisser qn ◆ **to bring sth to sb's knowledge** signaler qch à qn, porter qch à la connaissance de qn ◆ **to bring sth to mind** rappeler qch, évoquer qch ◆ **to bring sth into question** (= throw doubt on) remettre qch en question ; (= make one think about) faire s'interroger sur qch ◆ **to bring to nothing** faire échouer, faire avorter ◆ **to bring sth to pass** (liter) causer qch ◆ **to bring sth to perfection** porter qch à la perfection ◆ **to bring sth into play** or **line** faire jouer qch, faire entrer qch en ligne de compte ◆ **to bring sb to his senses** ramener qn à la raison ◆ **to bring into the world** mettre au monde ; → **bear¹, head, light¹**
c (+ infin = persuade) amener (*sb to do sth* qn à faire qch) ◆ **he brought him to understand that ...** il l'a amené à comprendre que ... ◆ **I cannot bring myself to speak to him** je ne peux me résoudre à lui parler
d (Jur) **to bring an action against sb** intenter un procès à qn ◆ **to bring a charge against sb** inculper qn ◆ **the case was brought before Lord MacLeod** la cause fut entendue par Lord MacLeod ◆ **to bring evidence** fournir des preuves
2 COMP ▷ **bring-and-buy sale** n (Brit) vente f de charité or de bienfaisance

▶ **bring about** vt sep **a** [+ reforms, review] amener, provoquer ; [+ war] causer, provoquer ; [+ accident] provoquer, occasionner ; [+ sb's ruin] entraîner, amener
b [+ boat] faire virer de bord

▶ **bring along** vt sep ◆ **to bring sth along (with one)** apporter qch (avec soi) ◆ **to bring sb along (with one)** amener qn (avec soi) ◆ **may I bring along a friend?** est-ce que je peux amener un ami ?

▶ **bring back** vt sep **a** [+ person] ramener ; [+ object] rapporter ◆ **to bring a spacecraft back to earth** récupérer un vaisseau spatial ◆ **her holiday brought back her health** ses vacances lui ont redonné la santé ◆ **a rest will bring him back to normal** du repos le remettra d'aplomb
b (= call to mind) rappeler (à la mémoire)

▶ **bring down** vt sep **a** (= cause to fall) abattre ; (= cause to land) [+ kite etc] ramener au sol ; [+ plane] faire atterrir ; (= shoot down) [+ animal, bird, plane] abattre
b [+ dictator, government] faire tomber ; [+ temperature, prices, cost of living] faire baisser ; [+ swelling] réduire ; (Math) [+ figure] abaisser ◆ **his action brought down everyone's wrath upon him** son action lui a attiré or lui a valu la colère de tout le monde ; → **house**

▶ **bring forth** vt sep (liter) [+ fruit] produire ; [+ child] mettre au monde ; [+ animal] mettre bas ; (fig) [+ protests, criticism] attirer

▶ **bring forward** vt sep **a** [+ person] faire avancer ; [+ chair etc] avancer ; [+ witness] produire ; [+ evidence, proof, argument] avancer
b (= advance time of) [+ meeting] avancer
c (Accounts) [+ figure, amount] reporter

▶ **bring in** vt sep **a** [+ person] faire entrer ; [+ object] rentrer
b (= introduce) [+ fashion] lancer ; [+ custom, legislation] introduire ◆ **to bring in the police/the troops** faire intervenir la police/l'armée ◆ **to bring in a bill** (Parl) présenter or déposer un projet de loi
c (Fin) [+ income] rapporter ◆ **to bring in interest** rapporter des intérêts
d (Jur) **to bring in a verdict** [jury] rendre un verdict ◆ **to bring in a verdict of guilty** déclarer qn coupable

▶ **bring off** vt sep **a** [+ people from wreck] sauver
b [+ plan, aim, deal] mener à bien ; [+ attack, hoax] réussir ◆ **he didn't manage to bring it off** il n'a pas réussi son coup

▶ **bring on** vt sep **a** (= cause) [+ illness, quarrel] provoquer, causer ◆ **to bring on sb's cold** enrhumer qn
b (Agr etc) [+ crops, flowers] faire pousser
c (Theat) [+ person] amener ; [+ thing] apporter sur (la) scène

▶ **bring out** vt sep **a** [+ person] faire sortir ; [+ object] sortir ; (fig) [+ meaning] mettre en évidence ; [+ colour] faire ressortir ; [+ qualities] faire valoir, mettre en valeur ◆ **it brings out the best in him** c'est dans des cas comme celui-là qu'il se montre sous son meilleur jour
b [+ book] publier, faire paraître ; [+ actress, new product] lancer

▶ **bring over** vt sep **a** [+ person] amener ; [+ object] apporter
b (= convert) [+ person] convertir, gagner (*to* à)

▶ **bring round** vt sep **a** (to one's house etc) [+ person] amener, faire venir ; [+ object] apporter ◆ **to bring the conversation round to football** amener la conversation sur le football
b [+ unconscious person] ranimer
c (= convert) [+ person] convertir, gagner (*to* à)

▶ **bring through** vt sep [+ sick person] sauver

▶ **bring to** vt sep **a** (Naut) arrêter, mettre en panne
b [+ unconscious person] ranimer

▶ **bring together** vt sep **a** (= put in touch) [+ people] mettre en contact, faire se rencontrer
b (= end quarrel between) réconcilier
c [+ facts etc] rassembler

▶ **bring under** vt sep (fig) assujettir, soumettre

▶ **bring up** vt sep **a** [+ person] faire monter ; [+ object] monter
b [+ child, animal] élever ◆ **well/badly brought-up child** enfant m bien/mal élevé
c (= vomit) vomir, rendre
d (= call attention to) [+ fact, allegation, problem] mentionner ; [+ question] soulever ◆ **we shan't bring it up again** nous n'en reparlerons plus
e (= stop) [+ person, vehicle] (faire) arrêter ◆ **the question brought him up short** la question l'a arrêté net
f (Jur) **to bring sb up before a court** citer or faire comparaître qn devant un tribunal
g **to bring up to date** [+ accounts, correspondence etc] mettre à jour ; [+ method etc] moderniser ◆ **to bring sb up to date on sth** mettre qn au courant (des derniers développements) de qch

brink [brɪŋk] → SYN n (lit, fig) bord m ◆ **on the brink of sth** à deux doigts de qch, au bord de qch ◆ **on the brink of doing sth** à deux doigts de faire qch, sur le point de faire qch ◆ **to be on the brink** être au bord du précipice ◆ **they pulled back from the brink** ils s'en sont sortis

brinkmanship ['brɪŋkmənʃɪp] n stratégie f de la corde raide

briny ['braɪnɪ] **1** adj saumâtre, salé ◆ **the briny deep** (liter) la grande bleue
2 n ◆ **the briny** † * la grande bleue

brio ['briːəʊ] n brio m

briony ['braɪənɪ] n bryone f

briquet(te) [brɪ'ket] n briquette f, aggloméré m

brisk [brɪsk] → SYN adj **a** person (= lively) vif, animé ; (= abrupt in manner) brusque
b movement vif, rapide ◆ **brisk pace** allure f (très) vive ◆ **to take a brisk walk** marcher or se promener d'un bon pas ◆ **at a brisk trot** au grand trot ; → **start**
c attack vigoureux, vivement mené ; trade actif, florissant ; demand important ◆ **business is brisk** les affaires marchent (bien) ◆ **trading was brisk** (St Ex) le marché était actif ◆ **the betting was brisk** les paris allaient bon train
d beer mousseux ; champagne, cider pétillant
e air, weather, day frais et vivifiant

brisket ['brɪskɪt] n poitrine f de bœuf

briskly ['brɪsklɪ] → SYN adv move vivement ; walk d'un bon pas ; speak brusquement ; act sans tarder ◆ **these goods are selling briskly** (Comm etc) ces articles se vendent (très) bien

briskness ['brɪsknɪs] n **a** (= liveliness) [of walk, movement] vivacité f ; [of trade] dynamisme m
b (= abruptness) brusquerie f

brisling ['brɪzlɪŋ] n sprat m

bristle ['brɪsl] → SYN **1** n [of beard, brush] poil m ; [of boar] soie f ; [of plant] poil m ◆ **a brush with nylon bristles** une brosse en nylon ®
2 vi **a** [animal hair] se hérisser ◆ **a shirt bristling with pins** une chemise hérissée d'épingles ◆ **bristling with difficulties** hérissé de difficultés ◆ **a town bristling with police** une ville grouillante de policiers
b (fig) [person] s'irriter (*at* de), se hérisser ◆ **he bristled at the suggestion** il s'est hérissé à cette suggestion
3 COMP ▷ **bristle brush** n brosse f en soie de sanglier

bristly ['brɪslɪ] adj animal au(x) poil(s) raide(s) or dur(s) ; moustache, beard aux poils raides ; hair raide ; chin, cheek mal rasé ◆ **you're very bristly today** * tu piques drôlement aujourd'hui *

Bristol ['brɪstl] n ◆ **Bristol Channel** canal m de Bristol ◆ **Bristol board** (Art, Comm) bristol m ; → **shipshape**

bristols * ['brɪstəlz] npl roberts * mpl

Brit * [brɪt] n Britannique mf

Britain ['brɪtən] n (also **Great Britain**) la Grande-Bretagne ; → GREAT BRITAIN; UNITED KINGDOM

Britannia [brɪ'tænɪə] **1** n Britannia f
2 COMP ▷ **Britannia metal** n métal m anglais

Britannic [brɪ'tænɪk] adj ◆ **His** or **Her Britannic Majesty** sa Majesté britannique

britches ['brɪtʃəz] npl ⇒ **breeches**

Briticism ['brɪtɪsɪzəm] n briticisme m

British ['brɪtɪʃ] **1** adj britannique ; (loosely) anglais ; ambassador, embassy de Grande-Bretagne ◆ **British English** l'anglais m britannique
2 **the British** npl les Britanniques mpl ; (loosely) les Anglais mpl
3 COMP ▷ **British Airports Authority** n administration f des aéroports britanniques ▷ **British Antarctic Territory** n Territoire m britannique de l'Antarctique ▷ **British Asian** adj britannique originaire du sous-continent indien ◊ n Britannique originaire du sous-continent indien ▷ **the British Broadcasting Corporation** n la BBC ▷ **British Columbia** n la Colombie britannique ▷ **British Columbian** adj de la Colombie britannique ◊ n habitant(e) m(f) de la Colombie britannique ▷ **the British Commonwealth** n le Commonwealth ▷ **British Council** n British Council m (*organisme chargé de promouvoir la langue et la culture britanniques dans le monde*) ▷ **British Empire** n (Hist) Empire m britannique ▷ **British Honduras**

n le Honduras britannique ▷ **British India** n l'Empire m des Indes ▷ **the British Isles** npl les îles fpl Britanniques ; → GREAT BRITAIN; UNITED KINGDOM ▷ **British Legion** n *organisme d'aide aux anciens combattants* ; → LEGION ▷ **the British Library** n *la bibliothèque nationale de Grande-Bretagne* ▷ **British Lions** npl (Rugby) *équipe de rugby composée d'internationaux anglais, gallois, écossais et irlandais* ▷ **British Rail** n (formerly) *chemins de fer britanniques* ▷ **British Red Cross Society** n Croix f Rouge britannique ▷ **British shorthair** n (= cat) British m ou européen m à poil court ▷ **British Summer Time** n l'heure f d'été britannique ▷ **British Telecom** n *société britannique de télécommunications*

Britisher✲ ['brɪtɪʃəʳ] n (US) Britannique mf ; (loosely) Anglais(e) m(f)

Britishism ['brɪtɪʃɪzəm] n (Ling) briticisme m

Britishness ['brɪtɪʃnɪs] côté m typiquement britannique, britannicité f

Briton ['brɪtən] n [a] Britannique mf
[b] (Hist) Breton(ne) m(f) (de Grande-Bretagne)

Britpop ['brɪtpɒp] n *musique pop britannique des années 90*

Brittany ['brɪtənɪ] [1] n la Bretagne
[2] COMP ▷ **Brittany spaniel** n épagneul m breton

brittle ['brɪtl] → SYN [1] adj [a] (= breakable) twig, hair, nails cassant
[b] (= fragile) agreement, peace fragile
[c] person, personality sec (sèche f) ; laugh, voice crispé
[2] COMP ▷ **brittle-bone disease** n ostéoporose f

Brittonic [brɪ'tɒnɪk] adj brittonique

bro✲ [brəʊ] n (US) [a] (= friend) pote ✲ m ✦ **hi, bro!** salut, vieux✲ or mon pote✲ !
[b] (= brother) frangin ✲ m

Bro. (Rel) abbrev of **Brother**

broach [brəʊtʃ] → SYN [1] vt [+ barrel] mettre en perce ; [+ box, supplies] entamer ; [+ subject, topic] entamer, aborder
[2] n (Culin) broche f ; (= tool) perçoir m, foret m

broad [brɔːd] → SYN [1] adj [a] (= wide) road, shoulders, smile large ✦ **the lake is 200 metres broad** le lac a 200 mètres de large or de largeur ✦ **a garden about 6 metres long and 3 metres broad** un jardin d'environ 6 mètres de long et 3 mètres de large ✦ **to grow broader** s'élargir ✦ **to make broader** élargir ✦ **broad in the shoulder** [person] large d'épaules ; [garment] un peu large aux épaules ; see also 3 ✦ **broad in the beam** ship ventru ; (✲: pej) person fort de l'arrière-train ✦ **he's got a broad back** (fig) il a bon dos ✦ **it's as broad as it's long** ✲ (fig) c'est du pareil au même ✲ ✦ **a broad expanse of lawn** une vaste étendue de pelouse ; → -**gauge**
[b] (= approximate, general) aims, objectives, term général ; phonetic transcription large ✦ **the broad outlines** les grandes lignes fpl ✦ **in the broadest sense of the word** au sens (le plus) large du terme ✦ **in broad terms** grosso modo ✦ **to be in broad agreement** être d'accord sur l'essentiel ✦ **he distinguished three broad possibilities** il a distingué trois grandes possibilités ✦ **to paint sth with a broad brush** (fig) décrire qch à grands traits ; see also 3 ✦ **broad construction** (US Jur) interprétation f large
[c] (= wide-ranging) category, range large ; coalition vaste ; education diversifié ; syllabus étendu ✦ **a broad spectrum of opinion** un large éventail d'opinions ✦ **a film with broad appeal** un film grand public ✦ **the agreement won broad support in Congress** cet accord a été largement soutenu par le Congrès ✦ **to have broad implications** avoir de vastes implications
[d] (= unsubtle) hint à peine voilé ; humour grivois ; comedy grossier ; joke gras (grasse f)
[e] (Ling) accent prononcé ✦ **to speak broad Scots** (accent) parler avec un fort accent écossais ; (dialect) s'exprimer en dialecte écossais ✦ **to say sth in broad Yorkshire** dire qch en dialecte du Yorkshire
[f] (= full) **in broad daylight** en plein jour ✦ **it was broad daylight** il faisait grand jour
[g] (= liberal) mind, ideas large, libéral

[2] n [a] (= widest part) **the broad of the back** le milieu du dos ✦ **the (Norfolk) Broads** (Geog) *les lacs et estuaires du Norfolk*
[b] (US ✲ pej) (= woman) nana ✲ f ; (= prostitute) putain ✲ f
[3] COMP ▷ **broad-based** adj support, government réunissant des tendances très variées, large ; tax à assiette large ▷ **broad bean** n (esp Brit) fève f ▷ **broad-brimmed** adj hat à larges bords ▷ **broad-brush** adj (fig) analysis, report schématique, sommaire ▷ **Broad Church** (Rel) *groupe libéral au sein de l'Église anglicane* ✦ **the Labour Party is a broad church** le parti travailliste accueille des courants très divers ▷ **broad jump** n (US Sport) saut m en longueur ▷ **broad-minded** adj ✦ **he is broad-minded** il a les idées larges ▷ **broad-mindedness** n largeur f d'esprit ▷ **broad-shouldered** adj large d'épaules ▷ **broad-spectrum** adj (Med) à large spectre, à spectre étendu, polyvalent

broadband ['brɔːdbænd] (Telec) [1] n transmission f à large bande
[2] adj à large bande

broadcast ['brɔːdkɑːst] → SYN pret, ptp **broadcast** [1] vt [a] [+ news, speech, programme] (Rad) (radio)diffuser, émettre ; (TV) téléviser, émettre ; (fig) [+ news, rumour etc] répandre ✦ **don't broadcast it!** ✲ (fig) ne va pas le crier sur les toits !
[b] (Agr) [+ seed] semer (à la volée)
[2] vi (Rad, TV) [station] émettre ; [actor, interviewee etc] participer à une émission ; [interviewer] faire une émission
[3] n (Rad, TV) émission f ✦ **live/recorded broadcast** émission f en direct/en différé ✦ **repeat broadcast** reprise f, rediffusion f
[4] adj (Rad) (radio)diffusé ; (TV) télévisé ✦ **broadcast account of a match** (Rad) reportage m radiodiffusé d'un match ; (TV) reportage m télévisé d'un match ✦ **broadcast journalism** (TV) journalisme m télévisé ; (Rad) journalisme m radio ✦ **broadcast satellite** satellite m de radiodiffusion
[5] adv sow à la volée

broadcaster ['brɔːdkɑːstəʳ] n (Rad, TV) personnalité f de la radio or de la télévision

broadcasting ['brɔːdkɑːstɪŋ] [1] n (Rad) radiodiffusion f ; (TV) télévision f ✦ **that is the end of broadcasting for tonight** ainsi prennent fin nos émissions de la journée ✦ **broadcasting was interrupted** les émissions ont été interrompues ✦ **a career in broadcasting** une carrière à la radio (or à la télévision)
[2] COMP ▷ **Broadcasting House** n *siège de la BBC à Londres* ▷ **Broadcasting Standards Authority** n ≈ Conseil m supérieur de l'audiovisuel ▷ **Broadcasting Standards Council** n (Brit) ≈ Conseil m supérieur de l'audiovisuel ▷ **broadcasting station** n station f de radio, poste m émetteur ; → **British**

broadcloth ['brɔːdklɒθ] n drap m fin *(en grande largeur)*

broaden ['brɔːdn] → SYN (also **broaden out**: lit, fig) [1] vt élargir ✦ **to broaden one's outlook** élargir ses horizons
[2] vi s'élargir

broadleaved [ˌbrɔːd'liːvd] [1] adj à feuilles larges ✦ **broadleaved tree** (arbre m) feuillu m ✦ **broadleaved woodland** forêt f de feuillus
[2] COMP ▷ **broadleaved spindle tree** n fusain m à feuilles larges ▷ **broadleaved whitebeam** n sorbier m à feuilles larges

broadloom ['brɔːdluːm] adj carpet en grande largeur

broadly ['brɔːdlɪ] adv [a] (= generally) agree, accept, define dans les grandes lignes, d'une manière générale ; welcome généralement ; support largement ✦ **this is broadly true** c'est vrai, grosso modo ✦ **broadly similar** à peu près semblable ✦ **broadly-based** large ✦ **broadly speaking** en gros, généralement parlant
[b] hint fortement
[c] **to smile broadly** avoir un large sourire

broadness ['brɔːdnɪs] n [of road] largeur f ; [of joke, story] grossièreté f, vulgarité f ; [of accent] caractère m prononcé

broadsheet ['brɔːdʃiːt] n (Hist, Typ) placard m ; (Press) (= large-format newspaper) journal m grand format ; (= serious newspaper) journal m de qualité ; → TABLOIDS; BROADSHEETS

broadside ['brɔːdsaɪd] → SYN [1] n [a] (Naut = side) [of ship] flanc m
[b] (Naut = discharge of guns) bordée f ✦ **to fire a broadside** lâcher une bordée
[c] (= criticism) attaque f cinglante ; (= insults) bordée f d'injures or d'invectives ✦ **he let him have a broadside** il l'a incendié ✲, il l'a descendu en flammes ✲
[2] adv (Naut) **to turn broadside (on)** virer en présentant le flanc ✦ **to hit sth broadside (on)** heurter qch par le travers ✦ **to be moored broadside to sth** être amarré le long de qch
[b] (Aut) **he or his car hit me broadside (on)** il m'a heurté de côté

broadsword ['brɔːdsɔːd] n épée f à deux tranchants, glaive † m

broadways ['brɔːdweɪz], **broadwise** ['brɔːdwaɪz] adv en largeur, dans le sens de la largeur

brocade [brəʊ'keɪd] [1] n brocart m
[2] COMP de brocart

broccoli ['brɒkəlɪ] n brocoli m

brochure ['brəʊfjʊəʳ] → SYN n [of college, vacation course] prospectus m ; [of hotel, travel agent] brochure f, dépliant m (touristique)

brock [brɒk] n (Brit: Zool, rare) blaireau m

brogue¹ [brəʊg] n (= shoe) chaussure f de marche, richelieu m

brogue² [brəʊg] n (= accent) (Irish) accent m irlandais ; (gen) accent m du terroir

broil [brɔɪl] [1] vt (US Culin) griller, faire cuire sur le gril ; (fig) griller ✲ ✦ **broiling sun** soleil m brûlant
[2] vi (also fig) griller

broiler ['brɔɪləʳ] [1] n [a] (= fowl) poulet m (à rôtir)
[b] (US = grill) rôtissoire f, gril m
[2] COMP ▷ **broiler house** n éleveuse f ▷ **broiler pan** n (US) plateau m à grillades *(avec poignée)*

broiling ['brɔɪlɪŋ] adj (esp US) sun brûlant ; summer torride

broke [brəʊk] → SYN [1] vb (pt of **break**)
[2] adj [a] (= broken) **if it ain't broke, don't fix it** ✲ s'il n'y a pas de gros problèmes, il ne faut rien changer
[b] (✲ = penniless) à sec ✲, fauché ✲ ✦ **to be dead or stony broke** être fauché (comme les blés) ✲, être (complètement) à sec ✲ ✦ **to go broke** faire faillite ✦ **to go for broke** jouer le tout pour le tout, jouer le grand jeu or son va-tout

broken ['brəʊkən] → SYN [1] vb (ptp of **break**)
[2] adj [a] (= cracked, smashed) cup, window, branch, biscuits etc cassé ; (= uneven, rugged) ground accidenté ; road défoncé ; surface raboteux ; coastline dentelé ✦ **pieces of broken glass** des éclats mpl de verre ✦ **pieces of broken crockery** des morceaux mpl de vaisselle
[b] (Med = fractured) neck, leg, rib, tooth, nail cassé ; bone, hand, foot fracturé ✦ **broken bones** fractures fpl ✦ **"do not use on broken skin"** "ne pas utiliser sur plaie ouverte"
[c] (= not working) machine, phone détraqué ✦ **the coffee machine is broken** la machine à café est détraquée ✦ **he sounds like a broken record** on dirait un disque rayé
[d] (fig = ruined) body, mind brisé ; health délabré ; spirit abattu ✦ **to be broken in body and mind** avoir le corps et le cœur brisés ✦ **the scandal left him a broken man** ce scandale l'a brisé or a fait de lui un homme brisé ✦ **to have a broken heart** avoir le cœur brisé ✦ **she died of a broken heart** elle est morte de chagrin, elle est morte le cœur brisé ✦ **he is a broken reed** on ne peut pas compter sur lui
[e] (= interrupted) journey interrompu ; sleep (= disturbed) interrompu ; (= restless) agité ; voice, line brisé ✦ **I've had several broken nights** j'ai eu plusieurs mauvaises nuits ✦ **a spell of broken weather** un temps variable ✦ **broken cloud** ciel m couvert avec des éclaircies ✦ **broken sunshine** soleil m intermittent ✦ **(to speak in) broken English/French** (parler un) mauvais anglais/français
[f] (= violated) promise, contract, engagement rompu ; appointment manqué
[g] (by divorce) marriage brisé ✦ **he comes from a broken home** il vient d'un foyer désuni

brokenly / **bruise**

3 COMP ▷ **broken chord** n (Mus) arpège m ▷ **broken-down** → SYN adj (= out of order) car en panne ; machine détraqué, (= dilapidated) house délabré ▷ **broken-hearted** adj au cœur brisé ▷ **broken lots** npl (Comm) articles mpl dépareillés ▷ **broken numbers** npl (Math) fractions fpl ▷ **broken veins** npl couperose f ▷ **broken white line** n ligne f blanche discontinue ▷ **broken-winded** adj poussif

brokenly ['brəʊkənlɪ] adv say d'une voix entrecoupée ; sob par à-coups

broker ['brəʊkəʳ] → SYN 1 n a (St Ex) ≈ courtier m (en bourse), ≈ agent m de change
b (Comm) courtier m ; (Naut) courtier m maritime ◆ **wine broker** courtier m en vins
c (= secondhand dealer) brocanteur m ; → **pawnbroker**
2 vt [+ deal, agreement] négocier ◆ **a UN-brokered ceasefire** un cessez-le-feu négocié sous l'égide l'ONU

brokerage ['brəʊkərɪdʒ], **broking** ['brəʊkɪŋ] n (= trade, commission) courtage m

brolly * ['brɒlɪ] n (Brit) pépin * m, parapluie m

bromate ['brəʊmeɪt] n (Chem) bromate m

brome [brəʊm] n (also **brome grass**) brome m

bromeliad [brəʊ'miːlɪæd] n (Bot) broméliacée f

bromic ['brəʊmɪk] adj (Chem) bromique

bromide ['brəʊmaɪd] n a (Chem, Typ) bromure m ; (Med *) bromure m (de potassium) ◆ **bromide paper** papier m au (gelatino-) bromure d'argent
b (fig) banalité f or platitude f euphorisante

bromine ['brəʊmiːn] n brome m

bromism ['brəʊˌmɪzəm], **brominism** (US) ['brəʊmɪˌnɪzəm] n bromisme m

bronchi ['brɒŋkaɪ] npl of **bronchus**

bronchial ['brɒŋkɪəl] adj infection des bronches, bronchique ◆ **bronchial tubes** bronches fpl

bronchiectasis [ˌbrɒŋkɪ'ektəsɪs] n bronchectasie f

bronchiole ['brɒŋkɪəʊl] n bronchiole f

bronchitic [brɒŋ'kɪtɪk] adj bronchitique

bronchitis [brɒŋ'kaɪtɪs] n (NonC) bronchite f ◆ **to have bronchitis** avoir or faire une bronchite

bronchodilator [ˌbrɒŋkəʊdaɪ'leɪtəʳ] n (Med) bronchodilatateur m

bronchopneumonia [ˌbrɒŋkəʊnjuː'məʊnɪə] n (NonC) bronchopneumonie f

bronchoscope ['brɒŋkəskəʊp] n (Med) bronchoscope m

bronchoscopy [brɒŋ'kɒskəpɪ] n bronchoscopie f

bronchus ['brɒŋkəs] n, pl **bronchi** bronche f

bronco ['brɒŋkəʊ] n cheval m semi-sauvage (de l'Ouest américain), bronco m

broncobuster * ['brɒŋkəʊˌbʌstəʳ] n (US) cow-boy m (qui dompte les chevaux sauvages)

brontosaurus [ˌbrɒntə'sɔːrəs] n, pl **brontosauruses** or **brontosauri** [ˌbrɒntə'sɔːraɪ] brontosaure m

Bronx [brɒŋks] n ◆ **the Bronx** le Bronx ◆ **Bronx cheer** (US) bruit de dérision

bronze [brɒnz] → SYN 1 n (= metal, colour, work of art) bronze m
2 vi se bronzer, brunir
3 vt [+ metal] bronzer ; [+ skin] brunir, faire bronzer
4 COMP en bronze ; (= colour) (couleur f de) bronze ▷ **the Bronze Age** n l'âge m du bronze ▷ **bronze medal** n médaille f de bronze

bronzed [brɒnzd] adj skin, person bronzé

bronzer ['brɒnzəʳ] n autobronzant m

bronzing powder ['brɒnzɪŋˌpaʊdəʳ] n poudre f de soleil

brooch [brəʊtʃ] n broche f

brood [bruːd] → SYN 1 n [of birds] couvée f, nichée f ; [of mice] nichée f ; [of children] progéniture f, nichée f (hum) ; [of vipers, scoundrels] engeance f ◆ **she has a great brood of children** elle a une nombreuse progéniture ◆ **I'm going to take my brood home** * je vais remmener ma progéniture à la maison

2 vi [bird] couver ; [storm, danger] couver, menacer ; [person] broyer du noir, ruminer ◆ **to brood on** [person] [+ misfortune] remâcher ; [+ plan] ruminer ; [+ the past] ressasser ◆ **to brood over sth** [night etc] planer sur qch ; [storm] couver sur qch, (oppressively) peser sur qch

3 COMP ▷ **brood hen** n (Zool) couveuse f ▷ **brood mare** n (jument f) poulinière f

brooding ['bruːdɪŋ] 1 adj a (= disturbing) troublant
b (= reflective) rêveur, songeur ; (= gloomy) maussade, soucieux
2 n rumination f

broody ['bruːdɪ] adj a hen (= ready to lay eggs) prêt à pondre ; (= ready to sit on eggs) prêt à couver
b (* hum) **to be feeling broody** person avoir envie d'avoir un enfant
c (= pensive) mélancolique

brook[1] [brʊk] → SYN 1 n ruisseau m
2 ▷ **brook lamprey** n (fish) lamproie f de rivière ◆ **brook trout** n (= fish) truite f de rivière

brook[2] [brʊk] vt (liter) [+ contradiction, delay, reply] souffrir ; (liter) admettre

brooklet ['brʊklɪt] n ruisselet m, petit ruisseau m

brookweed ['brʊkˌwiːd] n samole m

broom [brʊm] 1 n a (Bot) genêt m
b (= brush) balai m ◆ (Prov) **a new broom sweeps clean** tout nouveau, tout beau (Prov) ◆ **this firm needs a new broom** cette compagnie a besoin d'un bon coup de balai or a besoin de sang neuf
2 COMP ▷ **broom closet** n (US) ⇒ **broom cupboard** ▷ **broom cupboard** n (Brit) placard m à balais

broomrape ['brʊmˌreɪp] n orobanche f

broomstick ['brʊmstɪk] n manche m à balai

Bros. (Comm) (abbrev of **Brothers**) Martin Bros. Martin Frères

broth [brɒθ] n bouillon m

brothel ['brɒθl] 1 n maison f close or de passe
2 COMP ▷ **brothel-creepers** * npl (Brit) chaussures d'homme en daim à semelles de crêpe

brother ['brʌðəʳ] → SYN 1 n a (gen, Rel) frère m ◆ **older/younger brother** frère m aîné/cadet ◆ **Brother Paul** Frère Paul ; → **lay**[4]
b (in trade unions etc) camarade m ; (US: also **soul brother**) frère m (de couleur)
2 adj ◆ **his brother prisoners** etc ceux qui sont (or étaient) prisonniers etc comme lui, les autres prisonniers mpl etc ◆ **his brother officers** ses compagnons mpl d'armes
3 COMP ▷ **brother-in-arms** n, pl **brothers-in-arms** (liter) frère m d'armes ▷ **brother-in-law** n, pl **brothers-in-law** beau-frère m

brotherhood ['brʌðəhʊd] → SYN n a (NonC) (lit) fraternité f ; (fig) fraternité f, confraternité f ◆ **brotherhood of man** fraternité f des hommes
b (= association: esp Rel) confrérie f ; (US) corporation ◆ **the Brotherhood** (Freemasonry) la franc-maçonnerie

brotherly ['brʌðəlɪ] → SYN adj fraternel ◆ **brotherly love** l'amour m fraternel

brougham ['brʊəm] n coupé m de ville

brought [brɔːt] vb (pt, ptp of **bring**)

brouhaha * ['bruːhɑːhɑː] n histoires * fpl

brow [braʊ] → SYN n a (= forehead) front m ; (= arch above eye) arcade f sourcilière ; (also **eyebrow**) sourcil m ; → **beetle-browed, highbrow, knit, sweat**
b [of hill] sommet m ; [of cliff] bord m ; (Min) tour f d'extraction

browband ['braʊˌbænd] n frontail m

browbeat ['braʊbiːt] → SYN pret **browbeat**, ptp **browbeaten** vt intimider, persécuter ◆ **to browbeat sb into doing sth** forcer qn à faire qch

browbeaten ['braʊbiːtn] adj intimidé

brown [braʊn] → SYN 1 adj a brun, marron inv ; hair châtain ; boots, shoes, leather marron ◆ **light brown hair** cheveux mpl châtain clair inv ◆ **light brown material** étoffe f marron clair ◆ **in a brown study** † plongé dans ses pensées or méditations ◆ **to go brown** [leaves] roussir ; → **nut**
b (= tanned) person, skin bronzé ◆ **to go brown** bronzer ◆ **as brown as a berry** tout bronzé
c (= dusky-skinned) brun de peau
d (US) **to do sth up brown** * (fig) soigner qch dans les moindres détails

2 n brun m, marron m ◆ **her hair was a rich, deep brown** ses cheveux étaient d'un beau brun foncé

3 vt a [sun] [+ skin, person] bronzer, hâler
b (Culin) [+ meat, fish, potatoes, onions] faire dorer ; [+ sauce] faire roussir
c (Brit) **he is browned off** † * il en a marre * or ras le bol *

4 vi a [leaves] roussir
b [person, skin] brunir
c (Culin) dorer

5 COMP ▷ **brown ale** n sorte de bière brune ▷ **brown bear** n ours m brun ▷ **brown belt** n (Judo etc) ceinture f marron ▷ **brown bread** n pain m bis ▷ **brown coal** n lignite m ▷ **brown dwarf** n (Astron) naine f brune ▷ **brown fat (tissue)** n (Anat) tissu m adipeux brun ▷ **brown flour** n farine f complète ▷ **brown goods** n (Comm) produits mpl audiovisuels or bruns ▷ **brown-nose** n lèche-cul * m inv, lèche-bottes * mf ◇ vt lécher le cul à or de *, lécher les bottes de * ▷ **brown owl** n (Orn) chat-huant m ; (in Brownie Guides) cheftaine f ▷ **brown paper** n papier m d'emballage, papier m Kraft ▷ **brown rat** n surmulot m ▷ **brown rice** n riz m complet ▷ **brown sauce** n (Brit Culin) sauce brune relevée ▷ **Brown Shirt** n (Hist) Chemise f brune ▷ **brown sugar** n cassonade f, sucre m brun ▷ **brown trout** n (= fish) truite f brune

brownbag * ['braʊnbæg] vt (US) ◆ **to brownbag it** ◆ **to brownbag one's lunch** apporter son repas (dans un sac en papier)

brownfield ['braʊnfiːld] adj (Constr, Ind) ◆ **brownfield site** terrain m bâti

brownie ['braʊnɪ] n a (= fairy) lutin m, farfadet m
b Brownie (Guide) jeannette f ◆ **to win** or **get** or **earn Brownie points** * (fig hum) obtenir des bons points
c Brownie ® (= camera) brownie m kodak ®
d (esp US = cake) brownie m (petit gâteau au chocolat)

browning ['braʊnɪŋ] n (Brit Culin) produit préparé pour roux brun

brownish ['braʊnɪʃ] adj tirant sur le brun

brownout ['braʊnaʊt] n (US) (Mil) camouflage m partiel des lumières ; (Elec) panne f partielle

brownstone ['braʊnstəʊn] n (US) (= material) grès m brun ; (= house) bâtiment m de grès brun

browse [braʊz] → SYN 1 vi a (in bookshop, library) feuilleter les livres ; (in other shops) regarder sans acheter ◆ **to browse through a book** feuilleter or parcourir un livre ◆ **I'm just browsing** (in shop) je regarde seulement, merci
b (Comput) surfer or naviguer sur le Net
c [animal] brouter, paître
2 vt a [+ animals] brouter, paître
b (Comput) **to browse the Net** surfer or naviguer sur le Net
3 n ◆ **to have a browse** ⇒ **to browse** ; → **browse 1a**

browser ['braʊzəʳ] n a (Comput) navigateur m
b (in shop) "browsers welcome" "entrée libre"

brucellosis [ˌbruːsə'ləʊsɪs] n brucellose f

brucine ['bruːsiːn] n brucine f

bruise [bruːz] → SYN 1 vt a [+ person, part of body] faire un bleu à, contusionner ; [+ finger] faire un pinçon à ; [+ fruit] abîmer, taler ; [+ lettuce] froisser ◆ **to bruise one's foot** se faire un bleu au pied ◆ **to be bruised all over** avoir le corps en bleu or être couvert de bleus, être tout contusionné
b (= crush) (lit) écraser, piler ; (fig) [+ ego, feelings, pride] blesser ◆ **bruised heart** (liter) cœur m meurtri or blessé ◆ **bruised spirit** (liter) esprit m meurtri ◆ **to feel bruised** se sentir secoué

2 vi [fruit] se taler, s'abîmer ◆ **peaches bruise easily** les pêches se talent facilement ◆ **he bruises easily** il se fait facilement des bleus

3 n (on person) bleu m, ecchymose f; (on fruit) meurtrissure f, talure f ◆ **body covered with bruises** corps m couvert d'ecchymoses or de bleus

bruised [bruːzd] adj **a** person, body, skin, elbow etc contusionné ◆ **bruised all over** couvert de bleus, tout contusionné

  b fruit meurtri, talé; vegetables abîmé, meurtri

  c (fig) ego, feelings, pride blessé ◆ **to feel bruised** [person] être blessé

bruiser * ['bruːzə'] n malabar * m, cogneur * m

bruising ['bruːzɪŋ] **1** n bleus mpl, contusions fpl ◆ **light** or **minor/heavy** or **severe bruising** contusions fpl légères/graves

  2 adj éprouvant

Brum * [brʌm] n (Brit) Birmingham

brum * [brʌm] excl (baby talk) ◆ **brum, brum!** broum, broum!

Brummie * ['brʌmɪ] n (Brit) ◆ **he's a Brummie** il est de Birmingham

brunch [brʌntʃ] n brunch m

Brunei ['bruːnaɪ] n Brunei, le Brunei

brunette [bruː'net] **1** n (femme f) brune f, brunette f

  2 adj person, skin brun; eyes marron inv; hair châtain

brunt [brʌnt] → SYN n ◆ **the brunt** [of attack, blow] le (plus gros du) choc; [of argument, displeasure] le poids ◆ **to bear the brunt of the assault** soutenir or essuyer le plus fort de l'attaque ◆ **to bear the brunt of the work** faire le (plus) gros du travail ◆ **to bear the brunt of the expense** payer le (plus) gros des frais ◆ **he bore the brunt of it all** c'est lui qui a porté le poids de l'affaire

brush [brʌʃ] → SYN **1** n **a** brosse f; (also **paint brush**) pinceau m, brosse f; (= broom) balai m; (short-handled = hearth brush etc) balayette f; (also **scrubbing brush**) brosse f (dure); (also **bottle brush**) goupillon m, rince-bouteilles m inv; (also **shaving brush**) blaireau m ◆ **nail/clothes/hat brush** brosse f à ongles/à habits/à chapeau; → **pastry**, **tar¹**

  b (= act of brushing) coup m de brosse ◆ **give your coat a brush** donne un coup de brosse à ton manteau ◆ **to give one's hair a brush** donner un coup de brosse à ses cheveux, se brosser les cheveux

  c (= light touch) effleurement m

  d (= tail) [of fox] queue f

  e (NonC = undergrowth) broussailles fpl, taillis m

  f (= skirmish) accrochage m, escarmouche f ◆ **to have a brush with the law** avoir des démêlés mpl avec la justice, avoir maille à partir avec la justice ◆ **to have a brush with sb** (= quarrel) avoir un accrochage or une prise de bec * avec qn

  g (Elec) [of commutator] balai m; [of dynamo] frotteur m; (= discharge) décharge f

  2 vt **a** [+ carpet] balayer; [+ clothes, hair etc] brosser, donner un coup de brosse à ◆ **to brush one's teeth** se brosser or se laver les dents ◆ **to brush one's hair** se brosser les cheveux ◆ **hair brushed back, brushed-back hair** cheveux ramenés or rejetés en arrière ◆ **he brushed the chalk off his coat** il a enlevé (à la main or à la brosse) les traces de craie qui étaient sur son manteau

  b (= touch lightly) frôler, effleurer

  c (Tech) [+ wool] gratter ◆ **brushed cotton** (Tex) pilou m, finette f ◆ **brushed nylon** (Tex) nylon ® m gratté

  3 vi ◆ **to brush against sb/sth** effleurer or frôler qn/qch ◆ **to brush past sb/sth** frôler qn/qch en passant

  4 COMP ▷ **brush discharge** n (Elec) décharge f en aigrette, aigrette f (lumineuse) ▷ **brush maker** n (= manufacturer) fabricant m de brosses; (= employee) brossier m, -ière f ▷ **brush-off** * n to give sb the brush-off envoyer balader * qn ◆ **to get the brush-off** se faire envoyer sur les roses * ▷ **brush-stroke** n coup m or trait m de pinceau ▷ **brush-up** n coup m de brosse ◆ **to give one's German a brush-up** * rafraîchir ses notions d'allemand; → **wash**

▶ **brush aside** vt sep [+ argument, objections]

balayer (d'un geste); [+ protester, objector] repousser

▶ **brush away** vt sep [+ tears] essuyer; [+ mud, dust] (on clothes) enlever à la brosse or à la main; (on floor) balayer; [+ insects] chasser

▶ **brush down** vt sep [+ person, garment] donner un coup de brosse à; [+ horse] brosser

▶ **brush off** **1** vi ◆ **the mud brushes off easily** avec un coup de brosse la boue s'enlève facilement

  2 vt sep **a** [+ mud, snow] enlever (à la brosse or à coups de balai); [+ insect] balayer, écarter d'un geste; [+ fluff on coat] enlever (à la brosse or à la main)

  b (= dismiss) [+ offer, challenge, threat etc] repousser

  3 **brush-off** * n → **brush**

▶ **brush up** **1** vt sep **a** [+ crumbs, dirt] ramasser avec une brosse or à la balayette

  b [+ wool] gratter

  c (* = revise, improve) rafraîchir (ses notions de) ◆ **to brush up (on) one's English** rafraîchir son anglais or ses notions d'anglais

  2 **brush-up** n → **brush**

brushmark ['brʌʃmɑːk] n marque f de pinceau

brushwood ['brʌʃwʊd] n (= undergrowth) broussailles fpl, taillis m; (= cuttings) menu bois m, brindilles fpl

brushwork ['brʌʃwɜːk] n (Art) facture f

brusque [bruːsk] adj brusque

brusquely ['bruːsklɪ] adv behave, speak avec brusquerie, avec rudesse

brusqueness ['bruːsknɪs] n brusquerie f, rudesse f

Brussels ['brʌslz] **1** n Bruxelles

  2 COMP lace de Bruxelles ▷ **Brussels sprouts** npl (also **Brussel sprouts**) choux mpl de Bruxelles

brutal ['bruːtl] → SYN adj **a** (= cruel, violent) person, treatment, attack, régime brutal; film, scene violent

  b (= unmitigated) frankness, reality, change, reply brutal

  c (= harsh) winter, climate rude

  d (liter = animal-like) instincts animal

brutalism ['bruːtəlɪzəm] n (Archit) brutalisme m

brutality [bruː'tælɪtɪ] n brutalité f

brutalization [ˌbruːtəlaɪ'zeɪʃən] n (= ill-treatment) brutalités fpl, mauvais traitements mpl; (= dehumanization) déshumanisation f

brutalize ['bruːtəlaɪz] vt **a** (= ill-treat) brutaliser

  b (= make brutal) rendre brutal

brutally ['bruːtlɪ] adv murder, suppress, say brutalement ◆ **to put it brutally, ...** pour dire les choses de façon brutale, ... ◆ **brutally frank** d'une franchise brutale ◆ **in a brutally competitive world** dans un monde livré à une concurrence sans merci

brute [bruːt] → SYN **1** n **a** (= animal) brute f, bête f; (= person) (cruel) brute f, brutal m; (coarse) brute f (épaisse) ◆ **this machine is a brute!** * quelle vacherie de machine! *

  2 adj **a** (= animal-like) animal

  b strength, passion brutal ◆ **by (sheer) brute force** par la force

brutish ['bruːtɪʃ] adj (= animal-like) brutal

bryological [ˌbraɪə'lɒdʒɪkəl] adj (Bot) bryologique

bryologist [braɪ'ɒlədʒɪst] n (Bot) bryologue mf

bryology [braɪ'ɒlədʒɪ] n (Bot) bryologie f

bryony ['braɪənɪ] n (Bot) bryone f

bryophyte ['braɪəfaɪt] n (Bot) bryophyte f

bryozoan [ˌbraɪə'zəʊən] n (Zool) bryozoaire m

BS [biː'es] **a** (abbrev of **British Standard**) norme f britannique

  b (US Univ) (abbrev of **Bachelor of Science**) to have a BS in biology avoir une licence de biologie; → **bachelor**; → **DEGREE**

  c abbrev of **balance sheet**

  d (abbrev of **bill of sale**) acte m de vente

  e (esp US: *) ⇒ **bullshit**

BSA [ˌbiː'es'eɪ] n **a** (US) (abbrev of **Boy Scouts of America**) scouts américains

  b (abbrev of **Broadcasting Standards Authority**) ≃ CSA m

BSC [ˌbiː'es'siː] n (Brit) (abbrev of **Broadcasting Standards Council**) ≃ CSA m

BSc [ˌbiː'es'siː] n (Univ) (abbrev of **Bachelor of Science**) ◆ **to have a BSc in biology** avoir une licence de biologie; → **bachelor**; → **DEGREE**

BSE [ˌbiː'es'iː] (abbrev of **bovine spongiform encephalopathy**) ESB f

BSI [ˌbiː'es'aɪ] n (Brit) (abbrev of **British Standards Institution**) ≃ AFNOR f

B Sky B ['biːˌskaɪ'biː] n (abbrev of **British Sky Broadcasting**) principale chaîne britannique de télévision par satellite

BST [ˌbiː'es'tiː] n (abbrev of **British Summer Time**) → **British**

BT [biː'tiː] n (abbrev of **British Telecom**) → **British**

Bt abbrev of **Baronet**

BTEC ['biːtek] n (Brit) (abbrev of **Business and Technology Education Council**) **a** (= organization) → **business**

  b (= diploma) diplôme m en gestion, sciences et techniques etc

btu [ˌbiːtiː'juː] n (abbrev of **British thermal unit**) → **thermal**

BTW (abbrev of **by the way**) → **by**

bub * [bʌb] n (US) mec * m

bubble ['bʌbl] → SYN **1** n **a** (gen: also **air bubble**) bulle f; (in glass) bulle f, soufflure f; (in paint) boursouflure f; (in metal) soufflure f, boursouflement m ◆ **to blow bubbles** faire des bulles ◆ **soap bubble** bulle f de savon ◆ **the bubble burst** (fig) (gen) le rêve s'est envolé; (Econ) la chance a tourné ◆ **to burst sb's bubble** faire revenir or redescendre qn (brutalement) sur terre

  b (Med = sterile chamber) bulle f

  c (= sound) glouglou m

  2 vi [liquid] bouillonner, dégager des bulles; [champagne] pétiller; [gas] barboter; (= gurgle) faire glouglou, glouglouter

  3 COMP ▷ **bubble and squeak** n (Brit) purée aux choux et à la viande hachée ▷ **bubble bath** n bain m moussant ▷ **bubble-car** n (Brit) petite voiture f (à toit transparent) ▷ **bubble chamber** n (Phys) chambre f à bulles ▷ **bubble company** n (Comm, Fin) compagnie f véreuse ▷ **bubble-jet printer** n imprimante f à bulles d'encre ▷ **bubble memory** n (Comput) mémoire f à bulles ▷ **bubble pack** n (for pills etc) plaquette f; (in shop: for pens, plugs etc) blister m ▷ **bubble wrap** n emballage m à bulles

▶ **bubble out** vi [liquid] sortir à gros bouillons

▶ **bubble over** vi (lit, fig) déborder ◆ **to bubble over with joy** déborder de joie

▶ **bubble up** vi [liquid] monter en bouillonnant; (fig) [excitement etc] monter

bubble-gum ['bʌblgʌm] n chewing-gum m

bubblehead * ['bʌblhed] n (esp US: pej) andouille * f, crétin(e) * m(f)

bubblejet printer ['bʌbldʒet] n imprimante f à jet d'encre

bubbly ['bʌblɪ] → SYN **1** adj (lit, fig) pétillant

  2 n **a** (= champagne) champagne m, champ * m; (= sparkling wine) mousseux m

bubo ['bjuːbəʊ] n (Med) bubon m

bubonic [bjuː'bɒnɪk] adj bubonique ◆ **bubonic plague** peste f bubonique

buccaneer [ˌbʌkə'nɪə'] → SYN n (Hist) boucanier m; (fig) flibustier m, pirate m

buccaneering [ˌbʌkə'nɪərɪŋ] adj (pej, fig) aventurier, intrigant

buccinator ['bʌksɪneɪtə'] n (Anat) (muscle m) buccinateur m

Bucharest [ˌbuːkə'rest] n Bucarest

buck [bʌk] **1** n **a** (= male deer, rabbit, hare etc) mâle m

  b († = dandy) élégant m, dandy m

  c (US * = dollar) dollar m ◆ **to be down to one's last buck** être sur la paille ◆ **to make a buck** se faire du fric *; ◆ **to make a few bucks on the side** se faire un peu de pognon * à côté, se sucrer en douce *; (at sb's expense) se sucrer en douce *; ◆ **to make a fast** or **quick buck** gagner du fric * facile ◆ **to get more bang for the** or **one's buck** tirer le maximum de profit de son argent

buckbean / bug

d (* = responsibility) **to pass the buck** refiler * la responsabilité aux autres ◆ **the buck stops here** la responsabilité commence ici

e (= sawhorse) chevalet m, baudet m ; (Gym) cheval m d'arçons

f the horse gave a buck le cheval a lancé une ruade

[2] vi **a** [horse] lancer or décocher une ruade

b (= object to) **to buck at sth** * regimber devant qch

c (US) **to buck for sth** * rechercher qch

[3] vt ◆ **to buck the trend/system** se rebiffer contre la tendance/le système

[4] COMP ▷ **buck-naked** * (esp US) adj à poil *, nu comme un ver ▷ **buck private** n (US Mil) deuxième classe m inv ▷ **buck rabbit** n lapin m mâle ▷ **buck sergeant** n (US Mil) simple sergent m ▷ **buck's fizz** n (Culin) mimosa m ▷ **buck teeth** n **to have buck teeth** avoir les dents en avant ▷ **buck-toothed** adj qui a les dents en avant

▶ **buck up** * [1] vi **a** (= hurry up) se grouiller *, se magner *, (= exert o.s.) se remuer *, se magner * ◆ **buck up!** remue-toi ! *, grouille-toi ! *, active un peu ! *

b (= cheer up) se secouer * ◆ **buck up! courage!**

[2] vt sep **a** (= cheer up) [+ person] remonter le moral de, ravigoter *

b you'll have to buck up your ideas il va falloir que tu te secoues (subj) un peu *

buckbean ['bʌk,biːn] n ményanthe m

buckboard ['bʌkbɔːd] n (US) sorte de calèche

bucked * ['bʌkt] adj tout content

bucket ['bʌkɪt] [1] n **a** seau m ◆ **bucket of water** seau m d'eau ◆ **to weep buckets** * pleurer toutes les larmes de son corps ◆ **chain of buckets** chaîne f de seaux ◆ **they made a chain of buckets to fight the fire** ils ont fait la chaîne pour combattre l'incendie ; → **kick, rain**

b (Tech) [of dredger, grain elevator] godet m ; [of pump] piston m ; [of wheel] auget m

[2] vi **a** [rain] **it's bucketing (down)** * ◆ **the rain is bucketing down** * il pleut à seaux, il tombe des cordes

b (= hurtle) aller à fond de train

[3] COMP ▷ **bucket elevator** n (Tech) noria f, élévateur m à godets ▷ **bucket seat** n (siège-)baquet m ▷ **bucket shop** n (Fin) bureau m or maison f de contrepartie, bureau m de courtier marron ; (for air tickets) organisme de vente de billets d'avion à prix réduit

bucketful ['bʌkɪtfʊl] n plein seau m ◆ **to produce/get sth by the bucketful** * produire/obtenir des masses * de qch

Buckeye State ['bʌkaɪ'steɪt] (US) n ◆ **the Buckeye State** l'Ohio m

Buck House * ['bʌkˌhaʊs] n (Brit) ⇒ **Buckingham Palace**

Buckingham Palace ['bʌkɪŋəm'pælɪs] n le palais de Buckingham

buckle ['bʌkl] → SYN [1] n **a** [of shoe, belt] boucle f

b (= distortion) [of wheel] voilure f ; [of metal] gauchissement m, flambage m

[2] vt **a** [+ belt, shoe etc] boucler, attacher

b [+ wheel] voiler ; [+ metal] gauchir, fausser

[3] vi **a** [belt, shoe] se boucler, s'attacher

b [metal] gauchir, se déformer ; [wheel] se voiler

▶ **buckle down** * vi se coller au boulot * ◆ **buckle down to a job** s'atteler à un boulot * ◆ **buckle down to it!** au boulot ! *

▶ **buckle in** vt sep (into seat) attacher

▶ **buckle on** vt sep [+ armour] revêtir, endosser ; [+ sword] ceindre

▶ **buckle to** * vi s'y mettre, s'y coller *

buckra * ['bʌkrə] n (US pej) Blanc m

buckram ['bʌkrəm] n bougran m

Bucks n abbrev of **Buckinghamshire**

bucksaw ['bʌksɔː] n scie f à refendre

buckshee * [ˌbʌk'ʃiː] adj, adv (Brit) gratis inv, à l'œil

buckshot ['bʌkʃɒt] n chevrotine(s) f(pl)

buckskin ['bʌkskɪn] n peau f de daim

buckthorn ['bʌkθɔːn] n nerprun m, bourdaine f

buckwheat ['bʌkwiːt] n sarrasin m, blé m noir

bucolic [bjuːˈkɒlɪk] [1] adj bucolique, pastoral

[2] n (Literat) ◆ **the Bucolics** les Bucoliques fpl

bud¹ [bʌd] → SYN [1] n **a** [of tree, plant] bourgeon m, œil m ; [of grafting] écusson m ◆ **to be in bud** bourgeonner ◆ **a poet etc in the bud** un poète etc en herbe ; → **nip**¹

b [of flower] bouton m ◆ **in bud** en bouton ; → **rosebud**

c (Anat) papille f ; → **taste**

[2] vi [tree, plant] bourgeonner, se couvrir de bourgeons ; [flower] former des boutons ; [horns] (commencer à) poindre or percer ; [talent etc] (commencer à) percer

[3] vt (Hort) [+ tree] greffer, écussonner

bud² * [bʌd] n (esp US) ⇒ **buddy**

Budapest [ˌbjuːdəˈpest] n Budapest

Buddha ['bʊdə] n Bouddha m

Buddhism ['bʊdɪzəm] n bouddhisme m

Buddhist ['bʊdɪst] [1] n bouddhiste mf

[2] adj monk, nation bouddhiste ; religion, art, dogma bouddhique

budding ['bʌdɪŋ] → SYN adj plant bourgeonnant ; flower en bouton ; (fig) poet etc en herbe ; passion naissant

buddle ['bʌdl] n batée f

buddleia ['bʌdlɪə] n buddleia m, lilas m de Chine

buddy * ['bʌdɪ] [1] n (US) copain m, pote * m ◆ **hi there, buddy!** salut, mon pote ! * ◆ **buddy movie** or **film** film qui raconte l'histoire de deux amis ◆ **they use the buddy system** ils travaillent en équipe de deux

[2] COMP ▷ **buddy-buddy** * adj (esp US) **Paul and Mark are very buddy-buddy, Paul is very buddy-buddy with Mark** Paul et Mark sont très copains or copains comme cochons ◆ **a buddy-buddy movie** un film qui a pour héros deux amis

budge [bʌdʒ] → SYN [1] vi (= move) bouger ; (fig) changer d'avis ◆ **I will not budge an inch** (= move from here) je ne bougerai pas d'ici (= change my mind) rien ne me fera changer d'avis ◆ **she won't budge on this** elle est intraitable sur ce sujet

[2] vt faire bouger ◆ **you can't budge him** (fig) il reste inébranlable, vous ne le ferez pas changer d'avis

▶ **budge over** *, **budge up** vi se pousser

budgerigar ['bʌdʒərɪgɑːʳ] n perruche f

budget ['bʌdʒɪt] → SYN [1] n (gen, Fin) budget m ; (Parl) budget m, loi f de finances ◆ **my budget won't stretch** or **run to steak nowadays** mon budget ne me permet plus d'acheter de bifteck ◆ **to be on a tight budget** disposer d'un budget modeste

[2] adj (Econ, Fin) spending, credit budgétaire ◆ **budget cuts** (Econ) compressions fpl budgétaires

b (= cut-price) tour, holiday, price pour petits budgets, économique

[3] vi dresser or préparer un budget ◆ **to budget for sth** (Econ) inscrire or porter qch au budget, budgéter qch ; (gen) inscrire qch à son budget

[4] vt budgéter, budgétiser ◆ **to budget one's time** planifier son temps ◆ **budgeted balance sheet** bilan m provisionnel ◆ **a budgeted expense** une dépense budgétée

[5] COMP ▷ **budget account** n (Comm) compte-crédit m ◆ **budget day** (Parl) jour m de la présentation du budget ▷ **budget deficit** n (Econ) découvert m budgétaire ▷ **budget heading** n (Econ, Comm) poste m budgétaire ▷ **budget period** n période f budgétaire ▷ **budget plan** n (US Comm) système m de crédit ▷ **budget speech** n (Parl) discours m de présentation du budget ▷ **budget surplus** n (Econ) excédent m budgétaire

---

BUDGET

Le **budget** de la nation est présenté au Parlement britannique au printemps par le chancelier de l'Échiquier qui rend publiques les prévisions du gouvernement pour l'année à venir et précise en particulier les modifications apportées à la fiscalité et au régime des prestations sociales. L'intervention du ministre est diffusée intégralement à la télévision, et les contribuables peuvent donc prendre connaissance "en direct" des augmentations frappant certains produits, essence, alcool et tabac notamment.

-budget ['bʌdʒɪt] adj (in compounds) ◆ **big-budget** à gros budget ; → **low**¹

budgetary ['bʌdʒɪtrɪ] [1] adj budgétaire

[2] COMP ▷ **budgetary control** n contrôle m budgétaire ▷ **budgetary deficit** n déficit m budgétaire ▷ **budgetary year** n exercice m budgétaire

budgeting ['bʌdʒɪtɪŋ] n [of company, institution] prévisions fpl budgétaires ◆ **with careful budgeting ...** si l'on équilibre soigneusement le budget ...

budgie * ['bʌdʒɪ] n abbrev of **budgerigar**

Buenos Aires ['bweɪnɒs'aɪrɪz] n Buenos Aires

buff¹ [bʌf] → SYN [1] n **a** (= leather) (peau f de) buffle m ; (= colour) (couleur f) chamois m ◆ **in the buff** * à poil *

b (= polishing disc) polissoir m ◆ **buff wheel** meule f à polir

[2] adj **a** (en peau) de buffle, en buffle

b (also **buff-coloured**) (couleur) chamois inv ◆ **buff envelope** enveloppe f (en papier) bulle

[3] vt (= polish) polir

buff² [bʌf] → SYN n (= enthusiast) mordu(e) * m(f) ◆ **a film buff** un(e) mordu(e) * de cinéma

buffalo ['bʌfələʊ] n, pl **buffalo** or **buffaloes** (= wild ox) buffle m, bufflesse f ; (esp in US) bison m ; → **water**

buffer¹ ['bʌfəʳ] → SYN [1] n (lit, fig) tampon m ; (Brit Rail) (on train) tampon m ; (at terminus) butoir m ; (US Aut) pare-chocs m inv ; (Comput) mémoire f tampon

[2] vt [+ shocks] amortir ; (Chem) tamponner

[3] COMP ▷ **buffer fund** n (Fin, Econ) fonds m régulateur ▷ **buffer memory** n (Comput) mémoire f tampon ▷ **buffer solution** n (Chem) solution f tampon ▷ **buffer state** n (Pol) état m tampon ▷ **buffer stock** n (Comm) stock m de sécurité or de régularisation ▷ **buffer zone** n zone f tampon

buffer² ['bʌfəʳ] n (for polishing) polissoir m

buffer³ * ['bʌfəʳ] n (Brit) ◆ **(old) buffer** vieux fossile * m

buffet¹ ['bʌfɪt] → SYN [1] n (= blow) (with hand) gifle f, soufflet m ; (with fist) coup m de poing ◆ **the buffets of fate** (fig) les coups mpl du sort

[2] vt (with hand) frapper, souffleter ; (with fist) donner un coup de poing à ◆ **buffeted by the waves** battu or ballotté par les vagues ◆ **buffeted by the wind** secoué par le vent ◆ **buffeted by events** (fig) secoué par les événements

buffet² ['bʊfeɪ] [1] n (= refreshment bar, sideboard) buffet m ◆ **cold buffet** (in menu) viandes fpl froides

[2] COMP ▷ **buffet car** n (Brit Rail) voiture-buffet f, buffet m ▷ **buffet lunch** n lunch m ▷ **buffet meal** n buffet m ▷ **buffet supper** n buffet m dînatoire

buffeting ['bʌfɪtɪŋ] [1] n [of person, object] bourrades fpl, coups mpl ; [of wind, rain etc] assaut m ◆ **to get a buffeting from the waves** être ballotté (de tous côtés) par les vagues

[2] adj wind violent

buffing ['bʌfɪŋ] n polissage m

buffoon [bəˈfuːn] → SYN n bouffon m, pitre m

buffoonery [bəˈfuːnərɪ] n (NonC) bouffonnerie(s) f(pl)

bug [bʌg] → SYN [1] n **a** (= bedbug etc) punaise f ; (esp US = any insect) insecte m, bestiole * f ◆ **big bug** * (= important person) grosse légume * f, huile * f ; → **firebug**

b (* = germ) microbe m ♦ **he picked up a bug on holiday** il a attrapé un microbe pendant ses vacances ♦ **the flu bug** le virus de la grippe

c (= defect, snag) défaut m, inconvénient m ; (Comput) bogue m

d (* = hidden microphone) micro m (caché)

e (US * = car) petite voiture f, coccinelle * f

f (= enthusiasm) **to be bitten by** or **get the jogging bug** * attraper le virus du jogging

g (US) **a basketball bug** * (= enthusiasm) un(e) mordu(e) * de basket

2 vt **a** * [+ phone etc] brancher sur table d'écoute ; [+ room etc] poser or installer des micros (cachés) dans

b (* = annoy) embêter *, casser les pieds à *

3 COMP ▷ **bug-eyed** adj aux yeux exorbités ▷ **bug-hunter** * n entomologiste mf, chasseur m de petites bestioles * ▷ **bug-ridden** adj infesté de punaises

▶ **bug out** * vi (US) foutre le camp *

bugaboo ['bʌgəbu:] n croquemitaine m, loup-garou m

bugbear ['bʌgbɛəʳ] → SYN n (= obsession) bête f noire ; (= ogre) croquemitaine m, ogre m

bugger ['bʌgəʳ] **1** n **a** († or Jur = sodomite) pédéraste m

b (Brit **) salaud m ♦ **silly bugger** pauvre con m ♦ **to play silly buggers** déconner ♦ **lucky bugger** veinard m ♦ **poor little bugger** pauvre petit bonhomme * m

c (Brit) it's a bugger * (= difficulty, annoyance) c'est casse-couilles ** or casse-pieds *

2 excl ♦ **bugger (it** or **me)!** ** merde ! *

3 vt **a** (Jur) se livrer à la pédérastie avec

b (Brit **) **well, I'm buggered!** merde alors ! ♦ **I'll be** or **I'm buggered if I'm going to do that!** je préfère plutôt crever (que de faire ça) ! ♦ **bugger all que dalle** * ♦ **bugger him!** il peut aller se faire foutre ! ** ♦ **bugger the consequences!** je me fous des conséquences ! *

▶ **bugger about** **, **bugger around** ** (Brit) **1** vi glandouiller ** ♦ **to bugger around with sth** (= play around with) faire le con avec qch *

2 vt sep emmerder **, faire chier **

▶ **bugger off** ** vi (Brit) foutre le camp *

▶ **bugger up** ** vt sep (Brit) foutre en l'air *

buggered ** ['bʌgəd] (Brit) **1** vb (pt, ptp of **bugger**)

2 adj (= ruined) machine foutu *, nase * ; (= exhausted) person nase *

buggery ['bʌgəri] n sodomie f

bugging ['bʌgɪŋ] n utilisation f d'appareils d'écoute ♦ **bugging device** appareil m d'écoute (clandestine)

buggy ['bʌgɪ] n (horse-drawn) boghei m ; (also **beach buggy**) buggy m ; (also **moon buggy**) jeep ® f lunaire ; (US * = car) bagnole * f ; (also **baby buggy**) (Brit = pushchair) poussette (-canne) f ; (US = pram) voiture f d'enfant

bughouse * ['bʌghaʊs] n (US = asylum) asile m, maison f de dingues *

bugle ['bju:gl] n clairon m ♦ **bugle call** sonnerie f de clairon

bugler ['bju:gləʳ] n (joueur m de) clairon m

bugs * [bʌgz] adj (US) cinglé *, dingue *

build [bɪld] → SYN vb : pret, ptp **built** **1** n (= physique) carrure f, charpente f ♦ **man of strong build** homme m solidement bâti or charpenté ♦ **of medium build** de corpulence moyenne ♦ **of slim build** fluet ♦ **he's got the build of a wrestler** il a une carrure de catcheur, il est bâti comme un catcheur ♦ **of the same build as ...** de même carrure que ...

2 vt [+ house, town] bâtir, construire ; [+ bridge, ship, machine] construire ; [+ temple] bâtir, édifier ; [+ nest] bâtir, faire ; [+ theory, plan] bâtir, construire ; [+ empire, company] fonder, bâtir ; (in games) [+ words, sequence] former ♦ **the house is being built** la maison se bâtit ♦ **the architect who built the palace** l'architecte qui a bâti or qui a fait bâtir le palais ♦ **this car was not built for speed** cette voiture n'était pas conçue pour la vitesse ♦ **to build castles in the air** or **in Spain** faire des châteaux en Espagne ♦ **to build a mirror into a wall** encastrer un miroir dans un mur ♦ **house built into the hillside** maison f bâtie à flanc de colline ♦ **his theory is not built on facts** (fig) sa théorie n'est pas basée or construite sur des faits

3 vi bâtir ; [edifice] se bâtir ♦ **to build (up)on a piece of land** bâtir sur un terrain ♦ **to build upon sand** (lit, fig) bâtir sur le sable ♦ **it's a good start, something to build on** (fig) c'est une base solide sur laquelle on peut bâtir ♦ **to build upon sb/a promise** † (frm) faire fond sur qn/une promesse

▶ **build in** **1** vt sep (lit) [+ wardrobe etc] encastrer (into dans) ; (fig) [+ safeguards] intégrer (into à) see also **build 2**

2 **built-in** adj → **built**

▶ **build on** vt sep [+ room, annex] ajouter (to à)

▶ **build up** **1** vi [business connection etc] se développer ; [pressure] s'accumuler ; [tension, excitement] monter, augmenter

2 vt sep **a** (= establish) [+ reputation] édifier, bâtir ; [+ business] créer, monter ; [+ theory] échafauder ; (= increase) [+ production, forces] accroître, augmenter ; [+ pressure] accumuler ; [+ tension, excitement] augmenter, faire monter ♦ **to build up one's strength** prendre des forces

b (= cover with houses) [+ area, land] urbaniser

c (fig = publicize) [+ person, reputation] faire de la publicité pour, faire du battage * autour de

3 **build-up** n → **build-up**

4 **built-up** adj → **built**

builder ['bɪldəʳ] n **a** [of houses etc] (= owner of firm) entrepreneur m ; (= worker) maçon m ; [of ships, machines] constructeur m ♦ **builder's labourer** ouvrier m du bâtiment ; → **organ**

b (fig) fondateur m, -trice f, créateur m, -trice f ; → **empire**

building ['bɪldɪŋ] → SYN **1** n **a** (= edifice) bâtiment m, construction f ; (imposing) édifice m ; (= habitation or offices) immeuble m ; (Jur, Insurance: in contract etc) immeuble m ; → **public**

b (NonC) construction f ♦ **the building of the church took seven years** il a fallu sept ans pour construire l'église ; → **body**, **empire**

2 COMP ▷ **building block** n (= toy) cube m ; (fig) composante f ▷ **building contractor** n entrepreneur m (en bâtiment) ▷ **building industry** n (industrie f du) bâtiment m ▷ **building labourer** n ouvrier m du bâtiment ▷ **building land** n terrain m à bâtir ▷ **building materials** npl matériaux mpl de construction ▷ **building permit** n permis m de construire ▷ **building plot** n (petit) terrain m à bâtir ▷ **buildings insurance** n (NonC) assurance f sur le capital immobilier ▷ **building site** n chantier m (de construction) ▷ **building society** n (Brit) ≈ société f de crédit immobilier ▷ **building trade** n ⇒ **building industry** ▷ **the building trades** npl les métiers mpl du bâtiment ▷ **building workers** npl ouvriers mpl du bâtiment ▷ **building works** npl travaux mpl de construction

build-up ['bɪldʌp] → SYN n **a** (= increase) [of pressure] intensification f ; [of gas] accumulation f ; (Mil) [of troops] rassemblement m ; [of production] accroissement m ; (Comm) [of stock etc] accumulation f ; [of tension, excitement] montée f ♦ **arms build-up** (Mil) accumulation f des armements

b (fig = presentation) présentation f publicitaire, battage * m ♦ **to give sb/sth a good build-up** faire une bonne publicité pour qn/qch, faire beaucoup de battage * autour de qn/qch

built [bɪlt] **1** vb (pt, ptp of **build**)

2 adj **a** (Constr) **built of brick/stone** (construit) en briques/pierres ♦ **built to last** fait pour durer ♦ **a car built for speed** une voiture conçue pour faire de la vitesse ♦ **Anne isn't exactly built for speed** * (hum) Anne n'est pas vraiment du genre rapide * (hum)

b person **heavily** or **solidly built** costaud, solidement bâti ♦ **powerfully built** puissamment charpenté ♦ **slightly built** fluet ♦ **to be built like a tank** (Brit) [machine etc] être tout ce qu'il y a de plus solide ♦ **he's built like a tank** or **like a brick shithouse** ** (Brit) c'est une véritable armoire à glace, il est superbaraqué * ; → **well**²

3 COMP ▷ **built-in** → SYN adj oven, wardrobe, mirror, beam encastré ; (fig) desire etc inné ; see also **obsolescence** ♦ **built-in cupboard** placard m (encastré) ▷ **built-up** adj (Dress) shoulders rehaussé ; shoes à semelle compensée ♦ **built-up area** agglomération f (urbaine)

-built [bɪlt] adj (in compounds) ♦ **pine-built house** maison f (construite) en bois de pin ♦ **French-built ship** navire m de construction française ; → **clinker**

Bukhara [bʊˈkɑːrə] n (Geog) Boukhara

bulb [bʌlb] n **a** [of plant] bulbe m, oignon m ♦ **bulb of garlic** tête f d'ail ♦ **tulip bulb** bulbe m or oignon m de tulipe ♦ **bulb fibre** terreau m enrichi (pour bulbes)

b (Elec) ampoule f

c (Chem) ballon m ; [of thermometer] cuvette f

bulbous ['bʌlbəs] adj plant bulbeux ; nose gros (grosse f), bulbeux

bulbul ['bʊlbʊl] n (Orn) bulbul m

Bulgar † ['bʌlgəʳ] n Bulgare mf

Bulgaria [bʌlˈgɛərɪə] n la Bulgarie

Bulgarian [bʌlˈgɛərɪən] **1** adj bulgare

2 n **a** (= person) Bulgare mf

b (Ling) bulgare m

bulge [bʌldʒ] → SYN **1** n **a** (in surface, metal) bombement m ; (in cheek) gonflement m ; (in column) renflement m ; (in jug, bottle) panse f, ventre m ; (in plaster) bosse f ; (in tyre) soufflure f, hernie f ; (in pocket, jacket) renflement m ; (Brit Mil) saillant m ♦ **the Battle of the Bulge** (Hist) la bataille des Ardennes

b (= increase) [of numbers] augmentation f temporaire ; [of sales, prices, profits] hausse f, poussée f ; [of birth rate] poussée f ♦ **the postwar bulge** l'explosion f démographique de l'après-guerre

2 vi (also **bulge out**) (= swell) se renfler, bomber ; (= stick out) faire or former saillie ; [plaster] être bosselé ; [pocket, sack, cheek] être gonflé (with de) ♦ **my address book is bulging with new numbers** mon carnet d'adresses est bourré de nouveaux numéros

bulging ['bʌldʒɪŋ] adj **a** (= protruding) eyes globuleux ; muscles saillant ; stomach protubérant ; forehead, wall bombé

b (= full) pockets, suitcase bourré (with de) ; wallet bien garni

bulgur ['bʌlgəʳ] n (also **bulgur wheat**) boulgour m

bulimia [bəˈlɪmɪə] n (also **bulimia nervosa**) boulimie f

bulimic [bəˈlɪmɪk] adj boulimique

bulk [bʌlk] → SYN **1** n **a** (= great size) [of thing] grosseur f, grandeur f ; [of person] corpulence f ; (= large volume) masse f, volume m

♦ **in bulk** (Comm) (= in large quantities) en gros ; (not prepacked) en vrac

♦ **the bulk of** (= most of) la majeure partie de, la plus grande partie de, le (plus) gros de ♦ **the bulk of the working community** la plus grande partie or l'ensemble m de la population ouvrière ♦ **the bulk of the work is done** le plus gros du travail est fait

b (in food) fibre f (végétale)

c (Naut) cargaison f (en cale)

2 adj order, supplies etc en gros ♦ **bulk mailing** mailing m à grande diffusion ♦ **bulk mail** envois mpl en nombre

3 vi ♦ **to bulk large** (in sb's life/thoughts) occuper une place importante (dans la vie/les pensées de qn)

4 vt (Customs) estimer ♦ **to bulk a container** estimer le contenu d'un conteneur

5 COMP ▷ **bulk-buy** vi [trader] acheter en gros ; [individual] acheter par or en grosses quantités ▷ **bulk-buying** n [of trader] achat m en gros ; [of individual] achat m par or en grosses quantités ▷ **bulk cargo** n (Comm) cargaison f en vrac ▷ **bulk carrier** n transporteur m de vrac ▷ **bulk transport** n transport m en vrac

bulkhead ['bʌlkhed] n (Brit Naut) cloison f

bulkiness ['bʌlkɪnɪs] n [of parcel, luggage] grosseur f, volume m ; [of person] corpulence f

bulky ['bʌlkɪ] adj parcel, suitcase volumineux, encombrant ; book épais (-aisse f) ; person gros (grosse f), corpulent

bull¹ [bʊl] **1** n **a** taureau m ♦ **to take** or **seize** or **grasp the bull by the horns** prendre or saisir le taureau par les cornes ♦ **like a bull in a china shop** comme un éléphant dans un magasin de porcelaine ♦ **to go at it like a bull at a gate** ✲ foncer tête baissée ♦ **the Bull** (Astron) le Taureau ; → **bull's-eye, cock, John, strong**

  b (= male of elephant, whale etc) mâle m

  c (St Ex) haussier m ♦ **the market is all bulls** le marché est à la hausse

  d (Mil ✲ = cleaning, polishing) fourbissage m

  e (✲ = nonsense) ⇒ **bullshit 1**

  2 vt (St Ex) [+ stocks, shares] pousser à la hausse ♦ **to bull the market** pousser les cours à la hausse

  3 COMP elephant, whale etc mâle ▷ **bull bars** npl (Brit Aut) barres fpl antibuffles ▷ **bull calf** n jeune taureau m, taurillon m ▷ **bull-dyke** n (pej) gouine f (pej) aux allures de camionneur ▷ **bull huss** n (= fish) (grande) roussette f ▷ **bull market** n (St Ex) marché m haussier or à la hausse ▷ **bull mastiff** n (= dog) mastiff m, dogue m anglais ▷ **bull neck** n cou m de taureau ▷ **bull-necked** adj au cou de taureau, épais (épaisse f) d'encolure ▷ **bull session** ✲ n (US) discussion f entre hommes ▷ **bull terrier** n bull-terrier m

bull² [bʊl] n (Rel) bulle f

bulldog ['bʊldɒɡ] **1** n bouledogue m ♦ **French bulldog** bouledogue français

  2 COMP tenacity à toute épreuve ▷ **bulldog breed** n (fig) he is one of the bulldog breed il est d'une ténacité à toute épreuve ▷ **bulldog clip** n (Brit) pince f à dessin

bulldoze ['bʊldəʊz] → SYN vt (lit) passer au bulldozer ♦ **to bulldoze sb into doing sth** ✲ forcer qn à faire qch, faire pression sur qn pour qu'il fasse qch ♦ **he bulldozed his way into the meeting** ✲ (= forced his way in) il a réussi à pénétrer dans la salle où avait lieu la réunion ; (= managed to contribute) il a fait du forcing ✲ pour participer à cette réunion ♦ **the government bulldozed the bill through parliament** le gouvernement a fait du forcing ✲ pour que le parlement adopte (subj) le projet de loi

bulldozer ['bʊldəʊzəʳ] n bulldozer m

bullet ['bʊlɪt] → SYN **1** n balle f (projectile) ♦ **to get** or **be given the bullet** ✲ (Brit) se faire virer ✲

  2 COMP ▷ **bullet-headed** adj à (la) tête ronde ▷ **bullet hole** n trou m de balle ▷ **bullet-resistant** adj material, jacket pare-balles inv ▷ **bullet train** n train m à grande vitesse (japonais) ▷ **bullet wound** n blessure f par balle

bulletin ['bʊlɪtɪn] → SYN **1** n bulletin m, communiqué m ♦ **health bulletin** bulletin m de santé ; → **news**

  2 COMP ▷ **bulletin board** n (gen) tableau m d'affichage ; (Comput) panneau m d'affichage (électronique)

bulletproof ['bʊlɪtpruːf] **1** adj garment pare-balles inv ; car, glass blindé

  2 vt blinder

bullfight ['bʊlfaɪt] n course f de taureaux, corrida f

bullfighter ['bʊlfaɪtəʳ] n torero m

bullfighting ['bʊlfaɪtɪŋ] n courses fpl de taureaux ; (= art) tauromachie f ♦ **bullfighting has been banned here** les courses de taureaux sont interdites ici

bullfinch ['bʊlfɪntʃ] n bouvreuil m

bullfrog ['bʊlfrɒɡ] n grenouille-taureau f, ouaouaron m (Can)

bullhead ['bʊlhed] n (= fish) chabot m

bullhorn ['bʊlhɔːn] n (US) porte-voix m inv, mégaphone m

bullion¹ ['bʊljən] n (NonC) encaisse-or f ; (also **gold bullion**) or m en barre or en lingot(s) ; (also **silver bullion**) argent m en lingot(s)

bullion² ['bʊljən] n (= fringe) frange f de cannetille

bullish ['bʊlɪʃ] → SYN adj (St Ex) haussier

bullock ['bʊlək] **1** n bœuf m ; (young) bouvillon m

  2 COMP ▷ **bullock cart** n char m à bœufs

bullpen ✲ ['bʊlpen] n (US) **a** (Baseball) (= area) zone f d'entraînement des lanceurs ; (= players) lanceurs mpl à l'entraînement

  b (= office) bureau m paysagé or sans cloisons

  c (= cell) local m de garde à vue

bullring ['bʊlrɪŋ] n arène f (pour courses de taureaux)

bull's-eye ['bʊlzaɪ] n **a** [of target] mille m, centre m ♦ **to get a bull's-eye, to hit the bull's-eye** (lit, fig) faire mouche, mettre dans le mille

  b (= sweet) gros bonbon m à la menthe

  c (= window) œil-de-bœuf m, oculus m ; (in glass) boudine f

bullshit ✲✲ ['bʊlʃɪt] **1** n connerie(s) ✲ f(pl), foutaise(s) ✲ f(pl) ♦ **(that's) bullshit!** c'est des conneries or de la foutaise ! ✲

  2 vi déconner ✲, dire des conneries ✲

  3 vt raconter des conneries à ✲

bullshitter ✲✲ ['bʊlʃɪtəʳ] n ♦ **to be a bullshitter** raconter des conneries ✲

bullwhip ['bʊlwɪp] **1** n fouet m (à longue mèche tressée)

  2 vt fouetter

bully¹ ['bʊlɪ] → SYN **1** n **a** tyran m ; (esp Scol) petit(e) dur(e) m(f), (petite) brute f

  b (Brit Hockey: also **bully-off**) engagement m (du jeu)

  2 vt (= persecute) tyranniser, persécuter ; (= treat cruelly) malmener, brutaliser ; (= frighten) intimider ; (Scol) brutaliser, brimer ♦ **to bully sb into doing sth** contraindre qn par la menace à faire qch

  3 vi être une brute

  4 COMP ▷ **bully boy** ✲ n dur m, brute f ▷ **bully-boy** adj bully-boy tactics/politics manœuvres fpl/politique f d'intimidation

▶ **bully off 1** vi (Brit) mettre la balle en jeu, engager (le jeu)

  2 bully-off n ⇒ **bully¹**

bully² ✲ ['bʊlɪ] → SYN **1** adj † épatant †

  2 excl ♦ **bully for you!** t'es un chef ! ✲

bully³ ['bʊlɪ] n (Mil: also **bully beef**) corned-beef m, singe ✲ m

bullying ['bʊlɪɪŋ] **1** adj person, manner tyrannique, brutal

  2 n brimade(s) f(pl), brutalité(s) f(pl)

bulrush ['bʊlrʌʃ] n jonc m

bulwark ['bʊlwək] → SYN n (= rampart) rempart m, fortification f ; (= breakwater) brise-lames m inv ; (fig = defence) rempart m ; (Naut) bastingage m

bum¹ ✲ [bʌm] (esp US) **1** n (= vagrant) clodo ✲ m, clochard m ; (= good-for-nothing) bon à rien m ♦ **to get** or **be given the bum's rush** ✲ être mis en quarantaine or à l'index ♦ **to give sb the bum's rush** ✲ mettre qn en quarantaine or à l'index ♦ **to live on the bum** vivre en clochard

  2 adj (= bad) minable ✲, de camelote ✲ ; (= false) faux (fausse f) ♦ **a bum rap** ✲ une fausse accusation bidon ✲, une fausse accusation ♦ **a bum steer** un mauvais tuyau, un tuyau crevé ✲ ♦ **to give sb a bum steer** refiler un mauvais tuyau or un tuyau crevé à qn ✲

  3 vi **a** (= scrounge) taper ✲ les autres

  b (= loaf: also **bum about** or **around**) vadrouiller ✲

  4 vt [+ money, food] taper ✲ ♦ **to bum a meal/cigarette off sb** taper ✲ qn d'un repas/d'une cigarette

bum² ✲ [bʌm] (Brit) **1** n (= bottom) derrière m, arrière-train ✲ m ♦ **to put bums on seats** remplir les salles

  2 COMP ▷ **bum boy** ✲ n (pej) pédale ✲ f

bumbag ['bʌmbæɡ] n (sac m) banane f

bumbershoot † ✲ ['bʌmbəʃuːt] n (US) pépin ✲ m, parapluie m

bumble ['bʌmbl] vi **a** (= walk) marcher en titubant or d'un pas chancelant ♦ **to bumble about** or **around (a place)** s'affairer d'une façon désordonnée (dans un endroit) ♦ **we bumbled about on the computer** nous tapotions sur l'ordinateur

  b (= speak) bafouiller ♦ **to bumble on about sth** bafouiller or rabâcher qch

bumblebee ['bʌmblbiː] n bourdon m

bumbling ['bʌmblɪŋ] adj (= inept) empoté ; (= muttering) rabâcheur

bumboat ['bʌmbəʊt] n canot m d'approvisionnement

bumf ✲ [bʌmf] n (Brit) (pej = forms etc) paperasses fpl, paperasserie f ; (= toilet paper) PQ ✲ m

bumfreezer † ✲ ['bʌmfriːzəʳ] n blouson m court

bummer ✲ ['bʌməʳ] n **a** (Drugs) mauvais trip ✲ m

  b (annoying) you're working on Sunday? what a bummer! tu travailles dimanche ? quelle poisse ! ✲ ♦ **I had a bummer of a day** j'ai eu une journée vraiment pourrie ✲

bump [bʌmp] → SYN **1** n **a** (= blow) choc m, coup m ; (= jolt) cahot m, secousse f ♦ **he sat down with a bump** il s'est assis lourdement ♦ **he came down to earth with a bump** ✲ le retour à la réalité a été brutal pour lui ♦ **the news brought us back to earth with a bump** ✲ la nouvelle nous a brutalement rappelés à la réalité

  b (= lump on head, in road, Ski) bosse f ♦ **bump of locality** ✲ sens m de l'orientation

  c (Aviat = rising air current) (soudain) courant m ascendant

  d (Rowing) heurt m

  2 vt [car] [+ another car] heurter, tamponner ; [+ boat] heurter ♦ **to bump one's head/knee** se cogner la tête/le genou (against contre)

  3 vi ♦ **to bump along** cahoter, bringuebaler ♦ **to bump down** (= sit) s'asseoir brusquement ♦ **the economy continues to bump along the bottom** (Brit) l'économie est toujours au creux de la vague

  4 excl boum !, pan !

  5 COMP ▷ **bump-start** vt [+ car] (by pushing) démarrer en poussant ; (by running down a hill) démarrer dans une descente ◊ n to give a car a bump-start démarrer une voiture en la poussant

▶ **bump into** vt fus **a** [person] buter contre, se cogner contre ; [vehicle] entrer en collision avec, rentrer dans ✲

  b (✲ = meet) rencontrer par hasard, tomber sur ✲

▶ **bump off** ✲ vt sep liquider ✲, supprimer ; (with gun) descendre ✲

▶ **bump up** **1** vi ♦ **the car bumped up onto the pavement** la voiture a grimpé sur le trottoir

  2 vt sep ✲ **a** (= increase sharply) [+ prices, sales, points, profits] faire grimper

  b he was bumped up to first class on his flight home au retour, il a eu droit à un surclassement or à une place en première

▶ **bump up against** vt fus ⇒ **bump into**

bumper ['bʌmpəʳ] → SYN **1** n **a** [of car] pare-chocs m inv ♦ **to be bumper-to-bumper** être pare-chocs contre pare-chocs, être à touche-touche ✲

  b (= full glass) rasade f, plein verre m

  2 adj crop, issue exceptionnel, sensationnel

  3 COMP ▷ **bumper car** n auto f tamponneuse ▷ **bumper sticker, bumper strip** n autocollant m (pour voiture)

bumph [bʌmf] n ⇒ **bumf**

bumpkin ['bʌmpkɪn] n (pej : also **country bumpkin**) plouc ✲ mf, péquenaud ✲ m

bumptious ['bʌmpʃəs] → SYN adj suffisant, prétentieux

bumpy ['bʌmpɪ] adj road bosselé, cahoteux ; forehead couvert de bosses ; ride cahoteux ; crossing agité ♦ **we had a bumpy flight/drive/crossing** nous avons été très secoués or chahutés ✲ pendant le vol/sur la route/pendant la traversée

bun [bʌn] **1** n **a** (Culin: also **bread bun**) petit pain m au lait ; (= cake) petit gâteau m ♦ **to have a bun in the oven** ✲ avoir un polichinelle dans le tiroir ✲, être en cloque ✲

  b (= hairstyle) chignon m ♦ **she had her hair in a bun** elle portait un chignon

  c (US ✲) **to get a bun on** (= get drunk) prendre une biture ✲ ♦ **he had a bun on** il tenait une de ces bitures ! ✲

  2 buns ✲ npl (esp US = buttocks) fesses fpl

  3 COMP ▷ **bun-fight** ✲ n thé m (servi pour un grand nombre de personnes)

Buna ® ['buːnə] n buna ® m

bunch [bʌntʃ] → SYN **1** n **a** [of flowers] bouquet m ; [of feathers] touffe f ; [of hair] touffe f, houppe f ; [of bananas] régime m ; [of radishes, asparagus] botte f ; [of twigs] poignée f, paquet m ; [of keys] trousseau m ; [of ribbons] nœud m, flot m ◆ **bunch of flowers** bouquet m (de fleurs) ◆ **bunch of grapes** grappe f de raisins ◆ **to wear one's hair in bunches** (Brit) porter des couettes ◆ **the pick of the bunch** (fig) le dessus du panier

b * [of people] groupe m, bande f ◆ **the best of the bunch** le meilleur de la bande or de l'équipe * ◆ **the best of a bad bunch** * le or les moins médiocre(s) ◆ **what a bunch!** quelle équipe ! *

c (Sport) [of runners, cyclists] peloton m

2 vt [+ flowers] mettre en bouquets ; [+ vegetables, straw] botteler, mettre en bottes

▶ **bunch together** **1** vi se serrer (en foule), se grouper

2 vt sep [+ people, things] grouper, concentrer

▶ **bunch up** **1** vi ◆ **don't bunch up so much, space out!** ne vous entassez pas les uns sur les autres, écartez-vous !

2 vt sep **a** [+ dress, skirt] retrousser, trousser

b they sat bunched up on the bench ils étaient (assis) serrés sur le banc

bunco * ['bʊŋkəʊ] (US) **1** n (= swindle) arnaque* f, escroquerie f

2 vt arnaquer*, escroquer

3 COMP ▷ **bunco squad** n ≈ brigade f de répression des fraudes

buncombe * ['bʌŋkəm] n (US) ⇒ **bunkum**

bundle ['bʌndl] → SYN **1** n **a** [of clothes, goods] paquet m, ballot m ; [of hay] botte f ; [of letters, papers] liasse f ; [of linen] paquet m ; [of firewood] fagot m ; [of rods, sticks] faisceau m, poignée f ◆ **he's a bundle of nerves** c'est un paquet de nerfs ◆ **he's a bundle of laughs** * (iro) il n'est vraiment pas marrant * ◆ **to drop one's bundle** * (Austral fig) baisser les bras ◆ **bundle (of joy)** * (= baby) (petit) bout m de chou ◆ **that child is a bundle of mischief** * cet enfant est un petit coquin

b (* = money) **a bundle** beaucoup de fric * ◆ **to make a bundle** faire son beurre * ◆ **it cost a bundle** * ça a coûté bonbon *, ça a coûté beaucoup de fric *

c (= great deal) beaucoup ◆ **we've learned a bundle of lessons** nous avons beaucoup appris ◆ **I don't go a bundle on it** * ça ne me botte * pas, ça ne m'emballe pas beaucoup ◆ **I don't go a bundle on him** * il ne me branche pas ce type-là *

d (Comput) lot m

2 vt **a** (also **bundle up**) empaqueter, mettre en paquet ; [+ clothes] faire un paquet or ballot de ; [+ hay] botteler ; [+ papers, banknotes] mettre en liasse ; [+ letters] mettre en paquet ; [+ sticks] mettre en faisceau

b (= put hastily) **to bundle sth into a corner** fourrer * or entasser qch dans un coin ◆ **to bundle sb into the house** pousser or faire entrer qn dans la maison à la hâte or sans ménagement ◆ **to bundle sb into a car** pousser qn dans une voiture (sans ménagement)

c (Comput) [+ software] intégrer

3 COMP ▷ **bundled software** n (NonC: Comput) progiciel m

▶ **bundle off** vt sep [+ person] faire sortir (en toute hâte), pousser dehors (sans façons) ◆ **he was bundled off to Australia** on l'a expédié en Australie

▶ **bundle out** vt sep pousser dehors (sans façons), faire sortir (en toute hâte)

▶ **bundle up** vt sep **a** ⇒ **bundle 2a**
b emmitoufler

bung [bʌŋ] **1** n **a** [of cask] bondon m, bonde f

b (* = bribe) dessous-de-table m

2 vt **a** (esp Brit: also **bung up**) [+ cask] boucher

b (Brit * = throw) balancer *

▶ **bung in** * vt sep (= include) rajouter (par-dessus le marché)

▶ **bung out** * vt sep flanquer * à la porte ; [+ rubbish] jeter

▶ **bung up** vt sep **a** (= block up) [+ pipe etc] boucher, obstruer ◆ **his eyes were/his nose was bunged up** * il avait les yeux bouffis/le nez bouché or pris ◆ **I'm all bunged up** * j'ai un gros rhume (de cerveau)

b → **bung 2a**

bungaloid ['bʌŋgəlɔɪd] adj (pej) de bungalow, genre or style bungalow ◆ **bungaloid growth** extension f pavillonnaire

bungalow ['bʌŋgələʊ] n (petit) pavillon m (en rez-de-chaussée) ; (in East) bungalow m

bungee ['bʌndʒiː] **1** n (for securing luggage etc) sandow m, tendeur m

2 COMP ▷ **bungee cord** n élastique m (pour saut à l'élastique) ▷ **bungee jumping** n saut m à l'élastique ▷ **bungee rope** ⇒ **bungee cord**

bunghole ['bʌŋhəʊl] n bonde f

bungle ['bʌŋgl] → SYN **1** vt [+ attempt, robbery] rater ; [+ piece of work] gâcher, bousiller * ◆ **he bungled it** il s'y est mal pris, il a tout bousillé * ◆ **it was a bungled job** c'était fait n'importe comment

2 vi s'y prendre mal, faire les choses n'importe comment

3 n fiasco m, ratage m

bungler ['bʌŋglər] n bousilleur * m, -euse * f ◆ **he's a bungler** il bousille * tout, il est incompétent

bungling ['bʌŋglɪŋ] → SYN **1** adj person maladroit, incompétent ; attempt maladroit, gauche

2 n (NonC) gâchis m, bousillage * m

bunion ['bʌnjən] n (Med) oignon m

bunk [bʌŋk] → SYN **1** n **a** (Naut, Rail etc = bed) couchette f

b (Brit) **to do a bunk** * mettre les bouts * or les voiles *

c * abbrev of **bunkum**

2 vi **a** (* : also **bunk down**) coucher, camper (dans un lit de fortune)

b (Brit * : also **bunk off**) mettre les bouts * or les voiles *

3 COMP ▷ **bunk beds** npl lits mpl superposés ▷ **bunk-up** * n to give sb a bunk-up soulever qn par derrière or par en dessous

bunker ['bʌŋkər] **1** n **a** (for coal) coffre m ; (Naut) soute f (à charbon or à mazout)

b (Golf) bunker m ; (fig) obstacle m

c (Mil) blockhaus m, bunker m ◆ **(nuclear) bunker** bunker m or abri m antinucléaire

2 vt **a** (Naut) [+ coal, oil] mettre en soute ◆ **to bunker a ship** mettre du charbon or du mazout en soute

b (Golf) **to bunker one's shot** envoyer la balle dans un bunker ◆ **to be bunkered** (Golf) se trouver dans un bunker ; (* fig) se trouver face à un obstacle, se trouver dans une impasse

3 vi (Naut) charbonner, mazouter

bunkhouse ['bʌŋkhaʊs] n (esp US) bâtiment-dortoir m

bunkum * ['bʌŋkəm] n foutaise(s) * f(pl) ◆ **to talk bunkum** dire or débiter des balivernes or des foutaises * ◆ **that's all bunkum** tout ça c'est des foutaises *, tout ça c'est de la blague ! *

bunny ['bʌnɪ] n **a** (also **bunny rabbit**) lapin m

b (US * = pretty girl) jolie fille f or nana * f ; (also **bunny girl**) hôtesse f (dans un club Playboy) ; → **ski, snow**

Bunsen burner ['bʌnsn'bɜːnər] n bec m Bunsen

bunting[1] ['bʌntɪŋ] n (= bird) bruant m ; → **reed**

bunting[2] ['bʌntɪŋ] n (NonC) (= material) étamine f (à pavillon) ; (= flags etc) drapeaux mpl, banderoles fpl

buoy [bɔɪ] → SYN **1** n bouée f, balise f flottante ◆ **to put down a buoy** mouiller une bouée ; → **lifebuoy, mooring**

2 vt [+ waterway] baliser ; [+ net] liéger

3 COMP ▷ **buoy rope** n orin m

▶ **buoy up** vt sep (lit) maintenir à flot ; (fig) soutenir ◆ **they felt buoyed up by their recent successes** leurs récents succès les avaient regonflés *

buoyancy ['bɔɪənsɪ] **1** n **a** [of ship, object] flottabilité f ; [of liquid] poussée f

b (= lightheartedness) gaieté f, entrain m

c (Fin) **the buoyancy of the markets** la fermeté des marchés

2 COMP ▷ **buoyancy aid** n gilet m de sauvetage ▷ **buoyancy chamber, buoyancy tank** n (Naut) caisson m étanche

buoyant ['bɔɪənt] → SYN adj **a** ship, object capable de flotter, flottable ; liquid dans lequel les objets flottent ◆ **fresh water is not so buoyant as salt water** l'eau douce ne porte pas si bien que l'eau salée

b (= lighthearted) person enjoué, plein d'entrain or d'allant ; mood gai, optimiste ; step léger, élastique

c (Fin) market soutenu, actif

buoyantly ['bɔɪəntlɪ] adv walk, float légèrement ; (fig) avec entrain

BUPA ['buːpə] n (abbrev of **British United Provident Association**) association britannique d'assurance-maladie privée

bupivacaine [bjuː'pɪvəkeɪn] n (Med) bupivacaïne f

buppie * ['bʌpɪ] n yuppie mf noir(e)

buprestid [bjuː'prestɪd] n bupreste m

bur[1] [bɜːr] **1** n (Bot) bardane f ; (* pej = person) pot m de colle (pej) ◆ **chestnut bur** bogue f

2 COMP ▷ **bur reed** n sparganier m

bur[2] [bɜːr] **1** n (Ling) grasseyement m ◆ **to speak with a bur** grasseyer

2 vti ◆ **to bur (one's Rs)** prononcer les R grasseyés

Burberry ® ['bɜːbərɪ] n imperméable m (de la marque Burberry)

burble ['bɜːbl] **1** vi **a** [stream] murmurer

b (pej) [person] marmonner ◆ **what's he burbling (on) about?** qu'est-ce qu'il est encore en train de raconter ? ◆ **he burbled on about freedom** il radotait sur le thème de la liberté

2 vt marmonner

3 n [of stream] murmure m

burbling ['bɜːblɪŋ] **1** n (NonC) **a** [of stream] murmure m

b [of person] jacassements mpl

2 adj person qui n'arrête pas de jacasser

burbot ['bɜːbət] n, pl **burbot** or **burbots** lotte f (de rivière)

burbs * , 'burbs * [bɜːbz] npl (US) (abbrev of **suburbs**) ◆ **the burbs** la banlieue

burden ['bɜːdn] → SYN **1** n **a** (lit) fardeau m, charge f ; → **beast**

b (fig) fardeau m, charge f ; [of taxes, years] poids m ; [of debts] fardeau m ; (Fin, Jur = debt weighing on company's balance sheet or on an estate) encombrement m ◆ **to be a burden to ...** être un fardeau pour ... ◆ **the burden of the expense** les frais mpl à charge ◆ **burden of proof** (Jur) charge f de la preuve ◆ **the burden of proof lies** or **rests with him** la charge de la preuve lui incombe, il lui incombe d'en fournir la preuve ; → **tax**

c (Naut) jauge f, tonnage m ◆ **ship of 4,000 tons' burden** navire m qui jauge 4 000 tonneaux

d (= chorus) refrain m

e (= chief theme) substance f, fond m ◆ **the burden of their complaint** leur principal grief or sujet de plainte

2 vt (= place burden on) charger (with de) ; (= oppress) accabler (with de) ◆ **to burden the people with taxes** accabler le peuple d'impôts ◆ **to burden one's memory with facts** se charger la mémoire or surcharger sa mémoire de faits ◆ **to be burdened by guilt** être tenaillé par la culpabilité, être rongé de remords ◆ **to be burdened by regret** être accablé de regrets

burdensome ['bɜːdnsəm] adj load lourd, pesant ; task, restriction pénible

burdock ['bɜːdɒk] n bardane f

bureau ['bjʊərəʊ] → SYN **1** n, pl **bureaus** or **bureaux** **a** (esp Brit = writing desk) bureau m, secrétaire m

b (US = chest of drawers) commode f (souvent à miroir)

c (= office) bureau m ; → **information, travel**

d (esp US = government department) service m (gouvernemental) ◆ **federal bureau** (US) bureau m fédéral

bureaucracy / burnt

☐ COMP ▷ **Bureau of Indian Affairs** n (US) organisme responsable des affaires amérindiennes ▷ **Bureau of Prisons** n (US) administration f pénitentiaire

---
BUREAU OF INDIAN AFFAIRS

Organisme américain responsable des affaires amérindiennes. D'abord rattaché au ministère de la Guerre à sa création en 1824, il était responsable de l'administration des réserves. Aujourd'hui, il relève du ministère de l'Intérieur et a pour mission d'améliorer les conditions de vie des populations autochtones, et en particulier de leur apporter formation et assistance technique pour la gestion de leurs ressources.

---

bureaucracy [bjʊəˈrɒkrəsi] → SYN n bureaucratie f

bureaucrat [ˈbjʊərəʊkræt] → SYN n bureaucrate mf

bureaucratese* [ˌbjʊərəʊkræˈtiːz] n jargon m administratif

bureaucratic [ˌbjʊərəʊˈkrætɪk] adj bureaucratique

bureaucratize [bjʊəˈrɒkrətaɪz] vt bureaucratiser

bureaux [ˈbjʊərəʊz] npl of bureau

burette [bjʊəˈret] n éprouvette f graduée

burg* [bɜːg] n (US pej = town) bled* m, patelin* m

burgeon [ˈbɜːdʒən] vi (liter) [flower] (commencer à) éclore ; [plant] bourgeonner, se couvrir de bourgeons ; [talent] naître ; [population] être en pleine croissance ; [trade, industry] être en plein essor

burgeoning [ˈbɜːdʒənɪŋ] adj industry, market, demand, growth, career, popularity en plein essor ; population en pleine croissance ; numbers, costs, debt croissant ◆ **the burgeoning pacifist movement** le mouvement pacifiste en plein essor ◆ **a young man with burgeoning talent** un jeune homme dont le talent grandit de jour en jour

burger [ˈbɜːgər] ☐ n hamburger m
☐ COMP ▷ **burger bar** n fast-food m (où l'on sert des hamburgers)

burgess [ˈbɜːdʒɪs] n a (Brit Hist) (= citizen) bourgeois m, citoyen m ; (Parl) député m (représentant au Parlement d'un bourg ou d'une circonscription universitaire)
b (US Hist) député m

burgh [ˈbʌrə] n (Scot) ville f (possédant une charte)

burgher [ˈbɜːgər] n († or liter) citoyen(ne) m(f)

burglar [ˈbɜːglər] → SYN ☐ n cambrioleur m, -euse f ◆ cat
☐ COMP ▷ **burglar alarm** n (système m d')alarme f ▷ **burglar-proof** adj house muni d'un système d'alarme ; lock incrochetable

burglarize [ˈbɜːgləraɪz] vt (US) cambrioler

burglary [ˈbɜːgləri] → SYN n cambriolage m

burgle [ˈbɜːgl] ☐ vt cambrioler, dévaliser
☐ vi cambrioler

burgomaster [ˈbɜːgəˌmɑːstər] n bourgmestre m

Burgundian [bɜːˈgʌndɪən] ☐ adj bourguignon, de Bourgogne
☐ n Bourguignon(ne) m(f)

Burgundy [ˈbɜːgəndi] n a (Geog) la Bourgogne
b (= wine) burgundy bourgogne m

burial [ˈberɪəl] → SYN ☐ n (= interment) enterrement m, inhumation f ; (religious) sépulture f ; (= ceremony) funérailles fpl, obsèques fpl ; [of hopes etc] mort f, fin f ◆ **Christian burial** sépulture f chrétienne ◆ **burial at sea** funérailles fpl en mer
☐ COMP ▷ **burial ground** n cimetière m ▷ **burial mound** n tumulus m ▷ **burial place** n lieu m de sépulture ▷ **burial service** n office m des morts, service m funèbre ▷ **burial vault** n tombeau m

burin [ˈbjʊərɪn] n burin m (à graver)

burk* [bɜːk] n (Brit) ⇒ **berk**

burke [bɜːk] vt (= suppress) [+ scandal] étouffer ; (= shelve) [+ question] escamoter

Burkina-Faso [bɜːˈkiːnəˈfæsəʊ] n le Burkina-Faso

burlap [ˈbɜːlæp] n (esp US) toile f d'emballage, toile f à sac

burlesque [bɜːˈlesk] → SYN ☐ n a (= parody) [of book, poem etc] parodie f ; [of society, way of life] caricature f
b (NonC Literat) (genre m) burlesque m
c (US = striptease) revue f déshabillée (souvent vulgaire)
☐ adj poem etc burlesque ; description caricatural
☐ vt (= make ridiculous) tourner en ridicule ; (= parody) [+ book, author] parodier

burly [ˈbɜːli] → SYN adj de forte carrure, solidement charpenté ◆ **a big burly fellow*** un grand costaud* ◆ **a burly policeman** un grand gaillard d'agent

Burma [ˈbɜːmə] n la Birmanie

Burmese [bɜːˈmiːz] ☐ adj birman, de Birmanie ◆ **the Burmese Empire** l'Empire m birman
☐ n a (pl inv) Birman(e) m(f)
b (Ling) birman m
☐ COMP ▷ **Burmese cat** n (chat m) birman m

burn¹ [bɜːn] → SYN vb : pret, ptp **burned** or (Brit) **burnt** ☐ n a (Med) brûlure f ◆ **cigarette burn** brûlure f de cigarette ; → **degree**
b (Space) [of rocket] (durée f de) combustion f
☐ vt a (gen) brûler ; [+ town, building] incendier, mettre le feu à ◆ **to burn to a cinder** or **crisp** carboniser, calciner ◆ **to be burnt to death** être brûlé vif, mourir carbonisé ◆ **to be burnt alive** être brûlé vif ◆ **to be burnt at the stake** être brûlé sur le bûcher ◆ **to burn o.s.** se brûler ◆ **to burn one's finger** se brûler le doigt ◆ **he burned a hole in his coat with a cigarette** il a fait un trou à son manteau avec une cigarette ◆ **you could burn your fingers over this** (fig) vous risquez de vous brûler les doigts dans cette affaire ◆ **to get burned** (fig) se brûler les doigts ◆ **money burns a hole in my pocket** l'argent me fond dans les mains ◆ **to burn one's boats/one's bridges** brûler ses vaisseaux/les ponts ◆ **to burn the candle at both ends** brûler la chandelle par les deux bouts ; → **midnight**
b (Culin) [+ meat, toast, cakes] laisser brûler ; [+ sauce, milk] laisser attacher
c [acid] brûler, ronger ; [sun] [+ person, skin] brûler ◆ **delicious curries which won't burn your throat** de délicieux currys qui ne vous emporteront pas la bouche
☐ vi [wood, meat, cakes etc] brûler ; [milk, sauce] attacher ◆ **you left all the lights burning** vous avez laissé toutes les lumières allumées ◆ **her skin burns easily** elle a la peau facilement brûlée par le soleil, elle attrape facilement des coups de soleil ◆ **my head is burning** j'ai la tête brûlante ◆ **his wound was burning** la blessure le cuisait ◆ **his face was burning with cold** le froid lui brûlait le visage ◆ **her face was burning** (from heat, embarrassment) elle était cramoisie
b [person] (lit) être brûlé vif ; (fig) brûler (with de) ◆ **he was burning to get his revenge** or **burning for revenge** il brûlait (du désir) de se venger ◆ **he was burning with ambition** il brûlait d'ambition
c **acid burns into metal** l'acide ronge le métal ◆ **the date burned into his memory** la date se grava dans sa mémoire
d (Space) [rocket] brûler
☐ COMP ▷ **burns unit** n (Med) service m des grands brûlés

▶ **burn away** ☐ vi a (= go on burning) **the fire was burning away** le feu flambait or brûlait bien
b (= be consumed) se consumer
☐ vt sep détruire (par le feu) ; [+ paint] brûler (au chalumeau)

▶ **burn down** ☐ vi a [house etc] brûler complètement, être réduit en cendres
b [fire, candle] baisser
☐ vt sep [+ building] incendier ◆ **the house was burnt down** la maison a été réduite en cendres or calcinée

▶ **burn off** vt sep [+ paint etc] brûler (au chalumeau)

▶ **burn out** ☐ vi [fire, candle] s'éteindre ; [light bulb] griller, sauter
☐ vt sep a [+ candle] laisser brûler jusqu'au bout ; [+ lamp] griller ◆ **the candle burnt itself out** la bougie est morte ◆ **he burnt himself out** il s'est usé (à force de travail)
b (= force out by fire) [+ enemy troops etc] forcer à sortir en mettant le feu ◆ **they were burnt out of house and home** un incendie a détruit leur maison avec tout ce qu'ils possédaient
☐ **burnout** n → **burnout**

▶ **burn up** ☐ vi a [fire etc] flamber, monter
b [rocket etc in atmosphere] se volatiliser, se désintégrer
☐ vt sep a [+ rubbish] brûler
b **burned up with envy** mort de jalousie
c (US * = make angry) foutre en rogne*

burn² [bɜːn] n (Scot) ruisseau m

burner [ˈbɜːnər] n [of gas cooker] brûleur m ; [of lamp] bec m (de gaz) ; → **back, Bunsen burner, charcoal, front**

burnet [ˈbɜːnɪt] n (Bot) (also **salad burnet**) pimprenelle f ; (also **great burnet**) sanguisorbe f officinale

Burnham scale [ˈbɜːnəmˌskeɪl] n (Brit Scol Admin) grille f indiciaire des enseignants

burning [ˈbɜːnɪŋ] → SYN ☐ adj a (= on fire) town, forest en flammes ; fire, candle allumé ; coals ardent ; feeling cuisant ◆ **the burning bush** le buisson ardent ◆ **with a burning face** (from shame) le rouge au front ; (from embarrassment) le rouge aux joues
b (fig) thirst, fever brûlant ; faith ardent, intense ; indignation violent ; words véhément, passionné ; topic brûlant, passionnant ◆ **a burning question** une question brûlante ◆ **it's a burning*** **shame that …** c'est une honte or un scandale que … (+ subj)
☐ n a **there is a smell of burning** ça sent le brûlé or le roussi ◆ **I could smell burning** je sentais une odeur de brûlé
b (= setting on fire) incendie m, embrasement m ◆ **they ordered the burning of the town** ils ont ordonné l'incendie de la ville, ils ont ordonné qu'on mette le feu à la ville

burnish [ˈbɜːnɪʃ] vt [+ metal] brunir, polir ◆ **burnished hair** (beaux) cheveux mpl brillants ◆ **burnished skin** (belle) peau f dorée ◆ **burnished leaves** feuilles fpl aux reflets dorés ◆ **to burnish sb's image** redorer le blason de qn, rehausser l'image de qn

burnisher [ˈbɜːnɪʃər] n (= person) brunisseur m, -euse f ; (= tool) brunissoir m

burnous(e), burnoos (US) [bɜːˈnuːs] n burnous m

burnout [ˈbɜːnaʊt] n a (Elec) **there's been a burnout** les circuits sont grillés
b (fig) épuisement m

Burns' Night [ˈbɜːnzˌnaɪt] n (Brit) fête écossaise à la gloire du poète Robert Burns

---
BURNS' NIGHT

Fête écossaise commémorant l'anniversaire de la naissance du poète national écossais Robert Burns (1759-1796). À cette occasion, les Écossais se réunissent pour un dîner (Burns' supper) qui comprend traditionnellement du haggis, apporté au son de la cornemuse, et qui se mange accompagné d'une purée de rutabagas et de pommes de terre (neeps and tatties). Après les toasts d'usage, l'assistance lit des poèmes et chante des chansons de Burns.

---

burnt [bɜːnt] ☐ vb (pt, ptp of **burn¹**)
☐ adj brûlé, carbonisé ◆ (Prov) **a burnt child dreads the fire** chat échaudé craint l'eau froide (Prov) ◆ **burnt smell/taste** odeur f/goût m de brûlé
☐ COMP ▷ **burnt almond** n amande f grillée, praline f ▷ **burnt lime** n chaux f vive ▷ **burnt offering** n holocauste m ▷ **burnt orange** adj orange foncé inv ▷ **burnt sacrifice** n ⇒ **burnt offering** ▷ **burnt sienna** n terre f de sienne or d'ombre brûlée ▷ **burnt sugar** n caramel m ▷ **burnt umber** n ⇒ **burnt sienna**

burp * [bɜːp] **1** vi roter *, faire un renvoi **2** vt ♦ **to burp a baby** faire faire son rot * or son renvoi à un bébé **3** n rot * m, renvoi m **4** COMP ▷ **burp gun** ⁑ n (US) (= pistol) pistolet m automatique ; (= submachine gun) sulfateuse * f (Mil), mitraillette f

burr [bɜːʳ] n ⇒ **bur**

burrito [bəˈriːtəʊ] n (Culin) burrito m

burro [ˈbʊrəʊ] n âne m

burrow [ˈbʌrəʊ] → SYN **1** n terrier m
2 vi [rabbit] creuser un terrier ; [dog] creuser (la terre) ♦ **to burrow under** [person] (in earth) se creuser un chemin sous ; (under blanket) se réfugier sous ; (= feel around in) fouiller sous ♦ **to burrow into the past** fouiller dans le passé
3 vt creuser ♦ **to burrow one's way underground** (se) creuser (un chemin) sous terre

bursa [ˈbɜːsə] n, pl **bursas** or **bursae** [ˈbɜːsiː] (Anat) bourse f

bursar [ˈbɜːsəʳ] **1** a (= administrator: gen) intendant(e) m(f) ; (in private school, hospital) économe mf
b (Brit = student) (élève mf) boursier m, -ière f

bursary [ˈbɜːsəri] n (Brit) bourse f (d'études)

bursitis [bɜːˈsaɪtɪs] n hygroma m

burst [bɜːst] → SYN vb : pret, ptp **burst 1** n [of shell, bomb] explosion f, éclatement m ; [of anger, indignation] explosion f ; [of anger, laughter] éclat m ; [of affection, eloquence] élan m ; transport [of activity] vague f ; [of enthusiasm] accès m, montée f ; [of thunder] coup m ; [of applause] salve f ; [of flames] jaillissement m, jet m ♦ **to put on a burst of speed** faire une pointe de vitesse ♦ **a burst of gunfire** une rafale (de balles) ♦ **a burst of weeping** une crise de larmes
2 adj (Med) ♦ **burst blood vessel** vaisseau m éclaté ♦ **burst pipe** (Plumbing) tuyau m éclaté
3 vi **a** [bomb, shell] éclater, faire explosion ; [boiler, pipe] éclater ; [bubble, balloon, abscess] crever ; [tyre] (= blow out) éclater ; (= puncture) crever ; [bud] éclore ♦ **to burst open** [door] s'ouvrir violemment ; [container] s'éventrer
b **to be bursting (at the seams*)** [bag, room] être plein à craquer (*with* de) ♦ **to fill a sack to bursting point** remplir un sac à craquer ♦ **to be bursting with health** déborder de santé ♦ **to be bursting with impatience** brûler d'impatience ♦ **to be bursting with pride** éclater d'orgueil ♦ **to be bursting with joy** déborder de joie ♦ **I was bursting to tell you** * je mourais d'envie de vous le dire ♦ **to be bursting *** [person] avoir une envie pressante
c (= move etc suddenly) se précipiter, se jeter (*into* dans ; *out of* hors de)
d (= begin suddenly) **the horse burst into a gallop** le cheval a pris le galop ♦ **he suddenly burst into speech/song** il s'est mis tout d'un coup à parler/chanter ♦ **the truth burst (in) upon him** la vérité lui a soudain sauté aux yeux ♦ **the applause burst upon our ears** les applaudissements ont éclaté à nos oreilles ♦ **to burst into tears** fondre en larmes ♦ **to burst into bloom** [flower] s'épanouir (soudain) ♦ **to burst into flames** prendre feu (soudain) ♦ **the sun burst through the clouds** le soleil a percé les nuages ♦ **the oil burst from the well** le pétrole a jailli du puits
4 vt [+ balloon, bubble] crever ; [+ tyre] (= blow out) faire éclater ; (= puncture) crever ; [+ boiler, pipe] faire sauter ; [+ door] ♦ **to burst open** [+ door] ouvrir violemment ; [+ container] éventrer ♦ **the river has burst its banks** le fleuve a rompu ses digues ♦ **to burst one's sides with laughter** se tordre de rire ♦ **to burst a blood vessel** (Med) (se) faire éclater une veine, (se) rompre un vaisseau ♦ **he almost burst a blood vessel** * (with anger etc) il a failli prendre un coup de sang * or avoir une attaque *

▶ **burst forth** vi (liter) [person] sortir précipitamment ; [sun] surgir

▶ **burst in 1** vi entrer en trombe or en coup de vent, faire irruption ♦ **he burst in (on us/them etc)** il a fait irruption (chez nous/eux etc) ♦ **to burst in on a conversation** interrompre brutalement une conversation
2 vt sep [+ door] enfoncer

▶ **burst out** vi **a** **to burst out of a room** se précipiter hors d'une pièce, sortir d'une pièce en trombe
b **she's bursting out of that dress** elle éclate de partout or elle est très boudinée * dans cette robe
c (in speech) s'exclamer, s'écrier ♦ **to burst out into explanations/threats etc** se répandre en explications/menaces etc
d **to burst out laughing** éclater de rire ♦ **to burst out crying** fondre en larmes ♦ **to burst out singing** se mettre tout d'un coup à chanter

bursting [ˈbɜːstɪŋ] n (Comput) déliassage m

burthen †† [ˈbɜːðən] ⇒ **burden**

burton [ˈbɜːtn] n (Brit) ♦ **he's gone for a burton** * il a eu son compte *, il est fichu * or foutu ⁑ ♦ **it's gone for a burton** * (= broken) c'est fichu * or foutu ⁑ ; (= lost) ça a disparu

Burundi [bəˈrʊndi] n le Burundi

Burundian [bəˈrʊndjən] **1** adj burundais **2** n Burundais(e) m(f)

bury [ˈbɛri] → SYN **1** vt **a** (gen) enterrer ; (at funeral) enterrer, inhumer ♦ **to bury sb alive** enterrer qn vivant ♦ **he was buried at sea** son corps fut immergé (en haute mer) ♦ **buried by an avalanche** enseveli par une avalanche ; → **dead**
b [+ treasure] enterrer, enfouir ; [+ quarrel] enterrer, oublier ♦ **the dog buried a bone** le chien a enterré un os ♦ **to bury one's head in the sand** pratiquer la politique de l'autruche ♦ **to bury the hatchet** or (US) **the tomahawk** enterrer la hache de guerre
c (= conceal) enfouir, cacher ♦ **to bury o.s. under the blankets** s'enfouir sous les couvertures ♦ **to bury one's face in one's hands** se couvrir or se cacher la figure de ses mains ♦ **the bullet was buried deep in the woodwork** la balle était fichée profondément dans le bois ♦ **a village buried in the country** un village perdu en pleine campagne ♦ **she buried herself in the country** elle est allée s'enterrer à la campagne ♦ **they buried the story** ils ont enterré l'affaire
d (= engross) plonger ♦ **to bury one's head** or **o.s. in a book** se plonger dans un livre ♦ **to bury o.s. in one's studies** se plonger dans ses études ♦ **buried in one's work** plongé or absorbé dans son travail ♦ **buried in thought** plongé dans une rêverie or dans ses pensées
e (= plunge) [+ hands, knife] enfoncer, plonger (*in* dans)
2 COMP ▷ **burying beetle** n nécrophore m

▶ **bury away** vt sep ♦ **to be buried away** être enterré (fig)

bus [bʌs] **1** n, pl **buses**, (US) **buses** or **busses**
a bus m, autobus m ; (long-distance) autocar m, car m ♦ **all buses stop here** arrêt m fixe or obligatoire ; → **double**, **miss¹**, **trolley**
b ⁑ (= car) bagnole * f ; (= plane) (vieux) coucou * m
c (Comput) bus m
2 vi **a** (* = go by bus) prendre l'autobus (or le car)
b (US *: in café) travailler comme aide-serveur, desservir
3 vt ♦ **to bus children to school** transporter des enfants à l'école en car ; → **bussing**
4 COMP ▷ **bus conductor** n receveur m, -euse f d'autobus or de bus ▷ **bus depot** n dépôt m d'autobus or de bus ▷ **bus driver** n conducteur m, -trice f d'autobus or de bus ▷ **bus lane** n (Brit) voie f réservée aux autobus or de bus ▷ **bus pass** n (Brit) carte f d'autobus or de bus ▷ **bus route** n **the house is/is not on a bus route** la maison est/n'est pas sur un trajet d'autobus or de bus ▷ **bus service** n réseau m or service m d'autobus ▷ **bus shelter** n Abribus ® m ▷ **bus station** n gare f d'autobus ; (for coaches) gare f routière ▷ **bus stop** n arrêt m d'autobus or de bus ▷ **bus ticket** n ticket m d'autobus or de bus

busbar [ˈbʌsbɑːʳ] n (Comput) bus m

busboy [ˈbʌsbɔɪ] n (US) aide-serveur m

busby [ˈbʌzbɪ] n (Brit) bonnet m à poil (*de soldat*)

bush¹ [bʊʃ] → SYN **1** n **a** (= shrub) buisson m ♦ **he had a great bush of hair** il avait une épaisse tignasse ; → **beat**, **burning**, **rosebush**
b (= thicket) taillis m, fourré m ; (NonC = brushwood) broussailles fpl ♦ **the bush** (in Africa, Australia) le bush ♦ **to take to the bush** partir or se réfugier dans le bush
2 COMP ▷ **bush baby** n (Zool) galago m ▷ **bush jacket** n saharienne f ▷ **bush-league** * adj (US Baseball) de catégorie médiocre ▷ **bush leaguer** * n (US Baseball) joueur m de catégorie médiocre ; (fig) minus mf ▷ **bush telegraph** n (lit) téléphone m de brousse ; (* fig) téléphone m arabe

bush² [bʊʃ] n (Tech) bague f

bushed [bʊʃt] adj **a** (= exhausted) flapi *, claqué * ; (= puzzled) ahuri
b (Austral) perdu en brousse

bushel [ˈbʊʃl] n (Brit = measure) boisseau m ; → **hide¹**

bushfighting [ˈbʊʃfaɪtɪŋ] n guérilla f

bushfire [ˈbʊʃfaɪəʳ] n feu m de brousse

bushhammer [ˈbʊʃhæməʳ] n boucharde f

bushing [ˈbʊʃɪŋ] n (esp US: Tech) bague f

Bushman [ˈbʊʃmən] n, pl **-men** (in South Africa) Bochiman m, Bushman m

bushman [ˈbʊʃmən] n, pl **-men** (in Australia) broussard * m

bushranger [ˈbʊʃreɪndʒəʳ] n (in Australia) forçat m réfugié dans la brousse, broussard * m ; (in Canada, US) trappeur m

bushwhack [ˈbʊʃwæk] (US) **1** vi se frayer un chemin à travers la brousse
2 vt (= ambush) tendre une embuscade à

bushwhacker [ˈbʊʃwækəʳ] n (= frontiersman) colon m de la brousse ; (= guerilla soldier) guérillero m ; (= bandit) bandit m de la brousse ; (in Australia = lumberjack) bûcheron m

bushwhacking [ˈbʊʃwækɪŋ] n (US) ⇒ **bushfighting**

bushy [ˈbʊʃi] adj land, ground broussailleux, couvert de buissons ; shrub épais (épaisse f) ; tree touffu ; beard, eyebrows, hair touffu, broussailleux

busily [ˈbɪzɪli] → SYN adv (= actively, eagerly) activement ; (pej = officiously) avec trop de zèle ♦ **to be busily engaged in sth/in doing sth** être très occupé or activement occupé à qch/à faire qch

business [ˈbɪznɪs] → SYN **1** n **a** (NonC = commerce) affaires fpl ♦ **it's good for business** ça fait marcher les affaires ♦ **the business section** (in newspaper) la rubrique affaires ♦ **to be in business** être dans les affaires ♦ **to be in the grocery business** être dans l'alimentation ♦ **to be in business for o.s.** travailler pour son propre compte, être à son compte ♦ **to set up in business as a butcher** etc s'établir (comme) boucher etc ♦ **to go out of business** [businessman] fermer ; [company] cesser ses activités, fermer ♦ **to put out of business** [+ company, businessman] faire fermer ♦ **to do business with sb** faire des affaires avec qn ♦ **business is business** les affaires sont les affaires ♦ **to go to Paris on business** aller à Paris pour affaires ♦ **to be away on business** être en déplacement pour affaires ♦ **his business is cattle rearing** il a une affaire d'élevage de bestiaux ♦ **his line of business** sa partie ♦ **what's his line of business?** *, **what line of business is he in?** * qu'est-ce qu'il fait (dans la vie) ? ♦ **she's in the publishing business** elle travaille dans l'édition ♦ **to know one's business** connaître son affaire, s'y connaître ♦ **to get down to business** (fig) passer aux choses sérieuses ♦ **now we're in business!** * (fig) maintenant nous sommes prêts ! ♦ **all we need is a microphone and we're in business** * tout ce qu'il nous faut c'est un micro et le tour est joué ♦ **he means business** * il ne plaisante pas ♦ **"business as usual"** (lit) "nous restons ouverts pendant les travaux" ♦ **it's business as usual, despite the bomb** la vie continue, en dépit de l'attentat ♦ **it's the business!** * c'est super ! * ♦ **she's the business!** * elle est vraiment géniale ! * ; → **mix**, **nobody**
b (NonC = volume of trade) **our business has doubled in the last year** notre chiffre d'affaires a doublé par rapport à l'année dernière ♦ **most of the shop's business comes from women** la clientèle de la boutique est essentiellement féminine ♦ **he gets a lot of business from the Americans** il travaille beaucoup avec les Américains ♦ **during the ten**

days of the fair, business was excellent pendant les dix jours de la foire, les affaires ont très bien marché ◆ **business is good/ booming** les affaires marchent bien/sont prospères ◆ **to lose business** perdre des clients

c (= commercial enterprise) commerce m, affaire f ◆ **he has a little business in the country** il tient un petit commerce or il a une petite affaire à la campagne ◆ **he owns a grocery business** il a un commerce d'alimentation ◆ **a small business** une petite entreprise ◆ **a family business** une entreprise familiale

d (= task, duty) affaire f, devoir m ◆ **the business of the day** les affaires courantes ◆ **it's all part of the day's business** cela fait partie de la routine journalière ◆ **the business before the meeting** l'ordre m du jour de l'assemblée ◆ **we're not in the business of misleading the public** notre propos n'est pas de tromper le public ◆ **it's time the government got on with the business of dealing with this nation's problems** il est temps que le gouvernement s'occupe sérieusement des problèmes de la nation ◆ **to make it one's business to do sth** se charger de faire qch ◆ **that's none of his business** cela ne le regarde pas, ce n'est pas ses affaires ◆ **it's your business to do it** c'est à vous de le faire ◆ **you've no business to do that** ce n'est pas à vous de faire cela ◆ **I really had no business being there** or **to be there** je n'avais rien à faire dans cet endroit ◆ **that's my business and none of yours** c'est mon affaire et non la vôtre ◆ **my private life is my own business** je ne veux pas que l'on se mêle de ma vie privée, ma vie privée ne regarde que moi ◆ **mind your own business!** * mêlez-vous de vos affaires or de ce qui vous regarde ! ◆ **I know my own business** je ne veux pas me mêler de ce qui ne me regarde pas ◆ **to go about one's business** s'occuper de ses propres affaires ◆ **to send sb about his business** envoyer promener * qn

e (= difficult job) **finding a flat is quite a business** c'est toute une affaire de trouver un appartement ◆ **she made a (real) business of helping him** elle a fait toute une histoire * pour l'aider ◆ **moving house is a costly business** cela coûte cher de déménager, les déménagements sont coûteux ◆ **parenting can be a stressful business** cela peut être stressant d'élever des enfants

f (pej) affaire f, histoire f ◆ **I'm tired of this protest business** (pej) j'en ai assez de cette histoire de contestation ◆ **there's some funny business going on** il se passe quelque chose de louche or de pas catholique * ; → **bad**

g **to do its business** * [animal] faire ses besoins

2 COMP lunch, meeting, trip d'affaires ▷ **business accounting** n comptabilité f d'entreprise ▷ **business activity** n activité f industrielle et commerciale ▷ **business address** n [of individual] adresse f professionnelle ; [of company] adresse f du siège social ▷ **Business and Technology Education Council** n (Brit) *organisme habilité à conférer des diplômes en gestion, sciences et techniques etc* ▷ **business associate** n associé(e) m(f) ◆ **Jones & Co are business associates of ours** nous sommes en relations commerciales avec Jones & Cie ▷ **business card** n carte f de visite (professionnelle) ▷ **business centre** n centre m des affaires ▷ **business class** n classe f affaires ▷ **business college** n école f de commerce ▷ **business contact** n relation f de travail ▷ **business cycle** n cycle m économique ▷ **business day** n jour m ouvrable ▷ **business deal** n affaire f ▷ **business district** n centre m d'affaires ▷ **business end** n (fig) **the business end of a knife** le côté opérant or la partie coupante d'un couteau ▷ **business expenses** npl frais mpl généraux ▷ **business girl** n jeune femme f d'affaires ▷ **business hours** npl [of shops etc] heures fpl d'ouverture, heures fpl d'affaires (Can) ; [of offices] heures fpl de bureau, heures fpl d'affaires (Can) ▷ **business letter** n lettre f commerciale ▷ **business manager** n (Comm, Ind) directeur m, -trice f commercial(e) ; (Sport) manager m ; (Theat) directeur m, -trice f ▷ **business park** n parc m d'activités ▷ **business people** npl hommes mpl et femmes fpl d'affaires ▷ **business plan** n [of company] plan m de développement ▷ **business proposition** n proposition f ▷ **business reply service** n (on envelope) enveloppe f pré-affranchie ▷ **business school** n ⇒ **business college** ▷ **business sense** n **to have business sense** avoir le sens des affaires ▷ **business studies** npl (Univ etc) études fpl commerciales or de commerce ▷ **business suit** n complet m, complet-veston m ▷ **business trip** n voyage m d'affaires ◆ **to be on a business trip** être en voyage d'affaires

businesslike ['bɪznɪslaɪk] → SYN adj person qui agit en professionnel ; firm, transaction sérieux ; manner, method, style de professionnel ; appearance sérieux ◆ **this is a very businesslike knife!** * ça c'est un couteau (sérieux) ! *

businessman ['bɪznɪsmæn] → SYN n, pl **-men** homme m d'affaires ◆ **big businessman** brasseur m d'affaires ◆ **he's a good businessman** il a le sens des affaires

businesswoman ['bɪznɪs,wʊmən] n, pl **-women** femme f d'affaires ◆ **she's a good businesswoman** elle a le sens des affaires

busing ['bʌsɪŋ] n ⇒ **bussing**

busk [bʌsk] vi (Brit) jouer (or chanter) dans la rue

busker ['bʌskəʳ] n (Brit) musicien(ne) m(f) ambulant or des rues

busload ['bʌsləʊd] n ◆ **a busload of children** un autobus or un autocar plein d'enfants ◆ **they came by the busload** or **in busloads** ils sont venus par cars entiers

busman ['bʌsmən] n, pl **-men** (= driver) conducteur m d'autobus ; (= conductor) receveur m ◆ **to take a busman's holiday** se servir de ses compétences professionnelles en vacances

bussing ['bʌsɪŋ] n ramassage m scolaire *(surtout aux USA comme mesure de déségrégation)*

bust¹ [bʌst] → SYN **1** n **a** (Sculp) buste m
b (Anat) buste m, poitrine f
2 COMP ▷ **bust measurement** n tour m de poitrine

bust² [bʌst] → SYN **1** adj **a** (* = broken) fichu *, foutu ⁑
b (⁑ = bankrupt) **to go bust** faire faillite ◆ **to be bust** être fauché *, être à sec *
2 n **a** (⁑ = spree) bombe * f, bringue * f ◆ **to go on the bust, to have a bust** faire la bombe * or la bringue *
b (US * = failure) fiasco m
3 vt **a** ⁑ ⇒ **burst 4 to bust a gut** (lit) attraper une hernie ; (fig) se donner un mal de chien * (*to do sth, doing sth* pour faire qch) ◆ **to bust one's ass** (US) s'éreinter *, se crever le cul ⁑ (*to do sth* pour faire qch)
b ⁑ [police] (= break up) [+ crime ring etc] démanteler ; (= arrest) [+ person] choper *, arrêter ; (= raid) [+ place] perquisitionner ; (esp US) (= demote) [+ police officer] rétrograder
c (US *) [+ horse] dresser
4 vi * ⇒ **burst 3** ◆ **New York or bust!** New York ou la mort !
5 COMP ▷ **bust-up** ⁑ n engueulade ⁑ f ◆ **to have a bust-up with sb** s'engueuler avec qn ⁑

► **bust out** * vi (= escape) ◆ **he bust out (of jail)** il s'est fait la malle (de la prison) *

► **bust up** ⁑ **1** vi [friends] se brouiller, rompre après une engueulade ⁑ (*with sb* avec qn)
2 vt sep (fig) [+ marriage, friendship] flanquer en l'air *
3 **bust-up** ⁑ n → **bust²**

bustard ['bʌstəd] n outarde f

buster ⁑ ['bʌstəʳ] n ◆ **hi, buster!** salut mon pote ! *

bustier [buːstɪeɪ] n bustier m

bustle¹ ['bʌsl] → SYN **1** vi s'affairer, s'agiter ◆ **to bustle about** s'affairer ◆ **to bustle in/out** etc entrer/sortir etc d'un air affairé ◆ **to be bustling with** (fig) [place, streets etc] grouiller de ; see also **bustling**
2 n affairement m, remue-ménage m

bustle² ['bʌsl] n (Dress) tournure f

bustling ['bʌslɪŋ] **1** adj person affairé ; place bruyant, agité ◆ **bustling with life** plein de vie, plein d'animation, trépidant
2 n ⇒ **bustle¹ 2**

busty * ['bʌstɪ] adj woman qui a une forte poitrine ◆ **she's rather busty** elle a beaucoup de poitrine, il y a du monde au balcon *

busy ['bɪzɪ] LANGUAGE IN USE 27.5 → SYN
1 adj **a** person (= occupied) occupé (*doing sth* à faire qch ; *with sth* à qch) ; (= active) énergique ◆ **he's busy cooking** il est en train de faire la cuisine ◆ **he's busy playing with the children** il est occupé à jouer avec les enfants ◆ **too busy to do sth** trop occupé pour faire qch ◆ **he was busy at his work** il était tout entier à or absorbé dans son travail ◆ **she's always busy** (= active) elle n'arrête pas ; (= not free) elle est toujours prise or occupée ◆ **as busy as a bee** très occupé ◆ **she's a real busy bee** * elle est toujours à s'activer, elle est débordante d'activité ◆ **to keep o.s. busy** trouver à s'occuper ◆ **to get busy** * s'y mettre
b day chargé ; period de grande activité ; place plein de mouvement or d'animation ; street passant, animé ; town animé, grouillant d'activité ◆ **a busy time** une période de grande activité ◆ **to keep a factory busy** fournir du travail à une usine ◆ **the shop is at its busiest in summer** c'est en été qu'il y a le plus d'affluence dans le magasin
c telephone line, room etc occupé
2 vt ◆ **to busy o.s.** s'appliquer, s'occuper (*doing sth* à faire qch ; *with sth* à qch)
3 n (⁑ = detective) flic * m
4 COMP ▷ **Busy Lizzie** n impatiente f, impatiens f ▷ **busy signal** n (US) tonalité f occupé inv

busybody ['bɪzɪ,bɒdɪ] → SYN n fouineur m, -euse f

but [bʌt] → SYN **1** conj **a** (coordinating) mais ◆ **I would like to do it but I have no money** j'aimerais le faire, mais je n'ai pas d'argent ◆ **she was poor but she was honest** elle était pauvre, mais honnête
b (contradicting) mais ◆ **he's not English but Irish** il n'est pas anglais, mais irlandais ◆ **he wasn't singing, but he was shouting** il ne chantait pas, plutôt il criait ◆ **poor, but happy** pauvre, mais heureux ◆ **she's like her sister, but thinner** elle ressemble à sa sœur, mais en plus mince ◆ **not once, but twice** pas une fois mais deux
c (subordinating) **I never eat asparagus but I remember that evening** je ne mange jamais d'asperges sans me souvenir de cette soirée ◆ **never a week passes but she is ill** il ne se passe jamais une semaine qu'elle ne soit malade, il ne se passe jamais une semaine sans qu'elle soit malade ◆ **it never rains but it pours** un malheur n'arrive jamais seul
d (emphatic) **but that's crazy!** mais c'est insensé !
2 adv seulement, ne ... que ◆ **she's but a child** (liter) ce n'est qu'une enfant ◆ **I cannot (help) but think** je suis bien obligé de penser, je ne peux m'empêcher de penser ◆ **you can but try** (to sb trying sth) vous pouvez toujours essayer ; (after sth has gone wrong) ça valait quand même la peine d'essayer ◆ **if I could but tell you why** (liter) si je pouvais seulement vous dire pourquoi ◆ **she left but a few minutes ago** (liter) il n'y a que quelques minutes qu'elle est partie ◆ **Napoleon, to name but one, stayed here** Napoléon, pour n'en citer qu'un, a séjourné ici
3 prep sauf, excepté ◆ **no one but me could do it** personne sauf moi ne pourrait le faire, je suis le seul à pouvoir or qui puisse le faire ◆ **they've all gone but me** ils sont tous partis sauf moi ◆ **who could do it but me?** qui pourrait le faire sinon moi ? ◆ **no one but him** personne d'autre que lui ◆ **France won all but two of its matches** la France a gagné tous ses matchs sauf deux ◆ **anything but that** tout mais pas ça ◆ **they gave us nothing but bread to eat** ils ne nous ont donné que du pain à manger ◆ **he's nothing but a thief** ce n'est qu'un voleur ◆ **there was nothing for it but to jump** il n'y avait plus qu'à sauter ◆ **the last house but one** l'avant-dernière maison ◆ **the next house but one** la deuxième maison (à partir d'ici), pas la maison voisine mais la suivante

◆ **but for** ◆ **but for you/that I would be dead** sans vous/cela je serais mort ◆ **but for his illness, we'd have gone on holiday** s'il n'avait

117 ENGLISH-FRENCH

pas été malade, nous serions partis en vacances ♦ **I could definitely live in Scotland, but for the weather** je pourrais tout à fait vivre en Écosse si le temps n'était pas si mauvais

[4] n ♦ **no buts about it!** il n'y a pas de mais (qui tienne)! ; → **if**

butadiene [ˌbjuːtəˈdaɪiːn] n butadiène m

butane [ˈbjuːteɪn] [1] n butane m ; (US: for camping) Butagaz ® m

[2] COMP ▷ **butane gas** n gaz m butane, Butagaz ® m

butanoic acid [ˌbjuːtəˈnəʊɪk] n acide m butanoïque or butyrique

butanol [ˈbjuːtənɒl] n (Chem) butanol m

butanone [ˈbjuːtənəʊn] n (Chem) butanone f

butch* [bʊtʃ] [1] adj hommasse

[2] n gouine* f (hommasse)

butcher [ˈbʊtʃəʳ] → SYN [1] n a (for meat) boucher m ♦ **at the butcher's** chez le boucher ♦ **to have a butcher's (hook)*** (Brit) jeter un coup d'œil ; → RHYMING SLANG

b (US = candy etc seller) vendeur m ambulant

[2] vt [+ animal] tuer, abattre ; [+ person] égorger ; (fig) massacrer

[3] COMP ▷ **butcher meat** n viande f de boucherie ▷ **butcher's boy** n garçon m boucher, livreur m (du boucher) ▷ **butcher's shop** n boucherie f (magasin) ▷ **butcher's wife** n, pl **butchers' wives** bouchère f, femme f du (or de) boucher

butcherbird [ˈbʊtʃəbɜːd] n (Orn) pie-grièche f

butcher's-broom n fragon m

butchery [ˈbʊtʃərɪ] → SYN n a (NonC) (lit) abattage m ; (fig) boucherie f, massacre m

b (= slaughterhouse) abattoir m

butler [ˈbʌtləʳ] [1] n maître m d'hôtel, majordome m

[2] COMP ▷ **butler's pantry** n office m ▷ **butler's tray** n (petit) plateau m (de service)

Butlins ® [ˈbʌtlɪnz] n (Brit) chaîne de villages de vacances

BUTLINS

Chaîne de villages de vacances proposant logement, restauration et activités de loisirs pour tous les âges et toutes les bourses. Les distractions sont organisées par des animateurs vêtus d'un costume rouge et qui, pour cette raison, sont surnommés "redcoats".

---

butt¹ [bʌt] → SYN n (for wine, rainwater etc) (gros) tonneau m

butt² [bʌt] → SYN [1] n (= end) (gros) bout m ; [of rifle] crosse f ; [of cigarette] mégot m ; (US* = cigarette) clope* f ; (US* = bottom) cul* m, arrière-train* m

[2] COMP ▷ **butt-naked*** adj (esp US) à poil*

butt³ [bʌt] → SYN n (= target) cible f ; (= earth mound) butte f (de tir) ♦ **the butts** le champ de tir, le polygone (de tir) ♦ **to be a butt for ridicule** être un objet de risée, être en butte au ridicule ♦ **the butt of a practical joker** la victime d'un farceur

butt⁴ [bʌt] → SYN [1] n coup m de tête ; [of goat etc] coup m de corne

[2] vt a [goat] donner un coup de corne à ; [person] donner un coup de tête à

b (Tech) abouter

▶ **butt in** vi (= interfere) s'immiscer dans les affaires des autres, intervenir ; (= say sth) dire son mot, mettre son grain de sel* ♦ **I don't want to butt in** je ne veux pas déranger ♦ **to butt in on sth** s'immiscer dans qch

▶ **butt into** vt fus [+ meeting, conversation] intervenir dans, s'immiscer dans

▶ **butt out*** vi (US) ♦ **to butt out of sth** ne pas se mêler de qch ♦ **butt out!** mêle-toi de ce qui te regarde!*

butter [ˈbʌtəʳ] [1] n beurre m ♦ **he looks as if butter wouldn't melt in his mouth** on lui donnerait le bon Dieu sans confession ; → **bread, peanut**

[2] vt [+ bread etc] beurrer ; [+ vegetables] mettre du beurre sur

[3] COMP ▷ **butter-and-eggs** n (NonC) linaire f ▷ **butter bean** n (Brit) (gros) haricot m blanc ▷ **butter cloth** n mousseline f à beurre, étamine f ▷ **butter cooler** n pot m à (rafraîchir le) beurre ▷ **butter dish** n beurrier m ▷ **butter icing** n glaçage m au beurre ▷ **butter knife** n, pl **butter knives** couteau m à beurre ▷ **butter muslin** n mousseline f à beurre, étamine f ; (= dress material) mousseline f ▷ **butter paper** n papier m à beurre, papier m sulfurisé

▶ **butter up*** vt sep (esp Brit fig) passer de la pommade * à

butterball* [ˈbʌtəbɔːl] n (US) patapouf* m, rondouillard(e) m(f)

buttercup [ˈbʌtəkʌp] n (Bot) bouton m d'or, renoncule f des champs

buttered [ˈbʌtəd] adj potatoes au beurre

butterfingers [ˈbʌtəˌfɪŋɡəz] n maladroit(e) m(f), manche* m ♦ **butterfingers!** quel empoté tu fais !

butterfly [ˈbʌtəflaɪ] [1] n (Zool, fig) papillon m ♦ **to have butterflies in one's stomach*** avoir le trac* ♦ **to break a butterfly on a wheel** (Brit) ne pas y aller avec le dos de la cuillère *

[2] COMP ▷ **butterfly bush** n buddleia m ▷ **butterfly effect** n effet m papillon ▷ **butterfly knot** n nœud m papillon ▷ **butterfly net** n filet m à papillons ▷ **butterfly nut** n papillon m, écrou m à ailettes ▷ **butterfly stroke** n brasse f papillon inv

buttermilk [ˈbʌtəmɪlk] n babeurre m

butternut [ˈbʌtəˌnʌt] n (Bot : also **butternut squash**) courge f musquée

butterscotch [ˈbʌtəskɒtʃ] n caramel m dur (au beurre)

buttery [ˈbʌtərɪ] [1] adj taste de beurre ; (= spread with butter) bread beurré ; fingers couvert de beurre

[2] n [of college, school] dépense f, office f

buttock [ˈbʌtək] n fesse f ♦ **buttocks** [of person] fesses fpl ; [of animal] croupe f

button [ˈbʌtn] [1] n a [of garment, door, bell, lamp, fencing foil] bouton m ♦ **chocolate buttons** pastilles fpl de chocolat ♦ **Buttons*** (esp Brit : in hotel) groom m, chasseur m ♦ **she knew which buttons to press*** **to get what she wanted** elle savait s'y prendre pour obtenir ce qu'elle voulait ♦ **to be (right) on the button*** avoir (tout à fait) raison

b (Bot) bouton m

c (US* = tip of chin) pointe f de menton

[2] vt a (also **button up**) [+ garment] boutonner

b **to button one's lip*** la fermer* ♦ **button your lip!, button it!** boucle-la!*, la ferme!*

[3] vi [garment] se boutonner

[4] COMP ▷ **button-down** adj (lit) collar boutonné ; (fig = square) conformiste ▷ **button lift** n (Ski) téléski m à perche ▷ **button mushroom** n (petit) champignon m de couche or de Paris ▷ **button rose** n (Bot) rose f pompon ▷ **button-through** adj skirt boutonné tout du long ♦ **button-through dress** robe f chemisier

buttoned-up* [ˈbʌtndʌp] adj person coincé*

buttonhole [ˈbʌtnhəʊl] → SYN [1] n a [of garment] boutonnière f

b (Brit = flower) fleur f (portée à la boutonnière) ♦ **to wear a buttonhole** avoir or porter une fleur à sa boutonnière

[2] vt a (fig) [+ person] accrocher*

b (Sewing) faire du point de boutonnière sur

[3] COMP ▷ **buttonhole stitch** n (Sewing) point m de boutonnière

buttonhook [ˈbʌtnhʊk] n tire-bouton m

buttress [ˈbʌtrɪs] → SYN [1] n (Archit) contrefort m, éperon m ; (also **flying buttress**) arc-boutant m ; (fig = defence) défense f, rempart m (against contre) ; (= support) pilier m (of de)

[2] vt (Archit) arc-bouter, étayer ; (fig) [+ argument] étayer, soutenir

butty* [ˈbʌtɪ] n (Brit dial) sandwich m

butyl [ˈbjuːtaɪl] [1] adj (Chem) butylique

[2] COMP ▷ **butyl alcohol** n alcool m butylique ▷ **butyl rubber** n butylcaoutchouc m, caoutchouc m butylique

butyraceous [ˌbjuːtɪˈreɪʃəs] adj butyreux

butadiene / buzz

butyric acid [bjuːˈtɪrɪk] n (Chem) acide m butyrique

butyrin [ˈbjuːtɪrɪn] n butyrine f

buxom [ˈbʌksəm] adj bien en chair, aux formes généreuses

buy [baɪ] → SYN pret, ptp **bought** [1] vt a (= purchase) acheter (sth from sb qch à qn ; sth for sb qch pour or à qn) ♦ **to buy o.s. sth** s'acheter qch ♦ **the things that money cannot buy** les choses qui ne s'achètent pas ♦ **to buy petrol** prendre de l'essence ♦ **to buy a train ticket** prendre un billet de train ♦ **to buy a theatre ticket** louer or retenir or prendre une place de théâtre ♦ **to buy and sell goods** acheter et revendre des marchandises ♦ **to buy a pig in a poke*** acheter chat en poche ♦ **to buy sth cheap** acheter qch bon marché or pour une bouchée de pain ♦ **to buy (one's way) into a company** (Comm) prendre une participation dans une entreprise ♦ **the victory was dearly bought** la victoire fut chèrement payée

b (= bribe) [+ person] acheter, corrompre ♦ **to buy one's way into a business** avoir recours à la corruption pour entrer dans une affaire

c (* = believe) croire ♦ **he won't buy that explanation** il n'est pas question qu'il avale* (subj) cette explication ♦ **they bought the whole story** ils ont avalé* or gobé* toute l'histoire ♦ **all right, I'll buy it** (bon), d'accord or je marche*

d (= die) **to buy it*** or **buy the farm*** casser sa pipe*

[2] n affaire f ♦ **that house is a good/bad buy** cette maison est une bonne/mauvaise affaire

[3] COMP ▷ **buy-back** adj price, clause de rachat ▷ **buy-back option** n option f or possibilité f de rachat

▶ **buy back** [1] vt sep racheter

[2] buy-back adj → **buy**

▶ **buy in** vt sep (Brit) [+ goods] s'approvisionner en, stocker ; (St Ex) acquérir, acheter

▶ **buy into** vt fus a (Comm) [+ business, organization] acheter des parts de ; [+ industry] investir dans

b (* = believe) [+ set of beliefs, ideas] croire

▶ **buy off** vt sep (= bribe) [+ person, group] acheter (le silence de)

▶ **buy out** [1] vt sep (Fin) [+ business partner] désintéresser, racheter la part de ♦ **to buy o.s. out** (Mil) se racheter (d'un engagement dans l'armée)

[2] buyout n → **buyout**

▶ **buy over** vt sep (= bribe) corrompre, acheter

▶ **buy up** vt sep acheter tout ce qu'il y a de, rafler*

buyer [ˈbaɪəʳ] [1] n a (gen) acheteur m, -euse f, acquéreur m ♦ **house-/car-buyers** les gens mpl qui achètent un logement/une voiture

b (for business, firm, shop etc) acheteur m, -euse f (professionnel(le))

[2] COMP ▷ **buyer's market** n marché m acheteur or à la hausse

buying [ˈbaɪɪŋ] [1] n achat m

[2] COMP ▷ **buying behaviour** n (Comm) comportement m des acheteurs ▷ **buying group** n centrale f d'achat ▷ **buying order** n (Comm) ordre m d'achat ▷ **buying power** n pouvoir m d'achat ▷ **buying spree** n **to go on a buying spree** se mettre à dépenser sans compter, faire des folies or de folles dépenses

buyout [ˈbaɪaʊt] n rachat m (d'entreprise) ♦ **leveraged buyout** rachat m d'entreprise financé par l'endettement ; see also **management**

buzz [bʌz] [1] n a [of insect] bourdonnement m, vrombissement m

b [of conversation] bourdonnement m, brouhaha m ♦ **a buzz of approval** un murmure d'approbation

c (* = telephone call) coup m de fil* ♦ **to give sb a buzz** donner or passer un coup de fil* à qn

d (Rad, Telec etc = extraneous noise) friture f

e (* = sensation) **driving fast gives me a buzz, I get a buzz from driving fast** je prends mon pied quand je conduis vite* ◆ **it gives you a buzz, you get a buzz from it** [drug] tu t'éclates quand tu prends ça*

[2] adj (= trendy) en vogue, dernier cri

[3] vi a [insect] bourdonner, vrombir

b [ears] tinter, bourdonner ◆ **my head is buzzing** j'ai des bourdonnements (dans la tête)

c [hall, town] être (tout) bourdonnant (*with* de)

[4] vt a (= call by buzzer) [+ person] appeler (par interphone) ; (US* = telephone) donner or passer un coup de fil à

b (Aviat) [+ building] raser ; [+ plane] frôler

[5] COMP ▷ **buzz bomb** n V1 m inv ▷ **buzz saw** n scie f mécanique or circulaire ▷ **buzz word*** n mot m à la mode

▶ **buzz about***, **buzz around*** vi s'affairer

▶ **buzz off*** vi décamper*, foutre le camp*

buzzard ['bʌzəd] n a (= falcon) buse f ; (= vulture) urubu m

b (pej) **old buzzard** (= man) vieux schnock* m ; (= woman) vieille bique* f

buzzer ['bʌzər] n a (= intercom) interphone m

b (= factory hooter) sirène f, sifflet m

c (electronic: on cooker, timer etc) sonnerie f

buzzing ['bʌzɪŋ] [1] n a ⇒ buzz 1a, 1b

b (in ears) tintement m, bourdonnement m

[2] adj insect bourdonnant, vrombissant ; sound confus, sourd

BVDs ® [ˌbiːviːˈdiːz] npl (US) sous-vêtements mpl (d'homme)

b/w (abbrev of **black and white**) NB

bwana ['bwɑːnə] n bwana m

by [baɪ]

→ SYN

[1] PREPOSITION
[2] ADVERB
[3] COMPOUNDS

When **by** is the second element in a phrasal verb, eg **go by, put by, stand by**, look up the verb. When it is part of a set combination, eg **by myself, by the sea, by degrees, by night, surrounded by**, look up the other word.

[1] PREPOSITION

a = close to à côté de, près de ◆ **come and sit by me** viens t'asseoir à côté de or près de moi ◆ **the house by the church** la maison à côté de l'église ◆ **her cousins are over there, and she's sitting by them** ses cousins sont là-bas et elle est assise à côté (d'eux) BUT ◗ **sitting by the fire** assis auprès or au coin du feu ◗ **I've got it by me** je l'ai sous la main

by it and **by them**, when **them** refers to things, are translated by **à côté** alone :

◆ **her bag was on the table and her keys right by it** son sac était sur la table et ses clés juste à côté

b = past à côté de ◆ **he rushed by me without seeing me** dans sa précipitation il est passé à côté de moi sans me voir

c = via par ◆ **which route did you come by?** par où êtes-vous passés ? ◆ **I went by Dover** je suis passé par Douvres ◆ **by land and (by) sea** par terre et par mer ◆ **he came in by the window** il est entré par la fenêtre

d = not later than pour ◆ **I'll be back by midnight** je serai de retour pour minuit ◆ **can you do it by tomorrow?** pouvez-vous le faire pour demain ? ◆ **applications must be submitted by 21 April** les candidatures doivent nous parvenir pour le 21 avril

e in year, on date, on day **by 1990 the figure had reached ...** en 1990, ce chiffre avait atteint ... ◆ **by 2010 the figure will have reached ...** en 2010, cette somme aura atteint ... ◆ **by 30 September we had paid out $500** au 30 septembre nous avions payé 500 dollars ◆ **by yesterday it was clear that ...** dès hier on savait que ..., il était déjà clair hier que ... ◆ **by tomorrow/Tuesday, I'll be in France** demain/mardi, je serai en France ; → now, then, time

f = according to **by my calculations** d'après mes calculs ◆ **by my watch it is 9 o'clock** il est 9 heures à ma montre ◆ **by the terms of Article 1** aux termes de l'article 1

g * = for **it's fine** or **all right by me** je n'ai rien contre ◆ **if that's okay by you** si ça vous va

h margin of difference de ◆ **wider by a metre** plus large d'un mètre ◆ **the bullet missed me by inches** la balle m'a raté de quelques centimètres ; → far, half

i dimensions **a room three metres by four** une pièce de trois mètres sur quatre

j points of compass **south by south west** sud quart sud-ouest ◆ **south-west by south** sud-ouest quart sud

k in oaths **I swear by Almighty God to ...** "je jure devant Dieu de ..." ◆ **by heck*, there's money to be made in this business!** fichtre* ! il y a vraiment de l'argent à gagner dans cette affaire !

l method, means, manner à ◆ **to do sth by hand/by machine** faire qch à la main/à la machine ◆ **to sell by the metre/the kilo** vendre au mètre/au kilo ◆ **to pay by the hour** payer à l'heure ◆ **to rent a house by the month** louer une maison au mois

◆ **by** + -ing en ◆ **by leaving early he missed the rush** en partant de bonne heure il a évité la foule ◆ **by saving hard he managed to buy a small flat** en économisant beaucoup, il a réussi à s'acheter un petit appartement

m with means of transport en ◆ **by bus/car/taxi** en bus/voiture/taxi ◆ **by plane/train** en avion/train ◆ **by bicycle** à bicyclette, à vélo

n with agent par ◆ **he was killed by lightning** il a été tué par la foudre ◆ **he had been warned by his neighbour** il avait été prévenu par son voisin ◆ **I was surprised by their reaction** j'ai été surpris par leur réaction BUT ◗ **he had a daughter by his first wife** il a eu une fille de sa première femme

When there is no clear agent, the active is more natural in French :

◆ **he was disappointed by it** ça l'a déçu

o = created, written by de ◆ **a painting by Van Gogh** un tableau de Van Gogh ◆ **who's it by?** c'est de qui ?

p set structures

◆ **by and by** (= in a minute) dans un instant ; (= soon) bientôt ◆ **I'll be with you by and by** je suis à vous dans un instant ◆ **you'll be sorry by and by** tu vas bientôt le regretter, tu ne seras pas long à le regretter ◆ **by and by we heard voices** au bout d'un certain temps, nous avons entendu des voix ; see also 3

◆ **by and large** globalement ◆ **by and large, I still think this is true** globalement, je crois toujours que c'est vrai

◆ **by the way** au fait, à propos ◆ **by the way, did you know it was Ann's birthday?** au fait or à propos, tu savais que c'était l'anniversaire d'Ann ?

[2] ADVERB

= along, past ◆ **he'll be by any minute** il sera là dans un instant ◆ **a train hurtled by** un train passa à toute allure

[3] COMPOUNDS

▷ **by-and-by*** n (hum) **in the sweet by-and-by** un de ces jours ▷ **by-election** n élection f (législative) partielle ▷ **by-law** n (Brit) arrêté m (municipal) ▷ **by-line** n (Press) signature f *(en tête d'un article)* ▷ **by-play** n (Theat) jeu m de scène secondaire ▷ **by-product** n (Ind etc) sous-produit m, dérivé m ; (fig) sous-produit m, conséquence f (indirecte) ▷ **by-road** n chemin m détourné, chemin m de traverse ▷ **by-your-leave** n **without so much as a by-your-leave** sans même demander la permission

Byblos ['baɪblɒs] n (Antiq) Byblos

bye[1] [baɪ] [1] n ◆ **by the bye** à propos, au fait

[2] COMP ▷ **bye-election** n ⇒ by-election ; → by ▷ **bye-law** n ⇒ by-law ; → by

bye[2] [baɪ] excl (abbrev of **goodbye**) au revoir ! ◆ **bye for now!** à tout à l'heure !

bye-bye* ['baɪbaɪ] [1] excl au revoir !

[2] n (baby talk) ◆ **to go to bye-byes** aller au dodo*, aller faire dodo*

Byelorussia [ˌbjeləʊˈrʌʃə] n la Biélorussie

Byelorussian [ˌbjeləʊˈrʌʃən] [1] adj biélorusse

[2] n Biélorusse mf

bygone ['baɪgɒn] [1] adj passé, d'autrefois ◆ **in bygone days** dans l'ancien temps, jadis

[2] n ◆ **let bygones be bygones** oublions le passé, passons l'éponge (là-dessus)

BYO [ˌbiːwaɪˈəʊ] (Austral) (abbrev of **bring your own**) *restaurant non autorisé à vendre de l'alcool où l'on peut apporter son propre vin, etc*

BYOB [ˌbiːwaɪəʊˈbiː] (abbrev of **bring your own bottle** or **beer** or **booze**) apportez à boire

bypass ['baɪpɑːs] → SYN [1] n a (= road) route f or bretelle f de contournement ◆ **the Carlisle bypass** la route qui contourne Carlisle

b (Tech = pipe etc) conduit m de dérivation, by-pass m m

c (Elec) dérivation f, by-pass m inv

d (Med) pontage m ◆ **he's had a charisma bypass*** il est totalement dépourvu de charme ◆ **he's had a humour bypass*** il n'a pas le sens de l'humour

[2] vt a [+ town, village] contourner, éviter

b [+ source of supply, material] éviter d'utiliser, se passer de ; [+ part of programme, method] omettre ; [+ regulations] contourner ◆ **he by-passed his foreman and went straight to see the manager** il est allé trouver le directeur sans passer par le contremaître

[3] COMP ▷ **bypass engine** (Aviat) turboréacteur m à double flux ▷ **bypass operation** n (Med) pontage m ▷ **bypass surgery** n (NonC) ⇒ bypass operation

byre ['baɪər] n (dial) étable f

byssinosis [ˌbɪsɪˈnəʊsɪs] n (Med) byssinose f

byssus ['bɪsəs] n, pl **byssuses** or **byssi** ['bɪsaɪ] byssus m

bystander ['baɪˌstændər] → SYN n spectateur m, -trice f ◆ **bystander effect** *phénomène selon lequel les gens qui assistent à un incident ou à un crime ont moins tendance à intervenir s'ils ne sont pas seuls*

byte [baɪt] n (Comput) octet m

byway ['baɪweɪ] n chemin m (écarté) ; (fig) [of subject] élément m annexe ; → highway

byword ['baɪwɜːd] n (Brit) ◆ **he** or **his name was a byword for meanness** son nom était devenu synonyme d'avarice

Byzantine [baɪˈzæntaɪn] adj byzantin, de Byzance ◆ **the Byzantine Empire** l'Empire m byzantin

Byzantium [baɪˈzæntɪəm] n Byzance

C

C, c [siː] **1** n **a** (= letter) C, c m ◆ **C for Charlie** ≃ C comme Camille
b (Mus) do m, ut m ; → **key, middle**
c (Comput) C m
d (Scol = mark) assez bien *(12 sur 20)*
2 a (abbrev of **Celsius, Centigrade**) C
b (US etc) abbrev of **cent**
c abbrev of **century**
d (abbrev of **circa**) vers
e abbrev of **centime**
f abbrev of **cubic**

CA¹ abbrev of **California**

CA² [siːˈeɪ] n **a** (abbrev of **chartered accountant**) → **charter**
b (abbrev of **Central America**) → **central**

C/A (Fin) **a** (abbrev of **capital account**) → **capital**
b (abbrev of **current account**) → **current**
c (abbrev of **credit account**) → **credit**

ca. prep (abbrev of **circa**) vers

c.a. [siːˈeɪ] npl (Fin) (abbrev of **current assets**) actif m de roulement

CAA [ˌsiːeɪˈeɪ] **a** (Brit) (abbrev of **Civil Aviation Authority**) → **civil**
b (US) abbrev of **Civil Aeronautics Authority**

CAB [ˌsiːeɪˈbiː] (Brit) (abbrev of **Citizens' Advice Bureau**) → **citizen**

cab [kæb] → SYN **1** n **a** (= taxi) taxi m ; (horse-drawn) fiacre m ◆ **by cab** en taxi, en fiacre
b [of lorry, train] (= driver's cab) cabine f
2 COMP ▷ **cab rank, cab stand** n station f de taxis

cabal [kəˈbæl] n cabale f

cabala [kəˈbɑːlə] n ⇒ **cabbala**

cabalistic [ˌkæbəˈlɪstɪk] adj ⇒ **cabbalistic**

cabana [kəˈbɑːnə] n (US) cabine f (de plage)

cabaret [ˈkæbəreɪ] n cabaret m ; (= floor show) spectacle m (de cabaret)

cabbage [ˈkæbɪdʒ] **1** n chou m ◆ **he was little more than a cabbage** ٭ **after the accident** il n'était plus qu'un légume ٭ après l'accident
2 COMP ▷ **cabbage lettuce** n laitue f pommée ▷ **cabbage rose** n rose f cent-feuilles ▷ **cabbage tree** n palmiste m ▷ **cabbage white (butterfly)** n piéride f du chou

cabbala [kəˈbɑːlə] n cabale f *(juive)*

cabbalistic [ˌkæbəˈlɪstɪk] adj cabalistique

cabbie ٭, **cabby** ٭ [ˈkæbɪ], **cabdriver** [ˈkæb,draɪvəʳ] n [of taxi] chauffeur m (de taxi), taxi ٭ m ; [of horse-drawn cab] cocher m

caber [ˈkeɪbəʳ] n (Scot Sport) tronc m ◆ **to toss the caber** lancer le tronc ◆ **tossing the caber** le lancement du tronc

cabin [ˈkæbɪn] → SYN **1** n (= hut) cabane f, hutte f ; [of boat] cabine f ; (Rail = signal box) cabine f d'aiguillage ; [of lorry, train] (= driver's cabin) cabine f ; → **log¹**
2 COMP ▷ **cabin boy** n (Naut) mousse m ▷ **cabin class** n (Naut) deuxième classe f ▷ **cabin crew** n (Aviat) équipage m ▷ **cabin cruiser** n cruiser m ▷ **cabin trunk** n malle-cabine f

cabinet [ˈkæbɪnɪt] → SYN **1** n **a** (= furniture) meuble m (de rangement) ; (glass-fronted) vitrine f ; (= filing cabinet) classeur m ; → **medicine**
b (Brit Parl) cabinet m, ≃ Conseil m des ministres ◆ **to form a cabinet** former un gouvernement
c (US Pol) organe qui conseille le Président
2 COMP (Parl) crisis, decision, post ministériel ▷ **Cabinet meeting** n (Parl) réunion f du Cabinet or du Conseil des ministres ▷ **Cabinet minister** n membre m du Conseil des ministres ; → **reshuffle**

CABINET

Au Royaume-Uni, **Cabinet** désigne l'équipe gouvernementale. Composée d'une vingtaine de ministres choisis par le Premier ministre, ce conseil soumet des projets de lois au Parlement et défend la politique gouvernementale.

Aux États-Unis en revanche, le **Cabinet** est un organe purement consultatif, qui conseille le Président. Ses membres n'appartiennent pas nécessairement au monde politique ; ce sont souvent de hauts fonctionnaires choisis pour leurs compétences, et dont la nomination est approuvée par le Sénat. Le "kitchen cabinet" est un groupe de conseillers officieux du Président.

---

cabinetmaker [ˈkæbɪnɪtˌmeɪkəʳ] n ébéniste m

cabinetmaking [ˈkæbɪnɪtˌmeɪkɪŋ] n ébénisterie f

cabinetwork [ˈkæbɪnɪtwɜːk] n (= craft, furniture) ébénisterie f

cable [ˈkeɪbl] **1** n (Elec, Telec, gen) câble m ; (Naut = measure) encablure f ◆ **by cable** (Telec) par câble ; → **overhead**
2 vt [+ news] câbler, télégraphier (sth to sb qch à qn) ; [+ city, homes] câbler ◆ **to cable sb** câbler à qn
3 COMP ▷ **cable car** n téléphérique m ; (on rail) funiculaire m ▷ **cable-knit** adj sweater à torsades ▷ **cable-laying** n pose f de câbles ◆ **cable-laying ship** câblier m ▷ **cable railway** n funiculaire m ▷ **cable release** n (Phot) déclencheur m souple ▷ **cable stitch** n (Knitting) point m de torsade ▷ **cable television** n télévision f par câble

cablecast [ˈkeɪblkɑːst] (TV) **1** n émission f de télévision par câble
2 vt transmettre par câble

cablegram † [ˈkeɪblgræm] n câblogramme † m

cablevision [ˈkeɪblˌvɪʒən] n ⇒ **cable television** ; → **cable**

cableway [ˈkeɪblweɪ] n benne f suspendue

cabling [ˈkeɪblɪŋ] n (NonC) (= cables) câbles mpl ; (= process) câblage m

cabochon [ˈkæbəʃɒn] n (Miner) cabochon m

caboodle ٭ [kəˈbuːdl] n ◆ **the whole caboodle** tout le bazar ٭, tout le tintouin ٭

caboose [kəˈbuːs] n (Brit Naut) coquerie f ; (US Rail) fourgon m de queue

cabotage [ˌkæbəˈtɑːʒ] n fait de réserver le trafic intérieur aux transporteurs d'un pays

cabriole [ˈkæbrɪəʊl] n (also **cabriole leg**) pied m Louis XV

cabriolet [ˈkæbrɪəleɪ] n (= car, carriage) cabriolet m

ca' canny ٭ [ˈkɔːˈkænɪ] excl (Scot) doucement !

cacao [kəˈkɑːəʊ] n (= bean) cacao m ; (= tree) cacaoyer m

cachalot [ˈkæʃəlɒt] n (Zool) cachalot m

cache [kæʃ] **1** n **a** (= place) cachette f ◆ **a cache of weapons** une cache d'armes
b (Comput) mémoire f tampon
2 vt mettre dans une cachette
3 COMP ▷ **cache memory** n (Comput) mémoire f tampon

cachectic [kəˈkektɪk] adj cachectique

cachepot [ˈkæʃˌpɒt, kæʃˈpəʊ] n cache-pot m

cachet [ˈkæʃeɪ] n (all senses) cachet m

cachexia [kəˈkeksɪə] n (Med) cachexie f

cachou [ˈkæʃuː] n (= sweet) cachou m

cack ٭ [kæk] **1** n (Brit lit, fig) merde ٭ f
2 COMP ▷ **cack-handed** ٭ adj (Brit) maladroit

cackle [ˈkækl] → SYN **1** n [of hen] caquet m ; [of people] (= laugh) gloussement m ; (= talking) caquetage m, jacasserie f
2 vi [hens] caqueter ; [people] (= laugh) glousser ; (= talk) caqueter, jacasser

cacodyl [ˈkækədaɪl] n cacodyle m

cacography [kæˈkɒɡrəfɪ] n cacographie f

cacophonous [kæˈkɒfənəs] adj cacophonique, discordant

cacophony [kæˈkɒfənɪ] n cacophonie f

cactaceous [kækˈteɪʃəs] adj (Bot) ◆ **cactaceous plants** cactées fpl, cactacées fpl

cactus [ˈkæktəs] n, pl **cactuses** or **cacti** [ˈkæktaɪ] cactus m

CAD [kæd] n (abbrev of **computer-aided design**) CAO f

cad † ٭ [kæd] n goujat m, mufle m

cadaver [kəˈdeɪvəʳ, kəˈdɑːvəʳ] n cadavre m

cadaverous [kəˈdævərəs] adj (lit, fig) complexion cadavéreux ; appearance cadavérique

CADCAM [ˈkæd,kæm] n (abbrev of **computer-aided design and manufacture**) CFAO f

caddie [ˈkædɪ] (Golf) **1** n caddie or caddy m
2 vi ◆ **to caddie for sb** être le caddie de qn

caddis fly ['kædɪs] n (Zool) trichoptère m

caddish †* ['kædɪʃ] adj person grossier, mufle ◆ **a caddish thing to do** une muflerie

caddis worm ['kædɪs] n (Zool) larve f du trichoptère

caddy¹ ['kædɪ] n **a** (also **tea caddy**) boîte f à thé **b** (US = shopping trolley) chariot m, caddie ® m

caddy² ['kædɪ] n ⇒ **caddie**

cade [keɪd] n cade m

cadence ['keɪdəns] n (= intonation) modulation f (de la voix); (= rhythm) cadence f, rythme m; (Mus) cadence f

cadenza [kə'dɛnzə] n (Mus) cadence f

cadet [kə'dɛt] **1** n **a** (Mil etc) élève m officier (d'une école militaire ou navale); (Police) élève mf agent de police; (Scol) collégien qui poursuit une préparation militaire
b (= younger son) cadet m
2 adj cadet
3 COMP ▷ **cadet corps** n (in school) peloton m de préparation militaire; (Police) corps m d'élèves policiers (de moins de 18 ans) ▷ **cadet school** n école f militaire

cadge * [kædʒ] (Brit) vt ◆ **to cadge £10 from** or **off sb** taper * qn de 10 livres ◆ **to cadge a meal from** or **off sb** se faire payer * un repas par qn ◆ **to cadge a lift from** or **off sb** se faire emmener en voiture par qn

cadger ['kædʒə'] n (Brit) parasite m; [of money] tapeur * m, -euse * f; [of meals] pique-assiette mf inv

cadi ['kɑːdɪ] n (Rel) cadi m

Cadiz [kə'dɪz] n Cadix

cadmium ['kædmɪəm] **1** n cadmium m
2 COMP ▷ **cadmium yellow** n (jaune m de) cadmium m

cadre ['kædrɪ] n (Mil, Pol, fig) cadre m

caduceus [kə'djuːsɪəs] n (Myth, Med) caducée m

caducous [kə'djuːkəs] adj (Bot, Zool) caduc (-uque)

CAE [,siːeɪ'iː] n (abbrev of **computer-aided engineering**) IAO f

caecal, cecal (US) ['siːkəl] adj cæcal

caecum, cecum (US) ['siːkəm] n, pl **caeca** ['siːkə] caecum m

Caesar ['siːzə'] n César m ◆ **Julius Caesar** Jules César m

Caesarea [,siːzə'rɪə] n Caesarée

Caesarean, Caesarian [siː'zɛərɪən] adj césarien ◆ **Caesarean (operation** or **section)** (Med) césarienne f

caesium, cesium (US) ['siːzɪəm] n cæsium m

caespitose, cespitose (US) ['sɛspɪˌtəʊs] adj cespiteux

caesura [sɪ'zjʊərə] n, pl **caesuras** or **caesurae** [sɪ'zjʊəriː] césure f

CAF [,siːeɪ'ɛf] (abbrev of **cost and freight**) → **cost**

café ['kæfeɪ] **1** n (Brit) snack(-bar) m
2 COMP ▷ **café society** n (NonC) le beau monde

cafeteria [,kæfɪ'tɪərɪə] n (gen) cafétéria f; (US Scol) cantine f; (US Univ) restaurant m universitaire

cafetière [,kæfə'tjɛə'] n cafetière f à piston

caff * [kæf] n ⇒ **café**

caffein(e) ['kæfiːn] n caféine f ◆ **caffein(e)-free** sans caféine

caftan ['kæftæn] n caf(e)tan m

cage [keɪdʒ] → SYN **1** n cage f; [of elevator] cabine f; (Min) cage f
2 vt (also **cage up**) mettre en cage, encager
3 COMP ▷ **cage(d) bird** n oiseau m en cage or captif

cagey * ['keɪdʒɪ] adj person (= discreet) cachottier; (= suspicious) méfiant ◆ **she is cagey about her age** elle n'aime pas avouer son âge ◆ **the company was cagey about releasing its results** la compagnie était réticente à divulguer ses résultats

cagily * ['keɪdʒəlɪ] adv avec méfiance

caginess * ['keɪdʒɪnɪs] n (= reservedness) réticence f; (= suspiciousness) méfiance f

cagoule [kə'guːl] n anorak m, K-way ® m

cahoots * [kə'huːts] n ◆ **to be in cahoots (with)** être de mèche (avec) *

CAI [,siːeɪ'aɪ] n (abbrev of **computer-aided instruction**) EAO m

caiman ['keɪmən] n, pl **-mans** caïman m

Cain [keɪn] n Caïn m ◆ **to raise Cain** * (= make a noise) faire un boucan de tous les diables *; (= make a fuss) faire tout un scandale (about à propos de)

Caine Mutiny [keɪn] n (Literat, Cine) ◆ "The Caine Mutiny" "Ouragan sur le Caine"

cairn [kɛən] n **a** (= pile of stones) cairn m
b (also **cairn terrier**) cairn m

cairngorm ['kɛəngɔːm] n **a** (= stone) quartz m fumé
b **Cairngorm Mountains, Cairngorms** monts mpl Cairngorm

Cairo ['kaɪərəʊ] n Le Caire

caisson ['keɪsən] n (Mil, Naut) caisson m

cajole [kə'dʒəʊl] → SYN vt cajoler ◆ **to cajole sb into doing sth** faire faire qch à qn à force de cajoleries

cajolery [kə'dʒəʊlərɪ] n cajoleries fpl

Cajun ['keɪdʒən] (US) **1** adj cajun
2 n Cajun mf

cake [keɪk] → SYN **1** n **a** gâteau m; (= fruit cake) cake m; (= sponge cake) génoise f, gâteau m de Savoie ◆ **cakes and ale** (fig) plaisirs mpl ◆ **it's selling** or **going like hot cakes** * cela se vend comme des petits pains ◆ **it's a piece of cake** * c'est du gâteau * ◆ **he takes the cake** * à lui le pompon * ◆ **that takes the cake!** * ça, c'est le bouquet * or le comble! ◆ **they want a slice of the cake, they want a fair share of the cake** ils veulent leur part du gâteau ◆ **you can't have your cake and eat it** on ne peut pas avoir le beurre et l'argent du beurre; → **Christmas, fish**
b [of chocolate] tablette f; [of wax, tobacco] pain m ◆ **cake of soap** savonnette f, (pain m de) savon m
2 vi [mud] sécher, former une croûte; [blood] (se) coaguler
3 vt ◆ **mud caked his forehead** la boue formait une croûte sur son front; see also **caked**
4 COMP ▷ **cake mix** n préparation f pour gâteaux ▷ **cake pan** n (US) moule m à gâteau ▷ **cake shop** n pâtisserie f ▷ **cake stand** n assiette f montée or à pied; (tiered) serviteur m; (in shop) présentoir m (à gâteaux) ▷ **cake tin** n (for storing) boîte f à gâteaux; (Brit) (for baking) moule m à gâteaux

caked [keɪkt] adj blood coagulé; mud séché ◆ **his clothes were caked with** or **in blood/mud** ses vêtements étaient maculés de sang séché/crottés

cakewalk ['keɪkwɔːk] n (Mus) cake-walk m

CAL [,siːeɪ'ɛl] n (abbrev of **computer-aided learning**) EAO m

Cal. abbrev of **California**

cal. [kæl] n (abbrev of (**small) calorie**) cal

calabash ['kæləbæʃ] n (= fruit) calebasse f, gourde f; (= tree) calebassier m; (Mus) calebasse f (utilisée comme bongo ou maraca)

calaboose * ['kæləbuːs] n (US) taule :* f

calabrese [,kælə'breɪzɪ] n brocoli m

Calabria [kə'læbrɪə] n la Calabre

Calabrian [kə'læbrɪən] **1** adj calabrais
2 n Calabrais(e) m(f)

caladium [kə'leɪdɪəm] n caladium m

calamine ['kæləmaɪn] **1** n calamine f
2 COMP ▷ **calamine lotion** n lotion f calmante à la calamine

calamitous [kə'læmɪtəs] → SYN adj event, decision calamiteux; person infortuné

calamity [kə'læmɪtɪ] → SYN n calamité f

calcareous [kæl'kɛərɪəs] **1** adj calcaire
2 COMP ▷ **calcareous clay** n marne f

calceolaria [,kælsɪə'lɛərɪə] n calcéolaire f

calcic ['kælsɪk] adj calcique

calcicolous [kæl'sɪkələs] adj calcicole

calciferol [kæl'sɪfərɒl] n (Chem) calciférol m

calciferous [kæl'sɪfərəs] adj (Chem) calcifère

calcification [,kælsɪfɪ'keɪʃən] n calcification f

calcifugal [,kælsɪ'fjuːgəl], **calcifugous** [kæl'sɪfjəgəs] adj calcifuge

calcify ['kælsɪfaɪ] **1** vt calcifier
2 vi se calcifier

calcination [,kælsɪ'neɪʃən] n calcination f

calcine ['kælsaɪn] **1** vt (Ind) calciner
2 vi (Ind) se calciner

calcite ['kælsaɪt] n (Miner) calcite f

calcium ['kælsɪəm] **1** n calcium m
2 COMP ▷ **calcium carbonate** n carbonate m de calcium ▷ **calcium chloride** n chlorure m de calcium ▷ **calcium citrate** n citrate m de chaux or de calcium ▷ **calcium lactate** n lactate m de calcium ▷ **calcium oxide** n oxyde m de calcium

calculability [,kælkjʊlə'bɪlɪtɪ] n calculabilité f

calculable ['kælkjʊləbl] adj calculable

calculate ['kælkjʊleɪt] → SYN **1** vt **a** [+ speed, weight, distance, numbers] calculer (also Math) ◆ **to calculate the cost of sth** calculer le prix de qch ◆ **he calculated that he would have enough money to do it** il a calculé qu'il aurait assez d'argent pour le faire
b (= reckon, judge) [+ probability, consequence, risk] évaluer ◆ **to calculate one's chances of escape** évaluer les chances qu'on a de s'évader
c (US = suppose) supposer, estimer
d (fig) **it is calculated to do ...** (= intended) c'est destiné à faire ... ◆ **their actions were calculated to terrify farmers into abandoning their land** leurs actions étaient destinées à terrifier les fermiers afin qu'ils abandonnent leurs terres ◆ **this was not calculated to reassure me** (= didn't have the effect of) cela n'était pas fait pour me rassurer ◆ **their statement was hardly calculated to deter future immigrants** leur déclaration n'était certes pas faite pour dissuader de futurs immigrants
2 vi (Math) calculer, faire des calculs ◆ **to calculate on doing sth** (fig) avoir l'intention de faire qch ◆ **he is calculating on delaying the elections until spring** il a l'intention de repousser les élections jusqu'au printemps

▸ **calculate (up)on** vt fus (= count on) compter sur ◆ **to calculate (up)on having good weather** compter sur le beau temps

calculated ['kælkjʊleɪtɪd] → SYN adj action, decision, insult délibéré ◆ **a calculated gamble** or **risk** un risque calculé; → **calculate**

calculating ['kælkjʊleɪtɪŋ] → SYN adj **a** (= scheming, unemotional) person calculateur (-trice) f ◆ **to give sb a calculating look** regarder qn d'un air calculateur ◆ **his eyes were calculating and calm** son regard était calme et calculateur ◆ **a cold and calculating criminal** un criminel froid et calculateur
b (= cautious) prudent, prévoyant
c **calculating machine** ⇒ **calculator a**

calculatingly ['kælkjʊleɪtɪŋlɪ] adv (pej) avec calcul

calculation [,kælkjʊ'leɪʃən] → SYN n **a** (Math, fig) calcul m ◆ **to make a calculation** faire or effectuer un calcul ◆ **by my calculations** d'après mes calculs ◆ **after much calculation they decided ...** après avoir fait beaucoup de calculs ils ont décidé ... ◆ **it upset his calculations** cela a déjoué ses calculs
b (NonC = scheming) attitude f calculatrice ◆ **cold, cruel calculation** une attitude calculatrice, froide et cruelle

calculator ['kælkjʊleɪtə'] n **a** (= machine) machine f à calculer, calculatrice f; (pocket) calculatrice f (de poche), calculette f
b (= table of figures) table f

calculus ['kælkjʊləs] n, pl **calculuses** or **calculi** ['kælkjʊlaɪ] (Math, Med) calcul m; → **differential, integral**

Calcutta [kæl'kʌtə] n Calcutta

caldera [kæl'dɛərə] n (Geog) calde(i)ra f

caldron ['kɔːldrən] n ⇒ **cauldron**

Caledonia [,kælɪ'dəʊnɪə] n la Calédonie

Caledonian [ˌkælɪˈdəʊnɪən] **1** adj calédonien **2** n (liter) Calédonien(ne) m(f)

calendar [ˈkæləndəʳ] **1** n **a** calendrier m **b** (= directory) annuaire m ◆ **university calendar** (Brit) ≃ livret m de l'étudiant **c** (Jur) rôle m **2** vt (= index) classer (par ordre de date); (= record) inscrire sur un calendrier **3** COMP ▷ **calendar month** n mois m calendaire ▷ **calendar year** n année f calendaire

calender [ˈkæləndəʳ] (Tech) **1** n calandre f **2** vt calandrer

calends [ˈkæləndz] npl calendes fpl ◆ **at the Greek calends** (fig) aux calendes grecques

calendula [kæˈlendjʊlə] n (Bot) souci m

calf¹ [kɑːf] **1** n, pl **calves a** (= young cow or bull) veau m ◆ **a cow in** or **with calf** une vache pleine ; → **fat**
b (also **calfskin**) (cuir m de) veau m, vachette f ; (for shoes, bags) box(-calf) m
c [of elephant] éléphanteau m ; [of deer] faon m ; [of whale] baleineau m ; [of buffalo] bufflet in m
2 COMP ▷ **calf love** n amour m juvénile ▷ **calf's-foot jelly** n (Culin) gelée de bouillon de pied de veau

calf² [kɑːf] n, pl **calves** (Anat) mollet m

caliber [ˈkælɪbəʳ] n (US) ⇒ **calibre**

calibrate [ˈkælɪbreɪt] vt [+ instrument, tool] étalonner, calibrer ; [+ level, amount] calibrer

calibration [ˌkælɪˈbreɪʃən] n étalonnage m, calibrage m

calibre, caliber (US) [ˈkælɪbəʳ] [→ SYN] n (lit, fig) calibre m ◆ **a man of his calibre** un homme de cette envergure or de ce calibre

calico [ˈkælɪkəʊ] n, pl **calicoes** or **calicos** calicot m ; (US) indienne f

Calif. abbrev of **California**

California [ˌkælɪˈfɔːnɪə] **1** n la Californie **2** ▷ **California poppy** n (Bot) eschscholtzia m, pavot m de Californie

Californian [ˌkælɪˈfɔːnɪən] **1** adj californien **2** n Californien(ne) m(f)

californium [ˌkælɪˈfɔːnɪəm] n californium m

Caligula [kəˈlɪgjʊlə] n (Antiq) Caligula m

calipers [ˈkælɪpəz] npl (US) ⇒ **callipers**

caliph [ˈkeɪlɪf] n calife m

caliphate [ˈkeɪlɪfeɪt] n califat m

calisthenics [ˌkælɪsˈθenɪks] n (NonC) gymnastique f suédoise

calk¹ [kɔːk] **1** vt [+ shoe, horseshoe] munir de crampons **2** n [of shoe, horseshoe] crampon m

calk² [kɔːk] vt [+ drawing, design] décalquer, calquer

call [kɔːl] LANGUAGE IN USE 26.3, 27 [→ SYN]
1 n **a** (= shout) appel m, cri m ◆ **within call** à portée de (la) voix ◆ **a call for help** un appel au secours ; → **roll**
b [of bird] cri m ; [of bugle, trumpet] sonnerie f ; [of drum] batterie f
c (also **telephone call**) coup m de téléphone, coup m de fil * ◆ **to make a call** téléphoner, donner or passer un coup de téléphone or de fil * ◆ **there's a call for you** on te demande au téléphone, il y a un appel pour toi ◆ **I have a call for you from London** [operator] on vous appelle de Londres, j'ai un appel pour vous de Londres ◆ **I'm putting your call through** [operator] je vous mets en communication ◆ **I want to pay for the three calls I made** je voudrais régler mes trois communications (téléphoniques) ; → **local, long¹, trunk**
d (= summons, invitation) (also Comput) appel m ; [of justice] exigence f ; [of conscience] voix f ; (Theat) [of actor's reminder] rappel m ; (also **curtain call**) rappel m ; (= vocation) vocation f ; (Rel: in Presbyterian church) nomination f ◆ **to have** or **receive a call to ...** (Rel) être nommé pasteur à ... ◆ **to be on call** [doctor etc] être de garde ◆ **to give sb an early morning call** réveiller qn de bonne heure ◆ **I'd like a call at 7am** j'aimerais qu'on me réveille (subj) à 7 heures ◆ **they put out a call for him** (Telec, Rad etc) on l'a fait appeler, on a lancé un appel à son intention ◆ **call for capital** (Fin) appel m de fonds ◆ **the call of the unknown** l'attrait m de l'inconnu ◆ **the call of the sea** l'appel m du large ◆ **the call of duty** l'appel m du devoir ◆ **a call of nature** (euph) un besoin naturel
e (= short visit: also Med) visite f ◆ **to make or pay a call on sb** rendre visite à qn, aller voir qn ◆ **I have several calls to make** (gen) j'ai plusieurs choses à faire ; doctor j'ai plusieurs visites à faire ◆ **place** or **port of call** (Naut) (port m d')escale f ; see also **pay**
f (= demand) **there have been calls for new security measures** on a demandé de nouvelles mesures de sécurité ◆ **there's not much call for these articles** ces articles ne sont pas très demandés ◆ **money repayable at** or **on call/at three months' call** (Fin) argent m remboursable sur demande/à trois mois ◆ **I have many calls on my time** je suis très pris or très occupé ◆ **the UN has too many calls on its resources** on fait trop appel aux ressources de l'ONU ◆ **I have many calls on my purse** j'ai beaucoup de dépenses or de frais ◆ **to have first call on sb's time** avoir la priorité dans l'emploi du temps de qn
g (= need) **there is no call for you to worry** il n'y a pas lieu de vous inquiéter ◆ **there was** or **you had no call to say that** vous n'aviez aucune raison de dire cela, vous n'aviez pas à dire cela
h (Bridge) annonce f ; (Cards) demande f ◆ **whose call is it?** à qui de parler or d'annoncer ?
2 vt **a** [+ person] appeler ; (from afar) héler ; [+ sb's name] appeler, crier ◆ **to call sb in/out/up** etc crier à qn d'entrer/de sortir/de monter etc ◆ **"hello!" he called** "bonjour !" cria-t-il ◆ **let's call it a day!** * ça suffira pour aujourd'hui ◆ **we called it a day** * **at 3 o'clock** à 3 heures, on a décidé d'arrêter ; → **shot, tune**
b (= give name to) appeler ◆ **to be called** s'appeler ◆ **what are you called?** comment vous appelez-vous ? ◆ **they call each other by their surnames** ils s'appellent par leur nom de famille ◆ **to call sth by its proper name** désigner qch par son vrai nom ◆ **he is called after his father** on lui a donné or il porte le nom de son père ◆ **he calls himself a colonel** il se prétend colonel ◆ **are you calling me a liar?** dites tout de suite que je suis un menteur ◆ **he called her a liar** il l'a traitée de menteuse ◆ **she calls me lazy and selfish** elle dit que je suis fainéant et égoïste, elle me traite de fainéant et d'égoïste ; → **name, so, spade**
c (= consider) trouver, considérer ◆ **would you call French a difficult language?** diriez-vous que le français est une langue difficile ? ◆ **I call that a shame** je trouve que c'est (vraiment) dommage ◆ **that's what I call rudeness** c'est ce que j'appelle de la grossièreté ◆ **shall we call it $10?** (agreeing on price) disons 10 dollars ?
d (= summon) appeler, convoquer ; (= waken) réveiller ◆ **to call a doctor** appeler or faire venir un médecin ◆ **call me at eight** réveillez-moi à huit heures ◆ **London calling** (Rad) ici Londres ◆ **to call the police/an ambulance** appeler la police/une ambulance ◆ **the fire brigade was called** on a appelé les pompiers ◆ **call me a taxi!** appelez-moi un taxi ! ◆ **to call a meeting** convoquer une assemblée ◆ **a meeting has been called for Monday** une réunion est prévue lundi ◆ **he felt called to be a teacher** sa vocation était d'enseigner ; → **case, duty, evidence, witness**
e (= telephone) appeler ◆ **don't call us, we'll call you** ce n'est pas la peine de nous appeler, on vous appellera
f (Bridge) **to call three spades** annoncer or demander trois piques ◆ **to call game** demander la sortie
g (US Sport) [+ game] arrêter, suspendre
h (phrases) → **account, arm, banns, bar, being, bluff**
3 vi **a** [person] appeler, crier ; [bird] pousser un cri ◆ **I have been calling for five minutes** cela fait cinq minutes que j'appelle ◆ **to call (out) to sb** appeler qn ; (from afar) héler qn
b (= visit: also **call in**) passer ◆ **she called (in) to see her mother** elle est passée voir sa mère ◆ **he was out when I called (in)** il n'était pas là quand je suis passé chez lui ◆ **will you call (in) at the grocer's?** voulez-vous passer or vous arrêter chez l'épicier ? ◆ **to call (in) at a port/at Dover** (Naut) faire escale dans un port/à Douvres
c (= telephone) appeler ◆ **who's calling?** c'est de la part de qui ? ◆ **to call in sick** téléphoner pour dire qu'on est malade
4 COMP ▷ **call centre** n (Telec) centre m d'appels ▷ **call girl** n call-girl f ▷ **call-in, call-in program** (US Rad) émission f à lignes ouvertes ▷ **call letters** npl (US Telec) indicatif m (d'appel) ▷ **call loan** n (Fin) prêt m exigible ▷ **call money** n (NonC: Fin) taux m de l'argent au jour le jour ▷ **call number** n (US) [of library book] cote f ▷ **call option** n (St Ex) option f d'achat ▷ **call-out charge, call-out fee** n frais mpl de déplacement ▷ **call-over** n appel m nominal ; (Mil) appel m ▷ **call screening** n (Telec) filtrage m des appels ▷ **call sign, call signal** n (Telec) indicatif m (d'appel) ▷ **call slip** n (in library) fiche f de prêt ▷ **call-up** n (Mil) (= military service) appel m (sous les drapeaux), convocation f ; [of reservists] rappel m ▷ **general call-up** (in wartime) mobilisation f générale, levée f en masse ◆ **to get a call-up into a squad** (Sport) être sélectionné pour jouer dans une équipe ▷ **call-up papers** npl papiers mpl militaires

▶ **call aside** vt sep [+ person] prendre à part

▶ **call away** vt sep ◆ **to be called away on business** être obligé de s'absenter pour affaires ◆ **to be called away from a meeting** devoir quitter une réunion

▶ **call back** (Telec) **1** vi rappeler **2** vt sep rappeler

▶ **call down** vt sep **a** [+ curses] appeler (on sb sur la tête de qn) **b** (US * = scold) enguirlander *, attraper

▶ **call for** vt fus **a** (= summon) [+ person] appeler ; [+ food, drink] demander, commander ; (fig) [+ courage] exiger, nécessiter ◆ **to call for measures against** demander que des mesures soient prises contre ◆ **the situation calls for a new approach** la situation nécessite or exige une nouvelle approche ◆ **this contract calls for the development of ...** ce contrat prévoit le développement de ... ◆ **strict measures are called for** des mesures strictes sont nécessaires, il est nécessaire de prendre des mesures strictes ◆ **such rudeness was not called for** une telle grossièreté n'était pas justifiée ◆ **to call for sb's resignation** réclamer la démission de qn
b (= collect) **I'll call for you at 6 o'clock** je passerai vous prendre à 6 heures ◆ **he called for the books** il est passé chercher les livres

▶ **call forth** vt sep (liter) [+ protest] soulever, provoquer ; [+ remark] provoquer

▶ **call in**
1 vi → **call 3b, 3c**
2 vt sep **a** [+ doctor] faire venir, appeler ; [+ police] appeler ◆ **he was called in to lead the inquiry** on a fait appel à lui pour mener l'enquête
b [+ money, library books] faire rentrer ; [+ banknotes] retirer de la circulation ; [+ faulty machines etc] rappeler ◆ **the bank called in his overdraft** la banque l'a obligé à couvrir son découvert or à approvisionner son compte ◆ **to call in one's chips** * (esp Brit fig) utiliser son influence

▶ **call off**
1 vi se décommander
2 vt sep **a** [+ appointment, trip, wedding] annuler ; [+ agreement] rompre, résilier ; [+ match] (= cancel) annuler ; (= cut short) interrompre ◆ **to call off a deal** résilier or annuler un marché ◆ **to call off a strike** (before it starts) annuler une grève ; (after it starts) mettre fin à une grève ◆ **they called off their engagement** ils ont rompu leurs fiançailles ◆ **he called off their engagement** il a rompu ses fiançailles
b [+ dog] rappeler ◆ **to call off the dogs** (fig) cesser ses attaques

▶ **call on** vt fus **a** (= visit person) rendre visite à, aller or passer voir ◆ **our representative will call on you** (Comm) notre représentant passera vous voir

b (also **call upon**) **to call on sb to do sth** (= invite) prier qn de faire qch ; (= order) mettre qn en demeure de faire qch ◆ **I now call on Mr Austin to speak** je laisse maintenant la parole à M. Austin ◆ **to call on sb for sth** demander or réclamer qch à qn ◆ **to call on God** invoquer le nom de Dieu

▶ **call out**

⬛1 vi pousser un or des cri(s) ◆ **to call out for sth** demander qch à haute voix ◆ **to call out to sb** héler qn

⬛2 vt sep **a** [+ doctor] appeler ; [+ troops, fire brigade, police] faire appel à ◆ **to call workers out (on strike)** lancer un ordre de grève

b (for duel) appeler sur le terrain

▶ **call over**

⬛1 vt sep appeler ◆ **he called me over to see the book** il m'a appelé pour que je vienne voir le livre

⬛2 **call-over** n → **call**

▶ **call round** vi ◆ **to call round to see sb** passer voir qn ◆ **I'll call round in the morning** je passerai dans la matinée

▶ **call up**

⬛1 vt sep **a** (Mil) [+ reinforcements] appeler ; [+ troops] mobiliser ; [+ reservists] rappeler

b (esp US Telec) appeler (au téléphone), téléphoner à

c (= recall) [+ memories] évoquer

d (Comput) **to call up a file** ouvrir un fichier

⬛2 **call-up** n → **call**

▶ **call upon** vt fus ⇒ **call on b**

calla ['kælə] n (also **calla lily**) gouet m

Callanetics ® [ˌkælə'netɪks] n (NonC) gymnastique douce caractérisée par la répétition fréquente de légers exercices musculaires

callbox ['kɔːlbɒks] n (Brit) cabine f (téléphonique) ; (US) ≈ dispositif m or borne f d'urgence

callboy ['kɔːlbɔɪ] n (Theat) avertisseur m ; [of hotel] chasseur m, groom m

caller ['kɔːlə'] **LANGUAGE IN USE 27.5** n (= visitor) visiteur m, -euse f ; (Brit Telec) demandeur m, -euse f

calligramme, calligram (US) ['kælɪgræm] n calligramme m

calligrapher [kə'lɪgrəfə'] n calligraphe mf

calligraphic [ˌkælɪ'græfɪk] adj calligraphique

calligraphy [kə'lɪgrəfɪ] n calligraphie f

calling ['kɔːlɪŋ] → SYN ⬛1 n **a** (= occupation) métier m, état † m ; (= vocation) vocation f ◆ **by calling** de son état ◆ **a man dedicated to his calling** un homme qui se consacre entièrement à son métier

b (NonC) [of meeting etc] convocation f

⬛2 COMP ▷ **calling card** n carte f de visite

calliope [kə'laɪəpɪ] n orgue m à vapeur

callipers ['kælɪpəz] npl (Brit) **a** (Math) compas m

b (Med) (for limb) gouttière f ; (for foot) étrier m ; (= leg-irons) appareil m orthopédique

callisthenics [ˌkælɪs'θenɪks] n (NonC) ⇒ **calisthenics**

callose ['kæləʊz] n (Bot) callose f

callosity [kæ'lɒsɪtɪ] n callosité f

callous ['kæləs] → SYN adj **a** (fig) dur, sans cœur ◆ **callous to** insensible à

b (Med) calleux

calloused ['kæləst] adj calleux

callously ['kæləslɪ] adv treat, behave, act, speak avec dureté, durement ; decide, suggest cyniquement

callousness ['kæləsnɪs] n [of person] dureté f ; [of statement] dureté f ; [of behaviour] froideur f, insensibilité f ; [of crime] inhumanité f

callow ['kæləʊ] adj inexpérimenté, novice ◆ **a callow youth** un blanc-bec * ◆ **callow youth** la folle jeunesse

callus ['kæləs] n, pl **calluses** cal m, durillon m

callused ['kæləst] adj ⇒ **calloused**

calm [kɑːm] → SYN ⬛1 adj calme ◆ **the weather is calm** le temps est calme ◆ **the sea was dead calm** la mer était d'huile ◆ **to grow calm** se calmer ◆ **to keep** or **remain calm** garder son calme or sang-froid ◆ **keep calm!** du calme ! ◆ **(cool,) calm and collected** maître (mai-

tresse f) de soi(-même) ◆ **on calm reflection** après avoir réfléchi calmement ◆ **calm(er) waters** (lit, fig) eaux fpl (plus) calmes

⬛2 n **a** (= calm period) période f de calme or de tranquillité ; (after movement, agitation) accalmie f ◆ **a dead calm** (Naut) un calme plat ◆ **the calm before the storm** (lit, fig) le calme qui précède la tempête

b (= calmness) calme m ; (under stress) calme m, sang-froid m

⬛3 vt calmer

⬛4 vi [sea, wind] calmir (liter), se calmer

▶ **calm down** ⬛1 vi se calmer, s'apaiser ◆ **calm down!** du calme !, calmez-vous !

⬛2 vt sep [+ person] calmer, apaiser

calming ['kɑːmɪŋ] adj calmant, apaisant

calmly ['kɑːmlɪ] adv calmement

calmness ['kɑːmnɪs] → SYN n [of person] calme m ; (under stress) sang-froid m ; [of sea, elements] calme

calmodulin [kəl'mɒdjʊlɪn] n calmoduline f

Calor gas ® ['kæləgæs] n (Brit) butane m, Butagaz ® m

caloric [kə'lɒrɪk] ⬛1 adj thermique

⬛2 n chaleur f

⬛3 COMP ▷ **caloric energy** n énergie f thermique

Calorie ['kælərɪ] n grande calorie f, kilocalorie f

calorie ['kælərɪ] ⬛1 n calorie f

⬛2 COMP ▷ **calorie-conscious** * adj **she's too calorie-conscious** elle pense trop aux calories ▷ **calorie-controlled diet** n **to be on a calorie-controlled diet** suivre un régime basses calories ▷ **calorie-free** adj sans calories ; → **low¹**

calorific [ˌkælə'rɪfɪk] ⬛1 adj calorifique

⬛2 COMP ▷ **calorific value** n valeur f calorifique

calorimeter [ˌkælə'rɪmɪtə'] n calorimètre m

calorimetry [ˌkælə'rɪmɪtrɪ] n (Phys) calorimétrie f

calorize ['kælərɑɪz] vt (Tech) caloriser

calque [kælk] n (also Ling) calque m (**on** de)

calumniate [kə'lʌmnɪeɪt] vt calomnier

calumny ['kæləmnɪ] n calomnie f ; (Jur) diffamation f

Calvados ['kælvəˌdɒs] n (= brandy) calvados m

calvary ['kælvərɪ] n (= monument) calvaire m ◆ **Calvary** le Calvaire

calve [kɑːv] vi vêler, mettre bas

calves [kɑːvz] npl of **calf**

Calvin cycle ['kælvɪn] n (Bot) cycle m de Calvin

Calvinism ['kælvɪnɪzəm] n calvinisme m

Calvinist ['kælvɪnɪst] adj, n calviniste mf

Calvinistic [ˌkælvɪ'nɪstɪk] adj calviniste

calyces ['keɪlɪsiːz] npl of **calyx**

calypso [kə'lɪpsəʊ] n calypso m

calyx ['keɪlɪks] n, pl **calyxes** or **calyces** (Bot) calice m

calzone [kæl'tsəʊnɪ] n calzone f or pizza f soufflée

CAM [kæm] n (abbrev of **computer-aided manufacture**) FAO f

cam [kæm] n came f

camaraderie [ˌkæmə'rɑːdərɪ] n camaraderie f

camber ['kæmbə'] ⬛1 n [of road] profil m, pente f transversale ; (Archit) cambrure f, courbure f ; (Aviat) courbure f ; (Naut) [of deck] tonture f

⬛2 vt [+ road] bomber ; [+ beam] cambrer ; (Naut) [+ deck] donner une tonture à

⬛3 vi [beam] être cambré ; [road] bomber, être bombé

cambium ['kæmbɪəm] n, pl **cambiums** or **cambia** ['kæmbɪə] (Bot) cambium m

Cambodia [kæm'bəʊdɪə] n le Cambodge

Cambodian [kæm'bəʊdɪən] ⬛1 adj cambodgien

⬛2 n **a** Cambodgien(ne) m(f)

b (Ling) khmer m

Cambrian ['kæmbrɪən] ⬛1 adj (Geol) period cambrien

⬛2 COMP ▷ **Cambrian Mountains** npl monts mpl Cambriens

cambric ['keɪmbrɪk] n batiste f

Cambs abbrev of **Cambridgeshire**

camcorder ['kæmˌkɔːdə'] n caméscope m

came [keɪm] vb (pt of **come**)

camel ['kæməl] ⬛1 n (gen) chameau m ; (also **she-camel**) chamelle f ; (= dromedary) dromadaire m ; (also **racing camel**) méhari m ; → **straw**

⬛2 COMP (in colour) coat (de couleur) fauve inv ▷ **the Camel Corps** n (Mil) les méharistes mpl ▷ **camel hair, camel's hair** n poil m de chameau ◊ adj brush, coat en poil de chameau ▷ **camel train** n caravane f de chameaux

camellia [kə'miːlɪə] n camélia m

Camembert ['kæməmˌbeə] n (Culin) camembert m

cameo ['kæmɪəʊ] n **a** camée m

b (Cine) **cameo** (part or appearance) brève apparition f (d'une grande vedette)

camera ['kæmərə] ⬛1 n **a** appareil m (photographique), appareil-photo m ; (= movie camera) caméra f ◆ **on camera** filmé, enregistré ; → **aerial, capture, colour, film**

b (Jur) **in camera** à huis clos

⬛2 COMP ▷ **camera crew** n (Cine, TV) équipe f de prise de vues ▷ **camera obscura** n chambre f noire (appareil) ▷ **camera operator** n caméraman m (caméramans pl), cameraman m (cameramen pl), cadreur m ▷ **camera-ready copy** n (Typ) copie f prête à la reproduction ▷ **camera-shy** adj qui déteste être pris en photo

cameraman ['kæmərəmən] n, pl **-men** (Cine, TV) caméraman m (caméramans pl), cadreur m ; (on credits) prise f de vue(s)

camerawoman ['kæmərəˌwʊmən] n, pl **camerawomen** ['kæmərəˌwɪmɪn] (Cine) (femme f) caméraman m or cadreur m

camerawork ['kæmərəwɜːk] n (NonC: Cine) prise f de vue(s)

camerlengo [ˌkæmə'leŋgəʊ] n camerlingue m

Cameroon [ˌkæmə'ruːn] n le Cameroun

Cameroonian [ˌkæmə'ruːnɪən] ⬛1 adj camerounais

⬛2 n Camerounais(e) m(f)

camiknickers ['kæmɪˌnɪkəz] npl chemise-culotte f ; (modern) teddy m

camisole ['kæmɪsəʊl] n caraco m

camomile ['kæməʊmaɪl] ⬛1 n camomille f

⬛2 COMP ▷ **camomile shampoo** n shampoing m à la camomille ▷ **camomile tea** n (infusion f de) camomille f

camouflage ['kæməflɑːʒ] → SYN ⬛1 n (Mil, fig) camouflage m

⬛2 vt camoufler

camp¹ [kæmp] → SYN ⬛1 n camp m ; (less permanent) campement m ; (fig) camp m, parti m ◆ **to be in camp** camper ◆ **to go to camp** partir camper ◆ **in the same camp** (fig) dans le même camp, du même bord ◆ **to break camp** lever le camp ◆ **to set up camp** installer son camp ; (fig) s'installer ; → **concentration, foot, holiday, pitch¹**

⬛2 vi camper ◆ **to go camping** partir camper

⬛3 COMP ▷ **camp chair** n ⇒ **camping chair** ; → **camping** ▷ **camp counsellor** n (US Scol) animateur m, -trice f (de camp de vacances) ▷ **camp follower** n (fig) sympathisant(e) m(f) ; (Mil †: = prostitute) prostituée f, fille f à soldats * ; (Mil †: = civilian worker) civil accompagnant une armée ▷ **camp ground** n ⇒ **camping ground** ; → **camping** ▷ **camp meeting** n (US Rel) rassemblement m religieux (en campement ou sous un chapiteau) ▷ **camp site** n ⇒ **camping site** ; → **camping** ▷ **camp stool** n ⇒ **camping stool** ; → **camping** ▷ **camp stove** n ⇒ **camping stove** ; → **camping**

▶ **camp out** vi camper, vivre sous la tente ◆ **we'll have to camp out in the kitchen** * nous allons devoir camper or il va falloir que nous campions (subj) dans la cuisine

camp² * [kæmp] → SYN ⬛1 adj **a** (= affected) person, behaviour, talk affecté, maniéré ; (= over-dramatic) person cabotin ; gestures théâtral ; (= affecting delight in bad taste) qui aime le

kitsch, qui fait parade de mauvais goût ; (= fashionable because of poor taste) kitsch inv
b (= effeminate) efféminé ; (= homosexual) man qui fait pédé ☆ or tapette ☆ ; manners, clothes de pédé ☆, de tapette ☆ ✦ **to be as camp as a row of tents*** être pédé comme un phoque ☆

2 n (also **high camp**) (of manners) affectation f ; (effeminate) manières fpl efféminées

3 vt ✦ **to camp it up** cabotiner

Campagna (di Roma) [kæm'pɑ:njə(dı'rəʊmə)] n (Geog) Campanie f

campaign [kæm'peɪn] → SYN **1** n (Mil, fig) campagne f ✦ **to lead** or **conduct** or **run a campaign for/against** mener une campagne or faire campagne pour/contre ; → **advertising, election, publicity**

2 vi (Mil) faire campagne ; (fig) mener une or faire campagne (*for* pour ; *against* contre)

3 COMP ▷ **campaign trail** n (Pol) **to be on the campaign trail** être en tournée électorale ▷ **campaign worker** n (Pol) membre m de l'état-major (*d'un candidat*)

campaigner [kæm'peɪnər] n (Mil) ✦ **old campaigner** vétéran m ✦ **a campaigner for/against electoral reform** (fig) un(e) militant(e) pour/contre la réforme électorale ✦ **a human rights/peace/environmental campaigner** un(e) militant(e) des droits de l'homme/de la paix/de la protection de l'environnement ✦ **his qualities as a campaigner** (Pol) ses qualités en tant que candidat en campagne (électorale)

Campania [kæm'peɪnɪə] n la Campanie

campanile [ˌkæmpə'ni:lɪ] n campanile m

campanology [ˌkæmpə'nɒlədʒɪ] n (NonC) art m du carillonnement

campanula [kæm'pænjʊlə] n (Bot) campanule f

campbed [kæmp'bed] n (Brit) lit m de camp

camper ['kæmpər] n (= person) campeur m, -euse f ; (= van) camping-car m ; (US) caravane f pliante

campfire ['kæmpfaɪər] n feu m de camp

camphor ['kæmfər] n camphre m

camphorated ['kæmfəreɪtɪd] **1** adj camphré

2 COMP ▷ **camphorated oil** n huile f camphrée

camping ['kæmpɪŋ] **1** n camping m (*activité*)

2 COMP ▷ **camping chair** n chaise f de camping, chaise f pliante ▷ **Camping gas** n (Brit = gas) butane m ; (US = stove) camping-gaz ® m inv ▷ **camping ground, camping site** n (commercialized) (terrain m de) camping m ; (clearing etc) endroit m où camper ▷ **camping stool** n pliant m ▷ **camping stove** n réchaud m de camping, camping-gaz ® m inv ▷ **camping van** n camping-car m, autocaravane f ; → **camp¹**

campion ['kæmpɪən] n (Bot) lychnis m

campus ['kæmpəs] **1** n, pl **campuses** (Univ) (gen) campus m ; (= building complex) campus m, complexe m universitaire ; (fig) monde m universitaire ; → **off, on**

2 COMP ▷ **campus police** n (US Univ) vigiles mpl

campy☆ ['kæmpɪ] adj ⇒ **camp² 1**

campylobacter [ˌkæmpɪləʊˌbæktər] n (Bio) campylobacter m

CAMRA ['kæmrə] (Brit) (abbrev of **Campaign for Real Ale**) *association qui cherche à améliorer la qualité de la bière*

camshaft ['kæmʃɑːft] n (Aut) arbre m à cames

can¹ [kæn] LANGUAGE IN USE 3, 4, 9.2, 15.4

1 modal aux vb, neg **cannot**, cond, pret **could**
a (indicating possibility: in neg improbability) **the situation can change from day to day** la situation peut changer d'un jour à l'autre ✦ **it could be true** cela pourrait être vrai, il se peut que cela soit vrai ✦ **she could still decide to go** elle pourrait encore décider d'y aller ✦ **you could be making a big mistake** tu fais peut-être or tu es peut-être en train de faire une grosse erreur ✦ **can he have done it already?** est-il possible qu'il l'ait déjà fait ? ✦ **could he have done it without being seen?** est-ce qu'il aurait pu le faire or lui aurait-il été possible de le faire sans être vu ? ✦ **can** or **could you be hiding something from us?** est-il possible or se peut-il que vous nous cachiez (subj) quelque chose ? ✦ **he could have changed his mind without telling you** il aurait pu changer d'avis sans vous le dire ✦ **(perhaps) he could have forgotten** il a peut-être oublié ✦ **it could have been you who got hurt** cela aurait aussi bien pu être vous le blessé ✦ **you can't be serious!** (ce n'est pas possible), vous ne parlez pas sérieusement ! ✦ **that cannot be!** † c'est impossible ! ✦ **as big/pretty etc as can** or **could be** aussi grand/joli etc qu'il est possible de l'être ✦ **as soon as can** or **could be** aussitôt or dès que possible, le plus vite possible ✦ **he can't have known about it until you told him** (il est) impossible qu'il l'ait su avant que vous (ne) lui en ayez parlé ✦ **she can't be very clever if she failed this exam** elle ne doit pas être très intelligente pour avoir été recalée à cet examen ✦ **things can't be as bad as you say they are** la situation n'est sûrement pas aussi mauvaise que tu le dis

b (stressed, expressing astonishment) **he CAN'T be dead!** ce n'est pas possible, il n'est pas mort ! ✦ **how CAN you say that?** comment pouvez-vous or osez-vous dire ça ? ✦ **where CAN he be?** où peut-il bien être ? ✦ **what CAN it be?** qu'est-ce que cela peut bien être ? ✦ **what COULD she have done with it?** qu'est-ce qu'elle a bien pu en faire ?

c (= am etc able to) (je) peux etc ✦ **he can lift the suitcase if he tries hard** il peut soulever la valise s'il fait l'effort nécessaire ✦ **help me if you can** aidez-moi si vous (le) pouvez ✦ **more cake? – no, I really couldn't** encore du gâteau ? – non, je n'ai vraiment plus faim ✦ **he will do what he can** il fera ce qu'il pourra, il fera son possible ✦ **he will help you all he can** il vous aidera de son mieux ✦ **can you come tomorrow?** pouvez-vous venir demain ? ✦ **he couldn't speak because he had a bad cold** il ne pouvait pas parler parce qu'il avait un mauvais rhume ✦ **I could have done that 20 years ago but can't now** il y a 20 ans j'aurais pu le faire mais (je ne peux) plus maintenant ✦ **he could have helped us if he'd wanted to** il aurait pu nous aider s'il l'avait voulu ✦ **he could have described it but he refused to do so** il aurait pu or le décrire mais il a refusé (de le faire)

d (= know how to) (je) sais etc ✦ **he can read and write** il sait lire et écrire ✦ **he can speak Italian** il parle italien, il sait parler (l')italien ✦ **she could not swim** elle ne savait pas nager

e (with verbs of perception) **I can see you** je vous vois ✦ **they could hear him speak** ils l'entendaient parler ✦ **can you smell it?** tu le sens ? ✦ **I could see them coming in** je les voyais entrer or qui entraient ✦ **he could hear her shouting** il l'entendait crier

f (= have the right to, have permission to) (je) peux etc ✦ **you can go** vous pouvez partir ✦ **can I have some milk? – yes, you can** puis-je avoir du lait ? – mais oui, bien sûr ✦ **could I have a word with you? – yes, of course you could** est-ce que je pourrais vous parler un instant (s'il vous plaît) ? – oui bien sûr ✦ **I could have left earlier but decided to stay** j'aurais pu partir plus tôt, mais j'ai décidé de rester ✦ **I can't go out** je ne peux pas sortir, je n'ai pas le droit de sortir ✦ **I couldn't leave until the meeting ended** il m'était impossible de partir or je ne pouvais pas partir avant la fin de la réunion

g (indicating suggestion) **you could try telephoning him** tu pourrais (toujours) lui téléphoner ✦ **you could have been a little more polite** (indicating reproach) tu aurais pu être un peu plus poli ✦ **you could have told me before** tu aurais pu me le dire avant or plus tôt

h (= be occasionally capable of) **she can be very unpleasant** elle peut (parfois) être très désagréable ✦ **it can be very cold here** il peut faire très froid ici, il arrive qu'il fasse très froid ici

i (* : could = want to) **I could smack him!** je le giflerais !, je pourrais le gifler ! ✦ **I could have smacked him** je l'aurais giflé ✦ **I could have wept** j'en aurais pleuré

2 COMP ▷ **can-do*** adj (US) person, organization dynamique

can² [kæn] **1** n **a** (for milk, oil, water, petrol) bidon m ; (for garbage) boîte f à ordures, poubelle f ✦ **(to be left) to carry the can*** (Brit) payer les pots cassés

b [of preserved food] boîte f (de conserve) ; [of hair spray, deodorant] bombe f, aérosol m ✦ **a can of fruit** une boîte de fruits (en conserve) ✦ **a can of beer** une boîte de bière ✦ **meat in cans** de la viande en boîte or en conserve ✦ **a can of worms*** un sac de nœuds ✦ **to open a can of worms*** ouvrir la boîte de Pandore (liter), déclencher un sac de nœuds*

c (Cine) [of film] boîte f ✦ **it's in the can*** c'est dans la boîte

d (US ☆) (= lavatory) waters mpl, chiottes ☆ fpl ; (= buttocks) postérieur* m

e (US ☆) (= jail) taule ☆ f, prison f

2 vt **a** [+ food] mettre en boîte(s) or en conserve ✦ **canned fruit/salmon** fruits mpl/saumon m en boîte or en conserve ✦ **canned food, canned goods** conserves fpl ✦ **canned heat** (US) méta ® m ✦ **canned music*** musique f enregistrée ✦ **canned laughter** (Rad, TV) rires mpl en conserve or préenregistrés ✦ **to be canned**☆ (fig = drunk) être rétamé ☆ or rond* ✦ **can it!**☆ (US) ferme-la !*, la ferme !*

b (US* = dismiss from job) virer*, renvoyer

3 COMP ▷ **can crusher** n broyeur m (de boîtes) ▷ **can opener** n ouvre-boîtes m inv

Canaan ['keɪnən] n terre f or pays m de C(h)anaan

Canaanite ['keɪnənaɪt] n C(h)ananéen(ne) m(f)

Canada ['kænədə] **1** n le Canada

2 COMP ▷ **Canada balsam** n baume m de or du Canada ▷ **Canada Day** n *le 1er juillet, fête nationale canadienne* ▷ **Canada goose** n (Orn) bernache f du Canada

Canadian [kə'neɪdɪən] **1** adj (gen) canadien ; ambassador, embassy du Canada, canadien

2 n Canadien(ne) m(f) ; → **French**

3 COMP ▷ **Canadian elk** n orignal m ▷ **Canadian English** n (Ling) anglo-canadien m, anglais m du Canada ▷ **Canadian French** n (Ling) franco-canadien m, français m du Canada

canal [kə'næl] **1** n **a** canal m

b (Anat) conduit m, canal m ; → **alimentary**

2 COMP ▷ **canal barge, canal boat** n chaland m, péniche f ▷ **the Canal Zone** n (Geog) (Brit: Suez) la zone du canal de Suez ; (US: Panama) la zone du canal de Panama

canalization [ˌkænəlaɪ'zeɪʃən] n canalisation f

canalize ['kænəlaɪz] vt canaliser

canapé ['kænəpeɪ] n (Culin) canapé m

canard [kæ'nɑːd] n canard* m, bobard* m

Canaries [kə'nɛərɪz] npl ⇒ **Canary Islands** ; → **canary**

canary [kə'nɛərɪ] **1** n **a** (= bird) canari m, serin m

b (= wine) vin m des Canaries

2 COMP (also **canary yellow**) (de couleur) jaune serin inv, jaune canari inv ▷ **canary grass** n (Bot) alpiste m ▷ **the Canary Islands, the Canary Isles** npl (Geog) les (îles fpl) Canaries fpl ▷ **canary seed** n (Bot) millet m

canasta [kə'næstə] n canasta f

Canberra ['kænbərə] n Canberra

cancan ['kænkæn] n (also **French cancan**) cancan m

cancel ['kænsəl] LANGUAGE IN USE 21.4 → SYN

1 vt **a** [+ reservation, room booked, travel tickets, plans] annuler ; (= annul, revoke) [+ agreement, contract] résilier, annuler ; [+ order, arrangement, meeting, performance, debt] annuler ; [+ decree] faire opposition à ; [+ taxi, coach or car ordered, appointment, party] décommander, annuler ; [+ stamp] oblitérer ; [+ mortgage] lever ; [+ decree, will] révoquer ; [+ application] retirer ; [+ ticket] (= punch) poinçonner ; (= stamp) oblitérer

b [+ flight, train etc] annuler ; (= withdraw permanently) supprimer

c (Math) [+ figures, amounts] éliminer

d (= cross out, delete) barrer, rayer

2 vi [tourist etc] se décommander

▶ **cancel out** vt sep (Math) [+ noughts] barrer ; [+ amounts] annuler, éliminer ; (fig) neutraliser ✦ **they cancel each other out** (Math) ils s'annulent ; (fig) ils se neutralisent

cancellation [ˌkænsə'leɪʃən] → SYN n [of event, order, debt, flight, train, reservation, hotel room]

cancer ['kænsə'] → SYN **1** n **a** (Med) cancer m ◆ **she has cancer** elle a un cancer ◆ **lung/breast cancer** cancer m du poumon/du sein ◆ **his battle against cancer** sa bataille contre le cancer
b (Astron) **Cancer** le Cancer ◆ **I'm (a) Cancer** (Astrol) je suis (du) Cancer ; → **tropic**
2 COMP ▷ **cancer-causing** adj cancérigène ▷ **cancer patient** n cancéreux m, -euse f ▷ **cancer-producing** adj ⇒ **cancer-causing** ▷ **cancer research** n cancérologie f ; (in appeals, funds, charities) recherche f sur or contre le cancer ▷ **cancer specialist** n cancérologue mf ▷ **cancer stick** *§* n (Brit pej) cigarette f, clope * f

Cancerian [kæn'sɪərɪən] n ◆ **to be a Cancerian** être (du) Cancer

cancerophobia [ˌkænsərəʊ'fəʊbɪə] n cancérophobie f

cancerous ['kænsərəs] adj cancéreux

candela [kæn'diːlə] n (Phys) candela f

candelabra [ˌkændɪ'lɑːbrə] n, pl **candelabra** or **candelabras** candélabre m

candelabrum [ˌkændɪ'lɑːbrəm] n, pl **candelabrums** or **candelabra** ⇒ **candelabra**

candid ['kændɪd] → SYN **1** adj person, smile, criticism franc (franche f), sincère ; report, biography qui ne cache rien ◆ **he gave me his candid opinion of it** il m'a dit franchement ce qu'il en pensait
2 COMP ▷ **Candid Camera** n (Phot) appareil m photo à instantanés ; (= TV programme) la Caméra cachée ◆ **a candid camera shot** (Phot) un instantané

candida ['kændɪdə] n (Med) candidose f

candidacy ['kændɪdəsɪ] n (esp US) candidature f

candidate ['kændɪdeɪt] → SYN n candidat(e) m(f) ◆ **to stand as/be a candidate** se porter/être candidat ◆ **a candidate for president** un candidat à la présidence ◆ **they are candidates for relegation** (Ftbl) ils risquent la relégation ◆ **the obese are prime candidates for heart disease** les obèses sont particulièrement exposés aux maladies cardiaques ◆ **A-level candidates** ≃ candidats mpl au baccalauréat

candidature ['kændɪdətʃə'] n (Brit) candidature f

candidiasis [ˌkændɪ'daɪəsɪs] n candidose f

candidly ['kændɪdlɪ] adv admit, confess avec franchise ; say, reply avec franchise, franchement

candidness ['kændɪdnɪs] n franchise f, sincérité f

candied ['kændɪd] **1** adj (Culin) whole fruit glacé, confit ; cherries, angelica etc confit
2 COMP ▷ **candied peel** n écorce f d'orange (or de citron etc) confite

candle ['kændl] **1** n **a** (wax: household, on cakes etc) bougie f ; (tallow: tall, decorative) chandelle f ; (of church) cierge m ◆ **the game isn't worth the candle** le jeu n'en vaut pas la chandelle ◆ **he can't hold a candle to his brother** il n'arrive pas à la cheville de son frère ; → **burn¹, Roman**
b ⇒ **candle-power**
2 COMP ▷ **candle grease** n (from household candle) suif m ; (from others) cire f ▷ **candle pin** n (US) quille f ▷ **candle-power** n (Elec) a 20 **candle-power lamp** une (lampe de) 20 bougies

candleholder ['kændl,həʊldə'] n bougeoir m

candlelight ['kændllaɪt] **1** n **by candlelight** à la lueur d'une bougie
2 COMP ▷ **candlelight dinner** n ⇒ **candlelit dinner** ⇒ **candlelit**

candlelit ['kændllɪt] **1** adj room, restaurant éclairé à la bougie ou aux chandelles
2 COMP ▷ **candlelit dinner** n dîner m aux chandelles

Candlemas ['kændlməs] n la Chandeleur

candlenut ['kændl,nʌt] n (also **candlenut tree**) bancoulier m

candlestick ['kændlstɪk] n (flat) bougeoir m ; (tall) chandelier m

candlewick ['kændlwɪk] n chenille f (de coton) ◆ **a candlewick bedspread** un couvre-lit en chenille

C & M [ˌsiː.ənd'em] n (abbrev of **care and maintenance**) entretien m

candour, candor (US) ['kændə'] → SYN n franchise f, sincérité f

C & W [ˌsiː.ən'dʌbljuː] (abbrev of **country-and-western**) → **country**

candy ['kændɪ] **1** n sucre m candi ; (US) bonbon(s) m(pl) ◆ **it's like taking candy from a baby** c'est simple comme bonjour
2 vt [+ sugar] faire candir ; [+ fruit] glacer, confire
3 vi se candir, se cristalliser
4 COMP ▷ **candy-ass** **§** n (US) couille molle ** f ▷ **candy bar** n (US) confiserie f en barre ▷ **candy-floss** n (Brit) barbe f à papa ▷ **candy store** n (US) confiserie f (souvent avec papeterie et tabac) ▷ **candy-striped** adj à rayures multicolores ▷ **candy striper** n (US) jeune fille s'occupant d'œuvres de bienfaisance dans un hôpital

candytuft ['kændɪ,tʌft] n (Bot) ibéris m (en ombelle)

cane [keɪn] **1** n **a** (of bamboo etc) canne f ; (for plants) tuteur m ; (in basket- and furniture-making) rotin m, jonc m ; → **sugar**
b (= walking stick) canne f ; [of officer, rider] badine f, jonc m ; (for punishment) trique f, bâton m ; (Scol) verge f, baguette f ◆ **the schoolboy got the cane** l'écolier a été fouetté ou a reçu le fouet
2 vt administrer or donner des coups de trique or de bâton à ; (Scol) fouetter ; (*fig) administrer une bonne volée à
3 COMP canné ; chair, furniture en rotin ▷ **cane sugar** n (NonC) sucre m de canne

cang(ue) [kæŋ] n cangue f

canine ['kæɪnaɪn] **1** adj canin ◆ **canine (tooth)** (Anat) canine f
2 COMP ▷ **canine corps** n (US Police) corps m des maîtres-chiens

caning ['keɪnɪŋ] n ◆ **to get a caning** (lit) recevoir la trique ; (Scol) recevoir le fouet, être fouetté ; (*fig) recevoir une bonne volée ◆ **to give sb a caning** ⇒ **to cane sb** : → **cane 2**

canister ['kænɪstə'] n boîte f ◆ **a canister of teargas** une bombe lacrymogène

canker ['kæŋkə'] → SYN **1** n (Med) ulcère m ; (gen syphilitic) chancre m ; (Bot, fig) chancre m
2 vt (Med) ronger
3 COMP ▷ **canker-worm** n ver m

cankerous ['kæŋkərəs] adj sore rongeur ; tissue chancreux

canna ['kænə] n (Bot) canna m, balisier m

cannabis ['kænəbɪs] n **a** (= plant) chanvre m indien
b (= resin) cannabine f
c (= drug) cannabis m

cannel(l)oni [ˌkænɪ'ləʊnɪ] n (NonC) cannelloni mpl

cannery ['kænərɪ] n (US) fabrique f de conserves, conserverie f

cannibal ['kænɪbəl] adj, n cannibale mf, anthropophage mf

cannibalism ['kænɪbəlɪzəm] n cannibalisme m, anthropophagie f

cannibalistic [ˌkænɪbə'lɪstɪk] adj person, tribe cannibale ; practices de cannibale

cannibalization [ˌkænɪbəlaɪ'zeɪʃən] n [of machine, product] cannibalisation f

cannibalize ['kænɪbəlaɪz] vt (Tech) [+ machine, car] démonter pour en réutiliser les pièces ◆ **cannibalized parts** pièces fpl récupérées

cannily ['kænɪlɪ] adv astucieusement

canniness ['kænɪnɪs] n (= thriftiness) économie f ; (= shrewdness) ruse f

canning ['kænɪŋ] **1** n mise f en conserve or en boîte
2 COMP ▷ **canning factory** n fabrique f de conserves, conserverie f ▷ **canning industry** n industrie f de la conserve, conserverie f

cannon ['kænən] → SYN **1** n, pl **cannon** or **cannons** **a** (Mil) canon m ; → **water**
b (Tech) canon m
c (Brit Billiards) carambolage m
2 vi (Brit Billiards) caramboler ◆ **to cannon off the red** caramboler la rouge ◆ **to cannon into** or **against sth** percuter qch ◆ **to cannon into** or **against sb** se heurter à qn
3 COMP ▷ **cannon fodder** n chair f à canon * ▷ **cannon-shot** n **within cannon-shot** à portée de canon

cannonade [ˌkænə'neɪd] n canonnade f

cannonball ['kænənbɔːl] **1** n boulet m de canon
2 COMP ▷ **cannonball serve** n (Tennis) service m boulet de canon

cannot ['kænɒt] LANGUAGE IN USE 16.3, 16.4 neg of **can**¹

cannula ['kænjʊlə] n, pl **cannulas** or **cannulae** ['kænjʊliː] (Med) canule f

canny ['kænɪ] → SYN adj (= cautious) prudent, circonspect ; (= shrewd) malin (-igne f), futé ; (= careful with money) regardant * (pej), économe ◆ **canny answer** réponse f de Normand ; → **ca' canny**

canoe [kə'nuː] **1** n (gen) canoë m ; (= dug-out) pirogue f ; (Sport) kayak m ; → **paddle**
2 vi (Sport) faire du canoë-kayak ; (in dug-out) aller en pirogue

canoeing [kə'nuːɪŋ] n (Sport) canoë-kayak m

canoeist [kə'nuːɪst] n canoéiste mf

canola [kə'nəʊlə] n (US Bot) colza m

canon ['kænən] → SYN **1** n **a** (Mus, Rel, Tech) canon m ; (fig) canon m, critère m ◆ **canon of the mass** canon m de la messe
b (Rel = chapter member) chanoine m
2 COMP ▷ **canon law** n (Rel) droit m canon

cañon ['kænjən] n (US) ⇒ **canyon**

canonical [kə'nɒnɪkəl] adj (Rel) canonique, conforme aux canons de l'église ; (Mus) en canon ; (fig) autorisé, qui fait autorité ◆ **canonical dress** (Rel) vêtements mpl sacerdotaux

canonicate [kə'nɒnɪkeɪt] n canonicat m

canonization [ˌkænənaɪ'zeɪʃən] n (Rel) canonisation f

canonize ['kænənaɪz] vt (Rel, fig) canoniser

canonry ['kænənrɪ] n canonicat m

canoodle †* [kə'nuːdl] vi se faire des mamours *

Canopic [kə'nəʊpɪk] adj ◆ **Canopic jar** (or **urn** or **vase**) canope m

canopied ['kænəpɪd] adj bed à baldaquin

canopy ['kænəpɪ] → SYN n [of bed] baldaquin m, ciel m de lit ; [of throne etc] dais m ; [of tent etc] marquise f ; (Archit) baldaquin m ; (Aviat) [of parachute] voilure f ; [of cockpit] verrière f ; (fig) [of sky, heavens, foliage] voûte f

cant¹ [kænt] → SYN **1** n **a** (= insincere talk) paroles fpl hypocrites ; (= stock phrases) phrases fpl toutes faites, clichés mpl
b (= jargon) jargon m, argot m de métier ◆ **lawyers' cant** jargon m juridique ; → **thief**
2 vi parler avec hypocrisie or affectation

cant² [kænt] → SYN **1** n **a** (= slope, steepness) pente f, déclivité f ; (= sloping surface) plan m incliné ◆ **this wall has a definite cant** ce mur penche très nettement
b (= jolt) secousse f, à-coup m
2 vi (= tilt) pencher, s'incliner
3 vt (= tilt) incliner, pencher ; (= overturn) retourner d'un coup sec

can't [kɑːnt] (abbrev of **cannot**) → **can¹**

Cantab. (abbrev of **Cantabrigiensis**) de Cambridge

cantabile [kæn'tɑːbɪlɪ] adj, adv (Mus) cantabile

Cantabrian [kæn'teɪbrɪən] adj, n ◆ **the Cantabrians** ◆ **the Cantabrian Mountains** les (monts mpl) Cantabriques mpl

cantaloup(e) ['kæntəluːp] n cantaloup m

cantankerous [kæn'tæŋkərəs] → SYN adj irascible

cantankerousness [kæn'tæŋkərəsnɪs] n (= ill temper) caractère m acariâtre

cantata [kæn'tɑːtə] n cantate f

canteen [kæn'tiːn] n **a** (= restaurant) cantine f
b (Mil) (= flask) bidon m; (= mess tin) gamelle f
c a canteen of cutlery une ménagère

canter ['kæntəʳ] → SYN **1** n petit galop m ◆ to go for a canter aller faire une promenade à cheval (au petit galop) ◆ to win in or at a canter * (Brit fig) gagner haut la main, arriver dans un fauteuil *
2 vi aller au petit galop
3 vt mener or faire aller au petit galop

Canterbury ['kæntəbərɪ] **1** n Cantorbéry
2 COMP ▷ **Canterbury bell** n (Bot) campanule f ▷ **Canterbury Tales** npl (Literat) Contes mpl de Cantorbéry

cantharid ['kænθərɪd] n (= insect) cantharide f

canthus ['kænθəs] n, pl **canthi** ['kænθaɪ] (Anat) canthus m

canticle ['kæntɪkl] n cantique m, hymne m ◆ **the Canticles** le cantique des cantiques

cantilena [ˌkæntɪ'leɪnə] n (Mus) cantilène f

cantilever ['kæntɪliːvəʳ] **1** n (Tech) cantilever m; (Archit) corbeau m, console f
2 COMP ▷ **cantilever beam** n poutre f en console ▷ **cantilever bridge** n pont m cantilever inv

canting ['kæntɪŋ] → SYN adj (= hypocritical) hypocrite, tartufe

cantle ['kæntl] n troussequin m

canto ['kæntəʊ] n chant m (d'un poème)

canton ['kæntɒn] **1** n (Admin) canton m
2 vt **a** [+ land] diviser en cantons
b (Mil) [+ soldiers] cantonner

cantonal ['kæntənl] adj cantonal

Cantonese [ˌkæntə'niːz] **1** adj cantonais
2 n **a** (pl inv = person) Cantonais(e) m(f)
b (Ling) cantonais m
3 **the Cantonese** npl les Cantonais mpl

cantonment [kən'tuːnmənt] n cantonnement m

cantor ['kæntɔːʳ] n (Rel) chantre m

Cantuar. (Brit Rel) (abbrev of **Cantuariensis**) de Cantorbéry

Canuck * [kə'nʊk] n (often pej) Canadien(ne) m(f) français(e)

Canute [kə'njuːt] n Canut m

canvas¹ [kæn] **1** n **a** (Art, Naut, also of tent) toile f; (Sewing) canevas m ◆ **under canvas** (= in a tent) sous la tente; (Naut) sous voiles
b (= painting) toile f, tableau m
2 COMP en or de toile ▷ **canvas chair** n chaise f pliante (en toile) ▷ **canvas shoes** npl (gen) chaussures fpl en toile; (rope-soled) espadrilles fpl

canvas² ['kænvəs] ⇒ canvass

canvaser ['kænvəsəʳ] n (US) ⇒ canvasser

canvass ['kænvəs] → SYN **1** vt **a** (Pol) [+ district] faire du démarchage électoral dans; [+ person] solliciter la voix or le suffrage de; (US = scrutinize votes) pointer
b (Comm) [+ district, customers] prospecter
c (= seek support of) [+ influential person] solliciter le soutien de
d (= seek opinion of) [+ person] sonder (on à propos de) ◆ **to canvass opinions (on sth)** sonder l'opinion or faire un sondage d'opinion (sur qch)
e (= discuss) [+ matter, question] débattre, examiner à fond
2 vi (Pol) [candidate] faire campagne ◆ **to canvass for sb** (Pol) solliciter des voix pour qn; (gen) faire campagne pour qn
b visiter la clientèle; (door to door) faire du démarchage
3 n ⇒ canvassing

canvasser, canvaser (US) ['kænvəsəʳ] n **a** (esp Brit Pol: for support) agent m électoral (qui sollicite les voix des électeurs); (US: checking votes) scrutateur m, -trice f
b (Comm) placier m; (door to door) démarcheur m ◆ **"no canvassers"** "accès interdit aux colporteurs"

canvassing ['kænvəsɪŋ] n (Pol) démarchage m électoral; (when applying for job, membership etc) visites fpl de candidature; (US = inspection of votes) vérification f des votes

canyon ['kænjən] → SYN n canyon m, cañon m, gorge f

canyoning ['kænjənɪŋ] n canyoning m

CAP [ˌsiːeɪ'piː] n (Pol) (abbrev of **Common Agricultural Policy**) PAC f

cap [kæp] → SYN **1** n **a** (= headgear) [of man, woman, boy] casquette f; [of jockey, judge] toque f; [of soldier] calot m; [of sailor] bonnet m; [of gendarme] képi m; (= skullcap) calotte f; [of cardinal] barrette f ◆ **cap and gown** (Univ) costume m universitaire ◆ **to go cap in hand to sb** aller quémander qch (auprès) de qn ◆ **if the cap fits(, wear it)** il n'y a que la vérité qui blesse, qui se sent morveux (qu'il) se mouche ◆ **to set one's cap at sb** † [woman] jeter son dévolu sur qn ◆ **cap and bells** marotte f (de bouffon); → black, feather, nightcap, thinking
b (Brit Sport) **he won his first England cap against France** il a été sélectionné pour la première fois dans l'équipe d'Angleterre à l'occasion de son match contre la France ◆ **Davis has won 50 caps for Wales** Davis compte 50 sélections dans l'équipe du pays de Galles ◆ **Elwood is the team's only new cap** Elwood est le seul nouveau joueur sélectionné dans l'équipe
c (= lid, cover) [of bottle] capsule f; [of pen] capuchon m; [of tooth] couronne f; (Aut) [of radiator, tyre-valve] bouchon m; (Med = contraceptive) diaphragme m; (Archit) chapiteau m, couronnement m; [of mushroom] chapeau m; → axle, kneecap, toecap
d (= percussion cap) capsule f fulminante; (for toy gun) amorce f
2 vt **a** (= put cover on) (gen) couvrir d'une capsule, d'un capuchon etc; [+ bottle etc] capsuler; (Mil) [+ shell] visser la fusée de; (Dentistry) [+ tooth] couronner; → snow
b [+ person] coiffer; (Univ) conférer un grade universitaire à ◆ **he was capped four times for England** (Brit Sport) il a joué quatre fois dans l'équipe d'Angleterre
c (= surpass, improve on) [+ sb's words] renchérir sur; [+ achievements] surpasser ◆ **he capped this story/quotation** il a trouvé une histoire/une citation encore meilleure que celle-ci ◆ **to cap it all** pour couronner le tout ◆ **that caps it all!** * ça, c'est le bouquet * or le comble!
d (= limit) [+ spending, taxes etc] imposer un plafond à, plafonner ◆ **he has the power to cap city councils that spend excessively** il a le pouvoir d'imposer des restrictions budgétaires aux conseils municipaux qui dépensent trop; see also **charge, rate**

cap. * [kæp] n (abbrev of **capital letter**) → capital

capability [ˌkeɪpə'bɪlɪtɪ] → SYN n **a** aptitude f (to do sth, of doing sth à faire qch), capacité f (to do sth, for doing sth de or à faire qch) ◆ **mental capability** aptitudes fpl or capacités fpl intellectuelles ◆ **within/beyond one's capabilities** dans ses/au-dessus de ses capacités
b [of machine] potentiel m; (Mil = range of weapons etc) capacité f ◆ **NATO's nuclear capabilities** le potentiel or la capacité nucléaire de l'OTAN ◆ **we have the military capability to defend the area** nous avons le potentiel or la capacité militaire nécessaire pour défendre cette région ◆ **they have the capability to produce their own nuclear weapons** ils sont en mesure de produire leurs propres armements nucléaires

capable ['keɪpəbl] LANGUAGE IN USE 15.4 → SYN adj **a** person capable (of de); event, situation susceptible (of de) ◆ **he is capable of great warmth/tenderness** il est capable de (montrer) beaucoup de chaleur/de tendresse ◆ **he was capable of murder** il était capable de commettre un meurtre ◆ **sports cars capable of 150mph** des voitures fpl de sport pouvant atteindre les 240 km/h ◆ **a ship capable of carrying 650 people** un bateau pouvant transporter 650 personnes
b (= competent) capable

capably ['keɪpəblɪ] adv avec compétence

capacious [kə'peɪʃəs] → SYN adj hall, hotel vaste, d'une grande capacité; container d'une grande contenance or capacité

capacitance [kə'pæsɪtəns] n (Elec) capacitance f

capacitate [kə'pæsɪteɪt] vt (Jur) ◆ **to be capacitated to do sth** être habilité à faire qch

capacitor [kə'pæsɪtəʳ] n (Elec) condensateur m

capacity [kə'pæsɪtɪ] → SYN **1** n **a** (= ability to hold, cubic content etc) [of container] contenance f, capacité f; [of hall, hotel] capacité f ◆ **filled to capacity** jug plein à ras bord(s); box, suitcase bourré; hall, bus etc comble, bondé ◆ **the hall has a seating capacity of 400** la salle a 400 places assises ◆ **the tank has a capacity of 100 litres** le réservoir a une capacité or une contenance de 100 litres
b (Ind) (= production potential) capacité f de production or productrice; (= output, production) rendement m ◆ **to work at (full) capacity** [factory] fonctionner à plein rendement ◆ **I'm not working at (full) capacity today** (hum) je ne suis pas très productif aujourd'hui ◆ **we are increasing (our) capacity** nous augmentons notre capacité de production ◆ **we haven't yet reached (full) capacity** nous n'avons pas encore atteint notre rendement maximum ◆ **the region's electricity-generating capacity** le potentiel de production d'électricité de la région
c (= mental ability: also **capacities**) aptitude f, capacité(s) f(pl) ◆ **her mental capacities** ses aptitudes or capacités intellectuelles ◆ **capacity to do** or **for doing sth** aptitude f à faire qch ◆ **this book is within the capacity of children** ce livre est à la portée des enfants ◆ **he had lost all capacity for happiness** il avait perdu toute aptitude au bonheur or à être heureux ◆ **his capacity for hard work** sa grande aptitude au travail
d (frm = position, status) qualité f, titre m ◆ **in my capacity as a doctor** en ma qualité de médecin ◆ **in his official capacity** à titre officiel ◆ **in a personal capacity** à titre personnel ◆ **in an advisory capacity** à titre consultatif ◆ **we must not employ him in any capacity whatsoever** il ne faut pas l'employer à quelque titre que ce soit
e (= legal power) pouvoir m légal (to do sth de faire qch) ◆ **to have the capacity to do sth** avoir qualité pour faire qch
2 COMP ▷ **capacity attendance** n **there was a capacity attendance** c'était plein or bondé ▷ **capacity audience** n **they were hoping for a capacity audience** ils espéraient faire salle comble ▷ **capacity booking** n **there was capacity booking** toutes les places étaient louées or retenues, on jouait à guichets fermés ▷ **capacity crowd** n **there was a capacity crowd** il n'y avait plus une place (de) libre; (Sport) le stade était comble

caparison [kə'pærɪsn] (liter) **1** n caparaçon m
2 vt [+ horse] caparaçonner

cape¹ [keɪp] n (full length) cape f; (half length) pèlerine f; [of policeman, cyclist] pèlerine f

cape² [keɪp] → SYN **1** n (Geog) cap m; (= high cape) promontoire m
2 COMP ▷ **Cape Canaveral** n le Cap Canaveral ▷ **Cape Cod** n le cap Cod ▷ **Cape Coloureds** npl (in South Africa) métis mpl sud-africains ▷ **Cape Horn** n le cap Horn ▷ **Cape of Good Hope** n le cap de Bonne-Espérance ▷ **Cape Province** n province f du Cap ▷ **Cape Town** n Le Cap ▷ **Cape Verde** n le Cap-Vert ◆ **the Cape Verde Islands** les îles fpl du Cap-Vert

caped [keɪpt] adj portant une cape

caper¹ ['keɪpəʳ] → SYN **1** vi (also **caper about**) [child, elf] gambader (de joie)
2 n **a** (= leap, jump) cabriole f, gambade f
b (fig = pranks) **capers** farces fpl ◆ **that was quite a caper** * ça a été une vraie partie de rigolade ◆ **what a caper!** * (= fuss) quelle histoire! ◆ **she served six months in prison for the helicopter caper** * elle a fait six mois de prison pour le coup de l'hélicoptère

caper² ['keɪpəʳ] **1** n (Culin) câpre f; (= shrub) câprier m
2 COMP ▷ **caper sauce** n sauce f aux câpres

capercaillie, capercailzie [ˌkæpə'keɪlɪ] n grand tétras m, grand coq m de bruyère

Capernaum [kə'pɜːnɪəm] n Capharnaüm

capeskin ['keɪpskɪn] n (US) peau f souple pour ganterie

capful ['kæpfʊl] n (= measure of liquid) ◆ **one capful to four litres of water** un bouchon (plein) pour quatre litres d'eau

capillarity / carat

capillarity [ˌkæpɪ'lærɪtɪ] n capillarité f
capillary [kə'pɪlərɪ] adj, n (Bio, Bot) capillaire m
capital ['kæpɪtl] → SYN **1** adj **a** (Jur) capital
  b (= essential, important) capital, fondamental, essentiel ♦ **of capital importance** d'une importance capitale
  c (= chief, principal) capital, principal
  d capital letter majuscule f, capitale f ♦ **capital A, B** etc A, B etc majuscule ♦ **Art/Life with a capital A/L** l'Art/la Vie avec un grand A/V
  e († * = splendid) épatant *, fameux *
  2 n **a** (also **capital city**) capitale f
  b (Typ: also **capital letter**) majuscule f, capitale f
  c (NonC: Comm, Fin) (= money and property) capital m (en espèces et en nature) ; (= money only) capital m, capitaux mpl ♦ **capital invested** mise f de fonds ♦ **capital and labour** le capital et la main-d'œuvre ♦ **to make capital out of** (fig) tirer parti or profit de ; → **working**
  d (Archit) chapiteau m
  3 COMP ▷ **capital account** n (Fin, Econ etc) compte m capital ▷ **capital allowances** npl déductions fpl fiscales pour investissements ▷ **capital assets** npl actif m immobilisé ▷ **capital budget** n (Fin) budget m d'investissement ▷ **capital city** n capitale f ▷ **capital cost** n coût m d'investissement ▷ **capital employed** n (Fin) capital m investi ▷ **capital equipment** n (NonC) biens mpl d'équipement ▷ **capital expenditure** n dépenses fpl d'investissement ▷ **capital formation** n (Fin) formation f du capital ▷ **capital gains** npl augmentation f de capital, plus-values fpl (en capital) ♦ **capital gains tax** impôt m sur les plus-values (en capital) ▷ **capital goods** npl biens mpl d'équipement ▷ **capital intensive** adj industry etc (à forte intensité) capitalistique ▷ **capital investment** n (Fin) dépenses fpl d'investissement, mise m de capitaux ▷ **capital levy** n prélèvement m or impôt m sur le capital ▷ **capital movement** n mouvement m de(s) capitaux ▷ **capital offence** n crime m capital ▷ **capital punishment** n peine f capitale, peine f de mort ▷ **capital reserves** npl réserves fpl et provisions fpl ▷ **capital sentence** n condamnation f à mort ▷ **capital ship** n (Naut) grosse unité f de guerre ▷ **capital stock** n capital m social ▷ **capital structure** n (Fin) structure f du capital ▷ **capital sum** n capital m ▷ **capital transactions** npl transactions fpl en capital ▷ **capital transfer tax** n (Brit) impôt m sur le transfert des capitaux

capitalism ['kæpɪtəlɪzəm] → SYN n capitalisme m
capitalist ['kæpɪtəlɪst] adj, n capitaliste mf
capitalistic [ˌkæpɪtə'lɪstɪk] adj capitaliste
capitalization [kəˌpɪtəlaɪ'zeɪʃən] n capitalisation f
capitalize [kə'pɪtəlaɪz] **1** vt **a** (Fin) [+ property, plant] capitaliser ; [+ company] constituer le capital social de (par émission d'actions) ; (fig) capitaliser sur, tirer profit or parti de ♦ **over-/under-capitalized** (Fin) sur-/sous-capitalisé
  b (Typ : put into capitals) mettre en majuscule(s)
  2 vi (fig) ♦ **to capitalize on** [+ circumstances, information] exploiter, tirer profit or parti de ; [+ talents] tirer parti de ; (financially) monnayer

capitate ['kæpɪˌteɪt] adj (Bot) capité
capitation [ˌkæpɪ'teɪʃən] **1** n (Fin: also **capitation tax**) capitation f
  2 COMP ▷ **capitation allowance** n (Brit Scol) dotation f forfaitaire par élève (accordée à un établissement)

Capitol ['kæpɪtl] **1** n ♦ **the Capitol** (US) le Capitole (siège du Congrès américain) ; (Roman Hist) le Capitole
  2 COMP ▷ **Capitol Hill** n (US) (= hill) Capitol Hill m ; (= assembly) le Congrès américain

Capitoline ['kæpɪtəˌlaɪn] **1** adj capitolin
  2 n Capitolin m

capitulate [kə'pɪtjʊleɪt] → SYN vi (Mil, fig) capituler

capitulation [kəˌpɪtjʊ'leɪʃən] → SYN n **a** (Mil, fig) capitulation f
  b (= summary) récapitulation f, sommaire m
  c (Jur) **capitulations** capitulation f

capo ['kæpəʊ] n (US) capo m
capon ['keɪpən] n chapon m
capped-rate ['kæptˌreɪt] adj (Fin) à taux d'intérêt plafonné
cappuccino [ˌkæpʊ'tʃiːnəʊ] n cappuccino m
Capri [kə'priː] n Capri f ♦ **in Capri** à Capri
capriccio [kə'prɪtʃɪəʊ] n (Mus) capriccio m, caprice m
caprice [kə'priːs] → SYN n **a** (= change of mood) saute f d'humeur ; (= whim) caprice m
  b (Mus) capriccio m
capricious [kə'prɪʃəs] → SYN adj capricieux, fantasque
capriciously [kə'prɪʃəslɪ] adv capricieusement
Capricorn ['kæprɪkɔːn] n (Astron, Geog) le Capricorne ♦ **I'm (a) Capricorn** (Astrol) je suis (du) Capricorne ; → **tropic**
caps [kæps] npl (abbrev of **capital letters**) → **capital**
capsicum ['kæpsɪkəm] n poivron m
capsid ['kæpsɪd] n (Zool, Agr, Bio) capside m
capsize [kæp'saɪz] → SYN **1** vi se renverser ; (Naut) chavirer
  2 vt renverser ; (Naut) faire chavirer
capstan ['kæpstən] **1** n (Naut) cabestan m
  2 COMP ▷ **capstan lathe** n (Brit) tour m revolver
capsulate(d) ['kæpsjuˌleɪt(ɪd)] adj capsulaire
capsule ['kæpsjuːl] **1** n (all senses) capsule f
  2 adj description, résumé succinct

Capt. n (Mil) (abbrev of **Captain**) ♦ **Capt. P. Martin** (on envelope) le Capitaine P. Martin
captain ['kæptɪn] → SYN **1** n (Army, US Aviat) capitaine m ; (Navy) capitaine m (de vaisseau) ; [of Merchant Navy] capitaine m ; (Sport) capitaine m (d'équipe) ; (US Police: also **precinct captain**) ≈ commissaire m (de police) de quartier ♦ **school captain** (Brit) élève (des classes terminales) chargé d'un certain nombre de responsabilités ♦ **captain of industry** capitaine m d'industrie
  2 vt (Sport) [+ team] être le capitaine de ; (Mil, Naut) commander ; (fig) diriger
captaincy ['kæptənsɪ] n (Mil) grade m de capitaine ; (Sport) capitanat m ♦ **to get one's captaincy** (Mil) être promu or passer capitaine ♦ **during his captaincy (of the team)** (Sport) quand il était capitaine de l'équipe
captainship ['kæptɪnʃɪp] n capitanat m
caption ['kæpʃən] **1** n **a** (Press) (= heading) sous-titre m ; (under illustration) légende f
  b (Cine) sous-titre m
  2 vt [+ illustration] légender, mettre une légende à ; (Cine) sous-titrer
captious ['kæpʃəs] adj (liter) person chicanier, vétilleux (liter) ; remark critique
captivate ['kæptɪveɪt] → SYN vt captiver, fasciner
captivating ['kæptɪveɪtɪŋ] adj captivant
captive ['kæptɪv] → SYN **1** n captif m, -ive f ♦ **to take sb captive** faire qn prisonnier ♦ **to hold sb captive** garder qn en captivité ; (fig) captiver qn, tenir qn sous le charme
  2 adj person prisonnier ; animal, bird, balloon, customer captif ♦ **a captive audience** un public captif ♦ **to be captive to sth** (fig) être prisonnier de qch
  3 COMP ▷ **captive market** n (Comm) marché m captif
captivity [kæp'tɪvɪtɪ] → SYN n captivité f ♦ **in captivity** en captivité
captor ['kæptər] n (unlawful) ravisseur m ; (lawful) personne f qui capture
capture ['kæptʃər] → SYN **1** vt [+ animal, soldier] capturer ; [+ escapee] reprendre ; [+ city] prendre, s'emparer de ; (fig) [+ attention] capter ; [+ interest] gagner ; (Art) reproduire, rendre ♦ **they have captured a large part of that market** ils ont conquis une grande partie de ce marché ♦ **to capture sth on camera/film** photographier/filmer qch
  2 n [of town, treasure, escapee] capture f

capuche [kə'puːʃ] n capuce m
capuchin ['kæpjʊʃɪn] n **a** cape f (avec capuchon)
  b (Rel) **Capuchin** capucin(e) m(f)
capybara [ˌkæpɪ'bɑːrə] n cabiai m
car [kɑːr] → SYN **1** n **a** (Aut) voiture f ; → **racing, saloon, sports**
  b (US Rail) wagon m, voiture f ; → **dine, freight**
  c (also **tramcar**) (voiture f de) tramway m, tram m
  d [of lift, elevator] cabine f (d'ascenseur)
  e (Aviat) nacelle f (de dirigeable)
  2 COMP wheel, door, seat, tyre etc de voiture ; travel etc en voiture ▷ **car alarm** n alarme f de voiture, alarme f auto ▷ **car allowance** n indemnité f de déplacement (en voiture) ▷ **car bomb** n voiture f piégée ▷ **car bomber** n plastiqueur m de voitures, auteur m d'un attentat à la voiture piégée ▷ **car bombing** n attentat m à la voiture piégée ▷ **car-boot sale** n (Brit) brocante f, vide-grenier m ▷ **car chase** n course-poursuite f (en voiture) ▷ **car coat** n manteau m court ▷ **car dealer** n concessionnaire m automobile ▷ **car expenses** npl frais mpl de déplacement (en voiture) ▷ **car-fare** n (US) prix m du trajet (en bus) ▷ **car-ferry** n [of sea] ferry (-boat) m ; [of river, small channel] bac m (pour voitures) ▷ **car hire** n location f de voitures ♦ **car hire company** société f de location de voitures ▷ **car industry** n industrie f automobile ▷ **car insurance** n assurance f automobile ▷ **car journey** n voyage m en voiture ; (shorter) trajet m en voiture ▷ **car keys** npl clés fpl de voiture ▷ **car licence** n vignette f (auto) ▷ **car maintenance** n mécanique f auto ♦ **car maintenance classes** cours fpl de mécanique auto ▷ **car-maker** n constructeur m automobile ▷ **car number** n numéro m d'immatriculation ▷ **car park** n (Brit) parking m, parc m de stationnement ▷ **car phone** n téléphone m de voiture ▷ **car-pool** n groupe de personnes qui partagent une voiture pour se rendre à leur travail ▷ **car radio** n autoradio m ▷ **car rental** n location f de voitures ▷ **car rug** n plaid m ▷ **car-sharing** n covoiturage m ▷ **car sick** adj **to be car sick** être malade en voiture, avoir le mal de la route ▷ **car sickness** n mal m des transports ▷ **car sleeper** n (Rail) train m autos-couchettes ▷ **car stereo** n autoradio m ▷ **car transporter** n (Aut) camion m transporteur des automobiles ; (Rail) wagon m transporteur des automobiles ▷ **car wash** n (= action) lavage m de voitures ; (= place) portique m de lavage automatique ▷ **car-worker** n (Ind) ouvrier m, -ière f de l'industrie automobile

---

CAR-BOOT SALE, GARAGE SALE

Type de brocante très populaire en Grande-Bretagne, où chacun vide sa cave ou son grenier. Les articles sont présentés dans des coffres de voitures et la vente a souvent lieu sur un parking ou dans un champ. Les brocanteurs d'un jour doivent s'acquitter d'une petite contribution pour participer à la vente.

Aux États-Unis et en Australie, les ventes de ce genre s'appellent **garage sales** ou **yard sales**.

---

carabid ['kærəbɪd] n carabe m
caracal ['kærəkæl] n (= animal, fur) caracal m
Caracas [kə'rækəs] n Caracas
caracole ['kærəkəʊl] vi caracoler
carafe [kə'ræf] n carafe f ; (small) carafon m
carambola [ˌkærəm'bəʊlə] n (Bot, Culin) carambole f
caramel ['kærəməl] n caramel m ♦ **caramel custard** or **cream** crème f (au) caramel
caramelize ['kærəməlaɪz] **1** vt caraméliser
  2 vi se caraméliser
carapace ['kærəpeɪs] n carapace f
carat ['kærət] n carat m ♦ **22 carat gold** or m à 22 carats

caravan ['kærəvæn] **1** n (Brit Aut) caravane f; [of gipsy] roulotte f; (= group: in desert etc) caravane f
2 vi ♦ **to go caravanning** faire du caravaning
3 COMP ▷ **caravan site** n [of tourists] camping m pour caravanes; [of gipsies] campement m

caravanette [kærəvə'net] n (Brit) auto-camping f, voiture-camping f

caravanner ['kærəvænəʳ] n caravanier m, -ière f

caravanserai [kærə'vænsəraɪ], **caravansary** [kærə'vænsərɪ] n caravansérail m

caravel [kærə'vel] n (Naut) caravelle f

caraway ['kærəweɪ] **1** n graines fpl de carvi, cumin m des prés
2 COMP ▷ **caraway seeds** npl graines fpl de carvi, cumin m

carbamate ['kɑːbəˌmeɪt] n carbamate m
carbide ['kɑːbaɪd] n carbure m
carbine ['kɑːbaɪn] n carabine f
carbocyclic [kɑːbəʊ'saɪklɪk] adj (Chem) carbocyclique
carbohydrate ['kɑːbəʊ'haɪdreɪt] n hydrate m de carbone ♦ **carbohydrates** (in diets etc) farineux mpl, féculents mpl

carbolic [kɑː'bɒlɪk] **1** adj phéniqué
2 COMP ▷ **carbolic acid** n phénol m ▷ **carbolic soap** n savon m au crésol, crésyl ® m

carbon ['kɑːbən] **1** n (Chem) carbone m; (Art, Elec) charbon m; (= paper, copy) carbone m
2 COMP ▷ **carbon-14 dating** n ⇒ **carbon dating** ▷ **carbon arc** n (Elec) arc m électrique (à électrodes de charbon) ▷ **carbon brush** n (Elec) balai m ▷ **carbon copy** n [of typing etc] carbone m; (fig) réplique f ◊ adj (fig) identique ▷ **carbon-date** vt (Archeol) dater au carbone 14 ▷ **carbon dating** n datation f au carbone 14 ▷ **carbon dioxide** n gaz m carbonique ▷ **carbon fibre** n fibre f de carbone ▷ **carbon microphone** n microphone m à charbon ▷ **carbon monoxide** n oxyde m de carbone ▷ **carbon paper** n (Typ) (papier m) carbone m ▷ **carbon ribbon** n (Typ) ruban m de machine à écrire ▷ **carbon tissue** n (Phot) ⇒ **carbon paper**

carbonaceous [kɑːbə'neɪʃəs] adj charbonneux; (Chem) carboné

carbonade [kɑːbə'neɪd] n (Culin) carbonade f ♦ **beef carbonade** carbonade de bœuf

carbonado [kɑːbə'neɪdəʊ] n **a** (Culin) carbonade f
b (= diamond) carbonado m

carbonate ['kɑːbənɪt] n carbonate m
carbonated ['kɑːbəneɪtɪd] adj water, drink gazeux
carbonic [kɑː'bɒnɪk] adj carbonique
carboniferous [kɑːbə'nɪfərəs] adj carbonifère
carbonization [kɑːbənaɪ'zeɪʃən] n carbonisation f
carbonize ['kɑːbənaɪz] vt carboniser
carbonless paper [kɑːbənlɪs'peɪpəʳ] n papier m autocopiant

carborne ['kɑːbɔːn] adj (US) transporté en voiture

Carborundum ® [kɑːbə'rʌndəm] n carborundum ® m, siliciure m de carbone

carboxylase [kɑː'bɒksɪˌleɪz] n carboxylase f
carboxyl group [kɑː'bɒksaɪl] n (Chem) groupe m carboxylique
carboxylic acid [kɑːbɒk'sɪlɪk] n (Chem) acide m carboxylique

carboy ['kɑːbɔɪ] n bonbonne f

carbuncle ['kɑːbʌŋkl] n **a** (= jewel) escarboucle f
b (Med) furoncle m

carburation [kɑːbjʊ'reɪʃən] n carburation f

carburettor, carburetor (US) [kɑːbjʊ'retəʳ] n carburateur m

carcass ['kɑːkəs] → SYN n **a** [of animal] carcasse f, cadavre m; (Butchery) carcasse f; (= human corpse) cadavre m; (hum, iro = body) carcasse f ♦ **chicken carcass** os mpl de poulet
b (Aut, Naut, Tech) charpente f, carcasse f

carcinogen [kɑː'sɪnədʒen] n substance f cancérigène or cancérogène

carcinogenesis [kɑːsɪnəʊ'dʒenɪsɪs] n cancérogenèse f, carcinogenèse f

carcinogenic [kɑːsɪnə'dʒenɪk] **1** n ⇒ **carcinogen**
2 adj cancérigène or cancérogène

carcinoma [kɑːsɪ'nəʊmə] n, pl **carcinomas** or **carcinomata** [kɑːsɪ'nəʊmətə] carcinome m

carcinomatoid [kɑːsɪ'nəʊməˌtɔɪd] adj carcinomateux

carcinomatous [kɑːsɪ'nəʊmətəs] adj carcinomateux

card[1] [kɑːd] **1** n **a** (gen) carte f; (also **playing card**) carte f (à jouer); (also **visiting card**) carte f (de visite); (also **invitation card**) carton m or carte f d'invitation; (also **postcard**) carte f (postale); (also **index card**) fiche f; (also **member's card**) carte f de membre or d'adhérent; (also **press card**) carte f de presse; (at dance, races) programme m; (= piece of cardboard) (morceau m de) carton m ♦ **identity card** carte f d'identité ♦ **game of cards** partie f de cartes ♦ **to play cards** jouer aux cartes ♦ **high/low card** haute/basse carte f; → **court, face, scorecard, trump**
b (fig phrases) **to hold all the cards** avoir tous les atouts (dans son jeu or en main) ♦ **to put or lay one's cards on the table** jouer cartes sur table ♦ **to have a card up one's sleeve** avoir un atout dans sa manche ♦ **to play or keep one's cards close to one's chest, to play or keep one's cards close to the vest** (US) cacher son jeu ♦ **to throw in the cards** abandonner la partie ♦ **it's on the cards** or (US) **in the cards that ...** * il y a de grandes chances (pour) que ... (+ subj) ♦ **to get one's cards** † * (Brit Ind etc) être mis à la porte, être licencié ♦ **to ask for one's cards** (Brit Ind etc) demander son compte ♦ **he's (quite) a card!** † * c'est un rigolo! *; → **play**
2 vt **a** (= put on cards) ficher, mettre sur fiches
b (US) **to card sb** * (= check sb's identity) contrôler l'identité de qn
3 COMP ▷ **card-carrying member** n membre m, adhérent(e) m(f) ▷ **card catalogue** n catalogue m, fichier m (de bibliothèque etc) ▷ **card game** n (= bridge, whist etc) jeu m de cartes; (= game of cards) partie f de cartes ▷ **card-holder** n [of political party, organization etc] membre m, adhérent(e) m(f); [of library] lecteur m, -trice f; [of restaurant etc] détenteur m, -trice f de carte de fidélité; [of credit cards] titulaire mf d'une carte (or de cartes) de crédit ▷ **card hopper** n (Comput) magasin m d'alimentation ▷ **card index** n fichier m ▷ **card-index** vt ficher, mettre sur fiches ▷ **card player** n joueur m, -euse f de cartes ▷ **card punch** n perforatrice f de cartes ▷ **card reader** n (Comput) lecteur m de cartes perforées ▷ **card stacker** n (Comput) case f de réception ▷ **card table** n table f de jeu à jouer ▷ **card trick** n tour m de cartes ▷ **card vote** n (Ind) vote m sur carte (même nombre de voix que d'adhérents représentés)

card[2] [kɑːd] (Tech) **1** n carde f
2 vt [+ wool, cotton] carder

cardamom ['kɑːdəməm] n cardamome f

cardboard ['kɑːdbɔːd] **1** n carton m (NonC)
2 adj bookcover cartonné; doll de or en carton ♦ **cardboard box** (boîte f en) carton m ♦ **cardboard cutout** (lit) figurine f de carton à découper; (fig) ♦ **cardboard city** * endroit de la ville où dorment les sans-abri ♦ **he sleeps in cardboard city** * il dort sous les ponts, c'est un SDF

carder ['kɑːdəʳ] n (Tech) cardeuse f

cardiac ['kɑːdɪæk] **1** adj cardiaque
2 COMP ▷ **cardiac arrest** n arrêt m du cœur

cardialgia [kɑːdɪ'ældʒɪə] n cardialgie f

cardie * ['kɑːdɪ] n abbrev of **cardigan**

cardigan ['kɑːdɪgən] n cardigan m, gilet m (de laine)

cardinal ['kɑːdɪnl] → SYN **1** adj number, point (Ling) vowel cardinal ♦ **the four cardinal virtues** les quatre vertus fpl cardinales ♦ **of cardinal importance/significance** d'une importance/portée capitale
2 n (Rel) cardinal m; → **college**
3 COMP ▷ **cardinal fish** n apogon m ▷ **cardinal red** n, adj rouge cardinal inv, pourpre ▷ **cardinal sin** n (Rel, fig) péché m capital

cardio... ['kɑːdɪəʊ] pref cardio- ♦ **cardiovascular** cardio-vasculaire

cardiogram ['kɑːdɪəgræm] n cardiogramme m

cardiograph ['kɑːdɪəgrɑːf] n cardiographe m

cardiography [kɑːdɪ'ɒgrəfɪ] n cardiographie f

cardiological [kɑːdɪə'lɒdʒɪkəl] adj cardiologique

cardiologist [kɑːdɪ'ɒlədʒɪst] n cardiologue mf

cardiology [kɑːdɪ'ɒlədʒɪ] n cardiologie f

cardiopulmonary [kɑːdɪəʊ'pʌlmənərɪ] **1** adj cardiopulmonaire
2 COMP ▷ **cardiopulmonary resuscitation** n (Med) réanimation f cardiorespiratoire

cardiovascular [kɑːdɪəʊ'væskjʊləʳ] adj cardio-vasculaire

carditis [kɑː'daɪtɪs] n (Med) cardite f

cardoon [kɑː'duːn] n (Bot, Culin) cardon m

cardphone ['kɑːdfəʊn] n (Brit Telec) téléphone m à carte

cardsharp ['kɑːdʃɑːp], **cardsharper** ['kɑːdʃɑːpəʳ] n tricheur m, -euse f (professionnel)

cardy ['kɑːdɪ] n abbrev of **cardigan**

CARE [keəʳ] n (abbrev of **Cooperative for American Relief Everywhere**) organisation humanitaire américaine

care [keəʳ] → SYN **1** n **a** (= attention, heed) attention f, soin m ♦ **with the greatest care** avec le plus grand soin ♦ **"with care"** (on parcels) "fragile" ♦ **it got broken despite all our care** ça s'est cassé bien que nous y ayons fait très attention ♦ **have a care!** † prenez garde! ♦ **convicted of driving without due care and attention** (Jur) condamné pour conduite dangereuse
♦ **care of** (on letters) aux bons soins de, chez
♦ **in (...) care** ♦ **he was left in his aunt's care** on l'a laissé à la garde de sa tante ♦ **to be in care of sb** (frm) être sous la garde or la surveillance de qn ♦ **the four children in her care** les quatre enfants dont elle a la responsabilité ♦ **he is in the care of Dr Harrison** c'est le docteur Harrison qui le soigne ♦ **children placed in the care of the council** des enfants mpl confiés à l'assistance publique ♦ **I leave** or **put it in your care** je vous le confie
♦ **to take care** faire attention ♦ **take care not to catch cold** or **that you don't catch cold** faites attention de or à ne pas prendre froid ♦ **take care!** (fais) attention! ; (as good wishes) fais bien attention (à toi)! ♦ **you should take more care with your work** vous devriez apporter plus d'attention or plus de soin à votre travail ♦ **he took care to explain why ...** il a pris soin d'expliquer pourquoi ...
♦ **to take care of** [+ book, details, arrangements] s'occuper de, se charger de ; [+ valuables] garder ; [+ person, animal] prendre soin de, s'occuper de ♦ **to take good care of sb** bien s'occuper de qn ♦ **to take good care of sth** prendre grand soin de qch ♦ **you should take more** or **better care of yourself** tu devrais faire plus attention (à ta santé) ♦ **I'll take care of him!** (threateningly) je vais m'occuper de lui! ♦ **I'll take care of that** je vais m'en occuper ♦ **he can take care of himself** * il peut or sait se débrouiller * tout seul ♦ **that can take care of itself** * cela s'arrangera tout seul
b (= anxiety) souci m ♦ **he hasn't a care in the world** il n'a pas le moindre souci ♦ **full of cares, full of care** † accablé de soucis ♦ **the cares of State** les responsabilités fpl de l'État
c (Admin, Social Work) **to put a child in** or **take a child into care** mettre un enfant à l'assistance publique ♦ **he's been in care since the age of three** il est à l'assistance publique depuis l'âge de trois ans
2 vi **a** **he really cares** c'est vraiment important pour lui ♦ **I don't care!, as if I cared!** * ça m'est égal!, je m'en moque!, je m'en fiche! * ♦ **what do I care?** * qu'est-ce que ça peut me faire? ♦ **for all I care** * pour ce que cela me fait ♦ **I couldn't care less** * what

careen / **Carolingian**

people say je me fiche pas mal * de ce que les gens peuvent dire ◆ **he doesn't care a (brass) farthing** * **or a hang** * **or two hoots** * **or a damn** *‡ il s'en fiche * comme de l'an quarante or de sa première chemise ◆ **who cares!** qu'est-ce que cela peut bien faire !, on s'en moque !, on s'en fiche ! * ; → **naught**

◆ **to care about sb/sth** (= feel interest, anxiety, sorrow for) se soucier de qn/qch ; (= be interested in) s'intéresser à qn/qch ◆ **money is all he cares about** il n'y a que l'argent qui l'intéresse (subj) ◆ **to care deeply about sth** être profondément concerné par qch ◆ **to care deeply about sb** être profondément attaché à qn ◆ **she doesn't care about that** elle se soucie peu de cela, elle se moque or elle se fiche * de ça

b (= like) aimer ◆ **would you care to take off your coat?** voulez-vous retirer votre manteau ? ◆ **I shouldn't care to meet him** je n'aimerais pas le rencontrer, ça ne me dirait rien de le rencontrer ◆ **I don't much care for it** cela ne me dit rien ◆ **I don't care for him** il ne me plaît pas tellement or beaucoup ◆ **would you care for a cup of tea?** voulez-vous (prendre) une tasse de thé ? ◆ **thank you, I don't care for tea** merci, je n'aime pas le thé ◆ **would you care for a walk?** voulez-vous faire une promenade ?

3 COMP ▷ **care and maintenance** n entretien m ◆ **the plant was put on a care and maintenance basis** l'usine a été fermée (les installations continuant de bénéficier d'un entretien minimum en prévision d'une éventuelle réaffectation ultérieure) ▷ **care assistant** n (Brit) aide-soignant(e) m(f) ▷ **care attendant** n (Brit) aide mf à domicile ▷ **care label** n (on garment) instructions fpl de lavage ▷ **care order** n (Brit Jur, Social Work) ordre m de placement à l'assistance publique ▷ **care-worker** n travailleur m, -euse f social(e) ; → **child**, **health**

▶ **care for** vt fus [+ invalid] soigner ; [+ child] s'occuper de ◆ **well-cared for** invalid qu'on soigne bien ; child dont on s'occupe bien ; hands, hair soigné ; garden bien entretenu ; house bien tenu

careen [kə'riːn] **1** vt (Naut) [+ ship] caréner, mettre or abattre en carène

2 vi (Naut) donner de la bande (de façon dangereuse)

career [kə'rɪər] → SYN **1** n **a** (= profession, occupation) carrière f, profession f ◆ **journalism is his career** il fait carrière dans le journalisme ◆ **he is making a career (for himself) in advertising** il est en train de faire carrière dans la publicité

b (= life, development, progress) vie f, carrière f ◆ **he studied the careers of the great** il a étudié la vie des grands hommes ◆ **his university career** sa carrière universitaire

c (= movement) **in full career** en pleine course

2 vi (also **career along**) aller à toute vitesse or à toute allure ◆ **to career up/down** etc monter/descendre etc à toute allure

3 COMP soldier, diplomat de carrière ▷ **career break** n (to look after one's children) congé m parental ; (for further education) congé m de formation ▷ **career development** n déroulement m de carrière ▷ **career girl** n jeune femme f ambitieuse ◆ **she's a career girl** elle s'intéresse avant tout à sa carrière, elle est très ambitieuse ▷ **career move** n changement m d'emploi, étape f dans un plan de carrière ◆ **a good/bad career move** (= decision, also hum) une bonne/mauvaise décision sur le plan professionnel ▷ **career prospects** npl possibilités fpl d'avancement, débouchés mpl ▷ **careers advisor**, **careers counselor** (US) n conseiller m, -ère f d'orientation professionnelle ▷ **careers guidance** n (Brit) orientation f professionnelle ▷ **careers office** n centre m d'orientation professionnelle ▷ **careers officer**, **careers teacher** n (Brit Scol) ⇒ **careers advisor** ▷ **career woman** n femme f qui s'intéresse avant tout à sa carrière

careerism [kə'rɪərɪzəm] n carriérisme m

careerist [kə'rɪərɪst] n (pej) carriériste mf (pej)

carefree ['kɛəfriː] → SYN adj sans souci, insouciant

careful ['kɛəfʊl] → SYN adj **a** (= painstaking) writer, worker consciencieux, soigneux ; work soigné ; planning, study, examination minutieux ◆ **managing your workload takes careful planning** gérer sa charge de travail demande une organisation minutieuse ◆ **we have made a careful study of the report** nous avons étudié le rapport soigneusement, nous avons procédé à une étude minutieuse du rapport ◆ **after giving this problem careful thought, I believe ...** après avoir longuement réfléchi à ce problème, je pense que ... ◆ **long hair needs careful attention** les cheveux longs demandent beaucoup de soin ◆ **after careful consideration of the facts ...** après avoir soigneusement examiné les faits ..., après un examen minutieux des faits ...
◆ **careful over detail** attentif aux détails

b (= cautious) prudent ; (= acting with care) soigneux ◆ **(be) careful!** (fais) attention !
◆ **she's very careful about what she eats** elle fait très attention à ce qu'elle mange ◆ **be careful with the glasses** fais attention aux verres ◆ **be careful of the dog** (faites) attention au chien ◆ **be careful what you do/say to him** faites attention à ce que vous faites/vous lui dites ◆ **careful on those stairs!** faites attention à ces escaliers ! ◆ **be careful (that) he doesn't hear you** faites attention à ce qu'il ne vous entende pas ◆ **be careful to shut the door** n'oubliez pas de fermer la porte ◆ **he was careful to point out that ...** il a pris soin de faire remarquer que ... ◆ **be careful not to drop it, be careful (that) you don't drop it** faites attention à ne pas le laisser tomber ◆ **he was careful not to offend them** il a pris soin de ne pas les offenser ◆ **we have to be very careful not to be seen** nous devons faire bien attention de ne pas être vus ◆ **you can't be too careful** (gen) on n'est jamais trop prudent

c (= rather miserly) économe ; (pej) regardant
◆ **he is very careful with (his) money** il est très regardant

carefully ['kɛəfəlɪ] adv **a** (= painstakingly) look at, consider, plan, write, place, explain soigneusement, avec soin ; listen, read attentivement

b (= cautiously) drive, choose prudemment, avec précaution ; reply avec circonspection
◆ **we must go carefully here** (fig) il faut nous montrer prudents

carefulness ['kɛəfʊlnɪs] n soin m, attention f

caregiver ['kɛəˌgɪvər] n ⇒ **carer**

careless ['kɛəlɪs] → SYN adj **a** (= taking little care) négligent, insouciant (of de) ; (= done without care) action inconsidéré, irréfléchi ; work bâclé ◆ **to be careless in sth** se montrer négligent dans qch ◆ **it was careless of her to do that** elle a fait preuve de négligence en faisant cela ◆ **how careless of me!** comme j'ai été négligent ! ◆ **careless driver** conducteur m négligent ◆ **convicted of careless driving** condamné pour conduite dangereuse ◆ **careless mistake** faute f d'inattention
◆ **his spelling is careless** il ne fait pas attention à son orthographe

b (= carefree) sans souci, insouciant

carelessly ['kɛəlɪslɪ] adv **a** (= inattentively, thoughtlessly) leave, discard, place, handle, allow négligemment

b (= casually) say avec insouciance ; throw, toss négligemment ◆ **a shirt carelessly open at the neck** une chemise au col négligemment ouvert

carelessness ['kɛəlɪsnɪs] → SYN n (NonC) négligence f ◆ **the carelessness of his work** le peu de soin qu'il apporte (or a apporté) à son travail

carer ['kɛərər] n (professional) travailleur m social ; (Brit) (= relative, friend) personne qui s'occupe d'un proche dépendant

caress [kə'rɛs] → SYN **1** n caresse f

2 vt caresser

caret ['kærət] n (Typ) lambda m (signe d'insertion)

caretaker ['kɛəˌteɪkər] → SYN **1** n (Brit) gardien(ne) m(f) (d'immeuble), concierge mf ◆ **caretaker government/president** (Pol) gouvernement m/président(e) m(f) intérimaire

2 COMP ▷ **caretaker manager** n directeur m, -trice f par intérim

careworn ['kɛəwɔːn] adj rongé par les soucis

cargo ['kɑːgəʊ] → SYN **1** n, pl **cargoes** or **cargos** cargaison f, chargement m

2 COMP ▷ **cargo boat** n cargo m ▷ **cargo plane** n avion-cargo m

carhop ['kɑːhɒp] n (US) (serving food) serveur m, -euse f (dans un restaurant drive-in) ; (parking cars) gardien m de parking (qui gare les voitures)

Carib ['kærɪb] **1** adj caraïbe

2 n Caraïbe mf

Caribbean [ˌkærɪ'biːən, (esp US) kə'rɪbɪən] adj caribéen, des Caraïbes ◆ **a Caribbean island** une île des Caraïbes ◆ **the Caribbean (Sea)** la mer des Antilles or des Caraïbes ◆ **the Caribbean Islands** les petites Antilles fpl

caribou ['kærɪbuː] n, pl **caribous** or **caribou** caribou m

caricature [ˌkærɪkə'tjʊər] → SYN **1** n **a** (Art, fig) caricature f

b (NonC) (art m de la) caricature f

2 vt (Art, fig) caricaturer

caricaturist [ˌkærɪkə'tjʊərɪst] n caricaturiste mf

CARICOM ['kærɪˌkɒm] n abbrev of **Caribbean Community and Common Market**

caries ['kɛəriːz] n (pl inv) carie f

carillon [kə'rɪljən] n carillon m

caring ['kɛərɪŋ] adj parent aimant ; teacher bienveillant ◆ **we want a caring society** nous voulons une société à visage humain ◆ **the caring professions** les professions fpl à vocation sociale ◆ **a child needs a caring environment** un enfant a besoin d'être entouré d'affection

cariogenic [ˌkɛərɪəʊ'dʒɛnɪk] adj (Med) cariogène, cariant

carious ['kɛərɪəs] adj carié, gâté

carjacker ['kɑːˌdʒækər] n pirate m de la route

carjacking ['kɑːˌdʒækɪŋ] n piraterie f sur la route

carline ['kɑːlɪn] n (also **carline thistle**) carline f

carload ['kɑːləʊd] n [of books etc] voiturée f ◆ **a carload of people** une voiture pleine de gens

Carmelite ['kɑːməlaɪt] adj, n carmélite f

carminative ['kɑːmɪnətɪv] adj (Med) carminatif

carmine ['kɑːmaɪn] adj, n carmin m

carnage ['kɑːnɪdʒ] → SYN n carnage m

carnal ['kɑːnl] **1** adj (liter) charnel †

2 COMP ▷ **carnal knowledge** n (Jur) acte m ou union f charnel(le) ◆ **to have carnal knowledge of sb** connaître qn charnellement

carnally ['kɑːnlɪ] adv desire charnellement

carnation [kɑː'neɪʃən] **1** n (Bot) œillet m

2 adj (= pink) rose ; (= red) incarnat

carnauba wax [kɑː'naʊbə] n carnauba m

carnelian [kɑː'niːljən] n (Miner) cornaline f

carnet ['kɑːneɪ] n (Jur, Comm) passavant m

carnification [ˌkɑːnɪfɪ'keɪʃən] n carnification f

carnival ['kɑːnɪvəl] → SYN **1** n carnaval m ; (US = fair) fête f foraine

2 COMP hat, procession de carnaval

Carnivora [kɑː'nɪvərə] npl (Zool) carnivores mpl

carnivore ['kɑːnɪvɔːr] n **a** carnivore m

b (* ; hum = non-vegetarian) carnivore m, amateur m de viande

carnivorous [kɑː'nɪvərəs] adj animal, plant carnivore ◆ **carnivorous guests will enjoy the excellent game** les amateurs de viande ne seront pas déçus par le gibier

carny *‡ ['kɑːnɪ] n (US) (= carnival) foire f, fête f foraine ; (= person) forain m

carob ['kærəb] **1** n ◆ **carob (powder)** (poudre f de) caroube f

2 COMP ▷ **carob tree** n caroubier m

carol ['kærəl] → SYN **1** n (= song) chant m joyeux ; (also **Christmas carol**) chant m de Noël ◆ **carol-singers** groupe de gens qui chantent des chants de Noël

2 vi (liter) chanter joyeusement ; [birds] gazouiller ; [small birds] chanter

3 COMP ▷ **carol service** n (Rel) messe ou culte de l'Avent, où l'on chante des chants de Noël

Caroline Islands ['kærəlaɪn] npl (Geog) Carolines fpl

Carolingian [ˌkærə'lɪndʒɪən] adj (Hist) carolingien

caroller ['kærələʳ] n chanteur m, -euse f

carom ['kærəm] (Billiards) **1** n carambolage m **2** vi caramboler

carotene ['kærəti:n] n carotène m

carotenoid [kə'rɒtɪnɔɪd] n (Chem) caroténoïde m

carotid [kə'rɒtɪd] **1** n carotide f **2** adj carotidien **3** COMP ▷ **carotid artery** n carotide f

carousal [kə'raʊzəl] n beuverie f, ribote † f

carouse [kə'raʊz] vi faire ribote †

carousel [,kæru:'sel] n **a** (esp US = merry-go-round) manège m (de chevaux de bois etc) **b** (Phot: for slides) magasin m or panier m circulaire (pour diapositives) **c** (at airport: for luggage) carrousel m, tapis m roulant à bagages

carp¹ ['kɑ:p] n, pl **carp** or **carps** (= fish) carpe f

carp² [kɑ:p] → SYN vi critiquer ♦ **to carp at** [+ person] critiquer, blâmer ; [+ thing, action] trouver à redire à

carpal ['kɑ:pl] **1** adj (Anat) carpien **2** COMP ▷ **carpal tunnel syndrome** n (Med) syndrome m du canal carpien

Carpathians [kɑ:'peɪθɪənz] npl ♦ **the Carpathians** les Carpates fpl

carpel ['kɑ:pl] n (Bot) carpelle m

Carpentaria [,kɑ:pən'tɛərɪə] n ♦ **Gulf of Carpentaria** golfe m de Carpentarie

carpenter ['kɑ:pɪntəʳ] → SYN **1** n charpentier m ; (= joiner) menuisier m **2** vi (in building) faire de la charpenterie ; [joiner] faire de la menuiserie

carpentry ['kɑ:pɪntrɪ] n (NonC) charpenterie f ; (= joinery) menuiserie f

carpet ['kɑ:pɪt] **1** n tapis m ; (fitted) moquette f ♦ **to be on the carpet** * (fig) [subject] être sur le tapis ; [person scolded] être sur la sellette ; → **fitted**, **red**, **sweep** **2** vt **a** [+ floor] recouvrir d'un tapis ; (with fitted carpet) recouvrir d'une moquette, moquetter ♦ **a garden carpeted with flowers** un jardin tapissé de fleurs **b** († * = scold) [+ person] houspiller **3** COMP ▷ **carpet bombing** n (Mil) bombardement m intensif ▷ **carpet slippers** npl pantoufles fpl ▷ **carpet sweeper** n balai m mécanique ▷ **carpet tile** n dalle f de moquette ▷ **carpet-weaver** n carpettier m

carpetbagger * ['kɑ:pɪtbægəʳ] n (US) (Pol) candidat(e) m(f) parachuté(e) ; (Fin) opportuniste mf (qui cherche à profiter financièrement du changement de statut d'une société de crédit immobilier) ; (Hist) carpetbagger m

carpeting ['kɑ:pɪtɪŋ] n (NonC) moquette f ; → **wall**

carpi ['kɑ:paɪ] npl of **carpus**

carping ['kɑ:pɪŋ] **1** adj person chicanier, qui trouve à redire à tout ; manner chicanier ; criticism mesquin ; voice malveillant **2** n chicanerie f, critique f (malveillante)

carport ['kɑ:pɔ:t] n auvent m (pour voiture)

carpus ['kɑ:pəs] n, pl **carpi** (Anat) carpe m

carr. (abbrev of **carriage**) port m

carrageen ['kærəgi:n] n (Bot) carragheen m

carrel(l) ['kærəl] n box m (dans une bibliothèque)

carriage ['kærɪdʒ] → SYN **1** n **a** (horse-drawn) voiture f (de maître), équipage m ♦ **carriage and pair/four** voiture f or équipage m or attelage m à deux/quatre chevaux **b** (Brit Rail) voiture f, wagon m (de voyageurs) **c** (NonC : Brit Comm = conveyance of goods) transport m, factage m ♦ **carriage forward** (en) port dû ♦ **carriage free** franco de port ♦ **carriage paid** (en) port payé **d** [of typewriter] chariot m ; [of printing press] train m ; (Mil: also **gun-carriage**) affût m **e** [of person] (= bearing) maintien m, port m **2** COMP ▷ **carriage clock** n pendulette f ▷ **carriage drive** n allée f (pour voitures), grande allée f ▷ **carriage return** n (Typ) retour m (du) chariot ▷ **carriage trade** n (Comm) clientèle f riche, grosse clientèle f

carriageway ['kærɪdʒweɪ] n (Brit) chaussée f ; → **dual**

carrick bend ['kærɪk] n nœud m d'ajut

carrier ['kærɪəʳ] **1** n **a** (Comm) (= company) entreprise f de transports ; (= passenger airline) compagnie f aérienne ; (= truck owner etc) entrepreneur m de transports, transporteur m, camionneur m ♦ **by carrier** (Aut) par la route, par camion ; (Rail) par chemin de fer ♦ **express carrier** messageries fpl **b** (for luggage: on car, cycle etc) porte-bagages m inv ; (= bag) sac m (en plastique) **c** (Med = person) porteur m, -euse f **d** (also **aircraft carrier**) porte-avions m inv ; (also **troop carrier**) (= plane) appareil m transporteur (de troupes) ; (= ship) transport m **2** COMP ▷ **carrier bag** n (Brit) sac m (en plastique) ▷ **carrier pigeon** n pigeon m voyageur ▷ **carrier wave** n (Rad) (onde f) porteuse f

carrion ['kærɪən] **1** n (NonC) charogne f **2** COMP ▷ **carrion crow** n corneille f noire ▷ **carrion feeder** n charognard m ▷ **carrion flesh** n charogne f

carrot ['kærət] **1** n (lit, fig) carotte f ♦ **to dangle a carrot in front of sb**, **to offer sb a carrot** (fig) tendre une carotte à qn **2** COMP ▷ **carrot and stick** adj (fig) alternant la carotte et le bâton ▷ **carrot cake** n gâteau m à la carotte ▷ **carrot-top** n (* : hum = redhead) rouquin(e)* m(f) ♦ **carrot-tops** (Culin) fanes fpl

carroty ['kærətɪ] adj hair carotte inv, roux (rousse f)

carrousel [,kærə'sel] n (US) ⇒ **carousel**

carry ['kærɪ] → SYN **1** vt **a** (= bear, transport) [person] porter ; [vehicle] transporter ; [+ goods, heavy loads] transporter ; [+ message, news] porter ♦ **she was carrying the child in her arms** elle portait l'enfant dans ses bras ♦ **this ship carries coal/passengers** ce bateau transporte du charbon/des passagers ♦ **this coach carries 30 people** ce car peut transporter 30 personnes ♦ **he carried the plates through to the kitchen** il a emporté les assiettes à la cuisine ♦ **as fast as his legs could carry him** à toutes jambes ♦ **the sea carried the boat westward** la mer a emporté le bateau vers l'ouest ♦ **to carry sth in one's head** connaître qch par cœur ♦ **he carried his audience with him** il a enthousiasmé son auditoire, il a emporté la conviction de son auditoire ♦ **enough food to carry us through the winter** assez de provisions pour nous durer or nous faire * tout l'hiver ♦ **he's had one or two drinks more than he can carry** * il a bu un ou deux verres de trop ; → **can²**, **coal**, **torch** **b** (= have on one's person) [+ identity card, documents] porter or avoir (sur soi) ; [+ matches, cigarettes, money] avoir (sur soi) ; [+ umbrella, gun, sword] porter **c** (Med) [+ disease] être porteur de ♦ **people carrying the AIDS virus** des porteurs mpl du virus du sida **d** (= have, be provided with) [+ label, tag] porter, être muni de ; [+ warning, notice] comporter ♦ **it carries a five-year guarantee** (Comm) c'est garanti cinq ans **e** (= involve, lead to, entail) avoir comme conséquence(s), produire ; [+ consequences] entraîner ; [+ risk] comporter ♦ **this job carries a lot of responsibility** ce travail comporte beaucoup de responsabilités ♦ **it also carries extra pay** cela comporte aussi un supplément de salaire ♦ **this offence carries a penalty of £100** ce délit est passible d'une amende de 100 livres ♦ **a crime which carries the death penalty** un crime passible de la peine de mort ♦ **to carry a crop** donner or produire une récolte ♦ **to carry authority** faire autorité ; → **conviction**, **interest**, **mortgage**, **weight** **f** (= support) [pillar etc] supporter, soutenir, porter ♦ **the ship was carrying too much canvas** or **sail** le navire portait trop de toile **g** (Comm) [+ goods, stock] stocker, vendre ♦ **we don't carry that article** nous ne faisons pas cet article **h** (Tech) [pipe] [+ water, oil] amener ; [wire] [+ sound] conduire **i** (= extend) faire passer ♦ **they carried the pipes under the street** ils ont fait passer les tuyaux sous la rue ♦ **to carry sth too far** or **to**

excess (fig) pousser qch trop loin ♦ **this basic theme is carried through the book** ce thème fondamental se retrouve tout au long du livre **j** (= win) gagner, remporter ; [+ fortress] enlever ; [+ enemy's position] emporter d'assaut ♦ **to carry the day** (fig) gagner (la partie), l'emporter ; (Mil) être vainqueur ♦ **to carry all** or **everything before one** marcher en vainqueur, l'emporter sur tous les tableaux ♦ **he carried his point** il a eu gain de cause ♦ **the motion/bill was carried (by 302 votes to 197)** la motion/le projet de loi a été voté(e) (par 302 voix contre 197) ♦ **he will carry Ohio** (US Pol) [presidential candidate] il va l'emporter dans l'Ohio **k to carry o.s.** (physical) se tenir ; (behaviour) se comporter, se conduire ♦ **she carries herself very well** elle se tient très bien ♦ **he carries himself like a soldier** il a le port d'un militaire ♦ **he carries himself with dignity** il a un maintien fort digne ♦ **he carried his head erect** il tenait la tête bien droite **l** [newspaper etc] [+ story, details] rapporter ♦ **all the papers carried (the story of) the murder** l'histoire du meurtre était dans tous les journaux, tous les journaux ont parlé du meurtre ♦ **the papers all carried a photograph of the explosion** dans tous les journaux on trouvait une photo de l'explosion **m** (Math) retenir ♦ **... and carry three** ... et je retiens trois **n** (Med) [+ child] attendre ♦ **when she was carrying her third son** quand elle était enceinte de or quand elle attendait son troisième fils **2** vi [voice, sound] porter **3** COMP ▷ **carry-on** * n (pej) histoires * fpl ♦ **what a carry-on (about nothing)!** * que d'histoires (pour rien) ! ▷ **carry-out** adj meal etc à emporter ◇ n (= food) snack m à emporter ; (= drink) boisson f à emporter

▶ **carry away** vt sep **a** (lit) [+ sick or injured person] emporter ; [+ thing] emporter, enlever ; [tide, wind] emporter **b** (fig) transporter ♦ **he was carried away by his friend's enthusiasm** il a été transporté par l'enthousiasme de son ami ♦ **to get carried away by sth** * s'emballer * pour qch ♦ **don't get carried away!** * ne t'emballe pas ! *, du calme ! ♦ **I got carried away** * (with excitement etc) je me suis laissé emporter (by par) ; (forgetting time) je n'ai pas vu passer l'heure

▶ **carry back** vt sep (lit) [+ things] rapporter ; (fig) reporter ; (Fin) reporter (sur comptes antérieurs) ♦ **the music carried me back to my youth** la musique m'a reporté à l'époque de ma jeunesse

▶ **carry forward** vt sep (Accounts, gen) reporter (to à) ♦ **carried forward** à reporter

▶ **carry off** vt sep **a** (lit) [+ thing] emporter, enlever ; (= kidnap) enlever, ravir **b** (fig) [+ prizes, honours] remporter ♦ **to carry it off well** bien s'en tirer ♦ **to carry it off** * réussir (son coup) **c** (euph) **he was carried off by pneumonia** il a été emporté par une pneumonie

▶ **carry on 1** vi **a** (= continue) continuer (doing sth à or de faire qch) ♦ **carry on!** continuez ! ♦ **carry on with your work!** continuez votre travail ! ♦ **if you carry on like that ...** si tu continues comme ça ... **b** (* = make a scene) faire une scène, faire des histoires ♦ **you do carry on!** tu en fais des histoires ! ♦ **don't carry on so!** ne fais (donc) pas tant d'histoires or toute une scène ! * **c** (= have an affair) **to be carrying on with sb** * avoir une liaison avec qn **2** vt sep **a** (= conduct) [+ business, trade] faire marcher, diriger ; [+ correspondence] entretenir ; [+ conversation] soutenir ; [+ negotiations] mener **b** (= continue) [+ business, conversation] continuer, poursuivre ; [+ tradition] entretenir, continuer **3** vt fus ♦ **he carried on a passionate affair with Mrs Gilbert** il avait une liaison passionnée avec Mme Gilbert **4** **carry-on** * n → **carry** **5** **carrying-on** n → **carrying-on**

carryall / case

▶ **carry out** vt sep **a** (lit) [+ thing, sick or injured person] [+ meal] emporter ♦ **the current carried him out (to sea)** le courant l'a entraîné vers le large

b (fig = put into action) [+ plan] exécuter, mener à bonne fin ; [+ order] exécuter ; [+ idea] mettre à exécution, donner suite à ; [+ obligation] s'acquitter de ; [+ experiment] se livrer à, effectuer ; [+ search, investigation, inquiry] mener, procéder à, conduire ; [+ reform] effectuer ; [+ the law, regulations] appliquer ♦ **to carry out one's duty** faire son devoir ♦ **to carry out one's duties** s'acquitter de ses fonctions ♦ **to carry out a promise** respecter or tenir une promesse

▶ **carry over** vt sep **a** (lit) faire passer du côté opposé, faire traverser

b (from one page to the other) reporter ; (Accounts, St Ex) reporter ♦ **to carry over stock from one season to the next** (Comm) stocker des marchandises d'une saison à l'autre

▶ **carry through** vt sep [+ plan] mener or conduire à bonne fin, exécuter ; [+ person] soutenir dans l'épreuve ♦ **his courage carried him through** son courage lui a permis de surmonter l'épreuve

▶ **carry up** vt sep monter

carryall ['kærɔːl] n (US) (sac m) fourre-tout m inv

carrycot ['kærɪkɒt] n (Brit) (gen) porte-bébé m ; (wicker) moïse m

carrying-on ['kærɪŋ'ɒn] n **a** (NonC) [of work, business etc] continuation f

b (often pl: pej) **carryings-on** * façons fpl de se conduire or de faire

cart [kɑːt] **1** n (horse-drawn) charrette f ; (also **tip-cart**) tombereau m ; (also **hand cart**) voiture f à bras ; (US: for luggage, shopping) chariot m ♦ **to put the cart before the horse** mettre la charrue avant les bœufs

2 vt [+ goods] (in van, truck) transporter (par camion), camionner ; (in cart) charroyer, charrier ; (*: also **cart about, cart around**) [+ shopping, books] trimballer *, coltiner

3 COMP ▷ **cart horse** n cheval m de trait ▷ **cart track** n chemin m rural or de terre

▶ **cart away, cart off** vt sep [+ goods] emporter ; [+ garbage] ramasser

cartage ['kɑːtɪdʒ] n (in van, truck) camionnage m, transport m ; (in cart) charroi m

carte blanche [ˌkɑːt'blɑːnʃ] n (NonC) carte f blanche ♦ **to give sb carte blanche to do sth** donner carte blanche à qn pour faire qch

cartel [kɑːˈtel] n (Comm) cartel m

carter ['kɑːtər] n charretier m

Cartesian [kɑːˈtiːzɪən] **1** adj, n cartésien(ne) m(f)

2 COMP ▷ **Cartesian coordinates** npl (Math) coordonnées fpl cartésiennes

Cartesianism [kɑːˈtiːzɪənɪzəm] n cartésianisme m

Carthage ['kɑːθɪdʒ] n Carthage

Carthaginian [ˌkɑːθəˈdʒɪnɪən] **1** n (Rel) Carthaginois m

2 adj carthaginois

Carthusian [kɑːˈθjuːzɪən] **1** adj de(s) chartreux ♦ **a Carthusian monk** un chartreux

2 n chartreux m, -euse f

cartilage ['kɑːtɪlɪdʒ] n cartilage m

cartilaginous [ˌkɑːtɪˈlædʒɪnəs] **1** adj cartilagineux

2 COMP ▷ **cartilaginous fish** n (Zool) poisson m cartilagineux, chondrichtyen m (SPÉC)

cartload ['kɑːtləʊd] n charretée f

cartogram ['kɑːtəɡræm] n cartogramme m

cartographer [kɑːˈtɒɡrəfər] n cartographe mf

cartographic(al) [ˌkɑːtəˈɡræfɪk(l)] adj cartographique

cartography [kɑːˈtɒɡrəfɪ] n cartographie f

cartomancy ['kɑːtəmænsɪ] n cartomancie f

carton ['kɑːtən] → SYN n (for yogurt, cream) pot m (en carton) ; (for milk, squash) carton m, brick m ; (for ice cream) boîte f (en carton) ; (for cigarettes) cartouche f

cartoon [kɑːˈtuːn] → SYN **1** n [of newspaper etc] dessin m (humoristique) ; (Cine, TV) dessin m animé ; (Art = sketch) carton m

2 vt caricaturer, ridiculiser (par un dessin humoristique)

cartoonist [kɑːˈtuːnɪst] n [of newspaper etc] caricaturiste mf, dessinateur m, -trice f humoristique ; (Cine, TV) dessinateur m, -trice f de dessins animés, animateur m, -trice f

cartouche [kɑːˈtuːʃ] n (Art, Archeol) cartouche m

cartridge ['kɑːtrɪdʒ] → SYN **1** n [of rifle etc] cartouche f ; [of cannon] gargousse f ; [of stylus] cellule f ; [of recording tape, typewriter or printer ribbon, pen] cartouche f ; [of camera] chargeur m ; (Comput) chargeur m, cartouche f

2 COMP ▷ **cartridge belt** n (= belt) (ceinture-)cartouchière f ; (= strip) bande f (de mitrailleuse) ▷ **cartridge case** n [of rifle] douille f, étui m (de cartouche) ; [of cannon] douille f ▷ **cartridge clip** n chargeur m (d'arme à feu) ▷ **cartridge paper** n papier m à cartouche, papier m fort ▷ **cartridge player** n lecteur m de cartouche

cartwheel ['kɑːtwiːl] n (lit) roue f de charrette ♦ **to do** or **turn a cartwheel** faire la roue

cartwright ['kɑːtraɪt] n charron m

caruncle ['kærəŋkl] n (Orn) caroncule f

carve [kɑːv] → SYN **1** vt tailler ; (= sculpt) sculpter ; (= chisel) ciseler ; (Culin) découper ♦ **carved out of** or **in wood/ivory** en bois/ivoire sculpté ♦ **carved in(to) the wood/the stone** sculpté dans le bois/la pierre ♦ **to carve one's initials on** or **in sth** graver ses initiales sur qch ♦ **to carve one's way through sth** se frayer un chemin à travers qch à coups de hache (or d'épée etc) ♦ **to carve a road through the jungle** percer une route à travers la jungle ♦ **to carve a niche for o.s., to carve o.s. a niche** se faire une place ♦ **to carve o.s. a career (as)** faire carrière (comme) ; see also **stone**

2 COMP ▷ **carve-up** * n (fig) [of inheritance] partage m ; [of estate, country] morcellement m

▶ **carve out** vt sep [+ piece of wood] découper (from dans) ; [+ piece of land] prendre (from à) ; [+ statue, figure] sculpter, tailler ; (fig) [+ reputation, market share, role] se tailler ♦ **to carve out a career for o.s.) (as)** faire carrière (comme)

▶ **carve up 1** vt sep **a** [+ meat] découper ; (fig) [+ country] morceler

b (* = disfigure) [+ person] amocher *, à coups de couteau ; * [+ sb's face] taillader, balafrer

c (* fig) [+ play, performer] massacrer *, éreinter ; [+ candidate, opponent] tailler en pièces

2 **carve-up** * n → **carve**

carver ['kɑːvər] n **a** (Culin = knife) couteau m à découper ♦ **carvers service** m à découper

b (= person) personne f qui découpe

c (Brit = chair) chaise f de salle à manger avec accoudoirs

carvery ['kɑːvərɪ] n grill m

carving ['kɑːvɪŋ] **1** n **a** (Art) sculpture f

b (NonC: Culin) découpage m

2 COMP ▷ **carving knife** n, pl **carving knives** couteau m à découper

caryatid [ˌkærɪˈætɪd] n, pl **caryatids** or **caryatides** [ˌkærɪˈætɪˌdiːz] cariatide f

caryophyllaceous [ˌkærɪəʊfɪˈleɪʃəs] adj caryophyllé

caryopsis [ˌkærɪˈɒpsɪs] n, pl **caryopses** [ˌkærɪˈɒpsiːz] or **caryopsides** [ˌkærɪˈɒpsɪˌdiːz] caryopse m

Casablanca [ˌkæsəˈblæŋkə] n Casablanca

Casanova [ˌkæsəˈnəʊvə] n (also fig) Casanova m

cascade [kæsˈkeɪd] → SYN **1** n cascade f ; (fig) [of ribbons, silks, lace] flot m ; [of sparks] pluie f

2 vi tomber en cascade

cascara [kæsˈkɑːrə] n (Pharm) cascara sagrada f

case[1] [keɪs] LANGUAGE IN USE 26.2 → SYN

1 n **a** (= fact, eventuality, example) cas m ♦ **is it the case that ...?** est-il vrai que ... ? ♦ **that's not the case** ce n'est pas le cas ♦ **if that's the case** en ce cas, dans ce cas-là ♦ **as is the case here** comme c'est le cas ici ♦ **that** or **such** (frm) **being the case** par conséquent ♦ **in such a case** en pareil cas ♦ **if such is the case** (now) si tel est le cas ; (= if it happens) le cas échéant, en pareil cas ♦ **put the case that ...** admettons que ... (+ subj) ♦ **as the case may be** selon le cas ♦ **it's a clear case of sexual harassment** c'est un cas flagrant de harcèlement sexuel ♦ **in this case** dans ce cas ♦ **in that case** dans ce cas-là ♦ **in no case** en aucun cas ♦ **in the present case** dans le cas présent ♦ **as in the case of ...** comme dans le cas de ... ♦ **in the case in point** en l'occurrence ♦ **here is a case in point** en voici un bon exemple, en voici un exemple typique ♦ **in your case** dans votre cas ♦ **in most cases** dans la plupart des cas ♦ **in nine cases out of ten** neuf fois sur dix ♦ **that alters the (whole) case** cela change tout ♦ **a difficult case** un cas difficile

♦ **in case** ♦ **in case he comes** au cas où or pour le cas où il viendrait ♦ **I'm supposed to be in charge here, in case you've forgotten!** * je suis censé commander ici, au cas où vous l'auriez oublié ! ♦ **she's nervous about something, in case you didn't notice** il y a quelque chose qui la rend nerveuse, au cas où vous ne l'auriez pas remarqué ♦ **in case of** en cas de ♦ **(just) in case** à tout hasard, au cas où *

♦ **in any case** en tout cas, de toute façon

b (Med etc) cas m ♦ **six cases of pneumonia** six cas de pneumonie ♦ **the most serious cases were sent to hospital** les cas les plus graves or les malades les plus atteints ont été envoyés à l'hôpital ♦ **it's a hopeless case** son cas est désespéré ♦ **it's a hopeless case** (fig) c'est un cas pathologique * ♦ **he's a hard case** * c'est un dur * ♦ **she's a real case!** * c'est un cas * or un sacré numéro * (celle-là) ! ♦ **to be on sb's case** * enquiquiner * qn ♦ **to get on sb's case** * prendre la tête à qn ♦ **get off my case!** * lâche-moi les baskets ! *, ne me prends pas la tête ! *

c (Jur) affaire f, procès m ♦ **he's a suspect in the case** c'est un suspect dans cette affaire or ce procès ♦ **to try a case** juger une affaire ♦ **to win one's case** (Jur) gagner son procès ; (fig) avoir gain de cause ♦ **the case for the defendant** or **defence** les arguments mpl en faveur de l'accusé, les arguments mpl de la défense ♦ **the case for the prosecution** les arguments mpl contre l'accusé, les arguments mpl de l'accusation ♦ **there is no case against ...** il n'y a pas lieu à poursuites contre ... ♦ **he's working on the Gibson case** il s'occupe de l'affaire Gibson ♦ **case before the Court** affaire f portée devant le tribunal ♦ **his case was called today** (Jur) son affaire est venue aujourd'hui devant le tribunal ♦ **to take a case to the High Court** en appeler à la Cour suprême

d (= argument, reasoning) arguments mpl ♦ **to make out one's case** présenter ses arguments ♦ **to make a case for sth** plaider en faveur de qch ♦ **to make (out) a good case for sth** réunir or présenter de bons arguments en faveur de qch ♦ **to make out a good case for doing sth** bien expliquer pourquoi il faudrait faire qch ♦ **there is a strong case for/against compulsory vaccination** il y a or aurait beaucoup à dire en faveur de la/contre la vaccination obligatoire ♦ **that is my case** voilà mes arguments ♦ **a case of conscience** un cas de conscience ♦ **to have a good/strong case** avoir de bons/solides arguments

e (Gram) cas m ♦ **the nominative case** le nominatif ♦ **the accusative case** l'accusatif m

2 COMP ▷ **case conference** n (Med, Social Work) réunion f de spécialistes pour parler d'un patient ou d'un cas social ▷ **case file** n (Jur, Med, Social Work) dossier m ▷ **case grammar** n (Gram) grammaire f des cas ▷ **case history** n (Social Work) passé m du (or d'un) cas social ; (Med) (= past facts) antécédents mpl médicaux ; (= past and present development) évolution f de la maladie ▷ **case law** n (NonC ; Jur) droit m jurisprudentiel ▷ **case load** n (Social Work) dossiers mpl (confiés à un assistant social) ♦ **to have a heavy case load** avoir beaucoup de dossiers à traiter ▷ **case notes** npl (Jur, Med, Social Work) (notes fpl pour l'établissement d'un) dossier m ▷ **case papers** npl (Jur, Med, Social Work) pièces fpl du dossier ▷ **case study** n étude f de cas ♦ **case study method** (US Univ) méthode f d'études de cas ▷ **case system** n (Gram) système m casuel ▷ **case work** n

131 ENGLISH-FRENCH

(Social Work) travail m avec des cas (sociaux) individuels ▷ **case worker** n (Social Work) ≈ assistant(e) social(e)

case² [keɪs] → SYN **1** n **a** (Brit = suitcase) valise f; (= packing case) caisse f; (= crate: for bottles etc) caisse f; (for peaches, lettuce, oysters etc) cageot m; (= box) boîte f; (= chest) coffre m; (for goods on display) vitrine f; (for jewels) coffret m; (for watch, pen, necklace etc) écrin m; (for camera, binoculars etc) étui m; (= covering) enveloppe f; (Bookbinding) couverture f; (Tech) boîte f; (Aut) carter m ◆ **violin/umbrella etc case** étui m à violon/parapluie etc; → **bookcase, pillowcase**

b (Typ) casse f; → **lower¹, upper**

2 vt **a** → **1a** mettre dans une caisse or un cageot etc, mettre en boîte

b **to case the joint** ‡ [burglars etc] surveiller la maison etc *(avant un mauvais coup)*

3 COMP ▷ **cased edition** n (of book) édition f cartonnée ▷ **case-harden** vt (Metal) cémenter; (fig) endurcir ▷ **case knife** n, pl **case knives** (US) couteau m à gaine ▷ **case-sensitive** adj (Comput) sensible à la casse

caseation [ˌkeɪsɪˈeɪʃən] n **a** (Med) caséification f

b [of cheese] caséification f, caséation f

casebook [ˈkeɪsbʊk] n (Social Work) comptes rendus mpl or rapports mpl de cas sociaux *(réunis dans un registre)*

casein [ˈkeɪsɪɪn] n caséine f

casemate [ˈkeɪsmeɪt] n (= blockhouse) casemate f

casement [ˈkeɪsmənt] n (= window) fenêtre f (à battants), croisée f; (= frame) battant m de fenêtre; (liter) fenêtre f

caseous [ˈkeɪsɪəs] adj (Culin, Med) caséeux

cash [kæʃ] → SYN **1** n (NonC) **a** (= notes and coins) espèces fpl, argent m ◆ **how much cash is there in the till?** combien d'argent y a-t-il dans la caisse? ◆ **I want to be paid in cash and not by cheque** je veux être payé en espèces et non par chèque ◆ **to pay in cash** payer en argent comptant or en espèces ◆ **cash or charge?** (esp US: in shop) vous payez en espèces ou par carte? ◆ **to take the cash to the bank** porter l'argent à la banque ◆ **ready cash** (argent m) liquide m ◆ **how much do you have in (ready) cash?** combien avez-vous en liquide?; → **hard, petty, spot**

b **cash down** (= immediate payment) argent m comptant ◆ **to pay cash (down)** payer comptant or cash * ◆ **discount for cash** escompte m or remise f au comptant ◆ **cash with order** payable à la commande ◆ **cash on delivery** paiement m à la livraison, livraison f contre espèces or contre remboursement ◆ **cash on shipment** comptant m à l'expédition

c (* = money in general) argent m, sous * mpl ◆ **how much cash have you got?** combien d'argent as-tu?, qu'est-ce que tu as comme argent? ◆ **I have no cash** je n'ai pas un sou or un rond * ◆ **to be short of cash** être à court d'argent ◆ **I am out of cash** je suis à sec *, je n'ai plus de sous *

2 vt [+ cheque] encaisser, toucher; [+ banknote] changer, faire la monnaie de ◆ **to cash sb a cheque** donner à qn de l'argent contre un chèque; [bank] payer un chèque à qn ◆ **to cash a bill** encaisser une facture

3 COMP (gen) problems, calculations etc d'argent ▷ **cash account** n compte m de caisse ▷ **cash advance** n (Fin) crédit m de caisse ▷ **cash-and-carry** n libre-service m de gros, cash and carry m inv ◊ adj goods, business de gros, cash and carry ▷ **cash bar** n bar m payant *(à une réception)* ▷ **cash bonus** n prime f en espèces ▷ **cash card** n carte f bancaire *(permettant le retrait d'argent aux distributeurs de billets)* ▷ **cash cow** * n (Comm) mine f d'or (fig) ▷ **cash crop** n culture f de rapport or commerciale ▷ **cash dealings** npl transactions fpl immédiates ▷ **cash deficit** n déficit m or découvert m de trésorerie ▷ **cash desk** n [of shop, restaurant] caisse f; [of cinema, theatre] guichet m ▷ **cash discount** n escompte m or remise f au comptant ▷ **cash dispenser** n distributeur m (automatique) de billets ▷ **cash economy** n économie f monétaire ▷ **cash flow** n marge f brute d'autofinancement, cash-flow m ◆ **cash flow problems** difficultés fpl de trésorerie ▷ **cash-flow statement** n état m de trésorerie ▷ **cash holdings** npl avoirs mpl en caisse or en numéraire ▷ **cash income** n revenu m monétaire ▷ **cash in hand** n espèces fpl en caisse, encaisse f ◆ **$100, cash in hand** 100 dollars, de la main à la main ▷ **cash machine** n (US) ⇒ **cash dispenser** ▷ **cash offer** n offre f d'achat avec paiement comptant ◆ **he made me a cash offer** il m'a offert de l'argent ▷ **cash payment** n paiement m comptant, versement m en espèces ▷ **cash point** n (in shop) caisse f; (Brit = cash dispenser) distributeur m (automatique) de billets ▷ **cash price** n prix m (au) comptant ▷ **cash prize** n prix m en espèces ▷ **cash receipts** npl recettes fpl de caisse ▷ **cash reduction** n ⇒ **cash discount** ▷ **cash register** n caisse f (enregistreuse) ▷ **cash reserves** npl liquidités fpl ▷ **cash sale** n vente f (au) comptant ▷ **cash squeeze** n (Econ) restrictions fpl de crédit ▷ **cash terms** npl conditions fpl au comptant ▷ **cash transaction** n affaire f or opération f au comptant

▶ **cash in** vt sep [+ bonds, savings certificates] réaliser, se faire rembourser

▶ **cash in on** * vt fus tirer profit de

▶ **cash up** vi (Brit) faire sa caisse

cashable [ˈkæʃəbl] adj cheque encaissable, payable à vue

cashback [ˈkæʃbæk] n **a** (= discount) remise f

b (at supermarket etc) *retrait d'espèces à la caisse d'un magasin*

cashbook [ˈkæʃbʊk] n livre m de caisse

cashbox [ˈkæʃbɒks] n caisse f

cashew [kæˈʃuː] n anacardier m; (also **cashew nut**) noix f de cajou

cashier¹ [kæˈʃɪər] → SYN **1** n (Comm, Banking) caissier m, -ière f

2 COMP ▷ **cashier's check** n (US) chèque m de banque

cashier² [kæˈʃɪər] → SYN vt (Mil) casser; (gen) renvoyer, congédier

cashless [ˈkæʃlɪs] adj ◆ **the cashless society** or **economy** la société sans argent *(où l'on ne paie plus qu'en argent électronique)*

cashmere [kæʃˈmɪər] **1** n (Tex) cachemire m

2 COMP de or en cachemire

casing [ˈkeɪsɪŋ] n (gen) revêtement m, enveloppe f; [of door, window] chambranle m; [of tyre] chape f; [of oil well] cuvelage m

casino [kəˈsiːnəʊ] n casino m

cask [kɑːsk] n (gen) tonneau m, fût m; (large) pièce f, barrique f; (small) baril m ◆ **wine in cask** vin m en fût

casket [ˈkɑːskɪt] → SYN n [of jewels etc] coffret m, boîte f; (esp US = coffin) cercueil m

Caspian [ˈkæspɪən] adj ◆ **the Caspian Sea** la mer Caspienne

casque [kæsk] n (Zool) casque m

Cassandra [kəˈsændrə] n (Myth, fig) Cassandre f

cassata [kəˈsɑːtə] n (Culin) cassate f

cassation [kæˈseɪʃən] n cassation f

cassava [kəˈsɑːvə] n (Bot) manioc m; (Culin) farine f de manioc

casserole [ˈkæsərəʊl] **1** n (Brit Culin = utensil) cocotte f; (= food) ragoût m en cocotte

2 vt [+ meat] (faire) cuire en or à la cocotte

cassette [kæˈset] **1** n (Recording) cassette f; (Phot) recharge f

2 COMP ▷ **cassette deck** n platine f (à) cassettes ▷ **cassette player** n lecteur m de cassettes ▷ **cassette recorder** n magnétophone m à cassettes

cassia [ˈkæsɪə] n **a** (= senna) cassier m

b (= cinnamon tree) cannelier m; (= bark) cannelle f (de Ceylan)

Cassiopeia [ˌkæsɪəˈpiːə] n (Myth, Astron) Cassiopée f

cassis [kæˈsiːs] n cassis m

cassiterite [kəˈsɪtəraɪt] n (Miner) cassitérite f

cassock [ˈkæsək] n soutane f

cassowary [ˈkæsəwɛərɪ] n casoar m

cast [kɑːst] → SYN vb: pret, ptp **cast** **1** n **a** (= throw) [of dice, net] coup m; (Fishing) lancer m

b (Art, Tech = act of casting metal) coulage m, coulée f

c (= mould) moule m; (in plaster, metal etc) moulage m; [of medallion etc] empreinte f ◆ **to have one's leg in a cast** (Med) avoir une jambe dans le plâtre ◆ **cast of features** (fig) traits mpl (du visage) ◆ **cast of mind** or **thought** mentalité f, tournure f d'esprit ◆ **a man of quite a different cast** un homme d'une tout autre trempe; → **plaster**

d (Theat) (= allocation of parts) distribution f; (= actors collectively) acteurs mpl ◆ **cast (and credits)** (Cine, TV) générique m ◆ **cast list** (Theat etc) distribution f ◆ **he was in the cast of Evita** il a joué dans Evita

e [of snake] dépouille f; [of worm] déjections fpl

f (Med = squint) strabisme m ◆ **to have a cast in one eye** avoir un œil qui louche, loucher d'un œil

2 vt **a** (= throw) [+ dice] jeter; [+ net, fishing line, stone] lancer, jeter ◆ **to cast anchor** (Naut) jeter l'ancre, mouiller (l'ancre) ◆ **to cast sb into jail** jeter qn en prison ◆ **to cast sb's horoscope** tirer or dresser l'horoscope de qn ◆ **to cast o.s. on sb's mercy** (liter) s'en remettre à la clémence (liter) de qn, remettre son sort entre les mains de qn ◆ **to cast a vote** voter ◆ **to cast aspersions on sth/sb** dénigrer qch/qn ◆ **to cast the blame on sb** rejeter la responsabilité sur qn ◆ **to cast doubt on sth** jeter un doute sur qch ◆ **to cast a look at sth** jeter un regard sur qch ◆ **to cast a shadow on** or **over sb/sth** (lit) projeter une ombre sur qn/qch; (fig) jeter une ombre sur qn/qch ◆ **to cast a light on sth** (lit) éclairer qch ◆ **to cast one's eye(s) round a room** promener ses regards sur une pièce, balayer une pièce du regard ◆ **to cast one's eye(s) in the direction of ...** porter les yeux or son regard du côté de ... ◆ **to cast a critical eye on sth** considérer qch d'un œil critique ◆ **to cast a greedy eye** or **greedy eyes on sth** dévorer qch des yeux; → **die², light, lot, spell¹**

b (= shed) **to cast its skin** [snake] muer ◆ **to cast a shoe** [horse] perdre un fer

c (Art, Tech) [+ plaster] couler; [+ metal] couler, fondre; [+ statue] mouler; → **mould¹, stone**

d (Theat) [+ play, film] distribuer les rôles de ◆ **he was cast as Hamlet** or **for the part of Hamlet** on lui a donné le rôle de Hamlet

e (= describe) étiqueter, cataloguer ◆ **to cast o.s. as** se présenter comme

3 vi (Fishing) lancer sa ligne

4 COMP ▷ **cast-iron** n fonte f ◊ adj de or en fonte; (fig) will, constitution de fer; excuse, alibi inattaquable, (en) béton *; case solide ▷ **cast-off clothes, cast-offs** npl vêtements mpl dont on ne veut plus; (pej) vieilles nippes * fpl or frusques * fpl ◆ **the cast-offs from society** les laissés mpl pour compte (de la société)

▶ **cast about, cast around** vi ◆ **to cast about for sth** chercher qch ◆ **she has been casting around for a good excuse to ...** elle cherche une bonne excuse pour ... ◆ **to cast about for how to do/how to reply** chercher le moyen de faire/la façon de répondre

▶ **cast aside** vt sep rejeter, mettre de côté; (fig) [+ person] rejeter, abandonner; [+ object] abandonner, se défaire de

▶ **cast away** **1** vt sep rejeter; (fig) se défaire de ◆ **to be cast away** (Naut) être naufragé **2** castaway n → **castaway**

▶ **cast back** **1** vi (fig, liter) revenir *(to* à) **2** vt sep ◆ **to cast one's thoughts back** se reporter en arrière

▶ **cast down** vt sep [+ object] jeter par terre; [+ eyes] baisser; [+ weapons] déposer, mettre bas ◆ **to be cast down** (fig, liter) être abattu or découragé or démoralisé

▶ **cast in** vi, vt sep ◆ **to cast in (one's lot) with sb** partager le sort de qn

▶ **cast off** **1** vi (Naut) larguer les amarres, appareiller; (Knitting) rabattre les mailles **2** vt sep (Naut) larguer les amarres de; (Knitting) arrêter; [+ bonds, chains], (lit) se défaire de, se libérer de; (fig) s'affranchir

case / cast

castanets / cataract

de ◆ **cast off eight stitches at the beginning of the next row** (Knitting) rabattez huit mailles au début du prochain rang
③ **cast-off** n, adj → **cast**

▶ **cast on** (Knitting) ① vi monter les mailles
② vt sep [+ stitch, sleeve] monter ◆ **cast on 159 stitches** montez 159 mailles

▶ **cast out** vt sep (liter) chasser

▶ **cast up** vt sep **a** (lit) lancer en l'air ◆ **to cast one's eyes up** lever les yeux au ciel
b (Math) calculer
c (fig = reproach) **to cast sth up to** or **at sb** reprocher qch à qn

castanets [ˌkæstəˈnets] npl castagnettes fpl

castaway [ˈkɑːstəweɪ] n naufragé(e) m(f) ; (fig: from society etc) réprouvé(e) m(f), paria m

caste [kɑːst] → SYN ① n caste f, classe f sociale ◆ **to lose caste** déroger, déchoir
② COMP ▷ **caste mark** n (in India) signe m de (la) caste ; (fig) signe m distinctif (d'un groupe) ▷ **caste system** n système m des castes

castellated [ˈkæstəleɪtɪd] ① adj (Archit) crénelé, de style féodal
② COMP ▷ **castellated nut** n (Tech) écrou m crénelé

caster [ˈkɑːstəʳ] ① n **a** (= sifter) saupoudroir m
b (= wheel) roulette f
② COMP ▷ **caster angle** n (Aut) angle m de chasse ▷ **caster sugar** n (Brit) sucre m en poudre

castigate [ˈkæstɪɡeɪt] → SYN vt [+ person] châtier (liter), corriger ; [+ book etc] éreinter ; [+ theory, vice] fustiger (liter)

castigation [ˌkæstɪˈɡeɪʃən] n [of person] châtiment m, correction f ; [of book etc] éreintement m

Castile [kæˈstiːl] n Castille f

Castilian [kæsˈtɪlɪən] ① adj castillan
② n **a** Castillan(e) m(f)
b (Ling) espagnol m, castillan m

casting [ˈkɑːstɪŋ] ① n (NonC = act of throwing) lancer m, lancement m ; (Tech = act) fonte f, coulée f ; (= object) pièce f fondue ; (Art) moulage m ; (Theat) distribution f ; (Cine) casting m
② COMP ▷ **casting couch** n **she got the role on the casting couch** elle a couché pour avoir ce rôle ▷ **casting director** n (Theat) responsable mf de la distribution ; (Cine) directeur m, -trice f du casting ▷ **casting vote** n voix f prépondérante ◆ **to have a** or **the casting vote** avoir voix prépondérante

castle [ˈkɑːsl] → SYN ① n **a** château m (fort) ; → **build**
b (Chess) tour f
② vi (Chess) roquer

castling [ˈkɑːslɪŋ] n (Chess) roque f

castor¹ [ˈkɑːstəʳ] n → **caster**

castor² [ˈkɑːstəʳ] ① n **a** (= beaver) castor m
b (Med) castoréum m
② COMP ▷ **castor oil** n huile f de ricin ▷ **castor oil plant** n ricin m

castrate [kæsˈtreɪt] vt [+ animal, man] châtrer, castrer ; (fig) [+ personality] émasculer ; [+ text, film, book] expurger

castration [kæsˈtreɪʃən] n castration f

castrato [kæsˈtrɑːtəʊ] n, pl **castrato** or **castrati** [kæsˈtrɑːtɪ] castrat m

Castroism [ˈkæstrəʊɪzəm] n (Pol) castrisme m

Castroist [ˈkæstrəʊɪst] adj, n (Pol) castriste mf

casual [ˈkæzjʊl] → SYN ① adj **a** (= nonchalant) person, manner, attitude, tone, glance, wave désinvolte ; chat, conversation informel ◆ **he tried to sound casual** il a essayé de parler avec désinvolture ◆ **to the casual eye** or **observer** pour le simple observateur ◆ **he ran a casual eye down the page** il a négligemment parcouru la page ◆ **to be casual about sth** (pej) prendre qch à la légère or avec désinvolture ◆ **her casual attitude (to safety/discipline)** la désinvolture dont elle fait preuve (en matière de sécurité/discipline)
b (= occasional) drinker, drug use, relationship occasionnel ; sexual partner occasionnel ◆ **a casual acquaintance** une (simple) connaissance ◆ **a casual affair** une passade, une aventure ◆ **casual contact** contacts mpl ordinaires ◆ **casual drug users** les consommateurs mpl (de drogue) occasionnels ◆ **casual sex** rapports mpl sexuels occasionnels ◆ **to have casual sex** faire l'amour au hasard d'une rencontre
c (= by chance) remark, comment fait en passant ; meeting, encounter fortuit ; spark accidentel ; visitor, caller de passage
d (= informal) clothes, shoes sport inv, décontracté ◆ **casual wear** vêtements mpl sport inv, tenue f décontractée
e (= temporary) work, employment, job, labour temporaire ; farm worker (daily) journalier ; (seasonally) saisonnier ◆ **casual labourer** (on building site) ouvrier m sans travail fixe ; (on farm) (daily) journalier m, -ière f ; (seasonally) saisonnier m, -ière f ◆ **on a casual basis** à titre temporaire
② n **a casuals** (= shoes) chaussures fpl sport inv ; (= clothes) vêtements mpl sport inv
b (= worker) (in office) employé(e) m(f) temporaire ; (in factory) ouvrier m, -ière f temporaire

casualization [ˌkæzjʊlaɪˈzeɪʃən] n (Ind) précarisation f (de l'emploi)

casualize [ˈkæzjʊlaɪz] vt (Ind) précariser

casually [ˈkæzjʊlɪ] adv **a** (= nonchalantly) mention, say, ask, walk, lean avec désinvolture, nonchalamment
b (= accidentally) par hasard
c (= informally) dress de façon décontractée, décontracté * inv

casualness [ˈkæzjʊlnəs] n [of speech, manner] désinvolture f ; [of dress] style m décontracté

casualty [ˈkæzjʊltɪ] → SYN ① n **a** (Mil) (= dead) mort(e) m(f), (= wounded) blessé(e) m(f) ◆ **casualties** les morts mpl et blessés mpl ; (= dead) les pertes fpl
b (= accident victim) accidenté(e) m(f), victime f ; (= accident) accident m
② COMP ▷ **casualty department** n service m des urgences ▷ **casualty list** n (Mil) état m des pertes ; (Aviat, gen) liste f des victimes ▷ **casualty ward** n salle f des urgences

casuarina [ˌkæzjʊəˈriːnə] n (Bot) casuarina m

casuist [ˈkæzjʊɪst] n casuiste mf

casuistic [ˈkæzjʊɪstɪk] adj casuistique

casuistry [ˈkæzjʊɪstrɪ] n (NonC) casuistique f ; (instance of this) arguments mpl de casuiste

CAT ① n **a** [ˌsiːˈiːˈtiː] (abbrev of **computer-aided teaching**) EAO m
b [kæt] (abbrev of **computerized axial tomography**) scanographie f, tomodensitométrie f, scanner * m
② COMP ▷ **CAT scan** n scanographie f, tomodensitométrie f, scanner * m ◆ **to have a CAT scan** se faire faire une scanographie or un scanner * ▷ **CAT scanner** n tomodensitomètre m, scanner * m

cat [kæt] → SYN ① n **a** chat(te) m(f) ; (= species) félin m ; (* pej = woman) mégère f ◆ **the big cats** (Zool) les fauves mpl ; → **tabby, tom**
b ⇒ **cat-o'-nine-tails**
c (phrases) **to let the cat out of the bag** vendre la mèche ◆ **the cat's out of the bag** ce n'est plus un secret maintenant ◆ **to look like the cat that got the cream** (esp Brit) or **that ate the canary** avoir l'air content de soi ◆ **to wait for the cat to jump**, **to wait to see which way the cat jumps** attendre pour voir d'où vient le vent ◆ **(has the) cat got your tongue?** * tu as perdu ta langue ? ◆ **to fight** or **be at each other like cat and dog** (lit) se battre comme des chiffonniers ; (fig) être or s'entendre comme chien et chat ◆ **to fight like Kilkenny cats** † (Brit) se battre comme des chiffonniers ◆ **he doesn't have a cat in hell's chance of winning** il n'a pas l'ombre d'une chance de gagner ◆ (Prov) **a cat may look at a king** un chien regarde bien un évêque (Prov) ◆ **to be like a cat on a hot tin roof** or **a cat on hot bricks** être sur des charbons ardents ◆ (Prov) **when** or **while the cat's away the mice will play** quand le chat n'est pas là, les souris dansent ◆ **that set the cat among the pigeons** ça a été le pavé dans la mare ◆ **he thinks he's the cat's whiskers** or **the cat's miaow** * il se prend pour le nombril du monde * ◆ **to be a bag of cats** * (Ir) être d'une humeur massacrante or de chien (pej) ◆ **look what the cat dragged in** or **brought in!** * (pej) regarde donc un peu qui pointe son nez ! ◆ **you look like something the cat dragged in** or **brought in!** * (pej) non mais regarde à quoi tu ressembles ! ; see also **2** ; → **bell¹**, **grin**, **rain**, **room**, **skin**
d (US *) (= man) gars * m, type * m ; (= woman) gonzesse * f, nana * f ◆ **cool cat** type m (or nana f) cool *
e **cats and dogs** (St Ex) actions fpl et obligations fpl de valeur douteuse ; (Comm) articles mpl peu demandés
f (* = catalytic converter) pot m catalytique
② COMP ▷ **cat-and-mouse**, adj (fig) **to play (at) cat-and-mouse with sb** **to play a cat-and-mouse game with sb** jouer au chat et à la souris avec qn ▷ **cat-basket** n (for carrying) panier m pour chat ; (for sleeping) corbeille f pour chat ▷ **cat burglar** n monte-en-l'air * m inv ▷ **cat door** n chatière f ▷ **cat fight** * n (esp US: between women) crêpage m de chignon * ▷ **cat flap** n ⇒ **cat door** ▷ **cat-lick** * n toilette f de chat, brin m de toilette ◆ **to give o.s. a cat-lick** faire une toilette de chat or un brin de toilette ▷ **cat litter** n litière f (pour chats) ▷ **cat-o'-nine-tails** n (pl inv) martinet m, chat-à-neuf-queues m ▷ **cat's-cradle** n (jeu m des) figures fpl (que l'on forme entre ses doigts avec de la ficelle) ▷ **cat's-eye** n (= gemstone) œil-de-chat m ; (Brit Aut) (clou m à) catadioptre m, cataphote ® m ▷ **cat's-paw** n dupe f (qui tire les marrons du feu) ▷ **cat's-whisker** n (Rad) chercheur m (du détecteur à galène)

catabolic [ˌkætəˈbɒlɪk] adj (Physiol) catabolique

catabolism [kəˈtæbəˌlɪzəm] n (Physiol) catabolisme m

catabolite [kəˈtæbəˌlaɪt] n catabolite m

catachresis [ˌkætəˈkriːsɪs] n catachrèse f

cataclysm [ˈkætəˌklɪzəm] n cataclysme m

cataclysmic [ˌkætəˈklɪzmɪk] adj cataclysmique

catacombs [ˈkætəkuːmz] npl catacombes fpl

catafalque [ˈkætəfælk] n catafalque m

Catalan [ˈkætəˌlæn] ① n Catalan(e) m(f) ; (Ling) catalan m
② adj catalan

catalectic [ˌkætəˈlektɪk] adj catalectique

catalepsy [ˈkætəlepsɪ] n catalepsie f

cataleptic [ˌkætəˈleptɪk] adj cataleptique

catalogue, catalog (US) [ˈkætəlɒɡ] → SYN ① n (gen) catalogue m ; (in library) fichier m ; (US Univ etc = brochure) brochure f (d'un établissement d'enseignement supérieur)
② vt cataloguer

cataloguer [ˈkætəlɒɡəʳ] n catalogueur m, -euse f

Catalonia [ˌkætəˈləʊnɪə] n la Catalogne

catalpa [kəˈtælpə] n (Bot) catalpa m

catalyse [ˈkætəlaɪz] vt (Chem) catalyser

catalysis [kəˈtæləsɪs] n, pl **catalyses** [kəˈtæləsiːz] catalyse f

catalyst [ˈkætəlɪst] n (Chem, fig) catalyseur m

catalytic [ˌkætəˈlɪtɪk] ① adj (Tech) catalytique ; (fig) person qui agit comme un catalyseur, rôle de catalyseur
② COMP ▷ **catalytic converter** n (Aut) pot m catalytique ▷ **catalytic cracker** n craqueur m catalytique

catalyze [ˈkætəlaɪz] vt (US Chem, fig) catalyser

catamaran [ˌkætəməˈræn] n catamaran m

catamite [ˈkætəmaɪt] n (= homosexual) mignon m, giton m (liter)

Catania [kəˈteɪnɪə] n (Geog) Catane f

cataphoresis [ˌkætəfəˈriːsɪs] n cataphorèse f, électrophorèse f

cataphoric [ˌkætəˈfɒrɪk] adj (Ling) cataphorique

cataplexy [ˈkætəˌpleksɪ] n cataplexie f

catapult [ˈkætəpʌlt] → SYN ① n (Brit = slingshot) lance-pierre(s) m inv ; (Aviat, Mil) catapulte f
② vt (gen, Aviat, fig) catapulter
③ COMP ▷ **catapult-launched** adj (Aviat) catapulté ▷ **catapult launching** n (Aviat) catapultage m

cataract [ˈkætərækt] → SYN n **a** (= waterfall) cataracte f
b (Med) cataracte f

catarrh [kəˈtɑːʳ] n rhume m (chronique), catarrhe m

catarrhal [kəˈtɑːrəl] adj catarrheux

catastrophe [kəˈtæstrəfɪ] → SYN n catastrophe f

catastrophic [ˌkætəˈstrɒfɪk] adj catastrophique

catastrophically [ˌkætəˈstrɒfɪklɪ] adv fail de façon catastrophique ◆ **catastrophically inept** d'une ineptie catastrophique ◆ **to go catastrophically wrong** tourner à la catastrophe ◆ **supplies were at catastrophically low levels** les vivres étaient tombés à un niveau catastrophique

catatonia [ˌkætəˈtəʊnɪə] n (NonC) catatonie f

catatonic [ˌkætəˈtɒnɪk] adj catatonique

catbird [ˈkætbɜːd] n (US) ◆ **to be (sitting) in the catbird seat** * être en position de force

catcall [ˈkætkɔːl] → SYN (Theat) **1** n sifflet m **2** vi siffler

catch [kætʃ] → SYN vb : pret, ptp **caught** **1** n **a** (= act, thing caught) prise f, capture f ; (Fishing) (= several fish) pêche f ; (= one fish) prise f ◆ **good catch!** (Sport) bien rattrapé ! ◆ **the fisherman lost his whole catch** le pêcheur a perdu toute sa pêche ◆ **he's a good catch** * (as husband) c'est un beau parti

b (* = concealed drawback) attrape f, entourloupette * f ◆ **there must be a catch (in it)** il y a anguille sous roche ◆ **where's the catch?** qu'est-ce qui se cache là-dessous ?

c [of buckle] ardillon m ; [of latch] mentonnet m ; (Brit: on door) loquet m ; [of wheel] cliquet m ; (Brit: on window) loqueteau m

d (fig) **with a catch in one's voice** d'une voix entrecoupée

e (Mus) canon m

f (= ballgame) jeu m de balle ; (= tag) (jeu m du) chat m

2 vt **a** [+ ball] attraper ; [+ object] attraper, saisir ; [+ fish, mice, thief] attraper ◆ **to catch an animal in a trap** prendre un animal dans un piège or au piège ◆ **to catch sb by the arm, to catch sb's arm** prendre qn par le bras ◆ **to be caught between two people/alternatives** être pris entre deux personnes/possibilités ◆ **a toaster with a tray to catch the breadcrumbs** un grille-pain avec un plateau pour ramasser les miettes de pain ◆ **you can usually catch me (in) around noon** * en général on peut me trouver vers midi ◆ **I dialled her number hoping to catch her before she went to work** je lui ai téléphoné en espérant l'avoir * ou la joindre avant qu'elle (ne) parte au travail ◆ **hello Adrienne, glad I caught you** * bonjour Adrienne, je suis content de te trouver or que tu sois là ◆ **can I ring you back? you've caught me at a bad time** je peux vous rappeler ? je suis occupé ce moment ◆ **(I'll) catch you later!** * à plus ! *, à plus tard ! ; → **crab, sun**

b (= take by surprise) surprendre ◆ **to catch sb doing sth** surprendre qn à faire qch ◆ **to be caught unprepared** être pris au dépourvu ◆ **to catch sb by surprise** prendre qn à l'improviste ◆ **to be caught cold** (esp Brit Sport) être pris au dépourvu ◆ **she caught herself dreaming of Spain** elle se surprit à rêver de l'Espagne ◆ **I caught myself feeling sorry for them** je me suis surpris à les plaindre ◆ **if I catch them at it!** * si je les y prends ! ◆ **if I catch you at it again!** * que je t'y reprenne ! ◆ **(you won't) catch me doing that again!** * (il n'y a) pas de danger que je recommence (subj) !, c'est bien la dernière fois que je le fais ! ◆ **to catch sb in the act** prendre qn sur le fait or en flagrant délit ◆ **we were caught in a storm** nous avons été pris dans or surpris par un orage ◆ **to get caught by sb** se faire or se laisser attraper par qn

c [+ bus, train etc] (= be in time for) attraper ; (= get on board) prendre ◆ **he didn't catch his train** il a manqué son train ◆ **to catch the post** arriver à temps pour la levée ◆ **he caught the ferry to France** (= go by) il a pris le ferry pour aller en France ◆ **did you catch the news/that film last night?** (TV) tu as vu ou pu voir les informations/ce film hier soir ?

d (= trap) **the branch caught my skirt, I caught my skirt on the branch** ma jupe s'est accrochée à la branche ◆ **the door caught my skirt, I caught my skirt in the door** ma jupe s'est prise dans la porte ◆ **the top of the lorry caught the bridge** le haut du camion a accroché le pont ◆ **she caught him with her elbow** elle lui a donné un coup de coude (sans le faire exprès) ◆ **to catch one's foot in sth** se prendre le pied dans qch

e (= understand, hear) saisir, comprendre ◆ **to catch the meaning of sth** saisir le sens de qch ◆ **I didn't catch what he said** je n'ai pas saisi ce qu'il a dit

f [+ flavour] sentir, discerner ◆ **to catch the sound of sth** percevoir le bruit de qch

g (Med) [+ disease] attraper ◆ **to catch a cold** attraper un rhume ◆ **to catch cold** attraper or prendre froid ◆ **to catch one's death of cold***, **to catch one's death*** attraper la crève *

h (phrases) **to catch sb's attention** or **eye** attirer l'attention de qn ◆ **to catch the chairman's eye** obtenir la parole ◆ **to catch the Speaker's eye** (Brit Parl) obtenir la parole (à la Chambre des communes) ◆ **to be caught between envy and admiration** osciller entre l'envie et l'admiration ◆ **to catch sb a blow** donner un coup à qn ◆ **she caught him one on the nose** * elle lui a flanqué * un coup sur le nez ◆ **to catch the light** accrocher la lumière ◆ **his speech caught the mood of the assembly** son discours traduisait or reflétait l'humeur de l'assemblée ◆ **to catch sb with his (or her etc) pants or trousers down** (fig) surprendre qn dans une situation embarrassante ◆ **you'll catch it!** * tu vas écoper ! * ◆ **he caught it all right!** * qu'est-ce qu'il a pris ! * ◆ **to catch sb on the wrong foot, to catch sb off balance** (lit) prendre qn à contrepied ; (fig) prendre qn au dépourvu ; → **breath, fire, glimpse, likeness, nap, sight**

3 vi **a** [fire, wood, ice] prendre ; (Culin) attacher

b [lock] fermer

c **her dress caught in the door/on a nail** sa robe s'est prise dans la porte/s'est accrochée à un clou

4 COMP ▷ **catch 22** * n **it's a catch 22 situation** il n'y a pas moyen de s'en sortir, c'est une situation inextricable ▷ **catch-all** n fourre-tout m inv (fig) ◇ adj regulation, clause etc général, fourre-tout inv ◆ **catch-all phrase** expression f passe-partout inv ▷ **catch-as-catch-can** n catch m ▷ **catch phrase** n (constantly repeated) rengaine f ; (= vivid, striking phrase) accroche f, slogan m accrocheur ▷ **catch question** n colle * f ▷ **catch-up** * n **to play catch-up** [losing player, team] essayer de revenir à la marque ; (fig) essayer de rattraper son retard

▶ **catch at** vt fus [+ object] (essayer d')attraper ◆ **to catch at an opportunity** sauter sur une occasion

▶ **catch on** vi **a** (= become popular) [fashion] prendre ; [song] devenir populaire, marcher

b (= understand) saisir, comprendre (to sth qch)

▶ **catch out** vt sep (esp Brit) (= catch napping) prendre en défaut ; (= catch in the act) prendre sur le fait ◆ **to catch sb out in a lie** surprendre qn en train de mentir, prendre qn à mentir ◆ **to be caught out (by sth)** être pris par surprise (par qch) ◆ **he'll get caught out some day** un beau jour il se fera prendre

▶ **catch up** **1** vi **a** se rattraper, combler son retard ; (with studies) se rattraper, se remettre au niveau ; (with news, gossip) se remettre au courant ◆ **to catch up on** or **with one's work** se (re)mettre à jour dans son travail ◆ **to catch up on one's sleep** rattraper or combler son retard de sommeil ◆ **to catch up on** or **with sb** (going in the same direction) rattraper qn, rejoindre qn ; (in work etc) rattraper qn ◆ **the police caught up with him in Vienna** la police l'a attrapé à Vienne ◆ **the truth/illness has finally caught up with him** la vérité/la maladie a fini par le rattraper

b **to be** or **get caught up in sth** (in net etc) être pris dans qch ; (fig) (in activity, campaign etc) être pris dans qch ; (in sb's enthusiasm etc) être gagné par qch ; (in sb's ideas etc) être emballé par qch ; (in circumstances etc) être prisonnier de qch ; (in scandal) être mêlé à qch

2 vt sep **a** [+ person] rattraper

b (= interrupt) [+ person] interrompre, couper la parole à

c (= pick up quickly) ramasser vivement

d [+ hair] relever ; [+ curtain] retenir

catcher [ˈkætʃəʳ] **1** n (Baseball) attrapeur m

b → **mole¹, rat**

2 COMP ▷ **catcher's mitt** n gant m de baseball

catchfly [ˈkætʃˌflaɪ] n silène m

catching * [ˈkætʃɪŋ] → SYN adj (Med) contagieux ; (fig) laughter, enthusiasm contagieux, communicatif ; habit, mannerism contagieux

catchment [ˈkætʃmənt] **1** n captage m

2 COMP ▷ **catchment area** n (Brit Geog: also **catchment basin**) bassin m hydrographique ; [of hospital] circonscription f hospitalière ; [of school] secteur m de recrutement scolaire

catchpenny [ˈkætʃˌpenɪ] (pej) **1** adj clinquant, accrocheur

2 n ◆ **it's a catchpenny** c'est de la pacotille

catchup [ˈkætʃəp] n (US) ⇒ **ketchup**

catchword [ˈkætʃwɜːd] → SYN n (= slogan) slogan m ; (Pol) mot m d'ordre, slogan m ; (Printing) [of foot of page] réclame f ; [of top of page] mot-vedette m ; (Theat = cue) réplique f

catchy * [ˈkætʃɪ] → SYN adj tune entraînant ; title, name, slogan accrocheur

catechism [ˈkætɪkɪzəm] n catéchisme m

catechist [ˈkætɪkɪst] n catéchiste mf

catechistic(al) [ˌkætɪˈkɪstɪk(əl)] adj catéchistique

catechize [ˈkætɪkaɪz] → SYN vt (Rel) catéchiser ; (fig) (= teach) instruire (par questions et réponses) ; (= examine) interroger, questionner

categoric(al) [ˌkætɪˈɡɒrɪk(əl)] adj catégorique

categorically [ˌkætɪˈɡɒrɪkəlɪ] adv catégoriquement

categorization [ˌkætɪɡəraɪˈzeɪʃən] n catégorisation f

categorize [ˈkætɪɡəraɪz] vt classer par catégories

category [ˈkætɪɡərɪ] → SYN **1** n catégorie f

2 COMP ▷ **Category A prisoner** n (Brit) détenu condamné pour meurtre, vol à main armée ou terrorisme

catenane [ˈkætɪˌneɪn] n caténane f

cater [ˈkeɪtəʳ] → SYN vi (= provide food) s'occuper de la nourriture, préparer un or des repas (for pour) ◆ **to cater for** (fig) (sb's needs) pourvoir à ; (sb's tastes) satisfaire ◆ **this magazine caters for all ages** ce magazine s'adresse à tous les âges ◆ **I didn't cater for that** * (= expect) je n'avais pas prévu cela

cater-corner(ed) [ˌkeɪtəˈkɔːnəʳ(-əd)] adv (US) en diagonale (from, to par rapport à)

caterer [ˈkeɪtərəʳ] n (providing meals) traiteur m ; (providing supplies) fournisseur m (en alimentation)

catering [ˈkeɪtərɪŋ] **1** n (providing meals) restauration f ; (providing supplies) approvisionnement m, ravitaillement m ◆ **the catering for our reception was done by Smith and Lee** nous avons pris Smith and Lee comme traiteur pour notre réception

2 COMP ▷ **catering industry** n industrie f de la restauration ▷ **catering manager** n intendant(e) m(f) ▷ **catering school** n école f hôtelière ▷ **catering trade** n restauration f

caterpillar [ˈkætəpɪləʳ] **1** n (Tech, Zool) chenille f

2 COMP vehicle, wheel à chenilles ▷ **Caterpillar track** ® n (Tech) chenille f ▷ **Caterpillar tractor** ® n autochenille f

caterwaul [ˈkætəwɔːl] **1** vi **a** (lit) [cat] miauler

b (* fig) [person] brailler, pousser des braillements

2 n **a** (lit) [of cat] miaulement m

b (fig) [of person] braillements mpl, hurlements mpl

caterwauling [ˈkætəwɔːlɪŋ] n [of cat] miaulement m ; [of music] cacophonie f ; [of person] braillements mpl, hurlements mpl

catfish [ˈkætfɪʃ] n, pl **catfish** or **catfishes** poisson-chat m

catfood [ˈkætfuːd] n nourriture f pour chats

catgut ['kætgʌt] n (Mus, Sport) boyau m (de chat) ; (Med) catgut m

Cath. a abbrev of **Cathedral**
b abbrev of **Catholic**

Cathar ['kæθəʳ] **1** n, pl **Cathars** or **Cathari** ['kæθəraɪ] Cathare mf
2 adj cathare

catharsis [kə'θɑːsɪs] n, pl **catharses** [kə'θɑːsiːz] (Literat, Psych) catharsis f

cathartic [kə'θɑːtɪk] **1** adj (Literat, Med, Psych) cathartique
2 n (Med) purgatif m, cathartique m

Cathay [kæ'θeɪ] n le Cathay

cathead ['kæthed] n (Naut) bossoir m

cathedra [kə'θiːdrə] n cathèdre f

cathedral [kə'θiːdrəl] **1** n cathédrale f
2 COMP ▷ **cathedral church** n cathédrale f ▷ **cathedral city** n évêché m, ville f épiscopale

Catherine ['kæθərɪn] **1** n Catherine f ◆ **Catherine the Great** (Hist) la Grande Catherine, Catherine la Grande
2 COMP ▷ **Catherine wheel** n (= firework) soleil m

catheter ['kæθɪtəʳ] n cathéter m

catheterize ['kæθɪtəraɪz] vt [+ bladder, person] sonder

cathiodermie [,kæθɪəʊ'dɜːmi] n ionophorèse f

cathode ['kæθəʊd] **1** n cathode f
2 COMP ray cathodique ▷ **cathode ray tube** n tube m cathodique

catholic ['kæθəlɪk] → SYN **1** adj **a** (Rel) Catholic catholique
b (= varied, all-embracing) tastes, person éclectique ; (= universal) universel ◆ **to be catholic in one's tastes** avoir des goûts éclectiques
2 n ◆ **Catholic** catholique mf
3 COMP ▷ **the Catholic Church** n l'Église f catholique ▷ **Catholic school** n école f catholique

Catholicism [kə'θɒlɪsɪzəm] n catholicisme m

catholicity [,kæθə'lɪsɪtɪ] n (= variety) éclectisme m

cathouse* ['kæthaʊs] n (US) bordel** m

Catiline ['kætɪˌlaɪn] n (Antiq) Catilina m

cation ['kætaɪən] n (Chem) cation m

catkin ['kætkɪn] n (Bot) chaton m

catlike ['kætlaɪk] **1** adj félin
2 adv comme un chat

catmint ['kætmɪnt] n herbe f aux chats

catnap* ['kætnæp] **1** vi sommeiller, faire un (petit) somme
2 n (petit) somme m ◆ **to take a catnap** sommeiller, faire un (petit) somme

catnip ['kætnɪp] n (US) ⇒ **catmint**

Cato ['keɪtəʊ] n Caton m

catoptric [kə'tɒptrɪk] adj catoptrique

catoptrics [kə'tɒptrɪks] n (NonC) catoptrique f

catsuit ['kætsuːt] n combinaison-pantalon f

catsup ['kætsəp] n (US) ⇒ **ketchup**

cattery ['kætərɪ] n pension f pour chats

cattily* ['kætɪlɪ] adv méchamment

cattiness* ['kætɪnɪs] n méchanceté f, rosserie* f

cattle ['kætl] → SYN **1** n bétail m ◆ **the prisoners were treated like cattle** les prisonniers étaient traités comme du bétail ◆ "**cattle crossing**" "passage m de troupeaux" ; → **head**
2 COMP ▷ **cattle breeder** n éleveur m (de bétail) ▷ **cattle breeding** n élevage m (de bétail) ▷ **cattle-cake** n (Agr) tourteau m ▷ **cattle drive** n (US) déplacement m de bétail ▷ **cattle grid** n (Brit) grille à même la route permettant aux voitures mais non au bétail de passer ▷ **cattle market** n foire f ou marché m aux bestiaux ▷ **cattle plague** n peste f bovine ▷ **cattle raising** n ⇒ **cattle breeding** ▷ **cattle shed** n étable f ▷ **cattle show** n concours m agricole ▷ **cattle truck** n (Aut) fourgon m à bestiaux ; (Brit Rail) fourgon m or wagon m à bestiaux

cattleman ['kætlmən] n, pl **-men** vacher m, bouvier m

cattleya [kə'θliːə] n cattleya m

catty* ['kætɪ] adj (pej) person, gossip, criticism rosse*, vache* ◆ **catty remark** vacherie* f ◆ **to be catty about sb/sth** dire des vacheries* sur qn/qch

catty-corner(ed) [,kætɪ'kɔːnəʳ(-əd)] adv (US) ⇒ **cater-corner(ed)**

Catullus [kə'tʌləs] n Catulle m

CATV [,siːeɪtiː'viː] (abbrev of **community antenna television**) → **community**

catwalk ['kætwɔːk] n (Constr, Theat) passerelle f ; (Fashion) podium m ◆ **the models on the catwalk** les mannequins mpl du défilé

Caucasia [kɔː'keɪzɪə] n le Caucase

Caucasian [kɔː'keɪzɪən] **1** adj (Geog, Ling) caucasien ; (Ethnology) de race blanche or caucasique
2 n (= person) (Geog) Caucasien(ne) m(f) ; (Ethnology) Blanc m, Blanche f

caucasoid ['kɔːkəsɔɪd] **1** adj de race blanche or caucasique
2 n Blanc m, Blanche f

Caucasus ['kɔːkəsəs] n ◆ **the Caucasus** le Caucase

caucus ['kɔːkəs] → SYN n, pl **caucuses** (US) (= committee) comité m électoral ; (= meeting) réunion f du comité électoral ; (Brit pej) coterie f politique

caudal ['kɔːdl] adj caudal

caudate ['kɔːdeɪt] adj (Zool) caudé

caught [kɔːt] vb (pt, ptp of **catch**)

caul [kɔːl] n (Anat) coiffe f

cauldron ['kɔːldrən] n chaudron m ◆ **a cauldron of intrigue/ethnic strife** un foyer d'intrigues/de conflit ethnique

caulescent [kɔː'lesnt] adj caulescent

cauliflower ['kɒlɪflaʊəʳ] **1** n chou-fleur m
2 COMP ▷ **cauliflower cheese** n (Culin) chou-fleur m au gratin ▷ **cauliflower ear*** n oreille f en feuille de chou

caulk [kɔːk] vt (Naut) calfater

causal ['kɔːzəl] adj causal ; (Gram) causal, causatif ◆ **causal link** lien m causal

causalgia [kɔː'zældʒɪə] n causalgie f

causality [kɔː'zælɪtɪ] n causalité f

causally ['kɔːzəlɪ] adv causalement ◆ **to be causally related** avoir un lien or une relation de cause à effet

causation [kɔː'zeɪʃən] n **a** (= causing) causalité f
b (= cause-effect relation) relation f de cause à effet

causative ['kɔːzətɪv] **1** adj causal ; (Gram) causal, causatif ◆ **causative of** (frm) (qui est) cause de
2 n (Gram) mot m causal or causatif

cause [kɔːz] LANGUAGE IN USE 16.1 → SYN
1 n **a** (gen, also Philos) cause f ; (= reason) cause f, raison f, motif m ◆ **cause and effect** la cause et l'effet m ◆ **the relation of cause and effect** la relation de cause à effet ◆ **the cause of his failure** la cause de son échec ◆ **to be the cause of sth** être cause de qch, causer qch ◆ **cause of action** (Jur) fondement m (d'une action en justice) ◆ **cause of loss** (Jur) fait m générateur du sinistre ◆ **she has no cause to be angry** elle n'a aucune raison de se fâcher ◆ **there's no cause for anxiety** il n'y a pas lieu de s'inquiéter or de raison de s'inquiéter ◆ **de quoi s'inquiéter** ◆ **with (good) cause** à juste titre ◆ **not without cause** non sans raison ◆ **without cause** sans cause or raison or motif ◆ **without good cause** sans raison or cause or motif valable ◆ **cause for complaint** sujet m de plainte
b (= purpose) cause f, parti m ◆ **to make common cause with sb** (frm) faire cause commune avec qn ◆ **to work in a good cause** travailler pour la or une bonne cause ◆ **it's all in a good cause*** c'est pour une bonne cause ; → **lost**
c (Jur) cause f ◆ **to plead sb's cause** plaider la cause de qn ◆ **cause list** rôle m des audiences
2 vt causer, occasionner ◆ **to cause damage/an accident** causer des dégâts/un accident ◆ **to cause grief to sb** causer du chagrin à qn ◆ **to cause trouble** causer des ennuis

◆ **to cause trouble to sb** causer des ennuis à qn ◆ **I don't want to cause you any trouble** je ne veux pas vous déranger ◆ **to cause sb to do sth** faire faire qch à qn ◆ **to cause sth to be done** faire faire qch

causeway ['kɔːzweɪ] n chaussée f

caustic ['kɔːstɪk] → SYN **1** adj (Chem, fig) caustique ◆ **caustic remark** remarque f caustique
2 n substance f caustique, caustique m
3 COMP ▷ **caustic soda** n soude f caustique

caustically ['kɔːstɪklɪ] adv say, describe de façon caustique ◆ **to be caustically funny** [person] avoir un humour caustique ; [book] être d'un humour caustique

causticity [kɔː'stɪsɪtɪ] n causticité f

cauterization [,kɔːtəraɪ'zeɪʃən] n (Med) cautérisation f

cauterize ['kɔːtəraɪz] vt cautériser

cautery ['kɔːtərɪ] n cautère m

caution ['kɔːʃən] → SYN **1** n **a** (NonC = circumspection) prudence f, circonspection f ◆ **proceed with caution** (gen) agissez avec prudence or circonspection ; (Aut) avancez lentement
b (= warning) avertissement m ; (= rebuke) réprimande f ◆ "**caution**" (on label) "attention" ◆ **he got off with a caution** il s'en est tiré avec une réprimande
c († * = rascal) numéro* m, phénomène* m
2 vt avertir, donner un avertissement à ; (Brit Police: on charging suspect) mettre en garde (un suspect que toute déclaration de sa part peut être retenue contre lui) ◆ **to caution sb against sth** mettre qn en garde contre qch ◆ **to caution sb against doing sth** déconseiller à qn de faire qch
3 COMP ▷ **caution money** n (Jur) cautionnement m

cautionary ['kɔːʃənərɪ] adj (servant) d'avertissement ; (Jur) donné en garantie ◆ **a cautionary tale** un récit édifiant

cautious ['kɔːʃəs] → SYN adj person, welcome, response, optimism prudent, circonspect

cautiously ['kɔːʃəslɪ] adv move avec précaution ; say, react prudemment, avec prudence ; welcome, accept avec circonspection ◆ **cautiously optimistic** d'un optimisme prudent

cautiousness ['kɔːʃəsnɪs] n circonspection f

cavalcade [,kævəl'keɪd] → SYN **1** n cavalcade f
2 vi cavalcader

cavalier [,kævə'lɪəʳ] → SYN **1** n (gen, Mil) cavalier m ; (Brit Hist) royaliste m (partisan de Charles Iʳ et de Charles II)
2 adj **a** (Brit Hist) royaliste
b person, behaviour, attitude cavalier
3 COMP ▷ **Cavalier King Charles Spaniel** n (= dog) épagneul m cavalier King Charles

cavalierly [,kævə'lɪəlɪ] adv cavalièrement

cavalry ['kævəlrɪ] → SYN **1** n cavalerie f ; → **household**
2 COMP ▷ **cavalry charge** n charge f de cavalerie ▷ **cavalry officer** n officier m de cavalerie ▷ **cavalry twill** n (Tex) drap m sergé pour culotte de cheval, tricotine f

cavalryman ['kævəlrɪmən] n, pl **-men** cavalier m

cavatina [,kævə'tiːnə] n (Mus) cavatine f

cave¹ [keɪv] → SYN **1** n caverne f, grotte f
2 vi ◆ **to go caving** faire de la spéléologie
3 COMP ▷ **cave dweller** n (Hist: in prehistory) homme m des cavernes ; [of primitive tribes] troglodyte mf ▷ **cave-in** n [of floor, building] effondrement m, affaissement m ; (* = defeat, surrender) effondrement m ▷ **cave painting** n peinture f rupestre ▷ **caving-in** n ⇒ **cave-in**

▶ **cave in** **1** vi **a** [floor, building] s'effondrer, s'affaisser ; [wall, beam] céder
b (* = yield) se dégonfler*, caner*
2 cave-in, caving-in n → **cave**

cave² † * ['keɪvɪ] excl ◆ (Brit Scol) cave! pet pet !*, vingt-deux !** ◆ **to keep cave** faire le guet

caveat ['kæviæt] → SYN n (gen) avertissement m ; (Jur) notification f d'opposition ◆ **caveat emptor** sans garantie du fournisseur, aux risques de l'acheteur

caveman ['keɪvmæn] n, pl **-men** homme m des cavernes

caver ['keɪvəʳ] n spéléologue mf

cavern ['kævən] → SYN n caverne f

cavernous ['kævənəs] → SYN adj room, building, space etc énorme ; eyes cave (liter), enfoncé ; mouth immense ; voice, laugh caverneux ; yawn profond

cavetto [kə'vetəʊ] n cavet m

caviar(e) ['kævɪɑːʳ] n caviar m

cavicorn ['kævɪˌkɔːn] adj cavicorne

cavil ['kævɪl] → SYN vi ergoter, chicaner (*about, at* sur)

caving ['keɪvɪŋ] n spéléologie f

cavitation [ˌkævɪ'teɪʃən] n cavitation f

cavity ['kævɪtɪ] → SYN 1 n (gen) cavité f ; (Med : in rotten tooth) carie f ; (Phon) orifice m ◆ **to have cavities (in one's teeth)** avoir des caries
2 COMP ▷ **cavity wall** n mur m creux ◆ **cavity wall insulation** isolation f des murs creux

cavort[*] [kə'vɔːt] vi (= jump about) [children] s'ébattre ◆ **while you were cavorting (around) in Paris...** pendant que tu prenais du bon temps à Paris... ◆ **they were cavorting (around) in the Jacuzzi ®** ils faisaient les fous dans le jacuzzi ®

cavortings [kə'vɔːtɪŋz] npl ébats mpl

cavy ['keɪvɪ] n (Zool) cobaye m, cochon m d'Inde

caw [kɔː] 1 vi croasser
2 n croassement m

cawing ['kɔːɪŋ] n (NonC) croassement m

cay [keɪ] n (= sandbank) banc m de sable ; (= coral reef) récif m or banc m de corail

Cayenne ['keɪen] n (also **Cayenne pepper**) (poivre m de) Cayenne m

cayman ['keɪmən] n, pl **-mans** a caïman m
b **the Cayman Islands** les îles fpl Caïmans

CB [siː'biː] 1 a (abbrev of **Citizens' Band Radio**) (= activity) CB f ; (= set) poste m de CB
b (Mil) (abbrev of **confined to barracks**) → **confined**
c (abbrev of **Companion (of the Order) of the Bath**) titre honorifique
2 COMP ▷ **CB user** n cibiste mf

CBC ['siː'biː'siː] n (abbrev of **Canadian Broadcasting Corporation**) Société f Radio-Canada (*organisme de radiotélévision publique canadien*)

CBE [ˌsiː'biː'iː] n (abbrev of **Companion (of the Order) of the British Empire**) titre honorifique

CBI [ˌsiː'biː'aɪ] n (abbrev of **Confederation of British Industry**) conseil du patronat en Grande-Bretagne

CBS [ˌsiː'biː'es] n abbrev of **Columbia Broadcasting System**

CC [siː'siː] (in Brit: formerly) (abbrev of **County Council**) → **county**

cc [siː'siː] a (abbrev of **cubic centimetre(s)**) cm³
b (abbrev of **carbon copy, carbon copies**) → **carbon**

CCA ['siː'siː'eɪ] n a (US Jur) (abbrev of **Circuit Court of Appeals**) cour f d'appel
b (Brit) (abbrev of **centre for contemporary art**) centre m d'art contemporain

CCTV [ˌsiː'siː'tiː'viː] n (abbrev of **closed-circuit television**) → **closed**

CD [siː'diː] 1 n a (abbrev of **compact disc**) CD m
b (abbrev of **Corps Diplomatique**) CD m
c (abbrev of **Civil Defence**) → **civil**
d (US) (abbrev of **Congressional District**) → **congressional**
2 COMP ▷ **CD burner** n graveur m de CDs ▷ **CD player** n platine f laser

cd (abbrev of **candela**) cd

CDC [ˌsiː'diː'siː] n (US) (abbrev of **Center for Disease Control and Prevention**) → **centre** ; → CENTERS FOR DISEASE CONTROL

CD-I ® [ˌsiː'diː'aɪ] n (abbrev of **compact disc interactive**) CD-I m, disque m compact interactif

Cdr. (Mil) (abbrev of **Commander**) Cdr. J. Thomas (on envelope) le commandant J. Thomas

CD-ROM [ˌsiː'diː'rɒm] 1 n (abbrev of **compact disc read-only memory**) CD-ROM m
2 COMP ▷ **CD-ROM drive** n lecteur m (de) CD-ROM

CDT [ˌsiː'diː'tiː] (US) (abbrev of **Central Daylight Time**) → **central**

CDTV [ˌsiː'diː'tiː'viː] n (NonC) (abbrev of **compact disc television**) télévision f interactive

CDV [ˌsiː'diː'viː], **CD-video** [ˌsiː'diː'vɪdɪəʊ] n (abbrev of **compact disc video**) CD-V m, vidéodisque m compact

CE [siː'iː] n (abbrev of **Church of England**) → **church**

cease [siːs] → SYN 1 vi [activity, noise etc] cesser, s'arrêter ◆ **to cease from work** cesser le travail ◆ **to cease from doing sth** cesser or s'arrêter de faire qch
2 vt [+ work, activity] cesser, arrêter ◆ **to cease doing sth** cesser or arrêter de faire qch ◆ **to cease fire** (Mil) cesser le feu ◆ **to cease trading** (Comm) fermer, cesser ses activités
3 n ◆ **without cease** sans cesse

ceasefire ['siːsfaɪəʳ] n (Mil) cessez-le-feu m inv

ceaseless ['siːslɪs] → SYN adj incessant, continuel

ceaselessly ['siːslɪslɪ] adv sans arrêt, sans cesse

cecal ['siːkəl] adj (US) ⇒ **caecal**

cecum ['siːkəm] n, pl **ceca** (US) ⇒ **caecum**

cedar ['siːdəʳ] 1 n cèdre m ◆ **cedar of Lebanon** cèdre m du Liban
2 COMP de or en cèdre ▷ **cedar wood** n (bois m de) cèdre m

cede [siːd] → SYN vt céder

cedilla [sɪ'dɪlə] n cédille f ◆ **"c" cedilla** "c" cédille

Ceefax ® ['siːfæks] n télétexte ® m (*de la BBC*)

ceilidh ['keɪlɪ] n bal m folklorique écossais (or irlandais)

ceiling ['siːlɪŋ] 1 n (gen, Aviat, fig) plafond m ◆ **to fix a ceiling for** or **put a ceiling on prices/wages** fixer un plafond pour les prix/salaires ◆ **to hit the ceiling**[*] (= get angry) sortir de ses gonds, piquer une crise[*] ; [prices] crever le plafond ◆ **prices have reached their ceiling at 160 pence** les prix plafonnent à 160 pence
2 COMP lamp, covering de plafond ; (fig) rate, charge plafond inv ▷ **ceiling decoration** n décoration f de plafond ▷ **ceiling price** n prix m plafond inv

celadon ['selədɒn] n (= porcelain) céladon m

celandine ['seləndaɪn] n chélidoine f

celeb[*] [sə'leb] n célébrité f, vedette f

Celebes ['selɪbiːz or se'liːbɪz] n (Geog) Célèbes fpl

celebrant ['selɪbrənt] n célébrant m, officiant m

celebrate ['selɪbreɪt] LANGUAGE IN USE 25.1 → SYN
1 vt [+ person] célébrer, glorifier ; [+ event] célébrer, fêter ◆ **to celebrate the anniversary of sth** commémorer qch ◆ **to celebrate mass** (Rel) célébrer la messe
2 vi a (Rel) célébrer (l'office)
b faire la fête ◆ **let's celebrate!**[*] il faut fêter ça ! ; (with drink) il faut arroser ça ![*]

celebrated ['selɪbreɪtɪd] → SYN adj (= famous) célèbre

celebration [ˌselɪ'breɪʃən] → SYN 1 n a (also **celebrations**) fête(s) f(pl) ; (at Christmas) (for family event etc) fête f, festivités fpl ; (public event) cérémonies fpl, fête(s) f(pl) ◆ **we must have a celebration!** il faut fêter ça ! ◆ **to join in the celebrations** participer à la fête or aux festivités ◆ **the victory celebrations** les cérémonies marquant la victoire
b (NonC = act of celebrating) [of event] (also Rel) célébration f ; [of past event] commémoration f ; [of sb's virtues etc] éloge m, louange f ◆ **in celebration of** (victory etc) pour fêter or célébrer ; (past victory etc) pour commémorer ; (sb's achievements) pour célébrer
2 COMP dinner, outing etc de fête ; (for past event) commémoratif

celebratory [ˌselɪ'breɪtərɪ] adj de célébration ◆ **how about a celebratory drink?** et si on prenait un verre pour fêter ça ?

celebrity [sɪ'lebrɪtɪ] → SYN n (= famous person) célébrité f

celeriac [sə'lerɪæk] n céleri(-rave) m

celerity [sɪ'lerɪtɪ] n (liter) célérité f

celery ['selərɪ] 1 n céleri m (ordinaire or à côtes) ◆ **a bunch** or **head of celery** un pied de céleri ◆ **a stick of celery** une côte de céleri
2 COMP seeds, salt de céleri

celesta [sɪ'lestə] n célesta m

celestial [sɪ'lestɪəl] → SYN adj (lit, fig) céleste

celiac ['siːlɪˌæk] adj (esp US) ⇒ **coeliac**

celibacy ['selɪbəsɪ] n célibat m

celibate ['selɪbɪt] adj, n (= unmarried) priest, nun célibataire mf ; (= sexually inactive) chaste

cell [sel] → SYN 1 n a (gen, Bot, Bot, Phot, Telec) cellule f ; (Elec) élément m (*de pile*) ◆ **to form a cell** (Pol) créer une cellule
b (Police etc) cellule f ◆ **he spent the night in the cells** il a passé la nuit au poste or en cellule ; → **condemn**
2 COMP ▷ **cell culture** n (Bio) culture f de cellules ▷ **cell wall** n (Bio) paroi f cellulaire

cella ['selə] n, pl **cellae** ['seliː] cella f

cellar ['seləʳ] 1 n a (for wine, coal) cave f ; (for food etc) cellier m ◆ **in the cellar** à la cave
b (= store for wine) cave f (à vins) ◆ **he keeps an excellent cellar** il a une excellente cave ; → **coal, saltcellar**

cellist ['tʃelɪst] n violoncelliste mf

cellmate ['selmeɪt] n compagnon m, compagne f de cellule

cello ['tʃeləʊ] 1 n violoncelle m
2 COMP de violoncelle

Cellophane ® ['seləfeɪn] n cellophane ® f

cellphone ['selfəʊn] n téléphone m cellulaire

cellular ['seljʊləʳ] 1 adj a (Anat, Bio etc) cellulaire
b (Tex) blanket en cellular
2 COMP ▷ **cellular phone** n ⇒ **cellular telephone** ▷ **cellular radio** n (Rad) radio f cellulaire ▷ **cellular telephone** n téléphone m cellulaire

cellulase ['seljʊˌleɪz] n cellulase f

cellule ['seljuːl] n (Pol, Bio) cellule f

cellulite ['seljʊˌlaɪt] n cellulite f (*gonflement*)

cellulitis [ˌseljʊ'laɪtɪs] n cellulite f (*inflammation*)

Celluloid ® ['seljʊlɔɪd] 1 n celluloïd m
2 COMP en celluloïd

cellulose ['seljʊˌləʊs] 1 n cellulose f
2 COMP cellulosique, en or de cellulose ▷ **cellulose acetate** n acétate m de cellulose ▷ **cellulose varnish** n vernis m cellulosique

celom ['siːləm] n (esp US Zool) cœlome m

Celsius ['selsɪəs] adj Celsius inv ◆ **degrees Celsius** degrés mpl Celsius

Celt [kelt, selt] n Celte mf

Celtic ['keltɪk, 'seltɪk] 1 adj celtique, celte
2 n (Ling) celtique m

cembalo ['tʃembæləʊ] n, pl **cembalos** or **cembali** ['tʃembəlɪ] (Mus) clavecin m

cement [sə'ment] → SYN 1 n a (Constr, fig) ciment m
b (Chem, Dentistry) amalgame m
c ⇒ **cementum**
2 vt (Constr, fig) cimenter ; (Chem) cémenter ; (Dentistry) obturer
3 COMP ▷ **cement mixer** n bétonnière f, bétonneuse f

cementation [ˌsiːmen'teɪʃən] n (Constr, fig) cimentation f ; (Tech) cémentation f

cementum [sɪ'mentəm] n (Anat) cément m

cemetery ['semɪtrɪ] → SYN n cimetière m

cenotaph ['senətɑːf] n cénotaphe m

Cenozoic [ˌsiːnəʊ'zəʊɪk] (Geol) 1 adj cénozoïque
2 n ◆ **the Cenozoic** le Cénozoïque

censer ['sensəʳ] n encensoir m

censor ['sensəʳ] → SYN 1 n censeur m
2 vt censurer

censorious [sen'sɔːrɪəs] → SYN adj person, comments critique, sévère

censoriously [sen'sɔːrɪəslɪ] adv sévèrement

censorship ['sensəʃɪp] n (NonC) (= censoring) censure f ; (= function of censor) censorat m

censurable ['senʃərəbl] adj blâmable, critiquable

censure / ceremonial

censure ['sɛnʃər] → SYN [1] vt blâmer, critiquer
[2] n critique f, blâme m ; → **vote**

census ['sɛnsəs] [1] n, pl **censuses** recensement m ◆ **to take a census of the population** faire le recensement de la population ◆ **the increase between censuses** l'augmentation f intercensitaire
[2] COMP ▷ **census enumerator, census taker** (US) n agent m recenseur

cent [sɛnt] n **a** **per cent** pour cent
b (= coin) cent m ◆ **I haven't a cent** * je n'ai pas un centime or rond *

cent. **a** abbrev of **centigrade**
b abbrev of **central**
c abbrev of **century**

centaur ['sɛntɔːr] n centaure m

centaurea [sɛntɔːrɪə] n (Bot) centaurée f

Centaurus [sɛntɔːrəs] n (Myth, Astron) Centaure m

centenarian [ˌsɛntɪ'nɛərɪən] adj, n centenaire mf

centenary [sɛnˈtiːnərɪ] (esp Brit) [1] adj centenaire
[2] n (= anniversary) centenaire m ; (= century) siècle m ◆ **he has just passed his centenary** il vient de fêter son centième anniversaire or son centenaire
[3] COMP ▷ **centenary celebrations** npl fêtes fpl du centenaire

centennial [sɛn'tɛnɪəl] (esp US) [1] adj (= 100 years old) centenaire, séculaire ; (= every 100 years) séculaire (frm)
[2] n centenaire m, centième anniversaire m
[3] COMP ▷ **the Centennial State** n (US) le Colorado

center ['sɛntər] (US) ⇒ **centre**

centesimal [sɛn'tɛsɪməl] adj centésimal

centigrade ['sɛntɪɡreɪd] adj thermometer, scale centigrade ; degree centigrade, Celsius inv

centigramme, centigram (US) ['sɛntɪɡræm] n centigramme m

centilitre, centiliter (US) ['sɛntɪˌliːtər] n centilitre m

centimetre, centimeter (US) ['sɛntɪˌmiːtər] n centimètre m

centipede ['sɛntɪpiːd] n mille-pattes m inv

CENTO ['sɛntəʊ] n (Pol) (abbrev of **Central Treaty Organization**) CENTO m

cento ['sɛntəʊ] n centon m

central ['sɛntrəl] → SYN [1] adj courtyard, committee, control, command, idea, character central ; location central, proche du centre ; flat, house, office proche du centre ; planning centralisé ; aim, fact, role essentiel ◆ **central London/Poland** le centre de Londres/de la Pologne ◆ **of central importance** d'une importance capitale ◆ **to be central to sth** jouer un rôle essentiel dans qch, être au centre de qch
[2] n (US) central m téléphonique
[3] COMP ▷ **Central African** adj centrafricain ▷ **Central African Republic** n République f centrafricaine ▷ **Central America** n l'Amérique f centrale ▷ **Central American** adj d'Amérique centrale ◇ n habitant(e) m(f) d'Amérique centrale ▷ **Central Asia** n l'Asie f centrale ▷ **Central Asian** adj d'Asie centrale ▷ **central bank** n banque f centrale ▷ **central casting** n (NonC: esp US Cine) service m du casting (d'un studio de cinéma) ◆ **straight out of central casting** (fig) caricatural ▷ **Central Committee** n (Pol) comité m central ▷ **Central Daylight Time** n (US) heure f d'été du Centre (des États-Unis) ▷ **Central Europe** n l'Europe f centrale ▷ **Central European** adj d'Europe centrale ◇ n habitant(e) m(f) d'Europe centrale ▷ **Central European Time** n (Geog) heure f d'Europe centrale ▷ **central government** n gouvernement m central ▷ **central heating** n chauffage m central ▷ **central locking** n (Aut) verrouillage m central or centralisé ▷ **central locking device** n (Aut) condamnation f électromagnétique des serrures ▷ **central nervous system** n système m nerveux central ▷ **central processing unit** n (Comput) unité f centrale ▷ **central reservation** (Brit) [of road, motorway] terre-plein m central ▷ **Central Standard Time** n (US) heure f normale du Centre (des États-Unis)

centralism [ˈsɛntrəlɪzəm] n (Pol) centralisme m

centralist [ˈsɛntrəlɪst] adj, n (Pol) centraliste mf

centrality [sɛnˈtrælɪtɪ] n (= central role) rôle m central ◆ **the centrality of rice to their economy** le rôle central du riz dans leur économie ◆ **the centrality of the hotel's location is ideal** (= central location) ce qui est idéal, c'est que l'hôtel est situé dans le centre-ville

centralization [ˌsɛntrəlaɪˈzeɪʃən] n centralisation f

centralize [ˈsɛntrəlaɪz] → SYN [1] vt centraliser
[2] vi se centraliser, être centralisé
[3] COMP ▷ **centralized economy** n économie f centralisée

centrally [ˈsɛntrəlɪ] [1] adv **a** (= in middle) positioned, placed au centre
b (= near city centre) located, situated dans le centre ◆ **very centrally situated** situé tout près du centre ◆ **he lives centrally** il habite dans le centre or près du centre
c (= primarily) **to be centrally important** être d'une importance capitale, occuper une place centrale ◆ **the novel is centrally concerned with the subject of unhappiness** la tristesse est le motif central de ce roman
d (Admin, Pol) organize de façon centralisée ◆ **centrally based** centralisé ◆ **centrally planned economy** économie f dirigée ou centralisée
[2] COMP ▷ **centrally heated** adj équipé du chauffage central ◆ **the house is centrally heated** la maison a le chauffage central

centre, center (US) [ˈsɛntər] → SYN [1] n **a** (gen, Comput) centre m ◆ **the centre of the target** le centre de la cible, le mille ◆ **in the centre** au centre ◆ **centre of attraction** (lit) centre m d'attraction ; (fig) point m de mire ◆ **she was the centre of attention** or **interest** elle a été le centre d'attention or d'intérêt ◆ **she likes to be the centre of attention** elle aime être le point de mire ◆ **the man at the centre of the controversy** l'homme au cœur de la controverse ◆ **a centre of industry/commerce** un centre industriel/commercial ◆ **a party of the centre** (Pol) un parti du centre ; → **city, nerve, town**
b (= place for specific activity) centre m ◆ **adult education centre** centre m d'enseignement (postscolaire) pour adultes ◆ **law/business consultancy centre** boutique f de droit/de gestion ; → **civic, community, job**
[2] vt (gen, Comput) centrer ◆ **to centre the ball** (Ftbl) centrer ◆ **the fighting has been centred around the capital** les combats se sont concentrés autour de la capitale ◆ **the silk industry was centred in Valencia** l'industrie de la soie était concentrée à Valence ◆ **to be centred** (mentally) être équilibré
[3] vi **a** [thoughts, hatred] se concentrer (on, in sur) ; [problem, discussion] tourner (on autour de)
b (Archery) frapper au centre

CENTERS FOR DISEASE CONTROL

Les **Centers for Disease Control and Prevention** (ou **CDC**) sont un organisme américain de santé publique dont le siège se trouve à Atlanta, en Géorgie. Le rôle de cet organisme est d'élaborer des règlements sanitaires et des normes de sécurité, de collecter et d'analyser les informations relatives à la santé publique et d'organiser la prévention des maladies transmissibles. Il doit son renom international au rôle de pionnier qu'il a joué dans la détection du virus HIV et dans l'identification de ses modes de transmission.

---

[4] COMP row etc central ▷ **Center for Disease Control and Prevention** n (US) organisme de santé publique ▷ **centre armrest** n (in car, bus, train) accoudoir m central ▷ **centre bit** n (Tech) mèche f, foret m, mèche f anglaise ▷ **centre court** n (Tennis) court m central ▷ **centre-forward** n (Sport) avant-centre m ▷ **centre-half** n (Sport) demi-centre m ▷ **centre of gravity** n centre m de gravité ▷ **centre parties** npl (Pol) partis mpl du centre ▷ **centre-piece** → SYN n [of table] milieu m de table ▷ **centre spread** n (Advertising) pages fpl centrales ▷ **centre-stage** n (lit, fig) **to take centre-stage** occuper le devant de la scène ▷ **centre three-quarter** n (Sport) trois-quarts m centre ▷ **centre vowel** n (Phon) voyelle f centrale

centreboard [ˈsɛntəbɔːd] n (Naut) dérive f

-centred [ˈsɛntəd] adj (in compounds) basé sur

centrefold [ˈsɛntəfəʊld] n (Press) double page f (détachable) ; (= pin-up picture) photo f de pin up (au milieu d'un magazine)

centrifugal [sɛntrɪˈfjuːɡəl] [1] adj centrifuge
[2] COMP ▷ **centrifugal force** n force f centrifuge

centrifuge [ˈsɛntrɪfjuːʒ] [1] n (Tech) centrifugeur m, centrifugeuse f
[2] vt centrifuger

centriole [ˈsɛntrɪˌəʊl] n centriole m

centripetal [sɛnˈtrɪpɪtl] [1] adj centripète
[2] COMP ▷ **centripetal force** n force f centripète

centrism [ˈsɛntrɪzəm] n (Pol) centrisme m

centrist [ˈsɛntrɪst] adj, n (Pol) centriste mf

centromere [ˈsɛntrəˌmɪər] n centromère m

centrosome [ˈsɛntrəsəʊm] n (Bio) centrosome m

centrosphere [ˈsɛntrəsfɪər] n centrosphère f

centurion [sɛnˈtjʊərɪən] n centurion m

century [ˈsɛntjʊrɪ] [1] n **a** siècle m ◆ **several centuries ago** il y a plusieurs siècles ◆ **in the twentieth century** au vingtième siècle
b (Mil Hist) centurie f
c (Cricket) cent courses fpl
[2] COMP ▷ **centuries-old** adj séculaire, vieux (vieille f) de plusieurs siècles ▷ **century note** * n (US) billet m de cent dollars

CEO [siːiːˈəʊ] (abbrev of **chief executive officer**) → **chief**

cep [sɛp] n (Bot, Culin) cèpe m

cephalic [sɪˈfælɪk] [1] adj céphalique
[2] COMP ▷ **cephalic index** n (Med) indice m céphalique

cephalopod [ˈsɛfələpɒd] n (Zool) céphalopode m

cephalosporin [ˌsɛfələʊˈspɔːrɪn] n céphalosporine f

cephalothorax [ˌsɛfələʊˈθɔːræks] n, pl **cephalothoraxes** or **cephalothoraces** [ˌsɛfələˈθɔːrəsiːz] (Zool) céphalothorax m

Cepheid variable [ˈsiːfɪɪd] n (Astron) céphéide f

ceramic [sɪˈræmɪk] [1] adj art céramique ; cup, vase en céramique
[2] n **a** (NonC) céramique f
b (objet m en) céramique f
[3] COMP ▷ **ceramic hob** n table f de cuisson en vitrocéramique

cerastes [səˈræstiːz] n céraste m

cerate [ˈsɪərɪt] n cérat m

Cerberus [ˈsɜːbərəs] n Cerbère m

cercaria [səˈkɛərɪə] n, pl **cercariae** [səˈkɛərɪiː] cercaire f

cereal [ˈsɪərɪəl] [1] n (= plant) céréale f ; (= grain) grain m (de céréale) ◆ **baby cereal** Blédine ® f ◆ **breakfast cereal** céréale f
[2] adj de céréale(s)

cerebellum [ˌsɛrɪˈbɛləm] n, pl **cerebellums** or **cerebella** [ˌsɛrɪˈbɛlə] cervelet m

cerebra [ˈsɛrɪbrə] npl of **cerebrum**

cerebral [ˈsɛrɪbrəl] [1] adj cérébral
[2] COMP ▷ **cerebral death** n mort f cérébrale ▷ **cerebral haemorrhage** n (Med) hémorragie f cérébrale ▷ **cerebral palsy** n paralysie f cérébrale

cerebration [ˌsɛrɪˈbreɪʃən] n (frm) cogitation f

cerebrospinal [ˌsɛrɪbrəʊˈspaɪnl] adj (Anat, Med) cérébrospinal

cerebrovascular [ˌsɛrɪbrəʊˈvæskjʊlər] adj (Med) vasculaire cérébral

cerebrum [ˈsɛrɪbrəm] n, pl **cerebrums** or **cerebra** (Anat) cerveau m

ceremonial [ˌsɛrɪˈməʊnɪəl] → SYN [1] adj rite cérémoniel ; dress de cérémonie ; (US) office, post honorifique

2 n cérémonial m (NonC) ; (Rel) cérémonial m, rituel m

ceremonially [ˌserɪˈməʊnɪəlɪ] adv selon le cérémonial d'usage

ceremonious [ˌserɪˈməʊnɪəs] → SYN adj solennel ; (slightly pej) cérémonieux

ceremoniously [ˌserɪˈməʊnɪəslɪ] adv solennellement, avec cérémonie ; (slightly pej) cérémonieusement

ceremony [ˈserɪmənɪ] → SYN n **a** (= event) cérémonie f ; → **master**
b (NonC) cérémonies fpl, façons fpl ◆ **to stand on ceremony** faire des cérémonies, faire des manières ◆ **with ceremony** cérémonieusement ◆ **without ceremony** sans cérémonie(s)

cerise [səˈriːz] adj (de) couleur cerise, cerise inv

cerium [ˈsɪərɪəm] n cérium m

CERN [sɜːn] n (abbrev of **Conseil européen pour la recherche nucléaire**) CERN m

cert * [sɜːt] n (Brit) certitude f ◆ **it's a dead cert** ça ne fait pas un pli *, c'est couru * ◆ **he's a (dead) cert for the job** il est sûr et certain de décrocher le poste *

cert. **a** abbrev of **certificate**
b abbrev of **certified**

certain [ˈsɜːtən] LANGUAGE IN USE 6.2, 15.1, 16.1, 26.3 → SYN
1 adj **a** (= sure) certain ◆ **to be** or **feel certain (about** or **of sth)** être certain (de qch) ◆ **are you absolutely certain (about** or **of that)?** en es-tu absolument certain ? ◆ **you don't sound very certain** tu n'en as pas l'air très sûr ◆ **certain of oneself** sûr de soi ◆ **to be certain that ...** être certain que ... ◆ **be certain to go!** allez-y sans faute ! ◆ **I am not certain who/why/when/how ...** je ne sais pas avec certitude qui/pourquoi/quand/comment... ◆ **we are not certain what is happening** nous ne sommes pas certains de or nous ne savons pas au juste ce qui se passe
◆ **to make certain** ◆ **to make certain that ...** (= check, ensure) s'assurer que ... ◆ **to make certain of sth** (= get facts about) s'assurer de qch ; (= be sure of getting) s'assurer qch
◆ **for certain** (= definitely) ◆ **he's up to something, that's for certain** il manigance quelque chose, c'est une certitude or c'est sûr et certain ◆ **he'll do it for certain** il le fera, c'est certain ◆ **to know sth for certain** savoir qch avec certitude ◆ **to know for certain that ...** avoir la certitude que ... ◆ **to know for certain what/where ...** savoir avec certitude ce qui or que/où ... ◆ **we know for certain of ten fatalities** nous savons avec certitude qu'il y a au moins dix victimes ◆ **I don't know for certain, I can't say for certain** je n'en suis pas certain or sûr ◆ **I can't say for certain that ...** je ne peux pas affirmer que ...
b (= assured, guaranteed) defeat, success, victory, death certain (after n) ◆ **nothing's certain in this world** il n'y a rien de certain dans ce monde ◆ **one thing is certain ...** une chose est certaine ... ◆ **he's a certain winner/loser** il est sûr de gagner/perdre ◆ **there's certain to be strong opposition to these proposals** ces propositions se heurteront certainement à une forte opposition ◆ **he is certain to come** il viendra sans aucun doute ◆ **it is certain that ...** il est certain que ... ◆ **he was 99% certain of winning** il était à 99% certain de gagner ◆ **to my certain knowledge, she has never been there** je sais pertinemment qu'elle n'y est jamais allée
c (= particular) person, matter, place, manner, type certain (before n) ◆ **of a certain age** d'un certain âge ◆ **in certain circumstances** dans certaines circonstances ◆ **on a certain day in spring** un certain jour de printemps ◆ **there is a certain knack to doing it** il faut un certain coup de main pour le faire ◆ **a certain Mrs Wendy Smith** une certaine Mme Wendy Smith ◆ **a certain number of people** un certain nombre de personnes ◆ **at certain times** à certains moments
d (= slight) impatience, bitterness, courage certain (before n) ◆ **to a certain extent** or **degree** dans une certaine mesure
2 pron certains ◆ **certain of our members have not paid** certains or quelques uns de nos membres n'ont pas payé

certainly [ˈsɜːtənlɪ] LANGUAGE IN USE 26.3 adv **a** (= undoubtedly) certainement, assurément ◆ **it is certainly true that ...** on ne peut pas nier que ... (+ subj or indic) ◆ **your answer is almost certainly right** il est presque certain que votre réponse est juste
b (= definitely) **it certainly impressed me** cela m'a vraiment impressionné ◆ **I shall certainly be there** j'y serai sans faute, je ne manquerai pas d'y être ◆ **such groups most certainly exist** il est absolument certain que de tels groupes existent, de tels groupes existent, c'est une certitude
c (expressing agreement) certainement ◆ **wouldn't you agree? – oh, certainly** vous ne croyez pas ? — oh si, bien sûr ◆ **had you forgotten? – certainly not** vous aviez oublié ? — certainement pas
d (expressing willingness) certainement, bien sûr ◆ **could you help me? – certainly** pourriez-vous m'aider ? — certainement or bien sûr
e (= granted) certes ◆ **certainly, she has potential, but ...** certes, elle a des capacités mais ...

certainty [ˈsɜːtəntɪ] → SYN n **a** (= fact, quality) certitude f ◆ **for a certainty** à coup sûr, sans aucun doute ◆ **to bet on a certainty** parier en étant sûr de gagner ◆ **his success is a certainty** son succès est certain or ne fait aucun doute ◆ **that reunification will eventually happen is a certainty** il ne fait aucun doute que la réunification finira par se faire ◆ **it is a moral certainty** c'est une certitude morale ◆ **faced with the certainty of disaster ...** face à un désastre inévitable ... ◆ **there are no certainties in modern Europe** il n'y a aucune certitude dans l'Europe moderne ◆ **there is too little certainty about the future** l'avenir est trop incertain
b (NonC = conviction) certitude f, conviction f

CertEd [ˌsɜːtˈed] n (abbrev of **Certificate in Education**) ≃ CAPES m

certifiable [ˌsɜːtɪˈfaɪəbl] adj **a** fact, statement qu'on peut certifier
b (* = mad) bon à enfermer

certificate [səˈtɪfɪkɪt] → SYN n **a** (= legal document) certificat m, acte m ◆ **certificate of airworthiness, certificate of seaworthiness** certificat m de navigabilité ◆ **certificate of origin/value** (Comm) certificat m d'origine/de valeur ◆ **certificate of posting** récépissé m ◆ **certificate of shipment** (Comm) certificat m d'expédition ◆ **birth certificate** acte m or extrait m de naissance ; → **death, marriage**
b (= academic document) diplôme m ; (for skilled or semi-skilled work) qualification f professionnelle ◆ **Certificate of Secondary Education** (Brit Scol: formerly) ≃ brevet m (d'études du premier cycle) (dans une seule matière) ; → **teacher**

certificated [səˈtɪfɪkeɪtɪd] adj diplômé

certification [ˌsɜːtɪfɪˈkeɪʃən] n **a** (NonC) certification f, authentification f
b (= document) certificat m

certify [ˈsɜːtɪfaɪ] → SYN **1** vt **a** certifier, attester (that que) ◆ **certified as a true copy** (Jur) certifié conforme ◆ **to certify sb (insane)** (Psych) déclarer qn atteint d'aliénation mentale ◆ **she was certified dead** elle a été déclarée morte ◆ **the painting has been certified (as) genuine** le tableau a été authentifié
b (Fin) (+ cheque) certifier
c (Comm) (+ goods) garantir ◆ **to send by certified mail** (US Post) ≃ envoyer avec accusé de réception
2 vi ◆ **to certify to sth** attester qch
3 COMP ▷ **certified milk** n (US) lait soumis aux contrôles d'hygiène réglementaires ▷ **certified public accountant** mf, comptable mf agréé(e) (Can) ▷ **certified teacher** n (US Scol) professeur m diplômé

certitude [ˈsɜːtɪtjuːd] n certitude f, conviction f absolue

cerulean [sɪˈruːlɪən] adj (liter) bleu ciel inv, azuré

cerumen [sɪˈruːmen] n cérumen m

ceruminous [sɪˈruːmɪnəs] adj cérumineux

ceruse [səˈruːs] n céruse f

cervical [ˈsɜːvɪkəl] **1** adj cervical
2 COMP ▷ **cervical cancer** n cancer m du col de l'utérus ▷ **cervical smear** n frottis m vaginal

cervix [ˈsɜːvɪks] n, pl **cervixes** or **cervices** [səˈvaɪsiːz] col m de l'utérus

Cesarean, Cesarian [siːˈzɛərɪən] adj (US) ⇒ **Caesarean**

cesium [ˈsiːzɪəm] n (esp US) ⇒ **caesium**

cespitose [ˈsespɪˌtəʊs] adj (US) ⇒ **caespitose**

cessation [seˈseɪʃən] n cessation f ◆ **cessation of hostilities** cessation f des hostilités

cession [ˈseʃən] n cession f ◆ **act of cession** acte m de cession

cesspit [ˈsespɪt] n fosse f d'aisance ; (fig) cloaque m

cesspool [ˈsespuːl] n ⇒ **cesspit**

cestoid [ˈsestɔɪd] adj (Zool) ◆ **cestoid worm** cestode m

cesura [sɪˈzjʊərə] n césure f

CET [ˌsiːiːˈtiː] (abbrev of **Central European Time**) → **central**

cetacean [sɪˈteɪʃən] adj, n cétacé m

cetane [ˈsiːteɪn] **1** n (Chem) cétane m
2 COMP ▷ **cetane number** n (Aut) indice m de cétane

Cetnik [ˈtʃetnɪk] n (Pol) tchetnik m

Ceylon [sɪˈlɒn] n (formerly) (= island) Ceylan f ; (= state) Ceylan m ◆ **in Ceylon** à Ceylan

Ceylonese [ˌsɪlɒˈniːz] (formerly) **1** adj ceylanais
2 n Ceylanais(e) m(f)

cf (abbrev of **confer**) cf

c/f (Fin) (abbrev of **carried forward**) → **carry forward**

CFC [ˌsiːefˈsiː] n (abbrev of **chlorofluorocarbon**) CFC m

CFE [ˌsiːefˈiː] **1** n (Brit) (abbrev of **college of further education**) → **college**
2 npl (abbrev of **Conventional Forces in Europe**) FCE fpl

CFI, cfi [ˌsiːefˈaɪ] n (abbrev of **cost, freight and insurance**) CAF

CFS [ˌsiːefˈes] n (abbrev of **chronic fatigue syndrome**) → **chronic**

CG [ˌsiːˈdʒiː] abbrev of **coastguard**

cg (abbrev of **centigram(me)(s)**) cg

CGA [ˌsiːdʒiːˈeɪ] **1** n (abbrev of **colour graphics adaptor**) → **colour**
2 COMP ▷ **CGA card** n carte f graphique CGA ▷ **CGA monitor** n moniteur m CGA

CGI [ˌsiːdʒiːˈaɪ] n (abbrev of **computer-generated imagery**) images fpl générées par ordinateur

CGT [ˌsiːdʒiːˈtiː] n (abbrev of **capital gains tax**) → **capital**

CH (abbrev of **Companion of Honour**) titre honorifique

Ch. abbrev of **chapter**

c.h. (abbrev of **central heating**) → **central**

cha-cha [ˈtʃɑːtʃɑː] n (Mus) cha-cha-cha m

Chad [tʃæd] **1** n le Tchad ◆ **Lake Chad** le lac Tchad
2 adj tchadien

chador [ˈtʃʌdə^r] n (Rel) tchador m

chafe [tʃeɪf] → SYN **1** vt **a** (= rub) frotter, frictionner ◆ **she chafed the child's hands to warm them** elle a frotté or frictionné les mains de l'enfant pour les réchauffer
b (= rub against) frotter contre ; (= irritate) irriter ◆ **his shirt chafed his neck** sa chemise frottait contre son cou or lui irritait le cou ◆ **his neck was chafed** il avait le cou irrité
c (= wear out) (+ collar, cuffs, rope) user (en frottant) ; (Naut) raguer
2 vi s'user ; [rope] raguer ◆ **his wrists chafed against the ropes binding them** ses poignets frottaient contre les cordes qui les entravaient ◆ **to chafe at sth** (fig) s'irriter de qch ◆ **he chafed at having to take orders from her** cela l'irritait de recevoir des ordres d'elle ◆ **to chafe at the bit** ronger son frein ◆ he

chaff / championship

chafed against these restrictions ces restrictions l'irritaient ◆ they chafed under the yoke of tyranny (liter) ils rongeaient leur frein sous la tyrannie

chaff[1] [tʃɑːf] → SYN [1] n (NonC: Agr) [of grain] balle f ; (= cut straw) menue paille f ; → **wheat**
[2] vt [+ straw] hacher

chaff[2] [tʃɑːf] → SYN [1] n (NonC = banter) taquinerie f
[2] vt taquiner

chaffinch ['tʃæfɪntʃ] n pinson m

chafing dish ['tʃeɪfɪŋdɪʃ] n poêlon m (de table)

chagrin ['ʃægrɪn] [1] n (= deception) déception f, dépit m ; (= annoyance) contrariété f ◆ much to my chagrin à ma grande déception
[2] vt (frm) (= deceive) dépiter, décevoir ; (= annoy) contrarier

chain [tʃeɪn] → SYN [1] n a (gen, also ornamental) chaîne f ◆ **chains** (= fetters) chaînes fpl ◆ **chain of office** [of mayor] chaîne f (insigne de la fonction de maire) ◆ **to keep a dog on a chain** tenir un chien à l'attache ◆ **in chains** enchaîné ◆ (snow) **chains** (for car) chaînes fpl (à neige) ◆ **to pull the chain** [of lavatory] tirer la chasse (d'eau) or la chaîne ; → **ball, bicycle**
b [of mountains, atoms etc] chaîne f ; (fig) [of ideas] enchaînement m ; [of events] série f, suite f ◆ **chain of shops** (Comm) chaîne f de magasins ◆ **to make a chain** [people] faire la chaîne ; → **bucket**
c (Tech) (for measuring) chaîne f d'arpenteur ; (= measure) chaînée f
[2] vt (lit, fig) enchaîner ; [+ door] mettre la chaîne à ◆ **he was chained to the wall** il était enchaîné au mur
[3] COMP ▷ **chain gang** n chaîne f de forçats ▷ **chain letter** n lettre f faisant partie d'une chaîne ◆ **chain letters** chaîne f de lettres ▷ **chain lightning** n éclairs mpl en zigzag ▷ **chain-link fence** n grillage m ▷ **chain mail** (NonC) cotte f de mailles ▷ **chain of command** n (Mil) voies fpl hiérarchiques ▷ **chain reaction** n (Phys, fig) réaction f en chaîne ▷ **chain saw** n tronçonneuse f ▷ **chain-smoke** vi fumer cigarette sur cigarette ▷ **chain smoker** n grand(e) or gros(se) fumeur m, -euse f ▷ **chain stitch** n (Sewing) (point m de) chaînette f ▷ **chain store** n grand magasin m à succursales multiples

▶ **chain down** vt sep enchaîner

▶ **chain up** vt sep [+ animal] mettre à l'attache

chainwheel ['tʃeɪnwiːl] n [of bike] plateau m de (or du) pédalier

chair [tʃɛər] [1] n a chaise f ; (= armchair) fauteuil m ; (= seat) siège m ; (Univ) chaire f ; (= wheelchair) fauteuil m roulant ; (US = electric chair) chaise f (électrique) ◆ **to take a chair** s'asseoir ◆ **dentist's chair** fauteuil m de dentiste ◆ **to hold the chair of French** (Univ) être titulaire de or avoir la chaire de français ◆ **to go to the chair** (US) passer à la chaise (électrique) ; → **deck, easy, highchair**
b (at meeting etc = function) fauteuil m présidentiel, présidence f ◆ **to take the chair, to be in the chair** présider ◆ **to address the chair** s'adresser au président ◆ **chair! chair!** à l'ordre !
c (Admin) ⇒ **chairman, chairwoman**
[2] vt a (Admin) [+ meeting] présider
b [+ hero] porter en triomphe
[3] COMP ▷ **chair back** n dossier m (de chaise)

chairlift ['tʃɛəlɪft] n télésiège m

chairman ['tʃɛəmən] → SYN n, pl **-men** président m (d'un comité etc) ◆ **Mr Chairman** Monsieur le Président ◆ **Madam Chairman** Madame la Présidente ◆ **chairman and chief executive officer** président-directeur m général, P.D.G. m ◆ **Chairman Mao** le président Mao

chairmanship ['tʃɛəmənʃɪp] n présidence f (d'un comité etc) ◆ **under the chairmanship of ...** sous la présidence de ...

chairperson ['tʃɛə,pɜːsn] n président(e) m(f)

chairwarmer * ['tʃɛə,wɔːmər] n (US) rond-de-cuir m (paresseux)

chairwoman ['tʃɛə,wʊmən] n, pl **-women** présidente f

chaise [ʃeɪz] n cabriolet m

chaise longue ['ʃeɪz'lɒŋ] n, pl **chaise longues** méridienne f

chakra ['tʃækrə] n (Rel) chakra m

chalcedony [kæl'sedənɪ] n (Miner) calcédoine f

chalcocite ['kælkə,saɪt] n chalcosine f

chalcography [kæl'kɒɡrəfɪ] n (Art) chalcographie f

chalcolithic [ˌkælkə'lɪθɪk] adj chalcolithique

chalcopyrite [ˌkælkə'paɪraɪt] n (Miner) chalcopyrite f

chalet ['ʃæleɪ] n (gen) chalet m ; [of motel] bungalow m

chalice ['tʃælɪs] n (Rel) calice m ; (liter = wine cup) coupe f

chalk [tʃɔːk] [1] n (NonC) craie f ◆ **a piece of chalk** une craie, un morceau de craie ◆ **they're as different as chalk and cheese** (Brit) c'est le jour et la nuit ◆ **by a long chalk** (Brit) de loin ◆ **the biggest by a long chalk** de loin le plus grand ◆ **did he win? — not by a long chalk** est-ce qu'il a gagné ? — non, loin de là or loin s'en faut ; → **French**
[2] vt (= write with chalk) écrire à la craie ; (= rub with chalk) frotter de craie ; [+ billiard cue] mettre du bleu sur ; [+ luggage] marquer à la craie
[3] COMP ▷ **chalk board** n (US) tableau m (noir) ▷ **chalk dust** n poussière f de craie ▷ **chalk talk** n (US) conférence f illustrée au tableau noir

▶ **chalk out** vt sep (lit) [+ pattern] esquisser, tracer (à la craie) ; (fig) [+ project] esquisser ; [+ plan of action] tracer

▶ **chalk up** vt sep a **chalk it up** mettez-le sur mon ardoise or compte ◆ **he chalked it up to experience** il l'a mis au compte de l'expérience
b [+ achievement, victory] remporter

chalkface ['tʃɔːkfeɪs] n (NonC: Brit Scol: hum) ◆ **at the chalkface** en classe

chalkpit ['tʃɔːkpɪt] n carrière f de craie

chalkstone ['tʃɔːk,stəʊn] n tophus m

chalkstripe ['tʃɔːk,straɪp] adj suit à rayures, rayé

chalky ['tʃɔːkɪ] adj soil crayeux, calcaire ; water calcaire ; complexion crayeux, blafard

challenge ['tʃælɪndʒ] → SYN [1] n a défi m ◆ **to issue** or **put out a challenge** lancer un défi ◆ **to rise to the challenge** se montrer à la hauteur ◆ **to take up the challenge** relever le défi ◆ **the challenge of new ideas** la stimulation qu'offrent de nouvelles idées ◆ **the challenge of the 20th century** le défi du 20ᵉ siècle ◆ **Hunter's challenge for the party leadership** la tentative de Hunter pour prendre la tête du parti ◆ **this is a challenge to us all** c'est un défi pour nous tous ◆ **the job was a great challenge to him** cette tâche était une gageure pour lui ◆ **action that is a challenge to authority** acte m qui défie l'autorité ◆ **it was a challenge to his skill** c'était un défi à son savoir-faire
b (Mil: by sentry) sommation f
c (Jur) [of juror, jury] récusation f
[2] vt a (= summon, call) défier ; (Sport) inviter ◆ **to challenge sb to do sth** défier qn de faire qch ◆ **to challenge sb to a game** proposer à qn de faire une partie ◆ **to challenge sb to a duel** provoquer qn en duel
b (= call into question) [+ statement] mettre en question, contester ◆ **to challenge sb's authority to do sth** contester à qn le droit de faire qch ◆ **to challenge the wisdom of a plan** mettre en question la sagesse d'un projet ◆ **to challenge a measure** (Jur) attaquer une mesure
c (Mil) [sentry] faire une sommation à
d (Jur) [+ juror, jury] récuser

-challenged ['tʃælɪndʒd] adj a (esp US euph) **visually-challenged** malvoyant ◆ **physically-challenged** handicapé
b (hum) **vertically-challenged** de petite taille ◆ **intellectually-challenged** limité intellectuellement

challenger ['tʃælɪndʒər] n (Sport, Pol, also fig) challenger m

challenging ['tʃælɪndʒɪŋ] adj look, tone de défi ; remark, speech provocateur (-trice f) ; job, work difficile, qui représente un challenge ; book stimulant ◆ **he found himself in a challenging situation** il s'est trouvé là devant une gageure ◆ **this is a very challenging situation** cette situation est une véritable gageure

challengingly ['tʃælɪndʒɪŋlɪ] adv a (= defiantly) say, announce avec un air de défi ◆ **to look challengingly at sb** lancer un regard de défi à qn
b (= demandingly) **challengingly difficult** difficile mais stimulant

chalybite ['kælɪ,baɪt] n sidérite f, sidérose f

chamber ['tʃeɪmbər] → SYN [1] n a († , frm = room) salle f, pièce f ; (also **bedchamber**) chambre f
b (= hall) chambre f ◆ **the Upper/Lower Chamber** (Parl) la Chambre haute/basse ; → **audience, second**[1]
c [of revolver] chambre f ; (Anat) cavité f ◆ **the chambers of the eye** les chambres fpl de l'œil
[2] **chambers** npl (Brit) a († = lodgings) logement m, appartement m ; [of bachelor] garçonnière † f
b [of barrister, judge, magistrate] cabinet m ; [of solicitor] étude f ◆ **to hear a case in chambers** (Jur) ≈ juger un cas en référé
[3] COMP ▷ **chamber concert** n concert m de musique de chambre ▷ **chamber music** n musique f de chambre ▷ **Chamber of Commerce** n Chambre f de commerce ▷ **the Chamber of Deputies** n la Chambre des députés ▷ **Chamber of Horrors** n cabinet m des horreurs ▷ **Chamber of Trade** n Chambre f des métiers ▷ **chamber orchestra** n orchestre m (de musique) de chambre ▷ **chamber pot** n pot m de chambre, vase m de nuit †

chamberlain ['tʃeɪmbəlɪn] n chambellan m ; → **lord**

chambermaid ['tʃeɪmbəmeɪd] n femme f de chambre

chambray ['tʃæmbreɪ] n (US) ⇒ **cambric**

chameleon [kə'miːlɪən] n (Zool, fig) caméléon m

chamfer ['tʃæmfər] (Tech) [1] n (= bevel) chanfrein m ; (= groove) cannelure f
[2] vt chanfreiner, canneler

chammy * ['ʃæmɪ] n ⇒ **chamois** b

chamois ['ʃæmwɑː] [1] n (pl inv) a (Zool) chamois m
b ['ʃæmɪ] (also **chamois cloth**) chamois m
[2] COMP ▷ **chamois leather** n peau f de chamois

chamomile ['kæməʊmaɪl] n ⇒ **camomile**

champ[1] [tʃæmp] [1] vi mâchonner ◆ **to champ at the bit** (lit, fig) ronger son frein
[2] vt mâchonner

champ[2] * [tʃæmp] n abbrev of **champion** 1b

champagne [ʃæm'peɪn] [1] n a (= wine) champagne m
b (Geog) **Champagne** la Champagne
[2] COMP (also **champagne-coloured**) champagne inv ▷ **champagne cup** n cocktail m au champagne ▷ **champagne glass** n (wide) coupe f à champagne ; (tall and narrow) flûte f à champagne ▷ **champagne lifestyle** n grand train m de vie ▷ **champagne socialist** n to be a champagne socialist appartenir à la gauche caviar

champers * ['ʃæmpəz] n (NonC) champ * m, champagne m

champion ['tʃæmpjən] → SYN [1] n a champion(ne) m(f) ◆ **the champion of free speech** le champion de la liberté d'expression
b (Sport = person, animal) champion(ne) m(f) ◆ **world champion** champion(ne) m(f) du monde ◆ **boxing champion** champion m de boxe ◆ **skiing champion** champion(ne) m(f) de ski
[2] adj a show animal champion ◆ **champion swimmer/skier** etc champion(ne) m(f) de natation/de ski etc
b (dial = excellent) meal, holiday, film du tonnerre * ◆ **that's champion!** c'est super ! *, c'est champion !
[3] vt [+ person] prendre fait et cause pour ; [+ action, cause, sb's decision] se faire le champion de, défendre

championship ['tʃæmpjənʃɪp] n a (Sport) championnat m ◆ **world championship** championnat m du monde ♦ **boxing championship** championnat m de boxe ♦ **world boxing championship** championnat m du monde de boxe

b (NonC) [of cause etc] défense f

chance ['tʃɑːns] LANGUAGE IN USE 16.2, 16.3 → SYN

1 n **a** (= luck) hasard m ♦ **(totally) by chance, by (sheer) chance** (tout à fait) par hasard, par (pur) hasard ; (= fortunately) par chance ♦ **have you a pen on you by (any) chance?** auriez-vous par hasard un stylo sur vous ? ♦ **it was not (by) chance that he came** ce n'est pas par hasard qu'il est venu, ce n'est pas un hasard s'il est venu ♦ **to trust (o.s.) to chance** s'en remettre au hasard ♦ **a game of chance** un jeu de hasard ♦ **to leave things to chance** laisser faire le hasard ♦ **he left nothing to chance** il n'a rien laissé au hasard

b (= possibility) chance(s) f(pl), possibilité f ♦ **to stand a chance (of doing sth)** avoir une bonne chance (de faire qch) ♦ **to stand no chance (of doing sth)** ne pas avoir la moindre chance (de faire qch) ♦ **he hasn't much chance** or **doesn't stand much chance of winning** il n'a pas beaucoup de chances de gagner ♦ **he's still in with a chance** il a encore une petite chance ♦ **on the chance of your returning** dans le cas où vous reviendriez ♦ **I went there on the chance of seeing him** j'y suis allé dans l'espoir de le voir ♦ **the chances are that ...** il y a de grandes chances que ... (+ subj), il est très possible que ... (+ subj) ♦ **the chances are against that happening** il y a peu de chances pour que cela arrive (subj) ♦ **the chances are against him** il y a peu de chances pour qu'il réussisse ♦ **there is little chance of his coming** il est peu probable qu'il vienne ♦ **you'll have to take a chance on his coming** tu verras bien s'il vient ou non ♦ **he's taking no chances** il ne veut rien laisser au hasard, il ne veut prendre aucun risque ♦ **that's a chance we'll have to take** c'est un risque que nous allons devoir prendre or que nous devons courir ♦ **no chance!** *, **not a chance!** * pas de danger ! *, jamais ! ; → **off**

c (= opportunity) occasion f ♦ **I had the chance to go** or **of going** j'ai eu l'occasion d'y aller, l'occasion m'a été donnée d'y aller ♦ **if there's a chance of buying it** s'il y a une possibilité d'achat ♦ **to lose a chance** laisser passer une occasion ♦ **she was waiting for her chance** elle attendait son heure ♦ **she was waiting for her chance to speak** elle attendait or guettait l'occasion de parler ♦ **now's your chance!** (in conversation, traffic etc) vas-y ! ; (in career etc) saute sur l'occasion !, à toi de jouer ! ♦ **this is his big chance** c'est le grand moment pour lui ♦ **give him another chance** laisse-lui encore une chance ♦ **he has had every chance** il a eu toutes les chances ♦ **he never had a chance in life** il n'a jamais eu sa chance dans la vie ♦ **give me a chance to show you what I can do** donnez-moi la possibilité de vous montrer ce que je sais faire ♦ **you'll have your chance** (= your turn will come) votre tour viendra

2 adj de hasard, accidentel ♦ **a chance companion** un compagnon rencontré par hasard ♦ **a chance discovery** une découverte accidentelle ♦ **a chance meeting** une rencontre de hasard or fortuite

3 vt **a** (frm = happen) **to chance to do sth** faire qch par hasard ♦ **I chanced to hear his name** j'ai entendu son nom par hasard, il s'est trouvé que j'ai entendu son nom ♦ **it chanced that I was there** il s'est trouvé que j'étais là

b (= risk) [+ rejection, fine] risquer, courir le risque de ♦ **to chance doing sth** se risquer à faire qch, prendre le risque de faire qch ♦ **I'll go round without phoning and chance finding him there** je vais passer chez lui sans téléphoner en espérant l'y trouver ♦ **I want to see her alone but I'll have to chance finding her husband there** je voudrais la voir seule, mais il faut que je prenne le risque que son mari soit là ♦ **I'll chance it!** * je vais risquer le coup ! * ♦ **to chance one's arm** * risquer le tout (pour le tout) ♦ **to chance one's luck** tenter or courir sa chance

▶ **chance upon** vt fus (frm) [+ person] rencontrer par hasard ; [+ thing] trouver par hasard

chancel ['tʃɑːnsəl] **1** n chœur m (d'une église)

2 COMP ♦ **chancel screen** n clôture f du chœur, jubé m

chancellery ['tʃɑːnsələrɪ] n chancellerie f

chancellor ['tʃɑːnsələr] **1** n (Hist, Jur, Pol) chancelier m ; (Brit Univ) président(e) m(f) honoraire ; (US Univ) président(e) m(f) d'université

2 COMP ▷ **Chancellor of the Exchequer** n (Brit) chancelier m de l'Échiquier, ≃ ministre m des Finances ; → **lord** ; → TREASURY

chancellorship ['tʃɑːnsələrʃɪp] n fonctions fpl de chancelier

chancer * ['tʃɑːnsər] n arnaqueur * m, -euse f ; (= child) loustic * m

chancery ['tʃɑːnsərɪ] n **a** (Brit, Jur) cour f de la chancellerie (une des cinq divisions de la Haute Cour de justice anglaise) ♦ **ward in chancery** pupille mf (sous tutelle judiciaire)

b (US) ⇒ chancellery

c (US: also **court of chancery**) ≃ cour f d'équité or de la chancellerie

chancre ['ʃæŋkər] n (Med) chancre m

chancroid ['ʃæŋkrɔɪd] n chancrelle f

chancy * ['tʃɑːnsɪ] adj (= risky) risqué, hasardeux ; (= doubtful) aléatoire, problématique

chandelier [ˌʃændə'lɪər] n lustre m

chandler ['tʃɑːndlər] n ♦ **(ship's) chandler** ship-chandler m, marchand m de fournitures pour bateaux

change [tʃeɪndʒ] LANGUAGE IN USE 21.4 → SYN

1 n **a** (= alteration) changement m (from, in de ; into en) ♦ **a change for the better** un changement en mieux, une amélioration ♦ **a change for the worse** un changement en mal ♦ **change in the weather** changement m de temps ♦ **change in public opinion** revirement m de l'opinion publique ♦ **change in attitudes** changement m d'attitude, évolution f des attitudes ♦ **a change in government policy** un changement dans la politique du gouvernement ♦ **(just) for a change** pour changer un peu ♦ **by way of a change** histoire de changer * ♦ **to make a change in sth** changer qch ♦ **to make a change of direction** (fig) changer son fusil d'épaule (fig) ♦ **to have a change of heart** changer d'avis ♦ **it makes a change** ça change un peu ♦ **it will be a nice change** cela nous fera un changement, voilà qui nous changera agréablement ! ; (iro) ça nous changera ! (iro) ♦ **a picnic will be** or **make a nice change from being stuck indoors** un pique-nique nous changera de rester toujours enfermé à l'intérieur ♦ **the change (of life)** le retour d'âge, la ménopause

b (= substitution) changement m ♦ **change of address** changement m d'adresse ♦ **change of air** changement m d'air ♦ **a change of air will do us good** un changement d'air or changer d'air nous fera du bien ♦ **he brought a change of clothes** il a apporté des vêtements de rechange ♦ **I need a change of clothes** il faut que je me change (subj) ♦ **change of scene** (Theat, fig) changement m de décor ♦ **change of horses** relais m ♦ **change of job** changement m de travail or de poste

c (NonC) changement m, variété f ♦ **she likes change** elle aime le changement or la variété ♦ **political change** changement m politique

d (NonC = money) monnaie f ♦ **small change** petite monnaie f ♦ **can you give me change for this note/of £5?** pouvez-vous me faire la monnaie de ce billet/de 5 livres ? ♦ **keep the change** gardez la monnaie ♦ **"no change given" "faites l'appoint"** ♦ **you don't get much change from a fiver these days** aujourd'hui il ne reste jamais grand-chose d'un billet de cinq livres ♦ **you won't get much change out of him** * tu perds ton temps avec lui

e (St Ex) **the Change** la Bourse ♦ **on the Change** en Bourse

2 vt **a** (by substitution) changer de ♦ **to change (one's) clothes** changer de vêtements, se changer ♦ **to change one's shirt/skirt etc** changer de chemise/jupe etc ♦ **to change one's address** changer d'adresse ♦ **to change the baby/his nappy** changer le bébé/ses couches ♦ **to change hands** (= one's grip) changer de main ; [goods, property, money] changer de mains ♦ **to change the scene** (Theat) changer le décor ♦ **to change trains/stations/buses** changer de train/de gare/ d'autobus ♦ **to change one's name/seat** changer de nom/place ♦ **to change one's opinion** or **mind** changer d'avis ♦ **to change sb's mind (about sth)** faire changer qn d'avis (à propos de qch) ; → **bed, colour, gear, guard, subject, track, tune, wheel**

b (= exchange) échanger (X for Y X contre Y) ♦ **to change places (with sb)** (lit) changer de place (avec qn) ♦ **I wouldn't like to change places with you** (fig) je ne n'aimerais pas être à votre place ♦ **to change sides** or **ends** (Tennis) changer de côté ; (Ftbl etc) changer de camp ♦ **to change sides** (fig : in argument etc) changer de camp

c [+ banknote, coin] faire la monnaie de, changer ; [+ foreign currency] changer (into en)

d (= alter, modify, transform) changer, transformer (X into Y X en Y) ♦ **the witch changed him into a cat** la sorcière l'a changé en chat ♦ **drugs changed him into a person we didn't recognize** les drogues l'ont changé au point qu'on ne le reconnaissait plus ♦ **this has changed my ideas** cela m'a fait changer d'idée ♦ **success has greatly changed her** la réussite l'a complètement transformée

3 vi **a** (= become different) changer, se transformer ♦ **you've changed a lot!** tu as beaucoup changé ! ♦ **he will never change** il ne changera jamais, on ne le changera pas ♦ **his mood changed from resignation to rage** il est passé de la résignation à la fureur ♦ **the prince changed into a swan** le prince s'est changé en cygne ♦ **the water had changed to ice** l'eau s'était changée en glace

b (= change clothes) se changer ♦ **I must change at once** je dois me changer tout de suite, il faut que je me change (subj) tout de suite ♦ **she changed into an old skirt** elle s'est changée et a mis une vieille jupe

c (on bus, plane, train journey) changer ♦ **you must change at Edinburgh** vous devez changer à Édimbourg ♦ **all change!** tout le monde descend !

d [moon] entrer dans une nouvelle phase

4 COMP ▷ **change machine** n distributeur m de monnaie ▷ **change purse** n (US) porte-monnaie m inv

▶ **change around** vt sep changer de place

▶ **change down** vi (Brit: in car gears) rétrograder

▶ **change over**

1 vi (gen) passer (from de ; to à) ; [two people] faire l'échange ; (Sport = change ends) (Tennis) changer de côté ; (Ftbl etc) changer de camp

2 changeover n → changeover

▶ **change round** vt sep ⇒ change around

▶ **change up** vi (Brit: in car gears) passer la vitesse supérieure

changeability [ˌtʃeɪndʒə'bɪlɪtɪ] n [of circumstances, weather] variabilité f

changeable ['tʃeɪndʒəbl] → SYN adj person changeant, inconstant ; character versatile, changeant ; colour changeant ; weather, wind, circumstances variable

changeless ['tʃeɪndʒlɪs] → SYN adj rite immuable, invariable ; person constant ; character inaltérable

changeling ['tʃeɪndʒlɪŋ] n enfant mf changé(e) (substitué à un enfant volé)

changeover ['tʃeɪndʒəʊvər] n changement m, passage m ; (NonC: Mil) [of guard] relève f ♦ **the changeover from dictatorship to democracy** le passage de la dictature à la démocratie

changing ['tʃeɪndʒɪŋ] **1** adj wind, prices, interest rates variable, changeant ; expression mobile ; social attitudes, principles qui change, qui évolue ♦ **a changing society** une société en mutation

2 n (NonC) acte m de (se) changer, changement m ♦ **the changing of the guard** la relève de la garde

3 COMP ▷ **changing-room** n (Brit Sport) vestiaire m

channel ['tʃænl] → SYN **1** n **a** (= bed of river etc) lit m ; (= navigable passage) chenal m ; (between

chant / **charge**　ANGLAIS-FRANÇAIS　140

two land masses) bras m de mer ; (for irrigation) (small) rigole f ; (wider) canal m ; (in street) caniveau m ; (= duct) conduit m ◆ **the (English) Channel** (Geog) la Manche

b (= groove in surface) rainure f ; (Archit) cannelure f

c (TV) chaîne f

d (Customs) **red/green channel** file f marchandises à déclarer/rien à déclarer

e (fig) direction f ◆ **he directed the conversation into a new channel** il a orienté la conversation dans une nouvelle direction ◆ **channel of communication** voie f de communication ◆ **the government used all the diplomatic channels available** le gouvernement a utilisé toutes les voies diplomatiques possibles ◆ **they applied for asylum through the official channels** ils ont fait une demande d'asile par voie officielle ◆ **to go through the usual channels** (Admin) suivre la filière (habituelle)

f (Comput) canal m

2 vt **a** (= make channels in: for irrigation) creuser des rigoles (or des canaux) dans ; [+ street] pourvoir d'un or de caniveau(x) ◆ **the river channelled its way towards ...** la rivière a creusé son lit vers ...

b (fig) [+ crowd] canaliser (*into* vers) ; [+ energies, efforts, resources] canaliser, diriger (*towards, into* vers) ; [+ information] canaliser (*into, towards* vers), concentrer (*into, towards* dans)

c (Archit) canneler

3 COMP ▷ **Channel ferry** n (Brit) ferry m transmanche inv ◆ **channel-hop** vi (Brit TV) zapper * ◆ **channel-hopping** n (Brit TV) zapping * m ▷ **Channel Islander** n habitant(e) m(f) des îles Anglo-Normandes ▷ **the Channel Islands, the Channel Isles** npl (Geog) les îles Anglo-Normandes ▷ **channel-surf** vi (US) ⇒ **channel-hop** ▷ **channel-surfing** n (US) ⇒ **channel-hopping** ▷ **the Channel tunnel** n le tunnel sous la Manche

▶ **channel off** vt sep (lit) [+ water] capter ; (fig) [+ energy, resources] canaliser

chant [tʃɑːnt] → SYN **1** n (Mus) chant m (lent), mélopée f ; (Rel Mus) psalmodie f ; [of crowd, demonstrators, audience etc] chant m scandé

2 vt (= sing) chanter lentement ; (= recite) réciter ; (Rel) psalmodier ; [crowd, demonstrators etc] scander, crier sur l'air des lampions

3 vi chanter ; (Rel) psalmodier ; [crowd, demonstrators etc] scander des slogans

chantey [ˈʃænti] n (US) chanson f de marin

Chanukah [ˈhɑːnəkə] n Hanoukka f

chaos [ˈkeɪɒs] → SYN **1** n (lit, fig) chaos m

2 COMP ▷ **chaos theory** n théorie f du chaos

chaotic [keɪˈɒtɪk] → SYN adj chaotique

chaotically [keɪˈɒtɪklɪ] adv de façon chaotique ◆ **he's chaotically untidy/disorganized** il est effroyablement désordonné/désorganisé

chap[1] [tʃæp] **1** n (Med) gerçure f, crevasse f

2 vi se gercer, se crevasser

3 vt gercer, crevasser

4 COMP ▷ **Chap Stick** ® n pommade f rosat or pour les lèvres

chap[2] [tʃæp] n ⇒ **chop**[2]

chap[3] * [tʃæp] → SYN n (= man) gars * m ◆ **old chap** (term of address) mon vieux * ◆ **he was a young chap** c'était un jeune gars * ◆ **a nice chap** un chic type *, un bon gars * ◆ **the poor old chap** le pauvre vieux * ◆ **poor little chap** pauvre petit m ◆ **he's very deaf, poor chap** il est très sourd, le pauvre garçon or le pauvre vieux * ◆ **be a good chap and say nothing** sois gentil (et) ne dis rien

chap. (abbrev of **chapter**) chap

chaparral [ˌtʃæpəˈræl] n (Geog) chaparral m

chapat(t)i [tʃəˈpætɪ, tʃəˈpɑːtɪ] n, pl **chapat(t)i** or **chapat(t)is** or **chapat(t)ies** chapati m

chapel [ˈtʃæpəl] **1** n **a** chapelle f ; → **lady**

b (= nonconformist church) église f (non conformiste) ◆ **a chapel family** une famille non conformiste

c (Ind) [of print union] section f syndicale (dans l'édition)

2 COMP ▷ **chapel of ease** n (église f) succursale f ▷ **chapel of rest** n chapelle f ardente

chaperon(e) [ˈʃæpərəʊn] **1** n chaperon m ◆ **she was the chaperon(e)** elle faisait office de chaperon

2 vt chaperonner

chaplain [ˈtʃæplɪn] n (in armed forces, prison, school, hospital) aumônier m ; (to nobleman) chapelain m

chaplaincy [ˈtʃæplənsɪ] n **a** (= building, room) aumônerie f

b (NonC = work) (in armed forces, prison, school, hospital) aumônerie f ; (for nobleman) chapellenie f

chaplainship [ˈtʃæplɪnʃɪp] n chapellenie f

chaplet [ˈtʃæplɪt] n [of flowers] guirlande f, chapelet m ; (Archit, Rel) chapelet m

chappy * [ˈtʃæpɪ] n ⇒ **chap**[3]

chaps [tʃæps] npl (US) jambières fpl de cuir (portées par les cow-boys)

chaptalization [ˌtʃæptəlaɪˈzeɪʃən] n (Agr) chaptalisation f

chaptalize [ˈtʃæptəlaɪz] vt (Agr) [+ wine] chaptaliser

chapter [ˈtʃæptə[r]] → SYN **1** n **a** [of book] chapitre m ◆ **in chapter four** au chapitre quatre ◆ **to give** or **quote chapter and verse** citer ses références ou ses autorités

b (Rel) chapitre m

c (fig = period) chapitre m, épisode m ◆ **a chapter of accidents** une succession de mésaventures, une kyrielle de malheurs ◆ **this chapter is now closed** ce chapitre est maintenant clos

d (= branch of society, club, organization etc) branche f, section f

2 COMP ▷ **chapter room** n (Rel) salle f capitulaire or du chapitre

chapterhouse [ˈtʃæptəhaʊs] n (Rel) chapitre m (lieu)

char[1] [tʃɑː[r]] → SYN **1** vt (= burn black) carboniser

2 vi être carbonisé

char[2] † * [tʃɑː[r]] (Brit) **1** n (= charwoman) femme f de ménage

2 vi (also **go out charring**) faire des ménages

char[3] † * [tʃɑː[r]] n (Brit = tea) thé m

char[4] [tʃɑː[r]] n (Zool) omble m

char-à-banc † [ˈʃærəbæŋ] n (Brit) (auto)car m (décapotable)

character [ˈkærɪktə[r]] → SYN **1** n **a** (= temperament, disposition) [of person] caractère m, tempérament m ◆ **he has the same character as his brother** il a le même caractère que son frère ◆ **it's very much in character (for him)** c'est bien de lui, cela lui ressemble tout à fait ◆ **that was not in character (for him)** cela ne lui ressemblait pas, ce n'était pas dans son caractère

b (NonC) [of country, village] caractère m ; [of book, film] caractère m, nature f

c (NonC = strength, energy, determination etc) caractère m ◆ **to have character** avoir du caractère ◆ **it takes character to say such a thing** il faut avoir du caractère pour dire une chose pareille ; see also **strength**

d (= outstanding individual) personnage m ; (* = original person) numéro * m, phénomène * m ◆ **he's quite a character!** c'est un sacré numéro * ou un phénomène ! * ◆ **he's a queer** or **an odd character** c'est un curieux personnage

e réputation f ◆ **of good/bad character** de bonne/mauvaise réputation, qui a une bonne/qui a mauvaise réputation ◆ **evidence of good character** (Jur) preuve f d'honorabilité

f (= testimonial) références fpl

g (Literat) personnage m ; (Theat) personnage m, rôle m ◆ **one of Shakespeare's characters** un des personnages de Shakespeare ◆ **he played the character of Hamlet** il a joué (le rôle de) Hamlet

h (Typ) caractère m, signe m ◆ **Gothic characters** caractères mpl gothiques

i (Comput) caractère m ◆ **characters per inch** caractères mpl par pouce ◆ **characters per second** caractères/seconde mpl

2 COMP ▷ **character actor** n acteur m de genre ▷ **character actress** n actrice f de genre ▷ **character assassination** n diffamation f ▷ **character-building** adj qui forme le caractère ▷ **character comedy** n comédie f de caractère ▷ **character part** n rôle m de composition ▷ **character reference** n certificat m de (bonne) moralité ▷ **character set** n (Typ) chasse f (de caractères) ; (Comput) jeu m de caractères ▷ **character sketch** n portrait m or description f rapide ▷ **character space** n (Typ) espace m ▷ **character string** n (Comput) chaîne f de caractères ▷ **character witness** n (Jur) témoin m de moralité

characterful [ˈkærɪktəfʊl] adj place, building de caractère, qui a du cachet

characteristic [ˌkærɪktəˈrɪstɪk] → SYN **1** adj caractéristique ◆ **with (his) characteristic enthusiasm** avec l'enthousiasme qui le caractérise

2 n (gen, Math) caractéristique f

characteristically [ˌkærɪktəˈrɪstɪklɪ] adv ◆ **he was characteristically laconic** comme à son habitude, il a été laconique ◆ **she proposed a characteristically brilliant solution** elle a proposé une excellente solution, comme à son habitude ◆ **he replied in characteristically robust style** il a répondu dans ce style robuste qui le caractérise ◆ **characteristically, she refused** comme on pouvait s'y attendre, elle a refusé

characterization [ˌkærɪktəraɪˈzeɪʃən] n (gen) caractérisation f ; (by playwright, novelist etc) manière f de camper les personnages ; (by actor) interprétation f ◆ **characterization in Dickens** la manière dont Dickens campe ses personnages

characterize [ˈkærɪktəraɪz] → SYN vt caractériser, être caractéristique de ; (Literat) camper un (or des) personnage(s)

characterless [ˈkærɪktəlɪs] adj sans caractère, fade

charade [ʃəˈrɑːd] → SYN n **a** (fig) comédie f

b (= game) **charades** charades fpl en action

charbroiled [ˈtʃɑːbrɔɪld] adj (US) ⇒ **chargrilled**

charcoal [ˈtʃɑːkəʊl] **1** n charbon m de bois

2 COMP drawing, sketch au charbon ; (= colour: also **charcoal-grey**) gris foncé inv, (gris) anthracite inv ◆ **charcoal burner** n (= person) charbonnier m ; (= stove) réchaud m à charbon de bois

chard [tʃɑːd] n (also **Swiss chard**) bettes fpl, blettes fpl

charge [tʃɑːdʒ]

→ SYN

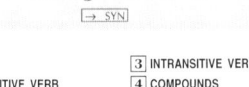

1 NOUN	**3** INTRANSITIVE VERB
2 TRANSITIVE VERB	**4** COMPOUNDS
5 PHRASAL VERBS	

1 NOUN

a Jur inculpation f, chef m d'accusation ◆ **what is the charge?** quelle est le chef d'accusation ? ◆ **the charge was murder** il était (or j'étais etc) inculpé de meurtre ◆ **the charge was read** on a lu l'acte m d'accusation ◆ **no charge was brought against him** il n'y a pas eu de poursuites (judiciaires), il n'a pas été poursuivi or inculpé ◆ **the charge was dropped** l'inculpation a été retirée, on a cessé les poursuites ◆ **to press charges (against sb)** engager des poursuites (contre qn) ◆ **to bring** or **lay a charge against sb** porter plainte or déposer une plainte contre qn ◆ **to give sb in charge** remettre qn à la police ◆ **they were convicted on all three charges** ils ont été reconnus coupables pour les trois chefs d'accusation ◆ **to be on a murder charge** être inculpé de meurtre ◆ **he was arrested on a charge of murder** il a été arrêté sous l'inculpation de meurtre ◆ **to be on a charge** [soldier] être aux arrêts

b = accusation accusation f (*of* de) ◆ **he denied** or **repudiated these charges** il a repoussé or rejeté ces accusations ◆ **there were many charges of cruelty** on les (or nous etc) a fréquemment accusés de cruauté ◆ **the charges made against him** les accusations fpl or les charges fpl portées contre lui ◆ **charges that he had betrayed his friends** des accusations selon lesquelles il aurait trahi ses amis

c [= **attack**] (esp Mil) charge f, attaque f ; [of police, bull] charge f ◆ **the police made three charges into the crowd** la police a chargé la foule par trois fois ◆ **to sound the charge** (Mil) sonner la charge ; → **baton, bayonet**

d [= **fee**] prix m ◆ **what's the charge?** ça coûte combien ?, ça revient à combien ? ◆ **is there a charge?** faut-il payer ?, y a-t-il quelque chose à payer ? ◆ **at a charge of ...** pour ..., moyennant ... ◆ **for a small charge, we can supply ...** pour un prix modique, nous pouvons fournir ... ◆ **there's no charge for this, no charge is made for this** c'est gratuit ◆ **there is an extra** or **additional charge for ...** il y a un supplément (à payer) pour ... ◆ **to make a charge for sth** facturer qch ◆ **he made no charge for mending it** il n'a pas facturé la réparation, il n'a rien pris pour la réparation ◆ **he made a charge of £20 for doing it** il a facturé 20 livres pour le faire ◆ **charge for admission** droit m d'entrée ◆ **"no charge for admission"** "entrée libre" ◆ **charge for delivery** (Comm) frais mpl de port ; → **bank, delivery, free, reverse**

e [= **responsibility**] **I've been given charge of this class** on m'a donné la responsabilité ou la charge de cette classe ◆ **the patients in** or **under her charge** les malades mpl dont elle a la charge

◆ **in charge** ◆ **who's in charge here?** qui est le ou la responsable ? ◆ **look, I'm in charge here!** c'est moi qui commande ici ! ◆ **the person in charge** le ou la responsable ◆ **I left him in charge** je lui ai laissé la charge de tout

◆ **in charge of** ◆ **to be in charge of** [+ firm, department] diriger, être à la tête de ; [+ ship, plane] commander ; [+ operation, project] diriger, être responsable de ; [+ children, animals] s'occuper de, avoir la charge de ◆ **a few months later, he was in charge of the shop** au bout de quelques mois, il dirigeait le magasin ◆ **he's in charge of the shop when I'm out** c'est lui qui s'occupe du magasin ou qui surveille le magasin lorsque je m'absente ◆ **while in charge of a motor vehicle, he ...** alors qu'il était au volant d'un véhicule, il ... ◆ **to put sb in charge of** [+ firm, department, operation, project] confier à qn la direction de ; [+ ship, plane] confier à qn le commandement de ; [+ children, animals] confier aux soins or à la garde de qn ◆ **to put sb in charge of doing sth** charger qn de faire qch

◆ **to take charge** (in firm, project etc) prendre ou assurer la direction (*of* de) ; (in ship, plane) prendre or assurer le commandement (*of* de) ◆ **he took charge of the situation at once** il a immédiatement pris la situation en main ◆ **will you take charge of the children while I'm away?** est-ce que tu veux bien te charger des enfants pendant mon absence ?

f [= **person** or **thing cared for**] **she took her charges for a walk** elle a emmené les personnes dont elle avait la charge en promenade

g [Rel] (= priest's parish) cure f ◆ **the priest's charges** (= parishioners) les ouailles fpl du curé

h [= **financial burden**] charge f, fardeau m (*on* pour) ◆ **to be a charge on ...** constituer une charge ou un fardeau pour ...

i [= **instructions : frm**] recommandation f, instruction f ◆ **to have strict charge to do sth** avoir reçu l'ordre formel de faire qch ◆ **the judge's charge to the jury** (Jur) les recommandations données aux jurés par le juge

j [Elec, Phys] charge f ◆ **to put a battery on charge** mettre une batterie en charge ◆ **there is no charge left in the battery** la batterie est déchargée ou à plat ◆ **an electrical charge** une charge électrique ◆ **it still gives me a charge** * (fig) ça me fait toujours de l'effet

k [of firearm, rocket] charge f ; → **depth**

l [Her] meuble m

2 TRANSITIVE VERB

a [= **accuse**] (gen) accuser ; (Jur) inculper ◆ **to find sb guilty/not guilty as charged** déclarer qn coupable/non coupable ◆ **he charged that some companies had infringed the regulations** (US) il a allégué que certaines compagnies avaient enfreint le règlement ◆ **to charge sb with** (gen) accuser qn de ; (Jur) inculper qn de ◆ **to charge sb with doing** or **having done sth** accuser qn d'avoir fait qch ◆ **he was charged with murder/with stealing a car** (Jur) il a été inculpé de meurtre/de vol de voiture ; see also **2f**

b [= **attack**] [troops] charger, attaquer ; [police, bull] charger

c [in payment] [+ person] facturer à ; [+ amount] facturer (*for* pour) ◆ **to charge a commission** facturer une commission ◆ **to charge £100 a day** facturer 100 livres par jour ◆ **to charge a fair price** facturer or prendre un prix raisonnable ◆ **to charge sb a fee of £200** facturer 200 livres à qn

◆ **to charge sb for** ◆ **I charged him £20 for this table** je lui ai facturé 20 livres pour cette table, je lui ai fait payer cette table 20 livres ◆ **how much do you charge for mending shoes?** combien prenez-vous pour réparer des chaussures ? ◆ **to charge sb too much for sth** faire payer qch trop cher à qn ◆ **I won't charge you for that** je ne vous facturerai ou compterai rien pour cela

d [= **record as debt**: also **charge up**] mettre sur le compte, porter au compte ou au débit (*to sb* de qn) ◆ **to charge a book** (US: in library) inscrire un livre au registre du prêt ; → **cash**

◆ **to charge sth to sb** ◆ **charge all these purchases (up) to my account** mettez tous ces achats sur mon compte ◆ **I can charge it to the company** je peux le faire payer or rembourser par la société

e [+ firearm, battery] (also Phys) charger

f [= **command : frm**] **to charge sb to do sth** ordonner à qn ou sommer qn de faire qch ◆ **to charge sb with sth** confier qch à qn

3 INTRANSITIVE VERB

a [= **rush**] se précipiter, foncer ◆ **to charge in/out** entrer/sortir en coup de vent ◆ **to charge up/down** grimper/descendre à toute vitesse ◆ **to charge through** passer en coup de vent ; → **charge off**

b [Mil] **to charge (down) on the enemy** fondre or foncer sur l'ennemi

c [battery] se (re)charger, être en charge

4 COMPOUNDS

▷ **charge account** n (Comm) compte m ▷ **charge-cap** vt (Brit) fixer un plafond aux impôts locaux à ▷ **charge capping** n (Brit) plafonnement m des impôts locaux ▷ **charge card** n (Brit Comm) carte f de paiement ▷ **charge carrier** n (Elec) porteur m (de charges) ▷ **charge hand** n (Brit) sous-chef m d'équipe ▷ **charge nurse** n (Brit) infirmier m, -ière f en chef *(responsable d'une salle ou d'un pavillon)* ▷ **charge sheet** n (Brit Police) ≈ procès-verbal m

5 PHRASAL VERBS

▶ **charge down** vt sep (Rugby) ◆ **to charge a kick down** contrer un coup de pied ; see also **charge 3**

▶ **charge off** **1** vi partir en courant
2 vt sep (Comm) [+ machine] amortir ◆ **they charged off drilling costs as business expenses** ils ont imputé les coûts de forage à l'exploitation ◆ **to charge off an expense** passer une dépense en charge

▶ **charge up** **1** vi ⇒ **charge 3c**
2 vt sep ⇒ **charge 2e**

chargeable ['tʃɑːdʒəbl] adj **a** (Jur) crime, offence passible de poursuites ◆ **chargeable with sth** person passible de poursuites pour qch

b (= payable) fee à payer ◆ **a late entry fee of $20 is chargeable** il y a un supplément de 20 dollars à payer pour les inscriptions en retard ◆ **fees chargeable by the solicitor** honoraires mpl qu'il faut payer à l'avocat ◆ **the lowest lending rates chargeable by UK banks** les taux les plus bas pratiqués par les banques du Royaume-Uni

c (= assignable) expenses (to tax office) déductible ; (to employer) à la charge de l'employeur ◆ **chargeable to sb** à facturer à qn, à porter au compte de qn ◆ **chargeable to an account** imputable sur un compte

d (= taxable) asset imposable

charged ['tʃɑːdʒd] adj **a** (Elec) particles chargé
b (fig) **charged with emotion, emotionally charged** plein d'émotion ◆ **a highly charged atmosphere** une atmosphère très tendue

chargé d'affaires [ˌʃɑːʒeɪdæˈfɛə], pl **chargés d'affaires** chargé m d'affaires

charger ['tʃɑːdʒəʳ] n **a** [of battery, firearm] chargeur m
b (Mil = horse) cheval m (de combat)

chargrilled ['tʃɑːˌgrɪld] adj (Brit Culin) grillé au feu de bois

charily ['tʃɛərɪlɪ] adv prudemment, avec prudence or circonspection

chariot ['tʃærɪət] n char m

charioteer [ˌtʃærɪəˈtɪəʳ] n conducteur m de char, aurige m

charisma [kæˈrɪzmə] n (Rel, fig) charisme m

charismatic [ˌkærɪzˈmætɪk] adj **a** (= fascinating) person, personality, charm charismatique
b (Rel) church, movement charismatique ◆ **charismatic Christian** charismatique mf

charitable ['tʃærɪtəbl] → SYN adj **a** (= helping the needy) organization, foundation, institution caritatif ; donation à une œuvre d'intérêt public ◆ **charitable work** bonnes œuvres fpl ◆ **to have charitable status** avoir le statut d'organisation caritative
b (= kindly) person, thought, deed, gesture charitable (*to sb* envers qn) ◆ **to take a charitable view of sth** être indulgent pour qch

charitably ['tʃærɪtəblɪ] adv charitablement

charity ['tʃærɪtɪ] → SYN **1** n **a** (NonC) charité f ◆ **for charity's sake, out of charity** par (pure) charité ◆ (Prov) **charity begins at home** charité bien ordonnée commence par soi-même (Prov) ◆ **sister of Charity** (Rel) sœur f de charité ; → **cold, faith**
b (= charitable action) acte m de charité, action f charitable
c (NonC = alms) charité f, aumône f ◆ **to live on charity** vivre d'aumônes ◆ **to collect for charity** faire une collecte pour une œuvre (charitable) ◆ **the proceeds go to charity** les fonds recueillis sont versés à des œuvres (charitables)
d (= charitable society) fondation f or institution f caritative, œuvre f de bienfaisance
2 COMP ▷ **charity sale** n vente f de charité or de bienfaisance ▷ **charity shop** n boutique f vendant des articles d'occasion au profit d'une organisation caritative ▷ **charity toss** n (Basketball) lancer m franc

charlady ['tʃɑːleɪdɪ] n (Brit) femme f de ménage

charlatan ['ʃɑːlətən] → SYN **1** n charlatan m
2 adj charlatanesque

Charlemagne ['ʃɑːləmeɪn] n Charlemagne m

Charles [tʃɑːlz] n Charles m

charleston ['tʃɑːlstən] n charleston m

charley horse * ['tʃɑːlɪhɔːs] n (US) crampe f, spasme m

Charlie ['tʃɑːlɪ] n Charlot m ◆ **he must have looked a proper Charlie!** ⁂ (Brit) il a dû avoir l'air fin or malin ! ⁂ ◆ **I felt a right Charlie!** ⁂ (Brit) j'ai vraiment eu l'air idiot !

charlie ['tʃɑːlɪ] n (Drugs sl = cocaine) coke ⁂ f

charlock ['tʃɑːlɒk] n (Bot) moutarde f sauvage or des champs

charlotte ['ʃɑːlət] n (Culin) charlotte f ◆ **apple charlotte** charlotte f aux pommes

charm [tʃɑːm] → SYN **1** n **a** (= attractiveness) charme m, attrait m ◆ **a lady's charms** les charmes d'une dame ◆ **to have a lot of charm** avoir beaucoup de charme ◆ **to fall victim to sb's charms** succomber aux charmes de qn
b (= spell) charme m, enchantement m ◆ **to hold sb under a charm** tenir qn sous le charme ◆ **it works like a charm** * ça marche à merveille ◆ **the plan worked like a charm** * tout s'est déroulé exactement comme prévu
c (for bracelet) breloque f ; (= amulet) charme m, amulette f
2 vt (= attract, please) charmer, enchanter ; (= cast spell on) enchanter, ensorceler ; [+ snakes] charmer ◆ **to have** or **lead a charmed life** être béni des dieux ◆ **to charm sth out of sb** obtenir qch de qn par le charme or en lui faisant du charme ◆ **to charm one's way somewhere** s'introduire

charmer / cheap

quelque part grâce à son charme ◆ **to charm one's way out of a situation** se sortir d'une situation grâce à son charme ◆ **he could charm the birds off** or **out of the trees** il sait vraiment y faire

3 COMP ▷ **charm bracelet** n bracelet m à breloques ▷ **charmed circle** n **they seemed part of a charmed circle** ils semblaient comme protégés par un enchantement ▷ **charm offensive** n (hum) offensive f de charme ▷ **charm price** n prix m psychologique ▷ **charm school** n cours m de maintien

▶ **charm away** vt sep faire disparaître comme par enchantement or par magie ◆ **to charm away sb's cares** dissiper les soucis de qn comme par enchantement or par magie

charmer ['tʃɑːməʳ] n charmeur m, -euse f; → snake

charming ['tʃɑːmɪŋ] → SYN adj (also iro) charmant

charmingly ['tʃɑːmɪŋlɪ] adv behave, smile d'une façon charmante ◆ **charmingly naive/simple** d'une naïveté/simplicité charmante

charmless ['tʃɑːmlɪs] adj dénué de charme

charnel-house † ['tʃɑːnlhaʊs] n ossuaire m, charnier m

charr [tʃɑːʳ] n ⇒ **char**⁴

chart [tʃɑːt] → SYN **1** n **a** (= map) carte f (marine)
b (= graph) graphique m; (= diagram) diagramme m; (= table) tableau m; (Med) courbe f ◆ **temperature chart** (= sheet) feuille f de température; (= line) courbe f de température
c (Mus) **the charts** le Top 50, le hit-parade, le palmarès de la chanson ◆ **in the charts** au Top 50 ou au hit-parade ◆ **to reach the charts** figurer au Top 50 ou au hit-parade ◆ **to top the charts** être en tête des meilleures ventes ou du Top 50 ou du hit-parade
2 vt **a** (= draw on map) [+ route, journey] porter sur la carte
b (on graph) [+ sales, profits, results] faire le graphique ou la courbe de ◆ **this graph charts the progress made last year** ce graphique montre les progrès accomplis l'an dernier
c (fig = plan) organiser, planifier
3 COMP ▷ **chart topper** n (Mus) ≈ numéro m 1 du Top 50 ▷ **chart-topping** adj qui vient en tête des meilleures ventes ou du Top 50

charter ['tʃɑːtəʳ] → SYN **1** n **a** (= document) charte f; [of society, organization] statuts mpl, acte m constitutif ◆ **the Charter of the United Nations** la Charte des Nations unies ◆ **it's a muggers' charter** (fig) c'est un encouragement pour les agresseurs; → citizen
b (NonC) [of boat, plane, coach, train etc] affrètement m ◆ **on charter** sous contrat d'affrètement
c (also **charter flight**) (vol m) charter m
2 vt **a** accorder une charte à, accorder un privilège (par une charte) à
b [+ plane etc] affréter
3 COMP ▷ **chartered accountant** n (Brit, Can) expert-comptable mf, comptable mf agréé(e) (Can) ▷ **chartered company** n société f privilégiée ▷ **chartered society** n compagnie f à charte ▷ **chartered surveyor** n expert m immobilier ▷ **charter flight** n (vol m) charter m ◆ **to take a charter flight to Rome** aller à Rome en charter ▷ **charter member** n (US) membre m fondateur ▷ **charter party** n (Jur) charte-partie f ▷ **charter plane** n (avion m) charter m ▷ **charter train** n train m charter

charterer ['tʃɑːtərəʳ] n affréteur m

Charterhouse ['tʃɑːtəˌhaʊs] n (Literat) ◆ **"The Charterhouse of Parma"** "La Chartreuse de Parme"

Chartism ['tʃɑːtɪzəm] n (Hist) chartisme m

Chartist ['tʃɑːtɪst] n (Hist) ◆ **the Chartists** les chartistes mpl

chartreux [ʃɑːtrʌ] n (= cat) chartreux m

charwoman † ['tʃɑːˌwʊmən] n, pl **-women** femme f de ménage

chary ['tʃɛərɪ] adj **a** (= cautious) prudent, circonspect ◆ **to be chary of doing sth** hésiter à faire qch
b (= stingy) pingre, ladre † (also liter) (of de) ◆ **he is chary of praise** il est avare de compliments

chase¹ [tʃeɪs] → SYN **1** n (= action) chasse f, poursuite f; (Racing = steeple-chase) steeple m ◆ **a high-speed car chase** une course-poursuite en voiture ◆ **the chase for the championship** (Sport) la course au titre (de champion) ◆ **to give chase (to sb)** donner la chasse (à qn), se lancer à la poursuite (de qn) ◆ **US fighters gave chase to two enemy planes** des chasseurs américains ont donné la chasse à or se sont lancés à la poursuite de deux avions ennemis ◆ **they ran out and the police gave chase** ils sont sortis en courant et la police leur a donné la chasse or s'est lancée à leur poursuite ◆ **in chase of** à la poursuite de ◆ **the chase** (Sport) la chasse (à courre); (= huntsmen) la chasse, les chasseurs mpl; → paper, steeplechase, wild
2 vt poursuivre, donner la chasse à; [+ success, women, job etc] courir après ◆ **he chased him down the hill** il l'a poursuivi jusqu'au bas de la colline ◆ **she chased the thief for 100 metres** elle a poursuivi le voleur sur 100 mètres ◆ **2 000 unemployed people chasing five jobs** 2 000 chômeurs qui se disputent cinq emplois ◆ **to chase the dragon** *** (Drugs) fumer de l'héroïne
3 vi **a** (lit, fig) **to chase after sb** courir après qn
b (= rush) **to chase up/down/out** etc monter/descendre/sortir etc au grand galop ◆ **to chase about, to chase here and there** (Brit) courir à droite et à gauche

▶ **chase away** **1** vi * filer *, se tirer *
2 vt sep [+ person, animal] chasser, faire partir

▶ **chase down** vt sep **a** (= track down) retrouver
b (US = catch) rattraper

▶ **chase off** ⇒ **chase away**

▶ **chase up** * vt sep [+ information] rechercher; [+ sth already asked for] réclamer ◆ **to chase sb up for sth** relancer qn pour qch ◆ **I'll chase it up for you** (= hurry things along) je vais essayer d'activer les choses

chase² [tʃeɪs] vt (Tech) [+ diamond] sertir, enchâsser (in dans); [+ silver] ciseler; [+ metal] repousser; [+ screw] fileter

chaser ['tʃeɪsəʳ] n **a** (= pursuer) poursuivant m
b (Tech) graveur m sur métaux; [of screw] peigne m (à fileter)
c (* = drink) verre pris pour en faire descendre un autre

chasm ['kæzəm] n (lit, fig) gouffre m, abîme m

Chassidic [həˈsɪdɪk] adj (Rel) hassidique

Chassidim ['hæsɪdɪm] npl hassidim mpl

Chassidism ['hæsɪdɪzəm] n hassidisme m

chassis ['ʃæsɪ] → SYN n, pl **chassis** ['ʃæsɪz] (Aut) châssis m; (Aviat) train m d'atterrissage; (US *** = body) châssis *** m

chaste [tʃeɪst] → SYN **1** adj person chaste, pur; style sobre
2 COMP ▷ **chaste tree** n gattilier m, agnus-castus m

chastely ['tʃeɪstlɪ] adv behave chastement; dress avec sobriété, simplement

chasten ['tʃeɪsn] vt (= punish) châtier, corriger; (= subdue) assagir, calmer; (= rebuke) réprimander

chastened ['tʃeɪsnd] adj person assagi, calmé; style châtié

chasteness ['tʃeɪstnɪs] n (NonC) **a** (sexual) [of person, relationship] chasteté f
b (frm = simplicity) [of style] sobriété f

chastening ['tʃeɪsnɪŋ] adj thought qui fait réfléchir (à deux fois) ◆ **the accident had a chastening effect on him** l'accident l'a fait réfléchir

chastise [tʃæsˈtaɪz] → SYN vt (= scold) réprimander; (= punish) punir, châtier; (= beat) battre, corriger

chastisement ['tʃæstɪzmənt] n (NonC) **a** (= criticism) condamnation f, fustigation f (liter)
b († = punishment) châtiment m

chastity ['tʃæstɪtɪ] → SYN **1** n chasteté f
2 COMP ▷ **chastity belt** n ceinture f de chasteté

chasuble ['tʃæzjʊbl] n chasuble f

chat [tʃæt] → SYN **1** n (NonC) bavardage m; (= casual conversation) brin m de conversation or de causette * ◆ **to have a chat** bavarder un peu, faire un brin de conversation or de causette * ◆ **I must have a chat with him about this** il faut que je lui en parle or que je lui en touche un mot
2 vi bavarder, causer (with, to avec)
3 COMP ▷ **chat room** n (on the Web) forum m de discussion ▷ **chat show** n (Brit TV) causerie f télévisée ▷ **chat-up line** n (Brit) **that's his usual chat-up line** c'est son entrée en matière habituelle pour draguer *

▶ **chat up** * vt sep (Brit) baratiner *, faire du plat * à

chatline ['tʃætlaɪn] n (for dating) ≈ téléphone m rose

chattel ['tʃætl] **1** **chattels** npl (gen) biens mpl, possessions fpl; (Jur) biens meubles mpl ◆ **with all his goods and chattels** avec tout ce qu'il possède (or possédait etc)
2 COMP ▷ **chattel mortgage** n (Jur, Fin) nantissement m de biens meubles

chatter ['tʃætəʳ] → SYN **1** vi bavarder, jacasser (pej); [children, monkeys] jacasser; [birds] jacasser, jaser ◆ **his teeth were chattering** il claquait des dents
2 n [of person] bavardage m; [of birds, children, monkeys] jacassement m; [of teeth] claquement m

chatterbox * ['tʃætəbɒks], **chatterer** ['tʃætərəʳ] n moulin m à paroles *, bavard(e) m(f) ◆ **to be a chatterbox** être bavard comme une pie

chattering ['tʃætərɪŋ] **1** n bavardage m
2 COMP ▷ **the chattering classes** * npl (Brit esp pej) les intellos * mpl

chatty * ['tʃætɪ] adj person bavard; style familier, qui reste au niveau du bavardage; letter plein de bavardages ◆ **she was a regular Chatty Cathy** * (US) c'était un vrai moulin à paroles *

Chaucerian [tʃɔːˈsɪərɪən] adj de Chaucer, chaucérien

chauffeur ['ʃəʊfəʳ] **1** n chauffeur m (de maître)
2 vt ◆ **to chauffeur sb around** or **about** servir de chauffeur à qn
3 COMP ▷ **chauffeur-driven car** n voiture f avec chauffeur

chauvinism ['ʃəʊvɪnɪzəm] n (gen) chauvinisme m; (= male chauvinism) machisme m, phallocratie f

chauvinist ['ʃəʊvɪnɪst] **1** n (gen) chauvin(e) m(f); (= male chauvinist) phallocrate m
2 adj (gen) chauvin; (= male chauvinist) machiste, phallocrate ◆ **male chauvinist pig** phallocrate m

chauvinistic [ˌʃəʊvɪˈnɪstɪk] adj (gen) chauvin; (= male chauvinistic) machiste, phallocrate

chaw [tʃɔː] (dial) ⇒ **chew**

chayote [tʃɑːˈjəʊteɪ] n cristophine f

CHE [ˌsiːeɪtʃˈiː] (abbrev of **Campaign for Homosexual Equality**) campagne f pour l'égalité des homosexuels

cheap [tʃiːp] → SYN **1** adj **a** (= inexpensive) goods, services, housing, café, price, labour bon marché inv; rate, fare réduit; loan, credit à faible taux d'intérêt; currency, pound, dollar déprécié ◆ **cheaper** meilleur marché inv, moins cher (chère f) ◆ **it's 10 pence cheaper** ça coûte 10 pence de moins ◆ **a cheap electrician** un électricien pas cher ◆ **the cheapest seats are around £15** les places les moins chères sont autour de 15 livres ◆ **calls cost 36p per minute cheap rate** (Telec) les appels coûtent 36 pence la minute en tarif réduit ◆ **cheap edition** (Printing) édition f populaire ou bon marché ◆ **it was going cheap** * cela se vendait à bas prix ◆ **it is cheaper to buy than to rent** cela revient moins cher d'acheter que de louer ◆ **to be cheap to run** ne pas revenir cher à l'emploi ◆ **these cars are very cheap to produce** la production de ces voitures est très bon marché ◆ **quality doesn't come cheap** la qualité se paie ◆ **it's cheap at the price** * [goods, services] à ce prix-là, c'est bon marché ; [freedom] ce n'est pas cher payé ◆ **cheap and cheerful** * pas cher et sans prétentions ◆ **human life is cheap in wartime** la vie humaine ne vaut pas grand-chose en temps de guerre ; → **dirt**

b (pej = poor-quality) wine, material, brand, copy, imitation, perfume, seat bon marché ; cut of meat de qualité inférieure ; jewellery de pacotille ; hotel, café de second ordre ◆ **cheap and nasty** * wine, plastic minable et bon marché

c (pej) **on the cheap** * buy, employ au rabais ; decorate à bas prix ◆ **it was a bad idea, done on the cheap** c'était une mauvaise idée, réalisée avec de petits moyens

d (pej = unworthy) remark, question, opportunism, sensationalism de bas étage ; joke, jibe, trick, ploy, gimmick, woman facile ; behaviour, attitude minable ◆ **to feel cheap** se sentir minable ◆ **to look cheap** [person] avoir l'air minable ; [clothes, make-up] faire bon marché ◆ **to make o.s. cheap** s'avilir ◆ **cheap thrills** sensations fpl fortes

2 adv **a** (= inexpensively) bon marché ; (= cut-price) au rabais

3 COMP ▷ **cheap money** n (Econ) argent m bon marché ▷ **cheap-rate** adj à tarif réduit ▷ **cheap shot** n coup m bas

cheapen ['tʃiːpən] → SYN **1** vt baisser le prix de ; (fig) déprécier ◆ **to cheapen o.s.** se déprécier, s'abaisser

2 vi baisser, devenir moins cher

cheapie * ['tʃiːpɪ] **1** adj pas cher

2 n (= ticket/meal etc) billet m/repas m etc pas cher

cheapjack ['tʃiːpdʒæk] adj de mauvaise qualité

cheaply ['tʃiːplɪ] adv buy, sell bon marché ; borrow, produce, decorate, furnish, eat à bon marché ; live à peu de frais ; available à moindre prix ◆ (Prov) **two can live as cheaply as one** quand il y en a pour l'un, il y en a pour l'autre

cheapness ['tʃiːpnɪs] n (lit) bas prix m

cheapo * ['tʃiːpəʊ] adj bon marché

cheapshot ['tʃiːpʃɒt] vt (US) débiner *, dénigrer

cheapskate * ['tʃiːpskeɪt] n radin * mf, avare mf

cheat [tʃiːt] → SYN **1** vt (= deceive) tromper, duper ; (= defraud) frauder ; (= swindle) escroquer ; (fig) [+ time etc] tromper ◆ **to cheat sb at cards** tricher aux cartes en jouant avec qn ◆ **to cheat sb out of sth** escroquer qch à qn ◆ **to cheat sb into doing sth** faire faire qch à qn en le trompant ◆ **to feel cheated** (= swindled) se sentir floué ; (= betrayed) se sentir trahi

2 vi (at cards, games) tricher (at à) ; (= defraud) frauder ◆ **to cheat on sb** * (= be unfaithful to) tromper qn

3 n (also **cheater**: US) **a** (= person) tricheur m, -euse f

b (= deception) tricherie f, triche * f ◆ **it's a bit of a cheat to use ready-prepared meals** c'est un peu de la triche d'utiliser des plats cuisinés

cheater ['tʃiːtəʳ] n (US) ⇒ **cheat**

cheating ['tʃiːtɪŋ] **1** n (NonC) (at cards, games) tricherie f ; (= deceit) tromperie f ; (= fraud) fraude f ; (= swindle) escroquerie f

2 adj tricheur

Chechen ['tʃetʃən] **1** n, pl **Chechen** or **Chechens** (= person) Tchétchène mf

2 adj tchétchène

Chechenia [tʃeˈtʃeniə], **Chechnya** ['tʃetʃnɪə] n Tchétchénie f

check¹ [tʃek] n (US) ⇒ **cheque**

check² [tʃek] → SYN **1** n **a** (= setback) [of movement] arrêt m brusque ; (Mil) échec m, revers m ◆ **to hold** or **keep in check** (gen) [+ emotions etc] contenir, maîtriser ; (Mil) tenir en échec ◆ **to put a check on** mettre un frein à ◆ **to act as a check upon** constituer un frein à ◆ **checks and balances** (Pol) freins mpl et contrepoids mpl

b (= examination) [of papers, passport, ticket] contrôle m ; [of luggage] vérification f ; (at factory door) pointage m ◆ **to make a check on** contrôler ◆ **to keep a check on** surveiller ◆ **check!** * (US = OK) d'accord !, OK ! *

c (Chess) échec m ◆ **in check** en échec ◆ **check!** échec au roi !

d (US) [of left luggage] ticket m de consigne ; (Theat) ticket m de vestiaire ; [of restaurant] addition f

2 vt **a** (also **check out**) (= examine, verify) [+ accounts, figures, statement, quality etc] vérifier ; [+ tickets, passports] contrôler ; (= mark off) pointer, faire le pointage de ; (= tick off) cocher ◆ **to check a copy against the original** comparer une copie à l'original, collationner une copie avec l'original ◆ **I'll have to check whether** or **if there's an age limit** il faudra que je vérifie s'il y a une limite d'âge

b [+ baggage to be loaded] enregistrer

c (* ; also **check out** = look at) mater *, viser * ◆ **check his shoes!** vise (un peu) or mate un peu ses chaussures !

d (= stop) [+ enemy] arrêter ; [+ advance] enrayer ; (= restrain) [+ excitement] refréner, contenir ; [+ anger] maîtriser, réprimer ◆ **he was going to protest, but she checked him** il allait protester, mais elle l'a retenu ◆ **to check o.s.** se contrôler, se retenir ◆ **it is hoped that sex education will help check the spread of AIDS** on espère que l'éducation sexuelle aidera à enrayer la progression du sida

e (= rebuke) réprimander

f (Chess) faire échec à

g (US) [+ coats] (in cloakroom) mettre au vestiaire ; (Rail) [+ luggage] (= register) faire enregistrer ; [+ left luggage] mettre à la consigne

3 vi **a** **is Matthew there? – hold on, I'll just check** est-ce que Matthew est là ? – attends, je vais voir

b (= pause) s'arrêter (momentanément)

c (also **check out** = confirm each other) [figures, stories] correspondre, s'accorder

4 COMP ▷ **check-in** n (at airport) enregistrement m (des bagages) ◆ **your check-in time is half-an-hour before departure** présentez-vous à l'enregistrement des bagages une demi-heure avant le départ ▷ **check-out** n (Comm) caisse f (dans un libre-service) ▷ **check-out time** n (in hotel) heure f limite d'occupation

▶ **check in** **1** vi (in hotel) (= arrive) arriver ; (= register) remplir une fiche (d'hôtel) ; (at airport) se présenter à l'enregistrement

2 vt sep faire remplir une fiche (d'hôtel) à ; (at airport) enregistrer

3 check-in n → check²

▶ **check off** vt sep pointer, cocher

▶ **check on** vt fus [+ information, time etc] vérifier ◆ **to check on sb** voir ce que fait qn ◆ **just go and check on the baby** va jeter un coup d'œil sur le bébé

▶ **check out** **1** vi **a** (from hotel) régler sa note

b → check² 3c

c (* ; euph = die) passer l'arme à gauche * , mourir

2 vt sep **a** → check² 2a

b (* = look at) jeter un œil à *

c [+ luggage] retirer ; [+ person] contrôler la sortie de ; [+ hotel guest] faire payer sa note à

3 check-out n → check²

▶ **check over** vt sep examiner, vérifier

▶ **check up** **1** vi se renseigner, vérifier ◆ **to check up on sth** vérifier qch ◆ **to check up on sb** se renseigner sur qn

2 checkup n → checkup

CHECKS AND BALANCES

Dans le système politique américain, les "freins et contrepoids" sont des mécanismes qui tendent à garantir l'équilibre des pouvoirs par une stricte séparation entre l'exécutif, le législatif et le judiciaire, et à empêcher la domination d'un de ces pouvoirs sur les autres. Dans l'esprit des auteurs de la Constitution, la liberté est assurée par le fait qu'il est toujours possible de contester les pouvoirs du Président, du Congrès, des tribunaux ou de l'administration des États.

---

check³ [tʃek] **1** n (gen pl) ◆ **checks** (= pattern) carreaux mpl, damier m ; (= cloth) tissu m à carreaux ◆ **broken check** pied-de-poule m

2 COMP ⇒ **checked**

checkbook ['tʃekbʊk] n (US) carnet m de chèques, chéquier m

checked [tʃekt] adj **a** tablecloth, suit, pattern à carreaux

b (Phon) vowel entravé

checker ['tʃekəʳ] n **a** (= examiner) **fact checker** vérificateur m, -trice f ◆ **work checker** contrôleur m, -euse f du travail ; → **grammar, spell**

b (US) (in supermarket) caissier m, -ière f ; (in cloakroom) préposé(e) m(f) au vestiaire

checkerboard ['tʃekəbɔːd] **1** n (US) (Chess) échiquier m ; (Checkers) damier m

2 COMP ▷ **checkerboard pattern** n motif m à damiers

Checker cab ® ['tʃekəˌkæb] n (US Aut) ancien modèle de taxi américain à damier

checkered ['tʃekəd] (US) ⇒ **chequered**

checkers ['tʃekəz] npl (US) jeu m de dames

checking ['tʃekɪŋ] **1** n (NonC) [of equipment, system, facts, exam paper, document] vérification f ; [of ticket, passport] contrôle m ; (Med) examen m médical ◆ **to do some checking on sb/sth** effectuer des vérifications sur qn/qch

2 COMP ▷ **checking account** n (US Fin) compte m courant ▷ **checking deposit** n dépôt m à vue

checklist ['tʃeklɪst] n (gen, Aviat) check-list f, liste f de contrôle

checkmate ['tʃekmeɪt] **1** n (Chess) (échec m et) mat m ; (fig) échec m total, fiasco m

2 vt (Chess) mettre (échec et) mat ; (fig) [+ person] coincer *, faire échec à ; [+ plans etc] déjouer

checkpoint ['tʃekpɔɪnt] **1** n (Aut, Mil, Sport) (poste de) contrôle m

2 COMP ▷ **Checkpoint Charlie** n (Mil) Checkpoint m Charlie

checkroom ['tʃekrʊm] n (US = cloakroom) vestiaire m

checkup ['tʃekʌp] n (gen) contrôle m, vérification f ; (Med) bilan m de santé, check-up m ◆ **to go for** or **have a checkup** (Med) se faire faire un bilan (de santé)

cheddar ['tʃedəʳ] n (fromage m de) cheddar m

cheddite ['tʃedaɪt] n cheddite f

cheek [tʃiːk] → SYN **1** n **a** (Anat) joue f ◆ **cheek by jowl** côte à côte ◆ **cheek by jowl with** tout près de ◆ **to dance cheek to cheek** danser joue contre joue ◆ **to turn the other cheek** tendre l'autre joue ; → **tongue**

b (= buttock) fesse f

c (= impudence) effronterie f, toupet * m, culot * m ◆ **to have the cheek to do sth** * avoir le toupet * or le culot * de faire qch ◆ **what (a) cheek!** ◆ **of all the cheek!** * quel culot ! * , quel toupet ! * ◆ **the cheek of it!** * ce toupet ! *

2 vt (Brit *) [+ person] être insolent avec, narguer

3 COMP ▷ **cheek pouch** n (Zool) abajoue f

cheekbone ['tʃiːkbəʊn] n pommette f

cheekily ['tʃiːkɪlɪ] adv (Brit) say avec insolence ; grin d'un air effronté

cheekiness ['tʃiːkɪnɪs] n effronterie f, toupet * m, culot * m

cheeky ['tʃiːkɪ] → SYN adj child effronté, insolent ; remark impertinent ◆ **cheeky child** petit(e) effronté(e) m(f) ◆ **(you) cheeky monkey!** * quel toupet ! *

cheep [tʃiːp] **1** n [of bird] piaulement m ; [of mouse] couinement m ◆ **cheep, cheep!** cui-cui !

2 vi [bird] piauler ; [mouse] couiner

cheer [tʃɪəʳ] → SYN **1** n **a** **cheers** acclamations fpl, applaudissements mpl, hourras mpl, bravos mpl ◆ **to give three cheers for** acclamer ◆ **three cheers for …!** un ban pour …!, hourra pour …! ◆ **three cheers!** hourra ! ◆ **the children gave a loud cheer** les enfants ont poussé des acclamations ◆ **cheers!** * (esp Brit) (= your health!) à la vôtre ! * (or à la tienne ! *) ; (= goodbye) salut !, tchao ! * ; (= thanks) merci !

cheerful († = cheerfulness) gaieté f, joie f ◆ **words of cheer** paroles fpl d'encouragement ◆ **be of good cheer!** prenez courage !

c (†† = food etc) chère † f ◆ **good cheer** bonne chère

[2] vt a (also **cheer up**) [+ person] remonter le moral à, réconforter ; [+ room] égayer

b (= applaud) acclamer, applaudir

[3] vi applaudir, pousser des vivats or des hourras

▶ **cheer on** vt sep [+ person, team] encourager

▶ **cheer up** [1] vi (= be gladdened) s'égayer, se dérider ; (= be comforted) prendre courage, prendre espoir ◆ **cheer up!** courage !

[2] vt sep ⇒ **cheer 2a**

cheerful ['tʃɪəfʊl] → SYN adj person joyeux, gai ; mood, colour, occasion, place, atmosphere gai ; smile, expression, voice, conversation enjoué ; news, prospect, outlook, belief réjouissant ◆ **to be cheerful about sth** se réjouir de qch ◆ **to sound cheerful** avoir l'air réjoui ; → **cheap**

cheerfully ['tʃɪəfʊlɪ] adv a (= happily) smile, say, greet joyeusement, gaiement

b (= enthusiastically) work avec enthousiasme ◆ **she went cheerfully off to work** elle partit gaiement au travail

c (= blithely) ignore allègrement

d (= gladly) **I could cheerfully strangle him** * je l'étranglerais avec joie

cheerfulness ['tʃɪəfʊlnɪs] → SYN n [of person] bonne humeur f, gaieté f ; [of smile, conversation, place] gaieté f

cheerily ['tʃɪərɪlɪ] adv gaiement, avec entrain

cheeriness ['tʃɪərɪnɪs] n gaieté f, jovialité f

cheering ['tʃɪərɪŋ] → SYN [1] n (NonC) acclamations fpl, hourras mpl

[2] adj news, sight réconfortant, réjouissant

cheerio * ['tʃɪərɪəʊ] excl (esp Brit) a (= goodbye) salut ! *, tchao ! *

b († = your health) à la vôtre (or à la tienne) !

cheerleader ['tʃɪəliːdəʳ] n (Sport) pom-pom girl f ; (fig) meneur m, -euse f (qui œuvre pour une cause, une personnalité politique)

cheerless ['tʃɪəlɪs] → SYN adj person, thing morne, triste

cheery ['tʃɪərɪ] → SYN adj gai, joyeux

cheese [tʃiːz] [1] n fromage m ◆ **Dutch cheese** fromage m de Hollande ◆ **"say cheese!"** (for photograph) "un petit sourire !" ◆ **big cheese** * gros bonnet m ; → **cottage, cream, lemon**

[2] vt a (Brit *) **to be cheesed (off)** en avoir marre * ◆ **to be cheesed off with sth** en avoir marre de qch *

b (US) **cheese it!** * * (= look out) vingt-deux ! * * ; (= run away) tire-toi ! *

[3] COMP sandwich au fromage ▷ **cheese and wine (party)** n ≈ buffet m campagnard ▷ **cheese dip** n sauce au fromage dans laquelle on trempe des légumes etc en bâtonnets ▷ **cheese dish** n ⇒ **cheeseboard** ▷ **cheese straw** n allumette f au fromage ▷ **cheese wire** n fil m à couper le beurre

cheeseboard ['tʃiːzbɔːd] n (= dish) plateau m à fromage(s) ; (with cheeses on it) plateau m de fromages

cheeseburger ['tʃiːzˌbɜːgəʳ] n hamburger m au fromage, cheeseburger m

cheesecake ['tʃiːzkeɪk] n (NonC) (Culin) cheesecake m, ≈ gâteau m au fromage blanc ; (* fig) photo f (de fille) déshabillée

cheesecloth ['tʃiːzklɒθ] n (for cheese) étamine f, mousseline f à fromage ; (for clothes) toile f à beurre

cheeseparing ['tʃiːzˌpɛərɪŋ] [1] n économie(s) f(pl) de bouts de chandelles

[2] adj person pingre, qui fait des économies de bouts de chandelles ; attitude, action mesquin

cheesy ['tʃiːzɪ] adj a (lit) qui a un goût de fromage, qui sent le fromage

b (* = naff) moche *, ringard *

c * grin large

d (* = banal) rebattu

cheetah ['tʃiːtə] n guépard m

chef [ʃef] n chef m (de cuisine)

chef d'œuvre [ˌʃeɪˈdɜːvrə] n, pl **chefs d'œuvre** chef-d'œuvre m

cheiromancer ['kaɪərəmænsəʳ] n ⇒ **chiromancer**

cheiromancy ['kaɪərəmænsɪ] n ⇒ **chiromancy**

Chekhov ['tʃekɒf] n Tchekhov m

chelate ['kiːleɪt] (Chem) [1] vt chélater

[2] n chélate m

[3] COMP ▷ **chelating agent** n chélateur m

chelicera [kɪˈlɪsərə] n, pl **chelicerae** [kɪˈlɪsəriː] (Zool) chélicère f

cheloid ['kiːlɔɪd] n chéloïde f

Chelsea Pensioner [ˌtʃelsɪˈpenʃənəʳ] n (Brit) ancien combattant résidant au Chelsea Royal Hospital

chemical ['kemɪkəl] → SYN [1] adj chimique

[2] n (gen pl) produit m chimique

[3] COMP ▷ **chemical agent** n agent m chimique ▷ **chemical castration** n castration f chimique ▷ **chemical engineer** n ingénieur m en génie chimique ▷ **chemical engineering** n génie m chimique ▷ **chemical plant** n usine f chimique ▷ **chemical toilet** n toilettes fpl chimiques ▷ **chemical warfare** n guerre f chimique ▷ **chemical weapons** npl armes fpl chimiques

chemically ['kemɪkəlɪ] adv chimiquement

chemiluminescence [ˌkemɪˌluːmɪˈnesns] n (Chem) chimioluminescence f

chemiluminescent [ˌkemɪˌluːmɪˈnesnt] adj (Chem) chimioluminescent

chemise [ʃəˈmiːz] n (= undergarment) chemise f (de femme) ; (= dress) robe-chemisier f

chemist ['kemɪst] n a (= researcher etc) chimiste mf

b (Brit = pharmacist) pharmacien(ne) m(f) ◆ **chemist's (shop)** pharmacie f

chemistry ['kemɪstrɪ] [1] n chimie f ◆ **they work so well together because the chemistry is right** ils travaillent très bien ensemble parce que le courant passe

[2] COMP laboratory, lesson, teacher de chimie ▷ **chemistry set** n panoplie f de chimiste

chemoreceptor [ˌkeməʊrɪˈseptəʳ] n (Physiol) chimiorécepteur m

chemosynthesis [ˌkeməʊˈsɪnθɪsɪs] n (Bio) chimiosynthèse f

chemotaxis [ˌkeməʊˈtæksɪs] n chimiotactisme m

chemotherapeutic [ˌkiːməʊθerəˈpjuːtɪk] adj chimiothérapique

chemotherapist [ˌkiːməʊˈθerəpɪst] n chimiothérapeute mf

chemotherapy [ˌkeməʊˈθerəpɪ] n chimiothérapie f

chenille [ʃəˈniːl] n (Tex) chenille f

Cheops ['kiːɒps] n (Antiq) Khéops or Chéops m

Chephren ['kefrən] n (Antiq) Khéphren or Chéphren m

cheque, check (US) [tʃek] [1] n chèque m ◆ **cheque for £10** chèque m de 10 livres ◆ **cheque in the amount of $10** chèque m de 10 dollars ◆ **to pay by cheque** payer par chèque ◆ **to cross a cheque** (Brit) barrer un chèque ◆ **bad** or **dud** * or **rubber** * **cheque** chèque m sans provision or en bois *

[2] COMP ▷ **cheque account** n compte-chèque m ▷ **cheque card** n (Brit) carte f d'identité bancaire ; → **traveller**

chequebook ['tʃekbʊk] [1] n carnet m de chèques, chéquier m

[2] COMP ▷ **chequebook journalism** n (pej) pratique qui consiste à payer des sommes considérables pour obtenir les confidences exclusives de personnes impliquées dans une affaire

chequered, checkered (US) ['tʃekəd] [1] adj a (= varied) history, career, past en dents de scie

b (= checked) tablecloth, dress, shirt, pattern à carreaux ◆ **chequered floor** or **tiles** carrelage m

[2] COMP ▷ **chequered flag** n (Motor Racing) drapeau m à damier

Chequers ['tʃekəz] n (Brit) résidence secondaire officielle du Premier ministre

chequers ['tʃekəz] n jeu m de dames

Chereemiss [ˌtʃerəˈmɪs] n (Ling) tchérémisse m

cherish ['tʃerɪʃ] → SYN vt [+ person] chérir, aimer ; [+ feelings, opinion] entretenir ; [+ hope, illusions] nourrir, caresser ; [+ memory] chérir

cherished ['tʃerɪʃt] adj dream, belief, ambition, memory cher ◆ **a cherished memory of mine** un souvenir qui m'est cher

Chernobyl [tʃɜːˈnəʊbɪl] n Tchernobyl m

chernozem ['tʃɜːnəʊˌzem] n tchernoziom m

Cherokee ['tʃerəkiː] n (= person) Cherokee mf

cheroot [ʃəˈruːt] n petit cigare m (à bouts coupés), cigarillo m

cherry ['tʃerɪ] [1] n a (= fruit) cerise f ; (also **cherry tree**) cerisier m ◆ **wild cherry** (= fruit) merise f ; (= tree) merisier m ; → **bite**

b (* * = virginity) **to take sb's cherry** dépuceler qn ◆ **to lose one's cherry** se faire dépuceler *

[2] COMP (= colour) (rouge) cerise f ; (liter) lips vermeil ; (Culin) pie, tart aux cerises ▷ **cherry blossom** n (NonC) fleurs fpl de cerisier ▷ **cherry bomb** n (US) pétard m (rond et rouge) ▷ **cherry brandy** n cherry m, liqueur f de cerise ▷ **cherry laurel** n (Bot) laurier-cerise m ▷ **cherry orchard** n cerisaie f ▷ **cherry picker** n (= vehicle) grue f à nacelle ▷ **cherry plum** n (Bot) (prunier m) myrobolan m ▷ **cherry-red** adj (rouge) cerise inv ▷ **cherry tomato** n tomate f cerise

cherry-pick ['tʃerɪpɪk] vt trier sur le volet

chert [tʃɜːt] n (Miner) chert m

cherub ['tʃerəb] n a pl **cherubs** chérubin m, petit ange m

b pl **cherubim** ['tʃerəbɪm] (Rel) chérubin m

cherubic [tʃeˈruːbɪk] → SYN adj child, face, smile angélique

chervil ['tʃɜːvɪl] n cerfeuil m

Ches. abbrev of **Cheshire**

Cheshire cat [ˌtʃeʃəˈkæt] n ◆ **to grin like a Cheshire cat** avoir un sourire jusqu'aux oreilles

chess [tʃes] [1] n échecs mpl

[2] COMP ▷ **chess piece** n ⇒ **chessman** ▷ **chess set** n jeu m d'échecs

chessboard ['tʃesbɔːd] n échiquier m

chessman ['tʃesmæn] n, pl **-men** pièce f (de jeu d'échecs)

chessplayer ['tʃesˌpleɪəʳ] n joueur m, -euse f d'échecs

chest[1] [tʃest] → SYN [1] n (= box) coffre m, caisse f ; (= tea chest) caisse f ; → **medicine, toolchest**

[2] COMP ▷ **chest freezer** n congélateur-bahut m ▷ **chest of drawers** n commode f

chest[2] [tʃest] [1] n (Anat) poitrine f, cage f thoracique (Med frm) ◆ **to have a weak chest** être faible des bronches ◆ **to get something off one's chest** * dire ce que l'on a sur le cœur

[2] COMP ▷ **chest cold** n inflammation f des voies respiratoires ▷ **chest expander** n extenseur m (pour développer les pectoraux) ▷ **chest infection** n infection f des voies respiratoires ▷ **chest pain** n (NonC) ⇒ **chest pains** ▷ **chest pains** npl douleurs fpl de poitrine ▷ **chest specialist** n spécialiste mf des voies respiratoires

chesterfield ['tʃestəfiːld] n canapé m, chesterfield m

chestnut ['tʃesnʌt] [1] n a (= fruit) châtaigne f ; (Culin) châtaigne f, marron m ◆ **to pull sb's chestnuts out of the fire** tirer les marrons du feu pour qn ; → **horse, Spanish, sweet**

b (also **chestnut tree**) châtaignier m, marronnier m

c (= horse) alezan m

d (pej) (old) chestnut * (= story) vieille histoire f rabâchée ; (= joke) vieille blague * f usée

[2] adj (also **chestnut-brown**) châtain ◆ **chestnut hair** cheveux mpl châtains

[3] COMP ▷ **chestnut horse** n (cheval m) alezan m

chesty ['tʃestɪ] adj (Brit) person fragile de la poitrine ; cough de poitrine

Chetnik ['tʃetnɪk] n (Pol, Hist) tchetnik m

cheval glass [ʃəˈvælˌglɑːs] n psyché f (glace)

chevron ['ʃevrən] n chevron m

chew [tʃuː] → SYN **1** vt [+ food] mâcher, mastiquer ; [+ betel, coca etc] chiquer ; [+ pencil] mâchonner, mordiller ; [+ lip] mordiller ◆ **to chew tobacco** chiquer ◆ **to chew the cud** (lit, fig) ruminer ◆ **to chew the fat**‡ or **the rag**‡ tailler le bout de gras*, tailler une bavette *

2 n **a** (= action) mastication f
b (Brit = sweet) bonbon m ; [of tobacco] chique f
3 COMP ▷ **chewing gum** n chewing-gum m

▶ **chew on** vt fus (fig) [+ facts, problem] tourner et retourner

▶ **chew out** vt sep engueuler

▶ **chew over** vt sep [+ problem etc] (= think over) tourner et retourner ; (= discuss) discuter de

▶ **chew up** vt sep mâchonner, mâchouiller *

chewy ['tʃuːɪ] **1** adj (pej) difficile à mâcher
2 COMP ▷ **chewy toffee** n caramel m mou

Cheyenne [ʃaɪˈæn] n (= person) Cheyenne mf

chi [kaɪ] n (= letter) chi m

chiaroscuro [kɪˌɑːrəsˈkʊərəʊ] n clair-obscur m

chiasma [kaɪˈæzmə] n, pl **chiasmas** or **chiasmata** [kaɪˈæzmətə] (Anat) chiasma m, chiasme m

chiasmus [kaɪˈæzməs] n, pl **chiasmi** [kaɪˈæzmaɪ] (Ling) chiasme m

chic [ʃiːk] → SYN **1** adj chic inv, élégant
2 n chic m, élégance f

chicane [ʃɪˈkeɪn] n (Motor Racing) chicane f

chicanery [ʃɪˈkeɪnərɪ] n (= legal trickery) chicane f ; (= false argument) chicane f, chicanerie f

Chicano [tʃɪˈkɑːnəʊ] n (US) Mexicain(e) m(f) américain(e), Chicano mf

chichi * ['ʃiːʃiː] adj trop recherché

chick [tʃɪk] n **a** (= chicken) poussin m ; (= nestling) oisillon m ; → **day**
b (‡ = child) poulet * m, coco * m ◆ **come here chick!** viens ici mon coco or mon petit poulet !
c (‡ = girl) pépée‡ f, poulette‡ f

chickadee ['tʃɪkəˌdiː] n mésange f à tête noire

chicken ['tʃɪkɪn] **1** n poulet(te) m(f) ; (very young) poussin m ; (Culin) poulet m ◆ **she's no (spring) chicken** * (pej) elle n'est plus toute jeune or de la première jeunesse ◆ **you're a big chicken at times!** (pej) quelle poule mouillée tu fais parfois ! * ◆ **to run around like a headless chicken** or **like a chicken with its head cut off** courir dans tous les sens, ne pas savoir où donner de la tête ◆ **which came first, the chicken or the egg?** qui vient en premier, l'œuf ou la poule ? ◆ **it's a chicken and egg situation** * c'est la vieille histoire de l'œuf et de la poule ◆ **don't count your chickens (before they're hatched)** il ne faut pas vendre la peau de l'ours (avant de l'avoir tué)
2 adj (* pej = cowardly) froussard * ◆ **to play chicken** jouer au premier qui se dégonfle *
3 COMP ▷ **chicken farmer** n éleveur m de poules or de volailles, volailleur m ▷ **chicken farming** n élevage m avicole or de volailles or de poules ▷ **chicken-hearted** adj peureux ▷ **chicken liver** n foie(s) m(pl) de volaille ▷ **chicken run** n poulailler m ▷ **chicken wire** n grillage m

▶ **chicken out**‡ vi se dégonfler * ◆ **he chickened out of his exams** au moment de ses examens, il s'est dégonflé * ◆ **he chickened out of asking her to dinner** il s'est dégonflé * au moment de l'inviter à dîner

chickenfeed ['tʃɪkɪnfiːd] n **a** (lit) nourriture f pour volaille
b (esp US * = insignificant sum) somme f dérisoire, bagatelle f

chickenpox ['tʃɪkɪnpɒks] n varicelle f

chickenshit *‡ ['tʃɪkənʃɪt] (US) **1** n **a** (= coward) dégonflé(e)‡ m(f)
b (NonC = worthless) **to be chickenshit** être de la merde‡
2 adj **a** (= cowardly) dégonflé‡
b (= worthless) de merde‡

chickpea ['tʃɪkpiː] n pois m chiche

chickweed ['tʃɪkwiːd] n mouron m blanc or des oiseaux

chicory ['tʃɪkərɪ] n (for coffee) chicorée f ; (= endive) endive f ; (= frisée) chicorée f frisée

chide [tʃaɪd] → SYN pret **chided** or **chid** [tʃɪd] ptp **chided** or **chidden** ['tʃɪdn] vt gronder, réprimander

chief [tʃiːf] → SYN **1** n **a** (gen) chef m ◆ **in chief** (= principally) principalement, surtout ; → **commander, lord**
b (* = boss) patron m ◆ **yes, chief!** oui, chef or patron ! ◆ **too many chiefs and not enough Indians** * trop de chefs et pas assez d'exécutants
c (Her) chef m
2 adj principal, en chef
3 COMP ▷ **chief assistant** n premier assistant m ▷ **chief constable** n (Brit Police) ≈ directeur m (de police) ▷ **chief education officer** n (Scol) ≈ recteur m d'académie ▷ **chief engineer** n (Naut) ingénieur m en chef ▷ **Chief Executive** n (Brit: in local government) directeur m ; (US Pol) chef m de l'Exécutif, président m des États-Unis ▷ **chief executive officer** n (Ind, Comm) directeur m général ▷ **chief inspector** n (gen) inspecteur m principal or en chef ; (Brit Police) commandant m (des gardiens de la paix) ▷ **chief inspector of schools** n (Brit Scol) ≈ inspecteur m général ▷ **chief master sergeant** n (US Aviat) major m ▷ **chief of police** n ≈ préfet m de police ▷ **chief of staff** n (Mil) chef m d'état-major ◆ **(White House) Chief of Staff** (US) secrétaire mf général (de la Maison-Blanche) ▷ **chief of state** n chef m d'État ▷ **chief petty officer** n (Naut) ≈ maître m ▷ **chief priest** n archiprêtre m ▷ **chief rabbi** n grand rabbin m ▷ **Chief Secretary (to the Treasury)** n (Brit Pol) ≈ ministre m délégué au budget ▷ **chief state school officer** n (US Scol) ≈ recteur m d'académie ▷ **chief superintendent** n (Brit Police) ≈ commissaire m divisionnaire ▷ **chief technician** n (gen) technicien m en chef ; (Mil) sergent m (de l'armée de l'air) ▷ **chief town** n chef-lieu m ▷ **chief warrant officer** n (Mil) adjudant m chef ▷ **chief whip** n (Brit Parl) chef des parlementaires responsable de la discipline de vote ; → **lord**

CHIEF WHIP

Le parti gouvernemental et celui de l'opposition britanniques ont chacun leur **Chief Whip**, qui est le responsable de la discipline du parti à la Chambre des communes. Il tient les députés informés des activités parlementaires et fait remonter l'opinion des députés jusqu'à la direction du parti. Il veille également à ce que les députés participent aux scrutins importants ; son rôle est donc particulièrement décisif lorsque le gouvernement ne dispose que d'une faible majorité aux Communes.

---

chiefly ['tʃiːflɪ] → SYN adv principalement, surtout

chieftain ['tʃiːftən] n chef m (de clan, de tribu)

chiffchaff ['tʃɪftʃæf] n pouillot m véloce

chiffon ['ʃɪfɒn] **1** n mousseline f de soie
2 adj dress en mousseline (de soie)

chignon ['ʃiːnjɔːŋ] n chignon m

chihuahua [tʃɪˈwɑːwɑː] n chihuahua m

chilblain ['tʃɪlbleɪn] n engelure f

child [tʃaɪld] → SYN pl **children** **1** n **a** enfant mf ◆ **when still a child, he ...** tout enfant, il ... ◆ **don't be such a child** ne fais pas l'enfant ◆ **she has three children** elle a trois enfants ◆ **children's publishing** l'édition f jeunesse ◆ **to be with child** † être enceinte
b (fig) produit m, fruit m ◆ **the child of his imagination** le produit or le fruit de son imagination ; → **brain**
2 COMP labour des enfants ; psychology, psychiatry de l'enfant, infantile ; psychologist, psychiatrist pour enfants ▷ **child abduction** n (Jur) enlèvement m d'enfant ▷ **child abuse** n (gen) maltraitance f d'enfant(s) ; (sexual) abus m sexuel sur enfant, sévices mpl sexuels infligés à enfant ▷ **child abuser** n (gen) auteur m de sévices sur enfant(s) ; (sexual) auteur m de sévices sexuels or abus sexuels sur enfants ▷ **child battering** n mauvais traitements mpl à enfant, maltraitance f d'enfant(s) ▷ **child benefit** n (Brit) ≈ allocations fpl familiales ▷ **child care** n protection f infantile or de l'enfance, assistance f à l'enfance ▷ **child-care center** n (US) crèche f, garderie f ▷ **child-care worker** n travailleur m, -euse f social(e) (s'occupant d'enfants) ▷ **child guidance** n soutien m psychopédagogique ◆ **child guidance centre** or **clinic** centre m psychopédagogique ▷ **child-killer** n infanticide mf ▷ **child lock** n [of door] (serrure f de) sécurité f enfants ▷ **child molester** † n auteur m de sévices sexuels or d'abus sexuels sur enfant(s) ▷ **child prodigy** n enfant mf prodige ▷ **Child Protection Register** n (Brit) registre des enfants en danger selon les services locaux de la protection de l'enfance ▷ **child sex abuser** n (gen) auteur m de sévices sexuels or abus sexuels sur enfants ▷ **child's play** n (fig) **it's child's play** c'est enfantin, c'est un jeu d'enfant (to sb pour qn) ▷ **Child Support Agency** n (Brit) organisme chargé de faire respecter le paiement des pensions alimentaires chez les couples divorcés ; → **DSS** ▷ **child welfare** n protection f de l'enfance ◆ **Child Welfare Centre** centre m or service m de protection de l'enfance

childbearing ['tʃaɪldˌbɛərɪŋ] n (NonC) maternité f ◆ **constant childbearing** grossesses fpl répétées ◆ **of childbearing age** en âge d'avoir des enfants

childbed ['tʃaɪldbed] n ◆ **in childbed** en couches

childbirth ['tʃaɪldbɜːθ] → SYN n accouchement m ◆ **in childbirth** en couches

childhood ['tʃaɪldhʊd] → SYN n enfance f ◆ **in his childhood** he ... tout enfant il ... ; → **second**

childish ['tʃaɪldɪʃ] → SYN adj **a** behaviour puéril (puérile f) ◆ **childish reaction** réaction f puérile ◆ **don't be so childish** ne fais pas l'enfant ◆ **he was very childish about it** il s'est montré très puéril à ce sujet
b ailment, disease infantile ◆ **childish games** jeux mpl d'enfant

childishly ['tʃaɪldɪʃlɪ] adv (pej) say, behave, act puérilement, d'une manière puérile ◆ **childishly simple** simple comme bonjour, d'une simplicité enfantine

childishness ['tʃaɪldɪʃnɪs] n (slightly pej) puérilité f, enfantillage m

childless ['tʃaɪldlɪs] adj sans enfants

childlessness ['tʃaɪldlɪsnɪs] n fait de ne pas avoir d'enfants

childlike ['tʃaɪldlaɪk] → SYN adj d'enfant, enfantin

Childline ['tʃaɪldlaɪn] n ≈ S.O.S. Enfants en péril (numéro de téléphone mis à la disposition des enfants maltraités)

childminder ['tʃaɪldˌmaɪndəʳ] n (Brit) assistante f maternelle, nourrice f

childminding ['tʃaɪldˌmaɪndɪŋ] n (Brit) garde f d'enfants (en bas âge)

childproof ['tʃaɪldpruːf] adj door etc sans danger pour les enfants ◆ **childproof (door) lock** (serrure f de) sécurité f enfants ◆ **the house is childproof** * (= safe) la maison est sans danger pour les enfants ; (= cannot be damaged) les enfants ne peuvent rien abîmer dans la maison

children ['tʃɪldrən] npl of **child** → **home**

childrenswear ['tʃɪldrənzwɛəʳ] n (= clothing) vêtements mpl pour enfants ; (= department) rayon m enfants

Chile ['tʃɪlɪ] **1** n le Chili
2 COMP ▷ **Chile pine** n (Bot) araucaria m

Chilean ['tʃɪlɪən] **1** adj chilien
2 n Chilien(ne) m(f)

chili ['tʃɪlɪ] **1** n, pl **chilies** piment m (rouge) ◆ **chili con carne** chili con carne m
2 COMP ▷ **chili dog** n (US) hot dog au chili con carne ▷ **chili powder** n piment m (rouge) en poudre, poudre f de piment

chill [tʃɪl] → SYN **1** n **a** (lit) fraîcheur f, froid m ◆ **there's a chill in the air** il fait assez frais or un peu froid ◆ **to take the chill off** [+ wine] chambrer ; [+ water, room] réchauffer un peu
b (fig) froid m, froideur f ◆ **to cast a chill over** jeter un froid sur ◆ **there was a certain chill in the way she looked at me** il y avait une certaine froideur dans sa façon de me regarder ◆ **it sent a chill down my spine** j'en

chiller / chiv — ANGLAIS-FRANÇAIS 146

ai eu un frisson dans le dos ◆ **he felt a certain chill as he remembered ...** il a eu un or le frisson en se rappelant ...
c (Med) refroidissement m ◆ **to catch a chill** prendre froid, attraper un refroidissement
2 adj (liter) frais (fraîche f), froid ; (fig) froid, glacial
3 vt **a** (lit) [+ person] faire frissonner, donner froid à ; [+ wine, melon] (faire) rafraîchir ; [+ champagne] frapper ; [+ meat] réfrigérer ; [+ dessert] mettre au frais ; [+ plant] geler ; (Tech) tremper en coquille ◆ **to be chilled to the bone** or **marrow** être transi
b (fig) [+ enthusiasm] refroidir ◆ **to chill sb's blood** glacer le sang de qn ; → **spine**
4 vi [wine] rafraîchir
5 COMP ▷ **chill cabinet** n (Brit) vitrine f réfrigérante ▷ **chill-out** adj music relaxant ◆ **chill-out room** (in rave club) salle f de repos (dans une boîte de nuit)

▶ **chill out** ∗ vi se relaxer, décompresser ∗ ◆ **chill out relax !** ∗

chiller ∗ ['tʃɪlər] n (= film) film m d'épouvante ; (= book) roman m d'épouvante

chilli ['tʃɪlɪ] n ⇒ **chili**

chilliness ['tʃɪlɪnɪs] n (= cold) froid m ; (= coolness) fraîcheur f ; (fig) froideur f

chilling ['tʃɪlɪŋ] adj **a** (= frightening) effect, reminder, story, sight, prospect, sound, look, thought effrayant, qui fait froid dans le dos ; → **bone, spine**
b (= freezing) wind glacial

chillingly ['tʃɪlɪŋlɪ] adv say, describe d'une façon qui fait froid dans le dos ◆ **the voice was chillingly familiar** la voix était familière et cela faisait froid dans le dos

chillness ['tʃɪlnɪs] n ⇒ **chilliness**

chilly ['tʃɪlɪ] → SYN adj **a** (∗ Met) weather, wind, air, water, room froid ; day, afternoon frais (fraîche f) ◆ **to be** or **feel chilly** [person] avoir froid ◆ **it's chilly today** il fait frais aujourd'hui
b (= unfriendly) person, manner, look, smile, response, reception froid ; relationship distant

chime [tʃaɪm] → SYN **1** n carillon m ◆ **to ring the chimes** carillonner ◆ **a chime of bells** un carillon ◆ **door chimes** carillon m de porte
2 vi [bells, voices] carillonner ; [clock] sonner
3 vt [+ bells, hours] sonner

▶ **chime in** vi (fig) [person] (in agreement, approval) faire chorus ◆ **he chimed in with another complaint** il a fait chorus pour se plaindre à son tour

chimera [kaɪˈmɪərə] n (liter) chimère f

chimerical [kaɪˈmerɪkəl] adj chimérique

chimney ['tʃɪmnɪ] **1** n (Archit, Geog, Naut, Sport) cheminée f ; [of lamp] verre m
2 COMP ▷ **chimney breast** n (Brit) manteau m de (la) cheminée ▷ **chimney-climbing** n (Climbing) ramonage m ▷ **chimney corner** n coin m du feu ▷ **chimney pot** n tuyau m de cheminée ▷ **chimney-pot hat** ∗ n (chapeau m) tuyau m de poêle ∗ ▷ **chimney stack** n (Brit = group of chimneys) souche f de cheminée ; [of factory] tuyau m de cheminée ▷ **chimney sweep** n ramoneur m

chimneypiece ['tʃɪmnɪpiːs] n (Brit) (dessus m or tablette f de) cheminée f

chimp ∗ [tʃɪmp] n ⇒ **chimpanzee**

chimpanzee [ˌtʃɪmpænˈziː] n chimpanzé m

chin [tʃɪn] **1** n menton m ◆ **to keep one's chin up** ∗ tenir bon, tenir le coup ∗ ◆ **(keep your) chin up !** ∗ courage !, du cran ! ∗ ◆ **to take it on the chin** ∗ encaisser ∗ ; → **double**
2 vi (US ∗) bavarder
3 COMP ▷ **chin-chin !** † ∗ excl tchin-tchin ! ∗ ▷ **chin job** ∗ n lifting m du menton ◆ **to have a chin job** se faire rectifier le menton ▷ **chinning bar** n (Sport) barre f fixe ▷ **chin-up** n (Sport) **to do chin-ups** faire des tractions à la barre fixe

China ['tʃaɪnə] **1** n la Chine
2 COMP ▷ **China Sea** n mer f de Chine ▷ **China tea** n thé m de Chine

china ['tʃaɪnə] → SYN **1** n **a** (NonC = material, dishes) porcelaine f ◆ **a piece of china** une porcelaine ; → **bone**
b (∗ = friend) poteau ∗ m

2 COMP cup, plate, figure etc de or en porcelaine ▷ **china cabinet** n dressoir m ▷ **china clay** n kaolin m ▷ **china industry** n industrie f de la porcelaine

Chinaman † ['tʃaɪnəmən] n, pl **-men** Chinois m

Chinatown ['tʃaɪnətaʊn] n quartier m chinois

chinaware ['tʃaɪnəwɛər] n (NonC) (objets mpl de) porcelaine f

chincherinchee [ˌtʃɪntʃərɪnˈtʃiː] n (Bot) ornithogale m (thyrsoides)

chinchilla [tʃɪnˈtʃɪlə] **1** n chinchilla m
2 COMP ▷ **chinchilla coat** n manteau m de chinchilla

chine [tʃaɪn] n (Culin) longe f

chiné [ˈʃiːneɪ] adj chiné

Chinese [tʃaɪˈniːz] **1** adj (gen) chinois ; ambassador, embassy de Chine ; teacher de chinois
2 n **a** (pl inv) Chinois(e) m(f)
b (Ling) chinois m
c (∗ : also **Chinese meal**) (repas m) chinois m ; (∗ : also **Chinese restaurant**) (restaurant m) chinois m
3 **the Chinese** npl les Chinois mpl
4 COMP ▷ **Chinese cabbage** n ⇒ **Chinese leaves** ▷ **Chinese gooseberry** † n kiwi m ▷ **Chinese lantern** n lanterne f vénitienne ▷ **Chinese leaves** npl chou m chinois ▷ **Chinese puzzle** n casse-tête m inv chinois ▷ **Chinese whispers** npl (Brit) (= game) jeu m du téléphone ; (fig = garbled messages) téléphone m arabe ▷ **Chinese white** n, adj blanc m de zinc

Chink ∗ [tʃɪŋk] n (pej) Chin(e)toque ∗ mf (pej)

chink[1] [tʃɪŋk] → SYN n (= slit, hole) [of wall] fente f, fissure f ; [of door] entrebâillement m ◆ **the chink in the armour** le défaut de la cuirasse

chink[2] [tʃɪŋk] **1** n (= sound) tintement m (de verres, de pièces de monnaie)
2 vt faire tinter
3 vi tinter

chinless ['tʃɪnlɪs] **1** adj (lit) qui a le menton fuyant ; (fig = feeble) mou (molle f)
2 COMP ▷ **chinless wonder** ∗ n (Brit) (aristo m) chiffe f molle ∗

chinos [tʃiːnəʊz] npl chinos mpl

chinstrap ['tʃɪnstræp] n [of helmet etc] jugulaire f

chintz [tʃɪnts] **1** n (Tex) chintz m
2 COMP ▷ **chintz curtains** npl rideaux mpl de chintz

chintzy ['tʃɪntsɪ] adj **a** style rustique
b (US ∗ = mean) moche ∗, mesquin

chinwag ∗ ['tʃɪnwæg] n causerie f ◆ **to have a chinwag (with sb)** tailler une bavette ∗ or papoter (avec qn)

chip [tʃɪp] → SYN **1** n **a** (gen) fragment m ; [of wood] copeau m, éclat m ; [of glass, stone] éclat m ; (Elec) microplaquette f ◆ **he's/she's a chip off the old block** ∗ c'est bien le fils/la fille de son père ◆ **to have a chip on one's shoulder** être aigri ◆ **to have a chip on one's shoulder because ...** n'avoir jamais digéré ∗ le fait que ... ◆ **Chips** charpentier m ; → **polystyrene**
b (Culin) chips (Brit) (pommes fpl de terre) frites fpl ; (US) chips mpl
c (Comput) puce f, pastille f
d (= break) [of stone, crockery, glass] ébréchure f ; [of furniture] écornure f ◆ **this cup has a chip** cette tasse est ébréchée
e (Poker etc) jeton m, fiche f ◆ **to pass in** or **hand in** or **cash in one's chips** ∗ (fig) passer l'arme à gauche ∗ ◆ **he's had his chips** ∗ il est cuit ∗ or fichu ∗ ◆ **when the chips are down** ∗ dans les moments cruciaux ◆ **in the chips** ∗ (US) plein aux as ∗
f (Golf : also **chip shot**) coup m coché
2 vt **a** (= damage) [+ cup, plate] ébrécher ; [+ furniture] écorner ; [+ varnish, paint] écailler ; [+ stone] écorner, enlever un éclat de ◆ **to chip wood** faire des copeaux ◆ **the chicken chipped the shell open** le poussin a cassé sa coquille
b (Brit) [+ vegetables] couper en lamelles
c (= cut deliberately) tailler
d (Golf) **to chip the ball** cocher
3 vi [cup, plate] s'ébrécher ; [furniture] s'écorner ; [varnish, paint] s'écailler

4 COMP ▷ **chip basket** n (Brit) panier m à frites ▷ **chip pan** n (Brit) friteuse f ▷ **chip shop** n (Brit) friterie f ▷ **chip slicer** n coupe-frites m inv

▶ **chip at** vt fus **a** [+ stone etc] enlever des éclats de
b (∗ = make fun of) se ficher de ∗

▶ **chip away** **1** vi [paint etc] s'écailler ◆ **to chip away at** (fig) [+ sb's authority, lands] grignoter, réduire petit à petit ; [+ law, decision] réduire petit à petit la portée de
2 vt sep [+ paint etc] enlever or décaper petit à petit (au couteau etc)

▶ **chip in** vi **a** (= interrupt) dire son mot, mettre son grain de sel ∗
b (∗ = contribute) contribuer, souscrire (à une collecte etc) ◆ **he chipped in with 10 francs** il y est allé de (ses) 10 F ∗

▶ **chip off** ⇒ **chip away**

chipboard ['tʃɪpbɔːd] n (US) carton m ; (Brit) panneau m de particules, aggloméré m

chipmunk ['tʃɪpmʌŋk] n tamia m, suisse m (Can)

chipolata [ˌtʃɪpəˈlɑːtə] n (Brit) chipolata f

chipped [tʃɪpt] **1** adj cup, bone, tooth ébréché ; enamel, step, windowsill abîmé ; paint, nail varnish écaillé
2 COMP ▷ **chipped potatoes** n (pommes fpl de terre) frites fpl

Chippendale ['tʃɪpəndeɪl] adj chair chippendale inv

chipper ∗ ['tʃɪpər] adj **a** (= happy) joyeux, gai ; (= smart) chic inv

chippings ['tʃɪpɪŋz] npl gravillons mpl ◆ **"loose chippings"** "attention gravillons"

chippy ∗ ['tʃɪpɪ] **1** n **a** (Brit) friterie f
b (Brit = carpenter) charpentier m
2 adj aigri

chiromancer ['kaɪərəmænsər] n chiromancien(ne) m(f)

chiromancy ['kaɪərəmænsɪ] n chiromancie f

chiropodist [kɪˈrɒdɪst] n (Brit) pédicure mf

chiropody [kɪˈrɒpədɪ] n (Brit) (= science) podologie f ; (= treatment) soins mpl du pied, traitement m des maladies des pieds

chiropractic [ˌkaɪərəˈpræktɪk] n (NonC) chiropraxie or chiropractie f

chiropractor ['kaɪərəpræktər] n chiropracteur m

chirp [tʃɜːp] **1** vi [birds] pépier, gazouiller ; [crickets] chanter, striduler (liter) ; (∗ fig) [person] pépier, couiner ∗ (pej)
2 n [of birds] pépiement m, gazouillis m ; [of crickets] chant m, stridulation f

chirpy ∗ ['tʃɜːpɪ] adj person gai, de bonne humeur ; voice, mood gai

chirrup ['tʃɪrəp] ⇒ **chirp**

chisel ['tʃɪzl] **1** n [of carpenter, sculptor, silversmith] ciseau m ; [of stonemason] burin m ; (= blunt chisel) matoir m ; (= hollow chisel) gouge f ; (= mortise chisel) bédane m ; (= roughing-out chisel) ébauchoir m ; → **cold**
2 vt **a** ciseler ; (Engraving) buriner
b (∗ = swindle) [+ thing] resquiller ; [+ person] rouler ∗, posséder ∗ ◆ **to chisel sb out of sth** carotter ∗ qch à qn

chiselled ['tʃɪzld] adj features buriné ◆ **finely chiselled features** traits mpl finement ciselés

chiseller ∗, **chiseler** ∗ (US) ['tʃɪzlər] n (= crook) escroc m, filou m ; (= scrounger) resquilleur m, -euse f

chi-square ['kaɪskwɛər] n ◆ **chi-square distribution** loi f du chi-deux ◆ **chi-square test** test m du chi-deux

chit[1] [tʃɪt] n ◆ **she's a mere chit of a girl** ce n'est qu'une gosse ∗ or une gamine ∗

chit[2] [tʃɪt] n (gen) bulletin m de livraison ; (= receipt) reçu m ; (= note) note f

chitchat ∗ ['tʃɪttʃæt] n bavardage m

chitin ['kaɪtɪn] n (Bio) chitine f

chiton ['kaɪtɒn] n chiton m

chitterlings ['tʃɪtəlɪŋz] npl tripes fpl (de porc)

chitty ['tʃɪtɪ] n ⇒ **chit**[2]

chiv ∗ [tʃɪv] n surin ∗ m, couteau m

chivalresque [ʃivəlˈresk], **chivalric** [ʃɪˈvælrɪk] adj chevaleresque

chivalrous [ˈʃɪvəlrəs] → SYN adj (= courteous) chevaleresque; (= gallant) galant

chivalrously [ˈʃɪvəlrəslɪ] adv de façon chevaleresque

chivalry [ˈʃɪvəlrɪ] → SYN n **a** chevalerie f ◆ **the rules/the age of chivalry** les règles fpl/l'âge m de la chevalerie ◆ **the age of chivalry is not dead** (hum) on sait encore être galant aujourd'hui
b (= quality) qualités fpl chevaleresques; (= gallantry) galanterie f
c (collective: Hist = knights) chevalerie f

chives [tʃaɪvz] npl ciboulette f, civette f

chiv(v)y [ˈtʃɪvɪ] vt (Brit) **a** (also **chiv(v)y along**) [+ person, animal] chasser, pourchasser
b (= pester) ne pas laisser la paix à ◆ **she chiv(v)ied him into writing the letter** elle l'a harcelé jusqu'à ce qu'il écrive la lettre

▶ **chiv(v)y about** * vt sep (Brit) [person] harceler, tarabuster

▶ **chivvy up** * vt sep [+ person] faire activer

chlamydia [kləˈmɪdɪə] n (Med) chlamydia f

chloasma [kləʊˈæzmə] n, pl **chloasmata** [kləʊˈæzmətə] chloasma m

chloral [ˈklɔːrəl] n chloral m

chloramphenicol [ˌklɔːræmˈfenɪkɒl] n (Med) chloramphénicol m

chlorate [ˈklɔːreɪt] n chlorate m

chlorella [klɔːˈrelə] n chlorelle f

chloric [ˈklɔːrɪk] **1** adj chlorique
2 COMP ▷ **chloric acid** n acide m chlorique

chloride [ˈklɔːraɪd] **1** n chlorure m
2 COMP ▷ **chloride of lime** n chlorure m de chaux

chlorinate [ˈklɒrɪneɪt] vt [+ water] chlorer; (Chem) chlorurer

chlorination [klɒrɪˈneɪʃən] n [of water] javellisation f

chlorine [ˈklɔːriːn] **1** n chlore m
2 COMP ▷ **chlorine dioxide** n bioxyde m ou dioxyde m de chlore

chlorite [ˈklɔːraɪt] n (= mineral, salt) chlorite f

chlorofluorocarbon [ˌklɔːrəˌflʊərəʊˈkɑːbən] n (Chem) chlorofluorocarbone m

chloroform [ˈklɒrəfɔːm] **1** n chloroforme m
2 vt chloroformer

chlorophyll [ˈklɒrəfɪl] n chlorophylle f

chloropicrin [ˌklɒrəʊˈpɪkrɪn] n chloropicrine f

chloroplast [ˈklɒrəʊˌplæst] n chloroplaste m

chloroquine [ˈklɒrəʊˌkwiːn] n chloroquine f

chlorosis [klɔːˈrəʊsɪs] n (Med, Bot) chlorose f

chlorotic [klɔːˈrɒtɪk] adj chlorotique

chlorous acid [ˈklɔːrəs] n (Chem) acide m chloreux

chlorpromazine [klɔːˈprɒməziːn] n (Pharm) chlorpromazine f

chlortetracycline [klɔːˌtetrəˈsaɪkliːn] n (Pharm) chlortétracycline f

ChM n (Brit) (abbrev of **Master of Surgery**) diplôme de chirurgie

choc * [tʃɒk] **1** n abbrev of **chocolate**
2 COMP ▷ **choc-ice** n esquimau ® m

chocaholic * [ˌtʃɒkəˈhɒlɪk] n accro * mf du chocolat

chock [tʃɒk] **1** n [of wheel] cale f; [of barrel] cale f, chantier m; (Naut) chantier m, cale f
2 vt [+ wheel] caler; (Naut) mettre sur le chantier ou sur cales
3 COMP ▷ **chock-a-block** *, **chock-full** * adj basket, pan, box plein à ras bord (with, of de); room plein à craquer (with, of de), comble

chocker * [ˈtʃɒkəʳ] adj ⇒ **chock-a-block**; → **chock**

chocolate [ˈtʃɒklɪt] **1** n chocolat m ◆ (drinking) **chocolate** chocolat m ◆ **a chocolate** un chocolat, une crotte de chocolat; → **dessert, milk, plain**
2 COMP (= made of chocolate) en chocolat; (= containing, covered with chocolate) (au) chocolat, chocolaté; (= colour: also **chocolate brown**) chocolat inv ▷ **chocolate bar** n barre f de ou au chocolat ▷ **chocolate**

biscuit n biscuit m au chocolat ▷ **chocolate-box** adj trop joli ou mignon ▷ **chocolate chip cookie** n biscuit m aux pépites de chocolat ▷ **chocolate drop** n pastille f au chocolat ▷ **chocolate eclair** n éclair m au chocolat

chocolaty [ˈtʃɒklɪtɪ] adj taste de chocolat

choice [tʃɔɪs] LANGUAGE IN USE 10.1 → SYN
1 n **a** (= act or possibility of choosing) choix m ◆ **to make a choice** faire un choix, choisir ◆ **to make or take one's choice** faire son choix ◆ **to have no choice** ne pas avoir le choix ◆ **be careful in your choice** faites attention en choisissant ◆ **he didn't have a free choice** il n'a pas été libre de choisir ◆ **to have a very wide choice** avoir l'embarras du choix ◆ **he had no choice but to obey** il ne pouvait qu'obéir ◆ **from** or **for choice** de ou par préférence ◆ **he did it from choice** il l'a fait de son plein gré, il a choisi de le faire ◆ **the house of your (own) choice** la maison de votre choix ◆ **the drug/weapon of choice** la drogue/l'arme favorite ou de choix ◆ **it's your choice!** c'est ton problème! *; → **Hobson's choice**
b (= thing or person chosen) choix m ◆ **this book would be my choice** c'est ce livre que je choisirais
c (Comm etc = variety to choose from) choix m, variété f ◆ **a wide choice of dresses** un grand choix de robes
2 adj **a** (Comm) goods, fruit de choix ◆ **choicest** de premier choix
b word, phrase (= well-chosen) bien choisi

choir [kwaɪəʳ] **1** n **a** (Mus) chœur m, chorale f; (Rel) chœur m, maîtrise f ◆ **to sing in the choir** faire partie du chœur ou de la chorale, chanter dans la maîtrise
b (Archit, Rel) chœur m
2 vti chanter en chœur
3 COMP ▷ **choir organ** n petit orgue m; (= keyboard) positif m ▷ **choir practice** n to go to choir practice aller à la chorale ▷ **choir school** n maîtrise f, manécanterie f (rattachée à une cathédrale) ▷ **choir-stall** n stalle f (du chœur)

choirboy [ˈkwaɪəbɔɪ] n (Rel) enfant m de chœur

choirgirl [ˈkwaɪəɡɜːl] n (Rel) enfant f de chœur

choirmaster [ˈkwaɪəˌmɑːstəʳ] n (Mus) chef m de(s) chœur(s); (Rel) maître m de chapelle

choke [tʃəʊk] → SYN **1** vt **a** [+ person, voice, breathing] étrangler ◆ **fumes choked her** la fumée l'a fait suffoquer ◆ **to choke the life out of sb** étrangler qn ◆ **in a voice choked with sobs** d'une voix étranglée par les sanglots
b (fig) [+ fire] étouffer; [+ pipe, tube] boucher, engorger ◆ **flowers choked by weeds** fleurs fpl étouffées par les mauvaises herbes ◆ **street choked with traffic** rue f engorgée ou embouteillée
2 vi **a** étouffer, s'étrangler ◆ **to choke to death** mourir étouffé ◆ **he choked on some bread** il s'est étranglé en avalant un morceau de pain de travers ◆ **she choked on a fish bone** il s'est étranglée avec une arête ◆ **she was choking with anger** la rage l'étouffait, elle étouffait de rage ◆ **he was choking with laughter** il s'étranglait de rire
b (* : esp US = crack under pressure) craquer *
3 n (Aut) starter m; (Rad) bobine f de réactance, inductance f de protection
4 COMP ▷ **choke chain** n collier m étrangleur

▶ **choke back** vt sep [+ feelings] réprimer, contenir; [+ tears] refouler; [+ words] ravaler

▶ **choke down** vt sep [+ rage] contenir; [+ sobs] ravaler, étouffer

▶ **choke off** vt sep (fig) [+ suggestions etc] étouffer (dans l'œuf); [+ discussion] empêcher ◆ **raising taxes could choke off the recovery** une augmentation des impôts pourrait empêcher la reprise

▶ **choke up** **1** vi s'engorger, se boucher
2 vt sep [+ pipe, drain] engorger, boucher

choked [tʃəʊkt] adj **a** (= strangled) étranglé ◆ **in a choked voice** d'une voix étranglée ◆ **choked with emotion** d'une voix étranglée par l'émotion
b (Brit *) (= moved) (très) ému; (= angry) (très) vexé ou contrarié ◆ **I still feel choked**

about him leaving je n'ai pas encore encaissé * ou digéré * qu'il soit parti

choker [ˈtʃəʊkəʳ] n **a** (= scarf) foulard m, écharpe f; (= collar) col m droit; (= necklace) collier m (de chien)
b * **what a choker!** c'est difficile à encaisser * ou digéré *! ◆ **losing at Wembley was a choker!** on n'a pas encaissé * ou digéré * d'avoir perdu à Wembley!

choking [ˈtʃəʊkɪŋ] **1** n (Med) suffocation f
2 adj fumes, dust qui fait tousser

cholagogic [ˌkɒləˈɡɒdʒɪk] adj cholagogue

cholagogue [ˈkɒləɡɒɡ] n cholagogue m

cholangiography [kəˌlændʒɪˈɒɡrəfɪ] n (Med) cholangiographie f

cholecystectomy [ˌkɒlɪsɪˈstektəmɪ] n cholécystectomie f

cholecystitis [ˌkɒlɪsɪsˈtaɪtɪs] n cholécystite f

cholera [ˈkɒlərə] **1** n choléra m
2 COMP epidemic de choléra; victim, symptoms du choléra

choleric [ˈkɒlərɪk] → SYN adj colérique, coléreux

cholesterol [kəˈlestərɒl] n cholestérol m

cholesterolaemia [kəlestərəˈliːmɪə] n (Med) cholestérolémie f

cholic acid [ˈkəʊlɪk] n acide m cholique

choline [ˈkəʊliːn] n (Bio) choline f

cholinesterase [ˌkəʊlɪˈnestəˌreɪs] n cholinestérase f

chomp * [tʃɒmp] vti mâcher bruyamment ◆ **to chomp (away) on** ou **at sth** dévorer qch à belles dents

Chomskyan [ˈtʃɒmskɪən] adj chomskien, de Chomsky

choo-choo [ˈtʃuːtʃuː] n (baby talk) train m, tchou-tchou m (baby talk)

choose [tʃuːz] → SYN pret **chose**, ptp **chosen** **1** vt **a** (= select) choisir; (= elect) élire ◆ **which will you choose?** lequel choisirez-vous? ◆ **they chose a president** ils ont élu un président ◆ **he was chosen (as) leader** ils l'ont pris pour chef ◆ **the Chosen (People)** le peuple élu ◆ **the chosen (few)** les (quelques) élus mpl ◆ **there is little** ou **not much to choose between them** il n'y a guère de différence entre eux ◆ **there is nothing to choose between them** ils se valent; (pej) ils ne valent pas mieux l'un que l'autre ◆ **in a few (well-)chosen words** en quelques mots choisis
b (= opt) décider, juger bon (to do sth de faire qch), vouloir (to do sth faire qch) ◆ **he chose not to speak** il a jugé bon de se taire, il a préféré se taire ◆ **I didn't choose to do so** (= decided not to) j'ai décidé de ne pas le faire; (= did it unwillingly) je ne l'ai pas fait de mon propre gré
2 vi choisir ◆ **as you choose** comme vous voulez ou l'entendez, à votre gré ◆ **if you choose** si cela vous dit ◆ **to choose between/among** faire un choix entre/parmi ◆ **there's not much to choose from** il n'y a pas tellement de choix

choos(e)y * [ˈtʃuːzɪ] adj person difficile (à satisfaire) ◆ **I'm not choos(e)y** je ne suis pas difficile ◆ **you can't be choos(e)y in your position** votre situation ne vous permet pas de faire la fine bouche ◆ **I'm choos(e)y about the people I go out with** je ne sors pas avec n'importe qui

chop¹ [tʃɒp] → SYN **1** n **a** (Culin) côtelette f ◆ **mutton/pork chop** côtelette f de mouton/de porc; → **loin**
b (= blow) coup m (de hache etc) ◆ **you're (the) next for the chop** * (Brit) tu es le prochain à y passer ◆ **to get the chop** * (Brit) [employee] se faire sacquer * ou virer *; [project] être annulé
c (Tennis) volée f coupée ou arrêtée
2 vt **a** couper ◆ **to chop wood** couper du bois ◆ **to chop one's way through sth** se frayer un chemin (à coups de hache) à travers qch ◆ **to chop a project** * (fig) (= cancel) annuler un projet; (= reduce costs, bills) faire des coupes sombres dans, sabrer dans
b (Culin) [+ meat, vegetables] hacher
c (Sport) [+ ball] couper
3 COMP ▷ **chop-chop** * excl au trot!*, et que ça saute!* ◇ adv fissa *; ▷ **chopping block** n

chop / chronicle

billot m ▷ **chopping board** n planche f à hacher ▷ **chopping knife** n, pl **chopping knives** hachoir m (couteau) ▷ **chop suey** n chop suey m

▶ **chop at** vt fus [+ person etc] essayer de frapper ; (with axe) [+ wood] taillader

▶ **chop down** vt sep [+ tree] abattre

▶ **chop off** vt sep trancher, couper ♦ **they chopped off his head** on lui a tranché la tête

▶ **chop up** vt sep hacher, couper en morceaux

chop² [tʃɒp] ① n (Culin) [of pork] joue f
② **chops** npl (= jaws) [of animal] mâchoires fpl ; (= cheeks) joues fpl ; [of animals] babines fpl ; (Tech) [of vice] mâchoires fpl ; → **lick**

chop³ [tʃɒp] ① vi ⓐ (Naut) [wind] varier ; [waves] clapoter
ⓑ (Brit fig) **to chop and change** changer constamment d'avis ♦ **he's always chopping and changing** c'est une vraie girouette, il ne sait pas ce qu'il veut
② vt (pej) ♦ **to chop logic** ergoter, discutailler

chop⁴ ⁎ [tʃɒp] n (= food) bouffe ⁎ f

chophouse [ˈtʃɒphaʊs] n (petit) restaurant m, gargote f (pej)

choplogic [ˈtʃɒpˌlɒdʒɪk] n (NonC: pej) raisonnement m tordu *

chopper [ˈtʃɒpəʳ] ① n ⓐ (for cutting) couperet m, hachoir m ; (Agr) coupe-racines m inv
ⓑ (* = helicopter) hélico * m, hélicoptère m ; (US * = motorcycle) chopper m ; (Brit = cycle) vélo m à haut guidon
② vi (US ⁎ = go by helicopter) se rendre en hélicoptère (to à)

choppers ⁎ [ˈtʃɒpəz] npl (= teeth) ratiches ⁎ fpl ; (= false teeth) râtelier * m

choppy [ˈtʃɒpɪ] → SYN adj lake clapoteux ; sea agité ; wind variable

chopsticks [ˈtʃɒpstɪks] npl baguettes fpl (pour manger)

choral [ˈkɔːrəl] ① adj choral, chanté en chœur
② COMP ▷ **choral society** n chorale f

chorale [kɒˈrɑːl] n choral m

chord [kɔːd] ① n (Anat, Geom: also of harp etc) corde f ; (Mus) accord m ♦ **to strike** or **touch a chord, to touch the right chord** (fig) toucher la corde sensible ; → **vocal**
② COMP ▷ **chord change** n changement m d'accord ▷ **chord progression** n suite f d'accords

chordate [ˈkɔːdeɪt] n (Zool) cordé m

chore [tʃɔːʳ] → SYN n (everyday) travail m de routine ; (unpleasant) corvée f ♦ **the chores** les tâches fpl ménagères ♦ **to do the chores** faire le ménage

chorea [kɒˈrɪə] n (Med) chorée f

choreal [kɒˈrɪəl] adj choréique

choreograph [ˈkɒrɪəˌɡrɑːf] vt ⓐ chorégraphier
ⓑ (fig = stage) monter, mettre en scène (fig)

choreographer [ˌkɒrɪˈɒɡrəfəʳ] n chorégraphe mf

choreographic [ˌkɒrɪəʊˈɡræfɪk] adj chorégraphique

choreography [ˌkɒrɪˈɒɡrəfɪ] n chorégraphie f

chorioid [ˈkɔːrɪˌɔɪd] ① adj choroïdien
② n choroïde f

chorion [ˈkɔːrɪən] n (Bio) chorion m

chorionic villus sampling [ˌkɔːrɪˈɒnɪk] n (Med) prélèvement m de villosités choriales

chorister [ˈkɒrɪstəʳ] n (Rel) choriste mf

chorizo [tʃɒˈriːzəʊ] n chorizo m

choroid [ˈkɔːrɔɪd] ① adj choroïdien
② n choroïde f

chortle [ˈtʃɔːtl] → SYN ① vi rire (about, at, over de), glousser ♦ **he was chortling over the newspaper** la lecture du journal le faisait glousser
② n gloussement m

chorus [ˈkɔːrəs] → SYN ① n, pl **choruses** ⓐ (Mus, Theat = song, singers, speakers) chœur m ♦ **in chorus** en chœur ♦ **she's in the chorus** (at concert) elle chante dans le chœur ; (Theat) elle fait partie de la troupe ♦ **a chorus of praise/objections** un concert de louanges/protestations

ⓑ (= part of song) refrain m ♦ **to join in the chorus** [one person] reprendre le refrain ; [several people] reprendre le refrain en chœur
② vt [+ song] chanter or réciter en chœur ; [+ verse] réciter en chœur ♦ **"yes", they chorused "oui"**, répondirent-ils en chœur
③ COMP ▷ **chorus girl** n (Theat) girl f ▷ **chorus line** n (Theat: in musical) chœurs mpl

chose [tʃəʊz] vb (pt of **choose**)

chosen [ˈtʃəʊzn] vb (ptp of **choose**) → **choose 1a**

chough [tʃʌf] n crave m à bec rouge

choux [ʃuː] n (Culin: also **choux pastry**) pâte f à choux

chow¹ [tʃaʊ] n (= dog) chow-chow m

chow² ⁎ [tʃaʊ] n (esp US = food) bouffe ⁎ f, boustifaille ⁎ f

chowder [ˈtʃaʊdəʳ] n soupe f épaisse de palourdes ; → **clam**

chow mein [ˌtʃaʊˈmeɪn] n chow mein m, nouilles fpl sautées

chrism [ˈkrɪzəm] n (Rel) (saint) chrême m

chrisom [ˈkrɪzəm] n (= robe) tavaïolle f

Chrissake(s) ⁎ [ˈkraɪseɪk(s)] n ♦ **for Chrissake(s)** nom de Dieu ⁎

Christ [kraɪst] ① n le Christ, Jésus-Christ
② excl ♦ **Christ!** ⁎ nom de Dieu ! ⁎, Bon Dieu (de Bon Dieu) ! ⁎ ♦ **Christ (only) knows!** Dieu seul le sait ! ⁎
③ COMP ▷ **the Christ Child** n l'enfant m Jésus

Christadelphian [ˌkrɪstəˈdelfɪən] adj, n christadelphe mf

christen [ˈkrɪsn] → SYN vt (Rel, also Naut) baptiser ; (gen) (= name) appeler, nommer ; (= nickname) surnommer ; (= use for first time) étrenner ♦ **to christen sb after ...** donner à qn le nom de ... ♦ **he was christened Robert but everyone calls him Bob** son nom de baptême est Robert mais tout le monde l'appelle Bob

Christendom [ˈkrɪsndəm] n chrétienté f

christening [ˈkrɪsnɪŋ] ① n baptême m
② COMP ▷ **christening robe** n robe f de baptême

Christian [ˈkrɪstɪən] ① adj (lit) chrétien ; (fig) charitable, compatissant ♦ **the Christian era** l'ère f chrétienne ♦ **early Christian** paléochrétien
② n chrétien(ne) m(f) ♦ **to become a Christian** se faire chrétien
③ COMP ▷ **Christian Democrat** n chrétien-démocrate m ▷ **Christian Democratic** adj chrétien-démocrate ▷ **Christian name** n prénom m, nom m de baptême ♦ **my Christian name is Julie** je m'appelle Julie, mon prénom est Julie ▷ **Christian Science** n science f chrétienne ▷ **Christian Scientist** n scientiste mf chrétien(ne)

christiania [ˌkrɪstɪˈɑːnɪə] n (Ski) christiania m

Christianity [ˌkrɪstɪˈænɪtɪ] n (= faith, religion) christianisme m ; (= character) caractère m or qualité f du chrétien ♦ **his Christianity did not prevent him from ...** le fait d'être chrétien ne l'a pas empêché de ...

Christianize [ˈkrɪstɪənaɪz] vt christianiser

christie [ˈkrɪstɪ] n (Ski) christiania m

Christlike [ˈkraɪstlaɪk] adj qui ressemble or semblable au Christ ♦ **he had a Christlike forbearance** il avait une patience d'ange

Christmas [ˈkrɪsməs] LANGUAGE IN USE 23.2
① n Noël m ♦ **at Christmas** à Noël ♦ **the week before Christmas** la semaine précédant Noël ♦ **for Christmas** pour Noël ♦ **she spent Christmas with us** elle a passé (la) Noël chez nous ♦ **it's as if Christmas had come early!** (fig) c'est comme si c'était Noël ! ♦ **I thought all my Christmases had come at once** pour moi c'était Noël avant l'heure !, c'est comme si tous mes vœux étaient exaucés ! ; → **father, happy, merry**
② COMP visit, gift de Noël ▷ **Christmas box** n (Brit) étrennes fpl (offertes à Noël) ▷ **Christmas cake** n gâteau m de Noël (gros cake décoré au sucre glacé) ▷ **Christmas card** n carte f de Noël ▷ **Christmas carol** n chant m de Noël, noël m ; (Rel) cantique m de Noël ▷ **Christmas Day** n le jour de Noël ▷ **Christmas dinner** n ≈ repas m de Noël

ANGLAIS-FRANÇAIS 148

▷ **Christmas Eve** n la veille de Noël
▷ **Christmas Island** n l'île f Christmas
▷ **Christmas party** n fête f de Noël
▷ **Christmas present** n cadeau m de Noël
▷ **Christmas pudding** n (esp Brit) (plum-) pudding m (pudding traditionnel de Noël)
▷ **Christmas rose** n rose f de Noël ▷ **Christmas stocking** n ♦ **I got it in my Christmas stocking** ≃ je l'ai trouvé dans mon soulier or dans la cheminée or sous l'arbre (de Noël) ▷ **Christmas time** n la période de Noël or des fêtes ♦ **at Christmas time** à Noël
▷ **Christmas tree** n arbre m de Noël

Christmassy * [ˈkrɪsməsɪ] adj atmosphere de Noël ♦ **the town is looking very Christmassy** la ville a un air de fête pour Noël

Christmastide [ˈkrɪsməstaɪd] n (période f des) fêtes fpl de fin d'année

Christology [krɪˈstɒlədʒɪ] n christologie f

Christopher [ˈkrɪstəfəʳ] n Christophe m

christy [ˈkrɪstɪ] n (Ski) ⇒ **christie**

chromatic [krəˈmætɪk] ① adj (Art, Mus) chromatique
② COMP ▷ **chromatic aberration** n aberration f chromatique ▷ **chromatic printing** n impression f polychrome ▷ **chromatic scale** n gamme f chromatique

chromatics [krəˈmætɪks] n (NonC) science f des couleurs

chromatid [ˈkrəʊmətɪd] n chromatide f

chromatin [ˈkrəʊmətɪn] n (Bio) chromatine f

chromatography [ˌkrəʊməˈtɒɡrəfɪ] n chromatographie f

chrome [krəʊm] ① n chrome m
② COMP fittings etc chromé ▷ **chrome dioxide** n dioxyde m de chrome ▷ **chrome lacquer** n laque f or peinture f laquée (à base de chrome) ▷ **chrome steel** n acier m chromé ▷ **chrome yellow** n jaune m de chrome

chromite [ˈkrəʊmaɪt] n (Miner) chromite f

chromium [ˈkrəʊmɪəm] ① n chrome m
② COMP ▷ **chromium dioxide** n bioxyde m de chrome, dioxyde m de chrome ▷ **chromium-plated** adj chromé ▷ **chromium-plating** n chromage m ▷ **chromium steel** n acier m chromé

chromo [ˈkrəʊməʊ] n, pl **chromos** chromo m

chromolithograph [ˌkrəʊməʊˈlɪθəɡrɑːf] n chromolithographie f

chromolithography [ˌkrəʊməʊlɪˈθɒɡrəfɪ] n chromolithographie f

chromosomal [ˌkrəʊməˈsəʊml] adj (Bio) chromosomique

chromosome [ˈkrəʊməsəʊm] ① n chromosome m
② COMP ▷ **chromosome map** n (Bio) carte f génétique or des chromosomes

chromosphere [ˈkrəʊməsfɪəʳ] n (Astron) chromosphère f

chromous [ˈkrəʊməs] adj (Chem) chromeux

chronaxie, chronaxy [ˈkrəʊnæksɪ] n chronaxie f

chronic [ˈkrɒnɪk] → SYN ① adj ⓐ (= lasting, severe) illness, depression, pain, problem, shortage, unemployment chronique
ⓑ (= inveterate) smoker, liar, alcoholism, alcoholic invétéré, incorrigible ; worrier, idealist incorrigible
ⓒ (Brit * = terrible) film, singing, food nul ; weather dégueulasse *, pourri *
② COMP ▷ **chronic fatigue syndrome** n syndrome m de fatigue chronique

chronically [ˈkrɒnɪkəlɪ] adv ⓐ (Med) **to be chronically sick/depressed** souffrir de maladie/dépression chronique ♦ **the chronically ill** or **sick** les malades mpl chroniques
ⓑ (= extremely) tired, overworked, overloaded, underfunded terriblement ♦ **chronically jealous** en proie à une jalousie chronique ♦ **chronically overcrowded** (extrêmement) surpeuplé

chronicle [ˈkrɒnɪkl] → SYN ① n chronique f ♦ **(the Book of) Chronicles** (Bible) le livre des Chroniques ♦ **a chronicle of disasters** une succession de catastrophes
② vt faire la chronique de, enregistrer au jour le jour

chronicler ['krɒnɪklə^r] → SYN n chroniqueur m
chronobiology [,krɒnəbaɪ'ɒlədʒɪ] n chronobiologie f
chronograph ['krɒnəgrɑːf] n chronographe m
chronological [,krɒnə'lɒdʒɪkəl] → SYN adj chronologique ♦ **chronological age** âge m réel ♦ **in chronological order** par ordre chronologique
chronologically [,krɒnə'lɒdʒɪkəlɪ] adv chronologiquement
chronology [krə'nɒlədʒɪ] n chronologie f
chronometer [krə'nɒmɪtə^r] n chronomètre m
chronometry [krə'nɒmɪtrɪ] n chronométrie f
chrysalis ['krɪsəlɪs] n, pl **chrysalises** ['krɪsəlɪsɪz] chrysalide f
chrysanthemum [krɪ'sænθəməm], **chrysanth**⁎ [krɪ'sænθ] n chrysanthème m
chryselephantine [,krɪselɪ'fæntɪn] adj chryséléphantin
chrysoberyl ['krɪsə,berɪl] n (Miner) chrysobéryl m
chrysolite ['krɪsəlaɪt] n (Miner) chrysolit(h)e f
chrysoprase ['krɪsəpreɪz] n (Miner) chrysoprase f
chthonian [θəʊnɪən], **chthonic** ['θɒnɪk] adj chtonien
chub [tʃʌb] n, pl **chub** or **chubs** chevesne m, chevaine m
Chubb lock ® ['tʃʌblɒk] n (Brit) serrure incrochetable
chubby ['tʃʌbɪ] → SYN adj person, arm potelé ♦ **chubby-cheeked, chubby-faced** joufflu
chuck¹ [tʃʌk] → SYN **1** vt **a** (⁎ = throw) lancer, jeter ; (in bin) balancer ⁎
  b (⁎ = give up) [+ job, hobby] lâcher, laisser tomber⁎ ; [+ boyfriend, girlfriend] plaquer⁎, laisser tomber⁎ ♦ **chuck it!** assez !, ça va !⁎, laisse tomber !⁎
  c he chucked her under the chin il lui a pris or caressé le menton
  2 n **a** **to give sb a chuck under the chin** prendre or caresser le menton à qn
  b **to give sb the chuck**⁎ balancer qn⁎ ♦ **he got the chuck**⁎ (from job) il s'est fait virer⁎ ♦ **she gave him the chuck**⁎ (from relationship) elle l'a plaqué⁎
▶ **chuck away**⁎ vt sep (= throw out) [+ old clothes, books] balancer⁎ ; (= waste) [+ money] jeter par les fenêtres ; [+ opportunity] laisser passer
▶ **chuck in**⁎ vt sep ⇒ **chuck up a**
▶ **chuck out**⁎ vt sep [+ useless article, old clothes, books] balancer⁎ ; [+ person] vider⁎, sortir⁎
▶ **chuck up**⁎ vt sep **a** [+ job, hobby] lâcher, laisser tomber⁎
  b (= vomit) dégueuler⁎, vomir
chuck² [tʃʌk] **1** n (Tech) mandrin m
  2 vt (Tech) fixer sur un mandrin
chuck³ [tʃʌk] n (also **chuck steak**) morceau m dans le paleron
chucker-out⁎ ['tʃʌkər'aʊt] n (Brit) videur ⁎ m
chuckle ['tʃʌkl] → SYN **1** n gloussement m, petit rire m ♦ **we had a good chuckle over it** ça nous a bien fait rire
  2 vi rire (over, at de), glousser
chuffed⁎ [tʃʌft] adj (Brit) vachement⁎ content (about de) ♦ **he was quite chuffed about it** il était vachement⁎ content
chug [tʃʌg] **1** n [of machine] souffle m ; [of car, railway engine] teuf-teuf m
  2 vi [machine] souffler ; [car] haleter, faire teuf-teuf
▶ **chug along** vi [car, train] avancer en haletant or en faisant teuf-teuf
chug-a-lug⁎ ['tʃʌgəlʌg] vt (US) boire d'un trait
chukka, chukker ['tʃʌkə^r] **1** n (Polo) période f (de 7,5 minutes)
  2 COMP ▷ **chukka boot** n (Sport) botte f de polo
chum †⁎ [tʃʌm] **1** n copain⁎ m, copine⁎ f
  2 vi (= share lodgings) crécher ensemble⁎
▶ **chum up**⁎ vi fraterniser (with avec)

chummy⁎ ['tʃʌmɪ] adj sociable, (très) liant ♦ **she is very chummy with him** elle est très copine avec lui⁎
chump [tʃʌmp] n **a** ⁎ ballot ⁎ m, crétin(e) m(f)
  b (⁎ = head) citron ⁎ m, caboche ⁎ f ♦ **he's off his chump** il est timbré⁎ or toqué⁎, il a perdu la boule⁎
  c (Culin) **chump chop** côte f de mouton
chunder⁎ ['tʃʌndə^r] vi (esp Austral) dégueuler⁎
chunk [tʃʌŋk] → SYN n [of wood, metal, dough] gros morceau m ; [of bread] quignon m
chunky ['tʃʌŋkɪ] → SYN adj person trapu ; jumper, cardigan, shoes, jewellery gros (grosse f) ♦ **chunky pieces of meat** de gros morceaux de viande
Chunnel⁎ ['tʃʌnəl] n (abbrev of **Channel Tunnel**) → **channel**
chunter⁎ ['tʃʌntə^r] vi (Brit) bougonner ⁎
church [tʃɜːtʃ] **1** n **a** (= building) église f ; [of French Protestants] temple m ♦ **he is inside the church now** il est maintenant dans l'église or dans le temple
  b (NonC) **to go to church** (= to church service) (gen) aller à l'église f ; [Catholic] aller à la messe ♦ **he doesn't go to church any more** il n'est plus pratiquant, il ne va plus à l'église or à la messe ♦ **to be in church** être à l'église or à la messe ♦ **after church** après l'office ; (for Catholics) après la messe
  c (= whole body of Christians) **the Church** l'Église f ♦ **the Church Militant** l'Église f militante
  d (= denomination) **the Church of England** l'Église f anglicane ♦ **the Church of Rome** l'Église f catholique ♦ **the Church of Scotland/Ireland** l'Église f d'Écosse/d'Irlande ; → **high**
  e (= religious orders) **Church** ordres mpl ♦ **he has gone into the Church** il est entré dans les ordres
  2 vt (Rel) faire assister à une messe
  3 COMP ▷ **Church Army** n (Rel) organisation anglicane semblable à l'Armée du Salut ▷ **Church Commissioners** npl (Brit) représentants de l'Église et de l'État chargés de gérer les biens de l'Église anglicane ▷ **Church Fathers** npl Pères mpl de l'Église ▷ **church hall** n salle f paroissiale ▷ **Church of Christ, Scientist** n (Rel) Église f scientiste du Christ ▷ **church owl** n chouette f des clochers, effraie f ▷ **church school** n (Brit) école f confessionnelle ▷ **church service** n office m ▷ **church wedding** n they want a church wedding ils veulent se marier à l'église
churchgoer ['tʃɜːtʃgəʊə^r] n pratiquant(e) m(f)
churchgoing ['tʃɜːtʃgəʊɪŋ] adj pratiquant
Churchillian [tʃə'tʃɪlɪən] adj churchillien
churching ['tʃɜːtʃɪŋ] n (Rel) ♦ **the churching of women** la messe de relevailles
churchman ['tʃɜːtʃmən] n, pl **-men** (= clergy) ecclésiastique m ♦ **he is/is not a good churchman** (= churchgoer) il est/n'est pas pratiquant
churchwarden [,tʃɜːtʃ'wɔːdn] n **a** (= person) bedeau m, marguillier m
  b (= pipe) longue pipe en terre
churchwoman ['tʃɜːtʃ,wʊmən] n, pl **churchwomen** ['tʃɜːtʃ,wɪmɪn] (= clergy) ecclésiastique f ♦ **she is/is not a good churchwoman** elle est/n'est pas pratiquante
churchy ['tʃɜːtʃɪ] adj (pej) person bigot, calotin⁎ (pej) ♦ **a churchy person** une grenouille de bénitier ⁎ (pej)
churchyard ['tʃɜːtʃjɑːd] n cimetière m (autour d'une église)
churl [tʃɜːl] n **a** † (= ill-mannered person) rustre m, malotru m ; (= bad-tempered person) ronchon m, personne f revêche
  b (Hist) manant † m
churlish ['tʃɜːlɪʃ] → SYN adj person, behaviour (= rude) grossier ; (= surly) revêche ♦ **it would be churlish to complain** il serait malvenu de se plaindre
churlishly ['tʃɜːlɪʃlɪ] adv say, refuse (= rudely) grossièrement ; (= surlily) d'un ton revêche
churlishness ['tʃɜːlɪʃnɪs] → SYN n (= bad manners) grossièreté f ; (= bad temper) mauvaise humeur f

churn [tʃɜːn] → SYN **1** n baratte f ; (Brit = milk can) bidon m
  2 vt **a** (Culin) [+ butter] baratter
  b (also **churn up**) [+ water] faire bouillonner ♦ **to churn sb up**⁎ (fig) retourner⁎ qn
  c (Aut) [+ engine] faire tourner
  3 vi [water, sea] bouillonner ♦ **his stomach was churning** (feeling sick) il avait l'estomac barbouillé ; (from nerves) son cœur se serra
▶ **churn out** vt sep [+ objects] débiter ; [+ essays, letters, books] produire à la chaîne, pondre en série
▶ **churn up** vt sep ⇒ **churn 2b**
chute [ʃuːt] n **a** glissière f ; → **coal, refuse²**
  b (in river) rapide m
  c ⁎ ⇒ **parachute**
  d (Sport, for toboggans) piste f ; (Brit = children's slide) toboggan m
chutney ['tʃʌtnɪ] n condiment m (à base de fruits) ♦ **apple/tomato chutney** condiment m à la pomme/à la tomate
chutzpa(h)⁎ ['xʊtspə] n (US) culot ⁎ m
chyle [kaɪl] n (Physiol) chyle m
chyme [kaɪm] n chyme m
CI (abbrev of **Channel Islands**) → **channel**
CIA [,siːaɪ'eɪ] (US) (abbrev of **Central Intelligence Agency**) CIA f
ciao [tʃaʊ] interj tchao !, salut ! ⁎
ciborium [sɪ'bɔːrɪəm] n, pl **ciboria** [sɪ'bɔːrɪə] (Rel = vessel) ciboire m
cicada [sɪ'kɑːdə] n, pl **cicadas** or **cicadae** [sɪ'kɑːdiː] cigale f
cicatricle ['sɪkə,trɪkl] n (Bio) cicatricule f
cicatrix ['sɪkətrɪks] pl **cicatrices** [,sɪkə'traɪsiːz] n (Med) cicatrice f
cicatrize ['sɪkə,traɪz] vi (Med) (se) cicatriser
Cicero ['sɪsərəʊ] n Cicéron m
cicero ['sɪsə,rəʊ] n cicéro m
cicerone [,tʃɪtʃə'rəʊnɪ] n, pl **cicerones** or **ciceroni** [,tʃɪtʃə'rəʊnɪ] cicérone m
Ciceronian [,sɪsə'rəʊnɪən] adj cicéronien
CID [,siːaɪ'diː] **1** (Brit) abbrev of **Criminal Investigation Department** ≃ PJ f, ≃ police f judiciaire
  2 COMP operation, team etc de la PJ ▷ **CID man** pl **CID men CID officer** n ≃ inspecteur m de police judiciaire or de la PJ
cider ['saɪdə^r] **1** n cidre m
  2 COMP ▷ **cider-apple** n pomme f à cidre ▷ **cider-press** n pressoir m à cidre ▷ **cider vinegar** n vinaigre m de cidre
CIF, c.i.f. [,siːaɪ'ef] (abbrev of **cost, insurance, freight**) CAF
cig⁎ [sɪg] n (esp Brit) ⇒ **ciggie**
cigar [sɪ'gɑː^r] **1** n cigare m
  2 COMP box etc à cigares ▷ **cigar case** n étui m à cigares, porte-cigares m inv ▷ **cigar holder** n fume-cigare m inv ▷ **cigar lighter** n (in car) allume-cigare m inv ▷ **cigar-shaped** adj en forme de cigare
cigarette [,sɪgə'ret] → SYN **1** n cigarette f
  2 COMP box etc à cigarettes ▷ **cigarette ash** n cendre f de cigarette ▷ **cigarette butt** ⇒ **cigarette end** ▷ **cigarette card** n carte avec des publicités ou des jeux, dans les paquets de cigarettes ▷ **cigarette case** n étui m à cigarettes, porte-cigarettes m inv ▷ **cigarette end** n mégot m ▷ **cigarette holder** n fume-cigarette m inv ▷ **cigarette lighter** n (gen) briquet m ; (in car) allume-cigare m inv ▷ **cigarette machine** n distributeur m de paquets de cigarettes ▷ **cigarette paper** n papier m à cigarettes
ciggie⁎, **ciggy**⁎ ['sɪgɪ] n (Brit) clope⁎ f, tige ⁎ f
ciliary ['sɪlɪərɪ] **1** adj ciliaire
  2 COMP ▷ **ciliary body** n corps m or zone f ciliaire
CIM [,siːaɪ'em] n (Comput) (abbrev of **computer-integrated manufacturing**) FIO f
C.-in-C. (abbrev of **Commander-in-Chief**) → **commander**
cinch [sɪntʃ] **1** n **a** (US = saddle girth) sous-ventrière f, sangle f (de selle)

cinchona / **cistron**

▸ **it's a cinch** ※ (= certain) c'est du tout cuit ＊, c'est du gâteau ＊; (= easy) c'est l'enfance de l'art
[2] vt a [+ horse] sangler; [+ saddle] attacher par une sangle (de selle)
▸ b (fig) [+ success] rendre sûr, assurer

cinchona [sɪŋˈkəʊnə] n (= tree, bark) quinquina m

cinchonine [ˈsɪŋkənɪːn] cinchonine f

cinder [ˈsɪndəʳ] [1] n cendre f ◆ **cinders** (= burnt coal) cendres fpl (de charbon); [of furnace, volcano] scories fpl ◆ **to rake out the cinders** racler les cendres (du foyer) ◆ **burnt to a cinder** réduit en cendres
[2] COMP ▷ **cinder block** n (US) parpaing m ▷ **cinder track** n (piste f) cendrée f

Cinderella [ˌsɪndəˈrɛlə] n Cendrillon f ◆ **the Cinderella of ...** la Cendrillon or le parent pauvre de ...

Cinders ＊ [ˈsɪndəz] n (= Cinderella) Cendrillon f

cineaste [ˈsɪnɪæst] n cinéphile mf

cine-camera [ˌsɪnɪˈkæmərə] n (Brit) caméra f

cine-film [ˈsɪnɪfɪlm] n (Brit) film m

cinema [ˈsɪnəmə] → SYN (esp Brit) [1] n cinéma m ◆ **to go to the cinema** aller au cinéma
[2] COMP ▷ **cinema complex** n complexe m or cinéma m multisalle(s) ▷ **cinema-going** n fréquentation f des cinémas ◇ adj **the cinema-going public** le public qui fréquente les cinémas

cinemagoer [ˈsɪnəməˌɡəʊəʳ] n (gen) personne qui fréquente les cinémas; (= film enthusiast) cinéphile mf

Cinemascope ® [ˈsɪnəməskəʊp] n cinémascope ® m

cinematic [ˌsɪnɪˈmætɪk] adj filmique

cinematograph [ˌsɪnɪˈmætəɡrɑːf] n (Brit) cinématographe m

cinematographer [ˌsɪnəməˈtɒɡrəfəʳ] n directeur m de la photo

cinematographic [ˈsɪnɪˌmætəˈɡræfɪk] adj cinématographique

cinematography [ˌsɪnəməˈtɒɡrəfɪ] n cinématographie f

cineol [ˈsɪnɪˌɒl] n eucalyptol m

cine projector [ˈsɪnɪprəˌdʒɛktəʳ] n (Brit) projecteur m de cinéma

Cinerama ® [ˌsɪnəˈrɑːmə] n Cinérama ® m

cineraria [ˌsɪnəˈrɛərɪə] n (Bot) cinéraire f

cinerary [ˈsɪnərərɪ] adj cinéraire

cinnabar [ˈsɪnəbɑːʳ] n cinabre m

cinnamon [ˈsɪnəmən] [1] n cannelle f
[2] COMP cake, biscuit à la cannelle; (in colour) cannelle inv

Cinque [sɪŋk] adj (Brit Hist) ◆ **the Cinque Ports** les Cinq Ports mpl (ancienne confédération des cinq ports du Kent et du Sussex)

cipher [ˈsaɪfəʳ] → SYN [1] n a (= Arabic numeral) chiffre m (arabe); (= zero) zéro m ◆ **he's a mere cipher** ce n'est qu'un chiffre
▸ b (= secret writing) chiffre m, code m secret ◆ **in cipher** en chiffre, en code
▸ c (= message) message m chiffré or codé
▸ d (= monogram) chiffre m, monogramme m
[2] vt [+ calculations, communications] chiffrer

cipolin [ˈsɪpəlɪn] n (= marble) cipolin m

circa [ˈsɜːkə] prep circa, environ

circadian [sɜːˈkeɪdɪən] adj circadien

circle [ˈsɜːkl] → SYN [1] n (= shape) cercle m; [of hills, houses, vehicles] cercle m; [of mountains] cirque m; (round eyes) cerne m; (Gym) soleil m; (Astron = orbit) orbite f; (Brit Theat) balcon m; [of knowledge] cercle m, sphère f; (= group of persons) cercle m, groupe m; [of underground railway] ligne f de ceinture ◆ **to stand in a circle** faire (un) cercle, se tenir en cercle ◆ **to draw a circle** tracer un cercle ◆ **an inner circle of advisers** un groupe de proches conseillers ◆ **in political circles** dans les milieux mpl politiques ◆ **to come full circle** revenir à son point de départ ◆ **they were going** or **running round in circles** (fig) ils tournaient en rond; → **wheel**
[2] vt a (= go round outside of sth) contourner; (= keep moving round sth) tourner autour de; (liter = encircle) entourer, encercler
▸ b (= draw circle round) entourer

[3] vi [birds] faire or décrire des cercles; [aircraft] tourner (en rond) ◆ **the cyclists circled round him** les cyclistes ont tourné autour de lui

▸ **circle about**, **circle (a)round** vi faire or décrire des cercles, tourner

circlet [ˈsɜːklɪt] n petit cercle m; [of hair] bandeau m; [of arm] brassard m; [of finger] anneau m

circuit [ˈsɜːkɪt] → SYN [1] n a (= journey around) tour m, circuit m ◆ **to make a circuit of ...** faire le tour de ... ◆ **to make a wide circuit round a town** faire un grand détour or circuit autour d'une ville
▸ b (Brit Jur) (= journey) tournée f (des juges d'assises); (= district) circonscription f (judiciaire) ◆ **he is on the eastern circuit** il fait la tournée de l'est
▸ c (Cine, Theat: houses visited by same company) tournée f; (= houses owned by same owner) groupe m
▸ d (Sport = series of races, matches etc) circuit m ◆ **the Scottish cathedrals circuit** (Tourism) le circuit des cathédrales d'Écosse
▸ e (Elec) circuit m; → **closed**, **short**
▸ f (esp Brit Sport = track) circuit m, parcours m
[2] COMP ▷ **circuit board** n (Comput) circuit m imprimé ▷ **circuit breaker** n (Elec) disjoncteur m ▷ **circuit court** n (Jur) tribunal m itinérant ▷ **circuit judge** n (Jur) juge m en tournée ▷ **circuit training** n (Sport) entraînement m (selon un programme préétabli)

circuitous [sɜːˈkjuːɪtəs] → SYN adj route, road tortueux; journey plein de détours; means détourné; method indirect, détourné

circuitously [sɜːˈkjuːɪtəslɪ] adv (lit) approach, reach en faisant des détours; (fig) speak de façon contournée

circuitry [ˈsɜːkɪtrɪ] n (Elec) circuit m

circular [ˈsɜːkjʊləʳ] [1] adj outline, saw, ticket circulaire ◆ **circular letter** circulaire f ◆ **circular tour** voyage m circulaire, circuit m
[2] n (= letter) circulaire f; (= printed advertisement etc) prospectus m

circularity [ˌsɜːkjʊˈlærɪtɪ] n circularité f

circularize [ˈsɜːkjʊləraɪz] vt [+ person, firm] envoyer des circulaires or des prospectus à

circulate [ˈsɜːkjʊleɪt] → SYN [1] vi circuler; (at party etc) se mêler aux invités or à la fête
[2] vt [+ object, bottle] faire circuler; [+ news, rumour] propager; [+ document] (from person to person) faire circuler; (= send out) diffuser
[3] COMP ▷ **circulating capital** n capitaux mpl circulants ▷ **circulating decimal** n (Math) fraction f périodique ▷ **circulating library** n bibliobus m ▷ **circulating medium** n monnaie f d'échange

circulation [ˌsɜːkjʊˈleɪʃən] → SYN [1] n (NonC) (Anat, Bot, Fin, Med) circulation f; [of news, rumour] propagation f; [of newspaper etc] tirage m ◆ **a magazine with a circulation of 10,000** un magazine qui tire à 10 000 exemplaires ◆ **he has poor circulation** (Med) il a une mauvaise circulation ◆ **in circulation** (Fin) en circulation ◆ **to put into circulation** (Fin) mettre en circulation ◆ **to take out of** or **withdraw from circulation** (Fin) retirer de la circulation ◆ **he's now back in circulation** ＊ il est à nouveau dans le circuit ＊ ◆ **to be out of circulation** ＊ [person] avoir disparu de la circulation ＊; → **drop out**
[2] COMP ▷ **circulation manager** n (Press) directeur m du service de la diffusion

circulatory [ˌsɜːkjʊˈleɪtərɪ] adj circulatoire

circum... [ˈsɜːkəm] pref circon...

circumcise [ˈsɜːkəmsaɪz] vt [+ male] circoncire; [+ female] exciser

circumcision [ˌsɜːkəmˈsɪʒən] n [of male] circoncision f; [of female] excision f ◆ **the Circumcision** (Rel) (la fête de) la Circoncision

circumference [səˈkʌmfərəns] → SYN n circonférence f

circumflex [ˈsɜːkəmflɛks] [1] adj circonflexe
[2] n accent m circonflexe

circumlocution [ˌsɜːkəmləˈkjuːʃən] n circonlocution f

circumlocutory [ˌsɜːkəmˈlɒkjʊtərɪ] adj périphrastique

ANGLAIS-FRANÇAIS 150

circumlunar [ˌsɜːkəmˈluːnəʳ] adj autour de la lune ◆ **circumlunar flight** vol m autour de la lune

circumnavigate [ˌsɜːkəmˈnævɪɡeɪt] vt [+ cape] doubler, contourner ◆ **to circumnavigate the globe** faire le tour du monde en bateau

circumnavigation [ˈsɜːkəmˌnævɪˈɡeɪʃən] n circumnavigation f

circumpolar [ˌsɜːkəmˈpəʊləʳ] adj (Geog, Astron) circumpolaire

circumscribe [ˈsɜːkəmskraɪb] → SYN vt (gen) circonscrire; [+ powers] limiter

circumspect [ˈsɜːkəmspɛkt] → SYN adj circonspect (about sth à l'égard de qch or sur qch) ◆ **to be circumspect in one's behaviour** faire preuve de circonspection ◆ **to be circumspect in one's language** s'exprimer avec circonspection

circumspection [ˌsɜːkəmˈspɛkʃən] n circonspection f

circumspectly [ˈsɜːkəmspɛktlɪ] adv avec circonspection

circumstance [ˈsɜːkəmstəns] → SYN n a circonstance f; (= fact, detail) circonstance f, détail m ◆ **in** or **under the present circumstances** dans les circonstances actuelles, vu l'état des choses ◆ **in** or **under no circumstances** en aucun cas or en aucune circonstance ◆ **under similar circumstances** en pareil cas, en or dans de pareilles circonstances ◆ **to take the circumstances into account** tenir compte des circonstances ◆ **a victim of circumstance** une victime des circonstances ; → **attenuate**, **extenuate**, **pomp**
▸ b (= financial condition) **circumstances** situation f financière or pécuniaire ◆ **in easy circumstances** dans l'aisance, à l'aise ◆ **in poor circumstances** gêné, dans la gêne ◆ **what are his circumstances?** quelle est sa situation financière or pécuniaire ? ◆ **if our circumstances allow it** si nos moyens nous le permettent

circumstantial [ˌsɜːkəmˈstænʃəl] → SYN adj a (Jur) case fondé sur des présomptions ◆ **circumstantial evidence** présomptions fpl, preuves fpl indirectes ◆ **much of the evidence is circumstantial** il s'agit surtout de présomptions
▸ b (= detailed) account, report, description détaillé, circonstancié
▸ c (= anecdotal) reasons, factors, detail anecdotique

circumstantiate [ˌsɜːkəmˈstænʃɪeɪt] vt (frm) [+ evidence] confirmer en donnant des détails sur; [+ event] donner des détails circonstanciés sur

circumvent [ˌsɜːkəmˈvɛnt] vt [+ person] circonvenir; [+ law, regulations, rule] tourner; [+ sb's plan, project] faire échouer

circumvention [ˌsɜːkəmˈvɛnʃən] n [of plan, project] mise f en échec ◆ **the circumvention of the guard/rule proved easy** circonvenir le garde/tourner le règlement s'avéra facile

circus [ˈsɜːkəs] [1] n, pl **circuses** a (Hist, Theat) cirque m
▸ b (in town) rond-point m
[2] COMP animal, clown de cirque

cirl bunting [sɜːl] n (Orn) (bruant m) zizi m

cirque [sɜːk] n (Geol) cirque m

cirrhosis [sɪˈrəʊsɪs] n cirrhose f

cirrocumulus [ˌsɪrəʊˈkjuːmjələs] n, pl **cirrocumuli** [ˌsɪrəʊˈkjuːmjəlaɪ] (Met) cirrocumulus m

cirrostratus [ˌsɪrəʊˈstrɑːtəs] n, pl **cirrostrati** [ˌsɪrəʊˈstrɑːtaɪ] (Met) cirrostratus m

cirrus [ˈsɪrəs] n, pl **cirri** [ˈsɪraɪ] a (= cloud) cirrus m
▸ b (Bot) vrille f

CIS [ˌsiːaɪˈɛs] (abbrev of **Commonwealth of Independent States**) CEI f

cisplatin [sɪsˈplætɪn] n (Pharm) cisplatine m

cissy [ˈsɪsɪ] n → **sissy**

Cistercian [sɪsˈtɜːʃən] [1] n cistercien(ne) m(f)
[2] adj cistercien ◆ **Cistercian Order** ordre m de Cîteaux ◆ **a Cistercian monk** un cistercien

cistern [ˈsɪstən] → SYN n citerne f; [of lavatory] réservoir m de la chasse d'eau; [of barometer] cuvette f

cistron [ˈsɪstrən] n cistron m

citadel ['sıtədl] → SYN n citadelle f

citation [saɪ'teɪʃən] → SYN n (gen, US Jur, Mil) citation f

cite [saɪt] → SYN vt (gen, Jur, Mil) citer; (Sport = sanction) sanctionner ◆ **to cite as an example** citer en exemple ◆ **to cite sb to appear** (Jur) citer qn; → **dispatch**

cither ['sɪθər], **cithern** ['sɪθən] n cistre m

citified ['sɪtɪˌfaɪd] adj (pej) qui a pris les manières de la ville

citizen ['sɪtɪzn] → SYN [1] n (of town) habitant(e) m(f); (of state) citoyen(ne) m(f); (Admin) ressortissant(e) m(f); (Hist) bourgeois(e) m(f); (= townsman) citadin(e) m(f) ◆ **the citizens of Paris** les habitants mpl de Paris, les Parisiens mpl ◆ **French citizen** citoyen(ne) m(f) français(e); (when abroad) ressortissant m français ◆ **citizen of the world** citoyen m du monde; → **fellow**
[2] COMP ▷ **Citizens' Advice Bureau** n centre m d'information sur les droits des citoyens ▷ **citizen's arrest** n arrestation effectuée par un simple citoyen conformément au droit coutumier ◆ **to make a citizen's arrest** effectuer une arrestation, en tant que particulier, conformément au droit coutumier ▷ **Citizen's Band Radio** n CB f, bande f de fréquences publique ▷ **Citizen's Charter** n (Brit) charte mise en place par le gouvernement britannique en 1991 et visant à améliorer la qualité des services publics

---

CITIZENS' ADVICE BUREAU

Les **Citizens' Advice Bureaux** ont été créés en 1939 pour diffuser auprès de la population britannique la réglementation applicable en temps de guerre. Transformés par la suite en organismes d'assistance gratuite, ils dispensent des conseils sur tout problème concernant l'endettement des ménages, le logement, l'assurance maladie, les services sociaux ou les droits du consommateur. Le service, financé par des fonds publics, emploie dans ses nombreuses antennes locales des cadres salariés qui forment et gèrent un volant de personnels bénévoles.

---

citizenry ['sɪtɪznrɪ] n (esp US) ◆ **the citizenry** l'ensemble m des citoyens

citizenship ['sɪtɪznʃɪp] n citoyenneté f ◆ **citizenship papers** (US) déclaration f de naturalisation

citrate ['sɪtreɪt] n citrate m

citric ['sɪtrɪk] [1] adj citrique
[2] COMP ▷ **citric acid** n acide m citrique

citrine ['sɪtrɪn] n (Miner) citrine f

citron ['sɪtrən] n (= fruit) cédrat m; (= tree) cédratier m

citronella [ˌsɪtrə'nelə] n (= grass) citronnelle f; (= oil) (huile f de) citronnelle f

citrus ['sɪtrəs] n, pl **citruses** (= tree) citrus m; (= fruit) agrume m

cittern ['sɪtɜːn] n cistre m

city ['sɪtɪ] → SYN [1] n **a** (gen) (grande) ville f ◆ **the city** (= population) la ville ◆ **large cities like Leeds** les grandes villes comme Leeds ◆ **life in the modern city** la vie dans la cité or la ville moderne
b (Brit) **the City** la City (centre des affaires à Londres) ◆ **he's (something) in the City** * il est dans les affaires, il travaille dans la City
[2] COMP streets de la ville; offices, authorities municipal; (Brit Press) editor, page, news financier ▷ **City and Guilds (examination)** n (Brit) ≈ CAP m, ≈ certificat m d'aptitude professionnelle ▷ **city centre** n centre m de la ville, centre-ville m ▷ **city college** n (US Univ) université f (financée par la ville) ▷ **city councilman** n (US), pl **city councilmen** conseiller m municipal ▷ **city desk** n (Brit) antenne f financière; (US) antenne f locale ▷ **city dweller** n citadin(e) m(f) ▷ **city editor** n (Brit) responsable mf de la rubrique financière (dans un journal); (US) rédacteur m en chef (pour les nouvelles locales) ▷ **city fathers** npl édiles mpl ▷ **city hall** n (lit) mairie f; (in large towns) hôtel m de ville; (US fig = city authorities) administration f municipale ▷ **city manager** n (US) administrateur m communal (payé par une municipalité et faisant fonction de maire) ▷ **city planner** n (US) urbaniste mf ▷ **city planning** n (US) urbanisme m ▷ **city police** n (US) police f municipale ▷ **city slicker** * n (pej) citadin(e) m(f) sophistiqué(e), rat m des villes ▷ **city-state** n cité f ▷ **city technology college** n (Brit) établissement m d'enseignement technologique

---

CITY NICKNAMES

Si l'on sait que "The Big Apple" désigne la ville de New York ("apple" est en réalité un terme d'argot signifiant "grande ville"), on connaît moins les surnoms donnés aux autres grandes villes américaines. Chicago est surnommée "Windy City" à cause des rafales soufflant du lac Michigan, La Nouvelle-Orléans doit son sobriquet de "Big Easy" à son style de vie décontracté, et l'industrie automobile a donné à Detroit son surnom de "Motown".

D'autres villes sont familièrement désignées par leurs initiales : "LA" pour Los Angeles, "Big D" pour Dallas, ou par des diminutifs : "Vegas" pour Las Vegas, "Frisco" pour San Francisco, "Philly" pour Philadelphie.

---

cityfied ['sɪtɪˌfaɪd] adj (pej) ⇒ **citified**

cityscape ['sɪtɪskeɪp] n paysage m or panorama m urbain

civet ['sɪvɪt] n (= cat, substance) civette f

civic ['sɪvɪk] → SYN [1] adj duty, rights, pride, virtue, movement civique; life des citoyens; authorities, administration, building municipal ◆ **civic event/reception** cérémonie f/réception f officielle locale ◆ **civic leader** notable m
[2] COMP ▷ **civic centre** n (Brit) centre m administratif (municipal); **civic hall** n salle f municipale ▷ **Civic Trust** n (Brit) groupement de bénévoles se consacrant à la mise en valeur du patrimoine

civics ['sɪvɪks] n instruction f civique

civies * ['sɪvɪz] npl (US) ⇒ **civvies**; → **civvy**

civil ['sɪvl] → SYN [1] adj **a** (= civic or non-military) civil ◆ **civil commotion** émeute f ◆ **civil divorce** divorce non reconnu par l'église ◆ **civil marriage** mariage m civil ◆ **civil wedding** mariage m civil ◆ **to have a civil wedding** se marier civilement
b (= polite) civil, poli ◆ **that's very civil of you** vous êtes bien aimable; → **tongue**
[2] COMP ▷ **Civil Aviation Authority** n (Brit) ≈ Direction f générale de l'aviation civile ▷ **civil defence** n défense f passive ▷ **civil disobedience** n désobéissance f civile ◆ **civil disobedience campaign** campagne f de désobéissance civile ▷ **civil engineer** n ingénieur m civil ▷ **civil engineering** n génie m civil ▷ **civil law** n (= system) code m civil; (= study) droit m civil ▷ **civil liberties** npl libertés fpl civiques ▷ **civil list** n (Brit) liste f civile (allouée à la famille royale) ▷ **civil rights** npl droits mpl civils ◆ **civil rights movement** mouvement m pour les droits civils ▷ **civil servant** n fonctionnaire mf ▷ **civil service** n fonction f publique, administration f ◆ **civil service examination** concours m d'entrée dans la fonction publique ◆ **civil service recruitment** recrutement m de(s) fonctionnaires ▷ **Civil Service Commission** n commission f de recrutement dans la fonction publique ▷ **civil war** n guerre f civile ◆ **the (American) Civil War** la guerre de Sécession

civilian [sɪ'vɪlɪən] [1] n civil(e) m(f) (opposé à militaire)
[2] adj civil

civility [sɪ'vɪlɪtɪ] n courtoisie f, civilité † f ◆ **civilities** civilités fpl

civilization [ˌsɪvɪlaɪ'zeɪʃən] → SYN n civilisation f

civilize ['sɪvɪlaɪz] → SYN vt civiliser

civilized ['sɪvɪlaɪzd] → SYN adj **a** (= socially advanced) society, country, world, people civilisé; values de civilisation ◆ **to become civilized** se civiliser
b (= refined) person, behaviour, conversation, place, meal raffiné; time of day (tout à fait) convenable ◆ **let's try and be civilized about this** essayons d'être conciliants ◆ **I know we disagree, but we could at least be civilized about it** je sais que nous ne sommes pas d'accord, mais nous pourrions au moins essayer de rester aimables

civilizing ['sɪvɪlaɪzɪŋ] adj civilisateur (-trice f)

civilly ['sɪvɪlɪ] adv poliment

civism ['sɪvɪzəm] n civisme m

civvy * ['sɪvɪ] (abbrev of **civilian**) [1] **civvies** npl vêtements mpl civils ◆ **in civvies** (habillé) en civil or en bourgeois *
[2] COMP ▷ **civvy street** n (Brit) vie f civile ◆ **to be in civvy street** être civil or pékin *

CJD [ˌsiːdʒeɪ'diː] n (abbrev of **Creutzfeldt-Jakob disease**) MCJ f

cl (abbrev of **centilitre(s)**) cl

clack [klæk] [1] n claquement m; (of pump etc) clapet m; (fig = talk) jacasserie f, caquet m
[2] vi claquer; (fig) jacasser ◆ **this will set tongues clacking** cela va faire jaser

clad [klæd] adj habillé, vêtu (in de) ◆ **clad with** (liter = covered with) revêtu de

cladding ['klædɪŋ] n (of building) revêtement m; (of nuclear reactor) gainage m

clade [kleɪd] n (Bio) clade m

cladism ['klædɪzəm] n cladisme m

cladistics [klə'dɪstɪks] n (NonC; Zool) cladisme m

cladogram ['kleɪdəˌgræm] n cladogramme m

claim [kleɪm] LANGUAGE IN USE 26.2 → SYN
[1] vt **a** (= demand as one's due) réclamer (from sb à qn), revendiquer; [+ property, prize, right] revendiquer ◆ **to claim diplomatic immunity** invoquer l'immunité diplomatique ◆ **to claim the right to decide** revendiquer le droit de décider ◆ **the group which claimed responsibility for the attack** le groupe qui a revendiqué l'attentat ◆ **no one has yet claimed responsibility for the explosion** l'explosion n'a pas encore été revendiquée ◆ **to claim damages** réclamer des dommages et intérêts ◆ **the epidemic has claimed 100 victims** l'épidémie a fait 100 victimes ◆ **the fighting claimed many lives** les combats ont fait de nombreuses victimes; → **credit**
b (= profess, contend, maintain) prétendre, déclarer ◆ **to claim acquaintance with sb** prétendre connaître qn ◆ **he claims to have seen you or (that) he's seen you** il prétend or déclare vous avoir vu, il déclare qu'il vous a vu ◆ **both armies claimed the victory** les deux armées ont revendiqué la victoire
c (= demand) [+ sb's attention] demander, solliciter; [+ sb's sympathy] solliciter
[2] n **a** (= act of claiming) revendication f, réclamation f; (Insurance) ≈ déclaration f de sinistre, ≈ demande f d'indemnité ◆ **to lay claim to** prétendre à, avoir des prétentions à ◆ **there are many claims on my time** je suis très pris ◆ **there are many claims on my purse** j'ai beaucoup de frais, mes moyens sont fortement mis à contribution ◆ **that's a big claim to make!** la or cette prétention est de taille ! ◆ **his claim that he acted legally** son affirmation selon laquelle il aurait agi dans les limites de la loi ◆ **to put in a claim** (gen) faire une réclamation; (Insurance) faire une déclaration de sinistre ou une demande d'indemnité ◆ **they put in a claim for a 3% pay rise** (Ind) ils ont demandé une augmentation de 3 % ◆ **a claim for an extra 3%** (Ind) une demande d'augmentation de 3 % ◆ **the claims were all paid** (Insurance) les dommages ont été intégralement payés ou réglés; → **outstanding**
b (= right) droit m, titre m ◆ **claim to ownership** titre m de propriété ◆ **he renounced his claim to the throne** il a renoncé à toute prétention à la couronne or à faire valoir ses droits à la couronne ◆ **claims to sb's friendship** droits mpl à l'amitié de qn
c (Min etc) concession f; → **stake**
[3] COMP ▷ **claim form** n (Admin) (for benefit) (formulaire m de) demande f; (for expenses) (feuille f pour) note f de frais ▷ **claims adjuster** n (Insurance) agent m général d'assurances

claimant ['kleɪmənt] n (of throne) prétendant(e) m(f) (to à); (Brit) (of social benefits) demandeur m, -euse f; (Jur, Insurance) requérant(e) m(f)

clairvoyance [klɛə'vɔɪəns] n voyance f, (don m de) double vue f

clairvoyant(e) [klɛə'vɔɪənt] [1] n voyant(e) m(f), extralucide mf
[2] adj doué de double vue

clam [klæm] **1** n **a** (Zool) palourde f, clam m **b** (US ⁑) dollar m **2** COMP ▷ **clam chowder** n (Culin) soupe épaisse de palourdes

▶ **clam up** * vi la boucler ⁑, la fermer ⁑ ◆ **to clam up like an oyster** se fermer comme une huître ◆ **he clammed up on me** il l'a bouclée ⁑, il ne m'a plus dit un mot là-dessus

clambake ['klæmbeɪk] n (US) **a** (Culin) barbecue m de fruits de mer **b** (= party) réunion f à la bonne franquette

clamber ['klæmbə'] → SYN **1** vi grimper (en s'aidant des mains ou en rampant), se hisser (avec difficulté) ◆ **to clamber up a hill** gravir péniblement une colline ◆ **to clamber over a wall** escalader un mur **2** n escalade f

clamminess ['klæmɪnɪs] n moiteur f

clammy ['klæmɪ] adj skin, hands, handshake, clothes, sheets moite; weather lourd ◆ **clammy with sweat/fear** moite de sueur/peur

clamor ['klæmə'] (US) ⇒ **clamour**

clamorous ['klæmərəs] adj **a** (= noisy) voice, noise tonitruant; crowd bruyant ◆ **clamorous applause** tonnerre m d'applaudissements **b** (= vehement) demand, campaign véhément

clamour, clamor (US) ['klæmə'] → SYN **1** n (= shouts) clameur f, cris mpl; (= angry cries) vociférations fpl; (= demands) revendications fpl or réclamations fpl bruyantes **2** vi pousser des cris ◆ **to clamour against sth/sb** vociférer contre qch/qn ◆ **to clamour for sth/sb** (= shout) demander qch/qn à grands cris; (= demand) réclamer qch/qn à cor et à cri

clamp¹ [klæmp] **1** n (gen) attache f, pince f; (bigger) crampon m; (Med) clamp m; (also **ring clamp**) collier m de serrage; (Carpentry) valet m (d'établi); (Archit) agrafe f; [of china] agrafe f; (Aut) sabot m de Denver; (Elec) serre-fils m inv; (Naut) serre-câbles m inv **2** vt **a** (= put clamp on) serrer, attacher; [+ stones, china] agrafer; [+ car, car wheels] mettre un sabot à ◆ **to clamp sth to sth** fixer qch à qch **b to clamp shut** or **together** [+ teeth] serrer **c** * [+ embargo, curfew] imposer (on sur)

▶ **clamp down on** * **1** vt fus [+ person] prendre des mesures autoritaires contre; [+ inflation, expenditure] mettre un frein à; [+ the press, the opposition] bâillonner **2** clampdown n → **clampdown**

▶ **clamp together** vt sep serrer ensemble

clamp² [klæmp] **1** n [of bricks] tas m, pile f; [of potatoes] silo m **2** vt entasser

clampdown ['klæmpdaʊn] n (gen) répression f (on sth de qch; on sb contre qn) ◆ **a clampdown on terrorists** la répression or des mesures répressives contre les terroristes ◆ **a clampdown on arms sales** un renforcement des restrictions sur la vente d'armes

clan [klæn] → SYN n clan m (écossais); (fig) famille f

clandestine [klæn'destɪn] adj clandestin

clang [klæŋ] → SYN **1** n bruit m or son m métallique; (louder) fracas m métallique **2** vi émettre un son métallique ◆ **the gate clanged shut** la grille s'est refermée bruyamment or avec un bruit métallique

clanger * ['klæŋə'] n (Brit) gaffe f ◆ **to drop a clanger** faire une gaffe, gaffer lourdement

clangor ['klæŋɡə'] n (US) ⇒ **clangour**

clangorous ['klæŋɡərəs] adj noise métallique

clangour, clangor (US) ['klæŋɡə'] n son m or bruit m or fracas m métallique

clank ['klæŋk] **1** n cliquetis m, bruit m métallique (de chaînes etc) **2** vi cliqueter, émettre un son métallique **3** vt faire cliqueter

clankpin ['klæŋkpɪn] n (Aut) maneton m

clannish ['klænɪʃ] adj (slightly pej = exclusive, unwelcoming) group fermé; person qui a l'esprit de clan or de clique

clannishness ['klænɪʃnɪs] n esprit m de clan or de chapelle

clansman ['klænzmən], pl **-men**, **clanswoman** ['klænzwʊmən], pl **-women** n (in Scotland) membre m d'un clan (écossais)

clap¹ [klæp] → SYN **1** n (= sound) claquement m, bruit m sec; [of hands] battement m; (= action) tape f; (= applause) applaudissements mpl ◆ **a clap on the back** une tape dans le dos ◆ **to give the dog a clap** (Scot = stroke) caresser le chien ◆ **a clap of thunder** un coup de tonnerre ◆ **he got a good clap** il a été très applaudi **2** vt **a** (= applaud) applaudir ◆ **to clap one's hands** battre des mains ◆ **to clap sb on the back/the shoulder** donner à qn une tape dans le dos/sur l'épaule ◆ **to clap a dog** (Scot = stroke) caresser un chien ◆ **he clapped his hand over my mouth** il a mis or plaqué sa main sur ma bouche **b** (= put, set) **to clap sb in irons** jeter qn aux fers ◆ **to clap sb into prison** jeter qn en prison ◆ **to clap eyes on** voir ◆ **to clap hands on sb** prendre qn sur le fait **3** vi taper or frapper dans ses mains; (= applaud) applaudir

▶ **clap on** vt sep ◆ **to clap on one's hat** enfoncer son chapeau sur sa tête ◆ **to clap on sail** (Naut) mettre toutes voiles dehors

▶ **clap to** vti claquer

clap² ⁑ [klæp] n (= disease) ◆ **the clap** la chtouille ⁑, la chaude-pisse ⁑

clapboard ['klæpbɔːd] n bardeau m

clapometer * [klæ'pɒmɪtə'] n applaudimètre m

clapped-out ⁑ ['klæptaʊt] adj (Brit) person, horse au bout du rouleau *; car, train pourri *; TV, washing machine fichu *, nase *

clapper ['klæpə'] n [of bell] battant m ◆ **to go like the clappers** ⁑ (Brit) aller à toute blinde ⁑

clapperboard ['klæpə,bɔːd] n clap m, claquette f

clapping ['klæpɪŋ] n applaudissements mpl

claptrap * ['klæptræp] n boniment * m, baratin * m

claque [klæk] n (Theat) claque f

Clare [klɛə'] n Claire f ◆ **the Poor Clares** (Rel) clarisses fpl, Pauvres Dames fpl

claret ['klærət] **1** n (vin m de) bordeaux m (rouge) **2** adj (also **claret-coloured**) bordeaux inv

clarification [,klærɪfɪ'keɪʃən] → SYN n (gen) clarification f, éclaircissement m; [of wine] collage m ◆ **request for clarification** (Jur) demande f d'éclaircissement

clarified ['klærɪfaɪd] adj butter, stock, wine, sugar clarifié

clarify ['klærɪfaɪ] → SYN **1** vt [+ sugar, butter, wine] clarifier; [+ situation] éclaircir, clarifier **2** vi se clarifier; (fig) s'éclaircir

clarinet [,klærɪ'net] n clarinette f

clarinettist [,klærɪ'netɪst] n clarinettiste mf

clarion ['klærɪən] (liter) **1** n clairon m **2** vt (frm) ◆ **to clarion (forth)** claironner **3** COMP ▷ **clarion call** n appel m de clairon

clarity ['klærɪtɪ] → SYN n clarté f, précision f

clash [klæʃ] → SYN **1** vi **a** (= bang noisily) [swords, metallic objects] s'entrechoquer; [cymbals] résonner **b** (= be in dispute) [armies] se heurter ◆ **the two parties clash over ...** les deux partis sont en désaccord total à propos de ... **c** (= conflict) [interests] se heurter, être incompatible or en contradiction (with avec); [personalities] être incompatible (with avec); [colours] jurer, détonner (with avec) **d** (= coincide) [two events, invitations etc] tomber en même temps (or le même jour etc) ◆ **the dates clash** les deux événements (or rencontres etc) tombent le même jour **2** vt [+ metallic objects] entrechoquer bruyamment; [+ cymbals] faire résonner ◆ **to clash the gears** (Aut) faire grincer les vitesses **3** n **a** (= sound) choc m or fracas m métallique **b** [of armies, weapons] choc m, heurt m; (between people, parties) désaccord m; (with police, troops) affrontement m, échauffourée f ◆ **during a clash with the police** au cours d'un affrontement or d'une échauffourée avec la police ◆ **clashes between police and demonstrators** des heurts mpl entre la police et les manifestants ◆ **I don't want a clash with him about it** je ne veux pas me disputer avec lui à ce sujet ◆ **to have a (verbal) clash with sb** avoir un accrochage * or une algarade avec qn **c** [of interests] conflit m ◆ **a clash of personalities** une incompatibilité de caractères **d a clash of colours** des couleurs qui détonnent **e** [of dates, events, invitations] coïncidence f fâcheuse

clasp [klɑːsp] → SYN **1** n **a** [of brooch, necklace, purse] fermoir m; [of belt] boucle f **b** (NonC: in one's arms, of a hand) étreinte f **2** vt étreindre, serrer ◆ **to clasp sb's hand** serrer la main de qn ◆ **to clasp one's hands (together)** joindre les mains ◆ **with clasped hands** les mains jointes ◆ **to clasp sb in one's arms/to one's heart** serrer qn dans ses bras/sur son cœur **3** COMP ▷ **clasp knife** n, pl **clasp knives** grand couteau m pliant

class [klɑːs] → SYN **1** n **a** (= group, division) classe f, catégorie f; (Bot, Ling, Mil, Sociol, Zool etc) classe f; (Naut) [of ship] type m; (in Lloyd's Register) cote f ◆ **he's not in the same class as his brother** (fig) il n'arrive pas à la cheville de son frère ◆ **these books are just not in the same class** il n'y a pas de comparaison (possible) entre ces livres ◆ **in a class by itself, in a class of its own** hors concours, unique ◆ **they are in a class apart** ils sont tout à fait à part ◆ **a good class (of) hotel** un très bon hôtel, un hôtel de très bonne classe ◆ **the ruling class** la classe dirigeante ◆ **what class of degree did he get?** (Brit Univ) quelle mention a-t-il obtenue (à sa licence)? ◆ **first class honours in history** ≈ licence f d'histoire avec mention très bien; → **middle, working** **b** (Scol, Univ, gen) (= lesson) classe f, cours m; (= students) classe f; (US = year) promotion f scolaire ◆ **to give** or **take a class** faire un cours ◆ **to attend a class** suivre un cours ◆ **the French class** la classe or le cours de français ◆ **an evening class** un cours du soir ◆ **the class of 1970** (US) la promotion or la promo * de 1970 **c** (NonC: *) classe f, distinction f ◆ **to have class** avoir de la classe **2** vt classer, classifier; (Naut Insurance) coter ◆ **he was classed with the servants** il était assimilé aux domestiques **3** adj (= classy) de grande classe **4** COMP ▷ **class action** n (Jur) class actions actions fpl de groupe ▷ **class action suit** recours m collectif en justice ▷ **class bias** n (Sociol) préjugés mpl de classe ▷ **class-conscious** adj personne conscient des distinctions sociales; (pej = snobbish) person, attitude snob inv ▷ **class consciousness** n conscience f de classe ▷ **class distinction** n distinction f sociale ▷ **class list** n (Scol) liste f des élèves ▷ **class mark, class number** n (Brit: in library) cote f ▷ **class president** n (US) ≈ chef m de classe ▷ **class rank** n (US Scol, Univ) numéro m de sortie ▷ **class roll** n ⇒ **class list** ▷ **class society** n (Pol) société f de classes ▷ **class struggle** n lutte f des classes ▷ **class system** n système m de classes ▷ **class teacher** n (Brit Scol) professeur m principal ▷ **class war(fare)** n ⇒ **class struggle**

classic ['klæsɪk] → SYN **1** adj (gen) classique ◆ **it was classic** * c'était le coup classique * **2** n (= author, work) classique m; (Racing) classique f ◆ **it is a classic of its kind** (fig) c'est un classique du genre **3** COMP ▷ **classic car** n voiture f ancienne

classical ['klæsɪkəl] → SYN **1** adj pianist, economist, Rome, Greece, Latin classique; Greek de l'époque classique; album, CD de musique classique ◆ **classical times** antiquité f gréco-latine ◆ **classical scholar** spécialiste mf en lettres classiques **2** COMP ▷ **classical music** n (NonC) musique f classique, classique m

classically [klæsɪkəlɪ] adv **a** (Mus, Dancing) **to be classically trained** avoir reçu une formation classique ♦ **a classically trained pianist/dancer** un pianiste/danseur de formation classique

b (Hist, Art) **a classically proportioned building** un bâtiment aux proportions classiques ♦ **a classically inspired church** une église d'inspiration classique ♦ **a classically shaped vase** un vase de forme classique or aux formes classiques

c (= traditionally) **classically beautiful/elegant** d'une beauté/élégance classique

d (= typically) typiquement ♦ **classically English** typiquement anglais ♦ **classically, overweight people underestimate how much they eat** on constate généralement que les personnes qui ont des kilos en trop sous-estiment la quantité de nourriture qu'elles absorbent

classicism ['klæsɪsɪzəm] n classicisme m

classicist ['klæsɪsɪst] n spécialiste mf de lettres classiques ; (esp Archit) partisan(e) m(f) du classicisme

classics ['klæsɪks] n lettres fpl classiques ♦ **to study classics** faire des études de lettres classiques

classifiable ['klæsɪfaɪəbl] adj qu'on peut classifier

classification [,klæsɪfɪ'keɪʃən] [→ SYN] n classification f

classified ['klæsɪfaɪd] 1 adj a classifié

b (Admin = secret etc) document classé secret (classée secrète f) ♦ **classified information** renseignements mpl (classés) secrets

2 COMP ▷ **classified advertisement** n (Press) petite annonce f ▷ **classified results** npl (Brit Sport) résultats mpl sportifs complets ▷ **classified section** n (Press) (rubrique f des) petites annonces fpl

classify ['klæsɪfaɪ] [→ SYN] vt a classer, classifier

b (Admin = restrict circulation) classer secret

classism ['klɑːsɪzəm] n (NonC) discrimination f sociale or de classe

classless ['klɑːslɪs] adj society sans classes ; person qui n'appartient à aucune classe ; accent standard

classmate ['klɑːsmeɪt] n (Brit) camarade mf de classe ; (US) camarade mf de promotion (or de classe)

classroom ['klɑːsrʊm] n (salle f de) classe f

classy * ['klɑːsɪ] adj person classe inv * ; hotel, restaurant classe inv *, chic inv ; area, neighbourhood, clothes, car chic inv ; watch, image de luxe ; performance, album, film de grande classe ♦ **her flat looks very classy** son appartement fait très classe * or très chic

clatter ['klætə'] 1 n (= noise) cliquetis m ; (louder) fracas m ♦ **the clatter of cutlery** le bruit or cliquetis de couverts entrechoqués

2 vi (= rattle) [heels, keys, typewriter, chains] cliqueter ; (= bang) [large falling object, cymbals] résonner ♦ **to clatter in/out/away** etc entrer/sortir/partir etc bruyamment

3 vt choquer or entrechoquer bruyamment

clause [klɔːz] [→ SYN] n a (Gram) membre m de phrase, proposition f ♦ **principal/subordinate clause** proposition f principale/subordonnée

b (Jur) [of contract, law, treaty] clause f ; [of will] disposition f ; → **saving**

claustrophobia [,klɔːstrə'fəʊbɪə] n claustrophobie f ; (fig) atmosphère f oppressante

claustrophobic [,klɔːstrə'fəʊbɪk] 1 adj person claustrophobe ; feeling de claustrophobie ; room où l'on se sent claustrophobe ; atmosphere oppressant ; film, thriller à l'atmosphère oppressante ♦ **to feel claustrophobic** [person] avoir une sensation de claustrophobie ♦ **the house felt too claustrophobic** on se sentait trop à l'étroit dans la maison

2 n claustrophobe mf

clavichord ['klævɪkɔːd] n clavicorde m

clavicle ['klævɪkl] n clavicule f

clavicular [klə'vɪkjʊlə'], **claviculate** [klə'vɪkjʊleɪt] adj claviculaire

clavier ['klævɪə'] n (Mus) (= instrument) instrument m à clavier ; (= keyboard) clavier m

claw [klɔː] [→ SYN] 1 n a [of cat, lion, small bird etc] griffe f ; [of bird of prey] serre f ; [of lobster etc] pince f ♦ **to get one's claws into sb** * tenir qn entre ses griffes ♦ **to get one's claws on sth** * mettre le grappin sur qch * ♦ **get your claws off (that)!** * bas les pattes ! *

b (Tech) [of bench] valet m ; [of hammer] pied-de-biche m

2 vt (= scratch) griffer ; (= rip) déchirer or labourer avec ses griffes or ses serres ; (= clutch) agripper, serrer ♦ **to claw one's way to the top** se hisser en haut de l'échelle

3 COMP ▷ **claw hammer** n marteau m fendu, marteau m à pied-de-biche

▶ **claw at** vt fus [+ object] essayer de s'agripper à ; [+ person] essayer de griffer

▶ **claw back** 1 vt sep (Econ) récupérer

2 clawback n → **clawback**

clawback ['klɔːbæk] n (Econ) récupération f

clay [kleɪ] 1 n argile f, (terre f) glaise f ; (Tennis) terre f battue ♦ **potter's clay** argile f (à potier) ♦ **to play on clay** (Tennis) jouer sur terre battue ; → **china**

2 COMP ▷ **clay court** n (Tennis) court m de terre battue ▷ **clay pigeon** n pigeon m d'argile or de ball-trap ; (US fig) victime f or cible f facile ♦ **clay pigeon shooting** ball-trap m ▷ **clay pipe** n pipe f en terre ▷ **clay pit** n argilière f, glaisière f ▷ **clay-with-flints** n (Geol) argile f à silex

clayey ['kleɪɪ] adj argileux, glaiseux

claymore ['kleɪmɔː'] n claymore f

clean [kliːn] [→ SYN] 1 adj a (= not dirty, having clean habits) propre ♦ **to keep sth clean** tenir qch propre, ne pas salir qch ♦ **he washed the floor clean** il a bien nettoyé or lavé le sol ♦ **the rain washed it clean** la pluie l'a entièrement nettoyé ♦ **the rain washed the car clean of mud** la pluie a fait partir or a lavé toute la boue de la voiture ♦ **to wipe sth clean** bien essuyer qch ♦ **to have clean hands** (lit, fig) avoir les mains propres ♦ **to be washed clean of sin** être lavé de tout péché ♦ **as clean as a new pin** or **as a whistle** propre comme un sou neuf ♦ **it broke off as clean as a whistle** ça a cassé net ; → 2

b (= respectable) joke, story, film décent ♦ **it's all good clean fun** * ce sont des plaisirs honnêtes ♦ **clean living** tie f saine ♦ **to lead a good clean life** mener une vie bien honnête ♦ **keep it clean!** * restons décents ! ♦ **let's keep the party clean!** * (fig) pas d'inconvenances !, un peu de tenue !

c (= fair) game, match, player fair-play inv ♦ **a clean fight** (Boxing, fig) un combat dans les règles, un combat loyal

d (= blank) sheet of paper vierge ♦ **the doctor gave him a clean bill of health** le médecin l'a trouvé en parfait état de santé ♦ **clean bill of lading** (Comm) connaissement m net or sans réserves ♦ **clean record** (Jur) casier m (judiciaire) vierge ♦ **to have a clean sheet** (Ftbl) n'avoir encaissé aucun but

e (= corrected) **let me have a clean copy of your report** donnez-moi une copie propre de votre rapport

f (= untarnished) image, reputation sans tache

g (= pure, smooth) smell, taste, profile pur ; look, sound, edge, stroke, shape net ; curve élégant ♦ **this car has very clean lines** cette voiture a une belle ligne ♦ **a clean cut** une coupure nette or franche

h (= ritually pure) animal pur

i (Nucl Phys) bomb, area, person, object propre

j (= uninterrupted) shot direct ♦ **clean leap** saut m sans toucher (l'obstacle) ♦ **a clean ace** (Tennis) un as

k (= trouble-free) operation, job sans bavures ♦ **clean getaway** fuite f sans encombre

l (* = innocent of wrongdoing) **to be clean** (gen) n'avoir rien à se reprocher ♦ **he's been clean for six months** [criminal] ça fait six mois qu'il se tient à carreau *

m (* = not in possession of drugs, weapon, stolen property) **to be clean** n'avoir rien sur soi ♦ **his room was clean** il n'y avait rien dans sa chambre, on n'a rien trouvé dans sa chambre

n (* = off drugs) clean inv ; (= off alcohol) qui ne touche plus à l'alcool

o **clean break** (Med) fracture f simple ; (fig) rupture f définitive ♦ **to make a clean break** (fig) tourner la page ♦ **to make a clean break**

with the past rompre définitivement avec le passé ♦ **clean break divorce** (Jur) divorce à la suite duquel les époux, grâce à un versement unique, ne se doivent plus rien

p (fig) **to make a clean breast of it** décharger sa conscience, dire ce qu'on a sur la conscience

q **clean sweep** grand chelem m (fig) ♦ **to make a clean sweep** réussir le grand chelem ♦ **the first club to make a clean sweep of all three trophies** le premier club à remporter les trois trophées

2 adv ♦ **to cut clean through sth** couper qch de part en part ♦ **the chain saw cut his fingers clean off** la tronçonneuse lui a coupé les doigts tout net ♦ **it broke off clean, it broke off as clean as a whistle** ça a cassé net ♦ **the bullet went clean through his forehead** la balle lui a transpercé le front tout net ♦ **the car went clean through the hedge** la voiture est carrément passée à travers la haie ♦ **the fish jumped clean out of the net** le poisson a sauté carrément hors du filet ♦ **he jumped clean over the fence** il a sauté la barrière sans la toucher ♦ **the thief got clean away** le voleur s'est enfui sans encombre ♦ **I clean forgot** j'ai bel et bien oublié

♦ **to come clean** (= confess: gen) tout déballer * ; [criminal] se mettre à table * ♦ **to come clean about sth** tout déballer * sur qch ♦ **he came clean about it** il a lâché le morceau *, il a tout déballé *

3 n ♦ **to give sth a good clean(up)** bien nettoyer qch

4 vt [+ clothes, room, fish] nettoyer ; [+ vegetables] laver ; [+ blackboard] essuyer ♦ **to clean one's teeth** se laver les dents ♦ **to clean one's nails** se nettoyer les ongles ♦ **to clean one's face** se débarbouiller, se laver la figure ♦ **to clean the windows** faire les vitres ; → **dry**

5 vi a (= do housework) faire le ménage

b (= be cleaned) se nettoyer ♦ **that floor cleans easily** ce plancher se nettoie facilement or est facile à nettoyer

6 COMP ▷ **clean-and-jerk** n (Weight Lifting) épaulé-jeté m ▷ **clean-cut** [→ SYN] adj bien délimité, net, clair ; person à l'allure soignée ▷ **clean-limbed** adj bien proportionné, bien découplé ▷ **clean-living** adj décent, honnête ▷ **clean-out** n nettoyage m à fond ▷ **clean room** n (Ind) salle f blanche ▷ **clean-shaven** adj sans barbe ni moustache ; (= close-shaven) rasé de près ▷ **clean technology** n technologie f propre

▶ **clean off** vt sep [+ writing] (from blackboard) essuyer ; (from wall) enlever

▶ **clean out** 1 vt sep [+ drawer, box] nettoyer à fond ; [+ cupboard, room] nettoyer or faire à fond ; (* fig = leave penniless etc) [+ person] nettoyer * ♦ **the hotel bill cleaned me out** * la note de l'hôtel m'a nettoyé * or m'a mis à sec * ♦ **he was cleaned out** * il était fauché or à sec * ♦ **the burglars had cleaned out the whole house** * les cambrioleurs avaient complètement vidé la maison

2 clean-out n → **clean**

▶ **clean up** 1 vi a tout nettoyer, mettre de l'ordre ♦ **she had to clean up after the children's visit** elle a dû tout remettre en ordre après la visite des enfants ♦ **to clean up after sb** nettoyer après qn

b (* fig = make profit) faire son beurre * ♦ **he cleaned up on that sale** * cette vente lui a rapporté gros, il a touché un joli paquet * sur cette vente

2 vt a [+ room, mess, person] nettoyer ♦ **to clean o.s. up** se laver, se débarbouiller

b (fig) remettre de l'ordre dans les affaires de, épurer ♦ **to clean up one's act** * acheter une conduite *, s'amender ♦ **the new mayor cleaned up the city** le nouveau maire a épuré la ville or a remis de l'ordre dans la ville ♦ **they are trying to clean up television** ils essaient d'épurer la télévision

3 cleanup n → **cleanup**

cleaner ['kliːnə'] n a (= woman) (in home) femme f de ménage ; (in office, school) femme f de service ; (in hospital) fille f de salle ; (= man) agent m de service, ouvrier m nettoyeur

b (Comm) teinturier m, -ière f ; (= device) appareil m de nettoyage ; (= household cleaner) produit m d'entretien ; (= stain-re-

cleaning / clear

mover) détachant m ◆ **the cleaner's shop** la teinturerie ◆ **he took his coat to the cleaner's** il a donné son pardessus à nettoyer or au teinturier ◆ **to take sb to the cleaner's** * (fig) plumer * qn ; → **dry, vacuum**

cleaning ['kli:nɪŋ] ① n nettoyage m ; (= housework) ménage m ; → **spring**
② COMP ▷ **cleaning fluid** n (for stains) détachant m (liquide) ▷ **cleaning lady, cleaning woman** n femme f de ménage

cleanliness ['klenlɪnɪs] n propreté f, habitude f de la propreté ◆ (Prov) **cleanliness is next to godliness** la propreté du corps est parente de la propreté de l'âme

cleanly[1] ['kli:nlɪ] adv ⓐ (= smoothly) cut de façon bien nette
ⓑ (= fairly) play, fight (Sport) dans les règles ; (fig) loyalement
ⓒ (= skilfully) strike, hit, catch avec précision
ⓓ (= without polluting) burn proprement

cleanly[2] ['klenlɪ] (liter) adj person, animal propre

cleanness ['kli:nnɪs] n propreté f

cleanse [klenz] → SYN vt nettoyer ; [+ ditch, drain etc] curer ; (Bible = cure) guérir ; (fig) [+ person] laver (of de), (Rel) [+ soul etc] purifier ◆ **to cleanse the blood** (Med) dépurer le sang

cleanser ['klenzəʳ] → SYN n (= detergent) détersif m, détergent m ; (for complexion) démaquillant m

cleansing ['klenzɪŋ] ① adj (for complexion) démaquillant ; (fig) purifiant ◆ **cleansing cream/lotion** crème f/lotion f démaquillante ◆ **cleansing milk** lait m démaquillant ◆ **cleansing department** service m de voirie
② n nettoyage m

cleanup ['kli:nʌp] ① n ⓐ [of room] nettoyage m ; [of person] débarbouillage m ; (fig) épuration f, assainissement m ◆ **to give o.s. a cleanup** se laver, se débarbouiller ; see also **clean 3**
ⓑ (* fig) profit m ◆ **he made a good cleanup from that business** il a fait son beurre dans cette affaire *, cette affaire lui a rapporté gros
② COMP ▷ **cleanup campaign** n (lit, fig) campagne f de nettoyage

clear [klɪəʳ]
→ SYN

① ADJECTIVE
② NOUN
③ ADVERB
④ TRANSITIVE VERB
⑤ INTRANSITIVE VERB
⑥ COMPOUNDS
⑦ PHRASAL VERBS

① ADJECTIVE

ⓐ = lucid, definite message, motive, proof, explanation, reasoning, style clair ; commitment évident ; mind, thought, thinking lucide ◆ **they are faced with clear alternatives** ils sont confrontés à des possibilités or solutions bien distinctes ◆ **a clear case of homicide** un cas évident d'homicide ◆ **clear indication** signe m manifeste or certain ◆ **to have a clear head** avoir les idées claires ◆ **to be a clear thinker** être un esprit lucide ◆ **you'll do as I say, is that clear?** tu vas faire ce que je te dis, c'est clair ? ◆ **as clear as day** clair comme le jour or comme de l'eau de roche ◆ **as clear as mud** * (iro) clair comme de l'encre ; → **crystal**
◆ **to get sth clear** bien comprendre qch ◆ **I think I've got it pretty clear** ça me paraît tout à fait clair ◆ **now let's get this clear ...** maintenant, que les choses soient bien claires ...
◆ **to make sth clear** bien faire comprendre qch ◆ **to make it clear (to sb) that ...** bien faire comprendre (à qn) que ... ◆ **I wish to make it clear that ...** je tiens à préciser que ...
◆ **to be/seem clear (to sb)** ◆ **it's clear to me that ...** pour moi, il est clair que ... ◆ **it was clear that ...** il était clair que ... ◆ **the matter is clear to me** pour moi, l'affaire est claire ◆ **it's not clear whether ...** on ne sait pas avec certitude si ... ◆ **it all seems clear enough to me** tout cela me semble or paraît assez clair
◆ **to become clear (to sb)** ◆ **now it becomes clear to me** maintenant, j'y vois (plus) clair ◆ **the matter became clear to me** l'affaire m'a semblé or m'est apparue plus claire ◆ **it became clear that ...** il était de plus en plus clair or évident que ... ◆ **it becomes clear to me that ...** il me semble or paraît de plus en plus clair que ... ◆ **it became clear to me that ...** il m'est apparu clairement que ...

ⓑ = understandable person clair
◆ **to make o.s. clear** se faire bien comprendre ◆ **do I make myself clear?** me suis-je bien fait comprendre ?

ⓒ = sure person **if you are not clear about anything, ask me** s'il y a quelque chose qui ne vous paraît or semble pas clair, dites-le-moi ◆ **he is not quite clear about what he must do** il n'a pas bien compris ce qu'il doit faire ◆ **it is important to be clear about what the author is saying here** il est important de bien comprendre ce que l'auteur dit ici ◆ **I want to be quite clear on this point** je veux que les choses soient bien claires ◆ **I'm not clear whether you agree or not** je ne suis pas sûr de comprendre si vous êtes d'accord ou pas

ⓓ = distinct handwriting, footprint, picture, voice, tone, majority net ◆ **as clear as a bell** sound parfaitement clair ; voice limpide

ⓔ = transparent plastic, glass, gel transparent ; honey liquide ; water, air limpide ◆ **a clear soup** un bouillon

ⓕ = pure in sound voice, tone clair

ⓖ = bright light, colour vif ◆ **clear blue eyes** des yeux mpl bleus limpides ◆ **her eyes were clear and steady** ses yeux étaient clairs et ne cillaient pas

ⓗ = unobstructed road, runway dégagé, libre ; area, view dégagé ; space libre ; route sans obstacles ◆ **all exits must be kept clear** toutes les sorties doivent rester dégagées ◆ **she keeps her desk clear of clutter** son bureau n'est jamais en désordre ◆ **to get a clear look at sb/sth** apercevoir qn/qch distinctement ; → **all, coast**

ⓘ Met weather clair ; sky dégagé ◆ **on a clear day** par temps clair ◆ **the days were warm and clear** les journées étaient chaudes et le ciel dégagé

ⓙ = unblemished skin sans taches, immaculé ; complexion frais (fraîche f)

ⓚ = not guilty conscience tranquille ◆ **my conscience is clear, I have a clear conscience** j'ai la conscience tranquille ◆ **he left with a clear conscience** il est parti la conscience tranquille

ⓛ = without commitments afternoon, morning, diary libre

ⓜ = complete day, week plein ◆ **that gives us four clear days to finish the job** ça nous donne quatre jours pleins pour finir le travail

ⓝ = after deductions net (inv) ◆ **I'll make a clear hundred from the deal** je tirerai cent livres net de la transaction ◆ **a clear profit** un bénéfice net

ⓞ = away from raise the jack until the wheel is clear of the ground actionnez le cric jusqu'à ce que la roue ne touche plus le sol ◆ **as soon as he was clear of the terminal building ...** dès qu'il fut sorti de l'aérogare ...

ⓟ Brit Sport **to be 7 metres/seconds/points clear of sb** (= ahead of) avoir 7 mètres/secondes/points d'avance sur qn

ⓠ Phon vowel clair

② NOUN

◆ **in clear** en clair ◆ **to send a message in clear** envoyer un message en clair
◆ **to be in the clear** * (= above suspicion) être au-dessus de tout soupçon ; (= no longer suspected) être blanchi de tout soupçon ; (= out of debt) être libre de toutes dettes ; (= out of danger) être hors de danger

③ ADVERB

ⓐ = distinctly → **loud 2**
ⓑ = completely **the thief got clear away** le voleur s'est enfui sans encombre
ⓒ = away **to steer** or **keep** or **stay clear of sb/sth** éviter qn/qch ; → **jump, pull, stand, steer**
◆ **to get clear of sth** (= go away from) s'éloigner or s'écarter de qch ; (= rid o.s. of) se débarrasser de qch ◆ **it will be easier once we get clear of winter** cela sera plus facile une fois l'hiver passé

ⓓ = net **he'll get £250 clear** il aura 250 livres net
ⓔ esp US = as far as **clear to sth** jusqu'à qch ◆ **they went clear to Mexico** ils sont allés jusqu'au Mexique

④ TRANSITIVE VERB

ⓐ = clarify [+ liquid] clarifier ; [+ wine] coller, clarifier ; [+ skin] purifier ; [+ complexion] éclaircir ; (Med) [+ blood] dépurer, purifier ; (fig) [+ situation, account] éclaircir, clarifier ◆ **to clear the air** aérer ; (fig) détendre l'atmosphère ◆ **to clear one's head** s'éclaircir les idées

ⓑ = remove obstacles etc from [+ canal, path, road, railway line] dégager, déblayer ; [+ lungs, chest, airway] dégager ; [+ pipe] déboucher ; [+ land] défricher ; [+ computer screen] effacer ; (fig) [+ one's conscience] décharger ; [+ doubts] dissiper ◆ **to clear sth of rubbish** déblayer qch ◆ **to clear one's throat** s'éclaircir la voix ◆ **to clear a room** (of people) faire évacuer une salle ; (of things) débarrasser une salle ◆ **the box is cleared twice a day** (Post) la levée a lieu deux fois par jour ◆ **to clear a way** or **a path through** (se) frayer un passage à travers ◆ **clear the way!** circulez !, dégagez ! * ◆ **to clear the way for ...** (lit) faire place à ..., libérer le passage pour ... ◆ **to clear the way for further discussions** préparer or déblayer le terrain pour des négociations ultérieures ◆ **to clear the ball** (Ftbl) dégager le ballon ; → **court, deck, ground, table**

ⓒ = find innocent [+ person] innocenter, disculper (of de) ◆ **he was cleared of the murder charge** il a été disculpé du meurtre dont on l'accusait ◆ **he will easily clear himself** il se disculpera facilement, il prouvera facilement son innocence ◆ **to clear sb of suspicion** laver qn de tout soupçon

ⓓ = authorize **you will have to be cleared by our security department** il faudra que nos services de sécurité vous donnent leur feu vert
◆ **to clear sth with sb** ◆ **we've cleared it with him before beginning** nous avons obtenu son accord avant de commencer ◆ **you must clear the project with the manager** il faut que le directeur donne (subj) le feu vert à votre projet

ⓔ = get past or over sauter par-dessus, franchir ; [+ obstacle] franchir ; [+ rocks] éviter ; [+ harbour] quitter ◆ **the horse cleared the gate by 10cm** le cheval a sauté or a franchi la barrière avec 10 cm de marge ◆ **the car just cleared the lamppost** la voiture a évité le réverbère de justesse ◆ **raise the car till the wheel clears the ground** soulevez la voiture jusqu'à ce que la roue ne touche (subj) plus le sol ◆ **the boat just cleared the bottom** le bateau a tout juste réussi à passer sans toucher le fond

ⓕ Fin, Comm [+ cheque] compenser ; [+ account] solder, liquider ; [+ debt] s'acquitter de ; [+ profit] gagner net ; (Comm) [+ goods] liquider ; (Customs) [+ goods] dédouaner ; [+ port dues] acquitter ; [+ ship] expédier ◆ **"half price to clear"** (Comm) "soldé à moitié prix pour liquider" ◆ **I've cleared £100 on this business** cette affaire m'a rapporté 100 livres net or tous frais payés

⑤ INTRANSITIVE VERB

ⓐ = brighten, improve [weather] s'éclaircir ; [sky] se dégager ; [fog] se dissiper ; [face, expression] s'éclairer ; [complexion] s'éclaircir ; [skin] devenir plus sain ◆ **his brow cleared** son visage s'est éclairé

ⓑ Naut [ship] prendre la mer

⑥ COMPOUNDS

▷ **clear-cut** adj outline, shape net, précis, nettement défini ; attitude, proposal, situation précis, clair ; problem, division précis ◆ **clear-cut features** traits mpl nets or bien dessinés
▷ **clear-headed** adj lucide ▷ **clear-headedness** n lucidité f ▷ **clear-out** n rangement m complet ▷ **clear round** n (Horse-riding) parcours m sans faute, sans faute m inv ◆ **to do a clear round** faire un sans-faute ▷ **clear-sighted** adj person clairvoyant, lucide ; plan lucide ▷ **clear-sightedness** n [of person] clairvoyance f ; [of plan] réalisme m
▷ **clear-up rate** n **the clear-up rate for murders** le taux de meurtres résolus

7 PHRASAL VERBS

► **clear away** **1** vi **a** [mist etc] se dissiper
b (= clear the table) débarrasser, desservir
2 vt sep enlever, retirer ✦ **to clear away the dishes** desservir, débarrasser (la table)

► **clear off** **1** vi * filer*, décamper ✦ **clear off!** fichez le camp!*, filez!*
2 vt sep **a** (= get rid of) se débarrasser de ; [+ debts] s'acquitter de ; (Comm) [+ stock] liquider ; [+ goods] solder ✦ **to clear off arrears of work** rattraper le retard dans son travail
b (= remove) [+ things on table etc] enlever

► **clear out** **1** vi * ⇒ **clear off 1**
2 vt sep [+ cupboard] vider ; [+ room] nettoyer, débarrasser ; [+ unwanted objects] enlever, jeter ✦ **he cleared everyone out of the room** il a fait évacuer la pièce ✦ **he cleared everything out of the room** il a débarrassé la pièce

► **clear up** **1** vi **a** [weather] s'éclaircir, se lever ✦ **I think it will clear up** je pense que ça va se lever
b [illness, spots] disparaître ✦ **his skin has cleared up** sa peau est devenue nette
c (= tidy) ranger, faire des rangements
2 vt sep **a** [+ mystery] éclaircir, résoudre ; [+ matter, subject] éclaircir, tirer au clair
b (= tidy) [+ room] ranger, mettre en ordre ; [+ books, toys] ranger

clearance ['klɪərəns] → SYN **1** n **a** (NonC) [of road, path] déblaiement m, dégagement m ; [of land, bomb site] déblaiement m ; [of room, court] évacuation f ; [of litter, objects, rubbish] enlèvement m ; (Comm) soldes mpl, liquidation f (du stock)
b [of boat, car etc] dégagement m, espace m libre ✦ **2 metre clearance** espace m de 2 mètres ✦ **how much clearance is there between my car and yours?** je suis à combien de votre voiture ?
c [of cheque] compensation f ; (Customs) dédouanement m ; (= permission etc) autorisation f, permis m (de publier etc) ✦ **clearance outwards/inwards** (Naut) permis m de sortie/d'entrée ✦ **the dispatch was sent to the Foreign Office for clearance** la dépêche a été soumise au ministère des Affaires étrangères pour contrôle ✦ **to give (sb) clearance for takeoff** (Aviat) donner (à qn) l'autorisation de décoller
d (Ftbl) dégagement m
2 COMP ▷ **clearance certificate** n (Naut) congé m de navigation, lettre f de mer ▷ **clearance sale** n (Comm) liquidation f

clearing ['klɪərɪŋ] **1** n **a** (in forest) clairière f
b (NonC) [of liquid] clarification f ; [of wine] collage m ; (Med) [of bowels] purge f ; [of blood] dépuration f
c (NonC = tidying, unblocking) [of room, cupboard, passage] dégagement m, désencombrement m ; [of litter, objects, rubbish] enlèvement m ; [of land] défrichement m ; [of pipe etc] débouchage m ; [of road] dégagement m, déblaiement m ; [of room, court] évacuation f
d (Jur) [of accused] disculpation f
e (Fin) [of cheque] compensation f ; [of account] liquidation f ; [of debt] acquittement m
2 COMP ▷ **clearing bank** n (Brit) banque f (appartenant à une chambre de compensation) ▷ **clearing house** n (Banking) chambre f de compensation ; (fig: for documents etc) bureau m central

clearly ['klɪəlɪ] **LANGUAGE IN USE 26.3** → SYN adv **a** (= lucidly) define, explain, express o.s., think, remember, understand clairement
b (= explicitly) forbidden explicitement
c (= distinctly) see clairement, nettement ; speak distinctement ; hear distinctement, nettement ; label, write clairement, lisiblement ; visible bien, nettement ; audible nettement
d (= obviously) intelligent, worried, upset, overjoyed manifestement ✦ **he clearly believes that ...** il croit manifestement que ... ✦ **he was clearly not expecting us** manifestement, il ne nous attendait pas ✦ **clearly, we must find a solution quickly** il est évident que nous devons trouver une solution rapidement

clearness ['klɪənɪs] n **a** [of air, liquid] transparence f, limpidité f ; [of glass] transparence f
b [of sound, sight, print, thought etc] clarté f, netteté f

clearway ['klɪəweɪ] n (Brit) route f à stationnement interdit

cleat [kliːt] n (Carpentry) tasseau m ; (Naut) taquet m ; (on shoe) clou m

cleavage ['kliːvɪdʒ] n (lit, Chem, Geol) clivage m ; (Bio) [of cell] division f ; (between breasts) décolleté m ; (fig) [of opinion] division f, clivage m

cleave[1] [kliːv] → SYN pret **cleft** or **clove,** ptp **cleft** or **cloven** **1** vt (gen liter) fendre ; (Chem, Geol) cliver ; (Bio, also fig) diviser
2 vi se fendre ; (Chem, Geol) se cliver ; (Bio) se diviser ✦ **to cleave through the waves** fendre les vagues

cleave[2] [kliːv] pret, ptp **cleaved** vi (liter) (= stick) coller, adhérer (to à) ; (fig) s'attacher, rester attaché or fidèle (to à)

cleaver ['kliːvər] n fendoir m, couperet m

clef [klef] n (Mus) clé or clef f (signe) ; → **bass**[1], **treble**

cleft [kleft] **1** vb (pt, ptp of **cleave**[1])
2 adj fendu ; stick fourchu ✦ **to be in a cleft stick** se trouver or être dans une impasse ✦ **cleft palate** (Anat) palais m fendu ✦ **a cleft chin** un menton creusé d'un sillon vertical ✦ **cleft sentence** (Gram) phrase f clivée
3 n (in rock) crevasse f, fissure f ; (in chin) sillon m

cleg [kleg] n taon m

clematis ['klemətɪs] n clématite f

clemency ['klemənsɪ] n [of person] clémence f (towards envers) ; [of weather etc] douceur f, clémence f

clement ['klemənt] adj person clément (towards envers) ; weather doux (douce f), clément

clementine ['kleməntaɪn] n clémentine f

clench [klentʃ] **1** vt **a** to clench sth (in one's hands) empoigner or serrer qch dans ses mains ✦ **to clench one's fists/teeth** serrer les poings/les dents
b ⇒ **clinch 1**
2 n ⇒ **clinch 3a**

Cleopatra [ˌkliːəˈpætrə] **1** n Cléopâtre f
2 COMP ▷ **Cleopatra's needle** n l'obélisque m de Cléopâtre

clerestory ['klɪəstɔːrɪ] n (Archit) claire-voie f, clair-étage m

clergy ['klɜːdʒɪ] → SYN collective n (membres mpl du) clergé m

clergyman ['klɜːdʒɪmən] → SYN n ecclésiastique m ; (Protestant) pasteur m ; (Roman Catholic) prêtre m, curé m

clergywoman ['klɜːdʒɪˌwʊmən] n, pl **-women** femme f pasteur

cleric ['klerɪk] n ecclésiastique m

clerical ['klerɪkəl] → SYN **1** adj **a** (Comm, Fin, Jur) job, work, staff de bureau ; position, skills administratif ✦ **clerical error** in book-keeping) erreur f d'écriture ; (in documentation) erreur f administrative ✦ **clerical worker** employé(e) m(f) de bureau
b (Rel) life, training clérical
2 COMP ▷ **clerical collar** n col m d'ecclésiastique

clericalism ['klerɪkəlɪzəm] n cléricalisme m

clerihew ['klerɪhjuː] n petit poème m humoristique (pseudo-biographique)

clerk [klɑːk, (US) klɜːrk] **1** n **a** (in office) employé(e) m(f) de bureau ; (Jur) clerc m ✦ **bank clerk** employé(e) m(f) de banque ✦ **desk clerk** (in hotel) réceptionniste mf ✦ **Clerk of the Court** (Jur) greffier m (du tribunal) ; → **head, town**
b †† (Rel) ecclésiastique m ; (= scholar) clerc † m, savant m
c (US = shop assistant) vendeur m, -euse f
d (Brit Constr) **clerk of works** conducteur m de travaux
2 vi (US Jur) **to clerk for a judge** être assistant(e) m(f) stagiaire d'un juge
b (US Comm) travailler comme vendeur/vendeuse

clerkship ['klɑːkʃɪp, (US) 'klɜːrkʃɪp] n fonctions fpl d'employé de bureau ; (Med) stage m

clever ['klevər] → SYN **1** adj **a** (= intelligent) person, eyes intelligent ✦ **clever girl! quelle fille intelligente tu fais!**
b (= skilful) craftsman habile, adroit ; sportsman habile ; piece of work astucieux, ingénieux ; (Sport) shot, pass, header bien pensé ✦ **clever at doing sth** habile à faire qch, doué pour faire qch ✦ **clever with one's hands** habile or adroit de ses mains
c (= astute) plan, trick, idea, accounting, advertising, explanation astucieux ; technique astucieux, ingénieux ; invention, gadget, design, approach ingénieux ; person malin (-igne f) ; book, film astucieusement construit ; joke fin ✦ **clever clogs** or **Dick** * (Brit pej) petit malin, petite maligne ✦ **don't be** or **get clever with me!** * ne fais pas le malin avec moi ! ; → **half**
2 COMP ▷ **clever-clever** * adj (pej) un peu trop futé

cleverly ['klevəlɪ] adv (with vb) **a** (= intelligently) intelligemment
b (= skilfully) ingénieusement ✦ **cleverly designed** d'une conception ingénieuse
c (often pej = astutely) plan, disguise astucieusement ; construct d'une façon ingénieuse

cleverness ['klevənɪs] → SYN n (NonC) **a** (= intelligence) [of person, face, eyes] intelligence f
b (= skill) [of craftsman] habileté f, adresse f (at sth à qch) ; [of sportsman] habileté f ; [of piece of work] ingéniosité f ; (Sport) [of shot, pass, header] intelligence f
c (= astuteness) [of person, plan, trick, accounting, advertising] astuce f ; [of technique, idea, invention, design, solution, scheme, script] ingéniosité f ; [of book, film, argument, story] construction f astucieuse ; [of joke] finesse f

clew [kluː] n (US) ⇒ **clue**

clianthus [klɪˈænθəs] n clianthus m

cliché ['kliːʃeɪ] → SYN n cliché m, expression f or phrase f toute faite

clichéd ['kliːʃeɪd] adj rebattu, galvaudé

click [klɪk] → SYN **1** n déclic m, petit bruit m sec ; [of tongue] claquement m ; [of wheel] cliquet m ; (Phon) clic m
2 vi **a** faire un bruit sec, cliqueter ✦ **the door clicked shut** la porte s'est refermée avec un déclic ✦ **the part clicked into place** la pièce s'est mise en place or s'est enclenchée avec un déclic ✦ **suddenly it clicked** * (fig) tout à coup ça a fait tilt * ✦ **to click with sb** * (= hit it off) se découvrir des atomes crochus * avec qn
b (* = be successful) [product, invention] bien marcher
3 vt ✦ **to click one's heels** claquer des talons ✦ **to click one's tongue** faire claquer sa langue ✦ **she clicked the shelf back into place** elle a remis l'étagère en place avec un déclic
4 COMP ▷ **click beetle** n taupin m

► **click on** vt fus (Comput) cliquer sur

clickable ['klɪkəbl] adj cliquable

clicking ['klɪkɪŋ] n cliquetis m

client ['klaɪənt] → SYN **1** n client(e) m(f)
2 COMP ▷ **client state** n (Pol) pays m satellite

clientele [ˌkliːɑːnˈtel] → SYN n (Comm) clientèle f ; (Theat) habitués mpl

cliff [klɪf] → SYN **1** n [of seashore] falaise f ; [of mountains] escarpement m ; (Climbing) à-pic m
2 COMP ▷ **cliff-dweller** n (lit) troglodyte mf ; (US) habitant(e) m(f) de gratte-ciel

cliffhanger * ['klɪfˌhænər] n récit m (or situation f etc) à suspense ; (= moment of suspense) moment m d'angoisse

cliffhanging * ['klɪfˌhænɪŋ] adj tendu, à suspense ✦ **cliffhanging vote** * vote m à suspense

clifftop ['klɪftɒp] **1** n ✦ **a clifftop** le sommet d'une falaise
2 adj walk, setting sur le sommet d'une falaise

climacteric [klaɪˈmæktərɪk] **1** n climatère m ; (esp US Med) ménopause f
2 adj climatérique ; (fig) crucial, dangereux

climactic [klaɪˈmæktɪk] → SYN adj à son or au point culminant, à son apogée

climate ['klaɪmɪt] → SYN n (Met, fig) climat m ✦ **the climate of opinion** (les courants mpl de) l'opinion f

climatic [klaɪˈmætɪk] adj climatique

climatically [klaɪˈmætɪkəlɪ] adv climatiquement

climatologist [ˌklaɪməˈtɒlədʒɪst] n climatologue mf, climatologiste mf

climatology [ˌklaɪməˈtɒlədʒɪ] n climatologie f

climax [ˈklaɪmæks] → SYN [1] n point m culminant, apogée m, paroxysme m ; (= orgasm) orgasme m ; (Rhetoric) gradation f ◆ **the climax of his political career** l'apogée m de sa vie politique ◆ **this brought matters to a climax** cela a porté l'affaire à son paroxysme ◆ **to come to a climax** atteindre son paroxysme ◆ **to work up to a climax** [story, events] atteindre un paroxysme ; [orator] parachever son discours
[2] vt pousser or porter à son paroxysme or au paroxysme
[3] vi atteindre son or le paroxysme ; (= orgasm) jouir

climb [klaɪm] → SYN [1] vt (also **climb up**) [+ stairs, steps, slope] monter, grimper ; [+ hill] grimper, escalader ; [+ tree] grimper dans or sur ; [+ ladder] grimper or monter sur or à ; [+ rope] monter à ; [+ cliff, wall] escalader ; [+ mountain] gravir, faire l'ascension de ◆ **the record climbed three places** le disque a gagné trois places (au hit-parade) ◆ **shares climbed three points** (St Ex) les actions ont augmenté de trois points ◆ **to be climbing the wall** (fig) être dingue
[2] vi a (lit, fig: also **climb up**) monter, grimper ; [aircraft, rocket] monter, prendre de l'altitude ; [sun] monter ; [prices, shares, costs] augmenter ; (Sport) escalader, grimper ; (also **rock-climb**) varapper
  b **to climb down a tree** descendre d'un arbre ◆ **to climb down a mountain** descendre d'une montagne ◆ **to climb over a wall/an obstacle** escalader un mur/un obstacle ◆ **to climb into an aircraft/a boat** monter or grimper à bord d'un avion/bateau ◆ **to climb out of a hole** se hisser hors d'un trou ◆ **to climb to power** s'élever (jusqu'à)au pouvoir
[3] n montée f, côte f ; (Climbing) ascension f ; [of aircraft] montée f, ascension f
[4] COMP ▷ **climb-down** * n reculade f, dérobade f

▶ **climb down** [1] vi a (lit: from tree, wall) descendre ; (Climbing) descendre, effectuer une descente
  b (* = abandon one's position) en rabattre
[2] climb-down * n → **climb**

▶ **climb up** → **climb 1, 2a**

climber [ˈklaɪmər] n (= person) grimpeur m, -euse f ; (= mountaineer) alpiniste mf, ascensionniste mf ; (fig pej: also **social climber**) arriviste mf (pej) ; (= plant) plante f grimpante ; (also **rock-climber**) varappeur m, -euse f

climbing [ˈklaɪmɪŋ] [1] adj person, bird grimpeur ; (Bot) grimpant ; (Astron, Aviat) ascendant
[2] n montée f, escalade f ; (Sport) alpinisme m ; (also **rock-climbing**) varappe f ; (fig pej: also **social climbing**) arrivisme m (pej) ◆ **to go climbing** (= mountaineering) faire de l'alpinisme ; (= rock-climbing) faire de la varappe
[3] COMP ▷ **climbing boot** n chaussure f de montagne ▷ **climbing frame** n cage f à poules ▷ **climbing irons** npl crampons mpl ▷ **climbing speed** n (Aviat) vitesse f ascensionnelle ▷ **climbing wall** n (Sport) mur m d'escalade

clime [klaɪm] n (liter) (= climate) climat m ; (= country) contrée f ◆ **in sunnier climes** sous des cieux plus cléments

clinch [klɪntʃ] → SYN [1] vt (also **clench**) (Tech) [+ nail, rivet] river ; (Naut) étalinguer ; (fig) [+ argument] mettre un point final à ; [+ bargain] conclure ◆ **to clinch the deal** conclure l'affaire ◆ **to clinch an agreement** sceller un pacte ◆ **that clinches it** comme ça c'est réglé, ça coupe court à tout *
[2] vi (Boxing) combattre corps à corps
[3] n a (Tech) rivetage m ; (Naut) étalingure f
  b (Boxing) corps-à-corps m ◆ **to get into a clinch** s'accrocher *
  c (* = embrace) étreinte f ◆ **in a clinch** enlacés

clincher * [ˈklɪntʃər] adj argument m décisif

clinching [ˈklɪntʃɪŋ] adj convaincant, concluant

cline [klaɪn] n cline m

cling [klɪŋ] → SYN pret, ptp **clung** vi a (= hold tight) se cramponner, s'accrocher (to à) ◆ **to cling together, to cling to one another** se tenir étroitement enlacés, se cramponner l'un à l'autre ◆ **despite the opposition of all he clung to his opinion** il s'est cramponné à or a maintenu son opinion envers et contre tous ◆ **to cling to a belief** se raccrocher à une croyance ◆ **to cling to the belief that ...** se raccrocher à la notion que ...
  b (= stick) adhérer, (se) coller (to à) ; [clothes] coller ◆ **to cling together, to cling to one another** rester or être collés l'un à l'autre

Clingfilm ® **clingfilm** [ˈklɪŋfɪlm] n film m alimentaire (transparent), Scellofrais ® m

clinging [ˈklɪŋɪŋ] [1] adj a (pej = overdependent) person collant, crampon inv *
  b material, garment collant, moulant
  c smell tenace
[2] COMP ▷ **clinging vine** n (US) pot m de colle *

clingstone [ˈklɪŋstəʊn] n (also **clingstone peach**) (pêche f) pavie f

clingwrap [ˈklɪŋræp] n ⇒ **Clingfilm**

clingy * [ˈklɪŋɪ] adj a (pej = overdependent) person collant, crampon inv *
  b material, garment collant, moulant

clinic [ˈklɪnɪk] n (= private nursing home, consultant's teaching session) clinique f ; (= health centre) centre m médicosocial or d'hygiène sociale ; (also **outpatients' clinic**) service m de consultation (externe), dispensaire m (municipal)

clinical [ˈklɪnɪkəl] [1] adj a (Med) test, research, practice, medicine clinique ; waste médical
  b (fig pej = dispassionate) person, attitude, tone, term froidement objectif ; detachment froid
  c (pej = austere) room, building, decor, style austère, froid ; colour froid
[2] COMP ▷ **clinical depression** n dépression f (nerveuse) ▷ **clinical psychologist** n psychologue mf clinicien(ne) ▷ **clinical psychology** n psychologie f clinique ▷ **clinical thermometer** n thermomètre m médical

clinically [ˈklɪnɪkəlɪ] adv a (Med) prove cliniquement ◆ **clinically dead** cliniquement mort ◆ **to be clinically insane** être fou au sens médical du terme, être un malade mental ◆ **to be clinically depressed** souffrir de dépression (nerveuse), faire de la dépression (nerveuse)
  b (dispassionately) say d'un ton froidement objectif, avec une froide objectivité

clinician [klɪˈnɪʃən] n clinicien(ne) m(f)

clink¹ [klɪŋk] [1] vt faire tinter or résonner or sonner ◆ **to clink glasses with sb** trinquer avec qn
[2] vi tinter, résonner
[3] n tintement m (de verres etc)

clink² * [klɪŋk] n taule * f, bloc * m ◆ **in clink** en taule *

clinker [ˈklɪŋkər] n a (= burnt out coal) mâchefer m, scories fpl
  b (= paving material) brique f vitrifiée
  c (US * = mistake) (Mus) pavé m ; (gen) couac m ; (= failed film, play etc) four * m, bide * m
[2] COMP ▷ **clinker-built** adj (Naut) (bordé) à clins

clinometer [klaɪˈnɒmɪtər] n (Surv) clinomètre m

Clio [ˈklaɪəʊ] n (Myth) Clio f

clip¹ [klɪp] → SYN [1] n (for papers) trombone m ; (for tube) collier m, bague f ; (also **cartridge clip**) chargeur m ; (= brooch) clip m
[2] vt [+ papers] attacher (avec un trombone) ◆ **to clip a brooch on one's dress** fixer une broche sur sa robe
  b (US) **to clip** * **the customers** estamper * les clients
[3] COMP ▷ **clip art** n (NonC: Comput) images fpl numériques insérables ▷ **clip-clop** n the clip-clop of hooves les claquements mpl de sabots ▷ **clip frame** n sous-verre m ▷ **clip-on** adj avec clip ◆ **clip-on sunglasses** lunettes de soleil que l'on fixe sur ses lunettes de vue

▶ **clip on** [1] vt sep [+ brooch] fixer ; [+ document etc] attacher (avec un trombone)
[2] clip-on adj → **clip¹**

▶ **clip together** vt sep attacher

clip² [klɪp] → SYN [1] vt a (= cut, snip) couper (avec des ciseaux) ; [+ hedge] tailler ; [+ sheep, dog] tondre ; [+ ticket] poinçonner ; [+ article from newspaper] découper ; [+ hair] couper ; [+ wings] rogner, couper ◆ **to clip sb's wings** rogner les ailes à qn
  b (* = hit) donner une baffe à * ; (= collide with) accrocher ◆ **I clipped him on the jaw** * je lui ai envoyé le poing dans la mâchoire * ◆ **to clip sb's heels** cogner dans les pieds de qn
  c (= reduce time) **to clip a few seconds off a record** améliorer un record de quelques secondes
[2] n a **to give sth a clip** ⇒ **to clip sth 1a**
  b (Cine, Rad) court extrait m ; (TV) clip m
  c (* = blow) taloche * f, marron * m ◆ **to give sb a clip round the ear** filer une claque à qn *
  d (US) **at a clip** à toute vitesse
[3] COMP ▷ **clip joint** * n (pej) boîte f où l'on se fait tondre or fusiller * ◆ **that's a real clip joint** c'est vraiment le coup de fusil dans cette boîte *

clipboard [ˈklɪpbɔːd] n (gen) écritoire f à pince, clipboard m ; (Comput) bloc-notes m

clipped [klɪpt] adj tone, voice sec (sèche f) ◆ **he has a clipped way of speaking** il avale ses mots or les syllabes (en parlant) ◆ **in a clipped voice** d'un ton sec

clipper [ˈklɪpər] [1] n (Aviat, Naut) clipper m
[2] **clippers** npl (= tool) tondeuse f ; → **hair, hedge, nail**

clippie † * [ˈklɪpɪ] n (Brit = conductress) receveuse f

clipping [ˈklɪpɪŋ] n a [of newspaper etc] coupure f de presse or de journal
  b **clippings** [of grass, hedge] chutes fpl ; [of nails] bouts mpl d'ongles (qu'on a coupés)

clique [kliːk] → SYN n (pej) coterie f, clique * f

cliquey [ˈkliːkɪ], **cliquish** [ˈkliːkɪʃ] adj (pej) exclusif, qui a l'esprit de clique or de chapelle

cliquishness [ˈkliːkɪʃnɪs] n (pej) esprit m de clique or de chapelle

clit * [klɪt] n clitoris m

clitoral [ˈklɪtərəl] adj clitoridien

clitoridectomy [ˌklɪtərɪˈdektəmɪ] n clitoridectomie f

clitoris [ˈklɪtərɪs] n clitoris m

Cllr n (Brit) abbrev of **Councillor**

cloaca [kləʊˈeɪkə] n, pl **cloacae** [kləʊˈeɪkiː] (Zool) cloaque m

cloak [kləʊk] → SYN [1] n grande cape f ; [of shepherd etc] houppelande f ◆ **as a cloak for sth** pour cacher or masquer qch ◆ **a cloak of mist** une nappe de brouillard ◆ **under the cloak of darkness** sous le manteau or le voile de la nuit
[2] vt (fig) masquer, cacher ; (= dress) revêtir d'un manteau ◆ **cloaked with respectability/mystery** empreint de respectabilité/de mystère
[3] COMP ▷ **cloak-and-dagger** adj clandestin ◆ **the cloak-and-dagger boys** * les membres mpl du service secret, les barbouzes * fpl ◆ **a cloak-and-dagger story** un roman d'espionnage

cloakroom [ˈkləʊkrʊm] [1] n a [of coats etc] vestiaire m ; (Brit = left luggage) consigne f ◆ **to put** or **leave in the cloakroom** [+ clothes] mettre or déposer au vestiaire ; [+ luggage] mettre à la consigne
  b (Brit = toilet) (public) toilettes fpl ; (in house) cabinets mpl
[2] COMP ▷ **cloakroom attendant** n (in theatre) préposé(e) m(f) au vestiaire ▷ **cloakroom ticket** n (for clothes) numéro m de vestiaire ; (for luggage) bulletin m de consigne

clobber * [ˈklɒbər] [1] n (NonC: Brit = belongings) barda * m
[2] vt (= hit) tabasser * ; (fig) frapper de plein fouet ◆ **to be clobbered by the rise in interest rates** être mis à mal par la hausse des taux d'intérêt

cloche [klɒʃ] n (Agr, Dress) cloche f

clock [klɒk] **1** n **a** (large) horloge f ; (smaller) pendule f ◆ **it's midday by the church clock** il est midi à l'horloge de or au clocher de l'église ◆ **it lasted two hours by the clock** cela a duré deux heures d'horloge ◆ **to keep one's eyes on the clock, to watch the clock** surveiller l'heure ◆ **they're watching the premises round the clock** ils surveillent les locaux vingt-quatre heures sur vingt-quatre ◆ **to work round the clock** travailler vingt-quatre heures d'affilée ; (fig) travailler sans relâche ◆ **to work against the clock** travailler contre la montre ◆ **to do sth by the clock** or **according to the clock** faire qch en respectant l'horaire ◆ **to put the clock(s) back/forward** retarder/avancer l'horloge ◆ **to put** or **turn the clock back** (fig) revenir en arrière ◆ **you can't put the clock back** ce qui est fait est fait ◆ **this decision will put the clock back 50 years** cette décision va nous ramener 50 ans en arrière ; → **grandfather, o'clock, sleep**

b * (= meter) [of taxi] compteur m, taximètre m ; (= milometer) ≃ compteur m (kilométrique) ◆ **there were 50,000 miles on the clock** (Aut) la voiture avait 80 000 kilomètres au compteur

c (Comput) horloge f, base f de temps

2 vt **a** (Sport) [+ runner] chronométrer ◆ **he clocked four minutes for the 1500 metres** il a fait le 1500 mètres en quatre minutes

b (Brit) **he clocked him one** ‡ (= hit) il lui a collé un pain ‡ or un marron ‡

c (Brit * = notice) voir

d (Aut) **to clock a car** * trafiquer * le compteur d'une voiture

3 COMP ▷ **clock card** n (Ind) carte f de pointage ▷ **clock-golf** n jeu m de l'horloge ▷ **clock-radio** n radio-réveil m ▷ **clock repairer** n horloger m réparateur ▷ **clock-tower** n clocher m ▷ **clock-watcher** n (pej) **he's a terrible clock-watcher** il ne fait que guetter l'heure de sortie, il a les yeux fixés sur la pendule ▷ **clock-watching** n **to be guilty of clock-watching** passer son temps à surveiller les aiguilles de la pendule

► **clock in** **1** vi (Ind) pointer (à l'arrivée)

2 vt sep ◆ **he clocked in three hours' work** il a fait trois heures de travail

► **clock off** vi (Ind) pointer (à la sortie)

► **clock on** vi ⇒ **clock in 1**

► **clock out** vi ⇒ **clock off**

► **clock up** vt sep **a** ⇒ **clock in 2**

b (Aut) **he clocked up 250 miles** il a fait 250 milles au compteur

clockface ['klɒkfeɪs] n cadran m *(d'une horloge)*

clockmaker ['klɒk,meɪkəʳ] n horloger m, -ère f

clockwise ['klɒkwaɪz] adv, adj dans le sens des aiguilles d'une montre

clockwork ['klɒkwɜːk] **1** n (= mechanism) [of clock] mouvement m (d'horloge) ; [of toy etc] mécanisme m, rouages mpl ◆ **to go** or **run like clockwork** (fig) aller comme sur des roulettes ; → **regular**

2 COMP toy, train, car mécanique ; (fig) précis, régulier ▷ **clockwork precision** n **with clockwork precision** avec la précision d'une horloge

clod [klɒd] n **a** [of earth etc] motte f (de terre etc)

b (* pej) balourd(e) * m(f)

clodhopper * ['klɒd,hɒpəʳ] n (pej) (= person) lourdingue * m ; (= shoe) godillot * m, croquenot * m

clodhopping * ['klɒd,hɒpɪŋ] adj person lourdingue * ◆ **clodhopping shoes** or **boots** godillots * mpl, croquenots * mpl

clog [klɒg] → SYN **1** n (= shoe) (wooden) sabot m ; (with wooden soles) socque m, galoche † f

2 vt (also **clog up**) [+ pores, arteries, lungs] obstruer ; [+ pipe] boucher, encrasser ; [+ streets, system] congestionner ◆ **clogged with traffic** congestionné, embouteillé

3 vi (also **clog up**) [pipe etc] se boucher, s'encrasser

cloister ['klɔɪstəʳ] **1** n (Archit, Rel) cloître m

2 vt (Rel) cloîtrer ◆ **to lead a cloistered life** mener une vie monacale or de cloître

clone [kləʊn] **1** n (also Comput) clone m

2 vt cloner

clonic ['klɒnɪk] adj clonique

cloning ['kləʊnɪŋ] n clonage m

clonk [klɒnk] **1** n (= sound) bruit m sourd

2 vi (= make sound) émettre un bruit sourd

clonus ['kləʊnəs] n clonus m

close[1] [kləʊs] → SYN **1** adj **a** (= near) proche ◆ **an agreement seems close** il semble qu'on s'approche d'un accord ◆ **in close proximity to sb/sth** dans le voisinage immédiat de qn/qch ◆ **at close quarters** de très près ◆ **to shoot sb at close range** tirer sur qn à bout portant ◆ **to have a close shave** (lit) se (faire) raser de près ◆ **it was a close shave** * or **thing** * or **call** * je l'ai (or il l'a etc) échappé belle ◆ **the house is close to the shops** la maison est près or proche des magasins ◆ **his birthday is close to mine** son anniversaire est proche du mien ◆ **she was very close to her brother** (in age) il y avait très peu de différence d'âge entre son frère et elle ; (in friendship) elle était très proche de son frère ; see also **c** ◆ **to be close to success** être près de réussir ◆ **to be very close to success** être à deux doigts de réussir ◆ **to be close to starvation** être au bord de la famine ◆ **to be close to tears** être au bord des larmes ◆ **to be close to doing sth** être à deux doigts de faire qch ; → **bone, comfort, home**

b (= similar) **close to** proche de ◆ **it was something close to obsession** cela tenait de l'obsession ◆ **she felt something close to loathing for the man** elle éprouvait un sentiment proche de la haine pour cet homme ◆ **she regarded him with something that was close to fear** elle le regardait avec une sorte de peur ◆ **her desire was closer to passion than love** son désir tenait plus de la passion que de l'amour

c (= intimate) friend, relative, partner, adviser proche ; relationship profond ; cooperation, ties, links, connection étroit ; friendship intime ; resemblance fort ◆ **she is very close to her brother** elle est très proche de son frère ◆ **we are very close** nous sommes très proches ◆ **a close circle of friends** un cercle d'amis proches ◆ **to be in/keep in close contact with sb** être/rester en contact étroit avec qn ◆ **to be/feel close to sb** être/se sentir proche de qn ◆ **a source close to the president** une source proche du président

d (= careful) examination, inspection, study attentif ; questioning, reasoning serré ; investigation, enquiry, checking minutieux ; translation fidèle ; account détaillé ; argument précis ◆ **to pay close attention to sth** faire bien attention à qch ◆ **the children were paying close attention to the teacher** les enfants écoutaient le professeur avec beaucoup d'attention ◆ **to be (kept) in close confinement** être sous bonne garde ◆ **(up)on closer inspection** or **examination** après un examen plus minutieux ◆ **to have a closer look at sth** regarder qch de plus près ◆ **to keep sb/sth under close surveillance, to keep a close eye** or **watch on sb/sth** surveiller qn/qch de près

e (= dense) handwriting, ranks serré ; grain, texture fin ◆ **I find it difficult to read such close print** j'ai du mal à lire un texte si serré ◆ **in close formation** or **order** (esp Aviat, Mil) en formation serrée

f (= decided by a small amount) election, contest, race, finish serré

g (= stuffy) room mal aéré ; atmosphere, air lourd ◆ **it's very close in here** ça manque d'air ici ◆ **it's very close today** (Met) il fait très lourd aujourd'hui

h (= secretive) **to be close (about sth)** [person] rester secret (quant à qch)

i (Ling) vowel fermé

2 adv **a** **close to sb/sth** près de qn/qch ◆ **sit close up to me** assieds-toi tout près de moi ◆ **close against the wall** tout contre le mur ◆ **close behind (sb/sth)** juste derrière (qn/qch) ◆ **he followed close behind me** il me suivait de près ◆ **close by (sb/sth)** tout près (de qn/qch) ◆ **to get close (to sb/sth)** s'approcher (de qn/qch) ◆ **to get closer (to sb/sth)** se rapprocher (de qn/qch) ◆ **to be close at hand** or **to hand** [object] être à portée de main ; [place] être à proximité ; [date, event] être proche ◆ **to hold sb close** serrer qn dans ses bras ◆ **shut close, close shut** hermétiquement fermé or clos ◆ **their two heads were close together** leurs deux têtes étaient tout près l'une de l'autre ◆ **the tables were pushed close together** on a rapproché les tables ◆ **to come closer together** se rapprocher ◆ **to look at sth close to** or **up** regarder qch de très près

b **close to** or **on** (= almost) près de ◆ **close to** or **on ten thousand pounds** près de dix mille livres ◆ **he is close on 60** il a près de 60 ans ◆ **it's close on midnight** il est près de minuit

3 n (= enclosure) clos m ; [of cathedral] enceinte f ; (Scot = alleyway) passage m, couloir m

4 COMP ▷ **close combat** n (gen) corps à corps m, close-combat m (SPEC) ▷ **close company** n (Brit Fin) *société dont le nombre d'actionnaires est limité* ▷ **close-cropped** adj hair (coupé) ras ; grass ras ▷ **close-fisted** adj avare, grippe-sou inv, pingre ▷ **close-fitting** adj clothes ajusté, près du corps ▷ **close-grained** adj wood au grain serré ▷ **close-harmony singing** n chant m dans une tessiture restreinte or rapprochée or réduite ▷ **close-knit** adj (fig) très uni ▷ **close-mouthed** adj (fig) taciturne, peu bavard ▷ **close-run** adj **close-run race** course f très serrée ◆ **it was a close-run thing** ils sont arrivés dans un mouchoir ▷ **close-set** adj eyes rapprochés ▷ **close-shaven** adj person, head rasé de près ▷ **close-up** n (Cine, TV = photo, shot) gros plan m ◆ **in close-up** en gros plan

close[2] [kləʊz] → SYN **1** n (= end) fin f, conclusion f ◆ **to come to a close** se terminer, prendre fin ◆ **to draw to a close** tirer à sa fin ◆ **to draw sth** or **bring sth to a close** mettre fin à qch ◆ **the close of (the) day** (liter) la tombée du jour ◆ **towards the close of the century** vers la fin du siècle

2 vt **a** (= shut) fermer ; [+ eyes, door, factory, shop] fermer ; [+ pipe, tube, opening] boucher ; [+ road] barrer ◆ **road closed to traffic** route f interdite à la circulation ◆ **to close one's mind to new ideas** fermer son esprit à toute idée nouvelle ; → **ear**[1], **eye**

b (= bring to an end) [+ proceedings, discussion] mettre fin à, clore ; (Fin) [+ account] arrêter, clore ; [+ bargain] conclure ◆ **to close the meeting** lever la séance

c (= bring together) serrer, rapprocher ◆ **to close the gap between two objects** réduire l'intervalle entre deux objets ◆ **to close the gap between ...** (fig) combler le fossé entre ... ◆ **Britain is closing the gap on** or **with Japan** la Grande-Bretagne comble son retard sur le Japon ◆ **to close ranks** (Mil, also fig) serrer les rangs

d (Elec) [+ circuit] fermer

3 vi **a** [door, box, lid, drawer] fermer, se fermer ; [museum, theatre, shop] fermer ◆ **the door closed** la porte s'est fermée ◆ **the door/box closes badly** la porte/la boîte ferme mal ◆ **the shop closes at 6 o'clock** le magasin ferme à 18 heures ◆ **the shop closes on Sundays** le magasin est fermé le dimanche ◆ **his eyes closed** ses yeux se fermèrent ◆ **his fingers closed around the pencil** ses doigts se sont refermés sur le crayon

b (= end) [session] se terminer, prendre fin ; [speaker] terminer, finir ◆ **the meeting closed abruptly** la séance a pris fin or s'est terminée brusquement ◆ **he closed with an appeal to their generosity** il a terminé par un appel à leur générosité ◆ **shares closed at 120p** (St Ex) les actions étaient cotées à or valaient 120 pence en clôture

4 COMP ▷ **close-down** n [of shop, business etc] fermeture f (définitive) ; (Brit Rad, TV) fin f des émissions ▷ **close-out sale** n (US) liquidation f avant fermeture ▷ **close season** n (Brit) (Hunting) période f de fermeture de la chasse ; (Fishing) période f de fermeture de la pêche ; (Ftbl) intersaison f

► **close down** **1** vi [business, shop] fermer (définitivement) ; (Brit Rad, TV) terminer les émissions

2 vt sep **a** [+ shop, business] fermer (définitivement)

b (Ftbl) [+ player] marquer à la culotte

3 **close-down** n → **close**[2]

► **close in** **1** vi [hunters etc] se rapprocher, approcher ; [evening, darkness, night] tomber ; [fog] descendre ◆ **the days are closing in** les jours raccourcissent (de plus en plus) ◆ **to close in on sb** (= approach) s'approcher or se rapprocher de qn ; (in race, pursuit) rattraper qn ◆ **the police are closing in on the killer**

closed / Clovis

(lit) (= approaching) la police resserre son étau autour du meurtrier; (fig) (= nearer to finding) le filet de la police se resserre autour du meurtrier
2 vt sep clôturer, enclore

▶ **close off** vt sep [+ room] condamner; [+ road etc] barrer

▶ **close on** vt fus **a** (= get nearer to: in race, achievement etc) rattraper
b (US) ⇒ close in on; → close in 1

▶ **close out** vt sep (US Comm) [+ stock] liquider (avant fermeture)

▶ **close up** **1** vi [people in line etc] se rapprocher, se serrer; (Mil) serrer les rangs; [wound] se refermer
2 vt sep [+ house, shop] fermer (complètement); [+ pipe, tube, opening] fermer, obturer, boucher; [+ wound] refermer, recoudre

▶ **close with** vt fus **a** (= strike bargain with) conclure un marché avec, tomber d'accord avec
b (= agree to) [+ offer, conditions] accepter

closed [kləʊzd] → SYN **1** adj door, eyes fermé, clos; road barré; pipe, opening etc bouché, obturé; class, economy fermé; (Ling) syllable couvert ♦ "closed" (notice) (gen) "fermé"; (Theat) "relâche" ♦ **the shop is closed (now)** le magasin est fermé (maintenant) ♦ **the shop is closed on Sundays** le magasin ferme le dimanche ♦ **to find the door closed** (lit, fig) trouver porte close ♦ **to have a closed mind** avoir l'esprit étroit ♦ **closed session** (Jur) huis m clos ♦ **maths is a closed book to me** ∗ je ne comprends rien aux maths ♦ **behind closed doors** (fig) à l'abri des indiscrets ♦ **closed staff hospital** (US) hôpital où des médecins agréés peuvent traiter leurs propres malades
2 COMP ▷ **closed-circuit television** n télévision f en circuit fermé ▷ **closed company** n (Brit Fin) société dont le nombre d'actionnaires est limité ▷ **closed-door** adj meeting, session à huis clos ▷ **closed-end trust** n (Fin) société f d'investissement à capital fixe ▷ **closed primary** n (US Pol) élection primaire réservée aux membres d'un parti ▷ **closed season** n (US) (Hunting) période f de fermeture de la chasse; (Fishing) période f de fermeture de la pêche ▷ **closed set** n (Math) ensemble m fermé ▷ **closed shop** n atelier ou organisation qui n'admet que des travailleurs syndiqués ♦ **the unions insisted on a closed-shop policy** (Ind) les syndicats ont exigé l'exclusion des travailleurs non syndiqués

closely ['kləʊslɪ] adv **a** (= strongly) linked, connected, associated étroitement; resemble beaucoup ♦ **we are closely related** nous sommes proches parents ♦ **fruits closely related to the orange** des fruits mpl très proches de l'orange ♦ **closely identified with sth** étroitement associé à qch ♦ **closely involved with a campaign/project** étroitement associé à une campagne/un projet ♦ **to become closely involved with sb** (romantically) se lier intimement à qn ♦ **a closely knit community** une communauté très unie
b (= carefully) look at, study de près; listen attentivement ♦ **to monitor sth closely** suivre qch de près ♦ **to question sb closely** presser qn de questions ♦ **a closely guarded secret/prisoner** un secret/prisonnier bien gardé
c (= tightly) he held her closely to him il la serrait ou la tenait serrée (tout) contre lui ♦ **they crowded more closely around the television** ils se sont pressés davantage autour de la télévision ♦ **closely followed by sb/sth** suivi de près par qn/qch ♦ **to stick closely to the subject** rester près du sujet
d (= densely) closely typed aux caractères serrés ♦ **closely written** à l'écriture serrée
e (= intimately) **to work closely with sb** travailler en étroite collaboration avec qn
f (= keenly) fought, contested âprement

closeness ['kləʊsnɪs] n **a** [of cloth, weave] texture f ou contexture f serrée; [of friendship] solidité f; [of translation, reproduction] fidélité f; [of examination, interrogation, study] minutie f, rigueur f; [of reasoning] logique f; [of pursuit] vigueur f; [of pursuers] proximité f ♦ **closeness of blood relationship** proche degré m de parenté ♦ **the closeness of the resemblance** la grande ressemblance
b (= proximity) proximité f

c [of weather, atmosphere] lourdeur f; [of room] manque m d'air
d (= stinginess) avarice f

closet ['klɒzɪt] **1** n **a** (US = cupboard) armoire f, placard m; (for hanging clothes) penderie f
b (esp US = small room) cabinet m (de travail), (petit) bureau m
c (also **water closet**) cabinets mpl, waters mpl
d (fig) **to come out of the closet** ∗ se montrer au grand jour
2 vt (gen pass) enfermer (dans un cabinet de travail etc) ♦ **he was closeted with his father for several hours** son père et lui sont restés enfermés plusieurs heures à discuter ♦ **she closeted herself (away) in her bedroom** elle s'est cloîtrée dans sa chambre
3 adj (∗ fig = secret) honteux, qui n'ose pas s'avouer ♦ **a closet homosexual** un(e) homosexuel(le) refoulé(e) or qui ne s'assume pas ♦ **he's a closet fascist** c'est un fasciste refoulé or un crypto-fasciste

closing ['kləʊzɪŋ] **1** n (NonC) [of factory, house, shop] fermeture f; [of meeting] clôture f; (Fin) clôture f
2 adj **a** (= final) final, dernier ♦ **closing remarks** observations fpl finales ♦ **closing speech** discours m de clôture ♦ **closing price** (St Ex) cours m en clôture
b (= concluding) speech, ceremony de clôture ♦ **closing date** (for applications) date f limite de dépôt; (Fin, Jur) date de réalisation (d'une opération) ♦ **closing time** (Brit) heure f de fermeture (d'un magasin, d'un café etc) ♦ **when is closing time?** à quelle heure fermez-vous? ♦ "closing time!" "on ferme!"; → **early**
3 COMP ▷ **closing-down sale** n (Brit Comm) liquidation f totale (avant fermeture définitive) ▷ **closing-out sale** n (US) ⇒ **close-out sale**; → **close²**

closure ['kləʊʒəʳ] n **a** [of factory, business] fermeture f; → **lane**
b (Parl) clôture f ♦ **to move the closure** (Parl) demander la clôture ♦ **closure rule** (US Pol) règlement m limitant le temps de parole
c **to get** ou **achieve closure on sth** [+ deal] conclure; [+ post] tourner la page sur qch

clot [klɒt] **1** n **a** [of blood, milk] caillot m ♦ **a clot in the lung/on the brain** une embolie pulmonaire/cérébrale ♦ **a clot in the leg** une thrombose à la jambe
b (Brit ∗ pej = person) ballot ∗ m, cruche ∗ f
2 vt [+ blood] coaguler
3 vi [blood] (se) coaguler
4 COMP ▷ **clotted cream** n (Brit) sorte de crème fraîche épaisse ▷ **clotting factor** n (Med) facteur m de coagulation

cloth [klɒθ] → SYN **1** n **a** (NonC) tissu m, étoffe f; [of linen, cotton] toile f; (Bookbinding) toile f; (Naut) toile f, voile f ♦ **bound in cloth** book relié (en) toile ♦ **cloth of gold** drap m d'or; → **oilcloth**
b (= tablecloth) nappe f; (= duster) chiffon m, linge m; → **dishcloth, tea**
c (Rel) **the cloth** (collective) le clergé ♦ **out of respect for his cloth** par respect pour son sacerdoce
2 COMP (= made of cloth) de ou en tissu, de ou en étoffe ▷ **cloth-binding** n [of books] reliure f (en) toile ▷ **cloth-bound** adj book relié (en) toile ▷ **cloth cap** n (Brit) casquette f (d'ouvrier) ▷ **cloth-eared** ∗ adj (= deaf) sourdingue ∗, dur de la feuille ∗ ▷ **cloth ears** ∗ n ♦ **wake up cloth ears!** hé! tu es sourd ou quoi? ∗

clothe [kləʊð] → SYN vt habiller, vêtir (in, with de); (fig) revêtir, couvrir (in, with de)

clothes [kləʊðz] → SYN **1** npl **a** vêtements mpl, habits mpl ♦ **with one's clothes on** (tout) habillé ♦ **with one's clothes off** déshabillé ♦ **to put on one's clothes** s'habiller ♦ **to take off one's clothes** se déshabiller; → **plain**
b (also **bedclothes**) draps mpl et couvertures fpl
2 COMP ▷ **clothes basket** n panier m à linge ▷ **clothes brush** n brosse f à habits ▷ **clothes drier, clothes dryer** n séchoir m (à linge), sèche-linge m ▷ **clothes hanger** n cintre m; (fig) mannequin m ♦ **she's just a clothes horse** ∗ (US) à part la mode, rien ne l'intéresse ▷ **clothes line** n corde f (à linge) ▷ **clothes manufacturer** n fabricant m de

ANGLAIS-FRANÇAIS 158

vêtements, confectionneur m ▷ **clothes moth** n mite f ▷ **clothes peg** n (Brit) pince f à linge ▷ **clothes pole, clothes prop** n perche f or support m pour corde à linge ▷ **clothes rack** n (in shop) portant m de vêtements ▷ **clothes rope** n ▷ **clothes line** ▷ **clothes shop** n magasin m de vêtements ▷ **clothes tree** n (US) portemanteau m

clothespin ['kləʊðzpɪn] n (US, Scot) ⇒ **clothes peg**; → **clothes**

clothier ['kləʊðɪəʳ] n (= clothes seller) marchand m (de vêtements) de confection; (= cloth dealer, maker) drapier m

clothing ['kləʊðɪŋ] **1** n (NonC) **a** (= clothes) vêtements mpl ♦ **an article of clothing** un vêtement, une pièce d'habillement
b (= act of clothing) habillage m; [of monks, nuns] prise f d'habit; (= providing with clothes) habillement m
2 COMP ▷ **clothing allowance** n indemnité f vestimentaire

cloture ['kləʊtʃəʳ] (US Pol) **1** n clôture f
2 COMP ▷ **cloture rule** n règlement m limitant le temps de parole

cloud [klaʊd] → SYN **1** n **a** (in sky) nuage m, nuée f (liter); [of smoke, dust etc] nuage m; [of insects, arrows etc] nuée f; [of gas] nappe f ♦ **to have one's head in the clouds** être dans les nuages or dans la lune ♦ **to be on cloud nine** ∗ être aux anges ou au septième ciel ∗ ♦ (Prov) **every cloud has a silver lining** à quelque chose malheur est bon (Prov) ♦ **under a cloud** (fig) (= under suspicion) en butte aux soupçons; (= in disgrace) en disgrâce
b (= cloudiness) [of liquid] nuage m; [of mirror] buée f; [of marble] tache f noire
2 vt [+ liquid] rendre trouble; [+ mirror] embuer; [+ prospects, career] assombrir; [+ reputation] ternir ♦ **a clouded sky** un ciel couvert or nuageux ♦ **a clouded expression** or **face** un air sombre ou attristé ♦ **a clouded mind** un esprit obscurci ♦ **to cloud the issue** embrouiller les choses
3 vi (also **cloud over**) [sky] se couvrir (de nuages), s'obscurcir; (fig) [face, expression] s'assombrir, se rembrunir
4 COMP ▷ **cloud chamber** n (Phys) chambre f à brouillard ▷ **cloud cover** n (Aviat, Met) couche f de nuages ▷ **cloud-cuckoo-land** n ♦ **she lives in cloud-cuckoo-land** elle plane complètement, elle n'a pas les pieds sur terre

cloudberry ['klaʊdbərɪ] n (= fruit) baie jaune, de la famille de la framboise

cloudburst ['klaʊdbɜːst] n grosse averse f

cloudiness ['klaʊdɪnɪs] n [of sky] état m ou aspect m nuageux; [of liquid] aspect m trouble; [of mirror] buée f

cloudless ['klaʊdlɪs] adj (lit, fig) sans nuages

cloudy ['klaʊdɪ] → SYN adj sky nuageux, couvert; liquid trouble; diamond etc taché, nuageux; leather marbré; (fig) ideas nébuleux, embrumé (fig) ♦ **it was cloudy, it was a cloudy day** le temps était couvert

clout [klaʊt] **1** n **a** (= blow) coup m de poing (or de canne etc)
b (∗ fig = influence) influence f, poids m ♦ **he's got** or **he carries** or **he wields a lot of clout** c'est un homme de poids
c (dial) (= cloth) chiffon m; (= garment) vêtement m
2 vt [+ object] frapper; [+ person] donner un coup de poing (or de canne etc) à

clove¹ [kləʊv] n clou m de girofle ♦ **oil of cloves** essence f de girofle ♦ **clove of garlic** gousse f d'ail

clove² [kləʊv] **1** vb (pt of **cleave¹**)
2 COMP ▷ **clove hitch** n (= knot) demi-clé f

cloven ['kləʊvn] **1** vb (ptp of **cleave¹**)
2 COMP ▷ **cloven-footed** adj animal aux sabots fendus; devil aux pieds fourchus ▷ **cloven hoof** n [of animal] sabot m fendu; [of devil] pied m fourchu

clover ['kləʊvəʳ] n trèfle m ♦ **to be in clover** ∗ être ou vivre comme un coq en pâte ∗; → **four**

cloverleaf ['kləʊvəliːf] n (Bot) feuille f de trèfle; (= road intersection) (croisement m en) trèfle m

Clovis ['kləʊvɪs] n (Hist) Clovis m

clown [klaʊn] → SYN **1** n [of circus etc] clown m; (Theat) bouffon m; (fig) (= funny person) clown m, pitre m; (= idiot) imbécile m
2 vi (fig: also **clown about, clown around**) faire le clown or le pitre or le singe

clowning ['klaʊnɪŋ] n (NonC) pitreries fpl, singeries fpl

clownish ['klaʊnɪʃ] adj person, behaviour, sense of humour clownesque

cloy [klɔɪ] **1** vt écœurer (with de)
2 vi perdre son charme

cloying ['klɔɪɪŋ] adj (lit) écœurant; (fig) sirupeux

cloyingly ['klɔɪɪŋlɪ] adv ◆ **cloyingly sentimental** d'une sentimentalité écœurante, dégoulinant de sentimentalité

cloze test ['kləʊz,test] n texte m à trous or blancs

club [klʌb] → SYN **1** n **a** (social, sports) club m ◆ **tennis club** club m de tennis ◆ **sports/drama club** club m sportif/de théâtre ◆ **yacht club** yacht-club m, club m nautique ◆ **literary club** cercle m littéraire ◆ **he is dining at his club** il dîne à son club or à son cercle ◆ **join the club!** * (fig) tu n'es pas le or la seul(e) ! ◆ **to be in the club** * (Brit = pregnant) être en cloque ✱ ; → **benefit, youth**
b (also **night club**) boîte f de nuit, boîte * f ◆ **the club scene** le monde des boîtes de nuit ◆ **London's club scene** la nuit londonienne
c (= weapon) (gen) massue f, gourdin m; (= truncheon) matraque f; (also **golf club**) club m; → **Indian**
d (Cards) trèfle m ◆ **clubs** trèfles mpl ◆ **the ace of clubs** l'as m de trèfle ◆ **the six of clubs** le six de trèfle ◆ **he played a club** il a joué (un or du) trèfle ◆ **clubs are trumps** atout trèfle ◆ **a low/high club** un petit/gros trèfle ◆ **have you any clubs?** avez-vous du trèfle ? ◆ **I haven't any clubs** je n'ai pas de trèfle ◆ **three tricks in clubs** trois levées à trèfle
2 vt [+ person] frapper avec un gourdin ou une massue; (with truncheon) matraquer ◆ **to club sb with a rifle** frapper qn à coups de crosse ◆ **they club the baby seals to death** ils tuent les bébés phoques à coups de massue or gourdin
3 vi ◆ **to go clubbing** sortir en boîte *
4 COMP premises, secretary etc du club ▷ **club car** n (US Rail) wagon-restaurant m ▷ **club chair** n fauteuil m club inv ▷ **club class** n classe f club ▷ **club foot** n, pl **club feet** pied-bot m ▷ **club-footed** adj pied bot inv ▷ **club member** n membre m d'un club ▷ **club moss** n (Bot) pied-de-loup m, lycopode m ▷ **club root** n (Agr) hernie f du chou ▷ **club sandwich** n club sandwich m, = sandwich m mixte ▷ **club soda** n (US) eau f de seltz ▷ **club steak** n (US) bifteck m pris dans la) queue f de filet ▷ **club subscription** n cotisation f (à un club)

▶ **club together** vi (esp Brit) se cotiser ◆ **to club together to buy sth** se cotiser pour acheter qch

clubbable * ['klʌbəbl] adj sociable

clubber * ['klʌbər] n (Brit) noctambule mf, habitué(e) m(f) des boîtes de nuit

clubbing * ['klʌbɪŋ] n (Brit) sorties fpl en boîte * ◆ **to go clubbing** sortir en boîte *

clubhouse ['klʌbhaʊs] n (Sport) pavillon m, club-house m

clubland ['klʌblænd] n (NonC) **a** (esp Brit: for nightclubs) le monde des boîtes de nuit
b (Brit: for gentlemen's clubs) quartier des clubs chics à Londres

clubman ['klʌbmən] n, pl **-men** membre m d'un club; (= man about town) homme m du monde, mondain m ◆ **he is not a clubman** il n'est pas homme à fréquenter les clubs or les cercles

clubroom ['klʌbrʊm] n salle f de club or de réunion

cluck [klʌk] **1** vi [hens, people] glousser
2 n gloussement m

clue, clew (US) [klu:] → SYN n (gen) indication f, indice m; (in crime) indice m; (in crossword) définition f ◆ **the killer left behind few clues as to his identity** le meurtrier n'a laissé que peu d'indices sur son identité ◆ **he gave few clues about when he intends to leave** il n'a pas donné beaucoup d'indications sur le moment de son départ ◆ **have the police found any clues as to who killed him?** la police a-t-elle trouvé des indices quant à l'identité du meurtrier ? ◆ **to find the clue to sth** découvrir or trouver la clé de qch ◆ **they may have found the clue to the cause of this disease** ils ont peut-être découvert or trouvé la cause de cette maladie ◆ **the condition of your cat's fur can be a clue to his state of health** l'aspect du pelage de votre chat peut être une indication de son état de santé ◆ **a person's record collection is often a big clue to their character** la collection de disques d'une personne en dit souvent long sur son caractère ◆ **my hesitation gave her the clue to what I was thinking about** mon hésitation lui a permis de deviner à quoi je pensais ◆ **the outside of the building gives little clue to what goes on inside** il est difficile de deviner, quand on voit l'extérieur du bâtiment, ce qui s'y passe à l'intérieur ◆ **give me a clue!** mets-moi sur la voie ! ◆ **I'll give you a clue** je vais te mettre sur la voie, je vais te donner un indice ◆ **I haven't a clue!** * (fig) je n'en ai pas la moindre idée !, aucune idée ! * ◆ **he hasn't a clue what he's going to do about it** * il n'a pas la moindre idée de ce qu'il va faire à ce sujet ◆ **you haven't got a clue what I'm talking about, have you?** * tu n'as pas la moindre idée de ce que je raconte, n'est-ce pas ? ◆ **I haven't got a clue where she's gone** * je n'ai pas la moindre idée de l'endroit où elle est allée, je ne sais pas du tout où elle est allée

▶ **clue in** ✱ vt sep mettre au courant or au parfum * (on or about sth à propos de qch)

▶ **clue up** ✱ vt sep mettre au parfum * (on de) ◆ **to be clued up** être au parfum * ◆ **to get clued up about** or **on sth** se renseigner sur qch ◆ **he's pretty clued up on the current political situation** il est assez au courant de la situation politique actuelle

clueless * ['klu:lɪs] adj ◆ **he's clueless** il ne sait rien de rien *

clumber spaniel ['klʌmbər] n épagneul m Clumber, clumber m

clump¹ [klʌmp] → SYN **1** n [of shrubs] massif m; [of flowers] bouquet m, [of hair] touffe f; (larger) massif m; [of grass] touffe f
2 vt ◆ **clump (together)** rassembler

clump² [klʌmp] → SYN **1** n (= noise) bruit m de pas lourd(s) or pesant(s)
2 vi (also **clump about**) marcher d'un pas lourd or pesant

clumpy ['klʌmpɪ] adj ◆ **clumpy shoes** godillots * mpl, croquenots * mpl

clumsily ['klʌmzɪlɪ] adv (= inelegantly) gauchement, maladroitement; (= tactlessly) sans tact

clumsiness ['klʌmzɪnɪs] n [of person, action] gaucherie f, maladresse f; [of tool etc] incommodité f, caractère m peu pratique; [of shape, form] lourdeur f; (fig = tactlessness) [of person, remark] maladresse f, manque m de tact or de discrétion

clumsy ['klʌmzɪ] → SYN adj person, action gauche, maladroit; tool etc incommode, peu pratique; shape, form lourd, disgracieux; painting, forgery maladroit; (fig = tactless) person, apology, remark maladroit; style gauche, lourd

clung [klʌŋ] vb (pt, ptp of **cling**)

Cluniac ['klu:nɪæk] adj, n clunisien m

clunk [klʌŋk] **1** n **a** (= sound) bruit m sourd
b (US ✱ = stupid person) pauvre imbécile mf
2 vi (= make sound) faire un bruit sourd

clunker ✱ ['klʌŋkər] n (US = old car) guimbarde f

clunky * ['klʌŋkɪ] adj vehicle bringuebalant ◆ **a clunky old car** une vieille guimbarde ◆ **clunky shoes** godillots * mpl

cluster ['klʌstər] → SYN **1** n [of flowers, blossom, fruit] grappe f; [of bananas] régime m; [of trees] bouquet m; [of bees] essaim m; [of people] (petit) groupe m, rassemblement m; [of houses, islands] groupe m; [of stars] amas m; (Ling) groupe m, agglomérat m ◆ **a sapphire set in a cluster of diamonds** un saphir entouré de brillants
2 vi [people] se rassembler, se grouper (around autour de); [flowers, blossom, fruit] être rassemblé (en grappe or en bouquet) (around autour de)

3 COMP ▷ **cluster bomb** n bombe f à fragmentation ▷ **cluster pack** n (Comm) emballage m groupé, pack m

clutch [klʌtʃ] → SYN **1** n **a** (= action) étreinte f, prise f
b (Aut) embrayage m; (also **clutch pedal**) pédale f d'embrayage ◆ **to let in the clutch** débrayer ◆ **to let out the clutch** embrayer ◆ **clutch (linkage** or **pedal) play** garde f d'embrayage
c [of chickens, eggs] couvée f ◆ **a clutch of** (fig) [+ prizes etc] un lot de
d (fig) **to fall into sb's/sth's clutches** tomber sous la griffe or sous la patte or sous les pattes de qn/qch ◆ **to get out of sb's/sth's clutches** se tirer des griffes or des pattes de qn/qch
e (US ✱ = crisis) crise f
2 vt (= grasp) empoigner, saisir; (= hold tightly) serrer fort; (= hold on to) se cramponner à
3 vi ◆ (= cling) **to clutch at** (lit) se cramponner à, s'agripper à; (fig) [+ hope, idea, chance] se cramponner à, se raccrocher à ◆ **to clutch at a straw** or **at straws** se raccrocher à n'importe quoi
b (US) embrayer
4 COMP ▷ **clutch bag** n pochette f ▷ **clutch plate** n disque m d'embrayage

clutter ['klʌtər] → SYN **1** n **a** (NonC = disorder, confusion) désordre m, pagaïe * f ◆ **in a clutter** en désordre
b (= objects lying about) fouillis m, pagaille * f, pagaïe * f ◆ **the clutter of bottles and crockery in the kitchen** le fouillis de bouteilles et de vaisselle dans la cuisine
2 vt (also **clutter up**: lit, fig) encombrer (with de)

Clytemnestra [,klaɪtɪm'nestrə] n Clytemnestre f

cm abbrev of **centimetre(s)**

Cmdr n (Mil) abbrev of **Commander**

CMV [,si:em'vi:] n (abbrev of **cytomegalovirus**) CMV m

CNAA [,si:enei'eɪ] (Brit Educ) (abbrev of **Council for National Academic Awards**) organisme qui valide les diplômes de l'enseignement supérieur décernés en dehors des universités

CND [,si:en'di:] (in Brit) (abbrev of **Campaign for Nuclear Disarmament**) mouvement pour le désarmement nucléaire

CNN [,si:en'en] n (abbrev of **Cable News Network**) CNN f (chaîne de télévision américaine émettant sur le réseau câblé)

CO [si:'əʊ] **a** (Mil) (abbrev of **Commanding Officer**) → **commanding**
b (Brit Admin) (abbrev of **Commonwealth Office**) ministère m des Affaires étrangères et du Commonwealth
c (abbrev of **conscientious objector**) → **conscientious**
d abbrev of **Colorado**

Co (US) abbrev of **Colorado**

Co. **a** (Comm) (abbrev of **company**) Cie ◆ **Joe and Co.** * **are coming** Joe et compagnie or et sa bande * vont venir
b abbrev of **County**

co..., co- [kəʊ] pref CO..., CO- ◆ **co-organizer** co-organisateur m; see also **co-driver**

c/o ['keərəv] (abbrev of **care of**) chez, aux bons soins de

coacervate [kəʊ'æsəvɪt] n coacervat m

coach [kəʊtʃ] → SYN **1** n **a** (horse-drawn) carrosse m; (= stagecoach) diligence f, coche m; (Brit = bus) car m, autocar m, [of train] voiture f, wagon m ◆ **coach and four** carrosse m à quatre chevaux
b (= tutor) répétiteur m, -trice f; (Sport: gen) entraîneur m; (Ski) moniteur m, -trice f
2 vt donner des leçons particulières à; (Sport) entraîner ◆ **to coach sb for an exam** préparer qn à un examen ◆ **he had been coached in what to say** on lui avait fait répéter ce qu'il aurait à dire
3 COMP ▷ **coach building** n (Brit) carrosserie f (construction) ▷ **coach driver** n (Brit) chauffeur m d'autocar ▷ **coach operator** n (Brit) compagnie f d'autocars ▷ **coach park** n (Brit) parking m pour autocars ▷ **coach**

coachbuilder / cock

party n groupe m voyageant en car ▷ **coach station** n (Brit) gare f routière ▷ **coach trip** n (Brit) excursion f en car

coachbuilder ['kəʊtʃˌbɪldəʳ] n (Brit Aut) carrossier m

coaching ['kəʊtʃɪŋ] n (Sport) entraînement m ; (Scol) soutien m (scolaire)

coachload ['kəʊtʃləʊd] n (Brit) **a coachload of tourists** un car plein de touristes

coachman ['kəʊtʃmən] n, pl **-men** cocher m

coachwork ['kəʊtʃwɜːk] n (NonC: Brit Aut) carrosserie f

coadjutant [kəʊˈædʒʊtənt] n assistant(e) m(f), aide mf

coadjutor [kəʊˈædʒətəʳ] n (Rel) coadjuteur m (d'un évêque)

coagulant [kəʊˈægjʊlənt] n coagulant m

coagulate [kəʊˈægjʊleɪt] [1] vt coaguler
[2] vi se coaguler

coagulation [kəʊˌægjʊˈleɪʃən] [1] n coagulation f
[2] COMP ▷ **coagulation factor** n (Med) facteur m de coagulation

coagulum [kəʊˈægjʊləm] n coagulum m

coal [kəʊl] [1] n charbon m ; (Ind) houille f ◆ **a piece of coal** un morceau de charbon ◆ **as black as coal** noir comme du charbon ◆ **to be on hot coals** être sur des charbons ardents ◆ **it's like carrying** or **taking coals to Newcastle** c'est comme porter de l'eau à la rivière † ; → **heap, soft**
[2] vt fournir or ravitailler en charbon ◆ **to coal ship** (Naut) charbonner
[3] vi (Naut) charbonner
[4] COMP fire de charbon ; box, shed à charbon ▷ **coal basin** n bassin m houiller ▷ **coal-black** adj noir comme du charbon ▷ **Coal Board** n (Brit: formerly) ≈ Charbonnages mpl ▷ **coal-burning** adj à charbon, qui marche au charbon ▷ **coal cellar** n cave f à charbon ▷ **coal chute** n goulotte f à charbon ▷ **coal cutter** n haveur m ▷ **coal depot** n dépôt m de charbon ▷ **coal face** n front m de taille ▷ **coal fire** n feu m de charbon or de cheminée ▷ **coal-fired power station** n centrale f thermique or électrique au charbon ▷ **coal gas** n gaz m (de houille) ▷ **coal hod** n seau m à charbon ▷ **coal hole** n petite cave f à charbon ▷ **coal industry** n industrie f houillère or charbonnière, charbonnages mpl ▷ **coaling station** n dépôt m de charbon ▷ **coal measures** npl (Geol) gisements mpl houillers ▷ **coal merchant** n ⇒ **coalman** n ▷ **coal mine** n houillère f, mine f de charbon ▷ **coal miner** n mineur m ▷ **coal mining** n charbonnage m ▷ **coal oil** n (US) pétrole m lampant, kérosène m ▷ **coal pit** n ⇒ **coal mine** ▷ **coal scuttle** n seau m à charbon ▷ **coal strike** n (Ind) grève f des mineurs ▷ **coal tar** n coaltar m, goudron m de houille ▷ **coal tit** n (= bird) mésange f noire ▷ **coal yard** n dépôt m de charbon

coaldust ['kəʊldʌst] n poussier m, poussière f de charbon

coalesce [ˌkəʊəˈlɛs] → SYN vi (lit, fig) s'unir, se fondre

coalescence [ˌkəʊəˈlɛsəns] n (lit, fig) fusion f, union f

coalescent [ˌkəʊəˈlɛsnt] adj coalescent

coalfield ['kəʊlfiːld] n gisement m de houille

coalfish ['kəʊlfɪʃ] n, pl **coalfish** or **coalfishes** lieu m noir, colin m

coalition [ˌkəʊəˈlɪʃən] → SYN [1] n coalition f
[2] COMP ▷ **coalition government** n (Pol) gouvernement m de coalition

coalman ['kəʊlmən] n, pl **-men** **a** (= merchant) charbonnier m, marchand m de charbon
b (= delivery man) charbonnier m

coaptation [ˌkəʊæpˈteɪʃən] n (Surg) coaptation f

coarse [kɔːs] → SYN [1] adj **a** (in texture) fabric, feathers, fur, features, grass, gravel, powder grossier ; face aux traits grossiers ◆ **coarse cloth** drap m grossier ◆ **coarse linen** grosse toile f ◆ **coarse salt** gros sel m ◆ **coarse sand** sable m à gros grains, gros sable m ◆ **coarse sandpaper** papier m de verre à gros grain ◆ **coarse skin** peau f rêche ◆ **coarse weave** texture f grossière
b (= common) ordinaire, grossier ◆ **coarse red wine** gros rouge m
c (pej) (= uncouth) person grossier ; manners grossier, vulgaire ; (= indecent) language, joke grossier, cru ; laugh gros (grosse f), gras (grasse f) ; accent commun, vulgaire
[2] COMP ▷ **coarse fishing** n pêche f à la ligne (pour poissons autres que le saumon et la truite) ▷ **coarse-grained** adj à gros grain ▷ **coarse-grain salt** n gros sel m

coarsely ['kɔːslɪ] adv **a** (= in large pieces) chop, grate, grind grossièrement ◆ **coarsely woven cloth** tissu m de texture grossière
b (= uncouthly, vulgarly) speak d'une voix or d'un ton vulgaire ; laugh grassement, vulgairement ; say grossièrement, vulgairement ; behave vulgairement

coarsen ['kɔːsn] → SYN [1] vi [voice] s'érailler ; [features] s'épaissir ; [laugh, language] devenir vulgaire
[2] vt [+ voice] érailler ; [+ features] épaissir

coarseness ['kɔːsnɪs] → SYN n (NonC) **a** (in texture) [of grain, sand] grossièreté f ; [of material] grossièreté f, rudesse f ; [of skin] rugosité f ; [of grass] rigidité f
b (= vulgarity) [of person, behaviour, language, laugh, accent] vulgarité f

coast [kəʊst] → SYN [1] n côte f ; (= coastline) littoral m ◆ **from coast to coast** du nord au sud ◆ **the coast is clear** la voie or le champ est libre
[2] vi **a** **to coast along/down** [motorist, cyclist] avancer/descendre en roue libre ◆ **to coast along** (fig) (= encounter few problems) avancer (sans problèmes) ; (= take things easy) se la couler douce * ◆ **to coast through** (fig) passer sans difficultés
b (Naut) caboter

coastal ['kəʊstəl] adj defence, state côtier ◆ **coastal navigation** navigation f côtière ◆ **coastal traffic** navigation f côtière, cabotage m

coaster ['kəʊstəʳ] [1] n **a** (Naut) caboteur m
b (= drip mat) dessous m de verre or de bouteille ; (= wine tray) présentoir m à bouteilles ; → **roller**
[2] COMP ▷ **coaster brake** n (US) [of cycle] frein m à rétropédalage

coastguard ['kəʊstɡɑːd] [1] n **a** (= service) ≈ gendarmerie f maritime
b (= person) membre m de la gendarmerie maritime ; (Hist) garde-côte m
[2] COMP ▷ **coastguard station** n (bureau m de la) gendarmerie f maritime ▷ **coastguard vessel** n (vedette f) garde-côte m

coastguard(s)man ['kəʊstˌɡɑːd(z)mən] n, pl **-men** (esp US) ⇒ **coastguard 1b**

coastline ['kəʊstlaɪn] n littoral m

coat [kəʊt] → SYN [1] n **a** (gen) manteau m ; (also **overcoat, topcoat**) pardessus m ◆ **winter coat** manteau m d'hiver or pour l'hiver ◆ **to cut one's coat according to one's cloth** vivre selon ses moyens ; → **housecoat, morning, sport**
b [of animal] pelage m, livrée f ; [of horse] robe f ◆ **winter coat** pelage m d'hiver
c (= covering) [of paint, tar etc] couche f ; [of plastic] enveloppe f ; → **base¹, topcoat**
[2] vt [dust, frost, conditioner, plastic] (re)couvrir ; [person] (with glue, paste, ointment) enduire ; (with chocolate) enrober ; (with breadcrumbs etc) paner ; (with egg, batter) tremper (with dans) ◆ **to coat the wall with paint** passer une couche de peinture sur le mur, enduire le mur de peinture ◆ **his tongue was coated** (Med) il avait la langue chargée ◆ **coated lens** (Phot) objectif m traité
[3] COMP ▷ **coat hanger** n cintre m ▷ **coat of arms** n (Her) blason m, armoiries fpl, écu m ▷ **coat of mail** n cotte f de mailles ▷ **coat rack** n ⇒ **coatstand** ▷ **coat-tails** npl queue f de pie (habit) ◆ **to be hanging on sb's coat-tails** être pendu aux basques de qn ◆ **to ride on sb's coat-tails** (US Pol) se faire élire dans le sillage de qn

-coated ['kəʊtɪd] adj (in compounds) recouvert de ◆ **chocolate-coated** enrobé de chocolat

coati [kəʊˈɑːtɪ] n (Zool) coati m

coating ['kəʊtɪŋ] → SYN n (gen) couche f ; (on saucepan etc) revêtement m

coatstand ['kəʊtstænd] n portemanteau m

co-author ['kəʊˌɔːθəʳ] [1] n coauteur m
[2] vt [+ book, play, report] cosigner

coax [kəʊks] → SYN vt amadouer ◆ **to coax sb into/out of doing sth** amener qn à faire qch/à ne pas faire qch à force de cajoleries or de câlineries ◆ **to coax sth out of sb** obtenir or tirer qch de qn par des cajoleries or des câlineries

coaxial [kəʊˈæksɪəl] [1] adj (gen, Geom, Elec) coaxial
[2] COMP ▷ **coaxial cable** n (TV) câble m coaxial

coaxing ['kəʊksɪŋ] [1] n câlineries fpl, cajolerie(s) f(pl)
[2] adj enjôleur, câlin

coaxingly ['kəʊksɪŋlɪ] adv speak, ask d'une manière câline, d'un ton enjôleur ◆ look d'un air câlin or enjôleur

cob [kɒb] n (= swan) cygne m mâle ; (= horse) cob m ; (also **cob-nut**) grosse noisette f ; (Brit: also **cob loaf**) miche f (de pain) ; [of maize] épi m (de maïs) ; → **corn¹**

cobalt ['kəʊbɒlt] n cobalt m ◆ **cobalt 60** cobalt m 60, cobalt m radioactif ◆ **cobalt blue** bleu m de cobalt ◆ **cobalt bomb** bombe f au cobalt

cobber * ['kɒbəʳ] n (Austral) pote * m

cobble ['kɒbl] [1] vt ◆ **to cobble together** [+ object, figures] bricoler * ; [+ solution, agreement] bricoler *, concocter *
[2] n ⇒ **cobblestone**

cobbled ['kɒbld] adj ◆ **cobbled street** rue f pavée

cobbler ['kɒbləʳ] n **a** cordonnier m ◆ **cobbler's wax** poix f de cordonnier
b (US Culin) tourte f aux fruits
c (US = drink) (sorte f de) punch m (glacé)
d (Brit) **that's a load of cobblers!** * (= nonsense) c'est de la connerie ! *

cobblestone ['kɒblstəʊn] n pavé m rond

cobnut ['kɒbnʌt] n (Bot) noisette f

COBOL, Cobol ['kəʊbɒl] n (Comput) COBOL m

cobra ['kəʊbrə] n cobra m

cobweb ['kɒbwɛb] n toile f d'araignée ◆ **to blow** or **clear away the cobwebs** (fig) remettre les idées en place

cobwebbed ['kɒbwɛbd] adj couvert de toiles d'araignée

coca ['kəʊkə] n **a** (= shrub) coca m or f
b (NonC = dried leaves) coca f

cocaine [kəˈkeɪn] n cocaïne f ◆ **cocaine addict** cocaïnomane mf ◆ **cocaine addiction** cocaïnomanie f

cocainism [kəʊˈkeɪnɪzəm] n cocaïnomanie f

cocainization [ˌkəʊkeɪnaɪˈzeɪʃən] n cocaïnisation f

coccid ['kɒksɪd] n coccidie f

coccus ['kɒkəs] n, pl **cocci** ['kɒksaɪ] coccidie f

coccygeal [kɒkˈsɪdʒɪəl] adj coccygien

coccyx ['kɒksɪks] n, pl **coccyges** [kɒkˈsaɪdʒiːz] coccyx m

co-chairman ['kəʊˌtʃɛəmən] n, pl **-men** coprésident(e) m(f)

co-chairmanship [kəʊˈtʃɛəmənʃɪp] n coprésidence f

Cochin China [ˌkɒtʃɪnˈtʃaɪnə] n la Cochinchine

cochineal ['kɒtʃɪniːl] n (= insect) cochenille f ; (= colouring) colorant m rouge

cochlea ['kɒklɪə] n, pl **cochleae** ['kɒklɪˌiː] (Anat) limaçon m

cochlear ['kɒklɪəʳ] adj cochléaire

cock [kɒk] → SYN [1] n **a** (esp Brit = rooster) coq m ; (= male bird) (oiseau m) mâle m ◆ **he thinks he's the cock of the walk** il est vaniteux comme un paon ; → **fighting, gamecock, weather**
b (= tap) robinet m
c [of rifle] chien m ◆ **at full cock** armé ◆ **at half cock** au cran de repos ; see also **half**
d [of hay] meulon m ; [of corn, oats] moyette f
e (** = penis) bite ** f
[2] vt **a** [+ gun] armer
b **to cock one's ears** (lit) dresser les oreilles ; (fig) dresser l'oreille ◆ **to cock one's eye at ...** glisser un coup d'œil à ... ◆ **to cock a snook at ...** * (Brit fig) faire la nique à ...

ENGLISH-FRENCH

3 COMP bird mâle ▷ **cock-a-doodle-doo** excl cocorico ! ▷ **cock-a-hoop** adj fier comme Artaban ◊ adv d'un air triomphant ▷ **cock-a-leekie soup** n (Scot) potage à la volaille et aux poireaux ▷ **cock-and-bull story** n (pej) histoire f à dormir debout ▷ **cock lobster** n homard m (mâle) ▷ **cock sparrow** n moineau m (mâle) ▷ **cock-teaser** ** n allumeuse ** f ▷ **cock-up** n (Brit) foirade * f, couille ** f ◆ there's been a cock-up il y a eu une couille ** ◆ he made a cock-up of the job il a salopé le boulot ** ◆ the meeting was a cock-up la réunion a complètement foiré *

▶ **cock up** ** (Brit) **1** vt sep saloper ** ; [+ exam] foirer **
2 vi merder **, foirer **
3 cock-up n → **cock**

cockade [kɒˈkeɪd] n cocarde f

Cockaigne [kɒˈkeɪn] n ◆ **(the land of) Cockaigne** le pays de Cocagne

cockamamie * [ˌkɒkəˈmeɪmɪ] adj (US) farfelu

cockatoo [ˌkɒkəˈtuː] n cacatoès m

cockchafer [ˈkɒkˌtʃeɪfəʳ] n hanneton m

cockcrow [ˈkɒkkrəʊ] n **at cockcrow** au chant du coq, à l'aube

cocked [kɒkt] adj ◆ **cocked hat** chapeau m à cornes ; (two points) bicorne m ; (three points) tricorne m ◆ **to knock** or **beat sb into a cocked hat** * battre qn à plate(s) couture(s)

cocker [ˈkɒkəʳ] n (also **cocker spaniel**) cocker m

cockerel [ˈkɒkərəl] n jeune coq m

cockeyed * [ˌkɒkˈaɪd] adj (= cross-eyed) qui louche ; (= crooked) de travers, de traviole * ; (= mad, absurd) qui ne tient pas debout, dingue * ; (= drunk) soûl *, schlass ** inv

cockfight [ˈkɒkfaɪt] n combat m de coqs

cockfighting [ˈkɒkˌfaɪtɪŋ] n combats mpl de coqs

cockieleekie soup [ˌkɒkɪliːˈkɪˈsuːp] n ⇒ **cock-a-leekie soup** ; → **cock**

cockily [ˈkɒkɪlɪ] adv avec impudence or effronterie

cockiness [ˈkɒkɪnɪs] n impudence f, effronterie f

cockle [ˈkɒkl] n (= shellfish) coque f ◆ **it warmed the cockles of his heart** († or hum) cela lui a réchauffé le cœur

cockleshell [ˈkɒklʃel] n (Zool) (coquille f de) coque f ; (= boat) petit canot m, coquille f de noix

cockney [ˈkɒknɪ] **1** **a** (= person) cockney mf ; → RHYMING SLANG
b (Ling) cockney m
2 adj cockney, londonien

COCKNEY

Les véritables **cockneys** sont les personnes nées à portée du son des Bow Bells, c'est-à-dire des cloches de l'église de St Mary-le-Bow dans la City, mais on y inclut tous les habitants de l'est londonien. Le mot désigne aussi le parler des habitants de ces quartiers et, par extension, n'importe quel accent, argot ou parler populaire londonien. → RHYMING SLANG

cockpit [ˈkɒkpɪt] **1** n [of aircraft] poste m de pilotage, cockpit m ; [of yacht, racing car] cockpit m ; (for cockfighting) arène f ; (fig) arènes fpl
2 COMP ▷ **cockpit voice recorder** n enregistreur m de vol

cockroach [ˈkɒkrəʊtʃ] n cafard m, blatte f

cockscomb [ˈkɒkskəʊm] n **a** (Orn) crête f (de coq)
b (Bot) crête-de-coq f
c († = dandy) fat m, poseur m, muscadin † m

cocksucker ** [ˈkɒkˌsʌkəʳ] n enfoiré ** m, enculé ** m

cocksure [ˈkɒkˈʃʊəʳ] adj (pej) (trop) sûr de soi, outrecuidant

cocktail [ˈkɒkteɪl] **1** n (lit, fig) cocktail m (boisson) ◆ **fruit cocktail** salade f de fruits ◆ **prawn cocktail** (Brit), **shrimp cocktail** (US) coupe f or cocktail m de crevettes ; → **Molotov**
2 COMP ▷ **cocktail bar** n bar m américain, cocktail-bar m ▷ **cocktail cabinet** n meuble m bar ▷ **cocktail dress** n robe f de cocktail ▷ **cocktail lounge** n bar m (de luxe, dans un hôtel) ▷ **cocktail onion** n petit oignon m (au vinaigre) ▷ **cocktail party** n cocktail m ▷ **cocktail sausage** n petite saucisse f (pour l'apéritif) ▷ **cocktail shaker** n shaker m ▷ **cocktail stick** n pique f (à apéritif) ▷ **cocktail waitress** n (US) serveuse f (de bar)

cocky * [ˈkɒkɪ] → SYN adj (pej) effronté, impudent

cocoa [ˈkəʊkəʊ] **1** n (= drink) chocolat m ; (powder) cacao m
2 COMP ▷ **cocoa bean** n fève f de cacao ▷ **cocoa butter** n beurre m de cacao

coconut [ˈkəʊkənʌt] **1** n noix f de coco
2 COMP ▷ **coconut ice** n (NonC) confiserie à la noix de coco ▷ **coconut matting** n tapis m de fibre de noix de coco ▷ **coconut oil** n huile f de (noix de) coco ▷ **coconut palm** n cocotier m ▷ **coconut shy** n jeu m de massacre ▷ **coconut tree** n cocotier m

cocoon [kəˈkuːn] **1** n cocon m ◆ **wrapped in a cocoon of blankets** emmitouflé dans des couvertures
2 vt (fig) [+ object] envelopper avec soin ; [+ child] couver ◆ **cocooned from** (fig) à l'abri de ◆ **cocooned in the bosom of one's family** bien à l'abri au sein de sa famille

COD [ˌsiːəʊˈdiː] **a** (Brit) (abbrev of **cash on delivery**) → **cash**
b (US) (abbrev of **collect on delivery**) → **collect**

cod [kɒd] **1** n, pl **cod** or **cods** (Zool) morue f ; (Culin : fresh) morue f fraîche, cabillaud m ◆ **dried cod** merluche f
2 adj (Brit *) (= not genuine) faux (fausse f), prétendu ; (= assumed) accent faux (fausse f)
3 COMP ▷ **cod-liver oil** n huile f de foie de morue ▷ **the Cod War** (Brit) la guerre de la morue

coda [ˈkəʊdə] n (Mus) coda f

coddle [ˈkɒdl] vt **a** [+ child, invalid] dorloter, choyer
b (Culin) [+ eggs] cuire à feu doux au bain-marie

code [kəʊd] LANGUAGE IN USE 27.1 → SYN
1 n **a** (Admin, Comput, Jur, Ling, fig) code m ◆ **code of behaviour/of honour** code m de conduite/de l'honneur ; → **highway, penal**
b (= cipher) code m, chiffre m ; (Bio, Comput, Post etc) code m ◆ **in code** en code, chiffré ◆ **to break a secret code** (Mil) déchiffrer or décrypter un code secret ; → **Morse, zip**
2 vt [+ letter, dispatch] chiffrer, coder ; (Comput) programmer
3 COMP ▷ **code dating** n (Comm) inscription f de date codée (sur les denrées périssables) ▷ **code letter** n chiffre m ▷ **code name** n nom m de code ▷ **code-name** vt **an operation code-named Condor** une opération qui a pour nom de code "Condor" ▷ **code number** n (= access code) code m d'accès ; (Telec = dialling code) indicatif m ; (Tax) code numérique désignant chaque tranche d'imposition ▷ **code of conduct** n code m de conduite ▷ **code of ethics** n (gen) code m (d')éthique ; [of profession] (code m de) déontologie f ▷ **code of practice** n (gen) déontologie f ; (= set of rules) règlements mpl et usages mpl ▷ **code word** n (lit) mot m de passe ; (fig: Pol) mot m codé

coded [ˈkəʊdɪd] adj **a** (= in code) message, instructions codé ◆ **in coded form** codé, sous forme de code ◆ **a coded telephone warning** un avertissement téléphonique codé
b (= indirect) criticism, attack, reference voilé ◆ **in coded language** en termes voilés, à mots couverts
c (Telec) signal codé

codeine [ˈkəʊdiːn] n codéine f

codex [ˈkəʊdeks] n, pl **codices** manuscrit m (ancien)

codfish [ˈkɒdfɪʃ] n, pl **codfish** or **codfishes** morue f

codger * [ˈkɒdʒəʳ] n ◆ **old codger** drôle de vieux bonhomme m

cockade / coffee

codices [ˈkɒdɪsiːz] npl of **codex**

codicil [ˈkɒdɪsɪl] n codicille m

codify [ˈkəʊdɪfaɪ] vt codifier

coding [ˈkəʊdɪŋ] **1** n (NonC) [of telegram, message] encodage m ; (Comput) codage m ; → **tax**
2 COMP ▷ **coding sheet** n (Comput) feuille f de programmation

codling [ˈkɒdlɪŋ] n (= fish) morue f ; (young) jeune or petite morue

codon [ˈkəʊdɒn] n codon m

codpiece [ˈkɒdˌpiːs] n braguette f (portée aux 15e et 16e siècles)

co-driver [ˈkəʊdraɪvəʳ] n (in race) copilote m ; [of lorry, bus] deuxième chauffeur m

codswallop * [ˈkɒdzwɒləp] n (NonC: Brit) bobards * mpl, foutaises ** fpl

coed * [ˈkəʊˈed] **1** adj abbrev of **coeducational**
2 n (US) étudiante f (dans un établissement mixte)

co-edit [ˌkəʊˈedɪt] vt [+ book] coéditer

co-edition [ˌkəʊɪˈdɪʃən] n coédition f

coeducation [ˈkəʊˌedjʊˈkeɪʃən] n éducation f mixte

coeducational [ˈkəʊˌedjʊˈkeɪʃənl] adj school, teaching mixte

coefficient [ˌkəʊɪˈfɪʃənt] n coefficient m

coelacanth [ˈsiːləkænθ] n (= fish) cœlacanthe m

coelenterate [sɪˈlentəreɪt] n (Zool) cœlentéré m

coeliac [ˈsiːlɪæk] adj cœliaque ◆ **coeliac disease** cœlialgie f

coelioscopy [ˌsiːlɪˈɒskəpɪ] n (Med) cœlioscopie f

coelom [ˈsiːləʊm] n (Zool) cœlome m

coelostat [ˈsiːləˌstæt] n cœlostat m

coenurus [siːˈnjʊərəs] n, pl **coenuri** [siːˈnjʊəraɪ] cénure m, cœnure m

coenzyme [kəʊˈenzaɪm] n coenzyme m or f

coequal [ˌkəʊˈiːkwəl] adj, n égal(e) m(f)

coerce [kəʊˈɜːs] vt contraindre ◆ **to coerce sb into doing sth** contraindre qn à faire qch

coercion [kəʊˈɜːʃən] n contrainte f, coercition f

coercive [kəʊˈɜːsɪv] adj coercitif

coeval [kəʊˈiːvəl] **1** adj contemporain (with de), du même âge (with que)
2 n contemporain(e) m(f)

coexist [ˈkəʊɪgˈzɪst] vi coexister (with avec)

coexistence [ˌkəʊɪgˈzɪstəns] n coexistence f ; → **peaceful**

coexistent [ˈkəʊɪgˈzɪstənt] adj coexistant (with avec)

coextensive [ˈkəʊɪkˈstensɪv] adv ◆ **coextensive with** (in space) de même étendue que ; (in time) de même durée que

cofactor [ˈkəʊˌfæktəʳ] n cofacteur m

C of C (abbrev of **Chamber of Commerce**) → **chamber**

C of E [ˌsiːəˈviː] n (Brit) (abbrev of **Church of England**) → **church**

coffee [ˈkɒfɪ] **1** n café m ◆ **a cup of coffee** une tasse de café ◆ **one** or **a coffee** un café ◆ **black coffee** café m noir ◆ **white coffee** (Brit), **coffee with milk** (US) (gen) café m au lait ◆ **a white coffee** (Brit), **a coffee with milk** (US) (in café: when ordering) un café-crème
2 COMP (= coffee flavoured) au café ; (= coffee coloured) (dark) couleur café inv ; (light) café au lait inv ▷ **coffee bar** n (Brit) café m, cafétéria f ▷ **coffee bean** n grain m de café ▷ **coffee break** n pause-café f ▷ **coffee cake** n (Brit: coffee-flavoured) moka m (au café) ; (US: served with coffee) gâteau m (que l'on sert avec le café) ▷ **coffee-coloured** adj (dark) couleur café au lait inv ; (light) couleur café au lait inv ▷ **coffee cup** n tasse f à café ▷ **coffee filter** n filtre m à café ▷ **coffee grinder** n moulin m à café ▷ **coffee grounds** npl marc m de café ▷ **coffee house** n (Hist) café m (au 18e siècle) ▷ **coffee machine** n (in café etc) percolateur m ; (= vending machine) machine f à café ▷ **coffee-maker** n (electric) cafetière f électrique ; (non-electric) cafetière f ▷ **coffee mill** n moulin m à café ▷ **coffee morning** n

(gen) réunion de femmes qui se retrouvent pour bavarder autour d'une tasse de café ; (for fundraising) vente f de charité (où l'on sert le café) ▷ **coffee percolator** n ⇒ **coffee-maker** ▷ **coffee service, coffee set** n service m à café ▷ **coffee shop** n (= restaurant) cafétéria f ; (= shop) brûlerie f ▷ **coffee spoon** n cuiller f à café ▷ **coffee table** n table f basse ▷ **coffee table book** n beau livre m (grand format) ▷ **coffee tree** n caféier m ▷ **coffee whitener** n succédané m de lait

coffeepot ['kɒfɪpɒt] n cafetière f

coffer ['kɒfər] n **a** coffre m, caisse f ; (fig) ♦ **coffers** (= funds) coffres mpl ♦ **the coffers (of State)** les coffres mpl de l'État
b (Hydraulics) caisson m
c (also **coffer dam**) batardeau m

coffin ['kɒfɪn] **1** n cercueil m, bière f ♦ **coffin nail** † (*= cigarette*) sèche* f
2 COMP ▷ **coffin dodger*** n (hum) vieux débris m

C of I [ˌsiːəʊ'aɪ] n (Brit) (abbrev of **Church of Ireland**) → **church**

cofinance [kəʊfaɪ'næns] vt cofinancer

C of S [ˌsiːəv'es] n **a** (Brit) (abbrev of **Church of Scotland**) → **church**
b (Mil) (abbrev of **Chief of Staff**) → **chief**

cog [kɒg] **1** n (Tech) dent f (d'engrenage) ♦ **he's only a cog in the wheel or machine** il n'est qu'un simple rouage (de or dans la machine)
2 COMP ▷ **cog wheel** n roue f dentée

cogency ['kəʊdʒənsɪ] n (of argument etc) puissance f, force f

cogent ['kəʊdʒənt] → SYN adj (= compelling) irrésistible ; (= convincing) puissant, convaincant ; (= relevant) pertinent, (fait) à-propos

cogently ['kəʊdʒəntlɪ] adv (frm) argue, speak, express de façon convaincante

cogitate ['kɒdʒɪteɪt] → SYN **1** vi méditer, réfléchir ((up)on sur) ; (hum) cogiter ((up)on sur)
2 vt [+ scheme] méditer

cogitation [ˌkɒdʒɪ'teɪʃən] → SYN n (NonC) réflexion f ; (hum) cogitations fpl

cognac ['kɒnjæk] n cognac m

cognate ['kɒgneɪt] → SYN **1** adj apparenté, analogue (with à), de même origine or source (with que) ; (Ling) word, language apparenté ; (Jur) parent
2 n (Ling) mot m apparenté ; (Jur) cognat m, parent m proche

cognation [kɒg'neɪʃən] n cognation f

cognition [kɒg'nɪʃən] → SYN n (NonC) connaissance f ; (Philos) cognition f

cognitive ['kɒgnɪtɪv] **1** adj cognitif
2 COMP ▷ **cognitive meaning** n (Ling) sens m cognitif ▷ **cognitive psychology** n psychologie f cognitive ▷ **cognitive therapy** n thérapie f cognitive

cognizance ['kɒgnɪzəns] n **a** (Jur, gen: frm) connaissance f ♦ **to take/have cognizance of ...** prendre/avoir connaissance de ... ♦ **this is outside his cognizance** ceci n'est pas de sa compétence ♦ **this case falls within the cognizance of the court** (Jur) cette affaire est de la compétence du tribunal
b (Her) emblème m

cognizant ['kɒgnɪzənt] adj (frm) instruit, ayant connaissance (of de) ; (Jur) compétent (of pour)

cognomen [kɒg'nəʊmen] n, pl **cognomens** or **cognomina** [kɒg'nɒmɪnə] (= surname) nom m de famille ; (= nickname) surnom m

cognoscenti [ˌkɒgnə'ʃentɪ, kɒnjəʊ'ʃentɪ] npl ♦ **the cognoscenti** les spécialistes, les connaisseurs

cogwheel ['kɒgwiːl] n roue f dentée

cohabit [kəʊ'hæbɪt] vi cohabiter (with avec)

cohabitant [kəʊ'hæbɪtənt] n ⇒ **cohabitee**

cohabitation [ˌkəʊhæbɪ'teɪʃən] n cohabitation f

cohabitee [ˌkəʊhæbɪ'tiː], **cohabiter** [kəʊ'hæbɪtər] n (Admin) concubin(e) m(f)

coheir [kəʊ'ɛər] n cohéritier m

coheiress [kəʊ'ɛərɪs] n cohéritière f

cohere [kəʊ'hɪər] vi **a** (fig) être cohérent, se tenir
b (lit = stick) adhérer

coherence [kəʊ'hɪərəns] n **a** (fig) cohérence f
b (lit) adhérence f

coherent [kəʊ'hɪərənt] → SYN adj cohérent ♦ **incapable of coherent speech** incapable de s'exprimer de façon cohérente

coherently [kəʊ'hɪərəntlɪ] adv de façon cohérente

cohesion [kəʊ'hiːʒən] n cohésion f

cohesive [kəʊ'hiːsɪv] adj cohésif

cohort ['kəʊhɔːt] n (gen, Mil) cohorte f ; (pej = supporter) acolyte m

COHSE ['kəʊzɪ] (Brit: formerly) (abbrev of **Confederation of Health Service Employees**) ancien syndicat

COI [ˌsiːəʊ'aɪ] (Brit) (abbrev of **Central Office of Information**) service d'information gouvernemental

coif [kɔɪf] n (= headdress) coiffe f ; (= skullcap) calotte f

coiffed [kɔɪft] adj (frm) coiffé

coiffure [kwɒ'fjʊər] n (frm) coiffure f

coiffured [kwɒ'fjʊəd] adj (frm) ⇒ **coiffed**

coil [kɔɪl] → SYN **1** vt [+ rope] enrouler ; [+ hair] enrouler, torsader ; (Elec) [+ wire] embobiner ; (Naut) gléner ♦ **the snake coiled itself (up)** le serpent s'est lové
2 vi [river] onduler, serpenter ; [rope] s'enrouler (round, about autour de) ; [snake] se lover
3 n **a** (= loops, roll) [of rope, wire] rouleau m ; (Naut) glène f ; [of hair] rouleau m ; (at back of head) chignon m ; (over ears) macaron m
b (one loop) spire f ; [of cable] tour m ; [of hair] boucle f ; [of smoke, snake] anneau m
c (Elec) bobine f ; (one loop) spire f
d (Med) **the coil*** (= contraceptive) le stérilet
4 COMP ▷ **coil spring** n ressort m hélicoïdal

coin [kɔɪn] → SYN **1** n **a** pièce f de monnaie ♦ **a 10p coin** une pièce de 10 pence ; → **toss**
b (NonC) monnaie f ♦ **current coin** monnaie f courante ♦ **in (the) coin of the realm** en espèces (sonnantes et trébuchantes) ♦ **to pay sb back in his own coin** (fig) rendre à qn la monnaie de sa pièce
2 vt **a** [+ money, medal] frapper ♦ **he is coining money** or **it (in)** (fig) il fait des affaires en or
b (fig) [+ word, phrase] inventer ♦ **to coin a phrase ...** (hum iro) si je peux m'exprimer ainsi ...
3 COMP ▷ **coin box** n (= phone box) cabine f téléphonique (à pièces) ; (= part of vending machine) caisse f ▷ **coin-operated** adj automatique ♦ **coin-operated laundry** (abbr: coin-op) laverie f automatique

coinage ['kɔɪnɪdʒ] n **a** (NonC) (= coins) monnaie f ; (= system) système m monétaire
b (= act) [of money] frappe f ; (fig) [of word etc] création f, invention f

coincide [ˌkəʊɪn'saɪd] → SYN vi coïncider (with avec)

coincidence [kəʊ'ɪnsɪdəns] → SYN n coïncidence f

coincident [kəʊ'ɪnsɪdənt] adj (frm) identique (with à)

coincidental [kəʊˌɪnsɪ'dentl] → SYN adj fortuit ♦ **it's entirely coincidental** c'est une pure coïncidence

coincidentally [kəʊˌɪnsɪ'dentlɪ] adv par coïncidence ♦ **quite** or **purely coincidentally** par pure coïncidence

coinsurance [ˌkəʊɪn'ʃʊərəns] n (US Med) assurance dont les cotisations sont payées pour moitié par l'entreprise

coir [kɔɪr] **1** n coco m, coir m
2 COMP ▷ **coir matting** n (NonC) tapis m de coco

coital ['kɔɪtəl] adj coïtal

coition [kəʊ'ɪʃən] n coït m

coitus ['kɔɪtəs] **1** n coït m
2 COMP ▷ **coitus interruptus** n coït m interrompu ♦ **to practise coitus interruptus** pratiquer le coït interrompu

Coke ® [kəʊk] n coca ® m

coke¹ [kəʊk] **1** n coke m
2 COMP ▷ **coke oven** n four m à coke

coke² * [kəʊk] n (= drug) coco f, coke f

cokehead * ['kəʊkhed] n cocaïnomane mf

col [kɒl] n (Geol, Geog) col m

Col. (Mil) (abbrev of **Colonel**) Col. T. Richard (on envelope) le Colonel T. Richard

col. a abbrev of **column**
b abbrev of **colour**

COLA ['kəʊlə] n (US Fin) (abbrev of **cost-of-living adjustment**) → **cost**

cola¹ ['kəʊlə] **1** n cola or kola m
2 COMP ▷ **cola nut** n noix f de cola

cola² ['kəʊlə] npl of **colon**

colander ['kʌləndər] n passoire f

colchicine ['kɒltʃɪˌsiːn] n colchicine f

colcothar ['kɒlkəθɑːr] n colcotar m

cold [kəʊld] LANGUAGE IN USE 7.5 → SYN

1 adj **a** day, drink, meal, meat, metal, water froid ♦ **to be as cold as ice** [object] être froid comme de la glace ; [room] être glacial ; [person] être glacé jusqu'aux os ♦ **it's a cold morning/day** il fait froid ce matin/aujourd'hui ♦ **it's as cold as charity** il fait un froid de canard* or un froid sibérien ♦ **I am cold** j'ai froid ♦ **my feet are cold** j'ai froid aux pieds ♦ **to have** or **get cold feet** (about doing sth) hésiter (à faire qch) ♦ **to get cold** [weather, room] se refroidir ; [food] refroidir ; [person] commencer à avoir froid ♦ **you're getting cold(er)!** (in guessing games) tu refroidis ! ♦ **a cold colour** une couleur froide ♦ **cold steel** arme f blanche ♦ **the scent is cold** la piste a disparu (also fig) ♦ **that's cold comfort** ce n'est pas tellement réconfortant or rassurant, c'est une maigre consolation ♦ **to be in a cold sweat (about)** * avoir des sueurs froides (au sujet de) ♦ **that brought him out in a cold sweat** cela lui a donné des sueurs froides ♦ **to pour** or **throw cold water on** (fig) [+ optimism, hopes] refroidir ♦ **he poured cold water on my idea** sa réaction devant mon idée m'a refroidi ; see also **4, blow**¹**, icy**
b (fig) froid ♦ **a cold reception** un accueil froid ♦ **to be cold to sb** se montrer froid envers qn ♦ **that leaves me cold*** ça ne me fait ni chaud ni froid, cela me laisse froid ♦ **in cold blood** de sang-froid ♦ **he's a cold fish!*** qu'est-ce qu'il est froid !
c (* = unconscious) **to be out cold** être dans les pommes * ♦ **it knocked him (out) cold** (lit, fig) ça l'a mis KO
2 n **a** (in temperature) froid m ♦ **don't go out in this cold!** ne sors pas par ce froid ! ♦ **to come in out of** or **from the cold** se mettre à l'abri ; (fig) rentrer en grâce ♦ **to be left out in the cold** (fig) rester en plan * ; → **feel**
b (Med) rhume m ♦ **cold in the head/on the chest** rhume de cerveau/de poitrine ♦ **a heavy** or **bad cold** un gros or mauvais rhume ♦ **to have a cold** être enrhumé ♦ **to get a cold** s'enrhumer, attraper un rhume ♦ **to take cold** prendre froid
3 adv (US *) (= completely) absolument ; (= unexpectedly) de façon totalement inattendue ♦ **to know sth cold** connaître qch à fond or sur le bout des doigts
4 COMP ▷ **cold-blooded** → SYN adj animal à sang froid ; (fig) person insensible, sans pitié ; murder, attack commis de sang-froid ♦ **to be cold-blooded about sth** (fig) faire qch sans aucune pitié ▷ **cold-bloodedly** adv de sang-froid ▷ **cold call** n (Comm) (on phone) appel m de démarchage ; (= visit) démarchage m (à domicile) ▷ **cold calling** n (Comm) (on phone) démarchage m téléphonique ; (= visit) démarchage m (à domicile) ▷ **cold chisel** n ciseau m à froid ▷ **cold cream** n crème f de beauté ▷ **cold cuts** npl (Culin) ≈ assiette f anglaise ▷ **cold frame** n (Agr) châssis m de couches ▷ **cold front** n (Met) front m froid ▷ **cold fusion** n (Phys) fusion f froide ▷ **cold-hearted** → SYN adj impitoyable, sans pitié ▷ **cold room** n chambre f froide or frigorifique ▷ **cold shoulder*** n (fig) **to give sb the cold shoulder to** turn a cold shoulder on or to sb (US) snober qn, battre froid à qn ▷ **cold-shoulder** vt to cold-shoulder sb ⇒ **to give sb the cold shoulder** ▷ **cold snap** n (Met) coup m de froid, vague f de froid de courte durée ▷ **cold sore** n (Med) bouton m de fièvre ▷ **cold start, cold**

starting (US) n (Aut) démarrage m à froid ▷ **cold storage** n conservation f par le froid ◆ **to put into cold storage** [+ food] mettre en chambre froide ; [+ fur coat] mettre en garde ; (fig) [+ idea, book, scheme] mettre de côté or en attente ▷ **cold store** n entrepôt m frigorifique ▷ **cold turkey*** n (Drugs) manque m ◇ adj **to go cold turkey** (= stop) arrêter la drogue d'un seul coup ; (= suffer withdrawal symptoms) être en manque * ▷ **the cold war** n (Pol) la guerre froide ▷ **cold warrior** n (Pol) partisan(e) m(f) de la guerre froide ▷ **cold wave** n (Met) vague f de froid ; (Hairdressing) minivague f ▷ **cold-weather payment** n (Brit) allocation supplémentaire aux retraités et personnes à faibles revenus en période de grand froid

coldly ['kəʊldlɪ] adv look, say froidement ; behave avec froideur

coldness ['kəʊldnɪs] n (lit, fig) froideur f

coleopteran [ˌkɒlɪ'ɒptərən] n (Zool) coléoptère m

coleslaw ['kəʊlslɔː] n salade f de chou cru

coley ['kəʊlɪ] n lieu noir m, colin m

colic ['kɒlɪk] n coliques fpl

colicky ['kɒlɪkɪ] adj baby qui souffre de coliques ; pain dû à des coliques ; (fig) disposition grincheux

coliform ['kɒlɪfɔːm] adj coliforme

Coliseum [ˌkɒlɪ'siːəm] n Colisée m

colitis [kɒ'laɪtɪs] n colite f

collaborate [kə'læbəreɪt] → SYN vi (also pej) collaborer ◆ **to collaborate with sb on** or **in sth** collaborer avec qn à qch

collaboration [kəˌlæbə'reɪʃən] → SYN n (also pej) collaboration f (in à) ; (= piece of work) œuvre f produite en commun

collaborationist [kəˌlæbə'reɪʃənɪst] n collaborationniste mf

collaborative [kə'læbərətɪv] adj fait en collaboration, commun

collaboratively [kə'læbərətɪvlɪ] adv work en collaboration (with avec)

collaborator [kə'læbəreɪtər] → SYN n (gen) collaborateur m, -trice f ; (pej: in World War II) collaborateur m, -trice f, collabo * mf

collage [kɒ'lɑːʒ] n (Art) collage m

collagen ['kɒlədʒən] n (Bio) collagène m

collapsar [kə'læpsər] n (Astron) trou m noir

collapse [kə'læps] → SYN **1** vi **a** [person, building, roof, floor, bridge, scaffolding] s'écrouler, s'effondrer ; [balloon] se dégonfler ; [beam] s'affaisser ; (fig) [one's health] se délabrer ; [government] s'effondrer ; [coalition] se disloquer ; [business, communism, defences, market, prices, system] s'effondrer ; [civilization, society, institution] s'effondrer, s'écrouler ; [plan, scheme] s'écrouler, tomber à l'eau ; [company] faire faillite ; [talks, legal case, trial] échouer ; [agreement] tomber à l'eau ; [marriage] se solder par un échec ; (*: with laughter) être écroulé de rire ◆ **he collapsed at work and was taken to hospital** il a eu un grave malaise à son travail et on l'a emmené à l'hôpital ◆ **she collapsed onto her bed, exhausted** elle s'est écroulée or effondrée sur son lit, épuisée ◆ **his lung collapsed** (Med) il a fait un collapsus pulmonaire ◆ **collapsed lung** (Med) collapsus m pulmonaire

b (lit: fold for storage etc) [table, chairs] se plier

2 vt **a** [+ table, chair] plier

b (fig) [+ paragraphs, items] réduire, comprimer

3 n [of person, building, roof, bridge, scaffolding] écroulement m, effondrement m ; [of beam] affaissement m ; [of lung] collapsus m ; [of health] délabrement m ; [of government] chute f ; [of coalition] dislocation f ; [of company] faillite f ; [of business, communism, defences, market, prices, system] effondrement m ; [of talks, agreement, marriage, legal case, trial] échec m ; [of civilization, empire, plan, scheme] effondrement m, écroulement m ◆ **the country faces economic collapse** le pays risque l'effondrement de son économie ◆ **a 90% collapse in profits** une chute des profits de 90 % ◆ **this led to a collapse in confidence in the economy** cela a eu pour effet de détruire la confiance dans l'économie ◆ **the collapse in demand for cars** l'effondrement de la demande de voitures

collapsible [kə'læpsəbl] adj table, chair, umbrella pliant

collar ['kɒlər] → SYN **1** n (attached: on garment) col m ; (separate) (for men) faux-col m ; (for women) col m, collerette f ; (for dogs, horses etc) collier m ; (= part of animal's neck) collier m ; (Culin) [of beef, mutton etc] collier m ; (Tech: on pipe etc) bague f ◆ **to get hold of sb by the collar** saisir qn au collet ; → **white**

2 vt **a** * [+ person], (lit, fig) mettre la main au collet de ; [+ book, object] faire main basse sur

b (Tech) baguer

3 COMP ▷ **collar button** n (US) bouton m de col ▷ **collared dove** n (Orn) tourterelle f turque

collarbone ['kɒləbəʊn] n clavicule f

collarstud ['kɒləstʌd] n (Brit) bouton m de col

collate [kɒ'leɪt] vt **a** collationner (with avec)

b (Rel) nommer (to à)

collateral [kɒ'lætərəl] **1** adj **a** (= parallel) parallèle ; fact, phenomenon concomitant ; (Jur, Med) collatéral

b (= subordinate) secondaire, accessoire ; (Fin) subsidiaire ◆ **collateral security** (Fin) nantissement m

c (Mil) **collateral damage** dommages mpl de guerre

2 n **a** (Fin) nantissement m ◆ **securities lodged as collateral** titres mpl remis en nantissement

b (Jur) collatéral(e) m(f)

collateralize [kɒ'lætərəlaɪz] vt garantir par nantissement

collation [kə'leɪʃən] n collation f

colleague ['kɒliːg] → SYN n collègue mf

collect¹ ['kɒlekt] n (Rel) collecte f (prière)

collect² [kə'lekt] LANGUAGE IN USE 27.6 → SYN

1 vt **a** (= gather together, assemble) [+ valuables, wealth] accumuler, amasser ; [+ facts, information, documents] rassembler, recueillir ; [+ evidence, proof] rassembler ◆ **the collected works of Shakespeare** les œuvres fpl complètes de Shakespeare ◆ **she collected (together) a group of volunteers** elle a réuni un groupe de volontaires ◆ **the dam collects the water from the mountains** le barrage retient l'eau des montagnes ◆ **to collect one's wits** rassembler ses esprits ◆ **to collect o.s.** (= regain control of o.s.) se reprendre ; (= reflect quietly) se recueillir ◆ **to collect one's thoughts** se recueillir, se concentrer

b (= pick up) ramasser ◆ **the children collected (up) the books for the teacher** les enfants ont ramassé les livres pour le professeur ◆ **these vases collect the dust** ces vases attirent la poussière

c (= obtain) [+ money, subscriptions, signatures] recueillir ; [+ taxes, dues, fines] percevoir ; [+ rents] encaisser, toucher ◆ **collect on delivery** (US) paiement m à la livraison, livraison f contre remboursement ◆ **she collected the prize for best writer** elle a reçu le prix du meilleur écrivain

d (= take official possession of) [bus or railway company] [+ luggage etc] venir chercher (à domicile) ; [ticket collector] [+ tickets] ramasser ◆ **to collect letters** (Brit Post) faire la levée du courrier ◆ **the rubbish is collected twice a week** les ordures sont ramassées deux fois par semaine ◆ **the firm collects the empty bottles** la compagnie récupère les bouteilles vides ◆ **to collect goods/an order** (Comm) retirer des marchandises/une commande

e (as hobby) [+ stamps, antiques, coins] collectionner, faire collection de ◆ **she collects * poets/lame ducks** etc (fig) elle collectionne * les poètes/canards boiteux etc

f (= call for) [+ person] aller chercher, (passer) prendre ◆ **I'll collect you in the car/at 8 o'clock** j'irai vous chercher or je passerai vous prendre en voiture/à 8 heures ◆ **to collect one's mail/one's keys** etc (passer) prendre son courrier/ses clés etc ◆ **I'll come and collect the book this evening** je passerai prendre le livre ce soir ◆ **the bus collects the children each morning** l'autobus ramasse les enfants tous les matins

2 vi **a** [people] se rassembler, se réunir ; [things] s'amasser, s'entasser ; [dust, water] s'accumuler ◆ **a crowd had collected outside the building** une foule s'était rassemblée devant le bâtiment

b (for charity) **to collect for the injured** faire la quête or quêter pour les blessés

3 adv (US Telec) ◆ **to call collect** téléphoner en PCV

4 COMP ▷ **collect call** n (US Telec) communication f en PCV ▷ **collecting bank** adj (Fin) banque f présentatrice

collectable [kə'lektəbl] adj ◆ **a collectable antique** or **item** une pièce de collection

collected [kə'lektɪd] → SYN adj serein

collection [kə'lekʃən] → SYN **1** n **a** (= group) [of records, coins, stamps, paintings] collection f ◆ **winter/summer collection** (Fashion) collection f d'hiver/d'été

b (= anthology) [of stories, essays, songs] recueil m

c **a collection of buildings/people** (= a number of) un ensemble de bâtiments/personnes ◆ **there was a collection of books on the table** il y avait un assortiment de livres sur la table

d (= pick-up) [of goods, refuse] ramassage m ◆ **your curtains are ready for collection** vos rideaux sont prêts, vous pouvez venir les chercher

e (Brit Post) [of mail] levée f

f [of money] (for charity) collecte f ; (in church) quête f ◆ **to take the collection** faire la quête ◆ **to take a collection (for sb/sth)** faire une collecte (au profit de qn/qch or pour qn/qch)

g (NonC = act of gathering) [of taxes] perception f, collecte f, levée f ; [of rents] encaissement m ; [of information, signatures] collecte f

2 COMP ▷ **collection box** n (Rel) tronc m ▷ **collection charges** npl (Fin, Comm) frais mpl d'encaissement ▷ **collection plate** n (Rel) plateau m pour la quête ▷ **collection tin** n ⇒ **collection box**

collective [kə'lektɪv] **1** adj collectif

2 n coopérative f

3 COMP ▷ **collective agreement** n (Ind) convention f collective ▷ **collective bargaining** n (négociations fpl pour une) convention f collective de travail ▷ **collective noun** n (Ling) collectif m ▷ **collective unconscious** n (Psych) inconscient m collectif

collectively [kə'lektɪvlɪ] adv collectivement

collectivism [kə'lektɪvɪzəm] n collectivisme m

collectivist [kə'lektɪvɪst] adj, n collectiviste mf

collectivization [kəˌlektɪvaɪ'zeɪʃən] n collectivisation f

collectivize [kə'lektɪvaɪz] vt collectiviser

collector [kə'lektər] **1** n [of taxes] percepteur m ; [of dues] receveur m ; [of rent, cash] encaisseur m ; [of stamps, coins etc] collectionneur m, -euse f ; (also **ticket collector**) contrôleur m, -euse f

2 COMP ▷ **collector's item** n pièce f de collection

colleen ['kɒliːn] n jeune Irlandaise f ; (in Ireland) jeune fille f

college ['kɒlɪdʒ] **1** n **a** (= institution for higher education) établissement m d'enseignement supérieur ; (for professional training) école f professionnelle, collège m technique ; (= university) université f ◆ **College of Advanced Technology** (Brit) ≃ IUT m, ≃ Institut m universitaire de technologie ◆ **college of agriculture** institut m agronomique ◆ **college of art** école f des beaux-arts ◆ **college of domestic science** école f or centre m d'enseignement ménager ◆ **College of Education** (Brit) ≃ IUFM m, ≃ institut m universitaire de formation des maîtres ◆ **College of Further Education** (Brit) centre m de formation continue ◆ **college of music** conservatoire m de musique ◆ **to go to college** (gen) faire des études supérieures ; (specifically university) aller à l'université ◆ **college catalog(ue)** (US Univ) livret m de l'étudiant ◆ **college staff** corps m enseignant ; → **naval, teacher**

b (within a university) (Brit) collège m ; (US) faculté f

c (= club) société f ; (= learned society) académie f ◆ **College of Physicians/Surgeons** Académie f de médecine/de chirurgie ◆ **the**

collegiate / coloured

College of Cardinals le Sacré Collège ; → **electoral**
[2] COMP ▷ **college-bound** adj (US Scol) college-bound student élève mf qui se destine aux études universitaires ◆ **college-bound program** programme m de préparation aux études universitaires

---
COLLEGE

Terme désignant de façon générale un établissement d'enseignement supérieur, ou plus précisément une université. En Grande-Bretagne, un **college** peut aussi bien enseigner les arts plastiques ou la musique que préparer des brevets de technicien supérieur en coiffure ou en secrétariat.

Certaines universités, dont Oxford et Cambridge, sont organisées en **colleges**, qui sont responsables de l'organisation de l'enseignement ; la délivrance des diplômes reste la prérogative des universités.

Aux États-Unis, les universités sont administrativement divisées en **colleges**, qui correspondent à des facultés, par exemple "**College of Arts and Sciences**" et "**College of Medicine**". Les "junior **colleges**" ou "community **colleges**" sont des établissements de premier cycle universitaire, qui assurent également la formation continue des adultes salariés. Les diplômes de troisième cycle universitaire sont décernés par une "graduate school". → DEGREE; OXBRIDGE

---

collegiate [kəˈliːdʒɪɪt] [1] adj life de collège ; (Can) studies secondaire
[2] COMP ▷ **collegiate church** n collégiale f

col legno [kɒlˈlegnəʊ] adv (Mus) col legno

collenchyma [kəˈleŋkɪmə] n collenchyme m

collide [kəˈlaɪd] → SYN vi **a** (lit) [vehicles, trains, planes] entrer en collision, se heurter ; [people] se heurter ◆ **to collide with** [vehicle, train, plane] entrer en collision avec, heurter ; [person] heurter ; (Naut) aborder
b (fig) se heurter (with à), entrer en conflit (with avec)

collider [kəˈlaɪdəʳ] n collisionneur m

collie [ˈkɒlɪ] n colley m

collier [ˈkɒlɪəʳ] n **a** (= miner) mineur m
b (= ship) charbonnier m

colliery [ˈkɒlɪərɪ] n (Brit) houillère f, mine f (de charbon)

collimator [ˈkɒlɪˌmeɪtəʳ] [1] n collimateur m
[2] COMP ▷ **collimator viewfinder** n (Phot) viseur m à cadre lumineux

collision [kəˈlɪʒən] → SYN [1] n **a** (lit) collision f, heurt m ; (Rail) collision f ; (Naut) abordage m ◆ **to come into collision with** [+ car, train] entrer en collision avec, heurter ; [+ boat] aborder
b (fig) conflit m, opposition f
[2] COMP ▷ **collision course** n to be on a **collision course** (Naut etc) être sur une route de collision ; (fig) aller au-devant de l'affrontement (with avec) ▷ **collision damage waiver** n (Insurance) clause d'exclusion des dommages dus à une collision, donnant droit à une réduction des frais de contrat

collocate [ˈkɒləkət] (Ling) [1] n cooccurrent m
[2] [ˈkɒləkeɪt] vi [words] être cooccurrents ◆ **to collocate with** ... être le cooccurrent de ...

collocation [ˌkɒləˈkeɪʃən] n (Ling) collocation f

collodion [kəˈləʊdɪən] n (Med, Phot) collodion m

colloid [ˈkɒlɔɪd] n (Chem, Physiol) colloïde m

colloidal [kɒˈlɔɪdl] adj (Chem, Med) colloïdal

colloquial [kəˈləʊkwɪəl] → SYN adj familier

colloquialism [kəˈləʊkwɪəlɪzəm] n (Ling) expression f familière

colloquially [kəˈləʊkwɪəlɪ] adv familièrement, dans le langage parlé

colloquium [kəˈləʊkwɪəm] n, pl **colloquiums** or **colloquia** [kəˈləʊkwɪə] colloque m

colloquy [ˈkɒləkwɪ] n colloque m, conversation f

collotype [ˈkɒləʊˌtaɪp] n (= process) phototypie f

collude [kəˈluːd] vi s'associer (dans une affaire louche)

collusion [kəˈluːʒən] → SYN n collusion f ◆ **in collusion with** ... en complicité avec ..., de connivence avec ...

collusive [kəˈluːsɪv] adj (frm pej) collusoire (frm)

collywobbles [ˈkɒlɪˌwɒblz] npl ◆ **to have the collywobbles** (= be scared) avoir la frousse* or la trouille* ; (= have stomach trouble) avoir la chiasse⁂

Colo. abbrev of **Colorado**

colobus [ˈkɒləbəs] n (Zool) colobe m

cologarithm [kəʊˈlɒgərɪðəm] n (Math) cologarithme m

Cologne [kəˈləʊn] n **a** Cologne
b (eau de) Cologne eau f de Cologne

Colombia [kəˈlɒmbɪə] n la Colombie

Colombian [kəˈlɒmbɪən] [1] adj colombien
[2] n Colombien(ne) m(f)

colon¹ [ˈkəʊlən] n, pl **colons** or **cola** (Anat) côlon m

colon² [ˈkəʊlən] n, pl **colons** (Gram) deux-points m inv

colonel [ˈkɜːnl] n colonel m ◆ **Colonel Smith** le colonel Smith ; (on envelope) le Colonel Smith

colonial [kəˈləʊnɪəl] [1] adj **a** colonial
b (US) house en style du 18ᵉ siècle, style 18ᵉ ; → HOUSE
[2] n colonial(e) m(f)
[3] COMP ▷ **Colonial Office** n ministère m des Colonies

colonialism [kəˈləʊnɪəlɪzəm] n colonialisme m

colonialist [kəˈləʊnɪəlɪst] adj, n colonialiste mf

colonic [kəʊˈlɒnɪk] [1] adj du côlon
[2] COMP ▷ **colonic irrigation** n lavement m

colonist [ˈkɒlənɪst] → SYN n colon m (habitant etc d'une colonie)

colonitis [ˌkɒləˈnaɪtɪs] n (Med) colite f

colonization [ˌkɒlənaɪˈzeɪʃən] n colonisation f

colonize [ˈkɒlənaɪz] → SYN vt coloniser

colonized [ˈkɒlənaɪzd] adj colonisé

colonizer [ˈkɒlənaɪzəʳ] n colonisateur m, -trice f

colonnade [ˌkɒləˈneɪd] n colonnade f

colonnaded [ˌkɒləˈneɪdɪd] adj à colonnades

colonoscope [kəˈlɒnəˌskəʊp] n coloscope m

colonoscopy [ˌkɒləˈnɒskəpɪ] n (Med) coloscopie f

colony [ˈkɒlənɪ] → SYN n (all senses) colonie f ; → **leper**

colophon [ˈkɒləfən] n (= emblem) logotype m, colophon m ; (= end text in book) achevé m d'imprimer ; (= end text in manuscript) colophon m

color etc [ˈkʌləʳ] (US) ⇒ **colour**

Colorado [ˌkɒləˈrɑːdəʊ] [1] n (= state) le Colorado ◆ **in Colorado** dans le Colorado
[2] COMP ▷ **Colorado beetle** n doryphore m

colorant [ˈkʌlərənt] n (US) ⇒ **colourant**

coloration [ˌkʌləˈreɪʃən] n coloration f, coloris m ; → **protective**

coloratura [ˌkɒlərəˈtʊərə] [1] n colorature f
[2] adj voice, part de colorature

colorcast [ˈkʌləkɑːst] [1] n émission f en couleurs
[2] vt retransmettre en couleurs

colorectal [ˌkəʊləʊˈrektəl] adj colorectal

colorimeter [ˌkʌləˈrɪmɪtəʳ] n (Phys) colorimètre m

colorimetry [ˌkʌləˈrɪmətrɪ] n (Chem) colorimétrie f

colossal [kəˈlɒsl] → SYN adj (lit, fig) colossal

colossally [kəˈlɒsəlɪ] adv expensive, destructive effroyablement ; improve, increase de façon phénoménale ◆ **colossally powerful** d'une puissance colossale

colossi [kəˈlɒsaɪ] npl of **colossus**

Colossians [kəˈlɒʃənz] n Colossiens mpl

colossus [kəˈlɒsəs] n, pl **colossi** or **colossuses** colosse m ◆ **the Colossus of Rhodes** le Colosse de Rhodes

colostomy [kəˈlɒstəmɪ] [1] n colostomie f
[2] COMP ▷ **colostomy bag** n poche f pour colostomie

colostrum [kəˈlɒstrəm] n colostrum m

colour, color (US) [ˈkʌləʳ] → SYN [1] n **a** (= hue) couleur f ◆ **what colour is it?** de quelle couleur est-ce ? ◆ **there is not enough colour in it** cela manque de couleur ◆ **to change colour** changer de couleur ◆ **to take the colour out of sth** décolorer qch ; → **primary**
b (fig) **the colour of a newspaper** la couleur or les opinions fpl d'un journal ◆ **let's see the colour of your money*** fais voir la couleur de ton fric* ◆ **a symphony/a poem full of colour** une symphonie pleine/un poème plein de couleur ◆ **to give** or **lend colour to a tale** colorer un récit ◆ **to give a false colour to sth** présenter qch sous un faux jour, dénaturer qch ◆ **under (the) colour of ...** sous prétexte or couleur de ...
c (= complexion) teint m, couleur f (du visage) ◆ **to change colour** changer de couleur or de visage ◆ **to lose (one's) colour** pâlir, perdre ses couleurs ◆ **to get one's colour back** reprendre des couleurs ◆ **he looks an unhealthy colour** il a très mauvaise mine ◆ **he had gone a funny colour** il avait pris une couleur bizarre ◆ **to have a high colour** être rougeaud ; → **HIGH**
d (Art) (= pigment) matière f colorante, couleur f ; (= paint) peinture f ; (= dye) teinture f ; (= shades, tones) coloris m, couleur f ◆ **to paint sth in bright/dark colours** (lit) peindre qch de couleurs vives/sombres ; (fig) peindre qch sous de belles couleurs/sous des couleurs sombres ◆ **to see sth in its true colours** voir qch sous son vrai jour ; see also **2** ; → **local, watercolour**
e [of race] couleur f ◆ **his colour counted against him** sa couleur jouait contre lui ◆ **it is not a question of colour** ce n'est pas une question de race ◆ **people of colour** † gens mpl de couleur
[2] **colours** npl (= symbol of allegiance) couleurs fpl (d'un club, d'un parti etc) ; (Mil) couleurs fpl, drapeau m ; (Naut) couleurs fpl, pavillon m ◆ **to get** or **win one's colours** (Sport) être sélectionné pour (faire partie de) l'équipe ◆ **to salute the colours** saluer le drapeau ◆ **to fight with the colours** combattre sous les drapeaux ◆ **to stick to one's colours** rester fidèle à ses principes or à ce qu'on a dit ◆ **he showed his true colours when he said ...** il s'est révélé tel qu'il est vraiment quand il a dit ... ; → **flying, nail, troop**
[3] vt **a** (lit) (= give colour to) colorer, donner de la couleur à ; (with paint) peindre ; (with crayons etc) colorier ; (= dye) teindre ; (= tint) teinter ◆ **to colour sth red** colorer (or colorier etc) qch en rouge ◆ **to colour (in) a picture** colorier une image
b (fig) [+ story, description] colorer ; [+ facts] (= misrepresent) fausser ; (= exaggerate) exagérer ; see also **coloured 1b**
[4] vi [thing] se colorer ; [person] rougir
[5] COMP ▷ **color line** n (US) ⇒ **colour bar** ▷ **colour bar** n (Brit) discrimination f raciale ▷ **colour-blind** adj daltonien ; (fig = non-discriminatory) sans discrimination raciale ▷ **colour blindness** n daltonisme m, achromatopsie f ▷ **colour camera** n (TV) caméra f couleur inv ▷ **colour code** n code m couleurs ▷ **colour-code** vt codifier par couleurs ▷ **colour film** n (for camera) pellicule f couleur(s) ; (for movie camera; in cinema) film m en couleur(s) ▷ **colour filter** n (Phot) filtre m coloré ▷ **colour photograph** n photo f en couleur(s) ▷ **colour photography** n photographie f en couleur(s) ▷ **colour printer** n imprimante f couleur ▷ **colour scheme** n combinaison f de(s) couleurs ◆ **to choose a colour scheme** assortir les couleurs or les tons ▷ **colour sergeant** n (Brit Mil) ≈ sergent-chef m ▷ **colour slide** n diapositive f en couleur(s) ▷ **colour supplement** n (Brit Press) supplément m illustré ▷ **colour television** n télévision f en couleur(s)

colourant [ˈkʌlərənt] n (Brit) colorant m

coloured, colored (US) [ˈkʌləd] [1] adj **a** (= not black or white) glass, water coloré ; chalk, pencil, bead de couleur ; picture, photo, television en couleur(s) ; fabric, garment de couleur ; drawing colorié ◆ **to be coloured pink/blue** être coloré en rose/en bleu ◆ **brightly coloured**

aux couleurs vives ◆ **coffee-coloured** couleur café inv ◆ **gold-coloured** doré ◆ **mauve-coloured** (de couleur) mauve ◆ **muddy-coloured** couleur de boue ◆ **a straw-coloured hat** un chapeau couleur paille

b (= exaggerated) **a highly coloured tale** un récit enjolivé

c † personne de couleur

d (in South Africa) personne métisse (métisse f)

2 **coloureds** † npl (US, Brit) personnes fpl de couleur; (in South Africa) métis mpl; → **cape²**

colourfast, colorfast (US) ['kʌləfɑːst] adj grand teint inv

colourfastness [ˌkʌləˈfɑːstnɪs] n ◆ **to test or check for colourfastness** vérifier si les couleurs résistent au lavage

colourful, colorful (US) ['kʌləfʊl] → SYN adj **a** (= bright) flowers, clothes, poster, design aux couleurs vives

b (= exciting) story, account, history, character, figure pittoresque, haut en couleur

c (euph = immoral) past, career, background mouvementé

d (euph = vulgar) language très libre

colourfully, colorfully (US) ['kʌləfʊlɪ] adv **a** (= brightly) dressed, painted, decorated de couleurs vives

b (= excitingly) describe dans un style pittoresque or haut en couleur

c (euph = vulgarly) swear, call d'une manière expressive

colouring, coloring (US) ['kʌlərɪŋ] **1** n **a** (= complexion) teint m ◆ **high colouring** teint m coloré

b (NonC) coloration f; [of drawings etc] coloriage m; (fig) [of news, facts etc] travestissement m, dénaturation f

c (= hue) coloris m, coloration f

d (in food) colorant m (alimentaire)

2 COMP ▷ **colouring book** n album m à colorier

colourist, colorist (US) ['kʌlərɪst] n (Phot) chromiste mf

colourization, colorization (US) [ˌkʌlərai'zeiʃən] n (Cine) colorisation f

colourize, colorize (US) ['kʌləraiz] vt (Cine) coloriser

colourless, colorless (US) ['kʌləlis] → SYN adj (lit) sans couleur, incolore; (fig) terne, fade

colourway ['kʌləwei] n (Brit) coloris m

colposcope ['kɒlpəskəup] n (Med) colposcope m

colt [kəʊlt] n **a** (Zool) poulain m; (fig = youth) petit jeune m (pej), novice m

b **Colt** ® (= pistol) colt m

colter ['kəʊltər] n (US Agr) coutre m

coltish ['kəʊltɪʃ] adj (= frisky) guilleret, folâtre; (= inexperienced) jeunet, inexpérimenté

coltsfoot ['kəʊltsfʊt] n, pl **coltsfoots** (Bot) pas-d'âne m inv, tussilage m

colugo [kəˈluːgəʊ] n galéopithèque m

Columbia [kəˈlʌmbɪə] n (US) ◆ **(District of) Columbia** (le district fédéral de) Columbia; → **British**

Columbine ['kɒləmbain] n (Theat) Colombine f

columbine ['kɒləmbain] n ancolie f

Columbus [kəˈlʌmbəs] **1** n ◆ **(Christopher) Columbus** Christophe Colomb m

2 COMP ▷ **Columbus Day** n (US) jour férié le deuxième lundi d'octobre, commémorant la découverte de l'Amérique par Christophe Colomb

column ['kɒləm] → SYN **1** n (all senses) colonne f; → **fifth**

2 COMP ▷ **column inch** n dans un journal, espace de 2,5 centimètres sur la largeur d'une colonne

columnist ['kɒləmnist] → SYN n (Press) chroniqueur m, échotier m, -ière f

colure [kəˈlʊər] n (Astron) colure m

colza ['kɒlzə] n (Bot, Agr) colza m

coma ['kəʊmə] → SYN n coma m ◆ **in a coma** dans le coma

comatose ['kəʊmətəʊs] → SYN adj comateux

comb [kəʊm] **1** n **a** (= large-toothed) démêloir m ◆ **to run a comb through one's hair, to give one's hair a comb** se donner un coup de peigne, se peigner

b (for horse) étrille f; (Tech: for wool etc) peigne m, carde f; (Elec) balai m

c [of fowl] crête f; [of helmet] cimier m

d (= honeycomb) rayon m de miel

2 vt **a** peigner; (Tech) peigner, carder; [+ horse] étriller ◆ **to comb one's hair** se peigner ◆ **to comb sb's hair** peigner qn

b (fig = search) [+ area, hills, town] fouiller, ratisser ◆ **he combed (through) the papers looking for evidence** il a dépouillé le dossier à la recherche d'une preuve

3 COMP ▷ **comb-over** * n mèche rabattue sur un crâne chauve

▶ **comb out** vt sep [+ hair] peigner, démêler ◆ **they combed out the useless members of the staff** on a passé le personnel au peigne fin et éliminé les incapables

combat ['kɒmbæt] → SYN **1** n combat m; → **close¹, unarmed**

2 vt (lit, fig) combattre, lutter contre

3 vi combattre, lutter (for pour; with, against contre)

4 COMP ▷ **combat car** n (véhicule m) blindé m léger de campagne ▷ **combat duty** n on **combat duty** en service commandé ▷ **combat fatigue** n psychose f traumatique (du soldat) ▷ **combat jacket** n veste f de treillis ▷ **combat knife** n, pl **combat knives** poignard m ▷ **combat neurosis** n ⇒ **combat fatigue** ▷ **combat troops** npl troupes fpl de combat ▷ **combat trousers** npl treillis m ▷ **combat zone** n zone f de combat

combatant ['kɒmbətənt] → SYN adj, n combattant(e) m(f)

combative ['kɒmbətɪv] adj combatif

combe [kuːm] n ⇒ **coomb**

comber ['kəʊmər] n (= fish) serran m, perche f de mer

combination [ˌkɒmbɪ'neɪʃən] → SYN **1** n (gen, Chem, Math: also of lock) combinaison f; [of people] association f, coalition f; [of events] concours m; [of interests] coalition f ◆ **(motorcycle) combination** (Brit Aut) side-car m

2 **combinations** npl (= undergarment) combinaison-culotte f (de femme)

3 COMP ▷ **combination lock** n serrure f à combinaison ▷ **combination sandwich** n (US) gros sandwich m mixte ▷ **combination therapy** n thérapie f combinée

combinational [ˌkɒmbɪ'neɪʃənl] adj combinatoire

combine [kəm'bain] → SYN **1** vt combiner (with avec), joindre (with à); (Chem) combiner ◆ **he combined generosity with discretion** il alliait la générosité à la discrétion ◆ **they combined forces/efforts** ils ont uni or joint leurs forces/efforts ◆ **to combine business with pleasure** mélanger le travail et l'agrément, joindre l'utile à l'agréable

2 vi s'unir, s'associer; [parties] fusionner; [workers] s'associer; (Chem) se combiner; (fig) se liguer (against contre); [events] concourir (to do sth à faire qch)

3 ['kɒmbain] **a** association f; (Comm, Fin) trust m, cartel m; (Jur) corporation f

b (also **combine harvester**) moissonneuse-batteuse f

4 COMP ▷ **combining form** n (Ling) élément m de mot

combined [kəm'baind] **1** adj **a** (= mixed) **combined with** conjugué à or avec

b (= joint) efforts conjugué, combiné

c (= total) salaries joint ◆ **combined assets** capital m commun ◆ **their combined wealth** leurs fortunes réunies

d **combined clock and radio** radio-réveil m

2 COMP ▷ **combined forces** npl (Mil) forces f alliées ▷ **combined honours** n (Brit Univ) **to do combined honours** faire un double cursus ▷ **combined operation** n (Mil) opération f combinée

combo * ['kɒmbəʊ] n (Mus) petite formation f musicale

combustible [kəm'bʌstibl] adj material combustible; (fig) situation, atmosphere explosif, critique

combustion [kəm'bʌstʃən] **1** n combustion f; → **internal, spontaneous**

2 COMP ▷ **combustion chamber** n (Aut) chambre f d'explosion

---

come [kʌm]
vb : pret **came**, ptp **come**

→ SYN

1 INTRANSITIVE VERB **3** NOUN
2 TRANSITIVE VERB **4** COMPOUNDS
 5 PHRASAL VERBS

1 INTRANSITIVE VERB

a venir; (= arrive) venir, arriver ◆ **come here** venez ici ◆ **no one has come** personne n'est venu ◆ **come and see me soon, come see me soon** (US) venez me voir bientôt ◆ **he has come to mend the television** il est venu réparer la télévision ◆ **the time will come when ...** un jour viendra où ..., il viendra un temps où ... ◆ **he has come a long way** (lit) il est venu de loin; (fig = made great progress) il a fait du chemin ◆ **help came in time** les secours sont arrivés à temps ◆ **when did he come?** quand est-il arrivé? ◆ **to come home** rentrer (chez soi ou à la maison) ◆ **coming!** j'arrive! ◆ **come, come!, come now!** allons!, voyons! ◆ **when your turn comes** quand ce sera (à) votre tour, quand votre tour viendra ◆ **she is coming** * **six** elle va sur ses six ans, elle va avoir six ans ◆ **she had it coming to her** * elle l'a or l'avait (bien) cherché ◆ **he got what was coming to him** il n'a eu que ce qu'il méritait ◆ **come again?** * comment?, pardon? ◆ **I don't know whether I'm coming or going** je ne sais plus où donner de la tête

♦ **to come** + preposition ◆ **you go on, I'll come after (you)** allez-y, je vous suis ◆ **the rain came closely after the thunderclap** la pluie a suivi de près le coup de tonnerre ◆ **it came as a shock to him** cela lui a fait un choc ◆ **it came as a surprise to him** cela l'a (beaucoup) surpris ◆ **to come before sb/sth** venir avant qn/qch ◆ **to come before a judge** (Jur) [accused] comparaître devant un juge; [case] être entendu par un juge ◆ **to come behind sb/sth** suivre qn/qch ◆ **to come between two people** (fig) (= cause trouble) (venir) se mettre entre deux personnes ◆ **to come for sb/sth** venir chercher or venir prendre qn/qch ◆ **he has come from Edinburgh** il est venu d'Édimbourg ◆ **he has just come from Edinburgh** il arrive d'Édimbourg ◆ **to come from** (fig) (= originate from) [person] venir de, être originaire or natif de; [object, commodity] provenir or venir de ◆ **he comes from a very poor family** il vient or il est issu d'une famille très pauvre ◆ **it came into my head that ...** il m'est venu à l'esprit que ... ◆ **to come into sight** apparaître, devenir visible ◆ **they came to a town** ils sont arrivés à une ville, ils ont atteint une ville ◆ **to come to a decision** parvenir à or prendre une décision ◆ **to come to an end** toucher à sa fin ◆ **to come to the throne** monter sur le trône ◆ **so it has come to this!** nous en sommes donc là! ◆ **if it comes to that, you shouldn't have done it either** à ce compte-là or à ce moment-là ◆ * **tu n'aurais pas dû le faire non plus** ◆ **if it comes to that, why did you go?** dans ce cas-là ou à ce moment-là, pourquoi y es-tu allé? ◆ **when it comes to mathematics, no one can beat her** pour ce qui est des mathématiques, elle est imbattable ◆ **come with me** venez avec moi; → **agreement, bloom, blossom, blow², effect, grief**

♦ **to come** + -ing ◆ **to come running/shouting** etc arriver en courant/en criant etc ◆ **to come hurrying** arriver en toute hâte

♦ **to come** + infinitive (= be finally in a position to) en venir à, finir par ◆ **I have come to believe him** j'en suis venu à le croire ◆ **he came to admit he was wrong** il a fini par reconnaître qu'il avait tort ◆ **now I come to think of it** réflexion faite, quand j'y songe ◆ **it came to pass that ...** (liter) il advint que ... (liter)

♦ **to come** + adverb/adjective ◆ **to come apart** (= come off) se détacher; (= come unstuck) se décoller; (= fall to pieces) tomber en morceaux ◆ **it came apart in my hands** ça s'est cassé tout seul ◆ **all the other candidates came far behind** tous les autres candidats sont arrivés loin derrière ◆ **everything came right in the end** tout s'est arrangé à la fin ◆ **his dreams came true** ses rêves se sont réalisés ◆ **to come undone** se défaire, se dénouer; → **clean, loose, naturally, unstick**

come / come

- to come and go aller et venir ◆ they were coming and going all day ils n'ont fait qu'aller et venir toute la journée ◆ the pain comes and goes la douleur est intermittente
- ... come ◆ the life to come la vie future ◆ the years to come les années fpl à venir ◆ in time to come à l'avenir
- come + day, month ◆ I've known him for three years come January cela fera trois ans en janvier que je le connais ◆ she will be six come August elle aura six ans au mois d'août ou en août ◆ a week come Monday il y aura huit jours lundi

b = have one's place venir, se trouver, être placé ◆ May comes before June mai vient avant ou précède juin ◆ July comes after June juillet vient après ou suit juin ◆ this passage comes on page 10 ce passage se trouve à la page 10 ◆ the adjective must come before the noun l'adjectif doit être placé devant ou précéder le substantif ◆ a princess comes before a duchess une princesse prend le pas ou a la préséance sur une duchesse

c = happen arriver (*to* à), se produire ◆ no harm will come to him il ne lui arrivera rien de mal ◆ economic recovery came slowly la reprise économique a été lente ◆ how do you come to be so late? comment se fait-il que vous soyiez si en retard ? ◆ come what may quoi qu'il arrive (subj)

- to come of sth ◆ nothing came of it il n'en est rien résulté ◆ that's what comes of not doing as you're told! voilà ce que c'est que de désobéir !, voilà ce qui arrive quand on désobéit ! ◆ no good will come of it ça ne mènera à rien de bon, il n'en sortira rien de bon
- how come ? * comment ça se fait ? * ◆ how come you can't find it? * comment se fait-il que tu n'arrives (subj) pas à le trouver ?

d = be available this dress comes in three sizes cette robe existe ou se fait en trois tailles ◆ she's as clever as they come * elle est futée comme pas une * ◆ how do you like your tea? – as it comes comment voulez-vous votre thé ? – peu importe ou ça m'est égal

e ⁎ = reach orgasm jouir

[2] TRANSITIVE VERB

- that's coming it a bit strong!⁎ faut pas pousser !⁎, ça, c'est un peu fort ! ; → **game**, **innocent**

[3] NOUN

⁎ = semen foutre⁎ m

[4] COMPOUNDS

▷ **come-at-able** adj accessible ▷ **come-hither** * adj she gave him a come-hither look elle lui a lancé un regard aguichant ▷ **come-on** * n (gen = lure) attrape-nigaud m, truc * ◆ to give sb the come-on (sexual) provoquer qn, allumer * qn ▷ **come-to-bed eyes** * npl she has come-to-bed eyes elle a un regard provocant ou aguicheur

[5] PHRASAL VERBS

▶ **come about** vi **a** (impers = happen) se faire (impers + que + subj), arriver, se produire ◆ how does it come about that you are here? comment se fait-il que vous soyez ici ? ◆ this is why it came about voilà pourquoi c'est arrivé ou cela s'est produit

b (Naut) [wind] tourner, changer de direction

▶ **come across** [1] vi **a** (= cross) traverser

b he comes across as an honest man il donne l'impression d'être un honnête homme ◆ his speech came across very well son discours a fait bonne impression ◆ his speech came across very badly son discours n'a pas fait d'effet ou n'a pas passé la rampe ◆ despite his attempts to hide them, his true feelings came across quite clearly malgré ses efforts pour les cacher, ses vrais sentiments se faisaient nettement sentir

c (US * = keep promise etc) s'exécuter, tenir parole

[2] vt fus (= find or meet by chance) [+ thing] trouver par hasard, tomber sur ; [+ person] rencontrer par hasard, tomber sur ◆ if you come across my watch ... si vous tombez sur ma montre ...

▶ **come across with** * vt fus [+ money] se fendre de *, y aller de ; [+ information] donner, vendre ◆ he came across with £10 il s'est fendu * de 10 livres ◆ the criminal came across with the names of his accomplices le criminel a donné * ses complices

▶ **come along** vi **a** (imper only) come along! (impatiently) allons or voyons, dépêchez-vous ! ; (in friendly tone) (allez,) venez !

b (= accompany) venir, suivre ◆ could my sister come along as well? est-ce que ma sœur peut venir aussi ? ◆ why don't you come along? pourquoi ne viendrais-tu pas ? ◆ come along with me venez avec moi, suivez-moi

c (= arrive by chance) it was lucky you came along c'est une chance que vous soyiez venu ◆ he waited a long time for the perfect job to come along il a attendu longtemps avant que l'emploi idéal ne se présente (subj)

d (= progress) avancer, faire des progrès ; [plants, children] pousser ; [plans] avancer ◆ he's coming along in French il fait des progrès en français ◆ how is your broken arm? – it's coming along quite well comment va votre bras cassé ? – il ou ça se remet bien ◆ my book isn't coming along at all well mon livre n'avance pas bien

▶ **come around** vi ⇒ come round

▶ **come at** vt fus attaquer ◆ he came at me with an axe il s'est jeté sur moi en brandissant une hache

▶ **come away** vi **a** (= leave) partir, s'en aller ◆ she had to come away before the end elle a dû partir avant la fin ◆ come away from there! venez de là !, écartez-toi de là !

b (= become detached) [button etc] se détacher, partir ◆ it came away in my hands cela m'est resté dans les mains

▶ **come back** vi [person] revenir ; [fashion] revenir à la mode ◆ he came back two hours later il est revenu deux heures plus tard ◆ he came back strongly into the game (Sport) il est revenu en force dans le jeu ◆ I asked her to come back with me je lui ai demandé de me raccompagner ◆ to come back to what I was saying ... pour en revenir à ce que je disais ... ◆ I'll come back to you on that one * nous en reparlerons (plus tard) ◆ his face/name is coming back to me son visage/son nom me revient (à la mémoire ou à l'esprit)

▶ **come back with** vt fus répondre par ◆ when accused, he came back with a counter-accusation quand on l'a accusé, il a répondu par une contre-accusation

▶ **come by** [1] vi passer (par là) ◆ he came by yesterday and told us il est venu ou passé (par là) hier et nous l'a raconté

[2] vt fus (= obtain) [+ object] obtenir, se procurer ; [+ idea, opinion] se faire ◆ how did you come by that book? comment vous êtes-vous procuré ce livre ?

▶ **come down** vi **a** (from ladder, stairs) descendre (*from* de) ; (from mountain) descendre, faire la descente (*from* de) ; [aircraft] descendre ◆ come down from there at once ! descends de là tout de suite ! ◆ to come down in the world (fig) descendre dans l'échelle sociale, déchoir ◆ her hair comes down to her shoulders ses cheveux lui descendent jusqu'aux épaules ou lui tombent sur les épaules ◆ to come down (strongly) for or in favour of or on the side of sth (fig) prendre (fermement) position en faveur de qch ◆ he came down on the side of the President il s'est rangé du côté du président, il a pris parti pour le président

b the problem comes down to money le problème se résume à ou se réduit à une question d'argent ◆ it all comes down to the fact that people are very dependent on their cars tout le problème réside dans le fait que les gens ne peuvent pas se passer de leurs voitures ◆ when it comes down to it, are we really free to speak our mind? au fond, sommes-nous vraiment libres de dire ce que nous pensons ?

c [buildings etc] (= be demolished) être démoli, être abattu ; (= fall down) s'écrouler

d (= drop) [prices] baisser ◆ if you buy three, the price comes down to £2 si vous en achetez trois, le prix est ramené à 2 livres

e (= be transmitted) [tradition etc] être transmis (de père en fils)

▶ **come down on** vt fus **a** (= punish) punir ; (= rebuke) s'en prendre à ◆ he came down on me like a ton of bricks * il m'est tombé dessus à bras raccourcis

b they came down on me * for a subscription ils m'ont mis le grappin dessus * pour que je souscrive

▶ **come down with** vt fus **a** (= become ill from) attraper ◆ to come down with flu attraper une grippe

b (* = pay out) allonger⁎

▶ **come forward** vi se présenter (*as* comme) ◆ several witnesses have come forward plusieurs personnes se sont présentées comme témoins ◆ who will come forward as a candidate? qui va se présenter comme candidat or se porter candidat ? ◆ after the burglary, his neighbours came forward with help/money après le cambriolage, ses voisins ont offert de l'aider/lui ont offert de l'argent ◆ to come forward with a suggestion faire une suggestion ◆ to come forward with an answer suggérer une réponse

▶ **come in** vi **a** [person] entrer ; [train, plane etc] arriver ; [tide] monter ◆ reports are now coming in of a terrorist attack des informations nous parviennent selon lesquelles il y aurait eu un attentat terroriste ◆ when or where do I come in? (fig) quand est-ce que j'entre en jeu, moi ? ◆ where does your brother come in? (= how is he involved?) qu'est-ce que ton frère a à voir là-dedans ? ; (= what's to be done with him?) qu'est-ce qu'on fait de ton frère là-dedans ?, qu'est-ce que ton frère devient là-dedans ? ◆ this is where we came in! (fig) nous sommes revenus à la case départ !

b [fashion] devenir à la mode

c (in a race) arriver ◆ he came in fourth il est arrivé quatrième ◆ he came in first in geography (Scol) il a eu la meilleure note en géographie, il a été premier en géographie

d (Pol) (= be elected to power) être élu, arriver au pouvoir ◆ the socialists came in at the last election les socialistes sont arrivés au pouvoir aux dernières élections

e he has £20,000 coming in every year il touche or encaisse 20 000 livres chaque année ◆ if I'm not working my pay won't be coming in si je ne travaille pas, je ne toucherai pas ma paie ◆ we have no money coming in at the moment nous n'avons aucune rentrée d'argent en ce moment

f to come in handy or useful avoir son utilité, venir à propos ◆ to come in handy or useful for sth servir à qch, être commode pour qch

▶ **come in for** vt fus (= receive) [+ criticism] être l'objet de, subir, être en butte à ; [+ reproach] subir ; [+ praise] recevoir

▶ **come into** vt fus **a** (= inherit) hériter de, entrer en possession de ◆ to come into some money (gen) recevoir une somme d'argent ; (by inheritance) hériter (d'une somme d'argent) ◆ to come into one's own (fig) se réaliser, trouver sa voie

b (= play a role) logic doesn't really come into it la logique n'a pas grand-chose à voir là-dedans

▶ **come near to** vt fus ◆ to come near to doing faillir faire, être à deux doigts de faire ◆ I came near to telling him everything pour un peu je lui aurais tout dit, j'étais à deux doigts de tout lui dire ◆ he came near to (committing) suicide il a été à deux doigts de se suicider

▶ **come off** [1] vi **a** [button] se détacher, se découdre ; [stains, marks] s'enlever, partir

b (= take place) avoir lieu, se produire ◆ her wedding did not come off after all son mariage n'a finalement pas eu lieu

c (= succeed) [plan] se réaliser ; [attempt, experiment] réussir

d (= acquit o.s.) s'en tirer, s'en sortir ◆ he came off well by comparison with his brother il s'en est très bien tiré en comparaison de son frère ◆ to come off best gagner

e (Theat) [actor] sortir de scène ; [play] s'arrêter, cesser d'être donné

f (✱ = reach orgasm) venir✱, jouir

2 vt fus **a button came off his coat** un bouton s'est détaché or décousu de son manteau ◆ **he came off his bike** il est tombé de son vélo ◆ **to come off the gold standard** (Fin) abandonner l'étalon-or

b [+ drugs, medication] arrêter

c come off it!✱ et puis quoi encore?, à d'autres!

▶ **come on** **1** vi **a** (= follow) suivre; (= continue to advance) continuer d'avancer

b (imper only) **come on, try again!** allons or allez, encore un effort!

c (= progress, develop) faire des progrès, avancer ◆ **how are your lettuces/plans coming on?** où en sont vos laitues/vos projets? ◆ **my lettuces are coming on nicely** mes laitues poussent bien ◆ **my plans are coming on nicely** mes plans avancent ◆ **how are the children? – they are coming on** comment vont les enfants? — ils poussent bien or ça pousse!✱

d (= start) [night] tomber; [illness] se déclarer; [storm] survenir, éclater; [seasons] arriver ◆ **it came on to rain, the rain came on** il s'est mis à pleuvoir ◆ **I feel a cold coming on** je sens que je m'enrhume

e (= arise for discussion or judgement) [subject] être soulevé, être mis sur le tapis; [question] être posé ◆ **his case comes on this afternoon** (Jur) son affaire viendra devant le juge cet après-midi

f (Theat) [actor] entrer en scène; [play] être joué or représenté or donné ◆ **"Hamlet" is coming on next week** on donne "Hamlet" la semaine prochaine

g (US fig) **he came on quite sincere** il a donné l'impression d'être tout à fait sincère ◆ **he came on as a fine man** il a fait l'effet d'être un homme bien

2 vt fus ⇒ **come upon**

▶ **come on to** vt fus **a** (= start discussing) [+ question, topic, issue] aborder ◆ **I'll come on to that in a moment** j'aborderai cela dans un moment

b (sexually) **to come on to sb**✱ draguer qn✱

▶ **come out** vi **a** (gen) sortir (of de); [sun, stars] paraître, se montrer; [flower] pousser, sortir; [spots, rash] sortir; [secret, news] être divulgué or révélé; [truth] se faire jour; [book, magazine] paraître, sortir, être publié; [film] sortir; (Scol etc: in exams) se classer; [qualities] se manifester, se révéler, se faire remarquer; [stain] s'en aller, partir; [dye, colour] (= run) déteindre; (= fade) passer, se faner; [Math] [problem] se résoudre; [division etc] tomber juste ◆ **he came out third in French** il s'est classé or il est troisième en français

b to come out well être réussi ◆ **this photo didn't come out well** cette photo n'a rien donné or n'est pas réussie ◆ **the photo came out well** la photo est réussie or est très bonne ◆ **you always come out well in photos** tu es toujours très bien sur les photos, tu es très photogénique

c (with preposition) **the total comes out at** or **to 500** le total s'élève à 500 ◆ **to come out in a rash** (Med) avoir une éruption ◆ **to come out for/against sth** (fig) se déclarer ouvertement pour/contre qch, prendre position pour/contre qch ◆ **to come out of o.s.** sortir de sa coquille or réserve (fig)

d (Brit Ind: also **to come out on strike**) se mettre en grève, faire grève

e (homosexual; also **to come out of the closet**) se déclarer ouvertement homosexuel ◆ **she came out as a lesbian** elle s'est ouvertement déclarée lesbienne

f (= go into society) faire ses débuts dans le monde

g (= result from) **come out of** être né de

▶ **come out with** ✱ vt fus (= say) sortir✱, dire ◆ **you never know what she's going to come out with next** on ne sait jamais ce qu'elle va sortir✱ or dire ◆ **come out with it!** dis ce que tu as à dire!, accouche!✱

▶ **come over** **1** vi **a** (lit) venir ◆ **he came over to England for a few months** il est venu passer quelques mois en Angleterre ◆ **his family came over with the Normans** sa famille s'est installée ici du temps des Normands ◆ **he came over to our side** (fig) il est passé de notre côté ◆ **he came over to our way of thinking** il s'est rangé à notre avis

b (✱ = feel suddenly) **to come over giddy** or **funny** se sentir mal tout d'un coup, se sentir tout chose✱ ◆ **she came over faint** elle a failli s'évanouir or tourner de l'œil✱ ◆ **she came over all shy** tout à coup la timidité la saisit or elle fut prise de timidité

c (= make impression) **he came over well in his speech** son discours l'a bien mis en valeur ◆ **his speech came over well** son discours a fait bonne impression ◆ **he came over as a fine politician** il a donné l'impression d'être un bon homme politique

2 vt fus [influences, feelings] [+ person] saisir, s'emparer de ◆ **a feeling of shyness came over her** la timidité la saisit, elle fut saisie de timidité ◆ **a sudden change came over him** un changement soudain s'est fait jour en lui ◆ **I don't know what came over her to speak like that!** je ne sais pas ce qui lui a pris de parler comme ça! ◆ **what's come over you?** qu'est-ce qui vous prend?

▶ **come round** vi **a** faire le tour or un détour ◆ **the road was blocked and we had to come round by the farm** la route était bloquée et nous avons dû faire un détour par la ferme

b (= drop in) venir, passer ◆ **do come round and see me one evening** passez me voir un de ces soirs

c (= recur regularly) revenir périodiquement ◆ **your birthday will soon come round again** ce sera bientôt à nouveau ton anniversaire

d (= change one's mind) changer d'avis ◆ **perhaps in time she will come round** peut-être qu'elle changera d'avis avec le temps ◆ **he came round to our way of thinking in the end** il a fini par se ranger à notre avis

e (= regain consciousness) revenir à soi, reprendre connaissance; (= get better) se rétablir, se remettre (after à)

f (= throw off bad mood etc) se radoucir, redevenir aimable ◆ **leave her alone, she'll soon come round** laissez-la tranquille, elle reviendra bientôt à d'autres sentiments

g [boat] venir au vent

▶ **come through** **1** vi **a** (= cope) s'en tirer, s'en sortir

b (= arrive) **reports of fighting are coming through** on raconte qu'il y a des combats ◆ **his divorce has come through** son divorce a été prononcé ◆ **the call came through** (Telec) on a reçu or eu la communication

c **what came through most was her enthusiasm for the project** ce qui ressortait surtout or ce qui était frappant, c'était son enthousiasme pour le projet

d **she came through for us** elle nous a donné satisfaction ◆ **they came through on their promises** ils ont respecté leurs promesses, ils ont tenu parole

2 vt fus (= survive) [+ illness, danger, war] survivre à

▶ **come through with** vt fus (US) ⇒ **come up with**

▶ **come to** **1** vi **a** (= regain consciousness) revenir à soi, reprendre connaissance

b (Naut) (= stop) s'arrêter

2 vt fus [cost, sum] revenir à, se monter à ◆ **how much does it come to?** cela fait combien?, cela se monte à combien? ◆ **it comes to £20** ça fait 20 livres en tout ◆ **it comes to much less per metre if you buy a lot** cela revient beaucoup moins cher le mètre si vous en achetez beaucoup ◆ **it comes to the same thing** (fig) ça revient au même or à la même chose ◆ **he will never come to much** (fig) il ne sera or fera jamais grand-chose

▶ **come together** vi (= assemble) se rassembler; (= meet) se rencontrer ◆ **to come together again** (fig) se réconcilier

▶ **come under** vt fus **a** (= be subjected to) [+ sb's influence, domination] tomber sous, subir; [+ attack, criticism] être l'objet de, essuyer

b (= be classified under) être classé sous ◆ **that comes under "towns"** c'est classé or cela se trouve sous la rubrique "villes" ◆ **this comes under another department** (Admin, Comm) c'est du ressort or de la compétence d'un autre service

▶ **come up** vi **a** monter ◆ **do you come up to York often?** est-ce que vous venez or montez souvent à York? ◆ **he came up to me** il s'est approché de moi, il est venu vers moi ◆ **he came up to me with a smile** il m'a abordé en souriant ◆ **he came up to Oxford last year** (Brit) il est entré à (l'université d')Oxford l'année dernière ◆ **"coming up!"** (in restaurant) "ça marche!"✱ ◆ **he has come up in the world** (fig) il a grimpé les échelons

b (Jur) [accused] comparaître (before devant); [case] être entendu (before par)

c [plant] sortir, pointer ◆ **the tulips haven't come up yet** les tulipes ne sont pas encore sorties

d [sun] se lever

e (= arise) [matter for discussion] être soulevé, être mis sur le tapis; [question] être posé, être soulevé ◆ **the question of a subsidy came up** la question d'une subvention s'est posée or a été soulevée ◆ **I'm afraid something's come up** malheureusement j'ai un empêchement

f [job, vacancy] se présenter

▶ **come up against** vt fus se heurter (fig) à or contre ◆ **he came up against total opposition to his plans** il s'est heurté à une opposition radicale à ses projets ◆ **to come up against sb** entrer en conflit avec qn

▶ **come upon** vt fus (= find or meet by chance) [+ object] trouver par hasard, tomber sur; [+ person] rencontrer par hasard, tomber sur

▶ **come up to** vt fus **a** (= reach up to) s'élever jusqu'à, arriver à ◆ **the water came up to his knees** l'eau lui montait or arrivait jusqu'aux genoux ◆ **my son comes up to my shoulder** mon fils m'arrive à l'épaule ◆ **it's just coming up to five minutes to six** il est presque six heures moins cinq

b (= equal) répondre à ◆ **to come up to sb's hopes** réaliser les or répondre aux espoirs de qn ◆ **his work has not come up to our expectations** son travail n'a pas répondu à notre attente

▶ **come up with** vt fus [+ object, money, funds] fournir; [+ idea, plan] proposer, suggérer ◆ **she comes up with some good ideas** elle propose or suggère de bonnes idées

▬▬▬▬▬▬▬▬▬▬▬▬▬▬▬▬▬▬

comeback ['kʌmbæk] → SYN n (Theat etc) retour m, rentrée f; (= response) réplique f; (= redress) recours m ◆ **to make** or **stage a comeback** (Theat) faire une rentrée; (fig) faire un come-back

Comecon ['kɒmɪˌkɒn] n (formerly) (abbrev of **Council for Mutual Economic Aid**) COMECON m

comedian [kə'miːdɪən] → SYN n **a** (Theat) [of variety] comique m; [of plays] comédien m; (fig) comique m

b († † = author) auteur m de comédies

comedic [kə'miːdɪk] adj (frm) moment, incident, performer de comédie

comedienne [kəˌmiːdɪ'en] n (Theat) [of variety] actrice f comique; [of plays] comédienne f

comedo ['kɒmɪdəʊ] n, pl **comedos** or **comedones** [ˌkɒmɪ'dəʊniːz] (Med) comédon m

comedown✱ ['kʌmdaʊn] → SYN n dégringolade✱ f, déchéance f ◆ **it was rather a comedown for him to have to work for his brother** c'était assez humiliant pour lui de devoir travailler pour son frère

comedy ['kɒmɪdɪ] → SYN n (= play: also fig) comédie f; (NonC = style of play) la comédie, le genre comique ◆ **"The Comedy of Errors"** "La Comédie des Méprises" ◆ **comedy of manners** comédie f de mœurs ◆ **high comedy** haute comédie f ◆ **low comedy** farce f ◆ **cut (out) the comedy!**✱ (fig) pas de comédie!; → **musical**

comeliness ['kʌmlɪnɪs] n (liter) beauté f

comely ['kʌmlɪ] adj (liter = beautiful) beau (belle f); († † = proper) bienséant

comer ['kʌməʳ] n (gen in compounds) arrivant(e) m(f) ◆ **open to all comers** ouvert à tout venant or à tous ◆ **the first comer** le premier venu, le premier arrivant; → **latecomer**, **newcomer**

comestible † [kə'mestɪbl] **1** adj comestible

comet / commend

2 n (gen pl) ◆ **comestibles** denrées fpl comestibles, comestibles mpl

comet ['kɒmɪt] n comète f

cometary ['kɒmɪtrɪ], **cometic** [kɒ'metɪk] adj cométaire

comeuppance * [ˌkʌm'ʌpəns] n ◆ **to get one's comeuppance** recevoir ce qu'on mérite ◆ **he got his comeuppance** il a échoué (or perdu etc) et il ne l'a pas volé * or et il l'a bien cherché

comfit ['kʌmfɪt] n dragée f

comfort ['kʌmfət] → SYN **1** n **a** (= well-being) confort m, bien-être m ◆ **he has always been used to comfort** il a toujours eu tout le or son confort ◆ **to live in comfort** vivre dans l'aisance or à l'aise ◆ **comforts** (= material goods) aises fpl, commodités fpl (de la vie) ◆ **every (modern) comfort** tout le confort moderne ◆ **he likes his comforts** il aime ses aises ◆ **he has never lacked comforts** il n'a jamais manqué des choses matérielles
b (= consolation) consolation f, réconfort m ◆ **to take comfort from sth** trouver du réconfort or une consolation à or dans qch ◆ **your presence is/you are a great comfort to me** votre présence est/vous êtes pour moi d'un grand réconfort ◆ **if it's any comfort to you** si ça peut te consoler ◆ **it is a comfort to know that ...** c'est un soulagement or c'est consolant de savoir que ... ◆ **to take comfort from the fact that/from the knowledge that ...** trouver rassurant le fait que/de savoir que ... ; → **cold**
c (= peace of mind) **the fighting was too close for (my) comfort** la proximité des combats m'inquiétait
2 vt (= console) consoler ; (bring relief to) soulager ; († = hearten) réconforter, encourager
3 COMP ▷ **comfort eating** n suralimentation f par compensation ▷ **comfort station** n (US euph) toilette(s) f(pl) ▷ **comfort zone** n zone f de confort

comfortable ['kʌmfətəbl] → SYN adj **a** chair, clothes, room, journey, life, position, majority confortable ; temperature agréable ◆ **to be a comfortable winner of sth** remporter qch haut la main
b (= physically at ease) **are you comfortable there?** vous êtes bien ? ◆ **would you prefer to sit here? – no thanks, I'm quite comfortable where I am** préféreriez-vous vous asseoir là ? – non merci, je me trouve très bien ici ◆ **to feel comfortable** se sentir bien ◆ **you don't look very comfortable** vous n'avez pas l'air bien installé ◆ **to make o.s. comfortable** (in armchair etc) s'installer confortablement ; (= make o.s. at home) se mettre à l'aise ◆ **to be comfortable** (Med) être dans un état satisfaisant
c (= mentally at ease) person à l'aise ◆ **I'm not comfortable at formal dinners** je ne suis pas à l'aise dans les dîners protocolaires ◆ **to be or feel comfortable doing sth** être à l'aise pour faire qch ◆ **to feel comfortable with sb/sth** être à l'aise avec qn/qch ◆ **I am not very comfortable about it** cela me met mal à l'aise
d (financially) person, family aisé ◆ **to have a comfortable income** avoir des revenus confortables ◆ **he is in comfortable circumstances** il est (financièrement) à l'aise
e (= undemanding) job de tout repos
f (= kindly) **she was a comfortable grandmotherly woman** c'était une femme avec qui on se sentait à l'aise, comme on peut l'être avec une grand-mère
g (= comforting) belief rassurant

comfortably ['kʌmfətəblɪ] adv **a** (physically) sit, settle, sleep confortablement ◆ **comfortably furnished** confortablement meublé
b (financially) live à l'aise, confortablement ◆ **to be comfortably off** être (financièrement) à l'aise
c (= easily) manage, win, fit, afford sans difficulté

comforter ['kʌmfətə'] n **a** (= person) consolateur m, -trice f (liter)
b (= scarf) cache-nez m inv ; (= dummy-teat) tétine f, sucette f
c (US = quilt) édredon m

comforting ['kʌmfətɪŋ] → SYN adj words, thoughts, feeling réconfortant ; voice apaisant ◆ **it is comforting to think that ...** il est réconfortant de penser que ...

comfortless ['kʌmfətlɪs] → SYN adj room sans confort ; person désolé, triste ; thought, prospect peu réconfortant, triste

comfrey ['kʌmfrɪ] n (Bot) consoude f

comfy * ['kʌmfɪ] adj chair, room etc confortable ◆ **are you comfy?** êtes-vous bien ?

comic ['kɒmɪk] → SYN **1** adj comique, amusant ; (Theat) comique, de la comédie
2 n **a** (= person) (acteur m) comique m, actrice f comique
b (esp Brit = magazine) comic m ◆ **the comics** (within newspaper etc) les bandes fpl dessinées
3 COMP ▷ **comic book** n (esp US) magazine m de bandes dessinées or de BD * ▷ **comic opera** n opéra m comique ▷ **comic relief** n (Theat) intervalle m comique ; (fig) moment m de détente (comique) ▷ **comic strip** n bande f dessinée, BD * f ▷ **comic verse** n poésie f humoristique

comical ['kɒmɪkəl] → SYN adj cocasse, comique

comically ['kɒmɪkəlɪ] adv say, behave comiquement, de façon comique ◆ **comically naive** d'une naïveté comique

coming ['kʌmɪŋ] → SYN **1** n **a** arrivée f, venue f ◆ **coming and going** va-et-vient m ◆ **comings and goings** allées fpl et venues fpl ◆ **coming away/back/down/in/out** etc départ m/retour m/descente f/entrée f/sortie f etc
b (Rel) avènement m ; → **second¹**
2 adj **a** (= approaching) weeks, months, years à venir, prochain (before n) ; election, battle prochain (before n), futur (after n) ; revolution prochain (before n), futur (after n), qui se prépare (or préparait) ◆ **the coming year** l'année f à venir, l'année f prochaine ◆ **coming generations** les générations fpl à venir or futures
b (= promising) **a coming politician** un homme politique d'avenir ; → **up**
c (= becoming significant) **it's the coming thing** * c'est le truc * qui devient à la mode
3 COMP ▷ **coming of age** n passage m à l'âge adulte

coming out n [of debutante] débuts mpl dans le monde ◆ **his coming out** [of homosexual] la révélation de son homosexualité, sa sortie du placard *

Comintern ['kɒmɪnˌtɜːn] n Komintern m

comity ['kɒmɪtɪ] n courtoisie f ◆ **comity of nations** (Jur) courtoisie f internationale

comm. **a** abbrev of **commerce**
b abbrev of **commercial**
c abbrev of **committee**

comma ['kɒmə] **1** n **a** (Gram) virgule f ; → **invert**
b (Mus) comma m
2 COMP ▷ **comma bacillus** n (Med) bacille m virgule

command [kə'mɑːnd] → SYN **1** vt **a** (= order) ordonner, donner l'ordre (sb to do sth à qn de faire qch) ◆ **to command that ...** ordonner or donner l'ordre que ... (+ subj) ◆ **to command sth to be done** donner l'ordre de (faire) faire qch
b (= be in control of) [+ army, ship] commander ; [+ passions, instincts] maîtriser, dominer
c (= be in position to use) [+ money, services, resources] disposer de, avoir à sa disposition
d (= deserve and get) [+ respect etc] imposer, exiger ◆ **that commands a high price** cela se vend très cher
e [place, building] (= overlook) avoir vue sur, donner sur ; (= overlook and control) commander, dominer
2 vi (= be in command) (Mil, Naut) commander, avoir le commandement ; (gen) commander ; (= order) commander, donner un ordre
3 n **a** (= order) ordre m ; (Mil) commandement m ; (Comput) commande f ◆ **at or by the command of ...** sur l'ordre de ... ◆ **at the word of command** au commandement
b (NonC: Mil = power, authority) commandement m ◆ **to be in command of ...** être à la tête de ..., avoir sous ses ordres ... ◆ **to have/take command of ...** avoir/prendre le commandement de ... ◆ **under the command of ...** sous le commandement or les ordres de ... ◆ **who's in command here?** (gen) qui est-ce qui commande ici ? ; → **second¹**
c (Mil) (= troops) troupes fpl ; (= district) région f militaire ; (= military authority) commandement m ; → **high**
d (fig = possession, mastery) maîtrise f, possession f ◆ **command of the seas** maîtrise f des mers ◆ **he has a command of three foreign languages** il possède trois langues étrangères ◆ **his command of English** sa maîtrise de l'anglais ◆ **to have sth at one's command** avoir qch à sa disposition ◆ **all the money at my command** tout l'argent à ma disposition or dont je peux disposer ◆ **to be at sb's command** être à la disposition de qn, être prêt à obéir à qn ◆ **to be in full command of one's faculties** être en pleine possession de ses moyens
4 COMP ▷ **command economy** n économie f planifiée ▷ **command key** n (Comput) touche f de commande ▷ **command language** n (Comput) ordres mpl de gestion ▷ **command line** n (Comput) ligne f de commande ▷ **command module** n (Space) module m de commande ▷ **command performance** n (Theat) ≈ représentation f de gala (à la requête du souverain) ▷ **command post** n (Mil) poste m de commandement

commandant ['kɒmənˌdænt] n (Mil) commandant m (d'un camp militaire, d'une place forte etc)

commandeer [ˌkɒmən'dɪə'] → SYN vt réquisitionner

commander [kə'mɑːndə'] → SYN **1** n **a** (gen) chef m ; (Mil) commandant m ; (Naut) capitaine m de frégate ; (Brit Police) ≈ commissaire m (de police) divisionnaire, ≈ divisionnaire m ; → **lieutenant, wing**
b [of order of chivalry] commandeur m
2 COMP ▷ **commander in chief** n, pl **commanders in chief** (Mil) commandant m en chef, généralissime m

commandership [kə'mɑːndəʃɪp] n commanderie f

commanding [kə'mɑːndɪŋ] → SYN **1** adj **a** (= powerful) **to be in a commanding position** être en position de force ◆ **to have a commanding lead** avoir une avance respectable
b (= authoritative) person, voice, manner, look, air plein d'autorité ; tone de commandement, plein d'autorité
c (= overlooking) **the house offers a commanding view of the capital** depuis la maison, on domine la capitale ◆ **the castle stands in a commanding position overlooking the lake** le château domine le lac
2 COMP ▷ **commanding officer** n (Mil) commandant m

commandingly [kə'mɑːndɪŋlɪ] adv behave de manière imposante ; speak d'un ton imposant

commandment [kə'mɑːndmənt] n commandement m (de Dieu ou de l'Église) ◆ **the Ten Commandments** les dix commandements mpl, le décalogue (frm)

commando [kə'mɑːndəʊ] n, pl **commandos** or **commandoes** (all senses) commando m

commemorate [kə'meməreɪt] → SYN vt commémorer

commemoration [kəˌmemə'reɪʃən] → SYN n commémoration f

commemorative [kə'memərətɪv] → SYN adj commémoratif

commence [kə'mens] → SYN vti commencer (to do sth, doing sth à faire qch) ◆ **to commence proceedings against ...** (Jur) former un recours contre ... (devant une juridiction)

commencement [kə'mensmənt] n **a** commencement m, début m ; [of law] date f d'entrée en vigueur
b (Univ: Cambridge, Dublin, US) remise f des diplômes

commend [kə'mend] → SYN vt (= praise) louer, faire l'éloge de ; (= recommend) recommander, conseiller ; (= entrust) confier (to à), remettre (to aux soins de) ◆ **to commend o.s. to** [person] se recommander à ; [idea, project] être du goût de ◆ **his scheme did not commend itself to the public** son projet n'a pas été du goût du public ◆ **his scheme has little to commend it** son projet n'a pas grand-chose qui le fasse recommander

◆ **commend me to Mr White** † (frm) présentez mes respects à M. White (frm), rappelez-moi au bon souvenir de M. White ◆ **to commend one's soul to God** recommander son âme à Dieu

commendable [kəˈmendəbl] → SYN **adj** louable

commendably [kəˈmendəblɪ] **adv** behave de façon louable ◆ **commendably restrained** d'une retenue louable ◆ **his speech was commendably short** son discours avait le mérite d'être bref

commendam [kəˈmendæm] **n** commende f

commendation [ˌkɒmenˈdeɪʃən] → SYN **n** **a** (= praise) éloges mpl (for sth pour qch) **b** (= recommendation) recommandation f **c** (= award) récompense f (for sth pour qch) **d** (NonC: † = entrusting) remise f (to sb à qn, aux soins de qn)

commensal [kəˈmensəl] **n** (Bio) commensal(e) m(f)

commensalism [kəˈmensəlɪzəm] **n** (Bio) commensalisme m

commensurable [kəˈmenʃərəbl] **adj** commensurable (with, to avec)

commensurate [kəˈmenʃərɪt] → SYN **adj** (= of equal extent) de même mesure (with que); (Math) coétendu (with à), de même mesure (with que); (= proportionate) proportionné (with, to à)

comment [ˈkɒment] LANGUAGE IN USE 6.3 → SYN **1 n** (spoken, written) commentaire m, remarque f; (written) annotation f ◆ **his action went or passed without comment** son action n'a donné lieu à aucun commentaire ◆ **he let it pass without comment** il ne l'a pas relevé ◆ **"no comment"** (Press) "je n'ai rien à dire" ◆ **he passed a sarcastic comment** il a fait une observation or une remarque sarcastique ◆ **put your comments in the margin** inscrivez vos commentaires dans la marge ◆ **teacher's comments** (Scol: on report) appréciations fpl du professeur **2 vt** [+ text] commenter ◆ **he commented that ...** il a remarqué que ..., il a fait la remarque que ... **3 vi** faire des remarques or des observations or des commentaires ◆ **to comment on sth** commenter qch, faire des remarques or des observations sur qch

commentary [ˈkɒməntərɪ] → SYN **1 n** (= remarks) commentaire m, observation f; (Rad, TV: on news, events) commentaire m; (Sport) reportage m; → **running** **2** COMP ▷ **commentary box n** (Sport) cabine f de reportage

commentate [ˈkɒmenteɪt] **1 vi** (Rad, TV) faire un reportage (on sur) **2 vt** (Rad, TV) [+ match] commenter

commentator [ˈkɒmenteɪtə^r] → SYN **n** **a** (Rad, TV) reporter m **b** (on texts etc) commentateur m, -trice f

commerce [ˈkɒmɜːs] → SYN **n** **a** (Comm) commerce m, affaires fpl ◆ **he is in commerce** il est dans le commerce or dans les affaires ◆ **Secretary/Department of Commerce** (US) ≃ ministre m/ministère m du Commerce; → **chamber** **b** (fig = intercourse, dealings) relations fpl, rapports mpl

commercial [kəˈmɜːʃəl] → SYN **1 adj** (Admin, Comm, Fin, Jur) dealings, art, attaché, radio, TV commercial; world du commerce; value marchand, commercial; district commerçant ◆ **to produce sth on a commercial scale** fabriquer or produire qch à une échelle industrielle ◆ **Christmas has become very commercial** les fêtes de Noël sont devenues une affaire commerciale; → **establishment** **2 n** (Rad, TV) publicité f, spot m publicitaire **3** COMP ▷ **commercial artist n** dessinateur m de publicité, créateur m, -trice f publicitaire ▷ **commercial bank n** banque f commerciale or de commerce ▷ **commercial break n** (TV, Rad) page f de publicité ▷ **commercial college n** école f de commerce ▷ **commercial law n** droit m commercial ▷ **commercial traveller n** voyageur m or représentant m de commerce, commis-voyageur † m ▷ **commercial vehicle n** véhicule m utilitaire

commercialese [kəˌmɜːʃəˈliːz] **n** jargon m commercial

commercialism [kəˈmɜːʃəlɪzəm] **n** (NonC) (attitude) mercantilisme m (pej), esprit m commerçant; (on large scale) affairisme m (pej); (= business practice) (pratique f du) commerce m, (pratique f des) affaires fpl

commercialization [kəˌmɜːʃəlaɪˈzeɪʃən] **n** commercialisation f

commercialize [kəˈmɜːʃəlaɪz] **vt** commercialiser

commercialized [kəˈmɜːʃəlaɪzd] **adj** (pej) commercial

commercially [kəˈmɜːʃəlɪ] **adv** **a** (= financially) viable, competitive commercialement ◆ **to be commercially minded** avoir le sens des affaires **b** (= on a large scale) produce à échelle commerciale **c** (= publicly) available dans le commerce

commie * [ˈkɒmɪ] **adj, n** (pej) (abbrev of **communist**) coco * mf (pej)

comminuted [ˈkɒmɪˌnjuːtɪd] **adj** (Med) comminutif

commis chef [ˈkɒmɪʃef] **n** commis m de cuisine

commiserate [kəˈmɪzəreɪt] **vi** (= show commiseration) témoigner de la sympathie (with à); (= feel commiseration) éprouver de la commisération (with pour) ◆ **I do commiserate with you** je compatis ◆ **I went to commiserate with him on his exam results** je suis allé m'apitoyer avec lui sur ses résultats d'examen

commiseration [kəˌmɪzəˈreɪʃən] **n** commisération f

commissar † [ˈkɒmɪsɑː^r] **n** commissaire m du peuple (en URSS etc)

commissariat [ˌkɒmɪˈsɛərɪət] **n** (Mil) intendance f; (Admin, Pol) commissariat m; (= food supply) ravitaillement m

commissary [ˈkɒmɪsərɪ] **n** **a** (US Mil etc = shop) intendance f **b** (US Mil = officer) intendant m **c** (US Cine) restaurant m du studio **d** (= representative) représentant m; (Rel) [of bishop] délégué m (d'un évêque)

commission [kəˈmɪʃən] → SYN **1 n** **a** (gen) ordres mpl, instructions fpl; (to artist etc) commande f ◆ **he gave the artist a commission** il a passé une commande à l'artiste **b** (Comm) commission f, courtage m ◆ **on a commission basis** à la commission ◆ **he gets 10% commission** il reçoit une commission de 10 % **c** (= errand) commission f **d** (NonC) [of crime etc] perpétration f (Jur) (or liter) **e** (= official warrant) pouvoir m, mandat m; (Mil) brevet m ◆ **to get one's commission** être nommé officier ◆ **to give up one's commission** démissionner **f** (NonC = delegation of authority etc) délégation f de pouvoir or d'autorité, mandat m **g** (= body of people) commission f, comité m; → **royal** **h** (NonC: Naut) armement m (d'un navire) ◆ **to put in commission** armer ◆ **to take out of commission** désarmer ◆ **in commission** en armement, en service ◆ **out of commission** (Naut) hors de service; (Naut = in reserve) en réserve; (gen = not in working order) hors service **2 vt** **a** donner pouvoir or mission à, déléguer ◆ **he was commissioned to inquire into ...** il a été chargé de faire une enquête sur ... **b** [+ artist] passer une commande à; [+ book, painting, article] commander, commanditer ◆ **this work was commissioned by the town council** cette œuvre a été commandée or commanditée par le conseil municipal **c** (Mil etc) [+ officer] nommer à un commandement ◆ **he was commissioned in 1990** il a été nommé officier en 1990 ◆ **he was commissioned sub-lieutenant** il a été nommé or promu au grade de sous-lieutenant **d** (Naut) [+ ship] mettre en service, armer **3** COMP ▷ **commission agent n** (= bookmaker) bookmaker m; (Comm) courtier m ▷ **commissioned officer n** (Mil etc) officier m ▷ **Commission for Racial Equality n** (Brit) commission pour l'égalité des races; → EOC; EEOC

▷ **commissioning editor n** responsable mf de publication ▷ **commission of inquiry n** commission f d'enquête

commissionaire [kəˌmɪʃəˈnɛə^r] **n** (Brit, Can) commissionnaire m (d'un hôtel etc), coursier m

commissioner [kəˈmɪʃənə^r] **1 n** membre m d'une commission, commissaire m; (Brit Police) ≃ préfet m de police; (US Police) (commissaire m) divisionnaire m; → **high, lord** **2** COMP ▷ **commissioner for oaths n** (Jur) officier ayant qualité pour recevoir les déclarations sous serment ▷ **commissioner of education n** (US Scol, Univ) ≃ recteur m, ≃ doyen m ▷ **Commissioner of Official Languages n** (Can) Commissaire m aux langues officielles

commit [kəˈmɪt] → SYN **1 vt** **a** [+ crime, sacrilege] commettre; [+ mistake] commettre, faire ◆ **to commit hara-kiri** faire hara-kiri ◆ **to commit perjury** se parjurer; (Jur) faire un faux serment ◆ **to commit suicide** se suicider **b** (= consign) [+ letter etc] confier (to à), remettre (to à la garde de, aux soins de); [+ person] (gen) confier (to à); (for mental health reasons) faire interner ◆ **to commit sb to sb's care** confier qn à la garde de qn ◆ **to commit sb (to prison)** (Jur) faire incarcérer qn ◆ **to commit sb for trial** (Jur) mettre qn en accusation ◆ **to commit sth to writing or to paper** consigner or coucher qch par écrit ◆ **to commit sth to the flames** (liter) livrer qch aux flammes ◆ **to commit sth to memory** apprendre qch par cœur **c** (Parl) [+ bill] renvoyer à une commission **d** **to commit o.s.** s'engager (to sth à qch; to doing sth à faire qch) ◆ **to be committed to a policy** s'être engagé à poursuivre une politique ◆ **I'm afraid I'm committed** je regrette, je me suis déjà engagé **2 vi** ◆ **to commit to sth/sb** s'engager à qch/envers qn **3** COMP ▷ **committing magistrate n** (US Jur) juge m d'instruction

commitment [kəˈmɪtmənt] → SYN **1 n** **a** (gen) engagement m; (= responsibility, obligation) charges fpl, responsabilité(s) f(pl); (Comm, Fin) engagement m financier ◆ **"without commitment"** (Comm) "sans obligation d'achat" ◆ **teaching commitments** (heures fpl d'enseignement m ◆ **he has heavy teaching commitments** il a un enseignement chargé ◆ **to have a commitment to another firm** (Comm etc) avoir des obligations envers une autre société **b** (Jur: also **commitment order**) mandat m de dépôt **c** (Parl) [of bill] renvoi m à une commission **2** COMP ▷ **commitment fee n** (Fin) commission f d'engagement

committal [kəˈmɪtl] **1 n** **a** (NonC) remise f (to à, aux soins de); (to prison) incarcération f, emprisonnement m; (for mental health reasons) internement m; (= burial) mise f en terre ◆ **committal for trial** mise f en accusation **b** (NonC) [of crime etc] perpétration f (Jur) (liter) **c** (Parl) ⇒ **commitment c** **2** COMP ▷ **committal order n** (Jur) mandat m de dépôt ▷ **committal proceedings npl** ≃ mise f en accusation

committed [kəˈmɪtɪd] **adj** writer engagé; Christian etc convaincu; parent dévoué, attentif ◆ **a committed supporter** un ardent défenseur, un adepte convaincu

committee [kəˈmɪtɪ] **1 n** commission f, comité m; (Parl) commission f ◆ **to be or sit on a committee** faire partie d'une commission or d'un comité; → **management** **2** COMP ▷ **committee meeting n** réunion f de commission or de comité ▷ **committee member n** membre m d'une commission or d'un comité ▷ **committee of inquiry n** (Parl) commission f d'enquête ▷ **Committee of the Whole n** (US Pol) séance de commission étendue à la chambre entière ▷ **committee stage n** (Brit Parl) étape de discussion d'un projet de loi en commission

committeeman [kəˈmɪtɪmæn] **n, pl -men** (esp US) **a** (= member of committee) membre m d'un comité

committeewoman [kəˈmɪtɪwʊmən] n, pl **-women** (esp US) **a** (= member of committee) membre m d'un comité

　b (Pol) responsable d'un parti pour une circonscription électorale

commode [kəˈməʊd] n **a** (= chest of drawers) commode f

　b (also **night-commode**) chaise f percée

commodious [kəˈməʊdɪəs] adj spacieux, vaste

commodity [kəˈmɒdɪtɪ] **1** n produit m de base, matière f première ; (= consumer goods) produit m, article m ; (= food) denrée f ✦ **staple commodities** produits mpl de base ✦ **household commodities** articles mpl de ménage ✦ **dollar commodities** matières fpl premières négociées en dollars
2 COMP ▷ **commodity exchange** n bourse f du commerce or des marchandises ▷ **commodity loan** n financement m de marchandises gagées ▷ **commodity markets** n bourse f de marchandises ▷ **commodity-producing countries** npl pays mpl de production primaire ▷ **commodity trade** n négoce m de matières premières

commodore [ˈkɒmədɔːʳ] n (Mil) contre-amiral m ; (Naut) commodore m ; [of yacht club] président m ; [of shipping line] doyen m (des capitaines)

common [ˈkɒmən] LANGUAGE IN USE 5.4 → SYN

1 adj **a** (= used by or affecting many) interest, cause, language commun ✦ **to make common cause with sb** faire cause commune avec qn ✦ **by common consent** d'un commun accord ✦ **common ground** (fig) point m commun, terrain m d'entente ✦ **there is no common ground for negotiations** (fig) il n'y a aucun terrain d'entente pour (entreprendre) des négociations ✦ **it's common knowledge or property that ...** chacun sait que ..., il est de notoriété publique que ... ✦ **common land** terrain m communal or banal ✦ **common lodging house** hospice m, asile m de nuit ✦ **common ownership** copropriété f ✦ **common prostitute** (Admin, Jur) prostituée f ✦ **common wall** mur m mitoyen

✦ **common to** ✦ **it's something common to all young children** c'est quelque chose qui se trouve chez tous les jeunes enfants ✦ **a belief common to Jews and Christians** une croyance partagée par les juifs et les chrétiens

✦ **in common** en commun ✦ **they have nothing in common** ils n'ont rien de commun ✦ **in common with** en commun avec ; (= by agreement with) en accord avec ✦ **to hold in common** partager

　b (= usual, ordinary) commun, ordinaire ; plant commun ; (= universal) général, universel ; (= not outstanding) moyen, ordinaire ✦ **it's quite common** c'est très courant, ça n'a rien d'extraordinaire ✦ **common belief** croyance f universelle ✦ **the common cold** (Med) le rhume de cerveau ✦ **it's a common experience** cela arrive à tout le monde, c'est une chose qui arrive à tout le monde ✦ **it is only common courtesy to apologise** la politesse la plus élémentaire veut qu'on s'excuse (subj) ✦ **the common herd** (pej) la plèbe, la populace (pej) ✦ **common honesty** la simple honnêteté ✦ **the common man** l'homme m du commun du peuple ✦ **the common people** le peuple, les gens mpl du commun (pej) ✦ **a common occurrence** une chose fréquente or répandue ✦ **in common parlance** dans le langage courant ✦ **the Book of Common Prayer** (Rel) le livre du rituel anglican ✦ **the common run of mankind** le commun des hommes or des mortels ✦ **out of the common run** hors du commun, exceptionnel ✦ **a common sight** un spectacle familier ✦ **a common soldier** un simple soldat ✦ **common or garden** (esp Brit) plant commun ✦ **he's just a common or garden office boy** (hum) il n'est qu'un vulgaire or simple garçon de bureau ✦ **the common or garden variety** (hum) le modèle standard ou ordinaire

　c (= vulgar) accent, clothes, person commun, vulgaire ✦ **they're as common as muck** * ils sont d'un vulgaire !

　d (Math) commun ✦ **common denominator/factor** dénominateur m/facteur m commun

✦ **common multiple** commun multiple m ; see also **low**

　e (Gram) gender non marqué ; noun commun

　f (Mus) **common time** or **measure** (= duple) mesure f à deux temps ; (= quadruple) mesure f à quatre temps ✦ **common chord** accord m parfait

2 n **a** (land) terrain m communal ✦ **right of common** (Jur) [of land] communauté f de jouissance ; [of property] droit m de servitude

3 COMP ▷ **Common Agricultural Policy** n politique f agricole commune ▷ **common area charges** npl (US) charges fpl locatives ▷ **common assault** n (Jur) voie f de fait simple ▷ **common carrier** n transporteur m (public), entreprise f de transport public ▷ **common core, common-core syllabus** n (Educ) tronc m commun ▷ **common crab** n dormeur m, tourteau m ▷ **common currency** n (NonC) **to be common currency** [idea, story] être généralement admis ✦ **to become common currency** se répandre ▷ **Common Entrance** n (Brit Scol) examen d'entrée dans l'enseignement privé ▷ **Common External Tariff** n (Pol) tarif m douanier commun ▷ **common gull** n goéland m cendré ▷ **common law** n le droit coutumier ▷ **common-law** adj **common-law wife** concubine f ✦ **common-law marriage** concubinage m ▷ **the Common Market** n le Marché commun ▷ **common market** n (= free trade organization) organisation f de libre-échange, marché m commun (entre pays quelconques) ▷ **common room** n (Brit) salle f commune ; (= staffroom) salle f des professeurs ▷ **common salt** n sel m (ordinaire) ▷ **common stock** n (US St Ex) actions fpl cotées en Bourse

commonality [ˌkɒməˈnælɪtɪ] n (Ind) standardisation f ✦ **we are looking for commonalities** nous cherchons à utiliser des composants communs à plusieurs produits

commoner [ˈkɒmənəʳ] n (= not noble) roturier m, -ière f ; (at Oxford Univ etc) étudiant(e) m(f) non boursier (-ière) ; (Brit Jur : with common land rights) personne f qui a droit de vaine pâture

commonly [ˈkɒmənlɪ] adv **a** (= frequently) use, occur, prescribe fréquemment ; called couramment ✦ **more commonly known as ...** plus connu sous le nom de ... ✦ **eating disorders are more commonly found among women students** on constate que les troubles alimentaires sont plus fréquents chez les étudiantes ✦ **such a plant is not commonly found in this country** cet arbuste n'est pas commun dans ce pays ✦ **it is commonly the case that ...** il est fréquent que ... (+ subj)

　b (= generally) accept, associate, think, believe généralement ✦ **it is commonly believed that ...** on croit généralement que ... ✦ **the commonly held view** l'opinion f généralement répandue

　c (pej = vulgarly) behave, speak, dress vulgairement, d'une façon vulgaire or commune

commonness [ˈkɒmənnɪs] n (NonC) (= frequency) fréquence f ; (= ordinariness) caractère m commun or ordinaire, banalité f (pej) ; (= universality) caractère m général or universel ; (= vulgarity) vulgarité f

commonplace [ˈkɒmənpleɪs] → SYN **1** adj banal, commun, ordinaire ✦ **such things are commonplace** de telles choses sont courantes or sont monnaie courante

2 n lieu m commun, banalité f

3 COMP ▷ **commonplace book** n recueil m de citations

commons [ˈkɒmənz] npl **a** **the commons** le peuple, le tiers état ✦ **the Commons** (Parl) les Communes fpl ; → **house**

　b (= food) nourriture f (partagée en commun) ✦ **to be on short commons** faire maigre chère, être réduit à la portion congrue

commonsense [ˈkɒmənˈsens] **1** n sens m commun, bon sens m

2 adj approach, view, precaution, solution plein de bon sens

commonsensical [ˌkɒmənˈsensɪkl] adj plein de bon sens

commonweal [ˈkɒmənwiːl] n (= general good) bien m public ; (= the people) l'État m

commonwealth [ˈkɒmənwelθ] **1** n **a** **the (British) Commonwealth (of Nations)** le Commonwealth ✦ **Minister** or **Secretary of State for Commonwealth Affairs** (Brit) ministre m du Commonwealth

　b (Brit Hist) **the Commonwealth** la république de Cromwell

　c †† ⇒ **commonweal**

　d **the Commonwealth of Australia/Puerto Rico** etc le Commonwealth d'Australie/de Porto-Rico etc ✦ **Commonwealth of Independent States** Communauté f des États indépendants

2 COMP ▷ **Commonwealth Games** npl Jeux mpl du Commonwealth

COMMONWEALTH

Le **Commonwealth**, ou **Commonwealth of Nations**, est une communauté d'États souverains (en général d'anciens territoires britanniques) qui compte une cinquantaine de membres, parmi lesquels le Royaume-Uni, l'Australie, le Canada, l'Inde, la Jamaïque, le Kenya, la Nouvelle-Zélande et la République sud-africaine. Tous ces pays reconnaissent le souverain britannique comme chef du **Commonwealth** et se réunissent lors de conférences annuelles pour débattre de questions d'ordre politique ou économique. Chaque État membre est représenté dans les autres pays du **Commonwealth** par un Haut-Commissariat (High Commission) qui fait fonction d'ambassade.

---

commotion [kəˈməʊʃən] → SYN n **a** (= noise) **to make a commotion** faire du tapage ✦ **what a commotion!** quel brouhaha or vacarme !

　b (= upheaval) **to cause a commotion** semer la perturbation ✦ **what a commotion!** quel cirque ! ✦ **to be in a state of commotion** [crowd] être agité ; [town] être en émoi

　c (Pol = uprising) insurrection f, troubles mpl ; → **civil**

communal [ˈkɒmjuːnl] → SYN adj (= of whole community) profit, good communautaire, de la communauté ; (= shared) commun ✦ **a communal bathroom** une salle de bains commune ✦ **communal life** la vie collective

communalize [ˈkɒmjʊnəlaɪz] vt (Jur) communaliser

communally [ˈkɒmjuːnəlɪ] adv en commun ; agree, decide en commun, collectivement ; live en communauté

communautaire [kəˌmjuːnəʊˈtɛəʳ] adj (EC) pro-européen

commune [kəˈmjuːn] → SYN **1** vi **a** converser intimement, avoir un entretien à cœur ouvert (with avec) ✦ **to commune with nature** communier avec la nature

　b (US Rel) communier

2 [ˈkɒmjuːn] n **a** (= group of people living together) communauté f ✦ **to live in a commune** vivre en communauté

　b (= administrative division) commune f

　c (French Hist) **the Commune** la Commune

communicability [kəˌmjuːnɪkəˈbɪlɪtɪ] n (gen) communicabilité f ; (Med) transmissibilité f

communicable [kəˈmjuːnɪkəbl] adj communicable ; (Med) transmissible

communicant [kəˈmjuːnɪkənt] **1** n **a** (Rel) communiant(e) m(f)

　b (= informant) informateur m, -trice f

2 adj **a** qui communique (avec), communicant

　b (Rel) **communicant member** fidèle mf, pratiquant(e) m(f)

communicate [kəˈmjuːnɪkeɪt] → SYN **1** vt **a** [+ news etc] communiquer, transmettre ; [+ illness] transmettre (to à) ; [+ feelings, enthusiasm] communiquer, faire partager

　b (Rel) donner la communion à

2 vi **a** communiquer (with avec) ✦ **to communicate with sb by letter/by telephone** communiquer avec qn par lettre/par téléphone ✦ **I no longer communicate with him** je n'ai plus aucun contact avec lui

　b [rooms] communiquer ✦ **communicating rooms** des pièces fpl qui communiquent or communicantes

　c (Rel) communier, recevoir la communion

communication [kəˌmjuːnɪˈkeɪʃən] → SYN 1 n
 a (NonC) communication f ◆ **to be in communication with sb** être en contact or relations avec qn ◆ **to be in radio communication with sb** communiquer avec qn par radio ◆ **to get into communication with sb** se mettre or entrer en contact or rapport avec qn ◆ **there is/has been no communication between them** il n'y a/n'y a eu aucun contact entre eux
 b (= message transmitted) communication f
 c (= roads, railways, telegraph lines etc) communications communications fpl ; (Mil) liaison f, communications fpl
 2 COMP ▷ **communication cord** n (Brit Rail) sonnette f d'alarme ▷ **communication gap** n manque m or absence f de communication ▷ **communication line** n (Mil etc) ligne f de communication ▷ **communication science** n sciences fpl de la communication ▷ **communication skills** npl techniques fpl de communication ▷ **communications satellite** n satellite m de communication ▷ **communications zone** n (zone f des) arrières mpl

communicative [kəˈmjuːnɪkətɪv] → SYN adj   a (= talkative) communicatif, expansif
 b difficulties etc de communication ◆ **communicative competence** compétence f à la communication

communicativeness [kəˈmjuːnɪkətɪvnɪs] n communicabilité f

communicator [kəˈmjuːnɪkeɪtəʳ] n communicateur m, -trice f

communion [kəˈmjuːnɪən] → SYN 1 n (gen) communion f ; (Rel) (= religious group) communion f ; (= denomination) confession f ; (also **Holy Communion**) communion f ◆ **a communion of interests** des intérêts mpl en commun ◆ **to make one's communion** communier ◆ **to make one's Easter communion** faire ses pâques ◆ **to take communion** recevoir la communion
 2 COMP ▷ **communion rail** n (Rel) balustre m du chœur (où l'on vient communier) ▷ **communion service** n office m de communion ▷ **communion table** n sainte table f

communiqué [kəˈmjuːnɪkeɪ] → SYN n communiqué m

communism [ˈkɒmjʊnɪzəm] n communisme m

communist [ˈkɒmjʊnɪst] → SYN adj, n communiste mf ◆ **the Communist Manifesto** le Manifeste communiste

communistic [ˌkɒmjʊˈnɪstɪk] adj communisant

community [kəˈmjuːnɪtɪ] → SYN 1 n a (= group of people) communauté f, groupement m ; [of monks, nuns] communauté f ◆ **the French community in Edinburgh** la colonie française d'Édimbourg ◆ **the student community** les étudiants mpl, le monde étudiant ◆ **to belong to the same community** appartenir à la même communauté ◆ **the community** (= the public) le public, la communauté ◆ **for the good of the community** pour le bien de la communauté
 b (= common ownership) propriété f collective ; (Jur) communauté f ◆ **community of goods/interests** communauté f de biens/d'intérêts
 c (Pol = EU) **the Community** la Communauté
 2 COMP ▷ **community antenna distribution** n câblodistribution f ▷ **community antenna television** n télévision f par câble ▷ **community association** n (Brit) association f de quartier (reconnue d'utilité publique) ▷ **Community bodies** npl (Pol) instances fpl communautaires ▷ **Community budget** n (Pol) budget m communautaire ▷ **community care** n (NonC: Brit Social Work = home care) soins mpl à domicile ; (also **community care programme**) programme visant à déléguer la responsabilité de l'État aux collectivités locales en matière d'aide sociale ▷ **community centre** n foyer m municipal, ≃ MJC f ▷ **community charge** n (Brit Pol: formerly) ancien impôt local, fondé sur le principe de la capitation ▷ **community chest** n US fonds m commun ▷ **community college** n (US Univ) centre m universitaire (de premier cycle) ▷ **community correctional center** n (US) centre m de détention ▷ **community education** n (Brit) cours mpl organisés par les municipalités ▷ **community health centre** n centre m médico-social ▷ **community home** n (Brit) a (= children's home) ≃ foyer m de la DDASS ◆ **he grew up in a community home** il a grandi à la DDASS b (for young offenders) centre m d'éducation surveillée ▷ **community hospital** n (US Med) hôpital m communal ▷ **Community law** n droit m communautaire ▷ **community life** n (Social Work) vie f associative ▷ **community medicine** n médecine f générale ▷ **community policeman** n, pl **community policemen** (Brit) ≃ îlotier m ▷ **community policing** n ≃ îlotage m ▷ **community property** n (US Jur) communauté f des biens entre époux ▷ **Community regulations** npl (Pol) règlements mpl communautaires ▷ **community school** n (Brit) école servant de maison de la culture ▷ **community service** n (Jur) travaux mpl d'intérêt général ▷ **community singing** n chants mpl en chœur (improvisés) ▷ **community spirit** n sens m or esprit m communautaire ▷ **community worker** n animateur m, -trice f socioculturel(le)

communize [ˈkɒmjʊnaɪz] vt a (= impose communism on) imposer le communisme à
 b [+ land, factories, peoples] collectiviser

commutability [kəˌmjuːtəˈbɪlɪtɪ] n interchangeabilité f, permutabilité f ; (Jur) commuabilité f

commutable [kəˈmjuːtəbl] adj a (= exchangeable) interchangeable, permutable
 b (Jur) sentence commuable (to en)
 c **within commutable distance** à un distance que l'on peut facilement parcourir tous les jours

commutation [ˌkɒmjʊˈteɪʃən] 1 n a (= exchange) échange m, substitution f ; (Fin) échange m ; (Elec, Jur) commutation f
 b (Jur) **commutation of punishment** commutation f de peine
 c (US) trajet m journalier
 2 COMP ▷ **commutation ticket** n carte f d'abonnement

commutative [kəˈmjuːtətɪv] adj (Math) ◆ **commutative laws** lois fpl commutatives

commutator [ˈkɒmjʊˌteɪtə] n commutateur m

commute [kəˈmjuːt] → SYN 1 vt a (= exchange) substituer (into à), échanger (for, into pour, contre, avec) ; (Elec) commuer
 b (Jur) commuer (into en) ◆ **commuted sentence** (Jur) sentence f commuée
 2 vi faire un or le trajet régulier, faire la navette (between entre ; from de)
 3 n (= single journey) trajet m

commuter [kəˈmjuːtəʳ] → SYN 1 n banlieusard(e) m(f) (qui fait un trajet régulier pour se rendre à son travail), navetteur m, -euse f ◆ **I work in London but I'm a commuter** je travaille à Londres mais je fais la navette tous les jours
 2 COMP ▷ **the commuter belt** n (Brit) la grande banlieue ▷ **commuter train** n train m de banlieue

commuting [kəˈmjuːtɪŋ] n (NonC) migrations fpl quotidiennes, trajets mpl réguliers, migrations fpl pendulaires (SPEC) ◆ **commuting every day is hell!** faire la navette tous les jours, c'est l'enfer !

Comoro [ˈkɒməˌrəʊ] n ◆ **the Comoro Islands** ◆ **the Comoros** les Comores fpl

compact [kəmˈpækt] → SYN 1 adj (lit) (in size) compact ; (fig) (= concise) style concis, condensé ◆ **a compact mass** une masse compacte ◆ **the house is very compact** la maison n'a pas de place perdue
 2 vt (gen pass) (lit) rendre compact, resserrer ; (fig) condenser ◆ **compacted of** †† composé de
 3 [ˈkɒmpækt] n a (= agreement) contrat m, convention f ; (informal) entente f
 b (also **powder compact**) poudrier m
 c (US: also **compact car**) (voiture f) compacte f, voiture f de faible encombrement
 d (also **compact camera**) (appareil-photo m) compact m
 4 COMP ▷ **compact disc** n disque m compact ▷ **compact disc player** n lecteur m de CD, platine f laser ▷ **compact video disc** n compact-disc m vidéo

compactly [kəmˈpæktlɪ] adv (lit) store, fold up façon compacte ; (fig) write dans un style concis, d'une manière concise ◆ **compactly built** car d'une facture compacte, compact ; person trapu

compactness [kəmˈpæktnɪs] n (NonC) (lit: in size) [of room, building, computer, equipment] compacité f ; (fig = conciseness) [of style, writing] concision f

companion [kəmˈpænjən] → SYN 1 n a compagnon m, compagne f ; (also **lady companion**) dame f de compagnie ; (in order of knighthood) compagnon m ◆ **travelling companions** compagnons mpl de voyage ◆ **companions in arms/in misfortune** compagnons mpl d'armes/d'infortune
 b (= one of pair of objects) pendant m (to à)
 c (= handbook) manuel m
 2 COMP ▷ **companion hatch** n ⇒ **companionway** ▷ **companion ladder** n (Navy) échelle f ; (Merchant Navy) escalier m ▷ **companion piece** n pendant m (to à) ▷ **companion volume** n volume m qui va de pair (to avec), autre volume m

companionable [kəmˈpænjənəbl] → SYN adj person de compagnie agréable ; evening, group sympathique ◆ **to sit in companionable silence** être assis dans un silence complice

companionship [kəmˈpænjənʃɪp] → SYN n (NonC) a (= friendliness) **I enjoy the companionship at the club** j'apprécie la camaraderie or l'esprit cordial du cercle
 b (= company) compagnie f ◆ **she keeps a cat for companionship** elle a un chat, ça lui fait une compagnie

companionway [kəmˈpænjənweɪ] n (Naut) escalier m menant aux cabines ; [of small vessel] escalier m ; (in yacht: also **companion hatch**) capot m (d'escalier)

company [ˈkʌmpənɪ] LANGUAGE IN USE 25.1 → SYN
 1 n a compagnie f ◆ **to keep sb company** tenir compagnie à qn ◆ **to keep company with** fréquenter ◆ **to part company with** se séparer de ◆ **in company** en public or société ◆ **in company with** en compagnie de ◆ **he's good company** on ne s'ennuie pas avec lui ◆ **he's bad company** il n'est pas d'une compagnie très agréable ◆ **she keeps a cat, it's company for her** elle a un chat, ça lui fait une compagnie ; → **two**
 b (= guests) compagnie f ◆ **we are expecting company** nous attendons des visites or des invités ◆ **we've got company** nous avons de la visite * ◆ **to be in good company** (lit, fig) être en bonne compagnie ; → **present**
 c (= companions) compagnie f, fréquentation f ◆ **to keep or get into good/bad company** avoir de bonnes/mauvaises fréquentations ◆ **she is no(t) fit company for your sister** ce n'est pas une compagnie or une fréquentation pour votre sœur ◆ (Prov) **a man is known by the company he keeps** dis-moi qui tu hantes, je te dirai qui tu es (Prov)
 d (Comm, Fin) entreprise f, société f, compagnie f ◆ **Smith & Company** Smith et Compagnie ◆ **shipping company** compagnie f de navigation ◆ **the Company** * (US = CIA) la CIA ◆ **... and company** * (also pej) ... et compagnie ; → **affiliate, holding**
 e (= group) compagnie f ; [of actors] troupe f, compagnie f ◆ **National Theatre Company** la troupe du Théâtre National ◆ **ship's company** (Naut) équipage m
 f (Mil) compagnie f
 2 COMP ▷ **Companies Act** n (Jur) loi f sur les sociétés ▷ **company car** n voiture f de fonction ▷ **company commander** n (Mil) capitaine m (de compagnie) ▷ **company director** n directeur m général ▷ **company doctor** n médecin m du travail ▷ **company law** n droit m des sociétés ▷ **company lawyer** n (Jur) avocat m d'entreprise ; (working within company) juriste m ▷ **company man** n, pl **company men** employé m dévoué ◆ **he's a real company man** il a vraiment l'esprit maison ▷ **company manners** * npl (Brit) belles manières fpl ▷ **company policy** n politique f de l'entreprise ▷ **company secretary** n (Brit Comm) secrétaire m général ▷ **company sergeant-major** n (Mil) adjudant m ▷ **company time** n temps m de travail ▷ **company union** n (US) syndicat m maison

comparability [ˌkɒmpərəˈbɪlɪtɪ] n comparabilité f ◆ **pay comparability** alignement m des salaires (sur ceux d'autres secteurs industriels)

comparable / competitive

comparable ['kɒmpərəbl] LANGUAGE IN USE 5.3, 5.4 → SYN adj comparable (with, to à) ◆ the two things are not comparable il n'y a pas de comparaison possible entre ces deux choses

comparableness ['kɒmpərəblnɪs] n comparabilité f

comparably ['kɒmpərəblɪ] adv ◆ comparably sized buildings des bâtiments ayant des dimensions comparables ◆ comparably qualified students des étudiants possédant des qualifications comparables

comparative [kəm'pærətɪv] → SYN 1 adj a (= relative) ease, safety, peace, silence, freedom, cost relatif ◆ he's a comparative stranger (to me) je le connais relativement peu ◆ to be a comparative newcomer/beginner être relativement nouveau/débutant

b (involving comparison) study, analysis, method comparatif ; literature, religion, linguistics, law, data comparé ◆ comparative form (Gram) comparatif m ◆ comparative mythologist spécialiste mf de mythologie comparée

2 n (Gram) comparatif m ◆ in the comparative au comparatif

3 COMP ▷ **comparative advertising** n publicité f comparative

comparatively [kəm'pærətɪvlɪ] LANGUAGE IN USE 5.3 adv a (= relatively) relativement

b (involving comparison) comparativement

compare [kəm'pɛəʳ] LANGUAGE IN USE 5.1, 5.3, 5.4, 26.3 → SYN

1 vt a comparer (with à, avec), mettre en comparaison (with avec) ◆ compare the first letter with the second comparez la première lettre à ou avec la seconde ◆ compared to or with ... par comparaison avec ..., par rapport à ... ◆ to compare notes with sb (fig) échanger ses impressions or ses vues avec qn

b comparer, assimiler (to à) ◆ the poet compared her eyes to stars le poète compara ses yeux à des étoiles

c (Gram) [+ adjective, adverb] former les degrés de comparaison de

2 vi être comparable (with à) ◆ how do the cars compare for speed? quelles sont les vitesses respectives des voitures ? ◆ how do the prices compare? est-ce que les prix sont comparables ? ◆ it doesn't or can't compare with the previous one il n'y a aucune comparaison avec le précédent ◆ he can't compare with you il n'y a pas de comparaison (possible) entre vous et lui ◆ it compares very favourably cela soutient la comparaison

3 n ◆ beyond or without or past compare adv incomparablement ◊ adj sans comparaison possible

comparison [kəm'pærɪsn] LANGUAGE IN USE 5.1, 5.4, 26.3 → SYN

1 n a comparaison f (with avec ; to à) ◆ in comparison with or to ..., by comparison with ... par comparaison avec ..., par rapport à ... ◆ by or in comparison par comparaison ◆ for comparison pour comparaison ◆ to make a comparison faire une comparaison ◆ to stand or bear comparison (with) soutenir la comparaison (avec) ◆ there's no comparison ça ne se compare pas

b (Gram) comparaison f ◆ degrees of comparison degrés mpl de comparaison

2 COMP ▷ **comparison test** n essai m comparatif

compartment [kəm'pɑːtmənt] → SYN n compartiment m ; → **freezer, glove**

compartmentalization ['kɒmpɑːtˌmentəlaɪ'zeɪʃən] n compartimentage m, compartimentation f

compartmentalize [ˌkɒmpɑːt'mentəlaɪz] vt compartimenter

compass ['kʌmpəs] → SYN 1 n a boussole f ; (Naut) compas m ; → **point**

b (Math) compasses, a pair of compasses compas m

c (fig) (= extent) étendue f ; (= reach) portée f ; (= scope) rayon m, champ m ; (Mus) [of voice] étendue f, portée f ◆ within the compass of sth dans les limites de qch ◆ within the compass of sb dans les possibilités de qn ◆ to be within the compass of a committee relever des compétences d'un comité ; → **narrow**

2 vt (= go round) faire le tour de ; (= surround) encercler, entourer

3 COMP ▷ **compass card** n (Naut) rose f des vents ▷ **compass course** n route f magnétique ▷ **compass rose** n ⇒ **compass card** ▷ **compass saw** n scie f à guichet

compassion [kəm'pæʃən] → SYN 1 n compassion f

2 COMP ▷ **compassion fatigue** n lassitude f des donateurs, fatigue f de la compassion

compassionate [kəm'pæʃənət] → SYN 1 adj compatissant ◆ on compassionate grounds pour raisons de convenance personnelle or de famille

2 COMP ▷ **compassionate leave** n (Mil) permission f exceptionnelle (pour raisons de famille)

compassionately [kəm'pæʃənətlɪ] adv look, say avec compassion ; release par compassion

compatibility [kəmˌpætə'bɪlɪtɪ] → SYN n compatibilité f (with avec)

compatible [kəm'pætɪbl] → SYN 1 adj a people fait pour s'entendre ◆ a compatible board of directors un conseil d'administration sans problèmes de compatibilité d'humeur ◆ to be compatible with sb bien s'entendre avec qn

b (= reconcilable) ideas, aims, interests (also Comput, Telec) compatible (with sth avec qch) ◆ an IBM-compatible computer un ordinateur compatible IBM

2 n (Comput) compatible m ◆ an IBM-compatible un compatible IBM

compatibly [kəm'pætɪblɪ] adv de façon compatible

compatriot [kəm'pætrɪət] n compatriote mf

compel [kəm'pel] LANGUAGE IN USE 10.1 → SYN vt a [+ person] (physically) contraindre, obliger ; (legally, morally) obliger ; (psychologically) pousser ◆ to be compelled to do sth (physically) être contraint ou obligé de faire qch ; (psychologically) se sentir poussé à faire qch, éprouver l'envie profonde or irrésistible de faire qch ◆ to feel morally compelled to do sth se sentir moralement obligé ou tenu de faire qch

b [+ admiration etc] imposer, forcer ◆ to compel obedience/respect from sb imposer l'obéissance/le respect à qn

compelling [kəm'pelɪŋ] → SYN adj a (= convincing) reason, argument irréfutable ; evidence incontestable ◆ to make a compelling case for sth réunir des arguments irréfutables en faveur de qch ◆ to have a compelling interest in doing sth avoir le plus grand intérêt à faire qch

b (= riveting) story, account, film, book fascinant ◆ his new novel makes compelling reading son nouveau roman est fascinant (à lire)

compellingly [kəm'pelɪŋlɪ] adv write, tell d'une manière fascinante ; persuasive, attractive irrésistiblement

compendia [kəm'pendɪə] npl of compendium

compendious [kəm'pendɪəs] adj compendieux, concis

compendium [kəm'pendɪəm] n, pl **compendiums** or **compendia** a (= summary) abrégé m, compendium m

b (Brit) compendium of games boîte f de jeux

compensate ['kɒmpənseɪt] → SYN 1 vi compenser (by en) ◆ to compensate for sth compenser qch

2 vt (= indemnify) dédommager, indemniser (for de) ; (= pay) rémunérer (for pour) ; (in weight, strength etc) compenser, contrebalancer ; (Tech) compenser, neutraliser

compensation [ˌkɒmpən'seɪʃən] → SYN 1 n (= indemnity) (gen, Psych) compensation f ; (financial) dédommagement m, indemnisation f ; (= payment) rémunération f ; (in weight, strength etc) contrepoids m ; (Tech) compensation f, neutralisation f ◆ in compensation (financial) en dédommagement

2 COMP ▷ **Compensation Fund** n (St Ex) caisse f de garantie

compensatory [ˌkɒmpən'seɪtərɪ] adj (gen) compensateur (-trice f) ◆ compensatory levy (Econ: of EU) prélèvement m compensatoire

compère ['kɒmpɛəʳ] (Brit Rad, Theat, TV) 1 n animateur m, -trice f, meneur m, -euse f de jeu

2 vt [+ show] animer, présenter

ANGLAIS-FRANÇAIS 172

compete [kəm'piːt] → SYN vi a (gen) rivaliser (with sb avec qn ; for sth pour obtenir qch ; to do sth pour faire qch) ◆ there were ten students competing for six places on the course dix étudiants se disputaient les six places disponibles pour cette option, il y avait dix concurrents pour les six places disponibles de l'option ◆ there were only four people competing il n'y avait que quatre concurrents ◆ they are competing for the history prize ils se disputent le prix d'histoire, ils sont rivaux pour le prix d'histoire ◆ to compete with sb for a prize disputer un prix à qn ◆ his poetry can't compete with Eliot's sa poésie ne peut pas rivaliser avec celle d'Eliot ◆ we can't compete with their financial resources vu leurs ressources financières, il nous est impossible de rivaliser avec eux ◆ he can't compete any more (fig) il est à bout de course maintenant

b (Comm) faire concurrence (with sb à qn ; for sth pour (obtenir) qch) ◆ there are six firms competing for a share in the market six entreprises se font concurrence pour une part du marché ◆ they are forced to compete with the multinationals ils sont obligés d'entrer en concurrence or en compétition avec les multinationales

c (Sport) concourir (against sb avec qn ; for sth pour (obtenir) qch ; to do sth pour faire qch) ◆ to compete in a race participer à une course ◆ he's competing against world-class athletes il concourt avec or il est en compétition avec des athlètes de réputation mondiale ◆ there were only four horses/teams/runners competing il n'y avait que quatre chevaux/équipes/coureurs sur les rangs

competence ['kɒmpɪtəns] → SYN n a (gen, Ling) compétence f (for pour ; in en)

b (Jur) compétence f ◆ within the competence of the court de la compétence du tribunal

competency ['kɒmpɪtənsɪ] n a ⇒ competence

b (= money, means) aisance f, moyens mpl

competent ['kɒmpɪtənt] → SYN adj a (= proficient) person compétent (at sth dans qch ; to do sth pour faire qch) ◆ to be competent at or in maths être compétent en mathématiques ◆ to feel competent to do sth se sentir compétent pour or capable de faire qch

b (= satisfactory) work, performance satisfaisant ◆ to do a competent job faire un travail satisfaisant ◆ a competent knowledge of the language une connaissance suffisante de la langue

c (Jur) court compétent ; evidence admissible, recevable ; person habile ; → **court**

competently ['kɒmpɪtəntlɪ] adv handle, perform, play (= proficiently) avec compétence, de façon compétente ; (= satisfactorily) suffisamment bien, assez bien

competing [kəm'piːtɪŋ] adj concurrent

competition [ˌkɒmpɪ'tɪʃən] → SYN 1 n a (NonC) compétition f, rivalité f (for pour) ; (Comm) concurrence f ◆ unfair competition concurrence f or compétition f déloyale ◆ there was keen competition for it on se l'est âprement disputé, il y a eu beaucoup de concurrence pour l'avoir ◆ in competition with en concurrence avec

b concours m (for pour) ; (Sport) compétition f ; (Aut) course f ◆ to go in for a competition se présenter à un concours ◆ beauty/swimming competition concours m de beauté/de natation ◆ I won it in a newspaper competition je l'ai gagné en faisant un concours dans le journal ◆ to choose by competition choisir au concours

c (NonC = competitors) (gen) concurrence f ; (Sport) autres concurrents mpl ◆ he was waiting to see what the competition would be like il attendait de voir qui lui ferait concurrence or qui seraient ses rivaux

2 COMP ▷ **competition car** n voiture f de compétition

competitive [kəm'petɪtɪv] → SYN 1 adj a (Comm) society, system compétitif ; market, prices, rates compétitif, concurrentiel ; product concurrentiel ◆ to gain a competitive advantage or edge (over sb) obtenir un avantage concurrentiel (sur qn)

b (= ambitious) person qui a (or avait) l'esprit de compétition ◆ I'm a very competitive person j'ai un esprit de compétition très développé

competitively / composite

c (Sport) spirit, tennis, match de compétition ◆ **his competitive ability** sa capacité à être compétitif ◆ **to gain a competitive advantage or edge (over sb)** avoir un avantage dans la compétition (sur qn)

d (Educ) entry, selection par concours ◆ **competitive examination** concours m

2 COMP ▷ **competitive advantage** n avantage m concurrentiel ▷ **competitive bidding, competitive tendering** n appel m d'offres ▷ **competitive edge** n avantage m concurrentiel

competitively [kəmˈpetɪtɪvlɪ] adv **a** (Comm) both models are competitively priced les deux modèles sont à des prix compétitifs ◆ **a very competitively priced car** une voiture à prix très compétitif

b (in competitions) en compétition, en lice ◆ **I stopped playing competitively in 1995** j'ai arrêté la compétition en 1995

competitiveness [kəmˈpetɪtɪvnɪs] n compétitivité f

competitor [kəmˈpetɪtəʳ] → SYN n (also Comm) concurrent(e) m(f)

compilation [ˌkɒmpɪˈleɪʃən] n compilation f

compile [kəmˈpaɪl] → SYN vt (gen, Comput) compiler ; [+ dictionary] élaborer ; [+ list, catalogue, inventory] dresser

compiler [kəmˈpaɪləʳ] n (gen) compilateur m, -trice f ; [of dictionary] rédacteur m, -trice f ; (Comput) compilateur m

complacence [kəmˈpleɪsəns], **complacency** [kəmˈpleɪsənsɪ] n contentement m de soi, suffisance f

complacent [kəmˈpleɪsənt] → SYN adj content or satisfait de soi, suffisant ◆ **to be complacent about ...** ne pas être mécontent de ... ◆ **we can't afford to be complacent** nous n'avons pas tellement de raisons de nous laisser aller

complacently [kəmˈpleɪsəntlɪ] adv avec suffisance

complain [kəmˈpleɪn] → SYN vi **a** se plaindre (of, about de) ◆ **to complain that ...** se plaindre que ... (+ subj or indic) or de ce que ... (+ indic) ◆ **how are you? – I can't complain** * comment vas-tu ? — je ne peux pas me plaindre

b (= make a complaint) formuler une plainte or une réclamation (against contre), se plaindre ◆ **you should complain to the manager** vous devriez vous plaindre au directeur ◆ **to complain to the court of justice** (Jur) saisir la Cour de justice

complainant [kəmˈpleɪnənt] n (Jur) plaignant(e) m(f), demandeur m, -deresse f

complaint [kəmˈpleɪnt] → SYN n **a** (= expression of discontent) plainte f ; (= reason for complaint) grief m, sujet m de plainte ; (Jur) plainte f ; (Comm) réclamation f ◆ **complaints department** (Comm) service m des réclamations ◆ **don't listen to his complaints** n'écoutez pas ses plaintes ou ses récriminations ◆ **I have no complaint(s), I have no cause for complaint** je n'ai aucun sujet or motif de plainte, je n'ai pas lieu de me plaindre ◆ **to make a complaint** (Comm) se plaindre (about de), faire une réclamation ◆ **to lodge or lay a complaint against ...** (Jur) porter plainte contre ... ; → **police**

b (Med) maladie f, affection f ◆ **what is his complaint?** de quoi souffre-t-il ?, de quoi se plaint-il ? ◆ **a heart complaint** une maladie de cœur ◆ **bowel complaint** affection f intestinale

complaisance [kəmˈpleɪzəns] n complaisance f, obligeance f

complaisant [kəmˈpleɪzənt] adj complaisant, obligeant

-complected [kəmˈplektɪd] adj (in compounds) (US) ⇒ **-complexioned**

complement ['kɒmplɪmənt] → SYN **1** n (gen, Gram, Math) complément m ; [of staff etc] personnel m, effectif m ◆ **with full complement** au grand complet

2 ['kɒmplɪment] vt compléter, être le complément de

complementary [ˌkɒmplɪˈmentərɪ] → SYN **1** adj (gen, Math) complémentaire

2 COMP ▷ **complementary angle** n (Math) angle m complémentaire ▷ **complementary colour** n couleur f complémentaire

▷ **complementary DNA** n (Bio) ADN m complémentaire ▷ **complementary medicine** n médecine f parallèle or douce

complete [kəmˈpliːt] → SYN **1** adj **a** (= whole) list, set complet (-ète f) ◆ **the complete works of Shakespeare** les œuvres fpl complètes de Shakespeare ◆ **no garden is complete without a bed of roses** sans un parterre de rosiers, un jardin est incomplet

b complete with sth (= also having) avec qch ◆ **a large hotel complete with swimming pool** un grand hôtel avec piscine ◆ **a house complete with furniture** une maison meublée ◆ **to come complete with sth** être pourvu de qch

c (= entire) office block, city, roof, book tout inv entier

d (= finished) work achevé ◆ **the task is now complete** la tâche est accomplie

e (= total, full) change, surprise, disaster, failure complet (-ète f) ; lack total ; approval entier ; idiot, liar fini ◆ **in complete agreement** en parfait accord ◆ **in complete contrast to sb/sth** en contraste absolu avec qn/qch ◆ **to take complete control of sth** prendre le contrôle complet de qch ◆ **at last her happiness was complete** enfin son bonheur était complet ◆ **he is the complete opposite of me** il est tout le contraire de moi ◆ **to my complete satisfaction** à mon entière satisfaction ◆ **she's a complete bitch** ‡ c'est une vraie peau de vache ‡

f (= accomplished) **he is the complete filmmaker/footballer** † c'est le parfait cinéaste/footballeur

2 vt **a** (= finish) [+ collection] compléter ; [+ piece of work] achever, terminer ◆ **and to complete his happiness/misfortune** et pour comble de bonheur/d'infortune ◆ **and just to complete things** et pour couronner le tout ◆ **to complete an order** exécuter une commande

b (= fill in) [+ form, questionnaire] remplir

completely [kəmˈpliːtlɪ] → SYN adv totalement, complètement ◆ **completely and utterly** totalement ◆ **almost completely** presque entièrement

completeness [kəmˈpliːtnɪs] n caractère m complet ; [of report, study] exhaustivité f ◆ **at varying stages of completeness** à différents stades d'achèvement

completion [kəmˈpliːʃən] → SYN **1** n [of work] achèvement m ; [of happiness, misfortune] comble m ; (Jur) [of contract, sale] exécution f ◆ **near completion** près d'être achevé ◆ **payment on completion of contract** paiement m à la signature du contrat

2 COMP ▷ **completion date** n (Jur) (for work) date f d'achèvement (des travaux) ; (in house-buying) date f d'exécution du contrat

completist [kəmˈpliːtɪst] n collectionneur m, -euse f (qui cherche à avoir une collection complète)

complex ['kɒmpleks] → SYN **1** adj complexe

2 n **a** complexe m ◆ **industrial/mining complex** complexe m industriel/minier ◆ **housing complex** (ensemble m de) résidences fpl ; (high rise) grand ensemble m ; → **cinema**

b (Psych) complexe m ◆ **he's got a complex about it** ça lui a donné un complexe, il en fait (tout) un complexe ; → **guilt, inferiority**

complexion [kəmˈplekʃən] → SYN n [of face] teint m ; (fig) caractère m, aspect m ◆ **that puts a new or different complexion on the whole affair** l'affaire se présente maintenant sous un tout autre aspect or jour

-complexioned [kəmˈplekʃənd] adj (in compounds) ◆ **dark-complexioned** de or au teint mat, mat de teint ◆ **fair-complexioned** de or au teint clair, clair de teint

complexity [kəmˈpleksɪtɪ] → SYN n complexité f

compliance [kəmˈplaɪəns] → SYN **1** n (NonC) **a** (= acceptance) acquiescement m (with à) ; (= conformity) conformité f (with avec) ◆ **in compliance with ...** conformément à ..., en accord avec ...

b (= submission) basse complaisance f, servilité f

2 COMP ▷ **compliance lawyer, compliance officer** n conseiller m fiscal

compliant [kəmˈplaɪənt] adj person accommodant ; child docile ◆ **to be compliant with** être conforme à ; [person] se conformer à

complicate ['kɒmplɪkeɪt] → SYN vt compliquer (with de) ; (= muddle) embrouiller ◆ **that complicates matters** cela complique les choses ◆ **she always complicates things** elle complique toujours tout, elle se crée des problèmes

complicated ['kɒmplɪkeɪtɪd] → SYN adj (= involved) compliqué, complexe ; (= muddled) embrouillé

complication [ˌkɒmplɪˈkeɪʃən] → SYN n (gen, Med) complication f

complicit [kəmˈplɪsɪt] adj **a** (= knowing) look, wink, silence complice

b (= involved) complicit in sth complice de qch ◆ **he was complicit in allowing it to happen** il a été complice en laissant la chose se produire

complicity [kəmˈplɪsɪtɪ] → SYN n complicité f (in dans)

compliment ['kɒmplɪmənt] → SYN **1** n **a** compliment m ◆ **to pay sb a compliment** faire or adresser un compliment à qn ◆ **to return the compliment** (fig) retourner le compliment, renvoyer l'ascenseur

b (frm) compliments compliments mpl, respects mpl, hommages mpl (frm) ◆ **give him my compliments** faites-lui mes compliments ◆ **(I wish you) the compliments of the season** (je vous présente) tous mes vœux ◆ **with the compliments of Mr Green** avec les hommages or les compliments de M. Green ◆ **"with compliments"** "avec nos compliments"

2 ['kɒmplɪment] vt complimenter, féliciter (on de), faire des compliments à (on de, sur)

3 COMP ▷ **compliments slip** n (Comm) ≈ papillon m (avec les bons compliments de l'expéditeur)

complimentary [ˌkɒmplɪˈmentərɪ] → SYN adj **a** (= flattering) person élogieux ; remark élogieux, flatteur ◆ **to be complimentary about sb/sth** faire des compliments sur qn/qch

b (= free) ticket, drink gratuit ◆ **complimentary copy** exemplaire m offert à titre gracieux

complin(e) ['kɒmplɪn] n (Rel) complies fpl

comply [kəmˈplaɪ] → SYN vi **a** [person] se soumettre (with à) ◆ **to comply with the rules** observer or respecter le règlement ◆ **to comply with sb's wishes** se conformer aux désirs de qn ◆ **to comply with a request** faire droit à une requête, accéder à une demande ◆ **to comply with a clause** (Admin, Jur) observer or respecter une disposition

b [equipment, object] (to specifications etc) être conforme (with à)

component [kəmˈpəʊnənt] → SYN **1** adj composant, constituant ◆ **the component parts** les parties fpl constituantes

2 n (gen, also Econ) élément m ; (Chem) composant m ; (Aut, Tech) pièce f ◆ **components factory** usine f de pièces détachées

componential [ˌkɒmpəˈnenʃəl] adj componentiel ◆ **componential analysis** (Ling) analyse f componentielle

comport [kəmˈpɔːt] **1** vt ◆ **to comport o.s.** se comporter, se conduire

2 vi convenir (with à), s'accorder (with avec)

comportment [kəmˈpɔːtmənt] n comportement m, conduite f

compose [kəmˈpəʊz] → SYN vt (Literat, Mus, Typ) composer ; (gen, Chem, Tech) composer, constituer ◆ **to be composed of ...** se composer de ... ◆ **to compose o.s.** se calmer ◆ **to compose one's features** composer son visage ◆ **to compose one's thoughts** mettre de l'ordre dans ses pensées

composed [kəmˈpəʊzd] → SYN adj calme, posé

composedly [kəmˈpəʊzɪdlɪ] adv calmement, posément

composer [kəmˈpəʊzəʳ] n (Mus) compositeur m, -trice f

composite ['kɒmpəzɪt] → SYN **1** adj (gen, Archit, Phot) composite ; (Bot, Math) composé

2 n (Archit) (ordre m) composite m ; (Bot) composée f, composacée f

3 COMP ▷ **composite motion** n (Pol) motion f de synthèse ▷ **composite school** n (Can) école f polyvalente ▷ **composite vote** n vote m groupé

composition / computerization

composition [ˌkɒmpəˈzɪʃən] → SYN [1] n a (NonC: gen, Art, Mus, Typ) composition f ◆ **music/verse of her own composition** de la musique/des vers de sa composition
b (= thing composed) composition f, œuvre f; (Scol = essay) rédaction f ◆ **one of her most famous compositions** une de ses œuvres les plus célèbres
c (gen, Chem, Tech = parts composing whole) composition f, constitution f; (= mixture of substances) composition f (of de); (Archit) stuc m ◆ **to study the composition of a substance** étudier la constitution d'une substance
d (Gram) [of sentence] construction f; [of word] composition f
e (= temperament, make-up) nature f, constitution f intellectuelle (or morale)
f (Jur) accommodement m, compromis m, arrangement m (avec un créancier) ◆ **to come to a composition** (frm) venir à composition (frm), arriver à une entente ou un accord
[2] COMP substance synthétique ▷ **composition rubber** n caoutchouc m synthétique

compositional [ˌkɒmpəˈzɪʃənl] adj style de composition; skills, tools de compositeur

compositor [kəmˈpɒzɪtəʳ] n (Typ) compositeur m, -trice f

compos mentis [ˈkɒmpɒsˈmentɪs] adj sain d'esprit

compost [ˈkɒmpɒst] → SYN [1] n compost m
[2] vt composter
[3] COMP ▷ **compost heap** n tas m de compost

composure [kəmˈpəʊʒəʳ] → SYN n calme m, sang-froid m ◆ **to lose (one's) composure** (gen) perdre contenance; (= get angry) perdre son sang-froid

compote [ˈkɒmpəʊt] n compote f; (US = dish) compotier m

compound [ˈkɒmpaʊnd] → SYN [1] n a (Chem) composé m (of de); (Gram) (mot m) composé m; (Tech) compound f
b (= enclosed area) enclos m, enceinte f
[2] adj (Chem) composé, combiné; (Math) number, fraction complexe; (Med) fracture compliqué; (Tech) engine compound inv; (Gram) tense, word composé; sentence complexe ◆ **compound time** (Mus) la mesure composée
[3] [kəmˈpaʊnd] vt a (Chem, Pharm) [+ mixture] composer (of de); [+ ingredients] combiner, mélanger; (fig) [+ problem, difficulties] aggraver
b (Jur etc) [+ debt, quarrel] régler à l'amiable, arranger par des concessions mutuelles ◆ **to compound a felony** composer or pactiser (avec un criminel)
[4] [kəmˈpaʊnd] vi (Jur etc) composer, transiger (with avec; for au sujet de, pour), s'arranger à l'amiable (with avec; for au sujet de) ◆ **to compound with one's creditors** s'arranger à l'amiable or composer avec ses créanciers
[5] COMP ▷ **compound interest** n intérêts mpl composés

compounding [ˈkɒmpaʊndɪŋ] n (Ling) composition f

comprehend [ˌkɒmprɪˈhend] → SYN [1] vt a (= understand) comprendre, saisir
b (= include) comprendre, englober
[2] vi comprendre

comprehending [ˌkɒmprɪˈhendɪŋ] adj compréhensif

comprehensibility [ˌkɒmprɪhensəˈbɪlɪtɪ] n intelligibilité f

comprehensible [ˌkɒmprɪˈhensəbl] → SYN adj compréhensible

comprehensibly [ˌkɒmprɪˈhensəblɪ] adv de façon compréhensible or intelligible

comprehension [ˌkɒmprɪˈhenʃn] → SYN n a (= understanding) compréhension f, entendement m ◆ **that is beyond my comprehension** cela dépasse ma compréhension or mon entendement
b (Scol) exercice m de compréhension
c (= inclusion) inclusion f

comprehensive [ˌkɒmprɪˈhensɪv] → SYN [1] adj
a (= broad, inclusive) description, report, review, survey détaillé, complet (-ète f); knowledge vaste, étendu; planning global; label, rule compréhensif ◆ **comprehensive measures** mesures fpl d'ensemble ◆ **comprehensive insurance (policy)** (Insurance) assurance f tous risques
b (Brit Scol) education, system polyvalent ◆ **comprehensive school** établissement m polyvalent d'enseignement secondaire ◆ **to go comprehensive** abandonner les critères sélectifs d'entrée
[2] n ⇒ comprehensive school

COMPREHENSIVE SCHOOL

Créées dans les années 60 par le gouvernement travailliste de l'époque, les **comprehensive schools** sont des établissements polyvalents d'enseignement secondaire conçus pour accueillir tous les élèves sans distinction et leur offrir des chances égales, par opposition au système sélectif des "grammar schools". La majorité des enfants britanniques fréquentent aujourd'hui une **comprehensive school**, mais les "grammar schools" n'ont pas toutes disparu.

---

comprehensively [ˌkɒmprɪˈhensɪvlɪ] adv complètement ◆ **we were comprehensively beaten** nous avons été battus à plate couture ◆ **to be comprehensively insured** avoir une assurance tous risques

compress [kəmˈpres] → SYN [1] vt [+ substance] comprimer; [+ essay, facts] condenser, concentrer; (Comput) [+ data] compresser ◆ **compressed air** air m comprimé
[2] vi (gen) se comprimer; [gas] se condenser
[3] [ˈkɒmpres] n compresse f

compression [kəmˈpreʃn] → SYN [1] n (gen, Comput) compression f
[2] COMP ▷ **compression pistol** n ensemble m pistolet compresseur ▷ **compression ratio** n (Aut) taux m de compression

compressor [kəmˈpresəʳ] [1] n compresseur m
[2] COMP ▷ **compressor program** n (Comput) programme m de compression ▷ **compressor unit** n groupe m compresseur

comprise [kəmˈpraɪz] → SYN vt **a** (= include) comprendre, être composé de ◆ **to be comprised of** se composer de
b (= make up) constituer ◆ **women comprise 80% of the workforce** les femmes constituent 80 % de l'effectif

compromise [ˈkɒmprəmaɪz] → SYN [1] n compromis m ◆ **to come to** or **reach a compromise** aboutir à un compromis ◆ **to agree to a compromise** accepter un compromis
[2] vi transiger (over sur), aboutir à or accepter un compromis
[3] vt [+ reputation, safety, security, plan] compromettre ◆ **to compromise o.s.** se compromettre
[4] COMP ▷ **compromise decision** n décision f de compromis ▷ **compromise solution** n solution f de compromis

compromising [ˈkɒmprəmaɪzɪŋ] adj compromettant

Comptometer ® [ˌkɒmpˈtɒmɪtəʳ] [1] n machine f comptable
[2] COMP ▷ **Comptometer operator** n mécanographe mf

comptroller [kənˈtrəʊləʳ] [1] n (Admin, Fin) contrôleur m, -euse f (des finances)
[2] COMP ▷ **Comptroller General** n (US Jur, Pol) ≃ président m de la Cour des comptes

compulsion [kəmˈpʌlʃn] → SYN n contrainte f ◆ **under compulsion** de force, sous la contrainte ◆ **you are under no compulsion** vous n'êtes nullement obligé, rien ne vous force

compulsive [kəmˈpʌlsɪv] → SYN adj **a** (= habitual) **to be a compulsive gambler/liar** être un joueur/menteur invétéré ◆ **to be a compulsive eater** ne pas pouvoir s'empêcher de manger, être boulimique
b (Psych) behaviour, desire, need compulsif; → obsessive
c (= irresistible) reading fascinant ◆ **the programme was compulsive viewing** l'émission était fascinante

compulsively [kəmˈpʌlsɪvlɪ] adv **a** lie compulsivement; behave, gamble, talk d'une façon compulsive ◆ **to eat compulsively** être boulimique ◆ **she is compulsively tidy** elle est tellement ordonnée que cela tourne à l'obsession
b (= irresistibly) compulsively readable d'une lecture fascinante ◆ **the series is compulsively watchable** ce feuilleton est fascinant, on n'arrive pas à décrocher de ce feuilleton

compulsorily [kəmˈpʌlsərɪlɪ] adv purchased, retired d'office

compulsory [kəmˈpʌlsərɪ] LANGUAGE IN USE 10.3 → SYN
[1] adj **a** (= obligatory) education, test, school subject, military service obligatoire; retirement obligatoire, d'office; redundancies d'office
b (= compelling) powers coercitif
[2] n **the compulsories** npl (Skating) les figures fpl imposées
[3] COMP ▷ **compulsory liquidation** n (Fin) liquidation f forcée ▷ **compulsory purchase (order)** n (Brit) (ordre m d')expropriation f (pour cause d'utilité publique)

compunction [kəmˈpʌŋkʃn] n remords m, scrupule m; (Rel) componction f ◆ **without the slightest** or **the least compunction** sans le moindre scrupule or remords ◆ **he had no compunction about doing it** il n'a eu aucun scrupule à le faire

computation [ˌkɒmpjʊˈteɪʃn] n **a** (gen) calcul m
b (NonC) estimation f, évaluation f (of de)

computational [ˌkɒmpjʊˈteɪʃənl] [1] adj statistique, quantitatif
[2] COMP ▷ **computational linguistics** n (NonC) linguistique f computationnelle

compute [kəmˈpjuːt] → SYN vt calculer ◆ **to compute sth at ...** évaluer or estimer qch à ...

computer [kəmˈpjuːtəʳ] [1] n **a** (electronic) ordinateur m; (mechanical) calculatrice f ◆ **he is in computers** il est dans l'informatique ◆ **on computer** sur ordinateur ◆ **to do sth by computer** faire qch sur ordinateur; → **digital, personal**
b (= person) calculateur m, -trice f
[2] COMP ▷ **the computer age** n l'ère f informatique or de l'ordinateur ▷ **computer agency** n bureau m d'informatique ▷ **computer-aided** adj assisté par ordinateur ▷ **computer-aided design** n conception f assistée par ordinateur ▷ **computer architecture** n architecture f informatique ▷ **computer-assisted** adj ⇒ computer-aided ▷ **computer code** n code m machine ▷ **computer-controlled** adj géré par ordinateur ▷ **computer crime** n (= illegal activities) criminalité f informatique; (= illegal act) délit m informatique ▷ **computer dating service** n club m de rencontres sélectionnées par ordinateur ▷ **computer error** n erreur f informatique ▷ **computer game** n jeu m électronique ▷ **computer-generated** adj graphics généré par ordinateur; image de synthèse ▷ **computer graphics** n (NonC) (= field) infographie f; (= pictures) images fpl de synthèse ▷ **computer-integrated manufacturing** n fabrication f assistée par ordinateur ▷ **computer language** n langage m de programmation, langage m machine ▷ **computer literacy** n compétence f (en) informatique ▷ **computer-literate** adj initié à l'informatique ▷ **computer model** n modèle m informatique ▷ **computer nerd*** n (pej) cinglé(e) * m(f) d'informatique ▷ **computer operator** n opérateur m, -trice f ▷ **computer peripheral** n périphérique m d'ordinateur ▷ **computer printout** n listage m or listing m d'ordinateur ▷ **computer program** n programme m informatique ▷ **computer programmer** n programmeur m, -euse f ▷ **computer programming** n programmation f ▷ **computer science** n informatique f ▷ **computer scientist** n informaticien(ne) m(f) ▷ **computer studies** npl l'informatique f ▷ **computer system** n système m informatique ▷ **computer typesetting** n composition f informatique ▷ **computer virus** n virus m informatique

computerese* [kəmˌpjuːtəˈriːz] n jargon m informatique

computerist [kəmˈpjuːtərɪst] n (US) informaticien(ne) m(f)

computerization [kəmˌpjuːtəraɪˈzeɪʃn] n informatisation f

computerize [kəmˈpjuːtəraɪz] **1** vt informatiser
2 COMP ▷ **computerized axial tomography** n scanographie f, tomodensitométrie f ▷ **computerized stocktaking** n (Comm) inventaire m informatisé

computing [kəmˈpjuːtɪŋ] **1** n informatique f
2 COMP service, facility, problem informatique; course, department d'informatique

comrade [ˈkɒmreɪd] → SYN **1** n camarade mf
2 COMP ▷ **comrade-in-arms** n compagnon m d'armes

comradely [ˈkɒmreɪdlɪ] adj amical

comradeship [ˈkɒmreɪdʃɪp] n camaraderie f

Comsat ® [ˈkɒmsæt] n (US) abbrev of **Communications Satellite Corporation**

con¹ [kɒn] vt **a** († = study) apprendre par cœur
b (Naut) gouverner; (US Naut) piloter

con² [kɒn] prep, n contre m; → **pro¹**

con³ * [kɒn] **1** vt arnaquer*, escroquer ◆ **to con sb into doing sth** amener qn à faire qch en l'abusant or en le dupant ◆ **I've been conned!** on m'a eu!*, je me suis fait avoir!* ◆ **he conned his way into the building** il est entré dans l'immeuble par ruse
2 n **a** **it was all a big con** (= empty boasting etc) tout ça c'était de la frime*; (= swindle) c'était une vaste escroquerie or arnaque*
b ⁑ (abbrev of **convict**) taulard ⁑ m
3 COMP ▷ **con artist** * n arnaqueur* m ▷ **con game** * n ▷ **con trick** ▷ **con man** * n, pl **con men** escroc m; ▷ **con trick** * n escroquerie f

Con. n (Brit) **a** abbrev of **Conservative**
b abbrev of **constable**

con amore [kɒnæˈmɔːrɪ] adv (Mus) con amore

conation [kəʊˈneɪʃən] n conation f

con brio [kɒnˈbriːəʊ] adv (Mus) con brio

conc. n (abbrev of **concessions**) ◆ **admission £5 (conc. £4)** entrée 5 livres (tarif réduit 4 livres)

concatenate [kɒnˈkætɪneɪt] vt enchaîner

concatenation [kɒnˌkætɪˈneɪʃən] n [of circumstances] enchaînement m; (Ling, Comput) concaténation f

concave [ˈkɒnˈkeɪv] → SYN adj concave

concavity [kɒnˈkævɪtɪ] n concavité f

concavo-concave [kɒnˈkeɪvəʊ] adj (Opt) biconcave

concavo-convex [kɒnˈkeɪvəʊ] adj (Opt) convexo-concave

conceal [kənˈsiːl] → SYN vt (= hide) [+ object] cacher, dissimuler; (= keep secret) [+ news, event] garder or tenir secret; [+ emotions, thoughts] dissimuler ◆ **to conceal sth from sb** cacher qch à qn ◆ **to conceal the fact that ...** dissimuler le fait que ... ◆ **concealed lighting** éclairage m indirect ◆ **concealed turning** or **road** (Aut) intersection f cachée

concealment [kənˈsiːlmənt] → SYN n (NonC) dissimulation f; (Jur) [of criminal] recel m; [of background, knowledge, truth, facts] occultation f; (= place of concealment) cachette f

concede [kənˈsiːd] LANGUAGE IN USE 11.1 → SYN
1 vt [+ privilege] concéder, accorder; [+ point] concéder, (Sport) [+ match] concéder ◆ **to concede that ...** concéder or reconnaître que ... ◆ **to concede victory** s'avouer vaincu
2 vi céder

conceit [kənˈsiːt] → SYN n **a** (NonC = pride) vanité f, suffisance f
b (= witty expression) trait m d'esprit, expression f brillante ◆ **he is wise in his own conceit** (liter) il se croit très sage ◆ **conceits** (Literat) concetti mpl

conceited [kənˈsiːtɪd] → SYN adj vaniteux, suffisant

conceitedly [kənˈsiːtɪdlɪ] adv say avec suffisance ◆ **I don't mean that conceitedly** je ne dis pas cela par vanité

conceivable [kənˈsiːvəbl] → SYN adj concevable, imaginable ◆ **it is hardly conceivable that ...** il est à peine concevable que ... (+ subj)

conceivably [kənˈsiːvəblɪ] adv de façon concevable, en théorie ◆ **she may conceivably be right** il est concevable or il se peut bien qu'elle ait raison

conceive [kənˈsiːv] → SYN **1** vt [+ child, idea, plan] concevoir ◆ **to conceive a hatred/love for sb/sth** concevoir de la haine/de l'amour pour qn/qch ◆ **I cannot conceive why he wants to do it** je ne comprends vraiment pas pourquoi il veut le faire
2 vi (woman) ◆ **unable to conceive** qui ne peut pas avoir d'enfants ◆ **to conceive of** concevoir, avoir le concept de ◆ **I cannot conceive of anything better** je ne conçois rien de mieux ◆ **I cannot conceive of a better way to do it** je ne conçois pas de meilleur moyen de le faire

concelebrant [kənˈsɛlɪˌbrənt] n (Rel) concélébrant m

concelebrate [kənˈsɛlɪbreɪt] vt (Rel) concélébrer

concelebration [kənˌsɛlɪˈbreɪʃən] n (Rel) concélébration f

concentrate [ˈkɒnsəntreɪt] → SYN **1** vt [+ attention] concentrer (on sur); [+ hopes] reporter (on sur); [+ supplies] concentrer, rassembler; (Chem, Mil) concentrer ◆ **it concentrates the mind** cela fait réfléchir
2 vi **a** (= direct thoughts, efforts etc) se concentrer, concentrer or fixer son attention (on sur) ◆ **to concentrate on doing sth** s'appliquer à faire qch ◆ **I just can't concentrate!** je n'arrive pas à me concentrer! ◆ **try to concentrate a little more** essaie de te concentrer un peu plus or de faire un peu plus attention ◆ **concentrate on getting yourself a job** essaie avant tout de te or occupe-toi d'abord de te trouver du travail ◆ **concentrate on getting well** occupe-toi d'abord de ta santé ◆ **the terrorists concentrated on the outlying farms** les terroristes ont concentré leurs attaques sur les fermes isolées ◆ **today I shall concentrate on the 16th century** (giving speech etc) aujourd'hui je traiterai en particulier le 16ᵉ siècle
b (= converge) [troops, people] se concentrer, converger ◆ **the crowds began to concentrate round the palace** la foule a commencé à se concentrer or à se rassembler autour du palais
3 adj, n (Chem) concentré m

concentrated [ˈkɒnsəntreɪtɪd] adj **a** liquid, substance concentré ◆ **in a concentrated form** sous une forme concentrée
b (= focused) effort intense; attack en règle

concentration [ˌkɒnsənˈtreɪʃən] → SYN **1** n concentration f
2 COMP ▷ **concentration camp** n camp m de concentration

concentric [kənˈsɛntrɪk] adj concentrique

concept [ˈkɒnsɛpt] → SYN **1** n notion f, idée f; (Philos, Marketing etc) concept m
2 COMP ▷ **concept album** n (Mus) album m concept

conceptacle [kənˈsɛptəkl] n conceptacle m

conception [kənˈsɛpʃən] → SYN n idée f, conception f; (Med) conception f ◆ **he has not the slightest conception of teamwork** il n'a pas la moindre idée de ce qu'est le travail en équipe ◆ **a new conception of democracy** une nouvelle conception de la démocratie; → **immaculate**

conceptual [kənˈsɛptjʊəl] **1** adj conceptuel
2 COMP ▷ **conceptual art** n art m conceptuel

conceptualism [kənˈsɛptjʊəlɪzəm] n conceptualisme m

conceptualization [kənˌsɛptjʊəlaɪˈzeɪʃən] n conceptualisation f

conceptualize [kənˈsɛptjʊəˌlaɪz] vt concevoir, conceptualiser

conceptually [kənˈsɛptjʊəlɪ] adv du point de vue conceptuel

concern [kənˈsɜːn] LANGUAGE IN USE 6.2, 26.2 → SYN
1 vt **a** (= affect) concerner; (= be of importance to) intéresser, importer à; (= be the business of) regarder, être l'affaire de; (= be about) [report etc] se rapporter à ◆ **that doesn't concern you** cela ne vous regarde pas, ce n'est pas votre affaire ◆ **to whom it may concern** (frm) à qui de droit ◆ **as concerns** en ce qui concerne, à propos de ◆ **as far as** or **so far as he is concerned** en ce qui le concerne, quant à lui ◆ **where we are concerned** en ce qui nous concerne ◆ **the persons concerned** les intéressés mpl ◆ **the department concerned** (= under discussion) le service en question or dont il s'agit; (= relevant) le service compétent ◆ **my brother is the most closely concerned** le premier intéressé c'est mon frère ◆ **to be concerned in ...** avoir un intérêt dans ... ◆ **to concern o.s. in** or **with** s'occuper de, s'intéresser à ◆ **we are concerned only with facts** nous ne nous occupons que des faits
b (= trouble, worry) inquiéter ◆ **to be concerned by sth** s'inquiéter de qch, être inquiet de qch ◆ **what concerns me is that ...** ce qui me préoccupe, c'est que ...; see also **concerned**
2 n **a** (= relation, connexion) rapport m (with avec), relation f (with avec) ◆ **to have no concern with** n'avoir rien à voir avec, être sans rapport avec
b (= interest, business) affaire f; (= responsibility) responsabilité f ◆ **it's no concern of his,** **it's none of his concern** ce n'est pas son affaire, cela ne le regarde pas ◆ **it is of no concern to him** cela n'a aucun intérêt pour lui ◆ **what concern is it of yours?** en quoi est-ce que cela vous regarde?
c (Comm: also **business concern**) entreprise f, affaire f; → **going**
d (= interest, share) intérêt(s) m(pl) (in dans) ◆ **he has a concern in the business** il a des intérêts dans l'affaire
e (= anxiety) inquiétude f, préoccupation f; (stronger) anxiété f ◆ **he was filled with concern** il était très soucieux or préoccupé ◆ **a look of concern** un regard inquiet ◆ **it is of great concern to us (that)** c'est un grand souci pour nous (que) ◆ **this is a matter of great concern to us** c'est un sujet de grande inquiétude pour nous
f (* = object, contrivance) truc * m, bidule ⁑ m

concerned [kənˈsɜːnd] → SYN adj **a** (= worried) parent, neighbour, look préoccupé, inquiet (-ète f) (for sb/sth) pour qn/qch) ◆ **to be concerned about sb** se faire du souci pour qn ◆ **to be concerned about sth** être inquiet de qch ◆ **to be concerned that ...** être inquiet que ... (+ subj) ◆ **I am concerned to hear that ...** j'apprends avec inquiétude que ...; see also **concern**
b (= keen) **to be concerned to do sth** tenir à faire qch ◆ **they are more concerned to save face than to ...** ils se soucient davantage de ne pas perdre la face que de ...

concerning [kənˈsɜːnɪŋ] → SYN prep concernant, en ce qui concerne

concert [ˈkɒnsət] → SYN **1** n **a** (Mus) concert m ◆ **in concert** en concert
b [of voices etc] unisson m, chœur m ◆ **in concert** à l'unisson, en chœur
c (fig) **a concert of colours** une harmonie de couleurs ◆ **in concert with** de concert avec
2 [kənˈsɜːt] vt concerter, arranger (ensemble)
3 COMP ticket, date de concert ▷ **concert grand** n piano m de concert ▷ **concert hall** n salle f de concert ▷ **concert party** n (Mus) concert m populaire (donné en plein air ou dans une salle des fêtes) ▷ **concert performer** n concertiste mf ▷ **concert pianist** n pianiste mf de concert ▷ **concert pitch** n (Mus) diapason m (de concert) ◆ **at concert pitch** (fig = on top form) au maximum or à l'apogée de sa forme ▷ **concert tour** n tournée f de concerts

concertante [ˌkɒntʃəˈtæntɪ] adj (Mus) concertant

concerted [kənˈsɜːtɪd] → SYN adj concerté

concertgoer [ˈkɒnsətɡəʊəʳ] n amateur m de concerts, personne f allant régulièrement au concert

concertina [ˌkɒnsəˈtiːnə] **1** n concertina m
2 vi ◆ **the vehicles concertinaed into each other** les véhicules se sont emboutis or télescopés (les uns les autres)
3 COMP ▷ **concertina crash** n (Aut) carambolage m

concertino [ˌkɒntʃəˈtiːnəʊ] n (Mus = group, concerto) concertino m

concertmaster [ˈkɒnsətˌmɑːstəʳ] n (US) premier violon m

concerto [kənˈtʃɛətəʊ] **1** n, pl **concertos** or **concerti** [kənˈtʃɛətiː] concerto m (for pour)

concession / conditional

2 COMP ▷ **concerto grosso** [ˈgrɒsəʊ] n, pl **concerto grossos** or **concerti grossi** [ˈgrɒsɪ] concerto m grosso

concession [kənˈseʃən] → SYN n (gen, Jur) concession f ; (Comm) réduction f

concessionaire [kənˌseʃəˈnɛəʳ] n (esp Brit) concessionnaire mf

concessionary [kənˈseʃənərɪ] **1** adj (Fin, Jur etc) concessionnaire ; (Comm) ticket, fare à prix réduit ◆ **concessionary aid** aide f libérale

2 n concessionnaire mf

conch [kɒntʃ] n, pl **conchs** or **conches** (= shell, Anat) conque f ; (Archit) voûte f semi-circulaire, (voûte f d')abside f

concha [ˈkɒŋkə] n, pl **conchae** [ˈkɒŋkiː] (Anat) conque f

conchoid [ˈkɒŋkɔɪd] n (Geom) conchoïde f

conchology [kɒŋˈkɒlədʒɪ] n conchyliologie f

conciliar [kənˈsɪlɪəʳ] adj (Rel) conciliaire

conciliate [kənˈsɪlɪeɪt] → SYN vt **a** (= appease) apaiser ; (= win over) se concilier (l'appui de)

b (= reconcile) [+ opposing views or factions, extremes] concilier

conciliation [kənˌsɪlɪˈeɪʃən] → SYN **1** n (NonC)

a (Pol, Ind) conciliation f

b (= appeasement) [of person] apaisement m

c (= resolution) [of dispute, differences] règlement m

2 COMP ▷ **conciliation board** n (Ind) conseil m d'arbitrage ▷ **conciliation service** n (gen) service m de conciliation ; (Ind) service m de règlement amiable

conciliator [kənˈsɪlɪeɪtəʳ] n conciliateur m, -trice f ; (Ind) médiateur m

conciliatory [kənˈsɪlɪətərɪ] → SYN adj person, tone, gesture, mood, statement conciliant ; spirit de conciliation ; (Pol, Ind) procedure conciliatoire

concise [kənˈsaɪs] → SYN adj (= short) concis ; (= shortened) abrégé

concisely [kənˈsaɪslɪ] adv de façon concise

conciseness [kənˈsaɪsnɪs], **concision** [kənˈsɪʒən] n concision f

conclave [ˈkɒŋkleɪv] n (Rel) conclave m ; (fig) assemblée f (secrète), réunion f (privée) ◆ **in conclave** (fig) en réunion privée

conclavist [ˈkɒŋkleɪvɪst] n (Rel) conclaviste m

conclude [kənˈkluːd] → SYN **1** vt **a** (= end) [+ business, agenda] conclure, terminer ◆ "to be concluded" (in magazine) "suite et fin au prochain numéro" ; (in TV programme) "suite et fin au prochain épisode"

b (= arrange) [+ treaty] conclure, aboutir à

c (= infer) conclure, déduire (*from* de ; *that* que)

d (US = decide) décider (*to do sth* de faire qch)

2 vi (= end) [things, events] se terminer, s'achever (*with* par, sur) ; [person] conclure ◆ **to conclude I must say** ... pour conclure or en conclusion je dois dire ...

concluding [kənˈkluːdɪŋ] adj final

conclusion [kənˈkluːʒən] LANGUAGE IN USE 26.1, 26.2 → SYN n **a** (= end) conclusion f, fin f ◆ **in conclusion** pour conclure, finalement, en conclusion ◆ **to bring to a conclusion** mener à sa conclusion or à terme

b [settling] [of treaty etc] conclusion f

c (= opinion, decision) conclusion f, déduction f ◆ **to come to the conclusion that** ... conclure que ... ◆ **to draw a conclusion from** ... tirer une conclusion de ... ◆ **this leads one to the conclusion that** ... ceci amène à conclure que ... ; → **foregone, jump**

d (Philos) conclusion f

e **to try conclusions with sb** se mesurer avec or contre qn

conclusive [kənˈkluːsɪv] → SYN adj concluant, probant

conclusively [kənˈkluːsɪvlɪ] adv de façon concluante or probante

concoct [kənˈkɒkt] → SYN vt (lit, fig) concocter

concoction [kənˈkɒkʃən] → SYN n mélange m, préparation f

concomitant [kənˈkɒmɪtənt] **1** adj concomitant

2 n événement m concomitant

concord [ˈkɒŋkɔːd] n **a** concorde f, harmonie f ◆ **in complete concord** en parfaite harmonie

b (Gram) accord m ◆ **to be in concord with** ... s'accorder avec ...

c (Mus) accord m

concordance [kənˈkɔːdəns] n **a** (= agreement) accord m

b (= index) index m ; (Bible, Ling) concordance f

concordant [kənˈkɔːdənt] adj concordant, s'accordant (*with* avec)

concordat [kɒnˈkɔːdæt] n concordat m

Concorde [ˈkɒnkɔːd] n (Aviat) Concorde m ◆ **in Concorde** en Concorde

concourse [ˈkɒŋkɔːs] n **a** (in building, station) hall m ; (in pedestrian precinct) parvis m, piazza f ; (US: in a park) carrefour m ; (US = street) cours m, boulevard m

b [of people, vehicles] affluence f

concrescence [kənˈkresns] n concrescence f

concrescent [kənˈkresnt] adj concrescent

concrete [ˈkɒnkriːt] → SYN **1** adj **a** floor, wall, steps en béton ; block de béton

b (= definite, not abstract) concret (-ète f)

2 n **a** béton m ◆ **nothing is yet set** or **embedded in concrete** rien n'est encore arrêté or décidé ; → **prestressed, reinforce**

b (Philos) **the concrete** le concret

3 vt bétonner

4 COMP ▷ **concrete jungle** n jungle f de béton ▷ **concrete mixer** n bétonneuse f

concretion [kənˈkriːʃən] n concrétion f

concretize [ˈkɒnkrɪtaɪz] vt concrétiser

concubine [ˈkɒŋkjʊbaɪn] → SYN n concubine f

concupiscence [kənˈkjuːpɪsəns] n (frm) concupiscence f

concupiscent [kənˈkjuːpɪsənt] adj (frm) concupiscent

concur [kənˈkɜːʳ] → SYN vi **a** (= agree) [person] être d'accord, s'entendre (*with sb* avec qn ; *in sth* sur or au sujet de qch) ; [opinions] converger

b (= happen together) coïncider, arriver en même temps ; (= contribute) concourir (*to* à) ◆ **everything concurred to bring about this result** tout a concouru à produire ce résultat

concurrence [kənˈkʌrəns] n (frm) **a** (= consent) accord m

b (= coincidence) coïncidence f ◆ **a concurrence of events** une coïncidence, un concours de circonstances

c (= consensus) **a concurrence of opinion** une convergence de vues

concurrent [kənˈkʌrənt] → SYN adj **a** (= occurring at same time) concomitant, simultané ◆ **concurrent with her acting career, she managed to** ... parallèlement à sa carrière d'actrice, elle a réussi à ... ◆ **concurrent with** en même temps que ◆ **he was given concurrent sentences totalling 24 years** il a été condamné à 24 ans de prison par confusion des peines

b (frm = acting together) concerté

c (frm = in agreement) views etc concordant

d (Math, Tech) concourant

concurrently [kənˈkʌrəntlɪ] adv simultanément

concuss [kənˈkʌs] vt **a** (Med: gen pass) commotionner ◆ **to be concussed** être commotionné

b (= shake) secouer violemment, ébranler

concussion [kənˈkʌʃən] → SYN n **a** (Med) commotion f (cérébrale)

b (= shaking) ébranlement m, secousse f

condemn [kənˈdem] LANGUAGE IN USE 14, 26.3 → SYN vt **a** (gen, Jur, Med, fig) condamner (*to* à) ◆ **to condemn sb to death** (Jur) condamner qn à mort ◆ **the condemned man** le condamné ◆ **the condemned cell** la cellule des condamnés

b (Tech) [+ building] déclarer inhabitable, condamner ; (Mil, Tech) [+ materials] réformer, déclarer inutilisable

condemnation [ˌkɒndemˈneɪʃən] → SYN n (gen, Jur, fig) condamnation f ; (US Jur) [of property] expropriation f pour cause d'utilité publique ◆ **the murder drew unanimous condemnation from the press** l'assassinat a été unanimement condamné par la presse

condemnatory [kəndemˈneɪtərɪ] adj réprobateur (-trice f)

condensate [kɒnˈdenseɪt] n (Chem) condensat m

condensation [ˌkɒndenˈseɪʃən] → SYN n condensation f

condense [kənˈdens] → SYN **1** vt condenser, concentrer ; (Phys) [+ gas] condenser ; [+ rays] concentrer ; (fig) condenser, résumer ◆ **condensed book** livre m condensé

2 vi se condenser, se concentrer

3 COMP ▷ **condensed milk** n lait m concentré

condenser [kənˈdensəʳ] n (Elec, Tech) condensateur m ; (Phys) [of gas] condenseur m ; [of light] condensateur m

condescend [ˌkɒndɪˈsend] → SYN vi **a** condescendre (*to do sth* à faire qch), daigner (*to do sth* faire qch) ◆ **to condescend to sb** se montrer condescendant envers or à l'égard de qn

b (= stoop to) s'abaisser (*to* à), descendre (*to* à, jusqu'à)

condescending [ˌkɒndɪˈsendɪŋ] → SYN adj condescendant (*to* or *towards sb* avec qn) ◆ **in a condescending way** avec condescendance

condescendingly [ˌkɒndɪˈsendɪŋlɪ] adv avec condescendance

condescension [ˌkɒndɪˈsenʃən] n condescendance f

condign [kənˈdaɪn] adj (= fitting) adéquat, proportionné ; (= deserved) mérité

condiment [ˈkɒndɪmənt] n condiment m

condition [kənˈdɪʃən] → SYN **1** n **a** (= determining factor) condition f ◆ **condition of sale** (Comm) condition f de vente ◆ **condition of a contract** (Jur) condition f d'un contrat ◆ **he made the condition that no one should accompany him** il a stipulé que personne ne devait l'accompagner ◆ **on this condition** à cette condition ◆ **I'll lend you my car on condition that** or (US) **on the condition that you don't damage it** je vous prête ma voiture à condition que vous ne l'abîmiez (subj) pas ◆ **you can go on holiday on condition that** or (US) **on the condition that you pass your exam** tu partiras en vacances à condition de réussir ton examen ; → **term**

b (= circumstance) condition f ◆ **under** or **in the present conditions** dans les conditions or circonstances actuelles ◆ **working/living conditions** conditions fpl de travail/de vie ◆ **weather conditions** conditions fpl météorologiques ◆ **the human condition** la condition humaine

c (NonC = state, nature) état m, condition f ◆ **physical/mental condition** état m physique/mental ◆ **in condition** thing en bon état ; person en forme, en bonne condition physique ◆ **in good condition** (Comm etc) en bon état ◆ **it's out of condition** c'est en mauvais état ◆ **he's out of condition** il n'est pas en forme ◆ **she was in no condition** or **was not in a condition** or **not in any condition to go out** elle n'était pas en état de sortir ◆ **she is in an interesting condition*** (euph) elle est dans une position intéressante †

d (NonC: frm = social position) position f, situation f

2 vt **a** (= determine) déterminer, conditionner ◆ **his standard of living is conditioned by his income** son niveau de vie dépend de ses revenus

b (= bring into good condition) [+ animal] mettre en forme ; [+ thing] remettre en bon état ; [+ hair, skin] traiter ; → **air**

c (Psych, fig) [+ person, animal] provoquer un réflexe conditionné chez, conditionner ; (by propaganda) [+ person] conditionner ◆ **he was conditioned into believing that** ... il a été conditionné à croire que ... ◆ **conditioned reflex** réflexe m conditionné ◆ **conditioned response** réaction f conditionnée

conditional [kənˈdɪʃənəl] → SYN **1** adj **a** (gen) offer, acceptance, support, ceasefire conditionnel ◆ **to be conditional (up)on sth** dépendre de qch ◆ **his appointment is conditional (up)on his passing his exams** il sera nommé à condition qu'il soit reçu à ses examens

b (Gram) conditionnel

conditionally / confidence

2 n (Gram) conditionnel m ◆ **in the conditional** au conditionnel
3 COMP ▷ **conditional access** n (TV) accès m limité aux abonnés ▷ **conditional discharge** n (Brit Jur) condamnation f avec sursis ◆ **a one-year conditional discharge** un an de prison avec sursis ▷ **conditional sale agreement** n (Comm) accord m conditionnel de vente

conditionally [kən'dɪʃnəlɪ] adv agree sous condition, à certaines conditions ◆ **she said yes, conditionally** elle a dit oui, mais à certaines conditions

conditioner [kən'dɪʃənər] n (for hair) après-shampooing m ; (for skin) crème f traitante ; → **fabric**

conditioning [kən'dɪʃənɪŋ] → SYN **1** n (Psych) conditionnement m ; [of hair] traitement m
2 adj traitant

condo ['kɒndəʊ] n (US) (abbrev of **condominium unit**) → **condominium**

condole [kən'dəʊl] vi exprimer or présenter ses condoléances (**with sb** à qn)

condolence [kən'dəʊləns] LANGUAGE IN USE 24.4
◆ **condolences** condoléances fpl ◆ **to offer one's condolences to sb** présenter ses condoléances à qn ◆ **message/letter of condolence** message m/lettre f de condoléances ◆ **book of condolence(s)** registre m de condoléances

condom ['kɒndəm] n préservatif m

condominium [,kɒndə'mɪnɪəm] **1** n, pl **condominiums a** condominium m
b (US) (= ownership) copropriété f ; (= building) immeuble m (en copropriété) ; (= rooms) appartement m (dans un immeuble en copropriété)
2 COMP ▷ **condominium unit** n appartement m en copropriété ; → HOUSE

condonation [,kɒndəʊ'neɪʃən] n (Fin) remise f d'une dette

condone [kən'dəʊn] → SYN vt (= tolerate) admettre, laisser faire ; (= overlook) fermer les yeux sur ; (= forgive) pardonner ◆ **we cannot condone that kind of behaviour** nous ne pouvons pas admettre ce genre de comportement, nous ne pouvons pas laisser faire cela ◆ **to condone adultery** (Jur) ≈ pardonner un adultère ◆ **to condone a student** (Educ) repêcher un étudiant ◆ **to condone a student's exam results** remonter les notes d'un étudiant

condor ['kɒndɔːr] n condor m

conduce [kən'djuːs] vi ◆ **to conduce to** conduire à, provoquer

conducive [kən'djuːsɪv] adj ◆ **to be conducive to** être propice à or favorable à

conduct ['kɒndʌkt] → SYN **1** n **a** (= behaviour) conduite f, comportement m ◆ **good/bad conduct** bonne/mauvaise conduite f or tenue f ◆ **his conduct towards me** sa conduite or son comportement à mon égard or envers moi ; → **disorderly**
b (= leading) conduite f ; → **safe**
2 [kən'dʌkt] vt **a** (= lead) conduire, mener ◆ **he conducted me round the gardens** il m'a fait faire le tour des jardins ◆ **conducted visit** visite f guidée
b (= direct, manage) diriger ◆ **to conduct one's business** diriger ses affaires ◆ **to conduct an orchestra** diriger un orchestre ◆ **to conduct an inquiry** (Jur) conduire or mener une enquête ◆ **to conduct sb's case** (Jur) assurer la défense de qn
c to conduct o.s. se conduire, se comporter
d (Elec, Phys) [+ heat etc] conduire, être conducteur m, -trice f de
3 COMP ▷ **conducted tour** n (Brit) excursion f accompagnée, voyage m organisé ; [of building] visite f guidée ▷ **conducting tissue** n (Bot) tissu m conducteur ▷ **conduct mark** n (Scol) avertissement m ▷ **conduct report** n (Scol) rapport m (sur la conduite d'un élève) ▷ **conduct sheet** n (Mil) feuille f ou certificat m de conduite

conductance [kən'dʌktəns] n (Elec, Phys) conductance f

conduction [kən'dʌkʃən] n (Elec, Phys) conduction f

conductive [kən'dʌktɪv] **1** adj (Elec, Phys) conducteur (-trice f)

2 COMP ▷ **conductive education** n enseignement adapté aux aptitudes physiques des handicapés moteurs

conductivity [,kɒndʌk'tɪvɪtɪ] n (Elec, Phys) conductivité f

conductor [kən'dʌktər] n **a** (= leader) conducteur m, chef m ; (Mus) [of orchestra] chef m d'orchestre ; [of choir] chef m de chœur
b [of bus] receveur m ; (US Rail) chef m de train
c (Phys) (corps m) conducteur m ; → **lightning**

conductress [kən'dʌktrɪs] n receveuse f

conduit ['kɒndɪt] n **a** (Tech) conduite f d'eau, canalisation f ; (Elec) gaine f
b (= person) intermédiaire mf

condylar ['kɒndɪlər] adj condylien

condyle ['kɒndɪl] n (Anat) condyle m

condyloma [,kɒndɪ'ləʊmə] n, pl **condylomas** or **condylomata** [,kɒndɪ'ləʊmətə] condylome m

cone [kəʊn] n (Astron, Geol, Math, Mil, Naut, Opt, Rad, Tech) cône m ; (Aut) cône m de signalisation ; [of tree] cône m ; [of pine tree] pomme f ; (Culin) [of ice cream] cornet m

▶ **cone off** vt sep [+ road] placer des cônes de signalisation sur

coney ['kəʊnɪ] n ⇒ **cony**

confab * ['kɒnfæb] n (brin m de) causette * f

confabulate [kən'fæbjʊleɪt] vi s'entretenir, deviser

confabulation [kən,fæbjʊ'leɪʃən] n conciliabule m, conversation f

confection [kən'fekʃən] n **a** (Culin) (= sweet) sucrerie f, friandise f ; (= cake) gâteau m, pâtisserie f ; (= dessert) dessert m (sucré) ; (Dress) vêtement m de confection
b (= action, process) confection f

confectioner [kən'fekʃənər] **1** n (= sweet-maker) confiseur m, -euse f ; (= cake-maker) pâtissier m, -ière f ◆ **confectioner's (shop)** confiserie f (-pâtisserie f)
2 COMP ▷ **confectioner's sugar** n (US) sucre m glace

confectionery [kən'fekʃənərɪ] **1** n (= sweets) confiserie f ; (Brit = cakes etc) pâtisserie f
2 COMP ▷ **confectionery sugar** n (US) sucre m glace

confederacy [kən'fedərəsɪ] → SYN n **a** (Pol = group of states) confédération f ◆ **the Confederacy** (US Hist) les États mpl confédérés
b (= conspiracy) conspiration f

confederate [kən'fedərɪt] → SYN **1** adj **a** confédéré
b (US Hist) **Confederate** confédéré
2 n **a** confédéré(e) m(f) ; (in criminal act) complice mf
b (US Hist) **Confederate** Confédéré m
3 [kən'fedəreɪt] vt confédérer
4 vi se confédérer

confederation [kən,fedə'reɪʃən] n confédération f

confer [kən'fɜːr] → SYN **1** vt conférer, accorder (on à) ◆ **to confer a title** conférer un titre ◆ **to confer a degree (on)** (at ceremony) remettre un diplôme (à)
2 vi conférer, s'entretenir (with sb avec qn ; on or about sth de qch)

conferee [,kɒnfɜː'riː] n (at congress) congressiste mf

conference ['kɒnfərəns] → SYN **1** n (= meeting, Pol) conférence f, congrès m ; (especially academic) congrès m, colloque m (on sur) ; (= discussion) conférence f, consultation f ◆ **to be in conference** être en conférence ◆ **(the) conference decided ...** les participants à la conférence ou les congressistes ont décidé ... ; → **press**
2 COMP ▷ **conference call** n (Telec) audioconférence f, téléconférence f ▷ **conference centre** n (= town) ville f de congrès ; (= building) palais m des congrès ; (in institution) centre m de conférences ▷ **conference committee** n (US Pol) commission interparlementaire de compromis sur les projets de loi ▷ **conference hall** n salle f de conférences ▷ **conference member** n congressiste mf

▷ **conference room** n salle f de conférences ▷ **conference table** n (lit, fig) table f de conférence

conferencing ['kɒnfərənsɪŋ] n (Telec) ◆ **conferencing (facility)** possibilité f de réunion-téléphone

conferment [kən'fɜːmənt] n (Univ) [of degree] remise f (de diplômes) ; [of title, favour] octroi m

confess [kən'fes] → SYN **1** vt **a** [+ crime] avouer, confesser ; [+ mistake] reconnaître, avouer ◆ **he confessed that he had stolen the money/to having stolen the money** il a avoué or reconnu or confessé qu'il avait volé l'argent/avoir volé l'argent ◆ **to confess (to) a liking for sth** reconnaître qu'on aime qch ◆ **she confessed herself guilty/ignorant of ...** elle a confessé qu'elle était coupable/ignorante de ...
b (Rel) [+ faith] confesser, proclamer ; [+ sins] confesser, se confesser de ; [+ penitent] confesser
2 vi **a** avouer, passer aux aveux ◆ **to confess to** [+ crime] avouer, confesser ; [+ mistake] reconnaître, avouer ◆ **to confess to having done** avouer or reconnaître or confesser avoir fait ; see also **1**
b (Rel) se confesser

confessedly [kən'fesɪdlɪ] adv (= generally admitted) de l'aveu de tous ; (= on one's own admission) de son propre aveu ◆ **a confessedly terrorist group** un groupe terroriste qui se revendique comme tel

confession [kən'feʃən] → SYN n **a** (= admission of guilt) [of mistake, crime] aveu m ; (Jur) aveux mpl ◆ **to make a full confession** faire des aveux complets
b (Rel) confession f ◆ **to go to confession** aller se confesser ◆ **to hear sb's confession** confesser qn ◆ **to make one's confession** se confesser ◆ **to make a confession (of faith)** faire une confession (de foi) ◆ **general confession** confession f générale ◆ **to be of the Protestant confession** (= denomination) être de confession protestante ◆ **"Confessions of a Taxi Driver"** (as title of book, article etc) "les Confessions d'un chauffeur de taxi"

confessional [kən'feʃnl] (Rel) **1** n confessionnal m ◆ **under the seal of the confessional** sous le secret de la confession
2 adj confessionnel

confessor [kən'fesər] n (Rel) confesseur m ; (= confidant) confident(e) m(f)

confetti [kən'fetiː] n (NonC) confettis mpl

confidant [,kɒnfɪ'dænt] → SYN n confident m

confidante [,kɒnfɪ'dænt] n confidente f

confide [kən'faɪd] → SYN vt **a** [+ object, person, job, secret] confier (to sb à qn) ◆ **to confide sth to sb's care** confier qch à la garde or aux soins de qn ◆ **to confide secrets to sb** confier des secrets à qn
b avouer en confidence ◆ **she confided to me that ...** elle m'a avoué en confidence que ..., elle m'a confié que ...

▶ **confide in** vt fus **a** (= tell secrets to) s'ouvrir à, se confier à ◆ **to confide in sb about sth** confier qch à qn ◆ **to confide in sb about what one is going to do** révéler à qn ce qu'on va faire
b (= have confidence in) [+ sb's ability] se fier à, avoir confiance en ◆ **you can confide in me** vous pouvez me faire confiance

confidence ['kɒnfɪdəns] LANGUAGE IN USE 19.4 → SYN
1 n **a** (= trust, hope) confiance f ◆ **to have confidence in sb/sth** avoir confiance en qn/qch, faire confiance à qn/qch ◆ **to put one's confidence in sb/sth** mettre sa confiance en qn/qch ◆ **to have every confidence in sb/sth** faire totalement confiance à qn/qch, avoir pleine confiance en qn/en ou dans qch ◆ **to have confidence in the future** faire confiance à l'avenir ◆ **I have every confidence that he will come back** je suis sûr or certain qu'il reviendra ◆ **motion of no confidence** (Pol etc) motion f de censure ; → **vote**
b (= self-confidence) confiance f en soi, assurance f ◆ **he lacks confidence** il manque d'assurance
c (NonC) confidence f ◆ **to take sb into one's confidence** faire des confidences à qn, se

confident / congenial

confier à qn ◆ **he told me that in confidence** il me l'a dit en confidence or confidentiellement ; → **strict**

d (= private communication) confidence f ◆ **they exchanged confidences** ils ont échangé des confidences

2 COMP ▷ **confidence game** n abus m de confiance, escroquerie f ▷ **confidence man** n, pl **confidence men** escroc m ▷ **confidence trick** n ⇒ **confidence game** ▷ **confidence trickster** n ⇒ **confidence man**

confident ['kɒnfɪdənt] → SYN **adj a** (= self-assured) person sûr de soi, assuré ; manner, smile, prediction confiant ; performance plein d'assurance ; reply assuré ◆ **to be in (a) confident mood** être confiant

b (= sure) **to be confident of sth** [person] être sûr de qch ◆ **to be confident of success** être sûr de réussir ◆ **to be** or **feel confident about sth** avoir confiance en qch ◆ **to be confident that ...** être sûr que ...

confidential [,kɒnfɪ'denʃəl] → SYN **1** **adj a** (= secret) information, document, advice, discussion, tone confidentiel ◆ **he became very confidential** il a pris un ton très confidentiel ◆ **to say sth in a confidential whisper** chuchoter qch d'un ton confidentiel ◆ **in a confidential tone** sur le ton de la confidence

b (= trusted) servant, clerk de confiance

2 COMP ▷ **confidential secretary** n secrétaire mf particulier (-ière f)

confidentiality [,kɒnfɪ,denʃɪ'ælɪtɪ] n confidentialité f

confidentially [,kɒnfɪ'denʃəlɪ] → SYN **adv a** (= privately) discuss confidentiellement ◆ **to write confidentially to sb** envoyer une lettre confidentielle à qn ◆ **all information will be treated confidentially** tous les renseignements resteront confidentiels

b (= confidingly) speak, whisper sur le ton de la confidence ◆ **confidentially, I don't like him at all** (= between ourselves) tout à fait entre nous, je ne l'aime pas du tout

confidently ['kɒnfɪdəntlɪ] **adv** predict, assert avec beaucoup d'assurance ; expect en toute confiance ; stride, walk d'un pas assuré ; smile d'un air assuré ; speak avec assurance

confiding [kən'faɪdɪŋ] **adj** confiant

confidingly [kən'faɪdɪŋlɪ] **adv** say, speak sur un ton de confidence ◆ **he leaned towards her confidingly** il s'est penché vers elle comme pour lui faire une confidence

configuration [kən,fɪgjʊ'reɪʃən] n (gen, Ling, Comput) configuration f

configure [kən'fɪgə] **vt** (gen, Comput) configurer

confine [kən'faɪn] → SYN **1** **vt a** (= imprison) emprisonner, enfermer ; (= shut up) confiner, enfermer (*in* dans) ◆ **to confine a bird in a cage** enfermer un oiseau dans une cage ◆ **to be confined to the house/to one's room/to bed** être obligé de rester chez soi/de garder la chambre/de garder le lit ◆ **to confine sb to barracks** (Mil) consigner qn

b (= limit) [+ remarks] limiter ◆ **to confine o.s. to doing sth** se borner à faire qch ◆ **to confine o.s. to generalities** s'en tenir à des généralités ◆ **the damage is confined to the back of the car** seul l'arrière de la voiture est endommagé

2 **confines** ['kɒnfaɪnz] npl (lit, fig) limites fpl ◆ **within the confines of ...** dans les limites de ...

confined [kən'faɪnd] → SYN **adj** atmosphere, air confiné ◆ **in a confined space** dans un espace restreint or réduit ◆ **to be confined to barracks/base** (Mil) consigné ◆ **to be confined** † (in childbirth) accoucher, être en couches

confinement [kən'faɪnmənt] → SYN n (Med †) couches fpl ; (= imprisonment) détention f, incarcération f (Jur) ◆ **confinement to barracks** (Mil) consigne f au quartier ◆ **to get ten days' confinement to barracks** (Mil) attraper dix jours de consigne ◆ **confinement to bed** alitement m ◆ **confinement to one's room/the house** obligation f de garder la chambre/de rester chez soi ; → **close**¹

confirm [kən'fɜːm] LANGUAGE IN USE 19.5, 21.3, 21.4 → SYN **vt a** [+ statement, claim, theory, report, news, suspicion] confirmer, corroborer ; [+ arrangement, reservation] confirmer (*with sb* auprès de qn) ; [+ authority] (r)affirmer, consolider ; [+ one's resolve] fortifier, raffermir ; [+ treaty, appointment] ratifier ; (Jur) [+ decision] entériner, homologuer ; [+ election] valider ◆ **to confirm sth to sb** confirmer qch à qn ◆ **to confirm sb in an opinion** confirmer or fortifier qn dans une opinion ◆ **to be confirmed in one's opinion** voir son opinion confirmée ◆ **his new play confirms him as a leading playwright** sa nouvelle pièce le confirme dans sa position de grand auteur dramatique ◆ **we confirm receipt of your letter** nous avons bien reçu votre courrier, nous accusons réception de votre courrier

b (Rel) confirmer

confirmand [kɒn'fɜːmænd] n (Rel) confirmand m

confirmation [,kɒnfə'meɪʃən] → SYN n **a** [of statement, claim, theory, suspicion, arrangement, appointment] confirmation f ; [of treaty] ratification f ; (Jur) entérinement m ◆ **she looked at me for confirmation** (confidently) elle m'interrogea du regard pour (avoir) confirmation ◆ **the confirmation of** or **for a booking** la confirmation d'une réservation ◆ **"subject to confirmation"** « à confirmer » ◆ **that's subject to confirmation** cela reste à confirmer ◆ **all timings are subject to confirmation when booking** tous les horaires doivent être confirmés lors des réservations

b (Rel) confirmation f

confirmed [kən'fɜːmd] → SYN **1** **adj a** (= inveterate) non-smoker, meat-eater, atheist convaincu ; bachelor endurci ◆ **I am a confirmed admirer of ...** je suis un fervent admirateur de ...

b (= definite) booking, reservation confirmé

2 COMP ▷ **confirmed credit** n crédit m confirmé ▷ **confirmed letter of credit** n lettre f de crédit confirmée

confiscate ['kɒnfɪskeɪt] → SYN **vt** confisquer (*sth from sb* qch à qn)

confiscation [,kɒnfɪs'keɪʃən] → SYN n confiscation f

confiscatory [kən'fɪskətərɪ] **adj** confiscatoire

conflagration [,kɒnflə'greɪʃən] n incendie m, sinistre m ; (fig) conflagration f

conflate [kən'fleɪt] **vt** assembler, réunir

conflation [kən'fleɪʃən] n assemblage m, réunion f

conflict ['kɒnflɪkt] → SYN **1** n conflit m, lutte f ; (= quarrel) dispute f ; (Mil) conflit m, combat m ; (Jur) conflit m ; (fig) [of interests, ideas, opinions] conflit m ◆ **armed conflict** (Mil) conflit m armé ◆ **to be in conflict (with)** être en conflit (avec) ◆ **to come into conflict with ...** entrer en conflit or en lutte avec ... ◆ **a great deal of conflict** un conflit considérable

2 [kən'flɪkt] **vi** être or entrer en conflit or en lutte (*with* avec)

b [opinions, ideas] s'opposer, se heurter ; [dates] coïncider ◆ **that conflicts with what he told me** ceci est en contradiction avec or contredit ce qu'il m'a raconté

conflicting [kən'flɪktɪŋ] → SYN **adj** (= incompatible) views, opinions, demands, evidence contradictoire ; (= divided) emotions, loyalties conflictuel

confluence ['kɒnflʊəns] n [of rivers] (= place) confluent m ; (= act) confluence f ; (fig = crowd) foule f, assemblée f

conform [kən'fɔːm] → SYN **vi a** se conformer (*to, with* à) ; [actions, sayings] être en conformité (*to* avec)

b (gen, Rel) être conformiste mf

conformable [kən'fɔːməbl] **adj a** conforme (*to* à)

b (= in agreement with) en conformité, en accord (*to* avec)

c (= submissive) docile, accommodant

conformal [kən'fɔːməl] **adj** (Geog) conforme

conformation [,kɒnfə'meɪʃən] → SYN n conformation f, structure f

conformism [kən'fɔːmɪzəm] n conformisme m

conformist [kən'fɔːmɪst] → SYN **adj, n** (gen, Rel) conformiste mf

conformity [kən'fɔːmɪtɪ] → SYN n (= likeness) conformité f ; (= conformism) conformisme m ; (Rel) adhésion à la religion conformiste ◆ **in conformity with** conformément à

confound [kən'faʊnd] → SYN **vt** (= perplex) déconcerter ; (frm = defeat) [+ enemy, plans] confondre (frm) ; (= mix up) confondre (*A with B* A avec B), prendre (*A with B* A pour B) ◆ **confound it!** * la barbe ! * ◆ **confound him!** * qu'il aille au diable !, (que) le diable l'emporte ! † ◆ **it's a confounded nuisance!** * c'est la barbe ! *, quelle barbe ! *

confoundedly * † [kən'faʊndɪdlɪ] **adv** bigrement *, diablement *

confraternity [,kɒnfrə'tɜːnɪtɪ] n (Rel) confrérie f

confront [kən'frʌnt] → SYN **vt a** (= bring face to face) confronter (*with* avec), mettre en présence (*with* de) ◆ **the police confronted the accused with the witnesses** la police a confronté l'accusé avec les témoins ◆ **the police confronted the accused with the evidence** la police a mis l'accusé en présence des témoignages ◆ **to confront two witnesses** confronter deux témoins (entre eux)

b [+ enemy, danger] affronter, faire face à ; (= defy) affronter, défier ◆ **the problems which confront us** les problèmes auxquels nous devons faire face

confrontation [,kɒnfrən'teɪʃən] → SYN n **a** (military) affrontement m ; (in human relationships) conflit m, affrontement m

b (= act of confronting) confrontation f (*of sb with sth* de qn à or avec qch)

confrontational [,kɒnfrən'teɪʃənəl] **adj** (gen) conflictuel ◆ **to be confrontational** [person] être agressif, rechercher la confrontation

Confucian [kən'fjuːʃən] **1** **adj** confucéen

2 n confucianiste mf

Confucianism [kən'fjuːʃənɪzəm] n confucianisme m

Confucius [kən'fjuːʃəs] n Confucius m

confuse [kən'fjuːz] → SYN **vt a** (= throw into disorder) [+ opponent] confondre ; [+ plans] semer le désordre dans, bouleverser ; (= perplex) jeter dans la perplexité ; (= embarrass) embarrasser ; (= disconcert) troubler ; (= mix up) [+ person] embrouiller ; [+ ideas] embrouiller, brouiller ; [+ memory] brouiller ◆ **you're just confusing me** tu ne fais que m'embrouiller (les idées) ◆ **to confuse the issue** compliquer or embrouiller les choses

b **to confuse A with B** confondre A avec B, prendre A pour B ◆ **to confuse two problems** confondre deux problèmes

confused [kən'fjuːzd] → SYN **adj** person (= muddled) désorienté ; (= perplexed) déconcerté ; (= embarrassed) confus, embarrassé ; opponent confondu ; mind embrouillé, confus ; sounds, voices confus, indistinct ; memories confus, vague ; ideas, situation confus, embrouillé ◆ **to have a confused idea** avoir une vague idée ◆ **to get confused** (= muddled up) ne plus savoir où on en est, s'y perdre ; se troubler

confusedly [kən'fjuːzɪdlɪ] **adv a** (= in bewilderment) shake one's head avec perplexité

b (= in disorder) confusément

confusing [kən'fjuːzɪŋ] → SYN **adj** déroutant ◆ **it's all very confusing** on ne s'y retrouve plus, on s'y perd

confusingly [kən'fjuːzɪŋlɪ] **adv** do, write, say d'une manière qui prête à confusion ◆ **the two names are confusingly similar** la similitude des deux noms prête à confusion

confusion [kən'fjuːʒən] → SYN n (= disorder, muddle) confusion f, désordre m ; (= embarrassment) confusion f, trouble m ; (= mixing up) confusion f (*of X with Y* de X avec Y) ◆ **he was in a state of confusion** la confusion régnait dans son esprit, il avait l'esprit troublé ◆ **the books lay about in confusion** les livres étaient en désordre or pêle-mêle ; → **throw**

confute [kən'fjuːt] **vt** [+ person] démontrer l'erreur de ; [+ notion] réfuter

conga ['kɒŋgə] n **a** (= dance) conga f

b (also **conga drum**) conga f

congeal [kən'dʒiːl] **1** **vi** [fat, grease, oil] (se) figer ; [milk] (se) cailler ; [blood] se coaguler ; [paint] sécher

2 **vt** [+ fat, grease, oil] faire figer ; [+ milk] faire cailler ; [+ blood] coaguler

congener [kən'dʒiːnə'] n (Bot, Zool, gen) congénère mf

congenial [kən'dʒiːnɪəl] → SYN **adj** (frm) atmosphere, environment, work, place agréable (*to sb* pour qn) ; person sympathique, agréable ◆ **to be in congenial company** être en agréa-

ble compagnie ✦ he found few people congenial to him il trouvait peu de gens à son goût

congenital [kən'dʒenɪtl] → SYN adj dislike, aversion, mistrust (also Med) congénital ; liar de naissance

congenitally [kən'dʒenɪtəlɪ] adv lazy, suspicious etc (also Med) de naissance

conger ['kɒŋgəʳ] n (also **conger eel**) congre m, anguille f de roche

congested [kən'dʒestɪd] → SYN adj **a** (= busy) place congestionné ; telephone lines surchargé ✦ **congested traffic** encombrements mpl ✦ **congested with traffic** embouteillé
b (Med = blocked) nose bouché ; lungs congestionné ✦ **I feel very congested** j'ai vraiment les bronches prises

congestion [kən'dʒestʃən] → SYN n [of town, countryside] surpeuplement m ; [of street, traffic] encombrement m, embouteillage m ; (Med) congestion f

congestive [kən'dʒestɪv] adj (Med) congestif

conglomerate [kən'glɒmərɪt] → SYN **1** vt conglomérer (frm), agglomérer
2 vi s'agglomérer
3 [kən'glɒmərɪt] adj congloméré (also Geol), aggloméré
4 n (gen, Econ, Geol) conglomérat m

conglomeration [kən,glɒmə'reɪʃən] → SYN n (= group) [of objects] assemblage m (hétéroclite) ; [of houses] agglomération f

Congo ['kɒŋgəʊ] n **a** (= country) le Congo ✦ **the Democratic/People's Republic of the Congo** la République démocratique/populaire du Congo ✦ **Congo-Kinshasa** le Congo-Kinshasa ✦ **Congo-Brazzaville** le Congo-Brazzaville
b (= river) Congo m

Congolese [,kɒŋgəʊ'liːz] **1** adj congolais
2 n (pl inv) Congolais(e) m(f)

congrats * [kən'græts] excl bravo !

congratulate [kən'grætjʊleɪt] LANGUAGE IN USE 24.3 → SYN vt féliciter, complimenter (sb on sth de qch ; sb on doing sth qn d'avoir fait qch) ✦ **to congratulate o.s. on sth/on doing sth** se féliciter de qch/d'avoir fait qch ✦ **we would like to congratulate you on your engagement** nous vous présentons toutes nos félicitations à l'occasion de vos fiançailles

congratulations [kən,grætjʊ'leɪʃənz] LANGUAGE IN USE 23.6, 24.1, 24.3 → SYN npl félicitations fpl, compliments mpl ✦ **congratulations!** toutes mes félicitations ! ✦ **congratulations on your success/engagement** (toutes mes) félicitations pour votre succès/à l'occasion de vos fiançailles

congratulatory [kən'grætjʊlətərɪ] adj telegram, letter, message, speech de félicitations ✦ **to give sb a congratulatory handshake** féliciter qn en lui serrant la main

congregate ['kɒŋgrɪgeɪt] → SYN **1** vi se rassembler, se réunir (round autour de ; at à)
2 vt rassembler, réunir

congregation [,kɒŋgrɪ'geɪʃən] → SYN n rassemblement m, assemblée f ; (Rel) [of worshippers] assemblée f (des fidèles), assistance f ; [of cardinals, monks etc] congrégation f ; (Univ) [of professors] assemblée f générale

congregational [,kɒŋgrɪ'geɪʃnl] adj minister de l'Église congrégationaliste ; prayer prononcé par l'ensemble des fidèles ✦ **Congregational Church** l'Église f congrégationaliste

Congregationalism [,kɒŋgrɪ'geɪʃənəlɪzəm] n congrégationalisme m

Congregationalist [,kɒŋgrɪ'geɪʃənəˌlɪst] adj, n congrégationaliste mf

congress ['kɒŋgres] → SYN **1** n **a** congrès m ✦ **education congress** congrès m de l'enseignement ; → **trade**
b (US Pol) **Congress** Congrès m ; (= session) session f du Congrès
2 COMP ▷ **congress member** n congressiste mf

congressional [kɒŋ'greʃənl] adj **a** d'un congrès
b (Pol) **Congressional** (in US, India) du Congrès ✦ **Congressional Directory** annuaire m du Congrès ✦ **Congressional district** circonscription f d'un Représentant ✦ **Congressional Record** Journal m Officiel du Congrès

congressman ['kɒŋgresmən] (US Pol) **1** n, pl **-men** membre m du Congrès ≈ député m ✦ **Congressman J. Smith said that ...** le député J. Smith a dit que ...
2 COMP ▷ **congressman-at-large** n représentant non attaché à une circonscription électorale

congressperson ['kɒŋgres,pɜːsən] n (US Pol) membre m du Congrès, ≈ député m

congresswoman ['kɒŋgres,wʊmən] n, pl **-women** (US Pol) membre m du Congrès, député m

congruence ['kɒŋgrʊəns] n (Math) congruence f ; (fig) conformité f

congruent ['kɒŋgrʊənt] adj en accord or harmonie (with avec) ; (Math) number congru (with à) ; triangle isométrique

congruity [kɒŋ'gruːɪtɪ] n convenance f, congruité f

congruous ['kɒŋgrʊəs] adj qui s'accorde, en harmonie (to, with avec) ; (Rel) congru

conic(al) ['kɒnɪk(əl)] **1** adj (de forme) conique
2 COMP ▷ **conic section** n (Math) (section f) conique f

conidium [kəʊ'nɪdɪəm] n, pl **conidia** [kəʊ'nɪdɪə] (Bot) conidie f

conifer ['kɒnɪfəʳ] n conifère m

coniferous [kə'nɪfərəs] adj tree conifère ; forest de conifères

conjectural [kən'dʒektʃərəl] adj conjectural

conjecture [kən'dʒektʃəʳ] → SYN **1** vt conjecturer
2 vi conjecturer, faire des conjectures
3 n conjecture f

conjoin [kən'dʒɔɪn] (frm) **1** vt lier, unir
2 vi s'unir

conjoint ['kɒn'dʒɔɪnt] adj (frm) therapy, counselling de couple

conjointly ['kɒn'dʒɔɪntlɪ] adv conjointement

conjugal ['kɒndʒʊgəl] → SYN adj state, rights, happiness conjugal

conjugate ['kɒndʒʊgeɪt] (Bio, Gram) **1** vt conjuguer
2 vi se conjuguer
3 COMP ▷ **conjugated protein** n hétéroprotéine f

conjugation [,kɒndʒʊ'geɪʃən] n conjugaison f

conjunct [kən'dʒʌŋkt] adj conjoint

conjunction [kən'dʒʌŋkʃən] → SYN n (Astron, Gram) conjonction f ✦ **in conjunction with** conjointement avec

conjunctiva [,kɒndʒʌŋk'taɪvə] n, pl **conjunctivas** or **conjunctivae** [,kɒndʒʌŋk'taɪviː] (Anat) conjonctive f

conjunctive [kən'dʒʌŋktɪv] adj (Anat, Gram) conjonctif

conjunctivitis [kən,dʒʌŋktɪ'vaɪtɪs] n conjonctivite f ✦ **to have conjunctivitis** avoir de la conjonctivite

conjuncture [kən'dʒʌŋktʃəʳ] n conjoncture f

conjure [kən'dʒʊəʳ] → SYN **1** vt **a** (= appeal to) conjurer (liter) (sb to do sth qn de faire qch)
b ['kʌndʒəʳ] faire apparaître (par la prestidigitation) ✦ **he conjured a rabbit from his hat** il a fait sortir un lapin de son chapeau
2 ['kʌndʒəʳ] vi faire des tours de passe-passe ; (= juggle) jongler (with avec) ; (fig) jongler (with avec) ✦ **a name to conjure with** un nom prestigieux

▶ **conjure away** vt sep faire disparaître (comme par magie)

▶ **conjure up** vt sep [+ ghosts, spirits] faire apparaître ; [+ memories] évoquer, rappeler ; [+ meal] préparer à partir de (trois fois) rien ✦ **to conjure up visions of ...** évoquer ...

conjurer ['kʌndʒərəʳ] → SYN n prestidigitateur m, -trice f

conjuring ['kʌndʒərɪŋ] **1** n prestidigitation f
2 COMP ▷ **conjuring trick** n tour m de passe-passe or de prestidigitation

conjuror ['kʌndʒərəʳ] n ⇒ **conjurer**

conk * [kɒŋk] **1** n (Brit = nose) pif * m, blair * m ; (US = head) caboche * f
2 vt (US) frapper sur la caboche *
3 COMP ▷ **conk-out** * n (US) panne f mécanique

▶ **conk out** * **1** vi [person] (= faint) tomber dans les pommes * ; (= tire) s'écrouler de fatigue ; [engine, machine] tomber or rester en rade ✦ **her car conked out** sa voiture est restée en carafe *
2 conk-out * n → **conk**

conker * ['kɒŋkəʳ] n (Brit) marron m

con moto [kɒn'məʊtəʊ] adv (Mus) con moto

Conn. abbrev of **Connecticut**

connect [kə'nekt] LANGUAGE IN USE 27.4 → SYN
1 vt **a** (= join: gen) [person] [+ machine] connecter (to à) ; [+ plug] brancher (to sur) ; (Tech) [+ pinions] embrayer ; [+ wheels] engrener ; [+ pipes, drains] raccorder (to à) ; [+ shafts etc] articuler, conjuguer ; (Elec) [+ two objects] raccorder, connecter ✦ **to connect sth to the mains** (Elec) brancher qch sur le secteur ✦ **to connect sth to earth** (Elec) mettre qch à la terre or à la masse ✦ **we haven't been connected yet** (to water, electricity etc services) nous ne sommes pas encore reliés or branchés, nous n'avons pas encore l'eau (or l'électricité etc)
b (Telec) [+ caller] mettre en communication (with sb avec qn) ; [+ telephone] brancher ✦ **we're trying to connect you** nous essayons d'obtenir votre communication ✦ **I'm connecting you now** vous êtes en ligne, vous avez votre communication ✦ **connected by telephone** person, place relié par téléphone (to, with à)
c (= associate) associer (with, to à) ✦ **I always connect Paris with springtime** j'associe toujours Paris au printemps ✦ **I'd never have connected them** je n'aurais jamais fait le rapport entre eux ; see also **connected**
d (= form link between) [road, railway] relier (with, to à) ; [rope etc] relier, rattacher (with, to à) ✦ **the city is connected to the sea by a canal** la ville est reliée à la mer par un canal
2 vi **a** (= be joined) [two rooms] être relié, communiquer ; [two parts, wires etc] être connectés or raccordés
b [coach, train, plane] assurer la correspondance (with avec) ✦ **this train connects with the Rome express** ce train assure la correspondance avec l'express de Rome
c (* = hit) **to connect with the ball** [golf club etc] frapper la balle ✦ **my fist connected with his jaw** * je l'ai touché à la mâchoire, mon poing l'a cueilli à la mâchoire
d [two people] se comprendre ✦ **to connect with sb** communiquer avec qn

connected [kə'nektɪd] → SYN adj **a** languages affin (frm), connexe ; (Bot, Jur) connexe ; (fig) argument logique ; talk, oration suivi ✦ **(closely) connected professions** des professions fpl connexes ✦ **a (properly) connected sentence** une phrase correctement construite ✦ **connected speech** (Ling) la chaîne parlée
b **these matters are not connected at all** ces affaires n'ont aucun lien or rapport entre elles ✦ **these two things are connected in my mind** les deux sont liés dans mon esprit ✦ **to be connected with** (= be related to) être allié à, être parent de ; (= have dealings with) être en contact or en relation avec ; (= have a bearing on) se rattacher à, avoir rapport à ✦ **people connected with education** ceux qui ont quelque chose à voir avec le monde de l'éducation ✦ **he is connected with many big firms** il a des contacts avec beaucoup de grandes entreprises, il est en relation avec beaucoup de grandes entreprises ✦ **his departure is not connected with the murder** son départ n'a aucun rapport or n'a rien à voir avec le meurtre ✦ **he's very well connected** (= of good family) il est de très bonne famille, il est très bien apparenté ; (= of influential family) sa famille a des relations ; see also **connect**

Connecticut [kə'netɪkət] n le Connecticut ✦ **in Connecticut** dans le Connecticut

connecting [kə'nektɪŋ] **1** adj rooms communicant ; parts, wires raccordé, connecté ✦ **bedroom with connecting bathroom** chambre f avec salle de bains attenante

connection / consequently

2 COMP ▷ **connecting flight** n (vol m de) correspondance f ▷ **connecting rod** n (US Aut) bielle f

connection [kəˈnekʃən] LANGUAGE IN USE 5.3 → SYN

1 n a (= association) rapport m, lien m (*with* or *to* avec; *between* entre); (= relationship) rapports mpl, relations fpl (*with* or *to* avec; *between* entre) ◆ **this has no connection with what he did** ceci n'a aucun rapport avec ce qu'il a fait ◆ **to form a connection with sb** établir des relations or des rapports avec qn ◆ **to break off a connection (with sb)** rompre les relations or les rapports (avec qn) ◆ **to build up a connection with a firm** établir des relations d'affaires avec une entreprise ◆ **to have no further connection with sb/sth** ne plus avoir aucun contact avec qn/qch ◆ **in connection with sth** à propos de qch ◆ **in this or that connection** (frm) à ce sujet, à ce propos ◆ **in another connection** (frm) dans un autre contexte

b (= associate) **a business connection of mine, one of my business connections** une de mes relations d'affaires ◆ **to have important connections** avoir des relations (importantes) ◆ **to have criminal connections** avoir des relations or des contacts dans le milieu

c (= kinship) parenté f; (= relative) parent(e) m(f) ◆ **connections** famille f ◆ **there is some family connection between them** ils ont un lien de parenté ◆ **he is a distant connection** c'est un parent éloigné ◆ **she is a connection of mine** c'est une de mes parentes

d (Transport) (= link) liaison f; (= train, bus, plane) correspondance f (*with* avec) ◆ **to miss one's connection** rater la correspondance

e (Elec) raccordement m, branchement m; → **loose**

f (Telec) (= link) liaison f; (= act of connecting) (for call) branchement m; (= installing) raccordement m ◆ **a telephone/radio/satellite connection** une liaison téléphonique/radio/ par satellite ◆ **to break the connection** couper la communication

g (Tech = joint) raccord m

h (Drugs ※) filière f

2 COMP ▷ **connection charge, connection fee** n (Telec) frais mpl de raccordement

connectionism [kəˈnekʃənɪzəm] n connexionnisme m

connective [kəˈnektɪv] 1 adj (gen, Gram, Anat) conjonctif

2 n (Gram, Logic) conjonction f

3 COMP ▷ **connective tissue** n (Bio) tissu m conjonctif

connectivity [ˌkɒnekˈtɪvɪtɪ] n (Comput) connectivité f

connector [kəˈnektər] n (gen) raccord m, connecteur m; (Elec) pince f de bout, pince f de courant

connexion [kəˈnekʃən] ⇒ **connection**

conning tower [ˈkɒnɪŋˌtaʊər] n [of submarine] kiosque m; [of warship] centre m opérationnel

conniption ※ [kəˈnɪpʃən] n (US: also **conniptions**) accès m de colère or de rage

connivance [kəˈnaɪvəns] → SYN n connivence f, accord m tacite ◆ **this was done with her connivance/in connivance with her** cela s'est fait avec sa connivence or son accord tacite/de connivence avec elle

connive [kəˈnaɪv] → SYN vi ◆ **to connive at** (= pretend not to notice) fermer les yeux sur; (= aid and abet) être de connivence dans, être complice de ◆ **to connive (with sb) in sth/in doing sth** être de connivence (avec qn) dans qch/pour faire qch

connivent [kəˈnaɪvənt] adj connivent

conniving [kəˈnaɪvɪŋ] (pej) 1 adj intrigant

2 n (NonC) machinations fpl, intrigues fpl

connoisseur [ˌkɒnəˈsɜːr] → SYN n connaisseur m, -euse f (*of* de, en)

connotation [ˌkɒnəʊˈteɪʃən] n (Ling, Philos) connotation f; (Logic) implication f

connotative [ˈkɒnəˌteɪtɪv] adj meaning connotatif

connote [kɒˈnəʊt] vt évoquer, suggérer; (Ling, Philos) connoter

connubial [kəˈnjuːbɪəl] adj conjugal

conoid [ˈkəʊnɔɪd] adj, n conoïde m

conoidal [kəʊˈnɔɪdl] adj conoïde

conquer [ˈkɒŋkər] → SYN vt [+ enemy, mountain, illness] vaincre; [+ nation, country] conquérir; [+ fear, obsession] surmonter, vaincre; [+ one's feelings] dominer; [+ one's audience] subjuguer

conquering [ˈkɒŋkərɪŋ] adj victorieux

conqueror [ˈkɒŋkərər] → SYN n (Mil) conquérant m; [of mountain etc] vainqueur m; → **William**

conquest [ˈkɒŋkwest] → SYN n conquête f ◆ **to make a conquest** ※ faire une conquête ◆ **she's his latest conquest** ※ c'est sa dernière conquête ※

conquistador [kɒnˈkwɪstədɔːr] n (Hist) conquistador m

Cons. (Brit) abbrev of **Conservative**

consanguinity [ˌkɒnsæŋˈgwɪnɪtɪ] n consanguinité f

conscience [ˈkɒnʃəns] → SYN 1 n conscience f ◆ **to have a clear** or **an easy conscience** avoir bonne conscience, avoir la conscience tranquille ◆ **he left with a clear conscience** il est parti la conscience tranquille ◆ **he has a bad** or **guilty conscience** il a mauvaise conscience, il n'a pas la conscience tranquille ◆ **to have sth on one's conscience** avoir qch sur la conscience ◆ **in (all) conscience** en conscience ◆ **for conscience' sake** par acquit de conscience ◆ **upon my conscience, I swear ...** (frm) en mon âme et conscience, je jure ... ◆ **to make sth a matter of conscience** faire de qch un cas de conscience

2 COMP ▷ **conscience clause** n (Jur) clause f de conscience ▷ **conscience money** n don m d'argent *(pour racheter une faute)* ▷ **conscience-stricken** → SYN adj pris de remords

conscientious [ˌkɒnʃɪˈenʃəs] → SYN adj a person, worker, piece of work consciencieux

b scruple, objection de conscience ◆ **conscientious objector** objecteur m de conscience

conscientiously [ˌkɒnʃɪˈenʃəslɪ] adv consciencieusement

conscientiousness [ˌkɒnʃɪˈenʃəsnɪs] n conscience f

conscious [ˈkɒnʃəs] → SYN 1 adj a (Med, Psych, Philos) person, memory, mind, thought, prejudice conscient ◆ **to become conscious** [person] revenir à soi, reprendre connaissance ◆ **below the level of conscious awareness** au-dessous du seuil de conscience ◆ **on a conscious level** à un niveau conscient

b (= aware) **conscious of sth** conscient de qch ◆ **to become conscious of sth** prendre conscience de qch, se rendre compte de qch ◆ **she became conscious of him looking at her** elle prit conscience du fait qu'il la regardait, elle se rendit compte qu'il la regardait ◆ **to be conscious of doing sth** avoir conscience de faire qch ◆ **to be conscious that ...** être conscient du fait que ... ◆ **to become conscious that ...** se rendre compte que ...

c (after adv) **politically conscious** politisé ◆ **environmentally conscious** sensibilisé aux problèmes de l'environnement; see also **-conscious**

d (= deliberate) effort, choice, insult délibéré ◆ **to make a conscious decision to do sth** prendre délibérément la décision de faire qch ◆ **conscious humour** humour m voulu

e (= clearly felt) **... he said, with conscious guilt/superiority** ... dit-il, conscient de sa culpabilité/supériorité

2 n (Psych) conscient m

-conscious [ˈkɒnʃəs] suf ◆ **to be image-conscious** être conscient de son image ◆ **to be health-/price-conscious** faire attention à sa santé/aux prix des choses ◆ **to be security-conscious** être sensibilisé aux problèmes de sécurité

consciously [ˈkɒnʃəslɪ] adv a (= with full awareness) remember, think consciemment ◆ **to be consciously aware of sth** avoir pleinement conscience de qch

b (= deliberately) hurt, mislead, deceive sciemment

consciousness [ˈkɒnʃəsnɪs] → SYN 1 n a (Med) connaissance f ◆ **to lose consciousness** perdre connaissance ◆ **to regain consciousness** revenir à soi, reprendre connaissance

b (Philos) conscience f

c (= awareness) conscience f (*of* de), sentiment m (*of* de) ◆ **the consciousness that he was being watched prevented him from ...** le sentiment qu'on le regardait l'empêchait de ...

2 COMP ▷ **consciousness-raising** n sensibilisation f ◆ **consciousness-raising is a priority** il nous faut d'abord faire prendre conscience aux gens

conscript [kənˈskrɪpt] 1 vt [+ troops] enrôler, appeler sous les drapeaux ◆ **we were conscripted to help with the dishes** (fig, hum) nous avons été embauchés pour aider à faire la vaisselle; see also **conscripted**

2 [ˈkɒnskrɪpt] n (Brit) conscrit m, appelé m

3 adj army d'appelés

conscripted [kənˈskrɪptɪd] adj troops enrôlé; workers, labourers enrôlé de force

conscription [kənˈskrɪpʃən] n conscription f

consecrate [ˈkɒnsɪkreɪt] → SYN vt [+ church, ground] consacrer; [+ bishop] consacrer, sacrer; (fig) [+ custom, one's life] consacrer (*to* à) ◆ **he was consecrated bishop** il a été sacré or consacré évêque

consecration [ˌkɒnsɪˈkreɪʃən] n (NonC) [of church, cathedral, one's life] consécration f (*to sth* à qch); [of bishop, pope] consécration f, sacre m

consecutive [kənˈsekjʊtɪv] → SYN adj consécutif ◆ **on four consecutive days** pendant quatre jours consécutifs or de suite

b (Gram) clause consécutif

consecutively [kənˈsekjʊtɪvlɪ] adv consécutivement ◆ **he won two prizes consecutively** il a gagné consécutivement or coup sur coup deux prix ◆ **... the sentences to be served consecutively** (Jur) ... avec cumul de peines

consensual [kənˈsensjʊəl] adj (Jur, Physiol) consensuel

consensus [kənˈsensəs] → SYN 1 n consensus m, accord m général ◆ **consensus of opinion** consensus m d'opinion ◆ **what is the consensus?** quelle est l'opinion générale?

2 adj decision, view collectif

consent [kənˈsent] LANGUAGE IN USE 9.3 → SYN

1 vi consentir (*to sth* à qch; *to do sth* faire qch); (= to request) accéder (*to sth* à qch) ◆ **between consenting adults** (Jur) entre adultes consentants

2 n consentement m, assentiment m ◆ **to refuse one's consent to sth** refuser son consentement or assentiment à qch ◆ **by common consent** de l'aveu de tous or de tout le monde, de l'opinion de tous ◆ **by mutual consent** (= general agreement) d'un commun accord; (= private arrangement) de gré à gré, à l'amiable ◆ **divorce by (mutual) consent** divorce m par consentement mutuel ◆ **age of consent** (Jur) âge m légal *(pour avoir des relations sexuelles)*; → **silence**

3 COMP ▷ **consent form** n (Med) autorisation f d'opérer

consentient [kənˈsenʃɪənt] adj (frm) d'accord, en accord (*with* avec)

consequence [ˈkɒnsɪkwəns] LANGUAGE IN USE 26.3 → SYN n a (= result, effect) conséquence f, suites fpl ◆ **in consequence** par conséquent ◆ **in consequence of which** par suite de quoi ◆ **as a consequence of sth** à la suite de qch ◆ **to take** or **face** or **suffer the consequences** accepter or supporter les conséquences (*of* de)

b (NonC = importance) importance f, conséquence f ◆ **it's of no consequence** cela ne tire pas à conséquence, cela n'a aucune importance ◆ **a man of no consequence** un homme de peu d'importance ou de peu de poids ◆ **he's of no consequence** lui, il ne compte pas

consequent [ˈkɒnsɪkwənt] → SYN adj (= following) consécutif (*on* à); (= resulting) résultant (*on* de) ◆ **the loss of harvest consequent upon the flooding** la perte de la moisson résultant des or causée par les inondations

consequential [ˌkɒnsɪˈkwenʃəl] adj a consécutif, conséquent (*to* à) ◆ **consequential damages** (Jur) dommages-intérêts mpl indirects

b (pej) person suffisant, arrogant

consequently [ˈkɒnsɪkwəntlɪ] LANGUAGE IN USE 17.2 → SYN adv ◆ **consequently, he has been able**

to ... c'est pourquoi il a pu ... ◆ **he has consequently been able to ...** il a donc pu ... ◆ **he didn't have enough money: consequently, he was unable to ...** il n'avait pas assez d'argent : par conséquent, il n'a pas pu ... ◆ **who, consequently, did as little as possible** qui, en conséquence, en a fait le moins possible

conservancy [kən'sɜːvənsɪ] n **a** (Brit: commission controlling forests, ports etc) ≃ Office m des eaux et forêts
b ⇒ conservation

conservation [ˌkɒnsə'veɪʃən] → SYN **1** n sauvegarde f, protection f ; (Phys) conservation f ◆ **energy conservation** économies fpl d'énergie
2 COMP ▷ **conservation area** n (Brit) secteur m sauvegardé

conservationist [ˌkɒnsə'veɪʃənɪst] n défenseur m de l'environnement, écologiste mf

conservatism [kən'sɜːvətɪzəm] n conservatisme m

conservative [kən'sɜːvətɪv] → SYN **1** adj **a** conservateur (-trice f) ◆ **the Conservative Party** (Pol) le parti conservateur ◆ **Conservative and Unionist Party** parti m conservateur et unioniste
b (= moderate) assessment modeste ; (= conventional) clothes, appearance, style, behaviour classique, conventionnel ◆ **at a conservative estimate** au bas mot
2 n (Pol) conservateur m, -trice f

conservatively [kən'sɜːvətɪvlɪ] adv dressed classique inv, d'une manière conventionnelle ◆ **the cost of the operation is conservatively estimated at £500** le coût de l'opération est estimé au bas mot à 500 livres

conservatoire [kən'sɜːvətwɑːʳ] n (Mus) conservatoire m

conservator ['kɒnsəveɪtəʳ] n (gen) conservateur m ; (US Jur) tuteur m (d'un incapable)

conservatorship ['kɒnsəveɪtəˌʃɪp] n (US Jur) tutelle f

conservatory [kən'sɜːvətrɪ] → SYN n **a** (= greenhouse) jardin m d'hiver (attenante à une maison)
b (Art, Mus, Theat) conservatoire m

conserve [kən'sɜːv] → SYN **1** vt conserver, préserver ; [+ one's resources, one's strength] ménager ; [+ energy, electricity, supplies] économiser
2 n (Culin) confiture f, conserve f (de fruits)

consider [kən'sɪdəʳ] LANGUAGE IN USE 26.1 → SYN vt **a** (= think about) [+ problem, possibility] considérer, examiner ; [+ question, matter, subject] réfléchir à ◆ **I had not considered taking it with me** je n'avais pas envisagé de l'emporter ◆ **everything** or **all things considered** tout bien considéré, tout compte fait ◆ **it is my considered opinion that ...** après avoir mûrement réfléchi je pense que ... ◆ **he is being considered for the post** on songe à lui pour le poste
b (= take into account) [+ facts] prendre en considération ; [+ person's feelings] avoir égard à, ménager ; [+ cost, difficulties, dangers] tenir compte de, considérer ◆ **when one considers that ...** quand on considère or pense que ...
c (= be of the opinion) considérer, tenir ◆ **she considers him very mean** elle le considère comme très avare ◆ **to consider sb responsible** tenir qn pour responsable ◆ **to consider o.s. happy** s'estimer heureux ◆ **consider yourself lucky** * estimez-vous heureux ◆ **consider yourself dismissed** considérez-vous comme renvoyé ◆ **I consider that we should have done it** je considère que or à mon avis nous aurions dû le faire ◆ **consider it (as) done** considérez que c'est chose faite ◆ **I consider it an honour to help you** je m'estime honoré de (pouvoir) vous aider

considerable [kən'sɪdərəbl] → SYN adj number, size, amount, influence, success, damage considérable ◆ **to face considerable difficulties** être confronté à des difficultés considérables or à de grosses difficultés ◆ **we had considerable difficulty in finding you** nous avons eu beaucoup de mal à vous trouver ◆ **to a considerable extent** dans une large mesure ◆ **I've been living in England for a considerable time** je vis en Angleterre depuis longtemps

considerably [kən'sɪdərəblɪ] → SYN adv considérablement

considerate [kən'sɪdərɪt] → SYN adj prévenant (towards envers), attentionné

considerately [kən'sɪdərɪtlɪ] adv behave, say gentiment

consideration [kənˌsɪdə'reɪʃən] LANGUAGE IN USE 19.5 → SYN n **a** (NonC = thoughtfulness) considération f, égard m ◆ **out of consideration for ...** par égard pour ... ◆ **to show consideration for sb's feelings** ménager les susceptibilités de qn
b (NonC = careful thought) considération f ◆ **to take sth into consideration** prendre qch en considération, tenir compte de qch ◆ **taking everything into consideration ...** tout bien considéré or pesé ◆ **the matter is under consideration** l'affaire est à l'examen or à l'étude ◆ **in consideration of** en considération de, eu égard à ◆ **after due consideration** après mûre réflexion ◆ **please give my suggestion your careful consideration** je vous prie d'apporter toute votre attention à ma suggestion
c (= factor to be taken into account) préoccupation f, considération f ; (= motive) motif m ◆ **money is the first consideration** il faut considérer d'abord or en premier lieu la question d'argent ◆ **many considerations have made me decide that ...** plusieurs considérations m'ont amené à décider que ... ◆ **it's of no consideration** cela n'a aucune importance ◆ **money is no consideration** l'argent n'entre pas en ligne de compte ◆ **his age was an important consideration** son âge constituait un facteur important
d (= reward, payment) rétribution f, rémunération f ◆ **to do sth for a consideration** faire qch moyennant finance or contre espèces ◆ **for a good and valuable consideration** (Jur, Fin) ≃ moyennant contrepartie valable

considering [kən'sɪdərɪŋ] → SYN **1** prep vu, étant donné ◆ **considering the circumstances** vu or étant donné les circonstances
2 conj vu que, étant donné que ◆ **considering she has no money** vu que or étant donné qu'elle n'a pas d'argent
3 adv tout compte fait, en fin de compte ◆ **he played very well, considering** il a très bien joué, tout compte fait or en fin de compte

consign [kən'saɪn] vt **a** (= hand over) [+ person, thing] confier, remettre ◆ **to consign a child to sb's care** confier un enfant aux soins de qn
b (= send) [+ goods] expédier (to sb à qn, à l'adresse de qn)

consignee [ˌkɒnsaɪ'niː] n consignataire mf

consigner [kən'saɪnəʳ] n ⇒ consignor

consignment [kən'saɪnmənt] → SYN **1** n **a** (NonC) envoi m, expédition f ◆ **goods for consignment abroad** marchandises fpl à destination de l'étranger
b (= quantity of goods) (incoming) arrivage m ; (outgoing) envoi m
2 COMP ▷ **consignment note** n (Brit Comm) bordereau m d'expédition

consignor [kən'saɪnəʳ] n expéditeur m, -trice f (de marchandises), consignateur m, -trice f

consist [kən'sɪst] → SYN vi **a** (= be composed) se composer (of de), consister (of en) ◆ **what does the house consist of?** en quoi consiste la maison ?, de quoi la maison est-elle composée ?
b (= have as its essence) consister (in doing sth à faire qch ; in sth dans qch) ◆ **his happiness consists in helping others** son bonheur consiste à aider autrui

consistency [kən'sɪstənsɪ] n **a** (= texture) consistance f
b (fig) [of actions, argument, behaviour] cohérence f, uniformité f ◆ **to lack consistency** (fig) manquer de logique

consistent [kən'sɪstənt] → SYN adj person, behaviour cohérent, conséquent ◆ **his arguments are not consistent** ses arguments ne se tiennent pas or ne sont pas cohérents ◆ **to be consistent with** (= in agreement with) être compatible avec, en accord avec ; (= compatible with) [injury etc] correspondre à

consistently [kən'sɪstəntlɪ] adv **a** (= unfailingly) good, bad invariablement ◆ **to be consistently successful** réussir invariablement ◆ **you have consistently failed to meet the deadlines** vous avez constamment dépassé les délais
b (= logically) avec logique
c (= in agreement) conformément (with sth à qch)

consistory [kən'sɪstərɪ] n (Rel) consistoire m

consolation [ˌkɒnsə'leɪʃən] → SYN **1** n consolation f, réconfort m ◆ **if it's any consolation to you ...** si ça peut te consoler ...
2 COMP ▷ **consolation prize** n prix m de consolation

consolatory [kən'sɒlətərɪ] adj consolant, réconfortant

console[1] [kən'səʊl] → SYN vt consoler (sb for sth qn de qch)

console[2] ['kɒnsəʊl] **1** n **a** [of organ, language lab] console f ; (Comput) console f, pupitre m ; [of aircraft] tableau m de bord, commandes fpl
b (= radio cabinet) meuble m de hi-fi
c (Archit) console f
2 COMP ▷ **console table** n console f

consolidate [kən'sɒlɪdeɪt] → SYN **1** vt **a** (= make strong) [+ one's position] consolider, raffermir
b (Comm, Fin = unite) [+ businesses] réunir ; [+ loan, funds, annuities] consolider
2 vi se consolider, s'affermir
3 COMP ▷ **consolidated balance sheet** n bilan m consolidé ▷ **consolidated deliveries** npl livraisons fpl groupées ▷ **consolidated fund** n ≃ fonds mpl consolidés ▷ **consolidated laws** npl (Jur) codification f (des lois) ▷ **consolidated school district** n (US Scol) secteur m scolaire élargi

consolidation [kənˌsɒlɪ'deɪʃən] → SYN **1** n (NonC) **a** (= strengthening) [of power, democracy, nation, one's position] consolidation f
b (Comm = amalgamation) [of companies, divisions] fusion f
c (Fin) [of balance sheet] consolidation f
2 COMP ▷ **Consolidation Act** n (Jur) codification f

consoling [kən'səʊlɪŋ] adj consolant

consols ['kɒnsɒlz] npl (Brit Fin) consolidés mpl

consomme [kən'sɒmeɪ] n (Culin) consommé m

consonance ['kɒnsənəns] n [of sounds] consonance f, accord m ; [of ideas] accord m, communion f

consonant ['kɒnsənənt] **1** n (Ling) consonne f
2 adj (frm) en accord (with avec) ◆ **behaviour consonant with one's beliefs** comportement m qui s'accorde avec ses croyances
3 COMP (Ling) ▷ **consonant cluster** n groupe m consonantique ▷ **consonant shift** n mutation f consonantique

consonantal [ˌkɒnsə'næntl] adj consonantique

consort ['kɒnsɔːt] → SYN **1** n (†† = spouse) époux m, épouse f
b (also **prince consort**) (prince m) consort m
c [of musicians, instruments] ensemble m
d (Naut) conserve f ◆ **in consort** de conserve
2 [kən'sɔːt] vi (frm) **a** (= associate) **to consort with sb** fréquenter qn, frayer avec qn
b (= be consistent) [behaviour] s'accorder (with avec)

consortium [kən'sɔːtɪəm] n, pl **consortia** [kən'sɔːtɪə] consortium m

conspectus [kən'spektəs] n vue f générale

conspicuous [kən'spɪkjʊəs] → SYN **1** adj **a** (= attracting attention) person, behaviour, clothes peu discret (-ète f), que l'on remarque ◆ **to be conspicuous** se remarquer ◆ **to be conspicuous for sth** se faire remarquer par qch ◆ **to feel conspicuous** sentir que l'on attire les regards ◆ **to look conspicuous, to make o.s. conspicuous** se faire remarquer ◆ **to be conspicuous by one's absence** briller par son absence
b (= noticeable) success, failure manifeste, flagrant ; absence, lack manifeste, notable ; change visible, évident ; gallantry, bravery remarquable
2 COMP ▷ **conspicuous consumption** n (Sociol) consommation f ostentatoire

conspicuously [kən'spɪkjʊəslɪ] adv **a** (= so as to attract attention) behave avec ostentation

conspiracy / consulate

b (= noticeably) silent ostensiblement ; uneasy visiblement, manifestement ◆ **to be conspicuously successful** réussir visiblement or manifestement ◆ **to be conspicuously lacking in sth** manquer visiblement or manifestement de qch ◆ **to be conspicuously absent** briller par son absence ◆ **the government has conspicuously failed to intervene** la non-intervention du gouvernement a été remarquée

conspiracy [kənˈspɪrəsɪ] → SYN **1** n **a** (= plot) conspiration f, complot m ◆ **a conspiracy of silence** une conspiration du silence

  b (NonC: Jur : also **criminal conspiracy**) ≈ association f de malfaiteurs ◆ **conspiracy to defraud** etc complot m d'escroquerie etc

2 COMP ▷ **conspiracy theory** n thèse f du complot

conspirator [kənˈspɪrətəʳ] → SYN n conspirateur m, -trice f, conjuré(e) m(f)

conspiratorial [kənˌspɪrəˈtɔːrɪəl] adj whisper, smile, wink, nod, activity de conspirateur ; group, meeting de conspirateurs ◆ **in a conspiratorial manner** or **way** avec un air de conspirateur ◆ **to be conspiratorial** avoir l'air de conspirer or comploter ◆ **they were conspiratorial about getting her birthday present** ils complotaient pour lui faire un cadeau d'anniversaire

conspiratorially [kənˌspɪrəˈtɔːrɪəlɪ] adv behave, smile d'un air conspirateur ; say, whisper sur le ton de la conspiration, avec un air de conspirateur

conspire [kənˈspaɪəʳ] → SYN **1** vi **a** [people] conspirer (*against* contre) ◆ **to conspire to do sth** comploter de or se mettre d'accord pour faire qch

  b [events] conspirer, concourir (*to do sth* à faire qch)

2 vt † comploter, méditer

constable [ˈkʌnstəbl] n (Brit: also **police constable**) (in town) agent m de police, gardien m de la paix ; (in country) gendarme m ◆ "**yes, Constable**" "oui, monsieur l'agent" ; → **chief, special**

constabulary [kənˈstæbjʊlərɪ] collective n (Brit) (in town) (la) police en uniforme ; (in country) (la) gendarmerie ; → **royal**

Constance [ˈkɒnstəns] n ◆ **Lake Constance** le lac de Constance

constancy [ˈkɒnstənsɪ] → SYN n (= firmness) constance f, fermeté f ; [of feelings, love] constance f ; [of temperature etc] invariabilité f, constance f

constant [ˈkɒnstənt] → SYN **1** adj **a** (= occurring often) quarrels, interruptions incessant, continuel, perpétuel

  b (= unchanging) love constant ; friend fidèle, loyal

2 n (Math, Phys) constante f

constantan [ˈkɒnstənˌtæn] n constantan m

Constantine [ˈkɒnstənˌtaɪn] n Constantin m

Constantinople [ˌkɒnstæntɪˈnəʊpl] n Constantinople

constantly [ˈkɒnstəntlɪ] → SYN adv constamment, continuellement ◆ **constantly evolving** en évolution constante

constellation [ˌkɒnstəˈleɪʃən] n constellation f

consternation [ˌkɒnstəˈneɪʃən] → SYN n consternation f ◆ **filled with consternation** frappé de consternation, consterné ◆ **there was general consternation** la consternation était générale

constipate [ˈkɒnstɪpeɪt] vt constiper

constipated [ˈkɒnstɪpeɪtɪd] adj (lit, fig) constipé

constipation [ˌkɒnstɪˈpeɪʃən] n constipation f

constituency [kənˈstɪtjʊənsɪ] **1** n (Pol) (= place) circonscription f électorale ; (= people) électeurs mpl (d'une circonscription)

2 COMP ▷ **constituency party** n section f locale (du parti)

constituent [kənˈstɪtjʊənt] → SYN **1** adj part, element constituant, constitutif ◆ **constituent assembly** (Pol) assemblée f constituante ◆ **constituent power** pouvoir m constituant

2 n **a** (Pol) électeur m, -trice f (*de la circonscription d'un député*) ◆ **one of my constituents wrote to me** … quelqu'un dans ma circonscription m'a écrit … ◆ **he was talking to one of his constituents** il parlait à un habitant or un électeur de sa circonscription

  b (= part, element) élément m constitutif ; (Ling) constituant m ◆ **constituent analysis** (Ling) analyse f en constituants immédiats

constitute [ˈkɒnstɪtjuːt] → SYN vt **a** (= appoint) [+ government, assembly] constituer ; [+ people] désigner ◆ **to be constituted** être constitué ◆ **to constitute sb leader of the group** désigner qn (comme) chef du groupe

  b (= establish) [+ organization] monter, établir ; [+ committee] constituer

  c (= amount to, make up) faire, constituer ◆ **these parts constitute a whole** toutes ces parties font or constituent un tout ◆ **that constitutes a lie** cela constitue un mensonge ◆ **it constitutes a threat to our sales** ceci représente une menace pour nos ventes ◆ **so constituted that ...** fait de telle façon que …, ainsi fait que …

constitution [ˌkɒnstɪˈtjuːʃən] → SYN n **a** (Pol) constitution f ◆ **under the French constitution** selon or d'après la constitution française ◆ **the Constitution State** le Connecticut

  b [of person] constitution f ◆ **to have a strong/weak** or **poor constitution** avoir une robuste/chétive constitution ◆ **iron constitution** santé f de fer

  c (= structure) composition f, constitution f (*of* de)

CONSTITUTION

Contrairement à la France ou aux États-Unis, la Grande-Bretagne n'a pas de constitution écrite à proprement parler. Le droit constitutionnel britannique se compose donc d'un ensemble de textes épars qui peut être amendé ou complété par le Parlement.

---

constitutional [ˌkɒnstɪˈtjuːʃənl] → SYN **1** adj **a** (Pol, Univ) reform, amendment de la constitution, change, crisis, law constitutionnel ; monarch soumis à une constitution ◆ **constitutional lawyer** spécialiste mf du droit constitutionnel ◆ **we have a constitutional right to demonstrate** de par la constitution, nous avons le droit de manifester ◆ **the constitutional head of state is the Queen** le chef de l'État est, de par la constitution, la reine

  b weakness, tendency constitutionnel

  c (frm = inherent) optimism, envy inhérent

2 n (hum) ◆ **to go for a constitutional*** faire sa petite promenade or son petit tour

3 COMP ▷ **constitutional monarch** n souverain(e) m(f) d'une monarchie constitutionnelle ▷ **constitutional monarchy** n monarchie f constitutionnelle

constitutionality [ˌkɒnstɪtjuːʃəˈnælɪtɪ] n constitutionnalité f

constitutionalize [ˌkɒnstɪˈtjuːʃənəlaɪz] vt constitutionnaliser

constitutionally [ˌkɒnstɪˈtjuːʃənəlɪ] adv **a** (Pol, Univ = legally) act conformément à la constitution ; protected, guaranteed par la constitution

  b (= physically) **constitutionally frail** de faible constitution

  c (= inherently) incapable, reserved par nature, de nature

constitutive [ˈkɒnstɪtjuːtɪv] adj constitutif

constrain [kənˈstreɪn] → SYN vt **a** (= compel) contraindre (*sb to do sth* qn à faire qch) ◆ **I find myself constrained to write to you** je me vois dans la nécessité de vous écrire ◆ **to be/feel constrained to do sth** être/se sentir contraint or obligé de faire qch

  b (= limit) limiter

  c (= restrict) [+ liberty, person] contraindre ◆ **women often feel constrained by family commitments** les femmes trouvent souvent contraignantes les responsabilités familiales

constrained [kənˈstreɪnd] → SYN adj **a** (= awkward) smile, expression contraint ; voice, silence gêné ; atmosphere de gêne

  b (= limited) resources, budget limité

constraint [kənˈstreɪnt] → SYN n contrainte f ◆ **to act under constraint** agir sous la contrainte ◆ **to speak freely and without constraint** parler librement et sans contrainte ◆ **the constraints placed upon us** les contraintes auxquelles nous sommes soumis

constrict [kənˈstrɪkt] vt (gen) resserrer ; (= tighten) [+ muscle etc] serrer ; (= hamper) [+ movements] gêner ; (fig) [convention etc] limiter

constricted [kənˈstrɪktɪd] adj **a** (= narrow, limited) artery rétréci ; throat serré ; breathing gêné ; space réduit, restreint ; freedom restreint ; movement limité ◆ **to feel constricted (by sth)** (lit) se sentir à l'étroit (dans qch) ; (fig) (by convention etc) se sentir limité (par qch)

  b (Phon) constrictif

constricting [kənˈstrɪktɪŋ] adj garment gênant, étriqué ; ideology étroit ; (fig) restreignant

constriction [kənˈstrɪkʃən] n (esp Med) constriction f, resserrement m, étranglement m

constrictive [kənˈstrɪktɪv] adj ⇒ **constricting**

constrictor [kənˈstrɪktəʳ] n (Anat) constricteur m ◆ **boa constrictor** (Zool) boa m constrictor or constricteur

construct [kənˈstrʌkt] → SYN **1** vt [+ building, model] construire ; [+ novel, play] construire, composer ; [+ theory] bâtir, élaborer ; (Ling, Psych) construire ; [+ model] élaborer

2 [ˈkɒnstrʌkt] n (Philos, Psych) construction f mentale ; (= machine etc) construction f

construction [kənˈstrʌkʃən] → SYN **1** n **a** [of roads, buildings] construction f, édification f ◆ **in course of construction, under construction** en construction

  b (= building, structure) construction f, bâtiment m

  c (= interpretation) interprétation f ◆ **to put a wrong construction on sb's words** mal interpréter or interpréter à contresens les paroles de qn

  d (Gram) construction f

2 COMP ▷ **construction engineer** n ingénieur m des travaux publics et des bâtiments ▷ **construction industry** n (industrie f du) bâtiment m ▷ **construction site** n chantier m ▷ **construction worker** n ouvrier m du bâtiment

constructional [kənˈstrʌkʃənl] adj de construction ◆ **constructional engineering** construction f mécanique

constructive [kənˈstrʌktɪv] → SYN **1** adj constructif

2 COMP ▷ **constructive dismissal** n démission f forcée

constructively [kənˈstrʌktɪvlɪ] adv d'une manière constructive

constructivism [kənˈstrʌktɪvɪzəm] n constructivisme m

constructivist [kənˈstrʌktɪvɪst] **1** adj constructiviste

2 n constructiviste mf

constructor [kənˈstrʌktəʳ] n constructeur m, -trice f ; (Naut) ingénieur m des constructions navales

construe [kənˈstruː] **1** vt **a** (gen = interpret meaning of) interpréter ◆ **you can construe that in different ways** vous pouvez interpréter cela de différentes manières ◆ **her silence was construed as consent** son silence a été interprété comme or pris pour un assentiment ◆ **this was construed as a step forward in the negotiations** cela a été interprété comme un pas en avant dans les négociations ◆ **his words were wrongly construed** ses paroles ont été mal comprises, on a interprété ses paroles à contresens

  b (Gram = parse etc) [+ sentence] analyser, décomposer ; [+ Latin etc text] analyser

  c (= explain) [+ poem, passage] expliquer

2 vi (Gram) s'analyser grammaticalement ◆ **the sentence will not construe** la phrase n'a pas de construction

consul [ˈkɒnsəl] **1** n consul m

2 COMP ▷ **consul general** n, pl **consuls general** consul m général

consular [ˈkɒnsjʊləʳ] adj consulaire ◆ **consular section** service m consulaire

consulate [ˈkɒnsjʊlɪt] **1** n consulat m

2 COMP ▷ **consulate general** n consulat m général

consulship ['kɒnsəlʃɪp] n poste m or charge f de consul

consult [kən'sʌlt] → SYN **1** vt **a** [+ book, person, doctor] consulter (*about* sur, au sujet de)
b (= show consideration for) [+ person's feelings] avoir égard à, prendre en considération; [+ one's own interests] consulter
2 vi consulter, être en consultation (*with* avec) ◆ **to consult together over sth** se consulter sur or au sujet de qch
3 COMP ▷ **consulting engineer** n ingénieur-conseil m ▷ **consulting hours** npl (Brit Med) heures fpl de consultation ▷ **consulting room** n (Brit esp Med) cabinet m de consultation

consultancy [kən'sʌltənsɪ] n (= company, group) cabinet-conseil m ◆ **consultancy (service)** service m d'expertise or de consultants

consultant [kən'sʌltənt] → SYN **1** n (gen) consultant m, expert-conseil m; (Brit Med) médecin m consultant, spécialiste m ◆ **he acts as consultant to the firm** il est expert-conseil auprès de la compagnie; → **management**
2 COMP ▷ **consultant engineer** n ingénieur-conseil m, ingénieur m consultant ▷ **consultant physician** n médecin-chef m, chef m de service ▷ **consultant psychiatrist** n (médecin-)chef m de service psychiatrique

consultation [ˌkɒnsəl'teɪʃən] → SYN n **a** (NonC) consultation f ◆ **in consultation with** en consultation avec
b (meeting) consultation f ◆ **to hold a consultation** conférer (*about* de), délibérer (*about* sur)

consultative [kən'sʌltətɪv] adj consultatif ◆ **in a consultative capacity** dans un rôle consultatif

consumable [kən'sjuːməbl] adj (Econ etc) de consommation ◆ **consumable goods** biens mpl or produits mpl de consommation

consumables [kən'sjuːməblz] npl (Econ etc) produits mpl de consommation; (Comput) consommables mpl

consume [kən'sjuːm] → SYN vt [+ food, drink] consommer; [+ supplies] [+ resources] consommer, dissiper; [engine fuel] brûler, consommer; [fire] [+ buildings] consumer, dévorer ◆ **to be consumed with grief** (fig) se consumer de chagrin ◆ **to be consumed with desire** brûler de désir ◆ **to be consumed with jealousy** être rongé par la jalousie

consumer [kən'sjuːmə*] → SYN **1** n (gen) consommateur m, -trice f; (= user) abonné(e) m(f) ◆ **gas etc consumer** abonné(e) m(f) au gaz etc
2 COMP ▷ **consumer behaviour** n comportement m du consommateur ▷ **consumer credit** n crédit m à la consommation ▷ **consumer demand** n demande f de consommation or des consommateurs ▷ **consumer durables** npl biens mpl durables ▷ **consumer electronics** n (NonC) électronique f grand public ▷ **consumer goods** npl biens mpl de consommation ▷ **consumer group** n association f de consommateurs ▷ **consumer-led recovery** n (Econ) reprise f par la consommation ▷ **consumer market** n (Econ) marché m de la consommation ▷ **consumer price index** n (US) indice m des prix à la consommation, indice m des prix de détail ▷ **consumer protection** n défense f du consommateur ◆ **Secretary of State for or Minister of Consumer Protection** (Brit) ministre m chargé de la Défense des consommateurs, ≈ secrétaire m d'État à la Consommation ◆ **Department or Ministry of Consumer Protection** ministère m chargé de la Défense des consommateurs, ≈ secrétariat m d'État à la Consommation ▷ **consumer research** n études fpl de marchés ▷ **consumer resistance** n résistance f du consommateur ▷ **consumer sampling** n enquête f auprès des consommateurs ▷ **the Consumers' Association** n (in Brit) association f britannique de défense des consommateurs ▷ **consumer society** n société f de consommation ▷ **consumer spending** n (NonC) dépenses fpl de consommation ▷ **consumer watchdog** n organisme m de protection des consommateurs

consumerism [kən'sjuːməˌrɪzəm] n **a** (= consumer protection) défense f du consommateur, consumérisme m
b (Econ = policy) consumérisme m

consumerist [kən'sjuːməˌrɪst] n consumériste mf, défenseur m des consommateurs

consuming [kən'sjuːmɪŋ] → SYN adj desire, passion dévorant, brûlant

consummate [kən'sʌmɪt] → SYN **1** adj consommé, achevé
2 ['kɒnsʌmeɪt] vt consommer

consummately [kən'sʌmɪtlɪ] adv acted, executed à la perfection; professional, skilful éminemment

consummation [ˌkɒnsʌ'meɪʃən] n [of union, esp marriage] consommation f; [of art form] perfection f; [of one's desires, ambitions] couronnement m, apogée f

consumption [kən'sʌmpʃən] → SYN n (NonC) **a** [of food, fuel] consommation f ◆ **not fit for human consumption** (lit) non comestible; (*pej) pas mangeable, immangeable
b (Med † = tuberculosis) consomption f (pulmonaire) †, phtisie † f

consumptive † [kən'sʌmptɪv] adj, n phtisique † mf, tuberculeux m, -euse f

cont. abbrev of **continued**

contact ['kɒntækt] → SYN **1** n **a** (communicating) contact m ◆ **to be in/come into/get into contact with sb** être/entrer/se mettre en contact or rapport avec qn ◆ **to make contact (with sb)** prendre contact (avec qn) ◆ **we've lost contact (with him)** nous avons perdu contact (avec lui) ◆ **we have had no contact with him for six months** nous sommes sans contact avec lui depuis six mois ◆ **I seem to make no contact with him** je n'arrive pas à communiquer avec lui ◆ **contact with the net** (Volleyball) faute f de filet
b (= touching) (Elec) contact m ◆ **point of contact** point m de contact or de tangence ◆ **to make/break the contact** établir/couper le contact ◆ **contact!** (Aviat) contact!
c (= person in secret service etc) agent m de liaison; (= acquaintance) connaissance f, relation f ◆ **he has some contacts in Paris** il a des relations à Paris, il connaît des gens or il est en relation avec des gens à Paris ◆ **a business contact** une relation de travail
d (Med) contaminateur m possible, contact m
e ⇒ **contact lens**
2 vt [+ person] se mettre en contact or en rapport avec, contacter ◆ **we'll contact you soon** nous nous mettrons en rapport avec vous sous peu
3 COMP adhesive etc de contact ▷ **contact breaker** n (Elec) interrupteur m, rupteur m ▷ **contact cement** n ciment m de contact ▷ **contact lens** n verre m de contact, lentille f (cornéenne) ▷ **contact man** n, pl **contact men** (Comm) agent m de liaison ▷ **contact print** n (Phot) (épreuve f par) contact m ▷ **contact sport** n sport m de contact

contagion [kən'teɪdʒən] n contagion f

contagious [kən'teɪdʒəs] → SYN adj disease, person, sense of humour, enthusiasm, laugh contagieux

contagium [kən'teɪdʒɪəm] n, pl **contagia** [kən'teɪdʒɪə] contage m

contain [kən'teɪn] → SYN vt **a** (= hold) [box, bottle, envelope etc] contenir; [book, letter, newspaper] contenir, renfermer ◆ **sea water contains a lot of salt** l'eau de mer contient beaucoup de sel or a une forte teneur en sel ◆ **the room will contain 70 people** la salle peut contenir 70 personnes; → **self**
b (= hold back, control) [+ one's emotions, anger] contenir, maîtriser ◆ **he couldn't contain himself for joy** il ne se sentait pas de joie ◆ **to contain the enemy forces** (Mil) contenir les troupes ennemies
c (Math) être divisible par

contained [kən'teɪnd] adj (emotionally) réservé

container [kən'teɪnə*] → SYN **1** n **a** (= goods transport) conteneur m
b (= jug, box etc) récipient m; (for plants) godet m; (for food) barquette f
2 COMP [of train, ship] porte-conteneurs inv ▷ **container dock** n dock m pour la manutention de conteneurs ▷ **container line** n (Naut) ligne f transconteneurs ▷ **container port** n port m à conteneurs ▷ **container terminal** n terminal m (à conteneurs) ▷ **container transport** n transport m par conteneurs

containerization [kənˌteɪnəraɪ'zeɪʃən] n conteneurisation f

containerize [kən'teɪnəraɪz] vt mettre en conteneurs, conteneuriser

containment [kən'teɪnmənt] n (Pol) endiguement m

contaminant [kən'tæmɪnənt] n polluant m

contaminate [kən'tæmɪneɪt] → SYN vt (lit, fig) contaminer, souiller; [radioactivity] contaminer ◆ **contaminated air** air m vicié or contaminé

contamination [kənˌtæmɪ'neɪʃən] → SYN n (NonC) contamination f

contango [kən'tæŋɡəʊ] n (Brit) report m

contd. abbrev of **continued**

contemplate ['kɒntempleɪt] → SYN vt **a** (= plan, consider) [+ action, purchase] envisager ◆ **to contemplate doing sth** envisager de or se proposer de faire qch ◆ **I don't contemplate a refusal from him** je ne m'attends pas à or je n'envisage pas un refus de sa part
b (= look at) contempler, considérer avec attention

contemplation [ˌkɒntem'pleɪʃən] → SYN n (NonC) **a** (= deep thought) contemplation f, méditation f ◆ **deep in contemplation** plongé dans de profondes méditations
b (= act of looking) contemplation f
c (= expectation) prévision f ◆ **in contemplation of their arrival** en prévision de leur arrivée

contemplative [kən'templətɪv] → SYN **1** adj **a** (= thoughtful) person songeur, pensif; mood contemplatif; walk méditatif
b (Rel) life, order, prayer contemplatif
2 n (Rel) contemplatif m, -ive f

contemplatively [kən'templətɪvlɪ] adv look, stare, say d'un air pensif

contemporaneous [kənˌtempə'reɪnɪəs] adj contemporain (*with* de)

contemporaneously [kənˌtempə'reɪnɪəslɪ] adv à la même époque (*with* que)

contemporary [kən'tempərərɪ] → SYN **1** adj (= of the same period) contemporain (*with* de), de la même époque (*with* que); (= modern) contemporain, moderne ◆ **Dickens and contemporary writers** Dickens et les écrivains contemporains or de son époque ◆ **he's bought an 18th century house and is looking for contemporary furniture** il a acheté une maison du 18ᵉ siècle et il cherche des meubles d'époque ◆ **a contemporary narrative** un récit de l'époque ◆ **I like contemporary art** j'aime l'art contemporain or moderne ◆ **it's all very contemporary** c'est tout ce qu'il y a de plus moderne
2 n contemporain(e) m(f)

contempt [kən'tempt] → SYN n mépris m ◆ **to hold in contempt** mépriser, avoir du mépris pour ◆ **in contempt of danger** au mépris or en dépit du danger ◆ **it's beneath contempt** c'est tout ce qu'il y a de plus méprisable, c'est au-dessous de tout ◆ **contempt of court** (Jur) outrage m à la Cour

contemptible [kən'temptəbl] → SYN adj méprisable, indigne

contemptuous [kən'temptjʊəs] → SYN adj person, manner dédaigneux, méprisant; dismissal, disregard, look, laugh, remark méprisant; gesture de mépris ◆ **to be contemptuous of sb/sth** avoir du mépris pour qn/qch

contemptuously [kən'temptjʊəslɪ] adv avec mépris, dédaigneusement

contend [kən'tend] → SYN vi **a** (assert) prétendre (*that* que)
b **to contend with** combattre, lutter contre ◆ **to contend with sb for sth** disputer qch à qn ◆ **to contend with sb over sth** se disputer or se battre avec qn au sujet de qch ◆ **they had to contend with very bad weather conditions** ils ont dû faire face à des conditions météorologiques déplorables ◆ **we have many problems to contend with** nous sommes aux prises avec de nombreux problèmes ◆ **he has a lot to contend with** il a pas mal de problèmes à résoudre ◆ **I should not like to have to contend with him** je ne voudrais pas

contender [kənˈtendər] n prétendant(e) m(f) (for à) ; (in contest, competition, race) concurrent(e) m(f) ; (in election, for a job) candidat m ◆ **presidential contender** candidat m à l'élection présidentielle

avoir affaire à lui ◆ **you'll have me to contend with** vous aurez affaire à moi
  c **to contend for** [+ title, medal, prize] se battre pour ; [+ support, supremacy] lutter pour

contending [kənˈtendɪŋ] adj opposé, ennemi

content¹ [kənˈtent] → SYN **1** adj content, satisfait ◆ **to be content with sth** se contenter or s'accommoder de qch ◆ **she is quite content to stay there** elle ne demande pas mieux que de rester là
  2 n contentement m, satisfaction f ; → **heart**
  3 vt [+ person] contenter, satisfaire ◆ **to content o.s. with doing sth** se contenter de or se borner à faire qch

content² [ˈkɒntent] → SYN **1** n a contents (= thing contained) contenu m ; (= amount contained) contenu m, contenance f ; [of house etc] (gen) contenu m ; (Insurance) biens mpl mobiliers ◆ **(table of) contents** [of book] table f des matières
  b (NonC) [of book, play, film] contenu m (also Ling) ; [of official document] teneur f ; [of metal] teneur f, titre m ◆ **what do you think of the content of the article?** que pensez-vous du contenu or du fond de l'article ? ◆ **oranges have a high vitamin C content** les oranges sont riches en vitamine C or ont une haute teneur en vitamine C ◆ **gold content** teneur f en or ◆ **the play lacks content** la pièce est mince or manque de profondeur
  2 COMP ▷ **contents insurance** n (NonC) assurance f sur le contenu de l'habitation

contented [kənˈtentɪd] → SYN adj content, satisfait (with de)

contentedly [kənˈtentɪdlɪ] adv avec contentement ◆ **to smile contentedly** avoir un sourire de contentement

contentedness [kənˈtentɪdnɪs] n contentement m, satisfaction f

contention [kənˈtenʃən] → SYN n a (= dispute) dispute f ; → **bone**
  b (= argument, point argued) assertion f, affirmation f ◆ **it is my contention that ...** je soutiens que ...

contentious [kənˈtenʃəs] → SYN adj a (= controversial) issue, question controversé, litigieux ; view, proposal controversé
  b (= argumentative) person querelleur

contentiousness [kənˈtenʃəsnɪs] n caractère m litigieux

contentment [kənˈtentmənt] → SYN n contentement m, satisfaction f

conterminous [ˌkɒnˈtɜːmɪnəs] adj (frm = contiguous) county, country limitrophe (with, to de) ; estate, house, garden adjacent, attenant (with, to à)

contest [kənˈtest] → SYN **1** vt a (= argue, debate) [+ question, matter, result] contester, discuter ; (Jur) [+ judgement] attaquer ◆ **to contest sb's right to do sth** contester à qn le droit de faire qch ◆ **to contest a will** (Jur) attaquer or contester un testament
  b (= compete for) disputer ◆ **to contest a seat** (Parl) disputer un siège ◆ **to contest an election** (Pol) disputer une élection
  2 vi se disputer (with, against avec), contester
  3 [ˈkɒntest] n (= struggle) (lit, fig) combat m, lutte f (with avec, contre ; between entre) ; (Sport) lutte f ; (Boxing, Wrestling) combat m, rencontre f ; (= competition) concours m ◆ **beauty contest** concours m de beauté ◆ **contest of skill** lutte f d'adresse ◆ **the mayoral contest** (la lutte pour) l'élection du maire

contestant [kənˈtestənt] → SYN n a (for prize, reward) concurrent(e) m(f)
  b (in fight) adversaire mf

contestation [ˌkɒntesˈteɪʃən] n contestation f

context [ˈkɒntekst] → SYN **1** n contexte m ◆ **in/out of context** dans le/hors contexte ◆ **to put sth in(to) context** mettre qch en contexte ◆ **to see sth in context** regarder qch dans son contexte ◆ **context of situation** (Ling) situation f de discours
  2 COMP ▷ **context-sensitive** adj (Comput) contextuel

contextual [kɒnˈtekstjʊəl] adj contextuel, d'après le contexte

contextualize [kɒnˈtekstjʊəlaɪz] vt remettre or replacer dans son contexte

contiguity [ˌkɒntɪˈgjuːɪtɪ] n contiguïté f

contiguous [kənˈtɪgjʊəs] adj contigu (-guë f) ◆ **contiguous to** contigu à or avec, attenant à ◆ **the two fields are contiguous** les deux champs se touchent or sont contigus

continence [ˈkɒntɪnəns] n continence f

continent¹ [ˈkɒntɪnənt] → SYN adj (= chaste) chaste ; (= self-controlled) continent † ; (Med) qui n'est pas incontinent

continent² [ˈkɒntɪnənt] n (Geog) continent m ◆ **the Continent** (Brit) l'Europe f continentale ◆ **the Continent of Europe** le continent européen ◆ **on the Continent** (Brit) en Europe (continentale)

continental [ˌkɒntɪˈnentl] **1** adj continental ◆ **continental climate** climat m continental
  2 n (Brit) Européen(ne) m(f) (continental(e))
  3 COMP ▷ **continental breakfast** n petit déjeuner m continental ▷ **continental crust** n croûte f continentale ▷ **continental drift** n dérive f des continents ▷ **continental quilt** n (Brit) couette f ▷ **continental shelf** n plate-forme f continentale, plateau m continental ▷ **continental shields** npl aires fpl continentales

contingency [kənˈtɪndʒənsɪ] → SYN **1** n a éventualité f, événement m imprévu or inattendu ◆ **in a contingency, should a contingency arise** en cas d'imprévu ◆ **to provide for all contingencies** parer à toute éventualité
  b (Stat) contingence f
  2 COMP ▷ **contingency fee** n (US Jur) honoraires versés par un client à son avocat seulement s'il gagne son procès ▷ **contingency fund** n caisse f de prévoyance ▷ **contingency planning** n mise f sur pied de plans d'urgence ▷ **contingency plans** npl plans mpl d'urgence ▷ **contingency reserve** n (Fin) fonds mpl de prévoyance ▷ **contingency sample** n (Space) échantillon m lunaire (prélevé dès l'alunissage)

contingent [kənˈtɪndʒənt] → SYN **1** adj contingent ◆ **to be contingent upon sth** dépendre de qch, être subordonné à qch
  2 n (gen, also Mil) contingent m
  3 COMP ▷ **contingent liabilities** npl (Fin) dettes fpl éventuelles

continua [kənˈtɪnjʊə] npl of continuum

continual [kənˈtɪnjʊəl] → SYN adj continuel

continually [kənˈtɪnjʊəlɪ] → SYN adv continuellement, sans cesse

continuance [kənˈtɪnjʊəns] n (= duration) durée f ; (= continuation) continuation f ; [of human race etc] perpétuation f, continuité f

continuant [kənˈtɪnjʊənt] n (Phon) continue f

continuation [kənˌtɪnjʊˈeɪʃən] → SYN **1** n a (no interruption) continuation f
  b (after interruption) reprise f ◆ **the continuation of work after the holidays** la reprise du travail après les vacances
  c [of serial story] suite f
  2 COMP ▷ **continuation sheet** n (Admin) feuille f additionnelle

continue [kənˈtɪnjuː] → SYN **1** vt continuer (to do sth à or de faire qch) ; [+ piece of work] continuer, poursuivre ; [+ tradition] perpétuer, maintenir ; [+ policy] maintenir ; (after interruption) [+ conversation, work] reprendre ◆ **to be continued** [serial story etc] à suivre ◆ **continued on page 10** suite page 10 ◆ **to continue (on) one's way** continuer or poursuivre son chemin ; (after pause) se remettre en marche ◆ **"and so"**, he continued "et ainsi", reprit-il or poursuivit-il
  2 vi a (= go on) [road, weather, celebrations] continuer ; (after interruption) reprendre ◆ **the forest continues to the sea** la forêt s'étend jusqu'à la mer ◆ **his speech continued until 3am** son discours s'est prolongé jusqu'à 3 heures du matin
  b (= remain) rester ◆ **to continue in one's job** garder ou conserver son poste ◆ **he continued with his voluntary work** il a poursuivi son travail bénévole ◆ **she continued as his secretary** elle est restée sa secrétaire

continuing [kənˈtɪnjʊɪŋ] → SYN adj argument ininterrompu ; correspondence soutenu ◆ **continuing education** formation f permanente or continue

continuity [ˌkɒntɪˈnjuːɪtɪ] → SYN **1** n (gen, Cine, Rad) continuité f
  2 COMP ▷ **continuity announcer** n (TV, Rad) speaker(ine) m(f) annonçant la suite des émissions ▷ **continuity girl** n (Cine, TV) script-girl f, script f

continuo [kənˈtɪnjʊəʊ] n (Mus) basse f continue

continuous [kənˈtɪnjʊəs] → SYN adj a continu ◆ **continuous assessment** (Scol, Univ) contrôle m continu des connaissances ◆ **continuous performance** (Cine) spectacle m permanent ◆ **continuous paper** or **stationery** (Comput) papier m en continu
  b (Gram) aspect imperfectif ; tense progressif ◆ **in the present/past continuous** à la forme progressive du présent/du passé

continuously [kənˈtɪnjʊəslɪ] adv a (= uninterruptedly) sans interruption
  b (= repeatedly) continuellement, sans arrêt

continuum [kənˈtɪnjʊəm] n, pl **continuums** or **continua** continuum m

contort [kənˈtɔːt] vt a [+ one's features, limbs] tordre, contorsionner ◆ **a face contorted by pain** un visage tordu or contorsionné par la douleur
  b (fig) [+ sb's words, story] déformer, fausser

contortion [kənˈtɔːʃən] n [of esp acrobat] contorsion f ; [of features] torsion f, crispation f

contortionist [kənˈtɔːʃənɪst] n contorsionniste mf

contour [ˈkɒntʊər] → SYN **1** n contour m, profil m
  2 vt ◆ **to contour a map** tracer les courbes de niveau sur une carte
  3 COMP ▷ **contour flying** n vol m à très basse altitude ▷ **contour line** n courbe f de niveau ▷ **contour map** n carte f avec courbes de niveau

contoured [ˈkɒntʊəd] adj shape, lines sinueux ◆ **a comfortably contoured seat** un siège bien galbé

contra [ˈkɒntrə] n (Pol) contra f

contra... [ˈkɒntrə] pref contre-, contra...

contraband [ˈkɒntrəbænd] → SYN **1** n contrebande f
  2 COMP goods de contrebande

contrabass [ˌkɒntrəˈbeɪs] n contrebasse f

contrabassoon [ˌkɒntrəbəˈsuːn] n contrebasson m

contraception [ˌkɒntrəˈsepʃən] n contraception f

contraceptive [ˌkɒntrəˈseptɪv] **1** n contraceptif m
  2 adj device, measures contraceptif, anticonceptionnel

contract [ˈkɒntrækt] → SYN **1** n a (= agreement) contrat m ; (US Comm = tender) adjudication f ◆ **marriage contract** contrat m de mariage ◆ **to enter into a contract with sb for sth** passer un contrat avec qn pour qch ◆ **to put work out to contract** mettre or donner du travail en adjudication or à l'entreprise ◆ **by contract** par or sur contrat ◆ **under contract (to)** sous contrat (avec) ◆ **contract for services** (Jur) contrat m de louage d'ouvrage ◆ **there's a contract out on** or **for him*** (fig : by killer) on a engagé un tueur pour le descendre * ; → **breach**
  b (also **contract bridge**) (bridge m) contrat m
  2 [kənˈtrækt] vt a [+ debts, illness] contracter ; [+ habits, vices] prendre, contracter
  b [+ alliance] contracter
  c (= commit) **to contract to do sth** s'engager (par contrat) à faire qch ◆ **to contract with sb to do sth** passer un contrat avec qn pour faire qch
  d [+ metal, muscle etc] contracter
  e (Ling) [+ word, phrase] contracter (to en) ◆ **contracted form** forme f contractée
  3 [kənˈtrækt] vi a [metal, muscles] se contracter
  b (Comm) s'engager (par contrat) ◆ **he has contracted for the building of the motorway** il a un contrat pour la construction de l'autoroute

185 ENGLISH-FRENCH — contractile / control

[4] COMP ▷ **contract bargaining** n (Jur) négociations fpl salariales ▷ **contracting parties** npl contractants mpl ▷ **contracting party** n partie f contractante ▷ **contract killer** n tueur m à gages ▷ **contract killing** n meurtre m commis par un tueur à gages ▷ **contract law** n (NonC) droit m des contrats ▷ **contract price** n prix m forfaitaire ▷ **contract work** n travail m à forfait

▶ **contract in** vi s'engager (par contrat)

▶ **contract out** [1] vi (Brit) se dégager (*of* de), se soustraire (*of* à) ◆ **to contract out of a pension scheme** cesser de cotiser à une caisse de retraite
[2] vt sep [+ work etc] sous-traiter (*to sb* à qn)

contractile [kən'træktaɪl] adj contractile

contraction [kən'trækʃən] → SYN n **a** (NonC) [of metal etc] contraction f
b (Med) contraction f
c (Ling) forme f contractée, contraction f ◆ **"can't" is a contraction of "cannot"** "can't" est une forme contractée ou une contraction de "cannot"
d (= acquiring) **contraction of debts** endettement m

contractionary [kən'trækʃənərɪ] adj (Econ) ◆ **contractionary pressure** poussée f récessionniste ◆ **contractionary policy** politique f d'austérité

contractor [kən'træktə^r] n **a** (Comm) entrepreneur m ◆ **army contractor** fournisseur m de l'armée ; → **building**
b (Jur) partie f contractante

contractual [kən'træktʃʊəl] adj contractuel

contractually [kən'træktʃʊəlɪ] adv par contrat ◆ **contractually, we have to ...** d'après le contrat, nous devons ...

contradict [ˌkɒntrə'dɪkt] LANGUAGE IN USE 26.3 → SYN vt **a** (= deny truth of) [+ person, statement] contredire ◆ **don't contradict!** ne (me) contredis pas !
b (= be contrary to) [+ statement, event] contredire, démentir ◆ **his actions contradicted his words** ses actions démentaient ses paroles

contradiction [ˌkɒntrə'dɪkʃən] → SYN n contradiction f, démenti m ◆ **to be in contradiction with ...** être en contradiction avec ..., donner un démenti à ... ◆ **a contradiction in terms** une contradiction dans les termes

contradictory [ˌkɒntrə'dɪktərɪ] → SYN adj contradictoire, opposé (*to* à)

contradistinction [ˌkɒntrədɪs'tɪŋkʃən] n contraste m, opposition f ◆ **in contradistinction to ...** en contraste avec ..., par opposition à ...

contraflow ['kɒntrəˌfləʊ] adj ◆ (Brit Aut) contraflow lane voie f à contresens ◆ **there is a contraflow system in operation on ...** une voie a été mise en sens inverse sur ... ◆ **contraflow (bus) lane** couloir m (d'autobus) à contre-courant

contraindicated [ˌkɒntrə'ɪndɪˌkeɪtɪd] adj (Med) contre-indiqué

contraindication [ˌkɒntrəˌɪndɪ'keɪʃən] n (Med) contre-indication f

contralto [kən'træltəʊ] [1] n, pl **contraltos** or **contralti** [kən'træltɪ] (= voice, person) contralto m
[2] adj voice, part de contralto ; aria pour contralto

contraption* [kən'træpʃən] n bidule * m, truc * m

contrapuntal [ˌkɒntrə'pʌntl] adj en contrepoint, contrapuntique

contrapuntalist [ˌkɒntrə'pʌntlɪst], **contrapuntist** [ˌkɒntrə'pʌntɪst] n contrapuntiste mf, contrapontiste mf

contrarian [kən'trɛərɪən] adj, n anticonformiste mf

contrarily [kən'trɛərɪlɪ] adv **a** (= from contrariness) par esprit de contradiction
b (= on the contrary) au contraire

contrariness [kən'trɛərɪnɪs] n esprit m de contradiction, esprit m contrariant

contrariwise ['kɒntrərɪˌwaɪz] adv **a** (= on the contrary) au contraire, par contre
b (= in opposite direction) en sens opposé

contrary ['kɒntrərɪ] → SYN [1] adj **a** (= opposing) idea, opinion, evidence, information, wind contraire (*to sth* à qch) ; direction opposé (*to sth* à qch)
◆ **contrary to** ◆ **it was contrary to public interest** c'était contraire à l'intérêt du public ◆ **contrary to nature** contre nature ◆ **to run contrary to sth** aller à l'encontre de qch
b [kən'trɛərɪ] (pej = unreasonable) person, attitude contrariant
[2] adv ◆ **contrary to sth** contrairement à qch
[3] n ◆ **the contrary** le contraire ◆ **I think the contrary is true** je pense que c'est le contraire ◆ **on the contrary** au contraire ◆ **quite the contrary!** bien au contraire ! ◆ **come tomorrow unless you hear to the contrary** venez demain sauf avis contraire or sauf contrordre ◆ **I have nothing to say to the contrary** je n'ai rien à redire ◆ **a statement to the contrary** une déclaration affirmant le contraire ◆ **there is considerable evidence to the contrary** il y a énormément de preuves du contraire

contrast [kən'trɑːst] LANGUAGE IN USE 5.1 → SYN
[1] vt mettre en contraste, contraster (*X with Y* X avec Y)
[2] vi contraster, faire contraste (*with* avec) ◆ **to contrast strongly** [colour] contraster fortement (*with* avec), trancher (*with* sur)
[3] ['kɒntrɑːst] n (gen, TV) contraste m (*between* entre) ◆ **in** or **by contrast** par contraste ◆ **in contrast to ...** par opposition à ..., par contraste avec ... ◆ **to stand out in contrast** (in landscapes, photographs) se détacher (*to* de, *on* sur), ressortir (*to* sur, *contre*) ; [colours] contraster (*to* avec), trancher (*to* sur)
[4] COMP ▷ **contrast medium** n (Med) substance f de contraste

contrasting [kən'trɑːstɪŋ] adj très différent, contrasté

contrastive [kən'trɑːstɪv] adj contrastif

contravene [ˌkɒntrə'viːn] vt **a** [+ law] enfreindre, contrevenir à (frm)
b [+ sb's freedom] nier, s'opposer à ; [+ myth] contredire

contravention [ˌkɒntrə'venʃən] n infraction f (*of* à) ◆ **in contravention of the rules** en violation des règles, en dérogation aux règles

contretemps ['kɒntrətɒm] n (pl inv) **a** (= mishap) contretemps m
b (= disagreement) malentendu m

contribute [kən'trɪbjuːt] → SYN [1] vt [+ money] contribuer, cotiser ◆ **he has contributed £5** il a offert or donné 5 livres ◆ **to contribute an article to a newspaper** écrire un article pour un journal ◆ **his presence didn't contribute much to the success of the evening** sa présence n'a guère contribué au succès de la soirée
[2] vi ◆ **to contribute to** contribuer à ◆ **he contributed to the success of the venture** il a contribué à assurer le succès de l'affaire ◆ **to contribute to a discussion** prendre part or participer à une discussion ◆ **to contribute to a newspaper** collaborer à un journal ◆ **it all contributed to the muddle** tout cela a contribué au désordre

contribution [ˌkɒntrɪ'bjuːʃən] → SYN n [of money, goods etc] contribution f ; (Admin) cotisation f ; (to publication) article m ; → DSS

contributor [kən'trɪbjʊtə^r] → SYN n (to publication) collaborateur m, -trice f ; [of money, goods] donateur m, -trice f

contributory [kən'trɪbjʊtərɪ] [1] adj **a** (= partly responsible) cause, reason accessoire ◆ **a contributory factor in** un des facteurs responsables de qch ◆ **to be contributory to sth** contribuer à qch
b (Fin) pension scheme, fund contributif
[2] COMP ▷ **contributory negligence** n (Jur) faute f de la victime

contrite ['kɒntraɪt] → SYN adj penaud, contrit

contritely [kən'traɪtlɪ] adv d'un air penaud or contrit

contrition [kən'trɪʃən] n contrition f

contrivance [kən'traɪvəns] → SYN n (= tool, machine etc) appareil m, machine f ; (= scheme) invention f, combinaison f ◆ **it is beyond his contrivance** il n'en est pas capable

contrive [kən'traɪv] → SYN vt **a** (= invent, design) [+ plan, scheme] combiner, inventer ◆ **to contrive a means of doing sth** trouver un moyen pour faire qch
b (= manage) **to contrive to do sth** s'arranger pour faire qch, trouver (le) moyen de faire qch ◆ **can you contrive to be here at 3 o'clock?** est-ce que vous pouvez vous arranger pour être ici à 3 heures ? ◆ **he contrived to make matters worse** il a trouvé moyen d'aggraver les choses

contrived [kən'traɪvd] → SYN adj forcé, qui manque de naturel

control [kən'trəʊl] → SYN [1] n **a** (NonC) (= authority, power to restrain) autorité f ; (= regulating) [of traffic] réglementation f ; [of aircraft] contrôle m ; [of pests] élimination f, suppression f ◆ **the control of disease/forest fires** la lutte contre la maladie/les incendies de forêt ◆ **control of the seas** (Pol) maîtrise f des mers ◆ **he has no control over his children** il n'a aucune autorité sur ses enfants ◆ **to keep control (of o.s.)** se contrôler ◆ **to lose control (of o.s.)** perdre le contrôle de soi ◆ **to lose control of a vehicle/situation** perdre le contrôle d'un véhicule/d'une situation, ne plus être maître d'un véhicule/d'une situation ◆ **circumstances beyond our control** circonstances fpl indépendantes de notre volonté ◆ **his control of the ball is not very good** (Sport) il ne contrôle pas très bien le ballon ; → **birth, self**
◆ **in control** ◆ **to be in control of a vehicle/situation** être maître d'un véhicule/d'une situation ◆ **who is in control here?** qui ou quel est le responsable ici ?
◆ **out of control** ◆ **his car got out of control** il a perdu le contrôle or la maîtrise de sa voiture ◆ **the children are quite out of control** les enfants sont déchaînés
◆ **under (...) control** ◆ **to have a vehicle/situation under control** être maître d'un véhicule/d'une situation ◆ **to keep a dog under control** se faire obéir d'un chien ◆ **to have a horse under control** maîtriser un cheval ◆ **to bring** or **get under control** [+ fire] maîtriser ; [+ situation] dominer ; [+ gangsters, terrorists, children, dog] maîtriser ; [+ inflation] maîtriser, juguler ◆ **the situation is under control** on a or on tient la situation bien en main ◆ **everything's under control** tout est en ordre ◆ **under French control** sous contrôle français ◆ **under government control** sous contrôle gouvernemental
b **controls** [of train, car, ship, aircraft] commandes fpl ; [of radio, TV] boutons mpl de commande ◆ **to be at the controls** (Rail etc) être aux commandes ◆ **volume/tone control** (Rad, TV) réglage m de volume/de sonorité
c **price controls** le contrôle des prix
d (Phys, Psych etc = standard of comparison) cas m témoin
e (Comput) **control W** "contrôle W"
[2] vt (= regulate, restrain) [+ emotions] maîtriser, dominer ; [+ child, animal] se faire obéir de ; [+ car] avoir or garder la maîtrise de ; [+ crowd] contenir ; [+ organization, business] diriger ; [+ prices, wages] juguler ; [+ immigration] contrôler ; [+ inflation, unemployment] maîtriser, juguler ; [+ a market] dominer ◆ **to control o.s.** se contrôler, se maîtriser, rester maître de soi ◆ **control yourself!** maîtrisez-vous ! ◆ **she can't control the children** elle n'a aucune autorité sur les enfants ◆ **to control traffic** régler la circulation ◆ **to control a disease** enrayer une maladie ◆ **to control the ball** (Sport) contrôler le ballon ; see also **controlled**
[3] COMP ▷ **control case** n (Med, Psych etc) cas m témoin ▷ **control column** n (Aviat) manche m à balai ▷ **control experiment** n (Sci, Med, Psych etc) expérience f de contrôle ▷ **control freak *** n (pej) personne f qui veut tout régenter ▷ **control group** n (Med, Psych etc) groupe m témoin ▷ **control key** n (Comput) touche f contrôle ▷ **control knob** n bouton m de commande or de réglage ▷ **control panel** n [of aircraft, ship] tableau m de bord ; [of TV, computer] pupitre m de commande ▷ **control point** n poste m de contrôle ▷ **control room** n (Naut) poste m de commande ; (Mil) salle f de commande ; (Rad, TV) régie f ▷ **control system** n système m de contrôle ▷ **control tower** n (Aviat) tour f de contrôle ▷ **control unit** n (Comput) unité f de commande

controllable [kənˈtrəʊləbl] adj child, animal discipliné ; expenditure, inflation, imports, immigration maîtrisable ; disease qui peut être enrayé

controlled [kənˈtrəʊld] **1** adj emotion contenu ◆ he was very controlled il se dominait très bien ◆ ... he said in a controlled voice ... dit-il en se contrôlant or en se dominant ◆ controlled economy (Econ) économie f dirigée or planifiée
2 COMP ▷ **controlled drug, controlled substance** n substance f inscrite au tableau

-controlled [kənˌtrəʊld] adj (in compounds) ◆ a Labour-controlled council un conseil municipal à majorité travailliste ◆ a government-controlled organisation une organisation sous contrôle gouvernemental ◆ computer-controlled equipment outillage m commandé par ordinateur ◆ radio-controlled car voiture f télécommandée

controller [kənˈtrəʊlə^r] n **a** (of accounts etc) contrôleur m, -euse f, vérificateur m, -trice f
b (Admin, Ind etc = manager) contrôleur m, -euse f
c (Tech = device) appareil m de contrôle

controlling [kənˈtrəʊlɪŋ] adj factor déterminant ◆ **controlling interest** (Fin) participation f majoritaire

controversial [ˌkɒntrəˈvɜːʃəl] → SYN adj person, theory, decision, proposal, speech controversé ; issue controversé, sujet à controverse ; action sujet à controverse

controversially [ˌkɒntrəˈvɜːʃəlɪ] adv de façon controversée

controversy [ˈkɒntrəvɜːsɪ] → SYN n controverse f, polémique f ; (Jur, Fin) différend m ◆ there was a lot of controversy about it ça a provoqué or soulevé beaucoup de controverses, ça a été très contesté or discuté ◆ to cause controversy provoquer or soulever une controverse ◆ they were having a great controversy ils étaient au milieu d'une grande polémique

controvert [ˈkɒntrəvɜːt] vt disputer, controverser

contumacious [ˌkɒntjʊˈmeɪʃəs] adj rebelle, insoumis, récalcitrant

contumacy [ˈkɒntjʊməsɪ] n (= resistance) résistance f, opposition f ; (= rebelliousness) désobéissance f, insoumission f ; (Jur) contumace f

contumelious [ˌkɒntjʊˈmiːlɪəs] adj (liter) insolent, méprisant

contumely [ˈkɒntjʊm(ɪ)lɪ] n (liter) mépris m

contuse [kənˈtjuːz] vt (Med) contusionner

contusion [kənˈtjuːʒən] n contusion f

conundrum [kəˈnʌndrəm] n devinette f, énigme f ; (fig) énigme f

conurbation [ˌkɒnɜːˈbeɪʃən] n (Brit) conurbation f

convalesce [ˌkɒnvəˈles] vi relever de maladie, se remettre (d'une maladie) ◆ to be convalescing être en convalescence

convalescence [ˌkɒnvəˈlesəns] → SYN n convalescence f

convalescent [ˌkɒnvəˈlesənt] **1** n convalescent(e) m(f)
2 adj convalescent ◆ **convalescent home** maison f de convalescence or de repos

convection [kənˈvekʃən] **1** n convection f
2 COMP heating à convection

convector [kənˈvektə^r] n (also **convector heater**) radiateur m (à convection)

convene [kənˈviːn] → SYN **1** vt convoquer
2 vi se réunir, s'assembler ; see also **convening**

convener [kənˈviːnə^r] n (Brit Ind) [of union] responsable mf des délégués syndicaux ; [of other committee] président(e) m(f)

convenience [kənˈviːnɪəns] → SYN **1** n **a** (NonC) (= suitability, comfort) commodité f ◆ the convenience of a modern flat la commodité d'un appartement moderne ◆ I doubt the convenience of an office in the suburbs je ne suis pas sûr qu'un bureau en banlieue soit pratique ◆ for convenience'(s) sake par souci de commodité ◆ at your earliest convenience (Comm) dans les meilleurs délais ◆ to find sth to one's convenience trouver qch à sa convenance ◆ do it at your own convenience faites-le quand cela vous conviendra ; → **marriage**
b conveniences commodités fpl ◆ the house has all modern conveniences la maison a tout le confort moderne
c (Brit euph) toilettes fpl, W.-C. mpl ; → **public**
2 COMP ▷ **convenience foods** npl aliments mpl tout préparés ; (complete dishes) plats mpl cuisinés ▷ **convenience goods** npl produits mpl de grande consommation or de consommation courante ▷ **convenience market, convenience store** n (US) commerce m de proximité, dépanneur m (Can)

convenient [kənˈviːnɪənt] → SYN adj tool, place commode ◆ if it is convenient (to you) si vous n'y voyez pas d'inconvénient, si cela ne vous dérange pas ◆ will it be convenient for you to come tomorrow? est-ce que cela vous arrange or vous convient de venir demain ? ◆ what would be a convenient time for you? quelle heure vous conviendrait ? ◆ is it convenient to see him now? est-il possible de le voir tout de suite ? ◆ it is not a very convenient time le moment n'est pas très bien choisi ◆ we were looking for a convenient place to stop nous cherchions un endroit convenable or un bon endroit où nous arrêter ◆ his cousin's death was very convenient for him la mort de son cousin l'a bien arrangé or est tombée au bon moment pour lui ◆ the house is convenient for or to shops and buses la maison est bien située, à proximité des magasins et des lignes d'autobus ◆ he put it down on a convenient chair il l'a posé sur une chaise qui se trouvait (là) à portée

conveniently [kənˈviːnɪəntlɪ] adv **a** (= handily) located, situated de façon pratique, de façon commode ◆ **conveniently situated for the shops** bien situé pour les magasins ◆ **to be conveniently close** or **near to sth** être commodément situé à proximité de qch
b (iro = deliberately) forget, ignore, overlook fort à propos ◆ **he conveniently forgot to post the letter** comme par hasard, il a oublié de poster la lettre

convening [kənˈviːnɪŋ] **1** adj ◆ **convening authority** autorité f habilitée à or chargée de convoquer ◆ **convening country** pays m hôte
2 n convocation f

convenor [kənˈviːnə^r] n ⇒ **convener**

convent [ˈkɒnvənt] → SYN **1** n couvent m ◆ to go into a convent entrer au couvent
2 COMP ▷ **convent school** n couvent m

conventicle [kənˈventɪkl] n conventicule m

convention [kənˈvenʃən] → SYN **1** n **a** (= meeting, agreement, rule) convention f ; (= accepted behaviour) usage m, convenances fpl ; (= conference, fair) salon m ◆ **according to convention** selon l'usage, selon les convenances ◆ **there is a convention that ladies do not dine here** l'usage veut que les dames ne dînent pas ici ◆ **stamp collectors' convention** salon m de la philatélie
2 COMP ▷ **convention centre** n palais m des congrès

conventional [kənˈvenʃənl] → SYN **1** adj **a** (= unoriginal) person, organization, life, clothes conformiste ; behaviour, tastes, opinions, expression conventionnel
b (= traditional) method, approach conventionnel ; argument, belief, product, values traditionnel, classique ◆ **in the conventional sense** au sens classique du terme
c (= not nuclear) war, weapon conventionnel
2 COMP ▷ **Conventional Forces in Europe** npl Forces fpl conventionnelles en Europe ▷ **conventional medicine** n médecine f traditionnelle ▷ **conventional wisdom** n sagesse f populaire ◆ **conventional wisdom has it that ...** selon la sagesse populaire, ...

conventionality [kənˌvenʃəˈnælɪtɪ] n [of person, clothes] conformisme m ; [of behaviour, remarks] banalité f

conventionally [kənˈvenʃənəlɪ] adv (= according to accepted norms) d'une manière conventionnelle, conventionnellement ; (= by agreement) par convention, conventionnellement ◆ **conventionally armed** doté d'armes conventionnelles

conventioneer [kənˌvenʃəˈnɪə^r] n (esp US Pol) délégué(e) m(f) à la convention d'un parti

converge [kənˈvɜːdʒ] → SYN vi converger (on sur)

convergence [kənˈvɜːdʒəns] n convergence f

convergent [kənˈvɜːdʒənt], **converging** [kənˈvɜːdʒɪŋ] adj convergent ◆ **convergent thinking** raisonnement m convergent

conversant [kənˈvɜːsənt] → SYN adj ◆ **to be conversant with** [+ car, machinery] s'y connaître en ; [+ language, science, laws, customs] connaître ; [+ facts] être au courant de ◆ **I am conversant with what he said** je suis au courant de ce qu'il a dit ◆ **I am not conversant with nuclear physics** je ne comprends rien à la physique nucléaire ◆ **I am not conversant with sports cars** je ne m'y connais pas en voitures de sport

conversation [ˌkɒnvəˈseɪʃən] → SYN **1** n conversation f, entretien m ◆ **to have a conversation with sb** avoir une conversation or un entretien avec qn, s'entretenir avec qn ◆ **I have had several conversations with him** j'ai eu plusieurs entretiens or conversations avec lui ◆ **to be in conversation with ...** s'entretenir avec ..., être en conversation avec ... ◆ **they were deep in conversation** ils étaient en grande conversation ◆ **what was your conversation about?** de quoi parliez-vous ? ◆ **she has no conversation** elle n'a aucune conversation ◆ **to make conversation** faire (la) conversation
2 COMP ▷ **conversation piece** n **a** (something interesting) **her hat was a real conversation piece** son chapeau a fait beaucoup jaser **b** (Art) tableau m de genre, scène f d'intérieur ▷ **conversation stopper** n **that was a (real) conversation stopper** cela a arrêté net la conversation, cela a jeté un froid

conversational [ˌkɒnvəˈseɪʃənl] adj **a** style de conversation ; person qui a la conversation facile ◆ **his tone was conversational, he spoke in a conversational tone** or **voice** il parlait sur le ton de la conversation ◆ **to adopt a conversational manner** se mettre à parler sur le ton de la conversation ◆ **a conversational gambit** (starting) une astuce pour engager la conversation ; (continuing) une astuce pour alimenter la conversation ◆ **her conversational skills are limited to the weather** ses talents en matière de conversation se limitent à parler du temps ◆ **his conversational ability** or **powers** son don de la conversation ◆ **to learn conversational German** apprendre l'allemand de la conversation courante ◆ **classes in conversational German** des cours mpl de conversation allemande
b (Comput) conversationnel

conversationalist [ˌkɒnvəˈseɪʃnəlɪst] n causeur m, -euse f ◆ **she's a great conversationalist** elle a de la conversation, elle brille dans la conversation

conversationally [ˌkɒnvəˈseɪʃnəlɪ] adv speak, write, describe sur le ton de la conversation ◆ **"nice day" she said conversationally** "il fait beau" dit-elle en cherchant à engager la conversation

converse[1] [kənˈvɜːs] vi converser ◆ **to converse with sb about sth** s'entretenir avec qn de qch

converse[2] [ˈkɒnvɜːs] → SYN **1** adj (= opposite, contrary) statement contraire, inverse ; (Math, Philos) inverse ; proposition inverse, réciproque
2 n [of statement] contraire m, inverse m ; (Math, Philos) inverse m

conversely [kɒnˈvɜːslɪ] LANGUAGE IN USE 26.3 adv inversement

conversion [kənˈvɜːʃən] → SYN **1** n (NonC: gen, Fin, Math, Philos, Rel) conversion f ; (Rugby) transformation f ◆ **the conversion of salt water into drinking water** la conversion or la transformation d'eau salée en eau potable ◆ **the conversion of an old house into flats** l'aménagement m or l'agencement m d'une vieille maison en appartements ◆ **improper conversion of funds** détournement m de fonds, malversations fpl ◆ **his conversion to Catholicism** sa conversion au catholicisme
2 COMP ▷ **conversion table** n table f de conversion

convert [ˈkɒnvɜːt] → SYN **1** n converti(e) m(f) ◆ **to become a convert to ...** se convertir à ...
2 [kənˈvɜːt] vt **a** (= transform) transformer (into en) ; (Rel etc) convertir (to à) ◆ **to convert pounds into francs** convertir des livres en francs ◆ **to convert a try** (Rugby) transformer

un essai ◆ **he has converted me to his way of thinking** il m'a converti or amené à sa façon de penser

b (= make alterations to) [+ house] aménager, agencer (*into* en) ◆ **they have converted one of the rooms into a bathroom** ils ont aménagé une des pièces en salle de bains

converted [kən'vɜːtɪd] **adj** barn, chapel, loft aménagé ; → **preach**

converter [kən'vɜːtə'] **n** (Elec, Metal) convertisseur m ; (Rad) changeur m de fréquence

convertibility [kən,vɜːtə'bɪlɪtɪ] **n** convertibilité f

convertible [kən'vɜːtəbl] **1** **adj** (gen) convertible (*into* en) ◆ **convertible into ...** (room, building) aménageable en ...

2 **n** (Aut) (voiture f) décapotable f

3 COMP ▷ **convertible loan stock n** (Fin) titres mpl convertibles

convertor [kən'vɜːtə'] **n** ⇒ **converter**

convex ['kɒnveks] → SYN **adj** convexe

convexity [kɒn'veksɪtɪ] **n** convexité f

convexo-concave [kən'veksəʊ] **adj** (Opt) convexo-concave

convexo-convex [kən'veksəʊ] **adj** (Opt) biconvexe

convey [kən'veɪ] → SYN **vt** [+ goods, passengers] transporter ; [pipeline etc] amener ; [+ sound] transmettre ; (Jur) [+ property] transférer, transmettre (*to* à) ; [+ message, opinion, idea] communiquer (*to* à) ; [+ order, thanks] transmettre (*to* à) ◆ **to convey to sb that ...** faire savoir à qn que ... ◆ **I couldn't convey my meaning to him** je n'ai pas pu lui communiquer ma pensée or me faire comprendre de lui ◆ **would you convey my congratulations to him?** voudriez-vous lui transmettre mes félicitations ? ◆ **words cannot convey how I feel** les paroles ne peuvent traduire ce que je ressens ◆ **the name conveys nothing to me** le nom ne me dit rien ◆ **what does this music convey to you?** qu'est-ce que cette musique évoque pour vous ?

conveyance [kən'veɪəns] → SYN **n** **a** (NonC) transport m ◆ **conveyance of goods** transport m de marchandises ◆ **means of conveyance** moyens mpl de transport

b (= vehicle) voiture f, véhicule m

c (Jur) [of property] transmission f, transfert m, cession f ; (= document) acte m translatif (*de propriété*), acte m de cession

conveyancer [kən'veɪənsə'] **n** rédacteur m d'actes translatifs de propriété

conveyancing [kən'veɪənsɪŋ] **n** (Jur) (= procedure) procédure f translative (de propriété) ; (= operation) rédaction f d'actes translatifs

conveyor [kən'veɪə'] **1** **n** transporteur m, convoyeur m

2 COMP ▷ **conveyor belt n** (Tech) convoyeur m, tapis m roulant

convict ['kɒnvɪkt] → SYN **1** **n** prisonnier m, détenu m

2 [kən'vɪkt] **vt** (Jur) [+ person] déclarer or reconnaître coupable ◆ **he was convicted** il a été déclaré or reconnu coupable ◆ **to convict sb of a crime** reconnaître qn coupable d'un crime ◆ **he is a convicted criminal/murderer** il a été jugé or reconnu (frm) coupable de crime/meurtre

3 ['kɒnvɪkt] **vi** [jury] rendre un verdict de culpabilité

conviction [kən'vɪkʃən] → SYN **n** **a** (Jur) condamnation f ◆ **there were 12 convictions for drunkenness** 12 personnes ont été condamnées pour ivresse ; → **previous, record**

b (NonC = persuasion, belief) persuasion f, conviction f ◆ **to be open to conviction** être ouvert à la persuasion ◆ **to carry conviction** être convaincant ◆ **his explanation lacked conviction** son explication manquait de conviction or n'était pas très convaincante

c (= belief) conviction f ◆ **the conviction that ...** la conviction selon laquelle ... ; → **courage**

convince [kən'vɪns] LANGUAGE IN USE 6.2, 15.1 → SYN **vt** convaincre, persuader (*sb of sth* qn de qch) ◆ **he convinced her that she should leave** il l'a persuadée de partir, il l'a convaincue qu'elle devait partir ◆ **I am convinced he won't do it** je suis persuadé or convaincu qu'il ne le fera pas ◆ **a convinced Christian** un chrétien convaincu

convincing [kən'vɪnsɪŋ] LANGUAGE IN USE 26.3 → SYN **adj** **a** (= persuasive) argument, evidence, performance, picture convaincant ; person convaincant, persuasif ◆ **he was convincing as Richard III** il était convaincant dans le rôle de Richard III

b (= decisive) win, victory, lead net ◆ **to be a convincing winner of a race** gagner une course haut la main

convincingly [kən'vɪnsɪŋlɪ] **adv** **a** (= persuasively) speak, argue, demonstrate de façon convaincante

b (= decisively) win, beat haut la main

convivial [kən'vɪvɪəl] **adj** person de bonne compagnie ; mood, atmosphere, occasion convivial ◆ **in convivial company** en agréable compagnie

conviviality [kən,vɪvɪ'ælɪtɪ] **n** convivialité f

convocation [,kɒnvə'keɪʃən] **n** (= act) convocation f ; (= assembly) assemblée f, réunion f ; (Rel) assemblée f, synode m ; (US Educ) cérémonie f de remise des diplômes

convoke [kən'vəʊk] **vt** convoquer

convoluted ['kɒnvəluːtɪd] **adj** **a** (pej = tortuous) argument, reasoning, sentence, plot alambiqué

b (= coiling) pattern en volutes ; shape, object enroulé

convolution [,kɒnvə'luːʃən] **1** **n** circonvolution f

2 **convolutions** npl [of plot] méandres mpl ◆ **the convolutions of this theory** la complexité infinie de cette théorie

convolvulus [kən'vɒlvjʊləs] **n**, pl **convolvuluses** or **convolvuli** [kən'vɒlvjʊ,laɪ] (= flower) volubilis m ; (= weed) liseron m

convoy ['kɒnvɔɪ] → SYN **1** **n** [of ships, vehicles] convoi m ◆ **in convoy** en convoi

2 **vt** convoyer, escorter (*to* à)

convulse [kən'vʌls] → SYN **vt** ébranler, bouleverser ◆ **a land convulsed by war** un pays bouleversé par la guerre ◆ **a land convulsed by earthquakes** un pays ébranlé par des tremblements de terre ◆ **to be convulsed (with laughter)** se tordre de rire ◆ **a face convulsed with pain** un visage décomposé ou contracté par la douleur

convulsion [kən'vʌlʃən] → SYN **n** **a** (Med) convulsion f ◆ **to have convulsions** avoir des convulsions ◆ **to go into convulsions of laughter** se tordre de rire

b (= violent disturbance) [of land] bouleversement m, convulsion f ; [of sea] violente agitation f

convulsive [kən'vʌlsɪv] **adj** convulsif

convulsively [kən'vʌlsɪvlɪ] **adv** convulsivement

cony ['kəʊnɪ] **n** (US) lapin m ; (also **cony skin**) peau f de lapin

coo¹ [kuː] **1** **vti** [doves etc] roucouler ; [baby] gazouiller ; → **bill²**

2 **n** roucoulement m, roucoulade f

coo² * [kuː] **excl** (Brit) ça alors ! *

co-occur [,kəʊə'kɜː'] **vi** figurer simultanément, être cooccurrent(s) (*with* avec)

co-occurrence [,kəʊə'kʌrəns] **n** cooccurrence f

cooee ['kuːiː] **excl** hou ! hou !

cooing ['kuːɪŋ] **n** [of doves] roucoulement m, roucoulade f ; [of baby] gazouillement m

cook [kʊk] **1** **n** cuisinier m, -ière f ◆ **she is a good cook** elle est bonne cuisinière ◆ **to be head** or **chief cook and bottle-washer** * servir de bonne à tout faire, être le factotum

2 **vt** [+ food] (faire) cuire ◆ **cooked breakfast** petit déjeuner m complet à l'anglaise ◆ **cooked meat** viande f froide ◆ **cooked meat(s)** (Comm) ≈ charcuterie f ◆ **to cook sb's goose** * mettre qn dans le pétrin *

b (Brit * = falsify) [+ accounts] truquer, maquiller ◆ **to cook the books** * truquer les comptes

3 **vi** [food] cuire ; [person] faire la cuisine, cuisiner ◆ **she cooks well** elle fait bien la cuisine, elle cuisine bien ◆ **what's cooking?** * (fig) qu'est-ce qui se passe ?

4 COMP ▷ **cook-chill foods** npl plats mpl cuisinés ▷ **cook-off** n (US) concours m de cuisine ▷ **cook shop** n (Brit) magasin m d'ustensiles de cuisine ; (US) restaurant m

▶ **cook up** * **vt sep** [+ story, excuse] inventer, fabriquer

cookbook ['kʊkbʊk] **n** livre m de cuisine

cooker ['kʊkə'] **n** **a** (Brit) cuisinière f (fourneau) ; → **gas**

b (= apple) pomme f à cuire

cookery ['kʊkərɪ] **n** (gen, also school etc subject) cuisine f (activité) ◆ **cookery book** (Brit) livre m de cuisine ◆ **cookery teacher** professeur m d'enseignement ménager

cookhouse ['kʊkhaʊs] **n** (Mil, Naut) cuisine f

cookie ['kʊkɪ] **1** **n** **a** (Culin) (US) petit gâteau m (sec) ; (Brit) cookie m ◆ **that's the way the cookie crumbles!** * c'est la vie ! ◆ **to be caught with one's hand in the cookie jar** (esp US) être pris sur le fait

b (* = person) type * m ; (US = girl) jolie fille f ◆ **a smart cookie** un petit malin, une petite maligne ◆ **tough cookie** dur(e) m(f) à cuire

2 **adj** (* fig) sans originalité

3 COMP ▷ **cookie cutter** n (US) forme f à biscuits

cooking ['kʊkɪŋ] **1** **n** cuisine f (activité) ◆ **plain/French cooking** cuisine f bourgeoise/française

2 COMP utensils de cuisine ; apples, chocolate à cuire ▷ **cooking film** n film m alimentaire ▷ **cooking foil** n papier m d'aluminium, papier m alu * ▷ **cooking salt** n (NonC) gros sel m, sel m de cuisine ▷ **cooking time** n temps m de cuisson

Cook Islands npl (Geog) îles fpl Cook

cookout ['kʊkaʊt] **n** (US) barbecue m

Cook's tour * **n** ◆ **to give sb a Cook's tour of sth** (= tour) faire faire à qn la visite guidée de qch ; (= survey) donner à qn un aperçu de qch

cookware ['kʊkweə'] **n** batterie f de cuisine

cool [kuːl] → SYN **1** **adj** **a** (in temperature) frais (fraîche f) ◆ **it is cool** (Met) il fait frais ◆ **it's getting** or **turning cool(er)** (Met) il commence à faire frais, ça se rafraîchit ◆ **to get cool** [person] se rafraîchir ◆ **to feel cool** [person] ne pas avoir trop chaud ◆ **I feel quite cool now** j'ai bien moins chaud maintenant ◆ **to keep cool** [person] éviter d'avoir chaud ◆ **it helps you (to) keep cool** ça vous empêche d'avoir chaud ◆ **to keep sth cool** tenir qch au frais ◆ **"keep in a cool place"** "tenir au frais", "conserver dans un endroit frais" ◆ **"store in a cool, dark place"** "conserver au frais et à l'abri de la lumière" ◆ **"serve cool, not cold"** "servir frais mais non glacé" ◆ **his forehead is much cooler now** il a le front beaucoup moins chaud maintenant

b (= light) clothing, shirt, dress léger ◆ **to slip into something cool** passer quelque chose de plus léger

c (= pale) colour, blue, green rafraîchissant

d (= calm) person, manner, composure, action, tone, voice calme ◆ **the police's cool handling of the riots** le calme avec lequel la police a fait face aux émeutes ◆ **to keep a cool head** garder la tête froide ◆ **to keep** or **stay cool** garder son calme ◆ **keep** or **stay cool!** du calme !

e (= audacious) behaviour d'une décontraction insolente ◆ **to be a cool customer** * ne pas avoir froid aux yeux ◆ **as cool as you please** person parfaitement décontracté

f (= unfriendly) person, relations froid (*with* or *towards sb* avec qn) ◆ **cool and calculating** froid et calculateur ◆ **to get a cool welcome/reception** être fraîchement accueilli/reçu ◆ **the idea met with a cool response** cette idée a été accueillie avec indifférence ou n'a guère suscité d'enthousiasme

g **to be (as) cool as a cucumber** (= calm, audacious) être d'un calme olympien

h (* = trendy) cool * inv ◆ **computers are cool** les ordinateurs, c'est cool * ◆ **he acts cool, but he's really very insecure** il agit de façon calme et détendue mais en fait il n'est pas du tout sûr de lui ◆ **to look cool** avoir l'air cool *

i (* = excellent) super * inv, génial *

j (* = acceptable) **that's cool!** ça c'est cool ! * ◆ **don't worry: it's cool** t'inquiète pas : c'est cool *

k (= not upset) **to be cool (about sth)** * [person] rester cool * (à propos de qch)

l (= full) **he earns a cool £40,000 a year** * il se fait * la coquette somme de 40 000 livres par an

m (Mus) jazz cool * inv

coolant / coprophilia

2 adv → **play**

3 n **a** fraîcheur f, frais m ✦ **in the cool of the evening** dans la fraîcheur du soir ✦ **to keep sth in the cool** tenir qch au frais

b ⁂ **keep your cool!** t'énerve pas!⁂ ✦ **he lost his cool** (= panicked) il a paniqué⁂ ; (= got angry) il s'est fichu en rogne⁂

4 vt **a** [+ air] rafraîchir, refroidir ✦ **to cool one's heels** faire le pied de grue, poireauter⁂ ✦ **to leave sb to cool his heels** faire attendre qn, faire poireauter⁂ qn

b cool it! ⁂ t'énerve pas !⁂, panique pas !⁂

5 vi (also **cool down**) [air, liquid] (se) rafraîchir, refroidir

6 COMP ▷ **cool bag** n sac m isotherme ▷ **cool box** n glacière f ▷ **cool-headed** adj calme, imperturbable

▶ **cool down** **1** vi (lit) refroidir ; (fig) [anger] se calmer, s'apaiser ; [critical situation] se détendre ;⁂ [person] se calmer ✦ **let the situation cool down!** attendez que la situation se détende or que les choses se calment (subj) !

2 vt sep (= make colder) faire refroidir ; (= make calmer) calmer

▶ **cool off** vi (= lose enthusiasm) perdre son enthousiasme, se calmer ; (= change one's affections) se refroidir (*towards sb* à l'égard de qn, *envers qn*) ; (= become less angry) se calmer, s'apaiser

coolant ['ku:lənt] n liquide m de refroidissement

cooler ['ku:lə^r] n **a** (for food) glacière f

b (Prison ⁂) taule⁂ f ✦ **in the cooler** en taule⁂ ✦ **to get put in the cooler** se faire mettre au frais⁂ or à l'ombre⁂

c (= drink) boisson à base de vin, de jus de fruit et d'eau gazeuse

coolie ['ku:lɪ] n coolie m

cooling ['ku:lɪŋ] **1** adj drink, swim, breeze rafraîchissant

2 n (Aut) refroidissement m

3 COMP ▷ **cooling fan** n (Aut) ventilateur m ▷ **cooling-off period** n (Comm, Ind) délai m de réflexion ▷ **cooling process** n refroidissement m ▷ **cooling rack** n grille f à gâteaux ▷ **cooling system** n circuit m de refroidissement ▷ **cooling tower** n (Tech) tour f de refroidissement

coolly ['ku:lɪ] adv **a** (= calmly) calmement

b (= in unfriendly way) froidement

c (= unenthusiastically) froidement, fraîchement

d (= audaciously) avec une décontraction insolente

coolness ['ku:lnɪs] n [of water, air, weather] fraîcheur f ; [of welcome] froideur f ; (= calmness) sang-froid m, impassibilité f, flegme m ; (= impudence) toupet ⁂ m, culot ⁂ m

coomb [ku:m] n petite vallée f, combe f

coon [ku:n] n **a** (Zool) abbrev of **raccoon**

b (⁂⁂ pej = Negro) nègre⁂⁂ m, négresse⁂⁂ f

coop [ku:p] → SYN **1** n (also **hen coop**) poulailler m, cage f à poules ✦ **to fly the coop** ⁂ se défiler⁂

2 vt [+ hens] faire rentrer dans le poulailler

▶ **coop up** vt sep [+ person] claquemurer, cloîtrer, enfermer

co-op ['kəʊɒp] n **a** (= shop) (abbrev of **cooperative**) coopérative f, coop ⁂ f

b (US) (abbrev of **cooperative apartment**) → **cooperative**

c (US Univ) (abbrev of **cooperative**) coopérative f étudiante

cooper ['ku:pə^r] n tonnelier m

cooperage ['ku:pərɪdʒ] n tonnellerie f

cooperate [kəʊ'ɒpəreɪt] → SYN vi collaborer (*with sb* avec qn ; *in sth* à qch ; *to do sth* pour faire qch), coopérer ✦ **I hope he'll cooperate** j'espère qu'il va se montrer coopératif or qu'il va coopérer

cooperation [kəʊˌɒpə'reɪʃən] → SYN n coopération f ✦ **in cooperation with ...**, **with the cooperation of ...** en coopération avec ..., avec la coopération or le concours de ... ✦ **international judicial cooperation** (Jur) entraide f judiciaire internationale

cooperative [kəʊ'ɒpərətɪv] → SYN **1** adj person, firm, attitude coopératif ✦ **cooperative apartment** (US) appartement m en copropriété ✦ **cooperative society** (Brit Comm etc) coopérative f, société f coopérative or mutuelle ✦ **Cooperative Commonwealth Federation** (Can Pol) parti m social démocratique (Can)

2 n coopérative f

cooperatively [kəʊ'ɒpərətɪvlɪ] adv (= jointly) en coopération ; (= obligingly) obligeamment

coopt [kəʊ'ɒpt] vt [+ person] (= get help of) s'assurer les services de ; (= cause to join sth) coopter (*on to* à) ; [+ slogan, policy] récupérer ✦ **coopted member** membre m coopté

cooption [kəʊ'ɒpʃən] n cooptation f

coordinate [kəʊ'ɔ:dɪnɪt] → SYN **1** adj (gen, Gram, Math) coordonné ✦ **coordinate geometry** géométrie f analytique

2 n (gen, Math, on map) coordonnée f

3 coordinates npl (Dress) ensemble m (coordonné), coordonnés mpl

4 [kəʊ'ɔ:dɪneɪt] vt coordonner (*X with Y* X à Y) ✦ **coordinating committee** comité m de coordination ✦ **coordinating conjunction** (Ling) conjonction f de coordination

coordinated [kəʊ'ɔ:dɪneɪtɪd] adj **a** (= organized) action, effort, approach, operation coordonné, concerté

b (physically) person qui a une bonne coordination ; hands, limbs aux mouvements coordonnés ; movements coordonné ✦ **to be badly coordinated** [person] avoir une mauvaise coordination

c (= matching) clothes, designs coordonné ✦ **colour coordinated** clothes aux couleurs assorties

coordination [kəʊˌɔ:dɪ'neɪʃən] n coordination f ✦ **in coordination with ...** en coordination avec ...

coordinator [kəʊ'ɔ:dɪneɪtə^r] n coordinateur m, -trice f

coot [ku:t] n **a** (Orn) foulque f ; → **bald**

b (= fool) **old coot** ⁂ vieux chnoque ⁂ m

co-owner ['kəʊ'əʊnə^r] n copropriétaire mf

co-ownership [ˌkəʊ'əʊnəʃɪp] n copropriété f

cop ⁂ [kɒp] **1** n **a** (= policeman) flic⁂ m, poulet⁂ m ✦ **to play at cops and robbers** jouer aux gendarmes et aux voleurs

b (Brit) **it's not much cop**, **it's no great cop** ça ne vaut pas grand-chose or tripette

2 vt (Brit = arrest, catch) pincer⁂, piquer⁂ ; (= steal) piquer⁂, faucher⁂ ; (= obtain) obtenir ✦ **to cop hold of** (Brit) prendre ✦ **to cop it** (Brit) écoper⁂, trinquer⁂ ✦ **to cop a plea** (US) plaider coupable *(pour une charge mineure, afin d'en éviter une plus grave)* ✦ **to cop off with sb** ⁂ (= get off with) emballer ⁂ qn

3 COMP ▷ **cop-out** ⁂ n (= excuse) excuse f bidon ⁂ ; (= act) échappatoire f ▷ **cop-shop** ⁂ n (Brit) maison f Poulaga ⁂, poste m (de police)

▶ **cop out** ⁂ **1** vi se défiler ⁂

2 cop-out n → **cop**

copacetic ⁂ [ˌkəʊpə'setɪk] adj (US) formidable

copal ['kəʊpəl] n (Bot, Chem) copal m

coparceny [kəʊ'pɑ:sɪnɪ] n copartage m

copartner [kəʊ'pɑ:tnə^r] n coassocié(e) m(f), coparticipant(e) m(f)

copartnership [kəʊ'pɑ:tnəʃɪp] n (Fin) société f en nom collectif ; (gen) coassociation f, coparticipation f ✦ **to go into copartnership with ...** entrer en coassociation avec ...

cope¹ [kəʊp] n (Dress Rel) chape f

cope² [kəʊp] → SYN vi se débrouiller, s'en sortir ✦ **can you cope?** vous vous en sortirez ?, vous vous débrouillerez ? ✦ **how are you coping without a secretary?** comment vous débrouillez-vous sans secrétaire ? ✦ **he's coping pretty well** il s'en tire or se débrouille pas mal ✦ **I can cope in Spanish** je me débrouille en espagnol ✦ **she just can't cope any more** (= she's overworked etc) elle ne s'en sort plus ; (= work is too difficult for her) elle n'est plus du tout dans la course ⁂, elle est complètement dépassée

▶ **cope with** vt fus **a** (= deal with, handle) [+ task, person] se charger de, s'occuper de ; [+ situation] faire face à ; [+ difficulties, problems] (= tackle) affronter ; (= solve) venir à bout de ✦ **they cope with 500 applications a day** 500 formulaires leur passent entre les mains chaque jour ✦ **you get the tickets, I'll cope with the luggage** toi tu vas chercher les billets, moi je m'occupe or je me charge des bagages ✦ **I'll cope with him** je m'occupe or je me charge de lui ✦ **he's got a lot to cope with** (work) il a du pain sur la planche ; (problems) il a pas mal de problèmes à résoudre

b (= manage) [+ child, work] s'en sortir avec ✦ **I just can't cope with my son** je ne sais plus quoi faire avec mon fils, je ne m'en sors plus avec mon fils ✦ **we can't cope with all this work** avec tout ce travail nous ne pouvons plus en sortir

copeck ['kəʊpek] n (Fin) kopeck m

Copenhagen [ˌkəʊpn'heɪgən] n Copenhague

Copernican [kəʊ'pɜ:nɪkən] **1** adj copernicien

2 COMP ▷ **Copernican system** n (Astron) système m copernicien

Copernicus [kə'pɜ:nɪkəs] n Copernic m

copestone ['kəʊpstəʊn] n (Archit) couronnement m ; [of wall] chaperon m ; (fig) [of career etc] couronnement m, point m culminant

copier ['kɒpɪə^r] n machine f à photocopier

co-pilot ['kəʊˌpaɪlət] n (Aviat) copilote m, pilote m auxiliaire

coping ['kəʊpɪŋ] **1** n chaperon m

2 COMP ▷ **coping stone** n → **copestone**

copious ['kəʊpɪəs] → SYN adj quantities grand ; amount ample, abondant ; notes abondant ; writer, letter prolixe

copiously ['kəʊpɪəslɪ] adv bleed, sweat abondamment ; write longuement ; cry à chaudes larmes ✦ **to water a plant copiously** arroser une plante copieusement or abondamment ✦ **copiously illustrated** abondamment illustré

coplanar [kəʊ'pleɪnə^r] adj (Math) coplanaire

copolymer [kəʊ'pɒlɪmə^r] n copolymère m

copper ['kɒpə^r] **1** n **a** (NonC) cuivre m

b (Brit = money) **coppers** la petite monnaie ✦ **I gave the beggar a copper** j'ai donné une petite pièce au mendiant

c (St Ex) **coppers** les cuprifères mpl

d (= washtub) lessiveuse f

e (Brit ⁂ = policeman) flic⁂ m, poulet⁂ m ✦ **copper's nark** indic ⁂ m, mouchard m

2 COMP mine de cuivre ; bracelet de or en cuivre ▷ **copper beech** n hêtre m pourpre ▷ **copper-bottomed** adj saucepan avec un fond en cuivre ; investment sûr ▷ **copper-coloured** adj cuivré ▷ **copper sulphate** n sulfate m de cuivre ▷ **copper wire** n fil m de cuivre

copperhead ['kɒpəhed] n (US = snake) vipère f cuivrée

copperplate ['kɒpəpleɪt] (in engraving) **1** n planche f (de cuivre) gravée

2 adj sur cuivre, en taille-douce ✦ **copperplate handwriting** écriture f moulée, belle ronde f

coppersmith ['kɒpəsmɪθ] n artisan m en chaudronnerie d'art

coppery ['kɒpərɪ] adj cuivré

coppice ['kɒpɪs] **1** n taillis m, boqueteau m

2 vt [+ tree] élaguer, émonder

copra ['kɒprə] n copra m

co-presidency [kəʊ'prezɪdənsɪ] n coprésidence f

co-president [kəʊ'prezɪdənt] n coprésident(e) m(f)

co-processor [kəʊ'prəʊsesə^r] n (Comput) coprocesseur m

co-produce [ˌkəʊprə'dju:s] vt [+ film, album] coproduire

co-production [ˌkəʊprə'dʌkʃən] n coproduction f

coprolalia [ˌkɒprə'leɪlɪə] n coprolalie f

coprolite ['kɒprəˌlaɪt] n coprolithe m

coprology [kɒ'prɒlədʒɪ] n coprologie f

coprophagous [kɒ'prɒfəgəs] adj coprophage

coprophilia [ˌkɒprəʊ'fɪlɪə] n coprophilie f

coprophilic [ˌkɒprəʊˈfɪlɪk], **coprophilous** [kəˈprɒfɪləs] adj (growing in or on dung) coprophile

copse [kɒps] n ⇒ **coppice**

Copt [kɒpt] n Copte mf

'copter * [ˈkɒptəʳ] n (abbrev of **helicopter**) hélico * m

coptic [ˈkɒptɪk] adj copte ◆ **the Coptic Church** l'Église f copte

co-publish [kəʊˈpʌblɪʃ] vt coéditer, copublier

copula [ˈkɒpjʊlə] n, pl **copulas** or **copulae** [ˈkɒpjʊˌliː] (Gram) copule f

copulate [ˈkɒpjʊleɪt] vi copuler

copulation [ˌkɒpjʊˈleɪʃən] n copulation f

copulative [ˈkɒpjʊlətɪv] adj (Gram) copulatif

copy [ˈkɒpɪ] → SYN 1 n a (= duplicate) [of painting etc] copie f, reproduction f ; [of letter, document, memo] copie f ; (Phot) [of print] épreuve f ◆ **to take** or **make a copy of sth** faire une copie de qch ; → **carbon, fair¹**
b (= one of series) [of book] exemplaire m ; [of magazine, newspaper] exemplaire m, numéro m ; → **author, presentation**
c (NonC = text written) (Press) copie f ; (for advertisement) message m, texte m ◆ **it gave him copy for several articles** cela lui a fourni la matière de or un sujet pour plusieurs articles ◆ **that's always good copy** ça fait toujours de la très bonne copie ◆ **the murder will make good copy** le meurtre fera de l'excellente copie ◆ **the journalist handed in his copy** le journaliste a remis son article or papier * ◆ **they are short of copy** ils sont en mal de copie *
d (Comput) copie f
2 vt a (also **copy down, copy out**) [+ letter, passage from book] copier
b (= imitate) [+ person, gestures] copier, imiter
c (Scol etc) copier ◆ **to copy sb's work** copier sur qn ◆ **he copied in the exam** il a copié à l'examen
d (Comput) copier ◆ **to copy sth to a disk** copier qch sur une disquette
e (Rad, Telec *) copier
f (= send a copy to) envoyer une copie à
3 COMP ▷ **copy and paste** (Comput) n copier-coller m ◇ vt **copy-coller** ▷ **copy-edit** vt corriger ▷ **copy editor** n (Press) secrétaire mf de rédaction ; [of book] secrétaire mf d'édition ▷ **copy holder** n porte-copie m ▷ **copy machine** n photocopieuse f ▷ **copy press** n presse f à copier ▷ **copy shop** n (esp US) magasin m de reprographie ▷ **copy typist** n dactylo mf

copybook [ˈkɒpɪbʊk] 1 n cahier m ; → **blot**
2 adj (= trite) banal ; (= ideal, excellent) modèle

copyboy [ˈkɒpɪbɔɪ] n (Press) grouillot m de rédaction

copycat * [ˈkɒpɪkæt] 1 n copieur m, -ieuse f
2 adj crime inspiré par un autre

copying [ˈkɒpɪɪŋ] 1 n ◆ **he was disqualified from the exam for copying** il a été recalé à l'examen pour avoir copié
2 COMP ▷ **copying ink** n encre f à copier

copyist [ˈkɒpɪɪst] n copiste mf, scribe m

copyreader [ˈkɒpɪˌriːdəʳ] n correcteur-rédacteur m, correctrice-rédactrice f

copyright [ˈkɒpɪraɪt] 1 n droit m d'auteur, copyright m ◆ **copyright reserved** tous droits (de reproduction) réservés ◆ **out of copyright** dans le domaine public
2 vt [+ book] obtenir les droits exclusifs sur or le copyright de

copywriter [ˈkɒpɪˌraɪtəʳ] n rédacteur m, -trice f publicitaire

coquetry [ˈkɒkɪtrɪ] n coquetterie f

coquette [kəˈket] n coquette f

coquettish [kəˈketɪʃ] adj woman coquet ; look, smile, behaviour plein de coquetterie

coquettishly [kəˈketɪʃlɪ] adv avec coquetterie

cor * [kɔːʳ] excl (Brit: also **cor blimey**) mince alors ! *

coracle [ˈkɒrəkl] n coracle m, canot m (d'osier)

coracoid [ˈkɒrəkɔɪd] n (Zool) coracoïde m

coral [ˈkɒrəl] 1 n corail m
2 COMP necklace de corail ; island corallien ; (also **coral-coloured**) (couleur) corail inv ▷ **coral lips** npl (liter) her coral lips ses lèvres de corail ▷ **coral reef** n récif m coralien ▷ **Coral Sea** n mer f de Corail

cor anglais [ˌkɔːrˈɑːŋgleɪ] n, pl **cors anglais** [ˌkɔːzˈɑːŋgleɪ] cor m anglais

corbel [ˈkɔːbəl] n corbeau m

cord [kɔːd] 1 n a [of curtains, pyjamas] cordon m ; [of windows] corde f ; [of parcel] ficelle f ; (also **umbilical cord**) cordon m ombilical ; → **communication, sash², spinal, vocal**
b (NonC: Tex) ⇒ **corduroy** (Elec) cordon m
2 **cords** npl pantalon m en velours côtelé
3 vt (= tie) corder
4 COMP trousers, skirt, jacket en velours côtelé ▷ **cord carpet** n tapis m de corde

cordage [ˈkɔːdɪdʒ] n (NonC) cordages mpl

cordate [ˈkɔːdeɪt] adj cordé

corded [ˈkɔːdɪd] adj fabric côtelé

cordial [ˈkɔːdɪəl] → SYN 1 adj a (= friendly) person, tone, relationship, atmosphere, visit cordial
b (= strong) **to have a cordial dislike for sb/sth** détester qn/qch cordialement
2 n (Brit) cordial m

cordiality [ˌkɔːdɪˈælɪtɪ] → SYN n cordialité f

cordially [ˈkɔːdɪəlɪ] adv cordialement ◆ **I cordially detest him** je le déteste cordialement

cordiform [ˈkɔːdɪˌfɔːm] adj cordiforme

cordillera [ˌkɔːdɪlˈjɛərə] n (Geog) cordillère f

cordite [ˈkɔːdaɪt] n cordite f

cordless [ˈkɔːdlɪs] adj à piles, fonctionnant sur piles ◆ **cordless phone** téléphone m sans fil

Cordoba [ˈkɔːdəbə], **Cardova** [ˈkɔːdəvə] n (Geog) Cordoue

cordon [ˈkɔːdn] → SYN 1 n (all senses) cordon m
2 vt (also **cordon off**) [+ crowd] contenir (au moyen d'un cordon de sécurité) ; [+ area] mettre en place un cordon de sécurité autour de
3 COMP ▷ **cordon bleu** adj cordon bleu ▷ **cordon sanitaire** n (Med, Pol) cordon m sanitaire

corduroy [ˈkɔːdərɔɪ] 1 n (Tex) velours m côtelé
2 **corduroys** npl pantalon m en velours côtelé
3 COMP trousers, jacket en velours côtelé ; (US) road de rondins

CORE [kɔːʳ] n (US) (abbrev of **Congress of Racial Equality**) défense des droits des Noirs

core [kɔːʳ] → SYN 1 n [of fruit] trognon m ; [of magnet, earth] noyau m ; [of cable] âme f, noyau m ; (Chem) [of atom] noyau m ; [of nuclear reactor] cœur m ; (Comput: also **core memory**) mémoire f centrale ; (fig) [of problem etc] cœur m, essentiel m ◆ **apple core** trognon m de pomme ◆ **the earth's core** le noyau terrestre ◆ **core sample** (Geol) carotte f ◆ **he is rotten to the core** il est pourri jusqu'à la moelle ◆ **English to the core** anglais jusqu'au bout des ongles ; → **hard**
2 vt [+ fruit] enlever le trognon or le cœur de
3 COMP issue, assumption, subject fondamental ▷ **core business** n activité f principale ▷ **core curriculum** n (Scol, Univ) tronc m commun ▷ **core subject** n (Scol, Univ) matière f principale ▷ **core time** n plage f fixe

co-religionist [ˌkəʊrɪˈlɪdʒənɪst] n coreligionnaire mf

coreopsis n (Bot) coréopsis m

corer [ˈkɔːrəʳ] n (Culin) vide-pomme m

co-respondent [ˌkəʊrɪsˈpɒndənt] n (Jur) co-défendeur m, -deresse f (dans une affaire d'adultère)

Corfu [kɔːˈfuː] n Corfou m

corgi [ˈkɔːgɪ] n corgi m

coriander [ˌkɒrɪˈændəʳ] n coriandre f

Corinth [ˈkɒrɪnθ] 1 n Corinthe
2 COMP ▷ **Corinth Canal** n le canal de Corinthe

Corinthian [kəˈrɪnθɪən] 1 adj corinthien
2 n Corinthien(ne) m(f)

Coriolanus [ˌkɒrɪəˈleɪnəs] n Coriolan m

Coriolis force [ˌkɒrɪˈəʊlɪs] n (Astron) force f de Coriolis

cork [kɔːk] 1 n a (NonC) liège m
b (in bottle etc) bouchon m ◆ **to pull the cork out of a bottle** déboucher une bouteille
c (Fishing: also **cork float**) bouchon m flotteur
2 vt (also **cork up**) [+ bottle] boucher
3 COMP mat, tiles, flooring de liège ▷ **cork oak** n ⇒ **cork tree** ▷ **cork-tipped** adj à bout de liège ▷ **cork tree** n chêne-liège m

corkage [ˈkɔːkɪdʒ] n droit m de bouchon (payé par le client qui apporte dans un restaurant une bouteille achetée ailleurs)

corked [kɔːkt] adj wine qui sent le bouchon

corker † * [ˈkɔːkəʳ] n (= lie) mensonge m de taille, gros mensonge m ; (= story) histoire f fumante * ; (Sport) (= shot, stroke) coup m fumant * ; (= player) crack * m ; (= girl) beau brin * m (de fille)

corking † * [ˈkɔːkɪŋ] adj (Brit) épatant † *, fameux *

corkscrew [ˈkɔːkskruː] 1 n tire-bouchon m
2 COMP ▷ **corkscrew curls** npl anglaises fpl (boucles)

corkwing [ˈkɔːkwɪŋ] n (= fish) crénilabre m commun

corky [ˈkɔːkɪ] adj wine qui sent le bouchon, bouchonné

corm [kɔːm] n bulbe m (de crocus etc)

cormorant [ˈkɔːmərənt] n cormoran m

Corn (Brit) ⇒ **Cornwall**

corn¹ [kɔːn] 1 n a (= seed) grain m (de céréale)
b (Brit) blé m ; (US) maïs m ◆ **corn on the cob** épis mpl de maïs
c (US = whiskey) bourbon m
d * (= sentimentality) sentimentalité f vieillotte or bébête ; (= humour) humour m bébête
2 COMP ▷ **corn bread** n (US) pain m de maïs ▷ **corn bunting** n (Orn) (bruant m) proyer m ▷ **corn crops** npl céréales fpl ▷ **corn dog** n (US Culin) saucisse f en beignet ▷ **corn dolly** n (Brit) poupée f de paille ▷ **corn exchange** n halle f au blé ▷ **corn-fed** adj chicken de grain ▷ **corn liquor** n (US) eau-de-vie f à base de maïs (de fabrication artisanale) ▷ **corn meal** n farine f de maïs ▷ **corn oil** n huile f de maïs ▷ **corn pone** n (NonC: US) pain m de maïs ▷ **corn poppy** n coquelicot m ▷ **corn salad** n doucette f ▷ **corn syrup** n sirop m de maïs ▷ **corn whiskey** n (US) whisky m de maïs, bourbon m

corn² [kɔːn] n (Med) cor m ◆ **to tread on sb's corns** (Brit fig) toucher qn à un endroit sensible, blesser qn dans son amour-propre ◆ **corn plaster** (Med) pansement m pour cor

cornball * [ˈkɔːnbɔːl] (US) 1 n ◆ **to be a cornball** [person] être très fleur bleue
2 adj cucul (la praline) *

corncob [ˈkɔːnkɒb] n (US) épi m de maïs

corncockle [ˈkɔːnˌkɒkl] n (Bot) nielle f

Corncracker State [ˌkɔːnkrækəˈsteɪt] n ◆ **the Corncracker State** le Kentucky

corncrake [ˈkɔːnkreɪk] n (Orn) râle m des genêts

corncrib [ˈkɔːnkrɪb] n (US Agr) séchoir m à maïs

cornea [ˈkɔːnɪə] n, pl **corneas** or **corneae** [ˈkɔːnɪˌiː] cornée f

corneal [ˈkɔːnɪəl] adj cornéen ◆ **corneal lenses** lentilles fpl cornéennes, verres mpl cornéens

corned beef [ˈkɔːndˈbiːf] n corned-beef m

cornelian [kɔːˈniːlɪən] 1 n cornaline f
2 COMP ▷ **cornelian cherry** n (Bot) (= tree) cornouiller m mâle ; (= fruit) cornouille f

corner [ˈkɔːnəʳ] → SYN 1 n a (= angle) [of page, field, eye, mouth, room, boxing ring] coin m ; [of street, box, table] coin m, angle m ; [of road] tournant m, virage m ; (Climbing) dièdre m ; (Ftbl) corner m, coup m de pied de coin ◆ **to look at sb out of the corner of one's eye** regarder qn du coin de l'œil ◆ **to put a child in the corner** mettre un enfant au coin ◆ **to drive** or **force sb into a corner** (lit) pousser qn dans un coin ; (fig) acculer qn ◆ **to be in a (tight) corner** (fig) être dans le pétrin, être

cornering / correction

dans une situation difficile ◆ **you'll find the church round the corner** vous trouverez l'église juste après le coin ◆ **the little shop around the corner** la petite boutique du coin ◆ **it's just round the corner** (= very near) c'est à deux pas d'ici ◆ **Christmas is just around the corner** Noël n'est pas loin ◆ **the domestic robot is just around the corner** le robot domestique, c'est pour demain ◆ **to take a corner** (Aut) prendre un tournant ; (Ftbl) faire un corner ◆ **to cut a corner** (Aut) prendre un virage à la corde ◆ **to cut corners** (fig) prendre des raccourcis (fig) ◆ **to cut corners (on sth)** (financially) rogner sur les coûts (de qch) ◆ **to turn the corner** (lit) tourner au or le coin de la rue ; (fig) passer le moment critique ; [patient] passer le cap

b (= cranny, place) **in every corner of the garden** dans tout le jardin ◆ **treasures hidden in odd corners** des trésors mpl cachés dans des recoins ◆ **in every corner of the house** dans tous les recoins de la maison ◆ **in every corner of Europe** dans toute l'Europe ◆ **in (all) the four corners of the earth** aux quatre coins du monde

c (fig = position) **to fight one's corner** défendre sa position or son point de vue

d (Econ) **to make a corner in wheat** accaparer le marché du blé

e (Boxing = person) soigneur m

2 vt [+ hunted animal] acculer ; (fig = catch to speak to etc) coincer * ◆ **she cornered me in the hall** elle m'a coincé * dans l'entrée ◆ **he's got you cornered** (fig) il t'a coincé *, il t'a mis au pied du mur ◆ **to corner the market** (Econ) accaparer le marché

3 vi (Aut) prendre un virage

4 COMP ▷ **corner cupboard** n placard m d'angle ▷ **corner flag** n (Ftbl) piquet m de corner ; (in roadway) dalle f de coin ▷ **the corner house** n la maison du coin, la maison qui fait l'angle (de la rue) ▷ **corner kick** n (Ftbl) corner m ▷ **corner seat** n (Rail) (place f de) coin m ▷ **corner shop** n (Brit) magasin m or boutique f du coin ▷ **corner situation** n the house has a corner situation la maison fait l'angle ▷ **corner store** n (US) ⇒ **corner shop**

cornering ['kɔːnərɪŋ] n **a** (Aut) amorce f du virage

b (Econ) accaparement m, monopolisation f

cornerstone ['kɔːnəstəʊn] → SYN n (lit, fig) pierre f angulaire ; (= foundation stone) première pierre f

cornerways fold ['kɔːnəweɪz'fəʊld] n pli m en triangle

cornet ['kɔːnɪt] n **a** (Mus) cornet m (à pistons) ◆ **cornet player** cornettiste mf

b (Brit) [of sweets etc] cornet m ; [of ice cream] cornet m (de glace)

cornfield ['kɔːnfiːld] n (Brit) champ m de blé ; (US) champ m de maïs

cornflakes ['kɔːnfleɪks] npl pétales mpl de maïs, corn-flakes mpl

cornflour ['kɔːnflaʊə^r] n (Brit) farine f de maïs, maïzena ® f

cornflower ['kɔːnflaʊə^r] **1** n bleuet m, barbeau m

2 adj (also **cornflower blue**) bleu vif inv, bleu barbeau inv

cornice ['kɔːnɪs] n corniche f

corniche ['kɔːniːʃ, kɔːˈniːʃ] n (also **corniche road**) corniche f

Cornish ['kɔːnɪʃ] **1** adj de Cornouailles, cornouaillais

2 n (Ling) cornique m

3 COMP ▷ **Cornish pasty** n chausson à la viande avec des pommes de terre et des carottes

Cornishman ['kɔːnɪʃmən] n, pl **-men** natif m de Cornouailles

Cornishwoman ['kɔːnɪʃwʊmən] n, pl **-women** native f de Cornouailles

cornstarch ['kɔːnstɑːtʃ] n (US) farine f de maïs, maïzena ® f

cornucopia [kɔːnjʊˈkəʊpɪə] n corne f d'abondance

Cornwall ['kɔːnwəl] n la Cornouailles ◆ **in Cornwall** en Cornouailles

corny * ['kɔːnɪ] adj joke rebattu, éculé ; film, novel (sentimental) à l'eau de rose ; (obvious) bateau * inv ; song sentimental ◆ **the corny line "do you come here often?"** la phrase bateau * "vous venez souvent ici ?" ◆ **I know it sounds corny, but ...** je sais que ça a l'air idiot mais ...

corolla [kəˈrɒlə] n corolle f

corollary [kəˈrɒlərɪ] n corollaire m

corona [kəˈrəʊnə] n, pl **coronas** or **coronae** [kəˈrəʊniː] (Anat, Astron) couronne f ; (Elec) couronne f électrique ; (Archit) larmier m

coronary ['kɒrənərɪ] **1** adj (Anat) coronaire ◆ **coronary bypass** pontage m coronarien ◆ **coronary care unit** unité f de soins coronariens ◆ **coronary heart disease** maladie f coronarienne ◆ **coronary thrombosis** infarctus m du myocarde, thrombose f coronarienne

2 n (Med *) infarctus m

coronation [ˌkɒrəˈneɪʃən] **1** n (= ceremony) couronnement m ; (= actual crowning) sacre m

2 COMP ceremony, oath, robe du sacre ; day du couronnement

coroner ['kɒrənə^r] n coroner m (officiel chargé de déterminer les causes d'un décès) ◆ **coroner's inquest** enquête f judiciaire (menée par le coroner) ◆ **coroner's jury** jury m (siégeant avec le coroner)

coronet ['kɒrənɪt] n [of duke etc] couronne f ; [of lady] diadème m

coroutine ['kəʊruːtiːn] n (Comput) coroutine f

Corp, corp abbrev of **corporation**

corpora ['kɔːpərə] npl of **corpus**

corporal[1] ['kɔːpərəl] n [of infantry, RAF] caporal-chef m ; [of cavalry etc] brigadier-chef m ◆ **Corporal Smith** (on envelope etc) le Caporal-Chef Smith

corporal[2] ['kɔːpərəl] → SYN adj corporel ◆ **corporal punishment** châtiment m corporel

corporate ['kɔːpərɪt] → SYN **1** adj **a** (Comm) (= of a business) executive, culture, restructuring, sponsorship, planning etc d'entreprise ; finance, image, identity, logo, jet de l'entreprise ; (= of business in general) affairs, debt, earnings etc des entreprises ◆ **corporate America** l'Amérique f des entreprises ◆ **corporate clients** or **customers** entreprises fpl clientes ◆ **the corporate world** le monde de l'entreprise

b (= joint) decision, responsibility collectif ; objective commun ; action, ownership en commun

2 COMP ▷ **corporate advertising** n publicité f institutionnelle ▷ **corporate body** n personne f morale ▷ **corporate bond** n (US) (local) obligation f municipale ; (private) obligation f émise par une société privée ▷ **corporate car** n voiture f de fonction ▷ **corporate entertaining** n soirées aux frais d'une entreprise ▷ **corporate headquarters** npl siège m social ▷ **corporate hospitality** n soirées aux frais d'une entreprise ▷ **corporate identity, corporate image** n image f de marque (d'une entreprise) ▷ **corporate institution** n institution fonctionnant comme une entreprise ▷ **corporate ladder** n **to move up the corporate ladder** monter dans la hiérarchie d'une entreprise ▷ **corporate law** n droit m des entreprises ▷ **corporate lawyer** n juriste mf spécialisé(e) dans le droit des entreprises ; (working for corporation) avocat(e) m(f) d'entreprise ; (= specialist in corporate law) juriste mf d'entreprise ▷ **corporate name** n raison f sociale ▷ **corporate property** n biens mpl sociaux ▷ **corporate raider** n raider m ▷ **corporate sponsor** n gros sponsor m ▷ **corporate stock** n actions fpl ▷ **corporate takeover** n OPA f ▷ **corporate tax** n impôt m sur les sociétés

corporately ['kɔːpərɪtlɪ] adv ◆ **to be corporately owned** appartenir à une entreprise (or des entreprises)

corporation [ˌkɔːpəˈreɪʃən] → SYN **1** n **a** (Brit) [of town] conseil m municipal ◆ **the Mayor and Corporation** le corps municipal, la municipalité

b (Comm, Fin) société f commerciale ; (US) société f à responsabilité limitée, compagnie f commerciale

c (Brit *) bedaine * f, brioche * f ◆ **he's developed quite a corporation** il a pris une sacrée brioche *

2 COMP (Brit) school, property de la ville, municipal ▷ **corporation lawyer** n (working for corporation) avocat(e) m(f) d'entreprise ; (= specialist in corporation law) juriste mf d'entreprise ▷ **corporation tax** n (Brit) impôt m sur les sociétés

corporatism ['kɔːpərətɪzəm] n corporatisme m

corporatist ['kɔːpərətɪst] adj corporatiste

corporeal [kɔːˈpɔːrɪəl] adj corporel, physique

corps [kɔː^r] → SYN **1** n, pl **corps** [kɔːz] corps m ; → **army, diplomatic**

2 COMP ▷ **corps de ballet** n corps m de ballet

corpse [kɔːps] → SYN n cadavre m, corps m

corpulence ['kɔːpjʊləns] n corpulence f, embonpoint m

corpulent ['kɔːpjʊlənt] → SYN adj corpulent

corpus ['kɔːpəs] n, pl **corpuses** or **corpora** ['kɔːpərə] (Literat) corpus m, recueil m ; (Ling) corpus m ; (Fin) capital m ◆ **Corpus Christi** (Rel) la Fête-Dieu

corpuscle ['kɔːpʌsl] n **a** (Anat, Bio) corpuscule m ◆ **(blood) corpuscle** globule m sanguin ◆ **red/white corpuscles** globules mpl rouges/blancs

b (Phys) électron m

corpus delicti [dɪˈlɪktaɪ] n (Jur) corpus delicti m, corps m du délit

corpus luteum ['luːtɪəm] n, pl **corpora lutea** ['luːtɪə] (Bio) corps m jaune

corral [kəˈrɑːl] (US) **1** n corral m

2 vt [+ cattle] enfermer dans un corral ; (* fig) [+ people, support] réunir

corrasion [kəˈreɪʒən] n (Geol) corrasion f

correct [kəˈrekt] → SYN **1** adj **a** (= right) answer, number, term, estimate, information correct ; suspicions bien fondé ◆ **that's correct!** (confirming guess) exactement ! ; (confirming right answer) c'est juste or exact ! ◆ **"correct money or change only"** (in buses etc) "vous êtes prié de faire l'appoint" ◆ **in the correct order** dans le bon ordre ◆ **to prove correct** s'avérer juste ◆ **have you the correct time?** avez-vous l'heure exacte ? ◆ **at the correct time** au bon moment ◆ **it is correct to say that ...** il est juste de dire que ... ◆ **it is not correct to say that ...** (rationally) il est inexact de dire que ... ; (fair) il n'est pas juste de dire que ... ; (morally) il n'est pas correct de dire que ...

b to be correct person avoir raison ◆ **you are quite correct** vous avez parfaitement raison ◆ **he was correct in his estimates** ses estimations étaient justes ◆ **he is correct in his assessment of the situation** son évaluation de la situation est juste ◆ **to be correct in doing sth** avoir raison de faire qch ◆ **to be correct to do sth** avoir raison de faire qch ◆ **he was quite correct to do it** il a eu tout à fait raison de le faire

c (= appropriate) object, method, decision, size, speed, temperature bon ◆ **in the correct place** au bon endroit ◆ **the correct use of sth** le bon usage de qch ◆ **the correct weight for your height and build** le bon poids pour votre taille et votre corpulence

d (= proper) behaviour correct ; manners correct, convenable ; etiquette, form of address convenable ; person comme il faut ◆ **correct dress must be worn** une tenue correcte est exigée ◆ **it's the correct thing to do** c'est l'usage, c'est ce qui se fait ◆ **socially correct** admis en société

2 vt **a** [+ piece of work, text, error] corriger ; (Typ) [+ proofs] corriger ◆ **to correct sb's punctuation/spelling** corriger la ponctuation/l'orthographe de qn ◆ **he asked her to correct his English** il lui a demandé de corriger son anglais

b [+ person] reprendre, corriger ◆ **to correct o.s.** se reprendre, se corriger ◆ **correct me if I'm wrong** reprenez-moi or corrigez-moi si je me trompe ◆ **I stand corrected** je reconnais mon erreur

c (= rectify) [+ problem] arranger ; [+ eyesight] corriger ; [+ imbalance] redresser

d († † = punish) réprimander, reprendre

3 COMP ▷ **correcting fluid** n liquide m correcteur

correction [kəˈrekʃən] → SYN **1** n **a** (NonC) [of proofs, essay] correction f ; [of error] correction f, rectification f ◆ **I am open to correction, but ...** corrigez-moi si je me trompe, mais ...

correctional / cost

b [of school work, proof, text, manuscript] correction f ◆ **a page covered with corrections** une page couverte de corrections

c († = punishment) correction f, châtiment m ◆ **house of correction** maison f de correction †

2 COMP ▷ **correction fluid** n liquide m correcteur ▷ **correction tape** n ruban m correcteur

correctional [kəˈrekʃənəl] (US) **1** adj system pénitentiaire

2 COMP ▷ **correctional facility** n établissement m pénitentiaire ▷ **correctional officer** n gardien(ne) m(f) de prison

corrective [kəˈrektɪv] → SYN **1** adj action rectificatif ; (Jur, Med) measures, training de rééducation, correctif ◆ **corrective surgery** (Med) chirurgie f réparatrice

2 n correctif m

correctly [kəˈrektlɪ] → SYN adv **a** (= accurately, in right way) predict avec justesse, correctement ; answer, pronounce, cook, perform correctement ◆ **if I understand you correctly** si je vous ai bien compris ◆ **if I remember correctly** si je me souviens bien

b (= respectably, decently) behave correctement, convenablement

correctness [kəˈrektnɪs] → SYN n (NonC) **a** (= rightness, appropriateness) [of decision, action, statement, calculation, spelling] justesse f

b (= propriety) [of person, behaviour, manners, dress] correction f ◆ **to treat sb with polite correctness** traiter qn avec une correction polie

Correggio [kəˈredʒəʊ] n le Corrège

correlate [ˈkɒrɪleɪt] → SYN **1** vi correspondre (*with* à), être en corrélation (*with* avec)

2 vt mettre en corrélation, corréler (*with* avec)

correlation [ˌkɒrɪˈleɪʃən] → SYN **1** n corrélation f

2 COMP ▷ **correlation coefficient** n (Statistics) coefficient m de corrélation

correlational [ˌkɒrɪˈleɪʃənl] adj corrélationnel

correlative [kɒˈrelətɪv] **1** n corrélatif m

2 adj corrélatif

correspond [ˌkɒrɪsˈpɒnd] LANGUAGE IN USE 5.3 → SYN vi **a** (= agree) correspondre (*with* à), s'accorder (*with* avec) ◆ **that does not correspond with what he said** cela ne correspond pas à ce qu'il a dit

b (= be similar, equivalent) correspondre (*to* à), être l'équivalent (*to* de) ◆ **this corresponds to what she was doing last year** ceci est semblable ou correspond à ce qu'elle faisait l'année dernière ◆ **his job corresponds roughly to mine** son poste équivaut à peu près au mien ou est à peu près l'équivalent du mien

c (= exchange letters) correspondre (*with* avec) ◆ **they correspond** ils s'écrivent, ils correspondent

correspondence [ˌkɒrɪsˈpɒndəns] → SYN **1** n

a (= similarity, agreement) correspondance f (*between* entre ; *with* avec)

b (= letter-writing) correspondance f ◆ **to be in correspondence with sb** entretenir une ou être en correspondance avec qn ◆ **to read one's correspondence** lire son courrier ou sa correspondance

2 COMP ▷ **correspondence card** n carte-lettre f ▷ **correspondence college** n établissement m d'enseignement par correspondance ▷ **correspondence column** n (Press) courrier m des lecteurs ▷ **correspondence course** n cours m par correspondance

correspondent [ˌkɒrɪsˈpɒndənt] → SYN n (gen, Comm, Press, Banking) correspondant(e) m(f) ◆ **foreign/sports correspondent** correspondant m étranger/sportif ; → special

corresponding [ˌkɒrɪsˈpɒndɪŋ] → SYN adj correspondant ◆ **corresponding to ...** conforme à ... ◆ **a corresponding period** une période analogue ◆ **the corresponding period** la période correspondante

correspondingly [ˌkɒrɪsˈpɒndɪŋlɪ] adv **a** (= proportionately) proportionnellement

b (= as a result) en conséquence

corridor [ˈkɒrɪdɔːʳ] → SYN n couloir m, corridor m ◆ **corridor train** (Brit) train m à couloir

◆ **the corridors of power** les allées fpl du pouvoir

corroborate [kəˈrɒbəreɪt] → SYN vt corroborer, confirmer

corroboration [kəˌrɒbəˈreɪʃən] n confirmation f, corroboration f ◆ **in corroboration of ...** à l'appui de ..., en confirmation de ...

corroborative [kəˈrɒbərətɪv] adj qui corrobore (ou corroborait etc)

corrode [kəˈrəʊd] → SYN **1** vt (lit, fig) corroder, ronger

2 vi [metals] se corroder

corroded [kəˈrəʊdɪd] adj corrodé

corrosion [kəˈrəʊʒən] n corrosion f

corrosive [kəˈrəʊzɪv] → SYN **1** adj (Chem) corrosif ; (fig) (= harmful) effect, influence, power, emotion destructeur (-trice f)

2 n corrosif m

corrugated [ˈkɒrəgeɪtɪd] → SYN **1** adj tin, steel, surface ondulé ; roof en tôle ondulée ; brow, face ridé

2 COMP ▷ **corrugated cardboard** n carton m ondulé ◆ **corrugated iron** n tôle f ondulée ▷ **corrugated paper** n papier m ondulé

corrupt [kəˈrʌpt] → SYN **1** adj **a** (= dishonest) corrompu ; (= depraved) dépravé ; practice malhonnête ◆ **corrupt practices** (= dishonesty) tractations fpl malhonnêtes ; (= bribery etc) trafic m d'influence, malversations fpl

b (Comput, Ling) data, text altéré ; language corrompu

c (liter = putrid) flesh, corpse putride

2 vt (dishonesty) corrompre ; (immorality) dépraver ; (Comput) altérer

3 vi corrompre

corruptible [kəˈrʌptəbəl] adj corruptible

corruption [kəˈrʌpʃən] → SYN **1** n **a** (NonC : moral) [of person, morals] corruption f ◆ **police corruption** corruption f de la police

b (Ling) **jean is a corruption of Genoa** jean est une déformation de Gênes

c (NonC : liter = putrefaction) décomposition f, putréfaction f

2 COMP ▷ **the corruption of minors** n (Jur) le détournement de mineur(s)

corsage [kɔːˈsɑːʒ] n **a** (= bodice) corsage m ; (= flowers) petit bouquet m *(de fleurs porté au corsage)*

corsair [ˈkɔːsɛəʳ] n (= ship, pirate) corsaire m, pirate m

cors anglais [ˌkɔːzˈɑːŋgleɪ] npl of **cor anglais**

corset [ˈkɔːsɪt] → SYN n (Dress : also **corsets**) corset m ; (= lightweight) gaine f ; (Med) corset m

corseted [ˈkɔːsɪtɪd] adj corseté

Corsica [ˈkɔːsɪkə] n la Corse

Corsican [ˈkɔːsɪkən] **1** adj corse

2 n Corse mf

3 COMP ▷ **Corsican pine** n (Bot) pin m laricio ou noir (de Corse)

cortège [kɔːˈteɪʒ] n cortège m

cortex [ˈkɔːteks] , pl **cortices** [ˈkɔːtɪsiːz] (Bot) cortex m, écorce f ; (Anat) cortex m

corticoids [ˈkɔːtɪkɔɪdz], **corticosteroids** [ˌkɔːtɪkəʊˈstɪərɔɪdz] npl corticoïdes mpl

cortisone [ˈkɔːtɪzəʊn] n cortisone f

corundum [kəˈrʌndəm] n corindon m

coruscate [ˈkɒrəskeɪt] vi briller, scintiller

coruscating [ˈkɒrəskeɪtɪŋ] adj brillant, scintillant

corvette [kɔːˈvet] n (Naut) corvette f

corvine [ˈkɔːvaɪn] adj (Orn) ◆ **corvine species** corvidé m

corymb [ˈkɒrɪmb] n corymbe m

coryza [kəˈraɪzə] n (Med) coryza m

COS [ˌsiːəʊˈes] (abbrev of **cash on shipment**) → **cash**

cos¹ [kɒs] n (Brit : also **cos lettuce**) (laitue f) romaine f

cos² [kɒs] n abbrev of **cosine**

cos³ * [kɒz] conj parce que

cosecant [kəʊˈsiːkənt] n (Math) cosécante f

cosh [kɒʃ] (Brit) **1** vt * taper sur, cogner * sur

2 n gourdin m, matraque f

cosignatory [ˌkəʊˈsɪgnətərɪ] n cosignataire mf

cosily, cozily (US) [ˈkəʊzɪlɪ] adv furnished confortablement ; settled douillettement

cosine [ˈkəʊsaɪn] n cosinus m

cosiness, coziness (US) [ˈkəʊzɪnɪs] n (NonC) **a** (= warmth) [of room, pub] atmosphère f douillette

b (= intimacy) [of evening, chat, dinner] intimité f ◆ **the cosiness of the atmosphere** l'atmosphère f douillette

c (pej = convenience) [of relationship] complicité f, connivence f

cosmetic [kɒzˈmetɪk] → SYN **1** adj surgery plastique, esthétique ; preparation cosmétique ; (fig) superficiel, symbolique

2 n cosmétique m, produit m de beauté

cosmetician [ˌkɒzmeˈtɪʃən] n cosmétologue mf

cosmic [ˈkɒzmɪk] → SYN **1** adj (lit) cosmique ; (fig) immense, incommensurable ◆ **cosmic dust/rays** poussière f/rayons mpl cosmique(s)

2 COMP ▷ **cosmic string** n corde f cosmique

cosmogonal [kɒzˈmɒgənəl] adj cosmogonique

cosmogonic(al) [ˌkɒzməˈgɒnɪk(əl)] adj cosmogonique

cosmogony [kɒzˈmɒgənɪ] n cosmogonie f

cosmographer [kɒzˈmɒgrəfəʳ] n cosmographe mf

cosmography [kɒzˈmɒgrəfɪ] n cosmographie f

cosmological [ˌkɒzməʊˈlɒdʒɪkəl] adj cosmologique

cosmology [kɒzˈmɒlədʒɪ] n cosmologie f

cosmonaut [ˈkɒzmənɔːt] → SYN n cosmonaute mf

cosmopolitan [ˌkɒzməˈpɒlɪtən] → SYN adj, n cosmopolite mf

cosmos [ˈkɒzmɒs] n cosmos m

co-sponsor [ˈkəʊˈspɒnsəʳ] n (Advertising) commanditaire m associé

Cossack [ˈkɒsæk] n cosaque m

cosset [ˈkɒsɪt] vt dorloter, choyer

cossie * [ˈkɒzɪ] n (Brit, Austral) maillot m (de bain)

cost [kɒst] LANGUAGE IN USE 8.2 → SYN

1 vt, pret, ptp **cost** **a** (lit, fig) coûter ◆ **how much** ou **what does the dress cost?** combien coûte ou vaut la robe ? ◆ **how much** ou **what will it cost to have it repaired?** combien est-ce que cela coûtera de le faire réparer ? ◆ **what does it cost to get in?** quel est le prix d'entrée ? ◆ **it cost him a lot of money** cela lui a coûté cher ◆ **it costs him £22 a week** cela lui revient à ou lui coûte 22 livres par semaine, il en a pour 22 livres par semaine ◆ **it costs too much** cela coûte trop cher, c'est trop cher ◆ **it costs the earth** * cela coûte les yeux de la tête ◆ **it cost (him) an arm and a leg** * ça lui a coûté les yeux de la tête ◆ **I know what it cost him to apologize** je sais ce qu'il lui en a coûté de s'excuser ◆ **it cost her dear/her job** cela lui a coûté cher/son emploi ◆ **it cost him a great effort** cela lui a coûté ou demandé un gros effort ◆ **it cost him a lot of trouble** cela lui a causé beaucoup d'ennuis ◆ **it will cost you your life** il vous en coûtera la vie ◆ **it'll** ou **that'll cost you!** * tu vas le sentir passer ! ◆ **it will cost you a present!** vous en serez quitte pour lui (ou me etc) faire un cadeau ! ◆ **politeness costs very little** il ne coûte rien d'être poli ◆ **cost what it may, whatever it costs** (fig) coûte que coûte

b pret, ptp **costed** (Comm = set price for) [+ article] établir le prix de revient de ; [+ piece of work] évaluer le coût de ◆ **the job was costed at £2,000** le devis pour (l'exécution de) ces travaux s'est monté à 2 000 livres

2 n coût m ◆ **cost insurance and freight** coût m assurance f et fret m ◆ **the cost of these apples** le coût ou le prix de ces pommes ◆ **to cut the cost of loans** (Fin) réduire le loyer de l'argent ◆ **to bear the cost of ...** (lit) faire face aux frais mpl ou aux dépenses fpl de ... ; (fig) faire les frais de ... ◆ **at great cost** (lit, fig) à grands frais ◆ **at little cost** à peu de frais ◆ **at little cost to himself** (fig) sans que cela lui coûte (subj) beaucoup ◆ **at cost (price)** au prix coûtant ◆ **at the cost of his life/health** au prix de sa vie/santé ◆ **to my cost** (fig) à mes dépens ◆ **costs** (Jur) dépens mpl, frais mpl judiciaires ◆ **to be ordered to pay costs** (Jur) être condamné aux dépens ◆ **at all costs, at any cost** (fig) coûte que coûte, à tout prix ; → **count**[1]

3 COMP ▷ **cost accountant** n analyste mf de coûts ▷ **cost accounting** n (NonC) comptabilité f analytique or d'exploitation ▷ **cost analysis** n analyse f des coûts ▷ **cost-benefit analysis** n analyse f coûts-bénéfices ▷ **cost centre** n centre m de coût(s) ▷ **cost conscious** adj qui fait attention à ses dépenses ▷ **cost control** n contrôle m des dépenses ▷ **cost-cutting** n compression f ou réduction f des coûts ◆ **cost-cutting plan** etc plan m etc de réduction des coûts ▷ **cost-effective** adj rentable, d'un bon rapport coût-performance or coût-efficacité ▷ **cost-effectiveness** n rentabilité f, rapport m coût-performance or coût-efficacité ▷ **cost estimate** n devis m, estimation f des coûts ▷ **cost-in-use** n coûts mpl d'utilisation ▷ **cost of living** n coût m de la vie ◆ **cost-of-living adjustment** augmentation f indexée sur le coût de la vie ◆ **cost-of-living allowance** indemnité f de vie chère ◆ **cost-of-living increase** rattrapage m pour cherté de la vie ▷ **cost-of-living index** index m du coût de la vie ▷ **cost-plus** n prix m de revient majoré du pourcentage contractuel ◆ **on a cost-plus basis** à des coûts majorés ▷ **cost-plus pricing** n (Comm) prix m de revient majoré ▷ **cost price** n (Brit) prix m coûtant or de revient ▷ **cost-push inflation** n (Econ) inflation f par les coûts

▶ **cost out** vt sep [+ project] évaluer le coût de

co-star ['kəʊstɑːʳ] (Cine, Theat) 1 n partenaire mf

2 vi partager l'affiche (with avec) ◆ "**co-starring X**" "avec X"

Costa Rica ['kɒstə'riːkə] n le Costa Rica

Costa Rican ['kɒstə'riːkən] 1 adj costaricain(e), costaricien

2 n Costaricain(ne) m(f), Costaricien(ne) m(f)

coster ['kɒstəʳ] n, **costermonger** ['kɒstə,mʌŋgəʳ] n (Brit) marchand(e) m(f) des quatre saisons

costing ['kɒstɪŋ] n estimation f du prix de revient

costive ['kɒstɪv] adj constipé

costliness ['kɒstlɪnɪs] n (= value) (grande) valeur f ; (= high price) cherté f

costly ['kɒstlɪ] → SYN adj (gen) coûteux ; furs, jewels de grande valeur, précieux ◆ **a costly business** une affaire coûteuse

costume ['kɒstjuːm] → SYN 1 n a (gen) costume m ◆ **national costume** costume m national ◆ **in costume** (= fancy dress) déguisé

b († = lady's suit) tailleur m

2 COMP ▷ **costume ball** n bal m masqué ▷ **costume drama** n (= film/play etc) pièce f/film m etc en costume d'époque ; (genre) (Theat/Cine etc) théâtre m/cinéma m etc en costume d'époque ▷ **costume jewellery** n bijoux mpl (de) fantaisie ▷ **costume piece** n ⇒ **costume drama costume play** pièce f en costume d'époque

costumier [kɒs'tjuːmɪəʳ], **costumer** (esp US) [kɒs'tjuːməʳ] n costumier m, -ière f

cosy, cozy (US) ['kəʊzɪ] → SYN 1 adj a (= warm) flat, home, room douillet, cosy ; restaurant confortable ◆ **nights in front of a cosy fire** des soirées agréables au coin du feu ◆ **to be cosy** [person] être bien ◆ **it is cosy in here** on est bien ici

b (= friendly) atmosphere, evening, chat, dinner intime

c (pej = convenient) arrangement, deal, relationship commode

2 n (= tea cosy) couvre-théière m ; (= egg cosy) couvre-œuf m

3 vi ◆ **to cosy up to sb** * caresser qn dans le sens du poil*

cot [kɒt] 1 n (Brit: child's) lit m d'enfant, petit lit m ; (US = folding bed) lit m de camp

2 COMP ▷ **cot death** n mort f subite du nourrisson

cotangent [kəʊ'tændʒənt] n (Math) cotangente f

Côte d'Ivoire [,kəʊtdɪ'vwɑːʳ] n ◆ **(the) Côte d'Ivoire** la Côte-d'Ivoire

cotenancy [kəʊ'tenənsɪ] n colocation f

coterie ['kəʊtərɪ] n coterie f, cénacle m

coterminous [kəʊ'tɜːmɪnəs] adj (= touching) limitrophe ; (= contemporary) contemporain

cotidal [kəʊ'taɪdl] adj cotidal

cotillion [kə'tɪljən] n cotillon m, quadrille m

cotinga [kə'tɪŋgə] n cotinga m

cotoneaster [kə,təʊnɪ'æstəʳ] n (Bot) cotonéaster m

cotta ['kɒtə] n (Rel) rochet m

cottage ['kɒtɪdʒ] → SYN 1 n petite maison f (à la campagne), cottage m ; (thatched) chaumière f ; (holiday home) villa f

2 COMP ▷ **cottage cheese** n fromage m blanc (égoutté), cottage m (cheese) ▷ **cottage flat** n (Brit) appartement dans une maison en regroupant quatre en copropriété ▷ **cottage hospital** n (Brit) petit hôpital m ▷ **cottage industry** n (working at home) industrie f familiale ; (= informally organized industry) industrie f artisanale ▷ **cottage loaf** n (Brit) miche f de pain ▷ **cottage pie** n (Brit) ≈ hachis m Parmentier

cottager ['kɒtɪdʒəʳ] n (Brit) paysan(ne) m(f) ; (US) propriétaire mf de maison de vacances

cottaging * ['kɒtɪdʒɪŋ] n (Brit) rencontres homosexuelles dans des toilettes publiques

cottar, cotter[1] ['kɒtəʳ] n (Scot) paysan(ne) m(f)

cotter[2] ['kɒtəʳ] n (Tech: also **cotter pin**) clavette f d'arrêt

cottid ['kɒtɪd] n chabot m

cotton ['kɒtn] 1 n (NonC) (Bot, Tex) coton m ; (Brit = sewing thread) fil m (de coton) ; → **absorbent, gin**

2 COMP shirt, dress de coton ▷ **cotton batting** n (US) ouate f ▷ **the cotton belt** n (Agr) le Sud cotonnier (Alabama, Géorgie, Mississippi) ▷ **cotton bud** n (Brit) coton-tige ® m ▷ **cotton cake** n tourteau m de coton ▷ **cotton candy** n (US) barbe f à papa ▷ **cotton goods** npl cotonnades fpl ▷ **cotton grass** n linaigrette f, lin m des marais ▷ **cotton industry** n industrie f cotonnière or du coton ▷ **cotton lace** n dentelle f de coton ▷ **cotton mill** n filature f de coton ▷ **cotton-picking** adj (US pej) sale* (before n), sacré (before n) ▷ **the Cotton State** n l'Alabama m ▷ **cotton waste** n déchets mpl de coton, coton m d'essuyage ▷ **cotton wool** n (Brit) ouate f ◆ **absorbent cotton wool** ouate f ou coton m hydrophile ◆ **to bring up a child in cotton wool** élever un enfant dans du coton ◆ **my legs felt like cotton wool** j'avais les jambes en coton ▷ **cotton yarn** n fil m de coton

▶ **cotton on** * vi (Brit) piger * ◆ **to cotton on to sth** piger * qch, saisir qch

▶ **cotton to** * vt fus [+ person] avoir à la bonne* ; [+ plan, suggestion] apprécier, approuver ◆ **I don't cotton to it much** je ne suis pas tellement pour*, ça ne me botte pas tellement*

cottonseed oil ['kɒtnsɪːd'ɔɪl] n huile f de coton

cottontail ['kɒtnteɪl] n (US) lapin m

cottonwood ['kɒtnwʊd] n (US) peuplier m de Virginie

cotyledon [,kɒtɪ'liːdən] n cotylédon m

couch [kaʊtʃ] 1 n a (= settee) canapé m, divan m, sofa m ; [of doctor] lit m ; [of psychoanalyst] divan m ; (liter = bed) couche f (liter) ◆ **to be on the couch** * (US fig) être en analyse

b (Bot) chiendent m

2 vt formuler, exprimer ◆ **request couched in insolent language** requête f formulée ou exprimée en des termes insolents ◆ **request couched in the following terms** demande f ainsi rédigée

3 vi [animal] (= lie asleep) être allongé or couché ; (= ready to spring) s'embusquer

4 COMP ▷ **couch grass** n chiendent m ▷ **couch potato** * n mollasson m (qui passe son temps devant la télé)

couchette [kuː'ʃet] n (Rail etc) couchette f

cougar ['kuːgəʳ] n couguar m

cough [kɒf] → SYN 1 n toux f ◆ **he has a bad cough** il a une mauvaise toux, il tousse beaucoup ◆ **he has a bit of a cough** il tousse un peu ◆ **to give a warning cough** tousser en guise d'avertissement

2 vi a tousser

b (* = confess) parler ◆ **he coughed to his offence** il a avoué son crime

3 COMP ▷ **cough drop** n pastille f pour la toux ▷ **cough mixture** n sirop m pour la toux, (sirop m) antitussif m ▷ **cough sweet** n pastille f pour la toux ▷ **cough syrup** n ⇒ **cough mixture**

▶ **cough up** vt sep a (lit) expectorer, cracher en toussant

b (* fig) [+ money] cracher *

coughing ['kɒfɪŋ] n toux f ◆ **to hear coughing** entendre tousser ◆ **coughing fit** quinte f de toux

could [kʊd] LANGUAGE IN USE 1.1, 2.2, 3.1, 4, 9.1, 26.3 vb (pt, cond of **can**[1])

couldn't ['kʊdnt] ⇒ could not ; → **can**[1]

could've ['kʊdəv] ⇒ could have ; → **can**[1]

coulee ['kuːleɪ] n (US) ravine f

coulis ['kuːliː] n (Culin) coulis m

couloir ['kuːlwɑːʳ] n (Climbing) couloir m

coulomb ['kuːlɒm] n coulomb m

coulter, colter (US) ['kəʊltəʳ] n (Agr) coutre m

coumarin ['kuːmərɪn] n coumarine f

council ['kaʊnsl] → SYN 1 n conseil m, assemblée f ◆ **council of war** conseil m de guerre ◆ **city** or **town council** conseil m municipal ◆ **they decided in council that ...** l'assemblée a décidé que ... ◆ **the Security Council of the UN** le conseil de Sécurité des Nations Unies ; → **lord, parish, privy**

2 COMP ▷ **council chamber** n (Brit) salle f du conseil municipal ▷ **council estate** n (Brit) cité f (de logements sociaux or de HLM) ▷ **council flat** n (Brit) appartement m/maison f loué(e) à la municipalité, ≈ HLM m ou f ▷ **council house** n (Brit) maison f louée à la municipalité, ≈ HLM m or f ▷ **council housing** n (Brit) logements mpl sociaux ▷ **council housing estate** n ⇒ **council estate** ▷ **the Council of Economic Advisors** n (US) les Conseillers mpl économiques (du Président) ▷ **Council of Europe** n Conseil m de l'Europe ▷ **Council of Ministers** n (Pol) Conseil m des ministres ▷ **council school** n (Brit) école f publique ▷ **council tax** n (Brit) impôts mpl locaux ▷ **council tenant** n locataire mf d'un logement social

councillor ['kaʊnsɪləʳ] n conseiller m, -ère f, membre m d'un conseil ◆ **Councillor X** (form of address) Monsieur le conseiller municipal X, Madame la conseillère municipale X ; → **privy, town**

councilman ['kaʊnsɪlmæn] n, pl **-men** (US) conseiller m

councilwoman ['kaʊnsɪlwʊmən] n, pl **-women** (US) conseillère f

counsel ['kaʊnsəl] → SYN 1 n a (NonC) conseil m ◆ **to take counsel with sb** prendre conseil de qn, consulter qn ◆ **to keep one's own counsel** garder ses intentions (or ses projets or ses opinions) pour soi

b (pl inv: Jur) avocat(e) m(f) ◆ **counsel for the defence** (Brit) avocat m de la) défense f ◆ **counsel for the prosecution** (Brit) avocat m du ministère public ◆ **King's** or **Queen's Counsel** avocat m de la couronne (qui peut néanmoins plaider pour des particuliers) ; → **defending, prosecuting**

2 vt (frm, liter) recommander, conseiller (sb to do sth à qn de faire qch) ◆ **to counsel caution** recommander or conseiller la prudence

counselling, counseling (US) ['kaʊnsəlɪŋ] 1 n (gen = advice) conseils mpl ; (Psych, Social Work) assistance f socio-psychologique ; (Brit Scol) aide f psychopédagogique

2 COMP ▷ **counseling service** n (US Univ) service m d'orientation et d'assistance universitaire

counsellor, counselor (US) ['kaʊnsləʳ] n a (gen) conseiller m, -ère f ; (Psych, Social Work) conseiller m, -ère f socio-psychologique ; (US Educ) conseiller m, -ère f d'orientation

b (Ir, US: also **counsellor-at-law**) avocat m

count[1] [kaʊnt] LANGUAGE IN USE 4 → SYN

count¹ 1 n a compte m; [of votes at election] dépouillement m ♦ to make a count faire un compte ♦ at the last count (gen) la dernière fois qu'on a compté; (Admin) au dernier recensement ♦ to be out for the count, to take the count (Boxing) être (mis) knock-out, aller au tapis pour le compte ♦ to be out for the count * (fig) (= unconscious) être KO *, avoir son compte *; (= asleep) avoir son compte * ♦ I'll come and look for you after a count of ten je compte jusqu'à dix et je viens te chercher ♦ to keep (a) count of ... tenir le compte de ... ♦ to take no count of ... (fig) ne pas tenir compte de ... ♦ every time you interrupt you make me lose count chaque fois que tu m'interromps je perds le fil ♦ I've lost count je ne sais plus où j'en suis ♦ I've lost count of the number of times I've told you je ne sais plus combien de fois je te l'ai dit ♦ he lost count of the tickets he had sold il ne savait plus combien de billets il avait vendus

b (Jur) chef m d'accusation ♦ guilty on three counts reconnu coupable pour trois chefs d'accusation

c (= respect, point of view) you're wrong on both counts tu te trompes dans les deux cas ♦ the movie is unique on several counts c'est un film unique à plusieurs égards ♦ a magnificent book on all counts un livre magnifique à tous les points de vue

2 vt a (= add up) compter; [+ inhabitants, injured, causes] dénombrer, compter ♦ to count the eggs in the basket compter les œufs dans le panier ♦ to count the votes (Admin, Pol) dépouiller le scrutin ♦ (Prov) don't count your chickens (before they're hatched) il ne faut pas vendre la peau de l'ours (avant de l'avoir tué) (Prov) ♦ to count noses * (US) compter les présents ♦ to count sheep compter les moutons ♦ to count the cost (lit) calculer la dépense; (fig) faire le bilan ♦ without counting the cost (lit, fig) sans compter ♦ (you must) count your blessings estimez-vous heureux; → **stand**

b (= include) compter ♦ ten people not counting the children dix personnes sans compter les enfants ♦ three more counting Charles trois de plus, en comptant Charles ♦ to count sb among one's friends compter qn parmi ses amis ♦ don't count his youth against him ne lui faites pas grief de sa jeunesse ♦ will you count it against me if I refuse? m'en tiendrez-vous rigueur ou m'en voudrez-vous si je refuse?

c (= consider) tenir, estimer ♦ to count sb as dead tenir qn pour mort ♦ we must count ourselves fortunate or lucky (men) nous devons nous estimer heureux ♦ I count it an honour to (be able to) help you je m'estime honoré de pouvoir vous aider

3 vi a compter ♦ can he count? est-ce qu'il sait compter? ♦ counting from tonight à compter de ce soir ♦ counting from the left à partir de la gauche

b (= be considered) compter ♦ you count among my best friends vous comptez parmi or au nombre de mes meilleurs amis ♦ two children count as one adult deux enfants comptent pour un adulte ♦ that doesn't count cela ne compte pas

c (= have importance) compter ♦ every minute counts chaque minute compte ♦ to count against sb desservir qn ♦ his lack of experience counts against him son inexpérience le dessert or joue contre lui ♦ that counts for nothing cela ne compte pas, cela compte pour du beurre * ♦ he counts for a lot in that firm il joue un rôle important dans cette compagnie ♦ a university degree counts for very little nowadays de nos jours un diplôme universitaire n'a pas beaucoup de valeur or ne pèse pas lourd *

4 COMP ▷ **count noun** n nom m comptable

▶ **count down**
1 vi faire le compte à rebours
2 countdown n → **countdown**

▶ **count in** * vt sep compter ♦ to count sb in on a plan inclure qn dans un projet ♦ you can count me in! je suis de la partie!

▶ **count on** vt fus ⇒ **count upon**

▶ **count out** vt sep a (Boxing) to be counted out être mis knock-out, être envoyé or aller au tapis pour le compte

b [+ money] compter pièce par pièce; [+ small objects] compter, dénombrer

c (= exclude) you can count me out of * this business ne comptez pas sur moi dans cette affaire

d (Parl etc) to count out a meeting ajourner une séance (le quorum n'étant pas atteint) ♦ to count out the House (Brit) ajourner la séance (du Parlement)

▶ **count towards** vt fus ♦ these contributions will count towards your pension ces cotisations compteront pour or seront prises en compte or en considération pour votre retraite

▶ **count up** vt sep compter

▶ **count upon** vt fus compter (sur) ♦ I'm counting upon you je compte sur vous ♦ to count upon doing sth compter faire qch

count² [kaʊnt] n (= nobleman) comte m

countability [ˌkaʊntəˈbɪlɪtɪ] n (Ling = fact of being countable) fait m d'être comptable ♦ the problem of countability le problème de savoir si un (or le etc) substantif est comptable ou non

countable [ˈkaʊntəbl] adj (Gram) ♦ countable noun nom m comptable

countdown [ˈkaʊntdaʊn] n compte m à rebours

countenance [ˈkaʊntɪnəns] → SYN 1 n a (liter = face) (expression f du) visage m, figure f; (= expression) mine f; (= composure) contenance f ♦ out of countenance décontenancé ♦ to keep one's countenance faire bonne contenance, ne pas se laisser décontenancer

b (frm = approval) to give countenance to [+ person] encourager; [+ plan] favoriser; [+ rumour, piece of news] accréditer

2 vt approuver, admettre (sth qch; sb's doing sth que qn fasse qch)

counter¹ [ˈkaʊntəʳ] 1 n a (in shop, canteen) comptoir m; (= position: in bank, post office etc) guichet m; (in pub) comptoir m, zinc * m ♦ the girl behind the counter (in shop) la vendeuse; (in pub) la serveuse ♦ over the counter (St Ex) hors cote ♦ available over the counter (Pharm) vendu sans ordonnance ♦ to buy/sell medicines over the counter acheter/vendre des médicaments sans ordonnance; see also **over-the-counter** ♦ to buy/sell sth under the counter acheter/vendre qch sous le manteau; see also **under-the-counter**

b (= disc) jeton m

c (Tech) compteur m; → **Geiger counter**

2 COMP ▷ **counter hand** n (in shop) vendeur m, -euse f; (in snack bar) serveur m, -euse f ▷ **counter staff** n (NonC) (in bank) caissiers mpl, -ières fpl, guichetiers mpl; (in shop) vendeurs mpl, -euses fpl

counter² [ˈkaʊntəʳ] → SYN 1 adv ♦ counter to sb's wishes à l'encontre des or contrairement aux souhaits de qn ♦ counter to sb's orders contrairement aux ordres de qn ♦ to run counter to sth aller à l'encontre de qch

2 adj ♦ counter to sth contraire à qch

3 n ♦ to be a counter to sth contrebalancer qch

4 vt [+ remark] répliquer à (by, with par); [+ decision, order] aller à l'encontre de, s'opposer à; [+ plan] contrecarrer, contrarier; [+ blow] parer

5 vi (fig) riposter, répliquer; (Boxing, Fencing etc) contrer ♦ he countered with a right il a contré d'une droite

counter... [ˈkaʊntəʳ] pref contre...

counteract [ˌkaʊntərˈækt] → SYN vt neutraliser, contrebalancer

counter-argument [ˈkaʊntərˌɑːgjʊmənt] n contre-argument m

counterattack [ˈkaʊntərəˌtæk] (Mil, fig) 1 n contre-attaque f
2 vti contre-attaquer

counterattraction [ˈkaʊntərəˌtrækʃən] n attraction f concurrente, spectacle m rival

counterbalance [ˈkaʊntəˌbæləns] → SYN 1 n contrepoids m
2 vt contrebalancer, faire contrepoids à

counterbid [ˈkaʊntəˌbɪd] n surenchère f, suroffre f

counterblast [ˈkaʊntəblɑːst] n réfutation f or démenti m énergique

countercharge [ˈkaʊntətʃɑːdʒ] n (Jur) contre-accusation f

countercheck [ˈkaʊntətʃek] 1 n deuxième contrôle m or vérification f
2 vt revérifier

counterclaim [ˈkaʊntəkleɪm] n (Jur) demande f reconventionnelle ♦ to bring a counterclaim introduire une demande reconventionnelle

counterclockwise [ˌkaʊntəˈklɒkˌwaɪz] adv, adj (US) dans le sens inverse des aiguilles d'une montre

counterculture [ˈkaʊntəˌkʌltʃə] n contre-culture f

counterdemonstration [ˈkaʊntəˌdemənˈstreɪʃən] n (Pol) contre-manifestation f

counterespionage [ˌkaʊntərˈespɪəˌnɑːʒ] n contre-espionnage m

counterexample [ˈkaʊntərɪgˌzɑːmpəl] n contre-exemple m

counterfeit [ˈkaʊntəfiːt] → SYN 1 adj faux (fausse f) ♦ counterfeit coin/money fausse pièce f/monnaie f
2 n faux m, contrefaçon f
3 vt [+ banknote, signature] contrefaire ♦ to counterfeit money fabriquer de la fausse monnaie

counterfeiter [ˈkaʊntəfɪtəʳ] n faussaire mf

counterfoil [ˈkaʊntəfɔɪl] n (Brit) [of cheque etc] talon m, souche f

counter-gambit [ˈkaʊntəgæmbɪt] n contre-gambit m

counter-inflationary [ˌkaʊntərɪnˈfleɪʃənrɪ] adj (Brit Econ) anti-inflationniste

counterinsurgency [ˌkaʊntərɪnˈsɜːdʒənsɪ] n contre-insurrection f

counterinsurgent [ˌkaʊntərɪnˈsɜːdʒənt] n contre-insurgé(e) m(f)

counterintelligence [ˌkaʊntərɪnˈtelɪdʒəns] n contre-espionnage m

counterintuitive [ˌkaʊntərɪnˈtjuːɪtɪv] adj contraire à l'intuition

counterirritant [ˌkaʊntərˈɪrɪtənt] n (Med) révulsif m

counterman [ˈkaʊntəmæn] n, pl **-men** (US) serveur m

countermand [ˌkaʊntəˈmɑːnd] → SYN vt [+ order] annuler ♦ unless countermanded sauf contrordre

countermeasure [ˈkaʊntəmeʒəʳ] n contre-mesure f

countermove [ˈkaʊntəmuːv] n (Mil) contre-attaque f, riposte f

counteroffensive [ˈkaʊntərəfensɪv] n (Mil) contre-offensive f

counteroffer [ˈkaʊntərˌɒfəʳ] n contre-offre f, contre-proposition f

counter-order [ˈkaʊntəˌɔːdəʳ] n contrordre m

counterpane [ˈkaʊntəpeɪn] n dessus-de-lit m inv, couvre-lit m; (quilted) courtepointe f

counterpart [ˈkaʊntəpɑːt] → SYN n [of document etc] (= duplicate) double m, contrepartie f; (= equivalent) équivalent m; [of person] homologue m

counterplea [ˈkaʊntəpliː] n réplique f

counterpoint [ˈkaʊntəpɔɪnt] 1 n (Mus) contrepoint m
2 vt (fig) contraster avec

counterpoise [ˈkaʊntəpɔɪz] 1 n (= weight, force) contrepoids m; (= equilibrium) équilibre m ♦ in counterpoise en équilibre
2 vt contrebalancer, faire contrepoids à

counterproductive [ˌkaʊntəprəˈdʌktɪv] adj contre-productif

counter-proposal [ˈkaʊntəprəˈpəʊzəl] n contre-proposition f

Counter-Reformation [ˌkaʊntəˌrefəˈmeɪʃən] n (Hist) Contre-Réforme f

counter-revolution [ˌkaʊntəˌrevəˈluːʃən] n contre-révolution f

counter-revolutionary [ˌkaʊntəˌrevəˈluːʃənrɪ] adj, n contre-révolutionnaire mf

countershaft [ˈkaʊntəʃɑːft] n (Tech) arbre m intermédiaire

counter-shot ['kaʊntəʃɒt] n (Cine) contre-champ m

countersign ['kaʊntəsaɪn] **1** vt contresigner **2** n mot m de passe or d'ordre

countersink ['kaʊntəsɪŋk] vt [+ hole] fraiser ; [+ screw] noyer

counter-stroke ['kaʊntəstrəʊk] n (lit, fig) retour m offensif

countersunk ['kaʊntəsʌŋk] adj fraisé

countertenor [,kaʊntə'tenəʳ] n (Mus) (= singer) haute-contre m ; (= voice) haute-contre f

counterterrorism [,kaʊntə'terərɪzəm] n contre-terrorisme m

counter-turn ['kaʊntətɜːn] n (Ski) contre-virage m

countervailing ['kaʊntəveɪlɪŋ] adj (Fin) ♦ **countervailing duties** droits mpl compensatoires

counterweight ['kaʊntəweɪt] n contrepoids m

countess ['kaʊntɪs] n comtesse f

counting ['kaʊntɪŋ] **1** n (= school subject) calcul m
2 COMP ▷ **counting house** † n (Brit) salle f or immeuble m des comptables

countless ['kaʊntlɪs] → SYN adj innombrable, sans nombre ♦ **on countless occasions** à d'innombrables occasions ♦ **countless millions of ...** des millions et des millions de ...

countrified ['kʌntrɪfaɪd] adj rustique, campagnard

country ['kʌntrɪ] → SYN **1** n **a** pays m ♦ **the different countries of the world** les divers pays mpl du monde ♦ **the country wants peace** le pays désire la paix ♦ **to go to the country** (Brit Pol) appeler le pays aux urnes
b (= native land) patrie f, pays m ♦ **to die for one's country** mourir pour son pays ; → **old**
c (NonC: as opposed to town) campagne f ♦ **in the country** à la campagne ♦ **the country round the town** les environs mpl de la ville ♦ **the surrounding country** la campagne environnante ♦ **to live off the country** (gen) vivre de la terre ; (Mil) vivre sur le pays
d (NonC = region) pays m, région f ♦ **there is some lovely country to the north** il y a de beaux paysages mpl dans le nord ♦ **mountainous country** région f montagneuse ♦ **this is good fishing country** c'est une bonne région pour la pêche ♦ **this is unknown country to me** (lit) je ne connais pas la région ; (fig) je suis en terrain inconnu ; → **open**
2 COMP lifestyle campagnard, de (la) campagne ▷ **country-and-western** n (Mus) musique f country (and western) ▷ **country-born** adj né à la campagne ▷ **country-bred** adj élevé à la campagne ▷ **country bumpkin** n (pej) péquenaud(e)ʰ m(f) (pej), cul-terreux * m (pej) ▷ **country club** n club m de loisirs (à la campagne) ▷ **the country code** n (Brit) les us mpl et coutumes fpl de la campagne ▷ **country cottage** n cottage m, petite maison f (à la campagne) ; [of weekenders] maison f de campagne ▷ **country cousin** n (fig) cousin(e) m(f) de province ▷ **country dance** (NonC), **country dancing** n danse f folklorique ♦ **to go country dancing** danser (des danses folkloriques) ▷ **country dweller** n campagnard(e) m(f), habitant(e) m(f) de la campagne ▷ **country folk** npl gens mpl de la campagne, campagnards mpl ▷ **country gentleman** n, pl **country gentlemen** gentilhomme m campagnard ▷ **country house** n manoir m, (petit) château m ▷ **country life** n vie f à la campagne, vie f campagnarde ▷ **country mile** * n (US) **to miss sth by a country mile** manquer qch de beaucoup ▷ **country music** n (NonC) (musique f) country m ▷ **country park** n (Brit) parc m naturel ▷ **country people** n (NonC) campagnards mpl, gens mpl de la campagne ▷ **country police** n (US) police f régionale,, ≃ gendarmerie f ▷ **country road** n petite route f (de campagne) ▷ **country seat** n manoir m, gentilhommière f

countryman ['kʌntrɪmæn] → SYN n, pl -**men** (also **fellow countryman**) compatriote m, concitoyen m ; (opposed to town dweller) habitant m de la campagne, campagnard m

countryside ['kʌntrɪsaɪd] → SYN **1** n ♦ **the countryside** la campagne
2 COMP ▷ **the Countryside Commission** n (Brit) organisme chargé de la protection du milieu rural

countrywide ['kʌntrɪwaɪd] adj à l'échelle nationale

countrywoman ['kʌntrɪwʊmən] n, pl -**women** (also **fellow countrywoman**) compatriote f, concitoyenne f ; (opposed to town dweller) habitante f de la campagne, campagnarde f

county ['kaʊntɪ] → SYN **1** n **a** comté m (division administrative), ≃ département m ; → **home**
b (= people) habitants mpl d'un comté ♦ **the county** (Brit) (= nobility etc) l'aristocratie f terrienne (du comté)
2 adj (Brit) voice, accent aristocratique ♦ **he's very county** il est or fait très aristocratie terrienne
3 COMP ▷ **county agent** n (US) ingénieur-agronome m ▷ **county clerk** n (US Admin) ≃ sous-préfet m ▷ **county council** n (in Brit: formerly) ≃ conseil m régional ▷ **county court** n (Brit) ≃ tribunal m de grande instance ▷ **county cricket** n (Brit) le cricket disputé entre les comtés ▷ **county family** n (Brit) vieille famille f ▷ **county jail** n (US) → **county prison** ▷ **county police** n (US) police f régionale, ≃ gendarmerie f ▷ **county prison** n centrale f ▷ **county seat** n (US) ⇒ **county town** ▷ **county town** n chef-lieu m

coup [kuː] → SYN n (beau) coup m (fig) ; (Pol) coup m d'État

coupé ['kuːpeɪ] n (= car) coupé m

couple ['kʌpl] → SYN **1** n couple m ♦ **the young (married) couple** les jeunes mariés, le jeune couple ♦ **a couple of** deux ♦ **I've seen him a couple of times** je l'ai vu deux ou trois fois ♦ **I did it in a couple of hours** je l'ai fait en deux heures environ ♦ **we had a couple *** in **the bar** nous avons pris un verre ou deux au bar ♦ **when he's had a couple *** he begins to sing après un ou deux verres, il se met à chanter ; → **first**
2 vt **a** (also **couple up**) [+ railway carriages] atteler, (ac)coupler ; [+ ideas, names] associer
b **coupled with** ajouté à ♦ **coupled with the fact that ...** venant en plus du fait que ...
3 vi (= mate) s'accoupler

coupledom ['kʌpldəm] n la vie de couple

coupler ['kʌpləʳ] n (Comput) coupleur m ; (US Rail) attelage m ♦ **acoustic coupler** (Comput) coupleur m acoustique

couplet ['kʌplɪt] n distique m

coupling ['kʌplɪŋ] n **a** (NonC) (= combination) association f
b (= device) (Rail) attelage m ; (Elec) couplage m
c (= sexual intercourse) accouplement m

coupon ['kuːpɒn] → SYN n (= money-off voucher) bon m de réduction ; (= form in newspaper, magazine) bulletin-réponse m ; (for rationed product) ticket m or carte f de rationnement ; [of cigarette packets etc] bon m, vignette f ; → **international**

courage ['kʌrɪdʒ] → SYN n courage m ♦ **I haven't the courage to refuse** je n'ai pas le courage de refuser ♦ **to take/lose courage** prendre/perdre courage ♦ **to take courage from sth** être encouragé par qch ♦ **to have the courage of one's convictions** avoir le courage de ses opinions ♦ **to take one's courage in both hands** prendre son courage à deux mains ; → **Dutch, pluck up**

courageous [kə'reɪdʒəs] → SYN adj courageux

courageously [kə'reɪdʒəslɪ] adv courageusement

courbaril ['kʊəbərɪl] n courbaril m

courgette [kʊə'ʒet] n (Brit) courgette f

courier ['kʊrɪəʳ] **1** n (= messenger) (gen) messager m ; (Mil) courrier m ; [of urgent mail] coursier m, -ière f ; (= tourist guide) guide m, cicérone m
2 COMP ▷ **courier service** n messagerie f

course [kɔːs] → SYN **1** n **a of course** bien sûr, bien entendu ♦ **did he do it? – of course!/of course not!** est-ce qu'il l'a fait ? – bien sûr or bien entendu !/bien sûr que non ! ♦ **may I take it? – of course!/of course not!** est-ce que je peux le prendre ? – bien sûr or mais oui !/certainement pas ! ♦ **do you love him? – of course I do!/of course I don't!** tu l'aimes ? – bien sûr (que je l'aime) !/bien sûr que non ! ♦ **of course I won't do it!** je ne vais pas faire ça, bien sûr ! ♦ **he denied it; nobody believed him of course** il l'a nié ; évidemment, personne ne l'a cru ♦ **you'll come on Saturday of course** vous viendrez samedi bien sûr
b (= duration, process) [of life, events, time, disease] cours m ♦ **in the normal/ordinary course of things** or **events** en temps normal/ordinaire ♦ **in the course of the conversation** au cours de la conversation ♦ **a house in (the) course of construction** une maison en cours de construction ♦ **it is in (the) course of being investigated** c'est en cours d'investigation ♦ **in the course of centuries** au cours des siècles ♦ **in the course of the next few months** au cours des prochains mois ♦ **in the course of time** avec le temps ♦ **in the course of the week** dans le courant de la semaine ; → **due, matter**
c (= direction, way, route) [of river, war] cours m ; [of ship] route f ; [of planet] trajectoire f, orbite f ♦ **to keep** or **hold one's course** poursuivre sa route ♦ **to hold (one's) course** (Naut) garder le cap ♦ **on course** rocket sur la bonne trajectoire ♦ **on course for** (lit) en route pour ; (fig) sur la voie de ♦ **to set course for** (Naut) mettre le cap sur ♦ **to change course** (Naut, fig) changer de cap ♦ **to change the course of history** changer le cours de l'histoire ♦ **to get back on course** [ship] reprendre son cap ♦ **to go off course** (Naut, Aviat, Space) dévier de son cap ; (fig) faire fausse route ♦ **to take a certain course of action** adopter une certaine ligne de conduite ♦ **we have no other course but to ...** nous n'avons pas d'autre moyen que de ... ♦ **there are several courses open to us** plusieurs possibilités s'offrent à nous ♦ **what course do you suggest?** quel parti (nous) conseillez-vous de prendre ? ♦ **let him take his own course** laissez-le agir à sa guise or comme bon lui semble ♦ **the best course would be to leave at once** la meilleure chose or le mieux à faire serait de partir immédiatement ♦ **to let sth take its course** laisser qch suivre son cours ♦ **to let events run their course** laisser les événements suivre leur cours ♦ **the affair/the illness has run its course** l'affaire/la maladie a suivi son cours ; → **middle**
d (Scol, Univ) cours m ♦ **to go to a French course** suivre un cours or des cours de français ♦ **a course in novel writing, a novel-writing course** un cours sur l'écriture romanesque ♦ **the people on the course are really nice** les gens du cours sont vraiment bien ♦ **he gave a course of lectures on Proust** il a donné une série de conférences sur Proust ♦ **I have bought part two of the German course** j'ai acheté la deuxième partie de la méthode or du cours d'allemand ; → **correspondence, foundation, refresher, sandwich**
e (Sport) (gen) parcours m ; (Golf etc) terrain m ; → **assault, golf, racecourse, stay¹**
f [of meal] plat m ♦ **first course** entrée f ♦ **three-/four- course meal** repas m de trois/quatre plats ; → **main**
g (Med) [of injections] série f ♦ **course of pills** traitement m à base de comprimés ♦ **course of treatment** traitement m
h (Constr) assise f (de briques etc) ; → **damp**
2 courses npl (Naut) basses voiles fpl
3 vi **a** [water] couler à flots ♦ **tears coursed down her cheeks** les larmes ruisselaient sur ses joues ♦ **it sent the blood coursing through his veins** cela lui fouetta le sang
b (Sport) chasser (le lièvre)
4 vt (Sport) [+ hare] courir, chasser
5 COMP ▷ **course of study** n (Scol) programme m scolaire ; (Univ) cursus m universitaire ▷ **course work** n (NonC: Univ) contrôle m continu

coursebook ['kɔːsbʊk] n (Scol) manuel m

courser ['kɔːsəʳ] n (= person) chasseur m (gén de lièvres) ; (= dog) chien m courant ; (liter) (= horse) coursier m (liter)

coursing ['kɔːsɪŋ] n (Sport) chasse f au lièvre

court [kɔːt] → SYN **1** n **a** (Jur) cour f, tribunal m ♦ **to settle a case out of court** arranger une affaire à l'amiable ♦ **to rule sth out of court** déclarer qch inadmissible ♦ **to take sb to court over** or **about sth** poursuivre qn en justice pour qch, intenter un procès contre qn pour qch ♦ **he was brought before**

ENGLISH-FRENCH — Courtelle / cover

the courts several times il est passé plusieurs fois en jugement ◆ **to clear the court** (Jur) faire évacuer la salle ◆ **to give sb a day in court** * (esp US fig) donner à qn l'occasion de s'expliquer or de se faire entendre ; → **high, law**

b [of monarch] cour f (royale) ◆ **the Court of St James** la cour de Saint-James ◆ **to be at court** (for short time) être à la cour ; (for long time) faire partie de la cour ◆ **to hold court** (fig) être entouré de sa cour

c **to pay court to a woman** † faire sa or la cour à une femme

d (Tennis) court m ; (Basketball) terrain m ◆ **they've been on court for two hours** (Tennis) cela fait deux heures qu'ils sont sur le court or qu'ils jouent

e (also **courtyard**) cour f ; (= passage between houses) ruelle f, venelle f

2 vt [+ woman] faire la or sa cour à, courtiser ; [+ sb's favour] solliciter, rechercher ; [+ danger, defeat] aller au-devant de, s'exposer à

3 vi ◆ **they are courting** † ils sortent ensemble ◆ **are you courting?** † tu as un petit copain * (or une petite amie *) ?

4 COMP ▷ **court card** n (esp Brit) figure f (de jeu de cartes) ▷ **court case** n procès m, affaire f ▷ **court circular** n bulletin quotidien de la cour ▷ **court correspondent** n (Brit Press) correspondant(e) m(f) chargé(e) des affaires royales ▷ **courting couple** † n couple m d'amoureux ▷ **court of appeal** (Brit), **court of appeals** (US) n cour f d'appel ▷ **Court of Claims** n (US) tribunal fédéral chargé de régler les réclamations contre l'État ▷ **court of competent jurisdiction** n tribunal m compétent ▷ **court of inquiry** n commission f d'enquête ▷ **Court of International Trade** n (US) tribunal de commerce international ▷ **court of justice** n cour f de justice ▷ **court of last resort** n (US) tribunal m jugeant en dernier ressort ▷ **Court of Session** n (Scot) cour f de cassation ▷ **court order** n (Jur) ordonnance f du (or d'un) tribunal ▷ **court record** n (US Jur) compte rendu m d'audience ▷ **court reporter** n (Jur) greffier m, -ière f ; (Brit Press) ⇒ **court correspondent** ▷ **court room** n ⇒ **courtroom** ▷ **court shoe** n (Brit) escarpin m

Courtelle ® [kɔːˈtel] n Courtelle ® m

courteous [ˈkɜːtɪəs] → SYN adj courtois (towards envers)

courteously [ˈkɜːtɪəslɪ] adv courtoisement

courtesan [ˌkɔːtɪˈzæn] n courtisane f

courtesy [ˈkɜːtɪsɪ] → SYN **1** n courtoisie f ◆ **you might have had the courtesy to explain yourself** vous auriez pu avoir la courtoisie de vous expliquer ◆ **will you do me the courtesy of reading it?** auriez-vous l'obligeance de le lire ? ◆ **an exchange of courtesies** un échange de politesses ◆ **by courtesy of** avec la permission de

2 COMP ▷ **courtesy bus** n navette f gratuite ▷ **courtesy call** n visite f de politesse ▷ **courtesy car** n voiture gracieusement mise à la disposition d'un client ; (provided by insurance company, garage etc) véhicule m de remplacement ▷ **courtesy card** n (US) carte f privilège (utilisable dans les hôtels, banques etc) ▷ **courtesy coach** n (Brit) ⇒ **courtesy bus** ▷ **courtesy light** n (Aut) plafonnier m ▷ **courtesy title** n titre m de courtoisie ▷ **courtesy visit** n ⇒ **courtesy call**

courtezan [ˌkɔːtɪˈzæn] n courtisane f

courthouse [ˈkɔːthaʊs] n palais m de justice, tribunal m

courtier [ˈkɔːtɪəʳ] → SYN n courtisan m, dame f de la cour

courtly [ˈkɔːtlɪ] → SYN **1** adj élégant, raffiné **2** COMP ▷ **courtly love** n (Hist, Literat) amour m courtois

court martial [ˈkɔːtˈmɑːʃəl] **1** n, pl **courts martial** or **court martials** (Mil) cour f martiale ◆ **to be tried by court martial** passer en cour f martiale

2 vt ◆ **court-martial** traduire or faire passer en conseil de guerre

courtroom [ˈkɔːtruːm] n salle f d'audience ◆ **courtroom drama** dramatique f judiciaire.

courtship [ˈkɔːtʃɪp] → SYN **1** n ◆ **his courtship of her** la cour qu'il lui fait (or faisait etc) ◆ **during their courtship** au temps où ils sortaient ensemble

2 COMP ▷ **courtship display** n [of birds, animals] parade f nuptiale

courtyard [ˈkɔːtjɑːd] → SYN n cour f (de maison, de château)

couscous [ˈkuːskuːs] n couscous m

cousin [ˈkʌzn] n cousin(e) m(f) ; → **country, first**

couth * [kuːθ] **1** adj raffiné **2** n bonnes manières fpl

couture [kuːˈtjʊə] n (NonC) haute couture f

couturier [kuːˈtʊərɪeɪ] n grand couturier m

covalency [kəʊˈveɪlənsɪ], **covalence** (US) [kəʊˈveɪləns] n (Chem) covalence f

covalent [kəʊˈveɪlənt] adj (Chem) covalent

covariance [kəʊˈvɛərɪəns] n covariance f

cove[1] [kəʊv] → SYN n (Geog) crique f, anse f ; (= cavern) caverne f naturelle ; (US) vallon m encaissé

cove[2] * [kəʊv] n (Brit = fellow) mec * m

coven [ˈkʌvən] n assemblée f de sorcières

covenant [ˈkʌvɪnənt] → SYN **1** n (gen) convention f, engagement m formel ; (Brit Fin) engagement m contractuel ; (Jewish Hist) alliance f ; (Scot Hist) le Covenant (de 1638) ; → **deed**

2 vt s'engager (to do sth à faire qch), convenir (to do sth de faire qch) ◆ **to covenant (to pay) £100 per annum to a charity** (Fin) s'engager par contrat à verser 100 livres par an à une œuvre

3 vi convenir (with sb for sth de qch avec qn)

covenanter [ˈkʌvɪnəntəʳ] n (Scot Hist) covenantaire mf (adhérent au Covenant de 1638)

Coventry [ˈkɒvəntrɪ] n Coventry ◆ **to send sb to Coventry** (Brit) mettre qn en quarantaine

cover [ˈkʌvəʳ]
→ SYN

1 NOUN	3 COMPOUNDS
2 TRANSITIVE VERB	4 PHRASAL VERBS

1 NOUN

a for protection [of table] nappe f ; [of umbrella] fourreau m, étui m ; (over furniture, typewriter) housse f ; (over merchandise, vehicle etc) bâche f ; [of lens] bouchon m ; [of book] couverture f ; (= lid) couvercle m ; (= envelope) enveloppe f ◆ **to read a book from cover to cover** lire un livre de la première à la dernière page ◆ **under separate cover** (Comm) sous pli séparé ; → **first, loose, plain**

b = for bed (= bedcover) dessus-de-lit m inv ◆ **the covers** (= bedclothes) les couvertures fpl

c = shelter abri m (Hunting: for game) fourré m, abri m ; (Mil etc = covering fire) feu m de couverture or de protection ◆ **there was no cover for miles around** (Mil, gen) il n'y avait aucun abri à des kilomètres à la ronde ◆ **he was looking for some cover** il cherchait un abri

◆ **to break cover** [animal] débusquer ; [hunted person] sortir à découvert

◆ **to give sb cover** ◆ **the trees gave him cover** (= hid him) les arbres le cachaient ; (= sheltered him) les arbres l'abritaient ◆ **give me cover!** (to soldier etc) couvrez-moi !

◆ **to run for cover** courir se mettre à l'abri ◆ **critics within his own party are already running for cover** c'est déjà le sauve-qui-peut général parmi ses détracteurs à l'intérieur de son propre parti

◆ **to take cover** (= hide) se cacher ; (Mil) se mettre à couvert ; (= shelter) s'abriter, se mettre à l'abri ◆ **to take cover from the rain/the bombing** se mettre à l'abri or s'abriter de la pluie/des bombes ◆ **to take cover from enemy fire** (Mil) se mettre à l'abri du feu ennemi

◆ **under cover** à l'abri, à couvert ◆ **to get under cover** se mettre à l'abri or à couvert ◆ **under cover of darkness** à la faveur de la nuit ◆ **under cover of diplomacy** sous couvert de diplomatie ; → **undercover**

d Fin couverture f, provision f ◆ **to operate without cover** opérer à découvert

e Brit Insurance : gen couverture f, garantie f (d'assurances) (against contre) ◆ **cover for a building against fire** etc couverture f or garantie f d'un immeuble contre l'incendie etc ◆ **full cover** garantie f totale or tous risques ◆ **fire cover** assurance-incendie f ◆ **they've got no (insurance) cover for or on this** ils ne sont pas assurés pour or contre cela ◆ **we must extend our (insurance) cover** nous devons augmenter le montant de notre garantie (d'assurances) ◆ **the (insurance) cover ends on 5 July** le contrat d'assurances or la police d'assurances expire le 5 juillet

f in espionage etc fausse identité f, couverture f ◆ **what's your cover?** quelle est votre couverture ? ◆ **to blow sb's cover** démasquer qn ◆ **the conference was merely a cover for an illegal political gathering** en fait, la conférence servait de couverture à un rassemblement politique illégal

g for meal couvert m ◆ **covers laid for six** une table de six couverts

h ⇒ **cover version 3**

2 TRANSITIVE VERB

a gen [+ object, person] couvrir (with de) ◆ **snow covers the ground** la neige recouvre le sol ◆ **ground covered with leaves** sol m couvert de feuilles ◆ **he covered the paper with scribbles** il a couvert la page de gribouillages ◆ **the car covered us in mud** la voiture nous a couverts de boue ◆ **to cover one's eyes** (when crying) se couvrir les yeux ; (against sun etc) se protéger les yeux ◆ **to cover one's face with one's hands** se couvrir le visage des mains ◆ **to be covered in or with snow/dust/chocolate** être couvert de neige/de poussière/de chocolat ◆ **covered with confusion** confus ◆ **to cover o.s. with ridicule** se couvrir de ridicule ◆ **to cover o.s. with glory** se couvrir de gloire

b [+ book, chair] recouvrir, couvrir (with de)

c = hide [+ feelings, facts] dissimuler, cacher ; [+ noise] couvrir ◆ **to cover (up) one's tracks** (lit) effacer ses traces ; (fig) brouiller les pistes or les cartes

d = protect [+ person] couvrir, protéger ◆ **the soldiers covered our retreat** les soldats ont couvert notre retraite ◆ **he only said that to cover himself** il n'a dit cela que pour se couvrir ◆ **to cover one's back** or **rear** or **ass** ** se couvrir

e Insurance couvrir ◆ **the house is covered against fire** etc l'immeuble est couvert contre l'incendie etc ◆ **it doesn't cover you for or against flood damage** vous n'êtes pas couvert contre les dégâts des eaux ◆ **it covers (for) fire only** cela ne couvre que l'incendie ◆ **what does your travel insurance cover you for?** contre quoi êtes-vous couvert avec votre assurance voyage ?

f = point gun at [+ person] braquer un revolver sur, braquer * ◆ **to keep sb covered** tenir qn sous la menace d'un revolver ◆ **I've got you covered!** ne bougez pas ou je tire !

g Sport [+ opponent] marquer

h + distance parcourir, couvrir ◆ **we covered 8km in two hours** nous avons parcouru or couvert 8 km en deux heures ◆ **we covered 300 miles on just one tank of petrol** nous avons fait 300 miles avec un seul plein d'essence ◆ **to cover a lot of ground** (travelling) faire beaucoup de chemin ; (= deal with many subjects) traiter un large éventail de questions ; (= do large amount of work) faire du bon travail

i = be sufficient for couvrir ◆ **£50 will cover everything** 50 livres suffiront (à couvrir toutes les dépenses) ◆ **in order to cover the monthly payments** pour faire face aux mensualités ◆ **to cover one's costs** or **expenses** rentrer dans ses frais ◆ **to cover a deficit/a loss** combler un déficit/une perte

j = take in, include englober, comprendre ◆ **his work covers many different fields** son travail englobe de nombreux domaines ◆ **goods covered by this invoice** les marchandises faisant l'objet de cette facture ◆ **in order to cover all possibilities** pour parer à toute éventualité

k = deal with traiter ◆ **the book covers the subject thoroughly** le livre traite le sujet à fond ◆ **the article covers the 18th century** l'article traite tout le 18e siècle ◆ **his speech covered most of the points raised** dans son

coverage / **crabwise**

discours il a traité la plupart des points en question ♦ **such factories will not be covered by this report** ce rapport ne traitera pas de ces usines ♦ **no law covers a situation like that** aucune loi ne prévoit une telle situation

l Press etc [+ news, story, scandal] assurer la couverture de; [+ lawsuit] faire le compte rendu de ♦ **he was sent to cover the riots** on l'a envoyé assurer le reportage des émeutes ♦ **all the newspapers covered the story** les journaux ont tous parlé de l'affaire

m Mus reprendre ♦ **to cover a song** reprendre une chanson

n = inseminate [animal] couvrir

3 COMPOUNDS

▷ **cover charge** n (in restaurant) couvert m
▷ **cover crop** n (Agr) culture f dérobée
▷ **covered market** n marché m couvert
▷ **covered wagon** n chariot m couvert or bâché ▷ **cover letter** n (US) ⇒ **covering letter** → **covering** ▷ **cover note** n (Brit Insurance) attestation f provisoire d'assurance
▷ **cover price** n [of newspaper, magazine] prix m de vente (au numéro); [of book] prix m conseillé ▷ **cover slip** n (lamelle f) couvre-objet m ▷ **cover story** n (Press) article m principal; (in espionage etc) couverture f ♦ **our cover story this week** en couverture cette semaine ▷ **cover-up** n **there's been a cover-up** on a tenté d'étouffer l'affaire
▷ **cover version** n (Mus) reprise f

4 PHRASAL VERBS

▶ **cover for** vt fus **a** (= protect) [+ person] couvrir, protéger; (Insurance) [+ risk] couvrir ♦ **why would she cover for him if he's trying to kill her?** pourquoi voudrait-elle le couvrir or le protéger s'il cherche à la tuer?

b (= stand in for) remplacer

▶ **cover in** vt sep [+ trench, grave] remplir

▶ **cover over** vt sep recouvrir

▶ **cover up** **1** vi **a** se couvrir ♦ **it's cold, cover up warmly** il fait froid, couvre-toi chaudement

b **to cover up for sb** couvrir qn, protéger qn
2 vt sep **a** [+ object] recouvrir, envelopper; [+ child] couvrir

b (= hide) [+ truth, facts] dissimuler, cacher; [+ affair] étouffer; → **cover 2c**

coverage ['kʌvərɪdʒ] n **a** (Press, Rad, TV) reportage m ♦ **to give full coverage to an event** assurer la couverture complète d'un événement, traiter à fond un événement ♦ **the match got nationwide coverage** le match a été retransmis or diffusé dans tout le pays ♦ **it got full-page coverage in the main dailies** (Press) les principaux quotidiens y ont consacré une page entière

b (Insurance) couverture f

coveralls ['kʌvərɔːlz] npl bleu(s) m(pl) de travail, salopette f

covergirl ['kʌvəɡɜːl] n cover-girl f

covering ['kʌvərɪŋ] → SYN **1** n (= wrapping etc) couverture f, enveloppe f; (= layer) [of snow, dust etc] couche f

2 COMP ▷ **covering fire** n (Mil) feu m de protection or de couverture ▷ **covering letter** n (Brit) lettre f explicative

coverlet ['kʌvəlɪt] n dessus-de-lit m inv, couvre-lit m; (quilted) courtepointe f

covermount ['kʌvəmaʊnt] n CD, vidéo etc. donné(e) avec un magazine

covert ['kʌvət] **1** adj threat voilé, caché; attack indirect; glance furtif, dérobé; operation, action, surveillance clandestin; homosexuality refoulé

2 n (Hunting) fourré m, couvert m; (= animal's hiding place) gîte m, terrier m

covertly ['kʌvətlɪ] adv (gen) en secret; watch à la dérobée ♦ **to film sb covertly** filmer qn à son insu

covet ['kʌvɪt] → SYN vt (frm) convoiter

covetous ['kʌvɪtəs] → SYN adj (frm) person, attitude, nature avide; look de convoitise ♦ **to cast covetous eyes on sth** regarder qch avec convoitise

covetously ['kʌvɪtəslɪ] adv (frm) avec convoitise

covetousness ['kʌvɪtəsnɪs] n (frm) convoitise f

covey ['kʌvɪ] n compagnie f (de perdrix)

cow[1] [kaʊ] **1** n **a** vache f; (= female) [of elephant etc] femelle f; (= female buffalo etc) buffle m etc femelle ♦ **till the cows come home** * jusqu'à la saint-glinglin * or jusqu'à perpète *

b (*, pej = woman) vache * f, chameau * m ♦ **she's a cheeky cow** elle est sacrément * culottée * ♦ **you're a lazy cow!** tu es une sacrée * fainéante! ♦ **that nosey cow** cette sacrée * fouineuse ♦ **silly** or **stupid cow!** pauvre conne!*

2 COMP ▷ **cow college** * n (US Scol) (= provincial college) boîte f dans un trou perdu *; (= agricultural college) école f d'agriculture ▷ **cow parsley** n (Bot) cerfeuil m sauvage

cow[2] [kaʊ] vt [+ person] effrayer, intimider ♦ **a cowed look** un air de chien battu

coward ['kaʊəd] → SYN n lâche mf, poltron(ne) m(f)

cowardice ['kaʊədɪs], **cowardliness** ['kaʊədlɪnɪs] n lâcheté f

cowardly ['kaʊədlɪ] → SYN adj person lâche, poltron; action, words lâche

cowbell ['kaʊbel] n cloche f de or à vache

cowboy ['kaʊbɔɪ] → SYN **1** n cow-boy m; (Brit * pej) fumiste m ♦ **to play cowboys and Indians** jouer aux cow-boys et aux Indiens

2 adj (Brit * pej) pas sérieux, fumiste

3 COMP ▷ **cowboy boots** npl santiags * mpl
▷ **cowboy hat** n chapeau m de cow-boy, feutre m à larges bords

cowcatcher ['kaʊkætʃər] n (Rail) chasse-pierres m inv

cower ['kaʊər] → SYN vi (also **cower down**) se tapir, se recroqueviller ♦ **to cower before sb** (fig) trembler devant qn

cowgirl ['kaʊɡɜːl] n vachère f à cheval

cowherd ['kaʊhɜːd] n vacher m, -ère f, bouvier m, -ière f

cowhide ['kaʊhaɪd] **1** n (= skin) peau f or cuir m de vache; (US = whip) fouet m (à lanière de cuir)

2 vt (US) fouetter (avec une lanière de cuir)

cowl [kaʊl] n **a** (= hood) capuchon m (de moine) ♦ **cowl neck(line)** col m boule

b [of chimney] capuchon m

cowlick ['kaʊlɪk] n épi m

cowling ['kaʊlɪŋ] n capotage m

cowman ['kaʊmən] n, pl -men (Brit) ⇒ **cowherd**

co-worker ['kəʊ'wɜːkər] n collègue mf, camarade mf (de travail)

cowpat ['kaʊpæt] n bouse f (de vache)

cowpea ['kaʊpiː] n (US) dolique m or dolic m

cowpoke ['kaʊpəʊk] n (US) cowboy m

cowpox ['kaʊpɒks] n (Vet) vaccine f, cow-pox m ♦ **cowpox vaccine** vaccin m antivariolique

cowpuncher * ['kaʊpʌntʃər] n (US) ⇒ **cowboy**

cowrie, cowry ['kaʊrɪ] n cauri m

cowshed ['kaʊʃed] n étable f

cowslip ['kaʊslɪp] n (Bot) coucou m, primevère f; (US = marsh marigold) populage m

cowtown ['kaʊtaʊn] n (US pej) bled * m, patelin * m

cox [kɒks] **1** n (Rowing) barreur m

2 vt (Rowing) [+ boat] barrer, gouverner ♦ **coxed four** quatre m barré, quatre m avec barreur

3 vi (Rowing) barrer

coxa ['kɒksə] n, pl **coxae** ['kɒksiː] (Anat) os m coxal

coxalgia [kɒk'sældʒɪə] n (Med) coxalgie f

coxalgic [kɒk'sældʒɪk] adj coxalgique

coxcomb† ['kɒkskəʊm] n fat † m

coxless ['kɒkslɪs] adj (Rowing) ♦ **coxless four** quatre m sans barreur

Cox's Orange Pippin ['pɪpɪn] n (Bot) cox f (variété anglaise de pomme)

coxswain ['kɒksn] n (Rowing) barreur m; (Naut) patron m

coy [kɔɪ] → SYN adj **a** (= demure) person, look, smile faussement timide ♦ **to go (all) coy** * faire la sainte nitouche (pej)

b (= evasive) person évasif (about sth à propos de qch) ♦ **they maintained a coy refusal to disclose his name** ils ont continué à se montrer évasifs lorsqu'on leur demandait de révéler son nom

c (= twee) picture, rhyme mièvre

coyly ['kɔɪlɪ] adv **a** (= demurely) describe par euphémisme ♦ **to look at/smile coyly** regarder/sourire avec une fausse timidité, regarder/sourire avec un air de sainte nitouche (pej)

b (= evasively) say, answer, refuse évasivement

coyness ['kɔɪnɪs] n (NonC) **a** (= demureness) [of person] fausse timidité f

b (= evasiveness) [of person, film, book] réserve f (about sth quant à qch)

c (= tweeness) [of picture, rhyme] mièvrerie f

coyote [kɔɪ'əʊtɪ] n coyote m ♦ **the Coyote State** le Dakota du Sud

coypu ['kɔɪpuː] n, pl **coypus** or **coypu** (Zool) coypou m, ragondin m

cozily ['kəʊzɪlɪ] adv (US) ⇒ **cosily**

coziness ['kəʊzɪnɪs] (US) ⇒ **cosiness**

cozy ['kəʊzɪ] (US) ⇒ **cosy**

cozzie * ['kɒzɪ] n (Brit, Austral) ⇒ **cossie**

CP [siː'piː] n **a** abbrev of **Cape Province**
b abbrev of **Communist Party**

cp abbrev of **compare**

c/p (abbrev of **carriage paid**) → **carriage**

CPA [,siː'piː'eɪ] n (US Fin) (abbrev of **certified public accountant**) → **certify**

CPI [,siː'piː'aɪ] n (US) (abbrev of **Consumer Price Index**) → **consumer**

cpi [,siː'piː'aɪ] (Comput) (abbrev of **characters per inch**) CCPP mpl

Cpl (Mil) abbrev of **corporal**

CP/M [,siː'piː'em] (abbrev of **Control Program for Microprocessors**) CP/M m

CPM [,siː'piː'em] n (abbrev of **critical path method**) méthode f du chemin critique

CPO [,siː'piː'əʊ] n (Naut) (abbrev of **chief petty officer**) → **chief**

CPR [,siː'piː'ɑːr] n (abbrev of **cardiopulmonary resuscitation**) réanimation f cardio-pulmonaire

CPS [,siː'piː'es] n (Brit Jur) (abbrev of **Crown Prosecution Service**) ≃ Ministère m public

cps [,siː'piː'es] (Comput) **a** (abbrev of **characters per second**) → **character**

b (abbrev of **cycles per second**) cycles mpl par seconde

CPSA [,siː'piː'es'eɪ] n (abbrev of **Civil and Public Services Association**) syndicat

CPU [,siː'piː'juː] n (Comput) (abbrev of **central processing unit**) UC f

CPVE [,siː'piː'viː'iː] n (Brit) (abbrev of **Certificate of Pre-vocational Education**) brevet technique

cr. **a** abbrev of **credit**
b abbrev of **creditor**

crab[1] [kræb] n **a** (Zool) crabe m ♦ **to catch a crab** (Rowing) plonger la rame trop profond

b (Tech) [of crane] chariot m

c (Med: also **crab louse**) morpion m

d (Climbing) mousqueton m

crab[2] [kræb] n (also **crabapple**) pomme f sauvage; (also **crab(apple) tree**) pommier m sauvage

crab[3] [kræbɪ] **1** vt (US * = spoil) gâcher ♦ **to crab sb's act** gâcher les effets de qn ♦ **to crab a deal** faire rater * une affaire

2 vi (US * = complain) rouspéter * (about à cause de)

crabbed ['kræbd] adj person revêche, grincheux ♦ **in a crabbed hand, in crabbed writing** en pattes de mouche

crabby ['kræbɪ] adj person revêche, grincheux

crabmeat ['kræbmiːt] n chair f de crabe

crabwise ['kræb,waɪz] adv en crabe

crack [kræk] → SYN **1** n **a** (= split, slit) fente f, fissure f; (in glass, mirror, pottery, bone etc) fêlure f; (in wall) lézarde f, crevasse f; (in ground, skin) crevasse f; (Climbing) fissure f; (in paint, varnish) craquelure f ♦ **through the crack in the door** (= slight opening) par l'entrebâillement de la porte ♦ **leave the window open a crack** laissez la fenêtre entrouverte ♦ **at the crack of dawn** au point du jour, aux aurores *

b (= noise) [of twigs] craquement m; [of whip] claquement m; [of rifle] coup m (sec), détonation f ♦ **a crack of thunder** un coup de tonnerre ♦ **the crack of doom** la trompette du Jugement dernier

c (= sharp blow) **to give sb a crack on the head** assener à qn un grand coup sur la tête

d (* = joke etc) plaisanterie f ♦ **that was a crack at your brother** ça, c'était pour votre frère ♦ **that was a nasty** or **mean crack he made** c'est une vacherie ‡ ce qu'il a dit là, c'était vache * or rosse * de dire ça

e (* = try) **to have a crack at doing sth** essayer (un coup *) de faire qch ♦ **to have a crack at sth** se lancer dans qch, tenter le coup * sur qch ♦ **I'll have a crack at it** je vais essayer (un coup *); → **fair**

f (esp Ir) ambiance f ♦ **tourists come to Ireland for the crack** les touristes viennent en Irlande pour l'ambiance

g (= drug) ⇒ **crack cocaine**

2 vt **a** [+ pottery, glass, bone] fêler; [+ wall] lézarder, crevasser; [+ ground] crevasser; [+ nut etc] casser ♦ **to crack one's skull** se fendre le crâne ♦ **to crack sb over the head** assommer qn ♦ **to crack a safe** = percer un coffre-fort ♦ **to crack a market** * (US Comm) réussir à s'implanter sur un marché ♦ **to crack (open) a bottle** * ouvrir or déboucher une bouteille ♦ **to crack a book** * (US) ouvrir un livre (pour l'étudier)

b [+ petroleum etc] craquer, traiter par craquage

c [+ whip] faire claquer ♦ **to crack one's finger joints** faire craquer ses doigts

d * **to crack a joke** raconter une blague ♦ **to crack jokes** blaguer *

e [+ code etc] déchiffrer; [+ spy network] démanteler ♦ **to crack a case** [detective, police] résoudre une affaire

3 vi **a** [pottery, glass] se fêler; [ground] se crevasser, se craqueler; [wall] se fendiller, se lézarder; [skin] se crevasser; (from cold) se gercer; [ice] se craqueler

b [whip] claquer; [dry wood] craquer ♦ **we heard the pistol crack** nous avons entendu le coup de pistolet

c [voice] se casser; [boy's voice] muer

d (Brit *) **to get cracking** s'y mettre, se mettre au boulot * ♦ **let's get cracking!** allons-y!, au boulot!* ♦ **get cracking!** magne-toi!‡, grouille-toi!‡

e [person] (from overwork, pressure etc) craquer *

4 adj sportsman, sportswoman de première classe, fameux ♦ **a crack tennis player/skier** un as or un crack du tennis/du ski ♦ **a crack shot** un bon or excellent fusil; (Mil, Police etc) un tireur d'élite

5 COMP ▷ **crack-brained** adj (pej) person, plan cinglé * ♦ **a crack-brained idea** une idée saugrenue or loufoque * ▷ **crack cocaine** n crack m ▷ **crack house** n crack-house f ▷ **crack-jaw** adj impossible à prononcer, imprononçable ♦ **crack-jaw name** nom m à coucher dehors * ▷ **crack-up** * n [of plan, organization] effondrement m, écroulement m; [of person] (physical) effondrement m; (mental) dépression f nerveuse; (US) (= accident) [of vehicle] collision f, accident m; [of plane] accident m (d'avion)

▶ **crack down on** **1** vt fus [+ person] sévir contre, [+ expenditure, sb's actions] mettre un frein à

2 crackdown n → **crackdown**

▶ **crack up** * **1** vi **a** (physically) ne pas tenir le coup; (mentally) craquer * ♦ **I must be cracking up!** (hum) ça ne tourne plus rond chez moi!*

b (US) [vehicle] s'écraser; [plane] s'écraser (au sol)

c [person] (with laughter) se tordre de rire, éclater de rire

2 vt sep **a** (= praise) [+ person, quality, action, thing] vanter, louer; [+ method] prôner ♦ **he's not all he's cracked up to be** * il n'est pas aussi sensationnel qu'on le dit or prétend

b (US = crash) [+ vehicle] emboutir; [+ plane] faire s'écraser

3 crack-up n → **crack**

crackdown ['krækdaʊn] n crackdown on mesures fpl énergiques contre, mesures fpl de répression contre

cracked [krækt] → SYN **1** adj **a** (= damaged) cup, window, mirror, tooth, bone, rib fêlé; sink, plaster, paintwork, glaze, rubber craquelé; wall, ceiling lézardé, fissuré; lips, skin gercé; (stronger) crevassé

b (= unsteady) voice cassé ♦ **cracked note** (Mus) couac m

c (* = mad) person toqué *, timbré *

2 COMP ▷ **cracked wheat** n blé m concassé

cracker ['krækəʳ] **1** n **a** (= biscuit) cracker m, biscuit m salé

b (= firework) pétard m

c (Brit: at parties etc: also **Christmas cracker**) diablotin m

d (Brit) **to be a cracker** * (= excellent) être super *; (= very funny) être impayable *

e (US) pauvre blanc m (du Sud)

2 COMP ▷ **cracker-barrel** adj (US) ≃ du café du commerce ▷ **the Cracker State** n la Géorgie

crackers ‡ ['krækəz] adj (Brit) cinglé *, dingue *

crackhead ‡ ['krækhed] n accro ‡ mf du crack

cracking ['krækɪŋ] **1** n (NonC) **a** [of petroleum] craquage m, cracking m

b (= cracks: in paint, varnish etc) craquelure f

2 adj **a** (Brit) **a cracking speed** or **pace** un train d'enfer *

b (Brit *) ⇒ **cracking good**

3 adv (Brit *) ♦ **cracking good** vachement * bon ♦ **his book's a cracking good read** son livre est vachement * bon ♦ **he tells a cracking good yarn** il a un raconte de vachement * bonnes

crackle ['krækl] **1** vi [twigs burning] crépiter; [sth frying] grésiller

2 n **a** (= noise) [of wood] crépitement m, craquement m; [of food] grésillement m; (on telephone etc) crépitement(s) m(pl), friture * f

b [of china, porcelain etc] craquelure f

3 COMP ▷ **crackle china** n porcelaine f craquelée

crackling ['kræklɪŋ] n **a** (= sound) crépitement m; (Rad) friture * f (NonC)

b (Culin) couenne f rissolée (de rôti de porc)

crackly ['kræklɪ] adj ♦ **a crackly sound** un crépitement, un grésillement ♦ **the line is crackly** il y a de la friture * sur la ligne

cracknel ['kræknl] n (= biscuit) craquelin m; (= toffee) nougatine f

crackpot * ['krækpɒt] (pej) **1** n (= person) tordu(e) * m(f), cinglé(e) * m(f)

2 adj idea tordu *

cracksman * ['kræksmən] n, pl **-men** (* = burglar) cambrioleur m, casseur * m

Cracow ['krækaʊ] n Cracovie

cradle ['kreɪdl] → SYN **1** n **a** (lit, fig) berceau m ♦ **from the cradle to the grave** du berceau à la tombe ♦ **the cradle of civilization** le berceau de la civilisation ♦ **to rob the cradle** * (fig) les prendre au berceau *

b (Naut = framework) ber m; (Constr) nacelle f, pont m volant; [of telephone] support m; (Med) arceau m

2 vt ♦ **to cradle a child (in one's arms)** bercer un enfant (dans ses bras) ♦ **she cradled the vase in her hands** elle tenait délicatement le vase entre ses mains ♦ **he cradled the telephone under his chin** il maintenait le téléphone sous son menton

3 COMP ▷ **cradle cap** n (Med) croûte f de lait ▷ **cradle snatcher** * n (pej) **she's a cradle snatcher** elle les prend au berceau *

cradlesong ['kreɪdlsɒŋ] n berceuse f

craft [krɑːft] → SYN **1** n **a** (= skill) art m, métier m; (= job, occupation) métier m, profession f (généralement de type artisanal); (NonC: Scol = subject) travaux mpl manuels; → **art¹**, **needlecraft**

b (= tradesmen's guild) corps m de métier, corporation f

c (pl inv) (= boat) embarcation f, petit bateau m; (= plane) appareil m; → **aircraft**, **spacecraft**

d (NonC = cunning) astuce f, ruse f (pej) ♦ **by craft** par ruse ♦ **his craft in doing that** l'astuce dont il a fait preuve en le faisant

2 vt **beautifully crafted** vase, poem réalisé avec art

3 COMP ▷ **craft fair** n exposition-vente f d'artisanat ▷ **craft union** n fédération f

craftily ['krɑːftɪlɪ] adv avec ruse

craftiness ['krɑːftɪnɪs] → SYN n astuce f, finesse f, ruse f (pej)

craftsman ['krɑːftsmən] → SYN n, pl **-men** artisan m; (fig = musician etc) artiste m

craftsmanship ['krɑːftsmənʃɪp] → SYN n (NonC) connaissance f d'un métier; (= artistry) art m ♦ **what craftsmanship!** quel travail! ♦ **a superb piece of craftsmanship** un or du travail superbe

craftsperson ['krɑːftspɜːsən] n, pl **-people** artisan(e) m(f); (fig = musician etc) artiste mf

craftswoman ['krɑːftswʊmən] n, pl **-women** artisane f; (fig = musician etc) artiste f

crafty ['krɑːftɪ] → SYN adj malin (-igne f), rusé (pej) ♦ **he's a crafty one** * c'est un malin ♦ **a crafty little gadget** * un petit gadget astucieux ♦ **that was a crafty move** * or **a crafty thing to do** c'était un coup très astucieux

crag [kræg] → SYN n rocher m escarpé or à pic; (Climbing) école f d'escalade

craggy ['krægɪ] adj **a** (Geog) mountain escarpé, à pic; cliff, outcrop à pic

b (= strong-featured) face, features taillé à la serpe

cram [kræm] → SYN **1** vt **a** [+ object] fourrer (into dans) ♦ **to cram books into a case** fourrer des livres dans une valise, bourrer une valise de livres ♦ **we can cram in another book** nous pouvons encore faire de la place pour un autre livre or y faire tenir un autre livre ♦ **to cram food into one's mouth** enfourner * de la nourriture ♦ **we can't cram any more people into the hall/the bus** on ne peut plus faire entrer personne dans la salle/l'autobus ♦ **we were all crammed into one room** nous étions tous entassés dans une seule pièce ♦ **he crammed his hat (down) over his eyes** il a enfoncé son chapeau sur ses yeux

b [+ place] bourrer (with de) ♦ **a shop crammed with good things** un magasin qui regorge de bonnes choses ♦ **a drawer crammed with letters** un tiroir bourré de lettres ♦ **to cram sb with food** bourrer or gaver qn de nourriture ♦ **to cram o.s. with food** se bourrer or se gaver de nourriture ♦ **he has his head crammed with odd ideas** il a la tête bourrée or farcie d'idées bizarres

c (Scol) [+ pupil] chauffer *, faire bachoter *

2 vi **a** [people] s'entasser ♦ **they all crammed into the kitchen** tout le monde s'est entassé dans la cuisine

b **to cram for an exam** bachoter, préparer un examen

3 COMP ▷ **cram-full** adj room, bus bondé; case bourré (of de)

crammer ['kræməʳ] n (slightly pej) (= tutor) répétiteur m, -trice f (qui fait faire du bachotage); (= student) bachoteur m, -euse f; (= book) précis m, aide-mémoire m inv; (also **crammer's** = school) boîte f à bac or à bachot *

cramp¹ [kræmp] → SYN **1** n (Med) crampe f ♦ **to have cramp in one's leg** avoir une crampe à la jambe; → **writer**

2 vt (= hinder) [+ person] gêner, entraver ♦ **to cramp sb's progress** gêner or entraver les progrès de qn ♦ **to cramp sb's style** * priver qn de ses moyens ♦ **your presence is cramping my style** * tu me fais perdre mes moyens

cramp² [kræmp] **1** n (Constr, Tech) agrafe f, crampon m, happe f

2 vt [+ stones] cramponner

cramped [kræmpt] → SYN adj **a** (= not spacious) flat, room, accommodation exigu (-guë f); coach, train, plane où l'on est (or était) à l'étroit; space restreint ♦ **to live in cramped quarters** or **conditions** être logé à l'étroit ♦ **it was cramped in the cockpit** on était à l'étroit dans le cockpit ♦ **to be cramped (for space)**

crampon / crazy

[people] être à l'étroit ✦ **the museum is cramped for space** le musée manque de place

b (= squashed) handwriting en pattes de mouche

c (= stiff) muscle, limb raide

crampon ['kræmpən] **1** n (Climbing, Constr) crampon m
2 COMP ▷ **crampon technique** n (Climbing) cramponnage m

cramponning ['kræmpənɪŋ] n (Climbing) cramponnage m

cranberry ['krænbərɪ] **1** n (Bot) canneberge f
2 COMP ▷ **cranberry sauce** n turkey with cranberry sauce dinde f aux canneberges

crane [kreɪn] **1** n (Orn, Tech) grue f
2 vt ✦ **to crane one's neck** tendre le cou
3 COMP ▷ **crane driver, crane operator** n grutier m, -ière f

▶ **crane forward** vi tendre le cou *(pour voir etc)*

cranefly ['kreɪnflaɪ] n tipule f

cranesbill ['kreɪnzbɪl] n (Bot) géranium m

crania ['kreɪnɪə] npl of **cranium**

cranial ['kreɪnɪəl] **1** adj crânien
2 COMP ▷ **cranial index** n (Med) indice m céphalique ▷ **cranial nerve** n (Physiol) nerf m crânien

craniology [ˌkreɪnɪˈɒlədʒɪ] n craniologie f

craniotomy [ˌkreɪnɪˈɒtəmɪ] n craniectomie f, craniotomie f

cranium ['kreɪnɪəm] n, pl **craniums** or **crania** crâne m, boite f crânienne

crank¹ * [kræŋk] n (Brit = person) excentrique mf, loufoque * mf ✦ **a religious crank** un fanatique religieux

crank² [kræŋk] **1** n (Tech) manivelle f
2 vt (also **crank up**) [+ car] faire partir à la manivelle ; [+ cine-camera, gramophone etc] remonter (à la manivelle) ; [+ barrel organ] tourner la manivelle de

▶ **crank out** vt produire (avec effort)

crankcase ['kræŋkkeɪs] n (Aut) carter m

crankshaft ['kræŋkʃɑːft] n (Aut) vilebrequin m

cranky * ['kræŋkɪ] adj (= eccentric) excentrique, loufoque * ; (US = bad-tempered) revêche, grincheux

cranny ['krænɪ] → SYN n (petite) faille f, fissure f, fente f ; → **nook**

crap * [kræp] **1** n (= excrement) merde * * f, (= nonsense) conneries * * fpl ; (= junk) merde * * f, saloperie * f ✦ **the film was crap** le film était merdique * *
2 adj ⇒ **crappy**
3 vi chier * *

▶ **crap out** * vi (US = chicken out) se dégonfler *

crape [kreɪp] n a ⇒ **crêpe**
b (for mourning) crêpe m *(de deuil)* ✦ **crape band** brassard m (de deuil)

crapehanger * ['kreɪpˌhæŋəʳ] n (US) rabat-joie m inv

crappy * ['kræpɪ] adj merdique * *

craps [kræps] n (US) jeu m de dés *(sorte de zanzi ou de passe anglaise)* ✦ **to shoot craps** jouer aux dés

crapshooter ['kræpʃuːtəʳ] n joueur m, -euse f de dés

crapulent ['kræpjʊlənt] adj crapuleux

crapulous ['kræpjʊləs] adj crapuleux

crash¹ [kræʃ] → SYN **1** n **a** (= noise) fracas m ✦ **a crash of thunder** un coup de tonnerre ✦ **a sudden crash of dishes** un soudain fracas d'assiettes cassées ✦ **crash, bang, wallop!** * badaboum !, patatras !
b (= accident) [of car] collision f, accident m ; [of aeroplane] accident m (d'avion) ✦ **in a car/plane crash** dans un accident de voiture/d'avion ✦ **we had a crash on the way here** nous avons eu un accident en venant ici
c (Fin) [of company, firm] faillite f ; (St Ex) krach m
2 adv ✦ **he went crash into the tree** il est allé se jeter ou se fracasser contre l'arbre

3 vi **a** [aeroplane] s'écraser (au sol) ; [vehicle] avoir un accident ; [two vehicles] se percuter, entrer en collision ✦ **the cars crashed at the junction** les voitures se sont percutées ou sont entrées en collision au croisement ✦ **to crash into sth** rentrer dans qch *, percuter qch ✦ **the plate crashed to the ground** l'assiette s'est fracassée par terre ✦ **the car crashed through the gate** la voiture a enfoncé la barrière
b (Comm, Fin) [bank, firm] faire faillite ✦ **the stock market crashed** les cours de la Bourse se sont effondrés
c (* = sleep) pieuter * , crécher * ✦ **can I crash at your place for a few days?** est-ce que je peux pieuter * chez toi pendant quelques jours ? ✦ **to crash at sb's place** pieuter * ou crécher * chez qn
d (Comput) tomber en panne
4 vt **a** [+ car] avoir une collision ou un accident avec ✦ **he crashed the car through the barrier** il a enfoncé la barrière (avec la voiture) ✦ **he crashed the car into a tree** il a percuté un arbre (avec la voiture) ✦ **he crashed the plane** il s'est écrasé (au sol) ✦ **to crash the gears** faire grincer le changement de vitesse
b * **to crash a party** s'incruster dans une fête ✦ **to crash a market** (US Comm) pénétrer en force sur un marché
5 COMP ▷ **crash barrier** n (Brit) glissière f de sécurité ▷ **crash course** n cours m intensif ▷ **crash diet** n régime m draconien ▷ **crash helmet** n casque m de protection ▷ **crash-land** vi faire un atterrissage forcé ◊ vt poser en catastrophe ▷ **crash landing** n atterrissage m forcé ▷ **crash programme** n programme m intensif ▷ **crash team** n équipe f du service des urgences

▶ **crash down, crash in** vi [roof etc] s'effondrer (avec fracas)

▶ **crash out** * **1** vi (= fall asleep etc) tomber raide
2 vt sep ✦ **to be crashed out** être raide * ou pété * * ou fait * *

crash² [kræʃ] n (Tex) grosse toile f

crashing † ['kræʃɪŋ] adj ✦ **a crashing bore** un raseur de première *

crashingly † ['kræʃɪŋlɪ] adv boring terriblement

crashpad * ['kræʃpæd] n piaule * * f de dépannage

crasis ['kreɪsɪs] n, pl **crases** ['kreɪsiːz] (Gram) crase f

crass [kræs] → SYN adj comment, behaviour, mistake, film, person grossier ; joke lourd ; stupidity, ignorance crasse

crassly ['kræslɪ] adv grossièrement

crassness ['kræsnɪs] n grossièreté f

crate [kreɪt] → SYN **1** n **a** [of fruit] cageot m ; [of bottles] caisse f (à claire-voie) ; (esp Naut) caisse f
b (* = aeroplane) zinc * m ; (* * = car) bagnole * * f
2 vt (also **crate up**) [+ goods] mettre en cageot(s) ou en caisse(s)

crater ['kreɪtəʳ] → SYN n [of volcano, moon] cratère m ✦ **bomb crater** entonnoir m ✦ **shell crater** trou m d'obus, entonnoir

cravat(e) [krəˈvæt] n cravate f, foulard m *(noué autour du cou)*

crave [kreɪv] → SYN **1** vt **a** (also **crave for**) [+ drink, tobacco etc] avoir un besoin maladif ou physiologique de ✦ **to crave (for) affection** avoir soif ou avoir grand besoin d'affection
b (frm) [+ attention] solliciter ✦ **to crave permission** solliciter humblement l'autorisation ✦ **he craved permission to leave** il supplia qu'on lui accordât la permission de partir ✦ **may I crave leave to ...?** je sollicite humblement l'autorisation de ... ✦ **to crave sb's pardon** implorer le pardon de qn
2 vi ✦ **crave for** → **1a**

craven ['kreɪvən] adj, n (liter) lâche mf, poltron(ne) m(f)

cravenly ['kreɪvənlɪ] adv (liter) lâchement

craving ['kreɪvɪŋ] → SYN n (for drink, drugs, tobacco) besoin m (maladif ou physiologique) (*for* de) ; (for affection) grand besoin m, soif f (*for* de) ; (for freedom) désir m insatiable (*for* de)

craw [krɔː] n [of bird] jabot m ; [of animal] estomac m ✦ **it sticks in my craw** cela me reste en travers de la gorge

crawfish ['krɔːfɪʃ] **1** n, pl **crawfish** or **crawfishes** (esp US) ⇒ **crayfish**
2 vi (US * ; fig) se défiler * , faire marche arrière

crawl [krɔːl] → SYN **1** n **a** [of vehicle] allure f très ralentie ✦ **we had to go at a crawl through the main streets** nous avons dû avancer au pas dans les rues principales
b (Swimming) crawl m ✦ **to do the crawl** nager le crawl, crawler
2 vi **a** [animals] ramper, se glisser ; [person] se traîner, ramper ✦ **to crawl in/out** etc entrer/sortir etc en rampant or à quatre pattes ✦ **to crawl on one's hands and knees** aller à quatre pattes ✦ **the child has begun to crawl** (around) l'enfant commence à ramper ✦ **to crawl to sb** (fig) s'aplatir devant qn * , lécher les bottes de ou à qn * ✦ **the fly crawled up the wall/along the table** la mouche a grimpé le long du mur/a avancé sur la table ✦ **to make sb's skin crawl** donner la chair de poule à qn ✦ **to crawl with vermin** grouiller de vermine ✦ **the street is crawling** * **with policemen** la rue grouille d'agents de police ; see also **crawling**
b [vehicle] avancer au pas ou pare-chocs contre pare-chocs
3 COMP ▷ **crawl space** n (US) (under ground floor) vide m sanitaire ; (under roof) vide m de comble

crawler ['krɔːləʳ] **1** n **a** (* = person) lécheur * m, -euse * f, lèche-bottes * mf inv
b (= vehicle) véhicule m lent
2 COMP ▷ **crawler lane** n (Brit Aut) file f ou voie f pour véhicules lents

crawling ['krɔːlɪŋ] adj insect, movement rampant ✦ **a baby at the crawling stage** un bébé qui rampe ; see also **crawl**

crayfish ['kreɪfɪʃ] n, pl **crayfish** or **crayfishes** (freshwater) écrevisse f ; (saltwater) (large) langouste f ; (small) langoustine f

crayon ['kreɪən] **1** n (= coloured pencil) crayon m (de couleur) ; (Art = pencil, chalk etc) pastel m ; (Art = drawing) crayon m, pastel m
2 vt crayonner, dessiner au crayon ; (Art) colorier au crayon ou au pastel

craze [kreɪz] → SYN **1** n engouement m (*for* pour)
2 vt **a** (= make mad) rendre fou
b [+ glaze, pottery] craqueler ; [+ windscreen] étoiler
3 vi [glaze, pottery] craqueler ; [windscreen] s'étoiler

crazed [kreɪzd] adj **a** (= mad) affolé, rendu fou (folle f) (*with* de)
b glaze, pottery craquelé ; windscreen étoilé

crazily ['kreɪzɪlɪ] adv shout, gesticulate comme un fou ; skid, bounce, whirl, tilt follement ✦ **crazily jealous/extravagant** follement jaloux/extravagant

craziness ['kreɪzɪnɪs] n folie f

crazy ['kreɪzɪ] → SYN **1** adj **a** (= mad) fou (folle f) ✦ **to go crazy** devenir fou ou cinglé * ou dingue * * ✦ **to be crazy with worry** être fou d'inquiétude ✦ **it's enough to drive you crazy** c'est à vous rendre fou ou dingue * * ✦ **it was a crazy idea** c'était une idée folle ✦ **you were crazy to want to go there** tu étais fou ou dingue * * de vouloir y aller, c'était de la folie de vouloir y aller ✦ **like crazy** * comme un fou ou une folle
b (* = enthusiastic) fou (folle f), fana * (f inv) (*about sb/sth* de qn/qch) ✦ **I'm not crazy about it** ça ne m'emballe * pas ✦ **he's crazy about her** il est fou d'elle
c (fig) price, height etc incroyable ; (US = excellent) terrible * , formidable ✦ **the tower leant at a crazy angle** la tour penchait d'une façon menaçante ou inquiétante
2 COMP ▷ **crazy bone** n (US) petit juif * m *(partie du coude)* ▷ **crazy golf** n (NonC : Brit) minigolf m ▷ **crazy house** * n (US) cabanon * m, asile m d'aliénés ▷ **crazy paving** n dallage m irrégulier *(en pierres plates)* ▷ **crazy quilt** n (US) édredon m (piqué) en patchwork, courtepointe f en patchwork

CRE [ˌsiːɑːrˈiː] n (Brit) (abbrev of **Commission for Racial Equality**) → **commission** ; → EOC; EEOC

creak [kriːk] → SYN 1 vi [door hinge, floorboard, bed, bedsprings] grincer ; [shoes, joints] craquer
 2 n [of floorboard, door, hinge, bedsprings] grincement m ; [of shoes, leather, wood, bones] crissement m ◆ **the door opened with a creak** la porte s'ouvrit en grinçant

creaky [ˈkriːkɪ] adj a (= noisy) floorboard, stair, door, hinge grinçant ; shoes qui crisse
 b (= old) system, film, play, equipment vieillot ; body, legs usé

cream [kriːm] → SYN 1 n a crème f ◆ **single/double cream** (Brit) crème f fraîche liquide/épaisse ◆ **to take the cream off the milk** écrémer le lait ◆ **the cream of the crop** (fig) (= people) le dessus du panier ; (= things) le nec plus ultra ◆ **the cream of society** la crème or la fine fleur de la société ◆ **chocolate cream** chocolat m fourré (à la crème) ◆ **vanilla cream** (= dessert) crème f à la vanille ; (= biscuit) biscuit m fourré à la vanille ; → **clot**
 b (= face cream, shoe cream) crème f ; → **cold**, **foundation**
 2 adj (= cream-coloured) crème inv ; (= made with cream) cake à la crème
 3 vt a [+ milk] écrémer
 b (Culin) [+ butter] battre ◆ **to cream (together) sugar and butter** travailler le beurre en crème avec le sucre
 c (US * fig) [+ enemy, opposing team] rosser * , rétamer ; [+ car] bousiller *
 4 COMP ▷ **cream cheese** n fromage m frais à tartiner ▷ **cream cracker** n (Brit Culin) cracker m ▷ **creamed potatoes** n purée f de pommes de terre ▷ **cream jug** n (Brit) pot m à crème ▷ **cream of tartar** n crème f de tartre ▷ **cream of tomato soup** n crème f de tomates ▷ **cream puff** n chou m à la crème ▷ **cream soda** n boisson f gazeuse à la vanille ▷ **cream tea** n (Brit) goûter où l'on sert du thé et des scones avec de la crème et de la confiture

▶ **cream off** vt sep (fig) [+ best talents, part of profits] prélever, écrémer

creamer [ˈkriːmər] n a (= to separate cream) écrémeuse f
 b (= milk substitute) succédané m de lait
 c (= pitcher) pot m à crème

creamery [ˈkriːmərɪ] n a (on farm) laiterie f ; (= butter factory) laiterie f, coopérative f laitière
 b (= small shop) crémerie f

creamy [ˈkriːmɪ] adj crémeux ; complexion crème inv, crémeux ◆ **creamy white/yellow** blanc/jaune crème inv

crease [kriːs] → SYN 1 n (made intentionally) (in material, paper) pli m, pliure f ; (in trouser legs, skirt etc) pli m ; (made accidentally) faux pli m, pli m ; (on face) ride f
 2 vt (= crumple) (accidentally) froisser, chiffonner ; (intentionally) plisser
 3 vi se froisser, se chiffonner ◆ **his face creased with laughter** le rire a plissé son visage
 4 COMP ▷ **crease-resistant** adj infroissable

▶ **crease up** 1 vt sep a (= crumple) froisser, chiffonner
 b (Brit *= amuse) faire mourir de rire
 2 vi a (= crumple) se froisser, se chiffonner
 b (Brit *= laugh) être plié en quatre

create [kriːˈeɪt] → SYN 1 vt (gen) créer ; [+ new fashion] lancer, créer ; [+ work of art, character, role] créer ; [+ impression] produire, faire ; (Comput) [+ file] créer ; [+ problem, difficulty] créer, susciter ; [+ noise, din] faire ◆ **to create a sensation** faire sensation ◆ **two posts have been created** il y a eu deux créations de poste, deux postes ont été créés ◆ **he was created baron** il a été fait baron
 2 vi (Brit *= fuss) faire une scène, faire un foin*

creatine [ˈkriːətiːn] n (Bio) créatine f

creation [kriːˈeɪʃən] → SYN n a (NonC) création f ◆ **since the creation** or **the Creation** depuis la création du monde
 b (Art, Dress) création f ◆ **the latest creations from Paris** les toutes dernières créations de Paris

creationism [kriːˈeɪʃənɪzəm] n créationnisme m

creationist [kriːˈeɪʃənɪst] adj, n créationniste mf

creationistic [kriːˈeɪʃəˈnɪstɪk] adj créationniste

creative [kriːˈeɪtɪv] → SYN 1 adj a (= imaginative) person, talent, skill, activity, atmosphere créatif ; mind créatif, créateur (-trice f) ; energy, power créateur (-trice f) ; process de création ◆ **creative toys** (Educ) jouets mpl créatifs or d'éveil
 b (= original) person inventif ; solution ingénieux ; design novateur (-trice f) ◆ **the creative use of language** l'utilisation créative du langage ◆ **with a little creative thinking you can find a solution** avec un peu d'imagination, vous trouverez une solution
 2 COMP ▷ **creative accounting** n (pej) manipulations fpl comptables ▷ **creative department** n service m de création ▷ **creative writing** n création f littéraire

creatively [kriːˈeɪtɪvlɪ] adv de façon créative

creativity [ˌkriːeɪˈtɪvɪtɪ] → SYN n créativité f

creator [kriːˈeɪtər] → SYN n créateur m, -trice f

creature [ˈkriːtʃər] → SYN 1 n (gen, also fig) créature f ; (= animal) bête f, animal m ; (= human) être m, créature f ◆ **dumb creatures** les bêtes fpl ◆ **the creatures of the deep** les animaux mpl marins ◆ **she's a poor/lovely creature** c'est une pauvre/ravissante créature ◆ **to be a creature of habit** avoir ses (petites) habitudes ◆ **they were all his creatures** (fig pej) tous étaient ses créatures ; → **habit**
 2 COMP ▷ **creature comforts** npl confort m matériel ◆ **he likes his creature comforts** il aime son petit confort

crèche [kreɪʃ] n (Brit) (up to 3 years old) crèche f ; (after 3 years old) (halte-)garderie f

cred * [krɛd] n (NonC) crédibilité f ; see also **street cred**

credence [ˈkriːdəns] 1 n croyance f, foi f ◆ **to give** or **lend credence to** ajouter foi à
 2 COMP ▷ **credence table** n (Rel) crédence f

credentials [krɪˈdɛnʃəlz] → SYN npl (= identifying papers) pièce f d'identité ; [of diplomat] lettres fpl de créance ; (= references) références fpl ◆ **to have good credentials** avoir de bonnes références

credibility [ˌkrɛdəˈbɪlɪtɪ] → SYN 1 n crédibilité f ◆ **to lose credibility** perdre sa crédibilité
 2 COMP ▷ **credibility gap** n manque m de crédibilité ▷ **credibility rating** n his credibility rating is not very high sa crédibilité est très entamée

credible [ˈkrɛdɪbl] → SYN adj crédible ◆ **it is scarcely credible that ...** on a du mal à croire que ...

credibly [ˈkrɛdɪblɪ] adv de façon crédible

credit [ˈkrɛdɪt] → SYN 1 n a (Banking, Comm, Fin) crédit m ; (Accounts) crédit m, avoir m ◆ **to give sb credit** faire crédit à qn ◆ **"no credit"** "la maison ne fait pas crédit" ◆ **to buy/sell on credit** acheter/vendre à crédit ◆ **you have £10 to your credit** vous avez un crédit de 10 livres ◆ **in credit** (account) approvisionné ◆ **am I in credit?** est-ce que mon compte est approvisionné ?
 b (= belief, acceptance) **to give credit to** [+ person] ajouter foi à ; [+ event] donner foi à, accréditer ◆ **I gave him credit for more sense** je lui supposais or croyais plus de bon sens ◆ **to gain credit with** s'accréditer auprès de ◆ **his credit with the electorate** son crédit auprès des électeurs
 c honneur m ◆ **to his credit we must point out that ...** il faut faire remarquer à son honneur or à son crédit que ... ◆ **it is to his credit** c'est tout à son honneur ◆ **he is a credit to his family** il fait honneur à sa famille, il est l'honneur de sa famille ◆ **the only people to emerge with any credit** les seuls à s'en sortir à leur honneur ◆ **to give sb credit for his generosity** reconnaître la générosité de qn ◆ **to give sb credit for doing sth** reconnaître que qn a fait qch ◆ **to claim** or **take (the) credit for sth** s'attribuer le mérite de qch ◆ **it does you (great) credit** cela est tout à votre honneur, cela vous fait grand honneur ◆ **credit where credit's due** il faut rendre à César ce qui appartient à César
 d (Scol) unité f d'enseignement or de valeur, UV f
 2 credits npl (Cine) générique m

 3 vt a (= believe) [+ rumour, news] croire ◆ **I could hardly credit it** je n'arrivais pas à le croire ◆ **you wouldn't credit it** vous ne le croiriez pas
 b (gen) **to credit sb/sth with (having) certain powers/qualities** reconnaître à qn/qch certains pouvoirs/certaines qualités ◆ **to be credited with having done ...** passer pour avoir fait ... ◆ **I credited him with more sense** je lui croyais or supposais plus de bon sens ◆ **it is credited with (having) magical powers** on lui attribue des pouvoirs magiques
 c (Banking) **to credit £50 to sb** or **to sb's account, to credit sb** or **sb's account with £50** créditer (le compte de) qn de 50 livres, porter 50 livres au crédit de qn
 4 COMP ▷ **credit account** n compte m créditeur ▷ **credit agency** n établissement m or agence f de crédit ▷ **credit arrangements** npl accords mpl de crédit ▷ **credit balance** n (Banking) solde m créditeur ▷ **credit bureau** n (US) ⇒ **credit agency** ▷ **credit card** n carte f de crédit ▷ **credit charges** npl coût m du crédit ▷ **credit check** n vérification f de solvabilité ◆ **to run a credit check on sb** vérifier la solvabilité de qn ▷ **credit control** n (= action) encadrement m du crédit ; (= department) (service m de l')encadrement m du crédit ▷ **credit entry** n (Fin) inscription f or écriture f au crédit ▷ **credit facilities** npl (Banking) ligne f de crédit ; (Comm: to buyer) facilités fpl de paiement or de crédit ▷ **credit hour** n (US Scol, Univ) ≃ unité f de valeur ▷ **credit limit** n limite f or plafond m de crédit ▷ **credit line** n (Banking) ligne f de crédit ; (Cine) mention f au générique ; (in book) mention f de la source ▷ **credit note** n (Brit) avoir m ▷ **credit rating** n indice m de solvabilité ▷ **credit reference agency** n agence f de notation financière or de rating ▷ **credit risk** n **to be a good/poor credit risk** présenter peu de risques de crédit/un certain risque de crédit ▷ **credit sales** npl ventes fpl à crédit ▷ **credit side** n (Accounts, also fig) **on the credit side** à l'actif ▷ **credit squeeze** n (Econ) restrictions fpl de crédit ▷ **credit terms** npl conditions fpl de crédit ▷ **credit titles** npl (Cine) générique m ▷ **credit transfer** n transfert m, virement m ▷ **credit union** n (US) société f de crédit mutuel

creditable [ˈkrɛdɪtəbl] → SYN adj honorable

creditably [ˈkrɛdɪtəblɪ] adv behave, perform, play honorablement

creditor [ˈkrɛdɪtər] 1 n créancier m, -ière f
 2 COMP ▷ **creditor nation** n (Econ) pays m créditeur

creditworthiness [ˈkrɛdɪtwɜːðɪnɪs] n solvabilité f, capacité f d'emprunt

creditworthy [ˈkrɛdɪtwɜːðɪ] adj solvable

credo [ˈkreɪdəʊ] n credo m

credulity [krɪˈdjuːlɪtɪ] → SYN n crédulité f

credulous [ˈkrɛdjʊləs] → SYN adj crédule, naïf (naïve f)

credulously [ˈkrɛdjʊləslɪ] adv avec crédulité, naïvement

creed [kriːd] → SYN n credo m ◆ **the Creed** (Rel) le Credo

creek [kriːk] → SYN n a (esp Brit = inlet) crique f, anse f ◆ **to be up the creek (without a paddle)** * (= be wrong) se fourrer le doigt dans l'œil (jusqu'au coude) * ; (= be in trouble) être dans le pétrin
 b (US = stream) ruisseau m, petit cours m d'eau

creel [kriːl] n panier m de pêche

creep [kriːp] → SYN pret, ptp **crept** 1 vi [animal, person, plant] ramper ; (= move silently) se glisser ◆ **to creep between** se faufiler entre ◆ **to creep in/out/away** [person] entrer/sortir/s'éloigner à pas de loup ; [animal] entrer/sortir/s'éloigner sans un bruit ◆ **to creep about/along on tiptoe** marcher/avancer sur la pointe des pieds ◆ **to creep up on sb** [person] s'approcher de qn à pas de loup ; [old age etc] prendre qn par surprise ◆ **old age is creeping on** on ne se fait pas vieux * ◆ **the traffic crept along** les voitures avançaient au pas ◆ **an error crept into it** une erreur s'y est glissée ◆ **a feeling of peace crept over me** un sentiment de paix me gagnait peu à peu or commençait à me gagner

cropper / crow ANGLAIS-FRANÇAIS 202

colte f ; (of fruit etc) récolte f, cueillette f ; (of cereals) moisson f ; (fig) [of problems, questions] série f ; (fig) [of people] fournée f ◆ **the crops** (at harvest time) la récolte ◆ **one of the basic crops** l'une des cultures de base ◆ **we had a good crop of strawberries** la récolte or la cueillette des fraises a été bonne ◆ **to get the crops in** faire la récolte or la cueillette or la moisson, rentrer les récoltes or la moisson
   b [of bird] jabot m
   c [of whip] manche m ; (also **riding crop**) cravache f
   d (Hairdressing) **to give sb a (close) crop** couper ras les cheveux de qn ◆ **Eton crop** cheveux mpl à la garçonne
   2 vt a [animals grass] brouter, paître
   b [+ tail] écourter ; [+ hair] tondre ◆ **cropped hair** cheveux mpl coupés ras
   c (Phot) recadrer
   3 vi [land] donner or fournir une récolte
   4 COMP ▷ **crop circle** n cercle m dans les blés ▷ **crop dusting** n ⇒ **crop spraying** ▷ **crop-eared** adj essorillé ▷ **crop rotation** n assolement m, rotation f des cultures ▷ **crop sprayer** n (= device) pulvérisateur m ; (= plane) avion-pulvérisateur m ▷ **crop spraying** n (NonC) pulvérisation f des cultures

► **crop out** vi (Geol) affleurer

► **crop up** vi **a** [questions, problems] survenir, se présenter ◆ **the subject cropped up during the conversation** le sujet a été amené or mis sur le tapis au cours de la conversation ◆ **something's cropped up and I can't come** j'ai un contre-temps, je ne pourrai pas venir ◆ **he was ready for anything that might crop up** il était prêt à toute éventualité
   b (Geol) affleurer

cropper * ['krɒpəʳ] n (lit, fig) ◆ **to come a cropper** (= fall) se casser la figure * ; (= fail in attempt) se planter * ; (in exam) se faire coller * or étendre
cropping ['krɒpɪŋ] n (Phot) recadrage m
croquet ['krəʊkeɪ] **1** n croquet m
   2 COMP ▷ **croquet hoop** n arceau m de croquet ▷ **croquet mallet** n maillet m de croquet
croquette [krəʊ'ket] n croquette f ◆ **potato croquette** croquette f de pommes de terre
crosier ['krəʊʒəʳ] n [of bishop] crosse f
cross [krɒs] LANGUAGE IN USE 27.7 → SYN
   1 n **a** (= mark, emblem) croix f ◆ **to mark/sign with a cross** marquer/signer d'une croix ◆ **the iron cross** la croix de fer ◆ **the Cross** (Rel) la Croix ; → **bear¹, market, red, sign**
   b (Bio, Zool) hybride m ◆ **cross between two different breeds** mélange m or croisement m de deux races différentes, hybride m ◆ **it's a cross between a novel and a poem** cela tient du roman et du poème ◆ **a cross between a laugh and a bark** un bruit qui tient du rire et de l'aboiement
   c (NonC) [of material] biais m ◆ **to cut material on the cross** (Sewing) couper du tissu dans le biais ◆ **a skirt cut on the cross** une jupe en biais ◆ **line drawn on the cross** ligne tracée en biais or en diagonale
   d (Sport) centre m ◆ **to hit a cross to sb** centrer sur qn, envoyer un centre sur qn
   2 adj **a** (= angry) person en colère ◆ **to be cross with sb** être fâché or en colère contre qn ◆ **it makes me cross when ...** cela me met en colère quand ... ◆ **to get cross with sb** se mettre en colère or se fâcher contre qn ◆ **don't be cross with me** ne m'en veuillez pas, il ne faut pas m'en vouloir ◆ **they haven't had a cross word in ten years** ils ne se sont pas disputés une seule fois en dix ans
   b (= traverse, diagonal) transversal, diagonal
   3 vt **a** [+ room, street, sea, continent, river, bridge] traverser ; [+ threshold, fence, ditch] franchir ◆ **the bridge crosses the river here** c'est ici que le pont franchit or enjambe la rivière ◆ **it crossed my mind that ...** il m'est venu à l'esprit que ... ◆ **they have clearly crossed the boundary into terrorism** ils ont manifestement basculé dans le terrorisme ◆ **a smile crossed her lips** un sourire se dessina sur ses lèvres ; → **bridge, floor, line, path**
   b ◆ **to cross one's arms/legs** croiser les bras/les jambes ◆ **the lines are crossed, we've got a crossed line** (Brit Telec) il y a un problème sur la ligne ◆ **they've got their lines crossed** * (fig)

il y a un malentendu quelque part ; → **finger, sword**
   c (Rel) **to cross o.s.** se signer, faire le signe de la croix ◆ **cross my heart (and hope to die)!** * croix de bois, croix de fer(, si je mens je vais en enfer) ! *
   d **to cross a t** barrer un "t" ; → **cheque, palm**
   e [+ person] (= anger) contrarier ; (= thwart) contrecarrer les projets de ; [+ plans] contrecarrer ◆ **crossed in love** malheureux en amour
   f [+ animals, plants] croiser (*with* avec) ◆ **to cross two animals/plants** croiser or métisser deux animaux/plantes
   4 vi **a** (also **cross over**) **he crossed from one side of the room to the other to speak to me** il a traversé la pièce pour venir me parler ◆ **to cross from one place to another** passer d'un endroit à un autre ◆ **to cross from Newhaven to Dieppe** faire la traversée de Newhaven à Dieppe
   b [roads, paths] se croiser, se rencontrer ; [letters, people] se croiser
   5 COMP ▷ **cross-border** adj transfrontalier ▷ **cross-Channel ferry** n ferry m qui traverse la Manche ▷ **cross-check** n contre-épreuve f, recoupement m ◇ vt [+ facts] vérifier par recoupement or contre-épreuve ◇ vi vérifier par recoupement ▷ **cross-compiler** n (Comput) compilateur m croisé ▷ **cross-country** adj à travers champs ◆ **cross-country race** or **running** cross(-country) m ◆ **cross-country skier** skieur m de fond or de randonnée ◆ **cross-country skiing** ski m de fond or de randonnée ▷ **cross-court** adj (Tennis) drive, shot, forehand croisé ▷ **cross-cultural** adj interculturel ▷ **cross-current** n contre-courant m ▷ **cross-curricular** adj approach et pluridisciplinaire ▷ **cross-cut chisel** n bédane m ▷ **cross-disciplinary** adj interdisciplinaire ▷ **cross-dress** vi se travestir ▷ **cross-dresser** n travesti(e) m(f) ▷ **cross-dressing** n (NonC = transvestism) transvestisme m, travestisme m ▷ **cross-examination** n (esp Jur) contre-interrogatoire m ▷ **cross-examine** vt (Jur) faire subir un contre-interrogatoire à ; (gen) interroger or questionner (de façon serrée) ▷ **cross-eyed** adj qui louche, bigleux * ◆ **to be cross-eyed** loucher, avoir un œil qui dit zut * or merde * à l'autre ▷ **cross-fertilization** n (Bio) croisement m ▷ **cross-fertilize** vt (Bot) croiser, faire un croisement de ▷ **cross-grained** adj wood à fibres irrégulières ; person acariâtre, atrabilaire ▷ **cross hairs** npl [of telescope, gun] réticule m ▷ **cross holdings** npl (St Ex) participations fpl croisées ▷ **cross-legged** adv sit en tailleur ▷ **cross-match** vt [+ blood] tester la compatibilité de ▷ **cross-party** adj (Brit Pol) talks entre partis, interpartis ; support de plusieurs partis ; committee composé de membres de différents partis ▷ **cross-ply** adj (Aut) à carcasse diagonale ▷ **cross-pollinate** vt (Bio) croiser ▷ **cross-pollination** n pollinisation f croisée ▷ **cross-purposes** npl **to be at cross-purposes with sb** (= misunderstand) comprendre qn de travers ; (= disagree) être en désaccord avec qn ◆ **I think we are at cross-purposes** je crois qu'il y a un malentendu, nous nous sommes mal compris ◆ **we were talking at cross-purposes** notre conversation tournait autour d'un quiproquo ▷ **cross-question** vt faire subir un interrogatoire à ▷ **cross-refer** vt renvoyer (*to* à) ▷ **cross-reference** n renvoi m, référence f (*to* à) ▷ **cross-reference** vt renvoyer ▷ **cross section** n (Bio etc) coupe f transversale [population etc] échantillon m ▷ **cross-stitch** n point m de croix ◇ vt coudre or broder au point de croix ▷ **cross swell** n houle f transversière ▷ **cross-town** adj (US) bus qui traverse la ville ▷ **cross trainers** npl chaussures fpl de cross-training ▷ **cross training** n cross-training m ▷ **cross volley** n (Tennis) volée f croisée ▷ **cross-vote** vi (Pol) voter contre son parti

► **cross off** vt sep [+ item on list] barrer, rayer ; [+ person] radier (*from* de) ◆ **to cross sb off a list** radier qn d'une liste

► **cross out** vt sep [+ word] barrer, rayer

► **cross over**
   1 vi traverser see also **cross 4a**
   2 crossover n, adj → **crossover**

crossbar ['krɒsbɑːʳ] n (Rugby etc) barre f transversale ; [of bicycle] barre f

crossbeam ['krɒsbiːm] n traverse f
crossbencher ['krɒs,bentʃəʳ] n (Parl) député m non inscrit
crossbill ['krɒsbɪl] n (Orn) bec-croisé m
crossbones ['krɒsbəʊnz] npl → **skull**
crossbow ['krɒsbəʊ] **1** n arbalète f
   2 COMP ▷ **crossbow archery** n tir m à l'arbalète
crossbred ['krɒsbred] **1** vb (pt, ptp of **crossbreed**)
   2 adj, n métis(se) m(f)
crossbreed ['krɒsbriːd] **1** n (= animal) hybride m, métis(se) m(f) ; (* pej = person) sang-mêlé mf inv, métis(se) m(f)
   2 vt, pret, ptp **crossbred** croiser, métisser
crosscut saw ['krɒskʌt] n tronçonneuse f
crosse [krɒs] n (in lacrosse) crosse f
crossfire ['krɒsfaɪəʳ] n (Mil) feux mpl croisés ◆ **exposed to crossfire** (Mil) pris entre deux feux ◆ **caught in a crossfire of questions** pris dans un feu roulant de questions
crosshatch ['krɒshætʃ] vt hachurer
crosshatching ['krɒs,hætʃɪŋ] n hachures fpl
crossing ['krɒsɪŋ] **1** n **a** (esp by sea) traversée f ◆ **the crossing of the line** le passage de l'équateur or de la ligne
   b (= road junction) croisement m, carrefour m ; (also **pedestrian crossing**) passage m clouté ; (Rail: also **level crossing**) passage m à niveau ◆ **cross at the crossing** (on road) traversez sur le passage clouté ou dans les clous * ; → **zebra**
   2 COMP ▷ **crossing guard** n (US) ⇒ **crossing patrol** ▷ **crossing over** n (Bio) enjambement m, crossing-over m ▷ **crossing patrol** n (Brit : also **school crossing patrol**) contractuel(le) m(f) (chargé(e) de faire traverser la rue aux enfants) ▷ **crossing point** n point m de passage ; [of river] gué m
crossly ['krɒslɪ] adv avec (mauvaise) humeur
crossover ['krɒsəʊvəʳ] **1** n [of roads] (croisement m par) pont m routier ; (Rail) voie f de croisement ; (Mus, Literat, Art) mélange m de genres ◆ **a jazz-rap crossover** un mélange de jazz et de rap
   2 COMP ▷ **crossover bodice** n (Dress) corsage m croisé
crosspatch * ['krɒspætʃ] n grincheux m, -euse f, grognon(ne) m(f)
crosspiece ['krɒspiːs] n traverse f
crossroads ['krɒsrəʊdz] npl (lit) croisement m, carrefour m ; (fig) carrefour m
crosstalk ['krɒstɔːk] n (Rad, Telec) diaphonie f ; (Brit = conversation) joutes fpl oratoires
crosstie ['krɒstaɪ] n (US) traverse f (de voie ferrée)
crosswalk ['krɒswɔːk] n (US) passage m clouté
crossway ['krɒsweɪ] n (US) croisement m
crosswind ['krɒswɪnd] n vent m de travers
crosswise ['krɒswaɪz] adv (= in shape of cross) en croix ; (= across) en travers ; (= diagonally) en diagonale
crossword ['krɒswɜːd] n (also **crossword puzzle**) mots mpl croisés
crosswort ['krɒswɜːt] n croisette f
crotch [krɒtʃ] → SYN n [of body, tree] fourche f ; [of garment] entrejambes m inv ◆ **a kick in the crotch** un coup de pied entre les jambes
crotchet ['krɒtʃɪt] n (Brit Mus) noire f
crotchety ['krɒtʃɪtɪ] → SYN adj grognon, grincheux
crouch [kraʊtʃ] → SYN **1** vi (also **crouch down**) [person, animal] (gen) s'accroupir ; (= snuggle) se tapir ; (before springing) se ramasser
   2 n position f accroupie
croup¹ [kruːp] n (Med) croup m
croup² [kruːp] n [of horse] croupe f
croupier ['kruːpɪeɪ] n croupier m
crouton ['kruːtɒn] n croûton m
crow¹ [krəʊ] **1** n (Orn) corneille f ; (generic term) corbeau m ◆ **as the crow flies** à vol d'oiseau, en ligne droite ◆ **to make sb eat crow** * (US) faire rentrer les paroles dans la gorge à qn ◆ **to eat crow** * (US) faire de plates excuses ; → **carrion**

crow / cruise

2 COMP ▷ **Crow Jim** ※ n racisme m contre les Blancs, racisme m inversé ▷ **crow's feet** npl pattes fpl d'oie (rides) ▷ **crow's-nest** n (Naut) nid m de pie

crow² [krəʊ] → SYN 1 n [of cock] chant m (du ou d'un coq), cocorico m ; [of baby] gazouillis m ; (= triumphant cry) cri m de triomphe
2 vi pret **crowed** or **crew**, ptp **crowed** [cock] chanter
b pret, ptp **crowed** [baby] gazouiller ; [victor] chanter victoire ◆ **he crowed with delight** il poussait des cris de triomphe ◆ **it's nothing to crow about** il n'y a pas de quoi pavoiser

▶ **crow over** vt fus ◆ **to crow over sb** se vanter d'avoir triomphé de qn, chanter sa victoire sur qn

crowbar ['krəʊbɑːʳ] n (pince f à) levier m

crowd [kraʊd] → SYN 1 n a foule f ; (disorderly) cohue f ◆ **in crowds** en foule ◆ **to get lost in the crowd** se perdre dans la foule ◆ **a large crowd** or **large crowds had gathered** une foule immense s'était assemblée ◆ **there was quite a crowd** il y avait beaucoup de monde, il y avait foule ◆ **how big was the crowd?** est-ce qu'il y avait beaucoup de monde ? ◆ **there was quite a crowd at the concert/at the match** il y avait du monde au concert/au match ◆ **the crowd** (Cine, Theat = actors) les figurants mpl ◆ **that would pass in a crowd**※ (fig) ça peut passer si on n'y regarde pas de trop près, en courant vite on n'y verrait que du feu ◆ **crowds of** or **a whole crowd of books/people** des masses※ de livres/de gens
b (NonC = people in general) **the crowd** la foule, la masse du peuple ◆ **to follow** or **go with the crowd** suivre la foule or le mouvement
c (※ = group, circle) bande f, clique f ◆ **I don't like that crowd at all** je n'aime pas du tout cette bande ◆ **he's one of our crowd** il fait partie de notre groupe or bande ◆ **the usual crowd** la bande habituelle
2 vi ◆ **they crowded into the small room** ils se sont entassés dans la petite pièce ◆ **don't all crowd together** ne vous serrez donc pas comme ça ◆ **to crowd through the gates** passer en foule par le portail ◆ **they crowded round to see ...** ils ont fait cercle or se sont attroupés pour voir ... ◆ **they crowded round him** ils se pressaient autour de lui ◆ **they crowded up against him** ils l'ont bousculé ◆ **to crowd down/in/up** etc descendre/entrer/monter etc en foule
3 vt (= push) [+ objects] entasser (into dans) ; (= jostle) [+ person] bousculer ◆ **pedestrians crowded the streets** les piétons se pressaient dans les rues ◆ **he was crowded off the pavement** la cohue l'a forcé à descendre du trottoir ◆ **don't crowd me** ne poussez pas, arrêtez de me bousculer ◆ **the houses are crowded together** les maisons sont les unes sur les autres ◆ **a room crowded with children** une pièce pleine d'enfants ◆ **house crowded with furniture** maison f encombrée de meubles ◆ **a house crowded with guests** une maison pleine d'invités ◆ **a week crowded with incidents** une semaine riche en incidents ◆ **memory crowded with facts** mémoire f bourrée de faits ◆ **to crowd on sail** (Naut) mettre toutes voiles dehors ; → **crowded**
4 COMP ▷ **crowd control** n (NonC) **crowd control was becoming difficult** il devenait difficile de contenir or contrôler la foule ◆ **expert in crowd control** spécialiste mf du service d'ordre ▷ **crowd-pleaser** n to be a **crowd-pleaser** plaire aux foules ▷ **crowd-puller**※ n grosse attraction f ◆ **to be a real crowd-puller** attirer les foules ▷ **crowd scene** n (Cine, Theat) scène f de foule ▷ **crowd trouble** n (NonC) mouvements mpl de foule

▶ **crowd out** vt sep ◆ **the place was crowded out** l'endroit était bondé ◆ **we shall be crowded out** la cohue nous empêchera d'entrer ◆ **this article was crowded out of yesterday's edition** cet article n'a pas pu être inséré dans l'édition d'hier faute de place ◆ **he's really crowding me out**※ il me colle aux fesses※

crowded ['kraʊdɪd] → SYN adj a (= filled with people) room, street, train, beach plein de monde, bondé ◆ **the shops are too crowded** il y a trop de monde dans les magasins ◆ **it's getting crowded in there, the place is getting crowded** il commence à y avoir trop de monde ◆ **the people live crowded together in insanitary conditions** les gens vivent les uns sur les autres dans des conditions insalubres ◆ **crowded with people** plein de monde
b (= overpopulated) city, area surpeuplé ; conditions de surpeuplement ◆ **it is a very crowded profession** c'est une filière très encombrée
c (= packed with things) place plein à craquer ◆ **a room crowded with furniture** une pièce pleine de meubles
d (= busy) agenda, day chargé ; life bien rempli

crowfoot ['krəʊfʊt] n, pl **crowfoots** (Bot) renoncule f ; (Naut) araignée f ; (Mil) chausse-trappe m

crowing ['krəʊɪŋ] n [of cockerel] chant m (du coq), cocorico m ; (fig = boasting) vantardise f

crown [kraʊn] → SYN 1 n a (lit, fig) couronne f ◆ **crown of roses/thorns** couronne f de roses/d'épines ◆ **to wear the crown** (fig) porter la couronne ◆ **to succeed to the crown** monter sur le trône ◆ **the Crown** (Jur) la Couronne, ≈ le ministère public ◆ **the law officers of the Crown** les conseillers mpl juridiques de la Couronne
b (= coin) couronne f (ancienne pièce valant cinq shillings)
c (= top part) [of hill] sommet m, faîte m ; [of tree] cime f ; [of roof] faîte m ; [of arch] clé f ; [of tooth] couronne f ; [of hat] fond m ; [of anchor] diamant m ; (fig = climax, completion) couronnement m ◆ **the crown (of the head)** le sommet de la tête ◆ **the crown of the road** le milieu de la route
d (= size of paper) couronne f (format 0,37 sur 0,47 m)
2 vt couronner (with de) ; [draughts] damer ; [+ tooth] couronner ; (※ = hit) flanquer※ un coup sur la tête à ◆ **he was crowned king** il fut couronné roi ◆ **all the crowned heads of Europe** toutes les têtes couronnées d'Europe ◆ **work crowned with success** travail m couronné de succès ◆ **the hill is crowned with trees** la colline est couronnée d'arbres ◆ **to crown it all**※ **it began to snow** pour comble (de malheur) or pour couronner le tout il s'est mis à neiger ◆ **that crowns it all!**※ il ne manquait plus que ça !
3 COMP (Brit Jur) witness, evidence etc à charge ▷ **Crown Agent** n (Brit Pol) = délégué(e) m(f) du ministère de la Coopération ▷ **crown colony** n (Brit) colonie f de la couronne ▷ **Crown court** n (Jur) Cour f d'assises (en Angleterre et au Pays de Galles) ▷ **crown estate** n domaine m de la couronne ▷ **crown green bowling** n (NonC: Brit) jeu de boules sur un terrain légèrement surélevé en son milieu ▷ **crown jewels** npl joyaux mpl de la couronne ; (※ hum = male genitals) bijoux mpl de famille※ (hum) ▷ **crown lands** npl terres fpl domaniales ▷ **crown law** n droit m pénal ▷ **crown prince** n prince m héritier ▷ **crown princess** n princesse f héritière ▷ **Crown Prosecution Service** n (Brit) ≈ Ministère m public (qui décide si les affaires doivent être portées devant les tribunaux) ▷ **crown wheel** n (Brit Aut) grande couronne f ◆ **crown wheel and pinion** couple m conique

crowning ['kraʊnɪŋ] 1 n (= ceremony) couronnement m
2 adj achievement, moment suprême ◆ **his crowning glory** son plus grand triomphe ◆ **her hair was her crowning glory** sa chevelure faisait sa fierté

cruces ['kruːsiːz] npl of **crux**

crucial ['kruːʃəl] → SYN adj issue, factor, decision, vote, difference crucial ; moment, stage, time crucial, critique ◆ **crucial to** or **for sb/sth** crucial pour qn/qch ◆ **it is crucial that ...** il est essentiel or capital que ... (+ subj) ◆ **to play a crucial role in sth** jouer un rôle capital dans qch

crucially ['kruːʃəlɪ] adv influence, affect d'une manière décisive ◆ **crucially important** d'une importance cruciale ◆ **the success of the project is crucially dependent on** or **depends crucially on his contribution** sa contribution est d'une importance capitale pour la réussite du projet

crucian carp ['kruːʃən] n (= fish) carassin m

crucible ['kruːsɪbl] n a (lit) creuset m
b (fig) (= melting pot) creuset m ; (= test) (dure) épreuve f

crucifix ['kruːsɪfɪks] n crucifix m ; (at roadside) calvaire m

crucifixion [ˌkruːsɪˈfɪkʃən] n crucifiement m ◆ **the Crucifixion** (Rel) la crucifixion, la mise en croix

cruciform ['kruːsɪfɔːm] adj cruciforme

crucify ['kruːsɪfaɪ] → SYN vt (lit) crucifier, mettre en croix ; (fig) crucifier, mettre au pilori ◆ **to crucify the flesh** (Rel) mortifier la chair ◆ **he'll crucify me**※ **when he finds out!** il va m'étrangler quand il saura !

crud※ [krʌd] n a (= filth) saloperies※ fpl, saletés fpl ; (= person) salaud※ m, ordure※ f ◆ **the crud** (= illness) la crève※
b (= residue) résidu m

cruddy※ ['krʌdɪ] adj dégueulasse※

crude [kruːd] → SYN 1 adj a (= vulgar) person, behaviour, language, joke, attempt grossier
b (= rudimentary) device, weapon, hut rudimentaire ; furniture, shelter, housing rudimentaire, sommaire ; drawing schématique ◆ **a crude form** or **kind of ...** une forme grossière de ... ◆ **a crude method of doing sth** un moyen rudimentaire de faire qch
c (= garish) light, colour cru
d (= not refined) materials brut ; sugar non raffiné
2 n (also **crude oil**) brut m ; → **heavy**
3 COMP ▷ **crude oil** n (pétrole m) brut m ▷ **crude steel** n acier m brut

crudely ['kruːdlɪ] → SYN adv a (= approximately) divide, express, explain sommairement
b (= primitively) carved, constructed, drawn grossièrement, de façon rudimentaire
c (= coarsely) speak, behave grossièrement ◆ **to put it crudely** pour dire les choses crûment

crudeness ['kruːdnɪs] n [of system, method] caractère m rudimentaire ; (= vulgarity) vulgarité f, grossièreté f

crudités ['kruːdɪteːz] npl crudités fpl

crudity ['kruːdɪtɪ] n ⇒ **crudeness**

cruel ['krʊəl] → SYN adj cruel (to sb avec qn) ◆ **it was a cruel blow to his pride** sa fierté en a pris un coup※, cela a porté un coup sévère à son orgueil ◆ (Prov) **you have to be cruel to be kind** qui aime bien châtie bien (Prov)

cruelly ['krʊəlɪ] → SYN adv cruellement

cruelty ['krʊəltɪ] → SYN 1 n cruauté f (to envers) ; (Jur) sévices mpl ◆ **prosecuted for cruelty to his wife** poursuivi pour sévices sur sa femme ◆ **divorce on the grounds of cruelty** divorce m pour sévices ◆ **mental cruelty** cruauté f mentale ; → **prevention**
2 COMP ▷ **cruelty-free** adj non testé sur les animaux

cruet ['kruːɪt] n a (Brit: also **cruet set**, **cruet stand**) service m à condiments, garniture f de table (pour condiments)
b (US = small bottle) petit flacon m (pour l'huile ou le vinaigre)
c (Rel) burette f

cruise [kruːz] → SYN 1 vi a [fleet, ship] croiser ◆ **they are cruising in the Pacific** (Naut) ils croisent dans le Pacifique ; [tourists] ils sont en croisière dans le Pacifique
b [cars] rouler ; [aircraft] voler ◆ **the car was cruising (along) at 80km/h** la voiture faisait 80 km/h sans effort ◆ **we were cruising along the road when suddenly ...** nous roulions tranquillement quand tout à coup ... ◆ **to cruise to victory** remporter la victoire haut la main
c [taxi, patrol car] marauder, faire la maraude ◆ **a cruising taxi** un taxi en maraude
d (※ = look for pick-up) draguer※
2 n a (Naut) croisière f ◆ **to go on a cruise** partir en croisière, faire une croisière
b (also **cruise missile**) missile m de croisière ◆ **a campaign against cruise** une campagne contre les missiles de croisière
3 COMP ▷ **cruise control** n contrôle m (de vitesse) ▷ **cruise missile** n missile m de croisière ▷ **cruising range** n (Aviat) autonomie f de vol ▷ **cruising speed** n vitesse f or régime m de croisière ▷ **cruising yacht** n yacht m de croisière

cruiser ['kruːzə'] **1** n (= warship) croiseur m ; (= cabin cruiser) yacht m de croisière ; → **battle**
2 COMP ▷ **cruiser weight** n (Boxing) poids m mi-lourd

cruller ['krʌləʳ] n (US) beignet m

crumb [krʌm] → SYN n miette f ; (NonC: inside of loaf) mie f ; (fig) miette f, brin m ; [of information] miettes fpl, fragments mpl ◆ **a crumb of comfort** un brin de réconfort ◆ **crumbs!** * ça alors !, zut ! *

crumble ['krʌmbl] → SYN **1** vt [+ bread] émietter ; [+ plaster] effriter ; [+ earth, rocks] (faire) s'ébouler
2 vi [buildings etc] tomber en ruines, se désagréger ; [plaster] s'effriter ; [earth, rocks] s'ébouler ; [bread] s'émietter ; (fig) [hopes, economy etc] s'effondrer, s'écrouler ; (fig) [person] se laisser abattre ; → **cookie**
3 n (Brit Culin) crumble m

crumbly ['krʌmblɪ] **1** adj friable
2 n (* = old person) vieux croulant * m

crummy *, **crumby** * ['krʌmɪ] adj hotel, town, job, film minable * ◆ **what a crummy thing to do!** c'est un coup minable ! *, c'est vraiment mesquin de faire ça !
b (= ill) **to feel crummy** ne pas avoir la pêche *, être patraque *
c (= guilty) **to feel crummy about doing sth** se sentir minable * de faire qch

crump [krʌmp] n éclatement m (d'un obus) ; (Mil * = shell) obus m

crumpet ['krʌmpɪt] n (esp Brit Culin) petite crêpe f épaisse ◆ **a bit of crumpet** ⁎ (Brit fig) une belle nana *

crumple ['krʌmpl] → SYN **1** vt froisser, friper ; (also **crumple up**) chiffonner ◆ **he crumpled the paper (up) into a ball** il a fait une boule de la feuille de papier
2 vi se froisser, se chiffonner, se friper ◆ **her features crumpled when she heard the bad news** son visage s'est décomposé quand elle a appris la mauvaise nouvelle
3 COMP ▷ **crumple zone** n (Aut) structure f déformable

crunch [krʌntʃ] → SYN **1** vt **a** (with teeth) croquer ◆ **to crunch an apple/a biscuit** croquer une pomme/un biscuit
b (underfoot) écraser, faire craquer
c **to crunch numbers** [computer] traiter des chiffres à grande vitesse ◆ **he doesn't want to spend his life crunching numbers** il ne veut pas passer le reste de sa vie penché sur des chiffres
2 vi ◆ **he crunched across the gravel** il a traversé en faisant craquer le gravier sous ses pas
3 n **a** (= sound of teeth) coup m de dents ; [of broken glass, gravel etc] craquement m, crissement m
b (*: fig) **the crunch** (= moment of reckoning) l'instant m critique ◆ **here's the crunch** c'est le moment crucial ◆ **when it comes to the crunch** he … dans une situation critique ou au moment crucial, il …

▶ **crunch up** vt sep broyer

crunchiness ['krʌntʃɪnɪs] n croquant m

crunchy ['krʌntʃɪ] adj foods, peanut butter, texture croquant ; gravel, snow qui crisse

crupper ['krʌpəʳ] n [of harness] croupière f ; (= hindquarters) croupe f

crural ['kruərəl] adj crural

crusade [kruːˈseɪd] → SYN **1** n (Hist, also fig) croisade f
2 vi (fig) partir en croisade (against contre, for pour) ; (Hist) partir pour la or en croisade

crusader [kruːˈseɪdəʳ] → SYN n (Hist) croisé m ; (fig) champion m (for de ; against en guerre contre), militant(e) m(f) (for en faveur de ; against en guerre contre) ◆ **the crusaders for peace/against the bomb** ceux qui militent pour la paix/contre la bombe

crush [krʌʃ] → SYN **1** n **a** (= crowd) foule f, cohue f ◆ **there was a great crush to get in** c'était la bousculade pour entrer ◆ **there was a terrible crush at the concert** il y avait une vraie cohue au concert ◆ **he was lost in the crush** il était perdu dans la foule or la cohue

b **to have a crush on sb** * avoir le béguin * pour qn
c (Brit = drink) jus m de fruit ◆ **orange crush** orange f pressée
2 vt **a** (= compress) [+ stones, old cars] écraser, broyer ; [+ ice] piler ; [+ grapes] écraser, presser ; [+ ore] bocarder ◆ **to crush to a pulp** réduire en pulpe
b (= crumple) [+ clothes] froisser ◆ **to crush clothes into a bag** fourrer or bourrer des vêtements dans une valise ◆ **to crush objects into a suitcase** tasser or entasser des objets dans une valise ◆ **we were very crushed in the car** nous étions très tassés dans la voiture
c (= overwhelm) [+ enemy] écraser, accabler ; [+ opponent in argument, country] écraser ; [+ revolution] écraser, réprimer ; [+ hope] détruire ; (= snub) remettre à sa place, rabrouer
3 vi **a** se presser, se serrer ◆ **they crushed round him** ils se pressaient autour de lui ◆ **they crushed into the car** ils se sont entassés or tassés dans la voiture ◆ **to crush (one's way) into/through** etc se frayer un chemin dans/à travers etc
b [clothes] se froisser
4 COMP ▷ **crush bar** n [of theatre] bar m du foyer ▷ **crush barrier** n (Brit) barrière f de sécurité ▷ **crushed velvet** n panne f de velours ▷ **crush-resistant** adj infroissable

▶ **crush out** vt sep [+ juice etc] presser, exprimer ; [+ cigarette end] écraser, éteindre

crusher ['krʌʃəʳ] n (= machine) broyeur m, concasseur m

crushing ['krʌʃɪŋ] adj defeat, victory écrasant ; news accablant ; blow, disappointment terrible ; remark, reply cinglant ◆ **a crushing burden of debt** des dettes fpl écrasantes

crushingly ['krʌʃɪŋlɪ] adv (= humiliatingly) say d'un ton cinglant ; (= extremely) bad, dull, boring terriblement

crust [krʌst] → SYN **1** n (on bread, pie, snow) croûte f ; (= piece of crust) croûton m, croûte f ; (Med: on wound, sore) croûte f, escarre f ; [of wine] dépôt m (de tanin) ◆ **there were only a few crusts to eat** pour toute nourriture il n'y avait que quelques croûtes de pain ◆ **a thin crust of ice** une fine couche de glace ◆ **the earth's crust** (Geol) la croûte terrestre ; → **earn, upper**
2 vt ◆ **frost crusting the windscreen** le givre recouvrant le pare-brise ◆ **crusted snow** neige f croûtée ◆ **crusted with mud** etc couvert d'une croûte de boue etc

crustacean [krʌsˈteɪʃən] adj, n crustacé m

crusty ['krʌstɪ] → SYN **1** adj loaf, roll croustillant ; (* fig) old man hargneux, bourru
2 n (* = scruffy youth) jeune mf crado *

crutch [krʌtʃ] n **a** (= support) soutien m, support m ; (Med) béquille f ; (Archit) étançon m ; (Naut) support m (de gui) ◆ **he gets about on crutches** il marche avec des béquilles ◆ **alcohol is a crutch for him** l'alcool lui sert de soutien
b (Anat = crotch) fourche f ; [of trousers etc] entre-jambes m inv

crux [krʌks], n pl **cruxes** or **cruces** ['kruːsiːz] **a** point m crucial ; [of problem] cœur m, centre m ◆ **the crux of the matter** le cœur du sujet, l'essentiel m
b (Climbing) passage-clé m

cry [kraɪ] → SYN **1** n **a** (= loud shout) cri m ; [of hounds] aboiements mpl, voix f ◆ **to give a cry** pousser un cri ◆ **he gave a cry for help** il a crié or appelé au secours ◆ **he heard a cry for help** il a entendu crier au secours ◆ **the cries of the victims** les cris mpl des victimes ◆ **there was a great cry against the rise in prices** (fig) la hausse des prix a déclenché un tollé
◆ **in full cry** ◆ **the pack was in full cry** (Hunting) toute la meute donnait de la voix ◆ **the crowd was in full cry after the thief** la foule poursuivait le voleur en criant à pleine voix ◆ **they are in full cry against the Prime Minister** ils s'acharnent sur or contre le Premier ministre ◆ **the newspapers are in full cry over the scandal** les journaux font des gorges chaudes de ce scandale
b (= watchword) slogan m ◆ **"votes for women" was their cry** leur slogan or leur cri de guerre était "le vote pour les femmes" ; → **battle, war**

c (= weep) **she had a good cry** * elle a pleuré un bon coup *
2 vt **a** (= shout out) crier ◆ **"here I am"** he cried **"me voici"** s'écria-t-il or cria-t-il ◆ **"go away"**, he cried **"allez-vous-en"**, cria-t-il ◆ **to cry mercy** crier grâce ◆ **to cry shame** crier au scandale ◆ **to cry shame on sb/sth** crier haro sur qn/qch ◆ **to cry wolf** crier au loup
b **to cry o.s. to sleep** s'endormir à force de pleurer ◆ **to cry one's eyes** or **one's heart out** pleurer toutes les larmes de son corps
3 vi **a** (= weep) pleurer (about, for, over sur) ◆ **to cry with rage** pleurer de rage ◆ **to laugh till one cries** pleurer de rire, rire aux larmes ◆ **to cry for sth** pleurer pour avoir qch ◆ **I'll give him something to cry for!** * je vais lui apprendre à pleurnicher ! ◆ (Prov) **it's no use crying over spilt milk** ce qui est fait est fait ; → **shoulder**
b (= call out) [person, animal, bird] pousser un cri or des cris ◆ **the baby cried at birth** l'enfant a poussé un cri or a crié en naissant ◆ **he cried (out) with pain** il a poussé un cri de douleur ◆ **to cry for help** appeler à l'aide, crier au secours ◆ **to cry for mercy** demander miséricorde, implorer la pitié ◆ **the starving crowd cried for bread** la foule affamée réclama du pain ◆ **to cry foul** crier à l'injustice, crier au scandale
c [hunting dogs] donner de la voix, aboyer

▶ **cry down** * vt sep (= decry) décrier

▶ **cry off** (Brit) **1** vi (from meeting) se décommander ; (from promise) se dédire ◆ **I'm crying off!** je ne veux plus rien savoir !
2 vt fus (= cancel) [+ arrangement, deal] annuler ; (= withdraw from) [+ meeting] décommander

▶ **cry out** vi (inadvertently) pousser un cri ; (deliberately) s'écrier ◆ **he cried out with joy** il a poussé un cri de joie ◆ **to cry out to sb** appeler qn en criant, crier pour appeler qn ◆ **to cry out for sth** demander or réclamer qch à grands cris ◆ **for crying out loud!** * pour l'amour de Dieu ! ◆ **that floor is just crying out to be washed** * ce plancher a vraiment besoin d'être lavé ◆ **the door is crying out for a coat of paint** * la porte a bien besoin d'une couche de peinture

▶ **cry out against** vt fus protester contre

▶ **cry up** * vt sep (= praise) vanter, exalter ◆ **he's not all he's cried up to be** il n'est pas à la hauteur de sa réputation, il n'est pas aussi formidable qu'on le dit

crybaby ['kraɪbeɪbɪ] n (pej) pleurnicheur m, -euse f

crying ['kraɪɪŋ] **1** adj (lit) pleurant, qui pleure ; (fig) criant, flagrant ◆ **crying injustice** injustice f criante or flagrante ◆ **crying need for sth** besoin pressant or urgent de qch ◆ **it's a crying shame** c'est une honte, c'est honteux
2 n (= shouts) cris mpl ; (= weeping) larmes fpl, pleurs mpl

crymotherapy [ˌkraɪməʊˈθerəpɪ] n cryothérapie f

cryobiologist [ˌkraɪəʊbaɪˈɒlədʒɪst] n (Bio) spécialiste mf de cryobiologie

cryobiology [ˌkraɪəʊbaɪˈɒlədʒɪ] n cryobiologie f

cryogen ['kraɪədʒən] n (Phys) (mélange m) cryogène m

cryogenic [ˌkraɪəˈdʒenɪk] adj cryogénique

cryogenics [ˌkraɪəˈdʒenɪks] n (NonC) cryogénie f

cryolite ['kraɪəlaɪt] n (Miner) cryolit(h)e f

cryometry [kraɪˈɒmɪtrɪ] n cryométrie f

cryonic [kraɪˈɒnɪk] adj cryonique

cryonics [kraɪˈɒnɪks] n (NonC) cryonique f

cryoprecipitate [ˌkraɪəʊprɪˈsɪpɪtɪt] n (Phys, Med) cryoprécipité m

cryoscopy [kraɪˈɒskəpɪ] n cryoscopie f

cryostat ['kraɪəstæt] n (Phys) cryostat m

cryosurgery [ˌkraɪəʊˈsɜːdʒərɪ] n cryochirurgie f

cryotherapy [ˌkraɪəʊˈθerəpɪ] n cryothérapie f

cryotron ['kraɪətrɒn] n cryotron m

crypt [krɪpt] → SYN n crypte f

cryptic ['krɪptɪk] adj (= secret) secret (-ète f) ; (= mysterious) sibyllin, énigmatique ; (= terse) laconique

cryptically ['krɪptɪkəlɪ] adv (= mysteriously) énigmatiquement ; (= tersely) laconiquement

crypto- [krɪptəʊ] pref crypto- ♦ **crypto-communist** etc cryptocommuniste etc

cryptobiosis [ˌkrɪptəʊbaɪˈəʊsɪs] n cryptobiose f, anhydrobiose f

cryptogenic [ˌkrɪptəʊˈdʒenɪk] adj cryptogénétique

cryptogram ['krɪptəʊgræm] n cryptogramme m

cryptographer [krɪpˈtɒgrəfəʳ] n cryptographe mf

cryptographic(al) [ˌkrɪptəʊˈgræfɪk(əl)] adj cryptographique

cryptography [krɪpˈtɒgrəfɪ] n cryptographie f

cryptorchidism [krɪpˈtɔːkɪˌdɪzəm] n cryptorchidie f

crystal ['krɪstl] **1** n **a** (NonC) cristal m ; → **rock²**
b (Chem, Min) cristal m ♦ **salt crystals** cristaux mpl de sel
c (US = watch glass) verre m de montre
d (Rad) galène f
2 COMP (lit) vase de cristal ; (fig) waters, lake cristallin, de cristal (fig, liter) ▷ **crystal ball** n boule f de cristal ▷ **crystal-clear** adj clair comme le jour or comme de l'eau de roche ▷ **crystal-gazer** n voyant(e) m(f) (qui lit dans une boule de cristal) ▷ **crystal-gazing** n (l'art m de la) voyance f ; (fig) prédictions fpl, prophéties fpl ▷ **crystal lattice** n réseau m cristallin ▷ **crystal set** n (Rad) poste m à galène

crystalline ['krɪstəlaɪn] adj cristallin, clair or pur comme le cristal ♦ **crystalline lens** (Opt) cristallin m

crystallite ['krɪstəˌlaɪt] n cristallite f

crystallize ['krɪstəlaɪz] **1** vi (lit, fig) se cristalliser
2 vt cristalliser ; [+ sugar] (faire) cuire au cassé
3 COMP ▷ **crystallized fruits** npl fruits mpl confits or candis

crystallographic [ˌkrɪstələʊˈgræfɪk] adj cristallographique

crystallography [ˌkrɪstəˈlɒgrəfɪ] n cristallographie f

CSA [ˌsiːesˈeɪ] n (Brit) (abbrev of **Child Support Agency**) → **child**

CSC [ˌsiːesˈsiː] n (abbrev of **Civil Service Commission**) → **civil**

CSE [ˌsiːesˈiː] n (Brit) (abbrev of **Certificate of Secondary Education**) ≃ BEPC m

CSEU [ˌsiːesɪˈjuː] n (Brit) (abbrev of **Confederation of Shipbuilding and Engineering Unions**) syndicat

CS gas [ˌsiːesˈgæs] n (Brit) gaz m CS

CST [ˌsiːesˈtiː] n (US) (abbrev of **Central Standard Time**) → **central**

CSU [ˌsiːesˈjuː] n (Brit) (abbrev of **Civil Service Union**) syndicat

CT abbrev of **Connecticut**

ct a abbrev of **carat**
b abbrev of **cent**

CTC [ˌsiːtiːˈsiː] n (Brit) (abbrev of **city technology college**) établissement m d'enseignement technologique

ctenophore ['tenəfɔːʳ] n (Zool) cténaire m, cténophore m

CT scanner [siːˈtiː] n scanner m, tomodensitomètre m

CTT [ˌsiːtiːˈtiː] n (Brit) (abbrev of **capital transfer tax**) → **capital**

cu. (abbrev of **cubic**) 27 cu. metres 27 m3

cub [kʌb] → SYN **1** n **a** [of animal] petit(e) m(f) ; (* = youth) gosse m, petit morveux m (pej) ; → **bear², fox, wolf**
b (also **cub scout**) louveteau m (scout)
2 COMP ▷ **cub master** n (Scouting) chef m ▷ **cub mistress** n cheftaine f ▷ **cub reporter** n (Press) jeune reporter m

Cuba ['kjuːbə] n Cuba f or m ♦ **in Cuba** à Cuba

Cuban ['kjuːbən] **1** adj cubain
2 n Cubain(e) m(f)

cubature ['kjuːbətʃəʳ] n cubature f

cubbyhole ['kʌbɪhəʊl] n (= cupboard) débarras m, cagibi m ; (= poky room) cagibi m

cube [kjuːb] **1** n (gen, Culin, Math) cube m ; → **soup, stock**
2 vt (Math) cuber ; (Culin) couper en cubes or en dés
3 COMP ▷ **cube root** n (Math) racine f cubique

cubeb ['kjuːbeb] n cubèbe m

cubic ['kjuːbɪk] adj (of shape, volume) cubique ; (of measures) cube ♦ **cubic capacity** volume m ♦ **cubic centimetre** centimètre m cube ♦ **cubic content** contenance f cubique ♦ **cubic measure** mesure f de volume ♦ **cubic metre** mètre m cube ♦ **cubic equation** (Math) équation f du troisième degré

cubicle ['kjuːbɪkəl] n [of hospital, dormitory] box m, alcôve f ; [of swimming baths] cabine f

cubism ['kjuːbɪzəm] n cubisme m

cubist ['kjuːbɪst] adj, n cubiste mf

cubit ['kjuːbɪt] n (Bible) coudée f

cuboid ['kjuːbɔɪd] **1** adj (Math) cubique
2 n (Geom) parallélépipède m rectangle ; (Anat) cuboïde m

Cuchu(l)ain, Cuchulainn [n] n (Myth) Cu Chulainn m

cuckold † ['kʌkəld] **1** n (mari m) cocu * m
2 vt tromper, cocufier *

cuckoo ['kʊkuː] **1** n (Orn) coucou m
2 adj (* = mad) piqué*, toqué* ♦ **to go cuckoo** * perdre la boule *
3 COMP ▷ **cuckoo clock** n coucou m (pendule) ▷ **cuckoo ray** n (= fish) raie f coucou or fleurie ▷ **cuckoo spit** n (Bot) crachat m de coucou ▷ **cuckoo wrasse** n (= fish) labre m mêlé, coquette f

cuckoopint ['kʊkuːpaɪnt] n (Bot) pied-de-veau m

cucumber ['kjuːkʌmbəʳ] **1** n concombre m ; → **cool**
2 COMP sandwich au concombre

cucurbit ['kjuːkɜːbɪt] n (Bot) cucurbitacée f ; [of still] cucurbite f

cud [kʌd] n → **chew 1**

cuddle ['kʌdl] → SYN **1** n câlin m ♦ **to have a cuddle** (se) faire (un) câlin * ♦ **to give sb a cuddle** faire un câlin * à qn
2 vt câliner
3 vi s'enlacer

▶ **cuddle down** vi [child in bed] se pelotonner ♦ **cuddle down now!** maintenant allonge-toi (et dors) !

▶ **cuddle up** vi se pelotonner (to, against contre)

cuddly ['kʌdlɪ] → SYN adj child caressant, câlin ; animal qui donne envie de le caresser ; teddy bear, doll doux (douce f), qu'on a envie de câliner ♦ **cuddly toy** (jouet m en) peluche f

cudgel ['kʌdʒəl] → SYN **1** n gourdin m, trique f ♦ **to take up the cudgels for** or **on behalf of ...** prendre fait et cause pour ...
2 vt frapper à coups de trique ♦ **to cudgel one's brains** se creuser la cervelle or la tête (for pour)

cue [kjuː] → SYN **1** n **a** (Theat) (verbal) réplique f (indiquant à un acteur qu'il doit parler) ; (action) signal m ; (Mus) signal m d'entrée ; (Rad, TV) signal m ♦ **to give sb his cue** (Theat) donner la réplique à qn ; (fig) faire un signal à qn ♦ **to take one's cue** (Theat) entamer sa réplique ♦ **X's exit was the cue for Y's entrance** (Theat) la sortie d'X donnait à Y le signal de son entrée ♦ **to take one's cue from sb** (fig) emboîter le pas à qn (fig) ♦ **that was my cue to ...** (fig) c'était mon signal pour ...
b (Billiards etc) queue f de billard
2 vt (Cine, Rad, Theat etc) donner la réplique à
3 COMP ▷ **cue ball** n (Billiards etc) bille f du joueur

▶ **cue in** vt sep (Rad, TV) donner le signal à ; (Theat) donner la réplique à ♦ **to cue sb in on sth** (fig) mettre qn au courant de qch

cuesta ['kwestə] n (Geog, Geol) cuesta f

cuff [kʌf] → SYN **1** n **a** (gen) poignet m ; [of shirt] manchette f ; [of coat] parement m ; (US) [of trousers] revers m inv
♦ **off the cuff** à l'improviste, au pied levé ♦ **to speak off the cuff** improviser ; see also **off**
♦ **on the cuff** ⁂ (US) ♦ **to buy on the cuff** acheter à crédit
b (= blow) gifle f, calotte * f
2 **cuffs** * npl (= handcuffs) menottes fpl
3 vt (= strike) gifler, calotter *

cufflink ['kʌflɪŋk] n bouton m de manchette

Cufic ['kuːfɪk] adj coufique

cu.in. abbrev of **cubic inch(es)**

cuisine [kwɪˈziːn] n cuisine f ♦ **French/oriental cuisine** la cuisine française/orientale

cul-de-sac ['kʌldəˌsæk] → SYN n, pl **culs-de-sac** or **cul-de-sacs** (esp Brit) cul-de-sac m, impasse f ♦ **"cul-de-sac"** (road sign) "voie sans issue"

culinary ['kʌlɪnərɪ] adj culinaire

cull [kʌl] **1** vt **a** (= take samples from) sélectionner
b (= remove inferior items, animals etc) éliminer, supprimer ; [+ seals, deer etc] abattre
c (= pick) [+ flowers, fruit] cueillir
2 n **a** (= killing) abattage m ; → **seal¹**
b (= animal) animal m à éliminer (dans une portée)

cullet ['kʌlɪt] n groisil m, calcin m

culling ['kʌlɪŋ] n (NonC) ♦ **seal/deer culling** réduction f de la population de phoques/cervidés

culminate ['kʌlmɪneɪt] → SYN vi ♦ **to culminate in sth** (= end in) finir or se terminer par qch ; (= lead to) mener à qch ♦ **it culminated in his throwing her out** pour finir, il l'a mise à la porte

culminating ['kʌlmɪneɪtɪŋ] adj culminant ♦ **culminating point** point m culminant, sommet m

culmination [ˌkʌlmɪˈneɪʃən] → SYN n (Astron) culmination f ; (fig) [of success, career] apogée m ; [of disturbance, quarrel] point m culminant

culotte(s) [kjuːˈlɒt(s)] n(pl) jupe-culotte f

culpability [ˌkʌlpəˈbɪlɪtɪ] n culpabilité f

culpable ['kʌlpəbl] → SYN adj coupable (of de), blâmable ♦ **culpable homicide** (Jur) homicide m volontaire ; (Scot) homicide m sans préméditation ♦ **culpable negligence** (Jur) négligence f coupable

culprit ['kʌlprɪt] → SYN n coupable mf

cult [kʌlt] → SYN **1** n (Rel, fig) culte m (of de) ♦ **he made a cult of cleanliness** il avait le culte de la propreté
2 COMP ▷ **cult figure** n objet m d'un culte, idole f ♦ **he has become a cult figure** (fig) il est devenu l'objet d'un véritable culte or une véritable idole ▷ **cult film** n film-culte m ▷ **cult following** n a film/book/group with a cult following un film-/livre-/groupe-culte ▷ **cult movie** n ♦ **cult film**

cultivable ['kʌltɪvəbl] adj cultivable

cultivar ['kʌltɪˌvaːʳ] n variété f cultivée

cultivate ['kʌltɪveɪt] → SYN vt (lit, fig) cultiver ♦ **to cultivate the mind** se cultiver (l'esprit)

cultivated ['kʌltɪveɪtɪd] adj land, person cultivé ; voice distingué ♦ **cultivated pearls** perles fpl de culture

cultivation [ˌkʌltɪˈveɪʃən] → SYN n culture f ♦ **fields under cultivation** cultures fpl ♦ **out of cultivation** en friche, inculte

cultivator ['kʌltɪveɪtəʳ] n (= person) cultivateur m, -trice f ; (= machine) cultivateur m ; (power-driven) motoculteur m

cultural ['kʌltʃərəl] → SYN adj **a** background, activities culturel ♦ **cultural attaché** attaché m culturel ♦ **cultural environment** environnement m or milieu m culturel ♦ **cultural integration** acculturation f ♦ **the Cultural Revolution** la Révolution Culturelle
b (Agr) de culture, cultural

culturally ['kʌltʃərəlɪ] adv culturellement

culture ['kʌltʃəʳ] → SYN **1** n **a** (= education, refinement) culture f ♦ **physical culture** † la culture physique ♦ **a woman of no culture** une femme sans aucune culture or complètement inculte
b [of country, society, organization] culture f ♦ **French culture** la culture française ♦ **a culture of dependency, a dependency culture** (Pol) une culture fondée sur l'assistanat

cultured / **curl**

c (Agr) culture f ; [of bees] apiculture f ; [of fish] pisciculture f ; [of farm animals] élevage m
d (Bio, Med) culture f
2 vt (Bio) cultiver
3 COMP tube à culture ▷ **culture-fair test** n examen conçu pour ne pas défavoriser les minorités ethniques ▷ **culture fluid** n (Bio) bouillon m de culture ▷ **culture-free test** n ⇒ **culture-fair test** ▷ **culture gap** n fossé m culturel ▷ **culture medium** n (Bio) milieu m de culture ▷ **culture shock** n choc m culturel ▷ **culture vulture** * n (hum) fana * mf de culture

cultured ['kʌltʃəd] → SYN adj cultivé ◆ **cultured pearl** perle f de culture

culvert ['kʌlvət] → SYN n caniveau m

-cum- [kʌm] prep ◆ **a carpenter-cum-painter** un charpentier-peintre ◆ **a secretary-cum-chauffeur** une secrétaire qui fait office de chauffeur ◆ **a dining room-cum-living room** une salle à manger-salon

cumbersome ['kʌmbəsəm] → SYN , **cumbrous** ['kʌmbrəs] adj (= bulky) encombrant, embarrassant ; (= heavy) lourd, pesant

cumin ['kʌmɪn] n cumin m

cum laude [kʊm 'laʊdeɪ] adj (Univ) avec mention (obtention d'un diplôme, d'un titre)

cummerbund ['kʌməbʌnd] n ceinture f (de smoking)

cumulative ['kjuːmjʊlətɪv] → SYN adj cumulatif ◆ **cumulative evidence** (Jur) preuve f par accumulation de témoignages ◆ **cumulative interest** (Fin) intérêt m cumulatif ◆ **cumulative voting** vote m plural

cumulatively ['kjuːmjʊlətɪvlɪ] adv cumulativement

cumuli ['kjuːmjəˌlaɪ] npl of **cumulus**

cumulonimbus [ˌkjuːmjələʊ'nɪmbəs] n cumulonimbus m inv

cumulostratus [ˌkjuːmjələʊ'streɪtəs] n, pl **cumulostrati** [ˌkjuːmjələʊ'streɪtaɪ] cumulostratus m

cumulus ['kjuːmjələs] n, pl **cumuli** ['kjuːmjəˌlaɪ] cumulus m

cuneiform ['kjuːnɪfɔːm] **1** adj cunéiforme
2 n écriture f cunéiforme

cunnilingus [ˌkʌnɪ'lɪŋɡəs] n cunnilingus m

cunning ['kʌnɪŋ] → SYN **1** n finesse f, astuce f ; (pej) ruse f, fourberie f ; (†† = skill) habileté f, adresse f
2 adj astucieux, malin (-igne f) ; (pej) rusé, fourbe ◆ **a cunning little gadget** * un petit truc astucieux *

cunningly ['kʌnɪŋlɪ] adv **a** (= cleverly) disguised, camouflaged, concealed avec astuce, astucieusement ; contrived, designed, positioned, placed astucieusement
b (pej = deceitfully) speak d'une manière fourbe ; say avec fourberie ; look at d'un air fourbe

cunt ** [kʌnt] n **a** (= genitals) con ** m, chatte ** f
b (= person) salaud ** m, salope ** f

cup [kʌp] → SYN **1** n **a** tasse f ; (= goblet) coupe f ; (= cupful) tasse f, coupe f ◆ **cup of tea** tasse f de thé ◆ **he drank four cups** or **cupfuls** il (en) a bu quatre tasses ◆ **one cup** or **cupful of sugar/flour** etc (Culin) une tasse de sucre/farine un ◆ **cider/champagne cup** cocktail m au cidre/au champagne ◆ **he was in his cups** † il était dans les vignes du Seigneur, il avait un verre dans le nez ◆ **that's just his cup of tea** c'est son truc ◆ **that's not my cup of tea** * ce n'est pas ma tasse de thé * or mon truc * ◆ **it isn't everyone's cup of tea** * ça ne plaît pas à tout le monde ◆ **his cup of happiness was full** (liter) il jouissait d'un bonheur sans mélange or nuage ◆ **to drain the cup of sorrow** (liter) boire le calice jusqu'à la lie ; → **coffee, slip**
b (Tech) godet m ; [of flower] corolle f ; (Rel: also **communion cup**) calice m ; (Brit Sport etc = prize competition) coupe f ; (Geog) cuvette f ; (Anat) [of bone] cavité f articulaire, glène f ; (Med Hist = cupping glass) ventouse f ; [of brassière] bonnet m (de soutien-gorge) ; → **world**
2 vt **a** to cup one's hands faire une coupe avec ses deux mains ◆ **to cup one's hands round sth** mettre ses mains autour de qch ◆ **to cup one's hands round one's ear/one's mouth** mettre ses mains en cornet/en porte-voix

b (Med Hist) appliquer des ventouses sur
c (Golf) **to cup the ball** faire un divot
3 COMP ▷ **cup bearer** n échanson m ▷ **cup final** n (Brit Ftbl) finale f de la coupe ▷ **cup size** n [of bra] profondeur f de bonnet ▷ **cup-tie** n (Brit Ftbl) match m de coupe or comptant pour la coupe

cupboard ['kʌbəd] → SYN **1** n (esp Brit) placard m ; → **skeleton**
2 COMP ▷ **cupboard love** n (Brit) amour m intéressé

cupcake ['kʌpkeɪk] n (Culin) petit gâteau m

cupful ['kʌpfʊl] n (contenu m d'une) tasse f ; → **cup**

Cupid ['kjuːpɪd] n (Myth) Cupidon m ; (Art = cherub) amour m ◆ **Cupid's darts** les flèches fpl de Cupidon

cupidity [kjuː'pɪdɪtɪ] n (frm) cupidité f

cupola ['kjuːpələ] n **a** (Archit) (= dome) coupole f, dôme m ; (US = lantern, belfry) belvédère m
b (Naut) coupole f
c (Metal) cubilot m

cuppa * ['kʌpə] n (Brit) tasse f de thé

cupric ['kjuːprɪk] adj cuprique ◆ **cupric oxide** oxyde m de cuivre

cuprite ['kjuːpraɪt] n cuprite f

cupronickel [ˌkjuːprəʊ'nɪkl] n (Metal) cupronickel m

cur [kɜːʳ] n **a** (pej = dog) sale chien m, sale cabot * m
b (* pej = man) malotru m, mufle * m, rustre m

curable ['kjʊərəbl] adj guérissable, curable

Curaçao [ˌkjʊərə'səʊ] n curaçao m

curacy ['kjʊərəsɪ] n vicariat m

curare [kjʊə'rɑːrɪ] n curare m

curarization [ˌkjʊərəraɪ'zeɪʃən] n curarisation f

curarize ['kjʊərəˌraɪz] vt curariser

curate[1] ['kjʊərɪt] n vicaire m ◆ **it's like the curate's egg** (Brit) il y a du bon et du mauvais

curate[2] [kjʊə'reɪt] vt (= organize) [+ exhibition] organiser

curative ['kjʊərətɪv] adj curatif

curator [kjʊə'reɪtəʳ] n **a** [of museum etc] conservateur m
b (Scot Jur) curateur m (d'un aliéné or d'un mineur)

curatorial [ˌkjʊərə'tɔːrɪəl] adj expertise, career de conservateur ; policy en matière de conservation ◆ **the museum's curatorial team** l'équipe qui administre le musée

curb [kɜːb] → SYN **1** n **a** [of harness] gourmette f ; (fig) frein m ; (on trade etc) restriction f ◆ **to put a curb on sth** (fig) mettre un frein à qch
b (US: at roadside) bord m du trottoir
2 vt (US) [+ horse] mettre un mors à ; (fig) [+ impatience, passion] refréner, contenir ; [+ expenditure] réduire, restreindre
3 COMP ▷ **curb bit** n mors m ▷ **curb chain** n gourmette f ▷ **curb crawler** n (US) ⇒ **kerb crawler** ; → **kerb** ▷ **curb crawling** n (US) ⇒ **kerb crawling** ; → **kerb** ▷ **curb market** n (US St Ex) ⇒ **kerb market** ; → **kerb** ▷ **curb reins** npl rênes fpl de filet ▷ **curb roof** n (Archit) comble m brisé ▷ **curb service** n (US) service m au volant (dans un restaurant drive-in) ▷ **curb weight** n (US Aut) poids m à vide

curbstone ['kɜːbstəʊn] **1** n (US) pavé m (pour bordure de trottoir)
2 COMP ▷ **curbstone market** n (US St Ex) ⇒ **kerb market** ; → **kerb**

curcuma ['kɜːkjʊmə] n (Bot) curcuma m

curcumin ['kɜːkjʊmɪn] n (Chem) curcumine f

curd [kɜːd] **1** n (gen pl) ◆ **curd(s)** lait m caillé ; → **lemon**
2 COMP ▷ **curd cheese** n ≃ fromage m blanc

curdle ['kɜːdl] → SYN **1** vt [+ milk] cailler ; [+ mayonnaise] faire tomber ◆ **it was enough to curdle the blood** c'était à vous glacer le sang

2 vi [milk] se cailler ; [mayonnaise] tomber ◆ **his blood curdled** son sang s'est figé ◆ **it made my blood curdle** cela m'a glacé le sang

cure [kjʊəʳ] → SYN **1** vt **a** (Med) [+ disease, patient] guérir (of de), (fig) [+ poverty] éliminer ; (+ unfairness) éliminer, remédier à ◆ **to cure an injustice** réparer une injustice ◆ **to cure an evil** remédier à un mal ◆ **to be cured (of sth)** guérir (de qch) ◆ **to cure a child of a bad habit** faire perdre une mauvaise habitude à un enfant ◆ **to cure o.s. of smoking** se déshabituer du tabac, se guérir de l'habitude de fumer ◆ (Prov) **what can't be cured must be endured** il faut savoir accepter l'inévitable
b [+ meat, fish] (= salt) saler ; (= smoke) fumer ; (= dry) sécher
2 n **a** (Med) (= remedy) remède m ; (= recovery) guérison f ◆ **to take** or **follow a cure** faire une cure ◆ **past** or **beyond cure** person inguérissable, incurable ; state, injustice, evil irrémédiable, irréparable ; → **prevention, rest**
b (Rel) cure f ◆ **cure of souls** charge f d'âmes
3 COMP ▷ **cure-all** n panacée f

cured [kjʊəd] adj (Culin) (= salted) salé ; (= smoked) fumé ; (= dried) séché

curet(te) [kjʊə'ret] **1** n curette f
2 vt cureter

curettage [kjʊə'retɪdʒ] n curetage m

curfew ['kɜːfjuː] n couvre-feu m ◆ **to impose a/lift the curfew** décréter/lever le couvre-feu

curia ['kjʊərɪə] n, pl **curiae** ['kjʊərɪiː] (Rel) curie f

curie ['kjʊərɪ] n (Phys) curie m

curing ['kjʊərɪŋ] n (by salting) salaison f ; (by smoking) fumaison f ; (by drying) séchage m

curio ['kjʊərɪəʊ] n bibelot m, curiosité f

curiosity [ˌkjʊərɪ'ɒsɪtɪ] → SYN **1** n **a** (NonC = inquisitiveness) curiosité f (about de) ◆ **out of curiosity** par curiosité ◆ (Prov) **curiosity killed the cat** la curiosité est un vilain défaut (Prov)
b (= rare thing) curiosité f, rareté f
2 COMP ▷ **curiosity shop** n magasin m de brocante or de curiosités

curious ['kjʊərɪəs] → SYN adj **a** (also pej) curieux (also pej) ◆ **I'm curious to know what he did** je suis or serais curieux de savoir ce qu'il a fait ◆ **I'm curious about him** il m'intrigue ◆ **why do you ask? – I'm just curious** pourquoi vous me demandez ça ? – par curiosité, c'est tout
b (= strange) curieux ◆ **it is curious that …/how …** c'est curieux que … (+ subj)/comme …

curiously ['kjʊərɪəslɪ] adv **a** (= inquisitively) ask d'un ton inquisiteur
b (= oddly) silent, reticent curieusement ◆ **curiously shaped** d'une forme curieuse ◆ **curiously, he didn't object** curieusement, il n'a pas émis d'objection

curium ['kjʊərɪəm] n curium m

curl [kɜːl] → SYN **1** n **a** [of hair] boucle f (de cheveux)
b (gen) courbe f ; [of smoke] spirale f, volute f ; [of waves] ondulation f ◆ **with a curl of the lip** (fig) avec une moue méprisante
2 vt [+ hair] (loosely) (faire) boucler ; (tightly) friser ◆ **she curls her hair** elle frise or boucle ses cheveux ◆ **he curled his lip in disdain** il a eu une moue dédaigneuse ◆ **the dog curled its lip menacingly** le chien a retroussé ses babines d'un air menaçant
3 vi **a** [hair] (tightly) friser ; (loosely) boucler ◆ **it's enough to make your hair curl** * (fig) c'est à vous faire dresser les cheveux sur la tête ◆ **his lip curled disdainfully** il a eu une moue dédaigneuse ◆ **the dog's lip curled menacingly** le chien a retroussé ses babines d'un air menaçant
b [person, animal] ⇒ **curl up**
4 COMP ▷ **curling irons, curling tongs** npl fer m à friser ▷ **curl paper** n papillote f

▶ **curl up** **1** vi s'enrouler ; [person] se pelotonner ; (* : from shame etc) rentrer sous terre ; [cat] se mettre en boule, se pelotonner ; [dog] se coucher en rond ; [leaves] se recroqueviller ; [paper] se recourber, se replier ; [corners] se corner ; [stale bread] se racornir ◆ **he lay curled up on the floor** il était couché en boule par terre ◆ **to curl up** with laughter se tordre de rire ❖ **the smoke curled up** la fumée montait en volutes or en spirales

2 vt sep enrouler ❖ **to curl o.s. up** [person] se pelotonner ; [cat] se mettre en boule, se pelotonner ; [dog] se coucher en rond

curler ['kɜːləʳ] n **a** [of hair] rouleau m, bigoudi m

b (Sport) joueur m, -euse f de curling

curlew ['kɜːljuː] **1** n courlis m

2 ▷ **curlew sandpiper** n (Orn) bécasseau m cocorli

curlicue ['kɜːlɪkjuː] n [of handwriting] fioriture f ; [of skating] figure f *(de patinage)*

curling ['kɜːlɪŋ] n (Sport) curling m

curly ['kɜːlɪ] → SYN **1** adj hair (loosely) bouclé ; (tightly) frisé ❖ **curly eyelashes** cils mpl recourbés

2 COMP ▷ **curly bracket** n accolade f ▷ **curly-haired, curly-headed** adj aux cheveux bouclés or frisés ▷ **curly lettuce** n laitue f frisée

curmudgeon [kɜːˈmʌdʒən] n (= miser) harpagon m, grippe-sou * m ; (= surly person) grincheux m

curmudgeonly [kɜːˈmʌdʒənlɪ] adj (= miserly) grippe-sou ; (= surly) grincheux

currant ['kʌrənt] **1** n **a** (Bot = fruit) groseille f ; (also **currant bush**) groseillier m ; → **blackcurrant, redcurrant**

b (= dried fruit) raisin m de Corinthe

2 COMP ▷ **currant bun** n petit pain m aux raisins ▷ **currant loaf** n pain m aux raisins

currency ['kʌrənsɪ] → SYN **1** n **a** (Fin) monnaie f, devise f ; (= money) argent m ❖ **the currency is threatened** la monnaie est en danger ❖ **this coin is no longer legal currency** cette pièce n'a plus cours (légal) ❖ **foreign currency** devise f or monnaie f étrangère ❖ **I have no Chinese currency** je n'ai pas d'argent chinois ; → **hard, paper**

b (= acceptance, prevalence) cours m, circulation f ❖ **to gain currency** se répandre, s'accréditer ❖ **to give currency to** accréditer ❖ **such words have short currency** de tels mots n'ont pas cours longtemps ❖ **this coin is no longer in currency** cette pièce n'est plus en circulation

2 COMP ▷ **currency exemptions** npl (Fin, Jur) dispenses fpl en matière de réglementation des changes ▷ **currency market** n (Fin) place f financière ▷ **currency note** n billet m de banque ▷ **currency rate** n cours m des devises ▷ **currency restrictions** npl contrôle m des changes ▷ **currency snake** n serpent m monétaire ▷ **currency trader** n cambiste mf ▷ **currency trading** n opérations fpl de change ▷ **currency unit** n unité f monétaire

current ['kʌrənt] → SYN **1** adj opinion courant, commun ; word, phrase, price courant, en cours ; fashion, tendency, popularity actuel ❖ **to be current** [phrase, expression] être accepté or courant ❖ **to be in current use** être d'usage courant ❖ **at the current rate of exchange** au cours actuel du change ❖ **current account** (Brit Banking) compte m courant ❖ **current affairs** questions fpl or problèmes mpl d'actualité, actualité f (NonC) ❖ **current assets** (Fin) actif m de roulement ❖ **current cost accounting** (Fin) comptabilité f en coûts actuels ❖ **current liabilities** passif m exigible or dettes fpl exigibles à court terme ❖ **current events** événements mpl actuels, actualité f (NonC) ❖ **current expenditure** dépenses fpl courantes ❖ **current issue** (Press) dernier numéro m ❖ **current month/year** mois m/année f en cours ❖ **current yield** (St Ex) taux m de rendement courant, taux m actuariel ❖ **current week** semaine f en cours ❖ **his current job** le travail qu'il fait or le poste qu'il occupe en ce moment ❖ **her current boyfriend** son copain * or petit ami du moment

2 n [of air, water] courant m (also Elec) ; (fig) [of events etc] cours m, tendance f ; [of opinions] tendance f ❖ **to go with the current** (lit, fig) suivre le courant ❖ **to drift with the current** (lit) se laisser aller au fil de l'eau ; (fig) aller selon le vent ❖ **to go against the current** (lit) remonter le courant ; (fig) aller à contre-courant ; → **alternating, direct**

currently ['kʌrəntlɪ] adv actuellement, à présent

curriculum [kəˈrɪkjʊləm] **1** n, pl **curriculums** or **curricula** [kəˈrɪkjʊlə] programme m scolaire or d'études

2 COMP ▷ **curriculum coordinator** n responsable mf des programmes scolaires ▷ **curriculum council** n (US Scol) ≃ service m des programmes scolaires ▷ **curriculum vitae** n, pl **curricula vitae** (esp Brit Scol) curriculum vitae m, C.V. m

curried ['kʌrɪd] adj au curry

curry¹ ['kʌrɪ] (Culin) **1** n curry or cari m ❖ **beef curry** curry m de bœuf

2 vt accommoder au curry

3 COMP ▷ **curry powder** n (poudre f de) curry m

curry² ['kʌrɪ] **1** vt [+ horse] étriller ; [+ leather] corroyer ❖ **to curry favour with sb** chercher à gagner la faveur de qn

2 COMP ▷ **curry-comb** n étrille f ◊ vt étriller

curse [kɜːs] → SYN **1** n **a** (= malédiction, spell) malédiction f ❖ **a curse on him!** † maudit soit-il! † ❖ **to call down** or **put** or **lay a curse on sb** maudire qn

b (= swearword) juron m, imprécation f ❖ **curses!** * zut ! *

c (fig = bane) fléau m, calamité f ❖ **the curse of drunkenness** le fléau de l'ivrognerie ❖ **she has the curse** * (= menstruation) elle a ses règles

2 vt maudire ❖ **curse the child!** * maudit enfant ! ❖ **to be cursed with** (fig) être affligé de

3 vi (= swear) jurer, sacrer

cursed * ['kɜːsɪd] adj sacré *, maudit, satané (all before n)

cursive ['kɜːsɪv] **1** adj cursif

2 n (écriture f) cursive f

cursor ['kɜːsəʳ] n (Comput) curseur m

cursorial [kɜːˈsɔːrɪəl] adj (Zool) coureur

cursorily ['kɜːsərɪlɪ] adv en vitesse, à la hâte (pej)

cursory ['kɜːsərɪ] adj (= superficial) superficiel ; (= hasty) hâtif ❖ **to give a cursory glance at** [+ person, object] jeter un coup d'œil à ; [+ book, essay, letter] lire en diagonale *

curt [kɜːt] → SYN adj person, manner brusque, sec (sèche f), cassant ; explanation, question brusque, sec (sèche f) ❖ **in a curt voice** d'un ton cassant ❖ **with a curt nod** avec un bref signe de tête

curtail [kɜːˈteɪl] → SYN vt [+ account] écourter, raccourcir, tronquer ; [+ proceedings, visit] écourter ; [+ period of time] écourter, raccourcir ; [+ wages] rogner, réduire ; [+ expenses] restreindre, réduire

curtailment [kɜːˈteɪlmənt] → SYN n (NonC) (frm) **a** (= reduction) [of money, aid] réduction f

b (= restriction) [of sb's power, freedom] limitation f

c (= shortening) [of visit] raccourcissement m

curtain ['kɜːtn] → SYN **1** n **a** (gen) rideau m ; (fig) rideau m, voile m ❖ **to draw** or **pull the curtains** tirer les rideaux ❖ **to open/close the curtains** ouvrir/fermer les rideaux ❖ **curtain of fire** (Mil) rideau m de feu ❖ **it was curtains for him** * il était fichu * or foutu *‡ ; → **iron, safety**

b (Theat) rideau m ; (= time when curtain rises or falls) lever m or baisser m de rideau ; (also **curtain call**) rappel m ❖ **she took three curtains** elle a été rappelée trois fois ❖ **the last** or **final curtain** le dernier rappel ❖ **to drop the curtain** baisser le rideau ❖ **the curtain drops** le rideau tombe

2 vt [+ window] garnir de rideaux

3 COMP ▷ **curtain hook** n crochet m de rideau ▷ **curtain pole** n tringle f à rideaux ▷ **curtain raiser** n (Theat, also fig) lever m de rideau ▷ **curtain ring** n anneau m de rideau ▷ **curtain rod** n tringle f à rideaux ▷ **curtain-up** n (Theat) lever m du rideau ▷ **curtain wall** n (Constr) mur m rideau

▶ **curtain off** vt sep [+ room] diviser par un or des rideau(x) ; [+ bed, kitchen area] cacher derrière un or des rideau(x)

curtly ['kɜːtlɪ] adv avec brusquerie, sèchement, d'un ton cassant

curtness ['kɜːtnɪs] n brusquerie f, sécheresse f

curtsey, curtsy ['kɜːtsɪ] **1** n révérence f ❖ **to make** or **drop a curtsey** faire une révérence

2 vi faire une révérence (*to* à)

curvaceous * [kɜːˈveɪʃəs] adj woman bien balancée *, bien roulée *

curvature ['kɜːvətʃəʳ] n courbure f ; (Med) déviation f ❖ **curvature of the spine** déviation f de la colonne vertébrale, scoliose f ❖ **the curvature of space/the earth** la courbure de l'espace/de la terre

curve [kɜːv] → SYN **1** n (gen) courbe f ; [of arch] voussure f ; [of beam] cambrure f ; [of graph] courbe f ❖ **a curve in the road** courbe f, tournant m, virage m ❖ **a woman's curves** * les rondeurs fpl d'une femme

2 vt courber ; (Archit) [+ arch, roof] cintrer

3 vi [line, surface, beam] se courber, s'infléchir ; [road etc] faire une courbe, être en courbe ❖ **the road curves down into the valley** la route descend en courbe dans la vallée ❖ **the river curves round the town** la rivière fait un méandre autour de la ville

4 COMP ▷ **curve ball** n (Baseball) balle f à effet ❖ **he threw me a curve ball** (fig) il m'a fait un coup auquel je ne m'attendais pas, il m'a pris à contre-pied

curveball ['kɜːvbɔːl] n (US Baseball) balle f à effet

curved [kɜːvd] → SYN adj (gen) courbe ; edge of table etc arrondi ; road en courbe ; (= convex) convexe

curvet [kɜːˈvet] **1** n courbette f

2 vi faire une courbette

curvilinear [ˌkɜːvɪˈlɪnɪəʳ] adj curviligne

curvy * ['kɜːvɪ] adj girl, body bien roulé * ; (gen) courbe

cushion ['kʊʃən] → SYN **1** n **a** coussin m ❖ **on a cushion of air** sur un coussin d'air ; → **pincushion**

b (Billiards) bande f ❖ **a stroke off the cushion** un doublé

2 vt [+ sofa] mettre des coussins à ; [+ seat] rembourrer ; (Tech) matelasser ; (fig) [+ shock] amortir ; (Fin) [+ losses] atténuer ❖ **to cushion sb's fall** amortir la chute de qn ❖ **to cushion sb against sth** (fig) protéger qn contre qch ❖ **to cushion one's savings against inflation** mettre ses économies à l'abri de l'inflation

cushy * ['kʊʃɪ] adj (Brit) pépère *, tranquille ❖ **a cushy job** une bonne planque *, un boulot pépère * ❖ **to have a cushy time** se la couler douce * ; → **billet¹**

cusp [kʌsp] n (Bot) [of tooth] cuspide f ; [of moon] corne f

cuspidor ['kʌspɪdɔːʳ] n (US) crachoir m

cuss * [kʌs] (US) ⇒ **curse 1** n **a** (= oath) juron m ❖ **he's not worth a tinker's cuss** il ne vaut pas un pet de lapin *

b (gen pej = person) type * m, bonne femme f (gen pej) ❖ **he's a queer cuss** c'est un drôle de type *

2 vi jurer

cussed * ['kʌsɪd] adj entêté, têtu comme une mule *

cussedness * ['kʌsɪdnɪs] n esprit m contrariant or de contradiction ❖ **out of sheer cussedness** par pur esprit de contradiction

cussword * ['kʌswɜːd] n (US) gros mot m

custard ['kʌstəd] **1** n (pouring) crème f anglaise ; (set) crème f renversée

2 COMP ▷ **custard apple** n (Bot) pomme f cannelle, anone f ▷ **custard cream, custard cream biscuit** n biscuit m fourré ▷ **custard pie** n tarte f à la crème ▷ **custard powder** n crème f anglaise en poudre ▷ **custard tart** n flan m

custodial [kʌsˈtəʊdɪəl] adj **a** (Jur) parent à qui est attribué la garde des enfants ❖ **custodial sentence** peine f privative de liberté

b [of museum etc] **custodial staff** personnel m de surveillance

custodian [kʌsˈtəʊdɪən] n [of building] concierge mf, gardien(ne) m(f) ; [of museum] conservateur m, -trice f ; [of tradition etc] gardien(ne) m(f), protecteur m, -trice f

custody ['kʌstədɪ] → SYN n **a** (Jur etc) garde f ❖ **in safe custody** sous bonne garde ❖ **the child is in the custody of his aunt** l'enfant est sous la garde de sa tante ❖ **after the divorce she was given custody of the children** (Jur) après le divorce elle a obtenu la garde des enfants b (gen) garde f à vue ; (= imprisonment) emprisonnement m, captivité f ; (also **police custody**) (for short period) garde f à vue ; (before trial) détention f provisoire ◆ **in custody** en détention provisoire ◆ **to be kept in (police) custody** être mis en garde à vue ◆ **to take sb into custody** mettre qn en état d'arrestation ◆ **to give sb into custody** remettre qn aux mains de la police ; → **protective, remand**

custom ['kʌstəm] → SYN 1 n a (= tradition, convention) coutume f, usage m ; (= habit) coutume f, habitude f ◆ **as custom has it** selon la coutume, selon les us et coutumes ◆ **it was his custom to rest each morning** il avait coutume or il avait l'habitude de se reposer chaque matin

b (NonC: Brit Comm) clientèle f ◆ **the grocer wanted to get her custom** l'épicier voulait la compter parmi ses clients ◆ **he has lost a lot of custom** il a perdu beaucoup de clients ◆ **he took his custom elsewhere** il est allé se fournir ailleurs

c (Jur) coutume f, droit m coutumier ; → **customs**

2 adj (= custom-made) personnalisé

3 COMP ▷ **custom-built** adj (Comm) fait sur commande ▷ **custom car** n voiture f faite sur commande ▷ **custom-made** adj (Comm) clothes (fait) sur mesure ; (other goods) fait sur commande

customarily ['kʌstəmərılı] → SYN adv habituellement, ordinairement

customary ['kʌstəmərı] → SYN 1 adj (gen) habituel, coutumier ◆ **it is customary (to do that)** c'est la coutume ◆ **it is customary to thank the host** la coutume veut que l'on remercie (subj) l'hôte ◆ **it is customary for the children to be present** la coutume veut que les enfants soient présents

2 COMP ▷ **customary tenant** n (Jur) tenancier m censitaire

customer ['kʌstəmə^r] → SYN 1 n a (Comm) client(e) m(f)

b (esp Brit *) type * m, individu m (pej) ◆ **he's an awkward customer** il n'est pas commode ◆ **queer customer** drôle de type * or d'individu ◆ **ugly customer** sale type * m or individu m

2 COMP ▷ **customer appeal** n facteur m de séduction du client ▷ **customer base** n clientèle f ▷ **customer care** n service m clientèle or clients ▷ **customer profile** n profil m du consommateur ▷ **customer services** npl service m clientèle or clients

customize ['kʌstəmaız] vt fabriquer (or construire or arranger etc) sur commande

customized ['kʌstəmaızd] adj software, service sur mesure

customs ['kʌstəmz] → SYN 1 n a (sg or pl = authorities, place) douane f ◆ **to go through (the) customs** passer la douane ◆ **at** or **in the customs** à la douane

b (pl = duty payable) droits mpl de douane

2 COMP regulations, receipt etc de la douane ▷ **Customs and Excise** n (Brit) douanes fpl ▷ **customs border patrol** n brigade f volante des services de douane ▷ **customs broker** n agent m en douane ▷ **customs clearance** n dédouanement m ▷ **customs declaration** n déclaration f en douane ▷ **customs duty** n droit(s) m(pl) de douane ▷ **customs form** n (formulaire m de) déclaration f en douane ▷ **customs house** n (poste m or bureaux mpl de) douane f ▷ **customs inspection** n visite f douanière or de douane ▷ **customs officer** n douanier m, -ière f ▷ **customs post** n ⇒ **customs house** ▷ **customs regulations** npl réglementation f douanière ▷ **customs service** n service m des douanes ▷ **customs shed** n poste m de douane ▷ **customs union** n union f douanière

cut [kʌt] → SYN vb : pret, ptp **cut** 1 n a (= stroke) coup m ; (= mark, slit) coupure f ; (= notch) entaille f ; (= slash) estafilade f ; (= gash) balafre f ; (Med) incision f ◆ **sabre cut** coup m de sabre ◆ **saw cut** trait m de scie ◆ **a deep cut in the leg** une profonde coupure à la jambe ◆ **he had a cut on his chin from shaving** il s'était coupé au menton en se rasant ◆ **he was treated for minor cuts and bruises** on l'a soigné pour des petites coupures et des contusions ◆ **there is a cut in his jacket** il y a une entaille à sa veste ◆ **the cut and thrust of modern politics** (fig) les estocades fpl de la politique contemporaine ◆ **that remark was a cut at me** (fig) cette remarque était une pierre dans mon jardin or une pique contre moi ◆ **the unkindest cut of all** (fig) le coup le plus perfide ◆ **he is a cut above (the others)** * (fig) il vaut mieux que les autres, il est supérieur aux autres ◆ **that's a cut above him** * (fig) ça le dépasse ; → **short**

b [of cards] coupe f

c (= reduction: gen, esp Econ) réduction f (*in* de), diminution f (*in* de) ; (in staff) compression f (*in* de) ◆ **the cuts** (Fin) les compressions fpl budgétaires ◆ **drastic cuts** (Econ) coupes fpl claires ◆ **power** or **electricity cut** coupure f de courant ◆ **to make cuts in a book/play** etc faire des coupures dans un livre/une pièce etc ◆ **a 1% cut in interest rates** une réduction or une diminution de 1 % des taux d'intérêt ; → **tax** ◆ **the cuts in defence** or **the defence budget** la diminution or la réduction du budget de la défense ◆ **to take a cut in salary** subir une diminution or réduction de salaire

d [of meat] (= piece) morceau m ; (= slice) tranche f ◆ **a nice cut of beef** un beau morceau de bœuf ◆ **a cut off** or **from the joint** un morceau de rôti

e (* = share) part f ◆ **they all want a cut in the profits** ils veulent tous leur part du gâteau * (fig) ◆ **there won't be much left once the lawyers have taken their cut** il ne restera pas grand-chose une fois que les avocats auront pris leur part

f [of clothes] coupe f ; [of jewel] taille f ◆ **I like the cut of this coat** j'aime la coupe de ce manteau ; → **jib**

g (= haircut) **cut (and blow-dry)** coupe f (et brushing)

h (Comput) **cut and paste** couper-coller m

i (US Typ = block) cliché m

j (Cine, TV) (= edit) coupure f ; (= transition) passage m (*from* de ; *to* à)

k (US *: from school etc) absence f injustifiée

2 adj flowers, grass coupé ◆ **he had a cut finger/hand** il avait une coupure au doigt/à la main, il s'était coupé au doigt/à la main ◆ **a cut lip** une lèvre coupée ◆ **well-cut coat** manteau m bien coupé or de bonne coupe ◆ **it was all cut and dried** (= fixed beforehand) c'était déjà décidé, tout était déjà arrangé ; (= impossible to adapt) il n'y avait pas moyen de changer quoi que ce soit ◆ **cut and dried opinions** opinions fpl toutes faites

3 vt a couper ; [+ joint of meat, tobacco] découper ; (= slice) découper en tranches ; (= notch) encocher ; (Med) [+ abscess] inciser ◆ **to cut in half/in three** etc couper en deux/en trois etc ◆ **she cut the cake in six** elle a coupé le gâteau en six ◆ **to cut in(to) pieces** (lit) couper en morceaux ; (fig) [+ army] tailler en pièces ; [+ reputation] démolir ◆ **to cut one's finger** se couper le doigt or au doigt ◆ **to cut o.s. (shaving)** se couper (en se rasant) ◆ **to cut sb's throat** couper la gorge à qn, égorger qn ◆ **he is cutting his own throat** (fig) il prépare sa propre ruine (fig) ◆ **to cut sth open** (with knife) ouvrir qch au or avec un couteau ; (with scissors etc) ouvrir qch avec des ciseaux etc ◆ **he cut his arm open on a nail** il s'est ouvert le bras sur un clou ◆ **he cut his head open** il s'est ouvert le crâne ◆ **to cut sth short** (fig) abréger qch, couper court à qch ◆ **to cut a visit short** écourter une visite ◆ **to cut sb short** couper la parole à qn ◆ **to cut a long story short, he came** bref, il est venu ◆ **to cut sb free** délivrer qn en coupant ses liens ; → **corner, dash, figure, fine, Gordian, ground, ice, loss, mustard, tooth**

b (fig = wound, hurt) [+ person] blesser (profondément), affecter ◆ **the wind cut his face** le vent lui coupait le visage ; → **heart, quick**

c (= shape) couper, tailler ; [+ steps] tailler ; [+ channel] creuser, percer ; [+ figure, statue] sculpter (*out of* dans) ; (= engrave) graver ; [+ jewel, key, glass, crystal] tailler ; [+ screw] fileter ; [+ dress] couper ◆ **to cut a hole in sth** faire un trou dans qch ◆ **to cut one's way through the crowd/forest** se frayer un chemin à travers la foule/les bois ; → **coat, record**

d (= mow, clip, trim) [+ hedge, trees] tailler ; [+ corn, hay] faucher ; [+ lawn] tondre ◆ **to cut one's nails/hair** se couper les ongles/les cheveux ◆ **to have** or **get one's hair cut** se faire couper les cheveux

e (esp US = not attend) [+ class, school etc] manquer, sécher * ; [+ appointment] manquer exprès ; → **dead**

f (= cross, intersect) couper, croiser, traverser ; (Math) couper ◆ **the path cuts the road here** le sentier coupe la route à cet endroit

g (= reduce) [+ profits, wages] réduire, diminuer ; [+ text, book, play] réduire, faire des coupures dans ◆ **to cut costs** réduire les coûts ◆ **to cut prices** réduire les prix, vendre à prix réduit or au rabais ◆ **to cut spending by 35%** réduire or diminuer les dépenses de 35 % ◆ **we cut the journey time by half** nous avons réduit de moitié la durée du trajet ◆ **he cut 30 seconds off the record, he cut the record by 30 seconds** (Sport) il a amélioré le record de 30 secondes

h (= stop) couper ◆ **to cut electricity supplies** couper l'électricité ◆ **cut the euphemisms and just tell me what's happened!** * arrête de tourner autour du pot et dis-moi simplement ce qui s'est passé ! ◆ **cut the crap!** ✱ (esp US) arrête tes conneries ! ✱, assez bavardé comme ça ! *

i [+ cards] couper

j (Sport) **to cut the ball** couper la balle

k (Cine etc = edit) [+ film] monter

l (= dilute) [+ drink] couper

m (Comput) **cut and paste** [+ document etc] couper-coller ◆ **cut and paste these lines of text into your file** coupez-collez ces lignes de texte dans votre fichier

n (* = conclude) **to cut a deal** passer un marché

o **to cut it** * (= be good enough) être à la hauteur ◆ **he couldn't cut it as a singer** comme chanteur il n'était pas à la hauteur

4 vi a [person, knife etc] couper ◆ **this knife cuts well** ce couteau coupe bien ◆ **he cut into the cake** il a fait une entaille dans le gâteau, il a entamé le gâteau ◆ **cut along the dotted line** découper suivant le pointillé ◆ **his sword cut through the air** son épée fendit l'air ◆ **the boat cut through the waves** le bateau fendait l'eau ◆ **this cuts across all I have learnt** (fig) ceci va à l'encontre de tout ce que j'ai appris ◆ **what you say cuts both ways** ce que vous dites est à double tranchant ◆ **that argument cuts both ways** c'est un argument à double tranchant ◆ **to cut and run** * mettre les bouts ✱, filer * ◆ **to cut to the chase** * en venir à l'essentiel ◆ **cut to the chase!** * abrège ! * ; → **loose**

b [material] se couper ◆ **paper cuts easily** le papier se coupe facilement ◆ **this piece will cut into four** ce morceau peut se couper en quatre

c (Math) se couper ◆ **lines A and B cut at point C** les lignes A et B se coupent au point C

d (= take short route) **cut across the fields and you'll soon be there** coupez à travers champs et vous serez bientôt arrivé ◆ **to cut across country** couper à travers champs ◆ **if you cut through the lane you'll save time** si vous coupez or passez par la ruelle vous gagnerez du temps

e (Cine, TV) **they cut from the street to the shop scene** ils passent de la rue à la scène du magasin ◆ **cut!** coupez !

f (Cards) couper ◆ **to cut for deal** tirer pour la donne

5 COMP ▷ **cut glass** n (NonC) cristal m taillé ◇ adj de or en cristal taillé ▷ **cut-price** → SYN adj goods, ticket à prix réduit, au rabais ; manufacturer, shopkeeper qui vend à prix réduits ◆ **cut-price shop** or **store** magasin m à prix réduits ◇ adv buy, get à prix réduit ▷ **cut prices** npl prix mpl réduits ▷ **cut-rate** adj (Brit) ⇒ **cut-price** ▷ **cut-throat** † → SYN n (= murderer) assassin m ◇ adj ◆ **cut-throat competition** concurrence f acharnée ◆ **cut-throat game** (Cards) partie f à trois ◆ **cut-throat razor** (Brit) rasoir m à main or de coiffeur ▷ **cut tobacco** n tabac m découpé ▷ **cut up** * adj (Brit = upset) affligé ; (US = funny) rigolo * (-ote * f)

► **cut across** vt fus [problem, issue] toucher ◆ **this problem cuts across all ages** ce problème touche toutes les tranches d'âge

► **cut along** vi s'en aller, filer *

► **cut away** 1 vt sep [+ branch] élaguer ; [+ unwanted part] enlever (en coupant)

2 **cutaway** n → **cutaway**

► **cut back** **1** vt sep [+ plants, shrubs] élaguer, tailler ; (fig): (also **cut back on**) [+ production, expenditure] réduire, diminuer
2 vi revenir (sur ses pas) ◆ he cut back to the village and gave his pursuers the slip il est revenu au village par un raccourci et a semé ses poursuivants
3 cutback n → **cutback**

► **cut down** vt sep **a** [+ tree] couper, abattre ; [+ corn] faucher ; [+ person] (by sword etc) abattre *(d'un coup d'épée etc)* ; (fig: through illness etc) terrasser ◆ **cut down by pneumonia** terrassé par la or une pneumonie
b (= reduce) [+ expenses, pollution] réduire ; [+ article, essay] couper ; [+ clothes] (gen) rapetisser, diminuer ◆ **to cut sb down to size** * (fig) remettre qn à sa place

► **cut down on** vt fus [+ food] manger moins de ; [+ alcohol] boire moins de ; [+ cigarettes] fumer moins de ; [+ expenditure, costs] réduire ◆ **you should cut down on drink** vous devriez boire moins

► **cut in** **1** vi (into conversation) se mêler à la conversation ; (Aut) se rabattre ◆ **to cut in on sb** (Aut) faire une queue de poisson à qn ; (= interrupt) couper la parole à qn ◆ **to cut in on the market** (Comm, Fin) s'infiltrer sur le marché
2 vt sep ◆ **to cut sb in on** or **into a deal** * intéresser qn à une affaire

► **cut off** **1** vi († * = leave) filer *
2 vt sep **a** [+ piece of cloth, cheese, meat, bread] couper *(from* dans) ; [+ limbs] amputer, couper ◆ **to cut off sb's head** trancher la tête de or à qn, décapiter qn ◆ **to cut off one's nose to spite one's face** scier la branche sur laquelle on est assis *(par dépit)*
b (= disconnect) [+ telephone caller, telephone, car engine, gas, electricity] couper ◆ **our water supply has been cut off** on nous a coupé l'eau ◆ **we were cut off** (Telec) nous avons été coupés ◆ **to cut sb off in the middle of a sentence** interrompre qn au milieu d'une phrase ◆ **to cut off sb's supplies** (of food, money etc) couper les vivres à qn
c (= isolate) isoler *(sb from sth* qn de qch) ◆ **to cut o.s. off from** rompre ses liens avec ◆ **he feels very cut off in the country** il se sent très isolé à la campagne ◆ **town cut off by floods** ville f isolée par des inondations ◆ **to cut off the enemy's retreat** (Mil) couper la retraite à l'ennemi ◆ **to cut sb off with a shilling** (fig) déshériter qn
3 cutoff n → **cutoff**

► **cut out** **1** vi **a** (Aut, Aviat) [engine] caler
b (* = leave) filer *, se tailler *
2 vt sep **a** [+ picture, article] découper *(of, from* de) ; [+ statue, figure] sculpter, tailler *(of* dans) ; [+ coat] couper, tailler *(of, from* dans) ; (Phot) détourer ◆ **to cut out a path through the jungle** se frayer un chemin à travers la jungle ◆ **to be cut out for sth** (fig) avoir des dispositions pour qch ◆ **he's not cut out for** or **to be a doctor** il n'est pas fait pour être médecin, il n'a pas l'étoffe d'un médecin ◆ **he had his work cut out (for him)** (= plenty to do) il avait du pain sur la planche ◆ **you'll have your work cut out to get there on time** vous n'avez pas de temps à perdre si vous voulez y arriver à l'heure ◆ **you'll have your work cut out to persuade him to come** vous aurez du mal à le persuader de venir
b (fig) [+ rival] supplanter
c (= remove) enlever, ôter ; [+ intermediary, middleman] supprimer ; [+ light] empêcher de passer ; [+ unnecessary details] élaguer ◆ **to cut sb out of one's will** déshériter qn ◆ **cut it out!** * (fig) ça suffit ! *, ça va comme ça ! * ◆ **cut out the talking!** (fig) assez bavardé !, vous avez fini de bavarder ? ◆ **cut out the noise!** (fig) arrêtez ce bruit !, moins de bruit ! ◆ **you can cut out the tears for a start!** * (fig) et pour commencer, arrête de pleurnicher !
d (= give up) [+ tobacco] supprimer ◆ **to cut out smoking/drinking** arrêter de fumer/boire
3 cutout n → **cutout**

► **cut up** **1** vi **a** (Brit) **to cut up rough** * se mettre en rogne * or en boule *
b (US = clown around) faire le pitre
2 vt sep **a** [+ wood, food] couper ; [+ meat] (= carve) découper ; (= chop up) hacher ; (fig) [+ enemy, army] tailler en pièces, anéantir
b (Aut *) faire une queue de poisson à ◆ **he was crossing from lane to lane, cutting everyone up** il passait d'une file à l'autre, faisant des queues de poisson à tout le monde
c (Brit *: pass only) **to be cut up about sth** (= hurt) être affecté or démoralisé par qch * ; (= annoyed) être très embêté par qch * ◆ **he's very cut up** il n'a plus le moral * ◆ **he was very cut up by the death of his son** la mort de son fils l'a beaucoup affecté
3 cut-up * adj → **cut**

cutaneous [kjuːˈteɪnɪəs] adj cutané

cutaway [ˈkʌtəweɪ] n (also **cutaway drawing** or **sketch**) (dessin m) écorché m

cutback [ˈkʌtbæk] → SYN n (= reduction) [of expenditure, production] réduction f, diminution f *(in* de) ; [of staff] compressions fpl *(in* de) ; (Cine = flashback) flash-back m *(to* sur) ◆ **drastic cutbacks** (Econ etc) coupes fpl claires

cute * [kjuːt] adj **a** (= attractive) mignon
b (esp US = clever) malin (-igne f), futé ◆ **don't try and be cute (with me)!** ne fais pas le malin !

cutely * [ˈkjuːtlɪ] adv **a** (= attractively) smile, blush, pose avec coquetterie
b (US = cleverly) astucieusement

cutesy * [ˈkjuːtsɪ] adj (esp US: pej) person, painting, clothes mièvre

cuticle [ˈkjuːtɪkl] **1** n (= skin) épiderme m ; [of fingernails] petites peaux fpl, envie f ; (Bot) cuticule f
2 COMP ▷ **cuticle remover** n repousse-peaux m

cutie * [ˈkjuːtɪ] **1** n (esp US) (= girl) jolie fille f ; (= boy) beau mec m * ; (= shrewd person) malin m, -igne f ; (= shrewd action) beau coup m
2 COMP ▷ **cutie pie** * n (esp US) mignon(ne) m(f) ◆ **she's a real cutie pie** elle est vraiment mignonne

cutlass [ˈkʌtləs] n (Naut) coutelas m, sabre m d'abordage

cutler [ˈkʌtləʳ] n coutelier m

cutlery [ˈkʌtlərɪ] **1** n **a** (Brit = knives, forks, spoons etc) couverts mpl ; → **canteen**
b (= knives, daggers etc: also trade) coutellerie f
2 COMP ▷ **cutlery drawer** n tiroir m des couverts

cutlet [ˈkʌtlɪt] n **a** (gen) côtelette f ; [of veal] escalope f
b (US = croquette of meat, chicken etc) croquette f

cutoff [ˈkʌtɒf] **1** n (= short cut) raccourci m ; (Tech = stopping) arrêt m
2 cutoffs npl jeans mpl coupés
3 COMP ▷ **cutoff date** n date f limite ▷ **cutoff device** n (also **automatic cutoff device**) système m d'arrêt (automatique) ▷ **cutoff point** n (in age etc) limite f ; (in time) dernier délai m ▷ **cutoff switch** n interrupteur m

cutout [ˈkʌtaʊt] n **a** (Elec) disjoncteur m, coupe-circuit m inv ; (Aut) échappement m libre
b (= figure of wood or paper) découpage m ◆ **his characters are just cardboard cutouts** ses personnages manquent d'épaisseur

cutter [ˈkʌtəʳ] n **a** (= person) [of clothes] coupeur m, -euse f ; [of stones, jewels] tailleur m ; [of films] monteur m, -euse f
b (= tool) coupoir m, couteau m ◆ **(pair of) cutters** (for metal etc) pinces fpl coupantes ; → **bolt**
c (= sailing boat) cotre m, cutter m ; (= motor boat) vedette f ; (= of coastguards) garde-côte m ; [of warship] canot m
d (US = sleigh) traîneau m

cutting [ˈkʌtɪŋ] → SYN **1** n **a** (NonC) coupe f ; [of diamond] taille f ; [of film] montage m ; [of trees] coupe f, abattage m
b (for road, railway) tranchée f
c (= piece cut off) [of newspaper] coupure f ; [of cloth] coupon m ; (Agr) bouture f ; [of vine] marcotte f
d (= reduction) [of prices, expenditure] réduction f, diminution f
2 adj **a** knife coupant, tranchant ◆ **cutting pliers** pinces fpl coupantes ◆ **the cutting edge** (lit) le tranchant ◆ **to be at the cutting edge of scientific research** être à la pointe de la recherche scientifique
b (fig) wind glacial, cinglant ; rain cinglant ; cold piquant, glacial ; words blessant, cinglant ; remark mordant, blessant ◆ **cutting tongue** langue f acérée
3 COMP ▷ **cutting board** n planche f à découper ▷ **cutting compound** n (Tech) huile f de coupe ▷ **cutting-out scissors** npl (Sewing) ciseaux mpl de couturière ▷ **cutting room** n (Cine) salle f de montage ◆ **to end up on the cutting room floor** (fig) finir au panier

cuttlebone [ˈkʌtlbəʊn] n os m de seiche

cuttlefish [ˈkʌtlfɪʃ] n, pl **cuttlefish** or **cuttlefishes** seiche f

cutwater [ˈkʌtˌwɔːtəʳ] n (Naut) éperon m

CV [ˌsiːˈviː] n (abbrev of **curriculum vitae**) → **curriculum**

CVS [ˌsiːviːˈes] n (abbrev of **chorionic villus sampling**) prélèvement m de villosités choriales

CWO [ˌsiːdʌbljuːˈəʊ] **a** (abbrev of **cash with order**) → **cash**
b (Mil) (abbrev of **chief warrant officer**) → **chief**

CWS [ˌsiːdʌbljuːˈes] (abbrev of **Cooperative Wholesale Society**) coopérative f

cwt abbrev of **hundredweight(s)**

cyan [ˈsaɪən] n, adj cyan m

cyanide [ˈsaɪənaɪd] **1** n cyanure m ◆ **cyanide of potassium** cyanure m de potassium
2 COMP ▷ **cyanide process** n cyanuration f

cyaniding [ˈsaɪəˌnaɪdɪŋ] n cyanuration f

cyanobacteria [ˌsaɪənəʊbækˈtɪərɪə] npl (Bot) cyanobactéries fpl

cyanocobalamin [ˌsaɪənəʊkəʊˈbæləmɪn] n (Bio) cyanocobalamine f

cyanogen [saɪˈænədʒɪn] n cyanogène m

cyanose [ˈsaɪənəʊz] n cyanose f

cyanosed [ˈsaɪənəʊzd] adj (Med) cyanosé

cyber... [ˈsaɪbə] pref cyber...

cybercafé [ˈsaɪbəˌkæfeɪ] n cybercafé m

cybernaut [ˈsaɪbənɔːt] n cybernaute mf

cybernetic [ˌsaɪbəˈnetɪk] adj cybernétique

cyberneticist [ˌsaɪbəˈnetɪsɪst] n cybernéticien(ne) m(f)

cybernetics [ˌsaɪbəˈnetɪks] n (NonC) cybernétique f

cyberpet [ˈsaɪbəpet] n Tamagotchi ® m

cyberpunk [ˈsaɪbəpʌŋk] n (Literat) (= writing) cyberpunk m ; (= writer) cyberpunk mf

cybersex [ˈsaɪbəseks] n (NonC) cybersexe m

cyberspace [ˈsaɪbəspeɪs] n cyberespace m

cyborg [ˈsaɪbɔːg] n cyborg m

cycad [ˈsaɪkæd] n cycas m

Cyclades [ˈsɪklədiːz] npl (Geog) Cyclades fpl

cyclamate [ˈsaɪkləˌmeɪt, ˈsɪkləˌmeɪt] n cyclamate m

cyclamen [ˈsɪkləmən] n cyclamen m

cycle [ˈsaɪkl] → SYN **1** n **a** vélo m, bicyclette f
b (also **menstrual cycle**) cycle m (menstruel)
c [of poems, seasons etc] cycle m
2 vi faire du vélo, faire de la bicyclette ◆ **he cycles to school** il va à l'école à bicyclette or à vélo or en vélo
3 COMP lamp, chain, wheel de vélo or bicyclette ; race cycliste ▷ **cycle clip** n pince f à vélo ▷ **cycle lane** n (Brit) piste f cyclable ▷ **cycle path** n piste f cyclable ▷ **cycle pump** n pompe f à vélo ▷ **cycle rack** n (on floor) râtelier m à bicyclettes ; (on car roof) porte-vélos m inv ▷ **cycle shed** n abri m à bicyclettes ▷ **cycle shop** n magasin m de cycles ▷ **cycle track** n (= lane) piste f cyclable ; (Sport) vélodrome m

cycler [ˈsaɪkləʳ] n (US) ⇒ **cyclist**

cycleway [ˈsaɪklweɪ] n (Brit) piste f cyclable

cyclic(al) [ˈsaɪklɪk(əl)] adj cyclique

cycling [ˈsaɪklɪŋ] **1** n cyclisme m ◆ **to do a lot of cycling** (gen) faire beaucoup de bicyclette or de vélo ; (Sport) faire beaucoup de cyclisme
2 COMP de bicyclette ▷ **cycling clothes** npl tenue f de cycliste ▷ **cycling holiday** n to go

cyclist ['saɪklɪst] n cycliste mf ; → **racing**

cyclo-cross ['saɪkləʊ] n (Sport) cyclo-cross m or cyclo-cross m

cyclohexanone [ˌsaɪkləʊ'heksənəʊn] n (Chem) cyclohexanone f

cycloid ['saɪklɔɪd] n (Math) cycloïde f

cycloidal [saɪ'klɔɪdl] adj (Math) cycloïdal

cyclometer [saɪ'klɒmɪtə'] n compteur m (de bicyclette)

cyclone ['saɪkləʊn] [1] n cyclone m
[2] COMP ▷ **cyclone cellar** n (US) abri m anticyclone

cyclonic [saɪ'klɒnɪk] adj (Met) cyclonal, cyclonique

cyclopropane [ˌsaɪkləʊ'prəʊpeɪn] n (Chem) cyclopropane m

Cyclops ['saɪklɒps] n, pl **Cyclopses** or **Cyclopes** [saɪ'kləʊpiːz] cyclope m

cyclorama [ˌsaɪklə'rɑːmə] n (also Cine) cyclorama m

cyclosporin-A [ˌsaɪkləʊ'spɔːrɪn'eɪ] n (Med) cyclosporine f

cyclostome ['saɪkləstəʊm] n (Zool) cyclostome m

cyclostyle ['saɪkləstaɪl] [1] n machine f à polycopier *(à stencils)*
[2] vt polycopier

cyclothymia [ˌsaɪkləʊ'θaɪmɪə] n cyclothymie f

cyclothymic [ˌsaɪkləʊ'θaɪmɪk] adj, n cyclothymique mf

cyclotron ['saɪklətrɒn] n cyclotron m

cygnet ['sɪgnɪt] n jeune cygne m

cylinder ['sɪlɪndə'] [1] n **a** (Aut, Math, Tech) cylindre m ♦ **a six-cylinder car** une six-cylindres ♦ **to be firing on all four cylinders** (fig) marcher or fonctionner à pleins gaz * or tubes * ♦ **he's only firing on two cylinders** (fig) il débloque * complètement
b [of typewriter] rouleau m ; [of clock, gun] barillet m
[2] COMP ▷ **cylinder block** n (Aut) bloc-cylindres m ▷ **cylinder capacity** n cylindrée f ▷ **cylinder head** n culasse f ♦ **to take off the cylinder head** déculasser ▷ **cylinder head gasket** n joint m de culasse ▷ **cylinder vacuum cleaner** n aspirateur-traîneau m

cylindrical [sɪ'lɪndrɪkəl] adj cylindrique

cymbal ['sɪmbəl] n cymbale f

cymbalo ['sɪmbəˌləʊ] n cymbalum m

cyme [saɪm] n (Bot) cyme f

cynic ['sɪnɪk] → SYN [1] n (gen, Philos) cynique mf
[2] adj ⇒ **cynical**

cynical ['sɪnɪkəl] → SYN adj (gen, Philos) cynique ♦ **a cynical foul** (Sport) de l'antijeu m flagrant

cynically ['sɪnɪklɪ] adv cyniquement

cynicism ['sɪnɪsɪzəm] → SYN n (gen, Philos) cynisme m ♦ **cynicisms** remarques fpl cyniques, sarcasmes mpl

cynosure ['saɪnəʃʊə'] n (also **cynosure of every eye**) point m de mire, centre m d'attraction

CYO [ˌsiːwaɪ'əʊ] n (in US) (abbrev of **Catholic Youth Organization**) mouvement catholique

cypher ['saɪfə'] ⇒ **cipher**

cypress ['saɪprɪs] n cyprès m

cyprinid [sɪ'praɪnɪd] n cyprin m

Cypriot ['sɪprɪət] [1] adj chypriote or cypriote ♦ **Greek/Turkish Cypriot** chypriote grec (grecque f)/turc (turque f)
[2] n Chypriote or Cypriote mf ♦ **Greek/Turkish Cypriot** Chypriote mf grec (grecque)/turc (turque)

Cyprus ['saɪprəs] n Chypre f ♦ **in Cyprus** à Chypre

Cyrillic [sɪ'rɪlɪk] adj cyrillique

cyst [sɪst] n (Med) kyste m ; (Bio) sac m (membraneux)

cystectomy [sɪs'tektəmɪ] n (Med) [of bladder] cystectomie f ; [of cyst] ablation f

cysteine ['sɪstɪˌiːn] n cystéine f

cystic fibrosis ['sɪstɪkˌfaɪ'brəʊsɪs] n mucoviscidose f

cystine ['sɪstiːn] n cystine f

cystitis [sɪs'taɪtɪs] n cystite f

cystography [sɪs'tɒgrəfɪ] n cystographie f

cystoscope ['sɪstəskəʊp] n (Med) cystoscope m

cystoscopy [sɪs'tɒskəpɪ] n (Med) cystoscopie f

cytogenetic [ˌsaɪtəʊdʒɪ'netɪk] adj (Med) cytogénétique

cytogenetics [ˌsaɪtəʊdʒɪ'netɪks] n (NonC: Med) cytogénétique f

cytokine ['saɪtəʊkaɪn] n (Bio) cytokine f

cytokinin [ˌsaɪtəʊ'kaɪnɪn] n (Bio) cytokinine f

cytological [ˌsaɪtə'lɒdʒɪkəl] adj cytologique

cytologist [saɪ'tɒlədʒɪst] n (Bio) cytologiste mf

cytology [saɪ'tɒlədʒɪ] n cytologie f

cytolysis [saɪ'tɒlɪsɪs] n cytolyse f

cytomegalovirus ['saɪtəʊˌmegələʊ'vaɪrəs] n (Med) cytomégalovirus m

cytoplasm ['saɪtəʊplæzəm] n (Bio) cytoplasme m

cytoplasmic [ˌsaɪtəʊ'plæzmɪk] adj cytoplasmique

cytosine ['saɪtəsɪn] n cytosine f

cytoskeleton [ˌsaɪtəʊ'skelɪtn] n cytosquelette m

cytosol ['saɪtəʊˌsɒl] n cytosol m

cytotoxic [ˌsaɪtəʊ'tɒksɪk] adj (Bio) cytotoxique

cytotoxicity [ˌsaɪtəʊtɒk'sɪsɪtɪ] n cytotoxicité f

cytotoxin [ˌsaɪtəʊ'tɒksɪn] n (Bio) cytotoxine f

CZ [siː'zed] (US Geog) (abbrev of **Canal Zone**) → **canal**

czar [zɑː'] n ⇒ **tsar**

czarevitch ['zɑːrɪvɪtʃ] n ⇒ **tsarevitch**

czarina [zɑː'riːnə] n ⇒ **tsarina**

czarism ['zɑːrɪzəm] n ⇒ **tsarism**

czarist ['zɑːrɪst] n, adj ⇒ **tsarist**

Czech [tʃek] [1] adj (gen) tchèque ; ambassador, embassy de la République tchèque ; teacher de tchèque
[2] n **a** Tchèque mf
b (Ling) tchèque m
[3] COMP ▷ **the Czech Republic** n la République tchèque

Czechoslovak [tʃekəʊ'sləʊvæk] [1] adj tchécoslovaque
[2] n Tchécoslovaque mf

Czechoslovakia [tʃekəʊslə'vækɪə] n la Tchécoslovaquie

Czechoslovakian [tʃekəʊslə'vækɪən] ⇒ **Czechoslovak**

D

D, d [diː] **1** **n** **a** (= letter) D, d m ◆ **D for dog, D for David** (US) ≃ D comme Denise ◆ **(in) 3D** (Cine etc) (en) 3D
b (Mus) ré m ; → **key**
c (Scol = mark) passable (10 sur 20)
d (Brit †) abbrev of **penny**
e abbrev of **died**
f (US) abbrev of **Democrat(ic)**
2 COMP ▷ **D and C** * n (Med) (abbrev of **dilation and curettage**) → **dilation** ▷ **D-day** n (Mil, fig hum) le jour J ▷ **D region** n (Met) région f D

DA [diːˈeɪ] n **a** (US Jur) (abbrev of **District Attorney**) → **district**
b * (abbrev of **duck's arse**) (= haircut) coupe où les cheveux descendent en pointe sur la nuque

dab¹ [dæb] **1** **n** **a** a dab of un petit peu de ◆ **a dab of glue** une goutte de colle ◆ **to give sth a dab of paint** donner un petit coup ou une petite touche de peinture à qch
b (esp Brit = fingerprints) **dabs** ⁎ empreintes fpl digitales
2 vt tamponner ◆ **to dab one's eyes** se tamponner les yeux ◆ **to dab paint on sth** donner un petit coup de peinture à qch, mettre un peu de peinture sur qch ◆ **to dab iodine on a wound** appliquer de la teinture d'iode à petits coups sur une blessure ◆ **she dabbed the tears from her eyes** elle a essuyé ses larmes

▶ **dab at** vt fus ◆ **to dab at a stain** tamponner une tache ◆ **to dab at one's mouth/eyes** se tamponner la bouche/les yeux

▶ **dab off** vt sep enlever (en tamponnant)

▶ **dab on** vt sep appliquer or mettre or étaler à petits coups

dab² [dæb] n (= fish) limande f

dab³ [dæb] adj (Brit) ◆ **to be a dab hand** * **at sth/at doing sth** être doué en qch/pour faire qch

dabble [ˈdæbl] → SYN **1** vt ◆ **to dabble one's hands/feet in the water** tremper ses mains/ ses pieds dans l'eau
2 vi (fig) ◆ **to dabble in** or **with** [+ music, theatre, journalism, drugs, cocaine] tâter de ◆ **to dabble in stocks and shares** or **on the Stock Exchange** boursicoter ◆ **to dabble in politics/acting** tâter de la politique/du théâtre (or du cinéma) ◆ **she dabbled with the idea of going into acting** elle a pensé un moment devenir actrice

dabbler [ˈdæblər] → SYN n (pej) amateur m

dabbling [ˈdæblɪŋ] n ◆ **his dabbling in drugs as an adolescent** son expérimentation avec la drogue pendant son adolescence

dabchick [ˈdæbtʃɪk] n petit grèbe m

da capo [dɑːˈkɑːpəʊ] adj, adv (Mus) da capo

Dacca [ˈdækə] n Dacca

dace [deɪs] n, pl **dace** or **daces** vandoise f

dacha [ˈdætʃə] n datcha f

dachshund [ˈdækshʊnd] n teckel m

Dacia [ˈdeɪsɪə] n la Dacie

Dacron ® [ˈdækrɒn] n dacron ® m

dactyl [ˈdæktɪl] n dactyle m

dactylic [dækˈtɪlɪk] adj dactylique

dad [dæd] **1** **n** **a** * papa m
b (to old man) **come on, dad!** ⁎ allez viens pépé ! *
2 COMP ▷ **Dad's army** n (hum) l'armée f de (grand-)papa (hum)

Dada [ˈdɑːdɑː] **1** N Dada m
2 COMP school, movement dada inv, dadaïste

Dadaism [ˈdɑːdɑːɪzəm] n dadaïsme m

Dadaist [ˈdɑːdɑːɪst] adj, n dadaïste mf

daddy [ˈdædɪ] **1** n * papa m
2 COMP ▷ **daddy-longlegs** n (pl inv) (Brit = cranefly) tipule f ; (US, Can = harvestman) faucheur m, faucheux m

dado [ˈdeɪdəʊ] **1** n, pl **dadoes** or **dados** plinthe f
2 COMP ▷ **dado rail** n lambris m d'appui

Daedalus [ˈdiːdələs] n Dédale m

daemon [ˈdiːmən] n démon m

daff * [dæf] n (Brit) jonquille f

daffodil [ˈdæfədɪl] **1** n jonquille f
2 COMP ▷ **daffodil yellow** n, adj (jaune m) jonquille m inv

daffy ⁎ [ˈdæfɪ] adj loufoque *

daft * [dɑːft] adj (esp Brit) person dingue *, cinglé * ; idea, behaviour loufoque * ◆ **that was a daft thing to do** c'était pas très malin * ◆ **have you gone daft?** ça va pas la tête ? * ◆ **I'll get the bus — don't be daft, I'll give you a lift!** je vais prendre le bus — ne dis pas de bêtises, je te ramène ! ◆ **to be daft about sb/sth** * être fou de qn/qch ◆ **he's daft in the head** ⁎ il est cinglé * ◆ **daft as a brush** complètement dingue * or cinglé *

dagger [ˈdægər] → SYN n **a** poignard m ; (shorter) dague f ◆ **to be at daggers drawn with sb** être à couteaux tirés avec qn ◆ **to look daggers at sb** lancer des regards furieux or meurtriers à qn, fusiller or foudroyer qn du regard
b (Typ) croix f

dago ⁎ [ˈdeɪgəʊ] n, pl **dagos** or **dagoes** (pej) métèque m (pej)

Dagobert [ˈdægəʊbɜːt] n (Hist) Dagobert m

daguerreotype [dəˈgerəʊtaɪp] n daguerréotype m

dahlia [ˈdeɪlɪə] n dahlia m

Dáil Éireann [ˌdɔɪlˈɛərən] n Chambre des députés de la république d'Irlande

daily [ˈdeɪlɪ] → SYN **1** adv quotidiennement, tous les jours ◆ **the office is open daily** le bureau est ouvert tous les jours ◆ **twice daily** deux fois par jour
2 adj quotidien ; wage, charge journalier ◆ **daily consumption** consommation f quotidienne ◆ **daily life** la vie de tous les jours ◆ **our daily bread** (Rel) notre pain m quotidien ◆ **daily paper** quotidien m ; see also **3a** ; → **recommend**
3 n **a** (= newspaper) quotidien m
b (Brit *: also **daily help**, **daily woman**) femme f de ménage

daimon [ˈdaɪmɒn] n ⇒ **daemon**

daintily [ˈdeɪntɪlɪ] adv eat, hold délicatement ; walk d'un pas gracieux ◆ **daintily served** servi avec raffinement

daintiness [ˈdeɪntɪnɪs] n délicatesse f

dainty [ˈdeɪntɪ] → SYN **1** adj **a** (= delicate) hands, object, food délicat
b (= fussy) **to be a dainty eater** être difficile sur la nourriture
2 n mets m délicat

daiquiri [ˈdaɪkərɪ] n daïquiri m

dairy [ˈdɛərɪ] **1** n (on farm) laiterie f ; (= shop) crémerie f
2 COMP cow, farm laitier ▷ **dairy butter** n beurre m fermier ▷ **dairy farming** n industrie f laitière ▷ **dairy herd** n troupeau m de vaches laitières ▷ **dairy ice cream** n crème f glacée ▷ **dairy produce** n (NonC) produits mpl laitiers

dairying [ˈdɛərɪɪŋ] n production f laitière, laiterie f

dairymaid [ˈdɛərɪmeɪd] n fille f de laiterie

dairyman [ˈdɛərɪmən] n, pl **-men** (on farm) employé m de laiterie ; (in shop) crémier m

dais [ˈdeɪɪs] n estrade f

daisy [ˈdeɪzɪ] **1** n **a** (= flower) pâquerette f ; (cultivated) marguerite f ; → **fresh, push up**
b (US) ⇒ **daisy ham**
2 COMP ▷ **daisy chain** n guirlande f or collier m de pâquerettes ; (fig) série f, chapelet m ▷ **daisy ham** n (US Culin) jambon m fumé désossé

daisycutter [ˈdeɪzɪˌkʌtər] n (Cricket) balle qui roule sur le sol

daisywheel [ˈdeɪzɪwiːl] **1** n (Comput) marguerite f
2 COMP ▷ **daisywheel printer** n imprimante f à marguerite

Dakar [ˈdækər] n Dakar

Dakota [dəˈkəʊtə] n le Dakota ◆ **North/South Dakota** le Dakota du Nord/du Sud

daks * [dæks] npl (Austral) futal * m

Dalai Lama [ˈdælaɪˈlɑːmə] n dalaï-lama m

dale [deɪl] → SYN n (N Engl, also liter) vallée f, vallon m ◆ **the (Yorkshire) Dales** (Brit) le pays vallonné du Yorkshire

dalesman [ˈdeɪlzmən] n (Brit) habitant d'une vallée du nord de l'Angleterre

dalliance [ˈdælɪəns] n **a** (liter = affair) badinage m (amoureux)
b (= involvement with sth) flirt m ◆ **his brief dalliance with politics** son bref flirt avec la politique

dally ['dælɪ] vi (= dawdle) lambiner *, lanterner (*over sth* dans or sur qch) ♦ **to dally with an idea** caresser une idée ♦ **to dally with sb** † badiner (amoureusement) avec qn

Dalmatia [dæl'meɪʃə] n la Dalmatie

Dalmatian [dæl'meɪʃən] ⓵ n (Geog) Dalmate mf ; (also **dalmatian** = dog) dalmatien m ⓶ adj dalmate

dalmatic [dæl'mætɪk] n dalmatique f

daltonism ['dɔːltənɪzəm] n daltonisme m

dam¹ [dæm] → SYN ⓵ n ⓐ (= wall) [of river] barrage m (de retenue), digue f ; [of lake] barrage m (de retenue)
ⓑ (= water) réservoir m, lac m de retenue
⓶ vt ⓐ (also **dam up**) [+ river] endiguer ; [+ lake] construire un barrage sur ♦ **to dam the waters of the Nile** faire or construire un barrage pour contenir les eaux du Nil
ⓑ [+ flow of words, oaths] endiguer

dam² [dæm] n (= animal) mère f

dam³ ⁎ [dæm] adj, adv ⓐ ⇒ **damn 4, 5**
ⓑ (US) **dam Yankee** sale * Yankee or Nordiste

damage ['dæmɪdʒ] → SYN ⓵ n ⓐ (NonC: physical) dégâts mpl, dommage(s) m(pl) ♦ **environmental damage** dégâts mpl or dommages mpl causés à l'environnement ♦ **bomb damage** dégâts mpl or dommages mpl causés par une bombe or par un bombardement ♦ **earthquake/fire damage** dégâts mpl or dommages mpl causés par un tremblement de terre/un incendie ♦ **water damage** dégâts mpl des eaux ♦ **damage to property** dégâts mpl matériels ♦ **damage to the building** dégâts mpl or dommages mpl subis par le bâtiment ♦ **damage to the ozone layer** détérioration f de la couche d'ozone ♦ **to make good the damage** réparer les dégâts or les dommages ♦ **liver/tissue damage** (Med) lésions fpl au foie/des tissus ♦ **kidney damage** lésions fpl rénales ♦ **damage to the heart** lésions fpl cardiaques ♦ **damage to your health** effets mpl néfastes pour votre santé ♦ **to do** or **cause damage** causer or provoquer des dégâts or des dommages ♦ **the storm/vandals caused £50,000 worth of damage** la tempête a provoqué/les vandales ont provoqué des dégâts or des dommages s'élevant à 50 000 livres ♦ **the bomb did a lot of damage** la bombe a fait de gros dégâts, la bombe a causé des dommages importants ♦ **not much damage was done to the car/the house** la voiture/la maison n'a pas subi de gros dégâts or de dommages ♦ **to cause damage to sth** ⇒ **to damage sth** ; see also **3** ; → **brain, structural**
ⓑ (NonC: fig) préjudice m (*to* à), tort m (*to* à) ♦ **there was considerable damage to the local economy** cela a fait énormément de tort à l'économie locale ♦ **have you thought about the possible damage to your child's education?** avez-vous pensé aux conséquences négatives que cela pourrait avoir pour l'éducation de votre enfant ? ♦ **to do** or **cause damage** [person, gossip, scandal] faire des dégâts ♦ **to do** or **cause damage to** [+ person] faire du tort à ; [+ reputation, relationship, confidence, country, economy] nuire à, porter atteinte à ♦ **that has done damage to our cause** cela a fait du tort ou porté préjudice à notre cause ♦ **there's no damage done** il n'y a pas de mal ♦ **the damage is done** (now) le mal est fait ♦ **what's the damage?** * (fig = how much is it?) à combien s'élève la douloureuse ? * ; → **storm**
⓶ **damages** npl (Jur) dommages mpl et intérêts mpl, dommages-intérêts mpl ♦ **liable for damages** tenu de verser des dommages et intérêts ♦ **war damages** dommages mpl or indemnités fpl de guerre ; ⇒ **sue**
⓷ vt ⓐ (physically) [+ furniture, goods, crops, machine, vehicle] endommager, abîmer ; [+ food] abîmer, gâter ; [+ eyesight, health] être mauvais pour ; [+ environment] porter atteinte à ; [+ ozone layer] endommager ♦ **to damage the kidneys/heart/muscles** provoquer des lésions rénales/cardiaques/musculaires ♦ **to damage the liver/ligaments** provoquer des lésions au foie/aux ligaments ♦ **a damaged knee joint/ankle** une lésion au genou/à la cheville ♦ **damaged goods** marchandises fpl endommagées ♦ **to damage property** causer or provoquer des dégâts matériels
ⓑ [+ good relations, reputation, relationship, country, economy, confidence, credibility, image] nuire à, porter atteinte à ; [+ cause, objectives, person, party] faire du tort à ♦ **to damage one's chances** compromettre ses chances ♦ (emotionally) **damaged children** enfants mpl traumatisés
⓸ COMP ▷ **damage limitation** n (lit, fig) **it's too late for damage limitation** il est trop tard pour essayer de limiter les dégâts ▷ **damage-limitation exercise** n (lit, fig) opération f visant à limiter les dégâts ▷ **damage survey** n (Insurance) expertise f d'avarie

damageable ['dæmɪdʒəbl] adj dommageable

damaging ['dæmɪdʒɪŋ] → SYN adj préjudiciable (*to* pour), nuisible (*to* à) ; (Jur) préjudiciable

damascene ['dæməsiːn] vt damasquiner

Damascus [də'mɑːskəs] n Damas ♦ **it proved to be his road to Damascus** c'est là qu'il a trouvé son chemin de Damas

damask ['dæməsk] ⓵ n ⓐ (= cloth) [of silk] damas m, soie f damassée ; [of linen] (linge m) damassé m
ⓑ **damask (steel)** (acier m) damasquiné m
⓶ adj cloth damassé ♦ **her damask cheeks** (liter) ses joues fpl vermeilles (liter)
⓷ COMP ▷ **damask rose** n rose f de Damas

dame [deɪm] → SYN ⓵ n ⓐ (esp Brit : †, liter or hum) dame f ♦ **the dame** (Brit Theat) la vieille dame (*rôle féminin de farce bouffonne joué par un homme*)
ⓑ (Brit : in titles) **Dame** *titre porté par une femme décorée d'un ordre de chevalerie*
ⓒ (US ⁎) fille f, nana f ⁎
⓶ COMP ▷ **Dame Fortune** n (†, liter) Dame Fortune f ▷ **dame school** n (Hist) école f enfantine, petit cours m privé

damfool ⁎ ['dæm'fuːl] adj (Brit) crétin, fichu * ♦ **that was a damfool thing to do** c'était vraiment une connerie ⁑ ♦ **you and your damfool questions!** toi et tes fichues * questions ! ♦ **that damfool waiter** ce crétin de garçon, ce fichu * garçon

dammit ⁑ ['dæmɪt] excl bon sang ! *, merde ! ⁑ ♦ **it weighs 2 kilos as near as dammit** (Brit) ça pèse 2 kilos à un poil * près

damn [dæm] → SYN ⓵ excl (⁑ : also **damn it !**) bon sang ! *, merde ! ⁑ ; → **2c**
⓶ vt ⓐ (Rel) damner ; [+ book] condamner, éreinter ♦ **he has already damned himself in her eyes** il s'est déjà discrédité à ses yeux ♦ **to damn sb/sth with faint praise** se montrer peu élogieux envers qn/qch
ⓑ (= swear at) pester contre, maudire
ⓒ ⁑ **damn him!** qu'il aille au diable ! ♦ **damn you!** va te faire foutre ! ⁑ ♦ **shut up and listen to me, damn you!** tais-toi et écoute-moi, bordel ! ⁑ ♦ **damn it! merde ! ⁑ ♦ **well I'll be or I'm damned!** ça c'est trop fort ! ♦ **I'll be or I'm damned if ...** je veux bien être pendu si ..., que le diable m'emporte si ... ♦ **damn this machine!** au diable cette machine !, il y en a marre de cette machine ! *
⓷ n ⁑ ♦ **I don't care** or **give a damn** je m'en fous ⁑ pas mal ♦ **he just doesn't give a damn about anything** il se fout ⁑ de tout ♦ **he doesn't give a damn for** or **about anyone** il se fout ⁑ complètement des autres ; see also **give**
⓸ adj ⁑ sacré * (before n), fichu * (before n) ♦ **those damn keys** ces sacrées * clés ♦ **you damn fool!** espèce de crétin ! * ♦ **it's a damn nuisance!** c'est vachement * embêtant ! ♦ **it's one damn thing after another** ça n'arrête pas ! * ♦ **I don't know a damn thing about it** je n'en sais foutre ⁑ rien
⓹ adv ⁑ ⓐ (= extremely) sacrément *, rudement * ♦ **it's a damn good wine!** il est sacrément * bon, ce vin ! ♦ **damn right!** et comment !
ⓑ (Brit) sacrément *, rudement * ♦ **you know damn well** tu sais très bien ♦ **I damn near died** j'ai failli crever * ♦ **damn all** que dalle ⁑ ♦ **can you see anything? – damn all!** tu vois quelque chose ? – que dalle ⁑ ! ♦ **damn well** carrément ♦ **he damn well insulted me!** il m'a carrément injurié ! ♦ **I should damn well think so!** j'espère bien !

damnable * ['dæmnəbl] adj détestable, fichu *

damnably † * ['dæmnəblɪ] adv sacrément *

damnation [dæm'neɪʃən] → SYN ⓵ n (Rel) damnation f
⓶ excl ⁑ enfer et damnation ! (hum), misère !

damned [dæmd] → SYN ⓵ adj ⓐ soul damné, maudit
ⓑ ⁎ → **damn 4**
ⓒ adv ⁎ → **damn 5**
⓷ **the damned** npl (Rel, liter) les damnés mpl

damnedest * ['dæmdɪst] ⓵ n ♦ **to do one's damnedest to help** faire son possible pour aider or se démener *
⓶ adj ♦ **he's the damnedest** † **eccentric** il est d'une excentricité folle * or renversante *

damnfool ⁎ ['dæm'fuːl] adj ⇒ **damfool**

damnify ['dæmnɪfaɪ] vt (Jur) causer des pertes et dommages à

damning ['dæmnɪŋ] → SYN adj report, evidence accablant ♦ **his speech was a damning indictment of ...** son discours était un réquisitoire accablant contre ...

Damocles ['dæməkliːz] n ♦ **the Sword of Damocles** l'épée f de Damoclès

damp [dæmp] → SYN ⓵ adj clothes, cloth, place, weather, heat, skin, hair humide ; (with sweat) skin, palm moite ♦ **a damp patch** une tache d'humidité ♦ **a damp squib** (Brit) un pétard mouillé
⓶ n ⓐ [of atmosphere, walls] humidité f
ⓑ (Min) (also **choke damp**) mofette f ; (also **fire damp**) grisou m
⓷ vt ⓐ [+ a cloth, ironing] humecter
ⓑ [+ sounds] amortir, étouffer ; (Mus) étouffer ; [+ fire] couvrir
ⓒ [+ enthusiasm, courage, ardour] refroidir ♦ **to damp sb's spirits** décourager qn ♦ **to damp sb's appetite** faire passer l'envie de manger à qn
⓸ COMP ▷ **damp course** n (Brit Constr) couche f d'étanchéité ▷ **damp-dry** adj prêt à repasser (*encore humide*) ▷ **damp-proof** adj imperméabilisé ▷ **damp-proof course** n ⇒ **damp course**

▶ **damp down** vt sep [+ leaves, plant, fabric] humecter ; [+ fire] couvrir ; (fig) [+ crisis etc] dédramatiser ; [+ consumption, demand] freiner, réduire

dampen ['dæmpən] vt ⇒ **damp 3a, 3c**

damper ['dæmpəʳ] → SYN , **dampener** (US) ['dæmpənəʳ] n ⓐ [of chimney] registre m
ⓑ (* = depressing event) douche f (froide) ♦ **his presence put a damper on things** sa présence a fait l'effet d'une douche froide ♦ **the rain had put a damper on the demonstrations/their picnic** la pluie avait quelque peu découragé les manifestants/gâché leur pique-nique
ⓒ (Mus) étouffoir m
ⓓ (Aut, Elec, Tech) amortisseur m
ⓔ (for stamps, envelopes) mouilleur m

dampish ['dæmpɪʃ] adj un peu humide

damply ['dæmplɪ] adv ⓐ (= wetly) **his shirt clung damply to him** sa chemise mouillée lui collait au corps
ⓑ (= unenthusiastically) sans grand enthousiasme

dampness ['dæmpnɪs] n humidité f ; (= sweatiness) moiteur f

damsel †† ['dæmzəl] n (liter, also hum) damoiselle f ♦ **damsel in distress** damoiselle f en détresse

damselfly ['dæmzəlflaɪ] n (Zool) demoiselle f, libellule f

damson ['dæmzən] n (= fruit) prune f de Damas ; (= tree) prunier m de Damas

dan [dæn] n (Sport) dan m

Danaides [də'neɪɪˌdiːz] npl (Myth) Danaïdes fpl

dance [dɑːns] → SYN ⓵ n ⓐ (= movement) danse f ♦ **modern** or **contemporary dance** danse f moderne or contemporaine ♦ **to study dance** étudier la danse ♦ **may I have the next dance?** voudriez-vous m'accorder la prochaine danse ? ♦ **to lead sb a (merry) dance** (Brit) donner du fil à retordre à qn ♦ **the Dance of Death** la danse macabre ; → **folk, sequence**
ⓑ (= social gathering) bal m, soirée f dansante
⓶ vt [+ waltz, tango etc] danser ♦ **to dance a step** exécuter un pas de danse ♦ **she danced**

(the role of) Coppelia elle a dansé (le rôle de) Coppélia ◆ **to dance attendance on sb** être aux petits soins pour qn

[3] vi [person, leaves in wind, boat on waves, eyes] danser ◆ **to dance about, to dance up and down** (fig) gambader, sautiller ◆ **the child danced away** or **off** l'enfant s'est éloigné en gambadant or en sautillant ◆ **to dance in/out** etc entrer/sortir etc joyeusement ◆ **to dance for joy** sauter de joie ◆ **to dance with rage** trépigner de colère ◆ **to dance to the music** danser sur la musique ◆ **to dance to sb's tune** (fig) faire les quatre volontés de qn

[4] COMP class, teacher, partner de danse ▷ **dance band** n orchestre m (de danse) ▷ **dance card** n carnet m de bal ▷ **dance floor** n piste f (de danse) ▷ **dance hall** n dancing m ▷ **dance hostess** n entraîneuse f ▷ **dance music** n dance music f ▷ **dance programme** n carnet m de bal ▷ **dance studio** n cours m de danse

danceable ['dɑːnsəbl] adj dansable

dancer ['dɑːnsəʳ] n danseur m, -euse f

dancing ['dɑːnsɪŋ] [1] n (NonC) danse f ◆ **there will be dancing on** dansera

[2] COMP teacher, school de danse ▷ **dancing girl** n danseuse f ▷ **dancing partner** n cavalier m, -ière f, partenaire mf ▷ **dancing shoes** npl [of men] escarpins mpl ; [of women] souliers mpl de bal ; (for ballet) chaussons mpl de danse

dandelion ['dændɪlaɪən] n pissenlit m, dent-de-lion f

dander † * ['dændəʳ] n ◆ **to get sb's dander up** mettre qn en boule * ◆ **to have one's dander up** être hors de soi or en rogne *

dandified ['dændɪfaɪd] adj arrogance, ways de dandy ; person qui a une allure de dandy

dandle ['dændl] vt [+ child] (on knees) faire sauter sur ses genoux ; (in arms) bercer dans ses bras, câliner

dandruff ['dændrəf] [1] n (NonC) pellicules fpl (du cuir chevelu)

[2] COMP ▷ **dandruff shampoo** n shampooing m antipelliculaire

dandy ['dændɪ] [1] n dandy m

[2] adj * épatant *

dandy-brush n brosse f (de pansage)

Dane [deɪn] n a Danois(e) m(f)
b → **great**

Danegeld ['deɪnˌgeld] n (Hist) Danegeld m (impôt destiné à payer le tribut dû à l'occupant danois au Xe siècle)

Danelaw ['deɪnˌlɔː] n (Hist) Danelaw m, Danelagh m (territoire anglais occupé par les Danois du IXe au XIe siècle)

danewort ['deɪnˌwɜːt] n hièble f

dang * [dæŋ] (euph) ⇒ **damn 1, 4, 5**

danger ['deɪndʒəʳ] → SYN [1] n danger m ◆ **the dangers of smoking/drink-driving** les dangers mpl du tabac/de la conduite en état d'ivresse ◆ **there is a danger** or **some danger in doing that** il est dangereux de faire cela ◆ **there's no danger in doing that** il n'est pas dangereux de faire cela ◆ **"danger keep out"** "danger : défense d'entrer" ◆ **there is a danger of fire** il y a un risque d'incendie ◆ **signal at danger** (Rail) signal à l'arrêt ◆ **there was no danger that she would be recognized** or **of her being recognized** elle ne courait aucun risque d'être reconnue ◆ **to be a danger to sb/sth** être un danger pour qn/qch ◆ **he's a danger to himself** il risque de se faire du mal ◆ **there's no danger of that** (lit) il n'y a pas le moindre danger or risque ; (iro) il n'y a pas de danger, aucune chance

◆ **in danger** ◆ **to be in danger** être en danger ◆ **to put sb/sth in danger** mettre qn/qch en danger ◆ **he was in little danger** il ne courait pas grand risque ◆ **in danger of invasion/extinction** menacé d'invasion/de disparition ◆ **he was in danger of losing his job/falling** il risquait de perdre sa place/de tomber ◆ **he's in no danger, he's not in any danger** il ne risque rien ; (Med) ses jours ne sont pas en danger

◆ **out of danger** hors de danger

[2] COMP ▷ **danger area** n ⇒ **danger zone** ▷ **danger list** n (Med) **to be on the danger list** être dans un état critique or très grave ◆ **to be off the danger list** être hors de danger

▷ **danger money** n prime f de risque
▷ **danger point** n point m critique, cote f d'alerte ◆ **to reach danger point** atteindre la cote d'alerte or le point critique ▷ **danger signal** n signal m d'alarme ▷ **danger zone** n zone f dangereuse

dangerous ['deɪndʒrəs] → SYN [1] adj dangereux ; (Med) operation risqué (for, to pour) ◆ **it's dangerous to do that** c'est dangereux de faire ça ◆ **the car was dangerous to drive** cette voiture était dangereuse à conduire ; → **ground**

[2] COMP ▷ **dangerous driving** n conduite f dangereuse

dangerously ['deɪndʒrəslɪ] → SYN adv dangereusement ◆ **dangerously close to the fire** dangereusement près du feu ◆ **dangerously ill** gravement malade ◆ **food supplies were dangerously low** les vivres commençaient sérieusement à manquer ◆ **he came dangerously close to admitting it** il a été à deux doigts de l'admettre ◆ **the date is getting dangerously close** la date fatidique approche ◆ **to live dangerously** vivre dangereusement

dangle ['dæŋgl] → SYN [1] vt a [+ object on string] balancer, suspendre ; [+ arm, leg] laisser pendre, balancer
b (fig) [+ prospect, offer] faire miroiter (before sb à qn)

[2] vi [object on string] pendre, pendiller ; [arms, legs] pendre, (se) balancer ◆ **with arms dangling** les bras ballants ◆ **with legs dangling** les jambes pendantes ◆ **to keep sb dangling** maintenir qn dans l'incertitude

Daniel ['dænjəl] n Daniel m

Danish ['deɪnɪʃ] [1] adj (gen) danois ; ambassador, embassy du Danemark ; teacher de danois

[2] n a (Ling) danois m
b ⇒ **Danish pastry**
[3] **the Danish** npl les Danois mpl
[4] COMP ▷ **Danish blue (cheese)** n bleu m (du Danemark) ▷ **Danish pastry** n feuilleté m (fourré aux fruits etc) ; (with raisins) pain m aux raisins

dank [dæŋk] adj air, weather, dungeon froid et humide

dankness ['dæŋknɪs] n froid m humide

Dante ['dæntɪ] n Dante m

Dantean ['dæntɪən], **Dantesque** [dæn'tesk] adj dantesque

Danton ['dæntən] n (Hist) Danton m

Danube ['dænjuːb] n Danube m

Danzig ['dænsɪg] n Danzig or Dantzig

Daphne ['dæfnɪ] n a (= name) Daphné f
b (= plant) daphne lauréole f, laurier m des bois

daphnia ['dæfnɪə] n daphnie f

dapper ['dæpəʳ] → SYN adj fringant, sémillant

dapple ['dæpl] [1] vt tacheter
[2] COMP ▷ **dapple grey** n (= colour) gris m pommelé ; (= horse) cheval m pommelé

dappled ['dæpld] → SYN adj surface, horse tacheté ; sky pommelé ; shade avec des taches de lumière

DAR [ˌdiːɑːʳ] (US) (abbrev of **Daughters of the American Revolution**) club de descendantes des combattants de la Révolution américaine

Darby ['dɑːbɪ] n ◆ **Darby and Joan** ≈ Philémon et Baucis ◆ **Darby and Joan club** (Brit) cercle m pour couples du troisième âge

Dardanelles [ˌdɑːdəˈnelz] n ◆ **the Dardanelles** les Dardanelles fpl

dare [dɛəʳ] → SYN pret **dared** or **durst**, ptp **dared**
[1] vt, modal aux vb a oser (do sth, to do sth faire qch) ◆ **he dare not** or **daren't climb that tree** il n'ose pas grimper à cet arbre ◆ **he dared not do it, he didn't dare (to) do it** il n'a pas osé le faire ◆ **dare you do it?** oserez-vous le faire ? ◆ **how dare you say such things?** comment osez-vous dire de telles pareilles ? ◆ **how dare you!** vous osez !, comment osez-vous ! ◆ **don't say that!** je vous défends de dire cela ! ◆ **don't you dare!** ne t'avise pas de faire ça ! ◆ **I daren't!** je n'ose pas ! ◆ **the show was, dare I say it, dull** le spectacle était, si je puis me permettre, ennuyeux ◆ **who dares wins** ≈ qui ne risque rien n'a rien

b **I dare say he'll come** il viendra sans doute, il est probable qu'il viendra ◆ **I dare say you're tired after your journey** vous êtes sans doute fatigué or j'imagine que vous êtes fatigué après votre voyage ◆ **he is very sorry – I dare say!** (iro) il le regrette beaucoup — encore heureux or j'espère bien !

c (= face the risk of) [+ danger, death] affronter, braver

d (= challenge) **to dare sb to do sth** défier qn de faire qch, mettre qn au défi de faire qch ◆ **(I) dare you!** chiche ! *

[2] n défi m ◆ **to do sth for a dare** faire qch pour relever un défi

daredevil ['dɛədevl] → SYN [1] n casse-cou m inv, tête f brûlée
[2] adj behaviour de casse-cou ; adventure fou (folle f), audacieux

daredevilry ['dɛəˌdevlrɪ] n témérité f

daren't [dɛənt] (abbrev of **dare not**) → **dare**

daresay [dɛəˈseɪ] (esp Brit) **I daresay** ⇒ **I dare say** ; → **dare 1b**

Dar es Salaam [ˌdɑːressəˈlɑːm] n Dar es Salaam

daring ['dɛərɪŋ] → SYN [1] adj a (= courageous) person, attempt audacieux
b (= risqué) dress, opinion, novel osé
[2] n audace f, hardiesse f

daringly ['dɛərɪŋlɪ] adv say, suggest avec audace ◆ **daringly, she remarked that ...** elle a observé avec audace que ... ◆ **a daringly low-cut dress** une robe au décolleté audacieux

dariole ['dærɪˌəʊl] n (= dish) dariole f

Darjeeling [dɑːˈdʒiːlɪŋ] n (= tea) Darjiling m

dark [dɑːk] → SYN [1] adj a (= lacking light) place, night sombre ; (= unlit) dans l'obscurité ◆ **it's dark** il fait nuit or noir ◆ **it's getting dark** il commence à faire nuit ◆ **to grow dark(er)** s'assombrir, s'obscurcir ◆ **the dark side of the moon** la face cachée de la lune ◆ **it's as dark as pitch** or **night** il fait noir comme dans un four ◆ **the whole house was dark** la maison était plongée dans l'obscurité ◆ **to go dark** être plongé dans l'obscurité
b colour, clothes foncé, sombre ◆ **dark blue/green** etc bleu/vert etc foncé inv ◆ **dark brown hair** cheveux mpl châtain foncé inv ; see also **blue**
c complexion mat ; skin foncé ; hair brun ; eyes sombre ◆ **she's very dark** elle est très brune ◆ **she has a dark complexion** elle a le teint mat ◆ **she has dark hair** elle est brune, elle a les cheveux bruns
d (= sinister) hint sinistre ◆ **dark hints were dropped about a possible prosecution** on a fait planer la menace d'éventuelles poursuites judiciaires ◆ **I got some dark looks from Janet** Janet m'a jeté un regard noir, Janet me regardait d'un œil noir ◆ **a dark secret** un lourd secret ◆ **dark threats** de sourdes menaces fpl ◆ **dark deeds** de mauvaises actions fpl ◆ **the dark side of sth** la face cachée de qch
e (= gloomy, bleak) thoughts, mood sombre, noir ◆ **these are dark days for the steel industry** c'est une époque sombre pour l'industrie sidérurgique ◆ **to think dark thoughts** broyer du noir ◆ **to look on the dark side of things** tout voir en noir
f (= mysterious) mystérieux ◆ **darkest Africa** † le fin fond de l'Afrique ◆ **to keep sth dark** * tenir or garder qch secret ◆ **keep it dark!** motus et bouche cousue !
g (Phon) sombre
h (Theat = closed) fermé

[2] n a (= absence of light) obscurité f, noir m ◆ **after dark** la nuit venue, après la tombée de la nuit ◆ **until dark** jusqu'à (la tombée de) la nuit ◆ **to be afraid of the dark** avoir peur du noir ◆ **she was sitting in the dark** elle était assise dans le noir
b (fig) **I am quite in the dark about it** je suis tout à fait dans le noir là-dessus, j'ignore tout de cette histoire ◆ **he has kept** or **left me in the dark as to** or **about what he wants to do** il m'a laissé dans l'ignorance or il ne m'a donné aucun renseignement sur ce qu'il veut faire ◆ **to work in the dark** travailler à l'aveuglette ; → **shot**

[3] COMP ◆ **dark ages** n (fig) période f sombre ▷ **the Dark Ages** npl l'âge m des ténèbres ▷ **dark chocolate** n chocolat m noir or à croquer ▷ **dark-complexioned** adj brun,

darken ['dɑːkən] → SYN ① vt **a** (lit: in brightness, colour) [+ room, landscape] obscurcir, assombrir ; [+ sky] assombrir ; [+ sun] obscurcir, voiler ; [+ colour] foncer ; [+ complexion] brunir ◆ a darkened house/room/street une maison/pièce/rue sombre ◆ **to darken one's hair** se foncer les cheveux ◆ **never darken my door again!** † (or hum) ne remets plus les pieds chez moi !

b (fig) [+ future] assombrir ; [+ prospects, atmosphere] assombrir

② vi **a** [sky] s'assombrir ; [room] s'obscurcir ; [colours] foncer

b (fig) [atmosphere] s'assombrir ◆ his face/features darkened with annoyance son visage/sa mine s'est rembruni(e) (sous l'effet de la contrariété) ◆ his eyes darkened son regard s'est assombri ◆ his mood darkened il s'est rembruni

darkey*‡, **darkie***‡ ['dɑːkɪ] n (pej) moricaud(e)*‡ m(f) (pej), nègre*‡ m (pej), négresse*‡ f (pej)

darkish ['dɑːkɪʃ] adj colour assez sombre ; complexion plutôt mat ; person plutôt brun ◆ a darkish blue/green etc un bleu/vert etc plutôt foncé inv

darkly ['dɑːklɪ] adv sinistrement ◆ **"we'll see", he said darkly** "on verra", dit-il d'un ton sinistre ◆ **the newspapers hinted darkly at conspiracies** les journaux ont fait des allusions inquiétantes à des complots ◆ **darkly comic** plein d'humour noir ◆ **darkly handsome** à la beauté ténébreuse ◆ **a darkly handsome man** un beau brun ténébreux

darkness ['dɑːknɪs] → SYN n (NonC) **a** [of night, room] (also fig) obscurité f, ténèbres fpl ◆ **in total** or **utter darkness** dans une obscurité complète or totale ◆ **the house was in darkness** la maison était plongée dans l'obscurité ◆ **the powers** or **forces of darkness** les forces fpl des ténèbres ; → **prince**

b [of colour] teinte f foncée ; [of face, skin] couleur f basanée

darkroom ['dɑːkrʊm] n (Phot) chambre f noire

darky*‡ ['dɑːkɪ] n (pej) ⇒ **darkey**

darling ['dɑːlɪŋ] → SYN ① n bien-aimé(e) † m(f), favori(te) m(f) ◆ **the darling of ...** la coqueluche de ... ◆ **a mother's darling** un(e) chouchou(te)* ◆ **she's a little darling** c'est un amour, elle est adorable ◆ **come here, (my) darling** viens (mon) chéri or mon amour ; (to child) viens (mon) chéri or mon petit chou ◆ **be a darling** **and bring me my glasses** apporte-moi mes lunettes, tu seras un ange ◆ **she was a perfect darling about it*** elle a été un ange or vraiment sympa*

② adj child chéri, bien-aimé † ; (liter) wish le plus cher ◆ **a darling little place*** un petit coin ravissant or adorable

darn¹ [dɑːn] → SYN ① vt [+ socks] repriser ; [+ clothes etc] raccommoder

② n reprise f

darn²* [dɑːn], **darned*** [dɑːnd] (esp US) (euph) ⇒ **damn, damned** ; → **damn 1, 2c, 3, 4, 5**

darnel ['dɑːnl] n ivraie f, ray-grass m

darner ['dɑːnəʳ] n raccommodeur m, -euse f, ravaudeur m, -euse f

darning ['dɑːnɪŋ] ① n **a** (NonC) raccommodage m, reprise f

b (= things to be darned) raccommodage m, linge m or vêtements mpl à raccommoder

② COMP ◇ **darning egg** n œuf m à repriser ◇ **darning needle** n aiguille f à repriser ◇ **darning stitch** n point m de reprise ◇ **darning wool** n laine f à repriser

dart [dɑːt] → SYN ① n **a** (= movement) **to make a sudden dart at ...** se précipiter sur ◆

b (Sport) fléchette f ◆ **a game of darts** une partie de fléchettes ◆ **I like (playing) darts** j'aime jouer aux fléchettes

c (= weapon) flèche f

d (fig) **... he said with a dart of spite** ... dit-il avec une pointe de malveillance ◆ **a dart of pain went through him** il ressentit une vive douleur ; → **Cupid, paper**

e (Sewing) pince f

② vi se précipiter, s'élancer (at sur) ◆ **to dart in/out** etc entrer/sortir etc en coup de vent ◆ **the snake's tongue darted out** le serpent dardait sa langue ◆ **her eyes darted round the room** elle jetait des regards furtifs autour de la pièce ◆ **his eyes darted about nervously** il lançait des regards nerveux autour de lui

③ vt ◆ **the snake darted its tongue out** le serpent dardait sa langue ◆ **she darted a glance at him, she darted him a glance** elle lui décocha un regard, elle darda (liter) un regard sur lui ◆ **she darted a glance at her watch** elle jeta un coup d'œil (furtif) à sa montre

dartboard ['dɑːtbɔːd] n cible f (de jeu de fléchettes)

Darwinian [dɑːˈwɪnɪən] adj darwinien

Darwinism ['dɑːwɪnɪzəm] n darwinisme m

Darwinist ['dɑːwɪnɪst] n darwiniste mf

dash [dæʃ] → SYN ① n **a** (= sudden rush) mouvement m brusque (en avant), élan m ; [of crowd] ruée f ◆ **there was a dash for the door** tout le monde se précipita or se rua vers la porte ◆ **there was a mad/last-minute dash to get the Christmas shopping done** il y a eu une ruée effrénée/de dernière minute dans les magasins pour acheter des cadeaux de Noël ◆ **to make a dash for/towards ...** se précipiter sur/vers ... ◆ **to make a dash for freedom** saisir l'occasion de s'enfuir ◆ **he made a dash for it*** il a pris ses jambes à son cou

b (= small amount) [of wine, oil, milk, water] goutte f ; [of spirits] doigt m, goutte f ; [of pepper, nutmeg] pincée f ; [of mustard] pointe f ; [of vinegar, lemon] filet m ◆ **a dash of soda** un peu d'eau de Seltz ◆ **cushions can add a dash of colour to the room** les coussins peuvent apporter une touche de couleur à la pièce ◆ **her character adds a dash of glamour to the story** son personnage apporte un peu de glamour à l'histoire

c (= flair, style) panache m ◆ **to cut a dash** faire de l'effet ◆ **people with more dash than cash** des gens qui ont plus de goût que de sous

d (= punctuation mark) tiret m

e (in Morse code) trait m

f [of car] ⇒ **dashboard**

g (Sport) **the 100 metre dash** † le 100 mètres

② vt **a** (liter = throw violently) jeter or lancer violemment ◆ **to dash sth to pieces** casser qch en mille morceaux ◆ **to dash sth down** or **to the ground** jeter qch par terre ◆ **to dash one's head against ...** se cogner la tête contre ... ◆ **the ship was dashed against a rock** le navire a été précipité contre un écueil

b (fig) [+ spirits] abattre ; [+ person] démoraliser ◆ **to dash sb's hopes (to the ground)** anéantir les espoirs de qn

③ vi **a** (= rush) se précipiter ◆ **to dash away/back/up** etc s'en aller/revenir/monter etc à toute allure or en coup de vent ◆ **to dash into a room** se précipiter dans une pièce ◆ **I have to** or **must dash*** il faut que je file* (subj)

b (= crash) **to dash against sth** [waves] se briser contre qch ; [car, bird, object] se heurter à qch

④ excl († * euph) ⇒ **damn** ◆ **dash (it)!, dash it all!** zut alors !*, flûte !*

▶ **dash off** ① vi partir précipitamment

② vt sep [+ letter etc] faire en vitesse

dashboard ['dæʃbɔːd] n [of car] tableau m de bord

dashed* [dæʃt] adj, adv (euph) ⇒ **damned** ; → **damn 4, 5**

dasher ['dæʃəʳ] n (of churn) batte f

dashiki [dɑːˈʃiːkɪ] n tunique f africaine

dashing ['dæʃɪŋ] → SYN adj fringant ◆ **to cut a dashing figure** avoir fière allure

dashingly ['dæʃɪŋlɪ] adv perform avec brio

dashlight ['dæʃlaɪt] n voyant m or lumière f du tableau de bord

dastardliness ['dæstədlɪnɪs] n († or liter) lâcheté f, ignominie f

dastardly ['dæstədlɪ] adj († or liter) person, action ignoble

dasyure ['dæsɪjʊəʳ] n dasyure m

DAT [diːeɪˈtiː] n (abbrev of **digital audio tape**) DAT m

data ['deɪtə] → SYN ① npl of **datum** (often with sg vb) données fpl

② vt (US *) [+ person etc] ficher

③ COMP (Comput) input, sorting etc de(s) données ◇ **data bank** n banque f de données ◇ **data capture** n saisie f des données ◇ **data carrier** n support m d'informations or de données ◇ **data collection** n collecte f de données ◇ **data dictionary** n dictionnaire m de données ◇ **data directory** n répertoire m de données ◇ **data file** n fichier m informatisé or de données ◇ **data link** n liaison f de transmission ◇ **data pen** n lecteur m de code barres ◇ **data preparation** n préparation f des données ◇ **data processing** n traitement m des données ◇ **data processor** n (= machine) machine f de traitement de données ; (= person) informaticien(ne) m(f) ◇ **data protection act** n ≃ loi f informatique et libertés ◇ **data security** n sécurité f des informations ◇ **data set** n (Comput) ensemble m de données, fichier m ◇ **data transmission** n transmission f de données

database ['deɪtəbeɪs] ① n (Comput) base f de données

② COMP ◇ **database management** n (Comput) gestion f de (base de) données ◇ **database management system** n (Comput) système m de gestion de (base de) données ◇ **database manager** n (Comput) (= software) logiciel m de gestion de base de données ; (= person) gestionnaire mf de base de données

Datapost® ['deɪtəpəʊst] n (Brit Post) ◆ **by Datapost** en express, ≃ par Chronopost ®

dataria [deɪˈtɛərɪə] n daterie f

datary ['deɪtərɪ] n dataire m

datcha ['dætʃə] n ⇒ **dacha**

date¹ [deɪt] → SYN ① n **a** (= time of some event) date f ◆ **what is today's date?** quelle est la date aujourd'hui ?, nous sommes le combien aujourd'hui ? ◆ **what date is he coming (on)?** quel jour arrive-t-il ? ◆ **what date is your birthday?** quelle est la date de votre anniversaire ? ◆ **what date is Easter this year?** quelle est la date de Pâques cette année ? ◆ **what is the date of this letter?** de quand est cette lettre ? ◆ **departure/delivery** etc **date** date f de départ/de livraison etc ◆ **there is speculation about a June election date** on parle de juin pour les élections ◆ **to fix** or **set a date (for sth)** fixer une date or convenir d'une date (pour qch) ◆ **have they set a date yet?** (for wedding) ont-ils déjà fixé la date du mariage ?

◆ **out of date** ◆ **to be out of date** [document] ne plus être applicable ; [person] ne pas être de son temps or à la page ◆ **he's very out of date** il n'est vraiment pas de son temps or à la page ◆ **to be out of date in one's ideas** avoir des idées complètement dépassées ; see also **out**

◆ **to date** ◆ **to date we have accomplished nothing** à ce jour or jusqu'à présent nous n'avons rien accompli ◆ **this is her best novel to date** c'est le meilleur roman qu'elle ait jamais écrit

◆ **up to date** [document] à jour ; [building] moderne, au goût du jour ; [person] moderne, à la page ◆ **to be up to date in one's work** être à jour dans son travail ◆ **to bring up to date** [+ accounts, correspondence etc] mettre à jour ; [+ method etc] moderniser ◆ **to bring sb up to date** mettre qn au courant (about sth de qch) see also **up**

b (Jur) quantième m (du mois)

c [of coins, medals etc] millésime m

d (= appointment) rendez-vous m ; (= person) petit(e) ami(e) m(f) ◆ **to have a date with sb** (with boyfriend, girlfriend) avoir rendez-vous avec qn ◆ **they made a date for 8 o'clock** ils ont fixé un rendez-vous pour 8 heures ◆ **I've got a lunch date today** je déjeune avec quelqu'un aujourd'hui ◆ **have you got a date for tonight?** (= appointment) as-tu (un) rendez-vous ce soir ? ; (= person) tu as quelqu'un avec qui sortir ce soir ? ◆ he's my date for this evening je sors avec lui ce soir ; → blind

e (= pop concert) concert m ◆ they're playing three dates in Britain ils donnent trois concerts en Grande-Bretagne ◆ the band's UK tour dates les dates de la tournée du groupe au Royaume-Uni

2 vt a [+ letter] dater ; [+ ticket, voucher] dater ; (with machine) composter ◆ a cheque/letter dated 7 August un chèque/une lettre daté(e) du 7 août ◆ a coin dated 1390 une pièce datée de 1390

b (= establish date of) the manuscript has been dated at around 3,000 years old/1,000 BC on estime que le manuscrit a 3 000 ans/remonte à 1 000 ans avant Jésus-Christ ◆ his taste in ties certainly dates him son goût en matière de cravates trahit son âge ◆ the hairstyles really date this film les coupes de cheveux démodées montrent que le film ne date pas d'hier ; → carbon

c (esp US = go out with) sortir avec

3 vi a to date from, to date back to dater de, remonter à

b (= become old-fashioned) [clothes, expressions etc] dater

c (esp US = go out with sb) they're dating ils sortent ensemble ◆ she has started dating elle commence à sortir avec des garçons

4 COMP ▷ date book n (US) agenda m ▷ date line n (Geog) ligne f de changement de date or de changement de jour ; (Press) date f (d'une dépêche) ▷ date of birth n date f de naissance ▷ date rape n *viol commis par une connaissance (lors d'un rendez-vous)* ▷ date-rape vt she was date-raped elle a été violée par une connaissance *(lors d'un rendez-vous)* ▷ date stamp n [of library etc] tampon m (encreur) *(pour dater un livre etc)*, dateur m ; (Post) tampon m or cachet m (de la poste) ; (for cancelling) oblitérateur m ; (= postmark) cachet m de la poste ▷ date-stamp vt [+ library book] tamponner ; [+ letter, document] (gen) apposer le cachet de la date sur ; (Post) apposer le cachet de la poste sur ; (= cancel) [+ stamp] oblitérer

date² [deɪt] n (= fruit) datte f ; (= tree: also date palm) dattier m

dated ['deɪtɪd] → SYN adj book, film etc démodé ; word, language, expression vieilli ; idea, humour désuet (-ète f)

dateless ['deɪtlɪs] adj hors du temps

dating ['deɪtɪŋ] 1 n (Archeol) datation f

2 COMP ▷ dating agency n agence f de rencontres

dative ['deɪtɪv] (Ling) 1 n datif m ◆ in the dative au datif

2 adj ◆ dative case (cas m) datif m ◆ dative ending flexion f du datif

datum ['deɪtəm] n, pl data donnée f ; → data

datura [də'tjʊərə] n datura m

DATV [di:eɪti:'vi:] n (abbrev of digitally assisted television) télévision f numérique

daub [dɔ:b] → SYN 1 vt (pej) (with paint, make-up) barbouiller (*with* de) ; (with clay, grease) enduire, barbouiller (*with* de)

2 n a (Constr) enduit m

b (pej = bad picture) croûte* f, barbouillage m

daughter ['dɔ:tər] 1 n (lit, fig) fille f

2 COMP ▷ daughter-in-law n, pl daughters-in-law belle-fille f, bru f

daughterboard ['dɔ:təbɔ:d] n (Comput) carte f fille

daunt [dɔ:nt] → SYN vt décourager ◆ nothing daunted, he continued il a continué sans se (laisser) démonter

daunting ['dɔ:ntɪŋ] adj intimidant ◆ it's a daunting prospect c'est décourageant

dauntingly ['dɔ:ntɪŋlɪ] adv effroyablement, terriblement ◆ a dauntingly difficult task/climb une entreprise/escalade d'une difficulté impressionnante

dauntless ['dɔ:ntlɪs] → SYN adj person, courage intrépide

dauntlessly ['dɔ:ntlɪslɪ] adv avec intrépidité

dauphin ['dɔ:fɪn] n (Hist) Dauphin m

davenport ['dævnpɔ:t] n a (esp US = sofa) canapé m

b (Brit = desk) secrétaire m

David ['deɪvɪd] n David m ◆ "David Copperfield" (Literat) "David Copperfield"

davit ['dævɪt] n (Naut) bossoir m

Davy ['deɪvɪ] 1 n a (dim of David)

b (Naut) to go to Davy Jones' locker se noyer

2 COMP ▷ Davy lamp n (Min) lampe f de sécurité

dawdle ['dɔ:dl] → SYN vi (also dawdle about, dawdle around) (= walk slowly, stroll) flâner ; (= go too slowly) traîner, lambiner* ◆ to dawdle on the way s'amuser en chemin ◆ to dawdle over one's work traînasser sur son travail

dawdler ['dɔ:dlər] n traînard(e) m(f), lambin(e) m(f)

dawdling ['dɔ:dlɪŋ] 1 adj traînard

2 n flânerie f

dawn [dɔ:n] → SYN 1 n a aube f, aurore f ◆ at dawn à l'aube, au point du jour ◆ from dawn to dusk de l'aube au crépuscule, du matin au soir ◆ it was the dawn of another day c'était l'aube d'un nouveau jour

b (NonC) [of civilization] aube f ; [of an idea, hope] naissance f ◆ since the dawn of time depuis la nuit des temps

2 vi a [day] se lever ◆ the day dawned bright and clear l'aube parut, lumineuse et claire ◆ the day dawned rainy le jour s'est levé sous la pluie, il pleuvait au lever du jour ◆ the day will dawn when ... un jour viendra où ...

b (fig) [era, new society] naître, se faire jour ; [hope] luire ◆ an idea dawned upon him une idée lui est venue à l'esprit ◆ the truth dawned upon her elle a commencé à entrevoir la vérité ◆ it suddenly dawned on him that no one would know il lui vint tout à coup à l'esprit que personne ne saurait ◆ suddenly the light dawned on him soudain, ça a fait tilt*

3 COMP ▷ dawn chorus n (Brit) concert m (matinal) des oiseaux ▷ dawn raid n (St Ex) tentative f d'OPA surprise, raid m ◆ the police made a dawn raid on his house la police a fait une descente chez lui à l'aube ▷ dawn raider n (St Ex) raider m

dawning ['dɔ:nɪŋ] 1 adj day, hope naissant, croissant

2 n ⇒ dawn 1b

day [deɪ] → SYN 1 n a (= unit of time: 24 hours) jour m ◆ three days ago il y a trois jours ◆ to do sth in three days faire qch en trois jours, mettre trois jours à faire qch ◆ he's coming in three days or three days' time il vient dans trois jours ◆ twice a day deux fois par jour ◆ this day week (Brit) aujourd'hui en huit ◆ what day is it today? quel jour sommes-nous aujourd'hui ? ◆ what day of the month is it? le combien sommes-nous ? ◆ she arrived (on) the day they left elle est arrivée le jour de leur départ ◆ on that day ce jour-là ◆ on a day like this un jour comme aujourd'hui ◆ on the following day le lendemain ◆ two years ago to the day il y a deux ans jour pour jour or exactement ◆ to this day à ce jour, jusqu'à aujourd'hui ◆ the day before yesterday avant-hier ◆ the day before/two days before her birthday la veille/l'avant-veille de son anniversaire ◆ the day after, the following day le lendemain ◆ two days after her birthday le surlendemain de son anniversaire, deux jours après son anniversaire ◆ the day after tomorrow après-demain ◆ from that day onwards or on dès lors, à partir de ce jour(-là) ◆ from this day forth (frm) désormais, dorénavant ◆ he will come any day now il va venir d'un jour à l'autre ◆ every day tous les jours ◆ every other day tous les deux jours ◆ one day we saw the king un (beau) jour, nous avons vu le roi ◆ one day she will come un jour (ou l'autre) elle viendra ◆ one of these days un de ces jours ◆ day after day jour après jour ◆ for days on end pendant des jours et des jours ◆ for days at a time pendant des jours entiers ◆ day by day jour après jour ◆ day in day out jour après jour ◆ the other day l'autre jour, il y a quelques jours ◆ it's been one of those days ça a été une de ces journées où tout va de travers or où rien ne va ◆ this day of all days ce jour entre tous ◆ some day un de ces jours ◆ I remember it to this (very) day je m'en souviens encore aujourd'hui ◆ he's fifty if he's a day* il a cinquante ans bien sonnés* ◆ as of day one*, from day one*, on day one* dès le premier jour ◆ that'll be the day! j'aimerais voir ça ! ◆ let's make a day of it and ... profitons de la journée pour ... ◆ to live from day to day vivre au jour le jour ◆ take it one day at a time à chaque jour suffit sa peine ; → Christmas, Easter, judg(e)ment, reckoning

b (= daylight hours) jour m, journée f ◆ during the day pendant la journée ◆ to work all day travailler toute la journée ◆ to travel by day voyager de jour ◆ to work day and night travailler jour et nuit ◆ the day is done (liter) le jour baisse, le jour tire à sa fin ◆ one summer's day un jour d'été ◆ on a wet day par une journée pluvieuse ◆ to have a day out faire une sortie ◆ to carry or win the day (Mil, fig) remporter la victoire ◆ to lose the day (Mil, fig) perdre la bataille ◆ (as) clear or plain as day clair comme de l'eau de roche ; → break, court, fine, good, late, time

c (= working hours) journée f ◆ paid by the day payé à la journée ◆ I've done a full day's work (lit) j'ai fait ma journée (de travail) ; (fig) j'ai eu une journée bien remplie ◆ it's all in a day's work! ça fait partie de la routine !, ça n'a rien d'extraordinaire ! ◆ to work an eight-hour day travailler huit heures par jour ◆ to take/get a day off prendre/avoir un jour de congé ◆ it's my day off c'est mon jour de congé ; → call, off, rest, working

d (period of time: often pl) époque f, temps m ◆ these days, at the present day à l'heure actuelle, de nos jours ◆ in this day and age par les temps qui courent ◆ in days to come à l'avenir ◆ in his working days au temps or à l'époque où il travaillait ◆ in his younger days quand il était plus jeune ◆ in the days of Queen Victoria, in Queen Victoria's day du temps de or sous le règne de la reine Victoria ◆ in Napoleon's day à l'époque or du temps de Napoléon ◆ in those days à l'époque ◆ famous in her day célèbre à son époque ◆ in the good old days au or dans le bon vieux temps ◆ in days gone by autrefois, jadis ◆ those were the days! c'était le bon vieux temps ! ◆ those were sad days c'était une époque sombre ◆ the happiest days of my life les jours les plus heureux or la période la plus heureuse de ma vie ◆ to end one's days in misery finir ses jours dans la misère ◆ that has had its day (= old-fashioned) cela est passé de mode ; (= worn out) cela a fait son temps ◆ his day will come son jour viendra ◆ during the early days of the war au début de la guerre ◆ it's early days (yet) (= too early to say) c'est un peu tôt pour le dire ; (= there's still time) on n'en est encore qu'au début ; → dog, olden

2 COMP ▷ day bed n (US) banquette-lit f ▷ day boarder n (Brit Scol) demi-pensionnaire mf ▷ day boy n (Brit Scol) externe m ▷ day centre n (Brit) centre m d'accueil ▷ day girl n (Brit Scol) externe f ▷ Day-Glo ® adj fluorescent ▷ day job n travail m principal ◆ don't give up the day job (hum) chacun son métier, les vaches seront bien gardées ▷ day labourer n journalier m, ouvrier m à la journée ▷ day letter n (US) ≃ télégramme-lettre m ▷ day nurse n infirmier m, -ière f de jour ▷ day nursery n (public) ≃ garderie f, ≃ crèche f ; (room in private house) pièce f réservée aux enfants, nursery f ▷ the Day of Atonement n (Jewish Rel) le Grand pardon, le jour du Pardon ▷ the day of judgement n (Rel) le jour du jugement dernier ▷ the day of reckoning n (Rel) le jour du jugement dernier ◆ the day of reckoning will come (fig) un jour, il faudra rendre des comptes ▷ day-old adj bread de la veille ; (= yesterday's) d'hier ◆ day-old chick poussin m d'un jour ▷ day-pass n (for library, museum, train etc) carte f d'abonnement valable pour une journée ; (Ski) forfait m d'une journée ▷ day pupil n (Brit Scol) externe mf ▷ day release n (Brit Comm, Ind) day release course ≃ cours m professionnel à temps partiel ◆ to be on day release faire un stage (de formation) à temps partiel ▷ day return (ticket) n (Brit Rail) (billet m) aller et retour m *(valable pour la journée)* ▷ day room n (in hospital etc) salle f de séjour commune ▷ day school n externat m ◆ to go to day school être externe ▷ day shift n (= workers) équipe f or poste m de jour ◆ to be on day shift, to work day shift travailler de jour, être de jour ▷ day-ticket n (Ski) ⇒ day-pass ▷ day-to-day adj occurrence, routine quotidien ◆ on a day-to-day basis au jour le jour ▷ day trader n (St Ex) opérateur m au jour le jour, day trader m ▷ day trading n

(St Ex) opérations fpl boursières au jour le jour, day trading m ▷ **day trip** n excursion f (d'une journée) ◆ **to go on a day trip to Calais** faire une excursion (d'une journée) à Calais ▷ **day-tripper** n excursionniste mf

daybook [ˈdeɪbʊk] n (Comm) main f courante, brouillard m

daybreak [ˈdeɪbreɪk] [→ SYN] n point m du jour, aube f ◆ **at daybreak** au point du jour, à l'aube

daycare [ˈdeɪkɛəʳ] [1] n (for children) garderie f ; (for old or disabled people) *soins dans des centres d'accueil de jour*

[2] COMP ▷ **daycare centre** n (for children) ≃ garderie f ; (for old or disabled people) établissement m de jour, centre m d'accueil de jour ▷ **daycare worker** n (US) animateur m, -trice f

daydream [ˈdeɪdriːm] [→ SYN] [1] n rêverie f, rêvasserie f

[2] vi rêvasser, rêver (tout éveillé)

daydreamer [ˈdeɪˌdriːməʳ] [→ SYN] n rêveur m, -euse f

daydreaming [ˈdeɪˌdriːmɪŋ] n (NonC) rêveries fpl

daylight [ˈdeɪlaɪt] [→ SYN] [1] n **a** ⇒ **daybreak**

b (lumière f du) jour m ◆ **in (the) daylight** à la lumière du jour, au grand jour ◆ **it's still daylight** il fait encore jour ◆ **I'm beginning to see daylight** * (= understand) je commence à y voir clair ; (= see the end appear) je commence à voir le bout du tunnel ◆ **to beat** or **knock** or **thrash the (living) daylights out of sb** ‡ (= beat up) rosser * qn, tabasser ‡ qn ; (= knock out) mettre qn K.-O. ◆ **to scare** or **frighten the (living) daylights out of sb** ‡ flanquer une peur bleue or la frousse * à qn ; → **broad**

[2] COMP attack de jour ▷ **daylight robbery** * n (Brit) **it's daylight robbery** c'est de l'arnaque ‡ ▷ **daylight-saving time** n (US) heure f d'été

daylong [ˈdeɪˌlɒŋ] adj qui dure toute la journée ◆ **we had a daylong meeting** notre réunion a duré toute la journée

days * [deɪz] adv le jour

daytime [ˈdeɪtaɪm] [1] n jour m, journée f ◆ **in the daytime** de jour, pendant la journée

[2] adj de jour

daze [deɪz] [→ SYN] [1] n (after blow) étourdissement m ; (at news) stupéfaction f, ahurissement m ; (from drug) hébétement m ◆ **in a daze** (after blow) étourdi ; (at news) stupéfait, médusé ; (from drug) hébété

[2] vt [drug] hébéter ; [blow] étourdir ; [news etc] abasourdir, méduser

dazed [deɪzd] [→ SYN] adj hébété ◆ **to feel dazed** ⇒ **to be in a daze ;** → **daze**

dazzle [ˈdæzl] [→ SYN] [1] vt (lit) éblouir, aveugler ; (fig) éblouir ◆ **to dazzle sb's eyes** éblouir qn

[2] n lumière f aveuglante, éclat m ◆ **blinded by the dazzle of the car's headlights** ébloui par les phares de la voiture

dazzling [ˈdæzlɪŋ] [→ SYN] adj (lit, fig) éblouissant ◆ **a dazzling display of agility** une démonstration d'agilité éblouissante

dazzlingly [ˈdæzlɪŋlɪ] adv shine de manière éblouissante ◆ **dazzlingly beautiful** d'une beauté éblouissante

dB (abbrev of **decibel**) dB

DBE [diːbiːˈiː] n (abbrev of **Dame Commander of the Order of the British Empire**) *distinction honorifique britannique pour les femmes*

DBMS [diːbiːemˈes] n (abbrev of **database management system**) SGBD m

DBS [diːbiːˈes] n **a** (abbrev of **direct broadcasting by satellite**) → **direct**

b (abbrev of **direct broadcasting satellite**) → **direct**

DC [diːˈsiː] **a** (abbrev of **direct current**) → **direct**

b (abbrev of **District of Columbia**) DC ; → DISTRICT OF CULOMBIA

DCC ® [diːsiːˈsiː] n (abbrev of **digital compact cassette**) DCC ® f

DCI [ˌdiːsiːˈaɪ] n (Brit) (abbrev of **Detective Chief Inspector**) → **detective**

DD **a** (Univ) (abbrev of **Doctor of Divinity**) *docteur en théologie*

b (Comm, Fin) (abbrev of **direct debit**) → **direct**

c (US Mil) (abbrev of **dishonourable discharge**) → **dishonourable**

dd (Comm) **a** (abbrev of **delivered**) livré

b (abbrev of **dated**) en date du ...

c (abbrev of **demand draft**) → **demand**

DDS [diːdiːˈes] n (abbrev of **Doctor of Dental Science**) chirurgien m dentiste

DDT [diːdiːˈtiː] n (abbrev of **dichlorodiphenyltrichloroethane**) DDT m

DE[1] [diːˈiː] n (abbrev of **Department of Employment**) → **employment**

DE[2], **De** abbrev of **Delaware**

de... [diː] pref de..., dé..., des..., dés...

DEA [diːiːˈeɪ] n (US) (abbrev of **Drug Enforcement Administration**) ≃ Brigade f des stupéfiants

deacon [ˈdiːkən] n diacre m ◆ **deacon's bench** (US) siège m à deux places (de style colonial)

deaconess [ˈdiːkənes] n diaconesse f

deactivate [diːˈæktɪveɪt] vt désactiver

dead [ded] [→ SYN] [1] adj **a** person, animal, plant mort ◆ **dead or alive** mort ou vif ◆ **more dead than alive** plus mort que vif ◆ **dead and buried** or **gone** (lit, fig) mort et enterré ◆ **to drop down dead, to fall (stone) dead** tomber (raide) mort ◆ **as dead as a doornail** or **as mutton** or **as a dodo** tout ce qu'il y a de plus mort ◆ **to wait for a dead man's shoes** * attendre que quelqu'un veuille bien mourir (pour prendre sa place) ◆ **will he do it? – over my dead body!** * il le fera ? – il faudra d'abord qu'il me passe (subj) sur le corps ! ◆ **to flog** (Brit) or **beat** (US) **a dead horse** s'acharner inutilement, perdre sa peine et son temps ◆ (Prov) **dead men tell no tales** les morts ne parlent pas ◆ **he's/it's a dead duck** * il/c'est fichu * or foutu ‡ ◆ **dead in the water** * fichu * ◆ **to leave sb for dead** laisser qn pour mort ◆ **he was found to be dead on arrival** (at hospital) les médecins n'ont pu que constater le décès ◆ **I wouldn't be seen dead wearing that hat** or **in that hat!** * je ne porterais ce chapeau pour rien au monde ! ◆ **I wouldn't be seen dead with him!** * pour rien au monde je ne voudrais être vu avec lui ! ◆ **I wouldn't be seen dead in that pub!** * il est hors de question que je mette les pieds * dans ce bar ! ◆ **you're dead meat!** ‡ (esp US) t'es un homme mort ! * (fig) ; see also **5**, **drop ;** → **strike**

b limbs engourdi ◆ **my fingers are dead** j'ai les doigts gourds ◆ **he's dead from the neck up** * il n'a rien dans le ciboulot ‡ ◆ **he was dead to the world** * (= asleep) il dormait comme une souche ; (= drunk) il était ivre mort

c (fig) custom tombé en désuétude ; fire mort, éteint ; cigarette éteint ; battery à plat ; town mort, triste ; sound sourd, feutré ◆ **dead language** langue f morte ◆ **the line is dead** (Telec) il n'y a pas de tonalité ◆ **the line's gone dead** la ligne est coupée ◆ **the engine's dead** le moteur est en panne

d (= absolute, exact) **dead calm** calme plat ◆ **to hit sth (in the) dead centre** frapper qch au beau milieu or en plein milieu ◆ **it's a dead cert** ‡ **that he'll come** il viendra à coup sûr, sûr qu'il viendra * ◆ **this horse is a dead cert** ‡ ce cheval va gagner, c'est sûr ◆ **in dead earnest** avec le plus grand sérieux, très sérieusement ◆ **he's in dead earnest** il ne plaisante pas ◆ **on a dead level with** exactement au même niveau que ◆ **a dead loss** (Comm) une perte sèche ; (* = person) un bon à rien ◆ **that idea was a dead loss** * cette idée n'a absolument rien donné ◆ **this knife is a dead loss** * ce couteau ne vaut rien ◆ **I'm a dead loss at sports** * je suis nul en sport ◆ **to be a dead shot** être un tireur d'élite ◆ **dead silence** silence m de mort ◆ **he's the dead spit of his father** * c'est son père tout craché ◆ **to come to a dead stop** s'arrêter net or pile

[2] adv (Brit = exactly, completely) absolument, complètement ◆ **dead ahead** tout droit ◆ **dead broke** * fauché (comme les blés) * ◆ **to be dead certain** * **about sth** être sûr et certain de qch *, être absolument certain or convaincu de qch ◆ **to be dead against** * **sth** être farouchement opposé à qch ◆ **your guess was dead on** * tu as deviné juste ◆ **she was** or **her shot was dead on target** * elle a mis dans le mille ◆ **dead drunk** * ivre mort ◆ **it's dead easy** or **simple** * c'est simple comme bonjour *, il n'y a rien de plus facile or simple ◆ **to be/arrive dead on time** être/arriver juste à l'heure or à l'heure pile ◆ **it was dead lucky** * c'était un coup de pot monstre ‡ ◆ **she's dead right** * elle a tout à fait raison ◆ **dead slow** (as instruction) (Aut) roulez au pas ; (Naut) en avant lentement ◆ **to go dead slow** aller aussi lentement que possible ◆ **to stop dead** s'arrêter net or pile ◆ **to cut sb dead** faire semblant de ne pas voir or reconnaître qn ◆ **she cut me dead** elle a fait comme si elle ne me voyait pas ◆ **dead tired** éreinté, crevé * ◆ **he went dead white** il est devenu pâle comme un mort ; → **stop**

[3] n ◆ **at dead of night** ◆ **in the dead of night** au cœur de or au plus profond de la nuit ◆ **in the dead of winter** au plus fort de l'hiver, au cœur de l'hiver ◆ **to come back** or **rise from the dead** (fig) refaire surface

[4] **the dead** npl les morts mpl ◆ **office** or **service for the dead** (Rel) office m des morts or funèbre

[5] COMP ▷ **dead account** n (Fin) compte m dormant or inactif ▷ **dead-and-alive** adj town triste, mort ◆ **a dead-and-alive little place** un trou * perdu ▷ **dead ball** n (Ftbl, Rugby) ballon m mort ▷ **dead-ball line** n (Rugby) ligne f du ballon mort ▷ **dead-beat** * n (= lazy person) chiffe f molle ; (US) parasite m, pique-assiette mf inv ◇ adj crevé *, claqué * ▷ **dead-cat bounce** * n (St Ex) *brève reprise après une forte chute des prix* ▷ **dead centre** n (Tech) point m mort ▷ **dead duck** * n (plan etc) fiasco m ◆ **he's a dead duck** il est fini * ▷ **dead end** n (lit, fig) impasse f ◆ **to come to a dead end** (fig) être dans l'impasse ▷ **dead-end** adj ◆ **a dead-end job** un travail sans perspective d'avenir ▷ **dead hand** n ◆ **the dead hand of the state/bureaucracy** la mainmise or le carcan de État/de la bureaucratie ◆ **to shrug off the dead hand of communism** se débarrasser de ce poids mort qu'est le communisme ▷ **dead-head** vt enlever les fleurs fanées de ; see also **deadhead** ▷ **dead heat** n **the race was a dead heat** ils sont arrivés ex æquo ; (Racing) la course s'est terminée par un dead-heat ▷ **dead leg** * n (Med, Sport) jambe f insensible *(à la suite d'un traumatisme musculaire)* ; (= person) poids m mort ▷ **dead letter** n (Post) lettre f tombée au rebut ; * (= useless thing) chose f du passé ◆ **to become a dead letter** [law, agreement] tomber en désuétude, devenir lettre morte ▷ **dead-letter office** n (Post) bureau m des rebuts ▷ **dead march** n marche f funèbre ▷ **dead marine** * n (Austral and NZ) bouteille f (de bière) vide, cadavre * m ▷ **dead matter** n matière f inanimée ; (Typ) composition f à distribuer ▷ **dead men** * npl (fig = empty bottles) bouteilles fpl vides, cadavres * mpl ▷ **dead-nettle** n ortie f blanche ▷ **dead reckoning** n (Naut) estime f ◆ **by dead reckoning** à l'estime ▷ **dead ringer** * n : **to be a dead ringer for sb** être le sosie de qn ▷ **the Dead Sea** n la mer Morte ▷ **the Dead Sea Scrolls** npl les manuscrits mpl de la mer Morte ▷ **dead season** n (Comm, Press) morte-saison f ▷ **dead set** * n ◆ **to make a dead set at sth** s'acharner comme un beau diable pour avoir qch ◆ **to make a dead set at sb** chercher à mettre le grappin sur qn * ◇ adj **to be dead set on doing sth** tenir mordicus à faire qch ◆ **to be dead set against sth** être farouchement opposé à qch ▷ **dead soldiers** * npl (US fig) bouteilles fpl vides, cadavres * mpl ▷ **dead stock** n invendu(s) m(pl), rossignols * mpl ▷ **dead time** n (Elec) temps m mort ▷ **dead weight** n poids m mort or inerte ; (Naut) charge f or port m en lourd ▷ **Dead White European Male** n (esp US) *homme célèbre qui devrait sa réputation à son appartenance au sexe masculin et à la race blanche* ▷ **dead wire** n (Elec) fil m sans courant

deaden [ˈdedn] [→ SYN] vt [+ shock, blow] amortir ; [+ feeling] émousser ; [+ sound] assourdir ; [+ passions] étouffer ; [+ pain] calmer ; [+ nerve] endormir

deadening [ˈdednɪŋ] [1] n [of emotions, spirit] engourdissement m

[2] adj abrutissant ◆ **it has a deadening effect on creativity** ça tue la créativité

deadeye * [ˈdedˌaɪ] n tireur m, -euse f d'élite

deadhead * ['dedhed] (US) [1] n [a] (= person using free ticket) (on train) personne f possédant un titre de transport gratuit ; (at theatre) personne f possédant un billet de faveur

[b] (= stupid person) nullité f

[c] (= empty truck/train etc) camion m/train m etc roulant à vide

[2] adj truck etc roulant à vide

deadline ['dedlaın] n (Press etc) date f (or heure f) butoir or limite, dernière limite f ; (US = boundary) limite f (qu'il est interdit de franchir) ◆ **to work to a deadline** avoir un délai à respecter ◆ **he was working to a 6 o'clock deadline** son travail devait être terminé à 6 heures, dernière limite

deadliness ['dedlınıs] n [of poison] caractère m mortel or fatal ; [of aim] précision f infaillible

deadlock ['dedlɒk] [→ SYN] n impasse f ◆ **to reach (a) deadlock** aboutir à une impasse ◆ **to be at (a) deadlock** être dans l'impasse, être au point mort

deadly ['dedlı] [→ SYN] [1] adj [a] (= lethal) blow, poison, disease, enemy, combination mortel (*to* pour) ; weapon, attack meurtrier ◆ **to play a deadly game** jouer un jeu dangereux ◆ **the seven deadly sins** les sept péchés capitaux ◆ (Prov) **the female of the species is deadlier** or **more deadly than the male** la femme est plus dangereuse que l'homme ◆ **assault with a deadly weapon** (US Jur) attaque f à main armée

[b] (= devastating) accuracy, logic implacable ; wit mordant ◆ **a deadly silence** un silence de mort ◆ **in deadly silence** dans un silence de mort ◆ **to use deadly force (against sb)** (Police, Mil) utiliser la force (contre qn) ◆ **the police were authorized to use deadly force against the demonstrators** la police a reçu l'autorisation de tirer sur les manifestants ◆ **I am in deadly earnest** je suis on ne peut plus sérieux ◆ **he spoke in deadly earnest** il était on ne peut plus sérieux, il parlait le plus sérieusement du monde

[c] (* = boring) mortel *

[2] adv ◆ **deadly dull** mortellement ennuyeux ◆ **deadly pale** d'une pâleur mortelle, pâle comme la mort ◆ **it's/I'm deadly serious** c'est/je suis on ne peut plus sérieux

[3] COMP ▷ **deadly nightshade** n (Bot) belladone f

deadness ['dednıs] n [of limbs] engourdissement m ◆ **the deadness of his eyes** son regard vide

deadpan ['dedpæn] adj face de marbre ; humour pince-sans-rire inv ◆ **"good heavens" he said, deadpan** "mon Dieu" dit-il, pince-sans-rire

deadwood ['dedwʊd] n (lit, fig) bois m mort ◆ **to get rid of the deadwood** (fig : in office, company etc) élaguer, dégraisser

deaf [def] [→ SYN] [1] adj [a] (lit) sourd ◆ **deaf in one ear** sourd d'une oreille ◆ **deaf as a (door)post** or **a stone** sourd comme un pot ◆ (Prov) **there's** or **there are none so deaf as those who will not hear** il n'est pire sourd que celui qui ne veut pas entendre (Prov)

[b] (fig = unwilling to listen) sourd, insensible (*to* à) ◆ **to be deaf to sth** rester sourd à qch ◆ **to turn a deaf ear to sth** faire la sourde oreille à qch ◆ **her pleas fell on deaf ears** ses appels n'ont pas été entendus

[2] **the deaf** npl les sourds mpl

[3] COMP ▷ **deaf aid** n appareil m acoustique, audiophone m, sonotone ® m ▷ **deaf-and-dumb** adj sourd-muet ◆ **deaf-and-dumb alphabet** alphabet m des sourds et muets ▷ **deaf-mute** n sourd(e)-muet(te) m(f)

deafen ['defn] [→ SYN] vt (lit) rendre sourd ; (fig) assourdir, rendre sourd

deafening ['defnıŋ] [→ SYN] adj (lit, fig) assourdissant ◆ **a deafening silence** un silence pesant or assourdissant

deafeningly ['defnıŋlı] n ◆ **deafeningly loud** assourdissant

deafness ['defnıs] n surdité f

deal[1] [di:l] [→ SYN] vb : pret, ptp **dealt** [1] n [a] (NonC) **a good** or **great deal of, a deal of** † (n phrase = large amount) beaucoup de ◆ **to have a great deal to do** avoir beaucoup à faire, avoir beaucoup de choses à faire ◆ **a good deal of the work is done** une bonne partie du travail est terminée ◆ **that's saying a good deal** ce n'est pas peu dire ◆ **there's a good deal of truth in what he says** il y a du vrai dans ce qu'il dit ◆ **to think a great deal of sb** avoir beaucoup d'estime pour qn ◆ **to mean a great deal to sb** compter beaucoup pour qn

[b] (adv phrases) **a good deal** (= significantly) easier, further, longer, higher, older, happier, stronger etc beaucoup, nettement ◆ **she's a good deal cleverer than her brother** elle est beaucoup or nettement plus intelligente que son frère ◆ **she's a good deal better today** elle va beaucoup or nettement mieux aujourd'hui ◆ **to learn/change/travel a great deal** beaucoup apprendre/changer/voyager ◆ **we have discussed this a great deal** nous en avons beaucoup parlé ◆ **he talks a great deal** il parle beaucoup ◆ **we have already achieved a great deal** nous avons déjà beaucoup accompli ◆ **it says a great deal for him (that ...)** c'est tout à son honneur (que ...)

[c] (= agreement) marché m, affaire f ; (pej) coup m ; (Comm, Fin: also **business deal**) affaire f, marché m ; (St Ex) opération f, transaction f ◆ **to do a deal with sb** (gen) conclure un marché avec qn ; (Comm etc) faire or passer un marché avec qn, faire (une) affaire avec qn ◆ **we might do a deal?** on pourrait (peut-être) s'arranger ? ◆ **it's a deal!** * d'accord !, marché conclu ! ◆ **a done deal** une affaire réglée ◆ **he got a very bad deal from them** (= treatment) ils ne l'ont pas bien traité ◆ **he got a very bad deal on that car** (Comm) il a fait une très mauvaise affaire en achetant cette voiture ◆ **the agreement is likely to be a bad deal for consumers** cet accord risque d'être une mauvaise affaire pour les consommateurs ◆ **a new deal** (Pol etc) un programme de réformes ; → **fair**[1], **raw**

[d] (* iro) **big deal!** la belle affaire !, tu parles ! * ◆ **it's no big deal** qu'est-ce que ça peut faire ? ◆ **the delay is no big deal** le retard n'a aucune importance ◆ **don't make such a big deal out of it!** n'en fais pas toute une histoire or tout un plat ! *

[e] (Cards) donne f, distribution f ◆ **it's your deal** à vous la donne, à vous de distribuer or donner

[2] vt [a] (also **deal out**) [+ cards] donner, distribuer

[b] **to deal sb a blow** (physically) porter or assener un coup à qn ◆ **this dealt a blow to individual freedom** cela a porté un coup aux libertés individuelles

[c] * [+ drugs] revendre, dealer *

[3] vi [a] (Comm) [business, firm] **this company has been dealing for 80 years** cette société est en activité depuis 80 ans ◆ **to deal on the Stock Exchange** faire or conclure des opérations de bourse ◆ **to deal in wood/property** etc être dans le commerce du bois/dans l'immobilier etc

[b] (= traffic: in drugs) revendre de la drogue, dealer * ◆ **the police suspect him of dealing (in drugs)** la police le soupçonne de revendre de la drogue or de dealer * ◆ **to deal in stolen property** revendre des objets volés ◆ **to deal in pornography** faire le commerce de la pornographie

[c] (fig) **they deal in terror/human misery** leur fonds de commerce, c'est la terreur/la misère humaine ◆ **drug-pushers** * **who deal in death** ces dealers * qui sont des marchands de mort ◆ **we deal in facts, not speculation** nous nous intéressons aux faits, pas aux suppositions

[d] (Cards) donner, distribuer

► **deal out** vt sep [+ gifts, money] distribuer, répartir (*between* entre) ◆ **to deal out justice** rendre (la) justice ; → **deal**[1] **2a**

► **deal with** vt fus [a] (= have to do with) [+ person] avoir affaire à ; (esp Comm) traiter avec ◆ **teachers who have to deal with very young children** les enseignants qui ont affaire à de très jeunes enfants ◆ **employees dealing with the public** les employés qui sont en contact avec le public or qui ont affaire au public ◆ **they refused to deal with him because of this** ils ont refusé de traiter avec lui or d'avoir affaire à lui à cause de cela ◆ **he's not very easy to deal with** il n'est pas commode

[b] (= be responsible for) [+ person] s'occuper de ; [+ task, problem] se charger de, s'occuper de ; (= take action as regards) [+ person, problem] s'occuper de, prendre des mesures concernant ◆ **I'll deal with it/him** je me charge de cela/lui ◆ **I can deal with that alone** je peux m'en occuper tout seul ◆ **in view of the situation he had to deal with** vu la situation qu'il avait sur les bras ◆ **he dealt with the problem very well** il a très bien résolu le problème ◆ **you naughty boy, I'll deal with you later!** vilain garçon, tu vas avoir affaire à moi tout à l'heure ! ◆ **the headmaster dealt with the culprits individually** le directeur s'est occupé des coupables un par un ◆ **the committee deals with questions such as ...** le comité s'occupe de questions telles que ... ◆ **the police officer dealing with crime prevention** l'agent chargé de la prévention des crimes ◆ **to know how to deal with sb** (= treat) savoir s'y prendre avec qn ◆ **they dealt with him very fairly** ils ont été très corrects avec lui ◆ **you must deal with them firmly** il faut vous montrer fermes à leur égard ◆ **the firm deals with over 1,000 orders every week** l'entreprise traite plus de 1 000 commandes par semaine

[c] (= cope with) supporter ◆ **to deal with stress** combattre le stress ◆ **to deal with the fear of AIDS** faire face à la peur du sida

[d] (= be concerned with, cover) [book, film etc] traiter de ; [speaker] parler de ◆ **the next chapter deals with ...** le chapitre suivant traite de ... ◆ **I shall now deal with ...** je vais maintenant vous parler de ...

[e] (= buy from or sell to) **a list of the suppliers our company deals with** une liste des fournisseurs de notre société ◆ **I won't deal with that firm again** je ne m'adresserai plus à cette société ◆ **I always deal with the same butcher** je me sers or me fournis toujours chez le même boucher

deal[2] [di:l] n bois m blanc

dealer ['di:ləʳ] [→ SYN] n [a] (Comm) (gen) marchand m (*in* de), négociant m (*in* en) ; (= wholesaler) stockiste m, fournisseur m (en gros) (*in* de) ; (St Ex) opérateur m ◆ **arms dealer** marchand m d'armes ◆ **Citroën dealer** concessionnaire mf Citroën ; → **double, secondhand**

[b] (Cards) donneur m

[c] (Drugs) dealer * m

dealership ['di:ləʃıp] n (Comm) concession f ◆ **dealership network** réseau m de concessionnaires

dealing ['di:lıŋ] [1] n [a] (NonC: also **dealing out**) distribution f ; [of cards] donne f

[b] (St Ex) opérations fpl, transactions fpl ; → **wheel**

[2] COMP ▷ **dealing room** n (St Ex) salle f des transactions or des opérations

dealings ['di:lıŋz] [→ SYN] npl (gen) relations fpl (*with sb* avec qn) ; (Comm, St Ex) transactions fpl (*in sth* en qch) ; (= trafficking) trafic m (*in sth* de qch)

dealmaker ['di:l‚meıkəʳ] n (St Ex) opérateur m, -trice f

dealt [delt] vb (pt, ptp of **deal**[1])

deaminate [di:'æmı‚neıt] vt désaminer

dean [di:n] n (Rel, fig) doyen m ; (Univ) doyen m ◆ **dean's list** (US Univ) liste f des meilleurs étudiants

deanery ['di:nərı] n (Univ) résidence f du doyen ; (Rel) doyenné m

deanship [di:nʃıp] n décanat m

dear [dıəʳ] [→ SYN] [1] adj [a] (= loved) person, animal cher ; (= precious) object cher, précieux ; (= lovable) adorable ; child mignon, adorable ◆ **she is very dear to me** elle m'est très chère ◆ **a dear friend of mine** un de mes meilleurs amis, un de mes amis les plus chers ◆ **to hold sb/sth dear** chérir qn/qch ◆ **all that he holds dear** tout ce qui lui est cher ◆ **a cause that was always dear to his heart** une cause qui lui a toujours été chère ◆ **his dearest wish** (liter) son plus cher désir, son souhait le plus cher ◆ **what a dear child!** quel amour d'enfant ! ◆ **what a dear little dress!** † * quelle ravissante or mignonne petite robe ! ; → **departed**

[b] (in letter-writing) cher ◆ **Dear Daddy** Cher Papa ◆ **My dear Anne** Ma chère Anne ◆ **Dear Alice and Robert** Chère Alice, cher Robert, Chers Alice et Robert ◆ **Dearest Paul** Bien cher Paul ◆ **Dear Mr Smith** Cher Monsieur ◆ **Dear Mr & Mrs Smith** Cher

dearest / debt   ANGLAIS-FRANÇAIS   218

Monsieur, chère Madame ✦ **Dear Sir Monsieur** ✦ **Dear Sirs** Messieurs ✦ **Dear Sir or Madam** Madame, Monsieur ✦ **Dear John letter** * lettre f de rupture

c (= expensive) prices, goods cher, coûteux ; price élevé ; shop cher ✦ **to get dearer** [goods] augmenter, renchérir ; [prices] augmenter

2 excl (surprise: also **dear dear !**, **dear me !**) mon Dieu !, vraiment ! ; (regret: also **oh dear !**) oh là là !, oh mon Dieu !

3 n cher m, chère f ✦ **my dear** mon ami(e), mon cher ami, ma chère amie ; (to child) mon petit ✦ **poor dear** (to child) pauvre petit, pauvre chou * ; (to woman) ma pauvre ✦ **your mother is a dear** * votre mère est un amour ✦ **give it to me, there's a dear !** * sois gentil, donne-le-moi, donne-le-moi, tu seras (bien) gentil ! ; see also **dearest**

4 adv (lit, fig) buy, pay, sell cher

dearest ['dɪərɪst] n (= darling) chéri(e) m(f)

dearie †* ['dɪərɪ] (esp Brit) **1** n mon petit chéri, ma petite chérie
2 excl ✦ **dearie me !** Grand Dieu !, Dieu du ciel !

dearly ['dɪəlɪ] → SYN adv **a** (= very much) love profondément ✦ **"Dearly beloved ..."** (Rel) "Mes bien chers frères ..." ✦ **Joan Smith, dearly beloved wife of Peter** Joan Smith, épouse bien-aimée de Peter ✦ **I would dearly love to marry** j'aimerais tellement me marier ✦ **I dearly hope I will meet him one day** j'espère vivement le rencontrer un jour ;
→ **departed**
b (fig = at great cost) **he paid dearly for his success** il l'a payé cher, son succès, son succès lui a coûté cher ✦ **dearly bought** chèrement payé

dearness ['dɪənɪs] n **a** (= expensiveness) cherté f
b (= lovableness) **your dearness to me** la tendresse que j'ai pour vous

dearth [dɜːθ] n [of food] disette f ; [of money, resources, water] pénurie f ; [of ideas etc] stérilité f, pauvreté f ✦ **there is no dearth of young men** les jeunes gens ne manquent pas

deary * ['dɪərɪ] ⇒ **dearie**

death [deθ] LANGUAGE IN USE 24.4 → SYN
1 n mort f, décès m (Jur) (frm) ; [of plans, hopes] effondrement m, anéantissement m ✦ **death by suffocation/drowning/hanging etc** mort f par suffocation/noyade/pendaison etc ✦ **he jumped/fell to his death** il a sauté/est tombé/s'est tué ✦ **at the time of his death** au moment de sa mort ✦ **to be in at the death** (fig) assister au dénouement (d'une affaire) ✦ **to be at death's door** être à (l'article de) la mort ✦ **in death, as in life, he was courageous** devant la mort, comme de son vivant, il s'est montré courageux ✦ **it will be the death of him** * (lit) il le paiera de sa vie ✦ **smoking will be the death of him** * le tabac le tuera ✦ **he'll be the death of me !** * (fig) il me tuera ! (fig) ✦ **to look/feel like death warmed up** * or (US) **warmed over** * avoir l'air/se sentir complètement nase * ;
→ **catch, dance**

♦ **to death** ✦ **he was stabbed to death** il est mort poignardé ✦ **starved/frozen to death** mort de faim/de froid ✦ **to starve/freeze to death** mourir de faim/de froid ✦ **to bleed to death** se vider de son sang ✦ **to be burnt to death** mourir carbonisé ✦ **he drank himself to death** c'est la boisson qui l'a tué ✦ **to sentence sb to death** (Jur) condamner qn à mort ✦ **to put sb to death** (Jur) mettre qn à mort, exécuter qn ✦ **to be bored to death** * s'ennuyer à mourir ✦ **I'm sick to death** * or **tired to death** * **of all this** j'en ai ras le bol de * or j'en ai marre * de tout ça ✦ **to be scared/worried to death** être mort de peur/d'inquiétude ;
→ **do**[1]

♦ **to the death** ✦ **to fight to the death** lutter jusqu'à la mort ✦ **a fight to the death** une lutte à mort

2 COMP ▷ **death benefit** n (Insurance) capital-décès m ▷ **death by chocolate** n (Culin) gâteau au chocolat fourré à la mousse au chocolat et nappé de chocolat ▷ **death camp** n camp m de la mort ▷ **death cap** n (Bot) amanite f phalloïde ▷ **death cell** n cellule f de condamné à mort ▷ **death certificate** n certificat m or acte m de décès ▷ **death-dealing** adj mortel ▷ **death duties** npl (Brit) ⇒ **death duty** ▷ **death duty** n (Brit: formerly)

droits mpl de succession ▷ **death grant** n allocation f de décès ▷ **death house** n (US) (in jail) ⇒ **death row** ▷ **death knell** n → **knell** ▷ **death march** n marche f funèbre ▷ **death mask** n masque m mortuaire ▷ **death metal** n (Mus) death metal m ▷ **death notice** n avis m de décès ▷ **death penalty** n (Jur) peine f de mort ▷ **death rate** n (taux m de) mortalité f ▷ **death rattle** n râle m (d'agonie) ▷ **death ray** n rayon m de la mort, rayon m qui tue ▷ **death roll** n liste f des morts ▷ **death row** n (US: in jail) le couloir de la mort ✦ **he's on death row** il a été condamné à mort ▷ **death seat** * n (US, Austral) place f du mort ▷ **death sentence** n (lit) condamnation f à mort ; (fig) arrêt m de mort ▷ **death's-head** n tête f de mort ▷ **death's-head moth** n (sphinx m) tête f de mort ▷ **death squad** n escadron m de la mort ▷ **death taxes** npl (US) ⇒ **death duty** ▷ **death threat** n menace f de mort ▷ **death throes** npl affres fpl (liter) de la mort, agonie f ; (fig) agonie f ✦ **in one's death throes** dans les affres (liter) de la mort, à l'agonie ▷ **death toll** n nombre m des victimes, bilan m ▷ **death warrant** n (Jur) ordre m d'exécution ✦ **to sign the death warrant of a project** condamner un projet, signer la condamnation d'un projet ✦ **to sign sb's/one's own death warrant** (fig) signer l'arrêt de mort de qn/son propre arrêt de mort ▷ **death wish** n (Psych) désir m de mort ; (fig) attitude f suicidaire

deathbed [deθbed] **1** n lit m de mort ✦ **to repent on one's deathbed** se repentir sur son lit de mort
2 COMP ▷ **deathbed confession** n **he made a deathbed confession** il s'est confessé sur son lit de mort ▷ **deathbed scene** n (Theat) **this is a deathbed scene** la scène se passe au chevet du mourant

deathblow [deθbləʊ] n (lit, fig) coup m mortel or fatal

deathless [deθlɪs] → SYN adj immortel, éternel ✦ **deathless prose** (iro, hum) prose f impérissable

deathlike [deθlaɪk] adj semblable à la mort, de mort

deathly [deθlɪ] → SYN **1** adj pallor cadavérique ✦ **a deathly hush** or **silence** un silence de mort
2 adv ✦ **deathly pale** pâle comme la mort, d'une pâleur mortelle

deathtrap * [deθtræp] n (= vehicle, building etc) piège m à rats (fig) ✦ **that corner is a real deathtrap** ce virage est extrêmement dangereux

deathwatch [deθwɒtʃ] **1** n veillée f funèbre
2 COMP ▷ **deathwatch beetle** n (Zool) vrillette f, horloge f de la mort

deb * [deb] n abbrev of **debutante**

debacle, débâcle [deɪ'bɑːkl] → SYN n fiasco m ; (Mil) débâcle f

debag * [diː'bæg] vt (Brit) déculotter

debar [dɪ'bɑːʳ] vt (from club, competition) exclure (from de) ✦ **to debar sb from doing sth** interdire or défendre à qn de faire qch

debark [dɪ'bɑːk] vti (US) débarquer

debarkation [ˌdiːbɑː'keɪʃən] n (US) débarquement m

debarment [dɪ'bɑːmənt] n exclusion f (from de)

debase [dɪ'beɪs] → SYN vt **a** [+ person] avilir, ravaler ✦ **to debase o.s.** s'avilir or se ravaler (by doing sth en faisant qch)
b (= reduce in value or quality) [+ word, object] dégrader ; [+ metal] altérer ; (Fin) [+ coinage] déprécier, dévaloriser

debasement [dɪ'beɪsmənt] → SYN n [of people] rabaissement m ; [of language, values] dégradation f ; [of culture] dévalorisation f ; [of currency] dévaluation f, dépréciation f

debatable [dɪ'beɪtəbl] LANGUAGE IN USE 26.3 → SYN adj discutable, contestable ✦ **it's a debatable point** c'est discutable or contestable ✦ **it is debatable whether ...** on est en droit de se demander si ...

debate [dɪ'beɪt] → SYN **1** vt [+ question] discuter, débattre ✦ **much debated** [+ subject, theme etc] très discuté ✦ **he was debating what to do** il se demandait ce qu'il devait faire
2 vi discuter (with avec ; about sur) ✦ **he was debating with himself whether to refuse or not**

il se demandait s'il refuserait ou non, il s'interrogeait pour savoir s'il refuserait ou non

3 n discussion f, débat m ; (Parl) débat(s) m(pl) ; (esp in debating society) conférence f or débat m contradictoire ✦ **to hold long debates** discuter longuement ✦ **after much debate** après de longues discussions ✦ **the debate was on** or **about ...** la discussion portait sur ... ✦ **the death penalty was under debate** on délibérait sur la peine de mort ✦ **to be in debate** [fact, statement] être controversé

debater [dɪ'beɪtəʳ] n débatteur m ✦ **he is a keen debater** c'est un excellent débatteur

debating [dɪ'beɪtɪŋ] n art m de la discussion ✦ **debating society** société f de conférences or débats contradictoires

debauch [dɪ'bɔːtʃ] **1** vt [+ person] débaucher, corrompre ; [+ morals] corrompre ; [+ woman] séduire
2 n débauche f

debauched [dɪ'bɔːtʃt] adj person débauché ; society dépravé ; lifestyle de débauché

debauchee [ˌdebɔː'tʃiː] n débauché(e) m(f)

debaucher [dɪ'bɔːtʃəʳ] n [of person, taste, morals] corrupteur m, -trice f ; [of woman] séducteur m

debauchery [dɪ'bɔːtʃərɪ] n (NonC) débauche f

debenture [dɪ'bentʃəʳ] **1** n (Customs) certificat m de drawback ; (Fin) obligation f, bon m ✦ **the conversion of debentures into equity** (Fin) la conversion d'obligations en actions
2 COMP ▷ **debenture bond** n titre m d'obligation ▷ **debenture holder** n obligataire mf ▷ **debenture stock** n obligations fpl sans garantie

debilitate [dɪ'bɪlɪteɪt] vt débiliter

debilitated [dɪ'bɪlɪteɪtɪd] adj (lit, fig) affaibli

debilitating [dɪ'bɪlɪteɪtɪŋ] adj **a** (Med) disease, climate, atmosphere débilitant
b (fig) qui mine, qui sape ✦ **the country has suffered years of debilitating poverty and war** pendant des années, ce pays a été miné par la pauvreté et la guerre

debility [dɪ'bɪlɪtɪ] → SYN n (Med) débilité f, extrême faiblesse f

debit ['debɪt] **1** n (Comm) débit m
2 vt ✦ **to debit sb's account with a sum, to debit a sum against sb's account** débiter le compte de qn d'une somme ✦ **to debit sb with a sum, to debit a sum to sb** porter une somme au débit de qn, débiter qn d'une somme
3 COMP ▷ **debit account** n compte m débiteur ▷ **debit balance** n solde m débiteur ▷ **debit card** n carte f de paiement ▷ **debit entry** n inscription f or écriture f au débit ▷ **debit side** n on the debit side au débit ✦ **on the debit side there is the bad weather** parmi les points négatifs, il y a le mauvais temps

debonair [ˌdebə'nɛəʳ] → SYN adj d'une élégance nonchalante

debone [diː'bəʊn] vt [+ meat] désosser ; [+ fish] désosser, ôter les arêtes de

debouch [dɪ'baʊtʃ] (Geog, Mil) **1** vi déboucher
2 n débouché m

debouchment ['dɪbaʊtʃmənt] n (Geog) débouché m

Debrett [də'bret] n Debrett m (liste des membres de l'aristocratie britannique)

debrief [ˌdiː'briːf] vt (Mil etc) [+ patrol, astronaut, spy] faire faire un compte rendu (de fin de mission) à, débriefer ; [+ freed hostages etc] recueillir le témoignage de ✦ **to be debriefed** (Mil) faire un compte rendu oral

debriefing [ˌdiː'briːfɪŋ] n soldier, diplomat, astronaut compte rendu m de mission, débriefing m ; freed hostage débriefing m

debris ['debriː] → SYN n (gen) débris mpl ; [of building] décombres mpl ; (Geol) roches fpl détritiques

debt [det] → SYN **1** n **a** (= payment owed) dette f, créance f ✦ **bad debts** créances fpl irrécouvrables ✦ **debt of honour** dette f d'honneur ✦ **outstanding debt** créance f à recouvrer ✦ **to be in debt** avoir des dettes, être endetté ✦ **to be in debt to sb** devoir de l'argent à qn ✦ **I am £500 in debt** j'ai 500 livres de dettes ✦ **to be out of sb's debt** être quitte envers qn

◆ **to get** or **run into debt** faire des dettes, s'endetter ◆ **to get out of debt** s'acquitter de ses dettes ◆ **to be out of debt** ne plus avoir de dettes

b (= gratitude owed) **to be in sb's debt** être redevable à qn ◆ **I am greatly in your debt** je vous suis très redevable ◆ **to repay a debt** acquitter une dette ; → **eye, national**

2 COMP ▷ **debt burden** n endettement m ▷ **debt collection agency** n agence f de recouvrement de créances ▷ **debt collector** n agent m de recouvrement de créances ▷ **debt consolidation** n consolidation f de la dette ▷ **debt crisis** n crise f de la dette ▷ **debt forgiveness** n effacement m de la dette ▷ **debt relief** n allègement m de la dette ▷ **debt rescheduling** n rééchelonnement m de la dette ▷ **debt-ridden** adj criblé de dettes ▷ **debt swap** n (Fin) swap m, crédit m croisé

debtor ['detə^r] → SYN n débiteur m, -trice f

debug [di:'bʌɡ] vt **a** (Comput) déboguer
b (= remove microphones from) [+ room etc] enlever les micros cachés dans

debugging [di:'bʌɡɪŋ] n (Comput) suppression f des bogues (of dans), débogage m

debunk* [ˌdi:'bʌŋk] vt [+ hero] déboulonner * ; [+ myth, concept] démythifier ; [+ system, institution] discréditer

debunker* [di:'bʌŋkə^r] n démystificateur m, -trice f

debus [di:'bʌs] **1** vt décharger (d'un car)
2 vi débarquer du car

début ['deɪbju:] → SYN **1** n (Theat) début m ; (in society) entrée f dans le monde ◆ **he made his début as a pianist** il a débuté comme pianiste
2 vi faire ses débuts

débutante ['debjuːtɑ:nt] n débutante f

Dec. abbrev of **December**

dec. abbrev of **deceased**

decade ['dekeɪd] n **a** décennie f
b [of rosary] dizaine f

decadence ['dekədəns] → SYN n décadence f

decadent ['dekədənt] → SYN **1** adj décadent
2 n (Literat) décadent m

decaf(f)* ['diːkæf] **1** n déca * m
2 adj ◆ **decaf(f) coffee** déca * m ◆ **decaf(f) tea** thé m déthéiné

decaffeinate [ˌdiː'kæfɪneɪt] vt décaféiner

decaffeinated [diː'kæfɪneɪtɪd] adj coffee décaféiné ; tea déthéiné

decagon ['dekəɡɒn] n (Geom) décagone m

decagonal [dɪ'kæɡənl] adj (Geom) décagonal

decagramme, decagram (US) ['dekəɡræm] n décagramme m

decahedral [ˌdekə'hiːdrəl] adj (Geom) décaèdre

decahedron [ˌdekə'hiːdrən] n (Geom) décaèdre m

decal [dɪ'kæl] n (US) décalcomanie f

decalcification ['diːˌkælsɪfɪ'keɪʃən] n décalcification f

decalcify [ˌdiː'kælsɪfaɪ] vt décalcifier

decalcomania [dɪˌkælkə'meɪnɪə] n (= process, design) décalcomanie f

decalitre, decaliter (US) ['dekəˌliːtə^r] n décalitre m

Decalogue ['dekəlɒɡ] n décalogue m

Decameron [dɪ'kæmərən] n (Literat) ◆ **The Decameron** Le Décaméron

decametre, decameter (US) ['dekəˌmiːtə^r] n décamètre m

decamp [dɪ'kæmp] vi **a** * décamper, ficher le camp *
b (Mil) lever le camp

decant [dɪ'kænt] vt **a** [+ wine] décanter ◆ **he decanted the solution into another container** il a transvasé la solution
b (fig = rehouse) reloger

decanter [dɪ'kæntə^r] n carafe f ; (small) carafon m

decapitate [dɪ'kæpɪteɪt] → SYN vt décapiter

decapitation [dɪˌkæpɪ'teɪʃən] n décapitation f

decapod ['dekəpɒd] n décapode m

Decapolis [dɪ'kæpəlɪs] n (Hist) Décapole f

decapsulate [diː'kæpsjʊleɪt] vt décapsuler

decapsulation [diːˌkæpsjʊ'leɪʃən] n décapsulation f

decarbonate [diː'kɑːbəneɪt] vt décarbonater

decarbonation [diːˌkɑːbə'neɪʃən] n décarbonatation f

decarbonization ['diːˌkɑːbənaɪ'zeɪʃən] n (Aut) décalaminage m ; [of steel] décarburation f

decarbonize [diː'kɑːbənaɪz] vt (Aut) décalaminer ; [+ steel] décarburer

decarboxylase [ˌdiːkɑː'bɒksɪleɪz] n (Bio) décarboxylase f

decartelize [diː'kɑːtəlaɪz] vt décartelliser

decasualization [ˌdɪkæzjʊlaɪ'zeɪʃən] n (US) octroi d'un poste fixe au personnel temporaire

decasualize [dɪ'kæzjʊˌlaɪz] vt (US) octroyer un poste fixe à

decasyllabic [ˌdekəsɪ'læbɪk] adj (Ling) décasyllabe, décasyllabique

decasyllable ['dekəˌsɪləbl] n (Ling) décasyllabe m

decathlete [dɪ'kæθliːt] n décathlonien m

decathlon [dɪ'kæθlən] n décathlon m

decay [dɪ'keɪ] → SYN **1** vi **a** (= go bad, rot) [food] pourrir, se gâter ; [vegetation, wood] pourrir ; [corpse, flesh] se décomposer, pourrir ; [cloth, fabric] moisir
b (= disintegrate) [building] se délabrer, tomber en ruine ; [stone] s'effriter
c (Dentistry : tooth) se carier
d (Phys) [radioactive particle] se désintégrer
e (fig) [civilization] décliner ; [city, district] se délabrer ; [infrastructure, system] tomber en ruine
2 vt **a** [+ food, wood] faire pourrir
b (Dentistry) [+ tooth] carier
3 n **a** [of food, vegetation, wood] pourriture f
b (Dentistry : also **tooth** or **dental decay**) carie f (dentaire) ◆ **to have** or **suffer from tooth decay** avoir des caries
c (Archit) [of building, stone] délabrement m ◆ **to fall into decay** tomber en ruine, se délabrer
d (Phys) [of radioactive particle] désintégration f
e (fig) [of civilization] décadence f, déclin m ; [of infrastructure, system, organization, region, city] déclin m ◆ **social/industrial/economic decay** déclin m social/industriel/économique ◆ **moral decay** déchéance f morale

decayed [dɪ'keɪd] → SYN adj **a** (= rotten) wood pourri ; tooth carié ; corpse décomposé ; building délabré
b (fig) civilization, nobility décadent ; health chancelant ; beauty fané
c (Phys) désintégré

decaying [dɪ'keɪɪŋ] → SYN adj **a** wood, vegetation pourrissant ; food en train de s'avarier ; tooth qui se carie ; corpse, flesh en décomposition ; building en état de délabrement ; stone qui s'effrite
b (fig) civilization, district sur le déclin ; infrastructure qui se dégrade

decease [dɪ'siːs] → SYN **1** n (Admin, frm) décès m
2 vi décéder

deceased [dɪ'siːst] → SYN (Admin, frm) **1** adj décédé, défunt ◆ **John Brown deceased** feu John Brown
2 n ◆ **the deceased** le défunt, la défunte

deceit [dɪ'siːt] → SYN n **a** escroquerie f, tromperie f
b (NonC) ⇒ **deceitfulness**

deceitful [dɪ'siːtfʊl] → SYN adj person, behaviour, manner fourbe, déloyal

deceitfully [dɪ'siːtfəlɪ] adv trompeusement

deceitfulness [dɪ'siːtfʊlnɪs] n fausseté f, duplicité f

deceive [dɪ'siːv] → SYN **1** vt tromper, abuser, duper ; [+ spouse] tromper ; [+ hopes] tromper, décevoir ◆ **to deceive sb into doing sth** amener qn à faire qch (en le trompant) ◆ **he deceived me into thinking that he had bought it** il m'a (faussement) fait croire qu'il l'avait acheté ◆ **I thought my eyes were deceiving me** je n'en croyais pas mes yeux ◆ **to be deceived by appearances** être trompé

par or se tromper sur les apparences ◆ **to deceive o.s. (about sth)** se faire des illusions (à propos de qch)
2 vi tromper, être trompeur ◆ **appearances deceive** les apparences sont trompeuses

deceiver [dɪ'siːvə^r] n escroc m, imposteur m

decelerate [diː'seləreɪt] vi décélérer

deceleration ['diːˌselə'reɪʃən] n décélération f

December [dɪ'sembə^r] n décembre m ; for phrases see **September**

decency ['diːsənsɪ] → SYN n **a** (NonC) [of dress, conversation] décence f, bienséance f ; [of person] pudeur f ◆ **to have a sense of decency** avoir de la pudeur
b (= good manners) convenances fpl ◆ **to observe the decencies** observer or respecter les convenances ◆ **common decency** la simple politesse, le simple savoir-vivre ◆ **for the sake of decency** par convenance, pour garder les convenances ◆ **to have the decency to do sth** avoir la décence de faire qch ◆ **you can't in all decency do that** tu ne peux pas décemment faire ça ◆ **sheer human decency requires that ...** le respect de la personne humaine exige que ...
c (* = niceness) gentillesse f

decent ['diːsənt] → SYN adj **a** (= respectable) person convenable, honnête, bien * inv ; house, shoes convenable ; (= seemly) language, behaviour, dress décent, bienséant ◆ **no decent person would do it** jamais une personne convenable ne ferait cela, quelqu'un de bien * ne ferait jamais cela ◆ **to do the decent thing (by sb)** agir comme il se doit (à l'égard de qn) ◆ **are you decent?** * (= dressed) es-tu présentable ?
b (* = good, pleasant) person bon, brave ◆ **a decent sort of fellow** un bon or brave garçon, un type bien * ◆ **it was decent of him** c'était chic * de sa part ◆ **I've got quite a decent flat** j'ai un appartement qui n'est pas mal ◆ **I could do with a decent meal** un bon repas ne me ferait pas de mal
c (US * = great) formidable, terrible *

decently ['diːsəntlɪ] adv **a** (= properly, honourably) décemment, convenablement ◆ **decently paid/housed** correctement or convenablement payé/logé ◆ **you can't decently ask him that** vous ne pouvez pas décemment lui demander cela
b (= respectably) dress convenablement ; live, bury sb d'une façon décente ; behave décemment, avec bienséance ◆ **they married as soon as they decently could** ils se sont mariés dès que la décence le a permis
c (* = kindly) gentiment ◆ **he very decently lent me some money** il m'a très gentiment prêté de l'argent

decentralization [diːˌsentrəlaɪ'zeɪʃən] n décentralisation f

decentralize [diː'sentrəlaɪz] vt décentraliser

deception [dɪ'sepʃən] → SYN n **a** (NonC) (= deceiving) tromperie f, duperie f ; (= being deceived) illusion f, erreur f ◆ **he is incapable of deception** il est incapable de tromperie ◆ **to obtain money by deception** obtenir de l'argent par des moyens frauduleux
b (= deceitful act) supercherie f

deceptive [dɪ'septɪv] → SYN adj trompeur ; → **appearance**

deceptively [dɪ'septɪvlɪ] adv ◆ **it looks deceptively simple** c'est plus compliqué qu'il n'y paraît ◆ **the wine was deceptively strong** le vin était plus fort qu'il n'y paraissait ◆ **he has a deceptively gentle manner** il semble d'un naturel doux mais il ne faut pas s'y fier

deceptiveness [dɪ'septɪvnɪs] n caractère m trompeur or illusoire

decerebrate [diː'serɪbreɪt] vt décérébrer

decerebration [diːˌserɪ'breɪʃən] n décérébration f

decibel ['desɪbel] n décibel m

decide [dɪ'saɪd] LANGUAGE IN USE 8.2 → SYN
1 vt **a** (= make up one's mind) se décider (to do sth à faire qch), décider (to do sth de faire qch), se résoudre (to do sth à faire qch) ◆ **I decided to go** or **that I would go** je me suis décidé à y aller, j'ai décidé d'y aller ◆ **I'm trying to decide whether to go** j'essaie de décider si je dois y aller ◆ **what made you**

decide to go? qu'est-ce qui vous a décidé à y aller ? ◆ **it has been decided that ...** on a décidé or il a été décidé que ... ◆ **she's decided she hates golf** elle a décidé qu'elle déteste le golf ◆ **she's decided she'd hate golf** elle a décidé qu'elle détesterait le golf

b (= settle) [+ question] décider, trancher ; [+ quarrel] décider, arbitrer ; [+ piece of business] régler ; [+ difference of opinion] juger ; [+ sb's fate, future] décider de ◆ **to decide a case** (Jur) statuer sur un cas

c (= cause to make up one's mind) décider, déterminer (*sb to do sth* qn à faire qch)

② **vi** se décider ◆ **you must decide** il vous faut prendre une décision, il faut vous décider ◆ **to decide for sth** se décider pour qch or en faveur de qch ◆ **to decide against sth** se décider contre qch ; [judge, arbitrator, committee] ◆ **to decide for/against sb** donner raison/tort à qn ◆ **to decide in favour of sb** donner gain de cause à qn

▸ **decide (up)on** vt fus [+ thing, course of action] se décider pour, choisir (finalement) ◆ **to decide (up)on doing sth** se décider à faire qch

decided [dɪ'saɪdɪd] → SYN adj **a** (= distinct) advantage, improvement net ◆ **a decided lack of ...** un manque flagrant de ...

b (= categorical) opinions arrêté ◆ **he's a man of very decided opinions** c'est un homme aux opinions très arrêtées, il a des opinions très arrêtées

decidedly [dɪ'saɪdɪdlɪ] → SYN adv **a** (= distinctly) decidedly conservative/French résolument conservateur/français ◆ **decidedly odd/unpleasant** franchement bizarre/désagréable ◆ **decidedly different** vraiment très différent ◆ **decidedly better/more expensive** nettement mieux/plus cher

b (= resolutely) say, act résolument, fermement

decider [dɪ'saɪdər] n (esp Brit) (= goal) but m décisif ; (= point) point m décisif ; (= factor) facteur m décisif ◆ **the decider** (= game) la belle

deciding [dɪ'saɪdɪŋ] → SYN adj factor, game, point décisif

decidua [dɪ'sɪdjʊə] n déciduale f

decidual [dɪ'sɪdjʊəl] adj décidual

deciduous [dɪ'sɪdjʊəs] adj tree à feuilles caduques ; leaves, antlers caduc (-uque f)

decile ['desɪl] n décile m

decilitre, deciliter (US) ['desɪ,liːtər] n décilitre m

decillion [dɪ'sɪljən] n (Brit, France) 1060 ; (US, Can) 1033

decimal ['desɪməl] ① adj number, system, coinage décimal ◆ **decimal fraction** fraction f décimale ◆ **to three decimal places** (jusqu'à) la troisième décimale ◆ **decimal point** virgule f (de fraction décimale) ; → **fixed, floating**

② n décimale f ◆ **decimals** le calcul décimal, la notation décimale ; → **recurring**

decimalization [,desɪməlaɪ'zeɪʃən] n décimalisation f

decimalize ['desɪməlaɪz] vt décimaliser

decimate ['desɪmeɪt] vt (lit, fig) décimer

decimation [,desɪ'meɪʃən] n décimation f

decimetre, decimeter (US) ['desɪ,miːtər] n décimètre m

decimetric [,desɪ'metrɪk] adj décimétrique

decipher [dɪ'saɪfər] → SYN vt (lit, fig) déchiffrer

decipherable [dɪ'saɪfərəbl] adj déchiffrable

decipherment [dɪ'saɪfəmənt] n déchiffrage m, déchiffrement m

decision [dɪ'sɪʒən] → SYN ① n **a** (= act of deciding) décision f ; (Jur) jugement m, arrêt m ◆ **to come to a decision** arriver à or prendre une décision ◆ **his decision is final** sa décision est irrévocable or sans appel ◆ **to give a decision on a case** (Jur) statuer sur un cas

b (NonC) décision f ◆ **with decision** act d'un air décidé or résolu ; say d'un ton décidé or résolu ◆ **a look of decision** un air décidé or résolu

② COMP ▷ **decision-maker** n décideur m, -euse f, décisionnaire mf ▷ **decision-making** n he's good at decision-making il sait prendre des décisions ▷ **decision table** n (Comput) table f de décision

decisive [dɪ'saɪsɪv] → SYN adj **a** (= conclusive) battle, step, moment, role décisif ◆ **the decisive factor** le facteur décisif

b (= resolute) person décidé, ferme ; manner, attitude décidé, résolu ; answer ferme ◆ **he's very decisive** c'est quelqu'un qui sait prendre des décisions

decisively [dɪ'saɪsɪvlɪ] adv **a** (= conclusively) defeat, reject, influence de manière décisive

b (= resolutely) speak de manière résolue, avec fermeté ; act avec décision

decisiveness [dɪ'saɪsɪvnɪs] n (NonC) (= character) esprit m de décision ; (= manner) air m décidé

deck [dek] → SYN ① n **a** (Naut) pont m ◆ **to go up on deck** monter sur le pont ◆ **below decks** sous le pont, en bas ◆ **between decks** dans l'entrepont ◆ **to clear the decks (for action)** se mettre en branle-bas (de combat) ; (fig) tout déblayer ◆ **on deck** (US fig) prêt à l'action ◆ **to hit the deck** * se casser la gueule * ; → **afterdeck, flight[1], hand**

b (US = verandah) véranda f ; (covered) porche m

c [of vehicle] plateforme f ◆ **top deck, upper deck** [of bus] impériale f ; [of jumbo jet] étage m

d (US: also **deck of cards**) jeu m de cartes ◆ **he's not playing with a full deck** *, **he's playing with a loaded** or **stacked deck** * (fig) il ne joue pas franc jeu or cartes sur table ◆ **he's not playing with a full deck** * (fig = not very bright) il n'est pas très futé

e (also **mixing deck**) table f de mixage ; (also **cassette deck**) platine f cassettes ; (also **record deck**) platine f disques ; see also **cassette**

② vt **a** (also **deck out**) [+ person, room etc] parer (*with* de) ◆ **she was decked out in her Sunday best** elle s'était mise sur son trente et un, elle s'était endimanchée

b (* = knock down) flanquer * par terre

③ COMP ▷ **deck beam** n barrot m ▷ **deck cabin** n cabine f (de pont) ▷ **deck cargo** n pontée f ▷ **deck chair** n chaise f longue, transat * m, transatlantique m ▷ **deck hand** n matelot m

-decker ['dekər] n (in compounds) ◆ **a single-decker** bus un autobus sans impériale ◆ **a three-decker** (Naut) un vaisseau à trois ponts, un trois-ponts ; → **double**

deckhouse ['dekhaʊs] n rouf m

decking ['dekɪŋ] n (US: = flooring) plancher m

deckle ['dekl] ① n (also **deckle edge**) barbes fpl

② COMP ▷ **deckle-edged** adj paper non ébarbé

declaim [dɪ'kleɪm] → SYN vti (lit, fig) déclamer (*against* contre)

declamation [,deklə'meɪʃən] → SYN n déclamation f

declamatory [dɪ'klæmətərɪ] adj déclamatoire

declaration [,deklə'reɪʃən] → SYN ① n [of intentions, taxes, goods at Customs] déclaration f ; (Cards) annonce f

② COMP ▷ **declaration of bankruptcy** n déclaration f de mise en faillite ▷ **Declaration of Independence** n (US Hist) Déclaration f d'indépendance ▷ **declaration of love** n déclaration f d'amour ▷ **declaration of war** n déclaration f de guerre

declarative [dɪ'klærətɪv] → SYN adj (Gram) déclaratif, assertif

declaratory [dɪ'klærətərɪ] adj (Jur) ◆ **declaratory judgement** jugement m déclaratoire

declare [dɪ'klɛər] LANGUAGE IN USE 26.2 → SYN

① vt **a** [+ intentions, love, war, hostilities] (also Fin etc) [+ income] déclarer ; [+ results] proclamer ◆ **have you anything to declare?** (Customs) avez-vous quelque chose à déclarer ? ◆ **to declare o.s.** [suitor] faire sa déclaration ; se déclarer ◆ **to declare war (on ...)** déclarer la guerre (à ...) ◆ **to declare a state of emergency** déclarer l'état d'urgence

b (= assert) déclarer (*that* que) ◆ **to declare o.s. for** or **in favour of/against sth** se déclarer or se prononcer or prendre parti en faveur de/contre ◆ **to declare sb president/bankrupt** déclarer qn président/en faillite

② vi **a well I (do) declare!** †* (ça) par exemple !

b (US Pol) [presidential candidate] annoncer sa candidature

declared [dɪ'klɛəd] adj intention déclaré, avoué ◆ **he's a declared homosexual** il ne cache pas son homosexualité

declaredly [dɪ'klɛərɪdlɪ] adv ouvertement

declarer [dɪ'klɛərər] n (Cards) déclarant(e) m(f)

declassify [diː'klæsɪfaɪ] vt [+ information, document] déclassifier

declension [dɪ'klenʃən] n (Gram) déclinaison f ◆ **first/second declension** première/deuxième déclinaison f

declinable [dɪ'klaɪnəbl] adj (Gram) déclinable

declination [,deklɪ'neɪʃən] n (Astron) déclinaison f

decline [dɪ'klaɪn] LANGUAGE IN USE 12.3, 19.5, 25.2 → SYN

① n [of day, life] déclin m ; [of empire] déclin m, décadence f ◆ **decline in price** baisse f de prix ◆ **to be on the decline** [prices] être en baisse, baisser ; [fame, health] décliner ◆ **cases of real poverty are on the decline** les cas d'indigence réelle sont de moins en moins fréquents or sont en diminution ◆ **to fall** or **go into a decline** dépérir

② vt **a** (gen) refuser (*to do sth* de faire qch) ; [+ invitation, offer, honour] décliner ; [+ responsibility] décliner, rejeter ◆ **he declined to do it** il a refusé (poliment) de le faire ◆ **he offered me a lift but I declined** il a proposé de m'emmener mais j'ai refusé ◆ **to decline a jurisdiction** (Jur) se déclarer incompétent

b (Gram) décliner

③ vi **a** [health, influence] décliner ; [empire] tomber en décadence ; [prices] baisser, être en baisse ; [business] péricliter, décliner ◆ **to decline in importance** perdre de l'importance

b (= slope) s'incliner, descendre

c [sun] décliner, se coucher ; [day] tirer à sa fin, décliner

d (Gram) se décliner

declining [dɪ'klaɪnɪŋ] ① adj sales, standards, popularity en baisse ◆ **he's in declining health** sa santé décline peu à peu ◆ **a declining industry** industrie sur le déclin ◆ **in his declining years** au déclin de sa vie ◆ **she spent her declining years in Devon** elle a passé ses dernières années dans le Devon

② n **a** [of invitation] refus m

b [of empire] décadence f

c (Gram) déclinaison f

declivity [dɪ'klɪvɪtɪ] n déclivité f, pente f

declutch ['diː'klʌtʃ] vi débrayer ; → **double**

decoct [dɪ'kɒkt] vt faire une décoction de

decoction [dɪ'kɒkʃən] n décoction f

decode ['diː'kəʊd] vt **a** (Telec, TV) décoder, traduire (en clair)

b (Comput, Ling) décoder

c (fig = understand, explain) décoder

decoder [diː'kəʊdər] n (Comput, Telec, TV) décodeur m

decoding [diː'kəʊdɪŋ] n (Comput, Telec, TV, Ling) décodage m

decoke [diː'kəʊk] (Brit Aut) ① vt décalaminer

② ['diː'kəʊk] n décalaminage m

decollate [dɪ'kɒleɪt] vt (Comput) déliasser

décolletage [deɪ'kɒltɑːʒ] n décolletage m, décolleté m

décolleté [deɪ'kɒlteɪ] ① adj décolleté

② n ⇒ **décolletage**

decolonization [diː,kɒlənaɪ'zeɪʃən] n décolonisation f

decolonize [diː'kɒlənaɪz] vt décoloniser

decommission [,diːkə'mɪʃən] vt **a** [+ nuclear power station] déclasser

b [+ warship, aircraft] retirer de la circulation

decommunization [diː,kɒmjʊnaɪ'zeɪʃən] n décommunisation f

decommunize [diː'kɒmjʊnaɪz] vt décommuniser

decompartmentalization [,diːkɒmpɑːt,mentəlaɪ'zeɪʃən] n (Sociol) décloisonnement m

decompartmentalize [ˌdiːkɒmpɑːˈtmentəlaɪz] vt (Sociol) décloisonner

decompensation [ˌdiːkɒmpenˈseɪʃən] n décompensation f

decompose [ˌdiːkəmˈpəʊz] → SYN 1 vt décomposer
2 vi se décomposer

decomposition [ˌdiːkɒmpəˈzɪʃən] → SYN n décomposition f

decompress [ˌdiːkəmˈpres] vt décompresser

decompression [ˌdiːkəmˈpreʃən] 1 n (Med, Phys, Tech) décompression f
2 COMP ▷ **decompression chamber** n chambre f de décompression ▷ **decompression illness, decompression sickness** n maladie f des caissons

decongestant [ˌdiːkənˈdʒestənt] adj, n décongestif m

deconsecrate [ˌdiːˈkɒnsɪkreɪt] vt séculariser

deconsecration [ˌdiːˌkɒnsɪˈkreɪʃən] n sécularisation f

deconstruct [ˌdiːkənˈstrʌkt] vt (Literat) déconstruire

deconstruction [ˌdiːkənˈstrʌkʃən] n (Literat) déconstruction f

decontaminate [ˌdiːkənˈtæmɪneɪt] vt décontaminer

decontamination [ˈdiːkənˌtæmɪˈneɪʃən] n décontamination f

decontextualize [ˌdiːkənˈtekstjʊəlaɪz] vt isoler de son contexte

decontrol [ˌdiːkənˈtrəʊl] (esp US) 1 vt (Admin, Comm) libérer des contrôles gouvernementaux ◆ **to decontrol (the price of) butter** libérer le prix du beurre, lever ou supprimer le contrôle du prix du beurre
2 n [of price] libération f

décor [ˈdeɪkɔːʳ] → SYN n décor m

decorate [ˈdekəreɪt] → SYN 1 vt a orner, décorer (*with* de); [+ cake] décorer; (= paint etc) [+ room] décorer, peindre (et tapisser) ◆ **to decorate with flags** pavoiser
b [+ soldier] décorer, médailler ◆ **he was decorated for gallantry** il a été décoré pour sa bravoure
2 vi (= paint etc) peindre (et tapisser)

decorating [ˈdekəreɪtɪŋ] n a (also **painting and decorating**) décoration f intérieure ◆ **they are doing some decorating** ils sont en train de refaire les peintures
b [of cake etc] décoration f

decoration [ˌdekəˈreɪʃən] → SYN n a (NonC) [of cake] décoration f; [of hat] ornementation f; [of room] (= act) décoration f (intérieure); (= state) décoration f, décor m; [of town] décoration f; (with flags) pavoisement m
b (= ornament) [of hat] ornement m; (in streets) décoration f ◆ **Christmas decorations** décorations fpl de Noël
c (Mil) décoration f, médaille f

decorative [ˈdekərətɪv] → SYN 1 adj décoratif
2 COMP ▷ **decorative art** n arts mpl décoratifs

decorator [ˈdekəreɪtəʳ] n (= designer) décorateur m, -trice f, ensemblier m; (esp Brit: also **painter-and-decorator**) peintre m décorateur

decorous [ˈdekərəs] → SYN adj convenable, bienséant ◆ **try to be decorous at all times** essayez toujours de respecter les convenances

decorously [ˈdekərəslɪ] adv de façon convenable

decorum [dɪˈkɔːrəm] → SYN n décorum m, bienséance f ◆ **with decorum** avec bienséance, comme il faut ◆ **a breach of decorum** une inconvenance ◆ **to have a sense of decorum** avoir le sens des convenances

decouple [diːˈkʌpl] vt découpler

decoupling [diːˈkʌplɪŋ] n découplage m

decoy [ˈdiːkɔɪ] → SYN 1 n (= bird) (live) appeau m, chanterelle f, leurre m; (= animal) proie f (servant d'appât); (= person) compère m ◆ **police decoy** policier m en civil (*servant à attirer un criminel dans une souricière*)
2 [dɪˈkɔɪ] vt attirer avec un appeau ou une chanterelle ou un leurre; → 1 (also fig) attirer dans un piège ◆ **to decoy sb into doing sth** faire faire qch à qn en le leurrant
3 COMP ▷ **decoy duck** n (lit) appeau m, chanterelle f; (fig) compère m

decrease [diːˈkriːs] → SYN 1 vi [amount, numbers, supplies, birth rate, population] diminuer, décroître; [power] s'affaiblir; [strength, intensity] s'affaiblir, décroître; [price, value] baisser; [enthusiasm] se calmer, se refroidir; (Knitting) diminuer
2 vt diminuer, réduire
3 [ˈdiːkriːs] n [of amount, supplies] diminution f, amoindrissement m (*in* de); [of numbers] diminution f, décroissance f (*in* de); [of birth rate, population] diminution f (*in* de); [of power] affaiblissement m (*in* de); [of strength, intensity] diminution f, décroissance f (*in* de); [of price, value] baisse f (*in* de); [of enthusiasm] baisse f, refroidissement m (*in* de) ◆ **decrease in speed** ralentissement m ◆ **decrease in strength** affaiblissement m

decreasing [diːˈkriːsɪŋ] adj amount, quantity, value, sales, numbers, statistic en baisse; intensity décroissant; strength déclinant ◆ **a decreasing population** une baisse de la démographie, une population en baisse

decreasingly [diːˈkriːsɪŋlɪ] adv de moins en moins

decree [dɪˈkriː] → SYN 1 n (Pol, Rel) décret m; [of tribunal] arrêt m, jugement m; (municipal) arrêté m ◆ **by royal/government decree** par décret du roi/du gouvernement ◆ **decree absolute** (divorce) jugement m définitif (de divorce) ◆ **decree nisi** jugement m provisoire (de divorce)
2 vt (gen, also Pol, Rel) décréter (*that* que + indic); (Jur) ordonner (*that* que + subj); [mayor, council etc] arrêter (*that* que + indic) ◆ **to decree an end to ...** (frm) décréter la fin de ...

decrepit [dɪˈkrepɪt] → SYN adj object, building délabré; *** person décrépit, décati ***

decrepitude [dɪˈkrepɪtjuːd] n a (= dilapidation) [of building, place] délabrement m; [of system] vétusté f, décrépitude f
b (= infirmity) décrépitude f

decrescence [dɪˈkresəns] n décours m, décroissement m, décroît m

decrescendo [ˌdiːkrɪˈʃendəʊ] (Mus) 1 n decrescendo m
2 adj en decrescendo

decrescent [dɪˈkresənt] adj dans ou sur son décroît, en décours

decretal [dɪˈkriːtl] n décrétale f

decriminalization [ˌdiːkrɪmɪnəlaɪˈzeɪʃən] n dépénalisation f

decriminalize [diːˈkrɪmɪnəlaɪz] vt dépénaliser

decry [dɪˈkraɪ] → SYN vt décrier, dénigrer

decrypt [diːˈkrɪpt] vt (Comput, Telec) décrypter, déchiffrer

decubitus [dɪˈkjuːbɪtəs] n décubitus m ◆ **decubitus ulcer** escarre f

decumulation [ˌdɪkjuːmjəˈleɪʃən] n [of capital] réduction f, diminution f; [of stocks] contraction f, réduction f ◆ **stock decumulation** déstockage m

dedicate [ˈdedɪkeɪt] → SYN vt a (= devote) [+ time, one's life] consacrer (*to sth* à qch; *to doing sth* à faire qch); [+ resources, money] allouer (*to sth* à qch; *to doing sth* pour faire qch) ◆ **to dedicate o.s. to sth/to doing sth** se consacrer à qch/à faire qch
b (as mark of respect, affection etc) [+ building, memorial, book, film, award] dédier (*to* à) ◆ **to dedicate a song to sb** [singer] dédier une chanson à qn; [disc jockey] passer une chanson à la demande de qn ◆ **they dedicated the statue to the memory of ...** ils ont dédié cette statue à la mémoire de ... ◆ **"this thesis is dedicated to my parents"** "je dédie cette thèse à mes parents"
c (Rel = consecrate) [+ church, shrine] consacrer

dedicated [ˈdedɪkeɪtɪd] → SYN adj a (= devoted) person dévoué; work, attitude sérieux ◆ **a dedicated traveller** un voyageur enthousiaste ◆ **a dedicated socialist** un socialiste convaincu ◆ **a dedicated follower of fashion** un fervent adepte de la mode ◆ **to be dedicated to sth** [person] tenir beaucoup à qch; [organization] se consacrer à qch ◆ **as a party we are dedicated to social change** notre parti a pour vocation de promouvoir le changement social ◆ **as a party we are dedicated to achieving social equality** notre parti œuvre en faveur de l'établissement de l'égalité sociale ◆ **we are dedicated to making banking more convenient for our customers** nous faisons tout notre possible pour faciliter les formalités bancaires à nos clients
b **dedicated to** (= given over to) consacré à ◆ **a museum dedicated to Napoleon** un musée consacré à Napoléon ◆ **a charity dedicated to famine relief** une association caritative ayant pour but de combattre la famine
c (= bearing a dedication) copy of book etc dédicacé
d (= specialized) word processor dédié

dedicatee [ˌdedɪkəˈtiː] n dédicataire mf

dedication [ˌdedɪˈkeɪʃən] → SYN n a [of church] dédicace f, consécration f
b (in book, on radio) dédicace f ◆ **to write a dedication in a book** dédicacer un livre ◆ **the dedication reads: "to Emma, with love from Harry"** le livre est dédicacé "à Emma, avec tout mon amour, Harry" ◆ **if you want a dedication just write in** (Rad) si vous voulez faire une dédicace, écrivez-nous
c (quality = devotion) dévouement m

dedicatory [ˈdedɪkətərɪ] adj dédicatoire

dedifferentiation [ˌdiːˌdɪfəˌrenʃɪˈeɪʃən] n dédifférenciation f

deduce [dɪˈdjuːs] → SYN vt déduire, conclure (*from* de; *that* que)

deducible [dɪˈdjuːsɪbl] adj ◆ **deducible from** que l'on peut déduire ou inférer de

deduct [dɪˈdʌkt] → SYN vt [+ amount] déduire, retrancher (*from* de); [+ numbers] retrancher, soustraire (*from* de); [+ tax] retenir, prélever (*from* sur) ◆ **to deduct something from the price** faire une réduction sur le prix ◆ **to deduct sth for expenses** retenir qch pour les frais ◆ **to deduct 5% from the wages** faire une retenue de ou prélever 5 % sur les salaires ◆ **after deducting 5%** déduction faite de 5 %

deductible [dɪˈdʌktəbl] 1 adj à déduire (*from* de); (Tax) expenses déductible
2 n (US Insurance) franchise f ◆ **a 50 dollar deductible** une franchise de 50 dollars

deduction [dɪˈdʌkʃən] → SYN n a (= sth deducted) déduction f (*from* de); (from wage) retenue f, prélèvement m (*from* sur)
b (= sth deduced) déduction f
c (NonC = deductive reasoning) raisonnement m déductif

deductive [dɪˈdʌktɪv] adj déductif

deed [diːd] → SYN 1 n a (= action) action f, acte m ◆ **brave deed** haut fait m, exploit m ◆ **good deed(s)** bonne(s) action(s) f(pl) ◆ **to do one's good deed for the day** (hum) faire sa B.A. quotidienne; → **word**
b **in deed** de fait, en fait ◆ **master in deed if not in name** maître de ou en fait sinon de ou en titre
c (Jur) acte m notarié, contrat m ◆ **deed of covenant** or **gift** (acte m de) donation f ◆ **deed of partnership** contrat m de société
2 vt (US Jur) transférer par acte notarié
3 COMP ▷ **deed box** n coffre m ou mallette f pour documents (officiels) ▷ **deed poll** n to change one's name by deed poll ≈ changer de nom officiellement

deejay *** [ˈdiːdʒeɪ] n disc-jockey m, animateur m, -trice f

deem [diːm] → SYN vt ◆ **to deem it prudent to do sth** juger prudent de faire qch ◆ **to be deemed worthy of (doing) sth** être jugé digne de (faire) qch ◆ **he was deemed too ill to leave the hospital** on a décidé qu'il était trop malade pour quitter l'hôpital ◆ **military intervention was not deemed necessary** on a jugé qu'une intervention militaire n'était pas nécessaire

deemphasize [diːˈemfəsaɪz] vt minimiser l'importance de

deenergization [ˌdiːenədʒaɪˈzeɪʃən] n (Elec) désamorçage m

deenergize [diːˈenədʒaɪz] vt (Elec) désamorcer

deep [diːp] → SYN 1 adj a water, hole, wound, cut, wrinkle profond; mud, snow, carpet épais

(-aisse f) ; pan, bowl, container à hauts bords ◆ **the lake/pond was 4 metres deep** le lac/ l'étang avait 4 mètres de profondeur ◆ **the water was 2 metres deep** la profondeur de l'eau était de 2 mètres ◆ **the snow lay deep** il y avait une épaisse couche de neige ◆ **the streets were 2 feet deep in snow** les rues étaient sous 60 cm or étaient recouvertes de 60 cm de neige ◆ **he was ankle-/thigh-deep in water** l'eau lui arrivait aux chevilles/aux cuisses ◆ **to be in deep water(s)** (fig) avoir de gros ennuis, être en mauvaise posture

b edge, border large, haut ; shelf, cupboard large, profond ◆ **a plot of ground 15 metres deep** un terrain qui s'étend sur 15 mètres ◆ **the spectators stood ten deep** il y avait dix rangées de spectateurs ◆ **a line of policemen three deep** trois rangées de policiers ◆ **a line of cars parked three deep** des voitures garées sur trois rangées

c sound, voice, tones grave ◆ **the animal gave a deep growl** l'animal a émis un grognement sourd

d colour profond ; darkness profond, total ◆ **deep blue/green/yellow** bleu/vert/jaune profond inv

e breath, sigh profond ◆ **deep breathing** respiration f profonde ; (= exercises) exercices mpl respiratoires ◆ **to take a deep breath** respirer profondément

f sorrow, relief profond, intense ; concern, interest vif ; admiration, respect, divisions, differences, sleep, relaxation, recession profond ; mystery profond, total ◆ **our deepest feelings** nos sentiments les plus profonds ◆ **to gain a deeper understanding of sth** parvenir à mieux comprendre qch ◆ **to gain a deeper understanding of o.s.** parvenir à mieux se connaître ; → **breath, mourning**

g writer, thinker, book profond ◆ **the film is not intended to be deep and meaningful** le film ne cherche pas à être profond ◆ **I'm not looking for a deep and meaningful relationship** je ne recherche pas une relation sérieuse

h (in location) **deep in the forest/in enemy territory** au cœur de la forêt/du territoire ennemi

i (= absorbed, implicated) **deep in thought/in a book** plongé or absorbé dans ses pensées/ dans un livre ◆ **she was deep in conversation (with him)** elle était en pleine conversation (avec lui) ◆ **deep in debt** criblé de dettes ◆ **the country is deep in recession** le pays est en pleine récession

j (Sport) shot, volley, pass, cross long (longue f)

k (Gram) **deep structure** structure f profonde ◆ **deep grammar** grammaire f profonde

2 adv profondément ◆ **to go deep into the forest** pénétrer profondément or très avant dans la forêt ◆ **to bury sth deep underground** enfouir qch profondément dans le sol ◆ **it makes its burrow deep underground** il creuse son terrier très profond ◆ **don't go in too deep if you can't swim** ne va pas trop loin si tu ne sais pas nager ◆ **to thrust one's hands deep in one's pockets** enfoncer ses mains dans ses poches ◆ **to talk/read** etc **deep into the night** parler/lire etc jusque tard dans la nuit ◆ **to drink deep** boire à longs traits ◆ **to breathe deep** respirer profondément ◆ **to gaze deep into sb's eyes** regarder qn au fond des yeux, plonger son regard dans celui de qn ◆ **to go** or **run deep** [divisions, crisis, tendency] être profond ; [problems] être grave, remonter à loin ; [passions, feelings] être exacerbé ; [racism, prejudice, memories] être bien enraciné ◆ **the difference between them goes** or **runs deep** il y a une profonde différence entre eux ◆ **their family roots run deep** leur famille remonte à loin ◆ **he's in (it) pretty deep** * (in relationship, plot) il s'est engagé à fond ; (in conspiracy, illegal activity) il est dedans jusqu'au cou ◆ **deep down she still mistrusted him** en son for intérieur, elle se méfiait encore de lui ◆ **she seems abrupt, but deep down she's kind** sous son air or son extérieur brusque, c'est quelqu'un de gentil ; → **dig, knee, skin, still²**

3 n **a** (liter = sea, ocean) **the deep** (les grands fonds mpl de) l'océan m, les grandes profondeurs fpl

b (= depths) **in the deep of winter** au plus fort or au cœur de l'hiver

4 COMP ▷ **deep-chested** adj person large de poitrine ; animal à large poitrail ▷ **deep-discount bond** n (Fin) obligation f à forte décote ▷ **deep-dyed** adj (fig) invétéré ▷ **the deep end** n [of swimming pool] le grand bain ◆ **to go off (at) the deep end** * (fig : excited, angry) se mettre dans tous ses états ◆ **to go in** or **jump in at the deep end** (esp Brit fig) foncer tête baissée ◆ **to throw sb in at the deep end** * (fig) mettre tout de suite qn dans le bain ▷ **deep-fat fryer** n friteuse f ▷ **deep freezer** n (US) congélateur m ▷ **deep-freezing** n congélation f, surgélation f ▷ **deep-fried** adj frit ▷ **deep-frozen foods** npl aliments mpl surgelés ▷ **deep-fry** vt faire frire ▷ **deep fryer** n ⇒ **deep-fat fryer** ▷ **deep kissing** n (NonC) baisers mpl profonds ▷ **deep-pan pizza** n pizza f à pâte épaisse ▷ **deep-rooted** → SYN adj affection, prejudice profond, profondément enraciné, vivace ; habit invétéré, ancré ; tree aux racines profondes ▷ **deep-sea** adj animal, plant pélagique, abyssal ; current pélagique ▷ **deep-sea diver** n plongeur m sous-marin ▷ **deep-sea diving** n plongée f sous-marine ▷ **deep-sea fisherman** n, pl **deep-sea fishermen** pêcheur m hauturier or de haute mer ▷ **deep-sea fishing** n pêche f hauturière ▷ **deep-seated** adj prejudice, dislike profond, profondément enraciné ; conviction fermement ancré ◆ **deep-seated cough** toux f bronchique or caverneuse ▷ **deep-set** adj eyes très enfoncé, creux, cave ; window profondément encastré ▷ **deep-six** * vt (US) (= throw out) balancer * ; (= kill) liquider * ▷ **the Deep South** n (US Geog) le Sud profond *(des États-Unis)* ▷ **deep space** n espace m intersidéral or interstellaire

deepen [ˈdiːpən] → SYN **1** vt [+ relationship, knowledge] approfondir ; [+ gloom, recession] aggraver

2 vi [crisis, recession] s'aggraver ; [voice] devenir plus grave ; [water] devenir plus profond ; [snow] devenir plus épais ; [relationship] devenir plus profond ; [knowledge] s'approfondir ; [darkness] s'épaissir

deepening [ˈdiːpənɪŋ] **1** adj crisis, gloom, depression qui s'aggrave ; friendship, understanding de plus en plus profond ; wrinkles qui se creuse

2 n intensification f

deepfreeze [ˌdiːpˈfriːz] **1** n (in US: also **Deepfreeze**) ® congélateur m

2 vt congeler

deeply [ˈdiːplɪ] → SYN adv **a** cut, sleep, breathe, love, think, regret profondément ; dig profond ; drink à grands or longs traits ◆ **to blush deeply** rougir jusqu'aux oreilles ◆ **deeply embedded** profondément incrusté ◆ **to sigh deeply** pousser un gros soupir ◆ **to look deeply into sb's eyes** regarder qn au fond des yeux, plonger son regard dans celui de qn

b shocked, divided, sceptical, religious, unhappy, hurt profondément ; concerned, troubled, unpopular extrêmement ; grateful infiniment ◆ **deeply tanned** très bronzé ◆ **deeply in debt** criblé de dettes

deer [dɪəʳ] n, pl **deer** or **deers** cerf m, biche f ; (also **red deer**) cerf m ; (also **fallow deer**) daim m ; (also **roe deer**) chevreuil m ◆ **certain types of deer** certains types de cervidés ◆ **look at those deer!** regardez ces cerfs (or ces biches) !

deerhound [ˈdɪəhaʊnd] n limier m

Deerhunter [ˈdɪəhʌntəʳ] n (Cine) ◆ **The Deerhunter** Voyage au bout de l'enfer

deerskin [ˈdɪəskɪn] n peau f de daim

deerstalker [ˈdɪəˌstɔːkəʳ] n (= hat) casquette f à la Sherlock Holmes ; (= hunter) chasseur m de cerfs

deerstalking [ˈdɪəˌstɔːkɪŋ] n chasse f au cerf *(à pied)*

de-escalate [diːˈeskəˌleɪt] vt [+ tension] faire baisser, diminuer ; [+ situation] détendre, décrisper

de-escalation [diːˌeskəˈleɪʃən] n (Mil, Pol) désescalade f ; (in industrial relations) décrispation f

deface [dɪˈfeɪs] → SYN vt dégrader

defacement [dɪˈfeɪsmənt] n dégradation f, mutilation f

de facto [deɪˈfæktəʊ] → SYN **1** adj, adv de fait, de facto

2 n (Austral) concubin(e) m(f)

defalcate [ˈdiːfælkeɪt] vi (Jur) détourner des fonds

defamation [ˌdefəˈmeɪʃən] → SYN n (also **defamation of character**) diffamation f

defamatory [dɪˈfæmətərɪ] → SYN adj diffamatoire

defame [dɪˈfeɪm] → SYN vt diffamer

default [dɪˈfɔːlt] → SYN **1** n **a** (Jur) (= failure to appear) (in civil cases) défaut m, non-comparution f ; (in criminal cases) contumace f ; (= failure to meet financial obligation) défaillance f, manquement m ◆ **judgement by default** jugement m or arrêt m par contumace or par défaut ◆ **to be in default of payment** [company] être en (situation de) cessation de paiement

b **by default** ◆ **we must not let it go by default** ne laissons pas échapper l'occasion (faute d'avoir agi) ◆ **they won the election by default** ils ont remporté l'élection en l'absence d'autres candidats sérieux ◆ **he got the job by default** il a eu le poste en l'absence d'autres candidats (valables) ◆ **match won by default** (Sport) match gagné par forfait

c (= lack, absence) manque m, carence f ◆ **in default of** à défaut de, faute de

d (Fin) cessation f de paiements

e (Comput) position f par défaut ◆ **default option/value** option f/valeur f par défaut

2 vt (Jur) condamner par défaut or par contumace, rendre un jugement par défaut contre

3 vi **a** (Jur) faire défaut, être en état de contumace

b (gen, Fin) manquer à ses engagements

c (Comput) **to default to a value** prendre une valeur par défaut ◆ **it defaults to drive C** ça se positionne par défaut sur le disque C

defaulter [dɪˈfɔːltəʳ] → SYN n **a** (= offender) délinquant(e) m(f) ; (Mil, Naut) soldat m (or marin m) en infraction ; (Mil, Naut: undergoing punishment) consigné m

b (Fin, St Ex) défaillant(e) m(f), débiteur m, -trice f défaillant(e) ; (= defaulting tenant) locataire mf qui ne paie pas son loyer

defaulting [dɪˈfɔːltɪŋ] adj **a** (St Ex etc) défaillant, en défaut

b (Jur) défaillant, qui n'a pas comparu

defeat [dɪˈfiːt] → SYN **1** n (= act, state) [of army, team] défaite f ; [of project, ambition] échec m, insuccès m ; [of legal case, appeal] rejet m

2 vt [+ opponent, army] vaincre, battre ; [+ team] battre ; [+ hopes] frustrer, ruiner ; [+ ambitions, plans, efforts, attempts] faire échouer ; (Parl) [+ government, opposition] mettre en minorité ; [+ bill, amendment] rejeter ◆ **defeated in his attempts to ...** n'ayant pas réussi à ... ◆ **to defeat one's own ends** or **object** aller à l'encontre du but que l'on s'est (or s'était etc) proposé ◆ **that plan will defeat its own ends** ce plan sera autodestructeur

defeated [dɪˈfiːtɪd] → SYN adj army vaincu ; team, player perdant

defeatism [dɪˈfiːtɪzəm] n défaitisme m

defeatist [dɪˈfiːtɪst] → SYN adj, n défaitiste mf

defecate [ˈdefəkeɪt] vti déféquer

defecation [ˌdefəˈkeɪʃən] n défécation f

defect [ˈdiːfekt] → SYN **1** n (gen) défaut m ; (in workmanship) défaut m, malfaçon f ◆ **physical defect** défaut m physique ◆ **hearing/sight defect** défaut m de l'ouïe/de la vue ◆ **speech defect** défaut m de prononciation ◆ **mental defect** anomalie f or déficience f mentale ◆ **moral defect** défaut m ; → **latent**

2 [dɪˈfekt] vi (Pol) faire défection ◆ **to defect from one country to another** s'enfuir d'un pays pour aller dans un autre *(pour raisons politiques)* ◆ **to defect to the West/to another party/to the enemy** passer à l'Ouest/à un autre parti/à l'ennemi

defection [dɪˈfekʃən] → SYN n (Pol) défection f ; (Rel) apostasie f ◆ **his defection to the East was in all the papers** quand il est passé à l'Est, tous les journaux en ont parlé ◆ **after his defection from Russia, he lost contact with his family** quand il s'est enfui de Russie, il a perdu contact avec sa famille

defective [dɪˈfektɪv] → SYN **1** adj goods, machine, work, reasoning, sight, hearing, gene défectueux ; chromosome anormal ; (Gram) verb défectif ◆ **to be born with a defective heart** naître avec une malformation cardiaque ◆ **defec-**

223 ENGLISH-FRENCH

tive workmanship malfaçons fpl ; → **mental, mentally**
2 n (Med) déficient(e) m(f) ; (Gram) verbe m défectif

defector [dɪˈfektəʳ] → SYN n (Pol) transfuge mf ; (Rel) apostat m

defence, defense (US) [dɪˈfens] → SYN **1** n **a** (NonC) défense f ; [of action, belief] justification f ; (Physiol, Psych, Sport) défense f ✦ **to play in defence** (Sport) jouer en défense ✦ **in defence of** à la défense de, pour défendre ✦ **Secretary of State for** or **Minister of Defence** (Brit), **Secretary of Defense** (US) ministre m de la Défense ✦ **Department** or **Ministry of Defence** (Brit), **Department of Defense** (US) ministère m de la Défense ; → **civil, self**

b (= means of defence) défense f ✦ **defences** (gen, also Mil = weapons etc) moyens mpl de défense ; (Mil = constructions) ouvrages mpl défensifs ✦ **the body's defences against disease** les défenses fpl de l'organisme contre la maladie ✦ **as a defence against** pour se défendre contre ✦ **she put up** or **made a spirited defence of her government's policies** elle a défendu la politique de son gouvernement avec fougue ✦ **Smith made a successful defence of her title** (Sport) Smith a réussi à conserver son titre ✦ **to come to sb's defence** défendre qn ✦ **his conduct needs no defence** sa conduite n'a pas à être justifiée ✦ **in his defence I will say that ...** pour sa défense or à sa décharge je dirai que ...

c (Jur) défense f ✦ **in his defence** pour sa défense, à sa décharge ✦ **witness for the defence** témoin m à décharge ✦ **the case for the defence** la défense

d [of argument, decision] justification f ; (Univ) [of thesis] soutenance f

2 COMP (gen) de défense ; industry, manufacturer etc travaillant pour la défense nationale ; product, contract destiné à la défense nationale ▷ **defence counsel** n avocat m de la défense ▷ **defence expenditure** n dépenses fpl militaires ▷ **defence forces** npl (Mil) forces fpl défensives, défense f ▷ **defence mechanism** n (Physiol) système m de défense ; (Psych) défenses fpl

defenceless [dɪˈfenslɪs] → SYN adj (lit, fig) sans défense (against contre) ✦ **he is quite defenceless** il est incapable de se défendre, il est sans défense

defend [dɪˈfend] → SYN **1** vt **a** (gen, Sport) défendre ✦ **to defend o.s.** se défendre ✦ **to defend one's (own) interests** défendre ses (propres) intérêts

b (= justify) justifier ; (= attempt to justify) essayer de justifier ✦ **how can he possibly defend the way he's behaved towards her?** comment peut-il justifier la manière dont il s'est comporté avec elle ? ✦ **they defended their actions** ils ont justifié leurs actions, ils se sont justifiés ✦ **Smith successfully defended her title** (Sport) Smith a réussi à conserver son titre ✦ **to defend a thesis** (Univ) soutenir une thèse

2 vi (Sport, gen) défendre ; (= play in defence) être en défense ✦ **they defended very well** ils ont très bien défendu ✦ **to defend against sb** [champion] défendre son titre contre qn, remettre son titre en jeu contre qn ; → **defending**

defendant [dɪˈfendənt] → SYN n (Jur) défendeur m, -deresse f ; (on appeal) intimé(e) m(f) ; (in criminal case) prévenu(e) m(f) ; (in assizes court) accusé(e) m(f)

defender [dɪˈfendəʳ] → SYN n (lit, fig) défenseur m ; (Sport) [of record] détenteur m, -trice f ; [of title] tenant(e) m(f) ✦ **defender of the faith** (Brit Hist) défenseur m de la foi

defending [dɪˈfendɪŋ] adj ✦ **the defending team, the defending champion** le tenant du titre ✦ **defending counsel** (Jur) avocat m de la défense

defenestration [diːˌfenəˈstreɪʃən] n défenestration f

defense [dɪˈfens] (US) ⇒ **defence**

defensible [dɪˈfensɪbl] → SYN adj (lit, fig) défendable

defensive [dɪˈfensɪv] → SYN **1** adj (Mil, fig) défensif ✦ **he's so defensive!** il est toujours sur la défensive !

2 n (Mil, fig) défensive f ✦ **to be on the defensive** (lit, fig) être sur la défensive ✦ **to put sb/go on the defensive** mettre qn/se mettre sur la défensive

defensively [dɪˈfensɪvlɪ] → SYN adv speak sur la défensive ; play défensivement

defensiveness [dɪˈfensɪvnɪs] n ✦ **his defensiveness (when we talk about ...)** sa façon d'être sur la défensive (chaque fois que nous parlons de ...)

defer[1] [dɪˈfɜːʳ] → SYN **1** vt [+ journey, meeting] remettre à plus tard, reporter ; [+ business] remettre à plus tard ; [+ payment, decision, judgement] remettre à plus tard, différer ✦ **our meeting was deferred until 22 May** notre réunion a été reportée au 22 mai ✦ **to defer making a decision/paying one's taxes** différer une décision/le paiement de ses impôts, remettre une décision/le paiement de ses impôts à plus tard

b (Mil) **to defer sb's call-up** accorder un sursis d'appel or d'incorporation à qn ✦ **to defer sb on medical grounds** accorder un sursis d'appel or d'incorporation à qn pour raisons médicales

2 COMP ▷ **deferred annuity** n (Fin) rente f à paiement différé ▷ **deferred liabilities** npl (Jur, Fin) dettes fpl à moyen et long terme ▷ **deferred payment** n (Comm etc) paiement m échelonné

defer[2] [dɪˈfɜːʳ] → SYN vi (= submit) ✦ **to defer to sb** déférer à qn, s'incliner devant qn ✦ **to defer to sb's knowledge** s'en remettre aux connaissances de qn ✦ **to defer to California jurisdiction** (Jur) accepter la compétence des tribunaux californiens

deference [ˈdefərəns] → SYN n déférence f, égards mpl (to pour) ✦ **in deference to, out of deference for** par déférence or égards pour ✦ **with all due deference to you** avec tout le respect que je vous dois, sauf votre respect

deferential [ˌdefəˈrenʃəl] → SYN adj person, attitude respectueux, plein de déférence ; tone de déférence ✦ **to be deferential to sb** se montrer plein de déférence pour or envers qn

deferentially [ˌdefəˈrenʃəlɪ] adv avec déférence

deferment [dɪˈfɜːmənt] → SYN n [of payment, tax] report m ; (Mil) sursis m d'appel or d'incorporation ✦ **he was given deferment from military service** on lui a accordé un sursis d'appel or d'incorporation ✦ **draft deferment** (US Mil) sursis m d'appel, sursis m d'incorporation

deferral [dɪˈfɜːrəl] n ⇒ **deferment**

defiance [dɪˈfaɪəns] → SYN n défi m ✦ **a gesture/act of defiance** un geste/acte de défi ✦ **a defiance of our authority** un défi à notre autorité ✦ **his defiance of my orders caused an accident** en bravant mes ordres or en refusant d'obéir à mes ordres, il a causé un accident ✦ **he will have to answer in court for his defiance of the curfew** il devra comparaître en justice pour n'avoir pas respecté le couvre-feu ✦ **in defiance of** [+ the law, instructions] au mépris de ; [+ person] au mépris des ordres de

defiant [dɪˈfaɪənt] → SYN adj reply, statement provocant ; attitude, tone, gesture, look de défi ; person rebelle ✦ **the team is in defiant mood** l'équipe est prête à relever le défi ✦ **to be defiant of sth** défier qch

defiantly [dɪˈfaɪəntlɪ] adv speak d'un ton de défi ; reply, stare d'un air de défi ; behave avec une attitude de défi

defibrillation [diːˌfaɪbrɪˈleɪʃən] n (Med) défibrillation f

defibrillator [diːˈfɪbrɪleɪtəʳ] n (Med) défibrillateur m

deficiency [dɪˈfɪʃənsɪ] → SYN **1** n **a** (= lack) [of goods] manque m, insuffisance f (of de) ; (Med) [of iron, calcium, vitamins etc] carence f (of en) ✦ **nutritional** or **dietary deficiency** carence f alimentaire or nutritionnelle ; → **mental, vitamin**

b (Med = failure to function properly) [of organ, immune system] insuffisance f

c (= flaw) (in character, system) faille f, faiblesse f ; (in construction, machine) imperfection f ; (in service) faiblesse f ✦ **his deficiencies as an administrator** ses points mpl faibles en tant qu'administrateur

d (Fin) déficit m

defector / deflate

2 COMP ▷ **deficiency disease** n (Med) maladie f de carence or carentielle ▷ **deficiency payment** n (Econ) paiement m différentiel

deficient [dɪˈfɪʃənt] → SYN adj (= inadequate, defective) défectueux ; (= insufficient) insuffisant ✦ **to be deficient in sth** manquer de qch ✦ **his diet is deficient in fruit and vegetables** il ne mange pas assez de fruits et de légumes

deficit [ˈdefɪsɪt] → SYN **1** n (Fin etc) déficit m ✦ **in deficit** en déficit

2 COMP ▷ **deficit financing** n (Fin) politique f de déficit budgétaire

defile[1] [ˈdiːfaɪl] **1** n (= procession: place) défilé m
2 [dɪˈfaɪl] vi (= march in file) défiler

defile[2] [dɪˈfaɪl] vt (lit, fig = pollute) souiller (liter), salir ; (= desecrate) profaner

defilement [dɪˈfaɪlmənt] n (lit, fig = pollution) souillure f (liter) ; (= desecration) profanation f

definable [dɪˈfaɪnəbl] adj définissable

define [dɪˈfaɪn] → SYN vt **a** (= describe, characterize) [+ word, feeling, attitude] définir ; [+ responsibilities, conditions] définir, déterminer ; [+ functions] définir ; [+ boundaries, powers, duties] délimiter, définir ; [+ problem] délimiter, cerner ✦ **an agreement that defines how much they are paid** un accord qui détermine le niveau des salaires ✦ **the legislation does not define what exactly is meant by the term "depression"** la loi ne précise pas exactement ce que recouvre le terme "dépression" ✦ **she doesn't define herself as a feminist** elle ne se définit pas comme une féministe ✦ **how would you define yourself politically?** comment vous définiriez-vous or où vous situez-vous d'un point de vue politique ?

b (= outline) dessiner or dégager (les formes de) ✦ **the tower was clearly defined against the sky** la tour se détachait nettement sur le ciel

definite [ˈdefɪnɪt] → SYN **1** adj **a** (= fixed, certain) plan précis ; intention, order, sale ferme ✦ **is that definite?** c'est certain or sûr ? ✦ **have you got a definite date for the wedding?** avez-vous décidé de la date du mariage ? ✦ **12 August is definite for the trip** le voyage aura lieu le 12 août, c'est sûr ✦ **nothing definite** rien de précis

b (= distinct, appreciable) impression, feeling, increase net ; advantage certain ✦ **a definite improvement** une nette amélioration ✦ **it's a definite possibility** c'est tout à fait possible

c (= positive, emphatic) person, tone catégorique ; manner ferme ; views arrêté ✦ **to be definite about sth** être catégorique à propos de qch

d (Gram) past definite (tense) prétérit m

2 COMP ▷ **definite article** n (Gram) article m défini ▷ **definite integral** n (Math) intégrale f définie

definitely [ˈdefɪnɪtlɪ] → SYN adv **a** (expressing an intention) decide, agree, say de manière définitive ✦ **is he definitely coming?** est-il sûr or certain qu'il va venir ? ✦ **I'm definitely going to get in touch with them** j'ai la ferme intention de les contacter ✦ **probably next week, but not definitely** sans doute la semaine prochaine, mais rien n'est encore décidé or mais sous toute réserve

b (expressing an opinion) vraiment ✦ **you definitely need a holiday** tu as vraiment besoin de vacances ✦ **she's definitely more intelligent than her brother** elle est plus intelligente que son frère, c'est sûr, elle est indéniablement plus intelligente que son frère ✦ **definitely not** certainement pas ✦ **definitely!** (= I agree) absolument !, tout à fait !

c (= emphatically) deny, refuse, say catégoriquement

definition [ˌdefɪˈnɪʃən] → SYN n **a** [of word, concept] définition f ✦ **by definition** par définition

b [of powers, boundaries, duties] délimitation f

c (Phot, TV) définition f

definitive [dɪˈfɪnɪtɪv] → SYN adj **a** (= definite) answer, refusal etc définitif

b (= authoritative) map, authority etc de référence, qui fait autorité

definitively [dɪˈfɪnɪtɪvlɪ] adv définitivement

deflagration [ˈdiːflə‚greɪʃən] n déflagration f

deflate [diːˈfleɪt] → SYN vt **a** [+ tyre] dégonfler ✦ **deflated tyre** pneu m dégonflé or à plat

deflated / **deification**

b (Fin) **to deflate the currency** provoquer une déflation monétaire
c * [+ person] démonter, rabattre le caquet à
2 vi se dégonfler

deflated [diːˈfleɪtɪd] adj **a** (= flat) tyre dégonflé, à plat
b (= downcast) découragé

deflation [diːˈfleɪʃən] n **a** (Econ) déflation f
b [of tyre, ball] dégonflement m

deflationary [diːˈfleɪʃənərɪ] adj measures, policy déflationniste

deflationist [diːˈfleɪʃənɪst] adj déflationniste

deflator [diːˈfleɪtəʳ] n déflateur m, mesure f déflationniste

deflect [dɪˈflekt] → SYN **1** vt [+ ball, projectile] faire dévier; [+ stream] détourner; [+ light] défléchir, dévier; [+ person] détourner (from de)
2 vi dévier; [magnetic needle] décliner

deflection [dɪˈflekʃən] → SYN n [of projectile] déviation f; [of light] déflexion f, déviation f; [of magnetic needle] déclinaison f (magnétique), déviation f

deflector [dɪˈflektəʳ] n déflecteur m

deflocculate [diːˈflɒkjʊleɪt] vt provoquer la défloculation de

deflocculation [diːˌflɒkjʊˈleɪʃən] n défloculation f

defloration [ˌdiːflɔːˈreɪʃən] n (lit, fig) défloration f

deflower [diːˈflaʊəʳ] vt **a** (liter) [+ girl] déflorer
b (Bot) défleurir

defoliant [diːˈfəʊlɪənt] n défoliant m

defoliate [diːˈfəʊlɪeɪt] vt défolier

defoliation [diːˌfəʊlɪˈeɪʃən] n défoliation f

deforest [diːˈfɒrɪst] vt déboiser

deforestation [diːˌfɒrɪsˈteɪʃən] n déboisement m

deform [dɪˈfɔːm] → SYN vt déformer; (Tech) fausser

deformation [ˌdiːfɔːˈmeɪʃən] n déformation f

deformed [dɪˈfɔːmd] → SYN adj person, limb, bones, body difforme; mind, structure déformé, tordu

deformity [dɪˈfɔːmɪtɪ] → SYN n [of body] difformité f; [of mind] déformation f

defraud [dɪˈfrɔːd] → SYN vt [+ state] frauder; [+ person] escroquer ◆ **to defraud sb of sth** escroquer qch à qn, frustrer qn de qch (Jur); → **conspiracy**

defrauder [dɪˈfrɔːdəʳ] n fraudeur m, -euse f

defray [dɪˈfreɪ] vt [+ expenses] payer, rembourser; [+ cost] couvrir ◆ **to defray sb's expenses** défrayer qn, rembourser ses frais à qn

defrayal [dɪˈfreɪəl], **defrayment** [dɪˈfreɪmənt] n paiement m or remboursement m des frais

defrock [diːˈfrɒk] vt défroquer

defrost [diːˈfrɒst] **1** vt [+ refrigerator, windscreen] dégivrer; [+ meat, vegetables] décongeler
2 vi [fridge] se dégivrer; [frozen food] se décongeler

defroster [diːˈfrɒstəʳ] n (Aut) dégivreur m; (US) dispositif m antibuée

deft [deft] → SYN adj habile, adroit

deftly [ˈdeftlɪ] adv adroitement

deftness [ˈdeftnɪs] n adresse f, dextérité f

defunct [dɪˈfʌŋkt] → SYN **1** adj organization, company, publication défunt (before n), ancien; practice révolu; policy, tradition dépassé; factory désaffecté ◆ **the defunct Soviet Union** l'ex-Union soviétique ◆ **the special relationship between Russia and Cuba is now defunct** la relation privilégiée entre la Russie et Cuba n'existe plus or est révolue
2 n (frm) ◆ **the defunct** le défunt, la défunte

defuse [diːˈfjuːz] vt [+ bomb] désamorcer ◆ **to defuse the situation** désamorcer la situation

defy [dɪˈfaɪ] → SYN vt **a** (= disobey) [+ law, authority, convention] défier; [+ person] désobéir à; [+ orders] désobéir à, braver; [+ curfew] ne pas respecter; (= stand up to) [+ person] défier ◆ **she was bold enough to stand up and defy him** elle a osé le défier ◆ **she defied him and spoke publicly about her ordeal** elle lui a désobéi en parlant ouvertement de son épreuve ◆ **to defy death** (= face without fear) braver la mort; (= narrowly escape) frôler or échapper de justesse à la mort ◆ **the virus has defied all attempts to find a vaccine** jusqu'à maintenant, ce virus a résisté à tous les efforts qu'on a fait pour trouver un vaccin
b (= contradict, go beyond) [+ logic] défier ◆ **to defy gravity** défier les lois de la gravité ◆ **it defies description** cela défie toute description ◆ **that defies belief!** cela dépasse l'entendement!, c'est incroyable!
c (= challenge) **to defy sb to do sth** défier qn de faire qch, mettre qn au défi de faire qch
d (liter) **to defy one's age** or **the years** ne pas faire son âge

degauss [diːˈɡaʊs] vt (Elec) démagnétiser

degeneracy [dɪˈdʒenərəsɪ] n dégénérescence f

degenerate [dɪˈdʒenəreɪt] → SYN **1** vi [people] dégénérer (into en), s'abâtardir; [situation] dégénérer ◆ **the situation degenerated into civil war/rioting/violence** la situation a dégénéré en guerre civile/en émeutes/dans la violence ◆ **the demonstration degenerated into violence** la manifestation a dégénéré (dans la violence) ◆ **the election campaign has degenerated into farce** la campagne électorale a tourné à la farce
2 [dɪˈdʒenərɪt] adj dégénéré
3 [dɪˈdʒenərɪt] n dégénéré(e) m(f)
4 COMP ▷ **degenerate matter** n (Astron) matière f dégénérée

degeneration [dɪˌdʒenəˈreɪʃən] → SYN n [of mind, body, morals, people] dégénérescence f

degenerative [dɪˈdʒenərətɪv] adj dégénératif

deglutition [ˌdiːɡluːˈtɪʃən] n déglutition f

degradable [dɪˈɡreɪdəbl] adj dégradable

degradation [ˌdeɡrəˈdeɪʃən] → SYN n **a** (= process of worsening: Chem, Geol, Mil, Phys) dégradation f; [of person] déchéance f; [of character] avilissement m ◆ **environmental degradation** dégradation f de l'environnement
b (= debasement) déchéance f, avilissement m; (= humiliation) humiliation f ◆ **the moral degradation of our society** la déchéance morale de notre société ◆ **the degradation of prison life** le caractère dégradant de la vie carcérale ◆ **sexual degradation** avilissement m sexuel ◆ **the degradation of having to accept charity** l'humiliation d'avoir à accepter la charité ◆ **the degradations she had been forced to suffer** les humiliations qu'elle avait été obligée de subir

degrade [dɪˈɡreɪd] → SYN **1** vt **a** (= debase) avilir, dégrader (liter) ◆ **he felt degraded** il se sentait avili or dégradé ◆ **he degraded himself by accepting it** il s'est avili or dégradé en l'acceptant ◆ **I wouldn't degrade myself to do that** je n'irais pas m'avilir or m'abaisser à faire cela
b (Chem, Geol, Phys) dégrader
c [+ official] dégrader; (Mil) dégrader, casser
2 vi (= break down) se dégrader

degrading [dɪˈɡreɪdɪŋ] → SYN adj dégradant (to pour)

degree [dɪˈɡriː] → SYN **1** n **a** (Geog, Math) degré m ◆ **angle of 90 degrees** angle m de 90 degrés ◆ **40 degrees east of Greenwich** à 40 degrés de longitude est (de Greenwich) ◆ **20 degrees of latitude** 20 degrés de latitude ◆ **a 180-degree turn** (fig) un virage à 180 degrés
b [of temperature] degré m ◆ **it was 35 degrees in the shade** il faisait 35 (degrés) à l'ombre ◆ **he's got a temperature of 39 degrees** il a 39 de fièvre
c (= amount) degré m ◆ **some degree** or **a (certain) degree of independence/optimism/freedom** un certain degré d'indépendance/d'optimisme/de liberté ◆ **with varying degrees of success** avec plus ou moins de succès ◆ **a fairly high degree of error** d'assez nombreuses erreurs, un taux d'erreurs assez élevé ◆ **a considerable degree of doubt** des doutes considérables ◆ **his degree of commitment was low** il ne se sentait pas vraiment engagé à fond ◆ **I couldn't summon up the least degree of enthusiasm for his idea** je n'arrivais pas à éprouver le moindre enthousiasme pour son idée ◆ **to do sth by degrees** faire qch petit à petit ◆ **to some degree, to a (certain) degree** dans une certaine mesure ◆ **he possesses to a high degree the art of putting people at their ease** il possède au plus haut degré l'art de mettre les gens à l'aise ◆ **the departments are independent to a very high degree** les services sont, dans une large mesure, indépendants ◆ **to such a degree that ...** à (un) tel point que ...
d (Med) **first-/second-/third-degree burns** brûlures fpl au premier/deuxième/troisième degré; see also **third**
e (US Jur) **first-degree murder, murder in the first degree** assassinat m, meurtre m avec préméditation ◆ **second-degree murder, murder in the second degree** meurtre m (sans préméditation)
f (Univ) diplôme m (universitaire), titre m universitaire ◆ **first degree** ≈ licence f ◆ **higher degree** (= master's) ≈ maîtrise f; (= doctorate) ≈ doctorat m ◆ **degree in licence** f de ◆ **I'm taking a science degree** or **a degree in science** je fais une licence de sciences ◆ **he got his degree** il a eu son diplôme ◆ **he got his degree in geography** il a eu sa licence de géographie; → **honorary**
g (Gram) degré m ◆ **three degrees of comparison** trois degrés de comparaison
h (liter = position in society) rang m ◆ **of high degree** de haut rang ◆ **of low degree** de rang inférieur
i (in genealogy) **degrees of kinship** degrés mpl de parenté
2 COMP ▷ **degree ceremony** n (Brit Univ) cérémonie f de remise des diplômes ▷ **degree course** n (Brit Univ) **to do a degree course (in)** faire une licence (de) ◆ **the degree course consists of ...** le cursus (universitaire) consiste en ... ▷ **degree mill** n (US pej) usine f à diplômes

---

DEGREE

Dans les systèmes universitaires britannique et américain, le premier titre universitaire (obtenu après trois ou quatre années d'études supérieures) est le "bachelor's **degree**", qui permet à l'étudiant en lettres de devenir "Bachelor of Arts" ("BA" en Grande-Bretagne, "AB" aux États-Unis) et à l'étudiant en sciences ou en sciences humaines d'être un "Bachelor of Science" ("BSc" en Grande-Bretagne, "BS" aux États-Unis). L'année suivante débouche sur les diplômes de "Master of Arts" ("MA") et de "Master of Science" ("MSc" en Grande-Bretagne, "MS" aux États-Unis).

---

degressive [dɪˈɡresɪv] adj taxation dégressif

dehisce [dɪˈhɪs] vi (Bot) s'ouvrir (par déhiscence)

dehiscence [dɪˈhɪsns] n déhiscence f

dehiscent [dɪˈhɪsənt] adj (Bot) déhiscent

dehorn [diːˈhɔːn] vt décorner

dehumanization [diːˌhjuːmənaɪˈzeɪʃən] n déshumanisation f

dehumanize [diːˈhjuːmənaɪz] vt déshumaniser

dehumanizing [diːˈhjuːmənaɪzɪŋ] adj déshumanisant

dehumidification [diːhjuːˌmɪdɪfɪˈkeɪʃən] n déshumidification f

dehumidifier [ˌdiːhjuːˈmɪdɪfaɪəʳ] n (= machine) déshumidificateur m

dehumidify [ˌdiːhjuːˈmɪdɪfaɪ] vt déshumidifier

dehydrate [ˌdiːhaɪˈdreɪt] vt déshydrater

dehydrated [ˌdiːhaɪˈdreɪtɪd] adj person, skin, vegetables déshydraté; milk, eggs en poudre

dehydration [ˌdiːhaɪˈdreɪʃən] n déshydratation f

dehydrogenate [diːˈhaɪdrədʒəneɪt] vt déshydrogéner

dehydrogenation [diːˌhaɪdrədʒəˈneɪʃən] n déshydrogénation f

de-ice [ˈdiːˈaɪs] vt (Aut, Aviat) dégivrer

de-icer [ˈdiːˈaɪsəʳ] n (Aut, Aviat) dégivreur m

de-icing [ˈdiːˈaɪsɪŋ] **1** n (Aut, Aviat) dégivrage m
2 COMP ▷ **de-icing fluid** n (Aut) antigel m

deictic [ˈdaɪktɪk] n (Ling) déictique m

deification [ˌdiːɪfɪˈkeɪʃən] n déification f

deify ['di:ɪfaɪ] vt déifier, diviniser

deign [deɪn] → SYN vt daigner (*to do sth* faire qch), condescendre (*to do sth* à faire qch)

de-indexation [ˌdi:ɪndek'seɪʃən] n désindexation f

deindividuation [di:ˌɪndɪˌvɪdjʊ'eɪʃən] n (Psych) désindividualisation f

deindustrialisation [di:ɪnˌdʒstrɪəlaɪ'zeɪʃən] n désindustrialisation f

deindustrialize [ˌdi:ɪn'dʒstrɪəlaɪz] vt désindustrialiser

deionization [di:ˌaɪənaɪ'zeɪʃən] n (Chem) désionisation f

deionize [di:'aɪənaɪz] vt (Chem) désioniser

deism ['di:ɪzəm] n déisme m

deist ['di:ɪst] n déiste mf

deistic [di:'ɪstɪk] adj déiste

deity ['di:ɪtɪ] → SYN n **a** (Myth, Rel) divinité f, déité f (liter) ◆ **the Deity** Dieu m
b (NonC) divinité f

deixis ['daɪksɪs] n (Ling) deixis f

déjà vu [ˌdeɪʒɑ:'vu:] n déjà(-)vu m ◆ **I had a feeling or a sense of déjà vu** j'avais une impression de déjà(-)vu

dejected [dɪ'dʒektɪd] → SYN adj abattu, découragé ◆ **to become** or **get dejected** se décourager, se laisser abattre

dejectedly [dɪ'dʒektɪdlɪ] adv say, talk d'un ton abattu ; look d'un air abattu

dejection [dɪ'dʒekʃən] → SYN n abattement m, découragement m

de jure [ˌdeɪ'dʒʊərɪ] → SYN adj, adv de jure

dekko * ['dekəʊ] n (Brit) petit coup m d'œil ◆ **let's have a dekko** fais voir ça, on va (y) jeter un œil *

Del (abbrev of **delete**) (Comput) effacement m

del [del] n nabla m

Del. abbrev of **Delaware**

Delaware ['deləˌweər] n le Delaware ◆ **in Delaware** dans le Delaware

delay [dɪ'leɪ] → SYN 1 vt **a** (= postpone) [+ action, event] retarder, différer ; [+ payment] différer ◆ **delayed effect** effet m à retardement ◆ **to delay doing sth** tarder à faire qch, remettre qch à plus tard
b (= keep waiting, hold up) [+ person, traffic] retarder, retenir ; [+ train, plane] retarder ◆ **I don't want to delay you** je ne veux pas vous retenir or retarder
2 vi s'attarder (*in doing sth* en faisant qch) ◆ **don't delay!** dépêchez-vous !
3 n retard m ◆ **after two or three delays** après deux ou trois arrêts ◆ **there will be delays to trains on the London-Brighton line** on prévoit des retards sur la ligne Londres-Brighton ◆ **there will be delays to traffic** il y aura des ralentissements (de la circulation), la circulation sera ralentie ◆ **"delays possible (until Dec 1999)"** (on roadsign) "ralentissements possibles (jusqu'en décembre 1999)" ◆ **with as little delay as possible** dans les plus brefs délais ◆ **there's no time for delay** il n'y a pas de temps à perdre ◆ **without delay** sans délai ◆ **without further delay** sans plus tarder or attendre ◆ **they arrived with an hour's delay** ils sont arrivés avec une heure de retard
4 COMP ▷ **delayed-action** adj bomb, fuse à retardement ▷ **delayed-action shutter** n (Phot) obturateur m à retardement

delayering [di:'leɪərɪŋ] n écrasement m des niveaux hiérarchiques

delaying [dɪ'leɪɪŋ] adj action dilatoire, qui retarde ◆ **delaying tactics** moyens mpl dilatoires

delectable [dɪ'lektəbl] → SYN adj (liter or hum) food, drink délectable (liter or hum) ◆ **the delectable Miss Campbell** la délicieuse Mlle Campbell

delectation [ˌdi:lek'teɪʃən] n délectation f

delegate 1 ['delɪgeɪt] → SYN 1 vt [+ authority, power] déléguer (*to* à) ◆ **to delegate responsibility** déléguer les responsabilités ◆ **to delegate sb to do sth** déléguer qn pour faire qch
2 vi déléguer ses responsabilités
3 ['delɪgɪt] n délégué(e) m(f) (*to* à) ◆ **delegate to a congress** congressiste mf

delegation [ˌdelɪ'geɪʃən] → SYN n **a** (NonC) [of power] délégation f ; [of person] nomination f, désignation f (*as* comme)
b (= group of delegates) délégation f

delete [dɪ'li:t] → SYN vt (gen) effacer (*from* de) ; (= score out) barrer, rayer (*from* de) ; (Gram, Comput) supprimer, effacer ◆ **"delete where inapplicable"** (on forms etc) "rayer les mentions inutiles"

deleterious [ˌdelɪ'tɪərɪəs] adj effect, influence nuisible, délétère (*to* à) ; gas délétère

deletion [dɪ'li:ʃən] n **a** (NonC) effacement m
b (= thing deleted) rature f

delft [delft] COMP 1 n faïence f de Delft
2 COMP ▷ **Delft blue** n (= colour) bleu m (de) faïence

Delhi ['delɪ] 1 n Delhi
2 COMP ▷ **Delhi belly** * n turista * f, maladie f du touriste

deli * ['delɪ] n (abbrev of **delicatessen**) épicerie f fine, traiteur m

deliberate [dɪ'lɪbərɪt] → SYN 1 adj **a** (= intentional) action, insult, lie délibéré ◆ **it wasn't deliberate** ce n'était pas fait exprès
b (= cautious, thoughtful) action, decision bien pesé, mûrement réfléchi ; character, judgement réfléchi, circonspect ; (= slow, purposeful) air, voice décidé ; manner, walk mesuré, posé
2 [dɪ'lɪbəreɪt] vi **a** (= think) délibérer, réfléchir (*upon* sur)
b (= discuss) délibérer, tenir conseil
3 [dɪ'lɪbəreɪt] vt **a** (= study) considérer, examiner
b (= discuss) délibérer sur, débattre ◆ **I was deliberating whether or not to have another slice of cake** j'étais en train de me demander si je devais reprendre une tranche de gâteau

deliberately [dɪ'lɪbərɪtlɪ] → SYN adv **a** (= on purpose) délibérément ◆ **I didn't do it deliberately** je ne l'ai pas fait exprès ◆ **deliberately vague** délibérément vague
b (= purposefully) posément

deliberation [dɪˌlɪbə'reɪʃən] → SYN n **a** (= consideration) délibération f, réflexion f ◆ **after due** or **careful deliberation** après mûre réflexion
b (= discussion) deliberations (gen pl) débats mpl, délibérations fpl
c (= slowness) mesure f, manière f posée

deliberative [dɪ'lɪbərətɪv] adj **a** speech mûrement réfléchi
b **deliberative assembly** assemblée f délibérante

delicacy ['delɪkəsɪ] → SYN n **a** (NonC) délicatesse f ; (= fragility) fragilité f, délicatesse f ◆ **a matter of some delicacy** une affaire assez délicate
b (= special dish) mets m délicat ◆ **a great delicacy** un mets très délicat

delicate ['delɪkɪt] → SYN adj **a** (= fine, subtle) object, movement, colour, flavour, touch délicat
b (= easily damaged, not robust) china, skin, fabric, person, health fragile, délicat ◆ **in a delicate condition** † (= euph) dans une position intéressante † (also euph)
c (= touchy, tricky) situation, negotiations délicat
d (= sensitive) instrument, sense délicat ; compass sensible

delicately ['delɪkɪtlɪ] → SYN adv **a** (= subtly, daintily) délicatement ◆ **delicately flavoured** délicatement parfumé
b (= tactfully) avec tact or délicatesse ◆ **delicately worded** formulé avec tact or délicatesse

delicatessen [ˌdelɪkə'tesn] n (= shop) épicerie f fine, traiteur m

delicious [dɪ'lɪʃəs] → SYN adj (lit, fig) délicieux

deliciously [dɪ'lɪʃəslɪ] adv (lit, fig) délicieusement ◆ **deliciously creamy** délicieusement crémeux ◆ **deliciously ironic** d'une ironie délicieuse

delight [dɪ'laɪt] → SYN 1 n **a** (= intense pleasure) grand plaisir m, joie f ◆ **to my delight** à or pour ma plus grande joie ◆ **to take (a) delight in sth/in doing sth** prendre grand plaisir à qch/à faire qch ◆ **with delight** (gen) avec joie ; (more sensual) taste, smell avec délices ◆ **to give delight** charmer
b (= source of pleasure: often pl) délice m, joie f ◆ **she is the delight of her mother** elle fait la joie de sa mère ◆ **this book is a great delight** ce livre est vraiment merveilleux ◆ **a delight to the eyes** un régal or un plaisir pour les yeux ◆ **he's a delight to watch** il fait plaisir à voir ◆ **the delights of life in the open** les charmes or les délices (liter) de la vie en plein air
2 vt [+ person] enchanter, ravir ; → **delighted**
3 vi prendre plaisir (*in sth* à qch ; *in doing sth* à faire qch), se délecter, se complaire (*in doing sth* à faire qch) ◆ **she delights in him/it** il/cela lui donne beaucoup de joie

delighted [dɪ'laɪtɪd] LANGUAGE IN USE 11.3, 23.6, 25.1, 25.2 → SYN adj ravi, enchanté (*with, at, by* de, par ; *to do sth* de faire qch ; *that* que + subj) ◆ **absolutely delighted!** tout à fait ravi ! ◆ **delighted to meet you!** enchanté (de faire votre connaissance) ! ◆ **will you go? – (I shall be) delighted** voulez-vous y aller ? – avec grand plaisir or très volontiers

delightedly [dɪ'laɪtɪdlɪ] adv avec ravissement

delightful [dɪ'laɪtfʊl] → SYN adj charmant ◆ **it's delightful to ...** c'est merveilleux de ...

delightfully [dɪ'laɪtfəlɪ] adv friendly, vague délicieusement ; arranged, decorated d'une façon ravissante ; smile, behave de façon charmante

Delilah [dɪ'laɪlə] n Dalila f

delimit [di:'lɪmɪt] vt délimiter

delimitation [ˌdi:lɪmɪ'teɪʃən] n délimitation f

delineate [dɪ'lɪnɪeɪt] vt **a** (lit) [+ outline etc] délinéer, tracer ◆ **mountains clearly delineated** montagnes fpl qui se détachent clairement à l'horizon
b [+ plan etc] (= present) présenter ; (in more detail) énoncer en détail ; (with diagram etc) représenter graphiquement
c (fig) [+ character] représenter, dépeindre

delineation [dɪˌlɪnɪ'eɪʃən] n [of outline] dessin m, tracé m ; [of plan] présentation f (détaillée) ; [of character] description f, peinture f

delinquency [dɪ'lɪŋkwənsɪ] → SYN n **a** (NonC) délinquance f ; → **juvenile**
b (= act of delinquency) faute f, délit m
c (US Fin = failure to pay) défaillance f, défaut m de paiement

delinquent [dɪ'lɪŋkwənt] → SYN 1 adj **a** délinquant ; → **juvenile**
b (US Fin) debtor défaillant ; payment arriéré, impayé, échu
2 n **a** délinquant(e) m(f) ; (fig) coupable mf, fautif m, -ive f
b (US Fin) défaillant(e) m(f)

deliquesce [ˌdelɪ'kwes] vi (Chem) tomber en déliquescence

deliquescence [ˌdelɪ'kwesəns] n déliquescence f

deliquescent [ˌdelɪ'kwesənt] adj (Chem) déliquescent

delirious [dɪ'lɪrɪəs] → SYN adj **a** (Med) délirant ◆ **to be delirious** délirer
b (fig = ecstatic) **to be delirious (with joy)** délirer de joie, être ivre de joie ; [crowd] être en délire

deliriously [dɪ'lɪrɪəslɪ] adv **a** (fig = ecstatically) avec une joie délirante ◆ **deliriously happy** fou de joie
b (Med) **to rave deliriously about sth** délirer en parlant de qch

delirium [dɪ'lɪrɪəm] → SYN n, pl **delirium** or **deliria** [dɪ'lɪrɪə] (Med, fig) délire m ◆ **bout of delirium** accès m de délire ◆ **delirium tremens** delirium m tremens

delist [dɪ'lɪst] vt (St Ex: security) radier du registre (des valeurs cotées en Bourse)

delitescence [ˌdelɪ'tesns] n délitescence f

deliver [dɪ'lɪvər] LANGUAGE IN USE 20.4 → SYN
1 vt **a** (= take) remettre (*to* à) ; [+ letters etc] distribuer (*à domicile*) ; [+ goods] livrer ◆ **to deliver a message to sb** remettre un message à qn ◆ **milk is delivered each day** le lait est livré tous les jours ◆ **"we deliver daily"** (Comm) "livraisons quotidiennes" ◆ **"delivered free"** "livraison gratuite" ◆ **I will deliver the children to school tomorrow** j'emmènerai les enfants à l'école demain ◆ **to deliver a**

deliverance / demitasse

child (over) into sb's care confier un enfant aux soins de qn ♦ **to deliver the goods** * (fig) être à la hauteur

b (= rescue) délivrer, sauver (sb from sth qn de qch) ♦ **deliver us from evil** délivrez-nous du mal

c (= utter) [+ speech, sermon] prononcer ♦ **to deliver an ultimatum** lancer un ultimatum ♦ **to deliver o.s. of an opinion** (frm) émettre une opinion

d (Med) [+ baby] mettre au monde ; [+ woman] (faire) accoucher ♦ **to be delivered of a son** (frm) accoucher d'un fils

e (= hand over: also **deliver over, deliver up**) remettre, transmettre ♦ **to deliver a town (up** or **over) into the hands of the enemy** livrer une ville à l'ennemi ; → **stand**

f [+ blow] porter, assener

2 vi (* = do what is expected) [person, nation, government etc] être à la hauteur (on sth quant à qch) ; [machine etc] faire le travail ♦ **the match promised great things but didn't deliver** le match promettait beaucoup mais n'a pas été à la hauteur (de ce qu'on en attendait)

deliverance [dɪˈlɪvərəns] → SYN n **a** (NonC) délivrance f, libération f (from de)

b (= statement of opinion) déclaration f (formelle) ; (Jur) prononcé m (du jugement)

deliverer [dɪˈlɪvərəʳ] n **a** (= saviour) sauveur m, libérateur m, -trice f

b (Comm) livreur m

delivery [dɪˈlɪvərɪ] LANGUAGE IN USE 20.4, 20.5 → SYN

1 n **a** [of goods] livraison f ; [of parcels] remise f, livraison f ; [of letters] distribution f ♦ **to take delivery of** prendre livraison de ♦ **to pay on delivery** payer à la or sur livraison ♦ **payable on delivery** payable à la livraison ♦ **price on delivery** (Comm) (gen) prix m à la livraison ; (of car) prix m clés en main ; → **charge, free**

b (Med) accouchement m

c (NonC) [of speaker] débit m, élocution f ; [of speech] débit m ♦ **his speech was interesting but his delivery dreary** son discours était intéressant mais son débit monotone

2 COMP ▷ **delivery charge** n frais mpl de port ▷ **delivery man** n, pl **delivery men** livreur m ▷ **delivery note** n bulletin m de livraison ▷ **delivery order** n bon m de livraison ▷ **delivery room** n (Med) salle f d'accouchement ▷ **delivery service** n service m de livraison ▷ **delivery time** n délai m de livraison ▷ **delivery truck** n (esp US) → **delivery van** ▷ **delivery van** n camionnette f de livraison

dell [del] n vallon m

delouse [ˈdiːlaʊs] vt [+ person, animal] épouiller ; [+ object] ôter les poux de

Delphi [ˈdelfaɪ] n Delphes

Delphic [ˈdelfɪk] adj oracle de Delphes ; (fig liter) obscur

delphinium [delˈfɪnɪəm] n, pl **delphiniums** or **delphinia** [delˈfɪnɪə] pied-d'alouette m, delphinium m

delta [ˈdeltə] **1** n delta m

2 COMP ▷ **delta connection** n (Elec) montage m en triangle ▷ **delta particle** n (Nucl Phys) particule f delta ▷ **delta ray** n (Nucl Phys) rayon m delta ▷ **delta wing** n (Sport) aile f delta ▷ **delta-winged** adj (Aviat) à ailes (en) delta

deltiologist [ˌdeltɪˈɒlədʒɪst] n cartophile mf, cartophiliste mf

deltiology [ˌdeltɪˈɒlədʒɪ] n cartophilie f

deltoid [ˈdeltɔɪd] adj, n deltoïde m

delude [dɪˈluːd] → SYN vt tromper, duper (with par), induire en erreur (with par) ♦ **to delude sb into thinking that ...** amener qn à penser que..., faire croire à qn que ... ♦ **to delude o.s.** se faire des illusions, se bercer d'illusions

deluded [dɪˈluːdɪd] adj ♦ **to be deluded** être victime d'illusions, être bercé d'illusions

deluding [dɪˈluːdɪŋ] adj trompeur, illusoire

deluge [ˈdeljuːdʒ] → SYN **1** n (lit) déluge m, inondation f ; (fig) déluge m ♦ **the Deluge** le déluge ♦ **a deluge of rain** une pluie diluvienne ♦ **a deluge of protests** un déluge de protestations ♦ **a deluge of letters** une avalanche de lettres

2 vt (lit, fig) inonder, submerger (with de)

delusion [dɪˈluːʒən] → SYN n (= false belief) illusion f ; (Psych) fantasme m, hallucination f, psychose f paranoïaque ♦ **to suffer from delusions** être en proie à des fantasmes ♦ **to be (labouring) under a delusion** être victime d'une illusion, être le jouet d'une illusion ♦ **delusions of grandeur** folie f des grandeurs ♦ **happiness is a delusion** le bonheur est une illusion

delusive [dɪˈluːsɪv] adj trompeur, illusoire

delusiveness [dɪˈluːsɪvnɪs] n caractère m trompeur or illusoire

delusory [dɪˈluːsərɪ] adj trompeur, illusoire

de luxe [dɪˈlʌks] → SYN adj (gen) de luxe, somptueux ♦ **a de luxe flat** un appartement (de) grand standing ♦ **de luxe model** (car, machine) modèle m (de) grand luxe

delve [delv] → SYN vi **a** (into book etc) fouiller (into dans) ♦ **to delve into a subject** creuser or approfondir un sujet, étudier un sujet à fond ♦ **to delve (down) into the past** fouiller le passé

b (in drawer etc) fouiller (into dans) ♦ **to delve into one's pockets** (lit) fouiller dans ses poches ; (fig) mettre la main au portefeuille

c (= dig) creuser (into dans) ; (with spade) bêcher

Dem. (US Pol) **1** n abbrev of Democrat

2 adj abbrev of Democratic

demagnetization [ˌdiːˌmægnətaɪˈzeɪʃən] n démagnétisation f

demagnetize [ˌdiːˈmægnɪtaɪz] vt démagnétiser

demagog [ˈdeməɡɒɡ] n (US) → **demagogue**

demagogic [ˌdeməˈɡɒɡɪk] adj démagogique

demagogue, demagog (US) [ˈdeməɡɒɡ] → SYN n démagogue mf

demagoguery [ˌdeməˈɡɒɡərɪ] n agissements mpl or méthodes fpl de démagogue, démagogie f

demagogy [ˈdeməɡɒɡɪ] n démagogie f

de-man [ˌdiːˈmæn] vt **a** (Brit Ind = reduce manpower) réduire or dégraisser les effectifs de

b (= deprive of virility) déviriliser

demand [dɪˈmɑːnd] → SYN **1** vt [+ money, explanation, help] exiger, réclamer (from, of de) ; [+ higher pay etc] revendiquer, réclamer ♦ **to demand an apology** exiger des excuses ♦ **to demand to do sth** exiger de faire qch, demander expressément à faire qch ♦ **he demands to be obeyed** il exige qu'on lui obéisse ♦ **he demands that you leave at once** il exige que vous partiez (subj) tout de suite ♦ **a question/situation that demands our attention** une question/une situation qui réclame or exige notre attention

2 n **a** [of person] exigence(s) f(pl), demande f ; [of duty, problem, situation etc] exigence(s) fpl ; (= claim) (for better pay etc) revendication f, réclamation f ; (for help, money) demande f ♦ **to feed a baby on demand** allaiter un bébé quand il le demande ♦ **payable on demand** payable sur demande or sur présentation ♦ **final demand (for payment)** dernier avertissement m (d'avoir à payer) ♦ **to make demands on sb** exiger beaucoup de qn or de la part de qn ♦ **you make too great demands on my patience** vous abusez de ma patience ♦ **the demands of the case** les nécessités fpl du cas ♦ **I have many demands on my time** je suis très pris, mon temps est très pris

b (NonC: Comm, Econ) demande f ♦ **the demand for this product increases** ce produit est de plus en plus demandé ♦ **to create a demand for a product** créer la demande pour un produit ♦ **do you stock suede hats? – no, there's no demand for them** avez-vous des chapeaux en daim ? – non, il n'y a pas de demande ; → **supply**[1]

c **to be in (great) demand** être très demandé or recherché

3 COMP ▷ **demand bill, demand draft** n (Fin) bon m or effet m à vue ▷ **demand feeding** n allaitement m à la demande ▷ **demand liabilities** n engagements mpl à vue ▷ **demand management** n (Econ) contrôle m (gouvernemental) de la demande ▷ **demand note** n ⇒ **demand bill**

demanding [dɪˈmɑːndɪŋ] → SYN adj **a** person exigeant

b (= taxing) astreignant, difficile ; schedule éprouvant ♦ **physically demanding** physiquement éprouvant, qui demande beaucoup de résistance physique ♦ **intellectually demanding** qui demande un gros effort intellectuel ♦ **Stravinsky is the most intellectually demanding of all composers** Stravinski est le plus difficile d'accès de tous les compositeurs ♦ **working with children can be emotionally demanding** travailler avec des enfants peut être très éprouvant sur le plan émotionnel

de-manning [ˌdiːˈmænɪŋ] n (Brit Ind) licenciements mpl, réduction f des effectifs

demarcate [ˈdiːmɑːkeɪt] → SYN vt délimiter

demarcation [ˌdiːmɑːˈkeɪʃən] → SYN **1** n démarcation f, délimitation f

2 COMP ▷ **demarcation dispute** n conflit m d'attributions ▷ **demarcation line** n ligne f de démarcation

démarche [ˈdeɪmɑːʃ] n démarche f, mesure f

dematerialize [ˌdiːməˈtɪərɪəlaɪz] vi se dématérialiser

demean [dɪˈmiːn] → SYN vt [+ person] rabaisser, humilier ; [+ thing] rabaisser ♦ **to demean o.s.** s'abaisser (to do sth à faire qch)

demeaning [dɪˈmiːnɪŋ] adj dégradant (to pour), humiliant (to pour)

demeanour, demeanor (US) [dɪˈmiːnəʳ] → SYN n (= behaviour) comportement m, conduite f ; (= bearing) maintien m

demented [dɪˈmentɪd] → SYN adj **a** (* = crazy) fou (folle f)

b (Med) dément ♦ **to become demented** sombrer dans la démence

dementedly [dɪˈmentɪdlɪ] adv comme un fou (or une folle)

dementia [dɪˈmenʃɪə] **1** n démence f ; → **senile**

2 COMP ▷ **dementia praecox** n démence f précoce

demerara [ˌdeməˈrɛərə] n (Brit: also **demerara sugar**) sucre m roux (cristallisé), cassonade f

demerge [ˌdiːˈmɜːdʒ] vt (Brit) [+ company] défusionner

demerger [ˌdiːˈmɜːdʒəʳ] n (Brit) scission f

demerit [ˌdiːˈmerɪt] n démérite m ♦ **demerit (point)** (US Scol) avertissement m, blâme m

demersal [dɪˈmɜːsəl] adj (Bio) démersal

demesne [dɪˈmeɪn] n domaine m, terre f ; (Jur) possession f ♦ **to hold sth in demesne** (Jur) posséder qch en toute propriété

demi... [ˈdemɪ] pref demi- ♦ **demigod** demi-dieu m

demijohn [ˈdemɪdʒɒn] n dame-jeanne f, bonbonne f

demilitarization [ˈdiːˌmɪlɪtəraɪˈzeɪʃən] n démilitarisation f

demilitarize [ˌdiːˈmɪlɪtəraɪz] **1** vt démilitariser

2 COMP ▷ **demilitarized zone** n zone f démilitarisée

demimondaine [ˌdemɪˈmɒndeɪn] n demimondaine f

demi-monde [ˌdemɪˈmɒnd] n demi-monde m

demise [dɪˈmaɪz] **1** n **a** (frm, hum = death) décès m, mort f ; (fig) [of institution, custom etc] mort f, fin f

b (Jur) (by legacy) cession f or transfert m par legs, transfert m par testament ; (by lease) transfert m par bail ♦ **demise of the Crown** transmission f de la Couronne (par décès ou abdication)

2 vt (Jur) [+ estate] léguer ; [+ the Crown, sovereignty] transmettre

demi-sec [ˌdemɪˈsek] adj moyennement sec (f sèche)

demisemiquaver [ˈdemɪsemɪˌkweɪvəʳ] n (Brit) triple croche f

demist [ˌdiːˈmɪst] vt désembuer

demister [ˌdiːˈmɪstəʳ] n (Brit Aut) dispositif m antibuée

demisting [ˌdiːˈmɪstɪŋ] n désembuage m

demitasse [ˈdemɪtæs] n (US) (= cup) tasse f (à moka) ; (= drink) (tasse f de) café m noir

demiurge [ˈdemɪˌɜːdʒ] n démiurge m

demi-vegetarian [ˌdemɪvedʒɪˈtɛərɪən] n personne qui ne mange pas de viande rouge

demivolt [ˈdemɪˌvɒlt] n demi-volte f

demo * [ˈdeməʊ] n **a** (Brit) (abbrev of **demonstration**) manif' * f
  b (US) ⇒ **demonstration model** ; → **demonstration**
  c (US) ⇒ **demolition worker** ; → **demolition**
  d ⇒ **demonstration record** ; → **demonstration**

demob * [ˈdiːmɒb] vt, n (Brit) abbrev of **demobilize**, **demobilization**

demobilization [ˌdiːməʊbɪlaɪˈzeɪʃən] n démobilisation f

demobilize [diːˈməʊbɪlaɪz] vt démobiliser

Demochristian * [ˌdeməʊˈkrɪstʃən] n (Pol) démocrate mf chrétien(ne)

democracy [dɪˈmɒkrəsɪ] → SYN n démocratie f ◆ **they are working towards democracy** ils sont en train de se démocratiser ◆ "**Democracy in America**" (Literat) "De la démocratie en Amérique" ; → **people**

Democrat [ˈdeməkræt] n **a** (Brit Pol) (libéral) démocrate mf
  b (US Pol) démocrate mf

democrat [ˈdeməkræt] n démocrate mf

democratic [ˌdeməˈkrætɪk] → SYN **1** adj **a** (Pol) institution, organization, spirit démocratique
  b (US Pol) **Democratic** démocrate ◆ **the Democratic Party** le parti démocrate ◆ **the Democratic Republic of** ... la République démocratique de ... ; see also **Christian, liberal, social**
  c (= egalitarian) boss, management style, atmosphere démocratique, non directif
  2 COMP ▷ **democratic centralism** n centralisme m démocratique ▷ **democratic deficit** n (Pol) déficit m démocratique

democratically [ˌdeməˈkrætɪkəlɪ] adv démocratiquement ◆ **democratically elected** démocratiquement élu ◆ **to be democratically minded** être démocratique

democratization [dɪˌmɒkrətaɪˈzeɪʃən] n démocratisation f

democratize [dɪˈmɒkrətaɪz] **1** vt démocratiser
  2 vi se démocratiser

demodulate [diːˈmɒdjʊleɪt] vt (Elec) démoduler

demodulation [ˌdiːmɒdjʊˈleɪʃən] n (Elec) démodulation f

demodulator [diːˈmɒdjʊˌleɪtər] n démodulateur m

demographer [dɪˈmɒgrəfər] n démographe mf

demographic [ˌdeməˈgræfɪk] **1** adj démographique
  2 COMP ▷ **demographic time bomb** n (esp Brit) vieillissement de la population dû à une dénatalité plusieurs décennies auparavant

demographics [ˌdeməˈgræfɪks] npl données fpl démographiques ; [of market] profil m démographique ◆ **the demographics of housing demand** les données démographiques concernant la demande de logement

demography [dɪˈmɒgrəfɪ] n démographie f

demolish [dɪˈmɒlɪʃ] → SYN vt [+ building] démolir, abattre ; [+ fortifications] démanteler ; (fig) [+ theory] démolir, détruire ; * [+ cake] liquider *, dire deux mots à *

demolisher [dɪˈmɒlɪʃər] n (lit, fig) démolisseur m

demolition [ˌdeməˈlɪʃən] → SYN **1** n démolition f
  2 COMP ▷ **demolition area** n ⇒ **demolition zone** ▷ **demolition squad** n équipe f de démolition ▷ **demolition work** n (travail m de) démolition f ▷ **demolition worker** n démolisseur m ▷ **demolition zone** n zone f de démolition

demon [ˈdiːmən] → SYN n (all senses) démon m ◆ **the Demon** le Démon ◆ **the Demon drink** le démon de la boisson ◆ **that child's a demon!** cet enfant est un petit démon ! ◆ **to be a demon for work** être un bourreau de travail ◆ **a demon driver** (skilful) un as * du volant ; (dangerous) un conducteur pris de folie ◆ **he's a demon squash player** il joue au squash etc comme un dieu

demonetization [ˌdiːmʌnɪtaɪˈzeɪʃən] n démonétisation f

demonetize [diːˈmʌnɪtaɪz] vt démonétiser

demoniac [dɪˈməʊnɪæk] adj, n démoniaque mf

demoniacal [ˌdiːməʊˈnaɪəkəl] adj démoniaque, diabolique ◆ **demoniacal possession** possession f diabolique

demonic [diːˈmɒnɪk, dɪˈmɒnɪk] → SYN adj démoniaque, diabolique

demonize [ˈdiːmənaɪz] vt diaboliser

demonolatry [ˌdiːməˈnɒlətrɪ] n démonolâtrie f

demonologist [ˌdiːməˈnɒlədʒɪst] n démonologue mf

demonology [ˌdiːməˈnɒlədʒɪ] n démonologie f

demonstrable [ˈdemənstrəbl] → SYN adj démontrable

demonstrably [ˈdemənstrəblɪ] adv manifestement

demonstrate [ˈdemənstreɪt] LANGUAGE IN USE 26.1 → SYN
  1 vt **a** [+ truth, need] démontrer, prouver ◆ **to demonstrate that** ... démontrer or prouver que ...
  b [+ appliance] faire une démonstration de ; [+ system] expliquer, décrire ◆ **to demonstrate how sth works** montrer le fonctionnement de qch, faire une démonstration de qch ◆ **to demonstrate how to do sth** montrer comment faire qch
  2 vi (= protest) manifester, faire or organiser une manifestation (for pour ; in favour of en faveur de ; against contre)

demonstration [ˌdemənˈstreɪʃən] → SYN **1** n **a** (NonC) [of truth etc] démonstration f
  b (Comm) démonstration f ◆ **to give a demonstration (of)** faire une démonstration (de)
  c (= protest) manifestation f ◆ **to hold a demonstration** manifester, faire or organiser une manifestation
  d [of love, affection] manifestations fpl
  2 COMP car, lecture, tape, diskette de démonstration ▷ **demonstration model** n modèle m de démonstration

demonstrative [dɪˈmɒnstrətɪv] → SYN adj behaviour, person démonstratif, expansif ; (Gram, Math, Philos) démonstratif

demonstrator [ˈdemənstreɪtər] n **a** (= person) (Comm) démonstrateur m, -trice f ; (Educ) préparateur m, -trice f ; (Pol) manifestant(e) m(f)
  b (= appliance) appareil m (or article m) de démonstration ; (= car) voiture f de démonstration

demoralization [dɪˌmɒrəlaɪˈzeɪʃən] n démoralisation f

demoralize [dɪˈmɒrəlaɪz] → SYN vt démoraliser ◆ **to become demoralized** perdre courage, être démoralisé

demoralizing [dɪˈmɒrəlaɪzɪŋ] adj démoralisant

Demosthenes [dɪˈmɒsθəniːz] n (Antiq) Démosthène m

demote [dɪˈməʊt] vt (also Mil) rétrograder

demotic [dɪˈmɒtɪk] **1** adj **a** (= of the people) populaire
  b (Ling) démotique
  2 n démotique m

demotion [dɪˈməʊʃən] n rétrogradation f

demotivate [ˌdiːˈməʊtɪveɪt] vt démotiver

demotivation [diːˌməʊtɪˈveɪʃən] n démotivation f

demulcent [dɪˈmʌlsənt] adj, n (Med) émollient m, adoucissant m

demur [dɪˈmɜːr] → SYN **1** vi rechigner (at sth devant qch ; at doing sth à faire qch) ; (Jur) opposer une exception
  2 n réserve f, objection f ◆ **without demur** sans hésiter, sans faire de difficultés

demure [dɪˈmjʊər] → SYN adj smile, look, girl modeste, sage ; child très sage ◆ **a demure hat** un petit chapeau bien sage

demurely [dɪˈmjʊəlɪ] adv (= modestly) smile, move d'un air modeste or sage ; speak d'un ton modeste ; behave sagement, de façon modeste ◆ **demurely dressed (in)** sagement habillé (de)

demureness [dɪˈmjʊənɪs] n (= modesty) [of person] air m sage ; [of clothes] allure f sage ; (pej) (= coyness) modestie f affectée

demurrage [dɪˈmʌrɪdʒ] n (Jur) surestarie f ◆ **goods in demurrage** marchandises fpl en souffrance (sur le quai)

demurrer [dɪˈmʌrər] n (Jur) ≈ exception f péremptoire

demutualize [diːˈmjuːtjʊəlaɪz] vi se démutualiser

demystification [diːˌmɪstɪfɪˈkeɪʃən] n démystification f

demystify [diːˈmɪstɪfaɪ] vt démystifier

demythification [diːˌmɪθɪfɪˈkeɪʃən] n démythification f

demythify [diːˈmɪθɪfaɪ] vt démythifier

demythologize [ˌdiːmɪˈθɒlədʒaɪz] vt démythifier

den [den] → SYN n **a** [of lion, tiger] tanière f, antre m ; [of thieves] repaire m, antre m ◆ **the lion's den** (lit, fig) l'antre m du lion ◆ **den of iniquity** or **vice** lieu m de perdition or de débauche ; → **gambling, opium**
  b (= room, study) antre m

▶ **den up** * vi (US) se retirer dans sa piaule *

denationalization [ˌdiːˌnæʃnəlaɪˈzeɪʃən] n dénationalisation f

denationalize [diːˈnæʃnəlaɪz] vt dénationaliser

denature [diːˈneɪtʃər] vt dénaturer

dendrite [ˈdendraɪt] n (Miner, Anat) dendrite f

dendritic [denˈdrɪtɪk] adj (Physiol) dendritique

dendrochronology [ˌdendrəʊkrəˈnɒlədʒɪ] n dendrochronologie f

dendrological [ˌdendrəˈlɒdʒɪkəl] adj dendrologique

dendrologist [denˈdrɒlədʒɪst] n dendrologiste mf, dendrologue mf

dendrology [denˈdrɒlədʒɪ] n (Bot) dendrologie f

dengue [ˈdeŋgɪ] n dengue f

deniability [dɪˌnaɪəˈbɪlɪtɪ] n (NonC) possibilité f de démenti

deniable [dɪˈnaɪəbl] adj (Pol) ◆ **deniable operation** opération confidentielle dont les commanditaires déclineront toute responsabilité

denial [dɪˈnaɪəl] → SYN n **a** [of rights, truth] dénégation f ; [of report, accusation] démenti m ; [of guilt] dénégation f ; [of authority] rejet m ◆ **denial of justice** déni m (de justice) ◆ **denial of self** abnégation f ◆ **he met the accusation with a flat denial** il a nié catégoriquement l'accusation ◆ **to issue a denial** publier un démenti
  b (Psych) dénégation f, déni m ◆ **AIDS will not be stopped by inertia and denial** (fig) on n'arrêtera pas le sida par l'immobilisme et la négation des faits ◆ **to be in denial about sth** refuser d'admettre qch
  c **Peter's denial of Christ** le reniement du Christ par Pierre

denier [ˈdenɪər] n **a** (= weight) denier m ◆ **25 denier stockings** bas mpl 25 deniers
  b (= coin) denier m

denigrate [ˈdenɪgreɪt] → SYN vt dénigrer, discréditer

denigration [ˌdenɪˈgreɪʃən] → SYN n dénigrement m

denim [ˈdenɪm] **1** n (for jeans, skirts etc) (toile f de) jean m ; (heavier: for uniforms, overalls etc) treillis m
  2 denims npl (= jeans) blue-jean m, jean m ; (= workman's overalls) bleus mpl de travail

denitrification [diːˌnaɪtrɪfɪˈkeɪʃən] n dénitrification f

denitrify [diːˈnaɪtrɪfaɪ] vt dénitrifier

denizen [ˈdenɪzn] n **a** (= inhabitant) habitant(e) m(f) ◆ **denizens of the forest** habitants mpl or hôtes mpl (liter) des forêts
  b (Brit Jur) étranger m, -ère f (ayant droit de cité)
  c (= naturalized plant/animal) plante f/animal m acclimaté(e)

Denmark [ˈdenmɑːk] n le Danemark

denominate [dɪˈnɒmɪneɪt] vt dénommer

denomination [dɪˌnɒmɪˈneɪʃən] → SYN n **a** (= group) groupe m, catégorie f ; (Rel) confession f ; [of money] valeur f ; [of weight, measure] unité f
  b (NonC) dénomination f, appellation f

denominational / dependence

denominational [dɪˌnɒmɪˈneɪʃənl] **1** adj (Rel) confessionnel
2 COMP ▷ **denominational college** n (US) université f confessionnelle ▷ **denominational school** n (US) école f libre or confessionnelle

denominative [dɪˈnɒmɪnətɪv] adj, n dénominatif m

denominator [dɪˈnɒmɪneɪtə'] n dénominateur m ; → **common**

denotation [ˌdiːnəʊˈteɪʃən] n **a** (NonC) (gen, also Ling, Philos) dénotation f ; (= meaning) signification f
 b (= symbol) indices mpl, signes mpl

denotative [dɪˈnəʊtətɪv] adj (Ling) dénotatif

denote [dɪˈnəʊt] → SYN vt (= indicate) dénoter, indiquer ; (= mean) signifier ; (Ling, Philos) dénoter

denouement, dénouement [deɪˈnuːmɑ̃] n dénouement m

denounce [dɪˈnaʊns] → SYN vt [+ person, treaty, act] dénoncer (to à) ◆ **to denounce sb as an impostor** accuser publiquement qn d'imposture

denouncement [dɪˈnaʊnsmənt] n ⇒ **denunciation**

denouncer [dɪˈnaʊnsə'] n dénonciateur m, -trice f

dense [dens] → SYN adj **a** (lit, fig: also Phys) fog, crowd, vegetation, prose etc dense
 b (* = stupid) bouché *

densely [ˈdensli] adv ◆ **densely populated** densément peuplé, à forte densité démographique ◆ **densely packed** plein à craquer ◆ **densely wooded** très boisé

denseness [ˈdensnɪs] n **a** (gen) densité f
 b (* = stupidity) stupidité f

densimeter [denˈsɪmɪtə'] n (Phys) densimètre m

densimetry [denˈsɪmɪtrɪ] (Phys) densimétrie f

densitometer [ˌdensɪˈtɒmɪtə'] n densimètre m

density [ˈdensɪtɪ] → SYN n densité f ◆ **double/high/single density diskette** disquette f double/haute/simple densité

dent [dent] → SYN **1** n (in wood) entaille f ; (in metal) bosse f, bosselure f ◆ **to have a dent in the bumper** (Aut) avoir le pare-chocs bosselé or cabossé ◆ **to make a dent in** (fig) [+ savings, budget] faire un trou dans ; [+ sb's enthusiasm, confidence] ébranler
2 vt [+ hat] cabosser ; [+ car] bosseler, cabosser ; [+ wood] entailler

dental [ˈdentl] **1** adj **a** treatment, school dentaire
 b (Ling) dental
2 n (Ling) dentale f
3 COMP ▷ **dental floss** n fil m dentaire ▷ **dental hygiene** n hygiène f dentaire ▷ **dental hygienist** n hygiéniste mf dentaire ▷ **dental nurse** n assistant(e) m(f) de dentiste ▷ **dental plaque** n plaque f dentaire ▷ **dental receptionist** n réceptionniste mf dans un cabinet dentaire ▷ **dental surgeon** n chirurgien m dentiste ▷ **dental surgery** n cabinet m dentaire or de dentiste ▷ **dental technician** n mécanicien(ne) m(f) dentiste

dentate [ˈdenteɪt] adj (Bot, Zool) denté

denticle [ˈdentɪkl] n (Med) denticule m

denticulate [denˈtɪkjʊˌleɪt] adj (Bot) denticulé

dentifrice [ˈdentɪfrɪs] n dentifrice m

dentil [ˈdentɪl] n (Archit) denticule m

dentine [ˈdentiːn] n dentine f

dentist [ˈdentɪst] n dentiste mf ◆ **dentist's chair** fauteuil m de dentiste ◆ **dentist's surgery** cabinet m dentaire or de dentiste ◆ **to go to the dentist('s)** aller chez le dentiste

dentistry [ˈdentɪstrɪ] n dentisterie f ◆ **to study dentistry** faire des études dentaires, faire l'école dentaire

dentition [denˈtɪʃən] n dentition f

denture(s) [ˈdentʃə'(-(ʃəz)] n(pl) dentier m, râtelier † m (hum)

denuclearization [dɪˌnjuːklɪəraɪˈzeɪʃən] n dénucléarisation f

denuclearize [diːˈnjuːklɪəraɪz] vt dénucléariser

denude [dɪˈnjuːd] → SYN vt (lit, fig) dénuder, dépouiller ◆ **denuded landscape** paysage m nu or dépouillé ◆ **area denuded of trees** région f dépouillée d'arbres

denunciation [dɪˌnʌnsɪˈeɪʃən] n [of person] dénonciation f ; (in public) accusation f publique, condamnation f ; [of action] dénonciation f ; [of treaty] dénonciation f

denunciator [dɪˈnʌnsɪeɪtə'] n dénonciateur m, -trice f

Denver boot [ˈdenvə] n sabot m (de Denver)

deny [dɪˈnaɪ] LANGUAGE IN USE 12.1, 26.3 → SYN vt **a** (= repudiate) nier (having done avoir fait ; that que + indic or subj) ; [+ fact, accusation] nier, refuser d'admettre ; [+ sb's authority] rejeter ◆ **there is no denying it** c'est indéniable ◆ **I'm not denying the truth of it** je ne nie pas que ce soit vrai
 b (= refuse) **to deny sb sth** refuser qch à qn, priver qn de qch ◆ **he was denied admittance** on lui a refusé l'entrée ◆ **to deny o.s. cigarettes** se priver de cigarettes ◆ **to deny sb the right to do sth** refuser or dénier à qn le droit de faire qch
 c (= disown) [+ leader, religion] renier

deodar [ˈdiːəʊˌdɑː'] n (Bot) déodar m

deodorant [diːˈəʊdərənt] → SYN adj, n (gen) déodorant m ; (= air-freshener) désodorisant m

deodorization [diːˌəʊdəraɪˈzeɪʃən] n désodorisation f

deodorize [diːˈəʊdəraɪz] vt désodoriser

deontic [diːˈɒntɪk] adj déontique

deontology [ˌdiːɒnˈtɒlədʒɪ] n déontologie f

deoxidization [diːˌɒksɪdaɪˈzeɪʃən] n (Chem) désoxydation f

deoxidize [diːˈɒksɪdaɪz] vt désoxyder

deoxygenate [diːˈɒksɪdʒəneɪt] vt désoxygéner

deoxygenation [diːˌɒksɪdʒɪˈneɪʃən] n (Chem) désoxygénation f

deoxygenize [diːˈɒksɪdʒɪˌnaɪz] vt désoxygéner

deoxyribonucleic [diːˌɒksɪˌraɪbəʊnjuːˈkleɪɪk] adj ◆ **deoxyribonucleic acid** acide m désoxyribonucléique

deoxyribose [diːˌɒksɪˈraɪbəʊs] n désoxyribose m

dep. (abbrev of departs, departure) (on timetable) dép., départ

depart [dɪˈpɑːt] → SYN **1** vi **a** (= go away) [person] partir, s'en aller ; [bus, plane, train etc] partir ◆ **to depart from a city** quitter une ville, partir or s'en aller d'une ville ◆ **to be about to depart** être sur le or son départ
 b (fig) **to depart from** (gen) s'écarter de ; [+ habit, principle, the truth] faire une entorse à
2 vt (esp Rail, Aviat etc) partir de, quitter ◆ "**departing London at 12.40**" (on timetable etc) "départ de Londres (à) 12.40" ◆ **to depart this world** or **this life** (liter) quitter ce monde, trépasser (liter)

departed [dɪˈpɑːtɪd] → SYN **1** adj **a** (liter = dead) défunt ◆ **the departed leader** le chef défunt, le défunt chef
 b (= bygone) glory happiness passé ; friends disparu
2 n (liter) ◆ **the departed** le défunt, la défunte, les défunts mpl ◆ **the dear(ly) departed** le cher disparu, la chère disparue, les chers disparus mpl

department [dɪˈpɑːtmənt] → SYN **1** n (in office, firm) service m ; [of shop, store] rayon m ; (Scol) section f ; (Univ) ≈ UFR f (unité de formation et de recherche), ≈ département m ; (also **government department**) ministère m, département m ; (French Admin, Geog) département m ; (fig = field of activity) domaine m, rayon m ◆ **he works in the sales department** il travaille au service des ventes ◆ **in all the departments of public service** dans tous les services publics ◆ **the shoe department** (in shop) le rayon des chaussures ◆ **the French Department** (Scol) la section de français ; (Univ) l'UFR f or le département de français ◆ **gardening is my wife's department** * le jardinage, c'est le rayon de ma femme ; → **head, state**
2 COMP ▷ **department chairman** n, pl **department chairmen** (Univ) ≈ directeur m, -trice f d'UFR ▷ **department head** n ⇒ **department chairman** ▷ **Department for Education and Employment** (in Britain) ministère m de l'Éducation et du Travail ▷ **Depart-**

ANGLAIS-FRANÇAIS 228

ment of Health n (Brit) ministère m de la Santé ▷ **Department of Social Security** n (Brit) ≈ Sécurité f sociale ; → DSS → **trade** ▷ **department store** n grand magasin m

departmental [ˌdiːpɑːtˈmentl] adj **a** (gen) du département ; (in office, firm) du service ◆ **a departmental meeting** une réunion du département (or du service) ◆ **the departmental budget** le budget du département (or du service) ◆ **departmental manager** or **head** chef m de service
 b (= of a French area) départemental

departmentalization [ˌdiːpɑːtˌmentəlaɪˈzeɪʃən] n organisation f en départements

departmentalize [ˌdiːpɑːtˈmentəˌlaɪz] vt organiser en départements

departure [dɪˈpɑːtʃə'] → SYN **1** n **a** (from place) [of person, vehicle] départ m ; (from job) départ m, démission f ◆ **on the point of departure** sur le point de partir, sur le départ ; → **arrival**
 b (from custom, principle) dérogation f, entorse f (from à) ; (from law) manquement m (from à) ◆ **a departure from the norm** une exception ◆ **a departure from the truth** une entorse à la vérité
 c (= change of course, action) nouvelle voie f or orientation f or direction f ; (Comm = new type of goods) nouveauté f, innovation f ◆ **it's a new departure in biochemistry** c'est une nouvelle voie qui s'ouvre en or pour la biochimie
 d (liter = death) trépas m (liter)
2 COMP preparations etc de départ ▷ **departure board** n (Aviat, Rail) tableau m des départs ▷ **departure gate** n (Aviat) porte f d'embarquement ▷ **departure lounge** n (Aviat) salle f d'embarquement ▷ **departure platform** n (Rail) quai m (de départ) ▷ **departure signal** n (Rail) signal m de départ ▷ **departure time** n heure f de départ

depend [dɪˈpend] LANGUAGE IN USE 6.3 → SYN impers vi dépendre (on sb/sth de qn/qch) ◆ **it all depends, that depends, it depends** cela dépend, c'est selon * ◆ **it depends on you whether he comes or not** cela dépend de vous ou il ne tient qu'à vous qu'il vienne ou non ◆ **it depends (on) whether he will do it or not** cela dépend s'il veut le faire ou non ◆ **it depends (on) what you mean** cela dépend de ce que vous voulez dire ◆ **depending on the weather** selon le temps ◆ **depending on what happens tomorrow**... selon ce qui se passera demain ...

▶ **depend (up)on** vt fus **a** (= count on) compter sur ; (= be completely reliant on) se reposer sur ◆ **you can always depend (up)on him** on peut toujours compter sur lui ◆ **he depends (up)on her** for everything il se repose sur elle pour tout ◆ **you may depend (up)on his coming** vous pouvez compter qu'il viendra or compter sur sa venue ◆ **I'm depending (up)on you to tell me what he wants** je compte sur vous pour savoir ce qu'il veut ◆ **you can depend (up)on it** soyez-en sûr, je vous le promets or garantis ◆ **you can depend (up)on it that he'll forget again** tu peux être sûr (et certain) qu'il va encore oublier
 b (= need support or help from) dépendre de ◆ **he depends (up)on his father for pocket money** il dépend de son père pour son argent de poche ◆ **I'm depending (up)on you for moral support** votre appui moral m'est indispensable ◆ **your success depends (up)on your efforts** votre succès dépendra de vos efforts

dependability [dɪˌpendəˈbɪlɪtɪ] n [of machine] sécurité f de fonctionnement ; [of person] sérieux m ◆ **his dependability is well-known** tout le monde sait que l'on peut compter sur lui

dependable [dɪˈpendəbl] → SYN adj person sûr, sur qui on peut compter ; mechanism, machine, car fiable ; information sûr ◆ **he is not dependable** on ne peut pas compter sur lui

dependably [dɪˈpendəblɪ] adv de façon fiable

dependance [dɪˈpendəns] n ⇒ **dependence**

dependant [dɪˈpendənt] → SYN n personne f à charge, charge f de famille ◆ **he had many dependants** il avait de nombreuses personnes à (sa) charge

dependence [dɪˈpendəns] n **a** (= state of depending: also **dependency**) dépendance f (on à, à l'égard de, envers), sujétion f (on à) ◆ **dependence on one's parents** dépendance f à l'égard de or envers ses parents ◆ **depend-**

ence on drugs (état m de) dépendance f à l'égard de la drogue
b the dependence of success upon effort le rapport entre le succès et l'effort fourni

dependency [dɪˈpendənsɪ] **1** n **a** ⇒ **dependence a**
b (Ling) dépendance f
c (= country) dépendance f, colonie f
2 COMP ▷ **dependency allowance** n (Jur) indemnité f pour charges de famille ▷ **dependency grammar** n (Ling) grammaire f dépendancielle

dependent [dɪˈpendənt] → SYN **1** adj **a** (= reliant) person dépendant (*on* de) ◆ **to be (heavily) dependent on sth** dépendre (beaucoup or fortement) de qch ◆ **to be dependent on sb to do sth** dépendre de qn pour faire qch ◆ **drug-dependent, chemically dependent** (on illegal drugs) toxicomane ; (on medical drugs) en état de dépendance aux médicaments ◆ **insulin-dependent** insulinodépendant
b (financially) child, relative à charge ◆ **families with dependent children** les familles ayant des enfants à charge ◆ **to be financially dependent on sb** dépendre financièrement de qn
c (= contingent) **to be dependent on** or **upon sth** dépendre de qch ◆ **the results are dependent upon which programme you follow** les résultats dépendent du programme que vous suivez
d (Gram) clause subordonné
e (Math) dépendant ◆ **dependent variable** variable f dépendante
2 n ⇒ **dependant**

depersonalization [dɪˌpɜːsənəlaɪˈzeɪʃən] n dépersonnalisation f

depersonalize [diːˈpɜːsənəlaɪz] vt dépersonnaliser

depict [dɪˈpɪkt] → SYN vt (in words) dépeindre, décrire ; (in picture) représenter ◆ **surprise was depicted on his face** la surprise se lisait sur son visage, son visage exprimait la surprise

depiction [dɪˈpɪkʃən] n (pictorial) représentation f ; (written) description f ◆ **the artist's depiction of war as a roaring lion** la représentation de la guerre par l'artiste sous la forme d'un lion rugissant ◆ **the depiction of socialists as Utopian dreamers** l'image de rêveurs utopistes que l'on donne des socialistes

depilate [ˈdepɪleɪt] vt épiler

depilation [ˌdepɪˈleɪʃən] n épilation f

depilatory [dɪˈpɪlətərɪ] adj, n dépilatoire m

deplane [ˌdiːˈpleɪn] vi descendre d'avion

deplenish [dɪˈplenɪʃ] vt (= reduce) dégarnir ; (= empty) vider

deplete [dɪˈpliːt] → SYN vt **a** (= reduce) [+ supplies, funds] réduire ; [+ strength] diminuer, réduire ; (= exhaust) [+ supplies, strength] épuiser ◆ **our stock is very depleted** (Comm) nos stocks sont très bas ◆ **the regiment was greatly depleted** (Mil) (by cuts etc) l'effectif du régiment était très réduit ; (by war, sickness) le régiment a été décimé ◆ **numbers were greatly depleted** les effectifs étaient très réduits
b (Med) décongestionner

depletion [dɪˈpliːʃən] → SYN **1** n [of resources, nutrients] diminution f ; (Med) déplétion f ; [of funds] réduction f ; → **ozone**
2 COMP ▷ **depletion allowance** n (Jur) reconstitution f des gisements ▷ **depletion layer** n (Elec) zone f désertée or de déplétion

deplorable [dɪˈplɔːrəbl] → SYN adj déplorable, lamentable

deplorably [dɪˈplɔːrəblɪ] adv (with vb) behave de façon déplorable ; (with adj) déplorablement ◆ **ours is a deplorably materialistic society** notre société est d'un matérialisme déplorable ◆ **deplorably, he refused to take action** il a refusé d'agir, ce qui est déplorable

deplore [dɪˈplɔːʳ] LANGUAGE IN USE 14 → SYN vt déplorer, regretter vivement ◆ **to deplore the fact that ...** déplorer le fait que ... (+ indic), regretter vivement que ... (+ subj)

deploy [dɪˈplɔɪ] → SYN **1** vt (Mil) [+ missiles, ships, tanks, troops etc] déployer ; (gen) [+ resources, equipment] faire usage de, utiliser ; [+ staff, utiliser (les services de) ; [+ skills, talents] déployer, faire preuve de
2 vi (Mil) être déployé

deployment [dɪˈplɔɪmənt] n (Mil) déploiement m ; (fig) usage m, utilisation f ; → **rapid**

depolarization [ˈdiːˌpəʊləraɪˈzeɪʃən] n dépolarisation f

depolarize [diːˈpəʊləraɪz] vt dépolariser

depoliticize [ˌdiːpəˈlɪtɪsaɪz] vt dépolitiser

depolymerize [diːˈpɒlɪməˌraɪz] vt dépolymériser

deponent [dɪˈpəʊnənt] **1** n **a** (Gram) déponent m
b (Jur) déposant(e) m(f)
2 adj (Gram) déponent

depopulate [ˌdiːˈpɒpjʊleɪt] vt dépeupler ◆ **to become depopulated** se dépeupler

depopulation [ˈdiːˌpɒpjʊˈleɪʃən] n dépopulation f, dépeuplement m ◆ **rural depopulation** dépeuplement m des campagnes

deport [dɪˈpɔːt] → SYN vt **a** (= expel) expulser (*from* de) ; (= transport) déporter (*from* de ; *to* à) ; (Hist) [+ prisoner] déporter
b (= behave) **to deport o.s.** † se comporter, se conduire

deportation [ˌdiːpɔːˈteɪʃən] → SYN **1** n expulsion f ; (Hist) déportation f ; (Jur)
2 COMP ▷ **deportation order** n arrêt m d'expulsion

deportee [ˌdiːpɔːˈtiː] n déporté(e) m(f)

deportment [dɪˈpɔːtmənt] → SYN n maintien m, tenue f ◆ **deportment lessons** leçons fpl de maintien

depose [dɪˈpəʊz] → SYN **1** vt [+ king] déposer, détrôner ; [+ official] destituer
2 vti (Jur) déposer, attester par déposition

deposit [dɪˈpɒzɪt] → SYN **1** vt **a** (= put down) [+ parcel etc] déposer, poser
b (in bank account) [+ money] verser, déposer ; [+ cheque] déposer ; (for safekeeping) [+ money, valuables] déposer, laisser or mettre en dépôt (*with sb* chez qn) ◆ **I deposited £200 in my account** j'ai versé 200 livres à or sur mon compte, j'ai déposé 200 livres sur mon compte ◆ **I deposited a cheque in my account** j'ai déposé un chèque sur mon compte ◆ **to deposit valuables in** or **with the bank** déposer des objets de valeur à la banque, laisser des objets de valeur en dépôt à la banque
c (Geol) déposer, former un dépôt de
2 n **a** (in bank) dépôt m ◆ **to make a deposit of £50** déposer or verser 50 livres
b (= part payment) (on goods, holiday) arrhes fpl, acompte m ; (on house purchase) acompte m ; (in hire purchase = down payment) premier versement m ; (in hiring goods, renting accommodation: against damage etc) caution f ; (on bottle, container) consigne f ; (Brit Pol) cautionnement m électoral ◆ **to leave a deposit of £40** or **a £40 deposit on a washing machine** verser 40 livres d'arrhes or d'acompte sur un lave-linge ◆ **to pay a 5% deposit** or **a deposit of 5% on a property** verser 5 % d'acompte sur une propriété ◆ **a small deposit will secure any goods** (Comm) on peut faire mettre tout article de côté moyennant le versement d'un petit acompte ◆ **to lose one's deposit** (Brit Pol) perdre son cautionnement (*en obtenant un très faible score*)
c (in wine, Chem, Geol) dépôt m ; [of mineral, oil] gisement m ◆ **fat/cholesterol deposits** (Anat) dépôt m graisseux/de cholestérol ◆ **calcium deposits** calcifications fpl ◆ **to form a deposit** se déposer
3 COMP ▷ **deposit account** n (Brit) compte m sur livret ▷ **deposit bank** n banque f de dépôt ▷ **deposit loan** n prêt m en nantissement ▷ **deposit slip** n bulletin m de versement

depositary [dɪˈpɒzɪtərɪ] n **a** (= person) dépositaire mf
b ⇒ **depository**

deposition [ˌdiːpəˈzɪʃən] → SYN n **a** (NonC) [of king, official] déposition f
b (Jur) déposition f sous serment, témoignage m

depositor [dɪˈpɒzɪtəʳ] n déposant(e) m(f)

depository [dɪˈpɒzɪtərɪ] → SYN n dépôt m, entrepôt m

depot [ˈdepəʊ] → SYN **1** n **a** (Mil) dépôt m
b (= warehouse) dépôt m, entrepôt m ◆ **coal depot** dépôt m or entrepôt m de charbon
c (= railway station) gare f ; (= bus station) dépôt m
2 COMP ▷ **depot ship** n (navire m) ravitailleur m

depravation [ˌdeprəˈveɪʃən] n dépravation f, corruption f

deprave [dɪˈpreɪv] → SYN vt dépraver, corrompre

depraved [dɪˈpreɪvd] → SYN adj dépravé, perverti ◆ **to become depraved** se dépraver

depravity [dɪˈprævɪtɪ] → SYN n dépravation f, perversion f

deprecate [ˈdeprɪkeɪt] vt [+ action, behaviour] désapprouver, s'élever contre

deprecating [ˈdeprɪkeɪtɪŋ] adj (= disapproving) désapprobateur (-trice f) ; (= condescending) condescendant ; (= modest) modeste

deprecatingly [ˈdeprɪkeɪtɪŋlɪ] adv (= disparagingly) avec désapprobation ; (= condescendingly) avec condescendance ; (= modestly) avec modestie

deprecatory [ˈdeprɪkətərɪ] adj ⇒ **deprecating**

depreciate [dɪˈpriːʃɪeɪt] → SYN **1** vt (Fin) [+ property, currency] déprécier, dévaloriser ; (= write off asset investment) amortir ; (fig) [+ help, talent] déprécier, dénigrer ◆ **to depreciate sth by 25% a year** amortir qch de 25 % or à un rythme de 25 % par an
2 vi (Fin, fig) se déprécier, se dévaloriser

depreciation [dɪˌpriːʃɪˈeɪʃən] → SYN n [of property, car] dépréciation f, perte f de valeur ; [of currency] dépréciation f, dévalorisation f ; (Comm, Econ) [of goods] moins-value f ; (= writing off) [of asset, investment] amortissement m ; (fig) [of talent etc] dépréciation f, dénigrement m

depredation [ˌdeprɪˈdeɪʃən] n (gen pl) déprédation(s) f(pl), ravage(s) m(pl)

depress [dɪˈpres] → SYN vt **a** [+ person] déprimer
b [+ lever] abaisser
c [+ status] réduire ; [+ trade] réduire, (faire) diminuer ; [+ the market, prices] faire baisser

depressant [dɪˈpresnt] adj, n (Med) dépresseur m

depressed [dɪˈprest] → SYN adj **a** person déprimé (*about* à cause de) ◆ **to feel depressed** être or se sentir déprimé ◆ **to get depressed** se laisser abattre ◆ **to become depressed** faire une dépression ◆ **clinically depressed** qui souffre de dépression
b region, market, economy déprimé ; industry en déclin ; share price bas
c (= sunken) déprimé

depressing [dɪˈpresɪŋ] → SYN adj déprimant, décourageant ◆ **I find it very depressing** je trouve cela très déprimant or décourageant

depressingly [dɪˈpresɪŋlɪ] adv ◆ **depressingly obvious** d'une évidence déprimante ◆ **depressingly familiar/predictable** tellement familier/prévisible que c'en est déprimant ◆ **depressingly, the new drug is no more effective than the previous one** malheureusement, ce nouveau médicament n'est pas plus efficace que le précédent

depression [dɪˈpreʃən] → SYN n **a** (NonC) (Med) dépression f (nerveuse), état m dépressif ◆ **to suffer from depression** (Med) souffrir de dépression, faire de la dépression ◆ **to be in a bit of a depression** (gen) être déprimé ◆ **her depression at this news** son découragement en apprenant la nouvelle
b (Econ) dépression f ◆ **the Depression** (Hist) la Grande dépression ◆ **the country's economy was in a state of depression** l'économie du pays était en pleine dépression
c (Geog) dépression f ; (Met) dépression f (atmosphérique) ◆ **a deep/shallow** or **weak depression** (Met) une forte/faible dépression
d (= hollow: in ground) creux m

depressive [dɪˈpresɪv] adj, n (Med) dépressif m, -ive f

depressurization [dɪˌpreʃəraɪˈzeɪʃən] n dépressurisation f

depressurize [dɪˈpreʃəˌraɪz] vt (Phys etc) dépressuriser ; (fig) (= take strain off) [+ person] faciliter la vie à

deprivation [ˌdeprɪˈveɪʃən] → SYN n (= act, state) privation f ; (= loss) perte f ; (Psych) carence f affective ◆ **deprivation of office** (Jur) destitution f de fonction ; → **maternal**

deprive [dɪˈpraɪv] → SYN vt (of sleep, food, company) priver (of de) ; (of right) priver, déposséder (of de) ; (of asset) ôter (of à), enlever (of à) ◆ **to be deprived of sth/sb** être privé de qch/qn ◆ **to deprive o.s. of ...** se priver de ...

deprived [dɪˈpraɪvd] adj area, background, child défavorisé

deprogramme, deprogram (US) [diːˈprəʊɡræm] vt [+ person] déconditionner

dept abbrev of **department**

depth [depθ] → SYN **1** n **a** (= deepness) [of water, hole, shelf, cupboard] profondeur f ; [of snow] épaisseur f ; [of edge, border] largeur f ◆ **at a depth of 3 metres** à 3 mètres de profondeur, par 3 mètres de fond ◆ **the water is 3 metres in depth** l'eau a 3 mètres de profondeur, il y a 3 mètres de fond ◆ **to get out of one's depth** (lit, fig) perdre pied ◆ **don't go out of your depth** (in swimming pool etc) ne va pas là où tu n'as pas pied ◆ **I'm completely out of my depth** (fig) je nage complètement *, je suis complètement dépassé *
b (= lowness) [of voice, tone] registre m grave
c (= intensity) [of colour] intensité f ◆ **in the depth of winter** au plus fort or au cœur de l'hiver ◆ **wine with an excellent depth of flavour** vin m qui a une belle complexité ◆ **cheese with an excellent depth of flavour** fromage m bien affiné
d (= strength, profundity) [of knowledge, feeling, sorrow, relief] profondeur f ◆ **a great depth of feeling** une grande profondeur de sentiment ◆ **he had no idea of the depth of feeling against him** il ne se rendait pas compte du ressentiment qu'il suscitait ◆ **she has a tremendous breadth and depth of knowledge** ses connaissances sont extrêmement étendues et approfondies ◆ **this illustrated the depth of concern among young people for the elderly** cela a montré à quel point les jeunes gens se souciaient des personnes âgées ◆ **politicians acknowledge the depth of public interest in the environment** les hommes politiques se rendent compte à quel point le public s'intéresse à l'environnement ◆ **there was little emotional depth to their relationship** leurs sentiments l'un pour l'autre n'étaient pas très profonds ◆ **to have intellectual depth** [book, film] être profond ; person être (un esprit) profond ◆ **to lack intellectual depth** manquer de profondeur ◆ **he has no depth of character** il manque de caractère ◆ **in depth** en profondeur ◆ **to interview sb in depth** faire une interview en profondeur de qn ; see also **in**
e (Phot) depth of field profondeur f de champ ◆ **depth of focus** distance f focale
2 depths npl **a** (= deep place) **the depths of the ocean** les profondeurs fpl océaniques ◆ **from the depths of the earth** des profondeurs fpl or des entrailles fpl de la terre ◆ **in the depths of the forest** au plus profond or au cœur de la forêt
b (fig) fond m ◆ **to be in the depths of despair** toucher le fond du désespoir ◆ **the country is in the depths of recession** le pays est plongé dans une profonde récession ◆ **to sink to new depths of depravity** tomber encore plus bas dans la perversité ◆ **in the depths of winter** au plus fort or au cœur de l'hiver ◆ **in the depths of night** au milieu or au plus profond de la nuit ◆ **I would never sink to such depths as to do that** je ne tomberais jamais assez bas pour faire cela
3 COMP ▷ **depth charge** n grenade f sous-marine ▷ **depth gauge** n (Min) jauge f de profondeur ▷ **depth psychology** n psychologie f des profondeurs

deputation [ˌdepjʊˈteɪʃən] → SYN n délégation f, députation f

depute [dɪˈpjuːt] vt [+ power, authority] déléguer ; [+ person] députer, déléguer (sb to do sth qn pour faire qch)

deputize [ˈdepjʊtaɪz] → SYN **1** vi assurer l'intérim (for sb de qn)
2 vt députer (sb to do sth qn pour faire qch)

deputy [ˈdepjʊti] → SYN **1** n **a** (= second in command) adjoint(e) m(f) ; (= replacement) remplaçant(e) m(f), suppléant(e) m(f) ; (in business) fondé m de pouvoir
b (= member of deputation) délégué(e) m(f)
c (French Pol) député m
d (US) shérif m adjoint, ≈ gendarme m
2 adj adjoint
3 COMP ▷ **deputy chairman** n, pl **deputy chairmen** vice-président m ▷ **deputy director** n sous-directeur m, -trice f ▷ **deputy head** n (Scol) (gen) directeur m, -trice f adjoint(e) ; (of lycée) censeur m ▷ **deputy headmaster, deputy headmistress** n (Scol) ⇒ **deputy head** ▷ **deputy judge** n juge m suppléant ▷ **deputy mayor** n maire m adjoint ▷ **Deputy Secretary** (US) ministre m adjoint ▷ **deputy sheriff** n (US) ⇒ **deputy 1d**

deracinate [dɪˈræsɪneɪt] vt [+ tree, shrub] déraciner ; (fig) éradiquer

deracination [dɪˌræsɪˈneɪʃən] n [of tree, shrub] déracinement m ; (fig) éradication f

derail [dɪˈreɪl] **1** vt [+ train] faire dérailler ; [+ plan, negotiations] faire avorter
2 vi dérailler

derailleur [dəˈreɪljər] n dérailleur m ◆ **to have derailleur gears** être muni d'un dérailleur

derailment [dɪˈreɪlmənt] n déraillement m

derange [dɪˈreɪndʒ] → SYN vt **a** [+ plan] déranger, troubler ; [+ machine] dérégler
b (Med) déranger (le cerveau de), aliéner

deranged [dɪˈreɪndʒd] adj dérangé ◆ **to be (mentally) deranged** avoir le cerveau dérangé

derangement [dɪˈreɪndʒmənt] n **a** (Med) aliénation f mentale
b [of machine] dérèglement m

derate [diːˈreɪt] vt (Tax) [+ land] [+ property] dégrever

derby [ˈdɑːbɪ, (US) ˈdɜːbɪ] n **a** (Sport) local derby match m entre équipes voisines ◆ **the Derby** (Brit Racing) le Derby (d'Epsom)
b (US) derby (hat) (chapeau m) melon m

Derbys. abbrev of **Derbyshire**

derecognize [diːˈrekəɡˌnaɪz] vt [+ trade union] cesser de reconnaître

deregulate [dɪˈreɡjʊˌleɪt] vt [+ prices] libérer ; [+ transport system] déréglementer

deregulation [dɪˌreɡjʊˈleɪʃən] n [of prices] libération f ; [of transport system] déréglementation f

derelict [ˈderɪlɪkt] → SYN **1** adj **a** (= abandoned) abandonné ; (= ruined) (tombé) en ruines
b (frm = neglectful of duty) négligent
2 n **a** (Naut) navire m abandonné (en mer)
b person épave f (humaine)

dereliction [ˌderɪˈlɪkʃən] → SYN **1** n [of property] état m d'abandon ; [of person] délaissement m
2 COMP ▷ **dereliction of duty** n négligence f (dans le service), manquement m au devoir

derestricted [ˌdiːrɪˈstrɪktɪd] adj (Brit) road, area sans limitation de vitesse

deride [dɪˈraɪd] → SYN vt rire de, tourner en ridicule

de rigueur [dəˌrɪˈɡɜːr] adj de rigueur

derision [dɪˈrɪʒən] n dérision f ◆ **object of derision** objet m de dérision or de risée

derisive [dɪˈraɪsɪv] adj **a** smile, person moqueur, railleur
b amount, offer dérisoire

derisively [dɪˈraɪsɪvlɪ] adv speak d'un ton moqueur ◆ **he laughed derisively** il eut un petit rire moqueur ◆ **known derisively as "Dumbo"** connu sous le sobriquet de "Dumbo"

derisory [dɪˈraɪsərɪ] → SYN adj **a** amount, offer dérisoire
b smile, person moqueur, railleur

derivation [ˌderɪˈveɪʃən] → SYN n dérivation f

derivative [dɪˈrɪvətɪv] → SYN **1** adj (Chem, Ling, Math) dérivé ; (fig) literary work etc peu original
2 n (Chem, Ling) dérivé m ; (Math) dérivée f ; [Fin] produit m dérivé
3 COMP ▷ **derivatives market** n marché m des produits dérivés ▷ **derivatives trading** n transactions fpl sur produits dérivés

derive [dɪˈraɪv] → SYN **1** vt [+ profit, satisfaction] tirer (from de), trouver (from dans) ; [+ comfort, ideas] puiser (from dans) ; [+ name, origins] tenir (from de) ; [+ word] (faire) dériver (from de) ◆ **to derive one's happiness from ...** devoir son bonheur à ..., trouver son bonheur dans ... ◆ **to be derived from** → **2**
2 vi ◆ **to derive from** (also **be derived from**) dériver de, provenir de, venir de ; [power, fortune] provenir de ; [idea] avoir sa source or ses origines dans ; [word] dériver de ◆ **it all derives from the fact that ...** tout cela tient au fait que or provient du fait que ...

dermatitis [ˌdɜːməˈtaɪtɪs] n dermatite f, dermite f

dermatological [ˌdɜːmətəˈlɒdʒɪkəl] adj dermatologique

dermatologist [ˌdɜːməˈtɒlədʒɪst] n dermatologue mf, dermatologiste mf

dermatology [ˌdɜːməˈtɒlədʒɪ] n dermatologie f

dermatosis [ˌdɜːməˈtəʊsɪs] n (Med) dermatose f

dermestid [ˌdɜːˈmestɪd] n dermeste m

dermis [ˈdɜːmɪs] n derme m

derogate [ˈderəɡeɪt] vi ◆ **to derogate from** porter atteinte à ◆ **without derogating from his authority/his merits** sans rien enlever à or sans vouloir diminuer son autorité/ses mérites ◆ **to derogate from one's position** (liter) déroger (à son rang) (liter)

derogation [ˌderəˈɡeɪʃən] n **a** (= reduction) atteinte f (from, of à) ◆ **a derogation of sovereignty** une atteinte à la souveraineté
b (Pol = temporary exception : from a law, a rule) report m d'application (from de)

derogatory [dɪˈrɒɡətərɪ] → SYN adj remark désobligeant (of, to à), dénigrant ; attitude de dénigrement

derrick [ˈderɪk] n (= lifting device, crane) mât m de charge ; (above oil well) derrick m

derrière [ˌderɪˈeər] n (euph) derrière m

derring-do †† [ˌderɪŋˈduː] n bravoure f ◆ **deeds of derring-do** hauts faits mpl, prouesses fpl

derringer [ˈderɪndʒər] n (US) pistolet m (court et à gros calibre), Derringer m

derv [dɜːv] n (Brit Aut) gasoil m

dervish [ˈdɜːvɪʃ] n derviche m

DES [ˌdiːˈiːˈes] n (Brit: formerly) (abbrev of **Department of Education and Science**) ≈ ministère m de l'Éducation

desalinate [diːˈsælɪneɪt] vt dessaler

desalination [diːˌsælɪˈneɪʃən] **1** n dessalement m
2 COMP ▷ **desalination plant** n usine f de dessalement

descale [diːˈskeɪl] **1** vt détartrer
2 COMP ▷ **descaling agent, descaling product** n (produit m) détartrant m

descant [ˈdeskænt] n déchant m ◆ **to sing descant** chanter une partie du déchant

descend [dɪˈsend] → SYN **1** vi **a** (= go down, come down) [person, vehicle, road, hill etc] descendre (from de) ; [rain, snow] tomber ◆ **in descending order of importance** par ordre d'importance décroissante ◆ **to descend into** [+ alcoholism, madness, chaos, anarchy] sombrer dans ◆ **gloom descended (up)on him** il s'est assombri ◆ **silence descended (up)on us** le silence se fit
b (by ancestry) descendre, être issu (from de) ; [plan, event etc] tirer son origine (from de) ◆ **his family descends from William the Conqueror** sa famille descend de Guillaume le Conquérant
c (= pass by inheritance) [property, customs, rights] passer (par héritage) (from de ; to à)
d (= attack or arrive suddenly: Mil, fig) faire une descente (on sur) ◆ **the moment the news was out, reporters descended** dès que la nouvelle a été connue, les reporters ont afflué (sur les lieux) ◆ **to descend (up)on sb** tomber sur qn ◆ **to descend (up)on a town** [reporters, journalists, tourists, army] envahir une ville ◆ **to descend (up)on a building** [reporters, journalists, tourists] se précipiter or affluer vers un bâtiment ; [army, police] faire une descente dans un bâtiment ◆ **visitors descended upon us** des gens sont arrivés (chez nous) sans crier gare

e (= lower o.s. to) **to descend to lies** or **to lying** s'abaisser à mentir ◆ **I'd never descend to that level** je ne m'abaisserais pas ainsi

2 vt **a** [+ stairs] descendre

b to be descended from [+ species] descendre de ; [+ person] descendre de, être issu de

descendant [dɪˈsendənt] n descendant(e) m(f)

descender [dɪˈsendəʳ] n (Typ) jambage m, queue f

descendeur [desɑːnˈdɜːʳ] n (Climbing) descendeur m

descendible [dɪˈsendəbl] adj (Jur) transmissible

descent [dɪˈsent] → SYN n **a** (= going down) [of person] descente f (*into* dans) ; (fig: into crime etc) chute f ; (Aviat, Sport) descente f ; [of hill] descente f, pente f ◆ **the street made a sharp descent** la rue était très en pente or descendait en pente très raide ◆ **descent by parachute** descente f en parachute

b (= ancestry) origine f, famille f ◆ **of noble descent** de noble extraction ◆ **to trace one's descent back to ...** faire remonter sa famille à ... ◆ **to trace back the descent of ...** établir la généalogie de ...

c [of property, customs etc] transmission f (par héritage) (*to* à)

d (Mil etc = attack) descente f, irruption f ◆ **to make a descent on the enemy camp** faire une descente sur or faire irruption dans le camp ennemi ◆ **to make a descent on the enemy** faire une descente sur l'ennemi

descramble [diːˈskræmbl] vt (Telec) désembrouiller ; (TV) décoder, décrypter ◆ **descrambled programme** émission f en clair

descrambler [diːˈskræmbləʳ] n (TV) décodeur m

describable [dɪˈskraɪbəbl] adj descriptible

describe [dɪsˈkraɪb] → SYN vt **a** [+ scene, person] décrire ◆ **describe what it is like** racontez or dites comment c'est ◆ **describe him for us** décrivez-le-nous ◆ **which cannot be described** indescriptible, qu'on ne saurait décrire ◆ **describe how you made it** décrivez comment vous l'avez fait

b (= represent) décrire, représenter (*as* comme) ◆ **he describes himself as a doctor** il se dit or se prétend docteur ◆ **she describes herself as ordinary** elle se présente or se décrit comme quelqu'un d'ordinaire

c (Math) décrire

description [dɪsˈkrɪpʃən] → SYN n **a** [of person, scene, object, event, situation] description f ; (Police) signalement m ◆ **to give an accurate/lively description** faire or donner une description exacte/vivante ◆ **he gave a description of what happened/how he had escaped** il a décrit ce qui s'était passé/la façon dont il s'était évadé ◆ **police have issued a description of the man they are looking for** la police a diffusé le signalement de l'homme qu'elle recherche ◆ **do you know anyone of this description?** (gen) connaissez-vous quelqu'un qui ressemble à cette description ? ; (Police) connaissez-vous quelqu'un qui réponde à ce signalement ? ◆ **beyond** or **past description** indescriptible, qu'on ne saurait décrire ; → **answer, beggar, defy, fit, job**

b (= sort) sorte f ◆ **people/vehicles of every description** or **of all descriptions** des gens/des véhicules de toutes sortes ◆ **food of every description** or **of all descriptions** toutes sortes d'aliments ◆ **he's a poet of some description** c'est une sorte de poète ◆ **I need a bag of some description** il me faut un sac, n'importe lequel

descriptive [dɪsˈkrɪptɪv] → SYN adj (gen, also Ling) descriptif ◆ **descriptive geometry/linguistics** géométrie f/linguistique f descriptive

descriptively [dɪsˈkrɪptɪvlɪ] adv ◆ **the nickname "abominable snowman" is not so much descriptively accurate as evocative** "l'abominable homme des neiges" n'est pas tant une description fidèle qu'un surnom évocateur ◆ **linguists try to study language descriptively, not prescriptively** les linguistes essaient d'étudier le langage d'un point de vue descriptif et non pas normatif ◆ **a cliff known descriptively as "the Black Ladders"** une falaise connue sous le nom pittoresque de "Échelles noires"

descriptivism [dɪˈskrɪptɪvɪzəm] n (Ling) descriptivisme m

descriptivist [dɪˈskrɪptɪvɪst] n (Ling) descriptiviste mf

descry [dɪsˈkraɪ] vt discerner, distinguer

desecrate [ˈdesɪkreɪt] vt [+ shrine, memory] profaner, souiller (liter)

desecration [ˌdesɪˈkreɪʃən] n profanation f

desecrator [ˈdesɪˌkreɪtəʳ] n profanateur m, -trice f

deseed [diːˈsiːd] vt [+ fruit] épépiner

desegregate [ˌdiːˈsegrɪgeɪt] vt abolir or supprimer la ségrégation raciale dans ◆ **desegregated schools** écoles fpl où la ségrégation raciale n'est plus pratiquée

desegregation [ˈdiːˌsegrɪˈgeɪʃən] n déségrégation f

deselect [ˌdiːsɪˈlekt] vt (Brit Pol) [+ candidate] ne pas resélectionner

deselection [ˌdiːsɪˈlekʃən] n (Brit Pol) [of candidate] non-resélection f

desensitization [diːˌsensɪtaɪˈzeɪʃən] n désensibilisation f

desensitize [ˌdiːˈsensɪtaɪz] vt désensibiliser

desert[1] [ˈdezət] → SYN **1** n (lit, fig) désert m

2 COMP region, climate, animal, plant désertique ▷ **desert boot** n chaussure f montante *(en daim et à lacets)* ▷ **desert island** n île f déserte ▷ **desert rat** n (Zool) gerboise f ▷ **the Desert Rats** * npl les Rats mpl du désert *(forces britanniques en Libye pendant la Seconde Guerre mondiale, ou au Koweït pendant la guerre du Golfe)*

desert[2] [dɪˈzɜːt] → SYN **1** vt [+ post, people, land] déserter, abandonner ; [+ cause, party] déserter ; [+ spouse, family] abandonner ; [+ friend] délaisser ◆ **his courage deserted him** son courage l'a abandonné

2 vi (Mil) déserter ; (from one's party) faire défection ◆ **to desert to the rebels** passer du côté des rebelles

deserted [dɪˈzɜːtɪd] → SYN adj road, place désert ; wife etc abandonné

deserter [dɪˈzɜːtəʳ] → SYN n (Mil) déserteur m ; (to the enemy) transfuge m

desertification [dɪˈzɜːtɪfɪˈkeɪʃən] n désertification f

desertion [dɪˈzɜːʃən] n **a** (Mil) désertion f

b (by supporters, friends) désertion f (*by* de)

c (by husband, mother etc) abandon m du domicile conjugal

deserts [dɪˈzɜːts] npl dû m, ce que l'on mérite ; (= reward) récompense f méritée ; (= punishment) châtiment m mérité ◆ **according to his deserts** selon ses mérites ◆ **to get one's (just) deserts** avoir or recevoir ce que l'on mérite

deserve [dɪˈzɜːv] → SYN **1** vt [person] mériter, être digne de ; [object, suggestion] mériter ◆ **he deserves to win** il mérite de gagner ◆ **he deserves to be pitied** il mérite qu'on le plaigne, il est digne de pitié ◆ **he deserves more money** il mérite plus d'argent ◆ **he got what he deserved** il n'a eu que ce qu'il méritait ◆ **the idea deserves consideration** l'idée mérite réflexion ◆ **a deserved holiday** des vacances bien méritées ; → **well**[2]

2 vi **a deserving of** → **deserving**

b (frm) **to deserve well of one's country** bien mériter de la patrie (liter)

deservedly [dɪˈzɜːvɪdlɪ] adv ◆ **the film was a flop, and deservedly so** ce film a fait un flop * mérité ◆ **deservedly, she was awarded an Oscar** elle a reçu un Oscar bien mérité ◆ **she told him off, and deservedly so** elle l'a grondé, à juste titre

deserving [dɪˈzɜːvɪŋ] → SYN adj person méritant ; action, cause méritoire, louable ◆ **she's a deserving case** c'est une personne méritante ◆ **the deserving poor** les pauvres mpl méritants ◆ **to be deserving of respect** être digne de respect ◆ **to be deserving of support/help/recognition** mériter d'être soutenu/aidé/reconnu ◆ **a matter deserving of our careful attention** une affaire qui mérite toute notre attention ◆ **he has committed crimes deserving of punishment** il a commis des crimes pour lesquels il mérite d'être puni

desexualize [diːˈseksjʊəlaɪz] vt désexualiser

deshabille [ˌdezəˈbiːl] n ⇒ **dishabille**

desiccant [ˈdesɪkənt] n dessiccatif m

desiccate [ˈdesɪkeɪt] **1** vt dessécher, sécher

2 COMP ▷ **desiccated coconut** n noix f de coco séchée

desiccation [ˌdesɪˈkeɪʃən] n dessiccation f

desiderata [dɪˌzɪdəˈrɑːtə] npl desiderata mpl

design [dɪˈzaɪn] → SYN **1** n **a** (= ornamental pattern) motif m, dessin m (*on* sur) ◆ **the design on the material/the cups** le dessin or le motif du tissu/des tasses ◆ **a leaf design** un motif de feuille(s)

b (= plan drawn in detail) [of building, machine, car etc] plan m, dessin m (*of, for* de) ; [of dress, hat] croquis m, dessin m (*of, for* de) ; (= preliminary sketch) ébauche f, étude f (*for* de) ◆ **have you seen the design(s) for the new cathedral?** avez-vous vu les plans or les dessins or les ébauches de la nouvelle cathédrale ?

c (= way in which sth is planned and made) [of building, book] plan m, conception f (*of* de) ; [of clothes] style m, ligne f (*of* de) ; [of car, machine etc] conception f ; (= look) esthétique f, design m ◆ **the design was faulty** la conception était défectueuse, c'était mal conçu ◆ **the design of the apartment facilitates ...** le plan de l'appartement facilite ... ◆ **the general design of "Paradise Lost"** le plan général or l'architecture f du "Paradis perdu" ◆ **a dress in this summer's latest design** une robe dans le style de cet été ◆ **the design of the car allows ...** la conception de la voiture or la façon dont la voiture est conçue permet ... ◆ **a car in a very sporty design** une voiture au design très sport ◆ **the grand** or **overall design** le plan d'ensemble ◆ **this is a very practical design** c'est conçu de façon très pratique ◆ **these shoes are not of (a) very practical design** ces chaussures ne sont pas très pratiques

d (= completed model) modèle m ◆ **a new design of car** un nouveau modèle de voiture ◆ **the dress is an exclusive design by ...** cette robe est un modèle exclusif de ...

e (= subject of study) (for furniture, housing) design m ; (for clothing) stylisme m ◆ **industrial design** l'esthétique f or la création industrielle

f (= intention) intention f, dessein m ◆ **his designs became obvious when ...** ses intentions or ses desseins sont devenu(e)s manifestes quand ... ◆ **to form a design to do sth** former le projet or le dessein de faire qch ◆ **by design** (= deliberately) délibérément, à dessein ◆ **whether by design or accident he arrived just at the right moment** que ce soit à dessein or délibérément ou par hasard, il est arrivé juste au bon moment ◆ **truly important events often occur not by design but by accident** les événements vraiment importants sont souvent le fruit du hasard plutôt que d'une volonté précise ◆ **to have designs on sb/sth** avoir des visées sur qn/qch ◆ **to have evil designs on sb/sth** nourrir de noirs desseins à l'encontre de qn/qch ◆ **imperialist designs against** or **on Ruritania** les visées impérialistes sur la Ruritanie ◆ **we believe they have aggressive designs on our country** nous pensons qu'ils ont l'intention d'attaquer notre pays

2 vt **a** (= think out) [+ object, car, model, building] concevoir ; [+ scheme] élaborer ◆ **well-designed** bien conçu

b (= draw on paper) [+ object, building] concevoir, dessiner ; [+ dress, hat] créer, dessiner

c (= destine for particular purpose) **room designed as a study** pièce conçue comme cabinet de travail ◆ **car seats designed for maximum safety** des sièges mpl de voiture conçus pour une sécurité maximale ◆ **software designed for use with a PC** un logiciel conçu pour être utilisé sur un PC ◆ **to be designed for sb** (= aimed at particular person) s'adresser à qn ◆ **a course designed for foreign students** un cours s'adressant aux étudiants étrangers ◆ **to be designed to do sth** (= be made for sth) être fait or conçu pour faire qch ; (= be aimed at sth) être destiné à faire qch, viser à faire qch ◆ **designed to hold wine** fait or conçu pour contenir du vin ◆ **a peace plan designed to end the civil war** un plan de paix visant or destiné à mettre fin à la guerre civile ◆ **the legislation is designed as a consumer protection measure** cette loi vise à protéger les consommateurs ◆ **clothes that are designed to appeal to young people** des vêtements qui sont conçus pour plaire aux jeunes

designate / **destination**

[3] COMP ▷ **design award** n prix m de la meilleure conception or du meilleur dessin ▷ **design engineer** n ingénieur m concepteur ▷ **design fault** n défaut m de conception ▷ **design office** n (Ind) bureau m d'études

designate ['dezɪgneɪt] → SYN [1] vt **a** (= indicate, specify, appoint) [+ person, thing] désigner (*as* comme; *to sth* à qch; *to do sth* pour faire qch) ◆ **he was designated to take charge of the operations** on l'a désigné comme responsable des opérations ◆ **these posts designate the boundary between ...** ces poteaux montrent la frontière entre...
b (= entitle) [+ person, thing] désigner ◆ **this area was designated a priority development region** cette région a été classée zone de développement prioritaire
[2] ['dezɪgnɪt] adj désigné ◆ **the chairman designate** le président désigné

designation [,dezɪg'neɪʃən] → SYN n (gen) désignation f ◆ **designation of origin** (Jur, Comm) appellation f d'origine

designedly [dɪ'zaɪnɪdlɪ] adv à dessein, exprès

designer [dɪ'zaɪnəʳ] → SYN [1] n (Archit, Art) dessinateur m, -trice f, créateur m, -trice f; (Comm, Ind) concepteur-projeteur m; (esp Advertising) créatif m; (for furniture etc) designer m; (for clothes) styliste mf, modéliste mf; (very famous) grand couturier m; (Cine, Theat) décorateur m, -trice f; → **industrial**
[2] COMP jeans, gloves, scarves etc haute couture; (= fashionable) lager, mineral water branché* ▷ **designer drug** n (= synthetic narcotic) drogue f de synthèse ▷ **designer stubble** n barbe f de trois jours (*d'un négligé savamment entretenu*)

designing [dɪ'zaɪnɪŋ] → SYN adj (= scheming) intrigant, (= crafty) rusé

desirability [dɪ,zaɪərə'bɪlɪtɪ] → SYN n [of plan, action, measures] charme m, attrait m; [of person] charmes mpl, sex-appeal m

desirable [dɪ'zaɪərəbl] LANGUAGE IN USE 1.1, 8.4 → SYN adj position enviable; offer tentant, séduisant; person désirable, séduisant; action, progress désirable, souhaitable ◆ **it is desirable that ...** il est désirable or souhaitable que ... (+ subj) ◆ **desirable residence for sale** belle propriété à vendre

desirably [dɪ'zaɪərəblɪ] adv ◆ **this property is desirably located** cette propriété est située dans un lieu très prisé or coté ◆ **rugby was thought of as desirably aggressive** on considérait que le rugby faisait appel à une agressivité salutaire

desire [dɪ'zaɪəʳ] LANGUAGE IN USE 8.4 → SYN
[1] n désir m (*for* de; *to do sth* de faire qch); (sexual) désir m ◆ **a desire for peace** un désir (ardent) de paix ◆ **it is my desire that ...** c'est mon désir que ... (+ subj) ◆ **I have no desire or I haven't the least desire to do it** je n'ai nullement envie de le faire
[2] vt **a** (= want) désirer (*to do sth* faire qch; *that* que + subj) ◆ **if desired** (in instructions, recipes etc) si vous le désirez ◆ **his work leaves much** or **a lot/something to be desired** son travail laisse beaucoup à désirer/laisse à désirer ◆ **cut the fabric to the desired length** coupez la longueur voulue de tissu ◆ **the desired effect/outcome** or **result** l'effet m/le résultat voulu
b (frm = request) prier (*sb to do sth* qn de faire qch)

desirous [dɪ'zaɪərəs] → SYN adj désireux (*of* de) ◆ **to be desirous of sth/of doing sth** désirer qch/faire qch

desist [dɪ'zɪst] → SYN vi cesser, s'arrêter (*from doing sth* de faire qch) ◆ **to desist from sth** cesser qch; (Jur) se désister de qch ◆ **to desist from criticism** renoncer à or cesser de critiquer ◆ **to desist from one's efforts** abandonner ses efforts

desk [desk] [1] n **a** (for pupil) pupitre m; (for teacher) bureau m, chaire f; (in office, home) bureau m, (bureau-type) secrétaire m; (Mus) pupitre m; → **roll**
b (Brit: in shop, restaurant) caisse f; (in hotel, at airport) réception f ◆ **ask at the desk** demandez à la caisse (or à la réception) ◆ **the desk** (Press) le secrétariat de rédaction ◆ **the news/city desk** (Press) le service des informations/financier ◆ **he's on the West African desk** (Foreign Office, State Department) il est à la direction des affaires ouest-africaines; → **cash desk**
[2] COMP ▷ **desk blotter** n sous-main m inv ▷ **desk-bound** adj sédentaire ▷ **desk clerk** n (US) réceptionniste mf ▷ **desk diary** n agenda m de bureau ▷ **desk editor** n assistant(e) m(f) de rédaction ▷ **desk job** n travail m de bureau ◆ **he's got a desk job** il a un travail de bureau ▷ **desk lamp** n lampe f de bureau ▷ **desk pad** n bloc m de bureau, bloc-notes m ▷ **desk study** n (Brit fig: Econ etc) étude f sur documents

deskill [dɪ'skɪl] vt déqualifier

deskilling [dɪ'skɪlɪŋ] n déqualification f

deskside computer ['deskˌsaɪdkəmˌpjuːtəʳ] n ordinateur m tour

desktop ['desktɒp] [1] adj model, computer de table, de bureau
[2] COMP ▷ **desktop publishing** n publication f assistée par ordinateur, microédition f

desman ['desmən] n desman m

desolate ['desəlɪt] → SYN [1] adj **a** (= deserted) place désolé; landscape désert; beauty sauvage
b person (= grief-stricken) désespéré; (= lost) perdu ◆ **he was desolate without her** il était perdu sans elle ◆ **to feel desolate** se sentir perdu
[2] ['desəleɪt] vt [+ country] désoler, ravager; [+ person] désoler, affliger

desolately ['desəlɪtlɪ] adv say etc d'un air désespéré

desolation [,desə'leɪʃən] → SYN n **a** (= grief) abattement m, affliction f; (= friendlessness) solitude f; [of landscape] aspect m désert, solitude f
b [of country] (by war) désolation f (liter), dévastation f

desorption [dɪ'sɔːpʃən] n désorption f

despair [dɪs'pεəʳ] → SYN [1] n **a** (NonC) désespoir m (*about, at, over* au sujet de; *at having done* d'avoir fait) ◆ **to be in despair** être au désespoir, être désespéré ◆ **in despair she killed him** de désespoir elle l'a tué ◆ **to drive sb to despair** réduire qn au désespoir, désespérer qn
b (= cause of despair) désespoir m ◆ **this child is the despair of his parents** cet enfant fait or est le désespoir de ses parents
[2] vi (se) désespérer, perdre l'espoir ◆ **don't despair!** ne te désespère pas! ◆ **to despair of (doing) sth** désespérer de (faire) qch ◆ **his life was despaired of** on désespérait de le sauver

despairing [dɪs'pεərɪŋ] → SYN adj person désespéré; look, gesture de désespoir, désespéré

despairingly [dɪs'pεərɪŋlɪ] adv say, agree, answer d'un ton désespéré; think avec désespoir; shake one's head de façon désespérée ◆ **to sigh despairingly** pousser un soupir de désespoir ◆ **Emma looked despairingly at Vanessa** Emma jeta à Vanessa un regard désespéré ◆ **despairingly, she waited for him to phone** elle attendait désespérément qu'il téléphone

despatch [dɪs'pætʃ] n ⇒ **dispatch**

desperado [,despə'rɑːdəʊ] → SYN n, pl **desperado(e)s** desperado m

desperate ['despərɪt] → SYN adj **a** situation, attempt, act, struggle désespéré; criminal prêt à tout, capable de tout ◆ **he's a desperate man** il est prêt à tout or capable de tout ◆ **there was no sign of my taxi and I was getting desperate** mon taxi n'arrivait pas et je devenais fou ◆ **to resort to desperate measures** recourir à des mesures désespérées ◆ **to do something desperate** commettre un acte désespéré ◆ **I was desperate to see my children again** je voulais à tout prix revoir mes enfants ◆ **both countries are desperate to avoid war** les deux pays veulent à tout prix éviter la guerre ◆ **to be desperate for sb to do sth** vouloir à tout prix que qn fasse qch ◆ **I'm desperate*** (for the lavatory) j'ai une envie pressante*
b (* = very bad) épouvantable

desperately ['despərɪtlɪ] → SYN adv **a** struggle, regret désespérément; say, look avec désespoir
b (= appallingly) hard, poor extrêmement; unhappy, worried, cold terriblement ◆ **desperately shy** d'une timidité maladive ◆ **it's desperately hard work** c'est un travail extrêmement pénible ◆ **to be desperately ill** être très gravement malade ◆ **to be desperately short of sth** manquer cruellement de qch
c (* = very) **I'm not desperately happy about it** ça ne me plaît pas trop ◆ **I'm not desperately keen** ça ne me dit pas grand-chose ◆ **are you hungry? – not desperately** as-tu faim? — pas trop

desperation [,despə'reɪʃən] → SYN n (NonC) **a** (= state) désespoir m ◆ **to be in desperation** être au désespoir ◆ **to drive sb to desperation** pousser qn à bout ◆ **in desperation she killed him** poussée à bout elle l'a tué ◆ **in sheer desperation** en désespoir de cause
b (= recklessness) désespoir m, rage f or fureur f du désespoir ◆ **to fight with desperation** combattre avec la rage du désespoir

despicable [dɪs'pɪkəbl] → SYN adj action, person ignoble, abject, méprisable

despicably [dɪs'pɪkəblɪ] adv behave ignoblement, d'une façon ignoble ◆ **that was a despicably cruel thing to say** c'était ignoble et cruel de dire une chose pareille ◆ **that is despicably underhand behaviour!** ce comportement sournois est ignoble!

despise [dɪs'paɪz] → SYN vt [+ danger, person] mépriser ◆ **to despise sb for sth/for having done sth** mépriser qn pour qch/pour avoir fait qch ◆ **to despise o.s. for sth/for doing sth** avoir honte de qch/d'avoir fait qch

despisingly [dɪs'paɪzɪŋlɪ] adv avec mépris, dédaigneusement

despite [dɪs'paɪt] LANGUAGE IN USE 26.2 → SYN
[1] prep malgré, en dépit de ◆ **despite our objecting to this, they decided ...** bien que nous ayons fait des objections or malgré nos objections, ils ont décidé ... ◆ **Stephen, despite himself, had to admit that ...** Stephen dut admettre, bien malgré lui, que...
[2] n (liter) dépit m

despoil [dɪs'pɔɪl] → SYN vt (liter) [+ person] dépouiller, spolier (*of* de); [+ country] piller

despoiler [dɪs'pɔɪləʳ] n (liter) spoliateur m, -trice f

despoiling [dɪs'pɔɪlɪŋ] n spoliation f

despoliation [dɪ,spəʊlɪ'eɪʃən] n spoliation f

despondence [dɪs'pɒndəns], **despondency** [dɪs'pɒndənsɪ] n découragement m, abattement m

despondent [dɪs'pɒndənt] → SYN adj découragé, déprimé (*about* par)

despondently [dɪs'pɒndəntlɪ] adv (with vb) speak d'un ton découragé ◆ **out-of-work actors trudging despondently from one audition to the next** des acteurs au chômage qui se traînent, complètement découragés, d'une audition à l'autre

despot ['despɒt] → SYN n (lit, fig) despote m

despotic [des'pɒtɪk] → SYN adj (lit, fig) despotique

despotically [des'pɒtɪkəlɪ] adv behave d'une manière despotique, despotiquement; govern despotiquement, en despote

despotism ['despətɪzəm] → SYN n despotisme m

desquamate ['deskwəˌmeɪt] vi (Med) desquamer

desquamation [,deskwə'meɪʃən] n (Med) desquamation f

des res [dez rez] n (abbrev of **desirable residence**) → **desirable**

dessert [dɪ'zɜːt] [1] n dessert m
[2] COMP ▷ **dessert apple** n pomme f à couteau ▷ **dessert chocolate** n chocolat m à croquer ▷ **dessert plate** n assiette f à dessert ▷ **dessert wine** n vin m de dessert

dessertspoon [dɪ'zɜːtspuːn] n (Brit) cuiller f à dessert

destabilization [diːˌsteɪbɪlaɪ'zeɪʃən] n déstabilisation f

destabilize [diː'steɪbɪˌlaɪz] vt (Pol) [+ regime etc] déstabiliser

de-Stalinization [diːˌstɑːlɪnaɪ'zeɪʃən] n déstalinisation f

de-Stalinize [diː'stɑːlɪˌnaɪz] vt déstaliniser

destination [,destɪ'neɪʃən] → SYN n destination f

ANGLAIS-FRANÇAIS 232

destine ['dɛstɪn] → SYN vt [+ person, object] destiner (*for* à)

destined ['dɛstɪnd] adj **a** (by fate) destiné (*to* à) ◆ **they were destined to meet again later** ils étaient destinés à se rencontrer plus tard ◆ **I was destined never to see them again** je devais ne plus jamais les revoir ◆ **destined for greatness** promis à un grand avenir ◆ **at the destined hour** (liter) à l'heure fixée par le destin
b (= heading for) **destined for London** à destination de Londres ◆ **a letter destined for her** une lettre qui lui est (or était etc) destinée

destiny ['dɛstɪnɪ] → SYN n destin m, destinée f ◆ **Destiny** le destin ◆ **the destinies of France during this period** le destin de la France pendant cette période ◆ **it was his destiny to die in battle** il était écrit qu'il devait mourir au combat ◆ **a man of destiny** un homme promis à une grande destinée

destitute ['dɛstɪtjuːt] → SYN **1** adj **a** (= poverty-stricken) indigent, sans ressources ◆ **to be utterly destitute** être dans le dénuement le plus complet
b (= lacking) dépourvu, dénué (*of* de)
2 **the destitute** npl les pauvres mpl, les indigents mpl

destitution [,dɛstɪ'tjuːʃən] → SYN n dénuement m, indigence f, misère f noire

destroy [dɪs'trɔɪ] vt **a** (= spoil completely) [+ building, town, forest, document] détruire ; [+ toy, gadget] démolir ◆ **destroyed by bombing** détruit par bombardement ◆ **the village was destroyed by a fire** un incendie a ravagé le village
b (= kill) [+ enemy] détruire, anéantir ; [+ population] détruire, exterminer ; [+ dangerous animal, injured horse] abattre ; [+ cat, dog] supprimer, faire piquer ◆ **to destroy o.s.** se suicider, se tuer
c (= put an end to) [+ reputation, mood, beauty, influence, faith] détruire ; [+ hope, love] anéantir, détruire

destroyer [dɪs'trɔɪə'] **1** n **a** (Naut) contre-torpilleur m, destroyer m
b (= person) destructeur m, -trice f ; (= murderer) meurtrier m, -ière f
2 COMP ▷ **destroyer escort** n escorteur m

destruct [dɪs'trʌkt] **1** vt [+ missile] détruire volontairement
2 vi être détruit volontairement
3 n destruction f volontaire
4 COMP ▷ **destruct button** n télécommande f de destruction ▷ **destruct mechanism** n mécanisme m de destruction

destructible [dɪs'trʌktəbl] adj destructible

destruction [dɪs'trʌkʃən] → SYN n **a** (NonC = act) [of town, building] destruction f ; [of enemy] destruction f, anéantissement m ; [of people, insects] destruction f, extermination f ; [of documents] destruction f ; [of reputation, hope] destruction f, ruine f ; [of character, soul] ruine f, perte f ◆ **destruction by fire** destruction f par un incendie or par le feu
b (NonC = damage) (from fire) dégâts mpl ; (from war) ravages mpl ◆ **a scene of utter destruction met our gaze** nous avions devant les yeux un spectacle de dévastation totale

destructive [dɪs'trʌktɪv] → SYN adj (= damaging) person, behaviour, effect, emotion, comment destructeur (-trice f) ; power, force destructeur (-trice f), destructif ◆ **he's very destructive** [child] il casse tout ◆ **environmentally destructive projects** des projets mpl destructeurs pour l'environnement ◆ **to be destructive of the environment** détruire l'environnement

destructively [dɪs'trʌktɪvlɪ] adv de façon destructrice ◆ **any power can be used creatively or destructively** tout pouvoir peut être utilisé de façon créative ou destructrice

destructiveness [dɪ'strʌktɪvnɪs] n [of fire, war, criticism etc] caractère m or effet m destructeur ; [of child etc] penchant m destructeur

destructor [dɪs'trʌktə'] n (Brit: also **refuse destructor**) incinérateur m (à ordures)

desuetude [dɪ'sjʊɪtjuːd] n (liter) désuétude f

desulphurize [diː'sʌlfjʊˌraɪz] vt (Chem) désulfurer

desultorily ['dɛsəltərɪlɪ] adv say, look for sans conviction ; wander around sans but précis ◆ **to talk** or **chat desultorily** échanger des propos décousus

desultory ['dɛsəltərɪ] adj reading décousu, sans suite ; attempt peu suivi, peu soutenu ; firing, contact irrégulier, interrompu ◆ **to have a desultory conversation** échanger des propos décousus

det. abbrev of **detective**

detach [dɪ'tætʃ] → SYN vt [+ hook, rope, cart] détacher, séparer (*from* de) ◆ **to detach o.s. from a group** se détacher d'un groupe ◆ **a section became detached from ...** une section s'est détachée de ... ◆ **troops were detached to protect the town** on a envoyé un détachement de troupes pour protéger la ville ; see also **detached**

detachable [dɪ'tætʃəbl] **1** adj part of machine, section of document détachable (*from* de); collar, lining amovible
2 COMP ▷ **detachable lens** n (Phot) objectif m mobile

detached [dɪ'tætʃt] → SYN **1** adj **a** (= separate) part, section détaché, séparé ◆ **detached from the world of racing** coupé du monde des courses ◆ **detached from reality** coupé de la réalité
b (= unbiased) opinion neutre, objectif ; (= unemotional) manner détaché, indifférent ◆ **he seemed very detached about it** il semblait ne pas du tout se sentir concerné
2 COMP ▷ **detached house** n (Brit) maison f individuelle (entourée d'un jardin), pavillon m ▷ **detached retina** n décollement m de la rétine

detachment [dɪ'tætʃmənt] → SYN n **a** (NonC) [of part, section etc] séparation f (*from* de) ◆ **detachment of the retina** (Med) décollement m de la rétine
b (NonC: fig) (in manner) détachement m, indifférence f ; (towards pleasure, friends) indifférence f (*towards* à, à l'égard de)
c (Mil) détachement m

detail ['diːteɪl] → SYN **1** n **a** (also Archit, Art) détail m ; (= information on sth wanted) renseignement m ◆ **in detail** en détail ◆ **in great detail** dans les moindres détails ◆ **his attention to detail** l'attention qu'il porte aux détails ◆ **to go into detail(s)** entrer dans les détails ◆ **in every detail it resembles ...** ça ressemble dans le moindre détail à ... ◆ **but that's a tiny detail!** mais ce n'est qu'un (petit) détail !
b (Mil) détachement m
2 details npl (gen) renseignements mpl ; (= personal facts) coordonnées fpl ◆ **let me take down the details** je vais noter les renseignements nécessaires ◆ **please send me details of ...** (Comm etc) veuillez m'envoyer des renseignements sur or concernant ... ◆ **she took down my details** elle a noté mes coordonnées
3 vt **a** [+ reason, fact] exposer en détail ; [+ story, event] raconter en détail ; [+ items, objects] énumérer, détailler
b (Mil) [+ troops] affecter (*for* à ; *to do sth* à or pour faire qch), détacher, désigner (*for* pour ; *to do sth* pour faire qch)
4 COMP ▷ **detail drawing** n (Archit, Tech) épure f

detailed ['diːteɪld] → SYN adj détaillé ; investigation, examination minutieux ◆ **the police made a detailed search of the scene of the crime** la police a minutieusement fouillé le lieu du crime or a passé le lieu du crime au peigne fin

detain [dɪ'teɪn] → SYN vt **a** (= keep back) retenir ◆ **he has been detained at the office** il a été retenu au bureau ◆ **I don't want to detain you any longer** je ne veux pas vous retarder or retenir plus longtemps
b (in captivity) détenir ; (Scol) mettre en retenue, consigner

detainee [,diːteɪ'niː] n détenu(e) m(f) ; (political) prisonnier m politique

detect [dɪ'tɛkt] → SYN vt (= perceive presence of) [+ substance, gas] détecter, découvrir ; [+ explosive] découvrir ; [+ disease] dépister ; [+ sadness] déceler ; (= see or hear) distinguer, discerner ◆ **they detected traces of poison in the body** on a découvert des traces de poison dans le cadavre ◆ **I thought I could detect a note of sarcasm in his voice** j'avais cru déceler une note sarcastique dans sa voix ◆ **I could just detect his pulse** je sentais tout juste son pouls

detectable [dɪ'tɛktəbl] adj détectable, décelable ; → **detect**

detection [dɪ'tɛkʃən] → SYN n [of criminal, secret] découverte f ; [of gas, mines] détection f ; (Med) dépistage m ◆ **the detection of crime** la chasse aux criminels ◆ **the bloodstains led to the detection of the criminal** les taches de sang ont mené à la découverte du criminel ◆ **to escape detection** [criminal] échapper aux recherches ; [mistake] passer inaperçu

detective [dɪ'tɛktɪv] → SYN **1** n policier m (en civil) ; (also **private detective**) détective m (privé)
2 COMP ▷ **detective chief inspector** n (Brit) ≈ inspecteur m divisionnaire (de police) ▷ **detective chief superintendent** n (Brit) ≈ commissaire m divisionnaire (de police) ▷ **detective constable** n (Brit) ≈ inspecteur m de police ▷ **detective device** n dispositif m de détection or de dépistage ▷ **detective inspector** n (Brit) ≈ inspecteur m principal (de police) ▷ **detective sergeant** n (Brit) ≈ inspecteur(-chef) m (de police) ▷ **detective story** n roman m policier, polar* m ▷ **detective superintendent** n (Brit) ≈ commissaire m (de police) ▷ **detective work** n (lit, fig) investigations fpl ◆ **a bit of detective work** quelques investigations

detector [dɪ'tɛktə'] **1** n (= device, person) détecteur m ; **lie²**, **mine²**
2 COMP ▷ **detector van** n (Brit TV) camion m de détection radiogoniométrique

detente [deɪ'tɑːnt] n détente f (Pol)

detention [dɪ'tɛnʃən] → SYN **1** n (= captivity) [of criminal, spy] détention f ; (Mil) arrêts mpl ; (Scol) retenue f, consigne f ◆ **to give a pupil two hours' detention** donner à un élève deux heures de retenue or de consigne ; → **preventive**
2 COMP ▷ **detention centre** n (Jur) centre m de détention pour mineurs ▷ **detention home** n (US) ⇒ **detention centre**

deter [dɪ'tɜː'] → SYN vt (= prevent) détourner (*from sth* de qch), dissuader (*from doing sth* de faire qch) ; (= discourage) décourager (*from doing sth* de faire qch) ; (Mil) [+ attack] prévenir ; [+ enemy] dissuader ◆ **I was deterred by the cost** le coût m'a fait reculer ◆ **don't let the weather deter you** ne vous laissez pas arrêter par le temps ◆ **a weapon which deters no one** une arme qui ne dissuade personne

detergence [dɪ'tɜːdʒəns], **detergency** [dɪ'tɜːdʒənsɪ] n détergence f

detergent [dɪ'tɜːdʒənt] → SYN adj, n détersif m, détergent m

deteriorate [dɪ'tɪərɪəreɪt] **1** vt [+ material, machine] détériorer, abîmer
2 vi [material] se détériorer, s'abîmer ; [species, morals] dégénérer ; [one's health, relationships, weather] se détériorer ; [situation] se dégrader ◆ **his schoolwork is deteriorating** il y a un fléchissement dans son travail scolaire

deterioration [dɪ,tɪərɪə'reɪʃən] → SYN n [of goods, weather, friendship] détérioration f ; [of situation, relations] dégradation f ; [of species] dégénération f ; (in morality) dégénérescence f ; (in taste, art) déchéance f, décadence f

determinable [dɪ'tɜːmɪnəbl] adj **a** quantity déterminable
b (Jur) résoluble

determinant [dɪ'tɜːmɪnənt] adj, n déterminant m

determinate [dɪ'tɜːmɪnɪt] adj (= fixed) déterminé

determination [dɪ,tɜːmɪ'neɪʃən] → SYN n (NonC) **a** (= firmness of purpose) détermination f, résolution f (*to do sth* de faire qch) ◆ **an air of determination** un air résolu
b (gen, Math etc) détermination f ; [of frontiers] délimitation f

determinative [dɪ'tɜːmɪnətɪv] **1** adj déterminant ; (Gram) déterminatif
2 n facteur m déterminant ; (Gram) déterminant m

determine [dɪ'tɜːmɪn] → SYN vt **a** (= settle, fix) [+ conditions, policy, date] fixer, déterminer ; [+ price] fixer, régler ; [+ frontier] délimiter ; [+ cause, nature, meaning] déterminer, établir ; [+ sb's character, future] décider de, déterminer ; (Jur) [+ contract] résoudre

determined / **deviate**

b (= resolve) décider (*to do sth* de faire qch), se déterminer, se résoudre (*to do sth* à faire qch) ; (= cause to decide) [+ person] décider, amener (*to do sth* à faire qch)

▶ **determine (up)on** vt fus décider de, résoudre de (*doing sth* faire qch) ; [+ course of action] se résoudre à ; [+ alternative] choisir

determined [dɪˈtɜːmɪnd] **LANGUAGE IN USE 8.2** → SYN adj **a** person, appearance résolu, déterminé ✦ **to make determined efforts** or **a determined attempt to do sth** faire un gros effort pour faire qch ✦ **to be determined to do sth** être bien décidé à faire qch ✦ **to be determined that** ... être bien décidé à ce que ... (+ subj)
b quantity déterminé, établi

determinedly [dɪˈtɜːmɪndlɪ] adv say d'un ton déterminé or résolu ; try résolument ; walk, stride d'un pas (ferme et) résolu ✦ **determinedly optimistic** résolument optimiste ✦ **determinedly cheerful** d'une gaieté inébranlable

determiner [dɪˈtɜːmɪnəʳ] n (Gram) déterminant m

determining [dɪˈtɜːmɪnɪŋ] → SYN adj déterminant

determinism [dɪˈtɜːmɪnɪzəm] n déterminisme m

determinist [dɪˈtɜːmɪnɪst] adj, n déterministe mf

deterministic [dɪˌtɜːmɪˈnɪstɪk] adj déterministe

deterrence [dɪˈterəns] n (Mil) force f de dissuasion

deterrent [dɪˈterənt] → SYN **1** n (also Mil) force f de dissuasion ✦ **to act as a deterrent** exercer un effet de dissuasion ; → **nuclear, ultimate**
2 adj de dissuasion, préventif

detersive [dɪˈtɜːsɪv] adj détersif

detest [dɪˈtest] → SYN vt détester ✦ **to detest doing sth** détester faire qch, avoir horreur de faire qch ✦ **I detest that sort of thing!** j'ai horreur de ce genre de chose !

detestable [dɪˈtestəbl] adj détestable, odieux

detestably [dɪˈtestəblɪ] adv rude odieusement, horriblement ; ugly horriblement

detestation [ˌdiːtesˈteɪʃən] n **a** (NonC) haine f
b (= object of hatred) abomination f, chose f détestable

dethrone [diːˈθrəʊn] vt détrôner

dethronement [diːˈθrəʊnmənt] n déposition f (*d'un souverain*)

detonate [ˈdetəneɪt] → SYN **1** vi détoner
2 vt faire détoner or exploser

detonation [ˌdetəˈneɪʃən] → SYN n détonation f, explosion f

detonator [ˈdetəneɪtəʳ] n détonateur m, amorce f, capsule f fulminante ; (Rail) pétard m

detour [ˈdiːtʊəʳ] → SYN **1** n (lit, fig) détour m ; (for traffic) déviation f
2 vi faire un détour
3 vt (US) [+ traffic] dévier

detox * [diːˈtɒks] abbrev of **detoxicate, detoxication, detoxification, detoxify**

detoxicate [diːˈtɒksɪkeɪt] vt désintoxiquer

detoxi(fi)cation [diːˌtɒksɪ(fɪ)ˈkeɪʃən] **1** n désintoxication f
2 COMP ▷ **detoxi(fi)cation centre** n centre m de désintoxication ▷ **detoxi(fi)cation programme** n cure f de désintoxication

detoxify [diːˈtɒksɪfaɪ] vt ⇒ **detoxicate**

detract [dɪˈtrækt] → SYN vi ✦ **to detract from** [+ quality, merit] diminuer ; [+ reputation] porter atteinte à ✦ **it detracts from the pleasure of walking** cela diminue le plaisir de se promener

detraction [dɪˈtrækʃən] → SYN n détraction f

detractor [dɪˈtræktəʳ] → SYN n détracteur m, -trice f, critique m

detrain [diːˈtreɪn] **1** vt débarquer (*d'un train*)
2 vi [troops] débarquer (*d'un train*) ; [passengers] descendre (*d'un train*)

detriment [ˈdetrɪmənt] → SYN n (= handicap) handicap m ✦ **my qualifications proved to be a detriment rather than an asset** mes diplômes se sont avérés être un handicap plutôt qu'un atout ✦ **to the detriment of** au détriment de, au préjudice de ✦ **this policy ultimately worked to his own detriment** cette politique a fini par lui porter préjudice ✦ **without detriment to** sans porter préjudice à ✦ **that is no detriment to** ... cela ne nuit en rien à ...

detrimental [ˌdetrɪˈmentl] → SYN adj nuisible ✦ **to be detrimental for sb/sth, to have a detrimental effect on sb/sth** être nuisible or préjudiciable à qn/qch, nuire à qn/qch ✦ **to be detrimental to sth** nuire à qch ✦ **this could be detrimental in its effect, this could have a detrimental effect** cela pourrait avoir un effet néfaste

detritus [dɪˈtraɪtəs] n (Geol) roches fpl détritiques, pierraille f ; (fig) détritus m

detumescence [ˌdiːtjuːˈmesəns] n détumescence f

detumescent [ˌdiːtjuːˈmesnt] adj (frm) détumescent

deuce[1] [djuːs] n **a** (Cards, Dice etc) deux m
b (Tennis) égalité f ✦ **to be at deuce** être à égalité

deuce[2] † * [djuːs] n (euph) ⇒ **devil 1c**

deuced † * [ˈdjuːsɪd] **1** adj satané (before n), sacré * (before n)
2 adv diablement † ✦ **what deuced bad weather!** quel sale temps !

deuterium [djuːˈtɪərɪəm] **1** n deutérium m
2 COMP ▷ **deuterium oxide** n eau f lourde

Deuteronomy [ˌdjuːtəˈrɒnəmɪ] n le Deutéronome

Deutschmark [ˈdɔɪtʃmɑːk], **Deutsche Mark** [ˌdɔɪtʃəˈmɑːk] n mark m

deutzia [ˈdjuːtsɪə] n (Bot) deutzia m

devaluate [diːˈvæljʊeɪt] vt ⇒ **devalue**

devaluation [ˌdiːvæljʊˈeɪʃən] n dévaluation f

devalue [diːˈvæljuː] vt (Fin, fig) dévaluer

Devanagari [ˌdeɪvəˈnɑːɡərɪ] n devanagari f

devastate [ˈdevəsteɪt] → SYN vt [+ town, land] dévaster, ravager ; [+ opponent, opposition] anéantir ; (fig) [+ person] terrasser, foudroyer ✦ **he was absolutely devastated when he heard the news** cette nouvelle lui a porté un coup terrible

devastating [ˈdevəsteɪtɪŋ] → SYN adj war, attack, wind, storm, effect dévastateur (-trice f) ; consequence, result, loss désastreux (*to, for* pour) ; grief profond ; news, reply accablant ; logic implacable ; wit, charm irrésistible ✦ **to have a devastating effect (on sb/sth)** avoir un effet dévastateur (sur qn/qch) ✦ **with** or **to devastating effect** avec un effet dévastateur ✦ **(to deal) a devastating blow (to sth)** (porter) un coup fatal (à qch)

devastatingly [ˈdevəsteɪtɪŋlɪ] adv ✦ **devastatingly funny** irrésistiblement drôle ✦ **a devastatingly attractive woman** une femme au charme ravageur ✦ **devastatingly effective** d'une efficacité foudroyante ✦ **to be devastatingly successful** avoir un succès foudroyant ✦ **the German guns were devastatingly accurate** les canons allemands étaient terriblement précis ✦ **a devastatingly frank appraisal** une évaluation d'une franchise implacable

devastation [ˌdevəˈsteɪʃən] → SYN n dévastation f

develop [dɪˈveləp] → SYN **1** vt **a** [+ mind, body] développer, former ; [+ argument, thesis, business, market] développer ; (Math, Phot) développer ; see also **developed**
b [+ region] exploiter, mettre en valeur ; (= change and improve) aménager (*as en*) ✦ **this land is to be developed** (= build on) on va construire or bâtir sur ce terrain ; see also **developed**
c (= acquire, get) [+ tic, boil, cold] attraper ; [+ symptoms, signs] présenter ; [+ disease, swollen ankles etc] commencer à souffrir de, développer ; [+ habit] contracter ✦ **to develop a taste for sth** prendre goût à qch ✦ **to develop a talent for** faire preuve de talent pour ✦ **to develop a tendency to** manifester une tendance à
2 vi [person, embryo, tendency, town, region] se développer ; [disease] se déclarer ; [talent] s'épanouir ; [friendship] s'établir ; [jealousy] s'installer ; (Phot) [negative, print, image] se développer ; [story, plotline] se développer ;

ANGLAIS-FRANÇAIS 234

[event, situation] se produire ✦ **a crack was developing in the wall** le mur se lézardait ✦ **to develop into** devenir

developed [dɪˈveləpt] adj **a** economy, country développé ✦ **highly developed ideas, theories** mûrement pensé ; sense of humour, sense of the absurd très développé
b breasts développé ; girl formé

developer [dɪˈveləpəʳ] n **a** (also **property developer**) promoteur m (de construction)
b (Phot) révélateur m

developing [dɪˈveləpɪŋ] **1** adj crisis, storm qui se prépare ; country en voie de développement ; industry en expansion
2 n ⇒ **development 1a**
b (Phot) développement m ✦ **"developing and printing"** "développement et tirage", "travaux photographiques"
3 COMP ▷ **developing bath** n (Phot) (bain m) révélateur m ▷ **developing tank** n (Phot) cuve f à développement

development [dɪˈveləpmənt] → SYN **1** n **a** (NonC = growth, progress) [of person, body] développement m ; [of mind] développement m, formation f ; [of idea] évolution f ; [of region] exploitation f, mise f en valeur ; [of site] mise f en exploitation ; [of technique, technology] mise f au point ; [of industry] développement m, expansion f ✦ **at every stage in his development** à chaque stade de son développement ✦ **economic development** développement m économique ✦ **product development** développement m de produits ✦ **business development** (= creation of new businesses) création f d'entreprise(s) ✦ **to promote business development** promouvoir la création d'entreprise(s) ✦ **business development advice** (= building of existing business) aide f au développement de l'entreprise ✦ **career development** évolution f professionnelle
b (NonC = unfolding, exposition) [of subject, theme] développement m, exposé m ; [of idea] développement m ; [of plot, story] déroulement m, développement m
c (NonC: Math, Mus, Phot) développement m
d (NonC: Med) [of disease] (= onset) développement m, apparition f ; (= progression) développement m ✦ **this has been linked with the development of breast cancer** cela a été associé au développement ou à l'apparition du cancer du sein
e (esp Press = event) fait m nouveau ✦ **a new development** des développements mpl ✦ **there have been no (new) developments** il n'y a pas de changements ou nouveaux développements ✦ **the latest development** les derniers développements ✦ **to await developments** attendre la suite des événements ✦ **an unexpected** or **a surprise development** un rebondissement
f (= advance) progrès m ✦ **recent developments in the treatment of skin cancer** les progrès récents ou les récents développements en matière de traitement du cancer de la peau
g (Constr = building complex) zone f aménagée ✦ **an industrial development** une zone industrielle ✦ **housing** or **residential development** [of houses] lotissement m ; [of blocks of flats] cité f ✦ **shopping development** centre m commercial ✦ **office development** immeuble(s) m(pl) de bureaux
2 COMP ▷ **development area** n (Brit) zone f à urbaniser en priorité, ZUP f ▷ **development bank** n banque f de développement ▷ **development company** n société f d'exploitation ▷ **development grant** n aide f au développement ▷ **development period** n [of project, company] phase f de démarrage ▷ **development planning** n planification f du développement

developmental [dɪˌveləpˈmentl] adj de croissance

deviance [ˈdiːvɪəns], **deviancy** [ˈdiːvɪənsɪ] n (gen, also Psych) déviance f (*from* de)

deviant [ˈdiːvɪənt] → SYN **1** adj behaviour déviant ; development anormal ; (sexually) perverti ; (Ling) sentence, form déviant
2 n déviant(e) m(f)

deviate [ˈdiːvɪeɪt] → SYN vi **a** (from truth, former statement etc) dévier, s'écarter (*from* de) ✦ **deviate from the norm** s'écarter de la norme
b [ship, plane, projectile] dévier

deviation [ˌdiːvɪˈeɪʃən] → SYN **n** **a** (= straying) (from principle, disciple, custom) manquement m (*from* à); (from course, trajectory: also Pol) déviation f (*from* de); (from law, instructions) dérogation f (*from* à); (from social norm) déviance f (*from* de) ◆ **there have been many deviations from the general rule** on s'est fréquemment écarté de la règle générale
b (sexual) déviation f
c (Math) déviation f ◆ **standard deviation** écart type m
d (Aut = diversion) déviation f

deviationism [ˌdiːvɪˈeɪʃənɪzəm] **n** déviationnisme m

deviationist [ˌdiːvɪˈeɪʃənɪst] **adj, n** déviationniste mf

device [dɪˈvaɪs] → SYN **n** **a** (= gadget) appareil m; (= mechanism) mécanisme m (*for* pour); (Comput) dispositif m, unité f physique; → **safety**
b (= scheme, plan) moyen m (*to do sth* de faire qch) ◆ **to leave sb to his own devices** laisser qn se débrouiller ◆ **left to his own devices, he'd never have finished** tout seul ou livré à lui-même, il n'aurait jamais fini
c (Literat) procédé m ◆ **plot** or **narrative device** procédé m narratif
d (Her = emblem) devise f, emblème m
e (also **explosive device**) engin m (explosif) ◆ **nuclear device** engin m nucléaire

devil [ˈdevl] → SYN **1** **n** **a** (= evil spirit) diable m, démon m ◆ **the Devil** le Diable, Satan m
b *** poor devil!** pauvre diable! ◆ **he's a little devil!** c'est un petit démon! ◆ **he's a nice little devil** c'est un bon petit diable ◆ **he's a stubborn/handsome etc devil** il est sacrément * entêté/beau etc ◆ **you little devil!** petit monstre, va! ◆ **go on, be a devil!** * (hum) vas-y, vis dangereusement!
c († *** as intensifier) **he had the devil of a job to find it** il a eu toutes les peines du monde ou un mal fou à le trouver ◆ **the devil of a wind** un vent du diable or de tous les diables ◆ **he lives the devil of a long way away** il habite au diable * ◆ **it's the devil of a job** or **it's the very devil to get him to understand** c'est toute une affaire pour le faire comprendre ◆ **why the devil didn't you say so?** pourquoi diable ne l'as-tu pas dit? ◆ **how the devil would I know?** comment voulez-vous que je (le) sache? ◆ **where the devil is he?** où diable peut-il bien être? ◆ **what the devil are you doing?** mais enfin qu'est-ce que tu fabriques? ◆ **who the devil are you?** qui diable êtes-vous? ◆ **the devil take it!** au diable! ◆ **to work/run/shout** etc **like the devil** travailler/courir/crier un coup en fou ◆ **there will be the devil to pay (if/when ...)** (fig) cela va faire du grabuge * (si/quand ...), ça va barder * (si/quand ...)
d (phrases) **between the devil and the deep blue sea** entre Charybde et Scylla ◆ (Prov) **the devil finds work for idle hands (to do)** l'oisiveté est la mère de tous les vices (Prov) ◆ (Prov) **every man for himself and the devil take the hindmost** sauve qui peut ◆ **go to the devil!** ‡ va te faire voir! *, va te faire cuire un œuf! * ◆ **speak** or **talk of the devil (and he appears)!** (hum) quand on parle du loup (on en voit la queue)! ◆ **to play** or **be the devil's advocate** se faire l'avocat du diable ◆ **(to) give the devil his due ...** pour être honnête, il faut reconnaître que ... ◆ **he has the luck of the devil** * or **the devil's own luck** * il a une veine insolente ou une veine de cocu‡ ◆ (Prov) **better the devil you know (than the devil you don't)** mieux vaut un danger que l'on connaît qu'un danger que l'on ne connaît pas, ≈ un homme averti en vaut deux
e (also **printer's devil**) apprenti m imprimeur; (= hack writer) nègre * m (*d'un écrivain etc*); (Jur) ≈ avocat m stagiaire
2 **vi** ◆ **to devil for sb** (Literat etc) servir de nègre * à qn; (Jur) ≈ faire office d'avocat stagiaire auprès de qn
3 **vt** **a** (Culin) [+ kidneys] (faire) griller au poivre et à la moutarde ◆ **devilled** (Brit) or **deviled** (US) **egg** œuf m à la diable
b (US * = nag) harceler (*verbalement*)
4 COMP ▷ **devil-may-care adj** insouciant, je-m'en-foutiste * ▷ **devil's food cake** n (US) gâteau au chocolat ▷ **Devil's Island** n l'île f du Diable ▷ **devils-on-horseback** npl (Culin) pruneaux entourés de lard servis sur toast

devilfish [ˈdevlfɪʃ] **n, pl devilfish** or **devilfishes** (= manta) mante f

devilish [ˈdevlɪʃ] → SYN **1** **adj** idea, act, invention, cunning diabolique
2 **adv** († * = very) diablement *, rudement * ◆ **it's devilish cold** il fait un froid du diable or de canard *

devilishly [ˈdevlɪʃlɪ] **adv** **a** (= wickedly) **she grinned/laughed devilishly** elle eut un sourire/un rire diabolique ◆ **devilishly cunning/handsome/clever** d'une astuce/beauté/intelligence diabolique
b (* = extremely) ⇒ **devilish 2**

devilishness [ˈdevlɪʃnɪs] **n** [of invention] caractère m diabolique; [of behaviour] méchanceté f diabolique

devilment [ˈdevlmənt] **n** (NonC) (= mischief) diablerie f, espièglerie f; (= spite) méchanceté f, malice f ◆ **a piece of devilment** une espièglerie ◆ **out of sheer devilment** par pure malice or méchanceté

devilry [ˈdevlrɪ] **n**, **deviltry** (US) [ˈdevltrɪ] **n**
a (= daring) (folle) témérité f; (= mischief) diablerie f, espièglerie f; (= wickedness) méchanceté f (diabolique)
b (= black magic) magie f noire, maléfices mpl

devious [ˈdiːvɪəs] → SYN **adj** **a** (= sly) means, détourné; person, behaviour retors, sournois; mind retors, tortueux
b (= tortuous) route détourné

deviously [ˈdiːvɪəslɪ] **adv** act, behave de manière sournoise, sournoisement

deviousness [ˈdiːvɪəsnɪs] **n** [of person] fourberie f, sournoiserie f; [of scheme, method] complexité(s) f(pl)

devise [dɪˈvaɪz] → SYN **1** **vt** [+ scheme, style] imaginer, concevoir; [+ plotline] imaginer; (Jur) léguer ◆ **of his own devising** de son invention
2 **n** (Jur) legs m (de biens immobiliers)

devisee [dɪvaɪˈziː] **n** (Jur) légataire mf (*qui reçoit des biens immobiliers*)

deviser [dɪˈvaɪzər] **n** [of scheme, plan] inventeur m, -trice f, auteur m

devisor [dɪˈvaɪzər] **n** (Jur) testateur m, -trice f (*qui lègue des biens immobiliers*)

devitalization [diːˌvaɪtəlaɪˈzeɪʃən] **n** (gen) affaiblissement m; [of tooth] dévitalisation f

devitalize [diːˈvaɪtəlaɪz] **vt** affaiblir; [+ tooth] dévitaliser

devoice [diːˈvɔɪs] **vt** (Phon) assourdir

devoiced [diːˈvɔɪst] **adj** (Phon) consonant dévoisé

devoicing [diːˈvɔɪsɪŋ] **n** (Phon) dévoisement m

devoid [dɪˈvɔɪd] **adj** (frm) ◆ **devoid of** ornament, charm, talent, qualities, imagination dépourvu de; scruples, compassion, good sense, humour, interest, meaning dénué de

devolution [ˌdiːvəˈluːʃən] → SYN **n** [of power, authority] délégation f; (Jur) [of property] transmission f, dévolution f; (Pol etc) décentralisation f; (Bio) dégénérescence f

devolve [dɪˈvɒlv] → SYN **1** **vi** **a** (frm) [duty, responsibility] incomber (*on, upon* à); (by chance) échoir (*on, upon* à) ◆ **it devolved on or upon me to take the final decision** c'est à moi qu'il incombait de prendre la décision définitive ◆ **the cost of the operation devolves upon the patient** le coût de l'opération est à la charge du patient
b (Jur) [property] passer (*on, upon* à), être transmis (*on, upon* à)
c (= secede) devenir autonome, faire sécession
d (= dissolve) **the union devolved into a looser confederation of states** l'union s'est scindée or s'est fractionnée en une confédération d'États plus indépendants
2 **vt** [+ power, responsibility, authority] déléguer (*on, upon* à) ◆ **to devolve power away from central government** déléguer le pouvoir du gouvernement central ◆ **a devolved government** un gouvernement décentralisé

Devonian [dəˈvəʊnɪən] **adj** (Geol) period dévonien

Devonshire split [ˈdevənʃə] **n** (Culin) petit pain fourré à la crème ou à la confiture

devote [dɪˈvəʊt] → SYN **vt** [+ time, life, book, magazine] consacrer (*to* à); [+ resources] affecter (*to* à), consacrer (*to* à), réserver (*to* pour) ◆ **to devote o.s. to** [+ a cause] se vouer à, se consacrer à; [+ pleasure] se livrer à; [+ study, hobby] s'adonner à, se consacrer à, se livrer à ◆ **the money devoted to education** l'argent consacré à l'éducation ◆ **two chapters devoted to his childhood** deux chapitres consacrés à son enfance

devoted [dɪˈvəʊtɪd] → SYN **adj** **a** (= loyal) husband, mother, friend dévoué; friendship solide, profond; follower fidèle ◆ **devoted care** dévouement m ◆ **to be a devoted admirer of sb/sth** être un fervent admirateur de qn/qch ◆ **Joyce is a devoted Star Trek fan** Joyce est une inconditionnelle de Star Trek ◆ **to be devoted to sb** être dévoué à qn ◆ **to be devoted to sth** être fidèle à qch ◆ **they are devoted to one another** ils sont très attachés l'un à l'autre
b devoted to (= concerned with) consacré à ◆ **a museum devoted to ecology** un musée consacré à l'écologie

devotedly [dɪˈvəʊtɪdlɪ] **adv** avec dévouement

devotee [ˌdevəˈtiː] → SYN **n** [of doctrine, theory] partisan(e) m(f); [of religion] adepte mf; [of sport, music, poetry] passionné(e) m(f)

devotion [dɪˈvəʊʃən] → SYN **1** **n** (NonC) (to duty) dévouement m (*to* à); (to friend) attachement m (*to* à, envers); (profond) attachement m (*to* pour); (to work) dévouement m (*to* à), ardeur f (*to* pour, à); (Rel) dévotion f, piété f ◆ **with great devotion** avec un grand dévouement
2 **devotions** npl (Rel) dévotions fpl, prières fpl

devotional [dɪˈvəʊʃənl] **adj** book de dévotion, de piété; attitude de prière, pieux

devour [dɪˈvaʊər] → SYN **vt** **a** [+ food] dévorer, engloutir; (fig) [+ money] engloutir, dévorer; [+ book] dévorer ◆ **to devour sb/sth with one's eyes** dévorer qn/qch des yeux
b [fire] dévorer, consumer ◆ **devoured by jealousy** (fig) dévoré de jalousie

devouring [dɪˈvaʊərɪŋ] → SYN **adj** hunger, passion dévorant; zeal ardent; enthusiasm débordant

devout [dɪˈvaʊt] → SYN **adj** **a** (= pious) person pieux, dévot; faith, Christianity, Catholicism etc dévot; prayer, attention, hope fervent
b (fig = committed) supporter, opponent fervent

devoutly [dɪˈvaʊtlɪ] → SYN **adv** **a** (= fervently) hope, believe, wish sincèrement
b (= piously) avec dévotion ◆ **the islanders are devoutly religious** les habitants de l'île sont profondément religieux ◆ **he was a devoutly Christian prince** c'était un prince chrétien très pieux

DEW, dew¹ [djuː] **1** (US) abbrev of **distant early warning**
2 COMP ▷ **DEW line** n DEW f (*système de radars*)

dew² [djuː] n rosée f; → **mountain**

dewclaw [ˈdjuːklɔː] **n** ergot m

dewdrop [ˈdjuːdrɒp] **n** goutte f de rosée

Dewey Decimal System [ˈdjuːɪ] **n** classification f décimale

dewlap [ˈdjuːlæp] **n** [of cow, person] fanon m

dewpoint [ˈdjuːpɔɪnt] **n** point m de rosée or de condensation

dewpond [ˈdjuːpɒnd] **n** mare f (*alimentée par la condensation*)

dewy [ˈdjuːɪ] **1** **adj** grass couvert de or humide de rosée ◆ **dewy lips** (liter) lèvres fpl fraîches
2 COMP ▷ **dewy-eyed adj** (= innocent) aux grands yeux ingénus; (= credulous) trop naïf (naïve f)

dex * [deks] **n** (Drugs) Dexédrine ® f

Dexedrine ® [ˈdeksɪdriːn] **n** Dexédrine ® f

dexie * [ˈdeksɪ] **n** (Drugs) comprimé m de Dexédrine ®

dexterity [deksˈterɪtɪ] → SYN **n** (intellectual) habileté f; (manual, physical) dextérité f, adresse f ◆ **dexterity in doing sth** habileté or dextérité à faire qch, adresse avec laquelle on fait qch ◆ **a feat of dexterity** un tour d'adresse ◆ **verbal dexterity** éloquence f

dexterous [ˈdekstrəs] **adj** person adroit, habile; movement adroit, agile ◆ **by the dexterous use of** par l'habile emploi de

dexterously [ˈdekstrəslɪ] **adv** adroitement, habilement

dextral ['dekstrəl] adj bodily organ droit ; person droitier ; shell dextre

dextran ['dekstrən] n (Bio) dextran m

dextrin ['dekstrɪn] n dextrine f

dextrocardia [,dekstrəʊ'kɑːdɪə] n dextrocardie f

dextrogyrate [,dekstrəʊ'dʒaɪrɪt], **dextrogyre** ['dekstrəʊ,dʒaɪəʳ] adj dextrogyre

dextrorotation [,dekstrəʊrəʊ'teɪʃən] n rotation f dextrogyre

dextrorse ['dekstrɔːs], **dextrorsal** [dek'stɔːsəl] adj (Bot) dextrorsum inv

dextrose ['dekstrəʊs] n dextrose m

dextrous(ly) ['dekstrəs(lɪ)] ⇒ dexterous(ly)

DF (abbrev of direction finder) → direction

DFC [,diːefˈsiː] n (abbrev of Distinguished Flying Cross) médaille décernée aux aviateurs militaires

DFEE [,diːefiːˈiː] n (Brit) (abbrev of Department for Education and Employment) → education

DFM [,diːefˈem] n (Brit) (abbrev of Distinguished Flying Medal) médaille décernée aux aviateurs militaires

DG a (abbrev of director general) → director
b (abbrev of Deo gratias) par la grâce de Dieu

dg (abbrev of decigram(s)) dg m

DH [diːˈeɪtʃ] n (Brit) (abbrev of Department of Health) → department

dhal [dɑːl] n (Culin) dhal m

dhoti ['dəʊtɪ] n dhoti m

dhow [daʊ] n boutre m *(voilier arabe)*

DHSS [,diːeɪtʃesˈes] n (Brit) (formerly) (abbrev of Department of Health and Social Security) → health

DI [diːˈaɪ] n a (abbrev of Donor Insemination) → donor
b (Brit Police) (abbrev of Detective Inspector) → detective

di... [daɪ] pref di...

diabetes [,daɪə'biːtiːz] [1] n diabète m ◆ to have diabetes être diabétique, avoir du diabète
[2] COMP ▷ **diabetes mellitus** n (Med) diabète m sucré

diabetic [,daɪə'betɪk] [1] n diabétique mf
[2] adj a (= person) diabétique
b (= for diabetics) chocolate, dessert, jam etc pour diabétiques

diabolic [,daɪə'bɒlɪk] adj ⇒ diabolical a

diabolical [,daɪə'bɒlɪkəl] adj a act, invention, plan, power diabolique, infernal, satanique ; laugh, smile satanique, diabolique
b (* = dreadful) child infernal * ; weather atroce *, épouvantable

diabolically [,daɪə'bɒlɪkəlɪ] adv a (* = horribly) hot, difficult horriblement
b (= wickedly) diaboliquement ◆ diabolically clever d'une astuce diabolique ◆ she grinned/laughed diabolically elle eut un sourire/rire diabolique
c (* = very badly) drive, sing, cook etc horriblement mal

diabolism [daɪˈæbəlɪzəm] n a (= witchcraft) sorcellerie f
b (= devil-worship) démonolâtrie f

diabolist [daɪˈæbəlɪst] n (= witchcraft) sorcier m, -ière f ; (= devil-worship) démonolâtre mf

diabolo [dɪˈæbələʊ] n, pl **diabolos** (= game) diabolo m

diacetylmorphine [daɪ,æsətɪlˈmɔːfiːn] n diacétylmorphine f

diachronic [,daɪə'krɒnɪk] adj diachronique

diacid [daɪˈæsɪd] n biacide m, diacide m

diacidic [,daɪə'sɪdɪk] adj (Chem) biacide, diacide

diaconal [daɪˈækənəl] adj (Rel) diaconal

diaconate [daɪˈækənɪt] n (Rel) diaconat m

diacritic [,daɪə'krɪtɪk] [1] adj diacritique
[2] n signe m diacritique

diacritical [,daɪə'krɪtɪkəl] adj diacritique

diadem ['daɪədem] n (lit, fig) diadème m

diaeresis, dieresis (US) [daɪˈerɪsɪs] n, pl **diaereses, diereses** (US) [daɪˈerɪ,siːz] (Ling) diérèse f ; (Typ = symbol) tréma m

diagnosable [,daɪəg'nəʊzəbl] adj que l'on peut diagnostiquer

diagnose ['daɪəgnəʊz] → SYN vt (Med, fig) diagnostiquer ◆ his illness was diagnosed as bronchitis on a diagnostiqué une bronchite

diagnosis [,daɪəg'nəʊsɪs] → SYN n, pl **diagnoses** [,daɪəg'nəʊsiːz] (Med, fig) diagnostic m ; (Bio, Bot) diagnose f

diagnostic [,daɪəg'nɒstɪk] adj diagnostique ◆ diagnostic program (Comput) programme m de diagnostic

diagnostician [,daɪəgnɒsˈtɪʃən] n diagnostiqueur m

diagnostics [,daɪəg'nɒstɪks] n (NonC: Comput etc) diagnostic m

diagonal [daɪˈægənl] → SYN [1] adj diagonal
[2] n diagonale f

diagonally [daɪˈægənəlɪ] → SYN adv (with vb) write, cross, cut, fold en diagonale ; park en épi ◆ the car was struck diagonally by a lorry la voiture a été prise en écharpe par un camion ◆ a sash worn diagonally across the chest une grande écharpe portée en travers de la poitrine ◆ the bank is diagonally opposite the church, on the right/left par rapport à l'église, la banque est de l'autre côté de la rue, sur la droite/gauche

diagram ['daɪəgræm] → SYN n (gen) diagramme m, schéma m ; (Math) diagramme m, figure f ◆ as shown in the diagram comme le montre le diagramme or le schéma

diagrammatic [,daɪəgrəˈmætɪk] adj schématique

dial ['daɪəl] LANGUAGE IN USE 27
[1] n cadran m ; → **sundial**
[2] vt (Telec) [+ number] faire, composer ◆ you must dial 336 12 95 il faut faire or composer le 336 12 95 ◆ **to dial 999** (Brit) ≃ appeler police-secours ◆ **to dial a wrong number** faire un faux or mauvais numéro ◆ **to dial direct** appeler par l'automatique ◆ **can I dial London from here?** est-ce que d'ici je peux avoir Londres par l'automatique ? ◆ **Dial-a-pizza** service de livraison de pizzas à domicile ◆ "Dial M for Murder" (Cine) "Le crime était presque parfait"
[3] COMP ▷ **dial code** n (US Telec) indicatif m ▷ **dial tone** n (US Telec) tonalité f ▷ **dial-up service** n (Comput) service m de télétraitement

dial. abbrev of dialect

dialect ['daɪəlekt] → SYN [1] n (regional) dialecte m, parler m ; (local, rural) patois m ◆ the Norman dialect le dialecte normand, les parlers mpl normands ◆ **in dialect** en dialecte, en patois ◆ **social-class dialect** sociolecte m
[2] COMP word dialectal ▷ **dialect atlas** n atlas m linguistique ▷ **dialect survey** n étude f de dialectologie

dialectal [,daɪə'lektl] adj dialectal

dialectic [,daɪə'lektɪk] → SYN [1] n dialectique f
[2] adj dialectique

dialectical [,daɪə'lektɪkəl] [1] adj dialectique
[2] COMP ▷ **dialectical materialism** n matérialisme m dialectique

dialectician [,daɪəlek'tɪʃən] n dialecticien(ne) m(f)

dialectics [,daɪə'lektɪks] n (NonC) dialectique f

dialectology [,daɪəlek'tɒlədʒɪ] n (NonC) dialectologie f

dialling, dialing (US) ['daɪəlɪŋ] [1] n (Telec) composition f d'un numéro (de téléphone)
[2] COMP ▷ **dialling code** n (Brit) indicatif m ▷ **dialling tone** n (Brit) tonalité f

dialogue, dialog (US) ['daɪəlɒg] → SYN [1] n (lit, fig) dialogue m
[2] COMP ▷ **dialogue box** n (Comput) boîte f de dialogue

dialysation [,daɪəlaɪ'zeɪʃən] n (Med) dialyse f

dialyse ['daɪə,laɪz] vt (Med) dialyser

dialyser ['daɪə,laɪzəʳ] n (Med) dialyseur m

dialysis [daɪˈælɪsɪs] [1] n, pl **dialyses** [daɪˈælɪ,siːz] dialyse f

[2] COMP ▷ **dialysis machine** n rein m artificiel

diamagnetism [,daɪə'mægnɪtɪzəm] n diamagnétisme m

diamanté [,daɪə'mæntɪ] [1] n strass m
[2] adj brooch etc en strass

diamantine [,daɪə'mæntaɪn] adj diamantin

diameter [daɪˈæmɪtəʳ] n diamètre m ◆ the circle is one metre in diameter le cercle a un mètre de diamètre

diametrical [,daɪə'metrɪkəl] → SYN adj (Math, fig) diamétral

diametrically [,daɪə'metrɪkəlɪ] → SYN adv a diametrically opposed or opposite diamétralement opposé (to à)
b (Math) diamétralement

diamine ['daɪə,miːn] n diamine f

diamond ['daɪəmənd] [1] n a (= stone) diamant m ; → **rough**
b (= shape, figure) losange m
c (Cards) carreau m ◆ the ace/six of diamonds l'as/le six de carreau ; → **club 1d**
d (Baseball) diamant m, terrain m (de base-ball)
[2] COMP clip, ring de diamant(s) ▷ **diamond-cutting** n taille f du diamant ▷ **diamond district** n the diamond district of New York/Amsterdam le quartier des diamantaires à New York/Amsterdam ▷ **diamond drill** n foreuse f à pointe de diamant ▷ **diamond jubilee** n (célébration f du) soixantième anniversaire m *(d'un évènement)* ▷ **diamond merchant** n diamantaire m ▷ **diamond necklace** n rivière f de diamants ▷ **diamond-shaped** adj en losange ▷ **diamond wedding** n noces fpl de diamant

diamorphine [,daɪə'mɔːfiːn] n (Med) diamorphine f

Diana [daɪˈænə] n Diane f

dianthus [daɪˈænθəs] n (Bot) dianthus m, œillet m (des fleuristes)

diapason [,daɪə'peɪzən] n diapason m ◆ open/stopped diapason (of organ) diapason m large/étroit

diapause ['daɪə,pɔːz] n (Bio) diapause f

diapedesis [,daɪəpə'diːsɪs] n diapédèse f

diaper ['daɪəpəʳ] [1] n (US) couche f *(de bébé)*
[2] COMP ▷ **diaper service** n service m de couches à domicile

diaphanous [daɪˈæfənəs] adj (liter) diaphane

diaphoresis [,daɪəfə'riːsɪs] n diaphorèse f

diaphoretic [,daɪəfə'retɪk] adj, n (Med) diaphorétique m

diaphragm ['daɪəfræm] n (all senses) diaphragme m

diapositive [,daɪə'pɒzɪtɪv] n diapositive f

diarchy ['daɪɑːkɪ] n dyarchie f

diarist ['daɪərɪst] n [of personal events] auteur m d'un journal intime ; [of contemporary events] mémorialiste mf, chroniqueur m

diarrhoea, diarrhea (US) [,daɪə'rɪə] n diarrhée f ◆ **to have diarrhoea** avoir la diarrhée or la colique

diarrhoeal, diarrheal (US) [,daɪə'rɪəl] adj diarrhéique

diary ['daɪərɪ] → SYN n (= record of events) journal m (intime) ; (for engagements) agenda m ◆ **to keep a diary** tenir un journal ◆ **I've got it in my diary** je l'ai noté sur mon agenda

diascope ['daɪə,skəʊp] n (= projector) diascope m

diaspora [daɪˈæspərə] n diaspora f

diastalsis [,daɪə'stælsɪs] n (Physiol) diastaltisme m

diastole [daɪˈæstəlɪ] n diastole f

diastolic [,daɪə'stɒlɪk] adj (Physiol) diastolique

diathermy ['daɪəθɜːmɪ] n (Med) diathermie f

diathesis [daɪˈæθɪsɪs] n, pl **diatheses** [daɪˈæθɪ,siːz] diathèse f

diatom ['daɪətəm] n (Bot) diatomée f

diatomic [,daɪə'tɒmɪk] adj diatomique

diatomite [daɪˈætə,maɪt] n diatomite f

diatonic [,daɪə'tɒnɪk] adj diatonique

diatribe ['daɪətraɪb] → SYN n diatribe f *(against* contre)

diazepam [daɪˈeɪzəpæm] n (Chem) diazépam m

diazo [daɪˈeɪzəʊ] adj diazoïque

dibasic [ˌdaɪˈbeɪsɪk] adj bibasique, dibasique

dibber [ˈdɪbəʳ] n (esp Brit) ⇒ **dibble**

dibble [ˈdɪbl] **1** n plantoir m
2 vt repiquer

dibs [dɪbz] npl **a** (= game) osselets mpl; (Cards = counters) jetons mpl
b (Brit †⁎⁎ = money) fric⁎ m
c (US:⁎) **to have dibs on sth** avoir des droits sur qch ♦ **dibs on the cookies!** prem'⁎⁎ pour les petits gâteaux!

dice [daɪs] **1** n (pl inv) dé m ♦ **to play dice** jouer aux dés ♦ **no dice!**⁎ (esp US fig) pas question!; → **load**
2 vi jouer aux dés ♦ **he was dicing with death** il jouait avec la mort
3 vt [+ vegetables] couper en dés or en cubes

dicey⁎ [ˈdaɪsɪ] adj (Brit) risqué ♦ **it's dicey, it's a dicey business** c'est bien risqué

dichotomy [dɪˈkɒtəmɪ] n dichotomie f

Dick [dɪk] n (dim of **Richard**) Richard m

dick [dɪk] n **a** (⁎⁎= detective) détective m; → **clever, private**
b (⁎⁎⁎= penis) bite⁎⁎⁎ f

dickens †⁎⁎ [ˈdɪkɪnz] n (euph) ⇒ **devil 1c**

Dickensian [dɪˈkenzɪən] adj à la Dickens

dicker [ˈdɪkəʳ] vi (US) marchander

dickey [ˈdɪkɪ] **1** n [of shirt] faux plastron m (de chemise)
2 COMP ▷ **dickey bird** n (baby talk) petit zoziau m (baby talk) ♦ **watch the dickey bird!** (Phot) le petit oiseau va sortir! ♦ **not a dickey bird**⁎ que dalle⁎⁎⁎ ♦ **I won't say a dickey bird about it**⁎ je n'en piperai pas mot ▷ **dickey-bow** n (= bow tie) nœud m pap⁎ ▷ **dickey seat** n (Brit) strapontin m; (Aut) spider m

dickhead⁎⁎⁎[ˈdɪkhed] n tête f de nœud⁎⁎⁎

dicky¹ [ˈdɪkɪ] ⇒ **dickey**

dicky²⁎ [ˈdɪkɪ] adj (Brit) person patraque⁎, pas solide⁎; health, heart qui flanche⁎, pas solide⁎; situation pas sûr⁎, pas solide⁎

diclinous [ˈdaɪklɪnəs] adj (Bot) dicline

dicotyledon [ˌdaɪkɒtɪˈliːdən] n (Bot) dicotylédone f

dicrotic [daɪˈkrɒtɪk] adj dicrote

dicta [ˈdɪktə] npl of **dictum**

Dictaphone ® [ˈdɪktəfəʊn] n dictaphone ® m ♦ **Dictaphone typist** dactylo f qui travaille au dictaphone ®

dictate [dɪkˈteɪt] → SYN **1** vt **a** [+ letter, passage] dicter (*to* à)
b (= demand, impose) [+ terms, conditions] dicter, imposer ♦ **his action was dictated by circumstances** il a agi comme le lui dictaient les circonstances ♦ **reason/common sense dictates that ...** la raison/le bon sens veut que ... ♦ **custom dictates that you buy us all a drink** la tradition veut que vous nous offriez un verre à tous
2 vi **a** dicter ♦ **she spent the morning dictating to her secretary** elle a passé la matinée à dicter des lettres (or des rapports etc) à sa secrétaire
b (= order about) **to dictate to sb** imposer sa volonté à qn, régenter qn ♦ **I won't be dictated to!** je n'ai pas d'ordres à recevoir!
3 [ˈdɪkteɪt] n (gen pl) ♦ **dictates** ordre(s) m(pl), précepte(s) m(pl) (*de la raison etc*) ♦ **the dictates of conscience** la voix de la conscience

dictation [dɪkˈteɪʃən] n (in school, office etc) dictée f ♦ **to write to sb's dictation** écrire sous la dictée de qn

dictator [dɪkˈteɪtəʳ] → SYN n (fig, Pol) dictateur m

dictatorial [ˌdɪktəˈtɔːrɪəl] → SYN adj (lit, fig) person tyrannique; régime, powers dictatorial

dictatorially [ˌdɪktəˈtɔːrɪəlɪ] adv (fig, Pol) autoritairement, dictatorialement, en dictateur

dictatorship [dɪkˈteɪtəʃɪp] → SYN n (fig, Pol) dictature f

diction [ˈdɪkʃən] → SYN n **a** (Literat = style) style m, langage m ♦ **poetic diction** langage m poétique

b (= pronunciation) diction f, élocution f ♦ **his diction is very good** il a une très bonne diction

dictionary [ˈdɪkʃənrɪ] → SYN **1** n dictionnaire m ♦ **to look up a word in a dictionary** chercher un mot dans un dictionnaire ♦ **it's not in the dictionary** ce n'est pas dans le dictionnaire ♦ **French dictionary** dictionnaire m de français ♦ **English-French dictionary** dictionnaire m anglais-français ♦ **monolingual/bilingual dictionary** dictionnaire m monolingue/bilingue
2 COMP ▷ **dictionary definition** n définition f de dictionnaire ♦ **the dictionary definition of "art"** le mot "art" tel qu'on le définit dans le dictionnaire ▷ **dictionary-maker** n (= person) lexicographe mf ▷ **dictionary-making** n lexicographie f

dictum [ˈdɪktəm] n, pl **dictums** or **dicta** (= maxim) dicton m, maxime f; (= pronouncement) proposition f, affirmation f; (Jur) remarque f superfétatoire

did [dɪd] vb (pt of **do¹**)

didactic [dɪˈdæktɪk] adj didactique

didactically [dɪˈdæktɪkəlɪ] adv speak sur un ton didactique; write de façon didactique

didacticism [dɪˈdæktɪsɪzəm] n didactisme m

didactics [dɪˈdæktɪks] n (NonC) didactique f

diddle⁎ [ˈdɪdl] vt (Brit = cheat) [+ person] rouler (dans la farine)⁎, escroquer ♦ **you've been diddled** tu t'es fait rouler⁎ or avoir⁎ ♦ **to diddle sb out of sth, to diddle sth out of sb** carotter⁎ qch à qn

diddler⁎ [ˈdɪdləʳ] n (Brit) carotteur⁎ m, -euse⁎ f, escroc m

diddly(-squat)⁎⁎ [ˈdɪdlɪ(ˈskwɒt)] n (US) ♦ **you don't know diddly(-squat) (about that)** t'y connais que dalle⁎⁎⁎ ♦ **that doesn't mean diddly(-squat) (to me)** (pour moi), c'est du vent tout ça ♦ **their promises mean diddly(-squat)** leurs promesses ne sont que du vent

didgeridoo [ˌdɪdʒərɪˈduː] n (Mus) didgeridoo m (*instrument de musique australien*)

didn't [ˈdɪdənt] ⇒ **did not**; → **do¹**

Dido [ˈdaɪdəʊ] n Didon f

die¹ [daɪ] → SYN **1** vi **a** [person] mourir, décéder (frm); [animal, plant] mourir, crever; [engine, motor] caler, s'arrêter ♦ **he died in hospital** il est mort or décédé à l'hôpital ♦ **to be dying** être en train de mourir; (= nearly dead) être à l'article de la mort ♦ **doctors told him he was dying and had only a year to live** les médecins lui ont dit qu'il était condamné et qu'il n'avait plus qu'un an à vivre ♦ **they were left to die on a raft** on les a laissés mourir ♦ **to die for one's country/beliefs** mourir pour son pays/ses idées ♦ **Christ died for us/for our sins** le Seigneur est mort pour nous/pour expier nos péchés ♦ **to die of** or **from cancer/AIDS/malaria** mourir du cancer/du sida/de la malaria ♦ **to die of hunger/cold** mourir de faim/froid ♦ **to die from one's injuries** mourir des suites de ses blessures ♦ **to die of a broken heart** mourir de chagrin or de tristesse ♦ **I almost died of shame/fright** j'étais mort de honte/peur ♦ **we nearly died of boredom** on s'ennuyait à mourir ♦ **to die by one's own hand** (frm) se suicider, mettre fin à ses jours ♦ **to die with one's boots on**⁎ mourir debout ♦ **he died a hero** il est mort en héros ♦ **he died a pauper** il est mort dans la misère ♦ **he died happy** or **a happy man** (= died in peace) il est mort en paix, il est mort heureux ♦ **to die like a dog** † mourir comme un chien ♦ **never say die!**⁎ il ne faut jamais désespérer! ♦ **you only die once** on ne meurt qu'une fois ♦ **I'd rather** or **sooner die!** (fig) plutôt mourir! ♦ **I nearly** or **could have died!** (lit) j'ai failli mourir!; (⁎ fig: of embarrassment) j'étais mort de honte! ♦ **I want to die!** (lit) (pain, depression etc) je voudrais mourir or être mort!; (embarrassment) je suis mort de honte! ♦ **she'd die for her** il donnerait sa vie pour elle ♦ **I'd die for a body/car etc like that!** je ferais n'importe quoi pour avoir un corps/une voiture etc comme celui-là/celle-là! ♦ **a body/car etc to die for**⁎ un corps/une voiture de rêve ♦ **it's to die for!**⁎ ça me fait craquer!⁎; → **natural**
b ⁎ [performer] faire un bide⁎ or un four
c (⁎ fig = long) **to be dying to do sth** mourir d'envie de faire qch ♦ **I'm dying for a cigarette/a cup of coffee** j'ai une envie folle de fumer une cigarette/de boire une tasse de café ♦ **she's dying for her holidays** elle meurt d'envie de partir en vacances ♦ **she was dying for him to kiss her** elle n'attendait qu'une chose: qu'il l'embrasse (subj)
d (fig = die out) [fire, love, memory, daylight] s'éteindre, mourir; [custom, language] mourir, disparaître; [sound] s'éteindre ♦ **her smile died on her lips** son sourire s'est évanoui or a disparu ♦ **her words died on her lips** (liter) elle est restée bouche bée ♦ **the secret died with him** il a emporté le secret dans la tombe ♦ **to die hard** [tradition, attitude, prejudice] avoir la vie dure ♦ (Prov) **old habits die hard** les vieilles habitudes ont la vie dure

2 vt ♦ **to die a natural/violent death** mourir de mort naturelle/de mort violente ♦ **to die a slow** or **lingering death** mourir d'une mort lente ♦ **to die a painful death** mourir dans la souffrance ♦ **to die the death** [person] faire un bide⁎; [idea, plan] tomber à l'eau ♦ **he died the death** (fig) il aurait voulu rentrer sous terre; (Theat) performer il a fait un bide⁎ or un four ♦ **to die a thousand deaths** (liter) être au supplice, souffrir mille morts

▶ **die away** vi [sound, voice, laughter] s'éteindre; [breeze, wind] tomber ♦ **his footsteps died away** le bruit de ses pas s'est éteint

▶ **die back** vi [plant] perdre ses feuilles et sa tige

▶ **die down** vi [emotion, protest] se calmer, s'apaiser; [wind] tomber, se calmer; [fire] (in blazing building) diminuer, s'apaiser; (in grate etc) baisser, tomber; [noise] diminuer; [applause] se taire; [violence, conflict] s'atténuer ♦ **the fuss quickly died down** l'agitation est vite retombée

▶ **die off** vi mourir or être emportés les uns après les autres

▶ **die out** vi [species, race, family] disparaître; [custom, language, skill, technique] disparaître, se perdre ♦ **to be dying out** [species, race, tribe] être en voie d'extinction; [custom, language, skill] être en train de disparaître or de se perdre

die² [daɪ] **1** n **a** pl **dice** [daɪs] dé m ♦ **the die is cast** le sort en est jeté, les dés sont jetés ♦ **as straight as a die** (Brit) (person) franc comme l'or; (street, tree trunk) droit comme un i; → **dice**
b pl **dies** (in minting) coin m; (Tech) matrice f ♦ **stamping die** étampe f
2 COMP ▷ **die-cast** adj moulé sous pression ◇ vt mouler sous pression ▷ **die-casting** n moulage m or coulage m sous pression ▷ **die-sinker** n graveur m de matrices ▷ **die-stamp** vt graver

dièdre [dɪˈedəʳ] n (Climbing) dièdre m

diehard [ˈdaɪhɑːd] **1** n (= one who resists to the last) jusqu'au-boutiste m; (= opponent of change) conservateur m, -trice f (à tout crin); (= obstinate politician etc) dur(e) m(f) à cuire⁎, réactionnaire mf
2 adj intransigeant, inébranlable; (Pol) réactionnaire

dieldrin [ˈdiːldrɪn] n (Chem) dieldrine f

dielectric [ˌdaɪəˈlektrɪk] adj, n diélectrique m

diencephalic [ˌdaɪensɪˈfælɪk] adj diencéphalique

diencephalon [ˌdaɪenˈsefəlɒn] n diencéphale m

dieresis [daɪˈerɪsɪs] n (US) ⇒ **diaeresis**

diesel [ˈdiːzəl] **1** n **a** diesel m
b ⇒ **diesel fuel, diesel oil**
2 COMP ▷ **diesel-electric** adj diesel-électrique ▷ **diesel engine** n (Aut) moteur m diesel; (Rail) motrice f ▷ **diesel fuel, diesel oil** n gasoil m ▷ **diesel train** n autorail m

diesis [ˈdaɪəsɪs] n, pl **dieses** [ˈdaɪəsiːz] (Typ) croix f double

diestock [ˈdaɪstɒk] n (= frame) cage f (de filière à peignes); (= tool) filière f à main

diet¹ [ˈdaɪət] → SYN **1** n **a** (= restricted food) régime m ♦ **to be/go on a diet** être/se mettre au régime ♦ **he's on a special diet** il suit un régime spécial ♦ **a high/low-protein diet** un régime à haute/basse teneur en protéines
b (= customary food) alimentation f, nourriture f ♦ **to live on a (constant) diet of** (lit) vivre or se nourrir de ♦ **she lives on a constant diet**

of TV soap operas (fig) elle passe son temps à regarder des feuilletons à la télévision ◆ **for years they have fed us a staple diet of propaganda** cela fait des années qu'ils nous assènent leur propagande ◆ **children who are fed a relentless diet of violence on TV** des enfants qui regardent sans arrêt des images violentes à la télévision

2 vi suivre un régime

3 vt mettre au régime

4 COMP ▷ **diet drink** n (low calorie) boisson f basses calories *or* light inv ; (for special *or* restricted diet) boisson f diététique ▷ **diet foods** (low calorie) n aliments mpl basses calories ; (for special or restricted diet) aliments mpl diététiques

diet² [ˈdaɪət] → SYN n (esp Pol) diète f

dietary [ˈdaɪətərɪ] 1 adj (gen) de régime, diététique

2 n régime m alimentaire *(d'un hôpital, d'une prison etc)*

3 COMP ▷ **dietary fibre** n cellulose f végétale, fibres fpl alimentaires

dieter [ˈdaɪətəʳ] n personne f qui suit un régime ◆ **she's a keen dieter** elle est souvent au régime

dietetic [ˌdaɪəˈtetɪk] adj diététique

dietetics [ˌdaɪəˈtetɪks] n (NonC) diététique f

dietician [ˌdaɪəˈtɪʃən] n diététicien(ne) m(f)

differ [ˈdɪfəʳ] → SYN vi a (= be different) différer, se distinguer (*from* de) ◆ **the herring gull differs from the common gull in the colour of its legs** le goéland argenté se distingue du goéland cendré par la couleur de ses pattes

b (= disagree) ne pas être d'accord, ne pas s'entendre (*from sb* avec qn ; *on* or *about sth* sur qch) ◆ **the two points of view do not differ much** les deux points de vue ne se distinguent guère l'un de l'autre *or* ne sont pas très différents l'un de l'autre ◆ **they differ in their approach to the problem** ils diffèrent en *or* sur leur manière d'appréhender le problème ◆ **I beg to differ** permettez-moi de ne pas partager cette opinion *or* de ne pas être de votre avis ◆ **the texts differ** les textes ne s'accordent pas ◆ **to differ from the rules** (Jur) déroger aux règles ; → **agree**

difference [ˈdɪfrəns] → SYN n a (= dissimilarity) différence f (*in* de ; *between* entre) ◆ **that makes a big difference to me** c'est très important pour moi, ça ne m'est pas du tout égal, cela compte beaucoup pour moi ◆ **to make a difference in sb/sth** changer qn/qch ◆ **that makes all the difference** voilà qui change tout ◆ **what difference does it make?, what's the difference?** quelle différence (cela fait-il) ? ◆ **what difference does it make if ...?** qu'est-ce que cela peut faire que ... (+ subj) ?, quelle importance cela a-t-il si ... (+ indic) ? ◆ **it makes no difference** peu importe, cela ne change rien (à l'affaire) ◆ **it makes no difference to me** cela m'est égal, ça ne (me) fait rien ◆ **for all the difference it makes** pour ce que cela change *or* peut changer ◆ **it makes no difference what colour/how expensive your car is** peu importe la couleur/le prix de votre voiture ◆ **same difference!** * c'est du pareil au même ! *, c'est kif-kif ! * ◆ **with this difference, that ...** à la différence que ..., à ceci près que ... ◆ **a car with a difference** une voiture pas comme les autres * ◆ **test-drive a Jaguar and feel the difference!** essayez une Jaguar et vivez la différence ! ◆ **difference of opinion** différence f *or* divergence f d'opinions ; → **know**

b (= quarrel) différend m

c (Math) différence f (*in* de ; *between* entre) ◆ **to pay the difference** payer la différence ; → **split**

different [ˈdɪfrənt] → SYN 1 adj a (= not the same) différent (*from, to,* (US) than de) ; (= other) autre ◆ **completely different** totalement différent, tout autre ◆ **completely different from** totalement différent de ◆ **he wore a different tie each day** il portait chaque jour une cravate différente ◆ **go and put on a different tie** va mettre une autre cravate ◆ **I feel a different person** je me sens revivre, je me sens tout autre ◆ **let's do something different** faisons quelque chose de différent ◆ **quite a different way of doing it** une tout autre manière de le faire ◆ **that's quite a different matter** ça c'est une autre affaire, c'est tout autre chose ◆ **she's quite different from what you think** elle n'est pas du tout ce que vous croyez ◆ **he wants to be different** il veut se singulariser ◆ **different strokes for different folks** * (US) chacun son truc *

b (= various) différent, divers ; (= several) plusieurs ◆ **different people had noticed this** plusieurs personnes l'avaient remarqué ◆ **in the different countries I've visited** dans les différents *or* divers pays que j'ai visités

2 adv (tout) autrement ◆ **if it had happened to them, I'm sure they would think different** si cela leur était arrivé, je suis sûr qu'ils penseraient tout autrement ◆ **she believes this, but I know different** c'est ce qu'elle croit mais je sais qu'il n'en est rien *or* qu'il en va tout autrement ◆ **children behave like that because they don't know any different** * les enfants se comportent ainsi parce qu'ils ignorent que ça ne se fait pas ◆ **to me things seemed normal because I didn't know any different** * les choses me semblaient normales car je ne savais pas que ça pouvait être différent

differential [ˌdɪfəˈrenʃəl] → SYN 1 adj différentiel

2 n (Math) différentielle f ; (esp Brit) (in pay) écart m salarial ; (Aut) différentiel m

3 COMP ▷ **differential calculus** n (Math) calcul m différentiel ▷ **differential equation** n équation f différentielle ▷ **differential gear** n (engrenage m) différentiel m ▷ **differential housing** n boîtier m de différentiel ▷ **differential operator** n opérateur m différentiel ▷ **differential pricing** n (Econ) tarification f différentielle

differentially [ˌdɪfəˈrenʃəlɪ] adv (Tech) par action différentielle

differentiate [ˌdɪfəˈrenʃɪeɪt] → SYN 1 vi faire la différence *or* la distinction (*between* entre) ◆ **he cannot differentiate between red and green** il ne fait pas la différence entre le rouge et le vert, il ne distingue pas le rouge du vert ◆ **in his article he differentiates between ...** dans son article, il fait la distinction entre ... ◆ **we must differentiate between the meanings of this term** il nous faut différencier les sens de ce mot

2 vt [+ people, things] différencier, distinguer (*from* de) ; (Math) différentier, calculer la différentielle de ◆ **this is what differentiates the two brothers** c'est ce qui différencie les deux frères ◆ **this is what differentiates one brother from the other** c'est ce qui distingue *or* différencie un frère de l'autre

differentiation [ˌdɪfərenʃɪˈeɪʃən] n différenciation f ; (Math) différentiation f

differently [ˈdɪfrəntlɪ] adv a différemment (*from* de) ◆ **she was never treated differently from the men** on ne l'a jamais traitée différemment des hommes ◆ **he thinks differently from you** (= has different mentality) il ne pense pas comme vous ; (= disagrees) il n'est pas de votre avis ◆ **we all react differently to stress** nous réagissons tous différemment face au stress, nous avons tous des réactions différentes face au stress ◆ **if only things had turned out differently!** si seulement les choses s'étaient passées différemment !

b **differently coloured/shaped** (= of various colours/shapes) de différentes couleurs/formes ; (= having other colours/shapes) de couleurs différentes/aux formes différentes

c (in politically correct language) **differently abled** (= physically handicapped) handicapé

difficult [ˈdɪfɪkəlt] LANGUAGE IN USE 6.3, 12.3 → SYN adj a problem, situation, decision, task, writer difficile ◆ **there's nothing difficult about it** ça n'a rien de difficile ◆ **it's difficult being a man today** c'est difficile d'être un homme aujourd'hui ◆ **this work is difficult to do** ce travail est difficile à faire ◆ **it's difficult to do that** c'est difficile de faire ça ◆ **it is difficult to deny that ...** il est difficile de nier que (+ indic) ... ◆ **he finds it difficult to apologize** cela lui coûte de s'excuser, il a du mal à s'excuser ◆ **to find it difficult to do sth** avoir du mal à faire qch ◆ **the climate makes it difficult to grow crops** le climat rend les cultures difficiles ◆ **his injury makes it difficult (for him) to get around** il se déplace difficilement à cause de sa blessure ◆ **he's difficult to get on with** il est difficile à vivre ◆ **it is difficult to see what they could have done** on voit mal ce qu'ils auraient pu faire ◆ **the difficult thing is knowing** *or* **to know where to start** le (plus) difficile *or* dur est de savoir par où commencer

b (= awkward, uncooperative) person, child difficile ◆ **come on now, don't be difficult!** allez, ne crée pas de problèmes !

difficulty [ˈdɪfɪkəltɪ] → SYN n difficulté f ◆ **with/without difficulty** avec/sans difficulté *or* peine ◆ **it's feasible, but with difficulty** c'est faisable, mais ce sera difficile ◆ **she has difficulty in walking** elle marche difficilement *or* avec difficulté, elle a de la difficulté *or* elle éprouve de la difficulté *or* elle a du mal à marcher ◆ **slight difficulty (in) breathing** un peu de gêne dans la respiration ◆ **there was some difficulty in finding him** on a eu du mal à le trouver ◆ **the difficulty is (in) choosing** le difficile *or* la difficulté c'est de choisir ◆ **if the instructions cause difficulty, let me know** si le mode d'emploi vous pose des problèmes, dites-le-moi ◆ **to make difficulties for sb** créer des difficultés à qn ◆ **without meeting any difficulties** sans rencontrer d'obstacles *or* la moindre difficulté, sans accrocs ◆ **to get into difficulty** *or* **difficulties** se trouver en difficulté ◆ **to get into all sorts of difficulties** se trouver plongé dans toutes sortes d'ennuis ◆ **to get o.s. into difficulty** se créer des ennuis ◆ **to get out of a difficulty** se tirer d'affaire *or* d'embarras ◆ **I am in difficulty** j'ai des difficultés, j'ai des problèmes ◆ **to be in (financial) difficulties** être dans l'embarras, avoir des ennuis d'argent ◆ **he was in difficulty** *or* **difficulties over the rent** il était en difficulté pour son loyer ◆ **he was working under great difficulties** il travaillait dans des conditions très difficiles ◆ **I can see no difficulty in what you suggest** je ne vois aucun obstacle à ce que vous suggérez ◆ **he's having difficulty** *or* **difficulties with his wife/his car/his job** il a des ennuis *or* des problèmes avec sa femme/avec sa voiture/dans son travail

diffidence [ˈdɪfɪdəns] → SYN n manque m de confiance en soi, manque m d'assurance, timidité f

diffident [ˈdɪfɪdənt] → SYN adj person qui manque de confiance *or* d'assurance, timide ; smile embarrassé ◆ **to be diffident about doing sth** hésiter à faire qch (par modestie *or* timidité)

diffidently [ˈdɪfɪdəntlɪ] adv speak, ask d'un ton mal assuré ; behave avec timidité

diffract [dɪˈfrækt] vt diffracter

diffraction [dɪˈfrækʃən] n diffraction f ◆ **diffraction grating** réseau m de diffraction

diffuse [dɪˈfjuːz] → SYN 1 vt [+ light, heat, perfume, news] diffuser, répandre ◆ **diffused lighting** éclairage m indirect

2 vi [light, heat, perfume, news] se diffuser, se répandre

3 [dɪˈfjuːs] adj light, thought diffus ; style, writer prolixe, diffus

diffuseness [dɪˈfjuːsnɪs] n a [of light, thought] qualité f diffuse

b [of style, writer] prolixité f

diffuser [dɪˈfjuːzəʳ] n (for light, hair dryer) diffuseur m

diffusion [dɪˈfjuːʒən] → SYN 1 n diffusion f

2 COMP ▷ **diffusion line** n (Comm) ligne f bis

dig [dɪg] → SYN vb : pret, ptp **dug** 1 n a (with hand/elbow) coup m de poing/de coude ◆ **to give sb a dig in the ribs** donner un coup de coude dans les côtes de qn

b (= sly comment) pique f ◆ **to have** *or* **take a dig at sb** envoyer *or* lancer une pique à qn ◆ **was that a dig at me?** cette pique m'était destinée ?

c (with spade) coup m de bêche

d (Archeol) fouilles fpl ◆ **to go on a dig** aller faire des fouilles

2 vt a [+ ground] (gen) creuser ; (with spade) bêcher ; [+ grave, trench, hole] creuser ; [+ tunnel] creuser, percer ; [+ potatoes etc] arracher ◆ **they dug their way out of prison** ils se sont évadés de prison en creusant un tunnel ◆ **to dig one's own grave** (lit, fig) creuser sa propre tombe

b (= thrust) [+ fork, pencil etc] enfoncer (*sth into sth* qch dans qch) ◆ **to dig sb in the ribs** donner un coup de coude dans les côtes de qn

c (US ‡) (= understand) piger * ; (= take notice of) viser * ◆ **you dig?** tu piges ? * ◆ **dig that guy!** vise un peu ce mec ! * ◆ **I dig that!**

(= enjoy) ça me botte ! * ◆ **I don't dig football** le football ne me dit rien or me laisse froid

3 vi **a** [dog, pig] fouiller, fouir ; [person] creuser (*into* dans) ; (Tech) fouiller ; (Archeol) faire des fouilles ◆ **to dig for minerals** creuser pour extraire du minerai

b (fig) **to dig in one's pockets for sth** (searching for sth) fouiller dans ses poches pour trouver qch ◆ **to dig into one's pockets** or **purse** (= spend money) (for oneself) piocher dans ses économies ; (to help other people) mettre la main à la porte-monnaie ◆ **to dig deep** (= search hard) mener une enquête approfondie ; (= try hard) [athlete etc] puiser dans ses réserves ; (= give generously) mettre la main au porte-monnaie ◆ **to dig into the past** fouiller dans le passé

▶ **dig in** **1** vi **a** (Mil) se retrancher ; (fig) être fin prêt ◆ **the pickets are digging in for a long strike** les piquets de grève se préparent à un conflit prolongé

b (* = eat) attaquer * ◆ **dig in!** allez-y, attaquez ! ◆ **let's dig in!** allez, on attaque !

2 vt sep **a** (into ground) [+ compost, manure] mélanger à la terre, enterrer

b (= push, thrust in) [+ blade, knife] enfoncer ◆ **to dig one's heels in** (fig) se braquer, se buter ◆ **to dig the knife in** (fig) remuer le couteau dans la plaie

▶ **dig into** vt fus [+ sb's past] fouiller dans ; (* = eat) [+ food] attaquer *

▶ **dig out** vt sep [+ tree, plant] déterrer ; [+ animal] déloger ; (fig) [+ facts, information] déterrer, dénicher ◆ **to dig sb out of the snow/ rubble** sortir qn de la neige/des décombres ◆ **where did he dig out * that old hat?** où a-t-il été pêcher or dénicher ce vieux chapeau ?

▶ **dig over** vt sep [+ earth] retourner ; [+ garden] bêcher, retourner

▶ **dig up** vt sep [+ weeds, vegetables] arracher ; [+ treasure, body] déterrer ; [+ earth] retourner ; [+ garden] bêcher, retourner ; (fig) [+ fact, solution, idea] déterrer, dénicher

digamma [daɪˈɡæmə] n digamma m

digest [daɪˈdʒest] → SYN **1** vt [+ food, idea] digérer, assimiler ; [+ insult] digérer * ◆ **this kind of food is not easy to digest** or **easily digested** ce genre de nourriture est un peu indigeste

2 vi digérer

3 [ˈdaɪdʒest] n (= summary) [of book, facts] sommaire m, résumé m ; (= magazine) digest m ; (Jur) digeste m ◆ **in digest form** en abrégé

digestible [dɪˈdʒestəbl] adj (lit, fig) facile à digérer, digeste

digestion [dɪˈdʒestʃən] → SYN n (Anat, Chem, fig) digestion f

digestive [dɪˈdʒestɪv] **1** adj digestif

2 n (Brit: also **digestive biscuit**) ≃ (sorte f de) sablé m ; (de juice

3 COMP ▷ **digestive system** n système m digestif ▷ **digestive tract** n appareil m digestif

digger [ˈdɪɡəʳ] n **a** (= machine) excavatrice f, pelleteuse f

b (= miner) ouvrier mineur m ; (= navvy) terrassier m

c (*‡* = Australian) Australien m ; (*‡* = New-Zealander) Néo-Zélandais m

d (* : Mil Hist) soldat australien ou néo-zélandais de la première guerre mondiale → **gold**

digging [ˈdɪɡɪŋ] **1** n (NonC) (with spade) bêchage m ; [of hole etc] forage m ; (Min) creusement m, excavation f

2 **diggings** npl (Min) placer m ; (Archeol) fouilles fpl

digicam [ˈdɪdʒɪkæm] n (Comput) caméra f numérique

digit [ˈdɪdʒɪt] n **a** (Math) chiffre m ◆ **double-/ triple-digit** à deux/trois chiffres

b (= finger) doigt m ; (= toe) orteil m

c (Astron) doigt m

digital [ˈdɪdʒɪtəl] **1** adj **a** radio, readout, recording numérique ; tape, recorder audionumérique ; clock, watch à affichage numérique ◆ **digital computer** calculateur m numérique

b (Anat) digital

2 COMP ▷ **digital audio tape** n bande f audionumérique or DAT ▷ **digital compact cassette** n cassette f compacte numérique

digitalin [ˌdɪdʒɪˈteɪlɪn] n digitaline f

digitalis [ˌdɪdʒɪˈteɪlɪs] n (Bot) digitale f ; (Pharm) digitaline f

digitalize [ˈdɪdʒɪtəlaɪz] vt (Comput) digitaliser, numériser

digitally [ˈdɪdʒɪtəlɪ] adv (Audio, Mus) record, transmit etc en numérique ◆ **digitally remastered** mixé en numérique ◆ **"digitally remastered (version)"** (on CD cover) "remix numérique", "mixage numérique"

digitiform [ˈdɪdʒɪtɪˌfɔːm] adj digitiforme

digitigrade [ˈdɪdʒɪtɪˌɡreɪd] adj, n (Zool) digitigrade m

digitization [ˌdɪdʒɪtaɪˈzeɪʃən] n (Comput) digitalisation f, numérisation f

digitize [ˈdɪdʒɪtaɪz] vt (Comput) digitaliser, numériser

digitizer [ˈdɪdʒɪtaɪzəʳ] n (Comput) digitaliseur m, convertisseur m numérique

diglossia [daɪˈɡlɒsɪə] n diglossie f

diglossic [daɪˈɡlɒsɪk] adj diglossique

dignified [ˈdɪɡnɪfaɪd] → SYN adj person, manner plein de dignité, digne ; pause, silence digne ◆ **a dignified old lady** une vieille dame très digne ◆ **he is very dignified** il a beaucoup de dignité

dignify [ˈdɪɡnɪfaɪ] → SYN vt donner de la dignité à ◆ **to dignify sth/sb with the name of ...** honorer qch/qn du nom de ...

dignitary [ˈdɪɡnɪtərɪ] → SYN n dignitaire m

dignity [ˈdɪɡnɪtɪ] → SYN n **a** (NonC) [of person, occasion, character, manner] dignité f ◆ **he thinks that's beneath his dignity** il se croit au-dessus de ça ◆ **it would be beneath his dignity to do such a thing** il s'abaisserait en faisant une chose pareille ◆ **to stand on one's dignity** prendre de grands airs ◆ **to (be allowed to) die with dignity** (se voir accorder le droit de) mourir dignement or dans la dignité

b (= high rank) dignité f, haut rang m ; (= title) titre m, dignité f

digraph [ˈdaɪɡrɑːf] n digramme m

digress [daɪˈɡres] → SYN vi s'écarter, s'éloigner (*from* de), faire une digression ◆ **... but I digress** ... mais je m'écarte du sujet

digression [daɪˈɡreʃən] → SYN n digression f ◆ **this by way of digression** ceci (soit) dit en passant

digressive [daɪˈɡresɪv] adj digressif

digs † * [dɪɡz] npl (Brit = lodgings) chambre f meublée (*avec ou sans pension*) ◆ **I'm looking for digs** je cherche une chambre meublée à louer ◆ **to be in digs** loger en garni †

dihedral [daɪˈhiːdrəl] adj, n dièdre m

dihydric [daɪˈhaɪdrɪk] adj ◆ **dihydric alcohol** dialcool m

dik-dik [ˈdɪkˌdɪk] n (Zool) dik-dik m

dike [daɪk] n ⇒ **dyke a**

diktat [dɪkˈtɑːt] n diktat m

dilapidated [dɪˈlæpɪdeɪtɪd] → SYN adj house délabré ; clothes dépenaillé * ; book déchiré ◆ **in a dilapidated state** dans un état de délabrement

dilapidation [dɪˌlæpɪˈdeɪʃən] n [of buildings] délabrement m, dégradation f ; (Jur: gen pl) détérioration f (*causée par un locataire*) ; (Geol) dégradation f

dilate [daɪˈleɪt] → SYN **1** vt dilater ◆ **to dilate the cervix** dilater le col (de l'utérus) ◆ **to be 3cm dilated** (in labour) être dilaté de 3 cm

2 vi **a** se dilater

b (= talk at length) **to dilate (up)on sth** s'étendre sur qch, raconter qch en détail

dilation [daɪˈleɪʃən] n dilatation f ◆ **dilation and curettage** (Med) (dilatation f et) curetage m

dilatometer [ˌdɪləˈtɒmɪtəʳ] n dilatomètre m

dilatoriness [ˈdɪlətərɪnɪs] n lenteur f (*in doing sth* à faire qch), caractère m dilatoire

dilatory [ˈdɪlətərɪ] → SYN **1** adj person traînard, lent ; action, policy dilatoire ◆ **they were very dilatory about it** ils ont fait traîner les choses (en longueur)

2 COMP ▷ **dilatory motion** n (Pol) manœuvre f dilatoire

dildo [ˈdɪldəʊ] n godemiché m

dilemma [daɪˈlemə] → SYN n dilemme m ◆ **to be in a dilemma, to be on the horns of a dilemma** être pris dans un dilemme

dilettante [ˌdɪlɪˈtæntɪ] → SYN **1** n, pl **dilettantes** or **dilettanti** [ˌdɪlɪˈtæntɪ] dilettante mf

2 COMP de dilettante

dilettantism [ˌdɪlɪˈtæntɪzəm] n dilettantisme m

diligence [ˈdɪlɪdʒəns] → SYN n zèle m, diligence f (frm) ◆ **his diligence in his work** le zèle or la diligence (frm) dont il fait preuve dans son travail ◆ **to work with diligence** faire preuve d'assiduité dans son travail

diligent [ˈdɪlɪdʒənt] → SYN adj student, worker, work appliqué ; search minutieux ◆ **to be diligent in doing sth** faire qch avec zèle or diligence (frm)

diligently [ˈdɪlɪdʒəntlɪ] adv avec zèle or diligence (frm)

dill [dɪl] **1** n aneth m, fenouil m bâtard

2 COMP ▷ **dill pickle** n (Culin) cornichon m (à l'aneth)

dilly * [ˈdɪlɪ] n (US) ◆ **it's/he's a dilly** c'est/il est sensationnel * or vachement * bien ◆ **we had a dilly of a storm** nous avons eu une sacrée * tempête ◆ **it's a dilly** (of problem) c'est un casse-tête

dillydally [ˈdɪlɪdælɪ] vi (= dawdle) lanterner, lambiner * ; (= fritter time away) musarder ; (= vacillate) tergiverser, atermoyer

dillydallying [ˈdɪlɪdælɪɪŋ] n (= vacillation) tergiversation(s) f(pl) ◆ **no dillydallying!** (= dawdling) ne traînez pas !

dilute [daɪˈluːt] → SYN **1** vt [+ liquid] diluer ; [+ wine] couper ; [+ sauce] délayer, allonger ; (Pharm) diluer ; (fig) diluer, édulcorer ◆ **"dilute to taste"** "à diluer selon votre goût"

2 adj liquid coupé, dilué ; (fig) dilué, édulcoré

diluter [daɪˈluːtəʳ] n diluant m

dilution [daɪˈluːʃən] n dilution f ; [of wine, milk] coupage m, mouillage m ; (fig) édulcoration f

diluvium [daɪˈluːvɪəm] n, pl **diluvia** [daɪˈluːvɪə] diluvium m

dim [dɪm] → SYN **1** adj **a** (= not bright) light, lamp faible ; room, place sombre ; (fig) prospects, outlook sombre

b (= vague) shape, outline vague, imprécis ; recollection, memory vague ; → **view**

c (liter) eyes, sight faible ◆ **Elijah's eyes were growing dim** la vue d'Élie baissait

d (Brit * = stupid) bouché *

2 vt **a** (= turn down) [+ light] réduire, baisser ; [+ lamp] mettre en veilleuse ; [+ sb's sight] brouiller, troubler ◆ **to dim the lights** (Theat) baisser les lumières ◆ **to dim the headlights** (US Aut) se mettre en code(s)

b (= make dull) [+ colours, metals, beauty] ternir ; [+ sound] assourdir ; [+ memory, outline] effacer, estomper ; [+ mind, senses] affaiblir ; [+ glory] ternir

3 vi (also **grow dim**) **a** [light] baisser, décliner ; [sight] baisser, se troubler

b [metal, beauty, glory] se ternir ; [colours] devenir terne ; [outlines, memory] s'effacer, s'estomper

4 COMP ▷ **dim-out** n (US) black-out m partiel ▷ **dim-sighted** adj à la vue basse ▷ **dim sum** n (Culin) dim sum m ▷ **dim-witted** * adj crétin *, idiot ◆ **a dim-witted * mechanic** un crétin * de mécanicien ▷ **dim-wittedness** * n imbécillité f

▶ **dim out** (US) **1** vt sep [+ city] plonger dans un black-out partiel

2 dim-out n → **dim**

dimbo * [ˈdɪmbəʊ] n (Brit) (man) ballot * m ; (woman) godiche * f

dime [daɪm] **1** n (pièce f de) dix cents ◆ **it's not worth a dime** * (US) cela ne vaut pas un clou * un radis * ◆ **they're a dime a dozen** * (fig) il y en a or on en trouve à la pelle *

2 COMP ▷ **dime novel** n (US) roman m de gare, roman m de quatre sous ▷ **dime store** n (in US) ≃ Prisunic ®

dimension [daɪˈmenʃən] → SYN n (= size, extension in space) dimension f ; (Archit, Geom) dimension f, cote f ; (fig) (= scope, extent) [of problem, epidemic] étendue f

dimer [ˈdaɪməʳ] n (Chem) dimère m

dimeric / dip

dimeric [daɪˈmerɪk] adj (Chem) dimère

dimeter [ˈdɪmɪtər] n vers composé de deux mètres

diminish [dɪˈmɪnɪʃ] → SYN 1 vt [+ strength, power] amoindrir ; [+ effect] diminuer, atténuer ; [+ numbers, cost, speed] réduire ; [+ enthusiasm, optimism] tempérer ; (Mus) diminuer
 2 vi [strength, power] s'amoindrir ; [effect] s'atténuer ; [numbers, cost] se réduire ; [resources, supply] s'amenuiser

diminished [dɪˈmɪnɪʃt] 1 adj **a** strength, power amoindri ; value, budget, capacity, cost, numbers, staff, resources, supply réduit ; enthusiasm, optimism tempéré ; reputation terni ◆ **a diminished staff** un personnel réduit
 b (Mus) interval, fifth, seventh diminué
 2 COMP ▷ **diminished responsibility** n (Jur) responsabilité f atténuée

diminishing [dɪˈmɪnɪʃɪŋ] 1 adj amount, importance qui diminue, qui va en diminuant ; strength, power qui s'amoindrit ; resources, supply qui s'amenuise ; numbers, value, cost en baisse ; effect qui s'atténue ◆ **diminishing scale** (Art) échelle f fuyante or de perspective ◆ **law of diminishing returns** (Econ) loi f des rendements décroissants
 2 n diminution f

diminuendo [dɪˌmɪnjʊˈendəʊ] 1 n diminuendo m inv
 2 vi faire un diminuendo

diminution [ˌdɪmɪˈnjuːʃən] → SYN n [of value] baisse f, diminution f ; [of speed] réduction f ; [of strength, enthusiasm] diminution f, affaiblissement m (in de) ; [of temperature] baisse f, abaissement m (in de) ; [of authority] baisse f (in de) ; (Mus) diminution f

diminutive [dɪˈmɪnjʊtɪv] → SYN 1 adj **a** person, object tout petit, minuscule ; house, garden tout petit, exigu (-guë f), minuscule
 b (Ling = shortened) diminutif
 2 n (Ling) diminutif m

dimity [ˈdɪmɪtɪ] n basin m

dimly [ˈdɪmlɪ] 1 adv **a** (= not brightly) shine faiblement ◆ **dimly lit** mal éclairé
 b (= vaguely) see, hear, recollect vaguement ◆ **the hills were dimly visible through the mist** on apercevait confusément les collines dans la brume ◆ **I was dimly aware that someone was talking to me** j'étais vaguement conscient que quelqu'un me parlait ◆ **she was dimly aware of Gavin's voice** elle entendait vaguement la voix de Gavin
 2 COMP ▷ **dimly-remembered** adj dont on se souvient mal

dimmer [ˈdɪmər] n **a** (Elec: also **dimmer switch**) variateur m (de lumière)
 b (US Aut) **dimmers** phares mpl code inv, codes mpl ; (= parking lights) feux mpl de position

dimming [ˈdɪmɪŋ] n **a** [of light] affaiblissement m, atténuation f ; [of mirror, reputation] ternissement m
 b (US Aut) [of headlights] mise f en code(s)

dimness [ˈdɪmnɪs] n **a** [of light, sight] faiblesse f ; [of room, forest] obscurité f ; [of outline, memory] flou m ; [of colour, metal] aspect m terne ; [of intelligence] faiblesse f
 b (* = stupidity) stupidité f

dimorphic [daɪˈmɔːfɪk] adj dimorphe

dimorphism [ˌdaɪˈmɔːfɪzəm] n dimorphisme m

dimple [ˈdɪmpl] 1 n (in chin, cheek) fossette f (on sur) ; (in water) ride f
 2 vi [water] se rider ◆ **she dimpled, her cheeks dimpled** ses joues se creusèrent de deux fossettes
 3 vt ◆ **the wind dimpled the water** le vent ridait la surface de l'eau

dimpled [ˈdɪmpld] adj cheek, chin à fossette

dimwit* [ˈdɪmwɪt] n imbécile mf, crétin(e) * m(f)

DIN [dɪn] n (abbrev of **Deutsche Industrie Normen**) DIN

din [dɪn] → SYN 1 n vacarme m, chahut m ◆ **the din of battle** le fracas de la bataille ◆ **to make** or **kick up a din*** faire du boucan *
 2 vt **to din sth into sb** rebattre les oreilles à qn de qch ◆ **she dinned (it) into the child that he mustn't speak to strangers** elle répétait sans cesse à l'enfant qu'il ne devait pas parler à des inconnus ◆ **I had it dinned into me that it was wrong to lie** on m'a dit et répété mille fois qu'il ne fallait pas mentir ◆ **try to din it into her that ...** essayez de lui enfoncer dans la tête que ...

dinar [ˈdiːnɑː] n dinar m

din-dins [ˈdɪndɪnz] n (Brit: baby talk) miam-miam m (baby talk) ◆ **it's time for din-dins, your din-dins is ready** c'est l'heure de faire miam-miam

dine [daɪn] → SYN 1 vi dîner (off, on de) ◆ **they dined off** or **on a chicken** ils ont dîné d'un poulet
 2 vt inviter à dîner ; → **wine**
 3 COMP ▷ **dining car** n (Brit Rail) wagon-restaurant m ▷ **dining hall** n réfectoire m, salle f à manger ▷ **dining room** n salle f à manger ; (in hotel) salle f de restaurant ▷ **dining room suite** n salle f à manger (meubles) ▷ **dining room table, dining table** n table f de salle à manger

▶ **dine in** vi dîner à la maison or chez soi

▶ **dine out** vi dîner en ville or au restaurant ◆ **he dined out on that story for a long time afterwards** il a resservi cette histoire trente-six fois par la suite

diner [ˈdaɪnər] n **a** (= person) dîneur m, -euse f
 b (Rail) wagon-restaurant m
 c (US) petit restaurant m

dinero* [dɪˈnɛərəʊ] n (US) pognon * m, fric * m

dinette [daɪˈnet] n coin-repas m ; → **kitchen**

ding-a-ling [ˈdɪŋəlɪŋ] n **a** [of bell, telephone] dring dring m
 b (US * = fool) cloche * f

dingbat* [ˈdɪŋbæt] n (US) imbécile mf, andouille * f

ding-dong [ˈdɪŋˈdɒŋ] 1 n **a** (= noise) ding dong m
 b (* = quarrel) prise f de bec
 2 adj * fight acharné, dans les règles (fig)
 3 adv ding dong

dinghy [ˈdɪŋɪ] n youyou m, petit canot m ; (collapsible) canot m pneumatique ; (also **sailing dinghy**) dériveur m

dinginess [ˈdɪndʒɪnɪs] n aspect m minable * or miteux

dingo [ˈdɪŋɡəʊ] n, pl **dingoes** dingo m

dingus* [ˈdɪŋɡəs] n (US) truc * m, machin * m

dingy [ˈdɪndʒɪ] → SYN adj miteux

dink* [dɪŋk] n (US baby talk = penis) zizi * m

dinkie* [ˈdɪŋkɪ] (abbrev of **double income no kids**) 1 n ◆ **dinkies** jeune(s) couple(s) m(pl) salarié(s) sans enfant ≈ couple(s) m(pl) yuppie(s)
 2 adj attitude, lifestyle ≈ de yuppie

dinkum* [ˈdɪŋkəm] adj (Austral) ◆ **he's a (fair) dinkum Aussie** il est australien jusqu'au bout des ongles ◆ **fair dinkum!** (= seriously!) sans blague ! *

dinky* [ˈdɪŋkɪ] adj **a** (Brit) mignon, gentil
 b (US pej) de rien du tout

dinner [ˈdɪnər] → SYN 1 n (= evening meal) dîner m ; (= lunch) déjeuner m ; (for dog, cat) pâtée f ◆ **have you given the dog his dinner?** tu as donné à manger au chien ? ◆ **he was having his dinner** (in the evening) il était en train de dîner ; (at lunch) il était en train de déjeuner ◆ **to be at dinner** † être en train de dîner ◆ **we're having people to dinner** nous avons du monde à dîner ◆ **dinner's ready!** le dîner est prêt !, à table ! ◆ **we had a good dinner** nous avons bien dîné (or déjeuné) ◆ **to go out to dinner** dîner au restaurant ; (at friends) dîner chez des amis ◆ **a formal dinner** un dîner officiel, un grand dîner ◆ **to be done like a dinner** * (Austral : in contest etc) prendre une déculottée *
 2 COMP ▷ **dinner bell** n the dinner bell has gone on a sonné (pour) le dîner ▷ **dinner-dance** n dîner m dansant ▷ **dinner duty** n (Scol) service m de réfectoire ◆ **to do dinner duty, to be on dinner duty** (Scol) être de service or de surveillance au réfectoire ▷ **dinner jacket** n (Brit) smoking m ▷ **dinner knife** n, pl **dinner knives** grand couteau m ▷ **dinner lady** n (Brit Scol) femme f de service (à la cantine) ▷ **dinner money** n (Brit Scol) argent m pour la cantine ▷ **dinner party** n dîner m (sur invitation) ◆ **to give a dinner party** avoir du monde à dîner, donner un dîner ▷ **dinner plate** n (grande) assiette f ▷ **dinner roll** n petit pain m ▷ **dinner service** n service m de table ▷ **dinner table** n at the dinner table pendant le dîner (or déjeuner), au dîner (or déjeuner) ▷ **dinner theater** n (US) cabaret m, café-théâtre m ▷ **dinner time** n at dinner time à l'heure du dîner (or déjeuner) ◆ **it's dinner time** c'est l'heure du dîner (or déjeuner) ▷ **dinner trolley, dinner wagon** n table f roulante

dinnertime [ˈdɪnətaɪm] n ⇒ **dinner time** ; → **dinner**

dinnerware [ˈdɪnəwɛər] n (US) vaisselle f

dinosaur [ˈdaɪnəsɔːr] n dinosaure m

dint [dɪnt] 1 n **a** ⇒ **dent 1**
 b **by dint of (doing) sth** à force de (faire) qch
 2 vt ⇒ **dent 2**

diocesan [daɪˈɒsɪsən] 1 adj diocésain
 2 n (évêque m) diocésain m

diocese [ˈdaɪəsɪs] n diocèse m

diode [ˈdaɪəʊd] n diode f

dioecious [daɪˈiːʃəs] adj (Bot) dioïque

Diogenes [daɪˈɒdʒɪniːz] n (Antiq) Diogène m

diol [ˈdaɪɒl] n dialcool m

dionysian [ˌdaɪəˈnɪzɪən] adj dionysiaque

Dionysus [ˌdaɪəˈnaɪsəs] n (Myth) Dionysos m

dioptre, diopter (US) [daɪˈɒptər] n dioptrie f

dioptrics [daɪˈɒptrɪks] n (NonC : Phys) dioptrique f

diorama [ˌdaɪəˈrɑːmə] n diorama m

diorite [ˈdaɪərˌaɪt] n diorite f

dioxide [daɪˈɒksaɪd] n bioxyde m, dioxyde m

dioxin [daɪˈɒksɪn] n dioxine f

DIP [dɪp] 1 n (Comput) abbrev of **Dual-In-Line Package**
 2 COMP ▷ **DIP switch** n commutateur m en boîtier DIP

dip [dɪp] → SYN vt **a** (into liquid) [+ pen, hand, fingers, toes, clothes] tremper (into dans) ; [+ spoon] plonger (into dans) ; (Tech) tremper, décaper ; [+ candle] fabriquer ◆ **to dip a brush into paint** tremper un pinceau dans de la peinture ◆ **she dipped her hand into the bag** elle a plongé sa main dans le sac ◆ **walnuts dipped in chocolate** noix fpl enrobées de chocolat ◆ **dip the meat in flour** farinez la viande ◆ **to dip a** or **one's toe in the water** (fig) s'aventurer prudemment
 b [+ sheep] traiter contre les parasites
 c (= bend) [+ one's head] incliner
 d (Brit Aut) **to dip one's headlights** se mettre en code(s) ◆ **to dip one's flag** (Naut) saluer avec le pavillon
 2 vi [ground] descendre, s'incliner ; [road] descendre ; [temperature, pointer on scale] baisser ; [prices] fléchir, baisser ; [boat, raft] tanguer, piquer du nez * ◆ **the sun dipped below the horizon** le soleil a disparu à l'horizon ◆ **sales dipped (by) 6% last month** les ventes ont fléchi or baissé de 6 % le mois dernier
◆ **to dip into sth** ◆ **she dipped into her handbag for money** elle a cherché de l'argent dans son sac à main ◆ **to dip into one's savings** puiser dans ses économies ◆ **to dip into a book** feuilleter un livre
 3 n **a** (* : in sea etc) baignade f, bain m (de mer etc) ◆ **to have a (quick) dip** faire trempette *
 b (Agr : for treating animals) bain m parasiticide
 c (in ground) déclivité f ; (Geol) pendage m ; (in prices, figures, unemployment, support, enthusiasm) fléchissement m ; (in temperature) baisse f ; (Phys : also **angle of dip**) inclinaison f magnétique ◆ **share prices have recovered after a slight dip yesterday** les cours des actions sont remontés après un léger fléchissement hier ◆ **an after-lunch dip in concentration** une baisse de concentration après le déjeuner
 d (Culin) sauce f froide (dans laquelle on trempe des crudités, des chips) ◆ **avocado dip** purée f or mousse f d'avocat, guacamole m ◆ **hot cheese dip** fondue f savoyarde or au fromage
 e → **lucky**
 4 COMP ▷ **dip needle** n aiguille f aimantée (de boussole) ▷ **dipped headlights** npl

codes mpl, feux mpl de croisement ◆ **to drive on dipped headlights** rouler en code(s) ▷ **dipping needle** n ⇒ **dip needle** ▷ **dip switch** n (Aut) basculeur m de phares

Dip. abbrev of **diploma**

Dip Ed ['dɪped] n (Brit Univ) (abbrev of **Diploma in Education**) diplôme d'enseignement

dipetalous [daɪ'petələs] adj bipétale

diphtheria [dɪf'θɪərɪə] ① n diphtérie f
② COMP ▷ **diphtheria vaccine** n vaccin m antidiphtérique

diphthong ['dɪfθɒŋ] n diphtongue f

diphthongization [ˌdɪfθɒŋaɪ'zeɪʃən] n diphtongaison f

diphthongize ['dɪfθɒŋaɪz] ① vt diphtonguer
② vi se diphtonguer

diplococcus [ˌdɪpləʊ'kɒkəs] n, pl **diplococci** [ˌdɪpləʊ'kɒksaɪ] diplocoque m

diplodocus [dɪ'plɒdəkəs] n diplodocus m

diploë ['dɪpləʊˌiː] n diploé m

diploid ['dɪplɔɪd] adj diploïde

diploma [dɪ'pləʊmə] n diplôme m ◆ **teacher's/nurse's diploma** diplôme m d'enseignement/d'infirmière ◆ **to hold** or **have a diploma in ...** être diplômé de or en ...

diplomacy [dɪ'pləʊməsɪ] → SYN n (Pol, fig) diplomatie f ◆ **to use diplomacy** (fig) user de diplomatie

diplomat ['dɪpləmæt] → SYN n (Pol) diplomate m, femme f diplomate ; (fig) diplomate mf

diplomatic [ˌdɪplə'mætɪk] → SYN ① adj a mission, relations diplomatique
 b (fig = tactful) person diplomate ; action, behaviour diplomatique, plein de tact ; answer diplomatique, habile ◆ **to be diplomatic in dealing with sth** s'occuper de qch avec tact or en usant de diplomatie
② COMP ▷ **diplomatic bag** n valise f diplomatique ▷ **diplomatic corps** n corps m diplomatique ▷ **diplomatic immunity** n immunité f diplomatique ▷ **diplomatic pouch** n ⇒ **diplomatic bag** ▷ **diplomatic service** n diplomatie f, service m diplomatique ▷ **diplomatic shuttle** n navette f diplomatique

diplomatically [ˌdɪplə'mætɪkəlɪ] adv a (= tactfully) avec diplomatie, diplomatiquement ◆ **diplomatically, he refrained from mentioning the divorce** il a fait preuve de diplomatie en s'abstenant de mentionner le divorce
 b (Pol = by diplomacy) diplomatiquement ; isolated, active etc sur le plan diplomatique ◆ **diplomatically, the Franco-German alliance has proved unshakeable** sur le plan diplomatique, l'alliance franco-allemande s'est avérée inébranlable

diplomatist [dɪ'pləʊmətɪst] n ⇒ **diplomat**

diplopia [dɪ'pləʊpɪə] n diplopie f

dipole ['daɪpəʊl] adj, n dipôle m

dipper ['dɪpər] n a (Orn) cincle m (plongeur)
 b (= ladle) louche f
 c (Aut: for headlamps) basculeur m (de phares)
 d (US Astron) **the Big** or **Great Dipper** la Grande Ourse ◆ **the Little Dipper** la Petite Ourse ; see also **big**

dippy ※ ['dɪpɪ] adj toqué *

dipso ※ ['dɪpsəʊ] n (abbrev of **dipsomaniac**) soûlard(e) ※ m(f)

dipsomania [ˌdɪpsəʊ'meɪnɪə] n (Med) dipsomanie f

dipsomaniac [ˌdɪpsəʊ'meɪnɪæk] n (Med) dipsomane mf

dipstick ['dɪpstɪk] n (Aut) jauge f (de niveau d'huile)

diptera ['dɪptərə] npl diptères mpl

dipteran ['dɪptərən] n (Zool) diptère m

dipterous ['dɪptərəs] adj diptère

diptych ['dɪptɪk] n diptyque m

dir. abbrev of **director**

dire ['daɪər] → SYN adj a (= desperate, appalling) situation, consequences, effects désastreux ; warning, prediction, threat sinistre ; poverty extrême ◆ **(in) dire poverty** (dans) la misère ◆ **to do sth from** or **out of dire necessity** faire qch par nécessité ◆ **to be in dire need of sth** avoir terriblement besoin de qch ◆ **to be in dire straits** être dans une situation désastreuse
 b (* = awful) nul *

direct [dɪ'rekt] LANGUAGE IN USE 27 → SYN
① adj a (= without detour) road, route, train, flight direct ◆ **direct hit** (Sport) coup m (en plein) dans le mille ; (Mil) coup m au but, tir m de plein fouet ◆ **to score** or **make a direct hit** mettre dans le mille ◆ **the building took** or **received** or **suffered a direct hit** le bâtiment a été touché de plein fouet
 b (= immediate) cause, result direct, immédiat ; contact, responsibility, access, talks, negotiations direct ; danger immédiat, imminent ◆ **this has a direct effect on the environment** cela a un impact direct sur l'environnement ◆ **the army is under his direct control** l'armée est sous son contrôle direct ◆ **the two companies are in direct competition (with each other)** ces deux sociétés sont en concurrence directe ◆ **to have direct access to sth** avoir directement accès à qch ◆ **to come into** or **be in direct contact with ...** être or entrer en contact direct avec ... ◆ **this was his first direct involvement in politics** c'était la première fois qu'il se mêlait directement de politique ◆ **keep away from direct heat** éviter l'exposition directe à la chaleur ◆ **"keep out of direct sunlight"** "ne pas exposer directement à la lumière du soleil" ◆ **to be a direct descendant of sb, to be descended in a direct line from sb** descendre en droite ligne or en ligne directe de qn
 c (= straightforward, not evasive) person, character, answer franc (franche f), direct ; question direct ; (= outright) refusal catégorique, absolu ; (= explicit) attack, reference, link direct ; evidence tangible ◆ **there has been no direct challenge to the chairman** le directeur n'a pas été ouvertement contesté ◆ **this is the most direct challenge yet to UN authority** jusqu'à maintenant, l'autorité des Nations unies n'avait jamais été aussi directement remise en cause
② vt a (= give directions to) **to direct sb to sth** indiquer le chemin de qch à qn ◆ **can you direct me to the town hall?** pourriez-vous m'indiquer le chemin de la mairie ?
 b (= address, aim) [+ remark, question, abuse, letter] adresser (to à) ; [+ threat] proférer (at contre) ; [+ efforts] orienter (towards vers) ; [+ torch] diriger (on sur) ◆ **to direct sb's attention to** attirer l'attention de qn sur ◆ **to direct one's attention to sth** concentrer or reporter son attention sur qch ◆ **the violence was directed against the police** les actes de violence étaient dirigés contre la police ◆ **she directed an angry glance at him** elle lui a jeté un regard noir ◆ **don't direct your anger at me** ne vous en prenez pas à moi ◆ **he directed his energies to winning the election** il a tout fait pour remporter l'élection ◆ **we need to direct more money into research** il faut que nous affections davantage d'argent à la recherche ◆ **a policy directed towards improving public transport** une politique ayant pour but d'améliorer or visant à améliorer les transports publics
 c (= control) [+ sb's work] diriger ; [+ business] diriger, gérer ; [+ movements] guider ; (Theat) [+ play] mettre en scène ; (Cine, Rad, TV) [+ film, programme] réaliser ; [+ group of actors] diriger
 d (= instruct) charger (sb to do sth qn de faire qch), ordonner (sb to do sth à qn de faire qch) ◆ **he did it as directed** il l'a fait comme on le lui avait dit or comme on l'en avait chargé ◆ **to direct that sth (should) be done** ordonner que qch soit fait ◆ **the judge directed that this remark be deleted from the record** le juge a ordonné que cette remarque soit retirée du procès-verbal ◆ **the judge directed the jury to find the accused not guilty** le juge imposa au jury un verdict d'acquittement ◆ **directed verdict** (US Jur) verdict rendu par le jury sur la recommandation du juge ◆ **"to be taken as directed"** (Med: on medicines) "respecter les doses prescrites" ◆ **"to be taken as directed by your doctor"** "se conformer à la prescription du médecin"
③ vi **who is directing?** (Theat) qui est le metteur en scène ? ; (Cine, Rad, TV) qui est le réalisateur ?
④ adv go, write directement ◆ **to fly direct from Glasgow to Paris** prendre un vol direct de Glasgow à Paris
⑤ COMP ▷ **direct access** n (Comput) accès m direct ▷ **direct action** n (Ind, Pol) action f directe ▷ **direct addressing** n (Comput) adressage m direct ▷ **direct broadcasting by satellite** n diffusion f en direct par satellite ▷ **direct broadcasting satellite** n satellite m de diffusion directe ▷ **direct current** n (Elec) courant m continu ▷ **direct debit** n (Comm, Fin) prélèvement m automatique ▷ **direct dialling** n composition f directe (des numéros de téléphone) ▷ **direct discourse** n (US) ⇒ **direct speech** ▷ **direct grant school** n (Brit: formerly) établissement scolaire sous contrat avec l'État, = école f libre ▷ **direct mail** n publipostage m ▷ **direct marketing** n marketing m direct ▷ **the direct method** n (Educ) la méthode directe, l'immersion f linguistique ▷ **direct motion** n (Astron) mouvement m direct ▷ **direct object** n (Gram) complément m d'objet direct ; ▷ **direct primary** (US : Pol) primaire f directe ▷ **direct rule** n (Pol) administration f directe (par le pouvoir central) ▷ **direct sales** npl ⇒ **direct selling** ▷ **direct selling** n vente f directe ▷ **direct speech** n (Gram) discours m or style m direct ▷ **direct tax** n impôt m direct ▷ **direct taxation** n (NonC) imposition f directe

direction [dɪ'rekʃən] → SYN ① n a (= way) direction f, sens m ; (fig) direction f, voie f ◆ **in every direction** dans toutes les directions, en tous sens ◆ **in the wrong/right direction** (lit) dans le mauvais/bon sens, dans la mauvaise/bonne direction ; (fig) sur la mauvaise/bonne voie ◆ **it's a move or step in the right direction** c'est un pas dans la bonne direction ◆ **in the opposite direction** en sens inverse ◆ **in the direction of ...** dans la direction de ..., en direction de ... ◆ **what direction did he go in?** quelle direction a-t-il prise ? ◆ **I asked a policeman for directions to the station** j'ai demandé le chemin de la gare à un agent de police ; → **sense**
 b (= management) direction f, administration f ◆ **under the direction of ...** sous la direction de ..., sous la conduite de ...
 c (Theat) mise f en scène ; (Cine, Rad, TV) réalisation f ◆ **"under the direction of ..."** (Theat) "mise en scène de ..." ; (Cine, Rad, TV) "réalisation de ..."
 d (= instruction) instruction f, indication f ◆ **directions for use** mode m d'emploi ; → **stage**
② COMP ▷ **direction finder** n radiogoniomètre m ▷ **direction finding** n radiogoniométrie f ▷ **direction indicator** n (Aut) clignotant m

directional [dɪ'rekʃənl] adj directionnel

directionless [dɪ'rekʃənlɪs] adj person sans but ; activity qui ne mène nulle part

directive [dɪ'rektɪv] → SYN n directive f, instruction f

directly [dɪ'rektlɪ] → SYN ① adv a (= straight) go, affect, communicate, pay directement ◆ **directly involved/responsible** directement impliqué/responsable ◆ **the two murders are not directly related** ces deux meurtres n'ont pas de rapport direct ◆ **to be directly descended from sb** descendre en droite ligne or en ligne directe de qn ◆ **to come directly to the point** aller droit au but
 b (= frankly) speak, ask directement
 c (= completely, exactly) opposed diamétralement, directement ◆ **directly contrary to** diamétralement opposé à, exactement contraire à ◆ **directly opposite points of view** des points de vue diamétralement opposés ◆ **the bus stops directly opposite** le bus s'arrête juste en face ◆ **directly opposite the railway station** juste en face de la gare ◆ **if a planet is at opposition, it is directly opposite the sun** si une planète est en opposition, elle est directement à l'opposé du soleil
 d (Brit = immediately, very soon) tout de suite ◆ **directly after supper** tout de suite après le dîner ◆ **she'll be here directly** elle arrive tout de suite
② conj (esp Brit) aussitôt que, dès que ◆ **he'll come directly he's ready** il viendra dès qu'il sera prêt

directness [dɪ'rektnɪs] n [of character, reply] franchise f ; [of person] franchise f, franc-parler m ; [of attack, question] caractère m direct

director [dɪˈrɛktəʳ] → SYN **1** n **a** (= person) (Brit) [of company] directeur m, -trice f, administrateur m, -trice f; [of institution] directeur m, -trice f; (Theat) metteur m en scène; (Cine, Rad, TV) réalisateur m, -trice f ◆ **director's chair** fauteuil m de metteur en scène; (Rel) directeur m de conscience ◆ **director general** directeur m général; → **board, managing, stage**
  b (= device) guide m
  2 COMP ▷ **director of admissions** n (US Univ etc) responsable mf du service des inscriptions ▷ **Director of Education** n (Brit) = recteur m d'académie ▷ **director of music** n (Mil) chef m de musique ▷ **Director of Public Prosecutions** n (Brit Jur) ≈ procureur m général ▷ **director of studies** n (Univ) (for course) directeur m, -trice f d'études; (for thesis) directeur m, -trice f de thèse ▷ **director's chair** n fauteuil m de metteur en scène ▷ **director's cut** n (Cine) version f du réalisateur, version f longue

directorate [dɪˈrɛktərɪt] n (= board of directors) conseil m d'administration

directorial [ˌdɪrɛkˈtɔːrɪəl] adj directorial, de directeur

directorship [dɪˈrɛktəʃɪp] n poste m or fonctions fpl de directeur or d'administrateur, direction f, directorat m

directory [dɪˈrɛktərɪ] LANGUAGE IN USE 27.1
  1 n **a** (of addresses) répertoire m (d'adresses); (also **street directory**) guide m des rues; (Telec) annuaire m (des téléphones); (Comm) annuaire m du commerce; (Comput) répertoire m (de dossiers)
  b (Hist) **Directory** Directoire m
  2 COMP ▷ **directory assistance** n (US) ⇒ **directory inquiries** ▷ **directory inquiries** npl (Brit Telec) (service m des) renseignements mpl

directrix [dɪˈrɛktrɪks] n (Math) (ligne f) directrice f

direful [ˈdaɪəfʊl] adj sinistre, menaçant

direly [ˈdaɪəlɪ] adv (= appallingly) affreusement ◆ **the book is direly written** ce livre est affreusement mal écrit

dirge [dɜːdʒ] → SYN n (lit) hymne m or chant m funèbre; (fig) chant m lugubre

dirham [ˈdɪəræm] n (= money) dirham m

dirigible [ˈdɪrɪdʒəbl] adj, n dirigeable m

dirigisme [diːriːˈʒiːzəm] n dirigisme m

dirigiste [diːriːˈʒiːst] adj dirigiste

dirk [dɜːk] n (Scot) dague f, poignard m

dirndl [ˈdɜːndəl] adj, n ◆ **dirndl (skirt)** large jupe f froncée

dirt [dɜːt] → SYN **1** n **a** (on skin, clothes, objects) saleté f, crasse f; (= earth) terre f; (= mud) boue f; (= excrement) crotte f; (Ind) impuretés fpl, corps mpl étrangers; (on machine, in engine) encrassement m ◆ **covered with dirt** (gen) très sale, couvert de crasse; [clothes, shoes, mudguards] couvert de boue, tout crotté; [cog, stylus] encrassé ◆ **a layer of dirt** une couche de saleté or de crasse ◆ **dog dirt** crotte f de chien ◆ **to eat dirt** * (fig) faire ses excuses les plus plates, ramper ◆ **to treat sb like dirt** * traiter qn comme un chien ◆ **to do the dirt on sb** *, **to do sb dirt** * (US fig) faire une vacherie ⁑ or une saloperie ⁑ à qn, jouer un tour de cochon * à qn
  b (fig = obscenity) obscénité f
  c (* = scandal) cancans mpl, ragots * mpl ◆ **to dig up dirt on sb** *, **to dig the dirt on sb** * (Brit) essayer de salir (la réputation de) qn ◆ **to dish the dirt** * (on sb) (esp Brit) colporter des ragots * (sur qn) ◆ **what's the dirt on …?** * qu'est-ce que l'on raconte sur … ?
  2 COMP ▷ **dirt bike** n moto f tout-terrain (de 50 cm3) ▷ **dirt-cheap** adv pour rien, pour une bouchée de pain ◆ **I bought it dirt-cheap** je l'ai acheté pour une bouchée de pain ◇ adj très bon marché inv ◆ **it was dirt-cheap** c'était donné ▷ **dirt farmer** n (US) petit fermier m ▷ **dirt-poor** * adj (US) miséreux ▷ **dirt road** n chemin m non macadamisé ▷ **dirt track** n (gen) piste f; (Sport) cendrée f ▷ **dirt track racing** n courses fpl motocyclistes or de motos sur cendrée

dirtily [ˈdɜːtɪlɪ] adv eat, live salement, malproprement; (fig) act, behave bassement; play, fight déloyalement

dirtiness [ˈdɜːtɪnɪs] n saleté f

dirty [ˈdɜːtɪ] → SYN **1** adj **a** (= soiled, unhygienic) object, place, person, habit sale; job, work salissant; hypodermic needle usagé; plug, contact encrassé ◆ **to get dirty** se salir ◆ **to get sth dirty** salir qch ◆ **to get one's hands dirty** (lit, fig) se salir les mains ◆ **to do** or **wash one's dirty linen** or **laundry in public, to do one's dirty washing in public** laver son linge sale en public ◆ **let's not wash our dirty linen** or **laundry in public** il vaut mieux laver son linge sale en famille
  b colour **a dirty brown/grey** un marron/gris sale ◆ **the morning light was dirty grey** la lumière du matin était d'un gris sale
  c (= smutty) book, film, joke, story, magazine, picture cochon *; language grossier ◆ **a dirty word** (lit, fig) un gros mot ◆ **"communist" was a dirty word for them** "communiste" était presque une injure pour eux ◆ **he's got a dirty mind** il a l'esprit mal tourné
  d (= unpleasant, underhand) sale (before n) ◆ **politics is a dirty business** la politique est un sale métier ◆ **it's a dirty job, but someone's got to do it** c'est un sale boulot, mais il faut bien que quelqu'un le fasse ◆ **dirty money** argent m sale ◆ **it was a very dirty election** les coups bas n'ont pas manqué dans cette élection ◆ **to give sb a dirty look** regarder qn de travers ◆ **dirty pool** ⁑ (US) tour m de cochon * ◆ **you dirty rat!** * sale type ! * ◆ **that was a dirty trick** c'était un sale tour or un tour de cochon * ◆ **dirty weather** sale temps m ◆ **to do sb's dirty work (for them)** faire le sale boulot * de qn ◆ **there's been some dirty work here!** il y a quelque chose de pas catholique * là-dessous ! ; → **hand**
  2 adv **a** (* = unfairly) **to play dirty** faire des coups en vache * ◆ **to fight dirty** donner des coups en vache *
  b (= smuttily) **to talk dirty** * dire des cochonneries
  c (intensifier) **a dirty great tractor** ⁑ un vachement gros tracteur *
  3 vt [+ hands, clothes, reputation] salir; [+ machine] encrasser ◆ **he's never had to dirty his hands to make a living** il n'a jamais eu à retrousser ses manches pour gagner sa vie
  4 n (Brit) ◆ **to do the dirty on sb** ⁑ faire une vacherie ⁑ à qn, jouer un tour de cochon * à qn
  5 COMP ▷ **dirty-faced** adj à or qui a la figure sale ▷ **dirty-minded** adj à or qui a l'esprit mal tourné ▷ **dirty old man** n, pl **dirty old men** vieux cochon * m ▷ **dirty tricks** npl coups mpl tordus * ▷ **dirty-tricks campaign** n campagne f de dénigrement ▷ **dirty weekend** * n week-end m coquin

disability [ˌdɪsəˈbɪlɪtɪ] → SYN **1** n **a** (NonC) (physical) invalidité f, incapacité f; (mental) incapacité f ◆ **complete/partial disability** incapacité f totale/partielle
  b (= infirmity) infirmité f; (= handicap) désavantage m, handicap m ◆ **his disability made him eligible for a pension** son infirmité lui donnait droit à une pension
  2 COMP ▷ **disability allowance** n allocation f d'invalidité ▷ **disability pension** n pension f d'invalidité

disable [dɪsˈeɪbl] → SYN vt [illness, accident, injury] rendre infirme; (= maim) estropier, mutiler; [+ tank, gun] mettre hors de combat; [+ ship] (gen) avarier, mettre hors d'état; (by enemy action) mettre hors de combat; (Jur = make/pronounce incapable) rendre/prononcer inhabile (from doing sth à faire qch)

disabled [dɪsˈeɪbld] → SYN **1** adj **a** (permanently) handicapé; (esp Admin = unable to work) invalide; (= paralyzed) estropié; (= maimed) mutilé; (Mil) mis hors de combat ◆ **disabled ex-servicemen** mutilés mpl or invalides mpl de guerre ◆ **severely/partially disabled** souffrant d'un handicap sévère/léger
  b (Naut) **to be disabled** [ship] avoir des avaries, être immobilisé pour cause d'avaries; [propeller] être bloqué
  c (Jur) incapable (from de), inhabile (from à)
  2 the disabled npl les handicapés mpl ◆ **the severely disabled** les personnes fpl souffrant d'un handicap sévère ◆ **the war disabled** les mutilés mpl or les invalides mpl de guerre

disablement [dɪsˈeɪblmənt] **1** n invalidité f
  2 COMP ▷ **disablement benefit** n allocation f d'invalidité ▷ **disablement insurance** n assurance f invalidité ▷ **disablement pension** n pension f d'invalidité

disabuse [ˌdɪsəˈbjuːz] vt (frm) désenchanter ◆ **to disabuse sb of sth** détromper qn de qch

disaccharide [daɪˈsækəraɪd] n disaccharide m, diholoside m

disadvantage [ˌdɪsədˈvɑːntɪdʒ] → SYN **1** n **a** (NonC) désavantage m, inconvénient m ◆ **to be at a disadvantage** être défavorisé ◆ **you've got me at a disadvantage** vous avez l'avantage sur moi ◆ **to catch sb at a disadvantage** surprendre qn en position de faiblesse ◆ **to put sb at a disadvantage** désavantager or défavoriser qn, mettre qn en position de faiblesse
  b (= prejudice, injury) préjudice m, désavantage m; (Comm = loss) perte f ◆ **it would be** or **work to your disadvantage to be seen with him** cela vous porterait préjudice or vous ferait du tort si on vous voyait avec lui ◆ **to sell at a disadvantage** vendre à perte
  2 vt désavantager, défavoriser

disadvantaged [ˌdɪsədˈvɑːntɪdʒd] **1** adj défavorisé ◆ **educationally/socially/economically disadvantaged** défavorisé sur le plan scolaire/social/économique
  2 the disadvantaged npl les classes fpl défavorisées; (economically) les économiquement faibles mpl

disadvantageous [ˌdɪsædvɑːnˈteɪdʒəs] → SYN adj désavantageux, défavorable (to à)

disadvantageously [ˌdɪsædvɑːnˈteɪdʒəslɪ] adv d'une manière désavantageuse, désavantageusement

disaffected [ˌdɪsəˈfɛktɪd] → SYN adj (= discontented) mécontent, mal disposé

disaffection [ˌdɪsəˈfɛkʃən] → SYN n désaffection f, mécontentement m

disagree [ˌdɪsəˈɡriː] → SYN vi **a** (= be of different opinion) ne pas être d'accord (with avec; on, about sur), ne pas être du même avis (with que; on, about sur), se trouver or être en désaccord (with avec; on, about sur) ◆ **I disagree** je ne suis pas de cet avis, je ne suis pas d'accord ◆ **I disagree completely with you** je ne suis pas du tout d'accord avec vous or pas du tout de votre avis ◆ **they always disagree (with each other)** ils ne sont jamais du même avis or d'accord; (always quarrelling) ils sont incapables de s'entendre ◆ **to disagree with the suggestion that …** être contre la suggestion que … ◆ **she disagrees with everything he has done** elle se trouve en désaccord avec tout ce qu'il a fait
  b (= be different) [explanations, reports, sets of figures] ne pas concorder (with avec)
  c **to disagree with sb** * [climate, food] ne pas convenir or réussir à qn ◆ **mutton disagrees with him** il ne digère pas le mouton, le mouton ne lui réussit pas ◆ **the mutton disagreed with him** il a mal digéré le mouton, le mouton n'est pas bien passé *

disagreeable [ˌdɪsəˈɡriːəbl] → SYN adj désagréable

disagreeableness [ˌdɪsəˈɡriːəblnɪs] n [of work, experience] nature f désagréable or fâcheuse; [of person] mauvaise humeur f, maussaderie f, attitude f or manière(s) f(pl) désagréable(s)

disagreeably [ˌdɪsəˈɡriːəblɪ] adv désagréablement ◆ **disagreeably pungent** d'une âcreté désagréable

disagreement [ˌdɪsəˈɡriːmənt] → SYN n **a** (of opinion, also between accounts etc) différence f
  b (= quarrel) désaccord m, différend m ◆ **to have a disagreement with sb (about sth)** avoir un différend avec qn (à propos de qch) ◆ **to be in disagreement (over sth)** [people] être en désaccord (sur qch)

disallow [ˌdɪsəˈlaʊ] → SYN vt (gen) rejeter; (Sport) [+ goal etc] refuser; (Jur) débouter, rejeter

disambiguate [ˌdɪsæmˈbɪɡjʊeɪt] vt désambiguïser

disambiguation [ˌdɪsæmˌbɪgjʊˈeɪʃən] n désambiguïsation f

disappear [ˌdɪsəˈpɪəʳ] → SYN ① vi [person, vehicle, lost object, snow, objection] disparaître ; [memory] disparaître, s'effacer ; [difficulties] disparaître, s'aplanir ; [custom] disparaître, tomber en désuétude ; (Ling) [sound] s'amuïr ◆ **he disappeared from view** or **sight** on l'a perdu de vue ◆ **the ship disappeared over the horizon** le navire a disparu à l'horizon ◆ **to make sth disappear** faire disparaître qch ; [conjurer] escamoter qch ◆ **to do a disappearing trick** * (fig) s'éclipser, s'esquiver
② vt (Pol *) [+ dissident] faire disparaître

disappearance [ˌdɪsəˈpɪərəns] → SYN n disparition f ; (Ling) [of sound] amuïssement m

disappeared [ˌdɪsəˈpɪəd] npl (Pol) ◆ **the disappeared** les disparus mpl

disappoint [ˌdɪsəˈpɔɪnt] → SYN vt ⓐ (= let down) [+ person] décevoir ; (after promising) manquer à sa parole envers ◆ **he promised to meet me but disappointed me several times** il m'avait promis de me rencontrer mais il m'a fait faux bond plusieurs fois
ⓑ (= confound) [+ expectations, hope] décevoir ◆ **his schemes were disappointed** ses plans ont été contrecarrés

disappointed [ˌdɪsəˈpɔɪntɪd] LANGUAGE IN USE 14 → SYN adj person, hope, ambition déçu ◆ **to be disappointed that ...** être déçu que ... (+ subj) ◆ **to be disappointed to find/learn etc** être déçu de trouver/d'apprendre etc ◆ **to be disappointed by** or **with sth** être déçu par qch ◆ **he was disappointed with the reply** sa réponse l'a déçu ◆ **to be disappointed at having to do sth** être déçu de devoir faire qch ◆ **we were disappointed at not seeing her** or **not to see her** nous avons été déçus de ne pas la voir ◆ **to be disappointed in sb/sth** être déçu par qn/qch ◆ **I'm (very) disappointed in you** tu me déçois (beaucoup) ◆ **to be disappointed in one's hopes/in love** être déçu dans ses espoirs/en amour

disappointing [ˌdɪsəˈpɔɪntɪŋ] → SYN adj décevant ◆ **how disappointing!**, **quelle déception!**, **comme c'est décevant!**

disappointingly [ˌdɪsəˈpɔɪntɪŋlɪ] adv ◆ **progress has been disappointingly slow** les progrès ont été d'une lenteur décevante ◆ **the house was disappointingly small** la taille de la maison était décevante ◆ **the number of new jobs created was disappointingly low** le nombre de nouveaux emplois créés était décevant ◆ **the boat performed disappointingly** le bateau s'est comporté de manière décevante ◆ **disappointingly, he couldn't come** à notre grande déception or à la grande déception de tous, il n'a pas pu venir ◆ **disappointingly for his parents/teachers, he failed all his exams** à la grande déception de ses parents/professeurs, il a échoué à tous ses examens

disappointment [ˌdɪsəˈpɔɪntmənt] → SYN n ⓐ (NonC) déception f ◆ **to my great disappointment** à ma grande déception
ⓑ (= setback, source of disappointment) déception f, déboires mpl ◆ **after a series of disappointments** après une succession de déboires ◆ **disappointments in love** déboires mpl amoureux ◆ **he/that was a great disappointment to me** il/cela a été une grosse déception pour moi, il/cela m'a beaucoup déçu

disapprobation (liter) [ˌdɪsæprəˈbeɪʃən], **disapproval** [ˌdɪsəˈpruːvəl] n désapprobation f ◆ **murmur** etc **of disapprobation** murmure m etc désapprobateur or de désapprobation ◆ **to show one's disapprobation of sb/sth** marquer sa désapprobation à l'égard de qn/qch ◆ **the crowd were loud in their disapprobation** la foule désapprouva bruyamment

disapprove [ˌdɪsəˈpruːv] LANGUAGE IN USE 14 → SYN
① vi ◆ **to disapprove of sb/sth** désapprouver qn/qch ◆ **to disapprove of sb('s) doing sth** désapprouver or trouver mauvais que qn fasse qch ◆ **your mother would disapprove** ta mère n'approuverait pas, ta mère ne trouverait pas ça bien ◆ **he entirely disapproves of drink** il est tout à fait contre la boisson
② vt [+ action, event] désapprouver

disapproving [ˌdɪsəˈpruːvɪŋ] adj expression, look désapprobateur (-trice f) ◆ **she seemed disapproving** elle avait l'air de désapprouver ◆ **Giles announced to his disapproving mother that he would be marrying Kay** Giles a annoncé à sa mère, qui était contre, qu'il se mariait avec Kay ◆ **to be disapproving of sb/sth** désapprouver qn/qch ◆ **to make disapproving noises** (fig) manifester sa désapprobation

disapprovingly [ˌdɪsəˈpruːvɪŋlɪ] adv look, behave d'un air désapprobateur ; speak d'un ton désapprobateur

disarm [dɪsˈɑːm] vti (also fig) désarmer

disarmament [dɪsˈɑːməmənt] ① n désarmement m
② COMP ▷ **disarmament talks** npl conférence f sur le désarmement

disarmer [dɪsˈɑːməʳ] n ◆ **(nuclear) disarmer** partisan(e) m(f) du désarmement nucléaire

disarming [dɪsˈɑːmɪŋ] → SYN ① n (Mil) désarmement m
② adj smile désarmant

disarmingly [dɪsˈɑːmɪŋlɪ] adv smile, admit de façon désarmante ◆ **disarmingly modest/frank/simple** d'une modestie/franchise/simplicité désarmante

disarrange [ˌdɪsəˈreɪndʒ] → SYN vt déranger, mettre en désordre

disarranged [ˌdɪsəˈreɪndʒd] adj bed défait ; hair, clothes en désordre

disarray [ˌdɪsəˈreɪ] → SYN n (frm) désordre m, confusion f ◆ **the troops were in (complete) disarray** le désordre or la confusion régnait parmi les troupes, les troupes étaient en déroute ◆ **a political party in disarray** un parti politique en plein désarroi or en proie au désarroi ◆ **she was** or **her clothes were in disarray** ses vêtements étaient en désordre ◆ **to fall into disarray** sombrer dans le chaos

disassemble [ˌdɪsəˈsembl] vt désassembler, démonter

disassembler [ˌdɪsəˈsembləʳ] n (Comput) désassembleur m

disassociate [ˌdɪsəˈsəʊʃɪeɪt] vt ⇒ **dissociate**

disassociation [ˌdɪsəsəʊsɪˈeɪʃən] n ⇒ **dissociation**

disaster [dɪˈzɑːstəʳ] → SYN ① n (gen, also fig) désastre m, catastrophe f ; (from natural causes) catastrophe f, sinistre m ◆ **air disaster** catastrophe f aérienne ◆ **the Madrid airport disaster** la catastrophe de l'aéroport de Madrid ◆ **an environmental disaster** une catastrophe écologique ◆ **a financial/political disaster** un désastre financier/politique ◆ **on the scene of the disaster** sur les lieux du désastre or de la catastrophe or du sinistre ◆ **to be heading** or **headed for disaster** courir au désastre ◆ **their marriage/her hairstyle was a disaster** * leur couple/sa coiffure était une catastrophe * or un (vrai) désastre
② COMP ▷ **disaster area** n (lit) région f sinistrée ; **a (walking) disaster area** * (fig) une catastrophe (ambulante) * ▷ **disaster fund** n collecte f au profit des sinistrés ◆ **earthquake disaster fund** collecte f au profit des victimes du tremblement de terre ▷ **disaster movie** n film m catastrophe ▷ **disaster victim** n sinistré(e) m(f), victime f de la catastrophe

disastrous [dɪˈzɑːstrəs] → SYN adj désastreux (for pour) ◆ **with disastrous consequences** avec des conséquences désastreuses

disastrously [dɪˈzɑːstrəslɪ] adv de manière désastreuse ◆ **the match started disastrously for the French** le match a commencé de manière désastreuse pour les Français ◆ **the Socialists fared disastrously in the elections** les socialistes ont obtenu des résultats désastreux aux élections ◆ **disastrously low/high prices** des prix dramatiquement bas/élevés ◆ **to go disastrously wrong** tourner à la catastrophe ◆ **to get it disastrously wrong** faire une erreur monumentale

disavow [ˌdɪsəˈvaʊ] vt (frm) [+ one's words, opinions] désavouer, renier ; [+ faith, duties] renier

disavowal [ˌdɪsəˈvaʊəl] n (frm) [of one's words, opinions] désaveu m ; [of faith, duties] reniement m

disband [dɪsˈbænd] ① vt [+ army, corporation, club] disperser
② vi [army] se disperser ; [organization] se dissoudre

disbandment [dɪsˈbændmənt] n dispersion f

disbar [dɪsˈbɑːʳ] vt [+ barrister] radier de l'ordre des avocats ◆ **to be disbarred** se faire radier de l'ordre des avocats

disbarment [dɪsˈbɑːmənt] n (Jur) radiation f de l'ordre des avocats

disbelief [ˌdɪsbəˈliːf] → SYN n incrédulité f ◆ **in disbelief** avec incrédulité

disbelieve [ˌdɪsbəˈliːv] ① vt [+ person] ne pas croire ; [+ news etc] ne pas croire à
② vi (also Rel) ne pas croire (in à)

disbeliever [ˌdɪsbəˈliːvəʳ] → SYN n (also Rel) incrédule mf

disbelieving [ˌdɪsbəˈliːvɪŋ] adj incrédule

disbud [dɪsˈbʌd] vt ébourgeonner

disburden [dɪsˈbɜːdn] vt (lit, fig) décharger, débarrasser (of de) ; (= relieve) soulager ◆ **to disburden one's conscience** se décharger la conscience

disburse [dɪsˈbɜːs] vti (frm) débourser, décaisser

disbursement [dɪsˈbɜːsmənt] n (frm) (= paying out) déboursement m, décaissement m ; (= money paid) débours mpl

disc [dɪsk] ① n ⓐ (also of moon etc) disque m
ⓑ (Anat) disque m (intervertébral) ; → **slip**
ⓒ (Mil: also **identity disc**) plaque f d'identité
ⓓ (= gramophone record) disque m
② COMP ▷ **disc brakes** npl freins mpl à disque ▷ **disc camera** n appareil m photo à disque ▷ **disc film** n film m disque ▷ **disc harrow** n pulvériseur m ▷ **disc jockey** n disc-jockey m, animateur m, -trice f ▷ **disc shutter** n (Cine) [of projector] obturateur m à disque

disc. n (abbrev of **discount**) remise f

discalced [dɪsˈkælst] adj déchaux

discard [dɪsˈkɑːd] → SYN ① vt ⓐ (= get rid of) se débarrasser de ; (= throw out) jeter ; [+ jacket etc] se débarrasser de ; [+ idea, plan] renoncer à, abandonner ; [+ rocket, part of spacecraft] larguer
ⓑ (Bridge etc) se défausser de, défausser ; (Cribbage) écarter ◆ **he was discarding clubs** il se défaussait à trèfle ◆ **he discarded the three of hearts** il s'est défaussé du trois de cœur
② vi (Bridge etc) se défausser ; (Cribbage) écarter
③ [ˈdɪskɑːd] n ⓐ (Bridge) défausse f ; (Cribbage) écart m
ⓑ (Comm, Ind) pièce f de rebut, déchet m

discern [dɪˈsɜːn] vt [+ person, object, difference] discerner, distinguer, percevoir ; [+ feelings] discerner

discernible [dɪˈsɜːnəbl] adj object visible ; likeness, fault perceptible, sensible

discernibly [dɪˈsɜːnəblɪ] adv sensiblement

discerning [dɪˈsɜːnɪŋ] → SYN adj person judicieux, sagace, doué de discernement ; taste délicat ; look clairvoyant, perspicace

discernment [dɪˈsɜːnmənt] n (fig) discernement m, pénétration f

discharge [dɪsˈtʃɑːdʒ] → SYN ① vt ⓐ [+ ship] [+ cargo] décharger ; [ship, bus etc] [+ passengers] débarquer
ⓑ [+ liquid] déverser ; (Elec) décharger ; [factory, chimney, pipe] [+ gas] dégager, émettre ; [+ liquid, pollutants, sewage] déverser ◆ **the factory was discharging toxic gas into the atmosphere** l'usine rejetait des gaz toxiques dans l'atmosphère ◆ **the pipe was discharging sewage into the sea** le tuyau déversait les eaux usées dans la mer
ⓒ (Med) [wound] [+ mucus, blood] laisser écouler ◆ **to discharge pus** suppurer
ⓓ (Ind) [+ employee] renvoyer, congédier ; (Mil) [+ soldier] rendre à la vie civile ; (for health reasons) réformer ; (Jur) [+ prisoner] libérer, élargir (Jur) ; [+ jury] congédier ; [+ accused] relaxer ; [+ bankrupt] réhabiliter ; (Med) [+ patient] (from hospital) renvoyer (guéri) de l'hôpital ◆ **to discharge o.s.** (from hospital) signer sa décharge
ⓔ [+ gun] décharger, faire partir ; [+ arrow] décocher
ⓕ (Fin) [+ debt, bill] acquitter, régler

disci / **discredited**

g (frm = fulfil) [+ obligation, duty] remplir, s'acquitter de ; [+ function] remplir ; [+ responsibilities] exercer

2 vi [wound] suinter

3 ['dɪstʃɑːdʒ] n **a** (NonC) [of cargo] déchargement m ; (Elec) décharge f ; [of weapon] décharge f ; [of liquid] écoulement m

b (Med) (gen) suintement m ; (vaginal) pertes fpl (blanches) ; [of pus] suppuration f ◆ **nipple discharge** écoulement m mammaire

c [of employee] renvoi m ; [of prisoner] libération f, élargissement m (Jur) ; [of patient] renvoi m ◆ **the soldier got his discharge yesterday** le soldat a été libéré hier

d (frm = fulfilment) **the discharge of one's duty** (gen) l'accomplissement m de son devoir ◆ **the discharge of one's duties** (official tasks) l'exercice m de ses fonctions

e [of debt] acquittement m

disci ['dɪskaɪ] npl of discus

disciple [dɪ'saɪpl] → SYN n disciple m ◆ **Christ's disciples** les disciples du Christ

disciplinarian [ˌdɪsɪplɪ'nɛərɪən] → SYN n personne f stricte en matière de discipline

disciplinary ['dɪsɪplɪnərɪ] adj (gen) disciplinaire ◆ **a disciplinary offence** une faute passible de mesures disciplinaires ◆ **disciplinary matters/problems** questions fpl/problèmes mpl de discipline ◆ **to take disciplinary action** prendre des mesures disciplinaires

discipline ['dɪsɪplɪn] → SYN **1** n **a** (NonC) discipline f ◆ **to keep discipline** maintenir la discipline

b (= branch of knowledge) discipline f, matière f

2 vt (= control) [+ person] discipliner ; [+ mind] former, discipliner ; (= punish) punir ◆ **to discipline o.s. to do sth** s'astreindre à faire qch

disciplined ['dɪsɪplɪnd] adj person, group discipliné ; (= methodical) méthodique

disclaim [dɪs'kleɪm] → SYN vt **a** [+ news, statement] démentir ; [+ responsibility] rejeter, nier ; [+ authorship] nier ; [+ paternity] désavouer ◆ **to disclaim all knowledge of sth** nier toute connaissance de qch

b (Jur) se désister de, renoncer à

disclaimer [dɪs'kleɪməʳ] n **a** (= denial) démenti m ; (Jur) désistement m (of de), renonciation f (of à) ◆ **to issue a disclaimer** publier un démenti

b (= exclusion clause) décharge f (de responsabilité)

disclose [dɪs'kləʊz] → SYN **1** vt [+ secret] divulguer, dévoiler ; [+ news] divulguer ; [+ intentions] dévoiler ; [+ contents of envelope, box etc] dévoiler, montrer

2 COMP ▷ **disclosing agent** n (Dentistry) révélateur m de plaque dentaire

disclosure [dɪs'kləʊʒəʳ] → SYN n **a** (NonC) (by newspaper etc) divulgation f, révélation f ; (by individual to press etc) communication f (de renseignements) (to à)

b (= fact etc revealed) révélation f

Discman ® ['dɪskmæn] n Discman ® m

disco * ['dɪskəʊ] **1** n (abbrev of discotheque) disco m

2 COMP ▷ **disco dancing** n disco m

discobolus [dɪs'kɒbələs] n, pl **discoboli** [dɪs'kɒbəlaɪ] discobole m

discography [dɪs'kɒgrəfɪ] n discographie f

discoid ['dɪskɔɪd] **1** adj discoïde, discoïdal

2 n corps m discoïde or discoïdal

discolour, discolor (US) [dɪs'kʌləʳ] → SYN **1** vt (= spoil colour of, fade: gen) décolorer ; [+ white material, teeth] jaunir

2 vi (gen) se décolorer ; [white material, teeth] jaunir ; [mirror] se ternir

discolouration, discoloration (esp US) [dɪsˌkʌlə'reɪʃən] n décoloration f

discombobulate [ˌdɪskəm'bɒbjʊˌleɪt] vt (esp US) [+ plans] chambouler * ; [+ person] déconcerter

discomfit [dɪs'kʌmfɪt] vt (= disappoint) décevoir, tromper les espoirs de ; (= confuse) déconcerter, décontenancer, confondre

discomfiture [dɪs'kʌmfɪtʃəʳ] n (= disappointment) déconvenue f ; (= confusion) embarras m, déconfiture * f

discomfort [dɪs'kʌmfət] → SYN n **a** (NonC: physical, mental) gêne f ; (stronger) malaise m ◆ **I feel some discomfort from it but not real pain** ça me gêne mais ça ne me fait pas vraiment mal ◆ **much to my discomfort, he announced he would accompany me** à mon grand embarras, il a annoncé qu'il m'accompagnerait

b (= uncomfortable thing) désagrément m ◆ **the discomforts of camping in wet weather** les désagréments mpl du camping par temps de pluie

discomposure [ˌdɪskəm'pəʊʒəʳ] → SYN n trouble m, confusion f

disconcert [ˌdɪskən'sɜːt] → SYN vt déconcerter, décontenancer

disconcerting [ˌdɪskən'sɜːtɪŋ] → SYN adj déconcertant, troublant, déroutant

disconcertingly [ˌdɪskən'sɜːtɪŋlɪ] adv d'une manière déconcertante ◆ **disconcertingly, I found I rather liked him** j'ai été surpris de me rendre compte que je l'aimais bien ◆ **the policemen's faces were disconcertingly young** les policiers étaient d'une jeunesse déconcertante

disconnect [ˌdɪskə'nekt] → SYN vt [+ electrical apparatus, pipe] débrancher ; [+ railway carriages] décrocher ; (= cut off) [+ gas, electricity, water supply, telephone] couper ◆ **to disconnect a call** (Telec) couper or interrompre une communication ◆ **we've been disconnected** (Telec) (for non-payment etc) on nous a coupé le téléphone ; (in mid-conversation) nous avons été coupés ◆ **to be/feel disconnected from reality** être/se sentir coupé de la réalité ◆ **their proposal is disconnected from scientific reality** leur proposition n'est fondée sur aucune réalité scientifique

disconnected [ˌdɪskə'nektɪd] → SYN adj speech décousu ; thoughts sans suite ; facts, events sans rapport

disconnection [ˌdɪskʌ'nekʃən] → SYN n (Telec) suspension f de ligne ; [of gas, electricity] coupure f

disconsolate [dɪs'kɒnsəlɪt] → SYN adj inconsolable

disconsolately [dɪs'kɒnsəlɪtlɪ] adv **a** (= dejectedly) d'un air abattu ◆ **"I'm bored", he said disconsolately** "je m'ennuie" dit-il d'un air abattu

b (= inconsolably) trudge, wander l'air inconsolable ◆ **"there's no point going on", she said disconsolately** "ça ne sert à rien de continuer" dit-elle inconsolable ◆ **she wept disconsolately** elle pleurait, inconsolable

discontent [ˌdɪskən'tent] → SYN n mécontentement m ; (Pol) malaise m (social) ◆ **cause of discontent** grief m

discontented [ˌdɪskən'tentɪd] → SYN adj mécontent (with, about de)

discontentedly [ˌdɪskən'tentɪdlɪ] adv d'un air mécontent

discontentment [ˌdɪskən'tentmənt] n mécontentement m

discontinuance [ˌdɪskən'tɪnjʊəns], **discontinuation** [ˌdɪskənˌtɪnjʊ'eɪʃən] n (gen) interruption f ; [of production etc] arrêt m

discontinue [ˌdɪskən'tɪnjuː] → SYN vt (gen) cesser ; [+ product] (= stop manufacture of) arrêter la production de ; (= stop sales of) ne plus vendre ; [+ service] supprimer ; (Jur) [+ case, legal proceedings] abandonner ; (Med) [+ treatment] arrêter ◆ **to discontinue one's subscription to a newspaper** résilier son abonnement à un journal ◆ **a discontinued line** (Comm) une série ou un article qui ne se fait plus ◆ **"discontinued"** (on sale article) "fin de série"

discontinuity [ˌdɪskɒntɪ'njuːɪtɪ] n (gen, Math) discontinuité f ; (Geol) zone f de discontinuité

discontinuous [ˌdɪskən'tɪnjʊəs] adj discontinu (also Ling)

discord [ˈdɪskɔːd] → SYN n **a** discorde f, dissension f ◆ **civil discord** dissensions fpl civiles

b (Mus) dissonance f

discordance [dɪs'kɔːdəns] n discordance f

discordant [dɪs'kɔːdənt] → SYN adj **a** opinions incompatible ; sounds, colours discordant

b (Mus) dissonant

discotheque ['dɪskəʊtek] n discothèque f (dancing)

ANGLAIS-FRANÇAIS 244

discount ['dɪskaʊnt] → SYN **1** n escompte m ; (on article) remise f, rabais m ; (rebate on transaction not shown on invoice) ristourne f ; (St Ex: also share discount) décote f ; (in forward markets) déport m ◆ **to give a discount** faire une remise (on sur) ◆ **to buy at a discount** acheter au rabais ◆ **discount for cash** escompte m au comptant ◆ **at a discount** (Fin) en perte, au-dessous du pair ; (in forward markets) avec un déport ; (fig) mal coté ◆ **a discount of 25% below the nominal value of the shares** (St Ex) une décote de 25 % par rapport à la valeur nominale de l'action

2 [dɪs'kaʊnt] vt [+ sum of money] faire une remise de, escompter ; [+ bill, note] prendre à l'escompte, escompter ; (fig) ne pas tenir compte de ◆ **I discount half of what he says** je divise par deux tout ce qu'il dit ◆ **discounted cash flow** (Fin) cash-flow actualisé

3 COMP ▷ **discount house** n magasin m de vente au rabais ▷ **discount market** n (Fin) marché m de l'escompte ▷ **discount rate** n taux m d'escompte ▷ **discount store** n ⇒ **discount house**

discounter [dɪs'kaʊntəʳ] n (Fin, Banking) escompteur m ; (Comm) magasin m discount

discourage [dɪs'kʌrɪdʒ] → SYN vt **a** (= dishearten) décourager, abattre ◆ **to become discouraged** se laisser décourager or rebuter, se laisser aller au découragement ◆ **he isn't easily discouraged** il ne se décourage pas facilement

b (= advise against) décourager, (essayer de) dissuader (sb from sth/from doing sth qn de qch/de faire qch)

c [+ suggestion] déconseiller ; [+ offer of friendship] repousser ◆ **she discouraged his advances** elle a repoussé or découragé ses avances

discouragement [dɪs'kʌrɪdʒmənt] → SYN n (= act) désapprobation f (of de) ; (= depression) découragement m, abattement m

discouraging [dɪs'kʌrɪdʒɪŋ] → SYN adj décourageant, démoralisant

discourse ['dɪskɔːs] → SYN **1** n **a** discours m ; (written) dissertation f, traité m

b †† conversation f

2 [dɪs'kɔːs] vi (= hold forth) discourir ((up)on sur), traiter ((up)on de)

3 COMP ▷ **discourse analysis** n (Ling) analyse f du discours

discourteous [dɪs'kɜːtɪəs] → SYN adj impoli, peu courtois, discourtois (towards envers, avec)

discourteously [dɪs'kɜːtɪəslɪ] adv de façon discourtoise

discourteousness [dɪs'kɜːtɪəsnɪs], **discourtesy** [dɪs'kɜːtɪsɪ] n incivilité f, manque m de courtoisie, impolitesse f (towards envers, avec)

discover [dɪs'kʌvəʳ] → SYN vt [+ country, planet, treasure, reason, cause, secret, person hiding] découvrir ; [+ mistake, loss] s'apercevoir de, se rendre compte de ; (after search) [+ house, book] dénicher ◆ **to discover that ...** (= find out) apprendre que ... ; (= notice) s'apercevoir que ... ; (= understand) comprendre que ...

discoverer [dɪs'kʌvərəʳ] → SYN n ◆ **the discoverer of America/penicillin** celui qui a découvert l'Amérique/la pénicilline, le découvreur m de l'Amérique/la pénicilline

discovery [dɪs'kʌvərɪ] → SYN n **a** (NonC) [of fact, place, person] découverte f ◆ **it led to the discovery of penicillin** cela a conduit à la découverte de la pénicilline ; → **voyage**

b (= happy find) trouvaille f

c (Jur) **discovery of documents** communication f des pièces du dossier avant l'audience

d (Scol: subject) activités fpl d'éveil ◆ **to learn through discovery** apprendre par des activités d'éveil

discredit [dɪs'kredɪt] → SYN **1** vt (= cast slur on) discréditer, déconsidérer ; (= disbelieve) ne pas croire, mettre en doute

2 n discrédit m, déconsidération f ◆ **to bring discredit upon sb** jeter le discrédit sur qn ◆ **without any discredit to you** sans que cela vous nuise en rien ◆ **to be a discredit to ...** être une honte pour ..., faire honte à ... ◆ **to be to sb's discredit** discréditer qn

discreditable [dɪs'kredɪtəbl] → SYN adj peu honorable, indigne, déshonorant

discredited [dɪs'kredɪtɪd] adj discrédité

discreet [dɪsˈkriːt] → SYN adj person, action, presence, silence, decor, colour discret (-ète f) (about sur) ◆ **at a discreet distance** à distance respectueuse

discreetly [dɪsˈkriːtlɪ] adv speak, behave discrètement; dress avec sobriété ◆ **discreetly, she said nothing until her visitor had left** par discrétion, elle n'a rien dit avant le départ de son visiteur

discrepancy [dɪsˈkrepənsɪ] → SYN n contradiction f, divergence f

discrete [dɪsˈkriːt] adj (gen, Math, Med) discret (-ète f)

discreteness [dɪsˈkriːtnɪs] n caractère m discret

discretion [dɪsˈkreʃən] → SYN n **a** (= tact) discrétion f; (= prudence) discrétion f, sagesse f ◆ (Prov) **discretion is the better part of valour** prudence est mère de sûreté (Prov)
b (= freedom of decision) discrétion f ◆ **to leave sth to sb's discretion** laisser qch à la discrétion de qn ◆ **use your own discretion** faites comme bon vous semblera, c'est à vous de juger ◆ **at the discretion of the judge/the chairman etc it is possible to ...** c'est au juge/au président etc de décider s'il est possible de ... ◆ **the age of discretion** l'âge m de raison ◆ **to reach the age of discretion** atteindre l'âge de raison

discretionary [dɪsˈkreʃənərɪ] → SYN adj powers discrétionnaire

discriminant [dɪsˈkrɪmɪnənt] n (Math) discriminant m

discriminate [dɪsˈkrɪmɪneɪt] → SYN **1** vi **a** (= make unfair distinction) introduire une discrimination (against contre; in favour of en faveur de) ◆ **to be discriminated against** être victime d'une discrimination
b (= be discerning) **the public should discriminate** le public ne devrait pas accepter n'importe quoi ou devrait exercer son sens critique ◆ **he is unable to discriminate** il est incapable d'exercer son sens critique
2 vt distinguer (from de), discriminer (liter) (from de)

discriminating [dɪsˈkrɪmɪneɪtɪŋ] → SYN adj **a** (= discerning) person, audience, clientele plein de discernement, averti; palate exercé; judgement, mind perspicace ◆ **he's not very discriminating** (about books, TV) il manque d'esprit critique; (about food) il n'a pas un goût très fin
b tariff, tax différentiel

discrimination [dɪsˌkrɪmɪˈneɪʃən] → SYN n **a** (= prejudice) discrimination f (against contre; in favour of en faveur de) ◆ **religious discrimination** discrimination f religieuse or d'ordre religieux; → **racial, sex**
b (= distinction) distinction f (between entre), séparation f
c (NonC = judgement) discernement m

discriminatory [dɪsˈkrɪmɪnətərɪ] → SYN adj discriminatoire

discursive [dɪsˈkɜːsɪv], **discursory** [dɪsˈkɜːsərɪ] adj discursif, décousu (pej)

discus [ˈdɪskəs] **1** n, pl discuses or disci disque m
2 COMP ▷ **discus thrower** n lanceur m de disque, discobole m (Hist)

discuss [dɪsˈkʌs] → SYN vt (= examine in detail) discuter, examiner; (= talk about) [+ problem, project, price] discuter; [+ topic] discuter de or sur, débattre de ◆ **we were discussing him** nous parlions de lui ◆ **I discussed it with him** j'en ai discuté avec lui ◆ **I won't discuss it any further** je ne veux plus en parler

discussant [dɪsˈkʌsənt] n (US) participant(e) m(f) (à une discussion etc)

discussion [dɪsˈkʌʃən] → SYN **1** n discussion f, débat m (of, about sur, au sujet de) ◆ **under discussion** en discussion ◆ **a subject for discussion** un sujet de discussion
2 COMP ▷ **discussion document** n avant-projet m ▷ **discussion group** n groupe m de discussion ▷ **discussion paper** n ⇒ **discussion document**

disdain [dɪsˈdeɪn] → SYN **1** vt dédaigner (to do sth de faire qch)
2 n dédain m, mépris m ◆ **in disdain** avec dédain ◆ **to treat sb/sth with disdain** traiter qn/qch avec mépris

disdainful [dɪsˈdeɪnfʊl] → SYN adj person dédaigneux; tone, look dédaigneux, de dédain

disdainfully [dɪsˈdeɪnfəlɪ] adv avec dédain, dédaigneusement

disease [dɪˈziːz] → SYN n (Med: mental, physical) maladie f, affection f; (Bot, Vet) maladie f; (fig) maladie f, mal m; → **heart, occupational, venereal, virus**

diseased [dɪˈziːzd] → SYN adj malade

diseconomy [ˌdɪsɪˈkɒnəmɪ] n déséconomie f

disembark [ˌdɪsɪmˈbɑːk] → SYN vti débarquer

disembarkation [ˌdɪsembɑːˈkeɪʃən] n débarquement m

disembodied [ˌdɪsɪmˈbɒdɪd] → SYN adj désincarné

disembowel [ˌdɪsɪmˈbaʊəl] vt éventrer, éviscérer, étriper *

disembowelment [ˌdɪsɪmˈbaʊəlmənt] n éviscération f

disempower [ˌdɪsemˈpaʊəʳ] vt nier toute reconnaissance à

disenchant [ˌdɪsɪnˈtʃɑːnt] vt désabuser, désenchanter, désillusionner

disenchantment [ˌdɪsɪnˈtʃɑːntmənt] → SYN n désenchantement m, désillusion f

disencumber [ˌdɪsɪnˈkʌmbəʳ] vt [+ mortgage] payer; [+ property] déshypothéquer

disenfranchise [ˌdɪsɪnˈfræntʃaɪz] vt ⇒ **disfranchise**

disengage [ˌdɪsɪnˈgeɪdʒ] → SYN **1** vt [+ object, hand] dégager, libérer (from de); (Tech) [+ machine] déclencher, débrayer ◆ **to disengage o.s. from** se dégager de ◆ **to disengage the clutch** (Aut) débrayer
2 vi (Fencing) dégager (le fer); (Tech) se déclencher

disengaged [ˌdɪsɪnˈgeɪdʒd] → SYN adj libre, inoccupé; (Tech) débrayé

disengagement [ˌdɪsɪnˈgeɪdʒmənt] → SYN n (Pol) désengagement m

disentangle [ˌdɪsɪnˈtæŋgl] → SYN **1** vt [+ wool, problem, mystery] débrouiller, démêler; [+ plot] dénouer ◆ **to disentangle o.s. from** (lit, fig) se dépêtrer de, se sortir de
2 vi se démêler

disequilibrium [ˌdɪsekwɪˈlɪbrɪəm] n instabilité f

disestablish [ˌdɪsɪsˈtæblɪʃ] vt séparer de l'État ◆ **to disestablish the Church** séparer l'Église de l'État

disestablishment [ˌdɪsɪsˈtæblɪʃmənt] n séparation f (de l'Église et de l'État)

disfavour, disfavor (US) [dɪsˈfeɪvəʳ] → SYN **1** n désapprobation f, défaveur f ◆ **to fall into disfavour** tomber en défaveur ◆ **to fall into disfavour with sb** tomber en défaveur auprès de qn ◆ **to be in disfavour with sb** être mal vu de qn ◆ **to look with disfavour on sth** regarder qch avec désapprobation ◆ **to look with disfavour on sb** désapprouver qn
2 vt **a** (= dislike) désapprouver
b (US = disadvantage) être défavorable à, défavoriser

disfigure [dɪsˈfɪgəʳ] → SYN vt [+ face] défigurer; [+ scenery] défigurer, enlaidir

disfigured [dɪsˈfɪgəd] adj défiguré (by par)

disfigurement [dɪsˈfɪgəmənt] → SYN n défigurement m, enlaidissement m

disfranchise [dɪsˈfræntʃaɪz] vt [+ person] priver du droit électoral; [+ town] priver de ses droits de représentation

disfranchisement [dɪsˈfræntʃɪzmənt] n [of person] privation du droit électoral; [of town] privation f des droits de représentation

disgorge [dɪsˈgɔːdʒ] **1** vt [+ food] dégorger, rendre; [+ contents, passengers] déverser
2 vi [river] se dégorger, se décharger

disgrace [dɪsˈgreɪs] → SYN **1** n **a** (NonC = dishonour) honte f, déshonneur m; (= disfavour) disgrâce f, défaveur f ◆ **there is no disgrace in doing that** il n'y a aucune honte à faire cela ◆ **to be in disgrace** [public figure, politician] être en disgrâce; [child, dog] être en pénitence ◆ **to bring disgrace on sb** déshonorer qn
b (= cause of shame) honte f ◆ **it's a disgrace!** c'est une honte!, c'est honteux! ◆ **it's a disgrace to our country** c'est une honte pour or cela déshonore notre pays ◆ **she's a disgrace to her family** c'est la honte de sa famille ◆ **you're a disgrace!** tu devrais avoir honte de toi!
2 vt [+ family] faire honte à; [+ name, country] déshonorer, couvrir de honte or d'opprobre (liter) ◆ **don't disgrace us** ne nous fais pas honte ◆ **to disgrace o.s.** se couvrir de honte ◆ **he disgraced himself by losing his temper** il s'est couvert de honte en se mettant en colère ◆ **to be disgraced** [officer, politician] être disgracié

disgraceful [dɪsˈgreɪsfʊl] → SYN adj scandaleux, honteux

disgracefully [dɪsˈgreɪsfəlɪ] adv behave de manière scandaleuse; (= bad, badly etc) scandaleusement ◆ **disgracefully low wages** des salaires mpl scandaleusement bas ◆ **disgracefully badly paid** scandaleusement mal payé

disgruntled [dɪsˈgrʌntld] → SYN adj person (= discontented) mécontent (about, with de); (= in bad temper) de mauvaise humeur, mécontent (about, with à cause de); expression maussade, renfrogné

disgruntlement [dɪsˈgrʌntlmənt] n mécontentement m

disguise [dɪsˈgaɪz] → SYN **1** vt [+ person] déguiser (as en); [+ mistake, voice] déguiser, camoufler; [+ building, vehicle, ship] camoufler (as en); [+ facts, feelings] masquer, dissimuler, déguiser (liter) ◆ **to disguise o.s. as a woman** se déguiser en femme ◆ **to be disguised as a woman** être déguisé en femme ◆ **there is no disguising the fact that ...** on ne peut pas se dissimuler que ..., il faut avouer que ...
2 n (lit) déguisement m; (fig) masque m; (NonC) artifice m ◆ **his attitude was just a disguise for his true feelings** son attitude n'était qu'un masque qui cachait ses véritables sentiments ◆ **a novel about secrecy and disguise** un roman sur le secret et l'artifice ◆ **in disguise** (lit, fig) déguisé ◆ **in the disguise of ...** déguisé en ...

disgust [dɪsˈgʌst] → SYN **1** n dégoût m, répugnance f (for, at pour) ◆ **he left in disgust** (lit, fig) il est parti dégoûté or écœuré ◆ **to his disgust they left** il était dégoûté de les voir partir ◆ **to my disgust he refused to do it** il a refusé et cela m'a dégoûté
2 vt dégoûter, écœurer; (= infuriate) dégoûter, révolter

disgusted [dɪsˈgʌstɪd] → SYN adj dégoûté, écœuré (at de, par)

disgustedly [dɪsˈgʌstɪdlɪ] adv look at avec dégoût, d'un air dégoûté ◆ **"you really are pathetic", he said disgustedly** "tu es vraiment minable", dit-il d'un air écœuré or dégoûté

disgusting [dɪsˈgʌstɪŋ] → SYN adj **a** (= revolting) food, habit, behaviour, toilet, person dégoûtant; taste, smell répugnant, infect ◆ **it looks disgusting** ça a l'air dégoûtant ◆ **it tastes disgusting** c'est dégoûtant or infect ◆ **it smells disgusting** ça pue
b (= obscene) dégoûtant
c (* = disgraceful) dégoûtant ◆ **disgusting!** c'est dégoûtant! ◆ **you're disgusting!** tu es dégoûtant! ◆ **I think it's disgusting that we have to pay** je trouve ça dégoûtant qu'on doive payer ◆ **I think it's disgusting how much money they've got** je trouve (que c'est) dégoûtant qu'ils aient tant d'argent

disgustingly [dɪsˈgʌstɪŋlɪ] adv d'une manière dégoûtante ◆ **disgustingly dirty** d'une saleté répugnante

dish [dɪʃ] → SYN **1** n **a** (= serving plate) plat m; (= dinner plate) assiette f; (in laboratory etc) récipient m ◆ **vegetable dish** plat m à légumes, légumier m ◆ **the dishes** la vaisselle ◆ **to do the dishes** faire la vaisselle ◆ **to clear away the breakfast dishes** débarrasser la table du petit déjeuner
b (= food) plat m, mets m (frm) ◆ **fish/pasta/vegetable dish** plat m de poisson/de pâtes/de légumes ◆ **this is not my dish** * (US fig) ce n'est pas mon truc *
c (also dish aerial, dish antenna) → 3
d (* fig = attractive person) (man) beau mec * m; (woman) belle nana * f ◆ **she's quite a dish** c'est vraiment une belle nana *
2 vt [+ food, meal] mettre dans un plat ◆ **to dish the dirt (on sb)** * colporter des ragots * (sur qn)
b * [+ opponent] enfoncer *, écraser; [+ sb's chances, hopes] flanquer par terre *

dishabille / dismissive

3 COMP ▷ **dish aerial, dish antenna** (US) n antenne f parabolique, parabole f

▶ **dish out** vt sep [+ food] servir ; (* fig) [+ money, sweets, books etc] distribuer ; [+ punishment] administrer ◆ **to dish out a hiding to sb** * flanquer * une correction à qn ◆ **to dish it out to sb** * (fig) (= smack etc) flanquer * une correction à qn ; (verbally) passer un savon * à qn

▶ **dish up** vt sep **a** [+ food, meal] servir, verser dans un plat ◆ **the meal was ready to dish up** le repas était prêt à servir
b * [+ facts, statistics] resservir

dishabille [ˌdɪsəˈbiːl] n (frm) déshabillé m, négligé † m ◆ **in dishabille** en déshabillé, en négligé

disharmony [dɪsˈhɑːmənɪ] n désaccord m, manque m d'harmonie

dishcloth [ˈdɪʃklɒθ] n (for washing) lavette f ; (for drying) torchon m (à vaisselle)

dishearten [dɪsˈhɑːtn] → SYN vt décourager, abattre, démoraliser ◆ **don't be disheartened** ne vous laissez pas décourager or abattre

disheartening [dɪsˈhɑːtnɪŋ] adj décourageant, démoralisant

dished [dɪʃt] adj **a** (= dish-shaped) concave
b (* fig) person, hopes fichu *, foutu *

dishevelled [dɪˈʃevəld] → SYN adj (= ruffled) person échevelé, ébouriffé ; hair ébouriffé ; clothes en désordre ; (= scruffy) person débraillé

dishmop [ˈdɪʃmɒp] n lavette f

dishoard [dɪsˈhɔːd] vt [+ money] déthésauriser, remettre en circulation

dishonest [dɪsˈɒnɪst] → SYN adj (= unscrupulous) malhonnête ; (= insincere) déloyal, de mauvaise foi ◆ **to be dishonest with sb** être de mauvaise foi avec qn, être malhonnête avec qn

dishonestly [dɪsˈɒnɪstlɪ] adv behave malhonnêtement ; obtain par des moyens malhonnêtes

dishonesty [dɪsˈɒnɪstɪ] → SYN n (= unscrupulousness) malhonnêteté f ; (= insincerity) mauvaise foi f

dishonour [dɪsˈɒnər] → SYN **1** n déshonneur m
2 vt **a** [+ family] déshonorer, porter atteinte à l'honneur de ; [+ woman] déshonorer
b [+ bill, cheque] refuser d'honorer ◆ **a dishonoured cheque** un chèque impayé or non honoré

dishonourable [dɪsˈɒnərəbl] → SYN **1** adj person sans honneur ; act, behaviour déshonorant
2 COMP ▷ **dishonourable discharge** n (Mil) exclusion de l'armée pour conduite déshonorante

dishonourably [dɪsˈɒnərəblɪ] adv de façon déshonorante ◆ **to be dishonourably discharged** (Mil) être exclu de l'armée pour conduite déshonorante

dishpan [ˈdɪʃpæn] n (US) bassine f (à vaisselle)

dishrack [ˈdɪʃræk] n égouttoir m (à vaisselle)

dishrag [ˈdɪʃræg] n lavette f

dishtowel [ˈdɪʃtaʊəl] n (US) torchon m (à vaisselle)

dishwasher [ˈdɪʃwɒʃər] n **a** (= machine) lave-vaisselle m inv
b (= washer-up) laveur m, -euse f de vaisselle ; (in restaurant) plongeur m, -euse f ◆ **to work as a dishwasher** travailler à la plonge

dishwater [ˈdɪʃwɔːtər] n eau f de vaisselle ◆ **this coffee's like** or **as weak as dishwater** * c'est du jus de chaussettes * or de la lavasse * ce café ; → **dull**

dishy * [ˈdɪʃɪ] adj (Brit) person sexy *, appétissant

disillusion [ˌdɪsɪˈluːʒən] → SYN **1** vt désillusionner, désabuser ◆ **to be disillusioned** être désillusionné or désabusé or désenchanté (with en ce qui concerne, quant à) ◆ **to grow disillusioned** perdre ses illusions
2 n désillusion f, désenchantement m

disillusionment [ˌdɪsɪˈluːʒənmənt] n ⇒ **disillusion 2**

disincentive [ˌdɪsɪnˈsentɪv] → SYN **1** n ◆ **it's a real disincentive** cela a un effet dissuasif or de dissuasion ◆ **this is a disincentive to work** cela n'incite pas à travailler or au travail
2 adj dissuasif

disinclination [ˌdɪsɪnklɪˈneɪʃən] → SYN n manque m d'enthousiasme (to do sth à faire qch ; for sth pour qch)

disinclined [ˌdɪsɪnˈklaɪnd] → SYN adj peu disposé, peu porté, peu enclin (for à ; to do sth à faire qch)

disinfect [ˌdɪsɪnˈfekt] → SYN vt désinfecter

disinfectant [ˌdɪsɪnˈfektənt] → SYN adj, n désinfectant m

disinfection [ˌdɪsɪnˈfekʃən] n désinfection f

disinflation [ˌdɪsɪnˈfleɪʃən] n déflation f

disinflationary [ˌdɪsɪnˈfleɪʃənərɪ] adj de déflation, déflationniste

disinformation [ˌdɪsɪnfəˈmeɪʃən] n désinformation f

disingenuous [ˌdɪsɪnˈdʒenjʊəs] adj fourbe

disingenuously [ˌdɪsɪnˈdʒenjʊəslɪ] adv (frm) avec fourberie

disingenuousness [ˌdɪsɪnˈdʒenjʊəsnɪs] n fourberie f

disinherit [ˌdɪsɪnˈherɪt] → SYN vt déshériter ◆ **the disinherited** les déshérités (de la société)

disintegrate [dɪsˈɪntɪgreɪt] → SYN **1** vi se désintégrer, se désagréger ; (Phys) se désintégrer
2 vt désintégrer, désagréger ; (Phys) désintégrer

disintegration [dɪsˌɪntɪˈgreɪʃən] n désintégration f, désagrégation f ; (Phys) désintégration f

disinter [ˌdɪsɪnˈtɜːr] vt déterrer, exhumer

disinterest [dɪsˈɪntrɪst] → SYN n **a** (= impartiality) désintéressement m
b (* = lack of interest) indifférence f

disinterested [dɪsˈɪntrɪstɪd] → SYN adj **a** (= impartial) désintéressé
b (* = uninterested) indifférent

disinterestedly [dɪsˈɪntrɪstɪdlɪ] adv **a** (= impartially) de façon désintéressée
b (* = uninterestedly) avec indifférence

disinterestedness [dɪsˈɪntrɪstɪdnɪs] n **a** (= impartiality) désintéressement m
b (* = lack of interest) indifférence f

disintermediation [ˌdɪsɪntəˌmiːdɪˈeɪʃən] n (Fin) désintermédiation f

disinterment [ˌdɪsɪnˈtɜːmənt] n déterrement m, exhumation f

disintoxicate [ˌdɪsɪnˈtɒksɪkeɪt] vt désintoxiquer

disintoxication [dɪsɪnˌtɒksɪˈkeɪʃən] n désintoxication f

disinvest [ˌdɪsɪnˈvest] vi désinvestir (from de)

disinvestment [ˌdɪsɪnˈvestmənt] n désinvestissement m (from de)

disjoint [dɪsˈdʒɔɪnt] adj (Math) disjoint

disjointed [dɪsˈdʒɔɪntɪd] → SYN adj film, lecture, style, conversation, sentence, thoughts décousu, incohérent

disjunction [dɪsˈdʒʌŋkʃən] n disjonction f

disjunctive [dɪsˈdʒʌŋktɪv] adj disjonctif ◆ **disjunctive pronoun** forme f tonique du pronom

disk [dɪsk] **1** n **a** (esp US) ⇒ **disc**
b (Comput) disque m ◆ **on disk** sur disque ; → **double, floppy, hard**
2 COMP ▷ **disk capacity** n (Comput) capacité f du disque ▷ **disk drive** n lecteur m de disques ▷ **disk operating system** n (Comput) système m d'exploitation à disques ▷ **disk pack** n unité f de disques ▷ **disk space** n (Comput) espace m disque

diskette [dɪsˈket] n (Comput) disquette f

dislikable [dɪsˈlaɪkəbl] adj ⇒ **dislikeable**

dislike [dɪsˈlaɪk] LANGUAGE IN USE 14, 7.2, 7.3 → SYN
1 vt [+ person, thing] ne pas aimer ◆ **to dislike doing sth** ne pas aimer faire qch ◆ **I don't dislike it** cela ne me déplaît pas ◆ **I dislike her** elle me déplaît ◆ **I dislike this intensely** j'ai cela en horreur
2 n antipathie f ◆ **his dislike of sb** l'antipathie qu'il éprouve pour qn ◆ **his dislike of sth** son aversion pour qch ◆ **one's likes and dislikes** ce que l'on aime et ce que l'on n'aime pas ◆ **to take a dislike to sb/sth** prendre qn/qch en grippe ◆ **to take an instant dislike to sb/sth** prendre tout de suite qn/qch en grippe

dislikeable [dɪsˈlaɪkəbl] adj déplaisant

dislocate [ˈdɪsləʊkeɪt] → SYN vt **a** [+ limb etc] [person] se disloquer, se démettre, se luxer ; [fall, accident] disloquer, démettre, luxer
b (fig) [+ traffic, business] désorganiser ; [+ plans, timetable] bouleverser

dislocation [ˌdɪsləʊˈkeɪʃən] → SYN n **a** (Med) dislocation f, déboîtement m, luxation f ◆ **congenital dislocation** luxation f congénitale
b (= disruption: of life, society) bouleversement m

dislodge [dɪsˈlɒdʒ] vt [+ object] déplacer ; [+ enemy] déloger ; [+ dictator] chasser (from de)

disloyal [dɪsˈlɔɪəl] → SYN adj person, behaviour déloyal (to envers)

disloyalty [dɪsˈlɔɪəltɪ] → SYN n déloyauté f, infidélité f

dismal [ˈdɪzməl] → SYN adj **a** (= dreary) place, building lugubre ; thought, prospects sombre ; weather maussade ◆ **the dismal science** (= economics) la science funeste
b (* = awful) lamentable ◆ **a dismal failure** un échec lamentable

dismally [ˈdɪzməlɪ] adv * fail, perform lamentablement

dismantle [dɪsˈmæntl] vt [+ machine, furniture] démonter ; [+ company, department] démanteler (also Mil)

dismantling [dɪsˈmæntəlɪŋ] n [of company, department] démantèlement m

dismast [dɪsˈmɑːst] vt démâter

dismay [dɪsˈmeɪ] LANGUAGE IN USE 14 → SYN
1 n consternation f, désarroi m ◆ **to my dismay** à ma grande consternation ◆ **in dismay** d'un air consterné
2 vt consterner

dismayed [dɪsˈmeɪd] adj person consterné (by par)

dismember [dɪsˈmembər] → SYN vt (lit, fig) démembrer

dismemberment [dɪsˈmembəmənt] n démembrement m

dismiss [dɪsˈmɪs] → SYN vt **a** [+ employee] renvoyer, licencier ; [+ official, officer] destituer, casser ; [+ class, visitors] laisser partir, congédier ; [+ assembly] dissoudre ; [+ troops] faire rompre les rangs à ◆ **to be dismissed (from) the service** (Mil) être renvoyé de l'armée or rayé des cadres ◆ **dismiss!** (Mil) rompez (les rangs) ! ◆ **class dismiss!** (Scol) le cours est terminé !
b [+ thought, possibility, suggestion, objection] écarter ; [+ request] rejeter
c (gen) [+ sb's appeal, claim] rejeter ; (Jur) [+ accused] relaxer ; [+ jury] congédier ◆ **to dismiss sb's appeal** (Jur) débouter qn de son appel ◆ **to dismiss a case** rendre une fin de non-recevoir ◆ **to dismiss a charge** rendre un arrêt de or une ordonnance de non-lieu

dismissal [dɪsˈmɪsəl] → SYN n **a** [of employee] licenciement m, renvoi m ; [of civil servant] destitution f, révocation f ◆ **unfair** or **wrongful dismissal** licenciement m abusif
b (= permission to leave) congé m ◆ **he made a gesture of dismissal** il a fait un geste pour les (or nous etc) congédier
c (= brushing aside) rebuffade f ◆ **I was annoyed by his curt dismissal of my objections** cette façon qu'il a eue d'écarter sèchement mes objections m'a agacé
d (Jur) [of appeal] rejet m ; [of jury] congédiement m ◆ **the dismissal of the charges against him** le non-lieu dont il a bénéficié

dismissive [dɪsˈmɪsɪv] adj (= disdainful) dédaigneux

dismissively [dɪsˈmɪsɪvlɪ] adv **a** (= disdainfully) speak d'un ton dédaigneux, avec dédain ; wave, nod, shrug, laugh avec dédain ; describe, refer to dédaigneusement, avec dédain

b (sending sb away) **he nodded dismissively at the butler** d'un signe de tête, il congédia le maître d'hôtel ◆ *"thank you sergeant, that will be all"*, she said dismissively "merci, sergent, ce sera tout", dit-elle, et sur ces mots, elle le congédia

dismount [dɪsˈmaʊnt] **1** vi descendre (*from* de), mettre pied à terre
2 vt [+ rider] démonter, désarçonner ; [+ troops, gun, machine] démonter (*from* de)

Disneyfication [ˌdɪznɪfɪˈkeɪʃən] n (pej) transformation f en Disneyland

Disneyfy [ˈdɪznɪfaɪ] vt (pej) transformer en Disneyland

disobedience [ˌdɪsəˈbiːdɪəns] → SYN n (NonC) désobéissance f, insoumission f (*to* à) ◆ **an act of disobedience** une désobéissance

disobedient [ˌdɪsəˈbiːdɪənt] → SYN adj child désobéissant (*to* à) ; soldier indiscipliné, insubordonné ◆ **he has been disobedient** il a été désobéi

disobey [ˌdɪsəˈbeɪ] → SYN vt [+ parents, officer] désobéir à, s'opposer à ; [+ law] enfreindre, violer

disobliging [ˌdɪsəˈblaɪdʒɪŋ] adj (frm) désobligeant

disorder [dɪsˈɔːdəʳ] **1** n **a** (NonC = untidiness) [of room, plans etc] désordre m ◆ **to throw sth into disorder** semer or jeter le désordre dans qch ◆ **in disorder** en désordre ◆ **to retreat in disorder** (Mil) être en déroute
b (NonC: Pol etc = unrest) troubles mpl
c (Med) troubles mpl ◆ **kidney/stomach/ mental disorder** troubles mpl rénaux/gastriques/psychiques ◆ **speech/sleep/personality disorder** troubles mpl de l'élocution/du sommeil/de la personnalité ◆ **eating disorder** troubles mpl du comportement alimentaire ◆ **skin disorder** maladie f de la peau
2 vt [+ room] mettre en désordre ; (Med) troubler, déranger

disordered [dɪsˈɔːdəd] adj **a** (= untidy, disorderly) room, hair en désordre ; life désordonné
b (= deranged) mind dérangé ; imagination désordonné ◆ **mentally disordered** atteint de troubles mentaux

disorderly [dɪsˈɔːdəlɪ] → SYN **1** adj **a** (= untidy) room en désordre ; mind confus
b (= unruly) person, crowd, meeting agité ; behaviour désordonné, indiscipliné ; → **drunk**
2 COMP ▷ **disorderly conduct** n (Jur) trouble m à l'ordre public ◆ **the marchers were charged with disorderly conduct** les manifestants ont été inculpés de trouble à l'ordre public ▷ **disorderly house** n (Jur) (= brothel) maison f close ; (= gambling den) maison f de jeu, tripot m

disorganization [dɪsˌɔːɡənaɪˈzeɪʃən] n désorganisation f

disorganize [dɪsˈɔːɡənaɪz] → SYN vt désorganiser, déranger

disorganized [dɪsˈɔːɡənaɪzd] adj person désorganisé ; room mal rangé, en désordre

disorient [dɪsˈɔːrɪent] vt désorienter

disorientate [dɪsˈɔːrɪənteɪt] vt désorienter

disorientation [dɪsˌɔːrɪənˈteɪʃən] n désorientation f

disown [dɪsˈəʊn] → SYN vt [+ child, country, opinion, document] désavouer, renier ; [+ debt, signature] nier, renier

disparage [dɪsˈpærɪdʒ] → SYN vt (frm) décrier, déprécier

disparagement [dɪsˈpærɪdʒmənt] → SYN n (frm) dénigrement m, dépréciation f

disparaging [dɪsˈpærɪdʒɪŋ] adj (frm) désobligeant, (plutôt) méprisant (*to* pour) ◆ **to be disparaging about** faire des remarques désobligeantes or peu flatteuses sur

disparagingly [dɪsˈpærɪdʒɪŋlɪ] adv (frm) d'une manière méprisante

disparate [ˈdɪspərɪt] adj disparate

disparity [dɪsˈpærɪtɪ] n disparité f, inégalité f, écart m

dispassionate [dɪsˈpæʃənɪt] → SYN adj (= unemotional) calme, froid ; (= unbiased) impartial, objectif

dispassionately [dɪsˈpæʃənɪtlɪ] adv (= unemotionally) sans émotion ; (= unbiasedly) sans parti pris, impartialement

dispatch [dɪsˈpætʃ] LANGUAGE IN USE 20.4 → SYN
1 vt **a** (= send) [+ letter, goods] expédier, envoyer ; [+ messenger] dépêcher ; (Mil) [+ troops] envoyer, faire partir ; [+ convoy] mettre en route ; (fig) [+ food, drink] expédier
b (= finish off) [+ job] expédier, en finir avec ; (= kill) [+ person, animal] tuer, abattre
2 n **a** [of letter, messenger, telegram etc] envoi m, expédition f ◆ **date of dispatch** date f d'expédition ◆ **office of dispatch** bureau m d'origine
b (= official report: also Mil) dépêche f ; (Press) dépêche f (de presse) ◆ **mentioned** or **cited in dispatches** (Mil) cité à l'ordre du jour
c (= promptness) promptitude f ◆ **with dispatch** avec promptitude, promptement
3 COMP ▷ **dispatch box** n (Brit Parl) ≈ tribune f (*d'où parlent les membres du gouvernement*) ; (= case) valise f officielle (*à documents*) ▷ **dispatch case** n serviette f, porte-documents m inv ▷ **dispatch documents** npl (Comm) documents mpl d'expédition ▷ **dispatch rider** n estafette f

dispatcher [dɪsˈpætʃəʳ] n expéditeur m, -trice f

dispel [dɪsˈpel] → SYN vt dissiper, chasser

dispensable [dɪsˈpensəbl] → SYN adj dont on peut se passer ; (Rel) dispensable

dispensary [dɪsˈpensərɪ] n (Brit) (in hospital) pharmacie f ; (in chemist's) officine f ; (= clinic) dispensaire m

dispensation [ˌdɪspenˈseɪʃən] → SYN n **a** (= handing out) [of food] distribution f ; [of justice, charity] exercice m, pratique f
b (= exemption) (gen, Jur, Rel) dispense f (*from* de) ; (Univ, Scol: from exam etc) dispense f, dérogation f

dispensatory [dɪˈspensətərɪ] n pharmacopée f

dispense [dɪsˈpens] → SYN **1** vt **a** [person] [+ food] distribuer ; [+ charity] pratiquer ; [+ justice, sacrament] administrer ; [+ hospitality] offrir ; [machine] [+ product] distribuer ◆ **to dispense alms** faire l'aumône (*to sb* à qn)
b (Pharm) [+ medicine, prescription] préparer
c (also Rel = exempt) dispenser (*sb from sth/from doing sth* qn de qch/de faire qch)
2 COMP ▷ **dispensing chemist** n (= person) pharmacien(ne) m(f) ; (= shop) pharmacie f

▶ **dispense with** vt fus (= do without) se passer de ; (= make unnecessary) rendre superflu

dispenser [dɪsˈpensəʳ] n (Brit) (= person) pharmacien(ne) m(f) ; (= device) distributeur m

dispersal [dɪsˈpɜːsəl] n dispersion f

dispersant [dɪsˈpɜːsənt] n (Chem) dispersant m

disperse [dɪsˈpɜːs] → SYN **1** vt [+ crowd, mist] disperser ; [+ clouds] dissiper ; [+ demonstrators, protesters, demonstration] disperser ; [+ seeds] disséminer, disperser ; [+ heat] répandre ; [+ knowledge] répandre, propager ; (Chem, Opt) décomposer
2 vi [crowd, journalists, demonstrators, protesters] se disperser ; [fog, cloud, smoke] se dissiper ; [chemicals, oil] se propager ; [pain, tension] se dissiper

dispersion [dɪsˈpɜːʃən] n (also Phys) dispersion f ◆ **the Dispersion** (Hist) la dispersion des Juifs, la diaspora

dispirit [dɪsˈpɪrɪt] vt décourager, déprimer, abattre

dispirited [dɪsˈpɪrɪtɪd] → SYN adj découragé, déprimé, abattu

dispiritedly [dɪsˈpɪrɪtɪdlɪ] adv avec découragement, d'un air découragé ◆ **dispiritedly, they turned round and went home** découragés, ils ont fait demi-tour et sont rentrés chez eux

dispiritedness [dɪsˈpɪrɪtɪdnɪs] n découragement m, abattement m

dispiriting [dɪsˈpɪrɪtɪŋ] adj décourageant, désolant

displace [dɪsˈpleɪs] → SYN **1** vt **a** (= move out of place) [+ refugees] déplacer ; [+ furniture] déplacer, changer de place

b (= deprive of office) [+ officer] destituer ; [+ official] déplacer ; (= replace) supplanter, remplacer
c (Naut, Phys) [+ water] déplacer
2 COMP ▷ **displaced person** n personne f déplacée

displacement [dɪsˈpleɪsmənt] **1** n **a** (= replacement) remplacement m
b [of people, population] déplacement m
c (Math, Phys, Naut, Med) déplacement m ; (Geol) rejet m (horizontal)
2 COMP ▷ **displacement activity** n (Zool) activité f de substitution ; (Psych) déplacement m ▷ **displacement tonnage** n (Naut) déplacement m

display [dɪsˈpleɪ] → SYN **1** vt **a** (= show) [+ object] montrer ; (pej: ostentatiously) exhiber (pej) ◆ **she displayed the letter she had received from the President** elle a montré or brandi la lettre qu'elle avait reçue du président
b (= set out visibly) exposer ; [+ goods for sale] exposer, mettre à l'étalage ; [+ items in exhibition] exposer ; [+ notice, results, poster] afficher ◆ **she bought a cabinet to display her china collection in** elle a acheté une vitrine pour y exposer sa collection de porcelaines
c (= give evidence of) [+ courage, interest, ignorance] faire preuve de ; (pej) faire étalage de, exhiber
d (Comput) visualiser ; [electronic device, watch etc] afficher
2 vi (Zool: gen) parader ; [peacock] faire la roue
3 n **a** (pej: ostentatious) étalage m ; [of goods for sale, items in exhibition] exposition f ; [of food products, wealth] étalage m ; [of notices, results, posters] affichage m ; [of courage, interest, emotion etc] manifestation f ; [of unity, support] manifestation f, démonstration f ; [of strength, loyalty] démonstration f ◆ **a display of force** une démonstration de force ◆ **to make a great display of learning** (pej) faire étalage de son érudition ◆ **she was not given to public displays of affection** elle n'avait pas pour habitude de prodiguer son affection en public ◆ **to be embarrassed by public displays of affection** être gêné par des démonstrations publiques d'affection ◆ **a fine display of paintings/china** une belle exposition de tableaux/de porcelaines ◆ **the display of fruit** (in shop window) l'étalage m de fruits, les fruits mpl à l'étalage
◆ **on display** exposé ◆ **to put sth on display** exposer qch ◆ **to go on (public) display** être exposé
b (= group, arrangement) arrangement m
c (= event, ceremony) **display of gymnastics/ dancing** etc spectacle m de gymnastique/de danse etc ◆ **military display** parade f militaire ◆ **a dazzling display of fireworks lit up the sky** d'éblouissants feux d'artifice ont illuminé le ciel ; see also **air**, **firework**
d (Comput etc) affichage m
e (Zool) parade f
4 COMP (Comm) goods d'étalage ▷ **display advertising** n (Press) placards mpl (publicitaires) ▷ **display cabinet**, **display case** n vitrine f *(meuble)* ▷ **display pack** n (dummy) emballage m de démonstration ; (attractive) emballage m de luxe ▷ **display panel** n écran m d'affichage ▷ **display unit** n (Comput) écran m de visualisation ▷ **display window** n étalage m, vitrine f (de magasin)

displease [dɪsˈpliːz] → SYN vt mécontenter, contrarier

displeased [dɪsˈpliːzd] adj ◆ **displeased at** or **with** mécontent de

displeasing [dɪsˈpliːzɪŋ] adj désagréable (*to* à), déplaisant (*to* pour) ◆ **to be displeasing to sb** déplaire à qn

displeasure [dɪsˈpleʒəʳ] → SYN n mécontentement m, déplaisir m ◆ **to incur sb's displeasure** provoquer le mécontentement de qn ◆ **to my great displeasure** à mon grand mécontentement or déplaisir

disport [dɪsˈpɔːt] vt ◆ **to disport o.s.** s'amuser, s'ébattre, folâtrer

disposable [dɪsˈpəʊzəbl] → SYN **1** adj **a** razor, syringe etc jetable ◆ **today's disposable society** notre société du tout-jetable
b (* fig = unimportant, ephemeral) sans importance ◆ **people should not be treated as if they**

disposal / dissension

were disposable on ne devrait pas traiter les gens comme s'ils étaient des objets facilement remplaçables or comme s'ils n'avaient aucune importance

c (= available) time, money disponible

2 **disposables** npl (= containers) emballages m perdus or à jeter ; (= bottles) verre m perdu ; (= nappies) couches fpl à jeter, couches-culottes fpl

3 COMP ▷ **disposable income** n revenu(s) m(pl) disponible(s)

disposal [dɪsˈpəʊzəl] → SYN **1** n **a** (NonC) [of rubbish] (= collection) enlèvement m ; (= destruction) destruction f ; [of goods for sale] vente f ; (Jur) [of property] disposition f, cession f ; [of problem, question] résolution f ; [of matters under discussion, current business] expédition f, exécution f ; → **bomb**, **refuse**[2]

b (= arrangement) [of ornaments, furniture] disposition f, arrangement m ; [of troops] disposition f

c (= control) [of resources, funds, personnel] disposition f ◆ **the means at one's disposal** les moyens dont on dispose ◆ **to put o.s./be at sb's disposal** se mettre/être à la disposition de qn

2 COMP ▷ **disposal unit** n broyeur m d'ordures

dispose [dɪsˈpəʊz] → SYN vt **a** (= arrange) [+ papers, ornaments] disposer, arranger ; [+ troops] disposer ; [+ forces] déployer ◆ (Prov) **man proposes, God disposes** l'homme propose, Dieu dispose (Prov)

b (= influence, encourage) disposer (*sb to do sth* qn à faire qch) ◆ **this does not dispose me to like him** cela ne me rend pas bien disposé à son égard

▶ **dispose of** vt fus **a** (= get rid of) [+ sth no longer wanted or used] se débarrasser de, se défaire de ; (by selling) vendre ; [+ workers, staff] congédier, renvoyer ; [+ rubbish] [householder etc] jeter, se débarrasser de ; (= destroy) détruire ; [+ chemical, industrial waste etc] éliminer ; [shop] [+ stock] écouler, vendre ; [+ body] se débarrasser de ◆ **how did the murderer dispose of the body?** comment le meurtrier s'est-il débarrassé du corps ?

b (*: fig = kill) liquider* ; (Jur) [+ property] aliéner

c (= deal with) [+ bomb] désamorcer ; [+ question, problem, business] expédier ; [+ one's opponent, opposing team] régler son compte à ; [+ meal] liquider*, expédier

d (= control) [+ time, money] disposer de ; (= settle) [+ sb's fate] décider de

disposed [dɪsˈpəʊzd] → SYN adj **a** (frm) **to be disposed to do sth** être disposé à faire qch

b **to be well-disposed towards sb/sth** être bien disposé envers qn/qch ◆ **to be favourably** or **kindly disposed to(wards) sb/sth** être bien disposé à l'égard de qn/qch ; see also **ill-disposed**

c (frm = arranged, distributed) objects, people disposé

disposition [ˌdɪspəˈzɪʃən] → SYN n **a** (= temperament) naturel m, caractère m, tempérament m

b (= readiness) inclination f (*to do sth* à faire qch)

c (= arrangement) [of ornaments etc] disposition f, arrangement m ; [of troops] disposition f

d (Jur) [of money, property] distribution f

dispossess [ˌdɪspəˈzɛs] vt déposséder, priver (*of* de) ; (Jur) exproprier ◆ **the dispossessed** les déshérités (de la société)

dispossession [ˌdɪspəˈzɛʃən] n dépossession f ; (Jur) expropriation f

disproof [dɪsˈpruːf] n réfutation f

disproportion [ˌdɪsprəˈpɔːʃən] → SYN n disproportion f

disproportionate [ˌdɪsprəˈpɔːʃnɪt] → SYN adj disproportionné (*to* par rapport à)

disproportionately [ˌdɪsprəˈpɔːʃnɪtlɪ] adv react, suffer de manière disproportionnée ◆ **disproportionately small** d'une petitesse disproportionnée ◆ **disproportionately large numbers of blind people are unemployed** un nombre disproportionné d'aveugles sont au chômage

disprove [dɪsˈpruːv] → SYN vt établir or démontrer la fausseté de, réfuter

disputability [dɪsˌpjuːtəˈbɪlɪtɪ] n caractère m discutable

disputable [dɪsˈpjuːtəbl] adj discutable, contestable

disputably [dɪsˈpjuːtəblɪ] adv de manière contestable

disputant [dɪsˈpjuːtənt] n ◆ (US Jur) **the disputants** les parties fpl en litige

disputation [ˌdɪspjuːˈteɪʃən] → SYN n **a** (= argument) débat m, controverse f, discussion f

b († † = formal debate) dispute † f

disputatious [ˌdɪspjuːˈteɪʃəs] adj (frm) raisonneur (liter)

dispute [dɪsˈpjuːt] → SYN **1** n **a** (NonC) (= controversy) discussion f ◆ **beyond dispute** (adj) incontestable ; (adv) incontestablement ◆ **without dispute** sans conteste ◆ **there is some dispute about why he did it/what he's earning** on n'est pas d'accord sur ses motifs/le montant de son salaire ◆ **there is some dispute about which horse won** il y a contestation sur le gagnant ◆ **in** or **under dispute** matter en discussion ; territory, facts, figures contesté ; (Jur) en litige ◆ **a statement open to dispute** une affirmation sujette à caution, une affirmation contestable ◆ **it is open to dispute whether he knew** on peut se demander s'il savait

b (= quarrel) dispute f ; (= argument) discussion f, débat m ; (Jur) litige m

c (Ind, Pol) conflit m ◆ **to have a dispute with sb about sth** se disputer avec qn à propos de qch ◆ **industrial dispute** conflit m social ◆ **the miners'/postal workers' dispute** le conflit des mineurs/des employés des postes ◆ **the transport/Post Office dispute** le conflit dans les transports/dans les services postaux ◆ **the United Shipping Company dispute** le conflit chez United Shipping ◆ **wages dispute** conflit m salarial or sur les salaires

2 vt **a** (= cast doubt on) [+ statement, claim] contester, mettre en doute ; (Jur) [+ will] attaquer, contester ◆ **I do not dispute the fact that ...** je ne conteste pas (le fait) que ... (+ subj)

b (= debate) [+ question, subject] discuter, débattre

c (= try to win) [+ victory, possession] disputer (*with sb* à qn)

disputed [dɪsˈpjuːtɪd] adj decision contesté, en discussion ; territory, fact contesté ; (Jur) en litige

disqualification [dɪsˌkwɒlɪfɪˈkeɪʃən] → SYN n **a** (gen) disqualification f (also Sport), exclusion f (*from* de) ◆ **his lack of experience is not a disqualification** son manque d'expérience n'est pas rédhibitoire

b (Jur) incapacité f ◆ **his disqualification (from driving)** (Aut) le retrait de son permis (de conduire)

disqualify [dɪsˈkwɒlɪfaɪ] → SYN vt **a** (= debar) rendre inapte (*from sth* à qch ; *from doing sth* à faire qch) ; (Jur) rendre inhabile (*from sth* à qch ; *from doing sth* à faire qch) ; (Sport) disqualifier

b (Aut, Jur) **to disqualify sb from driving** retirer à qn son or le permis de conduire ◆ **he was disqualified for speeding** on lui a retiré son permis pour excès de vitesse ◆ **he was accused of driving while disqualified** il a été accusé d'avoir conduit alors qu'on lui avait retiré son permis

c (= incapacitate) rendre incapable, mettre hors d'état (*from doing sth* de faire qch) ◆ **his lack of experience does not disqualify him** son manque d'expérience n'est pas rédhibitoire

disquiet [dɪsˈkwaɪət] → SYN **1** vt inquiéter, troubler ◆ **to be disquieted about** s'inquiéter de

2 n (NonC) inquiétude f, trouble m ; (= unrest) agitation f

disquieting [dɪsˈkwaɪətɪŋ] → SYN adj inquiétant, alarmant, troublant

disquietude [dɪsˈkwaɪətjuːd] n (NonC) inquiétude f, trouble m

disquisition [ˌdɪskwɪˈzɪʃən] n (= treatise) traité m, dissertation f, étude f (*on* sur) ; (= discourse) communication f (*on* sur) ; (= investigation) étude f approfondie (*on* de)

disregard [ˌdɪsrɪˈgɑːd] → SYN **1** vt [+ fact, difficulty, remark] ne tenir aucun compte de, ne pas s'occuper de ; [+ danger] mépriser, ne pas faire attention à ; [+ feelings] négliger, faire peu de cas de ; [+ authority, rules, duty] méconnaître, passer outre à

2 n [of difficulty, comments, feelings] indifférence f (*for* à) ; [of danger] mépris m (*for* de) ; [of money] mépris m, dédain m (*for* de) ; [of safety] négligence f (*for* en ce qui concerne) ; [of rule, law] désobéissance f (*for* à), non-observation f (*for* de)

disrepair [ˌdɪsrɪˈpɛəʳ] → SYN n (NonC) mauvais état m, délabrement m ◆ **in (a state of) disrepair** building délabré ; road en mauvais état ◆ **to fall into disrepair** [building] tomber en ruines, se délabrer ; [road] se dégrader

disreputable [dɪsˈrɛpjʊtəbl] → SYN adj **a** (= shady, dishonorable) establishment, area, person peu recommandable, louche* ; behaviour déshonorant

b (* = shabby) miteux

disreputably [dɪsˈrɛpjʊtəblɪ] adv behave d'une manière peu honorable ; dress minablement*

disrepute [ˌdɪsrɪˈpjuːt] → SYN n discrédit m, déshonneur m ◆ **to bring sth into disrepute** jeter le discrédit sur qch ◆ **to fall into disrepute** tomber en discrédit

disrespect [ˌdɪsrɪsˈpɛkt] → SYN **1** n manque m de respect, irrespect m ◆ **no disrespect (to ...)** avec tout le respect que je dois (à ...) ◆ **to show disrespect to sb/sth** manquer de respect envers qn/qch

2 vt manquer de respect envers

disrespectful [ˌdɪsrɪsˈpɛktfʊl] → SYN adj irrespectueux, irrévérencieux (*to* envers) ◆ **to be disrespectful to sb/sth** manquer de respect envers qn/qch, se montrer irrespectueux envers qn/qch

disrespectfully [ˌdɪsrɪsˈpɛktfʊlɪ] adv de façon irrespectueuse ◆ **to treat sb disrespectfully** manquer de respect à qn ◆ **he was treated disrespectfully** on lui a manqué de respect

disrobe [dɪsˈrəʊb] **1** vi se dévêtir, enlever ses vêtements ; (= undress) se déshabiller

2 vt enlever les vêtements (de cérémonie) à, dévêtir, déshabiller

disrupt [dɪsˈrʌpt] → SYN vt [+ peace, relations, train service] perturber ; [+ conversation] interrompre ; [+ plans] déranger ; (stronger) mettre or semer la confusion dans ; [+ communications] couper, interrompre

disruption [dɪsˈrʌpʃən] → SYN n perturbation f

disruptive [dɪsˈrʌptɪv] → SYN **1** adj **a** child, behaviour perturbateur (-trice f) ◆ **to be a disruptive influence** avoir une influence perturbatrice

b (Elec) disruptif

2 COMP ▷ **disruptive action** n action f perturbatrice

diss* [dɪs] vt (US = treat with contempt) se payer la tête de*

dissatisfaction [ˌdɪssætɪsˈfækʃən] → SYN n mécontentement m, insatisfaction f ◆ **growing/widespread dissatisfaction** mécontentement m croissant/général (*at, with* devant, provoqué par)

dissatisfied [ˌdɪsˈsætɪsfaɪd] → SYN adj mécontent, peu satisfait (*with* de)

dissatisfy [dɪˈsætɪsfaɪ] vt mécontenter

dissect [dɪˈsɛkt] → SYN vt [+ animal, plant, truth] disséquer ; [+ book, article] éplucher

dissected [dɪˈsɛktɪd] adj (Bot) découpé

dissection [dɪˈsɛkʃən] → SYN n (Anat, Bot, fig) dissection f

dissemble [dɪˈsɛmbl] **1** vt (= conceal) dissimuler ; (= feign) feindre, simuler

2 vi (in speech) dissimuler or déguiser or masquer sa pensée ; (in behaviour) agir avec dissimulation

disseminate [dɪˈsɛmɪneɪt] → SYN **1** vt disséminer, semer

2 COMP ▷ **disseminated cancer** n (Med) cancer m généralisé ▷ **disseminated sclerosis** n (Med) sclérose f en plaques

dissemination [dɪˌsɛmɪˈneɪʃən] → SYN n [of seeds] dissémination f ; [of ideas] dissémination f, propagation f

disseminator [dɪˈsɛmɪneɪtəʳ] n propagateur m

dissension [dɪˈsɛnʃən] → SYN n dissension f, discorde f

dissent [dɪˈsent] → SYN **1** vi différer (d'opinion or de sentiment) (*from* sb de qn); (Rel) être en dissidence, être dissident
2 n dissentiment m, différence f d'opinion; (Rel) dissidence f

dissenter [dɪˈsentər] → SYN n (esp Rel) dissident(e) m(f)

dissentient [dɪˈsenʃɪənt] → SYN **1** adj dissident, opposé
2 n dissident(e) m(f), opposant(e) m(f)

dissenting [dɪˈsentɪŋ] adj voice dissident ◆ **a long dissenting tradition** une longue tradition de dissidence ◆ **dissenting opinion** (US Jur) avis m minoritaire de l'un des juges (*divergeant sur des questions de fond*)

dissertation [ˌdɪsəˈteɪʃən] → SYN n **a** (written) mémoire m (*on* sur); (spoken) exposé m (*on* sur)
b (Univ) (Brit) mémoire m; (US) thèse f (de doctorat)

disservice [dɪsˈsɜːvɪs] → SYN n mauvais service m ◆ **to do sb/sth a disservice** (= be unhelpful to) rendre un mauvais service à qn/qch, desservir qn/qch; (= be unfair to) faire du tort à qn/qch

dissidence [ˈdɪsɪdəns] n dissidence f (also Pol), désaccord m, divergence f d'opinion

dissident [ˈdɪsɪdənt] → SYN adj, n dissident(e) m(f)

dissimilar [dɪˈsɪmɪlər] → SYN adj dissemblable (*to* à), différent (*to* de)

dissimilarity [ˌdɪsɪmɪˈlærɪtɪ] → SYN n différence f, dissemblance f (*between* entre)

dissimilate [dɪˈsɪmɪleɪt] vt (Phon) dissimiler

dissimilation [dɪˌsɪmɪˈleɪʃən] n (Phon) dissimilation f

dissimilitude [ˌdɪsɪˈmɪlɪtjuːd] n dissimilitude f

dissimulate [dɪˈsɪmjʊleɪt] vti dissimuler

dissimulation [dɪˌsɪmjʊˈleɪʃən] n dissimulation f

dissipate [ˈdɪsɪpeɪt] → SYN **1** vt [+ fog, clouds, fears, suspicions] dissiper; [+ hopes] anéantir; [+ energy, efforts] disperser, gaspiller; [+ fortune] dissiper, dilapider
2 vi se dissiper

dissipated [ˈdɪsɪpeɪtɪd] → SYN adj person débauché, qui mène une vie dissipée; activity dépravé; life, behaviour dissipé, dissolu; appearance de débauché ◆ **to lead a dissipated life** mener une vie dissipée or dissolue, vivre dans la dissipation (liter)

dissipation [ˌdɪsɪˈpeɪʃən] → SYN n [of clouds, fears] dissipation f; [of energy, efforts] gaspillage m; [of fortune] dilapidation f; (= debauchery) dissipation f, débauche f

dissociate [dɪˈsəʊʃɪeɪt] LANGUAGE IN USE 26.2 → SYN vt dissocier, séparer (*from* de); (Chem, Psych) dissocier ◆ **to dissociate o.s. from** se dissocier de, se désolidariser de

dissociation [dɪˌsəʊsɪˈeɪʃən] n (all senses) dissociation f

dissolubility [dɪˌsɒljʊˈbɪlɪtɪ] n solubilité f

dissoluble [dɪˈsɒljʊbl] adj soluble

dissolute [ˈdɪsəluːt] → SYN adj person débauché, dissolu (liter); way of life dissolu, déréglé, de débauche

dissolution [ˌdɪsəˈluːʃən] → SYN n (all senses) dissolution f

dissolvable [dɪˈzɒlvəbl] adj soluble (*in* dans)

dissolve [dɪˈzɒlv] → SYN **1** vt **a** [water etc] [+ substance] dissoudre (*in* dans); [person] [+ chemical etc] faire dissoudre (*in* dans); (Culin) [+ sugar etc] faire fondre (*in* dans)
b [+ alliance, marriage, assembly] dissoudre
2 vi **a** (Chem) se dissoudre; (Culin) fondre
b (fig) [hopes, fears] disparaître, s'évanouir; (Jur, Pol) se dissoudre ◆ **to dissolve into thin air** s'en aller or partir en fumée ◆ **to dissolve into tears** fondre en larmes
c (Cine) se fondre
3 n (Cine, TV) fondu m (enchaîné) ◆ **dissolve in/out** ouverture f/fermeture f en fondu

dissolvent [dɪˈzɒlvənt] **1** adj dissolvant
2 n dissolvant m, solvant m

dissonance [ˈdɪsənəns] n dissonance f, discordance f

dissonant [ˈdɪsənənt] adj dissonant, discordant

dissuade [dɪˈsweɪd] → SYN vt dissuader (*sb from doing sth* qn de faire qch), détourner (*sb from sth* qn de qch)

dissuasion [dɪˈsweɪʒən] n dissuasion f

dissuasive [dɪˈsweɪsɪv] adj (gen) dissuasif; voice, person qui cherche à dissuader; powers de dissuasion

dissyllabic [ˌdɪsɪˈlæbɪk] adj dissyllabique, dissyllabe

dissyllable [dɪˈsɪləbl] n dissyllabique m

distaff [ˈdɪstɑːf] n quenouille f ◆ **on the distaff side** (fig) du côté maternel or des femmes

distal [ˈdɪstl] adj (Anat) distal

distance [ˈdɪstəns] → SYN **1** n **a** (in space) distance f (*between* entre) ◆ **what distance is it from London?** c'est à quelle distance de Londres? ◆ **what distance is it from here to London?** nous sommes à combien de kilomètres de Londres? ◆ **it's a good distance** c'est assez loin ◆ **a short distance away** à une faible distance ◆ **it's no distance** c'est à deux pas, c'est tout près ◆ **to cover the distance in two hours** franchir or parcourir la distance en deux heures ◆ **at an equal distance from each other** à égale distance l'un de l'autre ◆ **at a distance** assez loin, à quelque distance ◆ **at a distance of 2 metres** à une distance de 2 mètres ◆ **the distance between the boys/the houses/the towns** la distance qui sépare les garçons/les maisons/les villes ◆ **the distance between the eyes/rails/posts** l'écartement m des yeux/des rails/des poteaux ◆ **from a distance** de loin ◆ **seen from a distance** vu de loin ◆ **to go part of the distance alone** faire une partie du trajet seul ◆ **to go** or **last the distance** (Sport, fig) tenir la distance; → **long¹, middle** ◆ **in the distance** au loin, dans le lointain ◆ **to stare into the distance** regarder au loin ◆ **it's within walking/cycling distance** on peut y aller à pied/en vélo; → **spitting**
b (in time) intervalle m ◆ **from a distance of 40 years, I can look back on it and say ...** 40 ans plus tard or 40 ans après, je peux y repenser et dire ...
c (in rank etc) distance f ◆ **to keep sb at a distance** tenir qn à distance ◆ **to keep one's distance (from sb/sth)** garder ses distances (par rapport à qn/qch)
2 vt (Sport etc) distancer ◆ **to distance o.s. from sth** (fig) se distancier de qch
3 COMP ▷ **distance learning** n (Educ) téléenseignement m ▷ **distance race** n (Sport : also long-distance race) épreuve f de fond ▷ **distance teaching** n (Educ) enseignement m à distance, téléenseignement m

distancing [ˈdɪstənsɪŋ] n distanciation f

distant [ˈdɪstənt] → SYN **1** adj **a** (in space, time) lointain ◆ **there was a distant view of the church** on apercevait l'église au loin ◆ **the nearest hospital was 200km distant** l'hôpital le plus proche était à 200 km ◆ **the school is 2km distant from the church** l'école est à 2 km (de distance) de l'église ◆ **a distant memory** un lointain souvenir ◆ **in the distant future/past** dans un avenir/un passé lointain ◆ **in the not too** or **very distant future** dans un avenir assez proche
b (= distant) resemblance vague; cousin, relative, relationship éloigné
c (= distracted) person, manner distrait ◆ **there was a distant look in her eyes** elle avait un regard distrait
d (= cool, reserved) person, manner distant
2 COMP ▷ **distant early warning line** n (US Mil) ligne f DEW (*système de radars*)

distantly [ˈdɪstəntlɪ] adv **a** (= in the distance) hear dans le lointain, au loin ◆ **distantly, she heard the front door bell ring** elle entendit au loin qu'on sonnait à la porte d'entrée ◆ **the sound of a flute was distantly audible** on entendait au loin le son d'une flûte ◆ **she was distantly aware of Gavin's voice** elle entendait vaguement la voix de Gavin
b resemble vaguement, un peu ◆ **I am distantly related to her** c'est une parente éloignée, nous sommes vaguement apparentés ◆ **the lion and the domestic cat are distantly related** le lion et le chat domestique ont des ancêtres communs
c (= absently) nod, smile d'un air distrait
d (= in a reserved way) speak d'un ton distant ◆ **to smile/behave distantly** avoir un sourire distant/une attitude distante

distaste [dɪsˈteɪst] → SYN n dégoût m, répugnance f (*for* pour)

distasteful [dɪsˈteɪstfʊl] → SYN adj déplaisant, désagréable ◆ **to be distasteful to sb** déplaire à qn

distastefully [dɪsˈteɪstfʊlɪ] adv look at d'un air dégoûté

distastefulness [dɪsˈteɪstfʊlnɪs] n mauvais goût m

Dist. Atty (abbrev of **district attorney**) ≃ procureur m de la République

distemper¹ [dɪsˈtempər] **1** n (= paint) détrempe f
2 vt peindre à la détrempe ◆ **distempered walls** murs mpl peints à la détrempe

distemper² [dɪsˈtempər] n (Vet) maladie f des jeunes chiens or de Carré

distend [dɪsˈtend] → SYN **1** vt (gen) ballonner; (with gas) distendre
2 vi (gen) se distendre; (with gas) se ballonner

distension [dɪsˈtenʃən] n distension f, dilatation f

distich [ˈdɪstɪk] n distique m

distil, distill (US) [dɪsˈtɪl] → SYN **1** vt **a** [+ alcohol, knowledge] distiller ◆ **his poetry is distilled from his experience** sa poésie s'inspire de son expérience personnelle
b (= drip slowly) laisser couler goutte à goutte
2 vi se distiller, couler goutte à goutte
3 COMP ▷ **distilled water** n (Aut etc) eau f déminéralisée

distillate [ˈdɪstɪlɪt] n (Chem, Ind) distillat m

distillation [ˌdɪstɪˈleɪʃən] → SYN n (Chem etc, fig) distillation f

distiller [dɪsˈtɪlər] n distillateur m

distillery [dɪsˈtɪlərɪ] n distillerie f

distinct [dɪsˈtɪŋkt] → SYN adj **a** (= definite) impression, preference, likeness, advantage, disadvantage net (before n); increase, progress sensible, net (before n); possibility réel ◆ **there was a distinct lack of enthusiasm for that idea** il y avait un net manque d'enthousiasme pour cette idée
b (= different, separate) distinct (*from* de)
◆ **as distinct from** par opposition à, contrairement à
c (= clear) silhouette, voice, memory distinct

distinction [dɪsˈtɪŋkʃən] → SYN n **a** (= difference) distinction f, différence f; (= act of keeping apart) distinction f (*from* de et de; *between* entre) ◆ **to draw** or **make a distinction between two things** faire la or une distinction entre deux choses
b (NonC) (= pre-eminence) distinction f, mérite m; (= refinement) distinction f ◆ **to win distinction** se distinguer, acquérir une or de la réputation ◆ **a pianist of distinction** un pianiste réputé or de renom ◆ **she has great distinction** elle est d'une grande distinction
c (Univ etc) **he got a distinction in French** il a été reçu en français avec mention très bien

distinctive [dɪsˈtɪŋktɪv] → SYN adj **a** (= idiosyncratic) caractéristique
b (= differentiating: also Ling) distinctif ◆ **to be distinctive of** or **to sth** caractériser qch

distinctively [dɪsˈtɪŋktɪvlɪ] adv ◆ **distinctively English/masculine etc** typiquement anglais/masculin etc ◆ **distinctively dressed** habillé de façon originale ◆ **distinctively patterned** au motif caractéristique ◆ **to be distinctively different from sth** se démarquer nettement de qch

distinctiveness [dɪsˈtɪŋktɪvnɪs] n caractère m distinctif

distinctly [dɪsˈtɪŋktlɪ] → SYN adv **a** (with vb = clearly) speak, hear, see distinctement; remember clairement
b (with adj = decidedly) particulièrement ◆ **it is distinctly possible** c'est très possible, c'est une réelle possibilité ◆ **distinctly different/better** nettement différent/mieux

distinguish [dɪsˈtɪŋgwɪʃ] LANGUAGE IN USE 5.4 → SYN **1** vt **a** (= discern) [+ landmark] distinguer, apercevoir; [+ change] discerner, percevoir

divisional / do

la banque ◆ **the sales division** le département des ventes ◆ **several armoured** or **tank divisions** plusieurs divisions fpl blindées

c (= divider) séparation f ; (in room) cloison f ; (fig: between social classes etc) fossé m ; (= dividing line: lit, fig) division f

d (NonC = discord) division f, désaccord m

e (Brit Parl) **to call a division** passer au vote ◆ **to call for a division** demander la mise aux voix ◆ **the division took place at midnight** la Chambre a procédé au vote à minuit ◆ **without a division** sans procéder au vote ◆ **to carry a division** avoir la majorité des voix

[2] COMP **division bell** n (Brit Parl) sonnerie qui annonce la mise aux voix ▷ **division sign** n (Math) signe m de division

divisional [dɪ'vɪʒənl] [1] adj divisionnaire

[2] COMP ▷ **divisional coin** n monnaie f divisionnaire ▷ **Divisional Court** n (Brit Jur) juridiction supérieure composée d'au moins deux juges statuant en appel

divisionism [dɪ'vɪʒə,nɪzəm] n divisionnisme m

divisionist [dɪ'vɪʒənɪst] n divisionniste mf

divisive [dɪ'vaɪsɪv] → SYN adj qui entraîne la division, qui sème la discorde

divisiveness [dɪ'vaɪsɪvnɪs] n ◆ **the divisiveness of this decision** les dissensions causées par cette décision

divisor [dɪ'vaɪzəʳ] n (Math) diviseur m

divorce [dɪ'vɔːs] → SYN [1] n (Jur, fig) divorce m (from d'avec, avec) ◆ **to get a divorce from** obtenir le divorce d'avec

[2] vt (Jur) divorcer de or d'avec ; (fig) séparer (from de) ◆ **she divorced her husband** elle a divorcé de or d'avec son mari ◆ **one cannot divorce this case from ...** (fig) on ne peut séparer ce cas de ...

[3] vi divorcer

[4] COMP **divorce court** n ≈ tribunal m de grande instance ▷ **divorce proceedings** npl procédure f de divorce ◆ **to start divorce proceedings** entamer une procédure de divorce, demander le divorce ▷ **divorce settlement** n (mutually agreed) règlement m de divorce ; (imposed by court) jugement m de divorce

divorcé [dɪ'vɔːseɪ] n divorcé m

divorced [dɪ'vɔːst] adj (Jur) divorcé (from d'avec)

divorcee [dɪ,vɔː'siː] n divorcé(e) m(f)

divot ['dɪvət] n (esp Golf) motte f de gazon

divulge [daɪ'vʌldʒ] → SYN vt divulguer, révéler ◆ **he divulged that he had seen her** il a révélé qu'il l'avait vue

divulgence [daɪ'vʌldʒəns] n divulgation f, révélation f

divulsion [daɪ'vʌlʃən] n divulsion f

divvy ['dɪvɪ] [1] n (Brit *) abbrev of **dividend**
[2] vt (* : also **divvy up**) partager

Diwali [dɪ'wɑːlɪ] n Dipavali m

Dixie ['dɪksɪ] [1] n (US) les États mpl du Sud ◆ **the Heart of Dixie** l'Alabama m ◆ **I'm not just whistling Dixie*** ce ne sont pas des paroles en l'air, je ne plaisante pas

[2] COMP (US) du Sud ▷ **Dixie cup** ® n (US) gobelet m en carton ▷ **Dixie Democrat** n (US Pol) démocrate mf du Sud

---

DIXIE

Surnom donné aux onze États du sud des États-Unis qui constituaient la Confédération pendant la guerre de Sécession : Alabama, Arkansas, Géorgie, Floride, Louisiane, Mississippi, Caroline du Nord, Caroline du Sud, Tennessee, Texas et Virginie. L'adjectif **Dixie** est employé pour caractériser ces États et leurs habitants : on dira ainsi que Scarlett O'Hara est l'exemple de la féminité **Dixie**.

---

dixie * ['dɪksɪ] n (Brit Mil: also **dixie can**) gamelle f

Dixieland ['dɪksɪlænd] [1] n ⇒ **Dixie**
[2] COMP ▷ **Dixieland jazz** n le (jazz) Dixieland

DIY [diːaɪ'waɪ] (Brit) (abbrev of **do-it-yourself**) bricolage m

dizzily ['dɪzɪlɪ] adv **a** (= giddily) walk, sway, slump en proie au vertige ; rise, fall, spin, swirl vertigineusement ◆ **her head was spinning dizzily** la tête lui tournait follement

b (= in a scatterbrained way) étourdiment ; (= in a silly way) bêtement

dizziness ['dɪzɪnɪs] n (= state) vertige(s) m(pl) ◆ **an attack of dizziness** des vertiges ◆ **to be overcome by dizziness** être pris de vertiges

dizzy ['dɪzɪ] → SYN [1] adj **a** person (from illness, hunger etc) pris de vertiges or d'étourdissements ; (from vertigo) pris de vertige ◆ **to feel dizzy** avoir le vertige, avoir la tête qui tourne ◆ **he was so dizzy he couldn't move** (from illness, hunger etc) il était pris de tels vertiges or étourdissements qu'il ne pouvait plus avancer ; (from vertigo) il avait tellement le vertige qu'il ne pouvait plus avancer ◆ **it makes me dizzy** (lit, fig) cela me donne le vertige, j'en ai la tête qui tourne ◆ **he was dizzy from the heat/effort** la chaleur/l'effort lui faisait tourner la tête or lui donnait des vertiges or des étourdissements ◆ **he was dizzy with success** le succès l'avait grisé ◆ **she was dizzy with grief** elle était hébétée de douleur

b height, speed, rise in price vertigineux

c person (= scatterbrained) étourdi, écervelé ; (= silly) bête ◆ **a dizzy blonde** une blonde évaporée

[2] vt (= disorientate, confuse) [+ person] étourdir, donner le vertige à ◆ **to be dizzied by success** (fig) être grisé par le succès

[3] COMP ▷ **a dizzy spell** n un vertige, un étourdissement

DJ [diː'dʒeɪ] n (abbrev of **disc jockey**) → **disc**

d.j. * ['diːdʒeɪ] n (abbrev of **dinner jacket**) smok * m, smoking m

Djakarta [dʒə'kɑːtə] n ⇒ **Jakarta**

DJIA [diːdʒeɪaɪ'eɪ] n (abbrev of **Dow Jones Industrial Average**) indice m Dow Jones

Djibouti [dʒɪ'buːtɪ] n Djibouti ◆ **in Djibouti** à Djibouti

djinn [dʒɪn] n djinn m

dl (abbrev of **decilitre(s)**) dl

DLit(t) [diː'lɪt] n (abbrev of **Doctor of Literature** and Doctor of Letters) doctorat ès Lettres

DM n (abbrev of **Deutschmark**) DM m

dm (abbrev of **decimetre(s)**) dm

DMA [,diːem'eɪ] n (Comput) (abbrev of **direct memory access**) accès m direct à la mémoire

D-mark [diː'mɑːk] n (abbrev of **Deutschmark**) mark m

DMs * ® [diː'emz] npl (abbrev of **Doc Martens**) Doc Martens ® fpl

DMus n (abbrev of **Doctor of Music**) doctorat de musique

DMZ n (abbrev of **Demilitarized Zone**) → **demilitarize**

DNA [,diːen'eɪ] [1] n (Med) (abbrev of **deoxyribonucleic acid**) ADN m

[2] COMP ▷ **DNA fingerprinting, DNA profiling** n analyse f de l'empreinte génétique ▷ **DNA testing** n (NonC) tests mpl d'ADN

Dnieper ['dniːpəʳ] n Dniepr m

D-notice [diː'nəʊtɪs] n (Brit Govt) consigne officielle à la presse de ne pas publier certaines informations relatives à la sécurité nationale

---

do¹ [duː]

vb : 3rd pers sg pres **does**, pret **did**, ptp **done**

→ SYN

[1] AUXILIARY VERB   [4] NOUN
[2] TRANSITIVE VERB   [5] PLURAL NOUN
[3] INTRANSITIVE VERB   [6] PHRASAL VERBS

---

[1] AUXILIARY VERB

a There is no equivalent in French to the use of **do** in questions, negative statements and negative commands:

◆ **do you understand?** (est-ce que) vous comprenez ?, comprenez-vous ? ◆ **I do not** or **don't understand** je ne comprends pas

ANGLAIS-FRANÇAIS 252

◆ **didn't you like it?** tu n'as pas aimé ça ? ◆ **don't worry!** ne t'en fais pas !

b in tag questions : seeking confirmation n'est-ce pas ◆ **you know him, don't you?** vous le connaissez, n'est-ce pas ? ◆ **you do agree, don't you?** vous êtes d'accord, n'est-ce pas ?, vous êtes bien d'accord ? ◆ **she said that, didn't she?** elle a bien dit ça, n'est-ce pas ?, c'est bien ce qu'elle a dit ?

The tag is sometimes not translated:

◆ **he didn't go, did he?** il n'y est pas allé(, n'est-ce pas) ? ◆ **he didn't agree, did he?** il n'était pas d'accord(, n'est-ce pas) ? ◆ **(so) you know him, do you?** (conveying interest, surprise, indignation etc) alors comme ça vous le connaissez ? ◆ **she said that, did she?** alors comme ça elle a dit ça ?, ah oui ? elle a dit ça ?

c in tag responses **they speak French — oh, do they?** ils parlent français — ah oui or ah bon or vraiment ? ◆ **he wanted £1,000 for it — did he really?** il en demandait 1 000 livres — vraiment or non ? ◆ **who broke the mirror? — I did** qui est-ce qui a cassé la glace ? — (c'est) moi ◆ **may I come in? — please do!** puis-je entrer ? — je t'en prie or je vous en prie ! ◆ **shall I ring her again? — no, don't!** est-ce que je la rappelle ? — ah non or surtout pas ! ◆ **I'll tell him — don't!** je vais le lui dire — surtout pas !

oui or non alone are often used to answer questions :

◆ **do you see them often? — yes, I do** vous les voyez souvent ? — oui ◆ **did you see him? — no I didn't** est-ce que tu l'as vu ? — non

d substitute for another verb faire ◆ **he's always saying he'll stop smoking, but he never does** il dit toujours qu'il va s'arrêter de fumer mais il ne le fait jamais ◆ **she always says she'll come but she never does** elle dit toujours qu'elle viendra mais elle n'en fait rien or mais elle ne vient jamais ◆ **you drive faster than I do** tu conduis plus vite que moi ◆ **I like this colour, don't you?** j'aime bien cette couleur, pas toi ? ◆ **they said he would object and indeed he did** on a dit qu'il s'y opposerait et c'est bien ce qui s'est passé or et c'est bien ce qu'il a fait

e encouraging, inviting **DO come!** venez donc ! ◆ **DO tell him that ...** dites-lui bien que ...

f used for emphasis **I DO wish I could come with you** je voudrais tant pouvoir vous accompagner ◆ **but I DO like pasta!** mais si j'aime bien les pâtes ! ◆ **I am sure he never said that — he DID say it** je suis sûr qu'il n'a jamais dit ça — je t'assure que si or mais si, il l'a dit ! ◆ **so you DO know them!** alors comme ça tu les connais !

[2] TRANSITIVE VERB

a faire ◆ **what are you doing in the bathroom?** qu'est-ce que tu fais dans la salle de bains ? ◆ **what do you do (for a living)?** que faites-vous dans la vie ? ◆ **I don't know what to do** je ne sais pas quoi faire ◆ **I don't know how she does it** je ne sais pas comment elle fait ◆ **the work is being done by a local builder** c'est un entrepreneur du coin qui fait les travaux ◆ **I've only done three pages** je n'ai fait que trois pages ◆ **we only do one make of gloves** nous ne faisons qu'une marque de gants ◆ **are you doing anything this evening?** vous faites quelque chose ce soir ?, êtes-vous pris ce soir ? ◆ **the car was doing 100mph** la voiture faisait du 160 km/h ◆ **we did London to Edinburgh in eight hours** nous avons fait (le trajet) Londres-Édimbourg en huit heures ◆ **we've done 200km since 2 o'clock** nous avons fait 200 km depuis 2 heures cet après-midi ◆ **to do the sights** faire du tourisme ◆ **to do six years (in jail)** faire six ans de prison BUT ◆ **to do again** refaire ◆ **it's all got to be done again** tout est à refaire or à recommencer ◆ **now you've done it !** c'est malin ! ◆ **that's done it !** * (dismay) c'est foutu ! * ; (satisfaction) (voilà) ça y est !

Some **do** + noun combinations require a more specific French verb:

◆ **to do the flowers** arranger les fleurs ◆ **to do one's hair** se coiffer ◆ **to do a play** (= put on) monter une pièce ◆ **to do nine subjects** étudier neuf matières ◆ **to do one's teeth** se laver or se brosser les dents

dissent [dɪˈsent] → SYN **1** vi différer (d'opinion or de sentiment) (*from sb* de qn); (Rel) être en dissidence, être dissident
2 n dissentiment m, différence f d'opinion; (Rel) dissidence f

dissenter [dɪˈsentəʳ] → SYN n (esp Rel) dissident(e) m(f)

dissentient [dɪˈsenʃɪənt] → SYN **1** adj dissident, opposé
2 n dissident(e) m(f), opposant(e) m(f)

dissenting [dɪˈsentɪŋ] adj voice dissident ◆ **a long dissenting tradition** une longue tradition de dissidence ◆ **dissenting opinion** (US Jur) avis m minoritaire de l'un des juges (*divergeant sur des questions de fond*)

dissertation [ˌdɪsəˈteɪʃən] → SYN n **a** (written) mémoire m (*on* sur); (spoken) exposé m (*on* sur)
b (Univ) (Brit) mémoire m; (US) thèse f (de doctorat)

disservice [dɪsˈsɜːvɪs] → SYN n mauvais service m ◆ **to do sb/sth a disservice** (= be unhelpful to) rendre un mauvais service à qn/qch, desservir qn/qch; (= be unfair to) faire du tort à qn/qch

dissidence [ˈdɪsɪdəns] n dissidence f (also Pol), désaccord m, divergence f d'opinion

dissident [ˈdɪsɪdənt] → SYN adj, n dissident(e) m(f)

dissimilar [dɪˈsɪmɪləʳ] → SYN adj dissemblable (*to* à), différent (*to* de)

dissimilarity [ˌdɪsɪmɪˈlærɪtɪ] → SYN n différence f, dissemblance f (*between* entre)

dissimilate [dɪˈsɪmɪleɪt] vt (Phon) dissimiler

dissimilation [dɪˌsɪmɪˈleɪʃən] n (Phon) dissimilation f

dissimilitude [ˌdɪsɪˈmɪlɪtjuːd] n dissimilitude f

dissimulate [dɪˈsɪmjʊleɪt] vti dissimuler

dissimulation [dɪˌsɪmjʊˈleɪʃən] n dissimulation f

dissipate [ˈdɪsɪpeɪt] → SYN **1** vt [+ fog, clouds, fears, suspicions] dissiper; [+ hopes] anéantir; [+ energy, efforts] disperser, gaspiller; [+ fortune] dissiper, dilapider
2 vi se dissiper

dissipated [ˈdɪsɪpeɪtɪd] → SYN adj person débauché, qui mène une vie dissipée; activity dépravé; life, behaviour dissipé, dissolu; appearance de débauché ◆ **to lead a dissipated life** mener une vie dissipée or dissolue, vivre dans la dissipation (liter)

dissipation [ˌdɪsɪˈpeɪʃən] → SYN n [of clouds, fears] dissipation f; [of energy, efforts] gaspillage m; [of fortune] dilapidation f; (= debauchery) dissipation f, débauche f

dissociate [dɪˈsəʊʃɪeɪt] LANGUAGE IN USE 26.2 → SYN vt dissocier, séparer (*from* de); (Chem, Psych) dissocier ◆ **to dissociate o.s. from** se dissocier de, se désolidariser de

dissociation [dɪˌsəʊsɪˈeɪʃən] n (all senses) dissociation f

dissolubility [dɪˌsɒljʊˈbɪlɪtɪ] n solubilité f

dissoluble [dɪˈsɒljʊbl] adj soluble

dissolute [ˈdɪsəluːt] → SYN adj person débauché, dissolu (liter); way of life dissolu, déréglé, de débauche

dissolution [ˌdɪsəˈluːʃən] → SYN n (all senses) dissolution f

dissolvable [dɪˈzɒlvəbl] adj soluble (*in* dans)

dissolve [dɪˈzɒlv] → SYN **1** vt **a** [water etc] [+ substance] dissoudre (*in* dans); [person] [+ chemical etc] faire dissoudre (*in* dans); (Culin) [+ sugar etc] faire fondre (*in* dans)
b [+ alliance, marriage, assembly] dissoudre
2 vi **a** (Chem) se dissoudre; (Culin) fondre
b (fig) [hopes, fears] disparaître, s'évanouir; (Jur, Pol) se dissoudre ◆ **to dissolve into thin air** s'en aller or partir en fumée ◆ **to dissolve into tears** fondre en larmes
c (Cine) se fondre
3 n (Cine, TV) fondu m (enchaîné) ◆ **dissolve in/out** ouverture f/fermeture f en fondu

dissolvent [dɪˈzɒlvənt] **1** adj dissolvant
2 n dissolvant m, solvant m

dissonance [ˈdɪsənəns] n dissonance f, discordance f

dissonant [ˈdɪsənənt] adj dissonant, discordant

dissuade [dɪˈsweɪd] → SYN vt dissuader (*sb from doing sth* qn de faire qch), détourner (*sb from sth* qn de qch)

dissuasion [dɪˈsweɪʒən] n dissuasion f

dissuasive [dɪˈsweɪsɪv] adj (gen) dissuasif; voice, person qui cherche à dissuader; powers de dissuasion

dissyllabic [ˌdɪsɪˈlæbɪk] adj dissyllabique, dissyllabe

dissyllable [dɪˈsɪləbl] n dissyllabique m

distaff [ˈdɪstɑːf] n quenouille f ◆ **on the distaff side** (fig) du côté maternel or des femmes

distal [ˈdɪstl] adj (Anat) distal

distance [ˈdɪstəns] → SYN **1** n **a** (in space) distance f (*between* entre) ◆ **what distance is it from London?** c'est à quelle distance de Londres? ◆ **what distance is it from here to London?** nous sommes à combien de kilomètres de Londres? ◆ **it's a good distance** c'est assez loin ◆ **a short distance away** à une faible distance ◆ **it's no distance** c'est à deux pas, c'est tout près ◆ **to cover the distance in two hours** franchir or parcourir la distance en deux heures ◆ **at an equal distance from each other** à égale distance l'un de l'autre ◆ **at a distance** assez loin, à quelque distance ◆ **at a distance of 2 metres** à une distance de 2 mètres ◆ **the distance between the boys/the houses/the towns** la distance qui sépare les garçons/les maisons/les villes ◆ **the distance between the eyes/rails/posts** l'écartement m des yeux/des rails/des poteaux ◆ **from a distance** de loin ◆ **seen from a distance** vu de loin ◆ **to go part of the distance alone** faire une partie du trajet seul ◆ **to go** or **last the distance** (Sport, fig) tenir la distance; → **long**[1], **middle** ◆ **in the distance** au loin, dans le lointain ◆ **to stare into the distance** regarder au loin ◆ **it's within walking/cycling distance** on peut y aller à pied/en vélo; → **spitting**
b (in time) intervalle m ◆ **from a distance of 40 years, I can look back on it and say …** 40 ans plus tard or 40 ans après, je peux y repenser et dire …
c (in rank etc) distance f ◆ **to keep sb at a distance** tenir qn à distance ◆ **to keep one's distance (from sb/sth)** garder ses distances (par rapport à qn/qch)
2 vt (Sport etc) distancer ◆ **to distance o.s. from sth** (fig) se distancier de qch
3 COMP ▷ **distance learning** n (Educ) téléenseignement m ▷ **distance race** n (Sport: also **long-distance race**) épreuve f de fond ▷ **distance teaching** n (Educ) enseignement m à distance, téléenseignement m

distancing [ˈdɪstənsɪŋ] n distanciation f

distant [ˈdɪstənt] → SYN **1** adj **a** (in space, time) lointain ◆ **there was a distant view of the church** on apercevait l'église au loin ◆ **the nearest hospital was 200km distant** l'hôpital le plus proche était à 200 km ◆ **the school is 2km distant from the church** l'école est à 2 km (de distance) de l'église ◆ **a distant memory** un lointain souvenir ◆ **in the distant future/past** dans un avenir/un passé lointain ◆ **in the not too** or **very distant future** dans un avenir assez proche
b connection lointain; resemblance vague; cousin, relative, relationship éloigné
c (= distracted) person, manner distrait ◆ **there was a distant look in her eyes** elle avait un regard distrait
d (= cool, reserved) person, manner distant
2 COMP ▷ **distant early warning line** n (US Mil) ligne f DEW (*système de radars*)

distantly [ˈdɪstəntlɪ] adv **a** (= in the distance) hear dans le lointain, au loin ◆ **distantly, she heard the front door bell ring** elle entendit au loin qu'on sonnait à la porte d'entrée ◆ **the sound of a flute was distantly audible** on entendait au loin le son d'une flûte ◆ **she was distantly aware of Gavin's voice** elle entendait vaguement la voix de Gavin
b resemble vaguement, un peu ◆ **I am distantly related to her** c'est une parente éloignée, nous sommes vaguement apparentés ◆ **the lion and the domestic cat are distantly related** le lion et le chat domestique ont des ancêtres communs
c (= absently) nod, smile d'un air distrait
d (= in a reserved way) speak d'un ton distant ◆ **to smile/behave distantly** avoir un sourire distant/une attitude distante

distaste [dɪsˈteɪst] → SYN n dégoût m, répugnance f (*for* pour)

distasteful [dɪsˈteɪstfʊl] → SYN adj déplaisant, désagréable ◆ **to be distasteful to sb** déplaire à qn

distastefully [dɪsˈteɪstfʊlɪ] adv look at d'un air dégoûté

distastefulness [dɪsˈteɪstfʊlnɪs] n mauvais goût m

Dist. Atty (abbrev of **district attorney**) ≃ procureur m de la République

distemper[1] [dɪsˈtempəʳ] **1** n (= paint) détrempe f
2 vt peindre à la détrempe ◆ **distempered walls** murs mpl peints à la détrempe

distemper[2] [dɪsˈtempəʳ] n (Vet) maladie f des jeunes chiens or de Carré

distend [dɪsˈtend] → SYN **1** vt (gen) ballonner; (with gas) distendre
2 vi (gen) se distendre; (with gas) se ballonner

distension [dɪsˈtenʃən] n distension f, dilatation f

distich [ˈdɪstɪk] n distique m

distil, distill (US) [dɪsˈtɪl] → SYN **1** vt **a** [+ alcohol, knowledge] distiller ◆ **his poetry is distilled from his experience** sa poésie s'inspire de son expérience personnelle
b (= drip slowly) laisser couler goutte à goutte
2 vi se distiller, couler goutte à goutte
3 COMP ▷ **distilled water** n (Aut etc) eau f déminéralisée

distillate [ˈdɪstɪlɪt] n (Chem, Ind) distillat m

distillation [ˌdɪstɪˈleɪʃən] → SYN n (Chem etc, fig) distillation f

distiller [dɪsˈtɪləʳ] n distillateur m

distillery [dɪsˈtɪlərɪ] n distillerie f

distinct [dɪsˈtɪŋkt] → SYN adj **a** (= definite) impression, preference, likeness, advantage, disadvantage net (*before n*); increase, progress sensible, net (*before n*); possibility réel ◆ **there was a distinct lack of enthusiasm for that idea** il y avait un net manque d'enthousiasme pour cette idée
b (= different, separate) distinct (*from* de)
◆ **as distinct from** par opposition à, contrairement à
c (= clear) silhouette, voice, memory distinct

distinction [dɪsˈtɪŋkʃən] → SYN n **a** (= difference) distinction f, différence f; (= act of keeping apart) distinction f (*of … from* de … et de; *between* entre) ◆ **to draw** or **make a distinction between two things** faire la or une distinction entre deux choses
b (NonC) (= pre-eminence) distinction f, mérite m; (= refinement) distinction f ◆ **to win distinction** se distinguer, acquérir une or de la réputation ◆ **a pianist of distinction** un pianiste réputé or de renom ◆ **she has great distinction** elle est d'une grande distinction
c (Univ etc) he got a distinction in French il a été reçu en français avec mention très bien

distinctive [dɪsˈtɪŋktɪv] → SYN adj **a** (= idiosyncratic) caractéristique
b (= differentiating: also Ling) distinctif ◆ **to be distinctive of** or **to sth** caractériser qch

distinctively [dɪsˈtɪŋktɪvlɪ] adv ◆ **distinctively English/masculine etc** typiquement anglais/masculin etc ◆ **distinctively dressed** habillé de façon originale ◆ **distinctively patterned** au motif caractéristique ◆ **to be distinctively different from sth** se démarquer nettement de qch

distinctiveness [dɪsˈtɪŋktɪvnɪs] n caractère m distinctif

distinctly [dɪsˈtɪŋktlɪ] → SYN adv **a** (with vb = clearly) speak, hear, see distinctement; remember clairement
b (with adj = decidedly) particulièrement ◆ **it is distinctly possible** c'est très possible, c'est une réelle possibilité ◆ **distinctly different/better** nettement différent/mieux

distinguish [dɪsˈtɪŋgwɪʃ] LANGUAGE IN USE 5.4 → SYN
1 vt **a** (= discern) [+ landmark] distinguer, apercevoir; [+ change] discerner, percevoir

distinguishable / disyllable

b [+ object, series, person] (= make different) distinguer (*from* de) ; (= characterize) caractériser ◆ **to distinguish o.s.** se distinguer (*as* comme, *in* tant que) ◆ **you've really distinguished yourself!** (also iro) tu t'es vraiment distingué ! (also iro) ; see also **distinguished, distinguishing**

[2] vi ◆ **to distinguish between A and B** distinguer or faire la distinction entre A et B, distinguer A de B

distinguishable [dɪsˈtɪŋgwɪʃəbl] → SYN adj **a** (= distinct) **to be distinguishable from sth (by sth)** se distinguer de qch (par qch) ◆ **the two political parties are now barely distinguishable (from each other)** maintenant, les deux partis politiques se distinguent à peine (l'un de l'autre) ◆ **to be distinguishable by sth** être reconnaissable à qch, se reconnaître à qch ◆ **easily** or **readily distinguishable** facile à distinguer

b (= discernible) shape, words, outline perceptible

distinguished [dɪsˈtɪŋgwɪʃt] → SYN [1] adj **a** (= elegant, sophisticated) person, appearance distingué ◆ **to look distinguished** avoir l'air distingué

b (= eminent) pianist, scholar distingué ; career, history brillant ◆ **in distinguished company** en illustre compagnie ◆ **20 years of distinguished service** 20 ans de bons et loyaux services ◆ **distinguished for his bravery** remarquable par or remarqué pour son courage ◆ **distinguished service professor** (US Univ) professeur m à titre personnel

[2] COMP **Distinguished Flying Cross** n médaille décernée aux aviateurs militaires ▷ **distinguished-looking** adj à l'air distingué ▷ **Distinguished Service Cross** n médaille militaire ▷ **Distinguished Service Medal** n médaille militaire ▷ **Distinguished Service Order** n (Brit) médaille militaire

distinguishing [dɪsˈtɪŋgwɪʃɪŋ] → SYN adj distinctif, caractéristique ◆ **distinguishing mark** caractéristique f ; (on passport) signe m particulier

distort [dɪsˈtɔːt] → SYN [1] vt (physically) déformer, altérer ; (fig) [+ truth] défigurer, déformer ; [+ text] déformer ; [+ judgement] fausser ; [+ words, facts] dénaturer, déformer

[2] vi [face] se crisper

distorted [dɪsˈtɔːtɪd] adj **a** object, image, sound déformé ◆ **his face was distorted with rage** ses traits étaient déformés par la colère

b (= biased) report, impression faux (fausse f) ◆ **a distorted version of the events** une version déformée des événements

c (= perverted) morality, sexuality dévoyé

distortion [dɪsˈtɔːʃən] → SYN n (gen, Elec, Med, Opt) distorsion f ; [of tree etc] déformation f ; [of features] distorsion f, altération f ; [of shape, facts, text] déformation f, altération f ◆ **by distortion of the facts** en dénaturant les faits

distract [dɪsˈtrækt] → SYN vt [+ person] distraire, déconcentrer ; (= interrupt) déranger ◆ **the noise distracted her from working** le bruit la distrayait de son travail ◆ **the noise was distracting him** le bruit le déconcentrait or l'empêchait de se concentrer ◆ **she's busy, you mustn't distract her** elle est occupée, il ne faut pas la déranger ◆ **to distract sb's attention** détourner l'attention de qn

distracted [dɪsˈtræktɪd] → SYN adj **a** (= worried) éperdu, égaré ; look égaré, affolé ◆ **to drive sb distracted** faire perdre la tête à qn, rendre qn fou ◆ **distracted with worry** etc fou d'anxiété etc ◆ **she was quite distracted** elle était dans tous ses états

b († = mad) fou (folle f)

distractedly [dɪsˈtræktɪdlɪ] adv **a** (= absently) speak d'un ton distrait, distraitement ; behave éperdument, distraitement

b (liter = wildly) behave, run comme un fou (or une folle) ; speak d'un air affolé ; weep éperdument ◆ **distractedly, he ran his hands through his hair** il se passa la main dans les cheveux, l'air affolé

distracting [dɪsˈtræktɪŋ] → SYN adj gênant, qui empêche de se concentrer

distraction [dɪsˈtrækʃən] → SYN n **a** (NonC = lack of attention) distraction f, inattention f

b (= interruption: to work etc) interruption f

c (= entertainment) divertissement m, distraction f

d (NonC = madness) affolement m ◆ **to love sb to distraction** aimer qn à la folie ◆ **to drive sb to distraction** rendre qn fou

distrain [dɪsˈtreɪn] vi (Jur) ◆ **to distrain upon sb's goods** saisir les biens de qn, opérer la saisie des biens de qn

distrainee [ˌdɪstreɪˈniː] n (Jur) saisi m

distrainor [dɪsˈtreɪnəʳ] n (Jur) saisissant m

distraint [dɪsˈtreɪnt] n (Jur) saisie f, saisie-exécution f (*sur les meubles d'un débiteur*)

distraught [dɪsˈtrɔːt] adj éperdu (*with, from* de), égaré, affolé

distress [dɪsˈtres] → SYN [1] n **a** (physical) douleur f ; (mental) détresse f, affliction f (liter) ◆ **to be in great distress** (physical) souffrir beaucoup ; (mental) être bouleversé, être (plongé) dans l'affliction ◆ **to be in great distress over sth** être bouleversé ou profondément affligé de qch ◆ **to cause distress to** causer une grande peine ou douleur à

b (= poverty) détresse f ◆ **in distress** dans la détresse

c (= danger) péril m, détresse f ◆ **a ship in distress** un navire en perdition ◆ **a plane in distress** un avion en détresse ◆ **a damsel in distress** une demoiselle en détresse

d (Jur) saisie f

[2] vt affliger, peiner

[3] COMP ▷ **distress rocket** n fusée f de détresse ▷ **distress sale** n vente f de biens saisis ▷ **distress signal** n signal m de détresse

distressed [dɪsˈtrest] → SYN adj **a** (= upset) affligé, peiné (*by* par, de) ◆ **she was very distressed** elle était bouleversée

b († = poverty-stricken) **in distressed circumstances** dans la détresse or la misère ◆ **distressed gentlewomen** dames fpl de bonne famille dans le besoin

distressful [dɪsˈtresfʊl] adj ⇒ **distressing**

distressing [dɪsˈtresɪŋ] → SYN adj situation, experience pénible ; poverty, inadequacy lamentable

distressingly [dɪsˈtresɪŋlɪ] adv ◆ **the trapped animal howled distressingly** les cris de l'animal pris au piège étaient déchirants ◆ **distressingly, it took him over an hour to die** chose horrible, il a mis plus d'une heure à mourir ◆ **a distressingly high/low percentage** un pourcentage tristement élevé/bas ◆ **she looked distressingly thin** sa maigreur faisait peine à voir ◆ **the solution is distressingly simple/obvious** la solution est d'une simplicité/évidence désespérante

distributary [dɪsˈtrɪbjʊtərɪ] [1] n (Geog) défluent m

[2] adj de distribution

distribute [dɪsˈtrɪbjuːt] → SYN [1] vt [+ leaflets, prizes, type] distribuer ; [+ dividends, load, weight] répartir ; [+ money] distribuer, partager ; (Comm) [+ goods] être concessionnaire de ; [+ films] être distributeur de ◆ **distribute the almonds over the top of the cake** étaler les amandes sur le dessus du gâteau ◆ **to distribute sth into categories** répartir qch en catégories

[2] COMP ▷ **distributed logic** n (Comput) logique f répartie

distribution [ˌdɪstrɪˈbjuːʃən] → SYN [1] n **a** [of food, supplies, newspaper] distribution f (also Comm, Ling, Econ)

b [of resources, wealth, power] répartition f ◆ **weight/heat distribution** répartition f du poids/de la chaleur ◆ **geographical distribution** répartition f or distribution f géographique ◆ **the distribution of wealth** (Econ) la répartition or distribution des richesses

[2] COMP ▷ **distribution network** n réseau m de distribution

distributional [ˌdɪstrɪˈbjuːʃənəl] adj (Comm) de distribution ; (Ling) distributionnel

distributive [dɪsˈtrɪbjʊtɪv] [1] adj (Comm, Gram, Philos etc) distributif ◆ **the distributive trades** (Econ) le secteur de la distribution

[2] n (Gram) pronom m or adjectif m distributif

distributor [dɪsˈtrɪbjʊtəʳ] [1] n **a** (Comm) [of goods over an area] concessionnaire mf ; [of films] distributeur m

b (Tech = device) distributeur m ; (Aut) delco ® m

[2] COMP ▷ **distributor cap** n (Aut) tête f de delco ® ▷ **distributor network** n réseau m de distributeurs

distributorship [dɪsˈtrɪbjʊtəʃɪp] n (Comm) **a** (= company) distributeur m

b (= right to supply) contrat m de distribution

district [ˈdɪstrɪkt] → SYN [1] n (of a country) région f ; (in town) quartier m ; (= administrative area) district m ; (in Paris etc) arrondissement m ; (US Pol) circonscription f électorale (or administrative) ; → **electoral, postal**

[2] COMP ▷ **district attorney** n (US Jur) représentant m du ministère public, ≈ procureur m de la République ▷ **district commissioner** n (Brit) commissaire m ▷ **district council** n (Brit: local government) ≈ conseil m général ▷ **district court** n (US Jur) cour f fédérale (de grande instance) ▷ **district heating** n ≈ chauffage m urbain ▷ **district manager** n (Comm) directeur m régional ▷ **district nurse** n infirmière f visiteuse or à domicile ▷ **District of Columbia** n (US) district m (fédéral) de Columbia

---

DISTRICT OF COLUMBIA

Le **District of Columbia** (ou **DC**) est un territoire autonome de 180 km², qui n'a pas le statut d'État mais où s'étend la capitale fédérale, Washington (ou Washington **DC**), et qui contient donc les grandes institutions politiques des États-Unis et en particulier la Maison-Blanche et le Capitole.

---

distrust [dɪsˈtrʌst] → SYN [1] vt se méfier de, se défier de

[2] n méfiance f ◆ **to feel some distrust of sb/sth** éprouver de la méfiance à l'égard de qn/qch

distrustful [dɪsˈtrʌstfʊl] adj méfiant, qui se méfie (*of* de)

disturb [dɪsˈtɜːb] → SYN vt **a** (= inconvenience) [+ person] déranger ◆ **sorry to disturb you** excusez-moi de vous déranger ◆ **"(please) do not disturb"** "(prière de) ne pas déranger"

b (= trouble) [+ person] troubler, inquiéter ◆ **the news disturbed him greatly** la nouvelle l'a beaucoup troublé

c (= interrupt) [+ silence, balance] rompre ; [+ sleep, rest] troubler

d (= disarrange) [+ waters, sediment, atmosphere] troubler ; [+ papers, evidence] déranger

disturbance [dɪsˈtɜːbəns] → SYN n **a** (political, social) troubles mpl, émeute f ; (in house, street) bruit m, tapage m ◆ **to cause a disturbance** faire du bruit ou du tapage ◆ **disturbance of the peace** atteinte f à l'ordre public

b (NonC) [of routine, papers] dérangement m ; [of liquid] agitation f ; [of air, atmosphere] perturbation f

c (NonC = alarm, uneasiness) trouble m (d'esprit), perturbation f (de l'esprit)

disturbed [dɪsˈtɜːbd] → SYN adj **a** (Psych) perturbé ◆ **emotionally/mentally disturbed** présentant des troubles affectifs/mentaux

b (= concerned) inquiet (-ète f) (*about* au sujet de ; *at, by* par)

c (= unsettled) childhood, period, night, sleep troublé ; background perturbé

disturbing [dɪsˈtɜːbɪŋ] → SYN adj (= alarming) inquiétant, troublant ; (= distracting) gênant, ennuyeux

disturbingly [dɪsˈtɜːbɪŋlɪ] adv ◆ **a disturbingly high number/percentage** un nombre/pourcentage inquiétant ◆ **disturbingly, the data suggests that ...** chose inquiétante, les données suggèrent que ...

disulphide [daɪˈsʌlfaɪd] n (Chem) disulfure m

disunite [ˌdɪsjuːˈnaɪt] vt désunir

disunity [dɪsˈjuːnɪtɪ] n désunion f

disuse [dɪsˈjuːs] → SYN n désuétude f ◆ **to fall into disuse** tomber en désuétude

disused [dɪsˈjuːzd] adj building désaffecté, abandonné

disyllabic [ˌdɪsɪˈlæbɪk] adj dissyllabe, dissyllabique

disyllable [ˈdaɪsɪləbl] n dissyllabe m

ditch [dɪtʃ] → SYN **1** n **a** (by roadside, between fields etc) fossé m ; (for irrigation) rigole f ; (around castle) douve f
b (Aviat) **the ditch** ⁑ la baille ⁑ ; → **last¹**
2 vt **a** (⁑ = get rid of) [+ lover] plaquer ⁑, laisser tomber ⁑ ; [+ car etc] abandonner ◆ **to ditch a plane** faire un amerrissage forcé
b (US ⁑) [+ class] sécher ⁑

ditcher [ˈdɪtʃər] n terrassier m

ditching [ˈdɪtʃɪŋ] n **a** (= making ditches) creusement m de fossés ◆ **hedging and ditching** entretien m des haies et fossés
b (Aviat) amerrissage m forcé (d'un avion)

ditchwater [ˈdɪtʃwɔːtər] n → **dull**

dither ⁑ [ˈdɪðər] (esp Brit) **1** n **to be in a dither** ◆ **to be all of a dither** être dans tous ses états
2 vi hésiter, se tâter ◆ **to dither over a decision** se tâter pour prendre une décision ◆ **stop dithering and get on with it!** il n'y a pas à tortiller ⁑, il faut que tu t'y mettes !

▶ **dither about** ⁑, **dither around** ⁑ vi tourner en rond (fig)

ditherer ⁑ [ˈdɪðərər] n (Brit) indécis(e) m(f) ◆ **don't be such a ditherer!** ne sois pas si indécis !

dithery ⁑ [ˈdɪðərɪ] adj (pej) indécis, qui tourne autour du pot

dithyramb [ˈdɪθɪræm] n dithyrambe m

dithyrambic [ˌdɪθɪˈræmbɪk] adj dithyrambique

ditsy ⁑ [ˈdɪtsɪ] adj (esp US) ⇒ **ditzy**

ditto [ˈdɪtəʊ] **1** adv idem ◆ **restaurants are expensive here, and ditto the cinemas** or **the cinemas ditto** les restaurants sont chers ici et les cinémas idem ◆
2 COMP ▷ **ditto mark**, **ditto sign** n guillemets mpl de répétition

ditty [ˈdɪtɪ] n chansonnette f

ditzy ⁑ [ˈdɪtsɪ] adj (esp US) évaporé

diuresis [ˌdaɪjʊˈriːsɪs] n diurèse f

diuretic [ˌdaɪjʊəˈretɪk] adj, n diurétique m

diurnal [daɪˈɜːnl] **1** adj (Astron, Bot) diurne
2 n (Rel) diurnal m

diva [ˈdiːvə] n, pl **divas** or **dive** diva f

divalency [daɪˈveɪlənsɪ] n (Chem) bivalence f, divalence f

divalent [daɪˈveɪlənt] adj (Chem) bivalent, divalent

divan [dɪˈvæn] **1** n divan m
2 COMP ▷ **divan bed** n (Brit) divan-lit m

dive¹ [daɪv] → SYN **1** n **a** [of swimmer, goalkeeper] plongeon m ; [of submarine, deep-sea diver etc] plongée f ; [of aircraft] piqué m ◆ **to make a dive** (fig) foncer (tête baissée) ◆ **to go into a dive** [profits, sales etc] dégringoler, plonger ◆ **to take a dive** ⁑ (Ftbl) faire du chiqué ⁑
b (⁑ = disreputable club, café etc) bouge m
2 vi [diver etc] plonger, faire un plongeon ; [submarine] plonger ; [aircraft] piquer ◆ **he dived in head first** il a piqué une tête dans l'eau ◆ **to dive for pearls** pêcher des perles
b (= plunge) **to dive in/out** etc entrer/sortir etc tête baissée ◆ **he dived for the exit** il a foncé (tête baissée) vers la sortie ◆ **he dived into the crowd** il a plongé dans la foule ◆ **he dived under the table** il s'est jeté sous la table ◆ **he dived for cover** se précipiter pour se mettre à l'abri ◆ **the keeper dived for the ball** (Ftbl) le gardien de but a plongé pour bloquer le ballon ◆ **to dive into one's pocket** (fig) plonger la main dans sa poche
3 COMP ▷ **dive-bomb** vt bombarder en piqué ▷ **dive bomber** n bombardier m (qui bombarde en piqué) ▷ **dive bombing** n bombardement m en piqué

▶ **dive in** vi **a** [diver] plonger
b (= start to eat) **dive in!** ⁑ attaquez ! ⁑

dive² [ˈdiːvɪ] npl of **diva**

diver [ˈdaɪvər] n **a** (= person) plongeur m ; (also **deep-sea diver**) scaphandrier m ; → **scuba**, **skin**
b (Orn) plongeon m, plongeur m

diverge [daɪˈvɜːdʒ] → SYN vi [lines, paths, opinions, explanations] diverger

divergence [daɪˈvɜːdʒəns] → SYN n divergence f

divergent [daɪˈvɜːdʒənt] → SYN **1** adj divergent
2 COMP ▷ **divergent thinking** n raisonnement m divergent

divers [ˈdaɪvɜːz] → SYN adj (liter) divers, plusieurs

diverse [daɪˈvɜːs] → SYN adj divers

diversification [daɪˌvɜːsɪfɪˈkeɪʃən] n diversification f

diversiform [daɪˈvɜːsɪˌfɔːm] adj diversiforme

diversify [daɪˈvɜːsɪfaɪ] → SYN **1** vt diversifier, varier
2 vi [farmer, businessman] diversifier ses activités

diversion [daɪˈvɜːʃən] → SYN n **a** (Brit = redirecting) [of traffic] déviation f ; [of stream] dérivation f, détournement m ; [of ship] (gen) déroutement m ; [of profits] détournement m
b (Aut) déviation f
c (= relaxation) divertissement m, distraction f ◆ **it's a diversion from work** cela change or distrait du travail
d (Mil etc) diversion f ◆ **to create a diversion** (Mil) opérer une diversion ; (in class, during argument etc) faire diversion

diversionary [daɪˈvɜːʃnərɪ] adj (also Mil) de diversion ◆ **diversionary tactics** manœuvres fpl de diversion

diversity [daɪˈvɜːsɪtɪ] → SYN n diversité f

divert [daɪˈvɜːt] → SYN vt **a** (= redirect) [+ stream] détourner ; [+ train, plane, ship] dérouter ; (Brit) [+ traffic] dévier ; [+ attention, eyes] détourner ; [+ conversation] détourner ; [+ blow] écarter ; [+ phone call] transférer
b (= amuse) divertir, amuser ◆ **to divert o.s.** se distraire, se divertir

diverticulitis [ˌdaɪvəˌtɪkjʊˈlaɪtɪs] n (Med) diverticulite f

diverticulosis [ˌdaɪvəˌtɪkjʊˈləʊsɪs] n diverticulose f

diverticulum [ˌdaɪvəˈtɪkjʊləm] n (Anat) diverticule m

divertimento [dɪˌvɜːtɪˈmentəʊ] n, pl **divertimenti** [dɪˌvɜːtɪˈmentɪ] (Mus) divertimento m, divertissement m

diverting [daɪˈvɜːtɪŋ] → SYN adj divertissant, amusant

divertissement [dɪˈvɜːtɪsmənt] n intermède m, interlude m

divest [daɪˈvest] → SYN vt (of clothes, weapons) dévêtir, dépouiller (of de) ; (of rights, property) dépouiller, priver (of de) ; [+ room] dégarnir

divide [dɪˈvaɪd] → SYN **1** vt **a** (= separate) séparer (from de) ◆ **the Pyrenees divide France from Spain** les Pyrénées séparent la France de l'Espagne
b (= split: also **divide up**) (gen) diviser (into en ; among, between entre) ; [+ people] répartir ; [+ money, work] diviser, partager, répartir ; [+ property, kingdom] diviser, démembrer, morceler ; [+ house] diviser, partager (into en) ; [+ apple, room] diviser, couper (into en) ; [+ one's time, attention] partager (between entre) ◆ **they divided it (amongst themselves)** ils se le sont partagé
c (Math) diviser ◆ **to divide 36 by 6**, **to divide 6 into 36** diviser 36 par 6
d (= cause disagreement among) [+ friends, political parties etc] diviser ◆ **divide and rule** or **conquer** (Brit) (politique f consistant à) diviser pour mieux régner
e (Brit Parl) **to divide the House** faire voter la Chambre
2 vi **a** [river] se diviser ; [road] bifurquer
b (also **divide up**) [people] se répartir ; (Bio) [cells etc] se diviser
c (Math) être divisible (by par)
d (Brit Parl) **the House divided** la Chambre a procédé au vote ou a voté
3 n **a** (= division, bar) fossé m ◆ **to bridge the divide between ...** combler le fossé entre ... ◆ **the racial/social/cultural divide** le fossé racial/social/culturel ◆ **to cross the great divide** (= die) passer de vie à trépas
b (Geog) ligne f de partage des eaux ◆ **the Great Divide** (in US) la ligne de partage des montagnes Rocheuses

▶ **divide off** **1** vi se séparer (from de)
2 vt sep séparer (from de)

▶ **divide out** vt sep répartir, distribuer (among entre)

▶ **divide up** **1** vi ⇒ **divide 2b**
2 vt sep ⇒ **divide 1b**

divided [dɪˈvaɪdɪd] **1** adj **a** (= in two parts) divisé
b (Bot) découpé
c (= disunited, in disagreement) people, country divisé (on, over sur) ; opinion partagé (on, over sur) ◆ **to have** or **suffer from divided loyalties** être déchiré ◆ **opinion is** or **opinions are divided on** or **over that** les avis sont partagés sur ce point ◆ **opinions are divided on what to do/on how long it will take (to do it)** les avis sont partagés quant à ce qu'il convient de faire/quant au temps que cela prendra ◆ **I feel divided (in my own mind)** je suis or je me sens partagé
2 COMP ▷ **divided highway** n (US) (route f à) quatre voies f inv ; → **ROADS** ▷ **divided skirt** n jupe-culotte f

dividend [ˈdɪvɪdend] → SYN n (Fin, Math) dividende m ; → **pay**

divider [dɪˈvaɪdər] n **a** **dividers** compas m à pointes sèches
b → **room**

dividing [dɪˈvaɪdɪŋ] **1** adj wall, fence mitoyen
2 COMP ▷ **dividing line** n ligne f de démarcation

divination [ˌdɪvɪˈneɪʃən] n (lit, fig) divination f

divine¹ [dɪˈvaɪn] → SYN **1** adj (Rel, fig) divin ◆ **Divine Providence** la divine Providence ◆ **(the) divine right of kings** (Hist) le droit divin, la monarchie de droit divin ◆ **by divine right** en vertu de droit divin ◆ **divine service/office** (Rel) service m/office m divin ◆ **darling you look simply divine!** ⁑ chérie, tu es absolument divine ! ◆ **the mousse tasted absolutely divine!** ⁑ la mousse était absolument divine ! ◆ **"The Divine Comedy"** (Literat) "La Divine Comédie"
2 n ecclésiastique m, théologien m

divine² [dɪˈvaɪn] → SYN **1** vt **a** (= foretell) [+ the future] présager, prédire
b (= make out) [+ sb's intentions] deviner, pressentir ◆ **I divined that she intended to divorce me** j'ai deviné qu'elle avait l'intention de divorcer
c (= search for) **to divine for water** etc chercher à découvrir une source etc à l'aide de baguettes (or d'un pendule) ou par rhabdomancie
2 COMP ▷ **divining rod** n baguette f de sourcier

divinely [dɪˈvaɪnlɪ] adv **a** (Rel) **divinely inspired** divinement inspiré ◆ **divinely ordained/sanctioned** décrété/sanctionné par la volonté divine
b († = wonderfully) divinement ◆ **your friend waltzes divinely** votre ami valse divinement ◆ **divinely handsome** divinement beau ◆ **divinely happy** aux anges

diviner [dɪˈvaɪnər] → SYN n [of future] devin m, devineresse f ; [of water] radiesthésiste mf

diving [ˈdaɪvɪŋ] **1** n **a** (underwater) plongée f sous-marine ; (= skill) art m du plongeur ; (= trade) métier m de plongeur sous-marin ; → **scuba**, **skin**
b (from diving board) plongeon m ◆ **platform high diving** (Sport) plongeon m de haut vol
2 COMP ▷ **diving bell** n cloche f à plongeur ▷ **diving board** n plongeoir m ; (= springboard) tremplin m ▷ **diving suit** n scaphandre m

divining [dɪˈvaɪnɪŋ] n divination f à l'aide de baguettes (or d'un pendule), rhabdomancie f

divinity [dɪˈvɪnɪtɪ] → SYN n **a** (quality = god) divinité f ◆ **the Divinity** la Divinité
b (= theology) théologie f

divisible [dɪˈvɪzəbl] → SYN adj divisible (by par)

division [dɪˈvɪʒən] → SYN **1** n **a** (= act, state) division f, séparation f (into en) ; (= sharing) partage m, répartition f, distribution f (between, among entre) ; (Bot, Math) division f ◆ **division of labour** division f du travail ; → **long¹, short, simple**
b (= section: gen, Admin, Comm, Mil, Naut) division f ; (= category) classe f, catégorie f, section f ; (Ftbl etc) division f ; (in box, case) division f, compartiment m ◆ **the bank's European division** la division européenne de

divisional / **do**

la banque ◆ **the sales division** le département des ventes ◆ **several armoured** or **tank divisions** plusieurs divisions fpl blindées

c (= divider) séparation f ; (in room) cloison f ; (fig: between social classes etc) fossé m ; (= dividing line: lit, fig) division f

d (NonC = discord) division f, désaccord m

e (Brit Parl) passer au vote ◆ **to call for a division** demander la mise aux voix ◆ **the division took place at midnight** la Chambre a procédé au vote à minuit ◆ **without a division** sans procéder au vote ◆ **to carry a division** avoir la majorité des voix

[2] COMP ▷ **division bell** n (Brit Parl) sonnerie qui annonce la mise aux voix ▷ **division sign** n (Math) signe m de division

divisional [dɪˈvɪʒənl] [1] adj divisionnaire

[2] COMP ▷ **divisional coin** n monnaie f divisionnaire ▷ **Divisional Court** n (Brit Jur) juridiction supérieure composée d'au moins deux juges statuant en appel

divisionism [dɪˈvɪʒəˌnɪzəm] n divisionnisme m

divisionist [dɪˈvɪʒənɪst] n divisionniste mf

divisive [dɪˈvaɪsɪv] → SYN adj qui entraîne la division, qui sème la discorde

divisiveness [dɪˈvaɪsɪvnɪs] n ◆ **the divisiveness of this decision** les dissensions causées par cette décision

divisor [dɪˈvaɪzəʳ] n (Math) diviseur m

divorce [dɪˈvɔːs] → SYN [1] n (Jur, fig) divorce m (*from* d'avec, avec) ◆ **to get a divorce from** obtenir le divorce d'avec

[2] vt (Jur) divorcer de or d'avec ; (fig) séparer (*from* de) ◆ **she divorced her husband** elle a divorcé de or d'avec son mari ◆ **one cannot divorce this case from ...** (fig) on ne peut pas séparer ce cas de ...

[3] vi divorcer

[4] COMP ▷ **divorce court** n ≈ tribunal m de grande instance ▷ **divorce proceedings** npl procédure f de divorce ◆ **to start divorce proceedings** entamer une procédure de divorce, demander le divorce ▷ **divorce settlement** n (mutually agreed) règlement m de divorce ; (imposed by court) jugement m de divorce

divorcé [dɪˈvɔːseɪ] n divorcé m

divorced [dɪˈvɔːst] adj (Jur) divorcé (*from* d'avec)

divorcee [dɪˌvɔːˈsiː] n divorcé(e) m(f)

divot [ˈdɪvət] n (esp Golf) motte f de gazon

divulge [daɪˈvʌldʒ] → SYN vt divulguer, révéler ◆ **he divulged that he had seen her** il a révélé qu'il l'avait vue

divulgence [daɪˈvʌldʒəns] n divulgation f, révélation f

divulsion [daɪˈvʌlʃən] n divulsion f

divvy [ˈdɪvɪ] [1] n (Brit *) abbrev of **dividend**

[2] vt (*: also **divvy up**) partager

Diwali [dɪˈwɑːlɪ] n Dipavali m

Dixie [ˈdɪksɪ] [1] n (US) les États mpl du Sud ◆ **the Heart of Dixie** l'Alabama m ◆ **I'm not just whistling Dixie*** ce ne sont pas des paroles en l'air, je ne plaisante pas

[2] COMP (US) du Sud ▷ **Dixie cup** ® n (US) gobelet m en carton ▷ **Dixie Democrat** n (US Pol) démocrate mf du Sud

---

DIXIE

Surnom donné aux onze États du sud des États-Unis qui constituaient la Confédération pendant la guerre de Sécession : Alabama, Arkansas, Géorgie, Floride, Louisiane, Mississippi, Caroline du Nord, Caroline du Sud, Tennessee, Texas et Virginie. L'adjectif **Dixie** est employé pour caractériser ces États et leurs habitants : on dira ainsi que Scarlett O'Hara est l'exemple de la féminité **Dixie**.

---

dixie * [ˈdɪksɪ] n (Brit Mil: also **dixie can**) gamelle f

Dixieland [ˈdɪksɪlænd] [1] n ⇒ **Dixie**

[2] COMP ▷ **Dixieland jazz** n le (jazz) Dixieland

DIY [ˌdiːaɪˈwaɪ] (Brit) (abbrev of **do-it-yourself**) bricolage m

---

dizzily [ˈdɪzɪlɪ] adv **a** (= giddily) walk, sway, slump en proie au vertige ; rise, fall, spin, swirl vertigineusement ◆ **her head was spinning dizzily** la tête lui tournait follement

b (= in a scatterbrained way) étourdiment ; (= in a silly way) bêtement

dizziness [ˈdɪzɪnɪs] n (= state) vertige(s) m(pl) ◆ **an attack of dizziness** des vertiges ◆ **to be overcome by dizziness** être pris de vertiges

dizzy [ˈdɪzɪ] → SYN [1] adj **a** person (from illness, hunger etc) pris de vertiges or d'étourdissements ; (from vertigo) pris de vertige ◆ **to feel dizzy** avoir le vertige, avoir la tête qui tourne ◆ **he was so dizzy he couldn't move** (from illness, hunger etc) il était pris de tels vertiges or étourdissements qu'il ne pouvait plus avancer ; (from vertigo) il avait tellement le vertige qu'il ne pouvait plus avancer ◆ **it makes me dizzy** (lit, fig) cela me donne le vertige, j'en ai la tête qui tourne ◆ **he was dizzy from the heat/effort** la chaleur/l'effort lui faisait tourner la tête or lui donnait des vertiges or des étourdissements ◆ **he was dizzy with success** le succès l'avait grisé ◆ **she was dizzy with grief** elle était hébétée de douleur

b height, speed, rise in price vertigineux

c person (= scatterbrained) étourdi, écervelé ; (= silly) bête ◆ **a dizzy blonde** une blonde évaporée

[2] vt (= disorientate, confuse) [+ person] étourdir, donner le vertige à ◆ **to be dizzied by success** (fig) être grisé par le succès

[3] COMP ▷ **a dizzy spell** n un vertige, un étourdissement

DJ [ˌdiːˈdʒeɪ] n (abbrev of **disc jockey**) → **disc**

d.j. * [ˈdiːdʒeɪ] n (abbrev of **dinner jacket**) smok* m, smoking m

Djakarta [dʒəˈkɑːtə] n ⇒ **Jakarta**

DJIA [ˌdiːdʒeɪˈeɪ] n (abbrev of **Dow Jones Industrial Average**) indice m Dow Jones

Djibouti [dʒɪˈbuːtɪ] n Djibouti ◆ **in Djibouti** à Djibouti

djinn [dʒɪn] n djinn m

dl (abbrev of **decilitre(s)**) dl

DLit(t) [ˌdiːˈlɪt] n (abbrev of **Doctor of Literature** and **Doctor of Letters**) doctorat ès Lettres

DM n (abbrev of **Deutschmark**) DM m

dm (abbrev of **decimetre(s)**) dm

DMA [ˌdiːemˈeɪ] n (Comput) (abbrev of **direct memory access**) accès m direct à la mémoire

D-mark [ˈdiːmɑːk] n (abbrev of **Deutschmark**) mark m

DMs * ® [ˌdiːˈemz] npl (abbrev of **Doc Martens**) Doc Martens ® fpl

DMus n (abbrev of **Doctor of Music**) doctorat de musique

DMZ n (abbrev of **Demilitarized Zone**) → **demilitarize**

DNA [ˌdiːenˈeɪ] [1] n (Med) (abbrev of **deoxyribonucleic acid**) ADN m

[2] COMP ▷ **DNA fingerprinting**, **DNA profiling** n analyse f de l'empreinte génétique ▷ **DNA testing** n (NonC) tests mpl d'ADN

Dnieper [ˈdniːpəʳ] n Dniepr m

D-notice [ˈdiːnəʊtɪs] n (Brit Govt) consigne officielle à la presse de ne pas publier certaines informations relatives à la sécurité nationale

---

do¹ [duː]

vb : 3rd pers sg pres **does**, pret **did**, ptp **done**

→ SYN

[1] AUXILIARY VERB   [4] NOUN
[2] TRANSITIVE VERB   [5] PLURAL NOUN
[3] INTRANSITIVE VERB   [6] PHRASAL VERBS

[1] AUXILIARY VERB

a   There is no equivalent in French to the use of **do** in questions, negative statements and negative commands:

◆ **do you understand?** (est-ce que) vous comprenez ?, comprenez-vous ? ◆ **I do not** or **don't understand** je ne comprends pas

---

ANGLAIS-FRANÇAIS   252

◆ **didn't you like it?** tu n'as pas aimé ça ? ◆ **don't worry!** ne t'en fais pas !

b in tag questions : seeking confirmation   n'est-ce pas ◆ **you know him, don't you?** vous le connaissez, n'est-ce pas ? ◆ **you do agree, don't you?** vous êtes d'accord, n'est-ce pas ?, vous êtes bien d'accord ? ◆ **she said that, didn't she?** elle a bien dit ça, n'est-ce pas ?, c'est bien ce qu'elle a dit ?

     The tag is sometimes not translated:

◆ **he didn't go, did he?** il n'y est pas allé(, n'est-ce pas) ? ◆ **he didn't agree, did he?** il n'était pas d'accord(, n'est-ce pas) ? ◆ **(so) you know him, do you?** (conveying interest, surprise, indignation etc) alors comme ça vous le connaissez ? ◆ **she said that, did she?** alors comme ça elle a dit ça ?, ah oui ? elle a dit ça ?

c in tag responses   **they speak French – oh, do they?** ils parlent français — ah oui or ah bon or vraiment ? ◆ **he wanted £1,000 for it – did he really?** il en demandait 1 000 livres — vraiment or non ? ◆ **who broke the mirror? – I did** qui est-ce qui a cassé la glace ? — (c'est) moi ◆ **may I come in? – please do!** puis-je entrer ? — je t'en prie or je vous en prie ! ◆ **shall I ring her again? – no, don't!** est-ce que je la rappelle ? — ah non or surtout pas ! ◆ **I'll tell him – don't!** je vais le lui dire — surtout pas !

     oui or **non** alone are often used to answer questions :

◆ **do you see them often? – yes, I do** vous les voyez souvent ? — oui ◆ **did you see him? – no I didn't** est-ce que tu l'as vu ? — non

d substitute for another verb   faire ◆ **he's always saying he'll stop smoking, but he never does** il dit toujours qu'il va s'arrêter de fumer mais il ne le fait pas ◆ **she always says she'll come but she never does** elle dit toujours qu'elle viendra mais elle n'en fait rien or mais elle ne vient jamais ◆ **you drive faster than I do** tu conduis plus vite que moi ◆ **I like this colour, don't you?** j'aime bien cette couleur, pas toi ? ◆ **they said he would object and indeed he did** on a dit qu'il s'y opposerait et c'est bien ce qui s'est passé or et c'est bien ce qu'il a fait

e encouraging, inviting   **DO come!** venez donc ! ◆ **DO tell him that ...** dites-lui bien que ...

f used for emphasis   **I DO wish I could come with you** je voudrais tant pouvoir vous accompagner ◆ **but I DO like pasta!** mais si j'aime bien les pâtes ! ◆ **I am sure he never said that – he DID say it** je suis sûr qu'il n'a jamais dit ça — je t'assure que si or mais si, il l'a dit ! ◆ **so you DO know them!** alors comme ça tu les connais !

[2] TRANSITIVE VERB

a   faire ◆ **what are you doing in the bathroom?** qu'est-ce que tu fais dans la salle de bains ? ◆ **what do you do (for a living)?** que faites-vous dans la vie ? ◆ **I don't know what to do** je ne sais pas quoi faire ◆ **I don't know how she does it** je ne sais pas comment elle fait ◆ **the work is being done by a local builder** c'est un entrepreneur du coin qui fait les travaux ◆ **I've only done three pages** je n'ai fait que trois pages ◆ **we only do one make of gloves** nous ne faisons qu'une marque de gants ◆ **are you doing anything this evening?** vous faites quelque chose ce soir ? ◆ **the car was doing 100mph** la voiture faisait du 160 km/h ◆ **we did London to Edinburgh in eight hours** nous avons fait (le trajet) Londres-Édimbourg en huit heures ◆ **we've done 200km since 2 o'clock** nous avons fait 200 km depuis 2 heures cet après-midi ◆ **to do the sights** faire du tourisme ◆ **to do six years (in jail)** faire six ans de prison   BUT ◆ **to do again** refaire ◆ **it's all got to be done again** tout est à refaire or à recommencer ◆ **now you've done it !** c'est malin ! ◆ **that's done it !** (dismay) c'est foutu ! ⁕ ; (satisfaction) (voilà) ça y est !

     Some **do** + noun combinations require a more specific French verb:

◆ **to do the flowers** arranger les fleurs ◆ **to do one's hair** se coiffer ◆ **to do a play** (= put on) monter une pièce ◆ **to do nine subjects** étudier neuf matières ◆ **to do one's teeth** se laver or se brosser les dents

♦ **to do** + person (= study) ◆ **to do an author** faire or étudier un auteur ◆ **we're doing Orwell this term** on fait or étudie Orwell ce trimestre ◆ **the barber said he'd do me next** (= attend to) le coiffeur a dit qu'il me prendrait après ◆ **I'll do you⁑ if I get hold of you!** (= hurt) attends un peu que je t'attrape!, tu auras affaire à moi si je t'attrape! ◆ **she does the worried mother very convincingly** (= act) elle est très convaincante quand elle joue les mères inquiètes ◆ **he does his maths master to perfection** (= imitate) il imite son professeur de math à la perfection ◆ **they do you very well at that restaurant** (= serve) on mange rudement* bien dans ce restaurant ◆ **to do sb to death** (= kill) tuer qn

b = finish **to get done with sth** en finir avec qch ◆ **have you done moaning?*** tu as fini de te plaindre? ◆ **when all's said and done** au bout du compte, en fin de compte

c Culin (= cook) faire; (= peel) éplucher; (= prepare) faire, préparer ◆ **I'll do some pasta** je vais faire des pâtes BUT ⊙ **how do you like your steak done?** comment voulez-vous votre bifteck? ⊙ **I like steak well done** j'aime le bifteck bien cuit

d Brit* = cheat **he realized they'd done him** il s'aperçut qu'il s'était fait avoir* ◆ **to be done** se faire avoir ◆ **you've been done!** tu t'es fait avoir!*, on t'a eu or refait!* ◆ **he was afraid he'd be done** il avait peur de se faire avoir

e = suffice, suit aller à ◆ **will a kilo do you?** un kilo, ça ira? ◆ **that will do me nicely** ça ira très bien

f *+ cocaine, heroin prendre

g set structures

♦ **to do** + preposition ◆ **there's nothing I can do about it** je ne peux rien y faire ◆ **he's been badly done by** on s'est très mal conduit avec lui ◆ **what are we going to do for money?** comment allons-nous faire pour trouver de l'argent? ◆ **what can I do for you?** qu'est-ce que je peux faire pour vous?, en quoi puis-je vous aider? ◆ **could you do something for me?** est-ce que tu peux me rendre un service? ◆ **I could see what the stress was doing to him** je voyais qu'il était très stressé ◆ **what are you doing to that poor cat?** qu'est-ce que tu es en train de faire à ce pauvre chat? ◆ **this theme has been done to death** c'est un sujet rebattu ◆ **what have you done with my gloves?** qu'as-tu fait de mes gants? ◆ **what are you doing with yourself these days?** qu'est-ce que tu deviens? ◆ **he didn't know what to do with himself** il ne savait pas quoi faire de sa peau* ◆ **what am I going to do with you?** qu'est-ce que je vais bien pouvoir faire de toi?

3 INTRANSITIVE VERB

a = act faire, agir ◆ **do as your friends do** faites comme vos amis ◆ **do as I say** fais ce que je dis ◆ **he did well by his mother** il a bien agi or il s'est bien comporté envers sa mère ◆ **he did well to take advice** il a bien fait de prendre conseil ◆ **you would do well to rest more** vous feriez bien de vous reposer davantage ◆ **he did right** il a bien fait ◆ **he did right to go** il a bien fait d'y aller BUT ⊙ **she was up and doing at 6 o'clock** elle était sur pied dès 6 heures du matin ◆ (Prov) **do as you would be done by** ne faites pas aux autres ce que vous ne voudriez pas qu'on vous fasse

♦ **nothing doing*** ◆ **there's nothing doing in this town** il ne se passe jamais rien dans cette ville ◆ **nothing doing!** (refusing) pas question; (reporting lack of success) pas moyen!*

♦ **to have to do with** (= to be connected with) ◆ **what has that got to do with it?** et alors, qu'est-ce que ça a à voir? ◆ **that has nothing to do with it!** cela n'a rien à voir!, cela n'a aucun rapport! ◆ **they say crime has nothing to do with unemployment** ils prétendent que la criminalité n'a rien à voir or n'a aucun rapport avec le chômage ◆ **this debate has to do with the cost of living** ce débat porte sur le coût de la vie ◆ **that's got a lot to do with it!** ça y est pour beaucoup! ◆ **money has a lot to do with it** l'argent y est pour beaucoup ◆ **his business activities have nothing to do with how much I earn** ses affaires n'ont rien à voir avec ce que je gagne ◆ **that has nothing to do with you!** ça ne vous

regarde pas! ◆ **I won't have anything to do with it** je ne veux pas m'en mêler ◆ **a doctor has to do with all kinds of people** un médecin a affaire à toutes sortes de gens

b = get on aller, marcher; (as regards health) se porter ◆ **how are you doing?** comment ça va? ◆ **how's he doing?** comment va-t-il? ◆ **the patient is doing better now** le malade va or se porte mieux ◆ **he's doing well at school** il a de bons résultats à l'école, il marche bien* en classe ◆ **he** or **his business is doing well** ses affaires vont or marchent bien ◆ **hi, what's doing?*** salut, comment ça va? BUT ⊙ **the patient is doing very well** le malade est en très bonne voie; ⊙ **how do you do?** (on being introduced) enchanté or très heureux (de faire votre connaissance) ⊙ **the roses are doing well this year** les roses sont belles cette année

c = finish finir, terminer ◆ **have you done?** vous avez terminé?, ça y est?

♦ **to have done with** ◆ **I've done with all that nonsense** je ne veux plus entendre parler de ces bêtises ◆ **have you done with that book?** vous n'avez plus besoin de ce livre?, vous avez fini avec ce livre?

d = suit, be convenient aller, faire l'affaire ◆ **this room will do** cette chambre fera l'affaire ◆ **that will do for the moment** ça ira pour le moment BUT ⊙ **that will never do!** il n'en est pas question! ⊙ **it doesn't do to tell him what you think** ce n'est pas une bonne idée de lui dire ce qu'on pense de lui ⊙ **this coat will do for** or **as a blanket** ce manteau peut servir de couverture

e = be sufficient suffire ◆ **three bottles of wine should do** trois bouteilles de vin devraient suffire, trois bouteilles de vin, ça devrait aller ◆ **can you lend me some money? – will £10 do?** peux-tu me prêter de l'argent? – dix livres, ça te suffira or ça ira? ◆ **that will do!** ça suffira!, ça ira!

f † = do housework faire le ménage ◆ **the woman who does for me** la personne qui fait mon ménage, ma femme de ménage

4 NOUN

a *esp Brit fête f ◆ **they had a big do for their twenty-fifth anniversary** ils ont fait une grande fête pour leur vingt-cinquième anniversaire de mariage

b *Brit = swindle escroquerie f ◆ **the whole business was a real do from start to finish** toute l'affaire n'a été qu'une escroquerie du début jusqu'à la fin

c **it's a poor do!*** c'est plutôt minable!*

5 **dos** PLURAL NOUN

a **the dos and don'ts** ce qu'il faut faire ou ne pas faire

b **fair dos!*** il faut être juste!

6 PHRASAL VERBS

▶ **do away with** vt fus **a** (= get rid of) [+ law, controls] abolir; [+ nuclear weapons] démanteler; [+ subsidies] supprimer; [+ building] démolir ◆ **this will do away with the need for a UN presence** cela rendra la présence des Nations unies superflue

b (* = kill) [+ person] liquider*, supprimer ◆ **to do away with o.s.** se suicider

▶ **do down*** vt sep (Brit) [+ person] dénigrer ◆ **she's always doing herself down** il faut toujours qu'elle se déprécie or se rabaisse

▶ **do for*** vt fus [+ person] (= kill) liquider*, supprimer; (= ruin) [+ hopes, chances, project] ficher* or foutre⁑ en l'air, bousiller* ◆ **he's/it's done for** il est/c'est fichu* or foutu⁑; see also **do 1**

▶ **do in**⁑ vt sep **a** (= kill) buter⁑, liquider*

b **it does my head in** ça me prend la tête*

c (gen pass = exhaust) épuiser ◆ **to be** or **feel done in** être claqué* or épuisé

▶ **do out** vt sep (Brit) [+ room] (= clean) nettoyer à fond; (= decorate) refaire

▶ **do out of*** vt sep ◆ **to do sb out of £100** arnaquer* qn de 100 livres, refaire* qn de 100 livres ◆ **to do sb out of a job** piquer son travail à qn

▶ **do over** vt sep **a** (US* = redo) refaire

b (Brit⁑) [+ person] (= beat up) tabasser*, passer à tabac*; [+ room, house] (= ransack) fouiller de fond en comble, mettre sens dessus dessous ◆ **the door was open: they had done the place over** la porte était ouverte: ils avaient fouillé la maison de fond en comble or ils avaient mis la maison sens dessus dessous

c (= redecorate) [+ house] refaire

▶ **do up** 1 vi [dress, jacket] se fermer

2 vt sep **a** (= fasten) [+ buttons] boutonner; [+ zip] fermer, remonter; [+ dress] fermer; [+ shoes] lacer

b (= parcel together) [+ goods] emballer, empaqueter ◆ **to do sth up in a parcel** emballer or empaqueter qch ◆ **to do up a parcel** faire un paquet

c * (= renovate) [+ house, room] remettre à neuf, refaire; (= dress) arranger ◆ **she was done up in a bizarre outfit** elle était bizarrement affublée ◆ **to do o.s. up** se faire beau (belle f)

▶ **do with*** vt fus **a** **I could do with a cup of tea** je prendrais bien une tasse de thé ◆ **the house could do with a coat of paint** la maison a besoin d'un bon coup de peinture

b (= tolerate) supporter ◆ **I can't do with** or **be doing with whining children** je ne peux pas supporter les enfants qui pleurnichent

▶ **do without** vt fus se passer de ◆ **you'll have to do without then!** alors il faudra bien que tu t'en passes (subj)! ◆ **I can do without your advice!** je vous dispense de vos conseils! ◆ **I could have done without that!** je m'en serais très bien passé!

do² [dəʊ] n (Mus) do m

do. (abbrev of **ditto**) id, idem

DOA [ˌdiːəʊˈeɪ] (abbrev of **dead on arrival**) → **dead**

doable* [ˈduːəbl] adj faisable

d.o.b. (abbrev of **date of birth**) → **date¹**

dobbin [ˈdɒbɪn] n canasson m, bourrin* m

Doberman [ˈdəʊbəmən] n (also **Doberman pinscher**) doberman m

doc* [dɒk] n (US) (abbrev of **doctor**) docteur m, toubib* m ◆ **yes doc** oui docteur

Docetism [ˈdəʊsɪˌtɪzəm] n (Rel) docétisme m

docile [ˈdəʊsaɪl] → SYN adj docile, maniable

docilely [ˈdəʊsaɪlɪ] adv docilement

docility [dəʊˈsɪlɪtɪ] → SYN n docilité f, soumission f

dock¹ [dɒk] → SYN 1 n (for berthing) bassin m, dock m; (for loading, unloading, repair) dock m ◆ **my car is in dock*** (Brit fig) ma voiture est en réparation; → **dry, graving dock**

2 vt [+ ship] mettre à quai; [+ spacecraft] amarrer, arrimer

3 vi (Naut) arriver or se mettre à quai ◆ **the ship has docked** le bateau est à quai

b (Space) [two spacecraft] s'arrimer (with à) ◆ **the shuttle docked with the space station** la navette s'est arrimée à la station spatiale

4 COMP ▷ **dock house** n bureaux mpl des docks ▷ **dock labourer** n docker m, débardeur m ▷ **dock strike** n grève f des dockers ▷ **dock-worker** n ⇒ **dock labourer**

dock² [dɒk] n (Brit Jur) banc m des accusés ◆ "**prisoner in the dock**" "accusé" ◆ **in the dock** (lit) au banc des accusés ◆ **to be in the dock** (fig) être sur la sellette, être au banc des accusés

dock³ [dɒk] vt **a** [+ dog, horse] écourter; [+ tail] couper

b (Brit) [+ wages] faire une retenue sur ◆ **to dock £25 off sb's wages** retenir 25 livres sur le salaire de qn ◆ **he had his wages docked for repeated lateness** on lui a fait une retenue sur son salaire à cause de ses retards répétés ◆ **to dock a soldier of two days' pay/leave** supprimer deux jours de solde/de permission à un soldat ◆ **the club was docked six points for cheating** (Sport) on a enlevé six points au club pour avoir triché

dock⁴ [dɒk] 1 n (Bot) patience f

2 COMP ▷ **dock leaf** n (Bot) patience f

dockage [ˈdɒkɪdʒ] n (= charge) droits mpl de quai

docker ['dɒkəʳ] n (Brit) docker m, débardeur m

docket ['dɒkɪt] → SYN **1** n **a** (= paper: on document, parcel etc) étiquette f, fiche f (indiquant le contenu d'un paquet etc)
 b (Jur) (= register) registre m des jugements rendus ; (esp US) (= list of cases) rôle m des causes ; (= abstract of letters patent) table f des matières, index m
 c (Brit Customs = certificate) récépissé m de douane, certificat m de paiement des droits de douane
 2 vt **a** [+ contents] résumer ; (Jur) [+ judgement] enregistrer or consigner sommairement ; (fig) [+ information etc] consigner, prendre note de
 b [+ packet, document] faire une fiche pour, étiqueter

docking ['dɒkɪŋ] n (Space) arrimage m, amarrage m

dockland ['dɒklənd] n (Brit) ◆ **the dockland** le quartier des docks, les docks mpl

dockside ['dɒksaɪd] n docks mpl

dockwalloper* ['dɒkˌwɒləpəʳ] n (US) ⇒ **dock labourer**

dockyard ['dɒkjɑːd] n chantier m naval ; → **naval**

Doc Martens ® [dɒk'mɑːtənz] npl Doc Martens fpl

doctor ['dɒktəʳ] → SYN **1** n **a** (Med) médecin m, docteur m ◆ **he/she is a doctor** il/elle est médecin or docteur ◆ **a woman doctor** une femme médecin ◆ **who is your doctor?** qui est votre docteur ?, qui est votre médecin traitant ? ◆ **Doctor Allan** le docteur Allan, Monsieur (or Madame) le docteur Allan ◆ **yes doctor** oui docteur ◆ **to send for the doctor** appeler or faire venir le médecin or le docteur ◆ **to go to the doctor's** aller chez le docteur ◆ **to be under the doctor** * (for sth) suivre un traitement (contre qch) ◆ **doctor's line** or **note** (Brit), **doctor's excuse** (US) (Scol etc) dispense f ◆ **at the doctor's** chez le médecin ◆ **doctor's office** (US) cabinet m médical ◆ **it's just what the doctor ordered** * (fig hum) c'est exactement ce qu'il me (or te etc) fallait ; → **Dr**
 b (Univ etc) docteur m ◆ **doctor's degree** doctorat m ◆ **Doctor of Law/of Science** etc docteur m en droit/ès sciences etc ◆ **Doctor of Philosophy** ≃ titulaire m d'un doctorat d'État ; → **medicine**
 2 vt **a** [+ sick person] soigner
 b (Brit *= castrate) [+ cat etc] couper, châtrer
 c (*; pej = mend) rafistoler * (pej)
 d (= tamper with) [+ wine] trafiquer *, frelater ; [+ food] trafiquer * ; [+ text, document, figures, accounts] tripatouiller *

doctoral ['dɒktərəl] **1** adj de doctorat
 2 COMP ▷ **doctoral dissertation** n (US) ⇒ **doctoral thesis** ▷ **doctoral thesis** n (Univ) thèse f de doctorat

doctorate ['dɒktərɪt] n doctorat m ◆ **doctorate in science/in philosophy** doctorat m ès sciences/en philosophie

doctrinaire [ˌdɒktrɪ'nɛəʳ] → SYN adj, n doctrinaire mf

doctrinairism [ˌdɒktrɪ'nɛərɪzəm] n dogmatisme m

doctrinal [dɒk'traɪnl] adj doctrinal

doctrinarian [ˌdɒktrɪ'nɛərɪən] n doctrinaire mf

doctrine ['dɒktrɪn] → SYN doctrine f

docudrama [ˌdɒkjʊ'drɑːmə] n (TV etc) docudrame m

document ['dɒkjʊmənt] → SYN **1** n (gen, also Comput) document m ◆ **the documents relating to a case** le dossier d'une affaire ◆ **official document** document m officiel ; (Jur) acte m authentique public ◆ **judicial document** (Jur) acte m judiciaire
 2 ['dɒkjʊment] vt **a** [+ case, article, report] documenter ◆ **well-documented** solidement documenté ◆ **complaints must be documented** (Jur) les plaintes doivent être accompagnées de pièces justificatives
 b [+ ship] munir des papiers nécessaires
 3 COMP ▷ **document case** n porte-documents m inv ▷ **document imaging** n reproduction de document sous forme d'image ▷ **document reader** n (Comput) lecteur m de documents

documentary [ˌdɒkjʊ'mentərɪ] **1** adj documentaire
 2 n (Cine, TV) (film m) documentaire m
 3 COMP ▷ **documentary evidence** n (Jur) documents mpl, preuve f documentaire or par écrit ▷ **documentary letter of credit** n crédit m documentaire

documentation [ˌdɒkjʊmen'teɪʃən] n documentation f ; (Comm) documents mpl (à fournir etc)

docusoap [ˌdɒkjʊ'səʊp] n feuilleton-documentaire m

DOD [ˌdiːəʊ'diː] (US) (abbrev of Department of Defense) → **defence**

do-dad* ['duːdæd] n ⇒ **doodah**

dodder ['dɒdəʳ] vi ne pas tenir sur ses jambes ; (fig) tergiverser, atermoyer

dodderer* ['dɒdərəʳ] n vieux (or vieille f) gaga *, croulant(e) * m(f), gâteux m, -euse f

doddering ['dɒdərɪŋ] → SYN , **doddery** ['dɒdərɪ] adj (= trembling) branlant ; (= senile) gâteux

doddle ['dɒdəl] n (Brit) ◆ **it's a doddle** c'est simple comme bonjour *, c'est du gâteau *

dodecagon [dəʊ'dekəgɒn] n (Geom) dodécagone m

dodecahedral [ˌdəʊdekə'hiːdrəl] adj (Geom) dodécaèdre, dodécaédrique

dodecahedron [ˌdəʊdekə'hiːdrən] n (Geom) dodécaèdre m

Dodecanese [ˌdəʊdɪkə'niːz] n Dodécanèse m

dodecaphonic [ˌdəʊdekə'fɒnɪk] adj (Mus) dodécaphonique

dodecaphonism [ˌdəʊdekə'fɒnɪsəm] n dodécaphonisme m, sérialisme m

dodecaphonist [ˌdəʊdekə'fɒnɪst] n dodécaphoniste mf

dodecasyllabic [ˌdəʊdekəsɪ'læbɪk] adj dodécasyllabe

dodecasyllable [ˌdəʊdekə'sɪləbl] n dodécasyllabe m

dodge [dɒdʒ] → SYN **1** n **a** (= movement) mouvement m de côté ; (Boxing, Ftbl) esquive f
 b (Brit *) (= trick) tour m, truc * m ; (= ingenious scheme) combine * f, truc * m ◆ **he's up to all the dodges** il connaît (toutes) les ficelles ◆ **that's an old dodge** c'est le coup classique * ◆ **I've got a good dodge for making money** j'ai une bonne combine * pour gagner de l'argent
 2 vt [+ blow, ball] esquiver ; [+ pursuer] échapper à ; (fig = avoid ingeniously) [+ question, difficulty] esquiver, éluder ; [+ tax] éviter de payer ; (= shirk) [+ work, duty] esquiver ◆ **he dodged the issue** il a éludé la question ◆ **I managed to dodge him before he saw me** j'ai réussi à m'esquiver avant qu'il ne me voie ◆ **he dodged doing the dishes by claiming he had a lot of work to do** il a échappé à la vaisselle en prétendant qu'il avait beaucoup de travail
 3 vi faire un saut de côté or un brusque détour ; (Boxing, Fencing) esquiver ; (Ftbl, Rugby) faire une feinte de corps, feinter ◆ **to dodge out of sight** or **out of the way** s'esquiver ◆ **to dodge behind a tree** disparaître derrière un arbre ◆ **to dodge through the traffic/the trees** se faufiler entre les voitures/les arbres ◆ **he saw the police and dodged round the back (of the house)** il a vu les agents et s'est esquivé (en faisant le tour de la maison) par derrière

▶ **dodge about** vi aller et venir, remuer

dodgems ['dɒdʒəmz] npl (Brit) autos fpl tamponneuses

dodger ['dɒdʒəʳ] → SYN n **a** (*= trickster) roublard(e) * m(f), finaud(e) m(f) ; (= shirker) tire-au-flanc m inv ; → **artful**
 b (Naut) toile f de passerelle de commandement
 c (US = handbill) prospectus m

dodgy* ['dɒdʒɪ] adj **a** (Brit = uncertain, tricky) situation, plan, finances, weather douteux ; health précaire ◆ **he's got a dodgy back/heart** etc il a des problèmes de dos/de cœur etc, son dos/cœur etc lui joue des tours ◆ **her health is dodgy, she's in dodgy health** sa santé lui joue des tours, elle n'a pas la santé *
 b (= dubious, suspicious) person, deal, district louche *

dodo ['dəʊdəʊ] n, pl **dodos** or **dodoes** dronte m, dodo m ; → **dead**

DOE [ˌdiːəʊ'iː] **a** (Brit) (abbrev of Department of the Environment) → **environment**
 b (US) (abbrev of Department of Energy) → **energy**

doe [dəʊ] n, pl **does** or **doe** **a** (= deer) biche f
 b (= rabbit) lapine f ; (= hare) hase f ◆ **doe-eyed** person aux yeux de biche ; look de biche

doer ['duː(ə)ʳ] → SYN n **a** (= author of deed) auteur m d'un action ◆ **doers of good deeds often go unrewarded** ceux qui font le bien ne sont pas souvent récompensés
 b (= active person) personne f efficace or dynamique ◆ **he's a doer, not a thinker** il préfère l'action à la réflexion

does [dʌz] → **do**¹

doeskin ['dəʊskɪn] n peau f de daim

doesn't ['dʌznt] ⇒ **does not** ; → **do**¹

doff [dɒf] → SYN vt (†, hum) [+ garment, hat] ôter, enlever

dog [dɒg] → SYN **1** n **a** (Zool) chien(ne) m(f) ◆ **it's a real dog's dinner** * or **breakfast** * c'est le bordel *⁂ ◆ **he's all done up like a dog's dinner** * regarde comme il est attifé *, il est attifé * n'importe comment ◆ **to lead a dog's life** mener une vie de chien ◆ **it's a dog's life** c'est une vie de chien ◆ **the dogs** * (Brit Sport) les courses fpl de lévriers ◆ **to go to the dogs** * (fig) [person] gâcher sa vie, mal tourner ; [institution, business] aller à vau-l'eau, péricliter ◆ **to throw sb to the dogs** (fig) abandonner qn à son sort ◆ (Prov) **every dog has his day** à chacun vient sa chance, à chacun son heure de gloire ◆ **he hasn't a dog's chance** * il n'a pas la moindre chance (de réussir) ◆ **it's (a case of) dog eat dog** c'est un cas où les loups se mangent entre eux ◆ (Prov) **give a dog a bad name (and hang him)** qui veut noyer son chien l'accuse de la rage (Prov) ◆ **to put on the dog** ⁂ (US) faire de l'épate * ◆ **this is a real dog** * (= very bad) c'est nul * ◆ **it's the dog's bollocks** *⁂ (Brit) c'est génial * ; → **cat, hair**
 b (= male) [of fox etc] mâle m
 c ◆ **lucky dog** veinard(e) * m(f) ◆ **dirty dog** sale type * m ◆ **sly dog** (petit) malin m, (petite) maligne f
 d (⁂ = unattractive woman) cageot ⁂ m, boudin *⁂ m
 e (*= phone) téléphone m ◆ **to get on the dog** téléphoner
 f (Tech) (= clamp) crampon m ; (= pawl) cliquet m
 2 vt **a** (= follow closely) [+ person] suivre (de près) ◆ **he dogs my footsteps** il marche sur mes talons, il ne me lâche pas d'une semelle
 b (= harass) harceler ◆ **dogged by ill fortune** poursuivi par la malchance
 3 COMP ▷ **dog and pony show** n (US fig) spectacle fait pour impressionner ▷ **dog basket** n panier m pour chien ▷ **dog biscuit** n biscuit m pour chien ▷ **dog breeder** n éleveur m, -euse f de chiens ▷ **dog-catcher** n employé(e) m(f) de (la) fourrière ▷ **dog collar** n (lit) collier m de chien ; (hum: clergyman's) col m de pasteur, (faux) col m d'ecclésiastique ▷ **dog days** npl canicule f ▷ **dog-eared** adj écorné ▷ **dog-end** * n mégot m ◆ **they epitomize the dog-end of the British music scene** ils incarnent tout ce qu'il y a de plus médiocre sur la scène musicale britannique ◆ adj minable * ▷ **dog fancier** n (= connoisseur) cynophile mf ; (= breeder) éleveur m, -euse f de chiens ▷ **dog fox** n renard m (mâle) ▷ **dog guard** n (Aut) barrière f pour chien (à l'arrière d'une voiture) ▷ **dog handler** n (Police etc) maître-chien m ▷ **dog in the manger** n empêcheur m, -euse f de tourner en rond * ▷ **dog-in-the-manger** adj a dog-in-the-manger attitude une attitude égoïste ▷ **dog Latin** * n latin m de cuisine ▷ **dog licence** n redevance payable par les propriétaires de chiens ▷ **dog paddle** n nage f en chien ◇ vi nager en chien ▷ **dog rose** n (= flower) églantine f ; (= bush) églantier m ▷ **Dog Star** n Sirius m ▷ **dog's-tongue** n cynoglosse f ▷ **dog's-tooth check**, **dog(s)-tooth check** n (Tex) pied-de-poule m ▷ **dog tag** * n (US Mil) plaque f d'identifica-

tion *(portée par les militaires)* ▷ **dog-tired** * **adj** claqué *, crevé * ▷ **dog track** n piste f (de course de lévriers) ▷ **dog wolf** n loup m

dogcart ['dɒgkɑːt] n charrette f anglaise, dog-cart m

doge [dəʊdʒ] n doge m

dogfight ['dɒgfaɪt] n (lit) combat m de chiens ; (Aviat) combat m entre avions de chasse ; (between people) bagarre f

dogfish ['dɒgfɪʃ] n, pl **dogfish** or **dogfishes** chien m de mer, roussette f

dogfood ['dɒgfuːd] n nourriture f pour chiens

dogged ['dɒgɪd] → SYN adj person, character tenace ; courage, determination, persistence, refusal obstiné ; resistance, battle acharné

doggedly ['dɒgɪdlɪ] adv say, fight avec ténacité ; refuse obstinément ◆ **doggedly determined** résolu envers et contre tout ◆ **he is doggedly loyal** il fait preuve d'une loyauté à toute épreuve ◆ **he was doggedly optimistic** il était résolument optimiste

doggedness ['dɒgɪdnɪs] → SYN n obstination f, ténacité f

Dogger Bank ['dɒgəbæŋk] n Dogger Bank m

doggerel ['dɒgərəl] n vers mpl de mirliton

doggie ['dɒgɪ] n ⇒ **doggy** 1

doggo * ['dɒgəʊ] adv (Brit) ◆ **to lie doggo** se tenir coi ; [fugitive, criminal] se terrer

doggone(d) * [,dɒg'gɒn(d)] adj (US euph) ⇒ **damn, damned** ; → **damn 1, 2c, 3, 4, 5**

doggy * ['dɒgɪ] **1** n (baby talk) toutou * m (baby talk)
2 adj smell de chien mouillé ◆ **she is a very doggy woman** elle a la folie des chiens ◆ **I'm not really a doggy person** je n'aime pas trop les chiens
3 COMP ▷ **doggy bag** * n *petit sac pour emporter les restes après un repas au restaurant* ▷ **doggy fashion** * adv have sex en levrette ▷ **doggy paddle** * n nage f en chien ◇ vi nager en chien ▷ **doggy style** * adv ⇒ **doggy fashion**

doghouse ['dɒghaʊs] n (US) chenil m, niche f à chien ◆ **he is in the doghouse** * (fig) il n'est pas en odeur de sainteté

dogie ['dəʊgɪ] n (US) veau m sans mère

dogleg ['dɒgleg] **1** n (in road etc) coude m, angle m abrupt
2 adj turn, bend en coude, en épingle à cheveux

doglike ['dɒglaɪk] adj appearance canin ; devotion, fidelity inconditionnel

dogma ['dɒgmə] → SYN n, pl **dogmas** or **dogmata** ['dɒgmətə] dogme m

dogmatic [dɒg'mætɪk] → SYN adj (Rel, fig) dogmatique ◆ **to be very dogmatic about sth** être très dogmatique sur qch

dogmatically [dɒg'mætɪkəlɪ] adv speak, write, argue sur un ton dogmatique ; follow rule, apply principle dogmatiquement, d'une manière dogmatique

dogmatics [dɒg'mætɪks] n (NonC: Rel) dogmatique f

dogmatism ['dɒgmətɪzəm] → SYN n (Philos, Rel, fig) dogmatisme m

dogmatist ['dɒgmətɪst] n dogmatique mf

dogmatize ['dɒgmətaɪz] vi (Rel, fig) dogmatiser

do-gooder * [,duː'gʊdəʳ] n (slightly pej) bonne âme f (iro)

do-gooding ['duːgʊdɪŋ] n (pej) ◆ **do-gooding by businessmen** les B.A. des hommes d'affaires

dogsbody * ['dɒgzbɒdɪ] n (Brit) ◆ **she's the general dogsbody** c'est la bonne à tout faire

dogshow ['dɒgʃəʊ] n exposition f canine

dogsled ['dɒgsled] (US), **dogsledge** ['dɒgsledʒ] (Brit) n traîneau m *(tiré par des chiens)*

dogtrot ['dɒgtrɒt] n petit trot m ; (US = passageway) passage m couvert

dogvane ['dɒgveɪn] n penon m

dogwatch ['dɒgwɒtʃ] n (Naut) petit quart m, quart m de deux heures

dogwood ['dɒgwʊd] n cornouiller m

DOH [,diːəʊ'eɪtʃ] n (Brit) (abbrev of **Department of Health**) ministère m de la santé

doh [dəʊ] n (Mus) ⇒ **do²**

doily ['dɔɪlɪ] n (under plate) napperon m ; (on plate) dessus m d'assiette

doing ['duːɪŋ] → SYN **1** n (NonC) ◆ **this is your doing** c'est vous qui avez fait cela ◆ **it was none of my doing** je n'y suis pour rien, ce n'est pas moi qui l'ai fait ◆ **that takes some doing** ce n'est pas facile or commode, (il) faut le faire ! *
2 doings npl **a** faits mpl et gestes mpl
b (Brit ⁑ = thingummy) doings machin * m, truc * m ◆ **that doings over there** ce machin * là-bas

do-it-yourself ['duːɪtjə'self] **1** n bricolage m
2 adj **a** shop de bricolage ◆ **do-it-yourself enthusiast** bricoleur m, -euse f ◆ **the do-it-yourself craze** la passion du bricolage, l'engouement m pour le bricolage ◆ **do-it-yourself kit** kit m (prêt-à-monter)
b (fig) divorce, conveyancing, will dont on s'occupe soi-même *(sans employer les services d'un professionnel)*

do-it-yourselfer * [,duːɪtjəˈselfəʳ] n bricoleur m, -euse f

Dolby ® ['dɒlbɪ] n Dolby ® m

dolce ['dɒltʃɪ] adv dolce

dolce vita ['dɒltʃɪ'viːtə] n dolce vita f inv

doldrums ['dɒldrəmz] → SYN npl **a** (Naut etc) (= area) zone f des calmes équatoriaux ; (= weather) calme m équatorial
b (fig) **to be in the doldrums** [person] avoir le cafard *, broyer du noir ; [business] être dans le marasme ◆ **to come out of the doldrums** [person] reprendre le dessus ; [business] sortir du marasme

dole [dəʊl] → SYN **1** n allocation f or indemnité f de chômage ◆ **to go/be on the dole** (Brit) s'inscrire/être au chômage ◆ **how much do you get a week on the dole?** combien touche-t-on d'allocation or d'indemnités de chômage par semaine ?
2 COMP ◆ **dole bludger** ⁑ n (Austral) ≃ parasite m de l'ANPE ▷ **dole queue** n (Brit) **the dole queues are lengthening** le nombre de chômeurs augmente

▶ **dole out** vt sep distribuer or accorder au compte-gouttes

doleful ['dəʊlfʊl] adj person, face, expression, voice dolent (liter), plaintif ; song triste ◆ **a doleful prospect** une triste perspective

dolefully ['dəʊlfəlɪ] adv d'un air malheureux

dolefulness ['dəʊlfʊlnɪs] n [of person] tristesse f ; [of song, expression] caractère m lugubre or morne

dolichocephalic ['dɒlɪkəʊse'fælɪk] adj dolichocéphale

doll [dɒl] **1** n **a** poupée f ◆ **to play with a doll or dolls** jouer à la poupée
b (esp US ⁑ = girl) nana ⁑ f, pépée †⁑ f ; (= pretty girl) poupée * f ◆ **he's/she's a doll** (= attractive person) il/elle est chou *, il/elle est adorable ◆ **you're a doll to help me** * (US) tu es un ange de m'aider
2 n **a** (= worker) domestique mf
2 COMP ▷ **doll buggy, doll carriage** n (US) landau m de poupée ▷ **doll's house** n maison f de poupée ▷ **doll's pram** n landau m de poupée

▶ **doll up** ⁑ vt sep [+ person, thing] bichonner ◆ **to doll o.s. up, to get dolled up** se faire (tout) beau * (or (toute) belle *), se bichonner ◆ **all dolled up** sur son trente et un (*for* pour) ◆ **she was dolled up for the party** elle s'était mise sur son trente et un pour la soirée

dollar ['dɒləʳ] **1** n dollar m ◆ **it's dollars to doughnuts that ...** * (US) c'est couru d'avance * que ... ; → **half, sixty**
2 COMP ▷ **dollar area** n zone f dollar ▷ **dollar bill** n billet m d'un dollar ▷ **dollar diplomacy** n (US Pol) diplomatie f à coups de dollars ▷ **dollar gap** n déficit m de la balance dollar ▷ **dollar rate** n (Fin) cours m du dollar ▷ **dollar sign** n signe m du dollar

dollop ['dɒləp] n [of butter, cheese etc] gros or bon morceau m ; [of cream, jam etc] bonne cuillerée f

dolly ['dɒlɪ] **1** n **a** (*: baby talk = doll) poupée f
b (for washing clothes) agitateur m ◆ **dolly tub** (for washing) baquet m à lessive ; (Min) cuve f à rincer
c (= wheeled frame) chariot m ; (Cine, TV) chariot m, travelling m *(dispositif)* ; (Rail = truck) plate-forme f
2 adj (Sport *= easy) facile
3 vt ◆ (Cine, TV) **to dolly the camera in/out** avancer/reculer la caméra
4 COMP ▷ **dolly bird** ⁑ n (Brit) jolie nana ⁑ f, poupée * f ▷ **dolly mixture** n (= sweets) *petits bonbons multicolores*

dolma ['dɒlmə] n, pl **dolmades** [dɒl'mɑːdiːz] (Culin) dolma m

dolman ['dɒlmən] **1** n dolman m
2 COMP ▷ **dolman sleeve** n (sorte f de) manche f kimono inv

dolmen ['dɒlmen] n dolmen m

dolomite ['dɒləmaɪt] n dolomite f, dolomie f ◆ **the Dolomites** (Geog) les Dolomites fpl

Dolomites ['dɒləmaɪts] npl (Geog) ◆ **the Dolomites** les Dolomites fpl

dolomitic [,dɒlə'mɪtɪk] adj (Geol) dolomitique

dolphin ['dɒlfɪn] n (Zool) dauphin m

dolphinarium [,dɒlfɪ'nɛərɪəm] n aquarium m pour dauphins savants

dolt [dəʊlt] → SYN n balourd(e) m(f)

doltish ['dəʊltɪʃ] adj gourde *, cruche *, balourd

doltishness ['dəʊltɪʃnɪs] n balourdise f

domain [dəʊ'meɪn] n (lit, fig) domaine m ◆ **in the domain of science** dans le domaine des sciences ◆ **domain name** nom m de domaine

dome [dəʊm] n (Archit: on building) dôme m, coupole f ; (liter = stately building) édifice m ; [of hill] sommet m arrondi, dôme m ; [of skull] calotte f ; [of heaven, branches] dôme m

domed [dəʊmd] adj forehead bombé ; building à dôme, à coupole

Domesday Book ['duːmzdeɪ,bʊk] n Domesday Book m

domestic [də'mestɪk] → SYN **1** adj **a** (= household) (gen) domestique ; fuel à usage domestique ; quarrel (within family) de famille ; (between married couple) conjugal ◆ **domestic bliss** les joies fpl de la vie de famille ◆ **the domestic chores** les travaux mpl ménagers, les tâches fpl ménagères ◆ **domestic harmony** l'harmonie f du ménage
b (= home-loving) **she was never a very domestic sort of person** elle n'a jamais vraiment été une femme d'intérieur
c (Econ, Pol = internal) policy, affairs, flight, politics, news, problems, market intérieur (-eure f) ; currency, economy, production national ; sales sur le marché intérieur ◆ **(intended) for domestic consumption** (lit) product, commodity destiné à la consommation intérieure ; (fig) speech, statement réservé au public national
d (= domesticated) **the domestic cat/rabbit/chicken** etc le chat/lapin/poulet etc domestique
2 n **a** (= worker) domestique mf
b (Brit Police * = fight) querelle f domestique
3 COMP ▷ **domestic appliance** n appareil m ménager ▷ **domestic heating oil** n fioul m domestique ▷ **domestic rates** npl (Brit) anciens impôts locaux ▷ **domestic science** n arts mpl ménagers ▷ **domestic science college** n école f d'arts ménagers ▷ **domestic science teaching** n enseignement m ménager ▷ **domestic servants** npl domestiques mfpl, employé(e)s m(f)pl de maison ▷ **domestic service** n **she was in domestic service** elle était employée de maison or domestique ▷ **domestic spending** n (NonC) dépenses fpl intérieures ▷ **domestic staff** n [of hospital, institution] personnel m auxiliaire ; [of private house] domestiques mfpl ▷ **domestic violence** n violence f domestique or familiale ◆ **the problem of domestic violence against women** le problème des femmes battues

domestically [də'mestɪkəlɪ] adv ◆ **only two of the banks are domestically owned** seules deux de ces banques sont détenues par des capitaux nationaux ◆ **domestically produced goods** biens mpl produits à l'intérieur du pays ◆ **he's not very domestically inclined** ce n'est pas vraiment un homme d'intérieur

domesticate [də'mestɪkeɪt] → SYN vt **a** (lit) [+ animal] domestiquer
b (* fig, hum) [+ person] apprivoiser

domesticated / doorstop(per)

domesticated [dəˈmestɪkeɪtɪd] → SYN *adj* **a** animal domestiqué
b * person she's very domesticated c'est une vraie femme d'intérieur ◆ he's not very domesticated ce n'est pas vraiment un homme d'intérieur

domestication [dəmestɪˈkeɪʃən] *n* [of animal] domestication f

domesticity [ˌdɒmesˈtɪsɪtɪ] *n* **a** (= home life) vie f de famille, vie f casanière (slightly pej)
b (= love of household duties) goût m pour les tâches ménagères

domicile [ˈdɒmɪsaɪl] (Admin, Fin, Jur) **1** *n* domicile m
2 *vt* domicilier ◆ **domiciled at** [person] domicilié à, demeurant à ◆ **he is currently domiciled in Berlin** il est actuellement domicilié à Berlin, il demeure actuellement à Berlin ◆ **to domicile a bill with a bank** domicilier un effet à une banque

domiciliary [ˌdɒmɪˈsɪlɪərɪ] *adj* domiciliaire

domiciliation [ˌdɒmɪsɪlɪˈeɪʃən] *n* [of bill, cheque] domiciliation f

dominance [ˈdɒmɪnəns] *n* (gen: Ecol, Genetics, Psych) dominance f (*over* sur) ; [of person, country etc] prédominance f

dominant [ˈdɒmɪnənt] → SYN **1** *adj* **a** (= predominant, assertive) dominant ◆ **she is the dominant partner in their marriage** dans leur couple c'est elle qui commande
b (Mus) de dominante ◆ **dominant seventh** septième f de dominante
c (Genetics) dominant
d (Zool) individual, species dominant ◆ **the dominant male of the group** le mâle dominant du groupe
2 *n* (Mus) dominante f ; (Ecol, Genetics) dominance f

dominate [ˈdɒmɪneɪt] → SYN *vti* dominer

dominating [ˈdɒmɪneɪtɪŋ] *adj* character, personality dominateur (-trice f)

domination [ˌdɒmɪˈneɪʃən] → SYN *n* domination f

dominatrix [ˌdɒmɪˈneɪtrɪks] *n, pl* **dominatrices** [ˌdɒmɪnəˈtraɪsiːz] (= sexual partner) dominatrice f ; (= dominant woman) femme f dominatrice, maîtresse femme f

domineer [ˌdɒmɪˈnɪər] → SYN *vi* agir en maître, se montrer autoritaire

domineering [ˌdɒmɪˈnɪərɪŋ] → SYN *adj* dominateur (-trice f), impérieux, autoritaire

Dominica [ˌdɒmɪˈniːkə] *n* (Geog) la Dominique

Dominican¹ [dəˈmɪnɪkən] **1** *adj* (Geog) dominicain
2 *n* Dominicain(e) m(f)
3 COMP ▷ **the Dominican Republic** *n* la République dominicaine

Dominican² [dəˈmɪnɪkən] *adj, n* (Rel) dominicain(e) m(f)

dominion [dəˈmɪnɪən] → SYN **1** *n* **a** (NonC) domination f, empire m (*over* sur) ◆ **to hold dominion over sb** maintenir qn sous sa domination or sous sa dépendance
b (= territory) territoire m, possessions fpl ; (Brit Pol) dominion m
2 COMP ▷ **Dominion Day** *n* (Can) fête f de la Confédération

domino [ˈdɒmɪnəʊ] **1** *n, pl* **dominoes** **a** domino m ◆ **to play dominoes** jouer aux dominos
b (= costume, mask, person) domino m
2 COMP ▷ **domino effect** *n* effet m d'entraînement ▷ **domino theory** *n* (Pol) théorie f des dominos, théorie f du proche en proche

Don [dɒn] *n* (= river) Don m

don¹ [dɒn] **1** *n* **a** (Brit Univ *) professeur m d'université (*surtout à Oxford et à Cambridge*)
b (= Spanish nobleman) don m
c (US) chef m de la Mafia
2 COMP ▷ **Don Juan** *nn* don Juan m ▷ **Don Quixote** *n* don Quichotte m

don² [dɒn] → SYN *vt* [+ garment] revêtir, mettre

donate [dəʊˈneɪt] → SYN *vt* faire don de, donner ◆ **to donate blood** donner son sang ◆ **donated by ...** offert par ...

donation [dəʊˈneɪʃən] → SYN *n* **a** (NonC = act of giving) donation f

b (= gift) don m ◆ **to make a donation to a fund** faire un don à une caisse

donator [dəʊˈneɪtər] *n* donateur m, -trice f

done [dʌn] → SYN **1** *vb* (ptp of **do¹**) ◆ **what's done cannot be undone** ce qui est fait est fait ◆ **that's just not done!** cela ne se fait pas ! ◆ **it's as good as done** c'est comme si c'était fait ◆ (Prov) **a woman's work is never done** une femme n'est jamais au bout de sa tâche ◆ **done!** (Comm) marché conclu !, entendu ! ◆ **consider it done!** c'est comme si c'était fait !
2 *adj* → **do¹ a is it the done thing?** est-ce que cela se fait ? ◆ **it's not the done thing** ça ne se fait pas
b (* = tired out) claqué*, crevé* ◆ **I'm absolutely done!*** je n'en peux plus !, je suis crevé !*
c (= cooked, ready) cuit ◆ **is it done yet?** est-ce que c'est cuit ? ◆ **well done** steak à point

donee [ˌdəʊˈniː] *n* (Jur) donataire mf

doner [ˈdɒnər] *n* (also **doner kebab**) doner kebab m

dong [dɒŋ] *n* **a** (= sound of bell) dong m
b (= unit of currency) đồng m
c (**s** = penis) zob** m

dongle [ˈdɒŋgl] *n* (Comput) boîtier m de sécurité

donjon [ˈdʌndʒən] *n* donjon m

donkey [ˈdɒŋkɪ] **1** *n* **a** âne(sse) m(f), baudet * m ◆ **she hasn't been here for donkey's years** * (Brit) il y a une éternité or ça fait une paye * qu'elle n'est pas venue ici ; → **hind²**
b (* = fool) âne m, imbécile mf
2 COMP ▷ **donkey derby** *n* (Brit) course f à dos d'âne ▷ **donkey engine** *n* (Tech) auxiliaire m, petit cheval m, cheval m alimentaire ▷ **donkey jacket** *n* (Brit) grosse veste f ▷ **donkey ride** *n* promenade f à dos d'âne ▷ **donkey-work** *n* (Brit) **the donkey-work** le gros du travail

donnish [ˈdɒnɪʃ] → SYN *adj* person cérébral ; humour, manner d'intellectuel

donor [ˈdəʊnər] → SYN **1** *n* (to charity etc) donateur m, -trice f ; (Med) [of blood, organ for transplant] donneur m, -euse f
2 COMP ▷ **donor card** *n* carte f de donneur d'organes ▷ **donor insemination** *n* insémination f artificielle ▷ **donor organ** *n* organe m de donneur

don't [dəʊnt] **1** *vb* ⇒ **do not** : → **do¹**
2 *n* ◆ **don'ts** choses fpl à ne pas faire ; → **do¹**
3 COMP ▷ **don't knows** * *npl* (gen) sans opinion mpl ; (= voters) indécis mpl ◆ **there were ten in favour, six against, and five "don't knows"** il y avait dix pour, six contre et cinq "sans opinion"

donut [ˈdəʊnʌt] *n* (US) ⇒ **doughnut**

doodah * [ˈduːdɑː], **doodad** * (US) [ˈduːdæd] *n* (= gadget) petit bidule * m

doodle [ˈduːdl] **1** *vi* griffonner (distraitement)
2 *n* griffonnage m

doodlebug * [ˈduːdlbʌg] *n* (Brit) bombe f volante ; (US) petit véhicule m

doodler * [ˈduːdlər] *n* ◆ **he's an inveterate doodler** il fait des petits dessins partout, il adore griffonner

doohickey * [ˌduːˈhɪkɪ] *n* (US) machin * m, truc * m, bidule * m

doolally *s* [duːˈlælɪ] *adj* dingo *s*, barjo *s*

doom [duːm] → SYN **1** *n* (= ruin) ruine f, perte f ; (= fate) destin m, sort m
2 *vt* condamner (*to* à), destiner (*to* à) ◆ **doomed to failure** voué à l'échec ◆ **the project was doomed from the start** le projet était voué à l'échec dès le début
3 COMP ▷ **doom-laden** *adj* lugubre, sinistre

doomsayer [ˈduːmseɪər] *n* prophète m de malheur

doomsday [ˈduːmzdeɪ] *n* jour m du Jugement dernier ◆ **till doomsday** (fig) jusqu'à la fin des temps

doomwatch [ˈduːmwɒtʃ] *n* attitude f pessimiste, catastrophisme m

doomwatcher [ˈduːmwɒtʃər] *n* prophète m de malheur, oiseau m de mauvais augure

ANGLAIS-FRANÇAIS 256

door [dɔːr] → SYN **1** *n* [of house, room, cupboard] porte f ; [of train, plane, car] portière f ◆ **he shut** or **closed the door in my face** il m'a fermé la porte au nez ◆ **he came through** or **in the door** il est passé par la porte ◆ **"pay at the door"** (Theat etc) "billets à l'entrée" ◆ **to get tickets on the door** prendre les billets à l'entrée ◆ **to go from door to door** (gen) aller de porte en porte ; [salesman] faire du porte à porte ; see also **2** ◆ **he lives two doors down** or **up the street** il habite deux portes plus loin ◆ **out of doors** (au-)dehors ; → **answer, front, next door**
b (phrases) **to lay sth at sb's door** imputer qch à qn, charger qn de qch ◆ **to open the door to further negotiations** ouvrir la voie à des négociations ultérieures ◆ **to leave** or **keep the door open for further negotiations** laisser la porte ouverte à des négociations ultérieures ◆ **to close** or **shut the door on** or **to sth** barrer la route à qch, rendre qch irréalisable ◆ **there was resistance to the idea at first but now we're pushing at an open door** (Brit) cette idée a rencontré beaucoup de réticences au départ, mais maintenant tout marche comme sur des roulettes ◆ **as one door closes, another one opens** il y aura d'autres occasions ◆ **to be on the door** (Theat etc) être à l'entrée ◆ **to open doors** (fig) ouvrir des portes ◆ **a Harvard degree opens doors** un diplôme de l'université de Harvard ouvre beaucoup de portes ; → **death, show**
2 COMP ▷ **door chain** *n* chaîne f de sûreté ▷ **door curtain** *n* portière f (*tenture*) ▷ **door furniture** *n* ferrures fpl de porte ▷ **door handle** *n* poignée f or bouton m de porte ; (Aut) poignée f de portière ▷ **door-knocker** *n* marteau m (de porte), heurtoir m ▷ **door-locking mechanism** *n* (Aut, Rail) dispositif m de verrouillage des portières ▷ **door scraper** *n* grattoir m ▷ **door-to-door** *adj* door-to-door delivery livraison f à domicile ◆ **we deliver door-to-door** nous livrons à domicile ◆ **door-to-door salesman** ⇒ **doorstep salesman** ; → **doorstep** ◆ **door-to-door selling** (Brit) démarchage m, vente f à domicile, porte-à-porte m inv

doorbell [ˈdɔːbel] *n* sonnette f ◆ **he heard the doorbell ring** il entendit sonner (à la porte) ◆ **there's the doorbell!** on sonne (à la porte) !

doorframe [ˈdɔːfreɪm] *n* chambranle m, châssis m de porte

doorjamb [ˈdɔːdʒæm] *n* montant m de porte, jambage m

doorkeeper [ˈdɔːkiːpər] *n* ⇒ **doorman**

doorknob [ˈdɔːnɒb] *n* poignée f or bouton m de porte

doorman [ˈdɔːmən] *n, pl* **-men** [of hotel] portier m ; [of block of flats] concierge m

doormat [ˈdɔːmæt] *n* **a** (lit) paillasson m
b (* = downtrodden person) paillasson m, carpette * f

doornail [ˈdɔːneɪl] *n* clou m de porte ; → **dead**

doorpost [ˈdɔːpəʊst] *n* montant m de porte, jambage m ; → **deaf**

doorsill [ˈdɔːsɪl] *n* seuil m (de la porte)

doorstep [ˈdɔːstep] **1** *n* **a** (lit) pas m de porte, seuil m ◆ **he left it on my doorstep** il l'a laissé devant ma porte ◆ **the bus stop is just at my doorstep** l'arrêt du bus est (juste) devant ma porte ◆ **we don't want trouble/a motorway on our doorstep** nous ne voulons pas d'embêtements dans notre voisinage/ d'autoroute dans notre arrière-cour
b (* hum = hunk of bread, sandwich) grosse tartine f
2 *vt* (Brit *) ◆ **to doorstep sb** (Pol) faire du démarchage électoral chez qn ; (Press) aller chez qn pour l'interviewer (*contre son gré*)
3 COMP ▷ **doorstep salesman** *n, pl* **doorstep salesmen** (Brit) démarcheur m, vendeur m à domicile ▷ **doorstep selling** *n* démarchage m

doorstepping * [ˈdɔːstepɪŋ] *n* **a** (Pol) démarchage m électoral
b (Press) porte-à-porte pratiqué par certains *journalistes*

doorstop(per) [ˈdɔːstɒp(ər)] *n* butoir m de porte

doorway ['dɔːweɪ] n (gen) porte f ◆ **in the doorway** dans l'embrasure de la porte

doo-wop ['duːˌwɒp] n *sorte de blues*

doozy * ['duːzɪ] n (US) ◆ **he had a doozy of a moustache** il avait une sacrée moustache

dopamine ['dəʊpəmiːn] n dopamine f

dope [dəʊp] → SYN **1** n **a** (‡ = drugs, esp marijuana) dope * f ; (for athlete, horse) (produit m) dopant m ; (US ‡ = drug addict) drogué(e) m(f), toxico * mf ◆ **to take dope** ‡, **to be on dope** ‡, **to do dope** ‡ (US) se droguer
b (NonC: * = information) tuyaux * mpl ◆ **to give sb the dope** tuyauter * or affranchir * qn ◆ **to get the dope on sb** se rancarder * sur qn ◆ **what's the dope on ...?** qu'est-ce qu'on a comme tuyaux * sur ... ?
c (* = stupid person) andouille * f
d (= varnish) enduit m ; (Aut, Chem) dopant m
e (for explosives) absorbant m
2 vt [+ horse, person] doper ; [+ food, drink] mettre une drogue or un dopant dans ◆ **he was doped (up) to the eyeballs** * il était complètement défoncé *
3 COMP ▷ **dope fiend** † * n drogué(e) m(f) ▷ **dope peddler** ‡ , **dope pusher** ‡ n revendeur m, -euse f de drogue, dealer * m ▷ **dope test** * n test m antidopage ◇ vt faire subir un test antidopage à

▶ **dope out** * vt sep (US) deviner, piger *

dopey * ['dəʊpɪ] adj (= drugged) drogué, dopé ; (= very sleepy) (à moitié) endormi ; (= stupid) abruti *

doping ['dəʊpɪŋ] n dopage m

doppelgänger ['dɒplˌgeŋəʳ] n sosie m

Doppler effect ['dɒplərˌfekt] n effet m Doppler or Doppler-Fizeau

dopy ['dəʊpɪ] adj ⇒ **dopey**

dor [dɔːʳ] n (also **dor beetle**) géotrupe m

Dordogne [dɔːrˈdɒn] n (= region) la Dordogne ◆ **the Dordogne** (= river) la Dordogne

Doric ['dɒrɪk] adj (Archit) dorique

dork ‡ [dɔːk] n abruti(e) * m(f)

dorm * [dɔːm] n (Scol) ⇒ **dormitory**

dormancy ['dɔːmənsɪ] n [of volcano] inactivité f ; [of plant] dormance f ; [of virus] latence f

dormant ['dɔːmənt] → SYN adj **a** animal, plant, passion dormant ; virus latent ; volcano endormi ; law inappliqué ; title tombé en désuétude ; (Banking) account sans mouvement ◆ **the dormant season** (Bot) la saison de dormance ◆ **to lie dormant** plan, organization être en sommeil ; disease être latent ; bacterium, virus être à l'état latent
b (Her) dormant ◆ **a lion dormant** un lion dormant

dormer (window) ['dɔːməˈwɪndəʊ] n lucarne f

dormice ['dɔːmaɪs] npl of **dormouse**

dormie ['dɔːmɪ] adj (Golf) dormie

dormitory ['dɔːmɪtrɪ] **1** n dortoir m ; (US Univ) résidence f universitaire
2 COMP ▷ **dormitory suburb** n (esp Brit) banlieue f dortoir ▷ **dormitory town** n (esp Brit) ville f dortoir

Dormobile ® ['dɔːməbiːl] n (Brit) camping-car m, autocaravane f

dormouse ['dɔːmaʊs] n, pl **dormice** loir m

Dors abbrev of **Dorset**

dorsal ['dɔːsl] **1** adj dorsal
2 COMP ▷ **dorsal fin** n (nageoire f) dorsale f

dory¹ ['dɔːrɪ] n (= fish) dorée f, saint-pierre m inv

dory² ['dɔːrɪ] n (= boat) doris m

DOS [dɒs] n (abbrev of **disk operating system**) DOS m

dosage ['dəʊsɪdʒ] n (= dosing) dosage m ; (= amount) dose f ; (on medicine bottle) posologie f

dose [dəʊs] → SYN **1** n **a** (Pharm) dose f ◆ **give him a dose of medicine** donne-lui son médicament ◆ **in small/large doses** à faible/haute dose ◆ **it went through her like a dose of salts** * (hum) ça lui a donné la courante ‡ ◆ **she's all right in small doses** * elle est supportable à petites doses ◆ **to give sb a dose of his own medicine** rendre à qn la monnaie de sa pièce

b (= bout of illness) attaque f (*of* de) ◆ **to have a dose of flu** avoir une bonne grippe *
2 vt [+ person] administrer un médicament à ◆ **she's always dosing herself (up)** elle se bourre de médicaments

dosh ‡ [dɒʃ] n (Brit = money) fric ‡ m, pognon ‡ m

dosimeter [dəʊˈsɪmɪtəʳ] n (Phys) dosimètre m

dosimetric [ˌdəʊsɪˈmetrɪk] adj (Phys) dosimétrique

doss ‡ [dɒs] (Brit) **1** n **a** (= bed) pieu ‡ m ; (= place) endroit m où pioncer ‡ ; (= sleep) roupillon * m
b (= easy task) **he thought the course would be a doss** il croyait que ce stage serait du gâteau * or serait fastoche *
2 vi **a** (= sleep) pioncer ‡ ; (in dosshouse) coucher à l'asile (de nuit)
b (= pass time aimlessly: also **doss around**) glander *

▶ **doss down** ‡ vi pioncer ‡ (quelque part)

dosser ‡ ['dɒsəʳ] n (Brit = vagrant) clochard(e) m(f)

dosshouse ‡ ['dɒshaʊs] n asile m (de nuit)

dossier ['dɒsɪeɪ] n dossier m, documents mpl

Dosto(y)evsky [ˌdɒstɔɪˈefskɪ] n Dostoïevski m

DOT [ˌdiːəʊˈtiː] n (US) (abbrev of **Department of Transportation**) → **transportation**

dot [dɒt] → SYN **1** n (over i, on horizon, Math, Mus) point m ; (on material) pois m ◆ **dots and dashes** (in Morse code) points mpl et traits mpl ◆ **dot, dot, dot** (in punctuation) points de suspension ◆ **they arrived on the dot of 9pm** or **at 9pm on the dot** ils sont arrivés à 9 heures pile or tapantes ◆ **in the year dot** * (Brit) il y a belle lurette * ◆ **he's wanted to be a barrister since the year dot** ça fait belle lurette * qu'il veut devenir avocat ◆ **she's been a socialist since the year dot** * elle est socialiste depuis toujours, c'est une socialiste de la première heure
2 vt **a** [+ paper, wall] pointiller ◆ **to dot an i** mettre un point sur un i ◆ **to dot one's i's (and cross one's t's)** (fig) mettre les points sur les i ◆ **a field dotted with flowers** un champ parsemé de fleurs ◆ **hotels dotted around the island** des hôtels éparpillés dans l'île ◆ **there were paintings dotted around the room** il y avait des tableaux un peu partout sur les murs de la pièce ; see also **dotted**
b **to dot sb one** ‡ flanquer un gnon à qn *
3 COMP ▷ **dot leaders** npl (Typ) points mpl de conduite ▷ **dot-matrix printer** n (Comput) imprimante f matricielle

dotage ['dəʊtɪdʒ] → SYN n **a** (= senility) gâtisme m ◆ **to be in one's dotage** être gâteux
b (= old age) vieux jours mpl ◆ **he's spending his dotage in southern France** il passe ses vieux jours dans le sud de la France
c (= blind love) adoration f folle (*on* pour)

dotard ['dəʊtəd] n (vieux) gâteux m

dote [dəʊt] vi (= be senile) être gâteux, être gaga *

▶ **dote on** vt fus [+ person] être fou de ; [+ thing] raffoler de

doting ['dəʊtɪŋ] → SYN adj **a** (= devoted) **her doting father** son père qui l'adore
b (= senile) gâteux ◆ **a doting old fool** un vieux gâteux

dotted ['dɒtɪd] adj ◆ **dotted line** ligne f pointillée or en pointillé, (Aut) ligne f discontinue ◆ **to tear along the dotted line** détacher suivant le pointillé ◆ **to sign on the dotted line** (lit) signer sur la ligne pointillée or sur les pointillés ; (fig) (= agree officially) donner son consentement (en bonne et due forme) ◆ **a dotted bow tie** un nœud papillon à pois
b (Mus) **dotted note** note f pointée ◆ **dotted rhythm** notes fpl pointées

dotterel ['dɒtərəl] n pluvier m (guignard)

dottiness * ['dɒtɪnɪs] n gâtisme m

dottle ['dɒtl] n [of pipe] culot m

dotty * ['dɒtɪ] adj (Brit) toqué *, piqué * ◆ **to be dotty about sb/sth** être toqué * de qn/qch ◆ **to go dotty** perdre la boule *

double ['dʌbl] → SYN **1** adj **a** (= twice as great) double (gen before n) ◆ **a double helping of ice cream** une double part de glace ◆ **a double whisky/brandy** un double whisky/cognac

◆ **three double brandies** trois doubles cognacs
b (= twofold ; in pairs) double (gen before n) ◆ **the double six** (Dice, Dominoes etc) le double-six ◆ **a box with a double bottom** une boîte à double fond ◆ **with a double meaning** à double sens ◆ **to serve a double purpose** avoir une double fonction
c (= for two people) pour deux personnes ◆ **a double ticket** un billet pour deux personnes
d (in numerals, letters) **double oh seven** (= 007) zéro zéro sept ◆ **double three four seven** (= 3347) trois mille trois cent quarante-sept ; (in phone number) trente-trois quarante-sept ◆ **my name is Bell, B E double L** mon nom est Bell, B, E, deux L ◆ **spelt with a double "p"** écrit avec deux "p"
e (= underhand, deceptive) **to lead a double life** mener une double vie ◆ **to play a double game** jouer un double jeu ; see also **7**
2 adv **a** (= twice) deux fois ◆ **to cost/pay double** coûter/payer le double or deux fois plus ◆ **it costs double what it did last year** ça coûte deux fois plus que l'année dernière ◆ **she earns double what I get** elle gagne deux fois plus que moi, elle gagne le double de ce que je gagne ◆ **he's double your age** il est deux fois plus âgé que toi, il a le double de ton âge ◆ **her salary is double what it was five years ago** son salaire est le double de ce qu'il était il y a cinq ans
b (= in two, twofold) **to fold sth double** plier qch en deux ◆ **to bend double** se plier en deux ◆ **bent double with pain** tordu de douleur, plié en deux par la douleur ◆ **to see double** voir double
3 n **a** (= twice a quantity, number, size etc) double m ◆ **12 is the double of 6** 12 est le double de 6 ◆ **double or quits** quitte ou double ◆ **at** or **on the double** (fig = quickly) au pas de course
b [of whisky etc] double m
c (= exactly similar thing) réplique f ; (= exactly similar person) double m, sosie m ; (Cine = stand-in) doublure f ; → **body**, **stunt** (Theat = actor taking two parts) acteur m, -trice f qui tient deux rôles (*dans la même pièce*) ; (Cards) contre m ; (other games) double m ; (Betting) pari m doublé (*sur deux chevaux dans deux courses différentes*)
d (also **double bedroom**) chambre f pour deux personnes
4 **doubles** npl (Tennis) double m ◆ **mixed doubles** double m mixte ◆ **ladies'/men's doubles** double m dames/messieurs ◆ **a doubles player** un joueur or une joueuse de double
5 vt **a** (= multiply by two) [+ number, salary, price] doubler
b (= fold in two: also **double over**) plier en deux, replier, doubler
c (Theat) **he doubles the parts of courtier and hangman** il joue les rôles or il a le double rôle du courtisan et du bourreau ◆ **he's doubling the hero's part for Tony Brennan** il est la doublure de Tony Brennan dans le rôle du héros
d (Cards) [+ one's opponent, his call] contrer ; [+ one's stake] doubler ◆ **double!** (Bridge) contre !
6 vi **a** [prices, incomes, quantity etc] doubler
b (= run) courir, aller au pas de course
c (Cine) **to double for sb** doubler qn
d (Bridge) contrer
e (US fig) **to double in brass** ‡ avoir une corde supplémentaire à son arc ◆ **the bedroom doubles as a study** (= serve) la chambre sert aussi de bureau
7 COMP ▷ **double act** n duo m ▷ **double-acting** adj à double effet ▷ **double agent** n agent m double ▷ **double album** n (Mus) double album m ▷ **double bar** n (Mus) double barre f ▷ **double-barrelled** adj shotgun à deux coups ; (fig) plan, question à deux volets ; (Brit) surname à rallonge * ▷ **double bass** n contrebasse f ▷ **double bassoon** n contrebasson m ▷ **double bed** n grand lit m, lit m à deux places ▷ **double bedroom** n chambre f pour deux personnes ; (in hotel) chambre f double ▷ **double bend** (Brit Aut) virage m en S ▷ **double bill** n (Cine etc) double programme m ▷ **double bind** * n situation f insoluble or sans issue, impasse f ▷ **double-blind** adj test, experiment, method en double aveugle ▷ **double bluff** n

it's actually a double bluff il (or elle etc) dit la vérité en faisant croire que c'est du bluff ▷ **double boiler** n ▷ **double saucepan** ▷ **double-book** vi [hotel, airline etc] faire du surbooking or de la surréservation ◊ vt [+ room, seat] réserver pour deux personnes différentes ▷ **double booking** n surréservation f, surbooking m ▷ **double bounce** n (Tennis) double rebond m ◊ vi [ball] doubler ▷ **double-breasted** adj jacket croisé ▷ **double-check** vti revérifier ◊ n revérification f ▷ **double chin** n double menton m ▷ **double-chinned** adj qui a un double menton ▷ **double-click** vi (Comput) cliquer deux fois (on sur), double-cliquer (on sur) ▷ **double-clutch** vi (US) ⇒ **double-declutch** ▷ **double consonant** n consonne f double or redoublée or géminée ▷ **double cream** n (Brit) crème f fraîche épaisse or à fouetter ▷ **double-cross** vt trahir, doubler* ◊ n traîtrise f, duplicité f ▷ **double dagger** n (Typ) croix f double ▷ **double-date** vi sortir à deux couples ▷ **double-dealer** → SYN ▷ **double-dealing** → SYN n double jeu m, duplicité f ◊ adj hypocrite, faux jeton* ▷ **double-decker** n (= bus) autobus m à impériale ; (= aircraft) deux-ponts m inv ; (= sandwich) sandwich m club ▷ **double-declutch** vi (Aut) faire un double débrayage ▷ **double density** n ▷ **density** ▷ **double-digit** adj (gen) à deux chiffres ▷ **double-dipper** n (US pej) cumulard(e)* m(f) ▷ **double-dipping** n (US pej) cumul m d'emplois or de salaires ▷ **double door** n porte f à deux battants ▷ **double Dutch*** n (Brit) baragouin* m, charabia* m ◆ **to talk double Dutch** baragouiner ◆ **it was double Dutch to me** c'était de l'hébreu pour moi* ▷ **double eagle** n (Golf) albatros m ▷ **double-edged** adj (lit, fig) blade, remark, praise, benefit à double tranchant ◆ **a double-edged sword** (lit, fig) une arme à double tranchant ▷ **double entendre** → SYN n ambiguïté f, mot m (or expression f) à double sens ▷ **double-entry book-keeping** n comptabilité f en partie double ▷ **double exposure** n (Phot) surimpression f, double exposition f ▷ **double-faced** adj material réversible ; (pej) person hypocrite ▷ **double fault** n (Tennis) double faute f ◊ vi faire une double faute ▷ **double feature** n (Cine) programme comportant deux longs métrages ▷ **double-figure** adj ⇒ **double-digit** ▷ **double first** n (Univ) mention f très bien dans deux disciplines ▷ **double flat** n (Mus) double bémol m ▷ **double-glaze** vt (Brit) **to double-glaze a window** poser un double vitrage ▷ **double glazing** n (Brit: gen) double vitrage m ◆ **to put in double glazing** (faire) installer un double vitrage ▷ **double helix** n double hélice f ▷ **double indemnity** n (US Insurance) indemnité f double ▷ **double jeopardy** n (US Jur) mise en cause de l'autorité de la chose jugée ▷ **double-jointed** adj désarticulé ▷ **double-knit(ting)** n (= wool) laine f épaisse ◊ adj en laine épaisse ▷ **double knot** n double nœud m ▷ **double lock** n serrure f de sécurité ▷ **double-lock** vt fermer à double tour ▷ **double major** n (US Univ) double f dominante ▷ **double marking** n (Educ) double correction f ▷ **double negative** n double négation f ▷ **double-park** vt (Aut) garer en double file ◊ vi stationner or se garer en double file ▷ **double-parking** n (Aut) stationnement m en double file ▷ **double pneumonia** n (Med) pneumonie f double ▷ **double-quick*** adv en deux temps trois mouvements* ◊ adj **in double-quick time** en deux temps trois mouvements ▷ **double refraction** n (Phys) double réfraction f ▷ **double room** n chambre f double or pour deux personnes ▷ **double saucepan** n casserole f pour bain-marie or à double fond ▷ **double sharp** n (Mus) double dièse m ▷ **double-sided** adj (Comput) disk double face ▷ **double-space** vt (Typ) taper avec un double interligne ▷ **double-spaced** à double interligne ▷ **double spacing** n in double spacing à double interligne ▷ **double spread** n (Typ) double page f ▷ **double standard** n **to have double standards** faire deux poids, deux mesures ◆ **there's a double standard operating here** il y a deux poids, deux mesures ici ◆ **they were accused of (operating) double standards** on les a accusés de partialité or discrimination ▷ **double star** n étoile f double ▷ **double-stop** vi (Mus) jouer en double(s) corde(s) ▷ **double stopping** n (Mus) doubles cordes fpl ▷ **double take** n **to do a double take** devoir y regarder à deux fois ▷ **double talk** n (= gibberish) charabia m ; (= deceptive talk) paroles fpl ambiguës or trompeuses ▷ **double taxation agreement** n (Fin, Jur) convention f relative aux doubles impositions ▷ **double time** n (Ind) **to earn double time** être payé (au tarif) double ◆ **to get/pay double time** gagner/payer le double ◆ **in double time** (US Mil) au pas redoublé ; see also **time** ▷ **double track** n (Cine) double bande f ; (= tape) double piste f ▷ **double track line** n (Rail) ligne f à deux voies ▷ **double vision** n vision f double ◆ **to get** or **have double vision** voir double ▷ **double wedding** n double mariage m ▷ **double whammy*** n double coup m dur* ▷ **double white lines** npl lignes fpl blanches continues ▷ **double windows** npl doubles fenêtres fpl ▷ **double yellow lines** npl (Aut) double bande f jaune (marquant l'interdiction de stationner) ▷ **double yolk** n egg with a double yolk œuf m à deux jaunes

▶ **double back** 1 vi [animal, person] revenir sur ses pas ; [road] faire un brusque crochet ◆ **to double back on itself** [line] former une boucle en épingle à cheveux
2 vt sep [+ blanket] rabattre, replier ; [+ page] replier

▶ **double over** 1 vi ⇒ **double up a**
2 vt sep ⇒ **double 5b**

▶ **double up** vi a (= bend over sharply) se plier, se courber ◆ **to double up with laughter/pain** être plié en deux or se tordre de rire/de douleur
b (= share room) partager une chambre (with avec)
c (Brit Betting) parier sur deux chevaux

doublespeak ['dʌblspiːk] n (pej) double langage m

doublet ['dʌblɪt] n a (Dress) pourpoint m, justaucorps m
b (Ling) doublet m

doublethink* ['dʌblθɪŋk] n ◆ **to do a doublethink** tenir un raisonnement ou suivre une démarche où l'on s'accommode de contradictions flagrantes

doubleton ['dʌbltən] n (Cards) deux cartes fpl d'une (même) couleur, doubleton m

doubling ['dʌblɪŋ] n [of number, letter] redoublement m, doublement m

doubloon [dʌ'bluːn] n (Hist) doublon m

doubly ['dʌblɪ] adv doublement ◆ **divorce is always traumatic, and doubly so when there are children** le divorce est toujours traumatisant, et il l'est doublement quand il y a des enfants ◆ **in order to make doubly sure** pour plus de sûreté ◆ **to work doubly hard** travailler deux fois plus dur

doubt [daʊt] LANGUAGE IN USE 15.1, 16.1, 26.3 → SYN
1 n doute m, incertitude f ◆ **his honesty is in doubt** (in this instance) son honnêteté est en doute ; (in general) son honnêteté est sujette à caution ◆ **it is not in doubt** [outcome, result etc] cela ne fait aucun doute ◆ **I am in (some) doubt about his honesty** j'ai des doutes sur son honnêteté ◆ **the outcome is in doubt** l'issue est indécise ◆ **I am in no doubt about** or **as to what he means** je n'ai aucun doute sur ce qu'il veut dire ◆ **to be in great doubt about sth** avoir de sérieux doutes au sujet de qch, douter fortement de qch ◆ **there is room for doubt** il est permis de douter ◆ **there is some doubt about whether he'll come or not** on ne sait pas très bien s'il viendra ou non ◆ **to have one's doubts about sth** avoir des doutes sur or au sujet de qch ◆ **I have my doubts (about) whether he will come** je doute qu'il vienne ◆ **to cast** or **throw doubt(s) on sth** mettre qch en doute, jeter le doute sur qch ◆ **I have no doubt(s) about it** je n'en doute pas ◆ **no doubt about it!** cela va sans dire ! ◆ **this leaves no doubt that ...** on ne peut plus douter que ... (+ subj) ◆ **there is no doubt that ...** il n'y a pas de doute que ... (+ indic) ◆ **he'll come without any doubt, there's no doubt that he'll come** il viendra sûrement, il n'y a pas de doute qu'il viendra ◆ **no doubt he will come tomorrow** sans doute viendra-t-il demain ◆ **no doubt** sans doute ◆ **without (a) doubt, without the slightest doubt** sans aucun doute, sans le moindre doute ◆ **it is beyond all doubt** c'est indéniable or incontestable ◆ **beyond doubt** (adv) indubitablement, à n'en pas douter ; (adj) indubitable ◆ **if** or **when in doubt** en cas de doute ; → **benefit**
2 vt [+ person, sb's honesty, truth of statement] douter de ◆ **I doubt it (very much)** j'en doute (fort) ◆ **I doubted (the evidence of) my own eyes** je n'en croyais pas mes yeux
◆ **to doubt whether/if/that ...** douter que ...
◆ **I doubt whether he will come** je doute qu'il vienne ◆ **I doubt if that is what she wanted** je doute que ce soit ce qu'elle voulait ◆ **I don't doubt that he will come** je ne doute pas qu'il vienne ◆ **she didn't doubt that he would come** elle ne doutait pas qu'il viendrait
3 vi douter (of de), avoir des doutes (of sur), ne pas être sûr (of de)
4 COMP ▷ **doubting Thomas** n sceptique mf ◆ **to be a doubting Thomas** être comme saint Thomas

doubter ['daʊtər] → SYN n incrédule mf, sceptique mf

doubtful ['daʊtfʊl] LANGUAGE IN USE 16.2 → SYN adj
a (= unconvinced) person peu convaincu ◆ **to be doubtful of sth** douter de qch ◆ **to be doubtful about sb/sth** douter de qn/qch, avoir des doutes sur qn/qch ◆ **I'm a bit doubtful (about it)** je n'en suis pas si sûr, j'ai quelques doutes (à ce sujet) ◆ **to be doubtful about doing sth** hésiter à faire qch ◆ **he was doubtful that** or **whether ...** il doutait que ... (+ subj) ◆ **he was doubtful that** or **whether he could ever manage it** il doutait qu'il puisse jamais réussir, il doutait pouvoir jamais réussir
b (= questionable, unlikely) douteux ◆ **it is doubtful that** or **whether ...** il est douteux que ... (+ subj) ◆ **of doubtful reliability/quality** d'une fiabilité/qualité douteuse ◆ **in doubtful taste** d'un goût douteux ◆ **he's doubtful (for the match)** (Sport = unlikely to play) sa participation (au match) est encore incertaine

doubtfully ['daʊtfəlɪ] adv frown, shake head etc d'un air sceptique ; speak d'un ton sceptique

doubtfulness ['daʊtfʊlnɪs] n a (= uncertainty) incertitude f
b (= suspicious quality) caractère m équivoque or suspect or louche

doubtless ['daʊtlɪs] → SYN adv sans doute, certainement

douceur [duːˈsɜːr] n (= gift, tip etc) petit cadeau m

douche [duːʃ] 1 n a (= shower) douche f ◆ **take a douche!*** (US) va te faire foutre !*
b (Med : vaginal) douche f vaginale ◆ **it was (like) a cold douche** (fig) cela a fait l'effet d'une douche froide*
2 vt doucher

dough [dəʊ] 1 n a pâte f ◆ **bread dough** pâte f à pain
b (* = money) fric* m, pognon* m
2 COMP ▷ **dough-hook** n crochet m de pétrissage

doughboy ['dəʊbɔɪ] n a (Culin) boulette f (de pâte)
b (US Mil *) sammy m (soldat américain de la Première Guerre mondiale)

doughnut ['dəʊnʌt] n beignet m ◆ **jam** (Brit) or **jelly** (US) **doughnut** beignet m à la confiture

doughty ['daʊtɪ] adj (liter) preux (liter), vaillant ◆ **doughty deeds** hauts faits mpl (liter)

doughy ['dəʊɪ] adj consistency pâteux ; complexion terreux

Douglas fir ['dʌɡləs] n (Bot) douglas m

doum palm [duːm] n doum m

dour ['dʊər] → SYN adj (= austere) austère, dur ; (= stubborn) buté ◆ **a dour Scot** un Écossais austère

dourine ['dʊəriːn] n dourine f

dourly ['dʊəlɪ] adv say d'un ton maussade ; smile, look d'un air renfrogné ◆ **a dourly conventional man** un homme au conformisme austère

dourness ['dʊənɪs] n austérité f

douse [daʊs] vt a (= drench) tremper, inonder
b (= extinguish) [+ flames, light] éteindre

dove[1] [dʌv] 1 n colombe f (esp US: Pol fig) colombe f ; → **turtledove**
2 COMP ▷ **dove-grey** adj gris perle inv

dove² [dəʊv] (US) (ptp of **dive**)

dovecot ['dʌvkɒt], **dovecote** ['dʌvkəʊt] n colombier m, pigeonnier m

Dover ['dəʊvə'] **1** n Douvres ; → **strait**
2 COMP ▷ **Dover sole** n sole f

dovetail ['dʌvteɪl] → SYN **1** n (Carpentry) queue f d'aronde
2 vt **a** (Carpentry) assembler à queue d'aronde
b (fig) [+ plans etc] faire concorder, raccorder
3 vi **a** (Carpentry) se raccorder (*into* à)
b (fig) bien cadrer, concorder (*with* avec)
4 COMP ▷ **dovetail joint** n (Carpentry) assemblage m à queue d'aronde

dovish * ['dʌvɪʃ] adj (esp US: Pol fig) person partisan(e) m(f) de la négociation et du compromis ; speech, attitude de compromis

Dow * [daʊ] n ◆ **the Dow** l'indice m Dow Jones

dowager ['daʊədʒə'] **1** n douairière f
2 COMP ▷ **dowager duchess** n duchesse f douairière

dowdily ['daʊdɪlɪ] adv ◆ **dowdily dressed** mal fagoté*, habillé sans chic

dowdiness ['daʊdɪnɪs] n manque m de chic

dowdy ['daʊdɪ] → SYN adj person, clothes démodé, sans chic

dowel ['daʊəl] **1** n cheville f (en bois), goujon m
2 vt assembler avec des goujons, goujonner

dower house ['daʊəhaʊs] n (Brit) petit manoir m (de douairière)

Dow Jones [,daʊ'dʒəʊnz] n ◆ **the Dow Jones average** or **index** l'indice m Dow Jones, le Dow Jones

down¹ [daʊn] → SYN

> When **down** is an element in a phrasal verb, eg **back down, glance down, play down**, look up the verb.

1 adv **a** (indicating movement to lower level) en bas, vers le bas ; (= down to the ground) à terre, par terre ◆ **down!** (said to a dog) couché ! ◆ **down with traitors!** à bas les traîtres ! ◆ **to come** or **go down** descendre ◆ **to fall down** tomber (à terre) ◆ **to go/fall down and down** descendre/tomber de plus en plus bas ◆ **to run down** descendre en courant ; → **bend down, knock down, slide down**

b (indicating position at lower level) en bas ◆ **down there** en bas (là-bas) ◆ **I shall stay down here** je vais rester ici ◆ **the blinds were down** les stores étaient baissés ◆ **Douglas isn't down yet** Douglas n'est pas encore descendu ◆ **to be down for the count** (Boxing) être K.-O. ◆ **to kick somebody when they are down** frapper un homme à terre ◆ **don't hit** or **kick a man when he is down** on ne frappe pas un homme à terre ; → **face, head, stay down**

c (from larger town, the north, university etc) **he came down from London yesterday** il est arrivé de Londres hier ◆ **we're going down to the sea tomorrow** demain nous allons à la mer ◆ **we're going down to Dover tomorrow** demain nous descendons à Douvres ◆ **he came down from Oxford in 1993** (Univ) il est sorti d'Oxford en 1993 ◆ **down East** (US) *du ou au nord-est de la Nouvelle-Angleterre* ◆ **down under** (Brit = in Australia/New Zealand) en Australie/Nouvelle-Zélande, aux antipodes ◆ **from down under** * (Brit) d'Australie/de Nouvelle-Zélande ; → **come down, go down, send down**

d (indicating diminution in volume, degree, activity) **the heels of her shoes were quite worn down** les talons de ses chaussures étaient tout usés ◆ **the tyres are down/right down** les pneus sont dégonflés/à plat ◆ **his temperature has gone down** sa température a baissé ◆ **I'm £2 down on what I expected** j'ai 2 livres de moins que je ne pensais ◆ **prices are down on last year's** les prix sont en baisse par rapport à (ceux de) l'année dernière ◆ **the pound is down against the dollar** la livre est en baisse par rapport au dollar ◆ **she's very run down** elle n'a pas la forme ◆ **I am down on my luck** je n'ai pas de chance or de veine, je suis dans une mauvaise passe ◆ **we are down to our last £5** il ne nous reste plus que 5 livres ; → **close down, put down**

e (in writing) **I've got it (noted) down in my diary** je l'ai ou c'est marqué sur mon agenda ◆ **let's get it down on paper** mettons-le par écrit ◆ **did you get down what he said?** as-tu noté ce qu'il a dit ? ◆ **to be down for the next race** être inscrit dans la prochaine course ; → **note, take down, write down**

f (indicating a series or succession) **down to jusqu'à** ◆ **from 1700 down to the present** de 1700 à nos jours ◆ **from the biggest down to the smallest** du plus grand (jusqu')au plus petit ◆ **from the king down to the poorest beggar** depuis le roi jusqu'au plus pauvre des mendiants

g **down to** * (= due to, up to) ◆ **it's down to him to do it** c'est à lui de le faire ◆ **it's down to him now** c'est à lui de jouer maintenant ◆ **our success is all down to him/hard work** c'est à lui seul/à notre travail acharné que nous devons notre succès ; → **cash, come down, put down, suit, up**

h **to be down on sb** * avoir une dent contre qn, en vouloir à qn

2 prep **a** (indicating movement to lower level) du haut en bas de ◆ **he went down the hill** (lit) il a descendu la colline ; see also **downhill** ◆ **her hair hung down her back** ses cheveux lui tombaient dans le dos ◆ **he ran his eye down the list** il a parcouru la liste du regard or des yeux

b (= at a lower part of) **he's down the hill** il est au pied or en bas de la colline ◆ **she lives down the street (from us)** elle habite plus bas or plus loin (que nous) dans la rue ◆ **it's just down the road** c'est tout près, c'est à deux pas ◆ **down the ages** (fig) au cours des siècles

c (= along) le long de ◆ **he was walking down the street** il descendait la rue ◆ **he has gone down (to) town** il est allé or descendu en ville ◆ **let's go down the pub** * allons au pub ◆ **looking down this street, you can see...** si vous regardez le long de cette rue, vous verrez...

3 n ◆ **to have a down on sb** * avoir une dent contre qn, en vouloir à qn ; → **up**

4 adj **a** to be or feel **down** avoir le cafard*, être déprimé
b (Comput) en panne
c (Brit †) train en provenance de la grande ville ◆ **the down line** la ligne de la grande ville

5 vt * ◆ **to down an opponent** terrasser un adversaire ◆ **he downed three enemy planes** il a descendu* trois avions ennemis ◆ **to down tools** (Brit) (= stop work) cesser le travail ; (= strike) se mettre en grève, débrayer ◆ **he downed a glass of beer** il a vidé or descendu* un verre de bière

6 COMP ▷ **down-and-out** n SDF mf ◊ adj to be **down-and-out** (Boxing) aller au tapis pour le compte, être hors de combat ; (= destitute) être sur le pavé or à la mie ▷ **down-at-heel** adj (US) person miteux ; shoe éculé ▷ **down-bow** n (Mus) tiré m ▷ **down-cycle** n (Econ) cycle m de récession ▷ **down-in-the-mouth** * adj abattu, tout triste ◆ **to be down-in-the-mouth** être abattu or tout triste, avoir le moral à zéro* ◆ **to look down-in-the-mouth** avoir l'air abattu, faire une sale tête ▷ **down-market** adj goods, car bas de gamme inv ; newspaper populaire ◆ **it's quite down-market** [programme etc] c'est plutôt du genre public de masse ◊ adv **to go** or **move down-market** [company] se tourner vers le bas de gamme ; [house purchaser etc] acheter quelque chose de moins bien ▷ **down payment** n (Fin) acompte m, premier versement ◆ **to make a down payment of £100** payer un acompte de 100 livres, payer 100 livres d'acompte ▷ **down-river** adj, adv ⇒ **downstream** ▷ **down time** n (Comput) → **downtime** ▷ **down-to-earth** adj réaliste ◆ **he's a very down-to-earth person** il a les pieds sur terre

down² [daʊn] n [of bird, person, plant] duvet m ; [of fruit] peau f (veloutée) ; → **eiderdown, thistledown**

down³ [daʊn] n **a** (= hill) colline f dénudée ◆ **the Downs** (Brit) les Downs fpl (*collines herbeuses du sud de l'Angleterre*)
b (Brit = Straits of Dover) **the Downs** les Dunes fpl

downbeat ['daʊnbi:t] **1** n (Mus) temps m frappé

2 adj (= gloomy) person abattu ; ending pessimiste

downcast ['daʊnkɑ:st] → SYN **1** adj **a** (= discouraged) abattu, démoralisé, découragé
b (= looking down) eyes baissé
2 n (Min) aérage m

downcry * ['daʊn,kraɪ] vt (US = denigrate) décrier, dénigrer

downdraught, downdraft (US) ['daʊndrɑ:ft] n (Met) courant m descendant

downer ['daʊnə'] n **a** (* = tranquilliser) tranquillisant m, sédatif m
b (* : fig = depressing experience) expérience f déprimante ◆ **for divorced people, Christmas can be a downer** Noël peut donner le bourdon * aux divorcés ◆ **to be on a downer** faire de la déprime *

downfall ['daʊn,fɔ:l] → SYN n [of person, empire] chute f, ruine f, effondrement m ; [of hopes] ruine f ; [of rain] chute f de pluie

downgrade ['daʊn,greɪd] → SYN **1** vt [+ employee] rétrograder (dans la hiérarchie) ; [+ hotel] déclasser ; [+ work, job] dévaloriser, déclasser
2 n (Rail etc) rampe f, descente f ◆ **on the downgrade** (fig) sur le déclin

downhearted [,daʊn'hɑ:tɪd] → SYN adj abattu, découragé ◆ **don't be downhearted!** ne te laisse pas abattre !

downhill ['daʊn'hɪl] **1** adj **a** during the downhill journey au cours de la descente ◆ **the course includes a steep downhill slope** le circuit comprend une descente ou pente abrupte ◆ **it's just a short downhill walk to the station** il n'y a que quelques mètres à descendre pour arriver à la gare, la gare est à deux pas, en bas de la côte ◆ **the accident happened on a downhill stretch of the track** l'accident s'est produit alors que le train descendait une côte
b (fig) **it was downhill all the way after that** (= got easier) après cela, tout a été plus facile ; (= got worse) après cela, tout est allé en empirant ou de mal en pis
c (Ski) **downhill competition** épreuve f de descente ◆ **downhill course** piste f de descente ◆ **downhill race** (épreuve f de) descente f ◆ **downhill racer** descendeur m, -euse f ◆ **downhill skier** skieur m, -euse f alpin(e) ◆ **downhill ski(ing)** ski m alpin or de piste
2 adv **to go downhill** [person, vehicle] descendre (la or une pente) ; [road] descendre, aller en descendant ; (fig = get worse) [person] être sur une or la mauvaise pente ; [company, business etc] péricliter ; [economy] se dégrader ◆ **things just went downhill from there** par la suite les choses n'ont fait qu'empirer

downhome * [,daʊn'həʊm] adj (US) (from south) du Sud, sudiste ; (pej) péquenaud *

Downing Street ['daʊnɪŋ,stri:t] n (Brit) Downing Street (*résidence du Premier ministre britannique*)

DOWNING STREET

Downing Street, dans le quartier de Westminster, est la rue où résident officiellement le Premier ministre (au n° 10) et le chancelier de l'Échiquier (au n° 11). Les médias utilisent souvent les expressions **Downing Street**, "Number Ten" ou "Ten **Downing Street**", pour désigner le Premier ministre ou le gouvernement, à la façon dont on parlerait de "Matignon" en France.

---

downlighter ['daʊn,laɪtə'] n luminaire m (*éclairant vers le bas*)

download ['daʊn,ləʊd] vt (Comput) télécharger

downloadable [,daʊn'ləʊdəbl] adj téléchargeable

downloading ['daʊn,ləʊdɪŋ] n (Comput) téléchargement m

downpipe ['daʊn,paɪp] n (Brit) (tuyau m de) descente f

downplay ['daʊn,pleɪ] vt (fig) minimiser (l'importance de)

downpour ['daʊn,pɔ:'] → SYN n pluie f torrentielle

downrange ['daʊnˌreɪndʒ] ① adv en aval ② adj (Mil) station (d')aval

downright ['daʊnraɪt] → SYN ① adj pur et simple ◆ **a downright refusal** un refus catégorique ◆ **it's a downright lie for him to say that ...** il ment carrément or effrontément quand il dit que ... ◆ **it's downright cheek on his part** * il a un sacré culot * or toupet * ② adv carrément ◆ **it's downright impossible** c'est carrément impossible, c'est purement et simplement impossible

downscale ['daʊnskeɪl] vt (+ project, scope) réduire

downshift ['daʊnʃɪft] (US Aut) ① vi rétrograder ② n rétrogradation f

downside ['daʊnsaɪd] ① n a (US) **downside up** sens dessus dessous
b (= negative aspect) inconvénient m, désavantage m ◆ **on the downside** côté inconvénients, pour ce qui est des inconvénients ② COMP ▷ **downside risk** n (of investment) risque m de baisse or de chute du cours

downsize ['daʊnsaɪz] ① vt (+ company) réduire les effectifs de, dégraisser * ; (Comput) réduire la taille or l'encombrement de ② vi (company) réduire ses effectifs, dégraisser *

downspout ['daʊnspaʊt] n (US) ⇒ **downpipe**

Down's syndrome ['daʊnzˌsɪndrəʊm] n trisomie f (Med), mongolisme m ◆ **a person with Down's syndrome** un(e) trisomique ◆ **a Down's syndrome baby, a baby with Down's syndrome** un bébé trisomique

downstage ['daʊnˌsteɪdʒ] adv stand, be sur l'avant-scène ; move, point vers l'avant-scène ◆ **to face downstage** faire face au public

downstairs [ˌdaʊn'stɛəz] ① adv (gen) en bas ; (= to or on floor below) à l'étage en-dessous or du dessous ; (= to or on ground floor) au rez-de-chaussée ◆ **to go/come downstairs** descendre (l'escalier) ◆ **to run/crawl etc downstairs** descendre (l'escalier) en courant/en rampant etc ◆ **to rush downstairs** dévaler l'escalier ◆ **to fall downstairs** tomber dans les escaliers ◆ **the people downstairs** (= below) les gens mpl du dessous ; (= on ground floor) les gens mpl d'en bas or du rez-de-chaussée ② adj (= on ground floor) ◆ **they've got a downstairs lavatory** ils ont des toilettes en bas ◆ **the downstairs phone** le téléphone d'en bas or du rez-de-chaussée ◆ **the downstairs rooms** les pièces fpl du bas or du rez-de-chaussée ◆ **a downstairs flat** un appartement au rez-de-chaussée ③ n ◆ **the downstairs** * (= ground floor) le rez-de-chaussée ; (= lower floors) les étages mpl inférieurs

downstate ['daʊnsteɪt] (US) ① n campagne f, sud m de l'État ② adj (= southern) du sud de l'État ◆ **downstate New York** le sud de l'État de New York ③ adv be dans le sud ; go vers le sud ◆ **they live downstate** ils habitent dans le sud de l'État ◆ **to go downstate** aller dans le sud de l'État

downstream ['daʊnstri:m] adj, adv en aval ◆ **to go/move downstream** descendre le courant ◆ **downstream industries** (fig) industries fpl d'aval

downstroke ['daʊnˌstrəʊk] n a (in writing) plein m
b (of piston etc) course f descendante, descente f

downswept ['daʊnˌswept] adj (Aviat) wings surbaissé

downswing ['daʊnˌswɪŋ] n (fig) baisse f, phase f descendante

downtime ['daʊntaɪm] n (of machine) temps m or durée f d'immobilisation ; (Comput) temps m d'arrêt

downtown ['daʊn'taʊn] (US) ① adv dans le centre ◆ **to go downtown** descendre or aller en ville ② adj ◆ **downtown Chicago** le centre de Chicago

downtrend ['daʊntrend] n tendance f à la baisse

downtrodden ['daʊnˌtrɒdən] adj (fig) person, nation opprimé

downturn ['daʊntɜ:n] n ⇒ **downswing**

downward ['daʊnwəd] → SYN ① adj movement, stroke, pull vers le bas ◆ **there was a downward slope from the house to the road** la maison était en hauteur par rapport à la route ◆ **they were on a fairly steep downward slope** ils étaient sur une pente assez raide or qui descendait assez fort ◆ **the rain made our downward path extremely treacherous** la pluie rendait notre descente extrêmement dangereuse ◆ **in a downward direction** vers le bas ◆ **a downward trend** (St Ex) une tendance à la baisse ◆ **I'm convinced the economy's on the downward slope** je suis convaincu que l'économie est sur une mauvaise pente ◆ **the dollar resumed its downward path today** (Fin) le dollar a recommencé à baisser aujourd'hui ② adv ⇒ **downwards**

downwards ['daʊnwədz] adv go vers le bas, en bas ◆ **to slope (gently) downwards** descendre (en pente douce) ◆ **to look downwards** regarder en bas or vers le bas ◆ **looking downwards** les yeux baissés, la tête baissée ◆ **place the book face downwards** posez le livre face en dessous ◆ **from the king downwards** (fig) depuis le roi (jusqu'au plus humble), du haut en bas de l'échelle sociale

downwind ['daʊnˌwɪnd] adv be sous le vent (of, from par rapport à) ; move dans la direction du vent ; sail sous le vent ◆ **the sparks drifted downwind** les étincelles étaient emportées par le vent

downy ['daʊnɪ] ① adj a (= furry) skin, peach duveté ; leaf duveteux ◆ **covered with fine, downy hair** couvert de poils fins et soyeux ◆ **downy softness** douceur f soyeuse
b (= feathery) chick couvert de duvet
c (= down-filled) garnis de duvet
② COMP ▷ **downy oak** n (Bot) chêne m pubescent

dowry ['daʊrɪ] n dot f

dowse [daʊz] ① vi pratiquer la rhabdomancie ② vt ⇒ **douse**

dowser ['daʊzə^r] n rhabdomancien(ne) m(f) ; (for water) sourcier m

dowsing ['daʊzɪŋ] ① n rhabdomancie f ② COMP ▷ **dowsing rod** n baguette f (de sourcier)

doxological [ˌdɒksə'lɒdʒɪkəl] adj (Rel) doxologique

doxology [dɒk'sɒlədʒɪ] n doxologie f

doxy †† ['dɒksɪ] n catin † f

doyen ['dɔɪən] n doyen m ◆ **the doyen of ...** le doyen des ...

doyenne ['dɔɪen] n doyenne f

doz. ['dʌz] abbrev of **dozen**

doze [dəʊz] → SYN ① n somme m ◆ **to have a doze** faire un petit somme ② vi sommeiller ◆ **to be dozing** être assoupi

▶ **doze off** vi s'assoupir, s'endormir

dozen ['dʌzn] n douzaine f ◆ **three dozen** trois douzaines ◆ **a dozen shirts** une douzaine de chemises ◆ **a round dozen** une douzaine tout juste ◆ **half a dozen, a half-dozen** une demi-douzaine ◆ **£1 a dozen** une livre la douzaine ◆ **dozens of times** des dizaines or douzaines de fois ◆ **there are dozens like that** des choses (or des gens) comme cela, on en trouve à la douzaine ; → **baker, nineteen, six**

Dozent ['dʌzənθ] adj douzième

dozer * ['dəʊzə^r] n bulldozer m, bull * m

doziness ['dəʊzɪnɪs] n a (= sleepiness) somnolence f, torpeur f
b (* = stupidity) stupidité f

dozy ['dəʊzɪ] adj a (= sleepy) à moitié endormi, somnolent
b (Brit * = stupid) empoté *, pas très dégourdi * ◆ **you dozy prat!** imbécile !, espèce d'empoté !

DP [ˌdi:'pi:] n (abbrev of **data processing**) → **data**

DPhil [ˌdi:'fɪl] n (abbrev of **Doctor of Philosophy**) ≈ doctorat m (d'État dans une discipline autre que le droit, la médecine ou la théologie)

DPM [ˌdi:pi:'em] n (abbrev of **Diploma in Psychiatric Medicine**) diplôme de psychiatrie

DPP [ˌdi:pi:'pi:] n (Brit Jur) (abbrev of **Director of Public Prosecutions**) → **director**

DPT [ˌdi:pi:'ti:] n (Med) (abbrev of **diphtheria, pertussis, tetanus**) DT Coq m

dpt a abbrev of **department**
b abbrev of **depot**

DPW [ˌdi:pi:'dʌblju:] n (abbrev of **Department of Public Works**) ≈ ministère m de l'Équipement

Dr a (abbrev of **Doctor**) Dr R. Stephenson (on envelope) Dr R. Stephenson ◆ **Dear Dr Stephenson** (in letters) (man) Cher Monsieur ; (woman) Chère Madame ; (if known to writer) Cher Docteur
b (in street names) abbrev of **Drive**

dr (Comm) abbrev of **debtor, dram, drachma**

drab [dræb] → SYN ① adj colour morne ; clothes terne ; surroundings, existence terne, morne ② n (NonC: Tex) grosse toile f bise

drabness ['dræbnɪs] n (of place, surroundings, existence) aspect m morne, grisaille f ; (of clothes) aspect m terne

drachm [dræm] n a (Measure, Pharm) drachme f
b ⇒ **drachma**

drachma ['drækmə] n, pl **drachmas** or **drachmae** ['drækmi:] (= coin) drachme f

drack * ‡ [dræk] adj (Austral) moche *

draconian [drə'kəʊnɪən] adj draconien

Dracula ['drækjʊlə] n Dracula m

draff [dræf] n drêche f

draft [drɑ:ft] → SYN ① n a (= outline: gen) avant-projet m ; (of letter) brouillon m ; (of novel) premier jet m, ébauche f
b (Comm, Fin: for money) traite f, effet m ◆ **to make a draft on** tirer sur
c (Mil = group of men) détachement m
d (US Mil = conscript intake) contingent m ◆ **to be draft age** être en âge de faire son service militaire ◆ **to dodge the draft** échapper à la conscription
e (US) ⇒ **draught**
② vt a (also **draft out**) (+ letter) faire le brouillon de ; (+ speech) (gen) écrire, préparer ; (first draft) faire le brouillon de ; (final version) rédiger ; (Parl) (+ bill) (Comm, Fin) (+ contract) rédiger, dresser ; (+ plan) esquisser, dresser ; (+ diagram) esquisser
b (US Mil) (+ conscript) appeler (sous les drapeaux), incorporer ◆ **to draft sb to a post/to do sth** (esp Mil) détacher or désigner qn à un poste/pour faire qch
③ COMP ▷ **draft board** n (US Mil) conseil m de révision ▷ **draft card** n (US Mil) ordre m d'incorporation ▷ **draft dodger** n (US Mil) insoumis m ▷ **draft letter** n brouillon m de lettre ; (more frm) projet m de lettre ▷ **draft version** n version f préliminaire

draftee [drɑ:f'ti:] n (US Mil, fig) recrue f

draftiness ['drɑ:ftɪnɪs] n (US) ⇒ **draughtiness**

draftsman ['drɑ:ftsmən] n, pl **-men** (US) ⇒ **draughtsman a**

draftsmanship ['drɑ:ftsmənʃɪp] n (US) ⇒ **draughtsmanship**

draftswoman ['drɑ:ftswʊmən] n, pl **-women** (US) ⇒ **draughtswoman**

drafty ['drɑ:ftɪ] adj (US) ⇒ **draughty**

drag [dræg] → SYN ① n a (for dredging etc) drague f ; (Naut = cluster of hooks) araignée f ; (= heavy sledge) traineau m ; (Agr = harrow) herse f
b ⇒ **dragnet**
c (Aviat, Naut etc = resistance) résistance f, trainée f
d (Aut, Rail etc = brake) sabot m or patin m de frein
e (Hunting) drag m
f (= hindrance) frein m (on à) ◆ **he's an awful drag on them** ils le trainent comme un boulet
g (* = person) raseur * m, -euse * f, casse-pieds * mf inv ; (= tedium) corvée f ◆ **what a**

drag to have to go there! quelle corvée or quelle barbe * d'avoir à y aller! ◆ **this thing is a drag!** quelle barbe ce truc-là!*
  h (* = pull on cigarette, pipe) taffe* f ◆ **here, have a drag** tiens, tire une taffe*
  i (* = women's clothing worn by men) habits mpl de femme ◆ **a man in drag** un homme habillé en femme; (= transvestite) un travesti
  j (US ⚹ = influence) piston m ◆ **to use one's drag** travailler dans la coulisse, user de son influence
  k (US) **the main drag** la grand-rue
  2 vi **a** (= trail along) [object] traîner (à terre); [anchor] chasser
  b (= lag behind) rester en arrière, traîner
  c (Aut) [brakes] frotter, (se) gripper
  d (fig) [time, work, an entertainment] traîner; [conversation] (se) traîner, languir ◆ **the minutes dragged (past** or **by)** les minutes s'écoulaient avec lenteur
  3 vt **a** [+ person, object] traîner, tirer; [+ person] entraîner ◆ **he dragged her out of/into the car** il l'a tirée de la voiture/entraînée dans la voiture ◆ **he could barely drag his injured leg behind him** il se traînait péniblement avec sa jambe blessée ◆ **to drag one's feet** (lit = scuff feet) traîner les pieds ◆ **to drag one's feet** or **one's heels** (fig) traîner les pieds ◆ **she accused the government of dragging its feet** or **heels on reforms** elle a accusé le gouvernement de tarder à introduire des réformes ◆ **the government is dragging its feet** or **heels over introducing new legislation** le gouvernement tarde à mettre en place de nouvelles lois ◆ **to drag anchor** (Naut) chasser sur ses ancres ◆ **to drag the truth from** or **out of sb** finir par faire avouer la vérité à qn ◆ **to drag ass**⚹ (US) glander⚹, traînasser
  b [+ river, lake etc] draguer (for à la recherche de)
  c (fig = involve) [+ person] entraîner; [+ issue, question etc] mêler ◆ **don't drag me into your affairs!** ne me mêle pas à tes histoires! ◆ **to drag politics into sth** mêler la politique à qch
  4 COMP ▷ **drag and drop** n (Comput) glisser-poser m ▷ **drag artist** n travesti m ▷ **drag coefficient, drag factor** n (Aut) coefficient m de pénétration dans l'air, CX m ▷ **drag hunt** n (= activity) drag m; (= club) club m de drag ▷ **drag lift** n (Ski) tire-fesses m inv ▷ **drag queen**⚹ n travelo⚹ m ▷ **drag race** n (Aut) course f de dragsters ▷ **drag shoe** n (Aut, Rail etc) sabot m or patin m (de frein) ▷ **drag show** ⚹ n (Theat) spectacle m de travestis

▶ **drag about** **1** vi traîner
  2 vt sep traîner

▶ **drag along** vt sep [+ person] entraîner (à contrecœur); [+ toy etc] tirer ◆ **to drag o.s. along** se traîner, avancer péniblement

▶ **drag apart** vt sep séparer de force

▶ **drag away** vt sep arracher (from à), emmener de force (from de) ◆ **she dragged him away from the television*** elle l'a arraché de devant* la télévision ◆ **she dragged him away from his work*** elle l'a arraché à son travail ◆ **if you manage to drag yourself away from the bar*** si tu arrives à t'arracher du bar*

▶ **drag down** vt sep entraîner (en bas); (fig) ◆ **to drag sb down to one's own level** rabaisser qn à son niveau ◆ **he was dragged down by the scandal** le scandale l'a discrédité ◆ **his illness is dragging him down** sa maladie l'affaiblit

▶ **drag in** vt sep (fig) [+ subject, remark] tenir à placer, amener à tout prix

▶ **drag on** vi [meeting, conversation] traîner en longueur, s'éterniser; [conflict] s'éterniser

▶ **drag out** **1** vi ⇒ **drag on**
  2 vt sep [+ discussion] faire traîner

▶ **drag up** vt sep **a** (* pej) [+ child] élever à la diable ◆ **where were you dragged up?** d'où tu sors?*
  b [+ scandal, story] remettre sur le tapis, déterrer ◆ **the letter dragged up painful memories for Rose** la lettre a fait res(s)urgir de douloureux souvenirs pour Rose

draggle ['drægl] vt souiller (en traînant)

draggy* ['drægɪ] adj rasoir* inv, barbant *
dragnet ['drægnet] n **a** (for fish) seine f, drège f; (for birds) tirasse f
  b (fig: by police) coup m de filet
dragoman ['drægəʊmən] n, pl **-mans** drogman m
dragon ['drægən] **1** n **a** (Myth, Zool, also fig = fierce person) dragon m
  b (Mil = armoured tractor) tracteur m blindé
  2 COMP ▷ **dragon light** n lampe puissante utilisée par la police pour éblouir les suspects lors de poursuites ▷ **dragon's blood** n (= resin) sang-de-dragon m
dragonet ['drægənɪt] n (= fish) dragonnet m
dragonfly ['drægənflaɪ] n libellule f, demoiselle f
dragonnade [ˌdrægəˈneɪd] n (Hist) dragonnade f
dragoon [drəˈguːn] → SYN **1** n (Mil) dragon m
  2 vt **a** to dragoon sb into doing sth contraindre or forcer qn à faire qch ◆ **she had been dragooned into the excursion** on l'avait contrainte or forcée à prendre part à l'excursion
dragster ['drægstər] n (Aut) dragster m
dragstrip ['drægstrɪp] n (Aut) piste f de vitesse (pour dragsters)
dragsville⚹ ['drægzvɪl] n (US) ◆ **it's just dragsville** c'est casse-pieds* or barbant*, on s'emmerde⚹
dragway ['drægweɪ] n ⇒ **dragstrip**
drain [dreɪn] → SYN **1** n **a** (in town) égout m; (in house) canalisation f sanitaire, tuyau m d'écoulement; (on washing machine etc) tuyau m d'écoulement; (Agr, Med) drain m; (= drain cover) bouche f d'égout; (beside house) puisard m ◆ **drains** (in town) égouts mpl; (in house) canalisations fpl sanitaires; (Agr) drains mpl ◆ **open drain** égout m à ciel ouvert ◆ **to throw one's money down the drain** (fig) jeter son argent par les fenêtres ◆ **to go down the drain** (fig) tomber à l'eau* ◆ **all his hopes have gone down the drain** tous ses espoirs ont été anéantis
  b (fig) (on resources, manpower) ponction f (on sur, dans); (on strength) épuisement m (on de) ◆ **looking after her father has been a great drain on her** s'occuper de son père l'a complètement épuisée; → **brain**
  2 vt [+ land, marshes] drainer, assécher; [+ vegetables, dishes] égoutter; [+ mine] vider, drainer; [+ reservoir] vider; [+ boiler] vidanger; (Med) [+ wound] drainer; [+ glass, drink] vider ◆ **drained weight** (Comm) poids m net égoutté ◆ **to drain sb of strength** (fig) épuiser qn ◆ **to drain a country of resources** ponctionner les ressources d'un pays
  3 vi [liquid] s'écouler; [stream] s'écouler (into dans); [vegetables] (s')égoutter; [energy] s'épuiser
  4 COMP ▷ **draining board** n égouttoir m, paillasse f ▷ **draining spoon** n écumoire f

▶ **drain away, drain off** **1** vi [liquid] s'écouler; [strength] s'épuiser
  2 vt sep [+ liquid] faire couler (pour vider un récipient)

drainage ['dreɪnɪdʒ] → SYN **1** n (= act of draining) drainage m, assèchement m; (= system of drains) (on land) système m de fossés or de tuyaux de drainage; [of town] système m d'égouts; [of house] système m d'écoulement des eaux; (= sewage) eaux fpl usées; (Geol) système m hydrographique fluvial
  2 COMP ▷ **drainage area, drainage basin** n (Geol) bassin m hydrographique ▷ **drainage channel** n (Constr) barbacane f ▷ **drainage tube** n (Med) drain m
drainboard ['dreɪnbɔːd] n (US) ⇒ **draining board**; → **drain**
drainer ['dreɪnər] n égouttoir m
drainpipe ['dreɪnpaɪp] n tuyau m d'écoulement or de drainage
drainpipes ['dreɪnpaɪps], **drainpipe trousers** (Brit) npl pantalon-cigarette m
drake [dreɪk] n canard m (mâle); → **duck**[1]
Dralon ® ['dreɪlɒn] n Dralon ® m
DRAM, D-RAM ['diːræm] (Comput) (abbrev of **dynamic random access memory**) (mémoire f) DRAM f

dram [dræm] → SYN n (Brit) **a** (Measure, Pharm) drachme f
  b (* = small drink) goutte f, petit verre m
drama ['drɑːmə] → SYN **1** n **a** (NonC: gen) théâtre m ◆ **to study drama** étudier l'art m dramatique ◆ **English drama** le théâtre anglais
  b (= play) drame m, pièce f de théâtre; (fig) drame m
  c (NonC = quality of being dramatic) drame m
  2 COMP ▷ **drama critic** n critique m dramatique ▷ **drama-doc** ⚹ n (TV) docudrame m ▷ **drama queen**⚹ n (pej) **she's such a drama queen!** quelle comédienne!, elle fait toujours tout un cinéma ◆ **stop being such a drama queen** arrête ton cinéma* ▷ **drama school** n école f d'art dramatique ▷ **drama student** n étudiant(e) m(f) en art dramatique
dramatic [drəˈmætɪk] → SYN adj **a** (Literat, Theat) art, artist, work dramatique ◆ **dramatic irony** (Literat) ironie f dramatique; → **amateur**
  b (fig) (= spectacular) change, decline, event, moment spectaculaire; (= theatrical) effect, entry, gesture théâtral
dramatically [drəˈmætɪkəlɪ] adv **a** (= spectacularly) change, improve, worsen, increase, affect, alter de façon spectaculaire; different, effective, successful extraordinairement
  b (Literat, Theat) effective, compelling, powerful du point de vue théâtral
dramatics [drəˈmætɪks] npl **a** (Theat) art m dramatique
  b (* = fuss) comédie f (fig); → **amateur**
dramatis personae [ˌdræmətɪspɜːˈsəʊnaɪ] npl personnages mpl (d'une pièce etc)
dramatist ['dræmətɪst] → SYN n auteur m dramatique, dramaturge m
dramatization [ˌdræmətaɪˈzeɪʃən] n **a** (Theat, TV) (for theatre) adaptation f pour la scène; (for TV) adaptation f pour la télévision; (for cinema) adaptation f cinématographique
  b (= exaggeration) dramatisation f
dramatize ['dræmətaɪz] → SYN vt **a** [+ novel] adapter pour la scène or (Cine) pour le grand écran or (TV) pour la télévision or le petit écran ◆ **they dramatized several episodes from his life** plusieurs épisodes de sa vie ont été portés à la scène (or à l'écran)
  b (esp US) (= make vivid) [+ event] rendre dramatique or émouvant; (= exaggerate) dramatiser
dramaturge ['dræmətɜːdʒ] n **a** (= playwright) dramaturge m
  b (= adviser) conseiller m littéraire
dramaturgy ['dræmətɜːdʒɪ] n dramaturgie f
Drambuie ® [dræmˈbjuːɪ] n Drambuie ® m
drank [dræŋk] vb (pt of **drink**)
drape [dreɪp] **1** vt [+ window, statue, person] draper (with de); [+ room, altar] tendre (with de); [+ curtain, length of cloth] draper ◆ **she draped herself over the settee** * elle s'est allongée langoureusement sur le canapé
  2 drapes npl (Brit = hangings) tentures fpl; (US = curtains) rideaux mpl
draper ['dreɪpər] n (Brit) marchand(e) m(f) de nouveautés
drapery ['dreɪpərɪ] n **a** (= material) draperie f, étoffes fpl; (= hangings) tentures fpl, draperies fpl
  b (Brit: also **draper's shop**) magasin m de nouveautés
drastic ['dræstɪk] → SYN adj reform, measures, reduction drastique, draconien; remedy drastique; surgery, change, improvement radical; consequences, decline dramatique; increase considérable, fort ◆ **to make drastic cuts in defence spending** faire or opérer des coupes claires dans le budget de la défense
drastically ['dræstɪkəlɪ] adv cut, increase, reduce considérablement, drastiquement; change, improve radicalement; increase considérablement ◆ **defence spending has been drastically cut** on a fait or opéré des coupes claires dans le budget de la défense ◆ **drastically different** radicalement différent ◆ **it** or **things went drastically wrong** les choses ont très mal tourné

drat / draw

drat* [dræt] **excl** (euph = damn) sapristi!*, diable! ◆ **drat the child!** au diable cet enfant!, quelle peste* cet enfant!

dratted* ['drætɪd] **adj** sacré* (before n), maudit (before n)

draught, draft (US) [drɑːft] → SYN [1] **n a** (= breeze) courant m d'air; (for fire) tirage m ◆ **beer on draught** bière f à la pression ◆ **to feel the draught*** (fig: financially) devoir se serrer la ceinture* ◆ **I felt a draught*** (esp US: fig = unfriendliness) j'ai senti un froid ou qu'il etc me traitait avec froideur

b (Naut) tirant m d'eau

c (= drink) coup m; [of medicine] potion f, breuvage m ◆ **a draught of cider** un coup de cidre ◆ **to drink in long draughts** boire à longs traits

d (Brit) (game of) draughts (jeu m de) dames fpl

e (= rough sketch) ⇒ **draft 1a**

[2] COMP animal de trait; cider, beer à la pression ▷ **draught excluder** n bourrelet m (de porte, de fenêtre)

draughtboard ['drɑːftbɔːd] n (Brit) damier m

draughtiness, draftiness (US) ['drɑːftɪnɪs] n (NonC) courants mpl d'air

draughtproof ['drɑːftpruːf] [1] **adj** calfeutré [2] **vt** calfeutrer

draughtproofing ['drɑːftpruːfɪŋ] n calfeutrage m

draughtsman ['drɑːftsmən] n, pl **-men a** (Art) dessinateur m, -trice f; (in drawing office) dessinateur m, -trice f industriel(le)

b (Brit: in game) pion m

draughtsmanship, draftsmanship (US) ['drɑːftsmənʃɪp] n [of artist] talent m de dessinateur, coup m de crayon; (in industry) art m du dessin industriel

draughtswoman, draftswoman (US) ['drɑːftswʊmən] n, pl **-women** (Art) dessinatrice f; (in drawing office) dessinatrice f industrielle

draughty, drafty (US) ['drɑːftɪ] adj room plein de courants d'air; street corner exposé à tous les vents or aux quatre vents

Dravidian [drə'vɪdɪən] [1] **adj** dravidien [2] **n a** (= person) Dravidien(ne) m(f) **b** (Ling) dravidien m

draw [drɔː] → SYN pret **drew**, ptp **drawn** [1] **vt a** (= pull: gen) [+ object, cord, string, bolt] tirer ◆ **to draw a bow** bander un arc ◆ **to draw the curtains** (= open) tirer or ouvrir les rideaux; (= shut) tirer or fermer les rideaux ◆ **to draw one's hand over one's eyes** se passer la main sur les yeux ◆ **I drew her arm through mine** j'ai passé ou glissé son bras sous le mien ◆ **he drew a hand through his hair** il s'est passé la main dans les cheveux ◆ **he drew his chair nearer the fire** il a rapproché sa chaise du feu ◆ **he drew her close to him** il l'a attirée contre lui ◆ **to draw one's finger along a surface** passer le doigt sur une surface ◆ **to draw one's belt tighter** serrer sa ceinture ◆ **to draw smoke into one's lungs** avaler ou inhaler la fumée (d'une cigarette) ◆ **to draw an abscess** (Med) faire mûrir un abcès ◆ **to draw a bead on sth** (= aim) viser qch

b (= pull behind) [+ coach, cart, train, trailer etc] tracter

c (= extract, remove) [+ teeth] extraire, arracher; [+ cork] retirer, enlever ◆ **to draw sb's teeth** (fig) mettre qn hors d'état de nuire ◆ **to draw threads** (Sewing) tirer des fils ◆ **to draw a ticket out of a hat** tirer un billet d'un chapeau ◆ **to draw one's gun** dégainer son pistolet ◆ **he drew a gun on me** il a sorti un pistolet et l'a braqué sur moi ◆ **to draw the sword** (fig) passer à l'attaque

d (= obtain from source) [+ wine] tirer (from de); [+ water] (from tap, pump) tirer (from de); (from well) puiser (from dans) ◆ **to draw blood from sb's arm** (Med) faire une prise de sang à qn ◆ **the stone hit him and drew blood** la pierre l'a frappé et l'a fait saigner ◆ **that remark drew blood** cette remarque blessante a porté ◆ **to draw a bath** † faire couler un bain ◆ **to draw (a) breath** aspirer, respirer; (fig) souffler ◆ **to draw a card from the pack** tirer une carte du jeu ◆ **to draw trumps** (Cards) choisir l'atout ◆ **to draw the first prize** gagner or décrocher le gros lot ◆ **to draw inspiration from** tirer son inspiration de, puiser son inspiration dans ◆ **to draw strength from sth** puiser des forces dans qch

◆ **to draw comfort from sth** trouver un réconfort dans qch ◆ **to draw a smile from sb** arracher un sourire à qn ◆ **to draw a laugh from sb** arriver à faire rire qn ◆ **her performance drew tears from the audience** son interprétation a arraché des larmes au public ◆ **her performance drew applause from the audience** son interprétation a été saluée par les applaudissements du public ◆ **I could draw no reply from him** je n'ai pu tirer de lui aucune réponse; → **blank**

e (Fin) **to draw money from the bank** retirer de l'argent à la banque ◆ **to draw a cheque on a bank** tirer un chèque sur une banque ◆ **to draw one's salary** or **pay** toucher son salaire ◆ **to draw one's pension** toucher sa pension

f (= attract) [+ attention, customer, crowd] attirer ◆ **the play has drawn a lot of criticism** la pièce a donné lieu à or s'est attiré de nombreuses critiques ◆ **to feel drawn to(wards) sb** se sentir attiré par qn

g (= cause to move, do, speak etc) **her shouts drew me to the scene** ses cris m'ont attiré sur les lieux ◆ **to draw sb into a plan** entraîner qn dans un projet ◆ **he refuses to be drawn** (= will not speak) il refuse de parler; (= will not react) il refuse de se laisser provoquer or de réagir ◆ **he would not be drawn on the matter** il a refusé de parler de cette affaire ◆ **to draw sth to a close** or **an end** mettre fin à qch

h [+ picture] dessiner; [+ plan, line, circle] tracer; (fig) [+ situation] faire un tableau de; [+ character] peindre, dépeindre ◆ **to draw sb's portrait** faire le portrait de qn ◆ **to draw a map** (Geog) dresser une carte; (Scol) faire or dessiner une carte ◆ **I draw the line at scrubbing floors*** (fig) je n'irai pas jusqu'à or je me refuse à frotter les parquets ◆ **I draw the line at cheating*** (myself) je n'irai pas jusqu'à ou je me refuse à tricher; (in others) je n'admets pas or ne tolère pas que l'on triche ◆ **we must draw the line somewhere** il faut se fixer une limite, il y a des limites or une limite à tout ◆ **it's hard to know where to draw the line** il est difficile de savoir où s'arrêter

i (= establish, formulate) [+ conclusion] tirer (from de); [+ comparison, parallel, distinction] établir, faire (between entre)

j (Naut) **the boat draws 4 metres** le bateau a un tirant d'eau de 4 mètres, le bateau cale 4 mètres ◆ **to draw water** (= leak) prendre l'eau

k (Sport) **to draw a match** faire match nul; (Chess) faire partie nulle ◆ **they drew one-one** ils ont fait match nul un à un or un partout ◆ **Aston Villa have drawn a Czech team in the UEFA Cup** le tirage au sort de la coupe UEFA a désigné une équipe tchèque pour jouer contre Aston Villa

l (= infuse) [+ tea] faire infuser

m (Culin) [+ fowl] vider; → **hang**

n (Hunting) **to draw a fox** débusquer or lancer un renard

o [+ metal] étirer; [+ wire] tréfiler

[2] **vi a** (= move, come) [person] se diriger (towards vers) ◆ **to draw to one side** s'écarter ◆ **to draw round the table** se rassembler or s'assembler autour de la table ◆ **the train drew into the station** le train est entré en gare ◆ **the car drew over towards the centre of the road** la voiture a dévié vers le milieu de la chaussée ◆ **he drew ahead of the other runners** il s'est détaché des autres coureurs ◆ **the two horses drew level** les deux chevaux sont parvenus à la même hauteur ◆ **to draw near** [person] s'approcher (to de); [time, event] approcher ◆ **to draw nearer (to)** s'approcher un peu plus (de) ◆ **to draw to an end** or **a close** tirer à or toucher à sa fin

b [chimney, pipe] tirer; [pump, vacuum cleaner] aspirer

c (= be equal) [two teams] faire match nul; (in exams, competitions) être ex æquo inv ◆ **the competitors/the teams drew for second place** les concurrents/les équipes sont arrivé(e)s deuxièmes ex æquo ou ont remporté la deuxième place ex æquo ◆ **Scotland drew with Ireland** l'Écosse a fait match nul contre l'Irlande

d (Cards) **to draw for partners** tirer pour les partenaires

e (Art) dessiner ◆ **he draws well** il dessine bien, il sait bien dessiner ◆ **to draw from life** dessiner d'après nature

f [tea] infuser

[3] **n a** (= lottery) loterie f, tombola f; (= act of drawing a lottery) tirage m ◆ **the draw is at three o'clock** le tirage est à trois heures ◆ **the draw for the quarter-finals will take place this morning** (Sport) le tirage au sort pour les quarts de finale aura lieu ce matin; → **luck**

b (Sport) match m nul ◆ **the match ended in a draw** le match s'est terminé par un match nul ◆ **five wins and two draws** cinq victoires et deux draws (matchs) nuls ◆ **we can get at least a draw against Holland** nous pouvons au moins faire match nul contre la Hollande

c (= attraction) attraction f, succès m; (Comm) réclame f ◆ **Mel Gibson was the big draw** Mel Gibson était la grande attraction ◆ **the pay was the big draw of the job** le salaire était l'élément le plus intéressant dans ce travail

d to beat sb to the draw (lit) dégainer plus vite que qn; (fig) devancer qn ◆ **to be quick on the draw** (lit) dégainer vite; (* fig) avoir la repartie or repartie facile

e (Drugs ‡ = hash) herbe* f

[4] COMP ▷ **draw poker** n sorte de jeu de poker ▷ **draw-sheet** n alaise f ▷ **draw(-top) table** n table f à rallonge

▶ **draw along** vt sep [+ cart] tirer, traîner; (fig) [+ person] entraîner

▶ **draw apart** vi s'éloigner or s'écarter l'un de l'autre, se séparer

▶ **draw aside** [1] vi [people] s'écarter [2] vt sep [+ person] prendre à part; [+ object] écarter

▶ **draw away** [1] vi **a** [person] s'éloigner, s'écarter (from de); [car etc] démarrer ◆ **to draw away from the kerb** s'éloigner du trottoir

b (= move ahead) [runner, racehorse etc] se détacher (from de)

[2] vt sep [+ person] éloigner, emmener; [+ object] retirer, ôter

▶ **draw back** [1] vi (= move backwards) (se) reculer, s'écarter (from de), faire un mouvement en arrière; (fig) se retirer, reculer (at, before, from devant)

[2] vt sep [+ person] faire reculer; [+ object, one's hand] retirer

[3] drawback n → **drawback**

▶ **draw down** vt sep [+ blind] baisser; (fig) [+ blame, ridicule] attirer (on sur)

▶ **draw in** [1] vi **a** (Aut) **to draw in by the kerb** (= pull over) se rapprocher du trottoir; (= stop) s'arrêter le long du trottoir

b (Brit) **the days** or **nights are drawing in** (= get shorter) les jours raccourcissent

[2] vt sep **a** [+ air] aspirer, respirer

b (= attract) [+ crowds] attirer ◆ **the play is drawing in huge returns** la pièce fait des recettes énormes ◆ **to draw sb in on a project** (fig) recruter qn pour un projet

c (= pull in) rentrer; [+ reins] tirer sur ◆ **to draw in one's claws** (gen, also fig) rentrer ses griffes; [cat] faire patte de velours; → **horn**

▶ **draw off** [1] vi [army, troops] se retirer

[2] vt sep **a** [+ gloves, garment] retirer, enlever

b [+ beer etc] (from keg) tirer; (Med) [+ blood] prendre

▶ **draw on** [1] vi [time] avancer

[2] vt sep **a** [+ stockings, gloves, garment] enfiler; [+ shoes] mettre

b (fig = encourage) [+ person] entraîner, encourager

[3] vt fus **a** ⇒ **draw upon**

b he drew on his cigarette il a tiré sur sa cigarette

▶ **draw out** [1] vi (= become longer) ◆ **the days are drawing out** les jours rallongent

[2] vt sep **a** (= bring out, remove) [+ handkerchief, purse] sortir, tirer (from de); [+ money] (from bank etc) retirer (from à, de); [+ secret, plan] soutirer (from à); (fig) [+ person] faire parler ◆ **he's shy, try and draw him out (of his shell)** il est timide, essayez de le faire sortir de sa coquille

b (= stretch, extend) [+ wire] étirer ; (fig) [+ speech, meeting] prolonger ; [+ meal] prolonger

▶ **draw up** 1 vi (= stop) [car etc] s'arrêter, stopper

2 vt sep **a** [+ chair] approcher ; [+ troops] aligner, ranger ; [+ boat] tirer à sec ◆ **to draw o.s. up (to one's full height)** se dresser de toute sa hauteur

b (= formulate, set out) [+ inventory] dresser ; [+ list, contract, agreement] dresser, rédiger ; [+ plan, scheme] formuler, établir ; (Fin) [+ bill] établir, dresser

▶ **draw upon** vt fus ◆ **to draw upon one's savings** prendre or tirer sur ses économies ◆ **to draw upon one's imagination** faire appel à son imagination

drawback ['drɔːbæk] → SYN **n a** (= disadvantage) inconvénient m, désavantage m (*to* à)

b (Tax = refund) drawback m

drawbridge ['drɔːbrɪdʒ] n pont-levis m, pont m basculant or à bascule

drawee [drɔːˈiː] n (Fin) tiré m

drawer[1] [drɔːr] n [of furniture] tiroir m ; → **bottom, chest**[1]

drawer[2] [drɔːər] n **a** [of cheque etc] tireur m

b (Art) [of pictures] dessinateur m, -trice f

drawers † [drɔːz] npl [of men] caleçon m ; [of women] culotte f, pantalon(s) † m(pl)

drawing ['drɔːɪŋ] → SYN 1 n **a** (Art) dessin m ◆ **a pencil drawing** un dessin au crayon ◆ **a chalk drawing** un pastel ◆ **rough drawing** esquisse f

b (NonC = extending, tapering) [of metals] étirage m

2 COMP ▷ **drawing account** n (US) compte m courant ▷ **drawing board** n planche f à dessin ◆ **the scheme is still on the drawing board** le projet est encore à l'étude ◆ **back to the drawing board!** retour à la case départ ! ▷ **drawing office** n (Brit) bureau m de dessin industriel ▷ **drawing paper** n (Art) papier m à dessin ▷ **drawing pen** n (Art) tire-ligne m ▷ **drawing pin** n (Brit) punaise f ▷ **drawing room** n salon m ; (larger) salle f or salon m de réception

drawknife ['drɔːnaɪf] n, pl **drawknives** ['drɔːnaɪvz] plane f

drawl [drɔːl] → SYN 1 vi parler d'une voix traînante

2 vt dire or prononcer d'une voix traînante

3 n voix f traînante ◆ **with a Southern/an aristocratic drawl** avec la voix traînante des gens du Sud des États-Unis/des aristocrates ◆ **... he said with a drawl** ... dit-il d'une voix traînante

drawn [drɔːn] → SYN 1 vb (ptp of **draw**) see also **long**

2 adj **a** curtains, blinds tiré

b (= unsheathed) sword, dagger dégainé ◆ **pictures of dragoons charging with drawn sword** des images de dragons chargeant sabre au clair ◆ **the police waited with drawn truncheons** or **with truncheons drawn** les policiers attendaient, matraque en main ; → **dagger**

c (= haggard) features tiré ; person, face aux traits tirés ◆ **to look drawn** avoir les traits tirés ◆ **face drawn with pain** visage m crispé par la douleur

d (Sport = equal) match nul

3 COMP ▷ **drawn butter** n (Culin) beurre m fondu ▷ **drawn-thread work, drawn work** n (Sewing) ouvrage m à fils tirés or à jour(s)

drawstring ['drɔːstrɪŋ] n cordon m

dray [dreɪ] n [of brewer] haquet m ; [of wood, stones] fardier m ; [of quarry work] binard m

dread [dred] → SYN 1 vt redouter, appréhender ◆ **to dread doing sth** redouter de faire qch ◆ **to dread that ...** redouter que ... ne (+ subj) ◆ **I dread to think what goes on in schools these days** je n'ose pas imaginer ce qui se passe dans les écoles de nos jours ◆ **the dreaded Mrs Mitch** la redoutable Mme Mitch ◆ **the dreaded exam/medicine** (hum) l'examen/le médicament tant redouté (hum)

2 n terreur f, effroi m ◆ **in dread of doing sth** dans la crainte de faire qch ◆ **to be** or **stand in dread of sth** redouter qch, vivre dans la crainte de qch

3 adj (liter) redoutable, terrible

dreadful ['dredfʊl] → SYN adj **a** (= horrible, appalling) crime, sight, suffering affreux, atroce ; disease affreux, horrible ; weapon redoutable ◆ **a dreadful mistake** une erreur terrible ◆ **a dreadful waste** un gaspillage épouvantable ◆ **he's a dreadful coward!** qu'est-ce qu'il peut être lâche ! ◆ **what a dreadful thing to happen!** quelle horreur !

b (= bad) person, place, moment, situation, weather conditions affreux ; food épouvantable ; film, book, play etc lamentable ; child insupportable ◆ **you look dreadful!** (= ill, tired) tu n'as pas l'air bien du tout ! ◆ **you look dreadful (in that hat/with that haircut)!** (= unattractive) tu es vraiment moche (avec ce chapeau/avec cette coupe de cheveux) ! ◆ **I feel dreadful!** (= ill) je ne me sens pas bien du tout ! ◆ **I feel dreadful (about it)!** (= guilty) je m'en veux ! ◆ **I feel dreadful about John/about what has happened** je m'en veux de ce qui est arrivé à John/de ce qui s'est passé ; → **penny**

dreadfully ['dredfəlɪ] adv **a** (= badly) behave, treat sb de façon abominable ; suffer affreusement, atrocement ◆ **I miss him dreadfully** il me manque terriblement ◆ **I had a feeling that something was dreadfully wrong** j'ai senti que quelque chose de terrible venait de se passer

b (* = very) boring, late etc affreusement ◆ **I'm dreadfully sorry** je suis terriblement désolé

dreadlocks ['dredˌlɒks] npl dreadlocks fpl

dreadnought ['drednɔːt] n (Naut) cuirassé m (d'escadre)

dream [driːm] LANGUAGE IN USE 8.4 → SYN vb : pret, ptp **dreamed** or **dreamt**

1 n **a** rêve m ◆ **to have a dream about sb/sth** rêver de qn/qch ◆ **I've had a bad dream** j'ai fait un mauvais rêve or un cauchemar ◆ **the whole business was (like) a bad dream** c'était un vrai cauchemar ◆ **sweet dreams!** fais de beaux rêves ! ◆ **to see sth in a dream** voir qch en rêve ◆ **life is but a dream** la vie n'est qu'un songe

b (when awake) **to be in a dream** * (= not paying attention) être dans les nuages ou la lune ; (= daydreaming) rêvasser

c (= fantasy) rêve m ◆ **the man/woman/house of my dreams** l'homme/la femme/la maison de mes rêves ◆ **my dream is to have a house in the country** mon rêve serait d'avoir une maison à la campagne ◆ **his fondest dream was to see her again** son vœu le plus cher était de la revoir ◆ **to have dreams of doing sth** rêver de faire qch ◆ **it was like a dream come true** c'était le rêve ◆ **to make a dream come true for sb** réaliser le rêve de qn ◆ **in your dreams!** * tu peux toujours rêver ! * ◆ **all his dreams came true** tous ses rêves se sont réalisés ◆ **idle dreams** rêvasseries fpl ◆ **rich beyond his wildest dreams** plus riche que dans ses rêves les plus fous ◆ **she achieved success beyond her wildest dreams** son succès a dépassé ses espoirs les plus fous ◆ **never in my wildest dreams would I have thought that ...** jamais, même dans mes rêves les plus fous, je n'aurais imaginé que ... ◆ **everything went like a dream** * tout est allé comme sur des roulettes *

d * (= lovely person) amour * m ; (= lovely thing) merveille f ◆ **isn't he a dream?** n'est-ce pas qu'il est adorable or que c'est un amour ? ◆ **a dream of a dress** une robe de rêve

2 adj ◆ **a dream house** une maison de rêve ◆ **his dream house** la maison de ses rêves

3 vi **a** (in sleep) rêver ◆ **to dream about** or **of sb/sth** rêver de qn/qch ◆ **to dream about** or **of doing sth** rêver qu'on a fait qch ◆ **dream on!** * tu peux toujours rêver ! *

b (when awake) rêvasser, être dans les nuages ou la lune

c (= imagine, envisage) songer (*of* à), avoir l'idée (*of* de) ◆ **I should never have dreamt of doing such a thing** je n'aurais jamais songé à or eu l'idée de faire une chose pareille ◆ **I wouldn't dream of telling her!** jamais il ne me viendrait à l'idée de lui dire cela ! ◆ **will you come? – I wouldn't dream of it!** vous allez venir ? – jamais de la vie ou pas question !

◆ **I wouldn't dream of making fun of you** il ne me viendrait jamais à l'idée de me moquer de vous

4 vt **a** (in sleep) rêver, voir en rêve ◆ **to dream a dream** faire un rêve ◆ **I dreamt that she came** j'ai rêvé qu'elle venait ◆ **you must have dreamt it!** vous avez dû (le) rêver !

b (= imagine) imaginer ◆ **if I had dreamt you would do that ...** si j'avais pu imaginer un instant que tu ferais cela ... ◆ **I didn't dream he would come!** je n'ai jamais songé or imaginé un instant qu'il viendrait !

5 COMP ▷ **dream team** n équipe f de rêve ▷ **dream ticket** * n (esp Pol) équipe f de rêve ▷ **dream world** n (ideal) monde m utopique ; (imagination) monde m imaginaire ◆ **he lives in a dream world** il est complètement détaché des réalités

▶ **dream away** vt sep [+ time] perdre en rêveries ◆ **to dream one's life away** passer sa vie à rêvasser

▶ **dream up** * vt sep [+ idea] imaginer, concevoir ◆ **where did you dream that up?** où est-ce que vous êtes allé pêcher cela ? *

dreamboat * ['driːmbəʊt] n ◆ **he's a dreamboat** il est beau comme un dieu

dreamer ['driːmər] → SYN n **a** (lit) rêveur m, -euse f

b (fig) rêveur m, -euse f, songe-creux m inv ; (politically) utopiste mf

dreamily ['driːmɪlɪ] adv say d'un ton rêveur ; smile, sigh, look d'un air rêveur

dreamland ['driːmlænd] → SYN n pays m des rêves or des songes ; (= beautiful place) pays m de rêve

dreamless ['driːmlɪs] adj sans rêves

dreamlike ['driːmlaɪk] adj onirique

dreamt [dremt] vb (pt, ptp of **dream**)

dreamtime ['driːmtaɪm] n (Austral) temps m du rêve

dreamy ['driːmɪ] → SYN adj **a** (= relaxed, otherworldly) smile, look, expression rêveur ; voice, music doux (douce f), qui fait rêver

b (* pej = impractical, idealistic) rêveur, dans la lune or les nuages

c (* = wonderful) house, car, dress de rêve ◆ **he's dreamy!** il est tellement séduisant !

drearily ['drɪərɪlɪ] adv speak d'un ton morne ; dress de façon terne ◆ **it was a drearily familiar scenario** c'était un scénario trop connu

dreariness ['drɪərɪnɪs] n [of surroundings, life] grisaille f, monotonie f ; [of weather] grisaille f

dreary ['drɪərɪ] → SYN adj place, landscape morne ; job, work, life monotone ; day, person ennuyeux ; weather maussade

dredge[1] [dredʒ] 1 n (= net, vessel) drague f

2 vt [+ river, mud] draguer

3 vi draguer

▶ **dredge up** vt sep **a** (lit) draguer

b (fig) [+ unpleasant facts] déterrer, ressortir

dredge[2] [dredʒ] vt (Culin) saupoudrer (*with* de ; *on to, over* sur)

dredger[1] ['dredʒər] n (Naut) (= ship) dragueur m ; (= machine) drague f

dredger[2] ['dredʒər] n (Culin) saupoudreuse f, saupoudroir m

dredging[1] ['dredʒɪŋ] n (Naut) dragage m

dredging[2] ['dredʒɪŋ] n (Culin) saupoudrage m

dregs [dregz] → SYN npl (lit, fig) lie f ◆ **the dregs of society** la lie de la société

dreich [driːx] adj (Scot) lugubre

drench [drentʃ] → SYN 1 vt **a** tremper ◆ **to get drenched to the skin** se faire tremper jusqu'aux os, se faire saucer * ; → **sun**

b (Vet) administrer or faire avaler un médicament à

2 n (Vet) (dose f de) médicament m (*pour un animal*)

drenching ['drentʃɪŋ] 1 n ◆ **to get a drenching** se faire tremper or saucer *

2 adj ◆ **drenching rain** pluie f battante or diluvienne

Dresden ['drezdən] n **a** (Geog) Dresde f

b (also **Dresden china**) porcelaine f de Saxe, saxe m ◆ **a piece of Dresden** un saxe

dress [drɛs] → SYN 1 n a robe f ◆ **a long/silk/summer dress** une robe longue/de soie/d'été ; → **cocktail, wedding**

 b (NonC = clothing, way of dressing) tenue f ◆ **articles of dress** vêtements mpl ◆ **in eastern/traditional dress** en tenue orientale/traditionnelle ◆ **to be careless in one's dress** avoir une tenue négligée ◆ **he's always very careful in his dress** il s'habille toujours avec beaucoup de recherche, il est toujours élégamment vêtu ; → **evening, full, national**

 2 vt a (= clothe) [+ child, family, recruits, customer] habiller ◆ **to get dressed** s'habiller ◆ **he's old enough to dress himself** [child] il est assez grand pour s'habiller tout seul ; see also **dressed**

 b (Theat) [+ play] costumer

 c (= arrange, decorate) [+ gown] parer, orner ; (Naut) [+ ship] pavoiser ◆ **to dress a shop window** faire la vitrine ◆ **to dress sb's hair** coiffer qn

 d (Culin) [+ salad] assaisonner ; [+ chicken, crab, game] préparer

 e [+ skins] préparer, apprêter ; [+ material] apprêter ; [+ leather] corroyer ; [+ timber] dégrossir ; [+ stone] tailler, dresser

 f (Agr) [+ field] façonner

 g [+ troops] aligner

 h [+ wound] panser ◆ **to dress sb's wound** panser la blessure de qn

 3 vi s'habiller ◆ **to dress in black** s'habiller en noir ◆ **to dress in jeans** porter des jeans ◆ **to dress as a man** s'habiller en homme ◆ **she dresses very well** elle s'habille avec goût ◆ **to dress for dinner** se mettre en tenue de soirée ; see also **dressed**

 b [soldiers] s'aligner ◆ **right dress!** à droite, alignement !

 4 COMP ▷ **dress circle** n (Theat) premier balcon m, corbeille f ▷ **dress coat** n habit m, queue-de-pie f ▷ **dress code** n code m vestimentaire ▷ **dress designer** n couturier m ▷ **dress length** n (of material) hauteur f (de robe) ▷ **dress parade** n (US Mil) défilé m en grande tenue ▷ **dress rehearsal** n (Theat) (répétition f) générale f ; (fig) répétition f générale ▷ **dress sense** n **he has no dress sense at all** il ne sait absolument pas s'habiller ◆ **her dress sense is appalling** elle s'habille d'une façon épouvantable ▷ **dress shield** n dessous-de-bras m ▷ **dress shirt** n chemise f de soirée ▷ **dress shoes** npl chaussures fpl habillées ▷ **dress suit** n habit m or tenue f de soirée or de cérémonie ▷ **dress uniform** n (Mil) tenue f de cérémonie ; see also **dressed**

▶ **dress down** 1 vt sep a (* = scold) passer un savon à *

 b [+ horse] panser

 2 vi (Brit) s'habiller décontracté

 3 **dressing-down** * n → **dressing**

▶ **dress up** 1 vi a (= put on smart clothes) se mettre sur son trente et un, s'habiller ◆ **there's no need to dress up** * il n'y a pas besoin de se mettre sur son trente et un ; see also **dressed**

 b (= put on fancy dress) se déguiser ◆ **to dress up as ...** se déguiser or se costumer en ... ◆ **the children love dressing up** les enfants adorent se déguiser

 2 vt sep a (= disguise) déguiser (as en)

 b **it dresses up the skirt** cela rend la jupe plus habillée

dressage ['drɛsɑːʒ] n dressage m

dressed [drɛst] 1 adj habillé ◆ **casually dressed** habillé de façon décontractée ◆ **fully dressed** entièrement habillé ◆ **smartly dressed** vêtu avec élégance, élégamment vêtu ◆ **well-dressed** bien habillé ◆ **dressed in a suit/in white** vêtu d'un costume/de blanc ◆ **to be dressed for the country/for town/for jogging/for gardening** être habillé pour la campagne/pour la ville/pour faire du jogging/pour jardiner ◆ **dressed as a man/a cowboy/an astronaut** etc habillé en homme/cow-boy/astronaute etc ◆ **to be dressed up to the nines** (Brit), **to be all dressed up** ◆ être sur son trente et un ◆ **all dressed up and nowhere to go** * (hum) fringué(e) * comme un prince (or une princesse) et tout ça pour rien ◆ **she was dressed to kill** * elle était superbement habillée, prête à faire des ravages ; see also **dress 3a**

 2 COMP ▷ **dressed crab** n crabe m tout préparé

dresser[1] ['drɛsəʳ] n a (Theat) habilleur m, -euse f ; (Comm: also **window dresser**) étalagiste mf

 b **she's a stylish dresser** elle s'habille avec chic ; → **hairdresser**

 c (= tool) (for wood) raboteuse f ; (for stone) rabotin m

dresser[2] ['drɛsəʳ] n a (= furniture) buffet m, vaisselier m

 b (US) ⇒ **dressing table** ; → **dressing**

dressing ['drɛsɪŋ] 1 n a (= providing with clothes) habillement m ◆ **dressing always takes me a long time** je mets beaucoup de temps à m'habiller ; → **hairdressing**

 b (Med) pansement m

 c (Culin) (= presentation) présentation f ; (= seasoning) assaisonnement m, sauce f ; (= stuffing) farce f ◆ **oil and vinegar dressing** vinaigrette f ; → **salad**

 d (= manure) engrais m, fumages mpl

 e (for material, leather) apprêt m

 f (Constr) parement m

 2 COMP ▷ **dressing case** n nécessaire m de toilette, trousse f de toilette or de voyage ▷ **dressing-down** * n **to give sb a dressing-down** passer un savon à qn * ◆ **to get a dressing-down** recevoir or se faire passer un savon *, se faire enguirlander * ▷ **dressing gown** n (Brit) robe f de chambre ; (made of towelling) peignoir m ; (= negligée) déshabillé m ▷ **dressing room** n (in house) dressing(-room) m ; (Theat) loge f ; (US: in shop) cabine f d'essayage ▷ **dressing station** n (Mil) poste m de secours ▷ **dressing table** n coiffeuse f ▷ **dressing table set** n accessoires mpl pour coiffeuse ▷ **dressing-up** n déguisement m

dressmaker ['drɛsmeɪkəʳ] → SYN n couturière f

dressmaking ['drɛsmeɪkɪŋ] n couture f

dressy * ['drɛsɪ] adj chic

drew [druː] vb (pt of **draw**)

drey [dreɪ] n nid m (d'écureuil)

dribble ['drɪbl] → SYN 1 vi a [liquid] tomber goutte à goutte, couler lentement ; [baby] baver ◆ **to dribble back/in** etc [people] revenir/entrer etc par petits groupes ou un par un

 b (Sport) dribbler

 2 vt a (Sport) [+ ball] dribbler

 b **he dribbled his milk all down his chin** son lait lui dégoulinait le long du menton

 3 n a [of water] petite goutte f

 b (Sport) dribble m

dribbler ['drɪbləʳ] n (Sport) dribbleur m

driblet ['drɪblɪt] n [of liquid] gouttelette f ◆ **in driblets** (lit) goutte à goutte ; (fig) au compte-gouttes

dribs and drabs ['drɪbzən'dræbz] npl petites quantités fpl ◆ **in dribs and drabs** (gen) petit à petit, peu à peu ; arrive en or par petits groupes ; pay, give au compte-gouttes

dried [draɪd] 1 vb (pt, ptp of **dry**)

 2 adj flowers, mushrooms, onions, tomatoes séché ; beans sec (sèche f) ; eggs, milk, yeast en poudre ◆ **dried fruit** fruits mpl secs

 3 COMP ▷ **dried out** * adj alcoholic désintoxiqué ▷ **dried-up** adj (= dry) food ratatiné ; river-bed, stream, oasis desséché ; well, spring tari ; (= wizened) person ratatiné ◆ **a little dried-up old man** un petit vieillard ratatiné

drier ['draɪəʳ] n ⇒ **dryer**

drift [drɪft] → SYN 1 vi a (on sea, river etc) aller à la dérive, dériver ; (in wind/current) être poussé or emporté (par le vent/le courant) ; (Aviat) dériver ; [snow, sand etc] s'amonceler, s'entasser ; [sounds] se faire entendre ◆ **to drift downstream** descendre la rivière emporté par le courant ◆ **to drift away/out/back** etc [person] partir/sortir/revenir etc d'une allure nonchalante ◆ **he was drifting aimlessly about** il flânait (sans but), il déambulait

 b (fig) [person] se laisser aller, aller à la dérive ; [events] tendre (towards vers) ◆ **to let things drift** laisser les choses aller à la dérive ou à vau-l'eau ◆ **he drifted into marriage** il s'est retrouvé marié ◆ **to drift into crime** sombrer peu à peu dans la délinquance ◆ **to drift from job to job** aller d'un travail à un autre ◆ **the nation was drifting towards a crisis** le pays allait vers la crise

 c (Rad) se décaler

 2 n a (NonC = driving movement or force) mouvement m, force f ; [of air, water current] poussée f ◆ **the drift of the current** (= speed) la vitesse du courant ; (= direction) le sens or la direction du courant ◆ **carried north by the drift of the current** emporté vers le nord par le courant ◆ **the drift towards the cities** le mouvement vers les villes ◆ **the drift of events** (fig) le cours or la tournure des événements

 b (= mass) [of clouds] traînée f ; [of dust] nuage m ; [of falling snow] rafale f ; [of fallen snow] congère f, amoncellement m ; [of sand, leaves] amoncellement m ; (Geol = deposits) apports mpl

 c (NonC) (= act of drifting) [of ships, aircraft] dérive f, dérivation f ; [of projectile] déviation f, dérivation f ; (= deviation from course) dérive f ; (Ling) évolution f (de la langue) ◆ **continental drift** dérive f des continents

 d (* = general meaning) **to get** or **catch** or **follow sb's drift** comprendre où qn veut en venir, comprendre le sens général des paroles de qn ◆ **(you) get my drift?** tu as pigé ? *, tu vois ce que je veux dire ?

 e (Min) galerie f

 3 COMP ▷ **drift anchor** n ancre f flottante ▷ **drift ice, drifting ice** n glaces fpl flottantes ▷ **drift net** n filet m dérivant, traîne f

▶ **drift apart** vi (fig) s'éloigner l'un de l'autre

▶ **drift off** vi (fig = fall asleep) se laisser gagner par le sommeil

drifter ['drɪftəʳ] n a (= boat) chalutier m, drifter m

 b (= person) personne f qui se laisse aller or qui n'a pas de but dans la vie ◆ **he's a bit of a drifter** il manque un peu de stabilité

driftwood ['drɪftwʊd] n bois m flotté

drill[1] [drɪl] → SYN 1 n (for metal, wood) foret m, mèche f ; (for oil well) trépan m ; (for DIY) perceuse f ; (Min) perforatrice f, foreuse f ; (for roads) marteau-piqueur m ; [of dentist] roulette f, fraise f (de dentiste) ◆ **electric (hand) drill** perceuse f électrique ; → **pneumatic**

 2 vt [+ wood, metal] forer, percer ; [+ tooth] fraiser ◆ **to drill an oil well** forer un puits de pétrole

 3 vi forer, effectuer des forages (for pour trouver)

drill[2] [drɪl] → SYN 1 n (NonC) (esp Mil = exercises etc) exercice(s) m(pl), manœuvre(s) f(pl) ; (in grammar etc) exercices m ◆ **what's the drill?** * (fig) quelle est la marche à suivre ? ◆ **he doesn't know the drill** * il ne connaît pas la marche à suivre

 2 vt [+ soldiers] faire faire l'exercice à ◆ **these troops are well-drilled** ces troupes sont bien entraînées ◆ **to drill pupils in grammar** faire faire des exercices de grammaire à des élèves ◆ **to drill good manners into a child** inculquer les bonnes manières à un enfant ◆ **I drilled it into him that he must not ...** je lui ai bien enfoncé dans la tête qu'il ne doit pas...

 3 vi (Mil) faire l'exercice, être à l'exercice

 4 COMP ▷ **drill sergeant** n (Mil) sergent m instructeur

drill[3] [drɪl] (Agr) 1 n (= furrow) sillon m ; (= machine) drill m, semoir m

 2 vt [+ seeds] semer en sillons ; [+ field] tracer des sillons dans

drill[4] [drɪl] n (Tex) coutil m, treillis m

drilling[1] ['drɪlɪŋ] 1 n (NonC) [of metal, wood] forage m, perçage m ; (by dentist) fraisage m ◆ **drilling for oil** forage m (pétrolier)

 2 COMP ▷ **drilling fluid** n (Min) fluide m de forage ▷ **drilling platform** n plateforme f de forage ▷ **drilling rig** n derrick m ; (at sea) plateforme f ▷ **drilling ship** n navire m de forage

drilling[2] ['drɪlɪŋ] n (Mil) exercices mpl, manœuvres fpl

drillion * ['drɪljən] n (US) ◆ **a drillion dollars** des tonnes de dollars, des milliards et des milliards de dollars

drillmaster ['drɪl,mɑːstəʳ] n (Mil) sergent m instructeur

drily ['draɪlɪ] adv a (= with dry humour) say, observe d'un air or ton pince-sans-rire
b (= unemotionally) flegmatiquement

drink [drɪŋk] → SYN vb : pret **drank**, ptp **drunk** 1 n a (= liquid to drink) boisson f ◆ **have you got drinks for the children?** est-ce que tu as des boissons pour les enfants ? ◆ **there's food and drink in the kitchen** il y a de quoi boire et manger à la cuisine ◆ **may I have a drink?** est-ce que je pourrais boire quelque chose ? ◆ **to give sb a drink** donner à boire à qn ◆ **he's a big drink of water** * quelle (grande) asperge ! *
b (= glass of alcoholic drink) verre m ; (before meal) apéritif m ; (after meal) digestif m ◆ **have a drink!** tu prendras bien un verre ? ◆ **let's have a drink** allons prendre or boire un verre ◆ **let's have a drink on it** allons boire un verre pour fêter ça ◆ **I need a drink!** j'ai besoin de boire un verre ! ◆ **he likes a drink** il aime bien boire un verre ◆ **to ask friends in for drinks** inviter des amis à venir prendre un verre ◆ **to stand sb a drink** offrir un verre à qn, offrir à boire à qn ◆ **to stand a round of drinks, to stand drinks all round** payer une tournée générale ◆ **he had a drink in him** * il avait un coup dans le nez * ; → **short, soft, strong**
c (NonC = alcoholic liquor) la boisson, l'alcool m ◆ **to be under the influence of drink** être en état d'ébriété ◆ **to be the worse for drink** avoir un coup dans le nez * ◆ **to take to drink** se mettre à boire ◆ **to smell of drink** sentir l'alcool ◆ **his worries drove him to drink** ses soucis l'ont poussé à boire or l'ont fait sombrer dans la boisson ◆ **it's enough to drive you to drink!** ça vous donne envie de boire pour oublier ! ; → **demon**
d (‡ = sea) baille ‡ f ◆ **to be in the drink** être à la baille ‡
2 vt [+ wine, coffee] boire, prendre ; [+ soup] manger ◆ **would you like something to drink?** voulez-vous boire quelque chose ? ◆ **give me something to drink** donnez-moi (quelque chose) à boire ◆ **is the water fit to drink?** est-ce que l'eau est potable ? ◆ **this coffee isn't fit to drink** ce café n'est pas buvable ◆ **to drink sb's health** boire à la santé de qn ◆ **this wine should be drunk at room temperature** ce vin se boit chambré ◆ **he drinks all his wages** il boit tout ce qu'il gagne ◆ **to drink sb under the table** faire rouler qn sous la table ◆ **to drink o.s. senseless** boire jusqu'à ne plus tenir debout ; → **death, toast**
3 vi boire ◆ **he doesn't drink** il ne boit pas ◆ **his father drank** son père buvait ◆ **to drink from the bottle** boire à (même) la bouteille ◆ **to drink out of a glass** boire dans un verre ◆ **"don't drink and drive"** (on notice) "boire ou conduire, il faut choisir" ◆ **to drink like a fish** * boire comme un trou * ◆ **to drink to sb/to sb's success** boire à or porter un toast à qn/au succès de qn
4 COMP ▷ **drink driver** n (Brit) conducteur m, -trice f en état d'ébriété or d'ivresse ▷ **drink-driving** n (Brit) conduite f en état d'ébriété or d'ivresse ▷ **drink-driving campaign** n (Brit) campagne f contre l'alcool au volant ▷ **drink problem** n **the drink problem** le problème de l'alcoolisme ◆ **to have a drink problem** trop boire

► **drink away** vt sep [+ fortune] boire ; [+ sorrows] noyer (dans l'alcool)

► **drink down** vt sep avaler, boire d'un trait

► **drink in** vt sep [plants, soil] absorber, boire ; (fig) [+ story] avaler * ◆ **he drank in the fresh air** il a respiré or humé l'air frais ◆ **the children were drinking it all in** les enfants n'en perdaient pas une miette * or une goutte *

► **drink up** 1 vi boire, vider son verre ◆ **drink up!** finis or bois ton verre !
2 vt sep ◆ **to drink sth up** finir son verre (or sa tasse) de qch

drinkable ['drɪŋkəbl] adj (= not poisonous) water potable ; (= palatable) wine etc buvable

drinker ['drɪŋkə^r] → SYN n buveur m, -euse f ◆ **whisky drinker** buveur m, -euse f de whisky ◆ **he's a hard** or **heavy drinker** il boit beaucoup, il boit sec

drinking ['drɪŋkɪŋ] 1 n (fait m de) boire m ; (= drunkenness) boisson f ◆ **eating and drinking** manger et boire ◆ **he wasn't used to drinking** il n'avait pas l'habitude de boire ◆ **there was a lot of heavy drinking** on a beaucoup bu ◆ **his problem was drinking** son problème c'était qu'il buvait ◆ **his drinking caused his marriage to break up** son penchant pour la boisson est responsable de l'échec de son mariage ◆ **she left him because of his drinking** elle l'a quitté parce qu'il buvait ◆ **I don't object to drinking in moderation** je ne vois pas d'inconvénient à boire or à ce que l'on boive avec modération ◆ **drinking by the under-18s must be stopped** il faut empêcher les jeunes de moins de 18 ans de boire
2 COMP ▷ **drinking bout** n beuverie f ▷ **drinking chocolate** n chocolat m (en poudre) ▷ **drinking companion** n **one of his drinking companions** un de ses compagnons de beuverie ▷ **drinking fountain** n (in street) fontaine f publique ; (in office, toilets etc) jet m d'eau potable ▷ **drinking session** n ⇒ **drinking bout** ▷ **drinking song** n chanson f à boire ▷ **drinking spree** n ⇒ **drinking bout** ▷ **drinking straw** n paille f ▷ **drinking trough** n abreuvoir m, auge f ▷ **drinking-up time** n (Brit) *dernières minutes pour finir son verre avant la fermeture d'un pub* ▷ **drinking water** n eau f potable

drip [drɪp] → SYN 1 vi [water, sweat, rain] dégoutter, dégouliner ; [tap] couler, goutter ; [cheese, washing] s'égoutter ; [hair, trees etc] dégoutter, ruisseler (*with* de) ◆ **the rain was dripping down the wall** la pluie dégouttait or dégoulinait le long du mur ◆ **sweat was dripping from his brow** son front ruisselait de sueur ◆ **to be dripping with sweat** ruisseler de sueur, être en nage ◆ **his hands were dripping with blood** ses mains ruisselaient de sang ◆ **the walls were dripping (with water)** les murs suintaient ◆ **his voice was dripping with sarcasm** (liter) il avait un ton profondément sarcastique ; see also **dripping**
2 vt [+ liquid] faire tomber or laisser tomber goutte à goutte ; [+ washing, cheese] égoutter ◆ **you're dripping paint all over the place** tu mets de la peinture partout
3 n a (= sound) [of water, rain] bruit m de l'eau qui tombe goutte à goutte ; [of tap] bruit m d'un robinet qui goutte
b (= drop) goutte f
c (* fig = spineless person) lavette * f
d (Med) (= liquid) perfusion f ; (= device) goutte-à-goutte m inv ◆ **to put up a drip** mettre un goutte-à-goutte ◆ **to be on a drip** être sous perfusion ; → **intravenous**
e (Archit: also **dripstone**) larmier m
4 COMP ▷ **drip-dry** adj shirt qui ne nécessite aucun repassage ◇ vt (Comm: on label) ne pas repasser ▷ **drip-feed** vt (Med) alimenter par perfusion ▷ **drip mat** n dessous-de-verre m inv ▷ **drip pan** n (Culin) lèchefrite f

dripping ['drɪpɪŋ] 1 n a (Culin) graisse f (de rôti) ◆ **bread and dripping** tartine f à la graisse
b (= action) [of water etc] égouttement m
2 adj a (= leaking) tap, gutter qui goutte or coule
b (= soaking) person, hair, clothes, washing trempé ; tree ruisselant, qui dégoutte ◆ **he's dripping wet** * il est trempé jusqu'aux os ◆ **my coat is dripping wet** * mon manteau est trempé ; see also **drip**
3 COMP ▷ **dripping pan** n (Culin) lèchefrite f

drippy * ['drɪpɪ] adj person gnangnan * inv ; music, book cucul *

drivability [ˌdraɪvə'bɪlɪtɪ] n maniabilité f, manœuvrabilité f

drive [draɪv] → SYN vb : pret **drove**, ptp **driven** 1 n a (= car journey) promenade f or trajet m en voiture ◆ **to go for a drive** faire une promenade en voiture ◆ **it's about one hour's drive from London** c'est à environ une heure de voiture de Londres
b (= private road: into house, castle) allée f
c (Golf) drive m ; (Tennis) coup m droit, drive m
d (= energy) dynamisme m, énergie f ; (Psych) besoin m, instinct m ◆ **the sex drive** les pulsions fpl sexuelles ◆ **to have plenty of drive** avoir du dynamisme or de l'énergie ◆ **to lack drive** manquer de dynamisme or d'énergie
e (Pol, Comm) campagne f ; (Mil) poussée f ◆ **a drive to boost sales** une campagne de promotion des ventes ◆ **an output drive** un effort de production ◆ **a recruitment drive** une campagne de recrutement ◆ **the drive towards democracy** le mouvement en faveur de la démocratie ; → **export, whist**
f (Tech = power transmission) commande f, transmission f ; → **front, left, rear**
g (Comput) (for disk) unité f de disques ; (for tape) dérouleur m
2 vt a [+ cart, car, train] conduire ; [+ racing car] piloter ; [+ passenger] conduire, emmener (en voiture) ◆ **he drives a lorry/taxi** (for a living) il est camionneur/chauffeur de taxi ◆ **he drives a Peugeot** il a une Peugeot ◆ **he drives racing cars** il est pilote de course ◆ **to drive sb back/off** etc (in car) ramener/emmener etc qn en voiture ◆ **I'll drive you home** je vais vous ramener (en voiture), je vais vous reconduire chez vous ◆ **she drove me down to the coast** elle m'a conduit or emmené (en voiture) jusqu'à la côte ◆ **he drove his car straight at me** il s'est dirigé or il a dirigé sa voiture droit sur moi ◆ **measures that would drive a coach and horses through the reforms** (esp Brit) des mesures qui sonneraient le glas des réformes
b [+ people, animals] chasser or pousser (devant soi) ; (Hunting) [+ game] rabattre ; [+ clouds] charrier, chasser ; [+ leaves] chasser ◆ **to drive sb out of the country** chasser qn du pays ◆ **the dog drove the sheep into the farm** le chien a fait rentrer les moutons à la ferme ◆ **the gale drove the ship off course** la tempête a fait dériver le navire ◆ **the wind drove the rain against the windows** le vent rabattait la pluie contre les vitres ; → **corner**
c (= operate) [+ machine] [person] actionner, commander ; [steam etc] faire fonctionner ◆ **machine driven by electricity** machine fonctionnant à l'électricité
d [+ nail] enfoncer ; [+ stake] enfoncer, ficher ; [+ rivet] poser ; (Golf, Tennis) driver ; [+ tunnel] percer, creuser ; [+ well] forer, percer ◆ **to drive a nail home** enfoncer un clou à fond ◆ **to drive a point home** réussir à faire comprendre un argument ◆ **to drive sth into sb's head** enfoncer qch dans la tête de qn ◆ **to drive sth out of sb's head** faire sortir qch de la tête de qn ◆ **to drive a bargain** conclure un marché ◆ **to drive a hard bargain with sb** soutirer le maximum à qn ◆ **he drives a hard bargain** il ne fait pas de cadeau
e (fig) **to drive sb hard** surcharger qn de travail, surmener qn ◆ **to drive sb mad** rendre qn fou ◆ **to drive sb potty** * rendre qn dingue * ◆ **to drive sb to despair** réduire qn au désespoir ◆ **to drive sb to rebellion** pousser or inciter qn à la révolte ◆ **to drive sb to do** or **into doing sth** pousser qn à faire qch ◆ **I was driven to it** j'y ai été poussé malgré moi, j'y ai été contraint ; → **distraction**
3 vi a (= be the driver) conduire ; (= go by car) aller en voiture ◆ **to drive away/back** etc partir/revenir etc (en voiture) ◆ **she drove down to the shops** elle est allée faire des courses (en voiture) ◆ **can you drive?, do you drive?** savez-vous conduire ?, vous conduisez ? ◆ **to drive at 50km/h** rouler à 50 km/h ◆ **to drive on the right** rouler à droite ◆ **did you come by train? – no, we drove** êtes-vous venus en train ? – non, (nous sommes venus) en voiture ◆ **we have been driving all day** nous avons roulé toute la journée ◆ **she was about to drive under the bridge** elle s'apprêtait à s'engager sous le pont
b **the rain was driving in our faces** la pluie nous fouettait le visage
4 COMP ▷ **drive-by shooting** n *coups de feu tirés d'une voiture en marche* ▷ **drive-in** adj, n drive-in m inv ◆ **drive-in cinema** ciné-parc m, drive-in m inv ▷ **drive-thru, drive-through** (Brit) n drive-in m inv ◇ adj store, restaurant drive-in inv, où l'on est servi dans sa voiture ◆ **the drive-thru business** le secteur des drive-in ▷ **drive-time** n (Rad) heure f de pointe ▷ **drive-up window** n (US) guichet m pour automobilistes

► **drive along** 1 vi [vehicle] rouler, circuler ; [person] rouler
2 vt sep [wind, current] chasser, pousser

► **drive at** vt fus (fig = intend, mean) en venir à, vouloir dire ◆ **what are you driving at?** où voulez-vous en venir ?, que voulez-vous dire ?

► **drive away** 1 vi [car] démarrer ; [person] s'en aller or partir en voiture

driveability / drop

2 vt sep (lit, fig) [+ person, suspicions, cares] chasser

▶ **drive back** **1** vi [car] revenir ; [person] rentrer en voiture

2 vt sep **a** (= cause to retreat: Mil etc) repousser, refouler ◆ **the storm drove him back** la tempête lui a fait rebrousser chemin

b (= convey back) ramener or reconduire (en voiture)

▶ **drive in** **1** vi [car] entrer ; [person] entrer (en voiture)

2 vt sep [+ nail] enfoncer ; [+ screw] visser

3 drive-in adj, n → **drive**

▶ **drive off** **1** vi **a** ⇒ drive away 1

b (Golf) driver

2 vt sep ⇒ drive away 2

3 vt fus [+ ferry] débarquer de

▶ **drive on** **1** vi [person, car] poursuivre sa route ; (after stopping) reprendre sa route, repartir

2 vt sep (= incite, encourage) pousser (to à ; to do sth, to doing sth à faire qch)

▶ **drive on to** vt fus [+ ferry] embarquer sur

▶ **drive out** **1** vi [car] sortir ; [person] sortir (en voiture)

2 vt sep [+ person] faire sortir, chasser ; [+ thoughts, desires] chasser

▶ **drive over** **1** vi venir or aller en voiture ◆ **we drove over in two hours** nous avons fait le trajet en deux heures

2 vt sep (= convey) conduire en voiture

3 vt fus (= crush) écraser

▶ **drive up** **1** vi [car] arriver ; [person] arriver (en voiture)

2 vt fus ◆ **the car drove up the road** la voiture a remonté la rue

driveability [ˌdraɪvəˈbɪlɪtɪ] n ⇒ **drivability**

drivel* [ˈdrɪvl] → SYN **1** n (NonC) bêtises fpl, imbécillités fpl ◆ **what (utter) drivel!** quelles bêtises or imbécillités !

2 vi radoter ◆ **he's a drivelling idiot** il dit n'importe quoi ◆ **what's he drivelling (on) about?** qu'est-ce qu'il radote ?*

driveline [ˈdraɪvlaɪn] n (Aut) transmission f

driven [ˈdrɪvn] vb (ptp of **drive**)

-driven [ˈdrɪvn] adj (in compounds) fonctionnant à ◆ **chauffeur-driven** conduit par un chauffeur ◆ **electricity-driven** fonctionnant à l'électricité ◆ **steam-driven** à vapeur

driver [ˈdraɪvəʳ] **1** n **a** [of car] conducteur m, -trice f ; [of taxi, truck, bus] chauffeur m, conducteur m, -trice f ; [of racing car] pilote m ; (Brit) [of train] mécanicien m, conducteur m, -trice f ; [of cart] charretier m ; (Sport: in horse race etc) driver m ◆ **car drivers** les automobilistes mpl ◆ **to be a good driver** bien conduire ◆ **he's a very careful driver** il conduit très prudemment ; → **back, lorry, racing**

b [of animals] conducteur m, -trice f ; → **slave**

c (= golf club) driver m

2 COMP ▷ **driver education** n (US Scol) cours mpl de conduite automobile (dans les lycées) ▷ **driver's license** n (US) ⇒ **driving licence** ▷ **driver's seat** n ⇒ **driving seat**

driveshaft [ˈdraɪvʃɑːft] n (Aut etc) arbre m de transmission

drivetrain [ˈdraɪvtreɪn] n ⇒ **driveline**

driveway [ˈdraɪvweɪ] n ⇒ **drive 1b**

driving [ˈdraɪvɪŋ] → SYN **1** n conduite f ◆ **his driving is awful** il conduit très mal ◆ **bad driving** conduite f imprudente or maladroite ◆ **driving is his hobby** conduire est sa distraction favorite

2 adj **a** necessity impérieux, pressant ; ambition sans bornes, démesurée ◆ **the driving force behind the reforms** le moteur des réformes

b driving rain pluie f battante

3 COMP ▷ **driving belt** n courroie f de transmission ▷ **driving instructor** n moniteur m, -trice f d'auto-école ▷ **driving lesson** n leçon f de conduite ▷ **driving licence** n (Brit) permis m de conduire ▷ **driving mirror** n rétroviseur m ▷ **driving range** n (Golf) practice m ▷ **driving school** n auto-école f ▷ **driving seat** n place f du conducteur ◆ **to be in the driving seat** (lit) être

au volant ; (fig) être aux commandes, diriger les opérations ▷ **driving test** n examen m du permis de conduire ◆ **to pass one's driving test** avoir son permis (de conduire) ◆ **to fail one's driving test** rater son permis (de conduire) ▷ **driving wheel** n (Tech) roue f motrice

---

DRIVING LICENCE, DRIVER'S LICENSE

En Grande-Bretagne, le permis de conduire (**driving licence**) s'obtient en deux étapes, les apprentis conducteurs n'ayant pendant un certain temps qu'un permis provisoire ("provisional licence"). Le permis ne comporte pas la photographie du titulaire, et il n'est pas obligatoire de l'avoir sur soi (mais il faut pouvoir le présenter au commissariat dans les sept jours qui suivent une interpellation).

Aux États-Unis, l'âge d'obtention du permis (**driver's license**) varie suivant les États de quinze à vingt et un ans. Les apprentis conducteurs ou les adolescents peuvent obtenir un permis spécial ("learner's license" ou "junior's license") qui n'est valable que pour certains trajets précis, celui du lycée par exemple. Le permis de conduire américain sert souvent de carte d'identité et doit être porté par son titulaire. Il doit être renouvelé tous les quatre, cinq ou six ans selon les États.

---

drizzle [ˈdrɪzl] → SYN **1** n bruine f, crachin m

2 vi bruiner, pleuviner

3 vt (Culin) ◆ **drizzle the salad with oil** ◆ **drizzle some oil over the salad** verser un filet d'huile sur la salade

drizzly [ˈdrɪzlɪ] adj ◆ **drizzly rain** bruine f, crachin m

droll [drəʊl] → SYN adj (= comic) drôle

drollery [ˈdrəʊlərɪ] n (= joking) plaisanteries fpl, (= humour) comique m

dromedary [ˈdrɒmɪdərɪ] n dromadaire m

drone [drəʊn] → SYN **1** n **a** (= bee) abeille f mâle, faux-bourdon m, (pej = idler) fainéant(e) m(f)

b (= sound) [of bees] bourdonnement m ; [of engine, aircraft] ronronnement m ; (louder) vrombissement m ; (fig = monotonous speech) débit m monotone

c (Mus) bourdon m

d (= robot plane) avion m téléguidé, drone m

2 vi [bee] bourdonner ; [engine, aircraft] ronronner ; (louder) vrombir ; [= speak monotonously: also **drone away, drone on**) faire de longs discours ◆ **he droned on about politics** il n'a pas arrêté de parler politique ◆ **he droned on and on for hours** il a parlé pendant des heures et des heures

3 vt ◆ **to drone a speech** débiter un discours d'un ton monotone

drongo [ˈdrɒŋgəʊ] n **a** (esp Austral * = person) crétin(e)* m(f)

b (= bird) drongo m

drool [druːl] vi (lit) baver ; (* fig) radoter ◆ **to drool over sth** * (fig) baver d'admiration or s'extasier devant qch

droop [druːp] → SYN **1** vi [body] s'affaisser ; [shoulders] tomber ; [head] pencher ; [eyelids] s'abaisser ; [flowers] commencer à se faner ; [feathers, one's hand] retomber ◆ **his spirits drooped** ça l'a déprimé ◆ **the heat made him droop** il était accablé par la chaleur

2 vt [+ head] baisser

3 n [of body] affaissement m ; [of eyelids] abaissement m ; [of spirits] langueur f, abattement m

droopy [ˈdruːpɪ] adj moustache, tail, breasts pendant ; (hum = tired) mou (molle f)

drop [drɒp] → SYN **1** n **a** [of liquid] goutte f ◆ **drops** (Med) gouttes fpl ◆ **drop by drop** goutte à goutte ◆ **there's only a drop left** il n'en reste qu'une goutte ◆ **to fall in drops** tomber en gouttes ◆ **we haven't had a drop of rain** nous n'avons pas eu une goutte de pluie ◆ **would you like a whisky? — just a drop!** un petit whisky ? — (juste) une goutte or une larme ! ◆ **he's had a drop too much *** il a bu un coup de trop * ; → **nose, teardrop**

b (= pendant) [of chandelier] pendeloque f ; [of earring] pendant m, pendeloque f ; [of necklace] pendentif m

c (= fall) [of temperature] baisse f (in de) ; [of prices] baisse f, chute f (in de) ◆ **drop in voltage** (Elec) chute f de tension ; → **hat**

d (= difference in level) dénivellation f, descente f brusque ; (= abyss) précipice m ; (= fall) chute f ; (= distance of fall) hauteur f de chute ; (Climbing) vide m ; [of gallows] trappe f ; (= parachute jump) saut m (en parachute) ◆ **there's a drop of 10 metres between the roof and the ground** il y a (une hauteur de) 10 mètres entre le toit et le sol ◆ **sheer drop** descente f à pic ◆ **to have/get the drop on sb** (US fig) avoir l'avantage sur qn

e (= delivery) livraison f ; (from plane) parachutage m, droppage m ◆ **to make a drop** [gangster] faire une livraison

f (= hiding place: for secret letter etc) cachette f

g (Theat: also **drop curtain**) rideau m d'entracte ; → **backdrop**

h (= sweet) → **acid, chocolate**

2 vt **a** [+ rope, ball, cup etc] (= let fall) laisser tomber ; (= release, let go) lâcher ; [+ bomb] lancer, larguer ; [+ liquid] verser goutte à goutte ; [+ one's trousers etc] baisser ; [+ price] baisser ; (from car) [+ person, thing] déposer ; (from boat) [+ cargo, passengers] débarquer ◆ **I'll drop you here** (from car etc) je vous dépose or laisse ici ◆ **to drop one's eyes/voice** baisser les yeux/la voix ◆ **to drop a letter in the postbox** poster une lettre, mettre une lettre à la boîte ◆ **to drop soldiers/supplies by parachute** parachuter des soldats/du ravitaillement ◆ **to be dropped** [parachutist] sauter ◆ **he dropped the ball over the net** (Tennis) il a fait un amorti derrière le filet ◆ **to drop a goal** (Rugby) marquer un drop ◆ **to drop the ball** (US fig) ne pas être à la hauteur ; → **anchor, brick, curtain, curtsy, stitch**

b (* = kill) [+ bird] abattre ; [+ person] descendre *

c (= utter casually) [+ remark, clue] laisser échapper ◆ **to drop a word in sb's ear** glisser un mot à l'oreille de qn ◆ **he let drop that he had seen her** (accidentally) il a laissé échapper qu'il l'avait vue ; (deliberately) il a fait comprendre qu'il l'avait vue ; → **hint**

d [+ letter, card] envoyer, écrire (to à) ◆ **to drop sb a line** écrire un (petit) mot à qn ◆ **drop me a note** écrivez-moi or envoyez-moi un petit mot

e (= omit) [+ word, syllable] (spoken) avaler ; (written) omettre ◆ **to drop one's h's** or **aitches** ne pas prononcer les "h"

f (= abandon) [+ habit, idea] renoncer à ; [+ work] abandonner ; (Scol etc) [+ subject] abandonner, laisser tomber ; [+ plan] renoncer à, ne pas donner suite à ; [+ discussion, conversation] abandonner ; [+ programme, word, scene from play] supprimer ; [+ friend, girlfriend, boyfriend] laisser tomber ◆ **to drop everything** tout laisser tomber ◆ **to drop sb from a team** écarter qn d'une équipe ◆ **let's drop the subject** parlons d'autre chose, n'en parlons plus ◆ **drop it! *** laisse tomber ! *

g (= lose) [+ money] perdre, laisser ; (Cards, Tennis etc) [+ game] perdre ◆ **to drop a set/one's serve** perdre un set/son service

h (= give birth to) [animal] mettre bas ; (*, hum) [person] accoucher ◆ **has she dropped the sprog yet? *** est-ce qu'elle a déjà eu son gosse ? *

i **to drop acid *** prendre du LSD

3 vi **a** [object] tomber, retomber ; [liquids] tomber goutte à goutte ; [person] descendre, se laisser tomber ; (= sink to ground) se laisser tomber, tomber ; (= collapse) s'effondrer, s'affaisser ◆ **to drop into sb's arms** tomber dans les bras de qn ◆ **to drop on one's knees** tomber à genoux ◆ **she dropped into an armchair** elle s'est effondrée dans un fauteuil ◆ **I'm ready to drop** je suis claqué * ◆ **drop dead!** va te faire voir ! *, va te faire foutre ! * ◆ **to drop on sb (like a ton of bricks)** secouer les puces à qn * ; → **curtain, fly¹, penny, pin**

b (= decrease) [wind] se calmer, tomber ; [temperature, voice] baisser ; [price] baisser, diminuer

c (= end) [conversation, correspondence] en rester là, cesser ◆ **there the matter dropped** l'affaire en est restée là ◆ **let it drop! *** laisse tomber ! *

ANGLAIS-FRANÇAIS 266

4 COMP ▷ **drop-add** n (US Univ etc) remplacement m d'un cours par un autre ▷ **drop cloth** n (US) bâche f de protection ▷ **drop-dead** ⁎ adv vachement ⁎ ◆ **drop-dead gorgeous** ⁎ (Brit) super ⁎ beau (belle f) ▷ **drop-down menu** n (Comput) menu m déroulant ▷ **drop-forge** n marteau-pilon m ▷ **drop goal** n (Rugby) drop m ◆ **to score a drop goal** passer un drop ▷ **drop hammer** n ⇒ drop-forge ▷ **drop handlebars** npl guidon m de course ▷ **drop-in centre** n (Brit) centre m d'accueil (où l'on peut se rendre sans prendre rendez-vous) ▷ **drop kick** n (Rugby) coup m de pied tombé, drop m ▷ **drop-leaf table** n table f à abattants ▷ **drop-off** n (in sales, interest etc) diminution f (in de) ▷ **drop-out** n (Rugby) renvoi m aux 22 mètres ; see also **dropout** ▷ **dropping out** n (Univ etc) abandon m ▷ **drop scone** n (Brit Culin) sorte de crêpe épaisse ▷ **drop shipment** n (Comm) drop shipment m ▷ **drop shot** n (Tennis) amorti m ▷ **drop tag** vt (US) démarquer ▷ **drop zone** n (Aviat) zone f de droppage

▶ **drop across** ⁎ vi ◆ **we dropped across to see him** nous sommes passés or allés le voir ◆ **he dropped across to see us** il est passé or venu nous voir

▶ **drop away** vi [numbers, attendance] diminuer

▶ **drop back, drop behind** vi rester en arrière, se laisser devancer or distancer ; (in work etc) prendre du retard

▶ **drop by** vi ◆ **to drop by somewhere/on sb** faire un saut ⁎ or passer quelque part/chez qn ◆ **we'll drop by if we're in town** nous passerons si nous sommes en ville

▶ **drop down** vi tomber

▶ **drop in** vi ◆ **to drop in on sb** passer voir qn, faire un saut ⁎ chez qn ◆ **to drop in at the grocer's** passer or faire un saut chez l'épicier ◆ **do drop in if you're in town** passez me voir (or nous voir) si vous êtes en ville

▶ **drop off** **1** vi **a** (= fall asleep) s'endormir
b [leaves] tomber ; [sales, interest] diminuer
c (⁎ = alight) descendre
2 vt sep (= set down from car etc) [+ person, parcel] déposer, laisser
3 drop-off n → drop

▶ **drop out** **1** vi [contents etc] tomber ; (fig) se retirer, renoncer ; (from college etc) abandonner ses études ◆ **to drop out of a competition** se retirer d'une compétition, abandonner une compétition ◆ **to drop out of circulation** or **out of sight** disparaître de la circulation ◆ **to drop out (of society)** vivre en marge de la société, se marginaliser
2 dropout n → dropout

▶ **drop round** ⁎ **1** vi ⇒ drop across
2 vt sep déposer chez moi (or toi etc)

droplet ['drɒplɪt] n gouttelette f

dropout ['drɒpaʊt] **1** n (from society) marginal(e) m(f) ; (from college etc) étudiant(e) m(f) qui abandonne ses études
2 adj ◆ **the dropout rate** le taux d'abandon

dropper ['drɒpəʳ] n (Pharm) compte-gouttes m inv

droppings ['drɒpɪŋz] npl [of bird] fiente f ; [of animal] crottes fpl ; [of fly] chiures fpl, crottes fpl

dropsical ['drɒpsɪkəl] adj hydropique

dropsy ['drɒpsɪ] n hydropisie f

drosophila [drɒ'sɒfɪlə] n, pl **drosophilas** or **drosophilae** [drɒ'sɒfɪliː] drosophile f

dross [drɒs] n (NonC) (Metal) scories fpl, crasse f, laitier m ; (= coal) menu m (de houille or de coke), poussier m ; (= refuse) impuretés fpl, déchets mpl ◆ **the film was total dross** ⁎ (fig = sth worthless) ce film était complètement nul

drossy ⁎ ['drɒsɪ] adj (pej) minable

drought [draʊt] → SYN n sécheresse f

drove [drəʊv] → SYN **1** vb (pt of drive)
2 n **a** [of animals] troupeau m en marche ◆ **droves of people** des foules fpl de gens ◆ **they came in droves** ils arrivèrent en foule
b (= channel) canal m or rigole f d'irrigation

drover ['drəʊvəʳ] n conducteur m de bestiaux

drown [draʊn] → SYN **1** vi se noyer

2 vt **a** [+ person, animal] noyer ; [+ land] inonder, submerger ◆ **because he couldn't swim he was drowned** il s'est noyé parce qu'il ne savait pas nager ◆ **he's like** or **he looks like a drowned rat** il est trempé jusqu'aux os or comme une soupe ◆ **to drown one's sorrows** noyer son chagrin ◆ **don't drown it!** ⁎ (of whisky etc) n'y mets pas trop d'eau !, ne le noie pas ! ◆ **they were drowned with offers of help** ⁎ ils ont été inondés or submergés d'offres d'assistance
b ⇒ drown out

▶ **drown out** vt sep [+ voice, sound, words] couvrir, étouffer

drowning ['draʊnɪŋ] **1** adj qui se noie ◆ (Prov) **a drowning man will clutch at a straw** un homme qui se noie se raccroche à un fétu de paille
2 n **a** (= death) noyade f ◆ **there were three drownings here last year** trois personnes se sont noyées ici or il y a eu trois noyades ici l'année dernière
b [of noise, voice] étouffement m

drowse [draʊz] → SYN vi être à moitié endormi or assoupi, somnoler ◆ **to drowse off** s'assoupir

drowsily ['draʊzɪlɪ] adv speak d'une voix endormie ◆ **drowsily, she set the alarm clock and went to bed** à moitié endormie, elle mit le réveil et alla se coucher

drowsiness ['draʊzɪnɪs] n somnolence f, engourdissement m

drowsy ['draʊzɪ] → SYN adj **a** (= half-asleep) person, smile, look somnolent ; voice ensommeillé ◆ **he was still very drowsy** il était encore à moitié endormi ◆ **these tablets will make you drowsy** ces comprimés vous donneront envie de dormir ◆ **drowsy with sleep** tout ensommeillé ◆ **to grow drowsy** s'assoupir ◆ **to feel drowsy** avoir envie de dormir
b (= soporific) afternoon, atmosphere soporifique ; countryside, stillness assoupi

drub ⁎ [drʌb] vt (= thrash) rosser ⁎, rouer de coups ; (= abuse) injurier, traiter de tous les noms ; (= defeat) battre à plate(s) couture(s) ◆ **to drub an idea into sb** enfoncer une idée dans la tête de qn ◆ **to drub an idea out of sb** faire sortir une idée de la tête de qn

drubbing ⁎ ['drʌbɪŋ] → SYN n (= thrashing, defeat) raclée ⁎ f ◆ **they suffered a 5-0 drubbing** ils ont été battus à plate(s) couture(s) 5 à 0 ◆ **to give sb a drubbing** (lit, fig) donner une belle raclée ⁎ à qn ◆ **to take a drubbing** (fig) être battu à plate(s) couture(s)

drudge [drʌdʒ] → SYN **1** n bête f de somme (fig) ◆ **the household drudge** la bonne à tout faire
2 vi trimer ⁎, peiner

drudgery ['drʌdʒərɪ] → SYN n (NonC) corvée f, travail m pénible et ingrat ◆ **it's sheer drudgery!** c'est une vraie corvée !

drug [drʌg] → SYN **1** n **a** drogue f ; (Med, Pharm) médicament m ; (Police, Jur) stupéfiant m ◆ **he's on drugs, he's taking drugs** (illegal) il se drogue ; (Med) il est sous médication (for contre) ◆ **to do drugs** ⁎ se droguer ◆ **to push drugs** revendre de la drogue ◆ **a drug on the market** (fig) un article or une marchandise invendable ◆ **television is a drug** la télévision est une drogue ; → hard, soft
2 vt [+ person] droguer (also Med) ; [+ food, wine etc] mettre une drogue dans ◆ **his wine had been drugged with sleeping tablets** on avait mis des somnifères dans son vin ◆ **to be in a drugged sleep** dormir sous l'effet d'une drogue ◆ **to be drugged with sleep/from lack of sleep** être abruti par le manque de sommeil
3 COMP ▷ **drug abuse** n usage m de stupéfiants ▷ **drug abuser** n toxicomane m(f) ▷ **drug addict** n drogué(e) m(f), toxicomane m(f) ▷ **drug addiction** n toxicomanie f ▷ **drug check** n contrôle m antidopage ▷ **drug company** n compagnie f pharmaceutique ◆ **the drug companies** l'industrie f pharmaceutique ▷ **drug czar** n responsable m(f) de la lutte contre la drogue, Monsieur antidrogue ▷ **drug dealer** n revendeur m, -euse f de drogue ▷ **drug dependency** n pharmacodépendance f ▷ **drug habit** n ◆ **to have a drug habit** se droguer ▷ **drug peddler, drug pusher** n revendeur m, -euse f de drogue, dealer ⁎ m ▷ **drug raid** n (US) ⇒ **drugs raid** ▷ **drug runner** n trafiquant(e) m(f)

(de drogue) ▷ **drug-running** n ⇒ drug traffic ▷ **drugs czar** n ⇒ drug czar ▷ **Drug Squad** n (Police) brigade f des stupéfiants ▷ **drugs raid** n (Brit) opération f antidrogue ▷ **drugs ring** n réseau m de trafiquants de drogue ▷ **Drugs Squad** n ⇒ Drug Squad ▷ **drugs test** n contrôle m antidopage ▷ **drugs tsar** n ⇒ drug czar ▷ **drug-taker** n drug user ▷ **drug-taking** n usage m de drogue(s) or de stupéfiants ▷ **drug test** n ⇒ drugs test ▷ **drug traffic(king)** n trafic m de drogue ▷ **drug tsar** n ⇒ drug czar ▷ **drug user** n usager m de drogue

drugged [drʌgd] adj person, food, drink drogué ; sleep provoqué par une drogue

drugget ['drʌgɪt] n thibaude f

druggie ⁎ ['drʌgɪ] n toxico ⁎ m(f)

druggist ['drʌgɪst] n **a** pharmacien(ne) m(f) ◆ **druggist's** pharmacie f
b (US) gérant(e) m(f) de drugstore

druggy ⁎ ['drʌgɪ] **1** n camé(e) ⁎ m(f), drogué(e) m(f)
2 adj person qui se drogue, qui se came ⁎ ; music de camé ⁎

drugster ['drʌgstəʳ] n ⇒ druggy 1

drugstore ['drʌgstɔːʳ] **1** n (US) drugstore m
2 COMP ▷ **drugstore cowboy** ⁎ n (US fig) glandeur ⁎ m, traîne-savates ⁎ m

druid ['druːɪd] n druide m

druidess ['druːɪdɪs] n druidesse f

druidic [druː'ɪdɪk] adj druidique

druidism ['druːɪdɪzəm] n druidisme m

drum [drʌm] → SYN **1** n **a** (Mus = instrument, player) tambour m ◆ **the big drum** la grosse caisse ◆ **the drums** (Mil Mus, Jazz, Rock) la batterie ◆ **to beat the drum** battre le or du tambour ◆ **to beat** or **bang the drum for sb/sth** (fig) prendre fait et cause pour qn/qch ; → kettledrum, tight
b (for oil) bidon m ; (for tar) gonne f ; (= cylinder for wire etc) tambour m ; (= machine part) tambour m ; (Aut: also **brake drum**) tambour m (de frein) ; (Comput) tambour m magnétique ; (= box: of figs, sweets) caisse f
c (= sound) ⇒ drumming
d ⇒ eardrum
2 vi (Mus) battre le or du tambour ; [person, fingers] tambouriner, pianoter (with de, avec ; on sur) ; [insect etc] bourdonner ◆ **the noise was drumming in my ears** le bruit bourdonnait à mes oreilles ◆ **rain drummed on the roof of the car** la pluie tambourinait sur le toit de la voiture
3 vt [+ tune] tambouriner ◆ **to drum one's fingers on the table** tambouriner or pianoter des doigts or avec les doigts sur la table ◆ **to drum one's feet on the floor** taper des pieds ◆ **to drum sth into sb** (fig) seriner qch à qn ◆ **I had tidiness drummed into me** on m'a seriné qu'il fallait être ordonné
4 COMP ▷ **drum and bass, drum'n'bass** n drum'n'bass m ▷ **drum brake** n (Aut) frein m à tambour ▷ **drum kit** n batterie f ▷ **drum machine** n boîte f à rythme ▷ **drum major** n (Brit Mil) tambour-major m ; (US) chef m des tambours ▷ **drum majorette** n (US) majorette f ▷ **drum roll** n roulement m de tambour ▷ **drum set** n ⇒ **drum kit**

▶ **drum out** vt sep (Mil, fig) expulser (à grand bruit) (of de)

▶ **drum up** vt sep (fig) [+ enthusiasm, support] susciter ; [+ supporters] rassembler, battre le rappel de ; [+ customers] racoler, attirer ◆ **to drum up business** attirer la clientèle

drumbeat ['drʌmbiːt] n battement m de tambour

drumfire ['drʌmfaɪəʳ] n (Mil) tir m de barrage, feu m roulant

drumhead ['drʌmhed] **1** n (Mus) peau f de tambour
2 COMP ▷ **drumhead court-martial** n (Mil) conseil m de guerre prévôtal ▷ **drumhead service** n (Mil) office m religieux en plein air

drumlin ['drʌmlɪn] n drumlin m

drummer ['drʌməʳ] **1** n **a** (joueur m de) tambour m ; (Jazz, Rock) batteur m ◆ to

drumming / **dubious**

march to or hear a different drummer (fig) marcher en dehors des sentiers battus

b (US Comm *) commis m voyageur

[2] COMP ▷ **drummer boy** n petit tambour m

drumming ['drʌmɪŋ] n [of drum] bruit m du tambour ; [of insect] bourdonnement m ; (in the ears) bourdonnement m ; [of fingers] tapotement m, tambourinage m

drumstick ['drʌmstɪk] n **a** (Mus) baguette f de tambour

b [of chicken, turkey] pilon m

drunk [drʌŋk] → SYN [1] vb (ptp of **drink**)

[2] adj **a** (lit) ivre, soûl * ◆ he was drunk on champagne il s'était soûlé au champagne ◆ to get drunk (on champagne) se soûler * (au champagne) ◆ to get sb drunk (on champagne) soûler * qn (au champagne) ◆ as drunk as a lord * (Brit), as drunk as a skunk * (US) soûl comme une grive * or un Polonais * ◆ drunk and disorderly (Jur) en état d'ivresse publique ◆ to be drunk in charge (of vehicle) conduire en état d'ébriété or d'ivresse ; (at work) être en état d'ébriété dans l'exercice de ses fonctions ; → **blind, dead**

b (fig, liter) drunk with or on success/power enivré or grisé par le succès/pouvoir

[3] n * ivrogne mf ; (on one occasion) homme m or femme f soûl(e) *

[4] COMP ▷ **drunk driver** n conducteur m, -trice f en état d'ébriété or d'ivresse ▷ **drunk driving** n (esp US) conduite f en état d'ébriété or d'ivresse

drunkard ['drʌŋkəd] → SYN n ivrogne mf

drunken ['drʌŋkən] → SYN [1] adj **a** person (= habitually) ivrogne ; (= on one occasion) ivre ◆ a drunken old man (= old drunk) un vieil ivrogne ◆ her drunken father son ivrogne de père

b party très arrosé ; quarrel, brawl d'ivrogne(s) ; night, evening d'ivresse ; voice aviné ; state d'ivresse, d'ébriété ; violence dû à l'ivresse ◆ a drunken orgy une beuverie ◆ in a drunken rage or fury dans un état de fureur dû à l'alcool ◆ in a drunken stupor dans une stupeur éthylique

c (fig = crooked) at a drunken angle de travers

[2] COMP ▷ **drunken driving** n conduite f en état d'ébriété or d'ivresse

drunkenly ['drʌŋkənlɪ] adv **a** (= while drunk) speak, say, sing d'une voix avinée

b (fig = unsteadily) stumble, stagger comme un ivrogne ; walk en titubant comme un ivrogne ; lean de travers ◆ the boat lurched drunkenly le bateau tanguait dangereusement

drunkenness ['drʌŋkənnɪs] → SYN n (= state) ivresse f, ébriété f ; (= problem, habit) ivrognerie f

drunkometer [drʌŋ'kɒmɪtəʳ] n (US) alcootest ® m

drupaceous [druː'peɪʃəs] adj (Bot) drupacé

drupe [druːp] n (Bot) drupe f

Druse [druːz] n (Rel) Druze mf

druthers * ['drʌðəz] n (US) ◆ if I had my druthers s'il ne tenait qu'à moi

Druze [druːz] n (Rel) Druze mf

dry [draɪ] → SYN [1] adj **a** object, clothes, ground, air, wind, heat, burn sec (sèche f) ◆ wait till the glue is dry attendez que la colle sèche ◆ her throat/mouth was dry elle avait la gorge/la bouche sèche ◆ his mouth was dry with fear la peur lui desséchait la bouche ◆ her eyes were dry (lit, fig) elle avait les yeux secs ◆ there wasn't a dry eye in the house (Theat, Cine etc) toute la salle était en larmes ◆ for dry skin/hair pour les peaux sèches/cheveux secs ◆ on dry land sur la terre ferme ◆ to wipe sth dry essuyer qch ◆ to keep sth dry tenir qch au sec ◆ "keep in a dry place" (on label) "tenir au sec" ◆ as dry as a bone complètement sec ; → **high, powder**

b (= dried-up) riverbed, lake, well à sec ; spring, river, valley sec (sèche f) ; oasis tari ; cow qui ne donne plus de lait ◆ to run dry [river, well] tarir, s'assécher ; [resources] s'épuiser ◆ her breasts were dry ses seins ne donnaient plus de lait

c (= not rainy) climate, weather, country, period sec (sèche f) ; day sans pluie ◆ a dry spell une période sèche or de sécheresse ◆ the dry season la saison sèche ◆ it was dry and warm le temps était sec et chaud ; see also **2**

d (= without butter etc) a piece of dry toast une tranche de pain grillé sans beurre

e wine, sherry, vermouth, Madeira sec (sèche f) ; champagne, cider brut ◆ a dry sherry/white wine un xérès/vin blanc sec

f (* fig) country, state où l'alcool est prohibé ◆ due to a storm, the island was dry for a week à cause d'une tempête, l'île n'a pu être ravitaillée en alcool pendant une semaine ◆ to be or feel dry * (= thirsty) avoir le gosier sec * or la bouche sèche

g humour, wit, person pince-sans-rire inv ◆ he has a dry sense of humour il est pince-sans-rire, c'est un pince-sans-rire

h (= not lively) book, subject, speech, lecture aride ◆ as dry as dust ennuyeux comme la pluie

i (= harsh) sound, voice, cough sec (sèche f) ◆ it broke with a dry snapping sound ça s'est cassé avec un bruit sec

j (= cold, unemotional) voice, manner flegmatique

k (Brit Pol: hum) pur et dur ◆ a dry Tory un ultraconservateur, une ultraconservatrice

[2] n **a** (esp Brit) at least you're in the warm and the dry au moins vous êtes au chaud et au sec

b (Brit Pol: hum) ultraconservateur m, -trice f

[3] vt [+ paper, fruit, skin] sécher ; (with cloth) essuyer, sécher ; [+ clothes] (faire) sécher ◆ "dry away from direct heat" (on label) "ne pas sécher près d'une source de chaleur" ◆ to dry one's eyes or one's tears sécher ses larmes or ses pleurs ◆ to dry the dishes essuyer la vaisselle ◆ to dry o.s. s'essuyer, se sécher

[4] vi sécher ; (esp Brit *) [actor, speaker] sécher *

[5] COMP ▷ **dry-as-dust** adj aride, sec (sèche f) ▷ **dry-bulk cargo ship** n vraquier m ▷ **dry cell** n (Elec) pile f sèche ▷ **dry-clean** vt nettoyer à sec ◆ "dry-clean only" (on label) "nettoyage à sec" ◆ to have a dress drycleaned donner une robe à nettoyer or au pressing ▷ **dry-cleaner** n teinturier m ◆ to take a coat to the dry-cleaner's porter un manteau au pressing ▷ **dry-cleaning** n nettoyage m à sec, pressing m ▷ **dry dock** n (Naut) cale f sèche, bassin m or cale f de radoub ▷ **dry-eyed** adj (lit, fig) qui a les yeux secs ▷ **dry farming** n (Agr) culture f sèche, dry farming m ▷ **dry fly** n (Fishing) mouche f sèche ▷ **dry ginger** n = Canada dry ® m ▷ **dry goods** npl (Comm) tissus mpl et articles mpl de mercerie ▷ **dry goods store** n (US) magasin m de tissus et d'articles de mercerie ▷ **dry-hump** * vi faire l'amour sans pénétration ▷ **dry ice** n neige f carbonique ▷ **dry measure** n mesure f de capacité pour matières sèches ▷ **dry riser** n colonne f sèche ▷ **dry-roasted** adj peanuts grillé à sec ▷ **dry rot** n pourriture f sèche (du bois) ▷ **dry run** (fig) n (= trial, test) galop m d'essai ; (= rehearsal) répétition f ◇ adj d'essai ▷ **dry shampoo** n shampooing m sec ▷ **dryshod** adv à pied sec ▷ **dry ski slope** n piste f (de ski) artificielle ▷ **dry-stone wall** n mur m de pierres sèches

▶ **dry off** vi, vt sep sécher

▶ **dry out** [1] vi **a** ⇒ **dry off**

b * [alcoholic] se faire désintoxiquer, suivre une cure de désintoxication

[2] vt sep * [+ alcoholic] désintoxiquer

▶ **dry up** vi **a** [stream, well] se dessécher, (se) tarir ; [moisture] s'évaporer ; [clay] sécher ; [cow] ne plus donner de lait ; [source of supply, inspiration] se tarir

b (= dry the dishes) essuyer la vaisselle

c (* = fall silent) se taire ; [actor, speaker, writer] sécher * ◆ dry up! tais-toi !, boucle-la ! *

dryad ['draɪæd] n (Myth) dryade f

dryer ['draɪəʳ] n **a** (= apparatus) (Tech) séchoir m ; (for hands) sèche-mains m inv ; (for clothes) sèche-linge m inv ; (for hair) sèche-cheveux m inv ; → **spin, tumble**

b (for paint) siccatif m

drying ['draɪɪŋ] [1] n [of fruit, crop, wood, clothes] séchage m ; (with a cloth) essuyage m

[2] COMP ▷ **drying cupboard, drying room** n séchoir m ▷ **drying-up** n to do the drying-up essuyer la vaisselle ▷ **drying-up cloth** n torchon m

dryly ['draɪlɪ] adv ⇒ **drily**

dryness ['draɪnɪs] n [of soil, weather] sécheresse f, aridité f ; [of clothes, skin] sécheresse f ; [of wit, humour, humorist] style m pince-sans-rire inv

drysalter ['draɪsɔːltəʳ] n (Brit) marchand m de couleurs

DS [diː'es] n (Brit) (Police) (abbrev of Detective Sergeant) → **detective**

DSC [,diːes'siː] n (abbrev of Distinguished Service Cross) médaille militaire

DSc [,diːes'siː] n (Univ) (abbrev of Doctor of Science) doctorat ès sciences

DSM [,diːes'em] n (abbrev of Distinguished Service Medal) médaille militaire

DSO [,diːes'əʊ] n (Brit) (abbrev of Distinguished Service Order) médaille militaire

DSS [,diːes'es] n (Brit) (abbrev of Department of Social Security) → **department**

DSS

En Grande-Bretagne, le **DSS** (**Department of Social Security**) est l'administration des affaires sociales. Cette administration comprend plusieurs services : la "Benefit Agency", qui verse les prestations sociales aux ayants droit, la "Contributions Agency", qui perçoit les cotisations sociales et la "Child Support Agency" qui gère les pensions alimentaires versées par les parents divorcés ou séparés.
→ NATIONAL INSURANCE

DST [,diːes'tiː] (US) (abbrev of Daylight Saving Time) → **daylight**

DT (Comput) (abbrev of data transmission) → **data**

DTI [,diːtiː'aɪ] n (Brit Admin) (abbrev of Department of Trade and Industry) → **trade**

DTP [,diːtiː'piː] n (abbrev of desktop publishing) PAO f

DT's * [diː'tiːz] npl (abbrev of delirium tremens) delirium tremens m

dual ['djʊəl] → SYN [1] adj role, function, strategy, income double (before n)

[2] n (Gram) duel m

[3] COMP ▷ **dual admissions** npl (US Univ etc) double système m d'inscriptions (avec sélection moins stricte pour étudiants défavorisés) ▷ **dual carriageway** n (Brit) (route f à) quatre voies f inv ; → ROADS ▷ **dual-control** adj à double commande ▷ **dual controls** npl (Aut, Aviat) double commande f ▷ **dual national** n personne f ayant la double nationalité, binational(e) m(f) ▷ **dual nationality** n double nationalité f ▷ **dual ownership** n copropriété f ▷ **dual personality** n dédoublement m de la personnalité ▷ **dual-purpose** adj à double usage

dualism ['djʊəlɪzəm] n (Philos, Pol, Rel) dualisme m

dualist ['djʊəlɪst] adj, n (Philos) dualiste mf

duality [djʊ'ælɪtɪ] n dualité f, dualisme m

dub [dʌb] → SYN vt **a** to dub sb a knight donner l'accolade à qn ; (Hist) adouber or armer qn chevalier ◆ to dub sb "Ginger" (= nickname) surnommer qn "Poil de Carotte"

b (Cine) doubler, postsynchroniser

Dubai [duː'baɪ] n Dubaï m

dubbin ['dʌbɪn] n dégras m, graisse f pour les chaussures

dubbing ['dʌbɪŋ] n (Cine) doublage m, postsynchronisation f

dubiety [djuː'baɪətɪ] n doute m, incertitude f

dubious ['djuːbɪəs] → SYN adj **a** (= suspect) deal, claim, reputation, quality, origin, morality douteux ; privilege, pleasure discutable ◆ these measures are of dubious benefit les avantages de ces mesures sont discutables

b (= unsure) to be dubious about sth se montrer dubitatif quant à qch, douter de qch ◆ I was dubious at first au début, j'avais des doutes ◆ I am dubious that or whether the new law will achieve anything je doute que cette

dubiously ['djuːbɪəslɪ] adv look at, smile, frown d'un air dubitatif ; say d'un ton dubitatif ◆ **a piece dubiously attributed to Albinoni** un morceau attribué sans doute à tort à Albinoni

Dublin ['dʌblɪn] [1] n Dublin
[2] COMP ▷ **Dublin Bay prawn** n langoustine f

Dubliner ['dʌblɪnəʳ] n habitant(e) m(f) or natif m, -ive f de Dublin ◆ **"The Dubliners"** (Literat) "Les Gens de Dublin"

ducal ['djuːkəl] adj ducal, de duc

ducat ['dʌkɪt] n ducat m

Duchenne dystrophy [duː'ʃen] n (Med) myopathie f de Duchenne

duchess ['dʌtʃɪs] n duchesse f

duchy ['dʌtʃɪ] n duché m

duck¹ [dʌk] → SYN [1] n, pl **ducks** or **duck a** canard m ; (female) cane f ◆ **wild duck** canard m sauvage ◆ **roast duck** (Culin) canard m rôti ◆ **to play ducks and drakes** (Brit) faire des ricochets (sur l'eau) ◆ **to play ducks and drakes with sb** (Brit = treat badly) traiter qn par-dessus la jambe ◆ **to play at ducks and drakes with one's money** (Brit) jeter son argent par les fenêtres, gaspiller son argent ◆ **to get one's ducks in a row** * (US) maîtriser la situation ◆ **he took to it like a duck to water** c'était comme s'il avait fait ça toute sa vie ◆ **yes ducks** * (Brit) oui mon chou * ◆ **he's a duck** * c'est un chou * or un amour ; → **Bombay, dying, lame**
b (Brit Cricket) **to make a duck, to be out for a duck** faire un score nul
c (St Ex) spéculateur m, -trice f insolvable
d (Mil = vehicle) véhicule m amphibie
[2] vi **a** (also **duck down**) se baisser vivement ; (in fight etc) esquiver un coup ◆ **to duck (down) under the water** disparaître sous l'eau
b **he ducked into his office** (= popped in) il est passé au bureau ; (to hide) il s'est réfugié dans son bureau ◆ **he ducked out of the rain** il s'est mis à l'abri de la pluie
[3] vt **a** **to duck sb** pousser qn sous l'eau
b [+ one's head] baisser vivement ; [+ blow, question etc] éviter, esquiver ; [+ responsibility] se dérober à ; [+ decision] esquiver, éluder
[4] COMP ▷ **duck-billed platypus** n ornithorynque m ▷ **duck-egg blue** adj gris-bleu inv ▷ **duck pond** n mare f aux canards, canardière f ▷ **duck's arse** * n (= haircut) coupe où les cheveux descendent en pointe sur la nuque ▷ **duck shooting** n chasse f au canard ▷ **duck soup** * n (US fig) **that was duck soup!** c'était du gâteau ! *

▶ **duck out of** vt fus esquiver ◆ **she ducked out of going with them** elle s'est esquivée pour ne pas les accompagner ◆ **he ducked out of the commitment he'd made** il s'est dérobé à ses engagements

duck² [dʌk] n (Tex) coutil m, toile f fine ◆ **ducks** (Brit) pantalon m de coutil

duckbill ['dʌkbɪl] n ⇒ **duck-billed platypus** ; → **duck**

duckboard ['dʌkbɔːd] n caillebotis m

duckie * ['dʌkɪ] [1] n (Brit) ◆ **yes duckie** oui mon chou *
[2] adj (US) ⇒ **ducky**

ducking ['dʌkɪŋ] n plongeon m, bain m forcé ◆ **to give sb a ducking** (= push under water) pousser qn sous l'eau ; (= push into water) pousser qn dans l'eau ◆ **ducking and diving** dérobades fpl

duckling ['dʌklɪŋ] n (also Culin) caneton m ; (female) canette f ; (older) canardeau m

duckweed ['dʌkwiːd] n lentille f d'eau, lenticule f

ducky * ['dʌkɪ] adj (US = cute) mignon tout plein

duct [dʌkt] n (for liquid, gas, electricity) conduite f, canalisation f ; (Bot) trachée f ; (Anat) canal m, conduit m

ductile ['dʌktaɪl] adj metal ductile ; person docile

ductility [dʌk'tɪlɪtɪ] n [of metal] ductilité f, malléabilité f ; [of person] malléabilité f, docilité f

ductless gland [,dʌktlɪs'glænd] n glande f endocrine

dud * [dʌd] [1] adj (= defective) shell, bomb, battery, fuse etc qui foire * ; (= worthless) cheque en bois * ; loan non remboursé ; film, teacher, student nul (nulle f) ; (= counterfeit) note, coin faux (fausse f)
[2] n (= shell) obus m non éclaté ; (= bomb) bombe f non éclatée ; (= person) raté(e) m(f)
◆ **this coin is a dud** cette pièce est fausse ◆ **this watch is a dud** c'est de la camelote * ◆ **Phil was a complete dud at school** Phil était complètement nul à l'école ◆ **to be a dud at geography** être nul en géographie ◆ **to be a dud at tennis** être nul au tennis
[3] **duds** † npl (= clothes) nippes † fpl

dude * [d(j)uːd] (US) [1] n **a** (= man) type * m, mec * m
b (= dandy) dandy m ; (young) gommeux * m
c (= Easterner) habitant(e) m(f) de la côte Est
[2] COMP ▷ **dude ranch** n (hôtel m) ranch m

DUDE RANCH

Sorte de ranch, authentique ou reconstitué, où les touristes peuvent goûter les joies du Far West. Les amateurs viennent y retrouver la vie du cow-boy : monter à cheval, s'occuper du bétail et dîner autour d'un feu de camp. En argot, un **dude** est un citadin, ou un habitant de la côte Est trop soigné et trop bien habillé.

---

dudgeon † ['dʌdʒən] → SYN n ◆ **in (high) dudgeon** offensé dans sa dignité, furieux

due [djuː] LANGUAGE IN USE 20.6, 26.3 → SYN
[1] adj **a** (= expected, scheduled) **the train is due (to arrive) at 2.19** le train doit arriver à 14 h 19 ◆ **the plane was due (to land) two hours ago** l'avion devait atterrir il y a deux heures ◆ **to be due in** [train, ferry, plane] devoir arriver ◆ **to be due out** [magazine, record, film etc] devoir sortir ◆ **I am due there tomorrow** je dois être là-bas demain ◆ **when is the baby due?** quand doit naître le bébé ? ◆ **the results are due next week** les résultats doivent être rendus la semaine prochaine ◆ **there's an election due in March** des élections sont prévues en mars ◆ **he's due back tomorrow** il doit être de retour demain
b (= payable) sum, money dû (due f) ◆ **when is the rent due?** quand faut-il payer le loyer ? ◆ **to fall due** arriver à échéance ◆ **the sum due to me** la somme qui m'est due ou qui me revient
c (= owed, expecting) **I am due £300/six days' holiday** on me doit 300 livres/six jours de congé ◆ **she is due (for) promotion/a rise** (= will get one) elle doit être promue/augmentée ; (= ought to get one) elle devrait être promue/augmentée ◆ **to be due for completion/demolition/release in 2004** être terminé/démoli/libéré en 2004 ◆ **I feel I'm about due a holiday!** je pense que je mérite bien des vacances ! ◆ **our thanks are due to Mr Bertillon** nous tenons à remercier M. Bertillon, notre gratitude va à M. Bertillon ◆ **they must be treated with the respect due to their rank/age** ils doivent être traités avec le respect dû à leur rang/âge
d (= proper, suitable) **to give** or **pay due attention to sb** prêter à qn l'attention qu'il mérite ◆ **to receive due credit (for sth)** être reconnu comme il se doit (pour qch) ◆ **after due consideration** après mûre réflexion ◆ **to have due regard to** or **for sth** respecter pleinement qch ◆ **with/without due regard to** or **for sth** en tenant pleinement compte/sans tenir pleinement compte de qch ◆ **with (all) due respect** sauf votre respect ◆ **with (all) due respect to Mrs Harrison** malgré tout le respect que je dois à Mme Harrison ◆ **driving without due care and attention** conduite f imprudente
◆ **in due course** or **time** (= when the time is ripe) en temps utile or voulu ; (= in the long run) à la longue ◆ **in due course, she found out that ...** elle finit par découvrir que ...
e due to dû (due f) à, attribuable à ◆ **it is due to his ineptitude that ...** c'est à cause de son incompétence que ... ◆ **the accident was due to a drunken driver** l'accident a été provoqué par un conducteur en état d'ivresse ◆ **the accident was due to the icy road** l'accident était dû au verglas ◆ **it is due to you that he is alive today** c'est grâce à vous qu'il en est en vie aujourd'hui ◆ **what's it due to?** à quoi est-ce dû ?
[2] adv ◆ **due north/south** etc plein nord/sud etc (of par rapport à) ◆ **to face due north** [building] être (en) plein nord ; [person] faire face au nord
[3] n **a to give sb his due** être juste envers qn, faire or rendre justice à qn ◆ **(to) give him his due, he did try hard** il faut (être juste et) reconnaître qu'à quand même fait tout son possible ; → **devil**
[4] **dues** npl (= fees) [of club etc] cotisation f ; [of harbour] droits mpl (de port)
[5] COMP ▷ **due date** n (Med) date f présumée de l'accouchement ▷ **due process** n (Jur: also **due process of law**) application de la loi selon les procédures prévues

duel ['djuəl] → SYN [1] n (lit, fig) duel m ◆ **duel to the death** duel m à mort ; → **challenge, fight**
[2] vi se battre en duel (with contre, avec)
[3] COMP ▷ **duelling pistol** n pistolet m de duel

duellist ['djuəlɪst] n duelliste m

duenna [djuː'enə] n duègne f

duet [djuː'et] n duo m ◆ **to sing/play a duet** chanter/jouer en duo ◆ **violin duet** duo m de violon ◆ **piano duet** morceau m à quatre mains

duettist [djuː'etɪst] n duettiste mf

duff¹ [dʌf] n (Culin) pudding m ◆ **up the duff** * en cloque * ; → **plum**

duff² [dʌf] (Brit) [1] adj * **a** (= non-functional) machine, watch, gene etc détraqué *
b (= useless) suggestion, idea, film, book, record nul (nulle f)
c (= failed) shot etc raté, loupé *
[2] vt (* = alter, fake) [+ stolen goods] maquiller, truquer

▶ **duff up** * vt sep casser la gueule à *

duff³ * [dʌf] n (US = buttocks) postérieur m ◆ **he just sits on his duff all day** il ne fiche * rien de la journée ◆ **get off your duff!** magne-toi le train ! *

duffel ['dʌfəl] [1] n gros tissu de laine
[2] COMP ▷ **duffel bag** n sac m de paquetage, sac m marin ▷ **duffel coat** n duffel-coat m

duffer * ['dʌfəʳ] n nullard(e) * m(f) ◆ **he is a duffer at French** il est nul en français

duffle ['dʌfəl] adj ⇒ **duffel**

dug¹ [dʌg] n mamelle f, tétine f ; [of cow] pis m

dug² [dʌg] vb (pt, ptp of **dig**)

dugong ['duːgɒŋ] n dugong m

dugout ['dʌgaʊt] n (Mil = trench) tranchée-abri f ; (= canoe) pirogue f

duke [djuːk] [1] n (= nobleman) duc m
[2] **dukes** * npl (esp US = fists) poings mpl

dukedom ['djuːkdəm] n (= territory) duché m ; (= title) titre m de duc

dulcet ['dʌlsɪt] adj (liter) suave

dulcimer ['dʌlsɪməʳ] n tympanon m

dulia ['djuːlɪə] n dulie f

dull [dʌl] → SYN [1] adj **a** (= boring, uneventful) book, lecture, party, person ennuyeux ; life, job ennuyeux, monotone ; place morne ; food quelconque ; style terne ; (St Ex) market morose ◆ **there's never a dull minute** or **life is never dull (with Janet around)** on ne s'ennuie jamais (lorsque Janet est là) ◆ **as dull as ditchwater** or **dishwater** ennuyeux comme la pluie ; → **deadly**
b (= not bright or shiny) light, glow faible ; colour, eyes, hair, skin, metal terne ; weather, sky, day maussade, gris
c (= vague) pain, sound, feeling sourd ◆ **with a dull thud** or **thump** avec un bruit sourd
d (= lethargic, withdrawn) person abattu
e (= slow-witted) person, mind borné ◆ **his senses/faculties are growing dull** ses sens/facultés s'émoussent or s'amoindrissent
f (= blunt) blade, knife émoussé
[2] vt (= blunt) [+ edge, blade] émousser ; [+ senses] émousser, engourdir ; [+ mind] engourdir ; [+ appetite] calmer ; [+ pain, grief, impression] atténuer ; [+ memories] émousser ; [+ pleasure] émousser ; [+ sound] assourdir, amortir ; (in colour, brightness) [+ colour, mirror, metal] ternir

dullard / **Durban**

3 vi [eyes] se voiler; [appetite] diminuer; [edge, blade] s'émousser; [light] baisser

4 COMP ▷ **dull-witted** adj dur à la détente *

dullard † * ['dʌləd] → SYN n nullard(e) m(f)

dullness ['dʌlnɪs] n **a** (= slow-wittedness) lourdeur f d'esprit; [of senses] affaiblissement m ◆ **dullness of hearing** dureté f d'oreille

b (= tedium, lack of interest) [of book, evening, lecture] caractère m ennuyeux, manque m d'intérêt; [of person] personnalité f terne; [of life] grisaille f; [of landscape, room] tristesse f

c [of colour, metal, mirror etc] manque m or peu m d'éclat, aspect m terne; [of sound] caractère m sourd or étouffé; [of weather] grisaille f

dullsville * ['dʌlzvɪl] n (US) ◆ **it's dullsville here** on s'emmerde ici *, c'est pas la joie ici *

dully ['dʌlɪ] adv **a** (= with a muffled sound) avec un bruit sourd

b (= dimly) glow, gleam faiblement

c (= without enthusiasm) say, reply d'un ton morne; look, nod d'un air morne; think avec lassitude

d (= boringly) talk, write d'une manière ennuyeuse

dulse [dʌls] n (Bot) algue f comestible

duly ['dju:lɪ] → SYN adv **a** (= properly) recorded, completed, authorized, rewarded dûment, en bonne et due forme ◆ **duly elected** dûment élu, élu en bonne et due forme

b (= as expected) comme prévu ◆ **the visitors were duly impressed** comme prévu, les visiteurs ont été impressionnés ◆ **I asked him for his autograph and he duly obliged** je lui ai demandé un autographe et il a accepté

dumb [dʌm] → SYN 1 adj **a** (lit) muet ◆ **dumb animals** † les bêtes fpl ◆ **our dumb friends** nos amies les bêtes; → **deaf, strike**

b (fig = silent) muet (with, from de), abasourdi (with, from de, par) ◆ **dumb insolence** mutisme m insolent

c (esp US * = stupid) person bête; action, idea, joke stupide; question idiot; object, present ringard * ◆ **a dumb blonde** une blonde évaporée ◆ **to act dumb** faire l'innocent

2 **the dumb** npl les muets mpl

3 COMP ▷ **dumb-ass** * (US) n con * m, conne * f ◊ adj à la con * ▷ **dumb cluck** * n imbécile mf ▷ **dumb ox** * n (US) ballot * m, andouille * f ▷ **dumb show** n in dumb show en mimant, par (des) signes ▷ **dumb terminal** n (Comput) terminal m passif

▶ **dumb down** vt sep [+ people] abêtir; [+ programmes] niveler par le bas

dumbbell ['dʌmbel] n (Sport) haltère m

dumbfound [dʌm'faʊnd] → SYN vt abasourdir, ahurir

dumbfounded [dʌm'faʊndɪd] → SYN adj ahuri, sidéré ◆ **I'm dumbfounded** je suis sidéré, je n'en reviens pas

dumbly ['dʌmlɪ] adv stare, stand, nod (= silently) en silence; (with surprise) avec stupeur

dumbness ['dʌmnɪs] n mutisme m; (* = stupidity) bêtise f, niaiserie f

dumbo * ['dʌmbəʊ] n ballot * m, andouille * f

dumbstruck ['dʌmstrʌk] adj frappé de stupeur

dumbwaiter [,dʌm'weɪtəʳ] n (= lift) monte-plat m; (Brit) (= trolley) table f roulante; (= revolving stand) plateau m tournant

dum-dum ['dʌmdʌm] n **a** (= bullet) balle f dum-dum inv

b (* = stupid person) crétin(e) m(f), andouille * f

dummy ['dʌmɪ] → SYN 1 n **a** (Comm = sham object) objet m factice; [of book] maquette f; (Comm, Sewing = model) mannequin m; [of ventriloquist] marionnette f; (Theat) personnage m muet, figurant m; (Fin etc = person replacing another) prête-nom m, homme m de paille; (Bridge) mort m; (Sport) feinte f ◆ **to sell the dummy** (Sport) feinter, faire une feinte de passe ◆ **to sell sb the dummy** feinter qn ◆ **to be dummy** (Bridge) faire or être le mort ◆ **to play from dummy** (Bridge) jouer du mort

b (Brit = baby's teat) sucette f, tétine f

c (* = idiot) andouille * f, imbécile mf ◆ **"you're a dummy, Mack," she yelled** "Mack,

tu es une andouille * or un imbécile" hurla-t-elle

2 adj faux (fausse f), factice

3 vi (Sport) feinter, faire une feinte de passe

4 COMP ▷ **dummy bridge** n (Cards) bridge m à trois ▷ **dummy element** n (Ling) postiche m ▷ **dummy pass** n (Sport) feinte f de passe ▷ **dummy run** n (Brit) (Aviat) attaque f or bombardement m simulé(e); (Comm, Ind) (coup m d')essai m ▷ **dummy symbol** n ⇒ **dummy element**

dump [dʌmp] → SYN 1 n **a** (= pile of rubbish) tas m or amas m d'ordures; (= place) décharge f, dépotoir m ◆ **to be (down) in the dumps** * avoir le cafard *

b (Mil) dépôt m; → **ammunition**

c (* pej) (= place) trou m perdu *; (= house, hotel) trou m à rats *

d (Comput) vidage m

e **to have a dump** * (= defecate) couler un bronze *, chier * *

2 vt [+ rubbish] déposer, jeter; [+ sand, bricks] décharger, déverser; (Comm) [+ goods] vendre or écouler à bas prix (sur les marchés extérieurs), pratiquer le dumping pour

b (* = set down) [+ package] déposer; [+ passenger] poser, larguer * ◆ **dump your bag on the table** fiche * ton sac sur la table

c (* = get rid of) [+ thing] bazarder *; [+ boyfriend, girlfriend] larguer *, plaquer *

d (Comput) [+ data file etc] vider ◆ **to dump to the printer** transférer sur l'imprimante

3 vi (* = defecate) couler un bronze *, chier * *

4 COMP ▷ **dump bin, dump display** n (Comm) présentoir m d'articles en vrac ▷ **dump truck** n ⇒ **dumper**

▶ **dump on** * vt fus (= mistreat) traiter comme du poisson pourri *; (= offload problems on) se défouler sur

dumper ['dʌmpəʳ] n (Brit: also **dumper truck**) tombereau m, dumper m

dumping ['dʌmpɪŋ] 1 n [of load, rubbish] décharge f; (Ecol: in sea etc) déversement m (de produits nocifs); (Comm) dumping m

2 COMP ▷ **dumping ground** n (lit, fig) dépotoir m

dumpling ['dʌmplɪŋ] n (Culin: savoury) boulette f (de pâte); (* = person) boulot m, -otte f

Dumpster ® ['dʌmpstəʳ] n (US) benne f (à ordures)

dumpy * ['dʌmpɪ] adj courtaud, boulot

dun¹ [dʌn] 1 adj (= colour) brun foncé inv, brun grisâtre inv

2 n cheval m louvet, jument f louvette

dun² [dʌn] → SYN 1 n (= claim) demande f de remboursement

2 vt [+ debtor] harceler, relancer ◆ **to dun sb for money owed** harceler or relancer qn pour lui faire payer ses dettes

dunce [dʌns] → SYN 1 n âne m, cancre * m ◆ **to be a dunce at maths** être nul en math

2 COMP ▷ **dunce's cap** n bonnet m d'âne

Dundee cake [dʌn'di:] n (Culin) cake aux fruits secs décoré d'amandes

dunderhead ['dʌndəhed] n imbécile mf

Dundonian [dʌn'dəʊnɪən] 1 adj de Dundee

2 n habitant(e) m(f) or natif m, -ive f de Dundee

dune [dju:n] 1 n dune f

2 COMP ▷ **dune buggy** n buggy m

dung [dʌŋ] 1 n (NonC) (= excrement) excrément(s) m(pl), crotte f; [of horse] crottin m; [of cattle] bouse f; [of bird] fiente f; [of wild animal] fumées fpl; (= manure) fumier m

2 COMP ▷ **dung beetle** n bousier m

dungarees [,dʌŋɡə'ri:z] npl salopette f

dungeon ['dʌndʒən] → SYN n (underground) cachot m (souterrain); (Hist = castle tower) donjon m

dungheap ['dʌŋhi:p], **dunghill** ['dʌŋhɪl] n tas m de fumier

dunk [dʌŋk] vt tremper ◆ **to dunk one's bread in one's coffee** tremper son pain dans son café

Dunkirk [dʌn'kɜ:k] n Dunkerque

dunlin ['dʌnlɪn] n bécasseau m variable

dunno * * [də'nəʊ] ⇒ **don't know**

dunnock ['dʌnək] n (Brit) accenteur m mouchet, fauvette f d'hiver or des haies

dunny * ['dʌnɪ] n (Austral) chiottes * fpl, W.-C. * mpl

Duns Scotus ['dʌnz'skɒtəs] n Duns Scot m

duo ['dju:əʊ] n, pl **duos** or **dui** ['dju:i:] (Mus, Theat) duo m

duodecimal [,dju:əʊ'desɪməl] adj duodécimal

duodenal [,dju:əʊ'di:nl] 1 adj duodénal

2 COMP ▷ **duodenal ulcer** n ulcère m du duodénum

duodenitis [,dju:əʊdɪ'naɪtɪs] n duodénite f

duodenum [,dju:əʊ'di:nəm] n, pl **duodenums** or **duodena** [,dju:əʊ'di:nə] duodénum m

duopoly [dju'ɒpəlɪ] n duopole m

dupable ['dju:pəbl] adj que l'on peut duper

dupe [dju:p] 1 vt duper, tromper ◆ **to dupe sb into doing sth** amener qn à faire qch en le dupant

2 n dupe f

dupery ['dju:pərɪ] n duperie f

duple ['dju:pl] 1 adj (gen) double; (Mus) binaire

2 COMP ▷ **duple time** n (Mus) rythme m or mesure f binaire

duplex ['dju:pleks] 1 adj duplex inv

2 n (US) (also **duplex house**) maison f jumelle; (also **duplex apartment**) duplex m; → HOUSE

3 COMP ▷ **duplex paper** n (Phot) bande f protectrice

duplicate ['dju:plɪkeɪt] → SYN 1 vt [+ document, map, key] faire un double de; [+ film] faire un contretype de; (on machine) [+ document] polycopier; [+ action etc] répéter exactement ◆ **duplicating machine** machine f à polycopier, duplicateur m ◆ **that is merely duplicating work already done** cela revient à refaire le travail qu'on a déjà fait

2 ['dju:plɪkɪt] n [of document, map, key, ornament, chair] double m; (Jur etc) duplicata m inv ◆ **in duplicate** en deux exemplaires

3 ['dju:plɪkɪt] adj copy en double ◆ **a duplicate cheque/receipt** un duplicata du chèque/du reçu ◆ **I've got a duplicate key** j'ai un double de la clé

4 COMP ▷ **duplicate bridge** n bridge m de compétition or de tournoi

duplication [,dju:plɪ'keɪʃən] n (NonC) [of document] copie f, duplication f; (on machine) polycopie f; [of efforts, work] répétition f inutile ◆ **there is some duplication between television and magazine advertising** il y a un certain recoupement entre les publicités à la télévision et dans les magazines

duplicator ['dju:plɪkeɪtəʳ] n duplicateur m

duplicitous [dju:'plɪsɪtəs] adj fourbe

duplicity [dju:'plɪsɪtɪ] n duplicité f, fourberie f

Dur. abbrev of **Durham**

durability [,djʊərə'bɪlɪtɪ] → SYN n [of product, material, institution, friendship, solution] durabilité f, caractère m durable

durable ['djʊərəbl] → SYN 1 adj durable ◆ **CDs are more durable than cassettes** les CD sont plus solides que les cassettes, les CD durent plus longtemps que les cassettes ◆ **durable goods** (Comm) biens mpl de consommation durables

2 **durables** npl ⇒ **durable goods**

dural ['djʊərəl] adj (Anat) dural

Duralumin ® [djʊə'ræljʊmɪn] n duralumin m

dura mater ['djʊərə'meɪtəʳ] n (Anat) dure-mère f

duramen [djʊə'reɪmen] n (Bot) duramen m

duration [djʊə'reɪʃən] n durée f ◆ **of long duration** de longue durée ◆ **for the duration of ...** pendant toute la durée de ... ◆ **he stayed for the duration** * (= for ages) il est resté une éternité

durative ['djʊərətɪv] (Gram) 1 adj duratif, imperfectif

2 n (= aspect) duratif m; (= verb) verbe m duratif

Durban ['dɜ:bæn] n Durban

duress [djʊəˈres] → SYN n contrainte f, coercition f ◆ **under duress** sous la contrainte, contraint et forcé (Jur)

Durex ® [ˈdjʊəreks] n (pl inv) préservatif m

durian [ˈdjʊərɪən] n durian m

during [ˈdjʊərɪŋ] prep pendant, durant

durmast [ˈdɜːmɑːst] n (Bot: also **durmast oak**) chêne m rouvre

durry ⁕ [ˈdʌrɪ] n (Austral) clope ⁕ f, cibiche ⁕ f

durst †† [dɜːst] vb (pt of **dare**)

durum [ˈdjʊərəm] n (also **durum wheat**) blé m dur

dusk [dʌsk] → SYN n (= twilight) crépuscule m ; (= gloom) (semi-)obscurité f ◆ **at dusk** au crépuscule, à la tombée de la nuit ◆ **shortly after dusk** peu de temps après la tombée de la nuit ◆ **in the dusk** entre chien et loup

duskiness [ˈdʌskɪnɪs] n [of complexion] teint m mat or basané

dusky [ˈdʌskɪ] → SYN adj **a** (= dark-skinned) person à la peau basanée, au teint basané ; complexion basané
b colour mat ◆ **dusky pink** vieux rose inv, rose cendré inv
c (= dim) room sombre

dust [dʌst] → SYN **1** n (NonC) **a** (on furniture, ground) poussière f ◆ **there was thick dust, the dust lay thick** il y avait une épaisse couche de poussière ◆ **I've got a speck of dust in my eye** j'ai une poussière dans l'œil ◆ **to raise a lot of dust** (lit) faire de la poussière ; (fig) faire tout un scandale, faire beaucoup de bruit ◆ **to lay the dust** (lit) mouiller la poussière ; (fig) ramener le calme, dissiper la fumée ◆ **to throw dust in sb's eyes** (fig) jeter de la poudre aux yeux de qn ◆ **to kick up or raise a dust** ⁕ faire un or du foin ⁕ ◆ **you couldn't see him for dust** ⁕ (Brit) il s'était volatilisé ⁕ ; → **ash²**, **bite**, **shake off**
b [of coal, gold] poussière f, poudre f
2 vt **a** [+ furniture] épousseter, essuyer ; [+ room] essuyer la poussière dans ◆ **it's done and dusted** ⁕ (Brit, Austral) l'affaire est classée
b (with talc, sugar etc) saupoudrer (*with* de)
3 vi épousseter
4 COMP ▷ **dust bag** n sac m à poussière (d'aspirateur) ▷ **dust-bath** n to take a dust-bath [bird] s'ébrouer dans la poussière, prendre un bain de poussière ▷ **dust bowl** n (Geog) désert m de poussière, cratère(s) m(pl) de poussière ▷ **dust cloth** n (US) chiffon m à poussière ▷ **dust cloud** n nuage m de poussière ▷ **dust cover** n [of book] jaquette f ; [of furniture] housse f (de protection) ▷ **dust devil** n tourbillon m de poussière ▷ **dust jacket** n jaquette f ▷ **dust sheet** n housse f (de protection) ▷ **dust storm** n tempête f de poussière ▷ **dust-up** ⁕ n (Brit) accrochage ⁕ m, bagarre ⁕ f ◆ **to have a dust-up with sb** (Brit) avoir un accrochage ⁕ or se bagarrer ⁕ avec qn

▶ **dust down, dust off** vt sep épousseter ◆ **to dust o.s. down** s'épousseter

▶ **dust out** vt sep [+ box, cupboard] épousseter

dustbin [ˈdʌstbɪn] **1** n (Brit) poubelle f, boîte f à ordures
2 COMP ▷ **dustbin man** n, pl **dustbin men** (Brit) ⇒ **dustman**

dustcart [ˈdʌstkɑːt] n (Brit) benne f à ordures, camion m des éboueurs or des boueux ⁕

duster [ˈdʌstəʳ] n **a** (Brit) chiffon m (à poussière) ; (also **blackboard duster**) chiffon m (pour effacer) ; → **feather**
b (US) (= overgarment) blouse f ; (= housecoat) robe f d'intérieur
c (= device: also **crop duster**) pulvérisateur m d'insecticide (souvent un avion)

dustheap [ˈdʌsthiːp] n (lit) tas m d'ordures ; (fig) poubelle f, rebut m

dusting [ˈdʌstɪŋ] **1** n **a** [of furniture] époussetage m ◆ **to do the dusting** épousseter, essuyer (la poussière) ◆ **to give sth a dusting** donner un coup de chiffon à qch
b (Culin etc = sprinkling) saupoudrage m
2 COMP ▷ **dusting down** n **to give sb a dusting down** passer un savon à qn ◆ **to get a dusting down** recevoir un savon ▷ **dusting-powder** n talc m

dustman [ˈdʌstmən] n, pl **-men** (Brit) éboueur m, boueux ⁕ m

dustpan [ˈdʌstpæn] n pelle f (à poussière)

dustproof [ˈdʌstpruːf] adj antipoussière

dusty [ˈdʌstɪ] → SYN adj **a** (= covered in dust) poussiéreux ◆ **to get dusty** se couvrir de poussière
b colour cendré ◆ **dusty blue** bleu cendré inv ◆ **dusty pink** vieux rose inv, rose cendré inv
c **to give sb a dusty answer** ⁕ envoyer paître qn ⁕ ◆ **to get or receive a dusty answer (from sb)** ⁕ se faire envoyer paître (par qn) ⁕ ◆ **not so dusty, not too dusty** ⁕ pas mal

Dutch [dʌtʃ] **1** adj (gen) néerlandais, hollandais ; ambassador, embassy des Pays-Bas ; teacher de néerlandais ◆ **the Dutch School** (Art) l'école f hollandaise ◆ **Dutch cheese** fromage m de Hollande, hollande m
2 n **a** (Ling) hollandais m, néerlandais m ◆ **it's (all) Dutch to me** ⁕ (fig) c'est du chinois or de l'hébreu pour moi ; → **double**
b (US fig) **to be in Dutch with sb** ⁕ être en disgrâce auprès de qn ◆ **to get one's Dutch up** ⁕ se mettre en rogne ⁕ ◆ **to get into Dutch** ⁕ avoir des ennuis, se mettre dans le pétrin ⁕
3 the Dutch npl (loosely) les Hollandais mpl ; (more correctly) les Néerlandais mpl
4 adv ◆ **to go Dutch** ⁕ (in restaurant) payer chacun sa part ; (in cinema, theatre) payer chacun sa place
5 COMP ▷ **Dutch auction** n (fig) enchères fpl au rabais ▷ **Dutch barn** n hangar m à récoltes ▷ **Dutch cap** n diaphragme m ▷ **Dutch courage** n (fig) courage m puisé dans la bouteille ◆ **the whisky gave him Dutch courage** le whisky lui a donné du courage ▷ **Dutch door** n (US) porte f à double vantail, porte f d'étable ▷ **the Dutch East Indies** npl les Indes fpl néerlandaises ▷ **Dutch elm** n orme m (*ulmus hollandica*) ▷ **Dutch elm disease** n champignon m parasite de l'orme ▷ **Dutch master** n maître m de l'école hollandaise ▷ **Dutch oven** n (= casserole) grosse cocotte f (en métal) ▷ **Dutch treat** n **to go on a Dutch treat** partager les frais ▷ **Dutch uncle** † ⁕ n **to talk to sb like a Dutch uncle** dire ses quatre vérités à qn

dutch ⁕ [dʌtʃ] n (Brit) ◆ **the old dutch** la patronne f

Dutchman [ˈdʌtʃmən] n, pl **-men** Hollandais m ◆ **if he's a professional footballer, then I'm a Dutchman** je veux bien être pendu si c'est un footballeur professionnel ; → **flying**

Dutchwoman [ˈdʌtʃwʊmən] n, pl **-women** Hollandaise f

dutiable [ˈdjuːtɪəbl] adj taxable ; (Customs) soumis à des droits de douane

dutiful [ˈdjuːtɪfʊl] → SYN adj child obéissant ; husband, wife dévoué ; employee consciencieux

dutifully [ˈdjuːtɪfəlɪ] adv consciencieusement ◆ **we laughed/applauded dutifully** nous avons ri/applaudi consciencieusement

duty [ˈdjuːtɪ] LANGUAGE IN USE 10.1 → SYN
1 n **a** (NonC: moral, legal) devoir m, obligation f ◆ **to do one's duty** s'acquitter de or faire son devoir (*by sb* envers qn) ◆ **it is my duty to say that ..., I feel duty bound to say that ...** il est de mon devoir de dire que ... ◆ **duty calls** le devoir m'appelle ◆ **the or one's duty to one's parents** le or son devoir envers ses parents ◆ **what about your duty to yourself?** et ton devoir envers toi-même ? ◆ **to make it one's duty to do sth** se faire un devoir de faire qch
b (gen pl = responsibility) fonction f, responsabilité f ◆ **to take up one's duties** entrer en fonction ◆ **to neglect one's duties** négliger ses fonctions ◆ **my duties consist of ...** mes fonctions consistent à ... ◆ **his duties as presidential adviser** ses fonctions de conseiller du président ◆ **his duties have been taken over by his colleague** ses fonctions ont été reprises par son collègue
c (= work) **in the course of (one's) duty** dans l'exercice de mes (or ses etc) fonctions ◆ **to do duty for sb, to do sb's duty** remplacer qn ◆ **the reading room also does duty as** or **for a library** (fig) la salle de lecture fait également fonction or office de bibliothèque
◆ **on duty** de service ; (Med) de garde ◆ **to be on duty** être de service or de garde ◆ **to go on duty** prendre son service
◆ **off duty** ◆ **to be off duty** ne pas être de service or de garde ; (Mil) avoir quartier libre ◆ **to go off duty** quitter son service
d (Fin = tax) droit m, taxe f ; (at Customs) frais mpl de douane ◆ **to pay duty on sth** payer un droit or une taxe sur qch ; → **death**, **estate**
2 COMP ▷ **duty call** n visite f de politesse ▷ **duty-free** adj hors taxes ▷ **duty-free allowance** n quantité autorisée de produits hors taxes (par personne) ▷ **duty-frees** ⁕ npl (Brit) marchandises fpl hors taxes ▷ **duty-free shop** n boutique f hors taxes ▷ **duty-free shopping** n (NonC) achat m de marchandises hors taxes ▷ **duty of care** n responsabilité f morale (*to* envers) ▷ **duty officer** n (Mil) officier m de permanence ; (Police) officier m de police de service ; (Admin) officiel m or préposé m de service ▷ **duty paid** adj dédouané ▷ **duty roster**, **duty rota** n liste f de service ; (esp Mil) tableau m de service

duumvir [djuːˈʌmvəʳ] n, pl **duumvirs** or **duumviri** [djuːˈʌmvɪriː] (Antiq) duumvir m

duumvirate [djuːˈʌmvɪrɪt] n (Antiq) duumvirat m

duvet [ˈduːveɪ] **1** n couette f
2 COMP ▷ **duvet cover** n housse f de couette

dux [dʌks] n (Scot Scol) premier m, -ière f (de la classe)

DVD [ˌdiːviːˈdiː] n (abbrev of **digital versatile disc**) DVD m ◆ **DVD player** lecteur m de DVD ◆ **DVD-Rom** DVD-ROM m

DVLA [ˌdiːviːelˈeɪ] n (Brit) (abbrev of **Driver and Vehicle Licensing Agency**) service des immatriculations et permis de conduire

DVM [ˌdiːviːˈem] n (US Univ) (abbrev of **Doctor of Veterinary Medicine**) doctorat vétérinaire

dwale [dweɪl] n (Bot) belladone f

dwarf [dwɔːf] → SYN **1** n, pl **dwarfs** or **dwarves** [dwɔːvz] (= person, animal) nain(e) m(f) ; (= tree) arbre m nain
2 adj person, tree, star nain
3 vt **a** [skyscraper, person] rapetisser, écraser ; (fig) [achievement] écraser, éclipser
b [+ plant] empêcher de croître

dwarfish [ˈdwɔːfɪʃ] adj (pej) nabot

dwarfism [ˈdwɔːfɪzəm] n nanisme m

dweeb ⁕ [dwiːb] n (esp US) pauvre mec ⁕ m

dwell [dwel] → SYN pret, ptp **dwelt** or **dwelled** vi (liter) **a** habiter, demeurer ◆ **to dwell in Glasgow/in France** habiter or demeurer à Glasgow/en France
b (fig) [interest, difficulty] résider (*in* dans)

▶ **dwell on** vt fus (= think about) ne pouvoir s'empêcher de penser à ; (= talk at length on) s'étendre sur ; (Mus) [+ note] appuyer sur ◆ **don't dwell on it** n'y pense plus ◆ **to dwell on the past** s'appesantir sur le passé, revenir sans cesse sur le passé ◆ **to dwell on the fact that ...** ressasser le fait que ... ◆ **don't let's dwell on it** passons là-dessus, ne nous attardons pas sur ce sujet

▶ **dwell upon** vt fus ⇒ **dwell on**

dweller [ˈdwelər] n habitant(e) m(f) ; → **country**

dwelling [ˈdwelɪŋ] → SYN **1** n (Admin or liter: also **dwelling place**) habitation f, résidence f ◆ **to take up one's dwelling** s'installer, élire domicile (Admin)
2 COMP ▷ **dwelling house** n maison f d'habitation

dwelt [dwelt] vb (pt, ptp of **dwell**)

DWEM n (esp US) (abbrev of **Dead White European Male**) homme célèbre qui devrait sa réputation à son appartenance au sexe masculin et à la race blanche

dwindle [ˈdwɪndl] vi [strength] diminuer, décroître ; [numbers, resources, supplies, interest] diminuer

▶ **dwindle away** vi diminuer ; [person] dépérir ◆ **his fortune had dwindled away to nothing** sa fortune avait fondu comme neige au soleil

dwindling [ˈdwɪndlɪŋ] **1** n diminution f (graduelle)

dyarchy / dysuria

2 adj number, interest, popularity décroissant ; resources, supplies, funds en baisse ; population en baisse, décroissant ♦ **dwindling audiences** un public de moins en moins nombreux

dyarchy ['daɪɑːkɪ] n dyarchie f

dye [daɪ] → SYN **1** n (= substance) teinture f, colorant m ; (= colour) teinte f ♦ **hair dye** teinture f pour les cheveux ♦ **fast dye** grand teint m ♦ **the dye will come out in the wash** cela déteindra au lavage ♦ **a villain of the deepest dye** (fig liter) une canaille or crapule de la pire espèce

2 vt teindre ♦ **to dye sth red** teindre qch en rouge ♦ **to dye one's hair** se teindre les cheveux ; → **dyed, tie**

3 vi [cloth etc] prendre la teinture, se teindre

4 COMP ▷ **dyed-in-the-wool** → SYN adj (fig) bon teint inv, invétéré

dyed [daɪd] adj hair, fabric teint ♦ **dyed blond/blue** teint en blond/bleu

dyeing ['daɪɪŋ] n (NonC) teinture f

dyer ['daɪəʳ] **1** n teinturier m ♦ **dyer's and cleaner's** teinturier m
2 COMP ▷ **dyer's rocket** n gaude f

dyestuffs ['daɪstʌfs] npl colorants mpl

dyeworks ['daɪwɜːks] npl teinturerie f

dying ['daɪɪŋ] → SYN **1** adj **a** person, animal, plant, fire mourant ♦ **the dying daylight** les dernières lueurs fpl du jour ♦ **the Dying Swan** (Ballet) la Mort du Cygne ♦ **the dying embers** les tisons mpl ♦ **to look like a dying duck (in a thunderstorm)** * (hum) avoir l'air pitoyable

b (= declining) custom, industry en train de disparaître ♦ **it's a dying art** c'est un art en voie de disparition ♦ **they are a dying breed** (lit, fig) c'est une espèce en voie de disparition

c (= final) words, wish dernier ♦ **with his dying breath** sur son lit de mort ♦ **till** or **until** or **to my dying day** jusqu'à mon dernier jour ♦ **in the dying minutes of the game** pendant les dernières minutes du match

2 n (= death) mort f ; (just before death) agonie f

3 the dying npl les mourants mpl ♦ **prayer for the dying** prière f des agonisants

dyke [daɪk] n **a** (= channel) fossé m ; (= wall, barrier) digue f ; (= causeway) levée f, chaussée f ; (Geol) filon m stérile, dyke m ; (Scot dial = wall) mur m
b (* pej = lesbian) gouine *_*_* f (pej)

dynamic [daɪˈnæmɪk] → SYN adj (gen, Phys) dynamique

dynamically [daɪˈnæmɪkəlɪ] adv **a** develop de façon dynamique ; work avec dynamisme
b (Phys) dynamiquement, du point de vue de la dynamique

dynamics [daɪˈnæmɪks] n (NonC) dynamique f (also Mus)

dynamism ['daɪnəmɪzəm] n dynamisme m

dynamite ['daɪnəmaɪt] **1** n **a** (NonC) dynamite f ; → **stick**
b (* fig = dangerous) **that business is dynamite** c'est de la dynamite cette affaire ♦ **it's political dynamite** du point de vue politique, c'est un sujet explosif or une affaire explosive ♦ **the book is dynamite!** ce livre, c'est de la dynamite ! * ♦ **asking him to give evidence is potential dynamite** lui demander de témoigner pourrait amener une situation explosive

c (fig) **she's dynamite** * (= terrific) elle est super * ; (= full of energy) elle pète le feu * ; (= sexy) elle est supersexy * ♦ **there are some dynamite songs on this album** * il y a des chansons à tout casser * dans cet album
2 vt faire sauter à la dynamite, dynamiter

dynamo ['daɪnəməʊ] n (esp Brit) dynamo f ♦ **he is a human dynamo** il déborde d'énergie

dynamoelectric [ˌdaɪnəməʊɪˈlektrɪk] adj (Phys) dynamoélectrique

dynamometer [ˌdaɪnəˈmɒmɪtəʳ] n (Phys) dynamomètre m

dynast ['dɪnæst] n (Pol) souverain(e) m(f) (héréditaire)

dynastic [daɪˈnæstɪk] adj dynastique

dynasty ['dɪnəstɪ] → SYN n dynastie f

dyne [daɪn] n dyne f

d'you [djuː] (abbrev of **do you**) → **do¹**

dysarthria [dɪsˈɑːθrɪə] n dysarthrie f

dyscalculia [ˌdɪskælˈkjuːlɪə] n dyscalculie f

dysenteric [ˌdɪsənˈterɪk] adj dysentérique

dysentery ['dɪsəntrɪ] n dysenterie f

dysfunction [dɪsˈfʌŋkʃən] n dysfonctionnement m

dysfunctional [dɪsˈfʌŋkʃənl] adj dysfonctionnel ♦ **dysfunctional family** famille dysfonctionnelle or à problèmes

dysgenic [dɪsˈdʒenɪk] adj dysgénique

dysgraphia [dɪsˈɡræfɪə] n (Med) dysgraphie f

dyskinesia [ˌdɪskɪˈniːzɪə] n dyskinésie f

dyslectic [dɪsˈlektɪk] adj (Med) dyslexique

dyslexia [dɪsˈleksɪə] n dyslexie f

dyslexic [dɪsˈleksɪk] adj, n dyslexique mf

dysmenorrhoea, dysmenorrhea (US) [ˌdɪsmenəˈrɪə] n dysménorrhée f

dyspepsia [dɪsˈpepsɪə] n dyspepsie f

dyspeptic [dɪsˈpeptɪk] adj, n dyspeptique mf, dyspepsique mf

dysphasia [dɪsˈfeɪzɪə] n dysphasie f

dysphasic [dɪsˈfeɪzɪk] adj (Med) dysphasique

dysphoria [dɪsˈfɔːrɪə] n dysphorie f

dysplasia [dɪsˈpleɪzɪə] n dysplasie f

dyspnoea, dyspnea (US) [dɪspˈniːə] n (Med) dyspnée f

dyspraxia [dɪspˈræksɪə] n dyspraxie f

dysprosium [dɪsˈprəʊsɪəm] n dysprosium m

dysthymia [dɪsˈθaɪmɪə] n (Psych) dysthymie f, dépression f névrotique

dysthymic [dɪsˈθaɪmɪk] adj (Psych) dysthymique

dystocia [dɪsˈtəʊʃə] n dystocie f

dystonia [dɪsˈtəʊnɪə] n dystonie f

dystopia [dɪsˈtəʊpɪə] n contre-utopie f

dystrophy ['dɪstrəfɪ] n dystrophie f ; → **muscular**

dysuria [dɪsˈjʊərɪə] n dysurie f

E

E, e [iː] n **a** (= letter) E, e m ◆ **E for Easy** ≃ E comme Émile

b (Mus) mi m ; → **key**

c (abbrev of **East**) E, est m

d (Scol) ≃ faible

e (Brit) (abbrev of **elbow**) **to give sb/get the big E** * [+ lover] plaquer ⁑ or laisser tomber qn */ se faire plaquer ⁑ ; [+ employee] virer qn */ se faire virer *

f (Drugs = ecstasy) **E** * ecstasy m

g (on food packets) ◆ **E numbers** (Brit) ≃ additifs mpl (alimentaires) ◆ **E25/132** E25/132

e- [iː] pref (= electronic) e-

EA [ˌiːˈeɪ] n (US Scol) (abbrev of **educational age**) → **educational**

ea abbrev of **each**

each [iːtʃ] → SYN **1** adj chaque ◆ **each passport** chaque passeport, tout passeport ◆ **each day** chaque jour, tous les jours ◆ **each one of us** chacun(e) de or d'entre nous ◆ **each and every one of us** chacun(e) de nous sans exception

2 pron (= thing, person, group) chacun(e) m(f) ◆ **each of the boys** chacun des garçons ◆ **each of us** chacun(e) m(f) de or d'entre nous ◆ **each of them gave their opinion** chacun a donné son avis, ils ont donné chacun leur avis ◆ **we each had our own idea about it** nous avions chacun notre idée là-dessus ◆ **each more beautiful than the next** or **the other** tous plus beaux les uns que les autres ◆ **each of them was given a present** on leur a offert à chacun un cadeau, chacun d'entre eux a reçu un cadeau ◆ **a little of each please** un peu de chaque s'il vous plaît ◆ **we gave them one apple each** nous leur avons donné une pomme chacun ◆ **two classes of 20 pupils each** deux classes de 20 élèves (chacune) ◆ **the books are £12 each** les livres coûtent 12 livres chacun or chaque ◆ **carnations at one franc each** des œillets à un franc (la) pièce

◆ **each other** l'un(e) l'autre m(f), les uns les autres mpl, les unes les autres fpl ◆ **they love each other** ils s'aiment (l'un l'autre) ◆ **they write to each other often** ils s'écrivent souvent ◆ **they were sorry for each other** ils avaient pitié l'un de l'autre ◆ **they respected each other** ils avaient du respect l'un pour l'autre, ils se respectaient mutuellement ◆ **you must help each other** il faut vous entraider ◆ **separated from each other** séparés l'un de l'autre ◆ **they used to carry each other's books** ils s'aidaient à porter leurs livres

3 COMP ▷ **each way** (Brit Racing etc) adj bet sur un cheval placé ◊ adv **to bet on** or **back a horse each way** jouer un cheval placé

eager [ˈiːgəʳ] → SYN **1** adj person, buyer empressé ; worker, volunteer enthousiaste ; lover ardent, passionné ; search avide ; pursuit, discussion âpre ; face impatient ◆ **eager anticipation** attente f pleine d'impatience ◆ **she is an eager student of English** elle étudie l'anglais avec enthousiasme or ardeur ◆ **eager supporters** (of cause) défenseurs mpl ardents ; (Sport) supporters mpl passionnés or enthousiastes ◆ **to be eager for** [+ happiness] rechercher avidement ; [+ affection, information] être avide de ; [+ vengeance, knowledge] avoir soif de ; [+ power, honour] briguer, convoiter ; [+ pleasure] être assoiffé de ; [+ praise, fame, nomination] désirer vivement ◆ **to be eager for change** avoir soif de changement ◆ **to be eager for sb to do sth** avoir hâte que qn fasse qch ◆ **to be eager for sth to happen** avoir hâte que qch arrive (subj) ◆ **to be eager to do sth** (= keen) désirer vivement faire qch ; (= impatient) brûler or être impatient or être pressé de faire qch ◆ **she is eager to help** elle ne demande qu'à aider ◆ **she is eager to please** (= make people happy) elle ne demande qu'à faire plaisir ; (= be helpful) elle ne demande qu'à rendre service

2 COMP ▷ **eager beaver** * n (gen) personne f enthousiaste et consciencieuse ◆ **he's an eager beaver** (at work) il en veut *, il se donne du mal pour réussir

eagerly [ˈiːgəlɪ] adv await, anticipate avec impatience ; accept avec enthousiasme ; say avec empressement

eagerness [ˈiːgənɪs] → SYN n (NonC) (= excitement) excitation f ; (= impatience) impatience f ; (= impetuousness) ardeur f ◆ **eagerness for sth** soif f de qch ◆ **eagerness to succeed** vif désir m de réussir ◆ **eagerness to learn** soif f or vif désir m d'apprendre ◆ **eagerness to leave/help/please** empressement m à partir/aider/faire plaisir

eagle [ˈiːgl] **1** n (Orn) aigle mf (gen m) ; (Rel = lectern) aigle m ; (Her, Hist, Mil) aigle f ; (Golf) eagle m ; (US † = coin) pièce de 10 dollars ; → **golden**

2 COMP ▷ **eagle eye** n **to keep an eagle eye on sb/sth** surveiller qn/qch d'un œil attentif ◆ **nothing escapes her eagle eye** rien n'échappe à son œil vigilant ▷ **eagle-eyed** adj aux yeux d'aigle or de lynx ▷ **eagle owl** n grand-duc m ▷ **eagle ray** n aigle m de mer ▷ **Eagle Scout** n (US) scout du plus haut grade

eaglet [ˈiːglɪt] n aiglon(ne) m(f)

eaglewood [ˈiːglˌwʊd] n calambac m

E & OE [ˌiːəndˈəʊiː] (abbrev of **errors and omissions excepted**) se & o

ear¹ [ɪəʳ] **1** n (also fig) oreille f ◆ **I'm all ears!** * je suis tout oreilles or tout ouïe ! ◆ **projectiles buzzed around his ears** des projectiles lui sifflaient aux oreilles ◆ **it all came crashing down around** or **about his ears** tout s'est effondré autour de lui ◆ **your ears must have been burning!** * vous avez dû entendre vos oreilles siffler ! ◆ **if that should come to his ears** si cela venait à ses oreilles ◆ **to close** or **shut one's ears to sth** ne pas vouloir entendre qch ◆ **to close** or **shut one's ears to sb** refuser d'écouter qn ◆ **to have** or **keep one's ear to the ground** se tenir au courant ◆ **to have an ear for music** avoir l'oreille musicale ◆ **to have a good ear** (for music) avoir une bonne oreille ◆ **to have an ear** or **a good ear for languages** avoir de l'oreille or une bonne oreille pour les langues ◆ **he has the ear of the President** il a l'oreille du Président ◆ **it goes in one ear and out (of) the other** * cela lui (or vous etc) entre par une oreille et lui (or vous etc) sort par l'autre ◆ **to keep one's ears open** ouvrir l'oreille ◆ **you'll be out on your ear** * si tu ne fais pas attention ◆ **to play by ear** (Mus) jouer d'oreille ◆ **I'll play it by ear** (fig) je déciderai quoi faire or j'improviserai le moment venu ◆ **to set** or **put sb on his ear** (US) (= irritate) exaspérer qn ; (= shock) atterrer qn ◆ **that set them by the ears!** ça a semé la zizanie (entre eux) ! ◆ **they practically had steam coming out of their ears** * (hum) ils étaient à cran or profondément exaspérés ◆ **to find/lend a sympathetic ear** trouver/prêter une oreille attentive ◆ **his proposal found few sympathetic ears** sa proposition a rencontré peu d'échos ◆ **to be up to the** or **one's ears in work** * avoir du travail par-dessus la tête ◆ **to be up to the** or **one's ears in debt** être endetté jusqu'au cou ◆ **he's got money/houses etc coming out of his ears** * (hum) il a de l'argent/des maisons etc à ne plus savoir qu'en faire ◆ **he's got nothing between his ears** * il n'a rien dans la tête (fig) ; → **bend, box², clip, deaf, half**

2 COMP operation à l'oreille ▷ **ear, nose and throat department** n (Med) service m d'oto-rhino-laryngologie ▷ **ear, nose and throat specialist** n oto-rhino-laryngologiste mf, oto-rhino * mf ▷ **ear piercing** n perçage m d'oreilles ▷ **ear-piercing** adj ⇒ **ear-splitting** ▷ **ear shell** n (Zool) ormeau m ▷ **ear-splitting** adj sound, scream strident, perçant ; din fracassant ▷ **ear stoppers** npl ⇒ **ear-plugs** ▷ **ear trumpet** n cornet m acoustique

ear² [ɪəʳ] n [of grain, plant] épi m

earache [ˈɪəreɪk] n mal m d'oreille(s) ◆ **to have (an) earache** avoir mal à l'oreille or aux oreilles

eardrops [ˈɪədrɒps] npl (Med) gouttes fpl pour les oreilles

eardrum [ˈɪədrʌm] n (Anat) tympan m

earful * [ˈɪəfʊl] n ◆ **to give sb an earful** (= talk a lot) casser les oreilles * à qn ; (= scold) passer un savon * à qn

earhole * [ˈɪəhəʊl] n (Brit) esgourde * f ◆ **to give sb a clip** or **clout round the earhole** filer une claque à qn *

earl [ɜːl] **1** n comte m

2 COMP ▷ **Earl Grey (tea)** n Earl Grey m

earldom [ˈɜːldəm] n (= title) titre m de comte ; (= land) comté m

earlier [ˈɜːlɪəʳ] (compar of **early**) **1** adj **a** (in past) chapter, edition, meeting, efforts, attempts précédent ◆ **at an earlier date** (= formerly) autrefois, plus tôt ; (than that specified) précédemment ◆ **in earlier times** autrefois ◆ **his earlier symphonies** ses premières symphonies fpl ◆ **an**

earlier train un train plus tôt ◆ **the earlier train** le train précédent

b (in future) **at an earlier date** à une date plus rapprochée

2 adv **a** (= nearer beginning of day) get up plus tôt

b (= previously) leave auparavant, plus tôt ◆ **she had left ten minutes earlier** elle était partie dix minutes auparavant or plus tôt ◆ **earlier in the evening** plus tôt dans la soirée ◆ **earlier on** (= formerly) autrefois ; (before specified moment) plus tôt, précédemment ◆ **earlier today** plus tôt dans la journée ◆ **I said earlier that ...** tout à l'heure j'ai dit que ... ◆ **not** or **no earlier than Thursday** pas avant jeudi

earliest ['ɜːlɪɪst] (superl of **early**) 1 adj **a** (= first) novel, film tout premier ◆ **the earliest in a series of murders** le premier en date or le tout premier d'une série de meurtres

b (= first possible) **the earliest date he could do it was 31 July** le plus tôt qu'il pouvait le faire était le 31 juillet ◆ **the earliest possible date for the election** la première date possible pour la tenue des élections ◆ **at the earliest possible moment** le plus tôt possible, au plus tôt ◆ **the earliest time you may leave is 4pm** vous ne pouvez pas partir avant 16 heures (au plus tôt) ◆ **at your earliest convenience** (Comm) dans les meilleurs délais ◆ **the earliest delivery time** (Comm) le délai de livraison le plus court, le meilleur délai de livraison

2 adv ◆ **to arrive/get up earliest** arriver/se lever le tout premier or la toute première, être le tout premier or la toute première à arriver/se lever ◆ **to flower earliest** être le tout premier or la toute première à fleurir

3 n ◆ **at the earliest** au plus tôt ◆ **the earliest he can come is Monday** le plus tôt qu'il puisse venir c'est lundi

earlobe ['ɪələʊb] n lobe m d'oreille

early ['ɜːlɪ] → SYN 1 adj **a** (= near beginning of period) years, months, days, settlers, film, book premier ; childhood petit ◆ **it's too early to say** or **tell** il est trop tôt pour le dire ◆ **it is too early to say** or **know what will happen** il est trop tôt pour dire or savoir ce qui va se passer ◆ **the early (19)60s** le début des années soixante ◆ **in the early afternoon** en début d'après-midi ◆ **at an early age** (très) jeune ◆ **from an early age** dès mon/son/leur etc plus jeune âge ◆ **in early childhood** pendant la petite enfance ◆ **his early career** les débuts mpl de sa carrière ◆ **in the early 18th century** au début du 18e siècle ◆ **in the early days** au début, au commencement (*of* de) ◆ **the early days** or **stages of the project** les débuts mpl du projet ◆ **it's early days (yet)** * (esp Brit) il est (encore) trop tôt pour en juger ◆ **it was early evening when we finished** nous avons fini tôt dans la soirée ◆ **to be an early example of sth** être un des premiers exemples de qch ◆ **an early form of ...** une forme ancienne de ... ◆ **two early goals** deux buts mpl en début de match ◆ **early January** début janvier ◆ **by early January** d'ici début janvier ◆ **in the early morning** tôt le matin ◆ **an early-morning drive** une promenade matinale en voiture ◆ **in the early part of the century** au début or au commencement du siècle ◆ **in its early stages** à ses débuts ◆ **this is in a very early stage of development** c'en est au tout début ◆ **in early summer** au début de l'été ◆ **in his early teens** au début de son adolescence, dès treize ou quatorze ans ◆ **to be in one's early thirties** avoir un peu plus de trente ans ◆ **the early Tudors** les premiers Tudor mpl ◆ **the early Victorians** les Victoriens mpl du début du règne ◆ **an early Victorian table** une table du début de l'époque victorienne ◆ **in his early youth** dans sa première or prime jeunesse ; see also **earlier, earliest, life**

b (= near beginning of day) tôt ◆ **don't go, it's still early** ne t'en va pas, il est encore tôt or il n'est pas tard ◆ **at an early hour** de bonne heure, très tôt ◆ **at an early hour of the morning** à une heure matinale ◆ **(in) the early hours (of the morning)** (dans) les premières heures fpl (de la matinée) ◆ **we've got an early start tomorrow** nous partons tôt or de bonne heure demain ◆ **I caught an early train** j'ai pris un train tôt le matin ◆ **I caught the early train** j'ai pris le premier train (du matin)

c (= before expected time) departure, death, marriage, menopause prématuré ; spring, flowers, cabbages, crop précoce ◆ **to be early** [person] (gen) être en avance ; (arriving) arriver en avance ◆ **I'm early** (gen) je suis en avance ; (menstrual period) mes règles ont de l'avance ◆ **I'm a week early** (gen) je suis une semaine en avance, j'ai une semaine d'avance ; (menstrual period) mes règles ont une semaine d'avance ◆ **I was two hours early** j'étais deux heures en avance, j'avais deux heures d'avance ◆ **you're early today** vous arrivez de bonne heure or tôt aujourd'hui ◆ **too early** trop tôt, trop en avance ◆ **to be early for an appointment** (gen) être en avance à un rendez-vous ; (arriving) arriver en avance à un rendez-vous ◆ **to be early in arriving** arriver avec de l'avance or en avance ◆ **to be early with sth** avoir de l'avance dans qch ◆ **I was early with the rent** j'ai payé mon loyer en avance ◆ **both my babies were early** mes deux bébés sont arrivés avant terme ◆ **Easter is early this year** Pâques est tôt cette année ◆ **spring was early** le printemps était en avance or était précoce ◆ **the train is early** le train est en avance or a de l'avance ◆ **the train is 30 minutes early** le train est 30 minutes en avance or a 30 minutes d'avance ◆ **we're having an early holiday this year** nous partons tôt en vacances cette année ◆ **to have an early lunch** déjeuner tôt ◆ **to have an early night** (aller) se coucher tôt ◆ **to take an early bath** * (Brit fig = withdraw) prendre une retraite anticipée ◆ **to send sb for an early bath** (Brit Ftbl, Rugby) mettre qn sur la touche ◆ **early fruit** (Comm) primeurs mpl ◆ **early vegetables** (Comm) primeurs mpl

d (= occurring in near future) **at an early date** bientôt, prochainement ◆ **to promise early delivery** (Comm) promettre une livraison rapide ◆ **"hoping for an early reply"** (Comm) "dans l'espoir d'une prompte réponse" ; see also **earlier, earliest**

2 adv **a** (= near beginning of period) start tôt ◆ **as early as next week** dès la semaine prochaine ◆ **early in 1915** au début de 1915 ◆ **early in the year** au début de l'année ◆ **early in May** début mai ◆ **early in life** tôt dans la vie ◆ **early in his life** dans ses jeunes années ◆ **early in the book** au début du livre ◆ **early in the meeting** au début de la réunion ◆ **early next month/year** tôt le mois prochain/l'année prochaine ◆ **early on (in life)** très tôt ◆ **early on in his career** au début de sa carrière ◆ **early this month/year** tôt dans le mois/l'année ◆ **early today** tôt dans la journée ◆ **early yesterday** tôt dans la journée d'hier ; see also **earlier**

b (= near beginning of day) get up, go to bed, set off tôt, de bonne heure ◆ **early in the morning/day** tôt le matin/dans la journée ◆ **early next day** tôt le lendemain ◆ **too early** trop tôt, de trop bonne heure ◆ (Prov) **early to bed, early to rise (makes a man healthy, wealthy and wise)** l'avenir appartient à ceux qui se lèvent tôt (Prov) ; see also **bright, earlier, earliest**

c (= before usual time) arrive, end en avance ; flower, harvest tôt ◆ **an early flowering gladiolus** un glaïeul à floraison précoce ◆ **to arrive early for sth** arriver en avance pour qch ◆ **to arrive five minutes early** arriver cinq minutes en avance or avec cinq minutes d'avance ◆ **post early** expédiez votre courrier à l'avance ◆ **book early to avoid disappointment** pour éviter toute déception, réservez rapidement or le plus tôt possible ◆ **he took his summer holiday early this year** il a pris ses vacances d'été tôt cette année ◆ **the peaches are ripening early this year** les pêches seront mûres tôt cette année ◆ **too early** trop tôt ; see also **earliest**

d (= soon) **as early as possible** le plus tôt possible, dès que possible

3 COMP ▷ **early admission** n (US Univ) inscription f anticipée ▷ **early bird** * n lève-tôt * mf inv ◆ (Prov) **it's the early bird that catches the worm** l'avenir appartient à ceux qui se lèvent tôt (Prov) ▷ **Early Christian** adj, n paléochrétien(ne) m(f) ◆ **the early Christians** les premiers chrétiens mpl ▷ **the Early Church** n l'Église f primitive ▷ **early closing (day)** n (Brit) *jour de fermeture l'après-midi* ◆ **it's early closing (day) today** aujourd'hui les magasins ferment l'après-midi ▷ **Early English** n (Archit) premier gothique m anglais ▷ **early man** n les premiers hommes mpl, l'homme m primitif ▷ **early music** n la musique ancienne ▷ **early retirement** n (gen) retraite f anticipée ; (Admin) préretraite f ◆ **to take early retirement** (gen) prendre une retraite anticipée ; (Admin) partir en préretraite ▷ **early riser** n lève-tôt * mf inv ▷ **early warning system** n (Mil, fig) système m d'alerte anticipée à grande distance

earmark ['ɪəmɑːk] 1 n (fig) marque f, signe m distinctif, caractéristique f

2 vt [+ cattle] marquer (au fer rouge) ; (fig) [+ object, seat] réserver (*for* à) ; [+ funds, person] assigner, affecter, destiner (*for* à)

earmuff ['ɪəmʌf] n cache-oreilles m inv

earn [ɜːn] → SYN 1 vt [+ money] gagner ; [+ salary] toucher ; (Fin) [+ interest] rapporter ; [+ praise, rest] mériter, gagner ◆ **to earn one's living (doing sth)** gagner sa vie (en faisant qch) ◆ **she earns a** or **her living as a freelance TV producer** elle gagne sa vie comme réalisatrice indépendante pour la télévision ◆ **to earn a** or **one's crust** (Brit hum) gagner sa croûte * ◆ **to earn an honest crust** (Brit hum) gagner honnêtement sa vie or son pain ◆ **he has already earned his corn** (Brit) il nous a déjà rapporté plus qu'il ne nous a coûté ◆ **his success earned him praise** sa réussite lui a valu des éloges

2 vi ◆ **to be earning** gagner sa vie

3 COMP ▷ **earned income** n revenus mpl salariaux, traitement(s) m(pl), salaire(s) m(pl) ▷ **earning power** n (Econ) productivité f financière ◆ **his earning power** son salaire etc potentiel

earner ['ɜːnəʳ] n ◆ **high/low earners** gens mpl qui gagnent bien leur vie/qui ont des revenus modestes ◆ **it's a nice little earner** * (Brit) ça rapporte (bien)

earnest ['ɜːnɪst] → SYN 1 adj person, hope, desire, conversation, discussion sérieux ; prayer fervent

2 n **a in earnest** (= with determination) sérieusement ; (= without joking) sans rire ◆ **this time I am in earnest** cette fois je ne plaisante pas ◆ **it is snowing in earnest** il neige pour de bon

b (fig = guarantee) garantie f, gage m ◆ **as an earnest of his good intentions** en gage de ses bonnes intentions

c (also **earnest money**) arrhes fpl

earnestly ['ɜːnɪstlɪ] adv say, explain, look at avec sérieux ; talk, discuss, ask sérieusement ; hope sincèrement ; beseech instamment ; pray avec ferveur

earnestness ['ɜːnɪstnɪs] n [of person, tone] gravité f, sérieux m ; [of effort] ardeur f ; [of demand] véhémence f

earnings ['ɜːnɪŋz] → SYN 1 npl [of person] salaire m, gain(s) m(pl) ; [of business] profits mpl, bénéfices mpl ◆ **earnings per share** (Fin) bénéfice m par action

2 COMP ▷ **earnings-related** adj pension, contributions proportionnel au salaire

EAROM ['ɪərɒm] n (Comput) (abbrev of **electrically alterable read only memory**) mémoire f morte modifiable électriquement

earphone ['ɪəfəʊn] n (Rad, Telec etc) écouteur m ◆ **to listen on earphones** écouter au casque

earpiece ['ɪəpiːs] n (Rad, Telec etc) écouteur m

earplugs ['ɪəplʌgz] npl (for sleeping) boules fpl Quiès ® ; (for underwater) protège-tympans mpl

earring ['ɪərɪŋ] n boucle f d'oreille

earshot ['ɪəʃɒt] n ◆ **out of earshot** hors de portée de voix ◆ **within earshot** à portée de voix

earth [ɜːθ] → SYN 1 n **a** (NonC = ground, soil) terre f (also Elec) ◆ **to fall to earth** tomber à terre or par terre or au sol ◆ **to come down** or **be brought down to earth (with a bump)** (fig) revenir or redescendre (brutalement) sur terre (fig) ◆ **the earth moved** (fig hum) ça a été le grand frisson ; → **down**[1]

b (= planet) **(the) Earth** la Terre ◆ **on earth** sur terre ◆ **here on earth** ici-bas, en ce bas monde ◆ **it's heaven on earth** c'est le paradis sur terre ◆ **to the ends of the earth** au bout du monde ◆ **where/why/how on earth ...?** où/pourquoi/comment diable ... ? ◆ **nowhere on earth will you find ...** nulle part au monde vous ne trouverez ... ◆ **nothing on earth** rien au monde ◆ **she looks like nothing on earth!** à quoi elle ressemble ! ◆ **it tasted like nothing on earth** ça avait un goût vraiment bizarre ◆ **to promise sb the earth** promettre la lune à qn ◆ **it must have cost**

the earth! * ça a dû coûter les yeux de la tête ! * ◆ **I paid the earth for it** ça m'a coûté les yeux de la tête *

c [of fox, badger etc] terrier m, tanière f ◆ **to run** or **go to earth** (lit, fig) [fox, criminal] se terrer (fig) ◆ **to run sb to earth** dépister qn ◆ **she finally ran him to earth in the pub** (hum) elle a fini par le dénicher au pub ◆ **he ran the quotation to earth in "Hamlet"** (hum) il a déniché la citation dans "Hamlet"

2 vt (Brit Elec) [+ apparatus] mettre à la masse or à la terre

3 COMP ▷ **earth closet** n fosse f d'aisances ▷ **earth mother** n (Myth) déesse f de la fertilité ; (fig) mère f nourricière ▷ **earth-moving equipment** n engins mpl de terrassement ▷ **earth sciences** npl sciences fpl de la terre ▷ **earth-shaking** *, **earth-shattering** * adj (fig) stupéfiant ▷ **earth sign** n (Astrol) signe m de terre ▷ **earth tremor** n secousse f sismique

► **earth up** vt sep [+ plant] butter

earthborn ['ɜːθbɔːn] adj (liter) humain

earthbound ['ɜːθbaʊnd] adj (= moving towards earth) qui se dirige vers la terre ; (= stuck on earth) attaché à la terre ; (fig) (= unimaginative) terre à terre inv, terre-à-terre inv

earthed [ɜːθt] adj (Brit Elec) relié à la terre

earthen ['ɜːθən] adj de terre, en terre

earthenware ['ɜːθənwɛəʳ] → SYN 1 n poterie f, terre f cuite ; (glazed) faïence f

2 COMP jug etc en terre cuite (or en faïence)

earthiness ['ɜːθɪnɪs] n (fig) [of person] caractère m terre à terre or terre-à-terre ; (fig) [of humour] truculence f

earthling * ['ɜːθlɪŋ] n terrien(ne) m(f) *(par opposition à extraterrestre)*

earthly ['ɜːθlɪ] → SYN 1 adj a being, paradise, possessions terrestre

b (* fig = possible) **there is no earthly reason to think that ...** il n'y a pas la moindre raison de croire que ... ◆ **for no earthly reason** sans aucune raison ◆ **he doesn't stand** or **hasn't an earthly chance of succeeding** il n'a pas la moindre chance de réussir ◆ **of no earthly use** d'aucune utilité, sans aucun intérêt ◆ **it's no earthly use telling him that** ça ne sert absolument à rien de lui dire ça

2 n (Brit) ◆ **not an earthly** * pas la moindre chance, pas l'ombre d'une chance

earthman * ['ɜːθmæn] n, pl **-men** terrien m *(par opposition à extraterrestre)*

earthmover ['ɜːθmuːvəʳ] n bulldozer m

earthnut ['ɜːθnʌt] n (Bot = pignut) conopode m (dénudé)

earthquake ['ɜːθkweɪk] n tremblement m de terre, séisme m ; → **damage**

earthshine ['ɜːθʃaɪn] n (Astron) clair m de terre

earthward(s) ['ɜːθwəd(z)] adv dans la direction de la terre, vers la terre

earthwork ['ɜːθwɜːk] n (Mil, Archeol) ouvrage m de terre ; (Constr) terrassement m

earthworm ['ɜːθwɜːm] n ver m de terre

earthy ['ɜːθɪ] adj a (= like earth) colour ocré ; flavour légèrement terreux ; smell terreux, de terre

b (= frank) humour, language truculent

earwax ['ɪəwæks] n cérumen m, cire f

earwig ['ɪəwɪg] n perce-oreille m

ease [iːz] → SYN 1 n (NonC) a (= well-being, relaxation) (mental) tranquillité f ; (physical) bien-être m ◆ **he lives a life of ease** il a une vie facile ◆ **to take one's ease** prendre ses aises

♦ **at (one's) ease** à l'aise ◆ **she put me at (my) ease** elle m'a mis à l'aise ◆ **not at ease** mal à l'aise ◆ **my mind is at ease at last** j'ai enfin l'esprit tranquille ◆ **to put** or **set sb's mind at ease** tranquilliser qn ◆ **to be at ease with sb** être à l'aise avec qn ◆ **I like Spain, but I don't feel at ease with the language** j'aime bien l'Espagne, mais je ne suis pas à l'aise en espagnol ◆ **I'm not really at ease with the idea of flying** l'idée de prendre l'avion m'angoisse un peu ◆ **to be** or **feel at ease with oneself** être bien dans sa peau ◆ **(stand) at ease!** (Mil) repos !

b (= lack of difficulty) aisance f, facilité f ◆ **ease of use/reference/access** facilité f d'emploi/de consultation/d'accès ◆ **for ease of reference/access/storage** pour faciliter la consultation/l'accès/le rangement, pour une consultation/un accès/un rangement facile ◆ **we tested them for ease of use** nous les avons testés pour voir s'ils étaient faciles à utiliser ◆ **with ease** aisément, facilement ◆ **with the greatest of ease** avec la plus grande facilité, sans la moindre difficulté

2 vt a (= relieve) [+ pain] atténuer, soulager ; [+ mind] calmer, tranquilliser ; [+ pressure, tension] diminuer, réduire ; [+ sanctions] assouplir ; [+ restrictions] relâcher ; [+ shortage, overcrowding] pallier ; [+ problem] atténuer ; [+ suffering] soulager ; [+ situation] détendre ; [+ fears] apaiser ◆ **ways to ease the food shortage** des moyens de pallier la pénurie alimentaire ◆ **to ease traffic congestion in Bangkok/on the motorway** décongestionner Bangkok/l'autoroute ◆ **to ease the overcrowding in the universities** décongestionner les universités ◆ **to ease sb's burden** soulager qn d'un poids

b (= make easier) [+ transition] faciliter

c (= move gently) **to ease a key into a lock** introduire doucement or délicatement une clé dans une serrure ◆ **to ease in the clutch** embrayer en douceur ◆ **she eased the car into gear** elle a passé la première en douceur ◆ **she eased out the screw** elle a enlevé doucement or délicatement la vis ◆ **he eased himself into the chair** il s'est laissé glisser dans le fauteuil ◆ **he eased himself through the gap in the fence** il s'est glissé par le trou de la barrière ◆ **he eased himself into his jacket** il a passé or enfilé doucement sa veste

3 vi [pressure, tension, fighting] diminuer ◆ **the situation has eased** la situation s'est détendue ◆ **prices have eased** les prix ont baissé, il y a eu une baisse des prix

► **ease back** vi (US) ◆ **to ease back on sb/sth** se montrer moins strict envers qn/en ce qui concerne qch

► **ease off** 1 vi [person] (= slow down) ralentir ; (= work less hard) se relâcher ; (= subside) [rain, wind] se calmer ; [pressure] diminuer ; [work, business] devenir plus calme ; [traffic] diminuer ; [pain] se calmer ; [demand] baisser

2 vt sep [+ bandage, stamp etc] enlever délicatement ; [+ lid] enlever doucement

► **ease up** vi [person] (= relax) se détendre, se reposer ; (= make less effort) relâcher ses efforts ; (= calm down) [situation] se détendre ◆ **ease up a bit!** vas-y plus doucement ! ◆ **to ease up on sb/sth** se montrer moins strict envers qn/en ce qui concerne qch

easel ['iːzl] n chevalet m

easement ['iːzmənt] n (US Jur) droit m de passage

easily ['iːzɪlɪ] → SYN adv a (= without difficulty, quickly) accessible, available, recognizable facilement ◆ **to tire/break easily** se fatiguer/se casser facilement ◆ **I can easily fetch him** je peux facilement aller le chercher ◆ **he makes friends easily** il se fait facilement des amis ◆ **just as easily** aussi bien ◆ **as easily as (if ...)** aussi facilement que (si ...) ◆ **he is easily led** il est très influençable

b (= very possibly) bien ◆ **he may easily change his mind** il pourrait bien changer d'avis ◆ **he could easily be right** il pourrait bien avoir raison

c (with superl = unquestionably) sans aucun doute, de loin ◆ **he was easily the best candidate** il était de loin le meilleur candidat

d (with amounts, measurements etc) facilement ◆ **that's easily 50km** ça fait facilement 50 km

e (= in relaxed manner) talk, smile, breathe avec décontraction ◆ **"yes", he said easily** "oui", dit-il avec décontraction

easiness ['iːzɪnɪs] n facilité f

east [iːst] 1 n est m, orient m (frm) ◆ **the East** (gen) l'Orient m ; (Pol = Iron Curtain) les pays mpl de l'Est ; (US Geog) (les États mpl de) l'Est m ◆ **the mysterious East** l'Orient m mystérieux ◆ **to the east of ...** à l'est de ... ◆ **in the east of Scotland** dans l'est de l'Écosse ◆ **house facing the east** maison f exposée à l'est ◆ **to veer to the east, to go into the east** [wind] tourner à l'est ◆ **the wind is in the east** le vent est à l'est ◆ **the wind is (coming** or **blowing) from the east** le vent vient or souffle de l'est ◆ **to live in the east** habiter dans l'Est ◆ **"East of Eden"** (Cine) "à l'Est d'Eden" ; → **far**, **middle**

2 adj coast, wing est inv ◆ **east wind** vent m d'est ◆ **on the east side** du côté est ◆ **East Asia** l'Asie f de l'Est ◆ **in east Devon** dans l'est du Devon ◆ **East London** l'est m de Londres ◆ **a room with an east aspect** une pièce exposée à l'est ◆ **east transept/door** (Archit) transept m/portail m est or oriental ; see also **4**

3 adv go, travel, fly vers l'est ◆ **go east till you get to Manchester** allez vers l'est jusqu'à Manchester ◆ **we drove east for 100km** nous avons roulé vers l'est pendant 100 km ◆ **to be (due) east of Paris** être (en plein) à l'est de Paris ◆ **to head due east** (gen) se diriger plein est ; (Aviat, Naut) avoir le cap à l'est ◆ **to sail due east** avoir le cap à l'est ◆ **further east** plus à l'est ◆ **east by north/south** est quart nord/sud ◆ **east by north-east** est quart nord-est

4 COMP ▷ **East Africa** n l'Afrique f orientale, l'Est m de l'Afrique ▷ **East African** adj d'Afrique orientale ◇ n Africain(e) m(f) de l'Est ▷ **East Berlin** n Berlin-Est ▷ **East Berliner** n habitant(e) m(f) de Berlin-Est ▷ **the East End** n (also **the East End of London**) les quartiers mpl est de Londres *(quartiers surtout pauvres)* ▷ **East Ender** (Brit) n habitant(e) m(f) de l'East End (de Londres) ▷ **East Europe** n (esp US) l'Europe f de l'Est ▷ **East European** adj d'Europe de l'Est ◇ n Européen(ne) m(f) de l'Est ▷ **east-facing** adj exposé à l'est ▷ **East German** adj est-allemand ◇ n Allemand(e) m(f) de l'Est ▷ **East Germany** n l'Allemagne f de l'Est ▷ **East India Company** n (Hist) Compagnie f (britannique) des Indes orientales ▷ **East Indian** adj des Indes orientales ▷ **the East Indies** npl les Indes fpl orientales ▷ **east-north-east** n, adj est-nord-est m ▷ **(the) East Side** n [of New York] les quartiers mpl est de New York ▷ **east-south-east** n, adj est-sud-est m ▷ **East Timor** n Timor m oriental ▷ **East Timorese** adj est-timorais ◇ n Timorais(e) (m(f)) de l'est ▷ **East-West relations** npl (Pol) relations fpl Est-Ouest

eastbound ['iːstbaʊnd] adj traffic, vehicles (se déplaçant) en direction de l'est ; carriageway est inv ◆ **to be eastbound on the M8** être sur la M8 en direction de l'est

Easter ['iːstəʳ] 1 n a (Rel : also **Easter Day**) Pâques m ◆ **Easter is celebrated between ...** Pâques est célébré entre ...

b Pâques fpl ◆ **at Easter** à Pâques ◆ **Happy Easter!** joyeuses Pâques !

2 COMP holidays de Pâques ▷ **Easter bonnet** n chapeau m de printemps ▷ **the Easter bunny** n (US) *personnage censé apporter des friandises aux enfants à Pâques* ▷ **Easter communion** n **to make one's Easter communion** faire ses pâques ▷ **Easter Day** n le jour de Pâques ▷ **Easter egg** n œuf m de Pâques ▷ **Easter Island** n l'île f de Pâques ◆ **the Easter Island statues** les statues fpl de l'île de Pâques ▷ **Easter ledges** n (Bot) renouée f, bistorte f ▷ **Easter Monday** n le lundi de Pâques ▷ **Easter parade** n défilé m pascal ▷ **Easter Sunday** n le dimanche de Pâques ▷ **Easter week** n la semaine pascale

easterly ['iːstəlɪ] 1 adj wind d'est ; situation à l'est, à l'orient (frm) ◆ **in an easterly direction** en direction de l'est, vers l'est ◆ **easterly aspect** exposition f à l'est

2 adv vers l'est

eastern ['iːstən] adj est inv, de l'est ◆ **the eastern coast** la côte est or orientale ◆ **a house with an eastern outlook** une maison exposée à l'est ◆ **eastern wall** mur m exposé à l'est ◆ **eastern Africa** l'Afrique f orientale ◆ **eastern France** la France de l'est, l'Est m de la France ◆ **the Eastern bloc** (Pol) le bloc de l'Est ◆ **the Eastern Church** l'Église f d'Orient ◆ **Eastern Daylight Time** (US) heure f d'été de l'Est ◆ **Eastern European Time** heure f de l'Europe orientale ◆ **Eastern Standard Time** (US) heure f de l'Est

easterner ['iːstənəʳ] n (esp US) homme m or femme f de l'Est ◆ **he is an easterner** il vient de l'Est ◆ **the easterners** les gens mpl de l'Est

easternmost ['iːstənməʊst] adj le plus à l'est

Eastertide ['iːstətaɪd] n le temps pascal, la saison de Pâques

easting ['iːstɪŋ] n (on map) longitude f est

b (= blade) [of knife, razor] tranchant m, fil m ◆ **a blade with a sharp edge** une lame bien affilée ◆ **to put an edge on** [+ knife, blade] aiguiser, affiler, affûter

c [of ski] arête f; (= metal strip) carre f

d (= brink, verge) **to be on the edge of disaster** être au bord du désastre, courir au désastre ◆ **that pushed him over the edge** ça a été plus qu'il ne pouvait supporter, ça a été le comble ◆ **to live life on the edge** * être or marcher sur le fil du rasoir

e on edge ◆ **he's on edge** il est énervé or à cran * ◆ **my nerves are all on edge** j'ai les nerfs à vif or en pelote * or en boule * ◆ **it sets my teeth on edge** cela me fait grincer les dents

f (fig = advantage) **the company has lost its competitive edge** la société est devenue moins compétitive ◆ **the party has lost its radical edge** le parti n'est plus aussi radical qu'avant ◆ **to have the edge on** or **over** avoir un (léger) avantage sur, l'emporter de justesse sur ◆ **to give sb the edge on** or **over the competition** donner à qn un avantage sur la concurrence

g (fig = sharpness) **to take the edge off** [+ sensation] émousser ; [+ appetite] calmer, émousser ◆ **there was an edge to his voice** on sentait à sa voix qu'il était tendu ◆ **panic gave a sharp edge to his voice** sous l'effet de la panique, sa voix est devenue tendue ◆ **there was a slightly caustic edge to his voice** il y avait des intonations caustiques dans sa voix ; → **cutting, rough**

[2] vt **a** (= put a border on) border (**with** de) ◆ **edged with lace** bordé de dentelle

b to edge one's chair nearer the door rapprocher sa chaise tout doucement de la porte ◆ **to edge one's way through** etc ⇒ **to edge through** 3 ◆ **to edge sb out of his** (or **her**) **job** déloger progressivement qn de son poste ◆ **wage rises have edged up inflation** la hausse des salaires a entraîné une légère augmentation du taux d'inflation

[3] vi se glisser, se faufiler ◆ **to edge through/into** etc se glisser or se faufiler à travers/dans etc ◆ **to edge forward** avancer petit à petit ◆ **to edge away** s'éloigner tout doucement or furtivement ◆ **to edge up to sb** (furtively) s'approcher tout doucement or furtivement de qn ; (shyly) s'approcher timidement de qn ◆ **share prices edged up** il y a eu une tendance à la hausse des valeurs boursières ◆ **to edge out of a room** se glisser hors d'une pièce, sortir furtivement d'une pièce

-edged [edʒd] adj (in compounds) **a** paper, fabric bordé de, avec une bordure de

b knife etc **blunt-/sharp-edged** émoussé/bien aiguisé

edger ['edʒər] n débroussailleuse f

edgeways ['edʒweɪz], **edgewise** ['edʒwaɪz] adv de côté ◆ **I couldn't get a word in edgeways** * je n'ai pas réussi à placer un mot or à en placer une *

edgily ['edʒɪlɪ] adv nerveusement

edginess ['edʒɪnɪs] n (NonC) nervosité f, énervement m, irritation f

edging ['edʒɪŋ] [1] n **a** (gen) bordure f; [of ribbon, silk] liséré or liséré m

b (Ski) prise f de carres

[2] COMP ▷ **edging shears** npl (Hort) cisailles fpl à gazon

edgy ['edʒɪ] → SYN adj person, mood énervé, à cran *, crispé

edibility [ˌedɪ'bɪlɪtɪ] n comestibilité f

edible ['edɪbl] → SYN [1] adj **a** (= not poisonous) mushroom, berries etc comestible, bon à manger

b (= not disgusting) meal etc mangeable

[2] COMP ▷ **edible crab** n dormeur m, tourteau m ▷ **edible snail** n escargot m comestible

edict ['iːdɪkt] → SYN n (gen, Jur, Pol) décret m; (Hist) édit m ◆ **to rule by edict** gouverner par décret ◆ **the Edict of Nantes** (Hist) l'édit de Nantes

edification [ˌedɪfɪ'keɪʃən] n édification f, instruction f

edifice ['edɪfɪs] n édifice m

edify ['edɪfaɪ] → SYN vt édifier

edifying ['edɪfaɪɪŋ] adj édifiant

Edinburgh ['edɪnbərə] [1] n Édimbourg

[2] COMP ▷ **the Edinburgh Festival** n le Festival d'Édimbourg

---

EDINBURGH FESTIVAL

Le Festival d'Édimbourg, qui se tient chaque année durant trois semaines au mois d'août, est l'un des grands festivals européens. Il est réputé pour son programme officiel mais aussi pour son festival "off" (the Fringe) qui propose des spectacles aussi bien traditionnels que résolument d'avant-garde. Pendant la durée du Festival se tient par ailleurs, sur l'esplanade du château, un grand spectacle de musique militaire, le "Military Tattoo".

---

edit ['edɪt] → SYN [1] vt [+ newspaper, magazine] être le rédacteur (or la rédactrice) en chef de ; [+ article] mettre au point, préparer ; [+ series of texts] diriger la publication de ; [+ text, author] éditer, donner une édition de ; [+ dictionary, encyclopedia] assurer la rédaction de ; (Rad, TV) [+ programme] réaliser ; [+ film] monter ; [+ tape] mettre au point, couper et recoller ; (Comput) [+ file] éditer

[2] n révision f

▶ **edit out** vt sep supprimer (**of** de) ; [+ text, film] couper (**of** de)

editing ['edɪtɪŋ] n [of magazine] direction f; [of newspaper, dictionary] rédaction f; [of article, series of texts, tape] mise f au point ; [of text, author] édition f ; [of film] montage m, (Comput) édition f

edition [ɪ'dɪʃən] → SYN n [of newspaper, book] édition f ; [of print, etching] tirage m ◆ **revised edition** édition f revue et corrigée ◆ **to bring out an edition of a text** publier or faire paraître l'édition d'un texte ; → **first**

editor ['edɪtər] [1] n **a** (Press) [of newspaper, magazine] rédacteur m, -trice f en chef

b (Publishing) [of writer, text, anthology] directeur m, -trice f de la publication ; [of dictionary, encyclopedia] rédacteur m, -trice f

c (Rad, TV) [of programme] réalisateur m, -trice f

d (Cine) monteur m, -euse f ◆ **political editor** (Press) rédacteur m, -trice f politique ◆ **sports editor** rédacteur m sportif, rédactrice f sportive ◆ **"letters to the editor"** "courrier des lecteurs", "lettres à la rédaction" ; → **news**

[2] COMP ▷ **editor-in-chief** n rédacteur m, -trice f en chef

editorial [ˌedɪ'tɔːrɪəl] [1] adj budget, board, meeting, comment, control, decision de la rédaction ; office de (la) rédaction ; page de l'éditorial ; policy éditorial ◆ **editorial assistant** rédacteur m, -trice f adjoint(e) ◆ **editorial staff** (as team) rédaction f ; (as individuals) personnel m de la rédaction ◆ **the editorial "we"** le "nous" de modestie or d'auteur

[2] n (in newspaper etc) éditorial m, article m de tête

editorialist [ˌedɪ'tɔːrɪəlɪst] n (US) éditorialiste mf

editorialize [ˌedɪ'tɔːrɪəlaɪz] vi exprimer une opinion

editorially [ˌedɪ'tɔːrɪəlɪ] adv **a** (= in approach, content) independent, selective du point de vue éditorial

b (in opinion piece) **the Times commented editorially that** ... le Times a affirmé dans un éditorial que ...

editorship ['edɪtəʃɪp] n **a** (= position of editor) [of newspaper, magazine] poste m de rédacteur en chef ; (Rad, TV) poste m de réalisateur

b (NonC = act or style of editing) [of newspaper, magazine] direction f ; [of dictionary, encyclopedia] rédaction f ; [of text] édition f ◆ **under sb's editorship** or **the editorship of sb** sous la direction de qn

Edmund ['edmənd] n Edmond m

EDP [ˌiːdiː'piː] n (abbrev of **Electronic Data Processing**) → **electronic**

EDT [ˌiːdiː'tiː] n (US) (abbrev of **Eastern Daylight Time**) → **eastern**

educable ['edjʊkəbl] adj éducable

educate ['edjʊkeɪt] → SYN vt (= teach) [teacher, school] [+ pupil] assurer l'instruction de, instruire ; (= bring up) [+ family, children] élever, éduquer ; [+ the mind, one's tastes] former ◆ **the parents' role in educating their children** le rôle des parents dans l'éducation de leurs enfants ◆ **he is being educated in Paris/at Cambridge** il fait ses études à Paris/Cambridge ◆ **to educate the public** éduquer le public ◆ **we need to educate our children about drugs/the environment** il faut que nous sensibilisions nos enfants au problème de la drogue/aux questions d'écologie ◆ **a campaign to educate people about the dangers of smoking** une campagne de sensibilisation du public aux dangers du tabac ou du tabagisme ◆ **to educate sb to believe that ...** (fig) enseigner à qn que ...

educated ['edjʊkeɪtɪd] → SYN [1] vb (ptp of **educate**)

[2] adj person (= cultured) cultivé ; (= learned, trained) instruit ; work force ayant un bon niveau d'éducation or d'instruction ; voice cultivé ; palate, ear averti ◆ **he's hardly educated at all** il n'a guère d'instruction ◆ **an educated mind** un esprit cultivé ; → **guess, well**

education [ˌedjʊ'keɪʃən] → SYN [1] n (gen) éducation f ; (= teaching) enseignement m ; (= learning) instruction f ; (= studies) études fpl ; (= training) formation f ; (= knowledge) culture f ; (as subject studied) pédagogie f ◆ **he had a good education** il a reçu une bonne éducation ◆ **his education was neglected** on a négligé son éducation ◆ **physical/political education** éducation f physique/politique ◆ **he has had very little education** il n'a pas fait beaucoup d'études ◆ **his education was interrupted** ses études ont été interrompues ◆ **she has** or **has had a university education** elle est diplômée d'université, elle a fait des études supérieures ◆ **the education he received at school** l'instruction qu'il a reçue à l'école (or au lycée etc) ◆ **literary/professional education** formation f littéraire/professionnelle ◆ **primary/secondary education** enseignement m primaire/secondaire ◆ **education is free in Britain** l'instruction est gratuite en Grande-Bretagne, l'enseignement est gratuit en Grande-Bretagne ◆ **the crisis in education, the education crisis** la crise de l'enseignement ◆ **the education system** (gen) le système éducatif or d'éducation ◆ **the French education system, the education system in France** le système éducatif or l'enseignement en France ◆ **people working in education** les personnes qui travaillent dans l'enseignement ◆ **Department** or **Ministry of Education** ministère m de l'Éducation ◆ **the Department for Education and Employment** (in Britain) le ministère de l'Éducation et du Travail ◆ **Minister of Education** (Brit) ◆ **Secretary for Education** (US) ministre m de l'Éducation ◆ **working with homeless people was a real education for him** son travail avec les sans-abri lui a beaucoup appris ; → **adult, further**

[2] COMP theory, method d'enseignement, pédagogique ; standards d'instruction, scolaire ; costs de l'enseignement ; (Pol) budget, minister de l'Éducation nationale ▷ **the Education Act** n (Brit) la loi sur l'enseignement ▷ **education authority** n (Brit) ≃ délégation f départementale de l'enseignement ▷ **Education Committee** n (Brit Scol Admin) commission f du conseil régional chargée des affaires scolaires ▷ **education correspondent** n (Press) correspondant(e) m(f) chargé(e) des questions de l'enseignement ▷ **education department** n (Brit: of local authority) ≃ délégation f départementale de l'enseignement ; (= ministry) ministère m de l'Éducation ▷ **education page** n (Press) rubrique f de l'éducation ▷ **Education Welfare Officer** n (Brit Scol Admin) assistant(e) m(f) social(e) scolaire

educational [ˌedjʊ'keɪʃənl] → SYN [1] adj system, needs, film, book, toy, game éducatif ; institution, establishment d'enseignement ; standards de l'enseignement ; achievement (at school) scolaire ; (at university) universitaire ; supplies scolaire ; theory de l'éducation ; role, function éducateur (-trice) ; method, methodology, issue, material pédagogique ; experience instructif ; visit, day (for adults) instructif ; (for children) éducatif ◆ **educational opportunities** possibilité f de faire des études ◆ **educational qualifications** diplômes mpl ◆ **falling educational standards** la baisse du niveau de l'enseignement

[2] COMP ▷ **educational adviser** n (Scol Admin) conseiller m, -ère f pédagogique ▷ **educa-**

tional age n (US Scol) niveau m scolaire *(d'un élève)* ▷ **educational park** n (US) complexe scolaire et universitaire ▷ **educational psychologist** n psychopédagogue mf ▷ **educational psychology** n psychopédagogie f ▷ **educational television** n (gen) télévision f éducative ; (US) chaîne de télévision éducative

educationalist [ˌedjʊˈkeɪʃnəlɪst] n (esp Brit) éducateur m, -trice f, pédagogue mf

educationally [ˌedjʊˈkeɪʃnəlɪ] adv subnormal, deprived etc sur le plan éducatif ◆ **educationally sound principles** des principes sains du point de vue pédagogique

educationist [ˌedjʊˈkeɪʃnɪst] n ⇒ **educationalist**

educative [ˈedjʊkətɪv] → SYN adj éducatif, éducateur (-trice f)

educator [ˈedjʊkeɪtəʳ] n (esp US) éducateur m, -trice f

educe [ɪˈdjuːs] vt (frm) dégager, faire sortir

edutainment* [ˌedjʊˈteɪnmənt] n (esp US) (= games) jeux mpl éducatifs ; (= TV etc programmes) émissions fpl éducatives pour enfants

Edward [ˈedwəd] n Édouard m ◆ **Edward the Confessor** (Brit Hist) Édouard le Confesseur

Edwardian [edˈwɔːdɪən] (Brit) 1 adj England, house, furniture, picture, literature édouardien, du début du (20ᵉ) siècle ; lady, gentleman de l'époque d'Édouard VII ◆ **Edwardian clothes** vêtements mpl style 1900 ◆ **in Edwardian days** à l'époque d'Édouard VII, au début du (20ᵉ) siècle ◆ **the Edwardian era** ≃ la Belle Époque
2 n *personne qui vivait sous le règne d'Édouard VII ou qui a les caractéristiques de cette époque*

EEA [ˌiːiːˈeɪ] n (abbrev of **European Economic Area**) EEE m

EEC [ˌiːiːˈsiː] n (abbrev of **European Economic Community**) CEE f

EEG [ˌiːiːˈdʒiː] n a (abbrev of **electroencephalogram**) EEG m
b abbrev of **electroencephalograph**

eejit* [ˈiːdʒɪt] n (esp Ir) crétin(e) * m(f)

eek* [iːk] excl ah !

eel [iːl] n anguille f ; → **electric**

eelpout [ˈiːlpaʊt] n (= fish) blennie f vivipare

eelworm [ˈiːlwɜːm] n anguillule f

e'en [iːn] adv (liter) ⇒ **even**² 2

EEOC [ˌiːiːəʊˈsiː] n (US) (abbrev of **Equal Employment Opportunity Commission**) → **equal** ; → EOC ; EEOC

e'er [ɛəʳ] adv (liter) ⇒ **ever** 1

eerie [ˈɪərɪ] → SYN adj sinistre, qui donne le frisson

eerily [ˈɪərɪlɪ] adv deserted, empty sinistrement ; similar, familiar étrangement ◆ **eerily quiet/silent** d'un calme/d'un silence inquiétant ◆ **to echo/gleam eerily** résonner/luire sinistrement

eery [ˈɪərɪ] adj ⇒ **eerie**

EET [ˌiːiːˈtiː] n (abbrev of **Eastern European Time**) → **eastern**

eff* [ef] vi ◆ **he was effing and blinding** il jurait comme un charretier * ; → **effing**

▶ **eff off*** vi aller se faire voir *

efface [ɪˈfeɪs] → SYN vt (lit, fig) effacer, oblitérer (liter)

effect [ɪˈfekt] → SYN 1 n a (= result) effet m, conséquence f (*on* sur) ; (Phys) effet m ; [of wind, chemical, drug] action f (*on* sur) ◆ **this rule will have the effect of preventing ...**, the effect of this rule will be to prevent ... cette règle aura pour effet d'empêcher ... ◆ **the effect of all this is that ...** (frm) il résulte de tout ceci que ... ◆ **to feel the effects of an accident** ressentir les effets d'un accident, se ressentir d'un accident ◆ **the effects of the new law are already being felt** les effets de la nouvelle loi se font déjà sentir ◆ **to have no effect** ne produire aucun effet ◆ **to be of no effect** (= have no effect) être inefficace ; [law etc] être inopérant, rester sans effet ◆ **to have an effect on sth** avoir or produire un effet sur qch ◆ **it won't have any effect on him** ça ne lui fera aucun effet, ça n'aura aucun effet sur lui ◆ **to little effect** sans grand résultat ◆ **to no effect** en vain ◆ **to use**

or **good** or **great effect** savoir tirer avantage de ◆ **to such good effect that ...** si bien que ... ◆ **with effect from April** (esp Brit) à compter du mois d'avril ◆ **with immediate effect** (frm : esp Brit) avec effet immédiat

♦ **in effect** (= in force) en vigueur ; (= in reality) de fait, en réalité

♦ **to put sth into effect** mettre qch à exécution or en application

♦ **to come** or **go into effect** [law] prendre effet, entrer en vigueur ; [policy] être appliqué

♦ **to take effect** [drug] agir, produire or faire son effet ; [law] prendre effet, entrer en vigueur

b (= impression) effet m ◆ **he said it just for effect** il ne l'a dit que pour faire de l'effet or pour impressionner ◆ **to give a good effect** faire (un) bon effet ◆ **to make an effect** faire effet or de l'effet
c (Cine, Rad, Theat, TV) (also **sound effect**) effet m sonore ; (also **special effect**) effet m spécial
d (= meaning) sens m ◆ **we got a letter to the same effect** nous avons reçu une lettre dans le même sens

♦ **to that effect** ◆ **he used words to that effect** il s'est exprimé dans ce sens ◆ **... or words to that effect** ou quelque chose d'analogue or de ce genre

♦ **to the effect that ...** ◆ **his letter is to the effect that ...** sa lettre nous apprend que ... ◆ **an announcement to the effect that ...** un communiqué annonçant que ... or selon lequel ...
◆ **orders to the effect that ...** ordres suivant lesquels ...

e (frm = property) (**personal**) **effects** effets mpl personnels ◆ **"no effects"** (Banking) "sans provision" ; → **personal**

2 vt (gen) [+ reform, reduction, payment] effectuer ; [+ cure] obtenir ; [+ improvement] apporter ; [+ transformation] opérer, effectuer ; [+ reconciliation, reunion] amener ; [+ sale, purchase] réaliser, effectuer ◆ **to effect change** procéder à des changements ◆ **to effect a saving** faire une économie ◆ **to effect a settlement** arriver à un accord ◆ **negotiation effected the release of the hostages** les négociations ont abouti à or ont permis la libération des otages ◆ **to effect an entry** (frm) entrer de force

effecter [ɪˈfektəʳ] n effecteur m

effective [ɪˈfektɪv] → SYN 1 adj a (= successful) action, method, treatment, policy, deterrent, government, politician efficace (*against sth* contre qch ; *in doing sth* pour faire qch) ; word, remark, argument qui porte, qui a de l'effet ◆ **effective life** (Pharm) durée f effective
b (= striking) decoration, pattern, combination frappant ◆ **to look effective** faire de l'effet
c (= actual) control effectif ; leader véritable
d (Econ, Fin) demand, income effectif ; interest rate net, réel
e (= operative) law, ceasefire, insurance cover en vigueur (*from* à compter de, à partir de) ◆ **to become effective** entrer en vigueur ◆ **to be** or **become effective immediately** prendre effet immédiatement ◆ **effective date** date f d'entrée en vigueur
f (Mil) **effective troops** hommes mpl valides
2 **effectives** npl (Mil) effectifs mpl

effectively [ɪˈfektɪvlɪ] adv a (= successfully) treat, teach, work efficacement ◆ **to function effectively** bien fonctionner
b (= strikingly) contrast de manière frappante
c (= in effect) prevent, stop en réalité

effectiveness [ɪˈfektɪvnɪs] → SYN n (= efficiency) efficacité f ; (= striking quality) effet m frappant or saisissant

effector [ɪˈfektəʳ] 1 adj effecteur (-trice f)
2 n effecteur m

effectual [ɪˈfektjʊəl] adj (frm) remedy, punishment efficace ; document, agreement valide

effectually [ɪˈfektjʊəlɪ] adv (frm) efficacement

effectuate [ɪˈfektjʊeɪt] vt (frm) effectuer, opérer, réaliser

effeminacy [ɪˈfemɪnəsɪ] → SYN n caractère m efféminé

effeminate [ɪˈfemɪnɪt] → SYN adj efféminé

efferent [ˈefərənt] adj efférent

effervesce [ˌefəˈves] → SYN vi a (= fizz) [liquid] être or entrer en effervescence ; [drinks] pétiller, mousser ; [gas] se dégager (en effervescence)
b (fig) [person] déborder (*with* de), être tout excité

effervescence [ˌefəˈvesns] → SYN n a (= fizziness) effervescence f, pétillement m
b (fig = liveliness) excitation f

effervescent [ˌefəˈvesnt] → SYN adj a (= fizzy) liquid, tablet effervescent ; drink gazeux
b (fig = lively) plein d'entrain

effete [ɪˈfiːt] → SYN adj (frm) person mou (molle f), veule ; empire, civilization décadent ; government affaibli ; method (devenu) inefficace, stérile

effeteness [ɪˈfiːtnɪs] n (frm) [of person] mollesse f, veulerie f (liter) ; [of group, civilization] décadence f

efficacious [ˌefɪˈkeɪʃəs] → SYN adj (frm) efficace (*for sth* pour qch ; *against sth* contre qch)

efficacy [ˈefɪkəsɪ] → SYN , **efficaciousness** [ˌefɪˈkeɪʃəsnɪs] n efficacité f

efficiency [ɪˈfɪʃənsɪ] → SYN 1 n [of person] capacité f, compétence f ; [of method] efficacité f ; [of organization, system] efficacité f, bon fonctionnement m ; [of machine] bon rendement m, bon fonctionnement m
2 COMP ▷ **efficiency apartment** n (US) studio m

efficient [ɪˈfɪʃənt] → SYN adj person, machine, organization, service, method, use efficace ; car d'un bon rendement ◆ **to be efficient in** or **at doing sth** faire qch avec efficacité ◆ **to be efficient in one's use of sth** utiliser qch avec efficacité

efficiently [ɪˈfɪʃəntlɪ] adv use, manage efficacement ; deal with avec efficacité ◆ **to work efficiently** [person] travailler efficacement ; [machine] avoir un bon rendement

effigy [ˈefɪdʒɪ] → SYN n effigie f ◆ **in effigy** en effigie

effing* [ˈefɪŋ] (Brit euph) 1 adj ◆ **this effing phone!** ce fichu * téléphone ! ◆ **what an effing waste of time!** merde ! * quelle perte de temps ! ; → **eff**
2 n ◆ **effing and blinding** grossièretés fpl

effloresce [ˌefləʊˈres] vi (Chem) effleurir

efflorescence [ˌefləʊˈresns] n (Chem, Med: also liter) efflorescence f ; (Bot) floraison f

efflorescent [ˌefləʊˈresnt] adj (Chem) efflorescent ; (Bot) en fleur(s)

effluence [ˈefluəns] n émanation f, effluence f (liter)

effluent [ˈefluənt] → SYN adj, n effluent m

effluvium [eˈfluːvɪəm] n, pl **effluviums** or **effluvia** [eˈfluːvɪə] effluve(s) m(pl), émanation f, exhalaison f ; (pej) exhalaison f or émanation f fétide

efflux [ˈeflʌks] n ◆ **efflux of capital** fuite f or exode m de capitaux

effort [ˈefət] → SYN n effort m ◆ **getting up was an effort** c'était un effort de me (or se etc) lever ◆ **it's not bad for a first effort** ça n'est pas (si) mal pour un début ◆ **that's a good effort*** ça n'est pas mal (réussi) ◆ **in an effort to solve the problem/be polite** etc pour essayer de résoudre le problème/d'être poli etc ◆ **what do you think of his latest effort?*** qu'est-ce que tu penses de ce qu'il vient de faire ? ◆ **it's a pretty poor effort*** ça n'est pas une réussite or un chef-d'œuvre ◆ **the famine relief effort** la lutte contre la famine ◆ **the government's effort to avoid ...** les efforts mpl or les tentatives fpl du gouvernement pour éviter ... ◆ **the war effort** l'effort m de guerre ◆ **to do sth by effort of will** faire qch dans un effort de volonté ◆ **with effort** avec difficulté, non sans mal ◆ **without effort** sans peine, sans effort ◆ **it's not worth the effort** cela n'en vaut pas la peine ◆ **it is well worth the effort** cela en vaut vraiment la peine

♦ **to make + effort** ◆ **to make an effort to do sth** faire un effort pour faire qch, s'efforcer de faire qch ◆ **to make an effort to concentrate/to adapt** faire un effort de concentration/d'adaptation ◆ **to make every effort to do sth** (= try hard) faire tous ses efforts or (tout) son possible pour faire qch, s'évertuer à faire qch ; (= take great pains) se donner beaucoup de mal or de peine pour

effortful / ejaculation

faire qch ✦ **to make little effort to do sth** ne pas faire beaucoup d'effort pour faire qch ✦ **little effort has been made to investigate this case** on ne s'est pas vraiment donné la peine d'enquêter sur cette affaire ✦ **he made no effort to be polite** il ne s'est pas donné la peine d'être poli ✦ **he makes no effort** (Scol) il ne fait aucun effort, il ne s'applique pas ✦ **do make some effort to help!** fais un petit effort pour aider !, essaie d'aider un peu ! ✦ **to make the effort to do sth** faire l'effort de faire qch, se donner le mal de faire qch

effortful ['efətfʊl] adj pénible

effortless ['efətlɪs] → SYN adj movement, style fluide ; success, victory facile ; charm, elegance, skill, superiority naturel ✦ **with effortless ease** avec une parfaite aisance

effortlessly ['efətlɪslɪ] adv lift, succeed, beat sans effort

effrontery [ɪ'frʌntərɪ] n effronterie f ✦ **to have the effrontery to** avoir l'effronterie de

effusion [ɪ'fjuːʒən] → SYN n [of liquid] écoulement m ; [of blood, gas] effusion f ; (fig) effusion f, épanchement m

effusive [ɪ'fjuːsɪv] → SYN adj thanks, greeting, welcome chaleureux ; praise enthousiaste ; person expansif ✦ **to be effusive in one's thanks/apologies** se confondre en remerciements/excuses

effusively [ɪ'fjuːsɪvlɪ] adv greet, welcome, praise avec effusion ✦ **to thank sb effusively** se confondre en remerciements auprès de qn

E-fit ['iːfɪt] n portrait-robot m électronique

EFL [ˌiː'ef'el] n (abbrev of **English as a Foreign Language**) → **English** ; → TEFL; TESL; TESOL; ELT

EFT [ˌiː'ef'tiː] n (abbrev of **electronic funds transfer**) TEF m, transfert m électronique de fonds

eft [eft] n (Zool) triton m (crêté), salamandre f d'eau

EFTA ['eftə] n (abbrev of **European Free Trade Association**) AELE f, Association f européenne de libre-échange

EFTPOS ['eftpɒs] n (abbrev of **electronic funds transfer at point of sale**) TEF/TPV m

EFTS [ˌiː'ef'tiː'es] n (abbrev of **electronic funds transfer system**) → **electronic**

eg, e.g. [ˌiː'dʒiː] adv (abbrev of **exempli gratia**) (= for example) par ex.

EGA [ˌiː'dʒiː'eɪ] n (abbrev of **enhanced graphics adaptor**) → **enhance**

egad †† [ɪ'gæd] excl Dieu du ciel ! †

egalitarian [ɪˌgælɪ'tɛərɪən] 1 n égalitariste mf
2 adj person égalitariste ; society, principle, spirit, relationship, policy égalitaire

egalitarianism [ɪˌgælɪ'tɛərɪənɪzəm] n égalitarisme m

egest [ɪ'dʒest] vt évacuer

egg [eg] 1 n (Culin, Zool) œuf m ✦ **in the egg** dans l'œuf ✦ **eggs and bacon** œufs mpl au bacon ✦ **a three-minute egg** un œuf à la coque ✦ **to lay an egg** (lit) [bird etc] pondre (un œuf) ; (* fig = fail) faire un fiasco or un bide* ✦ **to put all one's eggs in one basket** mettre tous ses œufs dans le même panier ✦ **as sure as eggs is eggs** * c'est sûr et certain * ✦ **to have egg on one's face** (fig) avoir l'air plutôt ridicule ✦ **he's a good/bad egg** †* c'est un brave/sale type * ; → **boil¹, Scotch**
2 vt * pousser, inciter (to do sth à faire qch)
3 COMP ▷ **egg-and-spoon race** n course f (à l'œuf et) à la cuillère ▷ **egg custard** n ≃ crème f renversée ▷ **egg flip** n lait m de poule ▷ **egg roll** n (= sandwich) sandwich m à l'œuf ; (Chinese) pâté m impérial ▷ **egg sandwich** n sandwich m à l'œuf ▷ **eggs Benedict** n (NonC: Culin) œufs pochés sur toast et jambon recouverts de sauce hollandaise ▷ **egg-shaped** adj en forme d'œuf, ovoïde ▷ **egg-slicer** n coupe-œufs m ▷ **egg-timer** n (sand) sablier m ; (automatic) minuteur m ▷ **egg whisk** n fouet m ▷ **egg white** n blanc m d'œuf ▷ **egg yolk** n jaune m d'œuf

▶ **egg on** vt sep pousser, inciter (to do sth à faire qch)

eggbeater ['egbiːtəʳ] n (rotary) batteur m (à œufs) ; (whisk) fouet m ; (US * = helicopter) hélico * m, hélicoptère m

eggcup ['egkʌp] n coquetier m

egghead * ['eghed] n intello * mf, intellectuel(le) m(f)

eggnog ['egnɒg] n lait m de poule

eggplant ['egplɑːnt] n (esp US) aubergine f

eggshell ['egʃel] 1 n coquille f (d'œuf) ✦ **when I'm with him I feel I'm walking on eggshells** quand je suis avec lui, je marche sur des œufs or j'ai toujours peur de dire un mot de travers
2 COMP ▷ **eggshell china** n coquille f d'œuf (porcelaine) ▷ **eggshell paint** n peinture f coquille d'œuf

egis ['iːdʒɪs] n (US) ⇒ **aegis**

eglantine ['eglantaɪn] n (= flower) églantine f ; (= bush) églantier m

EGM [ˌiː'dʒiː'em] n (abbrev of **extraordinary general meeting**) AGE f

ego ['iːgəʊ] 1 n (= pride) amour-propre m ✦ **the ego** (Psych) l'ego m, le moi
2 COMP ▷ **ego trip** * n having his name all over the papers is a great ego trip for him avoir son nom dans tous les journaux flatte son amour-propre ✦ **this lecture is just an ego trip for him** cette conférence ne sert qu'à flatter son amour-propre

egocentric(al) [ˌegəʊ'sentrɪk(əl)] adj égocentrique

egocentricity [ˌegəʊsen'trɪsɪtɪ] n égocentrisme m

egoism ['egəʊɪzəm] → SYN n égoïsme m

egoist ['egəʊɪst] → SYN n égoïste mf

egoistic(al) [ˌegəʊ'ɪstɪk(əl)] adj égoïste

egomania [ˌegəʊ'meɪnɪə] n manie f égocentrique

egomaniac [ˌegəʊ'meɪnɪæk] n égotiste mf

egotism ['egəʊtɪzəm] → SYN n égotisme m

egotist ['egəʊtɪst] → SYN n égotiste mf

egotistic(al) [ˌegəʊ'tɪstɪk(əl)] adj égotiste

egregious [ɪ'griːdʒəs] adj (pej) énorme (iro), fameux* (before n) (iro) ; folly extrême ; blunder monumental

egress ['iːgres] → SYN n (gen: frm) sortie f, issue f ; (Astron) émersion f

egret ['iːgrɪt] n aigrette f

Egypt ['iːdʒɪpt] n l'Égypte f

Egyptian [ɪ'dʒɪpʃən] 1 adj égyptien, d'Égypte
2 n Égyptien(ne) m(f)
3 COMP ▷ **Egyptian Mau** n (= cat) mau m égyptien

Egyptologist [ˌiːdʒɪp'tɒlədʒɪst] n égyptologue mf

Egyptology [ˌiːdʒɪp'tɒlədʒɪ] n égyptologie f

eh [eɪ] excl a (= what did you say?) quoi ?, hein ? ✦
b **it's hot, eh?** il fait chaud, n'est-ce pas or hein *?

EIB [ˌiː'aɪ'biː] n (abbrev of **European Investment Bank**) BEI f

eider ['aɪdəʳ] n (also **eider duck**) eider m

eiderdown ['aɪdədaʊn] n a (= quilt) édredon m
b (NonC: down) duvet m (d'eider)

eidetic [aɪ'detɪk] adj eidétique

Eiffel Tower [ˌaɪfəl'taʊəʳ] n tour f Eiffel

Eiger ['aɪgəʳ] n Eiger m

eight [eɪt] 1 adj huit inv ✦ **an eight-hour day** (Ind etc) la journée de huit heures ✦ **to do or work eight-hour shifts** (Ind etc) faire des postes mpl or des roulements mpl de huit heures
2 n huit m inv (also Rowing) ✦ **he's had one over the eight** * il a du vent dans les voiles *, il a un coup dans le nez * ; → **figure** ; for other phrases see **six**
3 pron huit ✦ **there are eight** il y en a huit
4 COMP ▷ **eight ball** n (US) (Sport) balle noire portant le numéro huit, au billard américain ✦ **to be behind the eight ball** * (fig) être dans une situation impossible

eighteen ['eɪ'tiːn] 1 adj dix-huit inv
2 n dix-huit m inv ; for phrases see **six**
3 pron dix-huit ✦ **there are eighteen** il y en a dix-huit

eighteenth ['eɪ'tiːnθ] 1 adj dix-huitième
2 n dix-huitième mf ; (= fraction) dix-huitième m ; for phrases see **sixth**

eighth [eɪtθ] 1 adj huitième ✦ **eighth note** (US Mus) croche f
2 n huitième mf ; (= fraction) huitième m ; for phrases see **sixth**

eightieth ['eɪtɪəθ] 1 adj quatre-vingtième
2 n quatre-vingtième mf ; (= fraction) quatre-vingtième m ; for phrases see **sixth**

eightsome reel ['eɪtsəm'riːl] n danse folklorique écossaise avec huit danseurs

eighty ['eɪtɪ] 1 adj quatre-vingts inv ✦ **about eighty books** environ or à peu près quatre-vingts livres
2 n quatre-vingts m ✦ **about eighty** environ or à peu près quatre-vingts ✦ **eighty-one** quatre-vingt-un ✦ **eighty-two** quatre-vingt-deux ✦ **eighty-first** quatre-vingt-unième ✦ **page eighty** la page quatre-vingt ; for other phrases see **sixty**
3 pron quatre-vingts ✦ **there are eighty** il y en a quatre-vingts
4 COMP ▷ **eighty-six** * vt (US) (= refuse to serve) refuser de servir ; (= eject) vider *

Einsteinian [aɪn'staɪnɪən] adj einsteinien

einsteinium [aɪn'staɪnɪəm] n einsteinium m

Eire ['ɛərə] n la République d'Irlande, l'Eire f

eirenic [aɪ'riːnɪk] adj irénique

eisteddfod [aɪ'stedfəd] n concours de musique et de poésie en gallois

either ['aɪðəʳ, 'iːðəʳ] 1 adj a (= one or other) l'un(e) ou l'autre, n'importe lequel (laquelle f) (des deux) ✦ **either day would suit me** l'un ou l'autre jour me conviendrait, l'un de ces deux jours me conviendrait ✦ **I don't like either book** je n'aime ni l'un ni l'autre de ces livres ✦ **do it either way** faites-le de l'une ou l'autre façon ✦ **either way** *, **I can't do anything about it** de toute façon or quoi qu'il arrive, je n'y peux rien
b (= each) chaque ✦ **in either hand** dans chaque main ✦ **on either side of the street** des deux côtés or de chaque côté de la rue ✦ **on either side lay fields** de part et d'autre s'étendaient des champs
2 pron l'un(e) m(f) ou l'autre, n'importe lequel (laquelle f) (des deux) ✦ **which bus will you take?** – **either** quel bus prendrez-vous ? — n'importe lequel ✦ **there are two boxes on the table, take either** il y a deux boîtes sur la table, prenez celle que vous voulez or n'importe laquelle ✦ **I don't believe either of them** je ne les crois ni l'un ni l'autre ✦ **give it to either of them** donnez-le soit à l'un soit à l'autre ✦ **if either is attacked the other helps him** si l'un des deux est attaqué l'autre l'aide
3 adv (after neg statement) non plus ✦ **he sings badly and he can't act either** il chante mal et il ne sait pas jouer non plus or et il ne joue pas mieux ✦ **I have never heard of him** – **no, I haven't either** je n'ai jamais entendu parler de lui — moi non plus
4 conj a **either ... or** ou (bien) ... ou (bien), soit ... soit ; (after neg) ni ... ni ✦ **he must be either lazy or stupid** il doit être ou paresseux ou stupide ✦ **he must either change his policy or resign** il faut soit qu'il change (subj) de politique soit qu'il démissionne (subj) ✦ **either be quiet or go out!** tais-toi ou sors d'ici !, ou (bien) tu te tais ou (bien) tu sors d'ici ! ✦ **I have never been either to Paris or to Rome** je ne suis jamais allé ni à Paris ni à Rome ✦ **it was either him or his sister** c'était soit lui soit sa sœur, c'était ou (bien) lui ou (bien) sa sœur
b (= moreover) **she got a sum of money, and not such a small one either** elle a reçu une somme d'argent, plutôt rondelette d'ailleurs
5 COMP ▷ **either-or** adj **it is an either-or situation** il n'y a que deux possibilités

ejaculate [ɪ'dʒækjʊleɪt] vti a (= cry out) s'exclamer, s'écrier
b (Physiol) éjaculer

ejaculation [ɪˌdʒækjʊ'leɪʃən] n a (= cry) exclamation f, cri m
b (Physiol) éjaculation f

ejaculatory [ɪˈdʒækjʊlətərɪ] adj (Physiol) éjaculatoire

eject [ɪˈdʒekt] → SYN [1] vt (Aviat, Tech etc) éjecter; [+ tenant, troublemaker] expulser; [+ trespasser] chasser, éconduire; [+ customer] expulser, vider *
[2] vi [pilot] s'éjecter

ejection [ɪˈdʒekʃən] → SYN [1] n (NonC) [of person] expulsion f; (Aviat, Tech) éjection f
[2] COMP ▷ **ejection seat** (US) n ⇒ ejector seat

ejector [ɪˈdʒektəʳ] [1] n (Tech) éjecteur m
[2] COMP ▷ **ejector seat** n (Aviat) siège m éjectable

eke [iːk] vt ◆ **to eke out** (by adding) accroître, augmenter; (by saving) économiser, faire durer ◆ **he ekes out his pension by doing odd jobs** (= supplement) il fait des petits travaux pour arrondir sa pension or ses fins de mois ◆ **to eke out a living** or **an existence** vivoter

EKG [ˌiːkeɪˈdʒiː] n (US) ⇒ ECG

el [el] n (US) (abbrev of **elevated railroad**) → **elevated**

elaborate [ɪˈlæbərɪt] → SYN [1] adj system, ritual, preparations, drawing, meal, hoax, joke élaboré; costume, clothes, style recherché; excuse, plan compliqué; precautions minutieux ◆ **with elaborate care** avec un soin minutieux
[2] [ɪˈlæbəreɪt] vt élaborer
[3] [ɪˈlæbəreɪt] vi donner des détails (on sur), entrer dans or expliquer les détails (on de)
[4] COMP ▷ **elaborated code** n (Ling) code m élaboré

elaborately [ɪˈlæbərɪtlɪ] adv decorated, dressed avec recherche; carved, planned avec minutie

elaboration [ɪˌlæbəˈreɪʃən] n élaboration f

élan [eɪˈlɑːn, eɪˈlæn] n allant m ◆ **with élan** avec beaucoup d'allant

eland [ˈiːlənd] n (Zool) éland m

elapse [ɪˈlæps] → SYN vi s'écouler, (se) passer

elasmobranch [ɪˈlæsməˌbræŋk] n (Zool) élasmobranche m

elastic [ɪˈlæstɪk] → SYN [1] adj élastique (also fig)
[2] n a (NonC) élastique m
b (= baggage or luggage elastic) tendeur m, sandow ® m
[3] COMP ▷ **elastic band** n (esp Brit) élastique m, caoutchouc m ▷ **elastic limit** n (Phys) limite f d'élasticité ▷ **elastic stockings** npl bas mpl à varices

elasticated [ɪˈlæstɪkeɪtɪd] adj (Brit) élastiqué, à élastique

elasticity [ˌiːlæsˈtɪsɪtɪ] n (also Econ) élasticité f

elastomer [ɪˈlæstəməʳ] n (Chem) élastomère m

elastomeric [ɪˌlæstəˈmerɪk] adj (Chem) élastomère

Elastoplast ® [ɪˈlæstəˌplɑːst] n (Brit) sparadrap m

elate [ɪˈleɪt] vt transporter, ravir, enthousiasmer

elated [ɪˈleɪtɪd] → SYN adj transporté or rempli de joie ◆ **to be elated** exulter

elation [ɪˈleɪʃən] → SYN n allégresse f, exultation f

Elba [ˈelbə] n (also **the Island of Elba**) (l'île f d')Elbe f

Elbe [elb] n (also **the River Elbe**) l'Elbe f

elbow [ˈelbəʊ] → SYN [1] n [of person, road, river, pipe, garment] coude m ◆ **to lean one's elbows on** s'accouder à or sur, être accoudé à ◆ **to lean on one's elbow** s'appuyer sur le coude ◆ **at his elbow** à ses côtés ◆ **worn at the elbows** usé aux coudes ◆ **to give sb/get the elbow** * (Brit) lover plaquer or laisser tomber qn*/se faire plaquer*‡; employee virer qn*/se faire virer* ◆ **he lifts his elbow a bit** * (euph hum) il lève le coude *, il picole‡
[2] vi **to elbow through** jouer des coudes
[3] vt ◆ **to elbow sb (in the face)** donner à qn un coup de coude (au visage) ◆ **to elbow sb aside** (lit) écarter qn du coude or d'un coup de coude; (fig) jouer des coudes pour écarter qn ◆ **to elbow one's way through** etc ⇒ **to elbow through** 2 ◆ **to elbow one's way to the top** (fig) jouer des coudes pour arriver au sommet
[4] COMP ▷ **elbow grease** n to use a bit of elbow grease mettre de l'huile de coude * ▷ **elbow joint** n articulation f du coude ▷ **elbow-rest**

n accoudoir m ▷ **elbow room** n to have enough elbow room (lit) avoir de la place pour se retourner; (fig) avoir les coudées franches ◆ **to have no elbow room** (lit) être à l'étroit; (fig) ne pas avoir les coudées franches, ne pas avoir de liberté d'action

elder¹ [ˈeldəʳ] → SYN [1] adj aîné (de deux) ◆ **my elder sister** ma sœur aînée ◆ **Pliny the elder** Pline l'Ancien ◆ **Alexander Dumas the elder** Alexandre Dumas père ◆ **elder statesman** vétéran m de la politique, homme m politique chevronné
[2] n a (= older person) aîné(e) m(f) ◆ **one's elders and betters** ses aînés
b (Rel etc) [of Presbyterian Church] membre m du conseil d'une église presbytérienne ◆ **elders** [of tribe, Church] anciens mpl

elder² [ˈeldəʳ] n (Bot) sureau m

elderberry [ˈeldəberɪ] n baie f de sureau ◆ **elderberry wine** vin m de sureau

elderflower [ˈeldəflaʊəʳ] n fleur f de sureau

elderly [ˈeldəlɪ] [1] adj person âgé; vehicle, machine etc plutôt vieux ◆ **he's getting elderly** il prend de l'âge, il se fait vieux
[2] **the elderly** npl les personnes fpl âgées

eldest [ˈeldɪst] adj, n aîné(e) m(f) (de plusieurs) ◆ **their eldest (child)** leur aîné(e), l'aîné(e) de leurs enfants ◆ **my eldest brother** l'aîné de mes frères

Eleanor [ˈelɪnəʳ] n Éléonore f ◆ **Eleanor of Aquitaine** Aliénor d'Aquitaine

elec abbrev of **electric, electricity**

elect [ɪˈlekt] → SYN [1] vt a (by vote) élire ◆ **he was elected chairman/MP** il a été élu président/député ◆ **to elect sb to the senate** élire qn au sénat
b (frm = choose) **to elect to smoke/stand/stay** etc choisir de or décider de fumer/rester debout/rester etc
[2] adj futur (before n) ◆ **the president elect** le président désigné, le futur président
[3] **the elect** npl (esp Rel) les élus mpl
[4] COMP ▷ **elected member** n (Brit Local Govt) conseiller m, -ère f municipal(e) or régional(e) ▷ **elected official** n élu(e) m(f)

electable [ɪˈlektəbl] adj (Pol) susceptible d'attirer les suffrages or d'être élu

election [ɪˈlekʃən] → SYN [1] n élection f ◆ **to hold an election** tenir une élection ◆ **to stand for election (to Parliament)** se présenter aux élections législatives ◆ **her election as Tory leader** son élection à la tête du parti conservateur ◆ **his election to the presidency** son élection à la présidence ; → **general**
[2] COMP speech, agent électoral; day, results du scrutin; publication de propagande électorale ▷ **election campaign** n campagne f électorale ▷ **elections judge** n (US Pol) scrutateur m, -trice f

electioneer [ɪˌlekʃəˈnɪəʳ] vi mener une campagne électorale, faire de la propagande électorale

electioneering [ɪˌlekʃəˈnɪərɪŋ] [1] n (= campaign) campagne f électorale; (= propaganda) propagande f électorale
[2] COMP propaganda, publicity électoral; speech de propagande électorale

elective [ɪˈlektɪv] [1] adj a (frm = elected) post, official, body, democracy, dictatorship électif ◆ **to hold elective office** (US) avoir une fonction élective
b (frm = with power to elect) body, assembly, power électoral
c (Med) surgery non urgent
d (esp US Scol, Univ) course facultatif; subject facultatif, en option
[2] n (US Scol, Univ = course) cours m facultatif

elector [ɪˈlektəʳ] → SYN n (gen, Parl) électeur m, -trice f; (US Parl) membre m du collège électoral ◆ **Elector** (Hist) Électeur m, prince m électeur

electoral [ɪˈlektərəl] [1] adj électoral
[2] COMP ▷ **electoral boundaries** npl limites fpl des circonscriptions (électorales) ▷ **electoral college** n collège m électoral ▷ **electoral district, electoral division** n (US) circonscription f (électorale) ▷ **the electoral map** n (US) la carte électorale ▷ **electoral register, electoral roll** n liste f électorale ▷ **electoral vote** n (US) vote m des grands électeurs

---

ELECTORAL COLLEGE

Selon la constitution des États-Unis, les Américains n'élisent pas directement leur président et leur vice-président, mais élisent des grands électeurs qui forment ensemble le collège électoral et qui s'engagent à voter pour tel ou tel candidat. Chaque grand électeur dispose d'un certain nombre de voix, compris entre 3 et 54 selon l'importance démographique de l'État qu'il représente.

---

electorally [ɪˈlektərəlɪ] adv sur le plan électoral

electorate [ɪˈlektərɪt] n électorat m, électeurs mpl

Electra [ɪˈlektrə] [1] n Électre f
[2] COMP ▷ **Electra complex** n (Psych) complexe m d'Électre

electret [ɪˈlektrət] n (Phys) électret m

electric [ɪˈlektrɪk] [1] adj électrique ◆ **the atmosphere was electric** l'ambiance était électrique
[2] **the electrics** * npl (Brit) l'installation f électrique
[3] COMP ▷ **electric arc welding** n soudure f électrique à l'arc ▷ **electric blanket** n couverture f chauffante ▷ **electric blue** n bleu m électrique ▷ **electric-blue** adj bleu électrique inv ▷ **electric chair** n chaise f électrique ▷ **electric charge** n charge f électrique ▷ **electric constant** n (Phys) constante f électrique ▷ **electric current** n courant m électrique ▷ **electric displacement** n (Phys) déplacement m électrique ▷ **electric eel** n (Zool) anguille f électrique, gymnote m ▷ **electric eye** n cellule f photoélectrique ▷ **electric fence** n clôture f électrifiée ▷ **electric field** n champ m électrique ▷ **electric fire** (Brit) radiateur m électrique ▷ **electric flux** n (Phys) flux m électrique ▷ **electric furnace** n four m électrique ▷ **electric guitar** n guitare f électrique ▷ **electric heater** n ⇒ electric fire ▷ **electric light** n lumière f électrique; (NonC = lighting) éclairage m électrique ▷ **electric mixer** n mixeur m ▷ **electric organ** n (Mus) orgue m électrique; (in fish) organe m électrique ▷ **electric piano** n piano m électrique ▷ **electric potential** n potentiel m électrique ▷ **electric ray** n (Zool) raie f électrique ▷ **electric shock** n décharge f électrique ◆ **to get an electric shock** recevoir une décharge électrique ◆ **to give sb an electric shock** donner une décharge électrique à qn ◆ **electric shock treatment** * (Med) (traitement m par) électrochocs mpl ▷ **electric socket** n prise f électrique or de courant ▷ **electric storm** n orage m (électrique) ▷ **electric welding** n soudure f électrique ▷ **electric wiring** n installation f électrique

electrical [ɪˈlektrɪkəl] [1] adj électrique
[2] COMP ▷ **electrical engineer** n ingénieur m électricien ▷ **electrical engineering** n électrotechnique f ▷ **electrical failure** n panne f dans le circuit électrique ▷ **electrical fault** n défaut m du circuit électrique ▷ **electrical fitter** n monteur m électricien ▷ **electrical power** n électricité f ▷ **electrical shock** n (US) ⇒ electric shock ▷ **electrical storm** n orage m (électrique)

electrically [ɪˈlektrɪkəlɪ] adv heated à l'électricité; charged, neutral, self-sufficient électriquement ◆ **electrically controlled** à commande électrique ◆ **electrically operated** or **powered** électrique

electrician [ɪlekˈtrɪʃən] n électricien m

electricity [ɪlekˈtrɪsətɪ] [1] n (gen) électricité f ◆ **to switch off/on the electricity** (also fig) couper/rétablir le courant or l'électricité; → **supply**¹
[2] COMP ▷ **electricity board** n (Brit) office m régional de l'électricité ▷ **electricity strike** n grève f des employés de l'électricité

electrification [ɪˌlektrɪfɪˈkeɪʃən] n électrification f

electrify [ɪˈlektrɪfaɪ] [1] vt a (Rail) électrifier; (= charge with electricity) électriser ◆ **to be electrified** [village etc] avoir l'électricité
b (fig) [+ audience] électriser, galvaniser

electrifying / element

2 COMP ▷ **electrified fence** n barrière f électrifiée

electrifying [ɪ'lektrɪfaɪɪŋ] adj (fig) électrisant, galvanisant

electro... [ɪˌlektrəʊ] pref électro...

electroacoustic [ɪˌlektrəʊə'kuːstɪk] adj (Mus) électroacoustique ◆ **electroacoustic engineer** électroacousticien(ne) m(f)

electroacoustics [ɪˌlektrəʊə'kuːstɪks] n électroacoustique f

electrocardiogram [ɪˌlektrəʊ'kɑːdɪəgræm] n électrocardiogramme m

electrocardiograph [ɪˌlektrəʊ'kɑːdɪəgræf] n électrocardiographe m

electrocardiographic [ɪˌlektrəʊˌkɑːdɪəʊ'græfɪk] adj électrocardiographique

electrocardiography [ɪ'lektrəʊˌkɑːdɪ'ɒgrəfɪ] n (Med) électrocardiographie f

electrochemical [ɪˌlektrəʊ'kemɪkəl] adj électrochimique

electrochemistry [ɪˌlektrəʊ'kemɪstrɪ] n électrochimie f

electroconvulsive therapy [ɪ'lektrəʊkən,vʌlsɪv'θerəpɪ] n (traitement m par) électrochocs mpl ◆ **to give sb/have electroconvulsive therapy** traiter qn/être traité par électrochocs

electrocute [ɪ'lektrəkjuːt] vt électrocuter

electrocution [ɪˌlektrə'kjuːʃən] n électrocution f

electrode [ɪ'lektrəʊd] n électrode f

electrodeposit [ɪˌlektrəʊdɪ'pɒzɪt] (Chem) **1** vt déposer par électrolyse
2 n dépôt m électrolytique

electrodeposition [ɪ'lektrəʊˌdepə'zɪʃən] n (Chem) électrodéposition f

electrodialysis [ɪˌlektrəʊdaɪ'ælɪsɪs] n électrodialyse f

electrodynamic [ɪˌlektrəʊdaɪ'næmɪk] adj électrodynamique

electrodynamics [ɪˌlektrəʊdaɪ'næmɪks] n (NonC) électrodynamique f

electrodynamometer [ɪˌlektrəʊˌdaɪnə'mɒmɪtə'] n électrodynamomètre m

electroencephalogram [ɪˌlektrəʊen'sefələˌgræm] n électro-encéphalogramme m

electroencephalograph [ɪˌlektrəʊen'sefələˌgræf] n appareil permettant de faire des électro-encéphalogrammes

electroencephalography [ɪ'lektrəʊˌɪnsefə'lɒgrəfɪ] n électro-encéphalographie f

electroforming [ɪ'lektrəʊˌfɔːmɪŋ] n électroformage m

electrokinetic [ɪˌlektrəʊkɪ'netɪk] adj électrocinétique

electrokinetics [ɪˌlektrəʊkɪ'netɪks] n (NonC) électrocinétique f

electroluminescence [ɪˌlektrəʊˌluːmɪ'nesns] n électroluminescence f

electroluminescent [ɪˌlektrəʊˌluːmɪ'nesnt] adj électroluminescent

electrolyse [ɪ'lektrəʊˌlaɪz] vt électrolyser

electrolyser [ɪ'lektrəʊˌlaɪzə'] n électrolyseur m

electrolysis [ɪlek'trɒlɪsɪs] n électrolyse f

electrolyte [ɪ'lektrəʊˌlaɪt] n électrolyte m

electrolytic [ɪˌlektrəʊ'lɪtɪk] adj électrolytique

electrolyze [ɪ'lektrəʊˌlaɪz] vt (US) ⇒ **electrolyse**

electromagnet [ɪˌlektrəʊ'mægnɪt] n électroaimant m

electromagnetic [ɪˌlektrəʊmæg'netɪk] **1** adj électromagnétique
2 COMP ▷ **electromagnetic radiation** n (Phys) rayonnement m électromagnétique ▷ **electromagnetic spectrum** n (Phys) spectre m électromagnétique ▷ **electromagnetic unit** n (Phys) unité f électromagnétique ▷ **electromagnetic wave** n (Phys) faisceau m hertzien

electromagnetism [ɪˌlektrəʊ'mægnɪˌtɪzəm] n électromagnétisme m

electromechanical [ɪˌlektrəʊmɪ'kænɪkəl] adj électromécanique

electromechanics [ɪˌlektrəʊmɪ'kænɪks] n (NonC) électromécanique f

electrometallurgical [ɪˌlektrəʊˌmetə'lɜːdʒɪkəl] adj électrométallurgique

electrometallurgist [ɪˌlektrəʊmɪ'tælədʒɪst] n électrométallurgiste m

electrometallurgy [ɪˌlektrəʊmɪ'tælədʒɪ] n électrométallurgie f

electrometer [ɪlek'trɒmɪtə'] n électromètre m

electrometric [ɪˌlektrəʊ'metrɪk] adj (Phys) électrométrique

electrometry [ɪlek'trɒmɪtrɪ] n (Phys) électrométrie f

electromotive [ɪˌlektrəʊ'məʊtɪv] **1** adj électromoteur (-trice f)
2 COMP ▷ **electromotive force** n (Phys) force f électromotrice

electromyography [ɪˌlektrəʊmaɪ'ɒgrəfɪ] n (Med) électromyographie f

electron [ɪ'lektrɒn] **1** n électron m
2 COMP telescope électronique ▷ **electron beam** n faisceau m électronique ▷ **electron camera** n caméra f électronique ▷ **electron engineering** n génie m électronique ▷ **electron gun** n canon m à électrons ▷ **electron lens** n (Phys) lentille f électronique ▷ **electron micrograph** n (Phys) micrographie f électronique ▷ **electron microscope** n microscope m électronique ▷ **electron telescope** n téléscope m électronique

electronegative [ɪˌlektrəʊ'negətɪv] adj électronégatif

electronic [ɪlek'trɒnɪk] **1** adj électronique
2 COMP ▷ **the electronic age** n l'ère f de l'électronique ▷ **electronic banking** n opérations fpl bancaires électroniques ▷ **electronic data processing** n traitement m électronique de l'information or des données ▷ **electronic engineer** n ingénieur m électronicien, électronicien(ne) m(f) ▷ **electronic engineering** n électronique f ▷ **electronic flash** n (Phot) flash m électronique ▷ **electronic funds transfer** n transfert m électronique de fonds ▷ **electronic funds transfer system** n système m de transfert électronique de fonds ▷ **electronic game** n jeu m électronique ▷ **electronic highway** autoroute f électronique ▷ **electronic ink** encre f électronique ▷ **electronic keyboard** n clavier m électronique ▷ **electronic mail** n courrier m électronique ▷ **electronic mailbox** n boîte f aux lettres électroniques ▷ **electronic music** n musique f électronique ▷ **electronic news gathering** n journalisme m électronique ▷ **electronic organ** n orgue m électronique ▷ **electronic point of sale** n point m de vente électronique ▷ **electronic publishing** n édition f électronique ▷ **electronic surveillance** n surveillance f électronique ▷ **electronic tag** n (on prisoner) étiquette f électronique ▷ **electronic tagging** n (of prisoner) étiquetage m électronique ▷ **electronic transfer of funds** n transfert m électronique de fonds ▷ **electronic typewriter** n machine f à écrire électronique

electronically [ɪlek'trɒnɪkəlɪ] adv électroniquement

electronics [ɪlek'trɒnɪks] n (NonC) électronique f ◆ **electronics engineer** ingénieur m électronicien, électronicien(ne) m(f)

electronvolt [ɪˌlektrɒn'vəʊlt] n (Phys) électron-volt m

electrophilic [ɪˌlektrəʊ'fɪlɪk] adj électrophile

electrophoresis [ɪˌlektrəʊfə'riːsɪs] n (Phys) électrophorèse f

electrophorus [ɪlek'trɒfərəs] n (Phys) électrophore m

electrophysiological [ɪˌlektrəʊˌfɪzɪəʊ'lɒdʒɪkəl] adj électrophysiologique

electrophysiologist [ɪˌlektrəʊˌfɪzɪ'ɒlədʒɪst] n électrophysiologiste mf

electrophysiology [ɪˌlektrəʊˌfɪzɪ'ɒlədʒɪ] n électrophysiologie f

electroplate [ɪ'lektrəʊˌpleɪt] **1** vt plaquer par galvanoplastie; (with gold) dorer par galvanoplastie; (with silver) argenter par galvanoplastie ◆ **electroplated nickel silver** ruolz m

2 n (NonC) articles mpl plaqués etc par galvanoplastie, (= silver) articles mpl de ruolz

electroplating [ɪ'lektrəʊˌpleɪtɪŋ] n (= process) galvanoplastie f

electropositive [ɪˌlektrəʊ'pɒzɪtɪv] adj électropositif

electropuncture [ɪˌlektrəʊ'pʌŋktʃə'] n électroponcture or électropuncture f

electroscope [ɪ'lektrəʊˌskəʊp] n (Phys) électroscope m

electroshock [ɪ'lektrəʊˌʃɒk] **1** n électrochoc m
2 COMP ▷ **electroshock baton** n matraque f électrique ▷ **electroshock therapy**, **electroshock treatment** n (traitement m par) électrochocs mpl ◆ **to give sb electroshock therapy** or **treatment** traiter qn par électrochocs

electrostatic [ɪˌlektrəʊ'stætɪk] **1** adj électrostatique
2 COMP ▷ **electrostatic unit** n (Phys) unité f électrostatique

electrostatics [ɪˌlektrəʊ'stætɪks] n (NonC) électrostatique f

electrostriction [ɪˌlektrəʊ'strɪkʃən] m électrostriction f

electrosurgery [ɪˌlektrəʊ'sɜːdʒərɪ] n électrochirurgie f

electrotechnological [ɪˌlektrəʊˌteknə'lɒdʒɪkəl] adj électrotechnique

electrotechnology [ɪˌlektrəʊtek'nɒlədʒɪ] n électrotechnique f

electrotherapeutics [ɪˌlektrəʊˌθerə'pjuːtɪks] n (NonC) électrothérapie f

electrotherapist [ɪˌlektrəʊ'θerəpɪst] n électrothérapeute mf

electrotherapy [ɪˌlektrəʊ'θerəpɪ] n électrothérapie f

electrothermal [ɪˌlektrəʊ'θɜːməl], **electrothermic** [ɪˌlektrəʊ'θɜːmɪk] adj électrothermique

electrotype [ɪ'lektrəʊˌtaɪp] **1** n galvanotype m
2 vt clicher par galvanotypie

electrovalence [ɪˌlektrəʊˌveɪlns], **electrovalency** [ɪˌlektrəʊˌveɪlnsɪ] n électrovalence f

electrovalent bond [ɪˌlektrəʊ'veɪləntbɒnd] n liaison f électrostatique

electroweak [ɪˌlektrəʊ'wiːk] adj électrofaible

electrum [ɪ'lektrəm] n électrum m

eleemosynary [ˌelɪɪ'mɒsɪnərɪ] adj (frm) de bienfaisance, charitable

elegance ['elɪgəns] → SYN n (NonC) élégance f

elegant ['elɪgənt] → SYN adj (lit, fig) élégant

elegantly ['elɪgəntlɪ] adv dressed élégamment, avec élégance; furnished, decorated élégamment; written, described dans un style élégant ◆ **an elegantly simple room** une pièce élégante par sa simplicité ◆ **an elegantly simple idea** une idée d'une élégante simplicité

elegiac [ˌelɪ'dʒaɪək] **1** adj élégiaque
2 **elegiacs** npl poèmes mpl élégiaques
3 COMP ▷ **elegiac couplet** n distique m élégiaque ▷ **elegiac stanza** n strophe f élégiaque

elegy ['elɪdʒɪ] → SYN n élégie f

element ['elɪmənt] → SYN n **a** (Chem, Gram, Med, Phys) élément m; (Elec) [of heater, kettle] résistance f ◆ **the elements** (Met) les éléments mpl ◆ **the four elements** (= earth, air, fire, water) les quatre éléments mpl ◆ **to be in/out of one's element** être/ne pas être dans son élément ◆ **the elements of mathematics** les éléments mpl or les rudiments mpl des mathématiques

b (= aspect) dimension f; (= factor) élément m, facteur m; (= small part) part f; (= group) élément m, composante f ◆ **the comic/tragic/sexual element in his poetry** la dimension comique/tragique/sexuelle dans sa poésie ◆ **the human element** l'élément m humain ◆ **one of the key elements of the peace plan** un des éléments clés du plan de paix ◆ **the element of chance** le facteur chance ◆ **it's the personal element that matters** c'est le rapport personnel qui compte ◆ **an element of danger/truth** une part de danger/de vérité

◆ **the communist element in the trade unions** la composante communiste dans les syndicats ◆ **the hooligan element** les éléments mpl incontrôlés, les hooligans mpl ◆ **the criminal element** les (éléments mpl) criminels mpl
  [c] (Rel) **the Elements** les espèces fpl

elemental [ˌɛlɪˈmentl] adj [a] (liter = primal) drive, need fondamental ; truth fondamental, premier (after n) ; emotion brute ◆ **the elemental violence/fury of the storm** la violence/fureur brute de l'orage
  [b] (Chem, Phys, Astron) élémentaire

elementary [ˌɛlɪˈmentərɪ] → SYN [1] adj élémentaire ◆ **elementary geometry course** cours m de géométrie élémentaire ◆ **elementary, my dear Watson!** élémentaire, mon cher Watson !
  [2] COMP ▷ **elementary education** †† n ≈ enseignement m primaire ▷ **elementary particle** n (Phys) particule f élémentaire or fondamentale ▷ **elementary school** † n école f primaire ▷ **elementary schooling** † n enseignement m primaire ▷ **elementary student** n (US) ≈ élève mf du primaire ▷ **elementary teacher** n (US Educ) professeur m des écoles

elephant [ˈelɪfənt] [1] n, pl **elephants** or **elephant** éléphant m ◆ **bull/cow elephant** éléphant m mâle/femelle ◆ **African/Indian elephant** éléphant m d'Afrique/d'Asie ; → **white**
  [2] COMP ▷ **elephant seal** n éléphant m de mer ▷ **elephant shrew** n macroscélide m

elephantiasic [ˌelɪˌfæntɪˈæsɪk] adj éléphantiasique

elephantiasis [ˌelɪfənˈtaɪəsɪs] n éléphantiasis f

elephantine [ˌelɪˈfæntaɪn] adj (= large) éléphantesque ; (= heavy, clumsy) gauche, lourd ; wit lourd

elevate [ˈelɪveɪt] → SYN vt hausser, élever (also Rel) (fig) ; [+ voice] hausser ; [+ mind] élever ; [+ soul] élever, exalter ◆ **to elevate to the peerage** élever à la pairie, anoblir

elevated [ˈelɪveɪtɪd] → SYN [1] adj [a] (= exalted) position, status, rank, tone, style, thoughts élevé
  [b] (= raised) position, platform, walkway, track surélevé
  [2] COMP ▷ **elevated railroad** n (US) métro m aérien ▷ **elevated train** n (US) rame f de métro aérien

elevating [ˈelɪveɪtɪŋ] adj reading qui élève l'esprit

elevation [ˌelɪˈveɪʃən] → SYN n [a] (NonC = raising) [of person, standards, temperature] (also Astron, Rel, Shooting, Surv) élévation f ; [of blood pressure] augmentation f ◆ **her elevation to the Cabinet/to the rank of Prime Minister** son accession au gouvernement/au rang de Premier ministre ◆ **his elevation to the papacy/to the peerage** son accession à la dignité de pape/au rang de pair ◆ **the elevation of trash to the status of fine art** la camelote élevée au rang des beaux-arts ◆ **angle of elevation** (Shooting) angle m de hausse
  [b] (frm = hill, rise) hauteur f, élévation f
  [c] (= altitude) altitude f ◆ **at an elevation of ...** à une altitude de ...
  [d] (Archit) (= drawing) élévation f ; (= façade) [of building] façade f ◆ **front/north elevation** élévation f frontale/nord ◆ **sectional elevation** coupe f (verticale)
  [e] (NonC: frm = loftiness) [of mind, spirit] élévation f

elevator [ˈelɪveɪtər] [1] n [a] (esp US = lift) ascenseur m ; (= hoist) monte-charge m inv
  [b] (US = grain storehouse) silo m (à élévateur pneumatique)
  [c] (Aviat) gouvernail m de profondeur
  [d] (US: also **elevator shoe**) soulier m à talonnette
  [2] COMP ▷ **elevator car** n (US) cabine f d'ascenseur ▷ **elevator operator** n (US) liftier m, -ière f ▷ **elevator shaft** n (US) cage f d'ascenseur

eleven [ɪˈlevn] [1] adj onze inv
  [2] n [a] (= number) onze m inv ◆ **number eleven** le numéro onze, le onze ◆ **the eleven plus** (Brit Scol) ≈ l'examen m d'entrée en sixième
  [b] (Sport) **the French eleven** le onze de France ◆ **the first eleven** le onze, la première équipe ◆ **the second eleven** la deuxième équipe ; for other phrases see **six**
  [3] pron onze ◆ **there are eleven** il y en a onze

elevenses * [ɪˈlevnzɪz] npl (Brit) ≃ pause-café f (dans la matinée)

eleventh [ɪˈlevnθ] [1] adj onzième ◆ **at the eleventh hour** (fig) à la onzième heure, à la dernière minute
  [2] n onzième mf ; (= fraction) onzième m ; for phrases see **sixth**

elf [elf] n, pl **elves** (lit) elfe m, lutin m, farfadet m ; (fig) lutin m

elfin [ˈelfɪn] adj [a] (= delicately attractive) person aux traits délicats ; face délicat
  [b] (Myth) light, music, dance, creature féerique

El Greco [elˈɡrekəʊ] n le Greco

elicit [ɪˈlɪsɪt] → SYN vt [+ reply, explanation, information] obtenir (from de) ; [+ reaction, support] susciter (from de la part de) ; [+ admission, promise] arracher (from à) ◆ **to elicit sympathy from sb** s'attirer la sympathie de qn ◆ **to elicit public sympathy** s'attirer la sympathie du public ◆ **to elicit the facts of a case** tirer une affaire au clair ◆ **to elicit the truth about a case** jeter la lumière sur une affaire ◆ **we managed to elicit that she had had problems at home** nous avons fini par découvrir qu'elle avait eu des problèmes chez elle

elide [ɪˈlaɪd] vt [a] (Ling) élider ◆ **to be elided** s'élider
  [b] [+ distinctions] gommer

eligibility [ˌelɪdʒəˈbɪlɪtɪ] n (for election) éligibilité f ; (for employment) admissibilité f

eligible [ˈelɪdʒəbl] → SYN adj (for membership, office) éligible (for à) ; (for job) admissible (for à) ◆ **to be eligible for a pension** avoir droit à la retraite, pouvoir faire valoir ses droits à la retraite (frm) ◆ **to be eligible for promotion** remplir les or satisfaire aux conditions requises pour obtenir de l'avancement ◆ **an eligible bachelor** un beau or bon parti ◆ **he's very eligible** * c'est un très bon parti

Elijah [ɪˈlaɪdʒə] n Élie m

eliminate [ɪˈlɪmɪneɪt] → SYN vt [a] [+ alternative, suspicion, competitor, candidate] éliminer, écarter ; [+ possibility] écarter, exclure ; [+ competition, opposition, suspect] éliminer ; [+ mark, stain] enlever, faire disparaître ; [+ bad language, expenditure, detail] éliminer, supprimer ; (Math, Physiol) éliminer
  [b] (* = kill) supprimer, éliminer

elimination [ɪˌlɪmɪˈneɪʃən] n élimination f ◆ **by (the process of) elimination** par élimination

eliminator [ɪˈlɪmɪneɪtər] n (Sport) (épreuve f) éliminatoire f

ELISA [ɪˈlaɪzə] n (Med) (abbrev of **enzyme-linked immunosorbent assay**) dosage m ELISA

Elisha [ɪˈlaɪʃə] n Élisée m

elision [ɪˈlɪʒən] n élision f

elite [ɪˈliːt] → SYN [1] n (= select group) élite f
  [2] adj [a] (= select) group, unit, force, troops d'élite ; school, university prestigieux
  [b] (Typ) élite inv

elitism [ɪˈliːtɪzəm] n élitisme m

elitist [ɪˈliːtɪst] adj, n élitiste mf

elixir [ɪˈlɪksər] n élixir m ◆ **the elixir of life** l'élixir m de (longue) vie ◆ **elixir of youth** élixir m de jeunesse

Elizabeth [ɪˈlɪzəbəθ] n Élisabeth f

Elizabethan [ɪˌlɪzəˈbiːθən] [1] adj élisabéthain
  [2] n Élisabéthain(e) m(f)

elk [elk] n, pl **elk** or **elks** (Zool) élan m ◆ **Canadian elk** orignac m (Can), orignal m

elkhound [ˈelkhaʊnd] n (= dog) chien m d'élan

ellipse [ɪˈlɪps] n (Math) ellipse f

ellipsis [ɪˈlɪpsɪs] n, pl **ellipses** [ɪˈlɪpsiːz] (Gram) ellipse f

ellipsoid [ɪˈlɪpsɔɪd] adj, n ellipsoïde m

elliptic(al) [ɪˈlɪptɪk(əl)] adj (Gram, Math, fig) elliptique

elliptically [ɪˈlɪptɪk(ə)lɪ] adv [a] (= in elliptical path) move en ellipse
  [b] (= not explicitly) speak, write de manière elliptique

elm [elm] n (= tree, wood) orme m ◆ **young elm** ormeau m ; → **Dutch**

elocution [ˌeləˈkjuːʃən] → SYN n élocution f, diction f

elocutionist [ˌeləˈkjuːʃənɪst] n (= teacher) professeur m d'élocution or de diction ; (= entertainer) diseur m, -euse f

elongate [ˈiːlɒŋɡeɪt] → SYN [1] vt (gen) allonger, étirer ; [+ line] prolonger
  [2] vi s'allonger, s'étirer

elongation [ˌiːlɒŋˈɡeɪʃən] n (gen) allongement m ; [of line etc] prolongement m ; (Astron, Med) élongation f

elope [ɪˈləʊp] → SYN vi man, woman s'enfuir ◆ **they eloped** ils se sont enfuis ensemble

elopement [ɪˈləʊpmənt] n fugue f (amoureuse)

eloquence [ˈeləkwəns] → SYN n éloquence f

eloquent [ˈeləkwənt] → SYN adj person, speech, look, gesture, silence, proof éloquent ; hands expressif ◆ **to be eloquent about** or **on sth** parler avec éloquence de qch ; → **wax**²

eloquently [ˈeləkwəntlɪ] adv speak, express éloquemment, avec éloquence ; write avec éloquence ; demonstrate éloquemment

El Salvador [elˈsælvəˌdɔːr] n le Salvador ◆ **to El Salvador** au Salvador ◆ **in El Salvador** au Salvador

else [els] adv ◆ **if all else fails** si rien d'autre ne marche ◆ **how else can I do it?** comment est-ce que je peux le faire autrement ? ◆ **there is little else to be done** il n'y a pas grand-chose d'autre à faire ◆ **they sell books and toys and much else (besides)** ils vendent des livres, des jouets et bien d'autres choses (encore) ◆ **not much else** pas grand-chose d'autre ◆ **what else?** quoi d'autre ? ◆ **what else could I do?** que pouvais-je faire d'autre ? ◆ **where else?** à quel autre endroit ? ◆ **who else?** qui d'autre ?
  ◆ **anybody/anything** etc **else** ◆ **anybody else would have done it** n'importe qui d'autre l'aurait fait ◆ **is there anybody else there?** y a-t-il quelqu'un d'autre ? ◆ **I'd prefer anything else** tout mais pas ça ◆ **have you anything else to say?** avez-vous quelque chose à ajouter ? ◆ **anything else?** (= have you anything more to tell me, give me etc) c'est tout ? ; (in shop) ce sera tout ? ◆ **will there be anything else sir?** désirez-vous autre chose monsieur ? ◆ **I couldn't do anything else but leave** il ne me restait plus qu'à partir ◆ **can you do it anywhere else?** pouvez-vous le faire ailleurs ? ◆ **you won't find this flower anywhere else** vous ne trouverez cette fleur nulle part ailleurs
  ◆ **nobody/nothing** etc **else** ◆ **nobody** or **no one else** personne d'autre ◆ **nothing else** rien d'autre ◆ **it was fun if nothing else** au moins on s'est amusé ◆ **we could do nothing else** (nothing more) nous ne pouvions rien faire de plus ; (= no other thing) nous ne pouvions rien faire d'autre ◆ **there's nothing else for it** c'est inévitable ◆ **nowhere else** nulle part ailleurs ◆ **she had nowhere else to go** c'est le seul endroit où elle pouvait aller
  ◆ **someone/something** etc **else** ◆ **someone** or **somebody else** quelqu'un d'autre ◆ **may I speak to someone else?** puis-je parler à quelqu'un d'autre ? ◆ **is this someone else's umbrella** c'est le parapluie de quelqu'un d'autre ◆ **something else** autre chose ◆ **she is/it is something else** * (fig) elle est/c'est vraiment fantastique ◆ **somewhere else, someplace else** (US) ailleurs, autre part
  ◆ **or else** ou bien, sinon, autrement ◆ **do it or else let me** faites-le, ou bien laissez-moi faire ◆ **do it now or else you'll be punished** fais-le tout de suite, sinon tu seras puni ◆ **do it or else!** * vous avez intérêt à le faire !

elsewhere [ˌelsˈwɛər] → SYN adv ailleurs, autre part ◆ **from elsewhere** (venu) d'ailleurs ◆ **to go elsewhere** aller ailleurs

ELT [ˌiːelˈtiː] n (abbrev of **English Language Teaching**) → **English** ; → TEFL; TESL; TESOL; ELT

elucidate [ɪˈluːsɪdeɪt] → SYN vt [+ text] élucider ; [+ mystery] élucider, tirer au clair

elucidation [ɪˌluːsɪˈdeɪʃən] → SYN n élucidation f

elude [ɪˈluːd] → SYN vt [+ enemy, pursuit, arrest] échapper à ; [+ question] éluder ; [+ police, justice] se dérober à ◆ **to elude sb's grasp** échapper aux mains de qn ◆ **the name eludes me** le nom m'échappe ◆ **success eluded him** le succès restait hors de sa

elusive [ɪˈluːsɪv] → SYN **adj** person difficile à joindre ; animal, truth, happiness insaisissable ; quality indéfinissable ; goal, target, success, happiness difficile à atteindre

elusively [ɪˈluːsɪvlɪ] **adv ◆ to behave elusively** se dérober **◆ ...** he said elusively ... dit-il pour s'esquiver *or* pour éluder la question

elusiveness [ɪˈluːsɪvnɪs] **n** nature f insaisissable, caractère m évasif

elusory [ɪˈluːsərɪ] **adj** ⇒ **elusive**

elute [iːˈluːt] **vt** éluer

elution [iːˈluːʃən] **n** élution f

elver [ˈɛlvəʳ] **n** civelle f

elves [ɛlvz] **npl of elf**

Elysian [ɪˈlɪzɪən] **adj** élyséen

elytron [ˈɛlɪtrɒn] **n, pl elytra** [ˈɛlɪtrə] élytre m

EM [ˌiːˈɛm] **n** (US) **a** (abbrev of **Engineer of Mines**) → **engineer**
b (abbrev of **enlisted man**) → **enlist**

em [ɛm] **n** (Typ) cicéro m

'em * [əm] **pers pron** ⇒ **them**

emaciated [ɪˈmeɪsɪeɪtɪd] → SYN **adj** person, face émacié ; limb décharné **◆ to become emaciated** s'émacier

emaciation [ɪˌmeɪsɪˈeɪʃən] → SYN **n** émaciation f, amaigrissement m

e-mail [ˈiːmeɪl] **1 n** (Comput) (abbrev of **electronic mail**) e-mail m, courrier m électronique
2 vt ◆ to e-mail sb envoyer un courrier électronique *or* un e-mail à qn **◆ to e-mail sth** envoyer qch par courrier électronique

emanate [ˈɛməneɪt] → SYN **vi** [light, odour] émaner (*from* de) ; [rumour, document, instruction] émaner, provenir (*from* de)

emanation [ˌɛməˈneɪʃən] → SYN **n** émanation f

emancipate [ɪˈmænsɪpeɪt] → SYN **vt** [+ women] émanciper ; [+ slaves] affranchir ; (fig) émanciper, affranchir, libérer (*from* de) **◆ to be emancipated from sth** s'affranchir *or* s'émanciper de qch

emancipated [ɪˈmænsɪpeɪtɪd] **adj** (fig) émancipé, libéré

emancipation [ɪˌmænsɪˈpeɪʃən] → SYN **n** (NonC) [of mankind, women] émancipation f ; [of slaves] affranchissement m, émancipation f **◆ black/female emancipation** émancipation f des Noirs/de la femme

emancipator [ɪˈmænsɪpeɪtəʳ] **n** émancipateur m, -trice f

emasculate [ɪˈmæskjʊleɪt] **1 vt** (lit, fig) émasculer
2 [ɪˈmæskjʊlɪt] **adj** (lit, fig) émasculé

emasculation [ɪˌmæskjʊˈleɪʃən] **n** (lit, fig) émasculation f

embalm [ɪmˈbɑːm] → SYN **vt** (all senses) embaumer

embalmer [ɪmˈbɑːməʳ] **n** embaumeur m

embalming [ɪmˈbɑːmɪŋ] **1 n** embaumement m
2 COMP ▷ **embalming fluid n** bain m de natron

embankment [ɪmˈbæŋkmənt] **n** [of path, railway line] talus m, remblai m ; [of road] banquette f (de sûreté) ; [of canal, dam] digue f, chaussée f (de retenue) ; [of river] (= mound of earth) berge f ; (= wall of earth) quai m **◆ the Embankment** (in London) l'un des quais le long de la Tamise

embargo [ɪmˈbɑːgəʊ] → SYN **1 n, pl embargoes a** (Pol, Comm, Naut etc) embargo m **◆ to impose an embargo on** [+ country etc] imposer un embargo contre ; [+ goods] imposer un embargo sur **◆ arms embargo** embargo m sur les armes **◆ an oil embargo** un embargo pétrolier **◆ to lift an embargo** lever l'embargo **◆ to enforce an embargo** appliquer l'embargo
b (fig = prohibition) interdiction f, restriction f **◆ to put an embargo on sth** mettre l'embargo sur qch, interdire qch
2 vt mettre l'embargo sur ; (fig = prohibit) interdire

embark [ɪmˈbɑːk] → SYN **1 vt** [+ passengers] embarquer, prendre à bord ; [+ goods] embarquer, charger

2 vi (Aviat, Naut) embarquer (*on* à bord de, sur) **◆ to embark on** (fig) [+ journey] commencer ; [+ business undertaking, deal] s'engager dans, se lancer dans ; [+ doubtful or risky affair, explanation, story] se lancer dans, s'embarquer dans * ; [+ discussion] se lancer dans

embarkation [ˌɛmbɑːˈkeɪʃən] **n** [of passengers] embarquement m ; [of cargo] embarquement m, chargement m **◆ embarkation card** (Aviat, Naut) carte f d'embarquement **◆ "the Embarkation for Cythère"** (Art) "l'Embarquement pour Cythère"

embarrass [ɪmˈbærəs] → SYN **vt** [+ person, government] embarrasser, gêner

embarrassed [ɪmˈbærəst] **adj a** person, silence, laugh gêné, embarrassé **◆ there was an embarrassed silence** il y eut un silence gêné, un ange est passé **◆ he looked embarrassed** il avait l'air gêné *or* embarrassé **◆ I feel embarrassed about it** cela me gêne *or* m'embarrasse **◆ he was embarrassed about discussing his financial difficulties** cela le gênait *or* l'embarrassait de parler de ses problèmes financiers **◆ she was embarrassed about her spots** ses boutons étaient une source d'embarras pour elle *or* la rendaient mal à l'aise **◆ he was embarrassed at *or* about being the focus of attention** cela le gênait *or* le mettait dans l'embarras d'être au centre de l'attention **◆ I was embarrassed for him** j'étais gêné pour lui **◆ she was embarrassed to be seen with him** cela la gênait d'être vue en sa compagnie
b to be financially embarrassed être dans l'embarras financièrement, avoir des ennuis d'argent

embarrassing [ɪmˈbærəsɪŋ] → SYN **adj** embarrassant, gênant **◆ to get out of an embarrassing situation** se tirer d'embarras

embarrassingly [ɪmˈbærəsɪŋlɪ] **adv ◆ embarrassingly short/few/bad** si court/peu/mauvais que c'en est (*or* était) embarrassant **◆ embarrassingly for him, he ...** à son grand embarras, il ... **◆ embarrassingly, he ...** au grand embarras de tous, il ...

embarrassment [ɪmˈbærəsmənt] → SYN **n a** (= emotion) embarras m, gêne f (*at* devant) **◆ to cause sb embarrassment** mettre qn dans l'embarras, embarrasser qn **◆ financial embarrassment** des ennuis mpl d'argent, des embarras mpl financiers **◆ it is an embarrassment of riches: Zola, Flaubert, Balzac, Stendhal** on peut dire qu'on a l'embarras du choix : Zola, Flaubert, Balzac, Stendhal
b (= source of embarrassment) **her son is an embarrassment to her** son fils est une source d'embarras pour elle **◆ her scar is an embarrassment to her** sa cicatrice est une source d'embarras pour elle *or* la rend mal à l'aise

embassy [ˈɛmbəsɪ] **n** ambassade f **◆ the French Embassy** l'ambassade f de France

embattled [ɪmˈbætld] **adj a** (= beleaguered) city, country, army assiégé
b (= troubled) person, government aux prises avec des difficultés, en difficulté

embed [ɪmˈbɛd] **vt** (in wood) enfoncer ; (in cement) noyer ; (in stone) sceller ; [+ jewel] enchâsser ; (Ling) enchâsser **◆ embedded in the memory/mind** gravé dans la mémoire/l'esprit

embedding [ɪmˈbɛdɪŋ] **n** action f de sceller, fixation f ; (Ling) enchâssement m

embellish [ɪmˈbɛlɪʃ] → SYN **vt** (= adorn) embellir, orner (*with* de) ; [+ manuscript] relever, enjoliver (*with* de) ; (fig) [+ tale, account] enjoliver, embellir ; [+ truth] broder sur, orner

embellishment [ɪmˈbɛlɪʃmənt] → SYN **n a** (= adornment) embellissement m, ornement m **◆ stripped of embellishment** dépouillé de tout ornement
b (= added detail) [of story, truth] embellissement m, enjolivement m
c (Mus) fioriture f

ember [ˈɛmbəʳ] **n** charbon m ardent **◆ the embers** la braise **◆ the dying embers** les tisons mpl ; → **fan**[1]

Ember days [ˈɛmbəˌdeɪz] **npl** (Rel) quatre-temps mpl

embezzle [ɪmˈbɛzl] → SYN **1 vt** détourner
2 vi détourner des fonds

embezzlement [ɪmˈbɛzlmənt] → SYN **n** détournement m de fonds

embezzler [ɪmˈbɛzləʳ] **n** escroc m

embitter [ɪmˈbɪtəʳ] → SYN **vt** [+ person] aigrir, remplir d'amertume ; [+ relations, disputes] envenimer

embittered [ɪmˈbɪtəd] **adj** person, relationship aigri, plein d'amertume

embittering [ɪmˈbɪtərɪŋ] **adj** qui laisse amer

embitterment [ɪmˈbɪtəmənt] **n** amertume f, aigreur f

emblazon [ɪmˈbleɪzən] → SYN **vt** (= extol) chanter les louanges de ; (Her) blasonner

emblem [ˈɛmbləm] → SYN **n** (all senses) emblème m

emblematic [ˌɛmbləˈmætɪk] **adj** (= characteristic) typique **◆ dogs are emblematic of faithfulness** (= symbolic) les chiens sont un symbole de fidélité

embodiment [ɪmˈbɒdɪmənt] → SYN **n a** incarnation f, personnification f **◆ to be the embodiment of progress** incarner le progrès **◆ he is the embodiment of kindness** c'est la bonté incarnée *or* personnifiée
b (= inclusion) incorporation f

embody [ɪmˈbɒdɪ] **vt a** [+ spirit, quality] incarner ; [+ one's thoughts, theories] [person] exprimer, concrétiser, formuler (*in* dans, en) ; [work] exprimer, donner forme à, mettre en application (*in* dans)
b (= include) [+ ideas] [person] résumer (*in* dans) ; [work] renfermer ; [+ features] [machine] réunir

embolden [ɪmˈbəʊldən] → SYN **vt a** enhardir **◆ to embolden sb to do sth** donner à qn le courage de faire qch, enhardir qn à faire qch
b (Typ) imprimer en gras (*or* mi-gras)

embolism [ˈɛmbəlɪzəm] **n** embolie f

embolus [ˈɛmbələs] **n, pl emboli** [ˈɛmbəlaɪ] (Med) embole m, embolus m

emboss [ɪmˈbɒs] **vt** [+ metal] travailler en relief, repousser, estamper ; [+ leather, cloth] frapper, gaufrer ; [+ velvet, paper] frapper

embossed [ɪmˈbɒst] **adj** lettering, letters, design en relief ; paper, wallpaper, card gaufré ; leather (with stamp) gaufré ; (with tool) repoussé ; metal (with stamp) estampé ; (with tool) repoussé **◆ embossed writing paper** papier m à lettres à en-tête en relief **◆ to be embossed with sth** avoir qch en relief **◆ leather books embossed in gold** des livres à reliure de cuir estampée d'or

embouchure [ˌɒmbʊˈʃʊəʳ] **n** (Mus) embouchure f

embrace [ɪmˈbreɪs] → SYN **1 vt a** (= hug) étreindre ; (amorously) enlacer, étreindre
b (fig) [+ religion] embrasser ; [+ opportunity] saisir ; [+ cause] épouser, embrasser, [+ offer] profiter de
c (= include) [person] [+ theme, experience] embrasser ; [+ topics, hypotheses] inclure ; [work] [+ theme, period] embrasser, englober ; [+ ideas, topics] renfermer, comprendre **◆ his charity embraces all mankind** sa charité s'étend à l'humanité tout entière **◆ an all-embracing review** une revue d'ensemble
2 vi s'étreindre, s'embrasser
3 n (= hug) étreinte f **◆ they were standing in a tender embrace** ils étaient tendrement enlacés **◆ he held her in a tender embrace** il l'enlaçait tendrement **◆ to greet sb with a warm embrace** accueillir qn en l'étreignant chaleureusement **◆ locked in an embrace** enlacé

embrasure [ɪmˈbreɪʒəʳ] **n** embrasure f

embrocation [ˌɛmbrəʊˈkeɪʃən] **n** embrocation f

embroider [ɪmˈbrɔɪdəʳ] **1 vt** broder ; (fig: also **embroider on**) [+ facts, truth] broder sur ; [+ story] enjoliver
2 vi faire de la broderie

embroidery [ɪmˈbrɔɪdərɪ] **1 n** broderie f
2 COMP ▷ **embroidery frame n** métier m à tambour m à broder ▷ **embroidery silk n** soie f à broder ▷ **embroidery thread n** fil m à broder

embroil [ɪmˈbrɔɪl] → SYN **vt** entraîner (*in* dans), mêler (*in* à) **◆ to get (o.s.) embroiled in** se laisser entraîner dans, se trouver mêlé à

embroilment [ɪmˈbrɔɪlmənt] **n** implication f (*in* dans), participation f (*in* à)

embryo ['embrɪəʊ] → SYN n (lit, fig) embryon m ◆ **in embryo** (lit) à l'état ou au stade embryonnaire ; (fig) en germe

embryogenesis [ˌembrɪəʊ'dʒenəsɪs] n embryogenèse f

embryogenic [ˌembrɪəʊ'dʒenɪk] adj embryogénique

embryogeny [ˌembrɪ'ɒdʒɪnɪ] n embryogenèse f

embryological [ˌembrɪə'lɒdʒɪkəl] adj embryologique

embryologist [ˌembrɪ'ɒlədʒɪst] n embryologiste mf

embryology [ˌembrɪ'ɒlədʒɪ] n embryologie f

embryonic [ˌembrɪ'ɒnɪk] adj **a** (Zool) embryonnaire
b (fig) en germe

embus [ɪm'bʌs] **1** vt (faire) embarquer dans un car
2 vi s'embarquer dans un car

emcee ['em'siː] (US) (abbrev of **master of ceremonies**) **1** n (gen) maître m de cérémonies ; (in show etc) animateur m, meneur m de jeu
2 vt [+ show etc] animer

emend [ɪ'mend] → SYN vt [+ text] corriger

emendation [ˌiːmen'deɪʃən] → SYN n correction f

emerald ['emərəld] **1** n (= stone) émeraude f ; (= colour) (vert m) émeraude m
2 COMP (= set with emeralds) (serti) d'émeraudes ; (also **emerald green**) (vert) émeraude inv ▷ **the Emerald Isle** n (liter) l'île f d'Émeraude (Irlande) ▷ **emerald necklace** n collier m d'émeraudes

emerge [ɪ'mɜːdʒ] → SYN vi [person, animal] émerger (from de), sortir (from de) ; (fig) [truth, facts] émerger (from de), se dégager (from de) ; [difficulties] surgir, apparaître ; [new nation] naître ; [theory, school of thought] apparaître, naître ◆ **it emerges (from this) that ...** il (en) ressort que ..., il en résulte que ... ◆ **to emerge as ...** (= turn out to be) se révéler (être) ...

emergence [ɪ'mɜːdʒəns] → SYN n [of truth, facts] émergence f ; [of new nation, theory, school of thought] naissance f

emergency [ɪ'mɜːdʒənsɪ] → SYN **1** n cas m urgent, imprévu m (NonC) ◆ **in case of emergency, in an emergency** en cas d'urgence or d'imprévu or de nécessité ◆ **to be prepared for any emergency** être prêt à or parer à toute éventualité ◆ **in this emergency** dans cette situation critique, dans ces circonstances critiques ◆ **state of emergency** état m d'urgence ◆ **to declare a state of emergency** déclarer l'état d'urgence
2 COMP measures, treatment, operation, repair d'urgence ; brake, airstrip de secours ; (= improvised) mast de fortune ◆ **an emergency case** (Med) une urgence ▷ **emergency centre** n poste m de secours ▷ **emergency exit** n issue f or sortie f de secours ▷ **emergency force** n (Mil) force f d'urgence or d'intervention ▷ **emergency landing** n (Aviat) atterrissage m forcé ▷ **emergency powers** npl (Pol) pouvoirs mpl extraordinaires ▷ **emergency rations** npl vivres mpl de réserve ▷ **emergency room** n (US Med) ⇒ **emergency ward** ▷ **emergency service** n (Med) service m des urgences ; (Aut) service m de dépannage ▷ **emergency services** npl (police etc) services mpl d'urgence, ≈ police-secours f ▷ **emergency stop** n (Aut) arrêt m d'urgence ▷ **emergency tax** n impôt m extraordinaire ▷ **emergency telephone** n dispositif m or borne f d'urgence ▷ **emergency ward** n (Med) salle f des urgences

emergent [ɪ'mɜːdʒənt] adj democracy, movement, group, sexuality naissant ; nation, country (gen) naissant ; (= recently independent) nouvellement indépendant ; (Opt, Philos) émergent

emeritus [ɪ'merɪtəs] adj (Univ) ◆ **emeritus professor, professor emeritus** professeur m émérite † or honoraire

emersion [ɪ'mɜːʃən] n (Astron) émersion f

emery ['emərɪ] **1** n émeri m
2 COMP ▷ **emery board** n lime f à ongles ▷ **emery cloth** n toile f (d')émeri ▷ **emery paper** n papier m (d')émeri, papier m de verre

emetic [ɪ'metɪk] adj, n émétique m

emetin ['emətɪn], **emetine** ['eməˌtiːn] n émétine f

emf (Phys) (abbrev of **electromotive force**) fém f

emigrant ['emɪɡrənt] **1** n (just leaving) émigrant(e) m(f) ; (established) émigré(e) m(f)
2 COMP ship, family d'émigrants

emigrate ['emɪɡreɪt] → SYN vi émigrer

emigration [ˌemɪ'ɡreɪʃən] → SYN n émigration f

émigré ['emɪɡreɪ] n émigré(e) m(f)

Emilia-Romagna [ɪˌmiːlɪərəʊ'mɑːnjə] n l'Émilie-Romagne f

eminence ['emɪnəns] → SYN n **a** (NonC = distinction) distinction f ◆ **to achieve eminence in one's profession** parvenir à un rang éminent dans sa profession ◆ **to win eminence as a surgeon** acquérir un grand renom comme chirurgien ◆ **the eminence of his position** sa position éminente ◆ **His/Your Eminence** (Rel) Son/Votre Éminence
b (= high ground) éminence f, élévation f, butte f

éminence grise [eminɑ̃sɡʁiz] n éminence f grise

eminent ['emɪnənt] → SYN **1** adj **a** (= distinguished) person éminent ◆ **she is eminent in the field of avionics** c'est une sommité dans le domaine de l'avionique
b (frm = great) remarquable ◆ **his eminent good sense** son remarquable bon sens
c (Rel) Most Eminent éminentissime
2 COMP ▷ **eminent domain** n (Jur) principe de droit selon lequel toutes les terres relèvent, en dernière analyse, de la Couronne ◆ **to take land by eminent domain** procéder à une expropriation (pour cause d'utilité publique)

eminently ['emɪnəntlɪ] → SYN adv sensible, reasonable, capable parfaitement ; respectable, qualified éminemment ; practical, readable, desirable tout à fait ; forgettable absolument ◆ **to be eminently suitable** convenir parfaitement

emir [e'mɪəʳ] n émir m

emirate [e'mɪərɪt] n émirat m

emissary ['emɪsərɪ] n émissaire m

emission [ɪ'mɪʃən] → SYN **1** n (NonC) dégagement m
2 emissions npl (= substances) émissions fpl
3 COMP ▷ **emission spectrum** n spectre m d'émission

emissivity [ˌemɪ'sɪvɪtɪ] n (Phys) émissivité f

emit [ɪ'mɪt] → SYN vt [+ gas, heat, smoke] émettre, dégager ; [+ light, waves] émettre ; [+ smell] dégager, exhaler ; [+ lava] répandre ; [+ sound, chuckle] émettre

emitter [ɪ'mɪtəʳ] n (Elec) émetteur m

Emmanuel [ɪ'mænjʊəl] n Emmanuel m

Emmaus [e'meɪəs] n Emmaüs m

emmenagogic [ɪˌmenə'ɡɒdʒɪk] adj emménagogue

emmenagogue [ɪ'menəɡɒɡ] n emménagogue m

Emmenthal ['emənˌtɑːl] n (Culin) emmenthal m

emmetropia [ˌemɪ'trəʊpɪə] n emmétropie f

emmetropic [ˌemɪ'trɒpɪk] adj emmétrope

Emmy ['emɪ] n, pl **Emmys** or **Emmies** oscar de la télévision américaine

emollient [ɪ'mɒlɪənt] **1** n émollient m
2 adj cream émollient ; (fig) person conciliant

emolument [ɪ'mɒljʊmənt] → SYN n émoluments mpl

emote * [ɪ'məʊt] vi donner dans le sentiment *

emoticon [ɪ'məʊtɪkən] n (Comput) emoticon m, smiley m

emotion [ɪ'məʊʃən] → SYN n émotion f, sentiment m ◆ **a voice full of emotion** une voix émue

emotional [ɪ'məʊʃənl] → SYN **1** adj **a** (= psychological) problem, support, development, detachment, bond, intensity affectif ; shock, disturbance, impact émotif, affectif ◆ **his emotional state** son état émotionnel ◆ **to make an emotional commitment to sb** s'engager vis-à-vis de qn sur le plan affectif ◆ **on an emotional level** sur le plan affectif ◆ **to be on an emotional high/low** être dans un état d'exaltation or sur un petit nuage */déprimé
b (= emotive) **it is an emotional issue** cette question soulève les passions
c (= full of emotion) person (by nature) émotif ; (on specific occasion) ému ; moment, situation de grande émotion ; experience, story, appeal, speech, farewell, welcome, outburst, scene, response plein d'émotion ; decision guidé par les sentiments ◆ **he became very emotional** il a été très ému ◆ **to be emotional about sth** (by nature) s'émouvoir facilement de qch ◆ **his behaviour was very emotional** il a eu un comportement très émotionnel
2 COMP ▷ **emotional baggage** * n (pej) expériences fpl personnelles ◆ **his emotional baggage** le poids de son vécu personnel ▷ **emotional blackmail** * n chantage m affectif ▷ **emotional cripple** * n (pej) **to be an emotional cripple** être bloqué sur le plan émotionnel ▷ **emotional roller coaster** n **to be on an emotional roller coaster** être pris dans un tourbillon d'émotions ▷ **emotional wreck** n loque f sur le plan affectif

emotionalism [ɪ'məʊʃnəlɪzəm] n émotivité f, sensiblerie f (pej) ◆ **the article was sheer emotionalism** l'article n'était qu'un étalage de sensiblerie

emotionally [ɪ'məʊʃnəlɪ] adv **a** (= psychologically) mature, stable, distant, drained sur le plan affectif or émotionnel ◆ **emotionally deprived** privé d'affection ◆ **to be emotionally disturbed** souffrir de troubles émotifs or affectifs ◆ **an emotionally disturbed child** un(e) enfant caractériel(le) ◆ **as a doctor, one should never become emotionally involved** un médecin ne doit jamais s'impliquer au niveau affectif or émotionnel ◆ **to be emotionally involved with sb** (= be in relationship) avoir une liaison avec qn ◆ **emotionally I was a wreck** sur le plan émotionnel j'étais une loque
b (= with emotion) speak, describe, react avec émotion ◆ **an emotionally charged atmosphere** une atmosphère chargée d'émotion ◆ **an emotionally worded article** un article qui fait appel aux sentiments

emotionless [ɪ'məʊʃnlɪs] adj expression, tone etc impassible ; person imperturbable

emotive [ɪ'məʊtɪv] → SYN adj issue, question, subject qui soulève les passions ; language, word à connotations émotionnelles

empanel [ɪm'pænl] vt (Jur) [+ jury] constituer ◆ **to empanel a juror** inscrire quelqu'un sur la liste du jury

empanelment [ɪm'pænlmənt] n [of jury] constitution f

empathetic [ˌempə'θetɪk] adj compréhensif (to envers)

empathetically [ˌempə'θetɪkəlɪ] adv avec compréhension or sympathie

empathic [em'pæθɪk] adj ⇒ **empathetic**

empathize ['empəθaɪz] vi ◆ **to empathize with sb** comprendre ce que ressent qn

empathy ['empəθɪ] n empathie f, communion f d'idées (or de sentiments etc) ◆ **our empathy with the pain she was suffering** notre compassion f pour la douleur qui était la sienne

emperor ['empərəʳ] **1** n empereur m ◆ "the **Emperor Waltz**" (Mus) "la Valse de l'Empereur"
2 COMP ▷ **emperor moth** n paon m de nuit ▷ **emperor penguin** n manchot m empereur

emphasis ['emfəsɪs] → SYN n, pl **emphases** ['emfəsiːz] (in word, phrase) accentuation f, accent m d'intensité ; (fig) accent m ◆ **to speak with emphasis** parler sur un ton d'insistance ◆ **the emphasis is on the first syllable** l'accent d'intensité or l'accentuation tombe sur la première syllabe ◆ **to lay emphasis on a word** souligner un mot, insister sur or appuyer sur un mot ◆ **to lay emphasis on one aspect of ...** (fig) mettre l'accent sur or insister sur or attacher de l'importance à un aspect de ... ◆ **the emphasis is on sport** on accorde une importance particulière au sport ◆ **this year the emphasis is on femininity** (Fashion) cette année l'accent est sur la féminité ; → **shift**

emphasize ['emfəsaɪz] → SYN vt (= stress) [+ word, fact, point] insister sur, souligner ; [+ syllable] accentuer ; (= draw attention to) (gen) accentuer ; [+ sth pleasant or flattering] mettre en valeur, faire valoir ◆ **this point cannot be too strongly emphasized** on ne saurait trop insister sur ce point ◆ **I must emphasize**

emphatic / enc

that ... je dois souligner le fait que ... ♦ **the long coat emphasized his height** le long manteau faisait ressortir sa haute taille ♦ **to emphasize the eyes with mascara** mettre les yeux en valeur avec du mascara

emphatic [ɪmˈfætɪk] → SYN **adj** [a] (= forceful) person catégorique ; condemnation, denial, rejection, response, statement, declaration énergique ♦ **the answer is an emphatic yes/no** la réponse est un oui/non catégorique ♦ **to be emphatic about sth** insister sur qch ♦ **she's emphatic that business is improving** elle affirme catégoriquement que les affaires reprennent ♦ **they were quite emphatic that they were not going** ils ont refusé catégoriquement d'y aller ♦ **he was emphatic in his defence of the system** il a vigoureusement défendu le système ♦ **they were emphatic in denying their involvement** ils ont vigoureusement démenti être impliqués

[b] (= emphasizing) tone, gesture, nod emphatique

[c] (= decisive) victory, defeat écrasant ; result, winner incontestable

emphatically [ɪmˈfætɪkəlɪ] **adv** [a] (= forcefully) say, reply, shake one's head énergiquement ; deny, reject, refuse catégoriquement, énergiquement ♦ **to nod emphatically** acquiescer énergiquement de la tête

[b] (= definitely) democratic clairement ♦ **politics is most emphatically back on the agenda** la politique fait bel et bien un retour en force ♦ **emphatically not** absolument pas ♦ **yes, emphatically!** oui, tout à fait ! ♦ **emphatically no!** non, en aucun cas !, non, absolument pas !

emphysema [ˌemfɪˈsiːmə] **n** emphysème **m**

Empire [ˈempaɪə^r] **adj** costume, furniture Empire inv

empire [ˈempaɪə^r] → SYN **1 n** (all senses) empire **m**

2 COMP ▷ **empire-builder n** (fig) bâtisseur **m** d'empires ▷ **empire-building n** (fig) he is empire-building it is empire-building on his part il joue le bâtisseurs d'empire ▷ **the Empire State n** (US) l'État **m** de New York ▷ **the Empire State Building n** l'Empire State Building **m**

empiric [emˈpɪrɪk] **1 adj** empirique
2 n empiriste **mf** ; (Med) empirique **m**

empirical [emˈpɪrɪkəl] → SYN **adj** empirique

empirically [emˈpɪrɪkəlɪ] **adv** test empiriquement ; invalid, testable d'un point de vue empirique ♦ **an empirically grounded approach** une approche fondée sur un raisonnement empirique ♦ **empirically based knowledge** connaissances fpl fondées sur un raisonnement empirique ♦ **empirically, therefore, four is the answer** empiriquement, donc, la réponse est quatre

empiricism [emˈpɪrɪsɪzəm] **n** empirisme **m**

empiricist [emˈpɪrɪsɪst] **adj, n** empiriste **mf**

emplacement [ɪmˈpleɪsmənt] → SYN **n** (Mil) emplacement **m** (d'un canon)

emplane [ɪmˈpleɪn] **vt** (Aviat) embarquer

employ [ɪmˈplɔɪ] → SYN **1 vt** [+ person] employer (as comme) ; [+ means, method, process] employer, utiliser ; [+ time] employer (in or by doing sth à faire qch) ; [+ force, cunning] recourir à, employer, [+ skill] faire usage de, employer ♦ **to be employed in doing sth** être occupé à faire qch ♦ **he would be better employed painting the house** il ferait mieux de repeindre la maison

2 n ♦ **to be in sb's employ** être employé par qn, travailler chez or pour qn ; (of domestic staff) être au service de qn

employable [ɪmˈplɔɪəbəl] **adj** person capable d'entrer sur le marché de l'emploi ♦ **employable skills** compétences fpl utilisables

employee [ˌɪmplɔɪˈiː] → SYN **1 n** salarié(e) **m(f)** ♦ **to be an employee of ...** travailler chez ... ♦ **employee benefit** avantage social

2 COMP ▷ **employee stock ownership plans npl** (US) actionnariat **m** ouvrier or des salariés

employer [ɪmˈplɔɪə^r] → SYN **n** (Comm, Ind, also domestic) patron(ne) **m(f)** ; (Jur) employeur **m**, -euse **f** ♦ **employers** (Ind: collectively) le patronat ♦ **employers' federation** syndicat **m** patronal, fédération **f** patronale ♦ **employer's contribution** (Insurance) cotisation **f** patronale ♦ **employer's liability** (Jur) responsabilité patronale

employment [ɪmˈplɔɪmənt] → SYN **1 n** (NonC = jobs collectively) emploi **m** (NonC) ; (= a job) emploi **m**, travail **m** ; (modest) place **f** ; (important) situation **f** ♦ **full employment** le plein emploi ♦ **in employment** qui travaille, qui a un emploi ♦ **the numbers in employment** les actifs **mpl** ♦ **in sb's employment** employé par qn ; (domestic staff) au service de qn ♦ **without employment** sans emploi, au chômage ♦ **conditions/place of employment** conditions fpl/lieu **m** de travail ♦ **to seek/find/take up employment (with)** chercher/trouver/prendre un emploi (chez) ♦ **Department** or **Ministry of Employment** ministère **m** de l'Emploi ♦ **Minister of Employment** (Brit) ♦ **Secretary for Employment** (US) ministre **m** de l'Emploi ; → **education**

2 COMP ▷ **employment agency n** agence **f** de placement ▷ **employment exchange** † **n** (Brit) bourse **f** du travail ▷ **employment law n** (Jur) droit **m** du travail ▷ **employment office n** (Brit) ≃ bureau **m** de l'Agence nationale pour l'emploi ▷ **Employment Service n** (US) ≃ Agence **f** nationale pour l'emploi

emporium [emˈpɔːrɪəm] → SYN **n, pl emporiums** or **emporia** [emˈpɔːrɪə] (= shop) grand magasin **m**, bazar **m** ; (= market) centre **m** commercial, marché **m**

empower [ɪmˈpaʊə^r] → SYN **vt** [a] (= authorize) **to empower sb to do sth** autoriser qn à faire qch ; (Jur) habiliter qn à faire qch ♦ **to be empowered to do sth** avoir pleins pouvoirs pour faire qch

[b] **to empower sb** (= make stronger) rendre qn plus fort ; (= make more independent) permettre à qn de s'assumer

empowering [ɪmˈpaʊərɪŋ] **adj** ♦ **such experiences can be empowering** ce type d'expérience peut aider les gens à s'assumer

empowerment [ɪmˈpaʊəmənt] **n** [a] (Pol, Sociol) émancipation **f** ♦ **female empowerment, the empowerment of women** l'émancipation **f** des femmes

[b] (Ind) délégation **f** des responsabilités

empress [ˈemprɪs] **n** impératrice **f**

emptiness [ˈemptɪnɪs] → SYN **n** vide **m** ; (of pleasures etc) vanité **f** ♦ **the emptiness of life** le vide de l'existence

empty [ˈemptɪ] → SYN **1 adj** [a] (= containing nothing) place, building, container, seat, vehicle, hand, days vide (of sth de qch) ; ship vide, lège (Naut) ; landscape désert ; (Ling) vide ♦ **she was staring into empty space** elle regardait fixement dans le vide ♦ **there was an empty space at the table** il y avait une place vide à la table ♦ **on an empty stomach** l'estomac vide, à jeun ♦ **his face and eyes were empty of all expression** son visage et ses yeux étaient dénués de toute expression ♦ **empty of emotion** or **feeling** incapable de ressentir la moindre émotion ♦ **to be running on empty** (Aut) avoir le réservoir pratiquement vide ; (fig) [person] avoir l'estomac vide ; [organization] être à bout de souffle ♦ **(Prov) empty vessels make most noise** ce sont les tonneaux vides qui font le plus de bruit ; → **5**

[b] (= meaningless) phrase, words, rhetoric creux ; dream, hope, exercise vain ♦ **empty talk** verbiage **m** ♦ **empty promises/threats** promesses fpl/menaces fpl en l'air ♦ **it's an empty gesture** c'est un geste vide de sens or un geste qui ne veut rien dire ♦ **my life is empty without you** ma vie est vide sans toi

[c] (= numb) person vidé ; feeling de vide ♦ **when I heard the news I felt empty** quand j'ai appris la nouvelle, je me suis senti vidé

2 empties npl (= bottles) bouteilles fpl vides ; (= boxes etc) boîtes fpl or emballages mpl vides ; (= glasses : in pub etc) verres mpl vides

3 vt [a] (= discharge) [+ box, glass, bin, pond, pocket] vider ; [+ tank] vider, vidanger ; [+ vehicle] décharger ♦ **the burglars emptied the shop** les voleurs ont dévalisé le magasin ♦ **television has emptied the cinemas** la télévision a vidé les cinémas ♦ **his singing emptied the room** la salle s'est vidée quand il a chanté

[b] (also **empty out**) [+ bricks, books] sortir ; [+ rubbish] vider (of, from de ; into dans) ; [+ liquid] vider (from de), verser (from de ; into dans), transvaser (into dans)

4 vi [water] se déverser, s'écouler ; [river] se jeter (into dans) ; [building, room, container] se vider

5 COMP ▷ **empty calories npl** calories fpl inutiles ▷ **empty-handed adj** les mains vides ♦ **to return empty-handed** revenir bredouille or les mains vides ▷ **empty-headed** → SYN **adj** sot (sotte **f**), sans cervelle ♦ **an empty-headed girl** une écervelée, une évaporée ▷ **empty-nester** * **n** personne dont les enfants ont quitté la maison

empyema [ˌempaɪˈiːmə] **n, pl empyemas** or **empyemata** [ˌempaɪˈiːmətə] empyème **m**

empyrean [ˌempaɪˈriːən] **n** (liter) ♦ **the empyrean** l'empyrée **m** (liter)

EMS [ˌiːemˈes] **n** [a] (abbrev of **European Monetary System**) SME **m**

[b] (US) abbrev of **Emergency Medical Service**

EMU [ˌiːemˈjuː] **n** (abbrev of **economic and monetary union**) UME **f**

emu [ˈiːmjuː] **n** émeu **m**

e.m.u. [ˌiːemˈjuː] **n** (abbrev of **electromagnetic unit**) unité **f** électromagnétique

emulate [ˈemjʊleɪt] **vt** imiter ; (Comput) émuler

emulation [ˌemjʊˈleɪʃən] **n** imitation **f** ; (Comput) émulation **f**

emulator [ˈemjʊleɪtə^r] **n** (Comput) émulateur **m**

emulsification [ɪˌmʌlsɪfɪˈkeɪʃən] **n** (Chem) émulsification **f**

emulsifier [eˈmʌlsɪfaɪə^r] **n** émulsifiant **m**

emulsify [ɪˈmʌlsɪfaɪ] **vti** émulsionner

emulsion [ɪˈmʌlʃən] **1 n** (also Phot) émulsion **f** ♦ **emulsion (paint)** peinture-émulsion **f**

2 vt peindre (avec une peinture-émulsion)

emulsive [ɪˈmʌlsɪv] **adj** (Chem) émulsif, émulsifiant

en [en] **n** (Typ) n **m**, lettre **f** moyenne

enable [ɪˈneɪbl] → SYN **1 vt** ♦ **to enable sb to do sth** (= give opportunity) permettre à qn de faire qch, donner à qn la possibilité de faire qch ; (= give means) permettre à qn de faire qch, donner à qn le moyen de faire qch ; (Jur etc = authorize) habiliter qn à faire qch, donner pouvoir à qn de faire qch

2 COMP ▷ **enabling legislation n** loi **f** d'habilitation

enabler [ɪˈneɪblə^r] **n** ♦ **we are enablers, not service providers** notre vocation n'est pas de fournir des services mais d'aider les gens à trouver des solutions eux-mêmes ♦ **to act as enablers of local artists** encourager les artistes de la région

enact [ɪˈnækt] → SYN **1 vt** [a] (Jur) [+ law, decree] promulguer, passer ♦ **as by law enacted** aux termes de la loi, selon la loi

[b] (= perform) [+ play] représenter, jouer ; [+ part] jouer ♦ **the drama which was enacted yesterday** (fig) le drame qui s'est déroulé hier

2 COMP ▷ **enacting terms npl** dispositif **m** d'un jugement

enactment [ɪˈnæktmənt] → SYN **n** promulgation **f**

enamel [ɪˈnæməl] **1 n** [a] (NonC: most senses) émail **m** ♦ **nail enamel** vernis **m** à ongles (laqué) ♦ **tooth enamel** émail **m** dentaire

[b] (Art) **an enamel** un émail

2 vt émailler

3 COMP ornament, brooch en émail ▷ **enamel paint n** peinture **f** laquée ▷ **enamel painting n** (Art) peinture **f** sur émail ▷ **enamel saucepan n** casserole **f** en fonte émaillée

enamelled [ɪˈnæməld] **adj** jewellery, bath, saucepan en émail ; metal émaillé

enamelling [ɪˈnæməlɪŋ] **n** émaillage **m**

enamelware [ɪˈnæməlwɛə^r] **n** (NonC) articles mpl en métal émaillé

enamoured, enamored (US) [ɪˈnæməd] → SYN **adj** (liter or hum) ♦ **to be enamoured of** [+ person] être amoureux or épris de ; [+ thing] être enchanté de, être séduit par ♦ **she was not enamoured of the idea** (hum) l'idée ne l'enchantait pas

enantiomorphic [enˌæntɪəˈmɔːfɪk] **adj** énantiomorphe

enc [a] (abbrev of **enclosure**) PJ

[b] (abbrev of **enclosed**) ci-joint

encamp [ɪnˈkæmp] **1** vi camper **2** vt faire camper

encampment [ɪnˈkæmpmənt] → SYN n campement m

encapsulate [ɪnˈkæpsjʊleɪt] → SYN vt incarner (l'essence de) ; (Pharm, Space) mettre en capsule

encase [ɪnˈkeɪs] vt (= contain) enfermer, enchâsser (*in* dans) ; (= cover) enrober (*in* de)

encash [ɪnˈkæʃ] vt (Brit) [+ cheque] encaisser, toucher

encashment [ɪnˈkæʃmənt] n (Brit) encaissement m

encaustic [ɛnˈkɔːstɪk] **1** adj painting à l'encaustique ; tile, brick vernissé **2** n (= painting) encaustique f

encephala [ɛnˈsɛfələ] npl of encephalon

encephalic [ɛnsɪˈfælɪk] adj encéphalique

encephalin [ɛnˈsɛfəlɪn] n encéphaline f

encephalitis [ˌɛnsɛfəˈlaɪtɪs] n encéphalite f

encephalogram [ɛnˈsɛfələgræm] n encéphalogramme m

encephalography [ˌɛnsɛfəˈlɒgrəfɪ] n encéphalographie f

encephalomyelitis [ɛnˌsɛfələʊˌmaɪəˈlaɪtɪs] n encéphalomyélite f

encephalon [ɛnˈsɛfəlɒn] n, pl **encephala** encéphale m

encephalopathy [ˌɛnsɛfəˈlɒpəθɪ] n encéphalopathie f

enchain [ɪnˈtʃeɪn] vt enchaîner

enchant [ɪnˈtʃɑːnt] → SYN vt **a** (= put under spell) enchanter, ensorceler ◆ **the enchanted wood** le bois enchanté
 b (fig = delight) enchanter, ravir

enchanter [ɪnˈtʃɑːntəʳ] → SYN **1** n enchanteur m
 2 COMP ▷ **enchanter's nightshade** n (Bot) circée f de Paris

enchanting [ɪnˈtʃɑːntɪŋ] → SYN adj ravissant

enchantingly [ɪnˈtʃɑːntɪŋlɪ] adv dress, dance d'une façon ravissante ; smile d'une façon charmante ◆ **the enchantingly named "via della Gatta"** la rue au nom charmant de "via della Gatta" ◆ **she is enchantingly pretty** elle est jolie et pleine de charme ◆ **she is enchantingly beautiful** elle est belle à ravir

enchantment [ɪnˈtʃɑːntmənt] → SYN n **a** (= spell) enchantement m, ensorcellement m
 b (fig = appeal) charme m ◆ **the forest had its own peculiar enchantment** la forêt avait son charme bien particulier ◆ **the many enchantments of Venice** les nombreux charmes mpl or enchantements mpl de Venise

enchantress [ɪnˈtʃɑːntrɪs] → SYN n enchanteresse f

enchilada * [ˌɛntʃɪˈlɑːdə] n (US) ◆ **big enchilada** huile * f, grosse légume * f, gros bonnet * m

encircle [ɪnˈsɜːkl] vt (gen) entourer ; [troops, men, police] encercler, cerner, entourer ; [walls, belt, bracelet] entourer, ceindre

encirclement [ɪnˈsɜːklmənt] n encerclement m

encircling [ɪnˈsɜːklɪŋ] **1** n encerclement m
 2 adj qui encercle ◆ **encircling movement** manœuvre f d'encerclement

encl. (abbrev of **enclosure(s)**) PJ, pièce(s) f(pl) jointe(s)

enclave [ˈɛnkleɪv] n enclave f

enclitic [ɪnˈklɪtɪk] n enclitique m

enclose [ɪnˈkləʊz] LANGUAGE IN USE 20.2, 20.3, 20.6 → SYN vt **a** (= fence in) enclore, clôturer ; (= surround) entourer, ceindre (*with* de) ; (Rel) cloîtrer ◆ **to enclose within** enfermer dans
 b (with letter etc) joindre (*in*, *with* à) ◆ **to enclose sth in a letter** joindre qch à une lettre, inclure qch dans une lettre ◆ **letter enclosing a receipt** lettre f contenant un reçu ◆ **please find enclosed** veuillez trouver ci-joint ◆ **the enclosed cheque** le chèque ci-joint or ci-inclus

enclosed [ɪnˈkləʊzd] **1** adj area fermé ; garden clos, clôturé ; path clôturé ◆ **an enclosed space** un espace clos ◆ **an enclosed community** (Rel) une communauté retirée
 2 COMP ▷ **enclosed order** n (Rel) ordre m cloîtré

enclosure [ɪnˈkləʊʒəʳ] **1** n **a** (NonC) [of land] fait m de clôturer ; (Brit Hist) enclosure f
 b (= document etc enclosed) pièce f jointe, document m ci-joint or ci-inclus ; (= ground enclosed) enclos m, enceinte f ; [of monastery] clôture f ; (= fence etc) enceinte f, clôture f ◆ **the enclosure** [of racecourse] le pesage ◆ **the public enclosure** la pelouse ◆ **the royal enclosure** l'enceinte f réservée à la famille royale
 2 COMP ▷ **enclosure wall** n mur m d'enceinte

encode [ɪnˈkəʊd] vti coder ; (Comput) coder, encoder ; (Ling) encoder

encoder [ɪnˈkəʊdəʳ] n (Comput) encodeur m

encoding [ɪnˈkəʊdɪŋ] n [of message] codage m ; (Comput, Ling) encodage m

encomium [ɛnˈkəʊmɪəm] n, pl **encomiums** or **encomia** [ɛnˈkəʊmɪə] panégyrique m, éloge m

encompass [ɪnˈkʌmpəs] → SYN vt (gen) couvrir ; (= include) englober, comprendre

encore [ɒŋˈkɔː] **1** excl bis !
 2 [ˈɒŋkɔːʳ] n bis m, rappel m ◆ **to call for an encore** bisser, crier "bis" ◆ **to play an encore** jouer or faire un bis ◆ **the pianist gave several encores** le pianiste a interprété plusieurs morceaux en rappel or a donné plusieurs rappels
 3 vt [+ song, act] bisser

encounter [ɪnˈkaʊntəʳ] → SYN **1** vt [+ person] rencontrer (à l'improviste), tomber sur ; [+ enemy] affronter, rencontrer ; [+ opposition] se heurter à ; [+ difficulties] rencontrer, éprouver ; [+ danger] affronter ◆ **to encounter enemy fire** essuyer le feu de l'ennemi
 2 n rencontre f (inattendue) ; (Mil) rencontre f, engagement m, combat m
 3 COMP ▷ **encounter group** n atelier m de psychothérapie de groupe

encourage [ɪnˈkʌrɪdʒ] → SYN vt [+ person] encourager ; [+ arts, industry, projects, development, growth] encourager, favoriser ; [+ bad habits] encourager, flatter ◆ **to encourage sb to do sth** encourager or inciter or pousser qn à faire qch ◆ **to encourage sb in his belief that ...** confirmer or conforter qn dans sa croyance que ... ◆ **to encourage sb in his desire to do sth** encourager le désir de qn de faire qch

encouragement [ɪnˈkʌrɪdʒmənt] → SYN n encouragement m ; (to a deed) incitation f (*to* à) ; (= support) encouragement m, appui m, soutien m

encouraging [ɪnˈkʌrɪdʒɪŋ] → SYN adj encourageant

encouragingly [ɪnˈkʌrɪdʒɪŋlɪ] adv say, smile, nod de manière encourageante ◆ **the theatre was encouragingly full** le public était nombreux, ce qui était encourageant ◆ **encouragingly, inflation is slowing down** l'inflation est en baisse, ce qui est encourageant

encroach [ɪnˈkrəʊtʃ] vi (on sb's land, time, rights) empiéter (*on* sur) ◆ **the sea is encroaching (on the land)** la mer gagne du terrain (sur la terre ferme) ◆ **to encroach on sb's turf** (US fig) marcher sur les plates-bandes de qn

encroachment [ɪnˈkrəʊtʃmənt] → SYN n empiètement m (*on* sur)

encrustation [ɪnkrʌˈsteɪʃən] n [of earth, cement etc] croûte f

encrusted [ɪnˈkrʌstɪd] adj ◆ **encrusted with** [+ jewels, gold] incrusté de ; [+ moss, snow] recouvert (d'une couche) de ◆ **a jewel-encrusted box** une boîte incrustée de pierres précieuses

encrypt [ɪnˈkrɪpt] vt (Comput, Telec, TV) crypter

encryption [ɪnˈkrɪpʃən] n (Comput, Telec, TV) cryptage m

encumber [ɪnˈkʌmbəʳ] → SYN vt [+ person, room] encombrer (*with* de) ◆ **encumbered with debts** [person] criblé de dettes

encumbrance [ɪnˈkʌmbrəns] → SYN n (= burden) fardeau m ; (inhibiting career etc) handicap m, gêne f ; (furniture, skirts etc) gêne f ; (mortgage) charge f hypothécaire ◆ **to be an encumbrance to sb** (fig) être un fardeau pour qn, être une gêne pour qn

encyclical [ɛnˈsɪklɪkəl] adj, n encyclique f

encyclop(a)edia [ɪnˌsaɪkləʊˈpiːdɪə] n encyclopédie f ; → **walking**

encyclop(a)edic [ɪnˌsaɪkləʊˈpiːdɪk] adj encyclopédique ◆ **to have an encyclop(a)edic knowledge of sth** avoir une connaissance encyclopédique de qch

encyclop(a)edist [ɛnˌsaɪkləʊˈpiːdɪst] n encyclopédiste mf

encyst [ɛnˈsɪst] vt enkyster

encystment [ɛnˈsɪstmənt] n enkystement m

---

end [ɛnd]
→ SYN

1 NOUN   **3** INTRANSITIVE VERB
2 TRANSITIVE VERB   **4** COMPOUNDS
5 PHRASAL VERBS

1 NOUN

a = farthest part [of road, string, table, branch, finger] bout m, extrémité f ; [of procession, line of people] bout m, queue f ; [of garden] fond m ; [of telephone line] bout m ; [of spectrum] extrémité f ◆ **the fourth from the end** le quatrième en partant de la fin ◆ **from end to end** d'un bout à l'autre, de bout en bout ◆ **end to end** bout à bout ◆ **the southern end of the town** l'extrémité sud de la ville ◆ **the ships collided end on** les bateaux se sont heurtés de front ◆ **to the ends of the earth** jusqu'au bout du monde ◆ **to change ends** (Sport) changer de côté or de camp ◆ **you've opened the packet at the wrong end** vous avez ouvert le paquet par le mauvais bout or du mauvais côté ◆ **to be on the wrong end of sth** (fig) faire les frais de qch ◆ **the end of the road** or **line** (fig) la fin du voyage ◆ **to reach the end of the line** (fig) être au bout du rouleau ◆ **there was silence at the other end of the line** (Telec) il y eut un silence à l'autre bout du fil ◆ **at the other end of the social scale** à l'autre bout de l'échelle sociale ◆ **he can't see beyond the end of his nose** il ne voit pas plus loin que le bout de son nez ◆ **to keep one's end up** * se défendre (assez bien) ◆ **to make (both) ends meet** (faire) joindre les deux bouts ◆ **to play both ends against the middle** * jouer les uns contre les autres ◆ **how are things at your end?** comment vont les choses de ton côté ? ◆ **to get one's end away** * s'envoyer en l'air *

b = conclusion [of story, chapter, month] fin f ; [of work] achèvement m, fin f ; [of efforts] fin f, aboutissement m ; [of meeting] fin f, issue f ◆ **the end of a session** la clôture d'une séance ◆ **the end of the world** la fin du monde ◆ **it's not the end of the world!** * ce n'est pas la fin du monde ! ◆ **to** or **until the end of time** jusqu'à la fin des temps ◆ **to read a book to the very end** lire un livre de A à Z or jusqu'à la dernière page ◆ **to get to the end of** [+ supplies, food] finir ; [+ work, essay] venir à bout de ; [+ troubles] (se) sortir de ; [+ holiday] arriver à la fin de ◆ **we shall never hear the end of it** on n'a pas fini d'en entendre parler ◆ **that's the end of the matter, that's an end to the matter** un point c'est tout, on n'en parle plus ◆ **that was the end of that!** on n'en a plus reparlé ! ◆ **to put an end to sth, to make an end of sth** mettre fin à qch, mettre un terme à qch ◆ **that was the end of him** on n'a plus reparlé de lui, on ne l'a plus revu ◆ **to be nearing one's end** (euph, liter) être à (l'article de) la mort, se mourir (liter) ◆ **that was the end of my watch** ma montre était fichue *

c = remnant [of rope, candle, meat] reste m, restant m

d = purpose but m, fin f ◆ **with this end in view, to this end** dans ce but, à cette fin, à cet effet ◆ **to no end** en vain ◆ (Prov) **the end justifies the means** la fin justifie les moyens (Prov)

e Sport (of pitch) côté m

f Ftbl ailier m ; (bowls) partie f

g set structures

◆ **at the end of** ◆ **at the end of the day** à la fin de la journée ; (fig) en fin de compte ◆ **at the end of three weeks** au bout de trois semaines ◆ **at the end of December** à la fin (du mois de) décembre ; (Comm) fin décembre ◆ **at the end of the winter** à la fin or au sortir de l'hiver ◆ **at the end of the century** à or vers la fin du siècle ◆ **to be at the end of one's**

endanger / endotoxin

patience/strength être à bout de patience/forces
♦ **in the end** ♦ **it succeeded in the end** cela a réussi finalement or en fin de compte ♦ **he got used to it in the end** il a fini par s'y habituer ♦ **in the end they decided to ...** ils ont décidé en définitive de ..., ils ont fini par décider de ...
♦ **no end** ♦ **there is no end to it all** cela n'en finit plus ♦ **there was no end*** **of ...** il y avait une masse* de or un tas de or énormément de ... ♦ **it pleased her no end*** cela lui a fait un plaisir fou or énorme ; see also **d**
♦ **on end** (= upright) debout ; (= continuously) de suite ♦ **to stand a box** etc **on end** mettre une caisse etc debout ♦ **his hair stood on end** ses cheveux se dressèrent sur sa tête ♦ **for two hours on end** deux heures de suite or d'affilée ♦ **for days on end** jour après jour, pendant des jours et des jours ♦ **for several days on end** pendant plusieurs jours de suite
♦ **to be at an end** [action] être terminé or fini ; [time, period] être écoulé ; [material, supplies] être épuisé ♦ **my patience is at an end** ma patience est à bout
♦ **to bring sth to an end** ⇒ **end 2**
♦ **to come to an end** ⇒ **end 3**

⎡2⎤ TRANSITIVE VERB

⎡= bring to an end⎤ [+ work] finir, terminer ; [+ period of service] accomplir ; [+ speech, writing] conclure, achever (with avec, par) ; [+ broadcast, series] terminer (with par) ; [+ speculation, rumour] mettre fin à, mettre un terme à ; [+ quarrel, war] mettre fin à, faire cesser ♦ **to end one's days (in Paris/in poverty)** finir ses jours (à Paris/dans la misère) ♦ **to end it all** (= kill oneself) en finir (avec la vie) ♦ **that was the lie to end all lies!** comme mensonge on ne fait pas mieux !* (iro) ♦ **the film to end all films** le meilleur film qu'on ait jamais fait ♦ **the deal to end all deals** l'affaire f du siècle*

⎡3⎤ INTRANSITIVE VERB

⎡= come to an end⎤ [speech, programme, holiday, marriage, series] finir, se terminer ; [road] se terminer ; [insurance cover etc] expirer, arriver à échéance ♦ **the winter is ending** l'hiver tire à sa fin ♦ **where's it all going to end?**, **where will it all end?** (fig) comment tout cela finira-t-il ? ♦ **word ending in an "s"/in "re"** mot se terminant par un "s"/en "re" ♦ **it ended in a fight** cela s'est terminé par une bagarre* ♦ **the plan ended in failure** le projet s'est soldé par un échec ♦ **the film ends with the heroine dying** le film se termine par la mort de l'héroïne

⎡4⎤ COMPOUNDS

▷ **end-all** n → **be** ▷ **end game** n (Cards, Chess) fin f de partie, phase f finale du jeu ▷ **end house** n **the end house in the street** la dernière maison de la rue ▷ **end line** n (Basketball) ligne f de fond ▷ **end organ** n (Anat) (organe m) récepteur m ▷ **end point** n (Chem) point m limite ; (= end) fin f ▷ **end product** n (Comm, Ind) produit m fini ; (fig) résultat m ▷ **end result** n résultat m final or définitif ▷ **end run** n (US fig) moyen m détourné ▷ **end table** n (US) table f basse ▷ **end user** n (Comput etc) utilisateur m final

⎡5⎤ PHRASAL VERBS

▶ **end off** vt sep finir, achever, terminer

▶ **end up** vi **a** finir, se terminer (in en, par) ; [road] aboutir (in à) ♦ **it ended up in a fight** cela s'est terminé par une bagarre*
b * (= finally arrive at) se retrouver, échouer (in à, en) ; (= finally become) finir par devenir ♦ **he ended up in Paris** il s'est retrouvé à Paris ♦ **you'll end up in jail** tu vas finir en prison ♦ **he ended up a policeman** il a fini par devenir agent de police ♦ **they ended up arresting us** ils ont fini par nous arrêter ♦ **the book she had planned ended up (being) just an article** son projet de livre a fini en simple article ♦ **this oil spill could end up as the largest in history** cette marée noire pourrait se révéler (être) la plus importante de l'histoire ♦ **he broke his leg and ended up being rushed to hospital** il s'est cassé la jambe et a été emmené d'urgence à l'hôpital

endanger [ɪnˈdeɪndʒəʳ] → SYN ⎡1⎤ vt [+ life, interests, reputation] mettre en danger, exposer ; [+ future, chances, health] compromettre
⎡2⎤ COMP ▷ **endangered species** n espèce f en voie de disparition or d'extinction

endear [ɪnˈdɪəʳ] → SYN vt faire aimer (to de) ♦ **this endeared him to the whole country** cela l'a fait aimer de tout le pays ♦ **what endears him to me is ...** ce qui me plaît en lui c'est ... ♦ **to endear o.s. to everybody** se faire aimer de tout le monde ♦ **that speech didn't endear him to the public** ce discours ne l'a pas fait apprécier du public

endearing [ɪnˈdɪərɪŋ] → SYN adj person, quality, characteristic attachant ; habit, manner touchant ; smile engageant

endearingly [ɪnˈdɪərɪŋlɪ] adv say, smile de façon engageante ; admit de façon touchante ♦ **endearingly shy** d'une timidité touchante ♦ **she is endearingly unpretentious/childlike** elle est sans prétentions/comme une enfant, ce qui la rend sympathique

endearment [ɪnˈdɪəmənt] → SYN n ♦ **term of endearment** terme m d'affection ♦ **words of endearment** paroles fpl tendres ♦ **endearments** (= words) paroles fpl affectueuses or tendres ; (= acts) marques fpl d'affection

endeavour, endeavor (US) [ɪnˈdevəʳ] → SYN ⎡1⎤ n **a** (NonC = effort) effort m ♦ **in all fields** or **areas of human endeavour** dans toutes les branches or tous les secteurs de l'activité humaine
b (= attempt) tentative f (to do sth pour faire qch) ♦ **he made every endeavour to go** il a fait tout son possible pour y aller, il a tout fait pour y aller ♦ **in an endeavour to please** dans l'intention de plaire, dans un effort pour plaire
⎡2⎤ vi s'efforcer, tenter (to do sth de faire qch) ; (stronger) s'évertuer, s'appliquer (to do sth à faire qch)

endemic [enˈdemɪk] ⎡1⎤ adj endémique (to à)
⎡2⎤ n endémie f

endermic [enˈdɜːmɪk] adj endermique

ending [ˈendɪŋ] → SYN n **a** [of story, book] fin f, dénouement m ; [of events] fin f, conclusion f ; [of day] fin f ; (= outcome) issue f ; [of speech etc] conclusion f ♦ **a story with a happy ending** une histoire qui finit bien ; → **nerve**
b (Ling) terminaison f, désinence f ♦ **feminine ending** terminaison f féminine ♦ **the accusative ending** la flexion de l'accusatif

endive [ˈendaɪv] n (curly) chicorée f ; (smooth, flat) endive f

endless [ˈendlɪs] → SYN ⎡1⎤ adj **a** (= interminable) day, summer, queue, speech, series, road interminable ; expanse, stretch, forest, variety, patience infini ; desert, plain infini, sans fin ; cycle, list sans fin ; supply, resources inépuisable ; discussion, argument continuel, incessant ; chatter intarissable ♦ **an endless stream of traffic** un flot interminable de voitures ♦ **an endless round of meetings** une interminable série de réunions ♦ **to go to endless trouble over sth** se donner un mal fou pour qch ♦ **this job is endless** c'est à n'en plus finir, on n'en voit pas la fin
b (= countless) meetings, questions, problems, hours innombrable ; possibilities innombrable, illimité ; times, attempts, arguments innombrable, sans nombre
⎡2⎤ COMP ▷ **endless belt** n (Tech) courroie f sans fin

endlessly [ˈendlɪslɪ] adv **a** (= continually) repeat sans cesse ; talk, discuss, debate sans arrêt ; chatter, argue continuellement
b (= without limit) stretch sans fin, à perte de vue ; recycle continuellement ♦ **endlessly long streets** des rues fpl qui n'en finissent pas ♦ **endlessly curious/kind/willing** d'une curiosité/d'une bonté/d'une bonne volonté sans limites ♦ **I find this subject endlessly fascinating** ce sujet ne cesse (pas) de me fasciner or exerce sur moi une fascination sans fin

endoblast [ˈendəʊˌblæst] n endoblaste m

endocardia [ˌendəʊˈkɑːdɪə] npl of **endocardium**

endocarditis [ˌendəʊkɑːˈdaɪtɪs] n endocardite f

endocardium [ˌendəʊˈkɑːdɪəm] n, pl **endocardia** endocarde m

endocarp [ˈendəkɑːp] n endocarpe m

endocrine [ˈendəʊkraɪn] adj endocrine ♦ **endocrine gland** glande f endocrine

endocrinologist [ˌendəʊkrɪˈnɒlədʒɪst] n endocrinologue mf, endocrinologiste mf

endocrinology [ˌendəʊkrɪˈnɒlədʒɪ] n endocrinologie f

endoderm [ˈendəʊdɜːm] n endoderme m

endodermal [ˌendəʊˈdɜːməl], **endodermic** [ˌendəʊˈdɜːmɪk] adj endodermique

endogamic [ˌendəʊˈgæmɪk], **endogamous** [enˈdɒgəməs] adj endogame

endogamy [enˈdɒgəmɪ] n endogamie f

endogenous [enˈdɒdʒɪnəs] adj factor endogène

endolymph [ˈendəʊˌlɪmf] n endolymphe f

endometriosis [ˌendəʊˌmiːtrɪˈəʊsɪs] n endométriose f

endometritis [ˌendəʊmɪˈtraɪtɪs] n endométrite f

endometrium [ˌendəʊˈmiːtrɪəm] n, pl **endometria** [ˌendəʊˈmiːtrɪə] endomètre m

endomorph [ˈendəʊˌmɔːf] n endomorphe mf

endomorphic [ˌendəʊˈmɔːfɪk] adj endomorphe

endomorphism [ˌendəʊˈmɔːfɪzəm] n endomorphisme m

endoparasite [ˌendəʊˈpærəˌsaɪt] n endoparasite m

endophitic [ˌendəʊˈfɪtɪk] adj endophyte

endophyte [ˈendəʊfaɪt] n endophyte m

endoplasm [ˈendəʊˌplæzəm] n endoplasme m

endoplasmic [ˌendəʊˈplæzmɪk] ⎡1⎤ adj endoplasmique
⎡2⎤ COMP ▷ **endoplasmic reticulum** n ergastoplasme m

endorphin [ˌenˈdɔːfɪn] n endorphine f

endorse [ɪnˈdɔːs] → SYN vt **a** (= sign) [+ document, cheque] endosser ; (= guarantee) [+ bill] avaliser ♦ **to endorse an insurance policy** faire un avenant à une police d'assurance ♦ **he has had his licence endorsed** (Brit Jur) on (lui) a retiré des points sur son permis
b (= approve) [+ claim, candidature] appuyer ; [+ opinion] souscrire à, adhérer à ; [+ action, decision] approuver, sanctionner ; (= advertise) [+ product, company] recommander

endorsee [ˌɪndɔːˈsiː] n endossataire mf, bénéficiaire mf d'un endossement

endorsement [ɪnˈdɔːsmənt] → SYN ⎡1⎤ n **a** (= approval) [of proposal, policy] adhésion f (of sth à qch) ; [of movement, claim, candidate] appui m (of sb/sth de qn/qch) ; [of action, decision, efforts] approbation f (of sth de qch) ♦ **a letter of endorsement** une lettre d'approbation
b (NonC = ratification) [of treaty] ratification f
c (Comm) [of product] recommandation f publicitaire ; [of book] recommandation f ♦ **to receive endorsement from sb** être recommandé par qn ♦ **celebrity endorsement** recommandation f publicitaire faite par une personnalité connue
d (Brit Jur: on driving licence) infraction mentionnée sur le permis de conduire ♦ **he's already got three endorsements** il a déjà perdu des points pour trois infractions au code de la route
e (on cheque, document) endossement m
f [of insurance policy] avenant m (to sth à qch)
⎡2⎤ COMP ▷ **endorsement advertising** n technique publicitaire faisant intervenir des personnalités connues

endorser [ɪnˈdɔːsəʳ] n (Fin) endosseur m

endoscope [ˈendəʊˌskəʊp] n endoscope m

endoscopy [ˌenˈdɒskəpɪ] n endoscopie f

endoskeleton [ˌendəʊˈskelɪtən] n squelette m interne, endosquelette m

endosperm [ˈendəʊspɜːm] n endosperme m

endothelial [ˌendəʊˈθiːlɪəl] adj endothélial

endothelium [ˌendəʊˈθiːlɪəm] n, pl **endothelia** [ˌendəʊˈθiːlɪə] endothélium m

endothermic [ˌendəʊˈθɜːmɪk] adj endothermique

endotoxin [ˌendəʊˈtɒksɪn] n endotoxine f

endow [ɪnˈdaʊ] → SYN vt [+ institution, church] doter (*with* de); [+ hospital bed, prize, chair] fonder ♦ **to be endowed with brains/beauty** etc (fig) être doté d'intelligence/de beauté etc; → **well**

endowment [ɪnˈdaʊmənt] → SYN **1** n **a** (Fin) (money for school, college) dotation f; (hospital bed, prize, university chair) fondation f
b (= portion) **to have a generous endowment of sth** être généreusement pourvu ou doté de qch ♦ **a sense of fair play, the natural endowment of every Briton** un sens du fair-play, la qualité naturelle de tout Britannique
2 COMP ▷ **endowment assurance**, **endowment insurance** n assurance f à capital différé ▷ **endowment mortgage** n (Brit) hypothèque f liée à une assurance-vie ▷ **endowment policy** n ⇒ **endowment assurance**

endpapers [ˈendpeɪpəz] npl (Typo) gardes fpl, pages fpl de garde

endurable [ɪnˈdjʊərəbl] → SYN adj supportable, endurable

endurance [ɪnˈdjʊərəns] → SYN **1** n endurance f ♦ **to have great powers of endurance** avoir beaucoup d'endurance, être très endurant ♦ **a test of human endurance** une mise à l'épreuve de l'endurance humaine ♦ **he has come to the end of his endurance** il n'en peut plus, il est à bout ♦ **beyond endurance, past endurance** intolérable, au-delà de ce que l'on peut supporter ♦ **tried beyond endurance** excédé
2 COMP ▷ **endurance race** n (Sport) épreuve f de fond ▷ **endurance test** n (Sport, Tech, fig) épreuve f de résistance; (Aut) épreuve f d'endurance

endure [ɪnˈdjʊəʳ] → SYN **1** vt **a** (= put up with) [+ pain] endurer, supporter; [+ insults] supporter, tolérer; [+ hardships] supporter ♦ **she can't endure being teased** elle ne peut pas supporter ou souffrir qu'on la taquine (subj) ♦ **I cannot endure him** je ne peux pas le supporter ou le voir ♦ **it was more than I could endure** c'était plus que je ne pouvais supporter
b (= suffer) subir ♦ **the company endured heavy financial losses** la société a subi de grosses pertes financières
2 vi (frm = last) [building, peace, friendship] durer; [book, memory] rester

enduring [ɪnˈdjʊərɪŋ] → SYN adj appeal, legacy, quality, peace, friendship, fame, love durable; image, grudge tenace; illness, hardship persistant, qui persiste

endways [ˈendweɪz], **endwise** [ˈendwaɪz] adv (endways on) en long, par le petit bout; (= end to end) bout à bout

ENEA [ˌiːeniːˈeɪ] n (abbrev of **European Nuclear Energy Authority**) AENE f

enema [ˈenɪmə] n, pl **enemas** or **enemata** [ˈenɪmətə] (= act) lavement m; (= apparatus) poire f or bock m à lavement ♦ **to give sb an enema** faire un lavement à qn

enemy [ˈenəmɪ] → SYN **1** n (Mil) ennemi m; (gen) ennemi(e) m(f), adversaire mf ♦ **to make enemies** se faire ou s'attirer des ennemis ♦ **to make an enemy of sb** (se) faire un ennemi de qn ♦ **he is his own worst enemy** il est son pire ennemi, il n'a de pire ennemi que lui-même ♦ **they are deadly enemies** ils sont à couteaux tirés, ils sont ennemis jurés ♦ **corruption is the enemy of the state** (fig) la corruption est l'ennemi de l'État; → **public**
2 COMP tanks, forces, tribes ennemi; morale, strategy de l'ennemi ♦ **enemy action** n attaque f ennemie ♦ **killed by enemy action** tombé à l'ennemi ▷ **enemy alien** n ressortissant(e) m(f) d'un pays ennemi ▷ **enemy-occupied** adj occupé par l'ennemi

energetic [ˌenəˈdʒetɪk] → SYN adj person, government, action, measure, denial, refusal énergique; performance, campaign plein d'énergie; activity, sport, game énergique ♦ **he is an energetic campaigner for road safety** il milite énergiquement en faveur de la sécurité sur les routes ♦ **I don't feel very energetic** je ne me sens pas d'attaque

energetically [ˌenəˈdʒetɪkəlɪ] adv deny, campaign énergiquement, avec vigueur; nod, wave énergiquement

energetics [ˌenəˈdʒetɪks] n (NonC) énergétique f

energize [ˈenədʒaɪz] vt [+ person] regonfler; (Elec) alimenter (en courant)

energizing [ˈenədʒaɪzɪŋ] adj énergisant

energy [ˈenədʒɪ] → SYN **1** n **a** (gen) énergie f, vigueur f ♦ **he has a lot of energy** il a beaucoup d'énergie, il est très dynamique ♦ **he seems to have no energy these days** il semble sans énergie ou à plat* en ce moment ♦ **I haven't the energy to start again** (Brit) je n'ai pas le courage de (tout) recommencer ♦ **to concentrate one's energies on doing sth** appliquer toute son énergie à faire qch ♦ **with all one's energy** de toutes ses forces ♦ **to put all one's energy or energies into sth/into doing sth** se consacrer tout entier à qch/à faire qch, appliquer toute son énergie à qch/à faire qch ♦ **to save one's energy for sth** économiser ses forces pour qch ♦ **he used up all his energy doing it** il a épuisé ses forces à le faire ♦ **don't waste your energy*** ne te fatigue pas*, ne te donne pas du mal pour rien
b (Phys) énergie f ♦ **potential/kinetic energy** énergie f potentielle/cinétique ♦ **in order to save energy** pour faire des économies d'énergie ♦ **Department** or **Ministry of Energy** ministère m de l'Énergie ♦ **Secretary (of State) for** or **Minister of Energy** ministre m de l'Énergie; → **atomic**
2 COMP ▷ **energy conservation** n conservation f de l'énergie ▷ **energy conversion** n conversion f de l'énergie ▷ **energy crisis** n crise f énergétique or de l'énergie ▷ **energy efficiency** n efficacité f énergétique ▷ **energy-efficient** adj économe en énergie ▷ **energy-giving** adj food etc énergétique ▷ **energy-intensive industry** n industrie f grande consommatrice d'énergie ▷ **energy level** n (Phys) niveau m d'énergie ▷ **energy-saving** n économies fpl d'énergie ◊ adj d'économie d'énergie ▷ **energy-saving campaign** n campagne f pour les économies d'énergie

enervated [ˈenɜːveɪtɪd] adj affaibli, mou (molle f)

enervating [ˈenɜːveɪtɪŋ] adj débilitant, amollissant

enfant terrible [ɒnfɒnteˈriːblə] n enfant mf terrible

enfeeble [ɪnˈfiːbl] vt affaiblir

enfeeblement [ɪnˈfiːblmənt] n affaiblissement m

enfilade [ˌenfɪˈleɪd] (Mil) **1** vt soumettre à un tir d'enfilade
2 n tir m d'enfilade

enfleurage [ɑ̃flœraʒ] n enfleurage m

enfold [ɪnˈfəʊld] → SYN vt envelopper (*in* de) ♦ **to enfold sb in one's arms** entourer qn de ses bras, étreindre qn

enforce [ɪnˈfɔːs] → SYN vt [+ ruling, the law] faire obéir or respecter; [+ decision, policy] mettre en application or en vigueur, appliquer; [+ discipline] imposer; [+ argument, rights] faire valoir ♦ **to enforce obedience** se faire obéir ♦ **these laws aren't usually enforced** ces lois ne sont généralement pas appliquées

enforceable [ɪnˈfɔːsɪbl] adj law exécutoire; rules applicable

enforced [ɪnˈfɔːst] → SYN adj (= forcible) forcé, obligé

enforcement [ɪnˈfɔːsmənt] → SYN **1** n [of decision, policy, law] mise f en application or en vigueur; [of discipline] imposition f ♦ **enforcement of securities** (Jur, Fin) réalisation f des sûretés; → **law**
2 COMP ▷ **enforcement action** n (Jur) mesure f coercitive; (Jur) ▷ **enforcement order** décret m d'application

enfranchise [ɪnˈfræntʃaɪz] → SYN vt (= give vote to) accorder le droit de vote à; (= set free) affranchir

enfranchisement [ɪnˈfræntʃaɪzmənt] → SYN n
a (Pol) octroi m du droit de vote (*of sb* à qn)
b (= emancipation) [of slave] affranchissement m

ENG [ˌiːenˈdʒiː] n (abbrev of **electronic news gathering**) → **electronic**

engage [ɪnˈgeɪdʒ] → SYN **1** vt **a** (= employ, hire) [+ servant] engager; [+ workers] embaucher; [+ lawyer] prendre ♦ **to engage sb's services** s'adjoindre les services de qn ♦ **to engage o.s. to do sth** (frm) s'engager à faire qch
b (= attract) [+ sb's attention, interest] éveiller ♦ **to engage sb in conversation** engager la or lier conversation avec qn
c (Mil) [+ enemy] engager le combat avec, attaquer
d (Aut, Mechanics) engager; [+ gearwheels] mettre en prise ♦ **to engage a gear** (Aut: frm) engager une vitesse ♦ **to engage gear** mettre en prise ♦ **to engage the clutch** embrayer ♦ **to engage the four-wheel drive** passer en quatre roues motrices intégrales or en rapport court
2 vi [person] s'engager (*to do sth* à faire qch); (Aut, Mechanics) [wheels] s'engrener; [bolt] s'enclencher ♦ **to engage in (a) discussion/conversation** se lancer dans une discussion/conversation (*with* avec) ♦ **the clutch didn't engage** l'embrayage n'a pas fonctionné ♦ **to engage in** [+ politics, transaction] se lancer dans; [+ controversy] s'engager dans, s'embarquer dans ♦ **to engage in competition** entrer en concurrence (*with* avec) ♦ **to engage with sb/sth** s'engager auprès de qn/dans qch ♦ **she found it hard to engage with office life** elle a eu du mal à se faire à la vie de bureau

engaged [ɪnˈgeɪdʒd] LANGUAGE IN USE 24.2, 27.5 → SYN
1 adj **a** (= betrothed) **to be engaged (to be married)** être fiancé (*to* à) ♦ **to get engaged (to sb)** se fiancer (à qn) ♦ **the engaged couple** les fiancés mpl
b (Brit Telec) line, number, telephone occupé ♦ **it's engaged** ça sonne "occupé"
c (= not vacant) toilet occupé
d (frm = unavailable) person occupé, pris ♦ **to be otherwise engaged** être déjà pris
e (= involved) **engaged in sth** [+ task] occupé à qch; [+ criminal activity] engagé dans qch ♦ **engaged in doing sth** occupé à faire qch ♦ **engaged on sth** pris par qch
2 COMP ▷ **engaged tone** n (Brit Telec) tonalité f occupé ♦ **I got the** or **an engaged tone** ça sonnait "occupé"

engagement [ɪnˈgeɪdʒmənt] LANGUAGE IN USE 24.2 → SYN
1 n **a** (= appointment) rendez-vous m inv; [of actor etc] engagement m ♦ **public engagement** obligation f officielle ♦ **previous engagement** engagement m antérieur ♦ **I have an engagement** or **a previous engagement** j'ai un rendez-vous, je ne suis pas libre, je suis pris
b (= betrothal) fiançailles fpl ♦ **a long/short engagement** de longues/courtes fiançailles ♦ **to break off one's engagement** rompre ses fiançailles
c (frm = undertaking) engagement m, obligation f ♦ **to give an engagement to do sth** s'engager à faire qch
d (Mil) combat m, engagement m
2 COMP ▷ **engagement book** n agenda m ▷ **engagement ring** n bague f de fiançailles

engaging [ɪnˈgeɪdʒɪŋ] → SYN adj person charmant; smile, frankness engageant; personality attachant; manner aimable

engender [ɪnˈdʒendəʳ] → SYN vt occasionner, créer

engine [ˈendʒɪn] → SYN **1** n (Tech) machine f, moteur m; [of ship] machine f; (Rail) locomotive f; (Aut, Aviat) moteur m ♦ **to sit facing the engine/with one's back to the engine** (Rail) être assis dans le sens de la marche/le sens contraire à la marche; → **jet**[1]
2 COMP ▷ **engine block** n (Aut) bloc-moteur m ▷ **engine driver** n (Rail) mécanicien m ▷ **engine house** n (US Rail) ⇒ **engine shed** ▷ **engine room** n (Naut) salle f or chambre f des machines ♦ **hello, engine room?** (over speaking tube) allô, les machines ? ▷ **engine shed** n (Brit Rail) rotonde f ▷ **engine unit** n bloc-moteur m

-engined [ˈendʒɪnd] adj (in compounds) ♦ **twin-engined** à deux moteurs, bimoteur; → **single**

engineer [ˌendʒɪˈnɪəʳ] → SYN **1** n **a** (professional) ingénieur m; (= tradesman) technicien m; (= repairer: for domestic appliances etc) dépanneur m, réparateur m ♦ **woman engineer** (femme f) ingénieur m ♦ **the Engineers** (Mil) le génie ♦ **engineer of mines** (US) ingénieur m des mines ♦ **the TV engineer came** le dépanneur est venu pour la télévision; → **civil, heating, highway**

engineering / **enough**

b (Merchant Navy, US Rail) mécanicien m ; (Navy) mécanicien m de la marine ; → **chief**

[2] vt [+ sb's dismissal etc, scheme, plan] machiner, manigancer

engineering [ˌendʒɪˈnɪərɪŋ] [1] n **a** (NonC) ingénierie f, engineering m ◆ **to study engineering** faire des études d'ingénieur ; → **civil, electrical, mechanical**

b (fig, gen pej) machination(s) f(pl), manœuvre(s) f(pl)

[2] COMP ▷ **engineering consultant** n ingénieur-conseil m ▷ **engineering factory** n atelier m de construction mécanique ▷ **engineering industries** npl industries fpl d'équipement ▷ **engineering works** n (pl inv) ⇒ **engineering factory**

England [ˈɪŋɡlənd] n l'Angleterre f

Englander [ˈɪŋɡləndə] n → **little, new**

English [ˈɪŋɡlɪʃ] [1] adj (gen) anglais ; monarch d'Angleterre ; teacher, dictionary d'anglais

[2] n anglais m ◆ **the King's** or **Queen's English** l'anglais m correct ◆ **in plain** or **simple English** en termes très simples ◆ en bon français ◆ **English as a Foreign Language** l'anglais m langue étrangère ◆ **English as a Second Language** l'anglais m seconde langue ◆ **English for Special Purposes** l'anglais m langue de spécialité ◆ **English Language Teaching** l'enseignement m de l'anglais ; → TEFL ETC

[3] **the English** npl les Anglais mpl

[4] COMP ▷ **English breakfast** n (in hotel etc) petit déjeuner m anglais ▷ **the English Channel** n la Manche ▷ **English elm** n (Bot) orme m champêtre or d'Angleterre ▷ **English Heritage** n organisme britannique de protection du patrimoine historique ▷ **English horn** n (US) cor m anglais ▷ **English muffin** n (US) muffin m ▷ **English oak** n chêne m pédonculé ▷ **English setter** n (= dog) setter m anglais ▷ **English-speaker** n anglophone mf ▷ **English-speaking** adj anglophone

---

ENGLISH

La prononciation standard de l'anglais parlé en Grande-Bretagne est appelée "Received Pronunciation" ou "RP" et correspond à l'accent du sud-est de l'Angleterre. Cette prononciation est dans l'ensemble celle des milieux cultivés et de la presse audiovisuelle, même si, sur ce plan, les accents régionaux sont aujourd'hui davantage représentés. L'expression "Standard English" désigne la langue telle qu'elle est enseignée dans les écoles.

L'anglais américain se distingue de l'anglais britannique surtout par sa prononciation mais aussi par des différences orthographiques et sémantiques. Le "Network Standard" désigne l'anglais américain standard, utilisé en particulier dans les médias. En Grande-Bretagne, on associe souvent l'accent à l'origine sociale d'une personne, ce qui est beaucoup moins le cas aux États-Unis.

Englishman [ˈɪŋɡlɪʃmən] n, pl **-men** Anglais m ◆ (Prov) **an Englishman's home is his castle** charbonnier est maitre chez soi (Prov)

Englishwoman [ˈɪŋɡlɪʃwʊmən] n, pl **-women** Anglaise f

Eng Lit [ˈɪŋˈlɪt] n (abbrev of **English Literature**) littérature f anglaise

engorge [ɪnˈɡɔːdʒ] vi s'engorger

engorged [ɪnˈɡɔːdʒd] adj (frm) gonflé ◆ **engorged with blood** gonflé de sang

engorgement [ɪnˈɡɔːdʒmənt] n engorgement m

engraft [ɪnˈɡrɑːft] vt (Agr, Surg, fig) greffer (into, on sur)

engram [ˈenɡræm] n engramme m

engrave [ɪnˈɡreɪv] → SYN vt [+ wood, metal, stone] graver ; (Typo) graver au burin ; (fig) graver, empreindre ◆ **engraved on the heart/the memory** gravé dans le cœur/la mémoire

engraver [ɪnˈɡreɪvə] n graveur m

engraving [ɪnˈɡreɪvɪŋ] → SYN [1] n gravure f ; → **wood**

[2] COMP ▷ **engraving plate** n (Typo) cliché m typo

engross [ɪnˈɡrəʊs] → SYN vt **a** [+ attention, person] absorber, captiver ◆ **to be engrossed in** [+ work] être absorbé par, s'absorber dans ; [+ reading, thoughts] être plongé dans, s'abîmer dans (liter)

b (Jur) grossoyer

engrossing [ɪnˈɡrəʊsɪŋ] → SYN adj absorbant

engrossment [ɪnˈɡrəʊsmənt] n (US Pol) rédaction f définitive d'un projet de loi

engulf [ɪnˈɡʌlf] vt engouffrer, engloutir ◆ **to be engulfed in** s'engouffrer dans, sombrer dans

enhance [ɪnˈhɑːns] → SYN vt **a** (= improve, augment) [+ attraction, beauty, status] mettre en valeur ; [+ powers] accroître, étendre ; [+ value, pleasure] augmenter ; [+ position, chances] améliorer ; [+ prestige, reputation] accroître, rehausser ◆ **enhanced graphics adaptor** adapteur m de graphique amélioré

b (Admin, Fin = increase) majorer (by de)

enhancement [ɪnˈhɑːnsmənt] n [of pension entitlement] majoration f ; [of conditions] amélioration f

enhancer [ɪnˈhɑːnsə] n (also **flavour enhancer**) agent m de sapidité

enharmonic [ˌenhɑːˈmɒnɪk] adj enharmonique

enigma [ɪˈnɪɡmə] → SYN n énigme f ◆ **"the Enigma Variations"** (Mus) "l'Enigma"

enigmatic [ˌenɪɡˈmætɪk] → SYN adj énigmatique

enigmatically [ˌenɪɡˈmætɪkəlɪ] adv say de façon énigmatique ; smile d'un air énigmatique

enjambement [ɪnˈdʒæmmənt] n enjambement m

enjoin [ɪnˈdʒɔɪn] → SYN vt **a** (= urge) [+ silence, obedience] imposer (on à) ; [+ discretion, caution] recommander (on à) ◆ **to enjoin sb to do sth** ordonner or prescrire à qn de faire qch

b (US) **to enjoin sb from doing sth** (= forbid) interdire à qn de faire qch, enjoindre à qn de ne pas faire qch

enjoy [ɪnˈdʒɔɪ] → SYN vt **a** (= take pleasure in) [+ theatre, cinema, football, music, book] aimer, apprécier ; [+ game, pastime] aimer, trouver agréable ; [+ evening, walk, holiday, company, conversation] aimer, prendre plaisir à ; [+ meal] apprécier, trouver bon ◆ **to enjoy doing sth** trouver du plaisir or prendre plaisir à faire qch, aimer faire qch, trouver agréable de faire qch ◆ **I enjoyed doing it** cela m'a fait plaisir (de le faire) ◆ **to enjoy greatly** se délecter (sth de qch ; doing sth à faire qch) ◆ **to enjoy life** jouir de or profiter de la vie ◆ **to enjoy a weekend/an evening/holidays** passer un bon week-end/ une soirée très agréable/de bonnes vacances ◆ **did you enjoy the concert?** le concert vous a-t-il plu ? ◆ **to enjoy one's dinner** bien manger or dîner ◆ **the children enjoyed their meal** les enfants ont bien mangé or ont mangé de bon appétit

b **to enjoy o.s.** s'amuser, prendre or se donner du bon temps ◆ **did you enjoy yourself in Paris?** est-ce que tu t'es bien amusé à Paris ? ◆ **enjoy yourself!** amusez-vous bien ! ◆ **enjoy yourself tonight/this weekend!, enjoy your evening/weekend!** passez une bonne soirée/un bon week-end ! ◆ **she always enjoys herself in the country** elle se plaît toujours à la campagne, elle est toujours contente d'être à la campagne

c (frm = benefit from) [+ income, rights, health, advantage] jouir de

enjoyable [ɪnˈdʒɔɪəbl] → SYN adj agréable ; meal excellent ◆ **enjoyable sex** rapports mpl satisfaisants

enjoyably [ɪnˈdʒɔɪəblɪ] adv agréablement

enjoyment [ɪnˈdʒɔɪmənt] → SYN n (NonC) **a** (= pleasure) plaisir m ◆ **to get enjoyment from (doing) sth** trouver du plaisir à (faire) qch

b (= possession) [of income, rights etc] jouissance f, possession f (of de)

enkephalin [enˈkefəlɪn] n enképhaline f, encéphaline f

enlarge [ɪnˈlɑːdʒ] → SYN [1] vt [+ house, territory] agrandir ; [+ empire, influence, field of knowledge, circle of friends] étendre ; [+ business] développer, agrandir ; [+ hole] élargir ; [+ numbers, majority] augmenter ; (Med) [+ organ] hypertrophier ; (Phot) agrandir

[2] vi (= grow bigger) [territory] s'agrandir ; [empire, influence, field of knowledge, circle of friends] s'étendre ; [business] se développer ; [hole] s'élargir ; (Med) [organ] s'hypertrophier ; [pore, pupil] se dilater

b (= explain) **to enlarge (up)on** [+ subject, difficulties etc] s'étendre sur ; [+ idea] développer

enlarged [ɪnˈlɑːdʒd] adj photograph, group, building agrandi ; force plus important ; majority accru ; edition augmenté ; prostate, gland, organ hypertrophié ; pore dilaté

enlargement [ɪnˈlɑːdʒmənt] n **a** (NonC = expansion) [of building, city] agrandissement m ; [of organization] élargissement m ; [of majority] élargissement m, accroissement m

b (NonC: Med) [of organ, gland, prostate] hypertrophie f ; [of pore] dilatation f ; [of vein] gonflement m ; → **breast**

c (Phot = photograph, process) agrandissement m

enlarger [ɪnˈlɑːdʒə] n (Phot) agrandisseur m

enlighten [ɪnˈlaɪtn] → SYN vt éclairer (sb on sth qn sur qch)

enlightened [ɪnˈlaɪtnd] → SYN adj person, society, approach, views éclairé ◆ **in this enlightened age, in these enlightened times** (esp iro) en ce siècle de lumières ◆ **enlightened self-interest** individualisme m constructif, égoïsme m à visage humain

enlightening [ɪnˈlaɪtnɪŋ] adj instructif

enlightenment [ɪnˈlaɪtnmənt] → SYN n (NonC) (= explanations) éclaircissements mpl ; (= knowledge) instruction f, édification f ; (Rel) illumination f ◆ **we need some enlightenment on this point** nous avons besoin de quelques éclaircissements or lumières sur ce point ◆ **the Age of Enlightenment** le Siècle des lumières

enlist [ɪnˈlɪst] → SYN [1] vi (Mil etc) s'engager, s'enrôler (in dans)

[2] vt [+ recruits] enrôler, engager ; [+ soldiers, supporters] recruter ◆ **to enlist sb's support/sympathy** s'assurer le concours/la sympathie de qn

[3] COMP ▷ **enlisted man** n (US Mil) simple soldat m, militaire m du rang ; (woman) ≈ caporal m

enlistment [ɪnˈlɪstmənt] n **a** (Mil = enrolment) enrôlement m, engagement m (in sth dans qch)

b (Mil = period) engagement m ◆ **a normal five-year enlistment** un engagement normal pour cinq ans

c (NonC = finding) [of helpers] recrutement m

enliven [ɪnˈlaɪvn] → SYN vt [+ conversation, visit, evening] animer ; [+ décor, design] mettre une note vive dans, égayer

en masse [ɑ̃mæs] adv en masse

enmesh [ɪnˈmeʃ] vt (lit, fig) prendre dans un filet ◆ **to get enmeshed in ...** s'empêtrer dans ...

enmity [ˈenmɪtɪ] → SYN n inimitié f, hostilité f (towards envers ; for pour)

enneathlon [enɪˈæθlɒn] n (Sport) ennéathlon m

ennoble [ɪˈnəʊbl] → SYN vt (lit) anoblir ; (fig) [+ person, mind] ennoblir, élever

ennui [ˈɒnwiː] n (NonC) ennui m (also Literat)

enologist [iːˈnɒlədʒɪst] n (US) ⇒ **oenologist**

enology [iːˈnɒlədʒɪ] n (US) ⇒ **oenology**

enormity [ɪˈnɔːmɪtɪ] → SYN n **a** (NonC) [of action, offence] énormité f

b (= crime) crime m très grave, outrage m ; (= blunder) énormité f

enormous [ɪˈnɔːməs] → SYN adj person, animal, object, amount, number, power, difference énorme ; patience immense ; strength prodigieux ; stature colossal ; talent, interest formidable

enormously [ɪˈnɔːməslɪ] adv enjoy, vary etc énormément ; enjoyable, variable etc extrêmement ◆ **to be enormously helpful** être d'un immense secours

enosis [ˈenəʊsɪs] n Enôsis m

enough [ɪˈnʌf] → SYN [1] adj, n assez (de) ◆ **enough books** assez de livres ◆ **enough money** assez or suffisamment d'argent ◆ **I haven't enough room** je n'ai pas assez de place ◆ **enough's enough!** ça suffit comme ça ! ◆ **it is enough for us to know that ...** il nous suffit de savoir que ... ◆ **I've had enough** (eating) j'ai assez mangé ; (protesting) j'en ai assez ◆ **I've read enough Proust to last me a**

lifetime (= fed up with it) j'ai eu ma dose de Proust pour le reste de ma vie ◆ **I've had enough of this novel/of obeying him** j'en ai assez de ce roman/de lui obéir ◆ **you can never have enough of this music** on ne se lasse jamais de cette musique ◆ **you can never have enough friends** on n'a jamais trop d'amis ◆ **I've had more than enough wine** j'ai bu plus de vin que je n'aurais dû, j'ai bu un peu trop de vin ◆ **there's more than enough for all** il y en a largement (assez) or plus qu'assez pour tous ◆ **I had not seen enough of his work** je n'avais pas vu assez de son travail comme ça ! ◆ **enough said!** * assez parlé ! * ◆ **I think you have said enough** je pense que vous en avez assez dit ◆ **that's enough, thanks** ça suffit, merci ◆ **that's enough!, enough already!** ‡ (*esp US*) ça suffit ! ◆ **enough to eat** assez à manger ◆ **he earns enough to live on** il gagne de quoi vivre ◆ **one song was enough to show he couldn't sing** une chanson a suffi à prouver qu'il ne savait pas chanter ◆ **this noise is enough to drive you mad** ce bruit est à (vous) rendre fou ◆ **I've got enough to worry about (already)** j'ai assez de soucis comme ça ◆ (*Prov*) **enough is as good as a feast** il ne faut pas abuser des bonnes choses

2 *adv* **a** (= sufficiently) assez ◆ **he was close enough now to see them clearly** il était maintenant assez près pour les voir clairement ◆ **the proposed changes don't go far enough** les changements proposés ne vont pas assez loin ◆ **I was fool enough** or **enough of a fool to believe him** j'ai été assez bête pour le croire ◆ **your work is good enough** votre travail est assez bon ◆ **that's a good enough excuse** c'est une assez bonne excuse ◆ **he is good enough to win** il est assez bon pour gagner ◆ **he is old enough to go alone** il est assez grand pour y aller tout seul ◆ **are you warm enough?** avez-vous assez chaud ? ◆ **he was well enough to leave hospital** il allait assez bien pour quitter l'hôpital ◆ **I couldn't get out of there quick enough** je n'avais qu'une envie or je n'attendais qu'une chose, c'était de partir ◆ **we have waited long enough** nous avons assez attendu ◆ **it's proof enough that ...** c'est une preuve suffisante que ... ◆ **he knows well enough what I've said** il sait très bien ce que j'ai dit ; → **fair**, **sure**

b (offhand = tolerably) assez ◆ **she is pretty enough** elle est assez jolie, elle n'est pas mal ◆ **he writes well enough** il écrit assez bien, il n'écrit pas mal ◆ **it's good enough in its way** ce n'est pas (si) mal dans son genre *

c (intensifying) **oddly** or **funnily enough, I saw him too** chose curieuse ou c'est curieux, je l'ai vu aussi ; → **sure**

enprint ['enprɪnt] *n* (Phot) tirage *m* normal

enquire [ɪn'kwaɪəʳ] → SYN ⇒ **inquire**

enrage [ɪn'reɪdʒ] → SYN *vt* mettre en rage or en fureur, rendre furieux ◆ **he was enraged by this suggestion** cette proposition l'a rendu furieux ◆ **it enrages me to think that ...** j'enrage de penser que ...

enrapture [ɪn'ræptʃəʳ] *vt* ravir, enchanter ◆ **enraptured by ...** ravi de ..., enchanté par ...

enrich [ɪn'rɪtʃ] → SYN **1** *vt* [+ person, language, collection, mind] enrichir (*with* en) ; [+ soil] fertiliser, amender ; (*Phys*) enrichir ◆ **vitamin-/iron-enriched** enrichi en vitamines/en fer

2 COMP ▷ **enriched uranium** *n* uranium *m* enrichi

enrichment [ɪn'rɪtʃmənt] *n* enrichissement *m*

enrol, **enroll** (US) [ɪn'rəʊl] → SYN **1** *vt* [+ worker] embaucher ; [+ student] immatriculer, inscrire ; [+ member] inscrire ; [+ soldier] enrôler

2 *vi* [worker etc] se faire embaucher (*as* comme) ; [student] se faire immatriculer or inscrire, s'inscrire (*in* à ; *for* pour) ; [soldier] s'enrôler, s'engager (*in* dans) ◆ **to enrol as a member of a club/party** s'inscrire à un club/un parti

3 COMP ▷ **enrolled bill** *n* (US Pol) projet *m* de loi ratifié par les deux Chambres

enrolment, **enrollment** (US) [ɪn'rəʊlmənt] → SYN **1** *n* (at school, college, in club, scheme) inscription *f* (*at* or *in sth* à qch) ; (Mil) enrôlement *m* (*in sth* dans qch), engagement *m* (*in sth* dans qch) ◆ **enrol(l)ment for** or **on** (Brit) or **in** (US) **a course** (Educ) inscription *f* à un cours ◆ **the school has an enrolment of 600 pupils** l'école a un effectif de 600 élèves ◆ **the ideal enrolment would be 1,100 members** l'effectif idéal serait de 1 100 membres ◆ **enrolment has** or **enrolments have doubled** (at school, college, in club, scheme) les inscriptions ont doublé ; (Mil) les enrôlements or les engagements ont doublé

2 COMP ▷ **enrolment fee** *n* (at school, university) frais *mpl* de scolarité ; (in club) frais *mpl* d'adhésion ▷ **enrolment figures** *npl* effectif *m*

ensconce [ɪn'skɒns] *vt* ◆ **to ensconce o.s.** bien se caler, bien s'installer ◆ **to be ensconced** être bien installé

ensemble [ɑ̃:nsɑ̃:*m*bl] → SYN **1** *n* (Dress, Mus = collection) ensemble *m*

2 *adj* (Theat) acting, playing d'ensemble

enshrine [ɪn'ʃraɪn] → SYN *vt* [+ custom, principle, rights] sauvegarder ; (Rel) enchâsser ◆ **to be enshrined in law** être garanti par la loi

enshroud [ɪn'ʃraʊd] *vt* ◆ **grey clouds enshroud the city** la ville est ensevelie sous des nuages gris ◆ **mist enshrouded the land** la terre était noyée sous la brume ◆ **enshrouded in mystery** enveloppé de mystère

ensiform ['ensɪfɔ:m] *adj* ensiforme

ensign ['ensaɪn] → SYN **1** *n* **a** ['ensən] (= flag) drapeau *m* ; (Naut) pavillon *m* ◆ **Red/White Ensign** (Brit) pavillon *m* de la marine marchande/de la marine de guerre

b (= emblem) insigne *m*, emblème *m*

c (Mil Hist) (officier *m*) porte-étendard *m inv*

d (US Naut) enseigne *m* de vaisseau de deuxième classe

2 COMP ▷ **ensign-bearer** *n* porte-étendard *m inv*

ensilage [ɪn'saɪlɪdʒ] *vt* (Agr) ensiler

enslave [ɪn'sleɪv] → SYN *vt* (lit) réduire en esclavage, asservir ; (fig) asservir ◆ **to be enslaved by tradition** être l'esclave de la tradition

enslavement [ɪn'sleɪvmənt] *n* asservissement *m*

ensnare [ɪn'snɛəʳ] *vt* (lit, fig) prendre au piège ; [woman, charms] séduire

ensue [ɪn'sju:] → SYN *vi* s'ensuivre, résulter (*from* de)

ensuing [ɪn'sju:ɪŋ] *adj* battle, violence, discussion, argument, chaos qui s'ensuit (or s'ensuivait) ; months, weeks suivant, qui suivent (or suivaient etc)

en suite [ɑ̃'swi:t] *adj* ◆ **with bathroom en suite** ◆ **with an en suite bathroom** avec salle de bains (attenante)

ensure [ɪn'ʃʊəʳ] → SYN *vt* **a** assurer, garantir ; [+ safety] veiller sur, assurer ◆ **he did everything to ensure that she came** il a tout fait pour qu'elle vienne or pour s'assurer qu'elle viendrait

b ⇒ **insure b**

ENT [i:en'ti:] (Med) (abbrev of **Ear, Nose and Throat**) ORL *f*

entablature [ɪn'tæblətʃəʳ] *n* (Archit) entablement *m*

entablement [ɪn'teɪbəlmənt] *n* (Archit = platform) corniche *f*

entail [ɪn'teɪl] → SYN *vt* **a** (gen, Philos) entraîner ; [+ expense, work, delay] occasionner ; [+ inconvenience, risk, difficulty] comporter ; [+ suffering, hardship] imposer, entraîner ◆ **it entailed buying a car** cela nécessitait l'achat d'une voiture

b (Jur) **to entail an estate** substituer un héritage ◆ **entailed estate** biens *mpl* inaliénables

entangle [ɪn'tæŋgl] → SYN *vt* **a** (= catch up) empêtrer, enchevêtrer ; (= twist together) [+ hair] emmêler ; [+ wool, thread] emmêler, embrouiller ◆ **to become entangled in ropes** s'empêtrer dans des cordages

b (fig) [+ person] entraîner, impliquer (*in* dans), mêler (*in* à) ◆ **to become entangled in an affair** s'empêtrer ou se laisser entraîner dans une affaire ◆ **to become entangled in lies/explanations** s'empêtrer dans des mensonges/des explications

entanglement [ɪn'tæŋglmənt] → SYN *n* **a** (NonC = entwining) enchevêtrement *m*, emmêlement *m*

b (Mil) barbed-wire entanglements (réseau *m* de) barbelés *mpl*

c (sexual) liaison *f* compliquée ◆ **romantic entanglement** histoire *f* d'amour compliquée

d (= difficulty) imbroglio *m* ◆ **his entanglement with the police** son imbroglio avec la police

entasis ['entəsɪs] *n*, *pl* **entases** ['entəsi:z] (Archit) entasis *f*

entelechy [en'telɪkɪ] *n* entéléchie *f*

entellus [en'teləs] *n* (Zool) entelle *m*

entente [ɒn'tɒnt] *n* entente *f* ◆ **entente cordiale** entente *f* cordiale

enter ['entəʳ] → SYN **1** *vt* **a** (= come or go into) [+ house etc] entrer dans, pénétrer dans ; [+ vehicle] monter dans, entrer dans ; [+ path, road] s'engager dans ◆ **he entered the grocer's** il est entré chez l'épicier or dans l'épicerie ◆ **to enter harbour** (Naut) entrer au port or dans le port ◆ **the thought never entered my head** or **mind** cette pensée ne m'est jamais venue à l'esprit ◆ **he is entering his sixtieth year** il entre dans sa soixantième année

b (= become member of) [+ profession, the army] entrer dans ; [+ university, college] s'inscrire à, se faire inscrire à or dans ◆ **to enter the Church** se faire prêtre, recevoir la prêtrise ◆ **to enter society** faire ses débuts dans le monde

c (= submit, write down) [+ amount, name, fact, order] (on list) inscrire ; (in notebook) noter ; (Comput) [+ data] introduire, entrer ◆ **to enter an item in the ledger** porter un article sur le livre de comptes ◆ **enter these purchases to me** (Comm) mettez or portez ces achats à or sur mon compte ◆ **to enter a horse for a race** engager or inscrire un cheval dans une course ◆ **to enter a dog for a show** présenter un chien dans un concours ◆ **to enter a pupil for an exam/a competition** présenter un élève à un examen/à un concours ◆ **he has entered his son for Eton** il a inscrit son fils (à l'avance) à Eton ◆ **to enter a protest** élever une protestation ◆ **to enter an appeal** (Jur) interjeter appel ◆ **to enter an appearance** (Jur) comparaître (en justice)

2 *vi* **a** entrer ◆ **enter Macbeth** (Theat) entre Macbeth

b **to enter for a race** s'inscrire pour une course ◆ **to enter for an exam** s'inscrire à un examen

▶ **enter into** *vt fus* **a** [+ explanation, apology] se lancer dans ; [+ correspondence, conversation] entrer en ; [+ plot] prendre part à ; [+ negotiations] entamer ; [+ contract] passer ; [+ alliance] conclure

b [+ sb's plans, calculations] entrer dans ◆ **to enter into the spirit of the game** (lit, fig) entrer dans le jeu ◆ **her money doesn't enter into it at all** son argent n'y est pour rien or n'a rien à voir là-dedans

▶ **enter on** *vt fus* ⇒ **enter upon**

▶ **enter up** *vt sep* [+ sum of money, amount] inscrire ; [+ diary, ledger] tenir à jour

▶ **enter upon** *vt fus* [+ course of action] s'engager dans ; [+ career] débuter dans, entrer dans ; [+ negotiations] entamer ; [+ alliance] conclure ; (Jur) [+ inheritance] prendre possession de

enteral ['entərəl] *adj* entérique

enteric [en'terɪk] **1** *adj* entérique

2 COMP ▷ **enteric fever** *n* (fièvre *f*) typhoïde *f*

enteritis [ˌentə'raɪtɪs] *n* entérite *f*

enterobiasis [ˌentərəʊ'baɪəsɪs] *n* oxyurose *f*

enterocolitis [ˌentərəʊkɒ'laɪtɪs] *n* entérocolite *f*

enterokinase [ˌentərəʊ'kaɪneɪz] *n* entérokinase *f*

enterostomy [ˌentə'rɒstəmɪ] *n* entérostomie *f*

enterotomy [ˌentə'rɒtəmɪ] *n* entérotomie *f*

enterovirus [ˌentərəʊ'vaɪərəs] *n* entérovirus *m*

enterprise ['entəpraɪz] → SYN **1** *n* **a** (= undertaking, company) entreprise *f*

b (NonC = initiative) (esprit *m* d')initiative *f*, esprit *m* entreprenant ; → **free**

2 COMP ▷ **Enterprise Allowance Scheme** *n* (Brit) aide à la création d'entreprise accordée aux chômeurs ▷ **enterprise zone** *n* (Brit) ≈ zone *f* à régime préférentiel

Eocene / equal

EOC, EEOC

La Commission pour l'égalité des chances (**Equal Opportunities Commission** ou **EOC**) est un organisme britannique chargé de veiller à ce que les femmes perçoivent à travail égal un salaire égal à celui des hommes et qu'elles ne fassent pas l'objet d'une discrimination sexiste. La Commission pour l'égalité des races ("Commission for Racial Equality") veille pour sa part à ce qu'il n'y ait pas de discrimination sur la base de la race ou de la religion.

Aux États-Unis, la Commission pour l'égalité des chances (**Equal Employment Opportunity Commission** ou **EEOC**) lutte contre toutes les formes de discrimination raciale, religieuse ou sexuelle sur le lieu de travail. Les entreprises pratiquant une quelconque discrimination peuvent être poursuivies devant la justice fédérale.

Eocene [ˈiːəʊˌsiːn] adj, n éocène m
eolith [ˈiːəʊlɪθ] n éolithe m
eolithic [ˌiːəʊˈlɪθɪk] adj éolithique
eon [ˈiːɒn] n ⇒ aeon
eosin(e) [ˈiːəʊsɪn] n éosine f
eosinophil [ˌiːəʊˈsɪnəfɪl], **eosinophile** [ˌiːəʊˈsɪnəfaɪl] n éosinophile m
eosinophilia [ˌiːəʊˌsɪnəˈfɪlɪə] n éosinophilie f
eosinophilic [ˌiːəʊˌsɪnəˈfɪlɪk], **eosinophilous** [ˌiːəʊˈsɪnɒfɪləs] adj éosinophile
EP [ˌiːˈpiː] n (abbrev of **extended play**) 45 tours m double durée
EPA [ˌiːpiːˈeɪ] (US Admin) (abbrev of Environmental Protection Agency) → environmental
epact [ˈiːpækt] n épacte f
eparch [ˈepɑːk] n (Rel) éparque m
eparchy [ˈepɑːkɪ] n (Rel) éparchie f
epaulet(te) [ˈepɔːlet] n épaulette f
épée [ˈepeɪ] n fleuret m
epeirogenetic [ˌɪpaɪrəʊdʒɪˈnetɪk], **epeirogenic** [ˌɪpaɪrəʊˈdʒenɪk] adj épirogénique
epeirogeny [ˌepaɪˈrɒdʒɪnɪ] n épirogénèse f, épeirogenèse f
epergne [ɪˈpɜːn] n surtout m
ephedrine [ˈefɪdrɪn] n éphédrine f
ephemera [ɪˈfemərə] ① n, pl **ephemeras** or **ephemerae** [ɪˈfeməˌriː] (Zool) éphémère m ② npl (= transitory items) choses fpl éphémères ; (= collectables) babioles fpl (d'une époque donnée)
ephemeral [ɪˈfemərəl] → SYN adj (Bot, Zool, fig) éphémère
ephemerid [ɪˈfemərɪd] n éphémère m
ephemeris [ɪˈfemərɪs] n, pl **ephemerides** [ˌefɪˈmerɪˌdiːz] éphéméride f
Ephesians [ɪˈfiːʒənz] n Éphésiens mpl
Ephesus [ˈefɪsəs] n Éphèse
epic [ˈepɪk] ① adj (Literat) épique ; (fig) héroïque, épique ; (hum) épique, homérique ② n épopée f, poème m or récit m épique ◆ **an epic of the screen** (Cine) un film à grand spectacle
epicalyx [ˌepɪˈkælɪks] n, pl **epicalyxes** or **epicalyces** [ˌepɪˈkælɪsiːz] (Bot) calicule m
epicanthus [ˌepɪˈkænθəs] n, pl **epicanthi** [ˌepɪˈkænθaɪ] épicanthus m
epicardium [ˌepɪˈkɑːdɪəm] n, pl **epicardia** [ˌepɪˈkɑːdɪə] épicarde m
epicarp [ˈepɪkɑːp] n épicarpe m
epicene [ˈepɪsiːn] adj (frm) manners, literature efféminé ; (Gram) épicène
epicentre, **epicenter** (US) [ˈepɪsentə] n épicentre m
epicontinental [ˌepɪˌkɒntɪˈnentl] adj bordier
epicure [ˈepɪkjʊə] → SYN n (fin) gourmet m, gastronome mf
epicurean [ˌepɪkjʊəˈriːən] → SYN adj, n épicurien(ne) m(f)
epicureanism [ˌepɪkjʊəˈriːənɪzəm] n épicurisme m

Epicurus [ˌepɪˈkjʊərəs] n Épicure m
epicycle [ˈepɪˌsaɪkl] n épicycle m
epicyclic [ˌepɪˈsaɪklɪk] adj ◆ **epicyclic gear** or **train** train m épicycloïdal
epicycloid [ˌepɪˈsaɪklɔɪd] n épicycloïde f
epicycloidal [ˌepɪsaɪˈklɔɪdl] adj épicycloïdal
Epidaurus [ˌepɪˈdɔːrəs] n Épidaure
epidemic [ˌepɪˈdemɪk] → SYN ① n épidémie f ② adj épidémique ◆ **to reach epidemic proportions** atteindre des proportions épidémiques
epidemiological [ˈepɪˌdiːmɪəˈlɒdʒɪkəl] adj épidémiologique
epidemiologist [ˌepɪdemɪˈɒlədʒɪst] n épidémiologiste mf
epidemiology [ˌepɪdemɪˈɒlədʒɪ] n épidémiologie f
epidermal [ˌepɪˈdɜːməl] adj épidermique
epidermis [ˌepɪˈdɜːmɪs] n épiderme m
epidiascope [ˌepɪˈdaɪəˌskəʊp] n épidiascope m
epididymis [ˌepɪˈdɪdɪmɪs] n, pl **epididymides** [ˌepɪdɪˈdɪmɪˌdiːz] épididyme m
epidural [ˌepɪˈdjʊərəl] adj, n ◆ **epidural (anaesthetic)** péridurale f
epigamic [ˌepɪˈgæmɪk] adj épigamique
epigastrial [ˌepɪˈgæstrɪəl] adj épigastrique
epigastric [ˌepɪˈgæstrɪk] adj ⇒ epigastrial
epigastrium [ˌepɪˈgæstrɪəm] n, pl **epigastria** [ˌepɪˈgæstrɪə] épigastre m
epigeal [ˌepɪˈdʒiːəl], **epigean** [ˌepɪˈdʒiːən] adj épigé
epigenesis [ˌepɪˈdʒenɪsɪs] n (Bio) épigénèse f ; (Geol) épigénie f
epigeous [eˈpɪdʒɪəs] adj ⇒ epigeal
epiglottis [ˌepɪˈglɒtɪs] n, pl **epiglottises** or **epiglottides** [ˌepɪˈglɒtɪˌdiːz] épiglotte f
epigone [ˈepɪgəʊn] n (Antiq, fig) épigone m
epigram [ˈepɪgræm] → SYN n épigramme f
epigrammatic(al) [ˌepɪgrəˈmætɪk(əl)] adj épigrammatique
epigraph [ˈepɪgrɑːf] n épigraphe f
epigrapher [ɪˈpɪgrəfə], **epigraphist** [ɪˈpɪgrəfɪst] n épigraphiste mf
epigraphy [ɪˈpɪgrəfɪ] n épigraphie f
epigynous [ɪˈpɪdʒɪnəs] adj épigyne
epilator [ˈepɪleɪtə] n épilateur m
epilepsy [ˈepɪlepsɪ] n épilepsie f
epileptic [ˌepɪˈleptɪk] ① adj épileptique ◆ **epileptic fit** crise f d'épilepsie ② n épileptique mf
epileptiform [ˌepɪˈleptɪˌfɔːm], **epileptoid** [ˌepɪˈleptɔɪd] adj épileptiforme
epilogue [ˈepɪlɒg] → SYN n (Literat) épilogue m
epinephrine [ˌepəˈnefriːn] n (US) adrénaline f
Epiphany [ɪˈpɪfənɪ] n (Rel) Épiphanie f, jour m des Rois ; (fig) révélation f
epiphenomenalism [ˌepɪfɪˈnɒmɪnəˌlɪzəm] n épiphénoménisme m
epiphenomenon [ˌepɪfɪˈnɒmɪnən] n, pl **epiphenomena** [ˌepɪfɪˈnɒmɪnə] (Med, Philos, fig) épiphénomène m
epiphyllous [ˌepɪˈfɪləs] adj épiphylle
epiphysis [ɪˈpɪfɪsɪs] n, pl **epiphyses** [ɪˈpɪfɪsiːz] épiphyse f
epiphytal [ˌepɪˈfaɪtəl] adj épiphyte
epiphyte [ˈepɪfaɪt] n épiphyte m
epiphytic [ˌepɪˈfɪtɪk] adj épiphyte
epiphytical [ˌepɪˈfɪtɪkəl] adj ⇒ epiphytic
Epirus [ɪˈpaɪərəs] n (Geog, Myth) Épire f
episcopacy [ɪˈpɪskəpəsɪ] n épiscopat m
Episcopal [ɪˈpɪskəpəl] adj (Rel: of Church) épiscopalien
episcopal [ɪˈpɪskəpəl] adj (of bishop) épiscopal
Episcopalian [ɪˌpɪskəˈpeɪlɪən] ① adj épiscopalien ② n membre m de l'Église épiscopalienne ◆ **the Episcopalians** les épiscopaliens mpl

episcopalianism [ɪˌpɪskəˈpeɪlɪənɪzəm], **episcopalism** [ɪˈpɪskəpəˌlɪzəm] n (Rel) épiscopalisme m
episcopate [ɪˈpɪskəpɪt] n épiscopat m
episcope [ˈepɪˌskəʊp] n (Brit) épiscope m
episiotomy [əˌpiːzɪˈɒtəmɪ] n épisiotomie f
episode [ˈepɪsəʊd] → SYN n (= event) (TV) épisode m ; (Med) crise f
episodic [ˌepɪˈsɒdɪk] adj épisodique
episome [ˈepɪˌsəʊm] n épisome m
epistasis [ɪˈpɪstəsɪs] n épistasie f
epistaxis [ˌepɪˈstæksɪs] n épistaxis f
epistemic [ˌepɪˈstiːmɪk] adj épistémique
epistemological [ɪˌpɪstɪməˈlɒdʒɪkəl] adj épistémologique
epistemologist [ɪˌpɪstɪˈmɒlədʒɪst] n épistémologiste mf, épistémologue mf
epistemology [ɪˌpɪstəˈmɒlədʒɪ] n épistémologie f
epistle [ɪˈpɪsl] → SYN n épître f ; (Admin = letter) courrier m ◆ **Epistle to the Romans/Hebrews etc** (Bible) Épître f aux Romains/Hébreux etc
epistolary [ɪˈpɪstələrɪ] adj épistolaire
epistyle [ˈepɪstaɪl] n épistyle m
epitaph [ˈepɪtɑːf] n épitaphe f
epitaxy [ˈepɪtæksɪ] n épitaxie f
epithalamion [ˌepɪθəˈleɪmɪən] n, pl **epithalamia** [ˌepɪθəˈleɪmɪə] épithalame m
epithelial [ˌepɪˈθiːlɪəl] adj épithélial
epithelioma [ˌepɪθiːlɪˈəʊmə] n, pl **epitheliomas** or **epitheliomata** [ˌepɪθiːlɪˈəʊmətə] épithélioma m
epithelium [ˌepɪˈθiːlɪəm] n, pl **epitheliums** or **epithelia** [ˌepɪˈθiːlɪə] épithélium m
epithet [ˈepɪθet] → SYN n épithète f
epitome [ɪˈpɪtəmɪ] → SYN n [of idea, subject] quintessence f ◆ **she's the epitome of virtue** elle est la vertu incarnée or personnifiée, elle est l'exemple même de la vertu
epitomize [ɪˈpɪtəmaɪz] → SYN vt [+ quality, virtue] incarner, personnifier ◆ **it epitomized everything he hated** c'était l'illustration parfaite de tout ce qu'il détestait
epizootic [ˌepɪzəʊˈɒtɪk] adj épizootique ◆ **epizootic disease** épizootie f
EPNS [ˌiːpiːenˈes] (abbrev of **electroplated nickel silver**) → electroplate
epoch [ˈiːpɒk] → SYN ① n époque f, période f ◆ **to mark an epoch** (fig) faire époque, faire date ② COMP ▷ **epoch-making** adj qui fait époque, qui fait date
epode [ˈepəʊd] n épode f
eponym [ˈepənɪm] n éponyme m
eponymic [ˌepəˈnɪmɪk] adj éponyme
eponymous [ɪˈpɒnɪməs] adj éponyme
EPOS [ˈiːpɒs] n (abbrev of **electronic point of sale**) TPV m, terminal m de vente ◆ **has the shop got EPOS?** est-ce que le magasin est équipé d'un TPV ?
epoxide [ɪˈpɒksaɪd] n époxyde m ◆ **epoxide resin** ⇒ **epoxy resin** ; → **epoxy**
epoxy [ɪˈpɒksɪ] n (also **epoxy resin**) résine f époxyde
EPROM [ˈiːprɒm] n (Comput) (abbrev of **erasable programmable read only memory**) EPROM f
Epsom salts [ˈepsəmˈsɔːlts] npl epsomite f, sulfate m de magnésium
equable [ˈekwəbl] → SYN adj temperament, climate égal, constant ◆ **he is very equable** il a un tempérament très égal
equably [ˈekwəblɪ] adv say tranquillement, calmement ; respond to calmement

equal [ˈiːkwəl] LANGUAGE IN USE 5.2 → SYN
① adj **a** (gen, Math) égal ◆ **to be equal to sth** être égal à qch, égaler qch ; see also **1b** ◆ **equal in number** égal en nombre ◆ **to be equal in size** être de la même taille ◆ **equal pay** égalité f des salaires ◆ **equal pay for equal work** à travail égal salaire égal ◆ **equal pay for women** salaire égal pour les femmes ◆ **equal rights** égalité f des droits ◆ **an equal sum of money** une même somme

d'argent ◆ **with equal indifference** avec la même indifférence ◆ **with equal enthusiasm** avec le même enthousiasme ◆ **each party has equal access to the media** chaque parti a le même accès aux médias ◆ **they are about equal** (in value etc) ils se valent à peu près ◆ **to talk to sb on equal terms** parler à qn d'égal à égal ◆ **other** or **all things being equal** toutes choses (étant) égales par ailleurs ◆ **to be on equal terms** or **an equal footing (with sb)** être sur un pied d'égalité (avec qn) ◆ **to come equal first/second** etc être classé premier/deuxième etc ex æquo

b (= capable) **to be equal to sth** être à la hauteur de qch ◆ **the guards were equal to anything** les gardes pouvaient faire face à n'importe quoi ◆ **to be equal to doing sth** être de force à or de taille à faire qch ◆ **she did not feel equal to going out** elle ne se sentait pas le courage or la force de sortir

c (†† = equable) tempéramment égal

2 n égal(e) m(f) ◆ **our equals** nos égaux mpl ◆ **to treat sb as an equal** traiter qn d'égal à égal ◆ **she has no equal** elle n'a pas sa pareille, elle est hors pair ◆ **she is his equal** (in rank, standing) elle est son égale

3 vt (gen, Math) égaler (*in* en) ◆ **not to be equalled** sans égal, qui n'a pas son égal ◆ **there is nothing to equal it** il n'y a rien de tel or de comparable ◆ **let x equal y** (Math) si x égale y

4 COMP ▷ **Equal Employment Opportunity Commission** n (US) Commission f pour l'égalité des chances ; → EOC ; EEOC ▷ **equal opportunities** npl chances fpl égales ▷ **Equal Opportunities Commission** n (Brit) Commission f pour l'égalité des chances ; → EOC ; EEOC ; QUANGO ▷ **equal opportunities employer, equal opportunity employer** n employeur m qui ne fait pas de discrimination ▷ **Equal Rights Amendment** n (US) amendement constitutionnel en faveur de l'égalité des droits ▷ **equal(s) sign** n (Math) signe m d'égalité or égal ▷ **equal time** n (US Rad, TV) droit m de réponse (à l'antenne)

equality [ɪˈkwɒlɪtɪ] → SYN n égalité f ◆ **equality in the eyes of the law** égalité f devant la loi ◆ **equality of opportunity** l'égalité f des chances ◆ **the Equality State** le Wyoming

equalization [ˌiːkwəlaɪˈzeɪʃən] n (NonC) [of wealth] répartition f ; [of income, prices] égalisation f ; [of retirement ages] nivellement m ; [of account] régularisation f ◆ **to work towards the equalization of opportunities** œuvrer pour l'égalité des chances

equalize [ˈiːkwəlaɪz] → SYN **1** vt [+ rights, opportunities] garantir l'égalité de ; [+ chances] équilibrer ; [+ wealth, possessions] niveler ; [+ income, prices] égaliser ; [+ accounts] régulariser

2 vi (Brit Sport) égaliser

equalizer [ˈiːkwəlaɪzəʳ] n **a** (Sport) but m (or point m) égalisateur

b (US *) (= revolver) pétard * m, revolver m ; (= rifle) flingue * m

equally [ˈiːkwəlɪ] LANGUAGE IN USE 26.1, 26.2 adv **a** (= evenly) divide, share en parts égales ◆ **equally spaced** à espaces réguliers

b (= in the same way) treat de la même manière ◆ **this applies equally to everyone** ceci s'applique à tout le monde de la même manière ◆ **this applies equally to men and to women** ceci s'applique aussi bien aux hommes qu'aux femmes

c (= just as) important, impressive, true, difficult tout aussi ; clear également ◆ **her mother was equally disappointed** sa mère a été tout aussi déçue ◆ **equally qualified candidates** des candidats mpl ayant les mêmes qualifications ◆ **to be equally successful** [person] réussir aussi bien ; [artist, exhibition] avoir autant de succès ◆ **equally gifted brothers** frères mpl également or pareillement doués ◆ **they were equally guilty** (gen) ils étaient aussi coupables l'un que l'autre, ils étaient coupables au même degré ◆ **she did equally well in history** (Jur) elle a eu de tout aussi bons résultats en histoire ◆ **equally as good/bad** tout aussi bon/mauvais, aussi bon/mauvais l'un que l'autre

d (= by the same token) **the country must find a solution to unemployment. Equally, it must fight inflation** le pays doit trouver une solution au chômage ; de même, il doit lutter contre l'inflation ◆ **she cannot marry him, but equally she cannot live alone** elle ne peut pas l'épouser mais elle ne peut pas non plus vivre seule

equanimity [ˌekwəˈnɪmɪtɪ] n égalité f d'humeur, équanimité f (frm) ◆ **with equanimity** avec sérénité, d'une âme égale

equate [ɪˈkweɪt] → SYN vt (= identify) assimiler (*with* à) ; (= compare) mettre sur le même pied (*with* que) ; (Math) mettre en équation (*to* avec) ; (= make equal) égaler, égaliser ◆ **to equate Eliot with Shakespeare** mettre Eliot sur le même pied que Shakespeare ◆ **to equate black with mourning** assimiler le noir au deuil ◆ **to equate supply and demand** égaler or égaliser l'offre à la demande

equation [ɪˈkweɪʒən] → SYN **1** n **a** (Math, Chem) équation f ◆ **that doesn't even enter the equation** ça n'entre même pas en ligne de compte ; → **quadratic, simple, simultaneous**

b (= comparison) **the equation of sth with sth, the equation between sth and sth** l'assimilation f de qch à qch

2 COMP ▷ **equation of time** n (Astron) équation f du temps

equator [ɪˈkweɪtəʳ] n équateur m (terrestre), ligne f équinoxiale ◆ **at the equator** sous l'équateur

equatorial [ˌekwəˈtɔːrɪəl] adj équatorial ◆ **Equatorial Guinea** la Guinée équatoriale

equerry [ɪˈkwerɪ] n écuyer m (*au service d'un membre de la famille royale*)

equestrian [ɪˈkwestrɪən] → SYN **1** adj équestre

2 n (gen) cavalier m, -ière f ; (in circus) écuyer m, -ère f

equestrianism [ɪˈkwestrɪəˌnɪzəm] n (Sport) hippisme m, sports mpl équestres

equi... [ˈiːkwɪ] pref équi...

equiangular [ˌiːkwɪˈæŋɡjʊləʳ] adj (Math) équiangle

equidistant [ˌiːkwɪˈdɪstənt] adj équidistant, à égale distance ◆ **Orléans is equidistant from Tours and Paris** Orléans est à égale distance de Tours et de Paris

equilateral [ˌiːkwɪˈlætərəl] adj équilatéral

equilibrate [ˌiːkwɪˈlaɪbreɪt] **1** vt équilibrer

2 vi s'équilibrer

equilibrium [ˌiːkwɪˈlɪbrɪəm] → SYN n, pl **equilibriums** or **equilibria** [ˌiːkwɪˈlɪbrɪə] (physical, mental) équilibre m ◆ **to lose one's equilibrium** (physically) perdre l'équilibre ; (mentally) devenir déséquilibré ◆ **in equilibrium** en équilibre

equimolecular [ˌiːkwɪməˈlekjʊləʳ] adj équimoléculaire

equine [ˈekwaɪn] adj species, profile chevalin

equinoctial [ˌiːkwɪˈnɒkʃəl] adj équinoxial ; gales, tides d'équinoxe

equinox [ˈiːkwɪnɒks] n équinoxe m ◆ **vernal** or **spring equinox** équinoxe m de printemps, point m vernal ◆ **autumnal equinox** équinoxe m d'automne

equip [ɪˈkwɪp] → SYN vt **a** (= fit out) [+ factory] équiper, outiller ; [+ kitchen, laboratory, ship, soldier, worker, astronaut] équiper ◆ **to equip a room as a laboratory** aménager une pièce en laboratoire ◆ **to equip a household** monter un ménage ◆ **to be equipped to do sth** [factory etc] être équipé pour faire qch ◆ **to be equipped for a job** (fig) avoir les compétences nécessaires pour un emploi ; → **ill, well**

b (= provide) **to equip with** [+ person] équiper de, pourvoir de ; [+ ship, car, factory, army etc] équiper de, doter de ◆ **to equip o.s. with** s'équiper de, se munir de ◆ **he is well equipped with cookery books** il est bien monté or pourvu en livres de cuisine ◆ **to equip a ship with radar** installer le radar sur un bateau

equipage [ˈekwɪpɪdʒ] n équipage m (*chevaux et personnel*)

equipartition [ˌekwɪpɑːˈtɪʃən] n équipartition f

equipment [ɪˈkwɪpmənt] → SYN n (gen) équipement m ; (for office, laboratory, camping etc) matériel m ◆ **factory equipment** outillage m ◆ **lifesaving equipment** matériel m de sauvetage ◆ **electrical equipment** appareillage m électrique ◆ **domestic equipment** appareils mpl ménagers ◆ **equipment grant** prime f or subvention f d'équipement

equipoise [ˈekwɪpɔɪz] n (frm) équilibre m

equipollence [ˌiːkwɪˈpɒləns], **equipollency** [ˌiːkwɪˈpɒlənsɪ] n équipollence f

equipollent [ˌiːkwɪˈpɒlənt] adj équipollent

equipotential [ˌiːkwɪpəˈtenʃəl] adj équipotentiel

equiprobable [ˌiːkwɪˈprɒbəbl] adj équiprobable

equisetum [ˌekwɪˈsiːtəm] n, pl **equisetums** or **equiseta** [ˌekwɪˈsiːtə] equisetum m, prèle f

equitable [ˈekwɪtəbl] → SYN adj équitable

equitably [ˈekwɪtəblɪ] adv équitablement

equitant [ˈekwɪtənt] adj équitant

equitation [ˌekwɪˈteɪʃən] n (frm) équitation f

equity [ˈekwɪtɪ] → SYN **1** n **a** (NonC = fairness) équité f

b (Econ : also **owner's equity, shareholder's equity, equity capital**) fonds mpl or capitaux mpl propres, capital m actions ◆ **equities** (Brit St Ex) actions fpl cotées en bourse

c (Jur = system of law) équité f

d (Brit) **Equity** syndicat des acteurs

2 COMP ▷ **Equity card** n (Brit Theat) carte de membre du syndicat des acteurs ▷ **equity issue** n (Econ) émission f de capital ▷ **equity-linked policy** n (Econ) police f d'assurance-vie indexée sur le cours des valeurs boursières

equivalence [ɪˈkwɪvələns] → SYN n équivalence f

equivalent [ɪˈkwɪvələnt] LANGUAGE IN USE 5.3 → SYN

1 adj équivalent ◆ **to be equivalent to** être équivalent à, équivaloir à

2 n équivalent m (*in* en) ◆ **the French equivalent of the English word** l'équivalent en français du mot anglais ◆ **man equivalent** (Ind) unité-travailleur f

equivocal [ɪˈkwɪvəkəl] → SYN adj reply, statement, attitude, behaviour, results, evidence équivoque, ambigu (-guë f) ; person (= ambiguous) équivoque ; (= undecided) indécis (*about sth* quant à qch)

equivocally [ɪˈkwɪvəkəlɪ] adv d'une manière équivoque or ambiguë

equivocate [ɪˈkwɪvəkeɪt] vi user de faux-fuyants or d'équivoques, parler (or répondre etc) de façon équivoque

equivocation [ɪˌkwɪvəˈkeɪʃən] n (often pl) paroles fpl équivoques ◆ **without equivocation** sans équivoque or ambiguïté

equivocator [ɪˈkwɪvəkeɪtəʳ] n ◆ **he's a born equivocator** il cultive l'équivoque avec art

ER **a** (abbrev of **Elizabeth Regina**) la reine Élisabeth

b (US Med) (abbrev of **emergency room**) (salle f des) urgences fpl

er [ɜːʳ] interj euh

ERA [ˌiːɑːˈreɪ] **a** (US) (abbrev of **Equal Rights Amendment**) → **equal**

b (Brit) (abbrev of **Education Reform Act**) loi f sur la réforme de l'enseignement

era [ˈɪərə] → SYN n (Geol, Hist) ère f ; (gen) époque f, temps m ◆ **the Christian era** l'ère f chrétienne ◆ **the end of an era** la fin d'une époque ◆ **the era of crinolines** le temps des crinolines ◆ **to mark an era** marquer une époque, faire époque

eradicate [ɪˈrædɪkeɪt] → SYN vt [+ injustice, discrimination, poverty] éradiquer, supprimer ; [+ disease] éradiquer, éliminer ; [+ weeds] éliminer

eradication [ɪˌrædɪˈkeɪʃən] → SYN n (NonC) [of injustice, discrimination] suppression f ; [of poverty, disease, corruption] éradication f ; [of weeds] élimination f

erasable [ɪˈreɪzəbl] **1** adj effaçable

2 COMP ▷ **erasable programmable read only memory** n (Comput) mémoire f morte programmable effaçable

erase [ɪˈreɪz] → SYN **1** vt **a** [+ writing, marks] effacer, gratter ; (with rubber) gommer ; (Comput, Recording) effacer ; [+ memory] bannir

b (US * = kill) liquider *, tuer

2 COMP ▷ **erase head** n tête f d'effacement

eraser [ɪˈreɪzəʳ] n (esp US = rubber) gomme f

Erasmus [ɪˈræzməs] n Érasme m

erasure [ɪˈreɪʒəʳ] n grattage m, effacement m

erbium ['ɜːbɪəm] n erbium m

ere [ɛəʳ] (††, liter) **1** prep avant ◆ **ere now** déjà ◆ **ere then** d'ici là ◆ **ere long** sous peu
2 conj avant que (+ subj)

erect [ɪ'rekt] → SYN **1** adj **a** (= upright) person, head, plant, stem droit ; tail, ears dressé ◆ **her posture is very erect** elle se tient très droite ◆ **to hold o.s. or stand erect** se tenir droit
b penis, clitoris en érection ; nipples durci
2 adv walk (= on hind legs) debout ; (= not slouching) droit
3 vt [+ temple, statue] ériger, élever ; [+ wall, flats, factory] bâtir, construire ; [+ machinery, traffic signs] installer ; [+ scaffolding, furniture] monter ; [+ altar, tent, mast, barricade] dresser ; (fig) [+ theory] bâtir ; [+ obstacles, barrier] élever

erectile [ɪ'rektaɪl] adj érectile

erection [ɪ'rekʃən] → SYN n **a** [of penis] érection f ◆ **to have** or **get an erection** avoir une érection ◆ **to maintain an erection** maintenir une érection
b (NonC = construction) [of statue, monument] érection f ; [of building, wall, fence] construction f ; [of scaffolding] montage m ; [of altar, tent, mast, barricade] dressage m ; (fig) [of theory, obstacle, barrier] édification f
c (= structure) structure f

erectly [ɪ'rektlɪ] adv droit

erector [ɪ'rektəʳ] **1** n (= muscle) érecteur m
2 COMP ▷ **erector set** n (US = toy) jeu m de construction

erepsin [ɪ'repsɪn] n érepsine f

erethism ['erɪθɪzəm] n éréthisme m

erg [ɜːg] n (Phys, Geol) erg m

ergative ['ɜːgətɪv] adj (Ling) ergatif

ergo ['ɜːgəʊ] conj (frm, hum) par conséquent

ergograph ['ɜːgəgrɑːf] n ergographe m

ergonomic [ˌɜːgəʊ'nɒmɪk] adj ergonomique

ergonomically [ˌɜːgəʊ'nɒmɪkəlɪ] adv designed conformément à l'ergonomie ; sound, sensible du point de vue ergonomique

ergonomics [ˌɜːgəʊ'nɒmɪks] n (NonC) ergonomie f

ergonomist [ɜː'gɒnəmɪst] n ergonome mf

ergosterol [ɜː'gɒstərɒl] n ergostérol m

ergot ['ɜːgɒt] n (Agr) ergot m ; (Pharm) ergot m de seigle

ergotism ['ɜːgətɪzəm] n ergotisme m

erica ['erɪkə] n (Bot) éricacée f, bruyère f

ericaceous [ˌerɪ'keɪʃəs] adj (Bot) éricacé

Eridanus [e'rɪdənəs] n (Astron) Éridan m

Erie ['ɪərɪ] n ◆ **Lake Erie** le lac Érié

erigeron [ɪ'rɪdʒərən] n (Bot) érigéron m

Erin ['ɪərɪn] n (††, liter) l'Irlande f

Erinyes [ɪ'rɪnɪˌiːz] npl (Myth) ◆ **the Erinyes** les Érinyes fpl

ERISA [ə'riːsə] n (US) (abbrev of **Employee Retirement Income Security Act**) loi sur les pensions de retraite

Eritrea [erɪ'treɪə] n l'Érythrée f

Eritrean [erɪ'treɪən] **1** adj érythréen
2 n Érythréen(ne) m(f)

erk ✱ [ɜːk] n (Brit) (Aviat) bidasse m ; (Naut) mataf m

Erl King [ɜːl] n (Literat) ◆ **the Erl King** le Roi des aulnes

ERM [ˌiːɑː'em] n (abbrev of **Exchange Rate Mechanism**) → **exchange**

ermine ['ɜːmɪn] n, pl **ermines** or **ermine** (= animal, fur, robes) hermine f

ern(e) [ɜːn] n (Orn) pygargue m à queue blanche

ERNIE ['ɜːnɪ] (Brit) (abbrev of **Electronic Random Number Indicator Equipment**) ordinateur qui sert au tirage des numéros gagnants des bons à lots

erode [ɪ'rəʊd] → SYN **1** vt **a** [water, wind, sea] éroder ; [acid, rust] ronger, corroder
b (fig) [+ power, authority, support] éroder ; [+ confidence] saper ; [+ advantages] grignoter ; [inflation] [+ value] amoindrir
2 vi [rock, soil] s'éroder ; [value] s'amoindrir

▶ **erode away** **1** vt désagréger
2 vi se désagréger

erogenous [ɪ'rɒdʒənəs] adj érogène ◆ **erogenous zone** zone f érogène

Eroica [ɪ'rɔɪkə] n (Mus) ◆ **the Eroica Symphony** la symphonie Héroïque

Eros ['iːrɒs] n Éros m

erosion [ɪ'rəʊʒən] → SYN n **a** [of soil, rock, cliff] érosion f ; [of metal] corrosion f ; (Med) érosion f ◆ **coastal erosion** érosion f littorale ◆ **soil erosion** érosion f du sol ◆ **wind erosion** érosion f éolienne ◆ **cervical erosion** érosion f cervicale ◆ **gum erosion** érosion f gingivale or des gencives
b (= reduction) [of power, authority, support, confidence, belief, freedom, rights] érosion f ; [of moral standards] dégradation f ◆ **the erosion of the French franc through inflation** l'érosion f or l'effritement m du franc français du fait de l'inflation

erosive [ɪ'rəʊzɪv] adj power d'érosion ; effect de l'érosion

erotic [ɪ'rɒtɪk] → SYN adj érotique

erotica [ɪ'rɒtɪkə] npl (Art) art m érotique ; (Literat) littérature f érotique ; (Cine) films mpl érotiques

erotically [ɪ'rɒtɪkəlɪ] adv érotiquement ◆ **an erotically charged novel** un roman plein d'érotisme

eroticism [ɪ'rɒtɪsɪzəm] n érotisme m

erotogenic [ɪˌrɒtə'dʒenɪk] adj érotogène, érogène

erotological [ˌerətə'lɒdʒɪkəl] adj érotologique

erotologist [ˌerə'tɒlədʒɪst] n érotologue mf

erotology [ˌerə'tɒlədʒɪ] n érotologie f

erotomania [ɪˌrɒtəʊ'meɪnɪə] n érotomanie f

err [ɜːʳ] → SYN vi (= be mistaken) se tromper ; (= sin) pécher, commettre une faute ◆ **to err in one's judgement** faire une erreur de jugement ◆ **to err on the side of caution** pécher par excès de prudence ◆ **to err is human** l'erreur est humaine

errand ['erənd] → SYN **1** n commission f, course f ◆ **to go on** or **run errands** faire des commissions or des courses ◆ **to be on an errand** être en course ◆ **an errand of mercy** une mission de charité ; → **fool**[1]
2 COMP ▷ **errand boy** n garçon m de courses

errant ['erənt] adj (= sinful) dévoyé ; (= wandering) errant ; → **knight**

errata [e'rɑːtə] npl of **erratum**

erratic [ɪ'rætɪk] → SYN adj person, behaviour, moods fantasque ; driving, performance, progress, movements, sales, pulse irrégulier ; nature irrégulier, changeant ◆ **we work erratic hours** nos heures de travail sont très irrégulières

erratically [ɪ'rætɪkəlɪ] adv behave, act de manière fantasque ; work, play de façon irrégulière ; drive de manière imprévisible, dangereusement

erratum [e'rɑːtəm] n, pl **errata** erratum m (errata pl)

erroneous [ɪ'rəʊnɪəs] → SYN adj erroné

erroneously [ɪ'rəʊnɪəslɪ] adv à tort, erronément

error ['erəʳ] → SYN **1** n **a** (= mistake) erreur f (also Math), faute f ◆ **to make** or **commit an error** faire (une) erreur, commettre une erreur, se tromper ◆ **it would be an error to underestimate him** on aurait tort de le sous-estimer ◆ **error of judgement** erreur f de jugement ◆ **error in calculation** erreur f de calcul ◆ **compass error** (Naut) variation f du compas ◆ **errors and omissions excepted** (Comm) sauf erreur ou omission ◆ **error message** (Comput) message m d'erreur ; → **margin, spelling**
b (NonC) erreur f ◆ **in error** par erreur, par méprise ◆ **to be in/fall into error** (Rel) être/tomber dans l'erreur ◆ **to see the error of one's ways** revenir de ses erreurs
2 COMP ▷ **error-free** adj exempt d'erreurs

ersatz ['eəzæts] **1** n ersatz m, succédané m
2 adj ◆ **this is ersatz coffee** c'est de l'ersatz or du succédané de café ◆ **this coffee is ersatz** ce café est un ersatz or de l'ersatz or un succédané

Erse [ɜːs] n (Ling) erse m

erstwhile ['ɜːstwaɪl] → SYN († or liter) **1** adj d'autrefois, d'antan (liter)
2 adv autrefois, jadis

erubescence [ˌerʊ'besns] n érubescence f

erubescent [ˌerʊ'besnt] adj érubescent

eructate [ɪ'rʌkteɪt] vi (frm) éructer

eructation [ˌɪrʌk'teɪʃən] n éructation f

erudite ['erʊdaɪt] → SYN adj person, work érudit, savant ; word savant

eruditely ['erʊdaɪtlɪ] adv d'une manière savante, avec érudition

erudition [ˌerʊ'dɪʃən] n érudition f

erupt [ɪ'rʌpt] → SYN vi **a** [volcano] (begin) entrer en éruption ; (go on erupting) faire éruption ◆ **erupting volcano** volcan m en éruption
b [war, fighting, violence, riots, argument, protests, scandal] éclater ; [crisis] se déclencher ◆ **to erupt in(to) violence** tourner à la violence ◆ **the town erupted in riots** la ville est devenue (subitement) le théâtre de violentes émeutes ◆ **the car erupted in flames** la voiture s'est embrasée ◆ **she erupted (in anger) when she heard the news** sa colère a explosé quand elle a entendu la nouvelle ◆ **the crowd erupted into applause/laughter** la foule a éclaté en applaudissements/de rire ◆ **the children erupted into the room** les enfants ont fait irruption dans la pièce
c (Med) [spots] sortir, apparaître ; [tooth] percer ◆ **his face had erupted (in spots)** son visage s'était soudain couvert de boutons ◆ **a rash had erupted across his chest** sa poitrine s'était soudain couverte de boutons

eruption [ɪ'rʌpʃən] → SYN n **a** [of volcano] éruption f ◆ **a volcano in a state of eruption** un volcan en éruption
b [of violence, laughter] explosion f ; [of crisis] déclenchement m ; [of anger] explosion f, accès m ; [of radicalism, fundamentalism] vague f ◆ **since the eruption of the scandal/the war** depuis que le scandale/la guerre a éclaté ◆ **this could lead to the eruption of civil war** cela pourrait faire éclater une guerre civile
c (Med) [of spots, rash] éruption f, poussée f ; [of tooth] percée f

erysipelas [ˌerɪ'sɪpɪləs] n érysipèle or érésipèle m

erysipelatous [ˌerɪsɪ'pelətəs] adj érysipélateux

erythroblast [ɪ'rɪθrəʊˌblæst] n érythroblaste m

erythroblastosis [ɪˌrɪθrəʊblæ'stəʊsɪs] n érythroblastose f

erythrocyte [ɪ'rɪθrəʊˌsaɪt] n érythrocyte m

erythromycin [ɪˌrɪθrəʊ'maɪsɪn] n érythromycine f

erythropoiesis [ɪˌrɪθrəʊpɔɪ'iːsɪs] n érythropoïèse f

erythropoietin [ɪˌrɪθrəʊpɔɪ'iːtɪn] n érythropoïétine f

erythrosine [ɪˌrɪθrəʊ'saɪn] n érythrosine f

ES [iːs] n (abbrev of **expert system**) SE m

ESA [ˌiːes'eɪ] n (abbrev of **European Space Agency**) ASE f

Esau ['iːsɔː] n Ésaü m

escalate ['eskəleɪt] → SYN **1** vi [fighting, bombing, violence] s'intensifier ; [tension, hostilities] monter ; [costs] monter en flèche ◆ **the war is escalating** c'est l'escalade de la guerre ◆ **prices are escalating** c'est l'escalade des prix
2 vt [+ fighting, violence] intensifier ; [+ prices, wage claims] faire monter en flèche

escalation [ˌeskə'leɪʃən] **1** n (= intensification) [of violence] escalade f, intensification f ; [of fighting, conflict, war] intensification f ; [of tension, hostilities] montée f ; [of costs, prices] montée f en flèche ◆ **nuclear escalation** surenchère f dans la course aux armements nucléaires
2 COMP ▷ **escalation clause** n (Comm) clause f d'indexation or de révision

escalator ['eskəleɪtəʳ] **1** n escalier m roulant or mécanique, escalator m
2 COMP ▷ **escalator clause** n (Comm) clause f d'indexation or de révision

escalope [eskə'lɒp] n (Brit) escalope f ◆ **veal escalope** escalope f de veau

escapade ['eskə,peɪd] → SYN n (= misdeed) fredaine f; (= prank) frasque f; (= adventure) équipée f

escape [ɪs'keɪp] → SYN **1** vi **a** (= get away) [person, animal] (from person, incident, accident) échapper (*from sb* à qn); (from place) s'échapper (*from* de); [prisoner] s'évader (*from* de) ◆ **to escape from sb/from sb's hands** échapper à qn/des mains de qn ◆ **to escape from captivity** [person] s'évader; [animal] s'échapper (*du zoo etc*) ◆ **an escaped prisoner** un évadé ◆ **to escape from a country** fuir un pays ◆ **to escape to a neutral country** s'enfuir dans or gagner un pays neutre ◆ **to escape with a warning** s'en tirer avec un (simple) avertissement ◆ **he escaped with a few scratches** il s'en est tiré avec quelques égratignures ◆ **he only just escaped with his life** il a failli y laisser la vie, il a failli y rester * ◆ **to escape from poverty** échapper à la pauvreté ◆ **to escape from the world/the crowd** fuir le monde/la foule ◆ **to escape from reality** s'évader (du réel) ◆ **to escape from o.s.** se fuir ◆ **she wanted to escape from her marriage** elle voulait échapper à la vie de couple

b [water, steam, gas] s'échapper, fuir

2 vt **a** (= avoid) [+ pursuit, death, arrest, capture, prosecution, poverty, criticism] échapper à; [+ consequences] éviter; [+ punishment] se soustraire à ◆ **he narrowly escaped injury/being run over** il a failli être blessé/écrasé ◆ **he escaped death or serious injury by no more than a few centimetres** quelques centimètres de plus et il était tué ou gravement blessé ◆ **to escape detection** or **notice** ne pas se faire repérer ◆ **to escape one's pursuers** échapper à ses poursuivants ◆ **this species has so far managed to escape extinction** cette espèce a jusqu'à présent réussi à échapper à l'extinction

b (= elude, be forgotten by) échapper à ◆ **his name escapes me** son nom m'échappe ◆ **nothing escapes him** rien ne lui échappe ◆ **it had not escaped her** or **her notice that...** elle n'avait pas été sans s'apercevoir que..., il ne lui avait pas échappé que...

3 n [of person] fuite f, évasion f; [of animal] fuite f; [of water, gas] fuite f; [of steam, gas in machine] échappement m ◆ **to plan an escape** combiner un plan d'évasion ◆ **to make an** or **one's escape** (from person, incident, accident) s'échapper; (from place) s'évader; [prisoner] s'évader ◆ **to have a lucky** or **narrow escape** l'échapper belle, s'en tirer de justesse ◆ **escape from reality** évasion f (hors de la réalité) ◆ **escape** (Comput) touche f d'échappement

4 COMP ▷ **escape artist** n ⇒ **escapologist** ▷ **escape chute** n (Aviat) toboggan m de secours ▷ **escape clause** n (Jur) clause f dérogatoire or de sauvegarde ▷ **escape device** n dispositif m de sortie or de secours ▷ **escape hatch** n (Naut) sas m de secours ▷ **escape key** n (Comput) → **3** ▷ **escape mechanism** n (lit) mécanisme m de défense or de protection; (Psych) fuite f *(devant la réalité)* ▷ **escape pipe** n tuyau m d'échappement or de refoulement, tuyère f ▷ **escape plan** n plan m d'évasion ▷ **escape road** n (Aut) terre-plein m d'arrêt d'urgence ▷ **escape route** n (Aut) voie f de détresse; (fig) échappatoire f ▷ **escape valve** n soupape f d'échappement ▷ **escape velocity** n (Space) vitesse f de libération

escapee [ɪskeɪ'piː] n (from prison) évadé(e) m(f)

escapement [ɪs'keɪpmənt] n [of clock, piano] échappement m

escapism [ɪs'keɪpɪzəm] n envie f de fuir la réalité ◆ **it's sheer escapism!** c'est simplement s'évader du réel !

escapist [ɪs'keɪpɪst] **1** n personne f qui fuit la réalité or qui se réfugie dans l'imaginaire

2 adj film, reading etc d'évasion

escapologist [,eskə'pɒlədʒɪst] n (lit) virtuose mf de l'évasion; (fig) champion(ne) m(f) de l'esquive

escapology [,eskə'pɒlədʒɪ] n art de se libérer d'entraves, pratiqué par les illusionnistes

escarp [ɪ'skɑːp] n (= fortifications) escarpe f

escarpment [ɪs'kɑːpmənt] n escarpement m

eschatological [,eskətə'lɒdʒɪkəl] adj (Rel) eschatologique

eschatology [,eskə'tɒlədʒɪ] n eschatologie f

eschew [ɪs'tʃuː] vt (frm) éviter; [+ wine etc] s'abstenir de; [+ temptation] fuir

escort ['eskɔːt] → SYN **1** n **a** (Mil, Naut) escorte f; (= guard of honour) cortège m ◆ **under the escort of...** sous l'escorte de... ◆ **under escort** sous escorte

b (female) hôtesse f; (male) (at dance) cavalier m; (= prostitute) call-boy m

2 [ɪs'kɔːt] vt (Mil, Naut, gen) escorter; (= accompany) accompagner, escorter ◆ **to escort sb in** (Mil, Police) faire entrer qn sous escorte; (gen) (= accompany) faire entrer qn ◆ **to escort sb out** (Mil, Police) faire sortir qn sous escorte; (gen) raccompagner qn jusqu'à la sortie

3 COMP ▷ **escort agency** n agence f de rencontres ▷ **escort duty** n to be on escort duty [soldiers] être assigné au service d'escorte; [ship] être en service d'escorte ▷ **escort vessel** n (Naut) vaisseau m or bâtiment m d'escorte, (vaisseau m) escorteur m

escrow ['eskrəʊ] **1** n (Jur) dépôt m fiduciaire or conditionnel ◆ **in escrow** en dépôt fiduciaire, en main tierce

2 COMP ▷ **escrow account** n (Fin) compte m bloqué

escudo [es'kuːdəʊ] n, pl **escudos** escudo m

escutcheon [ɪs'kʌtʃən] n (Her) écu m, écusson m; → **blot**

esker ['eskəʳ] n (Geol) os m

Eskimo ['eskɪməʊ] **1** n **a** Esquimau(de) m(f)

b (Ling) esquimau m

2 adj esquimau(de) f, eskimo inv ◆ **Eskimo dog** chien m esquimau

ESL [,iːes'el] n (Educ) (abbrev of **English as a Second Language**) → **English**

esophagus [ɪ'sɒfəgəs] n, pl **esophaguses** or **esophagi** [ɪ'sɒfə,dʒaɪ] œsophage m

esoteric [,esəʊ'terɪk] adj ésotérique

esoterica [,esəʊ'terɪkə] npl objets mpl ésotériques

ESP [,iːes'piː] n **a** (abbrev of **extrasensory perception**) → **extrasensory**

b (abbrev of **English for Special Purposes**) → **English**

esp. abbrev of **especially**

espadrille [,espə'drɪl] n espadrille f

espalier [ɪ'spælɪəʳ] **1** n (= trellis) treillage m d'un espalier; (= tree) arbre m en espalier; (= method) culture f en espalier

2 vt cultiver en espalier

esparto [e'spɑːtəʊ] n (also **esparto grass**) alfa m

especial [ɪs'peʃəl] → SYN adj particulier, spécial

especially [ɪs'peʃəlɪ] LANGUAGE IN USE 26.3 → SYN adv **a** (= particularly) surtout, en particulier ◆ **the garden is beautiful, especially in summer** le jardin est beau, surtout en été ◆ **especially as** or **since it's so late** d'autant plus qu'il est tard ◆ **skincare becomes vitally important, especially as we get older** les soins de la peau deviennent d'une importance vitale, surtout or en particulier quand on vieillit ◆ **he has mellowed considerably, especially since he got married** il est beaucoup plus détendu, surtout depuis son mariage ◆ **especially as...** d'autant plus que... ◆ **you especially ought to know** tu devrais le savoir mieux que personne ◆ **why me especially?** pourquoi moi en particulier ?

b (= expressly) spécialement ◆ **I came especially to see you** je suis venu spécialement pour te voir ◆ **to do sth especially for sb/sth** faire qch spécialement pour qn/qch

c (= more than usual) particulièrement ◆ **is she pretty? — not especially** elle est jolie ? — pas particulièrement or spécialement ◆ **read this passage especially carefully** lisez ce passage avec un soin tout particulier

Esperantist [,espə'ræntɪst] n espérantiste mf

Esperanto [,espə'ræntəʊ] **1** n espéranto m

2 adj en espéranto

espionage [,espɪə'nɑːʒ] → SYN n espionnage m

esplanade [,espləˈneɪd] n esplanade f

espousal [ɪs'paʊzəl] → SYN n [of cause, values, theory] adhésion f (*of* à)

espouse [ɪs'paʊz] → SYN vt **a** [+ cause, values, theory] épouser, embrasser

b (††† = marry) [+ person] épouser

espressivo [,espre'siːvəʊ] adv espressivo

espresso [es'presəʊ] **1** n (café m) express m

2 COMP ▷ **espresso bar** n café m (où l'on sert du café express)

ESPRIT ['esprɪː] n (abbrev of **European Strategic Programme for Research and Development in Information Technology**) ESPRIT m

espy [ɪs'paɪ] vt († or frm) apercevoir, aviser (frm)

Esq. n (Brit frm) (abbrev of **esquire**) ◆ **Brian Smith Esq.** M. Brian Smith (*sur une enveloppe etc*)

...esque [esk] suf ◆ **Kafkaesque** kafkaïen

esquire [ɪs'kwaɪəʳ] n **a** (Brit: on envelope etc) → **Esq.**

b (Brit Hist) écuyer m

ESRO ['ezrəʊ] n (abbrev of **European Space Research Organization**) CERS m, ESRO f

essay ['eseɪ] → SYN **1** n **a** (Literat) essai m (*on* sur); (Scol) rédaction f (*on* sur); (longer) dissertation f (*on* sur); (US Univ) mémoire m

b (liter = attempt) essai m

2 [e'seɪ] vt (liter) (= try) essayer, tenter (*to do sth* de faire qch); (= test) mettre à l'épreuve

3 COMP ▷ **essay test** n (US Educ) épreuve f écrite

essayist ['eseɪɪst] n essayiste mf

essence ['esəns] → SYN **1** n (gen, Chem, Philos) essence f; (Culin) extrait m ◆ **the essence of what was said** l'essentiel m de ce qui a été dit ◆ **the novel captures the essence of life in the city** le roman rend l'essence de la vie dans la ville ◆ **the essence of stupidity** * le comble de la stupidité ◆ **he embodies the very essence of socialism** il incarne l'essence même du socialisme ◆ **the divine essence** l'essence f divine ◆ **speed/accuracy is of the essence** la vitesse/la précision est essentielle or s'impose ◆ **in essence** essentiellement

2 COMP ▷ **essence of violets** n essence f de violette

essential [ɪ'senʃəl] LANGUAGE IN USE 10.1, 10.3 → SYN

1 adj equipment, action essentiel, indispensable (*to* à); fact essentiel; role, point capital, essentiel; question essentiel, fondamental; commodities essentiel, de première nécessité; (Chem) essentiel ◆ **speed/accuracy is essential** la vitesse/la précision est essentielle ◆ **it is essential to act quickly** il est indispensable or essentiel d'agir vite ◆ **it is essential that...** il est indispensable que... (+ subj) ◆ **it's not essential** ce n'est pas indispensable ◆ **the essential thing is to act** l'essentiel est d'agir ◆ **man's essential goodness** la bonté essentielle de l'homme

2 n qualité f (or objet m etc) indispensable ◆ **the essentials** l'essentiel m ◆ **in (all) essentials** pour l'essentiel, de manière générale ◆ **to see to the essentials** s'occuper de l'essentiel ◆ **accuracy is an essential** or **one of the essentials** la précision est une des qualités indispensables or est indispensable ◆ **the essentials of German grammar** (= basics) des notions fpl fondamentales de grammaire allemande

3 COMP ▷ **essential oil** n huile f essentielle

essentialism [ɪ'senʃə,lɪzəm] n essentialisme m

essentialist [ɪ'senʃəlɪst] n essentialiste mf

essentially [ɪ'senʃəlɪ] adv correct, good, different essentiellement ◆ **it's essentially a landscape of rolling hills and moors** c'est essentiellement un paysage de collines ondulantes et de landes ◆ **she was essentially a generous person** au fond c'était quelqu'un de généreux ◆ **essentially, it is a story of ordinary people** c'est avant tout l'histoire de gens ordinaires ◆ **things will remain essentially the same** pour l'essentiel, les choses ne changeront pas

EST [,iːes'tiː] (US) (abbrev of **Eastern Standard Time**) → **eastern**

est [est] n (abbrev of **Erhard Seminars Training**) thérapie de groupe mise au point par Werner Erhard

est. **a** (Comm etc) (abbrev of **established**) est. 1900 ≈ maison f fondée en 1900

b abbrev of **estimate(d)**

establish [ɪsˈtæblɪʃ] → SYN **1** vt **a** (= set up) [+ government] constituer, établir ; [+ state, business] fonder, créer ; [+ factory] établir, monter ; [+ society, tribunal] constituer ; [+ laws, custom] instaurer ; [+ relations] établir, nouer ; [+ post] créer ; [+ power, authority] asseoir ; [+ peace, order] faire régner ; [+ list] dresser ; [+ sb's reputation] établir ◆ **to establish one's reputation as a scholar/writer** se faire une réputation de savant/comme écrivain ◆ **to establish o.s. as a grocer** s'établir épicier
b (= prove) [+ fact, identity, one's rights] établir ; [+ necessity, innocence, guilt] établir, démontrer
2 COMP ▷ **establishing shot** n (Cine) plan m de situation

established [ɪsˈtæblɪʃt] **1** adj order, authority, religion, tradition, company, reputation, truth établi ; clientèle régulier ◆ **it's an established fact that ...** c'est un fait établi que ... ◆ **established 1850** (Comm) ≃ maison fondée en 1850 ; see also **long**
2 COMP ▷ **the Established Church** n (Brit) l'Église f anglicane

establishment [ɪsˈtæblɪʃmənt] → SYN **1** n **a** (NonC = creation) [of organization, business, system, scheme, post] création f ; [of regime, custom] instauration f ; [of relations, reputation, identity, peace, order] établissement m ; [of tribunal] constitution f
b (NonC = proving) [of innocence, guilt] établissement m, preuve f
c (= institution, business) établissement m ◆ **commercial/educational establishment** établissement m commercial/scolaire ◆ **research establishment** institut m de recherche ◆ **military establishment** centre m militaire
d (= ruling class) **the Establishment** l'establishment m ◆ **to be against the Establishment** être contre l'establishment ◆ **to join the Establishment** rejoindre l'establishment ◆ **a pillar of the French Establishment** un pilier de l'establishment français ◆ **the medical/political/religious establishment** l'establishment m médical/politique/religieux
e (Mil, Naut = personnel) effectif m ◆ **a peacetime establishment of 132,000 men** un effectif en temps de paix de 132 000 hommes ◆ **war establishment** effectif m en temps de guerre
f (frm = household) maisonnée f ◆ **to keep up a large establishment** avoir un grand train de maison
2 adj ◆ **the establishment view of history** la vue de l'histoire selon l'establishment ◆ **establishment figure** personnalité f de l'establishment

estate [ɪsˈteɪt] → SYN **1** n **a** (= land) propriété f, domaine m ; (esp Brit = **housing estate**) lotissement m, cité f ◆ **country estate** terre(s) f(pl) ; → **real**
b (Jur = possessions) bien(s) m(pl) ; [of deceased] succession f ◆ **he left a large estate** il a laissé une grosse fortune (en héritage) ◆ **to liquidate the estate** liquider la succession
c (= order, rank, condition) état m ◆ **the three estates** les trois états ◆ **the third estate** le Tiers État, la bourgeoisie ◆ **the fourth estate** la presse, le quatrième pouvoir ◆ **a man of high/low estate** (liter) un homme de haut rang/de basse extraction ◆ **to grow to or reach man's estate** (liter) parvenir à l'âge d'homme, atteindre sa maturité
d (Brit) ⇒ **estate car**
2 COMP ▷ **estate agency** n (esp Brit) agence f immobilière ▷ **estate agent** n (esp Brit) agent m immobilier ▷ **estate car** n (Brit) break m ▷ **estate duty**, **estate tax** (US) n (Jur) droits mpl de succession

estd., **est'd.** **established** fondé

esteem [ɪsˈtiːm] → SYN **1** vt **a** (= think highly of) [+ person] avoir de l'estime pour, estimer ; [+ quality] apprécier ◆ **our (highly) esteemed colleague** notre (très) estimé collègue or confrère
b (= consider) estimer, considérer ◆ **I esteem it an honour (that ...)** je m'estime très honoré (que ... (+ subj)) ◆ **I esteem it an honour to do this** je considère comme un honneur de faire cela
2 n estime f, considération f ◆ **to hold sb in high esteem** tenir qn en haute estime, avoir une haute opinion de qn ◆ **to hold sth in high esteem** avoir une haute opinion de qch ◆ **he went up/down in my esteem** il est monté/a baissé dans mon estime

ester [ˈestə] (Chem) n ester m

esterase [ˈestəreɪs] n estérase f

esterification [eˌsterɪfɪˈkeɪʃən] n estérification f

esterify [eˈsterɪˌfaɪ] vt estérifier

Esther [ˈestər] n Esther f

esthete [ˈiːsθiːt] n ⇒ **aesthete**

Esthonia [esˈtəʊnɪə] n ⇒ **Estonia**

estimable [ˈestɪməbl] adj (frm) estimable, digne d'estime

estimate [ˈestɪmət] → SYN **1** n **a** estimation f ; (Comm) devis m ◆ **this figure is five times the original estimate** ce chiffre est cinq fois supérieur à l'estimation initiale ◆ **at a conservative estimate** au bas mot ◆ **the painting is worth $28 million at the lowest estimate** le tableau vaut 28 millions de dollars au bas mot or vaut au minimum 28 millions de dollars ◆ **give me an estimate for (building) a greenhouse** (Comm) donnez-moi or établissez-moi un devis pour la construction d'une serre ◆ **give me an estimate of what your trip will cost** donnez-moi une idée du coût de votre voyage ◆ **to form an estimate of sb's capabilities** évaluer les capacités de qn ◆ **his estimate of 400 people was very far out** il s'était trompé de beaucoup en évaluant le nombre de gens à 400 ◆ **this price is only a rough estimate** ce prix n'est que très approximatif ◆ **at a rough estimate** approximativement ; → **preliminary**
b (Admin, Pol) **the estimates** le budget ◆ **the Army estimates** le budget de l'armée
2 [ˈestɪmeɪt] vt estimer, juger (that que) ; [+ cost, number, price, quantity] estimer, évaluer ; [+ distance, speed] estimer, apprécier ◆ **his fortune is estimated at ...** on évalue sa fortune à ... ◆ **I estimate that there must be 40 of them** j'estime qu'il doit y en avoir 40, à mon avis il doit y en avoir 40

estimated [ˈestɪmeɪtɪd] adj number, cost, figure estimé ◆ **an estimated 60,000 refugees have crossed the border** environ 60 000 réfugiés auraient traversé la frontière ◆ **estimated time of arrival/departure** horaire m prévu d'arrivée/de départ ◆ **estimated cost** coût m estimé

estimation [ˌestɪˈmeɪʃən] → SYN n **a** jugement m, opinion f ◆ **in my estimation** à mon avis, selon moi
b (= esteem) estime f, considération f ◆ **he went up/down in my estimation** il est monté/a baissé dans mon estime

estimator [ˈestɪmeɪtər] n expert m (de compagnie d'assurances)

estivate [ˈiːstɪˌveɪt] vi (US) estiver

Estonia [eˈstəʊnɪə] n l'Estonie f

Estonian [eˈstəʊnɪən] **1** adj estonien
2 n **a** Estonien(ne) m(f)
b (Ling) estonien m

estrange [ɪsˈtreɪndʒ] → SYN vt brouiller (from avec), éloigner (from de) ◆ **to become estranged (from)** se brouiller (avec) ◆ **the estranged couple** le couple désuni ◆ **her estranged husband** son mari, dont elle est séparée

estrangement [ɪsˈtreɪndʒmənt] → SYN n [of people] séparation f (from sb d'avec qn) ; [of couple] désunion f ; [of countries] brouille f ◆ **a feeling of estrangement** sentiment d'éloignement ◆ **the estrangement between the two countries** la brouille entre les deux pays ◆ **the estrangement between the couple** la désunion du couple

estrogen [ˈestrədʒən, ˈiːstrədʒən] n (US) ⇒ **oestrogen**

estrone [ˈestrəʊn, ˈiːstrəʊn] n (US) folliculine f

estrus [ˈiːstrəs] n (US) ⇒ **oestrus**

estuarial [ˌestjʊˈɛərɪəl] adj estuarien

estuary [ˈestjʊərɪ] → SYN **1** n estuaire m
2 COMP ▷ **Estuary English** n (Brit) façon de parler chez certaines personnes de la région de Londres, où les t, l et h ne se prononcent pas

e.s.u. [ˌiːesˈjuː] n (abbrev of **electrostatic unit**) unité f électrostatique

ET [iːˈtiː] (US) (abbrev of **Eastern Time**) heure sur la côte est

ETA [ˌiːtiːˈeɪ] n (abbrev of **estimated time of arrival**) → **estimated**

et al [etˈæl] (abbrev of **and others**) et autres

etalon [ˈetəlɒn] n (Phys) (plaque f) étalon m

etc [ɪtˈsetərə] (abbrev of **et cetera**) etc

et cetera, **etcetera** [ɪtˈsetərə] → SYN **1** adv et caetera
2 **the etceteras** npl les extras mpl

etch [etʃ] → SYN vti (Art, Typo) graver à l'eau forte ◆ **etched on his memory** gravé dans sa mémoire

etching [ˈetʃɪŋ] → SYN **1** n **a** (NonC) gravure f à l'eau-forte
b (= picture) (gravure f à l')eau-forte f
2 COMP ▷ **etching needle** n pointe f (sèche)

ETD [ˌiːtiːˈdiː] n (abbrev of **estimated time of departure**) → **estimated**

Eteocles [ɪˈtiːəklɪz] n (Myth) Étéocle m

eternal [ɪˈtɜːnl] → SYN **1** adj beauty, love, life, youth éternel ◆ **can't you stop this eternal quarrelling?** allez-vous cesser vos querelles perpétuelles ? ◆ **he was the eternal practical joker** c'était l'éternel farceur
2 n ◆ **the Eternal** l'Éternel m
3 COMP ▷ **the Eternal City** la Ville éternelle ▷ **the eternal triangle** n l'éternel triangle m amoureux

eternally [ɪˈtɜːnəlɪ] adv **a** (= everlastingly) exist, be damned éternellement
b (= constantly) grateful, optimistic, cheerful, young éternellement ◆ **he's eternally complaining** il est perpétuellement en train de se plaindre

eternity [ɪˈtɜːnɪtɪ] → SYN **1** n éternité f ◆ **it seemed like an eternity that we had to wait** nous avons eu l'impression d'attendre une éternité ◆ **we waited an eternity** * nous avons attendu une éternité
2 COMP ▷ **eternity ring** n bague offerte en gage de fidélité

etesian [ɪˈtiːʒɪən] adj (Geog) wind étésien

ETF [ˌiːtiːˈef] n (abbrev of **electronic transfer of funds**) TEF m

ethanal [ˈeθənæl] n (Chem) éthanal m, acétaldéhyde m

ethane [ˈiːθeɪn] n éthane m

ethanediol [ˈiːθeɪnˌdaɪɒl] n (Chem) éthanediol m, glycol m

ethanoic acid [ˌeθəˈnəʊɪk] n acide m éthanoïque or acétique

ethanol [ˈeθənɒl] n alcool m éthylique, éthanol m

ethene [ˈeθiːn] n éthène m, éthylène m

ether [ˈiːθər] n (Chem, Phys) éther m ◆ **the ether** (liter) l'éther m, les espaces mpl célestes ◆ **over the ether** (Rad) sur les ondes

ethereal [ɪˈθɪərɪəl] adj (= delicate) éthéré, aérien ; (= spiritual) éthéré, sublime

etherification [ˌiːθərɪfɪˈkeɪʃən] n éthérification f

etherify [ˈiːθərɪˌfaɪ] vt éthérifier

ethic [ˈeθɪk] **1** n morale f, éthique f ; → **work**
2 adj ⇒ **ethical**

ethical [ˈeθɪkəl] → SYN **1** adj (= moral) éthique, moral ◆ **not ethical** contraire à la morale
2 COMP ▷ **ethical code** n (Med) code m déontologique, déontologie f ▷ **ethical drug** n médicament m sur ordonnance

ethically [ˈeθɪklɪ] adv behave, act conformément à l'éthique ; sound, unacceptable, wrong sur le plan éthique, d'un point de vue éthique ; opposed d'un point de vue éthique

ethics [ˈeθɪks] → SYN **1** n (NonC = study) éthique f, morale f
2 npl (= system, principles) morale f ; (= morality) moralité f ◆ **medical ethics** éthique f médicale, code m déontologique ; → **code**

Ethiopia [ˌiːθɪˈəʊpɪə] n l'Éthiopie f

Ethiopian [ˌiːθɪˈəʊpɪən] **1** adj éthiopien
2 n Éthiopien(ne) m(f)

ethmoid [ˈeθmɔɪd], **ethmoidal** [ˈeθmɔɪdəl] adj ethmoïdal

ethnarch [ˈeθnɑːk] n ethnarque m

ethnarchy [ˈeθnɑːkɪ] n ethnarchie f

ethnic ['eθnɪk] → SYN **1** adj **a** (= racial) origin, community, group, conflict, tension ethnique **b** (= expatriate) population d'ethnie différente ◆ **ethnic Germans** personnes fpl d'ethnie allemande **c** (= non-Western) music, food, jewellery exotique **2** n (esp US) membre m d'une minorité ethnique **3** COMP ▷ **ethnic cleansing** n (euph) purification f ethnique ▷ **ethnic minority** n minorité f ethnique

ethnically ['eθnɪklɪ] adv diverse, distinct, pure, clean, homogeneous, divided sur le plan ethnique ◆ **ethnically based republics** républiques fpl fondées sur l'origine ethnique or sur des critères ethniques ◆ **an ethnically mixed country** un pays comprenant divers groupes ethniques ◆ **ethnically related violence** violences fpl ethniques ◆ **the town had been ethnically cleansed** la ville avait subi une purification ethnique

ethnicity [eθ'nɪsɪtɪ] n **a** (NonC) ethnicité f **b** (= ethnic group) ethnie f

ethnocentric [ˌeθnəʊ'sentrɪk] adj ethnocentrique

ethnocentrism [ˌeθnəʊ'sentrɪzəm] n ethnocentrisme m

ethnographer [eθ'nɒgrəfəʳ] n ethnographe mf

ethnographic(al) [ˌeθnə'græfɪk(əl)] adv ethnographique

ethnography [eθ'nɒgrəfɪ] n ethnographie f

ethnolinguistics [ˌeθnəʊlɪŋ'gwɪstɪks] n (NonC) ethnolinguistique f

ethnologic(al) [ˌeθnə'lɒdʒɪk(əl)] adj ethnologique

ethnologist [eθ'nɒlədʒɪst] n ethnologue mf

ethnology [eθ'nɒlədʒɪ] n ethnologie f

ethnomusicologist [ˌeθnəʊmjuːzɪ'kɒlədʒɪst] n ethnomusicologue mf

ethnomusicology ['eθnəʊˌmjuːzɪ'kɒlədʒɪ] n (Mus) ethnomusicologie f

ethological [ˌeθə'lɒdʒɪkəl] adj éthologique

ethologist [ɪ'θɒlədʒɪst] n éthologue mf

ethology [ɪ'θɒlədʒɪ] n éthologie f

ethos ['iːθɒs] n philosophie f ◆ **the company/party ethos** la philosophie de l'entreprise/du parti

ethyl ['iːθaɪl] **1** n éthyle m **2** COMP ▷ **ethyl acetate** n acétate m d'éthyle ▷ **ethyl alcohol** n (Chem) alcool m éthylique

ethylene ['eθɪliːn] n éthylène m

ethyne ['eθaɪn] n éthyne m, acétylène m

etiolated ['iːtɪəleɪtɪd] adj (Bot, fig frm) étiolé

etiology [ˌiːtɪ'ɒlədʒɪ] n ⇒ **aetiology**

etiquette ['etɪket] → SYN n étiquette f, convenances fpl ◆ **etiquette demands that ...** les convenances exigent or l'étiquette exige que ... (+ subj) ◆ **diplomatic etiquette** protocole m ◆ **court etiquette** cérémonial m de cour ◆ **that isn't etiquette** c'est contraire aux convenances, c'est un manquement à l'étiquette ◆ **it's against medical etiquette** c'est contraire à la déontologie médicale ◆ **it's not professional etiquette** c'est contraire aux usages de la profession

Etna ['etnə] n (also **Mount Etna**) l'Etna m

Eton ['iːtən] **1** n Eton m (prestigieuse école anglaise) **2** COMP ▷ **Eton collar** n grand col dur porté autrefois par les élèves d'Eton ▷ **Eton crop** n coupe f à la garçonne ▷ **Eton jacket** n veste courte ouverte sur le devant et terminée en pointe dans le dos, portée autrefois par les élèves d'Eton

Etonian [iː'təʊnɪən] (Brit) **1** n élève du collège d'Eton **2** adj du collège d'Eton

étrier [eɪtrɪ'eɪ] n (Climbing) étrier m, escarpolette f

Etruria [ɪ'trʊərɪə] n l'Étrurie f

Etruscan [ɪ'trʌskən] **1** adj étrusque **2** n **a** (= person) Étrusque mf **b** (Ling) étrusque m

et seq [et'sek] (abbrev of **et sequens**) sq

ETU [ˌiːtiː'juː] n (Brit) (abbrev of **Electrical Trades Union**) syndicat

ETV [ˌiːtiː'viː] (US TV) (abbrev of **Educational Television**) → **educational**

etymological [ˌetɪmə'lɒdʒɪkəl] adj étymologique

etymologically [ˌetɪmə'lɒdʒɪkəlɪ] adv étymologiquement

etymologist [ˌetɪ'mɒlədʒɪst] n étymologiste mf

etymology [ˌetɪ'mɒlədʒɪ] n étymologie f

etymon ['etɪmɒn] n, pl **etymons** or **etyma** ['etɪmə] (Ling) étymon m

EU ['iː'juː] n (abbrev of **European Union**) UE f

eubacteria [ˌjuːbæk'tɪərɪə] npl eubactéries fpl

eucalyptol [ˌjuːkə'lɪptɒl] n eucalyptol m

eucalyptus [ˌjuːkə'lɪptəs] **1** n, pl **eucalyptuses** or **eucalypti** [ˌjuːkə'lɪptaɪ] (Bot, Pharm) eucalyptus m **2** COMP ▷ **eucalyptus oil** n huile f essentielle d'eucalyptus

Eucharist ['juːkərɪst] n Eucharistie f

Eucharistic [ˌjuːkə'rɪstɪk] adj eucharistique

euchre ['juːkəʳ] (US) **1** n euchre m (jeu de cartes) **2** vt (= cheat) ◆ **to euchre sb out of sth*** carotter * qch à qn

Euclid ['juːklɪd] n Euclide m

Euclidean [juː'klɪdɪən] adj euclidien ◆ **non-Euclidean geometry** géométrie f non-euclidienne

eudiometer [ˌjuːdɪ'ɒmɪtəʳ] n eudiomètre m

eudiometric(al) [ˌjuːdɪə'metrɪk(əl)] adj eudiométrique

eudiometry [ˌjuːdɪ'ɒmɪtrɪ] n eudiométrie f

eugenic [juː'dʒenɪk] adj eugénique

eugenicist [juː'dʒenɪsɪst] n eugéniste mf

eugenics [juː'dʒenɪks] n (NonC) eugénique f, eugénisme m

eugenist ['juːdʒənɪst] n eugéniste mf

eugenol ['juːdʒɪˌnɒl] n eugénol m

euglena [juː'gliːnə] n euglène f

euhemerism [juː'hiːməˌrɪzəm] n évhémérisme m

eukaryote [juː'kærɪəʊt] n eucaryote m

eulogistic [ˌjuːlə'dʒɪstɪk] adj (frm) élogieux

eulogize ['juːləˌdʒaɪz] **1** vt faire l'éloge or le panégyrique de **2** vi faire l'éloge or le panégyrique (about, over de)

eulogy ['juːlədʒɪ] → SYN n (gen) panégyrique m ; (at funeral service) oraison f or éloge m funèbre

eunuch ['juːnək] n eunuque m

eupeptic [juː'peptɪk] adj eupeptique

euphemism ['juːfəˌmɪzəm] n euphémisme m (for pour)

euphemistic [ˌjuːfə'mɪstɪk] adj euphémique

euphemistically [ˌjuːfə'mɪstɪkəlɪ] adv euphémiquement, par euphémisme ◆ **euphemistically described/known as ...** décrit/connu par euphémisme comme ...

euphonic [juː'fɒnɪk] adj euphonique

euphonium [juː'fəʊnɪəm] n euphonium m

euphonious [juː'fəʊnɪəs] adj ⇒ **euphonic**

euphony ['juːfənɪ] n euphonie f

euphorbia [juː'fɔːbɪə] n euphorbe f

euphoria [juː'fɔːrɪə] → SYN n euphorie f

euphoric [juː'fɒrɪk] adj euphorique

euphotic [juː'fəʊtɪk] adj euphotique

Euphrates [juː'freɪtiːz] n Euphrate m

euphuism ['juːfjuˌɪzəm] n préciosité f, euphuisme m

Eurasia [jʊə'reɪʒə] n l'Eurasie f

Eurasian [jʊə'reɪʒn] **1** adj population eurasien ; continent eurasiatique **2** n Eurasien(ne) m(f)

Euratom [jʊə'rætəm] n (abbrev of **European Atomic Energy Community**) Euratom m, CEEA f

EUREKA [jʊə'riːkə] n (abbrev of **European Research and Coordination Agency**) EUREKA f

eureka [jʊə'riːkə] excl eurêka !

eurhythmic [juː'rɪðmɪk] adj eurythmique

eurhythmics [juː'rɪðmɪks] n (NonC) gymnastique f rythmique

eurhythmy [juː'rɪðmɪ] n eurythmie f

Euripides [jʊ'rɪpɪdiːz] n Euripide m

euro ['jʊərəʊ] n (= currency) euro m

euro... ['jʊərəʊ] pref euro...

Eurobond ['jʊərəʊˌbɒnd] n euro-obligation f

Eurocentric [ˌjʊərəʊ'sentrɪk] adj eurocentrique

Eurocheque ['jʊərəʊˌtʃek] **1** n eurochèque m **2** COMP ▷ **Eurocheque card** n carte f Eurochèque

Eurocommunism ['jʊərəʊˌkɒmjʊnɪzəm] n eurocommunisme m

Eurocorps ['jʊərəʊˌkɔː] n Eurocorps, corps m européen

Eurocrat ['jʊərəʊˌkræt] n eurocrate mf

eurocredit ['jʊərəʊˌkredɪt] n eurocrédit m

Eurocurrency ['jʊərəʊˌkʌrənsɪ] n eurodevise f

Eurodollar ['jʊərəʊˌdɒləʳ] n eurodollar m

Euroland ['jʊərəʊlænd] n Euroland m

Euromarket ['jʊərəʊˌmɑːkɪt] n Communauté f économique européenne

Euro MP [ˌjʊərəʊem'piː] n député(e) m(f) européen(ne)

Europa [jʊ'rəʊpə] n (Myth) Europe f

Europe ['jʊərəp] n l'Europe f ◆ **to go into Europe, to join Europe** (Brit Pol) entrer dans l'Union européenne

European [ˌjʊərə'piːən] **1** adj européen **2** n Européen(ne) m(f) **3** COMP ▷ **European Atomic Energy Community** n Communauté f européenne de l'énergie atomique ▷ **European Bank for Reconstruction and Development** n Banque f européenne pour la reconstruction et le développement ▷ **European Broadcasting Union** n Union f européenne de radiodiffusion ▷ **European Coal and Steel Community** n Communauté f européenne du charbon et de l'acier ▷ **European Commission** n Commission f des communautés européennes ▷ **European Community** n Communauté f européenne ▷ **European Court of Human Rights** n Cour f européenne des droits de l'homme ▷ **European Court of Justice** n Cour f de justice européenne or des communautés européennes ▷ **European Currency Unit** n unité f de compte européenne, unité f monétaire européenne ▷ **European Defence Community** n Communauté f européenne de défense ▷ **European Economic Area** n espace m économique européen ▷ **European Economic Community** n Communauté f économique européenne ▷ **European Free Trade Association** n Association f européenne de libre-échange ▷ **European Investment Bank** n Banque f européenne d'investissement ▷ **European Monetary System** n Système m monétaire européen ▷ **European monetary union** n Union f monétaire européenne ▷ **European Parliament** n Parlement m européen ▷ **European plan** n (US: in hotel) chambre f sans les repas ▷ **European Regional Development Fund** n Fonds m européen de développement régional ▷ **European Social Fund** n Fonds m social européen ▷ **European Space Agency** n Agence f spatiale européenne ▷ **European standard** n (Ind) norme f européenne ▷ **European Union** n Union f européenne

Europeanism [ˌjʊərə'pɪənɪzəm] n (Pol) européanisme m

Europeanization ['jʊərəˌpɪənaɪ'zeɪʃən] n (Pol) européanisation f

Europeanize [ˌjʊərə'pɪənaɪz] vt européaniser

Europhile ['jʊərəʊfaɪl] n europhile mf

europium [jʊ'rəʊpɪəm] n europium m

Eurosceptic ['jʊərəʊˌskeptɪk] n eurosceptique mf

Euro-size ['jʊərəʊˌsaɪz] n (Comm) ◆ **Euro-size 1** modèle m E 1

Eurostar ® ['jʊərəʊˌstɑːʳ] n Eurostar ® m

Eurosterling ['jʊərəʊ,stɜːlɪŋ] n eurosterling m
Eurotunnel ® ['jʊərəʊ,tʌnl] n Eurotunnel ® m
Eurovision ['jʊərəʊ,vɪʒən] **1** n Eurovision f **2** COMP ▷ **Eurovision Song Contest** n Concours m Eurovision de la chanson
Eurydice [jʊˈrɪdɪsɪ] n Eurydice f
Eustachian tube [juːˈsteɪʃəntjuːb] n trompe f d'Eustache
eustasy ['juːstəsɪ] n eustatisme m, eustasie f
eustatic [juːˈstætɪk] adj eustatique
eutectic [juːˈtektɪk] adj, n (Chem) eutectique m
euthanasia [ˌjuːθəˈneɪzɪə] n euthanasie f; → **voluntary**
euthenics [juːˈθenɪks] n (NonC) euthénie f
eutrophic [juːˈtrɒfɪk] adj eutrophique
eutrophication [juːˌtrɒfɪˈkeɪʃən] n eutrophisation f
EVA [ˌiːvɪːˈeɪ] n (abbrev of **extravehicular activity**) activité f extravéhiculaire
evacuant [ɪˈvækjʊənt] adj, n évacuant m
evacuate [ɪˈvækjʊeɪt] → SYN vt (all senses) évacuer
evacuation [ɪˌvækjʊˈeɪʃən] n évacuation f
evacuee [ɪˌvækjʊˈiː] n évacué(e) m(f)
evade [ɪˈveɪd] → SYN vt [+ blow, difficulty] esquiver, éviter; [+ pursuers] échapper à, tromper; [+ obligation] se soustraire à; [+ punishment] échapper à, se soustraire à; [+ sb's gaze] éviter; [+ question] éluder; [+ law] tourner, contourner ◆ **to evade military service** se soustraire à ses obligations militaires ◆ **to evade taxation/customs duty** frauder le fisc/la douane
evagination [ɪˌvædʒɪˈneɪʃən] n évagination f
evaluate [ɪˈvæljʊeɪt] → SYN vt [+ damages] évaluer (at à), déterminer le montant de; [+ property, worth] évaluer (at à), déterminer la valeur de; [+ effectiveness, usefulness] mesurer; [+ evidence, reasons, argument] peser, évaluer; [+ sb's work, performance] évaluer ◆ **try to evaluate the achievements of Victorian architects** (in essay etc) essayez d'évaluer l'apport des architectes de l'époque victorienne ◆ **the market situation is difficult to evaluate** les tendances du marché sont difficiles à apprécier
evaluation [ɪˌvæljʊˈeɪʃən] → SYN n évaluation f
evaluative [ɪˌvæljʊətɪv] adj criteria, research, report d'évaluation ◆ **evaluative judgement** or **assessment** évaluation f
evaluator [ɪˈvæljʊˌeɪtər] n évaluateur m
evanescence [evəˈnesns] n (liter) évanescence f
evanescent [evəˈnesnt] → SYN adj (liter) évanescent
evangelical [ˌiːvænˈdʒelɪkəl] → SYN **1** adj (Rel) évangélique ◆ **with evangelical fervour** (fig) avec une verve de tribun **2** n évangélique mf
evangelicalism [ˌiːvænˈdʒelɪkəlɪzəm] n évangélisme m
evangelism [ɪˈvændʒəlɪzəm] n évangélisation f
evangelist [ɪˈvændʒəlɪst] n (Bible) évangéliste m; (= preacher) évangélisateur m, -trice f; (= itinerant) évangéliste m
evangelization [ɪˌvændʒəlaɪˈzeɪʃən] n (Rel) évangélisation f
evangelize [ɪˈvændʒəlaɪz] **1** vt évangéliser, prêcher l'Évangile à **2** vi prêcher l'Évangile
evangelizer [ɪˈvændʒəlaɪzər] n (Rel) évangélisateur m, -trice f
evaporable [ɪˈvæpərəbl] adj évaporable
evaporate [ɪˈvæpəreɪt] → SYN **1** vt [+ liquid] faire évaporer **2** vi [liquid] s'évaporer; [hopes] s'envoler; [dreams, fear, anger] se dissiper **3** COMP ▷ **evaporated milk** n lait m condensé non sucré
evaporation [ɪˌvæpəˈreɪʃən] → SYN n évaporation f
evaporative [ɪˈvæpərətɪv] adj évaporatoire
evaporator [ɪˈvæpəˌreɪtər] n évaporateur m
evapotranspiration [ɪˌvæpəʊˌtrænspəˈreɪʃən] n évapotranspiration f

evasion [ɪˈveɪʒən] → SYN n dérobade f (of devant) → **tax**
evasive [ɪˈveɪzɪv] → SYN adj person, answer évasif (about sth à propos de qch); eyes fuyant ◆ **to take evasive action** (Mil) user de manœuvres dilatoires; (gen) esquiver or contourner la difficulté
evasively [ɪˈveɪzɪvlɪ] adv reply évasivement; smile d'un air évasif
evasiveness [ɪˈveɪzɪvˌnɪs] n manières fpl évasives
Eve [iːv] n Ève f
eve[1] [iːv] → SYN n veille f; (Rel) vigile f ◆ **on the eve of sth/of doing sth** (lit, fig) à la veille de qch/de faire qch; → **Christmas**
eve[2] [iːv] n (liter = evening) soir m
evection [ɪˈvekʃən] n évection f
even[1] [ˈiːvən] n ⇒ **eve**[2]
even[2] [ˈiːvən] → SYN **1** adj **a** (= smooth, flat) surface plat, plan; ground plat ◆ **to make even** égaliser; → **keel**
  b (= regular) progress régulier; temperature, breathing, step, temper, distribution égal ◆ **his work is not even** son travail est inégal
  c (= equal) quantities, distances, values égal ◆ **our score is even** nous sommes à égalité ◆ **they are an even match** (Sport) la partie est égale; (fig) ils sont (bien) assortis ◆ **to get even with sb** rendre à qn la monnaie de sa pièce, rendre la pareille à qn ◆ **don't get mad, get even** * inutile de se mettre en colère, il faut plutôt rendre la pareille ◆ **I'll get even with you for that** je te revaudrai ça ◆ **the odds** or **chances are about even** (fig) les chances sont à peu près égales ◆ **I'll give you even money** (esp Brit) or **even odds** (US) **that...** il y a une chance sur deux pour que... (+ subj)
  d (= calm) voice, tones, temper égal
  e even number/date nombre m/jour m pair
  2 adv **a** même ◆ **even in the holidays** même pendant les vacances ◆ **even the most optimistic** même les plus optimistes ◆ **even the guards were asleep** même les gardes dormaient ◆ **I have even forgotten his name** j'ai oublié jusqu'à son nom, j'ai même oublié son nom ◆ **they even denied its existence** ils ont été jusqu'à nier or ils ont même nié son existence
  b (+ compar adj or adv) encore ◆ **even better** encore mieux ◆ **even more easily** encore plus facilement ◆ **even less money** encore moins d'argent
  c (+ neg) même ◆ **without even saying goodbye** sans même dire au revoir ◆ **he can't even swim** il ne sait même pas nager
  d (phrases) **even if** même si (+ indic) ◆ **even though** même si (+ cond), même si (+ indic) ◆ **even though** or **even if he came himself I would not do it** quand bien même il viendrait en personne or même s'il venait en personne, je ne le ferais pas ◆ **if he even made an effort** si encore ou si au moins il faisait un effort ◆ **... and even then she wasn't happy** mais elle n'était toujours pas contente ◆ **even so he was disappointed** il a quand même ou pourtant été déçu ◆ **yes but even so...** oui mais quand même... ◆ **even as he spoke, the door opened** au moment même où il disait cela ou alors même qu'il disait cela, la porte s'ouvrit ◆ **even as he had wished it** (liter) précisément comme il l'avait souhaité ◆ **even as... so...** (liter) de même que... de même...
  3 vt [+ surface] égaliser
  4 evens npl (esp Brit) ◆ **the bookmakers are offering evens** les bookmakers le donnent un contre un
  5 COMP ▷ **even-handed** adj impartial, équitable ▷ **even-handedly** adv impartialement, équitablement ▷ **even-handedness** n impartialité f, équité f ▷ **evens favourite** n (esp Brit) favori m à un contre un ▷ **even odds** npl (US) ◆ **the bookmakers are offering even odds** les bookmakers le donnent à deux contre un ◆ **I'll give you even odds that...** il y a cinquante pour cent de chances or une chance sur deux que... (+ subj) ▷ **even-steven** * adv divide en deux (parts égales) ◇ adj (= quits) quitte (with avec) ◆ **it's even-**

steven * whether we go or stay peut-être qu'on partira, peut-être qu'on restera ▷ **even-tempered** adj d'humeur égale, placide

▶ **even out** vt sep [+ burden, taxation] répartir or distribuer plus également (among entre); [+ prices] égaliser

▶ **even up** vt sep égaliser ◆ **that will even things up** cela rétablira l'équilibre; (financially) cela compensera

evening [ˈiːvnɪŋ] **1** n soir m; (length of time) soirée f ◆ **all evening** toute la soirée ◆ **every evening** tous les soirs, chaque soir ◆ **every Monday evening** tous les lundis soir(s) ◆ **the previous evening** la veille au soir ◆ **that evening** ce soir-là ◆ **this evening** ce soir ◆ **tomorrow evening** demain soir ◆ **one fine summer evening** (par) une belle soirée d'été ◆ **the warm summer evenings** les chaudes soirées d'été ◆ **a long winter evening** une longue soirée d'hiver ◆ **in the evening(s)** le soir ◆ **to go out in the evening** sortir le soir ◆ **6 o'clock in the evening** 6 heures du soir ◆ **in the evening of life** (liter) au soir de la vie ◆ **on the evening of his birthday** le soir de son anniversaire ◆ **on the evening of the next day** le lendemain soir ◆ **on the evening of the twenty-ninth** le vingt-neuf au soir ◆ **to spend one's evening reading** passer sa soirée à lire ◆ **let's have an evening out** (tonight) si on sortait ce soir ?; (some time) nous devrions sortir un de ces soirs ◆ **it's her evening out** c'est le soir où elle sort; → **good**
  2 COMP ▷ **evening class** n cours m du soir ▷ **evening dress** n [of man] tenue f de soirée, habit m; [of woman] robe f du soir ◆ **in evening dress** (man) en tenue de soirée; (woman) en robe du soir ▷ **evening fixture, evening match** n (Sport) (match m en) nocturne f ▷ **evening meal** n dîner m ▷ **evening paper** n journal m du soir ▷ **evening performance** n (représentation f en) soirée f ▷ **evening prayer(s)** n(pl) office m du soir ▷ **evening primrose oil** n huile f d'onagre ▷ **evening service** n (Rel) service m (religieux) du soir ▷ **evening star** n étoile f du berger ▷ **evening wear** n (NonC) [of man] tenue f de soirée, habit m; [of woman] robe f du soir

evenly [ˈiːvənlɪ] adv **a** (= equally) distribute également; mix de façon homogène; (= steadily) breathe, beat, flow régulièrement ◆ **to divide/split sth evenly** diviser/répartir qch en parts égales ◆ **evenly matched** de force égale ◆ **evenly spaced** à intervalles réguliers ◆ **an evenly grey sky** un ciel uniformément gris ◆ **keep your weight evenly balanced** répartissez bien votre poids ◆ **spread the butter evenly** étalez le beurre uniformément ◆ **the cuts were evenly spread throughout the various departments** les réductions budgétaires ont été réparties uniformément entre les divers services
  b (= calmly) say, ask, reply d'une voix égale; watch d'un air égal

evenness [ˈiːvənnɪs] n [of movements, performance] régularité f; [of ground] caractère m plan, planéité f ◆ **evenness of temper** égalité f d'humeur

evensong [ˈiːvənsɒŋ] n (Rel) vêpres fpl, office m du soir (de l'Église anglicane)

event [ɪˈvent] → SYN **1** n **a** (= happening) événement m ◆ **course of events** (déroulement m des) événements mpl ◆ **in the course of events** par la suite ◆ **in the normal** or **ordinary course of events** normalement ◆ **after the event** après coup ◆ **it's quite an event** c'est un (véritable) événement; → **happy**
  b (= case) cas m ◆ **in the event of death** en cas de décès ◆ **in the event of his failing** (frm) au cas où il échouerait ◆ **in the unlikely event that...** dans l'hypothèse improbable où... ◆ **in the event** (Brit) (confirming sth) ainsi; (contradicting sth) en fait, en réalité ◆ **in that event** dans ce cas ◆ **in any event** en tout cas, de toute façon ◆ **in either event** dans l'un ou l'autre cas ◆ **event of default** (Jur) cas m de défaillance, manquement m
  c (Sport) épreuve f; (Racing) course f ◆ **field events** lancers mpl et sauts mpl ◆ **track events** épreuves fpl sur piste; → **three**
  2 COMP ▷ **event horizon** n (Astron) horizon m des événements

eventer [ɪ'ventəʳ] n (Horse-riding) participant(e) m(f) à un concours complet

eventful [ɪ'ventfʊl] → SYN adj life, day, period, journey mouvementé, fertile en événements

eventide ['iːvəntaɪd] 1 n (liter) tombée f du jour, soir m

2 COMP ▷ **eventide home** n maison f de retraite

eventing [ɪ'ventɪŋ] n (Horse-riding) concours m complet

eventual [ɪ'ventʃʊəl] → SYN adj a (= resulting) death, failure qui s'ensuit ; success final ◆ **the eventual winner of the election** le candidat qui a finalement remporté les élections ◆ **he lost in the semi-final to the eventual winner, McCormack** il a perdu en demi-finale contre McCormack qui a fini par gagner le tournoi ◆ **it resulted in the eventual disappearance of ...** cela a abouti finalement à la disparition de ...

b (= possibly resulting) éventuel ◆ **any eventual profits** les profits mpl éventuels

c (= ultimate) aim ultime

eventuality [ɪ,ventʃʊ'ælɪtɪ] → SYN n éventualité f

eventually [ɪ'ventʃʊəlɪ] → SYN adv finalement ◆ **to do sth eventually** finir par faire qch ◆ **he eventually became Prime Minister** il est finalement devenu or il a fini par devenir Premier ministre ◆ **he eventually agreed that she was right** il a fini par admettre qu'elle avait raison

eventuate [ɪ'ventʃʊ,eɪt] vi (US) (finir par) se produire ◆ **to eventuate in ...** se terminer par ...

ever ['evəʳ] → SYN adv a (with negation, doubt) jamais ; (with interrogation) jamais, déjà ◆ **nothing ever happens** il ne se passe jamais rien ◆ **if you ever see her** si jamais vous la voyez ◆ **do you ever see her?** est-ce qu'il vous arrive de la voir ? ◆ **have you ever seen her?** l'avez-vous jamais or déjà vue ? ◆ **I haven't ever seen her** je ne l'ai jamais vue

◆ **if ever** ◆ **we seldom if ever go** nous n'y allons pour ainsi dire jamais ◆ **now if ever is the moment to do this** c'est le moment ou jamais de faire cela ◆ **he's a liar if ever there was one** c'est le dernier des menteurs

b (after compar or superl) jamais ◆ **more beautiful than ever** plus beau que jamais ◆ **faster than ever** plus vite que jamais ◆ **the best meal I have ever eaten** le meilleur repas que j'aie jamais fait ◆ **the best grandmother ever** la meilleure grand-mère du monde ◆ **the coldest night ever** la nuit la plus froide qu'on ait jamais connue

c (at all times) toujours, sans cesse ◆ **ever ready** toujours prêt ◆ **ever after** à partir de ce jour ◆ **they lived happily ever after** ils vécurent (toujours) heureux ◆ **all he ever does is sleep** il ne fait que dormir, tout ce qu'il sait faire c'est dormir ◆ **yours ever** (Brit: in letters) amical souvenir, cordialement (à vous) ◆ **ever increasing anxiety** inquiétude f qui ne cesse d'augmenter ◆ **the danger is ever present** le danger est toujours là ◆ **her ever present anxiety** son angoisse constante or de tous les instants ◆ **he was ever courteous** † (frm) il était toujours poli

◆ **as ever** comme toujours

◆ **ever and anon** († , liter) de temps à autre, parfois

◆ **ever since** depuis ◆ **ever since I was a boy** depuis mon enfance ◆ **ever since I have lived here** depuis que j'habite ici ◆ **ever since (then) they have been very careful** depuis (lors) or depuis ce moment-là ils sont très prudents

d (intensive) ◆ **as quickly as ever you can** aussi vite que vous le pourrez ◆ **as soon as ever he arrives** aussitôt or dès qu'il arrivera ◆ **the first ever** le tout premier ◆ **before ever she came in** avant même qu'elle (ne) soit entrée ◆ **as if I ever would!** (esp Brit) moi, faire ça ! ◆ **what ever shall we do?** † qu'allons nous bien faire ? ◆ **where ever can he have got to?** † où a-t-il bien pu passer ? ◆ **when ever will they come?** † quand donc viendront-ils ? ◆ **why ever not?** mais enfin, pourquoi pas ?, pourquoi pas, Grand Dieu ? ◆ **did you ever!** * a-t-on jamais vu cela ?, (ça) par exemple !

◆ **ever so ...** (= very) ◆ **ever so slightly drunk** (un) tant soit peu ivre ◆ **ever so pretty** (esp Brit) joli comme tout ◆ **he is ever so nice** (esp Brit) il est tout ce qu'il y a de plus gentil ◆ **I'm ever so sorry** (esp Brit) je regrette infiniment, je suis (vraiment) désolé ◆ **thank you ever so much** (esp Brit), **thanks ever so** * merci mille fois, merci bien ◆ **she is ever so much prettier than her sister** (esp Brit) elle est autrement plus jolie que sa sœur ◆ **although he is** or (frm) **be he ever so charming ...** (esp Brit) quelque or si or pour charmant qu'il soit ...

◆ **ever such ...** (esp Brit) ◆ **it's ever such a pity** c'est vraiment dommage

Everest ['evərɪst] n ◆ **(Mount) Everest** le mont Everest, l'Everest m

everglade ['evəgleɪd] n (US) terres fpl marécageuses

Everglades ['evəgleɪdz] n Everglades mpl

evergreen ['evəgriːn] 1 adj a tree, shrub vert, à feuilles persistantes

b (fig) song qui ne vieillit pas ; subject of conversation qui revient toujours

2 n a (= tree) arbre m vert or à feuilles persistantes ; (= plant) plante f à feuilles persistantes

b (fig = song etc) chanson f etc qui ne vieillit pas

c (US) crédit m permanent non confirmé

3 COMP ▷ **evergreen oak** n yeuse f, chêne m vert ▷ **the Evergreen State** n (US) l'État m de Washington

everlasting [,evə'lɑːstɪŋ] → SYN 1 adj (God) éternel ; gratitude, mercy infini, éternel ; fame, glory éternel, immortel ; materials inusable, qui ne s'use pas

2 COMP ▷ **everlasting flower** n immortelle f

everlastingly [,evə'lɑːstɪŋlɪ] adv éternellement

evermore [,evə'mɔːʳ] → SYN adv toujours ◆ **for evermore** à tout jamais

every ['evrɪ] → SYN adj a (= each) tout, chaque, tous (or toutes) les ◆ **every shop in the town** tous les magasins or chaque magasin de la ville ◆ **not every child has the same advantages** les enfants n'ont pas tous les mêmes avantages ◆ **not every child has the advantages you have** tous les enfants n'ont pas les avantages que tu as ◆ **he spends every penny he earns** il dépense tout ce qu'il gagne (jusqu'au dernier sou) ◆ **every child had brought something** chaque enfant avait apporté quelque chose ◆ **every movement causes him pain** chaque or tout mouvement lui fait mal ◆ **from every country** de tous (les) pays ◆ **at every moment** à tout moment, à chaque instant ◆ **at every opportunity** à chaque occasion ◆ **of every sort** de toute sorte ◆ **from every side** de toute part ◆ **of every age** de tout âge ◆ **he became weaker every day** il devenait chaque jour plus faible or plus faible de jour en jour

b (for emphasis) **I have every confidence in him** j'ai pleine confiance en lui ◆ **there is every chance that he will come** il y a toutes les chances qu'il vienne ◆ **you have every reason to complain** vous avez tout lieu de vous plaindre ◆ **I have every reason to think that ...** j'ai toutes les raisons de penser que ..., j'ai tout lieu de penser que ... ◆ **there was every prospect of success** tout laissait augurer d'un succès

c (showing recurrence) tout ◆ **every fifth day, every five days** tous les cinq jours, un jour sur cinq ◆ **one man in every ten** un homme sur dix ◆ **every quarter of an hour** tous les quarts d'heure ◆ **every few days** tous les deux ou trois jours ◆ **once every week** une fois par semaine ◆ **every 15 metres** tous les 15 mètres

◆ **every other ..., every second ...** ◆ **every other** or **second child** un enfant sur deux ◆ **every other** or **second day** tous les deux jours, un jour sur deux ◆ **every other Wednesday** un mercredi sur deux ◆ **to write on every other line** écrire en sautant une ligne sur deux

d (after poss) tout, chacun, moindre ◆ **his every action** chacune de ses actions, tout ce qu'il faisait ◆ **his every wish** son moindre désir, tous ses désirs

e (in phrases) (Prov) **every little helps** les petits ruisseaux font les grandes rivières (Prov) ◆ **every man for himself (and the devil take the hindmost)** chacun pour soi ; (= save yourself) sauve qui peut ! ◆ **every man to his trade** à chacun son métier ◆ **in every way** (= from every point of view) à tous (les) égards, en tous points ; (= by every means) par tous les moyens ; → **bit¹**

◆ **every bit as ...** tout aussi ... ◆ **he is every bit as clever as his brother** il est tout aussi intelligent que son frère ◆ **he is every bit as much of a liar as his brother** il est tout aussi menteur que son frère

◆ **every last ...** ◆ **every last biscuit/chocolate** etc tous les biscuits/chocolats etc jusqu'au dernier ◆ **they drank every last drop of wine** ils ont bu tout le vin jusqu'à la dernière goutte

◆ **every now and then, every now and again** de temps en temps, de temps à autre

◆ **every (single) one** ◆ **you must examine every one** il faut les examiner tous, sans exception ◆ **every single one of these peaches is bad** toutes ces pêches sans exception sont pourries ◆ **every one of us is afraid of something** tous autant que nous sommes nous craignons quelque chose ◆ **every one of them was there** ils étaient tous là ◆ **every (single) one of them** chacun d'eux, tous, sans exception ◆ **every one of them had brought something** chacun d'entre eux avait apporté quelque chose, ils avaient tous apporté quelque chose

◆ **every so often** de temps en temps, de temps à autre

◆ **every time** chaque fois ◆ **every time (that) I see him** chaque fois que je le vois ◆ **every single time** chaque fois sans exception ◆ **her cakes are perfect every time** ses gâteaux sont parfaitement réussis à chaque fois ◆ **give me Paris every time!** * c'est Paris sans hésiter !

everybody ['evrɪbɒdɪ] → SYN pron tout le monde, chacun ◆ **everybody has finished** tout le monde a fini ◆ **everybody has his** or **their own ideas about it** chacun a ses idées là-dessus ◆ **everybody else** tous les autres ◆ **everybody knows everybody else here** tout le monde se connaît ici ◆ **everybody knows that** tout le monde or n'importe qui sait cela ◆ **everybody who is anybody** tous les gens qui comptent

everyday ['evrɪdeɪ] → SYN adj thing, clothes, object, world de tous les jours ; situation, language courant ; activity, task, life de tous les jours, quotidien ; occurrence, problem quotidien ◆ **fabrics for everyday use** des tissus mpl pour tous les jours ◆ **it's too expensive for everyday use** c'est trop cher pour un usage courant ◆ **words in everyday use** mots mpl d'usage courant ◆ **everyday people** gens mpl ordinaires

everyman ['evrɪmæn] n Monsieur m tout-le-monde

everyone ['evrɪwʌn] → SYN pron ⇒ **everybody**

everyplace ['evrɪpleɪs] adv (US) ⇒ **everywhere**

everything ['evrɪθɪŋ] → SYN pron tout ◆ **everything is ready** tout est prêt ◆ **everything you have** tout ce que vous avez ◆ **stamina is everything** l'endurance compte plus que tout, l'essentiel c'est l'endurance ◆ **success isn't everything** le succès n'est pas tout ◆ **and everything (like that)** * et tout et tout *

everywhere ['evrɪwεəʳ] → SYN adv partout ◆ **everywhere in the world** partout dans le monde, dans le monde entier ◆ **everywhere you go you meet the British** où qu'on aille or partout où l'on va, on rencontre des Britanniques

evict [ɪ'vɪkt] → SYN vt (from house, lodgings, meeting) expulser

eviction [ɪ'vɪkʃən] 1 n expulsion f

2 COMP ▷ **eviction order** n mandat m d'expulsion

evidence ['evɪdəns] → SYN 1 n (NonC) a (= ground for belief) évidence f ; (= testimony) témoignage m ◆ **the clearest possible evidence** la preuve manifeste ◆ **the evidence of the senses** le témoignage des sens ◆ **on the evidence of this document** à en croire ce document

b (Jur) (= data) preuve f ; (= testimony) témoignage m, déposition f ◆ **to give evidence** témoigner, déposer ◆ **to give evidence for/against sb** témoigner or déposer en faveur de/contre qn ◆ **to call sb to give evidence** convoquer qn pour qu'il témoigne ◆ **to take sb's evidence** recueillir la déposition de qn ◆ **to turn King's** or **Queen's evidence** (Brit), **to turn State's evidence** (US) témoigner contre ses complices ◆ **whatever you say may be held in evidence against you** tout ce que vous direz pourra être retenu contre vous

evident ['evidənt] → SYN adj évident ◆ **that is very evident** c'est l'évidence même ◆ **we must help her, that's evident** il fait l'aider, c'est évident or cela va de soi ◆ **he's guilty, that's evident** il est coupable, c'est évident or cela saute aux yeux ◆ **it was evident from the way he walked** cela se voyait à sa démarche ◆ **it is evident from his speech that ...** il ressort de son discours que ...

evidently ['evidəntlɪ] LANGUAGE IN USE 15.1 → SYN adv **a** (= apparently) apparemment ◆ **evidently he feared I was going to refuse** il craignait apparemment que je refuse ◆ **was it suicide? – evidently not** était-ce un suicide ? – apparemment non ◆ **are they going too? – evidently** ils y vont aussi ? – apparemment oui

b (= obviously) manifestement, de toute évidence ◆ **they evidently knew each other** manifestement or de toute évidence, ils se connaissaient ◆ **that is evidently not the case** ce n'est manifestement pas le cas, de toute évidence or à l'évidence ce n'est pas le cas ◆ **evidently, such men are usually extremely wealthy** manifestement or de toute évidence or à l'évidence, de tels hommes sont généralement extrêmement riches

evil ['iːvl] → SYN **1** adj person méchant, malfaisant ; deed, practice, system, consequence, influence néfaste ; power malfaisant ; place maléfique ; spell, reputation mauvais ; smell infect ◆ **to have an evil tongue** [person] être mauvaise langue ◆ **he had his evil way with her** (hum) il est arrivé à ses fins avec elle ◆ **to have an evil temper** avoir un sale caractère ◆ **(to put off) the evil day** or **hour** (remettre à plus tard) le moment fatidique

2 n mal m ◆ **the powers** or **forces of evil** les forces fpl du mal ◆ **to wish sb evil** vouloir du mal à qn ◆ **to speak evil of sb** dire du mal de qn ◆ **of two evils one must choose the lesser** de deux maux, il faut choisir le moindre ◆ **it's the lesser evil** c'est le moindre mal ◆ **social evils** maux mpl sociaux ◆ **the evils of drink** les conséquences fpl funestes de la boisson ◆ **one of the great evils of our time** un des grands fléaux de notre temps

3 COMP ▷ **the evil eye** n le mauvais œil ◆ **to give sb the evil eye** jeter le mauvais œil à qn ▷ **evil-minded** adj malveillant, mal intentionné ▷ **the Evil One** n le Malin ▷ **evil-smelling** adj nauséabond ▷ **evil spirit** n esprit m malfaisant

evildoer ['iːvlˌduːər] n personnage m infâme

evildoing ['iːvlˌduːɪŋ] n (NonC) (horribles) méfaits mpl

evilly ['iːvlɪ] adv avec malveillance

evince [ɪ'vɪns] vt (frm) [+ surprise, desire] manifester ; [+ qualities, talents] faire preuve de

eviscerate [ɪ'vɪsəreɪt] vt (frm) éventrer, éviscérer

evocation [ˌevə'keɪʃən] n évocation f

evocative [ɪ'vɒkətɪv] adj **a** (= reminiscent) name, description, memory, atmosphere, scent évocateur (-trice f) ◆ **to be evocative of sth** évoquer qch

b (Occultism) incantation, magic évocatoire

evocatively [ɪ'vɒkətɪvlɪ] adv describe dans un style évocateur

evoke [ɪ'vəʊk] → SYN vt [+ spirit, memories] évoquer ; [+ admiration] susciter

evolution [ˌiːvə'luːʃən] → SYN n **a** (Bio, Zool etc) évolution f (from à partir de) ; [of language, events] évolution f ; [of culture, technology, machine] évolution f, développement m

b [of troops, skaters etc] évolutions fpl

evolutionary [ˌiːvə'luːʃnərɪ] adj (Bio, Zool etc) évolutionniste f ; (gen) stage, process d'évolution

evolutionism [ˌiːvə'luːʃnɪzəm] n évolutionnisme m

evolutionist [ˌiːvə'luːʃnɪst] adj, n évolutionniste mf

evolve [ɪ'vɒlv] → SYN **1** vt [+ system, theory, plan] élaborer, développer

2 vi (gen, Bio) évoluer ◆ **to evolve from** se développer à partir de

ewe [juː] **1** n brebis f
2 COMP ▷ **ewe lamb** n agnelle f

ewer ['juːər] n aiguière f

ex [eks] **1** prep (Comm) ≃ départ, ≃ sortie ◆ **ex dock** franco à quai ◆ **ex ship** ex navire transbordé ◆ **price ex factory, price ex works** (Brit) prix m départ or sortie usine ◆ **price ex warehouse** prix m départ or sortie entrepôt ; → **ex dividend, ex officio**

2 n (* = ex-wife or ex *) mf

ex- [eks] pref ex-, ancien ◆ **ex-chairman** ancien président m, ex-président m ◆ **he's my ex-boss** c'est mon ancien patron ; → **ex-husband, ex-service**

exacerbate [ɪg'zæsəˌbeɪt, ɪk'sæsəˌbeɪt] vt [+ problem, situation] aggraver ; [+ pain, disease, hatred] exacerber

exact [ɪg'zækt] → SYN **1** adj **a** (= precise) number, amount, cause, time, translation, details exact ; copy conforme à l'original, exact ◆ **to be exact about sth** [person] préciser qch ◆ **can you be more exact?** pouvez-vous préciser un peu ? ◆ **can you be more exact about how many came?** pouvez-vous préciser le nombre des gens qui sont venus ? ◆ **he's 44, to be exact** il a 44 ans, pour être précis ◆ **he gave exact instructions as to what had to be done** il a donné des instructions précises sur ce qu'il fallait faire ◆ **what were his exact instructions?** quelles étaient ses instructions exactes ? ◆ **to be an exact likeness of sb/sth** ressembler parfaitement à qn/qch ◆ **until this exact moment** jusqu'à ce moment précis ◆ **to be the exact opposite of sb/sth** être aux antipodes or tout le contraire de qn/qch ◆ **the exact same thing** * exactement la même chose ◆ **these were his exact words** c'est ce qu'il a dit, mot pour mot

b (= meticulous) person, study, work méticuleux ; analysis, instrument précis

2 vt [+ money, obedience etc] exiger (from de) ◆ **to exact revenge** se venger ◆ **to exact a high price for sth** faire payer qch cher

3 COMP ▷ **exact science** n science f exacte

exacting [ɪg'zæktɪŋ] → SYN adj person exigeant ; task, activity, profession, work astreignant, qui exige beaucoup d'attention

exaction [ɪg'zækʃən] n (= act) exaction f (pej) ; (= money exacted) impôt m, contribution f ; (= excessive demand) extorsion f

exactitude [ɪg'zæktɪtjuːd] n exactitude f

exactly [ɪg'zæktlɪ] LANGUAGE IN USE 11.2, 16.1 → SYN adv (= precisely) match, imitate exactement ◆ **to look exactly like sb** ressembler trait pour trait à qn, être tout le portrait de qn ◆ **I wanted to get things exactly right** je voulais que tout soit parfait ◆ **at exactly 5 o'clock** à 5 heures pile or précises ◆ **it is 3 o'clock exactly** il est 3 heures pile or précises, il est exactement 3 heures ◆ **exactly one hour** une heure exactement ◆ **I had exactly $3** j'avais exactement 3 dollars ◆ **exactly the same thing** exactement la même chose ◆ **that's exactly what I was thinking** c'est exactement ce que je pensais ◆ **I found it somewhere over there – where exactly?** je l'ai trouvé quelque part par là — ou exactement ? ◆ **exactly what are you implying?** qu'est-ce que tu veux dire par là ou au juste ? ◆ **so I was wrong — exactly** alors j'avais tort — exactement ◆ **he didn't exactly say no, but ...** il n'a pas vraiment dit non, mais ... ◆ **we don't exactly know** nous ne savons pas au juste ◆ **is she sick? – not exactly** est-elle malade ? — pas exactement or pas vraiment ◆ **it's easy work, but not exactly interesting** c'est facile, mais ce n'est pas vraiment ce qu'on appelle intéressant

exactness [ɪg'zæktnɪs] → SYN n (NonC) [of measurement, words, definition] précision f ; [of translation] fidélité f ; [of copy, description] exactitude f

exaggerate [ɪg'zædʒəreɪt] → SYN **1** vt **a** (= overstate) ◆ dangers, fears, size, beauty, story, importance, effect] exagérer ; [+ problem] exagérer l'importance de ◆ **the press exaggerated the number of victims** les médias ont gonflé le nombre des victimes

b (= emphasize) accentuer ◆ **the dress exaggerated her paleness** la robe accentuait sa pâleur

2 vi exagérer, forcer la note ◆ **he always exaggerates a little** il exagère or il en rajoute * toujours un peu

exaggerated [ɪg'zædʒəreɪtɪd] → SYN adj claim, view, politeness, gesture, report exagéré ; praise outré ◆ **an exaggerated sense of one's own importance** une trop haute opinion de soi-même

exaggeratedly [ɪg'zædʒəreɪtɪdlɪ] adv polite exagérément ; laugh d'une manière exagérée

exaggeration [ɪgˌzædʒə'reɪʃən] → SYN n exagération f

exalt [ɪg'zɔːlt] → SYN vt (in rank, power) élever (à un rang plus important) ; (= extol) porter aux nues, exalter

exaltation [ˌegzɔːl'teɪʃən] → SYN n (NonC) exaltation f

exalted [ɪg'zɔːltɪd] → SYN adj (= high) rank, position, style élevé ; person haut placé, de haut rang ; (= elated) mood, person exalté

exam [ɪg'zæm] n (abbrev of **examination 1a**) examen m, exam * m

examination [ɪgˌzæmɪ'neɪʃən] → SYN **1** n **a** (Scol, Univ) (= test) examen m ; (each paper) épreuve f ◆ **class examination** (Scol) composition f ◆ **the June/September examinations** (Univ etc) la session de juin/de septembre

b (= study, inspection) examen m ; [of machine, premises] inspection f, examen m ; [of question] étude f, considération f ; [of accounts] vérification f ; [of passports] contrôle m ◆ **Custom's examination** fouille f douanière ◆ **expert's examination** expertise f ◆ **close examination** examen m approfondi or détaillé ◆ **on examination** après examen ◆ **on close examination, his papers proved to be false** un examen approfondi or détaillé révéla que ses papiers étaient des faux ; → **medical**

c (Jur) [of suspect, accused] interrogatoire m ; [of witness] audition f ; [of case, documents] examen m ◆ **legal examination** examen m légal ; → **cross**

2 COMP ▷ **examination board** n (Brit Scol) comité chargé de l'organisation des examens scolaires nationaux ▷ **examination candidate** n (Scol etc) candidat(e) m(f) ▷ **examination paper** n (= exam) examen m, épreuve f ; (= question paper) questions fpl or sujet m d'examen ; (= answer paper) copie f ▷ **examination script** n (Brit) (= answer paper) copie f ; (= question paper) questions fpl or sujet m d'examen

examine [ɪg'zæmɪn] LANGUAGE IN USE 26.1, 26.2 → SYN **1** vt **a** (gen, Med) examiner ; [+ machine] inspecter ; [+ document, dossier, question, problem, proposition] examiner ; [+ accounts] vérifier ; [+ passport] contrôler ; (Customs) [+ luggage] inspecter, fouiller ◆ **to examine a question thoroughly** examiner une question à fond

b [+ pupil, candidate] faire passer un examen à ; (orally) interroger (on sur)

c (Jur) [+ witness] interroger ; [+ suspect, accused] interroger, faire subir un interrogatoire à ; [+ case, document, evidence] examiner

2 COMP ▷ **examining board** n (Brit Scol) ⇒ **examination board** ; (Univ : for doctorates) jury m de thèse ▷ **examining magistrate** n (Jur: in France) juge m d'instruction

examinee [ɪgˌzæmɪ'niː] n candidat(e) m(f)

examiner [ɪg'zæmɪnər] n examinateur m, -trice f (in de) → **board, oral, outside**

example [ɪg'zɑːmpl] LANGUAGE IN USE 26.1, 26.2 → SYN n exemple m ◆ **for example** par exemple ◆ **to set a good example** donner l'exemple ◆ **to be an example** [person, sb's conduct, deeds] être un exemple (to pour) ◆ **she's an example to us all** c'est un exemple pour nous tous ◆ **to take sb as an example** prendre exemple sur qn ◆ **to follow sb's example** suivre l'exemple de qn ◆ **following the example of ...** à l'instar de ... ◆ **to hold sb/sth up as an example** ériger qn/qch en exemple ◆ **to make an example of sb** punir qn pour l'exemple ◆ **to punish sb as an example to others** punir qn pour l'exemple ◆ **to quote the example of ...** citer l'exemple de ... ◆ **to quote**

exanthem [ekˈsænθəm] n exanthème m

exanthema [ˌeksænˈθiːmə] n, pl **exanthemas** or **exanthemata** [ˌeksænˈθiːmətə] (Med, Vet) exanthème m

exanthematic [ekˌsænθrˈmætɪk] adj exanthématique

exarchate [ˈeksɑːkeɪt], **exarchy** [ˈeksɑːkɪ] n exarchat m

exasperate [ɪgˈzɑːspəreɪt] → SYN vt [+ person] exaspérer; [+ feeling] exaspérer, exacerber

exasperated [ɪgˈzɑːspəreɪtɪd] adj exaspéré ◆ **exasperated at** or **by** or **with sb/sth** exaspéré par qn/qch

exasperating [ɪgˈzɑːspəreɪtɪŋ] adj exaspérant

exasperatingly [ɪgˈzɑːspəreɪtɪŋlɪ] adv de manière exaspérante ◆ **exasperatingly slow/stupid** d'une lenteur/d'une stupidité exaspérante

exasperation [ɪgˌzɑːspəˈreɪʃən] → SYN n exaspération f ◆ **"hurry!" he cried in exasperation** "dépêchez-vous!" cria-t-il, exaspéré

ex cathedra [ˌekskəˈθiːdrə] adj, adv ex cathedra

excavate [ˈekskəveɪt] → SYN ① vt [+ ground] creuser, excaver; (Archeol) fouiller; [+ trench] creuser; [+ remains] déterrer ② vi (Archeol) faire des fouilles

excavation [ˌekskəˈveɪʃən] → SYN n ⓐ (NonC) [of tunnel etc] creusement m, percement m ◆ **excavation work** excavations fpl ⓑ (Archeol = activity, site) fouilles fpl

excavator [ˈekskəveɪtəʳ] n ⓐ (= machine) excavateur m or excavatrice f ⓑ (Archeol = person) fouilleur m, -euse f

exceed [ɪkˈsiːd] → SYN vt (in value, amount, length of time etc) dépasser, excéder (*in* en; *by* de); [+ powers] [person] outrepasser; [+ decision etc] excéder; [+ expectations, limits, capabilities] dépasser; [+ desires] aller au-delà de, dépasser ◆ **to exceed one's authority** commettre un abus de pouvoir ◆ **to exceed the speed limit** dépasser la vitesse permise, commettre un excès de vitesse ◆ **a fine not exceeding £50** une amende ne dépassant pas or n'excédant pas 50 livres

exceedingly [ɪkˈsiːdɪŋlɪ] → SYN adv extrêmement ◆ **his behaviour troubles me exceedingly** je suis extrêmement troublé par son comportement

excel [ɪkˈsel] → SYN ① vi briller, exceller ◆ **to excel in** or **at French/tennis** briller en français/au tennis ② vt ◆ **to excel o.s.** se surpasser, se distinguer

excellence [ˈeksələns] → SYN n excellence f

Excellency [ˈeksələnsɪ] n Excellence f ◆ **Your/His** or **Her Excellency** Votre/Son Excellence

excellent [ˈeksələnt] LANGUAGE IN USE 13 → SYN adj excellent ◆ **what an excellent idea!** (quelle) excellente idée! ◆ **excellent! parfait!** ◆ **that's excellent!** c'est parfait!

excellently [ˈeksələntlɪ] adv admirablement

excelsior [ekˈselsjəʳ] n (US = wood shavings) copeaux mpl d'emballage

except [ɪkˈsept] → SYN ① prep ⓐ sauf, excepté, à l'exception de ◆ **all except the eldest daughter** tous, excepté la fille aînée, tous, la fille aînée exceptée ◆ **except (for)** à part, à l'exception de ◆ **except (that)** sauf que, excepté que ◆ **except if** sauf si ◆ **except when** sauf quand, excepté quand
ⓑ (after neg and certain interrogs) sinon ◆ **what can they do except wait?** que peuvent-ils faire sinon attendre?
② conj († , liter) à moins que + ne (+ subj) ◆ **except he be a traitor** à moins qu'il ne soit un traître
③ vt excepter, exclure (*from* de), faire exception de ◆ **not** or **without excepting** sans excepter, sans oublier ◆ **always excepting** à l'exception (bien entendu) de, exception faite (bien entendu) de ◆ **present company excepted** exception faite des personnes présentes

excepting [ɪkˈseptɪŋ] prep, conj ⇒ except 1, 2

exception [ɪkˈsepʃən] → SYN n ⓐ (NonC) exception f ◆ **without exception** sans exception ◆ **with the exception of ...** à l'exception de ..., exception faite de ... ◆ **to take exception to** (= demur) trouver à redire à, désapprouver; (= be offended) s'offenser de, s'offusquer de ◆ **I take exception to that remark** je suis indigné par cette remarque
ⓑ (= singularity) exception f ◆ **to make an exception** faire une exception (*to sth* à qch; *for sb/sth* pour qn/qch) ◆ **these strokes of luck are the exception** ces coups de chance sont l'exception ◆ **this case is an exception to the rule** ce cas est or constitue une exception à la règle ◆ **the exception proves the rule** l'exception confirme la règle ◆ **with this exception** à cette exception près, à ceci près ◆ **apart from a few exceptions** à part quelques exceptions, à de rares exceptions près

exceptionable [ɪkˈsepʃnəbl] adj (= open to objection) conduct répréhensible, blâmable; proposal inadmissible, inacceptable

exceptional [ɪkˈsepʃnəl] → SYN ① adj (gen) exceptionnel; (Jur) provisions dérogatoire ◆ **to apply exceptional arrangements (to)** (Jur) appliquer un régime dérogatoire (à) ② COMP ▷ **exceptional child** n, pl **exceptional children** (US Scol) (gifted) enfant mf surdoué(e); (handicapped) (mentally) enfant mf handicapé(e) mental(e); (physically) enfant mf handicapé(e)

exceptionally [ɪkˈsepʃnəlɪ] adv exceptionnellement

excerpt [ˈeksɜːpt] ① n (Literat, Mus etc) extrait m, passage m ② vt (Literat, Mus) extraire

excess [ɪkˈses] → SYN ① n ⓐ (NonC) [of precautions, enthusiasm] excès m; [of details, adjectives] luxe m, surabondance f ◆ **to excess** (jusqu'à) l'excès ◆ **to take** or **carry to excess** pousser à l'excès, pousser trop loin ◆ **carried to excess** outré ◆ **in excess of** number supérieur à ◆ **in excess of 50 people have died** plus de 50 personnes sont mortes ◆ **to drink to excess** boire à l'excès or avec excès ◆ **the excess of imports over exports** l'excédent m des importations sur les exportations
ⓑ (Brit Insurance) franchise f
ⓒ **excesses** (= debauchery) excès mpl; (= cruelty, violence) excès mpl, abus m; (= overindulgence) excès mpl, écart m ◆ **the excesses of the regime** les abus or excès du régime
② COMP weight, production excédentaire ▷ **excess baggage** n (NonC) excédent m de bagages ▷ **excess capacity** n capacité f excédentaire ▷ **excess demand** n (Econ) demande f excédentaire ▷ **excess employment** n suremploi m ▷ **excess fare** n (Transport) supplément m ▷ **excess luggage** n ⇒ **excess baggage** ▷ **excess postage** n (Brit) surtaxe f *(pour affranchissement insuffisant)* ▷ **excess profits tax** n impôt m sur les bénéfices exceptionnels ▷ **excess supply** n (Econ) excès m de l'offre or sur offre

excessive [ɪkˈsesɪv] → SYN adj amount, quantity, use, force, speed, demands excessif; ambition démesuré; praise outré ◆ **excessive drinking** abus m d'alcool or de boissons alcoolisées

excessively [ɪkˈsesɪvlɪ] adv drink, eat à l'excès, avec excès; optimistic, proud, ambitious, cautious, centralized par trop; boring, pretty excessivement ◆ **do you worry excessively about work?** avez-vous tendance à vous faire trop de souci pour votre travail? ◆ **his behaviour was impeccable, sometimes excessively so** il se conduisait de manière irréprochable, parfois jusqu'à l'excès

exchange [ɪksˈtʃeɪndʒ] → SYN ① vt [+ gifts, letters, glances, blows] échanger; [+ houses, cars, jobs] faire un échange de ◆ **to exchange one thing for another** échanger une chose contre une autre ◆ **they exchanged a few words** ils échangèrent quelques mots ◆ **to exchange words with sb** (euph = quarrel) avoir des mots avec qn ◆ **to exchange contracts** (Conveyancing) ≈ signer les contrats
② n ⓐ [of objects, prisoners, ideas, secrets, notes, greetings] échange m ◆ **to gain/lose on the exchange** gagner/perdre au change ◆ **exchange of contracts** (Conveyancing) ≈ signature f des contrats
◆ **in exchange** en échange (*for* de) ◆ **to give one thing in exchange for another** échanger une chose contre une autre
ⓑ (Fin) change m ◆ **foreign exchange office** bureau m de change ◆ **at the current rate of exchange** au cours actuel du change ◆ **the dollar exchange** le change du dollar ◆ **on the (stock) exchange** à la Bourse; → **bill¹, foreign**
ⓒ (also **telephone exchange**) central m; (also **labour exchange**) bourse f du travail
ⓓ ⇒ **exchange visit**
③ COMP student, teacher participant(e) m(f) à un échange ▷ **exchange control** n (Fin) contrôle m des changes ◆ **exchange control regulations** (Econ) réglementation f des changes ▷ **exchange law** n droit m cambial ▷ **exchange rate** n taux m de change ▷ **exchange rate mechanism** n mécanisme m du taux de change ▷ **exchange restrictions** npl restrictions fpl de change ▷ **exchange value** n contre-valeur f ▷ **exchange visit** n (Educ etc) échange m ◆ **to be on an exchange visit** faire partie d'un échange

exchangeable [ɪksˈtʃeɪndʒəbl] adj échangeable *(for* contre)

exchequer [ɪksˈtʃekəʳ] ① n ⓐ (= state treasury) ministère m des Finances; → **chancellor** ⓑ (* = one's own funds) fonds mpl, finances fpl ② COMP ▷ **exchequer bond** n obligation f du Trésor

excipient [ekˈsɪpɪənt] n excipient m

excisable [ekˈsaɪzəbl] adj imposable, soumis aux droits de régie

excise¹ [ˈeksaɪz] ① n taxe f (*on* sur), accise f (Belg, Can) ◆ **the Excise** (Brit) ≈ l'administration f des impôts indirects
② COMP ▷ **excise duties** npl (Brit) impôts mpl indirects ▷ **excise laws** npl (US) lois sur le commerce des boissons

excise² [ekˈsaɪz] vt ⓐ (gen) retrancher, supprimer ⓑ (Med) exciser

exciseman [ˈeksaɪzmæn] n, pl **-men** (Brit) agent m du fisc *(chargé du recouvrement des impôts indirects)*

excision [ekˈsɪʒən] n (frm) ⓐ (Med) excision f ⓑ (NonC = act of deletion) [of words, clause] suppression f ⓒ (= deleted passage: in film, play, book) coupure f

excitability [ɪkˌsaɪtəˈbɪlɪtɪ] n excitabilité f, nervosité f

excitable [ɪkˈsaɪtəbl] → SYN adj person, animal, temperament (also Med) excitable ◆ **to be in an excitable state** être tendu

excitableness [ɪkˈsaɪtəbəlnɪs] n excitabilité f, nervosité f

excitant [ɪkˈsaɪtənt] n excitant m, stimulant m

excitation [ˌeksɪˈteɪʃən] n (Bio, Elec, gen) excitation f

excite [ɪkˈsaɪt] → SYN vt ⓐ [+ person, animal] (gen, also sexually) exciter; (= rouse enthusiasm in) passionner ◆ **to excite o.s.** s'exciter, s'énerver
ⓑ [+ sentiments, envy, attention, pity] exciter; [+ imagination, passion] exciter, enflammer; [+ desire, anger] exciter, aviver; [+ admiration] exciter, susciter; [+ curiosity] exciter, piquer ◆ **to excite enthusiasm/interest in sb** enthousiasmer/intéresser qn ◆ **the issue has excited a great deal of debate** le sujet a suscité de nombreux débats
ⓒ (Med) [+ nerve] exciter, stimuler

excited [ɪkˈsaɪtɪd] → SYN adj ⓐ (= exhilarated) person, voice, shout, laugh, imagination excité; chatter animé; (sexually) excité ◆ **he was excited to hear of this development** il était tout excité d'apprendre ce fait nouveau ◆ **he is excited at the prospect** il est tout excité à cette idée ◆ **I'm really excited about it** je suis tout excité à cette idée ◆ **he was excited about going on holiday** il était tout excité à l'idée de partir en vacances ◆ **to become** or **get excited** s'exciter ◆ **it's nothing to get excited about** il n'y a pas de quoi s'énerver
ⓑ (= agitated) person, gesture nerveux; state de nervosité ◆ **to get excited (about sth)** s'énerver (à propos de qch) ◆ **don't get excited!** du calme!, ne t'énerve pas!
ⓒ (Phys) atom, molecule excité

excitedly [ɪkˈsaɪtɪdlɪ] adv say, talk, chatter sur un ton animé, avec animation; grin d'un air excité; laugh avec excitation; behave avec agitation; run tout excité ◆ **to wave excitedly** gesticuler

excitement [ɪkˈsaɪtmənt] → SYN n [of people] excitation f ; [of event] fièvre f ✦ **the excitement of the departure** l'excitation or la fièvre du départ ✦ **the excitement of a trip to the fair** la perspective excitante d'une visite à la fête foraine ✦ **the excitement of the elections** la fièvre des élections ✦ **to be in a state of great excitement** être dans un état de très grande excitation ✦ **the excitement of victory** l'ivresse f de la victoire ✦ **the book caused great excitement in literary circles** le livre a fait sensation dans les milieux littéraires ✦ **there was great excitement when she announced that ...** elle a suscité un grand émoi lorsqu'elle a annoncé que ... ✦ **he likes excitement** il aime les émotions fortes ✦ **she's looking for a bit of excitement in her life** elle cherche à donner un peu de piquant à sa vie ✦ **this sport has plenty of excitements** ce sport est excitant à bien des égards ✦ **the excitement of getting a book published** l'excitation que l'on ressent à la publication d'un livre ✦ **the excitement of being in love** l'ivresse f que l'on ressent lorsqu'on est amoureux ✦ **sexual excitement** excitation f sexuelle ✦ **with growing excitement he turned the key in the lock** de plus en plus excité, il a tourné la clé dans la serrure

exciting [ɪkˈsaɪtɪŋ] → SYN adj (= exhilarating) activity, experience, opportunity, idea, news, book passionnant ; (sexually) person excitant ✦ **he's exciting to be with** c'est passionnant d'être avec lui ✦ **how exciting!** comme c'est excitant or passionnant ! ✦ **we had an exciting time** nous avons passé des moments passionnants ✦ **to be exciting to sb** être excitant or palpitant pour qn

excitingly [ɪkˈsaɪtɪŋlɪ] adv describe de façon passionnante ✦ **an excitingly original writer** un écrivain d'une originalité passionnante

excl. abbrev of **excluding**, **exclusive (of)**

exclaim [ɪksˈkleɪm] → SYN 1 vi (gen) s'exclamer ✦ **he exclaimed in surprise when he saw it** il a laissé échapper une exclamation de surprise en le voyant ✦ **to exclaim at sth** (indignantly) s'exclamer d'indignation devant qch ; (admiringly) s'exclamer d'admiration devant qch
2 vt s'écrier (that que) ✦ **"at last!" she exclaimed** "enfin !" s'écria-t-elle

exclamation [ˌekskləˈmeɪʃən] → SYN 1 n exclamation f
2 COMP ▷ **exclamation mark**, **exclamation point** (US) n point m d'exclamation

exclamatory [ɪksˈklæmətərɪ] adj exclamatif

exclave [ˈeksˈkleɪv] n (Pol) enclave f

exclude [ɪksˈkluːd] → SYN vt (from team, society) exclure (from de) ; (Brit: from school) exclure temporairement ; (from list) écarter (from de), ne pas retenir ; (from meeting, discussions, process) écarter, exclure ; (+ possibility) exclure, écarter ; [+ sun's rays, germs] faire écran à ✦ **red meat is excluded from this diet** ce régime interdit la viande rouge ✦ **women were excluded from participation/ from competing** les femmes n'avaient pas le droit de participer/de prendre part à la compétition ✦ **to exclude sth from consideration** refuser de prendre qch en considération ✦ **to exclude from the jurisdiction of** soustraire à la compétence de ✦ **the price excludes VAT** le prix est hors taxe ✦ **£200, excluding VAT** 200 livres, hors taxe ✦ **a meal here costs about €15 per head excluding wine** un repas ici coûte environ 15 € par personne, vin non compris

excluding [ɪksˈkluːdɪŋ] prep à l'exclusion de, à part

exclusion [ɪksˈkluːʒən] → SYN 1 n exclusion f (from de) ✦ **to the exclusion of ...** à l'exclusion de ...
2 COMP ▷ **exclusion clause** n clause f d'exclusion ▷ **exclusion order** n (Brit Jur) (from country) interdiction f de territoire or de séjour ; (against spouse) interdiction f de domicile conjugal ▷ **exclusion zone** n zone f d'exclusion

exclusionary [ɪksˈkluːʒənərɪ] adj practice d'exclusion

exclusive [ɪksˈkluːsɪv] → SYN 1 adj a (= select) person, friendship, interest, occupation exclusif ; club élitaire ; district, resort, hotel, restaurant chic inv ; gathering sélect
b (= sole) use, offer, contract, property, story, picture exclusif ✦ **exclusive to readers of ...** exclusivement pour les lecteurs de ... ✦ **this special offer is exclusive to (readers of) this magazine** cette offre spéciale est réservée à nos lecteurs ✦ **an interview exclusive to ...** une interview exclusive accordée à ... ✦ **to have exclusive rights to sth** avoir l'exclusivité de qch
c (= not including) **to be exclusive of sth** exclure qch ✦ **exclusive of postage and packing** frais d'expédition non compris ✦ **from 15 to 20 June exclusive** du 15 au 19 juin inclus ✦ **exclusive of taxes** (Comm) hors taxes, taxes non comprises ; → **mutually**
2 n (Press) exclusivité f

exclusively [ɪksˈkluːsɪvlɪ] adv exclusivement ✦ **available exclusively from ...** en vente exclusivement chez ... ✦ **exclusively available to readers of ...** réservé exclusivement aux lecteurs de ...

exclusiveness [ɪksˈkluːsɪvnɪs] n a [of club, neighbourhood] caractère m huppé
b [of agreement, contract] exclusivité f

exclusivity [ˌeksˈkluːsɪvətɪ] n exclusivité f

excommunicate [ˌekskəˈmjuːnɪkeɪt] → SYN vt excommunier

excommunication [ˈekskəˌmjuːnɪˈkeɪʃən] n excommunication f

ex-con* [ˈeksˈkɒn] n ancien taulard* m

excoriate [ɪksˈkɔːrɪeɪt] vt (frm) [+ person] chapitrer ; [+ organization] condamner ; [+ idea] fustiger

excoriation [ɪkˌskɔːrɪˈeɪʃən] n (Med) excoriation f

excrement [ˈekskrɪmənt] n excrément m

excremental [ˌekskrɪˈmentl] adj excrémentiel

excrescence [ɪksˈkresns] n (lit, fig) excroissance f

excreta [ɪksˈkriːtə] npl excrétions fpl ; (= excrement) excréments mpl, déjections fpl

excrete [ɪksˈkriːt] vt excréter ; [plant] sécréter

excretion [ɪksˈkriːʃən] n excrétion f, sécrétion f

excretory [ɪksˈkriːtərɪ] adj (Physiol) excréteur (-trice f), excrétoire

excruciating [ɪksˈkruːʃɪeɪtɪŋ] → SYN adj pain, suffering, sight, sound, boredom insoutenable ; death atroce ; joke lamentable ✦ **I was in excruciating pain** je souffrais comme un damné ✦ **in excruciating detail** dans les moindres détails

excruciatingly [ɪksˈkruːʃɪeɪtɪŋlɪ] adv painful atrocement ; difficult, humiliating affreusement ✦ **excruciatingly funny** désopilant

exculpate [ˈekskʌlpeɪt] vt [+ person] disculper, innocenter (from de) ✦ **to exculpate sb of** or **from responsibility** juger qn non responsable

exculpation [ˌekskʌlˈpeɪʃən] n disculpation f

excursion [ɪksˈkɜːʃən] → SYN 1 n excursion f, balade* f ; (on foot, cycle) randonnée f ; (fig = digression) digression f
2 COMP ▷ **excursion ticket** n billet m d'excursion ▷ **excursion train** n train m spécial (pour excursions)

excusable [ɪksˈkjuːzəbl] → SYN adj excusable, pardonnable

excuse [ɪksˈkjuːz] LANGUAGE IN USE 18.1 → SYN
1 vt a (= justify) [+ action, person] excuser ✦ **such rudeness cannot be excused** une telle impolitesse est inexcusable ✦ **to excuse o.s.** s'excuser (for de), présenter ses excuses
b (= pardon) excuser (sb for having done qn d'avoir fait) ✦ **to excuse sb's insolence** excuser l'insolence de qn, pardonner à qn son insolence ✦ **one can be excused for not understanding what she says** il est excusable de ne pas comprendre ce qu'elle dit ✦ **if you will excuse the expression, excuse my French** (hum) passez-moi l'expression ✦ **and now if you will excuse me, I have work to do** et maintenant, si vous voulez bien m'excuser, j'ai du travail à faire ✦ **excuse me for wondering if ...** permettez-moi de me demander si ... ✦ **excuse me!** excusez-moi !, (je vous demande) pardon ! ✦ **excuse me, but I don't think this is true** excusez-moi, mais je ne crois pas que ce soit vrai ✦ **excuse me for not seeing you out** excusez-moi si je ne vous raccompagne pas or de ne pas vous raccompagner
c (= exempt) exempter (sb from sth qn de qch), dispenser (sb from sth qn de qch ; sb from doing sth qn de faire qch), excuser ✦ **you are excused** (to children) vous pouvez vous en aller ✦ **he excused himself after ten minutes** au bout de dix minutes, il s'est excusé et est parti ✦ **to ask to be excused** demander à être excusé ✦ **he was excused from the afternoon session** on l'a dispensé d'assister à la séance de l'après-midi ✦ **to excuse sb from an obligation** dispenser qn d'une obligation
2 [ɪksˈkjuːs] n a (= reason, justification) excuse f ✦ **there is no excuse for it, it admits of no excuse** (frm) c'est inexcusable ✦ **his only excuse was that ...** sa seule excuse était que ... ✦ **there is no excuse for his leaving so abruptly** cela ne l'excuse pas d'être parti si brusquement ✦ **in excuse for** pour s'excuser de ✦ **without excuse** sans excuse ; → **ignorance**
b (= pretext) excuse f, prétexte m ✦ **a lame excuse** une piètre excuse, une excuse boiteuse ✦ **to find an excuse for sth** trouver une excuse à qch ✦ **I have a good excuse for not going** j'ai une bonne excuse pour ne pas y aller ✦ **to make an excuse for sth/for doing** (gen) trouver une or des excuse(s) à qch/ pour faire ✦ **he's just making excuses** il se cherche des excuses ✦ **he is always making excuses to get away** il trouve or invente toujours des excuses pour s'absenter ✦ **what's your excuse this time?** qu'avez-vous comme excuse cette fois-ci ? ✦ **he gave the bad weather as his excuse for not coming** il a prétexté or allégué le mauvais temps pour ne pas venir ✦ **it's only an excuse** ce n'est qu'un prétexte ✦ **his success was a good excuse for a family party** ce succès a fourni le prétexte à une fête de famille
3 COMP ▷ **excuse-me (dance)** n (Brit) danse où l'on change de partenaire, ≈ danse f du balai

ex-directory [ˈeksdɪˈrektərɪ] LANGUAGE IN USE 27.5
1 adj (Brit Telec) qui ne figure pas dans l'annuaire, ≈ qui est sur la liste rouge
2 adv ✦ **he's gone ex-directory** il s'est fait mettre sur la liste rouge

ex dividend [ˈeksˈdɪvɪˌdend] adj (St Ex) ex-dividende

exec [ɪgˈzek] n (abbrev of **executive**) cadre m

execrable [ˈeksɪkrəbl] adj exécrable

execrably [ˈeksɪkrəblɪ] adv exécrablement

execrate [ˈeksɪkreɪt] → SYN vt (liter) a (= hate) exécrer
b (= curse) maudire

execration [ˌeksɪˈkreɪʃən] → SYN n (liter) a (NonC) exécration f (liter), horreur f ✦ **to hold in execration** exécrer (liter)
b (= curse) malédiction f, imprécation f

executable [ˈeksɪkjuːtəbl] adj exécutable ✦ **executable program** (Comput) application f

executant [ɪgˈzekjʊtənt] n (Mus) interprète mf, exécutant(e) m(f)

execute [ˈeksɪkjuːt] → SYN vt a (= carry out) [+ order, piece of work, dance, movement] exécuter ; [+ work of art] réaliser ; [+ project, plan] exécuter, mettre à exécution ; [+ purpose, sb's wishes] accomplir ; [+ duties] exercer, remplir ; [+ task] exécuter, s'acquitter de ; (Mus) exécuter, interpréter ; (Jur) [+ will] exécuter ; [+ document] valider ; [+ deed] signer ; [+ contract] valider
b (= put to death) exécuter

execution [ˌeksɪˈkjuːʃən] → SYN n a (= carrying out) [of task, order, will, warrant, dance, sculpture] exécution f ; [of plan] exécution f, réalisation f ; [of wishes] accomplissement m ; [of song] interprétation f ; [of treaty] application f ✦ **in the execution of his duties** dans l'exercice m de ses fonctions ✦ **to carry** or **put sth into execution** mettre qch à exécution
b (= killing) exécution f

executioner [ˌeksɪˈkjuːʃnər] → SYN n (also **public executioner**) bourreau m, exécuteur m des hautes œuvres

executive [ɪgˈzekjʊtɪv] → SYN 1 adj a (Govt, Ind, Comm) power, decision, function, role directorial ; position, pay de cadre ; car de fonction ✦ **the executive arm of the organization** l'organe exécutif de l'organisation ✦ **executive capability** capacité f d'exécution
b (esp Brit * = up-market) briefcase, chair de luxe ✦ **executive class** classe f affaires

ENGLISH-FRENCH executor / exhibitionist

executive [2] n **a** (Admin, Ind etc = person) cadre m ◆ **senior/junior executive** cadre m supérieur/moyen ◆ **a Shell/IBM executive** un cadre (de chez) Shell/IBM ◆ **a sales/production executive** un cadre du service des ventes/du service production ◆ **a woman** or **female executive** une femme cadre ; → **chief**
b (= managing group: of organization) bureau m ◆ **to be on the executive** faire partie du bureau ◆ **the trade union/party executive** le bureau du syndicat/du parti
c (= part of government) (pouvoir m) exécutif m
[3] COMP ▷ **executive agreement** n (US Pol) accord conclu entre chefs d'État ▷ **executive board** n (Admin, Ind) conseil m de direction ▷ **executive branch** n (Admin, Ind, Govt) organe m exécutif ▷ **executive burnout** n épuisement m du cadre ▷ **executive chairman** n, pl **executive chairmen** directeur m exécutif ▷ **executive committee** n (Admin, Ind) comité m exécutif ▷ **executive council** n (Admin, Ind) conseil m exécutif or de direction ; (US Pol) conseil m exécutif ▷ **executive director** n directeur m exécutif ▷ **executive lounge** n salon m classe affaires ▷ **the Executive Mansion** n (US) (= White House) la Maison-Blanche ; (= Governor's house) la résidence officielle du gouverneur (d'un État américain) ▷ **executive member** n membre m du bureau exécutif ▷ **the Executive Office of the President** n (US) le cabinet du président (des États-Unis), la Présidence (des États-Unis) ▷ **executive officer** n [of organization] cadre m administratif ; (US Mil, Naut) commandant m en second ▷ **executive order** n (US) décret-loi m ▷ **executive president** n président m exécutif ▷ **executive privilege** n (US Pol) privilège du président de ne pas communiquer certaines informations ▷ **executive producer** n (Cine, Theat, TV) producteur m exécutif ▷ **executive relief** n (NonC: euph) ≈ le cinq à sept du cadre ▷ **executive secretary** n secrétaire mf de direction ▷ **executive session** n (US Govt) séance f à huis clos ▷ **the executive suite (of offices)** n les bureaux mpl de la direction ▷ **executive toy** n (for play) gadget m de bureau ; (as status symbol) gadget m de luxe

---

EXECUTIVE PRIVILEGE

Le "privilège de l'exécutif" est le droit dont bénéficie le président des États-Unis de ne pas divulguer au Congrès ou au pouvoir judiciaire certaines informations jugées confidentielles ou devant rester secrètes pour des raisons de sécurité nationale. Plusieurs présidents ont tenté d'obtenir un droit au secret total, y compris pour des motifs personnels, mais la Cour suprême s'y est opposée. Ainsi, pendant l'affaire du Watergate, elle a rejeté la requête du président Nixon, qui invoquait ce privilège pour refuser de livrer des enregistrements à la commission d'enquête du Sénat.

---

executor [ɪɡˈzɛkjʊtər] n (Jur) exécuteur m testamentaire

executrix [ɪɡˈzɛkjʊtrɪks] n, pl **executrixes** or **executrices** [ɪɡˌzɛkjʊˈtraɪsiːz] (Jur) exécutrice f testamentaire

exedra [ˈɛksɪdrə] n exèdre f

exegesis [ˌɛksɪˈdʒiːsɪs] n, pl **exegeses** [ˌɛksɪˈdʒiːsiːz] exégèse f

exegete [ˈɛksɪdʒiːt] n exégète mf

exegetic [ˌɛksɪˈdʒɛtɪk] adj exégétique

exemplar [ɪɡˈzɛmplɑː] n (= model) exemple m, modèle m

exemplary [ɪɡˈzɛmplərɪ] → SYN [1] adj exemplaire ◆ **exemplary in one's conduct** d'une conduite exemplaire
[2] COMP ▷ **exemplary damages** npl (Jur) dommages-intérêts mpl pour préjudice moral

exemplification [ɪɡˌzɛmplɪfɪˈkeɪʃən] n exemplification f

exemplify [ɪɡˈzɛmplɪfaɪ] → SYN vt (= illustrate) exemplifier, illustrer ; (= be example of) servir d'exemple de, être un exemple de ◆ **exemplified copy** (Jur) expédition f, copie f certifiée

exempt [ɪɡˈzɛmpt] → SYN [1] adj exempt (from de)
[2] vt exempter (from sth de qch), dispenser (from doing sth de faire qch)

exemption [ɪɡˈzɛmpʃən] → SYN [1] n exonération f (from de) ; (Educ) dispense f (from de) ; (Jur) dérogation f ◆ **tax exemption** exonération f fiscale
[2] COMP ▷ **exemption clause** n clause f d'exonération

exercise [ˈɛksəsaɪz] → SYN [1] n **a** (NonC = putting into practice) [of right, caution, power] exercice m ; [of religion] pratique f, exercice m ◆ **in the exercise of his duties** dans l'exercice de ses fonctions
b (= physical exertion) exercice m ◆ **to take exercise** faire de l'exercice ◆ **to do (physical) exercises every morning** faire de la gymnastique tous les matins
c (= task) exercice m ◆ **a grammar exercise** un exercice de grammaire
d (Mil etc: gen pl) exercice m, manœuvre f ◆ **to go on (an) exercise** (Mil) aller à l'exercice ; (Naut) partir en manœuvre ◆ **NATO exercises** manœuvres fpl de l'OTAN
e (= sth carried out) opération f ◆ **an exercise in public relations/in management** etc une opération de relations publiques/de gestion des affaires etc ◆ **a cost-cutting exercise** une opération de réduction des coûts ◆ **an exercise in futility** le type même de l'entreprise inutile
[2] **exercises** npl (US = ceremony) cérémonies fpl
[3] vt **a** (= exert) [+ body, mind] exercer ; [+ troops] faire faire l'exercice à ; [+ horse] exercer ◆ **to exercise one's dog** faire courir son chien
b (= use, put into practice) [+ one's authority, control, power] exercer ; [+ a right] exercer, user de ; [+ one's talents] employer, exercer ; [+ patience, tact, restraint] faire preuve de ◆ **to exercise care in doing sth** apporter du soin à faire qch, s'appliquer à bien faire qch
c (frm = preoccupy) préoccuper ◆ **the problem which is exercising my mind** le problème qui me préoccupe
[4] vi faire de l'exercice
[5] COMP ▷ **exercise bench** n (Sport) banc m de musculation ▷ **exercise bike** n vélo m d'appartement ▷ **exercise book** n (for writing in) cahier m (d'exercices or de devoirs) ; (= book of exercises) livre m d'exercices ▷ **exercise price** n (St Ex) prix m de levée ▷ **exercise yard** n [of prison] cour f (de prison)

exerciser [ˈɛksəsaɪzər] n (= person) personne f qui fait de l'exercice ; (= machine) exerciseur m

exercycle [ˈɛksəsaɪkl] n vélo m d'appartement

exert [ɪɡˈzɜːt] → SYN vt **a** [+ pressure] exercer ; [+ force] employer ; [+ talent, influence] exercer, déployer ; [+ authority] exercer, faire sentir
b to exert o.s. (physically) se dépenser ; (= take trouble) se donner du mal, s'appliquer ◆ **to exert o.s. to do sth** s'appliquer à or s'efforcer de faire qch ◆ **he didn't exert himself unduly** il ne s'est pas donné trop de mal, il ne s'est pas trop fatigué ◆ **don't exert yourself!** (iro) ne vous fatiguez pas !

exertion [ɪɡˈzɜːʃən] → SYN n **a** effort m ◆ **by his own exertions** par ses propres moyens ◆ **after the day's exertions** après les fatigues fpl de la journée ◆ **it doesn't require much exertion** cela n'exige pas un grand effort
b (NonC) [of force, strength] emploi m ; [of authority, influence] exercice m ◆ **by the exertion of a little pressure** (lit) en exerçant une légère pression ; (fig) en utilisant la manière douce

exeunt [ˈɛksɪʌnt] vi (Theat) ils sortent ◆ **exeunt Macbeth and Lady Macbeth** Macbeth et Lady Macbeth sortent

exfoliate [ɛksˈfəʊlɪeɪt] [1] vt (Bio, Geol) exfolier ; (Cosmetics) gommer
[2] vi (Bio, Geol) s'exfolier ; (Cosmetics) se faire un gommage (de la peau)
[3] COMP ▷ **exfoliating cream** n crème f exfoliante

exfoliation [ɛksˌfəʊlɪˈeɪʃən] n (Bio, Geol) exfoliation f ; (Cosmetics) gommage m ◆ **frequent exfoliation is good for the skin** un gommage fréquent est bon pour la peau

ex gratia [ˌɛksˈɡreɪʃə] adj payment à titre gracieux

exhalation [ˌɛkshəˈleɪʃən] n **a** (= act) exhalation f
b (= odour, fumes etc) exhalaison f

exhale [ɛksˈheɪl] [1] vt **a** (= breathe out) expirer (Physiol)
b (= give off) [+ smoke, gas, perfume] exhaler
[2] vi expirer ◆ **exhale please** expirez s'il vous plaît ◆ **he exhaled slowly in relief** il a laissé échapper un long soupir de soulagement

exhaust [ɪɡˈzɔːst] → SYN [1] vt **a** (= use up) [+ supplies, energy, mine, subject] épuiser ◆ **to exhaust sb's patience** pousser qn à bout
b (= tire) épuiser, exténuer ◆ **to exhaust o.s. (doing sth)** s'épuiser (à faire qch)
[2] n (Aut) (= system) échappement m ; (= pipe) tuyau m or pot m d'échappement ; (= fumes) gaz m d'échappement

exhausted [ɪɡˈzɔːstɪd] → SYN adj **a** (= tired out) person épuisé (from doing sth d'avoir fait qch) ◆ **their horses were exhausted from or with the chase** la poursuite avait épuisé leurs chevaux ◆ **I'm exhausted** je suis épuisé, je n'en peux plus
b (= used up) supplies, savings, mine épuisé ◆ **my patience is exhausted** ma patience est à bout ◆ **until funds are exhausted** jusqu'à épuisement des fonds

exhaustible [ɪɡˈzɔːstɪbl] adj resources non renouvelable ; patience limité, qui a des limites

exhausting [ɪɡˈzɔːstɪŋ] → SYN adj épuisant

exhaustion [ɪɡˈzɔːstʃən] → SYN n épuisement m

exhaustive [ɪɡˈzɔːstɪv] → SYN adj list, study, report, analysis, research, investigation exhaustif ; coverage exhaustif, complet (-ète f) ; search minutieux ; tests approfondi, poussé ◆ **to make an exhaustive study of sth** étudier qch à fond or de manière exhaustive

exhaustively [ɪɡˈzɔːstɪvlɪ] adv research, cover, list, describe de manière exhaustive ; study à fond, de manière exhaustive ◆ **they searched the area exhaustively** ils ont minutieusement fouillé la région

exhaustiveness [ɪɡˈzɔːstɪvnəs] n exhaustivité f

exhibit [ɪɡˈzɪbɪt] → SYN [1] vt **a** (= put on display) [+ painting, handicrafts] exposer ; [+ merchandise] exposer, étaler ; [+ animal] montrer
b [+ courage, skill, ingenuity] faire preuve de, déployer ; [+ tendencies] montrer, afficher ; [+ behaviour] afficher ; [+ symptoms] présenter ◆ **some people may exhibit allergic reactions to this substance** certaines personnes développent or présentent des réactions allergiques à cette substance
[2] vi [artist, sculptor] exposer ◆ **dog breeders who exhibit all over the country** des éleveurs de chiens qui participent à des concours dans tout le pays
[3] n **a** (= object on display: in exhibition) pièce f exposée (dans un musée etc)
b (Jur) pièce f à conviction ◆ **exhibit A** première pièce f à conviction
c (US = exhibition) exposition f ◆ **a photography exhibit** une exposition de photographies ◆ **a retrospective exhibit** une rétrospective

exhibition [ˌɛksɪˈbɪʃən] → SYN [1] n **a** (= show) [of paintings, furniture etc] exposition f ; [of articles for sale] étalage m ◆ **the Van Gogh exhibition** l'exposition f Van Gogh ◆ **a number of Turner's paintings are on exhibition in the gallery** plusieurs tableaux de Turner sont exposés dans la galerie ◆ **to make an exhibition of o.s.** se donner en spectacle
b (= act of exhibiting) [of technique etc] démonstration f ; [of film] présentation f ◆ **what an exhibition of bad manners!** quel étalage de mauvaises manières !
c (Brit Univ) bourse f (d'études)
[2] COMP ▷ **exhibition centre** n centre m d'expositions ▷ **exhibition hall** n hall m d'exposition ▷ **exhibition match** n (Sport) match-exhibition m

exhibitioner [ˌɛksɪˈbɪʃənər] n (Brit Univ) boursier m, -ière f

exhibitionism [ˌɛksɪˈbɪʃənɪzəm] n exhibitionnisme m

exhibitionist [ˌɛksɪˈbɪʃənɪst] adj, n exhibitionniste mf

exhibitor [ɪgˈzɪbɪtəʳ] n exposant(e) m(f) *(dans une exposition)*

exhilarate [ɪgˈzɪləreɪt] vt [sea air etc] vivifier ; [music, wine, good company] rendre euphorique ◆ **to be** or **feel exhilarated** être en pleine euphorie

exhilarating [ɪgˈzɪləreɪtɪŋ] → SYN adj experience, time, feeling, ride grisant ; air, breeze vivifiant ; activity exaltant ◆ **it is exhilarating to do that** c'est grisant de faire cela

exhilaration [ɪgˌzɪləˈreɪʃən] n ivresse f, euphorie f

exhort [ɪgˈzɔːt] → SYN vt exhorter *(sb to sth* qn à qch ; *sb to do sth* qn à faire qch*)*

exhortation [ˌɛgzɔːˈteɪʃən] → SYN n exhortation f *(to sth* à qch ; *to do sth* à faire qch*)* ◆ **despite exhortations to investors to buy** bien que l'on ait exhorté les investisseurs à acheter

exhumation [ˌɛksjuːˈmeɪʃən] **1** n exhumation f

2 COMP ▷ **exhumation order** n (Jur) autorisation f d'exhumer

exhume [ɛksˈhjuːm] → SYN vt exhumer

ex-husband [ˌɛksˈhʌzbənd] n ex-mari m

exigence [ˈɛksɪdʒəns], **exigency** [ˈɛksɪdʒənsɪ] n (frm) (= urgency) urgence f ; (= emergency) circonstance f or situation f critique ; (gen pl = demand) exigence f ◆ **according to the exigencies of the situation** selon les exigences de la situation

exigent [ˈɛksɪdʒənt] adj (frm) (= urgent) urgent, pressant ; (= exacting) exigeant

exiguity [ˌɛgzɪˈgjuːɪtɪ] n (frm) exiguïté f

exiguous [ɪgˈzɪgjʊəs] adj (frm) space exigu (-güe f) ; savings, income, revenue maigre

exile [ˈɛksaɪl] → SYN **1** n **a** (= person) exilé(e) m(f)

b (NonC : condition : lit, fig) exil m ◆ **in exile** en exil ◆ **to send into exile** envoyer en exil, exiler ◆ **to go into exile** s'exiler

2 vt exiler, bannir *(from* de*)*

exiled [ˈɛksaɪld] adj exilé, en exil

exist [ɪgˈzɪst] → SYN vi **a** (= be in existence : gen, Philos) exister ◆ **everything that exists** tout ce qui existe ◆ **does God exist?** est-ce que Dieu existe ? ◆ **might life exist on Mars?** est-ce qu'il peut y avoir de la vie sur Mars ? ◆ **it only exists in her imagination** cela n'existe que dans son imagination ◆ **the understanding which exists between the two countries** l'entente qui règne or existe entre les deux pays ◆ **the ceasefire now exists only on paper or in name only** à présent, le cessez-le-feu n'existe plus que sur le papier ◆ **to continue to exist** [situation, conditions, doubt] subsister ; [institution] rester en place ; [person] (after death) continuer à exister ◆ **to cease to exist** cesser d'exister, disparaître ◆ **there exists a large number of people who ...** il existe un grand nombre de gens qui ... ◆ **there exists a possibility** or **the possibility exists that she is still alive** il se peut qu'elle soit toujours vivante

b (= live) vivre, subsister ◆ **we cannot exist without water** nous ne pouvons pas vivre or subsister sans eau ◆ **we exist on an income of just £90 per week** nous vivons or subsistons avec seulement 90 livres par semaine ◆ **she exists on junk food** elle se nourrit de cochonneries

existence [ɪgˈzɪstəns] → SYN n **a** (NonC) [of God, person, object, institution] existence f ◆ **to be in existence** exister ◆ **to come into existence** voir le jour ◆ **to call into existence** faire naître, créer ◆ **it passed or went out of existence ten years ago** cela n'existe plus depuis dix ans ◆ **the only one in existence** le seul ou la seule qui existe (subj) or qui soit

b (= life) existence f, vie f

existent [ɪgˈzɪstənt] → SYN adj (frm) existant

existential [ˌɛgzɪˈstɛnʃəl] adj existentiel

existentialism [ˌɛgzɪˈstɛnʃəlɪzəm] n existentialisme m

existentialist [ˌɛgzɪˈstɛnʃəlɪst] adj, n existentialiste mf

existing [ɪgˈzɪstɪŋ] adj system, arrangements, customers, facilities, product, border actuel ; law, order existant ◆ **under existing circumstances** dans les circonstances actuelles

exit [ˈɛksɪt] → SYN **1** n **a** (from stage, competition, motorway) sortie f ◆ **to make one's exit** (Theat) quitter la scène, faire sa sortie ; (gen) sortir, quitter les lieux

b (= way out, door) sortie f ; → **emergency**

c (voluntary euthanasia society) **Exit** ≃ Mourir dans la Dignité

2 vi **a** (Theat) **exit the King** le roi sort

b (= leave) sortir, faire sa sortie

c (Comput) sortir

3 vt (Comput) [+ file, program, application] sortir de, quitter

4 COMP ▷ **exit permit** n permis m de sortie ▷ **exit poll** n (at election) sondage m effectué à la sortie des bureaux de vote ▷ **exit ramp** n (US Aut) bretelle f d'accès ▷ **exit visa** n visa m de sortie

exitance [ˈɛksɪtəns] n (Phys) exitance f

ex-libris [ɛksˈliːbrɪs] n ex-libris m

ex nihilo [ˌɛksˈnɪhɪləʊ] adv ex nihilo

exobiologist [ˌɛksəʊbaɪˈɒlədʒɪst] n exobiologiste mf

exobiology [ˌɛksəʊbaɪˈɒlədʒɪ] n exobiologie f

Exocet® [ˈɛksəʊsɛt] n (Mil) exocet ® m inv

exocrine [ˈɛksəʊkraɪn] adj exocrine

exodus [ˈɛksədəs] → SYN n exode m ◆ **there was a general exodus** il y a eu un exode massif ◆ **Exodus** (Bible) l'Exode m

ex officio [ˌɛksəˈfɪʃɪəʊ] (frm) **1** adv act ès qualités

2 adj member de droit

exogamic [ˌɛksəʊˈgæmɪk], **exogamous** [ɛkˈsɒgəməs] adj exogame

exogamy [ɛkˈsɒgəmɪ] n exogamie f

exogenous [ɛkˈsɒdʒɪnəs] adj exogène

exon [ˈɛksɒn] n exon m

exonerate [ɪgˈzɒnəreɪt] → SYN vt (= prove innocent) disculper *(from* de*)*, innocenter ; (= release from obligation) dispenser *(from* de*)*

exoneration [ɪgˌzɒnəˈreɪʃən] n disculpation f *(from sth* de qch*)*

exophthalmic [ˌɛksɒfˈθælmɪk] adj exophtalmique

exophthalmos [ˌɛksɒfˈθælmɒs], **exophthalmus** [ˌɛksɒfˈθælməs] n exophtalmie f

exorbitance [ɪgˈzɔːbɪtəns] n [of demands] outrance f ; [of price] énormité f

exorbitant [ɪgˈzɔːbɪtənt] → SYN adj price, cost, charge, demands exorbitant ; profit faramineux

exorbitantly [ɪgˈzɔːbɪtəntlɪ] adv expensive démesurément ◆ **an exorbitantly high salary** un salaire exorbitant ◆ **exorbitantly priced** d'un prix exorbitant ◆ **to pay sb/charge sb exorbitantly** payer qn/faire payer à qn des sommes exorbitantes

exorcise [ˈɛksɔːsaɪz] → SYN vt exorciser *(of* de*)*

exorcism [ˈɛksɔːsɪzəm] → SYN n exorcisme m

exorcist [ˈɛksɔːsɪst] n exorciste mf

exordium [ɛkˈsɔːdɪəm] n, pl **exordiums** or **exordia** [ɛkˈsɔːdɪə] exorde m

exoskeleton [ˌɛksəʊˈskɛlɪtən] n exosquelette m

exosphere [ˈɛksəʊˌsfɪəʳ] n exosphère f

exostosis [ˌɛksɒˈstəʊsɪs] n, pl **exostoses** [ˌɛksɒˈstəʊsiːz] exostose f

exoteric [ˌɛksəʊˈtɛrɪk] adj doctrine exotérique ; opinions populaire

exothermal [ˌɛksəʊˈθɜːməl] adj exothermique

exothermic [ˌɛksəʊˈθɜːmɪk] adj exothermique

exotic [ɪgˈzɒtɪk] → SYN **1** adj exotique ◆ **an exotic-sounding name** un nom aux consonances exotiques

2 n (Bot) plante f exotique

3 COMP ▷ **exotic shorthair** n (= cat) exotique m à poil court

exotica [ɪgˈzɒtɪkə] npl objets mpl exotiques

exotically [ɪgˈzɒtɪklɪ] adv dressed d'une manière exotique ◆ **exotically named** au nom exotique

exoticism [ɪgˈzɒtɪsɪzəm] n exotisme m

exotoxin [ˌɛksəʊˈtɒksɪn] n exotoxine f

expand [ɪkˈspænd] → SYN **1** vt [+ gas, liquid, metal] dilater ; [+ one's business, trade, ideas] développer ; [+ production] accroître, augmenter ; [+ number] augmenter ; [+ study] élargir, [+ influence, empire] étendre ; [+ range] élargir, étendre ; (Math) [+ formula] développer ◆ **to expand one's knowledge** élargir ses connaissances ◆ **to expand one's experience** élargir son expérience ◆ **exercises to expand one's chest** exercices mpl physiques pour développer le torse ◆ **she expanded the story into a novel** elle a développé l'histoire pour en faire un roman ◆ **they have expanded their workforce to 300** ils ont porté le nombre de leurs employés à 300 ◆ **this expanded board membership to 21** cela a porté à 21 le nombre des membres du conseil d'administration

2 vi **a** (gas, liquid, metal) se dilater ; [business, trade, ideas] se développer ; [production] s'accroître, augmenter ; [study] s'élargir ; [influence, empire] s'étendre ; [knowledge] s'élargir ◆ **the market is expanding** le marché est en expansion ◆ **the market is expanding rapidly** le marché connaît une rapide expansion ◆ **the economy expanded by 3.9% in 1996** l'économie a connu une croissance de 3,9 % en 1996 ◆ **they've expanded into the European market** ils ont étendu leur activités au marché européen ◆ **they've expanded into new products** ils ont diversifié leurs produits ◆ **a former radio presenter who has expanded into television** un ancien présentateur de radio qui s'est reconverti dans la télévision ; see also **expanding**

b to expand (up)on développer

expanded [ɪkˈspændɪd] adj (Metal, Tech) expansé ◆ **expanded metal** métal m déployé ◆ **expanded polystyrene** polystyrène m expansé

expander [ɪkˈspændəʳ] n → **chest**

expanding [ɪkˈspændɪŋ] adj metal etc qui se dilate ; bracelet extensible ; market, industry, profession en expansion ◆ **the expanding universe** l'univers m en expansion ◆ **the expanding universe theory** la théorie de l'expansion de l'univers ◆ **expanding file** classeur m extensible ◆ **a job with expanding opportunities** un emploi qui offre un nombre croissant de débouchés ◆ **a rapidly expanding industry** une industrie en pleine expansion

expanse [ɪkˈspæns] → SYN n étendue f

expansion [ɪkˈspænʃən] → SYN **1** n [of gas] expansion f, dilatation f ; [of business] expansion f, agrandissement m ; [of trade] développement m, expansion f ; [of production] accroissement m, augmentation f ; (territorial, economic, colonial) expansion f ; [of subject, idea] développement m ; (Math) développement m ; (Gram) expansion f

2 COMP ▷ **expansion bottle** n (Aut) vase m d'expansion ▷ **expansion card** n (Comput) carte f d'extension ▷ **expansion slot** n (Comput) emplacement m or logement m pour carte supplémentaire ▷ **expansion tank** n ⇒ **expansion bottle**

expansionary [ɪkˈspænʃənərɪ] adj expansionniste

expansionism [ɪkˈspænʃənɪzəm] n expansionnisme m

expansionist [ɪkˈspænʃənɪst] adj, n expansionniste mf

expansive [ɪkˈspænsɪv] → SYN adj **a** (= affable) person, mood, gesture expansif ; smile chaleureux

b (frm = grand) area, lawn étendu ; room spacieux ; view étendu, bien dégagé

c (= expanding) economy, business en expansion ; phase d'expansion ◆ **to have expansive ambitions** avoir des ambitions conquérantes

d (Phys) (= causing expansion) expansif ; (= capable of expanding) expansible, dilatable

expansively [ɪkˈspænsɪvlɪ] adv **a** (= affably) say, smile chaleureusement, avec chaleur ◆ **to gesture expansively** faire de grands gestes

b (= in detail) **he wrote expansively to his son** il a écrit de longues lettres à son fils ◆ **he talked expansively of his travels** il a longuement raconté ses voyages

expansiveness [ɪkˈspænsɪvnɪs] n [of person] expansivité f ; [of welcome, smile] chaleur f

ex parte [ɛksˈpɑːtɪ] adj (Jur) par une partie

expat * [ˌɛksˈpæt] n (abbrev of **expatriate**) expatrié(e) m(f) ◆ **the expat community** la communauté des expatriés

expatiate [ɪkˈspeɪʃɪeɪt] → SYN vi discourir, disserter *(upon* sur*)*

expatriate [eks'pætrɪət] → SYN 1 n expatrié(e) m(f) ◆ **British expatriates** ressortissants mpl britanniques établis à l'étranger

2 adj person expatrié ; family, community d'expatriés

3 vt [eks'pætrɪeɪt] expatrier

expect [ɪk'spekt] → SYN 1 vt → **expected** a (= anticipate) s'attendre à ; (= predict) prévoir ; (with confidence) escompter ; (= count on) compter sur ; (= hope for) espérer ◆ **I expected that, I expected as much** je m'y attendais ◆ **he failed, as we had expected** il a échoué, comme nous l'avions prévu ◆ **this suitcase is not as heavy as I expected** cette valise n'est pas aussi lourde que je le croyais, je m'attendais à ce que cette valise soit plus lourde ◆ **I did not expect that from him** je ne m'attendais pas à cela de lui ◆ **we were expecting rain** nous nous attendions à de la pluie ◆ **he did not have the success he expected** il n'a pas eu le succès qu'il escomptait ◆ **to expect that ...** s'attendre à ce que ... (+ subj) ◆ **I expect that he'll come** je pense qu'il viendra ◆ **to expect to do sth** penser or compter faire qch ◆ **I expect him to come** je m'attends à ce qu'il vienne ◆ **we were expecting war** on attendait la guerre ◆ **I know what to expect** je sais à quoi m'attendre or m'en tenir ◆ **well what do** or **did you expect?** il fallait t'y attendre !, ce n'est pas surprenant ! ◆ **to expect the worst** s'attendre au pire ◆ **as expected** comme on s'y attendait, comme prévu ◆ **as might have been expected, as was to be expected** comme on pouvait or comme il fallait s'y attendre ◆ **that was to be expected** c'était à prévoir, il fallait s'y attendre ◆ **it is expected that ...** on s'attend à ce que ... (+ subj) ◆ **it is hardly to be expected that ...** il ne faut pas or guère s'attendre à ce que ... (+ subj)

◆ **to be expected to do sth** ◆ **she is expected to make an announcement this afternoon** elle doit faire une déclaration cet après-midi ◆ **inflation is expected to rise this year** on s'attend à ce que l'inflation augmente (subj) cette année ◆ **what am I expected to do about it?** qu'est-ce que je suis censé faire ? ◆ **the talks are expected to last two or three days** les négociations devraient durer or on s'attend à ce que les négociations durent (subj) deux ou trois jours

b (= suppose) **I expect so** je crois que oui, je crois* ◆ **we're not going to win – I expect not** nous n'allons pas gagner — je crois bien que non ◆ **this work is very tiring – yes, I expect it is** ce travail est très fatigant — oui, je m'en doute or je veux bien le croire ◆ **I expect he'll soon have finished** je pense or suppose qu'il aura bientôt fini ◆ **I expect you're tired** vous devez être fatigué, je suppose que vous êtes fatigué

c (= demand) attendre (*sth from sb* qch de qn), demander (*sth from sb* qch à qn) ; (stronger) exiger (*sth from sb* qch de qn) ◆ **you can't expect too much from him** il ne faut pas trop lui en demander ◆ **the company expects employees to be punctual** l'entreprise attend de ses employés qu'ils soient ponctuels ◆ **what do you expect of me?** qu'attendez-vous or qu'exigez-vous de moi ? ◆ **to expect sb to do sth** vouloir que qn fasse qch ; (stronger) exiger or demander que qn fasse qch ◆ **I expect you to tidy your own room** tu devras ranger ta chambre toi-même ◆ **what do you expect me to do about it?** que voulez-vous que j'y fasse ? ◆ **you can't expect them to take it/him seriously** comment voulez-vous qu'ils prennent cela/qu'ils le prennent au sérieux ? ◆ **are we expected to leave now?** est-ce que nous sommes censés or est-ce qu'on doit partir tout de suite ?

d (= await) [+ person, thing, action, letter, phone call] attendre ◆ **I am expecting her tomorrow/this evening/at 7pm** elle doit venir demain/ce soir/à 19 heures ◆ **we are expecting it this week** (Comm etc) nous devons le recevoir cette semaine ◆ **I am expecting them for dinner** ils doivent venir dîner ◆ **expect me when you see me!*** vous (me) verrez bien quand je serai là !*, ne m'attendez pas ! ◆ **we'll expect you when we see you*** on ne t'attend pas à une heure précise

e **to be expecting a baby** attendre un enfant

2 vi ◆ **she is expecting*** elle attend un enfant

expectancy [ɪk'spektənsɪ] → SYN n attente f ; (= hopefulness) espoir m ◆ **an air of expectancy** une atmosphère d'impatience contenue ◆ **a look of expectancy** un regard plein d'espoir ◆ **awaited with eager expectancy** attendu avec une vive impatience ; → **life**

expectant [ɪks'pektənt] → SYN adj a (= future) mother, father futur (before n)

b (= excited) person, crowd impatient ; silence, hush, face, eyes, smile plein d'attente ◆ **with an expectant look on one's face** le visage plein d'attente ◆ **an expectant atmosphere** une atmosphère d'impatience contenue

expectantly [ɪk'spektəntlɪ] adv look at, smile avec l'air d'attendre quelque chose ◆ **to wait expectantly** attendre avec impatience

expectation [ˌekspek'teɪʃən] → SYN n a (NonC) attente f, espérance f ◆ **in expectation of ...** en prévision de ... ◆ **to live in expectation** vivre dans l'expectative ◆ **I waited in the expectation that she would come** j'ai attendu dans l'espoir qu'elle viendrait ◆ **happiness in expectation** du bonheur en perspective ◆ **there is every expectation of/no expectation of a cold winter** il y a toutes les chances/peu de chances que l'hiver soit rude

b (= sth expected) attente f, espérance f ◆ **contrary to all expectation(s)** contre toute attente ◆ **to come up to sb's expectations** répondre à l'attente or aux espérances de qn ◆ **beyond expectation** au-delà de mes (or de nos etc) espérances ◆ **his (financial) expectations are good** ses perspectives financières sont bonnes

expected [ɪk'spektɪd] 1 adj phone call, letter, news qu'on attendait ; change, growth attendu ; arrival prévu ; profit, loss escompté ◆ **the expected letter never came** la lettre qu'on attendait n'est jamais arrivée ◆ **their expected time of arrival is 6 o'clock** on les attend à 6 heures, ils doivent arriver à 6 heures ◆ **what is their expected time/date of arrival?** à quelle heure/quand doivent-ils arriver ? ◆ **six weeks was the expected time it would take to resolve such an inquiry** six semaines était le temps qu'il fallait escompter pour répondre à une demande de ce genre ◆ **she had been born before the expected time** elle était née avant terme ◆ **less than half the expected number turned out to the demonstration** les manifestants étaient moitié moins nombreux que prévu ◆ **next year's expected $1.8 billion deficit** le déficit escompté de 1,8 milliard de dollars pour l'année prochaine

2 COMP ▷ **expected frequency** n (Math) fréquence f estimée ▷ **expected value** n (Math) valeur f escomptée

expectorant [ɪk'spektərənt] n, adj expectorant m

expectorate [ɪk'spektəreɪt] vti expectorer

expectoration [ɪkˌspektə'reɪʃən] n (Med) expectoration f

expedience [ɪk'spiːdɪəns], **expediency** [ɪk'spiːdɪənsɪ] n (= convenience) opportunité f ; (= self-interest) opportunisme m ; (= advisability) [of project, course of action] opportunité f

expedient [ɪk'spiːdɪənt] → SYN 1 adj a (= suitable, convenient) indiqué, opportun

b (= politic) politique, opportun ◆ **this solution is more expedient than just** cette solution est plus politique que juste ◆ **it would be expedient to change the rule** il serait opportun de changer le règlement

2 n expédient m

expedite ['ekspɪdaɪt] → SYN vt [+ preparations, process] accélérer ; [+ work, operations, legal or official matters] activer, hâter ; [+ business, task] expédier ; [+ deal] s'efforcer de conclure ; († or frm = dispatch) expédier

expedition [ˌekspɪ'dɪʃən] → SYN n a (= journey) expédition f ; (= shorter trip) tour m ; (= group of people) (membres mpl d'une) expédition f ◆ **a fishing expedition** une partie de pêche

b (NonC: † or frm = speed) promptitude f

expeditionary [ˌekspɪ'dɪʃənrɪ] adj expéditionnaire ◆ **expeditionary force** (Mil) corps m expéditionnaire

expeditious [ˌekspɪ'dɪʃəs] adj (frm) expéditif

expeditiously [ˌekspɪ'dɪʃəslɪ] adv (frm) promptement (liter) ◆ **as expeditiously as possible** aussi rapidement que possible

expel [ɪk'spel] → SYN vt (from country, meeting) expulser ; (from society, party) exclure ; (from school) renvoyer ; [+ the enemy] chasser ; [+ gas, liquid] évacuer, expulser ; (from the body) évacuer ; [+ foetus] expulser

expend [ɪk'spend] → SYN vt a (= spend) [+ time, energy] consacrer (*on sth* à qch ; *on doing sth* à faire qch) ; [+ money] dépenser (*on sth* pour qch ; *on doing sth* pour faire qch)

b (= use up) [+ ammunition, resources] épuiser

expendability [ɪkˌspendə'bɪlɪtɪ] n ◆ **its expendability** le peu de valeur qu'on y attache

expendable [ɪk'spendəbl] → SYN 1 adj (= not indispensable) person, luxury, troops, aircraft dont on peut se passer ; (= disposable) rocket, launcher non récupérable ◆ **expendable stores** (Mil) matériel m de consommation

2 n consommable m

expenditure [ɪk'spendɪtʃər] → SYN n (NonC) a (= money spent) dépense(s) f(pl) ; (Accounts = outgoings) sortie f ◆ **public expenditure** dépenses fpl publiques ◆ **to limit one's expenditure** limiter ses dépenses ◆ **a project which involves heavy expenditure** un projet qui entraîne de grosses dépenses ◆ **income and expenditure** recettes fpl et dépenses fpl

b (= spending) [of money, time, energy] dépense f ; [of resources] utilisation f ◆ **the expenditure of public funds on this project** l'utilisation f des fonds publics pour ce projet

c (= using up) [of ammunition, resources] épuisement m

expense [ɪk'spens] → SYN 1 n a (NonC) dépense f, frais mpl ; (Accounts: on account statement) charge f, frais mpl ◆ **regardless of expense** même si ça revient cher ◆ **that will involve him in some expense** cela lui occasionnera des frais ◆ **at my expense** à mes frais ◆ **at public expense** aux frais de l'État ◆ **at little expense** à peu de frais ◆ **at great expense** à grands frais ◆ **to go to the expense of buying a car** aller jusqu'à acheter une voiture ◆ **to put sb to expense** faire faire or causer des dépenses à qn ◆ **to put sb to great expense** occasionner de grosses dépenses à qn ◆ **to go to great expense on sb's account** engager de grosses dépenses pour qn ◆ **to go to great expense (to repair the house)** faire beaucoup de frais (pour réparer la maison) ◆ **don't go to any expense over our visit** ne faites pas de frais pour notre visite ◆ **to live at other people's expense** vivre aux frais or à la charge des autres ; → **spare**

b (fig) **at the expense of** [+ person, one's health, happiness, peace of mind] au détriment de ◆ **to have a good laugh at sb's expense** bien rire aux dépens de qn ◆ **to get rich at other people's expense** s'enrichir aux dépens d'autrui or au détriment des autres

2 **expenses** npl frais mpl, dépenses fpl ◆ **he gets all his expenses paid** il se fait rembourser tous ses frais or toutes ses dépenses ◆ **your expenses will be entirely covered** vous serez défrayé entièrement or en totalité ◆ **after all expenses have been paid** tous frais payés

3 COMP ▷ **expense account** n (Comm) frais mpl de représentation ◆ **this will go on his expense account** cela passera aux frais de représentation or sur sa note de frais ◆ **expense account lunch** déjeuner m qui passe aux frais de représentation or sur la note de frais ▷ **expenses sheet** n note f de frais

expensive [ɪk'spensɪv] → SYN adj goods, shop, restaurant, country, city cher ; journey qui coûte cher, onéreux ; hobby, holiday, undertaking coûteux ; mistake qui coûte cher ◆ **to be expensive** coûter cher, valoir cher ◆ **to come expensive*** revenir cher ◆ **to have expensive tastes** avoir des goûts de luxe ◆ **it is very expensive to live in London** c'est très cher or ça revient très cher de vivre à Londres ◆ **bringing up children is an expensive business** c'est cher or ça revient cher d'élever des enfants

expensively [ɪk'spensɪvlɪ] adv buy, sell très cher ; equipped, furnished, educated à grands frais ; dressed de façon coûteuse ◆ **to live expensively** mener grand train

expensiveness [ɪk'spensɪvnɪs] n cherté f

experience [ɪk'spɪərɪəns] LANGUAGE IN USE 19.2 → SYN

1 n a (NonC = knowledge, wisdom) expérience f ◆ **experience of life/of men** expérience f du monde/des hommes ◆ **experience shows that ...** l'expérience montre

experienced [ɪkˈspɪərɪənst] → SYN adj person expérimenté ◆ **we need someone more experienced** il nous faut quelqu'un qui ait plus d'expérience or quelqu'un de plus expérimenté ◆ **she is not experienced enough** elle n'a pas assez d'expérience ◆ **"experienced driver required"** "on recherche chauffeur : expérience exigée" ◆ **with an experienced eye** d'un œil exercé ◆ **to the experienced eye/ear** pour un œil exercé/une oreille exercée ◆ **to be sexually experienced** être expérimenté (sexuellement) ◆ **to be experienced in sth** expérimenté en or dans qch, être rompu à qch ◆ **to be experienced in the trade** avoir de la bouteille ◆ **to be experienced in doing sth** avoir l'habitude de faire qch

experiential [ɪkˌspɪərɪˈenʃəl] adj (frm, Philos) qui résulte de l'expérience, dont on a fait l'expérience

experiment [ɪkˈsperɪmənt] → SYN **1** n (Chem, Phys) expérience f; (fig) expérience f, essai m ◆ **to carry out an experiment** faire une expérience ◆ **by way of experiment, as an experiment** à titre d'essai or d'expérience
2 [ɪkˈsperɪˌment] vi (Chem, Phys) faire une expérience, expérimenter; (fig) faire une or des expérience(s) ◆ **to experiment with a new vaccine** expérimenter un nouveau vaccin ◆ **to experiment on guinea pigs** faire des expériences sur des cobayes ◆ **they are experimenting with communal living** ils font l'expérience de la vie communautaire

experimental [ɪkˌsperɪˈmentl] → SYN adj technique, method, evidence, research, novel expérimental ◆ **experimental scientist/psychologist/physicist** expert m en sciences expérimentales/psychologie expérimentale/physique expérimentale ◆ **to be at** or **in the experimental stage** en être au stade expérimental ◆ **he gave an experimental tug at the door handle** il a tiré un peu sur la porte pour voir

experimentally [ɪkˌsperɪˈmentəlɪ] adv **a** (= scientifically) study, test expérimentalement
b (= to see what happens) try out, introduce pour voir, à titre expérimental ◆ **he lifted the cases experimentally to see how heavy they were** il a soupesé les valises pour voir si elles étaient lourdes

experimentation [ɪkˌsperɪmenˈteɪʃən] n expérimentation f

experimenter [ɪkˈsperɪmentəʳ] n expérimentateur m, -trice f

expert [ˈekspɜːt] → SYN **1** n spécialiste mf (in, on, at en), connaisseur m (in, on en); (= officially qualified) expert m ◆ **he is an expert on wines** or **a wine expert** c'est un grand or fin connaisseur en vins ◆ **he is an expert on the subject** c'est un expert en la matière ◆ **expert at pigeon shooting** spécialiste mf du tir aux pigeons ◆ **19th century expert** spécialiste mf du 19ᵉ siècle ◆ **he's an expert at repairing watches** il est expert à réparer les montres ◆ **he's an expert at that sort of negotiation** il est spécialiste de ce genre de négociations ◆ **with the eye of an expert** examine d'un œil or regard connaisseur ; judge en connaisseur, en expert ◆ **expert's report** or **valuation** expertise f
2 adj carpenter, acrobat, hands, approach expert (at or in sth en qch ; at or in doing sth à faire qch) ; advice, opinion, help, attention, knowledge, evidence d'un expert ; treatment spécialisé ◆ **to be expert at** or **in sth/in** or **at doing sth** être expert en qch/à faire qch ◆ **he ran an expert eye over the photographs** il a regardé les photographies d'un œil expert ◆ **not noticeable except to the expert eye** que seul un œil expert peut remarquer ◆ **with an expert touch** avec une habileté d'expert or l'habileté d'un expert ◆ **he is expert in this field** il est expert en la matière
3 COMP ▷ **expert appraisal** n expertise f ▷ **expert system** n (Comput) système m ▷ **expert valuation** n ⇒ **expert appraisal** ▷ **expert witness** n témoin m expert

expertise [ˌekspɜːˈtiːz] → SYN n (= knowledge) expertise f; (= competence) compétence f (in en) ◆ **he has considerable expertise in interviewing candidates** il est très compétent pour faire passer des entretiens

expertly [ˈekspɜːtlɪ] adv de façon experte

expertness [ˈekspɜːtnɪs] → SYN n ⇒ **expertise**

expiate [ˈekspɪeɪt] vt expier

expiation [ˌekspɪˈeɪʃən] n expiation f ◆ **in expiation of ...** en expiation de ...

expiatory [ˈekspɪətərɪ] adj expiatoire

expiration [ˌekspaɪəˈreɪʃən] n **a** ⇒ **expiry**
b (= breathing out) expiration f
c († = death) trépas m (liter), décès m

expire [ɪkˈspaɪəʳ] → SYN vi **a** [lease, passport, licence, insurance, contract] expirer ; [period, time limit] arriver à terme
b (liter = die) expirer, rendre l'âme or le dernier soupir
c (= breathe out) expirer

expiry [ɪkˈspaɪərɪ] n [of time limit, period, term of office] expiration f, fin f; [of passport, lease] expiration f ◆ **date of expiry, expiry date** (gen) date f d'expiration ; (on label) à utiliser avant ... ◆ **date of expiry of the lease** expiration f or terme m du bail

explain [ɪkˈspleɪn] LANGUAGE IN USE 18.4, 26.3 → SYN vt **a** (= make clear) [+ how sth works, rule, meaning of a word, situation, motives, thoughts] expliquer ; [+ mystery] élucider, éclaircir ; [+ reasons, points of view] exposer ◆ **explain what you want to do** expliquez ce que vous voulez faire ◆ **"it's raining" she explained** "il pleut" expliqua-t-elle ◆ **that is easy to explain, that is easily explained** cela s'explique facilement ◆ **this may seem confused, I will explain myself** ceci peut paraître confus, je m'explique donc ◆ **I can explain** je peux (m')expliquer ◆ **let me explain** je m'explique ◆ **to explain why/how** expliquer pourquoi/comment etc ◆ **he explained to us why he had been absent** il nous a expliqué pourquoi il avait été absent ◆ **to explain to sb how to do sth** expliquer à qn comment (il faut) faire qch
b (= account for) [+ phenomenon] expliquer ; [+ behaviour] expliquer, justifier ◆ **the bad weather explains why he is absent** le mauvais temps explique son absence or qu'il soit absent ◆ **come now, explain yourself!** allez, expliquez-vous !
▶ **explain away** vt sep justifier, trouver une explication convaincante à

explainable [ɪkˈspleɪnəbl] adj explicable ◆ **that is easily explainable** cela s'explique facilement

explanation [ˌeksplə'neɪʃən] → SYN n **a** (= act, statement) explication f, éclaircissement m ◆ **a long explanation of what he meant by democracy** une longue explication de ce qu'il entendait par la démocratie ◆ **an explanation of how to do sth** une explication sur la manière de faire qch ◆ **these instructions need some explanation** ces instructions demandent quelques éclaircissements
b (= cause, motive) explication f ◆ **to find an explanation for sth** trouver l'explication de qch
c (NonC = justification) explication f, justification f ◆ **has he something to say in explanation of his conduct?** est-ce qu'il peut fournir une explication à sa conduite ? ◆ **what do you have to say in explanation?** comment expliquez-vous la chose ?

explanatory [ɪkˈsplænətərɪ] → SYN adj explicatif

explant [eksˈplɑːnt] n explant m

expletive [ɪkˈspliːtɪv] **1** n (= exclamation) exclamation f, interjection f; (= oath) juron m ; (Gram) explétif m
2 adj (Gram) explétif

explicable [ɪkˈsplɪkəbl] adj explicable

explicably [ɪkˈsplɪkəblɪ] adv d'une manière explicable

explicate [ˈeksplɪˌkeɪt] vt (frm) expliciter

explicit [ɪkˈsplɪsɪt] → SYN adj explicite (about sth à propos de qch ; in sth dans qch) ◆ **to be explicit in doing sth** faire qch de façon explicite ◆ **he was explicit on this point** il a été explicite sur ce point ◆ **in explicit detail** avec des détails explicites ◆ **sexually explicit** sexuellement explicite

explicitly [ɪkˈsplɪsɪtlɪ] adv explicitement

explode [ɪkˈspləʊd] → SYN **1** vi [bomb, boiler, plane] exploser, éclater ; [gas] exploser, détoner ; [building, ship, ammunition] exploser, sauter ; [joy, anger] éclater ; [person] (*: from rage, impatience) exploser ◆ **to explode with laughter** éclater de rire
2 vt [+ bomb] faire exploser ; (fig) [+ theory, argument] faire voler en éclats ; [+ rumour] couper court à ◆ **to explode the myth that ...** démolir le mythe selon lequel ...
3 COMP ▷ **exploded drawing, exploded view** n (Art etc) éclaté m

exploit [ˈeksplɔɪt] → SYN **1** n (heroic) exploit m, haut fait m ; (= feat) prouesse f ◆ **exploits** (= adventures) aventures fpl
2 [ɪkˈsplɔɪt] vt **a** (= use unfairly) [+ workers, sb's credulity] exploiter
b (= make use of) [+ minerals, land, talent] exploiter ; [+ situation] profiter de, tirer parti de

exploitable [ɪkˈsplɔɪtəbl] adj exploitable

exploitation [ˌeksplɔɪˈteɪʃən] n exploitation f

exploitative [ɪkˈsplɔɪtətɪv] adj exploiteur (-trice f)

exploration [ˌeksplɔːˈreɪʃən] → SYN n (Med, lit, fig) exploration f ◆ **voyage of exploration** voyage m d'exploration or de découverte ◆ **preliminary exploration** [of ground, site] reconnaissance f

exploratory [ɪkˈsplɒrətərɪ] → SYN adj (= investigative) expedition, digging, drilling of exploration ; (= preliminary) talks exploratoire ; meeting, trip, approach, stage préliminaire ◆ **the exploratory nature of the discussions** la nature préliminaire des discussions ◆ **exploratory study** (Jur) étude f prospective ◆ **to have exploratory surgery** or **an exploratory operation** (Med) subir une exploration

explore [ɪkˈsplɔːʳ] → SYN vt [+ territory, house, question, matter] explorer ; (Med) sonder ; (fig) [+ issue, proposal] étudier sous tous ses aspects ◆ **to go exploring** partir en exploration or à la découverte ◆ **to explore every corner of a house/garden** explorer chaque recoin d'une maison/d'un jardin ◆ **to explore the ground** (lit, fig) tâter or sonder le terrain ◆ **to explore every avenue** examiner toutes les possibilités ◆ **to explore the possibilities** étudier les possibilités ◆ **to explore an agreement** examiner les modalités d'un éventuel accord

explorer [ɪk'splɔːrəʳ] n **a** (= person) explorateur m, -trice f
 b (US = dental probe) sonde f

explosion [ɪk'spləʊʒən] → SYN n **a** [of bomb, boiler, plane] explosion f ◆ **nuclear explosion** explosion f nucléaire ◆ **to carry out a nuclear explosion** effectuer un essai nucléaire
 b [of anger, laughter, joy] explosion f ; [of violence] flambée f ◆ **an explosion of colour/light** une soudaine débauche de couleurs/de lumière ◆ **an explosion in demand for sth** une explosion de la demande en qch ◆ **an explosion of interest in sth** une explosion d'intérêt pour qch ◆ **price explosion** flambée f des prix ; → **population**

explosive [ɪk'spləʊsɪv] → SYN **1** adj **a** (lit, fig) device, charge, power, applause, growth, situation, issue, person, temper explosif ; gas, matter explosible ; mixture (lit) détonant, explosif ; (fig) détonant
 b (Phon) ⇒ **plosive**
 2 n (gen, Chem) explosif m ; → **high**

explosively [ɪk'spləʊsɪvlɪ] adv **a** (= with bang) react, erupt en explosant
 b (= angrily) *"are you mad?"* he asked explosively *"tu es fou, ou quoi ?"* demanda-t-il furieux or aboya-t-il

explosiveness [ɪk'spləʊsɪvnɪs] n explosibilité f

expo ['ekspəʊ] n (abbrev of **exposition b**) expo f

exponent [ɪk'spəʊnənt] → SYN n [of theory etc] champion(ne) m(f) ; (Math, Gram) exposant m ◆ **the principal exponent of this movement/this school of thought** le chef de file or le principal représentant de ce mouvement/de cette école de pensée

exponential [ˌekspəʊ'nenʃəl] adj exponentiel ◆ **exponential distribution** (Stat) distribution f exponentielle

exponentially [ˌekspəʊ'nenʃəlɪ] adv de manière exponentielle

export [ɪk'spɔːt] **1** vt **a** [+ product] exporter (*to* vers) ◆ **countries which export coal** pays mpl exportateurs de charbon
 b (Comput) [+ document] exporter
 2 vi exporter (*to* vers)
 3 ['ekspɔːt] n **a** (NonC) exportation f ◆ **for export only** réservé à l'exportation
 b (= object, commodity) (article m d')exportation f ◆ **invisible exports** exportations fpl invisibles ◆ **ban on exports, export ban** interdiction f des exportations
 c (= beer) bière forte
 4 ['ekspɔːt] COMP goods, permit d'exportation ; director du service export, des exportations ▷ **export agent** n commissionnaire exportateur m, -trice f ▷ **export credit** n crédit m à l'exportation ▷ **Export Credit Guarantee Department** n service m de garantie financière à l'exportation, ≈ Compagnie f française d'assurance pour le commerce extérieur ▷ **export department** n service m d'exportation or (des) exportations ▷ **export drive** n campagne f pour (encourager) l'exportation ▷ **export duty** n droit m de sortie ▷ **export earnings** npl recettes fpl d'exportation ▷ **export house** n société f d'exportation ▷ **export invoice** n facture f à l'exportation ▷ **export licence** n licence f d'exportation ▷ **export manager** n directeur m, -trice f du service des exportations ▷ **export-orientated, export-oriented** adj à vocation exportatrice ▷ **export reject** n article m impropre à l'exportation ▷ **export trade** n commerce m d'exportation, export m

exportable [ɪk'spɔːtəbl] adj exportable

exportation [ˌekspɔː'teɪʃən] n (NonC) exportation f, sortie f

exporter [ɪk'spɔːtəʳ] n (= person) exportateur m, -trice f ; (= country) pays m exportateur

expose [ɪk'spəʊz] → SYN vt **a** (= uncover, leave unprotected) découvrir, exposer ; [+ wire, nerve, body part] mettre à nu, dénuder ◆ **to expose to radiation/rain/sunlight** exposer à des radiations/à la pluie/au soleil ◆ **to expose to danger** mettre en danger ◆ **to expose o.s. to criticism/ridicule** s'exposer à la critique/au ridicule ◆ **a dress which leaves the back exposed** une robe qui découvre or dénude le dos ◆ **to be exposed to view** s'offrir à la vue ◆ **apples turn brown when exposed to air** les pommes brunissent au contact de l'air ◆ **digging has exposed the remains of a temple** les fouilles ont mis au jour les restes d'un temple ◆ **exposed parts** (Tech) parties fpl apparentes ◆ **to expose a child (to die)** (Hist) exposer un enfant ◆ **he exposed himself to the risk of losing his job** il s'est exposé à perdre sa place, il a risqué de perdre sa place ◆ **to expose o.s.** (Jur: indecently) commettre un outrage à la pudeur
 b (= display) [+ goods] étaler, exposer ; [+ pictures] exposer ; [+ one's ignorance] afficher, étaler
 c (= unmask, reveal) [+ vice] mettre à nu ; [+ scandal, plot, lie] révéler, dévoiler ; [+ secret] éventer ; (= denounce) [+ person] démasquer, dénoncer (*as* comme étant) ◆ **the affair exposed him as a fraud** cette affaire a montré que c'était un imposteur
 d (Phot) exposer

exposé [eks'pəʊzeɪ] n révélation f

exposed [ɪk'spəʊzd] → SYN adj **a** (= unprotected) troops, flank à découvert, exposé ; location, hillside, garden exposé ; ground découvert ; (Climbing) passage, section aérien ; (= uncovered) brickwork, plaster, wire, skin, nerve à nu ; body part dénudé ; machine part apparent ◆ **the house is in a very exposed position** la maison est très exposée ◆ **an exposed position** (Mil) un (lieu) découvert ◆ **exposed to the wind** exposé au vent
 b (= vulnerable) person exposé aux regards ◆ **to feel exposed** [person] se sentir exposé ◆ **his position is very exposed** sa position l'expose aux regards
 c (Phot) film exposé

exposition [ˌekspə'zɪʃən] → SYN n **a** (NonC) [of facts, theory, plan] exposition f ; [of text] exposé m, commentaire m, interprétation f ; (Mus) exposition f
 b (= exhibition) exposition f

ex post facto [ˌekspəʊst'fæktəʊ] adj **a** law à effet rétroactif
 b justification a posteriori

expostulate [ɪk'spɒstjʊleɪt] → SYN (frm) **1** vt protester
 2 vi ◆ **to expostulate with sb about sth** faire des remontrances à qn au sujet de qch

expostulation [ɪkˌspɒstjʊ'leɪʃən] n (frm) protestation f

exposure [ɪk'spəʊʒəʳ] → SYN **1** n **a** (NonC = contact : to substance, radiation, sunlight, noise) exposition f (*to sth* à qch) ◆ **to risk exposure to a virus** risquer d'être mis en contact avec un virus ◆ **to undergo exposure to new ideas** être exposé à de nouvelles idées ◆ **avoid the exposure of children to violent images on television** évitez d'exposer les enfants aux images violentes de la télévision ; → **indecent**
 b (NonC: Med) hypothermie f ◆ **to die of exposure** mourir de froid ◆ **to suffer from exposure** souffrir d'hypothermie
 c (NonC = revelation, unmasking) [of secret, corruption, scandal] révélation f ; [of person] dénonciation f ◆ **public exposure** [of affair, corruption, scandal] révélation f publique ; [of person] dénonciation f publique
 d (NonC = publicity) **media exposure** couverture f médiatique ◆ **to get an enormous amount of exposure on television** faire l'objet d'une abondante couverture télévisée
 e (Phot = photograph) pose f ◆ **a 36-exposure film, a film with 36 exposures** une pellicule 36 poses ◆ **to make an exposure** (= take photograph) prendre une photo ; (= develop photograph) développer un cliché
 f (NonC: Phot = amount of light) exposition f ; → **double, multiple**
 g (NonC : Phot : also **exposure time**) temps m de pose
 h (NonC = position) [of house] exposition f ◆ **southern/eastern exposure** exposition f au sud/à l'est ◆ **a house with a northern exposure** une maison exposée au nord
 2 COMP ▷ **exposure compensation** n (Phot) correction f d'exposition ▷ **exposure index** n (Phot) indice m d'exposition ▷ **exposure meter** n posemètre m, photomètre m ▷ **exposure value** n indice m de lumination

expound [ɪk'spaʊnd] → SYN vt [+ theory] expliquer ; [+ one's views] exposer ; [+ the Bible] expliquer, interpréter

ex-president [ˌeks'prezɪdənt] n ex-président m, ancien président m

express [ɪk'spres] LANGUAGE IN USE 6.3 → SYN
 1 vt **a** (= make known) [+ appreciation, feelings, sympathy] exprimer ; [+ opinions] émettre, exprimer ; [+ surprise, displeasure] exprimer, manifester ; [+ thanks] présenter, exprimer ; [+ a truth, proposition] énoncer ; [+ wish] formuler ◆ **to express o.s.** s'exprimer ◆ **I haven't the words to express my thoughts** les mots me manquent pour traduire ma pensée ◆ **her bitterness expressed itself in malicious gossip** son amertume s'exprimait par des commérages malveillants ◆ **they have expressed (an) interest in ...** ils se sont montrés intéressés par ..., ils ont manifesté de l'intérêt pour ...
 b (in another language or medium) rendre, exprimer ; [face, actions] exprimer ; (Math) exprimer ◆ **this expresses exactly the meaning of the word** ceci rend exactement le sens du mot ◆ **you cannot express that so succinctly in French** on ne peut pas l'exprimer aussi succinctement en français
 c [+ juice] exprimer, extraire ; [+ breast milk] tirer
 d (= send) [+ letter, parcel] expédier par exprès
 2 adj **a** (= explicit) order, instruction exprès (-esse f) ; purpose, intention délibéré ◆ **with the express purpose of doing sth** dans le seul but or dans le but délibéré de faire qch
 b (= fast) letter, delivery, mail exprès inv ; service express inv
 3 adv send en exprès or par Chronopost ®
 4 n **a** (= train) rapide m
 b **to send sth by express** envoyer qch en exprès
 5 COMP ▷ **express coach** n (auto)car m express ▷ **express company** n compagnie f de messageries exprès ▷ **express delivery, express mail** n (Brit Post = system) distribution f exprès ◆ **to send sth by express delivery** or **mail** envoyer qch en exprès or par Chronopost ® ▷ **express rifle** n fusil m de chasse express ▷ **express train** n train m express

expressage [ɪk'spresɪdʒ] n (US) (= service) service m de messagerie exprès ; (= charge for service) frais mpl de messagerie exprès

expressible [ɪk'spresəbl] adj exprimable

expression [ɪk'spreʃən] → SYN **1** n **a** (NonC) [of opinions] expression f ; [of friendship, affection] témoignage m ; [of joy] manifestation f ◆ **to give expression to one's fears** formuler ses craintes ◆ **to find expression (in)** se manifester (dans or par) ◆ **from Cairo came expressions of regret at the attack** Le Caire a exprimé ses regrets après cette attaque
 b (= facial expression) expression f ◆ **a face devoid of expression** un visage sans expression
 c (NonC = feeling) expression f ◆ **to play with expression** jouer avec expression
 d (= phrase) expression f ; (= turn of phrase) tournure f ; (Math) expression f ◆ **an original/common expression** une tournure originale/expression courante ◆ **it's an expression he's fond of** c'est une expression or une tournure qu'il affectionne ◆ **a figurative expression** une expression figurée ◆ **set** or **fixed expression** locution f
 2 COMP ▷ **expression mark** n (Mus) signe m d'expression

expressionism [ɪk'spreʃənɪzəm] n expressionnisme m

expressionist [ɪk'spreʃənɪst] adj, n expressionniste mf

expressionless [ɪk'spreʃənlɪs] adj person sans expression ; face, eyes, look sans expression, inexpressif ; voice monotone, monocorde ; playing, style plat

expressive [ɪk'spresɪv] → SYN adj face, look, voice, gesture, music, language expressif ; power, ability, capability, skill d'expression ◆ **she's very expressive** (= eloquent) elle est très éloquente ◆ **to be expressive of sth** (frm) exprimer qch

expressively [ɪk'spresɪvlɪ] adv d'une manière expressive

expressiveness [ɪkˈspresɪvnɪs] n [of face] caractère m expressif, expressivité f; [of words] force f expressive; [of music, language] expressivité f; [of gesture] éloquence f ♦ **a picture remarkable for its expressiveness** un tableau remarquable par (la force de) l'expression

expressly [ɪkˈspresli] → SYN adv forbid, exclude, allow, design, make, write expressément; state explicitement ♦ **expressly illegal** expressément interdit par la loi

expressman [ɪkˈspresmæn] n, pl **-men** (US) employé m de messageries exprès

expresso [ɪkˈspresəʊ] n ⇒ **espresso**

expressway [ɪkˈspresweɪ] n (esp US) voie f express, autoroute f urbaine; → ROADS

expropriate [eksˈprəʊprɪeɪt] → SYN vt [+ person, land] exproprier

expropriation [eksˌprəʊprɪˈeɪʃən] n expropriation f

expulsion [ɪkˈspʌlʃən] → SYN ① n expulsion f, bannissement m; (Scol etc) renvoi m, exclusion f définitive
② COMP ▷ **expulsion order** n arrêté m d'expulsion

expulsive [ɪkˈspʌlsɪv] adj expulsif

expunge [ɪkˈspʌndʒ] vt (frm: from book) supprimer ♦ **to expunge sth from the record** supprimer or effacer qch

expurgate [ˈekspɜːɡeɪt] → SYN vt (frm) expurger ♦ **expurgated edition** édition f expurgée

expurgation [ˌekspəˈɡeɪʃən] n expurgation f

exquisite [ɪkˈskwɪzɪt] → SYN adj **a** (= fine) exquis ♦ **a woman of exquisite beauty** une femme d'une exquise beauté ♦ **in exquisite detail** dans les moindres détails
b (liter = intense) pleasure, satisfaction exquis; pain lancinant; care minutieux

exquisitely [ɪkˈskwɪzɪtli] adv dress, make, decorate, paint, embroider, describe de façon exquise ♦ **exquisitely beautiful/delicate/polite** d'une beauté/délicatesse/politesse exquise ♦ **exquisitely detailed** picture, tapestry etc plein de détails exquis ♦ **he gave us an exquisitely detailed account of the accident** il nous a raconté l'accident dans ses moindres détails

ex-service [ˌeksˈsɜːvɪs] adj (Brit Mil) ayant servi dans l'armée

ex-serviceman [ˌeksˈsɜːvɪsmæn] n, pl **ex-servicemen** ancien militaire m; (= war veteran) ancien combattant m

ex-servicewoman [ˌeksˈsɜːvɪswʊmən] n, pl **ex-servicewomen** femme f militaire à la retraite; (= war veteran) ancienne combattante f

exstrophy [ˈekstrəʊfi] n exstrophie f

ext (Telec) (abbrev of **extension**) poste m

extant [ekˈstænt] adj (frm) qui existe encore, existant ♦ **the only extant manuscript** le seul manuscrit conservé ♦ **a few examples are still extant** quelques exemples subsistent (encore)

extemporaneous [ɪkˌstempəˈreɪnɪəs], **extemporary** [ɪkˈstempərəri] adj improvisé, impromptu

extempore [ɪkˈstempəri] → SYN ① adv impromptu, sans préparation
② adj improvisé, impromptu ♦ **to give an extempore speech** improviser un discours, faire un discours au pied levé

extemporize [ɪkˈstempəraɪz] → SYN vti improviser

extend [ɪkˈstend] → SYN ① vt **a** (= enlarge) [+ house, property] agrandir; [+ research] porter or pousser plus loin; [+ powers] étendre, augmenter; [+ business] étendre, accroître; [+ knowledge] élargir, accroître; [+ limits] étendre; [+ period, time allowed] prolonger; [+ insurance cover] augmenter le montant de ♦ **to extend the field of human knowledge/one's sphere of influence** élargir le champ des connaissances/sa sphère d'influence ♦ **to extend the frontiers of a country** reculer les frontières d'un pays ♦ **a course that extends students' understanding of British history** un cours qui permet aux étudiants d'approfondir leur connaissance de l'histoire britannique ♦ **to extend one's vocabulary** enrichir or élargir son vocabulaire ♦ **to extend a time limit (for sth)** accorder un délai (pour qch)
b (= prolong) [+ street, line] prolonger (by de); [+ visit, leave] prolonger ♦ **to extend one's stay by two weeks** prolonger son séjour de deux semaines ♦ **to be fully extended** ladder, telescope être entièrement déployé
c (= offer, give) [+ help] apporter; [+ hospitality, friendship] offrir; [+ thanks, condolences, congratulations] présenter; [+ credit, loan] consentir ♦ **to extend a welcome to sb** souhaiter la bienvenue à qn ♦ **to extend an invitation** faire or lancer une invitation
d (= stretch out) [+ arm] étendre ♦ **to extend one's hand (to sb)** tendre la main (à qn)
e (= make demands on) [+ person, pupil] pousser à la limite de ses capacités, faire donner son maximum à
② vi [wall, estate] s'étendre (to, as far as jusqu'à); [table] s'allonger; [meeting, visit] se prolonger, continuer (over pendant; for durant) ♦ **the caves extend for some 10 kilometres** les grottes s'étendent sur quelque 10 kilomètres ♦ **a footballing career that extended from 1974 to 1990** une carrière de footballeur qui a duré de 1974 à 1990 ♦ **holidays which extend into September** des vacances qui durent or se prolongent jusqu'en septembre ♦ **the table extends to 220cm** la table peut s'allonger jusqu'à 220 cm, avec ses rallonges, cette table fait 220 cm ♦ **enthusiasm which extends even to the children** enthousiasme qui gagne même les enfants

extendable [ɪkˈstendəbl] adj ladder à rallonge; contract, lease renouvelable

extended [ɪkˈstendɪd] → SYN ① adj prolongé; holiday, leave longue durée ♦ **for an extended period** pendant une période supplémentaire ♦ **an extended play record** un disque double (durée) ♦ **extended care facilities** (US Med) soins mpl pour convalescents ♦ **the extended family** (Sociol) la famille étendue
② COMP ▷ **extended memory** n (Comput) mémoire f étendue

extendible [ɪkˈstendəbl] adj ⇒ **extendable**

extensible [ɪkˈstensɪbl] adj extensible

extensimeter [ˌekstenˈsɪmɪtər] n extensomètre m

extension [ɪkˈstenʃən] LANGUAGE IN USE 27.4, 27.7 → SYN
① n **a** (to building) **to build an extension (to a building)** agrandir (un bâtiment) ♦ **to have an extension built onto a house** faire agrandir une maison ♦ **there is an extension at the back of the house** la maison a été agrandie à l'arrière ♦ **come and see our extension** venez voir, nous avons fait agrandir ♦ **the kitchen/bathroom extension** la nouvelle partie de la maison occupée par la cuisine/la salle de bains ♦ **a new extension to the library** une nouvelle annexe de la bibliothèque
b (= continuation) prolongement m (to or of sth de qch); (= extra part) (for table, electric flex, pipe) rallonge f; (also **hair extension**) (clip-on) postiche m; (permanent) extension f ♦ **motorway extension** prolongement m d'une autoroute ♦ **the building of an extension to a golf course** l'agrandissement m d'un terrain de golf ♦ **extension to an insurance policy** (= extra cover) extension f d'une assurance; (in duration) prolongation f d'une assurance ♦ **an extension of o.s./one's personality** un prolongement de soi-même/sa personnalité
c (= extra time) prolongation f (to or of sth de qch) ♦ **there will be no extension of the deadline** le délai ne sera pas prolongé ♦ **to grant an extension of a deadline** accorder un délai supplémentaire ♦ **to get an extension (of time for payment)** obtenir un délai ♦ **extension of due date** (Jur, Fin) report m d'échéance, délai m
d (= development) [of rights, powers] extension f; [of idea, concept] développement m ♦ **the role of women within the family and, by extension, within the community** le rôle des femmes dans la famille et, par extension, au sein de la communauté ♦ **the logical extension of sth** la suite logique de qch
e (Telec) (in house) appareil m supplémentaire; (in office) poste m ♦ **you can get me on extension 308** vous pouvez me joindre au poste 308
f (= provision) [of credit] allocation f

② COMP ▷ **extension cable, extension cord** (US) n (Elec) rallonge f ▷ **extension courses** npl cours dispensés par l'institut d'éducation permanente d'une université ▷ **extension ladder** n échelle f coulissante ▷ **extension lead** n ⇒ **extension cable** ▷ **extension light** n (lampe f) baladeuse f ▷ **extension tube** n (Phot) tube-allonge m

extensive [ɪkˈstensɪv] → SYN adj area, grounds, knowledge, powers, range, collection étendu; damage, alterations, experience considérable; plans, reforms de grande envergure; research, discussions approfondi; tests nombreux; list long (longue f); menu varié; tour complet (-ète f) ♦ **to make extensive use of sth** beaucoup utiliser qch ♦ **her visit got extensive coverage in the press** sa visite a fait l'objet de très nombreux articles dans la presse or d'une large couverture médiatique ♦ **to undergo extensive surgery** (= one operation) subir une opération longue et complexe; (= series of operations) subir une série d'interventions chirurgicales

extensively [ɪkˈstensɪvli] adv travel, work, write beaucoup; alter, damage considérablement; revise, discuss en profondeur; grow, quote, report abondamment ♦ **to use sth extensively** beaucoup utiliser qch ♦ **an extensively used method** une méthode très répandue ♦ **the story was covered extensively in the press** cette histoire a fait l'objet de nombreux articles dans la presse or d'une large couverture médiatique ♦ **the subject has been extensively researched** cette question a fait l'objet de recherches approfondies ♦ **the band has toured extensively** le groupe a fait des tournées un peu partout ♦ **to advertise extensively in the papers** [company] faire énormément de publicité dans les journaux; [individual] faire passer de nombreuses annonces dans les journaux

extensometer [ˌekstenˈsɒmɪtər] n extensomètre m

extensor [ɪkˈstensər] n (muscle m) extenseur m

extent [ɪkˈstent] → SYN n **a** (= size) étendue f, superficie f; (= length) longueur f ♦ **an avenue lined with trees along its entire extent** une allée bordée d'arbres sur toute sa longueur ♦ **to open to its fullest extent** ouvrir entièrement or tout grand ♦ **over the whole extent of the ground** sur toute la superficie du terrain ♦ **she could see the full extent of the park** elle voyait le parc dans toute son étendue
b (= range, scope) [of damage] importance f, ampleur f; [of commitments, losses] importance f; [of knowledge, activities, power, influence] étendue f ♦ **extent of cover** (Insurance) étendue f de la couverture
c (= degree) mesure f, degré m ♦ **to what extent?** dans quelle mesure? ♦ **to some or a certain extent** jusqu'à un certain point or degré, dans une certaine mesure ♦ **to a large extent** en grande partie ♦ **to a small** or **slight extent** dans une faible mesure, quelque peu ♦ **to the** or **such an extent that ...** à tel point que ..., au point que ... ♦ **to the extent of doing sth** au point de faire qch

extenuate [ɪkˈstenjʊeɪt] vt atténuer ♦ **extenuating circumstances** circonstances fpl atténuantes

extenuation [ɪkˌstenjʊˈeɪʃən] n atténuation f

exterior [ɪkˈstɪərɪər] → SYN ① adj wall, door, lighting, paint, decorating, world extérieur (-eure f); surface extérieur (-eure f), externe ♦ **exterior to sth** extérieur à qch ♦ **paint for exterior use** peinture f pour l'extérieur
② n [of house, box] extérieur m; (Art, Cine) extérieur m ♦ **on the exterior** à l'extérieur ♦ **underneath his rough exterior, he ...** sous ses dehors rudes, il ...
③ COMP ▷ **exterior angle** n (Math) angle m externe ▷ **exterior decoration** n peintures fpl extérieures

exteriorize [ɪkˈstɪərɪəraɪz] vt (Med, Psych) extérioriser

exterminate [ɪkˈstɜːmɪneɪt] → SYN vt [+ pests, group of people] exterminer; [+ race] anéantir; [+ disease, beliefs, ideas] éradiquer

extermination [ɪkˌstɜːmɪˈneɪʃən] ① n [of race, animals] extermination f; [of disease] éradication f ♦ **mass extermination** extermination f massive
② COMP ▷ **extermination camp** n camp m d'extermination

exterminator [ɪkˈstɜːmɪˌneɪtə^r] n (US = rat-catcher etc) employé(e) m(f) de la désinfection

extern [ˈekstɜːn] n (US Med) externe mf

external [ɪkˈstɜːnl] → SYN **1** adj **a** (= outer, exterior) wall extérieur (-eure f); surface extérieur (-eure f), externe; injury superficiel; (Zool, Anat) ear, gills externe ◆ **external skeleton** exosquelette m ◆ "for external use only" (Pharm) "à usage externe"

b (= outside, from outside) pressure, factor, reality, world extérieur (-eure f); (Comm) mail externe; phone call (outgoing) vers l'extérieur; (incoming) de l'extérieur

c (= foreign) debt extérieur (-eure f) ◆ **the European commissioner for external affairs** le commissaire européen aux affaires or chargé des affaires extérieures

2 n (fig) ◆ **the externals** l'extérieur m, les apparences fpl ◆ **the externals of our faith** les manifestations fpl extérieures de notre foi ◆ **to look at the externals of an issue** ne voir que l'aspect superficiel d'une question

3 COMP ▷ **external auditor** n (Brit Fin) vérificateur m, -trice f de comptes (externe) ▷ **external degree** n (Brit Univ) diplôme délivré par une université à des personnes non régulièrement inscrites ▷ **external examiner** n (Brit Univ) examinateur m, -trice f extérieur(e) ▷ **external student** n (Brit Univ) étudiant(e) mf externe ▷ **external trade** n (US) commerce m extérieur

externalize [ɪkˈstɜːnəˌlaɪz] vt extérioriser

externally [ɪkˈstɜːnəlɪ] adv impose de l'extérieur; express extérieurement ◆ **externally mounted cameras** des caméras fpl installées à l'extérieur ◆ **he remained externally calm** il est resté calme extérieurement ◆ **a cream to be applied externally** une crème à usage externe ◆ **"to be used externally"** "à usage externe"

exteroceptive [ˌekstərəʊˈseptɪv] adj extéroceptif

exteroceptor [ˈekstərəʊˌseptə^r] n extérocepteur m

extinct [ɪkˈstɪŋkt] → SYN adj **a** (= no longer existing) animal, species, tribe, way of life, language disparu; custom tombé en désuétude ◆ **to be extinct** avoir disparu ◆ **to become extinct** disparaître ◆ **to be nearly extinct** être en voie d'extinction ◆ **are good manners extinct?** les bonnes manières n'existent-elles plus?

b (= not active) volcano éteint

extinction [ɪkˈstɪŋkʃən] → SYN n (NonC) [of animal, species, race, family] extinction f, disparition f; [of hopes] anéantissement m; [of debt] amortissement m; [of fire] extinction f

extinguish [ɪkˈstɪŋgwɪʃ] → SYN vt [+ fire, light] éteindre; [+ candle] éteindre, souffler; [+ hopes] anéantir, mettre fin à; [+ debt] amortir

extinguisher [ɪkˈstɪŋgwɪʃə^r] n extincteur m; → **fire**

extirpate [ˈekstəˌpeɪt] vt extirper

extirpation [ˌekstəˈpeɪʃən] n (NonC) extirpation f

extirpator [ˈekstəˌpeɪtə^r] n (Agr, Tech) extirpateur m

extn (Telec) (abbrev of **extension**) poste m

extol [ɪkˈstəʊl] → SYN vt [+ person] porter aux nues, chanter les louanges de; [+ act, quality] prôner, exalter ◆ **to extol the virtues of ...** chanter les louanges de ...

extort [ɪkˈstɔːt] → SYN vt [+ promise, money] extorquer, soutirer (from à); [+ consent, promise, confession, secret] arracher (from à); [+ signature] extorquer

extortion [ɪkˈstɔːʃən] → SYN n (also Jur) extorsion f ◆ **this is sheer extortion!** (fig) c'est du vol (manifeste)!

extortionate [ɪkˈstɔːʃnɪt] → SYN adj exorbitant

extortioner [ɪkˈstɔːʃənə^r], **extortionist** [ɪkˈstɔːʃnɪst] n extorqueur m, -euse f

extra [ˈekstrə] → SYN **1** adj **a** (= additional) homework, bus, chair, costs, troops, effort supplémentaire ◆ **to work extra hours** faire des heures supplémentaires ◆ **take an extra pair of shoes** prends une autre paire de chaussures ◆ **I've set an extra place at table** j'ai ajouté un couvert ◆ **for extra safety** pour plus de sécurité ◆ **take extra care!** fais bien attention! ◆ **to earn an extra £20 a week** gagner 20 livres de plus par semaine ◆ **there is an extra charge for wine, the wine is extra** le vin est en supplément ◆ **there's no extra charge for the wine** il n'y a pas de supplément pour le vin, le vin est compris ◆ **take some extra money just to be on the safe side** prends un peu plus d'argent, on ne sait jamais ou au cas où * ◆ **the extra money will come in handy** l'argent en plus or l'argent supplémentaire pourra toujours servir ◆ **the extra money required to complete the project** le montant supplémentaire or l'argent requis pour terminer le projet ◆ **to go to extra expense** faire des frais ◆ **extra pay** supplément m de salaire, sursalaire m; (Mil) supplément m de solde ◆ **postage and packing extra** frais d'expédition en sus ◆ **95p extra for postage and packing** 95 pence de plus pour les frais d'expédition

b (= spare) **these copies are extra** ces exemplaires sont en surplus

2 adv **a** (= more money) **to pay/charge extra (for sth)** payer/faire payer un supplément (pour qch) ◆ **a room with a bath costs extra** les chambres avec salle de bains coûtent plus cher, il y a un supplément pour les chambres avec salle de bains

b (= especially) cautious encore plus ◆ **he was extra polite/nice to her** il a été tout poli/gentil avec elle ◆ **take extra special care when washing those glasses** faites très attention en lavant ces verres ◆ **he expected to do extra well in the exam** il s'attendait à réussir brillamment à l'examen ◆ **to work extra hard** travailler d'arrache-pied ◆ **extra large** garment très grand; eggs, tomatoes etc très gros ◆ **extra virgin** huile d'olive extra vierge

3 n **a** (= perk) à-côté m ◆ **extras** (= expenses) frais mpl supplémentaires ◆ **singing and piano are extras** (= options) les leçons de chant et de piano sont en option ◆ **those little extras** (= luxuries) ces petites gâteries fpl ◆ **there are no hidden extras** il n'y a pas de frais supplémentaires

b (in restaurant = extra dish) supplément m

c (Cine, Theat = actor) figurant(e) m(f)

d (US = gasoline) super(carburant) m

4 COMP ▷ **extra time** n (esp Brit Sport) prolongations fpl ◆ **the match went to extra time** on a joué les prolongations ◆ **after extra time** après prolongation(s)

extra... [ˈekstrə] pref **a** (= outside) extra...; → **extramarital**

b (= specially, ultra) extra... ◆ **extradry** wine etc très sec; champagne, vermouth extra-dry inv ◆ **extrafine** extrafin ◆ **extrasmart** ultrachic inv ◆ **extrastrong** person extrêmement fort; material extrasolide; → **extra-special**

extracorporeal [ˌekstrəkɔːˈpɔːrɪəl] adj extracorporel

extract [ɪkˈstrækt] → SYN **1** vt [+ juice, minerals, oil, bullet, splinter] extraire (from de); [+ tooth] arracher (from à); [+ cork] tirer (from de); [+ confession, permission, promise] arracher (from à); [+ information] tirer (from de); [+ money] tirer (from de), soutirer (from à); [+ meaning] tirer, dégager (from de) ◆ **to extract pleasure from sth** tirer du plaisir de qch ◆ **to extract DNA from sth** extraire l'ADN de qch ◆ **to extract the square root** (Math) extraire la racine carrée

2 [ˈekstrækt] n **a** [of book, film, play etc] extrait m ◆ **extracts from Voltaire** morceaux mpl choisis de Voltaire

b (Pharm) extrait m; (Culin) extrait m, concentré m ◆ **meat extract** extrait m de viande

extraction [ɪkˈstrækʃən] n **a** (NonC) [of minerals, coal, oil] extraction f; [of fluid, bone marrow] prélèvement m ◆ **the extraction of confessions through torture** le fait d'arracher des aveux par la torture

b (NonC = descent) origine f ◆ **to be of Scottish extraction, to be Scottish by extraction** être d'origine écossaise

c (Dentistry) extraction f

extractor [ɪkˈstræktə^r] **1** n extracteur m

2 COMP ▷ **extractor fan** n (Brit) ventilateur m ▷ **extractor hood** n (Brit) hotte f aspirante

extracurricular [ˈekstrəkəˈrɪkjʊlə^r] adj (Scol) parascolaire, hors programme; sports en dehors des heures de classe

extraditable [ˈekstrəˌdaɪtəbl] adj offence qui peut donner lieu à l'extradition; person passible or susceptible d'extradition

extradite [ˈekstrəˌdaɪt] vt extrader

extradition [ˌekstrəˈdɪʃən] **1** n extradition f

2 COMP ▷ **extradition warrant** n mandat m d'extradition

extrados [ekˈstreɪdɒs] n, pl **extrados** [ekˈstreɪdəʊz] or **extradoses** (Archit) extrados m

extragalactic [ˌekstrəgəˈlæktɪk] **1** adj extragalactique

2 COMP ▷ **extragalactic nebula** n nébuleuse f extragalactique

extralinguistic [ˌekstrəlɪŋˈgwɪstɪk] adj extralinguistique

extramarital [ˈekstrəˈmærɪtl] adj en dehors du mariage

extramural [ˈekstrəˈmjʊərəl] adj **a** (esp Brit) course hors faculté (donné par des professeurs accrédités par la faculté et ouvert au public) ◆ **extramural lecture** conférence f publique ◆ **Department of Extramural Studies** (Brit Univ) ≈ Institut m d'éducation permanente ◆ **extramural sports** (US Scol) sports pratiqués entre équipes de différents établissements

b district extra-muros inv

extraneous [ɪkˈstreɪnɪəs] → SYN adj **a** (= irrelevant) matter, issue, detail, thought sans rapport avec le sujet ◆ **extraneous to** étranger à

b (frm = external) noise extérieur (-eure f)

extraordinaire [eksˌtrɔːdɪˈnɛə^r] adj (after n: esp hum) ◆ **George Kuchar, film-maker extraordinaire** George Kuchar, cinéaste hors du commun

extraordinarily [ɪkˈstrɔːdnrɪlɪ] adv extraordinairement ◆ **extraordinarily, nobody was killed in the explosion** fait extraordinaire, personne n'a été tué par l'explosion

extraordinary [ɪkˈstrɔːdnrɪ] → SYN adj person, behaviour, appearance, success, courage, tale, speech extraordinaire; insults incroyable; violence inouï ◆ **there's nothing extraordinary about that** cela n'a rien d'extraordinaire, il n'y a rien d'extraordinaire à cela ◆ **I find it extraordinary that he hasn't replied** je trouve inouï qu'il n'ait pas répondu ◆ **it's extraordinary to think that ...** il est extraordinaire de penser que ... ◆ **it's extraordinary how much he resembles his brother** c'est inouï ce qu'il peut ressembler à son frère ◆ **what an extraordinary thing to say!** quelle idée saugrenue! ◆ **the extraordinary thing is that he's right** ce qu'il y a d'extraordinaire c'est qu'il a or ait raison ◆ **an extraordinary meeting of the shareholders** une assemblée extraordinaire des actionnaires ◆ **an Extraordinary General Meeting of the Union** (Brit) une assemblée générale extraordinaire du syndicat; see also **envoy**

extrapolate [ɪkˈstræpəleɪt] vt extrapoler (from à partir de)

extrapolation [ɪkˌstræpəˈleɪʃən] n extrapolation f

extrasensory [ˈekstrəˈsensərɪ] **1** adj extrasensoriel

2 COMP ▷ **extrasensory perception** n perception f extrasensorielle

extra-special [ˌekstrəˈspeʃəl] adj exceptionnel ◆ **to take extra-special care over sth** apporter un soin tout particulier à qch ◆ **extraspecial occasion** grande occasion f

extraterrestrial [ˌekstrətɪˈrestrɪəl] adj, n extraterrestre mf

extraterritorial [ˈekstrəˌterɪˈtɔːrɪəl] adj d'exterritorialité, d'extraterritorialité

extraterritoriality [ˈekstrəˌterɪˌtɔːrɪˈælɪtɪ] n (Pol) extraterritorialité f

extravagance [ɪkˈstrævəgəns] → SYN n **a** (= excessive spending) prodigalité f; (= thing bought) dépense f excessive, folie f ◆ **gross mismanagement and financial extravagance** une mauvaise gestion flagrante et des dépenses excessives ◆ **buying a yacht is sheer extravagance** acheter un yacht est une pure folie

b (= wastefulness) gaspillage m

c (= action, notion) extravagance f, fantaisie f

extravagant [ɪkˈstrævəgənt] → SYN adj **a** (financially) person dépensier; tastes de luxe; gift somptueux; price exorbitant, prohibitif ◆ **extravagant spending** dépenses fpl excessives ◆ **it seems extravagant to hire a car** ça paraît exagéré de louer une voiture ◆ **it**

extravagantly / **eye**

was very extravagant of him to buy this ring il a fait une folie en achetant cette bague ◆ **to lead an extravagant lifestyle** mener un train de vie fastueux ◆ **to be extravagant with one's money** être dépensier ◆ **to be extravagant with electricity** gaspiller l'électricité

b (= exaggerated) person, behaviour, dress, talk, claims extravagant; praise outré ◆ **to be extravagant in one's praise of sb/sth** faire un éloge outré de qn/qch

extravagantly [ɪkˈstrævəɡəntlɪ] adv spend sans compter; use avec prodigalité; entertain sans regarder à la dépense; furnish avec luxe; behave, dress d'une façon extravagante; praise, thank à outrance; expensive excessivement; eccentric, gifted extrêmement ◆ **to live extravagantly** mener un train de vie fastueux ◆ **an extravagantly large bouquet of flowers** un énorme bouquet de fleurs ◆ **extravagantly elegant** d'une élégance extravagante

extravaganza [ɪkˌstrævəˈɡænzə] n (Literat, Mus) fantaisie f; (= story) histoire f extravagante or invraisemblable; (= show) spectacle m somptueux; (= whim) folie f, caprice m

extravasate [ɪkˈstrævəseɪt] vt (Med) extravaser

extravasation [ɪkˌstrævəˈseɪʃən] n (Med) extravasation f

extravehicular [ˌekstrəvɪˈhɪkjʊləʳ] adj (Space) extravéhiculaire

extravert [ˈekstrəˌvɜːt] n, adj ⇒ **extrovert**

extreme [ɪkˈstriːm] → SYN **1** adj (gen) extrême; praise, flattery outré (after n) ◆ **of extreme importance** d'une extrême importance ◆ **of extreme urgency** d'une extrême urgence, extrêmement urgent ◆ **in extreme danger** en très grand danger ◆ **the extreme end** l'extrémité f ◆ **extreme old age** l'extrême vieillesse f ◆ **he died in extreme poverty** il est mort dans une misère extrême ◆ **in the extreme distance** au loin ◆ **the extreme north** l'extrême nord m ◆ **to the extreme right** à l'extrême droite ◆ **the extreme left/right** (Pol) l'extrême gauche f/droite f ◆ **to be extreme in one's opinions** avoir des opinions extrêmes, être extrémiste

2 n extrême m ◆ **in the extreme** difficult, irritating, obstinate, wealthy, helpful, interesting à l'extrême ◆ **to go from one extreme to the other** passer d'un extrême à l'autre ◆ **extremes of temperature** des écarts mpl extrêmes de température ◆ **extremes meet** les extrêmes se touchent ◆ **to go to extremes** pousser les choses à l'extrême ◆ **I won't go to that extreme** je ne veux pas aller jusqu'à ces extrémités

3 COMP ▷ **extreme sport** n sport m extrême ▷ **extreme unction** n (Rel) extrême-onction f

extremely [ɪkˈstriːmlɪ] → SYN adv happy, difficult, important, high, helpful extrêmement ◆ **to be extremely talented/successful** avoir énormément de talent/succès

extremism [ɪkˈstriːmɪzəm] n extrémisme m

extremist [ɪkˈstriːmɪst] → SYN adj, n extrémiste mf

extremity [ɪkˈstremɪtɪ] → SYN n **a** (= furthest point) extrémité f, bout m or point m le plus éloigné ◆ **extremities** (= hands and feet) extrémités fpl

b [of despair, happiness] extrême or dernier degré m; (= extreme act) extrémité f ◆ **to drive sb to extremities** pousser qn à une extrémité

c (= danger, distress) extrémité f ◆ **to help sb in his extremity** venir en aide à qn qui est aux abois

extricate [ˈekstrɪkeɪt] → SYN vt [+ object] dégager (from de) ◆ **to extricate o.s.** s'extirper (from de); (fig) se tirer (from de) ◆ **to extricate sb from a nasty situation** tirer qn d'un mauvais pas

extrication [ˌekstrɪˈkeɪʃən] n [of object] dégagement m ◆ **to be in debt without hope of extrication** (fig) être endetté sans espoir de s'en sortir

extrinsic [ekˈstrɪnsɪk] adj extrinsèque

extrinsically [ekˈstrɪnsɪklɪ] adv extrinsèquement

extrorsal [ekˈstrɔːsəl], **extrorse** [ekˈstrɔːs] adj extrorse

extroversion [ˌekstrəˈvɜːʃən] n extraversion or extroversion f

extrovert [ˈekstrəʊˌvɜːt] (esp Brit) **1** adj extraverti or extroverti

2 n extraverti(e) or extroverti(e) m(f) ◆ **he's an extrovert** il s'extériorise (beaucoup)

extroverted [ˈekstrəʊˌvɜːtɪd] adj (esp US) ⇒ **extrovert 1**

extrude [ɪkˈstruːd] vt rejeter (from hors de), expulser (from de); [+ metal, plastics] extruder

extrusion [ɪkˈstruːʒən] n (Tech) extrusion f

extrusive [ɪkˈstruːsɪv] adj extrusif

exuberance [ɪɡˈzjuːbərəns] → SYN n [of person] exubérance f; [of vegetation] exubérance f, luxuriance f; [of words, images] richesse f, exubérance f

exuberant [ɪɡˈzjuːbərənt] → SYN adj person, personality, mood, style, film, music exubérant; growth, vegetation exubérant, luxuriant; colour vif; painting d'un style exubérant

exuberantly [ɪɡˈzjuːbərəntlɪ] adv **a** (= high-spiritedly) laugh, embrace avec exubérance ◆ **to be exuberantly happy** manifester une joie exubérante

b (Bot = vigorously) **to grow exuberantly** être luxuriant

exude [ɪɡˈzjuːd] **1** vi suinter, exsuder (from de)

2 vt [+ resin, blood] exsuder ◆ **to exude water or moisture** suinter ◆ **he exuded charm** le charme lui sortait par tous les pores ◆ **he exudes confidence** il respire la confiance en soi

exult [ɪɡˈzʌlt] → SYN vi (= rejoice) se réjouir (in de; over à propos de), exulter; (= triumph) jubiler, chanter victoire ◆ **to exult at finding or to find** se réjouir grandement or exulter de trouver

exultant [ɪɡˈzʌltənt] → SYN adj person, mood, tone, expression jubilant, triomphant; joy triomphant ◆ **to be or feel exultant, to be in an exultant mood** être d'humeur joyeuse

exultantly [ɪɡˈzʌltəntlɪ] adv en exultant, en jubilant

exultation [ˌeɡzʌlˈteɪʃən] → SYN n exultation f, jubilation f

exurbia [eksˈɜːbɪə] n (US) la banlieue aisée

exuviae [ɪɡˈzjuːvɪˌiː] npl exuvie f

ex-wife [ˌeksˈwaɪf] n, pl **ex-wives** ex-femme f

ex-works [ˌeksˈwɜːks] adj (Brit Comm) price départ usine; see also **ex 1**

eye [aɪ]
→ SYN

1 NOUN   **3** COMPOUNDS
2 TRANSITIVE VERB   **5** PHRASAL VERB

1 NOUN

a [of person, animal] œil m (yeux pl) ◆ **to have brown eyes** avoir les yeux marron ◆ **a girl with blue eyes** une fille aux yeux bleus ◆ **before my very eyes** sous mes yeux ◆ **it's there in front of your very eyes** tu l'as sous les yeux, c'est sous ton nez * ◆ **with tears in her eyes** les larmes aux yeux ◆ **to have the sun in one's eyes** avoir le soleil dans les yeux ◆ **I haven't got eyes in the back of my head** je n'ai pas des yeux dans le dos ◆ **he must have eyes in the back of his head!** il n'a pas les yeux dans sa poche! ◆ **to let one's eye rest on sb/sth** poser son regard sur qn/qch ◆ **I've never set or clapped * or laid eyes on him** je ne l'ai jamais vu de ma vie ◆ **why don't you use your eyes?** tu es aveugle? ◆ **eyes front!** (Mil) fixe! ◆ **eyes right!** (Mil) tête (à) droite! ◆ **an eye for an eye and a tooth for a tooth** œil pour œil, dent pour dent

b of object [of needle] chas m, œil m (œils pl); [of potato, peacock's tail] œil m (yeux pl); [of hurricane] œil m; [of camera] objectif m; (= photoelectric cell) œil m électrique ◆ **the eye of the storm** (fig) l'œil m du cyclone

c set structures

◆ **to close** or **shut one's eyes to** ◆ **to close or shut one's eyes to sb's shortcomings** fermer les yeux sur les faiblesses de qn ◆ **to close or shut one's eyes to the evidence** refuser or nier l'évidence ◆ **to close or shut one's eyes to the dangers of sth/to the truth** refuser de voir les écueils de qch/la vérité en face ◆ **one can't close or shut one's eyes to the fact that ...** il faut bien reconnaître que ... ◆ **he preferred to close his eyes to the possibility of war** il refusait d'envisager la guerre

◆ **to get one's eye in** ajuster son coup d'œil

◆ **to give sb the eye** * faire de l'œil * à qn

◆ **to have an eye for** ◆ **she has an eye for a bargain** elle flaire or elle reconnaît tout de suite une bonne affaire ◆ **she has or she's got an eye for antiques** elle a le coup d'œil pour les antiquités

◆ **to have eyes for** ◆ **he only had eyes for her** n'avait d'yeux que pour elle ◆ **they only have eyes for the championship** ils ne pensent qu'au championnat

◆ **to have (got) one's/an eye on** ◆ **he's got his eye on the championship** il lorgne le championnat ◆ **I've already got my eye on a house** j'ai déjà une maison en vue ◆ **to have an eye on sb for a job** avoir qn en vue pour un poste ◆ **he had his eye on a job in the Foreign Office** il visait un poste au ministère des Affaires étrangères

◆ **to keep an eye/one's eye(s) ...** ◆ **he couldn't keep his eyes open** * il dormait debout ◆ **to keep one's eyes wide open** garder les yeux grand(s) ouverts ◆ **to keep one's eye on the ball** (lit) fixer la balle; (fig) rester vigilant ◆ **keeping his eye on the bear, he seized his gun** sans quitter l'ours des yeux, il a empoigné son fusil ◆ **keep your eye on the main objective** ne perdez pas de vue le but principal ◆ **to keep an eye on things or on everything** * garder la boutique * ◆ **will you keep an eye on the baby/shop?** vous pouvez surveiller le bébé/le magasin? ◆ **to keep an eye on expenditure** surveiller ses dépenses ◆ **to keep one's eyes open or peeled * or skinned** * ouvrir l'œil ◆ **keep your eyes open for or keep an eye out for a hotel** * essayez de repérer * un hôtel ◆ **to keep a strict eye on sb** surveiller qn de près, tenir qn à l'œil *

◆ **to make eyes at sb** * faire de l'œil * à qn *

◆ **to open sb's eyes to** ◆ **this will open his eyes to the truth** ça va lui ouvrir or dessiller les yeux

◆ **to take one's eye off** ◆ **he didn't take his eyes off her** il ne l'a pas quittée des yeux ◆ **he couldn't take his eyes off the cakes** il ne pouvait pas s'empêcher de lorgner les gâteaux, il dévorait les gâteaux des yeux ◆ **to take one's eye off the ball** (lit) arrêter de fixer le ballon; (fig) avoir un moment d'inattention

◆ **all eyes** ◆ **all eyes are on him** tous les regards sont tournés vers lui ◆ **all eyes are on the conference** tous les regards convergent sur la conférence ◆ **to be all eyes** * être tout yeux

◆ **eye to eye** ◆ **to see eye to eye with sb** (on specific issue) partager le point de vue de qn, être d'accord avec qn ◆ **we rarely see eye to eye** nous sommes rarement d'accord

◆ **my eye** ◆ **my eye!** * mon œil! * ◆ **it's all my eye** * tout ça, c'est des foutaises *

◆ **for your eyes only** (fig) ultraconfidentiel ◆ **"eyes only"** (US: on documents) "top secret"

◆ **in the eye(s)** (fig) ◆ **it hits you in the eye** cela saute aux yeux ◆ **that's one in the eye for him** * c'est bien fait pour lui or pour sa poire * ◆ **in the eyes of ...** aux yeux de ... ◆ **in his eyes** à ses yeux ◆ **in the eyes of the law** au regard de or aux yeux de la loi

◆ **through sb's eyes** ◆ **to look at sth through someone else's eyes** examiner qch du point de vue de quelqu'un d'autre ◆ **to look at a question through the eyes of an economist** envisager une question du point de vue de l'économiste

◆ **under the eye of** sous la surveillance de, sous l'œil de

◆ **up to the/one's eyes** ◆ **to be up to one's eyes in work** être débordé (de travail) ◆ **to be up to one's eyes in paperwork** être dans la paperasserie jusqu'au cou * ◆ **to be up to one's eyes in debt** être endetté jusqu'au cou ◆ **he's in it up to the or his eyes** * (in crime, plot, conspiracy) il est mouillé * jusqu'au cou

◆ **with an eye/one's eyes** ◆ **with one's eyes closed** or **shut** les yeux fermés ◆ **with eyes half-closed** or **half-shut** les yeux mi-clos ◆ **with my own eyes** de mes propres yeux ◆ **I saw him with my own eyes** je l'ai vu de mes propres yeux ◆ **he went into it with his eyes** wide open or with open eyes il s'y est lancé en toute connaissance de cause ◆ **I could do it with my eyes shut** (fig) je pourrais le faire les yeux fermés ◆ **with an eye to the future** en prévision de l'avenir ◆ **to look at a house with an eye to buying** visiter une maison que l'on envisage d'acheter ◆ **he's a man with an eye for quality** c'est un homme qui sait reconnaître la bonne qualité ◆ **a writer with an eye for detail** un auteur qui a le sens du détail ◆ **with a critical/a jealous/an uneasy etc eye** d'un œil critique/jaloux/inquiet etc ; → **catch, fall, far, half, look, main, mind, open, private, run**

[2] TRANSITIVE VERB

[+ person] regarder, mesurer du regard ; [+ thing] regarder, observer ◆ **to eye sb from head to toe** toiser qn de la tête aux pieds

[3] COMPOUNDS

▷ **eye-catcher** n personne f (or chose f) qui attire l'œil ▷ **eye-catching** adj dress, colour qui attire l'œil ; publicity, poster accrocheur ▷ **eye contact** n to establish/avoid eye contact with sb regarder/éviter de regarder qn dans les yeux ▷ **eye doctor** n (US) oculiste mf ; (prescribing) ophtalmologue mf ▷ **eye job** * n opération de chirurgie esthétique aux yeux ▷ **eye level** n at eye level au niveau des yeux ▷ **eye-level grill** n gril m surélevé ▷ **eye make-up** n maquillage m pour les yeux ▷ **eye make-up remover** n démaquillant m pour les yeux ▷ **eye-opener** * n (= surprise) révélation f, surprise f ; (US = drink) petit verre m pris au réveil ◆ **that was an eye-opener for him** cela lui a ouvert les yeux ◆ **his speech was an eye-opener** son discours a été très révélateur ▷ **eye-patch** n cache m, bandeau m ▷ **eye rhyme** n (Literat) rime f pour l'œil ▷ **eye socket** n orbite f ▷ **eye specialist** n oculiste mf ▷ **eye test** n examen m de la vue

[5] PHRASAL VERB

▶ **eye up** * vt sep (Brit) reluquer * ◆ **he was eyeing up the girls** il reluquait les filles

eyeball ['aɪbɔːl] [1] n globe m oculaire ◆ **to stand eyeball to eyeball with sb** * se trouver nez à nez avec qn ◆ **to be up to one's eyeballs in work** * être débordé (de travail) ◆ **to be up to one's eyeballs in debt/paperwork** * être endetté/être dans la paperasserie jusqu'au cou *
[2] vt * zieuter *

eyebank ['aɪbæŋk] n (Med) banque f des yeux

eyebath ['aɪbɑːθ] n (esp Brit) œillère f

eyebright ['aɪbraɪt] n (Bot) euphrasia f, euphraise f

eyebrow ['aɪbraʊ] [1] n sourcil m
[2] COMP ▷ **eyebrow pencil** n crayon m à sourcils ▷ **eyebrow tweezers** npl pince f à épiler

eyecup ['aɪkʌp] n (US) ⇒ **eyebath**

-eyed [aɪd] adj (in compounds) ◆ **big-eyed** aux grands yeux ◆ **brown-eyed** aux yeux marron ◆ **one-eyed** (lit) borgne ; (* fig) miteux, minable ; → **dry, hollow**

eyedrops ['aɪdrɒps] npl gouttes fpl pour les yeux, collyre m

eyeful ['aɪfʊl] n ◆ **he got an eyeful of mud** il a reçu de la boue plein les yeux ◆ **she's quite an eyeful** * cette fille, c'est un régal pour l'œil, elle est vraiment canon * ◆ **get an eyeful of this!** * vise un peu ça ! *

eyeglass ['aɪglɑːs] n monocle m

eyeglasses ['aɪglɑːsɪz] npl (esp US) lunettes fpl

eyehole ['aɪhəʊl] n a (Anat) orbite m
b (for hook, rope) œillet m ; (in door) judas m

eyelash ['aɪlæʃ] n cil m

eyelet ['aɪlɪt] n œillet m (dans du tissu etc)

eyelid ['aɪlɪd] n paupière f

eyeliner ['aɪlaɪnəʳ] n eye-liner m

eyepiece ['aɪpiːs] n oculaire m

eyeshade ['aɪʃeɪd] n visière f

eyeshadow ['aɪʃædəʊ] n fard à paupières

eyesight ['aɪsaɪt] → SYN n vue f ◆ **to have good eyesight** avoir une bonne vue or de bons yeux ◆ **to lose one's eyesight** perdre la vue ◆ **his eyesight is failing** sa vue baisse

eyesore ['aɪsɔːʳ] → SYN n horreur f ◆ **these ruins are an eyesore** ces ruines sont une horreur or sont hideuses

eyestrain ['aɪstreɪn] n **to have eyestrain** avoir les yeux fatigués

Eyetie * ['aɪtaɪ] n (Brit pej) Rital(e) * m(f)

eyetooth ['aɪtuːθ] n, pl **eyeteeth** ['aɪtiːθ] canine f supérieure ◆ **I'd give my eyeteeth** * **for a car like that/to go to China** qu'est-ce que je ne donnerais pas pour avoir une voiture comme ça/pour aller en Chine

eyewash ['aɪwɒʃ] n a (Med) collyre m
b **that's a lot of eyewash** * (= nonsense) ce sont des fadaises, c'est du vent ; (to impress) c'est de la frime *, c'est de la poudre aux yeux

eyewear ['aɪwɛəʳ] n (NonC) lunettes fpl, lunetterie f

eyewitness ['aɪˌwɪtnɪs] → SYN [1] n témoin m oculaire or direct
[2] COMP ▷ **eyewitness account** n (in media) récit m de témoin oculaire ; (to police) déposition f de témoin oculaire

eyrie ['ɪərɪ] n aire f (d'aigle)

Ezekiel [ɪˈziːkɪəl] n Ézéchiel m

e-zine ['iːziːn] n e-zine m

F

F, f [ɛf] n **a** (= letter) F, f m ◆ **F for Freddy, F for fox** (US) F comme François; see also **f-word, f-number, f-stop**
  b (Mus) fa m
  c (Scol = mark) faible
  d abbrev of **Fahrenheit**
  e (Naut) abbrev of **fathom**
  f (abbrev of **female, feminine**) f
  g (Mus) abbrev of **forte**
  h (Phys) abbrev of **force**

FA [ɛfˈeɪ] (Brit) **a** (abbrev of **Football Association**) fédération anglaise de football
  b ⁑ (abbrev of **Fanny Adams**) → **Fanny**

fa [fɑː] n (Mus) fa m

FAA [ˌefeɪˈeɪ] (US) (abbrev of **Federal Aviation Administration**) → **federal**

fab ⁑ [fæb], **fabby** ⁑ [ˈfæbɪ] adj (Brit) (abbrev of **fabulous**) sensass ⁑, terrible ⁑

Fabian [ˈfeɪbɪən] **1** n (Pol) Fabien(ne) m(f)
  2 adj fabien
  3 COMP ▷ **Fabian Society** n Association f fabienne

fable [ˈfeɪbl] → SYN n (Literat, fig) fable f; → **fact**

fabled [ˈfeɪbld] adj légendaire

fabric [ˈfæbrɪk] → SYN **1** n **a** (= cloth) tissu m, étoffe f ◆ **cotton fabrics** cotonnades fpl ◆ **woollen fabrics** lainages mpl
  b [of building, system, society] structure f ◆ **the social fabric of our country** le tissu social de notre pays
  2 COMP ▷ **fabric conditioner, fabric softener** n produit m assouplissant

fabricate [ˈfæbrɪkeɪt] → SYN vt **a** (= manufacture) [+ goods] fabriquer
  b (= invent) [+ story, account] inventer, fabriquer; [+ evidence] fabriquer; [+ document] fabriquer, forger ◆ **to fabricate an allegation** avancer une allégation

fabrication [ˌfæbrɪˈkeɪʃən] → SYN n **a** (= lie) **it is (a) pure fabrication** c'est une invention pure et simple
  b (NonC = invention) [of story, account] invention f; [of document] fabrication f ◆ **fabrication of evidence** (Jur) fabrication f de (fausses) preuves
  c (= manufacturing) [of goods] fabrication f

fabulist [ˈfæbjʊlɪst] n (Literat) fabuliste m

fabulous [ˈfæbjʊləs] → SYN adj **a** (= incredible) fabuleux
  b (⁎ = wonderful) prize, holiday, opportunity, weather fabuleux ◆ **a fabulous price** un prix fabuleux or astronomique ◆ **fabulous!** chouette! ⁎, sensass! ⁎
  c (liter = mythical) beast, monster fabuleux (liter)

fabulously [ˈfæbjʊləslɪ] adv wealthy, rich fabuleusement; expensive incroyablement ◆ **to be fabulously successful** avoir un succès fabuleux

façade [fəˈsɑːd] → SYN n (Archit, fig) façade f

face [feɪs]

→ SYN

1 NOUN	3 INTRANSITIVE VERB
2 TRANSITIVE VERB	4 COMPOUNDS
5 PHRASAL VERBS	

1 NOUN

a Anat visage m ◆ **a pleasant face** un visage agréable ◆ **he stuck his face out of the window** il a passé la tête par la fenêtre ◆ **I know that face, that face is familiar** ce visage me dit quelque chose ◆ **injuries to the face** blessures fpl à la face au visage ◆ **to have one's face lifted** se faire faire un lifting ◆ **to put one's face on** ⁎ se faire une beauté ⁎ ◆ **he won't show his face here again** il ne remettra plus les pieds ici ◆ **to go red in the face** rougir ◆ **I could never look him in the face again** je ne pourrais plus le regarder en face ◆ **to be written across or all over or on sb's face** se lire sur le visage de qn ◆ **you're lying, it's written all over your face!** ⁎ tu mens, ça se lit sur ton visage!
◆ **in one's face** ◆ **the rain was blowing in our faces** la pluie nous fouettait le visage or la figure ◆ **it blew up in my face** (lit) ça m'a explosé à la figure ◆ **his plan blew up in his face** son plan s'est retourné contre lui; → **in-your-face**
◆ **in the face of** ◆ **courage in the face of the enemy** courage m face à l'ennemi ◆ **they remained defiant in the face of international condemnation** ils persistaient à défier la condamnation internationale ◆ **in the face of this threat** devant cette menace, face à cette menace ◆ **to smile in the face of adversity** garder le sourire (malgré les problèmes) ◆ **he succeeded in the face of great difficulties** il a réussi en dépit de grandes difficultés
◆ **to sb's face** ◆ **he told him so to his face** il le lui a dit en face or sans détour ◆ **he told him the truth to his face** il lui a dit la vérité sans détour
◆ **face to face** ◆ **to come face to face with** (= meet) se trouver face à face or nez à nez avec; (fig = confront) [+ problem, difficulty] devoir affronter ◆ **to bring two people face to face** confronter deux personnes; see also **4**
◆ **to be off one's face** ⁑ (Brit) être bourré ⁑
◆ **out of sb's face** ⁑ ◆ **get out of my face!** fous-moi la paix! ⁑

b = front **he was lying face down(wards)** (on ground) il était face contre terre or à plat ventre; (on bed, sofa) il était à plat ventre ◆ **he was lying face up(wards)** il était allongé sur le dos ◆ **to fall (flat) on one's face** (lit) tomber à plat ventre, tomber face contre terre; (fig) se planter ⁎

c = expression mine f ◆ **to make or pull faces (at)** faire des grimaces (à) ◆ **to make or pull a (disapproving) face** faire la moue ◆ **to put a bold or brave face on things** faire bonne contenance ◆ **you'll just have to put a good face on it** tu n'auras qu'à faire contre mauvaise fortune bon cœur ◆ **to set one's face against sth** s'élever contre qch ◆ **to set one's face against doing** se refuser à faire

d = appearance visage m ◆ **to change the face of a town** changer le visage d'une ville ◆ **the changing face of Malaysian politics** le visage changeant de la politique malaise ◆ **the unacceptable face of capitalism** la face inacceptable du capitalisme
◆ **on the face of it** à première vue

e ⁎ = person visage m; (= celebrity) nom m (connu) ◆ **a familiar face** un visage familier ◆ **among familiar faces** parmi des visages familiers or connus ◆ **the new committee includes many of the same old faces** on retrouve les mêmes visages dans le nouveau comité ◆ **we need some new or fresh faces on the team** notre équipe a besoin de sang neuf

f of building façade f

g of clock cadran m

h Climbing [of mountain] face f; [of cliff] paroi f ◆ **the north face of the Eiger** la face nord de l'Eiger

i = surface [of coin] côté m; [of the earth] surface f; [of document] recto m; [of playing card] face f, dessous m ◆ **it fell face up/down** [playing card, photo] elle est tombée face en dessus/en dessous; [coin] elle est tombée côté face/pile ◆ **to turn face up** retourner or mettre qch à l'endroit ◆ **he vanished off the face of the earth** il a complètement disparu

j Typ œil m

k = prestige **to lose face** ⁎ perdre la face; → **loss**

l = impertinence **to have the face** ⁎ **to do sth** avoir le toupet ⁎ de faire qch

2 TRANSITIVE VERB

a = turn one's face towards faire face à ◆ **he turned and faced the man** il se retourna et fit face à l'homme ◆ **face this way!** tournez-vous de ce côté!

b = have one's face towards faire face à, être en face de ◆ **he was facing me** il me faisait face ◆ **facing one another** en face l'un de l'autre, l'un en face de l'autre ◆ **the two boys faced each other** les deux garçons se faisaient face or étaient face à face ◆ **he was facing the wall** il était face au mur ◆ **to face both ways** (fig) ménager la chèvre et le chou

c = have its front towards (gen) faire face à; (= look out onto) [building, window] faire face à, donner sur ◆ **the seats were all facing the platform** les sièges faisaient tous face à l'estrade ◆ **the picture facing page 16** l'illustration en regard de or en face de la page 16 ◆ **which way does the house face?** comment la maison est-elle orientée? ◆ **the house faces north** la maison est orientée au nord

d [= confront] [problem, task, situation] se présenter à ◆ **two problems/tasks faced them** deux problèmes/tâches se présentaient à eux, ils se trouvaient devant deux problèmes/tâches ◆ **the problem facing us** le problème devant lequel nous nous trouvons or qui se pose à nous ◆ **the economic difficulties facing the country** les difficultés économiques que rencontre le pays or auxquelles le pays doit faire face

♦ **faced with** ◆ **the government, faced with renewed wage demands ...** le gouvernement, confronté à de nouvelles revendications salariales ... ◆ **he was faced with a class who refused to cooperate** il se trouvait face à or confronté à une classe qui refusait de coopérer ◆ **faced with the task of deciding, he ...** se trouvant dans l'obligation de prendre une décision, il ... ◆ **he was faced with having to pay £100** or **with a bill for £100** il se voyait contraint or obligé de payer (une note de) 100 livres ◆ **he was faced with the possibility that they might refuse** il risquait de les voir refuser ◆ **he was faced with the prospect of doing it himself** il risquait d'avoir à le faire lui-même ◆ **faced with the prospect of having to refuse, he ...** face à or devant la perspective d'avoir à refuser, il ...

♦ **to face sb with sth** ◆ **you must face him with this choice/the decision** vous devez le contraindre à faire face à ce choix/cette décision ◆ **you must face him with the truth** vous devez le contraindre à regarder la vérité en face

e [= look at honestly] [+ problem] faire face à ; [+ truth] regarder en face ◆ **she faced the problem at last** elle a enfin fait face au problème ◆ **to face the music** braver l'orage or la tempête ◆ **sooner or later he'll have to face the music** tôt ou tard, il va devoir braver l'orage or la tempête ◆ **to face (the) facts** regarder les choses en face, se rendre à l'évidence ◆ **she won't face the fact that he's not going to come back** elle ne veut pas se rendre à l'évidence et admettre qu'il ne reviendra pas ◆ **let's face it*** regardons les choses en face

♦ **can't/couldn't face** ◆ **I can't face doing it** je n'ai pas le courage de le faire ◆ **I can't face breakfast this morning** je ne peux rien avaler ce matin ◆ **I can't face him/the washing up** je n'ai pas le courage de le voir/de faire la vaisselle ◆ **I couldn't face this alone** je ne pourrais pas y faire face tout seul

f [= risk incurring] [+ fine, charges, prison, defeat, death] risquer ; [+ unemployment, redundancy] être menacé de ◆ **he faces life in prison if convicted** il risque la prison à vie s'il est reconnu coupable ◆ **many people were facing redundancy** beaucoup de gens étaient menacés de licenciement or risquaient d'être licenciés

g [= line] [+ wall] revêtir (*with* de) ; (Sewing) doubler ◆ **the hood is faced with silk** la capuche est doublée de soie

3 INTRANSITIVE VERB

a [person] (= turn one's face) se tourner (*towards* vers) ; (= be turned) être tourné (*towards* vers), faire face (*towards* à) ◆ **he was facing towards the audience** il faisait face au public ; ◆ **right face!** (US Mil) à droite, droite ! ; ◆ **about face!** (US Mil) demi-tour !

b [house] être exposé or orienté ◆ **a window facing south** une fenêtre orientée au sud ◆ **a room facing towards the sea** une chambre donnant sur la mer

4 COMPOUNDS

▷ **face card** n (US) figure f *(de jeu de cartes)* ▷ **face cloth** n ⇒ **face flannel** ▷ **face cream** n crème f pour le visage ▷ **face flannel** n (Brit) ≃ gant m de toilette ▷ **face guard** n (Baseball) visière f de protection ▷ **face-lift** n lifting m ◆ **to have a face-lift** se faire faire un lifting ◆ **to give a face-lift*** **to** [+ house] (exterior) ravaler la façade de ; (interior) retaper ; [+ political party, company] rajeunir l'image de ◆ **the town/the park/the garden has been given a face-lift*** la ville/le parc/le jardin a fait peau neuve ▷ **face mask** n masque m ; (Cosmetics) masque m (de beauté) ▷ **face-off** n (Hockey) remise f en jeu ; (fig) confrontation f ▷ **face pack** n masque m (de beauté) ▷ **face powder** n poudre f de riz ▷ **face-saver** n → **face-saving**

▷ **face-saving** adj qui sauve la face ◇ n **it was clearly a piece of face-saving** or **a face-saver on their part** ils ont visiblement fait cela pour sauver la face ▷ **face-to-face** adj face à face, nez à nez ◆ **face-to-face discussion** (TV etc) face à face m inv, face-à-face m inv ▷ **face value** n valeur f nominale ◆ **to take a statement at (its) face value** (fig) prendre une déclaration au pied de la lettre ◆ **to take sb at face value** juger qn sur les apparences ◆ **you can't take it at (its) face value** il ne faut pas vous laisser tromper par les apparences

5 PHRASAL VERBS

► **face about** vi (Mil) faire demi-tour

► **face down** vt sep (esp US) défier du regard

► **face out*** vt sep (Brit) ◆ **to face it out** faire front ◆ **to face out a crisis** faire face à or affronter une crise

► **face up to** vt fus [+ danger, difficulty] faire face à, affronter ; [+ responsibilities] faire face à ◆ **to face up to the fact that ...** admettre or accepter (le fait) que ...

faceless [ˈfeɪslɪs] adj anonyme

facer* [ˈfeɪsəʳ] n (Brit) ◆ **it was a real facer** c'était un sacré* problème

facet [ˈfæsɪt] → SYN n (lit, fig) facette f

faceted [ˈfæsɪtɪd] adj à facettes

facetious [fəˈsiːʃəs] → SYN adj person facétieux, plaisant ; remark plaisant, bouffon

facetiously [fəˈsiːʃəslɪ] adv facétieusement

facetiousness [fəˈsiːʃəsnɪs] n [of person] esprit m facétieux ; [of remark] caractère m or côté m facétieux ; (= jokes) facéties fpl

facia [ˈfeɪʃɪə] n ⇒ **fascia**

facial [ˈfeɪʃəl] 1 adj nerve, muscles, massage facial ; expression du visage ; injury au visage ◆ **facial features** traits mpl (du visage)

2 n * soin m (complet) du visage ◆ **to have a facial** se faire faire un soin du visage ◆ **to give o.s. a facial** se faire un nettoyage de peau

3 COMP ▷ **facial hair** n poils mpl du visage ▷ **facial scrub** n exfoliant m, produit m gommant (pour le visage) ▷ **facial wash** n lotion f (pour le visage)

facially [ˈfeɪʃəlɪ] adv ◆ **facially disfigured** défiguré ◆ **to be facially scarred** avoir une (or des) cicatrice(s) au visage ◆ **they are facially similar** leurs visages se ressemblent

facies [ˈfeɪʃɪiːz] n (pl inv) faciès m

facile [ˈfæsaɪl] → SYN adj (pej) person, talk, idea, style superficiel ; optimism, solution, comparison facile (pej) ; question simpliste ◆ **it is facile to suggest that ...** c'est un peu facile de suggérer que ...

facilely [ˈfæsaɪllɪ] adv complaisamment

facilitate [fəˈsɪlɪteɪt] → SYN vt faciliter

facilitation [fəˌsɪlɪˈteɪʃən] n facilitation f

facilitator [fəˈsɪlɪteɪtəʳ] n (Pol, Ind) médiateur m, -trice f, conciliateur m, -trice f ; (Psych, Educ) animateur m, -trice f

facility [fəˈsɪlɪtɪ] → SYN n **a** **facilities** (= equipment, material) équipements mpl (*for* de) ; (= place, installation) installations fpl ◆ **military facilities** installations fpl militaires ◆ **sports/educational facilities** équipements mpl sportifs/scolaires ◆ **storage facilities** (Ind) installations fpl d'entreposage, entrepôts mpl ; (in house = wardrobes, cupboards etc) espaces mpl de rangement ◆ **a large hotel with all facilities** un grand hôtel doté de tout le confort moderne ◆ **toilet facilities** toilettes fpl, sanitaires mpl ◆ **health care facilities** services mpl de santé, infrastructure f médicale ◆ **child care facilities** (= crèches) crèches fpl ; (for older children) garderies fpl ◆ **we offer facilities for childminding from 8am to 8pm** nous proposons une crèche or garderie pour les enfants de 8 heures à 20 heures ◆ **play facilities for young children** un espace de jeu pour les petits enfants ◆ **there are no facilities for children/the disabled** ce n'est pas aménagé pour les enfants/les handicapés ◆ **the flat has no cooking facilities** l'appartement n'est pas équipé pour faire la cuisine

b (= means (of doing sth)) moyens mpl (*for* de), possibilité f (*for doing sth* de faire qch) ◆ **transport/production facilities** moyens mpl de transport/de production ◆ **a facility for converting part of one's pension into ...** la possibilité de convertir une partie de sa retraite en ... ◆ **the bank offers the facility to pay over 50 weeks** la banque offre la possibilité d'étaler les paiements sur 50 semaines ◆ **we have no facility** or **facilities for disposing of toxic waste** nous ne sommes pas en mesure d'éliminer les déchets toxiques ◆ **you will have all facilities** or **every facility for study** vous aurez toutes facilités or tout ce qu'il faut pour étudier ◆ **a computer with the facility to reproduce speech** un ordinateur capable de reproduire le son de la voix ◆ **the machine does not have the facility to run this program** l'appareil ne permet pas d'exécuter ce programme ; → **overdraft**

c (Tech etc = device) mécanisme m ; (Comput) fonction f ◆ **the clock has a stopwatch facility** le réveil peut aussi servir de chronomètre ◆ **the oven has an automatic timing facility** le four est doté d'un minuteur automatique ◆ **there's a facility for storing data** (Comput) il y a une fonction de mise en mémoire des données

d (= place, building) **the museum has a facility where students can work** le musée met à la disposition des étudiants un endroit où travailler ◆ **student facilities include a library and language laboratory** les étudiants disposent notamment d'une bibliothèque et d'un laboratoire de langues ◆ **a newly-built manufacturing facility** une nouvelle usine ◆ **nuclear facility** (= arms factory) usine f nucléaire ; (= power station) centrale f nucléaire

e (NonC = ease) facilité f ◆ **to write/speak/express o.s. with facility** écrire/parler/s'exprimer avec facilité or aisance

f (= person's talent, ability) **her facility in** or **for learning, her learning facility** sa facilité à apprendre ◆ **he has a great facility for languages/maths** il est très doué pour les langues/les maths, il a beaucoup de facilité en langues/maths

facing [ˈfeɪsɪŋ] → SYN n (Constr) revêtement m ; (Sewing) revers m

-facing [ˈfeɪsɪŋ] adj (in compounds) ◆ **south-facing** exposé au sud

facsimile [fækˈsɪmɪlɪ] → SYN 1 n fac-similé m ◆ **in facsimile** en fac-similé

2 COMP ▷ **facsimile machine** n télécopieur m ▷ **facsimile transmission** n télécopie f

fact [fækt] LANGUAGE IN USE 26.1, 26.3 → SYN

1 n **a** (= sth known, accepted as true) fait m ◆ **the fact that he is here** le fait qu'il est là or qu'il soit là ◆ **it is a fact that ...** il est de fait que ... ◆ **in view of the fact that ...** étant donné que ... ◆ **despite the fact that ...** bien que ... (+ subj) ◆ **is it a fact that ...?** est-il vrai que ... (+ subj or indic) ? ◆ **is that a fact?** (iro) vraiment ? ◆ **(and) that's a fact** c'est certain or sûr ◆ **I know it for a fact** j'en suis sûr ◆ **to know (it) for a fact that ...** être certain que ... ◆ **let's stick to the facts** tenons-nous-en aux faits ◆ **we haven't got all the facts and figures yet** nous ne disposons pas encore de tous les éléments ◆ **interesting facts and figures about the different peoples of Africa** des informations intéressantes sur les différents peuples d'Afrique ◆ **it's a fact of life (that ...)** la vie est ainsi faite (que ...) ◆ **it's time he knew the facts of life** (gen) il est temps qu'il apprenne les choses de la vie or qu'on le mette devant les réalités de la vie ; (about sex) il est temps qu'il sache comment les enfants viennent au monde ; → **face**

b (NonC = reality) faits mpl, réalité f ◆ **story founded on fact** histoire f basée sur des faits or sur la réalité ◆ **fact and fiction** le réel et l'imaginaire ◆ **he can't tell fact from fiction** or **from fable** il ne sait pas séparer le vrai du faux ◆ **the fact of the matter is that ...** le fait est que ... ◆ **I accept what he says as fact** je ne mets pas en doute la véracité de ses propos

♦ **in fact** en fait ; (reinforcing sth) effectivement ◆ **he had promised to send the books and in fact they arrived the next day** il avait promis d'envoyer les livres et ils sont effectivement arrivés le lendemain ◆ **it was a terrible**

faction / fail

party, in fact I only stayed for half an hour la soirée était nulle, en fait, je ne suis resté qu'une demi-heure ✦ **only I knew that Phyllis was, in fact, David's sister** j'étais le seul à savoir que Phyllis était en fait la sœur de David ✦ **it sounds rather simple, but in (actual) fact** or **in point of fact it's very difficult** cela paraît plutôt simple, mais en fait or en réalité, c'est très difficile

c (Jur) fait m, action f ; → **accessary**

2 COMP ▷ **fact-finding** adj fact-finding committee commission f d'enquête ✦ **they were on a fact-finding mission** or **trip** or **visit to the war front** ils étaient partis en mission d'inspection au front ✦ **fact-finding session** séance f d'information ▷ **fact sheet** n fiche f d'informations

faction¹ ['fækʃən] → SYN 1 a (= group) faction f

b (NonC = strife) discorde f, dissension f

2 COMP ▷ **faction fighting** n (lit) combats mpl entre factions (rivales) ; (fig) luttes fpl intestines

faction² ['fækʃən] n (Theat, Cine = mixture of fact and fiction) docudrame m

factional ['fækʃənl] adj fighting, violence, rivalry entre factions ; leader de faction

factionalism ['fækʃənlızəm] n querelles fpl intestines

factionalize ['fækʃənlaız] vt diviser (en factions)

factious ['fækʃəs] → SYN adj factieux

factitious [fæk'tɪʃəs] adj artificiel

factitive ['fæktɪtɪv] adj (Gram) factitif

factor ['fæktə'] → SYN 1 n a (gen, Bio, Math) facteur m, élément m ✦ **risk factor** facteur m de risque ✦ **factor of safety, safety factor** (Tech) facteur m de sécurité ✦ **the human factor** le facteur humain ✦ **determining** or **deciding factor** facteur m déterminant or décisif ✦ **a (crucial) factor in determining/deciding sth** un facteur (essentiel) lorsqu'il s'agit de déterminer/décider qch ✦ **price is very much a determining factor in deciding which car to buy** le prix est un critère important or déterminant lors de l'achat d'une voiture ✦ **the scandal was a contributing factor in his defeat** le scandale a contribué à sa défaite ✦ **output has risen by a factor of ten** la production a été multipliée par dix ; → **common, prime**

b [of sun cream] (sun protection) factor 9/17 etc indice m (de protection) 9/17 etc

c (= agent) agent m ; (Scot = estate manager) régisseur m, intendant m

2 COMP ▷ **factor analysis** n (Stat) analyse f factorielle ▷ **factor VIII, factor 8** n (Med) facteur m 8

▶ **factor in** vt sep (esp US) prendre en compte

factorage ['fæktərɪdʒ] n a (Comm) commission f

b (Fin) commission f d'affacturage or de factoring

factorial [fæk'tɔːrɪəl] 1 adj factoriel

2 n factorielle f

factoring ['fæktərɪŋ] n affacturage m, factoring m

factorize ['fæktəraɪz] vt (Math) mettre en facteurs

factory ['fæktərɪ] → SYN 1 n usine f ✦ **shoe/soap** etc **factory** usine f or fabrique f de chaussures/de savon etc ✦ **car/textile** etc **factory** usine f d'automobiles/de textile etc ✦ **arms/china/tobacco factory** manufacture f d'armes/de porcelaine/de tabac

2 COMP ▷ **Factory Acts** npl (Brit) législation f industrielle ▷ **factory chimney** n cheminée f d'usine ▷ **factory farm** n ferme f industrielle ▷ **factory farming** n élevage m industriel ▷ **factory floor** n ateliers mpl ✦ **workers on the factory floor** ouvriers mpl ▷ **factory-fresh** adj tout droit sorti de l'usine ▷ **factory hand** n = **factory worker** ▷ **factory inspector** n inspecteur m du travail ▷ **factory outlet** n magasin m d'usine ▷ **factory ship** n navire-usine m ▷ **factory work** n (NonC) travail m d'usine ▷ **factory worker** n ouvrier m, -ière f (d'usine)

factotum [fæk'təʊtəm] → SYN n factotum m, intendant m ✦ **general factotum** (hum) bonne f à tout faire (fig, hum)

factual ['fæktjʊəl] → SYN adj information, basis, evidence, account factuel ; error sur les faits, de fait ; knowledge des faits

factually ['fæktjʊəlɪ] adv accurate, correct, wrong dans les faits ✦ **factually based** tiré de or basé sur des faits réels ✦ **she told her story factually and without emotion** elle a raconté son histoire factuellement et sans trace d'émotion

facula ['fækjʊlə] n, pl **faculae** ['fækjʊliː] (Astron) facule f

faculty ['fækəltɪ] → SYN 1 n a faculté f ✦ **the mental faculties** les facultés fpl mentales ✦ **to have all one's faculties** avoir toutes ses facultés ✦ **critical faculty** le sens critique

b (NonC = aptitude) aptitude f, facilité f (for doing sth à faire qch)

c (Univ) faculté f ✦ **the Faculty of Arts** la faculté des Lettres ✦ **the medical faculty** la faculté de médecine ✦ **the Faculty** (US) le corps enseignant ; → **law, science**

2 COMP ▷ **faculty advisor** n (US Univ) (for student) directeur m, -trice f d'études ; (for club) animateur m, -trice f ▷ **Faculty board** n (Univ) Conseil m de faculté ▷ **Faculty board meeting** n réunion f du Conseil de faculté ▷ **faculty lounge** n (US Scol) salle f des professeurs ▷ **Faculty meeting** n ⇒ **Faculty board meeting**

fad [fæd] → SYN n (personal) marotte f, manie f ; (in society in general) engouement m, mode f ✦ **she has her fads** elle a ses (petites) marottes or manies ✦ **her latest food fad** sa dernière lubie en matière de nourriture ✦ **a passing fad** un engouement, une lubie

faddish ['fædɪʃ], **faddy** ['fædɪ] adj (Brit) person capricieux, à marottes ; distaste, desire capricieux

fade [feɪd] → SYN 1 vi a [colour] passer, perdre son éclat ; [material] passer, se décolorer ; [light] baisser, diminuer ; [flower] se faner, se flétrir ✦ **guaranteed not to fade** (Tex) garanti bon teint ✦ **the daylight was fast fading** le jour baissait rapidement

b (also **fade away**) [thing remembered, vision] s'effacer ; [interest, enthusiasm] diminuer, décliner ; [sound] s'affaiblir ; [smile] s'évanouir ; [pain, sight, memory, hearing etc] baisser ✦ **the castle faded from sight** le château disparut aux regards ✦ **her voice faded into silence** sa voix s'est éteinte ✦ **the sound is fading** (Rad) il y a du fading ✦ **our hopes had faded** nos espoirs s'étaient évanouis ✦ **hopes are fading of finding any more survivors** l'espoir de découvrir d'autres survivants s'amenuise ✦ **to fade into the background** [person] se fondre dans le décor ✦ **my fears for Philip faded into the background** mes craintes pour Philip furent reléguées au second plan ✦ **a singer who faded into obscurity after just one hit record** un chanteur qui est retombé dans l'anonymat après seulement un tube *

c (liter = die) [person] dépérir

2 vt a [+ curtains etc] décolorer ; [+ colours, flowers] faner

b (Rad) [+ conversation] couper par un fondu sonore ✦ **to fade one scene into another** (Cine, TV) faire un fondu enchaîné

3 n ⇒ **fade-out**

4 COMP ▷ **fade-in** n (Cine) fondu m en ouverture ; (TV) apparition f graduelle ; (Rad) fondu m sonore ▷ **fade in-fade out** n fondu m enchaîné ▷ **fade-out** n (Cine) fondu m en fermeture ; (TV) disparition f graduelle ; (Rad) fondu m sonore

▶ **fade away** vi ⇒ **fade 1b**

▶ **fade in** 1 vi (Cine, TV) apparaître en fondu

2 vt sep (Cine, TV) faire apparaître en fondu ; (Rad) monter

3 fade-in n → **fade**

▶ **fade out** 1 vi [sound] faiblir ; (Cine, TV) [picture] disparaître en fondu ; (Rad) [music, dialogue] être coupé par un fondu sonore

2 vt sep (Cine, TV) faire disparaître en fondu ; (Rad) couper par un fondu sonore

3 fade-out n → **fade**

faded ['feɪdɪd] → SYN adj material décoloré, passé ; jeans délavé ; flowers fané, flétri ; beauty défraîchi, fané

fado ['fɑːdu] n fado m

faecal, fecal (US) ['fiːkəl] adj fécal

faeces, feces (US) ['fiːsiːz] → SYN npl fèces fpl

faerie, faery ['feərɪ] († or liter) 1 n féerie f

2 adj imaginaire, féerique ✦ **"The Faerie Queen"** (Literat) "La reine des fées"

Faeroes ['feərəʊz] npl ⇒ **Faroes**

faff * [fæf] vi (Brit) ✦ **to faff about** or **around** glandouiller *

fag [fæg] 1 n a (Brit = cigarette) clope * f

b (esp US *, pej = homosexual) pédé * m

c (NonC: Brit † *) corvée f ✦ **what a fag!** quelle corvée !

d (Brit Scol) petit élève au service d'un grand

2 vt (Brit) a (also **fag out**) [+ person, animal] éreinter, épuiser ✦ **to be fagged (out)** * être claqué * or crevé *

b **I can't be fagged** * j'ai la flemme * (to do sth de faire qch)

3 vi (Brit Scol) ✦ **to fag for sb** faire les menues corvées de qn

4 COMP ▷ **fag end** n a * [of cigarette] mégot * m b (= remainder) restant m, reste m ; [of conversation] dernières bribes fpl ▷ **fag hag** * n she's a fag hag elle n'a que des amis homos *

faggot¹, fagot (US) ['fægət] n a (= wood) fagot m

b (Brit Culin) ≃ crépinette f

faggot² * ['fægət] n (esp US pej) (= homosexual) pédé * m, tante * f

fah [fɑː] n (Mus) fa m

Fahrenheit ['færənhaɪt] adj Fahrenheit inv ✦ **Fahrenheit thermometer/scale** thermomètre m/échelle f Fahrenheit ✦ **degrees Fahrenheit** degrés mpl Fahrenheit

FAI [efeɪ'aɪ] (Brit Sport) (abbrev of **Football Association of Ireland**) Fédération f irlandaise de football

fail [feɪl] LANGUAGE IN USE 11.2 → SYN

1 vi a (= be unsuccessful) [person] (gen) échouer ; (in exam) échouer, être recalé * or collé * ; [plans, attempts, treatment] échouer, ne pas réussir ; [negotiations] ne pas aboutir, échouer ; [play, show] faire or être un four ; [bank, business] faire faillite ✦ **to fail in an exam/in Latin** échouer or être recalé * à un examen/en latin ✦ **to fail by five votes/by ten minutes** échouer à cinq voix près/à dix minutes près ✦ **to fail miserably** or **dismally** échouer lamentablement ✦ **he failed in his attempt to take control of the company** sa tentative de prendre le contrôle de la société a échoué ✦ **to fail in one's duty** faillir à or manquer à son devoir

b (= grow weak) [hearing, eyesight, health] faiblir, baisser ; [person, invalid, voice] s'affaiblir ✦ **his eyes are failing** sa vue faiblit or baisse ✦ **his heart/lungs/liver failed** il a eu une défaillance cardiaque/pulmonaire/hépatique ✦ **the daylight was beginning to fail** le jour commençait à baisser

c (= run short) [power, gas, electricity, water supply] manquer ✦ **crops failed because of the drought** la sécheresse a causé la perte des récoltes

d (= break down) [engine] tomber en panne ; [brakes] lâcher

2 vt a [+ examination] échouer à, être recalé * or collé * à ✦ **to fail Latin** échouer or être recalé * en latin ✦ **to fail one's driving test** échouer à or être recalé * à son permis (de conduire) ✦ **he's a failed writer** c'est un écrivain raté

b [+ candidate] recaler *, coller *

c (= let down) [+ business partner] manquer à ses engagements envers ; [+ friend, colleague, loved one] (= disappoint) décevoir ; (= neglect) délaisser ✦ **don't fail me!** je compte sur vous ! ✦ **he felt that he'd failed his family** il avait le sentiment d'avoir manqué à ses devoirs envers sa famille ✦ **his heart failed him** le cœur lui a manqué ✦ **words fail me!** les mots me manquent ! ✦ **his memory often fails him** sa mémoire lui fait souvent défaut, sa mémoire le trahit souvent

d (= omit) **to fail to do sth** manquer de faire qch ✦ **he never fails to write** il ne manque jamais d'écrire ✦ **he failed to visit her** il a omis de lui rendre visite ✦ **he failed to meet**

the deadline il n'est pas parvenu à respecter les délais ◆ **he failed to keep his word** il a manqué à sa parole ◆ **he failed to turn up for dinner** il ne s'est pas montré au dîner ◆ **they failed to make any progress/to get an agreement** ils n'ont absolument pas progressé/ne sont pas parvenus à un accord ◆ **she never fails to amaze me** elle me surprendra toujours ◆ **I fail to see why** je ne vois pas pourquoi ◆ **I fail to understand** je n'arrive pas à comprendre ; (Jur) ◆ **to fail to appear** faire défaut ◆ **he was fined for failing to stop at a red light** (Jur) il a eu une amende or contravention pour avoir brûlé un feu rouge

3 n **a** **without fail** happen, befall immanquablement ; come, do chaque fois, sans exception ; (implying obligation) sans faute ◆ **every morning without fail, she takes the dog for a walk** chaque matin sans exception, elle sort son chien ◆ **I'll bring you the money first thing in the morning without fail** je vous apporterai l'argent sans faute, demain à la première heure ◆ **you must take these tablets every day without fail** il faut que vous preniez ces cachets tous les jours sans faute or sans exception

b (Scol, Univ) échec m ◆ **she got a fail in history** elle a échoué or a été recalée * or a été collée * en histoire

4 COMP ▷ **fail-safe** adj (Tech) à sûreté intégrée

failing ['feɪlɪŋ] → SYN 1 n défaut m

2 prep à défaut de ◆ **failing this** sinon ◆ **failing which we ...** sinon or faute de quoi nous ... ◆ **drugs can often help. Failing this, surgery may be required** les médicaments sont souvent efficaces, sinon, or dans le cas contraire, on peut avoir recours à la chirurgie

3 adj eyesight, health, memory défaillant ; marriage qui va à vau-l'eau ; light qui baisse ; economy déprimé, en récession ◆ **"failing"** (US) (Scol) "faible"

faille [feɪl] n (= fabric) faille f

failure ['feɪljəʳ] → SYN n **a** (= lack of success) [of person, plan] échec m ; [of bank, business] faillite f ; [of discussions, negotiations] échec m, fiasco m ◆ **academic failure** l'échec m scolaire (or universitaire) ◆ **I was surprised by her failure in the exam** j'ai été surpris qu'elle échoue à cet examen ◆ **after two failures he gave up** il a abandonné après deux échecs ◆ **the play was a failure** la pièce a fait un four or a été un fiasco ◆ **this new machine/this plan is a total failure** cette nouvelle machine/ce projet est un fiasco complet ◆ **his failure to convince them** son incapacité or son impuissance à les convaincre ; → **rate¹**

b (= unsuccessful person) raté(e) m(f) ◆ **to be a failure at maths** être nul en math ◆ **to be a failure at gardening** ne pas être doué pour le jardinage ◆ **he's a failure as a writer** (= poor writer) il ne vaut rien comme écrivain ; (= unsuccessful writer) il n'a pas eu de succès en tant qu'écrivain

c (= insufficiency) [of electricity] panne f ◆ **failure of oil/water supply** manque m de pétrole/d'eau ◆ **failure of the crops** perte f des récoltes

d (Med) **heart/kidney/liver failure** défaillance f cardiaque/rénale/hépatique

e (= breakdown) [of engine] panne f

f (= omission) **his failure to answer** le fait qu'il n'a pas répondu ◆ **because of his failure to help us** du fait qu'il ne nous a pas aidés ◆ **the government's failure to comply with EU legal obligations** le non-respect des lois de l'UE de la part du gouvernement ◆ **failure to appear** (Jur) défaut m de comparution or de comparaître ◆ **failure to observe a bylaw** inobservation f d'un règlement (de police)

fain †† [feɪn] adv volontiers ◆ **I would fain be dead** puissé-je périr

faint [feɪnt] → SYN 1 adj **a** (= slight, not pronounced) sound, smell, trace, breathing léger ; marking, writing à peine visible ; colour pâle ; (= vague) recollection, memory, idea vague ; suspicion léger ; hope faible, léger ; (= weak) voice, light, breathing, smile faible ; protest sans conviction ◆ **to grow fainter** s'affaiblir, diminuer ◆ **a faint feeling of unease** un vague sentiment de gêne ◆ **she made a faint attempt to make him laugh** elle a essayé vaguement de le faire rire ◆ **I haven't the faintest idea (about it)** je n'en ai pas la moindre idée ◆ **I never felt the faintest desire to cry** je n'ai jamais eu la moindre envie de pleurer ◆ (Prov) **faint heart never won fair lady** qui n'ose rien n'a rien (Prov) ; → **damn**

b (= unwell) person prêt à s'évanouir or à défaillir ◆ **to feel faint** se sentir mal ◆ **to be/grow faint with hunger** défaillir/commencer à défaillir de faim

2 n évanouissement m, défaillance f ◆ **to fall in a faint** s'évanouir, avoir une défaillance

3 vi (= lose consciousness) s'évanouir ◆ **he fainted from the shock/the pain** le choc/la douleur lui a fait perdre connaissance ◆ **to be fainting** (= feel weak) (from hunger etc) défaillir (*from* de)

4 COMP ▷ **fainting fit, fainting spell** (US) n évanouissement m ▷ **faint-ruled paper** n papier m réglé (en impression légère)

fainthearted [,feɪnt'hɑːtɪd] → SYN adj pusillanime, timoré ◆ **it's not for the faint-hearted** venture, investment ça demande un certain courage ; (= not for the oversensitive) ce n'est pas pour les personnes sensibles

faintheartedly [,feɪnt'hɑːtɪdlɪ] adv sans courage, avec pusillanimité

faintheartedness [,feɪnt'hɑːtɪdnɪs] n pusillanimité f

faintly ['feɪntlɪ] → SYN adv **a** (= slightly) glow, smell of légèrement ; odd, strange, silly un peu ; ridiculous, absurd, familiar vaguement ; surprised, embarrassed, annoyed, uncomfortable légèrement ◆ **faintly amusing** vaguement amusant ◆ **in a faintly disappointed tone** d'un ton un peu déçu, avec une nuance de déception dans la voix ◆ **to be faintly reminiscent of sth** rappeler vaguement qch

b (= lightly) breathe, write légèrement ; (= weakly) breathe, say, call faiblement ◆ **to smile faintly** esquisser un faible or un vague sourire ◆ **to sigh faintly** pousser un léger soupir

faintness ['feɪntnɪs] n **a** [of sound, voice etc] faiblesse f ; [of breeze etc] légèreté f

b (= dizziness) vertiges mpl

fair¹ [fɛəʳ] → SYN 1 adj **a** (= just) person, decision juste, équitable ; price juste ; deal équitable, honnête ; competition, match, fight, player loyal, correct ; profit justifié, mérité ◆ **he is strict but fair** il est sévère mais juste or équitable ◆ **be fair: it's not their fault** sois juste : ce n'est pas de leur faute ◆ **it's not fair** ce n'est pas juste ◆ **as is (only) fair** et ce n'est que justice, comme de juste ◆ **to be fair (to him)** or **let's be fair (to him), he thought he had paid for it** rendons-lui cette justice, il croyait l'avoir payé ◆ **it wouldn't be fair to his brother** ce ne serait pas juste vis-à-vis de son frère ◆ **this isn't fair on anyone/either of us** ce n'est juste pour personne/ni pour toi ni pour moi ◆ **it's fair to say that ...** il est juste de dire que ... ◆ **it's (a) fair comment** la remarque est juste ◆ **to get** or **have a fair crack of the whip** avoir la chance de montrer de quoi on est capable ◆ **to give sb a fair deal** agir équitablement envers qn, être fair-play inv avec qn ◆ **fair enough!** d'accord !, très bien ! ◆ **all this is fair enough, but ...** tout cela est très bien mais ..., d'accord mais ... ◆ **it's a fair exchange** c'est équitable, c'est un échange honnête ◆ (Prov) **fair exchange is no robbery** échange n'est pas vol ◆ **he was fair game for the critics** c'était une proie rêvée or idéale pour les critiques ◆ **fair's fair!** ce n'est que justice ! ◆ **all's fair in love and war** en amour comme à la guerre, tous les coups sont permis ◆ **by fair means or foul** par tous les moyens, par n'importe quel moyen ◆ **that's a fair point** c'est juste ◆ **to give sb a fair shake** (US) agir équitablement envers qn, être fair-play inv avec qn ◆ **he got his fair share of the money** il a eu tout l'argent qui lui revenait (de droit) ◆ **he's had his fair share of trouble** * il a eu sa part de soucis ◆ **fair shares for all** (à) chacun son dû ◆ **it was all fair and square** tout était très correct or régulier ◆ **he's fair and square** il est honnête or franc ◆ **to get a fair trial** bénéficier d'un procès équitable ◆ **to give sb fair warning of sth** prévenir qn honnêtement de qch ◆ **fair wear and tear** usure f normale

b (= considerable) sum considérable ; number respectable ◆ **their garden's a fair size** leur jardin est de taille respectable ◆ **there's a fair amount of money left** il reste pas mal d'argent ◆ **he's travelled a fair amount** il a pas mal voyagé ◆ **to have travelled a fair distance** or **way** avoir fait un bon bout de chemin ◆ **to go at a fair pace** aller bon train, aller à (une) bonne allure

c (= average) work, achievements passable, assez bon ◆ **"fair"** (Scol: as mark) "passable" ◆ **it's fair to middling** c'est passable, ce n'est pas mal ◆ **in fair condition** en assez bon état

d (= reasonable) guess, assessment juste ; idea précis ◆ **he has a fair chance of success** il a des chances de réussir ◆ **he is in a fair way to doing it** il y a de bonnes chances pour qu'il le fasse ◆ **fair sample** échantillon m représentatif

e (= light-coloured) hair blond ; complexion, skin clair, de blond(e) ◆ **she's fair** elle est blonde, c'est une blonde

f (= fine) weather beau (belle f) ; wind propice, favorable ◆ **it will be fair and warm tomorrow** il fera beau et chaud demain ◆ **it's set fair** le temps est au beau fixe

g († or liter = beautiful) person, place beau (belle f) ◆ **fair words** belles phrases fpl or paroles fpl ◆ **the fair lady of some brave knight of old** la belle dame de quelque brave chevalier du temps jadis ◆ **this fair city of ours** cette belle ville qui est la nôtre ◆ **fair promises** belles promesses fpl ◆ **with one's own fair hands** (hum) de ses blanches mains

h (= clean, neat) propre, net ◆ **fair copy** (rewritten) copie f au propre or au net ; (= model answer) corrigé m ◆ **to make a fair copy of sth** recopier qch au propre or au net

2 adv **a** **to play fair** jouer franc jeu ◆ **to act fair and square** se montrer juste ◆ **the branch struck him fair and square in the face** la branche l'a frappé au beau milieu du visage or en plein (milieu du) visage ◆ **the car ran fair and square into the tree** la voiture est entrée de plein fouet or en plein dans l'arbre

b (* or dial) ⇒ **fairly c**

c †† speak courtoisement ◆ **fair spoken** qui parle avec courtoisie

3 COMP ▷ **fair-haired** adj blond, aux cheveux blonds ◆ **fair-haired girl** blonde f ◆ **the fair-haired boy** * (US fig) le chouchou *, le chéri ▷ **fair-minded** adj impartial, équitable ▷ **fair-mindedness** n impartialité f, équité f ▷ **fair play** n fair-play m ▷ **fair-sized** adj assez grand, d'une bonne taille ▷ **fair-skinned** adj à la peau claire ▷ **fair-trade price** n (US) prix m imposé ▷ **fair-weather friends** npl (fig) les amis mpl des beaux jours

fair² [fɛəʳ] → SYN n (gen) foire f ; (Comm) foire f ; (for charity) fête f, kermesse f ; (Brit: also **funfair**) fête f foraine ◆ **the Book Fair** (Comm) le Salon or la Foire du livre ; → **world**

fairground ['fɛəgraʊnd] n champ m de foire

fairing ['fɛərɪŋ] n (Aut, Aviat) carénage m

Fair Isle n (= sweater) *pull shetland à motif géométrique* ; (= pattern) *motif de tricot géométrique des îles Shetland*

fairly ['fɛəlɪ] → SYN adv **a** (= moderately) assez ◆ **he plays fairly well** il joue assez bien ◆ **he's fairly good** il est assez bon, il n'est pas mauvais ◆ **they lead a fairly quiet life** ils mènent une vie plutôt tranquille ◆ **I'm fairly sure that ...** je suis presque sûr que ... ◆ **fairly soon** d'ici peu de temps

b (= justly) treat, compare, judge, share, distribute équitablement ; obtain honnêtement, loyalement ; call, describe honnêtement ; claim, argue à juste titre

c († = positively) carrément ◆ **he was fairly beside himself with rage** il était carrément hors de lui ◆ **he fairly flew across the room** il a traversé la pièce en trombe

d **fairly and squarely** ⇒ **fair and square** ; → **fair¹**

fairness ['fɛənɪs] → SYN 1 n **a** (= lightness) [of hair] couleur f blonde, blondeur f ; [of skin] blancheur f

b (= honesty, justice) équité f ; [of decision, judgment] équité f, impartialité f ◆ **in** or **out of all fairness** en toute justice ◆ **in fairness to him** pour être juste envers lui

2 COMP ▷ **Fairness Doctrine** n (US) principe m de l'impartialité

fairway / **fall**

> **FAIRNESS DOCTRINE**
>
> Aux États-Unis, le principe de l'impartialité ou **Fairness Doctrine** impose aux stations de radio et aux chaînes de télévision de faire entendre différents points de vue sur les grandes questions de société et de respecter un certain équilibre dans le temps d'antenne accordé aux principaux candidats lors des élections locales et nationales. Il ne s'agit pas d'une loi, mais d'un principe déontologique qui bénéficie du soutien du Congrès.

fairway ['fɛəweɪ] n (Naut) chenal m, passe f ; (Golf) fairway m

fairy ['fɛərɪ] → SYN 1 n a fée f ✦ **the wicked fairy** la fée Carabosse ✦ **she's his good fairy** elle est sa bonne fée ✦ **he's away with the fairies** * (hum) il a une araignée au plafond *
 b (* pej = homosexual) pédé ** m, tapette ** f
 2 adj helper, gift magique
 3 COMP ▷ **fairy cycle** n bicyclette f d'enfant ▷ **fairy footsteps** npl (iro) pas mpl (légers) de danseuse (iro) ▷ **fairy godmother** n (lit) bonne fée f ; (fig) marraine f gâteau * inv ▷ **fairy lights** npl guirlande f électrique ▷ **fairy-like** adj féerique, de fée ▷ **fairy queen** n reine f des fées ▷ **fairy ring** n (Bot) rond m de sorcières ▷ **fairy story, fairy tale** n conte m de fées ; (= untruth) histoire f à dormir debout * ▷ **fairy-tale** adj character, place (lit) de conte de fées ; (fig) enchanteur (-teresse f) ✦ **the hotel is set in fairy-tale surroundings** l'hôtel est situé dans un cadre enchanteur ✦ **a fairy-tale ending** un dénouement romanesque

fairyland ['fɛərɪlænd] n royaume m des fées ; (fig) féerie f

faith [feɪθ] → SYN 1 n a (NonC) (= trust, belief) foi f, confiance f ✦ **Faith, Hope and Charity** la foi, l'espérance et la charité ✦ **faith in God** foi f en Dieu ✦ **to have faith in sb** avoir confiance en qn ✦ **to have faith in sb's ability/judgement** se fier aux compétences/au jugement de qn ✦ **I've lost faith in him** je ne lui fais plus confiance ✦ **to put one's faith in, to pin one's faith on** * mettre tous ses espoirs en
 b (= religion) religion f ✦ **the Christian faith** la religion or la foi chrétienne ✦ **people of different faiths** des gens de confessions différentes
 c (NonC) **to keep faith with sb** tenir ses promesses envers qn ✦ **to break faith with sb** manquer à sa parole envers qn
 d (NonC) good faith bonne foi f ✦ **to do sth in all good faith** faire qch en toute bonne foi ✦ **bad faith** mauvaise foi f ✦ **to act in bad faith** agir de mauvaise foi
 2 COMP ▷ **faith healer** n guérisseur m, -euse f ▷ **faith healing** n guérison f par la foi

faithful ['feɪθfʊl] → SYN 1 adj person, translation, copy, account fidèle (to à) ✦ **to be faithful to sb's wishes** respecter les désirs de qn ✦ **26 years' faithful service** 26 années de bons et loyaux services ✦ **my faithful old car** ma bonne vieille voiture
 2 **the faithful** npl (Rel) (= Christians) les fidèles mpl ; (= Muslims) les croyants mpl ✦ **the (party) faithful** (Pol) les fidèles mpl du parti

faithfully ['feɪθfəlɪ] adv report, translate, reproduce fidèlement ; serve loyalement ✦ **to promise faithfully** donner sa parole ✦ **Yours faithfully** (esp Brit : in letter writing) Veuillez agréer, Messieurs, mes salutations distinguées, Je vous prie d'agréer, Messieurs, l'expression de mes sentiments distingués

faithfulness ['feɪθfʊlnɪs] → SYN n [of person] fidélité f (to à), loyauté f (to envers) ; [of account, translation] fidélité f, exactitude f ; [of copy] conformité f

faithless ['feɪθlɪs] → SYN adj déloyal, perfide

faithlessness ['feɪθlɪsnɪs] → SYN n (NonC) déloyauté f, perfidie f

fake [feɪk] → SYN 1 n a faux m ✦ **the passport/document/certificate was a fake** le passeport/le document/le certificat était (un) faux ✦ **the diamond was a fake** c'était un faux diamant ✦ **the pistol was a fake** le pistolet était faux, c'était un faux pistolet ✦ **the bomb was a fake** c'était une fausse bombe ✦ **he's a fake** c'est un imposteur
 b (US Sport) feinte f
 2 adj document, passport, painting, beam faux (fausse f) ; blood factice ; elections, trial, photograph truqué ; (Rad, TV) interview truqué, monté d'avance ✦ **a fake suntan** un bronzage artificiel ✦ **a fake Mackintosh chair** une fausse chaise Mackintosh ✦ **a fake £10 note** un faux billet de 10 livres ✦ **fake fur** fausse fourrure f ✦ **fake pearls** fausses perles fpl
 3 vt a [+ document] (= counterfeit) faire un faux de ; (= alter) maquiller, falsifier ; (Art) [+ picture] faire un faux de, contrefaire ; [+ beam, furniture, signature] imiter ; [+ photograph, sound tape, trial] truquer ; [+ accounts] falsifier ; (Rad, TV) [+ interview] truquer, monter d'avance ✦ **to fake illness/death** faire semblant d'être malade/mort ✦ **to fake orgasm** simuler l'orgasme ✦ **to fake a pass** (US Sport) feinter
 b (US = ad-lib) [+ tune] improviser
 4 vi faire semblant ; (US Sport) feinter

fakir ['fɑːkɪər] n fakir m

falcate ['fælkeɪt], **falciform** ['fælsɪfɔːm] adj falciforme

falcon ['fɔːlkən] n faucon m

falconer ['fɔːlkənər] n fauconnier m

falconry ['fɔːlkənrɪ] n fauconnerie f

faldstool ['fɔːldstuːl] n faldistoire m

Falkland ['fɔːlkənd] 1 **the Falklands** npl ⇒ **the Falkland Islands**
 2 COMP ▷ **Falkland Islander** n habitant(e) m(f) des (îles) Malouines or Falkland ▷ **the Falkland Islands** npl les îles fpl Malouines or Falkland

fall [fɔːl] → SYN vb : pret **fell**, ptp **fallen** 1 n a (lit, fig = tumble) chute f ✦ **to have a fall** tomber, faire une chute ✦ **to be heading** or **riding for a fall** courir à l'échec, aller au-devant de la défaite ; → **free**
 b (= lowering: in price, demand, temperature) baisse f (in de) ; (more drastic) chute f (in de) ; (Fin) dépréciation f, baisse f
 c (= shower of objects etc) [of rocks, snow] chute f ✦ **fall of earth** éboulement m, éboulis m
 d (Mil = defeat) chute f, prise f ✦ **the fall of Saigon** la chute or la prise de Saïgon ✦ **the fall of the Bastille** la prise de la Bastille ✦ **"The Fall of the House of Usher"** (Literat) "La chute de la maison Usher"
 e (Rel) **the Fall (of Man)** la chute (de l'homme)
 f (= slope) [of ground, roof] pente f, inclinaison f
 g (US = autumn) automne m ✦ **in the fall** en automne
 2 **falls** npl (= waterfall) chute f d'eau, cascade f ✦ **the Niagara Falls** les chutes du Niagara
 3 vi

> For set expressions such as **to fall ill/pregnant/lame, to fall short**, etc, look up the other word

 a (= tumble) [person, object] tomber ✦ **he fell into the river** [person] il est tombé dans la rivière ✦ **to fall out of a tree/off a bike** tomber d'un arbre/de vélo ✦ **to fall over a chair** tomber en butant contre une chaise ✦ **he let the cup fall** il a laissé tomber la tasse ✦ **to fall on one's feet** (lit, fig) retomber sur ses pieds ✦ **to fall on one's ass** ** (US : lit, fig) se casser la gueule ** ✦ **to fall on stony ground** ne rien donner ; → **wayside**
 b (= collapse) [building] s'écrouler, s'effondrer ✦ **he fell into bed exhausted** il s'est effondré sur son lit, épuisé
 c (= find o.s.) **he fell among thieves** il est tombé aux mains de voleurs
 d (= rain down) [rain, leaves, bombs] tomber
 e (= drop) [temperature, price, level] baisser, tomber ; [wind] tomber ; [voice] baisser ✦ **his face fell** son visage s'est assombri or s'est allongé ✦ **to let fall a hint that ...** laisser entendre que ..., donner à entendre que ...
 f (= hang) **her hair fell to her shoulders** les cheveux lui tombaient sur les épaules ✦ **the curtains fall to the floor** les rideaux vont jusqu'au sol ✦ **the dress falls beautifully** la robe tombe très bien
 g (= descend) [night, darkness] tomber
 h (also **fall away**) [ground] descendre en pente ✦ **the ground fell steeply to the valley floor** le terrain descendait en pente raide vers le fond de la vallée
 i (= be defeated) [country, city, fortress] tomber ; [government] tomber, être renversé
 j (Rel = sin) tomber, pécher ; → **grace**
 k (Mil = die) [soldier etc] tomber (au champ d'honneur)
 l (= throw o.s.) **they fell into each other's arms** ils sont tombés dans les bras l'un de l'autre ✦ **to fall to** or **on one's knees** tomber à genoux ✦ **he was falling over himself to be polite** * il faisait de gros efforts pour être poli ✦ **they were falling over each other to get it** * ils se battaient pour l'avoir ; → **neck**
 m (= occur) tomber ✦ **Christmas Day falls on a Sunday** Noël tombe un dimanche ✦ **the accent falls on the second syllable** l'accent tombe sur la deuxième syllabe ✦ **the students fall into three categories** les étudiants se divisent en trois catégories
 4 COMP ▷ **fall-back position** n solution f de secours or de réserve ▷ **fall guy** * n (= scapegoat) bouc m émissaire ; (= easy victim) pigeon * m, dindon m (de la farce), dupe f ▷ **fall line** n (Geog) ligne f de séparation entre un plateau et une plaine côtière ; (Ski) ligne f de plus grande pente ▷ **fall-off** n ⇒ **falling-off** ; → **falling**

▶ **fall about** * vi (Brit fig: also **fall about laughing**) se tordre de rire

▶ **fall apart** vi [house, furniture] s'effondrer ; [scheme, plan, deal] tomber à l'eau ; [person, one's life] s'effondrer ; (in exam etc) perdre tous ses moyens ✦ **their marriage is falling apart** leur couple est en train de se briser

▶ **fall away** vi [ground] descendre en pente ; [plaster] s'écailler ; [numbers, attendances] diminuer ; [anxiety, fears] se dissiper, s'évanouir ✦ **his supporters are falling away** ses partisans sont en train de le déserter or de l'abandonner

▶ **fall back** 1 vi (= retreat, also Mil) reculer, se retirer ✦ **to fall back on sth** (fig) avoir recours à qch ✦ **some money to fall back on** un peu d'argent en réserve ✦ **gold shares fell back a point** les mines d'or ont reculé or se sont repliées d'un point
 2 **fallback** n → **fallback**

▶ **fall behind** 1 vi rester en arrière, être à la traîne ; [racehorse, runner] se laisser distancer ; (in cycle race) décrocher ✦ **to fall behind with one's work** prendre du retard dans son travail ✦ **she fell behind with the rent** elle était en retard pour son loyer
 2 vt fus ✦ **to fall behind sb** (in work etc) prendre du retard sur qn

▶ **fall down** vi [person, book] tomber (par terre) ; [building] s'effondrer, s'écrouler ; [tree] tomber
 b (fig = fail) [person] échouer ; [plans] tomber à l'eau ; [hopes] s'évanouir ✦ **to fall down on the job** se montrer incapable de faire le travail, ne pas être à la hauteur ✦ **he fell down badly that time** il s'est vraiment pris les pieds dans le tapis cette fois ✦ **that was where we fell down** c'est là que nous avons achoppé ✦ **she fell down on the last essay** elle a raté la dernière dissertation

▶ **fall for** vt fus a (= become very keen on) **to fall for sb** * tomber amoureux de qn ✦ **to fall for an idea** * etc s'enthousiasmer pour une idée etc
 b (pej = be taken in by) **to fall for a suggestion** se laisser prendre à une suggestion ✦ **he really fell for it!** * il s'est vraiment laissé prendre !, il s'est vraiment fait avoir ! *

▶ **fall in** 1 vi a [building] s'effondrer, s'écrouler ✦ **she leaned over the pool and fell in** elle s'est penchée au-dessus de la piscine et elle est tombée dedans
 b (Mil) [troops] former les rangs ; [one soldier] rentrer dans les rangs ✦ **fall in!** à vos rangs !
 2 vt sep [+ troops] (faire) mettre en rangs

▶ **fall into** vt fus [+ trap, ambush] tomber dans ; [+ disfavour, disgrace, disuse] tomber en ; [+ despair, anarchy] sombrer dans ✦ **to fall into a deep sleep** tomber dans un profond sommeil ✦ **to fall into conversation with sb** entamer une conversation avec qn, se mettre à parler avec qn ♦ **to fall into debt** s'endetter ♦ **to fall into bad habits** prendre or contracter de mauvaises habitudes ♦ **to fall into temptation** (= be tempted) être tenté ; (= give in to temptation) succomber à la tentation ♦ **she fell into a deep depression** elle a sombré dans la dépression, elle a fait une grave dépression ♦ **the city fell into decline at the end of the 16th century** le déclin de la ville remonte à la fin du 16ᵉ siècle ♦ **to fall into ruin** tomber en ruine ♦ **the mansion fell into decay or ruin 20 years ago** le manoir a commencé à se délabrer or à tomber en ruine il y a 20 ans, le manoir est délabré depuis 20 ans ♦ **ancient civilizations that fell into decay** les civilisations anciennes qui ont connu le déclin ; → **line**

▶ **fall in with** vt fus **a** (= meet) [+ person] rencontrer ; [+ group] se mettre à fréquenter ♦ **he fell in with a bad crowd** il s'est mis à avoir de mauvaises fréquentations
b (= agree to) [+ proposal, suggestion] accepter ♦ **to fall in with sb's views** se ranger au point de vue de qn
c (= fit in) **this decision fell in very well with our plans** cette décision a cadré avec nos projets

▶ **fall off** ① vi **a** (lit) tomber ; (Climbing) dévisser
b [supporters] déserter ; [sales, numbers, attendances] diminuer ; [curve on graph] décroître ; [interest] se relâcher, tomber ; [enthusiasm] baisser, tomber
② **fall-off** n ⇒ **falling-off** ; → **falling**

▶ **fall on** vt fus **a** (= alight on, encounter) **her eyes fell on a strange object** son regard est tombé sur un objet étrange ♦ **strange sounds fell on our ears** des bruits étranges parvinrent à nos oreilles ♦ **to fall on bad or hard times** tomber dans la misère, avoir des revers de fortune
b ⇒ **fall upon**

▶ **fall out** ① vi **a** (= quarrel) se brouiller, se fâcher (*with* avec)
b (Mil) rompre les rangs ♦ **fall out! rompez !**
c (= come to pass) advenir, arriver ♦ **everything fell out as we had hoped** tout s'est passé comme nous l'avions espéré
② vt sep [+ troops] faire rompre les rangs à

▶ **fall over** vi tomber (par terre)

▶ **fall through** vi ♦ **all their plans have fallen through** tous leurs projets ont échoué or sont tombés à l'eau

▶ **fall to** ① vi **a** (= begin) **he fell to wondering if ...** il s'est mis à se demander si ...
b (= start eating) se mettre à l'œuvre, attaquer (un repas)
② vt fus (= be one's duty) ♦ **it falls to me to say** il m'appartient de dire, c'est à moi de dire

▶ **fall under** vt fus (= be subject to) ♦ **to fall under suspicion** devenir suspect

▶ **fall upon** vt fus **a** (= attack) se jeter sur, se lancer sur ♦ **to fall upon the enemy** (Mil) fondre or s'abattre sur l'ennemi ♦ **the wrath of God fell upon them** (liter) la colère de Dieu s'abattit sur eux
b (= be incumbent on) **the responsibility falls upon you** la responsabilité retombe sur vous
c (= find) trouver, découvrir ♦ **to fall upon a way of doing sth** trouver or découvrir un moyen de faire qch

fallacious [fə'leɪʃəs] adj fallacieux

fallaciousness [fə'leɪʃəsnɪs] n caractère m fallacieux

fallacy ['fæləsɪ] → SYN n (= false belief) erreur f, illusion f ; (= false reasoning) faux raisonnement m, sophisme m

fallback ['fɔːlbæk] n recul m, repli m ♦ **as a fallback they will start building their own dealer network** ils vont mettre sur pied un réseau de distribution pour avoir une position de repli

fallen ['fɔːlən] → SYN ① vb (ptp of **fall**)
② adj **a** object tombé ♦ **fallen leaf** feuille f morte
b (morally) perdu ; angel déchu ♦ **fallen idol** idole f déchue
③ **the fallen** npl (Mil) ceux mpl qui sont morts à la guerre, ceux mpl qui sont tombés au champ d'honneur
④ COMP ▷ **fallen arches** npl (Med) affaissement m de la voûte plantaire

fallibility [ˌfælɪ'bɪlɪtɪ] n faillibilité f

fallible ['fæləbl] → SYN adj faillible ♦ **everyone is fallible** tout le monde peut se tromper

falling ['fɔːlɪŋ] ① vb (prp of **fall**)
② adj prices, profits, standards, inflation en baisse ; water, snow, leaf qui tombe ♦ **"beware (of) falling rocks"** "attention : chutes de pierres"
③ COMP ▷ **falling evil** †† n ⇒ **falling sickness** ▷ **falling market** n (St Ex) marché m à la baisse ◊ n ▷ **falling-off** → SYN n réduction f, diminution f, décroissance f (*in* de) ▷ **falling-out** * n **to have a falling-out (with sb)** se brouiller (avec qn) ▷ **falling sickness** †† n (= epilepsy) haut mal †† m, mal caduc †† m ▷ **falling star** n étoile f filante

Fallopian [fə'ləʊpɪən] adj ♦ **Fallopian tube** trompe f utérine or de Fallope

fallout ['fɔːlaʊt] ① n (NonC) retombées fpl (radioactives) ; (fig) retombées fpl, répercussions fpl
② COMP ▷ **fallout shelter** n abri m antiatomique

fallow ['fæləʊ] → SYN ① n (Agr) jachère f
② adj **a** (Agr) land en jachère ♦ **the land lay fallow** la terre était en jachère
b (= inactive) **a fallow period** or **time** un passage à vide
③ ▷ **fallow deer** n daim m

false [fɔːls] → SYN ① adj **a** (= artificial, fake) beard, eyelashes, passport, banknote faux (fausse f) ♦ **a box with a false bottom** une boîte à double fond ♦ **false ceiling** faux plafond ♦ **false hem** faux ourlet m
b (= wrong) information, accusation, impression, hope, rumour faux (fausse f) ; (= untrue) promise faux (fausse f), mensonger ♦ **to give false evidence** fournir un faux témoignage ♦ **to make a false confession** faire de faux aveux ♦ **he was forced into a false confession** on lui a extorqué des aveux ♦ **he gave the police a false name** il a donné un faux nom à la police ♦ **he had assumed a false identity** il vivait sous une fausse identité ♦ **to bear false witness** †† porter un faux témoignage ♦ **under false pretences** (gen) sous des prétextes fallacieux ; (Jur) par des moyens frauduleux ♦ **to put a false interpretation on sth** mal interpréter qch ♦ **false expectations** faux espoirs mpl ♦ **a false sense of security** une illusion de sécurité ♦ **false move** or **step** faux pas m ♦ **to make a false move, to take a false step** faire un faux pas
c (Jur = wrongful) **false arrest/imprisonment** arrêt m/détention f arbitraire
d (= insincere) person faux (fausse f) ♦ **false laughter** rire m forcé ♦ **false modesty** fausse modestie f ♦ **to ring false** sonner faux ♦ **in a false position** en porte-à-faux
e (= unfaithful) **to be false to one's wife** † tromper sa femme
② adv (liter) ♦ **to play sb false** trahir qn
③ COMP ▷ **false acacia** n (Bot) faux acacia m, robinier m ▷ **false alarm** n (lit, fig) fausse alerte f ▷ **false dawn** n lueurs fpl annonciatrices de l'aube ; (fig) lueur f d'espoir trompeuse ▷ **false diamond** n faux diamant m ▷ **false economy** n fausse économie f ▷ **false friend** n (also Ling) faux ami m ▷ **false-hearted** adj fourbe ▷ **false imprisonment** n détention f illégale ▷ **False Memory Syndrome** n syndrome m du faux souvenir ▷ **false negative** (Med) n résultat m faussement négatif, faux négatif m ◊ adj result faussement négatif ▷ **false positive** (Med) n résultat m faussement positif, faux positif m ◊ adj result faussement positif ▷ **false ribs** npl fausses côtes fpl ▷ **false start** n (Sport, also fig) faux départ m ▷ **false step** n (= mistake) faux pas m ▷ **false teeth** npl fausses dents fpl, dentier m

falsehood ['fɔːlshʊd] → SYN n **a** (= lie) mensonge m ♦ **to tell a falsehood** mentir, dire un mensonge
b (NonC) faux m ♦ **truth and falsehood** le vrai et le faux
c (NonC) ⇒ **falseness**

falsely ['fɔːlslɪ] adv claim, declare, report faussement ; accuse à tort, faussement ; convict, imprison, believe à tort ♦ **falsely cheerful** d'une gaieté feinte

falseness ['fɔːlsnɪs] n fausseté f ; († or liter) [of lover] infidélité f

falsetto [fɔːl'setəʊ] ① n (Mus) fausset m
② adj voice, tone de fausset, de tête

falsies * ['fɔːlsɪz] npl faux seins mpl

falsification [ˌfɔːlsɪfɪ'keɪʃən] → SYN n falsification f

falsify ['fɔːlsɪfaɪ] → SYN vt **a** (= forge) [+ document] falsifier ; [+ evidence] maquiller ; (= misrepresent) [+ story, facts] dénaturer ; [+ accounts, figures, statistics] truquer
b (= disprove) [+ theory] réfuter

falsity ['fɔːlsɪtɪ] n ⇒ **falseness**

falter ['fɔːltər] → SYN ① vi [voice, speaker] hésiter, s'entrecouper ; (= waver) vaciller, chanceler ; [courage, memory] faiblir ♦ **her steps faltered** elle chancela
② vt (also **falter out**) [+ words, phrases] bredouiller

faltering ['fɔːltərɪŋ] → SYN adj voice hésitant, entrecoupé ; steps chancelant

falteringly ['fɔːltərɪŋlɪ] adv speak d'une voix hésitante or entrecoupée ; walk d'un pas chancelant or mal assuré

fame [feɪm] → SYN n (gen) gloire f, renommée f ; (= celebrity) célébrité f ♦ **he wanted fame** il était avide de gloire, il voulait se faire un nom ♦ **to win fame for o.s.** se rendre célèbre ♦ **this book brought him fame** ce livre l'a rendu célèbre, c'est à ce livre qu'il doit sa célébrité ♦ **fame and fortune** la gloire et la fortune ♦ **Margaret Mitchell of "Gone with the Wind" fame** Margaret Mitchell, connue pour son livre "Autant en emporte le vent" or l'auteur célèbre de "Autant en emporte le vent" ♦ **Bader of 1940 fame** Bader, célèbre pour ses prouesses or exploits en 1940 ; → **ill**

famed [feɪmd] adj célèbre, renommé (*for* pour)

familial [fə'mɪlɪəl] adj (frm) familial

familiar [fə'mɪljər] → SYN ① adj **a** (= usual, well-known) sight, scene, street familier ; complaint, event, protest habituel ♦ **the problems are all too familiar** ces problèmes sont, hélas, bien connus ♦ **his face is familiar** je l'ai déjà vu quelque part, son visage me dit quelque chose * ♦ **his voice seems familiar (to me)** il me semble connaître sa voix ♦ **he's a familiar figure in the town** c'est un personnage bien connu or tout le monde le connaît de vue dans la ville ♦ **it's a familiar feeling** c'est une sensation bien connue ; see also **face**
b (= conversant) **to be familiar with sth** bien connaître qch, être au fait de qch ♦ **to make o.s. familiar with** se familiariser avec ♦ **he is familiar with our customs** il connaît bien nos coutumes
c (= intimate) familier, intime ♦ **familiar language** langue f familière ♦ **to be on familiar terms with sb** bien connaître qn ♦ **familiar spirit** démon m familier ♦ **he got much too familiar** (pej) il s'est permis des familiarités (*with* avec)
② n **a** (= familiar spirit) démon m familier
b (= friend) familier m

familiarity [fəˌmɪlɪ'ærɪtɪ] → SYN n **a** (NonC) [of sight, event etc] caractère m familier or habituel
b (NonC: with book, poem, customs etc) familiarité f (*with* avec), (parfaite) connaissance f (*with* de) ♦ (Prov) **familiarity breeds contempt** la familiarité engendre le mépris
c (= intimacy) familiarité f ♦ **the familiarity with which she greeted the head waiter** la familiarité avec laquelle elle a salué le maître d'hôtel ; (pej) (gen pl) ♦ **familiarities** familiarités fpl, privautés fpl

familiarization [fəˌmɪlɪəraɪ'zeɪʃən] n familiarisation f

familiarize [fə'mɪlɪəraɪz] → SYN vt ♦ **to familiarize sb with sth** familiariser qn avec qch, habituer qn à qch ♦ **to familiarize o.s. with** se familiariser avec

familiarly [fə'mɪljəlɪ] adv say, greet avec familiarité ◆ **the "Jade Palace", familiarly known as "Jo's Place"** le "Jade Palace", "Jo's Place" pour les intimes

family ['fæmɪlɪ] [→ SYN] 1 n (all senses) famille f ◆ **has he any family?** (= relatives) a-t-il de la famille ? ; (= children) a-t-il des enfants ? ◆ **he comes from a family of six children** il vient d'une famille de six enfants ◆ **it runs in the family** cela tient de famille ◆ **my family are all tall** dans ma famille tout le monde est grand ◆ **they'd like to start a family** ils aimeraient avoir des enfants ◆ **of good family** de bonne famille ◆ **he's one of the family** il fait partie or il est de la famille

2 COMP dinner, jewels, likeness, name de famille ; Bible, life familial, de famille ▷ **family allowance** n (Brit Admin: formerly) allocations fpl familiales ▷ **family business** n entreprise f familiale, affaire f de famille ▷ **family butcher** n boucher m de quartier ▷ **family circle** n a (= family members) cercle m familial b (US Theat) deuxième balcon m ▷ **family court** n (US Jur) ≃ tribunal m de grande instance *(s'occupant des affaires familiales)* ▷ **family credit** n (Brit Admin) ≃ complément m familial ▷ **Family Crisis Intervention Unit** n (US Police) ≃ police-secours f *(intervenant en cas de drames familiaux)* ▷ **the Family Division** n (Brit Jur) tribunal m des affaires familiales ▷ **family doctor** n médecin m de famille, généraliste m ▷ **family friend** n ami(e) m(f) de la famille ▷ **family grouping** n (Scol) *regroupement de classes de primaire de sections différentes* ▷ **Family Health Services Authority** n (Brit) *autorité supervisant les professions de santé* ▷ **family hotel** n pension f de famille ▷ **family income supplement** n (Brit Admin: formerly) ≃ complément m familial ▷ **family man** n, pl **family men he's a family man** il aime la vie de famille ▷ **family-minded** adj **to be family-minded** avoir le sens de la famille ▷ **family name** n nom m de famille ▷ **family planning** n planning m familial ▷ **family planning clinic** n centre m de planning familial ▷ **family practice** n (US Med) médecine f générale ▷ **family practitioner** n (US Med) médecin m de famille, (médecin) généraliste m ▷ **family room** n c (esp US: in house) salle f de séjour *(réservée à la famille plutôt qu'aux invités)* d (Brit) (in pub) *salle autorisée aux enfants* ; (in hotel) chambre f familiale ▷ **family-size(d) packet** n (Comm) paquet m familial ▷ **family therapy** n thérapie f familiale ▷ **family tree** [→ SYN] n arbre m généalogique ▷ **family unit** n (Sociol) cellule f familiale ▷ **family values** npl valeurs fpl familiales ▷ **family viewing** n (TV) **it's (suitable for) family viewing** c'est un spectacle familial or pour toute la famille ▷ **family way** †* n **she's in the family way** elle est enceinte, elle attend un enfant

famine ['fæmɪn] [→ SYN] n famine f

famished ['fæmɪʃt] adj affamé ◆ **I'm absolutely famished*** je meurs de faim, j'ai une faim de loup ◆ **famished looking** d'aspect famélique

famous ['feɪməs] [→ SYN] adj a (= well-known) célèbre (*for* pour) ◆ **famous last words!*** (iro) on verra bien !, c'est ce que tu crois ! ◆ **so when's this famous party going to be?** (iro) alors, cette fameuse soirée, quand est-ce qu'elle va avoir lieu ?

b († * = excellent) fameux, formidable*

famously ['feɪməslɪ] adv a **a famously rich/arrogant film star** une vedette de cinéma connue pour sa richesse/son arrogance ◆ **Quentin Tarantino, who once famously said ...** Quentin Tarantino, dont tout le monde connaît la fameuse boutade ... ◆ **Marlon Brando famously refused an Oscar in 1972** Marlon Brando, comme chacun le sait, a refusé un oscar en 1972 ◆ **there have been hurricanes in England, most famously in 1987** il y a eu des ouragans en Angleterre, dont le plus connu en 1987

b († * = well) **to get on** or **along famously** s'entendre comme larrons en foire* ◆ **to get on** or **along famously with sb** s'entendre à merveille avec qn ◆ **to go famously** marcher rudement* bien

fan[1] [fæn] [→ SYN] 1 n éventail m ; (mechanical) ventilateur m ; (Agr) tarare m ◆ **electric fan** ventilateur m électrique

2 vt a [+ person, object] éventer ◆ **to fan the fire** attiser le feu ◆ **to fan the embers** souffler sur la braise ◆ **to fan o.s.** s'éventer

b (fig) [+ violence, hatred] attiser ; [+ fears] aviver, attiser

c (US ** = smack) corriger, flanquer* une fessée à

3 COMP ▷ **fan-assisted oven** n four m à chaleur tournante ▷ **fan belt** n (Aut) courroie f de ventilateur ▷ **fan dance** n danse f des éventails ▷ **fan heater** n (Brit) radiateur m soufflant ▷ **fan light** n imposte f *(semi-circulaire)* ▷ **fan oven** n four m à chaleur pulsée ▷ **fan-shaped** adj en éventail ▷ **fan vaulting** n (Archit) voûte(s) f(pl) en éventail

► **fan out** 1 vi [troops, searchers] se déployer (en éventail)

2 vt sep [+ cards etc] étaler (en éventail)

fan[2] [fæn] [→ SYN] 1 n [of person] (gen) admirateur m, -trice f ; [of personality, pop star, music style] fan mf ; [of sports team] supporter m ; [of work of art] amateur m ◆ **I'm definitely not one of his fans** je suis loin d'être un de ses admirateurs ◆ **he is a jazz/bridge/sports/rugby etc fan** c'est un mordu* or un fana* de jazz/bridge/sport/rugby etc ◆ **football fan** amateur m or fan m de football ◆ **movie fan** cinéphile mf, passionné(e) m(f) de cinéma ◆ **a Vivaldi fan** un grand amateur de Vivaldi

2 COMP ▷ **fan club** n (Cine etc) cercle m or club m de fans ; (fig) cercle m d'adorateurs or de fervents (admirateurs) ◆ **the Colin Smith fan club** le club des fans de Colin Smith ▷ **fan letters** npl ⇒ **fan mail** ▷ **fan mail** n courrier m des fans ◆ **she receives lots of fan mail** elle reçoit beaucoup de lettres d'admirateurs

fanatic [fə'nætɪk] [→ SYN] n fanatique mf ◆ **a religious fanatic** un fanatique religieux ◆ **(s)he's a football fanatic** c'est un(e) fana* de football

fanatical [fə'nætɪkəl] adj fanatique ◆ **to be fanatical about sth** être un(e) fanatique de qch

fanatically [fə'nætɪkəlɪ] adv fanatiquement

fanaticism [fə'nætɪsɪzəm] n fanatisme m

fanaticization [fəˌnætɪsaɪ'zeɪʃən] n fanatisation f

fanaticize [fə'nætɪsaɪz] vt fanatiser

fanciable* ['fænsɪəbl] adj (Brit) pas mal du tout*

fancied ['fænsɪd] adj imaginaire ; see also **fancy**

fancier ['fænsɪəʳ] n ◆ **dog fancier** (= connoisseur) connaisseur m, -euse f en chiens ; (= breeder) éleveur m, -euse f de chiens

fanciful ['fænsɪfʊl] [→ SYN] adj (= whimsical) person capricieux, fantasque ; ideas fantasque ; (= imaginative) design, drawing plein d'imagination, imaginatif ; story, account fantaisiste

fancifully ['fænsɪfəlɪ] adv ◆ **he fancifully imagined that ...** il allait jusqu'à s'imaginer que ... ◆ **a restaurant fancifully named "Paradise Found"** un restaurant portant le nom un peu extravagant de "Paradis retrouvé"

fancy ['fænsɪ] [→ SYN] 1 n a (= whim) caprice m, fantaisie f ◆ **a passing fancy** une lubie ◆ **as the fancy takes her** comme l'idée la prend ◆ **he only works when the fancy takes him** il ne travaille que quand cela lui plaît or lui chante*

b (= taste, liking) goût m, envie f ◆ **to take a fancy to sb** (gen) se prendre d'affection pour qn ; (= have a crush on) avoir le béguin* or une tocade* pour qn ◆ **to take a fancy to sth** se mettre à aimer qch, prendre goût à qch ◆ **it took** or **caught** or **tickled his fancy** [story etc] cela a frappé son imagination ◆ **the hat took** or **caught my fancy** ce chapeau m'a fait envie or m'a tapé dans l'œil* ◆ **the story caught the public's fancy** cette histoire a frappé les esprits

c (NonC = fantasy) imagination f, fantaisie f ◆ **that is in the realm of fancy** cela appartient au domaine de l'imaginaire, c'est chimérique

d (= delusion) chimère f, fantasme m ; (= whimsical notion) idée f fantasque ◆ **I have a fancy that ...** j'ai idée que ...

e (Culin) gâteau m à la crème *(fait de génoise fourrée)*

2 vt a (esp Brit) (= want) avoir envie de ; (= like) aimer ◆ **do you fancy going for a walk?** as-tu envie or ça te dit* d'aller faire une promenade ? ◆ **do you fancy a drink?** ça vous dirait de prendre un verre ? ◆ **I don't fancy the idea** cette idée ne me dit rien ◆ **he fancies himself*** (Brit) il ne se prend pas pour rien (iro) ◆ **he fancies himself as an actor*** il se prend pour un acteur ◆ **he fancies her*** (Brit) il s'est entiché* d'elle ◆ **Omar is strongly fancied for the next race** (Racing) Omar est très coté or a la cote pour la prochaine course

b (= imagine) se figurer, s'imaginer ; (= rather think) croire, penser ◆ **he fancies he can succeed** il se figure pouvoir réussir, il s'imagine qu'il peut réussir ◆ **I rather fancy he's gone out** je crois (bien) qu'il est sorti ◆ **he fancied he heard the car arrive** il a cru entendre arriver la voiture ◆ **I fancy we've met before** j'ai l'impression que nous nous sommes déjà rencontrés ◆ **fancy that!*** voyez-vous ça ! ◆ **fancy anyone doing that!** les gens font de ces choses ! ◆ **fancy seeing you here!*** tiens ! vous ici ! ◆ **fancy him winning!*** qui aurait cru qu'il allait gagner !

3 adj a (= clothes, shoes, hat, pattern (= sophisticated) sophistiqué ; (= showy) tape-à-l'œil inv ◆ **fancy food** des plats compliqués ◆ **good plain food, nothing fancy** de la nourriture simple, sans chichis ◆ **fancy cakes** pâtisseries fpl

b (gen pej = expensive) restaurant, shop, school chic inv ◆ **with his fancy house and his fancy car how can he know what being poor is like?** avec sa belle maison et sa belle voiture, comment peut-il savoir ce que c'est que d'être pauvre ?

c (pej = pretentious) idea, cure fantaisiste ; word, language recherché

d (= high) price exorbitant

e (= high-quality) products, foodstuffs de luxe

4 COMP ▷ **fancy dress** n (NonC) déguisement m ◆ **in fancy dress** déguisé, travesti ◆ **to go in fancy dress** se déguiser ▷ **fancy-dress ball** n bal m masqué or costumé ▷ **fancy-free** adj **he is fancy-free** c'est un cœur à prendre ; → **footloose** ▷ **fancy goods** npl (Comm) articles mpl de luxe ▷ **fancy man*** n, pl **fancy men** (pej) amant m, jules* m ▷ **fancy woman*** n, pl **fancy women** (pej) maîtresse f, poule* f (pej) ▷ **fancy work** n (NonC) ouvrages mpl d'agrément

fandango [fæn'dæŋgəʊ] n, pl **fandangos** fandango m

fanfare ['fænfɛəʳ] [→ SYN] n fanfare f *(morceau de musique)* ◆ **a fanfare of publicity** un déploiement de publicité

fanfold paper ['fænfəʊld'peɪpəʳ] n (Comput) papier m accordéon

fang [fæŋ] n [of dog, vampire] croc m, canine f ; [of snake] crochet m

fanjet ['fændʒet] n (Tech) turbofan m

Fanny ['fænɪ] n a abbrev of **Frances**

b (Brit) **sweet Fanny Adams**** que dalle**

fanny ['fænɪ] n a (US: *) (= buttocks) cul*** m, fesses* fpl

b (Brit *** = vagina) chatte*** f

fantabulous** [fæn'tæbjʊləs] adj super-chouette*

fantail ['fænteɪl] n (also **fantail pigeon**) pigeon-paon m

fantasia [fæn'teɪzjə] n (Literat, Mus) fantaisie f

fantasist ['fæntəzɪst] n doux rêveur m

fantasize ['fæntəsaɪz] vi (gen, Psych) avoir des fantasmes, fantasmer (*about* sur)

fantastic [fæn'tæstɪk] [→ SYN] adj a (* = fabulous, terrific) person, achievement, opportunity, news fantastique, formidable ◆ **it's fantastic to see you again!** c'est formidable de te revoir ! ◆ **you look fantastic!** (= healthy) tu as une mine superbe ; (= attractive) tu es superbe !

b (* = huge) amount, profit, speed phénoménal

c (= exotic) creature, world fantastique ; → **trip**

d (= improbable) story, adventure, idea invraisemblable

fantastical [fæn'tæstɪkl] adj story, place, world fantastique ; account, architecture fantasque

fantastically [fæn'tæstɪkəlɪ] adv a (= extraordinarily) complicated fantastiquement, extraordinairement ; expensive, rich fabuleusement

b (= imaginatively) wrought, coloured fantastiquement

fantasy ['fæntəzɪ] → SYN n a (NonC) imagination f, fantaisie f
b idée f fantasque ; (Psych) fantasme m
c (Literat, Mus) fantaisie f

fanzine ['fænzi:n] n (abbrev of **fan magazine**) fanzine m

FAO [ˌefeɪ'əʊ] (abbrev of **Food and Agriculture Organization**) FAO f

fao [ˌefeɪ'əʊ] (abbrev of **for the attention of**) à l'attention de

FAQ 1 (Comm) (abbrev of **free alongside quay**) FLQ
2 n (Comput) (abbrev of **frequently asked questions**) FAQ f

far [fɑ:ʳ] → SYN compar **farther** or **further**, superl **farthest** or **furthest** 1 adv a (lit) loin ◆ **how far is it to Glasgow?** combien y a-t-il de kilomètres jusqu'à Glasgow ? ◆ **how far is it from Glasgow to Edinburgh?** combien y a-t-il (de kilomètres) de Glasgow à Édimbourg ? ◆ **is it far?** c'est loin ? ◆ **is it far to London?** c'est loin pour aller à Londres ? ◆ **we live not far from here** nous habitons tout près d'ici ◆ **we live quite far** nous habitons assez loin ◆ **have you come from far?** vous venez de loin ? ◆ **how far are you going?** jusqu'où allez-vous ?
b **how far have you got with your plans?** où en êtes-vous de vos projets ? ◆ **he'll go far** (= do well) il ira loin ◆ **to make one's money go far** faire durer son argent ◆ **£10 doesn't go far these days** avec 10 livres, on ne va pas bien loin de nos jours ◆ **that will go far towards placating him** cela contribuera beaucoup à le calmer ◆ **this scheme does not go far enough** ce projet ne va pas assez loin ◆ **I would even go so far as to say that ...** j'irais même jusqu'à dire que ..., je dirais même que ... ◆ **that's going too far** cela dépasse les bornes or la mesure ◆ **I wouldn't go that far** je n'irais pas jusque-là ◆ **now you're going a bit too far** alors là vous allez un peu trop loin ◆ **he's gone too far this time!** il est vraiment allé trop loin cette fois ! ◆ **he has gone too far to back out now** il est trop engagé pour reculer maintenant ◆ **he carried** or **took the joke too far** il a poussé trop loin la plaisanterie ◆ **he was far gone** (= ill) il était bien bas ; (* = drunk) il était bien parti * ◆ **just so far, so far and no further** jusque-là mais pas plus loin ◆ **so far so good** jusqu'ici ça va ◆ **so far this year** jusqu'ici cette année ◆ **we have ten volunteers so far** nous avons dix volontaires pour l'instant or jusqu'à présent ◆ **far be it from me to try to dissuade you** loin de moi l'idée de vous dissuader
c **as far as** ◆ **we went as far as the town** nous sommes allés jusqu'à la ville ◆ **we didn't go as** or **so far as the others** nous ne sommes pas allés aussi loin que les autres ◆ **as** or **so far as I know** (pour) autant que je (le) sache ◆ **as far as I can** dans la mesure du possible ◆ **as** or **so far as I can tell** d'après moi ◆ **as far as the eye can see** à perte de vue ◆ **as** or **so far as that goes** pour ce qui est de cela ◆ **as** or **so far as I'm concerned** en ce qui me concerne, pour ma part ◆ **as far back as I can remember** d'aussi loin que je m'en souvienne ◆ **as far back as 1945** dès 1945, déjà en 1945 ◆ **far and wide, far and near** de tous côtés, partout ; → **1d** ◆ **they came from far and wide** or **far and near** ils sont venus de partout ◆ **far above** loin au-dessus ◆ **far above the hill** loin au-dessus de la colline ◆ **he is far above the rest of the class** il est de loin supérieur au or il domine nettement le reste de la classe ◆ **it's far and away the most expensive** c'est de loin le plus cher ◆ **far away in the distance** au loin, dans le lointain ◆ **he wasn't far away when I saw him** il n'était pas loin quand je l'ai vu ◆ **far beyond** bien au-delà ◆ **far beyond the forest** très loin au-delà de la forêt ◆ **it's far beyond what I can afford** c'est bien au-dessus de mes moyens ◆ **I can't look far beyond May** je ne sais pas très bien ce qui se passera après le mois de mai ◆ **far from** loin de ◆ **your work is far from satisfactory** votre travail est loin d'être satisfaisant ◆ **far from it!** loin de là !, tant s'en faut ! ◆ **far from liking him I find him rather objectionable** bien loin de l'aimer, je le trouve (au contraire) tout à fait désagréable ◆ **I am far from believing him** je suis très loin de le croire ◆ **far into the night** tard dans la nuit ◆ **they went far into the forest** ils se sont enfoncés (loin) dans la forêt, ils ont pénétré très avant dans la forêt ◆ **far off** au loin, dans le lointain ◆ **he wasn't far off when I caught sight of him** il n'était pas loin quand je l'ai aperçu ◆ **his birthday is not far off** c'est bientôt son anniversaire, son anniversaire approche ◆ **she's not far off fifty** elle n'est pas loin de la cinquantaine ◆ **far out at sea** au (grand) large ◆ **far out on the branch** tout au bout de la branche
d (= very much) beaucoup, bien ◆ **far too expensive/too slow/too dangerous** beaucoup or bien trop cher/trop lent/trop dangereux ◆ **this is far better** c'est beaucoup or bien mieux ◆ **this is far and away the best** ceci est de très loin ce qu'il y a de mieux ◆ **it is far more serious** c'est (bien) autrement sérieux ◆ **she is far prettier than her sister** elle est bien plus jolie que sa sœur ◆ **to be far out** or **far off** (= wrong) [person] se tromper lourdement, être loin du compte ; [estimates, guesses] être loin du compte ; [opinion polls] se tromper lourdement ; [calculations] être complètement erroné ◆ **you're not far wrong** or **out** or **off** tu ne t'es pas trompé de beaucoup, tu n'es pas très loin de la vérité ◆ **it's not far wrong** or **out** [figures, change] il n'y a pas beaucoup de différence
◆ **by far** de loin, de beaucoup ◆ **this is by far the best** or **the best by far, he's the oldest by far, he's by far the oldest** il est beaucoup plus âgé que les autres
2 adj a (= distant: liter) country, land lointain, éloigné ◆ **it's a far cry from what he promised** on est loin de ce qu'il a promis
b (= further away) autre, plus éloigné ◆ **on the far side of** de l'autre côté de ◆ **at the far end of** à l'autre bout de, à l'extrémité de ◆ **in the far north of Scotland** tout au nord de l'Écosse
c (Pol) **the far right/left** l'extrême droite f/gauche f
3 COMP ▷ **the Far East** n l'Extrême-Orient m ▷ **the Far North** n le Grand Nord ▷ **the Far West** n (US) le Far West, l'Ouest m américain

far- [fɑ:ʳ] pref ◆ **far-distant** lointain ◆ **Far-Eastern** d'Extrême-Orient ◆ **far-fetched** explanation, argument forcé, tiré par les cheveux ; idea, scheme, suggestion bizarre ◆ **far-flung** vaste, très étendu ◆ **far-off** lointain, éloigné ◆ **far-out** * (= modern) d'avant-garde ; (= superb) super *, génial ◆ **far-reaching** (fig) d'une portée considérable, d'une grande portée ◆ **far-seeing, far-sighted** person prévoyant, qui voit loin ; decision, measure pris avec clairvoyance ◆ **far-sighted** (lit) hypermétrope ; (in old age) presbyte ; see also **farsightedness**

farad ['færəd] n farad m

faraday ['færədeɪ] 1 n faraday m
2 COMP ▷ **Faraday cage** n cage f de Faraday

faraway ['fɑ:rəweɪ] → SYN adj a (lit) country lointain ; village, house éloigné
b (fig) look distrait, absent ; voice lointain

farce [fɑ:s] → SYN n a **the whole thing's a farce!** tout ça c'est grotesque ◆ **the elections were a farce** les élections furent une mascarade ◆ **the election campaign degenerated into farce** la campagne électorale a tourné à la farce
b (Theat) farce f

farcical ['fɑ:sɪkəl] → SYN adj a (= comical) episode, attempt, scene burlesque ; (= ridiculous, grotesque) risible ; situation grotesque, risible
b (Theat) **farcical comedy** farce f

farcy ['fɑ:sɪ] n farcin m

fare [fɛəʳ] → SYN 1 n a (= charge) (on tube, subway, bus etc) prix m du ticket or du billet ; (on train, boat, plane) prix m du billet ; (in taxi) prix m de la course ◆ **fares, please!** (in bus) ≃ les billets, s'il vous plaît ! ◆ **fares are going to go up** les tarifs mpl (des transports) vont augmenter ◆ **let me pay your fare** laissez-moi payer pour vous ◆ **I haven't got the fare** je n'ai pas assez d'argent pour le billet ; → **half, return**
b (= passenger) voyageur m, -euse f ; (of taxi) client(e) m(f)
c (NonC = food) chère † f, nourriture f ◆ **hospital fare** régime m d'hôpital ◆ **traditional Christmas fare** les plats mpl traditionnels de Noël ◆ **vegetarian dishes are now standard fare in many restaurants** les plats végétariens figurent désormais au menu de nombreux restaurants ◆ **old black-and-white films are standard fare on late-night TV** les vieux films en noir et blanc figurent régulièrement au programme de fin de soirée à la télévision ; → **bill¹**
2 vi ◆ **he fared better at his second attempt** il a mieux réussi à sa deuxième tentative ◆ **she has fared better in France than in Britain** elle a mieux réussi en France qu'en Grande-Bretagne ◆ **the dollar fared well on the stock exchange today** le dollar s'est bien comporté à la Bourse aujourd'hui ◆ **how did you fare?** † (or hum) comment ça s'est passé ?, comment ça a marché ? *
3 COMP ▷ **fare-dodger** n (Brit) voyageur m, -euse f sans billet, resquilleur * m, -euse * f ▷ **fare-dodging** n resquillage * m ▷ **fare stage** n [of bus] section f ▷ **fare war** n guerre f des tarifs ▷ **fare zone** n (US) ⇒ **fare stage**

fare-thee-well [fɛəðiː'wel], **fare-you-well** [fɛəju:'wel] n (US) ◆ **to a fare-thee-well** (= to perfection) imitate etc à la perfection ; (= very much, very hard) au plus haut point

farewell [fɛə'wel] → SYN 1 n, excl adieu m ◆ **to say** or **make one's farewells** faire ses adieux ◆ **to take one's farewell of** faire ses adieux à ◆ **to say** or **bid † farewell to** (lit) dire adieu à ◆ **you can say farewell to your chances of promotion!** tu peux dire adieu à tes chances de promotion !, ta promotion, tu peux faire une croix dessus ! * ◆ **"A Farewell to Arms"** (Literat) "L'Adieu aux armes"
2 COMP dinner etc d'adieu

farinaceous [ˌfærɪ'neɪʃəs] adj farinacé, farineux

farm [fɑ:m] → SYN 1 n (Agr) ferme f, exploitation f agricole ◆ **pig/chicken/trout farm** élevage m de porcs/poulets/truites ◆ **to work on a farm** travailler dans une ferme ; → **fish, sheep**
2 vt [+ land] cultiver ; [+ fish, salmon, deer] faire l'élevage de ; see also **farmed**
3 vi être agriculteur m, -trice f
4 COMP ▷ **farm animal** n animal m de (la) ferme ▷ **farm gate price** n (Econ) prix m à la production or au producteur ▷ **farm labourer** n ⇒ **farm worker** ▷ **farm produce** n (NonC) produits mpl agricoles or de la ferme ▷ **farm worker** n ouvrier m, -ière f agricole

► **farm out** * vt sep [+ shop] mettre en gérance ◆ **to farm out work** recourir à un sous-traitant ◆ **the firm farmed out the plumbing to a local tradesman** l'entreprise a confié la plomberie à un sous-traitant local ◆ **she farmed her children out on her sister-in-law** elle a donné ses enfants à garder à sa belle-sœur

farmed [fɑ:md] adj fish etc d'élevage

farmer ['fɑ:məʳ] → SYN n agriculteur m, -trice f, fermier m, -ière f

farmhand ['fɑ:mhænd] n ⇒ **farm worker**

farmhouse ['fɑ:mhaʊs] 1 n ferme f
2 COMP ▷ **farmhouse loaf** n (Brit) pain m de campagne

farming ['fɑ:mɪŋ] → SYN 1 n (gen) agriculture f ◆ **he's always been interested in farming** il s'est toujours intéressé à l'agriculture ◆ **vegetable/fruit farming** culture f maraîchère/fruitière ◆ **pig/mink farming** élevage m de porcs/de visons ◆ **the farming of this land** la culture or l'exploitation de cette terre ; → **dairy, factory, mixed**
2 COMP methods, techniques de culture, cultural ▷ **farming communities** npl collectivités fpl rurales

farmland ['fɑ:mlænd] n terres fpl cultivées or arables

farmstead ['fɑ:msted] n ferme f

farmyard ['fɑ:mjɑ:d] n cour f de ferme

Faroes ['fɛərəʊz] npl ◆ **the Faroes** (also **the Faroe Islands**) les îles fpl Féroé or Faeroe

Faroese [ˌfɛərəʊ'i:z] 1 n a (pl inv = person) Féroïen(ne) m(f), Féringien(ne) m(f)
b (Ling) féroïen m
2 adj féroïen, féringien, des îles Féroé

farrago [fə'rɑ:gəʊ] n, pl **farragos** or **farragoes** méli-mélo * m, mélange m

farrier ['færɪəʳ] n (esp Brit) maréchal-ferrant m

farrow [ˈfærəʊ] 1 vti mettre bas
2 n portée f (de cochons)

Farsi [ˈfɑːsiː] n farsi m

farsightedness [ˌfɑːˈsaɪtɪdnɪs] n a (fig) prévoyance f
b (lit) hypermétropie f ; (in old age) presbytie f

fart* [fɑːt] 1 n pet * m ◆ **he's a boring old fart** (pej = person) c'est un mec rasoir * or un vieux schnoque *
2 vi péter *

► **fart about***, **fart around*** vi glander * ◆ **stop farting about and do some work!** arrête de glander *, et bosse un peu ! ◆ **to fart about** or **around with sth** (= play with) déconner * avec qch

farther [ˈfɑːðəʳ] (compar of **far**) 1 adv plus loin ◆ **how much farther is it?** c'est encore loin ? ◆ **it is farther than I thought** c'est plus loin que je ne pensais ◆ **have you got much farther to go?** est-ce que vous avez encore loin à aller ? ◆ **we will go no farther** (lit) nous n'irons pas plus loin ; (fig) nous en resterons là ◆ **I can't go any farther** (lit) je ne peux pas aller plus loin ; (fig) je n'en peux plus ◆ **I got no farther with him** je ne suis arrivé à rien de plus avec lui ◆ **nothing could be farther from the truth** rien n'est plus éloigné de la vérité ◆ **nothing is farther from my thoughts** rien n'est plus éloigné de ma pensée ◆ **I can't see any farther than the next six months** je n'arrive pas à voir au-delà des six prochains mois ◆ **to get farther and farther away** s'éloigner de plus en plus ◆ **farther back** plus (loin) en arrière ◆ **push it farther back** repousse-le plus loin ◆ **move farther back** reculez-vous ◆ **farther back than 1940** avant 1940 ◆ **a little farther up** (on wall etc) un peu plus haut ; (along path) un peu plus loin ◆ **farther away, farther off** plus éloigné, plus loin ◆ **he went farther off than I thought** il est allé plus loin que je ne pensais ◆ **farther on, farther forward** plus en avant, plus loin ◆ **we're no farther forward after all that** (fig) on n'est pas plus avancé après tout ça
2 adj plus éloigné, plus lointain ◆ **at the farther end of the room** à l'autre bout de la salle, au fond de la salle ◆ **at the farther end of the branch** à l'autre bout or à l'extrémité de la branche

farthest [ˈfɑːðɪst] (superl of **far**) 1 adj le plus éloigné ◆ **in the farthest depths of the forest** au fin fond de la forêt ◆ **they went by boat to the farthest point of the island** ils se sont rendus en bateau à l'extrémité de l'île ◆ **the farthest way** la route la plus longue ◆ **it's 5km at the farthest** il y a 5 km au plus or au maximum
2 adv le plus loin

farthing [ˈfɑːðɪŋ] n *quart d'un ancien penny* ◆ **I haven't a farthing** je n'ai pas le sou ; → **brass**

farthingale [ˈfɑːðɪŋgeɪl] n (Hist = hoop, framework) panier m, vertugadin m

FAS [ˌefeɪˈes] (Comm) (abbrev of **free alongside ship**) FLB

fascia [ˈfeɪʃə] n, pl **fasciae** [ˈfeɪʃɪˌiː] (Brit) a (on building) panneau m
b (Aut) tableau m de bord

fasciate [ˈfæʃɪeɪt] adj (Bot, Zool) fascié

fasciation [ˌfæʃɪˈeɪʃən] n fasciation f

fascicle [ˈfæsɪkl], **fascicule** [ˈfæsɪkjuːl] n (Bot) rameau m fasciculé ; [of book] fascicule m

fascinate [ˈfæsɪneɪt] → SYN vt a (= interest) [speaker, tale] fasciner, captiver ; [sight] fasciner
b [snake] fasciner

fascinated [ˈfæsɪneɪtɪd] → SYN adj person fasciné, captivé ; look, smile fasciné

fascinating [ˈfæsɪneɪtɪŋ] → SYN adj person, place, sight, story fascinant ; book, film captivant ; subject passionnant ◆ **it'll be fascinating to see how she reacts** ce sera très intéressant de voir sa réaction

fascinatingly [ˈfæsɪneɪtɪŋlɪ] adv ◆ **fascinatingly interesting** d'un intérêt exceptionnel ◆ **fascinatingly, his thesis is that ...** chose très intéressante, sa thèse est que ...

fascination [ˌfæsɪˈneɪʃən] → SYN n fascination f ◆ **his fascination with the cinema** la fascination qu'exerce sur lui le cinéma ◆ **I don't understand the fascination of this book** je ne comprends pas la fascination que ce livre exerce sur les gens ◆ **he listened in fascination** il écoutait, fasciné ◆ **she has developed a fascination for Impressionist painting** elle se passionne maintenant pour la peinture impressionniste

fascine [fæˈsiːn] n (Constr) fascine f

fascism [ˈfæʃɪzəm] n fascisme m

fascist [ˈfæʃɪst] adj, n fasciste mf

fascistic [fəˈʃɪstɪk] adj fasciste

fashion [ˈfæʃən] → SYN 1 n a (NonC = manner) façon f, manière f ◆ **in a strange fashion** d'une façon or manière bizarre ◆ **in (a) similar fashion** d'une façon or manière similaire or semblable, pareillement ◆ **after a fashion** manage tant bien que mal ◆ **I can cook after a fashion** je sais à peu près faire la cuisine, je me débrouille en cuisine, sans plus ◆ **it worked, after a fashion** ça a marché plus ou moins bien ◆ **after the fashion of** à la manière de ◆ **in the French fashion** à la française ◆ **in his own fashion** à sa manière or façon ◆ **it's not my fashion to lie** (frm) ce n'est pas mon genre de mentir
b (lit, fig = latest clothes, style, ideas) mode f ◆ **it's the latest fashion** c'est la dernière mode or le dernier cri ◆ **she always wears the latest fashions** elle est toujours habillée à la dernière mode ◆ **the Paris fashions** les collections fpl (de mode) parisiennes ◆ **a man of fashion** un homme élégant ◆ **fashions have changed** la mode a changé ◆ **to set the fashion for** lancer la mode de ◆ **to bring sth into fashion** mettre qch à la mode ◆ **to come into fashion** devenir à la mode ◆ **to come back into fashion** revenir à la mode ◆ **it is the fashion to say that** il est de bon ton de dire cela ◆ **it's no longer the fashion to send children away to school** ça ne se fait plus de mettre les enfants en pension
◆ **in fashion** à la mode ◆ **boots are back in fashion** les bottes sont revenues à la mode
◆ **out of fashion** démodé, passé de mode ◆ **to go out of fashion** se démoder
c (= habit) coutume f, habitude f ◆ **as was his fashion** selon sa coutume or son habitude
2 vt [+ carving] façonner ; [+ model] fabriquer ; [+ dress] confectionner
3 COMP ▷ **fashion business** n secteur m de la mode ▷ **fashion-conscious** adj **to be fashion-conscious** suivre la mode ▷ **fashion designer** n (gen) styliste mf, modéliste mf ◆ **the great fashion designers** (= Givenchy etc) les grands couturiers mpl ▷ **fashion editor** n rédacteur m, -trice f de mode ▷ **fashion house** n maison f de couture ▷ **fashion industry** n industrie f de la mode ▷ **fashion magazine** n magazine m or journal m de mode ▷ **fashion model** n mannequin m *(personne)* ▷ **fashion parade** n défilé m de mannequins, présentation f de collections ▷ **fashion plate** n gravure f de mode ◆ **she's a real fashion plate** * on dirait une gravure de mode, elle a l'air de sortir d'un magazine de mode ▷ **fashion show** n présentation f de modèles or de collections ◆ **to go to the Paris fashion shows** faire les collections parisiennes ▷ **fashion victim** * n victime f de la mode

fashionable [ˈfæʃnəbl] → SYN adj clothes, shop, restaurant, subject, idea à la mode ; hotel chic inv ; district prisé ; person (= stylish) à la mode ; (= in the public eye) en vue ; artist, writer à la mode ◆ **it is fashionable to criticize these theories** il est à la mode de critiquer ces théories

fashionably [ˈfæʃnəblɪ] adv dress à la mode ◆ **fashionably long hair** des cheveux longs comme c'est la mode ◆ **she was fashionably late** elle était en retard, juste ce qu'il faut

fast[1] [fɑːst] → SYN 1 adj a (= speedy) rapide ◆ **she's a fast walker/runner/reader** elle marche/court/lit vite ◆ **fast train** rapide m ◆ **he's a fast thinker** il a l'esprit très rapide ◆ **a grass court is faster** (Tennis) le jeu est plus rapide sur gazon ◆ **fast film** (Phot) pellicule f rapide ◆ **to pull a fast one on sb** * rouler qn *, avoir qn * ; see also **3**
b **to be fast** [clock, watch] avancer ◆ **my watch is five minutes fast** ma montre avance de cinq minutes
c († = dissipated) person léger, de mœurs légères ◆ **fast life** or **living** vie f dissolue (liter) ◆ **fast woman** femme f légère or de mœurs légères ◆ **a fast set** une bande de noceurs * ◆ **one of the fast set** un noceur or une noceuse
d (= firm) rope, knot, grip solide ◆ **to make a boat fast** amarrer un bateau ◆ **they're fast friends** ils sont très amis
e colour bon teint inv, grand teint inv ◆ **is the dye fast?** est-ce que ça déteindra ?, est-ce que la teinture s'en ira ?
2 adv a (= quickly) vite, rapidement ◆ **don't speak so fast** ne parlez pas si vite ◆ **how fast can you type?** à quelle vitesse pouvez-vous taper (à la machine) ? ◆ **the environment is fast becoming a major political issue** l'environnement est en train de prendre une place importante dans les débats politiques ◆ **he ran off as fast as his legs could carry him** il s'est sauvé à toutes jambes ◆ **not so fast!** (interrupting) doucement !, minute ! * ◆ **he'd do it fast enough if ...** il ne se ferait pas prier si ... ◆ **the holidays can't come fast enough for me** vivement les vacances ! ◆ **as fast as I advanced he drew back** à mesure que j'avançais, il reculait ; → **furious**
b (= firmly, securely) ferme, solidement ◆ **to be fast asleep** dormir à poings fermés ◆ **to be stuck fast** [person, door, window, lid] être coincé ◆ **a door shut fast** une porte bien close ◆ **to stand fast** tenir bon or ferme, ne pas lâcher pied ◆ **to play fast and loose with sb** se jouer de qn, traiter qn à la légère ; → **hard, hold**
c **fast by the church** †† qui jouxte l'église
3 COMP ▷ **fast-acting** adj drug à action rapide ▷ **fast-action** adj a (= fast-acting) drug, face mask à action rapide b (= action-packed) film, drama etc au rythme enlevé, qui tient en haleine ▷ **fast breeder (reactor)** n (Phys) (réacteur m) surgénérateur m, (réacteur m) surrégénérateur m ▷ **fast-flowing** adj river, stream au cours rapide ▷ **fast food** n (= food) prêt-à-manger m ; (= place : also **fast-food restaurant**) fast-food m ▷ **fast-food chain** n chaîne f de fast-foods ▷ **fast-food industry, fast-food trade** n secteur m des fast-foods, restauration f rapide ▷ **fast forward** n avance f rapide ▷ **fast-forward** vt faire avancer rapidement ◇ vi [tape] avancer rapidement ▷ **the fast lane** n (Aut) ≃ la voie de gauche ◆ **to be in the fast lane** (fig) avoir une vie trépidante, vivre à 100 à l'heure * ◆ **life in the fast lane** la vie trépidante ▷ **fast-moving** adj (gen) rapide ; (fig) (= active, rapidly-changing) industry, sector en mouvement constant ◆ **fast-moving consumer goods** biens mpl de consommation à rotation rapide ▷ **fast-selling** adj à écoulement rapide ▷ **fast-track** n (in organization) filière f ultrarapide ◆ **her career was on the fast-track** elle progressait rapidement dans sa carrière ◆ **this put the company on a fast-track to privatization** cela a accéléré la privatisation de l'entreprise ◇ adj approach expéditif ; ◆ (Univ) **fast-track degree** diplôme m de formation accélérée ▷ **fast-tracker** n personne f qui brûle les étapes, jeune loup m ▷ **fast-tracking** n [of personnel] avancement m rapide

fast[2] [fɑːst] 1 vi jeûner, rester à jeun ; (Rel) jeûner, faire maigre
2 n jeûne m ◆ **to break one's fast** rompre le jeûne ◆ **fast day** (Rel) jour m maigre or de jeûne

fastback [ˈfɑːstbæk] n (Brit Aut) voiture f à hayon

fasten [ˈfɑːsn] → SYN 1 vt a (lit) attacher (*to* à) ; (with rope, string etc) lier (*to* à) ; [+ dress] fermer, attacher ; [+ shoelaces] attacher, nouer ; [+ box] fermer (solidement) ◆ **to fasten two things together** attacher deux choses ensemble or l'une à l'autre ◆ **to fasten one's seat belt** attacher or mettre sa ceinture de sécurité
b (fig) [+ responsibility] attribuer (*on sb* à qn) ; [+ crime] imputer (*on sb* à qn) ◆ **to fasten the blame on sb** rejeter la faute sur (le dos de) qn ◆ **you can't fasten it on me!** tu ne peux pas me mettre ça sur le dos ! ◆ **to fasten one's hopes on sb/sth** placer or mettre tous ses espoirs dans qn/qch ◆ **to fasten one's eyes on sth** fixer son regard or les yeux sur qch
2 vi [dress] s'attacher ; [box, door, lock, window] se fermer

► **fasten down** vt sep fixer en place

▶ **fasten on** ▣ vt sep fixer (en place)
▣ vt fus ⇒ **fasten upon**

▶ **fasten on to** vt fus **a** ⇒ **fasten upon**
b se cramponner à, s'accrocher à ◆ **he fastened on to my arm** il s'est cramponné or accroché à mon bras

▶ **fasten up** vt sep [+ dress, coat] fermer, attacher

▶ **fasten upon** vt fus saisir ◆ **to fasten upon an excuse** saisir un prétexte ◆ **to fasten upon the idea of doing sth** se mettre en tête (l'idée) de faire qch

fastener ['fɑːsnəʳ], **fastening** ['fɑːsnɪŋ] n [of box, bag, necklace, book] fermoir m ; [of garment] fermeture f ; (= button) bouton m ; (= hook) agrafe f ; (= press stud) bouton-pression m, pression f ; (= zip) fermeture f éclair ® inv ◆ **a zip fastener** une fermeture éclair ® ◆ **a Velcro ® fastener** une fermeture velcro ® ◆ **a snap fastener** un bouton-pression, une pression

fastidious [fæsˈtɪdɪəs] adj work, research minutieux ; person (= meticulous) méticuleux, minutieux ; (= demanding about detail) tatillon, pointilleux ; (= particular about cleanliness) tatillon ; (= easily disgusted) délicat ◆ **their inspectors are very fastidious** leurs inspecteurs sont très pointilleux or tatillons ◆ **he's fastidious about security/hygiene** il est pointilleux en ce qui concerne la sécurité/l'hygiène ◆ **she's too fastidious to eat there** elle est trop délicate pour manger là ◆ **this film is not for the fastidious** ce film n'est pas pour les esprits délicats or pour les personnes trop délicates

fastidiously [fæsˈtɪdɪəslɪ] adv **a** (= meticulously) check, copy méticuleusement ◆ **fastidiously clean** d'une propreté méticuleuse ◆ **his fastidiously tidy flat** son appartement impeccablement rangé
b (pej = with distaste) examine en faisant le délicat

fastidiousness [fæsˈtɪdɪəsnɪs] n (= meticulousness) méticulosité f (liter), minutie f ; (= concern about detail) caractère m tatillon

fastigiate [fæˈstɪdʒɪɪt] adj fastigié

fastness ['fɑːstnɪs] n **a** [of colours] solidité f ◆ **to test a fabric for colour fastness** tester la résistance au lavage d'un tissu
b (NonC = speed) rapidité f, vitesse f
c (= stronghold) place f forte ◆ **mountain fastness** repaire m de montagne

fat [fæt] → SYN ▣ n (gen, also Anat) graisse f ; (on raw meat) graisse f, gras m ; (on cooked meat) gras m ; (for cooking) matière grasse f ◆ **try to cut down the amount of fat in your diet** essayez de manger moins gras or moins de matières grasses ◆ **to fry sth in deep fat** (faire) frire or cuire qch dans un bain de friture ◆ **animal/vegetable fat** graisse f animale/végétale ◆ **beef/mutton fat** graisse f de bœuf/de mouton ◆ **pork fat** saindoux m ◆ **body fat** tissu m adipeux ◆ **he's got rolls of fat round his waist** il a des bourrelets de graisse autour de la taille ◆ **the fat's in the fire** ça va barder * or chauffer * ◆ **to live off the fat of the land** vivre grassement
▣ adj **a** person, animal, stomach, thighs, cheeks gros (grosse f) ; face joufflu ◆ **to get** or **grow** or **become fat** devenir gros, grossir ◆ **she has got a lot fatter** elle a beaucoup grossi ◆ **it makes you look fatter** ça te grossit ◆ **to grow fat (on sth)** (fig) s'engraisser (de qch) ◆ **it's not or the show's not over until the fat lady sings** * (hum) il ne faut jamais désespérer ◆ **a fat year** une bonne année ◆ **can't you get that into your fat head?** * tu ne peux pas te mettre ça dans la caboche * ◆ **get it into your fat head that you can't come with us** * mets-toi bien dans la tête que tu ne peux pas venir avec nous
b meat, bacon gras (grasse f)
c book, volume gros (grosse f), épais (épaisse f) ; wallet bien garni
d * profit, fee, cheque, salary gros (grosse f)
e (* iro) fat chance (of that)! ça m'étonnerait ! ◆ **he wants to be a racing driver** — **fat chance!** il veut être pilote de course — il n'a aucune chance ! ◆ **a fat chance he's got of winning the lottery!** tu parles qu'il risque de gagner à la loterie ! * ◆ **you've got a fat chance of seeing her!** comme si tu avais la moindre chance de la voir !

◆ **(a) fat lot** * ◆ **a fat lot he cares!** comme si ça lui faisait quelque chose ! ◆ **a fat lot of good that did!** nous voilà bien avancés ! ◆ **a fat lot of good lying did you!** ça t'a avancé à quoi, de mentir ? ◆ **a fat lot of good such a promise will be!** ça nous fait une belle jambe ! ◆ **it'll be a fat lot of good to phone now** tu parles si ça sert à quelque chose de téléphoner maintenant ! (iro) ◆ **(a) fat lot of help she was (to me)!** c'est fou ce qu'elle m'a aidé ! (iro) ◆ **a fat lot you did to help!** tu as vraiment été d'un précieux secours ! (iro) ◆ **a fat lot he knows about it!** comme s'il y connaissait quelque chose ! ◆ **that's a fat lot of use!** pour ce que ça sert ! (iro) ◆ **that's a fat lot of use to me!** c'est fou ce que ça m'aide ! * (iro) ◆ **a fat lot that's worth!** c'est fou ce que ça a comme valeur ! * (iro), ça ne vaut pas tripette ! *

▣ vt †† **a** ⇒ **fatten 1**
b to kill the fatted calf tuer le veau gras
▣ COMP ▷ **fat-ass** * (US pej) n (man) gros lard * m (pej) ; (woman) grosse vache * f (pej) ◇ adj obèse (pej) ▷ **fat cat** gros richard * m ▷ **fat city** * n (US) **to be in fat city** être plein aux as * ▷ **fat farm** * n (esp US) clinique f d'amaigrissement ▷ **fat-free** adj diet sans matières grasses, sans corps gras ▷ **fat-headed** * adj idiot, imbécile ▷ **fat-soluble** adj liposoluble

fatal ['feɪtl] → SYN adj **a** (= causing death) injury, illness, accident, shot, dose mortel ; blow mortel, fatal ; consequences, result, delay fatal ◆ **to be fatal to** or **for sb** être fatal pour or à qn
b (= disastrous) mistake, weakness fatal ; flaw malheureux ; influence néfaste, pernicieux ◆ **fatal attraction** attraction f irrésistible ◆ **to be fatal to** or **for sb/sth** porter un coup fatal or le coup de grâce à qn/qch ◆ **it would be fatal to do that** ce serait une erreur fatale de faire cela
c (= fateful) day fatidique

fatalism ['feɪtəlɪzəm] n fatalisme m

fatalist ['feɪtəlɪst] n, adj fataliste mf

fatalistic [ˌfeɪtəˈlɪstɪk] adj fataliste

fatality [fəˈtælɪtɪ] → SYN n **a** (= fatal accident) accident m mortel ; (= person killed) mort m ◆ **there were no fatalities** il n'y a pas eu de morts ◆ **bathing fatalities** noyades fpl ◆ **road fatalities** accidents mpl mortels de la route
b (NonC) fatalisme m ◆ **a growing sense of pessimism and fatality** un sentiment croissant de pessimisme et de fatalisme

fatally ['feɪtəlɪ] adv **a** (= mortally) wounded, injured mortellement ◆ **fatally ill** condamné
b (= irrevocably) undermine, damage, weaken irrémédiablement ◆ **fatally flawed** voué à l'échec
c (= disastrously) easy désastreusement ◆ **to be fatally attracted to sb/sth** être irrésistiblement attiré par qn/qch

fatback ['fætˌbæk] n ≈ lard m maigre

fate [feɪt] → SYN n **a** (= force) destin m, sort m ◆ **the Fates** (Myth) les Parques fpl ◆ **what fate has in store for us** ce que le destin or le sort nous réserve ; → **tempt**
b (= one's lot) sort m ◆ **to leave sb to his fate** abandonner qn à son sort ◆ **to meet one's fate** trouver la mort ◆ **it met with a strange fate** cela a eu une destinée curieuse ◆ **to meet with** or **suffer the same fate** connaître or subir le même sort ◆ **to face a similar fate** risquer de subir le même sort ◆ **to settle** or **seal sb's fate** décider du sort de qn ◆ **it was a fate worse than death** c'était un sort pire que la mort, la mort eût été mille fois préférable

fated ['feɪtɪd] → SYN adj friendship, person voué au malheur ◆ **they were fated to meet again** il était dit qu'ils se reverraient

fateful ['feɪtfʊl] → SYN adj day, night, moment, words fatidique ; decision, consequence, journey fatal ; meeting décisif ◆ **to be fateful for sb** être fatal pour qn

fathead * ['fæthed] n imbécile mf, cruche * f

father ['fɑːðəʳ] → SYN ▣ n **a** père m ◆ **from father to son** de père en fils ◆ (Prov) **like father like son** tel père tel fils (Prov) ◆ **to act like a father** agir en père or comme un père ◆ **he was like a father to me** il était comme un père pour moi ◆ **there was the father and mother of a row!** * il y a eu une dispute épouvantable ! ; see also 4

b (= founder, leader) père m, créateur m ◆ **the father of modern jazz/French Impressionism** le père du jazz moderne/de l'impressionnisme français ◆ **the Fathers of the Church** les Pères mpl de l'Église ; → **city**
c (Rel = priest, monk etc) père m ◆ **Father Paul** le (révérend) père Paul, l'abbé m Paul ◆ **yes, Father** oui, mon père ◆ **the Capuchin Fathers** les pères mpl capucins ; → **holy**
d (Rel = God) **Our Father** Notre Père ◆ **the Our Father** (= prayer) le Notre Père
▣ fathers npl ancêtres mpl, pères mpl
▣ vt [+ child] engendrer ◆ **he fathered three children** il a eu trois enfants ◆ **he was unable to father a child** il ne pouvait pas avoir d'enfants
▣ COMP ▷ **Father Christmas** n (Brit) le père Noël ▷ **father confessor** m (Rel) directeur m de conscience, père m spirituel ▷ **father figure** n figure f de père ◆ **he is the father figure** il joue le rôle du père ▷ **father-in-law** n, pl **fathers-in-law** beau-père m ▷ **father lasher** n (= fish) scorpion m de mer ▷ **Father's Day** n la fête des Pères ▷ **Father Time** n (also Old Father Time) le Temps

fatherhood ['fɑːðəhʊd] n paternité f

fatherland ['fɑːðəlænd] → SYN n patrie f

fatherless ['fɑːðəlɪs] adj orphelin de père, sans père

fatherliness ['fɑːðəlɪnɪs] n attitude f paternelle

fatherly ['fɑːðəlɪ] → SYN adj paternel

fathom ['fæðəm] → SYN ▣ n (Naut) brasse f (= 1,83 m) ◆ **a channel with five fathoms of water** un chenal de 9 m de fond ◆ **to lie 25 fathoms deep** or **down** reposer par 45 m de fond
▣ vt (Naut) sonder ; (fig : also **fathom out**) [+ mystery] pénétrer ◆ **I can't fathom (out) whether she's having an affair or not** je n'arrive pas à savoir si elle a une liaison ; [+ person] (finir par) comprendre ◆ **I just can't fathom it (out)** je n'y comprends absolument rien

fathomless ['fæðəmlɪs] adj (lit) insondable ; (fig) insondable, impénétrable

fatigue [fəˈtiːg] → SYN ▣ n **a** fatigue f, épuisement m
b (= jadedness) donor fatigue, charity fatigue la lassitude des donateurs ◆ **compassion fatigue has set in** la compassion s'est émoussée ◆ **they blamed the low election turn-out on voter fatigue** ils ont attribué la faible participation électorale à la lassitude des électeurs ; → **battle**, **combat**
c (Mil) corvée f ◆ **to be on fatigue** être de corvée
▣ **fatigues** npl (Mil) ⇒ **fatigue dress**
▣ vt fatiguer, lasser ; (Tech) [+ metals etc] fatiguer
▣ COMP ▷ **fatigue dress** n (Mil) tenue f de corvée, treillis m ▷ **fatigue duty** n (Mil) corvée f ▷ **fatigue limit** n (Tech) limite f de fatigue ▷ **fatigue party** n (Mil) corvée f

fatigued [fəˈtiːgd] adj las (lasse f), fatigué

fatiguing [fəˈtiːgɪŋ] adj fatigant, épuisant

fatness ['fætnɪs] n [of person] embonpoint m, corpulence f

fatshedera [fætsˈhedərə] n (Bot) fatshedera m

fatsia ['fætsɪə] n (Bot) fatsia m

fatso * ['fætsəʊ] n, pl **fatsos** or **fatsoes** (pej) gros lard * m

fatstock ['fætstɒk] n (Agr) animaux mpl de boucherie

fatten ['fætn] → SYN ▣ vt (also **fatten up**) [+ cattle, chickens] engraisser ; [+ geese] gaver
▣ vi (also **fatten out**) engraisser, grossir

fattening ['fætnɪŋ] ▣ adj food qui fait grossir
▣ n (also **fattening-up**) [of cattle, chickens] engraissement m ; [of geese] gavage m

fatty ['fætɪ] ▣ adj **a** (= greasy) food gras (grasse f) ◆ **they have a fattier diet than us** ils mangent plus gras que nous
b (Anat, Bio) tissue adipeux
▣ n * gros m (bonhomme), grosse f (bonne femme) ◆ **hey fatty!** eh toi le gros (or la grosse) !
▣ COMP ▷ **fatty acid** n acide m gras ▷ **fatty degeneration** n (Med) dégénérescence f graisseuse

fatuity [fəˈtjuːɪtɪ] n stupidité f, sottise f

fatuous ['fætjʊəs] → SYN adj person, remark idiot, stupide ; smile stupide, niais

fatuously ['fætjʊəslɪ] adv sottement, stupidement

fatuousness ['fætjʊəsnɪs] n ⇒ fatuity

fatwa ['fætwɑ] n (Rel) fatwa f

fauces ['fɔːsiːz] n pl inv (Anat) gosier m

faucet ['fɔːsɪt] n (US) robinet m

faugh [fɔː] excl pouah !

fault [fɔːlt] → SYN ① n a (in person, scheme) défaut m ; (in machine) défaut m, anomalie f ; (= mistake) erreur f ♦ in spite of all her faults malgré tous ses défauts ♦ her big fault is ... son gros défaut est ... ♦ a mechanical fault un défaut technique ♦ a fault has been found in the engine une anomalie a été constatée dans le moteur ♦ the fault lay in the production process l'anomalie se situait au niveau de la production ♦ there is a fault in the gas supply il y a un défaut dans l'arrivée du gaz ♦ an electrical fault un défaut du circuit électrique
♦ to a fault ♦ she is generous to a fault elle est généreuse à l'excès
♦ to be at fault être fautif, être coupable ♦ you were at fault in not telling me vous avez eu tort de ne pas me le dire ♦ he's at fault in this matter il est fautif or c'est lui le fautif dans cette affaire ♦ my memory was at fault ma mémoire m'a trompé or m'a fait défaut
♦ to find fault ♦ to find fault with sth trouver à redire à qch, critiquer qch ♦ to find fault with sb critiquer qn ♦ I have no fault to find with him je n'ai rien à lui reprocher ♦ he is always finding fault il trouve toujours à redire
b (NonC = blame, responsibility) faute f ♦ whose fault is it? c'est la faute à qui ?, qui est fautif ? ♦ whose fault is it if we're late? (iro) et à qui la faute si nous sommes en retard ? ♦ the fault lies with him c'est de sa faute, c'est lui le responsable ♦ it's not my fault ce n'est pas (de) ma faute ♦ it's all your fault c'est entièrement (de) ta faute ♦ it's your own fault vous n'avez à vous en prendre qu'à vous-même ♦ it happened through no fault of mine ce n'est absolument pas de ma faute si c'est arrivé ♦ through no fault of her own, she ... sans qu'elle y soit pour quelque chose, elle ...
c (Tennis) faute f
d (Geol) faille f
② vt ♦ to fault sth/sb trouver des défauts à qch/chez qn ♦ you can't fault him on ne peut pas le prendre en défaut ♦ you can't fault her on her handling of the situation la manière dont elle a géré la situation est irréprochable ♦ I can't fault his reasoning je ne trouve aucune faille dans son raisonnement
③ COMP ▷ **fault-find** vi she's always fault-finding elle trouve toujours à redire, elle est toujours en train de critiquer ▷ **fault-finder** n mécontent(e) m(f), grincheux m, -euse f ▷ **fault-finding** → SYN adj chicanier, grincheux ◇ n critiques fpl ▷ **fault line** n (Geol) ligne f de faille ▷ **fault plane** n (Geol) plan m de faille ▷ **fault-tolerant** adj (Comput) à tolérance de pannes, insensible aux défaillances

faultless ['fɔːltlɪs] → SYN adj person, behaviour irréprochable ; work, manners, dress impeccable, irréprochable ; performance parfait ♦ he spoke faultless English il parlait un anglais impeccable

faultlessly ['fɔːltlɪslɪ] adv impeccablement

faulty ['fɔːltɪ] → SYN adj work défectueux, mal fait ; machine défectueux ; style incorrect, mauvais ; reasoning défectueux, erroné

faun [fɔːn] n faune m

fauna ['fɔːnə] n, pl **faunas** or **faunae** ['fɔːniː] faune f

Faust [faʊst] n Faust m

Faustian ['faʊstɪən] adj faustien

Fauvism ['fəʊvɪzəm] n (Art) fauvisme m

Fauvist ['fəʊvɪst] n (Art) fauve m

faux pas [fəʊˈpɑː] → SYN n (pl inv) impair m, bévue f, gaffe * f

fava bean ['fɑːvəbiːn] n (US) fève f

fave * [feɪv] ① adj favori
② n favori(te) m(f)

favela [fɑːˈveɪlə] n favela f

favour, favor (US) ['feɪvər] LANGUAGE IN USE 13
→ SYN

① n a (= act of kindness) (small) service m ; (more major) faveur f ♦ to do sb a favour, to do a favour for sb rendre (un) service à qn, faire or accorder une faveur à qn ♦ to ask sb a favour, to ask a favour of sb demander un service à qn, solliciter une faveur de qn (frm) ♦ he did it as a favour to his brother il l'a fait pour rendre service à son frère ♦ I'll return this favour je vous revaudrai ça ♦ I would consider it a favour if you ... je vous serais très reconnaissant si vous ... ♦ do me a favour and ... sois gentil et ... ♦ you're not doing yourself any favours (by refusing to cooperate) tu ne te facilites pas les choses (en refusant de coopérer) ♦ do me a favour! * (iro) tu te fous de moi ! * ♦ a woman's favours les faveurs fpl d'une femme ♦ your favour of the 7th inst. (Comm) votre honorée † du 7 courant

b (NonC = approval, regard) faveur f, approbation f ♦ to be in favour [person] être en faveur, avoir la cote * ; [style, fashion] être à la mode or en vogue ♦ to be out of favour [person] ne pas être en faveur, ne pas avoir la cote * ; [style, fashion] être démodé or passé de mode ♦ to be in favour with sb être bien vu de qn, jouir des bonnes grâces de qn ♦ to win sb's favour, to find favour with sb [person] s'attirer les bonnes grâces de qn ; [suggestion] gagner l'approbation de qn ♦ to get back into sb's favour rentrer dans les bonnes grâces de qn ♦ to look with favour on sth approuver qch ♦ to look with favour on sb bien considérer qn

c (NonC = support, advantage) faveur f, avantage m ♦ the court decided in her favour le tribunal lui a donné gain de cause ♦ the decision/judgement went in his favour la décision a été prise/le jugement a été rendu en sa faveur ♦ it's in our favour to act now c'est (à) notre avantage d'agir maintenant ♦ the exchange rate is in our favour le taux de change joue en notre faveur or pour nous ♦ the traffic lights are in our favour les feux sont pour nous ♦ circumstances were all working in her favour les circonstances lui étaient (entièrement) favorables ♦ that's a point in his favour c'est quelque chose à mettre à son actif, c'est un bon point pour lui ♦ he's got everything in his favour il a tout pour lui ♦ will in favour of sb testament m en faveur de qn ♦ cheque in favour of sb chèque m payable à qn ♦ "balance in your favour" (Banking) "solde en votre faveur"

d to be in favour of sth être pour qch, être partisan(e) de qch ♦ to be in favour of doing sth être d'avis de faire qch ♦ they voted in favour of accepting the pay offer ils ont voté en faveur de la proposition de salaire

e (NonC = partiality) faveur f, indulgence f ♦ to show favour to sb accorder un traitement de faveur à qn, favoriser qn ; → curry², fear

f (= ribbon, token) faveur f

② vt [+ political party, scheme, suggestion] être partisan de ; [+ undertaking] favoriser, appuyer ; [+ person] préférer ; [+ candidate, pupil] montrer une préférence pour ; [+ team, horse] être pour ; († or dial = resemble) ressembler à ♦ I don't favour the idea je ne suis pas partisan de cette idée ♦ he favoured us with a visit il a eu l'amabilité or la bonté de nous rendre visite ♦ he did not favour us with a reply (iro) il n'a même pas eu l'amabilité or la bonté de nous répondre ♦ the weather favoured the journey le temps a favorisé le voyage ♦ circumstances that favour this scheme circonstances fpl favorables à ce projet ♦ tax cuts which favour the rich des réductions d'impôts qui avantagent or favorisent les riches

favourable, favorable (US) ['feɪvərəbl] LANGUAGE IN USE 13 → SYN adj a (= positive) reaction, impression, opinion, report favorable ; comparison flatteur ♦ to be favourable to sb/sth être favorable à qn/qch ♦ to show sth in a favourable light montrer qch sous un jour favorable

b (= beneficial) terms, deal avantageux (for sb/sth pour qn/qch) ; position bon ; treatment (gen) bon ; (= preferential) de faveur

c climate favorable (for, to à) ; weather, wind propice (for, to à)

favourably, favorably (US) ['feɪvərəblɪ] → SYN adv a (= approvingly) respond, react, receive favorablement ; look upon, consider d'un œil favorable ♦ to impress sb favourably faire une impression favorable à qn ♦ favourably disposed bien disposé

b (= advantageously) placed bien ♦ to compare favourably with sb/sth soutenir la comparaison avec qn/qch ♦ he was always being compared favourably with his sister on l'a toujours trouvé mieux que sa sœur ♦ few would compare themselves favourably with him peu de personnes se jugeraient meilleures que lui

favoured, favored (US) ['feɪvəd] adj favorisé ♦ the favoured few les élus mpl ♦ most favoured nation clause clause f de la nation la plus favorisée

favourite, favorite (US) ['feɪvərɪt] LANGUAGE IN USE 7.4 → SYN
① n (gen) favori(te) m(f), préféré(e) m(f) ; (at court, Racing) favori(te) m(f) ♦ he's his mother's favourite c'est le préféré de sa mère ♦ he is a universal favourite tout le monde l'adore ♦ that song is a great favourite of mine cette chanson est une de mes préférées ♦ he sang a lot of old favourites il a chanté beaucoup de vieux succès ; → hot
② adj favori(te) m(f), préféré ♦ favourite son (US) (Pol) candidat à la présidence soutenu officiellement par son parti dans son État ; (gen) enfant m chéri (de sa ville natale etc)

favouritism, favoritism (US) ['feɪvərɪtɪzəm] → SYN n favoritisme m

favus ['feɪvəs] n favus m

FAW [ˌefeɪˈdʌbljuː] n (abbrev of Football Association of Wales) fédération f galloise de football

fawn¹ [fɔːn] → SYN ① n faon m
② adj (= colour) fauve

fawn² [fɔːn] → SYN vi ♦ to fawn (up)on sb [dog] faire fête à qn ; [person] flatter qn (servilement), lécher les bottes de qn *

fawner ['fɔːnər] n flatteur m, -euse f

fawning ['fɔːnɪŋ] → SYN adj person, manner servile, flagorneur ; dog trop démonstratif, trop affectueux

fax [fæks] ① n (= machine) télécopieur m ; (= transmission) fax m, télécopie f ♦ fax number numéro m de fax or de télécopie or de télécopieur ♦ by fax par fax or télécopie
② vt [+ document] faxer, envoyer par fax or par télécopie or par télécopieur ; [+ person] envoyer un fax à ♦ fax me your reply répondez-moi par fax

fay [feɪ] n († † or liter) fée f

faze * [feɪz] vt déboussoler *

FBI [ˌefbiːˈaɪ] n (US) (abbrev of Federal Bureau of Investigation) FBI m

FC n (abbrev of football club) FC

FCC [ˌefsiːˈsiː] (US) (abbrev of Federal Communications Commission) → federal

FCO [ˌefsiːˈəʊ] (Brit) (abbrev of Foreign and Commonwealth Office) → foreign

FD [efˈdiː] a (US) (abbrev of Fire Department) → fire
b (Brit) (abbrev of Fidei Defensor) Défenseur m de la foi
c (Comm) (abbrev of free delivered at dock) livraison f franco à quai

FDA [ˌefdiːˈeɪ] (US) (abbrev of Food and Drug Administration) FDA f

---

FDA

La **Food and Drug Administration** ou **FDA** est l'organisme qui a pour mission de tester l'innocuité des aliments, additifs alimentaires, médicaments et cosmétiques aux États-Unis, et de délivrer les autorisations de mise sur le marché.

FDD n (Comput) (abbrev of floppy disk drive) → floppy

FE [efˈiːʳ] n (abbrev of **Further Education**) → **further**

fealty [ˈfiːəltɪ] n (Hist) fidélité f, allégeance f

fear [fɪəʳ] LANGUAGE IN USE 6.2, 16.2 → SYN

1 n a (= fright) peur f ; (= worry, apprehension) crainte f ◆ **he obeyed out of fear** il a obéi sous l'effet de la peur ◆ **I couldn't move from** or **for fear** j'étais paralysé de peur ◆ **a sudden fear came over him** la peur s'est soudain emparée de lui ◆ **fear of death/failure/rejection** la peur de la mort/de l'échec/du rejet or d'être rejeté ◆ **fear of flying** la peur des voyages en avion or de l'avion ◆ **fear of heights** vertige m ◆ **grave fears have arisen for the safety of the hostages** on est dans la plus vive inquiétude en ce qui concerne le sort des otages ◆ **there are fears that ...** on craint que ... ne (+ subj) ◆ **there are fears that many more refugees will die** on craint que beaucoup d'autres réfugiés ne meurent ◆ **he has fears for his sister's life** il craint pour la vie de sa sœur ◆ **to have a fear of** avoir peur de ◆ **have no fear(s)** ne craignez rien, soyez sans crainte ◆ **without fear or favour** impartialement, sans distinction de personnes ◆ **to stand in fear of sb/sth** craindre or redouter qn/qch ◆ **he lived in fear of being discovered** il craignait toujours d'être découvert, il a vécu dans la peur d'être découvert ◆ **to go in fear of one's life** craindre pour sa vie ◆ **in fear and trembling** en tremblant de peur ◆ **for fear of waking him** de peur de le réveiller ◆ **for fear (that ...)** de peur que ... ne (+ subj)

b (NonC = awe) crainte f, respect m ◆ **the fear of God** la crainte or le respect de Dieu ◆ **to put the fear of God into sb** * (= frighten) faire une peur bleue à qn ; (= scold) passer à qn une semonce or un savon * qu'il n'oubliera pas de si tôt

c (= risk, likelihood) risque m, danger m ◆ **there's not much fear of his coming** il est peu probable qu'il vienne, il ne risque guère de venir ◆ **there's not much fear of us making that kind of money!** nous ne risquons pas de gagner des sommes pareilles ! ◆ **there's no fear of that!** ça ne risque pas d'arriver ! ◆ **no fear!** * jamais de la vie !, pas de danger ! *

2 vt a craindre, avoir peur de ◆ **to fear the worst** redouter or craindre le pire ◆ **to fear that** avoir peur que or craindre que ... ne (+ subj) ◆ **I fear that a war now looks inevitable** je crains or j'ai bien peur que la guerre ne soit maintenant inévitable ◆ **I fear he won't come** j'ai (bien) peur or je crains (bien) qu'il ne vienne pas ◆ **many women fear to go out at night** beaucoup de femmes ont peur de sortir le soir ◆ **I fear so** je crains que oui, hélas oui ◆ **I fear not** je crains que non, hélas non ◆ **I fear I'm late** (apologizing) je crois bien que je suis en retard, je suis désolé d'être en retard ◆ **it's raining, I fear** il pleut, hélas ◆ **he's a man to be feared** c'est un homme redoutable

b (= awe for God) [+ gods] craindre, avoir le respect de

3 vi ◆ **to fear for one's life** craindre pour sa vie ◆ **I fear for him** j'ai peur or je tremble pour lui ◆ **he fears for the future of the country** l'avenir du pays lui inspire des craintes or des inquiétudes ◆ **we fear for their safety** nous craignons pour leur sécurité ◆ **never fear!** ne craignez rien !, n'ayez crainte ! ◆ **fear not!** († , hum) n'ayez crainte !

fearful [ˈfɪəfʊl] → SYN adj a (= frightening) spectacle, noise effrayant, affreux ; accident épouvantable

b († = extreme) affreux ◆ **it really is a fearful nuisance** c'est vraiment empoisonnant * or embêtant * ◆ **she's a fearful bore** Dieu ! qu'elle est or peut être ennuyeuse !

c (= timid) person peureux, craintif ◆ **I was fearful of waking her** je craignais de la réveiller

fearfully [ˈfɪəfəlɪ] → SYN adv a (= timidly) say, ask craintivement

b († = extremely) expensive, hot affreusement, terriblement ◆ **she's fearfully ugly** elle est laide à faire peur

fearfulness [ˈfɪəfʊlnɪs] n (= fear) crainte f, appréhension f ; (= shyness) extrême timidité f

fearless [ˈfɪəlɪs] → SYN adj intrépide, courageux ◆ **fearless of** (liter) sans peur or appréhension de

fearlessly [ˈfɪəlɪslɪ] adv fight courageusement ◆ **to be fearlessly outspoken** avoir le courage de ses opinions

fearlessness [ˈfɪəlɪsnɪs] → SYN n intrépidité f

fearsome [ˈfɪəsəm] → SYN adj opponent redoutable ; apparition terrible, effroyable

fearsomely [ˈfɪəsəmlɪ] adv effroyablement, affreusement

feasibility [ˌfiːzəˈbɪlɪtɪ] → SYN 1 n a (= practicability) [of plan, suggestion] faisabilité f, possibilité f (de réalisation) ◆ **feasibility of doing sth** possibilité f de faire qch ◆ **to doubt the feasibility of a scheme** douter qu'un plan soit réalisable

b (= plausibility) [of story, report] vraisemblance f, plausibilité f

2 COMP ▷ **feasibility study** n étude f de faisabilité

feasible [ˈfiːzəbl] → SYN adj a (= practicable) plan, suggestion faisable, possible ◆ **can we do it? – yes, it's quite feasible** pouvons-nous le faire ? – oui, c'est tout à fait possible or faisable ◆ **it would be feasible to put all the data on one disk** il serait possible de rassembler toutes les données sur une seule disquette ◆ **it was not economically feasible to keep the school open** il n'était pas économiquement viable de maintenir ouverte cette école

b (= likely, probable) story, theory plausible, vraisemblable

feasibly [ˈfiːzəblɪ] adv ◆ **he could feasibly still be alive** il se pourrait bien qu'il soit encore vivant

feast [fiːst] → SYN 1 n a (lit, fig) festin m, banquet m ◆ **to be the spectre** or **ghost** or **skeleton at the feast** (Brit) jeter une ombre sur les réjouissances ◆ **it's feast or famine** c'est l'abondance ou la famine

b (Rel) fête f ◆ **feast day** (jour m de) fête f ◆ **the feast of St John** la Saint-Jean ◆ **the feast of the Assumption** la fête de l'Assomption ; → **movable**

2 vi banqueter, festoyer ◆ **to feast on sth** (lit) se régaler de qch ; (fig) se délecter de qch

3 vt († or liter) [+ guest] fêter, régaler ◆ **the king was feasted in the banqueting hall** un festin fut organisé en l'honneur du roi dans la salle de banquet ◆ **to feast o.s.** se régaler ◆ **to feast one's eyes on** repaître ses yeux de, se délecter à regarder

feat [fiːt] → SYN n exploit m, prouesse f ◆ **feat of architecture** etc chef-d'œuvre m or triomphe m de l'architecture etc ◆ **feat of arms** fait m d'armes ◆ **feat of skill** tour m d'adresse ◆ **getting him to speak was quite a feat** cela a été un tour de force or un exploit de (réussir à) le faire parler

feather [ˈfeðəʳ] 1 n plume f ; [of wing, tail] penne f ◆ **the scholarship was a feather in his cap** il pouvait être fier d'avoir obtenu la bourse ◆ **you could have knocked me down** or **over with a feather!** * les bras m'en sont tombés, j'en suis resté baba * inv ; → **bird, light[2], white**

2 vt a [+ arrow etc] empenner ◆ **to feather one's nest** (fig) faire sa pelote ◆ **to feather one's nest at sb's expense** s'engraisser sur le dos de qn

b (Aviat) [+ propeller] mettre en drapeau ◆ **to feather an oar** (Rowing) plumer

3 COMP mattress etc de plumes ; headdress à plumes ▷ **feather bed** n lit m de plume(s) ; (* = sinecure) sinécure f, bonne planque * f ▷ **feather-bed** vt (fig) [+ person, project] surprotéger ; [+ child] élever dans du coton ; (Ind) protéger *(afin de lutter contre les licenciements économiques)* ▷ **feather boa** n boa m (de plumes) ▷ **feather cut** n (Hairdressing) dégradé m court ▷ **feather duster** n plumeau m ▷ **feather-edged** adj en biseau

featherbedding [ˈfeðəbedɪŋ] n (Ind) protection f excessive de la main-d'œuvre

featherbrain [ˈfeðəbreɪn] n écervelé(e) m(f)

featherbrained [ˈfeðəbreɪnd] adj écervelé

feathered [ˈfeðəd] adj bird à plumes ◆ **our feathered friends** nos amis à plumes

featheredge [ˈfeðəredʒ] n (Carpentry) biseau m

feathering [ˈfeðərɪŋ] n plumage m, plumes fpl

featherstitch [ˈfeðəstɪtʃ] n point m d'épine

featherweight [ˈfeðəweɪt] (Boxing) 1 n poids m plume inv

2 adj championship etc poids plume inv

feathery [ˈfeðərɪ] → SYN adj texture, feel duveteux, doux (douce f) comme la plume ; mark, design plumeté

feature [ˈfiːtʃəʳ] → SYN 1 n a (facial) trait m (du visage) ◆ **the features** la physionomie ◆ **to have delicate features** avoir les traits fins

b [of person] (physical) trait m ; [of personality] caractéristique f ; [of machine, countryside, building] caractéristique f, particularité f ◆ **her most striking feature is her hair** son trait le plus frappant ce sont ses cheveux ◆ **one of his most outstanding features is his patience** une de ses caractéristiques les plus remarquables est sa patience ◆ **one of the main features in the kidnapping story was ...** un des éléments les plus frappants dans l'affaire du kidnapping a été ... ◆ **scepticism is a feature of our age** le scepticisme est caractéristique or un trait de notre temps ◆ **personal attacks have been a feature of these elections** ces élections ont été marquées par une série d'attaques personnelles

c (Cine) grand film m, long métrage m ; (Press) [of column] chronique f ◆ **this cartoon is a regular feature in "The Observer"** cette bande dessinée paraît régulièrement dans "The Observer"

d (Ling : also **distinctive feature**) trait m distinctif

2 vt a (= give prominence to) [+ person, event, story] mettre en vedette ; [+ name, news] faire figurer ◆ **this film features an English actress** ce film a pour vedette une actrice anglaise ◆ **a film featuring John Wayne** un film avec John Wayne ◆ **the murder was featured on the front page** le meurtre était à la une ◆ **a new album featuring their latest hit single** un nouvel album où figure leur dernier tube *

b (= depict) représenter

c (= have as one of its features) [machine etc] être doté or équipé de

3 vi a (Cine) jouer (*in* dans)

b (gen) figurer ◆ **fish often features on the menu** le poisson figure souvent au menu ◆ **the story featured on all of today's front pages** cette histoire faisait aujourd'hui la une de tous les journaux

4 COMP ▷ **feature article** n (Press) article m de fond ▷ **feature(-length) film** n (Cine) long métrage m ▷ **feature story** n ⇒ **feature article** ▷ **feature writer** n (Press) journaliste mf

-featured [ˈfiːtʃəd] adj (in compounds) ◆ **delicate/heavy-featured** aux traits délicats/lourds

featureless [ˈfiːtʃəlɪs] adj landscape, building monotone

Feb. abbrev of **February**

febrifuge [ˈfebrɪfjuːdʒ] adj, n fébrifuge m

febrile [ˈfiːbraɪl] adj fébrile, fiévreux

February [ˈfebrʊərɪ] n février m ; for phrases see **September**

fecal [ˈfiːkəl] adj (US) ⇒ **faecal**

feces [ˈfiːsiːz] npl (US) ⇒ **faeces**

feckless [ˈfeklɪs] → SYN adj person inepte, incapable ; attempt maladroit ◆ **a feckless girl** une tête sans cervelle, une évaporée

fecklessness [ˈfeklɪsnɪs] n [of person] incompétence f

fecund [ˈfiːkənd] adj fécond

fecundate [ˈfiːkəndeɪt] vt (= fertilize) féconder

fecundation [ˌfiːkənˈdeɪʃən] n (= fertilization) fécondation f

fecundity [fɪˈkʌndɪtɪ] n fécondité f

Fed [fed] 1 (esp US) abbrev of **Federal, Federated** and Federation

2 n a (US *) (abbrev of **federal officer**) agent m or fonctionnaire m fédéral

b (US) (abbrev of **Federal Reserve Bank**) → **federal**

fed [fed] 1 vb (pret, ptp of **feed**) ◆ **well fed** bien nourri

2 COMP ▷ **fed up** * adj **to be fed up** en avoir assez, en avoir marre * ◆ **I'm fed up waiting for him** j'en ai marre * de l'attendre ◆ **he got fed up with it** il en a eu assez, il en a eu marre * ◆ **to be fed up to the back teeth** ‡ en avoir ras le bol ‡ (*with doing sth* de faire qch)

fedayee [fəˈdɑːjiː] n, pl **fedayeen** fedayin m inv

federal [ˈfedərəl] **1** adj fédéral
2 n (US Hist) fédéral m, nordiste m
3 COMP ▷ **Federal Aviation Administration** n (US) Direction f générale de l'aviation civile ▷ **Federal Bureau of Investigation** n (US) FBI m ▷ **Federal Communications Commission** n (US Admin) ≃ Conseil m supérieur de l'audiovisuel ▷ **Federal court** n (US Jur) cour f fédérale ▷ **federal crop insurance** n (US) système fédéral d'indemnisation des agriculteurs en cas de catastrophe naturelle ▷ **Federal Housing Administration** n (US) commission f de contrôle des prêts au logement ▷ **Federal Insurance Contributions Act** n (US) (= law) loi sur les cotisations de Sécurité sociale ; (= contribution) ≃ cotisations fpl de Sécurité sociale ▷ **federal land bank** n (US Fin) banque f fédérale agricole ▷ **Federal Maritime Board** n (US) Conseil m supérieur de la Marine marchande ▷ **Federal Republic of Germany** n Allemagne f fédérale, République f fédérale d'Allemagne ▷ **Federal Reserve Bank** n Federal Reserve Bank f

federalism [ˈfedərəlɪzəm] n fédéralisme m

federalist [ˈfedərəlɪst] adj, n fédéraliste mf

federalization [ˌfedərəlaɪˈzeɪʃən] n fédéralisation f

federalize [ˈfedərəlaɪz] vt fédéraliser

federally [ˈfedərəlɪ] adv au niveau fédéral

federate [ˈfedəreɪt] → SYN **1** vt fédérer
2 vi se fédérer
3 [ˈfedərɪt] adj fédéré

federation [ˌfedəˈreɪʃən] → SYN n fédération f

federative [ˈfedərətɪv] adj fédératif ◆ **the Federative Republic of ...** la République fédérative de ...

fedora [fəˈdɔːrə] n chapeau m mou, feutre m mou

fee [fiː] → SYN **1** n [of doctor, lawyer] honoraires mpl ; [of artist, speaker, footballer] cachet m ; [of director, administrator] honoraires mpl, jeton m (de présence) ; [of private tutor] appointements m ; (Scol, Univ etc) (for tuition) frais mpl de scolarité ; (for examination) droits mpl ; (for board) prix m de la pension ◆ **what's his fee?** combien prend-il ? ◆ **is there a fee?** est-ce qu'il faut payer ? ◆ **you can borrow more books for a small fee** or **on payment of a small fee** contre une somme modique vous pouvez emprunter d'autres livres ◆ **fee or other charges** (Jur) redevances fpl ou autres droits ◆ **fee for appeal** (Jur) taxe f de recours ; → **entrance, licence, membership**
2 COMP **fee-paying school** n établissement m (d'enseignement) privé ▷ **fee-splitting** n (US: gen) partage m des honoraires ; [of doctors] dichotomie f

feeble [ˈfiːbl] → SYN **1** adj **a** (= weak) person, light, voice faible
b (pej = pathetic) excuse, response piètre ; attempt vague ; joke médiocre ◆ **don't be so feeble!** quelle mauviette tu fais !
2 COMP **feeble-minded** → SYN adj imbécile ▷ **feeble-mindedness** n imbécillité f

feebleness [ˈfiːblnɪs] → SYN n [of person, pulse, light, voice] faiblesse f

feebly [ˈfiːblɪ] adv smile, shine faiblement ; say, explain sans grande conviction

feed [fiːd] → SYN vb : pret, ptp **fed** **1** n (NonC) (gen) nourriture f ; (= pasture) pâture f ; (= hay etc) fourrage m ◆ **animal/cattle/chicken etc feed** nourriture f or aliments mpl pour animaux/bétail/volailles etc ◆ **he's off his feed*** [baby] il n'a pas d'appétit
b [= portion of food] ration f ; [of baby] (breast-fed) tétée f ; (bottle-fed) biberon m ; (solid) repas m ◆ **feed of oats** picotin m d'avoine ◆ **we had a good feed*** on a bien bouffé*
c (Theat* = comedian's cue line) réplique f ; (= straight man) faire-valoir m inv
d (= part of machine) mécanisme m d'alimentation ◆ **sheet paper feed** (Comput) chargeur m feuille à feuille
2 vt **a** (= provide food for) (gen) nourrir ; [+ army] nourrir, ravitailler ; (= give food to) [+ child, invalid, animal] donner à manger à ;

(Brit) [+ baby] nourrir ; [+ baby bird] donner la becquée à ◆ **there are six people/mouths to feed in this house** il y a six personnes/bouches à nourrir dans cette maison ◆ **I have three hungry mouths to feed** j'ai trois bouches à nourrir ◆ **what do you feed your cat on?** que donnez-vous à manger à votre chat ? ◆ **he can feed himself now** [child] il sait manger tout seul maintenant ◆ **to feed sth to sb** donner qch à manger à qn ◆ **you shouldn't feed him that** vous ne devriez pas lui donner cela à manger
b [+ plant] [ground, sap etc] nourrir ; (with fertilizer, plant food) donner de l'engrais à
c (fig) **to feed sb information** fournir des informations à qn ◆ **to feed sb lies** raconter des mensonges à qn ◆ **we've fed him all the facts*** nous lui avons fourni toutes les données ◆ **to feed sb a line*** essayer de faire avaler une histoire à qn ◆ **to feed one's habit*/one's heroin habit*** se procurer sa drogue/son héroïne
d [+ fire] entretenir, alimenter ; [+ furnace, machine] alimenter ◆ **two rivers feed this reservoir** deux rivières alimentent ce réservoir ◆ **to feed the parking meter*** rajouter une pièce dans le parcmètre ◆ **to feed sth into a machine** mettre or introduire qch dans une machine ◆ **to feed data into a computer** entrer des données dans un ordinateur ◆ **blood vessels that feed blood to the brain** des vaisseaux sanguins qui irriguent le cerveau ; → **flame**
e (Theat*) [+ comedian] donner la réplique à ; (= prompt) souffler à
3 vi [animal] manger, se nourrir ; (on pasture) paître, brouter ; [baby] manger ; (at breast) téter ◆ **to feed on** (lit, fig) se nourrir de ◆ **nationalism feeds on old hatreds** le nationalisme se nourrit de vieilles haines
4 COMP ▷ **feed grains** npl céréales fpl fourragères

▶ **feed back** **1** vt sep [+ information, results] donner (en retour)
2 **feedback** n → **feedback**

▶ **feed in** vt sep [+ tape, wire] introduire (to dans) ; [+ facts, information] fournir (to à)

▶ **feed up** **1** vt sep [+ animal] engraisser ; [+ geese] gaver ; [+ person] faire manger plus or davantage
2 **fed up*** adj → **fed**

feedback [ˈfiːdbæk] n **a** (gen) réactions fpl ; (Comm: from questionnaire etc) information f en retour, retour m d'information ◆ **I haven't had any feedback from him yet** je n'ai encore eu aucune réaction de sa part ◆ **to give sb feedback on sth** faire part à qn de ses réactions or impressions sur qch
b (Elec) réaction f ; (unwanted) réaction f parasite ; (Cybernetics) rétroaction f, feedback m

feedbag [ˈfiːdbæg] n [of livestock] sac m de nourriture ; (US = nosebag) musette f

feeder [ˈfiːdər] n **a** (= eater: person, animal) mangeur m, -euse f ◆ **peonies are quite heavy feeders** (= need water) les pivoines ont besoin de beaucoup d'eau ; (= need fertilizer) les pivoines ont besoin de beaucoup d'engrais
b (= device) (for chickens) mangeoire f automatique ; (for cattle) nourrisseur m automatique ; (for machine) chargeur m
c (Elec) ligne f d'alimentation
d (Brit) (= bib) bavoir m ; (= bottle) biberon m
2 COMP canal d'amenée ; railway secondaire ; road d'accès ; team, league servant de réservoir, jouant le rôle de réservoir ▷ **feeder primary (school)** n (Brit Scol) école primaire d'où sont issus les élèves d'un collège donné ▷ **feeder stream** n affluent m

feeding [ˈfiːdɪŋ] **1** n (= food) alimentation f ; (= action of feeding animal) nourrissage m
2 COMP ▷ **feeding bottle** n (esp Brit) biberon m ▷ **feeding frenzy** n (fig) **the press was in a feeding frenzy** les organes de presse se sont déchaînés ▷ **feeding grounds** npl (gen) aire f de nourrissage ; (of grazing animals) pâtures fpl, pâturages mpl ▷ **feeding stuffs** npl nourriture f or aliments mpl (pour animaux) ▷ **feeding time** n [of baby] (breast-

feeding) heure f de la tétée ; (bottle-feeding) heure f du biberon ; [of toddler] heure f du repas ; [of animal] (in zoo) heure f de nourrir les animaux

feedpipe [ˈfiːdpaɪp] n tuyau m d'amenée

feedstuffs [ˈfiːdstʌfs] npl nourriture f or aliments mpl (pour animaux)

feel [fiːl]
vb : pret, ptp **felt**

→ SYN LANGUAGE IN USE 6.2, 8.4, 11.1

1 NOUN **3** INTRANSITIVE VERB
2 TRANSITIVE VERB **4** PHRASAL VERBS

1 NOUN

a (= texture) toucher m ◆ **to know sth by the feel (of it)** reconnaître qch au toucher ◆ **the fabric has a papery feel** le grain de ce tissu ressemble à celui du papier
b (= sensation) sensation f ◆ **she liked the feel of the sun on her face** elle aimait sentir le soleil sur son visage ◆ **I don't like the feel of wool against my skin** je n'aime pas le contact de la laine contre ma peau, je n'aime pas porter de la laine à même la peau
c (= impression) **he wants to get the feel of the factory** il veut se faire une impression générale de l'usine ◆ **you have to get the feel of a new car** il faut se faire à une nouvelle voiture ◆ **the palms bring a Mediterranean feel to the garden** les palmiers donnent un aspect méditerranéen au jardin ◆ **the room has a cosy feel** on se sent bien dans cette pièce ◆ **there's a nostalgic feel to his music** il y a quelque chose de nostalgique dans sa musique ◆ **I don't like the feel of it** ça ne me dit rien de bon or rien qui vaille
d (= intuition) **to have a feel for languages** être doué pour les langues ◆ **to have a feel for English** être doué en anglais ◆ **to have a feel for music** avoir l'oreille musicale ◆ **to have a feel for doing sth** savoir s'y prendre pour faire qch

2 TRANSITIVE VERB

a (= touch) toucher ; (= explore with one's fingers) palper ◆ **she felt the jacket to see if it was made of wool** elle a palpé or touché la veste pour voir si c'était de la laine ◆ **feel the envelope and see if there's anything in it** palpez l'enveloppe pour voir s'il y a quelque chose dedans ◆ **to feel sb's pulse** tâter le pouls de qn

◆ **to feel one's way** (lit) avancer or marcher à tâtons ◆ **he got out of bed and felt his way to the telephone** il s'est levé et a avancé or marché à tâtons jusqu'au téléphone ◆ **you'll have to feel your way** (fig) il faut y aller à tâtons ◆ **we are feeling our way towards an agreement** nous tâtons le terrain pour parvenir à un accord ◆ **I'm still feeling my way around** (fig) j'essaie de m'y retrouver ◆ **she's still feeling her way in her new job** elle n'est pas encore complètement habituée à son nouveau travail, elle est encore en train de se familiariser avec son nouveau travail

b (= experience physically) [+ blow, caress] sentir ; [+ pain] sentir, ressentir ◆ **I felt a few drops of rain** j'ai senti quelques gouttes de pluie ◆ **I'm so cold I can't feel anything** j'ai si froid que je ne sens plus rien ◆ **she could feel the heat from the radiator** elle sentait la chaleur du radiateur ; see also **c** ◆ **I can feel something pricking me** je sens quelque chose qui me pique ◆ **he felt it move** il l'a senti bouger

c (= be affected by, suffer from) **to feel the heat/cold** être sensible à la chaleur/au froid ◆ **I don't feel the heat much** la chaleur ne me gêne pas beaucoup ◆ **she really feels the cold** elle est très frileuse ◆ **he felt the loss of her father greatly** elle a été très affectée par la mort de son père

d (= experience emotionally) [+ sympathy, grief] éprouver, ressentir ◆ **you must feel the beauty of this music before you can play it** il faut que vous sentiez (subj) la beauté de cette musique avant de pouvoir la jouer vous-même ◆ **the effects will be felt later** les effets se feront sentir plus tard ◆ **he felt a great sense of relief** il a éprouvé or ressenti un grand soulagement ◆ **I feel no interest in it** cela ne m'intéresse pas du tout ◆ **I do feel the importance of this** j'ai pleinement conscience de l'importance de ceci ◆ **he started to feel the importance of the match** il a commencé à prendre conscience de l'importance du match ◆ **to feel o.s. doing sth** (involuntarily) se sentir faire qch, se rendre compte que l'on fait qch

e ⊡ = think, believe ⊡ **I feel he has spoilt everything** à mon avis, il a tout gâché ◆ **I feel that he ought to go** j'estime qu'il devrait partir ◆ **he felt it necessary to point out ...** il a jugé or estimé nécessaire de faire remarquer ... ◆ **I feel strongly that ...** je suis convaincu que ... ◆ **if you feel strongly about it** si cela vous tient à cœur, si cela vous semble important ◆ **what do you feel about this idea?** que pensez-vous de cette idée ? ◆ **I can't help feeling that something is wrong** je ne peux m'empêcher de penser que quelque chose ne va pas ◆ **I feel it in my bones*** or **waters*** **that Scotland will score** l'Écosse va marquer, je le sens !, quelque chose me dit que l'Écosse va marquer

⑶ INTRANSITIVE VERB

a ⊡ physically ⊡ se sentir ◆ **how do you feel today?** comment vous sentez-vous aujourd'hui ? ◆ **I feel much better** je me sens beaucoup mieux ◆ **you'll feel all the better for a rest** vous vous sentirez mieux après vous être reposé ◆ **he doesn't feel quite himself today** il ne se sent pas tout à fait dans son assiette aujourd'hui ◆ **to feel old/ill** se sentir vieux/malade ◆ **to feel cold/hot/hungry/thirsty/sleepy** avoir froid/chaud/faim/soif/sommeil ◆ **he felt like a young man again** il se sentait redevenu jeune homme ◆ **I feel like a new man/woman** je me sens un autre homme/une autre femme

b ⊡ emotionally, intellectually ⊡ **I couldn't help feeling envious** je ne pouvais pas m'empêcher d'éprouver de la jalousie ◆ **I feel sure that ...** je suis sûr que ... ◆ **they don't feel able to recommend him** ils estiment qu'ils ne peuvent pas le recommander ◆ **he feels confident of success** il s'estime capable de réussir ◆ **we felt very touched by his remarks** nous avons été très touchés par ses remarques ◆ **I don't feel ready to see her again yet** je ne me sens pas encore prêt à la revoir ◆ **I feel very bad about leaving you here** cela m'ennuie beaucoup de vous laisser ici ◆ **how do you feel about him?** que pensez-vous de lui ? ◆ **what does it feel like** or **how does it feel to know that you are a success?** quel effet cela vous fait-il de savoir que vous avez réussi ?

◆ **to feel for sb** compatir aux malheurs de qn ◆ **we feel for you in your sorrow** nous partageons votre douleur ◆ **I feel for you!** comme je vous comprends !

◆ **to feel like sth/doing sth** (= want) avoir envie de qch/de faire qch ◆ **I feel like an ice cream** j'ai envie d'une glace ◆ **do you feel like a walk?** ça vous dit d'aller vous promener ? ◆ **if you feel like it** si ça te dit ◆ **I don't feel like it** je n'en ai pas envie, ça ne me dit rien

c ⊡ = have impression ⊡ **I felt as if I was going to faint** j'avais l'impression que j'allais m'évanouir ◆ **I feel as if there's nothing we can do** j'ai le sentiment or j'ai bien l'impression que nous ne pouvons rien faire

d ⊡ = give impression ⊡ **to feel hard/soft** [object] être dur/doux au toucher ◆ **the house feels damp** la maison donne l'impression d'être humide ◆ **his shirt feels as though it's made of silk** on dirait que sa chemise est en soie (quand on la touche) ◆ **the car travelled so fast it felt like flying** la voiture filait si rapidement qu'on avait l'impression de voler ◆ **it feels like rain** on dirait qu'il va pleuvoir ◆ **it feels like thunder** on dirait qu'il va y avoir de l'orage

e ⊡ = grope : also **feel about, feel around** ⊡ tâtonner, fouiller ◆ **she felt (about** or **around) in her pocket for some change** elle a fouillé dans sa poche pour trouver de la monnaie ◆ **he was feeling (about** or **around) in the dark for the door** il tâtonnait dans le noir pour trouver la porte

⑷ PHRASAL VERBS

▶ **feel out*** vt sep [+ person] sonder, tâter le terrain auprès de

▶ **feel up*** vt sep ◆ **to feel sb up** peloter* qn

feeler ['fiːləʳ] → SYN ⑴ n [of insect] antenne f ; [of octopus] tentacule m ◆ **to put out** or **throw out feelers (to discover)** tâter le terrain (pour essayer de découvrir)
⑵ COMP ▷ **feeler gauge** n (Tech) calibre m (d'épaisseur)

feelgood ['fiːlɡʊd] n (after exercise) sensation f de bien-être ; (pej) autosatisfaction f ; (Pol) euphorie f passagère ◆ **the feelgood factor** le sentiment de bien-être

feeling ['fiːlɪŋ] LANGUAGE IN USE 6.2 → SYN n a (NonC: physical) sensation f ◆ **I've lost all feeling in my right arm** j'ai perdu toute sensation dans le bras droit, mon bras droit ne sent plus rien ◆ **a feeling of cold, a cold feeling** une sensation de froid
b (= awareness, impression) sentiment m ◆ **a feeling of isolation** un sentiment d'isolement ◆ **he had the feeling (that) something terrible was going to happen to him** il avait le sentiment qu'il allait lui arriver quelque chose de terrible ◆ **I've got a funny feeling she will succeed** j'ai comme l'impression qu'elle va réussir ◆ **I know the feeling!** je sais ce que c'est or ce que ça fait ! ◆ **the feeling of the meeting was against the idea** dans l'ensemble, les participants (à la réunion) étaient contre l'idée ◆ **there was a general feeling that ...** on avait l'impression que ..., le sentiment général a été que ... ; → **strong**
c (= emotion) sentiment m ◆ **feelings** sentiments mpl, sensibilité f ◆ **he appealed to their feelings rather than their reason** il faisait appel à leurs sentiments plutôt qu'à leur raison ◆ **you can imagine my feelings** tu t'imagines ce que je ressens (or j'ai ressenti etc) ◆ **feelings ran high about the new motorway** la nouvelle autoroute a déchaîné les passions ◆ **his feelings were hurt** il était blessé ◆ **I didn't mean to hurt your feelings** je ne voulais pas te blesser or te vexer ◆ **to have feelings for sb** avoir des sentiments pour qn ; → **hard**
d (NonC) (= sensitivity) émotion f, sensibilité f ; (= compassion) sympathie f ◆ **a woman of great feeling** une femme très sensible ◆ **she sang with feeling** elle a chanté avec sentiment ◆ **he spoke with great feeling** il a parlé avec chaleur or avec émotion ◆ **he doesn't show much feeling for his sister** il ne fait pas preuve de beaucoup de sympathie pour sa sœur ◆ **he has no feeling for the suffering of others** les souffrances d'autrui le laissent insensible ◆ **he has no feeling for music** il n'apprécie pas du tout la musique ◆ **he has a certain feeling for music** il est assez sensible à la musique ◆ **ill** or **bad feeling** animosité f, hostilité f

feelingly ['fiːlɪŋlɪ] adv speak, write avec émotion, avec chaleur

feet [fiːt] npl of **foot**

FEFC [ˌefiːefˈsiː] n (Brit) (abbrev of **Further Education Funding Council**) → **further**

feign [feɪn] vt [+ surprise] feindre ; [+ madness] simuler ◆ **to feign illness/sleep** faire semblant d'être malade/de dormir ◆ **feigned modesty** fausse modestie f, modestie f feinte

feint [feɪnt] ⑴ n (Boxing, Fencing, Mil) feinte f ◆ **to make a feint** faire une feinte (*at* à)
⑵ vi feinter
⑶ COMP ▷ **feint-ruled paper** n papier m à réglure fine

feist* [faɪst] n (US) roquet m (*chien*)

feisty* ['faɪstɪ] adj a (= lively) fougueux
b (US = quarrelsome) bagarreur *

feldspar ['feldspɑːʳ] n ⇒ **felspar**

feldspathic [feldˈspæθɪk] adj ⇒ **felspathic**

felicitate [fɪˈlɪsɪteɪt] vt (frm) féliciter, congratuler

felicitous [fɪˈlɪsɪtəs] adj (frm) heureux

felicity [fɪˈlɪsɪtɪ] n (frm) (= happiness) félicité f, bonheur m ; (= aptness) bonheur m

feline ['fiːlaɪn] → SYN adj, n félin(e) m(f)

fell¹ [fel] vb (pt of **fall**)

fell² [fel] → SYN vt [+ tree, enemy] abattre ; [+ ox] assommer, abattre

fell³ [fel] n (Brit = mountain) montagne f, mont m ◆ **the fells** (= moorland) la lande

fell⁴ [fel] adj (liter) blow féroce, cruel ; disease cruel ; → **swoop**

fell⁵ [fel] n (= hide, pelt) fourrure f, peau f (d'animal)

fella* ['felə] n (= chap) type* m ; (= boyfriend) petit ami m

fellate [fɪˈleɪt] vt faire une fellation à

fellatio [fɪˈleɪʃɪəʊ], **fellation** [fɪˈleɪʃən] n fellation f

fellow ['feləʊ] → SYN ⑴ n a * type* m, homme m ◆ **a nice fellow** un brave type* ◆ **an old fellow** un vieux (bonhomme) ◆ **a poor old fellow** un pauvre vieux ◆ **some poor fellow will have to rewrite this** il y aura un pauvre malheureux qui devra récrire cela ◆ **poor little fellow** pauvre petit m (bonhomme m or gars m) ◆ **a young fellow** un jeune homme ◆ **a fellow must have a bit of a rest!** il faut bien qu'on se repose (subj) un peu ! ◆ **my dear** or **good fellow** † mon cher ◆ **look here, old fellow** † écoute, mon vieux ◆ **this journalist fellow** un journaliste
b (= comrade) camarade m, compagnon m ; (= equal, peer) pair m, semblable m ◆ **fellows in misfortune** frères mpl dans le malheur, compagnons mpl d'infortune ; → **schoolfellow**
c [of association, society etc] membre m, associé m (d'une société savante, d'une académie)
d (US Univ) boursier m, -ière f ; (Brit Univ) ≃ chargé m de cours (souvent membre du conseil d'administration) ; → **research**
⑵ COMP ▷ **fellow being** n semblable mf, pareil(le) m(f) ▷ **fellow citizen** n concitoyen(ne) m(f) ▷ **fellow countryman** pl **fellow countrymen fellow countrywoman** pl **fellow countrywomen** n compatriote mf ▷ **fellow creature** n semblable mf, pareil(le) m(f) ▷ **fellow feeling** n sympathie f ▷ **fellow inmate** n codétenu(e) m(f) ▷ **fellow member** n confrère m, consœur f ▷ **fellow men** npl semblables mpl ▷ **fellow passenger** n compagnon m de voyage, compagne f de voyage ▷ **fellow student** n condisciple mf ▷ **fellow traveller** n (lit) compagnon m de voyage, compagne f de voyage ; (Pol) (with communists) communisant(e) m(f), crypto-communiste mf ; (gen) sympathisant(e) m(f) ▷ **fellow worker** n (in office) collègue mf ; (in factory) camarade mf (de travail)

fellowship ['feləʊʃɪp] → SYN n a (NonC) (= comradeship) camaraderie f ; (Rel etc) communion f
b (= society etc) association f, corporation f ; (Rel) confrérie f
c (= membership of learned society) titre m de membre or d'associé (d'une société savante)
d (US Univ = scholarship) bourse f universitaire ; (Brit Univ = post) poste m d'enseignement et de recherche ; see also **fellow 1d**

felon ['felən] n (Jur) criminel(le) m(f)

felonious [fɪˈləʊnɪəs] adj (Jur) criminel

felony ['felənɪ] n (Jur) crime m, forfait m

felspar ['felspɑːʳ] n feldspath m

felspathic [felˈspæθɪk] adj feldspathique

felt¹ [felt] vb (pt, ptp of **feel**)

felt² [felt] ⑴ n feutre m ; → **roofing**
⑵ COMP de feutre ▷ **felt hat** n feutre m (chapeau) ▷ **felt-tip (pen)** n feutre m (crayon)

felucca [feˈlʌkə] n (Naut) felouque f

fem* [fem] n ⇒ **femme b**

fem. [fem] a abbrev of **female**
b abbrev of **feminine**

female ['fiːmeɪl] ⑴ adj a (Biol, Zool = of feminine gender) animal, plant femelle ; subject, slave du sexe féminin ◆ **a female child** une fille, un enfant du sexe féminin ◆ **female students** étudiantes fpl ◆ **female labour** main-d'œuvre f féminine ◆ **female cat/camel** chatte f/chamelle f

Femidom / fetching

b (= relating to women) company, vote des femmes ; sex, character, quality, organs, health problems féminin

c (Elec) femelle

2 n (= person) femme f, fille f ; (= animal, plant) femelle f ◆ **there was a female there who ...** * (pej) il y avait là une espèce de bonne femme qui ... * (pej)

3 COMP ▷ **female circumcision** n excision f ▷ **female condom** n préservatif m féminin ▷ **female impersonator** n (Theat) travesti m

Femidom ® ['fɛmɪdɒm] n Femidom ® m

feminine ['fɛmɪnɪn] → SYN **1** adj (also Gram) féminin

2 n (Gram) féminin m ◆ **in the feminine** au féminin

3 COMP ▷ **feminine hygiene** n (euph) hygiène f féminine

femininity [ˌfɛmɪ'nɪnɪtɪ] n féminité f

feminism ['fɛmɪnɪzəm] n féminisme m

feminist ['fɛmɪnɪst] n, adj féministe mf

feminize ['fɛmɪnaɪz] vt féminiser

femme [fæm, fɛm] n **a** **femme fatale** femme f fatale

b * partenaire f passive *(dans un couple de lesbiennes)*

femoral ['fɛmərəl] adj fémoral

femur ['fiːməʳ] n, pl **femurs** or **femora** ['fɛmərə] fémur m

fen [fɛn] → SYN n (Brit : also **fenland**) marais m, marécage m ◆ **the Fens** les plaines fpl marécageuses du Norfolk

fence [fɛns] → SYN **1** n **a** barrière f, clôture f ; (Racing) obstacle m ◆ **to sit on the fence** (fig) ménager la chèvre et le chou, s'abstenir de prendre position ◆ **to come or get down off the fence** (fig) prendre position ◆ **to mend one's fences * with sb** se réconcilier avec qn ◆ **they're mending their fences** * (with each other) ils sont en train de se réconcilier ; → **barbed**

b (= machine guard) barrière f protectrice

c * [of stolen goods] receleur m, fourgue * m

2 vt **a** (also **fence in**) [+ land] clôturer, entourer d'une clôture

b [+ question] éluder

c * [+ stolen goods] fourguer *, receler

3 vi (Sport) faire de l'escrime ; (fig) éluder la question, se dérober ◆ **to fence with sword/sabre etc** (Sport) tirer à l'épée/au sabre etc

4 COMP **fence-mending** n (fig: esp Pol) rétablissement m de bonnes relations, réconciliation f

▶ **fence in** vt sep **a** (lit) ⇒ **fence 2a**

b (fig) **to feel fenced in by restrictions** se sentir gêné or entravé par des restrictions

▶ **fence off** vt sep [+ piece of land] séparer par une clôture

fencer ['fɛnsəʳ] n escrimeur m, -euse f

fencing ['fɛnsɪŋ] **1** n **a** (Sport) escrime f

b (for making fences) matériaux mpl pour clôture

2 COMP ▷ **fencing master** n maître m d'armes ▷ **fencing match** n assaut m d'escrime ; (fig) prise f de bec ▷ **fencing school** n salle f d'armes

fend [fɛnd] vi ◆ **to fend for o.s.** se débrouiller (tout seul)

▶ **fend off** vt sep [+ blow] parer ; [+ attack] détourner ; [+ attacker] repousser ; [+ question] écarter, éluder

fender ['fɛndəʳ] **1** n (in front of fire) garde-feu m inv ; (US Aut) aile f ; (US Rail) chasse-pierres m inv ; (Naut) défense f, pare-battage m inv

2 COMP ▷ **fender-bender** * n accrochage m ◆ **it was just a fender-bender** ce n'était qu'un accrochage or que de la tôle froissée *

fenestra [fɪ'nɛstrə] n, pl **fenestrae** [fɪ'nɛstriː] (Anat) fenêtre f

fenestration [ˌfɛnɪs'treɪʃən] n (Archit) fenêtrage m ; (Med) fenestration f ; (Bot, Zool) aspect m fenêtré

feng shui [ˌfɛŋ'ʃuːɪ] n feng-shui m

fennec ['fɛnɛk] n fennec m

fennel ['fɛnl] n fenouil m

fenugreek ['fɛnjʊgriːk] n fenugrec m

feral ['fɪərəl] adj sauvage

feria ['fɪərɪə] n, pl **ferias** or **feriae** ['fɪərɪˌiː] (Rel) férie f

ferment [fə'mɛnt] → SYN **1** vi (lit, fig) fermenter

2 vt (lit, fig) faire fermenter

3 ['fɜːmɛnt] n (lit) ferment m ; (fig) agitation f, effervescence f ◆ **to be in (a state of) ferment** être en ébullition

fermentation [ˌfɜːmɛn'teɪʃən] n (lit, fig) fermentation f

fermi ['fɜːmɪ] n fermi m

fermion ['fɜːmɪˌɒn] n fermion m

fermium ['fɜːmɪəm] n fermium m

fern [fɜːn] n fougère f

ferocious [fə'rəʊʃəs] → SYN adj **a** (= fierce) animal, person, battle, fighting féroce ; attack, assault violent ; knife, teeth redoutable

b (= intense) competition acharné ; debate houleux ; argument violent ; energy farouche

c (= severe) heat accablant ; weather, violent storm épouvantable ; thirst terrible

ferociously [fə'rəʊʃəslɪ] adv **a** (= violently) beat, kick, struggle violemment ◆ **to fight ferociously** [person] se battre âprement ; [animal] se battre férocement or avec férocité

b (= extremely) independent farouchement ; difficult, complicated furieusement ; clever, intelligent, funny terriblement ◆ **to be ferociously competitive** avoir un esprit de compétition acharné ◆ **ferociously determined** d'une détermination farouche ◆ **ferociously loyal** d'une fidélité à toute épreuve

ferociousness [fə'rəʊʃəsnɪs], **ferocity** [fə'rɒsɪtɪ] n férocité f

Ferrara [fə'rɑːrə] n Ferrare

ferret ['fɛrɪt] **1** n (Zool) furet m

2 vi **a** (also **ferret about**, **ferret around**) fouiller, fureter ◆ **she was ferreting (about or around) among my books** elle furetait dans mes livres

b **to go ferreting** chasser au furet

▶ **ferret out** vt sep [+ secret, person] dénicher, découvrir

ferric ['fɛrɪk] **1** adj ferrique

2 COMP ▷ **ferric oxide** n oxyde m ferrique

ferricyanide [ˌfɛrɪ'saɪəˌnaɪd] n ferricyanure m

ferrimagnetic [ˌfɛrɪmæg'nɛtɪk] adj ferromagnétique

ferrimagnetism [ˌfɛrɪ'mægnɪtɪzəm] n ferromagnétisme m

Ferris wheel ['fɛrɪswiːl] n grande roue f *(dans une foire)*

ferrite ['fɛraɪt] n ferrite f

ferro- ['fɛrəʊ] pref ferro-

ferroconcrete [ˌfɛrəʊ'kɒnkriːt] n béton m armé

ferrocyanide [ˌfɛrəʊ'saɪəˌnaɪd] n ferrocyanure m

ferromagnetic [ˌfɛrəʊmæg'nɛtɪk] adj ferromagnétique

ferromagnetism [ˌfɛrəʊ'mægnɪtɪzəm] n ferromagnétisme m

ferromanganese [ˌfɛrəʊ'mæŋgəniːz] n ferromanganèse m

ferronickel [ˌfɛrəʊ'nɪkl] n ferronickel m

ferrotype ['fɛrəʊˌtaɪp] n (= process) ferrotypie f

ferrous ['fɛrəs] **1** adj ferreux

2 COMP ▷ **ferrous sulphate** n sulfate m ferreux

ferruginous [fɛ'ruːdʒɪnəs] adj ferrugineux

ferrule ['fɛruːl] n virole f

ferry ['fɛrɪ] → SYN **1** n (also **ferryboat**) (large) ferry-boat m ; (small) bac m ; (Can) traversier m ; (between ship and quayside) va-et-vient m inv ; → **air, car**

2 vt **a** (also **ferry across**, **ferry over**) [+ person, car, train] faire passer or traverser (en bac or par bateau or par avion etc)

b (fig = transport) [+ people] transporter, emmener ; [+ things] porter, apporter ◆ **he ferried voters to and from the polls** il a fait la navette avec sa voiture pour emmener les électeurs au bureau de vote

ferryman ['fɛrɪmən] n, pl **-men** passeur m

fertile ['fɜːtaɪl] → SYN **1** adj soil, land fertile ; person fertile, fécond ; animal, egg, mind fécond ◆ **the fertile period** or **time** la période de fécondité ◆ **to have a fertile imagination** (gen pej) avoir une imagination fertile ◆ **to be (a) fertile ground for sb/sth** (fig) être un terrain propice pour qn/qch

2 COMP ◆ **the Fertile Crescent** n le Croissant fertile

fertility [fə'tɪlɪtɪ] → SYN **1** n [of soil, land, man] fertilité f ; [of woman, animal] fécondité f, fertilité f ◆ **fertility of invention** (frm) fertilité f d'imagination

2 COMP cult, symbol de fertilité ▷ **fertility drug** n médicament m contre la stérilité

fertilization [ˌfɜːtɪlaɪ'zeɪʃən] n [of land, soil] fertilisation f ; [of animal, plant, egg] fécondation f

fertilize ['fɜːtɪlaɪz] → SYN vt [+ land, soil] fertiliser, amender ; [+ animal, plant, egg] féconder

fertilizer ['fɜːtɪlaɪzəʳ] → SYN n engrais m, fertilisant m ◆ **artificial fertilizer** engrais m chimique

fervent ['fɜːvənt] → SYN adj admirer, advocate, prayer fervent ; supporter, belief, desire ardent ◆ **to be a fervent believer in sth** être un adepte de qch ◆ **my fervent hope is that ...** je souhaite vraiment or ardemment que ... ◆ **it is my fervent wish that ...** je souhaite ardemment que ...

fervently ['fɜːvəntlɪ] adv hope, believe ardemment ; say, pray, support avec ferveur ; religious, anti-Communist profondément ◆ **fervently opposed to sth** profondément opposé à qch ◆ **fervently patriotic** d'un ardent patriotisme

fervid ['fɜːvɪd] adj ⇒ **fervent**

fervour, fervor (US) ['fɜːvəʳ] → SYN n ferveur f

fescue ['fɛskjuː] n fétuque f or m

fest * [fɛst] n **a** (= festival) **jazz/film fest** festival m de jazz/de cinéma

b (= extravaganza) festival m, débauche f ◆ **gore fest** film m d'horreur *(où le sang coule à flots)*

fester ['fɛstəʳ] vi [cut, wound] suppurer ; [anger] gronder ; [resentment] couver ◆ **resentments are starting to fester** le ressentiment s'installe

festival ['fɛstɪvəl] → SYN n (Rel etc) fête f ; (Mus etc) festival m ◆ **the Edinburgh Festival** le festival d'Édimbourg

festive ['fɛstɪv] → SYN adj de fête ◆ **the festive season** la période des fêtes ◆ **to be in a festive mood** avoir envie de faire la fête

festivity [fɛs'tɪvɪtɪ] → SYN n **a** (also **festivities**) fête f, réjouissances fpl ◆ **an air of festivity** un air de fête

b (= festival) fête f

festoon [fɛs'tuːn] → SYN **1** n feston m, guirlande f

2 vt festonner, orner de festons ; [+ building, town] pavoiser ◆ **a room festooned with posters** une pièce tapissée d'affiches

3 COMP ▷ **festoon blind** n rideau m bouillonné

feta ['fɛtə] n (also **feta cheese**) feta f

fetal ['fiːtl] adj (US) ⇒ **foetal**

fetch [fɛtʃ] → SYN **1** vt **a** (= go and get) [+ person, thing] aller chercher ; (= bring) [+ person] amener ; [+ thing] apporter ◆ **fetch (it)!** (to dog) rapporte !, va chercher !

b (= sell for) [+ money] rapporter ◆ **they won't fetch much** ils ne rapporteront pas grand-chose ◆ **it fetched a good price** ça a atteint un bon prix

c [+ blow] flanquer *

2 vi **a** (fig) **to fetch and carry for sb** faire la bonne pour qn

b (Naut) manœuvrer

3 n (Naut) fetch m

▶ **fetch in** * vt sep [+ person] faire (r)entrer ; [+ thing] rentrer

▶ **fetch out** * vt sep [+ person] faire sortir ; [+ thing] sortir (*of* de)

▶ **fetch up** **1** vi * finir par arriver, se retrouver (*at* à ; *in* dans)

2 vt sep **a** [+ object] apporter, monter ; [+ person] faire monter

b (Brit * fig = vomit) rendre, vomir

fetching * ['fɛtʃɪŋ] → SYN adj person ravissant, charmant ; dress, hat seyant, ravissant

fetchingly ['fetʃɪŋlɪ] adv d'une façon charmante

fête [feɪt] → SYN 1 n (Brit) fête f ; (for charity) fête f, kermesse f ◆ **village fête** fête f de village
2 vt [+ person] faire la fête à ; [+ success, arrival] fêter

feticide ['fi:tɪˌsaɪd] n fœticide m

fetid ['fetɪd] adj fétide, puant

fetidness ['fetɪdnɪs] n fétidité f

fetish ['fetɪʃ] → SYN n fétiche m ; (Psych) objet m de fétichisation ◆ **she makes a real fetish of or has a real fetish about cleanliness** elle est obsédée par la propreté, c'est une maniaque de la propreté ◆ **he has a fetish about cleaning his shoes** c'est un maniaque quand il s'agit de nettoyer ses chaussures

fetishism ['fetɪʃɪzəm] n fétichisme m

fetishist ['fetɪʃɪst] n fétichiste mf ◆ **to be a silk/foot fetishist** être fétichiste de la soie/du pied

fetishistic [ˌfetɪ'ʃɪstɪk] adj fétichiste

fetlock ['fetlɒk] n (= joint) boulet m ; (= hair) fanon m

fetoscope ['fi:təʊˌskəʊp] n fœtoscope m

fetoscopy [fi:'tɒskəpɪ] n fœtoscopie f

fetter ['fetəʳ] 1 vt [+ person] enchaîner, lier ; [+ horse, slave] entraver ; (fig) entraver
2 **fetters** npl [of prisoner] fers mpl, chaînes fpl ; [of horse, slave] (fig) entraves fpl ◆ **in fetters** dans les fers or les chaînes ◆ **to put a prisoner in fetters** mettre un prisonnier aux fers

fettle ['fetl] n ◆ **in fine** or **good fettle** en pleine forme

fettucine [ˌfetə'tʃi:nɪ] n (NonC) fettucine fpl

fetus ['fi:təs] n (US) ⇒ **foetus**

feu [fju:] 1 n (Scot Jur) bail m perpétuel (à redevance fixe)
2 COMP ▷ **feu duty** n loyer m (de la terre)

feud[1] [fju:d] → SYN 1 n querelle f (entre deux clans), vendetta f ◆ **family feuds** querelles fpl de famille
2 vi se quereller, se disputer ◆ **to feud with sb** être l'ennemi juré de qn, être à couteaux tirés avec qn

feud[2] [fju:d] n (Hist) fief m

feudal ['fju:dl] adj féodal ◆ **the feudal system** le système féodal

feudalism ['fju:dəlɪzəm] n (Hist) féodalité f ; (fig) [of society, institution] féodalisme m

feudalist ['fju:dəˌlɪst] n feudiste mf

feudalization [ˌfju:dəlaɪ'zeɪʃən] n féodalisation f

feudalize ['fju:dəlaɪz] vt féodaliser

fever ['fi:vəʳ] n (Med, fig) fièvre f ◆ **to run a fever** avoir de la fièvre ◆ **he has no fever** il n'a pas de fièvre ◆ **gambling fever** le démon du jeu ◆ **a fever of impatience** une impatience fébrile ◆ **enthusiasm reached fever pitch** l'enthousiasme était à son comble ; → **glandular, scarlet**

fevered ['fi:vəd] adj a (liter) brow brûlant de fièvre
b (fig) imagination exalté, enfiévré

feverfew ['fi:vəfju:] n (Bot) grande camomille f

feverish ['fi:vərɪʃ] → SYN adj a (Med) person fiévreux, fébrile ; illness accompagné de fièvre
b (fig) person, excitement, atmosphere, activity fiévreux ; speculation, pace effréné ◆ **feverish with excitement** dans un état d'excitation fiévreuse or fébrile

feverishly ['fi:vərɪʃlɪ] adv work fiévreusement, fébrilement ; try fébrilement

feverishness ['fi:vərɪʃnɪs] n a (Med) état m fébrile
b (fig) fébrilité f

few [fju:] → SYN adj, pron a (= not many) peu (de) ◆ **few books** peu de livres ◆ **very few books** très peu de livres ◆ **few of them came** peu d'entre eux sont venus, quelques-uns d'entre eux seulement sont venus ◆ **few (people) come to see him** peu de gens viennent le voir ◆ **he is one of the few people who is able to do this** c'est l'une des rares personnes qui puisse le faire or à pouvoir le faire ◆ **we have worked hard in the past few days** nous avons travaillé dur ces jours-ci or ces derniers jours ◆ **these past few weeks** ces dernières semaines ◆ **the next few days** les (quelques) jours qui viennent ◆ **with few exceptions** à de rares exceptions près ◆ **the exceptions are few** les exceptions sont rares or peu nombreuses ◆ **she goes to town every few days** elle va à la ville tous les deux ou trois jours ◆ **few and far between** rares ◆ **such occasions are few and far between** de telles occasions sont rares ◆ **we are very few (in number)** nous sommes peu nombreux ◆ **our days are few** (liter) nos jours sont comptés ◆ **I'll spend the remaining few minutes alone** je passerai seul le peu de or les quelques minutes qui me restent ◆ **there are always the few who think that ...** il y a toujours la minorité qui croit que ... ◆ **the few who know him** les rares personnes qui le connaissent ◆ **the Few** (Brit Aviat Hist) les héros de la Bataille d'Angleterre ; → **happy, word**
b (after adv) **I have as few books as you** j'ai aussi peu de livres que vous ◆ **I have as few as you** j'en ai aussi peu que vous ◆ **there were as few as six objections** il n'y a eu en tout et pour tout que six objections ◆ **how few there are!** il n'y en a (vraiment) pas beaucoup ! ◆ **how few they are!** il n'y en a (vraiment) pas beaucoup ! ◆ **however few books you (may) buy** même si l'on achète peu de livres ◆ **however few there may be** si peu qu'il y en ait ◆ **I've got so few already (that ...)** j'en ai déjà si peu (que ...) ◆ **so few have been sold** on en a (or ils en ont) vendu si peu ◆ **so few books** tellement peu or si peu de livres ◆ **there were too few** il y en avait trop peu ◆ **too few cakes** trop peu de gâteaux ◆ **there were three too few** il en manquait trois ◆ **ten would not be too few** dix suffiraient, il (en) suffirait de dix ◆ **I've got too few already** j'en ai déjà (bien) trop peu ◆ **he has too few books** il a trop peu de livres ◆ **there are too few of you** vous êtes trop peu nombreux, vous n'êtes pas assez nombreux ◆ **too few of them realize that ...** trop peu d'entre eux sont conscients que ...
c **a few** quelques(-uns), quelques(-unes) ◆ **a few books** quelques livres mpl ◆ **I know a few of these people** je connais quelques-unes de ces personnes ◆ **a few** or (liter) **some few thought otherwise** certains or (liter) d'aucuns pensaient autrement ◆ **I'll take just a few** j'en prendrai quelques-uns (or quelques-unes) seulement ◆ **I'd like a few more** j'en voudrais quelques-un(e)s de plus ◆ **quite a few books** pas mal * de livres ◆ **quite a few did not believe him** pas mal * de gens ne l'ont pas cru ◆ **I saw a good few** or **quite a few people there** j'y ai vu pas mal * de gens ◆ **he has had a good few (drinks)** il a pas mal * bu ◆ **we'll go in a few minutes** nous partirons dans quelques minutes ◆ **a few of us** quelques-un(e)s d'entre nous ◆ **there were only a few of us** nous n'étions qu'une poignée ◆ **a good few of the books are ...** (un) bon nombre de ces livres sont ... ◆ **we must wait a few more days** il nous faut attendre encore quelques jours or attendre quelques jours de plus

fewer ['fju:əʳ] adj, pron (compar of **few**) moins (de) ◆ **we have sold fewer this year** nous en avons moins vendu cette année ◆ **he has fewer books than you** il a moins de livres que vous ◆ **we are fewer (in number) than last time** nous sommes moins nombreux que la dernière fois ◆ **fewer people than we expected** moins de gens que nous n'en attendions ◆ **there are fewer opportunities for doing it** les occasions de le faire sont plus rares, il y a moins d'occasions de le faire ◆ **no fewer than 37 pupils were ill** il y a eu pas moins de 37 élèves malades ◆ **the fewer the better** moins il y en a mieux c'est or mieux ça vaut ◆ **few came and fewer stayed** peu sont venus et encore moins sont restés

fewest ['fju:ɪst] adj, pron (superl of **few**) le moins (de) ◆ **he met her on the fewest occasions possible** il l'a rencontrée le moins souvent possible ◆ **we were fewest in number then** c'est à ce moment-là que nous étions le moins nombreux ◆ **we sold fewest last year** c'est l'année dernière que nous en avons le moins vendu ◆ **I've got (the) fewest** c'est moi qui en ai le moins ◆ **he has (the) fewest books** c'est lui qui a le moins de livres

fey [feɪ] adj (pej = affected) mignard, minaudier

fez [fez] n, pl **fezzes** fez m

ff (abbrev of **and the following**) sqq

FFA [ˌefef'eɪ] (abbrev of **Future Farmers of America**) club agricole

FFV [ˌefef'vi:] (abbrev of **First Families of Virginia**) descendants des premiers colons de Virginie

FH n (abbrev of **fire hydrant**) → **fire**

FHA [ˌefeɪtʃ'eɪ] (US) (abbrev of **Federal Housing Administration**) → **federal FHA loan** prêt à la construction

FHSA [ˌefeɪtʃes'eɪ] n (Brit) (abbrev of **Family Health Services Authority**) → **family**

FI [ef'aɪ] npl (abbrev of **Falkland Islands**) Malouines fpl

fiancé [fɪ'ɑ:ŋseɪ] → SYN n fiancé m

fiancée [fɪ'ɑ:ŋseɪ] n fiancée f

fiasco [fɪ'æskəʊ] → SYN n, pl **fiascos** or **fiascoes** fiasco m ◆ **the whole undertaking was a fiasco** or **ended in a fiasco** l'entreprise a tourné au désastre or a été un fiasco total ◆ **the play was a fiasco** la pièce a fait un four

fiat ['faɪæt] n décret m, ordonnance f

fib * [fɪb] 1 n bobard * m
2 vi raconter des bobards * ◆ **you're fibbing!** tu plaisantes ?

fibber ['fɪbəʳ] n blagueur * m, -euse * f, menteur m, -euse f ◆ **you fibber!** espèce de menteur !

Fibonacci sequence, Fibonacci series [n] n (Math) suite f de Fibonacci

fibre, fiber (US) ['faɪbəʳ] → SYN 1 n a [of wood, cotton, muscle] fibre f ◆ **cotton fibre** fibre f de coton ◆ **synthetic fibres** fibres fpl synthétiques, synthétiques mpl ◆ **a man of fibre** un homme qui a de la trempe ◆ **a man of great moral fibre** un homme d'une grande force morale ◆ **to love/hate sb with every fibre of one's being** aimer/haïr qn de tout son être
b (dietary) fibres fpl alimentaires ◆ **a diet high in fibre** (= eating régime) un régime riche en fibres ; (= food eaten) une alimentation riche en fibres
2 COMP ▷ **fibre optics** npl la fibre optique
▷ **fibre-tip (pen)** n (Brit) stylo m pointe fibre

fibreboard, fiberboard (US) ['faɪbəbɔ:d] n panneau m de fibres

fibrefill, fiberfill (US) ['faɪbəfɪl] n rembourrage m synthétique

fibreglass, fiberglass (US), **Fiberglas** ® (US) ['faɪbəglɑ:s] n fibre f de verre

fibreoptic, fiberoptic (US) [ˌfaɪbər'ɒptɪk] adj ◆ **fibreoptic cable** câble m en fibres optiques ◆ **fibreoptic link** liaison f par fibre optique

fibrescope, fiberscope (US) ['faɪbəskəʊp] n fibroscope m

fibril ['faɪbrɪl], **fibrilla** [faɪ'brɪlə] n fibrille f

fibrillation [ˌfaɪbrɪ'leɪʃən] n fibrillation f

fibrin ['faɪbrɪn] n fibrine f

fibrinogen [fɪ'brɪnədʒən] n fibrinogène m

fibrinolysis [ˌfɪbrɪ'nɒlɪsɪs] n fibrinolyse f

fibrinolytic [ˌfaɪbrɪnəʊ'lɪtɪk] adj fibrinolytique

fibrinous ['faɪbrɪnəs] adj fibrineux

fibroblast ['faɪbrəʊblæst] n fibroblaste m

fibrocement [ˌfaɪbrəʊsɪ'ment] n fibrociment m

fibroid ['faɪbrɔɪd] n ⇒ **fibroma**

fibroin ['faɪbrəʊɪn] n fibroïne f

fibroma [faɪ'brəʊmə] n, pl **fibromas** or **fibromata** [faɪ'brəʊmətə] fibrome m

fibromatous [faɪ'brəʊmətəs] adj fibromateux

fibrosis [faɪ'brəʊsɪs] n fibrose f

fibrositis [ˌfaɪbrə'saɪtɪs] n aponévrite f

fibrous ['faɪbrəs] adj fibreux

fibula ['fɪbjʊlə] n, pl **fibulas** or **fibulae** ['fɪbjʊˌli:] péroné m

FICA [ˌefaɪsi:'eɪ] n (US) (abbrev of **Federal Insurance Contributions Act**) → **federal**

fickle ['fɪkl] → SYN adj friend, follower, supporter inconstant ; lover, husband volage, inconstant ; fate, weather changeant, capricieux

fickleness ['fɪklnɪs] → SYN n inconstance f

fiction ['fɪkʃən] → SYN n a (NonC Literat) **(works of) fiction** œuvres fpl de fiction ◆ **a writer of**

fictional / fifth

fiction un romancier ◆ **light fiction** romans mpl faciles à lire ; → **science, truth**

b (= fabrication) fiction f ◆ **his account was a complete fiction** son récit était une invention du début à la fin ◆ **there is still this fiction that you can find a job if you try hard enough** (= unjustified belief) il y a encore des gens qui s'imaginent qu'il suffit d'un peu de persévérance pour trouver du travail ◆ **total recycling is a fiction** l'idée de pouvoir tout recycler relève du mythe

c (NonC = the unreal) le faux ; → **fact**

fictional ['fɪkʃənl] → SYN adj (Literat) character imaginaire, fictif ; hero, setting imaginaire ; film, drama de fiction ; account, device romanesque ; (= unreal) plans, figures fictif

fictionalize ['fɪkʃənəlaɪz] vt romancer

fictitious [fɪk'tɪʃəs] → SYN adj (= false) name, address faux (fausse f) ; (Literat) character, story imaginaire, fictif ; setting imaginaire

Fid. Def. (abbrev of **Fidei Defensor**) (= Defender of the Faith) Défenseur m de la foi

fiddle ['fɪdl] → SYN [1] n **a** (= violin) violon m ; → **fit¹, second¹**

b (esp Brit * = cheating) truc * m, combine * f ◆ **it was all a fiddle** tout ça c'était une combine * ◆ **tax fiddle** fraude f fiscale ◆ **he's on the fiddle** il traficote *

[2] vi **a** (Mus) jouer du violon ◆ **to fiddle while Rome burns** se perdre en futilités au lieu d'agir

b do stop fiddling (about or around)! tiens-toi donc tranquille ! ◆ **to fiddle (about or around) with a pencil** tripoter un crayon ◆ **he's fiddling (about or around) with the car** il bricole la voiture

c (esp Brit * = cheat) faire de la fraude, traficoter *

[3] vt **a** (esp Brit *) [+ accounts, expenses claim] truquer ◆ **to fiddle one's tax return** truquer sa déclaration d'impôts

b (Mus) jouer du violon

[4] COMP ▷ **fiddle-faddle** * excl quelle blague ! *

▶ **fiddle about, fiddle around** vi ◆ **he's fiddling about in the garage** il est en train de bricoler dans le garage ◆ **we just fiddled about yesterday** on n'a rien fait de spécial hier, on a seulement traînassé hier ; see also **fiddle 2b**

fiddler ['fɪdlə'] [1] n **a** joueur m, -euse f de violon, violoneux * m (gen pej)

b (esp Brit * = cheat) combinard * m

[2] COMP ▷ **fiddler crab** n crabe m violoniste

fiddlesticks * ['fɪdlstɪks] excl quelle blague ! *

fiddling ['fɪdlɪŋ] → SYN [1] adj futile, insignifiant ◆ **fiddling little jobs** menus travaux mpl sans importance

[2] n (NonC : * = dishonesty) combine(s) * f(pl)

fiddly * ['fɪdlɪ] adj job, task minutieux, délicat ; machinery difficile à manier ◆ **fiddly to open** difficile à ouvrir ◆ **prawns are fiddly to eat** les crevettes ne sont pas pratiques à manger

fideism ['fi:deɪɪzəm] n fidéisme m

fideist ['fi:deɪɪst] n fidéiste mf

fideistic [,fi:deɪ'ɪstɪk] adj fidéiste

fidelity [fɪ'delɪtɪ] → SYN n fidélité f ; → **high**

fidget ['fɪdʒɪt] → SYN [1] vi (= wriggle : also **fidget about, fidget around**) remuer, gigoter * ; (= grow impatient) donner des signes d'impatience ◆ **stop fidgeting!** reste donc tranquille !, arrête de bouger ! ◆ **to fidget (about or around) with sth** tripoter qch ◆ **to be fidgeting to do sth** trépigner d'impatience de faire qch

[2] n ◆ **to be a fidget** [child] être très remuant, ne pas tenir en place ; [adult] ne pas tenir en place ◆ **to have the fidgets** * avoir la bougeotte *

fidgety ['fɪdʒɪtɪ] → SYN adj (= jittery) agité ; (physically) remuant, agité ◆ **to feel fidgety** ne pas tenir en place, être agité

fiduciary [fɪ'dju:ʃɪərɪ] [1] adj, n fiduciaire mf

[2] COMP ▷ **fiduciary issue** n (Fin) émission f (de monnaie) fiduciaire

fie [faɪ] excl († † or hum) ◆ **fie (up)on you!** honni sois-tu ! †† (also hum)

fief [fi:f] n fief m

fiefdom ['fi:fdəm] n (Hist, fig) fief m

field [fi:ld] → SYN [1] n **a** (Agr etc) champ m ; (Miner) gisement m ◆ **in the fields** dans les champs, aux champs ; → **coalfield, goldfield, oilfield**

b (= real environment) terrain m ◆ **this machine had a year's trial in the field** cette machine a eu un an d'essais sur le terrain ◆ **to be first in the field with sth** (Comm) être le premier à lancer qch ◆ **work in the field** enquête f sur place ou sur le terrain

c (Mil) champ m ◆ **field of battle** champ m de bataille ◆ **field of honour** champ m d'honneur ◆ **to take the field** entrer en campagne ◆ **to hold the field** se maintenir sur ses positions ◆ **to die in the field** tomber ou mourir au champ d'honneur

d (Sport) terrain m ◆ **the field** (Racing) les concurrents mpl (sauf le favori) ; (Hunting) les chasseurs mpl ◆ **football field** terrain m de football ◆ **to take the field** entrer en jeu ◆ **to hold off the field** tenir bon face à ses adversaires ; (fig) tenir bon face à la concurrence

e (= sphere of activity, knowledge) domaine m ◆ **in the field of painting** dans le domaine de la peinture ◆ **it's outside my field** ce n'est pas de mon domaine ◆ **his particular field is Renaissance painting** la peinture de la Renaissance est sa spécialité, son domaine de spécialité est la peinture de la Renaissance

f (Phys : also **field of force**) champ m ◆ **field of vision** champ m visuel ou de vision ◆ **gravitational field** champ m de gravitation ; → **magnetic**

g (Comput) champ m ◆ **(semantic) field** (Ling) champ m (sémantique)

h (= expanse) étendue f ; (Her) champ m ◆ **on a field of blue** (Her) en champ d'azur

[2] vt (Sport) [+ ball] attraper ; [+ team] faire jouer ◆ **to field questions** répondre au pied levé (à des questions)

[3] vi (Sport) être joueur de champ

[4] COMP ▷ **field artillery** n artillerie f de campagne ▷ **field day** n (Mil) jour m de grandes manœuvres ; (gen) jour m faste, grand jour m ◆ **to have a field day** s'en donner à cœur joie ◆ **the ice-cream sellers had a field day** les marchands de glaces ont fait des affaires en or ou d'or ce jour-là ◆ **the press had a field day with the story** la presse a fait ses choux gras de cette histoire ▷ **field-effect transistor** n transistor m à effet de champ ▷ **field event** n (Athletics) concours m ▷ **field glasses** npl jumelles fpl ▷ **field grown** adj de plein champ ▷ **field gun** n canon m (de campagne) ▷ **field hand** n (US) ouvrier m, -ière f agricole ▷ **field hockey** n (US) hockey m sur gazon ▷ **field hospital** n (Mil) antenne f chirurgicale ; (Hist) hôpital m de campagne ▷ **field house** n (US) (for changing) vestiaire m ; (= sports hall) complexe m sportif (couvert) ▷ **field kitchen** n (Mil) cuisine f roulante ▷ **field label** n (Ling) (indication f de) domaine m ▷ **field marshal** n (Brit Mil) ≃ maréchal m ▷ **field mushroom** agaric m champêtre ▷ **field officer** n (Mil) officier m supérieur ▷ **field poppy** n ponceau m, coquelicot m ▷ **field research** n recherche f sur le terrain ▷ **field sales force** n force f de vente (sur le terrain), équipe f de VRP ▷ **field service** n (US Admin) antenne f (d'un service administratif) ▷ **field spaniel** n (= dog) field-spaniel m ▷ **field sports** npl activités fpl de plein air (surtout la chasse et la pêche) ▷ **field study** n étude f ou enquête f sur le terrain ▷ **field term** n (US Univ) stage m en pratique ▷ **field-test** vt soumettre aux essais sur le terrain, tester sur le terrain ▷ **field tests** npl essais mpl sur le terrain ▷ **field trials** npl [of machine etc] essais mpl sur le terrain ; (Med) essais mpl cliniques ▷ **field trip** n (Educ) sortie f éducative ; (longer) voyage m d'étude ▷ **field work** n (Archeol, Geol) recherches fpl ou enquête f sur le terrain ; (Social Work) travail m social (sur le terrain) ▷ **field worker** n (Archeol, Geol) archéologue m ou géologue mf etc) de terrain ; (Social Work) ≃ travailleur m, -euse f social(e) (allant sur le terrain)

fielder ['fi:ldə'] n (Cricket) joueur m de champ

fieldfare ['fi:ldfɛə'] n (Orn) litorne f

fieldmouse ['fi:ldmaʊs] n, pl **-mice** (Zool) mulot m, rat m des champs

fieldsman ['fi:ldzmən] n, pl **-men** (Cricket) joueur m de champ

fieldstrip ['fi:ldstrɪp] vt (US Mil) [+ firearm] démonter (pour inspection)

fiend [fi:nd] → SYN n **a** démon m ; (= cruel person) monstre m, démon m ◆ **the Fiend** (Rel = the Devil) le Malin ◆ **that child's a real fiend** * cet enfant est un petit monstre ou est infernal *

b (* = fanatic) enragé(e) m(f), mordu(e) * m(f) ◆ **tennis fiend** enragé(e) m(f) ou mordu(e) * m(f) de tennis ◆ **drug fiend** † toxicomane mf ; → **sex**

fiendish ['fi:ndɪʃ] → SYN adj **a** (= cruel) despot monstrueux ; act, look diabolique ; cruelty extrême ◆ **to take a fiendish delight in doing sth** prendre un malin plaisir à faire qch

b (= ingenious) plot, device diabolique

c (* = difficult) problem, difficulty infernal

fiendishly ['fi:ndɪʃlɪ] → SYN adv **a** (= evilly) **to laugh fiendishly** éclater d'un rire diabolique

b (* = extremely) difficult, complicated, expensive abominablement ; simple diaboliquement ; funny terriblement ◆ **fiendishly clever** person d'une intelligence redoutable ; plot, device extrêmement ingénieux

fierce [fɪəs] → SYN adj animal, person, look, tone, battle féroce ; attack, argument violent ; debate houleux, acharné ; opposition, opponent, resistance, determination farouche ; loyalty à toute épreuve ; criticism, critic virulent ; heat, storm terrible ; wind violent ◆ **to take a fierce pride in sth** être extrêmement fier de qch ◆ **he has a fierce temper** il est d'un tempérament explosif ◆ **competition for the post was fierce** la concurrence pour le poste a été rude

fiercely ['fɪəslɪ] → SYN adv resist, fight, defend avec acharnement ; oppose farouchement ; criticize violemment ; say d'un ton féroce ◆ **to burn fiercely** flamber ◆ **fiercely independent** farouchement indépendant ◆ **to be fiercely competitive** avoir un esprit de compétition acharné

fierceness ['fɪəsnɪs] n **a** (= savageness) [of animal, gaze, expression] férocité f ; [of person] férocité f ◆ **his fierceness of manner** son abord m féroce

b (= intensity) [of passion, sun] ardeur f ; [of love, fighting, competition, opposition, heat, fire] intensité f ; [of blow, shot] violence f

fiery ['faɪərɪ] [1] adj colour rougeoyant ; sunset embrasé ; hair, eyes flamboyant ; person, character, personality, nature fougueux ; temper explosif ; speech, rhetoric enflammé ; food (très) épicé, qui emporte la bouche ; drink qui emporte la bouche ◆ **the fiery furnace** (Bible) la fournaise ardente ◆ **a fiery inferno** un terrible brasier ◆ **the fiery heat of the desert** la chaleur torride du désert ◆ **fiery orange/red** orange/rouge flamboyant inv

[2] COMP ▷ **fiery-tempered** adj irascible, coléreux

fiesta [fɪ'estə] n fiesta f

FIFA ['fi:fə] n (abbrev of **Fédération internationale de football-association**) FIFA f

fife [faɪf] n fifre m (instrument)

FIFO ['faɪfəʊ] n (abbrev of **first in, first out**) PEPS m

fifteen [fɪf'ti:n] [1] adj quinze inv ◆ **about fifteen books** une quinzaine de livres

[2] n **a** quinze m inv ◆ **about fifteen** une quinzaine

b (Rugby) quinze m ◆ **the French fifteen** le quinze de France ; for other phrases see **six**

[3] pron quinze ◆ **there are fifteen** il y en a quinze

fifteenth [fɪf'ti:nθ] [1] adj quinzième

[2] n quinzième mf ; (= fraction) quinzième m ; for phrases see **sixth**

fifth [fɪfθ] [1] adj cinquième ◆ **fifth-rate** de dernier ordre, de dernière catégorie ◆ **to be a fifth wheel** être la cinquième roue du carrosse ; for other phrases see **sixth**

[2] n **a** (gen) cinquième mf ; (= fraction) cinquième m ◆ **to take the Fifth** (US Jur) invoquer le cinquième amendement pour refuser de répondre ; (* fig) refuser de parler ; → **FIFTH AMENDMENT** ; for other phrases see **sixth**

b (Mus) quinte f

331 ENGLISH-FRENCH fiftieth / figure

c (US) (= measurement) le cinquième d'un gallon (= 75 cl); (= bottle) bouteille f *(d'alcool)*

3 COMP ▷ **Fifth Amendment** n (US Jur) cinquième amendement m (de la constitution) ◆ **to plead the Fifth Amendment** invoquer le cinquième amendement pour refuser de répondre ▷ **fifth column** n cinquième colonne f ▷ **fifth columnist** n membre m de la cinquième colonne

FIFTH AMENDMENT

Le cinquième amendement de la constitution des États-Unis protège le citoyen contre certains abus de pouvoir. Ainsi, on ne peut incarcérer une personne ou lui confisquer ses biens sans procès ; on ne peut non plus la juger deux fois pour un même délit. Enfin, tout citoyen peut invoquer cet amendement ("to plead **the Fifth Amendment**" ou "to take **the Fifth**") pour refuser de fournir des éléments de preuve susceptibles de se retourner contre lui. À l'époque du maccarthysme, le cinquième amendement a été invoqué par diverses personnalités présumées coupables d'activités antiaméricaines. → BILL OF RIGHTS

fiftieth ['fɪftɪɪθ] 1 adj cinquantième

2 n cinquantième mf ; (= fraction) cinquantième m ; for phrases see **sixth**

fifty ['fɪftɪ] 1 adj cinquante inv ◆ **about fifty books** une cinquantaine de livres

2 n cinquante m inv ◆ **about fifty** une cinquantaine ; for other phrases see **sixty**

3 pron cinquante ◆ **there are fifty** il y en a cinquante

4 COMP ▷ **fifty-fifty** adj, adv moitié-moitié, fifty-fifty* ◆ **to go fifty-fifty with sb** partager moitié-moitié or fifty-fifty* avec qn ◆ **we have a fifty-fifty chance of success** nous avons cinquante pour cent de chances or une chance sur deux de réussir ◆ **it was a fifty-fifty deal** ils ont (or nous avons etc) fait moitié-moitié or fifty-fifty*

fig [fɪg] 1 n a (= fruit) figue f ; (also **fig tree**) figuier m

b † * **I don't care a fig** je m'en fiche* ◆ **I don't give a fig what people think** je me fiche* de ce que les gens pensent ◆ **I don't give a fig for that** je m'en moque comme de ma première chemise* ◆ **his opinion is not worth a fig*** on se fiche éperdument de ce qu'il pense ◆ **a fig for all your principles!** vos principes, je m'asseois dessus !* ◆ **he doesn't give a flying fig*** il s'en fiche* complètement

2 COMP ▷ **fig leaf** n, pl **fig leaves** (Bot) feuille f de figuier ; (on statue etc) feuille f de vigne ; (fig) couverture f, camouflage m ◆ **the agreement was merely a fig leaf for the government to hide behind** l'accord n'a fait que servir de couverture au gouvernement

fig. abbrev of **figure 1b**

fight [faɪt] → SYN vb : pret, ptp **fought** 1 n a (between persons) bagarre* f ; (Mil) combat m, bataille f ; (Boxing) combat m ; (against disease, poverty etc) lutte f (*against* contre) ; (= quarrel) dispute f ◆ **to have a fight with sb** se battre avec qn, se bagarrer* avec qn ; (= argue) se disputer avec qn ◆ **he put up a good fight** (lit, fig) il s'est bien défendu ◆ **fight for life** (of sick person) lutte f contre la mort ◆ **the fight for survival** la lutte pour la survie ◆ **the country's fight for independence** la lutte du pays pour son indépendance ◆ **we're going to make a fight of it** nous n'allons pas nous laisser faire, nous allons contre-attaquer ◆ **we won't go down without a fight** nous n'abandonnerons pas sans nous être battus ; → **pick**

b (NonC = spirit) **there was no fight left in him** il n'avait plus envie de lutter, il n'avait plus de ressort ◆ **he certainly shows fight** il faut reconnaître qu'il sait montrer les dents or qu'il ne se laisse pas faire

2 vi [person, animal] se battre (*with* avec ; *against* contre) ; [troops, countries] se battre (*against* contre) ; (fig) lutter (*for* pour ; *against* contre) ; (= quarrel) se disputer (*with* avec) ◆ **the boys were fighting in the street** les garçons se battaient or se bagarraient* dans la rue ◆ **the dogs were fighting over a bone** les chiens se disputaient un os ◆ **he went down fighting** il s'est battu jusqu'au bout ◆ **to fight against sleep** lutter contre le sommeil ◆ **to fight against disease** lutter contre or combattre la maladie ◆ **to fight for sb** (lit, fig) se battre pour qn ◆ **to fight for one's life** (lit, fig) lutter contre la mort ◆ **to be fighting for breath** respirer à grand-peine ◆ **to fight shy of sth/sb** fuir devant qch/qn, tout faire pour éviter qch/qn ◆ **to fight shy of doing sth** éviter à tout prix de or répugner à faire qch

3 vt [+ person, army] se battre avec or contre ; [+ fire, disease] lutter contre, combattre ◆ **to fight a battle** livrer bataille ◆ **to fight a losing battle against sth** (fig) mener un combat perdu d'avance contre qch ◆ **we're fighting a losing battle** c'est un combat perdu d'avance ◆ **to fight a duel** se battre en duel ◆ **to fight a campaign** (Pol etc) mener une campagne, faire campagne ◆ **to fight a case** (Jur) [plaintiff] aller en justice ; [defendant] se défendre ; [defence lawyer] plaider une cause ◆ **we shall fight this decision all the way** nous combattrons cette décision jusqu'au bout ◆ **to fight one's way out through the crowd** sortir en se frayant un passage à travers la foule

4 COMP ▷ **fight-or-flight reaction** n (Physiol) réflexe m de lutte ou de fuite

► **fight back** 1 vi (in fight) rendre les coups, répondre ; (Mil) se défendre, résister ; (in argument) répondre, se défendre ; (after illness) se remettre, réagir ; (Sport) se reprendre, effectuer une reprise

2 vt sep [+ tears] refouler ; [+ despair] lutter contre ; [+ doubts] vaincre

3 **fightback** n → **fightback**

► **fight down** vt sep [+ anxiety, doubts] vaincre ; [+ desire] refouler, réprimer

► **fight off** vt sep a (lit, Mil) [+ attack] repousser ◆ **she fought off her attackers** elle a repoussé or mis en fuite ses agresseurs

b (fig) [+ disease, sleep] lutter contre, résister à ; [+ criticisms] répondre à

► **fight on** vi continuer le combat or la lutte

► **fight out** vt sep ◆ **they fought it out** (lit) ils se sont bagarrés* pour régler la question ; (fig) ils ont réglé la question en se disputant

fightback ['faɪtbæk] n (Brit Sport) reprise f

fighter ['faɪtəʳ] → SYN 1 n a (Boxing) boxeur m, pugiliste m ◆ **he's a fighter** (fig) c'est un battant ; → **prize¹**

b (also **fighter aircraft, fighter plane**) avion m de chasse, chasseur m

2 COMP ▷ **fighter-bomber** n (Aviat) chasseur m bombardier, avion m de combat polyvalent ▷ **fighter pilot** n pilote m de chasse

fighting ['faɪtɪŋ] → SYN 1 n (Mil) combat m ; (in classroom, pub etc) bagarres* fpl ◆ **there was some fighting in the town** il y a eu des échauffourées dans la ville ◆ **fighting broke out between police and demonstrators** des incidents ont éclaté entre la police et les manifestants ; → **street**

2 adj person combatif ; (Mil) troops de combat ◆ **fighting soldier** or **man** (Mil) combattant m ◆ **he's got a lot of fighting spirit** c'est un battant, il en veut* ◆ **there's a fighting chance for her recovery** elle a une assez bonne chance de s'en remettre ◆ **fighting cock/dog** coq m/chien m de combat ◆ **to live like a fighting cock** vivre comme un coq en pâte ◆ **fighting fish** (poisson m) combattant m ◆ **fighting fit** (esp Brit) en pleine forme ◆ **fighting forces** (Mil) forces fpl armées ◆ **fighting fund** fonds m de soutien ◆ **fighting line** front m ◆ **fighting strength** effectif m mobilisable ◆ **fighting talk** or **words** paroles fpl de défi

figment ['fɪgmənt] n ◆ **a figment of the imagination** une invention or création de l'imagination ◆ **it's all a figment of his imagination** il l'a purement et simplement inventé, il a inventé ça de toutes pièces

figurative ['fɪgjʊrətɪv] adj a (= metaphorical) language figuré, métaphorique ◆ **in the literal and in the figurative sense** or **meaning** au (sens) propre et au (sens) figuré

b (Art) figuratif

figuratively ['fɪgjʊrətɪvlɪ] adv au sens figuré ◆ **both literally and figuratively** au propre comme au figuré ◆ **figuratively speaking** métaphoriquement parlant

figure ['fɪgəʳ] → SYN 1 n a chiffre m ◆ **in round figures** en chiffres ronds ◆ **I can't give you the exact figures** je ne peux pas vous donner les chiffres exacts ◆ **the crime/unemployment** etc **figures** les chiffres de la criminalité/du chômage etc ◆ **to put a figure to sth** chiffrer qch ◆ **can you put a figure to** or **on that?** est-ce que vous pouvez me donner un chiffre ? ◆ **he's good at figures** il est doué pour le calcul ◆ **there's a mistake in the figures** il y a une erreur de calcul ◆ **a three-figure number** un nombre or un numéro de trois chiffres ◆ **to get into double figures** atteindre la dizaine ◆ **to reach three figures** atteindre la centaine ◆ **he earns well into five figures** il gagne bien plus de dix mille livres ◆ **to bring** or **get inflation/unemployment** etc **down to single figures** faire passer l'inflation/le chômage etc en dessous (de la barre) des 10 % ◆ **to sell sth for a high figure** vendre qch cher or à un prix élevé ◆ **I got it for a low figure** je l'ai eu pour pas cher or pour peu de chose

b (= diagram, drawing) [of animal, person etc] figure f, image f ; (Math) figure f ◆ **he drew the figure of a bird** il a dessiné (la silhouette d')un oiseau ◆ **draw a figure of eight** dessinez un huit ; see also **1h**

c (= human form) forme f, silhouette f ◆ **I saw a figure approach** j'ai vu une forme or une silhouette s'approcher ◆ **she's a fine figure of a woman** c'est une belle femme ◆ **he cut a poor** or **sorry figure** il faisait piètre figure ◆ **she cuts a fine figure in that dress** elle a grand air (frm) or elle a beaucoup d'allure dans cette robe

d (= shape: of person) ligne f, formes fpl ◆ **to improve one's figure** soigner sa ligne ◆ **to keep one's figure** garder la ligne ◆ **she has a good figure** elle est bien faite or bien tournée ◆ **remember your figure!** pense à ta ligne ! ◆ **she doesn't have the figure for that dress** elle n'est pas faite pour porter cette robe

e (= important person) figure f, personnage m ◆ **the great figures of history** les grandes figures fpl or les grands personnages mpl de l'histoire ◆ **a figure of fun** un guignol ; → **public**

f (Literat) figure f ◆ **figure of speech** figure f de rhétorique ◆ **it's just a figure of speech** ce n'est qu'une façon de parler

g (Mus) figure f mélodique

h (Dancing, Skating) figure f ◆ **figure of eight, figure eight** (US) huit m

2 vt a (esp US = guess) penser, supposer ◆ **I figure it like this** je vois la chose comme ceci ◆ **I figure he'll come** je pense or suppose qu'il va venir

b (= imagine) penser, s'imaginer

c (= represent) représenter ; (= illustrate by diagrams) illustrer par un or des schéma(s), mettre sous forme de schéma

d (= decorate) orner ; [+ silk etc] brocher, gaufrer ◆ **figured velvet** velours m façonné

e (Mus) **figured bass** basse f chiffrée

3 vi a (= appear) figurer ◆ **he figured in a play of mine** il a joué or tenu un rôle dans une de mes pièces ◆ **his name doesn't figure on this list** son nom ne figure pas sur cette liste

b (esp US* = make sense) **it doesn't figure** ça n'a pas de sens ◆ **that figures** ça paraît logique

4 COMP ▷ **figure-conscious*** adj **to be figure-conscious** penser à sa ligne ▷ **figure-hugging** adj dress moulant ▷ **figure-skate** vi (in competition) faire les figures imposées *(en patinage)* ; (in display etc) faire du patinage artistique ▷ **figure skater** n patineur m, -euse f artistique ▷ **figure skating** n (in competition) figures fpl imposées ; (in display etc) patinage m artistique

► **figure in*** vt sep (US) inclure, compter ◆ **it's figured in** c'est inclus, c'est compris

► **figure on** vt fus (esp US) (= take account of) tenir compte de ; (= count on) compter sur ; (= expect) s'attendre (*doing sth* à faire qch) ◆ **you can figure on 30** tu peux compter sur 30 ◆ **I was figuring on doing that tomorrow** je pensais faire ça demain ◆ **I hadn't figured on that** je n'avais pas tenu compte de ça ◆ **I wasn't figuring on having to do that** je ne m'attendais pas à devoir faire ça ◆ **I hadn't**

figured on him being at the meeting je ne m'attendais pas à ce qu'il soit présent à la réunion

► **figure out** vt sep **a** (= understand) arriver à comprendre ; (= resolve) résoudre ◆ **I can't figure that guy out at all** je n'arrive pas du tout à comprendre ce type * ◆ **I can't figure out how much it comes to** je n'arrive pas à (bien) calculer à combien ça s'élève ◆ **I can't figure it out** ça me dépasse *

b (= work out, plan) calculer ◆ **they had it all figured out** ils avaient calculé leur coup

figurehead ['fɪgəhed] [→ SYN] n **a** (gen) chef m de file

b [of ship] figure f de proue

figurine [,fɪgə'ri:n] n figurine f

figwort ['fɪgwɜ:t] n scrofulaire f

Fiji ['fi:dʒi:] n Fidji ; (also **the Fiji Islands**) les îles fpl Fidji ◆ **in Fiji** à or aux Fidji

Fijian [fɪ'dʒi:ən] [1] adj fidjien

[2] n **a** Fidjien(ne) m(f)

b (Ling) fidjien m

filament ['fɪləmənt] [→ SYN] n filament m

filaria [fɪ'leərɪə] n, pl **filariae** [fɪ'leərɪ,i:] filaire f

filariasis [,fɪlə'raɪəsɪs] n filariose f

filbert ['fɪlbɜ:t] n aveline f

filch * [fɪltʃ] vt voler, chiper *

file[1] [faɪl] [→ SYN] [1] n (for wood, fingernails etc) lime f ◆ **triangular file** tiers-point m ; → **nailfile**

[2] vt limer ◆ **to file one's nails** se limer les ongles ◆ **to file through the bars** limer les barreaux

► **file away** vt sep limer *(pour enlever)*

► **file down** vt sep limer *(pour raccourcir)*

file[2] [faɪl] [→ SYN] [1] n (= folder) dossier m, chemise f ; (with hinges) classeur m ; (for drawings) carton m ; (for card index) fichier m ; (= cabinet) classeur m ; (= papers) dossier m ; (Comput) fichier m ◆ **to put a document on the file** joindre une pièce au dossier ◆ **do we have a file on her?** est-ce que nous avons un dossier sur elle ? ◆ **there's something in** or **on the file about him** le dossier contient des renseignements sur lui ◆ **to be on file** [person, fingerprints] être fiché ◆ **to be on police files** être fiché par la police ◆ **to keep sb's details on file** garder les coordonnées de qn ◆ **to keep information about sth on file** avoir un dossier or des renseignements sur qch ◆ **to keep a file on sb/sth** avoir un dossier sur qn/qch ◆ **they closed the file concerning his death** ils ont classé le dossier concernant sa mort ◆ **they closed the file on that case** ils ont classé cette affaire ◆ **data on file** (Comput) données fpl fichées ◆ **material on file, file material** archives fpl ; → **student, single**

[2] vt **a** (also **file away**) [+ notes] classer ; [+ letters] ranger, classer ; (into file) joindre au dossier

b (Comput) classer, stocker

c (Jur) **to file a claim** déposer or introduire une requête or demande ◆ **to file a claim for damages** intenter un procès en dommages-intérêts ◆ **to file an accident claim** (Insurance) faire une déclaration d'accident ◆ **to file a petition** déposer or introduire une requête or demande ◆ **to file a petition (in bankruptcy), to file for bankruptcy** déposer son bilan ◆ **to file a suit against sb** intenter un procès à qn ; → **submission**

[3] COMP ▷ **file cabinet** n (US) classeur m *(meuble)* ▷ **file card** n fiche f ▷ **file clerk** n (US) documentaliste mf ▷ **file management** n (Comput) gestion f de fichiers ▷ **file manager** n (Comput) gestionnaire m de fichiers ▷ **file transfer protocol** n (Comput) protocole m de transfert de fichiers

► **file for** vt fus (Jur) ◆ **to file for divorce** demander le divorce ◆ **to file for bankruptcy** déposer son bilan ◆ **to file for custody (of the children)** demander la garde des enfants

file[3] [faɪl] [→ SYN] [1] n file f ◆ **in Indian file** à la or en file indienne ◆ **in single file** à la or en file ; → **rank**[1]

[2] vi ◆ **to file in/out** etc entrer/sortir etc en file ◆ **to file past** défiler ◆ **the soldiers filed past the general** les soldats ont défilé devant le général ◆ **they filed slowly past the ticket collector** ils sont passés lentement les uns après les autres devant le contrôleur

filename ['faɪlneɪm] n (Comput) nom m de fichier

filet [fɪ'leɪ] (US) ⇒ **fillet**

filial ['fɪlɪəl] adj filial

filiation [,fɪlɪ'eɪʃən] n filiation f

filibuster ['fɪlɪbʌstə^r] [→ SYN] [1] n **a** (Pol) obstruction f parlementaire

b (= pirate) flibustier m

[2] vi (Pol) faire de l'obstruction parlementaire

filibusterer ['fɪlɪ,bʌstərə^r] n (Pol) obstructionniste mf

filiform ['fɪlɪfɔ:m] adj filiforme

filigree ['fɪlɪgri:] [1] n filigrane m *(en métal)*

[2] COMP en filigrane

filing ['faɪlɪŋ] [1] n **a** [of documents] classement m ◆ **to do the filing** s'occuper du classement

b (Jur) [of claim etc] enregistrement m

[2] COMP ▷ **filing box** n fichier m *(boîte)* ▷ **filing cabinet** n classeur m *(meuble)* ▷ **filing clerk** n (esp Brit) documentaliste mf

filings ['faɪlɪŋz] npl limaille f ◆ **iron filings** limaille f de fer

Filipino [,fɪlɪ'pi:nəʊ] [1] adj philippin

[2] n **a** (= person) Philippin(e) m(f)

b (Ling) tagalog m

fill [fɪl] [→ SYN] [1] vt **a** [+ bottle, bucket, hole] remplir (*with* de) ; [+ cake, pastry] fourrer (*with* de) ; [+ teeth] plomber ◆ **smoke filled the room** la pièce s'est remplie de fumée ◆ **the wind filled the sails** le vent a gonflé les voiles ◆ **to fill o.s. with** [+ chocolate etc] se gaver de ◆ **the thought fills me with pleasure/horror/hope** cette pensée me réjouit/m'horrifie/me remplit d'espoir ◆ **filled with admiration** rempli or plein d'admiration ◆ **filled with emotion/anger** très ému/en colère ◆ **filled with despair** désespéré, plongé dans le désespoir

b [+ post, job] [employer] pourvoir ◆ **to fill a vacancy** [employer] pourvoir un emploi ; [employee] prendre un poste vacant ◆ **the position is already filled** le poste est déjà pourvu or pris ◆ **he fills all our requirements** il répond à toutes nos conditions ◆ **to fill a need** répondre à un besoin ◆ **to fill a void** or **a gap** remplir or combler un vide ◆ **to fill an order** (esp US, Comm) livrer une commande

[2] vi (also **fill up**) [bath] se remplir, s'emplir ; [bus, hall] se remplir ◆ **to fill with water/mud** [hole] se remplir d'eau/de boue ◆ **her eyes filled with tears** ses yeux se sont remplis de larmes

[3] n ◆ **to eat one's fill** manger à sa faim, se rassasier ◆ **he had eaten his fill** il était rassasié ◆ **to have/drink one's fill** avoir/boire tout son content ◆ **she's had her fill of married life** elle en a assez de la vie conjugale ◆ **we've had our fill of disappointments** nous avons trop souvent été déçus

[4] COMP ▷ **fill-in** n (gen = temporary employee) remplaçant(e) m(f) ◆ **I'm only a fill-in** (fig) je fais office de bouche-trou *

► **fill in** [1] vi ◆ **to fill in for sb** remplacer qn (temporairement)

[2] vt sep **a** [+ form, questionnaire] remplir ; [+ account, report] compléter ◆ **would you fill in the details for us?** (fig) (on questionnaire) pourriez-vous compléter le questionnaire ? ; (verbally) pourriez-vous nous donner quelques précisions ? ◆ **to fill sb in on sth** * mettre qn au courant de qch

b [+ hole] boucher ◆ **we had that door filled in** nous avons fait murer or condamner cette porte ◆ **to fill in gaps in one's knowledge** combler des lacunes dans ses connaissances ◆ **he was trying to fill in the day** il essayait de trouver à s'occuper jusqu'au soir ◆ **draw the outline in black and fill it in in red** dessinez le contour en noir et remplissez-le en rouge

c (‡ fig = beat up) casser la gueule à ‡

[3] **fill-in** n → **fill**

► **fill out** [1] vi **a** [sails etc] gonfler, s'enfler

b (= become fatter) [person] forcir, se fortifier ◆ **her cheeks** or **her face had filled out** elle avait pris de bonnes joues

[2] vt sep **a** [+ form, questionnaire] remplir

b [+ story, account, essay] étoffer

► **fill up** [1] vi **a** ⇒ **fill 2**

b (with petrol) faire le plein (d'essence)

[2] vt sep **a** [+ tank, cup] remplir ◆ **to fill o.s. up with** [+ chocolates etc] se gaver de ◆ **fill it** or **her up!** * (with petrol) (faites) le plein !

b [+ hole] boucher

c (Brit) [+ form, questionnaire] remplir

-filled [fɪld] adj (in compounds) ◆ **cream/chocolate-filled** fourré à la crème/au chocolat ◆ **foam-filled** rempli de mousse ◆ **tear-filled** plein de larmes ◆ **hate-filled eyes** des yeux pleins de haine ◆ **he was found dead in his fume-filled car** il a été trouvé mort dans sa voiture remplie de gaz d'échappement

filler ['fɪlə^r] [1] n **a** (= utensil) récipient m (de remplissage) ; [of bottle] remplisseuse f ; (= funnel) entonnoir m

b (NonC: for cracks in wood, plaster etc) enduit m or produit m de rebouchage

c (TV, Rad) intermède m *(entre deux programmes)* ; (Press) article m bouche-trou inv

[2] COMP ▷ **filler cap** n (Aut) bouchon m de réservoir

-filler ['fɪlə^r] n (in compounds) ◆ **the team is a real stadium-filler** cette équipe fait le plein chaque fois qu'elle joue ◆ **Beethoven's Second Piano Concerto, the standard programme-filler** le Deuxième concerto pour piano de Beethoven, qui figure souvent au programme des concerts ◆ **space-filler** * bouche-trou * m

fillet ['fɪlɪt], **filet** (US) [fɪ'leɪ] [1] n **a** (Culin) [of beef, pork, fish] filet m ◆ **veal fillet** (NonC) longe f de veau ; (one piece) escalope f de veau ◆ **fillet of beef/sole** filet m de bœuf/de sole

b (for the hair) serre-tête m inv

[2] vt [+ meat] désosser ; [+ fish] découper en filets ◆ **filleted sole** filets mpl de sole

[3] COMP ▷ **fillet steak** n (NonC) filet m de bœuf ; (one slice) bifteck m dans le filet ; (thick) chateaubriand m

filling ['fɪlɪŋ] [→ SYN] [1] n **a** (in tooth) plombage m ◆ **my filling's come out** mon plombage est parti or a sauté

b (in pie, tart, sandwich) garniture f ; (= stuffing) farce f ◆ **chocolates with a coffee filling** chocolats mpl fourrés au café

[2] adj food substantiel

[3] COMP ▷ **filling station** n station-service f, poste m d'essence

fillip ['fɪlɪp] n (with finger) chiquenaude f, pichenette f ; (fig) coup m de fouet (fig) ◆ **our advertisements gave a fillip to our business** notre publicité a donné un coup de fouet à nos affaires

filly ['fɪlɪ] n pouliche f ; († * = girl) jeune fille f

film [fɪlm] [→ SYN] [1] n **a** (esp Brit Cine = movie) film m ◆ **to go to a film** aller voir un film ◆ **the film is on at the Odeon just now** le film passe actuellement à l'Odéon ◆ **he's in films** il travaille dans le cinéma ◆ **he's been in many films** il a joué dans beaucoup de films ; → **feature**

b (Phot, Cine) film m, pellicule f ; (Typ) film m

c (for wrapping food) film m transparent *(pour envelopper les aliments)* ; (in goods packaging etc) film m plastique

d (= thin layer) [of dust, mud] couche f, pellicule f ; [of mist] voile m ; [of oil, water] film m

[2] vt (gen) [+ news, event, play] filmer ; [+ scene] [director] filmer, tourner ; [camera] tourner

[3] vi **a** [windscreen, glass] (also **film over**) se voiler, s'embuer

b (Cine = make a film) faire or tourner un film ◆ **they were filming all day** ils ont tourné toute la journée ◆ **they were filming in Spain** le tournage avait lieu en Espagne ◆ **the story filmed very well** l'histoire a bien rendu au cinéma or en film ◆ **she films well** elle est photogénique

[4] COMP archives, history etc du cinéma ▷ **film camera** n caméra f ▷ **film crew** n équipe f de tournage ▷ **film fan** n cinéphile mf, amateur mf de cinéma ▷ **film festival** n festival m du cinéma or du film ▷ **film industry** n industrie f cinématographique ▷ **film library** n cinémathèque f ▷ **film-maker** n cinéaste mf ▷ **film-making** n (= filming) tournage m ; (more gen) le cinéma ▷ **film première** n première f ▷ **film rating** n (Brit) *système de classification des films* ; → MOVIE RATING ▷ **film rights** npl droits mpl d'adaptation (cinématographique) ▷ **film script** n scénario m ▷ **film sequence** n séquence f (de film) ▷ **film set** n plateau m de tour-

nage ; see also **filmset** ▷ **film speed** n sensibilité f de la pellicule ▷ **film star** n vedette f (de cinéma), star f ▷ **film studio** n studio m (de cinéma) ▷ **film test** n bout m d'essai ✦ **to give sb a film test** faire tourner un bout d'essai à qn

filmgoer ['fɪlmɡəʊəʳ] n cinéphile mf

filmic ['fɪlmɪk] adj filmique

filming ['fɪlmɪŋ] n (Cine) tournage m

filmography [fɪl'mɒɡrəfɪ] n filmographie f

filmset ['fɪlmsɛt] vt (Typ) photocomposer

filmsetter ['fɪlmsɛtəʳ] n (Typ) photocomposeuse f

filmsetting ['fɪlmsɛtɪŋ] n (Typ) (= machine) photocomposition f ; (= person) photocomposit)eur m

filmstrip ['fɪlmstrɪp] n film m (pour projection) fixe

filmy ['fɪlmɪ] → SYN adj fabric, material léger, vaporeux ; clothing léger et transparent ✦ **filmy curtains** voilages mpl

filo ['fiːləʊ] n (Culin : also **filo pastry**) pâte feuilletée grecque, très fine

Filofax ® ['faɪləʊfæks] n Filofax ® m

filter ['fɪltəʳ] → SYN **1** n **a** (gen, also Phot) filtre m ; → **colour, oil**

b (Brit: in traffic lights) flèche f (permettant à une file de voitures de passer)

2 vt [+ liquids, phone calls] filtrer ; [+ air] purifier, épurer

3 vi [light, liquid, sound] filtrer ✦ **the light filtered through the shutters** la lumière filtrait à travers les volets ✦ **to filter back/in/out** [people] revenir/entrer/sortir par petits groupes ✦ **horror stories were beginning to filter out of the prison** des récits effroyables commençaient à filtrer de la prison ; see also **filter out** ✦ **news of the attack quickly filtered through the college** la nouvelle de l'agression s'est vite répandue dans tout le collège ; see also **filter through** ✦ **to filter to the left** [car, driver] prendre la voie ou la file de gauche pour tourner

4 COMP ▷ **filter bed** n bassin m de filtration ▷ **filter cigarette** n cigarette f (à bout) filtre ▷ **filter coffee** n café m filtre ▷ **filter lane** n (at traffic lights) voie f de dégagement ; (on motorway) voie f d'accès ▷ **filter light** n (Aut) flèche f (de feux de signalisation) ▷ **filter paper** n papier m filtre ▷ **filter press** n filtre-presse m ▷ **filter tip** n (= cigarette, tip) bout m filtre ▷ **filter-tipped** adj à bout filtre

▶ **filter in** vi ✦ **the news of the massacre began to filter in** on a commencé petit à petit à avoir des renseignements sur le massacre

▶ **filter out** vt sep [+ impurities] éliminer par filtrage ; (fig) éliminer

▶ **filter through** vi [light] filtrer ✦ **the news filtered through at last** les nouvelles ont fini par se savoir

filth [fɪlθ] → SYN n **a** (lit) saleté f, crasse f ; (= excrement) ordure f

b (fig) saleté f, ordure f (liter) ✦ **this book is sheer filth** ce livre est une vraie saleté ✦ **the filth shown on television** les saletés ou les grossièretés fpl que l'on montre à la télévision ✦ **all the filth he talks** toutes les grossièretés qu'il débite

c ($ = police) flicaille $ f

filthiness ['fɪlθɪnɪs] n saleté f

filthy ['fɪlθɪ] → SYN adj **a** (= dirty) crasseux ✦ **to live in filthy conditions** vivre dans la crasse ✦ **filthy with mud** couvert ou maculé de boue ✦ **filthy dirty** d'une saleté répugnante ou dégoûtante

b (= disgusting) creature, insect, habit dégoûtant ; substance infect ✦ **you filthy liar!** espèce de sale menteur ! ✦ **filthy rich** * bourré * de fric ; → **lucre**

c (= obscene) joke, book obscène ; language ordurier ✦ **to have a filthy mind** avoir l'esprit mal tourné ✦ **filthy talk** grossièretés fpl, propos mpl orduriers

d (= angry) **to give sb a filthy look** lancer un regard noir à qn ✦ **to have a filthy temper** avoir un tempérament explosif ✦ **to be in a filthy temper** être d'une humeur massacrante

e * weather, night dégueulasse *

filtrate ['fɪltreɪt] n filtrat m

filtration [fɪl'treɪʃən] n filtration f

fin [fɪn] n **a** [of fish] nageoire f ; [of shark] aileron m ; [of aircraft, spacecraft] empennage m ; [of ship] dérive f ; [of radiator] ailette f ; [of diver] palme f

b (US $ = five-dollar bill) billet m de cinq dollars

finagle [fɪ'neɪɡəl] (US) **1** vi resquiller

2 vt ✦ **to finagle sb out of sth** carotter * qch à qn

finagler [fɪ'neɪɡləʳ] n (US) resquilleur m, -euse f

final ['faɪnl] LANGUAGE IN USE 26.1 → SYN

1 adj **a** (= last) minute, stage, match, chapter dernier ✦ **to make a final attempt to do sth** faire une dernière tentative pour faire qch ✦ **one final point** (in speech, lecture) enfin, un dernier point ✦ **to put the final touches to sth** mettre la dernière main à qch ✦ **a final-year student** un étudiant de dernière année

b (= conclusive) decree, result, approval, answer, draft définitif ✦ **the judges' decision is final** la décision des arbitres est sans appel ✦ **to have the final say** avoir le dernier mot ✦ **and that's final!** un point c'est tout !, point final ! ; → **analysis, arbiter, say**

c (= ultimate) humiliation suprême ✦ **the final irony is that he ...** comble de l'ironie, il ... ✦ **he paid the final penalty for his crime** il a payé son crime de sa vie

d (Philos) cause final

2 n **a** (Sport: US : also **finals**) finale f

b (Press) **late night final** dernière édition f (du soir)

3 **finals** npl (Univ) examens mpl de dernière année

4 COMP ▷ **the final curtain** n (Theat) la chute du rideau ▷ **final demand** n (Comm) dernier rappel m ▷ **final dividend** n (Fin) solde m de dividende ▷ **final edition** n (Press) dernière édition f ▷ **final examinations** npl (Univ) examens mpl de dernière année ▷ **the Final Four** npl (US Basketball) les demi-finalistes mpl ▷ **final instalment** n (Fin) versement m libératoire ▷ **final notice** n (Comm) dernier rappel m ▷ **the Final Solution** n (Hist) la solution finale f ▷ **the final whistle** n (Ftbl) le coup de sifflet final

finale [fɪ'nɑːlɪ] → SYN n (Mus, fig) finale m ✦ **the grand finale** (fig) l'apothéose f

finalist ['faɪnəlɪst] n (Sport) finaliste mf ; (Univ) étudiant qui passe ses examens de dernière année

finality [faɪ'nælɪtɪ] → SYN n [of decision etc] caractère m définitif, irrévocabilité f ✦ **to say sth with an air of finality** dire qch sur un ton sans réplique

finalization [ˌfaɪnəlaɪ'zeɪʃən] n [of deal] finalisation f ; [of text, report] rédaction f définitive ; [of details] mise f au point ; [of arrangements, plans] mise f au point des détails

finalize ['faɪnəlaɪz] → SYN vt [+ text, report] rédiger la version définitive de, finaliser ; [+ arrangements, plans, preparations] mettre au point les derniers détails de, mettre la dernière main à ; [+ details] mettre au point ; [+ decision] confirmer ; [+ date] fixer de façon définitive ✦ **their divorce is now finalized** le divorce est maintenant prononcé

finally ['faɪnəlɪ] LANGUAGE IN USE 26.1, 26.2 → SYN adv

a (= eventually) enfin, finalement ✦ **women finally got the vote in 1918** les femmes ont enfin ou finalement obtenu le droit de vote en 1918

b (= lastly) pour finir, pour terminer ✦ **finally I would like to say ...** pour terminer ou pour finir je voudrais dire ...

c (= definitively) decide, settle définitivement

finance [faɪ'næns] → SYN **1** n (NonC) finance f ✦ **high finance** la haute finance ✦ **Minister/Ministry of Finance** ministre m/ministère m des Finances

2 **finances** npl finances fpl ✦ **his finances aren't sound** ses finances ne sont pas solides ✦ **the country's finances** la situation financière du pays ✦ **he hasn't the finances to do that** il n'a pas les finances ou les fonds mpl pour cela

3 vt [+ scheme etc] (= supply money for) financer, commanditer ; (= obtain money for) trouver des fonds pour

4 COMP (Press) news, page financier ▷ **finance bill** n (Parl) projet m de loi de finances ▷ **finance company, finance house** n compagnie f financière, société f de financement ▷ **finance director** n directeur m financier, directrice f financière

financial [faɪ'nænʃəl] → SYN **1** adj (gen) financier ✦ **to depend on sb for financial support** dépendre financièrement de qn

2 COMP ▷ **financial accounting** n comptabilité f générale ▷ **financial adviser** n conseiller m financier ▷ **financial aid office** n (US Univ Admin) service m des bourses ▷ **financial controller** n contrôleur m financier, contrôleuse f financière ▷ **financial management** n gestion f financière ▷ **financial plan** n plan m de financement ▷ **financial services** npl services mpl financiers ▷ **financial statement** n (Comm) état m financier ▷ **Financial Times index, Financial Times Stock Exchange 100 Index** n (Brit St Ex) indice m FT ▷ **financial year** n (Brit) exercice m budgétaire

financially [faɪ'nænʃəlɪ] adv secure, independent, viable financièrement ✦ **to benefit financially** profiter financièrement ✦ **to be struggling financially** avoir des problèmes financiers ✦ **financially, things are a bit tight** financièrement, la situation n'est pas facile

financier [faɪ'nænsɪəʳ] n financier m

financing ['faɪnænsɪŋ] **1** n financement m

2 COMP ▷ **financing gap** n déficit m commercial

finback ['fɪnbæk] n rorqual m, baleinoptère m (SPEC)

finch [fɪntʃ] n fringillidé m (pinson, bouvreuil, gros-bec etc)

find [faɪnd] → SYN pret, ptp **found** **1** vt **a** (gen) trouver ; [+ lost person or object] retrouver ✦ **he was trying to find his gloves** il cherchait ses gants, il essayait de retrouver ses gants ✦ **I never found my keys** je n'ai jamais retrouvé mes clés ✦ **to find one's place in a book** retrouver sa page dans un livre ✦ **they soon found him again** ils l'ont vite retrouvé ✦ **we left everything as we found it** nous avons tout laissé tel quel ✦ **he was found dead in bed** on l'a trouvé mort dans son lit ✦ **this flower is found all over England** on trouve cette fleur ou cette fleur se trouve partout en Angleterre ✦ **to find one's** or **its mark** atteindre son but ✦ **to find work** trouver du travail ✦ **who will find the money for the trip?** qui va trouver l'argent pour le voyage ? ✦ **I can't find the money to do it** je ne peux pas trouver l'argent nécessaire pour le faire ✦ **go and find me a needle** va me chercher une aiguille ✦ **can you find me a pen?** peux-tu me trouver un stylo ?

✦ **find + way** ✦ **they couldn't find the way back** ils n'ont pas pu trouver le chemin du retour ✦ **I'll find my way about all right by myself** je trouverai très bien mon chemin tout seul ✦ **can you find your own way out?** pouvez-vous trouver la sortie tout seul ? ✦ **to find one's way into a building** trouver l'entrée d'un bâtiment ✦ **it found its way into my bag** ça s'est retrouvé ou ça a atterri * dans mon sac ✦ **it found its way into his essay** ça s'est glissé dans sa dissertation

♦ **(all) found** ✦ **wages £150 all found** salaire de 150 livres logé (et) nourri ✦ **wages 500 dollars and found** (US) salaire de 500 dollars logé (et) nourri

♦ **... to be found** ✦ **the castle is to be found near Tours** le château se trouve près de Tours ✦ **there are no more to be found** il n'en reste plus ✦ **when we got back he was nowhere to be found** lorsque nous sommes rentrés, il avait disparu ✦ **your book is not** or **nowhere to be found** on ne parvient pas à retrouver votre livre, votre livre reste introuvable

✦ **to find oneself (...)** ✦ **he found himself at last** il a enfin trouvé sa voie ✦ **they found themselves on a boat** ils se sont retrouvés sur un bateau ✦ **I found myself smiling/looking/wondering** je me suis surpris à sourire/regarder/me demander ✦ **I found myself thinking that ...** je me suis surpris à penser que ... ✦ **to my surprise, I found myself having fun** à mon grand étonnement, je me suis amusé ◆ **I found myself quite at sea among all those scientists** je me suis senti complètement perdu au milieu de tous ces scientifiques

b (fig) trouver (*that* que) ◆ **I can never find anything to say to him** je ne trouve jamais rien à lui dire ◆ **to find the courage to do sth** trouver le courage de faire qch ◆ **I can't find time to read** je n'arrive pas à trouver le temps de lire ◆ **to find one's voice** (fig) trouver son style ◆ **to find one's feet** s'adapter, s'acclimater ◆ **to find some difficulty in doing sth** éprouver une certaine difficulté à faire qch ◆ **I couldn't find it in my heart to refuse** je n'ai pas eu le cœur de refuser ◆ **how did you find him?** (in health) comment l'avez-vous trouvé ? ◆ **how did you find the steak?** comment avez-vous trouvé le bifteck ? ◆ **I find her very pleasant** je la trouve très agréable ◆ **we're sure you'll find the film exciting!** nous sommes sûrs que vous trouverez ce film captivant ! ◆ **I find that I have plenty of time** il se trouve que j'ai tout le temps qu'il faut ; → **expression, fault, favour**

◆ **to find it** + adj ◆ **he found it impossible to leave** il n'arrivait pas à partir ◆ **he finds it difficult/impossible to walk** il lui est difficile/impossible de marcher ◆ **he finds it tiring/encouraging** etc il trouve que c'est fatigant/encourageant etc ◆ **you won't find it easy** vous ne trouverez pas cela facile

c (= perceive, realize) constater (*that* que) ; (= discover) découvrir, constater (*that* que) ; [+ cure] découvrir ; [+ solution] trouver, découvrir ; [+ answer] trouver ◆ **you will find that I am right** vous verrez or vous constaterez que j'ai raison ◆ **it has been found that one person in ten does this** on a constaté qu'une personne sur dix fait cela ◆ **I went there yesterday, only to find her out** j'y suis allé hier, mais elle était sortie

d (Jur) **to find sb guilty** déclarer qn coupable ◆ **how do you find the accused?** quel est votre verdict ? ◆ **to find a verdict of guilty** rendre or prononcer un verdict de culpabilité ◆ **the court found that ...** le tribunal a conclu que ...

2 vi (Jur) ◆ **to find for/against the accused** se prononcer en faveur de/contre l'accusé

3 n trouvaille f ◆ **that was a lucky find** nous avons (or vous avez etc) eu de la chance de trouver or de découvrir cela

► **find out** **1** vi **a** (= make enquiries) se renseigner (*about* sur)

b (= discover) **we didn't find out about it in time** nous ne l'avons pas su or appris à temps ◆ **your mother will find out if you ...** ta mère le saura si tu ...

2 vt sep **a** (= discover) découvrir (*that* que) ; [+ answer] trouver ; [+ sb's secret, character] découvrir ◆ **I found out what he was really like** j'ai découvert son vrai caractère

b (= discover the misdeeds etc of) [+ person] démasquer ◆ **he thought we wouldn't know, but we found him out** il pensait que nous ne saurions rien, mais nous l'avons démasqué or nous avons découvert le pot aux roses * ◆ **this affair has really found him out** il s'est bel et bien révélé tel qu'il est or sous son vrai jour dans cette affaire

finder [ˈfaɪndəʳ] **1** n **a** (of lost object) personne f qui trouve ; (Jur) inventeur m, -trice f ◆ **finders keepers (losers weepers)!** (celui) qui le trouve le garde (et tant pis pour celui qui l'a perdu) !

b [of telescope] chercheur m ; → **viewfinder**

2 COMP ▷ **finder's fee** n (US) prime f d'intermédiaire

findings [ˈfaɪndɪŋz] npl **a** (= conclusions, deductions) [of person, committee] conclusions fpl, constatations fpl ; [of scientist, researcher] conclusions fpl, résultats mpl (des recherches) ; (Jur) conclusions fpl, verdict m

b (= objects etc unearthed) découvertes fpl

fine[1] [faɪn] → SYN **1** n amende f, contravention f (esp Aut) ◆ **I got a fine for going through a red light** j'ai eu une amende or j'ai attrapé une contravention pour avoir brûlé un feu rouge

2 vt condamner à une amende, donner une contravention à (esp Aut) ◆ **he was fined £30** il a eu une amende de 30 livres, il a eu 30 livres d'amende ◆ **they fined him heavily** ils l'ont condamné à une lourde amende ◆ **he was fined for exceeding the speed limit** il a eu une amende or une contravention pour excès de vitesse ◆ **she was fined for possession of drugs** elle a été condamnée à une amende pour détention de stupéfiants

fine[2] [faɪn] → SYN **1** adj **a** (= excellent) performer, player, piece of work excellent ; place, object, example beau (belle f) ; view superbe ◆ **the finest footballer of his generation** le meilleur footballeur de sa génération ◆ **to be in fine form** être en pleine forme ◆ **you're doing a fine job** vous faites un excellent travail ◆ **to be in fine health** être en bonne santé ◆ **it's a fine thing to help others** c'est beau d'aider autrui ◆ **it was his finest hour** or **moment** ce fut son heure de gloire ; see also **finest** ; → **fettle, figure**

b (= acceptable) bien inv ◆ **how was I? – you were fine** comment je me suis débrouillé ? – bien ◆ **the wallpaper looks fine** le papier peint est bien ◆ **you look fine** tu es très bien ◆ **your idea sounds fine** votre idée semble bonne ◆ **the coffee's just fine** le café est parfait ◆ **everything's fine** tout va bien ◆ **everything's going to be just fine** tout va bien se passer ◆ **isn't the basket a bit too small? – it'll be fine** est-ce que le panier n'est pas un peu trop petit ? – ça ira ◆ **any questions? no? fine!** des questions ? non ? parfait ! ◆ **it's fine to interrupt me** vous pouvez m'interrompre ◆ **it's fine for men to cry** il n'y a rien de mal à ce que les hommes pleurent ◆ **it's fine for two** c'est très bien pour deux personnes ◆ **the hotel is fine for a weekend break** l'hôtel convient pour un séjour d'un week-end ◆ **this bike is fine for me** ce vélo me convient ◆ **these apples are fine for cooking** ces pommes sont parfaites comme pommes à cuire ◆ **that's all very fine, but ...** c'est bien beau or bien joli mais ...

c (= not unwell) **to be fine** aller bien ◆ **a glass of water and I'll be fine** un verre d'eau et ça ira ◆ **don't worry, I'm sure he'll be fine** ne t'inquiète pas, je suis sûr qu'il se remettra ◆ **to feel fine** se sentir bien ◆ **he looks fine** il a l'air en forme ◆ **how are you? – fine thanks** comment allez-vous ? – bien, merci

d (= without problems) **she'll be fine, the others will look after her** il ne lui arrivera rien, les autres s'occuperont d'elle ◆ **I'll be fine on my own** je me débrouillerai très bien tout seul

e (expressing agreement) très bien ◆ **I'll be back by lunchtime – fine!** je serai de retour à l'heure du déjeuner – très bien ! ◆ **that's fine by** or **with me** d'accord ◆ **if you want to give me a hand, that's fine by me** si tu veux me donner un coup de main, je veux bien ◆ **it'll take me a couple of days – that's fine by** or **with me** ça va me prendre quelques jours – d'accord ◆ **anything she wanted was usually fine with him** il était en général d'accord avec tout ce qu'elle demandait ◆ **shall we have another beer? – fine by me** or **sounds fine to me!** on prend encore une bière ? – bonne idée !

f (iro) **that's fine for you to say** c'est facile à dire ◆ **a fine friend you are!** c'est beau l'amitié ! ◆ **that's another fine mess you've got(ten) me into!** tu m'as encore mis dans un beau pétrin ! * ◆ **you're a fine one!** t'es bon, toi ! * ◆ **you're a fine one to talk!** ça te va bien de dire ça ! ◆ **fine words** belles paroles fpl

g (= honourable, refined) person bien inv ; feelings raffiné ◆ **he has no finer feelings** il n'a aucune noblesse de sentiment

h (= superior) food, ingredients raffiné ; wine fin ; furniture, china, fabric, clothes beau (belle f), raffiné ; jewellery précieux ; metal pur ; workmanship délicat ◆ **fine gold** or m fin ◆ **meat of the finest quality** viande f de première qualité ◆ **fine ladies and gentlemen** les beaux messieurs mpl et les belles dames fpl ◆ **she likes to play at being the fine lady** elle aime jouer les grandes dames

i (= delicate) fabric, powder, rain, hair, features, bones fin ; net, mesh à mailles fines ; mist léger ; → **print**

j (= subtle) adjustment minutieux ; detail, distinction subtil ◆ **there's a fine line between genius and madness/fact and fiction** entre le génie et la folie/la réalité et la fiction, la marge est étroite or la distinction est subtile ◆ **not to put too fine a point on it** pour parler franchement ◆ **the finer points of English grammar** les subtilités de la grammaire anglaise

k weather, day beau (belle f) ◆ **it's been fine all week** il a fait beau toute la semaine ◆ **all areas will be fine tomorrow** il fera beau partout demain ◆ **coastal areas will be fine** il fera beau sur la côte ◆ **I hope it keeps fine for you!** j'espère que vous continuerez à avoir beau temps ! ◆ **one fine day** un beau jour ◆ **one of these fine days** un de ces quatre matins, un de ces jours

2 adv **a** (* = well) bien ◆ **you're doing fine!** tu te débrouilles bien ! * ◆ **we get on fine** nous nous entendons bien ◆ **that suits me fine** ça me convient très bien

b (= not coarsely) **to chop sth fine** hacher qch menu ◆ **to cut sth fine** (lit) couper qch finement ◆ **to cut it fine** (fig) ne pas se laisser de marge ◆ **you're cutting it too fine** vous comptez trop juste

3 COMP ▷ **fine art** n (= subject) beaux-arts mpl ; (= works) objets mpl d'art ◆ **the fine arts** les beaux-arts mpl ◆ **a fine art** un véritable art ◆ **to get sth down** or **off to a fine art** faire qch à la perfection ▷ **fine-drawn** adj wire, thread finement étiré ▷ **fine-grained** adj wood au grain fin ; (Phot) à grain fin ▷ **fine-spun** adj yarn très fin, ténu ▷ **fine tooth comb** n peigne m fin ◆ **he went through the documents with a fine tooth comb** il a passé les documents au peigne fin or au crible ▷ **fine-tune** vt (fig) [+ production, the economy] régler avec précision ▷ **fine-tuning** n réglage m minutieux

► **fine down** **1** vi (= get thinner) s'affiner

2 vt sep (= reduce) réduire ; (= simplify) simplifier ; (= refine) raffiner

finely [ˈfaɪnlɪ] adv **a** (= exquisitely) crafted, carved finement ; written, painted avec finesse ◆ **finely detailed** aux détails précis

b (= not coarsely) chop menu ; cut, slice en tranches fines ; grate, grind fin ◆ **to dice sth finely** couper qch en petits dés

c (= delicately) **the case was finely balanced** l'issue du procès était tangente ◆ **the distinction was finely drawn** la distinction était très subtile ◆ **a finely judged speech** un discours avec des propos bien choisis ◆ **a finely tuned car** une voiture réglée avec précision ◆ **a finely tuned mind** un esprit aiguisé

fineness [ˈfaɪnnɪs] n **a** [of hair, powder, features, wine, material, china, clothes] finesse f ; [of workmanship] délicatesse f ; [of feelings] noblesse f ; [of detail, point, distinction] subtilité f

b [of metal] titre m

finery [ˈfaɪnərɪ] → SYN n parure † f ◆ **she wore all her finery** elle était parée de ses plus beaux atours † ◆ **wedding guests in all their finery** les invités d'un mariage vêtus de leurs plus beaux habits

finesse [fɪˈnes] → SYN **1** n finesse f ; (Cards) impasse f ◆ **with finesse** avec finesse, finement

2 vi (Cards) ◆ **to finesse against the King** faire l'impasse au roi

3 vt **a** (= manage skilfully) [+ details] peaufiner ; [+ problem, questions] aborder avec finesse ; (= avoid) esquiver ◆ **the skier finessed the difficulties of the mountain** le skieur s'est joué des difficultés de la montagne ◆ **no doubt he will try to finesse the problem** (pej) il cherchera sans doute à esquiver le problème

b (Cards) **to finesse the Queen** faire l'impasse en jouant la dame

finest [ˈfaɪnɪst] npl ◆ (US: iro = police) **Chicago's/the city's finest** la police de Chicago/de la ville ◆ **one of New York's finest** un agent de police new-yorkais

finger [ˈfɪŋgəʳ] → SYN **1** n **a** (Anat) doigt m ◆ **first** or **index finger** index m ; → **little, middle, ring** ◆ **between finger and thumb** entre le pouce et l'index ◆ **to count on one's fingers** compter sur ses doigts ◆ **I can count on the fingers of one hand the number of times he has ...** je peux compter sur les doigts d'une main le nombre de fois où il a ... ◆ **to point one's finger at sb** montrer qn du doigt ; see also **1b**

b (fig phrases) **he wouldn't lift a finger to help me** il ne lèverait pas le petit doigt pour m'aider ◆ **to point the finger at sb** (= accuse) montrer qn du doigt ; (= identify) identifier qn ◆ **to point the finger of suspicion at sb** faire peser des soupçons sur qn ◆ **to point the**

finger of blame at sb faire porter le blâme à qn ◆ **to keep one's fingers crossed** croiser les doigts ◆ **(keep your) fingers crossed!** croisons les doigts ! ◆ **keep your fingers crossed for me!** souhaite-moi bonne chance ! ◆ **to put** or **stick two fingers up at sb** * (Brit), **to give sb the finger** * (US) ≃ faire un bras d'honneur * à qn ◆ **to put one's finger on the difficulty** mettre le doigt sur la difficulté ◆ **there's something wrong, but I can't put my finger on it** il y a quelque chose qui cloche * mais je ne peux pas mettre le doigt dessus ◆ **to put the finger on sb** * (= betray) dénoncer qn ; (= indicate as victim) désigner qn comme victime ◆ **to pull** or **get one's finger out** ‡ se décarcasser * ◆ **pull your finger out!** ‡ remue-toi ! * ; → **green, pie, pulse, thumb**

c [of cake etc] petite part f ; [of whisky] doigt m ; [of land] langue f

2 vt **a** (= touch) toucher or manier (des doigts) ; (pej) tripoter ; [+ money] palper ; [+ keyboard, keys] toucher

b (Mus = mark fingering on) doigter, indiquer le doigté sur

c (esp US: ‡ = betray) moucharder *, balancer ‡

3 COMP ▷ **finger alphabet** n alphabet m des sourds-muets ▷ **finger board** n (Mus) touche f *(de guitare ou de violon etc)* ▷ **finger bowl** n rince-doigts m inv ▷ **finger buffet** n buffet m d'amuse-gueule(s) ▷ **finger-dry** vt **to finger-dry one's hair** passer les doigts dans ses cheveux pour les faire sécher ▷ **finger exercises** npl (for piano etc) exercices mpl de doigté ▷ **finger food** n amuse-gueule(s) m(pl) ▷ **finger painting** n peinture f avec les doigts ▷ **finger plate** n (on door) plaque f de propreté

fingering [ˈfɪŋgərɪŋ] n **a** (Mus) doigté m
b (= fine wool) laine f (fine) à tricoter
c [of goods in shop etc] maniement m

fingerless glove [ˈfɪŋgəlɪs] n mitaine f

fingermark [ˈfɪŋgəmɑːk] n trace f or marque f de doigts

fingernail [ˈfɪŋgəneɪl] n ongle m

fingerprint [ˈfɪŋgəprɪnt] **1** n empreinte f digitale
2 vt [+ car, weapon] relever les empreintes digitales sur ; [+ room, building] relever les empreintes digitales dans ; [+ person] relever les empreintes digitales de
3 COMP ▷ **fingerprint expert** n spécialiste mf en empreintes digitales, expert m en dactyloscopie

fingerstall [ˈfɪŋgəstɔːl] n doigtier m

fingertip [ˈfɪŋgətɪp] **1** n bout m du doigt ◆ **all the basic controls are at your fingertips** toutes les commandes principales sont à portée de votre main ◆ **I had the information at my fingertips** (= near to hand) j'avais ces informations à portée de main ◆ **he's a politician to his fingertips** c'est un homme politique jusqu'au bout des ongles
2 COMP ▷ **fingertip control** n **a machine with fingertip control** une machine d'un maniement (très) léger ▷ **fingertip hold** n (Climbing) gratton m

finial [ˈfaɪnɪəl] n fleuron m, épi m (de faîtage)

finicky [ˈfɪnɪkɪ] adj person pointilleux, tatillon ; work, job minutieux, qui demande de la patience ◆ **don't be so finicky!** ne fais pas le (or la) difficile ! ◆ **she is finicky about her food** elle est difficile pour or sur la nourriture

finish [ˈfɪnɪʃ] → SYN **1** n **a** (= end) fin f ; [of race] arrivée f ; (Climbing) sortie f ; (Hunting) mise f à mort ◆ **to be in at the finish** (fig) assister au dénouement (d'une affaire) ◆ **a fight to the finish** un combat sans merci ◆ **to fight to the finish** se battre jusqu'au bout ◆ **from start to finish** du début à la fin ; → **photo**

b (= surface, look) [of woodwork, manufactured articles] finition f ◆ **it's a solid car but the finish is not good** la voiture est solide mais les finitions sont mal faites ◆ **a car with a two-tone finish** une voiture (peinte) en deux tons ◆ **paint with a matt finish** peinture f mate ◆ **paint with a gloss finish** laque f ◆ **table with an oak finish** (stained) table f teintée chêne ; (veneered) table f plaquée or à placage chêne ◆ **a table with rather a rough finish** une table à la surface plutôt rugueuse

2 vt [+ activity, work, letter, game, meal, supplies, cake] finir, terminer ◆ **finish your soup** finis or mange ta soupe ◆ **to finish doing sth** finir de faire qch ◆ **I'm in a hurry to get this job finished** je suis pressé de finir or de terminer ce travail ◆ **to finish a book** finir or terminer un livre ◆ **to put the finishing touch** or **touches to sth** mettre la dernière main or la touche finale à qch ◆ **that last mile nearly finished me** * ces derniers quinze cents mètres ont failli m'achever or m'ont mis à plat * ; see also **finished**

3 vi **a** [book, film, game, meeting] finir, se terminer ; [holiday, contract] prendre fin ; [runner, horse] arriver, terminer ; (St Ex) clôturer, terminer ; (Climbing) sortir ◆ **the meeting was finishing** la réunion tirait à sa fin ◆ **our shares finished at $70** (St Ex) nos actions cotaient 70 dollars en clôture or en fin de séance ◆ **he finished by saying that ...** il a terminé en disant que ... ◆ **to finish well** (in race) arriver en bonne position ◆ **to finish first** arriver or terminer premier

b **I've finished with the paper** je n'ai plus besoin du journal ◆ **I've finished with politics once and for all** j'en ai fini avec la politique, j'ai dit une fois pour toutes adieu à la politique ◆ **she's finished with him** * (in relationship) elle l'a plaqué * ◆ **you wait till I've finished with you!** * attends un peu que je te règle ton compte ! *

4 COMP ▷ **finish line** (US) ligne f d'arrivée

► **finish off** **1** vi terminer, finir ◆ **let's finish off now** maintenant finissons-en ◆ **to finish off with a glass of brandy** terminer par or sur un verre de cognac ◆ **the meeting finished off with a prayer** la réunion a pris fin sur une prière, à la fin de la réunion on a récité une prière

2 vt sep **a** [+ work] terminer, mettre la dernière main à

b [+ food, meal] terminer, finir ◆ **finish off your potatoes!** finis or mange tes pommes de terre !

c (* fig = kill) [+ person, wounded animal] achever ◆ **his illness last year almost finished him off** sa maladie de l'année dernière a failli l'achever

► **finish up** **1** vi **a** ⇒ **finish off 1**

b se retrouver ◆ **he finished up in Rome** il s'est retrouvé à Rome, il a fini à Rome ◆ **he finished up selling sunglasses on the beach** il a fini (comme) vendeur de lunettes de soleil sur la plage

2 vt sep ⇒ **finish off 2b**

finished [ˈfɪnɪʃt] → SYN adj **a** (= at end of activity) **to be finished** [person] avoir fini ◆ **to be finished doing sth** (US) avoir fini de or terminé de faire qch ◆ **to be finished with sth** (= have completed) avoir fini qch ◆ **he was finished with marriage** le mariage, pour lui, c'était fini ◆ **to be finished with sb** (after questioning) en avoir fini avec qn ; (= have had enough of) ne plus vouloir entendre parler de qn

b (= at its end) **to be finished** [fighting, life] être fini ; [performance, trial] être fini or terminé

c (= tired) **to be finished** * être crevé *

d (= without a future) **to be finished** [politician, sportsperson, career] être fini

e (= decorated) **the room is finished in red** la pièce a des finitions rouges ◆ **the bedroom is finished with cream curtains** les rideaux crème complètent harmonieusement le décor de la chambre ◆ **the jacket is beautifully finished with hand-sewn lapels** la veste est joliment finie avec des revers cousus main ◆ **beautifully finished wood** du bois magnifiquement fini

f (= final) product, goods, painting, film fini ; result final ◆ **the finished article** (= product) le produit fini ; (= piece of writing) la version finale ◆ **he's the finished article** * il est génial *

finisher [ˈfɪnɪʃəʳ] n (Sport) ◆ **a fast finisher** un finisseur or une finisseuse rapide ◆ **a strong finisher** un bon finisseur, une bonne finisseuse ◆ **a good finisher** (Ftbl) un bon buteur ; (Rugby, Hockey etc) un bon marqueur, une bonne marqueuse

finishing [ˈfɪnɪʃɪŋ] **1** n (Ftbl) dons mpl de buteur ; (Rugby, Hockey etc) dons mpl de marqueur ◆ **his finishing is excellent** c'est un très bon buteur or marqueur

2 COMP ▷ **finishing line** n ligne f d'arrivée ◆ **to cross the finishing line** (Sport) franchir la ligne d'arrivée ; (fig) toucher au but ◆ **we'll never make it to the finishing line with this project** nous ne verrons jamais le bout de ce projet ▷ **finishing school** n institution f pour jeunes filles (de bonne famille)

finite [ˈfaɪnaɪt] → SYN **1** adj **a** (= limited) number, set, being, world, universe fini ; amount, period, life, resources limité
b (Gram) verb *dont la forme est fixée par le temps et la personne ;* clause *à forme verbale fixée par le temps et la personne*
2 COMP ▷ **finite state grammar** n grammaire f à états finis

fink ‡ [fɪŋk] (US pej) **1** n (= strikebreaker) jaune * m ; (= informer) mouchard * m, indic * m ; (= unpleasant person) sale type m
2 vt moucharder *, dénoncer

► **fink out** ‡ vi (US) échouer, laisser tomber

Finland [ˈfɪnlənd] n la Finlande

Finlandization [ˌfɪnləndaɪˈzeɪʃən] n finlandisation f

Finn [fɪn] n (gen) Finlandais(e) m(f) ; (also **Finnish speaker**) Finnois(e) m(f)

finnan haddock [ˈfɪnən] n haddock m

Finnish [ˈfɪnɪʃ] **1** adj gen finlandais ; ambassador, embassy de Finlande ; teacher de finnois ; literature, culture, civilization finnois
2 n (Ling) finnois m

Finno-Ugric [ˈfɪnəʊˈuːgrɪk], **Finno-Ugrian** [ˈfɪnəʊˈuːgrɪən] n, adj (Ling) finno-ougrien m

fiord [fjɔːd] n fjord or fiord m

fipple flute [ˈfɪpl] n flûte f à bec

fir [fɜːʳ] n (also **fir tree**) sapin m ◆ **fir cone** pomme f de pin

fire [faɪəʳ] → SYN **1** n **a** (gen) feu m ; (= blaze) incendie m ◆ **fire!** au feu ! ◆ **forest fire** incendie m de forêt ◆ **to insure o.s. against fire** s'assurer contre l'incendie ◆ **to lay/light/make up the fire** préparer/allumer/faire le feu ◆ **come and sit by the fire** venez vous installer près du feu or au coin du feu ◆ **I was sitting in front of a roaring fire** j'étais assis devant une belle flambée ◆ **fire and brimstone** (fig) les tourments mpl (liter) de l'enfer ; see also **4** ◆ **by fire and sword** par le fer et par le feu ◆ **he would go through fire and water for her** il se jetterait dans le feu pour elle ◆ **to have fire in one's belly** avoir le feu sacré ; → **play**

◆ **on fire** ◆ **the house was on fire** la maison était en feu or en flammes ◆ **the chimney was on fire** il y avait un feu de cheminée

◆ **to catch fire** ◆ (lit) prendre feu ; (fig) [play, film, idea] décoller ◆ **her dress caught fire** sa robe s'est enflammée or a pris feu ◆ **the issue caught fire** la question est devenue brûlante or délicate

◆ **to set fire to sth, to set sth on fire** mettre le feu à qch ◆ **to set the world on fire** révolutionner le monde ◆ **he'll never set the world** or **the Thames** (Brit) or **the heather** (Scot) **on fire** il n'impressionnera jamais par ses prouesses

b (Brit = heater) radiateur m ; → **electric**

c (Mil) feu m ◆ **to open fire** ouvrir le feu, faire feu ◆ **fire!** feu ! ◆ **between two fires** (fig) entre deux feux ◆ **under fire** sous le feu de l'ennemi ◆ **to come under fire, to draw fire** (Mil) essuyer le feu (de l'ennemi) ; (fig = be criticized) essuyer des critiques ◆ **to return fire** riposter par le feu ◆ **to hang** or **hold fire** [guns] faire long feu ; (on plans etc) traîner (en longueur) ◆ **to hold one's fire** (= stop firing) suspendre le tir ; (= hold back) ne pas tirer ◆ **to fight fire with fire** combattre le feu par le feu ; → **ceasefire, line¹**

d (NonC = passion) ardeur f, feu m (liter) ◆ **to speak with fire** parler avec feu (liter) or avec ardeur

2 vt **a** (= set fire to) incendier, mettre le feu à ; (fig) [+ imagination, passions, enthusiasm] enflammer, exciter ◆ **fired with the desire to do sth** brûlant de faire qch ; → **gas, oil**

b [+ gun] décharger, tirer ; [+ rocket] tirer ; (* = throw) balancer * ◆ **to fire a gun at sb** tirer (un coup de fusil) sur qn ◆ **to fire a shot** tirer un coup de feu (*at* sur) ◆ **without firing a shot** sans tirer un coup (de feu) ◆ **to fire a salute** or **a salvo** lancer or tirer une salve ◆ **to fire a salute of 21 guns** saluer de 21 coups de canon ◆ **she fired an elastic band at me*** elle m'a tiré dessus* avec un élastique ◆ **to fire (off) questions at sb** bombarder qn de questions ◆ **"your name?" he suddenly fired at me** "votre nom ?" me demanda-t-il à brûle-pourpoint

c (* = dismiss) virer*, renvoyer ◆ **you're fired!** vous êtes viré* or renvoyé !

d [+ pottery] cuire ; [+ furnace] chauffer

3 vi **a** [person] (gen) tirer ; (Mil, Police) tirer, faire feu (*at* sur) ; [gun] partir ◆ **the revolver failed to fire** le coup n'est pas parti ◆ **fire away** (fig) vas-y !, tu peux y aller

b [engine] tourner ◆ **it's only firing on two cylinders** il n'y a que deux cylindres qui marchent ; see also **cylinder** ◆ **the engine is firing badly** le moteur tourne mal

4 COMP ▷ **fire alarm** n alarme f d'incendie ▷ **fire-and-brimstone** adj sermon, preacher apocalyptique ▷ **fire appliance** n (Brit) voiture f de pompiers ▷ **fire brigade** n (esp Brit) (brigade f des) (sapeurs-)pompiers mpl ▷ **fire chief** n (US) capitaine m des pompiers ▷ **fire clay** n (Brit) argile f réfractaire ▷ **fire commissioner** n (US) responsable mf des pompiers ▷ **fire control** n (Mil) conduite f du tir ▷ **fire curtain** n (Theat) rideau m de fer ▷ **fire-damage** n dégâts mpl causés par le feu ▷ **fire-damaged** adj endommagé par le feu ▷ **fire department** n (US) ⇒ **fire brigade** ▷ **fire door** n porte f coupe-feu ▷ **fire drill** n exercice m d'évacuation *(en cas d'incendie)* ▷ **fire-eater** n (lit) cracheur m de feu ; (fig) belliqueux m, -euse f ▷ **fire engine** n (= vehicle) voiture f de pompiers ; (= apparatus) pompe f à incendie ▷ **fire escape** n (= staircase) escalier m de secours ; (= ladder) échelle f d'incendie ▷ **fire exit** n sortie f de secours ▷ **fire extinguisher** n extincteur m ▷ **fire fighter** n (= fireman) pompier m ; (volunteer) pompier m volontaire ▷ **fire-fighting** n lutte f contre les incendies or anti-incendie ◇ adj equipment, team de lutte contre les incendies or anti-incendie ▷ **fire hall** n (Can) caserne f de pompiers ▷ **fire hazard** n **it's a fire hazard** cela pourrait provoquer un incendie ▷ **fire hydrant** n bouche f d'incendie ▷ **fire insurance** n assurance-incendie f ▷ **fire irons** npl garniture f de foyer, accessoires mpl de cheminée ▷ **fire marshal** n (US) ⇒ **fire chief** ▷ **fire power** n (Mil) puissance f de feu ▷ **fire practice** n ⇒ **fire drill** ▷ **fire prevention** n mesures fpl de sécurité or de prévention contre l'incendie ▷ **fire-raiser** n (Brit) incendiaire mf, pyromane mf ▷ **fire-raising** n (Brit) pyromanie f ▷ **fire regulations** npl consignes fpl en cas d'incendie ▷ **fire retardant** adj, n ignifuge m ▷ **fire risk** n ⇒ **fire hazard** ▷ **fire sale** n (lit) *vente de marchandises légèrement endommagées dans un incendie* ; (fig) braderie f ◆ **fire-sale prices** prix mpl massacrés ▷ **fire screen** n écran m de cheminée ▷ **fire service** n ⇒ **fire brigade** ▷ **fire ship** n (Hist, Mil) brûlot m ▷ **fire station** n caserne f de pompiers ▷ **fire trap** n **it's a fire trap** c'est une véritable souricière en cas d'incendie ▷ **fire truck** n (US) ⇒ **fire engine** ▷ **fire warden** n (US) responsable mf de la lutte contre les incendies or anti-incendie ▷ **fire watcher** n guetteur m *(dans la prévention contre les incendies)* ▷ **fire watching** n surveillance f contre les incendies

► **fire away** vi → **fire 3a**

► **fire off** vt sep → **fire 2b**

firearm ['faɪər,ɑːm] n arme f à feu

fireback ['faɪəbæk] n [of chimney] contrecœur m, contre-feu m

fireball ['faɪəbɔːl] n (= meteor) bolide m ; (= lightning, nuclear) boule f de feu ; (Mil) bombe f explosive ◆ **he's a real fireball** il pète le feu*

Firebird ['faɪəbɜːd] n ◆ **The Firebird** (Mus) l'Oiseau m de feu

fireboat ['faɪəbəʊt] n bateau-pompe m

firebomb ['faɪəbɒm] **1** n bombe f incendiaire

2 vt lancer une (or des) bombe(s) incendiaire(s) sur

firebrand ['faɪəbrænd] n (lit) brandon m ◆ **he's a real firebrand** (= energetic person) il pète le feu* ; (causing unrest) c'est un fauteur de troubles

firebreak ['faɪəbreɪk] n pare-feu m, coupe-feu m

firebrick ['faɪəbrɪk] n brique f réfractaire

firebug* ['faɪəbʌg] n incendiaire mf, pyromane mf

firecracker ['faɪə,krækəʳ] n pétard m

firecrest ['faɪəkrest] n (Orn) roitelet m triple bandeau

firedamp ['faɪədæmp] n (Min) grisou m

firedogs ['faɪədɒgz] npl chenets mpl

firefight ['faɪəfaɪt] n (Mil) échange m de coups de feu

firefly ['faɪəflaɪ] n luciole f

fireguard ['faɪəgɑːd] n (in hearth) pare-feu m, pare-étincelles m ; (in forest) pare-feu m, coupe-feu m

firehouse ['faɪəhaʊs] n (US) ⇒ **fire station** ; → **fire**

firelight ['faɪəlaɪt] n lueur f du feu ◆ **by firelight** à la lueur du feu

firelighter ['faɪə,laɪtəʳ] n allume-feu m ; (= sticks) ligot m

fireman ['faɪəmən] **1** n, pl **-men** (in fire brigade) (sapeur-)pompier m ; (Rail) chauffeur m

2 COMP ▷ **fireman's lift** n **to give sb a fireman's lift** (Brit) porter qn sur l'épaule

fireplace ['faɪəpleɪs] n cheminée f, foyer m

fireplug ['faɪəplʌg] n (US) ⇒ **fire hydrant** ; → **fire**

fireproof ['faɪəpruːf] **1** vt ignifuger

2 adj material ignifugé, ininflammable

3 COMP ▷ **fireproof dish** n (Culin) plat m allant au feu ▷ **fireproof door** n porte f ignifugée or à revêtement ignifuge

fireside ['faɪəsaɪd] n foyer m, coin m du feu ◆ **fireside chair** fauteuil m club ; (without arms) chauffeuse f

firestorm ['faɪəstɔːm] n (lit) incendie m dévastateur ◆ **a firestorm of protest** (US) un tollé (général), une levée de boucliers ◆ **a firestorm of criticism** une avalanche de critiques ◆ **a firestorm of controversy** une vive controverse

firewall ['faɪəwɔːl] n (Internet) mur m pare-feu

firewater* ['faɪə,wɔːtəʳ] n alcool m, gnôle* f

firewood ['faɪəwʊd] n bois m de chauffage, bois m à brûler

firework ['faɪəwɜːk] **1** n (fusée f de) feu m d'artifice

2 **fireworks** npl (also **firework(s) display**) feu m d'artifice

firing ['faɪərɪŋ] **1** n **a** [of pottery] cuite f, cuisson f

b (Mil) tir m ; (= gun battle) fusillade f

2 COMP ▷ **firing hammer** n [of firearm] percuteur m ▷ **firing line** n ligne f de tir ◆ **to be in the firing line** (lit) être dans la ligne de tir ; (fig) être sous le feu des attaques ◆ **to be in sb's firing line** (fig) être la cible de qn ◆ **to be out of the firing line** (fig) ne plus être sous le feu des attaques ▷ **firing pin** n ⇒ **firing hammer** ▷ **firing squad** n peloton m d'exécution

firkin ['fɜːkɪn] n (= barrel) tonneau m ; (Brit: = measure) *neuf gallons (environ 40 litres)*

firm¹ [fɜːm] → SYN n (Comm) entreprise f ◆ **there are four doctors in the firm*** (Brit Med) quatre médecins partagent le cabinet ◆ **the Firm*** (= Mafia) la Mafia

firm² [fɜːm] → SYN **1** adj **a** (= hard) fruit, ground, muscles, breasts, handshake ferme ◆ **the cake should be firm to the touch** le gâteau doit être ferme au toucher

b (= steady, secure) table, ladder stable ; voice ferme ◆ **a sofa that provides firm support for the back** un canapé qui maintient bien le dos ◆ **to get** or **take a firm grip** or **hold on** (lit) object, person saisir fermement ◆ **to have** or **keep a firm grip** or **hold on** (lit) object, person tenir fermement ; see also **1c**

c (= strong, solid) grasp, understanding bon ; foundation, base, support solide ◆ **to be on a firm footing** finances, relationship être sain ◆ **to put sth on a firm footing** établir qch sur une base solide ◆ **to be in firm control of sth, to keep sth under firm control** tenir qch bien en main ◆ **it is my firm belief that ...** je crois fermement que ... ◆ **to be a firm believer in sth** croire fermement à qch ◆ **it is my firm conviction that ...** je suis fermement convaincu que ... ◆ **to have a firm grasp of sth** subject, theory avoir une connaissance solide de qch ◆ **they became firm friends** ils sont devenus de grands amis ◆ **he's a firm favourite (with the young)** c'est le grand favori m (des jeunes) ◆ **to have** or **keep a firm grip on power** tenir (fermement) les rênes du pouvoir ◆ **to have** or **keep a firm grip on spending** surveiller de près les dépenses

d (= resolute, determined) person, leadership ferme ; action, measure sévère ◆ **to be firm about sth** être ferme à propos de qch ◆ **with a firm hand** d'une main ferme ◆ **to be firm with sb, to take a firm hand with sb** être ferme avec qn ◆ **to take a firm line** or **stand (against sth)** adopter une attitude ferme (contre qch) ◆ **to hold** or **stand firm (against sth)** tenir bon (face à qch)

e (= definite, reliable) agreement, conclusion, decision définitif ; commitment, intention ferme ; promise formel ; information, news sûr ; evidence solide ; date fixé, arrêté ◆ **firm offer** (Comm) offre f ferme

f (Fin) price ferme, stable ; currency stable ◆ **the pound was firm against the dollar** la livre était ferme par rapport au dollar ◆ **to hold firm** rester stable or ferme

2 vt ⇒ **firm up 2**

3 vi ⇒ **firm up 1**

► **firm up** **1** vi [plans, programme] se préciser ; [muscles, stomach] se raffermir ; (Fin) [currency] se consolider

2 vt sep [+ plans etc] préciser ; [+ muscles, stomach] raffermir ; (Fin) [+ currency] consolider

firmament ['fɜːməmənt] n firmament m ◆ **she's a rising star in the political/movie firmament** c'est une étoile montante du monde politique/du monde du cinéma

firmly ['fɜːmlɪ] → SYN adv fix, base solidement ; anchor profondément, solidement ; root profondément ; shut, establish, stick bien ; hold, believe, maintain, reject, tell fermement ; speak, say avec fermeté ; deny formellement ◆ **firmly in place** bien en place ◆ **legs firmly planted on the ground** les jambes bien plantées sur le sol ◆ **the jelly is firmly set** la gelée est bien ferme ◆ **to be firmly committed to doing sth** s'être engagé à faire qch ◆ **to be firmly in control of the situation** avoir la situation bien en main ◆ **firmly entrenched attitudes** des attitudes très arrêtées ◆ **firmly held opinions** des convictions fpl ◆ **firmly opposed to sth** fermement opposé à qch ◆ **she had her sights firmly set on a career** elle avait bien l'intention de faire carrière

firmness ['fɜːmnɪs] → SYN n [of person, object, handshake, currency] fermeté f ; [of step, voice, manner] fermeté f, assurance f ◆ **firmness of purpose** détermination f

firmware ['fɜːmweəʳ] n (Comput) microprogramme m

first [fɜːst] → SYN **1** adj premier ◆ **the first of May** le premier mai ◆ **the twenty-first time** la vingt et unième fois ◆ **Charles the First** Charles Premier, Charles Iᵉʳ ◆ **in the first place** en premier lieu, d'abord ◆ **first principles** principes mpl premiers ◆ **first ascent** (Climbing) première f ◆ **he did it the very first time** il l'a fait du premier coup ◆ **it's not the first time and it won't be the last** ce n'est pas la première fois et ce ne sera pas la dernière ◆ **they won for the first and last time in 1932** ils ont gagné une seule et unique fois en 1932 or pour la première et la dernière fois en 1932 ◆ **there's always a first time** il y a un début à tout ◆ **I haven't got the first idea*** je n'en ai pas la moindre idée ◆ **she doesn't know the first thing about it** elle est complètement ignorante là-dessus ◆ **first things first!** les choses importantes d'abord ! (hum) ◆ **she's past her first youth** elle n'est plus de la première or prime jeunesse ◆ **of the first water** (fig) de tout premier ordre ; see also **4** ; → **first-class, floor, love, offender, sight**

◆ **first thing** ◆ **he goes out first thing in the morning** (= at early hour) il sort très tôt le matin ; (= soon after waking) il sort dès qu'il est levé ◆ **I'll do it first thing in the morning** or **first thing tomorrow** je le ferai dès demain matin, je le ferai demain à la première heure ◆ **take the pills first thing in the morning** prenez les pilules dès le réveil

2 adv **a** (= at first) d'abord ; (= firstly) d'abord, premièrement ; (= in the beginning) au début ; (= as a preliminary) d'abord, au préalable

◆ first you take off the string, then you ... d'abord on enlève la ficelle, ensuite ..., premièrement on enlève la ficelle, deuxièmement on ... ◆ when we first lived here quand nous sommes venus habiter ici ◆ he accepted but first he wanted ... il a accepté mais au préalable or d'abord il voulait ... ◆ he's a patriot first and a socialist second il est patriote avant d'être socialiste, chez lui, le patriote l'emporte sur le socialiste ◆ she arrived first elle est arrivée la première ◆ to come first (= arrive) arriver le premier ; (in exam, competition) être reçu premier ◆ my family comes first ma famille passe avant tout or compte plus que tout le reste ◆ one's health comes first il faut penser à sa santé d'abord, la santé est primordiale ◆ she comes first with him pour lui, elle compte plus que tout or elle passe avant tout le reste ◆ it comes first with him pour lui, c'est ça qui compte avant tout or c'est ça qui passe en premier ◆ first come first served les premiers arrivés seront les premiers servis ◆ you go first! (gen) allez-y d'abord ; (in doorway) passez devant !, après vous ! ◆ ladies first! les dames d'abord !, place aux dames ! ◆ women and children first les femmes et les enfants d'abord ◆ he says first one thing and then another il se contredit sans cesse, il dit tantôt ceci, tantôt cela ◆ she looked at first one thing then another elle regardait tantôt ceci, tantôt cela ◆ first you agree, then you change your mind! d'abord or pour commencer tu acceptes, et ensuite tu changes d'avis ! ◆ I must finish this first il faut que je termine (subj) ceci d'abord

♦ **first and foremost** tout d'abord, en tout premier lieu

♦ **first and last** avant tout

♦ **first of all, first off** * tout d'abord

b (= for the first time) pour la première fois ◆ when did you first meet him? quand est-ce que vous l'avez rencontré pour la première fois ?

c (= in preference) plutôt ◆ I'd die first! plutôt mourir ! ◆ I'd resign first! je préfère démissionner !, plutôt démissionner ! ◆ I'd give up my job first, rather than do that j'aimerais mieux renoncer à mon travail que de faire cela

3 n a premier m, -ière f ◆ he was among the very first to arrive il est arrivé parmi les tout premiers ◆ they were the first to come ils sont arrivés les premiers ◆ he was among the first to meet her il a été l'un des premiers à la rencontrer ◆ another first for Britain (= achievement) une nouvelle première pour la Grande-Bretagne ◆ first in, first out (Ind) premier entré, premier sorti ◆ the first I heard of it was when ... je n'étais pas au courant, je l'ai appris quand ... ◆ that's the first I've heard of it! c'est la première fois que j'entends parler de ça !

♦ **at first** d'abord, au commencement, au début

♦ **from first to last** du début or depuis le début (jusqu')à la fin

♦ **from the first** ◆ they liked him from the first ils l'ont aimé dès le début or dès le premier jour

b (also first gear) première f (vitesse) ◆ in first en première

c (Brit Univ) he got a first ≃ il a eu sa licence avec mention très bien ◆ to get a double first *obtenir sa licence avec mention très bien dans deux disciplines*

4 COMP ▷ **first aid** n → first aid ▷ **first aider** n secouriste mf ▷ **First Amendment (of the Constitution)** n (in US) the First Amendment le premier amendement de la constitution des États-Unis *(sur la liberté d'expression et de pensée)* ▷ **first base** n (Baseball) première base f ◆ he didn't even get to first base * (fig) il n'a même pas franchi le premier obstacle (fig) ◆ these ideas didn't even get to first base ces idées n'ont jamais rien donné ▷ **first-born** adj, n premier-né m, première-née f ▷ **first-class** adj → first-class ▷ **the first couple** n (US Pol) le couple présidentiel ▷ **first cousin** n cousin(e) m(f) germain(e) or au premier degré ▷ **first-day cover** n (Post) émission f du premier jour ▷ **first edition** n première édition f ; (valuable) édition f originale or princeps ▷ **first-ever** adj tout premier ▷ **the first family** n (US Pol) la famille du président ▷ **first floor** n on the first floor (Brit) au premier (étage) ; (US) au rez-de-chaussée ▷ **first-foot** (Scot) n *première personne à franchir le seuil d'une maison le premier janvier* ◇ vi *rendre visite à ses parents ou amis après minuit à la Saint-Sylvestre* ▷ **first-footing** n (Scot) *coutume écossaise de rendre visite à ses parents ou amis après minuit à la Saint-Sylvestre* ; → HOGMANAY ▷ **first form** n (Brit Scol) ≃ (classe f de) sixième f ▷ **first fruits** npl (fig) premiers résultats mpl ▷ **first-generation** adj de première génération ◆ he's a first-generation American c'est un Américain de première génération ▷ **first grade** n (US Scol) cours m préparatoire ▷ **first hand** n I got it at first hand je l'ai appris de première main ▷ **first-hand** → SYN adj article, news, information de première main ▷ **first lady** n première dame f ; (US Pol) première dame f des États-Unis *(ou personne servant d'hôtesse à sa place)* ◆ the first lady of jazz la plus grande dame du jazz ▷ **first language** n première langue f ▷ **first lieutenant** n (Brit Naut) lieutenant m de vaisseau ; (US Aviat) lieutenant m ▷ **first mate** n (Naut) second m ▷ **first minister** n Premier ministre m ; (in Scotland) *chef du gouvernement régional écossais* ▷ **first name** n prénom m, nom m de baptême ◆ my first name is Ellis mon prénom est Ellis ▷ **first-name** adj to be on first-name terms with sb appeler qn par son prénom ▷ **the first-named** n (frm) le premier, la première ▷ **first night** n (Theat etc) première f ▷ **first-nighter** n (Theat etc) habitué(e) m(f) des premières ▷ **first officer** n (Naut) ⇒ **first mate** ▷ **first-past-the-post system** n (Pol) système m majoritaire à un tour ▷ **first performance** n (Cine, Theat) première f ; (Mus) première audition f ▷ **first person** n (Gram) première personne f ▷ **first-rate** adj → first-rate ▷ **first school** n (Brit) école f primaire *(pour enfants de 5 à 8 ou 9 ans)* ▷ **First Secretary** n (in Wales) *chef du gouvernement régional gallois* ▷ **first strike capability** n (Mil) capacité f de première frappe ▷ **first-time buyer** n (primo-)accédant m à la propriété ▷ **first-timer** * n a (= novice) débutant(e) m(f) b ⇒ first-time buyer ▷ **first violin** n premier violon m ▷ **the First World** n les pays mpl industrialisés ▷ **the First World War** n la première guerre mondiale ▷ **first year infants** npl (Brit Scol) cours m préparatoire

-first [fɜːst] adv (in compounds) ◆ feet-first les pieds devant ; → head

first aid [ˈfɜːstˈeɪd] 1 n premiers secours mpl or soins mpl, secours mpl d'urgence ; (= subject of study) secourisme m ◆ to give first aid donner les soins or secours d'urgence

2 COMP ▷ **first-aid box** n ⇒ first-aid kit ▷ **first-aid classes** npl cours mpl de secourisme ▷ **first-aid kit** n trousse f de premiers secours or à pharmacie ▷ **first-aid post, first-aid station** n poste m de secours ▷ **first-aid worker** n secouriste mf

first-class [ˌfɜːstˈklɑːs] 1 adj a (= first-rate) food, facilities, service, hotel excellent ; candidate, administrator remarquable, exceptionnel ◆ to have a first-class brain être d'une intelligence exceptionnelle

b (Rail, Aviat, Naut) travel, flight en première (classe) ; ticket, passenger, carriage, compartment de première (classe)

c (Post) mail, letter, stamp en tarif prioritaire ◆ first-class postage tarif m prioritaire

d (Univ) a first-class (honours) degree ≃ une licence avec mention très bien ◆ a first-class honours graduate ≃ un(e) diplômé(e) qui a obtenu la mention très bien ◆ to graduate with first-class honours ≃ obtenir son diplôme avec la mention très bien

2 adv travel, fly en première classe ; (Post) send, go en tarif prioritaire

firstly [ˈfɜːstlɪ] LANGUAGE IN USE 26.1, 26.2 adv d'abord, premièrement, en premier lieu

first-rate [ˈfɜːstˈreɪt] → SYN adj excellent ◆ to do a first-rate job faire un excellent travail ◆ he's a first-rate translator c'est un traducteur de premier ordre or un excellent traducteur

firth [fɜːθ] n (gen Scot) estuaire m, bras m de mer ◆ the Firth of Clyde l'estuaire m de la Clyde

FIS [ˌefaɪˈes] (Brit) (abbrev of Family Income Supplement) → family

fiscal [ˈfɪskəl] 1 adj fiscal ◆ fiscal drag *ralentissement de l'économie dû à une fiscalisation excessive*, fiscal drag m (SPEC) ◆ fiscal year année f fiscale, exercice m fiscal ; → procurator

2 n (Scot Jur) ≃ procureur m de la République

fiscalist [ˈfɪskəlɪst] n fiscaliste mf

fish [fɪʃ] 1 n, pl fish or fishes a poisson m ◆ I caught two fish j'ai pris deux poissons ◆ to play a fish fatiguer un poisson ◆ I've got other fish to fry j'ai d'autres chats à fouetter ◆ there are plenty more fish in the sea (gen) les occasions ne manquent pas ; (relationship) un(e) de perdu(e) dix de retrouvé(e)s ◆ it's neither fish nor fowl (or nor flesh) nor good red herring ce n'est ni chair ni poisson ◆ he's like a fish out of water il est comme un poisson hors de l'eau ◆ he's a queer fish! * c'est un drôle de numéro * or de lascar * (celui-là) ! ◆ poor fish! * pauvre type ! * ◆ the Fishes (Astron) les Poissons mpl ; → big, cold, drink, goldfish, kettle

b (NonC: Culin) poisson m

2 vi pêcher ◆ to go fishing aller à la pêche ◆ to go salmon fishing aller à la pêche au saumon ◆ to fish for trout pêcher la truite ◆ to fish in troubled waters pêcher en eau trouble (fig) ◆ to fish for compliments chercher les compliments ◆ to fish for information aller à la pêche (aux informations) ◆ fish or cut bait * (US) allez, décide-toi !

3 vt [+ trout, salmon] pêcher ; [+ river, pool] pêcher dans ; (fig) (= find) pêcher * ◆ they fished the cat from the well ils ont repêché le chat du puits ◆ he fished a handkerchief from his pocket il a extirpé un mouchoir de sa poche ◆ where on earth did you fish that (up) from? * où diable as-tu été pêcher ça ? *

4 COMP ▷ **fish and chips** n (pl inv) poisson m frit et frites ▷ **fish-and-chip shop** n friterie f ▷ **fish cake** n (Culin) croquette f de poisson ▷ **fish-eye** n (in door) œil m panoramique ▷ **fish-eye lens** n (Phot) fish-eye m ▷ **fish factory** n conserverie f de poisson ▷ **fish farm** n centre m de pisciculture ▷ **fish farmer** n pisciculteur m, -trice f ▷ **fish farming** n pisciculture f ▷ **fish fingers** npl (Brit) bâtonnets mpl de poisson ▷ **fish fork** n fourchette f à poisson ; see also fish knife ▷ **fish fry** n (US) pique-nique m *(où l'on fait frire du poisson)* ▷ **fish glue** n colle f de poisson ▷ **fish hook** n hameçon m ▷ **fish kettle** n (Culin) poissonnière f ▷ **fish knife** n, pl **fish knives** couteau m à poisson ◆ fish knife and fork couvert m à poisson ; see also fish fork ▷ **fish ladder** n échelle f à poissons ▷ **fish manure** n engrais m de poisson ▷ **fish market** n (retail) marché m au poisson ; (wholesale) criée f ▷ **fish meal** n (= fertilizer) guano m de poisson ; (= feed) farine f de poisson ▷ **fish paste** n (Culin) beurre m de poisson ▷ **fish-pole** n (US) canne f à pêche ▷ **fish shop** n poissonnerie f ▷ **fish slice** n (Brit Culin) pelle f à poisson ▷ **fish sticks** npl (US) ⇒ fish fingers ▷ **fish store** n (US) ⇒ fish shop ▷ **fish story** * n (US) histoire f de pêcheur, histoire f marseillaise ▷ **fish-tail** vi (US) [car] chasser ▷ **fish tank** n aquarium m

► **fish out** vt sep (from water) sortir, repêcher ; (from box, drawer etc) sortir, extirper (*from* de) ◆ he fished out a piece of string from his pocket il a extirpé un bout de ficelle de sa poche ◆ to fish sb out of a river repêcher qn d'une rivière

► **fish up** vt sep (from water) pêcher, repêcher ; (from bag etc) sortir ; see also fish 3

fishbone [ˈfɪʃbəʊn] n arête f

fishbowl [ˈfɪʃbəʊl] n bocal m (à poissons)

fisher [ˈfɪʃəʳ] n pêcheur m

fisherman [ˈfɪʃəmən] n, pl -men pêcheur m ◆ he's a keen fisherman il aime beaucoup la pêche ◆ fisherman's tale (Brit fig) histoire f de pêcheur, histoire f marseillaise

fishery [ˈfɪʃərɪ] n pêcherie f, pêche f

fishing [ˈfɪʃɪŋ] 1 n pêche f ◆ "fishing prohibited" "pêche interdite", "défense de pêcher" ◆ "private fishing" "pêche réservée"

2 COMP ▷ **fishing boat** n barque f de pêche ; (bigger) bateau m de pêche ▷ **fishing expedition** n to go on a fishing expedition (lit) aller à la pêche ; (fig) chercher à en savoir plus

long ▷ **fishing fleet** n flottille f de pêche ▷ **fishing grounds** npl pêches fpl, lieux mpl de pêche ▷ **fishing harbour** n port m de pêche ▷ **fishing line** n ligne f de pêche ▷ **fishing net** n (on fishing boat) filet m (de pêche) ; [of angler, child] épuisette f ▷ **fishing permit** n permis m or licence f de pêche ▷ **fishing port** n port m de pêche ▷ **fishing rod** n canne f à pêche ▷ **fishing tackle** n attirail m de pêche

fishmonger [ˈfɪʃˌmʌŋgəʳ] n (esp Brit) marchand(e) m(f) de poisson, poissonnier m, -ière f

fishnet [ˈfɪʃnet] [1] n (on fishing boat) filet m (de pêche) ; [of angler] épuisette f

[2] COMP tights, stockings résille inv

fishplate [ˈfɪʃpleɪt] n (Rail) éclisse f

fishpond [ˈfɪʃpɒnd] n bassin m à poissons ; (in fish farming) vivier m

fishskin disease [ˈfɪʃˌskɪn] n ichtyose f

fishwife [ˈfɪʃwaɪf] n, pl **-wives** marchande f de poisson, poissonnière f ; (pej) harengère f, poissarde f ◆ **she talks like a fishwife** (pej) elle a un langage de poissarde, elle parle comme une marchande de poisson

fishy [ˈfɪʃɪ] → SYN adj **a** smell de poisson ◆ **it smells fishy in here** ça sent le poisson ici

b (* = suspicious) louche, douteux ◆ **the whole business seems** or **smells very fishy to me** toute cette histoire m'a l'air bien louche ◆ **it seems** or **smells rather fishy** ça ne me paraît pas très catholique *

fissile [ˈfɪsaɪl] adj fissile

fission [ˈfɪʃən] n fission f ; → **nuclear**

fissionable [ˈfɪʃnəbl] adj fissible

fissiparous [fɪˈsɪpərəs] adj fissipare, scissipare

fissure [ˈfɪʃəʳ] → SYN n (gen) fissure f, crevasse f ; (in brain) scissure f

fissured [ˈfɪʃəd] adj fissuré

fist [fɪst] [1] n poing m ◆ **he hit me with his fist** il m'a donné un coup de poing ◆ **he shook his fist at me** il m'a menacé du poing

[2] COMP ▷ **fist fight** n pugilat m, bagarre f à coups de poing ◆ **to have a fist fight (with sb)** se battre à coups de poing (avec qn)

fistful [ˈfɪstfʊl] n poignée f

fisticuffs [ˈfɪstɪkʌfs] npl coups mpl de poing

fistula [ˈfɪstjʊlə] n, pl **fistulas** or **fistulae** [ˈfɪstjʊliː] fistule f

fistular [ˈfɪstjʊləʳ] adj (Med) fistulaire

fit¹ [fɪt] → SYN [1] adj **a** person (= suitable, suited) capable (*for* de) ; (= worthy) digne (*for* de) ◆ **he isn't fit to rule the country** (= not capable) il n'est pas capable de gouverner le pays ; (= not worthy) il n'est pas digne de gouverner le pays ◆ **he's not fit to drive** il n'est pas en mesure de conduire ◆ **I'm not fit to be seen** je ne suis pas présentable ◆ **that shirt isn't fit to wear** cette chemise n'est pas mettable ◆ **fit to eat** (= palatable) mangeable ; (= not poisonous) comestible, bon à manger ◆ **fit to drink** (= palatable) buvable ; (= not poisonous) potable ◆ **fit for habitation, fit to live in** habitable ◆ **fit for (human) consumption** propre à la consommation ◆ **to be fit for a job** (= qualified) avoir la compétence nécessaire pour faire un travail ◆ **a meal fit for a king** un repas digne d'un roi ◆ **to be fit for nothing** être incapable de faire quoi que ce soit, être bon à rien ◆ **to be fit for the bin** être bon à jeter à la poubelle

b (= right and proper) convenable, correct ; time, occasion propice ◆ **it is not fit that you should be here** (frm) votre présence est inconvenante (frm) ◆ **it is not a fit moment to ask that question** ce n'est pas le moment de poser cette question ◆ **he's not fit company for my son** ce n'est pas une bonne fréquentation pour mon fils ◆ **to see** or **think fit to do sth** trouver or juger bon de faire qch ◆ **I'll do as I think** or **see fit** je ferai comme bon me semblera ◆ **will she come? – if she sees fit** est-ce qu'elle viendra ? – oui, si elle le juge bon

c (= healthy) en bonne santé ; (= in trim) en forme ◆ **to be as fit as a fiddle** être en pleine forme, se porter comme un charme ◆ **she is not yet fit to travel** elle n'est pas encore en état de voyager ◆ **fit for duty** (after illness) en état de reprendre le travail ; (Mil) en état de reprendre le service ◆ **will he be fit for Saturday's match?** (footballer etc) sera-t-il en état de jouer samedi ?, sera-t-il suffisamment en forme pour le match de samedi ? ; → **keep**

d (* = ready) **to laugh fit to burst** se tenir les côtes, rire comme un(e) bossu(e) * or une baleine * ◆ **she was crying fit to break your heart** elle sanglotait à (vous) fendre le cœur ◆ **to be fit to drop** tomber de fatigue ◆ **fit to be tied** * (US = angry) furibard *

[2] n ◆ **your dress is a very good fit** votre robe est tout à fait à votre taille ◆ **these trousers aren't a very good fit** ce pantalon n'est pas vraiment à ma (or sa etc) taille ◆ **the crash helmet was a tight fit on his head** (= too tight) le casque était un peu trop juste pour lui ; (= good fit) le casque était exactement à sa taille

[3] vt **a** (= be the right size for) [clothes, shoes] aller à ◆ **this coat fits you well** ce manteau vous va bien or est bien à votre taille ◆ **the dress fits her like a glove** cette robe lui va comme un gant ◆ **the washing machine is too big to fit this space** la machine à laver est trop grande pour entrer dans cet espace ◆ **the key doesn't fit the lock** cette clé ne correspond pas à la serrure ◆ **you can put these units together to fit the shape of your kitchen** vous pouvez assembler les éléments en fonction de la forme de votre cuisine ◆ **the cover is tailored to fit the seat** la housse est faite pour s'adapter au siège ◆ **roll out the pastry to fit the top of the pie** abaisser la pâte au rouleau pour recouvrir la tourte ◆ **sheets to fit a double bed** des draps pour un grand lit ◆ **"one size fits all"** "taille unique" ◆ **"to fit ages 5 to 6"** "5-6 ans" ◆ **"to fit waist sizes 70 to 75cm"** "tour de taille 70-75 cm" ; → **cap**

b (= find space or time for) **you can fit five people into this car** il y a de la place pour cinq dans cette voiture ◆ **to fit a dental appointment into one's diary** trouver un créneau dans son emploi du temps pour un rendez-vous chez le dentiste, caser * un rendez-vous chez le dentiste dans son emploi du temps ◆ **I can't fit any more meetings into my schedule** je n'ai pas le temps pour d'autres réunions dans mon emploi du temps, il m'est impossible de caser * d'autres réunions dans mon emploi du temps

c (= correspond to, match) [+ mood, definition, stereotype] correspondre à ; [+ needs] répondre à ◆ **the building has been adapted to fit the needs of disabled people** ce bâtiment a été adapté pour répondre aux besoins des handicapés ◆ **his speech was tailored to fit the mood of the conference** son discours était adapté à l'ambiance du congrès ◆ **a man fitting this description** un homme répondant à ce signalement ◆ **to fit the circumstances** être adapté aux circonstances ◆ **this hypothesis appears to fit the facts** cette hypothèse semble concorder avec les faits ◆ **the facts fit the theory** les faits concordent avec la théorie ◆ **she doesn't fit the profile** or **picture of a typical drug smuggler** elle ne correspond pas à l'idée que l'on se fait or à l'image que l'on a d'un trafiquant de drogue ◆ **he doesn't fit my image of a good teacher** il ne correspond pas à l'idée que je me fais d'un bon professeur ◆ **the punishment should fit the crime** le châtiment doit être proportionné au crime ◆ **the curtains won't fit the colour scheme** les rideaux n'iront pas avec les couleurs de la pièce, la couleur des rideaux va jurer avec le reste

d [+ garment] ajuster ◆ **her brother fitted the dress on her** son frère a ajusté la robe sur elle

e (= put in place) mettre ; (= fix) fixer (*on* sur) ; (= install) poser, mettre ◆ **he fitted it to the side of the instrument** il l'a mis or fixé sur le côté de l'instrument ◆ **to fit a key in the lock** engager une clé dans la serrure ◆ **to fit two things together** assembler or ajuster deux objets ◆ **fit part A to part B** assemblez la pièce A avec la pièce B ◆ **to fit sth into place** mettre qch en place ◆ **I had a new window fitted** on m'a posé or installé une nouvelle fenêtre ◆ **to have a new kitchen fitted** se faire installer une nouvelle cuisine ◆ **car fitted with a radio** voiture f équipée d'une radio ◆ **to fit lights to a bicycle, to fit a bicycle with lights** installer des feux sur un vélo ◆ **he has been fitted with a new hearing aid** on lui a mis or posé un nouvel appareil auditif

f (frm) **to fit sb for sth/to do sth** préparer qn or rendre qn apte à qch/à faire qch ◆ **to fit o.s. for a job** se préparer à un travail

[4] vi **a** **the dress doesn't fit very well** cette robe n'est pas à sa taille or ne lui va pas ◆ **it fits like a glove** [garment] cela me (or vous etc) va comme un gant ; [suggestion] cela me (or leur etc) convient parfaitement

b (= be the right size, shape etc) **this key/part doesn't fit** ce n'est pas la bonne clé/pièce ◆ **the saucepan lid doesn't fit** le couvercle ne va pas sur la casserole ◆ **it should fit on this end somewhere** cela doit aller or se mettre là au bout (quelque part)

c (= have enough room) entrer, tenir ◆ **it's too big to fit into the box** c'est trop grand pour entrer or tenir dans la boîte ◆ **the clothes won't fit into the suitcase** les vêtements ne vont pas entrer or tenir dans la valise ◆ **a computer small enough to fit into your pocket** un ordinateur qui tient dans la poche ◆ **my CV fits onto one page** mon CV tient en une page ◆ **seven people in one car? We'll never fit!** sept personnes dans une voiture ? Il n'y aura jamais assez de place !

d (fig = add up, match) [facts] cadrer ◆ **it doesn't fit with what he said to me** ça ne correspond pas à or ne cadre pas avec ce qu'il m'a dit ◆ **how does this idea fit into your overall plan?** comment cette idée s'inscrit-elle dans votre plan d'ensemble ? ◆ **people don't always fit neatly into categories** les gens ne rentrent pas toujours facilement dans des catégories bien définies ◆ **his face doesn't fit here** il détonne ici ◆ **suddenly everything fitted into place** soudain, tout est devenu clair ◆ **it all fits (into place) now!** tout s'explique !

► **fit in** [1] vi **a** (= add up, match) [fact] cadrer ◆ **this doesn't fit in with what I was taught at school** ceci ne correspond pas à or ne cadre pas avec ce que l'on m'a appris à l'école

b (= integrate) **at school she has problems fitting in** (with other children) à l'école elle a du mal à s'intégrer ; (= getting used to lessons etc) elle a du mal à s'adapter à l'école ◆ **he has fitted in well with the other members of our team** il s'est bien entendu avec les autres membres de notre équipe, il s'est bien intégré dans notre équipe

c (into room, car etc = have room) **will we all fit in?** y aura-t-il assez de place pour nous tous ?, allons-nous tous entrer or tenir ? ◆ **will the toys all fit in?** y aura-t-il assez de place pour tous les jouets ? ◆ **the box is too small for all his toys to fit in** la boîte est trop petite pour contenir tous ses jouets

[2] vt sep **a** (= find room for) [+ object, person] faire entrer, trouver de la place pour ◆ **can you fit another book in?** y a-t-il encore de la place pour un livre ?

b (= adapt) adapter, faire concorder ◆ **I'll try to fit my plans in with yours** je tâcherai de m'adapter en fonction de tes plans

c (= find time for) [+ person] prendre, caser * ◆ **the doctor can fit you in tomorrow at three** le docteur peut vous prendre demain à 15 heures ◆ **have you got time to fit in a quick meeting?** avez-vous le temps d'assister à une réunion rapide ?

► **fit on** [1] vi ◆ **the bottle top won't fit on** le bouchon de la bouteille n'est pas adapté

[2] vt sep [+ object] mettre

► **fit out** vt sep **a** [+ expedition, person] équiper

b (= furnish) [+ room, office, building] aménager ◆ **to fit a room/building out with sth** installer qch dans une pièce/un bâtiment ◆ **they've fitted one room out as an office** ils ont transformé or aménagé une pièce en bureau

c [+ ship] armer

► **fit up** vt sep ◆ **they've fitted their house up with a burglar alarm** ils ont installé une alarme dans leur maison ◆ **they've fitted one room up as an office** ils ont transformé or aménagé une pièce en bureau

fit² [fɪt] → SYN n **a** (Med) attaque f ; [of epilepsy] crise f ◆ **fit of coughing** quinte f de toux ◆ **to have** or **throw * a fit** avoir or piquer * une crise ◆ **she'll have a fit when we tell her** * elle va avoir une attaque or elle va piquer une

crise quand on lui dira ça *; → **blue, epileptic, faint**
   b (= outburst) mouvement m, accès m ✦ **in a fit of anger** dans un mouvement or accès de colère ✦ **a fit of crying** une crise de larmes ✦ **to be in fits (of laughter)** se tordre de rire ✦ **to get a fit of the giggles** avoir le fou rire
✦ **in fits and starts** par à-coups

fitful ['fɪtfʊl] → SYN adj sleep troublé, agité; showers intermittent; breeze capricieux, changeant ✦ **fitful enthusiasm/anger** des accès mpl d'enthousiasme/de colère ✦ **to have a fitful night** passer une nuit agitée

fitfully ['fɪtfəlɪ] → SYN adv sleep, doze de façon intermittente; work par à-coups ✦ **the sun shone fitfully** le soleil faisait de brèves apparitions

fitment ['fɪtmənt] n **a** (Brit) (= built-in furniture) meuble m encastré; (= cupboard) placard m encastré; (in kitchen) élément m (de cuisine) ✦ **you can't move the table, it's a fitment** on ne peut pas déplacer la table, elle est encastrée
   b (= part: for vacuum cleaner, mixer etc) accessoire m ✦ **it's part of the light fitment** cela fait partie du luminaire

fitness ['fɪtnɪs] → SYN **1** n **a** (= health) santé f; (= physical trimness) forme f
   b (= suitability) [of remark] à-propos m, justesse f; [of person] aptitude f (*for* à)
   2 COMP ▷ **fitness fanatic** *, **fitness freak** * n (pej) fana * mf d'exercices physiques ▷ **fitness test** n (Sport) test m de condition physique

fitted ['fɪtɪd] → SYN **1** adj **a** (Brit) wardrobe, kitchen units encastré; kitchen intégré; bedroom meublé; bathroom aménagé ✦ **a fully-fitted kitchen** une cuisine entièrement équipée
   b (= tailored) jacket, shirt ajusté
   c (frm = suited) **fitted to do sth** apte à faire qch ✦ **well/ill fitted to do sth** vraiment/pas vraiment fait pour faire qch ✦ **fitted for or to a task** apte pour une tâche
   2 COMP ▷ **fitted carpet** n moquette f ✦ **the room has a fitted carpet** la pièce est moquettée ▷ **fitted sheet** n drap-housse m

fitter ['fɪtər] n **a** [of machine, device] monteur m; [of carpet] poseur m
   b (Dress) essayeur m, -euse f

fitting ['fɪtɪŋ] → SYN **1** adj remark pertinent, juste
   2 n **a** (Dress) essayage m
   b (Brit: gen pl: in house etc) **fittings** installations fpl ✦ **bathroom fittings** installations fpl sanitaires ✦ **electrical fittings** installations fpl électriques, appareillage m électrique ✦ **furniture and fittings** mobilier m et installations fpl ✦ **office fittings** équipement m de bureau ; → **light¹**
   3 COMP ▷ **fitting room** n salon m d'essayage

-fitting ['fɪtɪŋ] adj (in compounds) ✦ **ill-fitting** qui ne va pas ✦ **wide-fitting** large ; → **close¹, loose, tight**

fittingly ['fɪtɪŋlɪ] adv dress convenablement (pour l'occasion); titled, named de façon appropriée ✦ **a fittingly exciting finish to a magnificent match** une fin passionnante à la hauteur de la qualité du match ✦ **the speech was fittingly solemn** le discours avait la solennité qui convenait ✦ **fittingly, he won his first world title before his home crowd** comme il convient, il a remporté son premier titre mondial devant son public

fit-up * ['fɪtʌp] n coup m monté

Fitzgerald-Lorentz contraction [fɪtsˌdʒeˈrəldˈlɔːrənts] n contraction f de Lorentz

five [faɪv] **1** adj cinq inv
   2 n cinq m ✦ **to take five** * (esp US) faire une pause ✦ **do you want a bunch of fives** *? tu veux mon poing dans la figure * or dans la gueule *? ; for other phrases see **six**
   3 **fives** npl (Sport) *sorte de jeu de pelote (à la main)*
   4 pron cinq ✦ **there are five** il y en a cinq
   5 COMP ▷ **five-and-dime, five-and-ten** n (US) bazar m ▷ **five-a-side (football)** n (Brit) football m à cinq ▷ **five-by-five** * adj (US fig) aussi gros que grand ▷ **Five Nations Tournament** n (Rugby) tournoi m des cinq nations ▷ **five-o'clock shadow** n barbe f d'un jour ▷ **five spot** * n (US) billet m de cinq dollars ▷ **five-star hotel** n hôtel m cinq étoiles ▷ **five-star restaurant** n ≈ restaurant m trois étoiles ▷ **five-year** adj quinquennal ▷ **five-year man** n (US Univ: hum) éternel redoublant m ▷ **five-year plan** n plan m quinquennal

fiver * ['faɪvər] n (Brit) billet m de cinq livres; (US) billet m de cinq dollars

fix [fɪks] → SYN **1** vt **a** (= make firm) (with nails etc) fixer; (with ropes etc) attacher ✦ **to fix a stake in the ground** enfoncer un pieu en terre ✦ **to fix bayonets** (Mil) mettre (la) baïonnette au canon; see also **fixed**
   b (= direct, aim) [+ gun, camera, radar] diriger (*on* sur); [+ attention] fixer (*on* sur) ✦ **to fix one's eyes on sb/sth** fixer qn/qch du regard ✦ **all eyes were fixed on her** tous les regards or tous les yeux étaient fixés sur elle ✦ **he fixed him with an angry glare** il l'a fixé d'un regard furieux ✦ **to fix sth in one's mind** graver or imprimer qch dans son esprit ✦ **to fix one's hopes on sth** mettre tous ses espoirs en qch ✦ **to fix the blame on sb** attribuer or faire endosser la responsabilité à qn
   c (= arrange, decide) décider, arrêter; [+ time, price] fixer, arrêter; [+ limit] fixer, établir ✦ **on the date fixed** à la date convenue ✦ **nothing has been fixed yet** rien n'a encore été décidé, il n'y a encore rien d'arrêté or de décidé
   d (Phot) fixer
   e * arranger, préparer ✦ **to fix one's hair** se passer un coup de peigne ✦ **can I fix you a drink?** vous prendrez bien un verre ? ✦ **I'll go and fix us something to eat** je vais vite (nous) préparer un petit quelque chose à manger
   f (= deal with) arranger; (= mend) réparer ✦ **don't worry, I'll fix it all** ne vous en faites pas, je vais tout arranger ✦ **he fixed it with the police before he organized the demonstration** il a attendu d'avoir le feu vert * de la police or il s'est arrangé avec la police avant d'organiser la manifestation ✦ **I'll soon fix him** *, **I'll fix his wagon** * (US) je vais lui régler son compte ✦ **to fix a flat tyre** réparer un pneu
   g (* = rig, corrupt) [+ person, witness, jury] (gen) corrompre; (= bribe) acheter, soudoyer; [+ match, fight, election, trial] truquer; [+ prices] fixer (de manière déloyale)
   2 vi (US = intend) ✦ **to be fixing to do sth** * avoir l'intention de faire qch, compter faire qch
   3 n **a** * ennui m, embêtement * m ✦ **to be in/get into a fix** être/se mettre dans le pétrin * or dans de beaux draps ✦ **what a fix! ** nous voilà dans de beaux draps or dans le pétrin ! *
   b (* = dose) [of drugs] (= injection) piqûre f, piquouse * f; [of coffee, chocolate, caffeine] dose * f ✦ **to get** or **give o.s. a fix** (Drugs) se shooter *, se piquer ✦ **I need my daily fix of coffee/chocolate** etc (hum) il me faut ma dose quotidienne de café/chocolat etc
   c (Aviat, Naut) position f ✦ **I've got a fix on him now** j'ai sa position maintenant ✦ **to take a fix on** (Naut) déterminer la position de ✦ **I can't get a fix on it** * (fig) je n'arrive pas à m'en faire une idée claire
   d (= trick) **it's a fix** * c'est truqué, c'est une combine *
   4 COMP ▷ **fixing bath** n (Phot) (= liquid) bain m de fixage, fixateur m; (= container) bac m de fixateur

▶ **fix on** **1** vt fus choisir ✦ **they finally fixed on that house** leur choix s'est finalement arrêté sur cette maison
   2 vt sep [+ lid] fixer, attacher

▶ **fix up** **1** vi s'arranger (*to do sth* pour faire qch)
   2 vt sep arranger, combiner ✦ **I'll try to fix something up** je tâcherai d'arranger quelque chose ✦ **let's fix it all up now** décidons tout de suite ✦ **to fix sb up with sth** trouver qch pour qn ✦ **we fixed them up for one night** (= put them up) nous les avons logés pour une nuit ; (= found them a place to stay) nous leur avons trouvé à coucher pour une nuit

fixated [fɪkˈseɪtɪd] adj (Psych) qui fait une fixation; (fig) obsédé (*on* par)

fixation [fɪkˈseɪʃən] → SYN n (Chem, Phot) fixation f ✦ **to have a fixation about** faire une fixation sur

fixative ['fɪksətɪv] n fixatif m

fixed [fɪkst] → SYN **1** adj **a** (= set) amount, position, time, intervals, stare, price fixe; smile, grin figé; idea arrêté; (Ling) stress, word order fixe ✦ **(of) no fixed abode** or **address** (Jur) sans domicile fixe ✦ **there's no fixed agenda** il n'y a pas d'ordre du jour bien arrêté ✦ **with fixed bayonets** baïonnette au canon
   b (= rigged) election, trial, match, race truqué; jury soudoyé, acheté
   c * **how are we fixed for time?** on a combien de temps * ?, on en est où question temps * ? ✦ **how are you fixed for cigarettes?** il te reste combien de cigarettes *, tu en es où question cigarettes * ? ✦ **how are you fixed for tonight?** tu es libre ce soir *?, tu as prévu quelque chose ce soir ? ✦ **how are you fixed for transport?** comment fais-tu question transport * ?
   2 COMP ▷ **fixed assets** npl (Comm) immobilisations fpl ▷ **fixed charge** n (for service) (prix m de l')abonnement m ▷ **fixed charges** (Econ) frais mpl fixes ▷ **fixed cost contract** n marché m à prix forfaitaire ▷ **fixed costs** npl (Comm) frais mpl fixes ▷ **fixed decimal point** n virgule f fixe ▷ **fixed disk** n (Comput) disque m fixe ▷ **fixed exchange rate** n (Econ) taux m de change fixe ▷ **fixed link** n (Transport, Telec) liaison f fixe ▷ **fixed menu** n (menu m à) prix m fixe ▷ **fixed point** n ⇒ **fixed decimal point** ▷ **fixed-point notation** or **representation** n (Comput) notation f en virgule fixe ▷ **fixed-price contract** n (Comm) contrat m forfaitaire ▷ **fixed-rate financing** n financement m à taux fixe ▷ **fixed satellite** n (Astron) satellite m géostationnaire ▷ **fixed star** n étoile f fixe ▷ **fixed-term contract** n contrat m à durée déterminée ▷ **fixed-term tenancy** n location f à durée déterminée ▷ **fixed-wing aircraft** n aéronef m à voilure fixe

fixedly ['fɪksɪdlɪ] adv stare fixement ✦ **to smile fixedly** avoir un sourire figé

fixer ['fɪksər] n **a** (Phot) fixateur m
   b (* = person) combinard(e) * m(f)

fixing ['fɪksɪŋ] n (= device) fixation f

fixings ['fɪksɪŋz] npl **a** (= nuts and bolts) vis, boulons et écrous
   b (US Culin) garniture f, accompagnement m

fixity ['fɪksɪtɪ] n [of stare] fixité f ✦ **his fixity of purpose** sa détermination inébranlable

fixture ['fɪkstʃər] n **a** (gen pl: in building) installation f fixe; (Jur) immeuble m, bien m immeuble ✦ **the house was sold with fixtures and fittings** (Brit) on a vendu la maison avec toutes les installations ✦ **€2,000 for fixtures and fittings** (Brit) 2 000 € de reprise ✦ **lighting fixtures** appareillage m électrique ✦ **she's a fixture** * (fig) elle fait partie du mobilier *
   b (Brit Sport) match m (prévu), rencontre f ✦ **fixture list** calendrier m

fizz [fɪz] → SYN **1** vi [drink] pétiller, mousser; [steam etc] siffler
   2 n **a** pétillement m, sifflement m
   b (fig) punch * m, piment m (fig) ✦ **they need to put some fizz into their election campaign** leur campagne électorale a besoin d'un peu plus de nerf
   c * champ * m, champagne m; (US) eau f or boisson f gazeuse

▶ **fizz up** vi monter (en pétillant), mousser

fizzle ['fɪzl] vi pétiller

▶ **fizzle out** vi [firework] rater (*une fois en l'air*); [party, event] se terminer; [book, film, plot] se terminer en queue de poisson; [plans] tomber à l'eau; [enthusiasm, interest] tomber

fizzy ['fɪzɪ] → SYN adj (esp Brit) soft drink pétillant, gazeux; wine mousseux, pétillant

fjeld [fjeld] n fjeld m

fjord [fjɔːd] n ⇒ **fiord**

FL abbrev of **Florida**

Fla. abbrev of **Florida**

flab * [flæb] n (= fat) graisse f superflue, lard * m

flabbergast ['flæbəɡɑːst] vt sidérer * ✦ **I was flabbergasted at this** ça m'a sidéré *

flabbiness [ˈflæbɪnɪs] n [of muscle, flesh] aspect m flasque ; (fig) mollesse f

flabby [ˈflæbɪ] adj **a** (physically) thighs, face, stomach, muscles mou (molle f), flasque ; person, skin flasque
  b (= ineffectual) country, economy mou (molle f)

flaccid [ˈflæksɪd] adj muscle, flesh flasque, mou (molle f)

flaccidity [flækˈsɪdɪtɪ] n flaccidité f

flack [flæk] **1** n (US Cine, Press) attaché(e) m(f) de presse
  2 vi être attaché(e) de presse

flag¹ [flæg] → SYN **1** n **a** drapeau m ; (Naut) pavillon m ◆ **flag of truce**, **white flag** drapeau m blanc ◆ **black flag** [of pirates] pavillon m noir ◆ **flag of convenience**, **flag of necessity** (US) pavillon m de complaisance ◆ **they put the flags out** * (Brit fig) ils ont fêté ça ◆ **with (all) flags flying** (fig) en pavoisant ◆ **to go down with flags flying** (Naut) couler pavillon haut ; (fig) mener la lutte jusqu'au bout ◆ **to keep the flag flying** (fig) maintenir les traditions ◆ **to fly the flag for one's country** défendre les couleurs de son pays ◆ **to wrap or drape o.s. in the flag** (esp US) servir ses intérêts personnels sous couvert de patriotisme ; → **red**, **show**
  b [of taxi] **the flag was down** ≈ le taxi était pris
  c (for charity) insigne m (d'une œuvre charitable)
  d (Comput) drapeau m
  2 vt **a** orner or garnir de drapeaux ; [+ street, building, ship] pavoiser
  b (= mark page) signaler (avec une marque) ; (Comput) signaler (avec un drapeau)
  3 COMP ▷ **flag carrier** n (= airline) compagnie f nationale ▷ **Flag Day** n (US) le 14 juin (anniversaire du drapeau américain) ▷ **flag day** n (Brit) journée f de vente d'insignes (pour une œuvre charitable) ◆ **flag day in aid of the war-blinded** journée f des or pour les aveugles de guerre ▷ **flag officer** n (Naut) officier m supérieur ▷ **flag-waver** * n cocardier m, -ière f ▷ **flag-waving** (fig) n déclarations fpl cocardières ◇ adj politicians, patriots etc cocardier

▶ **flag down** vt sep [+ taxi, bus, car] héler, faire signe à ; [police] faire signe de s'arrêter à

flag² [flæg] → SYN vi [athlete, walker] faiblir ; [worker] fléchir, se relâcher ; [conversation] traîner, languir ; [interest, spirits] faiblir ; [enthusiasm] tomber ; [sales] fléchir ; [market] faiblir ; [economy, economic recovery] s'essouffler ; [film, novel, album] faiblir ◆ **he's flagging** il ne va pas fort ◆ **the film begins well but starts flagging towards the middle** le film commence bien mais se met à faiblir vers le milieu

flag³ [flæg] n (Bot) iris m (des marais)

flag⁴ [flæg] n (also **flagstone**) dalle f

flagella [fləˈdʒelə] (ptp of **flagellum**)

flagellant [ˈflædʒələnt] n **a** (Rel) flagellant m
  b (sexual) adepte mf de la flagellation

flagellate [ˈflædʒəleɪt] **1** adj, n (Bio) flagellé m
  2 vt flageller

flagellation [ˌflædʒəˈleɪʃən] n flagellation f

flagellum [fləˈdʒeləm] n, pl **flagellums** or **flagella** [fləˈdʒelə] flagelle m

flageolet [ˌflædʒəʊˈlet] n **a** (Mus) flageolet m
  b (also **flageolet bean**) flageolet m

flagged [flægd] adj floor dallé

flagon [ˈflægən] n (of glass) (grande) bouteille f ; (larger) bonbonne f ; (= jug) (grosse) cruche f

flagpole [ˈflægpəʊl] n mât m (portant le drapeau) ◆ **to run an idea/proposal up the flagpole** * lancer une idée/proposition pour tâter le terrain ◆ **let's run this up the flagpole (and see who salutes it)** proposons cela (et voyons les réactions)

flagrance [ˈfleɪgrəns] n flagrance f

flagrant [ˈfleɪgrənt] → SYN adj flagrant

flagrante delicto [fləˈgræntɪdɪˈlɪktəʊ] **in flagrante delicto** adv en flagrant délit

flagrantly [ˈfleɪgrəntlɪ] adv abuse, disregard de manière flagrante ; silly, untrue, unequal manifestement ; provocative ouvertement ◆ **flagrantly unjust/indiscreet** d'une injustice/ d'une indiscrétion flagrante

flagship [ˈflægʃɪp] **1** n (Naut) vaisseau m amiral ; (Comm) produit m phare
  2 COMP (Comm) product, store, company, TV programme phare

flagstaff [ˈflægstɑːf] n mât m (portant le drapeau) ; (Naut) mât m de pavillon

flail [fleɪl] **1** n (Agr) fléau m
  2 vt (Agr) [+ corn] battre au fléau
  3 vi [arms] (also **flail about**) battre l'air

flair [flɛəʳ] → SYN n **a** (= talent) flair m ; (= perceptiveness) perspicacité f ◆ **to have a flair for** avoir un don pour ◆ **to have a flair for getting into trouble** (iro) avoir le don pour s'attirer des ennuis
  b (= style, elegance) style m

flak [flæk] **1** n **a** (Mil) (= firing) tir m antiaérien or de DCA ; (= guns) canons mpl antiaériens or de DCA ; (= flashes) éclairs mpl
  b (* = criticism) critiques fpl ◆ **he got a lot of flak (for that)** il s'est fait descendre en flammes (pour ça) ◆ **he got a lot of flak from ...** il s'est fait éreinter par ...
  2 COMP ▷ **flak-jacket** n gilet m pare-balles inv ▷ **flak ship** n bâtiment m de DCA

flake [fleɪk] **1** n **a** [of snow, cereal] flocon m ; [of paint] écaille f ; [of metal] paillette f, écaille f ; see also **cornflakes**
  b (* = eccentric) barjo * mf
  2 vi (also **flake off**) [stone, plaster] s'effriter, s'écailler ; [paint] s'écailler ; [skin] peler, se desquamer (Med)
  3 vt (also **flake off**) effriter, écailler ◆ **flaked almonds** (Culin) amandes fpl effilées
  4 COMP ▷ **flake-white** n blanc m de plomb

▶ **flake off** vi **a** → **flake 3**
  b (US) **flake off!** * fous le camp ! *, de l'air ! *

▶ **flake out** * vi (Brit) (= faint) tomber dans les pommes * , tourner de l'œil * ; (= fall asleep) s'endormir or tomber (tout d'une masse) ◆ **to be flaked out** être crevé * or à plat *

flakey * [ˈfleɪkɪ] adj → **flaky b**

flaky [ˈfleɪkɪ] **1** adj **a** floconneux
  b * bizarre, excentrique
  2 COMP ▷ **flaky pastry** n pâte f feuilletée

flambé [ˈflɒmbeɪ] **1** adj flambé
  2 vt flamber ◆ **flambéed steaks** steaks mpl flambés

flamboyance [flæmˈbɔɪəns] n extravagance f

flamboyant [flæmˈbɔɪənt] → SYN adj **a** colour flamboyant, éclatant ; person, character haut en couleur ; rudeness ostentatoire ; speech retentissant ; style, dress, manners extravagant
  b (Archit) flamboyant

flamboyantly [flæmˈbɔɪəntlɪ] adv behave, dress de façon extravagante

flame [fleɪm] → SYN **1** n **a** flamme f ; (fig) [of passion, enthusiasm] flamme f, ardeur f ◆ **to feed or fan the flames** (lit) attiser le feu ; (fig) jeter de l'huile sur le feu
◆ **in flames** en flammes, en feu ◆ **to go up in flames** (= catch fire) s'embraser ; (= be destroyed by fire) être détruit par le feu ; (fig) partir en fumée
  b **she's one of his old flames** * c'est une de ses anciens béguins *
  2 vi [fire] flamber ; [passion] brûler ◆ **her cheeks flamed** ses joues se sont empourprées
  3 vt (Internet) envoyer des messages d'insulte à
  4 COMP ▷ **flame-coloured** adj (rouge) feu inv ▷ **flame gun** n ⇒ **flamethrower** ▷ **flame-proof dish** n plat m allant au feu ▷ **flame red** n rouge m vif ▷ **flame-red** adj rouge vif ▷ **flame retardant** adj, n ignifuge m ▷ **flame war** n (Internet) échange m d'insultes

▶ **flame up** vi [fire] flamber

flamenco [fləˈmeŋkəʊ] adj, n flamenco m

flamethrower [ˈfleɪmˌθrəʊəʳ] n lance-flammes m inv

flaming [ˈfleɪmɪŋ] → SYN **1** adj **a** (= burning) sun, fire ardent ; torch allumé
  b (in colour) sunset embrasé ◆ **flaming red hair** des cheveux d'un roux flamboyant
  c (* = furious) row violent
  d (esp Brit * = damn) fichu *, satané * ◆ **the flaming car's locked** cette fichue or satanée voiture est fermée à clé ◆ **it's a flaming nuisance!** c'est vraiment enquiquinant ! *
  2 adv (esp Brit *) ◆ **he's flaming useless!** il est complètement nul ! * ◆ **you get so flaming worked up about everything!** c'est pas possible de s'énerver comme ça pour un rien ! *

flamingo [fləˈmɪŋgəʊ] n, pl **flamingos** or **flamingoes** flamant m (rose)

flammability [ˌflæməˈbɪlətɪ] n inflammabilité f

flammable [ˈflæməbl] adj inflammable

flan [flæn] n (= tart) tarte f ; (savoury) ≈ quiche f ; (US = custard) flan m au caramel

Flanders [ˈflɑːndəz] **1** n les Flandres fpl, la Flandre
  2 COMP ▷ **Flanders poppy** n coquelicot m

flange [flændʒ] n (on wheel) boudin m ; (on pipe) collerette f, bride f ; (on I-beam) aile f ; (on railway rail) patin m ; (on tool) rebord m, collet m

flanged [flændʒd] adj wheel à boudin, à rebord ; tube à brides ; radiator à ailettes

flank [flæŋk] → SYN **1** n (Anat, Geog, Mil) flanc m ; (Culin) flanchet m
  2 vt flanquer ◆ **flanked by two policemen** flanqué de or encadré par deux gendarmes
  b (Mil) flanquer ; (= turn the flank of) contourner le flanc de

flanker [ˈflæŋkəʳ] n (Rugby) ailier m

flannel [ˈflænl] **1** n **a** (NonC : Tex) flanelle f
  b (Brit : also **face flannel**) ≈ gant m de toilette
  c (Brit * fig = waffle) baratin * m
  2 flannels npl (Brit = trousers) pantalon m de flanelle
  3 vi (Brit * = waffle) baratiner *
  4 COMP de flanelle

flannelette [ˌflænlˈet] **1** n finette f, pilou m
  2 COMP sheet de finette, de pilou

flap [flæp] → SYN **1** n **a** [of wings] battement m, coup m ; [of sails] claquement m
  b [of pocket, envelope, hat, tent, book cover] rabat m ; [of counter, table] abattant m ; (= door in floor) trappe f ; (for cats) chatière f ; (Aviat) volet m
  c (* = panic) **to be in a flap** être dans tous ses états ◆ **to get into a flap** se mettre dans tous ses états, paniquer
  d (Phon) battement m
  2 vi [wings] battre ; [shutters] battre, claquer ; [sails] claquer ◆ **his cloak flapped about his legs** sa cape lui battait les jambes ◆ **his ears must be flapping** * ses oreilles doivent siffler *
  b (* = be panicky) paniquer ◆ **stop flapping!** pas de panique !, t'affole pas ! *
  3 vt [bird] ◆ **to flap its wings** battre des ailes

flapdoodle * [ˈflæpˌduːdəl] n blague * f, balivernes fpl

flapjack [ˈflæpdʒæk] n (Culin) (= biscuit) galette f (à l'avoine) ; (US = pancake) crêpe f épaisse

flapper † * [ˈflæpəʳ] n garçonne des années 1920

flare [flɛəʳ] → SYN **1** n **a** (= light) [of torch, fire, sun] éclat m, flamboiement m
  b (= signal) feu m, signal m (lumineux) ; (Mil) fusée f éclairante, fusée-parachute f ; (Aviat) (for target) bombe f éclairante or de jalonnement ; (for runway) balise f
  c (Dress) évasement m
  2 flares * npl ⇒ **flared trousers**
  3 vi **a** [match] s'enflammer ; [candle] briller ; [sunspot] brûler
  b (fig) [violence, fighting] éclater ◆ **tempers flared** les esprits se sont (vite) échauffés
  c [sleeves, skirt] s'évaser, s'élargir ; [nostrils] se dilater, se gonfler
  4 vt [+ skirt, trouser legs] évaser ; [+ nostrils] dilater, gonfler ◆ **flared skirt** jupe f évasée ◆ **flared trousers** pantalon m à pattes d'éléphant
  5 COMP ▷ **flare path** n (Aviat) piste f balisée ▷ **flare-up** n [of fire] recrudescence f (of fighting) intensification f (soudaine), (= outburst of rage) accès m de colère ; (= sudden dispute) altercation f, prise f de bec *

▶ **flare out** vi → **flare 3c**

▶ **flare up** **1** vi [fire] s'embraser, prendre (brusquement) ; [person] s'emporter ; [political situation] exploser ; [anger, fighting, revolt] éclater ; [disease] se réveiller, reprendre ; [epidemic] éclater, se déclarer (soudain) ◆ **he flares up at the slightest thing** il est très soupe au lait

2 **flare-up** n → **flare**

flash [flæʃ] → SYN 1 n a (= sudden light) (from torch, car headlights, explosion, firework) lueur f soudaine ; (of flame, jewels) éclat m ◆ **a flash of light** un jet de lumière ◆ **a flash of lightning, a lightning flash** un éclair

b (fig = brief moment) **it happened in a flash** c'est arrivé en un clin d'œil ◆ **it came to him in a flash that ...** l'idée lui est venue tout d'un coup que ... ◆ **flash of genius** or **inspiration** (gen) éclair m de génie ; (= brainwave) idée f de génie ◆ **(with) a flash of anger** or **temper** (dans) un mouvement de colère ◆ **staring at the photo of him, I had a sudden flash of recognition** en le regardant sur la photo, je l'ai subitement reconnu ◆ **in a flash of memory, she saw ...** la mémoire lui revenant soudain, elle a vu ... ◆ **a flash of humour** un trait d'humour ◆ **a flash of wit** une boutade ◆ **a flash in the pan** (Pol etc: for new movement, idea, party) un feu de paille (fig) ; (= person's fad) lubie f ; → **hot**

c (= brief glimpse) coup m d'œil ◆ **a flash of colour/of blue** (= briefly seen colour) une note soudaine de couleur/de bleu ; (= small amount of colour) une note de couleur/de bleu ◆ **give us a flash!** ‡ fais voir ! ◆ **despite his illness, there were flashes of the old Henry** malgré sa maladie, il y avait des moments où Henry redevenait lui-même ◆ **she has flashes of the future** elle a des visions fugitives de l'avenir

d (also **newsflash**) flash m (d'information)

e (Mil) écusson m

f (Phot) flash m

g (US) ⇒ **flashlight**

h (US = bright student) petit(e) doué(e) m(f)

2 vi a [light] (on and off) clignoter ; [jewels] étinceler ; [eyes] lancer des éclairs ◆ **lightning was flashing** il y avait des éclairs ◆ **a beam of light flashed across his face** un trait de lumière éclaira soudain son visage ◆ **the sunlight flashed on the water** l'eau scintillait (au soleil) ◆ **the blade of the knife flashed in the sunlight** la lame du couteau brillait au soleil ◆ **to flash on and off** clignoter ◆ **flashing light** [of police car, ambulance etc] gyrophare m ; [of answerphone, warning signal] lumière f clignotante ◆ **her eyes flashed with anger** ses yeux lançaient des éclairs

b (= move quickly) **to flash in/out/past** etc [person, vehicle] entrer/sortir/passer etc comme un éclair ◆ **the day flashed by** or **past** on n'a pas vu la journée passer ◆ **the thought flashed through** or **across his mind that ...** un instant, il a pensé que ... ◆ **his whole life flashed before him** il a revu le film de sa vie ◆ **a look of terror/anger flashed across her face** une expression de terreur/de colère passa fugitivement sur son visage ◆ **a message flashed (up) onto the screen** un message est apparu sur l'écran

c (* = expose o.s. indecently) s'exhiber

3 vt a [+ light] projeter ◆ **to flash a torch on** diriger une lampe torche sur ◆ **to flash a torch in sb's face** diriger une lampe torche dans les yeux de qn ◆ **to flash one's headlights, to flash the high beams** (US) faire un appel de phares (*at sb* à qn)

b (= show quickly) **to flash one's passport/ID card** montrer rapidement son passeport/sa carte d'identité ◆ **the screen was flashing a message at me** l'écran m'envoyait un message ◆ **these images were flashed across television screens all around the world** ces images sont apparues sur les écrans de télévision du monde entier ◆ **she flashed him a look of contempt** elle lui a jeté un regard de mépris ◆ **to flash a smile at sb** lancer un sourire éclatant à qn

c (= flaunt) [+ diamond ring] étaler (aux yeux de tous), mettre (bien) en vue ◆ **don't flash all that money around** n'étale pas tout cet argent comme ça

4 adj * ⇒ **flashy**

5 COMP ▷ **flash bulb** n (Phot) ampoule f de flash ▷ **flash burn** n (Med) brûlure f *(causée par un flux thermique)* ▷ **flash card** n (Scol) fiche f *(support pédagogique)* ▷ **flash eliminator** n cache-flamme m ▷ **flash flood** n crue f subite ▷ **flash-forward** n projection f dans le futur ▷ **flash-fry** vt (Culin) saisir ▷ **flash gun** n (Phot) flash m ▷ **flash Harry** † * n (Brit pej) frimeur * m ▷ **flash meter** n (Phot) flashmètre m ▷ **flash pack** n emballage m promotionnel ▷ **flash photography** n (Phot) photographie f au flash ▷ **flash point** n (Chem) point m d'ignition ◆ **the situation had nearly reached flash point** la situation était explosive ▷ **flash powder** n (Phot) photopoudre m ▷ **flash suppressor** n cache-flamme m

flashback ['flæʃbæk] n a (Cine) flash-back m inv, retour m en arrière

b (Psych) flash-back m inv

flashcube ['flæʃkju:b] n (Phot) flash m (cube)

flasher ['flæʃər] n a (= light, device) clignotant m

b (* = person committing indecent exposure) exhibitionniste m

flashily ['flæʃɪlɪ] adv de façon tape-à-l'œil

flashing ['flæʃɪŋ] n a (on roof) revêtement m de zinc, noue f

b (* = indecent exposure) exhibitionnisme m

flashlight ['flæʃlaɪt] n (Phot) flash m ; (esp US = torch) torche f or lampe f électrique ; (on lighthouse etc) fanal m

flashy ['flæʃɪ] → SYN adj (pej) person tapageur ; jewellery, car tape-à-l'œil inv, clinquant ; dress tape-à-l'œil inv, voyant ; colour, taste criard, tapageur

flask [flɑːsk] n (Pharm) fiole f ; (Chem) ballon m ; (= bottle) bouteille f ; (for pocket) flasque f ; (also **vacuum flask**) bouteille f isotherme, (bouteille f) thermos ® f

flat¹ [flæt] → SYN 1 adj a countryside, surface, the earth plat ; tyre dégonflé, à plat ◆ **a flat dish** un plat creux ◆ **flat roof** toit m plat or en terrasse ◆ **flat nose** nez m épaté or camus ◆ **a flat stomach** un ventre plat ◆ **he was lying flat on the floor** il était (étendu) à plat par terre ◆ **to fall flat** [event, joke] tomber à plat ; [scheme] ne rien donner ◆ **lay the book flat on the table** pose le livre à plat sur la table ◆ **the earthquake laid the whole city flat** le tremblement de terre a rasé la ville entière ◆ **as flat as a pancake** * tyre complètement à plat ; surface, countryside tout plat ; (after bombing) complètement rasé ◆ **flat spin** (Aviat) vrille f à plat ◆ **to be in a flat spin** * (Brit) être dans tous ses états ; see also **4**

b (= dull) taste, style monotone, plat ; (= unexciting) event, experience morne, sans intérêt ; battery à plat ; (= not fizzy) beer etc éventé ◆ **I was feeling rather flat** je n'avais pas la pêche * ◆ **the beer tastes flat** (= not fizzy) la bière est éventée ; (= insipid) la bière a un goût fade

c (Mus = off-key) faux (fausse f), trop bas (basse f) ◆ **B flat** (= semitone lower) si m bémol

d refusal, denial net (nette f), catégorique ◆ **and that's flat!** * un point c'est tout ! *

e (Comm) **flat rate of pay** salaire m fixe ◆ **flat rate** [of price, charge] forfait m

f (= not shiny) colour mat

g (US = penniless) **to be flat** ‡ être fauché (comme les blés) *, n'avoir plus un rond *

2 adv a **he told me flat that ...** il m'a dit carrément or sans ambages que ... ◆ **he turned it down flat** il l'a carrément refusé, il l'a refusé tout net ◆ **to be flat broke** ‡ être fauché (comme les blés) *, n'avoir plus un rond * ◆ **in ten seconds flat** en dix secondes pile

◆ **flat out** * ◆ **to go flat out** (esp Brit) [person] courir à fond de train ; [car] rouler à fond de train ◆ **to go flat out for sth** (esp Brit) faire tout son possible pour avoir qch ◆ **to be flat out** (= exhausted) être à plat * ; (= asleep) dormir, ronfler * (fig) ; (= drunk) être complètement rétamé, être K.-O. * ◆ **to be working flat out** (esp Brit) travailler d'arrache-pied ◆ **to be lying flat out** être étendu or couché de tout son long

b (Mus) sing, play faux (fausse f), trop bas (basse f)

3 n a [of hand, blade] plat m

b (Geog) (= dry land) plaine f ; (= marsh) marécage m ; → **salt**

c (Mus) bémol m ◆ **A flat** la m bémol

d (Aut) crevaison f, pneu m crevé

e (Racing) **the flat** ⇒ **flat racing, flat season** ◆ **on the flat** sur le plat

4 COMP ▷ **flat bed** n [of lorry] plateau m ▷ **flat-bed lorry** n camion m à plateau ▷ **flat-bottomed boat** n bateau m à fond plat ▷ **flat cap** n (Brit) casquette f ▷ **flat car** n (US Rail) wagon m plat ▷ **flat-chested** adj **she is flat-chested** elle est plate, elle n'a pas de poitrine ▷ **flat feet** npl **to have flat feet** avoir les pieds plats ▷ **flat-iron** n fer m à repasser ▷ **flat-out** ‡ (US) adj complet, absolu ◇ adv complètement ▷ **flat pack** n meuble m en kit ◆ **it arrives as a flat pack** c'est livré en kit ▷ **flat-pack** adj en kit ▷ **flat race** n course f de plat ▷ **flat racing** n course f de plat ▷ **flat rate amount** n (Fin, Jur) montant m forfaitaire ▷ **flat screen** n (TV) écran m plat ▷ **flat season** n (Racing) saison f des courses de plat ▷ **flat silver** n (US) couverts mpl en argent ▷ **flat top** n (= haircut) coupe f en brosse

flat² [flæt] → SYN 1 n (Brit) appartement m

2 COMP ▷ **flat-hunting** n **to go flat-hunting** chercher un appartement

flatboat ['flætbəʊt] n barge f

flatfish ['flætfɪʃ] n, pl **flatfish** or **flatfishes** poisson m plat

flatfoot ‡ ['flætfʊt] n, pl **-foots** or **-feet** (US = policeman) flic * m

flatfooted [,flæt'fʊtɪd] 1 adj (lit) aux pieds plats ; (* fig = tactless) person, approach maladroit

2 adv (= wholeheartedly) tout de go * ◆ **to catch sb flatfooted** * prendre qn par surprise

flatlet ['flætlɪt] n (Brit) studio m

flatly ['flætlɪ] → SYN adv a (= firmly) refuse, deny, reject catégoriquement ◆ **to be flatly against sth** être catégoriquement contre qch ◆ **to be flatly opposed to sth** être catégoriquement opposé à qch

b (= unemotionally) say, state avec impassibilité

c (= absolutely) **to be flatly inconsistent with sth** être absolument incompatible avec qch

flatmate ['flætmeɪt] n ◆ **my flatmate** la personne avec qui je partage l'appartement ; (both renting) mon colocataire, ma colocataire

flatness ['flætnɪs] → SYN n a [of countryside, surface] manque m de relief, aspect m plat ; [of curve] aplatissement m

b [of refusal] netteté f

c (= dullness) monotonie f

flatten ['flætn] → SYN vt a (= make less bumpy) [+ path, road] aplanir ; [+ metal] aplatir

b (= destroy) [wind, storm] [+ crops] coucher, écraser ; [+ tree] abattre ; [bombing, earthquake] [+ town, building] raser ; (* = knock over) [+ person] étendre * ◆ **to flatten o.s. against** s'aplatir or se plaquer contre

c (* = defeat) écraser *

d (Mus) [+ tone, pitch, note] bémoliser

e [+ battery] mettre à plat

► **flatten out** 1 vi [countryside, road] s'aplanir ; [aircraft] se redresser ; [curve] s'aplatir

2 vt sep [+ path] aplanir ; [+ metal] aplatir ; [+ map, newspaper] ouvrir à plat

flatter ['flætər] → SYN vt (all senses) flatter ◆ **he flatters himself he's a good musician** il se flatte d'être bon musicien ◆ **I was flattered to be invited** j'étais flatté d'avoir été invité ◆ **you flatter yourself!** tu te flattes !

flatterer ['flætərər] n flatteur m, -euse f, flagorneur m, -euse f (pej)

flattering ['flætərɪŋ] → SYN adj a person, remark, behaviour flatteur (*to sb* pour qn) ◆ **they listened to him with a flattering interest** ils l'ont écouté avec un intérêt flatteur ◆ **to be flattering about sb** parler de qn en termes flatteurs

b clothes, colour flatteur ◆ **it wasn't a very flattering photo (of him)** ce n'était pas une photo qui l'avantageait beaucoup ◆ **lighter shades are more flattering to your complexion** les tons clairs sont plus flatteurs pour votre teint or conviennent mieux à votre teint

flatteringly ['flætərɪŋlɪ] adv flatteusement

flattery ['flætərɪ] → SYN n flatterie f ◆ **flattery will get you nowhere/everywhere** (hum) la flatterie ne mène à rien/mène à tout

flatties * [flætɪz] npl chaussures fpl basses or à talon plat

flattop / flicker

flattop * ['flættɒp] n (US) porte-avions m

flatulence ['flætjʊləns] n flatulence f

flatulent ['flætjʊlənt] adj flatulent

flatware ['flætwɛəʳ] n (US) (= plates) plats mpl et assiettes fpl ; (= cutlery) couverts mpl

flatworm ['flætwɜːm] n plathelminthe m, ver m plat

flaunt [flɔːnt] vt [+ wealth] étaler, afficher ; [+ jewels] faire étalage de ; [+ knowledge] faire étalage or parade de ; [+ boyfriend etc] afficher ◆ **she flaunted her femininity at him** elle lui jetait sa féminité à la tête ◆ **to flaunt o.s.** s'exhiber

flautist ['flɔːtɪst] n (esp Brit) flûtiste mf

flavescent [flə'vesnt] adj flavescent

flavin(e) ['fleɪvɪn] n flavine f

flavone ['fleɪvəʊn] n flavone f

flavour, flavor (US) ['fleɪvəʳ] → SYN **1** n goût m, saveur f ; [of ice cream, sweet, yoghurt, jelly] parfum m ; (in processed foods) arôme m ◆ **with a rum flavour** (parfumé) au rhum ◆ **a slight flavour of irony** une légère pointe d'ironie ◆ **the film gives the flavour of Paris in the twenties** le film rend bien l'atmosphère du Paris des années vingt ◆ **to be (the) flavour of the month** être la coqueluche du moment

2 vt (with fruit, spirits) parfumer (*with* à) ; (with herbs, spices) aromatiser, assaisonner ◆ **to flavour a sauce with garlic** relever une sauce avec de l'ail ◆ **pineapple-flavoured** (parfumé) à l'ananas

3 COMP ▷ **flavour enhancer** n agent m de sapidité, exhausteur m de goût or de saveur

flavourful, flavorful (US) ['fleɪvəfəl] adj goûteux

flavouring, flavoring (US) ['fleɪvərɪŋ] → SYN n (in cake, yoghurt, ice cream) parfum m ◆ **vanilla flavouring** parfum m vanille

flavourless, flavorless (US) ['fleɪvəlɪs] adj insipide, sans saveur

flaw [flɔː] → SYN **1** n (in character) défaut m, imperfection f ; (in argument, reasoning) faille f ; (in wood) défaut m, imperfection f ; (in gemstone, marble) défaut m, crapaud m ; (Jur: in contract, procedure) vice m de forme ; (= obstacle) problème m ◆ **everything seems to be working out, but there's just one flaw** tout semble s'arranger, il n'y a qu'un problème

2 vt ◆ **the plan was flawed by its dependence on the actions of others** le plan avait un point faible : il dépendait des actions des autres ◆ **his career was flawed by this incident** cet incident a nui à sa carrière ◆ **the elections were flawed by widespread irregularities** les élections ont été entachées de très nombreuses irrégularités ◆ **the team's performance was seriously flawed by their inexperience** le manque d'expérience de l'équipe a sérieusement nui à ses résultats

flawed [flɔːd] → SYN adj person, character imparfait ; object, argument, reasoning, plot défectueux

flawless ['flɔːlɪs] → SYN adj parfait, sans défaut ◆ **he spoke flawless English** il parlait un anglais impeccable, il parlait parfaitement l'anglais

flax [flæks] n lin m

flaxen ['flæksən] adj hair (blond) filasse inv, de lin (liter) ; (Tex) de lin ◆ **flaxen-haired** aux cheveux (blond) filasse, aux cheveux de lin (liter)

flay [fleɪ] vt **a** (= beat) [+ person, animal] fouetter, rosser ; (= criticize) éreinter ◆ **if I catch you, I'll flay you alive** si je t'attrape, je t'étripe
b [+ animal] (= skin) écorcher

flea [fliː] **1** n puce f ◆ **to send sb away** or **off with a flea in his ear** * envoyer promener * qn, envoyer qn sur les roses * ; → **sand**

2 COMP ▷ **flea collar** n [of dog, cat] collier m anti-puces ▷ **flea market** n marché m aux puces ▷ **flea-pit** * n (Brit : cinema) ciné * m miteux ▷ **flea powder** n poudre f antipuces ▷ **flea-ridden** adj (lit) person, animal couvert de puces ; place infesté de puces ; (fig) miteux

fleabag * ['fliːbæg] n (Brit = person) sac m à puces * ; (US = hotel) hôtel m minable

fleabite ['fliːbaɪt] n (lit) piqûre f de puce ; (fig) vétille f, broutille f

fleabitten ['fliːˌbɪtn] n (lit) infesté de puces ; (fig) miteux

fleck [flek] **1** n [of colour] moucheture f ; [of foam] flocon m ; [of blood, light] petite tache f ; [of dust] particule f

2 vt tacheter, moucheter ◆ **dress flecked with mud** robe f éclaboussée de boue ◆ **blue flecked with white** bleu moucheté de blanc ◆ **sky flecked with little clouds** ciel m pommelé ◆ **hair flecked with grey** cheveux mpl qui commencent à grisonner

fled [fled] vb (pt, ptp of **flee**)

fledged [fledʒd] adj → **fully**

fledg(e)ling ['fledʒlɪŋ] **1** n **a** (Orn) oiselet m, oisillon m
b (fig = novice) novice mf, débutant(e) m(f)
2 COMP industry, democracy jeune ; dancer, writer, poet débutant

flee [fliː] → SYN pret, ptp **fled 1** vi fuir (*before* devant), s'enfuir (*from* de) ◆ **they fled its ont fui, ils se sont enfuis** ◆ **they fled to Britain/to their parents'** ils se sont enfuis en Grande-Bretagne/chez leurs parents ◆ **I fled when I heard she was expected** je me suis sauvé on j'ai pris la fuite lorsque j'ai appris qu'elle devait venir ◆ **to flee from temptation** fuir la tentation

2 vt [+ town, country] s'enfuir de ; [+ famine, war, temptation, danger] fuir

fleece [fliːs] → SYN **1** n **a** [of sheep] toison f ; → **golden**
b (= garment) (laine f) polaire f
2 vt **a** (= rob) voler ; (= swindle) escroquer, filouter ; (= overcharge) estamper *
b [+ sheep] tondre
3 COMP ▷ **fleece-lined** adj doublé de mouton

fleecy ['fliːsɪ] adj blanket, lining laineux ; jacket en laine polaire ; cloud floconneux

fleet¹ [fliːt] → SYN **1** n (Naut) flotte f ; [of cars, buses, lorries] parc m ; → **admiral, fishing**
2 COMP ▷ **fleet admiral** n (US) amiral m ▷ **Fleet Air Arm** n (Brit) aéronavale f ▷ **fleet chief petty officer** n (Brit) major m

fleet² [fliːt] adj (also **fleet-footed, fleet of foot**) rapide, au pied léger

fleeting ['fliːtɪŋ] → SYN adj smile, glance, thought fugitif ; memory fugace ◆ **a fleeting visit** une visite en coup de vent ◆ **to catch** or **get a fleeting glimpse of sb/sth** entrapercevoir qn/qch ◆ **to make a fleeting appearance** faire une brève apparition ◆ **for a fleeting moment** l'espace d'un instant ◆ **the fleeting years** (liter) les années fpl qui fuient

fleetingly ['fliːtɪŋlɪ] adv think, wonder un bref or court instant ; see, appear fugitivement ◆ **to smile fleetingly at sb** adresser un sourire fugitif à qn

Fleet Street ['fliːtˌstriːt] n (Brit) les milieux de la presse londonienne

Fleming ['flemɪŋ] n Flamand(e) m(f)

Flemish ['flemɪʃ] **1** adj flamand
2 n (Ling) flamand m
3 **the Flemish** npl les Flamands mpl

flesh [fleʃ] → SYN **1** n **a** [of person, animal] chair f ; [of fruit, vegetable] chair f, pulpe f ◆ **to put on flesh** [animal] engraisser ◆ **to make sb's flesh creep** or **crawl** donner la chair de poule à qn ◆ **creatures of flesh and blood** êtres mpl de chair et de sang ◆ **I'm only flesh and blood** je ne suis qu'un homme (or qu'une femme) comme les autres ◆ **my own flesh and blood** la chair de ma chair ◆ **it is more than flesh and blood can stand** c'est plus que la nature humaine ne peut endurer ◆ **in the flesh** en chair et en os, en personne ◆ **to put flesh on the bare bones of a proposal** étoffer une proposition ; → **pound**
b (Rel liter) **he's gone the way of all flesh** (= died) il a payé son tribut à la nature † ◆ **the sins of the flesh** les péchés mpl de la chair ◆ **the flesh is weak** la chair est faible

2 COMP ▷ **flesh colour** n couleur f chair ; (Art) carnation f ▷ **flesh-coloured** adj (couleur f) chair inv ▷ **flesh tints** npl (Art) carnations fpl ▷ **flesh wound** n blessure f superficielle

▶ **flesh out** vt sep (fig) [+ essay, speech] étoffer ; [+ idea, proposal, agreement] développer ◆ **to flesh out the details of an agreement** développer les éléments d'un accord ◆ **the author needs to flesh out his characters more** il faut que l'auteur étoffe davantage ses personnages

fleshly ['fleʃlɪ] adj (liter) creature, love charnel ; pleasures charnel, de la chair

fleshpots ['fleʃpɒts] npl lieux mpl de plaisir

fleshy ['fleʃɪ] adj face rebondi, joufflu ; cheeks rebondi ; nose, fruit, leaf charnu ; person grassouillet

flew [fluː] vb (pt of **fly³**)

flex [fleks] → SYN **1** vt [+ body, knees] fléchir, ployer *(pour assouplir)* ◆ **to flex one's muscles** (lit) faire jouer ses muscles, bander (liter) ses muscles ; (fig) faire étalage de sa force
2 n (Brit) [of lamp, iron] fil m (souple) ; [of telephone] cordon m ; (heavy duty) câble m

flexi * ['fleksɪ] → **flexitime**

flexibility [ˌfleksɪ'bɪlɪtɪ] → SYN n [of material, person, attitude, approach] souplesse f, flexibilité f ; [of body] souplesse f ; [of working hours, system] flexibilité f ; [of machine, device] flexibilité f, souplesse f d'emploi

flexible ['fleksəbl] → SYN **1** adj **a** object, material flexible, souple ; person, limbs, joints, body souple
b (fig) person, approach, system, plans flexible, souple ; working hours, budget flexible ◆ **I'm flexible** (fig) je peux toujours m'arranger ◆ **to be flexible in one's approach** faire preuve de souplesse
2 COMP ▷ **flexible response** n (Mil) riposte f graduée

flexibly ['fleksəblɪ] adv respond, adapt, apply avec souplesse ; work avec flexibilité ◆ **to interpret a rule flexibly** interpréter une règle avec une certaine souplesse

flexion ['flekʃən] n flexion f, courbure f

flexitime ['fleksɪˌtaɪm] n (esp Brit) horaire m flexible or à la carte ◆ **to work flexitime** avoir un horaire flexible or à la carte ◆ **we work 35 hours' flexitime a week** on travaille 35 heures hebdomadaires en horaire flexible

flexography [flek'sɒgrəfɪ] n (= process) flexographie f

flexor ['fleksəʳ] adj, n fléchisseur m

flibbertigibbet * ['flɪbətɪˌdʒɪbɪt] n tête f de linotte, étourdi(e) m(f)

flick [flɪk] → SYN **1** n **a** [of tail, duster] petit coup m ; (with finger) chiquenaude f, pichenette f ; (with wrist) petit mouvement m (rapide) ◆ **at the flick of a switch** rien qu'en appuyant sur un bouton ◆ **let's have a quick flick through your holiday snaps** jetons un petit coup d'œil à tes photos de vacances
b (Brit * = film) film m ◆ **the flicks** le ciné *, le cinoche *
2 vt donner un petit coup à ◆ **he flicked the horse lightly with the reins** il a donné au cheval un (tout) petit coup avec les rênes ◆ **I'll just flick a duster round the sitting room** je vais passer un petit coup de chiffon dans le salon ◆ **to flick a ball of paper at sb** envoyer d'une chiquenaude une boulette de papier à qn ◆ **he flicked his cigarette ash into the ashtray** il a fait tomber la cendre de sa cigarette dans le cendrier
3 COMP ▷ **flick knife** n, pl **flick knives** (Brit) (couteau m à) cran m d'arrêt

▶ **flick off** vt sep [+ dust, ash] enlever d'une chiquenaude

▶ **flick out** vi, vt sep ◆ **the snake's tongue flicked out, the snake flicked its tongue out** le serpent a dardé sa langue

▶ **flick over** vt sep [+ pages of book] feuilleter, tourner rapidement

▶ **flick through** vt fus [+ pages of book, document] feuilleter, lire en diagonale ◆ **to flick through the TV channels** zapper

flicker ['flɪkəʳ] → SYN **1** vi [flames, light] danser ; (before going out) trembloter, vaciller ; [needle on dial] osciller ; [eyelids] ciller ◆ **the snake's tongue flickered in and out** le serpent a dardé sa langue
2 n [of flames, light] danse f ; (before going out) vacillement m ◆ **without a flicker** (fig) sans sourciller or broncher ◆ **a flicker of hope** une lueur d'espoir ◆ **a flicker of doubt** l'ombre f

d'un doute ◆ **a flicker of annoyance** un geste d'humeur ◆ **without a flicker of a smile** sans l'ombre d'un sourire

③ vt ◆ **to flicker one's eyelids** battre des cils

flickering ['flɪkərɪŋ] → SYN adj (gen) tremblant ; flames dansant ; (before going out) vacillant ; needle oscillant

flickertail ['flɪkə,teɪl] ① n (US) spermophile m d'Amérique du Nord

② COMP ▷ **the Flickertail State** n le Dakota du Nord

flier ['flaɪəʳ] n a (Aviat = person) aviateur m, -trice f ◆ **to be a good flier** [passenger] supporter (bien) l'avion ◆ **to be a bad flier** ne pas supporter or mal supporter l'avion ; → **high**

b (US) (= fast train) rapide m ; (= fast coach) car m express

c **to take a flier** (= leap) sauter avec élan ; (US * fig = take a risk) foncer tête baissée

d (St Ex *) (folle) aventure f

e (= handbill) prospectus m

flight¹ [flaɪt] → SYN ① n a (NonC = action, course) [of bird, insect, plane] vol m ; [of ball, bullet] trajectoire f ◆ **the principles of flight** les rudiments mpl du vol or de la navigation aérienne ◆ **in flight** en plein vol ◆ **the Flight of the Bumblebee** (Mus) le Vol du bourdon

b (= plane trip) vol m ◆ **flight number 776 from/to Madrid** le vol numéro 776 en provenance/à destination de Madrid ◆ **did you have a good flight?** vous s'est bien passé ?, vous avez fait (un) bon voyage ?

c (fig) **a flight of fancy** (= harebrained idea) une idée folle ; (= figment of imagination) une pure invention ◆ **to indulge** or **engage in a flight of fancy** avoir des idées folles ◆ **in my wildest flights of fancy** dans mes rêves les plus fous ; → **reconnaissance, test**

d (= group) [of birds] vol m, volée f ; [of planes] escadrille f ◆ **in the first** or **top flight of scientists/novelists** parmi les scientifiques/les romanciers les plus marquants ◆ **a firm in the top flight** une entreprise prestigieuse

e **flight of stairs** escalier m, volée f d'escalier ◆ **we had to climb three flights to get to his room** nous avons dû monter trois étages pour arriver à sa chambre ◆ **he lives three flights up** il habite au troisième ◆ **flight of hurdles** série f de haies ◆ **flight of terraces** escalier m de terrasses

② COMP ▷ **flight attendant** n steward m/hôtesse f de l'air, agent m de bord ▷ **flight bag** n (petit) sac m de voyage, bagage m à main ▷ **flight control** n (on ground) contrôle m aérien ; (in aircraft) commande f de vol ▷ **flight crew** n équipage m ▷ **flight deck** n [of plane] poste m or cabine f de pilotage ; [of aircraft carrier] pont m d'envol ▷ **flight engineer** n mécanicien de bord ▷ **flight lieutenant** n (Brit) capitaine m (de l'armée de l'air) ▷ **flight log** n suivi m de vol ▷ **flight path** n trajectoire f (de vol) ▷ **flight plan** n plan m de vol ▷ **flight recorder** n enregistreur m de vol ▷ **flight sergeant** n (Brit) ≈ sergent-chef m (de l'armée de l'air) ▷ **flight simulator** n simulateur m de vol ▷ **flight-test** vt essayer en vol

flight² [flaɪt] → SYN ① n (NonC = act of fleeing) fuite f ◆ **to put to flight** mettre en fuite ◆ **to take (to) flight** prendre la fuite, s'enfuir ◆ **the flight of capital abroad** la fuite or l'exode m des capitaux à l'étranger

② COMP ▷ **flight capital** n capitaux mpl en fuite

flightless ['flaɪtlɪs] adj incapable de voler ◆ **flightless bird** ratite m, oiseau m coureur

flighty ['flaɪtɪ] adj (gen) frivole ; (in love) volage, inconstant

flimflam * ['flɪm,flæm] (US) ① n (= nonsense) balivernes fpl, blague * f

② adj ◆ **a flimflam man** or **artist** un filou, un escroc

③ vt (= swindle) rouler *, blouser *

flimsily ['flɪmzɪlɪ] adv ◆ **flimsily built** or **constructed** (d'une construction) peu solide ◆ **his thesis was flimsily argued** sa thèse était assez faiblement étayée

flimsiness ['flɪmzɪnɪs] n [of dress] finesse f ; [of house] caractère m peu solide ; [of paper] minceur f ; [of excuse, reasoning] faiblesse f, futilité f

flimsy ['flɪmzɪ] → SYN ① adj a (= fragile) object, structure, construction peu solide ; fabric peu résistant

b (= thin) fabric léger, mince ; garment léger, fin ; paper mince

c (= feeble) evidence peu convaincant ; excuse piètre ; grounds peu solide

② n (Brit = type of paper) papier m pelure inv

flinch [flɪntʃ] → SYN vi broncher, tressaillir ◆ **to flinch from a task** reculer devant une tâche ◆ **he didn't flinch from warning her** il ne s'est pas dérobé au devoir de la prévenir ◆ **without flinching** sans sourciller or broncher

fling [flɪŋ] → SYN vb : pret, ptp **flung** ① n * a (= spree) **to go on a fling** aller faire la noce or la foire * ; (in shops) faire des folies ◆ **youth must have its fling** il faut que jeunesse se passe (Prov) ◆ **to have a last** or **final fling** (= do sth foolish) faire une dernière folie ; [sportsman etc] faire un dernier exploit ◆ **to have a final fling at beating one's opponent/winning the championship** tenter une dernière fois de battre son adversaire/de remporter le championnat ; → **highland**

b (= affair) aventure f ◆ **he had a brief fling with my sister** il a eu une brève aventure avec ma sœur

② vt [+ object, stone] jeter, lancer (at sb à qn ; at sth sur qch) ; [+ remark, insult] lancer (at sb à qn) ◆ **he flung his opponent to the ground** il a jeté son adversaire à terre ◆ **to fling sb into jail** jeter en prison or flanquer * qn en prison ◆ **to fling the window open** ouvrir toute grande la fenêtre ◆ **the door was flung open** la porte s'est ouverte brusquement ◆ **to fling one's arms round sb** or **sb's neck** sauter or se jeter au cou de qn ◆ **to fling a coat over one's shoulders** jeter un manteau sur ses épaules ◆ **to fling one's coat on/off** enfiler/enlever son manteau d'un geste brusque ◆ **to fling an accusation at sb** lancer une accusation contre qn ◆ **to fling o.s. off a bridge/under a train** se jeter d'un pont/sous un train ◆ **to fling o.s. to the ground/to one's knees** se jeter à terre/à genoux ◆ **to fling o.s. into a job/a hobby** se jeter or se lancer à corps perdu dans un travail/une activité ◆ **she flung herself * at him** elle s'est jetée à sa tête ◆ **she flung herself onto the sofa** elle s'est affalée sur le canapé

▶ **fling away** vt sep [+ unwanted object] jeter, ficher en l'air * ; (fig) [+ money] gaspiller, jeter par les fenêtres

▶ **fling back** vt sep [+ ball etc] renvoyer ; [+ one's head] rejeter en arrière ; [+ curtains] ouvrir brusquement

▶ **fling off** vt sep (fig liter) se débarrasser de

▶ **fling out** vt sep [+ person] flanquer * or mettre à la porte ; [+ unwanted object] jeter, ficher en l'air *

▶ **fling up** vt sep jeter en l'air ◆ **to fling one's arms up in exasperation** lever les bras en l'air or au ciel en signe d'exaspération

flint [flɪnt] ① n (gen) silex m ; (for cigarette lighter) pierre f (à briquet) ; → **clay**

② COMP axe de silex ▷ **flint glass** n flint(-glass) m

flintlock ['flɪntlɒk] n fusil m à silex

flinty ['flɪntɪ] adj a (Geol) soil, ground, rocks siliceux

b (= cruel) person dur, insensible ; heart de pierre ; eyes, look dur

flip [flɪp] → SYN ① n a chiquenaude f, petit coup m ◆ **to decide/win sth on the flip of a coin** décider/gagner qch en tirant à pile ou face

b (Aviat *) petit tour m en zinc *

② vt a donner un petit coup à, donner une chiquenaude à ; (US) [+ pancake] faire sauter ◆ **to flip a coin** tirer à pile ou face ◆ **to flip a book open** ouvrir un livre d'une chiquenaude ◆ **to flip one's lid** *, **to flip one's wig** * or (US) **one's top** * éclater, exploser (fig)

③ vi (*: also **flip out**) (angrily) piquer une crise * (over sth à cause de) ; (ecstatically) devenir dingue * (over de)

④ adj remark, repartee désinvolte

⑤ excl * zut ! *

⑥ COMP ▷ **flip-flop** → **flip-flop** ▷ **flip side** n [of record] autre face f, face f B ; (fig) envers m ▷ **flip-top bin** n poubelle f à couvercle pivotant

▶ **flip out** vi → **flip** ③

▶ **flip over** vt sep [+ stone] retourner d'un coup léger ; [+ pages] feuilleter

▶ **flip through** vt fus [+ book] feuilleter

flipboard ['flɪpbɔːd], **flipchart** ['flɪptʃɑːt] n tableau m de conférence

flip-flop ['flɪpflɒp] ① n a (Comput) bascule f (bistable)

b (esp US fig = change of opinion) volte-face f

② **flip-flops** npl (= sandals) tongs fpl

③ vi (US fig) faire volte-face

flippancy ['flɪpənsɪ] → SYN n [of attitude] désinvolture f ; [of speech, remark] irrévérence f, légèreté f

flippant ['flɪpənt] → SYN adj person, remark désinvolte ◆ **to sound flippant** sembler désinvolte

flippantly ['flɪpəntlɪ] adv avec désinvolture, irrévérencieusement, cavalièrement

flipper ['flɪpəʳ] n [of seal, whale, penguin] nageoire f ◆ **flippers** [of swimmer] palmes fpl

flipping * ['flɪpɪŋ] ① adj (Brit) fichu * (before n), maudit (before n)

② adv (Brit) rude, stupid, cold drôlement * ◆ **it's flipping impossible!** c'est vraiment impossible ! ◆ **flipping heck!, flipping hell!** zut !

flirt [flɜːt] → SYN ① vi flirter (with avec) ◆ **to flirt with danger** flirter avec le danger ◆ **to flirt with an idea** caresser une idée

② n ◆ **he's a flirt** c'est un dragueur, il aime flirter

flirtation [flɜːˈteɪʃən] → SYN n flirt m, amourette f

flirtatious [flɜːˈteɪʃəs] → SYN adj qui aime flirter, flirteur †

flirtatiously [flɜːˈteɪʃəslɪ] adv en flirtant

flirty * ['flɜːtɪ] adj person, behaviour dragueur ; clothes sexy inv

flit [flɪt] ① vi a [bats, butterflies] voleter, voltiger ◆ **the idea flitted through his head** l'idée lui a traversé l'esprit

b [person] **to flit in/out** etc (Brit: lightly) entrer/sortir etc avec légèreté ; (US: affectedly) entrer/sortir etc en minaudant ◆ **to flit about** (Brit) se déplacer avec légèreté ; (US) marcher à petits pas maniérés

c (Brit = move house stealthily) déménager à la cloche de bois ; (N Engl, Scot = move house) déménager

② n a (N Engl, Scot = house move) déménagement m ◆ **to do a (moonlight) flit** (Brit) déménager à la cloche de bois

b (US *⁺ = homosexual) pédale *⁺ f, tapette *⁺ f

flitch [flɪtʃ] n flèche f (de lard)

flitting ['flɪtɪŋ] n (N Engl, Scot) déménagement m

flivver *⁺ ['flɪvəʳ] n (US) tacot * m, guimbarde * f

float [fləʊt] → SYN ① n a (Fishing, Plumbing) flotteur m, flotte f ; (of cork) bouchon m ; (of seaplane) flotteur m

b (= vehicle in a parade) char m ; → **milk**

c (also **cash float**) fonds m de caisse

d (esp US = drink) milk-shake ou soda contenant une boule de glace

② vi (on water, in air) flotter ; [ship] être à flot ; [swimmer] faire la planche ; (Fin) [currency] flotter ◆ **the raft floated down the river** le radeau a descendu la rivière ◆ **to float back up to the surface** remonter à la surface (de l'eau) ◆ **the balloon floated up into the sky** le ballon s'est envolé dans le ciel ◆ **music floated through the air** une musique flottait dans l'air ◆ **the idea floated into his mind** l'idée lui a traversé l'esprit

③ vt a [+ boat] faire flotter, mettre à flot or sur l'eau ; (= refloat) remettre à flot or sur l'eau ; [+ wood etc] faire flotter ; (fig) [+ idea] lancer ◆ **to float logs downstream** faire flotter des rondins au fil de l'eau ◆ **it doesn't float my boat** * ça ne me branche pas *

b (Fin) [+ currency] laisser flotter ; [+ company] fonder, créer ◆ **to float a share issue** émettre des actions ◆ **to float a loan** lancer or émettre un emprunt

floatation / flounder

ANGLAIS-FRANÇAIS 344

④ COMP ▷ **float glass** n glace f flottée, float-glass m

▶ **float around** * vi [rumour, news] circuler, courir ♦ have you seen my glasses floating around anywhere? as-tu vu mes lunettes quelque part ?

▶ **float away** vi dériver, partir à la dérive

▶ **float off** ① vi [wreck] se renflouer, se déséchouer
② vt sep [+ wreck] renflouer, remettre à flot

▶ **float round** * vi ⇒ float around

floatation [fləʊˈteɪʃən] ⇒ flotation

floating [ˈfləʊtɪŋ] → SYN ① adj leaves, debris etc flottant ; population fluctuant
② n **a** [of boat] mise f en flottement
b (Fin) [of loan] lancement m ; [of currency] flottement m, flottaison f
③ COMP ▷ **floating assets** npl (Fin) capitaux mpl circulants ▷ **floating currency** n (Fin) devise f flottante ▷ **floating currency rate** n (Fin) taux m de change flottant ▷ **floating debt** n (Fin) dette f à court terme ou flottante ▷ **floating decimal (point)** n (Math) virgule f flottante ▷ **floating dock** n (Naut) dock m flottant ▷ **floating exchange** n (Fin) change m flottant ▷ **floating point representation** n (Comput) notation f en virgule flottante ▷ **floating restaurant** n restaurant m flottant ▷ **floating rib** n (Anat) côte f flottante ▷ **floating vote** n (Brit Pol) vote m flottant ▷ **floating voter** n (Brit Pol) électeur m, -trice f indécis(e)

flocculate [ˈflɒkjʊleɪt] vi floculer

flocculation [ˌflɒkjʊˈleɪʃən] n floculation f

flocculent [ˈflɒkjʊlənt] adj floconneux

flock[1] [flɒk] → SYN ① n [of sheep, geese] troupeau m ; [of birds] vol m, volée f ; [of people] foule f, troupeau m (pej) ; [of birds] ouailles fpl ♦ they came in flocks ils sont venus en masse
② vi aller or venir en masse or en foule, affluer ♦ to flock in/out etc entrer/sortir etc en foule ♦ to flock together s'assembler ♦ to flock round sb s'attrouper or s'assembler autour de qn

flock[2] [flɒk] ① n (NonC) [of wool] bourre f de laine ; [of cotton] bourre f de coton
② COMP ▷ **flock (wall)paper** n papier m velouté or tontisse

floe [fləʊ] n banquise f, glaces fpl flottantes

flog [flɒg] → SYN vt **a** flageller, fustiger ♦ to flog o.s. to death or into the ground se tuer au travail ♦ to flog an idea to death * or into the ground * rabâcher une idée ; → dead
b (Brit * = sell) fourguer * ♦ how much did you flog it for? tu en as tiré combien ? *

flogging [ˈflɒgɪŋ] → SYN n flagellation f, fustigation f ; (Jur) fouet m (sanction)

flong [flɒŋ] n (Typo) flan m

flood [flʌd] → SYN ① n **a** (gen) inondation f ; (also **flood tide**) marée f haute ♦ "flood" (notice on road) ≈ attention route inondée ♦ the Flood (Bible) le déluge ♦ river in flood rivière f en crue ♦ floods of tears un torrent or déluge de larmes ♦ a flood of light un flot de lumière ♦ a flood of letters/protests un déluge de lettres/de protestations ♦ a flood of immigrants une marée d'immigrants
b ⇒ floodlight
② vt **a** [+ fields, town] inonder, submerger ; (fig) inonder ♦ he was flooded with letters/with applications il a été inondé de lettres/de demandes ♦ room flooded with light pièce f inondée de lumière
b [storm, rain] [+ river, stream] faire déborder ♦ to flood the market (Comm) [suppliers, goods] inonder le marché (with de)
c (Aut) [+ carburettor] noyer
③ vi [river] déborder, être en crue ♦ the crowd flooded into the streets la foule a envahi les rues or s'est répandue dans les rues ♦ refugees flooded across the border les réfugiés ont franchi la frontière en masse, des flots de réfugiés ont franchi la frontière
④ COMP ▷ **flood control** n prévention f des inondations ▷ **flood damage** n dégâts mpl des eaux ▷ **flood plain** n zone f inondable ▷ **flood tide** n marée f haute

▶ **flood back** vi [memories, worries] (also **come flooding back**) resurgir ♦ it brought all the memories flooding back cela a fait resurgir tous les souvenirs

▶ **flood in** vi [sunshine] entrer à flots ; [people] entrer en foule, affluer

▶ **flood out** vt sep [+ house] inonder ♦ the villagers were flooded out les inondations ont forcé les villageois à évacuer leurs maisons

floodgate [ˈflʌdgeɪt] n vanne f, porte f d'écluse ♦ these changes would open the floodgates to ... ces changements seraient la porte ouverte à ...

flooding [ˈflʌdɪŋ] n inondation f

floodlight [ˈflʌdlaɪt] pret, ptp **floodlit** ① vt [+ buildings] illuminer ; (Sport) [+ match] éclairer (aux projecteurs)
② n (= device) projecteur m ; (= light) lumière f (des projecteurs) ♦ to play a match under floodlights jouer un match en nocturne

floodlighting [ˈflʌdlaɪtɪŋ] n [of building] illumination f ; [of match] éclairage m (aux projecteurs)

floodlit [ˈflʌdlɪt] vb (pt, ptp of floodlight)

floodwater(s) [ˈflʌdˌwɔːtə(z)] n(pl) eaux fpl de crue

flooey * [ˈfluːɪ] adj ♦ to go flooey se détraquer *

floor [flɔːʳ] → SYN ① n **a** (gen) sol m ; (wooden) plancher m, parquet m ; (for dance) piste f (de danse) ; [of valley, ocean] fond m ; (fig) [of prices] plancher m ♦ **stone/tiled floor** sol m dallé/carrelé ♦ put it on the floor pose-le par terre or sur le sol ♦ she was sitting on the floor elle était assise par terre or sur le sol ♦ to take to the floor (= dance) aller sur la piste (de danse) ♦ last year, sales went through the floor l'année dernière les ventes ont chuté ♦ property prices have dropped through the floor les prix sur le marché immobilier se sont effondrés ; → **wipe**
b (in public speaking) **a question from the floor of the house** une question de l'auditoire m ou de l'assemblée f ♦ to hold the floor garder la parole ♦ to take the floor (= speak) prendre la parole ♦ to cross the floor (of the House) (Parl) = s'inscrire à un parti opposé
c (= storey) étage m ♦ **first floor** (Brit) premier étage m ; (US) rez-de-chaussée ♦ on the first floor (Brit) au premier (étage), (in two-storey building) à l'étage, (US) au rez-de-chaussée ♦ he lives on the second floor (Brit) il habite au deuxième étage or au second ; (US) il habite au premier (étage) ♦ we live on the same floor nous habitons au même étage or sur le même palier ; → **ground**[1]
d (St Ex) enceinte f de la Bourse ♦ **on/off the floor** en/hors Bourse
② vt **a** faire le sol de ; (with wooden boards) planchéier, parqueter
b (= knock down) [+ opponent] terrasser ; (Boxing) envoyer au tapis
c (* = silence) réduire au silence ; (* = baffle, perplex) désorienter, dérouter ; (Sport = defeat) battre à plates coutures ♦ this argument floored him il n'a rien trouvé à répondre
③ COMP ▷ **floor area** n [of flat, offices etc] surface f au sol ▷ **floor covering** n revêtement m de sol ▷ **floor exercises** npl exercices mpl au sol ▷ **floor lamp** n (US) lampadaire m ▷ **floor leader** n (US Pol) chef m de file ▷ **floor manager** n (TV) régisseur m de plateau ; (in shop) chef m de rayon ▷ **floor plan** n (Archit) plan m de niveau ▷ **floor polish** n encaustique f, cire f ▷ **floor polisher** n (= tool) cireuse f ▷ **floor show** n attractions fpl, spectacle m de variétés (dans un restaurant, cabaret etc) ▷ **floor space** n (gen) place f (par terre) ; (Comm) surface f au sol

floorboard [ˈflɔːbɔːd] n planche f (de plancher), latte f

floorcloth [ˈflɔːklɒθ] n serpillière f

flooring [ˈflɔːrɪŋ] n (= floor) sol m ; (made of wood) plancher m, parquet m ; (tiled) carrelage m ; (= material) revêtement m (de sol)

floorwalker [ˈflɔːˌwɔːkəʳ] n (US Comm) chef m de rayon

floozy * [ˈfluːzɪ] n poule * f, pouffiasse ** f

flop [flɒp] → SYN ① vi **a** (= drop) s'effondrer, s'affaler ♦ he flopped down on the bed/in a chair il s'est effondré or s'est affalé sur le lit/dans un fauteuil ♦ his hair flopped over his left eye ses cheveux lui tombaient sur l'œil gauche
b (US * = sleep) roupiller *
c (= fail) [play, film, record] faire un four or un flop ; [scheme etc] être un fiasco or un bide * ♦ he flopped as Hamlet son interprétation d'Hamlet a fait un four
② n (* = failure) [of business venture, scheme] fiasco m ♦ the play was a flop la pièce a été un four or un bide * ♦ he was a terrible flop il a lamentablement raté son coup

▶ **flop over** * (US) ① vi ♦ to flop over to a new idea adopter une nouvelle idée
② flopover n → **flopover**

flophouse * [ˈflɒphaʊs] n (US) asile m de nuit

flopover * [ˈflɒpəʊvəʳ] n (US TV) cascade f d'images

floppy [ˈflɒpɪ] ① adj hat à bords flottants ; clothes lâche, flottant ; rabbit, dog ears tombant
② n ⇒ floppy disk
③ COMP ▷ **floppy disk** n (Comput) disquette f ▷ **floppy (disk) drive** n (Comput) lecteur m de disquettes

flora [ˈflɔːrə] n, pl **floras** or **florae** [ˈflɔːriː] flore f

floral [ˈflɔːrəl] → SYN ① adj fabric, dress, wallpaper, curtains fleuri, à fleurs ; print à fleurs ; design à fleurs, floral ; fragrance, perfume de fleurs ; arrangement, display floral ♦ material with a floral pattern étoffe f à motifs floraux
② COMP ▷ **floral tributes** npl fleurs fpl et couronnes fpl

Florence [ˈflɒrəns] n Florence

Florentine [ˈflɒrəntaɪn] adj florentin

florescence [flɔːˈresns] n (Bot) floraison f

floret [ˈflɒrɪt] n (Bot) fleuron m ♦ **cauliflower/broccoli florets** morceaux mpl de chou-fleur/brocoli

floribunda [ˌflɒrəˈbʌndə] n polyanta floribunda m

floriculture [ˈflɔːrɪkʌltʃəʳ] n floriculture f

florid [ˈflɒrɪd] → SYN adj **a** (= ornate) language, literary style, wallpaper, architecture très chargé
b (= ruddy) person, face, complexion rubicond, rougeaud

Florida [ˈflɒrɪdə] n la Floride ♦ **in Florida** en Floride

florin [ˈflɒrɪn] n florin m (ancienne pièce de deux shillings)

florist [ˈflɒrɪst] n fleuriste mf ♦ **florist's shop** magasin m de fleurs, fleuriste m

floss [flɒs] ① n bourre f de soie ; (also **dental floss**) fil m dentaire ; → **candy**
② vti ♦ to floss (one's teeth) utiliser du fil dentaire

flossy * [ˈflɒsɪ] adj (US) ultrachic inv, d'un brillant superficiel

flotation [fləʊˈteɪʃən] ① n **a** (lit) [of boat] action f de flotter ; [of log] flottage m
b (Fin) [of share, loan] lancement m ; [of company] constitution f, création f
② COMP ▷ **flotation collar** n (Space) flotteur m (de module lunaire) ▷ **flotation compartment** n caisse f de flottaison ▷ **flotation tank** n caisse f de flottaison

flotilla [fləˈtɪlə] n flottille f

flotsam [ˈflɒtsəm] → SYN n (NonC) épave f (flottante) ♦ **flotsam and jetsam** (lit) épaves fpl flottantes et rejetées ♦ **the flotsam and jetsam of our society** (fig) les laissés-pour-compte de notre société

flounce [flaʊns] ① vi ♦ to flounce in/out etc entrer/sortir etc dans un mouvement d'humeur (or d'indignation etc)
② n **a** (= gesture) geste m impatient, mouvement m vif
b (= frill: on clothes, curtain) volant m

flounced [flaʊnst] adj skirt, dress à volants

flounder[1] [ˈflaʊndəʳ] n, pl **flounder** or **flounders** (= fish) flet m

flounder[2] [ˈflaʊndəʳ] → SYN vi (= move with difficulty) patauger (péniblement) ; (violently) se débattre ♦ **we floundered along in the mud** nous avons poursuivi notre chemin en pataugeant dans la boue ♦ **I watched him floundering about in the water** je le regardais se débattre dans l'eau ♦ **he floundered**

through the rest of the speech il a fini le discours en bredouillant ◆ **he floundered on in bad French** il continuait de baragouiner en mauvais français ◆ **his career was floundering** sa carrière traversait une mauvaise passe ◆ **the company/economy was floundering** la société/l'économie battait de l'aile

flour ['flaʊəʳ] ⟦1⟧ n farine f
⟦2⟧ vt fariner
⟦3⟧ COMP ▷ **flour bin** n boîte f à farine ▷ **flour mill** n minoterie f ▷ **flour shaker** n saupoudreuse f (à farine) ▷ **flour sifter** n tamis m à farine

flourish ['flʌrɪʃ] → SYN ⟦1⟧ vi [plant, animal] bien venir, se plaire ; [business, town, market] prospérer ; [person] s'épanouir ; [literature, the arts, painting] fleurir, être en plein essor ◆ **the children were all flourishing** les enfants étaient épanouis or en pleine forme ◆ **the local fox population was flourishing** les renards prospéraient or se multipliaient dans la région ◆ **racism and crime flourished in poor areas** le racisme et la criminalité se développaient dans les quartiers pauvres ◆ **drug traffickers continued to flourish** les trafiquants de drogue ont continué à prospérer or à faire des affaires
⟦2⟧ vt [+ stick, book, object] brandir
⟦3⟧ n (= curve, decoration) fioriture f, ornement m ; (in handwriting) fioriture f ; (under signature) parafe m or paraphe m ; (Mus) fioriture f ◆ **he took the lid off with a flourish** il a enlevé le couvercle avec un grand geste du bras

flourishing ['flʌrɪʃɪŋ] → SYN adj business, economy, career prospère, florissant ; garden florissant ; plant, town qui prospère ; market en expansion ; → **flourish**

floury ['flaʊərɪ] adj hands enfariné ; potatoes farineux ; loaf, dish saupoudré de farine, fariné

flout [flaʊt] → SYN vt [+ orders, advice] faire fi de, passer outre à ; [+ conventions, society] mépriser, se moquer de

flow [fləʊ] → SYN ⟦1⟧ vi a (= run) [river, blood from wound] couler ; [tide] monter, remonter ◆ **to flow back** refluer ◆ **to flow out of** [liquid] s'écouler de, sortir de ◆ **to flow past sth** passer devant qch ◆ **the river flows into the sea** le fleuve se jette dans la mer ◆ **the water flowed over the fields** l'eau s'est répandue dans les champs ◆ **tears were flowing down her cheeks** les larmes coulaient or ruisselaient sur ses joues
b (= circulate) [electric current, blood in veins] circuler ◆ **traffic flowed freely** la circulation était fluide
c (= move, stream) **to flow in** [people] affluer, entrer à flots ◆ **refugees continue to flow in from the war zone** les réfugiés continuent à affluer de la zone des conflits ◆ **the money keeps flowing in** l'argent continue à rentrer ◆ **let the music flow over you** laissez la musique vous envahir, laissez-vous envahir par la musique ◆ **a surge of hatred flowed through my blood** j'ai soudain ressenti une bouffée de haine ; → **land**
d (= abound) **the wine flowed all evening** le vin a coulé à flots toute la soirée ◆ **his words flowed readily** les mots lui venaient facilement
e [dress, hair etc] flotter, ondoyer
f (fig) **to flow from** (= result) découler de, résulter de
⟦2⟧ n a [of tide] flux m ; [of river] courant m ◆ **he stopped the flow of blood** il a arrêté l'écoulement m or l'épanchement m du sang ◆ **(menstrual) flow** flux m menstruel
b (= circulation) [of electric current, blood in veins] circulation f ◆ **it hindered the flow of traffic** ça a ralenti la circulation
c (fig = movement, flood) [of donations, orders, replies, words] flot m ◆ **the interruption in the flow of oil from Iran** l'arrêt de l'approvisionnement en pétrole iranien ◆ **the phone rang, interrupting the flow of conversation** le téléphone a sonné, interrompant le déroulement de la conversation ◆ **the flow of information** le flux d'informations ◆ **to be in full flow** [speaker] être sur sa lancée ◆ **to go with the flow** suivre le mouvement ; → **ebb**
⟦3⟧ COMP ▷ **flow chart, flow diagram flow sheet** n (gen) organigramme m ; (Comput) ordinogramme m ; (Admin, Ind) organigramme m, graphique m d'évolution

flower ['flaʊəʳ] → SYN ⟦1⟧ n a (lit) fleur f ◆ **in flower** en fleurs ◆ **hawthorn comes into flower in May** l'aubépine fleurit en mai ◆ **to say sth with flowers** dire qch avec des fleurs ◆ **"no flowers by request"** "ni fleurs ni couronnes"
b (fig) [of group, generation] (fine) fleur f, élite f ◆ **the flower of the army** la (fine) fleur or l'élite f de l'armée ; → **bunch**
⟦2⟧ vi (lit, fig) fleurir
⟦3⟧ COMP ▷ **flower arrangement** n (= art) art m floral ; (= exhibit) composition f florale, arrangement m floral ▷ **flower arranging** n art m floral ▷ **flower bed** n platebande f, parterre m ▷ **flower children** npl ⇒ **flower people** ▷ **flower garden** n jardin m d'agrément ▷ **flower girl** n (= seller) marchande f de fleurs ; (at wedding) petite fille qui accompagne les demoiselles d'honneur ▷ **flower head** n capitule m ▷ **flower people** npl (fig) hippies mpl, babas cool * mpl ▷ **flower power** n flower power m ▷ **flower seller** n marchand(e) m(f) de fleurs ambulant(e), bouquetier † f ▷ **flower shop** n fleuriste m, magasin m de fleurs ◆ **at the flower shop** chez le fleuriste ▷ **flower show** n floralies fpl ; (smaller) exposition f de fleurs

flowered ['flaʊəd] adj fabric, garment à fleurs

flowering ['flaʊərɪŋ] → SYN ⟦1⟧ n (lit) floraison f ; (fig) floraison f, épanouissement m ◆ **the flowering of creative genius** l'épanouissement m du génie créateur
⟦2⟧ adj (= in flower) en fleurs ; (= which flowers) à fleurs
⟦3⟧ COMP ▷ **flowering ash** n frêne m à fleurs ▷ **flowering shrub** n arbuste m à fleurs

flowerpot ['flaʊəpɒt] n pot m de fleurs

flowery ['flaʊərɪ] → SYN adj a fragrance, perfume fleuri, de fleurs ; fabric, dress, wallpaper fleuri, à fleurs ; meadow, field fleuri, couvert de fleurs
b (fig = elaborate) speech, language fleuri

flowing ['fləʊɪŋ] → SYN adj water qui coule ; tide montant ; hair, beard, skirt flottant ; movement fluide, plein d'aisance ; style coulant, fluide ◆ **the car's flowing lines** les lignes douces or fluides de la voiture ; → **fast**

flown [fləʊn] vb (ptp of **fly**³) → **high**

fl. oz (abbrev of **fluid ounce**) → **fluid**

flu [flu:] n (abbrev of **influenza**) grippe f ; → **Asian**

flub * [flʌb] (US) ⟦1⟧ vt louper *, rater *
⟦2⟧ vi rater *
⟦3⟧ n ratage * m, erreur f

fluctuate ['flʌktjʊeɪt] → SYN vi [prices, rate, temperature] varier, fluctuer ; [person, attitude] varier (between entre)

fluctuation [ˌflʌktjʊ'eɪʃən] → SYN n fluctuation f, variation f

flue [flu:] ⟦1⟧ n [of chimney] conduit m (de cheminée) ; [of stove] tuyau m (de poêle)
⟦2⟧ COMP ▷ **flue brush** n hérisson m (de ramoneur)

fluency ['flu:ənsɪ] → SYN n (in speech) facilité f or aisance f (d'élocution) ; (in writing) facilité f, aisance f ◆ **his fluency in English** son aisance (à s'exprimer) en anglais

fluent ['flu:ənt] → SYN adj a (in foreign language) **he is fluent in Italian, he speaks fluent Italian, his Italian is fluent** il parle couramment l'italien ◆ **to become fluent in German** acquérir une bonne maîtrise de l'allemand
b (= eloquent) style coulant ; talker, debater éloquent ◆ **to be a fluent speaker** parler avec aisance ◆ **to be a fluent reader** lire avec facilité or aisance ◆ **to be a fluent writer** avoir la plume facile ◆ **she speaks in fluent sentences** [baby] elle fait des phrases
c (= graceful) movement fluide, plein d'aisance

fluently ['flu:əntlɪ] adv speak foreign language couramment ; speak, read, write, move, play avec facilité, avec aisance

fluey * ['flu:ɪ] adj (Brit) ◆ **to feel fluey** se sentir grippé

fluff [flʌf] → SYN ⟦1⟧ n (NonC: on birds, young animals) duvet m ; (from material) peluche f ; (= dust on floors) mouton(s) m(pl) (de poussière) ◆ **a bit of fluff** * (fig = girl) une nénette *
⟦2⟧ vt a (also **fluff out**) [+ feathers] ébouriffer ; [+ pillows, hair] faire bouffer
b (* = do badly) [+ audition, lines in play, exam] rater *, louper *

fluffy ['flʌfɪ] adj a (= soft) wool doux (douce f) ; slipper molletonné ; sweater, towel pelucheux ; hair duveteux ; kitten, rabbit au pelage duveteux ; cloud floconneux ◆ **fluffy toy** (= soft toy) peluche f
b (= light) cake, rice, mashed potatoes léger ; egg, mixture mousseux ; omelette soufflé

fluid ['flu:ɪd] → SYN ⟦1⟧ adj substance liquide ; shape doux (douce f) ; style fluide, coulant ; drawing, outline fluide ; movement fluide, plein d'aisance ; situation fluide, fluctuant ; plan flou
⟦2⟧ n fluide m (also Chem), liquide m ◆ **he's on fluids only** (as diet) il ne prend que des (aliments) liquides
⟦3⟧ COMP ▷ **fluid assets** npl (US Fin) liquidités fpl, disponibilités fpl ▷ **fluid mechanics** n (NonC) mécanique f des fluides ▷ **fluid ounce** n mesure de capacité (Brit : 0,028 litres, US : 0,030 litres)

fluidics [ˈfluːɪdɪks] n (NonC) fluidique f

fluidity [fluːˈɪdɪtɪ] n [of gas, liquid, situation] fluidité f ; [of style, speech] aisance f, fluidité f

fluidization [ˌfluːɪdaɪˈzeɪʃən] n fluidisation f

fluidize ['fluːɪdaɪz] vt fluidiser

fluke¹ [fluːk] ⟦1⟧ n (= chance event) coup m de chance or de veine * extraordinaire, hasard m extraordinaire ◆ **by a (sheer) fluke** par un hasard extraordinaire
⟦2⟧ adj coincidence, circumstances extraordinaire ◆ **he scored a fluke goal** il a marqué un but tout à fait par hasard

fluke² [fluːk] n [of anchor] patte f (d'ancre) ; [of arrow, harpoon] barbillon m

fluke³ [fluːk] n (= parasite) douve f (du foie etc)

fluke⁴ [fluːk] n (= fish) flet m

fluky ['fluːkɪ] adj a wind capricieux
b ⇒ **fluke**¹

flume [fluːm] n a (= ravine) ravin m
b (= channel) chenal m
c (in swimming pool) toboggan m

flummery ['flʌmərɪ] n (Culin) bouillie f ; (fig) flagornerie f

flummox * ['flʌməks] vt [+ person] démonter, couper le sifflet à * ◆ **he was flummoxed** ça lui avait coupé le sifflet *, il était complètement démonté

flung [flʌŋ] vb (pret, ptp of **fling**) → **far-**

flunk * [flʌŋk] (esp US) ⟦1⟧ vi (= fail) être recalé * or collé * ; (= shirk) se dégonfler *
⟦2⟧ vt a (= fail) **to flunk French/an exam** être recalé * or être collé * en français/à un examen ◆ **they flunked ten candidates** ils ont recalé * or collé * dix candidats
b (= give up) laisser tomber
▶ **flunk out** * (US) ⟦1⟧ vi se faire virer * (of de)
⟦2⟧ vt sep virer *, renvoyer

flunk(e)y ['flʌŋkɪ] n (lit) laquais m ; (fig) larbin * m

fluorescein [ˌflʊəˈresiːn] n fluorescéine f

fluorescence [flʊəˈresns] n fluorescence f

fluorescent [flʊəˈresnt] ⟦1⟧ adj lighting, bulb, colour, dye, paint fluorescent ; clothes fluorescent, fluo * inv
⟦2⟧ COMP ▷ **fluorescent strip** n tube m fluorescent or au néon

fluoridate ['flʊərɪdeɪt] vt fluorer

fluoridation [ˌflʊərɪˈdeɪʃən] n fluoration f

fluoride ['flʊəraɪd] ⟦1⟧ n fluorure m
⟦2⟧ COMP ▷ **fluoride toothpaste** n dentifrice m fluoré or au fluor

fluorine ['flʊəriːn] n fluor m

fluorite ['flʊəraɪt] n (US) fluorite f, spath m fluor

fluorocarbon [ˌflʊərəʊˈkɑːbən] n fluorocarbone m

fluorometer [flʊəˈrɒmɪtəʳ] n fluorimètre m

fluoroscope ['flʊərəskəʊp] n fluoroscope m

fluoroscopy [flʊəˈrɒskəpɪ] n fluoroscopie f

fluorosis [flʊəˈrəʊsɪs] n fluorose f

fluorspar ['flʊəspɑːʳ] n spath m fluor, fluorite f

flurry ['flʌrɪ] → SYN ⟦1⟧ n [of snow] rafale f ; [of wind] rafale f, risée f ; (fig) agitation f, émoi m ◆ **a flurry of activity** un débordement d'activité ◆ **a flurry of protest** une vague de protestations ♦ **in a flurry of excitement** dans un frisson d'agitation

2 vt agiter, effarer ♦ **to get flurried** perdre la tête, s'affoler (*at* pour)

flush[1] [flʌʃ] → SYN 1 n a (in sky) lueur f rouge, rougeoiement m ; [of blood] afflux m ; (= blush) rougeur f ♦ **(hot) flushes** (Med) bouffées fpl de chaleur

b [of beauty, health, youth] éclat m ; [of joy] élan m ; [of excitement] accès m ♦ **in the (first) flush of victory** dans l'ivresse de la victoire ♦ **she's not in the first flush of youth** elle n'est pas dans sa première jeunesse

c [of lavatory] chasse f (d'eau)

2 vi a [face, person] rougir ♦ **to flush crimson** s'empourprer, rougir jusqu'aux oreilles ♦ **to flush with shame/anger** rougir de honte/de colère

b **the toilet won't flush** la chasse d'eau ne marche pas

3 vt nettoyer à grande eau ; [+ drain] [+ pipe] curer à grande eau ♦ **to flush the toilet** or **lavatory** tirer la chasse (d'eau) ♦ **to flush sth down the toilet** or **lavatory** faire passer qch dans les toilettes

► **flush away** vt sep (down sink/drain) faire partir par l'évier/par l'égout ; (down lavatory) faire partir (en tirant la chasse d'eau)

► **flush out** vt sep (with water) nettoyer à grande eau

flush[2] [flʌʃ] → SYN 1 adj a au même niveau (*with* que), au or à ras (*with* de) ♦ **flush with the ground** à ras de terre, au ras de terre ♦ **a door flush with the wall** une porte dans l'alignement du mur ♦ **a cupboard flush with the wall** un placard encastré dans le mur ♦ **flush against** tout contre

b **to be flush (with money)*** être en fonds, avoir des sous*

2 vt ♦ **to flush a door** affleurer une porte

flush[3] [flʌʃ] vt (also **flush out**) [+ game, birds] lever ; [+ person] forcer à se montrer

► **flush out** vt fus ♦ **they flushed them out of their hiding places** ils les ont forcés à sortir de leur cachette, ils les ont fait sortir de leur cachette ♦ **they tried to flush out illegal workers operating in the country** ils ont essayé de chasser les travailleurs clandestins du pays

flush[4] [flʌʃ] n (Cards) flush m ; → **royal**

flushed [flʌʃt] → SYN adj person tout rouge ; face, cheeks tout rouge, enflammé ♦ **flushed with anger** rouge or empourpré de colère ♦ **flushed with fever/embarrassment/excitement** rouge de fièvre/d'embarras/d'excitation ♦ **flushed with success** grisé par le succès ♦ **white flowers flushed with pink** des fleurs blanches colorées de rose

fluster ['flʌstəʳ] → SYN 1 vt énerver, troubler ♦ **to get flustered** s'énerver, se troubler

2 n agitation f, trouble m ♦ **in a fluster** énervé, troublé ♦ **to be all of a fluster** être dans tous ses états

flute [fluːt] n (= musical instrument, wine glass) flûte f

fluted ['fluːtɪd] adj a pillar cannelé ; flan dish à cannelures

b tone, note flûté

fluting ['fluːtɪŋ] n cannelures fpl

flutist ['fluːtɪst] n (US) flûtiste mf

flutter ['flʌtəʳ] → SYN 1 vi a [flag, ribbon] flotter ; [bird, moth, butterfly] voleter, voltiger ; [wings] battre ♦ **the bird fluttered about the room** l'oiseau voletait çà et là dans la pièce ♦ **the butterfly fluttered away** le papillon a disparu en voletant or voltigeant ♦ **a leaf came fluttering down** une feuille est tombée en tourbillonnant

b [person] papillonner, virevolter

c [heart, pulse] palpiter

2 vt [+ fan, paper] jouer de ♦ **the bird fluttered its wings** l'oiseau a battu des ailes ♦ **to flutter one's eyelashes** battre des cils (*at sb* dans la direction de qn)

3 n a [of eyelashes, wings] battement m ; [of heart, pulse] palpitation f ♦ **there was a flutter of fear in her voice** sa voix trahissait la peur ♦ **to feel a flutter of excitement at the prospect of ...** être tout excité à l'idée de ... ♦ **(all) in a flutter** tout troublé, dans un grand émoi

b (Brit *) **to have a flutter** (= gamble) parier (de petites sommes) (*on* sur) ; (St Ex) boursicoter

fluvial ['fluːvɪəl] adj fluvial

flux [flʌks] 1 n (NonC) a changement m continuel, fluctuation f ♦ **to be in a state of flux** changer sans arrêt, fluctuer continuellement

b (Med) flux m, évacuation f *(de sang etc)* ; (Phys) flux m ; (Metal) fondant m

2 COMP ▷ **flux density** n (Phys) densité f de flux

fluxmeter ['flʌks,miːtəʳ] n fluxmètre m

fly[1] [flaɪ] 1 n (= insect, Fishing) mouche f ♦ **they were dropping*** or **dying like flies** ils tombaient* or mouraient comme des mouches ♦ **small businesses were dropping like flies in the recession*** les petites entreprises faisaient faillite les unes après les autres à cause de la récession ♦ **he wouldn't harm** or **hurt a fly** il ne ferait pas de mal à une mouche ♦ **I wish I were a fly on the wall** j'aimerais être une petite souris ; see also 2 ♦ **there's a fly in the ointment** il y a un ennui or un hic* or un os* ♦ **he's the fly in the ointment** c'est lui l'empêcheur de tourner en rond ♦ **there are no flies on him*** il n'est pas né d'hier, il n'est pas tombé de la dernière averse or pluie ; → **housefly**

2 COMP ▷ **fly agaric** n amanite f tue-mouche ▷ **fly-blown** adj (lit) couvert or plein de chiures de mouches ; (fig) très défraîchi ▷ **fly fishing** n pêche f à la mouche ▷ **fly killer** n insecticide m ▷ **fly net** n émouchette f ▷ **fly-on-the-wall documentary** n documentaire m pris sur le vif ▷ **fly paper** n papier m tue-mouches ▷ **fly rod** n (Fishing) canne f à mouche ▷ **fly spray** n bombe f insecticide ▷ **fly swat(ter)** n tapette f ▷ **fly trap** n (= device) attrape-mouches m inv ; → **Venus**

fly[2] [flaɪ] adj (esp Brit = astute) malin (-igne f), rusé

fly[3] [flaɪ] → SYN pret **flew**, ptp **flown** 1 vi a [bird, insect, plane] voler ; [air passenger] aller or voyager en avion ; [pilot] piloter un (or des) avion(s) ♦ **I don't like flying** je n'aime pas (prendre) l'avion ♦ **I always fly** je voyage toujours en avion, je prends toujours l'avion ♦ **how did you get here? – I flew** comment es-tu venu ? – par or en avion ♦ **to fly over London** survoler Londres, voler au-dessus de Londres ♦ **the planes flew past** or **over at 3pm** les avions sont passés à 15 heures ♦ **to fly over the Channel** survoler la Manche ♦ **to fly across the Channel** [bird, plane] traverser la Manche ; [passenger] traverser la Manche (en avion) ♦ **to fly away** [bird] s'envoler ♦ **all her worries flew away** tous ses soucis se sont envolés ♦ **we flew in from Rome this morning** nous sommes venus de Rome en or par avion ce matin ♦ **to fly off** [bird, plane] s'envoler ; [passenger] partir en avion, s'envoler (*to* pour) ♦ **a bee flew in through the window** une abeille est entrée par la fenêtre ♦ **fur was flying, feathers were flying** ça bardait*, il y avait du grabuge* ♦ **that will make the fur** or **feathers fly!** il va y avoir du grabuge !* ♦ **he is flying high** (fig) il a beaucoup de succès, il réussit très bien ♦ **the company is flying high** l'entreprise marche très bien ♦ **to find that the bird has flown** (fig) trouver l'oiseau envolé ♦ **fly right, sonny** * (US) surtout pas de bêtises, fiston* ; → **fury**

b (fig) [time] passer vite, filer* ; [sparks] jaillir, voler ; [car, people] filer* ♦ **to fly in/out/back** etc [person] entrer/sortir/retourner etc à toute vitesse or à toute allure ♦ **it's late, I must fly!** il est tard, il faut que je me sauve (subj) ! ♦ **to fly to sb's assistance** voler au secours de qn ♦ **to fly in the face of danger/accepted ideas** défier le danger/les idées reçues ♦ **to fly in the face of authority** battre en brèche l'ordre établi ♦ **to fly into a rage** or **a passion** s'emporter, se mettre dans une violente colère ♦ **to fly off the handle*** s'emporter, sortir de ses gonds ♦ **to let fly at sb** (in angry words) s'en prendre violemment à qn, prendre qn violemment à partie ; (by shooting) tirer sur qn ♦ **to fly at sb** sauter or se ruer sur qn ♦ **to fly at sb's throat** sauter à la gorge de qn ♦ **the door flew open** la porte s'est ouverte brusquement ♦ **the handle flew off** la poignée s'est détachée brusquement or soudain ; → **send, spark**

c (= flee) fuir (*before* devant), s'enfuir (*from* de) ♦ **to fly from temptation** fuir la tentation ♦ **fly for your life!** fuyez !

d [flag] flotter ♦ **her hair was flying in the wind** ses cheveux flottaient au vent ; → **flag**[1]

2 vt a [+ aircraft] piloter ; [+ person] emmener en avion ; [+ goods] transporter par avion ; [+ standard, admiral's flag] arborer ♦ **to fly the French flag** (Naut) battre pavillon français ♦ **the building was flying the French flag** le drapeau français flottait sur l'immeuble ♦ **to fly a kite** (lit) faire voler un cerf-volant ; (fig) lancer un ballon d'essai (fig) ♦ **to fly great distances** faire de longs voyages en avion ♦ **to fly the Atlantic/the Channel** etc traverser l'Atlantique/la Manche etc en avion ♦ **to fly Air France** voler sur Air France ♦ **we will fly you to Italy and back for £350** nous vous proposons un vol aller et retour pour l'Italie pour 350 livres

b **to fly the country** s'enfuir du pays ; → **coop, nest**

3 n a (on trousers: also **flies**) braguette f ; (on tent) auvent m

b (= vehicle) fiacre m

c [of flag] battant m

d **on the fly** (= quickly) sur-le-champ ; (= while busy) tout en faisant autre chose ; (Comput) à la volée, en direct ♦ **people who can make decisions on the fly** les gens capables de prendre des décisions sur-le-champ

4 **flies** npl (Theat) cintres mpl, dessus mpl

5 COMP ▷ **fly ash** n cendres fpl volantes ▷ **fly-button** n bouton m de braguette ▷ **fly-by-night** n (= irresponsible person) tout-fou* m ; (= decamping debtor) débiteur m, -trice f qui déménage à la cloche de bois or qui décampe en douce* ◇ adj person tout-fou* m only ; (Comm, Fin) firm, operation véreux ▷ **fly-by-wire** adj (Aviat) informatisé ▷ **fly-drive** n (Travel) formule f avion plus voiture ▷ **fly-drive holiday** n (vacances fpl en) formule f or forfait m avion plus voiture ▷ **fly hack** n (Rugby) ⇒ **fly kick** ▷ **fly half** n (Rugby) demi m d'ouverture ▷ **fly kick** n (Rugby) coup m de pied à suivre ▷ **fly-post** vt (Brit) coller des affiches illégalement ▷ **fly-posting** n (Brit) affichage m illégal ▷ **fly sheet** n (Brit) feuille f volante ▷ **fly-tipping** n décharge f sauvage ▷ **fly way** n (Zool) voie f de migration

flyaway ['flaɪə,weɪ] adj hair rebelle, difficile ; (= frivolous) frivole, futile

flyboy* ['flaɪbɔɪ] n (US) pilote m *(de l'armée de l'air)*

flyby ['flaɪbaɪ] n (US), pl **flybys** ⇒ **flypast**

flycatcher ['flaɪ,kætʃəʳ] n a (= bird) gobe-mouches m inv

b (= plant) plante f carnivore

c (= trap) attrape-mouches m inv

flyer ['flaɪəʳ] n ⇒ **flier**

flying ['flaɪɪŋ] → SYN 1 n (= action) vol m ; (= activity) aviation f ♦ **he likes flying** [passenger] il aime (prendre) l'avion ; [pilot] il aime piloter ♦ **he's afraid of flying** il a peur de prendre l'avion ♦ **to go flying** (lit) faire de l'avion ; (= fall over) aller valdinguer* ; → **formation, stunt**

2 adj animal, insect volant ; debris projeté ♦ **flying glass** éclats mpl de verre ♦ **flying jump** or **leap** saut m avec élan ♦ **to take a flying jump** or **leap** sauter avec élan ♦ **with flying colours** haut la main

3 COMP ▷ **flying ambulance** n (= plane) avion m sanitaire ; (= helicopter) hélicoptère m sanitaire ▷ **flying boat** n hydravion m ▷ **flying bomb** n bombe f volante ▷ **flying buttress** n arc-boutant m ▷ **flying doctor** n médecin m volant ▷ **the Flying Dutchman** n (Mus) le Vaisseau fantôme ; (= legend) le Hollandais volant ▷ **flying fish** n poisson m volant, exocet m ▷ **flying fortress** n forteresse f volante ▷ **flying fox** n roussette f ▷ **flying lemur** n galéopithèque m ▷ **flying machine** n machine f volante, appareil m volant ▷ **flying officer** n (Brit Mil) lieutenant m de l'armée de l'air ▷ **flying phalanger** n pétauriste m ▷ **flying picket** n (Ind) piquet m de grève volant ▷ **flying saucer** n soucoupe f volante ▷ **Flying Squad** n (Brit Police) brigade f volante *(de la police judiciaire)* ▷ **flying squirrel** n écureuil m volant, pétauriste m ▷ **flying start** n (Sport) départ m lancé ♦ **to get off to a flying start** [racing car,

runner] prendre un départ très rapide or en flèche ; [scheme, plan] prendre un bon or un excellent départ ▷ **flying suit** n combinaison f (de vol) ▷ **flying time** n heures fpl or temps m de vol ▷ **flying trapeze** n trapèze m volant ▷ **flying visit** n visite f éclair inv

flyleaf ['flaɪliːf] n, pl **-leaves** page f de garde

flyover ['flaɪˌəʊvəʳ] n (Brit Aut) autopont m ; (temporary) toboggan m ; (US Aviat) défilé m aérien

flypast ['flaɪpɑːst] n (Brit) défilé m aérien

Flysch [flɪʃ] n flysch m

flyscreen ['flaɪskriːn] n moustiquaire f

flyspeck ['flaɪspek] n chiure f de mouche

flyweight ['flaɪweɪt] n (Boxing) poids m mouche

flywheel ['flaɪwiːl] n volant m (Tech)

FM [ef'em] **a** (abbrev of **Field Marshal**) → **field** **b** (abbrev of **frequency modulation**) FM **c** (abbrev of **Foreign Minister**) → **foreign**

FMB [,efem'biː] (US) (abbrev of **Federal Maritime Board**) → **federal**

FMCG, fmcg [,efemsiː'dʒiː] (abbrev of **fast-moving consumer goods**) → **fast¹**

f-number ['ef,nʌmbəʳ] n (Phot) ouverture f (du diaphragme)

FO (Brit) (abbrev of **Foreign Office**) → **foreign**

foal [fəʊl] **1** n (= horse) poulain m ; (= donkey) ânon m ◆ **the mare is in foal** la jument est pleine
2 vi mettre bas

foam [fəʊm] → SYN **1** n [of beer etc] mousse f ; [of sea] écume f ; (in fire fighting) mousse f (carbonique) ; (at mouth) écume f ◆ **the foam** (liter) les flots mpl (liter)
2 vi [sea] écumer, moutonner ; [soapy water] mousser, faire de la mousse ◆ **to foam at the mouth** [animal] baver, écumer ; [person] (lit) avoir de l'écume aux lèvres ; (fig) écumer de rage
3 COMP ▷ **foam-backed** adj carpet à sous-couche de mousse ▷ **foam bath** n bain m moussant ▷ **foam plastic** n mousse f de plastique ▷ **foam rubber** n caoutchouc m mousse ® ▷ **foam sprayer** n extincteur m à mousse

▶ **foam up** vi [liquid in container] mousser

foamy ['fəʊmɪ] adj waves, sea écumeux ; beer mousseux

FOB [efəʊ'biː] (Comm) (abbrev of **free on board**) FOB

fob [fɒb] **1** vt ◆ **to fob sth off on sb** ◆ **to fob sb off with sth** refiler * or fourguer * qch à qn ◆ **to fob sb off with promises** se débarrasser de qn par de belles promesses
2 n († = pocket) gousset m (de pantalon) ; (= ornament) breloque f
3 COMP ▷ **fob watch** n montre f de gousset

FOC [efəʊ'siː] (Comm) (abbrev of **free of charge**) → **free**

focal ['fəʊkəl] **1** adj focal
2 COMP ▷ **focal distance** n ⇒ **focal length** ▷ **focal infection** n (Med) infection f focale ▷ **focal length** n distance f focale, focale f ▷ **focal plane** n plan m focal ▷ **focal plane shutter** n (Phot) obturateur m focal or à rideau ▷ **focal point** n (Opt) foyer m ; (in building, gardens) point m de convergence ; (= main point) [of meeting, discussions etc] point m central ▷ **focal ratio** n diaphragme m

focalize ['fəʊkəlaɪz] vt focaliser (on sur)

foci ['fəʊkaɪ] npl of **focus**

fo'c's'le ['fəʊksl] n ⇒ **forecastle**

focus ['fəʊkəs] → SYN **1** n, pl **focuses** or **foci** **a** (Math, Phys) foyer m
b (Phot) **the picture is in/out of focus** l'image est nette/floue, l'image est/n'est pas au point ◆ **to bring a picture into focus** mettre une image au point
c (= main point) [of illness, unrest] foyer m, siège m ◆ **to keep sth in focus** ne pas perdre de vue qch ◆ **to bring sth into focus** centrer l'attention sur qch ◆ **he was the focus of attention** il était le centre d'attraction
d (= purpose, direction) [of person, policy] objectif m ; [of film, play, plot] cohérence f

2 vt **a** [+ instrument, camera] mettre au point ◆ **to focus the camera** faire le point
b (= direct) [+ light, heat rays] faire converger ; [+ beam, ray] diriger (on sur) ; [+ attention] concentrer (on sur) ◆ **to focus one's eyes on sth** fixer ses yeux sur qch ◆ **all eyes were focused on him** il était le point de mire de tous
3 vi **a** (Phot) mettre au point (on sur)
b **to focus on** [eyes] se fixer sur, accommoder sur ; [person] fixer son regard sur ◆ **my eyes won't focus, I can't focus properly** je vois trouble, je ne peux pas accommoder
c [heat, light, rays] converger (on sur)
d (= concentrate) **we must focus on raising funds** il faut nous concentrer sur la collecte des fonds ◆ **the meeting focused on the problems of the unemployed** la réunion a surtout porté sur les problèmes des chômeurs
4 COMP ▷ **focus group** n groupe m de discussion ▷ **focus puller** n (Cine) assistant m opérateur

focussed ['fəʊkəst] adj **a** (Phot) au point **b** person déterminé ; book qui va droit au but sales, efforts, approach ciblé

fodder ['fɒdəʳ] n fourrage m ; → **cannon**

FOE, FoE (abbrev of **Friends of the Earth**) → **friend**

foe [fəʊ] → SYN n (liter, lit, fig) ennemi(e) m(f), adversaire mf

foetal, fetal (esp US) ['fiːtl] adj fœtal ◆ **in a foetal position** dans la position du fœtus, dans une position fœtale

foeticide ['fiːtɪˌsaɪd] n fœticide m

foetid ['fiːtɪd] adj ⇒ **fetid**

foetus ['fiːtəs] n fœtus m

fog [fɒg] → SYN **1** n **a** (Met) brouillard m ; (Naut) brume f, brouillard m (de mer)
b (fig) brouillard m, confusion f ◆ **to be in a fog** être dans le brouillard, ne plus savoir où l'on en est
c (Phot) voile m
2 vt **a** [+ mirror, glasses] embuer
b (fig) [+ person] embrouiller, brouiller les idées à ◆ **to fog the issue** (accidentally) embrouiller or obscurcir la question ; (purposely) brouiller les cartes
c [+ photo] voiler
3 vi **a** [mirror, glasses] (also **fog over** or **up**) s'embuer ; [landscape] s'embrumer
b (Phot) [negative] se voiler
4 COMP ▷ **fog bank** n banc m de brume ▷ **fog signal** n (Naut) signal m de brume ; (Rail) pétard m

fogbound ['fɒgbaʊnd] adj pris dans la brume, bloqué par le brouillard

fogey * ['fəʊgɪ] n ◆ **old fogey** vieille baderne * f, vieux schnock ** m ◆ **young fogey** jeune BCBG très vieux jeu dans ses goûts et ses opinions

foggy ['fɒgɪ] → SYN **1** adj **a** (= misty) night de brouillard ; landscape, weather brumeux ; street enveloppé de brouillard ◆ **it is foggy** il y a du brouillard ◆ **on a foggy day** par un jour de brouillard
b (fig = confused) brain embrumé ; state de confusion ◆ **I haven't the foggiest (idea or notion)!** * je n'en ai pas la moindre idée
2 COMP ▷ **Foggy Bottom** * n (US hum) surnom du ministère américain des Affaires étrangères

foghorn ['fɒghɔːn] n corne f or sirène f de brume ◆ **she has a voice like a foghorn** elle a une voix tonitruante or de stentor

foglamp (Brit) ['fɒglæmp], **foglight** ['fɒglaɪt] n (Aut) feu m de brouillard

foible ['fɔɪbl] n marotte f, petite manie f

foil¹ [fɔɪl] n **a** (NonC = metal sheet) feuille f or lame f de métal ; (also **cooking** or **kitchen foil**) papier m d'aluminium, (papier m) alu * m ◆ **fish cooked in foil** poisson m cuit (au four) dans du papier d'aluminium ; → **tinfoil**
b (fig) repoussoir m ◆ **to act as a foil to sb/sth** servir de repoussoir à qn/qch, mettre qn/qch en valeur

foil² [fɔɪl] n (Fencing) fleuret m

foil³ [fɔɪl] → SYN vt [+ attempts] déjouer ; [+ plans] contrecarrer

foilsman ['fɔɪlzmən] n, pl **foilsmen** ['fɔɪlzmən] fleurettiste m

foilswoman ['fɔɪlzˌwʊmən] n, pl **foilswomen** ['fɔɪlzˌwɪmɪn] fleurettiste f

foist [fɔɪst] → SYN vt ◆ **to foist sth (off) on sb** refiler * or repasser * qch à qn ◆ **this job was foisted (off) on to me** c'est moi qui ai hérité de ce boulot * ◆ **to foist o.s. on (to) sb** s'imposer à qn ; (as uninvited guest) s'imposer or s'installer chez qn

fold¹ [fəʊld] → SYN **1** n (in paper, cloth, skin, earth's surface) pli m ◆ **folds** (Geol) plissement m
2 vt **a** [+ paper, blanket, bed, chair] plier ; [+ wings] replier ◆ **to fold a page in two** plier une feuille en deux ◆ **to fold one's arms** (se) croiser les bras ◆ **to fold one's hands** (in prayer) joindre les mains
b (= wrap up) envelopper (in dans), entourer (in de) ◆ **to fold sb/sth in one's arms** serrer qn/qch dans ses bras, étreindre qn/qch ◆ **hills folded in mist** (liter) des collines enveloppées de brume
c (Culin) [+ eggs, flour] incorporer (into à)
3 vi **a** [chair, table] se (re)plier
b (* = fail) [newspaper] disparaître, cesser de paraître ; [business] fermer (ses portes) ; [play] quitter l'affiche, être retiré de l'affiche ◆ **they folded last year** [business etc] ils ont mis la clé sous la porte l'année dernière
4 COMP ▷ **folded dipole** n (Rad, TV) dipôle m replié ▷ **fold-up** adj chair, table etc pliant, escamotable

▶ **fold away** **1** vi [table, bed] (être capable de) se (re)plier
2 vt sep [+ clothes, newspaper] plier et ranger
3 **foldaway** adj → **foldaway**

▶ **fold back** vt sep [+ shutters] ouvrir, rabattre ; [+ bedclothes, collar] replier, rabattre

▶ **fold down** vt sep [+ chair] plier ◆ **to fold down the corner of a page** corner une page

▶ **fold in** vt sep (Culin) [+ eggs, flour] incorporer

▶ **fold over** vt sep [+ paper] plier, replier ; [+ blanket] replier, rabattre

▶ **fold up** **1** vi ⇒ **fold¹** 3
2 vt sep [+ paper etc] plier, replier

fold² [fəʊld] n (= enclosure) parc m à moutons ; (Rel) sein m de l'Église ◆ **to come back to the fold** (fig) rentrer au bercail

...fold [fəʊld] suf ◆ **twentyfold** (adj) par vingt ; (adv) vingt fois ; → **twofold**

foldaway ['fəʊldəˌweɪ] adj bed pliant, escamotable

folder ['fəʊldəʳ] → SYN n **a** (= file) chemise f ; (with hinges) classeur m ; (for drawings) carton m ; (papers) dossier m ; (Comput) répertoire m
b (= leaflet) dépliant m, brochure f

folding ['fəʊldɪŋ] **1** adj bed, table, bicycle, screen pliant
2 COMP ▷ **folding door** n porte f (en) accordéon ▷ **folding money** * n (US) billets mpl de banque ▷ **folding seat** n (gen: also **folding stool**) n pliant m ; (Aut, Theat) strapontin m

foldout ['fəʊldaʊt] n encart m

foley ['fəʊlɪ] n (US Cine: also **foley artist**) bruiteur m, -euse f

foliage ['fəʊlɪɪdʒ] n feuillage m

foliar ['fəʊlɪəʳ] **1** adj foliaire
2 COMP ▷ **foliar feed** n engrais m foliaire

foliate ['fəʊlɪɪt] adj (Bot) folié

foliation [,fəʊlɪ'eɪʃən] n (Bot) foliation f, feuillaison f ; [of book] foliotage m ; (Geol) foliation f ; (Archit) rinceaux mpl

folic acid [,fəʊlɪk'æsɪd] n acide m folique

folio ['fəʊlɪəʊ] **1** vt folioter
2 n (= sheet) folio m, feuillet m ; (= volume) (volume m) in-folio m

folk [fəʊk] → SYN **1** n **a** (pl = people: also **folks**) gens mpl (f adj before n) ◆ **they are good folk(s)** ce sont de braves gens ◆ **a lot of folk(s) believe ...** beaucoup de gens croient ... ◆ **there were a lot of folk at the concert** il y avait beaucoup de gens or de monde au concert ◆ **old folk(s)** les personnes fpl âgées, les vieux mpl (pej) ◆ **young folk(s)** les jeunes mpl, les jeunes gens mpl ◆ **my folks** (= parents) mes vieux * mpl ◆ **hello folks!** * bonjour tout le monde ! * ; → **country, old**
b (pl = people in general: also **folks**) les gens mpl, on ◆ **what will folk(s) think?** qu'est-ce que

les gens vont penser ?, qu'est-ce qu'on va penser ? ◆ **folk get worried when they see that** les gens s'inquiètent quand ils voient ça

c (*: pl = relatives) **folks** famille f, parents mpl ◆ **my folks** ma famille, mes parents mpl, les miens mpl

d (NonC) ⇒ **folk music**

2 COMP ▷ **folk art** n art m populaire ▷ **folk dance, folk dancing** n danse f folklorique ▷ **folk etymology** n étymologie f populaire ▷ **folk hero** n héros m populaire ▷ **folk medicine** n médecine f populaire ▷ **folk memory** n mémoire f collective ▷ **folk music** n (gen) musique f folklorique ; (contemporary) musique f folk inv, folk m ▷ **folk rock** n folk-rock m ▷ **folk singer** n (gen) chanteur m, -euse f de chansons folkloriques ; (contemporary) chanteur m, -euse f folk inv ▷ **folk tale** n conte m populaire ▷ **folk wisdom** n bon sens m or sagesse f populaire

folkie * [ˈfəʊkɪ] n fana * mf de (musique) folk

folklore [ˈfəʊklɔːʳ] n folklore m

folklorist [ˈfəʊklɔːrɪst] n folkloriste mf

folksong [ˈfəʊksɒŋ] n (gen) chanson f or chant m folklorique ; (contemporary) chanson f folk inv

folksy * [ˈfəʊksɪ] adj **a** (= rustic) furniture, charm rustique ; clothes de style rustique

b (US = affable) person sans façon(s) ; manner sans prétentions ; comment, story, speech, humour plein de sagesse populaire

follicle [ˈfɒlɪkl] n follicule m

follow [ˈfɒləʊ] LANGUAGE IN USE 26.3 → SYN

1 vt **a** [+ person, road, vehicle, roadsigns] suivre ; (in procession) aller or venir à la suite de, suivre ; [+ suspect] filer ◆ **to follow sb in/out** etc suivre qn (qui entre/sort etc) ◆ **he followed me into the room** il m'a suivi dans la pièce ◆ **we're being followed** on nous suit ◆ **follow that car!** suivez cette voiture ! ◆ **follow me** suivez-moi ◆ **they followed the guide** ils ont suivi le guide ◆ **he'll be a difficult man to follow** (fig) il sera difficile de lui succéder ◆ **to have sb followed** faire filer qn ◆ **the detectives followed the suspect for a week** les détectives ont filé le suspect pendant une semaine ◆ **a bodyguard followed the president everywhere** un garde du corps accompagnait le président partout ◆ **he arrived first, followed by the ambassador** il est arrivé le premier, suivi de l'ambassadeur ◆ **this was followed by a request for ...** ceci a été suivi d'une demande de ... ◆ **the boat followed the coast** le bateau suivait or longeait la côte ◆ **follow your nose** * continuez tout droit ◆ **he followed his father into the business** il a pris la succession de son père ◆ **the earthquake was followed by an epidemic** une épidémie a suivi le tremblement de terre ◆ **the dinner will be followed by a concert** le dîner sera suivi d'un concert ◆ **the years followed one another** les années se suivaient or se succédaient ◆ **night follows day** la nuit succède au jour

b [+ fashion] suivre, se conformer à ; [+ instructions, course of study] suivre ; [+ sb's orders] exécuter ; [+ serial, strip cartoon] lire (régulièrement) ; [+ speech, lecture] suivre, écouter (attentivement) ◆ **to follow sb's advice/example** suivre les conseils/l'exemple de qn ◆ **do you follow football?** vous suivez le football ? ◆ **which team do you follow?** tu es supporter de quelle équipe ?

◆ **to follow suit** (= do likewise) en faire autant, faire de même ◆ **to follow suit (in clubs** etc) (Cards) fournir (à trèfle etc)

c [+ profession] exercer, suivre ; [+ career] poursuivre ◆ **to follow the sea** (liter) être or devenir marin

d (= understand) suivre, comprendre ◆ **do you follow me?** vous me suivez ? ◆ **I don't quite follow (you)** je ne vous suis pas bien or pas tout à fait

2 vi **a** (= come after) suivre ◆ **to follow right behind sb, to follow hard on sb's heels** être sur les talons de qn ◆ **to follow in sb's footsteps** or **tracks** (fig) suivre les traces or marcher sur les traces de qn ◆ **what is there to follow?** (at meals) qu'est-ce qu'il y a après ?, qu'est-ce qui suit ? ◆ **we had ice cream to follow** après or ensuite nous avons eu de la glace ◆ **as follows** (gen) comme suit ◆ **his argument was as follows** son raisonnement était le suivant

b (= result) s'ensuivre, résulter (*from* de) ◆ **it follows that ...** il s'ensuit que ... (+ indic) ◆ **it doesn't follow that ...** il ne s'ensuit pas nécessairement que ... (+ subj or indic), cela ne veut pas forcément dire que ... (+ subj or indic) ◆ **that doesn't follow** pas forcément, les deux choses n'ont rien à voir ◆ **that follows from what he said** cela découle de ce qu'il a dit

c (= understand) suivre, comprendre

3 COMP ▷ **follow-my-leader** n (Brit) *jeu où les enfants doivent imiter tous les mouvements d'un joueur désigné* ▷ **follow-on** n (Cricket) *nouveau tour à la défense du guichet* ▷ **follow-the-leader** n (US) ⇒ **follow-my-leader** ▷ **follow-through** n (to a project, survey) suite f, continuation f ; (Billiards) coulé m ; (Golf, Tennis) accompagnement m (du coup) ▷ **follow-up** n (on file, case) suivi m (*on, of* de) ; [of event, programme] (coming after another) suite f (*to* de) ; [of letter, circular] rappel m ; (by sales representative) relance f ; (= visit) → **follow-up visit** ◆ **this course is a follow-up to the beginners' course** ce cours fait suite au cours pour débutants ▷ **follow-up call** n **to make a follow-up call** appeler pour donner suite à une lettre (or un fax etc) ▷ **follow-up care** n (Med) soins mpl posthospitaliers or de postcure ▷ **follow-up interview** n entretien m complémentaire, second entretien m ▷ **follow-up letter** n lettre f de rappel or relance ▷ **follow-up study, follow-up survey** n étude f complémentaire ▷ **follow-up telephone call** n → **follow-up call** ▷ **follow-up visit** n (Med, Social Work etc) visite f de contrôle

► **follow about, follow around** vt sep suivre (partout), être toujours sur les talons de

► **follow on** vi **a** (= come after) suivre ◆ **you go ahead and I'll follow on when I can** allez-y, je vous suivrai quand je pourrai

b (= result) résulter (*from* de) ◆ **it follows on from what I said** cela découle de ce que j'ai dit, c'est la conséquence logique de ce que j'ai dit

► **follow out** vt sep [+ idea, plan] poursuivre jusqu'au bout or jusqu'à sa conclusion ; [+ order] exécuter ; [+ instructions] suivre

► **follow through**

1 vi (Billiards) faire or jouer un coulé ; (Golf, Tennis) accompagner son coup or sa balle

2 vt sep [+ idea, plan] poursuivre jusqu'au bout or jusqu'à sa conclusion

3 **follow-through** n → **follow**

► **follow up**

1 vi **a** (= pursue an advantage) exploiter un or tirer parti d'un avantage

b (Ftbl etc) suivre l'action

2 vt sep **a** (= benefit from) [+ advantage, success, victory] exploiter, tirer parti de ; [+ offer] donner suite à

b (= not lose track of) suivre ◆ **we must follow this business up** il faudra suivre cette affaire ◆ **this is a case to follow up** (gen, Police, Jur) c'est une affaire à suivre ; (Med) c'est un cas à suivre ◆ **"to be followed up"** (gen, Police, Jur) "affaire à suivre" ; (Med) "cas à suivre"

c (= reinforce) [+ victory] asseoir ; [+ remark] faire suivre (*with* de), compléter (*with* par) ◆ **they followed up the programme with another equally good** ils ont donné à cette émission une suite qui a été tout aussi excellente ◆ **they followed up their insults with threats** ils ont fait suivre leurs insultes de menaces

3 **follow-up** n, adj → **follow**

follower [ˈfɒləʊəʳ] → SYN n **a** [of political, military leader] partisan(e) m(f) ; [of religious leader, artist, philosopher] disciple m ; [of religion, theory, tradition] adepte mf ◆ **followers of fashion** les adeptes mfpl de la mode ◆ **as all football followers know** comme le savent tous les amateurs de football

b († = admirer) amoureux m, -euse f, admirateur m, -trice f

following [ˈfɒləʊɪŋ] → SYN 1 adj suivant ◆ **the following day** le jour suivant, le lendemain ◆ **he made the following remarks** il a fait les remarques suivantes or les remarques que voici

2 n **a** [of political, military leader] partisans mpl ; [of religion, theory, tradition] adeptes mpl ; [of religious leader, artist, philosopher] disciples mpl ; (Sport) supporters mpl ◆ **he has a large following** il a de nombreux partisans or disciples

b **he said the following** il a dit ceci ◆ **see the following for an explanation** (in documents) voir ce qui suit pour toute explication ◆ **his argument was the following** son raisonnement était le suivant ◆ **the following have been chosen** (= people) les personnes suivantes ont été retenues ; (= books) les livres suivants ont été retenus

3 prep **a** (= after) après ◆ **following the concert there will be ...** après le concert il y aura ...

b (= as a result of) (comme) suite à ◆ **following your letter ...** (Comm) (comme) suite à or en réponse à votre lettre ... ◆ **following our meeting** (comme) suite à notre entretien

4 COMP ▷ **following wind** n vent m arrière

folly [ˈfɒlɪ] → SYN n **a** (NonC = foolishness) folie f, sottise f ◆ **it's sheer folly to do that** c'est de la pure folie or de la démence de faire cela

b (= foolish thing, action) sottise f, folie f

c (Archit) folie f

foment [fəʊˈment] vt (lit, fig) fomenter

fomentation [ˌfəʊmenˈteɪʃən] n (lit, fig) fomentation f

fond [fɒnd] → SYN adj **a** (= loving) person, smile affectueux ; look tendre ◆ **to bid a fond farewell to sb/sth** faire de tendres adieux à qn/qch

◆ **fond of** ◆ **to be fond of sb** bien aimer qn ◆ **to become** or **grow fond of sb** se prendre d'affection pour qn ◆ **to be fond of sth** aimer beaucoup qch ◆ **to become** or **grow fond of sth** se mettre à aimer qch ◆ **to be very fond of music** aimer beaucoup la musique, être très mélomane ◆ **to be fond of sweet things** être friand de sucreries, aimer les sucreries ◆ **to be fond of doing sth** aimer beaucoup faire qch

b (= pleasant) memory très bon, très agréable

c (= foolish) belief naïf (naïve f) ; hope fou (folle f)

d (= dear) hope fervent ; dream, wish cher

fondant [ˈfɒndənt] 1 n (bonbon m) fondant m

2 COMP ▷ **fondant icing** n glaçage m fondant

fondle [ˈfɒndl] → SYN vt caresser

fondly [ˈfɒndlɪ] → SYN adv **a** (= affectionately) remember, think of avec tendresse ; say affectueusement, tendrement ◆ **to smile fondly at sb** faire un tendre sourire à qn

b (= foolishly) imagine, believe, hope naïvement

fondness [ˈfɒndnɪs] → SYN n (for things) prédilection f, penchant m (*for* pour) ; (for people) affection f, tendresse f (*for* pour)

fondue [ˈfɒnduː] n fondue f

font [fɒnt] n **a** (Rel) fonts mpl baptismaux

b (Typo) ⇒ **fount b**

fontanel(le) [ˌfɒntəˈnel] n fontanelle f

food [fuːd] → SYN 1 n **a** (NonC = sth to eat) nourriture f ◆ **there was no food in the house** il n'y avait rien à manger or il n'y avait pas de nourriture dans la maison ◆ **there's not enough food** il n'y a pas assez à manger, il n'y a pas assez de nourriture ◆ **most of the food had gone bad** la plus grande partie de la nourriture or des vivres s'était avariée ◆ **to give sb food** donner à manger à qn ◆ **to give the horses their food** faire manger les chevaux, donner à manger aux chevaux ◆ **what's that? – it's food for the horse** qu'est-ce que c'est ? – c'est de la nourriture pour or c'est de quoi manger pour le cheval ◆ **to buy food** acheter à manger, faire des provisions ◆ **the cost of food** le prix des denrées alimentaires or de la nourriture ◆ **food and clothing** la nourriture et les vêtements ◆ **to be off one's food** * avoir perdu l'appétit, n'avoir plus d'appétit ◆ **the food is very good here** la nourriture est très bonne ici, on mange très bien ici ◆ **he likes plain food** il aime les nourritures simples, il aime se nourrir simplement ◆ **it gave me food for thought** cela m'a donné à penser or à réfléchir

b (= specific substance) (gen) aliment m ; (soft, moist, for poultry, dogs, cats, pigs etc) pâtée f ◆ **a new food for babies/for pigs** un nouvel aliment pour les bébés/pour les cochons ◆ **pet food** aliments mpl pour animaux ◆ **tins of dog/cat food** des boîtes de pâtée pour chiens/chats ◆ **all these foods must be kept in a cool place** tous ces aliments doivent être conservés au frais ; → **frozen, health**

c (for plants) engrais m

2 COMP ▷ **food additive** n additif m alimentaire ▷ **food aid** n aide f alimentaire ▷ **food allergy** n allergie f alimentaire ▷ **Food and Agriculture Organization** n Organisation f des Nations Unies pour l'alimentation et l'agriculture ▷ **Food and Drug Administration** n (US) FDA f ; → FDA ▷ **food chain** n (Ecol) chaîne f alimentaire ▷ **food colouring** n colorant m alimentaire ▷ **food counter** n (in shop) rayon m (d')alimentation ▷ **food crop** n culture f vivrière ▷ **food grains** npl céréales fpl vivrières ▷ **food industry** n industrie f alimentaire ▷ **food intolerance** n intolérance f alimentaire ▷ **food irradiation** n irradiation f des aliments ▷ **food mixer** n mixer m, mixeur m ▷ **food parcel** n colis m de vivres ▷ **food poisoning** n intoxication f alimentaire ▷ **food prices** npl prix mpl des denrées alimentaires or de la nourriture ▷ **food processing** n (industrial) transformation f des aliments ◆ **the food processing industry** l'industrie f agro-alimentaire ▷ **food processor** n robot m ménager or de cuisine ▷ **food rationing** n rationnement m alimentaire ▷ **food shares** npl (St Ex) valeurs fpl de l'agroalimentaire ▷ **food stamps** npl (US) bons mpl de nourriture *(pour indigents)* ▷ **food subsidy** n subvention f sur les denrées alimentaires ▷ **food supplies** npl vivres mpl ▷ **food technology** n technologie f des produits alimentaires ▷ **food value** n valeur f nutritive

foodie * ['fu:dɪ] n gourmet m, fine bouche f or gueule * f

foodstuffs ['fu:dstʌfs] npl denrées fpl alimentaires, aliments mpl

foofaraw ['fu:fə,rɔ:] n histoires * fpl, cirque * m, pétard * m

fool[1] [fu:l] → SYN **1** n **a** imbécile mf, idiot(e) m(f) ◆ **stupid fool!** espèce d'imbécile or d'idiot ! ◆ **don't be a fool!** ne sois pas stupide ! ◆ **I felt such a fool** je me suis vraiment senti bête ◆ **some fool of a doctor** *, **some fool doctor** * un imbécile or un abruti * de médecin ◆ **he was a fool not to accept** il a été bête or stupide de ne pas accepter ◆ **what a fool I was to think ...** ce que j'ai pu être bête de penser ... ◆ **he's more of a fool than I thought** il est (encore) plus bête que je ne pensais ◆ **he was fool enough to accept** il a été assez stupide pour accepter, il a eu la bêtise d'accepter ◆ **to play** or **act the fool** faire l'imbécile ◆ **he's no fool** il est loin d'être bête ◆ **he's nobody's fool** il n'est pas né d'hier or tombé de la dernière pluie ◆ **more fool you!** * ce que tu es bête ! ◆ **he made himself look a fool** or **he made a fool of himself in front of everybody** il s'est rendu ridicule devant tout le monde ◆ **to make a fool of sb** (= ridicule) ridiculiser qn, se payer la tête de qn * ; (= trick) avoir * or duper qn ◆ **to play sb for a fool** mener qn en bateau *, rouler * qn ◆ **I went on a fool's errand** (= go somewhere) j'y suis allé pour rien ; (= do something) je me suis dépensé en pure perte ◆ **any fool can do that** n'importe quel imbécile peut faire ça ◆ **to live in a fool's paradise** se bercer d'illusions or d'un bonheur illusoire ◆ (Prov) **a fool and his money are soon parted** aux idiots l'argent file entre les doigts ◆ (Prov) **there's no fool like an old fool** il n'y a pire imbécile qu'un vieil imbécile ◆ (Prov) **fools rush in (where angels fear to tread)** c'est de l'inconscience

b (= jester) bouffon m, fou m

2 vi (= act silly) ◆ **stop fooling!** arrête de faire l'idiot or l'imbécile ! ◆ **no fooling** *, **he really said it** sans blague *, il a vraiment dit ça ◆ **I was only fooling** je ne faisais que plaisanter, c'était pour rire

◆ **to fool with** (= mess with) [+ drugs, drink, electricity] toucher à * ◆ **she's not someone you should fool with** avec elle on ne plaisante pas

3 vt berner, duper ◆ **you won't fool me so easily!** vous n'arriverez pas à me berner or duper si facilement ! ◆ **it fooled nobody** personne n'a été dupe ◆ **don't fool yourself** ne te fais pas d'illusions ◆ **you could have fooled me!** je ne l'aurais jamais cru !

4 adj (US *) ⇒ **foolish**

5 COMP ▷ **fooling about, fooling around** n bêtises fpl ▷ **fool's gold** n (Geol) pyrite f ◆ **to go after fool's gold** (fig) *se lancer dans un projet insensé en espérant faire de l'argent* ▷ **fool's-parsley** n petite ciguë f

► **fool about, fool around** **1** vi **a** (= waste time) perdre son temps ◆ **stop fooling about and get on with your work** cesse de perdre ton temps et fais ton travail

b (= play the fool) faire l'imbécile ◆ **stop fooling about!** arrête de faire l'imbécile !, cesse tes pitreries ! ◆ **to fool about with sth** (= play with) faire l'imbécile avec qch ; (= mess with) [+ drugs, drink, electricity] toucher à qch *

c (= have an affair) avoir une liaison or une aventure ; (= have affairs) avoir des liaisons or des aventures

2 **fooling about** or **around** n → **fool**[1]

fool[2] [fu:l] n (Brit Culin: also **fruit fool**) (sorte de) mousse f de fruits ◆ **gooseberry fool** ≈ mousse f de groseilles à maquereaux

foolery ['fu:lərɪ] → SYN n (NonC) (= foolish acts) sottises fpl, bêtises fpl ; (= behaviour) bouffonnerie f, pitrerie(s) f(pl)

foolhardiness ['fu:l,hɑ:dɪnɪs] n témérité f, imprudence f

foolhardy ['fu:l,hɑ:dɪ] → SYN adj téméraire, imprudent

foolish ['fu:lɪʃ] → SYN adj **a** (= foolhardy) person idiot, bête ; action, decision, statement, mistake stupide ◆ **don't be so foolish** ne fais pas l'idiot(e), ne sois pas bête ◆ **don't do anything foolish** ne faites pas de bêtises ◆ **she had done something very foolish** elle avait fait une grosse bêtise ◆ **what a foolish thing to do!** quelle bêtise ! ◆ **it would be foolish to believe her** ce serait stupide de la croire ◆ **I was foolish enough to do it** j'ai été assez bête pour le faire ◆ **it was foolish of him to say such a thing** c'était stupide de sa part de dire une chose pareille

b (= ridiculous) person, question ridicule ◆ **to make sb look foolish** rendre qn ridicule

foolishly ['fu:lɪʃlɪ] → SYN adv **a** (= unwisely) behave, act, ignore, forget, admit bêtement ◆ **foolishly romantic** d'un romantisme stupide ◆ **foolishly, I allowed myself to be persuaded** bêtement, je me suis laissé persuader

b (= ridiculously) say, grin bêtement, sottement

foolishness ['fu:lɪʃnɪs] → SYN n (NonC) bêtise f, sottise f

foolproof ['fu:lpru:f] → SYN adj method infaillible ; piece of machinery indéréglable

foolscap ['fu:lskæp] **1** n (also **foolscap paper**) ≈ papier m ministre

2 COMP ▷ **foolscap envelope** n enveloppe f longue ▷ **foolscap sheet** n feuille f de papier ministre ▷ **foolscap size** n format m ministre

foot [fʊt] **1** n, pl **feet** **a** [of person, horse, cow etc] pied m ; [of dog, cat, bird] patte f ◆ **to be on one's feet** (lit) être or se tenir debout ; (fig: after illness) être sur pied, être rétabli ◆ **I'm on my feet all day long** je suis debout toute la journée ◆ **to fall** or **land on one's feet** (lit, fig) retomber sur ses pieds ◆ **to think on one's feet** (lit, fig) agir sur le moment ◆ **to stand on one's own (two) feet** voler de ses propres ailes, se débrouiller tout seul ◆ **to have a foot in both camps** or **each camp** avoir un pied dans chaque camp ◆ **to go on foot** aller à pied ◆ **to get** or **to rise to one's feet** se lever, se mettre debout ◆ **to bring sb to his feet** faire lever qn ◆ **to put** or **set sb on his feet again** (fig) (healthwise) remettre qn d'aplomb or sur pied ; (financially) remettre qn en selle ◆ **to keep one's feet** garder l'équilibre ◆ **to keep one's feet on the ground** (fig) garder les pieds sur terre ◆ **to get one's feet on the ground** (US fig) (= establish o.s.) trouver ses marques ; (= re-establish o.s.) retrouver ses marques ◆ **feet first** les pieds devant ◆ **it's very wet under foot** c'est très mouillé par terre ◆ **he was trampled under foot by the horses** les chevaux l'ont piétiné ◆ **to get under sb's feet** venir dans les jambes de qn ◆ **the children have been under my feet the whole day** les enfants ont été dans mes jambes toute la journée ◆ **to put one's foot down** * (in car = accelerate) appuyer sur le champignon * ◆ **you've got to put your foot down** (= be firm) il faut réagir ◆ **he let it go on for several weeks before finally putting his foot down** il l'a supporté pendant plusieurs semaines avant d'y mettre le holà ◆ **to put one's foot in it** * mettre les pieds dans le plat ◆ **to put one's best foot forward** (= hurry) se dépêcher, allonger or presser le pas ; (= do one's best) faire de son mieux ◆ **he didn't put a foot wrong** il n'a pas commis la moindre erreur or maladresse ◆ **to start off** or **get off on the right/wrong foot** [people, relationship] être bien/mal parti ◆ **I got off on the wrong foot with him** j'ai mal commencé avec lui ◆ **to get one's** or **a foot in the door** (fig) faire le premier pas, établir un premier contact ◆ **to get one's feet under the table** * (Brit fig) s'installer ◆ **to put one's feet up** * (s'étendre or s'asseoir pour) se reposer un peu ◆ **to take the weight off one's feet** (s'asseoir pour) se reposer un peu ◆ **to have one foot in the grave** * avoir un pied dans la tombe ◆ **to be dying** or **dead on one's feet** * (= exhausted) être (complètement) à plat ◆ **the business is dying on its feet** * c'est une affaire qui périclite ◆ **to run sb off his feet** * fatiguer or éreinter qn ◆ **she is absolutely run off her feet** * elle est débordée, elle n'en peut plus, elle ne sait plus où donner de la tête ◆ **to set foot on land** poser le pied sur la terre ferme ◆ **I've never set foot there** je n'y ai jamais mis le(s) pied(s) ◆ **never set foot here again!** ne remettez jamais les pieds ici ! ◆ **my foot!** * mon œil ! *, à d'autres ! ◆ **the boot** (Brit) or **the shoe** (US) **is on the other foot now** les rôles sont inversés maintenant ; → **cold, drag, find, ground**

b [of hill, bed, stocking, sock] pied m ; [of table] bout m ; [of page, stairs] bas m ◆ **at the foot of the page** au or en bas de la page

c (= measure) pied m (anglais) *(= 30,48 cm)*

d (NonC: Mil) infanterie f ◆ **ten thousand foot** dix mille fantassins mpl or soldats mpl d'infanterie ◆ **the 91st of foot** le 91e (régiment) d'infanterie

e (Poetry) pied m

2 vt ◆ **to foot the bill** * payer (la note or la douloureuse *) ◆ **to foot it** * (= walk) (y) aller à pied or à pinces * ; (= dance) danser

3 COMP ▷ **foot-and-mouth (disease)** n fièvre f aphteuse ▷ **foot brake** n frein m à pied ▷ **foot-dragging** n lenteurs fpl, atermoiements mpl ▷ **foot fault** n (Tennis) faute f de pied ▷ **foot fault judge** n juge m de ligne de fond ▷ **foot passengers** npl [of ferry] passagers mpl sans véhicule ▷ **foot patrol** n (Police, Mil) patrouille f à pied ▷ **foot patrolman** n, pl **foot patrolmen** (US Police) agent m de police ▷ **foot-pound-second units** npl (Brit) *système d'unités fondé sur le pied, la livre et la seconde* ▷ **foot rot** n piétin m ▷ **foot soldier** n fantassin m

footage ['fʊtɪdʒ] n (gen, also Cine = length) ≈ métrage m ; (Cine = material on film) séquences fpl (*about, on* sur) ◆ **they showed some footage of the riots/the concert** (TV) ils ont diffusé quelques séquences sur les émeutes/le concert

football ['fʊtbɔ:l] **1** n **a** (= sport) (Brit) football m, foot * m ; (US) football m américain ; → **table**

b (= ball) ballon m (de football) ; → **political**

2 COMP ground, match, team, coach de football ▷ **football game** n match m de football ▷ **football hooligan** n (Brit) hooligan m, houligan m ▷ **football hooliganism** n (NonC: Brit) hooliganisme m, houliganisme m ▷ **football league** n championnat m de football ◆ **the Football League** (Brit) *la fédération britannique de football* ▷ **football player** n (Brit) joueur m, -euse f de football, footballeur m ; (US) joueur m, -euse f de football américain ▷ **football pools** npl (Brit) ≈ loto m sportif, ≈ pronostics mpl (sur les matchs de football) ◆ **to do the football pools** ≈ jouer au loto sportif ◆ **he won £200 on the football pools** ≈ il a gagné 200 livres au loto sportif ▷ **football season** n saison f de football ▷ **football special** n (Brit Rail) train m de supporters *(d'une équipe de football)*

footballer ['fʊtbɔ:lə^{r}] n (Brit) joueur m de football, footballeur m

footballing / forasmuch as

footballing ['fʊtbɔːlɪŋ] adj skills, career de footballeur ; hero du football ◆ **the great footballing nations** les grandes nations du football ◆ **he's got a footballing injury** il s'est blessé lors d'un match de football

footbath ['fʊtbɑːθ] n bain m de pieds

footboard ['fʊtbɔːd] n marchepied m

footbridge ['fʊtbrɪdʒ] n passerelle f

-footed ['fʊtɪd] adj (in compounds) ◆ **light-footed** au pied léger ; → **four**

footer ['fʊtə'] n (Typo, Comput) titre m en bas de page

-footer ['fʊtə'] n (in compounds) ◆ **a 15-footer** (= boat) ≃ un bateau de 5 mètres de long ; → **six**

footfall ['fʊtfɔːl] n (bruit m de) pas mpl

footgear ['fʊtɡɪə'] n chaussures fpl

foothills ['fʊthɪlz] npl contreforts mpl

foothold ['fʊthəʊld] n prise f (de pied) ◆ **to get or gain a foothold** (lit) prendre pied ; (fig) [newcomer] se faire (progressivement) accepter ; [idea, opinion, fascism etc] se répandre, se propager ◆ **to gain a foothold in a market** (Comm) prendre pied sur un marché

footie * ['fʊtɪ] n (Brit) foot * m

footing ['fʊtɪŋ] → SYN n **a** (lit) prise f (de pied) ◆ **to lose** or **miss one's footing** perdre pied or son équilibre or l'équilibre

b (= position, basis) **to get a footing in society** se faire une position dans le monde ◆ **to be on a friendly footing with sb** être en termes amicaux avec qn ◆ **on an equal footing** sur un pied d'égalité ◆ **on a war footing** sur le pied de guerre ◆ **to put sth on an official footing** officialiser qch, rendre qch officiel ◆ **on the footing that ...** (Jur) en supposant que ...

footle * ['fuːtl] vi ◆ **to footle about** (= clown around) faire l'âne ; (= waste time) perdre son temps à des futilités

footlights ['fʊtlaɪts] npl (Theat) rampe f ◆ **the lure of the footlights** l'attrait du théâtre or des planches *

footling ['fuːtlɪŋ] → SYN adj insignifiant, futile

footlocker ['fʊt,lɒkə'] n (US Mil) cantine f

footloose ['fʊtluːs] adj libre de toute attache ◆ **footloose and fancy-free** libre comme l'air

footman ['fʊtmən] n, pl **-men** valet m de pied

footmark ['fʊtmɑːk] n empreinte f (de pied)

footnote ['fʊtnəʊt] n (lit) note f en bas de (la) page ; (fig) post-scriptum m

footpad ['fʊtpæd] n (Hist, hum) voleur m de grand chemin

footpath ['fʊtpɑːθ] n (= path) sentier m ; see also **public** (Brit) (= pavement) trottoir m ; (by highway) chemin m

footplate ['fʊtpleɪt] **1** n (esp Brit Rail) plate-forme f (d'une locomotive)
2 COMP ▷ **footplate workers** npl ⇒ **footplatemen**

footplatemen ['fʊtpleɪtmən] npl (esp Brit Rail) agents mpl de conduite

footprint ['fʊtprɪnt] n (lit) empreinte f (de pied) ; (fig) (of computer) surface f d'encombrement ; (of satellite) empreinte f

footpump ['fʊtpʌmp] n pompe f à pied

footrest ['fʊtrest] n (= part of chair) repose-pieds m inv ; (= footstool) tabouret m (pour les pieds)

Footsie * ['fʊtsɪ] n (Fin) (abbrev of **Financial Times Stock Exchange 100 Index**) → **financial** ◆ (the) Footsie l'indice m Footsie

footsie * ['fʊtsɪ] n ◆ **to play footsie with sb** faire du pied à qn

footslog * ['fʊtslɒɡ] vi ◆ **I've been footslogging around town** j'ai fait toute la ville à pied

footslogger * ['fʊtslɒɡə'] n (= walker) marcheur m, -euse f ; (= soldier) pousse-cailloux †* m inv

footsore ['fʊtsɔː'] adj aux pieds endoloris or douloureux ◆ **to be footsore** avoir mal aux pieds

footstep ['fʊtstep] → SYN **1** n pas m ; → **follow**
2 COMP ▷ **footsteps editor** n (Brit Cine) bruiteur m

footstool ['fʊtstuːl] n tabouret m (pour les pieds)

footway ['fʊtweɪ] n ⇒ **footpath**

footwear ['fʊtwɛə'] n chaussures fpl

footwork ['fʊtwɜːk] n (NonC: Sport, Dancing) jeu m de jambes ◆ **legal/financial/political footwork** manœuvre f juridique/financière/politique

footy * ['fʊtɪ] = **footie**

fop [fɒp] n dandy m

foppish ['fɒpɪʃ] adj manners, behaviour, clothes de dandy ◆ **a foppish man** un dandy

FOR [ˌefəʊˈɑː'] (Comm) (abbrev of **free on rail**) → **free**

for [fɔː']

1 PREPOSITION
2 CONJUNCTION

When **for** is part of a phrasal verb, eg **look for, make for, stand for**, look up the verb. When it is part of a set combination, eg **a gift/taste for, for sale/pleasure, eager/fit/noted for**, look up the other word.

1 PREPOSITION

a pour ◆ **a letter for you** une lettre pour toi ◆ **is this for me?** c'est pour moi ? ◆ **a collection for the homeless** une quête pour les or en faveur des sans-abri ◆ **he went there for a rest** il y est allé pour se reposer ◆ **it is warm for January** il fait bon pour (un mois de) janvier ◆ **he's tall for his age** il est grand pour son âge ◆ **it's okay for a first attempt** ce n'est pas mal pour une première tentative ◆ **there is one French passenger for every ten English** il y a un passager français pour dix Anglais ◆ **for or against** pour ou contre ◆ **I'm for helping him** je suis pour l'aider, je suis partisan de l'aider ◆ **I've got some news for you** j'ai du nouveau à t'apprendre, j'ai des nouvelles pour toi ◆ **a cloth for polishing silver** un chiffon pour astiquer l'argenterie ◆ **it's not for cutting wood** ça n'est pas fait pour couper du bois BUT **what's this knife for?** à quoi sert ce couteau ? ◑ **he had a bag for a pillow** il avait un sac en guise d'oreiller ◑ **it's time for dinner** c'est l'heure du dîner, il est l'heure de dîner ◑ **I decided that it was the job for me** j'ai décidé que ce travail était fait pour moi or que c'était le travail qu'il me fallait ◆ **"For Whom the Bell Tolls"** (Literat) "Pour qui sonne le glas"

b = going to pour ◆ **is this the train for Paris?** c'est bien le train pour Paris ? ◆ **this isn't the bus for Lyons** ce n'est pas le bus pour Lyon ◆ **trains for Paris go from platform one** les trains pour Paris or à destination de Paris partent du quai numéro un BUT ◑ **he swam for the shore** il a nagé vers le rivage ◑ **where are you for?** où allez-vous ?

c = on behalf of for me/you etc à ma/ta etc place ◆ **I'll see her for you if you like** je peux aller la voir à ta place si tu veux ◆ **will you go for me?** est-ce que vous pouvez y aller à ma place ?

d = as in comme ◆ **D for Daniel** D comme Daniel

e = in exchange for **I'll give you this book for that one** je vous échange ce livre-ci contre celui-là ◆ **he'll do it for £25** il le fera pour 25 livres

When used with **pay** and **sell**, **for** is not translated:

◆ **to pay 50 francs for a ticket** payer un billet 50 F ◆ **I sold it for £20** je l'ai vendu 20 livres

f = because of pour ◆ **for this reason** pour cette raison ◆ **to go to prison for theft** aller en prison pour vol ◆ **to choose sb for his ability** choisir qn pour or en raison de sa compétence

g = from ◆ **for fear of being left behind** de peur d'être oublié ◆ **to jump for joy** sauter de joie

h = up to à ◆ **that's for him to decide** c'est à lui de décider ◆ **it's not for you to blame him** ce n'est pas à vous de le critiquer ◆ **it's not for me to say** ce n'est pas à moi de le dire

i = in spite of malgré ◆ **for all his wealth** malgré toute sa richesse ◆ **for all that, you should have warned me** malgré tout, vous auriez dû me prévenir, vous auriez quand même dû me prévenir ◆ **for all he promised**

to come, he didn't malgré ses promesses, il n'est pas venu, bien qu'il ait promis de venir, il ne l'a pas fait

j = for a distance of sur, pendant ◆ **a road lined with trees for 3km** une route bordée d'arbres sur 3 km ◆ **there was nothing to be seen for miles** il n'y avait rien à voir pendant des kilomètres ◆ **we walked for 2km** nous avons marché (pendant) 2 km ◆ **there were small drab houses for mile upon mile** des petites maisons monotones se succédaient pendant or sur des kilomètres et des kilomètres

k time in the past or future pendant ◆ **he suffered terribly for six months** il a horriblement souffert pendant six mois

With certain verbs **pendant** may be omitted:

◆ **I worked/stayed there for three months** j'y ai travaillé/j'y suis resté (pendant) trois mois ◆ **he went away for two weeks** il est parti (pendant) quinze jours ◆ **I'll be away for a month** je serai absent (pendant) un mois

When **for** indicates an intention, the translation is **pour**:

◆ **Christian went for a week, but stayed for a year** Christian était parti pour une semaine, mais il est resté un an ;

When **for** refers to future time, it is translated by **pour** after **aller** and **partir**:

◆ **he's going there for six months** il va là-bas pour six mois ◆ **I am going away for a few days** je pars (pour) quelques jours BUT ◑ **he won't be back for a week** il ne sera pas de retour avant huit jours

l uncompleted states and actions depuis, ça fait ... que (less frm)

French generally uses the present and imperfect where English uses the perfect and past perfect:

◆ **he's been here for ten days** il est ici depuis dix jours, ça fait dix jours qu'il est ici ◆ **I have known her for five years** je la connais depuis cinq ans, ça fait cinq ans que je la connais ◆ **I have been working here for three months** je travaille ici depuis trois mois, ça fait trois mois que je travaille ici ◆ **I had known her for years** je la connaissais depuis des années ◆ **I had been working there for three months when ...** je travaillais là depuis trois mois quand ... ◆ **he hasn't worked for two years** il n'a pas travaillé depuis deux ans, ça fait deux ans qu'il ne travaille pas ◆ **she hadn't seen him for three months** elle ne l'avait pas vu depuis trois mois, cela faisait trois mois qu'elle ne l'avait pas vu

m phrases with infinitive their one hope is for him to return leur seul espoir est qu'il revienne ◆ **the best would be** or **it would be best for you to go away** le mieux serait que vous vous en alliez (subj) ◆ **for this to be possible** pour que cela soit possible ◆ **I brought it for you to see** je l'ai apporté pour que vous le voyiez (subj) ◆ **there is still time for him to come** il a encore le temps d'arriver

n exclamations
◆ **for it!** * ◆ **now for it!** (bon, alors) on y va ! ◆ **you're for it!** qu'est-ce que tu vas prendre ! *, ça va être ta fête ! * ◆ **I'll be for it if he catches me here!** qu'est-ce que je vais prendre * s'il me trouve ici !
◆ **oh for ... !** ◆ **oh for a cup of tea!** je donnerais n'importe quoi pour une tasse de thé ! ◆ **oh for a chance of revenge!** si seulement je pouvais me venger !

2 CONJUNCTION

liter = because car ◆ **I avoided him, for he was rude and uncouth** je l'évitais car il était impoli et grossier

forage ['fɒrɪdʒ] → SYN **1** n fourrage m
2 vi fourrager, fouiller (**for** pour trouver)
3 COMP ▷ **forage cap** n (Mil) calot m

foramen [fɒˈreɪmən] n, pl **foramens** or **foramina** [fɒˈræmɪnə] (Anat) foramen m

foraminifer [ˌfɒrəˈmɪnɪfə'] n (Zool) foraminifère m

forasmuch as [fərəzˈmʌtʃ] conj († or Jur) attendu que

foray ['fɒreɪ] **1** n (Mil) incursion f, raid m (into en); (fig: into business, politics, acting etc) incursion f (into dans) ◆ **to go on** or **make a foray** (Mil) faire une incursion or un raid ◆ **we made a short foray into town** on a fait une petite expédition en ville
2 vi faire une incursion or un raid

forbad(e) [fə'bæd] vb (pret of **forbid**)

forbear [fɔː'bɛəʳ] [→ SYN] pret **forbore**, ptp **forborne** vi (frm) s'abstenir ◆ **to forbear from doing sth, to forbear to do sth** s'abstenir or se garder de faire qch ◆ **he forbore to make any comment** il s'abstint de tout commentaire

forbearance [fɔː'bɛərəns] [→ SYN] n patience f, tolérance f

forbearing [fɔː'bɛərɪŋ] [→ SYN] adj patient, tolérant

forbears ['fɔːbɛəz] npl → **forebears**

forbid [fə'bɪd] LANGUAGE IN USE 9.3, 9.5, 10.4 [→ SYN] pret **forbad(e)**, ptp **forbidden** vt **a** (= not allow) défendre, interdire ◆ **to forbid sb to do sth, to forbid sb from doing sth** interdire à qn de faire qch ◆ **to forbid sb alcohol** défendre or interdire l'alcool à qn ◆ **I forbid you to!** je vous l'interdis ! ◆ **it is forbidden to do that** il est défendu or interdit de faire cela ◆ **they are forbidden to do that** ils n'ont pas le droit de faire cela, il leur est défendu or interdit de faire cela ◆ **that's forbidden** c'est défendu or interdit ◆ **forbidden by law** interdit par la loi ◆ **smoking is (strictly) forbidden** il est (formellement) interdit de fumer ◆ **"smoking forbidden"** (on sign) "défense de fumer" ◆ **preaching was forbidden to women** il était défendu or interdit aux femmes de prêcher
b (= prevent) empêcher ◆ **his pride forbids him to ask for** or **from asking for help, his pride forbids his asking for help** (more frm) sa fierté l'empêche de demander de l'aide ◆ **custom forbids any modernization** la coutume empêche toute modernisation ◆ **God** or **Heaven forbid!** * grands dieux non ! ◆ **God** or **Heaven forbid that this might be true!** (liter) pourvu que ça ne soit pas vrai ! (liter) ◆ **God** or **Heaven forbid that he should come here!** pourvu qu'il ne vienne pas ici ◆ **God** or **Heaven forbid (that) I should do anything illegal** Dieu me garde de faire quoi que ce soit d'illégal

forbidden [fə'bɪdn] LANGUAGE IN USE 9.5, 10.4 [→ SYN]
1 vb (pt of **forbid**)
2 adj food, book, place, love interdit ; subject, word tabou ; feelings défendu ◆ **that's forbidden territory** or **ground** (fig) c'est un sujet tabou
3 COMP ▷ **the Forbidden City** n la Cité interdite ▷ **forbidden fruit** n (Bible or fig) fruit m défendu

forbidding [fə'bɪdɪŋ] [→ SYN] adj person à l'allure sévère ; expression sévère ; place inhospitalier ; building menaçant

forbiddingly [fə'bɪdɪŋlɪ] adv look at, frown de façon rébarbative ◆ **a forbiddingly prison-like building** un bâtiment aux allures rébarbatives de prison

forbore [fɔː'bɔːʳ] vb (pt of **forbear**)

forborne [fɔː'bɔːn] vb (ptp of **forbear**)

force [fɔːs] LANGUAGE IN USE 10.3 [→ SYN]
1 n **a** (NonC) (= strength) force f, violence f ; (Phys) force f ; [of phrase, word] force f, poids m ◆ **force of gravity** (Phys) pesanteur f ◆ **centrifugal/centripetal force** force f centrifuge/centripète ◆ **to use force** employer la force (to do sth pour faire qch) ◆ **by sheer force** par la simple force ◆ **by force of** à force de ◆ **force of circumstances** force f des choses ◆ **from force of habit** par la force de l'habitude ◆ **through** or **by sheer force of will** purement à force de volonté ◆ **by (sheer) force of personality** uniquement grâce à sa personnalité ◆ **force of a blow** violence f d'un coup ◆ **to resort to force** avoir recours à la force ◆ **to settle a dispute by force** régler une querelle par la force ◆ **his argument lacked force** son argument manquait de conviction ◆ **I don't quite see the force of his argument** je ne vois pas bien la force de son argument ◆ **to come into force** [law, prices] entrer en vigueur en en application ; → **brute**
◆ **in force** ◆ **the rule is now in force** le règlement est désormais en vigueur ◆ **the police were there in force** la police était là en force ◆ **they came in force to support him** ils sont venus en force pour lui apporter leur soutien
b (= power) force f ◆ **the forces of Nature** les forces fpl de la nature ◆ **he is a powerful force in the Trade Union movement** il exerce un grand pouvoir au sein du mouvement syndical ◆ **there are several forces at work** plusieurs influences entrent en jeu ; → **life**
c (= body of men) force f ◆ **the forces** (Brit) (Mil) les forces fpl armées ◆ **allied forces** (Brit) (Mil) armées fpl alliées ◆ **the force** * (Police) la police ; see also **police** ; → **join, land, sale**
2 vt **a** (= constrain) forcer, obliger (sb to do sth qn à faire qch) ◆ **to be forced to do sth** être contraint or forcé or obligé de faire qch ◆ **to force o.s. to do sth** se forcer or se contraindre à faire qch ◆ **I find myself forced to say that ...** je me vois contraint de dire que ... ◆ **he was forced to conclude that ...** il a été forcé de conclure que ..., force lui a été de conclure que ...
b (= impose) [+ conditions, obedience] imposer (on sb à qn) ◆ **the decision was forced on me by events** cette décision m'a été imposée par les événements, ce sont les événements qui m'ont dicté cette décision ◆ **they forced action on the enemy** ils ont contraint l'ennemi à se battre ◆ **I don't want to force myself on you, but ...** je ne veux pas m'imposer, mais ... ◆ **to force the issue** enfoncer le clou
c (= push, thrust) pousser ◆ **to force books into a box** fourrer des livres dans une caisse ◆ **he forced himself through the gap in the hedge** il s'est frayé un passage par un trou dans la haie ◆ **to force one's way into** entrer or pénétrer de force dans ◆ **to force one's way through sth** se frayer un passage à travers qch ◆ **to force a bill through Parliament** forcer la Chambre à voter une loi ◆ **the lorry forced the car off the road** le camion a forcé la voiture à quitter la route
d (= break open) [+ lock] forcer ◆ **to force (open) a drawer/a door** forcer un tiroir/une porte ◆ **to force sb's hand** (fig) forcer la main à qn
e (= extort) arracher ; (stronger) extorquer (from à) ◆ **he forced a confession from me** il m'a arraché or extorqué une confession ◆ **we forced the secret out of him** nous lui avons arraché le secret
f [+ plants] forcer, hâter ◆ **to force the pace** forcer l'allure or le pas
g **he forced a reply/a smile, he forced himself to reply/smile** il s'est forcé à répondre/à sourire
3 vi (Bridge) faire un forcing
4 COMP ▷ **force-feed** vt (gen) nourrir de force ; [+ animal] gaver ◆ **he was force-fed** on l'a nourri de force ◆ **as a child she was force-fed (on) Shakespeare** quand elle était petite elle a été gavée de Shakespeare ▷ **force pump** n (Tech) pompe f foulante ▷ **forcing bid** n (Bridge) annonce f forcée or de forcing ▷ **forcing house** n (Agr) forcerie f ; (fig) pépinière f

▶ **force back** vt sep **a** (Mil) [+ enemy] obliger à reculer, faire reculer ; [+ crowd] repousser, faire reculer
b **to force back one's desire to laugh** réprimer son envie de rire ◆ **to force back one's tears** refouler ses larmes

▶ **force down** vt sep **a** [+ aircraft] forcer à atterrir
b [+ prices, inflation, unemployment] faire baisser
c **to force food down** se forcer à manger ◆ **if you force the clothes down you will get more into the suitcase** si tu tasses les vêtements tu en feras entrer plus dans la valise

▶ **force out** vt sep **a** faire sortir (de force) ◆ **he forced the cork out** il a sorti le bouchon en forçant ◆ **they forced the rebels out into the open** ils ont forcé or obligé les insurgés à se montrer ◆ **small farmers will be forced out of the market** les petits exploitants seront éliminés du marché
b **he forced out a reply/an apology** il s'est forcé à répondre/à s'excuser

▶ **force up** vt sep [+ prices, inflation, unemployment] faire monter

forced [fɔːst] LANGUAGE IN USE 10.1 [→ SYN]
1 adj **a** (= imposed) marriage, repatriation forcé
b (= artificial) smile, laughter forcé ; conversation peu naturel ◆ **to sound forced** [words] faire peu naturel ; [laughter] sembler forcé
c plant forcé
2 COMP ▷ **forced entry** n (Law) entrée f avec effraction ▷ **forced labour** n travaux mpl forcés ▷ **forced landing** n (Aviat) atterrissage m forcé ▷ **forced march** n (Mil) marche f forcée ▷ **forced savings** npl épargne f forcée

forceful ['fɔːsfʊl] [→ SYN] adj **a** (= hard) blow, kick, punch violent
b (= vigorous) person, personality, intervention énergique ; action, reminder vigoureux ; argument convaincant ; statement, speech énergique ◆ **to be forceful in doing sth** faire qch énergiquement ◆ **he was forceful in condemning the regime** or **in his condemnation of the regime** il a condamné énergiquement le régime

forcefully ['fɔːsfʊlɪ] adv **a** (= using force) push, knock avec force, violemment ; remove, administer avec fermeté ; (= forcibly) de force
b say, express, remind avec force ; argue avec force, avec vigueur ; act, intervene avec détermination ◆ **it struck him forcefully that ...** il lui est apparu avec force or avec une évidence frappante que ...

forcefulness ['fɔːsfʊlnɪs] n **a** (= force) [of blow, kick, punch] force f, violence f
b (= vigour) [of person] détermination f ; [of argument, attack] force f

force majeure [mæˈʒɜːʳ] n (Jur) force f majeure

forcemeat ['fɔːsmiːt] n (Culin) farce f, hachis m (de viande et de fines herbes)

forceps ['fɔːseps] npl (also **pair of forceps**) forceps m ◆ **forceps delivery** accouchement m au forceps

forcible ['fɔːsəbl] [→ SYN] **1** adj **a** (= forced) repatriation, feeding forcé
b (= powerful) affirmation, speech, reminder vigoureux
2 COMP ▷ **forcible entry** n (by thief) entrée f par effraction ◆ **to make a forcible entry** (by police) entrer de force

forcibly ['fɔːsəblɪ] [→ SYN] adv **a** (= by force) remove, eject, annex de force, par la force ; repatriate, separate, feed de force ; restrain par la force
b (= powerfully) strike avec force ; argue, express énergiquement ◆ **to bring sth forcibly home to sb** forcer qn à prendre conscience de qch

ford [fɔːd] **1** n gué m
2 vt passer à gué

fordable ['fɔːdəbl] adj guéable

fore [fɔːʳ] **1** adj **a** (Zool) foot, limb antérieur ◆ **near fore** antérieur gauche ◆ **off fore** antérieur droit ; see also **foreleg**
b (Naut, Aviat) avant inv ◆ **the fore watch** (Naut) le quart de proue
2 n **to come to the fore** [person] se mettre en évidence, se faire remarquer ; [sb's courage] se manifester ◆ **he was well to the fore during the discussion** il a été très en évidence pendant la discussion ◆ **to the fore** (= at hand) à portée de main
b (Naut) avant m
3 adv (Naut) à l'avant ◆ **fore and aft** de l'avant à l'arrière
4 excl (Golf) gare !, attention !
5 COMP ▷ **fore and aft rig** n (Naut) gréement m aurique ▷ **fore and aft sail** n (Naut) voile f aurique

forearm ['fɔːrɑːm] n avant-bras m inv

forebears ['fɔːbɛəz] npl (liter) aïeux mpl (liter)

forebode [fɔː'bəʊd] [→ SYN] vt présager, annoncer

foreboding [fɔː'bəʊdɪŋ] [→ SYN] **1** n pressentiment m, prémonition f ◆ **to have a foreboding that** avoir le pressentiment que, pressentir que ◆ **to have forebodings** avoir des pressentiments or des prémonitions ◆ **with many forebodings he agreed to do it** il a

forebrain / **forfeiture**

consenti à le faire en dépit de or malgré toutes ses appréhensions
2 adj qui ne présage rien de bon, menaçant

forebrain ['fɔːbreɪn] n (Anat) cerveau m antérieur

forecast ['fɔːkɑːst] → SYN pret, ptp **forecast** **1** vt (Met) prévoir
2 n **a** (gen, Comm) prévisions fpl ; (Betting) pronostic m ◆ **according to all the forecasts** selon toutes les prévisions ◆ **sales forecast** (Comm) prévisions fpl de vente ◆ **the racing forecast** les pronostics mpl hippiques or des courses
b (also **weather forecast**) bulletin m météorologique, météo* f ◆ **the forecast is good** les prévisions sont bonnes, la météo* est bonne

forecaster ['fɔːkɑːstəʳ] n (Met) météorologue mf ; (Econ, Pol) prévisionniste mf ; (Sport) pronostiqueur m, -euse f

forecastle ['fəʊksl] n (Naut) gaillard m d'avant ; (Merchant Navy) poste m d'équipage

foreclose [fɔːˈkləʊz] **1** vt (Jur) saisir ◆ **to foreclose (on) a mortgage** saisir un bien hypothéqué
2 vi saisir le bien hypothéqué

foreclosure [fɔːˈkləʊʒəʳ] n saisie f

forecourt ['fɔːkɔːt] n (esp Brit) avant-cour f, cour f de devant ; [of petrol station] devant m

foredoomed [fɔːˈduːmd] adj (liter) condamné d'avance, voué à l'échec

forefathers ['fɔːfɑːðəz] npl aïeux mpl (liter), ancêtres mpl

forefinger ['fɔːfɪŋgəʳ] n index m

forefoot ['fɔːfʊt] n, pl **-feet** [of horse, cow] pied m antérieur or de devant ; [of cat, dog] patte f antérieure or de devant

forefront ['fɔːfrʌnt] n ◆ **in** or **at the forefront of** [+ research, technology, progress] à la pointe de ◆ **in** or **at the forefront of their minds** au premier plan or au centre de leurs préoccupations ◆ **to bring sth to the forefront** mettre qch en évidence, faire ressortir qch

foregather [fɔːˈgæðəʳ] vi se réunir, s'assembler

forego [fɔːˈgəʊ] pret **forewent**, ptp **foregone** vt renoncer à, se priver de

foregoing ['fɔːgəʊɪŋ] → SYN adj précédent ; (in legal document) susdit ◆ **according to the foregoing** d'après ce qui précède

foregone ['fɔːgɒn] adj ◆ **it was a foregone conclusion** c'était à prévoir, c'était couru d'avance

foreground ['fɔːgraʊnd] → SYN **1** n (Art, Phot) premier plan m ◆ **in the foreground** au premier plan
2 vt (lit) [+ object in photo, picture] mettre en premier plan ; (fig) [+ issue, problem] mettre en avant

forehand ['fɔːhænd] (Tennis) **1** n coup m droit
2 COMP ▷ **forehand drive** n coup m droit ▷ **forehand volley** n volée f de coup droit

forehead ['fɒrɪd] n front m ◆ **on his forehead** au front

foreign ['fɒrən] → SYN **1** adj **a** person, country, language, food, car étranger ; holiday, travel à l'étranger ; goods, produce de l'étranger ; politics, trade, debt extérieur ; (incoming) étranger ; (abroad) à l'étranger ; news du monde ◆ **he comes from a foreign country** il vient de l'étranger ◆ **our relations with foreign countries** nos rapports avec l'étranger
b (= alien) **foreign to** étranger à ◆ **lying is quite foreign to him** or **to his nature** le mensonge lui est (complètement) étranger
c (= extraneous) matter, object, substance étranger
2 COMP ▷ **foreign affairs** npl affaires fpl étrangères ◆ **Minister of Foreign Affairs** ministre m des Affaires étrangères ◆ **Ministry of Foreign Affairs** ministère m des Affaires étrangères ◆ **Secretary (of State) for Foreign Affairs** (Brit) ≈ ministre m des Affaires étrangères ▷ **foreign agent** n (= spy) agent m étranger ; (Comm) représentant m à l'étranger ▷ **foreign aid** n aide f à l'étranger ▷ **Foreign and Commonwealth Office** n (Brit) ministère m des Affaires étrangères et du Commonwealth ▷ **foreign body** n (Med) corps m étranger ▷ **foreign-born** adj né à l'étranger ▷ **foreign correspondent** n correspondant(e) m(f) à l'étranger ▷ **foreign currency** n devises fpl étrangères ▷ **foreign exchange** n (= system) change m ; (= currency) devises fpl ◆ **the foreign exchange market** le marché des changes ▷ **foreign investment** n (abroad) investissements mpl à l'étranger ; (from abroad) investissements mpl étrangers ▷ **Foreign Legion** n Légion f (étrangère) ▷ **Foreign Minister** n ministre m des Affaires étrangères ▷ **Foreign Ministry** n ministère m des Affaires étrangères ▷ **foreign national** n ressortissant(e) m(f) étranger (-ère f) ▷ **Foreign Office** n (Brit) ≈ ministère m des Affaires étrangères ▷ **foreign-owned** adj (Econ, Comm) sous contrôle étranger ▷ **foreign policy** n politique f étrangère or extérieure ▷ **foreign relations** npl relations fpl extérieures ▷ **Foreign Secretary** n (Brit) ≈ ministre m des Affaires étrangères ▷ **foreign service** n (esp US) service m diplomatique

foreigner ['fɒrənəʳ] → SYN n étranger m, -ère f

foreknowledge [fɔːˈnɒlɪdʒ] n fait m de savoir à l'avance, connaissance f anticipée ◆ **I had no foreknowledge of his intentions** je ne savais pas à l'avance ce qu'il avait l'intention de faire ◆ **it presupposes a certain foreknowledge of ...** ceci présuppose une certaine connaissance anticipée de ...

foreland ['fɔːlənd] n (= headland) cap m, promontoire m

foreleg ['fɔːleg] n [of horse, cow] jambe f antérieure ; [of dog, cat] patte f de devant

forelock ['fɔːlɒk] n mèche f, toupet m ◆ **to touch** or **tug one's forelock to sb** (Brit) (lit) saluer qn en portant la main à son front ; (fig) faire des courbettes à or devant qn ◆ **to take Time by the forelock** (liter) saisir l'occasion aux cheveux

foreman ['fɔːmən] n, pl **-men** **a** (Ind) contremaître m, chef m d'équipe
b [of jury] président m

foremast ['fɔːmɑːst] n (Naut) mât m de misaine

foremost ['fɔːməʊst] → SYN **1** adj **a** (= chief) authority, expert, writer, scholar plus grand, plus éminent ◆ **foremost among contemporary writers is ...** le premier d'entre tous les écrivains contemporains est ... ◆ **to be foremost in sb's mind** être au premier plan des pensées or des préoccupations de qn ◆ **they were foremost in calling for an end to the war** ils ont été les plus actifs pour appeler à la fin de la guerre
b (Naut) le or la plus en avant
2 adv **a** (= above all) tout d'abord ◆ **first and foremost** d'abord et avant tout
b (= forwards) en avant

forename ['fɔːneɪm] n prénom m

forenoon ['fɔːnuːn] n matinée f

forensic [fəˈrensɪk] **1** adj **a** (also **forensics** : Med, Jur) test, laboratory médicolégal
b (frm = lawyerly) skill, eloquence du barreau
2 **forensics** n (NonC) (= science) médecine f légale ; (= police department) département m médicolégal
3 COMP ▷ **forensic evidence** n preuves fpl relevées lors d'une expertise médicolégale ▷ **forensic expert** n expert m médicolégal ▷ **forensic medicine** n médecine f légale ▷ **forensic science** n expertise f médicolégale ◆ **forensic science laboratory** ≈ laboratoire m de police scientifique ▷ **forensic scientist** n médecin m légiste ▷ **forensics expert** n ⇒ **forensic expert**

foreordained [ˌfɔːrɔːˈdeɪnd] adj (= inevitable) inévitable ◆ **to be foreordained to do sth** être prédestiné à faire qch

forepaw ['fɔːpɔː] n (Zool) patte f antérieure or de devant

foreplay ['fɔːpleɪ] n préliminaires mpl (amoureux)

forequarters ['fɔːkwɔːtəz] npl quartiers mpl de devant

forerunner ['fɔːrʌnəʳ] → SYN n **a** (= sign, indication) signe m avant-coureur, présage m ; (= person) précurseur m ; [of machine, invention] ancêtre m
b (Ski) ouvreur m

foresail ['fɔːseɪl] n (Naut) (voile f de) misaine f

foresee [fɔːˈsiː] → SYN pret **foresaw**, ptp **foreseen** vt prévoir

foreseeable [fɔːˈsiːəbl] adj prévisible ◆ **in the foreseeable future** dans un avenir prévisible

foreshadow [fɔːˈʃædəʊ] → SYN vt [event etc] présager, annoncer, laisser prévoir

foreshock [fɔːˈʃɒk] n (Geol) séisme m précurseur

foreshore [fɔːˈʃɔːʳ] n [of beach] plage f ; (Geog) estran m

foreshorten [fɔːˈʃɔːtn] vt **a** (Art) [+ perspective, view, shape, figure] faire un raccourci de ; (Phot) déformer par un effet de téléobjectif ◆ **foreshortened view** raccourci m
b (frm: in duration, size) raccourcir

foreshortening [fɔːˈʃɔːtnɪŋ] n (Art, Phot) raccourci m

foresight ['fɔːsaɪt] → SYN n prévoyance f ◆ **lack of foresight** imprévoyance f ◆ **to have the foresight to do sth** faire preuve de prévoyance en faisant qch, avoir la bonne idée de faire qch au bon moment

foreskin ['fɔːskɪn] n prépuce m

forest ['fɒrɪst] **1** n forêt f ◆ **he can't see the forest for the trees** (US) les arbres lui cachent la forêt
2 COMP ▷ **Forest Enterprise** n (Brit) ≈ l'Office m des forêts ▷ **forest fire** n incendie m de forêt ▷ **forest ranger** n garde m forestier

forestall [fɔːˈstɔːl] vt [+ competitor] devancer ; [+ desire, eventuality, objection] anticiper, prévenir

forested ['fɒrɪstɪd] adj boisé

forester ['fɒrɪstəʳ] n forestier m

forestry ['fɒrɪstrɪ] → SYN **1** n sylviculture f, foresterie f
2 COMP ▷ **the Forestry Commission** n (Brit) ≈ l'Office m des Forêts

foretaste ['fɔːteɪst] n avant-goût m ◆ **the riot provided a foretaste of the civil war to come** l'émeute donna un avant-goût de ce que serait la guerre civile

foretell [fɔːˈtel] → SYN pret, ptp **foretold** vt prédire

forethought ['fɔːθɔːt] → SYN n prévoyance f ◆ **lack of forethought** imprévoyance f

forever, for ever [fərˈevəʳ] → SYN adv **a** (= eternally) live, last, remember toujours ◆ **I'll love you forever** je t'aimerai toujours ◆ **Manchester United forever!** vive Manchester United ! ◆ **forever and ever** à jamais, éternellement
b (= definitively) go, change, disappear, lose, close définitivement, pour toujours ◆ **he left forever** il est parti pour toujours
c (* = a long time) take une éternité ; wait jusqu'à la saint-glinglin* ◆ **the meeting lasted forever** la réunion n'en finissait pas
d (= constantly) **to be forever doing sth** être sans arrêt en train de faire qch
e (= unfailingly) cheerful, suspicious toujours

forewarn [fɔːˈwɔːn] → SYN vt prévenir, avertir ◆ **(Prov) forewarned is forearmed** un homme averti en vaut deux (Prov)

forewoman ['fɔːwʊmən] n, pl **forewomen** ['fɔːwɪmɪn] **a** (Ind) (femme f) contremaître m or chef m d'équipe
b [of jury] présidente f

foreword ['fɔːwɜːd] → SYN n avant-propos m inv, avertissement m (au lecteur)

forex ['fɔːreks] n (Fin) ◆ **forex market** marché m des changes ◆ **forex dealer** cambiste mf

forfeit ['fɔːfɪt] → SYN **1** vt (Jur) [+ property] perdre (par confiscation) ; [+ one's rights] perdre, être déchu de ; (fig) [+ one's life, health] payer de ; [+ sb's respect] perdre
2 n **a** (gen) prix m, peine f
b (for non-performance of contract) dédit m ◆ **forfeits** (= game) gages mpl (jeu de société) ◆ **to pay a forfeit** (in game) avoir un gage
3 adj (liter) (= liable to be taken) susceptible d'être confisqué ; (= actually taken) confisqué ◆ **his life was forfeit** (= he died) il le paya de sa vie ; (= he might die) il pourrait le payer de sa vie

forfeiture ['fɔːfɪtʃəʳ] → SYN n [of property] perte f (par confiscation) ; [of right etc] perte f, déchéance f

forgather [fɔːˈɡæðər] vi ⇒ **foregather**

forgave [fəˈɡeɪv] vb (pt of **forgive**)

forge [fɔːdʒ] → SYN **1** vt **a** (= fake) [+ signature, banknote] contrefaire ; [+ document] faire un faux de ; [+ painting] faire un faux de, contrefaire ; [+ evidence] fabriquer ; (= alter) maquiller, falsifier ♦ **a forged passport/ticket** un faux passeport/billet ♦ **to forge a certificate** (= create new one) faire un faux certificat ; (= alter existing one) maquiller or falsifier un certificat ♦ **the date on the certificate had been forged** la date figurant sur le certificat avait été falsifiée ♦ **to forge a Renoir** faire un faux Renoir ♦ **a forged painting** un faux *(tableau)* ♦ **a forged Renoir** un faux Renoir ♦ **it's forged** c'est un faux
 b [+ metal] forger
 c (= establish) [+ alliance, ties, links] forger ; [+ coalition] former ; [+ agreement, compromise] établir ; [+ solution] parvenir à ♦ **to forge one's identity** construire son identité
2 vi ♦ **to forge ahead** prendre de l'avance ; (Racing) foncer
3 n forge f

forger [ˈfɔːdʒər] → SYN n faussaire mf ; (Jur) contrefacteur m

forgery [ˈfɔːdʒərɪ] → SYN n **a** (NonC) [of banknote, signature, document, will] (= counterfeiting) contrefaçon f ; (= altering) falsification f ; [of story] invention f ; (Jur) contrefaçon f (frauduleuse) ♦ **to prosecute sb for forgery** poursuivre qn pour faux (et usage de faux) ♦ **art/cheque/banknote forgery** contrefaçon d'œuvres d'art/de chèques/de billets de banque
 b (= thing forged: work of art, document, passport, will) faux m ♦ **the signature was a forgery** la signature était fausse

forget [fəˈɡet] LANGUAGE IN USE 1.1 → SYN pret **forgot**, ptp **forgotten**
1 vt **a** [+ name, fact, experience] oublier ♦ **I've forgotten all my Spanish** j'ai oublié tout l'espagnol que je savais or tout mon espagnol ♦ **she never forgets a face** elle a la mémoire des visages ♦ **I shall never forget what he said** je n'oublierai jamais ce qu'il a dit ♦ **I forget who said ...** je ne sais plus qui a dit ... ♦ **not forgetting ...** sans oublier ... ♦ **we completely forgot the time** nous avons complètement oublié l'heure ♦ **and don't you forget it!** et tâche de ne pas oublier !, tu as intérêt à ne pas oublier ! ♦ **she'll never let him forget it** elle ne manque pas une occasion de le lui rappeler ♦ **let's forget it!** passons or on passe l'éponge ! ; (= let's drop the subject) ça n'a aucune importance ♦ **forget it!** (to sb thanking) ce n'est rien ! ; (to sb pestering) laissez tomber ! ; (to sb hopeful) n'y comptez pas ! ♦ **to forget to do sth** oublier or omettre de faire qch ♦ **I've forgotten how to do it** je ne sais plus comment on fait ♦ **it's easy to forget how to do it** c'est facile d'oublier comment on fait ♦ **I forgot (that) I'd seen her** j'ai oublié que je l'avais vue
 b **to forget o.s.** (= be altruistic) s'oublier, oublier son propre intérêt ♦ **to forget o.s. or one's manners** oublier toutes ses bonnes manières, s'oublier (liter) ♦ **he drinks to try to forget himself** il boit pour oublier ♦ **he forgot himself and ...** (= be distracted) dans un moment de distraction, il ...
 c (= leave behind) [+ umbrella, passport, gloves etc] oublier, laisser
2 vi oublier ♦ **I completely forgot, I forgot all about it** j'ai complètement oublié, ça m'est complètement sorti de l'esprit ♦ **I've forgotten all about it (already)** je n'y pense (déjà) plus ♦ **forget about it!** * n'y pensez plus ! ♦ **he seemed willing to forget about the whole business** il semblait prêt à passer l'éponge sur l'affaire ♦ **you can forget about your promotion** tu peux dire adieu à ta promotion ♦ **I forgot about having to go to the dentist** j'ai oublié que je devais aller chez le dentiste
3 COMP ▷ **forget-me-not** n (Bot) myosotis m ▷ **forget-me-not blue** n (bleu m) myosotis m inv

forgetful [fəˈɡetfʊl] → SYN adj (= absent-minded) distrait ; (= careless) négligent, étourdi ♦ **he is very forgetful** il a très mauvaise mémoire, il oublie tout ♦ **how forgetful of me!** que je suis étourdi ! ♦ **forgetful of the danger** oublieux du danger

forgetfulness [fəˈɡetfʊlnɪs] → SYN n (= absent-mindedness) manque m de mémoire ; (= carelessness) négligence f, étourderie f ♦ **in a moment of forgetfulness** dans un moment d'oubli or d'étourderie

forgettable [fəˈɡetəbəl] adj peu mémorable

forgivable [fəˈɡɪvəbl] adj pardonnable

forgivably [fəˈɡɪvəblɪ] adv ♦ **to act** or **behave forgivably** avoir un comportement pardonnable or excusable ♦ **he was forgivably tense/rude** il était tendu/malpoli, ce qu'on pouvait lui pardonner

forgive [fəˈɡɪv] → SYN pret **forgave**, ptp **forgiven**
[fəˈɡɪvn] vt **a** [+ person, sin, mistake] pardonner ♦ **to forgive sb (for) sth** pardonner qch à qn ♦ **to forgive sb for doing sth** pardonner à qn de faire qch ♦ **forgive me for asking, but ...** excuse-moi de demander, mais ... ♦ **you must forgive him his rudeness** pardonnez-lui son impolitesse ♦ **one could be forgiven for thinking ...** on serait excusable or pardonnable de penser ... ♦ **forgive me,** or **excuse-moi, mais ...** ♦ **forgive my ignorance, but who are they?** pardonnez mon ignorance, mais qui sont-ils ? ♦ **we must forgive and forget** nous devons pardonner et oublier
 b (frm) **to forgive (sb) a debt** faire grâce (à qn) d'une dette

forgiveness [fəˈɡɪvnɪs] → SYN n (NonC) (= pardon) pardon m ; (= compassion) indulgence f, clémence f

forgiving [fəˈɡɪvɪŋ] → SYN adj indulgent, clément

forgo [fɔːˈɡəʊ] → SYN vt ⇒ **forego**

forgot [fəˈɡɒt] vb (pt of **forget**)

forgotten [fəˈɡɒtn] → SYN vb (ptp of **forget**)

forint [ˈfɒrɪnt] n forint m

fork [fɔːk] → SYN **1** n **a** (at table) fourchette f ; (for digging) fourche f
 b [of branches] fourche f ; [of roads, railways] embranchement m ♦ **take the left fork** (giving directions) prenez à gauche à l'embranchement
2 vt **a** (also **fork over**) [+ hay, ground] fourcher
 b **he forked the beans into his mouth** il enfournait * ses haricots (à coups de fourchette)
3 vi [roads] bifurquer ♦ **we forked right on leaving the village** nous avons pris or bifurqué à droite à la sortie du village ♦ **fork left for Oxford** prenez or bifurquez à gauche pour Oxford
4 COMP ▷ **fork-lift truck** n chariot m élévateur (à fourche)

▶ **fork out** * **1** vi casquer *
 2 vt sep [+ money] allonger *, abouler *

▶ **fork over** vt sep ⇒ **fork 2a**

▶ **fork up** vt sep **a** [+ soil] fourcher
 b * ⇒ **fork out 2**

forked [fɔːkt] → SYN **1** adj fourchu ♦ **to speak with (a) forked tongue** avoir la langue fourchue
2 COMP ▷ **forked lightning** n éclair m en zigzags

forkful [ˈfɔːkfʊl] n ♦ **a forkful of mashed potato** une pleine fourchette de purée

forlorn [fəˈlɔːn] → SYN adj **a** (= miserable) person solitaire et malheureux, triste et délaissé ; voice triste ; expression de tristesse et de délaissement ♦ **to look forlorn** avoir l'air triste et délaissé
 b (= desolate) area désolé ; building abandonné ; road désert
 c (= despairing) attempt, effort désespéré, vain ♦ **it is a forlorn hope** c'est un mince espoir ♦ **in the forlorn hope of sth/doing sth** dans le fol espoir de qch/de faire qch

forlornly [fəˈlɔːnlɪ] adv **a** (= miserably) stand, sit, wait, stare d'un air triste et délaissé, tristement
 b (= despairingly) hope en vain ; try désespérément

form¹ [fɔːm] **1** n **a** (= type, particular kind) forme f, sorte f ♦ **the various forms of energy** les différentes formes d'énergie ♦ **you could say it was a form of apology** on pourrait appeler cela une sorte d'excuse ♦ **a new form of government** une nouvelle forme de gouvernement ♦ **a different form of life** (= lifeform) une autre forme de vie ; (= way of life) un autre mode de vie
 b (= style, condition) forme f ♦ **in the form of** sous forme de ♦ **medicine in the form of tablets** or **in tablet form** médicament m sous forme de comprimés ♦ **the first prize will take the form of a trip to Rome** le premier prix sera un voyage à Rome ♦ **what form should my application take?** comment dois-je présenter or formuler ma demande ? ♦ **their discontent took various forms** leur mécontentement s'est manifesté de différentes façons ♦ **the same thing in a new form** la même chose sous une forme nouvelle or un aspect nouveau ♦ **her letters are to be published in book form** ses lettres doivent être publiées sous forme de livre ♦ **the plural form** (Gram) la forme du pluriel
 c (NonC: Art, Literat, Mus etc) forme f ♦ **form and content** la forme et le fond
 d (NonC = shape) forme f ♦ **to take form** prendre forme ♦ **his thoughts lack form** ses pensées manquent d'ordre
 e (= figure) forme f ♦ **the human form** la forme humaine ♦ **I saw a form in the fog** j'ai vu une forme or une silhouette dans le brouillard
 f (Philos) (= structure, organization) forme f ; (= essence) essence f ; (Ling) forme f
 g (NonC: esp Brit = étiquette) forme f, formalité f ♦ **for form's sake, as a matter of form** pour la forme ♦ **it's good/bad form to do that** cela se fait/ne se fait pas
 h (= formula, established practice) forme f, formule f ♦ **he pays attention to the forms** il respecte les formes ♦ **choose another form of words** choisissez une autre expression or tournure ♦ **the correct form of address for a bishop** la manière correcte de s'adresser à un évêque ♦ **form of worship** liturgie f, rites mpl ♦ **what's the form?** †* quelle est la marche à suivre ?
 i (= document) (gen: for applications etc) formulaire m ; (for telegram, giro transfer) formule f ; (for tax returns) feuille f ; (= card) fiche f ♦ **printed form** imprimé m ♦ **to fill up** or **in** or **out a form** remplir un formulaire ; → **application, tax**
 j (NonC: esp Brit = fitness) forme f ♦ **on form** en forme ♦ **he's not on form, he's off form** or **out of form** il n'est pas en forme ♦ **in fine** or **great form, on top form** en pleine forme ♦ **to study (the) form** (Brit Racing) ≈ préparer son tiercé ; (fig) établir un pronostic
 k (Brit = bench) banc m
 l (Brit Scol = class) classe f ♦ **he's in the sixth form** = il est en première
 m (NonC: Brit = criminal record) **he's got form** * il a fait de la taule *
2 vt **a** (= shape) former, construire ♦ **he forms his sentences well** il construit bien ses phrases ♦ **he formed the clay into a ball** il a roulé or pétri l'argile en boule ♦ **he formed it out of a piece of wood** (liter) il l'a façonné or fabriqué dans un morceau de bois
 b (= train, mould) [+ child] former, éduquer ; [+ sb's character] façonner, former
 c (= develop) [+ habit] contracter ; [+ plan] mettre sur pied ♦ **to form an opinion** se faire or se former une opinion ♦ **to form an impression** se faire une impression ♦ **you mustn't form the idea that ...** il ne faut pas que vous vous mettiez dans la tête que ...
 d (= organize, create) [+ government] former ; [+ coalition, alliance] constituer ; (Comm) [+ company] former, créer ♦ **to form a committee** former un comité ♦ **to form a new political party** former or créer un nouveau parti politique
 e (= constitute) composer, former ♦ **to form part of** faire partie de ♦ **the ministers who form the government** les ministres qui composent or constituent le gouvernement ♦ **those who form the group** les gens qui font partie du groupe ♦ **to form a** or **the basis for** former or constituer la base de, servir de base à
 f (= take the shape or order of) [+ pattern, picture] former, faire ♦ **to form a line** se mettre en ligne, s'aligner ♦ **form a circle please** mettez-vous en cercle s'il vous plaît ♦ **to form a queue** se mettre en file, former la queue ♦ **to form fours** (Mil) se mettre par quatre ♦ **the road forms a series of curves** la route fait or dessine une série de courbes

form / forth

g (Gram) **to form the plural** former le pluriel ▫ **3** vi [queue, group, company, crystal, deposits, blood clots] se former ; [idea] prendre forme ◆ **an idea formed in his mind** une idée a pris forme dans son esprit ▫ **4** COMP ▷ **form class** n (= part of speech) catégorie f grammaticale ▷ **form feeder** n (Comput) dispositif m de changement de page ▷ **form leader** n (Brit Scol) ≃ chef m de classe ▷ **form letter** n lettre f type ▷ **form master, form mistress** n ≃ professeur m principal ▷ **form room** n salle f de classe (affectée à une classe particulière) ▷ **form tutor** n ⇒ **form master** or **mistress**

▶ **form up** vi se mettre or se ranger en ligne, s'aligner ◆ **form up behind your teacher** mettez-vous or rangez-vous en ligne derrière votre professeur

form² [fɔːm] n (US Typo) forme f

formal ['fɔːməl] → SYN **1** adj **a** (= polite, ceremonial) person cérémonieux, protocolaire ; behaviour, handshake, welcome, relationship cérémonieux ; dinner, occasion, function protocolaire, officiel ; clothes habillé ; letter respectant les convenances ; politeness formel ; language, style soutenu ; word de style soutenu ◆ **don't be so formal** ne faites pas tant de cérémonies ◆ **lunch was a formal affair** le déjeuner était protocolaire ◆ **a formal dance** un bal habillé

b (= official) talks, statement, request, complaint, acceptance, surrender officiel ◆ **formal contract** contrat m en bonne et due forme ◆ **formal denial** démenti m formel or officiel ◆ **formal instructions** instructions fpl formelles

c (= in design) garden à la française ; room solennel

d (= professional) **he had no formal training/qualifications** il n'avait pas vraiment de formation/de qualifications ◆ **he had little formal education** or **schooling** il a suivi une scolarité très incomplète

e (= structural) perfection formel

f (= superficial, in form only) de forme ◆ **a certain formal resemblance** une certaine ressemblance dans la forme

▫ **2** COMP ▷ **formal dress** n tenue f de cérémonie ; (= evening dress) tenue f de soirée ▷ **formal grammar** n (Ling) grammaire f formelle ▷ **formal language** n langage m formel ▷ **formal logic** n (Philos) logique f formelle

formaldehyde [fɔːˈmældɪhaɪd] n formaldéhyde m

formalin(e) ['fɔːməlɪn] n formol m

formalism ['fɔːməlɪzəm] n formalisme m

formalist ['fɔːməlɪst] adj, n formaliste mf

formalistic [ˌfɔːməˈlɪstɪk] adj formaliste

formality [fɔːˈmælɪtɪ] → SYN n **a** (NonC) (= convention) formalité f ; (= stiffness) raideur f, froideur f ; (= ceremoniousness) cérémonie f (NonC)

b formalité f ◆ **it's a mere** or **just a formality** ce n'est qu'une simple formalité ◆ **the formalities** les formalités fpl ◆ **let's do without the formalities!** dispensons-nous des formalités !, faisons au plus simple !

formalization [ˌfɔːməlaɪˈzeɪʃən] n formalisation f

formalize ['fɔːməlaɪz] vt formaliser

formally ['fɔːməlɪ] adv **a** (= politely) say, shake hands cérémonieusement ◆ **formally courteous** d'une courtoisie cérémonieuse ◆ **his behaviour was formally correct** son comportement était cérémonieux

b (= officially) announce, agree, approve, open, launch officiellement ◆ **formally charged** mis en examen ◆ **we have been formally invited** nous avons reçu une invitation officielle

c **to be formally dressed** (= smartly) être en tenue de cérémonie ; (= in evening dress) être en tenue de soirée

d (= academically) teach en tant que matière spécifique ◆ **to have been formally trained** avoir reçu une formation professionnelle

e (in design) **a formally laid-out garden** un jardin à la française

formant ['fɔːmənt] n (Phon) formant m

format ['fɔːmæt] **1** n **a** (= type, kind) [of computer data, document, camera film, publication] format m ; [of video] système m ◆ **newspapers in tabloid or broadsheet format** des journaux de format tabloïd ou de grand format ◆ **the film will be shown in wide-screen format** (Cine) le film sera projeté sur grand écran ; (TV) le film sera diffusé en format grand écran ◆ **dictionaries published in both paper and electronic format** des dictionnaires publiés à la fois en version papier et en version électronique ◆ **available in cassette or CD format** disponible en cassette ou CD

b (= structure, presentation) [of book, newspaper, page] présentation f ; [of TV, radio programme] forme f, présentation f ; [of event, competition] forme f ◆ **dictionaries published in three-column format** des dictionnaires publiés dans une présentation sur trois colonnes ◆ **large-format books** livres mpl grand format

▫ **2** vt **a** (Comput) formater

b (gen) concevoir le format or la présentation de

formate ['fɔːmeɪt] n formiate m

formation [fɔːˈmeɪʃən] → SYN **1** n **a** (NonC) [of child, character] formation f ; [of plan] élaboration f ; [of government] formation f ; [of classes, courses] organisation f, mise f en place ; [of club] création f ; [of committee] création f, mise f en place

b (NonC: Mil etc) formation f, disposition f ◆ **battle formation** formation f de combat ◆ **in close formation** en ordre serré

c (Geol) formation f

▫ **2** COMP ▷ **formation dance, formation dancing** n danse f de groupe ▷ **formation flying** n (Aviat) vol m en formation

formative ['fɔːmətɪv] → SYN **1** adj formateur (-trice f)

▫ **2** n (Gram) formant m, élément m formateur

formatting ['fɔːmætɪŋ] n (Comput) formatage m

forme [fɔːm] n (Typo) forme f

-formed ['fɔːmd] adj (in compounds) ◆ **fully-formed** baby, animal complètement formé or développé ◆ **half-formed** à moitié formé or développé ; → **well²**

former¹ ['fɔːməʳ] n (Tech) gabarit m

former² ['fɔːməʳ] LANGUAGE IN USE 26.2 → SYN

1 adj **a** (= previous) president, employee, home ancien (before n) ; strength, authority d'autrefois ◆ **the former Soviet Union** l'ex-Union f soviétique ◆ **the former Yugoslavia** l'ex-Yougoslavie f ◆ **my former wife/husband** mon ex-femme/ex-mari ◆ **the college is a former mansion** le collège est un ancien manoir ◆ **to restore sth to its former glory** redonner à qch sa splendeur d'autrefois ◆ **the buildings have now been restored to their former glory** les bâtiments rénovés ont retrouvé leur ancienne splendeur or leur splendeur d'antan (liter) ◆ **he was a (pale) shadow of his former self** il n'était plus que l'ombre de lui-même ◆ **he was very unlike his former self** il ne se ressemblait plus du tout ◆ **in a former life** au cours d'une vie antérieure ◆ **in former years** or **times** or **days** autrefois ◆ **the radicals of former days** les radicaux d'autrefois

b (as opposed to latter) **the former option/alternative** la première option/alternative ◆ **your former suggestion** votre première suggestion

▫ **2** pron celui-là, celle-là ◆ **the former ... the latter** celui-là ... celui-ci ◆ **of the two ideas I prefer the former** des deux idées je préfère celle-là or la première ◆ **the former is the more expensive of the two systems** ce premier système est le plus coûteux des deux, des deux systèmes, c'est le premier le plus coûteux ◆ **of the two possible solutions, I prefer the former** entre les deux solutions, je préfère la première, entre les deux, je préfère la première solution

▫ **3** COMP ▷ **former pupil** n (Scol) ancien(ne) élève m(f)

-former ['fɔːməʳ] n (in compounds: Scol) élève mf de ... ◆ **fourth-former** ≃ élève mf de troisième

formerly ['fɔːməlɪ] → SYN adv autrefois ◆ **Lake Malawi, formerly Lake Nyasa** le lac Malawi, anciennement or autrefois lac Nyassa

formic ['fɔːmɪk] adj formique

Formica ® [fɔːˈmaɪkə] n formica ® m, plastique m laminé

formidable ['fɔːmɪdəbl] → SYN adj **a** (= daunting) person, opposition redoutable, terrible ; task, challenge redoutable ; obstacle terrible

b (= prodigious) person, talent, reputation phénoménal ; combination impressionnant

formidably ['fɔːmɪdəblɪ] adv (= extremely) terriblement, redoutablement ◆ **formidably armed** redoutablement bien armé, aux armes redoutables

formless ['fɔːmlɪs] adj **a** (= amorphous) shape, image informe ; terror, apprehension indéfini

b (pej) (= unstructured) book, play, film, record dépourvu de structure

Formosa [fɔːˈməʊsə] n (formerly) Formose m or f

Formosan [fɔːˈməʊsən] adj formosan

formula ['fɔːmjʊlə] → SYN n **a** pl **formulas** or **formulae** ['fɔːmjʊliː] (gen, also Chem, Math etc) formule f ◆ **a formula for averting** or **aimed at averting the strike** une formule visant à éviter la grève ◆ **winning formula** formule f idéale ◆ **peace formula** forme f de paix ◆ **pay/pricing formula** système m de fixation des salaires/prix

b (= baby milk) lait m maternisé

c (Aut) **Formula One/Two/Three** la formule un/deux/trois ◆ **a formula-one car** une voiture de formule un

formulaic [ˌfɔːmjʊˈleɪɪk] adj language, plot, response, TV programme convenu, stéréotypé ◆ **formulaic phrase** or **expression** expression f convenue

formulary ['fɔːmjʊlərɪ] n (Pharm) formulaire m

formulate ['fɔːmjʊleɪt] → SYN vt formuler

formulation [ˌfɔːmjʊˈleɪʃən] n **a** (NonC = forming, creation) [of idea, theory, proposal] formulation f ; [of policy, plan, product] élaboration f

b (= formula) [of treaty, settlement] formule f ◆ **this formulation was acceptable to both sides** cette formule convenait aux deux parties

c (= medicine) formule f

d (= saying) formule f

formyl ['fɔːmaɪl] n formyle m

fornicate ['fɔːnɪkeɪt] vi forniquer

fornication [ˌfɔːnɪˈkeɪʃən] n fornication f

fornicator ['fɔːnɪkeɪtəʳ] n fornicateur m, -trice f

forsake [fəˈseɪk] → SYN pret **forsook**, ptp **forsaken** vt (liter) [+ person] abandonner, délaisser ; [+ place] quitter ; [+ habit] renoncer à

forsaken [fəˈseɪkən] → SYN **1** vb (pt of **forsake**) → **godforsaken**

▫ **2** adj ◆ **an old forsaken farmhouse** une vieille ferme abandonnée

forsook [fəˈsʊk] vb (pt of **forsake**)

forsooth [fəˈsuːθ] adv († or hum) en vérité, à vrai dire ◆ **forsooth!** par exemple !

forswear [fɔːˈswɛəʳ] pret **forswore** [fɔːˈswɔːʳ] ptp **forsworn** [fɔːˈswɔːn] vt (frm) (= renounce) renoncer à, abjurer ; (= deny) désavouer ◆ **to forswear o.s.** (= perjure) se parjurer

forsythia [fɔːˈsaɪθɪə] n forsythia m

fort [fɔːt] → SYN **1** n (Mil) fort m ; (small) fortin m ◆ **to hold the fort** (fig) monter la garde (hum), assurer la permanence

▫ **2** COMP ▷ **Fort Knox** n Fort Knox m (réserve d'or des États-Unis) ◆ **they have turned their home into (a) Fort Knox** ils ont transformé leur maison en une véritable forteresse

forte¹ ['fɔːtɪ, (US) fɔːt] → SYN n fort m ◆ **generosity is not his forte** la générosité n'est pas son fort

forte² ['fɔːtɪ] adj, adv (Mus) forte

forte-piano [ˌfɔːtɪˈpjɑːnəʊ] n (Mus Hist) piano-forte m

forth [fɔːθ] → SYN adv

*When **forth** is an element in a phrasal verb, eg* **pour forth**, **sally forth**, **venture forth**, *look up the verb.*

a († or frm = out) de l'avant ◆ **to go back and forth between ...** aller et venir entre ..., faire la navette entre ... ◆ **the thunderstorm burst forth** l'orage a éclaté ◆ **to come forth** (= forward) s'avancer ; (= outside) sortir ◆ **to pour forth a torrent of invective** vomir un torrent d'injures ◆ **to stretch forth one's hand** tendre la main ; → **bring forth, hold forth**

b (= onward) **and so forth** et ainsi de suite ✦ **from this day forth** (frm) dorénavant, désormais

forthcoming [ˌfɔːθˈkʌmɪŋ] → SYN **adj a** (= imminent) event, visit, election, album etc prochain ✦ **in a forthcoming book/film, he examines ...** dans un prochain livre/film ou dans un livre/film qui va bientôt sortir, il examine ...
b (= available) **to be forthcoming** [money, funds, aid, support] être disponible ✦ **no evidence of this was forthcoming** on n'avait aucune preuve de cela ✦ **no answer was forthcoming** il n'y a pas eu de réponse
c (= communicative) person communicatif ✦ **to be forthcoming on** or **about sth** être disposé à parler de qch

forthright [ˈfɔːθraɪt] → SYN **adj** person, manner, answer, remark franc (franche f), direct ; language direct ; statement sans détour ✦ **in forthright terms** sans détour ✦ **to be forthright in one's response** donner une réponse franche ✦ **to be forthright in saying sth** dire qch ouvertement ✦ **to be forthright about sth** ne pas mâcher ses mots à propos de qch

forthrightness [ˈfɔːθraɪtnɪs] **n** [of person, answer etc] franchise f

forthwith [ˌfɔːθˈwɪθ] → SYN **adv** (frm) sur-le-champ

fortieth [ˈfɔːtɪθ] **1 adj** quarantième
2 n quarantième mf ; (= fraction) quarantième m ; for phrases see **sixth**

fortification [ˌfɔːtɪfɪˈkeɪʃən] → SYN **n** fortification f

fortify [ˈfɔːtɪfaɪ] → SYN **vt a** [+ place] fortifier, armer (*against* contre) ; [+ person] réconforter ✦ **fortified place** place f forte ✦ **have a drink to fortify you** (hum) prenez un verre pour vous remonter
b [+ wine] accroître la teneur en alcool de ; [+ food] renforcer en vitamines ✦ **fortified wine** ≃ vin m doux, vin m de liqueur

fortissimo [fɔːˈtɪsɪməʊ] **adv** (Mus) fortissimo

fortitude [ˈfɔːtɪtjuːd] → SYN **n** courage m, force f d'âme

fortnight [ˈfɔːtnaɪt] **n** (esp Brit) quinzaine f, quinze jours mpl ✦ **a fortnight's holiday** quinze jours de vacances ✦ **a fortnight tomorrow** demain en quinze ✦ **adjourned for a fortnight** remis à quinzaine ✦ **for a fortnight** pour une quinzaine, pour quinze jours ✦ **in a fortnight, in a fortnight's time** dans quinze jours ✦ **a fortnight ago** il y a quinze jours

fortnightly [ˈfɔːtnaɪtlɪ] (esp Brit) **1 adj** newspaper bimensuel ; visit tous les quinze jours ; cycle de quinze jours
2 adv tous les quinze jours

FORTRAN, Fortran [ˈfɔːtræn] **n** fortran m

fortress [ˈfɔːtrɪs] → SYN **n** (= prison) forteresse f ; (= medieval castle) château m fort ✦ **fortress Europe** la forteresse Europe ; → **flying**

fortuitous [fɔːˈtjuːɪtəs] **adj** fortuit, accidentel

fortuitously [fɔːˈtjuːɪtəslɪ] **adv** fortuitement, par hasard

fortunate [ˈfɔːtʃənɪt] → SYN **adj** coincidence, choice heureux ; circumstances favorable ✦ **to be fortunate** person avoir de la chance ✦ **we are fortunate that ...** nous avons de la chance que ... ✦ **it is fortunate that ...** c'est une chance que ... ✦ **it was fortunate for him that ...** heureusement pour lui que ... ✦ **they were fortunate to escape** ils ont eu de la chance de s'échapper ✦ **I was fortunate enough to go to a good school** j'ai eu la chance de fréquenter une bonne école ✦ **to be fortunate in one's career** avoir de la chance dans sa carrière ✦ **to be fortunate in having a wonderful mother** avoir la chance d'avoir une mère merveilleuse ✦ **she is in the fortunate position of having plenty of choice** elle a la chance d'avoir plein d'options ✦ **how fortunate!** quelle chance !

fortunately [ˈfɔːtʃənɪtlɪ] LANGUAGE IN USE 26.3 → SYN **adv** heureusement (*for* pour)

fortune [ˈfɔːtʃən] → SYN **1 n a** (= chance) fortune f, chance f ✦ **the fortunes of war** la fortune des armes ✦ **by good fortune** par chance, par bonheur ✦ **I had the good fortune to meet him** j'ai eu la chance ou le bonheur de le rencontrer ✦ **to try one's fortune** tenter sa chance ✦ **fortune favoured him** la chance ou la fortune lui a souri ✦ **to tell sb's fortune** dire la bonne aventure à qn ✦ **to tell fortunes** dire la bonne aventure ✦ **whatever my fortune may be** quel que soit le sort qui m'est réservé ; → **seek**
b (= riches) fortune f ✦ **to make a fortune** faire fortune ✦ **he made a fortune on it** il a gagné une fortune avec ça ✦ **to come into a fortune** hériter d'une fortune ✦ **a man of fortune** un homme d'une fortune or d'une richesse considérable ✦ **to marry a fortune** épouser une grosse fortune ✦ **to spend/cost/lose** etc **a (small** or **tidy) fortune** dépenser/coûter/perdre etc une (petite) fortune
2 COMP ✦ **fortune cookie** n (US) beignet m chinois *(renfermant un horoscope ou une devise)* ▷ **fortune hunter** n (man) coureur m de dot ; (woman) femme f intéressée ▷ **fortune-teller** n diseur m, -euse f de bonne aventure ; (with cards) tireuse f de cartes ▷ **fortune-telling** n (art m de la) divination ; (with cards) cartomancie f

forty [ˈfɔːtɪ] **1 adj** quarante inv ✦ **about forty books** une quarantaine de livres ✦ **to have forty winks*** faire un petit somme, piquer un roupillon*
2 n quarante m inv ✦ **about forty** une quarantaine ✦ **the lower forty-eight** (US = states) les quarante-huit États américains *(à l'exclusion de l'Alaska et de Hawaï)* ; for other phrases see **sixty**
3 pron quarante ✦ **there are forty** il y en a quarante
4 COMP ▷ **forty-niner** n (US) prospecteur m d'or *(de la ruée vers l'or de 1849)*

forum [ˈfɔːrəm] **n**, pl **forums** or **fora** [ˈfɔːrə] (Hist) forum m ; (fig) tribune f

forward [ˈfɔːwəd] → SYN

> When **forward** is an element in a phrasal verb, eg **bring forward, come forward, step forward**, look up the verb.

1 adv (also **forwards**) en avant ✦ **to rush forward** se précipiter or s'élancer (en avant) ✦ **to go forward** avancer ✦ **to go straight forward** aller droit devant soi ✦ **forward!, forward march!** (Mil) en avant, marche ! ✦ **from that moment forward** à partir de ce moment-là ✦ **to push o.s. forward** (lit, fig) se mettre en avant ✦ **to come forward** (fig) se présenter ✦ **he went backward(s) and forward(s) between the station and the house** il allait et venait entre or il faisait la navette entre la gare et la maison ✦ **to put the clocks forward** avancer les pendules ; → **bring forward**
2 prep ✦ **forward of** à l'avant de
3 adj a (= in front, ahead) movement en avant, vers l'avant ✦ **the forward ranks of the army** les premiers rangs de l'armée ✦ **this seat is too far forward** ce siège est trop en avant
b (= well-advanced) season, plant précoce ; child précoce, en avance ✦ **I'm no further forward (with this problem)** me voilà bien avancé ! (iro)
c (= bold) effronté ✦ **that was rather forward of him** c'était assez effronté de sa part
d (Comm) prices, delivery à terme
4 n (Sport) avant m
5 vt a (= advance) [+ career, cause, interests] favoriser, faire avancer
b (= dispatch) [+ goods] expédier, envoyer ; (= send on) [+ letter, parcel] faire suivre ✦ **please forward** faire suivre SVP, prière de faire suivre
6 COMP ▷ **forward buying** n achat m à terme ▷ **forward contract** n contrat m à terme ▷ **forward exchange market** n marché m des changes à terme ▷ **forward exchange rate** n taux m de change à terme ▷ **forward gear** n marche f avant ▷ **forwarding address** n (gen) adresse f de réexpédition ; (Comm) adresse f pour l'expédition ✦ **he left no forwarding address** il est parti sans laisser d'adresse ▷ **forwarding agent** n (Comm) transitaire m ▷ **forward integration** n (Comm) intégration f en aval ▷ **forward line** n (Mil) première ligne f ; (Sport) ligne f des avants ▷ **forward-looking** → SYN **adj** person ouvert sur ou tourné vers l'avenir ; plan tourné vers l'avenir ▷ **forward pass** n (Rugby) (passe f) en-avant m inv ▷ **forward planning** n planification f ▷ **forward post** n (Mil) avant-poste m, poste m avancé ▷ **forward rate** n (Fin) taux m de change à terme ▷ **forward sale** n vente f à terme ▷ **forward slash** n barre f oblique

forwarder [ˈfɔːwədəʳ] **n** (Comm) transitaire m

forwardness [ˈfɔːwədnɪs] → SYN **n** [of seasons, plants, children] précocité f ; (= boldness) effronterie f

forwards [ˈfɔːwədz] **adv** ⇒ **forward 1**

Fosbury flop [ˈfɒzbərɪˌflɒp] **n** (Sport) rouleau m dorsal

fossick* [ˈfɒsɪk] **vi** (Austral) ✦ **to fossick around for sth** fouiller partout pour trouver qch

fossil [ˈfɒsl] **1 n** fossile m ✦ **he's an old fossil*!** c'est un vieux fossile* or une vieille croûte* !
2 COMP ▷ **fossil energy** n énergie f fossile ▷ **fossil fuel** n combustible m fossile ▷ **fossil hunter** n collectionneur m de fossiles

fossiliferous [ˌfɒsɪˈlɪfərəs] **adj** (Miner) fossilifère

fossilization [ˌfɒsɪlaɪˈzeɪʃən] **n** fossilisation f

fossilize [ˈfɒsɪlaɪz] **1 vt** fossiliser
2 vi se fossiliser

fossilized [ˈfɒsɪlaɪzd] **adj** fossilisé ; (fig, pej) person, customs fossilisé, figé ; (Ling) form, expression figé

foster [ˈfɒstəʳ] → SYN **1 vt a** (Jur = care for) [+ child] accueillir en placement familial ✦ **the authorities fostered the child with Mr and Mrs Moore** les autorités ont placé l'enfant chez M. et Mme Moore
b (= encourage) [+ friendship, development] favoriser, encourager
c (= entertain) [+ idea, thought] entretenir, nourrir
2 COMP child adoptif, placé dans une famille ; father, parents, family adoptif, nourricier ; brother, sister adoptif ▷ **foster home** n famille f nourricière or de placement familial or d'accueil ▷ **foster mother** n mère f nourricière or adoptive *(d'un enfant placé)*

fosterage [ˈfɒstərɪdʒ] **n** (= condition) placement m familial ; (by family) prise f en charge (d'un enfant en placement familial)

fostering [ˈfɒstərɪŋ] **n** placement m familial or en famille d'accueil ✦ **the couple has been approved for fostering** le couple a obtenu l'autorisation d'accueillir un enfant *(en placement familial)*

fought [fɔːt] **vb** (pt, ptp of **fight**)

foul [faʊl] → SYN **1 adj a** (= disgusting) place immonde, dégoûtant ; water croupi ; air vicié ; breath fétide ; person infect, ignoble ; smell infect, nauséabond ; taste, food infect ✦ **to smell foul** puer
b (esp Brit* = bad) day épouvantable ✦ **foul luck** terrible malchance f ✦ **foul weather** (gen) sale temps m, temps m de chien ; (Naut) gros temps m ✦ **the weather was foul** le temps était infect
c (esp liter = vile) crime ignoble, odieux ; behaviour odieux ; slander, lie odieux, vil (vile f) ✦ **foul deed** acte m crapuleux
d (= offensive) language, abuse grossier ✦ **to have a foul mouth** être mal embouché ✦ **to have a foul temper** avoir un sale caractère ✦ **in a foul mood** or **temper** d'une humeur massacrante
e (= unfair: Sport) shot mauvais ; tackle irrégulier ✦ **by foul means** par des moyens déloyaux ; → **fair¹** ✦ **a foul blow** un coup déloyal or en traître ; → **cry**
f **to fall** or **run foul of sb** se mettre qn à dos ✦ **to fall** or **run foul of the law/authorities** avoir maille à partir avec la justice/les autorités ✦ **to fall** or **run foul of a ship** (Naut) entrer en collision avec un bateau
2 n (Sport) coup m défendu or irrégulier ; (Boxing) coup m bas ; (Ftbl) faute f ✦ **technical/personal foul** (Basketball) faute f technique/personnelle
3 vt a (= pollute) [+ air, water] polluer ; [+ beaches] polluer, souiller
b [dog] [+ pavement, garden, grass] souiller ✦ **to foul one's own nest** causer sa propre perte
c (= entangle) [+ fishing line, rope] emmêler ; [+ mechanism, propeller, anchor] s'emmêler dans
d (= clog) [+ pipe, chimney, gun barrel] encrasser, obstruer
e (Sport) commettre une faute contre
f (Naut = collide with) [+ ship] entrer en collision avec

found / **Fr.**

4 vi (= become entangled or jammed) ♦ **to foul on sth** [rope, line] s'emmêler dans qch, s'entortiller dans qch ; [mechanism] se prendre dans qch

5 COMP ▷ **foul-mouthed** adj mal embouché ▷ **foul play** n (Sport) jeu m irrégulier ; (Cards) tricherie f ; (Jur) acte m criminel ♦ **he suspected foul play** il soupçonnait qu'il y avait quelque chose de louche ♦ **the police found a body but do not suspect foul play** la police a découvert un cadavre mais écarte l'hypothèse d'un meurtre ▷ **foul-smelling** adj puant, nauséabond, fétide ▷ **foul-tasting** adj infect ▷ **foul-tempered** adj **to be foul-tempered** (habitually) avoir un caractère de cochon ; (on one occasion) être d'une humeur massacrante ▷ **foul-up** * n confusion f

▶ **foul out** vi (Basketball) être exclu (pour cinq fautes personnelles)

▶ **foul up** **1** vt sep **a** ⇒ foul 3a

b * [+ relationship] ficher en l'air * ♦ **that has fouled things up** ça a tout fichu en l'air * or gâché

2 foul-up * n → foul

found¹ [faʊnd] vb (pt, ptp of find)

found² [faʊnd] → SYN vt [+ town, school] fonder, créer ; [+ hospital] fonder ; [+ business enterprise] fonder, constituer ; [+ colony] établir, fonder, (fig) [+ belief, opinion] fonder, baser (on sur) ; [+ suspicion] baser ♦ **our society is founded on this** notre société est fondée là-dessus ♦ **the novel is/my suspicions were founded on fact** le roman est basé/mes soupçons reposaient sur or étaient basés sur des faits réels

found³ [faʊnd] vt (Metal) fondre

foundation [faʊnˈdeɪʃən] → SYN **1** n **a** (NonC = founding) [of town, school, hospital, business] fondation f, création f

b (= establishment) fondation f ♦ **Carnegie Foundation** fondation f Carnegie ▷ **research foundation** fondation f consacrée à la recherche ♦ **charitable foundation** organisation f or fondation f caritative

c (Constr) foundations fondations fpl ♦ **to lay the foundations of** (lit) faire or jeter les fondations de ; see also **1d**

d (fig = basis) [of career, social structure] base f ; [of idea, religious belief, theory] base f, fondement m ♦ **agriculture is the foundation of their economy** l'agriculture est la base de leur économie ♦ **to lay the foundations of sth** poser les bases or les fondements de qch ♦ **his work laid the foundation(s) of our legal system** son travail a posé les bases de notre système judiciaire ♦ **without foundation** rumour, allegation, report, fears etc sans fondement ♦ **to rock** or **shake sth to its foundations** profondément secouer or ébranler qch

e (also foundation cream) fond m de teint

2 COMP ▷ **foundation course** n (Brit Univ) cours m d'initiation or d'introduction ▷ **foundation cream** n fond m de teint ▷ **foundation garment** n gaine f, combiné m ▷ **foundation stone** n (Brit) pierre f commémorative ♦ **to lay the foundation stone** (lit, fig) poser la première pierre

founder¹ [ˈfaʊndər] → SYN **1** n fondateur m, -trice f

2 COMP ▷ **founder member** n (Brit) membre m fondateur

founder² [ˈfaʊndər] → SYN vi [ship] sombrer ; [horse] s'embourber, s'empêtrer ; (from fatigue) (se mettre à) boiter ; [plans] s'effondrer, s'écrouler ; [hopes] s'en aller en fumée

founding [ˈfaʊndɪŋ] **1** n ⇒ foundation 1a

2 COMP ▷ **founding fathers** npl (US) pères mpl fondateurs (qui élaborèrent la Constitution fédérale des États-Unis)

foundling [ˈfaʊndlɪŋ] → SYN n enfant m(f) trouvé(e) ♦ **foundling hospital** hospice m pour enfants trouvés

foundry [ˈfaʊndrɪ] n fonderie f

fount [faʊnt] n **a** (liter = spring) source f ♦ **the fount of knowledge/wisdom** la source du savoir/de la sagesse

b (Brit Typ) fonte f

fountain [ˈfaʊntɪn] → SYN **1** n **a** (lit) fontaine f

b (also drinking fountain) fontaine f d'eau potable

c (fig) [of light, sparks, flowers] gerbe f, source f ; → soda

2 COMP ▷ **fountain pen** n stylo m (à) plume

fountainhead [ˈfaʊntɪnhed] n source f, origine f ♦ **to go to the fountainhead** aller (directement) à la source, retourner aux sources

four [fɔːr] **1** adj quatre inv ♦ **it's in four figures** c'est dans les milliers ♦ **open to the four winds** ouvert à tous les vents or aux quatre vents ♦ **to the four corners of the earth** aux quatre coins du monde ♦ **the Four Hundred** (US) l'élite sociale ; → **stroke**

2 n quatre m inv ♦ **on all fours** à quatre pattes ♦ **a four** (Rowing) un quatre ♦ **will you make up a four for bridge?** voulez-vous faire le quatrième au bridge ? ♦ **to hit a four** (Cricket) marquer quatre courses or points ♦ **he hit three fours** il a marqué trois fois quatre courses or points ; → **form** ; for other phrases see **six**

3 pron quatre ♦ **there are four** il y en a quatre

4 COMP ▷ **four-ball** adj, n (Golf) fourball m ▷ **four-by-four** n (= vehicle) 4 x 4 m ▷ **four-colour (printing) process** n (Typ) quadrichromie f ▷ **four-door** adj car (à) quatre portes ▷ **four-engined** adj plane quadrimoteur ♦ **four-engined plane** quadrimoteur m ▷ **four-eyes*** n binoclard(e)* m(f) ▷ **four-flush*** vi (US) bluffer* ▷ **four-flusher*** n (US) bluffeur * m, -euse * f ▷ **four-footed** adj quadrupède, à quatre pattes ▷ **four-four time** n (Mus) in four-four time à quatre/quatre ▷ **four-handed** adj piano music à quatre mains ▷ **Four-H club** n (US) club éducatif de jeunes ruraux ▷ **four-in-hand** n (= coach) attelage m à quatre ▷ **four-leaf clover, four-leaved clover** n trèfle m à quatre feuilles ▷ **four-legged** adj à quatre pattes, quadrupède (frm) ▷ **four-legged friend** n (hum) compagnon m à quatre pattes ▷ **four-letter word** n (fig) obscénité f, gros mot m ♦ **he let out a four-letter word** il a sorti le mot de cinq lettres (euph) ▷ **four-minute mile** n (Sport) course d'un mille courue en quatre minutes ▷ **four-part** adj song à quatre voix ; serial en quatre épisodes ▷ **four-part harmony** n (Mus) harmonie f à quatre voix ▷ **four-poster** n lit m à baldaquin or à colonnes ▷ **four-seater** n (= car) (voiture f à) quatre places f inv ▷ **four-star** adj (= high-quality) de première qualité ◊ n ⇒ **four-star petrol** ▷ **four-star general** n (US) général m à quatre étoiles ▷ **four-star petrol** n (Brit) super(carburant) m ▷ **four-stroke** adj, n (Aut) (moteur m) à quatre temps ▷ **four-way stop** n (US = crossroads) carrefour sans priorité autre que l'ordre d'arrivée ▷ **four-wheel drive** n (NonC) propulsion f à quatre roues motrices ; (= car) voiture f à quatre roues motrices ♦ **with four-wheel drive** à quatre roues motrices

fourchette [fʊəˈʃet] n fourchette f vulvaire

fourfold [ˈfɔːfəʊld] **1** adj quadruple

2 adv au quadruple

Fourierism [ˈfʊərɪəˌrɪzəm] n fouriérisme m

Fourierist [ˈfʊərɪərɪst] n fouriériste mf

Fourieristic [ˌfʊərɪəˈrɪstɪk] adj fouriériste

Fourierite [ˈfʊərɪəˌraɪt] n ⇒ **Fourierist**

fourscore [ˈfɔːskɔːr] adj, n (liter) quatre-vingts m ♦ **fourscore and ten** quatre-vingt-dix m

foursome [ˈfɔːsəm] n (= game) partie f à quatre ; (= two women, two men) deux couples mpl ♦ **we went in a foursome** nous y sommes allés à quatre

foursquare [ˈfɔːskwɛər] adj (= square) carré ; (= firm) attitude, decision ferme, inébranlable ; (= forthright) account, assessment franc (franche f)

fourteen [ˈfɔːˈtiːn] **1** adj, n quatorze m inv ; for phrases see **six**

2 pron quatorze ♦ **there are fourteen** il y en a quatorze

fourteenth [ˈfɔːˈtiːnθ] **1** adj quatorzième ♦ **Louis the Fourteenth** Louis Quatorze or XIV

2 n quatorzième mf ; (= fraction) quatorzième m ♦ **the fourteenth of July** le quatorze juillet, la fête du Quatorze juillet ; for other phrases see **sixth**

fourth [fɔːθ] **1** adj quatrième ♦ **the fourth dimension** la quatrième dimension ♦ **he lives on the fourth floor** (Brit) il habite au quatrième (étage) ; (US) il habite au cinquième (étage) ♦ **to change into fourth gear** passer en quatrième ♦ **the fourth estate** le quatrième pouvoir

2 n quatrième mf ; (US) (= fraction) quart m ; (Mus) quarte f ♦ **we need a fourth for our game of bridge** il nous faut un quatrième pour notre bridge ♦ **the Fourth of July** (US) le 4 juillet (fête nationale américaine) ; for other phrases see **sixth**

3 COMP ▷ **fourth-class matter** n (US Post) paquet-poste m ordinaire ▷ **fourth finger** n annulaire m ▷ **fourth-rate** adj (fig) de dernier ordre, de dernière catégorie ▷ **the Fourth World** n (Pol) le quart-monde

---

FOURTH OF JULY

Le 4 juillet, ou jour de l'indépendance ("Independence Day") est la grande fête nationale des États-Unis. Marquant la signature de la déclaration d'indépendance en 1776 (et, par conséquent, la naissance du pays), cette commémoration est l'occasion de manifestations patriotiques diverses : feux d'artifice, défilés etc.

---

fourthly [ˈfɔːθlɪ] adv quatrièmement, en quatrième lieu

fovea [ˈfəʊvɪə] n, pl **foveae** [ˈfəʊviː] (Anat) fovéa f

fowl [faʊl] **1** n **a** (= hens etc: collective n) volaille f, oiseaux mpl de basse-cour ; (= one bird) volatile m, volaille f ♦ **roast fowl** volaille f rôtie

b †† oiseau m ♦ **the fowls of the air** (liter) les oiseaux mpl ; → **fish, waterfowl, wildfowl**

2 vi ♦ **to go fowling** chasser le gibier à plumes

3 COMP ▷ **fowling piece** n fusil m de chasse léger, carabine f ▷ **fowl pest** n peste f aviaire

fox [fɒks] **1** n **a** (= animal) renard m ♦ **a (sly) fox** (fig) un fin renard

b (US * = girl) fille f sexy*, jolie fille f

2 vt (= puzzle: esp Brit) rendre perplexe, mystifier ; (= deceive) tromper, berner

3 COMP ▷ **fox cub** n renardeau m ▷ **fox fur** n (fourrure f de) renard m ▷ **fox shark** n (= fish) renard m de mer ▷ **fox terrier** n fox m, fox-terrier m

foxed [fɒkst] adj book, paper marqué de rousseurs

foxglove [ˈfɒksglʌv] n (Bot) digitale f (pourprée)

foxhole [ˈfɒkshəʊl] n terrier m de renard, renardière f ; (Mil) gourbi m

foxhound [ˈfɒkshaʊnd] n chien m courant, fox-hound m

foxhunt [ˈfɒkshʌnt] n chasse f au renard

foxhunter [ˈfɒkshʌntər] n chasseur m de renards

foxhunting [ˈfɒkshʌntɪŋ] n chasse f au renard ♦ **to go foxhunting** aller à la chasse au renard

foxtail [ˈfɒksteɪl] n (Bot) queue-de-renard f

foxtrot [ˈfɒkstrɒt] n fox-trot m

foxy [ˈfɒksɪ] → SYN adj **a** (= crafty) finaud, rusé

b (esp US *) **foxy lady** fille f sexy*, jolie fille f

foyer [ˈfɔɪeɪ] → SYN n [of theatre] foyer m ; [of hotel] foyer m, hall m ; (US) [of house] vestibule m, entrée f

FP [ˌefˈpiː] **a** (US) abbrev of **fireplug**

b abbrev of **former pupil**

FPA [ˌefpiːˈeɪ] (abbrev of **Family Planning Association**) Mouvement m pour le planning familial

fps units npl (Brit) système d'unités fondé sur le pied, la livre et la seconde

fr (abbrev of **franc**) F

Fr. (Rel) **a** (abbrev of **Father**) Fr. R. Frost (on envelope) le Révérend Père R. Frost

b abbrev of **friar**

fracas ['fræka:] → SYN n (= scuffle) rixe f, échauffourée f; (= noise) fracas m

fractal ['fræktəl] n (Math) objet m fractal, fractale f

fraction ['frækʃən] n (Math) fraction f; (fig) fraction f, partie f ◆ **for a fraction of a second** pendant une fraction de seconde ◆ **she only spends a fraction of what she earns** elle ne dépense qu'une infime partie de ce qu'elle gagne ◆ **can you move it a fraction higher/to the left?** peux-tu le déplacer un tout petit peu vers le haut/vers la gauche ? ; → **decimal, vulgar**

fractional ['frækʃənl] **1** adj (Math) fractionnaire ; (fig) infime, tout petit **2** COMP ▷ **fractional cristallization** n cristallisation f fractionnée ▷ **fractional distillation** n distillation f fractionnée ▷ **fractional note** n (US) petite coupure f ▷ **fractional part** n fraction f

fractionally ['frækʃnəli] adv un tout petit peu ◆ **to be fractionally ahead** avoir un tout petit peu d'avance ◆ **to be fractionally behind** être un tout petit peu en arrière, être très légèrement derrière ◆ **to move sth fractionally higher/to the left** déplacer qch un tout petit peu vers le haut/vers la gauche

fractionate ['frækʃəneɪt] vt (Chem) fractionner

fractionation [ˌfrækʃənˈeɪʃən] n (Chem) fractionnement m

fractious ['frækʃəs] → SYN adj child grincheux, pleurnicheur ; old person grincheux, hargneux

fracture ['fræktʃər] → SYN **1** n fracture f **2** vt fracturer ◆ **she fractured her hip** elle s'est fracturé la hanche **3** vi se fracturer

fraenum, frenum (US) ['fri:nəm] n, pl **fraena**, pl **frena** (US) ['fri:nə] frein m

frag ✻ [fræg] (US Mil) **1** n grenade f offensive **2** vt tuer or blesser d'une grenade (un officier etc)

fragile ['frædʒaɪl] → SYN adj **a** (= delicate) object, beauty, health, economy fragile ; person fragile ; (from age, ill health) frêle ; truce, peace, happiness précaire, fragile ; situation délicat ◆ "**fragile: handle with care**" (notice on boxes) "fragile" **b** (✻ gen hum = weak) patraque ✻, mal fichu ✻

fragility [frəˈdʒɪlɪtɪ] n fragilité f

fragment ['frægmənt] → SYN **1** n [of china, bone] fragment m ; [of paper, metal, glass] fragment m, (petit) morceau m ; (from bomb) éclat m ; [of information] élément m ◆ **he smashed it to fragments** il l'a réduit en miettes ◆ **the window smashed into fragments** le fenêtre s'est brisée en mille morceaux ◆ **fragments of food/DNA, food/DNA fragments** fragments mpl de nourriture/d'ADN ◆ **fragments of conversation** bribes fpl de conversation **2** [frægˈment] vt fragmenter ; [organization, system] faire éclater **3** [frægˈment] vi se fragmenter ; [organization, system] éclater

fragmental [frægˈmentl] adj fragmentaire ; (Geol) clastique

fragmentary ['frægməntərɪ] → SYN adj fragmentaire

fragmentation [ˌfrægmenˈteɪʃən] **1** n fragmentation f **2** COMP ▷ **fragmentation grenade** n (Mil) grenade f à fragmentation

fragmented [frægˈmentɪd] adj story, version morcelé, fragmentaire ; organization, system éclaté

fragrance ['freɪgrəns] → SYN n (= smell) parfum m, senteur f ; (= perfume) parfum m ◆ **a new fragrance by Chanel** un nouveau parfum de Chanel

fragrant ['freɪgrənt] → SYN adj flowers, herbs, spices, food parfumé, odorant ◆ **the air was fragrant with the scent of roses** le parfum des roses embaumait l'air

fraidy-cat ✻ ['freɪdɪkæt] adj (US: baby talk) trouillard(e) ✻ m(f), poule f mouillée

frail [freɪl] → SYN adj person frêle ; object frêle, fragile ; health, happiness, ego fragile ; hope faible

frailty ['freɪltɪ] → SYN n [of person, health, happiness] fragilité f ; (morally) faiblesse f

framboesia, frambesia (US) [fræmˈbi:zɪə] n pian m

frame [freɪm] → SYN **1** n **a** (= supporting structure) [of building] charpente f ; [of bicycle] cadre m ; [of boat] carcasse f ; [of car] châssis m ; [of racket] armature f, cadre m **b** (= border, surround) [of picture] cadre m, encadrement m ; [of embroidery, tapestry] cadre m ; [of window, door] châssis m, chambranle m **c** frames [of spectacles] monture f **d** (Cine) photogramme m ; (Phot) image f **e** [of human, animal] (= body) corps m ; (= skeleton) ossature f ◆ **his large frame** son grand corps **f** (fig = structure) cadre m ◆ **this proposal is beyond the frame of the peace agreement** cette proposition dépasse le cadre du traité de paix ◆ **the new frame of government** la nouvelle structure du gouvernement ◆ **frame of mind** humeur f, disposition f d'esprit ◆ **I'm not in the right frame of mind for this job** or **to do this job** je ne suis pas d'humeur à faire ce travail ◆ **to be in a positive/relaxed frame of mind** être positif/décontracté ◆ **frame of reference** (Math, fig) système m de référence **g** (in garden) châssis m, cloche f **h** (✻ = set-up: also **frame-up**) coup m monté **i** (for weaving) métier m **2** vt **a** [+ picture] encadrer ◆ **he appeared framed in the doorway** il apparut dans l'encadrement de la porte ◆ **her face was framed by a mass of curls** son visage était encadré par une profusion de boucles ◆ **a lake framed by trees** un lac entouré d'arbres or encadré par des arbres **b** (= construct) [+ house] bâtir or construire la charpente de **c** (= conceive) [+ idea, plan] concevoir, formuler ; [+ plot] combiner ; [+ sentence] construire ; [+ question, issue] formuler ◆ **she framed the issue rather differently** elle a formulé la question assez différemment ◆ **the debate is being framed in terms of civil rights** on aborde la question du point de vue des droits civils **d** (Phot) **to frame a subject** cadrer un sujet **e** (✻ also **frame up**) **to frame sb, to have sb framed** monter un coup contre qn (pour faire porter l'accusation contre lui) ◆ **he claimed he had been framed** il a prétendu être victime d'un coup monté **3** COMP ▷ **frame house** n maison f à charpente de bois ▷ **frame rucksack** n sac m à dos à armature ▷ **frame tent** n tente f à armature intégrée ▷ **frame-up** ✻ n coup m monté, machination f

frameless ['freɪmlɪs] adj spectacles à monture à griffes

framer ['freɪmər] n (also **picture framer**) encadreur m

framework ['freɪmwɜːk] → SYN **1** n **a** (lit = frame) (gen) structure f ; (for building, furniture) charpente f **b** (fig = basis) cadre m ◆ **within the framework of ...** dans le cadre de ... ◆ **to establish the legal framework for sth** établir le cadre légal de qch ◆ **the framework of society** la structure de la société **2** COMP ▷ **framework agreement** n (Ind, Pol) accord-cadre m

framing ['freɪmɪŋ] n **a** (= frame of picture, photo) encadrement m **b** (Art, Phot = composition of picture) cadrage m

franc [fræŋk] **1** n franc m **2** COMP ▷ **franc area** n zone f franc

France [fra:ns] n la France ◆ **in France** en France

Frances ['fra:nsɪs] n Françoise f

franchise ['fræntʃaɪz] → SYN **1** n **a** (Pol) droit m de vote **b** (Comm) franchise f **2** vt franchiser **3** COMP ▷ **franchise holder** n (Comm) franchisé(e) m(f)

franchisee [ˌfræntʃaɪˈzi:] n franchisé(e) m(f)

franchiser ['fræntʃaɪzər] n franchiseur m

Francis ['fra:nsɪs] n François m, Francis m ◆ **Saint Francis of Assisi** saint François d'Assise

Franciscan [frænˈsɪskən] adj, n franciscain m

francium ['frænsɪəm] n francium m

Franco ✻ ['fræŋkəʊ] adj (Can) canadien français

franco ['fræŋkəʊ] adv (Comm) franco ◆ **franco frontier/domicile** franco frontière/domicile

Franco- ['fræŋkəʊ] pref franco- ◆ **Franco-British** franco-britannique

francolin ['fræŋkəʊlɪn] n francolin m

francophile ['fræŋkəʊfaɪl] adj, n francophile mf

francophobe ['fræŋkəʊfəʊb] adj, n francophobe mf

francophobia [ˌfræŋkəʊˈfəʊbɪə] n francophobie f

francophone ['fræŋkəʊfəʊn] adj, n francophone mf

frangipane ['frændʒɪpeɪn], **frangipani** [ˌfrændʒɪˈpɑːnɪ] n, pl **frangipanes** or **frangipane** (= perfume, pastry) frangipane f ; (= shrub) frangipanier m

Franglais ✻ [fra'glɛ] n franglais m

Frank [fræŋk] n (Hist) Franc m, Franque f

frank[1] [fræŋk] → SYN adj person, comment, admission franc (franche f) ◆ **to be frank (with you) ...** franchement ... ◆ **I'll be quite frank with you** je vais être très franc avec vous

frank[2] [fræŋk] **1** vt [+ letter] affranchir **2** COMP ▷ **franking machine** n machine f à affranchir

frank[3] ✻ [fræŋk] n (US) (saucisse f de) Francfort f

Frankenstein ['fræŋkənstaɪn] n Frankenstein m

frankfurter ['fræŋkˌfɜːtər] n (= sausage) saucisse f de Francfort

Frankfurt(-on-Main) ['fræŋkfɜːt,ɒn'meɪn] n Francfort(-sur-le-Main)

frankincense ['fræŋkɪnsens] n encens m

Frankish ['fræŋkɪʃ] **1** adj (Hist) franc (franque f) **2** n (Ling) francique m, langue f franque

frankly ['fræŋklɪ] → SYN adv franchement ◆ **frankly, I don't give a damn** franchement, je m'en fiche complètement

frankness ['fræŋknɪs] → SYN n franchise f

frantic ['fræntɪk] → SYN adj person dans tous ses états ; shout, phone call désespéré ; search affolé ; desire, pace effréné ; effort, activity, rush frénétique ; week, day fou (folle f) ◆ **to become** or **get frantic** s'affoler ◆ **frantic with worry** fou (folle f) d'inquiétude ◆ **he/it drives me frantic** ✻ il/ça me rend dingue ✻

frantically ['fræntɪkəlɪ] adv try, search désespérément ; work, write comme un(e) forcené(e) ; scramble comme un fou or une folle ◆ **to be frantically busy** avoir un boulot ✻ fou, être débordé ◆ **to wave frantically to sb** faire des gestes frénétiques de la main à qn

frappé ['fræpeɪ] n (US) boisson f glacée

frat ✻ [fræt] n (US Univ) ⇒ **fraternity 1a**

fraternal [frəˈtɜːnl] adj fraternel ◆ **fraternal twins** faux jumeaux mpl

fraternity [frəˈtɜːnɪtɪ] → SYN **1** n **a** (NonC) fraternité f ; (US Univ) association f d'étudiants ; → SORORITY; FRATERNITY **b** (= group) confrérie f ◆ **the hunting fraternity** la confrérie des chasseurs ◆ **the yachting fraternity** le monde de la navigation de plaisance ◆ **the criminal fraternity** la pègre **2** COMP ▷ **fraternity pin** n (US Univ) insigne m de confrérie

fraternization [ˌfrætənaɪˈzeɪʃən] n fraternisation f

fraternize ['frætənaɪz] → SYN vi fraterniser (with avec)

fratricidal [ˌfrætrɪˈsaɪdl] adj fratricide

fratricide ['frætrɪsaɪd] n (= act) fratricide m ; (frm, liter = person) fratricide mf

fraud [frɔ:d] → SYN **1** n **a** (= criminal deception) fraude f, supercherie f ; (financial) escroquerie f ; (Jur) fraude f ◆ **tax fraud** fraude f fiscale ◆ **credit card fraud** escroquerie f à la carte de crédit

fraudster / free

b (= person) imposteur m, fraudeur m, -euse f ; (= object) attrape-nigaud m ✦ **he isn't a doctor, he's a fraud** ce n'est pas un médecin, c'est un imposteur ✦ **he's not ill, he's a fraud** il n'est pas malade, il joue la comédie * or c'est un simulateur ✦ **this whole thing is a fraud!** c'est de la frime * or de la fumisterie * !

[2] COMP ▷ **Fraud Squad** n (Police) service m de la répression des fraudes

fraudster ['frɔːdstəʳ] n fraudeur m, -euse f

fraudulence ['frɔːdjʊləns], **fraudulency** ['frɔːdjʊlənsɪ] n caractère m frauduleux

fraudulent ['frɔːdjʊlənt] → SYN [1] adj frauduleux

[2] COMP ▷ **fraudulent conversion** n (Jur) malversation f, détournement m de fonds

fraudulently ['frɔːdjʊləntlɪ] adv frauduleusement

fraught [frɔːt] adj **a** (= filled) **fraught with difficulty/danger** plein de difficultés/dangers ✦ **fraught with tension** lourd de tension

b (= anxious) person tendu, angoissé ; situation, meeting, relationship, morning tendu

fraxinella [ˌfræksɪˈnelə] n fraxinelle f

fray[1] [freɪ] n rixe f, échauffourée f ; (Mil) combat m ✦ **ready for the fray** (lit, fig) prêt à se battre ✦ **to enter the fray** (fig) descendre dans l'arène, entrer en lice

fray[2] [freɪ] → SYN [1] vt [+ cloth, garment] effilocher, effiler ; [+ cuff] user le bord de, râper ; [+ trousers] user le bas de, râper ; [+ rope] user, raguer (Naut) ✦ **tempers were getting frayed** on commençait à perdre patience or à s'énerver ✦ **my nerves are frayed** je suis à bout (de nerfs)

[2] vi [cloth, garment] s'effilocher, s'effiler ; [rope] s'user, se raguer (Naut) ✦ **his sleeve was fraying at the cuff** sa manche était usée or râpée du poignet ✦ **to fray at** or **around the edges** * (fig) [marriage, alliance] battre de l'aile ✦ **he looked rather frayed around the edges** * il ne semblait pas en grande forme

frazil ['freɪzɪl] n frasil m (Can)

frazzle * ['fræzl] [1] n **a** **worn to a frazzle** claqué *, crevé * ✦ **she's worn to a frazzle getting ready for the competition** la préparation de la compétition la crève * ✦ **she had worn herself to a frazzle** elle s'était crevée à la tâche *

b **burnt to a frazzle** carbonisé, calciné

[2] vt **a** (= exhaust) crever * ✦ **my brain's frazzled!** j'ai la tête farcie ! * ✦ **his nerves were frazzled** il était à bout (de nerfs)

b (= burn) (faire) carboniser, (faire) cramer *

FRCP [ˌefɑːsiːˈpiː] n (Brit) (abbrev of **Fellow of the Royal College of Physicians**) membre m de l'Académie royale de médecine

FRCS [ˌefɑːsiːˈes] n (Brit) (abbrev of **Fellow of the Royal College of Surgeons**) membre m de l'Académie royale de chirurgie

freak [friːk] → SYN [1] n **a** (= abnormal person or animal) monstre m, phénomène m ; (= eccentric) phénomène m ; (= absurd idea) lubie f, idée f saugrenue or farfelue * ✦ **freak of nature** accident m de la nature ✦ **his winning was really just a freak** il n'a gagné que grâce à un hasard extraordinaire

b (*= fanatic) **he's an acid freak** il est accro * à l'acide ✦ **a jazz freak** un(e) dingue * or un(e) fana * du jazz ✦ **a health food freak** un(e) fana * de l'alimentation naturelle or de la bouffe bio * ✦ **a speed freak** un(e) fana * de la vitesse

[2] adj storm, weather anormal, insolite ; error bizarre ; victory inattendu

[3] COMP ▷ **freak-out** * n défonce * f ▷ **freak show** n exhibition f de monstres (dans une foire)

▶ **freak out** * [1] vi **a** (= get angry) piquer une de ces crises *

b (= get high on drugs) se défoncer * ✦ **to freak out on LSD** se défoncer * au LSD

[2] vt sep ✦ **to freak sb out** (= surprise) en boucher un coin à qn * ; (= make angry) foutre qn en boule * or en pétard *

[3] freak-out * n → **freak**

freaking * ['friːkɪŋ] (US) [1] adv foutrement *

[2] adj foutu *

freakish ['friːkɪʃ] adj (gen) bizarre ; weather anormal ; idea saugrenu, insolite

freakishly ['friːkɪʃlɪ] adv hot, cold anormalement

freaky * ['friːkɪ] adj bizarre

freckle ['frekl] [1] n tache f de rousseur

[2] vi se couvrir de taches de rousseur

freckled ['frekld] adj plein de taches de rousseur, taché de son

Frederick ['fredrɪk] n Frédéric m

free [friː]
→ SYN

[1] ADJECTIVE
[2] ADVERB
[3] TRANSITIVE VERB
[4] NOUN
[5] COMPOUNDS
[6] PHRASAL VERB

[1] ADJECTIVE

a = at liberty, not captive or tied person, animal libre ✦ **they tied him up but he managed to get free** ils l'ont attaché mais il a réussi à se libérer ✦ **to go free** [prisoner] être relâché, être mis en liberté ✦ **all these dangerous people still go free** tous ces gens dangereux sont encore en liberté ✦ **to set a prisoner free** libérer or mettre en liberté un prisonnier ✦ **they had to cut the driver free from the wreckage** ils ont dû dégager le conducteur du véhicule accidenté ✦ **he left the end of the rope free** il a laissé libre le bout de la corde ✦ **she opened the door with her free hand** elle a ouvert la porte avec sa main libre ✦ **to have one's hands free** (lit, fig) avoir les mains libres ✦ **to have a free hand to do sth** (fig) avoir carte blanche pour faire qch ✦ **to give sb a free hand** donner carte blanche à qn

b = unrestricted, unhindered person libre ; choice, access libre (before n) ✦ **free elections** élections fpl libres ✦ **free press** presse f libre ✦ **free translation** traduction f libre ✦ **the fishing is free** la pêche est autorisée ✦ **to be/get free of sb** se débarrasser/être débarrassé de qn ✦ **free and easy** décontracté, désinvolte ✦ **as free as a bird** or **(the) air** (Brit) libre comme l'air ; see also **5**

✦ (to be) free to do sth ✦ **I'm not free to do it** je ne suis pas libre de le faire ✦ **he was free to refuse** il était libre de refuser ✦ **you're free to choose** vous êtes libre de choisir, libre à vous de choisir ✦ **I am leaving you free to do as you please** je vous laisse libre de faire comme bon vous semble, je vous laisse carte blanche ✦ **her aunt's death set her free to follow her own career** la mort de sa tante lui a donné toute liberté pour poursuivre sa carrière

✦ to feel free (to do sth) ✦ **can I borrow your pen? – feel free** est-ce que je peux vous emprunter votre stylo ? — je vous en prie or faites ✦ **please feel free to ask questions** n'hésitez pas à poser des questions ✦ **a school where children feel free to express themselves** une école où les enfants se sentent libres de s'exprimer

✦ free from or of (= without) ✦ **to be free from or of care/responsibility** être dégagé de tout souci/de toute responsabilité ✦ **to be free from or of pain** ne pas souffrir ✦ **free from the usual ruling** non soumis au règlement habituel ✦ **a surface free from or of dust** une surface dépoussiérée ✦ **area free of malaria** zone f non touchée par la malaria ✦ **a world free of nuclear weapons** un monde sans armes nucléaires or dénucléarisé ✦ **the elections have been free of violence** les élections se sont déroulées sans violence ✦ **the company is now free of government control** la société n'est plus contrôlée par le gouvernement ✦ **free of tax** or **duty** exonéré, hors taxe

c Pol = autonomous, independent country, state libre ; government autonome, libre ✦ **the Free French** (Hist) les Français mpl libres ✦ **the free world** le monde libre ✦ **it's a free country!** (fig) on est en république ! *, on peut faire ce qu'on veut ici !

d = costing nothing object, ticket, sample gratuit ✦ **he got a free ticket** il a eu un billet gratuit ✦ **"free mug with each towel"** "une chope gratuite pour tout achat d'une serviette" ✦ **admission free, free admission** entrée f gratuite or libre ✦ **it's free of charge** c'est gratuit ; see also **5** ✦ **free delivery, delivery free** (Comm) livraison f gratuite, franco de port ✦ **free delivered at dock** (Comm) livraison f franco à quai ✦ **as a free gift** (Comm) en prime, en cadeau ✦ **free offer** (Comm) offre f gratuite ✦ **free sample** (Comm) échantillon m gratuit ✦ **there's no such thing as a free lunch** tout se paie ✦ **to get a free ride** * (fig) profiter de la situation

e = not occupied room, seat, hour, person libre ✦ **there are only two free seats left** il ne reste que deux places de libres ✦ **is this table free?** cette table est-elle libre ? ✦ **I will be free at 2 o'clock** je serai libre à 14 heures

f = lavish, profuse généreux, prodigue ✦ **to be free with one's money** dépenser son argent sans compter ✦ **you're very free with your advice** (iro) vous êtes particulièrement prodigue de conseils (iro) ✦ **he makes free with all my things** il ne se gêne pas pour se servir de mes affaires ✦ **to make free** † **with a woman** prendre des libertés ou se permettre des familiarités avec une femme

g Ling morphème libre

h Chem gas libre, non combiné

[2] ADVERB

a = without payment give, get, travel gratuitement, gratis ✦ **we got in free** or **for free** * nous sommes entrés gratuitement or gratis or à l'œil * ✦ **they'll send it free on request** ils l'enverront gratuitement or franco sur demande

b = without restraint run about en liberté

c expressing release **the screw had worked itself free** la vis s'était desserrée ✦ **to pull free** se dégager, se libérer ✦ **to wriggle free** [person] se libérer en se tortillant ; [fish] se libérer en frétillant

[3] TRANSITIVE VERB

a = liberate [+ nation, slave] affranchir, libérer

b = untie [+ person, animal] détacher ; [+ knot] défaire, dénouer ; [+ tangle] débrouiller

c = release [+ caged animal, prisoner] libérer ; [+ person] (from wreckage) dégager, désincarcérer ; (from burden) soulager, débarrasser ; (from tax) exempter, exonérer ✦ **to free o.s. from** (lit, fig) se débarrasser de, se libérer de ✦ **to free sb from anxiety** libérer or délivrer qn de l'angoisse

d = unblock [+ pipe] débloquer, déboucher

[4] NOUN

✦ **the land of the free** le pays de la liberté

[5] COMPOUNDS

▷ **free agent** n **to be a free agent** avoir toute liberté d'action ▷ **free alongside quay** adj (Comm) franco à quai ▷ **free alongside ship** adj (Comm) franco le long du navire ▷ **free association** n (Psych) libre association f ▷ **Free Church** (Brit) n église f non-conformiste ◇ adj non-conformiste ▷ **free city** n (Hist) ville f franche or libre ▷ **free climbing** n escalade f libre ▷ **free clinic** n (US Med) dispensaire m ▷ **free collective bargaining** n (Ind) négociation f salariale libre (sans limite imposée par l'État) ▷ **free energy** n (Phys) énergie f libre or utilisable ▷ **free enterprise** n libre entreprise f ▷ **free-enterprise economy** n économie f de marché ▷ **free fall** n (Space, Parachuting, Econ) chute f libre ✦ **in free fall** en chute libre ✦ **to go into free fall** entamer une chute libre ▷ **free fight** n mêlée f générale ▷ **free-fire zone** n (Mil) secteur m or zone f de tir libre ▷ **free flight** n (Aviat) vol m libre ▷ **free-floating** adj (in water) qui flotte librement ; (in outer space) qui flotte librement dans l'espace ; (fig) person sans attaches ▷ **free-for-all** n mêlée f générale ▷ **free-form** adj (Mus) **free-form jazz** free jazz m ▷ **free hit** n (Sport) coup m franc ▷ **free house** n (Brit) pub m (qui n'appartient pas à une chaîne) → PUB ▷ **free jazz** n free-jazz m inv ▷ **free kick** n (Sport) coup m franc ▷ **free labour** n (Ind) main-d'œuvre f non syndiquée ▷ **free love** n amour m libre ▷ **free market, free-market economy** n économie f de marché ▷ **free-marketeer** n partisan m de l'économie de marché ▷ **free of charge** adv (Comm) gratuitement ▷ **free on board** adj (Comm) franco à bord ▷ **free on rail** adj (Comm) franco wagon ▷ **free period** n (Educ) heure f de libre or sans cours ▷ **free port** n port m franc ▷ **free radical** n (Chem) radical m libre ▷ **free-range egg** n œuf m de poule élevée en plein air ▷ **free-range poultry** n poulets mpl élevés en plein air ▷ **free shot** n lancer m franc, coup m franc ▷ **free skating** n figures fpl libres (de patinage) ▷ **free space** n (Phys) espace m libre ▷ **free speech** n liberté f de parole ▷ **free spirit** n esprit m libre ▷ **free-spirited** adj person libre d'esprit ; ways libre ▷ **free-standing** adj furniture sur pied ▷ **the Free State** n (US) le Maryland ▷ **free-styling** n (Ski) ski m acrobatique ▷ **free throw** n (US Sport) lancer m franc ▷ **free-to-air** adj (TV) gratuit ▷ **free trade** n (Econ) libre-échange m ▷ **free-trader** n (Econ) libre-échangiste m ▷ **free-trade zone** n (Econ) zone f franche ▷ **free verse** n (Literat) vers m libre ▷ **free vote** n vote m en conscience *(sans consigne de vote)* ▷ **free will** n (Philos) libre arbitre m ◆ he did it of his own free will il l'a fait de son propre gré ▷ **free-will gift** n don m volontaire ▷ **free-will offering** n offrande f volontaire

6 PHRASAL VERB

▶ **free up** vt sep [+ money, resources] dégager ; [+ staff] libérer ◆ **to free up some time to do sth** trouver du temps pour faire qch

---

-free [fri:] adj (in compounds) ◆ **salt-free** sans sel ◆ **stress-free** sans stress ◆ **trouble-free** sans problèmes

freebase * ['fri:beɪs] (Drugs) 1 n freebase ‡ m *(forme de cocaïne purifiée)*
2 vt ◆ **to freebase cocaine** fumer du freebase ‡
3 vi fumer du freebase ‡

freebie ‡ ['fri:bɪ] 1 n (= free gift) (petit) cadeau m ; (= free trip) voyage m gratis * or à l'œil * ; (= free newspaper) journal m gratis *
2 adj gratis *

freeboard ['fri:bɔ:d] n (hauteur f de) francbord m

freebooter ['fri:bu:tər] n (= buccaneer) pirate m ; (Hist) flibustier m

freeborn ['fri:bɔ:n] adj libre

freedom ['fri:dəm] → SYN 1 n liberté f ◆ **freedom of action** liberté f d'action or d'agir ◆ **freedom of association/choice/information/ speech** liberté f d'association/de choix/d'information/de parole ◆ **freedom of the press** liberté f de la presse ◆ **freedom of worship** liberté f religieuse or du culte ◆ **freedom of the seas** franchise f des mers ◆ **to give sb freedom to do as he wishes** laisser les mains libres à qn, donner carte blanche à qn ◆ **to speak with freedom** parler en toute liberté ◆ **freedom from care/responsibility** le fait d'être dégagé de tout souci/de toute responsabilité ◆ **to give sb the freedom of a city** nommer qn citoyen d'honneur d'une ville ◆ **he gave me the freedom of his house** il m'a laissé la libre disposition de sa maison
2 COMP ▷ **freedom fighter** n guérillero m, partisan m ▷ **Freedom of Information Act** n (US Jur) loi f sur la liberté d'information

FREEDOM OF INFORMATION ACT

Aux États-Unis, la loi sur la liberté d'information ou **Freedom of Information Act** oblige les organismes fédéraux à divulguer les informations qu'ils détiennent à quiconque en fait la demande, sauf pour des raisons spécifiques liées au secret-défense, aux secrets de fabrication ou à la protection de la vie privée. Cette loi, particulièrement utile pour les journalistes, a permis la publication de renseignements jusqu'alors gardés secrets sur certaines affaires délicates comme la guerre du Vietnam et les activités d'espionnage illégales du FBI.

Freefone ® ['fri:fəʊn] 1 n (Brit Telec) ≈ numéro m vert ®
2 vt ◆ **to find out more, freefone 77 88 99** pour plus de renseignements, appelez le 77 88 99 (numéro vert) or appelez notre numéro vert 77 88 99

freehand ['fri:hænd] adj, adv à main levée

freehold ['fri:həʊld] (Brit) 1 n propriété f foncière libre *(à perpétuité)*
2 adv en propriété libre

freeholder ['fri:həʊldər] n (Brit) propriétaire mf foncier (-ière f) *(à perpétuité)*

freelance ['fri:lɑ:ns] 1 n free-lance mf, collaborateur m, -trice f indépendant(e) ; (= journalist) pigiste mf
2 adj journalist, designer, player indépendant, free-lance inv ; work, writing en indépendant, en free-lance
3 vi travailler en free-lance or en indépendant
4 adv work en free-lance, en indépendant ◆ **to go freelance** se mettre à travailler en free-lance or en indépendant

freelancer ['fri:lɑ:nsər] n free-lance mf, collaborateur m, -trice f indépendant(e) ; (= journalist) pigiste mf

freeload * ['fri:ləʊd] vi vivre en parasite

freeloader * ['fri:ləʊdər] n parasite m, pique-assiette mf

freely ['fri:lɪ] → SYN adv a (= unrestrictedly) travel, elect en toute liberté ; operate librement, en toute liberté ; express, translate, adapt librement ; talk, speak franchement, librement ◆ **to move freely** [person] se déplacer en toute liberté ; [machine part] jouer librement ◆ **traffic is moving** or **flowing freely** la circulation est fluide ◆ **to be freely available** [drugs, commodity, help, information] être facile à trouver
b (= willingly) give, share généreusement ; lend, admit volontiers
c (= liberally) spend sans compter ; use, perspire abondamment ◆ **the wine was flowing freely** le vin coulait à flots

freeman ['fri:mən] n, pl **-men** (Hist) homme m libre ◆ **freeman of a city** citoyen m d'honneur d'une ville

freemartin ['fri:mɑ:tɪn] n free-martin m

freemason ['fri:meɪsn] n franc-maçon m

freemasonry ['fri:ˌmeɪsənrɪ] n franc-maçonnerie f

Freephone ® ['fri:fəʊn] ⇒ **Freefone**

Freepost ® ['fri:pəʊst] n (Brit) port m payé

freesheet ['fri:ʃi:t] n journal m gratuit

freesia ['fri:zɪə] n freesia m

freestone ['fri:stəʊn] n a (NonC Constr etc) pierre f de taille
b (= fruit) fruit dont la chair se détache facilement du noyau

freestyle ['fri:staɪl] n (also **freestyle swimming**) nage f libre

freethinker [ˌfri:'θɪŋkər] → SYN n libre-penseur m, -euse f

freethinking [ˌfri:'θɪŋkɪŋ] 1 adj libre penseur
2 n libre pensée f

freeware ['fri:wɛər] n logiciel m gratuit

freeway ['fri:weɪ] n (US) autoroute f *(sans péage)* ; → ROADS

freewheel [ˌfri:'wi:l] (Brit) 1 vi [cyclist] se mettre en roue libre, être en roue libre ; [motorist] rouler au point mort
2 n [of bicycle] roue f libre

freewheeler [ˌfri:'wi:lər] n (fig) insouciant(e) m(f)

freewheeling [ˌfri:'wi:lɪŋ] adj person insouciant ; scheme hardi ; discussion libre

freezable ['fri:zəbl] adj food congelable

freeze [fri:z] → SYN pret **froze**, ptp **frozen** 1 vi
a [liquid] (lit) geler ; [food] se congeler ◆ **it will freeze hard tonight** il gèlera dur cette nuit ◆ **to freeze to death** mourir de froid ◆ **the lake has frozen** le lac est gelé ◆ **the windscreen was frozen** le pare-brise était givré ◆ **this dish freezes well** ce plat se congèle bien ◆ **the fallen apples had frozen to the ground** les pommes tombées étaient collées au sol par le gel
b (fig = stop) se figer ◆ **he froze (in his tracks)** or **to the spot)** il est resté figé sur place ◆ **the smile froze on his lips** son sourire s'est figé sur ses lèvres ◆ **freeze!** pas un geste ! ; see also **freezing**, **frozen**
2 vt a [+ liquid] geler ; [+ food] congeler ; (industrially) surgeler ◆ **she froze him with a look** elle lui a lancé un regard qui l'a glacé sur place
b (= stop, block) [+ assets, credit, wages] geler, bloquer ; [+ prices, bank account] bloquer ◆ **can you freeze it?** (Cine = hold image) tu peux t'arrêter sur l'image ? ; see also **frozen**
3 n a (Met) temps m de gelée, gel m ◆ **the big freeze of 1948** le grand gel de 1948
b (Econ) [of prices, wages, credit] blocage m, gel m ◆ **a wage(s)/price(s) freeze, a freeze on wages/prices** un blocage or gel des salaires/des prix ◆ **a freeze on new staff appointments** un gel de l'embauche ◆ **a freeze on nuclear weapons testing/programmes** un gel des essais nucléaires/des programmes d'armes nucléaires
4 COMP ▷ **freeze-dry** vt lyophiliser ▷ **freeze-frame** n [of film, video] arrêt m sur image ▷ **freeze-up** n gel m

▶ **freeze out** vt sep ◆ **to freeze sb out (from sth)** tenir qn à l'écart (de qch)

▶ **freeze over** vi [lake, river] geler ; [windscreen] givrer ◆ **the river has frozen over** la rivière est gelée

▶ **freeze up** 1 vi [pipes, lake, river] geler
2 vt sep ◆ **the pipes were frozen up last winter** les conduits ont gelé l'hiver dernier
3 freeze-up n → **freeze**

freezer ['fri:zər] 1 n a (domestic) congélateur m ; (industrially) surgélateur m
b (in fridge: also **freezer compartment**) (one-star) freezer m ; (two-star) conservateur m ; (three-star) congélateur m
c (US = ice cream maker) sorbetière f
2 COMP ▷ **freezer bag** n sac m congélation ▷ **freezer container** n barquette f congélation ▷ **freezer film** n plastique m spécial congélation ▷ **freezer foil** n aluminium m spécial congélation ▷ **freezer tray** n bac m à glace

freezing ['fri:zɪŋ] → SYN 1 adj a (= icy) temperatures, weather, wind, rain, night glacial
b (also **freezing cold**) person gelé ; water, room glacial ◆ **my hands are freezing** j'ai les mains gelées ◆ **it's freezing** il fait un froid glacial ◆ **it's freezing in here** on gèle ici ◆ **in the freezing cold** dans le froid glacial
2 n [of food] congélation f, gel m
3 COMP ▷ **freezing fog** n (Met) brouillard m givrant ▷ **freezing point** n point m de congélation ◆ **below freezing point** au-dessous de zéro (centigrade) ▷ **freezing rain** n pluie f verglaçante

freight [freɪt] → SYN 1 n (= transporting) transport m ; (= price, cost) fret m ; (= goods moved) fret m, cargaison f ; (esp Brit = ship's cargo) fret m ◆ **freight paid** (Comm) port m payé ◆ **freight and delivery paid** (Comm) franco de port ◆ **to send sth by freight** faire transporter qch ◆ **air freight** transport m par avion, fret m aérien
2 vt [+ goods] transporter
3 COMP ▷ **freight agent** n transitaire mf ▷ **freight car** n (US Rail) wagon m de marchandises, fourgon m ▷ **freight charges** npl frais mpl de transport, fret m ▷ **freight depot** n dépôt m de marchandises ▷ **freight forwarder** n transporteur m ▷ **freight insurance** n assurance f (sur le) fret ▷ **freight note** n bordereau m d'expédition ▷ **freight plane** n avion-cargo m, avion m de fret ▷ **freight terminal** n terminal m de fret ▷ **freight train** n train m de marchandises ▷ **freight yard** n dépôt m des marchandises

freightage ['freɪtɪdʒ] n (= charge) fret m ; (= goods) fret m, cargaison f

freighter ['freɪtər] n (Naut) cargo m, navire m de charge ; (Aviat) avion-cargo m, avion m de fret

freightliner ['freɪtlaɪnər] n train m de marchandises en conteneurs

French [frentʃ] → SYN 1 adj (gen) français ; ambassador, embassy, monarch de France ; teacher de français ◆ **the French way of life** la vie française ◆ **French cooking** la cuisine française ◆ **the French people** les Français mpl ; see also 4

Frenchie / fricassee

2 n (Ling) français m ◆ **excuse** or **pardon my French*** (apologizing for swearing) passez-moi l'expression

3 ▷ **the French** npl les Français mpl ; → **free**

4 COMP ▷ **the French Academy** n l'Académie f française ▷ **French bean** n (Brit) haricot m vert ▷ **French bread** n pain m à la française ▷ **French Canadian** adj canadien français ◊ n (= person) Canadien(ne) français(e) m(f) ; (Ling) français m canadien ▷ **French chalk** n craie f de tailleur ▷ **French cricket** n forme simplifiée du cricket jouée par les enfants ▷ **French door** n (US) porte-fenêtre f ▷ **French dressing** n (Culin) (= vinaigrette) vinaigrette f ; (US = salad cream) sauce f (à) salade ▷ **French Equatorial Africa** n l'Afrique f équatoriale française ▷ **French fried potatoes, French fries** npl (pommes fpl de terre) frites fpl ▷ **French-fry** vt (US) frire à la friteuse ▷ **French Guiana** n la Guyane française ▷ **French horn** n (Mus) cor m d'harmonie ▷ **French kiss**※ n baiser m profond or avec la langue, patin※ m ◊ vt embrasser avec la langue, rouler un patin※ à ◊ vi s'embrasser avec la langue, se rouler un patin※ ▷ **French knickers** npl (petite) culotte-caleçon f ▷ **French leave** n to take French leave filer à l'anglaise* ▷ **French letter*** n (= contraceptive) capote f anglaise* ▷ **French loaf** n baguette f (de pain) ▷ **French marigold** n œillet m d'Inde ▷ **French mustard** n (Culin) moutarde f ▷ **French pastry** n pâtisserie f ▷ **French pleat** n (Hairdressing) chignon m banane ▷ **French polish** n (Brit) vernis m (à l'alcool) ▷ **French-polish** vt (Brit) vernir (à l'alcool) ▷ **French Polynesia** n (Geog) la Polynésie française ▷ **the French Riviera** n la Côte d'Azur ▷ **French seam** n (Sewing) couture f anglaise ▷ **French-speaking** adj francophone ; → **Switzerland** ▷ **French stick** n ⇒ **French loaf** ▷ **French toast** n (Brit) (= toast) pain m grillé d'un seul côté ; (= fried bread in egg) pain m perdu ▷ **French West Africa** n l'Afrique f occidentale française ▷ **French West Indies** npl (Geog) Antilles fpl françaises ▷ **French window** n porte-fenêtre f

Frenchie* ['frentʃɪ] **1** n Français(e) m(f)
2 adj français

Frenchify ['frentʃɪfaɪ] vt franciser ◆ **his Frenchified ways** (pej) ses maniérismes copiés sur les Français

Frenchman ['frentʃmən] n, pl **-men** Français m

Frenchwoman ['frentʃwomən] n, pl **-women** Française f

Frenchy* ['frentʃɪ] n, adj ⇒ **Frenchie**

frenetic [frə'netɪk] adj person très agité ; activity, pace, applause, shouts frénétique ; effort désespéré ; period, time trépidant

frenetically [frə'netɪklɪ] adv run, rush, think, try frénétiquement ; busy extrêmement

frenum ['fri:nəm] n, pl **frena** ['fri:nə] (US Anat) frein m

frenzied ['frenzɪd] adj attack sauvage ; activity, atmosphere, haste, applause, crowd, fans frénétique ; efforts, shouts désespéré

frenziedly ['frenzɪdlɪ] adv run, shake, dance frénétiquement ; work comme un fou or une folle ◆ **a frenziedly busy** or **hectic time** une période d'activité frénétique

frenzy ['frenzɪ] → SYN n frénésie f ◆ **frenzy of delight** transport m de joie ◆ **to be in a frenzy** être au comble de l'excitation ◆ **a frenzy of activity** une activité folle ◆ **a religious/media frenzy** un délire religieux/médiatique

freon ® ['fri:ɔn] n fréon ® m

frequency ['fri:kwənsɪ] → SYN **1** n fréquence f ; → **high, ultrahigh, very**
2 COMP ▷ **frequency band** n (Elec) bande f de fréquence ▷ **frequency distribution** n (Stat) distribution f des fréquences ▷ **frequency modulation** n (Elec) modulation f de fréquence

frequent ['fri:kwənt] → SYN **1** adj rests, breaks, changes, trains fréquent, nombreux ; absences, headaches, colds, occurrence, use fréquent ; reports nombreux ; complaint, criticism courant, que l'on entend souvent ◆ **it's quite frequent** c'est très courant, cela arrive souvent ◆ **to make frequent visits** or **trips to ..., to be a frequent visitor to ...** aller fréquemment à ... ◆ **he is a frequent visitor (to our house)** c'est un habitué (de la maison)
2 [frɪ'kwent] vt fréquenter, hanter
3 COMP ▷ **frequent flyer** n he's a frequent flyer il prend beaucoup l'avion ▷ **frequent-flyer** adj scheme, programme de fidélisation ▷ **frequent wash shampoo** n shampoing m (pour) usage fréquent

frequentative [frɪ'kwentətɪv] adj, n (Gram) fréquentatif m, itératif m

frequenter [frɪ'kwentə[r]] n (of restaurant, pub) habitué(e) m(f) ◆ **frequenters of theatres/public libraries** habitués mpl des théâtres/des bibliothèques municipales ◆ **he was a great frequenter of night clubs** il courait les boîtes de nuit, c'était un habitué des boîtes de nuit

frequently ['fri:kwəntlɪ] → SYN **1** adv fréquemment
2 COMP ▷ **frequently asked questions** npl (Comput) questions fpl fréquentes

fresco ['freskəʊ] n, pl **frescoes** or **frescos** (= pigment, picture) fresque f ◆ **to paint in fresco** peindre à fresque

fresh [freʃ] → SYN **1** adj **a** (= not stale) food, flavour, smell frais (fraîche f) ; clothes, towel propre ◆ **is this milk fresh?** ce lait est-il frais ? ◆ **is my breath fresh?** ai-je l'haleine fraîche ?
b (= recent) blood, tracks, scent, news frais (fraîche f) ; scar, wound récent ; memories proche ◆ **it's still fresh in my mind** or **memory** c'est encore tout frais dans ma mémoire ◆ **a fresh coat of paint** une nouvelle couche de peinture ◆ **"fresh paint"** "peinture fraîche"
c (= new, renewed) evidence, approach, fighting, outbreak, supplies nouveau (nouvelle f) ◆ **a fresh sheet of paper** une nouvelle feuille de papier ◆ **she applied fresh lipstick** elle a remis du rouge à lèvres ◆ **to make a fresh pot of tea** refaire du thé ◆ **he poured himself a fresh drink** il s'est reversé à boire ◆ **to take a fresh look at sth** regarder qch sous un jour nouveau ◆ **(to make) a fresh start** (prendre) un nouveau départ ◆ **a fresh face** (= new person) un nouveau visage ◆ **fresh fields (and pastures new)** nouveaux horizons mpl ; see also **break, heart**
d (= not dried or processed) pasta, fruit, vegetables, herbs, juice, cream, flowers frais (fraîche f) ◆ **fresh coffee** café m (moulu)
e (= rested) person, horse frais (fraîche f) ◆ **to feel fresh** être frais et dispos ◆ **he/she is as fresh as a daisy** il est frais comme un gardon/elle est fraîche comme une rose ◆ **to have a fresh complexion** avoir le teint frais
f (= refreshing, original) approach, style, humour, writing original
g (= cool, invigorating) day, wind, breeze frais (fraîche f)
h († * = cheeky) culotté* ◆ **that's enough of that fresh talk!** ça suffit avec ces familiarités ! ◆ **to be** or **get fresh (with sb)** (= cheeky) être impertinent (avec qn) ; (sexually) prendre des libertés (avec qn), se permettre des familiarités (avec qn)
2 adv **a** (= straight) milk fresh from the cow du lait fraîchement trait ◆ **fish fresh from the lake** du poisson qui sort tout juste du lac ◆ **the bread is fresh from the oven** le pain sort à l'instant or est frais sorti du four ◆ **fresh from** or **out of school** frais émoulu du lycée ◆ **fresh from the war** tout juste de retour de la guerre ◆ **tourists fresh off the plane** des touristes tout juste débarqués de l'avion ◆ **to come fresh to sth** aborder qch sans idées préconçues
b to be fresh out of sth* être en panne* de qch
3 COMP ▷ **fresh air** n air m frais ◆ **I'm going out for some fresh air** or **for a breath of fresh air** je sors prendre l'air or le frais ◆ **in the fresh air** au grand air, en plein air ; see also **breath** ▷ **fresh-air fiend*** n amoureux m, -euse f du grand air ▷ **fresh breeze** n (Naut) bonne brise f ▷ **fresh-faced** adj au visage juvénile ▷ **fresh gale** n (Naut) coup m de vent ▷ **fresh water** n (= not salt) eau f douce

freshen ['freʃn] → SYN **1** vi (Met) [wind, air] fraîchir
2 vt [+ air] désodoriser ; [+ breath, complexion] rafraîchir ◆ **can I freshen your drink for you?** je vous en ressers ?, encore une goutte ?

▶ **freshen up** **1** vi (= wash o.s.) faire un brin de toilette ; (= touch up make-up) se refaire une beauté*
2 vt sep [+ invalid etc] faire un brin de toilette à ; [+ child] débarbouiller ; [+ room, paintwork] rafraîchir ◆ **accessories to freshen up your summer wardrobe** des accessoires pour égayer votre garde-robe estivale ◆ **the new players will freshen up the team** les nouveaux joueurs vont apporter du sang neuf dans or à l'équipe ◆ **chewing gum to freshen the breath up** du chewing-gum pour rafraîchir l'haleine ◆ **to freshen o.s. up** ⇒ **freshen up 1**

freshener ['freʃnə[r]] n (also **skin freshener**) lotion f tonique ; (also **air freshener**) désodorisant m

fresher ['freʃə[r]] **1** n (Brit Univ) bizut(h) m, étudiant(e) m(f) de première année
2 COMP ▷ **freshers' week** n (Brit Univ) semaine f d'accueil des étudiants

freshet ['freʃɪt] n (= flood) crue f rapide, inondation f brutale ; (into sea) (petit) cours m d'eau qui se jette dans la mer

freshly ['freʃlɪ] adv ground, grated, dug fraîchement ◆ **freshly baked bread** du pain qui sort or frais sorti du four ◆ **freshly caught fish** du poisson fraîchement pêché ◆ **freshly-cut flowers** des fleurs fraîchement cueillies or qui viennent d'être coupées ◆ **freshly made coffee** du café qui vient d'être fait ◆ **freshly painted** qui vient d'être peint ◆ **freshly squeezed orange juice** du jus d'oranges pressées

freshman ['freʃmən] n, pl **-men** (US Univ) ≃ bizut(h) m

freshness ['freʃnɪs] → SYN n [of air, food, fruit, milk, wind] fraîcheur f ; [of manner] franchise f, spontanéité f ; [of outlook, approach] fraîcheur f, jeunesse f ; [of colour] fraîcheur f, gaieté f

freshwater ['freʃ,wɔ:tə[r]] adj fish, plant, lake d'eau douce

fret[1] [fret] → SYN **1** vi **a** (= become anxious) se tracasser (about à propos de) ; [baby] pleurer, geindre ◆ **don't fret!** ne t'en fais pas !, ne te tracasse pas ! ◆ **she frets over the slightest thing** elle se fait du mauvais sang or elle se tracasse pour un rien ◆ **the child is fretting for its mother** le petit réclame sa mère en pleurant
b to fret (at the bit) [horse] ronger le mors
2 vt ◆ **to fret o.s.*** se tracasser, se faire de la bile
3 n ◆ **to be in a fret*** se biler*

fret[2] [fret] vt [+ wood] découper, chantourner ◆ **the stream has fretted its way through the rock** le ruisseau s'est frayé un passage dans le rocher

fret[3] [fret] n [of guitar] touchette f

fretful ['fretfʊl] → SYN adj person irritable ; baby, child grognon, pleurnicheur ; sleep agité ; tone plaintif

fretfully ['fretfəlɪ] adv say (= anxiously) d'un ton irrité ; (= complainingly) d'un ton plaintif or pleurnichard ◆ **to cry fretfully** [baby] pleurnicher, être grognon

fretfulness ['fretfʊlnɪs] n irritabilité f

fretsaw ['fretsɔ:] n scie f à chantourner or à découper

fretwork ['fretwɜ:k] n (= piece) pièce f chantournée ; (= work) découpage m

Freudian ['frɔɪdɪən] **1** adj (Psych, fig) freudien ◆ **that's very Freudian!** c'est révélateur !
2 n freudienne m(f), disciple mf de Freud
3 COMP ▷ **Freudian slip** n lapsus m (révélateur)

Freudianism ['frɔɪdɪənɪzəm] n (Psych) freudisme m

FRG [,efɑ:'dʒi:] n (abbrev of **Federal Republic of Germany**) RFA f

Fri. n abbrev of **Friday**

friable ['fraɪəbl] adj friable

friar ['fraɪə[r]] n moine m, frère m ◆ **Friar John** frère Jean

friary ['fraɪərɪ] n confrérie f

fricassee ['frɪkəsi:] n fricassée f

fricative ['frɪkətɪv] (Ling) **1** adj spirant, fricatif **2** n spirante f, fricative f

friction ['frɪkʃən] → SYN **1** n **a** (Phys) friction f, frottement m; (Ling) friction f; (fig) friction f ◆ **there is a certain amount of friction between them** il y a des frictions entre eux **b** (also **friction climbing**) adhérence f **2** COMP ▷ **friction feed** n (on printer) entraînement m par friction ▷ **friction tape** n (US) chatterton m

Friday ['fraɪdɪ] n vendredi m ◆ **Friday the thirteenth** vendredi treize; → **good**; for other phrases see **Saturday**

fridge [frɪdʒ] **1** n (esp Brit) (abbrev of **refrigerator**) frigo* m, frigidaire ® m **2** COMP ▷ **fridge-freezer** n réfrigérateur m avec partie congélateur

fried [fraɪd] vb (pt, ptp of **fry**²)

friend [frend] → SYN n ami(e) m(f); (= schoolmate, workmate) camarade mf, copain* m, copine* f; (= helper, supporter) ami(e) m(f) ◆ **a friend of mine** un de mes amis ◆ **friends of ours** des amis (à nous) ◆ **he's one of my son's friends** c'est un ami or un copain* de mon fils ◆ **her best friend** sa meilleure amie ◆ **a doctor/lawyer friend of mine** un ami médecin/avocat ◆ **it's a girl's best friend** c'est le rêve de chaque femme ◆ **he's no friend of mine** je ne le compte pas au nombre de mes amis ◆ **to make friends with sb** devenir ami avec qn, se lier d'amitié avec qn ◆ **he made a friend of him** il en a fait son ami ◆ **he makes friends easily** il se fait facilement des amis, il se lie facilement ◆ **to be friends with sb** être ami or lié avec qn ◆ **let's be friends again** on fait la paix? ◆ **close friends** amis mpl intimes ◆ **we're just good friends** on est simplement amis ◆ **we're all friends here** nous sommes entre amis ◆ **a friend of the family** un ami de la famille ◆ (Prov) **a friend in need** (**is a friend indeed**) c'est dans le besoin que l'on connaît ses vrais amis ◆ **the best of friends must part** il n'est si bonne compagnie qui ne se sépare (Prov) ◆ **he's been a true friend to us** il a fait preuve d'une véritable amitié envers nous ◆ **a friend at court** (fig) un ami influent ◆ **to have friends at court** avoir des amis influents or des protections ◆ **my honourable friend** (Parl) ◆ **my learned friend** (Jur) mon cher or distingué confrère, ma distinguée collègue ◆ **friend of the poor** bienfaiteur m or ami m des pauvres ◆ **Friends of the Earth** les Amis mpl de la Terre ◆ **Friends of the National Theatre** (Société f des) Amis du Théâtre National ◆ **Society of Friends** (Rel) Société f des Amis

friendless ['frendlɪs] → SYN adj seul, isolé, sans amis

friendliness ['frendlɪnɪs] → SYN n gentillesse f

friendly ['frendlɪ] → SYN **1** adj **a** (= amiable) person gentil (*to sb* avec qn); child gentil, affectueux; cat, dog affectueux; manner, smile, gesture, atmosphere, argument, fight amical; face avenant; welcome chaleureux; service sympathique; advice d'ami; place accueillant ◆ **that wasn't a very friendly thing to do** ce n'était pas très gentil de faire cela ◆ **unions friendly to management** syndicats favorables à la direction ◆ **to feel friendly towards sb** être bien disposé envers qn ◆ **it's nice to see a friendly face!** ça fait plaisir de voir un visage sympathique!; → **neighbourhood** **b** (= friends) **we're quite friendly** nous sommes assez amis ◆ **to be friendly with sb** être ami avec qn ◆ **to become** or **get friendly with sb** se lier d'amitié avec qn ◆ **to be on friendly terms with sb** avoir des rapports d'amitié avec qn ◆ **to get friendly*** (sexually) se permettre des familiarités (pej) **c** (Pol) country, nation, government ami; port de pays ami **2** n (also **friendly match** : Brit) → **3** **3** COMP ▷ **friendly fire** n (Mil, fig) tirs mpl de son propre camp ▷ **the Friendly Islands** npl les îles fpl des Amis ▷ **friendly match** n (Sport) match m amical ▷ **friendly society** n (Brit) société f de prévoyance, mutuelle f

-friendly ['frendlɪ] adj (in compounds) ◆ **customer-friendly** shop soucieux de sa clientèle, accueillant; policy, prices favorable aux consommateurs ◆ **child-friendly** shop aménagé pour les enfants; beach, kitchen sûr ou non dangereux pour les enfants ◆ **dolphin-friendly tuna** thon m pêché en respectant les dauphins ◆ **reader-friendly** soucieux de ses lecteurs; → **environment, gay, ozone, user**

friendship ['frendʃɪp] → SYN n amitié f ◆ **out of friendship** par amitié

fries* [fraɪz] npl (esp US) frites fpl

Friesian ['friːʒən] ⇒ **Frisian**

frieze¹ [friːz] n (Archit) frise f

frieze² [friːz] n (Tex) ratine f

frig* [frɪg] vi ◆ **to frig about** or **around** déconner*

frigate ['frɪgɪt] **1** n frégate f (Naut) **2** COMP ▷ **frigate bird** n (Orn) frégate f

frigging*⁺ ['frɪgɪŋ] **1** adv foutrement*⁺ **2** adj foutu*⁺

fright [fraɪt] → SYN n **a** frayeur f, peur f ◆ **to shout out in fright** pousser un cri de frayeur ◆ **to be paralysed with fright** être paralysé par la peur ◆ **to take fright** prendre peur, s'effrayer (*at* de) ◆ **to get** or **have a fright** avoir peur ◆ **to get the fright of one's life** avoir la frayeur de sa vie ◆ **to give sb a fright** faire peur à qn ◆ **it gave me such a fright** ça m'a fait une de ces peurs* or une belle peur; → **stage** **b** (* = person) horreur* f, épouvantail m ◆ **she's** or **she looks a fright** elle est à faire peur

frighten ['fraɪtn] → SYN vt effrayer, faire peur à ◆ **did he frighten you?** est-ce qu'il vous a fait peur? ◆ **it nearly frightened him out of his wits*** or **his skin***, **it frightened the life out of him*** cela lui a fait une peur bleue ◆ **to frighten sb into doing sth** faire peur à qn pour qu'il fasse qch ◆ **he was frightened into doing it** il l'a fait sous le coup de la peur ◆ **he was frightened out of the race** on l'a intimidé pour qu'il ne participe pas à la course ◆ **she is easily frightened** elle prend peur facilement, elle est peureuse

▶ **frighten away**, **frighten off** vt sep [+ birds] effaroucher; [+ children etc] chasser (en leur faisant peur); (fig) [+ buyers, investors etc] décourager (en leur faisant peur)

frightened ['fraɪtnd] → SYN adj effrayé ◆ **to be frightened (of sb/sth)** avoir peur (de qn/qch) ◆ **to be frightened of doing** or **to do sth** avoir peur de faire qch ◆ **to be frightened about (doing) sth** avoir peur à l'idée de (faire) qch ◆ **to be frightened that ...** avoir peur que ... ◆ **to be frightened to death*** (**that** ...) être mort de peur (que ...) ◆ **to be frightened to death*** **of sb/sth** avoir une peur bleue de qn/qch ◆ **to be frightened out of one's wits*** avoir une peur bleue ◆ **like a frightened rabbit** comme un animal effarouché

frightener ['fraɪtnə'] n ◆ **to put the frighteners on sb*** flanquer les jetons à qn*

frighteners* ['fraɪtnəz] npl (Brit) ◆ **to put the frighteners on sb** foutre les jetons* à qn

frightening ['fraɪtnɪŋ] → SYN adj effrayant ◆ **it is frightening to think that ...** ça fait peur de penser que ...

frighteningly ['fraɪtnɪŋlɪ] adv ugly, thin à faire peur; expensive effroyablement ◆ **we came frighteningly close to losing all our money** nous avons vraiment failli perdre tout notre argent

frightful ['fraɪtfʊl] → SYN adj **a** (liter = horrifying) sight, experience épouvantable, effroyable **b** († * = awful) mistake, prospect, possibility, clothes, hat, wallpaper affreux; person détestable ◆ **he's a frightful bore** il est terriblement ennuyeux ◆ **I know I'm being a frightful nuisance, but ...** je ne voudrais pas vous importuner davantage, mais ...

frightfully ['fraɪtfəlɪ] adv **a** (liter = horrifyingly) suffer effroyablement **b** (Brit: † * = very) terriblement ◆ **I'm frightfully sorry** je suis vraiment désolé ◆ **it's frightfully nice of you** c'est vraiment trop gentil à vous

frightfulness ['fraɪtfʊlnɪs] n [of crime, situation, behaviour] atrocité f, horreur f

frigid ['frɪdʒɪd] → SYN adj **a** (sexually) frigide **b** (= unfriendly) smile, stare, atmosphere, silence glacial **c** (Geog, Met) glacial

frigidity [frɪ'dʒɪdɪtɪ] → SYN n (sexual) frigidité f; (gen) froideur f

frill [frɪl] n [of dress] ruche f, volant m; [of shirt front] jabot m; [of cuff] ruche f; (Culin) papillote f; (Orn) collerette f ◆ **frills** (fig) chichis* mpl ◆ **without any frills** (fig) ceremony etc simple, sans façon; → **furbelow, no**

frilly ['frɪlɪ] adj shirt, dress, cushion à fanfreluches; underwear à dentelle; (fig) style, speech plein de fioritures

fringe [frɪndʒ] → SYN **1** n **a** (Brit = hair) frange f **b** [of rug, shawl] frange f **c** (= edge) [of forest] bordure f, lisière f; [of crowd] derniers rangs mpl ◆ **on the fringe of the forest** en bordure de forêt, à la lisière de la forêt ◆ **to live on the fringe(s) of society** vivre en marge de la société ◆ **a party on the fringe(s) of British politics** un parti en marge de la politique britannique ◆ **the outer fringes** [of town] la périphérie; → **lunatic** **2** vt **a** [+ rug, shawl] franger (*with* de) **b** (fig) **a lake fringed with trees** un lac bordé d'arbres **3** COMP ▷ **fringe area** n (TV) zone f limite (de réception) ▷ **fringe benefits** npl avantages mpl divers; (company car etc) avantages mpl en nature ▷ **fringe festival** n festival m off; → EDINBURGH FESTIVAL ▷ **fringe group** n groupe m marginal ▷ **fringe meeting** n (Pol) réunion f d'un groupe marginal ▷ **fringe theatre** n (Brit) théâtre m d'avant-garde or expérimental ▷ **fringing reef** n (Geog) récif m frangeant

frippery ['frɪpərɪ] n (esp Brit: pej) (= cheap ornament) colifichets mpl; (on dress) fanfreluches fpl; (= ostentation) préciosité f, maniérisme m

Frisbee ® ['frɪzbɪ] n frisbee ® m

Frisian ['frɪʒən] **1** adj frison ◆ **the Frisian Islands** les îles fpl Frisonnes **2** n **a** Frison(ne) m(f) **b** (Ling) frison m

frisk [frɪsk] → SYN **1** vi gambader **2** vt [+ criminal, suspect] fouiller

friskiness ['frɪskɪnɪs] n vivacité f

frisky ['frɪskɪ] → SYN adj (= lively) vif, sémillant ◆ **to be feeling frisky** (hum : sexually) être d'humeur folâtre

frisson ['friːsɒn] n frisson m

frit [frɪt] n (Tech) fritte f

fritillary [frɪ'tɪlərɪ] n fritillaire f

fritter¹ ['frɪtə'] vt (also **fritter away**) [+ money, time, energy] gaspiller

fritter² ['frɪtə'] n (Culin) beignet m ◆ **apple fritter** beignet m aux pommes

fritz* [frɪts] (US) n ◆ **on the fritz** en panne

▶ **fritz out*** vi tomber en panne

frivolity [frɪ'vɒlɪtɪ] → SYN n frivolité f

frivolous ['frɪvələs] → SYN adj person, object, activity (= lighthearted) frivole; (= futile) futile; attitude, behaviour, remark frivole, léger

frivolously ['frɪvələslɪ] adv de façon frivole, frivolement

frizz [frɪz] **1** vt [+ hair] faire friser or frisotter **2** vi friser, frisotter

frizzle ['frɪzl] → SYN **1** vi grésiller **2** vt (= cook) faire griller; (= overcook) laisser brûler or calciner ◆ **frizzled bacon** bacon m grillé ◆ **a man with frizzled white hair** un homme aux cheveux blancs frisés

frizzy ['frɪzɪ] adj hair crépu, crêpelé

fro [frəʊ] adv ◆ **to and fro** de long en large ◆ **to go to and fro between** aller et venir entre, faire la navette entre ◆ **journeys to and fro between London and Edinburgh** allers mpl et retours mpl entre Londres et Édimbourg

frock [frɒk] **1** n **a** † [of woman, baby] robe f **b** [of monk] froc † m **2** COMP ▷ **frock coat** n redingote f

frog¹ [frɒg] **1** n **a** (Zool) grenouille f ◆ **to have a frog in one's throat** avoir un chat dans la gorge **b** (pej) **Frog*** franchouillard(e)* m(f) (pej), Français(e) m(f) **2** COMP ▷ **frog-bit** n (Bot) grenouillette f ▷ **frog-march** vt **to frog-march sb in/out** etc (= hustle) faire entrer/sortir qn de force ▷ **frogs' legs** npl (Culin) cuisses fpl de grenouilles

frog² [frɒg] n (Dress) brandebourg m, soutache f

frogging [ˈfrɒgɪŋ] n (Dress) soutaches fpl

Froggy* [ˈfrɒgɪ] n (Brit pej) Français(e) m(f)

frogman [ˈfrɒgmən] n, pl **-men** homme-grenouille m

frogspawn [ˈfrɒgspɔːn] n frai m de grenouille

frolic [ˈfrɒlɪk] → SYN **1** vi (also **frolic about, frolic around**) [people] (gen, hum) batifoler* ; [lambs] gambader
2 n [of lambs] gambades fpl ; (= prank) espièglerie f, gaminerie f ; (= merrymaking) ébats mpl ; (hum: sexual) batifolage m

frolicsome [ˈfrɒlɪksəm] → SYN adj folâtre, badin

from [frɒm] prep **a** (place: starting point) de ◆ **from house to house** de maison en maison ◆ **from town to town** de ville en ville ◆ **to jump from a wall** sauter d'un mur ◆ **to travel from London to Paris** voyager de Londres à Paris ◆ **train from Manchester** train m (en provenance) de Manchester ◆ **programme transmitted from Lyons** émission f retransmise depuis Lyon ◆ **he comes from London** il vient de Londres, il est (originaire) de Londres ◆ **he comes from there** il en vient ◆ **where are you from?, where do you come from?** d'où êtes-vous (originaire) ? ◆ **I see where you're coming from*** (= understand) je comprends maintenant
b (time: starting point) à partir de, de ◆ (as) **from 14 July** à partir du 14 juillet ◆ **from that day onwards** à partir de ce jour-là ◆ **from beginning to end** du début (jusqu')à la fin ◆ **from her childhood onwards ...** dès son enfance ... ◆ **from time to time** de temps en temps ◆ **from day to day** de jour en jour ◆ **from year to year** d'année en année ◆ **counting from last Monday** à dater de lundi dernier ◆ **five years from now** dans cinq ans
c (distance: lit, fig) de ◆ **the house is 10km from the coast** la maison est à 10 km de la côte ◆ **it is 10km from there** c'est à 10 km de là ◆ **to go away from home** quitter la maison ◆ **not far from here** pas loin d'ici ◆ **far from blaming you** loin de vous le reprocher
d (origin = coming from) de, de la part de ; (= inspired by) d'après ◆ **a letter from my mother** une lettre de ma mère ◆ **tell him from me** dites-lui de ma part ◆ **an invitation from the Smiths** une invitation (de la part) des Smith ◆ **memories from his childhood** des souvenirs mpl de son enfance ◆ **painted from life** peint d'après nature ◆ **from a picture by Picasso** d'après un tableau de Picasso
e (used with prices, numbers) à partir de, depuis ◆ **wine from 10 francs a bottle** vins à partir de 10 F la bouteille ◆ **there were from 10 to 15 people there** il y avait là entre 10 et 15 personnes or de 10 à 15 personnes ◆ **take 12 from 18** (Math) soustrayez 12 de 18 ◆ **3 from 8 leaves 5** (Math) 8 moins 3 égalent 5
f (source) **to drink from a stream/a glass** boire à un ruisseau/dans un verre ◆ **to drink straight from the bottle** boire à (même) la bouteille ◆ **he took it from the cupboard** il l'a pris dans le placard ◆ **he put the box down and took a book from it** il a posé la caisse et en a sorti or tiré un livre ◆ **to take sth from a shelf** prendre qch sur une étagère ◆ **to pick sb from the crowd** choisir qn dans la foule ◆ **a quotation from Racine** une citation (tirée) de Racine ◆ **here's an extract from it** en voici un extrait ◆ **to speak from notes** parler avec des notes ◆ **from your point of view** à or de votre point de vue ◆ **to draw a conclusion from the information** tirer une conclusion des renseignements
g (prevention, escape, deprivation etc) à, de ◆ **take the knife from that child!** enlevez or prenez le couteau à cet enfant ! ◆ **he took/stole it from them** il le leur a pris/volé ◆ **he prevented me from coming** il m'a empêché de venir ◆ **the news was kept from her** on lui a caché la nouvelle ◆ **to shelter from the rain** s'abriter de la pluie
h (change) de ◆ **from bad to worse** de mal en pis ◆ **price increase from one franc to one franc fifty** augmentation de prix d'un franc à un franc cinquante ◆ **he went from office boy to director in five years** de garçon de bureau, il est passé directeur en cinq ans
i (cause, reason) **to die from fatigue** mourir de fatigue ◆ **he died from his injuries** il est mort des suites de ses blessures ◆ **from what I heard ...** d'après ce que j'ai entendu ... ◆ **from what I can see ...** à ce que je vois ... ◆ **from the look of things ...** à en juger par les apparences ... ◆ **from the way he talks you would think that ...** à l'entendre, on penserait que ...
j (difference) de ◆ **he is quite different from the others** il est complètement différent des autres ◆ **to distinguish the good from the bad** distinguer le bon du mauvais
k (with other preps and advs) **seen from above** vu d'en haut ◆ **from above the clouds** d'au-dessus des nuages ◆ **I saw him from afar** je l'ai vu de loin ◆ **she was looking at him from over the wall** elle le regardait depuis l'autre côté du mur ◆ **from under the table** de dessous la table

fromage frais [ˌfrɒmɑːʒˈfreɪ] n (Culin) fromage m blanc

frond [frɒnd] n [of fern] fronde f ; [of palm] feuille f

front [frʌnt] → SYN **1** n **a** (= leading section) [of boat, car, train etc] avant m ; [of class, crowd, audience] premier rang m ; (= part facing forward) [of cupboard, shirt, dress] devant m ; [of building] façade f, devant m ; [of book] (= beginning) début m ; (= cover) couverture f ; [of postcard, photo] recto m ◆ **she was lying on her front*** elle était couchée sur le ventre ◆ **it fastens at the front** cela se ferme devant ◆ **she spilt it down the front of her dress** elle l'a renversé sur le devant de sa robe ◆ **he pushed his way to the front of the crowd** il s'est frayé un chemin jusqu'au premier rang de la foule ◆ **to come to the front** (fig = become known, successful) se faire connaître or remarquer, percer
◆ **in front** be, stand, walk, put devant ; send, move, look en avant ◆ **in front of the table** devant la table ◆ **to send sb on in front** envoyer qn en avant ◆ **he was walking in front** il marchait devant ◆ **to be in front** (Sport) mener
◆ **in (the) front** ◆ **to sit in the front (of the car)** ◆ **to sit in front** être assis à l'avant (de la voiture) ◆ **to sit in the front of the train/bus** s'asseoir en tête de or du train/à l'avant du bus ◆ **in the front of the class** au premier rang de la classe ◆ **in the front of the book** au début du livre
◆ **up front** (= in the front) ◆ **let's go and sit up front** allons nous asseoir devant ◆ **he was very up front about it** (= frank) il a été très franc ◆ **to pay up front** (= in advance) payer d'avance
b (Mil, Pol) front m ◆ **to fall at the front** mourir au front ◆ **there was fighting on several fronts** on se battait sur plusieurs fronts ◆ **on all fronts** sur tous les fronts, de tous côtés ◆ **we must present a common front** nous devons offrir un front uni, il faut faire front commun ; → **home**
c (Met) front m ◆ **cold/warm front** front m froid/chaud
d (Brit: also **sea front**) (= beach) bord m de mer, plage f ; (= prom) front m de mer ◆ **along the front** (= on the beach) en bord de mer ; (= on the prom) sur le front de mer ◆ **a house on the front** une maison sur le front de mer
e (liter = forehead) front m
f [of spy, criminal] couverture f (fig) ◆ **it's all just a front with him** (fig), **he's just putting on a front** ce n'est qu'une façade ◆ **he's putting on a brave front** (fig) il fait bonne contenance
2 adj **a** de devant, (en) avant ◆ **front garden** jardin m de devant ◆ **on the front cover** en couverture ◆ **front door** [of house] porte f d'entrée or principale ; [of car] porte f avant ◆ **in the front end of the train** en tête de or du train, à l'avant du train ◆ **front line(s)** (Mil) front m ◆ **to be in the front line** (fig) être en première ligne, être aux avant-postes ◆ **the front page** (Press) la première page, la une* ◆ **on the front page** (Press) en première page, à la une* ; see also **6** ◆ **the front panel** [of machine] le panneau de devant, la face avant ◆ **in the front rank** (fig) parmi les premiers ◆ **front room** pièce f donnant sur la rue, pièce f de devant ; (= lounge) salon m ◆ **in the front row** au premier rang ◆ **to have a front seat** (lit) avoir une place (assise) au premier rang ; (fig) être aux premières loges (fig) ◆ **front tooth** dent f de devant ◆ **front wheel** roue f avant ; see also **6** ; → **row¹**
b de face ◆ **front view** vue f de face ◆ **front elevation** (Archit) élévation f frontale
3 adv par devant ◆ **to attack front and rear** attaquer par devant et par derrière ◆ **eyes front!** (Mil) fixe !
4 vi **a** ◆ **to front on to** donner sur ◆ **the house fronts north** la maison fait face or est exposée au nord ◆ **the windows front on to the street** les fenêtres donnent sur la rue
b ◆ **to front for sb** servir de façade à qn
5 vt **a** [+ building] donner une façade à ◆ **house fronted with stone** maison f avec façade en pierre
b (Brit = lead, head) [+ company, organization, team] diriger, être à la tête de ; [+ rock group] être le chanteur or la chanteuse de
c (TV) [+ show] présenter
6 COMP ▷ **the front bench** n (Brit Parl = people) (government) les ministres mpl ; (opposition) les membres mpl du cabinet fantôme ▷ **the front benches** npl (Brit Parl) (= place) *le banc des ministres et celui des membres du cabinet fantôme* ; (= people) ≃ les chefs de file des partis politiques ▷ **front burner** n ◆ **to be on the front burner** être une question prioritaire, être au centre des préoccupations ◆ **it's on my front burner** j'y pense, je m'en occupe ▷ **front crawl** n (Swimming) crawl m ▷ **front-end financing** n financement m initial ▷ **front-end payment** n versement m initial ▷ **front-end processor** n (Comput) (processeur m) frontal m ▷ **front-line** adj troops, news du front ; countries, areas limitrophe or voisin *(d'un pays en guerre)* ▷ **front-line player** n (US Sport) avant m ▷ **front-loader, front-loading washing machine** n lave-linge m à chargement frontal ▷ **front matter** n pages fpl liminaires ▷ **front money** n acompte m, avance f ▷ **front office** n (US Comm) (= place) administration f ; (= managers) direction f ▷ **front organization** n ◆ **it's merely a front organization** cette organisation n'est qu'une façade or une couverture ▷ **front-page news** n gros titres mpl, manchettes fpl ◆ **it was front-page news for a month** cela a fait la une* (des journaux) pendant un mois ▷ **front-rank** adj de premier plan ▷ **front runner** n (Athletics) coureur m de tête ◆ **he is a front runner for the party leadership** (fig) c'est l'un des favoris pour la présidence du parti ▷ **front-running** adj (Pol) **front-running candidate** (candidat m) favori m ▷ **front-to-back engine** n (Aut) moteur m longitudinal ▷ **front vowel** n (Ling) voyelle f antérieure ▷ **front-wheel drive** n (Aut = car, system) traction f avant

frontage [ˈfrʌntɪdʒ] n [of shop] devanture f, façade f ; [of house] façade f ◆ **frontage road** (US) contre-allée f

frontal [ˈfrʌntl] **1** adj **a** (Mil) assault, attack de front ◆ **to make a frontal assault** or **attack on sth** attaquer qch de front ◆ **frontal impact** (Aut) choc m frontal
b (Anat, Met) frontal
c nudity de face ; → **full**
2 n (Rel) parement m

frontbencher [ˌfrʌntˈbentʃəʳ] n (Brit Parl) (government) ministre m ; (opposition) membre m du cabinet fantôme ; → BACKBENCHER

frontier [ˈfrʌntɪəʳ] → SYN **1** n (lit, fig) frontière f ◆ **they're pushing back the frontiers of science** ils font reculer les frontières de la science ◆ **the frontier** (US Hist) *la limite des terres colonisées,* la Frontière
2 COMP town, zone, tribe frontalier ▷ **frontier dispute** n incident m de frontière ▷ **frontier post, frontier station** n poste m frontière ▷ **frontier technology** n technologie f de pointe

frontiersman [ˈfrʌntɪəzmən] n, pl **-men** (US Hist) habitant m de la Frontière ; see also **frontier 1**

frontispiece [ˈfrʌntɪspiːs] n frontispice m

frontlist [ˈfrʌntlɪst] n (Publishing) dernières parutions fpl

frontman [ˈfrʌntmən] n, pl **-men** (TV etc) présentateur m

frontwards ['frʌntwədz] adv en avant, vers l'avant

frosh * [frɒʃ] n (US Univ) ≃ bizut(h) m

frost [frɒst] → SYN ① n gel m, gelée f ; (also **hoarfrost**) givre m, gelée f blanche ◆ **late frosts** gelées fpl tardives or de printemps ◆ **ten degrees of frost** (Brit) dix degrés au-dessous de zéro ; → **ground¹, jack**
② vt (= ice) [+ cake] glacer ; see also **frosted**
③ COMP ▷ **frost-free** adj fridge à dégivrage automatique

▶ **frost over, frost up** vi [window] se givrer, se couvrir de givre

frostbite ['frɒstbaɪt] n engelures fpl ◆ **to get frostbite in one's hands** avoir les mains gelées

frostbitten ['frɒstˌbɪtn] adj hands, feet gelé ; rosebushes, vegetables gelé, grillé par la gelée or le gel

frostbound ['frɒstbaʊnd] adj ground gelé

frosted ['frɒstɪd] ① adj ⓐ (= frost-covered) grass, plants, windows, windscreen couvert de givre
ⓑ (Cosmetics) eyeshadow, nail varnish, lipstick nacré
ⓒ (Culin) (= iced) recouvert d'un glaçage ; (= sugared) recouvert de sucre
② COMP ▷ **frosted glass** n (for window) verre m dépoli ; (for drink) verre m givré

frostily ['frɒstɪlɪ] adv greet, reply sur un ton glacial ◆ **she smiled frostily at him** elle lui a adressé un sourire glacial

frosting ['frɒstɪŋ] n (Culin) (= icing) glace f, glaçage m ; (= icing sugar) sucre m glace

frosty ['frɒstɪ] → SYN adj ⓐ (= cold) night, morning, weather de gelée, glacial ; air, weather glacial ◆ **it is frosty** il gèle
ⓑ (= frost-covered) ground, grass, window, windscreen couvert de givre
ⓒ (= unfriendly) person glacial, froid ; atmosphere, reception, response, relations, smile glacial ; look froid

froth [frɒθ] → SYN ① n ⓐ [of liquids in general] écume f, mousse f ; [of beer] mousse f ; (around the mouth) écume f ◆ **a froth of lace** un bouillon de dentelle
ⓑ (fig = frivolous talk) propos mpl frivoles, paroles fpl creuses ◆ **his speech was all froth and no substance** son discours n'était que du vent et n'avait aucune substance ◆ **the novel is nothing but silly romantic froth** ce roman est d'un romantisme mièvre et stupide ◆ **falling in love the first time is all froth and fantasy** les premières histoires d'amour sont pleines de rêves naïfs
② vi écumer, mousser ◆ **the beer frothed over the edge of the glass** la mousse débordait du verre (de bière) ◆ **waves frothed over the deck** des vagues passaient par-dessus le pont dans un nuage d'écume ◆ **a cup of frothing coffee** une tasse de café mousseux ◆ **to froth at the mouth** [dog] avoir de l'écume à la gueule ; [angry person] écumer de rage

frothy ['frɒθɪ] → SYN adj ⓐ (= bubbly) beer, milk shake, coffee, mixture mousseux ; water mousseux, écumeux ; sea écumeux
ⓑ (frilly) dress, underwear, lace léger, vaporeux
ⓒ (= not serious) operetta, comedy léger

frown [fraʊn] → SYN ① n froncement m (de sourcils) ◆ **to give a frown** froncer les sourcils ◆ **he looked at her with a disapproving frown** il l'a regardée en fronçant les sourcils d'un air désapprobateur ◆ **a puzzled/worried frown crossed his face** il fronça les sourcils d'un air perplexe/inquiet
② vi froncer les sourcils ◆ **to frown at sb** regarder qn en fronçant les sourcils ; (at child) faire les gros yeux à qn ◆ **he frowned at the news/the interruption** la nouvelle/l'interruption l'a fait tiquer

▶ **frown (up)on** vt fus (fig) [+ person, suggestion, idea] désapprouver

frowning ['fraʊnɪŋ] adj person, face, expression renfrogné ; look, glance sombre

frowsty * ['fraʊstɪ] adj (Brit) → **frowsy** a

frowsy, frowzy ['fraʊzɪ] adj ⓐ room qui sent le renfermé
ⓑ person, clothes négligé, peu soigné

froze [frəʊz] vb (pt of **freeze**)

frozen ['frəʊzn] → SYN ① vb (ptp of **freeze**)
② adj ⓐ (lit) lake, ground, pipe, corpse gelé ◆ **to be frozen solid** or **hard** être complètement gelé
ⓑ (= preserved) vegetables, meat, meal (industrially) surgelé ; (at home) congelé ; embryo, sperm congelé
ⓒ (* = very cold) person, fingers gelé ◆ **I'm frozen (stiff)** je suis gelé (jusqu'aux os) ◆ **my hands are frozen (stiff)** j'ai les mains (complètement) gelées ◆ **frozen to death** * frigorifié * ; → **bone, marrow**
ⓓ (= immobile) figé ◆ **frozen in horror/with fear** glacé d'horreur/de peur ◆ **frozen to the spot** cloué sur place ◆ **frozen in time** figé dans le temps
ⓔ (Econ, Fin) prices, wages, account, credit gelé, bloqué
③ COMP ◆ **frozen assets** npl (Fin) actifs mpl gelés or bloqués ▷ **frozen food** n (industrially) aliments mpl surgelés ; (at home) aliments mpl congelés ▷ **frozen food compartment** n partie f congélateur ▷ **frozen shoulder** n (Med) épaule f ankylosée ▷ **frozen wastes** npl déserts mpl de glace ▷ **frozen yoghurt** n glace f au yaourt

FRS [efɑːrˈes] (abbrev of **Fellow of the Royal Society**) ≃ membre m de l'Académie des sciences

fructiferous [frʌkˈtɪfərəs] adj fructifère

fructification [ˌfrʌktɪfɪˈkeɪʃən] n fructification f

fructify ['frʌktɪfaɪ] vi fructifier

fructose ['frʌktəʊs] n fructose m

frugal ['fruːgəl] → SYN adj ⓐ person (gen) économe (**with sth** de qch) ; (pej) pingre ; life, meal frugal ◆ **to be frugal with one's money** faire attention à la dépense ; (pej) être pingre

frugality [fruːˈgælɪtɪ] n [of meal] frugalité f ; [of person] frugalité f ; (fig) parcimonie f

frugally ['fruːgəlɪ] adv live simplement ; eat frugalement ; use parcimonieusement

frugivorous [fruːˈdʒɪvərəs] adj (Zool) frugivore

fruit [fruːt] → SYN ① n ⓐ (collective n) fruit m ◆ **may I have some fruit?** puis-je avoir un fruit ? ◆ **a piece of fruit** (= whole fruit) un fruit ; (= segment) un morceau or quartier de fruit ◆ **fruit is good for you** les fruits sont bons pour la santé ◆ **several fruits have large stones** plusieurs espèces de fruits ont de gros noyaux ◆ **the fruits of the earth** les fruits de la terre ◆ **to be in fruit** [tree, bush] porter des fruits ; → **bear¹, dried, forbidden**
ⓑ (fig = benefits) fruit m ◆ **the fruit(s) of his labour(s)** les fruits de son travail ◆ **it is the fruit of much hard work** c'est le fruit d'un long travail ◆ **the fruits of victory** les fruits de la victoire ◆ **one of the main fruits of the meeting was ...** un des principaux acquis de la réunion a été ... ◆ **to enjoy the fruits of one's success** savourer sa réussite ◆ **the fruit of thy womb** or **loins** (liter) le fruit de tes entrailles ; → **bear¹, first, reap**
ⓒ hullo, old fruit! † * salut, mon pote ! *
ⓓ (US * pej) pédé * m, tapette * f
② vi [tree] donner
③ COMP ▷ **fruit basket** n corbeille f à fruits ▷ **fruit bat** n roussette f ▷ **fruit bowl** n coupe f à fruits ▷ **fruit cocktail** n macédoine f de fruits (en boîte) ▷ **fruit cup** n (= drink) boisson f aux fruits (parfois faiblement alcoolisée) ; (US) (coupe f de) fruits mpl rafraîchis ▷ **fruit dish** n (for dessert) (small) petite coupe f or coupelle f à fruits ; (large) coupe f à fruits, compotier m ; (basket) corbeille f à fruits ▷ **fruit drop** n bonbon m au fruit ▷ **fruit farm** n exploitation f or entreprise f fruitière ▷ **fruit farmer** n arboriculteur m ▷ **fruit farming** n arboriculture f (fruitière), culture f fruitière ▷ **fruit fly** n mouche f du vinaigre, drosophile f ▷ **fruit gum** n (Brit) boule f de gomme (bonbon) ▷ **fruit juice** n jus m de fruit(s) ▷ **fruit knife** n, pl **fruit knives** couteau m à fruits ▷ **fruit machine** n (Brit) machine f à sous ▷ **fruit-picker** n (= tool) cueilloir m ▷ **fruit salad** n salade f de fruits ▷ **fruit salts** npl (Med) sels mpl purgatifs ▷ **fruit sugar** n (Chem) fructose m ▷ **fruit tree** n arbre m fruitier

fruitcake ['fruːtkeɪk] n ⓐ (Culin) cake m
ⓑ (Brit * = eccentric person) cinglé(e) * m(f) ◆ **he's as nutty as a fruitcake** il est complètement timbré *

fruiterer ['fruːtərər] n (Brit) marchand(e) m(f) de fruits, fruitier m, -ière f ◆ **at the fruiterer's (shop)** chez le fruitier, à la fruiterie

fruitful ['fruːtfʊl] → SYN adj ⓐ (= profitable) relationship, discussion, career fructueux ; meeting utile, fécond ; life productif ◆ **a fruitful source of information** une mine de renseignements ◆ **it would be more fruitful to do that** il serait plus utile or avantageux de faire cela
ⓑ land, soil, plant fécond (liter)

fruitfully ['fruːtfəlɪ] adv fructueusement

fruitfulness ['fruːtfʊlnɪs] n ⓐ [of discussion, partnership] caractère m fructueux or profitable
ⓑ [of soil] fertilité f, fécondité f ; [of plant] fécondité f

fruition [fruːˈɪʃən] n [of aims, plans, ideas] réalisation f ◆ **to bring to fruition** réaliser, concrétiser ◆ **to come to fruition** se réaliser

fruitless ['fruːtlɪs] → SYN adj ⓐ (= vain) search, quest, effort, attempt, exercise vain ; discussion, talks stérile ◆ **she spent a fruitless morning trying to ...** elle a perdu toute une matinée à essayer de ... ◆ **it is fruitless to try** il est vain d'essayer
ⓑ (= infertile) plant stérile

fruitlessly ['fruːtlɪslɪ] adv en vain, sans succès

fruity ['fruːtɪ] → SYN adj ⓐ (= like fruit) flavour, taste, smell fruité, de fruit ; wine, oil fruité
ⓑ (= mellow) voice bien timbré ; laugh chaleureux
ⓒ (Brit *= lewd) remark salé ; joke corsé, salé
ⓓ (* = crazy) dingue *
ⓔ (US * pej = homosexual) homo *

frump [frʌmp] n bonne femme f mal fagotée or mal ficelée * ◆ **old frump** vieux tableau m, vieille sorcière f or rombière * f

frumpish ['frʌmpɪʃ], **frumpy** ['frʌmpɪ] adj mal fagoté, mal ficelé *

frustrate [frʌsˈtreɪt] → SYN vt ⓐ (= thwart) [+ attempts, plans] contrecarrer, faire échouer ; [+ plot] déjouer, faire échouer ◆ **he was frustrated in his efforts to win** malgré tous ses efforts, il n'a pas réussi à gagner ◆ **to frustrate sb's hopes** frustrer or tromper les espoirs de qn ◆ **a stumbling block which has frustrated the peace process** un obstacle qui a entravé le processus de paix ◆ **rescuers were frustrated in their search by bad weather** (= hindered) le mauvais temps a gêné les sauveteurs dans leurs recherches ; (= stopped) le mauvais temps a empêché les sauveteurs de mener leurs recherches à bien
ⓑ (= irritate, annoy) [+ person] contrarier, énerver ◆ **it really frustrates me when people interrupt me** ça me contrarie or ça m'énerve que l'on m'interrompe

frustrated [frʌsˈtreɪtɪd] → SYN adj ⓐ (= thwarted, unfulfilled) person, love, desire frustré ; ambition déçu, contrarié ◆ **in a frustrated effort to speak to him** dans un vain effort pour lui parler ◆ **he's a frustrated poet/intellectual** c'est un poète/un intellectuel frustré or manqué ◆ **to be frustrated in one's ambitions** être frustré dans ses ambitions ◆ **he feels very frustrated in his present job** il se sent très frustré dans son poste actuel
ⓑ (= irritated) énervé ◆ **I get frustrated when people criticize my work** cela m'énerve quand les gens critiquent mon travail
ⓒ (sexually) frustré

frustrating [frʌsˈtreɪtɪŋ] adj situation, experience, morning contrariant ◆ **how frustrating! I've lost my keys** que c'est contrariant, j'ai perdu mes clés ! ◆ **it's very frustrating having or to have no money** c'est vraiment frustrant de ne pas avoir d'argent

frustration [frʌsˈtreɪʃən] → SYN n frustration f (also Psych)

frutescent [fruːˈtesnt], **fruticose** ['fruːtɪˌkəʊs] adj frutescent

fry¹ [fraɪ] collective n [of fish] fretin m ; [of frogs] têtards mpl ; → **small**

fry² [fraɪ] pret, ptp **fried** ① vt [+ meat, fish, vegetables, bread] (= deep-fry) (faire) frire ; (= shallow-fry) faire revenir ◆ **to fry eggs** faire des œufs sur le plat ◆ **fried eggs** œufs mpl sur le plat ◆ **fried fish** poisson m frit ◆ **fried food is fattening** les fritures fpl font grossir ◆ **fried potatoes** (= chips) pommes fpl (de terre) frites ; (= sauté) pommes fpl (de terre)

frying / full

sautées ◆ **fried rice** ≈ riz m frit, ≈ riz m cantonais ; → **fish, French**
[2] vi frire
[3] n friture f
[4] COMP ▷ **fry-pan** n (US) poêle f (à frire) ▷ **fry-up** * n (Brit = dish) plat composé de saucisses, œufs, bacon etc cuits à la poêle

frying ['fraɪɪŋ] [1] n ◆ there was a smell of frying il y avait une odeur de friture
[2] COMP ▷ **frying pan** n poêle f (à frire) ◆ **to jump out of the frying pan into the fire** tomber de mal en pis, tomber de Charybde en Scylla (liter) ▷ **frying steak** n steak m (à frire)

f-stop ['efstɒp] n (Phot) ouverture f (du diaphragme)

FT [ef'tiː] (abbrev of **Financial Times**) → **financial**

ft. abbrev of **foot** or **feet**

ftp [eftiː'piː] (abbrev of **file transfer protocol**) ftp m

FTSE (100) index [ˌfʊtsiwʌnˌhʌndrəd'ɪndeks] n (Brit St Ex) indice m FTSE or FT

fuchsia ['fjuːʃə] n fuchsia m

fuchsin(e) ['fuːksɪn] n (Chem) fuchsine f

fuck ** [fʌk] [1] n a (= act) baise ** f ◆ **she's a good fuck** c'est un bon coup ** ◆ **I don't give a fuck ** j'en ai rien à foutre **
b **charge me? like fuck (you will)!** moi payer ? mon cul ! ** ◆ **fuck knows!** je n'en sais foutrement rien ! **
c (US = person) **you dumb fuck!** espèce de pauvre débile ** !
[2] vt baiser ** ◆ **fuck!, fuck it!** putain de merde ! ** ◆ **fuck me!** putain ! **, merde alors ! ** ◆ **fuck you!** va te faire foutre ! **
[3] vi baiser **
[4] COMP ▷ **fuck-all ** ** n (Brit) rien m de rien ◆ **I know fuck-all about it** j'en sais foutrement rien **

▶ **fuck about **, **fuck around ** ** [1] vi déconner ** ◆ **to fuck about** or **around with sth** tripoter * qch
[2] vt sep emmerder **

▶ **fuck off ** ** vi foutre le camp * ◆ **fuck off!** va te faire foutre ! **, va te faire enculer ! **

▶ **fuck over ** ** vt sep (US) baiser **

▶ **fuck up ** ** [1] vt sep [+ plans] foutre la merde dans **, [+ people] foutre dans la merde **
[2] vi merder **

**fucker ** ** ['fʌkər] n connard ** m, connasse ** f

fucking ** ** ['fʌkɪŋ] [1] adj ◆ **fucking hell! putain de bordel ! **, putain de merde ! ** ◆ **fucking bastard/bitch** espèce f de salaud **/salope **
◆ **this fucking machine** ce putain ** de machine ◆ **this fucking phone** ce putain ** de téléphone ◆ **where's the fucking phonebook?** où est le foutu ** annuaire ? ◆ **I haven't a fucking clue** je n'en sais foutrement ** rien
[2] adv foutrement ** ◆ **it's fucking cold** il fait un putain ** de froid ◆ **this is a fucking great idea** c'est une putain ** de bonne idée ◆ **it's fucking brilliant!, it's fucking A!** putain **, c'est génial ! ◆ **don't be fucking stupid!** fais pas le con ! ** ◆ **a fucking awful film** un film complètement con ** ◆ **you fucking well know what I mean!** mais putain **, tu sais très bien ce que je veux dire ! ◆ **I don't fucking know!** j'en sais foutrement ** rien ! ◆ **I don't fucking believe this!** putain **, c'est pas possible ! **

**fuckwit ** ** ['fʌkwɪt] n peigne-cul ** m

fucus ['fjuːkəs] n, pl **fucuses** or **fuci** ['fjuːsaɪ] (Bot) fucus m

fuddled ['fʌdld] → SYN adj ideas embrouillé, confus ; person (= muddled) désorienté, déconcerté ; (= tipsy) éméché, gris

fuddy-duddy * ['fʌdɪˌdʌdɪ] [1] adj (= old-fashioned) person, ideas vieux jeu inv ; (= fussy) person tatillon, maniaque
[2] n vieux machin * m, vieux (vieille f) schnock * mf or schnoque * mf

fudge [fʌdʒ] → SYN [1] n a (Culin) caramel(s) m(pl) ◆ **a piece of fudge** un caramel
b (Press) (= space for stop press) emplacement m de la dernière heure ; (= stop press news) (insertion f de) dernière heure, dernières nouvelles fpl
c (* = dodging) faux-fuyants mpl, échappatoires fpl ◆ **the wording is a total fudge** le libellé est très vague or flou

[2] excl * balivernes !
[3] vt * a (= fake up) [+ story, excuse] monter ; (= tamper with) [+ accounts, figures, results] truquer
b (= dodge) [+ question, issue] esquiver, tourner
[4] vi (* = dodge issue) esquiver le problème

fuel [fjʊəl] → SYN [1] n (NonC) (Aviat, Space, also for heating) combustible m ; (for car engine) carburant m ◆ **what kind of fuel do you use in your central heating?** quel combustible utilisez-vous dans votre chauffage central ?
◆ **it's no longer a cheap fuel** ce n'est plus une forme or une source d'énergie économique ; (fig) ◆ **to add fuel to the flames** or **fire** jeter de l'huile sur le feu ◆ **the statistics gave him fuel for further attacks on the government** les statistiques lui ont fourni des munitions pour renforcer ses attaques contre le gouvernement
[2] vt a [+ stove, furnace] alimenter (en combustible) ; [+ ships, aircraft] ravitailler en combustible or carburant
b (fig) [+ anger, tension, speculation, controversy, fears] attiser
[3] vi [ship, engine, aircraft] s'approvisionner or se ravitailler en combustible or en carburant ◆ **a fuelling stop** (Aviat etc) une escale technique
[4] COMP bill, costs de chauffage ▷ **fuel cell** n (Phys) pile f à combustible ▷ **fuel-efficient** adj économique ▷ **fuel gauge** n (Aut, Aviat) jauge f de carburant ▷ **fuel injection** n injection f (de carburant) ▷ **fuel injection engine** n moteur m à injection ▷ **fuel injector** n injecteur m (de carburant) ▷ **fuel oil** n mazout m, fioul m ▷ **fuel pump** n pompe f d'alimentation ▷ **fuel rod** n crayon m combustible ▷ **fuel saving** n économies fpl de carburant (or de combustible etc) ▷ **fuel-saving** adj qui réduit la consommation de carburant (or de combustible etc) ▷ **fuel-saving device** n (Aut) économiseur m de carburant ▷ **fuel tank** n réservoir m à carburant ; [of ship] soute f à mazout

fug * [fʌg] n (esp Brit = smell) (stale) forte odeur f de renfermé ; (smoky) forte odeur f de fumée ◆ **what a fug!** (ce que) ça pue le renfermé or la fumée !

fugal ['fjuːgəl] adj (Mus) fugué

fuggy * ['fʌgɪ] adj (esp Brit) room (= stale) qui sent le renfermé, mal aéré ; (= smoky) enfumé ; atmosphere confiné

fugitive ['fjuːdʒɪtɪv] → SYN [1] n fugitif m, -ive f, fuyard(e) m(f) ◆ **he was a fugitive from justice** il fuyait la justice
[2] adj a (= running away) person fugitif, en fuite
b (liter = fleeting) thought, impression fugitif ; happiness fugace, éphémère

fugue [fjuːg] n (Mus, Psych) fugue f

Fula ['fuːlə], **Fulani** [fuː'lɑːnɪ] n, pl **Fula** or **Fulas**
a (= person) Peul(e) m(f)
b (Ling) peul m

fulcrum ['fʌlkrəm] n, pl **fulcrums** or **fulcra** ['fʌlkrə] a (lit) pivot m, point m d'appui
b (fig) pivot m ◆ **she is the fulcrum of our team** elle est le pivot de notre équipe

fulfil, fulfill (US) [fʊl'fɪl] → SYN vt [+ task, prophecy] accomplir, réaliser ; [+ order] exécuter ; [+ condition, function] remplir ; [+ plan, ambition] réaliser ; [+ desire] satisfaire, répondre à ; [+ promise] tenir ; [+ one's duties] s'acquitter de, remplir ; [+ contract] remplir, respecter ◆ **all my prayers have been fulfilled** toutes mes prières ont été exaucées ◆ **he fulfils all my hopes** il répond a or satisfait toutes mes espérances, il comble tous mes espoirs ◆ **to feel** or **be fulfilled** être épanoui

fulfilling [fʊl'fɪlɪŋ] adj job, career, experience, life épanouissant

fulfilment, fulfillment (US) [fʊl'fɪlmənt] → SYN n [of duty, desire] accomplissement m ; [of prayer, wish] exaucement m ; [of conditions, plans] réalisation f, exécution f ; (= satisfied feeling) contentement m ◆ **to have a sense of fulfilment** se sentir or être épanoui

fulguration [ˌfʌlgjʊ'reɪʃən] n (Surg) étincelage m, fulguration f

fulgurite ['fʌlgjʊraɪt] n (Miner) fulgurite f

ANGLAIS-FRANÇAIS 364

full¹ [fʊl]

[1] ADJECTIVE
[2] ADVERB
[3] COMPOUNDS

[1] ADJECTIVE

a = filled container, stomach plein, rempli ; room, hall, theatre comble, plein ; hotel, bus, train complet (-ète f) ◆ **we're full (up) for July** nous sommes complets pour juillet ◆ **I'm full (up)!** * (= not hungry) je n'en peux plus !, j'ai trop mangé ! ◆ **you'll work better on a full stomach** tu travailleras mieux le ventre plein or après avoir mangé ◆ **to play to a full house** (Theat) jouer à guichets fermés ◆ **"house full"** (Theat) "complet" ◆ **I have a full day/morning ahead of me** j'ai une journée/matinée chargée devant moi ◆ **he's had a full life** il a eu une vie (bien) remplie ◆ **his heart was full** (liter) il avait le cœur gros

◆ **full of** plein de ◆ **pockets full of money** des poches pleines d'argent ◆ **the house was full of people** la maison était pleine de monde ◆ **she was/the papers were full of the murder** elle ne parlait/les journaux ne parlaient que du meurtre ◆ **a look full of hate** un regard plein or chargé de haine ◆ **he's full of hope** il est plein or rempli d'espoir ◆ **he's full of good ideas** il est plein de or il déborde de bonnes idées ◆ **full of one's own importance** pénétré de son importance, plein de suffisance ◆ **full of oneself** imbu de soi-même ◆ **to die full of years** (liter) mourir chargé d'ans (liter) ; → **life**

b = complete **I waited two full hours** j'ai attendu deux bonnes heures ◆ **a full 10 kilometres** 10 bons kilomètres, pas moins de 10 kilomètres ◆ **full employment** plein emploi m ◆ **to pay full fare** payer plein tarif ◆ **in full flight** en plein vol ◆ **full and frank discussions** un franc échange de vues ◆ **ask for full information** demandez des renseignements complets ◆ **we must have fuller information** il nous faut des informations plus complètes or un complément d'information ◆ **until fuller information is available** en attendant d'en savoir plus ◆ **the full particulars** tous les détails ◆ **to pay full price for sth** (for goods) acheter qch au prix fort ; (for tickets, fares) payer qch plein tarif ◆ **at full speed** à toute vitesse ◆ **full speed ahead, full steam ahead!** (Naut) en avant toute ! ◆ **to go full steam ahead** (fig) avancer à plein régime ◆ **battalion at full strength** bataillon m au (grand) complet ◆ **in full uniform** en grande tenue ; see also 3

c in titles **a full colonel** un colonel ◆ **a full general** un général d'armée, ≈ un général à cinq étoiles ◆ **full member** membre m à part entière ◆ **full professor** (Univ: esp US) professeur m (titulaire d'une chaire)

d = ample lips charnu ; face plein, joufflu ; figure replet (-ète f), rondelet ; skirt, trousers, blouse large, ample ; (Naut) sails plein, gonflé ◆ **clothes for the fuller figure** des vêtements pour personnes fortes

[2] ADVERB

◆ **to hit sb full in the face** frapper qn en plein visage ◆ **to look sb full in the face** regarder qn droit dans les yeux ◆ **to turn the volume/sound up full** mettre le volume/le son à fond

◆ **full out** * ◆ **to go full out** (= work) mettre la gomme * ◆ **we'll be going full out to win the championship** on va se défoncer * pour gagner le championnat

◆ **full well** know, understand fort bien, parfaitement ◆ **to realize full well that …** se rendre parfaitement compte que …

◆ **in full** ◆ **to write one's name in full** écrire son nom en entier ◆ **to publish a letter in full** publier une lettre intégralement ◆ **text in full** texte m intégral ◆ **he paid in full** il a tout payé

◆ **to the full** pleinement ◆ **to live one's life to the full** vivre pleinement sa vie

[3] COMPOUNDS

▷ **full beam** n (Brit Aut) to drive (with one's headlights) on full beam rouler en pleins phares ▷ **full-blooded** adj (= vigorous) person vigoureux, robuste ; (= of unmixed race) de race pure ▷ **full-blown** adj flower épanoui ; (fig) crisis, disaster, war, epidemic généralisé ♦ he has full-blown Aids il a un sida avéré or déclaré ♦ he's a full-blown doctor/architect il est médecin/architecte diplômé ▷ **full-bodied** adj wine qui a du corps ▷ **full-court press** n (US fig) to give sb the full-court press * exercer une forte pression sur qn ▷ **full-cream milk** n lait m entier or non écrémé ▷ **full dress** n (Mil) grande tenue f ; (= evening dress) tenue f de soirée ▷ **full-dress** adj clothes de cérémonie ♦ **full-dress debate** (Parl) débat m dans les règles ♦ they had a full-dress discussion on what should be done ils ont eu un débat de fond pour décider de la conduite à tenir ▷ **full-face** adj photograph de face ; helmet intégral ▷ **full-fashioned** adj (US) ⇒ fully-fashioned → fully ▷ **full-fledged** adj (US) ⇒ fully-fledged → fully ▷ **full frontal** n nu m intégral de face ▷ **full-frontal** adj photograph d'un nu intégral de face ; view de face ♦ **full-frontal assault** or **attack** attaque f de front ▷ **full-grown** adj child parvenu au terme de sa croissance ; animal, man, woman adulte ▷ **full house** n (Cards) full m ▷ **full-length** adj portrait, mirror en pied ; dress, coat long ; curtains tombant jusqu'au sol ; film (de) long métrage ▷ **full moon** n pleine lune f ▷ **full name** n nom m et prénom(s) m(pl) ▷ **full-page** adj advert, article (en) pleine page ▷ **full pay** n to be suspended on full pay être suspendu de ses fonctions sans perte de salaire ▷ **full-scale** adj ▷ **full-scale** ▷ **full score** n (Mus) grande partition f ; (Brit Sport) ⇒ full-time score ▷ **full-size(d)** adj (= life-sized) model, drawing grandeur nature inv ; (= adult-sized) bicycle, violin, bed en grandeur réelle ▷ **full stop** n (Brit Gram) point m ♦ I'm not going, full stop!* (fig) je n'y vais pas, un point c'est tout ! ♦ his career seems to have come to a full stop il semble que sa carrière soit au point mort ▷ **full-strength** adj cigarettes très fort ; solution non dilué ▷ **full term** n to come or go to full term [baby] arriver à terme ; [pregnancy] arriver à terme, être mené à terme ◊ adv to be carried full term [baby] arriver à terme ♦ to go full term [woman] accoucher à terme ▷ **full-term** adj baby né à terme ; pregnancy, delivery, birth à terme ▷ **full-throated** adj laugh, shout retentissant ▷ **full time** adv work à temps plein, à plein temps ◊ n (Brit Sport) fin f de match ▷ **full-time** adj employment à plein temps ♦ she's a full-time secretary elle est secrétaire à plein temps ♦ it's a full-time job looking after those children * s'occuper de ces enfants est un travail à temps plein ♦ **full-time score** (Sport) score m final ▷ **full-timer** n personne travaillant à plein temps ♦ **full word** n (Ling) mot m principal

full² [fʊl] vt (Tex) fouler

fullback ['fʊlbæk] n (Sport) arrière m

fuller's earth [ˌfʊləz'ɜːθ] n terre f savonneuse

fullness ['fʊlnɪs] n **a** [of details] abondance f ; [of description] (in novel, story) richesse f ; [of voice, sound, garment] ampleur f ♦ the police were impressed by the fullness of her description la police a été impressionnée par l'exhaustivité de sa description ♦ fullness of flavour richesse f de goût ♦ this cut gives some fullness to the hairstyle cette coupe donne du volume ou du gonflant à la coiffure

 b (liter) out of the fullness of his sorrow le cœur débordant de chagrin ♦ in the fullness of time (= eventually) avec le temps ; (= at predestined time) en temps et lieu

full-scale ['fʊlskeɪl] adj **a** (= thorough-going) war, conflict total, généralisé ; riot véritable ; attack, search, negotiations, debate, investigation de grande envergure ; review, retreat complet (-ète f) ; industrial production à plein rendement

 b (= life-size) drawing, model, replica grandeur nature inv

fully ['fʊlɪ] → SYN **1** adv **a** (= completely) use, load au maximum, à plein ; justify complètement ; understand très bien ; convinced, satisfied entièrement, complètement ; → laden

 b (= at least) au moins, bien ♦ fully 600 600 au moins ♦ fully half une bonne moitié, la moitié au moins ♦ it is fully two hours since he went out il y a au moins or bien deux heures qu'il est sorti

 2 COMP ▷ **fully-fashioned** adj (Dress) moulant ▷ **fully-fitted kitchen** n cuisine f entièrement équipée ▷ **fully-fledged** → SYN adj **a** a fully-fledged bird oiseau m qui a toutes ses plumes **b** (fig) system véritable, à part entière ♦ he's now a fully-fledged doctor/architect (Brit) il est maintenant médecin/architecte diplômé ♦ a fully-fledged British citizen (Brit) un citoyen britannique à part entière

fulmar ['fʊlmə'] n fulmar m

fulminate ['fʌlmɪneɪt] **1** vi fulminer, pester (against contre)

 2 COMP ▷ **fulminate of mercury** n fulminate m de mercure

fulmination [ˌfʊlmɪ'neɪʃən] n (also **fulminations**) invective(s) f(pl) (against sb/sth contre qn/qch)

fulness ['fʊlnɪs] n ⇒ fullness

fulsome ['fʊlsəm] → SYN adj (gen pej = extravagant) praise, tribute, welcome, compliments, thanks outré, excessif ; tone excessivement élogieux ; manner obséquieux ♦ to be fulsome in one's praise faire des éloges outrés

fulsomely ['fʊlsəmlɪ] adv abondamment, excessivement

fumaric acid [fjuː'mærɪk] n (Chem) acide m fumarique

fumarole ['fjuːməˌrəʊl] n fumerolle f

fumble ['fʌmbl] → SYN **1** vi (also **fumble about, around**) (in the dark) tâtonner ; (in one's pockets) fouiller ♦ to fumble (about) for sth in the dark chercher qch à tâtons dans l'obscurité ♦ to fumble (about) for sth in a pocket/a drawer fouiller dans une poche/un tiroir pour trouver qch ♦ to fumble with sth manier or tripoter qch (maladroitement) ♦ to fumble for words chercher ses mots

 2 vt [+ object] manier gauchement or maladroitement ♦ he fumbled the key in the lock il tentait maladroitement d'engager la clé dans la serrure ♦ to fumble the ball (Sport) mal attraper la balle ♦ their fumbling attempts to arrange a settlement leurs tentatives maladroites pour arriver à un accord ♦ I fumbled the question I was trying to ask je me suis emmêlé les pinceaux* en essayant de poser ma question

fume [fjuːm] **1** vi **a** [liquids, gases] exhaler des vapeurs, fumer

 b (* = be furious) rager ♦ he's fuming il est furibard* or furax* inv

 2 n ♦ fumes (gen) exhalaisons fpl, émanations fpl ♦ factory fumes fumées fpl d'usine ♦ petrol fumes vapeurs fpl d'essence ♦ car exhaust fumes gaz m d'échappement

 3 COMP ▷ **fuming sulphuric acid** n (Chem) acide m sulfurique fumant

fumigate ['fjuːmɪgeɪt] → SYN vt désinfecter par fumigation, fumiger (frm)

fumigation [ˌfjuːmɪ'geɪʃən] n fumigation f

fumigator ['fjuːmɪgeɪtə'] n fumigateur m

fumitory ['fjuːmɪtərɪ] n (Bot) fumeterre f

fun [fʌn] → SYN **1** n (NonC = amusement) amusement m ♦ he had great or good fun il s'est bien or beaucoup amusé ♦ have fun!* amusez-vous bien ! ♦ he's great or good fun il est très drôle, on s'amuse bien avec lui ♦ the book is great or good fun le livre est très amusant ♦ sailing is good fun c'est amusant de faire de la voile ♦ what fun! que c'est drôle or amusant ! ♦ for fun, in fun pour rire or plaisanter ♦ I don't see the fun of it je ne trouve pas cela drôle ♦ I only did it for the fun of it je ne l'ai fait que pour m'amuser ♦ I'm not doing this for the fun of it je ne fais pas cela pour m'amuser or pour mon plaisir ♦ it's not much fun for us ce n'est pas très amusant, cela ne nous amuse pas beaucoup ♦ it's only his fun il fait cela pour rire, c'est tout ♦ to spoil the fun, to spoil his (or our etc) fun [person] jouer les trouble-fête or les rabat-joie ; [event, weather] gâter or gâcher son (or notre etc) amusement ♦ the children had fun and games at the picnic les enfants se sont follement amusés pendant le pique-nique ♦ there'll be fun and games over this decision* (iro) cette décision va faire du potin* du boucan* ♦ he's having fun and games with the au pair girl * (euph) il a une aventure avec la jeune fille au pair (euph) ♦ she's been having fun and games with the washing machine * (= difficulty) la machine à laver lui en a fait voir de toutes les couleurs * ♦ we had a bit of fun getting the car started * (= difficulty) pour faire partir la voiture ça n'a pas été de la rigolade * ça n'a pas été une partie de plaisir ♦ did he go? – like fun he did!* y est-il allé ? – tu rigoles or tu parles !*

♦ **to make fun of** or **poke fun at sb/sth** se moquer de qn/qch

 2 adj * marrant*, rigolo* ♦ it's a fun thing to do c'est marrant à faire ♦ she's a really fun person elle est vraiment marrante* or rigolote*

 3 COMP ▷ **fun fur** n similifourrure f ◊ adj en similifourrure ▷ **fun house** n (US) attraction foraine comprenant des planchers mouvants, des miroirs déformants, etc ▷ **fun-loving** adj she's a fun-loving girl elle aime s'amuser ▷ **fun run** n course f de fond pour amateurs

funambulist [fjuː'næmbjʊlɪst] n funambule mf

function ['fʌŋkʃən] → SYN **1** n **a** (= role) [of heart, tool etc] fonction f ; [of person] fonction f, charge f ♦ in his function as judge en sa qualité de juge ♦ it is not part of my function to do that cela n'entre pas dans mes fonctions, il ne m'appartient pas de faire cela ; → bodily

 b (= meeting) réunion f ; (= reception) réception f ; (= official ceremony) cérémonie f publique

 c (Math, Ling, Comput) fonction f

 d (fig = depend on) to be a function of sth être en fonction de qch

 2 vi fonctionner, marcher ♦ to function as [person, thing] faire fonction de, servir de, jouer le rôle de

 3 COMP ▷ **function key** n (Comput) touche f de fonction ▷ **function room** n salle f de réception ▷ **function suite** n salles fpl de réception ▷ **function word** n (Ling) mot-outil m

functional ['fʌŋkʃnəl] → SYN adj fonctionnel

functionalism ['fʌŋkʃnəlɪzəm] n fonctionnalisme m

functionalist ['fʌŋkʃnəlɪst] adj, n fonctionnaliste mf

functionally ['fʌŋkʃnəlɪ] adv fonctionnellement

functionary ['fʌŋkʃənərɪ] n employé(e) m(f) (d'une administration) ; (in civil service, local government) fonctionnaire mf

fund [fʌnd] → SYN **1** n **a** (Fin) caisse f, fonds m ♦ to start a fund lancer une souscription ♦ funds fonds mpl ♦ to be in funds être en fonds ♦ the public funds les fonds publics ♦ no funds (Banking) défaut m de provision ♦ he hasn't the funds to buy a house il n'a pas les fonds nécessaires pour acheter une maison ; → raise, secret

 b (= supply) [of humour, good sense etc] fond m ♦ a fund of knowledge un trésor de connaissances ♦ he has a fund of funny stories il connaît des quantités d'histoires

 2 vt [+ debt] consolider ; [+ project] financer, assurer le financement de ; [+ firm] doter en capital ; [+ account] alimenter

 3 COMP ▷ **fund manager** n gestionnaire mf de fonds or de portefeuille ▷ **fund-raiser** n (= person) collecteur m, -trice f de fonds ; (dinner etc) dîner m etc organisé pour collecter des fonds ▷ **fund-raising** n collecte f de fonds ◊ adj dinner, event organisé pour collecter des fonds

fundament ['fʌndəmənt] n (hum = buttocks) fondement m

fundamental [ˌfʌndə'mentl] → SYN **1** adj **a** belief, principle, right, question, issue, concern, importance fondamental ♦ a fundamental mistake or error une erreur capitale ♦ this is fundamental to the smooth running of the company c'est essentiel pour la bonne marche de l'entreprise ♦ it is fundamental to our understanding of the problem c'est fondamental or essentiel si nous voulons comprendre le problème

 b (Mus) fondamental

 2 n **a** principe m essentiel or de base ♦ when you get down to (the) fundamentals quand on en vient à l'essentiel

 b (Mus) fondamental m

 3 COMP ▷ **fundamental interaction** n (Phys) interaction f fondamentale ▷ **fundamental**

fundamentalism / further

particle n (Phys) particule f fondamentale ▷ **fundamental research** n recherche f fondamentale ▷ **fundamental unit** n unité f de base or fondamentale

fundamentalism [ˌfʌndəˈmentəlɪzəm] n intégrisme m

fundamentalist [ˌfʌndəˈmentəlɪst] adj, n intégriste mf

fundamentally [ˌfʌndəˈmentəlɪ] → SYN adv different, wrong fondamentalement, radicalement ; agree, affect, alter fondamentalement ◆ **fundamentally important** d'une importance capitale ◆ **he is fundamentally good** il a un bon fond ◆ **the plan is fundamentally flawed** le plan est vicié à la base ◆ **to disagree fundamentally with sb/sth** être en profond désaccord avec qn/qch ◆ **fundamentally, it's a love story** au fond, c'est une histoire d'amour

fundholder [ˈfʌndˌhəʊldəʳ] n (gen) rentier m, -ière f ; [of public funds] détenteur m, -trice f de fonds publics

fundholding doctor [ˌfʌndhəʊldɪŋˈdɒktəʳ], **fundholding GP** [ˌfʌndhəʊldɪŋdʒiːˈpiː] n (Brit Admin) généraliste ayant obtenu le droit de gérer son propre budget

funding [ˈfʌndɪŋ] n financement m ◆ **they're hoping to get government funding for the scheme** ils espèrent obtenir un financement or des fonds du gouvernement pour ce programme

fundus [ˈfʌndəs] n, pl **fundi** [ˈfʌndaɪ] fond m (de l'utérus)

funeral [ˈfjuːnərəl] → SYN ① n (gen) obsèques fpl (frm) ; (grander) funérailles fpl ; (= burial) enterrement m ; (= cremation) incinération f ; (in announcements) obsèques fpl ◆ **that's your funeral!** * c'est ton problème ! ; → **state**

② COMP ▷ **funeral director** n entrepreneur m de pompes funèbres ▷ **funeral home** n (US) ⇒ **funeral parlour** ▷ **funeral march** n marche f funèbre ▷ **funeral oration** n oraison f funèbre ▷ **funeral parlour** n funérarium m, salon m funéraire (Can) ▷ **funeral procession** n (on foot) cortège m funèbre ; (in car) convoi m mortuaire ▷ **funeral pyre** n bûcher m (funéraire) ▷ **funeral service** n service m or cérémonie f funèbre

funerary [ˈfjuːnərərɪ] adj funéraire

funereal [fjuːˈnɪərɪəl] adj expression, atmosphere funèbre, lugubre ; voice sépulcral, lugubre

funfair [ˈfʌnfɛəʳ] n (Brit) fête f (foraine)

fungal [ˈfʌŋɡəl] adj infection fongique

fungi [ˈfʌŋɡaɪ] npl of **fungus**

fungible [ˈfʌndʒɪbəl] adj fongible

fungicidal [ˌfʌndʒɪˈsaɪdl] adj fongicide

fungicide [ˈfʌndʒɪsaɪd] n fongicide m

fungiform [ˈfʌndʒɪfɔːm] adj fongiforme

fungistat [ˈfʌndʒɪˌstæt] n fongistatique m

fungistatic [ˌfʌndʒɪˈstætɪk] adj fongistatique

fungoid [ˈfʌŋɡɔɪd], **fungous** [ˈfʌŋɡəs] adj (Med) fongueux ; (Bot) cryptogamique

fungus [ˈfʌŋɡəs] n, pl **fungi** or **funguses** (Bot: generic term) (= mushrooms etc) champignon m ; (= mould) moisissure f ; (Med) mycose f ; (⁎ hum = beard) barbe f

funicle [ˈfjuːnɪkl] n funicule m

funicular [fjuːˈnɪkjʊləʳ] ① adj funiculaire

② n (also **funicular railway**) funiculaire m

funk¹ [fʌŋk] n (Mus) ◆ **funk (music)** funk m

funk² * [fʌŋk] ① n (Brit) ◆ **to be in a (blue) funk** † (= frightened) avoir la trouille *

② vt ◆ **he funked it** il s'est dégonflé *, il a cané *

funker * [ˈfʌŋkəʳ] n (= skiver) planqué(e) * m(f)

funky¹ [ˈfʌŋkɪ] adj music, rhythm funky inv

funky² * [ˈfʌŋkɪ] (US) adj ⓐ (= excellent) super * inv, génial * ; (= fashionable) à la page, qui a le look *

ⓑ (= smelly) qui cocotte ⁎, qui pue

funnel [ˈfʌnl] → SYN ① n ⓐ (for pouring through) entonnoir m

ⓑ (Brit) [of ship, engine] cheminée f

② vt (faire) passer dans un entonnoir ; (fig) canaliser

funnily * [ˈfʌnɪlɪ] adv ⓐ (= strangely) behave, walk bizarrement ◆ **funnily enough ...** curieusement ...

ⓑ (= amusingly) drôlement, comiquement

funny [ˈfʌnɪ] → SYN ① adj ⓐ (= amusing) person, joke, story, book, film, play drôle, amusant ; accent, voice, walk comique ◆ **it's not funny** ça n'a rien de drôle ◆ **what's so funny?** qu'est-ce qu'il y a de drôle ? ◆ **don't (try to) be funny** n'essaie pas d'être drôle ◆ **to make a funny face** faire une grimace amusante ; see also **1b** ◆ **to see the funny side of sth** voir le côté amusant or comique de qch

ⓑ (* = strange) bizarre ◆ **funny-peculiar (or funny-ha-ha)?** drôle bizarre (ou drôle amusant) ? ◆ **he's funny that way** il est bizarre pour ça ◆ **the meat tastes funny** la viande a un drôle de goût ◆ **a funny idea** une drôle d'idée ◆ **to feel funny** (= ill) ne pas être dans son assiette ◆ **to go funny** [machine] se détraquer ◆ **to make a funny face** faire une drôle de tête ; see also **1a** ◆ **I have a funny feeling I'm going to regret this** j'ai comme l'impression que je vais le regretter ◆ **(it's) funny you should say that** c'est bizarre que vous disiez (subj) cela ◆ **the funny thing (about it) is that ...** ce qu'il y a de drôle c'est que ... ◆ **funny! I thought he'd left** bizarre ! je croyais qu'il était parti ◆ **it's a funny old world** c'est tout de même bizarre or curieux

ⓒ (* = fishy) louche * ◆ **funny business** magouilles * fpl ◆ **don't try anything funny!** * ne fais pas le malin or la maligne !

② n (US) ◆ **the funnies** (Press⁎: gen pl) les bandes fpl dessinées

③ COMP ◆ **funny bone** * n petit juif * m ▷ **funny cigarette** * n joint * m ▷ **funny farm** * n maison f de fous ▷ **funny girl** * n (= comedian) comique f ▷ **funny handshake** * n poignée f de main rituelle ▷ **funny man** * n, pl **funny men** (= comedian) comique m ▷ **funny money** * n (= large amount) sommes fpl astronomiques ; (= counterfeit) fausse monnaie f

fur [fɜːʳ] ① n ⓐ [of animal] pelage m, fourrure f ◆ **the cat has beautiful fur** le chat a un beau pelage or une belle fourrure ; → **fly³**

ⓑ (often pl = animal skins) fourrure(s) f(pl) ◆ **she was dressed in furs** elle portait des fourrures or de la fourrure

ⓒ (= limescale) (dépôt m de) calcaire m ◆ **to have fur on one's tongue** avoir la langue pâteuse or chargée

② vi (also **fur up**) [kettle, pipe, boiler] s'entartrer

③ vt ◆ **his tongue is furred** sa langue est chargée or pâteuse

④ COMP jacket etc de fourrure ▷ **fur coat** n manteau m de fourrure ▷ **fur trade** n industrie f de la fourrure

furbelow † [ˈfɜːbɪləʊ] n falbala m ◆ **(frills and) furbelows** fanfreluches fpl, falbalas mpl

furbish [ˈfɜːbɪʃ] vt (= polish) fourbir, astiquer, briquer ; (= smarten) remettre à neuf, rénover

furfuraldehyde [ˌfɜːfjəˈrældɪˌhaɪd] n furfural m

furioso [ˌfjʊərɪˈəʊsəʊ] adv (Mus) furioso

furious [ˈfjʊərɪəs] → SYN adj ⓐ (= angry) person furieux (about or at or over sth de qch) ◆ **she was furious at being disturbed** elle était furieuse d'avoir été dérangée ◆ **to be furious at or with sb (for doing sth)** être furieux contre qn (parce qu'il a fait qch) ◆ **to be furious with o.s. for doing sth** s'en vouloir d'avoir fait qch ◆ **I was furious that I'd lost** j'étais furieux d'avoir perdu ◆ **I was furious that he'd come** j'étais furieux qu'il soit venu ◆ **she was furious to find that ...** elle a été furieuse de découvrir que ... ◆ **to get furious** se mettre en rage (with sb contre qn)

ⓑ (= energetic) pace effréné ; speed fou (folle f) ; activity débordant, frénétique ; effort vigoureux, acharné ◆ **the action of the film was fast and furious** le rythme du film était endiablé ◆ **the fun was fast and furious** la fête battait son plein

ⓒ (= violent) row, reaction, attack, protest violent ; debate houleux ; battle, struggle acharné ; storm, sea déchaîné

furiously [ˈfjʊərɪəslɪ] adv ⓐ (= angrily) say d'un ton furieux, furieusement ; react furieusement ; argue avec emportement ◆ **to be furiously angry** être dans une colère noire, être hors de soi

ⓑ (= frantically) work, scribble comme un(e) forcené(e) ; fight, lobby avec acharnement ; drive à une allure folle ; ride à bride abattue ◆ **furiously busy/jealous** extrêmement occupé/jaloux ◆ **her heart was beating furiously** son cœur battait la chamade

furl [fɜːl] vt (Naut) [+ sail] ferler, serrer ; [+ umbrella, flag] rouler ◆ **the flags are furled** les drapeaux sont en berne

furlong [ˈfɜːlɒŋ] n furlong m (201,17 m)

furlough [ˈfɜːləʊ] (US) ① n ⓐ (Mil) permission f, congé m ◆ **on furlough** en permission

ⓑ (Ind) chômage m technique

② vt (Ind) mettre au chômage technique

furnace [ˈfɜːnɪs] ① n (industrial) fourneau m, four m ; (for central heating) chaudière f ◆ **this room is like a furnace** cette pièce est une vraie fournaise

② COMP ▷ **furnace room** n chaufferie f

furnish [ˈfɜːnɪʃ] → SYN ① vt ⓐ [+ house] meubler (with de) ◆ **furnished flat** (Brit) ◆ **furnished apartment** (US) appartement m meublé ◆ **in furnished rooms** en meublé

ⓑ (= supply) [+ object, information, excuse, reason] fournir ◆ **to furnish sb with sth** pourvoir or munir qn de qch ◆ **to furnish an army with provisions** ravitailler une armée

② COMP ▷ **furnishing fabrics** npl tissus mpl d'ameublement

furnishings [ˈfɜːnɪʃɪŋz] npl mobilier m, ameublement m ◆ **house sold with furnishings and fittings** maison f vendue avec objets mobiliers divers

furniture [ˈfɜːnɪtʃəʳ] → SYN ① n (NonC) meubles mpl, mobilier m ◆ **a piece of furniture** un meuble ◆ **I must buy some furniture** il faut que j'achète des meubles ◆ **the furniture was very old** les meubles étaient très vieux, le mobilier était très vieux ◆ **the furniture was scanty** l'ameublement était insuffisant, c'était à peine meublé ◆ **one settee and three chairs were all the furniture** un sofa et trois chaises constituaient tout l'ameublement or le mobilier ◆ **he treats her as part of the furniture** il la traite comme si elle faisait partie du décor ◆ **he's like part of the furniture** (regular: in pub etc) il fait partie des meubles ◆ **dining-room furniture** des meubles mpl or du mobilier m de salle à manger

② COMP ▷ **furniture depot** n garde-meubles m inv ▷ **furniture mover** n (US) déménageur m ▷ **furniture polish** n encaustique f ▷ **furniture remover** n déménageur m ▷ **furniture shop** n magasin m d'ameublement or de meubles ▷ **furniture store** n ⇒ **furniture depot** or **furniture shop** ▷ **furniture van** n camion m de déménagement

furore [fjʊəˈrɔːrɪ] → SYN, **furor** (US) [ˈfjʊərɔːʳ] n (= protests) scandale m ; (= enthusiasm) débordement m d'enthousiasme ◆ **the incident caused a furore** cet incident a fait scandale

furrier [ˈfʌrɪəʳ] n fourreur m

furrow [ˈfʌrəʊ] ① n (Agr) sillon m ; (in garden etc) rayon m ; (on brow) ride f ; (liter: on sea) sillage m ; → **ridge**

② vt [+ earth] sillonner ; [+ face, brow] rider

furry [ˈfɜːrɪ] ① adj ⓐ animal à poil ; body, tail poilu ; leaf duveteux

ⓑ (= fleecy) hat, slippers en fausse fourrure ; material qui ressemble à de la fourrure ◆ **furry toy** (= soft toy) peluche f

ⓒ (fig) kettle, pipe entartré ; (Brit) tongue chargé, pâteux ; teeth recouvert de tartre, entartré

② COMP ▷ **furry dice** npl (Brit) dés mpl en feutrine (qu'on accroche au rétroviseur) ▷ **furry friend** n (hum) ami m à fourrure

further [ˈfɜːðəʳ] LANGUAGE IN USE 19.1, 20.2, 21.1, 26.2 → SYN (compar of **far**)

① adv ⓐ ⇒ **farther 1**

ⓑ (= more) davantage, plus ◆ **he questioned us no further** il ne nous a pas interrogés davantage, il ne nous a pas posé d'autres questions ◆ **without troubling any further** sans se tracasser davantage, sans plus se tracasser ◆ **I got no further with him** je ne suis arrivé à rien de plus avec lui ◆ **unless I hear any further** à moins qu'on ne me prévienne du contraire, sauf avis contraire ◆ **until you hear further** jusqu'à nouvel avis ◆ **we heard nothing further from him** nous n'avons plus rien reçu de lui, nous n'avons pas eu d'autres nouvelles de lui or de sa part ♦ **this mustn't go any further** (fig) il ne faut pas que cela aille plus loin ♦ **I think we should take this matter further** je pense que nous devrions poursuivre cette affaire or que nous ne devrions pas nous en tenir là ♦ **and further I believe ...** et de plus je crois ... ♦ **he said that he would do it and further that he wanted to** il a dit qu'il le ferait et en outre or et en plus qu'il avait envie de le faire ♦ **to study/examine an issue further** approfondir l'étude/l'examen d'une question ♦ **further to your letter** (Comm) comme suite à votre lettre

2 adj **a** ⇒ **farther 2**

b (= additional) nouveau (nouvelle f), supplémentaire ♦ **until further notice** jusqu'à nouvel ordre ♦ **to refer** or **remand a case for further inquiry** (Jur) renvoyer une cause pour complément d'information or d'instruction ♦ **without further delay** sans autre délai, sans plus attendre ♦ **without further ado** sans plus de cérémonie ♦ **upon further consideration** après plus ample réflexion, à la réflexion ♦ **awaiting further details** en attendant de plus amples détails ♦ **one or two further details** un ou deux autres points ♦ **please send me further details of ...** (in letter) veuillez m'envoyer de plus amples renseignements sur or concernant ... ♦ **there are one or two further things I must say** il y a encore une ou deux remarques que j'aimerais faire, j'ai encore une ou deux remarques à faire

3 vt [+ one's interests, a cause] servir, favoriser

4 COMP ▷ **Further Education, further education** n enseignement m postscolaire ; see also **college** ▷ **Further Education Funding Council** n (Brit) organisme de financement de l'enseignement postscolaire

furtherance ['fɜːðərəns] → SYN n avancement m ♦ **in furtherance of sth** pour avancer or servir qch

furthermore [ˌfɜːðə'mɔːʳ] adv en outre, de plus

furthermost ['fɜːðəməʊst] adj le plus éloigné, le plus lointain

furthest ['fɜːðɪst] → SYN ⇒ **farthest**

furtive ['fɜːtɪv] → SYN adj action, behaviour, look furtif ; person sournois ♦ **she sneaked out for a furtive cigarette** elle s'éclipsa pour fumer furtivement une cigarette or pour fumer en douce *

furtively ['fɜːtɪvlɪ] adv furtivement, à la dérobée

furuncle ['fjʊərʌŋkl] n (Med) furoncle m

furunculosis [fjʊəˌrʌŋkjʊ'ləʊsɪs] n (Med) furonculose f

fury ['fjʊərɪ] → SYN n [of person] fureur f, furie f ; [of storm, wind] fureur f, violence f ; [of struggle] acharnement m ♦ **to be in a fury** être en furie, être dans une rage or colère folle ♦ **to put sb into a fury** mettre qn dans une colère folle ♦ **to fly into a fury** entrer en fureur or en furie, se mettre dans une rage folle ♦ **she's a little fury** c'est une petite furie or harpie ♦ **the Furies** (Myth) les Furies fpl, les Euménides fpl
♦ **like fury** * ♦ **to work like fury** travailler d'arrache-pied or comme un fou ♦ **to run like fury** courir comme un dératé

furze [fɜːz] n (NonC) ajoncs mpl

fuse, fuze (US) [fjuːz] **1** vt **a** (= unite) [+ metal] fondre, mettre en fusion

b (fig) faire fusionner, réunir

c (Brit Elec) **faire sauter** ♦ **to fuse the television** (or **the iron** or **the lights** etc) faire sauter les plombs

d (= fit with fuse) [+ bomb] amorcer ♦ **to fuse a plug** équiper une prise d'un fusible

2 vi **a** [metals] fondre ; (fig: also **fuse together**) fusionner

b (Brit Elec) **the television** (or **the lights** etc) **fused** les plombs ont sauté

3 n **a** (Elec = wire) fusible m, plomb m ♦ **to light the fuse** (fig) mettre la machine en marche, mettre les choses en branle ♦ **this incident lit the fuse that led to the war** cet incident a été le détonateur de la guerre ♦ **to have a short fuse** *, **to be on a short fuse** * (fig) se mettre facilement en rogne *, être soupe au lait

b (Elec = blow-out) **there's been a fuse somewhere** il y a un fusible de sauté quelque part

c (of bomb etc) amorce f, détonateur m ; (Min) cordeau m

4 COMP ▷ **fuse box** n (gen) boîte f à fusibles, coupe-circuit m inv ; (Aut) boîte f à fusibles ▷ **fuse wire** n fusible m

fused [fjuːzd] adj (Elec) electrical equipment, plug avec fusible incorporé

fusel ['fjuːzl] n (also **fusel oil**) fusel m, huile f de fusel

fuselage ['fjuːzəlɑːʒ] n fuselage m

fusible ['fjuːzɪbl] adj ♦ **fusible metal** or **alloy** alliage m fusible

fusilier [ˌfjuːzɪ'lɪəʳ] n (Brit) fusilier m

fusillade [ˌfjuːzɪ'leɪd] n fusillade f

fusion ['fjuːʒən] **1** n (Metal) fonte f, fusion f ; (Phys, Mus) fusion f ; [of parties, races] fusion f, fusionnement m

2 COMP ▷ **fusion bomb** n (Mil) bombe f thermonucléaire

fuss [fʌs] → SYN **1** n (NonC) (= commotion stirred up) tapage m ; (= excitement, agitation in reaction to sth) agitation f ; (= complaints, objections, difficulties) histoires fpl ♦ **I think all this fuss is only a publicity stunt** je pense que tout ce tapage n'est qu'un truc publicitaire ♦ **the company introduced new working conditions with the minimum of fuss** la société a mis en place de nouvelles conditions de travail sans que cela provoque trop d'agitation or de remous ♦ **the government's proposals have caused a great deal of fuss** les propositions du gouvernement ont provoqué beaucoup d'agitation or de remous ♦ **I'm sick of all this fuss!** j'en ai assez de toute cette agitation or de toutes ces histoires ! ♦ **I don't know what all the fuss is about** je ne sais pas pourquoi on fait tant d'histoires ♦ **a lot of fuss about nothing** beaucoup de bruit pour rien ♦ **what a fuss just to get a passport!** que d'histoires rien que pour obtenir un passeport ! ♦ **we got married very quietly. We didn't want a big fuss** nous nous sommes mariés sans cérémonie. Nous voulions quelque chose de simple ♦ **without (any) fuss** marry, be buried etc simplement, en toute simplicité ♦ **he just gets down to work without any fuss** il se met au travail sans faire toute une histoire ♦ **to make a fuss, to kick up a fuss** * faire un tas d'histoires * ♦ **to make a fuss about** or **over sth** (justifiably) protester à propos de qch, ne pas laisser passer qch ; (unjustifiably) faire des histoires pour qch, faire tout un plat de qch * ♦ **you were quite right to make a fuss** vous avez eu tout à fait raison de protester or de ne pas laisser passer ça ♦ **don't make such a fuss about accepting** ne faites pas tant de manières pour accepter ♦ **to make a fuss of** (Brit) or **over** (US) **sb** être aux petits soins pour qn

2 vi (= become excited) s'agiter ; (= rush around busily) s'affairer, faire la mouche du coche ; (= worry) se tracasser, s'en faire * ♦ **to fuss over sb** être aux petits soins pour qn ; (pej) embêter * qn (par des attentions excessives) ♦ **don't fuss over him** laisse-le tranquille

3 vt [+ person] ennuyer, embêter *

▶ **fuss about, fuss around** vi s'affairer, faire la mouche du coche

fussbudget * [ˈfʌsˌbʌdʒɪt] n (US) ⇒ **fusspot**

fussed * [fʌst] adj (Brit) ♦ **I'm not fussed (about going)** ça m'est égal (d'y aller)

fussily ['fʌsɪlɪ] adv (esp pej) **a** (= painstakingly) check, adjust de façon tatillonne

b (pej = overelaborately) **fussily ornate** tarabiscoté ♦ **fussily dressed** habillé de façon apprêtée

fussiness ['fʌsɪnɪs] n [of person] caractère m tatillon or pointilleux ; [of style] caractère m tarabiscoté or surchargé

fusspot * ['fʌspɒt] n (= nuisance) enquiquineur * m, -euse * f ; (= finicky person) coupeur m, -euse f de cheveux en quatre ♦ **don't be such a fusspot!** ne fais pas tant d'histoires !, arrête d'enquiquiner le monde ! *

fussy ['fʌsɪ] → SYN adj **a** (esp pej = exacting) person, cat tatillon (about sth sur qch), pointilleux ♦ **to be a fussy eater** être difficile sur la nourriture ♦ **tea or coffee? – I'm not fussy** * thé ou café ? – ça m'est égal

b (pej = overelaborate) design, style, furnishings, details trop recherché ; food (trop) élaboré ♦ **that dress is too fussy** cette robe n'est pas assez simple

fustian ['fʌstɪən] n futaine f

fusty ['fʌstɪ] adj **a** (pej = old-fashioned) person vieux jeu inv ; organization poussiéreux, vieillot ; image, ideas suranné, vieillot

b (= musty) smell de renfermé, de moisi ; place, clothes, furnishings qui sent le renfermé

futile ['fjuːtaɪl] → SYN adj remark futile, vain ; attempt vain

futility [fjuːˈtɪlɪtɪ] → SYN n futilité f ♦ **the futility of this attempt/measure** l'inutilité f de cette tentative/mesure

futon ['fuːtɒn] n futon m

future ['fjuːtʃəʳ] → SYN **1** n **a** avenir m ♦ **what the future holds for us** ce que l'avenir nous réserve ♦ **does Britain's future lie within the EU?** l'avenir de la Grande-Bretagne est-il dans l'UE ? ♦ **there is a real future for bright young people in this firm** cette entreprise offre de réelles possibilités d'avenir pour des jeunes gens doués ♦ **he believed his future lay with her** (in relationship, business) il pensait que son avenir était lié à elle ♦ **in (the) future** à l'avenir ♦ **in the near future, in the not too distant future** bientôt, dans un proche avenir (more frm) ♦ **there's no future in this type of research** ce type de recherche n'a aucun avenir ♦ **there's no future in it** * [+ product, method, relationship] cela n'a aucun avenir ; [+ measures, way of behaving] ça n'aboutira à rien, ça ne servira à rien

b (Gram) futur m ♦ **in the future** au futur

2 futures npl (St Ex) marchandises fpl (achetées) à terme ♦ **futures market** marché m à terme ♦ **coffee futures** café m (acheté) à terme

3 adj prospects, plans, role futur ; king, queen futur (before n) ♦ **her future husband** son futur mari ♦ **future generations** les générations futures or à venir ♦ **at a** or **some future date** à une date ultérieure ♦ **in future years** dans les années à venir ♦ **for future reference** pour référence ultérieure

4 COMP ▷ **future perfect (tense)** n futur m antérieur ▷ **future tense** n futur m ♦ **in the future tense** au futur

futurism ['fjuːtʃərɪzəm] n futurisme m

futurist ['fjuːtʃərɪst] n **a** (esp US = futurologist) futurologue mf

b (Art) futuriste mf

futuristic [ˌfjuːtʃə'rɪstɪk] adj futuriste

futurity [fjuːˈtjʊərɪtɪ] n (frm = future time) futur m

futurologist [ˌfjuːtʃərˈbɒlədʒɪst] n futurologue mf

futurology [ˌfjuːtʃərˈbɒlədʒɪ] n futurologie f, prospective f

fuze [fjuːz] (US) ⇒ **fuse**

fuzz [fʌz] **1** n (NonC = light growth) (on body) duvet m, poils mpl fins ; (on head) duvet m, cheveux mpl fins ; (= frizzy hair) cheveux mpl crépus or crêpelés (et bouffants)

2 the fuzz * npl (= police) la flicaille *, les flics * mpl

fuzzily ['fʌzɪlɪ] adv worded de manière confuse ♦ **you're thinking fuzzily** vous n'avez pas les idées claires

fuzzy ['fʌzɪ] **1** adj **a** (= indistinct) photograph, picture flou ; sound, voice confus, indistinct ; writing indistinct

b (= confused) idea, brain, details, distinction confus ; memory imprécis, vague ♦ **to be fuzzy about** or **on sth** n'avoir qu'une idée confuse de qch

c (= downy) duveteux ; (= frizzy) hair crépu

d (= furry) material, sweater pelucheux

e **to be** or **feel fuzzy(-headed)** * (from drink) être dans les vapes *

2 COMP ▷ **fuzzy dice** npl (US) ⇒ **furry dice** ▷ **fuzzy logic** n (Comput) logique f floue

fwd (esp Comm) abbrev of **forward**

f-word ['ef,wɜːd] n (euph = fuck) ♦ **the f-word** le mot "fuck" **, un gros mot

FX [ef'eks] npl (Cine = special effects) effets mpl spéciaux

FY n (Fin) (abbrev of **fiscal year**) → **fiscal**

FYI (abbrev of **for your information**) → **information**

G

G, g [dʒiː] **1** n **a** (= letter) G, g m ◆ **G for George** ≃ G comme Gaston
  b (Mus) sol m ; → **key**
  c (Phys = gravity, acceleration) g m
  d * (abbrev of **grand**) (Brit) mille livres fpl ; (US) mille dollars mpl
  e (Scol = mark) (abbrev of **good**) bon
  2 COMP ▷ **G7** n G7 m ◆ **G7 summit** sommet m du G7 ▷ **G8** n G8 m ▷ **G-force** n force f gravitationnelle ▷ **G-man** *, n, pl **G-men** (US) agent m du FBI ▷ **G spot** n point m G ▷ **G-string** n (Mus) (corde f de) sol m ; (= garment) cache-sexe m inv, string m ▷ **G-suit** n (Space) combinaison f spatiale or anti-g

g. **a** (abbrev of **gram(s)**) g inv
  b (abbrev of **gravity**) g

GA abbrev of **Georgia**

gab * [gæb] **1** n bagou(t) * m ◆ **to have a gab (about sth)** papoter (à propos de qch) ; → **gift**
  2 vi (= chatter) papoter (*about* à propos de) ; (= reveal secret) vendre la mèche

GABA ['gæbə] n (abbrev of **gamma-aminobutyric acid**) gaba m

gabardine [,gæbə'diːn] n gabardine f

gabber * ['gæbəʳ] n bavard(e) m(f), moulin m à paroles

gabble ['gæbl] **1** vti (= talk indistinctly) bafouiller ; (= talk unintelligibly) baragouiner * ◆ **he gabbled on about the accident** (= talk quickly) il nous a fait une description volubile de l'accident ◆ **he gabbled (out) an excuse** il a bafouillé une excuse ◆ **"where are they, where are they?", he gabbled** "où sont-ils, où sont-ils ?", a-t-il bafouillé ◆ **they were gabbling away in French** ils jacassaient en français
  2 n baragouin * m, charabia * m

gabbler ['gæblər] n ◆ **she's such a gabbler** on ne comprend rien à ce qu'elle dit

gabbro ['gæbrəʊ] n gabbro m

gabby * ['gæbɪ] adj jacasseur, bavard comme une pie

gabion ['geɪbɪən] n (Constr) gabion m

gable ['geɪbl] **1** n pignon m
  2 COMP ▷ **gable end** n pignon m ▷ **gable roof** n comble m sur pignon(s)

gabled ['geɪbld] adj à pignon(s)

Gabon [gə'bɒn] n le Gabon

Gabonese [,gæbə'niːz] **1** adj gabonais
  2 n Gabonais(e) m(f)

gaboon [gə'buːn] n (= wood) okoumé m

Gabriel ['geɪbrɪəl] n Gabriel m

gad¹ [gæd] n (Agr) aiguillon m

gad² [gæd] vi ◆ **to gad about** vadrouiller * ◆ **she spent the summer gadding about (in) Italy** elle a passé l'été à vadrouiller * en Italie

gad³ * [gæd] excl (also **by gad**) sapristi ! †, bon sang !

gadabout ['gædə,baʊt] → SYN n vadrouilleur * m, -euse * f

Gadarene ['gædə,riːn] adj ◆ **the Gadarene swine** (Bible) les pourceaux mpl gadaréniens ; (fig) les moutons mpl de Panurge ◆ **there was a Gadarene rush to sell shares** tout le monde s'est précipité pour vendre ses actions

gadfly ['gædflaɪ] n taon m ; (fig = harassing person) mouche f du coche

gadget ['gædʒɪt] → SYN n **a** (= device) (petit) appareil m
  b (* = thingummy) (petit) truc * m or bidule * m, gadget m

gadgetry ['gædʒɪtrɪ] n (of car etc) gadgets mpl

gadoid ['geɪdɔɪd] n (= fish) gade m, gadidé m

gadolinium [,gædə'lɪnɪəm] n gadolinium m

gadroon [gə'druːn] n godron m

gadwall ['gædwɔːl] n (Orn) canard m chipeau

gadzooks [gæd'zuːks] excl († † or hum) morbleu (archaic or hum)

Gael [geɪl] n Gaël mf

Gaeldom ['geɪldəm] n monde m gaélique

Gaelic ['geɪlɪk, 'gælɪk] **1** adj gaélique
  2 n (Ling) gaélique m
  3 COMP ▷ **Gaelic coffee** n irish coffee m ▷ **Gaelic football** n football m gaélique

Gaeltacht ['geɪltəxt] n (Ling) région f de la langue gaélique (*en Irlande*)

gaff¹ [gæf] **1** n (Fishing) gaffe f ; (Naut) corne f ◆ **to stand the gaff** * (US) encaisser *, tenir
  2 vt gaffer, harponner

gaff² * [gæf] n (Brit) (= home) piaule * f ; (= music hall etc) beuglant * m

gaff³ * [gæf] n (= nonsense) foutaises * fpl ; → **blow¹**

gaffe [gæf] → SYN n gaffe f, impair m

gaffer * ['gæfəʳ] **1** n **a** an old gaffer un vieux (bonhomme)
  b (Brit) (= foreman) contremaître m ; (= boss) patron m, chef m
  c (Cine) chef m électricien
  2 COMP ▷ **gaffer tape** ruban m adhésif

gag [gæg] → SYN **1** n **a** (in mouth) bâillon m ; (Med) ouvre-bouche m inv ◆ **the new law will effectively put a gag on the free press** la nouvelle loi aura pour effet de bâillonner la presse libre
  b * (= joke) blague f, plaisanterie f ; (= hoax) canular m ; (by comedian) (unscripted) improvisation f comique ; (visual) gag m
  2 vt (lit) bâillonner ; (fig = silence) bâillonner, museler ◆ **he was bound and gagged** on l'a attaché et bâillonné
  3 vi **a** (* = retch) avoir des haut-le-cœur ◆ **to be gagging to do sth** * mourir d'envie de faire qch ◆ **to be gagging for it** * (sex) être en chaleur *
  b (* = joke) plaisanter, blaguer ; [comedian] faire une or des improvisation(s) comique(s)
  4 COMP ▷ **gag law** *, **gag rule** * n (US) loi f limitant la durée des délibérations

gaga * ['gɑːgɑː] adj (= senile) gaga * f inv, gâteux ; (= crazy) cinglé *

gage [geɪdʒ] **1** n **a** (= challenge) défi m ; (= glove) gant m
  b (= pledge) gage m, garantie f ; (= article pledged) gage m
  c (US Tech) ⇒ **gauge 1**
  2 vt (US Tech) ⇒ **gauge 2**

gaggle ['gægl] **1** n (lit, hum) troupeau m
  2 vi [geese] cacarder

gaiety ['geɪɪtɪ] → SYN n (NonC) gaieté f

gaillardia [geɪ'lɑːdɪə] n (Bot) gaillarde f

gaily ['geɪlɪ] → SYN adv **a** (= brightly) painted, dressed de couleurs vives ; decorated de façon gaie ◆ **gaily coloured** aux couleurs vives
  b (= cheerily) chatter gaiement
  c (= thoughtlessly) tranquillement

gain [geɪn] → SYN **1** n (Comm, Fin) (= profit) gain m, profit m ; (= increase in value of asset) plus-value f ; (fig) avantage m ; (= increase) augmentation f ; (in wealth) accroissement m (*in* de) ; (in knowledge etc) acquisition f (*in* de) ◆ **to do sth for (financial) gain** faire qch pour le profit ◆ **his loss is our gain** là où il perd nous gagnons ◆ **a gain in weight** une augmentation de poids ◆ **there have been gains of up to three points** (St Ex) des hausses allant jusqu'à trois points ont été enregistrées ◆ **Labour made gains in the South** (in election) les travaillistes ont progressé ou sont en progression dans le sud
  2 **gains** npl (= profits) bénéfices mpl, gains mpl ; (= winnings) gains mpl
  3 vt **a** [+ money, approval, respect] gagner, obtenir ; [+ liberty] obtenir ; [+ support, supporters] s'attirer ; [+ friends] se faire ◆ **what have you gained by doing that?** qu'est-ce que tu as gagné à faire ça ? ◆ **he'll gain nothing by being rude** il ne gagnera rien à être impoli ◆ **these shares have gained three points** (St Ex) ces valeurs ont enregistré une hausse de trois points ◆ **my watch has gained five minutes** ma montre a pris cinq minutes d'avance ◆ **we were unable to gain access to his files** nous n'avons pas pu avoir accès à ses fichiers ◆ **did they gain access to the property?** ont-ils réussi à entrer dans la propriété ? ◆ **to gain sb's confidence** gagner la confiance de qn ◆ **to gain control (of)** prendre le contrôle (de) ◆ **his troops gained control after heavy fighting** ses troupes ont pris le contrôle après des combats acharnés ◆ **to gain back control over sth** reprendre le contrôle de qch ◆ **to gain entry (to building)** réussir à entrer ◆ **she gained entry to the system by using a stolen password** elle s'est introduite dans le système à l'aide d'un mot de passe volé ◆ **to gain sb's goodwill** gagner les bonnes grâces de qn ◆ **to gain a**

hearing (= make people listen) se faire écouter ; (with king etc) obtenir une audience ♦ **Cyprus gained independence from Britain in 1960** Chypre, ancienne colonie britannique, est devenue indépendante en 1960 ♦ **to gain one's objective** atteindre son objectif ♦ **Labour has gained three seats** (in election) les travaillistes ont gagné trois nouveaux sièges ♦ **Labour has gained three seats from the Conservatives** les travaillistes ont pris trois sièges aux conservateurs

b (= acquire more) **to gain ground** (Mil) gagner du terrain ; (fig) gagner du terrain, progresser ♦ **to gain momentum** (lit) prendre de la vitesse ; (fig) prendre de l'ampleur, gagner du terrain ♦ **to gain speed** prendre de la vitesse ♦ **to gain time** gagner du temps (by doing sth en faisant qch)

c (also **gain in**) **to gain experience** acquérir de l'expérience ♦ **to gain popularity** gagner en popularité ♦ **to gain prestige** gagner en prestige ♦ **to gain strength** [person, movement] devenir plus fort ; [storm, hurricane] devenir plus violent ; (Fin) [market] se raffermir ♦ **to gain weight** prendre du poids ♦ **she's gained 3kg** (in weight) elle a pris 3 kg

d (= reach) [+ place] atteindre, parvenir à

4 vi **a** (= benefit) gagner

b to gain in (= acquire more) → **3c**

c [watch] avancer ; [runners] prendre de l'avance ♦ **he hasn't gained by the exchange** il n'a pas gagné au change

▶ **gain (up)on** vt fus **a** (Sport, fig) (= catch up with) rattraper ; (= outstrip) prendre de l'avance sur

b [sea] gagner sur

gainer ['geɪnəʳ] n (= person) gagnant(e) m(f) ; (St Ex) valeur f en hausse ♦ **there were more losers than gainers** il y avait davantage de perdants que de gagnants ♦ **he is the gainer by it** c'est lui qui y gagne

gainful ['geɪnfʊl] adj occupation (= worthwhile) utile, profitable (= lucrative) lucratif, rémunérateur (-trice f) ♦ **to be in gainful employment** avoir un emploi rémunéré

gainfully ['geɪnfʊlɪ] adv ♦ **to be gainfully employed** (= in paid work) avoir un emploi rémunéré ; (= doing sth useful) ne pas perdre son temps ♦ **there was nothing that could gainfully be said** il n'y avait pas grand-chose à dire

gainsay [,geɪn'seɪ] → SYN vt, pret, ptp **gainsaid** [,geɪn'sed] [+ person] contredire ; [+ account, statement] contredire, démentir ; [+ fact] nier ♦ **the facts cannot be gainsaid** on ne peut pas nier les faits, ces faits sont indéniables ♦ **the evidence cannot be gainsaid** ces preuves sont irrécusables ♦ **her argument cannot be gainsaid** son argument est irréfutable ♦ **there's no gainsaying it** c'est indéniable, on ne peut pas le nier

gait [geɪt] → SYN n démarche f ♦ **with an awkward gait** d'une démarche or d'un pas gauche ♦ **to have a rolling gait** rouler or balancer les hanches ♦ **to have a shuffling gait** marcher en traînant les pieds

gaiter ['geɪtəʳ] n guêtre f

gal †* [gæl] n ⇒ **girl 1**

gal. pl **gal.** or **gals.** abbrev of **gallon**

gala ['gɑːlə] → SYN **1** n fête f, gala m ♦ **opening/closing gala** gala m d'ouverture/de clôture ♦ **swimming/sports gala** grand concours m de natation/d'athlétisme

2 COMP evening, dinner, concert de gala ▷ **gala day** n jour m de gala or de fête ▷ **gala dress** n tenue f de gala ▷ **gala night** n (Theat) soirée f de gala ▷ **gala occasion** n grande occasion f

galactic [gə'læktɪk] adj galactique

galactometer [,gælək'tɒmɪtəʳ] n lactodensimètre m

galactose [gə'læktəʊz] n galactose m

Galahad ['gæləhæd] n (Myth) Galaad m

galantine ['gæləntiːn] n galantine f

Galapagos [gə'læpəgəs] npl ♦ **the Galapagos (Islands)** les (îles fpl) Galapagos fpl

Galatea [,gælə'tɪə] n (Myth) Galatée f

Galatia [gə'leɪʃə] n (Hist) la Galatie

Galatian [gə'leɪʃən] n (Bible) Galate mf

Galatians [gə'leɪʃənz] npl (Bible) Galates mpl

galaxy ['gæləksɪ] n (Astron) galaxie f ; (fig) [of talent] constellation f, brillante assemblée f ♦ **a galaxy of film stars** une multitude de stars du cinéma

gale [geɪl] → SYN **1** n coup m de vent, grand vent m ♦ **a force 8 gale** (Met) un vent de force 8 ♦ **it was blowing a gale** le vent soufflait très fort ♦ **there's a gale blowing in through that window** c'est une véritable bourrasque qui entre par cette fenêtre ♦ **gales of laughter** grands éclats mpl de rire

2 COMP ▷ **gale force winds** npl vent m soufflant en tempête, coups mpl de vent ▷ **gale warning** n (Met) avis m de coup de vent

Galen ['geɪlən] n Galien m

galena [gə'liːnə] n galène f

galenical [geɪ'lenɪkəl] adj galénique

Galenism ['geɪlɪ,nɪzəm] n galénisme m

Galicia [gə'lɪʃɪə] n (in Central Europe) la Galicie ; (in Spain) la Galice

Galician [gə'lɪʃɪən] **1** adj galicien

2 n Galicien(ne) m(f)

Galilean[1] [,gælɪ'liːən] **1** adj (Bible, Geog) galiléen

2 n Galiléen(ne) m(f) ♦ **the Galilean** (Bible) le Christ

Galilean[2] [,gælɪ'leɪən] adj (Phys, Astron) galiléen

Galilee ['gælɪliː] n la Galilée ♦ **the Sea of Galilee** le lac de Tibériade, la mer de Galilée

Galileo [,gælɪ'leɪəʊ] n Galilée m

galingale ['gælɪŋ,geɪl] n (Bot) galanga m

gall[1] [gɔːl] → SYN **1** n (Med) bile f ; (Zool) bile f, fiel m ; (fig = bitterness) fiel m, amertume f ♦ **she had the gall to say that ...** elle a eu l'effronterie de dire que ...

2 COMP ▷ **gall-bladder** n vésicule f biliaire

gall[2] [gɔːl] → SYN **1** n (on animal) écorchure f, excoriation f ; (Bot) galle f

2 vt (fig) irriter, exaspérer ♦ **it galls me that ...** cela m'irrite or m'exaspère que ... ♦ **it galls me to have to admit it** cela m'irrite or m'exaspère d'avoir à le reconnaître

3 COMP ▷ **gall-apple** n noix f de galle ▷ **gall wasp** n cynips m

gall. pl **gall.** or **galls.** abbrev of **gallon**

gallant ['gælənt] → SYN **1** adj **a** († = brave) soldier brave, vaillant (liter) ♦ **gallant conduct** bravoure f, vaillance f (liter) ♦ **a gallant deed** une action d'éclat

b (= plucky) effort, attempt courageux, héroïque ; fight héroïque

c (liter = elegant) appearance, dress élégant

d [gə'lænt] (= chivalrous) gentleman, gesture galant

2 [gə'lænt] n galant m

gallantly ['gæləntlɪ] adv **a** (= bravely) fight, battle bravement, vaillamment (liter)

b [gə'læntlɪ] (= chivalrously) galamment

gallantry † ['gæləntrɪ] → SYN n **a** (= bravery) bravoure f, vaillance f (liter)

b (= chivalrousness) galanterie f

galleon ['gælɪən] n galion m

gallery ['gælərɪ] n **a** (Archit) (= passageway, long room, outside balcony) galerie f ; (= inside balcony) tribune f ; (in cave, mine) galerie f ; → **minstrel, press, shooting**

b (also **art gallery**) (state-owned) musée m (d'art) ; (private, selling paintings) galerie f (de tableaux or d'art) ; (US = auction room) salle f des ventes

c (Theat) dernier balcon m, poulailler * m ♦ **in the gallery** au dernier balcon, au poulailler * ♦ **to play to the gallery** (fig) poser or parler pour la galerie

galley ['gælɪ] **1** n **a** (= ship) galère f ; (= ship's kitchen) coquerie f

b (Typ) galée f ; (also **galley proof**) (épreuve f en) placard m

2 COMP ▷ **galley slave** n galérien m ▷ **galley west** adv (US) **to knock sth galley west** chambarder * qch, mettre la pagaille dans qch

galliard ['gæljəd] n (Dance, Mus) gaillarde f

Gallic ['gælɪk] adj (= of Gaul) gaulois ; (= French) français ♦ **Gallic charm** charme m latin ♦ **the Gallic Wars** la guerre des Gaules

gallic ['gælɪk] adj (Chem) gallique

Gallicism ['gælɪsɪzəm] n gallicisme m

gallicize ['gælɪ,saɪz] vt franciser

gallimaufry [,gælɪ'mɔːfrɪ] n fatras m

gallinacean [,gælɪ'neɪʃən] n (Orn) gallinacé m

gallinaceous [,gælɪ'neɪʃəs] adj (Orn) gallinacé

galling ['gɔːlɪŋ] → SYN adj (= irritating) irritant, exaspérant

gallinule ['gælɪnjuːl] n ♦ **common gallinule** poule f d'eau

gallipot ['gælɪ,pɒt] n (= pot) pot m d'apothicaire

gallium ['gælɪəm] n gallium m

gallivant [,gælɪ'vænt] vi (also **gallivant about**, **gallivant around** : for pleasure) se balader ♦ **I have to earn my living while you go gallivanting around Europe!** il faut que je gagne ma vie pendant que tu te balades en Europe !

gallnut ['gɔːl,nʌt] n noix f de galle

gallon ['gælən] n gallon m (Brit = 4,546 l, US = 3,785 l)

gallonage ['gælənɪdʒ] n capacité f en gallons

galloon [gə'luːn] n (Sewing) galon m

gallop ['gæləp] → SYN **1** n galop m ♦ **to go for a gallop** aller galoper ♦ **to break into a gallop** prendre le galop, se mettre au galop ♦ **at a or the gallop** au galop ♦ **at full gallop** (horse) au grand galop, ventre à terre ; (rider) au grand galop, à bride abattue ♦ **after a quick gallop through the history of the Roman Empire, the author turns to ...** après avoir évoqué rapidement l'histoire de l'empire romain, l'auteur en vient à ...

2 vi [horse, rider] galoper ♦ **to gallop away/back etc** partir/revenir etc au galop ♦ **to go galloping down the street** (fig) descendre la rue au galop ♦ **to gallop through a book *** lire un livre à toute vitesse

3 vt [+ horse] faire galoper

galloper ['gæləpəʳ] n galopeur m, -euse f

galloping ['gæləpɪŋ] adj **a** horse au galop ; hooves, pace de cheval au galop

b (Med) pneumonia, pleurisy, consumption galopant ; (Econ) economy, interest rates, prices qui s'emballe ♦ **galloping inflation** inflation f galopante

Gallo-Roman [,gæləʊ], **Gallo-Romance** adj, n gallo-roman m

gallows ['gæləʊz] **1** n, pl **gallowses** or **gallows** (NonC: also **gallows tree**) gibet m, potence f ♦ **he'll end up on the gallows** il finira à la potence or par la corde

2 COMP ▷ **gallows bird *** n gibier m de potence ▷ **gallows humour** n (fig) humour m macabre

gallstone ['gɔːlstəʊn] n calcul m biliaire

Gallup ['gæləp] **1** n Gallup m

2 COMP ▷ **Gallup poll** ® n sondage m Gallup

galoot * [gə'luːt] n (US) balourd * m

galop ['gæləp] n galop m (danse)

galore [gə'lɔːʳ] → SYN adv en abondance, à gogo * ♦ **bargains galore** de bonnes affaires à profusion

galosh [gə'lɒʃ] n (gen pl) ♦ **galoshes** caoutchoucs mpl (enfilés par-dessus les chaussures), claques fpl (Can)

galumph * [gə'lʌmf] vi ♦ **to go galumphing in/out etc** (clumsily) entrer/sortir etc en courant maladroitement ; (happily) entrer/sortir etc en sautillant gaiement ♦ **a galumphing great girl** une grande fille à la démarche gauche

galvanic [gæl'vænɪk] adj (Elec) galvanique ; jerk crispé ; (fig) effect galvanisant, électrisant

galvanism ['gælvənɪzəm] n galvanisme m

galvanization [,gælvənaɪ'zeɪʃən] n galvanisation f

galvanize ['gælvənaɪz] → SYN vt **a** (Elec, Med) galvaniser ♦ **galvanized iron** fer m galvanisé

b (fig) [+ person, group] galvaniser ; [+ discussions, debate] animer ; [+ market, economy] stimuler, donner une impulsion à ♦ **to galvanize sb into action** pousser qn à agir ♦ **to galvanize sb to do sth, to galvanize sb into doing sth** pousser qn à faire qch

galvanometer [,gælvə'nɒmɪtəʳ] n galvanomètre m

galvanometric [,gælvənəʊ'metrɪk] adj (Elec) galvanométrique

galvanoscope [ˈgælvənəˌskəʊp] n galvanoscope m

Gambia [ˈgæmbɪə] n ◆ **(the) Gambia** la Gambie

Gambian [ˈgæmbɪən] **1** n Gambien(ne) m(f)
2 adj gambien

Gambier Islands [ˈgæmbɪəʳ] npl (Geog) ◆ **the Gambier Islands** les îles Gambier

gambit [ˈgæmbɪt] n (Chess) gambit m ; (fig) manœuvre f, ruse f ; → **opening**

gamble [ˈgæmbl] → SYN **1** n entreprise f risquée, pari m ◆ **a political gamble** un pari politique ◆ **life's a gamble** la vie est un jeu de hasard ◆ **it's a pure gamble** c'est affaire de chance ◆ **it was a bit of a gamble but ...** c'était un peu risqué mais ... ◆ **the gamble came off** or **paid off** ça a payé de prendre ce risque ◆ **to take a gamble** prendre un risque ◆ **to take a gamble on it** prendre le risque ◆ **we're really taking a gamble with him** nous prenons vraiment un risque avec lui ◆ **the party is taking a gamble that they will be elected** le parti mise sur le fait qu'il remportera les élections ◆ **to have a gamble on a horse** miser sur un cheval ◆ **to have a gamble on the stock exchange** jouer à la Bourse
2 vi **a** (lit) jouer (*on* sur ; *with* avec) ◆ **to gamble on the stock exchange** jouer à la Bourse
b (fig) **to gamble on** miser sur ◆ **we had been gambling on fine weather** nous avions misé sur le beau temps ◆ **to gamble on doing sth** (confident of success) compter faire qch ; (less sure) penser faire qch ◆ **Labour was gambling on winning support from the trade unions** les travaillistes comptaient or pensaient obtenir le soutien des syndicats ◆ **he was gambling on her being late** or **that she would be late** il comptait sur le fait qu'elle serait en retard ◆ **to gamble with sb's life** jouer avec la vie de qn ◆ **to gamble with one's future** mettre en jeu son avenir

▶ **gamble away** vt sep [+ money etc] perdre or dilapider au jeu

gambler [ˈgæmbləʳ] **1** n (lit) joueur m, -euse f ◆ **he's a bit of a gambler** (fig = risk-taker) il a le goût du risque, il aime prendre des risques ; → **big 3**
2 COMP ▷ **Gamblers Anonymous** n *association venant en aide aux joueurs invétérés*

gambling [ˈgæmblɪŋ] **1** n (= action) jeu m ; (= games played) jeux mpl d'argent ◆ **his gambling ruined his family** sa passion du jeu a entraîné la ruine de sa famille ◆ **he believes gambling is wrong** il pense que les jeux d'argent sont un vice
2 COMP ▷ **gambling debts** npl dettes fpl de jeu ▷ **gambling den, gambling hell** *, **gambling house**, **gambling joint** * (US) n (pej) maison f de jeu, tripot m (pej) ▷ **gambling losses** npl pertes fpl au jeu

gamboge [gæmˈbuːʒ] n gomme-gutte f

gambol [ˈgæmbəl] → SYN **1** n gambade f, cabriole f
2 vi gambader, cabrioler ◆ **to gambol away/back** etc partir/revenir etc en gambadant or cabriolant

gambrel [ˈgæmbrəl] n (also **gambrel roof**) toit m brisé

game¹ [geɪm] → SYN **1** n **a** (gen) jeu m ; (= match) [of football, rugby, cricket etc] match m ; [of tennis, billiards, chess] partie f ; [of bridge] manche f ◆ **a game of cards** une partie de cartes ◆ **card games** jeux mpl de cartes ◆ **video games** jeux mpl vidéo inv ◆ **the wonderful game of football** le jeu merveilleux qu'est le football ◆ **a game of skill/of chance** un jeu d'adresse/de hasard ◆ **to have** or **play a game of** (chess etc) faire une partie de ; (football etc) jouer un match de ◆ **he plays a good game of football** il est bon au football ◆ **they were game all** (Tennis) ils étaient à un jeu partout ; (Bridge) ils étaient à une manche partout ◆ **it was three games all** (Tennis) on était à trois jeux partout ; (Bridge) on était à trois manches partout ◆ **game, set and match** (Tennis) jeu, set et match ◆ **game (to) Johnston** (Tennis) jeu Johnston ◆ **it isn't a game, you know!** ce n'est pas un jeu tu sais ! ◆ **it's all part of the game** cela fait partie des règles du jeu ◆ **he's just playing silly games** (fig) il n'est pas sérieux ◆ **to have the game in one's hands** (lit, fig) être sur le point de gagner ; → **highland, indoor**

b (* = style of playing) **he's off his game** il n'est pas en forme ◆ **to put sb off his (or her etc) game** troubler qn

c (fig) (= scheme, plan) plan m, projet m ; (= dodge, trick) (petit) jeu m, manège m ; (* = occupation) travail m, boulot * m ◆ **it's a profitable game** c'est une entreprise rentable ◆ **the game is up** tout est fichu * or à l'eau ◆ **they saw the game was up** ils ont vu que la partie était perdue ◆ **OK, the game's up!** ça suffit maintenant, tu es démasqué ! ◆ **don't play his game with me** n'entre pas dans son jeu ◆ **we soon saw through his game** nous avons vite vu clair dans son (petit) jeu ◆ **two can play at that game** à bon chat bon rat (Prov) ◆ **what's the game?** * (= what's happening?) qu'est-ce qui se passe ? ; (= what are you doing?) à quoi tu joues ? * ◆ **what's your (little) game?** * à quoi tu joues ? * ◆ **I wonder what his game is** * je me demande ce qu'il mijote * or manigance ◆ **don't come that game with me** * (Brit) ne jouez pas ce petit jeu-là avec moi ◆ **to beat sb at his (or her etc) own game** battre qn sur son propre terrain ◆ **to spoil sb's game** déjouer les manigances or machinations de qn ◆ **how long have you been in this game?** * cela fait combien de temps que vous faites ça ? ◆ **to be the only game in town** (esp US) : [person, company, plan] être le seul valable or digne de considération ◆ **to be on the game** ⁑ [prostitute] faire le trottoir ⁑ ; → **fun, give away, play, waiting**

d (Culin, Hunting) gibier m ◆ **big/small game** gros/petit or menu gibier m ; see also **big, fair¹**

2 games npl (Brit Scol) sport m, activités fpl physiques et sportives ◆ **to be good at games** être sportif ◆ **we get games on Thursdays** nous avons EPS le jeudi

3 vi (= gamble) jouer

4 adj **a** (= brave) courageux ◆ **to be game** avoir du cran *, avoir du cœur au ventre
b (= ready, prepared) prêt (*to do sth* à faire qch) ◆ **are you game?** tu en as envie ? ◆ **I'm game if you are** je marche si tu marches ◆ **he's game for anything** il est prêt à tout, il ne recule devant rien

5 COMP ▷ **game birds** npl gibier m (NonC) à plume ▷ **game fish** n poissons mpl d'eau douce ▷ **game laws** npl réglementation f de la chasse ▷ **game park** n ▷ **game reserve** ▷ **game pie** n (Culin) pâté m de gibier en croûte ▷ **game plan** n (lit, fig) stratégie f ◆ **what's the game plan?** comment va-t-on s'organiser ? ▷ **game point** n (Tennis etc) balle f de jeu ▷ **game reserve** n réserve f naturelle ▷ **games console** n (Comput) console f de jeux (vidéo) ▷ **game show** n (TV) jeu m télévisé ; (Rad) jeu m radiophonique ▷ **games library** n ludothèque f ▷ **games master, games mistress** n (Scol) professeur m d'éducation physique ▷ **game theory** n théorie f des jeux ▷ **game warden** n garde-chasse m ; (on reserve) gardien m chargé de la protection des animaux

game² [geɪm] adj (= lame) arm, leg estropié

gamebag [ˈgeɪmbæg] n gibecière f, carnassière f

gamecock [ˈgeɪmkɒk] n coq m de combat

gamekeeper [ˈgeɪmˌkiːpəʳ] n garde-chasse m

gamelan [ˈgæmɪlæn] n gamelan m

gamely [ˈgeɪmlɪ] adv hardiment

gamer * [ˈgeɪməʳ] n (= computer game enthusiast) fana * mf des jeux vidéo

gamesmanship [ˈgeɪmzmənʃɪp] n ◆ **a successful piece of gamesmanship** un stratagème couronné de succès ◆ **an element of political gamesmanship** une part de stratégie politique ◆ **to be good at gamesmanship** savoir utiliser les règles (du jeu) à son avantage

gamesome [ˈgeɪmsəm] adj (frm) joueur

gamester [ˈgeɪmstəʳ] n joueur m, -euse f

gametangium [ˌgæmɪˈtændʒɪəm] n (Bot) gamétange m

gamete [ˈgæmiːt] n gamète m

gametogenesis [ˌgæmɪtəʊˈdʒɛnɪsɪs] n gamétogenèse f

gametophyte [gəˈmiːtəʊˌfaɪt] n (Bot) gamétophyte m

gamin [ˈgæmɛ̃] n gamin m

gamine [gæˈmiːn] **1** n (= cheeky girl) gamine f (espiègle) ; (= tomboy) garçon m manqué
2 COMP appearance, hat gamin ▷ **gamine haircut** n **she had a gamine haircut** elle avait les cheveux coupés à la garçonne

gaminess [ˈgeɪmɪnɪs] n goût m de gibier

gaming [ˈgeɪmɪŋ] **1** n ⇒ **gambling**
2 COMP ▷ **gaming laws** npl réglementation f des jeux d'argent ▷ **gaming machine** n machine f à sous

gamma [ˈgæmə] **1** n gamma m
2 COMP ▷ **gamma-carotene** n gammacarotène m ▷ **gamma distribution** n loi f gamma ▷ **gamma globulin** n gammaglobuline f ▷ **gamma radiation** n rayons mpl gamma ▷ **gamma-ray astronomy** n astronomie f des rayons gamma ▷ **gamma rays** npl ⇒ **gamma radiation**

gammon [ˈgæmən] **1** n (Brit) (= bacon) quartier m de lard fumé ; (= ham) jambon m fumé
2 COMP ▷ **gammon steak** n (épaisse) tranche f de jambon fumé or salé

gammy * [ˈgæmɪ] adj (Brit) ⇒ **game²**

gamopetalous [ˌgæməʊˈpɛtələs] adj gamopétale

gamosepalous [ˌgæməʊˈsɛpələs] adj gamosépale

gamp ⁑ [gæmp] n (Brit hum) pépin * m, pébroc m

gamut [ˈgæmət] → SYN n (Mus, fig) gamme f ◆ **to run the gamut of** (fig) passer par toute la gamme de ◆ **his facial expressions ran the gamut from pain to terror** son visage est passé par toute la gamme des expressions de la douleur à la terreur

gamy [ˈgeɪmɪ] adj meat etc au goût de gibier

gander [ˈgændəʳ] n **a** (bird) jars m ; → **sauce**
b (= look) **to take a gander** ⁑ filer * un coup d'œil (*at* vers)

ganef ⁑ [ˈgɑːnəf] n (US) escroc m, filou m

gang [gæŋ] → SYN **1** n [of workmen] équipe f ; [of criminals] bande f, gang m ; [of youths, children, friends etc] bande f ; [of prisoners] convoi m ; (Tech) série f (d'outils multiples) ◆ **do you want to be in our gang?** veux-tu faire partie de notre bande ? ◆ **they roam the streets in gangs** ils traînent dans les rues en bandes ; → **chain**
2 COMP ▷ **the Gang of Four** n (Pol) la bande des Quatre ▷ **gang rape** n viol m collectif ▷ **gang-saw** n scie f multiple ▷ **gang show** n *spectacle de variétés donné par des scouts ou des soldats* ▷ **gang warfare** n guerre f des gangs

▶ **gang together** * vi se mettre ensemble or à plusieurs (*to do sth* pour faire qch)

▶ **gang up** * vi se mettre à plusieurs (*to do sth* pour faire qch) ◆ **to gang up on** or **against sb** * se liguer contre qn, se mettre à plusieurs contre qn

gangbang ⁑ [ˈgæŋˌbæŋ] n (= rape) viol m collectif

gangbanger ⁑ [ˈgæŋˌbæŋəʳ] n (US = gang member) membre m d'un gang

ganger [ˈgæŋəʳ] n (Brit) chef m d'équipe (*de travailleurs*)

Ganges [ˈgændʒiːz] n Gange m

Gangetic [gænˈdʒɛtɪk] adj gangétique, du Gange

gangland * [ˈgæŋˌlænd] n ◆ **gangland boss** chef m de gang ◆ **gangland killing** règlement m de comptes (entre gangs)

ganglia [ˈgæŋglɪə] npl of **ganglion**

gangliar [ˈgæŋglɪəʳ] adj ganglionnaire

gangling [ˈgæŋglɪŋ] → SYN adj person dégingandé ◆ **a gangling boy** un échalas, une perche (hum)

ganglion [ˈgæŋglɪən] n, pl **ganglia** or **ganglions** ganglion m ; (fig) [of activity] centre m

ganglionic [ˌgæŋglɪˈɒnɪk] adj ganglionnaire

gangly [ˈgæŋglɪ] adj ⇒ **gangling**

gangplank [ˈgæŋˌplæŋk] n passerelle f (de débarquement) ; (Naut) échelle f de coupée

gangrene [ˈgæŋgriːn] **1** n gangrène f
2 vi se gangréner

gangrenous ['gæŋgrɪnəs] adj gangreneux ◆ to go gangrenous se gangrener

gangsta rap ['gæŋstə,ræp] n gangsta rap m

gangster ['gæŋstəʳ] → SYN [1] n gangster m, bandit m
[2] COMP story, film de gangsters

gangsterism ['gæŋstərɪzəm] n gangstérisme m

gangue [gæŋ] n gangue f

gangway ['gæŋ,weɪ] n passerelle f; (Brit) (in bus etc) couloir m; (in theatre) allée f ◆ gangway! dégagez!

ganja ['gændʒə] n ganja f

gannet ['gænɪt] n fou m (de Bassan)

ganoid ['gænɔɪd] adj, n ganoïde m

gantry ['gæntrɪ] n (for crane) portique m; (Space) tour f de lancement; (Rail) portique m (à signaux); (for barrels) chantier m

Ganymede ['gænɪ,miːd] n (Myth) Ganymède m

gaol [dʒeɪl] (Brit) ⇒ **jail**

gaoler ['dʒeɪləʳ] n (Brit) ⇒ **jailer**

gap [gæp] → SYN [1] n **a** trou m, vide m; (in wall) trou m, brèche f; (in hedge) trou m, ouverture f; (in print, text) espace m, blanc m; (between floorboards) interstice m; (in pavement) brèche f; (between curtains) intervalle m; (in clouds, fog) trouée f; (between teeth) écart m, interstice m; (= mountain pass) trouée f; (in writing) blanc m ◆ **to stop up** or **fill in a gap** boucher un trou, combler un vide
b (fig) (in time) intervalle m; (in timetable) trou m; (in conversation, narrative) interruption f, vide m; (in education) lacune f, manque m ◆ **a gap in his memory** un trou de mémoire ◆ **he left a gap which will be hard to fill** il a laissé un vide qui sera difficile à combler ◆ **the four-month gap between the ceasefire and the elections** l'intervalle de quatre mois entre le cessez-le-feu et les élections ◆ **production was resumed after a three-year gap** or **a gap of three years** la production a repris après une interruption de trois ans ◆ **after a gap of three years** or **a three-year gap, Henry was born** trois ans plus tard, Henry est né ◆ **she returned after a gap of four years** elle est rentrée après une absence de quatre ans ◆ **on the last lap she closed the gap (between them) to 4.2 seconds** au dernier tour de piste elle est revenue à 4,2 secondes de sa concurrente ◆ **policies designed to close the gap between the salaries of public and private sector employees** des mesures visant à réduire l'écart entre les salaires du secteur public et ceux du secteur privé ◆ **tax increases to close the gap between spending and revenue** des augmentations d'impôt afin de réduire l'écart entre les dépenses et les recettes ◆ **to close the gap in the balance of payments** supprimer le déficit dans la balance des paiements ◆ **the gap between rich and poor is closing/widening** l'écart entre les riches et les pauvres se réduit/se creuse ◆ **a gap in the market** un créneau ◆ **the software gap is the biggest problem** l'insuffisance en matière de logiciel constitue le problème majeur ◆ **the trade gap** le déficit commercial; → **bridge¹**, **credibility, generation**
[2] COMP ▷ **gap financing** n crédit m (de) relais ▷ **gap-toothed** adj person (= teeth wide apart) aux dents écartées; (= teeth missing) brèche-dent † inv, à qui il manque une (or des) dent(s); smile, grin édenté ▷ **gap year** n **he spent his gap year in India** avant d'entrer à l'université, il a passé un an en Inde

gape [geɪp] → SYN [1] vi **a** (= open mouth) [person] bâiller, ouvrir la bouche toute grande; [bird] ouvrir le bec tout grand; [seam etc] bâiller; [chasm, abyss] être béant
b (= stare) rester bouche bée, bayer aux corneilles ◆ **to gape at sb/sth** regarder qn/qch bouche bée
[2] n (= stare) regard m ébahi

gaper ['geɪpəʳ] n mye f

gaping ['geɪpɪŋ] → SYN adj hole, chasm, wound béant; mouth, eyes grand ouvert; onlooker, tourist bouche bée inv

gappy ['gæpɪ] adj teeth écartés; structure, hedge avec des vides

garage ['gæraːʒ] [1] n **a** garage m
b (also **garage music**) garage m

[2] vt garer, mettre au garage
[3] COMP door, wall de garage ▷ **garage band** n (Mus) groupe m de musique garage ▷ **garage mechanic** n mécanicien m ▷ **garage proprietor** n garagiste m ▷ **garage sale** n vente f d'objets usagés (chez un particulier), vide-grenier m; → CAR-BOOT SALE; GARAGE SALE ▷ **garage space** n (NonC) place f pour se garer ◆ **there is garage space for three cars** il y a de la place pour trois voitures

garageman ['gæraːʒmən] n, pl **-men** mécanicien m

garaging ['gæraːʒɪŋ] n (NonC) place f pour se garer ◆ **there is garaging for three cars** il y a de la place pour trois voitures

garb [gaːb] [1] n (NonC: gen hum) costume m, atours mpl (liter) ◆ **in medieval garb** en costume médiéval
[2] vt (gen passive) vêtir (in de)

garbage ['gaːbɪdʒ] → SYN [1] n (NonC: esp US) ordures fpl, détritus mpl; (= food waste) déchets mpl; (fig) (= worthless objects) rebut m; (= nonsense) foutaises ‡ fpl; (Comput) (informations fpl) parasites mpl ◆ **garbage in, garbage out** (Comput) qualité d'entrée égale qualité de sortie, garbage in garbage out
[2] COMP ▷ **garbage can** n (US) boîte f à ordures, poubelle f ▷ **garbage chute** n (US) vide-ordures m inv ▷ **garbage collector** n (US) éboueur m, boueux * m ▷ **garbage disposal unit** n (US) broyeur m d'ordures ▷ **garbage man** n, pl **garbage men** (US) ⇒ **garbage collector** ▷ **garbage shute** n (US) ⇒ **garbage chute** ▷ **garbage truck** n (US) camion m des éboueurs

garble ['gaːbl] → SYN vt embrouiller

garbled ['gaːbld] adj account, version, message embrouillé; words, speech confus

Garda¹ ['gaːdə] n ◆ **Lake Garda** le lac de Garde

Garda² ['gaːdə] n, pl **Gardaí** ['gaːdiː] (Ir) agent m de police ◆ **the Garda** or **Gardaí** la police irlandaise

garden ['gaːdn] [1] n jardin m ◆ **the Garden of Eden** le Paradis terrestre, le jardin d'Éden ◆ **gardens** (public) parc m, jardin m public; [of manor house etc] jardin m ◆ **herb garden** jardin m d'herbes aromatiques ◆ **vegetable garden** (jardin m) potager m ◆ **in the garden** dans le jardin, au jardin ◆ **everything in the garden's lovely** or **rosy** tout va pour le mieux; → **back, flower, kitchen**
[2] vi jardiner, faire du jardinage ◆ **I like gardening** j'aime le jardinage, j'aime jardiner
[3] COMP ▷ **garden apartment** n (US) ⇒ **garden flat** ▷ **garden centre** n jardinerie f ▷ **garden city** n (Brit) cité-jardin f ▷ **garden flat** n appartement m en rez-de-jardin ▷ **garden gnome** n nain m de jardin ▷ **garden hose** n tuyau m d'arrosage ▷ **garden of remembrance** n jardin m du souvenir (dans un cimetière) ▷ **garden party** n garden-party f, réception f en plein air ▷ **garden path** (fig) **to lead sb up the garden path** * mener qn en bateau * ▷ **garden produce** n (NonC) produits mpl maraîchers ▷ **garden seat** n banc m de jardin ▷ **garden shears** npl cisaille f de jardinier ▷ **garden snail** n escargot m ▷ **the Garden State** n (US) le New Jersey ▷ **garden suburb** n banlieue f résidentielle (aménagée par un paysagiste) ▷ **garden tools** npl outils mpl de jardinage ▷ **garden-variety** adj (US) (= ordinary) simple, ordinaire; (= standard) d'un modèle standard ou ordinaire ▷ **garden wall** n mur m de jardin ◆ **he lives just over the garden wall from us** il habite juste à côté de chez nous ▷ **garden warbler** n fauvette f des jardins

gardener ['gaːdnəʳ] n jardinier m, -ière f ◆ **I'm no gardener** je ne connais rien au jardinage ◆ **he's a good gardener** il est très bon jardinier; → **landscape**

gardenia [gaː'diːnɪə] n gardénia m

gardening ['gaːdnɪŋ] [1] n jardinage m; see also **garden, landscape**
[2] COMP ▷ **gardening tools** npl ⇒ **garden tools**; → **garden**

garfish ['gaːfɪʃ] n, pl **garfish** or **garfishes** orphie f

garganey ['gaːgənɪ] n sarcelle f d'été

gargantuan [gaː'gæntjʊən] adj gargantuesque

gargle ['gaːgl] [1] vi se gargariser (with à), se faire un gargarisme (with avec)
[2] n gargarisme m

gargoyle ['gaːgɔɪl] n gargouille f

garibaldi [,gærɪ'bɔːldɪ] n (also **garibaldi biscuit**) petit gâteau aux raisins

garish ['gɛərɪʃ] → SYN adj colour criard; clothes aux couleurs criardes, tapageur; décor criard, tapageur; light cru

garishly ['gɛərɪʃlɪ] adv decorated, painted, dressed de couleurs criardes ◆ **garishly coloured** aux couleurs criardes ◆ **garishly lit** crûment éclairé

garishness ['gɛərɪʃnɪs] n [of clothes, décor, building] aspect m criard or tapageur; [of colours] crudité f, violence f

garland ['gaːlənd] → SYN [1] n guirlande f ◆ **a garland of flowers/holly** une guirlande de fleurs/de houx
[2] vt orner de guirlandes, enguirlander

garlic ['gaːlɪk] [1] n (NonC) ail m; → **clove¹**
[2] COMP ▷ **garlic bread** n pain m à l'ail ▷ **garlic mayonnaise** n aïoli m ▷ **garlic mushrooms** npl champignons mpl à l'ail ▷ **garlic press** n presse-ail m inv ▷ **garlic salt** n sel m d'ail ▷ **garlic sausage** n saucisson m à l'ail

garlicky ['gaːlɪkɪ] adj flavour, smell d'ail; sauce à l'ail; food aillé; breath qui sent l'ail

garment ['gaːmənt] n vêtement m

garner ['gaːnəʳ] → SYN [1] vt (also **garner in, garner up**) [+ grain etc] rentrer, engranger; (fig) [+ information, reviews] recueillir
[2] n (liter) (= granary) grenier m; (= anthology) recueil m

garnet ['gaːnɪt] [1] n (= gem, colour) grenat m
[2] adj (also **garnet-coloured**) grenat inv
[3] COMP ring de grenat(s) ▷ **garnet-coloured** adj → [2]

garnierite ['gaːnɪə,raɪt] n garniérite f

garnish ['gaːnɪʃ] → SYN [1] vt orner, parer (with de); (Culin) décorer (with avec)
[2] n décoration f

garnishee [,gaːnɪ'ʃiː] n (Jur) saisi m

garnishing ['gaːnɪʃɪŋ] n (Culin) décoration f

garnishment ['gaːnɪʃmənt] n (Jur) saisie-arrêt f

garnishor ['gaːnɪʃəʳ] n (Jur) saisissant m

garotte [gə'rɒt] ⇒ **garrotte**

garpike ['gaːpaɪk] n (American fish) lépidostée m, brochet-lance m; (= needlefish) orphie f, aiguille f de mer

garret ['gærət] [1] n (= room) mansarde f; (= attic) grenier m
[2] COMP ▷ **garret window** n lucarne f

garrison ['gærɪsən] → SYN [1] n garnison f
[2] vt ◆ **fort etc** placer une garnison dans; [+ troops] mettre en garnison; [regiment] être en garnison dans
[3] COMP ▷ **garrison life** n vie f de garnison ▷ **garrison town** n ville f de garnison ▷ **garrison troops** npl troupes fpl de garnison

garron ['gærən] n (= pony) petit poney

garrotte [gə'rɒt] [1] vt (= strangle) étrangler; (Spanish Hist) faire périr par le garrot
[2] n (= cord) cordelette f (pour étrangler); (Spanish Hist) garrot m

garrulous ['gærʊləs] → SYN adj person loquace, volubile; (liter) stream babillard (liter)

garrulously ['gærʊləslɪ] adv talk avec volubilité

garrulousness ['gærʊləsnɪs] n loquacité f, volubilité f

garryowen [,gærɪ'əʊɪn] n (Rugby) chandelle f, up and under m

garter ['gaːtəʳ] [1] n (gen) jarretière f; (for men's socks) fixe-chaussette m; (US: from belt) jarretelle f ◆ **Order of the Garter** (Brit) Ordre m de la Jarretière ◆ **Knight of the Garter** (Brit) chevalier m de l'Ordre de la Jarretière
[2] COMP ▷ **garter belt** n (US) porte-jarretelles m inv ▷ **garter stitch** n (Knitting) point m mousse

gas [gæs] **1** n, pl **gas(s)es a** (Chem, Culin, Phys, Med etc) gaz m inv ; (Min) méthane m, grisou m ; (Mil) gaz m (asphyxiant or vésicant etc) ; (= anaesthetic) (gaz m) anesthésique m ✦ **to cook by** or **with gas** faire la cuisine au gaz ✦ **to turn on/off the gas** allumer/fermer or éteindre le gaz ✦ **the dentist gave me gas** le dentiste m'a fait une anesthésie au gaz ✦ **(combined) gas and electric cooker** cuisinière f mixte ; → **laughing, natural, supply**

b (US: also **gasoline**) essence f ✦ **to step on the gas** * (Aut) appuyer sur le champignon * ; (fig) se magner *, se presser ✦ **to take one's foot off the gas** * ralentir

c (= chat) **to have a gas** ⁑ tailler une bavette * (about à propos de)

d (⁑ = fun) rigolade * f ✦ **it was a real gas! quelle rigolade !**, ce qu'on s'est marrés ! ⁑

2 vt (gen) asphyxier ; (Mil) gazer ✦ **to gas o.s.** (gen) s'asphyxier ; (= commit suicide) se suicider au gaz

3 vi **a** (Chem) dégager des gaz

b (⁑ = talk, chat) papoter

4 COMP industry du gaz, gazier ; engine à gaz ▷ **gas board** n compagnie f du gaz ▷ **gas bracket** n applique f à gaz ▷ **gas burner** n ⇒ **gas jet** ▷ **gas carrier** n (= ship) méthanier m ▷ **gas central heating** n ▷ **gas-fired central heating** ▷ **gas chamber** n chambre f à gaz ▷ **gas chromatography** n (Phys) chromatographie f des gaz ▷ **gas cooker** n cuisinière f à gaz, gazinière f ; (portable) réchaud m à gaz ▷ **gas-cooled reactor** n réacteur m graphite-gaz ▷ **gas cylinder** n bonbonne f de gaz ▷ **gas explosion** n (gen) explosion f (causée par une fuite) de gaz ; (in coal mine) explosion f or coup m de grisou ▷ **gas fire** n appareil m de chauffage à gaz ✦ **to light the gas fire** allumer le gaz ▷ **gas-fired** adj chauffé au gaz ▷ **gas-fired central heating** n chauffage m central au gaz ▷ **gas fitter** n installateur m, -trice f d'appareils à gaz ▷ **gas fittings** npl installation f de gaz ▷ **gas fixture** n ⇒ **gas bracket** ▷ **gas guzzler** ⁑ n (US = car) voiture f qui consomme énormément d'essence or qui suce ⁑ beaucoup ▷ **gas heater** n appareil m de chauffage à gaz ; (for heating water) chauffe-eau m inv (à gaz) ▷ **gas hog** * n (US) ⇒ **gas guzzler** ▷ **gas jet** n brûleur m à gaz ▷ **gas lamp** n lampe f à gaz ▷ **gas lighter** n (for cooker etc) allume-gaz m inv ; (for cigarettes) briquet m à gaz ▷ **gas lighting** n éclairage m au gaz ▷ **gas main** n canalisation f de gaz ▷ **gas mantle** n manchon m à incandescence ▷ **gas meter** n compteur m à gaz ▷ **gas mileage** n (US Aut) consommation f d'essence ▷ **gas oil** n gasoil m ▷ **gas oven** n four m à gaz ✦ **he put his head in the gas oven** il s'est suicidé en se mettant la tête dans le four à gaz ✦ **she felt like putting her head in the gas oven** elle avait envie de se jeter par la fenêtre ▷ **gas pedal** n (US Aut) (pédale f d')accélérateur m ▷ **gas-permeable** adj lens perméable à l'oxygène ▷ **gas pipe** n tuyau m à gaz ▷ **gas pipeline** n gazoduc m ▷ **gas plant** n fraxinelle f ▷ **gas pump** n (US Aut) pompe f à essence ▷ **gas range** n fourneau m à gaz ▷ **gas ring** n (= part of cooker) brûleur m ; (= small stove) réchaud m à gaz ▷ **gas station** n (US) station-service f ▷ **gas stove** n (portable) réchaud m à gaz ; (larger) cuisinière f or fourneau m à gaz ▷ **gas tank** n (US) réservoir m à essence ▷ **gas tap** n (on pipe) robinet m à gaz ; (on cooker) bouton m (de cuisinière à gaz) ▷ **gas thermometer** n thermomètre m à gaz ▷ **gas turbine** n turbine f à gaz ▷ **gas worker** n gazier m

▶ **gas up** * vi (US Aut) faire le plein (de carburant)

gasbag ['gæsbæg] n (enveloppe f de) ballon m à gaz ; (* pej) (= talkative person) moulin m à paroles * (pej) ; (= boastful person) baratineur * m, -euse * f

Gascon ['gæskən] **1** adj gascon
2 n Gascon(ne) m(f)

Gascony ['gæskənɪ] n la Gascogne

gaseous ['gæsɪəs] adj gazeux

gash [gæʃ] → SYN **1** n (in flesh) entaille f, estafilade f ; (on face) balafre f ; (in cloth, leather) grande déchirure f

2 vt [+ flesh] entailler, entamer ; [+ face] balafrer ; [+ cloth, leather] déchirer ✦ **she gashed her arm** elle s'est entaillé or s'est entamé le bras

3 adj (Brit ⁑ = surplus) de trop, en surplus

gasholder ['gæs,həʊldə^r] n gazomètre m

gasification [,gæsɪfɪ'keɪʃən] n gazéification f

gasify ['gæsɪfaɪ] **1** vt gazéifier
2 vi se transformer en gaz, passer à l'état gazeux

gasket ['gæskɪt] n **a** [of piston] garniture f de piston ; [of joint] joint m d'étanchéité ; [of cylinder head] joint m de culasse ; → **blow**¹
b (Naut) raban m de ferlage

gaslight ['gæslaɪt] n lumière f du gaz ✦ **by gaslight** au gaz, à la lumière du gaz

gaslit ['gæslɪt] n éclairé au gaz

gasman * ['gæsmən] n, pl **-men** employé m du gaz, gazier m

gasmask ['gæsmæsk] n masque m à gaz

gasohol ['gæsəʊhɒl] n (US) carburol m

gasoline ['gæsəʊliːn] (US) **1** n essence f
2 COMP ▷ **gasoline gauge** n jauge f d'essence ▷ **gasoline-powered** adj à essence

gasometer [gæ'sɒmɪtə^r] n (Brit) gazomètre m

gasp [gɑːsp] → SYN **1** n halètement m ✦ **to give a gasp of surprise/fear** etc avoir le souffle coupé par la surprise/la peur etc ✦ **to be at one's last gasp** être au bout du rouleau ✦ **to the last gasp** jusqu'au dernier souffle ✦ **11,000 years ago, at the last gasp of the ice age** il y a 11 000 ans, juste à la fin de l'ère glaciaire

2 vi (= choke) haleter, suffoquer ; (from astonishment) avoir le souffle coupé ✦ **to make sb gasp** (lit, fig) couper le souffle à qn ✦ **to gasp for breath** or **air** haleter, suffoquer ✦ **I'm gasping** * **for a cup of tea/a cigarette** (= want desperately) je meurs d'envie de boire une tasse de thé/de fumer une cigarette ✦ **I was gasping!** * (= thirsty) je mourrais de soif

3 vt (in quiet voice) souffler ✦ **"no!" she gasped** "non !" souffla-t-elle ✦ **the young man gasped his thanks** (in strangled voice) le jeune homme remercia d'une voix entrecoupée ✦ **"you're beautiful," he gasped out** "vous êtes belle" dit-il d'une voix entrecoupée

gasper * ['gɑːspə^r] n (Brit) sèche ⁑ f, clope ⁑ f or m

gassed ⁑ [gæst] adj (= drunk) bourré ⁑

gassiness ['gæsɪnɪs] n [of beer] (forte) teneur f en gaz ; (* pej) [of person] jactance * f

gassy ['gæsɪ] adj gazeux ; (* pej) person bavard, jacasseur

gasteropod ['gæstərəpɒd] n (Zool) gastéropode m

gastralgia [gæs'trældʒɪə] n (Med) gastralgie f

gastralgic [gæs'trældʒɪk] adj (Med) gastralgique

gastrectomy [gæs'trektəmɪ] n gastrectomie f

gastric ['gæstrɪk] **1** adj gastrique
2 COMP ▷ **gastric flu** n grippe f gastro-intestinale ▷ **gastric juices** npl sucs mpl gastriques ▷ **gastric ulcer** n ulcère m de l'estomac

gastrin ['gæstrɪn] n gastrine f

gastritis [gæs'traɪtɪs] n gastrite f

gastro... ['gæstrəʊ] pref gastro...

gastroenteritis [,gæstrəʊ,entə'raɪtɪs] n gastroentérite f

gastroenterologist [,gæstrəʊ,entə,rɒlədʒɪst] n gastroentérologue mf

gastroenterology [,gæstrəʊ,entə,rɒlədʒɪ] n gastroentérologie f

gastronome ['gæstrənəʊm] n gastronome mf

gastronomic [,gæstrə'nɒmɪk] adj gastronomique

gastronomically [,gæstrə'nɒmɪkəlɪ] adv du point de vue gastronomique, gastronomiquement

gastronomist [gæs'trɒnəmɪst] n gastronome mf

gastronomy [gæs'trɒnəmɪ] n gastronomie f

gastropod ['gæstrəpɒd] n gastéropode m

gastroscope ['gæstrəskəʊp] n gastroscope m

gastroscopy [gæs'trɒskəpɪ] n gastroscopie f

gastrotomy [gæs'trɒtəmɪ] n gastrotomie f

gastrula ['gæstrʊlə] n, pl **gastrulas** or **gastrulae** ['gæstrʊliː] gastrula f

gastrulation [,gæstrʊ'leɪʃən] n gastrulation f

gasworks ['gæswɜːks] n (pl inv) usine f à gaz

gat¹ †† [gæt] vb (pt of **get**)

gat² ⁑ [gæt] n (US = gun) flingue ⁑ m, pétard ⁑ m

gate [geɪt] → SYN **1** n **a** [of castle, town, airport] porte f ; [of field, level crossing] barrière f ; [of garden] porte f, portail m ; (large, metallic) grille f (d'entrée) ; (low) portillon m ; (tall, into courtyard etc) porte f cochère ; (in Metro) portillon m ; [of lock, sluice] vanne f, porte f (d'écluse) ; [of sports ground] entrée f ✦ **the factory/castle** etc **gate** (= entrance) l'entrée f de l'usine/du château etc ✦ **five-bar gate** = barrière f ✦ **to give sb the gate** ⁑ (US) [+ employee] virer * qn ; [+ boyfriend etc] plaquer * qn ✦ **to get the gate** ⁑ (US = be dismissed) être viré *

b (Sport) (= attendance) spectateurs mpl ; (= money) recette f, entrées fpl ✦ **there was a gate of 5,000** il y avait 5 000 spectateurs ✦ **the match got a good gate** le match a fait beaucoup d'entrées

c (Ski) porte f

d (Comput) porte f

2 vt (Brit *: Scol, Univ) consigner, coller *

3 COMP ▷ **gate-leg(ged) table** n table f anglaise, table f à abattants ▷ **gate money** n (Sport) recette f, (montant m des) entrées fpl

...gate [-geɪt] n (in compounds) ✦ **Dianagate** scandale m Diana ✦ **Irangate** Irangate m ; see also **Watergate**

gâteau ['gætəʊ] n, pl **gâteaux** ['gætəʊz] (Brit) grand gâteau m fourré

gatecrash ['geɪtkræʃ] **1** vi (without invitation) s'introduire sans invitation ; (without paying) resquiller *
2 vt s'introduire (sans invitation) dans ✦ **to gatecrash a match** assister à un match sans payer

gatecrasher ['geɪt,kræʃə^r] n (without invitation) intrus(e) m(f) ; (without paying) resquilleur * m, -euse * f

gatefold ['geɪtfəʊld] n (US Publishing) dépliant m encarté

gatehouse ['geɪthaʊs] n [of castle] corps m de garde ; [of park etc] loge f

gatekeeper ['geɪt,kiːpə^r] n [of block of flats etc] portier m, -ière f ; [of factory etc] gardien(ne) m(f) ; (Rail) garde-barrière mf

gatepost ['geɪtpəʊst] n montant m (de porte) ✦ **between you, me and the gatepost** * soit dit entre nous

gateway ['geɪtweɪ] n entrée f ✦ **New York, the gateway to America** New York, porte de l'Amérique ✦ **it proved the gateway to success/fame/fortune** cela ouvrit toutes grandes les portes du succès/de la gloire/de la fortune

gather ['gæðə^r] → SYN **1** vt **a** (also **gather together**) [+ people] rassembler, réunir ; [+ objects] rassembler, ramasser ; [+ troops] amasser

b (= draw, attract) attirer ; (Typ) [+ pages] assembler ✦ **the programme gathered an audience of 20 million viewers** cette émission a été regardée par 20 millions de téléspectateurs ✦ **the accident gathered quite a crowd** l'accident a attiré pas mal de monde

c (= collect) [+ flowers] cueillir ; [+ wood, sticks, mushrooms] ramasser ; [+ taxes] percevoir ; [+ information, data, evidence] réunir ✦ **to gather dirt** s'encrasser ✦ **to gather dust** (lit, fig) prendre la poussière ✦ **to gather momentum** (lit) prendre de la vitesse ; (fig) [political movement, pressure group] prendre de l'ampleur ✦ **to gather one's thoughts** se concentrer ✦ **to gather speed, to gather way** (Naut) prendre de la vitesse ✦ **to gather strength** [person] reprendre des forces ; [feeling, movement] se renforcer ✦ **she is trying to gather support for her ideas/her candidacy** elle essaie d'obtenir des appuis pour ses idées/sa candidature ✦ **to gather volume** croître en volume

d **she gathered him in her arms** elle l'a serré dans ses bras ✦ **he gathered her to him** il l'a serrée contre lui ✦ **he gathered his cloak**

around him il a ramené son manteau contre lui ◆ **she gathered up her skirts** elle a ramassé ses jupes ◆ **her hair was gathered into a bun** ses cheveux étaient ramassés en chignon ◆ **he was gathered to his fathers** (liter: euph) il alla rejoindre ses ancêtres or aïeux

e (Sewing) froncer ◆ **a gathered skirt** une jupe froncée

f (= infer) déduire, conclure ◆ **I gather from this report (that) ...** je conclus or je déduis de ce rapport (que) ... ◆ **I gather from the papers that ...** d'après ce que disent les journaux, je déduis or je crois comprendre que ... ◆ **I gather from him that ...** je comprends d'après ce qu'il me dit que ... ◆ **what are we to gather from that?** que devons-nous en déduire ? ◆ **as far as I can gather, from what I could gather** à ce que je comprends ◆ **I gather she won't be coming** d'après ce que j'ai compris, elle ne viendra pas ◆ **as you will have gathered** comme vous avez dû le deviner ◆ **as will be gathered from my report** comme il ressort de mon rapport ◆ **so I gather** c'est ce que j'ai cru comprendre ◆ **I gathered that** j'avais compris

2 vi **a** (= collect) [people] se rassembler, se réunir ; [troops] s'amasser ; [objects] s'accumuler ; [clouds] se former, s'amonceler ; [dust] s'accumuler, s'amasser ◆ **they gathered round him** ils se sont groupés or se sont rassemblés autour de lui ◆ **a crowd had gathered in front of the embassy** une foule s'était formée devant l'ambassade ◆ **a crowd of demonstrators had gathered** des manifestants s'étaient rassemblés

b (= increase) (in volume, intensity etc) croître, grandir ; (in size, content etc) grossir ; see also **gathering**

c [abscess] mûrir ; [pus] se former ◆ **tears gathered in her eyes** ses yeux se remplirent de larmes

3 n (Sewing) fronce f

▶ **gather in** vt sep [+ crops] rentrer, récolter ; [+ money, taxes] faire rentrer, percevoir ; [+ contributions] recueillir ; [+ papers, essays] ramasser ◆ **the dress is gathered in at the waist** la robe est froncée à la taille

▶ **gather round** vi faire cercle, s'approcher ◆ **gather round!** approchez-vous ! ◆ **gather round, children!** approchez-vous les enfants !

▶ **gather together** **1** vi s'amasser, se rassembler

2 vt sep ⇒ **gather 1a** ◆ **to gather o.s. together** (= collect one's thoughts) se recueillir, se concentrer ; (for jump etc) se ramasser

▶ **gather up** vt sep [+ papers, clothes, toys] ramasser ◆ **to gather up the threads of a discussion** rassembler les principaux arguments d'une discussion ◆ **to gather up one's courage** rassembler son courage ◆ **to gather up one's dignity** essayer de paraître digne ◆ **to gather up one's strength** rassembler ses forces ◆ **to gather o.s. up** (for jump etc) se ramasser ◆ **he gathered himself up to his full height** il s'est redressé de toute sa hauteur ; see also **gather 1c**

gatherer ['gæðərəʳ] n cueilleur m, -euse f ; see also **hunter-gatherer**

gathering ['gæðərɪŋ] → SYN **1** n **a** (NonC = act) [of people] rassemblement m ; [of objects] accumulation f, amoncellement m ; [of fruits etc] cueillette f ; [of crops] récolte f ◆ **the gathering of information/evidence may take several weeks** réunir les informations/les preuves pourrait prendre plusieurs semaines

b (= group of people) assemblée f, réunion f ; (= act of meeting) rassemblement m ◆ **a family gathering** une réunion de famille ◆ **a gathering of 12 heads of state** une rencontre de 12 chefs d'État ◆ **gatherings of more than 20 people were forbidden** les rassemblements de plus de 20 personnes étaient interdits

c (NonC: Sewing) fronces fpl, froncis m

2 adj dusk, darkness, gloom grandissant ; crowd en train de se former ◆ **the gathering clouds** les nuages qui s'amoncellent (or s'amoncelaient) ◆ **the gathering storm** l'orage qui se prépare (or se préparait) ◆ **with gathering speed** de plus en plus vite

-gathering [-gæðərɪŋ] n (in compounds) ◆ **information-** or **intelligence-gathering** collecte f de renseignements

gator* ['geɪtəʳ] n (US) ⇒ **alligator**

GATT [gæt] n (abbrev of **General Agreement on Tariffs and Trade**) GATT m

gauche [gəʊʃ] → SYN adj gauche, maladroit

gauchely ['gəʊʃlɪ] adv maladroitement, gauchement

gaucheness ['gəʊʃnɪs] n gaucherie f, maladresse f

gaucho ['gaʊtʃəʊ] n gaucho m

gaudily ['gɔːdɪlɪ] adv decorated, painted, dressed de couleurs voyantes ◆ **gaudily coloured** aux couleurs voyantes or crues ◆ **gaudily patterned** aux motifs voyants

gaudiness ['gɔːdɪnɪs] n couleurs fpl voyantes

gaudy ['gɔːdɪ] → SYN **1** adj clothes aux couleurs voyantes ; bird, fish aux couleurs éclatantes ; colour voyant, cru ; display etc tapageur

2 n (Brit Univ) fête f annuelle *(de collège)*

gauge [geɪdʒ] → SYN **1** n (= standard measure) calibre m ; (Rail) écartement m ; (Tex) jauge f ; (= instrument) jauge f, indicateur m ◆ **oil gauge** indicateur m or jauge f du niveau d'huile ◆ **the survey was seen as a good gauge of employment trends** l'enquête a été considérée comme un bon indicateur des tendances de l'emploi ◆ **opinion polls are not an accurate gauge of popular feeling** les sondages ne permettent pas d'évaluer avec justesse le sentiment populaire

2 vt **a** (= measure) [+ nut, temperature] mesurer ; [+ oil] jauger ; [+ wind] mesurer la vitesse de ; [+ screw, gun] calibrer ; [+ sb's abilities] évaluer ; [+ course of events] prévoir ◆ **to gauge a distance** (by looking) évaluer une distance à vue d'œil ◆ **"she's out," he said, gauging my reaction** "elle est sortie," dit-il, essayant de deviner ma réaction ◆ **I tried to gauge whether she was pleased or not** j'ai essayé de deviner si elle était contente ou pas ◆ **we must try to gauge how strong public opinion is** nous devons essayer d'évaluer le poids de l'opinion publique ◆ **to gauge the right moment** calculer le bon moment ◆ **we will have to gauge what they want** il nous faudra essayer de savoir ce qu'ils veulent

b [+ tools] standardiser

-gauge [geɪdʒ] suf (in compounds) ◆ **narrow-/standard-/broad-gauge railway** voie f étroite/à écartement normal/à grand écartement

Gaul [gɔːl] n (= country) la Gaule ; (= person) Gaulois(e) m(f)

gauleiter ['gaʊˌlaɪtəʳ] n (Hist) gauleiter m ; (= overbearing official) petit chef m, chefaillon m

Gaulish ['gɔːlɪʃ] (Hist) **1** adj gaulois

2 n Gaulois(e) m(f)

Gaullism ['gəʊlɪzəm] n gaullisme m

Gaullist ['gəʊlɪst] adj, n gaulliste mf

gaunt [gɔːnt] → SYN adj **a** (= thin and pale) person, face, features hâve ; body, figure émacié ◆ **he looks gaunt** il a les traits tirés

b (= grim) building austère ; tree squelettique

gauntlet ['gɔːntlɪt] n (= glove) gant m (à crispin) ; (= part of glove) crispin m ; [of armour] gantelet m ◆ **to throw down/take up the gauntlet** (Hist, also fig) jeter/relever le gant ◆ **to run the gauntlet** (Mil Hist) passer par les baguettes ; (Naut Hist) courir la bouline ◆ **they ran the gauntlet of enemy submarines** ils risquaient d'être la cible de sous-marins ennemis ◆ **he had to run the gauntlet through the crowd** il a dû foncer à travers une foule hostile ◆ **he ran the gauntlet of public criticism** il essuya le feu des critiques du public

gaur [gaʊəʳ] n gaur m

gauss [gaʊs] n (pl inv) gauss m

Gaussian ['gaʊsɪən] **1** adj gaussien

2 COMP ▷ **Gaussian distribution** n distribution f de Gauss

gauze [gɔːz] n (all senses) gaze f

gauzy ['gɔːzɪ] adj vaporeux

gave [geɪv] vb (pt of **give**)

gavel ['gævl] n marteau m *(de président de réunion, de commissaire-priseur)*

gavotte [gəˈvɒt] n gavotte f

Gawd* [gɔːd] excl (Brit = God) mon Dieu !, bon Dieu ! *

gawk [gɔːk] **1** n godiche * f, grand dadais * m

2 vi rester bouche bée (*at* devant)

gawker* ['gɔːkəʳ] n badaud m

gawkiness ['gɔːkɪnɪs] n gaucherie f

gawky ['gɔːkɪ] → SYN adj godiche *, empoté

gawp* [gɔːp] vi (Brit) ⇒ **gape 1**

gay [geɪ] → SYN **1** adj **a** (= homosexual) person, community, movement homosexuel, gay inv ; group gay inv ; club, bar gay inv, pour homosexuels ◆ **gay men and women** homosexuels mpl et lesbiennes fpl ◆ **gay rights** droits mpl des homosexuels ◆ **gay sex** rapports mpl homosexuels

b († = cheerful) person, company, occasion joyeux ; music, party, appearance, colour gai ; laughter enjoué, gai ; costume aux couleurs gaies ◆ **to become gay(er)** s'égayer ◆ **with gay abandon** avec une belle désinvolture ◆ **to lead a** or **the gay life** mener une vie de plaisirs, mener joyeuse vie ◆ **to have a gay time** prendre du bon temps

2 n homosexuel(le) m(f) ◆ **Gay Liberation (Movement), Gay Lib *** (mouvement m pour) la libération des homosexuels or la libération gay

3 COMP ▷ **gay-friendly** adj place, environment où les homosexuels sont très bien acceptés

gayal [geˈjæl] n, pl gayal or gayals gayal m

gayness ['geɪnɪs] n [of homosexual] homosexualité f

Gaza strip ['gɑːzəˈstrɪp] n bande f de Gaza

gaze [geɪz] → SYN **1** n regard m (fixe) ◆ **his gaze met mine** son regard a croisé le mien

2 vi regarder ◆ **to gaze into space** regarder dans or fixer le vide ◆ **to gaze at** or (liter) **upon sth** regarder or contempler qch ◆ **they gazed into each other's eyes** ils se regardaient les yeux dans les yeux ◆ **to gaze out of the window** regarder fixement par la fenêtre ◆ **to gaze at o.s. in the mirror** se regarder fixement dans le miroir

▶ **gaze about**, **gaze around** vi regarder autour de soi

gazebo [gəˈziːbəʊ] n, pl gazebos or gazeboes belvédère m *(pavillon)*

gazelle [gəˈzel] n, pl gazelles or gazelle gazelle f

gazette [gəˈzet] → SYN **1** n (= official publication) (journal m) officiel m ; (= newspaper) gazette f

2 vt publier à l'Officiel ◆ **to be gazetted** (Mil etc) avoir sa nomination publiée à l'Officiel

gazetteer [ˌgæzɪˈtɪəʳ] n index m (géographique)

gazpacho [gæzˈpætʃəʊ] n gaspacho m

gazump [gəˈzʌmp] vt (Brit) ◆ **he was gazumped** le vendeur est revenu sur sa promesse de vente en acceptant une meilleure offre

gazumper [gəˈzʌmpəʳ] n (Brit) *personne qui revient sur une promesse de vente immobilière pour accepter une offre plus élevée*

gazumping [gəˈzʌmpɪŋ] n (Brit) *le fait de revenir sur une promesse de vente d'une maison pour accepter une offre plus élevée*

gazunder [gəˈzʌndəʳ] (Brit) **1** vi *revenir sur une promesse d'achat immobilier pour tenter de faire baisser le prix*

2 vt (Brit) ◆ **to be gazundered** *être obligé de baisser son prix à la dernière minute*

3 n (Brit) *rupture d'une promesse d'achat immobilier pour tenter de faire baisser le prix*

gazunderer [gəˈzʌndərəʳ] n (Brit) *acheteur qui revient sur une promesse d'achat immobilier pour tenter de faire baisser le prix*

GB [ˌdʒiːˈbiː] (abbrev of **Great Britain**) GB

GBE [ˌdʒiːbiːˈiː] (abbrev of (**Knight** or **Dame**) **Grand Cross of the British Empire**) décoration

GBH [ˌdʒiːbiːˈeɪtʃ] (Brit) (= crime) (abbrev of **grievous bodily harm**) → **grievous**

GBS [ˌdʒiːbiːˈes] (Brit) abbrev of **George Bernard Shaw**

GC [ˌdʒiːˈsiː] n (Brit) (abbrev of **George Cross**) → **George**

GCB [ˌdʒiːsiːˈbiː] (abbrev of **(Knight) Grand Cross of the Bath**) décoration

GCE [ˌdʒiːsiːˈiː] n (Brit Educ) (abbrev of **General Certificate of Education**) (formerly) ◆ **GCE O level** ≃ brevet m ◆ **GCE "A" level** ≃ baccalauréat m

GCH n (abbrev of **gas(-fired) central heating**) → **gas**

GCHQ [ˌdʒiːsiːeɪtʃˈkjuː] n (Brit) (abbrev of **Government Communications Headquarters**) service gouvernemental d'interception des communications

GCMG [ˌdʒiːsiːemˈdʒiː] (abbrev of **(Knight or Dame) Grand Cross of the Order of St Michael and St George**) décoration

GCSE [ˌdʒiːsiːesˈiː] n (Brit Educ) (abbrev of **General Certificate of Secondary Education**) ≃ brevet m des collèges

---

GCSE

En Angleterre, au Pays de Galles et en Irlande du Nord, le **General Certificate of Secondary Education** ou **GCSE** est l'équivalent du brevet des collèges français. À l'issue de cet examen, qui se passe généralement à l'âge de seize ans, l'élève peut soit quitter l'école, soit préparer les "A levels", qui correspondent au baccalauréat français. L'équivalent écossais du **GCSE** porte le nom de "Standard Grades".
→ A LEVELS

GCVO [ˌdʒiːsiːviːˈəʊ] (abbrev of **(Knight or Dame) Grand Cross of the Royal Victorian Order**) décoration

Gdansk [gdænsk] n Gdansk

GDI [ˌdʒiːdiːˈaɪ] (abbrev of **gross domestic income**) → **gross**

Gdns abbrev of **Gardens**

GDP [ˌdʒiːdiːˈpiː] (abbrev of **gross domestic product**) → **gross**

GDR [ˌdʒiːdiːˈɑːʳ] (abbrev of **German Democratic Republic**) → **German**

gean [giːn] n (Bot) merisier m, cerisier m des oiseaux

gear [gɪəʳ] → SYN [1] n a (NonC) (= equipment) équipement m, matériel m ; (= harness) harnachement m ; (for camping, skiing, climbing, photography) matériel m, équipement m ; (for sewing, painting) matériel m ; (for gardening) matériel m, outils mpl ◆ **fishing etc gear** matériel m or équipement m de pêche etc
b (NonC: * = belongings) affaires fpl ◆ **he leaves his gear all over the house** il laisse traîner ses affaires dans toute la maison
c (NonC: Brit = clothing) vêtements mpl ◆ **he had his tennis gear on** il était en tenue de tennis ◆ **put on your tennis gear** mets tes affaires de tennis
d (NonC: Brit * = modern clothes) fringues * fpl ◆ **he was wearing all the gear** il portait toute la panoplie
e (NonC = apparatus) mécanisme m, dispositif m ◆ **safety gear** mécanisme m or dispositif m de sécurité ; → **landing, steering**
f (Tech) engrenage m ◆ **in gear** en prise ◆ **it's out of gear** ce n'est pas or plus en prise
g (Aut) (= mechanism) embrayage m ; (= speed) vitesse f ◆ **in gear** en prise ◆ **not in gear** au point mort ◆ **she put the car into gear** elle a mis (la voiture) en prise ◆ **the car slipped** or **jumped out of gear** la vitesse a sauté ◆ **to accelerate** or **move (up) through the gears** accélérer en passant toutes les vitesses les unes après les autres ◆ **to move down through the gears** ralentir en rétrogradant ◆ **to change** or (US) **to shift gear** changer de vitesse ◆ **first** or **bottom** or **low gear** première f (vitesse) ◆ **second/third/fourth gear** deuxième f/troisième f/quatrième f (vitesse) ◆ **top gear** (Brit) ◆ **high gear** (US) (= fourth) quatrième f (vitesse) ; (= fifth) cinquième f (vitesse) ◆ **in second gear** en seconde ◆ **to change** or (US) **to shift into third gear** passer en troisième (vitesse) ◆ **to change** or (US) **to shift gears** (fig) se réadapter ◆ **to get in(to) gear** * (fig) [person, process] se mettre en branle ◆ **he helped her get her life back in(to) gear** * après le divorce il l'a aidée à commencer une vie nouvelle après le divorce ◆ **to get one's brain in(to) gear** * faire travailler ses méninges * ◆ **to get one's arse *** (Brit) or **ass *** (US) **in(to) gear** se remuer le cul *** ◆ **I'm pretty much in gear now** * c'est relativement bien parti pour moi, maintenant ◆ **after the war life suddenly moved into top gear** après la guerre, la vie a soudain pris un rythme effréné ◆ **military production moved into high gear** la production militaire a atteint sa vitesse maximale ; → **engage, reverse**
h * (= drugs) came * f ; (= heroin) héro * f
[2] adj (US * = great) super *
[3] vt a adapter ◆ **they geared their output to seasonal demands** ils ont adapté leur production à la demande saisonnière ◆ **classrooms geared to the needs of disabled students** des salles de classe adaptées aux besoins des étudiants handicapés ◆ **the factory was not geared to cope with an increase of production** l'usine n'était pas à même de faire face à une augmentation de la production ◆ **geared to the cost of living** (Econ, Ind) indexé ◆ **we both gear our lives to the children** nous aménageons tous les deux notre vie en fonction des enfants ◆ **movies geared primarily to a US audience** des films s'adressant essentiellement à un public américain ◆ **training is geared to make staff more efficient** la formation est conçue pour rendre le personnel plus compétent
b [+ wheel] engrener
[4] vi s'engrener
[5] COMP ▷ **gear change** n (Brit Aut) changement m de vitesse ▷ **gear lever** n (Brit Aut) levier m de (changement de) vitesse ▷ **gear ratio** n [of cycle] braquet m ▷ **gear stick** n ⇒ **gear lever** ▷ **gear train** n (Tech) train m d'engrenage

▶ **gear down** vi (Tech) démultiplier

▶ **gear up** [1] vi a (Tech) produire une multiplication
b (= get ready) **they are gearing up for a general election** ils se préparent pour des législatives ◆ **Japan is gearing up to produce 2 million cars a year** le Japon se prépare à produire 2 millions de voitures par an
c (Brit Fin) [company) s'endetter, augmenter le taux d'endettement
[2] vt sep (* = make ready) ◆ **he is gearing himself up for the presidential elections** il se prépare pour les élections présidentielles ◆ **satellites that are geared up to look for missiles** des satellites équipés pour la détection des missiles ◆ **the club is geared up for success** le club est fin prêt et compte bien gagner ◆ **they were all geared up for the new sales campaign** ils étaient parés or fin prêts pour la nouvelle campagne de ventes

gearbox [ˈgɪəbɒks] n (Aut) boîte f de vitesses

gearing [ˈgɪərɪŋ] n (Tech) embrayage m ; (Brit Fin) taux m d'endettement

gearshift [ˈgɪəʃɪft] n (US) ⇒ **gear lever, gear change**

gearwheel [ˈgɪəwiːl] n [of bicycle] pignon m

gecko [ˈgekəʊ] n, pl **geckos** or **geckoes** gecko m

GED [ˌdʒiːiːˈdiː] n (US Educ) (abbrev of **general equivalency diploma**) diplôme d'études secondaires obtenu en candidat libre

geddit * [ˈgedɪt] excl ◆ **geddit?** tu piges ? *

gee[1] [dʒiː] [1] excl (esp US) eh bien ! ◆ **gee whiz!** mince alors ! *
[2] COMP ▷ **gee-whiz** adj (US) product, gadget tape-à-l'œil inv

gee[2] [dʒiː] [1] vt ◆ **to gee sb up** * motiver qn ◆ **gee up!** (to horse) hue !
[2] COMP ▷ **gee-gee** n (baby talk) dada m

geek * [giːk] n (esp US) débile * mf

geeky * [ˈgiːkɪ] adj (esp US) débile *

geese [giːs] npl of **goose**

geezer †* [ˈgiːzəʳ] n (esp Brit) bonhomme * m, gus * m ◆ **(silly) old geezer** vieux schnock * m

gefilte [gəˈfɪltə] adj (US) ◆ **gefilte fish** ≃ boulettes fpl de poisson

Gehenna [gɪˈhenə] n (Bible, fig) géhenne f

Geiger counter [ˈgaɪgəˌkaʊntəʳ] n compteur m Geiger

geisha [ˈgeɪʃə] n, pl **geisha** or **geishas** geisha f

Geissler tube [ˈgaɪsləʳ] n (Elec) tube m de Geissler

gel[1] [dʒel] [1] n (Chem) colloïde m ; (Cosmetics) gel m ; (gen) gelée f
[2] vi a [jelly] prendre ◆ **gelling agent** (agent m) gélifiant m
b [plan] prendre tournure ; [people] (into team, group) s'intégrer (with à) ; [partnership, team] se souder

gel[2] [gel] n († or hum) ⇒ **girl** 1

gelatin(e) [ˈdʒelətiːn] n gélatine f

gelatinization [dʒɪˌlætɪnaɪˈzeɪʃən] n gélatinisation f

gelatinize [dʒɪˈlætɪnaɪz] [1] vi se gélatiniser
[2] vt (gen) gélatiniser ; (Phot) gélatiner

gelatinoid [dʒɪˈlætɪnɔɪd] adj gélatiniforme

gelatinous [dʒɪˈlætɪnəs] → SYN adj gélatineux

gelatinousness [dʒɪˈlætɪnəsnɪs] n consistance f gélatineuse

geld [geld] vt [+ horse] hongrer ; [+ pig etc] châtrer

gelding [ˈgeldɪŋ] n a (= horse) (cheval m) hongre m
b (NonC) castration f

gelid [ˈdʒelɪd] → SYN adj glacé, gelé

gelignite [ˈdʒelɪgnaɪt] n plastic m

gelt * [gelt] n (US) fric * m

gem [dʒem] → SYN [1] n a (lit) gemme f, pierre f précieuse
b (fig = work of art) (vrai) bijou m, merveille f ◆ **this painting is a real gem** ce tableau est une merveille ◆ **the cathedral is a gem of Gothic architecture** la cathédrale est un joyau de l'architecture gothique ◆ **a perfect gem of a hotel** un hôtel absolument charmant ◆ **Duval is a gem of a writer** Duval est un écrivain remarquable ◆ **I must read you this little gem from the newspaper** il faut que je te lise cette perle dans le journal ◆ **thanks, Pat, you're a gem** merci, Pat, tu es un amour or un ange ◆ **Naomi's a gem of a girl!** Naomi est un amour !
[2] COMP ▷ **the Gem State** n (US) l'Idaho m

Gemara [geˈmɑːrə] n (Rel) Gemara f

Gemini [ˈdʒemɪnaɪ] npl (Astron) les Gémeaux mpl ◆ **I'm (a) Gemini** (Astrol) je suis (des) Gémeaux

Geminian [ˌdʒemɪˈnaɪən] [1] n ◆ **to be a Geminian** être (des) Gémeaux
[2] adj person du signe des Gémeaux ; tendency, characteristic propre aux Gémeaux

gemologist [dʒeˈmɒlədʒɪst] n (Geol) gemmologiste mf, gemmologue mf

gem(m)ology [dʒeˈmɒlədʒɪ] n gemmologie f

gemstone [ˈdʒemstəʊn] n gemme f

gen * [dʒen] (Brit) n ◆ **to give sb the gen on sth** donner à qn tous les tuyaux * sur qch ◆ **what's the gen on this?** qu'est-ce qu'on sait là-dessus ? ◆ **I want all the gen on him** je veux tout savoir sur lui ◆ **have you got the gen on the new house?** avez-vous une documentation sur la nouvelle maison ?

▶ **gen up** * [1] vi ◆ **to gen up on sth** se rencarder sur qch *
[2] vt sep ◆ **to be genned up on** être tout à fait au courant de, être bien renseigné sur

Gen. (Mil) (abbrev of **general**) Gen. J. Smith (on envelope) le général Smith

gen. abbrev of **general** and **generally**

gendarme [ˈʒɒndɑːm] n (Climbing) gendarme m

gender [ˈdʒendəʳ] [1] n a (Gram) genre m ◆ **common gender** * genre m commun ◆ **to agree in gender** (Gram) s'accorder en genre
b (= sex) sexe m ◆ **discrimination on grounds of gender** discrimination f sexuelle
[2] COMP ▷ **gender bender** * n personne qui s'habille de façon androgyne ▷ **gender bias** n parti pris m contre les femmes (or les hommes) ▷ **the gender gap** n le décalage entre hommes et femmes ▷ **gender reassignment** n changement m de sexe ▷ **gender studies** n étude sociologique de la différence sexuelle

gene [dʒiːn] [1] n gène m
[2] COMP ▷ **gene bank** n (Bot) banque f de gènes ▷ **gene mapping** n (Bio) cartographie f génétique or génique ▷ **gene pool** n

ENGLISH-FRENCH — genealogical / genocidal

bagage m or **patrimoine** m héréditaire (de l'espèce) ▷ **gene therapy** n thérapie f génétique

genealogical [ˌdʒiːnɪəˈlɒdʒɪkəl] adj généalogique

genealogist [ˌdʒiːnɪˈælədʒɪst] n généalogiste mf

genealogy [ˌdʒiːnɪˈælədʒɪ] → SYN n généalogie f

genecology [ˌdʒenɪˈkɒlədʒɪ] n (Bio) génécologie f

genera [ˈdʒenərə] npl of **genus**

general [ˈdʒenərəl] → SYN **1** adj **a** (= widespread) approval, attitude, interest, decline général ◆ **this type of behaviour is fairly general** ce genre de comportement est assez répandu ◆ **the rain has been fairly general** il a plu un peu partout ◆ **there was general agreement** il y avait un consensus ◆ **our aim is to raise general awareness of the problems** notre but est de sensibiliser les gens ou le grand public aux problèmes ◆ **the book was a general favourite** tout le monde aimait ce livre ◆ **in general use** d'usage courant ◆ **for general use** pour l'usage du public ◆ **a general ache** une douleur généralisée
b (= overall) **the general idea** l'idée f générale ◆ **to give sb a general idea of a subject** donner à qn un aperçu d'un sujet ◆ **I've got the general idea** j'ai une idée d'ensemble sur la question ◆ **I get the general idea** * je vois ◆ **to give sb a general outline of a subject** exposer à qn les grandes lignes de qch
c (= unspecific) answer, discussion, enquiry d'ordre général ◆ **in general terms** d'une manière générale ◆ **as a general rule** en règle générale
◆ **in general** en général
d (= non-specialist) labourer non spécialisé ◆ **the general reader** le lecteur moyen ◆ **general maintenance** maintenance f générale ; → **secretary**
e (= rough, approximate) **in the general direction of the village** dans la direction approximative du village
f (after official title) général, en chef
2 n **a** (Mil) général m ◆ **general (of the Air Force)** (US) général m de l'armée de l'air ; → **brigadier**
b (* = servant) bonne f à tout faire
3 COMP ▷ **general anaesthetic** n (Med) anesthésique m général ▷ **the General Assembly** n l'assemblée f générale ▷ **general audit** n (Fin, Comm) vérification f (des comptes) annuelle ▷ **general average (loss)** n (Insurance) perte f d'avaries communes ▷ **General Certificate of Education** n (Brit Educ) examen passé à 18 ans, ≃ baccalauréat m ; → **GCE** ▷ **General Certificate of Secondary Education** n (Brit Educ) examen passé à 16 ans, ≃ brevet m des collèges ; → **GCSE** ▷ **general confession** n (Rel) (Church of England) confession f collective (lors de la prière en commun) ; (Roman Catholic Church) confession f générale ▷ **general costs** npl frais mpl généraux ▷ **general dealer** n (S Afr) ▷ **general shop** ▷ **general degree** n (Univ) licence non spécialisée ▷ **general delivery** n (US, Can Post) poste f restante ▷ **general election** n élections fpl législatives ▷ **general expenses** npl dépenses fpl générales ▷ **general factotum** n (Brit) (lit) factotum m ; (fig) bonne f à tout faire ▷ **general headquarters** npl (Mil) quartier m général ▷ **general holiday** n jour m férié ▷ **general hospital** n centre m hospitalier ▷ **general insurance** n assurances fpl IARD (incendies, accidents, risques divers) ▷ **general knowledge** n connaissances fpl générales, culture f générale ▷ **general linguistics** n (NonC) linguistique f générale ▷ **General Manager** n directeur m général ▷ **general medicine** n médecine f générale ▷ **general meeting** n assemblée f générale ▷ annual ▷ **General Officer Commanding** n (Mil) général m commandant en chef ▷ **general partnership** n (Jur, Fin) société f en nom collectif ▷ **General Post Office** n (Brit Govt: formerly) Postes fpl et Télécommunications fpl ; (= building) poste f centrale ▷ **general practice** n (Brit Med) (= work) médecine f générale ; (= place) cabinet m de médecine générale ◆ **to be in general practice** faire de la médecine générale ▷ **general practitioner** n (Med) (médecin m) généraliste m ▷ **the general public** n le grand public ▷ **general-purpose** adj tool, substance universel, multi-usages ; dictionary

général ▷ **general science** n (Scol) physique, chimie et biologie ◆ **general science teacher** professeur m de physique, chimie et biologie ▷ **General Secretary** n secrétaire m général ▷ **general servant** n domestique mf (non spécialisé) ▷ **general shop** n épicerie f générale ▷ **general staff** n (Mil) état-major m ▷ **general store** n (US) épicerie f générale ▷ **general strike** n grève f générale ▷ **General Studies** npl (Brit Scol) cours de culture générale pour élèves spécialisés

generalissimo [ˌdʒenərəˈlɪsɪməʊ] n généralissime m

generality [ˌdʒenəˈrælɪtɪ] → SYN n **a** (gen pl) généralité f, considération f générale ◆ **we talked only of generalities** nous n'avons parlé que de généralités ou qu'en termes généraux ◆ **to talk in generalities** dire des généralités
b **the generality of** (= most of) la plupart de
c (NonC) caractère m général ◆ **a rule of great generality** une règle très générale

generalization [ˌdʒenərəlaɪˈzeɪʃən] n généralisation f

generalize [ˈdʒenərəlaɪz] vti (gen, Med) généraliser

generally [ˈdʒenərəlɪ] → SYN adv **a** (= on the whole) accurate en général, généralement ; true en règle générale ◆ **generally, the course is okay** dans l'ensemble, le cours est bien
b (= usually) d'une manière générale, d'habitude ◆ **I generally get the bus to work** d'habitude je vais au travail en bus
c (= widely) available partout ; accepted généralement, communément
d (= in general terms) **to talk generally about sth** dire des généralités sur qch ◆ **generally speaking** en règle générale

generalship [ˈdʒenərəlʃɪp] n (Mil) tactique f

generate [ˈdʒenəreɪt] → SYN **1** vt [+ electricity, heat] produire ; [+ income, wealth] générer ; [+ interest] susciter ; [+ publicity] faire ; [+ work, jobs] créer ◆ **to generate excitement** susciter l'enthousiasme
2 COMP ▷ **generating set** n groupe m électrogène ▷ **generating station** n centrale f électrique ▷ **generating unit** n groupe m électrogène

generation [ˌdʒenəˈreɪʃən] → SYN **1** n **a** génération f ◆ **the younger generation** la jeune génération ◆ **the postwar generation** la génération d'après-guerre ◆ **the leading artist of his generation** l'artiste le plus en vue de sa génération ◆ **within a generation** en l'espace d'une génération ◆ **a new generation of computers** une nouvelle génération d'ordinateurs ◆ **first-/second-generation** (Comput etc) de la première/de la seconde génération ◆ **he is a first-/second-generation American** c'est un Américain de première/seconde génération ; → **rising**
b (NonC) (= generating) [of electricity, heat] production f ; [of hatred etc] engendrement m ; (Ling) génération f
2 COMP ▷ **the generation gap** n le conflit des générations

generational [ˌdʒenəˈreɪʃənəl] adj (= within one generation) de sa (or leur etc) génération ; (= between generations) des générations

generative [ˈdʒenərətɪv] **1** adj (Ling) génératif
2 COMP ▷ **generative grammar** n grammaire f générative

generator [ˈdʒenəreɪtər] n (Elec) groupe m électrogène ; (in power station) génératrice f ; (for steam) générateur m ; (for gas) gazogène m

generatrix [ˈdʒenəˌreɪtrɪks] n, pl **generatrices** [ˈdʒenəˌreɪtrɪˌsiːz] (Math) génératrice f

generic [dʒɪˈnerɪk] → SYN **1** adj (gen, Ling, Med) générique ◆ **generic advertising** n (Comm) publicité gf générique
2 n (Med = drug) (médicament m) générique m

generically [dʒɪˈnerɪkəlɪ] adv génériquement

generosity [ˌdʒenəˈrɒsɪtɪ] → SYN n (NonC) générosité f, libéralité f

generous [ˈdʒenərəs] → SYN adj person, amount, gift, offer généreux ; supply ample ◆ **to be in a generous mood** être d'humeur généreuse ◆ **to be generous in one's praise of sth** ne pas tarir d'éloges pour qch ◆ **that's very generous of you** c'est très généreux de ta part

◆ **to be generous with one's time** ne pas être avare de son temps

generously [ˈdʒenərəslɪ] adv give, reward, offer, pardon, season généreusement ; say avec générosité ◆ **generously cut** garment ample

genesis [ˈdʒenɪsɪs] → SYN n, pl **geneses** [ˈdʒenɪsiːz] genèse f, origine f ◆ **Genesis** (Bible) la Genèse

genet [ˈdʒenɪt] n (Zool) genette f

genetic [dʒɪˈnetɪk] **1** adj (Bio) (= of the genes) génétique, génique ; (= hereditary) génétique ; (Philos) génétique
2 COMP ▷ **genetic code** n (Bio) code m génétique ▷ **genetic counselling** n conseil m génétique ▷ **genetic engineering** n génie m génétique, manipulations fpl génétiques ▷ **genetic fingerprint** n empreinte f génétique ▷ **genetic fingerprinting** n système m d'empreinte génétique ▷ **genetic map** n carte f génétique ▷ **genetic screening** n test m de dépistage génétique

genetically [dʒɪˈnetɪkəlɪ] adv (gen) determined, programmed génétiquement ◆ **genetically engineered** génétiquement manipulé ◆ **genetically modified** génétiquement modifié

geneticist [dʒɪˈnetɪsɪst] n généticien(ne) m(f)

genetics [dʒɪˈnetɪks] n (NonC) génétique f

genette [dʒɪˈnet] n ⇒ **genet**

Geneva [dʒɪˈniːvə] **1** n Genève ◆ **Lake Geneva** le lac Léman or de Genève
2 COMP ▷ **Geneva Convention** n convention f de Genève ▷ **Geneva protocol** n protocole m de Genève

Genevan [dʒɪˈniːvən] (Geog) **1** adj genevois
2 n Genevois(e) m(f)

Genghis Khan [ˌdʒeŋɡɪskɑːn] n Gengis Khan m

genial [ˈdʒiːnɪəl] → SYN adj person, atmosphere cordial ; face avenant ; smile, look, tone engageant ; climate doux (douce f), clément ; warmth réconfortant ◆ **a genial host** un hôte sympathique

geniality [ˌdʒiːnɪˈælɪtɪ] → SYN n [of person, smile] cordialité f ; [of climate] douceur f, clémence f

genially [ˈdʒiːnɪəlɪ] adv cordialement

genic [ˈdʒenɪk] adj (Bio) génique

genie [ˈdʒiːnɪ] n, pl **genii** génie m, djinn m ◆ **the genie is out of the bottle** (fig) le mal est fait ◆ **to let the genie out of the bottle** commettre l'irréparable ◆ **to put the genie back in the bottle** chercher à réparer l'irréparable

genii [ˈdʒiːnɪaɪ] npl of **genie** and **genius** → **d**

genista [dʒɪˈnɪstə] n (Bot) genêt m

genital [ˈdʒenɪtl] **1** adj génital
2 **genitals** npl organes mpl génitaux
3 COMP ▷ **genital herpes** n herpès m génital ▷ **genital warts** npl vésicules fpl génitales

genitalia [ˌdʒenɪˈteɪlɪə] npl organes mpl génitaux

genitive [ˈdʒenɪtɪv] (Gram) **1** adj case génitif ◆ **genitive ending** flexion f du génitif
2 n génitif m ◆ **in the genitive** au génitif

genitourinary [ˌdʒenɪtəʊˈjʊərɪnərɪ] adj génito-urinaire, urogénital

genius [ˈdʒiːnɪəs] → SYN n **a** (NonC) (= cleverness) génie m ; (= ability, aptitude) génie m (for de), don m extraordinaire (for pour) ◆ **man of genius** (homme m de) génie m ◆ **his genius lay in his ability to assess ...** il était supérieurement doué pour juger ... ◆ **her real genius as a designer** son véritable génie en design ◆ **he has a genius for publicity** il a le génie de la publicité ◆ **to have genius** avoir du génie ◆ **to have a genius for doing sth** avoir le don pour faire qch ◆ **she has a genius for controversy** elle a le don de la polémique ◆ **he's got a genius for saying the wrong thing** il a le don de or un don pour dire ce qu'il ne faut pas ◆ **a flash** or **stroke of genius** un trait de génie
b pl **geniuses** génie m ◆ **he's a genius** c'est un génie, il est génial
c (NonC = distinctive character) [of period, country etc] génie m (particulier)
d pl **genii** (= spirit) génie m ◆ **evil genius** mauvais génie m

Genoa [ˈdʒenəʊə] n Gênes

genocidal [ˌdʒenəʊˈsaɪdl] adj génocide

genocide ['dʒenəʊsaɪd] n génocide m

Genoese [,dʒenəʊ'iːz] **1** adj génois **2** n (pl inv) Génois(e) m(f)

genome ['dʒiːnəʊm] n (Bio) génome m

genotype ['dʒenəʊtaɪp] n génotype m

genotypic [,dʒenəʊ'tɪpɪk] adj génotypique

genre ['ʒɑ̃ːŋrə] n genre m ; (also **genre painting**) tableau m de genre

gent [dʒent] n (abbrev of **gentleman**) **a** (Comm) **gents' outfitters** magasin m d'habillement or de confection pour hommes ◆ **gents' shoes** etc (Comm) chaussures fpl etc (pour) hommes ◆ **the gents** (Brit) les toilettes fpl (pour hommes) ◆ **"gents"** (Brit : sign) "messieurs"
b * monsieur m, type * m ◆ **he's a (real) gent** c'est un monsieur (tout ce qu'il y a de) bien

genteel [dʒen'tiːl] → SYN adj **a** (= refined) person, behaviour, manners distingué ; upbringing, resort, district comme il faut ; atmosphere raffiné ; institution respectable ◆ **to live in genteel poverty** vivre dignement dans la pauvreté
b (= affected) affecté ◆ **she has a very genteel way of holding her glass** elle a une façon très affectée de tenir son verre ; → **shabby**

genteelly [dʒen'tiːlɪ] adv **a** (= with refinement) sit, eat, drink de façon distinguée
b (= affectedly) behave d'une manière affectée ◆ **she coughed genteelly behind her hand** elle toussa d'une manière affectée derrière sa main

gentian ['dʒenʃən] n gentiane f ◆ **gentian blue** bleu m gentiane ◆ **gentian violet** bleu m de méthylène

Gentile ['dʒentaɪl] **1** n Gentil(e) m(f) **2** adj des Gentils

gentility [dʒen'tɪlɪtɪ] → SYN n (iro) prétention f à la distinction or au bon ton ; († = good birth) bonne famille f, bonne naissance f

gentle ['dʒentl] → SYN **1** adj **a** (= kind, mild) person, animal, voice, smile doux (douce f) ◆ **to be gentle with sb** être doux avec qn ◆ **be gentle with me** vas-y doucement ◆ **to have a gentle disposition** être doux de nature ◆ **her gentle manner** sa douceur ◆ **(as) gentle as a lamb** doux comme un agneau ◆ **gentle reader** † (or hum) aimable lecteur m
b (= not violent or strong) movement, touch, sound, breeze léger ; transition sans heurts ; exercise modéré ; slope, curve, colour doux (douce f) ; landscape d'une grande douceur ◆ **to cook over a gentle heat** faire cuire à feu doux ◆ **to apply gentle pressure** presser légèrement ◆ **the car came to a gentle stop** la voiture s'est arrêtée doucement ◆ **a gentle stroll** une petite promenade tranquille
c (= not harsh) detergent, cleaning product, beauty product doux (douce f) ◆ **it is gentle on the skin** ça n'irrite pas la peau
d (= discreet) hint, rebuke, reminder discret (-ète f) ◆ **to poke gentle fun at sb** se moquer gentiment de qn ◆ **to use a little gentle persuasion** utiliser la manière douce ◆ **a little gentle persuasion will get him to help** si nous le persuadons en douceur il nous aidera
e († = wellborn: also **of gentle birth**) bien né (liter) ◆ **gentle knight** †† noble chevalier m
2 COMP ▷ **the gentle** or **gentler sex** † n (liter) le beau sexe †

gentlefolk ['dʒentlfəʊk] npl gens mpl de bonne famille

gentleman ['dʒentlmən] n, pl -**men 1** n **a** (= man) monsieur m ◆ **there's a gentleman to see you** il y a un monsieur qui voudrait vous voir ◆ **the gentleman from...** (US Pol) Monsieur le député de... ◆ **"gentlemen"** (sign) "messieurs"
b (= man of breeding) homme m bien élevé, gentleman m ◆ **he is a perfect gentleman** c'est un vrai gentleman ◆ **a gentleman never uses such language** un monsieur bien élevé ne se sert jamais de mots pareils ◆ **one of nature's gentlemen** un gentleman né ◆ **to behave like a gentleman** se comporter en gentleman ◆ **be a gentleman and take Emily home** sois galant or comporte-toi en gentleman et ramène Emily chez elle ◆ **he's no gentleman!** ce n'est pas un gentleman ! ◆ **gentleman's gentleman** (hum) valet m de chambre
c (= man of substance) rentier m ◆ **to lead the life of a gentleman** vivre de ses rentes
d (at court etc) gentilhomme m
2 COMP ▷ **gentleman-at-arms** n, pl **gentlemen-at-arms** gentilhomme m de la garde ▷ **gentleman-farmer** n, pl **gentleman-farmers** gentleman-farmer m ▷ **gentleman-in-waiting** n, pl **gentlemen-in-waiting** gentilhomme m (attaché à la personne du roi etc) ▷ **gentleman's agreement** n gentleman's agreement m, accord m reposant sur l'honneur ▷ **gentlemen's club** n (esp Brit) club privé réservé aux hommes

gentlemanly ['dʒentlmənlɪ] → SYN adj man bien élevé ; manner, behaviour, conduct courtois ; voice, appearance, sport distingué

gentlemen ['dʒentlmən] npl of **gentleman**

gentleness ['dʒentlnɪs] n douceur f

gentlewoman ['dʒentlwʊmən] n, pl -**women** (by birth) dame f or demoiselle f de bonne famille ; (in manner) dame f or demoiselle f très bien or comme il faut * ; (at court) dame f d'honneur or de compagnie

gently ['dʒentlɪ] adv **a** (= kindly) say, rebuke avec douceur, gentiment ; smile, remind, suggest gentiment
b (= not violently or strongly) move, shake, caress doucement ; push, touch doucement, avec douceur ; exercise doucement, sans forcer ◆ **gently does it!** doucement ! ◆ **gently sloping hills** des collines en pente douce ◆ **the road slopes gently down to the river** la route descend en pente douce vers la rivière ◆ **to simmer gently** faire cuire à feu doux ◆ **to deal gently with sb** ménager qn, ne pas bousculer qn
c (= nobly) **gently born** † de bonne naissance †

gentrification [,dʒentrɪfɪ'keɪʃən] n [of area of a town or city] embourgeoisement m

gentrified [,dʒentrɪ,faɪd] adj area, houses etc embourgeoisé ◆ **to become gentrified** s'embourgeoiser

gentrify ['dʒentrɪfaɪ] vt [+ area] embourgeoiser

gentry ['dʒentrɪ] n (Hist: of good birth) gentry f ; (fig pej) gens mpl bien

genuflect ['dʒenjʊflekt] vi (lit) faire une génuflexion ◆ **to genuflect to** or **in front of** (fig) se prosterner devant

genuflexion, genuflection (US) [,dʒenjʊ'flekʃən] n génuflexion f

genuine ['dʒenjʊɪn] → SYN **1** adj **a** (= authentic) refugee, picture, manuscript, antique, coin authentique ; democracy, leather, wool, silver véritable ; (Comm) goods garanti d'origine ◆ **a genuine Persian rug** un authentique tapis persan ◆ **it's the genuine article** * c'est du vrai
b (= real) emotion, belief, enthusiasm, interest, offer sincère ; laughter, disbelief franc (franche f) ; tears vrai, sincère ; difficulty véritable ◆ **this was a genuine mistake** c'était vraiment une erreur ◆ **a genuine buyer** (Comm) un acheteur sérieux
c (= sincere) person, relationship sincère
2 COMP ▷ **genuine assets** npl (Accounts) actif m réel

genuinely ['dʒenjʊɪnlɪ] adv interested sincèrement, vraiment ; concerned, surprised réellement ; worried, upset, sorry, democratic vraiment, réellement ; funny, pleased vraiment ◆ **she genuinely believed that...** elle croyait vraiment or sincèrement que... ◆ **I genuinely want to help** je veux vraiment or sincèrement aider ◆ **he is genuinely committed to reform** il est profondément partisan de la réforme

genuineness ['dʒenjʊɪn,nɪs] n **a** (= authenticity) authenticité f
b (= sincerity) sincérité f

genus ['dʒenəs] n, pl **genera** or **genuses** (Bio) genre m

ge(o)... ['dʒiː(əʊ)] pref géo...

geocentric [,dʒiːəʊ'sentrɪk] adj géocentrique

geochemical [,dʒiːəʊ'kemɪkəl] adj géochimique

geochemist [,dʒiːəʊ'kemɪst] n géochimiste mf

geochemistry [,dʒiːəʊ'kemɪstrɪ] n géochimie f

geochronological [,dʒiːəʊ,krɒnə'lɒdʒɪkəl] adj géochronologique

geochronology [,dʒiːəʊkrə'nɒlədʒɪ] n géochronologie f

geode ['dʒiːəʊd] n géode f

geodesic [,dʒiːəʊ'desɪk] adj géodésique ◆ **geodesic dome** dôme m géodésique ◆ **geodesic line** géodésique f

geodesist [dʒiː'ɒdɪsɪst] n géodésien(ne) m(f)

geodesy [dʒiː'ɒdɪsɪ] n géodésie f

geodetic [,dʒiːəʊ'detɪk] adj ⇒ **geodesic**

geographer [dʒɪ'ɒgrəfəʳ] n géographe mf

geographic(al) [,dʒɪə'græfɪk(əl)] adj géographique ◆ **geographic(al) mile** mille m marin or nautique

geographically [,dʒɪə'græfɪkəlɪ] adv isolated géographiquement

geography [dʒɪ'ɒgrəfɪ] n (= science) géographie f ◆ **policeman who knew the local geography** des policiers qui connaissaient la topographie du quartier

geological [,dʒɪə'lɒdʒɪkəl] adj géologique ◆ **geological survey** (US) Bureau m de recherches géologiques et minières

geologically [,dʒɪə'lɒdʒɪkəlɪ] adv géologiquement

geologist [dʒɪ'ɒlədʒɪst] n géologue mf

geology [dʒɪ'ɒlədʒɪ] n géologie f

geomagnetic [,dʒiːəʊmæg'netɪk] adj géomagnétique ◆ **geomagnetic storm** orage m géomagnétique

geomagnetism [,dʒiːəʊ'mægnɪ,tɪzəm] n géomagnétisme m

geomancy ['dʒiːəʊ,mænsɪ] n géomancie f

geometric(al) [,dʒɪəʊ'metrɪk(əl)] adj géométrique ◆ **geometric(al) mean** (Math) moyenne f géométrique ◆ **by geometric(al) progression** selon une progression géométrique ◆ **geometric(al) series** série f géométrique

geometrically [,dʒɪə'metrɪkəlɪ] adv arranged géométriquement ◆ **geometrically patterned** à motifs géométriques

geometrician [,dʒɪ,ɒmɪ'trɪʃən] n géomètre mf

geometrid [dʒɪ'ɒmɪtrɪd] n (Zool) géomètre m

geometry [dʒɪ'ɒmɪtrɪ] n géométrie f

geomorphic [,dʒiːəʊ'mɔːfɪk] adj géomorphique

geomorphologic(al) [,dʒɪːəʊ'mɔːfə'lɒdʒɪkəl] adj géomorphologique

geomorphology [,dʒiːəʊmɔː'fɒlədʒɪ] n géomorphologie f

geonomics [,dʒiːəʊ'nɒmɪks] n (NonC) géographie f économique

geophagous [dʒɪ'ɒfəgəs] adj (Anthropology, Zool) géophage

geophysical [,dʒiːəʊ'fɪzɪkəl] adj géophysique

geophysicist [,dʒiːəʊ'fɪzɪsɪst] n géophysicien(ne) m(f)

geophysics [,dʒiːəʊ'fɪzɪks] n (NonC) géophysique f

geopolitical [,dʒiːəʊpə'lɪtɪkəl] adj géopolitique

geopolitician [,dʒiːəʊ,pɒlɪ'tɪʃən] n géopoliticien(ne) m(f)

geopolitics [,dʒiːəʊ'pɒlɪtɪks] n (NonC) géopolitique f

Geordie * ['dʒɔːdɪ] n (Brit) natif de Tyneside

George [dʒɔːdʒ] n Georges m ◆ **by George!** † * mon Dieu ! ◆ **George Cross** or **Medal** (Brit) ≈ médaille f du courage

georgette [dʒɔː'dʒet] n (also **georgette crêpe**) crêpe f georgette

Georgia ['dʒɔːdʒɪə] n (= country and US state) la Géorgie ◆ **in Georgia** en Géorgie

Georgian ['dʒɔːdʒɪən] adj **a** (Brit Hist) period des rois George Iᵉʳ à George IV (1714-1830) ; (Archit) architecture, house, style géorgien (entre 1714 et 1830)
b (Geog) person, language géorgien ; town de Géorgie ; capital de la Géorgie

geoscience [,dʒiːəʊ'saɪəns] n science(s) f(pl) de la terre

geoscientist [,dʒiːəʊ'saɪəntɪst] n spécialiste mf des sciences de la terre

geostatics [,dʒiːəʊ'stætɪks] n (NonC) géostatique f

geostationary [ˌdʒiːəʊˈsteɪʃənərɪ] adj géostationnaire

geosynchronous [ˌdʒiːəʊˈsɪŋkrənəs] adj géosynchrone

geosyncline [ˌdʒiːəʊˈsɪnklaɪn] n géosynclinal m

geotextile [ˌdʒiːəʊˈtekstaɪl] n (Constr) géotextile m

geothermal [ˌdʒiːəʊˈθɜːməl] adj géothermal ◆ **geothermal power** énergie f géothermique

geothermally [ˌdʒiːəʊˈθɜːməlɪ] adv géothermiquement

geotropic [ˌdʒiːəʊˈtrɒpɪk] adj géotropique

geotropically [ˌdʒiːəʊˈtrɒpɪkəlɪ] adv géotropiquement

geotropism [dʒɪˈɒtrəpɪzəm] n géotropisme m

geranium [dʒɪˈreɪnɪəm] [1] n géranium m [2] adj (colour: also **geranium red**) rouge géranium inv

gerbil [ˈdʒɜːbɪl] n gerbille f

gerfalcon [ˈdʒɜːˈfɔːlkən] n (Orn) gerfaut m

geriatric [ˌdʒerɪˈætrɪk] [1] adj [a] hospital gériatrique ; ward of hospital gériatrie ; patient de service de gériatrie ; nurse spécialisé en gériatrie ◆ **geriatric care** or **nursing** soins mpl aux vieillards ◆ **geriatric medicine** gériatrie f ◆ **geriatric social work** aide f sociale aux vieillards
[b] (* pej) judge, rock star gaga * (pej) ; government de vieux gâteux * (pej) ◆ **a geriatric car** un vieux tacot * (pej) ◆ **a geriatric horse** un vieux canasson * (pej)
[2] n [a] (Med) malade mf gériatrique
[b] (* pej) vieillard(e) m(f)

geriatrician [ˌdʒerɪəˈtrɪʃən] n gériatre mf

geriatrics [ˌdʒerɪˈætrɪks] n (NonC: Med) gériatrie f

germ [dʒɜːm] → SYN [1] n [a] (Bio, also fig) germe m ◆ **the germ of an idea** un embryon d'idée, le germe d'une idée
[b] (Med) microbe m, germe m
[2] COMP ▷ **germ carrier** n (Med) porteur m de microbes ▷ **germ cell** n (Bio) cellule f germinale or reproductrice, gamète m ▷ **germ-free** adj (Med) stérile, stérilisé ▷ **germ-killer** n germicide m ▷ **germ warfare** n (NonC) guerre f bactériologique

German [ˈdʒɜːmən] [1] adj (gen) allemand ; ambassador, embassy d'Allemagne ; teacher d'allemand ◆ **East/West German** d'Allemagne de l'Est/de l'Ouest, est-/ouest-allemand
[2] n [a] Allemand(e) m(f)
[b] (Ling) allemand m
[3] COMP ▷ **the German Democratic Republic** n la République démocratique allemande ▷ **German measles** n (Med) rubéole f ▷ **German sheep dog, German shepherd** n chien m loup, berger m allemand ▷ **German speaker** n germanophone mf ▷ **German-speaking** adj qui parle allemand ; nation germanophone ; → Switzerland

germander [dʒɜːˈmændər] [1] n germandrée f [2] COMP ▷ **germander speedwell** n (Bot) véronique f germandrée

germane [dʒɜːˈmeɪn] → SYN adj pertinent (to pour, par rapport à)

germanely [dʒɜːˈmeɪnlɪ] adv pertinemment, à juste titre

germaneness [dʒɜːˈmeɪnnɪs] n pertinence f, à-propos m

Germanic [dʒɜːˈmænɪk] adj germanique

germanium [dʒɜːˈmeɪnɪəm] n germanium m

germanization [ˌdʒɜːmənaɪˈzeɪʃən] n germanisation f

germanophile [dʒɜːˈmænəʊfaɪl] n germanophile mf

germanophilia [ˌdʒɜːməˈfɪlɪə] n germanophilie f

germanophobe [dʒɜːˈmænəʊfəʊb] n germanophobe mf

germanophobia [ˌdʒɜːməˈfəʊbɪə] n germanophobie f

Germany [ˈdʒɜːmənɪ] n l'Allemagne f ◆ **East/West Germany** l'Allemagne f de l'Est/de l'Ouest

germen [ˈdʒɜːmən] n, pl **germens** or **germina** [ˈdʒɜːmɪnə] germen m

germicidal [ˌdʒɜːmɪˈsaɪdl] adj germicide

germicide [ˈdʒɜːmɪsaɪd] n germicide m

germinal [ˈdʒɜːmɪnəl] adj embryonnaire

germinate [ˈdʒɜːmɪneɪt] → SYN [1] vi germer [2] vt faire germer

germination [ˌdʒɜːmɪˈneɪʃən] n germination f

germproof [ˈdʒɜːmpruːf] adj résistant aux microbes

Geronimo [dʒəˈrɒnɪməʊ] excl banzaï !

gerontocracy [ˌdʒerɒnˈtɒkrəsɪ] n gérontocratie f

gerontocratic [dʒəˌrɒntəˈkrætɪk] adj gérontocratique

gerontological [ˌdʒerɒntəˈlɒdʒɪkəl] adj gérontologique

gerontologist [ˌdʒerɒnˈtɒlədʒɪst] n gérontologue mf

gerontology [ˌdʒerɒnˈtɒlədʒɪ] n gérontologie f

gerrymander [ˈdʒerɪmændər] [1] vi faire du charcutage électoral
[2] n ⇒ **gerrymandering**

gerrymandering [ˈdʒerɪmændərɪŋ] n charcutage m électoral

gerund [ˈdʒerənd] n (in English) gérondif m, substantif m verbal ; (in Latin) gérondif m

gerundive [dʒɪˈrʌndɪv] [1] adj du gérondif [2] n adjectif m verbal

gesso [ˈdʒesəʊ] n [of moulding etc] plâtre m (de Paris) ; (Art) gesso m

Gestalt [ɡəˈʃtɑːlt] n, pl **Gestalts** or **Gestalten** [ɡəˈʃtɑːltən] gestalt f ◆ **Gestalt psychology** gestaltisme m

Gestapo [ɡesˈtɑːpəʊ] n Gestapo f

gestate [dʒesˈteɪt] [1] vi être en gestation [2] vt (Bio) garder en gestation ; [+ work of art] mûrir ; [+ anger] couver

gestation [dʒesˈteɪʃən] → SYN n gestation f

gesticulate [dʒesˈtɪkjʊleɪt] → SYN [1] vi faire de grands gestes (at sb pour attirer l'attention de qn)
[2] vt exprimer par gestes

gesticulation [dʒesˌtɪkjʊˈleɪʃən] n gesticulation f

gesticulative [dʒesˈtɪkjʊleɪtɪv] adj gesticulateur (-trice f)

gesticulatory [dʒesˈtɪkjʊleɪtərɪ] adj gesticulatoire

gestural [ˈdʒestʃərəl] adj gestuel

gesture [ˈdʒestʃər] → SYN [1] n (lit, fig) geste m ◆ **a gesture of good will** un geste de bonne volonté ◆ **friendly gesture** geste m or témoignage m d'amitié ◆ **a gesture of defiance** un signe de méfiance ◆ **they did it as a gesture of support** ils l'ont fait pour manifester leur soutien ◆ **what a nice gesture!** quelle délicate attention !
[2] vi ◆ **to gesture to sb to do sth** faire signe à qn de faire qch ◆ **he gestured towards the door** il désigna la porte d'un geste ◆ **he gestured with his head towards the safe** il a indiqué le coffre d'un signe de tête ◆ **he gestured at Derek to remain seated** il a fait signe à Derek de rester assis
[3] vt mimer, exprimer par gestes

---

get [get]
vb : pret, ptp **got**, ptp (US) **gotten**

[1] TRANSITIVE VERB
[2] INTRANSITIVE VERB
[3] COMPOUNDS
[4] PHRASAL VERBS

[1] TRANSITIVE VERB

When **get** is part of a set combination, eg **get the sack**, **get hold of**, **get sth right**, look up the other word.

[a] = have, receive, obtain avoir

> avoir covers a wide range of meanings, and like **get** is unspecific:

◆ **I go whenever I get the chance** j'y vais dès que j'en ai l'occasion ◆ **he's got a cut on his finger** il a une coupure au doigt ◆ **he got a fine** il a eu une amende ◆ **she gets a good salary** elle a un bon salaire ◆ **not everyone gets a pension** tout le monde n'a pas la retraite ◆ **you need to get permission from the owner** il faut avoir la permission du propriétaire ◆ **I got a lot of presents** j'ai eu beaucoup de cadeaux ◆ **he got first prize** il a eu le premier prix ◆ **you may get a surprise** tu pourrais avoir une surprise

> Some **get** + noun combinations may take a more specific French verb:

◆ **we can get sixteen channels** nous pouvons recevoir seize chaînes ◆ **it was impossible to get help** il était impossible d'obtenir de l'aide ◆ **he got help from the others** il s'est fait aider par les autres ◆ **first I need to get a better idea of the situation** je dois d'abord me faire une meilleure idée de la situation ◆ **I think he got the wrong impression** je pense qu'il s'est fait des idées ◆ **they get lunch at school** ils déjeunent or ils mangent à l'école ◆ **he got his money by exploiting others** il s'est enrichi en exploitant les autres ◆ **if I'm not working I get no pay** si je ne travaille pas je ne suis pas payé ◆ **this area doesn't get much rain** il ne pleut pas beaucoup dans cette région ◆ **she got a reputation for infallibility** elle a acquis une réputation d'infaillibilité ◆ **they got interesting results** ils ont obtenu des résultats intéressants ◆ **we'll get a sandwich in town** on prendra or mangera un sandwich en ville ◆ **this room gets a lot of sun** cette pièce est très ensoleillée ◆ **I didn't get a very good view of it** je ne l'ai pas bien vu ◆ **he got two years** il s'est pris * deux ans de prison

◆ **have/has got** ◆ **I've got toothache** j'ai mal aux dents ◆ **I have got three sisters** j'ai trois sœurs ◆ **how many have you got?** combien en avez-vous ? ◆ **she's got too much to do** elle a trop (de choses) à faire ◆ **I've got it!** (= have safely) (ça y est) je l'ai !, je le tiens ! ◆ **you're okay, I've got you!** ne t'en fais pas, je te tiens ! ; see also **have**

[b] = find trouver ◆ **they can't get jobs** ils n'arrivent pas à trouver de travail ◆ **he got me a job** il m'a trouvé un emploi ◆ **it's difficult to get a hotel room in August** c'est difficile de trouver une chambre d'hôtel en août ◆ **you get different kinds of ...** on trouve plusieurs sortes de ... ◆ **you'll get him at home if you phone this evening** tu le trouveras chez lui si tu appelles ce soir BUT ◊ **I've been trying to get you all week** ça fait une semaine que j'essaie de t'avoir ◊ **you can get me on this number/the mobile** tu peux m'appeler à ce numéro/sur mon portable

[c] = buy acheter ◆ **where do they get their raw materials?** où est-ce qu'ils achètent leurs matières premières ? ◆ **to get sth cheap** acheter qch bon marché ◆ **I'll get some milk** je prendrai or j'achèterai du lait

[d] = fetch aller chercher ◆ **I must go and get some bread** il faut que j'aille chercher or acheter du pain ◆ **quick, get help!** allez vite chercher de l'aide ! ◆ **can you get my coat from the cleaners?** est-ce que tu peux aller chercher mon manteau au pressing ? BUT ◊ **can I get you a drink ?** est-ce que je peux vous offrir quelque chose ?

[e] = take prendre ◆ **I'll get the bus** je vais prendre le bus ◆ **I don't get the local paper** je ne prends pas le journal local

[f] = pick up aller chercher ◆ **phone me when you arrive and I'll come and get you** appelle-moi quand tu arrives et j'irai te chercher

[g] = call in appeler ◆ **we had to get the doctor/a plumber** nous avons dû appeler le médecin/un plombier

[h] = prepare préparer ◆ **she was getting breakfast** elle préparait le petit déjeuner

[i] = catch [+ disease, fugitive] attraper ; [+ name] entendre, comprendre ; [+ details] comprendre ◆ **you'll get a cold** tu vas attraper un rhume ◆ **they've got the thief** ils ont attrapé le voleur ◆ **I didn't get your name** je n'ai pas entendu or compris votre nom BUT ◊ **to get sb alone** or **to o.s.** être seul à seul avec qn ◊ **it gets me here** [pain] ça me fait mal ici ◊ **we'll get them yet !** on leur revaudra ça ! ◊ **I'll get you !** je te revaudrai ça ! ◊ **he'll get you for that !** qu'est-ce que tu vas prendre ! * ◊ **he's got it bad for her** * il est fou d'elle

[j] = understand **get it?** * t'as pigé ? *, tu saisis ? * ◆ **I don't get it** * je ne comprends pas,

je ne saisis pas * ♦ you've got it in one! * tu as tout compris ! ♦ I don't get you * je ne vous suis pas ♦ I don't get the joke je ne vois pas ce qu'il y a de drôle ♦ I don't get your meaning * je ne vous suis pas ♦ he got the point immediately il a tout de suite tout compris ♦ let me get this right, you're saying that ... alors, si je comprends bien, tu dis que ... ♦ don't get me wrong comprenez-moi bien

k = answer can you get the phone? est-ce que tu peux répondre ? ♦ I'll get it! j'y vais !

l * = annoy agacer ♦ that's what really gets me c'est ce qui m'agace le plus

m set structures

♦ **to get** + adjective

 This construction is often translated by a verb alone. Look up the relevant adjective:

 ♦ don't get the carpet dirty! ne salis pas la moquette ! ♦ to get one's hands dirty se salir les mains ♦ to get sb drunk enivrer or soûler qn ♦ you're getting me worried tu m'inquiètes

♦ **to get sth done** (by someone else) faire faire qch ♦ to get one's hair cut se faire couper les cheveux ♦ I need to get my car serviced je dois faire réviser ma voiture ♦ he knows how to get things done! il sait faire activer les choses ! ♦ when do you think you'll get it finished? (do oneself) quand penses-tu avoir fini ? ♦ you can't get anything done round here il est impossible de travailler ici

♦ **to get sb/sth to do sth** ♦ get him to clean the car fais-lui laver la voiture ♦ I'll get her to ring you back je lui demanderai de te rappeler

 réussir or pouvoir may be used when speaking of achieving a result:

 ♦ we eventually got her to change her mind nous avons finalement réussi à or pu lui faire changer d'avis ♦ I couldn't get the washing machine to work je n'ai pas réussi à or pu faire marcher la machine à laver ♦ I couldn't get the sauce to thicken je n'ai pas réussi à or pu épaissir la sauce ♦ to get sth going [+ machine] (réussir à or pouvoir) faire marcher qch

♦ **to get sb/sth somewhere** ♦ to get sth downstairs descendre qch ♦ they got him home somehow ils l'ont ramené chez lui tant bien que mal ♦ how can we get it home? comment faire pour l'apporter à la maison ? ♦ threatening me will get you nowhere tu n'obtiendras rien en me menaçant ♦ to get sth upstairs monter qch ♦ where does that get us? où est-ce que ça nous mène ?

♦ **to get sb/sth** + preposition ♦ to get sb by the arm saisir qn par le bras ♦ to get sb by the throat prendre qn à la gorge ♦ I didn't get much for it on ne m'en a pas donné grand-chose ♦ he gets a lot of money for his paintings il gagne beaucoup d'argent avec ses tableaux ♦ he gets his red hair from his mother il a les cheveux roux de sa mère ♦ I don't get much from his lectures je ne tire pas grand-chose de ses cours ♦ the bullet got him in the arm la balle l'a atteint au bras ♦ try to get him into a good mood essaie de le mettre de bonne humeur ♦ he managed to get the card into the envelope il a réussi à faire entrer la carte dans l'enveloppe ♦ to get o.s into a difficult position se mettre dans une situation délicate ♦ we got him on to the subject of the war nous l'avons amené à parler de la guerre ♦ she gets a lot of pleasure out of gardening elle prend beaucoup de plaisir à jardiner ♦ we'll never get anything out of him nous n'en tirerons jamais rien, nous ne tirerons jamais rien de lui ♦ I couldn't get the stain out of the tablecloth je n'ai pas réussi à enlever la tache sur la nappe ♦ to get sth past the customs réussir à passer qch à la douane ♦ I don't know how it got past the inspectors je ne sais pas comment ça a échappé à la surveillance des inspecteurs ♦ to get sth round the throat prendre qn à la gorge ♦ I'll never get the car through here je n'arriverai jamais à faire passer la voiture par ici ♦ to get sth to sb faire parvenir qch à qn ♦ to get a child to bed mettre un enfant au lit, coucher un enfant

2 INTRANSITIVE VERB

a = go aller (to à, from de) ; (= arrive) arriver ; (= be) être ♦ how do you get there? comment fait-on pour y aller ? ♦ can you get there from London by bus? est-ce qu'on peut y aller de Londres en bus ? ♦ what time do you get to Sheffield? à quelle heure arrivez-vous à Sheffield ? ♦ he should get here soon il devrait bientôt être là ♦ to get to the top (lit, fig) arriver or parvenir au sommet ; see also top

♦ **to get** + adverb/preposition ♦ to get after sb essayer d'attraper qn ♦ we won't get anywhere with him nous n'arriverons à rien avec lui ♦ you won't get anywhere if you behave like that tu n'arriveras à rien en te conduisant comme ça ♦ I got as far as speaking to him je lui ai même parlé ♦ how did that box get here? comment cette boite est-elle arrivée ici ? ♦ what's got into him? qu'est-ce qui lui prend ? ♦ we're getting nowhere on n'avance pas ♦ we're getting nowhere fast * on fait du sur place * ♦ now we're getting somewhere! * enfin du progrès ! ♦ how's your thesis going? – I'm getting there où en es-tu avec ta thèse ? – ça avance ♦ your garden is lovely! – yes, we're getting there! votre jardin est très joli ! – oui, ça prend tournure ! ♦ where did you get to? où étais-tu donc passé ? ♦ where can he have got to? où est-il passé ? ♦ where have you got to? (in book, work) où en êtes-vous ? ♦ don't let it get to you * ne te fais pas de bile * pour ça ♦ to get with it * se mettre à la mode ou dans le vent * ♦ this is serious business and the government had better get with it (= become aware) c'est là un problème grave et le gouvernement ferait bien d'en prendre conscience

b = go away get! * fous le camp ! *

c set structures

♦ **to get** + adjective

 This construction is often translated by a verb alone:

 ♦ I hope you'll get better soon j'espère que tu vas vite te remettre ♦ things are getting complicated les choses se compliquent ♦ this is getting expensive ça commence à faire cher ♦ she's afraid of getting fat elle a peur de grossir ♦ it's getting late il se fait tard ♦ how do people get like that? comment peut-on en arriver là ? ♦ I'm getting nervous je commence à avoir le trac ♦ he's getting old il vieillit, il se fait vieux ♦ this is getting ridiculous ça devient ridicule ♦ how stupid can you get? il faut vraiment être stupide ! ♦ he soon gets tired il se fatigue vite ♦ to get used to sth/to doing s'habituer à qch/à

♦ **to get** + past participle (passive) ♦ she often gets asked for her autograph on lui demande souvent son autographe ♦ he got beaten up il s'est fait tabasser * ♦ several windows got broken plusieurs fenêtres ont été brisées ♦ to get killed se faire tuer ♦ to get paid se faire payer ;

 Reflexive verbs are used when the sense is not passive:

 ♦ to get dressed s'habiller ♦ to get married se marier ♦ to get washed se laver

♦ **to get to** + infinitive ♦ it got to be quite pleasant after a while c'est devenu assez agréable au bout d'un moment ♦ he's getting to be an old man il se fait vieux ♦ it's getting to be impossible ça devient impossible ♦ she never gets to drive the car * on ne la laisse jamais conduire ♦ to get to know sb apprendre à connaitre qn ♦ we soon got to like them nous les avons vite appréciés ♦ we got to like him in the end nous avons fini par l'apprécier ♦ students only get to use the library between 2pm and 8pm les étudiants ne peuvent utiliser la bibliothèque qu'entre 14 heures et 20 heures

♦ **have got to** + infinitive (= must) ♦ you've got to come il faut que vous veniez (subj) ♦ have you got to go and see her? est-ce que vous êtes obligé d'y aller ? ♦ I haven't got to leave yet je ne suis pas obligé de partir tout de suite ♦ you've got to be joking! tu plaisantes !

♦ **to get** + -ing (= begin) ♦ to get going se mettre en route, partir ♦ I got talking to him in the train j'ai parlé avec lui dans le train, nous avons engagé la conversation dans le train ♦ I got to thinking that ... * je me suis dit que ...

3 COMPOUNDS

▷ **get-at-able** * adj place accessible, d'accès facile ; person accessible ▷ **get-rich-quick scheme** ; n projet pour faire fortune rapidement ▷ **get-together** n (petite) réunion f ▷ **get-up-and-go** * n he's got lots of get-up-and-go il a beaucoup d'allant or de dynamisme, il est très dynamique ▷ **get-well card** n carte f de vœux (pour un prompt rétablissement)

4 PHRASAL VERBS

▶ **get about** vi **a** (= move about) [person] se déplacer ♦ he gets about with a stick/on crutches il marche or se déplace avec une canne/des béquilles ♦ she gets about quite well despite her handicap elle arrive assez bien à se déplacer malgré son handicap ♦ she's old, but she still gets about quite a bit elle est âgée mais elle est encore très active ♦ he's getting about again now (after illness) il est de nouveau sur pied

b (= travel) voyager ♦ she gets about a lot elle voyage beaucoup

c [news] circuler ♦ the story had got about that ... des rumeurs circulaient selon lesquelles ... ♦ it has got about that ... le bruit court que ... ♦ I don't want it to get about je ne veux pas que ça s'ébruite

▶ **get above** vt fus ♦ to get above o.s. avoir la grosse tête * ♦ you're getting above yourself! pour qui te prends-tu ?

▶ **get across** 1 vi (lit) traverser ; [meaning, message] passer ♦ I think the message is getting across je pense que le message commence à passer ♦ the message is getting across that people must ... les gens commencent à comprendre qu'on doit ... ♦ that was what got across to me c'est ce que j'ai compris ♦ he didn't get across to the audience le courant n'est pas passé entre le public et lui ♦ he managed to get across to her at last il a enfin réussi à se faire entendre d'elle 2 vt sep (lit) faire traverser, faire passer ; [+ ideas, intentions, desires] communiquer (to sb à qn) ♦ to get sth across to sb faire comprendre qch à qn
3 vt fus (= annoy) ♦ to get across sb se faire mal voir de qn

▶ **get ahead** vi (lit) prendre de l'avance ; (in career) monter en grade

▶ **get along** vi **a** (= go) aller (to à) ; (= leave) s'en aller ♦ I must be getting along il faut que je m'en aille ♦ get along with you! * (= go away) va-t-en !, file ! * ; (Brit = stop joking) à d'autres !

b (= manage) se débrouiller ♦ to get along without sth/sb se débrouiller sans qch/qn

c (= progress) [work] avancer ; [student, invalid] faire des progrès ♦ he's getting along well in French il fait de gros progrès en français

d (= be on good terms) (bien) s'entendre ♦ they get along very well (together) ils s'entendent très bien ♦ I don't get along with him at all je ne m'entends pas du tout avec lui

▶ **get around** 1 vi ⇒ get about
2 vt sep ⇒ get round 2
3 vt fus ⇒ get round 3

▶ **get at** vt fus **a** (= reach) [+ object, component, person, place] atteindre ♦ sometimes children are used to get at their parents on se sert parfois des enfants pour atteindre les parents ♦ the dog got at the meat le chien a touché à la viande ♦ the goat was trying to get at the cabbages la chèvre essayait de manger les choux ♦ the rich and powerful are difficult to get at les riches et les puissants sont difficiles à approcher ♦ let me get at him! * attends un peu que je l'attrape (subj) !

b (= find, ascertain) [+ facts, truth] découvrir

c (= suggest) what are you getting at? où voulez-vous en venir ?

379 ENGLISH-FRENCH get / get

d (Brit = attack, jibe at) s'en prendre à ◆ **she's always getting at her brother** elle s'en prend toujours à son frère ◆ **I feel got at** je me sens visé

e (* = influence) suborner ◆ **there's a danger witnesses will be got at** les témoins risquent d'être subornés

► **get away** 1 vi a (= leave) s'en aller, partir ; [vehicle] partir ◆ **to get away from a place** quitter un endroit ◆ **I usually get away from work/the office at six** je quitte généralement (le travail/le bureau) à 6 heures ◆ **I'll try to get away from work early** j'essaierai de quitter plus tôt ◆ **I couldn't get away any sooner** je n'ai pas pu me libérer plus tôt ◆ **we are not going to be able to get away this year** nous n'allons pas pouvoir partir en vacances cette année ◆ **get away!** allez-vous-en ! ◆ **get away (with you)!** * à d'autres !

b (= escape) s'échapper ◆ **to get away from** [+ prison] s'échapper de ; [+ people, situation] échapper à ; [+ idea] renoncer à ◆ **he was trying to get away when he was shot** il essayait de s'échapper quand on lui a tiré dessus ◆ **she moved here to get away from the stress of city life** elle est venue s'installer ici pour échapper au stress de la vie citadine ◆ **it's time we got away from this idea** il est temps que nous renoncions à cette idée ◆ **he went to the Bahamas to get away from it all** il est allé aux Bahamas pour laisser tous ses ennuis or problèmes derrière lui ◆ **the doctor told her she must get away from it all** le médecin lui a ordonné de partir se reposer loin de tout ◆ **the thief got away with the money** le voleur est parti avec l'argent ◆ **you can't get away from it!, there's no getting away from it!** on ne peut pas y couper ! *

2 vt sep a (= take) emmener ; (= move away) éloigner ; (= send off) expédier ◆ **you must get her away to the country for a while** il faut que vous l'emmeniez (subj) passer quelque temps à la campagne

b (= remove) **to get sth away from sb** enlever qch à qn

► **get away with** vt (= suffer no consequences) ◆ **she got away with saying outrageous things** elle a tenu impunément des propos choquants ◆ **he broke the law and got away with it** il violait la loi sans être inquiété or en toute impunité ◆ **you'll never get away with that!** on ne te laissera pas passer ça ! * ◆ **he gets away with murder** * il peut se permettre de faire n'importe quoi ◆ **he got away with a mere apology** (= escape lightly) il en a été quitte pour une simple excuse ◆ **we can get away with just repainting it** on pourrait se contenter de le repeindre

► **get back** 1 vi a (= return) revenir ◆ **to get back (home)** rentrer chez soi ◆ **to get back to bed** se recoucher, retourner au lit ◆ **to get back upstairs** remonter, retourner en haut ◆ **life is starting to get back to normal** la vie reprend son cours ◆ **to get back to work** se remettre au travail, reprendre le travail ◆ **to get back to the point** revenir au sujet ◆ **let's get back to why you didn't come yesterday** revenons à la question de savoir pourquoi vous n'êtes pas venu hier ◆ **let's get back to what we were talking about** revenons à nos moutons ◆ **to get back to sb** * recontacter qn ; (on phone also) rappeler qn ◆ **can I get back to you on that?** * puis-je vous recontacter à ce sujet ? ; (on phone) puis-je vous rappeler à ce sujet ? ; see also **get on 3**

b (= move backwards) reculer ◆ **get back!** reculez !

2 vt sep a (= recover) [+ sth lent] récupérer ; [+ sth lost, stolen] retrouver, récupérer ; [+ strength] reprendre ; [+ one's husband, partner etc] faire revenir ◆ **he's trying desperately to get her back** il essaie désespérément de la faire revenir ◆ **now that we've got you back** maintenant que tu nous es revenu ◆ **I won't get my car back until Thursday** je n'aurai pas ma voiture avant jeudi ◆ **I was afraid I wouldn't get my passport back** j'avais peur qu'on ne me rende pas mon passeport ◆ **to get one's money back** se faire rembourser, récupérer son argent

b (= replace) remettre en place

c (= return) rendre ◆ **I'll get it back to you as soon as I can** je vous le rendrai dès que possible

d (= take home) [+ person] raccompagner, reconduire ◆ **he was drunk and I was trying to get him back home** il était ivre et j'essayais de le raccompagner chez lui

► **get back at** * vt fus (= retaliate against) prendre sa revanche sur

► **get by** vi a (= pass) passer ◆ **let me get by** laissez-moi passer

b (= manage) arriver à s'en sortir * ◆ **by doing two part-time jobs she just gets by** elle arrive tout juste à s'en sortir * avec deux emplois à mi-temps ◆ **she gets by on very little money** elle arrive à s'en sortir * or elle se débrouille * avec très peu d'argent ◆ **he'll get by!** il s'en sortira ! *

► **get down** 1 vi a descendre (*from, off* de) ◆ **may I get down?** (at table) est-ce que je peux sortir de table ? ◆ **to get down on one's knees** se mettre à genoux ◆ **get down!** (= climb down) descends ! ; (= lie down) couche-toi !

b (esp US ‡ = enjoy oneself) s'éclater ‡

2 vt sep a (from upstairs, attic) descendre ; (from shelf) prendre

b (* = swallow) [+ food, pill] avaler

c (= make note of) noter, prendre (en note)

d (= depress) déprimer ◆ **he gets me down** il me fiche le cafard *, il me déprime ◆ **all the worry has got him down** tous ces soucis l'ont déprimé or lui ont mis le moral à zéro * ◆ **don't let it get you down!** ne te laisse pas abattre !

► **get down to** vt fus ◆ **to get down to doing sth** se mettre à faire qch ◆ **to get down to work** se mettre au travail ◆ **you'll have to get down to it** il faut vous y mettre ◆ **when you get down to it there's not much difference between them** en y regardant de plus près il n'y a pas grande différence entre eux ◆ **to get down to business** passer aux choses sérieuses ◆ **let's get down to the details** regardons ça de plus près

► **get in** 1 vi a [person] (= enter) entrer ; (= be admitted to university, school) être admis ; (= reach home) rentrer ; [rain, water] pénétrer, s'introduire ◆ **do you think we'll get in?** tu crois qu'on réussira à entrer ?

b (= arrive) [train, bus, plane] arriver

c (Parl = be elected) [member] être élu ; [party] accéder au pouvoir

2 vt sep a (lit) faire entrer ; [+ screw, nail] enfoncer ; [+ crops, harvest] rentrer ◆ **I managed to get it in** (into case) j'ai réussi à le faire entrer dedans or le caser ◆ **did you get your essay in on time?** as-tu rendu or remis ta dissertation à temps ?

b (= plant) [+ seeds] planter, semer ; [+ bulbs] planter

c (= buy) [+ groceries, beer] acheter ◆ **to get in supplies** s'approvisionner, faire des provisions

d (= summon) [+ doctor, police, tradesman] faire venir

e (= fit in) glisser ◆ **he got in a reference to his new book** il a glissé une allusion à son dernier livre ◆ **it was hard to get a word in** c'était difficile de placer un mot ◆ **he managed to get in a game of golf** il a réussi à trouver le temps de faire une partie de golf ; → **eye, hand**

► **get in on** * vt fus ◆ **he managed to get in on the deal/the trip** il s'est débrouillé pour se joindre à l'affaire/au voyage ; see also **act 1c**

► **get into** vt fus a (= enter) [+ house, park] entrer dans, pénétrer dans ; [+ car, train] monter dans ◆ **to get into a club** devenir membre d'un club ◆ **he got into a good university** il a été admis dans une bonne université ◆ **to get into politics** entrer en politique ◆ **how did I get into all this?** comment me suis-je fourré * là-dedans ? ◆ **to get into the way of doing sth** (= make a habit of) prendre l'habitude de faire qch ◆ **I don't know what has got into him** je ne sais pas ce qui lui a pris ; → **company, habit, mischief**

b [+ clothes] mettre ◆ **I can't get into these jeans any more** je ne peux plus rentrer dans ce jean

► **get in with** vt fus a (= gain favour of) (réussir à) se faire bien voir de ◆ **he tried to get in with the headmaster** il a essayé de se faire bien voir du directeur

b (= become friendly with) se mettre à fréquenter ◆ **he got in with local drug dealers** il s'est mis à fréquenter les trafiquants de drogue du quartier

► **get off** 1 vi a (from vehicle) descendre ◆ **to tell sb where to get off** * envoyer promener qn *, envoyer qn sur les roses *

b (= depart) [person] partir ; [car] démarrer ; [plane] décoller ◆ **to get off to a good start** (lit) prendre un bon départ ; (fig) partir du bon pied ◆ **to get off (to sleep)** s'endormir

c (= escape) s'en tirer ◆ **to get off with a reprimand/a fine** en être quitte pour une réprimande/une amende

d (= leave work) finir, quitter ; (= take time off) se libérer ◆ **we get off at 5 o'clock** nous finissons or nous quittons à 5 heures ◆ **I can't get off early today** je ne peux pas m'en aller de bonne heure aujourd'hui ◆ **can you get off tomorrow?** est-ce que tu peux te libérer demain ?

2 vt sep a [+ bus, train] descendre de

b (= remove) [+ clothes, shoes] enlever ; [+ stains] faire partir, enlever

c (= dispatch) [+ mail] expédier, envoyer ◆ **I'll phone you once I've got the children off to school** je t'appellerai une fois que les enfants seront partis à l'école ◆ **to get a child off to sleep** faire dormir un enfant

d (= save from punishment) faire acquitter ◆ **a good lawyer will get him off** un bon avocat le tirera d'affaire or le fera acquitter

e (= learn) **to get sth off (by heart)** apprendre qch (par cœur)

f (from shore) [+ boat] renflouer ; (from boat) [+ crew, passengers] débarquer

3 vt fus a **to get off a bus/a bike** descendre d'un bus/d'un vélo ◆ **to get off a ship** descendre à terre ◆ **he got off his horse** il est descendu de cheval ◆ **to get off a chair** se lever d'une chaise ◆ **get (up) off the floor!** levez-vous ! ◆ **I wish he would get off my back!** * si seulement il pouvait me ficher la paix * ! ◆ **let's get off this subject of conversation** parlons d'autre chose ◆ **we've rather got off the subject** nous nous sommes plutôt éloignés du sujet

b (* = be excused) **to get off gym** se faire dispenser des cours de gym ◆ **to get off work** se libérer

► **get off on** ‡ vt fus [+ pornography, power, violence] prendre son pied avec ‡ ◆ **these guys get off on other guys** ces mecs *, ce sont les hommes qui les excitent

► **get off with** * vt fus (Brit) draguer *

► **get on** 1 vi a (on to bus, bike) monter ; (on to ship) monter à bord

b (= advance, make progress) avancer, progresser ◆ **how are you getting on?** comment ça marche ? * ◆ **how did you get on?** ça a bien marché ? *, comment ça s'est passé ? ◆ **she's getting on very well with Russian** elle fait de gros progrès en russe ◆ **to be getting on** * se faire vieux, prendre de la bouteille * ◆ **he's getting on for 40** il approche de la quarantaine ◆ **time is getting on** il se fait tard ◆ **it's getting on for 3 o'clock** il n'est pas loin de 3 heures ◆ **I must be getting on now** il faut que j'y aille ◆ **this will do to be getting on with** ça ira pour le moment ◆ **there were getting on for 100 people** il y avait pas loin de 100 personnes ◆ **we have getting on for 500 copies** nous avons près de or pas loin de 500 exemplaires

c (esp Brit = succeed) réussir, arriver ◆ **if you want to get on, you must ...** si tu veux réussir, tu dois ... ◆ **to get on in life** or **in the world** réussir dans la vie or faire son chemin

d (= agree) s'entendre (*with* avec) ◆ **we don't get on** nous ne nous entendons pas ◆ **I get on well with her** je m'entends bien avec elle

2 vt sep a (= put on) [+ clothes, shoes] mettre, enfiler

b (Culin) **I've got the potatoes on** j'ai mis les pommes de terre sur le feu ◆ **I've got the dinner on** j'ai mis le repas en route

3 vt fus ◆ **to get on a horse** monter sur un cheval ◆ **to get on a bicycle** monter sur or enfourcher une bicyclette ◆ **to get on a ship** monter à bord (d'un navire) ◆ **to get on a bus/train** monter dans un bus/un train ◆ **to get back on one's feet** se remettre debout

► **get on to** vt fus a ⇒ **get on 3**

b (esp Brit) (= get in touch with) se mettre en rapport avec ; (= speak to) parler à ; (= ring up) téléphoner à

c (= start talking about) aborder ◆ **we got on to (the subject of) money** nous avons abordé le sujet de l'argent

▶ **get on with** vt fus **a** (= continue) continuer ◆ **while they talked she got on with her work** pendant qu'ils parlaient, elle continua à travailler ◆ **while he was getting on with the job** pendant qu'il continuait à travailler ◆ **get on with it!, get on with the job!** allez, au travail !

b (= start on) se mettre à ◆ **I'd better get on with the job!** il faut que je m'y mette !

▶ **get out** ① vi **a** (= leave) sortir (*of* de) ; (from vehicle) descendre (*of* de) ◆ **to get out of bed** se lever ◆ **get out!** sortez ! ◆ **get out of here!** (lit) sors d'ici ! ; (US * = I don't believe it) à d'autres ! *

b (= escape) s'échapper (*of* de) ◆ **to get out of** (fig) [+ task, obligation] échapper à ; [+ difficulty] surmonter ◆ **you'll have to do it, you can't get out of it** il faut que tu le fasses, tu ne peux pas y échapper or y couper * ◆ **some people will do anything to get out of paying taxes** certaines personnes feraient n'importe quoi pour éviter de payer des impôts ◆ **he's trying to get out of going to the funeral** il essaie de trouver une excuse pour ne pas aller à l'enterrement

c [news] se répandre, s'ébruiter ; [secret] être éventé ◆ **wait till the news gets out!** attends que la nouvelle soit ébruitée !

② vt sep **a** (= bring out) [+ object] sortir (*of* de) ; [+ words, speech] prononcer, sortir * ; [+ book] [publisher] publier, sortir ; [library-user] emprunter, sortir ◆ **get the cards out and we'll have a game** sors les cartes et on va faire une partie ◆ **he got his diary out of his pocket** il sortit son agenda de sa poche

b (= remove) [+ nail] arracher ; [+ tooth] extraire, arracher ; [+ stain] enlever, faire partir ◆ **to get the cork out of a bottle** déboucher une bouteille ◆ **I can't get it out of my mind** je ne peux pas chasser cela de mon esprit, ça me trotte dans la tête * sans arrêt

c (= free) [+ person] faire sortir (*of* de) ◆ **they hope he'll get them out of their difficulties** ils espèrent qu'il les sortira de ce mauvais pas ◆ **it gets me out of the house** ça me fait sortir (de chez moi)

d (= prepare) [+ list] établir, dresser

▶ **get over** ① vi **a** (= go) aller ; (= come) venir ; (= cross) traverser ; [message, meaning] passer * ; [speaker] se faire entendre

② vt fus **a** (= cross) [+ river, road] traverser ; [+ fence] [horse] franchir, sauter par-dessus ; [person] escalader, passer par-dessus

b (= recover from) **to get over an illness** guérir or se remettre d'une maladie ◆ **to get over sb's death** se consoler or se remettre de la mort de qn ◆ **I can't get over it** je n'en reviens pas ◆ **I can't get over the fact that ...** je n'en reviens pas que ... (+ subj) ◆ **I can't get over how much he's changed** je n'en reviens pas de voir combien il a changé ◆ **you'll get over it!** tu n'en mourras pas ! ◆ **she never really got over him** * elle ne l'a jamais vraiment oublié

c (= overcome) [+ obstacle, difficulty] surmonter ; [+ problem] résoudre

③ vt sep **a** (lit) [+ person, animal, vehicle] faire passer ◆ **we couldn't get the car over** nous n'avons pas pu faire passer la voiture

b (= communicate) faire comprendre ; [+ ideas] communiquer ◆ **I couldn't get it over to him that he had to come** je n'ai pas pu lui faire comprendre qu'il devait venir ◆ **he couldn't get his ideas over to his readers** il était incapable de communiquer ses idées à ses lecteurs

▶ **get over with** vt sep (= have done with) en finir ◆ **let's get it over with** finissons-en ◆ **I was glad to get the injections over with** j'étais content d'en avoir fini avec ces piqûres

▶ **get round** ① vi ⇒ **get about**

② vt sep ◆ **to get sb round to one's way of thinking** rallier qn à son point de vue

③ vt fus **a** (= circumvent) [+ obstacle, difficulty, law, regulation] contourner

b (= coax, persuade) [+ person] amadouer *

▶ **get round to** * vt fus ◆ **to get round to doing sth** trouver le temps de faire qch ◆ **I don't think I'll get round to it before next week** je ne pense pas trouver le temps de m'en occuper avant la semaine prochaine

▶ **get through** ① vi **a** [news] parvenir (*to* à) ; [signal] être reçu ◆ **I think the message is getting through to him** je pense qu'il commence à comprendre

b (= be accepted, pass) [candidate] être reçu, réussir ; [motion, bill] passer, être voté ◆ **to get through to the third round** [team] se qualifier pour le troisième tour

c (Telec) obtenir la communication ◆ **I phoned you several times but couldn't get through** je t'ai appelé plusieurs fois mais je n'ai pas pu t'avoir ◆ **I got through to him straight away** j'ai réussi à lui parler tout de suite

d (= communicate with) **to get through to sb** se faire comprendre de qn ◆ **he can't get through to his son at all** il n'arrive pas du tout à se faire comprendre de son fils

e (= finish) terminer, finir ◆ **I won't get through before 6 o'clock** je n'aurai pas terminé or fini avant 6 heures ◆ **to get through with sb/sth** * en finir avec qn/qch

② vt fus **a** [+ hole, window] passer par ; [+ hedge] traverser, passer à travers ; [+ crowd] se frayer un chemin dans or à travers, (Mil) [+ enemy lines] enfoncer, franchir

b (= do) [+ work] faire ; [+ book] lire (en entier) ◆ **we've got a lot of work to get through** nous avons beaucoup de travail à faire ◆ **he got through a lot of work** il a abattu beaucoup de besogne

c (= consume, use, spend) [+ supplies] utiliser, consommer ; [+ money] dépenser ; [+ food] manger ; [+ drink] boire ◆ **we get through a lot of nappies** nous utilisons beaucoup de couches ◆ **we get through £150 per week** nous dépensons 150 livres par semaine

d (= survive) **how are they going to get through the winter?** comment vont-ils passer l'hiver ? ◆ **we couldn't get through a day without arguing** pas un jour ne se passait sans que nous ne nous disputions

③ vt sep **a** [+ person, object] faire passer ◆ **we couldn't get the sofa through the door** on ne pouvait pas faire passer le sofa par la porte ◆ **to get the message through to sb that ...** faire comprendre à qn que ... ◆ **I can't get it through to him that ...** je n'arrive pas à lui faire comprendre que ...

b (= have approved) **to get a bill through** faire adopter un projet de loi

c (Scol) **he got his pupils through** il y est pour beaucoup dans le succès de ses élèves à l'examen ◆ **it was his English that got him through** c'est grâce à son anglais qu'il a été reçu

▶ **get together** ① vi se retrouver ◆ **let's get together on Thursday and decide what to do** si on se retrouvait jeudi pour décider de ce qu'on va faire ? ◆ **this is the only place where villagers can get together** c'est le seul endroit où les gens du village peuvent se retrouver or se réunir ◆ **you'd better get together with him before you decide** vous feriez bien de le voir avant de prendre une décision

② vt sep [+ people] rassembler, réunir ; [+ thoughts, ideas] rassembler ; [+ team, group] former ; [+ money] rassembler, collecter ◆ **let me just get my things together** je rassemble mes affaires et j'arrive

▶ **get under** ① vi (= pass underneath) passer par-dessous

② vt fus ◆ **to get under a fence/a rope** etc passer sous une barrière/une corde etc

▶ **get up** ① vi **a** (= rise) [person] se lever (*from* de) ; [wind] se lever ◆ **the sea is getting up** la houle se lève ◆ **what time did you get up?** à quelle heure t'es-tu levé ?

b (on a chair, table) monter

② vt fus [+ tree, ladder] monter à ; [+ hill] monter, grimper

③ vt sep **a** (lit) [+ person] (up stairs, hill) faire monter ; [+ thing] monter ; [+ sail] hisser ◆ **to get up speed** prendre de la vitesse

b (from bed) [+ person] faire lever ; (= wake) réveiller

c (= organize) [+ play, show] monter ; [+ concert] organiser ; [+ story] fabriquer, forger ◆ **to get up a petition** organiser une pétition

d (= prepare, arrange) [+ article for sale] apprêter, préparer ; [+ book] présenter

e (= dress) **she was very nicely got up** elle était très bien mise ◆ **a tramp got up in a velvet jacket** un clochard affublé d'une veste de velours ◆ **to get o.s. up as** se déguiser en ◆ **the children had got themselves up in cowboy outfits** les enfants s'étaient déguisés en cowboys

f (= study) [+ history, literature etc] travailler, bûcher * ; [+ speech, lecture] préparer

▶ **get up to** vt fus **a** (= catch up with) rattraper

b (= reach) arriver à ◆ **I've got up to page 17** j'en suis à la page 17 ◆ **where did we get up to last week?** où en étions-nous or où en sommes-nous arrivés la semaine dernière ?

c (* = be involved in, do) **to get up to mischief** faire des bêtises or des sottises ◆ **you never know what he'll get up to next** on ne sait jamais ce qu'il va inventer or fabriquer * ◆ **do you realize what they've been getting up to?** est-ce que tu sais ce qu'ils ont trouvé le moyen de faire ? ◆ **what have you been getting up to lately?** (hum) qu'est-ce que tu deviens ?

getaway ['getəweɪ] → SYN n **a** (= start) (Aut) démarrage m ; (Racing) départ m

b (= escape) [of criminals] fuite f ◆ **to make a or one's getaway** filer, décamper ◆ **they had a getaway car waiting** ils avaient une voiture pour filer ◆ **the gangsters' getaway car was later found abandoned** on a retrouvé abandonnée la voiture qui avait permis aux gangsters de s'enfuir

c (= short holiday) escapade f

Gethsemane [geθ'semənɪ] n Gethsémani

getter ['getə'] n (Phys) getter m

getup * ['getʌp] n (= clothing) mise f, tenue f, accoutrement m (pej) ; (= fancy dress) déguisement m ; (= presentation) présentation f

geum ['dʒi:əm] n benoîte f

gewgaw ['gju:gɔ:] n bibelot m, babiole f

geyser ['gi:zə', (US) 'gaɪzə'] n (Geol) geyser m ; (Brit: in house) chauffe-eau m inv

Ghana ['gɑ:nə] n le Ghana

Ghanaian [gɑ:'neɪən] ① adj ghanéen
② n Ghanéen(ne) m(f)

ghastliness ['gɑ:stlɪnɪs] n (= paleness) extrême pâleur f ; (= horror) horreur f ; (= ugliness) (extrême) laideur f ◆ **how can I make up for the ghastliness of the evening?** comment me faire pardonner cette soirée épouvantable ?

ghastly ['gɑ:stlɪ] → SYN adj **a** (= awful, horrendous) person horrible ; war, murder, news, clothes, wallpaper, building horrible, affreux ; situation, experience épouvantable

b (= frightening) effrayant

c (= serious) mistake, headache, pain terrible, épouvantable

d (= pale) appearance mortellement pâle ; pallor mortel ; light spectral ◆ **to look ghastly** avoir une mine de déterré

ghee [gi:] n beurre m clarifié

Ghent [gent] n Gand

gherkin ['gɜ:kɪn] n (Culin) cornichon m

ghetto ['getəʊ] ① n, pl **ghettos** or **ghettoes** (lit, fig) ghetto m
② COMP ▷ **ghetto-blaster** * n (gros) radiocassette m

ghettoization [ˌgetəʊaɪ'zeɪʃən] n ghettoïsation f ; (fig) marginalisation f

ghettoize ['getəʊaɪz] vt ghettoïser ; (fig) marginaliser

Ghibelline ['gɪbɪˌlaɪn] n Gibelin m

ghost [gəʊst] → SYN ① n (= apparition) fantôme m ; (fig) ombre f ; (TV) filage m (†† = soul) âme f ◆ **I don't believe in ghosts** je ne crois pas aux fantômes ◆ **he gave the ghost of a smile** il a eu un vague sourire ◆ **I haven't a ghost of a chance** je n'ai pas la moindre chance or pas l'ombre d'une chance ◆ **to**

give up the ghost * (liter, hum) (= die) rendre l'âme ; (= stop trying) baisser les bras ◆ **my alarm clock's finally given up the ghost** mon réveil a fini par rendre l'âme ◆ **you look like or as if you've seen a ghost!** on dirait que tu as vu un revenant ! ; → **holy**
[2] vt ◆ **his book was ghosted by a journalist** c'est un journaliste qui lui a servi de nègre pour (écrire) son livre
[3] COMP film, story de revenants, de fantômes ; ship fantôme ▷ **ghost image** n (TV) filage m ▷ **ghost town** n ville f morte ▷ **ghost train** n (Brit: at funfair) train m fantôme ▷ **ghost-write** vt ⇒ ghost 2 ▷ **ghost writer** n nègre m

ghostlike ['gəʊstlaɪk] adj fantomatique

ghostly ['gəʊstlɪ] → SYN adj **a** spectral, fantomatique
b (††: Rel etc) spirituel

ghoul [guːl] n goule f ; (= grave robber) déterreur m de cadavres ◆ **he's a ghoul** (fig) il est morbide, il a des goûts dépravés

ghoulish ['guːlɪʃ] adj (= morbid, ghoul-like) de goule ; (pej) person, curiosity, desire, humour, tastes morbide

ghoulishly ['guːlɪʃlɪ] adv (= morbidly) de façon morbide

ghoulishness ['guːlɪʃnɪs] n morbidité f

GHQ [ˌdʒiːeɪtʃˈkjuː] n (Mil etc) (abbrev of **General Headquarters**) GQG m

GI * [ˌdʒiːˈaɪ] (US) [1] n (also **GI Joe**) soldat m (américain), GI m
[2] adj militaire ◆ **GI bill** (Univ) loi sur les bourses pour anciens combattants ◆ **GI bride** épouse étrangère d'un GI

giant ['dʒaɪənt] → SYN [1] n géant m ◆ **he is a giant of a man** c'est un géant ◆ **the giant of opera, Luciano Pavarotti** le monstre sacré de l'opéra, Luciano Pavarotti ◆ **the Giant's Causeway** (Geog) la chaussée des Géants ◆ **electronics/chemicals giant** (fig) géant m de l'électronique/de l'industrie chimique
[2] adj tree, star etc géant ; strides de géant ; helping, amount gigantesque ; packet, size géant
[3] COMP ▷ **giant-killer** n (Sport) vainqueur m surprise (équipe de second plan qui parvient à battre une grande équipe) ▷ **giant-killing** adj **the team's giant-killing act against Manchester United** la victoire surprise de l'équipe contre le géant Manchester United ◆ **Spain's giant-killing French Open champion** l'outsider espagnol qui a tombé les meilleurs joueurs aux Internationaux de France ▷ **giant panda** n grand panda m ▷ **giant slalom** n (Ski) slalom m géant

giantess ['dʒaɪəntɪs] n géante f

giantism ['dʒaɪəntɪzəm] n gigantisme m

giaour ['dʒaʊər] n giaour m

Gib * [dʒɪb] n (abbrev of **Gibraltar**) Gibraltar m

gibber ['dʒɪbər] vi [person, ape etc] baragouiner * ◆ **to gibber with rage/fear** bégayer ou bafouiller de colère/de peur ◆ **gibbering idiot** * crétin m patenté * ◆ **I was a gibbering wreck by this stage** j'étais alors à bout de nerfs

gibberellin [ˌdʒɪbəˈrelɪn] n gibbérelline f

gibberish ['dʒɪbərɪʃ] → SYN n (NonC) charabia * m, baragouin * m

gibbet ['dʒɪbɪt] n potence f, gibet m

gibbon ['gɪbən] n gibbon m

gibbous ['dʒɪbəs] adj (= hump-backed) gibbeux (liter), bossu ◆ **gibbous moon** lune f dans le deuxième ou troisième quartier

gibe [dʒaɪb] → SYN [1] vi **a** **to gibe at sb** railler qn, se moquer de qn
b (Naut) [boat] virer lof pour lof ; [sail] passer d'un bord à l'autre du mât
[2] n raillerie f, moquerie f

giblets ['dʒɪblɪts] npl abattis mpl, abats mpl (de volaille)

Gibraltar [dʒɪˈbrɔːltər] n Gibraltar ◆ **in Gibraltar** à Gibraltar ; → **rock²**, **strait**

Gibraltarian [ˌdʒɪbrɔːlˈtɛərɪən] [1] adj gibraltarien
[2] n Gibraltarien(ne) m(f)

giddily ['gɪdɪlɪ] adv (= unsteadily) en titubant ; (= dizzyingly) à donner/à en avoir le vertige

◆ **to be giddily high** [figures etc] atteindre des sommets vertigineux

giddiness ['gɪdɪnɪs] → SYN n (NonC) (Med) vertiges mpl, étourdissements mpl ; (= lightheartedness) légèreté f ; (= heedlessness) étourderie f ◆ **a bout of giddiness** un vertige, un étourdissement

giddy¹ ['gɪdɪ] → SYN adj person (= dizzy) pris de vertige ou d'un étourdissement ; (= heedless) étourdi, écervelé ; (= not serious) léger ; height vertigineux, qui donne le vertige ◆ **I feel giddy** la tête me tourne ◆ **to turn** ou **go giddy** être pris de vertige ◆ **to make sb giddy** donner le vertige à qn ◆ **giddy spells** vertiges mpl, étourdissements mpl ◆ **being there gave me a giddy pleasure** être là me procurait un plaisir grisant ◆ **she was giddy with excitement** l'idée (or l'émerveillement etc) la grisait ◆ **the giddy heights of senior management** (fig, iro) les hautes sphères de la direction générale ◆ **that's the giddy limit!** * ça c'est le bouquet ! * ; → **spell²**

giddy² ['gɪdɪ] excl (to horse) ◆ **giddy up!** hue !

Gideon ['gɪdɪən] [1] n (Bible) Gédéon m
[2] COMP ▷ **Gideon Bible** n bible placée dans les hôtels par la Gideon Society

GIFT [gɪft] n (abbrev of **Gamete Intrafallopian Transfer**) fivète f

gift [gɪft] → SYN [1] n **a** (= present) cadeau m, présent m ; (Comm) prime f, cadeau m ◆ **New Year gift** étrennes fpl ◆ **it was a gift** (lit) c'était un cadeau ; (* fig = it was easy) c'était du gâteau * ◆ **I wouldn't have it as a gift** on m'en ferait cadeau que je n'en voudrais pas ◆ **"free gift inside the packet"** (Comm) "ce paquet contient un cadeau"
b (Jur etc) don m, donation f ◆ **to make sb a gift of sth** faire don ou cadeau de qch à qn ◆ **in the gift of** à la discrétion de ; → **deed**
c (= talent) don m (for de, pour), talent m (for pour) ◆ **he has a gift for maths** il a un don pour les maths ou le don des maths ◆ **she has a gift for teaching** elle a un don pour l'enseignement, elle est très douée pour l'enseignement ◆ **he has great artistic gifts** il a de grands dons artistiques ◆ **to have the gift of the gab** * avoir la langue bien pendue, avoir du bagout *
[2] vt (esp Jur) donner ◆ **to be gifted with patience** etc (fig) être doué de patience etc
[3] COMP ▷ **gift horse** n (Prov) **don't look a gift horse in the mouth** à cheval donné on ne regarde point la bouche (Prov), on ne critique pas le cadeau qu'on reçoit (Prov) ▷ **gift shop** n boutique f de cadeaux ▷ **gift token**, **gift voucher** n chèque-cadeau m

gifted ['gɪftɪd] → SYN adj (fig) doué (for pour) ◆ **the gifted child** l'enfant m surdoué

giftedly ['gɪftɪdlɪ] adv avec talent, talentueusement

giftwrap ['gɪftræp] [1] vt ◆ **to giftwrap a package** faire un paquet-cadeau ◆ **could you giftwrap it for me?** pouvez-vous me faire un paquet-cadeau ?
[2] n **giftwrapping**

giftwrapped ['gɪftræpt] adj sous emballage-cadeau

giftwrapping ['gɪftræpɪŋ] n emballage-cadeau m

gig [gɪg] [1] n **a** (= vehicle) cabriolet m ; (= boat) petit canot m, youyou m
b (Mus * = jazz, pop concert) concert m ◆ **they had a regular gig at the Cavern** ils jouaient régulièrement au Cavern ◆ **comedy gigs** (Theat) numéros mpl de comique
c (US fig: *) job * m temporaire
[2] vi (* Mus) jouer sur scène ◆ **he spent ten years gigging in bars** [stand-up comedian] il a passé dix ans à jouer dans les bars

gigabyte ['dʒɪɡəˌbaɪt] n gigaoctet m

gigaflop ['gaɪɡəˌflɒp] n milliard m d'opérations en virgule flottante par seconde

gigahertz ['dʒɪɡəˌhɜːts] n gigahertz m

gigantic [dʒaɪˈɡæntɪk] → SYN adj gigantesque

gigantically [dʒaɪˈɡæntɪkəlɪ] adv ◆ **gigantically fat** démesurément gros ◆ **to be gigantically successful** avoir un succès énorme

gigantism [dʒaɪˈɡæntɪzəm] n gigantisme m

gigantomachy [ˌdʒaɪɡænˈtɒməkɪ] n (Myth) gigantomachie f

gigawatt ['dʒɪɡəˌwɒt] n gigawatt m

giggle ['gɪɡl] → SYN [1] vi rire sottement, glousser ◆ **stop giggling!** ne riez pas sottement comme ça ! ◆ **she was giggling helplessly** elle ne pouvait pas se retenir de rire sottement ou de glousser ◆ **"stop that!" she giggled** "arrête !" dit-elle en gloussant
[2] n petit rire m sot ou nerveux, gloussement m sot ou nerveux ◆ **to have/get the giggles** avoir/attraper le fou rire ◆ **she had a fit of the giggles** elle avait le fou rire ◆ **it was a bit of a giggle** * (Brit) ça nous a bien fait rigoler * ◆ **he did it for a giggle** * (Brit) il a fait ça pour rigoler *

giggler ['gɪɡlər] n ◆ **she's a giggler** elle glousse * sans arrêt

giggling ['gɪɡlɪŋ] [1] n gloussements mpl
[2] adj qui glousse, qui pouffe de rire

giggly ['gɪɡlɪ] adj qui rit bêtement ou glousse (sans arrêt)

GIGO ['ɡiːɡəʊ, ˌdʒiːˈaɪdʒiːˈəʊ] (abbrev of **garbage in, garbage out**) → **garbage**

gigolo ['ʒɪɡələʊ] n (sexually) gigolo m ; (= dancing partner) danseur m mondain

gigot ['ʒiːɡəʊ, 'dʒɪɡət] n (Culin) gigot m

Gila ['hiːlə] n ◆ **Gila monster** monstre m de Gila, héloderme m

Gilbertian [ɡɪlˈbɜːtɪən] adj (Brit) ≈ vaudevillesque

Gilbert Islands ['ɡɪlbət] npl îles fpl Gilbert

gild [ɡɪld] → SYN vt, pret **gilded**, ptp **gilded** ou **gilt** dorer ◆ **to gild the lily** renchérir sur la perfection ◆ **to gild the pill** dorer la pilule ◆ **gilded youth** la jeunesse dorée

gilding ['ɡɪldɪŋ] n dorure f

Giles [dʒaɪlz] n Gilles m

gill¹ [ɡɪl] n [of mushrooms] lamelle f ◆ **gills** [of fish] ouïes fpl, branchies fpl ◆ **he was looking somewhat green** ou **pale around the gills** * il était (devenu) vert

gill² [dʒɪl] n (Brit = measure) quart m de pinte (= 0,142 l)

gill³ [ɡɪl] n (dial, mainly N Engl) (= stream) ru († or dial) m, ruisselet m ; (= ravine) ravin m boisé

gillie ['ɡɪlɪ] n (Scot) gillie m, accompagnateur m (d'un chasseur, d'un pêcheur etc)

gillyflower ['dʒɪlɪˌflaʊər] n giroflée f

gilt [ɡɪlt] [1] vb (ptp of **gild**)
[2] n (= gold) dorure f ◆ **to take the gilt off the gingerbread** enlever tout le charme, gâter le plaisir
[3] **gilts** npl (Brit Fin) ⇒ **gilt-edged securities**
[4] adj doré
[5] COMP ▷ **gilt-edged** adj book doré sur tranche ; (fig) de tout premier ordre ▷ **gilt-edged securities** npl (Brit Fin) (government-issued) fonds mpl ou obligations fpl d'État ; (= safe investment) valeurs fpl de tout repos ou de père de famille ▷ **gilt-edged stock** n ⇒ **gilt-edged securities** ▷ **gilt-head** n (= fish) daurade f, dorade f

gimbal(s) ['dʒɪmbəl(z)] n (Aut, Naut) cardan m

gimcrack ['dʒɪmkræk] adj ringard

gimlet ['ɡɪmlɪt] n vrille f ◆ **to have eyes like gimlets, to be gimlet-eyed** avoir des yeux perçants, avoir un regard perçant

gimme * ['ɡɪmiː] ⇒ **give me**

gimmick ['ɡɪmɪk] → SYN n (gen) truc * m ; (Theat = catch phrase) réplique f à effet ; (= gadget) gadget m ; (US = trick) truc * m, combine f ◆ **advertising gimmick** truc * m ou procédé m publicitaire ◆ **election gimmick** procédé m pour s'attirer des suffrages ◆ **it's just a sales gimmick** c'est simplement un gadget promotionnel ou une astuce promotionnelle

gimmickry ['ɡɪmɪkrɪ] n gadgets mpl

gimmicky ['ɡɪmɪkɪ] adj (pej) qui relève du gadget

gimp * [ɡɪmp] (US) [1] n (= person) boiteux m, -euse f ◆ **to walk with a gimp** boiter
[2] vi boiter

gimpy ['ɡɪmpɪ] adj (US) boiteux

gin¹ [dʒɪn] [1] n **a** gin m ◆ **gin and tonic** gin-tonic m ◆ **gin and it** (Brit) gin-vermouth m ; → **pink**
b (Cards: also **gin rummy**) variante du rami

gin / give

② COMP ▷ **gin mill**⁑ n (US) bar m, saloon m ▷ **gin sling** n gin-fizz m

gin² [dʒɪn] ① n a (Brit: also **gin trap**) piège m
  b (Tech: also **cotton gin**) égreneuse f (de coton)
  ② vt [+ cotton] égrener

ginger ['dʒɪndʒəʳ] ① n gingembre m ; (fig) énergie f, pêche * f ◆ **Ginger** (= nickname) Poil m de Carotte
  ② adj a hair roux (rousse f), rouquin * ◆ a **ginger tom** un chat roux
  b (Culin) biscuit etc au gingembre
  ③ COMP ▷ **ginger ale, ginger beer** (Brit) n boisson f gazeuse au gingembre ▷ **ginger group** n (Brit: esp Pol) groupe m de pression ▷ **ginger nut** n gâteau m sec au gingembre ▷ **ginger pop** * n ⇒ **ginger ale** ▷ **ginger snap** n ⇒ **ginger nut**

▶ **ginger up** vt sep (Brit) [+ person] secouer, secouer les puces à * ; [+ action, event] mettre de la vie or de l'entrain dans ◆ **the banks are desperately trying to ginger up the housing market** les banques essaient désespérément de stimuler or dynamiser le marché de l'immobilier ◆ **he gingered up his talk with a few jokes** il a relevé or égayé sa causerie de quelques plaisanteries

gingerbread ['dʒɪndʒəbred] ① n pain m d'épice
  ② adj (Culin) en pain d'épice ; (Archit *) style tarabiscoté ◆ **gingerbread man** bonhomme m en pain d'épice

gingerly ['dʒɪndʒəlɪ] → SYN ① adj prod léger, doux (douce f) ; touch délicat
  ② adv avec précaution

gingery ['dʒɪndʒərɪ] adj a (= colour) hair avec des reflets roux ; cloth etc dans les tons roux
  b taste de gingembre ◆ **it tastes (very) gingery** ça a (fort) goût de gingembre

gingham ['gɪŋəm] n (Tex) vichy m

gingiva ['dʒɪndʒɪvə] npl gencive f

gingival ['dʒɪndʒɪvəl] adj gingival

gingivitis [,dʒɪndʒɪ'vaɪtɪs] n gingivite f

ginglymus ['gɪŋɡlɪməs] n (Anat) ginglyme m

gink⁑ [gɪŋk] n (US pej) (drôle de) type * m

ginkgo ['gɪŋkɡəʊ] n ginkgo m

ginormous * [dʒaɪ'nɔːməs] adj gigantesque, maous(se) * m(f)

ginseng [dʒɪn'seŋ] ① n ginseng m
  ② COMP tea, tablets au ginseng

Gioconda [dʒɔ'kɒndə] n ◆ **La Gioconda** la Joconde ◆ **Gioconda smile** sourire m énigmatique or sibyllin

Giorgi system ['dʒɔːdʒɪ] n système m MKSA

gip [dʒɪp] ⇒ **gyp**

gippy * ['dʒɪpɪ] adj (Brit) ◆ **to have a gippy tummy** avoir la courante *

gipsy ['dʒɪpsɪ] → SYN ① n (gen) bohémien(ne) m(f) ; (Spanish) gitan(e) m(f) ; (Central European) Tsigane or Tzigane mf ; (pej) romanichel(le) m(f)
  ② COMP caravan, custom de bohémien, de gitan, tsigane, de romanichel (pej) ; music des gitans, tsigane ▷ **gipsy cab** n (US) taxi m clandestin ▷ **gipsy driver** n (US) chauffeur m de taxi clandestin ▷ **gipsy moth** n (Zool) zigzag m

giraffe [dʒɪ'rɑːf] n, pl **giraffes** or **giraffe** girafe f ◆ **baby giraffe** girafeau m

gird [ɡɜːd] → SYN pret, ptp **girded** or **girt** vt (liter = encircle) ceindre (liter) ; (†† = clothe) revêtir (with de) ◆ **to gird o.s. for a fight** (fig = get ready) se préparer au combat ◆ **to gird (up) one's loins** (liter) se préparer (to do sth à faire qch ; for sth pour qch)

▶ **gird on** vt sep [+ sword etc] ceindre (liter)

▶ **gird up** vt sep [+ robe] ceindre ; see also **gird**

girder ['ɡɜːdəʳ] n poutre f ; (smaller) poutrelle f

girdle¹ ['ɡɜːdl] → SYN ① n (= belt: lit, fig) ceinture f ; (= corset) gaine f
  ② vt (fig liter) ceindre (with de)

girdle² ['ɡɜːdl] n (Culin) ⇒ **griddle 1**

girl [ɡɜːl] → SYN ① n a (jeune) or (petite) fille f ◆ **the girl who looks after the children** la jeune fille qui s'occupe des enfants ◆ **a little girl** une petite fille, une fillette ◆ **that girl gets on my nerves** cette fille m'énerve ◆ **a girl of 17** une (jeune) fille de 17 ans ◆ **an English girl** une jeune Anglaise ◆ **a little English girl** une petite Anglaise ◆ **poor little girl** pauvre petite f ◆ **the Smith girls** les filles des Smith ◆ **I'll really give you something to cry about, my girl** je vais te donner une bonne raison de pleurer, ma fille !
  b (= daughter) fille f ; (= pupil) élève f ; (= servant) bonne f ; (= factory-worker) ouvrière f ; (= shop assistant) vendeuse f, jeune fille f ; (* = sweetheart) petite amie f ◆ **old girl** (Brit) (Scol) ancienne élève f ◆ **yes, old girl**⁑ oui, ma vieille * ◆ **the old girl**⁑ (= wife) la patronne⁑, la bourgeoise⁑ ; (= mother) ma mère or vieille⁑ ◆ **the old girl** next door la vieille dame or la vieille⁑ d'à côté
  ② COMP ▷ **girl Friday** n (in office) aide f de bureau ▷ **girl guide** n (Brit) éclaireuse f ; (Roman Catholic) guide f ▷ **girl's blouse** * n ◆ **he's a big girl's blouse** c'est une vraie mauviette ◆ **you big girl's blouse!** quelle mauviette tu fais ! ▷ **girl scout** n (US) → **girl guide** ▷ **girl-watching** n (US) ◆ **to go girl-watching** aller reluquer * les filles

girlfriend ['ɡɜːlfrend] n [of boy] petite amie f ; [of girl] amie f, copine f

girlhood ['ɡɜːlhʊd] n enfance f, jeunesse f

girlie * ['ɡɜːlɪ] n fillette f ◆ **girlie magazine** magazine m de fesse *

girlish ['ɡɜːlɪʃ] adj boy efféminé ; behaviour, appearance (woman's) de petite fille, de jeune fille ; (man's, boy's) efféminé

giro ['dʒaɪrəʊ] n (Brit *: also **giro cheque**) ≃ mandat m postal (servant au paiement des prestations de chômage ou de maladie) ◆ **bank giro system** système m de virement bancaire ◆ **National Giro** ≃ Comptes mpl Chèques Postaux ◆ **by giro transfer** (Fin) par virement postal (or bancaire)

girt [ɡɜːt] ① vb (pt, ptp of **gird**)
  ② n ⇒ **girth** b

girth [ɡɜːθ] → SYN n a (= circumference) [of tree] circonférence f ; [of waist/hips etc] tour m (de taille/de hanches etc) ◆ **in girth** de circonférence, de tour ◆ **his (great) girth** sa corpulence
  b [of saddle] sangle f ◆ **to loosen the girths** dessangler

gist [dʒɪst] → SYN n (NonC) [of report, conversation etc] fond m, essentiel m ; [of question] point m principal ◆ **to get the gist of sth** comprendre l'essentiel de qch ◆ **give me the gist of what he said** résumez-moi ce qu'il a dit, en deux mots

git * [ɡɪt] n (Brit pej) a (= idiot) (man) con * m ; (woman) conne⁑ f ◆ **stupid git!** espèce de con(ne) !⁑
  b (= unpleasant person) (man) salaud * m ; (woman) salope⁑ f ◆ **he's a miserable old git** c'est un vieux con⁑

gite [ʒiːt] n gîte m

---

give [ɡɪv]
pret **gave**, ptp **given**
→ SYN

① TRANSITIVE VERB
② INTRANSITIVE VERB
③ NOUN
④ COMPOUNDS
⑤ PHRASAL VERBS

① TRANSITIVE VERB

When **give** is part of a set combination, eg **give evidence, give a party, give a yawn**, look up the other word.

a donner (to à) ; [+ gift] offrir (to à) ; [+ one's time] consacrer, donner (to à) ◆ **to give sb something to eat/drink** donner à manger/à boire à qn ◆ **can you give him something to do?** pouvez-vous lui donner quelque chose à faire ? ◆ **what are you going to give her?** qu'est-ce que tu vas lui offrir ? ◆ **to give one's daughter in marriage** † donner sa fille en mariage † ◆ **she gave herself to him** † elle s'est donnée à lui † ◆ **it was not given to him to achieve happiness** il ne lui a pas été donné de trouver le bonheur ◆ **to give sb one's trust** donner or accorder sa confiance à qn ◆ **he gave his life** or **himself to helping the poor** il a consacré sa vie aux pauvres BUT ◆ **she gave us a wonderful meal** elle nous a préparé un délicieux repas ◆ **to give sb a look** jeter or lancer un regard à qn ◆ **give me a gas cooker every time !** * pour moi rien ne vaut une gazinière ! ◆ **children ? give me dogs any time !** des enfants ? je préfère de loin les chiens !

> **give** + noun may be translated by a verb alone:

◆ **can you give me a bed for the night?** pouvez-vous me loger pour la nuit ? ◆ **they gave us a lot of help** ils nous ont beaucoup aidés ◆ **I'll give you a call** je vous appellerai, je vous passerai un coup de fil

◆ **to be given** (= receive)

> In French the recipient is not made the subject of a passive construction:

◆ **she was given a huge bouquet** on lui a donné or offert un énorme bouquet ◆ **we were given a warm reception** on nous a accueillis chaleureusement ◆ **the suggestion will be given serious consideration** cette suggestion sera soigneusement examinée ◆ **six footballers were given honours** six footballeurs ont reçu une distinction honorifique BUT ◆ **he was given a knighthood** il a été fait chevalier

◆ **to give and take** ◆ **one must give and take** il faut faire des concessions ; see also 4

◆ **give or take** ◆ **give or take a few minutes** à quelques minutes près ◆ **a hundred people, give or take a few** à peu près cent personnes

b = cause, cause to feel faire ◆ **it gave me a shock** ça m'a fait un choc ◆ **keying gives me a pain in my wrist** si je tape au clavier, ça me fait mal au poignet ◆ **it gave me a funny feeling** ça m'a fait un drôle d'effet BUT ◆ **to give sb to believe sth** donner à croire qch à qn, laisser entendre qch à qn ◆ **I was given to understand that ...** on m'avait laissé entendre que ..., on m'avait donné à croire que ... ◆ **her grandchildren give her a lot of pleasure** ses petits-enfants lui procurent beaucoup de plaisir ◆ **it gives me great pleasure to introduce ...** c'est avec grand plaisir que je vous présente ... ◆ **it gave us a good laugh** * on a bien rigolé *

c = pass on OK, I'll give him the message d'accord, je lui ferai la commission, d'accord, je le lui dirai ◆ **you've given me your cold** tu m'as passé or refilé * ton rhume ◆ **give him my love** faites-lui mes amitiés

d = put through to passer ◆ **could you give me Mr Smith/extension 231?** pouvez-vous me passer M. Smith/le poste 231 ?

e with time expressions **give him time to get home** laissez-lui le temps de rentrer ◆ **give me time and I'll manage it** laissez-moi du temps et j'y arriverai ◆ **give yourself time to think about it before you decide** prends le temps de réfléchir avant de te décider ◆ **(just) give me time!** attends un peu !, ne me bouscule pas ! ◆ **I can't give you any longer, you must pay me now** je ne peux plus vous accorder de délai, il faut que vous payiez maintenant ◆ **I can give you half an hour tomorrow** je peux vous consacrer une demi-heure demain ◆ **the doctors gave him two years (to live)** les médecins lui ont donné deux ans (à vivre) ◆ **how long do you give that marriage?** combien de temps crois-tu que ce mariage tiendra ? ◆ **I can give him ten years** * (in age) il est de dix ans mon cadet

f + name, address, description donner (to à) ◆ **what name did he give?** quel nom a-t-il donné ? ◆ **she was unable to give the police a description of her attacker** elle a été incapable de donner une description de son agresseur à la police ◆ **to give one's decision** rendre or faire connaître sa décision ◆ **he gave the cause of death as asphyxia** il a conclu à une mort par asphyxie ◆ **given under my hand and seal** (Jur) signé

g = utter [+ answer] donner ; [+ sigh, cry] pousser ◆ **they haven't yet given their answer** ils n'ont pas encore donné de réponse, ils n'ont pas encore rendu leur réponse

h = pay payer ; (= offer) offrir, donner ◆ **what did you give for it?** combien l'avez-vous payé ? ◆ **I'd give a lot/anything to know** je donnerais gros/n'importe quoi pour savoir ◆ **what will you give me for it?** combien

ENGLISH-FRENCH

m'en offrez-vous or m'en donnez-vous ? ♦ **I don't give much for his chances** je ne donne pas cher de ses chances

i = punish with [+ lines, detention] donner (to à) ♦ **the teacher gave him 100 lines** le professeur lui a donné 100 lignes BUT ◊ **the judge gave him five years** le juge l'a condamné à cinq ans de prison

j = perform, do, deliver [+ lecture] faire, donner; [+ play] donner, présenter

k = produce donner, produire ♦ **cows give more milk when ...** les vaches donnent or produisent plus de lait lorsque ... ♦ **two surveys gave good results** deux études ont donné or produit de bons résultats BUT ◊ **it gives a total of 100** cela fait 100 en tout ◊ **this lamp doesn't give much light** cette lampe éclaire mal

l frm = toast **I give you the Queen!** je lève mon verre à la santé de la Reine !

m idiomatic expressions **he gave as good as he got** il a rendu coup pour coup ♦ **give it all you've got!** * mets-y le paquet ! * ♦ **I wouldn't have it if you gave it to me** * tu m'en ferais cadeau que je n'en voudrais pas ♦ **I'll give him something to cry about!** * je lui apprendrai à pleurer ! ♦ **to give sb what for**‡, **to give it to sb**‡ passer un savon à qn*, faire sa fête à qn‡ ♦ **he wants £100! I'll give him £100!** * (iro) il veut 100 livres ? il peut toujours courir ! * ♦ **I'll give you that** (agreeing) je suis d'accord là-dessus ♦ **give me that!** * ne me raconte pas d'histoires ! * ♦ **OK, now give!** * (US) allez accouche !‡

n set structures

♦ **to give way**[1] (= collapse) [bridge, beam, ceiling, floor] s'effondrer (beneath, under sous); [ground] céder, se dérober (beneath, under sous); [cable, rope] céder, (se) casser; [legs] fléchir, mollir BUT ◊ **his strength gave way** les forces lui ont manqué ◊ **after months of stress his health gave way** après des mois de stress, il a eu de graves problèmes de santé or sa santé a flanché

♦ **to give way**[2] (= yield) [person] céder (to sth à qch); (= stand back) s'écarter, se pousser; (= agree) finir par donner son accord, finir par consentir; [troops] (= withdraw) reculer, se retirer; [car, traffic] céder le passage (to à) ♦ **"give way"** (Aut) "cédez le passage", "vous n'avez pas la priorité" ♦ **"give way to traffic from the right"** (Aut) "priorité à droite" ♦ **I gave way to temptation** j'ai cédé à la tentation ♦ **he gave way to their demands** il a cédé à leurs revendications ♦ **don't give way to despair** ne cédez pas au désespoir, ne désespérez pas ♦ **to give way to an impulse** céder à une impulsion BUT ◊ **she gave way to tears** il n'a pas pu retenir ses larmes ◊ **his shock gave way to anger** sa surprise a fait place or laissé place à la colère

[2] INTRANSITIVE VERB

a = collapse céder (beneath, under sous) ♦ **the axle gave and fell on me** l'essieu a cédé et m'est tombé dessus ♦ **the chair gave under his weight** la chaise a cédé sous son poids

b = yield [floor] fléchir; [cloth, elastic] se détendre, se relâcher ♦ **the floor gave slightly under his feet** le parquet fléchissait légèrement sous son poids

c esp US **what gives?** * alors, qu'est-ce qui se passe ?

[3] NOUN

* = flexibility ♦ **there is a lot of give in this rope** cette corde est très élastique ♦ **there isn't a lot of give in these proposals** il n'y a pas beaucoup de souplesse dans ces propositions ♦ **how much give has there been on their side?** est-ce qu'ils se sont montrés prêts à faire des concessions ?

[4] COMPOUNDS

▷ **give-and-take** n (NonC) concessions fpl mutuelles ♦ **there must be a certain amount of give-and-take** il faut que chacun fasse des concessions or y mette un peu du sien

[5] PHRASAL VERBS

▶ **give away** vt sep **a** (= bestow, distribute) [+ prizes] distribuer; [+ bride] conduire à l'autel; [+ money, goods] donner ♦ **we've got 200 CDs to give away** nous avons 200 CD à donner ♦ **at this price I'm giving it away** à ce prix-là c'est un cadeau or c'est donné

b (= concede) faire cadeau de ♦ **we gave away a silly goal** nous leur avons bêtement fait cadeau d'un but

c (= tell, betray) [+ names, details] donner; [+ secrets] révéler ♦ **to give sb away** [+ person, accomplice] dénoncer or donner * qn; [reaction, expression] trahir qn ♦ **to give o.s. away** se trahir ♦ **don't give anything away** ne dis rien ♦ **his face gave nothing away** son visage ne trahissait aucune émotion ♦ **to give the game away** * vendre la mèche *

▶ **give back** vt sep [+ object, freedom] rendre (to à); [+ echo] renvoyer; [+ image] refléter ♦ **they have been given back their property** leurs biens leur ont été restitués or rendus

▶ **give forth** vt sep [+ sound] émettre, faire entendre

▶ **give in** [1] vi (= surrender) capituler; (= yield) céder (to à) ♦ **the troops gave in after three weeks** les troupes ont capitulé au bout de trois semaines ♦ **I pestered my parents until they gave in** j'ai harcelé mes parents jusqu'à ce qu'ils cèdent or capitulent ♦ **I give in!** (in games) j'abandonne !; (in guessing) je donne ma langue au chat ! *

[2] vt sep [+ essay, exam paper, key] rendre; [+ manuscript, report] remettre

▶ **give off** vt sep [+ heat] dégager, émettre; [+ gas, smell, aura] dégager ♦ **the carpets and curtains gave off a smell of mould** la moquette et les rideaux dégageaient une odeur de moisi ♦ **they gave off a sense of assurance** on sentait chez eux une assurance naturelle

▶ **give on to** vt fus [door, window] donner sur

▶ **give out** [1] vi [supplies] s'épuiser; [patience] être à bout; [heart] lâcher ♦ **after two weeks their food had given out** au bout de deux semaines leurs provisions étaient épuisées ♦ **one of his lungs gave out entirely** un de ses poumons a lâché ♦ **all machines give out eventually** les machines ne sont pas éternelles ♦ **my strength is giving out** je suis à bout de forces, je n'en peux plus

[2] vt sep **a** (= distribute) [+ books, food] distribuer

b (= make known) [+ information, details] donner ♦ **it was given out that ...** on a annoncé que ...

c (Rad) [+ signal] émettre

d (= utter) **he gave out a scream of pain** il poussa un cri de douleur ; see also **give 1g**

e ⇒ **give off**

▶ **give over** * vt fus (= stop) [+ studies, activities] arrêter ♦ **to give over doing sth** cesser de faire qch, arrêter de faire qch ♦ **give over! arrête !, ça suffit !**

▶ **give over to** vt sep (= dedicate, devote) consacrer ♦ **most of the garden is given over to vegetables** la majeure partie du jardin est consacrée au potager ♦ **many cinemas are given over to bingo** de nombreux cinémas ont été transformés en salles de bingo ♦ **to give o.s. over to** [+ activity, drink] s'adonner à ; [+ children, family] se consacrer à

▶ **give up** [1] vi abandonner, laisser tomber * ♦ **they were on the point of giving up when ...** ils étaient sur le point d'abandonner or de laisser tomber * lorsque ... ♦ **I give up** j'abandonne, je capitule; (in guessing) je donne ma langue au chat * ♦ **don't give up!** tenez bon !

[2] vt sep **a** (= renounce) [+ interests] abandonner; [+ seat, territory] céder; [+ habit, idea, hope, claim] renoncer à; [+ job] quitter; [+ business] se retirer de; [+ subscription] résilier ♦ **when she went to university she gave up her old friends** quand elle est entrée à l'université elle a cessé de voir ses vieux amis ♦ **to give up the struggle** abandonner la partie ♦ **I gave it up as a bad job** (comme ça ne menait à rien) j'ai laissé tomber * ♦ **she gave him up as a bad job** * comme elle n'arrivait à rien avec lui elle l'a laissé tomber *

b (= stop) arrêter, cesser ♦ **to give up smoking** arrêter de fumer, renoncer au tabac ♦ **I've given up trying to persuade her** j'ai renoncé à essayer de la convaincre ♦ **eventually he gave up trying** au bout d'un moment il a renoncé

c (= deliver, hand over) **to give o.s. up** se rendre, se constituer prisonnier ♦ **she gave the baby up for adoption** elle a fait adopter le bébé

d (= abandon hope for) [+ expected visitor] ne plus attendre ♦ **the doctors had given him up** les médecins le croyaient condamné ♦ **to give sb up for lost** considérer qn comme perdu ♦ **to give sb up for dead** croire qn mort

▶ **give up on** vt fus **a** (= renounce) [+ idea] renoncer à ♦ **I finally gave up on it** j'ai fini par y renoncer ♦ **the car/washing machine has given up on me** * la voiture/la machine à laver m'a lâché *

b (= stop expecting) [+ visitor] ne plus attendre; (= lose faith in) perdre espoir en

---

giveaway / glad

giveaway ['gɪvəweɪ] [1] n (fig) révélation f involontaire; (Comm = free gift) cadeau m (publicitaire); (US Rad, TV) jeu m radiophonique or télévisé (doté de prix)

[2] adj price dérisoire ♦ **it was a real giveaway when he said that ...** il s'est vraiment trahi en disant que ... ♦ **the fact that she knew his name was a giveaway** le simple fait qu'elle sache son nom était révélateur ♦ **what a giveaway!** là tu t'es trahi (or il s'est trahi ! etc)

given ['gɪvn] LANGUAGE IN USE 17.1 → SYN

[1] vb (ptp of give)

[2] adj **a** donné, déterminé ♦ **at a given time** à un moment donné ♦ **of a given size** d'une taille donnée or bien déterminée ♦ **under the given conditions** compte tenu des conditions

b **given the triangle ABC** soit or étant donné le triangle ABC ♦ **given that he is capable of learning** à supposer qu'il soit capable d'apprendre

c (= having inclination) **I am not given to lying** je n'ai pas l'habitude de mentir ♦ **he's given to laziness** il est enclin à la paresse

[3] prep ♦ **given the opportunity** si l'occasion se présentait ♦ **given patience** avec de la patience

[4] COMP ▷ **given name** n nom m de baptême

giver ['gɪvər] n donateur m, -trice f; (St Ex) preneur m, -euse f d'option, optionnaire mf

giving ['gɪvɪŋ] adj généreux

gizmo‡ ['gɪzməʊ] n machin * m, truc * m

gizzard ['gɪzəd] n gésier m; → **stick**

GLA [dʒiːel'eɪ] n (Brit) (abbrev of **Greater London Assembly**) conseil municipal de Londres

glabella [glə'belə] n (Anat) glabelle f

glabrous ['gleɪbrəs] adj (Bio) glabre

glacé ['glæseɪ] adj (Culin) fruit glacé, confit ♦ **glacé icing** glaçage m

glacial ['gleɪsɪəl] adj **a** (Geol) glaciaire; wind, winter glacial; (Chem) cristallisé, en cristaux ♦ **at a glacial pace, with glacial slowness** incroyablement lentement

b person, stare, atmosphere glacial

glaciate ['gleɪsɪeɪt] (Geol) [1] vi se transformer en région glaciaire, subir une glaciation

[2] vt transformer en région glaciaire

glaciated ['gleɪsɪeɪtɪd] adj (Geol) ♦ **glaciated landscape** relief m glaciaire

glaciation [ˌgleɪsɪ'eɪʃən] n glaciation f

glacier ['glæsɪər] n glacier m

glaciology [ˌglæsɪ'ɒlədʒɪ] n glaciologie f

glad [glæd] → SYN [1] adj **a** (= pleased) **to be glad (about sth)** être bien content (de qch) ♦ **I had a great time – I'm glad je me suis beaucoup amusé — j'en suis ravi or bien content** ♦ **he was glad of a chance to change the subject** il était content de pouvoir changer de sujet ♦ **I'd be glad of some help with this** j'aimerais bien qu'on m'aide (à faire ça) ♦ **I'm glad that you came** je suis bien content que vous soyez venu ♦ **I'm glad that I've come** je suis bien content d'être venu ♦ **to be glad to do sth** (= happy) être bien content de faire qch; (= willing) se faire un plaisir de faire qch ♦ **I shall be glad to come** ça me fera plaisir de venir ♦ **glad to know you!** très heureux de faire votre connaissance ! ♦ **to be only too glad to do sth** ne pas demander mieux que de faire qch

gladden / gleam

b († , liter = happy) news heureux ; occasion joyeux ◆ **to give sb the glad tidings** annoncer à qn la bonne nouvelle

2 COMP ▷ **glad eye** † n (Brit) **to give sb the glad eye*** faire de l'œil * à qn ▷ **glad hand** n (esp US) **to give sb the glad hand** accueillir qn les bras ouverts ▷ **glad-hand*** vt (US) accueillir avec effusion ▷ **glad rags*** npl belles fringues * fpl ◆ **to put on one's glad rags** mettre ses plus belles fringues

gladden ['glædn] → SYN vt [+ person] réjouir ◆ **to gladden sb's heart** réjouir qn ◆ **it gladdens the heart** ça fait chaud au cœur ◆ **to be gladdened to see** etc être heureux de voir etc

glade [gleɪd] n clairière f

gladiator ['glædɪeɪtəʳ] n gladiateur m

gladiatorial [ˌglædɪə'tɔːrɪəl] adj (fig) conflictuel ◆ **gladiatorial politics** politique f de la confrontation

gladiolus [ˌglædɪ'əʊləs] n, pl **gladiolus** or **gladioluses** or **gladioli** [ˌglædɪ'əʊlaɪ] glaïeul m

gladly ['glædlɪ] LANGUAGE IN USE 3.1 → SYN adv (= happily) avec plaisir ; (= willingly) volontiers ◆ **will you help me? – gladly** voulez-vous m'aider ? – volontiers or avec plaisir

gladness ['glædnɪs] → SYN n joie f, contentement m

Gladstone bag ['glædstən] n sac m diligence

Glagolitic [ˌglægə'lɪtɪk] adj glagolitique

glair [glɛəʳ] **1** n (Physiol, Typ) glaire f ; [of egg] blanc m
2 vt (Typ) glairer

glairy ['glɛərɪ] adj glaireux

glam* [glæm] **1** adj abbrev of **glamorous**
2 COMP ▷ **glam rock*** n (Mus) glam-rock m (mouvement musical des années 70)

glamor ['glæməʳ] (US) ⇒ **glamour**

glamorization [ˌglæməraɪ'zeɪʃən] n présentation f sous un jour séduisant

glamorize ['glæməraɪz] vt [+ place, event, act etc] montrer or présenter sous un jour séduisant

glamorous ['glæmərəs] → SYN adj person, clothes, photo, atmosphere glamour inv ; lifestyle de star ; restaurant, café chic ; occasion éclatant ; production somptueux ; job prestigieux

glamorously ['glæmərəslɪ] adv dress, dressed d'une manière très glamoureuse * or glamour *

glamour ['glæməʳ] → SYN **1** n [of person] glamour m ; [of occasion] éclat m ; [of situation etc] prestige m ; [of distant countries, journeys] séduction f ◆ **the glamour of show biz** le côté glamour du monde du showbiz ◆ **the glamour of life in Hollywood** le côté glamour de la vie d'Hollywood ◆ **the glamour of being on television** le prestige que confère un passage à la télévision
2 COMP ▷ **glamour boy*** n beau mec * m ▷ **glamour girl*** n pin-up * f inv, beauté f ▷ **glamour model** n pin-up f inv

glamourpuss* ['glæməpʊs] n (female) pin-up f inv, (male) beau mec * m

glance [glɑːns] → SYN **1** n **a** regard m, coup m d'œil ◆ **Susan and I exchanged a glance** Susan et moi avons échangé un regard ◆ **at a glance** d'un coup d'œil ◆ **at first glance** au premier coup d'œil, à première vue ◆ **without a backward glance** (lit) sans se retourner ; (fig) sans plus de cérémonie ◆ **to take a glance at** jeter un coup d'œil sur or à ◆ **to steal a glance at sb/sth** jeter un coup d'œil furtif sur à qn/qch
b (= gleam) [of light] lueur f ; [of metal] reflet m ◆ **a glance of sunlight** un rayon de soleil
2 vi **a** (= look) jeter un coup d'œil (at sur, à), lancer un regard (at à) ◆ **she glanced in my direction** elle a jeté un coup d'œil vers moi ◆ **he picked up the book and glanced through it** il a pris le livre et l'a feuilleté
b (= glint) étinceler
c **to glance off** [bullet] ricocher sur ; [arrow, sword] dévier sur

▶ **glance away** vi détourner le regard

▶ **glance down** vi jeter un coup d'œil en bas, regarder en bas

▶ **glance off** vi [bullet etc] ricocher, dévier ; [arrow, sword] dévier

▶ **glance round** vi (= behind) regarder en arrière, ; (= round about) jeter un coup d'œil autour de soi

▶ **glance up** vi (= raise eyes) lever les yeux ; (= look upwards) regarder en l'air

glancing ['glɑːnsɪŋ] adj blow oblique

gland [glænd] n glande f ; (Tech) presse-étoupe m inv

glanders ['glændəz] n (Vet) morve f

glandes ['glændiːz] npl of **glans**

glandular ['glændjʊləʳ] **1** adj glandulaire
2 COMP ▷ **glandular fever** n mononucléose f infectieuse

glans [glænz] n, pl **glandes** ◆ **glans (penis)** gland m

glare [glɛəʳ] → SYN **1** vi [person] lancer un regard furieux (at à)
b [sun, lights] être éblouissant, briller avec éclat
2 vt ◆ **to glare daggers at sb** foudroyer qn du regard
3 n **a** [of person] regard m furieux ◆ **"no" he said with a glare** "non", dit-il en lançant un regard furieux ◆ **he gave me an angry glare** il m'a lancé un regard furieux
b [of light] éclat m aveuglant, lumière f éblouissante ; (Aut) éblouissement m ◆ **the glare of publicity** le feu des projecteurs (fig)

glaring ['glɛərɪŋ] → SYN adj (= angry) eyes, look brillant de colère ; (= blinding) light, sun éblouissant ; (pej) (= blatant) example, error, contradiction flagrant, omission manifeste ◆ **the glaring weakness of that argument** la faiblesse manifeste de cet argument

glaringly ['glɛərɪŋlɪ] adv (pej) ◆ **it is glaringly obvious (that ...)** c'est une évidence aveuglante (que ...) ◆ **a glaringly obvious error** une erreur d'une évidence aveuglante

glasnost ['glæznɒst] n glasnost f

glass [glɑːs] **1** n **a** (NonC) verre m ◆ **pane of glass** carreau m, vitre f ◆ **window glass** verre m à vitre ◆ **I cut myself on the broken glass** je me suis coupé avec l'éclat de verre ◆ **there was some broken glass in the dustbin** il y avait du verre cassé dans la poubelle ; see also **glassed** ; → **cut, plate**
b (= tumbler) verre m ; (= glassful) (plein) verre m ◆ **a glass of wine** un verre de vin ◆ **a wine glass** un verre à vin ◆ **she cut her hand on a broken glass** elle s'est coupé la main avec un verre cassé ; → **balloon, beer, champagne**
c (NonC: also **glassware**) (gen) verrerie f, objets mpl de or en verre ; (= glasses) gobeleterie f
d (= mirror) miroir m, glace f ; (Opt) lentille f ; (also **magnifying glass**) verre m grossissant, loupe f ; (= telescope) longue-vue f ; (= barometer) baromètre m ; (Comm etc) vitrine f ◆ **the glass is falling** (Met) le baromètre baisse ◆ **under glass** (Hort) sous châssis ◆ **object displayed under glass** objet m exposé en vitrine
2 vt (Brit *) avec une bouteille (or un verre)
3 COMP bottle, ornament de verre, en verre ▷ **glass case** n (Comm) vitrine f ; [of clock etc] globe m ◆ **to keep sth in a glass case** garder qch sous verre or sous globe ▷ **glass ceiling*** n niveau professionnel où les femmes ont tendance à plafonner ▷ **glass door** n porte f vitrée ▷ **glass eye** n œil m de verre ▷ **glass factory** n ⇒ **glassworks** ▷ **glass fibre** n fibre f de verre ◇ COMP en fibre de verre ▷ **glass industry** n industrie f du verre, verrerie f ▷ **glass slipper** n pantoufle f de verre ▷ **glass wool** n laine f de verre

glassblower ['glɑːsbləʊəʳ] n souffleur m (de verre)

glassblowing ['glɑːsbləʊɪŋ] n soufflage m (du verre)

glasscloth ['glɑːsklɒθ] n essuie-verres m inv, torchon m à verres

glasscutter ['glɑːskʌtəʳ] n (= tool) diamant m, coupe-verre m inv ; (= person) vitrier m

glassed [glɑːst], **glassed-in** ['glɑːstɪn] adj cubicle vitré ◆ **glassed-in shower** cabine f de douche (à parois de verre) ◆ **glassed-in porch** véranda f

glasses [ˈglɑːsɪz] npl (= spectacles) lunettes fpl ; (= binoculars) jumelles fpl ; see also **sunglasses**

glassful ['glɑːsfʊl] n (plein) verre m

glasshouse ['glɑːshaʊs] n (Brit: for plants) serre f ; (US = glassworks) verrerie f (fabrique) ◆ **in the glasshouse*** (Brit Mil) au trou * ◆ (Prov) **people who live in glass houses shouldn't throw stones** avant de critiquer, tu ferais bien de balayer devant ta porte

glassily ['glɑːsɪlɪ] adv stare d'un regard vitreux or fixe

glassiness ['glɑːsɪnɪs] n [of eyes] aspect m vitreux ; [of surface] aspect lisse

glasslike ['glɑːslaɪk] adj semblable au verre

glasspaper ['glɑːspeɪpəʳ] n (Brit) papier m de verre

glassware ['glɑːswɛəʳ] n verrerie f, objets mpl de or en verre

glasswork ['glɑːswɜːk] n verrerie f

glassworks ['glɑːswɜːks] n (pl inv) verrerie f (fabrique)

glassy ['glɑːsɪ] → SYN **1** adj substance vitreux ; surface uni, lisse ; water, sea transparent, lisse comme un miroir ◆ **glassy eyes** or **look** regard m perdu or vague ; (from drink, drugs) regard m vitreux or terne ; (from displeasure) regard m froid
2 COMP ▷ **glassy-eyed** adj au regard vide ; (from drugs, drink) au regard terne or vitreux ; (from displeasure) au regard froid

Glaswegian [glæsˈwiːdʒən] **1** n ◆ **he's a Glaswegian** il est de Glasgow
2 adj de Glasgow

Glauber's salt ['glaʊbəz] n (Chem) sel m (admirable) de Glauber

glaucoma [glɔːˈkəʊmə] n glaucome m

glaucomatous [glɔːˈkəʊmətəs] adj (Med) glaucomateux

glaucous ['glɔːkəs] **1** adj glauque
2 COMP ▷ **glaucous gull** n goéland m bourgmestre

glaze [gleɪz] → SYN **1** vt **a** [+ door, window] vitrer ; [+ picture] mettre sous verre ; → **double**
b [+ pottery, tiles] vernisser ; [+ leather] vernir ; [+ cotton etc] satiner, lustrer ; [+ paper, photograph, cake, meat] glacer
2 n **a** (NonC) (on pottery, leather, tiles etc) vernis m ; (on cotton etc) lustre m ; (on paper, photograph) glacé m ; (Culin) glaçage m
b (= substance) (for tiles etc) glaçure f ; (for pottery) vernis m
c (US = ice) verglas m
3 COMP ▷ **glaze ice** n (Met) verglas m

▶ **glaze over** vi [person] prendre un air absent ◆ **his eyes glazed over** (boredom) il prit un air absent ; (dying) ses yeux sont devenus vitreux

glazed [gleɪzd] adj **a** door, window etc vitré ; picture sous verre
b pottery, tiles vernissé ; leather glacé, verni ; material lustré, satiné ; paper, photograph brillant ; cake, meat glacé ; (US*) (= drunk) bourré *, ivre ◆ **his eyes** or **he had a glazed look** il avait les yeux ternes or vitreux

glazier ['gleɪzɪəʳ] n vitrier m

glazing ['gleɪzɪŋ] **1** n **a** (= act) [of windows] vitrage m, pose f de vitres ; [of pottery] vernissage m
b (= glass) vitrage m, vitres fpl ; see also **double, triple**
2 COMP ▷ **glazing agent** n (for food) agent m de glaçage

GLC [ˌdʒiːel'siː] n (Brit: formerly) (abbrev of **Greater London Council**) ancienne administration centrale à Londres

gleam [gliːm] → SYN **1** n lueur f, rayon m (de lumière) ; [of metal] reflet m ; [of water] miroitement m ◆ **a gleam of hope/interest** une lueur d'espoir/d'intérêt ◆ **with a fanatical gleam in his eye** avec une lueur fanatique dans le regard ◆ **there was a gleam in her eye when she looked at me** il y avait une lueur dans ses yeux quand elle m'a regardé ◆ **the product is still only a gleam in an engineer's eye** ce produit n'est encore qu'une idée en germe dans la tête d'un ingénieur ◆ **almost 20 years before you were even a gleam in your father's eye** (hum) près de 20 ans

avant que ton père n'ait même imaginé de te concevoir
2 vi [lamp, star, eyes etc] luire ; [polished metal, shoes etc] reluire ; [knife, blade etc] luire, briller ; [water] miroiter ◆ **his eyes gleamed with mischief** ses yeux luisaient or brillaient de malice ◆ **his eyes gleamed almost wickedly** il avait une sorte de lueur mauvaise dans les yeux ◆ **his hair gleamed in the sun** ses cheveux brillaient au soleil ◆ **his forehead gleamed with sweat** son front était luisant de sueur ◆ **his skin gleamed with health** sa peau resplendissait de santé

gleaming ['gli:mɪŋ] adj lamp, star, metal, shoes brillant ; kitchen étincelant

glean [gli:n] vti (lit, fig) glaner

gleaner ['gli:nə^r] n glaneur m, -euse f

gleanings ['gli:nɪŋz] npl glanure(s) f(pl)

glebe [gli:b] n (Rel) terre f attachée à un bénéfice ecclésiastique ; (liter) terre f, glèbe f (liter)

glee [gli:] → SYN n **a** (NonC) joie f, jubilation f ◆ **his victory was greeted with glee** sa victoire a été accueillie dans l'allégresse ◆ **in great glee** jubilant ◆ **they were rubbing their hands in glee** ils se frottaient les mains en jubilant
b (Mus) chant m choral à plusieurs voix ◆ **glee club** chorale f

gleeful ['gli:fʊl] → SYN adj jubilant ; smile, look de jubilation

gleefully ['gli:fəlɪ] adv say, point out en jubilant ◆ **to laugh gleefully** rire avec jubilation

glen [glen] n vallée f, vallon m

glengarry [glen'gærɪ] n (also **glengarry bonnet**) calot écossais, garni de rubans

glia ['gli:ə] n (Anat) glie f

glial ['gli:əl] adj glial

glib [glɪb] → SYN adj (pej) answer, style, excuse désinvolte ; speech, phrase, lie facile, désinvolte ; person qui a la langue bien pendue or la parole facile ◆ **glib talk** propos mpl or paroles fpl en l'air ◆ **to make glib promises** faire des promesses en l'air

glibly ['glɪblɪ] adv (pej) avec désinvolture

glibness ['glɪbnɪs] n [of answer, speech, style] désinvolture f ; [of person] facilité f de parole

glide [glaɪd] → SYN **1** vi **a** **to glide in/out** etc [person] (silently) entrer/sortir etc sans bruit ; (in stately way, gracefully) entrer/sortir etc avec grâce ; [ghost] entrer/sortir etc en flottant ; [car, ship] entrer/sortir etc en glissant ◆ **time glided past** le temps s'écoula
b (Ski) glisser
c [birds] planer ; (Aviat) planer, faire du vol plané ◆ **he glided down to land** (Aviat) il a atterri en vol plané
2 vt faire glisser, faire avancer en douceur
3 n **a** glissement m ; (Dancing) glissé m, glissade f ; (Ski) glisse f
b (Mus) port m de voix ; (Phon) glissement m
c (Aviat) vol m plané
4 COMP ▷ **glide path** n (Aviat) trajectoire f d'approche

glider ['glaɪdə^r] n **a** (Aviat) planeur m ◆ **glider pilot** pilote m de planeur
b (US = swing) balancelle f

gliding ['glaɪdɪŋ] **1** n (Sport) vol m à voile ; (Aviat) vol m plané ; (gen) (= movement) glissement m
2 adj (Anat) ◆ **gliding joint** arthrodie f

glimmer ['glɪmə^r] → SYN **1** vi [lamp, light, fire] luire ; [water] miroiter
2 n [of light, candle etc] lueur f ; [of water] miroitement m ◆ **a glimmer of hope** une lueur d'espoir ◆ **not a glimmer of intelligence** pas la moindre lueur d'intelligence

glimmering ['glɪmərɪŋ] **1** n ⇒ **glimmer 2**
2 adj étincelant, scintillant

glimpse [glɪmps] → SYN **1** n [of the truth, the future, sb's meaning] aperçu m ◆ **a glimpse into the future** un aperçu de l'avenir ◆ **to catch a glimpse of** (person, thing) entrevoir or apercevoir (un bref instant) ; (the truth, the future etc) entrevoir, pressentir
2 vt entrevoir or apercevoir (un bref instant)

glint [glɪnt] → SYN **1** n [of light] trait m de lumière, éclair m ; [of metal] reflet m ◆ **he had a glint in his eye** il avait une étincelle or une lueur dans le regard ◆ **with the glint of triumph in his eye** avec une étincelle or une lueur de triomphe dans les yeux
2 vi [metal object, glass, wet road] luire, briller ; [eyes] briller ◆ **the sea glinted in the sun** la mer miroitait au soleil ◆ **sunlight glinted on his spectacles** ses lunettes renvoyaient la lumière éblouissante du soleil

glioma [glaɪ'əʊmə] n (Med) gliome m

glissade [glɪ'seɪd] (Climbing) **1** n (also **standing glissade**) ramasse f
2 vi descendre en ramasse

glissando [glɪ'sændəʊ] adv glissando

glisten ['glɪsn] → SYN **1** vi [water] miroiter, scintiller ; [wet surface] luire ; [light] scintiller ; [metal object] briller, miroiter ◆ **her eyes glistened (with tears)** ses yeux brillaient (de larmes) ◆ **his face was glistening with sweat** son visage était luisant de sueur
2 n miroitement m, scintillement m

glister †† ['glɪstə^r] ⇒ **glitter**

glitch * [glɪtʃ] n pépin m

glitchy ‡ ['glɪtʃɪ] adj (Comput, Elec etc) détraqué

glitter ['glɪtə^r] → SYN **1** vi [snow, ice, lights] scintiller, briller ; [jewel] chatoyer, rutiler, scintiller ; [water] miroiter, scintiller ◆ **her eyes glittered (with hatred)** ses yeux brillaient de haine ; (with greed) ses yeux brillaient de convoitise ◆ (Prov) **all that glitters is not gold** tout ce qui brille n'est pas or (Prov)
2 n scintillement m ; (fig) éclat m

glitterati * [ˌglɪtə'rɑ:ti:] npl ◆ **the glitterati** le beau monde, les célébrités fpl

glittering ['glɪtərɪŋ] adj stars, lights, ice étincelant, scintillant ; jewel étincelant ; eyes brillant, étincelant ; (fig) career, future brillant ; occasion, social event somptueux ◆ **glittering prizes** prix mpl fabuleux ◆ **a glittering array of celebrities** une brillante assemblée de célébrités

glittery ['glɪtərɪ] adj (lit, fig) étincelant

glitz * [glɪts] n faste m

glitzy * ['glɪtsɪ] adj fastueux

gloaming ['gləʊmɪŋ] n (liter) crépuscule m ◆ **in the gloaming** au crépuscule, entre chien et loup

gloat [gləʊt] → SYN vi (pej) exulter, jubiler * ◆ **to gloat over** (money, possessions) jubiler * à la vue (or à l'idée) de ◆ **he was gloating over or about his success** son succès le faisait jubiler * ◆ **that's nothing to gloat over or about!** il n'y a pas de quoi jubiler ! * ◆ **he was gloating that he was going to win** il affirmait en jubilant * qu'il allait gagner

gloating ['gləʊtɪŋ] (pej) **1** n exultation f or jubilation f malveillante
2 adj jubilatoire

glob [glɒb] n [of liquid] globule m ; [of clay etc] petite boule f

global ['gləʊbl] → SYN **1** adj **a** (= worldwide) economy, trade, market, recession, climate, system, problem, issue mondial ; peace universel, mondial ◆ **a global ban on nuclear testing** une interdiction totale des essais nucléaires ◆ **on a global scale** à l'échelle mondiale
b (= comprehensive) sum, view global, entier ◆ **global search and replace** (Comput) recherche f et remplacement m automatiques
2 COMP ▷ **the global village** n le village planétaire ▷ **global warming** n réchauffement m de la planète

globalization [ˌgləʊbəlaɪ'zeɪʃən] n mondialisation f

globalize ['gləʊbəlaɪz] **1** vi [company] passer à l'échelle mondiale
2 vt [+ market, business] mondialiser

globally ['gləʊbəlɪ] adv **a** (= worldwide, in world terms) sell, compete, think à l'échelle mondiale ◆ **a globally familiar trade name** une marque mondialement connue or connue dans le monde entier ◆ **globally, the risks are huge** à l'échelle planétaire, les risques sont énormes
b (= universally) universellement

globe [gləʊb] → SYN **1** n (= sphere) globe m, sphère f ; (with map on it) globe m ; (= lampshade etc) globe m ; (= fishbowl) bocal m ; (Anat) globe m ◆ **the globe** (Geog) le globe, la terre ◆ **all over the globe** sur toute la surface du globe ◆ **countries on the far side of the globe** les pays à l'autre bout du monde
2 COMP ▷ **globe artichoke** n artichaut m ▷ **globe lightning** n éclair m en boule ▷ **globe-trotter** n globe-trotter mf ▷ **globe-trotting** n voyages mpl à travers le monde

globefish ['gləʊbfɪʃ] n, pl **globefish** or **globefishes** poisson-globe m

globeflower ['gləʊb,flaʊə^r] n (Bot) trolle m

globin ['gləʊbɪn] n (Bio) globine f

globular ['glɒbjʊlə^r] adj globulaire ; (= like globe) en forme de globe

globule ['glɒbju:l] → SYN n gouttelette f

globulin ['glɒbjʊlɪn] n (Physiol) globuline f

glockenspiel ['glɒkən,spi:l] n glockenspiel m

gloom [glu:m] → SYN n (= darkness) obscurité f, ténèbres fpl ; (= melancholy) mélancolie f, tristesse f ◆ **to cast a gloom over sth** assombrir qch ◆ **to cast a gloom over sb** rendre qn sombre, attrister qn ◆ **a gloom descended on us** la tristesse s'est abattue sur nous ◆ **it was all gloom and doom** tout allait mal ◆ **economic gloom** morosité f économique

gloomily ['glu:mɪlɪ] adv say d'un air sombre

gloominess ['glu:mɪnɪs] n [of person, weather] morosité f ; [of voice] ton m morne ; [of place] aspect m lugubre

gloomy ['glu:mɪ] → SYN adj person, thoughts, sky, look, mood sombre ; (stronger) lugubre ; weather, day, outlook morose, déprimant ; voice, place morne ; (stronger) lugubre ◆ **to feel gloomy** se sentir morose ◆ **to look gloomy** [person] avoir l'air sombre or morose ; [future] être sombre ◆ **he took a gloomy view of everything** il voyait tout en noir

gloop * [glu:p] n (US) magma m infâme

Gloria ['glɔ:rɪə] n (= prayer) gloria m inv

gloria ['glɔ:rɪə] n (= halo) auréole f

glorification [ˌglɔ:rɪfɪ'keɪʃən] n glorification f

glorified ['glɔ:rɪfaɪd] adj ◆ **the drug is nothing but a glorified painkiller** ce médicament n'est rien de plus qu'un vulgaire calmant ◆ **the referendum was no more than a glorified opinion poll** le référendum n'était qu'un vulgaire sondage ◆ **the "luxury hotel" was nothing but a glorified boarding house** le soi-disant "hôtel de luxe" n'était qu'une pension de famille ◆ **he's a sort of glorified secretary** il ne fait que du secrétariat amélioré

glorify ['glɔ:rɪfaɪ] → SYN vt [+ God] glorifier, rendre gloire à ; [+ person] glorifier, célébrer ; (fig) [+ event, place etc] glorifier, embellir ; [+ war, violence, rape, death] glorifier ◆ **songs glorifying war** des chansons glorifiant la guerre

gloriole ['glɔ:rɪəʊl] n nimbe m

glorious ['glɔ:rɪəs] → SYN **1** adj **a** (* = beautiful) view, scenery splendide, magnifique ; sunshine, weather, day radieux, magnifique ◆ **a glorious mess** (iro) un joli or beau gâchis
b (* = enjoyable) feeling, holiday merveilleux
c (= illustrious) career, future brillant ; years, days, era glorieux ; victory éclatant ◆ **glorious deed** action f d'éclat
2 COMP ▷ **the Glorious Revolution** n (Brit Hist) la Glorieuse Révolution, la Seconde Révolution d'Angleterre (1688-89)

gloriously ['glɔ:rɪəslɪ] adv **a** (* = wonderfully) happy merveilleusement ◆ **a gloriously sunny day** une journée radieuse ◆ **gloriously hot weather** un temps chaud et radieux
b (= triumphantly) succeed, win glorieusement ◆ **gloriously successful** glorieusement réussi

glory ['glɔ:rɪ] → SYN **1** n **a** (NonC) gloire f (also Rel) ; (= magnificence) splendeur f, magnificence f ◆ **to give glory to God** rendre gloire à Dieu ◆ **to the greater glory of God** pour la plus grande gloire de Dieu ◆ **Christ in glory** le Christ en majesté or en gloire ◆ **the saints in glory** les glorieux mpl ◆ **Solomon in all his glory** Salomon dans toute sa gloire ◆ **covered with glory** couvert de gloire ◆ **Rome at the height of its glory** Rome à l'apogée or au sommet de sa gloire ◆ **there she was in all her glory** *, dressed in gold from head to foot elle était là dans toute sa splendeur, vêtue d'or de la tête aux pieds ◆ **she was in her glory** * as president of the club elle était tout à

Glos / gnarled

fait à son affaire en tant que présidente du club ◆ **she led her team to Olympic glory** elle a mené son équipe à la gloire lors des Jeux olympiques ◆ **a moment of glory** un moment de gloire ◆ **to have one's moment of glory** avoir son heure de gloire ◆ **to go to glory** †* (= die) aller ad patres* ◆ **glory be!** †* Seigneur !, grand Dieu ! ◆ **Old Glory** * (US) le drapeau américain ; → **former**

b (gen pl) **the glories of the past, past glories** la gloire passée ◆ **the church was the village's greatest glory** l'église était le principal titre de gloire du village ◆ **the artistic glories of the Italian Renaissance** les chefs-d'œuvre or les joyaux artistiques de la renaissance italienne ◆ **this sonnet is one of the glories of English poetry** ce sonnet est un des chefs-d'œuvre or fleurons de la poésie anglaise ; see also **crowning**

2 vi ◆ **to glory in sth** (= be proud of) être très fier de qch, (= revel in) se glorifier de qch ; (= enjoy) savourer qch ◆ **he gloried in his reputation as a troublemaker** il se glorifiait de sa réputation de fauteur de troubles ◆ **the café glories in the name of "The Savoy"** (iro) le café porte le nom ronflant de "Savoy"

3 COMP ▷ **glory box** n (Austral NZ) malle m de trousseau ▷ **glory hole** * n capharnaüm * m, (Naut) cambuse f

Glos abbrev of **Gloucestershire**

gloss¹ [glɒs] → SYN 1 n a (= shine) [of metal, ceramic, paintwork, polished surface] lustre m ; [of silk, satin] lustre m, éclat m ; [of person's hair, animal's coat] brillant m ◆ **to take the gloss off** (metal etc) dépolir ; (fig) (event, success) retirer or enlever tout son charme or attrait à ; (victory, compliment) gâcher ◆ **to lose its gloss** [metal etc] se dépolir ; (fig) [event, success] perdre tout son charme or son attrait ; [victory, compliment] être gâché ◆ **to put a gloss or an optimistic gloss on sth** (fig) présenter qch sous un jour favorable, enjoliver qch

b (= paint) peinture f brillante or laquée
2 vt [+ metal etc] faire briller, polir
3 COMP paint brillant, laqué ; paper glacé, brillant ▷ **gloss finish** n brillant m

▶ **gloss over** vt fus (= play down) glisser sur, passer sur ; (= cover up) dissimuler

gloss² [glɒs] → SYN 1 n (= insertion) glose f ; (= note) commentaire m ; (= interpretation) paraphrase f, interprétation f
2 vt commenter, gloser

glossary ['glɒsərɪ] n glossaire m, lexique m

glossematics [ˌglɒsə'mætɪks] n (NonC) glossématique f

glosseme ['glɒsiːm] n (Ling) glossème m

glossily ['glɒsɪlɪ] adv ◆ **glossily packaged** luxueusement conditionné ◆ **a glossily presented or produced brochure** une brochure luxueusement présentée

glossiness ['glɒsɪnɪs] n [of hair] reflets mpl brillants ; [of magazine] présentation f luxueuse ; [of photograph] apprêt m brillant

glossitis [glɒ'saɪtɪs] n (Med) glossite f

glossolalia [ˌglɒsə'leɪlɪə] n glossolalie f

glossopharyngeal nerve [ˌglɒsəʊˌfærɪn'dʒiːəl] n nerf m glossopharyngien

glossy ['glɒsɪ] → SYN 1 adj fur, material luisant, lustré ; photograph sur papier brillant ; paint brillant, laqué ; hair brillant, leaves vernissé ; metal brillant, poli ; red, black etc brillant ◆ **glossy magazine/brochure** magazine m/brochure f de luxe (sur papier couché) ◆ **glossy paper** (Typ) papier m couché ; (esp Phot) papier m brillant or glacé ◆ **glossy production** (film) superproduction f (luxueuse)
2 n (Brit) ◆ **the glossies** * les magazines mpl de luxe

glottal ['glɒtl] 1 adj (Anat) glottique ; (Ling) glottal
2 COMP ▷ **glottal stop** n (Ling) coup m de glotte

glottis ['glɒtɪs] n, pl **glottises** or **glottides** ['glɒtɪˌdiːz] glotte f

Gloucs abbrev of **Gloucestershire**

glove [glʌv] 1 n (gen, also Baseball, Boxing) gant m ◆ **the gloves are off!** * j'y vais (or il y va etc) sans prendre de gants ! ; → **fit, hand, kid, rubber**

2 vt ganter ◆ **his gloved hand** sa main gantée ◆ **white-gloved** ganté de blanc
3 COMP ▷ **glove box, glove compartment** n (Aut) boîte f à gants, vide-poches m ▷ **glove factory** n ganterie f (fabrique) ▷ **glove maker** n gantier m, -ière f ▷ **glove puppet** n marionnette f (à gaine) ▷ **glove shop** n ganterie f (magasin)

glover ['glʌvəʳ] n gantier m, -ière f

glow [gləʊ] → SYN 1 vi [coal, fire] rougeoyer ; [sky] rougeoyer, s'embraser ; [metal] luire ; [cigarette end, lamp] luire ; [colour, jewel] rutiler ; [complexion, face] rayonner ; [eyes] rayonner, flamboyer ◆ **her cheeks glowed** elle avait les joues toutes rouges ◆ **to glow red** rougeoyer ◆ **the autumn leaves glowed red and yellow in the sunlight** le feuillage rouge et jaune de l'automne resplendissait sous la lumière du soleil ◆ **streetlamps glowing orange in the dusk** les réverbères répandant leur lumière orange au crépuscule ◆ **he was glowing with health** il était florissant (de santé) ◆ **to glow with enthusiasm** brûler d'enthousiasme ◆ **she glowed with pride** elle rayonnait de fierté ◆ **his face glowed with pleasure** son visage rayonnait de plaisir ◆ **glowing with confidence** respirant la confiance

2 n [of coal, fire, metal] rougeoiement m ; [of sun] feux mpl, embrasement m ; [of complexion, skin] éclat m ; [of colour, jewel] éclat m ; [of lamp] lueur f ; [of passion] feu m ; [of youth] ardeur f ◆ **a glow of enthusiasm** un élan d'enthousiasme

3 COMP ▷ **glow-worm** n ver m luisant

glower ['glaʊəʳ] → SYN 1 vi lancer des regards mauvais or noirs ◆ **to glower at sb/sth** lancer à qn/qch des regards mauvais or noirs, regarder qn/qch de travers
2 n regard m noir

glowering ['glaʊərɪŋ] adj look mauvais, noir

glowing ['gləʊɪŋ] → SYN adj coals, fire rougeoyant ; sky rougeoyant, embrasé ; colour, jewel rutilant ; lamp, cigarette end luisant ; eyes brillant, flamboyant, de braise ; complexion, skin rayonnant, éclatant ; person florissant (de santé) ; words, report, tribute, review, praise élogieux ◆ **to give a glowing account/description of sth** raconter/décrire qch en termes élogieux ◆ **to speak of sb/sth in glowing terms** parler de qn/qch en termes élogieux ◆ **to paint sth in glowing colours** présenter qch en rose ◆ **to get glowing references** (from job) être chaudement recommandé

gloxinia [glɒk'sɪnɪə] n gloxinia m

glucagon ['gluːkəgɒn] n glucagon m

gluconeogenesis [ˌgluːkəʊˌniːəʊ'dʒenɪsɪs] n néoglucogenèse f

glucoprotein [ˌgluːkəʊ'prəʊtiːn] n glucoprotéine f

glucose ['gluːkəʊs] 1 n glucose m
2 COMP ▷ **glucose syrup** n sirop m de glucose

glucoside ['gluːkəʊˌsaɪd] n glucoside m

glucosuria [ˌgluːkəʊ'sjʊərɪə] n glycosurie f

glucosuric [ˌgluːkəʊ'sjʊərɪk] adj glycosurique

glue [gluː] → SYN 1 n colle f
2 vt coller (to, on à) ◆ **she glued the pieces together** (from broken object) elle a recollé les morceaux ; (from kit etc) elle a collé les morceaux ensemble ◆ **I glued the plate back together** j'ai recollé l'assiette ◆ **to glue sth back on** recoller qch ◆ **to glue sth down** coller qch ◆ **the fabric is glued in place** le tissu est fixé avec de la colle ◆ **he stood there glued to the spot** * il était là comme s'il avait pris racine ◆ **his face was glued to the window** son visage était collé à la vitre ◆ **to keep one's eyes glued to sb/sth** * avoir les yeux fixés sur qn/qch, ne pas détacher les yeux de qn/qch ◆ **glued to the television** * cloué devant or rivé à la télévision ◆ **we were glued to our seats** * nous étions cloués à nos sièges
3 COMP ▷ **glue ear** n (Med) otite f séreuse ▷ **glue-sniffer** n sniffeur * m, -euse * f de colle ▷ **glue-sniffing** n intoxication f à la colle or aux solvants

gluey ['gluːɪ] adj gluant, poisseux

gluhwein ['gluːˌvaɪn] n (Culin) ≈ vin m chaud

glum [glʌm] → SYN adj person, face sombre ; (stronger) lugubre ; appearance sombre,

morne ; thoughts noir ◆ **to feel glum** avoir des idées noires, avoir le cafard ◆ **a glum silence** un silence lugubre

glume [gluːm] n glume f

glumly ['glʌmlɪ] adv say, look d'un air sombre or abattu

glumness ['glʌmnɪs] n mélancolie f, tristesse f

gluon ['gluːɒn] n (Phys) gluon m

glut [glʌt] → SYN 1 vt (gen) gaver ; (Comm) [+ market, economy] saturer (with de) ◆ **glutted with food** repu, gavé ◆ **he glutted himself on pizza** il s'est gavé de pizza
2 n [of foodstuffs, goods] surplus m, excès m ◆ **there is a glut of ...** il y a un excès de ...

glutamate ['gluːtəmeɪt] n → **monosodium glutamate**

glutamic [gluː'tæmɪk] adj ◆ **glutamic acid** acide m glutamique

glutamine ['gluːtəˌmiːn] n glutamine f

gluteal [gluː'tiːəl] adj fessier

gluten ['gluːtən] 1 n gluten m
2 COMP ▷ **gluten-free** adj sans gluten

glutenous ['gluːtənəs] adj glutineux

gluteus ['gluːtɪəs] 1 n, pl **glutei** ['gluːtɪaɪ] fessier m
2 COMP ▷ **gluteus maximus/medius/minimus** n grand/moyen/petit fessier m

glutinous ['gluːtɪnəs] adj visqueux, gluant

glutton ['glʌtn] → SYN n glouton(ne) m(f), gourmand(e) m(f) ◆ **to be a glutton for work** être un bourreau de travail ◆ **he's a glutton for punishment** il est masochiste

gluttonous ['glʌtənəs] adj glouton, goulu

gluttonously ['glʌtənəslɪ] adv gloutonnement

gluttony ['glʌtənɪ] → SYN n gloutonnerie f

glyceric [glɪ'serɪk] adj glycérique

glyceride ['glɪsəraɪd] n (Chem) glycéride m

glycerin(e) [ˌglɪsə'riːn] n glycérine f

glycerol ['glɪsərɒl] n glycérol m

glycin(e) ['glaɪsiːn] n glycine f

glycogen ['glaɪkəʊdʒen] n glycogène m

glycogenesis [ˌglaɪkəʊ'dʒenɪsɪs] n glycogenèse f

glycogenetic [ˌglaɪkəʊdʒɪ'netɪk] adj glycogénique

glycogenic [ˌglaɪkəʊ'dʒenɪk] adj (Physiol) glycogénique

glycol ['glaɪkɒl] n glycol m

glycolipid [ˌglaɪkəʊ'lɪpɪd] n glycolipide m

glycolysis [glaɪ'kɒlɪsɪs] n (Bio) glycolyse f

glyconeogenesis [ˌglaɪkəʊˌniːəʊ'dʒenɪsɪs] n ⇒ **gluconeogenesis**

glycoprotein [ˌglaɪkəʊ'prəʊtiːn] n ⇒ **glucoprotein**

glycosuria [ˌglaɪkəʊ'sjʊərɪə] n (Med) glycosurie f

glyph [glɪf] n (Art) glyphe m

glyptics ['glɪptɪks] n (NonC) glyptique f

glyptodont ['glɪptəˌdɒnt] n glyptodon m, glyptodonte m

glyptography [glɪp'tɒgrəfɪ] n glyptographie f

GM [ˌdʒiː'em] 1 n a (abbrev of **General Manager**) DG m
b (abbrev of **George Medal**) → **George**
2 adj. (abbrev of **genetically modified**) génétiquement modifié

gm (abbrev of **gram(me)**) g inv

GMAT [ˌdʒiː'emˌeɪtiː] n (US Univ) (abbrev of **Graduate Management Admission Test**) test d'admission pour des études de commerce de troisième cycle

GMB [ˌdʒiː'emˌbiː] n (Brit) (abbrev of **General, Municipal and Boilermakers**) syndicat

GMOs [ˌdʒiː'emˌəʊz] npl (abbrev of **genetically modified organisms**) OGM mpl

GMT [ˌdʒiː'emˌtiː] (abbrev of **Greenwich Mean Time**) GMT

GMWU [ˌdʒiː'emdʌblˌjuː] n (Brit) (abbrev of **General and Municipal Workers Union**) syndicat

gnarl [nɑːl] n [of tree] nœud m

gnarled [nɑːld] → SYN adj tree, roots, hands, fingers noueux ; old man, old woman ratatiné

gnash [næʃ] **1** vt ◆ **to gnash one's teeth** [person] grincer des dents ; [animal] montrer ses dents en grognant
2 vi [person's teeth] grincer ◆ **its teeth were gnashing** [animal's teeth] il (or elle) montrait ses dents en grognant

gnashing ['næʃɪŋ] **1** n ◆ **gnashing of teeth** grincement m de dents
2 adj grinçant

gnat [næt] **1** n moucheron m
2 COMP ▷ **gnat's piss** *⁎* n pisse f d'âne *

gnaw [nɔː] [→ SYN] vi (lit, fig) ronger ◆ **to gnaw at** or **on a bone** ronger un os ◆ **the rat had gnawed through the electric cable** le rat avait complètement rongé le câble électrique ◆ **remorse/desire gnawed at him** le remords/le désir le rongeait ◆ **the secret still gnawed at her** le secret la tourmentait toujours
2 vt [+ bone etc] ronger ◆ **gnawed by remorse** rongé par le remords

▶ **gnaw off** vt sep ronger complètement

gnawing ['nɔːɪŋ] adj fear, doubt, guilt, hunger, pain tenaillant ◆ **I had a gnawing feeling that something had been forgotten** j'étais tenaillé par le sentiment qu'on avait oublié quelque chose

gneiss [naɪs] n gneiss m

gneissic ['naɪsɪk] adj (Geol) gneissique

gnocchi ['nɒkɪ] npl gnocchis mpl

gnome [nəʊm] **1** n gnome m, lutin m
2 COMP ▷ **the Gnomes of Zurich** npl (Brit fig = bankers) les gnomes de Zurich

gnomic ['nəʊmɪk] adj gnomique

gnomish ['nəʊmɪʃ] adj de gnome

gnomon ['nəʊmɒn] n (Math, on sundial) gnomon m

gnostic ['nɒstɪk] adj, n gnostique mf

gnosticism ['nɒstɪˌsɪzəm] n gnosticisme m

GNP [ˌdʒiːenˈpiː] n (Econ) (abbrev of **gross national product**) PNB m

gnu [nuː] n, pl **gnus** or **gnu** gnou m

GNVQ [ˌdʒiːenviːˈkjuː] n (Brit Scol) (abbrev of **General National Vocational Qualification**) diplôme professionnel national

---

go [gəʊ]
vb : 3rd pers sg pres **goes**, pret **went**, ptp **gone**

1 INTRANSITIVE VERB	4 NOUN
2 MODAL VERB	5 ADJECTIVE
3 TRANSITIVE VERB	6 COMPOUNDS
7 PHRASAL VERBS	

When **go** is part of a set combination, eg **go cheap, go to the bad, go too far, go down the tubes, go smoothly**, look up the other word.

1 INTRANSITIVE VERB

a [= proceed, travel, move] aller ; [vehicle] (referring to speed/manner of moving) rouler ◆ **where are you going?** où allez-vous ? ◆ **to go to do sth** aller faire qch ◆ **he's gone to see his mother** il est allé or parti voir sa mère ◆ **who goes there?** qui va là ? ◆ **I wouldn't go as far as to say that** je n'irais pas jusque là ◆ **she was going too fast** elle roulait or allait trop vite ◆ [BUT] ◑ **there he goes!** le voilà ! ◑ **we can talk as we go** nous pouvons parler en chemin ◑ **you can go next** vous pouvez passer devant ; (in game) ◑ **whose turn is it to go?** c'est à qui de jouer ? ◑ **add the sugar, stirring as you go** ajoutez le sucre, en remuant au fur et à mesure
◆ **to go** + preposition ◆ **the train goes at 90km/h** le train roule à or fait du 90 km/h ◆ **to go down the hill** descendre la colline ◆ **to go for a walk** (aller) se promener, (aller) faire une promenade ◆ **the train goes from London to Glasgow** le train va de Londres à Glasgow ◆ **where do we go from here?** qu'est-ce qu'on fait maintenant ? ◆ **to go on a journey** faire un voyage ◆ **it's going on three** (US) il est bientôt trois heures, il va bientôt être trois heures ◆ **to go to France/to Canada/to London** aller en France/au Canada/à Londres ◆ **to go to the swimming pool/cinema/Champs-Élysées** aller à la piscine/au cinéma/aux Champs-Élysées ◆ **he went to Paris/to his aunt's** il est allé or il s'est rendu à Paris/chez sa tante ◆ **she went to the headmaster** elle est allée voir or trouver le principal ◆ **to go to the doctor** aller chez le or voir le médecin ◆ **to go to sb for sth** aller demander qch à qn, aller trouver qn pour qch ◆ **the child went to his mother** l'enfant est allé vers sa mère ◆ **to go up the hill** monter la colline ◆ **I went up to £1,000** (at auction) je suis monté jusqu'à 1 000 livres ; see also **7**
◆ **to go** + -ing ◆ **to go fishing/shooting** aller à la pêche/à la chasse ◆ **to go riding** (aller) faire du cheval ◆ **to go swimming** (aller) nager ◆ **don't go looking for trouble!** ne va pas t'attirer des ennuis ! ◆ **don't go getting upset** * ne te mets pas dans ces états
◆ **go and ...** ◆ **I'll go and check the train times** je vais vérifier les horaires de trains ◆ **go and get me it!** va me le chercher ! ◆ **don't go and tell her I gave it you** * ne va pas lui dire or raconter que je te l'ai donné
◆ **go and shut the door!** ferme or va fermer la porte ! ◆ **don't go and do that!** * ne fais pas ça !

| **go and** is often not translated.

| Note how indignation, regret etc are expressed in the following:

◆ **now you've gone and broken the zip!** * ça y est *, tu as cassé la fermeture éclair ! ◆ **I wish I hadn't gone and spent all that money!** * si seulement je n'avais pas dépensé tout cet argent ! ◆ **what have they gone and done to him?** * qu'est-ce qu'ils ont bien pu lui faire ?

b [= depart] partir, s'en aller ; (= disappear) disparaître ; [time] passer, s'écouler ; (= be sacked) être licencié ; (= be abolished) être aboli or supprimé ; (= be finished) [money] filer ◆ **when does the train go?** quand part le train ? ◆ **everybody had gone** tout le monde était parti ◆ **my bag has gone** mon sac a disparu ◆ **we must go** or **must be going** il faut qu'on y aille ◆ **go!** (Sport) partez ! ◆ **50 workers are to go at ...** 50 ouvriers doivent être licenciés à ... [BUT] ◆ **after I go** or **have gone** après mon départ ◑ **after a week all our money had gone** en l'espace d'une semaine, nous avions dépensé tout notre argent ◑ **he'll have to go** [employee] on ne peut pas le garder ; [official, minister] il doit démissionner ◑ **the car will have to go** on va devoir se séparer de la voiture ◑ **there goes my chance of promotion!** je peux faire une croix sur ma promotion ! ◑ **going, going, gone!** (at auction) une fois, deux fois, trois fois, adjugé, vendu !
◆ **to let sb go** (= allow to leave) laisser partir qn ; (euph = make redundant) se séparer de qn ; (= stop gripping) lâcher qn
◆ **to let go** or **leave go** lâcher prise ◆ **let go!, leave go!** lâchez !
◆ **to let go** or **leave go of sth/sb** lâcher qch/qn ◆ **eventually parents have to let go of their children** (psychologically) tôt ou tard, les parents doivent laisser leurs enfants voler de leur propres ailes
◆ **to let sth go** ◆ **they have let their garden go** ils ont laissé leur jardin à l'abandon ◆ **we'll let it go at that** n'en parlons plus ◆ **you're wrong, but let it go** vous avez tort, mais passons
◆ **to let o.s. go** se laisser aller

c [= operate] (= start) [car, machine] démarrer ; (= function) [machine, watch, car] marcher ◆ **how do you make this go?** comment est-ce que ça marche ? ◆ **to be going** [machine, engine] être en marche ◆ **the washing machine was going so I didn't hear the phone** la machine à laver était en marche, si bien que je n'ai pas entendu le téléphone [BUT] ◑ **to make a party go** mettre de l'ambiance dans une soirée

◆ **to get going** [person] (= leave) **let's get going!** allons-y ! ◆ **to get going on** or **with sth** (= start) s'occuper de qch ◆ **I've got to get going on my tax** il faut que je m'occupe (subj) de mes impôts ◆ **once he gets going ...** une fois lancé ...
◆ **to get sth going** [+ machine] mettre en marche ; [+ car] faire démarrer ; [+ work, dinner] mettre en train ◆ **to get things going** activer les choses
◆ **to keep going** (= continue) [person] continuer ; [business] réussir à se maintenir à flot ◆ **it's okay, keep going!** ne te dérange pas, continue ! ◆ **the police signalled her to stop but she kept going** la police lui a fait signe de s'arrêter mais elle a continué son chemin [BUT] ◑ **she was under great strain but kept going somehow** elle avait beaucoup de soucis mais réussissait malgré tout à tenir le coup ◑ **will the Prime Minister be able to keep going until the spring?** est-ce que le Premier ministre pourra se maintenir au pouvoir jusqu'au printemps ? ◑ **it wouldn't keep going** [machine] elle s'arrêtait tout le temps ; [car] elle n'arrêtait pas de caler
◆ **to keep sb/sth going** ◆ **this medicine/hope kept her going** ce médicament/cet espoir lui a permis de tenir (le coup) ◆ **a cup of coffee is enough to keep her going all morning** elle réussit à tenir toute la matinée avec un café ◆ **I gave them enough money to keep them going for a week or two** je leur ai donné assez d'argent pour tenir une semaine ou deux ◆ **to keep a factory going** maintenir une usine en activité

d [= begin] ◆ **there he goes again!** le voilà qui recommence ! ◆ **here goes!** * allez, on y va !

e [= progress] aller, marcher ◆ **the project was going well** le projet marchait bien ◆ **how's it going?, how goes it?** (comment) ça va ? ◆ **the way things are going** au train où vont les choses, si ça continue comme ça ◆ **I hope all will go well** j'espère que tout ira bien ◆ **all went well for him until ...** tout a bien marché or s'est bien passé pour lui jusqu'au moment où ...

f [= turn out] [events] se passer ◆ **how did your holiday go?** comment se sont passées tes vacances ? ◆ **the evening went very well** la soirée s'est très bien passée ◆ **let's wait and see how things go** attendons de voir ce qui va se passer ◆ **I don't know how things will go** je ne sais pas comment ça va se passer, je ne sais pas comment les choses vont tourner ◆ [BUT] ◑ **that's the way things go, I'm afraid** c'est malheureux mais c'est comme ça ◑ **what goes?** * (esp US) quoi de neuf ?

g [= extend] aller, s'étendre ◆ **the garden goes as far as the river** le jardin va or s'étend jusqu'à la rivière ◆ **£50 does not go very far** on ne va pas très loin avec 50 livres

h [= belong] aller ◆ **the books go in that cupboard** les livres vont dans ce placard-là ◆ **this screw goes here** cette vis va là

i [= become] devenir ◆ **the biscuits have gone soft** les biscuits sont devenus mous or ont ramolli ◆ **have you gone mad?** tu es (devenu) fou ? ◆ **she went pale** elle est devenue pâle, elle a pâli [BUT] ◑ **you're not going to go all sentimental/shy/religious on me!** * tu ne vas pas me faire de ces grands sentiments/de la timidité/de la ferveur religieuse ! ◑ **the lights went red** les feux sont passés au rouge ◑ **the constituency went Labour at the last election** aux dernières élections la circonscription est passée aux travaillistes

j [= break, yield] [rope, cable] céder ; [fuse] sauter ; [bulb] griller ; [material] être usé ◆ **the lining's going** la doublure est usée ◆ **jeans tend to go at the knees** les jeans ont tendance à s'user aux genoux ◆ **this jumper has gone at the elbows** ce pull est troué aux coudes ◆ **there goes another button!** encore un bouton de décousu !

k [= fail] [sight] baisser ; [strength] manquer ◆ **his mind is going** il n'a plus toute sa tête ◆ **his nerve was beginning to go** il commençait à paniquer or à perdre la tête ◆ **my voice has gone** je n'ai plus de voix ◆ **my voice is going** je n'ai presque plus de voix ◆ **his health is going** il commence à avoir des problèmes de santé ◆ **his hearing is going** il devient sourd

l [euph = die] partir ◆ **after I go** or **have gone** quand je serai parti, quand je ne serai plus là ◆ **he's gone!** il est parti, c'est fini !

m [= be sold] ◆ **how much do you think the house will go for?** combien crois-tu que la maison va être vendue ?

n [= be given] [prize, reward, inheritance] aller, revenir (to à)

o [= be current, be accepted] [story, rumour] circuler ◆ **the story goes that ...** le bruit court or

go on for vt fus ◆ **it's going on for 100km** c'est à une centaine de kilomètres ◆ **it's going on for 5 o'clock** il est près de 5 heures ◆ **he's going on for 50** il va sur la cinquantaine

▶ **go out** vi **a** (= leave) sortir ◆ **to go out of a room** sortir d'une pièce ◆ **to go out shopping** aller faire des courses ◆ **to go out for a meal** aller au restaurant ◆ **he goes out a lot** il sort beaucoup ◆ **she doesn't go out with him any more** elle ne sort plus avec lui ◆ **to go out to work** (aller) travailler ◆ **most mothers have to go out to work** la plupart des mères de famille doivent travailler

b [style] passer de mode, se démoder ; [custom] disparaître ; [fire, light] s'éteindre ◆ **he was so tired he went out like a light** * il était si fatigué qu'il s'est endormi comme une masse* ◆ **all the fun has gone out of it now** ce n'est plus aussi drôle maintenant

c (= travel) aller (*to* à) ◆ **she went out to Bangkok to join her husband** elle est allée rejoindre son mari à Bangkok

d [sea] se retirer ; [tide] descendre ◆ **the tide** or **the sea goes out 2km** la mer se retire sur 2 km

e ◆ **my heart went out to him** j'ai été vraiment désolé pour lui ◆ **all our sympathy goes out to you** nous pensons à vous en ces moments douloureux

f (Cards etc) terminer

g (= be issued) [pamphlet, circular] être distribué ; [invitation] être envoyé ; (= be broadcast) [radio programme, TV programme] être diffusé ◆ **an appeal has gone out for people to give blood** un appel a été lancé pour encourager les dons de sang ◆ **the programme goes out on Friday evenings** l'émission passe or est diffusée le vendredi soir

h (Sport = be eliminated) être éliminé, se faire sortir* ◆ **our team went out to a second division side** notre équipe a été éliminée or s'est fait sortir* par une équipe de deuxième division

i (= end) [year] finir, se terminer

▶ **go over** 1 vi **a** (= cross) aller ◆ **to go over to France** aller en France ◆ **she went over to Mrs Smith's** elle est allée chez Mme Smith ◆ **his speech went over well** son discours a été bien reçu or est bien passé ◆ **the ball went over into the field** le ballon est passé par-dessus la haie (or le mur etc) et il est tombé dans le champ

b (= be overturned) [vehicle] se retourner ; [boat] chavirer, se retourner

2 vt fus **a** (= examine) [+ accounts, report] examiner, vérifier ; [doctor] [+ patient] examiner ◆ **to go over a house** visiter une maison ◆ **I went over his essay with him** j'ai regardé sa dissertation avec lui

b (= rehearse, review) [+ speech] revoir ; [+ facts, points] récapituler ◆ **to go over sth in one's mind** repasser qch dans son esprit ◆ **to go over the events of the day** repasser les événements de la journée ◆ **let's go over the facts again** récapitulons les faits

c (= touch up) retoucher, faire des retouches à ◆ **to go over a drawing in ink** repasser un dessin à l'encre

▶ **go over to** vt fus passer à ◆ **we're going over to a new system** nous passons à un nouveau système ◆ **I've gone over to a new brand of coffee** j'ai changé de marque de café ◆ **to go over to the enemy** passer à l'ennemi

▶ **go round** vi **a** (= turn) tourner ◆ **my head is going round** j'ai la tête qui tourne

b (= go the long way) faire un détour ◆ **there's no bridge, we'll have to go round** il n'y a pas de pont, il faut faire le tour ◆ **we went round by Manchester** nous avons fait un détour par Manchester

c **to go round to sb's house/to see sb** aller chez qn/voir qn

d (= be sufficient) suffire (pour tout le monde) ◆ **there's enough food to go round** il y a assez à manger pour tout le monde ◆ **to make the money go round** joindre les deux bouts*

e (= circulate) [bottle, document, story] circuler ; [rumour] courir, circuler

f ⇒ **go about 1a**

▶ **go through** 1 vi (= be agreed, voted) [proposal] être accepté ; [law, bill] passer, être voté ; [business deal] être conclu, se faire ◆ **the deal did not go through** l'affaire n'a pas été conclue ou ne s'est pas faite

2 vt fus **a** (= suffer, endure) subir, endurer ◆ **after all he's gone through** après tout ce qu'il a subi ou enduré ◆ **we've all gone through it** nous sommes tous passés par là, nous avons tous connu cela ◆ **he's going through a very difficult time** il traverse une période difficile

b (= examine) [+ list] éplucher ; [+ book] parcourir ; [+ mail] regarder, dépouiller ; [+ subject, plan] étudier ; [+ one's pockets] fouiller dans ; (at customs) [+ suitcases, trunks] fouiller ◆ **I went through my drawers looking for a pair of socks** j'ai cherché une paire de chaussettes dans mes tiroirs ◆ **I went through his essay with him** j'ai regardé sa dissertation avec lui

c (= use up) [+ money] dépenser ; (= wear out) user ◆ **to go through a fortune** engloutir une fortune ◆ **he goes through a pair of shoes a month** il use une paire de chaussures par mois ◆ **he has gone through the seat of his trousers** il a troué le fond de son pantalon ◆ **this book has already gone through 13 editions** ce livre en est déjà à sa 13ᵉ édition

d (= carry out) [+ routine, course of study] suivre ; [+ formalities] remplir, accomplir ; [+ apprenticeship] faire

▶ **go through with** vt fus (= persist with) [+ plan, threat] mettre à exécution ◆ **in the end she couldn't go through with it** en fin de compte elle n'a pas pu le faire ◆ **he pleaded with her not to go through with the divorce** il l'a suppliée de ne pas continuer la procédure de divorce

▶ **go to** 1 vi ◆ **go to!** †† allons donc !
2 vt fus ◆ **go to it!** allez-y !

▶ **go together** vi [colours] aller (bien) ensemble ; [events, conditions, ideas] aller de pair ◆ **poor living conditions and TB go together** la tuberculose va de pair avec les mauvaises conditions de vie ◆ **they go well together** ils vont bien ensemble ◆ **Ann and Peter are going together** Ann et Peter sortent ensemble

▶ **go under** vi **a** (= sink) [ship] sombrer, couler ; [person] couler

b (= fail) [business person] faire faillite ; [business] couler, faire faillite

▶ **go up** 1 vi **a** (= rise) [price, value, temperature] monter, être en hausse ; (Theat) [curtain] se lever ; [lights] s'allumer ; (cheer) s'élever ◆ **three teams are hoping to go up to the second division** trois équipes espèrent monter ou passer en deuxième division ◆ **houses are going up near the park** on construit des maisons près du parc ◆ **when the curtain goes up** lorsque le rideau se lève ◆ **to go up in price** augmenter ◆ **to go up a class** (Scol) monter d'une classe

b (= climb) monter, aller en haut ; (= go upstairs to bed) monter se coucher

c (= travel north) aller, monter ◆ **I'm going up to Manchester tomorrow** demain je vais or je monte à Manchester

d (= approach) **I wanted to go up and talk to him** je voulais m'approcher de lui et lui parler ◆ **a man went up to him and asked him the time** un homme s'est approché et lui a demandé l'heure

e (= explode, be destroyed) [building] sauter, exploser

f (Brit Univ) entrer à l'université ◆ **he went up to Oxford** il est entré à Oxford

2 vt fus [+ hill] monter, gravir ◆ **to go up the stairs** monter l'escalier, monter les marches d'un escalier ◆ **to go up the street** monter la rue

▶ **go with** vt fus **a** (= accompany) [circumstances, event, conditions] aller (de pair) avec ◆ **ill health goes with poverty** la pauvreté et la mauvaise santé vont de pair ◆ **the house goes with the job** le logement va avec le poste ◆ **to go with the times** vivre avec son temps ◆ **to go with the crowd** (lit) suivre la foule ; (fig) faire comme tout le monde

b (= harmonize with, suit) [colours] aller bien avec, se marier avec ; [furnishings] être assorti à ; [behaviour, opinions] cadrer avec, s'accorder avec ◆ **I want a hat to go with my new coat** je cherche un chapeau assorti à mon or qui aille avec mon nouveau manteau ◆ **his accent doesn't go with his appearance** son accent ne correspond pas à son apparence

c (= agree with) [+ person] être de l'avis de ; [+ idea] souscrire à ◆ **I'll go with you there** là, je suis de votre avis ◆ **yes, I'd go with that** je suis d'accord sur ce point

d (* = choose) opter pour, choisir ◆ **we decided to go with the first option** nous avons décidé d'opter pour la première solution or de choisir la première option

e (*; also **go steady with**) sortir avec

▶ **go without** 1 vi se priver de tout ◆ **mothers feed their children and go without themselves** les mères nourrissent leurs enfants et se privent elles-mêmes de tout
2 vt fus se priver de, se passer de

goad [gəʊd] → SYN 1 n **a** (lit) aiguillon m
b (fig) (= spur, impetus) aiguillon m, stimulation f ; (= irritant) source f d'agacement, cause f d'irritation
2 vt **a** [+ cattle] aiguillonner, piquer
b (fig) aiguillonner, stimuler ◆ **to goad sb into doing sth** talonner qn jusqu'à ce qu'il fasse qch ◆ **he goaded himself into confronting his boss** il s'est forcé à affronter son patron ◆ **he was goaded into replying** il a été piqué au point de répondre ◆ **his insults goaded her into action** ses insultes l'ont fait passer à l'action

▶ **goad on** vt sep aiguillonner, stimuler ◆ **to goad sb on to doing sth** inciter qn à faire qch

goal [gəʊl] → SYN 1 n **a** (gen = aim) but m, objectif m ◆ **his goal was to become president** son objectif ou son but était de devenir président, il avait pour ambition ou pour but de devenir président ◆ **her goal was in sight** elle approchait du but ◆ **the goal is to raise as much money as possible** le but ou l'objectif est d'obtenir autant d'argent que possible ◆ **to set a goal** fixer un objectif ◆ **to set o.s. a goal** se fixer un but ou un objectif
b (Sport) but m ◆ **to keep goal, to play in goal** être gardien de but ◆ **to win by three goals to two** gagner par trois buts à deux ◆ **the ball went into the goal** le ballon est entré dans le but
2 COMP ▷ **goal-area** n (Sport) surface f de but ▷ **goal average, goal difference** n (Brit Ftbl) goal-average m ▷ **goal difference** n (Sport) différence f de buts, goal-average m ▷ **goal-kick** n (Ftbl) coup m de pied de renvoi (aux six mètres) ▷ **goal-line** n ligne f de but ▷ **goal post** n montant m or poteau m de but ◆ **to move the goal posts** (fig) changer les règles du jeu ▷ **goal scorer** n buteur m ◆ **the main goal scorer was Jones** c'est Jones qui a marqué le plus de buts

goalie * ['gəʊlɪ] n (abbrev of **goalkeeper**) goal m

goalkeeper ['gəʊlˌkiːpəʳ] n gardien m de but, goal m

goalkeeping ['gəʊlˌkiːpɪŋ] n jeu m du gardien de but

goalless ['gəʊllɪs] adj **a** (Sport) match au score vierge, sans but marqué ◆ **a goalless draw** un match nul zéro à zéro
b (= aimless) sans but

goalmouth ['gəʊlmaʊθ] n ◆ **in the goalmouth** juste devant les poteaux

goat [gəʊt] 1 n **a** chèvre f ; (= he-goat) bouc m ; (= young goat) chevreau m, chevrette f ; → **sheep**
b (Brit) **to act the goat*** faire l'imbécile or l'andouille*
c (fig = irritate) **to get sb's goat*** taper sur le système* or les nerfs* de qn
2 COMP ▷ **the goat God** n (Myth) le divin chèvre-pied, le dieu Pan ▷ **goat('s) cheese** n fromage m de chèvre ▷ **goat moth** n cossus m

goatee [gəʊˈtiː] n barbiche f, bouc m

goatherd ['gəʊthɜːd] n chevrier m, -ière f

goatsbeard ['gəʊtsˌbɪəd] n (Bot) barbe-de-bouc f, salsifis m des prés

goatskin ['gəʊtskɪn] n (= clothing) peau f de chèvre or de bouc ; (= container) outre f en peau de bouc

goatsucker ['gəʊtsʌkəʳ] n (US Orn) engoulevent m

gob [gɒb] **1** n **a** (⁑ = spit) crachat m, mollard m ⁑
b (esp Brit: ⁑ = mouth) gueule ⁑ f ◆ **shut your gob!** ferme-la!*, ta gueule!⁑
c (US Navy ⁑) marin m, mataf ⁑ m
2 vi (⁑ = spit) cracher (*at* sur)
3 COMP ▷ **gob-stopper** * n (Brit) (gros) bonbon m

gobbet * ['gɒbɪt] n petit bout m

gobble ['gɒbl] → SYN **1** n [of turkey] glouglou m
2 vi [turkey] glousser, glouglouter
3 vt (also **gobble down**, **gobble up**) [+ food] engloutir, engouffrer ◆ **don't gobble!** ne mange pas si vite!

gobbledegook, gobbledygook * ['gɒbldɪguːk] n charabia * m

gobbler * ['gɒbləʳ] n (= turkey) dindon m

Gobelin ['gəʊbəlɪn] **1** adj des Gobelins
2 n tapisserie f des Gobelins

Gobi ['gəʊbɪ] n ◆ **Gobi Desert** désert m de Gobi

goblet ['gɒblɪt] n (= stem glass) verre m à pied; (= cup) coupe f

goblin ['gɒblɪn] n lutin m, farfadet m

gobshite ⁑ ['gɒbʃaɪt] n (= idiot) peigne-cul ⁑ m

gobsmacked ⁑ [gɒb,smækd] adj (Brit) sidéré *, estomaqué *

goby ['gəʊbɪ] n, pl **goby** or **gobies** gobie m

GOC [,dʒiːəʊ'siː] (Mil) (abbrev of **General Officer Commanding**) → **general**

god [gɒd] **1** n **a** dieu m, divinité f; (fig) dieu m, idole f ◆ **money is his god** l'argent est son dieu
b **God** Dieu m ◆ **God the Father, the Son, the Holy Spirit** Dieu le Père, le Fils et le Saint-Esprit ◆ **he thinks he's God** il se prend pour Dieu ◆ **he thinks he's God's gift to women** il se prend pour Don Juan ◆ **to play God with people's lives** (pej) jouer avec la vie des gens ◆ **God's acre** † (= cemetery) cimetière m ◆ **God's own country** * (US) les États-Unis mpl
c (phrases) **(my) God!** * mon Dieu! ◆ **God Almighty!** ⁑ Dieu tout puissant! ◆ **God help him!** * (que) Dieu lui vienne en aide! ◆ **God help you** * (if your mother ever finds out about this!) (si ta mère apprend ça) je te souhaite bien de la chance! ◆ **God bless you/her/him!** Dieu te/la/le bénisse! ◆ **God (only) knows** * Dieu seul le sait, allez donc savoir * ◆ **and God (only) knows what else** * et Dieu sait quoi ◆ **God knows I've tried** * Dieu sait si j'ai essayé ◆ **God knows where he's got to** * allez savoir or Dieu sait où il est passé! ◆ **he went God knows where** * il est parti Dieu sait où ◆ **for God's sake!** *, **for the love of God!** * (crossly) nom d'un chien!*; (imploringly) pour l'amour du ciel! ◆ **by God, I'll get you for this!** * nom d'un chien or nom de Dieu je te le ferai payer!* ◆ **God willing** s'il plaît à Dieu ◆ **I wish to God I hadn't told him!** * si seulement je ne lui avais rien dit! ◆ **would to God that ...** † plût à Dieu que ... (+ subj) ◆ **ye gods!** †† grands dieux!; → **help, hope, love, man, name, thank, tin**
d (Brit Theat) **the gods** * le poulailler *
2 COMP ▷ **god-awful** ⁑ adj (gen) vraiment affreux; weather, place pourri ; book, film etc complètement nul(le) m(f) ▷ **god-botherer** * n (pej) bigot(e) * m(f) (pej) ▷ **god-fearing** adj (très) religieux, (très) croyant ◆ **any god-fearing man** tout croyant digne de ce nom ▷ **god-slot** * n (Brit TV) créneau m horaire des émissions religieuses

godchild ['gɒdtʃaɪld] n, pl **-children** filleul(e) m(f)

goddammit ⁑ [gɒ'dæmɪt] excl (US) nom de Dieu!⁑, bon sang!*

goddam(n) ⁑ [gɒ'dæm], **goddamned** ⁑ ['gɒdæmd] adj sacré (before n), fichu * (before n), foutu ⁑ (before n) ◆ **it's no goddam(ned) use!** ça ne sert à rien!*

goddaughter ['gɒdˌdɔːtəʳ] n filleule f

goddess ['gɒdɪs] n déesse f; (fig) idole f

godfather ['gɒdfɑːðəʳ] **1** n (lit, fig) parrain m ◆ **to stand godfather to a child** être parrain d'un enfant; (at ceremony) tenir un enfant sur les fonts baptismaux

2 COMP ▷ **godfather offer** * n offre f impossible à refuser

godforsaken ['gɒdfəˌseɪkən] → SYN adj town, place perdu, paumé *; person malheureux, misérable ◆ **godforsaken existence** chienne f de vie * ◆ **godforsaken spot** trou m perdu or paumé *

godhead ['gɒdhed] n divinité f

godhood ['gɒdˌhʊd] n divinité f, caractère m divin

godless ['gɒdlɪs] → SYN adj person, action, life impie

godlike ['gɒdlaɪk] → SYN adj divin

godliness ['gɒdlɪnɪs] n dévotion f; see also **cleanliness**

godly ['gɒdlɪ] → SYN adj person dévot(e) m(f), pieux; actions, life pieux

godmother ['gɒdmʌðəʳ] n marraine f ◆ **to stand godmother to a child** être marraine d'un enfant; (at ceremony) tenir un enfant sur les fonts baptismaux; → **fairy**

godparent ['gɒdpɛərənt] **1** n (= godfather) parrain m; (= godmother) marraine f
2 **godparents** npl ◆ **his godparents** son parrain et sa marraine

godroon [gə'druːn] n ⇒ **gadroon**

godsend ['gɒdsend] → SYN n aubaine f, bénédiction f ◆ **to be a** or **come as a godsend** être une bénédiction or aubaine (*to* pour)

godson ['gɒdsʌn] n filleul m

godspeed † ['gɒdspiːd] excl bonne chance!, bon voyage! ◆ **to wish** or **bid sb godspeed** souhaiter bon vent à qn

godsquad * ['gɒdskwɒd] n (pej) bande f d'illuminés (pej), ≈ les bigots * mpl (pej)

godwit ['gɒdwɪt] n (Orn) barge f

goer ['gəʊəʳ] **1** n **a** (= horse, runner) fonceur m, -euse f
b (* = feasible idea) bon plan * m, bonne idée f
c (= woman) **she's a real goer** ⁑ elle démarre au quart de tour ⁑

...goer ['gəʊəʳ] n (in compounds) ◆ **cinemagoer** cinéphile mf; → **opera-goer**

goes [gəʊz] vb → **go**

Goethe ['gøːtə] n Goethe m

gofer ['gəʊfəʳ] n coursier m, -ière f

goggle ['gɒɡl] **1** vi * [person] rouler de gros yeux ronds; [eyes] être exorbités, sortir de la tête ◆ **to goggle at sb/sth** regarder qn/qch en roulant de gros yeux ronds
2 **goggles** npl [of motorcyclist] lunettes fpl protectrices or de motocycliste; [of skindiver] lunettes fpl de plongée; (industrial) lunettes fpl protectrices or de protection; (* = glasses) besicles fpl (hum)
3 COMP ▷ **goggle-box** ⁑ n (Brit) télé f ▷ **goggle-eyed** adj (gen) aux yeux exorbités ◆ **he sat goggle-eyed in front of the TV** * il était assis devant la télé*, les yeux exorbités

go-go ['gəʊgəʊ] **1** adj **a** (US St Ex) market, stocks spéculatif; (* = dynamic) team plein d'allant; years, days prospère, de vaches grasses * ◆ **the go-go 1980s** la décennie prospère des années 1980
b (Brit Fin) investment, fund à haut rendement et à haut risque, hautement spéculatif
2 COMP ▷ **go-go dance** n danse exécutée par des personnes légèrement vêtues (pour les clients d'une boîte de nuit etc) ▷ **go-go dancer, go-go girl** n jeune fille qui danse légèrement vêtue (pour les clients d'une boîte de nuit etc)

Goidelic [gɔɪ'delɪk] **1** n (Ling) gaélique m, goïdélique m
2 adj gaélique

going ['gəʊɪŋ] **1** n **a** (= departure) départ m; → **coming**
b (= progress : lit, fig) **that was good going** ça a été rapide ◆ **it was slow going** on n'avançait pas; (in work, task) les progrès étaient lents ◆ **it was hard going** on a eu du mal, ça a été dur * ◆ **the meeting was hard** or **tough going** la réunion était laborieuse
c (= conditions) (gen) état m du sol or du terrain (*pour la marche etc*); (Racing) état m du sol or du terrain ◆ **it's rough going** (walking) on marche mal; (in car) la route est mauvaise ◆ **he got out while the going was good** * il est parti au bon moment ◆ (Prov) **when the going gets tough, the tough get going** quand ça se met à être dur, les durs s'y mettent (Prov); → **heavy**
2 adj **a** **the going rate/price** le tarif/le prix normal
b (after superlative adj: *) **it's the best thing going** il n'y a rien de mieux (à l'heure actuelle) ◆ **the best computer game going** le meilleur jeu électronique du moment or sur le marché ◆ **you must be the biggest fool going** tu es vraiment le roi des imbéciles
3 COMP ▷ **a going concern** n (Comm) une affaire florissante or qui marche ◆ **the Empire was still a going concern** l'Empire était toujours une réalité ▷ **going-over** n, pl **goings-over** [of accounts] vérification f, révision f; (medical) examen m; (= cleaning) [of rooms, house etc] nettoyage m; (fig = beating) brutalités fpl, passage m à tabac * ◆ **to give sth a good** or **thorough going-over** (= check) inspecter qch soigneusement, soumettre qch à une inspection en règle; (= clean) nettoyer qch à fond ▷ **goings-on** * npl (pej) (= behaviour) activités fpl (louche), manigances fpl; (= happenings) événements mpl ◆ **fine goings-on!** * c'est du joli! ◆ **your letters keep me in touch with goings-on at home** tes lettres me tiennent au courant de ce qui se passe à la maison

-going ['gəʊɪŋ] **1** adj (in compounds) ◆ **church-going Christian** chrétien m pratiquant ◆ **the theatre-going public** le public amateur de théâtre, les amateurs de théâtre; → **easy, ocean**
2 n (in compounds) ◆ **church-going/theatre-going has declined over the last ten years** depuis dix ans les gens vont de moins en moins à l'église/au théâtre

goitre, goiter (US) ['gɔɪtə] n goitre m

goitrous ['gɔɪtrəs] adj (Med) goitreux

Golan ['gəʊlæn] n ◆ **the Golan Heights** le plateau du Golan

gold [gəʊld] **1** n **a** (NonC) or m ◆ **£500 in gold** 500 livres en or ◆ **a pot** or **crock of gold** (= money) une mine d'or; (= desired object etc) un oiseau rare; → **good, heart, rolled**
b ⇒ **gold medal**
2 adj **a** (= made of gold) watch, tooth en or; coin, ingot, bullion d'or; letters, lettering d'or, doré
b (= yellow) paint doré ◆ **a green and gold flag** un drapeau vert et or inv; see also **3**
3 COMP ▷ **gold braid** n (Mil) galon m or ▷ **Gold Card** n (Comm, Fin) ≈ Gold Card, ≈ Gold MasterCard ® ▷ **gold-clause loan** n (Jur, Fin) emprunt m avec garantie-or ▷ **Gold Coast** n (Hist: in Africa) Côte-de-l'Or f; (US *: fig) quartiers mpl chic (souvent en bordure d'un lac) ▷ **gold digger** n **a** (lit) chercheur m d'or **b** (fig pej) **she's a gold digger** c'est une aventurière ▷ **gold disc** n (Mus) disque m d'or ▷ **gold dust** n (lit) poudre f d'or ◆ **to be like gold dust** (esp Brit) être une denrée rare ▷ **gold-exchange standard** n (Econ) étalon m de change-or ▷ **gold fever** n la fièvre de l'or ▷ **gold-filled** adj tooth aurifié ▷ **gold filling** n (Dentistry) obturation f en or, aurification f ▷ **gold foil** n feuille f d'or ▷ **gold-headed cane** n canne f à pommeau d'or ▷ **gold lace** n (on uniform) ⇒ **gold braid** ▷ **gold leaf** n feuille f d'or, or m en feuille ▷ **gold medal** n médaille f d'or ▷ **gold mine** n (lit, fig) mine f d'or ◆ **he's sitting on a gold mine** il est assis sur une véritable mine d'or ▷ **gold miner** n mineur m (dans une mine d'or) ▷ **gold mining** n extraction f de l'or ▷ **gold plate** n (= coating) mince couche f d'or; (= dishes) vaisselle f d'or ◆ **to eat off gold plates** (fig) rouler sur l'or, nager dans l'opulence ▷ **gold-plated** adj (lit) plaqué or inv; (* fig) deal, contract qui doit rapporter gros ▷ **gold point** n (Fin) gold point m ▷ **the gold pool** n (Fin) le pool de l'or ▷ **gold record** n ⇒ **gold disc** ▷ **gold reserves** npl (Econ) réserves fpl d'or ▷ **gold-rimmed spectacles** npl lunettes fpl à montures en or ▷ **gold rush** n ruée f vers l'or ▷ **gold standard** n étalon-or m ◆ **to come off** or **leave the gold standard** abandonner l'étalon-or ▷ **Gold Star Mother** n (US Hist) mère f d'un soldat mort au combat ▷ **gold stone** n aventurine f

goldbrick ['ɡəʊldbrɪk] **1** n **a** (lit) barre f d'or **b** (US fig) (= good deal) affaire f en or; (* = shirker) tire-au-flanc * m **2** vi (US * = shirk) tirer au flanc *

goldcrest ['ɡəʊldkrest] n roitelet m huppé

golden ['ɡəʊldən] → SYN **1** adj **a** (= yellow) hair doré, d'or; suntan, sand, light, colour doré; (Culin: also **golden-brown**) bien doré **b** (liter = made of gold) cross, chain, locket en or; (fig) voice d'or, en or **c** (= happy, prosperous) years doré; future en or ◆ **a golden era** un âge d'or ◆ **golden hours** heures fpl précieuses or merveilleuses; see also **golden age, goose, silence**
2 COMP ◆ **golden age** n âge m d'or ▷ **golden boy** * n (popular) enfant m chéri; (gifted) jeune prodige m; (financially successful) golden boy m ▷ **golden-brown** adj tan, skin brun doré inv; (Culin) bien doré ▷ **the golden calf** n le veau d'or ▷ **golden deed** n action f d'éclat ▷ **Golden Delicious (apple)** n (pomme f) golden f ▷ **golden eagle** n aigle m royal or doré ▷ **the Golden Fleece** n la Toison d'or ▷ **Golden Gate** (US Geog) **the Golden Gate (Bridge)** le pont de la Golden Gate ▷ **golden girl** * n (popular) enfant f chérie; (gifted, successful) jeune prodige m ◆ **the golden girl of British athletics** la jeune prodige de l'athlétisme britannique ▷ **golden goal** n (Sport) but m en or ▷ **golden handcuffs** * npl (Ind) prime f d'encouragement (à rester à un poste) ▷ **golden handshake** n (Ind) grosse prime f de départ ▷ **golden hello** n (Ind) prime f d'embauche ▷ **golden jubilee** n (Brit) cinquantième anniversaire, jubilé m ▷ **the golden mean** n le juste milieu ▷ **golden number** n nombre m d'or ▷ **golden oldie** * n (= pop song, performer, sportsperson) vieille star f ▷ **golden opportunity** n occasion f en or ▷ **golden oriole** n loriot m d'Europe ▷ **golden parachute** * n (Ind) prime f de licenciement (prévue dans le contrat d'un cadre en cas de rachat de l'entreprise) ▷ **golden pheasant** n faisan m doré ▷ **golden remedy** n remède m souverain or infaillible ▷ **golden retriever** n golden retriever m (chien) ▷ **golden rod** n (Bot) verge f d'or ▷ **golden rule** n règle f d'or ▷ **golden share** n (St Ex) action f privilégiée ▷ **the Golden State** n (US) la Californie ▷ **golden syrup** n (Brit) sirop m de sucre roux ▷ **the Golden Triangle** n le Triangle d'or ▷ **golden wedding (anniversary)** n noces fpl d'or ▷ **golden yellow** adj jaune d'or

goldeneye ['ɡəʊldən.aɪ] n (Orn) garrot m à œil d'or

goldfield ['ɡəʊldfiːld] n région f or terrain m aurifère

goldfinch ['ɡəʊldfɪntʃ] n (Orn) chardonneret m

goldfish ['ɡəʊldfɪʃ] pl **goldfish** or **goldfishes** **1** n poisson m rouge, cyprin m (doré) **2** COMP ▷ **goldfish bowl** n bocal m (à poissons) ◆ **to live in a goldfish bowl** (fig) vivre comme dans un bocal en verre

Goldilocks ['ɡəʊldɪlɒks] n Boucles d'Or f

goldsinny ['ɡəʊld.sɪnɪ] n (= fish) cténolabre m rupestre

goldsmith ['ɡəʊldsmɪθ] n orfèvre m ◆ **goldsmith's shop** magasin m or atelier m d'orfèvre ◆ **goldsmith's trade** orfèvrerie f

golem ['ɡəʊləm] n (Rel) golem m

golf [ɡɒlf] **1** n golf m; → **clock**
2 vi faire du golf, jouer au golf
3 COMP ▷ **golf ball** n balle f de golf; (on typewriter) boule f, sphère f ◆ **golf ball typewriter** machine f à écrire à boule or à sphère ▷ **golf club** n (= stick) club m or crosse f (de golf); (= place) club m de golf ▷ **golf course** n (terrain m de) golf m ▷ **golf links** npl = **golf course** ▷ **golf widow** n she's a **golf widow** son mari la délaisse pour aller jouer au golf, son mari lui préfère le golf

golfer ['ɡɒlfə^r] n joueur m, -euse f de golf, golfeur m, -euse f

golfing ['ɡɒlfɪŋ] **1** adj equipment, trousers de golf ◆ **to go on a golfing holiday** partir en vacances faire du golf
2 n golf m

Golgotha ['ɡɒlɡəθə] n Golgotha

Goliath [ɡəʊˈlaɪəθ] n (lit, fig) Goliath m

golliwog ['ɡɒlɪwɒɡ] n (Brit) poupée f nègre de chiffon (aux cheveux hérissés)

golly * ['ɡɒlɪ] **1** excl ◆ **(by) golly!** mince (alors)!*, bon sang!* ◆ **and by golly he did it!** et il l'a fait nom de Dieu!
2 n (Brit) ⇒ **golliwog**

golosh [ɡəˈlɒʃ] n ⇒ **galosh**

Gomorrah [ɡəˈmɒrə] n Gomorrhe

gonad ['ɡəʊnæd] n (Med) gonade f

gonadal ['ɡɒnædl], **gonadial** [ɡɒˈneɪdɪəl], **gonadic** [ɡəʊˈnædɪk] adj gonadique

gonadotrop(h)in [.ɡɒnədəʊˈtrəʊfɪn] n gonadotrophine f

gonadotropic [.ɡɒnədəʊˈtrəʊpɪk] adj gonadotrope

gondola ['ɡɒndələ] n **a** (= boat) gondole f **b** [of balloon, airship] nacelle f **c** (in supermarket) gondole f; (US Rail: also **gondola car**) wagon-tombereau m

gondolier [.ɡɒndəˈlɪə^r] n gondolier m

Gondwana [ɡɒndˈwɑːnə] n (also **Gondwanaland**) le Gondwana

gone [ɡɒn] → SYN **1** vb (ptp of **go**)
2 adj **a** **to be gone** [object, enthusiasm etc] avoir disparu ◆ **the coffee is all gone** il n'y a plus de café ◆ **the trees have been gone for years** cela fait des années qu'il n'y a plus d'arbres ◆ **gone are the days when ...** le temps n'est plus où ... ◆ **he is gone** il est parti; (euph = dead) il n'est plus ◆ **to be long gone** ne plus exister depuis longtemps ◆ **to be far gone** (= ill) être très bas or mal; (* = drunk, on drugs) être cassé * ◆ **she was six months gone** * (= pregnant) elle était enceinte de six mois ◆ **to be gone on sb** * en pincer pour qn * ◆ **be gone!** †† (or hum) allez-vous-en! ◆ **"Gone with the Wind"** "Autant en emporte le vent"
b (Brit = after) **it's just gone three** il est 3 heures et quelques ◆ **it was gone four before he came** il était plus de 4 heures or 4 heures passées quand il est arrivé

goner * ['ɡɒnə^r] n ◆ **to be a goner** être fichu * or foutu *

gong [ɡɒŋ] n **a** (Boxing) gong m **b** (Brit hum = medal) médaille f

Gongorism ['ɡɒŋɡə.rɪzəm] n gongorisme m

goniometer [.ɡəʊnɪˈɒmɪtə^r] n goniomètre m

goniometric [.ɡəʊnɪəˈmetrɪk] adj goniométrique

goniometry [.ɡəʊnɪˈɒmɪtrɪ] n goniométrie f

gonna * ['ɡənə] (esp US) ⇒ **going to**

gonococcus [.ɡɒnəʊˈkɒkəs] n, pl **gonococci** [.ɡɒnəʊˈkɒksaɪ] (Med) gonocoque m

gonorrhoea [.ɡɒnəˈrɪə] n blennorragie f

gonorrhoeal [.ɡɒnəˈrɪəl] adj (Med) blennorragique

gonorrhoeic, gonorrheic (US) [.ɡɒnəˈriːɪk] adj blennorragique

gonzo * ['ɡɒnzəʊ] **1** adj (US) bizarre
2 n dingue * mf

goo * [ɡuː] **1** n matière f visqueuse or gluante; (= sentimentality) sentimentalité f à l'eau de rose
2 COMP ▷ **goo-goo eyes** * n (US) **to make goo-goo eyes at sb** (hum) faire les yeux doux à qn

---

good [ɡʊd]

compar **better**, superl **best**

→ SYN

1 ADJECTIVE
2 ADVERB
3 NOUN
4 PLURAL NOUN
5 COMPOUNDS

---

1 ADJECTIVE

When **good** is part of a set combination, eg **a good thrashing, in a good temper, a good deal of, good heavens**, look up the noun.

a = pleasant trip, holiday, news, mood bon; weather, life beau (belle f) ◆ **his good nature** son bon caractère ◆ **I've got some good news for you** j'ai de bonnes nouvelles pour toi ◆ **have you had a good day?** est-ce que tu as passé une bonne journée? ◆ **I've had a good life** j'ai eu une belle vie ◆ **we had a good time** nous nous sommes bien amusés ◆ **there are good times ahead** l'avenir est prometteur ◆ **he's a good chap** * c'est un brave or chic type * ◆ **it's too much** or **you can have too much of a good thing** c'est presque trop

◆ **it's good to** ◆ **it's good to be here** cela fait plaisir d'être ici ◆ **it's good to see you looking so well** ça fait plaisir de te voir en si bonne forme ◆ **it's good to see you** je suis content de te voir ◆ **it's good to talk** ça fait du bien de parler ◆ **it's good to be alive** il fait bon vivre ◆ **it's too good to be true** c'est trop beau pour être vrai

b = kind gentil ◆ **be good to him** soyez gentil avec lui ◆ **that's very good of you** c'est très gentil de votre part, vous êtes bien gentil BUT ◐ **I tried to find something good to say about him** j'ai essayé de trouver quelque chose de bien à dire sur lui ◐ **would you be good enough to tell me** auriez-vous l'obligeance de me dire ◐ **perhaps you'd be good enough to check your facts before accusing me** vous feriez peut-être mieux de vérifier les faits avant de m'accuser

c = efficient, competent bon ◆ **she was a good wife and mother** elle a été une bonne épouse et une bonne mère ◆ **I've got a good teacher/doctor/lawyer** j'ai un bon professeur/médecin/avocat ◆ **I think I'm as good as him** je pense que je suis aussi bon que lui ◆ **40% of candidates are not good enough to pass** 40% des candidats ne sont pas assez bons pour être reçus BUT ◐ **he's as good a player as his brother** il joue aussi bien que son frère

◆ **good at** (academic subject) bon en ◆ **good at French** bon en français ◆ **he's good at everything** il est bon en tout BUT ◐ **she's good at singing** elle chante bien ◐ **she's good at putting people at their ease** elle sait mettre les gens à l'aise

◆ **good with** ◆ **she's good with children/dogs** elle sait s'y prendre avec les enfants/les chiens ◆ **she's good with her hands** elle est habile de ses mains

d = upright, virtuous **he's a good man** c'est un homme bon ◆ **a good and holy man** un saint homme ◆ **to live** or **lead a good life** mener une vie vertueuse ◆ **he sounds too good to be true!** mais c'est une vraie perle! ◆ **to do good works** faire de bonnes œuvres ◆ **the 12 good men and true** les 12 jurés

e = respected **send us a photo of your good self** envoyez-nous une photo de vous ◆ **your good lady (wife)** (hum) Madame votre épouse ◆ **yes, my good man** (hum) oui, mon brave

f = well-behaved child, animal sage ◆ **be good!** sois sage! ◆ **be a good girl!** sois sage! ◆ **Andrew was as good as gold** Andrew a été sage comme une image

g = at ease **I feel good** je me sens bien ◆ **I don't feel too good about that** * (= ashamed) j'ai un peu honte de moi ◆ **I started to feel good about myself** j'ai commencé à me sentir bien dans ma peau *

h = close friend bon ◆ **he's a good friend of mine** c'est un bon ami à moi ◆ **my good friend Laura** ma bonne amie Laura

i = high quality de qualité ◆ **always use good ingredients** utilisez toujours des ingrédients de qualité ◆ **it's made of good leather** c'est en cuir de bonne qualité ◆ **it's important to have good equipment** il est important d'avoir du matériel de qualité or du bon matériel BUT ◐ **nothing was too good for his wife** rien n'était trop beau pour sa femme ◐ **this is my only good dress** c'est la seule robe habillée que j'aie

j = creditable result, mark bon ◆ **200 was a good score in those conditions** 200 était un bon résultat dans ces conditions BUT ◐ **he came in a good third** il s'est honorablement classé troisième

k = satisfactory reason, excuse bon, valable ◆ **unless you have a good excuse** à moins que vous n'ayez une bonne excuse or une excuse valable BUT ◐ **it's as good a way as any other** c'est une façon comme une autre

◆ **good enough** ◆ **that's good enough for me** cela me suffit ◆ **that's not good enough** ça ne suffit pas ◆ **a refreshment voucher! that's not good enough!** un bon pour une boisson!

mais vous vous moquez de moi ! ◆ **it's just not good enough!** (indignantly) c'est lamentable !, c'est inadmissible ! ◆ **it is not good enough to say parents control what children watch** cela ne suffit pas de dire que les parents doivent surveiller ce que regardent leurs enfants

l [= beneficial] bon (*for* pour) ◆ **milk is good for children** le lait est bon pour les enfants ◆ **it's good for you** c'est bon pour la santé ◆ **this climate is not good for one's health** ce climat est mauvais pour la santé or est insalubre BUT ◑ **the shock was good for him** le choc lui a été salutaire ◑ **all this excitement isn't good for me !** (hum) toutes ces émotions, ça ne me vaut rien ! ◑ **it's good for the soul !** (hum) ça forme le caractère !

♦ **what's good for** ◆ **if you know what's good for you you'll say yes** si tu as le moindre bon sens tu accepteras ◆ **what's good for the consumer isn't necessarily good for the economy** ce qui bon pour le consommateur ne l'est pas forcément pour l'économie

♦ **more than is good for** ◆ **they tend to eat and drink more than is good for them** ils ont tendance à boire et à manger plus que de raison ◆ **some children know more than is good for them** certains enfants en savent plus qu'ils ne le devraient

m [= wholesome, in sound condition] bon ◆ **the water of the well is still good** l'eau du puits est encore bonne or saine ◆ **their stock of food is still good** leurs stocks de nourriture sont encore bons ◆ **how good is her eyesight?** est-ce qu'elle a une bonne vue ? BUT ◑ **his hearing is good** il entend bien ◑ **to stay good** [food] (bien) se conserver

n [= attractive] joli, beau (belle f) ◆ **she's got a good figure** elle a un joli corps, elle est bien faite ◆ **you've got good hair** tu as de beaux cheveux ◆ **she's got good legs** elle a de jolies jambes BUT ◑ **you have to be of good appearance** vous devez bien présenter ◑ **you look good in that** ◑ **that looks good on you** ça vous va bien ◑ **you look good !** (= healthy) tu as bonne mine ! ; (= well-dressed) tu es très bien comme ça !

o **the good ship Domino** le Domino

p [= advantageous, favourable] terms, deal, offer intéressant ; omen, opportunity bon ◆ **it would be a good thing to ask him** il serait bon de lui demander BUT ◑ **it's a good chance to sort things out** c'est l'occasion ou jamais de régler le problème ◑ **I've had a good day** (Gambling) la chance était avec moi aujourd'hui ◑ **he's on to a good thing** * il a trouvé le filon * or un bon filon * ◑ **this is as good a time as any to do it** autant le faire maintenant ◑ **you've never had it so good !** * la vie n'a jamais été aussi facile

q [= lucky] **it's a good thing** or **job I was there** heureusement que j'étais là, c'est une chance que j'aie été là ◆ **that's a good thing!** tant mieux !, très bien !

r [= upper-class] **to live at a good address** habiter dans un beau quartier ◆ **he's got no money but he's of good family** il n'a pas d'argent mais il est de bonne famille

s [= reliable, valid] car, tools, machinery bon ◆ **it's a good little car** c'est une bonne petite voiture BUT ◑ **he is a good risk** (financially) c'est un client sûr ◑ **is his credit good ?** peut-on lui faire crédit ?

♦ **good for** ◆ **this ticket is good for three months** ce billet est valable trois mois ◆ **he's good for another 20 years yet** * il en a encore bien pour 20 ans ◆ **my car is good for another few years** ma voiture fera or tiendra bien encore quelques années ◆ **I'm good for another mile or two** je me sens de force à faire quelques kilomètres de plus ◆ **he is** or **his credit is good for £9,000** on peut lui faire crédit jusqu'à 9 000 livres ◆ **what** or **how much is he good for?** de combien (d'argent) dispose-t-il ? ◆ **he's good for £500** (= will lend) il nous (or vous etc) prêtera bien 500 livres ◆ **are you good for another beer?** * tu reprendras bien une autre bière ? ; see also **5**

t [= thorough] **to have a good cry** pleurer un bon coup or tout son soûl

> Verb + adverb may be used in French, instead of adjective + noun. For combinations other than the following, look up the noun:

◆ **give it a good rinse** rincez-le bien or à grande eau ◆ **give it a good stir** mélangez-le bien

u [= considerable, not less than] bon, grand ◆ **a good distance** une bonne distance ◆ **it will take you a good hour** il vous faudra une bonne heure ◆ **we waited a good fifteen minutes** nous avons attendu un bon quart d'heure ◆ **a good 8 kilometres** 8 bons kilomètres, 8 kilomètres au moins

v [in greetings] **good afternoon** (early) bonjour ; (later) bonsoir ; (on leaving) bonsoir ◆ **good day** † (= goodbye) au revoir ; (= good morning) bonjour ◆ **good evening** bonsoir ◆ **good morning** bonjour ◆ **Robert sends (his) good wishes** Robert envoie ses amitiés ◆ **with every good wish, with all good wishes** (in letter) cordialement

w [in exclamations] **oh good, Tom's just arrived** tiens justement, Tom vient d'arriver ◆ **very good, sir!** (très) bien monsieur ! ◆ **good for YOU!, good on you!** bravo ! ◆ **(that's) good!** bien !, excellent ! ◆ **that's a good one!** joke, story elle est (bien) bonne celle-là ! * (iro), à d'autres ! * ◆ **good one!** * (= well done, well said) bravo ! (also iro)

x [emphatic use] **we had a good long talk** nous avons bien or longuement discuté ◆ **a good long walk** une bonne or une grande promenade ◆ **they're expecting it to take a good long time** ils pensent que ça va prendre un bon bout de temps ◆ **good old Charles!** * ce (bon) vieux Charles ! ◆ **good strong shoes** de bonnes chaussures

♦ **good and ...** * ◆ **the soup was served good and hot** la soupe a été servie bien chaude ◆ **I'll go when I'm good and ready** je partirai quand ça me chante * ◆ **I told him off good and proper** * je lui ai passé un bon savon *, je l'ai bien engueulé ‡

y [set structures]

♦ **as good as** (= practically) pratiquement, pour ainsi dire ◆ **his career is as good as over** sa carrière est pratiquement terminée ◆ **the matter is as good as settled** c'est comme si l'affaire était réglée, l'affaire est pour ainsi dire or pratiquement réglée ◆ **she as good as told me that ...** elle m'a dit à peu de chose près que ..., elle m'a pour ainsi dire déclaré que ... BUT ◑ **it was as good as a holiday** c'étaient presque des vacances ◑ **he as good as called me a liar** il n'a pas dit que je mentais mais c'était tout comme *, il m'a pratiquement traité comme menteur ◑ **it's as good as saying that ...** autant dire que ... ◆ **he was as good as his word** il a tenu promesse

♦ **as good as new** [thing] comme neuf (neuve f) ◆ **in a day or so he'll be as good as new** [person] dans un jour ou deux il sera complètement rétabli

♦ **to make good** (= succeed) faire son chemin, réussir ; [ex-criminal] s'acheter une conduite * ; (= compensate for) [+ deficit] combler ; [+ deficiency, losses] compenser ; [+ expenses] rembourser ; (= put right) [+ injustice, damage] réparer ◆ **to make good an assertion** justifier une affirmation ◆ **to make good one's escape** réussir son évasion ◆ **to make good a loss to sb** dédommager qn d'une perte ◆ **to make good a promise** tenir une promesse ◆ **they were sure he would make good his threat** ils étaient sûrs qu'il mettrait sa menace à exécution

2 ADVERB

[* = well] bien ◆ **you did good** tu as bien fait ◆ **how are you? – good!** (esp US) comment vas-tu ? – bien ! ◆ **to be in good with sb** être dans les petits papiers * de qn

3 NOUN

a [= virtue, righteousness] bien m ◆ **good and evil may co-exist within one family** le bien et le mal peuvent se côtoyer au sein d'une même famille ◆ **for good or ill** pour le meilleur et or ou pour le pire BUT ◑ **he is a power for good** il exerce une bonne influence ◑ **there's some good in him** il a de bons côtés

b [= good deeds] **to do good** faire le bien ◆ **she's up to no good** * elle prépare un mauvais coup *

c [= advantage, profit] bien m ◆ **it's for his own good** c'est pour son bien ◆ **I did it for your good** je l'ai fait pour ton bien ◆ **for the good of the country** pour le bien du pays BUT ◑ **the common good** l'intérêt m commun ◑ **a lot of good that's done !** nous voilà bien avancés ! ◑ **a lot of good that's done you !** te voilà bien avancé ! ◑ **he'll come to no good** il finira mal

♦ **to do sb good** faire du bien à qn ◆ **that will do you good** cela vous fera du bien BUT ◑ **what good will that do you ?** ça t'avancera à quoi ? ◑ **a (fat) lot of good that will do (you) !** * tu seras bien avancé !, ça te fera une belle jambe ! * ◑ **much good may it do you !** grand bien t'en fasse ! ◑ **a lot of good that's done him !** le voilà bien avancé ! ◑ **it does my heart good to see him** ça me réjouit de le voir

d [= use] **what's the good?** à quoi bon ? ◆ **what's the good of hurrying?** à quoi bon se presser ? ◆ **it's not much good to me** [advice, suggestion] ça ne m'avance pas à grand-chose ; [object, money] ça ne me sert pas à grand-chose ◆ **if that is any good to you** si ça peut t'être utile or te rendre service ◆ **is he any good?** [worker/singer etc] est-ce qu'il est bon ? ◆ **that won't be much good** cela ne servira pas à grand-chose

♦ **no good** (= useless) ◆ **it's no good** ça ne sert à rien ◆ **it's no good saying that** ça ne sert à rien de dire cela, inutile de dire cela ◆ **it's no good worrying** ça ne sert à rien de se faire du souci ◆ **it's no good, I'll never get it finished in time** il n'y a rien à faire, je n'arriverai jamais à le finir à temps ◆ **that's no good** ça ne va pas ◆ **that's no good, it's too thick** ça ne va pas, c'est trop épais ◆ **I'm no good at maths** je suis mauvais en maths

e → **goods**

f [set structures]

♦ **for good** pour de bon ◆ **he's gone for good** il est parti pour de bon ◆ **for good and all** une (bonne) fois pour toutes BUT ◑ **to settle down for good** se fixer définitivement

♦ **to the good** ◆ **we were £50 to the good** nous avions fait 50 livres de bénéfice ◆ **that's all to the good!** tant mieux !, c'est autant de gagné !

4 **the good** PLURAL NOUN

(= people) les bons mpl ◆ **the good and the bad** les bons mpl et les méchants mpl BUT ◑ **the good die young** ce sont toujours les meilleurs qui partent les premiers

5 COMPOUNDS

▷ **the Good Book** n la Bible ▷ **good-for-nothing** adj bon or propre à rien ◇ n bon m, bonne f à rien, propre mf à rien ▷ **Good Friday** n Vendredi m saint ▷ **good-hearted** adj qui a bon cœur, bon ▷ **good-heartedness** n bonté f ▷ **good-humoured** adj person de bonne humeur, jovial ; appearance, smile etc jovial ; joke sans malice ▷ **good-humouredly** adv avec bonne humeur, avec bonhomie ▷ **good-looker** * n (= man) beau gosse * m ; (= woman) belle or jolie fille f ; (= horse) beau cheval m ▷ **good-looking** adj beau (belle f), bien inv ▷ **good looks** npl beauté f ▷ **good-natured** adj person accommodant, facile à vivre ; smile, laughter bon enfant inv ▷ **good-naturedly** adv gentiment ▷ **Good Neighbor Policy** n (US Pol) politique f de bon voisinage ▷ **good-oh** * excl (Brit, Austral) youpi ▷ **good-sized** adj assez grand ; portion bon (f bonne) ◆ **a good-sized steak** un bon (gros) steak ▷ **good-tempered** adj person qui a bon caractère ; smile, look aimable, gentil ▷ **good-time girl** * n (pej) fille f qui ne pense qu'à s'amuser or qu'à prendre du bon temps

goodbye [gʊd'baɪ] → SYN excl au revoir ◆ **to say** or **bid** † **goodbye to sb** dire au revoir à qn, faire ses adieux à qn (frm) ◆ **goodbye to all that!** fini tout cela ! ◆ **you can say goodbye to all your hopes** tu peux dire adieu à toutes tes espérances ◆ **you can say goodbye to peace and quiet!** tu peux dire adieu à ta tranquillité ! ◆ **you can kiss it goodbye!** * tu peux faire une croix dessus ! *

goodie * ['gʊdɪ] ⇒ **goody**

goodish ['gʊdɪʃ] adj assez bon or bien

goodly ['gʊdlɪ] → SYN adj **a** (= reasonable) number, supply considérable ; portion, amount gros (grosse f) ; size grand ◆ **to have a goodly share of sth** avoir plus que sa part de qch

b († or liter = attractive) appearance beau (belle f), gracieux

goodness ['gʊdnɪs] → SYN n **a** (of person) bonté f ◆ **out of the goodness of his heart** par pure gentillesse ◆ **(my) goodness!** *, **goodness gracious!** * juste ciel !, bonté divine ! ◆ **goodness (only) knows** Dieu (seul) sait ◆ **for goodness' sake** * pour l'amour de Dieu ◆ **I wish to goodness I had gone there!** si seulement j'y étais allé ! ◆ **I wish to goodness I had never met him!** si seulement j'avais pu ne jamais le rencontrer !, si seulement je ne l'avais jamais rencontré ! ; → **surely, thank**

b (in food) qualités fpl nutritives ◆ **to be full of natural goodness** être plein de bonnes choses

goodnight [gʊd'naɪt] excl bonsoir, bonne nuit ◆ **to bid sb goodnight** souhaiter le or dire bonsoir à qn ◆ **to give sb a goodnight kiss** embrasser qn *(en lui disant bonne nuit)*

goods [gʊdz] → SYN npl **a** (Comm) marchandises fpl, articles mpl ◆ **leather goods** articles mpl de cuir, maroquinerie f ◆ **knitted goods** articles mpl en tricot ◆ **that's just the goods!** * c'est exactement ce qu'il (nous or vous etc) faut ! ◆ **he's just the goods!** * c'est exactement l'homme qu'il nous (or vous etc) faut ! ◆ **to have the goods on sb** * (US) en savoir long sur qn ; → **consumer, deliver**

b (Jur) biens mpl, meubles mpl ◆ **all his goods and chattels** tous ses biens et effets

2 COMP ▷ **goods in transit** npl (Comm) marchandises fpl en transit ▷ **goods received note** n (Comm) bon m de réception des marchandises ▷ **goods service** n (Brit Rail) **to send by fast/slow goods service** envoyer en grande/petite vitesse ▷ **goods siding** n (Brit Rail) voie f de garage pour wagons de marchandises ▷ **goods station** n (Brit Rail) gare f de marchandises ▷ **goods train** n (Brit Rail) train m de marchandises ▷ **goods wagon** n (Brit Rail) wagon m de marchandises ▷ **goods yard** n (Brit Rail) dépôt m or cour f des marchandises

goodwill [gʊd'wɪl] → SYN **1** n **a** bonne volonté f ◆ **to gain sb's goodwill** se faire bien voir de qn ◆ **goodwill mission** or **tour** (Pol) visite f d'amitié

b (= willingness) zèle m ◆ **to work with goodwill** travailler de bon cœur or avec zèle

c (Comm = customer connections) (biens mpl) incorporels mpl, clientèle f ; (Accounts = intangible assets) survaloir m, goodwill m ◆ **the goodwill goes with the business** les incorporels sont vendus or la clientèle est vendue avec le fonds de commerce

2 COMP ▷ **goodwill ambassador** ambassadeur m, -drice f de bonne volonté

goody * ['gʊdɪ] **1** excl (also **goody goody**) chic ! *, chouette ! *

2 n **a** (= person) **the goodies and the baddies** * les bons mpl et les méchants mpl

b **goodies** (= treats) friandises fpl ; (Culin = gifts) petits cadeaux mpl

3 COMP ▷ **goody bag** n sachet m de cadeaux, pochette f de cadeaux promotionnels ▷ **goody-goody** * adj (pej) **to be goody-goody** [child] être l'image du petit garçon (or de la petite fille) modèle ; [adult] être un vrai petit saint ◊ n, pl **goody-goodies** modèle m de vertu (iro), petit(e) saint(e) * m(f) ▷ **goody two-shoes** * n (pej) modèle m de vertu (iro), petit(e) saint(e) * m(f)

gooey * ['gu:ɪ] adj (= sticky) substance, mess gluant ; cake, dessert fondant ; (pej) (= sentimental) film, story à l'eau de rose (pej) ◆ **to go (all) gooey** devenir bêtement sentimental ◆ **women went gooey over him** il faisait fondre toutes les femmes

goof * [gu:f] **1** n (= idiot) toqué(e) * * m(f)

2 vi faire une gaffe, gaffer *

▶ **goof around** * vi (US) faire l'imbécile

▶ **goof off** * vi (US) tirer au flanc

▶ **goof up** * **1** vi (US) faire une gaffe, gaffer *

2 vt sep gâcher

goofball * ['gu:fbɔ:l] n **a** (= drug) barbiturique m

b (US = eccentric person) fantaisiste mf, numéro * m

goofily * ['gu:fɪlɪ] adv bêtement, niaisement

goofiness * ['gu:fɪnɪs] n niaiserie f

goofy * ['gu:fɪ] adj (= mad) maboul *, toqué * ; (esp US = silly) niais

googly ['gu:glɪ] n (Cricket) *balle lancée de manière à tromper le batteur sur la direction qu'elle va prendre*

gook * [gʊk] n (US) **a** (= slime etc) substance f visqueuse ; (= dirt) crasse f ◆ **what's this gook?** qu'est-ce que c'est que cette saloperie * ?

b (pej = Asian etc) Asiate mf (pej)

goolies * * ['gu:lɪz] npl couilles * * fpl

goon * [gu:n] n (= fool) idiot(e) m(f), imbécile mf ; (US) (= hired thug) homme m de main ; (= prison camp guard) garde-chiourme m

gooney bird * ['gu:nɪ,bɜ:d] n (US) albatros m

goop * [gu:p] n (esp US) substance f visqueuse

goosander [gu:'sændər] n harle m bièvre

goose [gu:s] pl **geese** **1** n **a** oie f ◆ **all his geese are swans** il exagère tout le temps, il en rajoute toujours ◆ **to kill the goose that lays the golden eggs** tuer la poule aux œufs d'or ◆ **don't be such a goose!** † * ne sois pas si bébête ! * ◆ **silly little goose!** * petite dinde ! * ; → **boo, cook, mother**

2 vt (esp US * * = prod) donner un petit coup sur les fesses de

3 COMP ▷ **goose bumps** npl ⇒ **goose pimples** ▷ **goose chase** n → **wild** ▷ **goose flesh** n ⇒ **goose pimples** ▷ **goose pimples** npl **to come out in goose pimples** avoir la chair de poule ◆ **that gives me goose pimples** cela me donne la chair de poule ▷ **goose-step** n pas m de l'oie ◊ vi faire le pas de l'oie ◆ **to goose-step along/in** etc avancer/entrer etc au pas de l'oie

gooseberry ['gʊzbərɪ] n (= fruit) groseille f à maquereau ; (also **gooseberry bush**) groseillier m ◆ **to play gooseberry** (Brit) tenir la chandelle

goosefoot ['gu:sfʊt] n (Bot) ansérine f, patte f d'oie

goosegog * ['gʊzgɒg] n (Brit) ⇒ **gooseberry**

goosegrass ['gu:sgrɑ:s] n (Bot) gaillet m, grateron or gratteron m

GOP [,dʒi:əʊ'pi:] n (US) (abbrev of **Grand Old Party**) → **grand**

gopher ['gəʊfər] **1** n **a** (= squirrel) spermophile m ; (= rodent) gauphre m, gaufre m

b ⇒ **gofer**

c (Comput) gopher m

2 COMP ▷ **the Gopher State** n (US) le Minnesota

gorblimey * * [,gɔ:'blaɪmɪ] **1** adj accent populaire

2 excl (Brit) nom d'un chien ! *

Gordian ['gɔ:dɪən] n ◆ **to cut** or **untie the Gordian knot** trancher le nœud gordien

Gordon setter ['gɔ:dən] n (= dog) setter m Gordon

gore[1] [gɔ:r] n (= blood) sang m

gore[2] [gɔ:r] vt (= injure) encorner, blesser d'un coup de corne ◆ **gored to death** tué d'un coup de corne

gore[3] [gɔ:r] **1** n (Sewing) godet m ; [of sail] pointe f

2 vt [+ sail] mettre une pointe à ◆ **gored skirt** jupe f à godets

Gore-Tex ® ['gɔ:,teks] n goretex ® m

gorge [gɔ:dʒ] → SYN **1** n **a** (Geog) gorge f, défilé m

b (Anat) gorge f, gosier m ◆ **it makes my gorge rise** cela me soulève le cœur

2 vt ◆ **to gorge o.s.** se gaver (**with** de)

3 vi se gaver (**on** de)

gorgeous ['gɔ:dʒəs] → SYN adj **a** (= beautiful) scenery, sunset, colour, house superbe, splendide ; weather, day formidable, superbe ; food, wine sensationnel ◆ **to look gorgeous** avoir l'air superbe ◆ **to smell gorgeous** sentir délicieusement bon

b (* = attractive) person superbe ; eyes, hair splendide ◆ **a gorgeous blonde** une superbe blonde ◆ **a gorgeous hunk** un mec * superbe ◆ **hi, gorgeous!** (to female) salut, beauté ! * ; (to male) salut, playboy ! * ; see also **drop-dead**

c (liter = sumptuous) clothes, fabric, jewellery, building somptueux

gorgeously ['gɔ:dʒəslɪ] adv embroidered, dressed superbement, splendidement ◆ **gorgeously coloured** aux couleurs superbes or splendides

gorgeousness ['gɔ:dʒəsnɪs] n splendeur f

Gorgons ['gɔ:gənz] npl (Myth) Gorgones fpl

Gorgonzola [,gɔ:gən'zəʊlə] n (Culin) gorgonzola m

gorilla [gə'rɪlə] n **a** (Zool) gorille m

b (* pej) (= man) brute f ; (= thug) gangster m ; (= bodyguard) gorille * m

Gorki, Gorky ['gɔ:kɪ] n Gorki m

gormandize ['gɔ:məndaɪz] vi (pej) se goinfrer *, s'empiffrer *

gormandizer ['gɔ:məndaɪzər] n (= gourmet) gourmet m ; (pej) goinfre * m

gormless * ['gɔ:mlɪs] adj (Brit) empoté

gorse [gɔ:s] n (NonC) ajoncs mpl ◆ **gorse bush** ajonc m

gory ['gɔ:rɪ] → SYN adj sanglant ◆ **tell me all the gory details!** * (hum) raconte-moi tous les détails sordides ! (hum)

gosh * [gɒʃ] excl dites donc !, mince alors ! *

goshawk ['gɒshɔ:k] n autour m

gosling ['gɒzlɪŋ] n oison m

gospel ['gɒspəl] → SYN **1** n **a** évangile m ◆ **the Gospel according to St John** l'Évangile selon saint Jean ◆ **that's gospel** * (fig) c'est parole d'évangile ◆ **to take** or **accept sth as gospel** * (fig) accepter qch comme or prendre qch pour parole d'évangile

b (= music) gospel m

2 COMP ▷ **gospel music** n gospel m ▷ **Gospel oath** n serment m prêté sur l'Évangile ▷ **gospel song** n gospel m, negro-spiritual m ▷ **gospel truth** n (fig) **it's the gospel truth** * c'est parole d'évangile, c'est la vérité pure

gossamer ['gɒsəmər] → SYN **1** n **a** (NonC) (= cobweb) fils mpl de la Vierge ; (= gauze) gaze f ; (= light fabric) tulle m, gaze f

b (US = waterproof) imperméable m léger

2 adj thread, garment, wings (= light) arachnéen (liter), léger ◆ **gossamer thin** très fin, fin comme de la gaze

gossip ['gɒsɪp] → SYN **1** n **a** (NonC: pej = rumours) commérages mpl (pej), cancans mpl (pej) ; (in newspaper) échos mpl, potins mpl (pej) ◆ **I never listen to gossip** je n'écoute jamais les commérages or les cancans ◆ **what's the latest gossip?** quels sont les derniers potins ? ◆ **a piece of gossip** un cancan, un ragot

b (= chat) **we had a good old gossip** on a bien papoté *

c (= person) bavard(e) m(f), pipelette f, commère f (pej) ◆ **he's a real gossip** c'est une vraie commère or une vraie pipelette *

2 vi **a** (= chat) bavarder, papoter *

b (pej: maliciously) cancaner, faire des commérages (**about** sur)

3 COMP ▷ **gossip column** n (Press) échos mpl ▷ **gossip columnist, gossip writer** n échotier m, -ière f

gossiper ['gɒsɪpər] n commère f, pipelet(te) m(f)

gossiping ['gɒsɪpɪŋ] **1** adj (= chatting) bavard ; (pej) cancanier

2 n (idle) bavardage m, papotage m ; (pej: malicious) commérage m

gossipy * ['gɒsɪpɪ] adj style, book, letter plein de bavardages ; (pej) person cancanier (pej)

got [gɒt] vb (pt, ptp of **get**) see also **have**

gotcha * ['gɒtʃə] excl (= I've got you) **a** (= I see) pigé ! *

b (when catching sb, catching sb out) je te tiens ! * ; (when hitting, killing sb) je t'ai eu ! *

Goth[1] [gɒθ] n Goth m

Goth[2], **goth** [gɒθ] (esp Brit) **1** n **a** (= person) fan mf de goth

b (Mus) goth m *(mouvement musical des années 80)*

c (= fashion) mode f goth

2 adj goth

Gothenburg ['gɒθənbɜːg] n (Geog) Göteborg

Gothic ['gɒθɪk] **1** adj **a** (Archit, Literat, Cine) (genuine) gothique; (in Gothic style) de style gothique ♦ **b** (Hist) des Goths ♦ **2** n (Archit, Ling etc) gothique m ♦ **3** COMP ▷ **Gothic Revival** n (Archit) néogothique m ▷ **Gothic script** n (Printing) écriture f gothique

gotta * ['gɒtə] modal aux vb (esp US = have got to) ♦ **I/he's/they gotta go** je dois/il doit/ils doivent partir

gotten ['gɒtn] vb (US) (ptp of **get**)

Götterdämmerung [,gɒtə'demə,rʊŋ] n (Mus) Le Crépuscule des dieux

gouache [gʊ'ɑːʃ] n gouache f

Gouda ['gaʊdə] n (Culin) gouda m

gouge [gaʊdʒ] **1** n gouge f ♦ **2** vt **a** [+ wood etc] gouger ♦ **to gouge a hole in sth** creuser un trou dans qch ♦ **b** (US * fig = overcharge etc) estamper *, arnaquer

▶ **gouge out** vt sep (with gouge) gouger; (with thumb, pencil etc) évider ♦ **to gouge sb's eyes out** arracher les yeux à qn

goujon ['guːʒɒn] n (Culin) croquette de poisson ou de poulet

goulash ['guːlæʃ] n goulache m, goulasch m

gourd [gʊəd] n (= fruit) gourde f; (= container) gourde f, calebasse f

gourmand ['gʊəmənd] n gourmand(e) m(f), glouton(ne) m(f)

gourmandism ['gʊəmʊndɪzəm] n gourmandise f

gourmet ['gʊəmeɪ] **1** n gourmet m, gastronome mf ♦ **2** adj food, restaurant gastronomique

gout [gaʊt] n (Med) goutte f

gouty ['gaʊtɪ] adj person, joint, condition goutteux

gov * [gʌv] n abbrev of **governor** b

Gov. n abbrev of **governor** a

govern ['gʌvən] → SYN **1** vt **a** (= rule) [person, government] [+ country] gouverner, diriger; [+ province, city] administrer; (= direct) [+ household, business, company] diriger, gérer; [+ affairs] administrer, gérer ♦ **she governed Britain from 1979 to 1990** elle a gouverné la Grande-Bretagne de 1979 à 1990 ♦ **b** (= control) [law, rule, principle] [+ conduct, behaviour, treatment] régir ♦ **governed by the laws of England** (Jur) régi par le droit anglais ♦ **international guidelines governing the export of arms** les directives internationales régissant l'exportation des armes ♦ **there are strict rules governing how much lawyers can charge** il existe des règles strictes fixant le montant des honoraires des avocats ♦ **c** (= influence) [+ events] déterminer, régir; [+ opinions] guider; [+ speed] déterminer ♦ **d** (fig frm) [+ passions, emotions] maîtriser, dominer ♦ **to govern one's temper** se maîtriser ♦ **e** (Gram) régir ♦ **2** vi (Pol) gouverner

governable ['gʌvənəbl] adj gouvernable

governance ['gʌvənəns] n (frm) (= governing) gouvernement m; (= authority) autorité f

governess ['gʌvənɪs] n gouvernante f, institutrice f (à domicile)

governing ['gʌvənɪŋ] **1** adj party, coalition au pouvoir; council, board d'administration; committee directeur (-trice f); see also **self-governing** ♦ **2** COMP ▷ **governing body** n [of sport] comité m directeur; [of professional association] conseil m d'administration; [of school] conseil m d'établissement; [of university] conseil m d'université ▷ **governing class** n classe f gouvernante ▷ **governing principle** n principe m directeur

government ['gʌvənmənt] → SYN **1** n [of country] gouvernement m; [of province, city] administration f; [= Cabinet of ministers] gouvernement m; (= the State: also **central government**) État m, pouvoirs mpl publics m; (= local, municipal, regional) administration f territoriale; (= political régime) régime m politique ♦ **a project financed by the government** un projet financé par l'État ♦ **a presidential/democratic system of government** un régime présidentiel/démocratique ♦ **we've had five years of socialist government** on a eu cinq années de gouvernement or gestion socialiste; see also **local** ♦ **2** COMP policy, decision, intervention, spending gouvernemental, du gouvernement; backing du gouvernement, d'État; responsibility, loan de l'État, public (-ique f) ▷ **Government Accounting Office** n (US) ≃ Cour f des comptes ▷ **government action** n (gen) action f gouvernementale; (Insurance) fait m du prince ▷ **government bond** n (Fin) obligation f d'État ▷ **Government Broker** n (Fin) spécialiste mf en valeurs du Trésor ▷ **government corporation** n (US) régie f d'État ▷ **government department** n département m or service m gouvernemental ▷ **government expenditure** n dépenses fpl publiques ▷ **Government House** n (Brit) palais m or résidence f du gouverneur ▷ **government in waiting** n gouvernement m d'antichambre ▷ **government issue** adj equipment fourni par le gouvernement; bonds etc émis par le gouvernement ▷ **government monopoly** n monopole m d'État ▷ **government-owned corporation** n établissement m public autonome ▷ **Government Printing Office** n (US) ≃ Imprimerie f nationale ▷ **government securities** npl (Fin) fonds mpl or titres mpl d'État ▷ **government stock** n (Fin) fonds mpl publics or d'État

governmental [,gʌvən'mentl] adj gouvernemental, du gouvernement

governor ['gʌvənəʳ] → SYN n **a** [of state, bank] gouverneur m; (esp Brit) [of prison] directeur m, -trice f; [of institution] administrateur m, -trice f; (Brit Scol) ≃ membre m d'un conseil d'établissement (de lycée ou d'IUT) ♦ **governor general** (Brit) gouverneur m général ♦ **b** (Brit ⁑) (= employer) patron m; (= father) paternel * m ♦ **thanks governor!** merci chef or patron! ♦ **c** (Tech) régulateur m; (Aut, Rail = speed control device) limiteur m de vitesse

governorship ['gʌvənəʃɪp] n fonctions fpl de gouverneur ♦ **during my governorship** pendant la durée de mes fonctions (de gouverneur)

govt. abbrev of **government**

gown [gaʊn] → SYN **1** n robe f; (Jur, Univ) toge f; → **town** ♦ **2** vt (liter) revêtir (in de), habiller (in de)

goy [gɔɪ] n, pl **goys** or **goyim** ['gɔɪɪm] goy mf

goyish ['gɔɪɪʃ] adj de goy

GP [dʒiː'piː] n (abbrev of **General Practitioner**) (médecin m) généraliste m ♦ **he's/she's a GP** il/elle est (médecin) généraliste ♦ **to go to one's GP** aller voir son médecin généraliste or traitant

GPA [,dʒiː'piː'eɪ] n (US) (abbrev of **grade point average**) → **grade**

GPMU [,dʒiː'piː'em'juː] n (Brit) (abbrev of **Graphical, Paper and Media Union**) syndicat

GPO [dʒiː'piː'əʊ] n **a** (Brit Govt: formerly) (abbrev of **General Post Office**) ▷ **general** ♦ **b** (US) (abbrev of **Government Printing Office**) → **government**

GPS [dʒiː'piː'es] n (abbrev of **global positioning system**) GPS m

gr. abbrev of **gross** 1e

Graafian follicle ['grɑːfɪən] n (Anat) follicule m de De Graaf

grab [græb] → SYN **1** n **a** **to make a grab for** or **at sth** faire un geste or un mouvement vif pour saisir qch ♦ **to be up for grabs** * (= available) être disponible ♦ **there are big money prizes up for grabs** il y a de grosses sommes d'argent à gagner ♦ **b** (esp Brit Tech) benne f preneuse ♦ **2** vt **a** (lit = take hold of) [+ object, one's belongings] saisir ♦ **to grab sth away from sb** arracher qch à qn, enlever qch à qn d'un geste brusque ♦ **he grabbed the pen from me** il m'a arraché le stylo ♦ **grab hold of this for a minute** tiens ça une minute ♦ **he grabbed (hold of) me** il m'a empoigné ♦ **she grabbed (hold of) him by the arm** elle l'a saisi or empoigné par le bras ♦ **I managed to grab him before he left** (fig) j'ai réussi à lui mettre la main dessus avant qu'il s'en aille ♦ **b** (= seize unlawfully) [+ land, power] s'emparer de ♦ **c** (* = snatch) [+ quick snack, sandwich] avaler; [+ cigarette] fumer rapidement; [+ seat] prendre ♦ **I'll grab a quick shower** je vais prendre une douche vite fait * ♦ **to grab a quick nap** piquer un roupillon * ♦ **d** (fig = attract, win) [+ sb's attention] attirer, accaparer; (= take) [+ opportunity] saisir ♦ **to grab the headlines** [person, story] faire la une ♦ **they're trying to grab a share of the market** ils essaient de prendre une part de marché ♦ **he grabbed * the audience at once** il a tout de suite captivé l'auditoire ♦ **that really grabbed * me** ça m'a vraiment emballé * ♦ **how does that grab you?** * qu'est-ce que tu en dis? ♦ **3** vi ♦ **to grab at a rope** essayer d'agripper une corde ♦ **don't grab!** (to child) doucement!, ne te jette pas dessus! ♦ **4** COMP ▷ **grab bag** n (US) (lit) sac m (pour jouer à la pêche miraculeuse); (fig) mélange m hétéroclite

grabby * ['græbɪ] adj (= greedy) person gourmand (fig), accapareur

graben ['grɑːbən] n graben m

grace [greɪs] → SYN **1** n **a** (NonC) [of person, animal, movement] grâce f ♦ **b** (Rel) grâce f ♦ **by the grace of God** par la grâce de Dieu ♦ **there but for the grace of God go I** cela aurait tout aussi bien pu être moi ♦ **in a state of grace** en état de grâce ♦ **to fall from grace** (Rel) perdre la grâce; (fig hum) tomber en disgrâce, ne plus avoir la cote * ♦ **to say grace** (before meals) dire le bénédicité; (after meals) dire les grâces; → **year** ♦ **c** (phrases) **to be in sb's good/bad graces** être bien/mal vu de qn, être en faveur/défaveur auprès de qn ♦ **to get into sb's good/bad graces** se faire bien/mal voir de qn ♦ **to do sth with good/bad grace** faire qch de bonne/ mauvaise grâce ♦ **he had the (good) grace to apologize** il a eu la bonne grâce de s'excuser ♦ **his saving grace** ce qui le rachète (or rachetait etc); → **air** ♦ **d** (NonC = respite) grâce f, répit m ♦ **a day's grace** un jour de grâce or de répit ♦ **days of grace** (Comm) jours mpl de grâce ♦ **as an act of grace, he ...** (Jur) en exerçant son droit de grâce, il ... ♦ **e** (= title) **His Grace (the Archbishop)** Monseigneur l'Archevêque, Son Excellence l'Archevêque ♦ **His Grace (the Duke)** Monsieur le duc ♦ **Her Grace (the Duchess)** Madame la duchesse ♦ **yes, your Grace** oui, Monseigneur (or Monsieur le duc or Madame la duchesse) ♦ **f** (Myth) **the (three) Graces** les trois Grâces fpl ♦ **2** vt **a** (= adorn) orner, embellir (with de) ♦ **b** honorer (with de) ♦ **the queen graced the performance with her presence** la reine honora la représentation de sa présence ♦ **3** COMP ▷ **grace-and-favour** n (Brit) grace-and-favour residence résidence attribuée à une personne pour la durée de sa vie par un roi ou un noble ♦ **he has the use of the room on a grace-and-favour basis** (fig) il a l'usage de cette pièce (à titre gratuit) ▷ **grace note** n (Mus) (note f d')ornement m ▷ **grace period** n (Jur, Fin) délai m de grâce or de carence

graceful ['greɪsfʊl] → SYN adj movement, animal, person gracieux; building, apology, retraction, refusal élégant

gracefully ['greɪsfəlɪ] adv move avec grâce, gracieusement; dance, accept, withdraw avec grâce; retire avec dignité; apologize élégamment, avec grâce ♦ **to admit defeat gracefully** s'avouer vaincu de bonne grâce ♦ **to grow old gracefully** vieillir avec grâce

gracefulness ['greɪsfʊlnɪs] n ⇒ **grace** 1a

graceless ['greɪslɪs] adj dance, movement, building sans grâce; person, refusal inélégant, peu courtois

gracious ['greɪʃəs] → SYN **1** adj **a** (frm = kindly) person bienveillant; smile, gesture gracieux, bienveillant; (= courteous) person, smile, gesture courtois, affable; action courtois, plein de bonne grâce ♦ **our gracious Queen** notre gracieuse souveraine ♦ **by the gracious con-**

sent of par la grâce de ◆ **to be gracious to sb** se montrer bienveillant à l'égard de qn

b (= elegant) house, room, gardens d'une élégance raffinée ; era fastueux ◆ **gracious living** la vie de luxe

c († = merciful) God miséricordieux ◆ **Lord be gracious unto him** Seigneur, accordez-lui votre miséricorde

② excl * ◆ **(good or goodness) gracious!** juste ciel !, bonté divine ! ◆ **(good or goodness) gracious yes!** bien sûr que oui ! ◆ **(good or goodness) gracious no!** jamais de la vie ! ◆ **(good or goodness) gracious me!** oh, mon Dieu !

graciously ['greɪʃəslɪ] adv **a** (frm = courteously) wave, smile gracieusement, avec grâce ; accept, agree de bonne grâce ; consent, allow gracieusement ◆ **the king was graciously pleased to accept** (frm) le roi eut la bonté d'accepter, le roi accepta gracieusement

b (= elegantly) live avec raffinement

c (= mercifully) miséricordieusement

graciousness ['greɪʃəsnɪs] n (NonC) [of person] bienveillance f (*towards* envers) ; [of house] élégance f raffinée ; [of God] miséricorde f

grad * [græd] n (US) abbrev of **graduate 3a**

gradate [grə'deɪt] ① vt graduer
② vi être gradué

gradation [grə'deɪʃən] n gradation f

grade [greɪd] → SYN ① n **a** (Comm) [of goods] (= quality) qualité f ; (= size) calibre m ◆ **high-grade meat/fruit** viande f/fruits mpl de premier choix or de première qualité ◆ **high-grade steel/coal** acier m/charbon m de haute qualité ◆ **small-/large-grade eggs** œufs mpl de petit/gros calibre

b (in hierarchy: in company etc) échelon m ; (Mil = rank) rang m ◆ **to go up a grade** monter d'un échelon ◆ **the lowest grade of skilled worker** la catégorie la plus basse des ouvriers qualifiés ◆ **the highest grade of clerical post** la catégorie supérieure or la plus élevée des employés de bureau ◆ **to make the grade** (fig) se montrer à la hauteur, y arriver ◆ **he'll never make the grade** il n'y arrivera jamais, il ne sera jamais à la hauteur ◆ **salary grade** échelon m (salarial) ◆ **she's on salary grade three** elle est à l'indice trois

c (= mark) note f ◆ **grades for effort** etc note f d'application etc ◆ **to get good/poor grades** avoir de bonnes/mauvaises notes

d (US Scol = class) année f ; → GRADE

e (= gradation on scale) degré m

f (Climbing) degré m (de difficulté)

g (US = slope) rampe f, pente f

h (US = ground level) **at grade** au niveau du sol

② vt **a** (= sort out) [+ produce, accommodation, colours, questions] classer ; (by size) [+ apples, eggs etc] calibrer ◆ **the exercises are graded according to difficulty** les exercices sont classés selon leur degré de difficulté ◆ **to grade sb according to performance/seniority** (Comm) classer qn en fonction de son rendement/ancienneté

b (= make progressively easier, more difficult, darker, lighter etc) [+ work, exercises, colours etc] graduer ; see also **graded**

c (Scol = mark) [+ pupil, work] noter

d (Agr: also **grade up**) améliorer par sélection

e (US = level) [+ ground] niveler

③ COMP ▷ **grade book** n (US Scol) registre m or cahier m de notes ▷ **grade crossing** n (US Rail) passage m à niveau ▷ **grade inflation** n (US Educ) surnotation f ▷ **grade point (average)** n (US Educ) (note f) moyenne f ▷ **grade school** n (US) école f primaire ◆ **grade school teacher** n (US) instituteur m, -trice f, professeur mf des écoles ▷ **grade separation** n (US Aut) séparation f des niveaux de circulation ▷ **grade sheet** n (US Educ) relevé m de notes

▶ **grade down** vt sep mettre or placer dans une catégorie inférieure

▶ **grade up** vt sep mettre or placer dans une catégorie supérieure ; see also **grade 2d**

GRADE

Aux États-Unis et au Canada, on désigne sous le nom de **grade** chacune des douze années de la scolarité obligatoire, depuis le cours préparatoire (first **grade**) jusqu'à la terminale (twelfth **grade**). On notera les surnoms donnés aux élèves des quatre dernières années : "freshman" (petit nouveau) en 9ᵉ année (la première année du deuxième cycle du secondaire), "sophomore" en 10ᵉ année, "junior" en 11ᵉ et "senior" en terminale.

---

graded ['greɪdɪd] adj charges, rates, tax (= increasing) progressif ; (= decreasing) dégressif ; tests, exercises classé par degré de difficulté ◆ **a graded series of transformations** une série progressive de transformations ◆ **graded reader** méthode f de lecture progressive

gradely ['greɪdlɪ] adj (dial) excellent

grader ['greɪdə'] n (US Scol) correcteur m ; (Constr) niveleuse f

gradient ['greɪdɪənt] → SYN n (esp Brit) pente f, inclinaison f ; (Math, Phys) gradient m ◆ **a gradient of one in ten** or **10%** une inclinaison or une déclivité de 10 %

grading ['greɪdɪŋ] n (gen) classification f ; (by size) calibrage m ; (Scol etc) notation f

gradual ['grædjʊəl] → SYN ① adj process, progress graduel ; change, improvement, withdrawal, reduction graduel, progressif ; decline, recovery, reform progressif ; slope doux (douce f)
② n (Rel) graduel m

gradualism ['grædjʊəlɪzm] n (Pol, Geol etc) gradualisme m

gradualist ['grædjʊəlɪst] adj, n (Pol, Geol etc) gradualiste mf

gradually ['grædjʊəlɪ] → SYN adv peu à peu, petit à petit, progressivement

gradualness ['grædjʊəlnɪs] n caractère m progressif

graduand ['grædjʊænd] n (Brit Univ) ≈ futur(e) diplômé(e) m(f) ou licencié(e) m(f) (*le jour de la remise des diplômes*)

graduate ['grædjʊeɪt] → SYN ① vt **a** (= mark out) [+ thermometer, container] graduer (*in* en)

b (= make progressively easier, more difficult, darker etc) [+ work, exercises, colours etc] graduer ◆ **to graduate payments** [buyer] payer par fractionnements progressifs (or dégressifs)

c (US Scol, Univ) conférer un diplôme à

② vi **a** (Univ) ≈ obtenir sa licence (or son diplôme etc) ; (US Scol) ≈ obtenir son baccalauréat ◆ **he graduated as an architect/a teacher** etc il a eu son diplôme d'architecte/de professeur etc

b [colours etc] se changer graduellement ◆ **to graduate to ...** virer progressivement à ...

③ ['grædjʊɪt] n **a** (Univ) ≈ licencié(e) m(f), ≈ diplômé(e) m(f) ◆ **"The Graduate"** (Cine) "Le Lauréat"

b (Pharm) verre m (or bocal m etc) gradué

④ ['grædjʊɪt] adj (Univ) teacher, staff ≈ diplômé, ≈ licencié ◆ **graduate assistant** étudiant(e) m(f) chargé(e) de travaux dirigés, moniteur m, -trice f ◆ **graduate course** études fpl de troisième cycle ◆ **graduate profession** *profession qui nécessite un diplôme universitaire* ◆ **Graduate Record Examination** (US) (Univ) *examen d'entrée dans le second cycle* ◆ **graduate school** (US) troisième cycle m d'université ◆ **graduate student** (US) étudiant(e) m(f) de troisième cycle ◆ **graduate studies** études fpl de troisième cycle

graduated ['grædjʊeɪtɪd] ① adj tube, flask gradué ; tax progressif ◆ **in graduated stages** par paliers, progressivement

② COMP ▷ **graduated pension scheme** n (Brit) ≈ régime m de retraite complémentaire

graduation [ˌgrædjʊ'eɪʃən] ① n **a** (Univ, also US Scol) (= ceremony) cérémonie f de remise des diplômes ; (by student) obtention f du diplôme ◆ **I'm hoping to get a good job after graduation** j'espère trouver un bon emploi une fois que j'aurai (obtenu) mon diplôme

b (on container, instrument) graduation f

② COMP ▷ **graduation ceremony** n cérémonie f de remise des diplômes ▷ **graduation day** n jour m de la remise des diplômes

---

GRADUATION

La **graduation** est la cérémonie de remise des diplômes universitaires. C'est un événement important, où les étudiants, revêtus de leur toge et de leur toque noires, reçoivent officiellement leurs diplômes des mains du recteur. Les familles assistent à la cérémonie et les photos prises à cette occasion occupent généralement une place d'honneur dans les intérieurs anglo-saxons.

Aux États-Unis, le terme désigne aussi la cérémonie qui marque la fin des études secondaires.

Graecism ['griːsɪzəm] n (Ling) hellénisme m

Graeco- (Brit), **Greco-** (esp US) ['griːkəʊ-] ① pref gréco-

② COMP ▷ **Graeco-Roman** adj art, sculpture gréco-romain ▷ **Graeco-Roman wrestling** n lutte f gréco-romaine

graffiti [grə'fiːtɪ] n (NonC) graffiti m ◆ **graffiti artist** graffiteur m, -euse f (*artiste*)

graft [grɑːft] → SYN ① n **a** (Agr) greffe f, greffon m, ente f ; (Med) greffe f ◆ **they did a skin graft** ils ont fait une greffe de la peau ◆ **they did a kidney graft on him** on lui a greffé un rein

b (esp US = corruption) corruption f

c (Brit *) **(hard) graft** (= work) boulot * m acharné

② vt **a** (Agr, Med) greffer (*on* sur)

b (= get by bribery) obtenir par la corruption ; (= get by swindling) obtenir par (l')escroquerie

③ vi (= engage in bribery) donner (or recevoir) des pots-de-vin or enveloppes * ; (= swindle) faire de l'escroquerie

grafter ['grɑːftə'] n **a** (= swindler etc) escroc m, chevalier m d'industrie (*liter*)

b (Brit * = hard worker) bourreau m de travail

graham cracker ['greɪəmkrækə'] n (US) biscuit m à la farine complète

graham flour ['greɪəmflaʊə'] n farine f complète

grail [greɪl] n ◆ **the Holy Grail** le Saint Graal

grain [greɪn] → SYN ① n **a** (NonC) céréale(s) f(pl) ; (US) blé m

b (= single grain) [of cereal, salt, sand etc] grain m ; (fig) [of sense, malice] grain m, brin m ; [of truth] ombre f, miette f ◆ **a few grains of rice** quelques grains de riz ◆ **that's a grain of comfort** c'est une petite consolation ; → **salt**

c (in leather, also Phot) grain m ; (in wood, meat) fibre f ; (in cloth) fil m ; (in stone, marble) veine f ◆ **with the grain** dans le sens de la fibre (or de la veine etc) ◆ **against the grain** en travers de la fibre (or de la veine etc) ◆ **it goes against the grain for him to apologize** cela va à l'encontre de sa nature de s'excuser ◆ **I'll do it, but it goes against the grain** je le ferai, mais pas de bon cœur or mais cela va à l'encontre de mes idées

d (= weight) *mesure de poids* (= 0,065 *gramme*)

② vt **a** [+ salt etc] grener, grainer ; [+ powder] granuler ◆ **finely grained** à grain fin ◆ **coarse grained** à gros grain

b [+ leather, paper] greneler ; (= paint in imitation of wood) veiner

③ COMP ▷ **grain alcohol** n alcool m de grain ▷ **grain elevator** n (US) silo m à céréales

graininess ['greɪnɪnɪs] n (Phot) grain m

grainy ['greɪnɪ] adj (Phot) qui a du grain ; substance granuleux

gram [græm] ① n gramme m

② COMP ▷ **gram atom** n atome-gramme m ▷ **gram molecule** n molécule-gramme f

graminivorous [ˌgræmɪ'nɪvərəs] adj herbivore

grammar ['græmə'] ① n **a** (NonC) grammaire f ◆ **that is bad grammar** cela n'est pas grammatical ; → **generative**

b (also **grammar book**) (livre m de) grammaire f

grammar checker n correcteur m grammatical ▷ **grammar school** n (Brit) ≃ lycée m *(avec examen d'entrée)*; (US) ≃ école f primaire; → COMPREHENSIVE SCHOOL

grammarian [grəˈmɛərɪən] n grammairien(ne) m(f)

grammatical [grəˈmætɪkəl] adj **a** structure, sentence grammatical; rule, error de grammaire, grammatical
b (= correct) grammaticalement correct ◆ **he speaks perfectly grammatical English** il parle un anglais parfaitement correct du point de vue grammatical

grammaticality [grəmætɪˈkælɪtɪ] n grammaticalité f

grammatically [grəˈmætɪkəlɪ] adv correct du point de vue grammatical ◆ **to write grammatically** écrire des phrases grammaticalement correctes ◆ **to speak grammatically** s'exprimer correctement d'un point de vue grammatical

grammaticalness [grəˈmætɪkəlnɪs] n grammaticalité f

grammatologist [ˌgræməˈtɒlədʒɪst] n grammatologue mf

grammatology [ˌgræməˈtɒlədʒɪ] n grammatologie f

gramme [græm] n (Brit) ⇒ **gram**

Grammy [ˈgræmɪ] n, pl **Grammys** or **Grammies** (US) *prix récompensant les meilleurs disques*

gramophone [ˈgræməfəʊn] **1** n (esp Brit) phonographe m
2 COMP ▷ **gramophone needle** n aiguille f de phonographe ▷ **gramophone record** n disque m

Grampian [ˈgræmpɪən] n ◆ **the Grampian Mountains** ◆ **the Grampians** les (monts mpl) Grampians mpl

gramps * [græmps] n (US) pépé * m, papy * m

grampus [ˈgræmpəs] n, pl **grampuses** dauphin m de Risso

Gram's method [græmz] n (Bio) méthode f or coloration f de Gram

gran * [græn] n (Brit) mémé * f, mamie * f

Granada [grəˈnɑːdə] n Grenade

granary [ˈgrænərɪ] **1** n grenier m *(à blé etc)*
2 COMP ▷ **Granary** ® **bread, loaf, roll** complet (-ète) m *(avec grains concassés)*

Gran Canaria [ɡraŋkaˈnarja] n Grande Canarie f

grand [grænd] → SYN **1** adj **a** (= impressive) architecture grandiose; building, staircase majestueux; person éminent; job prestigieux; occasion, chorus, concert grand ◆ **to make a grand entrance** faire une entrée majestueuse ◆ **in the grand manner** en souverain(e) m(f) ◆ **on a grand scale** à très grande échelle ◆ **to do things on a grand scale** faire les choses en grand ◆ **to live in grand style** mener la grande vie ◆ **to make a grand gesture** (fig) faire un geste grandiose
b (= ambitious) scheme, strategy, design ambitieux
c († * = excellent) person super * inv ◆ **we had a grand time** c'était formidable ◆ **it was a grand game** le match a été magnifique
d (in names) **the Grand Hotel** le Grand Hôtel
2 n **a** (pl inv: *) (Brit) mille livres fpl; (US) mille dollars mpl
b (also **grand piano**) piano m à queue or de concert; → baby
3 COMP ▷ **Grand Bahama** n Grande Bahama f ▷ **Grand Banks** npl (Geog) Grand-Banc m de Terre-Neuve ▷ **Grand Canary** n Grande Canarie f ▷ **the Grand Canyon** n le Grand Canyon ◆ **the Grand Canyon State** l'Arizona m ▷ **grand duchess** n grande-duchesse f ▷ **grand duchy** n grand-duché m ◆ **the Grand Duchy of Luxembourg** le grand-duché de Luxembourg ▷ **grand duke** n grand-duc m ▷ **grand finale** n grande finale f ▷ **grand jury** n (in US) jury m d'accusation ▷ **grand larceny** n (US Jur) vol m qualifié ▷ **grand mal** n (= illness) épilepsie f (essentielle); (= seizure) crise f (d'épilepsie) convulsive ▷ **grand master** n (Chess) grand maître m ▷ **the Grand National** n (Brit Racing) le Grand National ▷ **grand old man** n, pl **grand old men** **the grand old man of English politics** le grand monsieur de la politique anglaise ▷ **the Grand Old Party** n (US) le parti républicain ▷ **grand opening** n grande inauguration f ▷ **grand opera** n grand opéra m ▷ **grand piano** n piano m à queue or de concert ▷ **Grand Prix** n (Motor Racing) Grand Prix m ◆ **the French/Monaco** etc **Grand Prix** le Grand Prix de France/de Monaco etc ▷ **grand slam** n (Bridge, Sport) grand chelem m ▷ **grand staircase** n escalier m d'honneur ▷ **grand total** n (gen) somme f globale; (Math) résultat m final ◆ **we get to the grand total of ...** (fig) nous arrivons au chiffre impressionnant de ... ▷ **the Grand Tour** n (Hist) le tour d'Europe ◆ **we did a** or **the grand tour of the Louvre** nous avons fait le tour complet or une visite complète du Louvre ▷ **Grand Unified Theory** n (Phys) théorie f de la grande unification ▷ **grand vizier** n grand vizir m

---
GRAND JURY

Dans le système judiciaire américain, le **grand jury** est le jury d'accusation, qui décide si une personne devra comparaître devant le jury de jugement ("trial jury" ou "petit jury"), qui statuera sur son éventuelle culpabilité.

Composé de 12 à 23 personnes, le **grand jury** se réunit à huis clos; il a le droit de citer des témoins à comparaître.

---

grandaunt [ˈgrændɑːnt] n grand-tante f

grandchild [ˈgræntʃaɪld] **1** n petit(e)-enfant m(f), petit-fils m, petite-fille f
2 grandchildren npl petits-enfants mpl

grand(d)ad * [ˈgrændæd], **grand(d)addy** * (US) [ˈgrændædɪ] n grand-papa * m, pépé * m, papi * m, bon-papa * m

granddaughter [ˈgrændɔːtəʳ] n petite-fille f

grandee [grænˈdiː] n (in Spain) grand m d'Espagne; (fig) grand personnage m

grandeur [ˈgrændjəʳ] → SYN n [of person] grandeur f; [of scenery, house] splendeur f, magnificence f; [of character, style] noblesse f; [of position] éminence f ◆ **an air of grandeur** une allure grandiose

grandfather [ˈgrændfɑːðəʳ] **1** n grand-père m
2 COMP ▷ **grandfather clause** n (US fig: in law) clause f d'antériorité ▷ **grandfather clock** n (horloge f) comtoise f, horloge f de parquet

grandiloquence [grænˈdɪləkwəns] n grandiloquence f

grandiloquent [grænˈdɪləkwənt] adj (frm) grandiloquent

grandiloquently [grænˈdɪləkwəntlɪ] adv (frm) avec grandiloquence

grandiose [ˈgrændɪəʊz] → SYN adj grandiose; style grandiloquent, pompeux

grandly [ˈgrændlɪ] adv **a** (= impressively) stand majestueusement ◆ **to live grandly** mener grand train ◆ **grandly decorated** au décor majestueux
b (= pompously) announce solennellement; speak, say, call pompeusement; behave avec majesté

grand(ma)ma * [ˈgrænd(mə)mɑː] n grand-maman * f, mémé * f, mamie * f, bonne-maman * f

grandmother [ˈgrænmʌðəʳ] n grand-mère f

grandnephew [ˈgrænˌnevjuː] n petit-neveu m

grandniece [ˈgrænniːs] n petite-nièce f

grand(pa)pa * [ˈgrænd(pə)pɑː] n ⇒ **grand(d)ad**

grandparent [ˈgrændpɛərənt] **1** n (= grandfather) grand-père m; (= grandmother) grand-mère f
2 grandparents npl grands-parents mpl

grandson [ˈgrænsʌn] n petit-fils m

grandstand [ˈgrændstænd] **1** n (Sport) tribune f ◆ **to have a grandstand view** (fig) être aux premières loges (fig) *(of sth* pour voir qch*)*
2 vi (US *) jouer pour la galerie ◆ **grandstand play** * (US fig) amusement m pour la galerie

granduncle [ˈgrændˌʌŋkl] n grand-oncle m

grange [greɪndʒ] n **a** (esp Brit = country house) château m, manoir m
b (US = farm) ferme f ◆ **the Grange** (US Hist) la Fédération agricole
c ⇒ **granary 1**

granger [ˈgreɪndʒəʳ] n (US) fermier m

granite [ˈgrænɪt] **1** n granit m
2 COMP de granit ▷ **the Granite City** n (Brit) Aberdeen ▷ **the Granite State** n (US) le New Hampshire

granitic [grəˈnɪtɪk] adj granitique

granivore [ˈgrænɪvɔːʳ] n granivore mf

granivorous [grəˈnɪvərəs] adj granivore

grannie, granny [ˈgrænɪ] **1** n * mamie f, grand-maman f
2 COMP ▷ **granny bond** * n ≃ bon m du Trésor indexé ▷ **granny farm** * n (pej) maison f de vioques * f ▷ **granny flat** * n petit appartement m indépendant *(en annexe)* ▷ **granny glasses** * npl petites lunettes fpl cerclées de métal ▷ **granny knot** n nœud m de vache ▷ **Granny Smith (apple)** n granny smith f inv ▷ **granny specs** * npl ⇒ **granny glasses**

granola [grəˈnəʊlə] n (US) muesli m *(aux céréales légèrement caramélisées)*

grant [grɑːnt] → SYN **1** vt **a** (= accord) [+ favour, permission, wish] accorder; [+ prayer] exaucer; [+ request] accéder à, faire droit à; [+ pension] accorder, allouer ◆ **to grant sb permission to do sth** accorder à qn l'autorisation de faire qch ◆ **to grant sb his request** accéder à la requête de qn ◆ **they were granted an extension of three weeks** on leur a accordé un délai de trois semaines ◆ **to grant sb political asylum** accorder l'asile politique à qn ◆ **I beg your pardon! – granted!** je vous demande pardon! – je vous en prie! ◆ **God grant that ...** plaise à Dieu que ... (+ subj)
b (= admit) admettre, concéder ◆ **to grant a proposition** admettre la vérité d'une proposition ◆ **it must be granted that ...** il faut admettre or reconnaître que ... ◆ **I grant you that** je vous l'accorde ◆ **I grant that he is honest** je vous accorde qu'il est honnête
c **to take sb/sth for granted** ◆ **he takes her for granted** il la considère comme faisant partie du décor ◆ **stop taking me for granted!** j'existe moi aussi!, tu pourrais avoir quelques égards pour moi! ◆ **to take details/sb's agreement** etc **for granted** considérer les détails/l'accord de qn etc comme allant de soi ◆ **we may take it for granted that he will come** nous pouvons tenir pour certain or nous pouvons compter qu'il viendra ◆ **he takes it for granted that ...** il trouve tout naturel que ... (+ subj) ◆ **you take too much for granted** (= take too many liberties) vous vous croyez tout permis, vous prenez trop de libertés; (= assume things are further forward than they are) si vous croyez que c'est facile ...
2 n **a** (NonC) [of favour, permission] octroi m; [of land] concession f; (Jur) [of property] cession f; [of money, pension] allocation f ◆ **grant of a patent** (Jur) délivrance f d'un brevet
b (= sum given) subvention f, allocation f; (Brit = scholarship) bourse f ◆ **they have a government grant to aid research** ils ont une subvention gouvernementale d'aide à la recherche ◆ **to be on a grant** [student] avoir une bourse ◆ **he's won a grant of £900** il a une bourse de 900 livres; → **improvement**
3 COMP ▷ **grant-aided** adj subventionné par l'État ▷ **grant-in-aid** n, pl **grants-in-aid** subvention f de l'État ▷ **grant-maintained school** n (Brit) établissement scolaire financé par l'État plutôt que par une collectivité locale

granted [ˈgrɑːntɪd] **1** conj ◆ **granted that this is true** en admettant que ce soit vrai
2 adv ◆ **granted, he doesn't look too bad for his age** c'est vrai, il n'est pas mal pour son âge
3 excl soit!, d'accord!

grantee [grɑːnˈtiː] n (Jur: gen) bénéficiaire mf; [of patent] impétrant m

gran turismo [ˈgræntəˈrɪzməʊ] n, pl **gran turismos** (voiture f de) grand tourisme f

granular [ˈgrænjʊləʳ] adj granuleux

granularity [ˌgrænjʊˈlærɪtɪ] n granularité f

granulate / grave

granulate ['grænjʊleɪt] **1** vt [+ metal, powder] granuler ; [+ salt, sugar, soil] grener, grainer ; [+ surface] rendre grenu
2 COMP ▷ **granulated paper** n papier m grenelé ▷ **granulated sugar** n sucre m semoule ▷ **granulated surface** n surface f grenue

granule ['grænjuːl] → SYN n granule m

granulite ['grænjʊlaɪt] n granulite f

granuloma [ˌgrænjʊˈləʊmə] n, pl **granulomas** or **granulomata** [ˌgrænjʊˈləʊmətə] granulome m

grape [greɪp] **1** n (grain m de) raisin m ◆ **grapes** raisin m (NonC), raisins mpl ◆ **to harvest the grapes** vendanger, faire la (or les) vendange(s) ◆ "The Grapes of Wrath" (Literat) "Les Raisins de la colère" ; → **bunch, sour**
2 COMP ▷ **grape harvest** n vendange f ▷ **grape hyacinth** n muscari m ▷ **grape juice** n jus m de raisin ▷ **grape picker** n vendangeur m, -euse f ▷ **grape sugar** n sucre m de raisin, glucose m

grapefruit ['greɪpfruːt] n, pl **grapefruit** or **grapefruits** pamplemousse m

grapeshot ['greɪpʃɒt] n mitraille f

grapevine ['greɪpvaɪn] n **a** (lit) vigne f
b (fig) **I hear on** or **through the grapevine that ...** j'ai appris par le téléphone arabe or par mes services de renseignement que ...

graph [grɑːf] **1** n (gen) graphique m ; (Ling) graphe m
2 vt tracer le graphique or la courbe de
3 COMP ▷ **graph paper** n papier m quadrillé ; (in millimetres) papier m millimétré ▷ **graph plotter** n table f traçante

grapheme ['græfiːm] n graphème m

graphic ['græfɪk] → SYN **1** adj **a** (= vivid) account, description imagé ◆ **to describe sth in graphic detail** faire une description très crue de qch
b (Art, Math) graphique
2 COMP ▷ **graphic artist** n graphiste mf ▷ **the graphic arts** npl les arts mpl graphiques ▷ **graphic design** n graphisme m ▷ **graphic designer** n maquettiste mf, graphiste mf ▷ **graphic display** n (Comput) visualisation f graphique ▷ **graphic equalizer** n égaliseur m graphique ▷ **graphic novel** n roman m illustré

graphicacy ['græfɪkəsɪ] n aptitude à lire les cartes et à déchiffrer les symboles

graphical ['græfɪkəl] **1** adj (gen, also Math) graphique
2 COMP ▷ **graphical display unit** n (Comput) visuel m graphique ▷ **graphical user interface** n (Comput) interface f graphique, interface f GUI

graphically ['græfɪkəlɪ] adv describe, explain de manière très réaliste ; illustrate, demonstrate, display très clairement ◆ **to be graphically clear** être tout à fait évident

graphicness ['græfɪknɪs] n crudité f, réalisme m

graphics ['græfɪks] **1** n **a** (NonC) (= art of drawing) art m graphique ; (Math etc = use of graphs) (utilisation f des) graphiques mpl ; (Comput) traitement m graphique, graphiques mpl
b (pl = sketches) représentations fpl graphiques, graphisme m ◆ **graphics by ...** (TV etc) art m graphique (de) ... ; → **computer**
2 COMP ▷ **graphics card** n (Comput) carte f graphique

graphite ['græfaɪt] n graphite m, mine f de plomb

graphitize ['græfɪtaɪz] vt graphiter

graphological [ˌgræfəˈlɒdʒɪkəl] adj graphologique

graphologist [græˈfɒlədʒɪst] n graphologue mf

graphology [græˈfɒlədʒɪ] n graphologie f

grapnel ['græpnəl] n grappin m

grappa ['græpə] n (Culin) grappa f

grapple ['græpl] → SYN **1** n (Tech: also **grappling hook** or **iron**) grappin m
2 vt (Tech) saisir avec un grappin or au grappin
3 vi ◆ **to grapple with** [+ person] lutter avec ; [+ problem, task, book, subject] se colleter avec, se débattre avec

grasp [grɑːsp] → SYN **1** vt **a** (= seize) [+ object] saisir, empoigner ◆ **to grasp sb's hand** saisir or empoigner la main de qn ; → **nettle**
b (fig) [+ power] s'emparer de ; [+ opportunity] saisir
c (= understand) saisir, comprendre ◆ **she soon grasped what was going on** elle a vite compris ce qui se passait
2 n **a** (= hold) prise f ; (stronger) poigne f ◆ **a strong grasp** une forte poigne ◆ **to lose one's grasp** (lit) lâcher prise ◆ **to lose one's grasp on** or **of sth** (lit) lâcher qch ; (fig) ne plus être au fait de qch ◆ **to let sth/sb slip out of** or **from one's grasp** (fig) laisser échapper qch/qn ◆ **to have sb/sth in one's grasp** (= have power over) avoir or tenir qn/qch sous son emprise ◆ **to have sth within one's grasp** (lit, fig) avoir qch à portée de la main ◆ **peace is now within our grasp** la paix est à présent à notre portée
b (= understanding) compréhension f ◆ **he has a good grasp of basic mathematics** il a de bonnes bases en mathématiques ◆ **he has no grasp of our difficulties** il ne se rend pas compte de nos difficultés, il ne saisit pas la nature de nos difficultés ◆ **it is beyond my grasp** je n'y comprends rien, cela me dépasse ◆ **this subject is within everyone's grasp** ce sujet est à la portée de tout le monde

▶ **grasp at** vt fus **a** (lit) essayer d'agripper
b (fig) [+ hope] chercher à se raccrocher à ; [+ opportunity] chercher à saisir ; see also **straw**

grasping ['grɑːspɪŋ] → SYN adj arm, hand crochu ; (fig) cupide, avide

graspingness ['grɑːspɪŋnɪs] n cupidité f

grass [grɑːs] **1** n **a** (NonC) herbe f ; (= lawn) gazon m, pelouse f ; (= grazing) herbage m, pâturage m ◆ **"keep off the grass"** "défense de marcher sur la pelouse" ◆ **at grass** au vert ◆ **to put under grass** (Agr) enherber, mettre en pré ◆ **to put out to grass** [+ horse] mettre au vert ; (fig) [+ person] mettre sur la touche ◆ **to play on grass** (Tennis) jouer sur herbe or sur gazon ◆ **to let the grass grow under one's feet** laisser traîner les choses, laisser passer son temps ◆ **he can hear the grass growing*** rien ne lui échappe ◆ **the grass is (always) greener on the other side of the fence** ailleurs, l'herbe est toujours plus verte ; → **blade, green**
b (Bot) **grasses** graminées fpl
c (⁑ = marijuana) herbe* f
d (⁑ = telltale) balance⁑ f, mouchard* m ; (= informer) indic* m
2 vt (also **grass over**) [+ garden, square] gazonner ; [+ field, land] couvrir d'herbe, enherber
3 vi ⁑ moucharder* ◆ **to grass on sb** donner* or vendre* qn
4 COMP ▷ **grass court** n (Tennis) court m (en gazon) ◆ **to play on a grass court** jouer sur herbe or sur gazon ▷ **grass cutter** n (grosse) tondeuse f à gazon ▷ **grass green** n vert m pré ▷ **grass hockey** n hockey m sur gazon ▷ **the grass roots** npl [of movement, party] la base ◆ **grass-roots candidate/movement etc** (Pol) candidat m/mouvement m etc populaire ▷ **grass skirt** n pagne m végétal (des Hawaïennes) ▷ **grass snake** n couleuvre f ▷ **grass widow** n (esp US) (divorced) divorcée f ; (separated) femme f séparée (de son mari) ◆ **I'm a grass widow this week*** (Brit fig) cette semaine je suis célibataire f (hum) or sans mari ▷ **grass widower** n (esp US) (divorced) divorcé m ; (separated) homme m séparé (de sa femme)

grasshopper ['grɑːsˌhɒpər] **1** n sauterelle f
2 COMP ▷ **grasshopper warbler** n locustelle f tachetée

grassland ['grɑːslænd] n (NonC) prairie f, herbages mpl

grassy ['grɑːsɪ] adj **a** land herbeux, herbu
b wine, flavour herbacé

grate¹ [greɪt] n (= metal framework) grille f de foyer ; (= fireplace) âtre m, foyer m ◆ **a fire in the grate** un feu dans l'âtre

grate² [greɪt] → SYN **1** vt **a** (Culin) [+ cheese, carrot etc] râper
b (= make noise with) [+ metallic object] faire grincer ; [+ chalk] faire grincer or crisser
2 vi [metal] grincer ; [chalk] grincer, crisser (on sur) ◆ **to grate on the ears** écorcher les oreilles ◆ **it grated on his nerves** cela lui tapait sur les nerfs* or le système* ◆ **his constant chatter grated on me** son bavardage incessant me tapait sur les nerfs* or m'agaçait

grateful ['greɪtfʊl] LANGUAGE IN USE 2.1, 4, 19.1, 19.4, 20.1, 20.3, 20.6, 21, 22 → SYN adj person reconnaissant (to à ; for de) ; smile de reconnaissance ◆ **I am grateful for your support** je vous suis reconnaissant de votre soutien ◆ **I should be grateful if you would come** je serais très heureux si vous pouviez venir ◆ **he sent me a very grateful letter** il m'a envoyé une lettre exprimant sa vive reconnaissance ◆ **with grateful thanks** avec mes (or nos etc) plus sincères remerciements ◆ **I would be grateful if you could send me ...** (in letter) je vous saurais gré or je vous serais reconnaissant de bien vouloir m'envoyer ... ◆ **he was grateful that she had told him the truth** il était heureux qu'elle lui ait dit la vérité

gratefully ['greɪtfəlɪ] adv avec gratitude ◆ **all donations gratefully received** tous les dons seront les bienvenus

gratefulness ['greɪtfʊlnɪs] n gratitude f

grater ['greɪtər] n râpe f ◆ **cheese grater** râpe f à fromage

gratification [ˌgrætɪfɪˈkeɪʃən] n (= pleasure) satisfaction f, plaisir m ; (= fulfilment) [of desires etc] assouvissement m ◆ **to his gratification he learnt that ...** à sa grande satisfaction il apprit que ... ◆ **sensual gratification** le plaisir sensuel ◆ **sexual gratification** la satisfaction sexuelle, le plaisir sexuel

gratify ['grætɪfaɪ] → SYN vt (= please) [+ person] faire plaisir à, être agréable à ; (= fulfil) [+ desire etc] satisfaire, assouvir ; [+ whim] satisfaire ◆ **I was gratified to hear that ...** j'ai appris avec grand plaisir que ..., cela m'a fait plaisir d'apprendre que ...

gratifying ['grætɪfaɪɪŋ] adj (= pleasing) agréable, plaisant ; (= flattering) attentions flatteur ◆ **it is gratifying to learn that ...** il est très agréable d'apprendre que ..., j'ai (or nous avons) appris avec plaisir que ...

gratifyingly ['grætɪfaɪɪŋlɪ] adv agréablement

grating¹ ['greɪtɪŋ] n grille f

grating² ['greɪtɪŋ] → SYN **1** adj voice, sound grinçant
2 n (NonC = sound) grincement m

gratis ['grætɪs] → SYN **1** adv gratuitement
2 adj gratuit

gratitude ['grætɪtjuːd] LANGUAGE IN USE 22 → SYN n reconnaissance f, gratitude f (towards envers ; for de)

gratuitous [grəˈtjuːɪtəs] → SYN adj gratuit

gratuitously [grəˈtjuːɪtəslɪ] adv ◆ **gratuitously violent/nasty/cruel** d'une violence/méchanceté/cruauté gratuite ◆ **gratuitously offensive** qui cherche à choquer sans justification

gratuitousness [grəˈtjuːɪtəsnɪs] n gratuité f

gratuity [grəˈtjuːɪtɪ] → SYN n **a** (Brit Mil) prime f de démobilisation
b (= tip) pourboire m, gratification f
c (to a retiring employee) prime f de départ

gravadlax ['grævədˌlæks] n (Culin) gravlax m

gravamen [grəˈveɪmən] n, pl **gravamina** [grəˈvæmɪnə] (Jur) ≈ principal chef m d'accusation

grave¹ [greɪv] → SYN n tombe f ; (more elaborate) tombeau m ◆ **from beyond the grave** d'outre-tombe ◆ **he went to his grave a bitter man** il est mort aigri ◆ **he'll come to an early grave** il aura une fin prématurée ◆ **he sent her to an early grave** il est responsable de sa mort prématurée ◆ **he drank/smoked himself to an early grave** c'est la boisson/la cigarette qui a causé sa mort prématurée ◆ **you'll send me to an early grave!** (hum) tu veux ma mort ? ◆ **someone is walking over my grave*** il m'a un frisson ◆ **Mozart must be turning in his grave*** Mozart doit se retourner dans sa tombe* ; → **dig, foot, silent**

grave² [greɪv] → SYN adj (= serious, solemn) grave ◆ **to have grave doubts about sth** douter sérieusement de qch

grave³ [gra:v] adj (Typ) accent grave

gravedigger ['greɪvdɪgəʳ] n fossoyeur m

gravel ['grævəl] **1** n **a** (NonC) gravier m; (finer) gravillon m
b (Med) lithiase f
2 vt couvrir de gravier
3 COMP ▷ **gravel-blind** adj (liter) presque aveugle ▷ **gravel path** n allée f de gravier ▷ **gravel pit** n carrière f de cailloux

gravelly ['grævəlɪ] adj **a** (= stony) road, soil, riverbed graveleux
b (fig = rough) voice râpeux

gravely ['greɪvlɪ] adv **a** (= solemnly) say, ask, nod gravement
b (= badly, extremely) **gravely ill** gravement malade ◆ **gravely wounded** grièvement blessé ◆ **gravely displeased** extrêmement mécontent ◆ **gravely concerned** extrêmement or profondément inquiet

graven †† ['greɪvən] adj taillé, sculpté ◆ **graven image** (Rel etc) image f (gravée) ◆ **graven on his memory** gravé dans sa mémoire

graveness ['greɪvnɪs] n (NonC: all senses) gravité f

graverobber ['greɪvrɒbəʳ] n déterreur m de cadavres

Graves [gra:v] n (= wine) graves m

graveside ['greɪvsaɪd] n ◆ **at the graveside** (= beside the grave) près de la tombe ; (= at the burial ceremony) à l'enterrement

gravestone ['greɪvstəʊn] n pierre f tombale

graveyard ['greɪvjɑ:d] → SYN **1** n cimetière m ◆ **the graveyard of so many political careers** la ruine de tant de carrières politiques ◆ **a graveyard cough** une toux caverneuse or qui sent le sapin* ◆ **graveyard shift*** (US fig hum) le poste or l'équipe f de nuit
2 COMP ▷ **graveyard slot** n (Rad) plage f horaire d'écoute minimale

gravid ['grævɪd] adj (frm) gravide

gravidity [græ'vɪdɪtɪ], **gravidness** ['grævɪdnɪs] n gravidité f

gravimetric [ˌgrævɪ'metrɪk] adj gravimétrique

gravimetry [græ'vɪmɪtrɪ] n gravimétrie f

graving dock ['greɪvɪŋdɒk] n (Naut) bassin m de radoub

gravitas ['grævɪtæs] n [of person] gravité f

gravitate ['grævɪteɪt] → SYN vi **a** (Phys) graviter (*round* autour de) ◆ **to gravitate to the bottom** se déposer or descendre au fond (*par gravitation*)
b (fig) graviter (*round* autour de), être attiré (*towards* par)

gravitation [ˌgrævɪ'teɪʃən] n (Phys, fig) gravitation f (*round* autour de ; *towards* vers)

gravitational [ˌgrævɪ'teɪʃənl] **1** adj gravitationnel ◆ **gravitational constant/field/force** constante f/champ m/force f de gravitation
2 COMP ▷ **gravitational pull** n gravitation f

graviton ['grævɪˌtɒn] n graviton m

gravity ['grævɪtɪ] → SYN n (NonC) **a** (Phys) pesanteur f ◆ **gravity feed** alimentation f par gravité ; → **centre, law, specific**
b (= seriousness) gravité f, sérieux m ◆ **to lose one's gravity** perdre son sérieux

gravlax ['grævˌlæks] n (Culin) gravlax m

gravy ['greɪvɪ] **1** n **a** (Culin) sauce f au jus m de viande
b (US *) (= easy money) profit m facile, bénef* m ; (= dishonest money) argent m mal acquis
2 COMP ▷ **gravy boat** n saucière f ▷ **gravy train*** n (fig) **to be on** or **ride the gravy train** avoir trouvé le bon filon* ◆ **to get on the gravy train** trouver une bonne planque*

gray [greɪ] (esp US) ⇒ **grey**

grayish ['greɪɪʃ] adj (esp US) ⇒ **greyish**

grayling ['greɪlɪŋ] n, pl **grayling** or **graylings** (= fish) ombre m (de rivière)

grayness ['greɪnɪs] n (esp US) ⇒ **greyness**

graze¹ [greɪz] **1** vi brouter, paître
2 vt **a** [cattle] [+ grass] brouter, paître ; [+ field] pâturer (dans)
b [farmer] [+ cattle] paître, faire paître

graze² [greɪz] → SYN **1** vt **a** (= touch lightly) frôler, raser, effleurer ◆ **it only grazed him cela n'a fait que l'effleurer** ◆ **to graze bottom** (Naut) labourer le fond
b (= scrape) [+ skin, hand etc] érafler, écorcher ◆ **to graze one's knees** s'écorcher les genoux ◆ **the bullet grazed his arm** la balle lui a éraflé le bras
2 n écorchure f, éraflure f

grazing ['greɪzɪŋ] n (NonC: also **grazing land**) pâturage m ; pâture f

GRE [ˌdʒi:ɑ:r'i:] n (US Univ) (abbrev of **Graduate Record Examination**) → **graduate**

grease [gri:s] **1** n (gen, also Culin) graisse f ; (Aut, Tech) lubrifiant m, graisse f ; (= dirt) crasse f, saleté f ◆ **to remove the grease from sth** dégraisser qch ◆ **his hair is thick with grease** il a les cheveux très gras ; → **axle, elbow**
2 vt graisser ; (Aut, Tech) lubrifier, graisser ◆ **like greased lightning*** en quatrième vitesse*, à toute pompe* ◆ **to move like a greased pig*** (US) filer comme un zèbre* ; → **palm¹, wheel**
3 COMP ▷ **grease gun** n (pistolet m) graisseur m ▷ **grease monkey*** n mécano* m ▷ **grease nipple** n (Aut) graisseur m ▷ **grease remover** n dégraisseur m ▷ **grease-stained** adj graisseux

greasepaint ['gri:speɪnt] n fard m gras ◆ **stick of greasepaint** crayon m gras

greaseproof paper [ˌgri:spru:f'peɪpəʳ] n papier m sulfurisé

greaser* ['gri:səʳ] n **a** (= mechanic) mécano* m
b (= motorcyclist) motard* m
c (pej = ingratiating person) lèche-bottes* m
d (US pej = Latin American) Latino-Américain m, ≈ métèque* m

greasiness ['gri:sɪnɪs] n aspect m or état m graisseux ; (= slipperiness) [of road] surface f grasse or glissante

greasy ['gri:sɪ] → SYN **1** adj **a** (= oily) hair, skin, ointment, food, surface gras (grasse f) ; overalls, tools graisseux ◆ **greasy hands** mains fpl pleines de graisse, mains fpl graisseuses ◆ **the road (surface) was greasy** la chaussée était grasse
b (pej = smarmy) obséquieux
2 COMP ▷ **greasy pole** n (lit) mât m de cocagne ◆ **to climb (up) the greasy pole** (Brit fig) progresser au prix de grands efforts ▷ **greasy spoon*** n (pej) gargote* f (pej)

great [greɪt] → SYN **1** adj **a** (= large) building, tree, cloud grand ◆ **A or B, whichever is the greater** choisir entre A et B le chiffre ayant la valeur la plus élevée
b (= considerable, important) success grand ◆ **a player of great ability** un joueur très doué ◆ **to live to a great age** parvenir à un âge avancé ◆ **he did not live to a great age** il n'a pas vécu très vieux ◆ **despite his great age, he ...** malgré son grand âge, il ... ◆ **with great care** avec grand soin, avec beaucoup de soin ◆ **a great deal** beaucoup ◆ **a great deal of sth** beaucoup or énormément de qch ◆ **to study sth in great depth** étudier qch à fond ◆ **with great difficulty** avec de grandes difficultés ◆ **"Great Expectations"** (Literat) "Les Grandes Espérances" ◆ **to a great extent** dans une large mesure ◆ **she has a great eye for detail** elle a vraiment le coup d'œil pour les détails ◆ **I have a great hatred of ...** j'éprouve une violente haine pour ... ◆ **to be a great help** être d'une grande aide ◆ **to take a great interest in sb/sth** s'intéresser énormément à qn/qch ◆ **a great many** un grand nombre ◆ **a great many people** un grand nombre de gens ◆ **a great many of us** beaucoup d'entre nous ◆ **there is a great need for improvement** des améliorations s'imposent ◆ **I have no great opinion of ...** je n'ai pas une haute opinion de ... ◆ **at a great pace** à vive allure ◆ **are you in great pain? avez-vous très mal ?** ◆ **a great sense of team spirit** un esprit d'équipe remarquable ◆ **it was all a great shock** tout cela fut un choc terrible ◆ **a great variety of opinions** des avis très variés ◆ **she has great willpower** elle a une forte volonté
c (= important) achievement, event, issue, city, country grand ◆ **America can be great again** l'Amérique peut retrouver sa grandeur

d (= eminent) scientist, footballer etc éminent ◆ **a great man** un grand homme ◆ **he has a great future** il a un bel or grand avenir (devant lui) ◆ **the great masters** les grands maîtres ◆ **the greatest names in football/poetry** etc les plus grands noms du football/de la poésie etc

e (* = excellent) person, place super* inv ; holiday, idea sensationnel*, génial* ◆ **you were great!** tu as été sensationnel !* ◆ **he's the greatest!** il est formidable ! ◆ **that's great!** (lit, iro) c'est super ! * ◆ **I feel great** je me sens en pleine forme ◆ **my wife isn't feeling so great** ma femme ne se sent pas trop bien ◆ **this cook book is great for desserts** ce livre de cuisine est excellent pour les desserts ◆ **you look great** (= healthy) tu as vraiment bonne mine ; (= attractive) tu es superbe ◆ **we had a great time** c'était merveilleux ◆ **it was great fun** c'était très amusant ◆ **wouldn't it be great to live here?** ça ne serait pas merveilleux de vivre ici ? ; see also **gun, shake**

f (= enthusiastic) **he's a great angler** il est passionné de pêche ◆ **he's a great arguer** il est toujours prêt à discuter ◆ **he was a great friend of Huxley** c'était un grand ami de Huxley ◆ **they are great friends** ce sont de grands amis ◆ **he's a great one for cathedrals*** il adore visiter les cathédrales ◆ **he's a great one for criticizing others*** il ne rate pas une occasion de critiquer les autres ◆ **he was a great womaniser** c'était un grand coureur de jupons ◆ **he's great on jazz*** (US) il est mordu* de jazz

g (* = expert) **he's a great teacher** c'est un excellent professeur ◆ **he's great at football/maths** il est doué pour le football/les maths ◆ **he's great on baroque music** il est incollable * en musique baroque

h (in exclamations) **Great Scott** or **Heavens!** † grands dieux !

i (in titles) **Alexander the Great** Alexandre le Grand ◆ **Catherine the Great** Catherine II la Grande

j (= pregnant) **to be great with child** †† être enceinte

2 adv * **a** (= excellently) super bien * ◆ **she's doing great** elle s'en tire super bien * ◆ **we get on great** nous nous entendons super bien * ◆ **everything's going great** [life] tout va super bien * ; [activity, business] tout marche comme sur des roulettes *

b **great big** object, animal, kiss énorme ◆ **a great big Italian wedding** un mariage italien en grand

3 excl * (= brilliant) super*, génial* ◆ **oh great, just what I need!** super*, j'avais vraiment besoin de ça !

4 n (Oxford Univ) ◆ **Greats** ≈ licence f de lettres classiques

5 the great npl les grands mpl

6 COMP ▷ **great ape** n grand singe m, anthropoïde m ▷ **great auk** n (Zool) grand pingouin m ▷ **great-aunt** n grand-tante f ▷ **the Great Australian Bight** n la Grande Baie Australienne ▷ **the Great Barrier Reef** n la Grande Barrière de corail ▷ **the Great Bear** n (Astron) la Grande Ourse ▷ **great black-backed gull** n goéland m marin ▷ **Great Britain** n la Grande-Bretagne ; → GREAT BRITAIN ▷ **great bustard** n grande outarde f, outarde f barbue ▷ **great crested grebe** n grèbe m huppé ▷ **Great Dane** n (= dog) danois m ▷ **the Great Dividing Range** n la cordillère australienne ▷ **greater forkbeard** n (= fish) grande lingue f ▷ **Greater London** n (in Brit) le grand Londres ▷ **Greater Manchester** n (in Brit) l'agglomération f de Manchester ▷ **greater sand eel** n anguille f de sable ▷ **greater spotted dogfish** n grande roussette f ▷ **greater spotted woodpecker** n pic m épeiche ▷ **greater weever** n (= fish) grande vive f ▷ **The Great Escape** n (Cine) La Grande Évasion ▷ **greatest common divisor, greatest common factor** n (Math) plus grand commun diviseur m ▷ **The Great Gatsby** n (Literat) Gatsby le Magnifique ▷ **Great Glen** n (Geog) Glen More m ▷ **great-grandchild** n, pl **great-grandchildren** arrière-petit-fils m, arrière-petite-fille f ◆ **my great-grandchildren** mes arrière-petits-enfants mpl ▷ **great-granddaughter** n arrière-petite-fille f ▷ **great-grandfather** n arrière-grand-père m, bisaïeul m (liter)

greatcoat / greet

▷ **great-grandmother** n arrière-grand-mère f, bisaïeule f (liter) ▷ **great-grandparent** n (= great-grandfather) arrière-grand-père m ; (= great-grandmother) arrière-grand-mère f ♦ **great-grandparents** arrière-grands-parents mpl ▷ **great-grandson** n arrière-petit-fils m ▷ **great-great-grandfather** n arrière-arrière-grand-père m, trisaïeul m (liter) ▷ **great-great-grandson** n arrière-arrière-petit-fils m ▷ **great grey shrike** n (Orn) pie f grièche grise ▷ **great gross** n (Comm) douze grosses fpl (1728) ▷ **great-hearted** adj au grand cœur, magnanime ▷ **the Great Lakes** npl les Grands Lacs mpl ▷ **Great Leap Forward** n (in China) le Grand Bond en avant ▷ **great-nephew** n petit-neveu m ▷ **great-niece** n petite-nièce f ▷ **the Great Plains** npl les Grandes Plaines fpl ▷ **the Great Powers** npl (Pol) les grandes puissances fpl ▷ **Great Rift Valley** n (Geog) Grand Rift m africain ▷ **great seal** n Grand Sceau m ▷ **great skua** n (Orn) grand labbe m ▷ **great tit** n (Orn) mésange f charbonnière ▷ **great-uncle** n grand-oncle m ▷ **the Great Wall of China** n la Grande Muraille de Chine ▷ **the Great War** n la Grande Guerre, la guerre de 14-18 ▷ **the Great White Way** * n (esp US) Broadway m

---

GREAT BRITAIN, UNITED KINGDOM

Dans l'usage courant, il est fréquent d'employer les mots **Britain** ou "**England**" pour désigner l'ensemble du Royaume-Uni, mais cet usage est impropre.

La Grande-Bretagne, **Great Britain** ou **Britain** en anglais, est, strictement parlant, un terme géographique. Il désigne la plus grande des îles Britanniques et englobe donc l'Écosse et le pays de Galles. Avec l'Irlande, l'île de Man et les îles Anglo-Normandes, la Grande-Bretagne constitue les îles Britanniques ou **British Isles**, qui sont également une notion géographique puisque comprennent deux pays : le Royaume-Uni (capitale : Londres) et la République d'Irlande (capitale : Dublin).

Le Royaume-Uni (de Grande-Bretagne et d'Irlande du Nord), en anglais **United Kingdom (of Great Britain and Northern Ireland)** ou **UK**, est la désignation officielle d'une entité politique. Ses citoyens sont des Britanniques.

---

greatcoat ['greɪtkəʊt] n pardessus m ; (Mil) manteau m, capote f

greater ['greɪtəʳ], **greatest** ['greɪtɪst] adj (compar, superl of great)

greatly ['greɪtlɪ] → SYN adv regret vivement ; surprise beaucoup ; prefer de beaucoup ; admire, influence, increase énormément ; improve considérablement ; exaggerate largement ; diminish fortement, considérablement ♦ **to be greatly superior to sb/sth** être nettement supérieur à qn/qch ♦ **this is greatly to be feared/regretted** (frm) il y a tout lieu de le craindre/de le regretter

greatness ['greɪtnɪs] → SYN n [of person, achievement, country, city] grandeur f ; [of work of art] grandeur f, splendeur f

greave [gri:v] n (Mil) jambière f

grebe [gri:b] n grèbe m

Grecian ['gri:ʃən] (liter) ① adj grec (grecque f) ♦ **hair in a Grecian knot** coiffure f à la grecque
② n (= Greek) Grec(que) m(f)

Grecism ['gri:sɪzəm] n (US Ling) hellénisme m

Greco- ['gri:kəʊ-] (esp US) ⇒ **Graeco-**

Greece [gri:s] n la Grèce

greed [gri:d] → SYN n (NonC) (for food) gourmandise f ; (for money, power etc) avidité f, cupidité f

greedily ['gri:dɪlɪ] adv eat, drink goulûment ♦ **he eyed the food greedily** il a regardé la nourriture d'un air vorace or goulu ♦ **he licked his lips greedily** il s'est léché les babines

greediness ['gri:dɪnɪs] n ⇒ **greed**

greedy ['gri:dɪ] → SYN adj (for food) gourmand ; (for money, power etc) avide (for de), rapace, cupide ♦ **greedy for gain** âpre au gain ♦ **don't be greedy!** (at table) ne sois pas si gourmand ! ; (gen) n'en demande pas tant !

♦ **greedy guts** ‡ (pej) goinfre m, bâfreur * m ; → **hog**

greegree ['gri:gri:] n grigri m

Greek [gri:k] → SYN ① adj (gen) grec (grecque f) ; ambassador, embassy, monarch de Grèce ; teacher de grec ♦ **Greek scholar** or **expert** helléniste mf
② n ⓐ Grec(que) m(f)
ⓑ (Ling) grec m ♦ **ancient/modern Greek** grec m classique/moderne ♦ **that's (all) Greek to me** * tout ça c'est de l'hébreu ou du chinois pour moi *
③ COMP ▷ **Greek cross** n croix f grecque ▷ **Greek Cypriot** n Chypriote mf grec (-que f) ◇ adj chypriote grec ▷ **Greek fire** n (Mil Hist) feu m grégeois ▷ **Greek god** n (Myth) dieu m grec ♦ **to be a Greek god** (= handsome man) être beau comme un dieu ▷ **Greek-letter society** n (US Univ) association d'étudiants désignée par une combinaison de lettres grecques ; → PHI ; BETA ; KAPPA ▷ **Greek Orthodox Church** n Église f orthodoxe grecque ▷ **Greek tragedy** n (Theat) tragédie f grecque

Greekness ['gri:knɪs] n grécité f

green [gri:n] → SYN ① adj ⓐ (in colour) vert ♦ **dark green** vert inv foncé inv ♦ **light green** vert inv clair inv ♦ **pale green** vert inv pâle inv ♦ **the green shoots of recovery** les premiers signes mpl de reprise ♦ **he looked quite green** (fig) il était vert ♦ **to turn** or **go green** [person] verdir ♦ **she went green** elle or son visage a verdi ♦ **to be/turn green with envy** (fig) être/devenir vert de jalousie ♦ **to make sb green with envy** rendre qn vert de jalousie ; see also 5
ⓑ (= unripe) fruit vert, pas mûr ; banana, tomato, wood vert ; bacon non fumé ♦ **green corn** blé m en herbe ♦ **green meat** viande f crue
ⓒ * (= inexperienced) jeune, inexpérimenté ; (= naïve) naïf (naïve f) ♦ **I'm not as green as I look!** je ne suis pas si naïf que j'en ai l'air ! ♦ **he's as green as grass** c'est un blanc-bec *
ⓓ (* = ecological) issues, movement, company, policy, product écologique ; vote, voters vert ; party écologique, vert ; person écolo * inv ♦ **green awareness** prise f de conscience des problèmes écologiques
ⓔ (liter = flourishing) vert, vigoureux ♦ **to keep sb's memory green** chérir la mémoire de qn ♦ **memories still green** souvenirs mpl encore vivaces or vivants
② n ⓐ (= colour) vert m ♦ **dressed in green** habillé de or en vert
ⓑ (= lawn) pelouse f, gazon m ; (also **village green**) ≈ place f (du village) (gazonnée) ; (Golf) vert m ; (also **bowling green**) terrain gazonné pour le jeu de boules
③ **greens** npl ⓐ (Brit = vegetables) légumes mpl verts
ⓑ (Pol) **the Greens** les Verts mpl
④ adv (Pol) ♦ **to vote green** voter vert ♦ **to think green** penser écologie
⑤ COMP ▷ **green alder** n aulne m vert ▷ **green bean** n haricot m vert ▷ **green belt** n (Brit Town Planning) ceinture f verte ▷ **the Green Berets** npl (Mil) les bérets mpl verts ▷ **green card** n (in Brit = driving insurance) carte f verte ; (in US = work permit) permis m de travail ▷ **Green Cross Code** n (Brit) code de prévention routière destiné aux enfants ▷ **green currency** n monnaie f verte ▷ **green-eyed** adj aux yeux verts ; (fig) jaloux, envieux ♦ **the green-eyed monster** (fig) la jalousie ▷ **green fingers** npl (Brit) **he's got green fingers** il a la main verte or le pouce vert ▷ **green goddess** * n (Brit) voiture f de pompiers (de l'armée) ▷ **green light** n (= traffic light) feu m vert ♦ **to give sb/sth the green light** (fig) donner le feu vert à qn/qch ♦ **to get the green light from sb** obtenir or recevoir le feu vert de qn ▷ **green monkey disease** n maladie f de Marburg, maladie f des singes verts ▷ **the Green Mountain State** n (US) le Vermont ▷ **green onion** n (US) ciboule f ▷ **Green Paper** n (Brit Pol) ≈ livre m blanc ▷ **the Green Party** n (Brit Pol) les Verts mpl ▷ **green peas** npl petits pois mpl ▷ **green pepper** n poivron m vert ▷ **green plover** n vanneau m huppé ▷ **the green pound** n (Econ) la livre verte ▷ **green power** n (US) [of money] puissance f de l'argent ▷ **green revolution** n (Econ, Agr) révolution f verte ▷ **green room** n (Theat) foyer m des acteurs or des artistes ▷ **green salad** n salade f (verte) ▷ **green sandpiper** n chevalier m cul-blanc ▷ **green tea** n thé m vert ▷ **green thumb** n (US) ⇒ **green fingers** ▷ **green vegetables** npl légumes mpl verts ▷ **green-welly** * adj (pej) **the green-welly brigade** les gens huppés qui vivent à la campagne ▷ **green woodpecker** n pivert m, pic-vert m

---

GREEN-WELLIE BRIGADE

En Grande-Bretagne, les personnes qui pratiquent l'équitation, la chasse et la pêche portent souvent des bottes en caoutchouc vertes. Ces passe-temps étant traditionnellement ceux de la haute société, les bottes vertes sont devenues un signe social distinctif. L'expression **green-wellie brigade** est parfois utilisée pour évoquer certains aspects déplaisants du comportement de la haute société.

---

greenback * ['gri:nbæk] n (US = dollar) dollar m

greenery ['gri:nərɪ] n verdure f

greenfield site ['gri:nfi:ldsaɪt] n (Ind) terrain m en dehors de la ville

greenfinch ['gri:nfɪntʃ] n verdier m

greenfly ['gri:nflaɪ] n, pl **greenfly** or **greenflies** puceron m (des plantes)

greengage ['gri:ngeɪdʒ] n (Brit) reine-claude f

greengrocer ['gri:ngrəʊsəʳ] n (Brit) marchand(e) m(f) de fruits et légumes ♦ **greengrocer's (shop)** magasin m de fruits et légumes

greenhorn ['gri:nhɔ:n] n blanc-bec m

greenhouse ['gri:nhaʊs] n serre f ♦ **the greenhouse effect** (Ecol) l'effet m de serre ♦ **greenhouse gas** (Ecol) gaz m contribuant à l'effet de serre

greenie * ['gri:nɪ] n (Austral) écolo * mf

greening ['gri:nɪŋ] n (NonC) sensibilisation f à l'environnement

greenish ['gri:nɪʃ] adj tirant sur le vert, verdâtre (pej) ♦ **greenish-blue/-yellow/-brown** bleu/jaune/brun tirant sur le vert

greenkeeper ['gri:nki:pəʳ] n (Bowling) gardien(ne) m(f) de terrain de boules ; (Golf) gardien(ne) de green

Greenland ['gri:nlənd] ① n le Groenland
② adj groenlandais
③ COMP ▷ **Greenland halibut** n (= fish) flétan m du Groenland ▷ **Greenland sea** n (Geog) mer f du Groenland

Greenlander ['gri:nləndəʳ] n Groenlandais(e) m(f)

Greenlandic [gri:n'lændɪk] ① adj groenlandais
② n (Ling) groenlandais m

greenmail ['gri:nmeɪl] n (US St Ex) chantage m financier (pour revendre au prix fort à une société les actions qui ont été achetées lors d'un raid)

greenness ['gri:nnɪs] n couleur f verte, vert m ; [of countryside etc] verdure f ; [of wood, fruit etc] verdeur f

Greenpeace ['gri:n,pi:s] n Greenpeace m

greensand ['gri:nsænd] n sable m vert

greenshank ['gri:nʃæŋk] n (Orn) chevalier m aboyeur

greensickness ['gri:n,sɪknɪs] n chlorose f

greenstick fracture ['gri:nstɪkfræktʃəʳ] n (Med) fracture f incomplète or en bois vert

greenstone ['gri:nstəʊn] n néphrite f

greenstuff ['gri:nstʌf] n verdure f ; (Culin) légumes mpl verts, verdure f

greensward †† ['gri:nswɔ:d] n pelouse f, gazon m, tapis m de verdure

Greenwich ['grenɪtʃ, 'gri:nɪdʒ] n ♦ **Greenwich (mean) time** heure f de Greenwich

greenwood ['gri:nwʊd] n (liter) ♦ **the greenwood** la forêt verdoyante

greeny * ['gri:nɪ] adj ⇒ **greenish**

greet¹ [gri:t] → SYN vt [+ person] (= say or wave hello to) saluer ; (= invite, welcome) accueillir ♦ **they greeted him with cries of delight** ils l'ont accueilli avec des cris de joie ◆ **he greeted me with the news that ...** il m'a accueilli en m'apprenant que ... ◆ **the statement was greeted with laughter** la déclaration fut accueillie or saluée par des rires ◆ **this was greeted with relief by everyone** ceci a été accueilli avec soulagement par tous ◆ **to greet the ear** parvenir à l'oreille ◆ **an awful sight greeted me** or **my eyes** un spectacle affreux s'offrit à mes regards

greet² [griːt] vi (Scot = weep) pleurer

greeting ['griːtɪŋ] → SYN n salut m, salutation f ; (= welcome) accueil m ◆ **greetings** compliments mpl, salutations fpl ◆ **Xmas greetings** vœux mpl de Noël ◆ **greeting(s) card** carte f de vœux ◆ **he sent greetings to my brother** il s'est rappelé au bon souvenir de mon frère ◆ **my mother sends you her greetings** ma mère vous envoie son bon souvenir

gregarious [grɪˈgɛərɪəs] → SYN adj animal, instinct, tendency grégaire ; person sociable ◆ **man is gregarious** l'homme est un animal grégaire

gregariousness [grɪˈgɛərɪəsnɪs] n instinct m grégaire ; [of person] sociabilité f

Gregorian [grɪˈgɔːrɪən] ① adj grégorien
② COMP ▷ **Gregorian calendar** n calendrier m grégorien ▷ **Gregorian chant** n chant m grégorien ▷ **Gregorian telescope** n télescope m de Gregory

Gregory ['grɛgərɪ] n Grégoire m

gremlin * ['grɛmlɪn] n (hum) diablotin m (malfaisant)

Grenada [grɛˈneɪdə] n la Grenade ◆ **in Grenada** à la Grenade

grenade [grɪˈneɪd] n (Mil) grenade f ; → **hand, stun**

Grenadian [grɛˈneɪdɪən] ① adj grenadin
② n Grenadin(e) m(f)

grenadier [ˌgrɛnəˈdɪər] n grenadier m (soldat)

grenadine ['grɛnədiːn] n grenadine f

Gresham's law ['grɛʃəmz] n (Econ) loi f de Gresham

grew [gruː] vb (pt of **grow**)

grey, gray (US) [greɪ] → SYN ① adj **a** (in colour) gris ◆ **dark grey** gris inv foncé inv ◆ **light grey** gris inv clair inv ◆ **pale grey** gris inv pâle inv ◆ **he is totally grey** (hair) il a les cheveux complètement gris ◆ **he** or **his hair is going** or **turning grey** il grisonne, ses cheveux grisonnent ◆ **he nearly went grey over it** il s'en est fait des cheveux blancs ◆ **grey skies** ciel m gris ◆ **it was a grey day** (lit) c'était un jour gris ; (fig) c'était un jour triste ◆ **the men in grey suits** (Pol hum) les membres influents du parti conservateur
b (= ashen) person, face, complexion blême ◆ **to turn grey** blêmir
c (= bleak) time, world morne ; outlook, prospect sombre, morne ; (= boring) person, image terne ; city, town morne, triste
d (= concerning old people) vote, market des plus de 55 ans
② n **a** (= colour) gris m ◆ **dressed in grey** habillé de or en gris ◆ **hair touched with grey** cheveux mpl grisonnants
b (= horse) cheval m gris
③ vi [hair] grisonner ◆ **greying hair** cheveux mpl grisonnants ◆ **a greying man** un homme aux cheveux grisonnants ◆ **he was greying at the temples** il avait les tempes grisonnantes
④ COMP ▷ **grey alder** n aulne m gris ▷ **grey area** n zone f d'ombre or d'incertitude ▷ **Grey Friar** n franciscain m ▷ **grey gurnard** n grondin m gris ▷ **grey-haired** adj aux cheveux gris, grisonnant ▷ **grey heron** n héron m cendré ▷ **grey knight** n (St Ex) chevalier m gris ▷ **grey market** n (St Ex) marché m gris ▷ **grey matter** n (Anat) substance f grise ; (* = intelligence) matière f grise ▷ **grey mullet** n mulet m, muge m ▷ **grey plover** n pluvier m argenté ▷ **grey seal** n phoque m gris ▷ **grey skate** n (= fish) raie f grise ▷ **grey squirrel** n écureuil m gris, petit-gris m ▷ **grey wagtail** n bergeronnette f des ruisseaux ▷ **grey willow** n saule m gris or cendré ▷ **grey wolf** n loup m (gris)

greybeard ['greɪbɪəd] n (liter) vieil homme m

greyhen ['greɪhɛn] n (Orn) coq m de bruyère (femelle)

Greyhound ['greɪhaʊnd] n ◆ **Greyhound (bus)** Greyhound mpl

GREYHOUND

Les cars de tourisme de la compagnie **Greyhound** sillonnent tout le territoire des États-Unis. Ce moyen de transport très répandu et bon marché perpétue symboliquement la tradition des grandes migrations américaines. La compagnie propose un abonnement forfaitaire appelé "Ameripass" qui permet de voyager sans restriction dans l'ensemble du pays.

---

greyhound ['greɪhaʊnd] ① n (= dog) lévrier m ; (= bitch) levrette f
② COMP ▷ **greyhound racing** n courses fpl de lévriers

greying ['greɪɪŋ] adj → **grey 3**

greyish ['greɪɪʃ] adj tirant sur le gris, grisâtre (pej) ; hair, beard grisonnant

greylag goose ['greɪlæguːs] n oie f cendrée

greyness ['greɪnɪs] n (= colour) couleur f grise ; (= semi-dark) pénombre f ; [of atmosphere, weather, day] morosité f ; [of person] fadeur f

greywacke ['greɪˌwækə] n (Geol) grauwacke f

grid [grɪd] ① n **a** (= grating) grille f, grillage m ; (= network of lines on chart, map etc, also Rad) grille f ; (Theat) gril m (pour manœuvrer les décors) ; (= electrode) grille f ; (Brit Elec = system) réseau m ; (Surv) treillis m ◆ **the (national) grid** (Brit Elec) le réseau électrique (national)
b ⇒ **gridiron**
② COMP ▷ **grid map** n carte f or plan m quadrillé(e) or à grille ▷ **grid reference** n référence f de grille

griddle ['grɪdl] ① n (Culin) plaque f en fonte (pour cuire) ; (= part of stove) plaque f chauffante
② vt (Culin) cuire sur une plaque
③ COMP ▷ **griddle cake** n (sorte f de) crêpe f épaisse

gridiron ['grɪdaɪən] n **a** (= utensil) gril m
b (American Ftbl) terrain m de football américain

gridlock ['grɪdlɒk] n (US) bouchon m ; (fig) (in talks etc) impasse f

gridlocked ['grɪdlɒkt] adj (esp US) **a** (lit) road embouteillé ; traffic bloqué
b (fig) government, negotiations dans une impasse

grief [griːf] → SYN ① n **a** (NonC) chagrin m, peine f ◆ **to come to grief** [vehicle, rider, driver] avoir un accident ; [plan, marriage etc] tourner mal, échouer ◆ **we came to grief** il nous est arrivé malheur ◆ **good grief!** * ciel !, grands dieux !
b (= cause of grief) (cause f de) chagrin m
c (* = trouble) embêtements mpl, ennuis mpl ◆ **to give sb grief** embêter * qn, en faire voir de toutes les couleurs à qn ◆ **the bank's been giving me grief about my overdraft** la banque m'a fait des histoires à cause de mon découvert
② COMP ▷ **grief-stricken** adj accablé de douleur, affligé

grievance ['griːvəns] ① n (= ground for complaint) grief m, sujet m de plainte ; (= complaint) doléance f ; (Ind) différend m, conflit m ◆ **to have a grievance against sb** avoir un grief or un sujet de plainte contre qn, en vouloir à qn ◆ **he was filled with a sense of grievance** il avait le sentiment profond d'être victime d'une injustice ; → **redress**
② COMP ▷ **grievance procedure** n (Ind) procédure f d'arbitrage

grieve [griːv] → SYN ① vt peiner, chagriner ◆ **it grieves us to see** nous sommes peinés de voir ◆ **it grieves us to learn that ...** nous avons la douleur d'apprendre que ..., c'est avec beaucoup de peine que nous apprenons que ... ◆ **in a grieved tone** d'un ton peiné or chagriné
② vi avoir de la peine or du chagrin (at, about, over à cause de) ◆ **to grieve for sb/sth** pleurer qn/qch ◆ **I didn't have any time to grieve** je n'avais pas le temps de pleurer

grieving ['griːvɪŋ] adj family, relatives éploré ◆ **the grieving process** le deuil

grievous ['griːvəs] → SYN ① adj injury, damage, error, injustice grave ; wound grave, sérieux ; setback sérieux ; loss cruel ; blow sévère ; news pénible, affreux ; crime, offence odieux
② COMP ▷ **grievous bodily harm** n (Jur) ≈ coups mpl et blessures fpl

grievously ['griːvəslɪ] adv (frm) hurt, offend terriblement ◆ **grievously injured** or **wounded** grièvement blessé ◆ **to wrong sb grievously** gravement léser qn ◆ **to be grievously mistaken** se tromper lourdement

grievousness ['griːvəsnɪs] n gravité f

griffin ['grɪfɪn] n (Myth) griffon m

griffon ['grɪfən] n (Myth, Zool) griffon m

grift * [grɪft] (US) ① n filouterie * f, escroquerie f
② vi filouter *, vivre d'escroquerie

grifter * ['grɪftər] n (US) escroc m, filou m

grigri ['griːgriː] n grigri m

grill [grɪl] ① n **a** (= cooking utensil) gril m ; (= food) grillade f ; (= restaurant : also **grillroom**) rôtisserie f, grill m ◆ **brown it under the grill** faites-le dorer au gril ; → **mixed**
b ⇒ **grille**
② vt **a** (Culin) (faire) griller ◆ **grilled fish** poisson m grillé
b (fig = interrogate) cuisiner *, mettre sur la sellette
③ vi (Culin) griller
④ COMP ▷ **grill pan** n (Brit) plateau m à grillades (avec poignée)

grille [grɪl] n (= grating) grille f ; [of convent etc] grille f ; [of door] judas m ; (Aut: also **radiator grille**) calandre f

grilling ['grɪlɪŋ] n (fig = interrogation) interrogatoire m serré ◆ **to give sb a grilling** cuisiner * qn, mettre qn sur la sellette

grim [grɪm] → SYN adj **a** (= dire, gloomy) place, situation, warning, outlook, news sinistre ◆ **to hold** or **hang** or **cling on to sth like** or **for grim death** se cramponner à qch de toutes ses forces ◆ **things are looking pretty grim** les perspectives ne sont guère réjouissantes ◆ **grim necessity** la dure or cruelle nécessité ◆ **the grim reality of hospital work** la dure réalité du travail à l'hôpital ◆ **the grim truth** la vérité brutale
b person, face, expression (= stern, angry) sévère ; (= worried) sombre ; smile sans joie ; humour macabre ; voice sombre ◆ **to look grim** (= angry) avoir une mine sévère ; (= worried) avoir une mine sombre ◆ **with grim determination** avec une volonté inflexible
c (* = bad) nul * ◆ **his singing's pretty grim** il chante comme une casserole ◆ **to feel grim** (= unwell) ne pas être dans son assiette
② COMP ▷ **the Grim Reaper** n la Faucheuse (liter)

grimace [grɪˈmeɪs] → SYN ① n grimace f
② vi (from disgust, pain etc) grimacer, faire la grimace ; (for fun) faire des grimaces ◆ **he grimaced at the taste/the sight of ...** il a fait une grimace en goûtant/voyant ...

grime [graɪm] → SYN n (NonC) crasse f, saleté f

griminess ['graɪmɪnɪs] n saleté f

grimly ['grɪmlɪ] adv frown, look at d'un air sévère ; continue, hold on avec détermination ; fight, struggle farouchement ◆ **grimly determined** farouchement déterminé ◆ **to smile grimly** avoir un sourire amer ◆ **he nodded grimly** l'air sombre, il acquiesça d'un signe de tête ◆ **"no surrender", they said grimly** "nous ne nous rendrons pas", dirent-ils, farouchement déterminés ◆ **"this is not good enough"** he said grimly "ça ne va pas" dit-il d'un air sévère

grimness ['grɪmnɪs] n [of situation] caractère m sinistre ; [of sight, face, person] aspect m lugubre or sinistre

grimy ['graɪmɪ] → SYN adj crasseux

grin [grɪn] ① vi **a** (= smile) sourire ; (broadly) avoir un large or grand sourire ◆ **grinning face, person** souriant ; (broader) arborant un large or grand sourire ◆ **to grin broadly at sb** adresser un large sourire à qn ◆ **to grin from ear to ear, to grin like a Cheshire cat** avoir un sourire fendu jusqu'aux oreilles ◆ **we**

grind / grogginess

must just grin and bear it il faut le prendre avec le sourire, il faut faire contre mauvaise fortune bon cœur
b (in pain) avoir un rictus, grimacer ; [snarling dog] montrer les dents
2 vt ◆ **he grinned his approval** il a manifesté son approbation d'un large sourire
3 n (= smile) (large) sourire m ; (in pain) rictus m, grimace f de douleur

grind [graɪnd] → SYN pret, ptp **ground** **1** n **a** (= sound) grincement m, crissement m
b (* = dull hard work) boulot* m pénible ; (particular task) corvée f ◆ **the daily grind** le boulot* quotidien ◆ **she found housework a grind** le ménage était une corvée pour elle ◆ **the tiresome grind of preparing for exams** la vraie corvée que sont les révisions pour les examens
c (US * = swot) bûcheur m, -euse f
2 vt **a** [+ corn, coffee, pepper etc] moudre ; (= crush) écraser, broyer ; (US) [+ meat] hacher ; (in mortar) piler, concasser ◆ **to grind sth to a powder** pulvériser qch, réduire qch en poudre ◆ **the metal will have to be ground into tiny pieces** il faudra réduire le métal en petits morceaux ◆ **to grind one's teeth** grincer des dents ◆ **dirt ground into the carpet** saleté f incrustée dans le tapis ◆ **he ground his heel into the soil** il a enfoncé son talon dans la terre ◆ **to grind the faces of the poor** opprimer les pauvres ; see also **ground²**
b (= polish) [+ gems] égriser, polir ; [+ knife, blade] aiguiser or affûter (à la meule), meuler ; [+ lens] polir ; → **axe**
c (= turn) [+ handle] tourner ; [+ barrel organ] faire jouer, jouer de ◆ **to grind a pepper mill** tourner un moulin à poivre
3 vi **a** grincer ◆ **the ship was grinding against the rocks** le navire heurtait les rochers en grinçant ◆ **tanks were grinding south** des chars progressaient péniblement en direction du sud ◆ **to grind to a halt or a standstill** [vehicle] s'arrêter or s'immobiliser dans un grincement de freins ; [process, production, negotiations etc] s'enliser ◆ **the traffic had ground to a halt or a standstill** il y avait un bouchon
b (* = work hard) bûcher* (dur or ferme)

▶ **grind away*** vi bûcher* or boulonner* (dur or ferme) ◆ **to grind away at grammar** bûcher* or potasser* la grammaire

▶ **grind down** vt sep **a** (lit) pulvériser
b (fig) (= oppress) opprimer, écraser ; (= wear down) [+ one's opponents etc] avoir à l'usure ◆ **ground down by poverty** accablé par la misère ◆ **he gradually ground down all opposition to his plans** il a écrasé petit à petit toute tentative d'opposition à ses plans ; see also **grind 3a**

▶ **grind on** vi [person] continuer péniblement or laborieusement ; [year, week, day etc] s'écouler péniblement ; [war] s'éterniser implacablement

▶ **grind out** vt sep ◆ **to grind out a tune on a barrel organ** jouer un air sur un orgue de Barbarie ◆ **he ground out an oath** il a proféré un juron entre ses dents ◆ **he managed to grind out two pages of his essay** il est laborieusement arrivé à pondre* or à écrire deux pages de sa dissertation

▶ **grind up** vt sep pulvériser

grinder ['graɪndəʳ] n **a** (= apparatus) broyeur m, moulin m ; (= tool) meuleuse f ; (for sharpening) affûteuse f, meule f à aiguiser
b (= person) broyeur m, -euse f ; (for knives) rémouleur m, -euse f ; → **organ**
c (= tooth) molaire f
d (US Culin *) grand sandwich m mixte

grinding ['graɪndɪŋ] **1** n (NonC = sound) grincement m
2 adj **a** (= oppressive) **grinding poverty** misère f noire ◆ **grinding hard work** travail m très pénible ◆ **grinding tedium** ennui m mortel
b (= grating) noise grinçant ◆ **to make a grinding noise** grincer ◆ **to come to a grinding halt** [process, production, negotiations etc] s'enrayer brusquement ; [vehicle] s'arrêter brusquement ◆ **to bring sth to a grinding halt** [+ process, production, negotiations] mettre un terme à qch ; [+ vehicle] arrêter qch dans un grincement ◆ **the traffic came to or was brought to a grinding halt** la circulation a fini par se bloquer

grindingly ['graɪndɪŋlɪ] adv ◆ **to be grindingly hard work** être terriblement dur ◆ **to be a grindingly slow process** être horriblement long ◆ **the routine became grindingly familiar** la routine est devenue terriblement pesante

grindstone ['graɪndstəʊn] n meule f (à aiguiser) ◆ **to keep sb's nose to the grindstone** faire travailler qn sans répit or relâche ◆ **to keep one's nose to the grindstone** travailler sans répit or relâche

gringo ['grɪŋgəʊ] n (US pej) gringo m, Ricain(e) m(f)

griot ['grɪːəʊ] n griot m

grip [grɪp] → SYN **1** n **a** (lit) (= handclasp) poigne f ; (= hold) prise f ; (Wrestling) prise f ◆ **he held my arm in a vice-like grip** il me tenait le bras comme un étau ◆ **he has a strong grip** il a la poigne forte or une bonne poigne ◆ **arm etc grip** (Wrestling) prise f de bras etc ◆ **to get a grip on or of sth** empoigner qch ◆ **to lose one's grip** lâcher prise ; see also **b** ◆ **he lost his grip on the rope** il a lâché la corde
b (fig) **in the grip of winter** paralysé par l'hiver ◆ **country in the grip of a general strike** pays paralysé par une grève générale ◆ **cold weather had a firm grip on the capital** un froid intense régnait dans la capitale ◆ **environmentalism has taken a firm grip on Europe** l'écologisme est solidement implanté en Europe ◆ **to fall into the grip of sb** tomber entre les or aux mains de qn ◆ **to get a grip on** [+ inflation] contrôler ; [+ party, power] prendre le contrôle de ; [+ situation] prendre en main ◆ **the President was losing his grip on power** le président perdait le contrôle du pouvoir ◆ **to lose one's grip on reality** ne pas être en prise sur la réalité ◆ **to get a grip on or of o.s.** se ressaisir ◆ **get a grip on yourself!*** ressaisis-toi ! ◆ **to keep a grip on o.s.** se maîtriser, se contrôler ◆ **he's losing his grip*** il baisse* ◆ **I must be losing my grip!*** (hum) je ne fais que des bêtises !
c (= device) serrage m
d (= handle) poignée f ; (on racket) prise f de raquette ; (on golf club, bat) prise f
e (= suitcase) valise f ; (US = bag : also **gripsack**) sac m de voyage
f (TV, Cine: also **key grip** : US) machiniste mf caméra
2 grips npl ◆ **to come or get to grips with a problem** s'attaquer à un problème, s'efforcer de résoudre un problème ◆ **we have never had to come to grips with such a situation** nous n'avons jamais été confrontés à pareille situation
3 vt **a** (= grasp) [+ rope, handrail, sb's arm] saisir ; [+ pistol, sword etc] saisir, empoigner ; (= hold) serrer, tenir serré ◆ **to grip sb's hand** (= grasp) saisir la main de qn ; (= hold) tenir la main de qn serrée ◆ **to grip the road** [tyres] adhérer à la chaussée ◆ **the car grips the road well** la voiture tient bien la route
b [fear etc] saisir, étreindre ◆ **gripped by terror** saisi de terreur
c (= interest strongly) [film, story etc] captiver ◆ **a film that really grips you** un film vraiment palpitant, un film qui vous prend vraiment
4 vi [wheels] adhérer, mordre ; [screw, vice, brakes] mordre ; [anchor] crocher (sur le fond)
5 COMP ▷ **grip strip** n (for carpet) bande f adhésive (pour tapis)

gripe [graɪp] **1** vt (= anger) ◆ **this griped him*** cela lui a mis l'estomac en boule*
2 vi (* = grumble) ronchonner*, rouspéter* (**at** contre)
3 n **a** (Med: also **gripes**) coliques fpl
b (NonC) **his main gripe was that ...*** son principal sujet de plainte or de rogne* était que ...
4 COMP ▷ **gripe water** n (Brit) calmant m (pour coliques infantiles)

griping ['graɪpɪŋ] **1** adj ◆ **griping pain(s)** coliques fpl
2 n (NonC: * = grumbling) rouspétance* f, ronchonnements* mpl

grippe [grɪp] n (US) grippe f

gripping ['grɪpɪŋ] → SYN adj (= exciting) palpitant

gris-gris ['griːgriː] n grigri m

grisliness ['grɪzlɪnɪs] n caractère m sinistre or macabre

grisly ['grɪzlɪ] → SYN adj (= gruesome) macabre, sinistre ; (= terrifying) horrible, effroyable

grist [grɪst] n blé m (à moudre) ◆ **it's all grist for or to his mill** ça apporte de l'eau à son moulin ◆ **any media coverage is useful - it's all grist to the mill** toute couverture médiatique est utile : c'est toujours bon à prendre

gristle ['grɪsl] n (NonC) tendons mpl, nerfs mpl (surtout dans la viande cuite)

gristliness ['grɪslɪnɪs] n [of meat] consistance f tendineuse

gristly ['grɪslɪ] adj meat tendineux

grit [grɪt] → SYN **1** n (NonC) **a** (= sand) sable m ; (= gravel) gravillon m ; (= rock: also **gritstone**) grès m ; (for fowl) gravier m ◆ **I've got (a piece of) grit in my eye** j'ai une poussière dans l'œil
b (* fig = courage) cran* m ◆ **he's got grit** il a du cran*
2 grits npl (US) gruau m de maïs
3 vi craquer, crisser
4 vt **a** **to grit one's teeth** serrer les dents
b **to grit a road** sabler une route, répandre du sable sur une route

gritter ['grɪtəʳ] n camion m de sablage

grittily * ['grɪtɪlɪ] adv avec cran*, courageusement

gritting ['grɪtɪŋ] n [of road] sablage m

gritty ['grɪtɪ] → SYN adj **a** (= stony, grainy) soil, ash graveleux ; road sablé ; floor plein de grains de sable ; texture grumeleux ; fruit graveleux, grumeleux
b (* = courageous) person, determination solide ◆ **the team's gritty display** la performance courageuse de l'équipe
c (= unsentimental) realism cru ; film, drama, account réaliste

grizzle ['grɪzl] vi (Brit) (= whine) pleurnicher, geindre ; (= complain) ronchonner*

grizzled ['grɪzld] adj hair, beard, man grisonnant

grizzler ['grɪzləʳ] n (= whiner) pleurnicheur m, -euse f ; (= moaner) ronchonneur* m, -euse f

grizzly ['grɪzlɪ] **1** adj **a** (= grey) grisâtre ; hair, person grisonnant
b (= whining) pleurnicheur, geignard
2 n (also **grizzly bear**) ours m gris

groan [grəʊn] → SYN **1** n [of pain] gémissement m, plainte f ; [of disapproval, dismay] grognement m ◆ **this news was greeted with groans** cette nouvelle a été accueillie par des murmures (désapprobateurs)
2 vi **a** (in pain) gémir, pousser un or des gémissement(s) (**with** de) ; (in disapproval, dismay) grogner ◆ **he groaned inwardly at the thought** il étouffa un grognement à cette idée
b (= creak) [planks] gémir ; [door] crier ◆ **the table groaned under the weight of the food** la table ployait sous le poids de la nourriture ◆ **the groaning board** (hum) la table ployant sous l'amoncellement de victuailles
3 vt (in pain) dire en gémissant ; (in disapproval, dismay) dire en grommelant

groat [grəʊt] n (Brit) ancienne petite pièce de monnaie

groats [grəʊts] npl gruau m d'avoine or de froment

grocer ['grəʊsəʳ] n épicier m, -ière f ◆ **at the grocer's (shop)** à l'épicerie, chez l'épicier

grocery ['grəʊsərɪ] n **a** (= shop) épicerie f ◆ **he's in the grocery business** il est dans l'épicerie
b (= provisions) **I spent $25 on groceries** j'ai dépensé 25 dollars en épicerie or en provisions ◆ **all the groceries are in this basket** toute l'épicerie est dans ce panier

grog [grɒg] n grog m

groggily * ['grɒgɪlɪ] adv en vacillant

grogginess * ['grɒgɪnɪs] n état m chancelant, manque m d'équilibre

groggy * ['grɒgɪ] adj person (= weak) faible ; (= unsteady) groggy * ; (from blow etc) groggy *, sonné * ; voice faible ◆ **I still feel a bit groggy** je me sens toujours un peu sonné * or groggy *

grogram ['grɒgrəm] n gros-grain m

groin [grɔɪn] n **a** (Anat) aine f
b (Archit) arête f
c ⇒ **groyne**

grommet ['grɒmɪt] n **a** (= metal eyelet) œillet m
b (Med) drain m transtympanique

gromwell ['grɒmwəl] n grémil m

groom [gru:m] → SYN **1** n **a** (for horses) valet m d'écurie, palefrenier m
b (also **bridegroom**) (just married) (jeune) marié m ; (about to be married) (futur) marié m
c (in royal household) chambellan m
2 vt [+ horse] panser ◆ **the cat was grooming itself** le chat faisait sa toilette ◆ **to groom o.s.** [person] se pomponner, s'arranger ◆ **well-groomed** person très soigné ; hair bien coiffé ◆ **to groom sb for a post** etc préparer or former qn pour un poste etc ◆ **she is being groomed for stardom** on la prépare à devenir une star ◆ **he is grooming him as his successor** il en a fait son poulain

grooming ['gru:mɪŋ] n **a** (gen) soins mpl de toilette or de beauté ; (= well-groomedness) apparence f (impeccable) ◆ **grooming products** produits mpl de toilette or de beauté
b [of horse] pansage m ; [of dog] toilettage m

groove [gru:v] → SYN **1** n **a** (in wood, plank, head of screw, for sliding door) rainure f ; (for pulley) gorge f ; (in column) cannelure f ; (in record) sillon m ; (in penknife blade) onglet m
b (Mus * = rhythm) groove m ◆ **to get into the groove** trouver son rythme
c * **to be in the groove** (= up-to-date) [person, place] être dans le vent * or coup * ◆ **he's in the** or **a groove** il a le vent en poupe * ◆ **he's (stuck) in a groove** il s'est encroûté
d (US = great) **it's a groove** ‡ c'est sensationnel *, c'est le pied ‡
2 vt **a** (= put groove in) rainurer, rainer (SPEC)
b (US = like) **I groove it** ‡ ça me botte *
3 vi **a** (US ‡) prendre son pied ‡
b (* = dance) danser ◆ **to groove to the music** danser au rythme de la musique

groovy * ['gru:vɪ] adj (= marvellous) sensass ‡ inv, vachement bien ‡ ; (= up-to-date) dans le vent *

grope [grəʊp] → SYN **1** vi tâtonner, aller à l'aveuglette ◆ **to grope (around) for sth** (in a room etc) chercher qch à tâtons or à l'aveuglette ◆ **I groped (around) in my bag for the keys** j'ai fouillé dans mon sac pour trouver les clés ◆ **to grope for words** chercher ses mots ◆ **scientists are groping towards a cure** les chercheurs s'efforcent de trouver un remède ◆ **to be groping in the dark** (fig) être dans le brouillard
2 vt **a** **to grope one's way towards** avancer à tâtons or à l'aveuglette vers ◆ **to grope one's way in/out** etc entrer/sortir etc à tâtons or à l'aveuglette
b (*, pej = touch sexually) peloter *, tripoter *
3 n (pej: sexual) ◆ **to have a grope** * [couple] se peloter *

groper * ['grəʊpəʳ] n (pej) peloteur * m, -euse f, tripoteur * m, -euse f

groping ['grəʊpɪŋ] **1** adj **a** (= tentative) attempt tâtonnant, timide ◆ **we have a groping awareness of how it works** nous commençons plus ou moins à comprendre comment cela fonctionne
b (pej) **groping hands** * mains fpl baladeuses
2 n **a** (also **gropings** : = tentative attempts) tâtonnements mpl
b (*, pej) pelotage * m

gropingly ['grəʊpɪŋlɪ] adv en tâtonnant, à tâtons

grosbeak ['grɒsbi:k] n (Orn) gros-bec m

grosgrain ['grəʊgreɪn] n gros-grain m

gross [grəʊs] → SYN **1** adj **a** (= flagrant) injustice flagrant ; inequalities, abuse, violation choquant ; exaggeration, mismanagement manifeste ; simplification grossier ; error gros (grosse f), lourd ◆ **gross ignorance** ignorance f crasse ◆ **that is a gross understatement** c'est le moins que l'on puisse dire
b (* = disgusting) person, behaviour, food dégoûtant, répugnant ; clothes moche *
c (= crude) remarks, jokes grossier
d (pej = fat) énorme
e income, profit, weight etc brut
2 adv pay, weigh brut ◆ **she earns £30,000 gross per annum** elle gagne 30 000 livres brut par an
3 n **a** **in (the) gross** (= wholesale) en gros, en bloc ; (fig) en général, à tout prendre
b (pl inv = twelve dozen) grosse f, douze douzaines fpl
4 vt (Comm) réaliser or dégager un bénéfice brut de
5 COMP ▷ **gross domestic income** n (Econ) revenu m intérieur brut ▷ **gross domestic product** n (Econ) produit m intérieur brut ▷ **gross indecency** n atteinte f sexuelle ▷ **gross misconduct** n faute f grave ▷ **gross national product** n (Econ) produit m national brut ▷ **gross negligence** n (gen) extrême négligence f ; (Jur) ≃ faute f grave ▷ **gross output** n (Ind, Econ) production f brute

► **gross out** ‡ vt (US) débecter ‡

► **gross up** vt fus [+ interest, dividend, amount] calculer le montant brut or la valeur brute de

grossly ['grəʊslɪ] adv **a** (= very much) exaggerate, overestimate, underestimate grossièrement ; overpaid, underpaid nettement ; inadequate nettement, largement ; inaccurate totalement ; misleading, inefficient, irresponsible terriblement ◆ **grossly unfair** d'une injustice flagrante ◆ **to be grossly negligent** (gen) commettre une négligence grave ; (Jur) ≃ commettre une faute grave ◆ **the health service is grossly underfunded** les services de santé manquent cruellement de fonds
b (= disgustingly) behave, talk de façon grossière, grossièrement
c (gen, Med) **grossly overweight** obèse

grossness ['grəʊsnɪs] n **a** (= coarseness) grossièreté f
b (= fatness) obésité f

grot * ['grɒt] n (NonC) (= dirt) crasse f ; (fig) inepties fpl

grotesque [grəʊ'tesk] → SYN **1** adj **a** (= hideous) appearance monstrueux ; idea, proposal grotesque ; sight, spectacle choquant
b (Art) grotesque
2 n grotesque m

grotesquely [grəʊ'tesklɪ] adv (= hideously) distorted, deformed, swollen monstrueusement ; simplistic ridiculement

grotto ['grɒtəʊ] n, pl **grottos** or **grottoes** grotte f

grotty * ['grɒtɪ] adj (Brit) (= dirty) clothes cradingue * ; (= horrible) place, food minable * ◆ **to feel grotty** (= unwell) être mal fichu *

grouch * [graʊtʃ] **1** vi râler *
2 n (= person) râleur * m, -euse * f ◆ **his main grouch is that ...** (= complaint) il râle * surtout parce que ...

grouchily * ['graʊtʃɪlɪ] adv en ronchonnant, en rouspétant *

grouchiness * ['graʊtʃɪnɪs] n caractère m ronchon * or grincheux

grouchy * ['graʊtʃɪ] adj ronchon *, grincheux

ground[1] [graʊnd] → SYN **1** n **a** (NonC) **the ground** (= surface for walking on) la terre, le sol ◆ **above ground** en surface ◆ **below (the) ground** sous terre ◆ **to fall to the ground** tomber par terre ◆ **to knock sb to the ground** faire tomber qn (par terre) ◆ **burnt to the ground** réduit en cendres ◆ **to lie/sit (down) on the ground** se coucher/s'asseoir par terre or sur le sol ◆ **to have one's feet (firmly) on the ground** (fig) avoir les pieds sur terre ◆ **to get off the ground** [plane etc] décoller ; [scheme etc] démarrer ◆ **to get sth off the ground** (fig) (faire) démarrer qch ◆ **to go to ground** (lit, fig) se terrer ◆ **to run a fox to ground** poursuivre un renard jusqu'à son terrier ◆ **to run sb to ground** (fig) mettre la main sur qn ◆ **that suits me down to the ground** * ça me va tout à fait ◆ **to run** or **drive a car into the ground** user une voiture jusqu'à ce qu'elle soit bonne pour la casse ◆ **to run a business into the ground** laisser péricliter une entreprise ◆ **to run sb into the ground** user qn or épuiser qn ◆ **to run o.s. into the ground (with work)** s'épuiser (au travail) ◆ **to cut the ground from under sb's feet** couper l'herbe sous le pied de qn ; → **ear, high, thick, thin**
b (NonC) (= piece of land) terrain m ; (larger) domaine m, terres fpl ; (= soil) sol m, terre f, terrain m ; (fig) terrain m ◆ **to till the ground** labourer la terre ◆ **stony ground** sol m or terrain m caillouteux ; see also **stony** ◆ **all this ground is owned by Lord Carrick** toutes ces terres appartiennent à Lord Carrick ◆ **neutral ground** (lit, fig) terrain m neutre ◆ **to meet sb on his own ground** (fig) affronter qn sur son propre terrain ◆ **to be sure of one's ground** (fig) être sûr de son fait ◆ **to be on dangerous ground** être sur un terrain glissant ◆ **on familiar ground** en terrain familier or connu ◆ **we're on fairly firm** or **solid ground** nous sommes sur un terrain assez solide ◆ **to change one's ground** (fig) changer son fusil d'épaule ◆ **to give ground** (Mil, also fig) céder du terrain ◆ **to go over the same ground again** (fig : in discussion etc) ressasser les mêmes questions ◆ **to hold one's ground** tenir bon, ne pas lâcher prise ◆ **to lose ground** (Mil, also gen) perdre du terrain ; [party, politician] être en perte de vitesse ◆ **sterling lost ground against the other European currencies** la livre a perdu du terrain face aux autres monnaies européennes ◆ **to clear the ground** (fig) déblayer le terrain ◆ **to shift one's ground** changer son fusil d'épaule ◆ **to stand one's ground** tenir bon ; → **break, common, cover, gain**
c (= area for special purpose) terrain m ◆ **football ground** terrain m de football ; → **landing, parade, recreation**
d **grounds** (= gardens etc) → **grounds**
e (US Elec) terre f ; (in car etc) masse f
f (gen pl = reason) motif m, raison f ◆ **grounds for divorce/dismissal** motifs mpl de divorce/licenciement ◆ **grounds for prosecution** chefs mpl d'accusation ◆ **ground(s) for complaint** grief m ◆ **there are grounds for believing that ...** il y a lieu de penser que ... ◆ **the situation gives grounds for anxiety** la situation est préoccupante ◆ **the latest figures give (us) grounds for optimism** les derniers chiffres (nous) permettent d'être optimistes ◆ **on personal/medical grounds** pour (des) raisons personnelles/médicales ◆ **on what grounds?** à quel titre ? ◆ **on the ground(s) of** pour raison de ◆ **on the ground(s) that ...** en raison du fait que ... ◆ **on the ground that ...** (Jur) au motif que ...
g (= background) fond m ◆ **on a blue ground** sur fond bleu
2 vt **a** [+ plane, pilot] empêcher de voler, interdire de voler à ; (= keep on ground) retenir au sol
b (*: as punishment) [+ teenager] priver de sortie
c [+ ship] faire s'échouer ◆ **the tanker was grounded (on the rocks)** le pétrolier s'était échoué (sur les rochers)
d (US Elec) mettre à la terre ; (in car etc) mettre à la masse
e (= base) fonder (*on, in* sur) ◆ **her argument was grounded in** or **on fact** son argument était fondé sur des faits ◆ **the story isn't grounded in reality** cette histoire n'est pas fondée sur la réalité ; → **well**
3 vi [ship] s'échouer
4 COMP ▷ **ground angle shot** n (Phot, Cine) contre-plongée f ▷ **ground attack** n (Mil) offensive f terrestre ▷ **ground bait** n (Fishing) amorce f de fond ▷ **ground bass** n (Mus) basse f contrainte or obstinée ▷ **ground cherry** n alkékenge m ▷ **ground cloth** n (US) tapis m de sol ▷ **ground colour** n (= background colour) fond m ▷ **ground control** n (Aviat) contrôle m au sol ▷ **ground cover** n couverture f végétale, tapis m végétal ▷ **ground crew** n (Aviat) équipe f au sol ▷ **ground floor** n (esp Brit) rez-de-chaussée m ◆ **he got in on the ground floor** (fig) il est là depuis le début ▷ **ground-floor** adj (esp Brit) flat, room au rez-de-chaussée ; window du rez-de-chaussée ▷ **ground forces** npl (Mil) forces fpl terrestres ▷ **ground frost** n gelée f blanche ▷ **ground ice** n glaces fpl de fond ▷ **ground ivy** n lierre m terrestre ▷ **ground level** n **at ground level** au niveau du sol ▷ **ground plan** n (= scale drawing) plan m (au sol) ; (= basic sketch) esquisse f ▷ **ground rent** n (esp Brit) redevance f foncière ▷ **ground rules** npl (gen) procédure f ◆ **we can't change the ground rules at this stage** (fig)

on ne peut pas changer les règles du jeu maintenant ▸ **ground staff** n (Aviat) personnel m au sol ▸ **ground-to-air missile** n (Mil) missile m sol-air ▸ **ground-to-ground missile** n (Mil) missile m sol-sol ▸ **ground troops** npl (Mil) armée f de terre ▸ **ground water** n (Geol) nappe f phréatique ▸ **ground wire** n (US Elec) fil m de terre ; (in car etc) fil m de masse ▸ **ground zero** n (Mil: of nuclear explosion) point m de radiation maximum au sol

ground² [graʊnd] ① vb (pt, ptp of grind)
② adj coffee, spices etc moulu ◆ **ground beef** (US Culin) bœuf m haché ◆ **ground glass** (rough surface) verre m dépoli ; (powdered) verre m pilé ◆ **ground rice** farine f de riz

groundbreaking ['graʊndbreɪkɪŋ] adj révolutionnaire

groundhog ['graʊndhɒg] ① n (US) marmotte f d'Amérique
② COMP ▸ **Groundhog Day** n (US) jour m de la marmotte d'Amérique

---
GROUNDHOG DAY

Groundhog Day est une tradition américaine selon laquelle on peut prédire l'arrivée du printemps en observant le comportement de la marmotte d'Amérique, censée sortir de son hibernation le 2 février. Si le soleil brille ce jour-là, la marmotte est tellement effrayée par son ombre qu'elle prolonge son hibernation de six semaines, ce qui signifie que l'hiver se prolongera d'autant. La sortie de la marmotte est filmée chaque année à Punxsutawney, en Pennsylvanie, et l'événement est diffusé à l'échelle nationale.

---

grounding ['graʊndɪŋ] n **a** (in education) bases fpl (in en) ◆ **she had a good grounding in French** elle avait de bonnes bases en français
b [of ship] échouage m
c [of plane] interdiction f de vol

groundless ['graʊndlɪs] → SYN adj sans fondement, non fondé, infondé

groundlessly ['graʊndlɪslɪ] adv sans motif, sans fondement

groundlessness ['graʊndlɪsnɪs] n absence f de fondement

groundling ['graʊndlɪŋ] n (= loach) loche f ; (= gudgeon) goujon m

groundnut ['graʊndnʌt] ① n (esp Brit) arachide f
② COMP ▸ **groundnut oil** n huile f d'arachide

grounds [graʊndz] npl **a** (also **coffee grounds**) marc m (de café)
b (= gardens etc) parc m

groundsel ['graʊnsl] n séneçon m

groundsheet ['graʊndʃiːt] n tapis m de sol

ground(s)keeper ['graʊndzkiːpər] n (US) ⇒ **groundsman**

groundsman ['graʊndzmən] pl **-men** n [of playing field] gardien m (de stade) ; [of park] garde m (de parc) ; [of cemetery] gardien m (de cimetière)

groundspeed ['graʊndspiːd] n (Aviat) vitesse f au sol

groundswell ['graʊndswel] n (lit, fig) lame f de fond

groundwork ['graʊndwɜːk] → SYN n (gen) travail m préparatoire, préparation f ; [of novel, plan etc] plan m, canevas m

group [gruːp] → SYN ① n (gen, also Gram, Comm, Mus) groupe m ◆ **in groups of four** par groupes de quatre ◆ **to stand in groups** former des petits groupes ◆ **to form a group round sth/sb** se grouper or se rassembler autour de qch/qn ◆ **literary group** cercle m littéraire ; → **blood, in, pressure**
② vi (also **group together**) [people] se grouper, se regrouper ◆ **to group round sth/sb** se grouper or se rassembler autour de qch/qn
③ vt (also **group together**) [+ objects, people] rassembler, réunir ; [+ ideas, theories, numbers] grouper ◆ **the children grouped themselves around the teacher** les enfants se sont groupés or rassemblés autour du professeur ◆ **pupils are grouped according to age and ability** les élèves sont répartis en groupes en fonction de leur âge et de leurs aptitudes
④ COMP ▸ **group booking** n réservation f de groupe ▸ **group captain** n (Brit Aviat) colonel m de l'armée de l'air ▸ **group dynamics** npl dynamique f de(s) groupe(s) ▸ **group insurance** n (NonC) assurance f groupe ▸ **the Group of Eight** n (Pol) le groupe des Huit ▸ **the Group of Seven** n (Pol) le groupe des Sept ▸ **group practice** n (Med) cabinet m (de groupe or d'association) ▸ **group sex** n to take part in group sex faire l'amour à plusieurs ▸ **group theory** n (Math) théorie f des ensembles ▸ **group therapist** n (Psych) (psycho)thérapeute mf (de groupe) ▸ **group therapy** n (Psych) (psycho)thérapie f de groupe ▸ **group work** n (Social Work) travail m en groupe or en équipe

grouper ['gruːpər] n mérou m

groupie * ['gruːpɪ] n groupie * f

grouping ['gruːpɪŋ] n groupement m ◆ **groupings of companies** (Fin, Jur) regroupements mpl d'entreprises

groupuscule ['gruːpəˌskjuːl] n (Pol, usually pej) groupuscule m

groupware ['gruːpwɛər] ① n (NonC: Comput) groupware m
② COMP ▸ **groupware package** n logiciel m de productivité de groupe

grouse¹ [graʊs] (Orn) ① n, pl **grouse** or **grouses** grouse f ; → **black, red**
② COMP ▸ **grouse-beating** n to go grouse-beating faire le rabatteur (à la chasse à la grouse) ▸ **grouse moor** n chasse f réservée (où l'on chasse la grouse) ▸ **grouse-shooting** n to go grouse-shooting chasser la grouse, aller à la chasse à la grouse

grouse² * [graʊs] → SYN ① vi (= grumble) rouspéter *, râler * (at, about contre) ◆ **stop grousing!** arrête de rouspéter ! *
② n ◆ **to have a grouse** (about sth) (= complain) rouspéter * or râler * (contre qch) ◆ **I have a big grouse about the firm's attitude** j'ai de bonnes raisons de rouspéter * or râler * contre l'attitude de l'entreprise

grouser ['graʊsər] n râleur * m, -euse f

grout [graʊt] ① n enduit m de jointoiement ; (on floor) coulis m, enduit m de ragréage
② vt jointoyer

grouting ['graʊtɪŋ] n jointoiement m

grove [grəʊv] n bosquet m ◆ **olive grove** oliveraie f ◆ **chestnut grove** châtaigneraie f ◆ **pine grove** pinède f

grovel ['grɒvl] → SYN vi (lit) être à plat ventre ; (searching for something) ramper ; (fig) (= humble oneself) se mettre à plat ventre, ramper (to, before devant)

groveller, groveler (US) ['grɒvələr] n (pej) flagorneur m, -euse f

grovelling ['grɒvlɪŋ] adj (lit) rampant ; (fig) servile

grow [grəʊ] → SYN pret **grew**, ptp **grown** ① vi **a** (= get taller, bigger, longer etc physically) [plant, hair] pousser ; [person] grandir ; [animal] grandir, grossir ; [tumour] grossir ; [crystal] se former ◆ **she's letting her hair grow** elle se laisse pousser les cheveux ◆ **that plant does not grow in England** cette plante ne pousse pas en Angleterre ◆ **the plant grows from a bulb/from seed** c'est une plante à bulbe/que l'on sème ◆ **to grow to a height of 60cm** atteindre 60 cm (de haut) ◆ **he has grown (by) 5cm** il a grandi de 5 cm ◆ **haven't you grown!** comme tu as grandi or poussé ! * ; see also **grow into**
b (= increase, develop) [numbers, amount] augmenter, grandir ; [club, group] s'agrandir ; [population, rage, fear, love, influence, knowledge] augmenter, s'accroître ; [economy, market] être en expansion ◆ **their friendship grew as time went on** leur amitié a grandi avec le temps ◆ **our friendship grew from a common interest in gardening** notre amitié s'est développée à partir d'un goût commun pour le jardinage ◆ **fears are growing for the safety of the hostages** on craint de plus en plus pour la sécurité des otages ◆ **pressure is growing on him to resign** on fait de plus en plus pression sur lui pour qu'il démissionne ◆ **their policies kept the economy growing** grâce à leur politique, la croissance de l'économie s'est maintenue ◆ **the economy/market is growing at** or **by 3% a year** l'économie/le marché connaît une croissance de 3 % par an ◆ **the population is growing at** or **by 2% a year** la population augmente de 2 % par an ◆ **we have grown away from each other with time** avec le temps, nous nous sommes éloignés l'un de l'autre

◆ **to grow + adj** devenir ◆ **to grow big(ger)** grandir ◆ **to grow old(er)** vieillir ◆ **to grow red(der)** rougir ◆ **to grow angry** se fâcher, se mettre en colère ◆ **to grow rare(r)** se faire (plus) rare ◆ **to grow used to sth** s'habituer or s'accoutumer à qch

◆ **to grow in + noun** ◆ **to grow in popularity** devenir plus populaire ◆ **to grow in confidence** prendre de l'assurance ◆ **to grow in strength** se renforcer ◆ **to grow in wisdom/beauty** (liter) croître en sagesse/beauté

◆ **to grow to do sth** commencer à faire qch ◆ **to grow to love/dislike/fear sth** commencer à aimer/détester/redouter qch ◆ **I'm growing to like him a bit more** je commence à l'apprécier un peu plus ◆ **I had grown to like him** j'avais fini par l'apprécier

② vt [+ plants, crops] cultiver, faire pousser ; [+ one's hair, beard, nails] laisser pousser ; [+ empire] fabriquer ◆ **organically-grown vegetables** légumes mpl biologiques ◆ **she has grown her hair (long)** elle s'est laissé pousser les cheveux ◆ **it's grown a new leaf** une nouvelle feuille vient de pousser or d'apparaître ◆ **to grow horns** commencer à avoir des cornes

③ COMP ▸ **grow bag** n (Hort) sac contenant du terreau enrichi où l'on peut faire pousser directement des plantes

▸ **grow apart** vi s'éloigner peu à peu (l'un de l'autre or les uns des autres)

▸ **grow in** vi [nail] s'incarner ; [hair] repousser

▸ **grow into** vt fus **a** (= become) devenir ◆ **to grow into a man** devenir un homme ◆ **he's grown into quite a handsome boy** il est devenu très beau garçon (en grandissant)
b [+ clothes] devenir assez grand pour mettre ◆ **he grew into the job** peu à peu, il a appris les ficelles du métier ◆ **to grow into the habit of doing sth** prendre (avec le temps) l'habitude de faire qch

▸ **grow on** vt fus [habit etc] s'imposer peu à peu à ; [book, music etc] plaire de plus en plus à ◆ **his paintings grow on you** plus on regarde ses tableaux, plus on les apprécie

▸ **grow out** ① vi ◆ **to let one's dyed hair grow out** laisser repousser ses cheveux (pour éliminer la teinture), attendre que ses cheveux retrouvent leur couleur naturelle
② vt sep ◆ **if you don't like the perm, you'll just have to grow it out** si la permanente ne vous plaît pas, vous n'avez qu'à vous laisser repousser les cheveux

▸ **grow out of** vt fus [+ clothes] devenir trop grand pour ◆ **he's grown out of this jacket** cette veste est (devenue) trop petite pour lui ◆ **he grew out of his asthma/acne** son asthme/acné lui a passé avec le temps ◆ **to grow out of the habit of doing sth** perdre l'habitude de faire qch

▸ **grow up** vi **a** [person, animal] devenir adulte ◆ **when I grow up I'm going to be a doctor** quand je serai grand je serai médecin ◆ **grow up!** * arrête tes enfantillages !
b [friendship, hatred etc] se développer ; [custom] se répandre

grower ['grəʊər] n **a** (= person) producteur m, -trice f, cultivateur m, -trice f ◆ **vegetable grower** maraîcher m, -ère f ; → **rose**
b **this plant is a slow grower** c'est une plante à croissance lente

growing ['grəʊɪŋ] ① adj **a** plant qui pousse ◆ **growing crops** récoltes fpl sur pied ◆ **fast-/slow-growing** à croissance rapide/lente
b child en cours de croissance, qui grandit ◆ **he's a growing boy** il est en pleine croissance
c (= increasing) number, amount grandissant, qui augmente ; friendship, hatred grandissant, croissant ◆ **a growing opinion** une opinion de plus en plus répandue ◆ **a growing feeling of frustration** un sentiment croissant or grandissant de frustration

♦ **to have a growing desire to do sth** avoir de plus en plus envie de faire qch
2 n (= getting bigger) croissance f ; (Agr) culture f
3 COMP ▷ **growing pains** * npl (Med) douleurs fpl de croissance ; [of business, project] difficultés fpl de croissance ▷ **growing season** n (Agr) période f de croissance

growl [graʊl] **1** vi [animal] grogner, gronder (*at* contre) ; [person] grogner, ronchonner * ; [thunder] gronder
2 vt [+ reply etc] grogner, grommeler
3 n grognement m, grondement m ♦ **to give a growl** grogner

grown [grəʊn] **1** vb (ptp of **grow**) see also **home 4**
2 adj person adulte ♦ **he's a grown man** il est adulte

grown-up [ˌgrəʊnˈʌp] → SYN **1** adj **a** (= adult) children adulte ♦ **when he is grown-up** quand il sera grand
b (= mature) child, adolescent mûr ; behaviour de grande personne ♦ **your brother's very grown-up for his age** ton frère est très mûr pour son âge ♦ **you think you're so grown-up!** tu te prends pour une grande personne ! ♦ **she looks very grown-up** elle fait très grande personne or très adulte ♦ **try to be more grown-up about it** ne sois pas aussi puéril
c * talk, subject d'adultes
2 n grande personne f, adulte mf ♦ **the grown-ups** les grandes personnes fpl

growth [grəʊθ] → SYN **1** n **a** (NonC = development) [of plant] croissance f, développement m ; [of person] croissance f ♦ **to reach full growth** [plant] atteindre sa taille maximale ; [person] avoir fini de grandir
b (NonC = increase) [of numbers, amount] augmentation f ; [of business, trade] expansion f, croissance f (*in* de) ; [of club, group] croissance f ; [of influence, economy] croissance f, développement m ; [of knowledge, love, friendship] développement m ♦ **these measures encourage growth** (Econ) ces mesures favorisent la croissance ♦ **the growth of public interest in ...** l'intérêt croissant du public pour ...
c (= what has grown) pousse f, poussée f ♦ **a thick growth of weeds** des mauvaises herbes qui ont poussé dru ♦ **a five days' growth of beard** une barbe de cinq jours ♦ **she had a new growth of hair** ses cheveux se sont mis à repousser
d (Med = tumour) tumeur f ♦ **benign/malignant growth** tumeur f bénigne/maligne
2 COMP potential, prospects, forecast de croissance, d'expansion ▷ **growth area** n (= sector of economy) secteur m en (pleine) expansion ; (= region) région f en (pleine) expansion ▷ **growth curve** n courbe f de croissance ▷ **growth factor** n (Med) facteur m de croissance ▷ **growth hormone** n hormone f de croissance ▷ **growth industry** n secteur m en (pleine) expansion or en plein essor ▷ **growth market** n marché m en (pleine) expansion or en plein essor ▷ **growth rate** n taux m de croissance ▷ **growth shares** npl (Brit) valeurs fpl de croissance ▷ **growth stock** n (US) ⇒ **growth shares**

groyne [grɔɪn] n (esp Brit) brise-lames m inv

Grozny [ˈgrɒznɪ] n Grozny

grub [grʌb] → SYN **1** n **a** (= larva) larve f ; (in apple etc) ver m, asticot m
b (NonC ⁑ = food) boustifaille ⁑ f, bouffe ⁑ f ♦ **grub's up!** à la soupe ! *
2 vt [animal, ground, soil] fouir
3 vi (also **grub about, grub around**) fouiller, fouiner (*in, among* dans) ♦ **he was grubbing (about** or **around) in the earth for a pebble** il fouillait le sol pour trouver un caillou
4 COMP ▷ **grub screw** n vis f sans tête ▷ **Grub Street** * n (Brit) le monde des écrivaillons

▶ **grub up** vt sep [+ soil] fouir ; [+ object] déterrer

grubbiness [ˈgrʌbɪnɪs] n saleté f

grubby [ˈgrʌbɪ] → SYN adj (= dirty) person, object malpropre, sale ; (pej) (= sordid) sale, sordide ♦ **I don't want him to get his grubby hands on it** je ne veux pas qu'il y touche (avec ses pattes sales) ♦ **the grubby business of selling arms** le sordide commerce des armes

grubstake * [ˈgrʌbsteɪk] **1** n (US) (Hist) avance f faite à un prospecteur ♦ **to put up a grubstake for sb** * (Fin) fournir les fonds nécessaires à qn *(pour le lancement d'une entreprise ou d'un projet)*
2 vt accorder une avance à ; (Fin) financer *(pendant la phase de lancement)*

grudge [grʌdʒ] → SYN **1** vt ♦ **to grudge doing sth** faire qch à contrecœur, rechigner à faire qch ♦ **she grudges paying £20 a ticket** cela lui fait mal au cœur de payer 20 livres le billet ♦ **he grudges her even the food she eats** il lui mesure jusqu'à sa nourriture, il lésine même sur sa nourriture ♦ **do you grudge me these pleasures?** me reprochez-vous ces (petits) plaisirs ? ♦ **they grudged him his success** ils lui en voulaient de sa réussite ♦ **I won't grudge you $5** je ne vais pas te refuser 5 dollars
2 n rancune f ♦ **to bear** or **have a grudge against sb** en vouloir à qn, garder rancune à qn
3 COMP ▷ **grudge match** * n, pl **grudge matches** (Sport, fig) règlement m de comptes

grudging [ˈgrʌdʒɪŋ] adj consent, approval, support réticent ; apology, praise fait à contrecœur ♦ **he won their grudging admiration/respect** à contrecœur, ils ont fini par l'admirer/le respecter ♦ **to be grudging in one's support for sth** apporter un soutien réticent à qch

grudgingly [ˈgrʌdʒɪŋlɪ] adv à contrecœur

gruel [grʊəl] n gruau m

gruelling, grueling (US) [ˈgrʊəlɪŋ] → SYN adj éreintant

gruesome [ˈgruːsəm] → SYN adj horrible, épouvantable ♦ **in gruesome detail** jusque dans les plus horribles détails

gruesomely [ˈgruːsəmlɪ] adv (with vb) d'une manière horrible ; (with adj) horriblement

gruesomeness [ˈgruːsəmnɪs] n atrocité f, horreur f

gruff [grʌf] → SYN adj bourru

gruffly [ˈgrʌflɪ] adv say d'un ton bourru

gruffness [ˈgrʌfnɪs] n [of person, manner] brusquerie f ; [of voice] ton m bourru

grumble [ˈgrʌmbl] → SYN **1** vi [person] maugréer (*at, about* contre) ; [thunder] gronder
2 n **a** grognement m, ronchonnement * m ♦ **to do sth without a grumble** faire qch sans ronchonner ♦ **after a long grumble about ...** après avoir longtemps maugréé contre ...
b grumbles récriminations fpl

grumbler [ˈgrʌmblə^r] n ronchonneur m, -euse f

grumbling [ˈgrʌmblɪŋ] **1** n (NonC) récriminations fpl
2 adj person grognon, grincheux ♦ **a grumbling sound** un grondement
3 COMP ▷ **grumbling appendix** n appendicite f chronique

grummet [ˈgrʌmɪt] n ⇒ **grommet**

grump [ˈgrʌmp] **1** n (= person) grognon m, ronchon m
2 **grumps** npl ♦ **to have the grumps** être de mauvais poil *

grumpily [ˈgrʌmpɪlɪ] adv say d'un ton maussade

grumpiness [ˈgrʌmpɪnɪs] n (permanent) mauvais caractère m ♦ **sorry for my grumpiness yesterday** désolé d'avoir été de mauvais poil * hier

grumpy [ˈgrʌmpɪ] adj grognon, bougon

Grundyism [ˈgrʌndɪɪzəm] n pruderie f moralisatrice

grunge [grʌndʒ] n grunge m

grungy * [ˈgrʌndʒɪ] adj crado ⁑ inv, cradingue ⁑

grunt [grʌnt] **1** vti grogner ♦ **to grunt a reply** grommeler or grogner une réponse ♦ **"no", he grunted** "non", grommela-t-il
2 n **a** grognement m ♦ **to give a grunt** pousser un grognement ; (in reply) répondre par un grognement
b (US ⁑ = soldier) fantassin m, biffin * m

gruppetto [gruˈpetəʊ] n, pl **gruppetti** [gruˈpetiː] (Mus) gruppetto m

Gruyère [ˈgruːjɛə^r] n (Culin) gruyère m

gryphon [ˈgrɪfən] n ⇒ **griffin**

GSOH * n (abbrev of **good sense of humour**) sens m de l'humour

GT [ˌdʒiːˈtiː] n (abbrev of **gran turismo**) GT f

Gt (abbrev of **Great**) gd (gde f), grand ♦ **Gt Britain** la Grande-Bretagne ♦ **Gt Yarmouth** Great Yarmouth

gt abbrev of **great**

GTi [ˌdʒiːtiːˈaɪ] n (abbrev of **gran turismo injection**) GTi f

GU (US Post) abbrev of **Guam**

guacamole [ˌgwækəˈməʊlɪ] n (Culin) guacamole m

Guadeloupe [ˌgwædəˈluːp] n la Guadeloupe

guaiacol [ˈgwaɪəkɒl] n gaïacol m

Guam [gwɑːm] n Guam

guanaco [gwɑːˈnɑːkəʊ] n guanaco m

guanine [ˈgwɑːniːn] n guanine f

guano [ˈgwɑːnəʊ] n (NonC) guano m

Guarani [ˌgwɑːrəˈniː] n, pl **Guaranis** or **Guarani** (= Indian) Guarani mf ; (Ling) guarani m

guarantee [ˌgærənˈtiː] → SYN **1** n **a** (gen, Comm = promise, assurance) garantie f ♦ **to be under guarantee** être sous garantie ♦ **there is a year's guarantee on this watch** cette montre est garantie un an, cette montre a une garantie d'un an ♦ **a guarantee against defective workmanship** une garantie contre les malfaçons ♦ **"money-back guarantee with all items"** "remboursement garanti sur tous les articles" ♦ **you have** or **I give you my guarantee that ...** je vous garantis que ... ♦ **there's no guarantee that it will happen** il n'est pas garanti or dit que cela arrivera ♦ **there's no guarantee that it actually happened** il n'est pas certain que cela soit arrivé ♦ **health is not a guarantee of happiness** la santé n'est pas une garantie de bonheur
b (Jur etc = pledge, security) garantie f, caution f ♦ **guarantee for a bill** (Fin) aval m d'une traite ♦ **to give sth as (a) guarantee** donner qch en garantie ♦ **he left his watch as a guarantee of payment** il a laissé sa montre en gage ♦ **what guarantee can you offer?** quelle caution pouvez-vous donner ?
c ⇒ **guarantor**
2 vt **a** (Comm) [+ goods etc] garantir (*against* contre) ♦ **to guarantee sth for two years** garantir qch (pour) deux ans ♦ **guaranteed not to rust** garanti inoxydable ♦ **guaranteed price** prix m garanti
b (= assure) [+ sb's safety, freedom, rights] garantir ♦ **I will guarantee his good behaviour** je me porte garant de sa bonne conduite ♦ **I guarantee that it won't happen again** je vous garantis que cela ne se reproduira pas ♦ **I can't guarantee that he will come** je ne peux pas garantir qu'il viendra ♦ **we can't guarantee good weather** nous ne pouvons pas garantir le beau temps or qu'il fera beau
c (Fin) **to guarantee a loan** se porter garant or caution d'un emprunt ♦ **I will guarantee him for a £500 loan** je lui servirai de garant or de caution pour un emprunt de 500 livres ♦ **guaranteed student loan** (US Univ) prêt m d'honneur *(à un étudiant)*
3 COMP ▷ **guarantee form** n garantie f *(fiche)*

guarantor [ˌgærənˈtɔː^r] n garant(e) m(f), caution f ♦ **to stand guarantor for sb** se porter garant or caution de qn ♦ **will you be my guarantor for the loan?** me servirez-vous de garant or de caution pour cet emprunt ?

guaranty [ˈgærəntɪ] n (Fin) garantie f, caution f ; (= agreement) garantie f ; (= person) garant(e) m(f)

guard [gɑːd] → SYN **1** n **a** (NonC) garde f, surveillance f ; (Mil) garde f ♦ **to put a guard on sb/sth** faire surveiller qn/qch ♦ **to come off guard** finir son tour de garde ♦ **to be on guard** être de garde or de faction ♦ **to go on guard** prendre son tour de garde ♦ **to keep** or **stand guard** être de garde, monter la garde ♦ **to keep** or **stand guard on** (against attack) garder ; (against theft, escape) surveiller ♦ **to stand guard over sb/sth** monter la garde auprès de qn/qch ♦ **to be under guard** être sous surveillance or sous bonne garde ♦ **to keep sb under guard** garder qn sous surveillance ♦ **he was taken under guard to ...** il a été emmené sous escorte à ... ; → **mount**

guarded / **guide**

b (NonC) (Boxing, Fencing) garde f ◆ **on guard!** (Sport) en garde !

c (= as protection) **he wears goggles as a guard against accidents** il porte des lunettes protectrices

d (= wariness) **to be on one's guard** se méfier (*against* de), être ou se tenir sur ses gardes (*against* contre) ◆ **to put sb on his guard** mettre qn en garde (*against* contre) ◆ **to be off (one's) guard** ne pas être ou ne pas se tenir sur ses gardes ◆ **to catch sb off (his) guard** prendre qn au dépourvu ◆ **to put sb off (his) guard** tromper la vigilance de qn ◆ **to drop one's guard** relâcher sa vigilance, baisser sa garde (fig)

e (Mil etc) (= squad of men) garde f ; (= one man) garde m ◆ **to change (the) guard** (Mil) faire la relève de la garde ◆ **one of the old guard** un vieux de la vieille * ◆ **the Guards** (Brit Mil) les régiments mpl de la garde royale ; → **lifeguard, security**

f (Brit Rail) chef m de train

g (on machine) dispositif m de sûreté ; (on sword) garde f ; → **fireguard**

h (Basketball) **left/right guard** arrière m gauche/droit

2 vt (against attack) garder (*from, against* contre) ; (against theft, escape) surveiller ; (Cards, Chess) garder ; (fig) [+ one's tongue, passions etc] surveiller ◆ **the frontier is heavily guarded** la frontière est solidement gardée ◆ **the dog guarded the house** le chien gardait la maison ◆ **guard it with your life!** veillez bien dessus ! ◆ **to guard o.s. against sth** (fig) se prémunir contre qch

3 COMP ▷ **guard dog** n chien m de garde ▷ **guard duty** n (Mil) **to be on guard duty** être de garde ou de faction ▷ **guard of honour** n (lit, fig) garde f d'honneur ; (on either side) haie f d'honneur ▷ **guard's van** n (Brit Rail) fourgon m

▶ **guard against** vt fus se protéger contre, se prémunir contre ◆ **to guard against doing sth** (bien) se garder de faire qch ◆ **in order to guard against this** pour éviter cela ◆ **we must try to guard against this happening again** nous devons essayer d'empêcher que cela ne se reproduise

guarded ['gɑːdɪd] → SYN adj person sur ses gardes ; response, remark circonspect, prudent ; support, smile réservé ; optimism prudent ◆ **he is guarded about his intentions** il se garde de trop révéler ses intentions ◆ **a closely** or **carefully guarded secret** un secret bien gardé ◆ **to give a guarded welcome to sth** accueillir qch avec réserve

guardedly ['gɑːdɪdlɪ] adv say avec circonspection, prudemment ◆ **guardedly optimistic** d'un optimisme prudent

guardedness ['gɑːdɪdnɪs] n circonspection f

guardhouse ['gɑːdhaʊs] n (Mil) (for guards) corps m de garde ; (for prisoners) salle f de police

guardian ['gɑːdɪən] → SYN **1** n **a** gardien(ne) m(f), protecteur m, -trice f

b [of minor] tuteur m, -trice f

2 adj gardien

3 COMP ▷ **guardian angel** n ange m gardien ▷ **Guardian reader** n (Brit) lecteur m, -trice f du Guardian

---

GUARDIAN READER

"Dis-moi quel quotidien tu lis, et je te dirai qui tu es" : cet adage est particulièrement valable en Grande-Bretagne, où les gens ont une image stéréotypée des lecteurs des différents quotidiens. Les lecteurs du **Guardian**, quotidien de centre gauche, se comptent surtout parmi la gauche bourgeoise et intellectuelle, les enseignants, les travailleurs sociaux etc. Le "Sun" se situerait à l'autre extrême.

---

guardianship ['gɑːdɪənʃɪp] n (Jur) tutelle f

guardrail ['gɑːdreɪl] n [of staircase] rampe f ; [of balcony] balustrade f, rambarde f ; [of road] glissière f de sécurité

guardroom ['gɑːdrʊm] n (Mil) corps m de garde

guardsman ['gɑːdzmən] n, pl **-men** (Brit Mil) soldat m de la garde royale, garde m ; (US) soldat m de la garde nationale

Guatemala [ˌgwɑːtɪˈmɑːlə] n le Guatemala

Guatemalan [ˌgwɑːtɪˈmɑːlən] **1** adj guatémaltèque

2 n Guatémaltèque mf

guava ['gwɑːvə] n (= fruit) goyave f ; (= tree) goyavier m

Guayaquil [ˌgwajaˈkiːl] n (Geog) Guayaquil

gubbins * ['gʌbɪnz] n (Brit) **a** (= thing) machin * m, truc * m

b (= silly person) crétin * m, imbécile m

gubernatorial [ˌguːbənəˈtɔːrɪəl] adj (esp US) de ou du gouverneur

gudgeon¹ ['gʌdʒən] n (fish) goujon m

gudgeon² ['gʌdʒən] **1** n (Tech) tourillon m ; (Naut) goujon m

2 COMP ▷ **gudgeon pin** n (Brit Aut) axe m de piston

guelder rose [ˈgɛldəˈrəʊz] n (Bot) boule-de-neige f

Guelf, Guelph [gwɛlf] n guelfe m

Guernica ['gɜːnɪkə] n (Geog, Art) Guernica

Guernsey ['gɜːnzɪ] n **a** (Geog) Guernesey f ◆ **in Guernsey** à Guernesey

b (also **Guernsey cow**) vache f de Guernesey

guernsey ['gɜːnzɪ] n (= garment) ≃ pull m marin

guerrilla [gəˈrɪlə] → SYN **1** n guérillero m

2 COMP tactics etc de guérilla ▷ **guerrilla band** n troupe f de partisans ou de guérilleros ▷ **guerrilla financing** n (US) financement m indépendant ⇒ **guerrilla band** ▷ **guerrilla group** n ⇒ **guerrilla band** ▷ **guerrilla strike** n (Ind) grève f sauvage ▷ **guerrilla war(fare)** n guérilla f

guess [gɛs] → SYN **1** n supposition f, conjecture f ◆ **to have** or **make a guess (at sth)** essayer de deviner (qch) ◆ **he made a wild guess** il a lancé une réponse au hasard ◆ **(I'll give you) three guesses!** essaie de deviner ! ◆ **that was a good guess!** tu as deviné juste ! ◆ **that was a good guess but ... how did you know?** — **it was just a lucky guess** comment as-tu deviné ? — j'ai dit ça au hasard ◆ **my guess is that he refused** d'après moi, il aura ou a refusé ◆ **it's anyone's guess who will win** * impossible de prévoir qui va gagner ◆ **will he come tomorrow?** — **it's anyone's guess** * viendra-t-il demain ? — qui sait ? ou Dieu seul le sait ◆ **at a guess I would say there were 200** à vue de nez, il y en avait 200 ◆ **at a rough guess** à vue de nez ◆ **an educated guess** une supposition éclairée ◆ **your guess is as good as mine!** * je n'en sais pas plus que toi !

2 vt **a** (also **guess at**) [+ answer, name etc] deviner ; (= estimate) [+ height, numbers etc] estimer, évaluer ; (= surmise) supposer, conjecturer (*that* que) ◆ **to guess sb's age** deviner l'âge de qn ◆ **you've guessed (it)!** tu as deviné !, c'est ça ! ◆ **I guessed as much** je m'en doutais ◆ **I don't weigh the ingredients, I just guess the quantities** je ne pèse pas les ingrédients, je le fais au pif * ◆ **I guessed him to be about 20, I guessed (that) he was about 20** je lui donnais à peu près 20 ans ◆ **guess how heavy he is** devine combien il pèse ◆ **can you guess what it means?** devine ce que ça veut dire ◆ **guess what!** * tu sais quoi ? ◆ **guess who!** * devine qui c'est ! ◆ **you'll never guess who's coming to see us!** tu ne devineras jamais qui va venir nous voir !

b (= believe, think) supposer, penser ◆ **he'll be about 40 I guess** je lui donnerais la quarantaine ◆ **I guess she's decided not to come** je suppose qu'elle a décidé de ne pas venir ◆ **I guess so** sans doute, oui ◆ **I guess not** non

3 vi deviner ◆ **(try to) guess!** essaie de deviner !, devine un peu ! ◆ **you'll never guess!** tu ne devineras jamais ! ◆ **to guess right** deviner juste ◆ **to guess wrong** tomber à côté ◆ **to keep sb guessing** laisser qn dans le doute ◆ **to guess at the height of a building/the number of people present** évaluer ou estimer (au jugé) la hauteur d'un bâtiment/le nombre de personnes présentes

4 COMP ▷ **guessing game** n to play a guessing game jouer aux devinettes

guesstimate * ['gɛstɪmɪt] **1** n (NonC) estimation f approximative

2 vt calculer au pifomètre *

guesswork ['gɛswɜːk] → SYN n conjecture f, hypothèse f ◆ **it was sheer guesswork** ce n'étaient que des conjectures ◆ **by guesswork** en devinant, au jugé

guest [gɛst] → SYN **1** n (at home) invité(e) m(f), hôte mf ; (at table) convive mf ; (in hotel) client(e) m(f) ; (in boarding house) pensionnaire mf ; (TV, Rad) invité(e) m(f) ◆ **guest of honour** invité(e) m(f) d'honneur ◆ **we were their guests last summer** nous avons été invités chez eux l'été dernier ◆ **be my guest!** * je vous en prie ! ; → **houseguest, paying**

2 vi (TV, Rad) ◆ **to guest on sb's show** être invité sur le plateau de qn ◆ **and guesting on tonight's show we have Linda Roberts** et pour l'émission de ce soir, notre invitée est Linda Roberts

3 COMP ▷ **guest appearance** n to make a guest appearance on sb's show être invité sur le plateau de qn ▷ **guest artist** n invité(e) m(f) spécial(e) ▷ **guest beer** n bière pression en promotion dans un bar ▷ **guest book** n livre m d'or ▷ **guest list** n liste f des invités ▷ **guest night** n soirée où les membres d'un club peuvent inviter des non-membres ▷ **guest room** n chambre f d'amis ▷ **guest speaker** n conférencier m, -ière f (*invité(e) par un club, une organisation*)

guesthouse ['gɛsthaʊs] n (Brit: gen) pension f de famille ; (in monastery etc) hôtellerie f

guestworker ['gɛstwɜːkəʳ] n travailleur m, -euse f immigré(e)

guff * [gʌf] n (NonC) idioties fpl, conneries ⁑ fpl

guffaw [gʌˈfɔː] **1** vi s'esclaffer

2 n gros (éclat m de) rire m

GUI ['guːɪ] n (Comput) (abbrev of **graphical user interface**) interface f graphique, interface f GUI

Guiana [gaɪˈænə] n les Guyanes fpl

Guianese [ˌgaɪəˈniːz] **1** n Guyanais(e) m(f)

2 adj guyanais

guidance ['gaɪdəns] → SYN **1** n **a** conseils mpl ; (= counselling) guidance f ◆ **he needs some guidance about how** or **as to how to go about it** il a besoin de conseils quant à la façon de procéder ◆ **your guidance was very helpful** vos conseils ont été très utiles ◆ **for your guidance** pour votre gouverne, à titre d'indication ou d'information ; see also **child, vocational**

b [of rocket etc] guidage m

2 COMP ▷ **guidance counselor** n (US Scol) conseiller m, -ère f d'orientation ▷ **guidance system** n (Tech) système m de guidage

guide [gaɪd] → SYN **1** n **a** (= person) guide m ◆ **you must let reason be your guide** il faut vous laisser guider par la raison

b (= indication) guide m, indication f ◆ **this figure is only a guide** ce chiffre n'est donné qu'à titre indicatif ◆ **last year's figures will be a good guide** les statistiques de l'année dernière serviront d'indication générale ◆ **these results are not a very good guide as to his ability** ces résultats ne reflètent pas vraiment ses compétences ◆ **as a rough guide, count four apples to the pound** comptez en gros quatre pommes par livre

c (= guidebook) guide m (touristique) ◆ **guide to Italy** guide m d'Italie

d (= book of instructions) guide m, manuel m ◆ **beginner's guide to sailing** manuel m d'initiation à la voile

e (for curtains etc) glissière f ; (on sewing machine) pied-de-biche m

f (Brit: also **girl guide**) éclaireuse f ; (Roman Catholic) guide f

2 vt **a** [+ stranger, visitor] guider, piloter ; [+ blind person] conduire, guider ◆ **he guided us through the town** il nous a pilotés ou guidés à travers la ville ◆ **he guided us to the main door** il nous a montré le chemin jusqu'à la porte d'entrée ◆ **to be guided by sb/sth** (lit, fig) se laisser guider par qn/qch

b [+ rocket, missile] guider

3 COMP ▷ **guide dog** n chien m d'aveugle ▷ **guide line** n (for writing) ligne f (*permettant une écriture horizontale régulière*) ; (on rope) main f courante ; see also **guideline** ▷ **guide price** n prix m indicatif

guidebook ['gaɪdbʊk] n guide m (touristique)

guided ['gaɪdɪd] **1** adj rocket etc téléguidé
2 COMP ▷ **guided missile** n missile m téléguidé ▷ **guided tour** n visite f guidée

guideline ['gaɪdlaɪn] n **a** (= rough guide) indication f; (= advice) conseil m ◆ **an IQ test is merely a guideline** un test de QI ne donne qu'une indication (générale) ◆ **I gave her a few guidelines on how to look after a kitten** je lui ai donné quelques conseils sur la manière de s'occuper d'un chaton ◆ **follow these simple guidelines for a healthy diet** pour vous alimenter sainement, il suffit de suivre ces conseils
b (= official directive) directive f (*on* sur) ◆ **safety/health guidelines** directives fpl concernant la santé/sécurité, directives fpl de santé/sécurité

guidepost ['gaɪdpəʊst] n poteau m indicateur

guider ['gaɪdə^r] n cheftaine f

guiding ['gaɪdɪŋ] adj idea, principle directeur (-trice f); ideology dominant,; policy, rule of base ◆ **he assumed a guiding role in his nephew's life** il a servi de mentor à son neveu ◆ **guiding light, guiding star** (fig) guide m ◆ **guiding force** moteur m ◆ **he is the guiding force behind these reforms** il est le moteur de ces réformes ◆ **he needs a guiding hand from time to time** de temps en temps, il faut le remettre sur la bonne voie

guild [gɪld] → SYN n **a** (Hist) guilde f, corporation f ◆ **goldsmiths' guild** guilde f des orfèvres
b association f, confrérie f ◆ **the church guild** le conseil paroissial ◆ **women's guild** association f féminine

guilder ['gɪldə^r] n, pl **guilders** or **guilder** florin m

guildhall ['gɪldhɔːl] n (Hist) maison f des corporations; (= town hall) hôtel m de ville

guile [gaɪl] → SYN n (NonC) (= deceit) fourberie f, duplicité f; (= cunning) ruse f

guileful ['gaɪlfʊl] adj (= deceitful) fourbe, trompeur; (= cunning) rusé

guilefulness ['gaɪlfʊlnɪs] n (= deceit) fourberie f

guileless ['gaɪlɪs] adj candide, sans malice

guilelessly ['gaɪlɪslɪ] adv (= straightforwardly) naïvement, candidement

guilelessness ['gaɪlɪsnɪs] n naïveté f, candeur f

guillemot ['gɪlɪmɒt] n guillemot m

guillotine [ˌgɪlə'tiːn] **1** n (for beheading) guillotine f; (for paper-cutting) massicot m ◆ **a guillotine was imposed on the bill** (Parl) la durée des débats sur le projet de loi a été limitée
2 vt [+ person] guillotiner; [+ paper] massicoter ◆ **to guillotine a bill** (Parl) limiter la durée des débats sur un projet de loi

guilt [gɪlt] → SYN **1** n (NonC) culpabilité f ◆ **he was tormented by guilt** il était torturé par un sentiment de culpabilité ◆ **to have guilt feelings about sth/sb** avoir un sentiment de culpabilité à cause de qch/envers qn
2 COMP ▷ **guilt complex** n (Psych) complexe m de culpabilité

guiltily ['gɪltɪlɪ] adv say d'un ton coupable; look away d'un air coupable; think avec un sentiment de culpabilité

guiltiness ['gɪltɪnɪs] n culpabilité f

guiltless ['gɪltlɪs] → SYN adj innocent (*of* de)

guiltlessly ['gɪltlɪslɪ] adv innocemment

guiltlessness ['gɪltlɪsnɪs] n innocence f

guilty ['gɪltɪ] → SYN **1** adj **a** (also Jur) person coupable (*of* de) ◆ **I've been guilty of that myself** j'ai moi-même commis la même erreur ◆ **he was guilty of taking the book without permission** il s'est rendu coupable d'avoir pris le livre sans permission ◆ **to be found guilty/not guilty (of sth)** être déclaré coupable/non coupable (de qch) ◆ **to plead guilty/not guilty (to sth)** plaider coupable/non coupable (de qch) ◆ **how do you plead? guilty or not guilty?** plaidez-vous coupable ou non coupable ? ◆ **a guilty verdict, a verdict of guilty** un verdict de culpabilité ◆ **a not guilty verdict, a verdict of not guilty** un verdict d'acquittement ◆ **the judge took into account his guilty plea** or **his plea of guilty** le juge a tenu compte du fait qu'il avait plaidé coupable ◆ **the court accepted a not guilty plea** or **a plea of not guilty** la cour l'a acquitté
b (= ashamed) smile, thought coupable; silence chargé de culpabilité ◆ **to look guilty** avoir l'air coupable ◆ **he had a guilty look on his face** il avait une expression coupable ◆ **to feel guilty** culpabiliser, avoir mauvaise conscience ◆ **to make sb feel guilty** culpabiliser qn, donner mauvaise conscience à qn ◆ **to feel guilty about sth** se sentir coupable de qch ◆ **I felt guilty that I had not thanked her** je culpabilisais or j'avais mauvaise conscience de ne pas l'avoir remerciée
c (= shameful) secret honteux; pleasure inavouable, coupable
2 COMP ▷ **guilty conscience** n mauvaise conscience f ◆ **I have a guilty conscience about not writing** j'ai mauvaise conscience de ne pas avoir écrit ▷ **the guilty party** n le coupable

Guinea ['gɪnɪ] **1** n (Geog) ◆ **(the Republic of) Guinea** la (République f de) Guinée f; see also **equatorial**
2 COMP ▷ **Guinea-Bissau** la Guinée-Bissau ▷ **guinea-fowl** n (pl inv) pintade f ▷ **guinea-pig** n (Zool) cochon m d'Inde, cobaye m; (fig) cobaye m ◆ **to be a guinea-pig** (fig) servir de cobaye

guinea ['gɪnɪ] n (Brit: formerly = money) guinée f (= 21 shillings)

Guinean ['gɪnɪən] **1** adj guinéen
2 n Guinéen(ne) m(f)

guise [gaɪz] n ◆ **in a new guise** sous une autre forme ◆ **in** or **under the guise of scientific research** sous l'apparence de or sous couvert de recherche scientifique ◆ **under the guise of doing sth** sous prétexte de faire qch ◆ **a portrait of the king in the guise of a Roman emperor** un portrait du roi en empereur romain

guiser ['gaɪzə^r] n (Scot, N Eng) personne f déguisée

guising ['gaɪzɪŋ] n (Scot, N Eng) coutume f de se déguiser (*en particulier pour Halloween*)

guitar [gɪ'tɑː^r] n guitare f

guitarist [gɪ'tɑːrɪst] n guitariste mf

Gujarat, Gujerat [ˌgʊdʒə'rɑːt] n le Gujarat, le Gujerat

Gujarati, Gujerati [ˌgʊdʒə'rɑːtɪ] **1** adj du Gujarat
2 n **a** (= person) Gujarati mf
b (Ling) gujarati m

gulag ['guːlæg] n goulag m

gulch [gʌltʃ] n (US) ravin m

gules [gjuːlz] n (Her) gueules m

gulf [gʌlf] → SYN **1** n **a** (in ocean) golfe m ◆ **the (Persian) Gulf** le golfe Persique, le Golfe
b (= abyss: lit, fig) gouffre m, abîme m
2 COMP ▷ **the Gulf of Aden** n le golfe d'Aden ▷ **the Gulf of Alaska** n le golfe d'Alaska ▷ **the Gulf of Mexico** n le golfe du Mexique ▷ **the Gulf States** npl (Middle East) les États mpl du Golfe; (in US) les États mpl du golfe du Mexique ▷ **the Gulf Stream** n le Gulf Stream ▷ **the Gulf War** n la guerre du Golfe ▷ **Gulf War syndrome** n (NonC: Med) syndrome m de la guerre du Golfe

gulfweed ['gʌlfwiːd] n (Bot) sargasse f

gull¹ [gʌl] **1** n (bird) goéland m, mouette f ◆ **common gull** goéland m cendré
2 COMP ▷ **gull-wing door** n (Aut) porte f papillon

gull² [gʌl] **1** vt duper, rouler *
2 n (= dupe) gogo * m

gullet ['gʌlɪt] n (Anat) œsophage m; (= throat) gosier m ◆ **it really stuck in my gullet** (fig) ça m'est resté en travers de la gorge *

gulley ['gʌlɪ] n ⇒ **gully**

gullibility [ˌgʌlɪ'bɪlɪtɪ] → SYN n crédulité f

gullible ['gʌlɪbl] → SYN adj crédule

gullibly ['gʌlɪblɪ] adv naïvement, avec crédulité

gully ['gʌlɪ] → SYN n **a** (= ravine) ravine f, couloir m; (Climbing) couloir m
b (= drain) caniveau m, rigole f

gulp [gʌlp] → SYN **1** n **a** (= action) coup m de gosier; (from emotion) serrement m de gorge ◆ **to swallow sth in one gulp** avaler qch d'un seul coup ◆ **he emptied the glass in one gulp** il a vidé le verre d'un (seul) trait ◆ **"yes" he replied with a gulp** "oui" répondit-il la gorge serrée or avec une boule dans la gorge
b (= mouthful) [of food] bouchée f; [of drink] gorgée f ◆ **he took a gulp of milk** il a avalé une gorgée de lait
2 vt **a** (also **gulp down**) [+ food] engloutir, avaler tout rond; [+ drink] avaler d'un trait ◆ **don't gulp your food** mâche ce que tu manges
b **I'm sorry, he gulped** "désolé", répondit-il la gorge serrée or avec une boule dans la gorge
3 vi essayer d'avaler; (from emotion) avoir un serrement à la gorge ◆ **he gulped** sa gorge s'est serrée or s'est contractée

▶ **gulp back** vt sep ◆ **to gulp back one's tears/sobs** ravaler or refouler ses larmes/sanglots

gum¹ [gʌm] **1** n (Anat) gencive f
2 COMP ▷ **gum disease** n gingivite f ▷ **gum shield** n protège-dents m

gum² [gʌm] → SYN **1** n **a** (NonC) (Bot) gomme f; (esp Brit = glue) gomme f, colle f; (= rubber) caoutchouc m
b (NonC) chewing-gum m
c (= sweet: also **gumdrop**) boule f de gomme
2 vt (= put gum on) gommer; (= stick) coller (*to* à) ◆ **gummed envelope/label** enveloppe f/étiquette f collante or gommée ◆ **to gum sth back on** recoller qch ◆ **to gum down an envelope** coller or cacheter une enveloppe
3 COMP ▷ **gum arabic** n gomme f arabique ▷ **gum resin** n gomme-résine f ▷ **gum tree** n gommier m ◆ **to be up a gum tree** * (Brit) être dans le pétrin *

▶ **gum up** * vt sep [+ machinery, plans] bousiller * ◆ **it's gummed up the works** ça a tout bousillé *

gum³ * [gʌm] n (euph) ◆ **by gum!** * nom d'un chien ! *, mince alors ! *

gumball * ['gʌmbɔːl] n (US) (= chewing gum) boule f de chewing-gum; (pej = person) andouille * f; (hum : on police car) gyrophare m, bulle * f

gumbo ['gʌmbəʊ] n (US, Can) (Bot) gombo m; (Culin) soupe f au gombo

gumboil ['gʌmbɔɪl] n fluxion f dentaire, abcès m à la gencive

gumboots ['gʌmbuːts] npl (esp Brit) bottes fpl de caoutchouc

gumdrop ['gʌmdrɒp] n boule f de gomme

gummosis [gʌ'məʊsɪs] n gommose f

gummy ['gʌmɪ] adj substance, surface collant ◆ **gummy-bear** (US) bonbon m à la gélatine (*en forme d'ours*)

gumption ['gʌmpʃən] n (NonC) jugeote * f, bon sens m ◆ **use your gumption!** un peu de jugeote ! * ◆ **he's got a lot of gumption** il sait se débrouiller

gumshoe *** ['gʌmʃuː] n (US = detective) privé * m

gumshoes ['gʌmʃuːz] npl (US) (= overshoes) caoutchoucs mpl; (= sneakers) (chaussures fpl de) tennis mpl

gun [gʌn] **1** n **a** (= handgun) revolver m, pistolet m; (= rifle) fusil m; (= cannon) canon m ◆ **he's got a gun!** il est armé ! ◆ **the thief was carrying a gun** le voleur avait une arme (à feu), le voleur était armé ◆ **to draw a gun on sb** braquer une arme sur qn ◆ **to hold** or **put a gun to sb's head** (fig) mettre le couteau or le pistolet sous la gorge de qn ◆ **a 21-gun salute** une salve de 21 coups de canon ◆ **the guns** (Mil) les canons mpl, l'artillerie f ◆ **the big guns** (Mil) les gros canons mpl, l'artillerie f lourde; (* fig = people) les grosses légumes * fpl, les huiles * fpl ◆ **to bring out the big guns** (fig) brandir un argument massue ◆ **to be going great guns** * (fig) [business] marcher très fort *; [person] être en pleine forme; see also **blow** ◆ **he's the fastest gun in the West** c'est la meilleure gâchette de l'Ouest ◆ **with (all) guns blazing** tout feu tout flamme inv ◆ **to be under the gun** (esp US) être dans une situation critique; → **jump, son, stick**
b (Brit = member of shooting party) fusil m
c (US *: also **gunman**) bandit m armé
d (Tech) pistolet m ◆ **paint gun** pistolet m à peinture; see also **grease**

gunboat / gym

[2] vt (esp US Aut) ◆ **to gun the engine** faire ronfler le moteur ◆ **to gun it** * appuyer sur le champignon
[3] vi * ◆ **to be gunning for sb** chercher qn *, essayer d'avoir qn ◆ **watch out, he's gunning for you!** fais gaffe *, il te cherche !
[4] COMP ▷ **gun barrel** n canon m de fusil or de revolver ▷ **gun carriage** n affût m de canon ; (at funeral) prolonge f d'artillerie ▷ **gun control** n (US) réglementation f du port d'armes ▷ **gun cotton** fulmicoton m, coton-poudre m ▷ **gun crew** n (Mil) peloton m or servants mpl de pièce ▷ **gun dog** n chien m de chasse ▷ **the gun laws** npl (US) les lois fpl sur le port d'armes ▷ **gun licence, gun license** (US) n permis m de port d'armes ▷ **gun room** n (in house) armurerie f ; (Brit Naut) poste m des aspirants ▷ **gun-shy** adj qui a peur des coups de feu ou des détonations ; (fig) qui n'a pas le courage de ses opinions ▷ **gun turret** n (Mil etc) tourelle f

▶ **gun down** vt sep abattre

GUN CONTROL

Aux États-Unis, la réglementation du port d'armes est un sujet très controversé. Le droit pour tous les citoyens de détenir des armes à feu est inscrit dans la constitution et certains lobbies encouragent fortement la pratique de l'autodéfense. Cependant, la montée de la violence préoccupe de nombreux Américains et a conduit à mettre en place une législation plus restrictive ; en particulier, beaucoup d'armes semi-automatiques ont été interdites.

---

gunboat ['gʌnbəʊt] [1] n (Naut) canonnière f
[2] COMP ▷ **gunboat diplomacy** n politique f de la canonnière, politique f de force

gunfight ['gʌnfaɪt] n échange m de coups de feu, fusillade f

gunfighter ['gʌnfaɪtəʳ] n (esp US) professionnel m de la gâchette, tireur m

gunfire ['gʌnfaɪəʳ] n [of rifles etc] coups mpl de feu, fusillade f ; [of cannons] feu m or tir m d'artillerie

gunge * [gʌndʒ] n (NonC: Brit) magma m infâme *

gung ho * [ˌgʌŋ ˈhəʊ] adj fonceur

gungy * [ˈgʌndʒɪ] adj visqueux, poisseux

gunite [ˈgʌnaɪt] n gunite f

gunk * [gʌŋk] n (NonC) ⇒ gunge

gunlock [ˈgʌnlɒk] n platine f, culasse f

gunmaker [ˈgʌnmeɪkəʳ] n armurier m

gunman [ˈgʌnmən] → SYN n, pl **-men** bandit m armé ; (Pol) terroriste m

gunmetal [ˈgʌnmetl] [1] n bronze m à canon
[2] adj (= colour) vert-de-gris inv

gunnel [ˈgʌnl] n ⇒ gunwale

gunner [ˈgʌnəʳ] n (Mil, Naut) artilleur m ; (Brit Mil) canonnier m

gunnery [ˈgʌnərɪ] [1] n **a** (= science, art, skill) tir m au canon, canonnage m
b (Mil = guns) artillerie f
[2] COMP ▷ **gunnery officer** n (Mil) officier m d'artillerie

gunny [ˈgʌnɪ] n (NonC) toile f de jute grossière ; (also **gunny bag, gunny sack**) sac m de jute

gunplay [ˈgʌnpleɪ] n (US) échange m de coups de feu

gunpoint [ˈgʌnpɔɪnt] n ◆ **to have** or **hold sb at gunpoint** tenir qn sous la menace d'un revolver ou d'un fusil ◆ **he did it at gunpoint** il l'a fait sous la menace d'un revolver ou d'un fusil

gunpowder [ˈgʌnpaʊdəʳ] n poudre f à canon ◆ **the Gunpowder Plot** (Brit Hist) la conspiration des Poudres

gunrunner [ˈgʌnrʌnəʳ] n trafiquant m d'armes

gunrunning [ˈgʌnrʌnɪŋ] n contrebande f or trafic m d'armes

gunsel * [ˈgʌnsl] n (US = gunman) flingueur * m

gunship [ˈgʌnʃɪp] n (also **helicopter gunship**) hélicoptère m de combat

gunshot [ˈgʌnʃɒt] [1] n (= sound) coup m de feu ◆ **within gunshot** à portée de fusil ◆ **out of gunshot** hors de portée de fusil
[2] COMP ▷ **gunshot wound** n blessure f par balle ◆ **to get a gunshot wound** être blessé par balle, recevoir un coup de feu

gunslinger * [ˈgʌnslɪŋəʳ] n (US = gunman) flingueur * m

gunsmith [ˈgʌnsmɪθ] n armurier m

gunstock [ˈgʌnstɒk] n fût m

gunwale [ˈgʌnl] n (Naut) plat-bord m

guppy [ˈgʌpɪ] n guppy m

gurgle [ˈgɜːgl] → SYN [1] n [of water, rain] gargouillis m, glouglou m ; [of stream] murmure m ; [of laughter] gloussement m ; [of baby] gazouillis m ◆ **to give a gurgle of delight** gazouiller de joie
[2] vi [water] glouglouter, gargouiller ; [stream] murmurer ; [person] (with delight) gazouiller ; (with laughter) glousser

Gurkha [ˈgɜːkə] n Gurkha m

gurnard [ˈgɜːnəd] n, pl **gurnard** or **gurnards** grondin m

gurney [ˈgɜːnɪ] n (US) lit m à roulettes

guru [ˈgʊruː] n (lit, fig) gourou m

gush [gʌʃ] → SYN [1] n [of oil, water, blood] jaillissement m, bouillonnement m ; [of tears, words] flot m ; (* pej) effusion(s) f(pl), épanchement(s) m(pl)
[2] vi **a** (lit, fig) jaillir ◆ **to gush in/out/through** etc [water etc] entrer/sortir/traverser etc en bouillonnant
b (* pej) [person] se répandre en compliments (over/about sur/au sujet de), en rajouter *

gusher * [ˈgʌʃəʳ] n **a** (= oil well) puits m jaillissant (de pétrole)
b (= effusive person) **to be a gusher** être trop exubérant

gushily * [ˈgʌʃɪlɪ] adv avec exubérance

gushiness * [ˈgʌʃɪnɪs] n exubérance f (excessive)

gushing [ˈgʌʃɪŋ] adj water etc jaillissant ; (pej) person, enthusiasm, welcome trop exubérant

gushy * [ˈgʌʃɪ] adj person trop exubérant ; language dithyrambique

gusset [ˈgʌsɪt] n (Sewing) soufflet m ; [of swimsuit, tights] gousset m

gusseted [ˈgʌsɪtɪd] adj (Sewing) à soufflet

gussy * [ˈgʌsɪ] vt (US) ◆ **to gussy sth up** retaper qch

gust [gʌst] → SYN [1] n **a** [of wind] rafale f, bourrasque f ; [of smoke] bouffée f ; [of flame] jet m ◆ **a gust of rain** une averse ◆ **the wind was blowing in gusts** le vent soufflait en rafales ◆ **gusts of 100km/h** des rafales de 100 km/h
b (fig) [of rage etc] accès m, bouffée f ◆ **a gust of laughter** un grand éclat de rire
[2] vi [wind] souffler en rafales ◆ **wind gusting to force 7** (Met) vent m (en rafales) atteignant force 7

gustation [gʌsˈteɪʃən] n gustation f

gustatory [ˈgʌstətərɪ] adj gustatif

gusto [ˈgʌstəʊ] → SYN n (NonC) enthousiasme m, plaisir m ◆ **with gusto** avec brio or verve ◆ **he ate his meal with great gusto** il a dévoré son repas

gustily [ˈgʌstɪlɪ] adv [wind] blow en bourrasques ; [person] laugh bruyamment ; sigh profondément

gusty [ˈgʌstɪ] adj weather venteux ◆ **a gusty day** un jour de grand vent ◆ **gusty wind** du vent en rafales

gut [gʌt] → SYN [1] n (Anat) boyau m, intestin m ; (Med: for stitch) catgut m ; (Mus etc) (corde f de) boyau m ◆ **guts** (Anat) boyaux mpl ◆ **my guts ache!** * j'ai mal au bide * ◆ **to work** or **sweat one's guts out** * se crever * au travail ◆ **I hate his guts** * je ne peux pas le blairer * ◆ **do that again and I'll have your guts for garters** * si tu recommences, je te tords le cou ◆ **the guts** * **of his speech/of the problem** l'essentiel de son discours/du problème ; → bust
[2] **guts** npl (= courage) cran * m ◆ **he's got guts** il a du cran ◆ **he's got no guts** il n'a rien dans le ventre *, il manque de cran * ◆ **it takes a lot of guts to do that** il faut beaucoup de cran * pour faire ça
[3] adj (fig) reaction instinctif ; (negative) viscéral ◆ **I've got a gut feeling about it** je le sens au fond de moi-même ◆ **my gut feeling or instinct is that ...** instinctivement, je sens que ... ◆ **gut reaction** première réaction f, réaction f instinctive
[4] vt (Culin) [+ animal] vider, étriper ; [+ fish] vider ; * [+ book etc] piller ◆ **fire gutted the house** le feu n'a laissé que les quatre murs de la maison ◆ **the vandals gutted the hall** les vandales n'ont laissé de la salle que les murs ; see also **gutted**
[5] COMP ▷ **gut-churning** adj abominable, effroyable ▷ **gut course** * n (US Univ) enseignement m de base ▷ **gut-wrenching** adj abominable, effroyable

gutless * [ˈgʌtlɪs] adj (= cowardly) dégonflé *

gutsy * [ˈgʌtsɪ] adj **a** (= plucky) courageux
b (= substantial) food, wine corsé ; music, song musclé *

gutta-percha [ˌgʌtəˈpɜːtʃə] n (NonC) gutta-percha f

gutted * [ˈgʌtɪd] adj (Brit = disappointed) écœuré

gutter [ˈgʌtəʳ] → SYN [1] n [of roof] gouttière f ; [of road] caniveau m ◆ **the language of the gutter** le langage de la rue ◆ **to rise from the gutter** sortir du ruisseau
[2] vi [candle] couler ; [flame] vaciller, crachoter
[3] COMP ▷ **gutter-press** n presse f de bas étage or à scandales

guttering [ˈgʌtərɪŋ] n (NonC) gouttières fpl

guttersnipe [ˈgʌtəsnaɪp] n gamin(e) m(f) des rues

guttural [ˈgʌtərəl] → SYN [1] adj guttural
[2] n (Phon †) gutturale f

guv * [gʌv] n ⇒ gov ; → governor b

guvnor * [ˈgʌvnəʳ] n ⇒ governor b

Guy [gaɪ] [1] n Guy m
[2] COMP ▷ **Guy Fawkes Night** n (Brit) fête célébrée le 5 novembre

---

GUY FAWKES NIGHT

En Grande-Bretagne, **Guy Fawkes Night** se fête le 5 novembre en mémoire de l'exécution du principal conjuré de la Conspiration des poudres (1605). Cette fête est prétexte à feux d'artifices et à feux de joie sur lesquels on brûle traditionnellement une effigie de **Guy Fawkes** (the guy) sous la forme d'une poupée de chiffon. Dans les jours qui précèdent, les enfants promènent cette effigie dans les rues et abordent les passants pour leur demander "a penny for the guy".

---

guy[1] [gaɪ] → SYN [1] n **a** (esp US *) type * m, mec * m ◆ **the good/bad guys** les bons mpl/les méchants mpl ◆ **nice guy** chic type * m, type m bien * ◆ **hi, guys!** salut les mecs ! * ◆ **what are you guys doing tonight?** qu'est-ce que vous faites ce soir, les mecs ? * ◆ **the guys** (US = friends) les copains mpl ; → fall
b (Brit) effigie de Guy Fawkes ; → GUY FAWKES NIGHT
[2] vt (= make fun of) tourner en ridicule

guy[2] [gaɪ] n (also **guy rope**) corde f de tente

Guyana [gaɪˈænə] n la Guyana

Guyanese [ˌgaɪəˈniːz] [1] adj guyanais
[2] n Guyanais(e) m(f)

guyot [ˈgiːəʊ] n guyot m

guzzle [ˈgʌzl] → SYN vt **a** [person] [+ food] bâfrer *, bouffer * ; [+ drink] siffler *
b (* fig) [car] [+ fuel, petrol] bouffer *

guzzler [ˈgʌzləʳ] n goinfre mf ; → gas

gybe [dʒaɪb] vi ⇒ gibe 1b

gym [dʒɪm] [1] n **a** (abbrev of **gymnastics**) gymnastique f, gym * f
b (abbrev of **gymnasium**) gymnase m ; (Scol) gymnase m, salle f de gym *
[2] COMP ▷ **gym shoes** npl chaussures fpl de gym * ▷ **gym slip** (Brit), **gym suit** (US) n tunique f (d'écolière)

gymkhana [dʒɪm'kɑːnə] n (esp Brit) gymkhana m

gymnasium [dʒɪm'neɪzɪəm] n, pl **gymnasiums** or **gymnasia** [dʒɪm'neɪzɪə] gymnase m ; (Scol) gymnase m, salle f de gymnastique

gymnast ['dʒɪmnæst] n gymnaste mf

gymnastic [dʒɪm'næstɪk] adj ability en gymnastique ; exercise, routine, championship de gymnastique ; leap acrobatique

gymnastics [dʒɪm'næstɪks] n **a** (pl = exercises) gymnastique f ◆ **to do gymnastics** faire de la gymnastique ◆ **mental gymnastics** gymnastique f intellectuelle ◆ **Queneau's verbal gymnastics** la manière dont Queneau joue avec les mots
  b (NonC = art, skill) gymnastique f

gymnosperm ['dʒɪmnəʊˌspɜːm] n gymnosperme f

gymnospermous [ˌdʒɪmnəʊ'spɜːməs] adj gymnosperme

gynae * ['gaɪnɪ] abbrev of **gynaecological**, **gynaecology**

gynaecological, **gynecological** (US) [ˌgaɪnɪkə'lɒdʒɪkəl] adj gynécologique

gynaecologist, **gynecologist** (US) [ˌgaɪnɪ'kɒlədʒɪst] n gynécologue mf

gynaecology, **gynecology** (US) [ˌgaɪnɪ'kɒlədʒɪ] n gynécologie f

gynaecomastia, **gynecomastia** (US) [ˌgaɪnɪkəʊ'mæstɪə] n gynécomastie f

gynandromorphism [dʒɪˌnændrəʊ'mɔːfɪzəm], **gynandromorphy** [dʒɪ'nændrəʊˌmɔːfɪ] n gynandromorphisme m

gynandrous [dʒaɪ'nændrəs] adj gynandre, gynandrique

gynoecium, **gynecium** (US) [dʒaɪ'niːsɪəm] n, pl **gynoecia** or **gynoecea** [dʒaɪ'niːsɪə] gynécée f

gyp * [dʒɪp] **1** n **a** (US) (= swindler) arnaqueur * m ; (= swindle) escroquerie f
  b (Brit) **my leg is giving me gyp** j'ai atrocement or sacrément * mal à la jambe
  c (Brit Univ) domestique m
  2 vt (US) ◆ **to gyp sb out of sth** escroquer qch à qn

gyppo * ['dʒɪpəʊ] n (Brit) manouche * mf

gypseous ['dʒɪpsɪəs] adj gypseux

gypsophila [dʒɪp'sɒfɪlə] n gypsophile f

gypsum ['dʒɪpsəm] n (NonC) gypse m

gypsy ['dʒɪpsɪ] ⇒ **gipsy**

gyrate [ˌdʒaɪə'reɪt] vi (= dance) tournoyer

gyration [dʒaɪə'reɪʃən] n giration f

gyratory [ˌdʒaɪə'reɪtərɪ] adj giratoire

gyrfalcon ['dʒɜːˌfɔːlkən] n gerfaut m

gyro ['dʒaɪərəʊ] n abbrev of **gyrocompass**, **gyroscope**

gyro... ['dʒaɪərəʊ] pref gyro...

gyrocompass ['dʒaɪərəʊˌkʌmpəs] n gyrocompas m

gyrodyne ['dʒaɪərəʊˌdaɪn] n girodyne m

gyrofrequency [ˌdʒaɪərəʊ'friːkwənsɪ] n gyrofréquence f

gyromagnetic [ˌdʒaɪərəʊmæg'netɪk] adj gyromagnétique

gyroplane ['dʒaɪərəˌpleɪn] n giravion m

gyroscope ['dʒaɪərəskəʊp] n gyroscope m

gyroscopic ['dʒaɪərəskɒpɪk] adj gyroscopique

gyrostabilizer [ˌdʒaɪərəʊ'steɪbɪlaɪzəʳ] n gyrostabilisateur m

gyrostat ['dʒaɪərəʊˌstæt] n gyrostat m

H

H, h [eɪtʃ] **1** n **a** (= letter) H, h m ◆ **H for Harry, H for How** (US) ≈ H comme Hector ; → **drop** **b** (Drugs) H * poudre * f (Drugs), héroïne f **2** COMP ▷ **H-bomb** n bombe f H ▷ **H grade** n (Scot Scol) ⇒ **Higher Grade** ; → **higher**

ha¹ [hɑː] excl ha !, ah ! ◆ **ha, ha!** (surprise, irony) ha ! ha ! ; (laughter) hi ! hi ! hi !

ha² n (abbrev of **hectare**) ha

habanera [ˌhæbəˈnɛərə] n habanera f

habeas corpus [ˈheɪbɪəsˈkɔːpəs] n (Jur) habeas corpus m ; → **writ¹**

haberdasher [ˈhæbədæʃəʳ] n (= person) (Brit) mercier m, -ière f ; (US) chemisier m, -ière f ◆ **haberdasher's** (Brit) mercerie f ; (US) confection f pour hommes

haberdashery [ˌhæbəˈdæʃərɪ] n (Brit) mercerie f ; (US) confection f pour hommes

habit [ˈhæbɪt] → SYN **1** n **a** habitude f ◆ **good habits** bonnes habitudes fpl ◆ **eating habits** habitudes fpl alimentaires ◆ **a survey of British reading habits** une étude sur ce que lisent les Britanniques ◆ **I'm worried about his drinking habits** je m'inquiète de son penchant pour la boisson ◆ **to be in the habit of doing sth** avoir pour habitude or avoir l'habitude de faire qch ◆ **he was talking very loudly, as he was in the habit of doing when nervous** il parlait très fort comme il avait l'habitude de le faire quand il était tendu ◆ **I don't make a habit of it** je ne le fais pas souvent ◆ **you can do it this time, but don't make a habit of it** d'accord pour cette fois, mais il ne faut pas que cela devienne une habitude ◆ **let's hope he doesn't make a habit of it** espérons qu'il n'en prendra pas l'habitude ◆ **to get** or **fall into bad habits** prendre de mauvaises habitudes ◆ **to get into/out of the habit of doing sth** prendre/perdre l'habitude de faire qch ◆ **to get sb into the habit of doing sth** faire prendre à qn l'habitude de faire qch, habituer qn à faire qch ◆ **to get out of a habit** (= lose the habit) perdre une habitude ; (= get rid of a habit) se débarrasser or se défaire d'une habitude ◆ **I've got out of the habit of going to the cinema** j'ai perdu l'habitude d'aller au cinéma, je ne vais pratiquement plus au cinéma ◆ **to have a habit of doing sth** avoir l'habitude de faire qch ◆ **his habit of staring at people unnerved her** cette habitude qu'il avait de fixer les gens la troublait ◆ **he had a bad habit of listening in to other people's conversations** il avait la mauvaise habitude d'écouter les conversations des autres ◆ **history has a habit of repeating itself** l'histoire a tendance à se répéter ◆ **to do sth out of** or **from habit** faire qch par habitude ◆ **habit of mind** tournure f d'esprit ◆ (Prov) **old habits die hard** les mauvaises habitudes ont la vie dure (Prov) ; → **creature, force**
b to have a habit (= drug-taking) être toxicomane ; (= smoking) avoir une dépendance à la nicotine ◆ **they couldn't cure him of the habit** ils n'ont pas réussi à le désaccoutumer or le faire décrocher * ; → **kick**
c (= costume) [of monk, nun] habit m ; (also **riding habit**) tenue f d'équitation **2** COMP ▷ **habit-forming** adj qui crée une accoutumance

habitability [ˌhæbɪtəˈbɪlɪtɪ] n habitabilité f

habitable [ˈhæbɪtəbl] adj habitable

habitat [ˈhæbɪtæt] n habitat m

habitation [ˌhæbɪˈteɪʃən] → SYN n **a** (NonC) habitation f ◆ **the house showed signs of habitation** la maison avait l'air habitée ◆ **unfit for human habitation** inhabitable **b** (= dwelling-place) habitation f, domicile m ; (= settlement) établissement m, colonie f

habitual [həˈbɪtjʊəl] → SYN adj **a** (= customary) action, smile, expression, practice, courtesy habituel ◆ **to become habitual** devenir une habitude
b (= regular) drug user, drinker, liar invétéré ◆ **habitual criminal** or **offender** multirécidiviste mf

habitually [həˈbɪtjʊəlɪ] adv habituellement

habituate [həˈbɪtjʊeɪt] → SYN vt habituer, accoutumer (sb to sth qn à qch)

habituation [həˌbɪtjʊˈeɪʃən] n habituation f

habitus [ˈhæbɪtəs] n, pl inv (Med) habitus m

hachure [hæˈʃjʊəʳ] n (Cartography) hachure f

hacienda [ˌhæsɪˈendə] n (US) hacienda f

hack¹ [hæk] → SYN **1** n **a** (= cut) entaille f ; (= blow) (grand) coup m ; (= kick) coup m de pied
b (= cough) toux f sèche
c (Comput) ⇒ **hacker**
2 vt **a** (= cut) hacher, tailler ◆ **to hack sth to pieces** tailler qch en pièces ◆ **the victims had been hacked to death** les victimes avaient été massacrées à coups de hache ◆ **we hacked our way through the jungle** nous nous sommes frayé un chemin dans la jungle à coups de machette
b (Brit Sport = kick) **to hack the ball away** renvoyer le ballon
c * **he just can't hack it** (= can't manage it) il est complètement largué * ; (= can't stand it) il déteste ça, ça lui donne des boutons * ◆ **can he hack it as a police chief?** est-ce qu'il tiendra le choc * en tant que chef de la police ?
d (Brit *) **I'm hacked off** (= fed up) j'en ai ras le bol * (with sb/sth de qn/qch) ; (= annoyed) je l'ai mauvaise * ◆ **I'm really hacked off with her!** (= annoyed) je suis en rogne * contre elle !
e (Comput) [+ system, file] s'introduire dans
3 vi **a** (= cut) **to hack at sth** (essayer de) couper qch (au couteau or à la hache etc)
b (= cough) tousser (d'une toux sèche)
c (= be computer enthusiast) être un(e) mordu(e) * d'informatique ◆ **she had managed to hack into the system** (= break into system) elle avait réussi à s'introduire dans le système
4 COMP ▷ **hacking cough** n toux f sèche

▶ **hack around** vi (US) traîner

▶ **hack down** vt sep [+ person] massacrer à coups de couteau (or de hache or d'épée etc) ; [+ tree] abattre

▶ **hack out** vt sep enlever grossièrement à coups de couteau (or de hache or d'épée etc)

▶ **hack up** vt sep hacher, tailler en pièces

hack² [hæk] **1** n **a** (Brit) (= horse) cheval m de selle ; (hired) cheval m de louage ; (worn-out) haridelle f, rosse f ; (= ride) promenade f à cheval ◆ **to go for a hack** (aller) se promener à cheval
b (pej) (= journalist) journaleux m, -euse f (pej) ; (= politician) politicard(e) m(f) (pej) ◆ **the party hacks** (Pol) les politicards mpl (pej) du parti ◆ **a hack writer, a literary hack** un écrivaillon, un plumitif
c (US *) (= vehicle) taxi m ; (= driver) chauffeur m de taxi
2 vi **a** (Brit = ride) monter (à cheval) ◆ **to go hacking** (aller) se promener à cheval
b (US = operate cab) faire le taxi *
3 COMP ▷ **hacking jacket** n (Brit) veste f de cheval or d'équitation ▷ **hack reporter** n **to be a hack reporter** tenir la rubrique des chiens écrasés, faire les chiens écrasés ▷ **hack work** n ⇒ **hack writing** ▷ **hack writer** n (pej) → **1b** ▷ **hack writing** n (NonC) écrits mpl alimentaires ; (pej) travail m d'écrivaillon (pej)

▶ **hack up** vi [horse] (= win easily) l'emporter facilement ◆ **the favourite hacked up by 12 lengths** le favori l'a emporté facilement avec 12 longueurs d'avance

hacker [ˈhækəʳ] n (Comput) (= enthusiast) mordu(e) * m(f) d'informatique ; (= pirate) pirate m informatique

hacking [ˈhækɪŋ] n (Comput) (= enthusiasm) engouement m pour l'informatique ; (= piracy) piratage m informatique

hackle [ˈhækl] **1** n plume f du cou **2 hackles** npl poils mpl du cou ◆ **his hackles rose at the very idea** (fig) ça le hérissait d'y penser ◆ **to get sb's hackles up, to raise sb's hackles** hérisser qn

hackman [ˈhækmən] n, pl **-men** (US = cabdriver) chauffeur m de taxi

hackney cab [ˈhæknɪkæb], **hackney carriage** [ˈhæknɪkærɪdʒ] n voiture f de place or de louage

hackneyed [ˈhæknɪd] → SYN adj word, image banal ; theme, subject rebattu ; metaphor usé ◆ **hackneyed expression** or **phrase** cliché m, lieu m commun

hacksaw [ˈhæksɔː] n scie f à métaux

had [hæd] vb (pt, ptp of **have**)

hadal [ˈheɪdl] adj hadal

haddock [ˈhædək] n, pl **haddock** or **haddocks** églefin m or aiglefin m ◆ **smoked haddock** haddock m

hade [heɪd] n (Geol) pendage m

Hades / hairline

Hades ['heɪdiːz] n (Myth) (= the underworld) les enfers mpl ; (= god) Hadès m
Hadith ['hædɪθ] n hadith m
hadj [hædʒ] n ⇒ **hajj**
hadji ['hædʒi] n ⇒ **hajji**
hadn't ['hædnt] ⇒ had not ; → have
Hadrian ['heɪdrɪən] **1** n Hadrien m **2** COMP ▷ **Hadrian's Wall** n le mur d'Hadrien
hadron ['hædrɒn] n (Phys) hadron m
haem [hiːm] n (Bio) hème m
haematemesis, hematemesis (US) [,hiːmə'temɪsɪs] n hématémèse f
haematic, hematic (US) [hiː'mætɪk] adj hématique
haematin ['hiːmətɪn] n (Bio) hématine f
haematite, hematite (US) ['hiːmə,taɪt] n hématite f
haematocrit ['hiːmətəʊkrɪt] n (= machine, measurement) hématocrite m
haematological, hematological (US) [,hiːmətə'lɒdʒɪkəl] adj hématologique
haematologist, hematologist (US) [,hiːmə'tɒlədʒɪst] n hématologue mf, hématologiste mf
haematology, hematology (US) [,hiːmə'tɒlədʒɪ] n hématologie f
haematolysis, hematolysis (US) [,hiːmə'tɒlɪsɪs] n ⇒ **haemolysis**
haematoma, hematoma (US) [,hiːmə'təʊmə] n, pl **haematomas** or **haematomata** [,hiːmə'təʊmətə] hématome m
haematopoiesis [,hemətəʊpɔɪ'iːsɪs] n hématopoïèse f
haematopoietic [,hemətəʊpɔɪ'etɪk] adj hématopoïétique
haematosis ['hiːmə'təʊsɪs] n (= oxygenation of blood) hématose f
haematuria [,hiːmə'tjʊərɪə] n (Med) hématurie f
haemin ['hiːmɪn] n hémine f
haemocyanin [,hiːməʊ'saɪənɪn] n (Bio) hémocyanine f
haemocytometer [,hiːməʊsaɪ'tɒmɪtə'] n (Med) hémocytomètre m, hématimètre m
haemodialyser, hemodialyzer (US) [,hiːməʊ'daɪəlaɪzə'] n rein m artificiel
haemodialysis, hemodialysis (US) [,hiːməʊdaɪ'ælɪsɪs] n hémodialyse f
haemoglobin, hemoglobin (US) [,hiːməʊ'gləʊbɪn] n hémoglobine f
haemoglobinopathy [,hiːməʊgləʊbɪ'nɒpəθɪ] n hémoglobinopathie f
haemolysin [,hiːməʊ'laɪsɪn] n hémolysine f
haemolysis, hemolysis (US) [hɪ'mɒlɪsɪs] n, pl **haemolyses** [hɪ'mɒlɪ,siːz] hémolyse f
haemophilia, hemophilia (US) [,hiːməʊ'fɪlɪə] n hémophilie f
haemophiliac, hemophiliac (US) [,hiːməʊ'fɪlɪæk] adj, n hémophile mf
haemoptysis, hemoptysis (US) [hɪ'mɒptɪsɪs] n, pl **haemoptyses** [hɪ'mɒptɪ,siːz] hémoptysie f
haemorrhage, hemorrhage (US) ['hemərɪdʒ] **1** n hémorragie f **2** vi faire une hémorragie
haemorrhoids, hemorrhoids (US) ['hemərɔɪdz] npl hémorroïdes fpl
haemostasis, hemostasis (US) [,hiːmə'steɪsɪs] n hémostase f
haemostat ['hiːməʊstæt] n (= drug) hémostatique m ; (= instrument) pinces fpl hémostatiques
haemostatic [,hiːməʊ'stætɪk] adj hémostatique
hafnium ['hæfnɪəm] n hafnium m
haft [hɑːft] **1** n [of knife] manche m ; [of sword] poignée f **2** vt emmancher, mettre un manche à
hag [hæg] → SYN **1** n (= ugly old woman) vieille sorcière f ; (= witch) sorcière f ; (* = unpleasant woman) mégère f **2** COMP ▷ **hag-ridden** adj (gen) tourmenté ; (henpecked husband) ◆ **he's hag-ridden** sa femme n'arrête pas de le houspiller

hagfish ['hægfɪʃ] n (= fish) myxine f
haggard ['hægəd] → SYN adj (= careworn) défait ; (= wild in appearance) hagard ◆ **to look haggard** avoir la mine défaite
haggis ['hægɪs] n (Culin) haggis m (saucisse écossaise à base de panse de brebis)
haggle ['hægl] → SYN vi (= bargain) marchander ; (= quibble) chicaner ◆ **to haggle about** or **over the price** (bargain) débattre le prix ; (= quibble) chicaner sur le prix ◆ **they haggled over the terms of the agreement** ils ont chicané sur les termes de l'accord
haggler ['hæglə'] n marchandeur m, -euse f
haggling ['hæglɪŋ] n (= bargaining) marchandage m ; (= quibbling) ergotage m
hagiographer [,hægɪ'ɒgrəfə'] n hagiographe mf
hagiographic [,hægɪə'græfɪk] adj hagiographique
hagiography [,hægɪ'ɒgrəfɪ] n hagiographie f
Hague [heɪg] n ◆ **The Hague** La Haye
hah [hɑː] excl ha !, ah !
ha-ha ['hɑː'hɑː] n (Brit) (= fence) clôture f en contrebas ; (= ditch) saut-de-loup m
hahnium ['hɑːnɪəm] n (Chem) hahnium m
hai(c)k [haɪk] n haïk m
haiku ['haɪkuː] n (pl inv) haïku m
hail¹ [heɪl] **1** n **a** (NonC: Met) grêle f **b** (fig) [of stones, bullets, blows] grêle f, pluie f ◆ **a hail of gunfire** une pluie or grêle de balles **2** vi grêler ◆ **it is hailing** il grêle
hail² [heɪl] → SYN **1** vt **a** (= acclaim) saluer (as comme) ◆ **she has been hailed as the greatest novelist of her generation** elle a été saluée comme la plus grande romancière de sa génération ◆ **the agreement was hailed as a breakthrough** l'accord a été salué comme un événement capital **b** († = acknowledge) acclamer (as comme) ◆ **he was hailed as emperor** on l'acclama or il fut acclamé comme empereur **c** (all) **hail!** † salut à vous !, je vous salue ! **d** (= call loudly) [+ ship, taxi, person] héler ◆ **within hailing distance** à portée de (la) voix **2** vi (frm) ◆ **to hail from** [ship] être en provenance de ; [person] être originaire de ◆ **a ship hailing from London** un navire en provenance de Londres ◆ **they hail from Leeds** ils sont originaires de Leeds ◆ **where do you hail from?** d'où êtes-vous ? **3** n appel m **4** COMP ▷ **hail-fellow-well-met** adj to be hail-fellow-well-met se montrer d'une familiarité excessive ▷ **Hail Mary** n (Rel) Je vous salue Marie m inv, Ave m inv

▶ **hail down** vt sep [+ taxi] héler

hailstone ['heɪlstəʊn] n grêlon m
hailstorm ['heɪlstɔːm] n averse f de grêle
hair [heə'] → SYN **1** n **a** (NonC) [of human] (on head) cheveux mpl ; (on body) poils mpl ◆ **he has black hair** il a les cheveux noirs ◆ **a man with long hair** un homme aux cheveux longs ◆ **a fine head of hair** une belle chevelure ◆ **to wash one's hair** se laver les cheveux ◆ **to do one's hair** se coiffer ◆ **her hair always looks nice** elle est toujours bien coiffée ◆ **to have one's hair done** se faire coiffer ◆ **she always does my hair very well** elle me coiffe toujours très bien ◆ **to get one's hair cut** se faire couper les cheveux ◆ **to put one's hair up** relever ses cheveux ◆ **to let one's hair down** * (fig) se laisser aller ◆ **keep your hair on!** * (Brit) du calme ! ◆ **he gets in my hair** * (= is annoying) il me tape sur les nerfs * or sur le système * ◆ **I wish you'd get out of my hair** * while I'm working j'aimerais bien que tu ne sois pas tout le temps dans mes jambes quand je travaille ◆ **to get sb out of one's hair** * (= get rid of them) se débarrasser de qn ◆ **it made my hair stand on end** cela m'a fait dresser les cheveux sur la tête **b** [of human] (= single hair) (on head) cheveu m ; (on body) poil m ◆ **I'm starting to get some grey hairs** je commence à avoir des cheveux gris or à grisonner ◆ **(with) not a hair out of place** tiré à quatre épingles ◆ **not a hair of his head was harmed** on n'a pas touché à un seul de ses cheveux ◆ **he puts hairs on your chest** * (hum : spicy food, strong drink etc) ça te rendra plus viril ◆ **it was hanging by a hair**

(fig) cela ne tenait qu'à un cheveu ◆ **he won the race by a hair** il a gagné la course de justesse or d'un cheveu ; → **hair's breadth, split, turn c** [of animal] (= single hair) poil m ; (NonC) pelage m ; [of horse] pelage m, robe f ; (= bristles) soies fpl ◆ **I'm allergic to cat hair** je suis allergique aux poils de chat ◆ **try a hair of the dog (that bit you)** * (fig) reprends un petit verre pour faire passer ta gueule de bois * **2** COMP sofa, mattress de crin ▷ **hair appointment** n rendez-vous m chez le coiffeur ▷ **hair bulb** n bulbe m pileux ▷ **hair care** n soins mpl capillaires or du cheveu ▷ **hair clip** n barrette f ▷ **hair clippers** npl tondeuse f (de coiffeur) ▷ **hair conditioner** n après-shampooing m, baume m démêlant ▷ **hair cream** n crème f capillaire ▷ **hair-curler** n bigoudi m ▷ **hair-dryer** n (hand-held) sèche-cheveux m inv, séchoir m (à cheveux) ; (freestanding) casque m ▷ **hair extension** n (clip-on) postiche m ; (permanent) extension f ▷ **hair follicle** n follicule m pileux ▷ **hair gel** n gel m (coiffant or pour les cheveux) ▷ **hair grass** n canche f ▷ **hair grip** n (Brit) pince f à cheveux ▷ **hair implant** n implants mpl capillaires ▷ **hair lacquer** n laque f (pour cheveux) ▷ **hair oil** n huile f capillaire ▷ **hair-raising** * → SYN adj experience, story terrifiant, à (vous) faire dresser les cheveux sur la tête ◆ **driving in Paris is a hair-raising business** c'est terrifiant de conduire dans Paris ▷ **hair remover** n crème f dépilatoire ▷ **hair restorer** n antichute m ▷ **hair roller** n rouleau m (bigoudi) ▷ **hair's breadth** n the bullet missed him by a hair's breadth la balle l'a manqué de justesse or d'un cheveu ◆ **the car missed the taxi by a hair's breadth** la voiture a évité le taxi de justesse ◆ **the country is within a hair's breadth of civil war** le pays est à deux doigts de la guerre civile ◆ **she was within a hair's breadth of selling the business** elle était à deux doigts de vendre l'affaire ◇ adj they won the election with a hair's breadth majority ils ont remporté les élections d'un cheveu or de justesse ◆ **this performance earned him a hair's breadth victory** grâce à cette performance, il l'a emporté or il a gagné de justesse ◆ **they had a hair's breadth escape from their pursuers** ils ont échappé à leurs poursuivants de justesse ▷ **hair shirt** n (Rel) haire f, cilice m ▷ **hair slide** n (Brit) barrette f ▷ **hair specialist** n capilliculteur m, -trice f ▷ **hair-splitter** n coupeur m, -euse f de cheveux en quatre ▷ **hair-splitting** → SYN n ergotage m, pinaillage * m ▷ **hair spray** n laque f (pour cheveux) ▷ **hair style** n coiffure f ▷ **hair stylist** n coiffeur m, -euse f ▷ **hair transplant** n implants mpl capillaires ▷ **hair-trigger** adj temper explosif

hairball ['hεəbɔːl] n [of cat] boule f de poils
hairband ['hεəbænd] n bandeau m
hairbrained ['hεəbreɪnd] adj ⇒ **harebrained**
hairbrush ['hεəbrʌʃ] n brosse f à cheveux
haircloth ['hεəklɒθ] n étoffe f de crin
haircut ['hεəkʌt] n ◆ **to have** or **get a haircut** se faire couper les cheveux ◆ **I'd like a haircut** je voudrais une coupe ◆ **I like your haircut** j'aime bien ta coupe de cheveux
hairdo * ['hεəduː] n coiffure f ◆ **do you like my hairdo?** tu aimes ma coiffure ?, tu aimes mes cheveux comme ça ? *
hairdresser ['hεədresə'] **1** n coiffeur m, -euse f ◆ **I'm going to the hairdresser's** je vais chez le coiffeur **2** COMP ▷ **hairdresser's (salon** or **shop)** n salon m de coiffure
hairdressing ['hεədresɪŋ] **1** n (NonC = skill, job) coiffure f (métier) **2** COMP ▷ **hairdressing appointment** n rendez-vous m chez le coiffeur ▷ **hairdressing salon** n salon m de coiffure
-haired [hεəd] adj (in compounds) ◆ **long-haired** person aux cheveux longs ; animal à longs poils ◆ **short-haired** person aux cheveux courts ; animal à poils ras ; → **curly, fair**
hairless ['hεəlɪs] adj head chauve ; face, chin imberbe ; body, legs glabre ; animal sans poils
hairline ['hεəlaɪn] **1** n (on head) naissance f des cheveux ; (in handwriting) délié m ; → **recede**

2 COMP ▷ **hairline crack** n (gen) fine fissure f ; (Med) mince or légère fêlure f ▷ **hairline fracture** n (Med) fêlure f

hairnet [ˈhɛənet] n résille f, filet m à cheveux

hairpiece [ˈhɛəpiːs] n postiche m

hairpin [ˈhɛəpɪn] 1 n épingle f à cheveux
2 COMP ▷ **hairpin bend, hairpin curve** (US) n virage m en épingle à cheveux

hairspring [ˈhɛəsprɪŋ] n (ressort m) spiral m *(de montre)*

hairstreak [ˈheəstriːk] n (= butterfly) lycène m

hairy [ˈhɛərɪ] → SYN adj a (= covered with hair) person, body poilu ; animal très poilu ; chest, legs, spider, leaf velu ◆ **a mammal's hairy coat** le pelage épais d'un mammifère
b (* = scary) **his driving is a bit hairy** sa façon de conduire file la pétoche ‡ ◆ **there were some hairy moments on the mountain bends** on a eu des sueurs froides dans les virages de montagne

Haiti [ˈheɪtɪ] n Haïti f or m ◆ **in Haiti** en Haïti

Haitian [ˈheɪʃɪən] 1 adj haïtien
2 n Haïtien(ne) m(f)

haji [ˈhædʒɪ] n ⇒ **hajji**

hajj [hædʒ] n, pl **hajjes** hadj m

hajji [ˈhædʒɪ] n, pl **hajjis** (Muslim) hadji m

hake [heɪk] n, pl **hake** or **hakes** (Brit) colin m, merlu m

halal [hæˈlæl] adj meat, butcher halal inv or hallal inv

halation [həˈleɪʃən] n (Phot) halo m

halberd [ˈhælbəd] n hallebarde f

halcyon [ˈhælsɪən] → SYN 1 n (Myth, Orn) alcyon m
2 adj years, period de bonheur ◆ **halcyon days** jours mpl de bonheur, jours mpl heureux

hale [heɪl] → SYN adj person vigoureux, robuste ◆ **to be hale and hearty** (gen) être en pleine santé ; [old person] avoir bon pied bon œil

half [hɑːf] → SYN pl **halves** 1 n a (of one whole) moitié f ◆ **would you like one half of my apple?** veux-tu la moitié de ma pomme ? ◆ **to take half of sth** prendre la moitié de qch ◆ **two halves make a whole** deux demis font un entier ◆ **the two halves of the brain** les deux hémisphères du cerveau ◆ **inflation rose in the first half of this year** l'inflation a augmenté au cours du premier semestre de l'année ◆ **I spent half the night thinking about it** j'ai passé la moitié de la nuit à y penser ◆ **she was working with half her usual energy** elle travaillait avec beaucoup moins d'énergie que de coutume ◆ **in half a second** * en moins de rien ◆ **to listen with half an ear** n'écouter que d'une oreille ◆ **you can see that with half an eye** ça saute aux yeux, ça crève les yeux ◆ **and that's not the half of it!** *, **I haven't told you the half of it yet!** * et c'est pas tout ! * ◆ **my better** or **other half** * (hum) ma douce moitié ◆ **to see how the other half lives** * voir comment vivent les autres

◆ **and a half** ◆ **two and a half** deux et demi ◆ **two and a half hours/weeks, two hours/weeks and a half** deux heures/semaines et demie ◆ **two and a half kilos, two kilos and a half** deux kilos et demi ◆ **that was a day/an exam and a half!** * ça a été une sacrée journée/un sacré examen ! *, je te raconte pas ma journée/mon examen ! *

◆ **by half** ◆ **to cut by half** [+ costs, prices, budget, workforce] réduire de moitié ◆ **he's too clever/cheeky by half** * c'est un petit malin/impertinent ◆ **the film was too sentimental by half** * ce film était bien trop sentimental

◆ **by halves** ◆ **he doesn't do things by halves** il ne fait pas les choses à moitié or à demi

◆ **to go halves** ◆ **will you go halves with me in buying the book?** veux-tu qu'on achète ce livre ensemble, en payant chacun la moitié ?, est-ce que tu partagerais avec moi le prix de ce livre ? ◆ **we always go halves on the phone bill** nous partageons toujours la note de téléphone en deux ◆ **we went halves on a taxi** nous avons partagé un taxi

◆ **in half** ◆ **to cut sth in half** [+ object] couper qch en deux ◆ **to cut in half** [+ costs, prices, budget, workforce] réduire de moitié ◆ **the plate broke in half** l'assiette s'est cassée en deux
b (of a number of things or people) moitié f ◆ **half of the books are in French** la moitié des livres sont en français ◆ **nearly half of all marriages end in divorce** près de la moitié des couples divorcent ◆ **100 employees, half of whom are part-time** 100 employés, dont la moitié sont à temps partiel ◆ **they don't know how to drive, half of them** la plupart d'entre eux ne savent pas conduire
c [of rail ticket] **outward half** billet m aller ◆ **return half** billet m de retour
d (Sport = part of match) mi-temps f ◆ **the first/second half** la première/seconde mi-temps
e (Sport = player) demi m ◆ **left/right half** (Ftbl) demi m gauche/droite
f (Scol = term) semestre m
g (Brit: also **half-pint**) demi m ◆ **a half of Guinness please** un demi de Guinness, s'il vous plaît
2 adj demi ◆ **a half cup, half a cup** une demi-tasse ◆ **three half cups** trois demi-tasses ◆ **a half bottle of wine** une demi-bouteille de vin ◆ **a half-point cut in interest rates** une réduction d'un demi pour cent des taux d'intérêt ◆ **half one thing half another** ni chair ni poisson ◆ **half man half beast** mi-homme mi-bête ◆ **there are no half measures** il n'y a pas de demi-mesures ◆ **this plan smacks of half measures** ce plan ne propose que des demi-mesures ◆ **he never does anything by half measures, there are no half measures with him** il ne fait jamais les choses à moitié ; see also **4, tick¹**
3 adv a (= 50%) **a mixture of half milk, half cream** un mélange moitié lait moitié crème, un mélange de lait et de crème, moitié-moitié ◆ **a half-million dollars/people** un demi-million de dollars/personnes ◆ **the book was half in French, half in English** le livre était à moitié en français, à moitié en anglais ◆ **he's half French half English** il est de père français et de mère anglaise (or de père anglais et de mère française) ◆ **he is half as big as his sister** il est deux fois plus petit que sa sœur ◆ **he earns half as much as you** il gagne deux fois moins que vous ◆ **she earns half as much again as him** elle gagne une fois et demi(e) son salaire ◆ **a PC costs half as much again in Europe as in America** les PC coûtent une fois et demi(e) plus cher en Europe qu'en Amérique ◆ **his company's sales fell half as much again as last year** les ventes de son entreprise ont connu une baisse de 50 % de plus que l'année dernière ; see also **4**
b (= partially, partly) à moitié ◆ **half asleep** à moitié endormi ◆ **half-buried** à moitié or à demi enterré ◆ **the work is only half done** le travail n'est qu'à moitié fait ◆ **she has only half recovered from her illness** elle n'est qu'à moitié remise de sa maladie ◆ **he only half understands** il ne comprend qu'à moitié ◆ **I've only half read it** (= didn't read carefully) je ne l'ai lu qu'à moitié ; (= haven't finished reading) je n'en ai lu que la moitié ◆ **she was half laughing half crying** elle était partagée entre le rire et les larmes, elle était entre rire et larmes ◆ **half angry, half amused** mi-fâché, mi-amusé
c (= rather, almost) un peu ◆ **I'm half afraid that ...** j'ai un peu peur que ... + ne (+ subj) ◆ **he was half ashamed to admit it** il avait un peu honte de l'admettre ◆ **I half think (that) ...** je serais tenté de penser que ... ◆ **I'm half inclined to do it** je suis tenté de le faire ◆ **I half suspect that ...** je soupçonne que ... ; see also **4**
d (Brit *: emphatic) **he wasn't half bad to look at!** il était rudement * or drôlement * beau ! ◆ **she didn't half swear!** elle a juré comme un charretier ! ◆ **she didn't half cry!** elle a pleuré comme une Madeleine ! ◆ **not half!** tu parles ! *, et comment !
e (in telling the time) **it is half past three** il est trois heures et demie ◆ **what time is it? – half past** quelle heure est-il ? – la demie ; see also **4**
4 COMP ▷ **half-a-crown** n (Brit: formerly = value) une demi-couronne ; → **half-crown** ▷ **half-a-dollar** n (US = value) un demi-dollar ; (Brit ‡: formerly) une demi-couronne ; → **half-dollar** ▷ **half-a-dozen** n une demi-douzaine ; → **half-dozen** ▷ **half-and-half** adv moitié-moitié ◇ n (US = milk and cream) *mélange mi-crème mi-lait* ▷ **half-an-hour** n une demi-heure ; → **half-hour** ▷ **half-assed** ‡ adj (US) foireux ‡, nul ▷ **half-baked** → SYN adj (Culin) à moitié cuit ; (fig, pej) plan, idea qui ne tient pas debout, à la noix * ; attempt maladroit ◆ **a half-baked philosopher/politician** un philosophe/politicien à la manque * ▷ **half-binding** n [of book] demi-reliure f ▷ **half-blind** adj à moitié aveugle ▷ **half-blood** n (US) ⇒ **half-breed** ▷ **half-board** n (Brit: in hotel) demi-pension f ▷ **half-boot** n demi-botte f ▷ **half-breed** n (= person) métis(se) m(f) ◇ adj (also **half-bred**) person métis(se) ; animal hybride ▷ **half-brother** n demi-frère m ▷ **half-caste** adj, n métis(se) m(f) ▷ **half-century** n demi-siècle m ▷ **half-circle** n demi-cercle m ▷ **half-clad** adj à demi vêtu ▷ **half-closed** adj à demi fermé, à moitié fermé ▷ **half-cock** n **to go off at half-cock** (fig) [plan etc] rater ▷ **half-cocked** adj gun à moitié armé, au cran de sûreté ; (fig) plan, scheme mal préparé, bâclé ◆ **to go off half-cocked** (fig) rater ▷ **half-conscious** adj à demi conscient ▷ **half-convinced** adj à demi convaincu, à moitié convaincu ▷ **half-cooked** adj à moitié cuit ▷ **half-crazy** adj à moitié fou (folle f) ▷ **half-crown** n (Brit: formerly = coin) demi-couronne f ; → **half-a-crown** ▷ **half-cup bra** n soutien-gorge m à balconnet ▷ **half-cut** †‡ adj (Brit) bourré ‡ ▷ **half-day** n demi-journée f ◆ **to have a half-day (holiday)** avoir une demi-journée (de congé) ▷ **half-dazed** adj à demi hébété ▷ **half-dead** adj (lit, fig) à moitié mort, à demi mort (*with* de) ▷ **half-deaf** adj à moitié sourd ▷ **half-deck** n (Naut) demi-pont m ▷ **half-digested** adj (lit, fig) mal digéré ▷ **half-dollar** n (US = coin) demi-dollar m ; → **half-a-dollar** ▷ **half-dozen** n demi-douzaine f ; → **half-a-dozen** ▷ **half-dressed** adj à demi vêtu ▷ **half-drowned** adj à moitié noyé ▷ **half-eaten** adj à moitié mangé ▷ **half-educated** adj **he is half-educated** il n'est pas très instruit ▷ **half-empty** adj à moitié vide ◇ vt vider à moitié ▷ **half-fare** n demi-tarif m ◇ adv pay demi-tarif ▷ **half-fill** vt remplir à moitié ▷ **half-forgotten** adj à moitié oublié ▷ **half-frozen** adj à moitié gelé ▷ **half-full** adj à moitié plein ▷ **half-grown** adj à mi-croissance ▷ **half-hearted** → SYN adj person, welcome peu enthousiaste ; manner tiède ; attempt timide ▷ **half-heartedly** adv welcome sans enthousiasme ; try sans conviction ▷ **half-heartedness** n tiédeur f ; [of person, welcome] manque m d'enthousiasme ; [of attempt] manque m de conviction ▷ **half-hitch** n demi-clef f ▷ **half holiday** n (Brit) demi-journée f de congé ▷ **half-hour** n demi-heure f ◆ **the clock struck the half-hour** l'horloge a sonné la demie (de l'heure) ◆ **on the half-hour** à la demie ◇ adj wait, delay d'une demi-heure ; → **half-an-hour** ▷ **half-hourly** adv toutes les demi-heures ◇ adj d'une demi-heure ▷ **half-jokingly** adv en plaisantant à moitié ▷ **half-landing** n palier m de repos ▷ **half-length** n (Swimming) demi-longueur f ◇ adj portrait en buste ▷ **half-lie** n demi-mensonge m ▷ **half-life** n (Phys) demi-vie f ▷ **half-light** n demi-jour m ▷ **half-line** n (Geom) demi-droite f ▷ **half-mad** adj à moitié fou (folle f) ▷ **half-marathon** n semi-marathon m ▷ **half-mast** n **at half-mast** flag en berne ; trousers qui tombe ▷ **half-measure** n demi-mesure f ◆ **no half-measures** pas de demi-mesures ▷ **half-moon** n demi-lune f ; (on fingernail) lunule f ▷ **half-naked** adj à demi nu, à moitié nu ▷ **half-nelson** n (Wrestling) étranglement m ▷ **half-note** n (US Mus) blanche f ▷ **half-note rest** n (US Mus) demi-pause f ▷ **half open** vt entrouvrir, entrebâiller ▷ **half-open** adj eye, mouth entrouvert ; window, door entrouvert, entrebâillé ▷ **half pay** n **to be on half pay** (gen) toucher un demi-salaire ; (Mil) toucher une demi-solde ▷ **half-pint** n ≃ quart m de litre ; (* = small person) demi-portion * f ◆ **a half-pint (of beer)** ≃ un demi ▷ **half price** n **at half price** à moitié prix ◆ **the goods were reduced to half price** le prix des articles était réduit de moitié ◆ **children are admitted (at) half price** les enfants paient demi-tarif ◆ **a half-price hat** un chapeau à moitié prix ▷ **half-raw** adj à moitié cru ▷ **half rest** n (US Mus) demi-pause f ▷ **half-right** adj **you are half-right** tu n'as pas entièrement tort ▷ **half seas over** †‡ adj parti *, dans les vignes du Seigneur ▷ **half-serious** adj à moitié sérieux ▷ **half-shut** adj à moitié fermé ▷ **half-sister** n demi-sœur f ▷ **half-size** n [of shoes] demi-pointure f ◇ adj ◆ **half-size(d) model** modèle m réduit de moitié ▷ **half-sleeve** n manche f mi-longue ▷ **half-smile** n **a half-smile** l'esquisse f d'un sourire ▷ **half-sole** n demi-semelle f ▷ **half-**

staff n (US) **at half-staff** en berne ▷ **half-starved** adj à demi mort de faim, affamé ▷ **half-step** n (US Mus) demi-ton m ▷ **half term** n (Brit Educ) congé en milieu de trimestre, petites vacances fpl ▷ **half-timbered** adj à colombage ▷ **half-timbering** n colombage m ▷ **half time** n **a** (Sport) mi-temps f ◆ **at half time** à la mi-temps **b** (= work) mi-temps m ◆ **on half time** à mi-temps ◆ **they are working half time** ils travaillent à mi-temps ▷ **half-time** adj half-time score score m à la mi-temps ▷ **half-title** n faux-titre m ▷ **half-tone** n (US Mus) demi-ton m ; (Art) demi-teinte f ; (Phot) similigravure f ▷ **half-track** n (= tread) chenille f ; (= vehicle) half-track m ▷ **half-truth** n demi-vérité f ▷ **half-understood** adj compris à moitié, mal compris ▷ **half volley** n (Tennis) demi-volée f ▷ **half-year** n semestre m ▷ **half-yearly** (esp Brit) adj semestriel(le) m(f) ◇ adv tous les six mois, chaque semestre

halfback ['hɑːfbæk] n (Sport) demi m

halfpenny ['heɪpnɪ] ⟦1⟧ n, pl **halfpennies** or **halfpence** ['heɪpəns] demi-penny m ◆ **he hasn't got a halfpenny** il n'a pas le or un sou ⟦2⟧ adj d'un demi-penny

halfway ['hɑːfweɪ] → SYN ⟦1⟧ adv (in distance) à mi-chemin ◆ **to be halfway along the road** être à mi-chemin ◆ **halfway along (the line of cars etc)** vers le milieu (de la file de voitures etc) ◆ **halfway between ...** (lit, fig) à mi-chemin entre ... ◆ **halfway down (the hill)** à mi-pente, à mi-côte ◆ **halfway up (the pipe/tree etc)** à mi-hauteur (du tuyau/de l'arbre etc) ◆ **he was halfway down/up the stairs** il avait descendu/monté la moitié de l'escalier ◆ **her hair reaches halfway down her back** ses cheveux lui arrivent au milieu du dos ◆ **to stretch halfway around the world** faire la moitié de la terre ◆ **they've travelled halfway around the world** (lit) ils ont fait la moitié du tour de la terre ; (fig) ils ont beaucoup voyagé ◆ **(to be) halfway there (être)** à mi-chemin ◆ **halfway through the book/film** au milieu du livre/du film ◆ **turn the fish over halfway through** retournez le poisson en milieu de cuisson ◆ **halfway to Paris** à mi-chemin de Paris ◆ **anything halfway decent will be incredibly expensive** pour avoir quelque chose d'à peu près correct, il faut compter une fortune ◆ **to go halfway** (lit) faire la moitié du chemin ◆ **the decision goes halfway to giving the strikers what they want** cette décision va dans le sens des revendications des grévistes ◆ **I'll meet you halfway** (lit) j'irai à votre rencontre, je ferai la moitié du chemin ; (fig) coupons la poire en deux, faisons un compromis ◆ **to meet trouble halfway** se créer des ennuis ⟦2⟧ COMP ▷ **halfway hostel** n ⇒ **halfway house a** ▷ **halfway house** n **a** (for rehabilitation) centre m de réadaptation **b** (= compromise) compromis m ◆ **it's a halfway house between dance and drama** c'est à mi-chemin entre la danse et le théâtre **c** (Hist = inn) hôtellerie f relais ▷ **halfway line** n (Ftbl) ligne f médiane

halfwit ['hɑːfwɪt] → SYN n idiot(e) m(f), imbécile mf

halfwitted [hɑːfˈwɪtɪd] → SYN adj idiot, imbécile

halibut ['hælɪbət] n, pl **halibut** or **halibuts** flétan m

halide ['hælaɪd] n (Chem) halogénure m

halite ['hælaɪt] n (Geol) sel m gemme, halite f

halitosis [ˌhælɪˈtəʊsɪs] n mauvaise haleine f

hall [hɔːl] → SYN ⟦1⟧ n **a** (= large public room) salle f ; [of castle, public building] (grande) salle f ; (also **village hall, church hall**) salle f paroissiale ; (Brit Univ = refectory) réfectoire m ; → concert, music, town **b** (= mansion) château m, manoir m **c** (Theat) **to play the halls** faire du music-hall **d** (= entrance way) [of house] entrée f ; [of hotel] hall m **e** (US = corridor) couloir m **f** (Univ: also **hall of residence** (Brit), **residence hall** (US) résidence f universitaire ◆ **to live or be in hall** habiter en résidence universitaire or en cité universitaire ⟦2⟧ COMP ▷ **Hall of Fame** n (esp US: lit, fig) panthéon m ▷ **hall porter** n (Brit) (in blocks of flats) concierge mf ; (in hotel) portier m ▷ **hall tree** n (US) ⇒ **hallstand**

hallelujah [ˌhælɪˈluːjə] excl, n alléluia m.

hallmark ['hɔːlmɑːk] → SYN ⟦1⟧ n **a** [of gold, silver] poinçon m

b (fig) marque f ◆ **the hallmark of genius** la marque du génie ⟦2⟧ vt poinçonner

hallo [həˈləʊ] excl (Brit) ⇒ **hello**

halloo [həˈluː] ⟦1⟧ excl (Hunting) taïaut! ; (gen) ohé! ⟦2⟧ n appel m ⟦3⟧ vi (Hunting) crier taïaut ; (gen) appeler (à grands cris)

hallow ['hæləʊ] vt sanctifier, consacrer ◆ **hallowed be Thy name** que Ton nom soit sanctifié

hallowed ['hæləʊd] adj **a** (= holy) saint, béni ◆ **on hallowed ground** en terre sacrée **b** (= venerable) right, tradition, institution sacré ◆ **the hallowed portals of the headmaster's office** (hum) l'entrée de ce lieu sacré qu'est le bureau du directeur

Halloween, Hallowe'en [ˌhæləʊˈiːn] n Halloween m

HALLOWEEN

La fête d'**Halloween**, célébrée le 31 octobre (jour où, pensait-on, les morts venaient rendre visite aux vivants), est une très ancienne tradition dans les pays anglo-saxons. À cette occasion, les enfants déguisés en sorcières et en fantômes frappent aux portes de leurs voisins pour leur demander des bonbons et de l'argent ; aux États-Unis, cette coutume est connue sous le nom de "trick or treat", car les enfants menacent de vous jouer un mauvais tour ("trick") si vous ne leur donnez pas un petit cadeau ("treat"), en général des bonbons.

---

hallstand ['hɔːlstænd] n portemanteau m

Hallstatt ['hælstæt], **Hallstattian** [hælˈstætɪən] adj alstatt

hallucinant [həˈluːsɪnənt] n hallucinogène m

hallucinate [həˈluːsɪneɪt] vi avoir des hallucinations

hallucination [həˌluːsɪˈneɪʃən] → SYN n hallucination f

hallucinatory [həˈluːsɪnətərɪ] adj drug hallucinogène ; state, effect, vision hallucinatoire

hallucinogen [ˌhælʊˈsɪnədʒən] n hallucinogène m

hallucinogenic [həˌluːsɪnəʊˈdʒenɪk] adj hallucinogène

hallucinosis [həˌluːsɪˈnəʊsɪs] n hallucinose f

hallux ['hæləks] n (Anat) gros orteil m ; (Med) hallux m

hallway ['hɔːlweɪ] n ⇒ **hall 1d**

halo ['heɪləʊ] → SYN n, pl **halo(e)s** [of saint] auréole f, nimbe m ; (Astron) halo m

halogen ['hælədʒen] ⟦1⟧ n halogène m ⟦2⟧ COMP ▷ **halogen lamp** n lampe f (à) halogène

halogenate ['hælədʒəneɪt] vt (Chem) halogéner

halogenation [ˌhælədʒəˈneɪʃən] n (Chem) halogénation f

halogenous [həˈlɒdʒɪnəs] adj (Chem) halogène

haloid ['hæləɪd] ⟦1⟧ adj haloïde ⟦2⟧ n sel m haloïde

halon ['hælɒn] n (Chem) halon ® m

halophilic [ˌhæləʊˈfɪlɪk] adj halophile

halophyte ['hæləʊfaɪt] n halophyte f

halt[1] [hɔːlt] → SYN ⟦1⟧ n **a** halte f, arrêt m ◆ **five minutes' halt** cinq minutes d'arrêt ◆ **to come to a halt** [person] faire halte, s'arrêter ; [vehicle] s'arrêter ; [process] être interrompu ◆ **the commander called a halt** le commandant a ordonné que l'on s'arrête ◆ **the referee called a halt** (Ftbl etc) l'arbitre a sifflé un arrêt de jeu ◆ **to call a halt to sth** mettre fin à qch ◆ **to call for a halt to sth** demander l'arrêt de qch ◆ **her government called for an immediate halt to the fighting** son gouvernement a demandé l'arrêt immédiat des combats **b** (Brit Rail) halte f ⟦2⟧ vi faire halte, s'arrêter ◆ **halt!** halte! ⟦3⟧ vt [+ vehicle] faire arrêter ; [+ process] interrompre

⟦4⟧ COMP ▷ **halt sign** n (Aut) (panneau m) stop m

halt[2] †† [hɔːlt] → SYN ⟦1⟧ adj (= lame) boiteux ⟦2⟧ **the halt** npl les estropiés mpl

halter ['hɔːltər] ⟦1⟧ n **a** [of horse] licou m, collier m ; (= hangman's noose) corde f (de pendaison) **b** (Dress: also **halterneck**) a dress with a halter top une robe dos nu ⟦2⟧ adj (Dress: also **halterneck**) top, dress dos nu inv

haltere ['hæltɪər] n, pl **halteres** [hælˈtɪəriːz] (Zool) haltère m

halterneck ['hɔːltəˈnek] ⟦1⟧ n dos-nu m inv ⟦2⟧ adj dos nu inv

halting ['hɔːltɪŋ] → SYN adj speech, efforts, progress hésitant ; voice haché, hésitant ; verse boiteux ; style heurté ◆ **in halting French/German** dans un français/allemand hésitant

haltingly ['hɔːltɪŋlɪ] adv speak de façon hésitante

halva(h) ['hælvɑː] n (Culin) halva m

halve [hɑːv] → SYN ⟦1⟧ vt **a** (= divide in two) [+ object] couper en deux **b** (= reduce by half) [+ expense, time] réduire or diminuer de moitié ⟦2⟧ vi [sales, figures] être réduit de moitié

halves [hɑːvz] npl of **half**

halyard ['hæljəd] n (Naut) drisse f

ham [hæm] ⟦1⟧ n **a** (Culin) jambon m ◆ **ham and eggs** œufs mpl au jambon **b** (Anat) [of animal] cuisse f **c** (Theat *: pej) cabotin(e) * m(f) (pej) **d** (Rad *) radioamateur m ⟦2⟧ COMP sandwich au jambon ▷ **ham acting** n cabotinage * m ▷ **ham-fisted, ham-handed** adj maladroit, gauche

► **ham up** * vt sep (Theat) [+ part, speech] forcer ◆ **to ham it up** forcer son rôle

hamadryad [ˌhæməˈdraɪəd] n (Myth) hamadryade f

hamadryas [ˌhæməˈdraɪəs] n (Zool) hamadryas m

Hamburg ['hæmbɜːg] n Hambourg

hamburger ['hæmˌbɜːgər] n (gen) hamburger m ; (US: also **hamburger meat**) viande f hachée

Hamitic [hæˈmɪtɪk] adj chamitique

Hamlet ['hæmlət] n Hamlet m

hamlet ['hæmlɪt] n (village) hameau m

hammer ['hæmər] → SYN ⟦1⟧ n (= tool: also Sport, of piano) marteau m ; (of gun) chien m ◆ **the hammer and sickle** la faucille et le marteau ◆ **they were going at it hammer and tongs** (= fighting) ils se battaient comme des chiffonniers ; (= working) ils y mettaient tout leur cœur ; (= arguing, debating) ils discutaient âprement ◆ **to come under the hammer** (at auction) être mis aux enchères ⟦2⟧ vt **a** [+ metal] battre au marteau, marteler ◆ **to hammer a nail into a plank** enfoncer un clou dans une planche (à coups de marteau) ◆ **to hammer the table with one's fists** frapper du poing sur la table ◆ **to hammer sb/sth into the ground** (fig) venir à bout de qn/qch ◆ **to hammer a point home** insister sur un point ◆ **to hammer into shape** [+ metal] façonner (au marteau) ; (fig) [+ plan, agreement] mettre au point ◆ **I tried to hammer some sense into him** j'ai essayé de lui faire entendre raison ◆ **I'd had it hammered into me that ...** on m'avait enfoncé dans la tête que ...

b (Brit * fig) (= defeat) battre à plate(s) couture(s) ; (= criticize severely) descendre en flammes, éreinter ; (= damage severely) frapper de plein fouet ◆ **the firm had been hammered by the recession** l'entreprise avait été frappée de plein fouet par la récession ◆ **the report hammers motorists who drink and drive** le rapport incrimine les automobilistes qui conduisent en état d'ivresse

c (St Ex) [+ stockbroker] déclarer failli or en faillite

⟦3⟧ vi (lit) donner des coups de marteau ◆ **he was hammering at the door** il frappait à la porte à coups redoublés ◆ **he was hammering away on the piano** il tapait sur le piano (comme un sourd) ◆ **to hammer away at a**

hammerhead / hand

problem s'acharner à résoudre un problème ◆ **my heart was hammering** mon cœur battait très fort

[4] COMP ▷ **hammer blow** n (lit) coup m de marteau; (fig) coup m terrible (*for* pour) ▷ **hammer drill** n perceuse f à percussion

▶ **hammer down** vt sep [+ nail] enfoncer; [+ metal] aplatir au marteau; [+ loose plank] fixer

▶ **hammer in** vt sep enfoncer (au marteau) ◆ **he hammered the nail in with his shoe** il a enfoncé le clou avec sa chaussure

▶ **hammer out** vt sep [+ metal] étirer (au marteau); (fig) [+ plan, agreement] élaborer (avec difficulté); [+ difficulties] démêler; [+ verse, music] marteler ◆ **to hammer out a solution** finir par trouver une solution

▶ **hammer together** vt sep [+ pieces of wood etc] assembler au marteau

hammerhead ['hæməhed] n (= shark) requin m marteau

hammering ['hæmərɪŋ] n [a] (lit) (= action) martelage m; (= sound) martèlement m [b] (*: fig) (= defeat) raclée* f, dérouillée* f; (= criticism) éreintement m, descente f en flammes ◆ **to take a hammering** * [team, boxer, player] prendre une raclée * or une dérouillée*; [book, play, film] se faire esquinter * or éreinter

hammerlock ['hæməlɒk] n (Wrestling) clé f de bras

hammertoe ['hæmətəʊ] n orteil m en marteau

hammock ['hæmək] n hamac m

hammy * ['hæmɪ] adj actor qui force son rôle; performance trop théâtral

hamper[1] ['hæmpə'] n panier m d'osier, manne f; (for oysters, fish, game) bourriche f ◆ **a hamper of food** un panier garni (de nourriture); → picnic

hamper[2] ['hæmpə'] → SYN vt [+ person] gêner, handicaper; [+ movement, efforts] gêner, entraver

hamster ['hæmstə'] n hamster m

hamstring ['hæmstrɪŋ] [1] n tendon m du jarret
[2] vt couper les jarrets à; (fig) [+ person] couper ses moyens à, paralyser; [+ plan] entraver; [+ activity] paralyser
[3] COMP ▷ **hamstring injury** n claquage m (au jarret)

hamulus ['hæmjʊləs] n, pl **hamuli** ['hæmjʊlaɪ] (Zool) hamule m

hand [hænd]

→ SYN **LANGUAGE IN USE 26.2**

[1] NOUN   [3] COMPOUNDS
[2] TRANSITIVE VERB   [4] PHRASAL VERBS

[1] NOUN

[a] = part of body main f ◆ **he took her by the hand** il l'a prise par la main ◆ **to take sth with both hands** prendre qch à deux mains ◆ **he's very good with his hands** il est très adroit de ses mains ◆ **give me your hand** donne-moi la main ◆ **my hands are tied** j'ai les mains liées ◆ **I could do it with one hand tied behind my back** je pourrais le faire les yeux fermés ◆ **we're forced to do it with one hand** or **both hands** or **our hands tied behind our back** nous sommes pieds et poings liés

[b] in marriage main f ◆ **he asked for her hand** † il a demandé sa main ◆ **to give sb one's hand** † accorder sa main à qn †

[c] = help coup m de main ◆ **could you give or lend me a hand?** tu peux me donner un coup de main? ◆ **would you like a hand with moving that?** tu veux un coup de main pour déplacer ça? ◆ **to lend a hand** donner un coup de main

[d] = influence influence f ◆ **you could see his hand in everything the committee did** on reconnaissait son influence dans tout ce que faisait le comité

[e] person (= worker) ouvrier m, -ière f; (= member of crew) membre m d'équipage ◆ **I sailed round Java, with a couple of hands** j'ai fait le tour de Java en voilier avec un équipage de deux personnes ◆ **the ship was 26 hands short of her complement** il manquait 26 hommes à l'équipage du bateau ◆ **the ship was lost with all hands** le navire a disparu corps et biens ◆ **all hands on deck** tout le monde sur le pont ◆ **the wedding's next week, so it's all hands on deck** le mariage a lieu la semaine prochaine, alors on a besoin de tout le monde

[f] of clock, watch aiguille f ◆ **the hands of the clock were pointing to midday** les aiguilles de l'horloge indiquaient midi ◆ **the big/little hand** la grande/petite aiguille

[g] Cards (= cards one has) main f, jeu m; (= game) partie f ◆ **I've got a good hand** j'ai une belle main or un beau jeu ◆ **we played a hand of bridge** nous avons fait une partie de bridge

[h] = handwriting écriture f ◆ **she recognized his neat hand** elle a reconnu son écriture bien nette BUT ❶ **the letter was written in his own hand** la lettre était écrite de sa propre main

[i] Measure paume f ◆ **a horse 13 hands high** un cheval de 13 paumes

[j] Culin **hand of bananas** régime m de bananes ◆ **hand of pork** jambonneau m

[k] set structures

◆ preposition/article/possessive + **hand** ◆ **many suffered at the hands of the secret police** beaucoup de gens ont souffert aux mains de la police secrète ◆ **their defeat at the hands of Manchester** (Sport) leur défaite face à Manchester ◆ **to lead sb by the hand** conduire qn par la main ◆ **for four hands** (Mus) à quatre mains ◆ **she had a book in her hand** elle avait un livre à la main ◆ **she was holding the earrings in her hand** elle tenait les boucles d'oreilles dans sa main ◆ **he wanted £100 in his hand** il a demandé 100 livres de la main à la main ◆ **my life is in your hands** ma vie est entre vos mains ◆ **in one's own hands** entre ses mains ◆ **our destiny is in our own hands** notre destinée est entre nos mains ◆ **to put o.s. in sb's hands** s'en remettre à qn ◆ **to put sth into sb's hands** confier qch à qn ◆ **she put the firm into her daughter's hands** elle a confié l'entreprise à sa fille ◆ **to fall into the hands of** tomber aux mains or entre les mains de ◆ **the children are now off our hands** maintenant nous n'avons plus besoin de nous occuper des enfants ◆ **to get sth off one's hands** se débarrasser or se décharger de qch ◆ **I'll take it off your hands** je vous en débarrasse ? ◆ **we've got a difficult job on our hands** une tâche difficile nous attend ◆ **he'll have a real battle on his hands** un véritable combat l'attend ◆ **he had time on his hands** il avait du temps de reste ◆ **to sit on one's hands** rester sans rien faire ◆ **goods left on our** (or **their** etc) **hands** marchandises fpl invendues ◆ **the hedgehog ate out of his hand** le hérisson lui mangeait dans la main ◆ **she's got the boss eating out of her hand** elle fait marcher le patron au doigt et à l'œil ◆ **it is out of his hands** ce n'est plus lui qui s'en occupe

◆ **hand** + preposition/adverb ◆ **she won hands down** elle a gagné haut la main ◆ **to get one's hand in** se faire la main ◆ **to have a hand in** [+ task, achievement] jouer un rôle dans; [+ crime] être mêlé à, être impliqué dans ◆ **Lee scored a goal and had a hand in two others** Lee a marqué un but et a contribué à en marquer deux autres ◆ **the president himself had a hand in the massacre** le président lui-même était impliqué dans le massacre ◆ **I had no hand in it** je n'y suis pour rien ◆ **to take a hand in sth/in doing sth** contribuer à qch/à faire qch ◆ **everybody took a hand in the preparations for the party** tout le monde a participé aux préparatifs de la fête ◆ **the government took a hand in drawing up the plan** le gouvernement a contribué à l'élaboration du projet ◆ **to keep one's hands in** garder la main ◆ **he can't keep his hands off the money** il ne peut pas s'empêcher de toucher à l'argent ◆ **keep your hands off my sweets!** * touche pas à mes bonbons! * ◆ **hands off!** * bas les pattes! * ◆ **hands off our village!** * laissez notre village tranquille! ◆ **to get one's hands on sth** mettre la main sur qch ◆ **just wait till I get my hands on him!** * attends un peu que je lui mette la main dessus! ◆ **I wish I could lay my hands on a good dictionary** si seulement je pouvais mettre la main sur or dénicher un bon dictionnaire ◆ **she read everything she could get** or **lay her hands on** elle a lu tout ce qui lui tombait sous la main ◆ **to put** or **set one's hand to sth** entreprendre qch ◆ **he can set his hand to most things** il y a peu de choses qu'il ne sache (pas) faire ◆ **hands up!** (at gun point) haut les mains!; (in school) levez la main! ◆ **hands up who'd like some chocolate!** levez la main si vous voulez du chocolat!

◆ adjective + **hand** ◆ **she's no bad hand at acting** ce n'est pas une mauvaise actrice ◆ **they gave him a big hand** ils l'ont applaudi bien fort ◆ **a big hand, please, for Mr John Turner** applaudissez bien fort M. John Turner ◆ **he grabbed the opportunity with both hands** il a sauté sur l'occasion ◆ **I am leaving you in Penny's very capable hands** je te laisse entre les mains de Penny ◆ **on every hand** partout ◆ **to rule with a firm hand** gouverner d'une main ferme ◆ **at first hand** de première main ◆ **I've got my hands full at the moment** je suis débordé en ce moment ◆ **to have one's hands full with** avoir fort à faire avec ◆ **to be in good hands** être en (de) bonnes mains ◆ **King Henry ruled with a heavy hand** le roi Henri a dirigé le pays d'une main de fer ◆ **on the left hand** du côté gauche, à gauche ◆ **he's an old hand (at this game!)** il connaît la musique! ◆ **he's an old hand at blackmail** le chantage, ça le connaît ◆ **the director was an old hand at Racine** il (or elle) n'en était pas à sa première mise en scène de Racine ◆ **to give with one hand and take away with the other** donner d'un côté or d'une main et reprendre de l'autre ◆ **on the one hand ..., on the other hand** d'une part ..., d'autre part ◆ **yes, but on the other hand he is very rich** oui, mais (par ailleurs) il est très riche ◆ **on the right hand** du côté droit, à droite ◆ **to gain** or **get the upper hand** prendre l'avantage or le dessus ◆ **to get into the wrong hands** tomber dans or entre de mauvaises mains ; → left, right

◆ **hand** + noun ◆ **he's making money hand over fist** il fait des affaires en or ◆ **we're losing money hand over fist** nous perdons de l'argent à une vitesse phénoménale ◆ **he was bound hand and foot** il était pieds et poings liés ◆ **I refuse to wait on my husband hand and foot** je refuse d'être l'esclave de mon mari ◆ **she expected to be waited on hand and foot** elle voulait être servie comme une princesse ◆ **they are hand in glove** ils sont de mèche ◆ **he's hand in glove with them** il est de mèche avec eux ◆ **the authorities often worked hand in glove with criminals** les autorités ont souvent travaillé en étroite collaboration avec des criminels ◆ **they were walking along hand in hand** ils marchaient (la) main dans la main ◆ **research and teaching go hand in hand** la recherche et l'enseignement vont de pair or sont indissociables ◆ **she hauled herself up the rope hand over hand** elle a grimpé à la corde en s'aidant des mains ◆ **from hand to hand** de main en main ◆ **on (one's) hands and knees** à quatre pattes ◆ **to live from hand to mouth** vivre au jour le jour ◆ **he doesn't like putting his hand in his pocket** il n'aime pas mettre la main à la poche ◆ **he never does a hand's turn** * (Brit) il ne fiche * jamais rien

◆ verb + **hand** ◆ **to force sb's hand** forcer la main à qn ◆ **to show one's hand** dévoiler son jeu ◆ **to stay one's hand** (liter) se retenir ◆ **he turned his hand to writing** il s'est mis à écrire ◆ **he can turn his hand to anything** il sait tout faire

◆ **at hand** (= close by) à portée de (la) main ◆ **having the equipment at hand will be very helpful** ce sera très pratique d'avoir l'équipement à portée de (la) main BUT ❶ **summer is (close) at hand** † l'été m est (tout) proche

◆ **by hand** à la main ◆ **made by hand** fait (à la) main ◆ **the letter was written by hand** la lettre était manuscrite or écrite à la main BUT ❶ **the letter was delivered by hand** quelqu'un a apporté la lettre

◆ **in hand** ◆ **Guy was at the door, briefcase in hand** Guy était à la porte, son attaché-case à la main ◆ **he opened the door, gun in hand** il a ouvert la porte, pistolet au poing ◆ **he had the situation well in hand** il avait la situation bien en main ◆ **to take sb/sth in**

415 ENGLISH-FRENCH

hand prendre qn/qch en main ◆ **to take o.s. in hand** se prendre en main ◆ **Scotland are behind, but have a game in hand** l'Écosse est derrière, mais il lui reste un match à jouer ◆ **he had £6,000 in hand** il avait 6 000 livres de disponibles ◆ **let's concentrate on the job in hand** revenons à nos moutons

◆ **off hand** ◆ **I don't know off hand** je ne pourrais pas le dire de tête

◆ **on hand** sur place ◆ **there are experts on hand to give you advice** il y a des experts sur place pour vous conseiller

◆ **out of hand** (= instantly) d'emblée ◆ **to dismiss sth out of hand** rejeter qch d'emblée [BUT] ◆ **to get out of hand** [situation, spending, crowd] échapper à tout contrôle

◆ **to hand** sous la main ◆ **I haven't got the letter to hand** je n'ai pas la lettre sous la main [BUT] ◆ **the information to hand** les renseignements mpl disponibles ◆ **she seized the first weapon to hand** elle s'est emparée de la première arme venue

[2] TRANSITIVE VERB

[= give] donner (to à) ; (= hold out) tendre (to à) ◆ **to hand sb sth, to hand sth to sb** donner qch à qn ◆ **you've got to hand it to him** * - **he did it very well** il faut reconnaître qu'il l'a très bien fait, il n'y a pas à dire, il l'a très bien fait ◆ **it was handed to him on a plate** * on le lui a apporté sur un plateau (d'argent)

[3] COMPOUNDS

▷ **hand-baggage** n ⇒ **hand-luggage** ▷ **hand controls** npl commandes fpl manuelles ▷ **hand cream** n crème f pour les mains ▷ **hand-drier, hand-dryer** n sèche-mains m inv ▷ **hand drill** n perceuse f à main ▷ **hand grenade** n (Mil) grenade f ▷ **hand-held** adj portable ▷ **hand-knitted** adj tricoté à la main ▷ **hand leather** n (Tech) gantelet m ▷ **hand lotion** n lotion f pour les mains ▷ **hand-luggage** n (NonC) bagages mpl à main ▷ **hand-me-down** * n vêtement m déjà porté ◆ **it's a hand-me-down from my sister** c'est un vêtement qui me vient de ma sœur ▷ **hand-off** (Rugby) n raffut m ◊ vt raffûter ▷ **hand of Fatima** n main f de Fatima ▷ **hand-out** n (= leaflet) prospectus m ; (at lecture, meeting) polycopié m ; (= press release) communiqué m ; (= money: from government, official body) aide f, subvention f, (= alms) aumône f ▷ **hand-painted** adj peint à la main ▷ **hand-pick** vt [+ fruit, vegetables etc] cueillir à la main ; (fig) trier sur le volet ▷ **hand-picked** adj fruit, vegetables etc cueilli à la main ; (fig) trié sur le volet ▷ **hand print** n empreinte f de main ▷ **hand-printed** adj imprimé à la main ▷ **hand puppet** n marionnette f à gaine ▷ **hand-reared** adj animal élevé or nourri au biberon ▷ **hands-free** adj telephone mains libres ▷ **hand signal** n **a** (gen) geste m, signe m **b** (Aut) signe m de la main ▷ **hands-off** adj (fig) policy etc de non-intervention ▷ **hands-on** adj experience pratique ; exhibition interactif (où l'on peut toucher les objets) ▷ **hand-spray** n (= shower attachment) douchette f (amovible) ; (= plant sprayer) spray m ▷ **hand-stitched** adj cousu (à la) main ▷ **hand-to-hand** adj, adv to fight hand-to-hand combattre corps à corps ◆ **a hand-to-hand fight** un corps à corps ◆ **hand-to-hand fighting** du corps à corps ▷ **hand-to-mouth** adj to lead a hand-to-mouth existence vivre au jour le jour ▷ **hand towel** n essuie-mains m inv ▷ **hand truck** n diable m ▷ **hand wash** vt laver à la main ◆ **"hand wash only"** "lavage à la main" ▷ **hand-woven** adj tissé à la main

[4] PHRASAL VERBS

▶ **hand around** vt sep ⇒ **hand round**

▶ **hand back** vt sep rendre (to à)

▶ **hand down** vt sep **a** (lit) hand me down the vase descends-moi le vase ◆ **he handed me down the dictionary from the top shelf** il a pris le dictionnaire qui était en haut de l'étagère et me l'a passé

b (fig) transmettre ◆ **the farm's been handed down from generation to generation** cette ferme s'est transmise de génération en génération ◆ **these tales are handed down from mother to daughter** ces histoires se transmettent de mère en fille

c (Jur) [+ decision] rendre

▶ **hand in** vt sep remettre (to à) ◆ **hand this in at the office** remettez cela à quelqu'un au bureau ◆ **your wallet's been handed in at reception** [+ lost item] on a rapporté votre portefeuille à la réception

▶ **hand on** vt sep **a** (= pass to sb else) donner (to à), passer (to à)

b ⇒ **hand down b**

▶ **hand out** vt sep distribuer ◆ **to hand out advice** donner des conseils

▶ **hand over**

[1] vi (fig) **to hand over to sb** (gen) passer le relais à qn ; (at meeting) passer le micro à qn ; (Rad, TV) passer l'antenne à qn

[2] vt sep [+ book, object] remettre (to à); [+ criminal, prisoner] livrer (to à); [+ authority, powers] (= transfer) transmettre (to à), (= surrender) céder (to à); [+ property, business] céder (to à)

▶ **hand round** vt sep [+ bottle, papers] faire circuler ; [+ cakes] (faire) passer (à la ronde) ; [hostess] offrir

▶ **hand up** vt sep passer (de bas en haut)

handbag ['hændbæg] n sac m à main
handball ['hændbɔːl] n **a** (= sport) handball m
b (Ftbl = offence) faute f de main
handbarrow ['hændˌbærəʊ] n bard m
handbasin ['hændˌbeɪsn] n lavabo m
handbasket ['hændˌbɑːskɪt] n → **hell**
handbell ['hændbel] n sonnette f
handbill ['hændbɪl] n prospectus m
handbook ['hændbʊk] → SYN n **a** (= manual) manuel m ; see also **teacher**
b (= guidebook) (for tourist) guide m ; (to museum) catalogue m
handbrake ['hændˌbreɪk] [1] n (Brit Aut) frein m à main
[2] COMP ◆ **handbrake turn** n (Aut) virage m au frein à main

h. & c. (abbrev of hot and cold (water)) → **hot**

handcar ['hændkɑːʳ] n (Rail) draisine f
handcart ['hændkɑːt] n charrette f à bras ; → **hell**
handclap ['hændklæp] n (Brit) ◆ **a thunderous handclap** un tonnerre d'applaudissements ◆ **to get the slow handclap** se faire siffler
handclasp ['hændklɑːsp] n poignée f de main
handcraft ['hændkrɑːft] n ⇒ **handicraft**
handcuff ['hændkʌf] → SYN [1] n menotte f
[2] vt mettre or passer les menottes à ◆ **to be handcuffed** avoir les menottes aux poignets

-handed ['hændɪd] adj (in compounds) ◆ **one-handed** d'une main, avec une main ; → **empty, left², short**

Handel ['hændəl] n Händel or Haendel m
handfeed ['hændfiːd] vt nourrir à la main
handful ['hændfʊl] → SYN **a** (= fistful) [of coins, objects etc] poignée f ◆ **his hair started falling out by the handful or in handfuls** il a commencé à perdre ses cheveux par poignées ◆ **she was swallowing sleeping pills by the handful** elle se bourrait de somnifères
b (= small number) poignée f ◆ **there was only a handful of people at the concert** il n'y avait qu'une poignée de gens au concert ◆ **only a tiny handful of companies did well in the recession** très peu d'entreprises ont prospéré pendant la récession
c (= nuisance) **the children can be a handful** * les enfants me donnent parfois du fil à retordre

handgrip ['hændgrɪp] n (on cycle, machine etc) poignée f ; (= handshake) poignée f de main
handgun ['hændgʌn] n pistolet m
handhold ['hændhəʊld] n prise f
handicap ['hændɪkæp] → SYN [1] n **a** (= disability) handicap m ; (= disadvantage) désavantage m ◆ **his appearance is a great handicap** son aspect physique le handicape beau-

handbag / handle

coup ◆ **to be under a great handicap** avoir un désavantage or un handicap énorme ; → **physical**

b (Sport) handicap m ◆ **weight handicap** [of racehorse] surcharge f ◆ **time handicap** handicap m (de temps)

[2] vt (also Sport, fig) handicaper ◆ **the industry was handicapped by antiquated machinery** la vétusté des machines constituait un handicap pour ce secteur

handicapped ['hændɪkæpt] [1] adj handicapé ◆ **a physically handicapped child** un enfant handicapé physique

[2] **the handicapped** npl les handicapés mpl ◆ **the mentally/physically handicapped** les handicapés mpl mentaux/physiques

handicraft ['hændɪkrɑːft] → SYN [1] n (= work) artisanat m, travail m artisanal ; (= skill) habileté f manuelle

[2] **handicrafts** npl (= products) objets mpl artisanaux

handily ['hændɪlɪ] adv **a** (= conveniently) placed commodément

b (US = easily) win haut la main

handiness ['hændɪnɪs] n **a** (= usefulness) [of object, method, approach] côté m pratique, commodité f ; (= ease of control) [of car, boat] maniabilité f

b (= nearness) **because of the handiness of the library** parce que la bibliothèque est tout près

c (= skill) [of person] adresse f, dextérité f

handiwork ['hændɪwɜːk] → SYN n œuvre f ◆ **the architect stepped back to admire his handiwork** l'architecte a fait un pas en arrière pour admirer son œuvre ◆ **the fire was the handiwork of an arsonist** l'incendie était l'œuvre d'un pyromane

handjob *⁑ ['hændʤɒb] n ◆ **to give sb a handjob** branler qn⁑ ◆ **to give o.s. a handjob** se branler ⁑

handkerchief ['hæŋkətʃɪf] n mouchoir m ; (fancy) pochette f

handle ['hændl] → SYN [1] n **a** [of basket, bucket] anse f ; [of broom, spade, knife] manche m ; [of door, drawer, suitcase] poignée f ; [of handcart] brancard m ; [of saucepan] queue f ; [of pump, stretcher, wheelbarrow] bras m ◆ **(starting) handle** [of car] manivelle f

b (fig = understanding) **to have a handle on** [+ problem, state of affairs] comprendre ; (= control) [+ situation, spending] maîtriser ◆ **my subject is something not many people have a handle on** peu de gens ont une idée de mon sujet

c **to have a handle to one's name** † * avoir un nom à rallonge * ; → **fly³**

[2] vt **a** (= touch) [+ fruit, food etc] toucher à ; (= move etc by hand: esp Ind) manipuler, manier ◆ **please do not handle the goods** prière de ne pas toucher aux marchandises ◆ **her hands are black from handling newsprint** elle a les mains noires à force de manier or manipuler des feuilles de journaux ◆ **"handle with care"** (label) "fragile" ◆ **the crowd handled him roughly** (lit) la foule l'a malmené ; (fig) la foule l'a hué ◆ **to handle the ball** (Ftbl) toucher le ballon de la main, faire une faute de main

b (= control, deal with) [+ ship] manœuvrer, gouverner ; [+ car] conduire, manœuvrer ; [+ weapon, money] manier, se servir de ; [+ person, animal] manier, s'y prendre avec ◆ **the boat was very easy to handle** le bateau était très facile à manœuvrer or gouverner ◆ **he knows how to handle a gun** il sait se servir d'un revolver or manier un revolver ◆ **she handles large sums of money in her job** elle manie de grosses sommes d'argent dans son travail ◆ **the hospital doesn't handle emergencies** l'hôpital n'a pas de service d'urgences ◆ **he handled the situation very well** il a très bien géré la situation ◆ **I could have handled it better than I did** j'aurais pu mieux m'y prendre ◆ **you didn't handle that very well!** vous ne vous y êtes pas bien pris ! ◆ **I'll handle this** je m'en charge, je vais m'en occuper ◆ **we don't handle that type of business** nous ne traitons pas ce type d'affaires ◆ **do you handle tax matters?** est-ce que vous vous occupez de fiscalité ? ◆ **which judge is handling the case?** quel juge est chargé de l'affaire ? ◆ **three lawyers had already refused to handle the case** trois avo-

handlebar / hang

cats avaient déjà refusé de s'occuper de l'affaire ♦ **they doubt the government's ability to handle the economy** ils doutent de la capacité du gouvernement à gérer l'économie ♦ **he knows how to handle his son** il sait s'y prendre avec son fils ♦ **this child is very hard to handle** cet enfant est très difficile

c (Comm etc) [+ commodity, product] avoir, faire ♦ **we don't handle that type of product** nous ne faisons pas ce genre de produit ♦ **to handle stolen goods** receler des objets volés ♦ **to handle drugs** être revendeur de drogue ♦ **she was convicted of handling explosives** elle a été reconnue coupable de détention d'explosifs ♦ **Orly handles 5 million passengers a year** 5 millions de voyageurs passent par Orly chaque année ♦ **we handle 200 passengers a day** 200 voyageurs par jour passent par nos services ♦ **can the port handle big ships?** le port peut-il accueillir les gros bateaux ?

3 vi ♦ **to handle well/badly** [ship] être facile/difficile à manœuvrer ; [car, gun] être facile/difficile à manier ; [horse] répondre bien/mal aux aides

handlebar ['hændlbɑːʳ] **1** n (also **handlebars**) guidon m
2 COMP ▷ **handlebar moustache** n (hum) moustache f en guidon de vélo *

-handled ['hændld] adj (in compounds) ♦ **a wooden-handled spade** une pelle au manche de bois or avec un manche de bois

handler ['hændləʳ] n **a** (also **dog handler**) maître-chien m
b [of stock] manutentionnaire mf

handling ['hændlɪŋ] → SYN **1** n [of ship] manœuvre f ; [of car] maniement m ; (Ind) [of goods, objects] manutention f ; (= fingering) maniement m, manipulation f ; [of stolen goods] recel m ♦ **handling of drugs** trafic m de drogue ♦ **his handling of the matter** la façon dont il a géré l'affaire ♦ **the judge's handling of witnesses was criticized** on a critiqué la manière dont le juge a traité les témoins ♦ **a new system to speed up the handling of complaints** un nouveau système pour accélérer le traitement des réclamations ♦ **the government's handling of the economy** la manière dont le gouvernement gère l'économie ♦ **toxic waste requires very careful handling** les déchets toxiques doivent être manipulés avec beaucoup de précaution ♦ **to get some rough handling** [person, object] se faire malmener
2 COMP (Comm) ▷ **handling charges** npl frais mpl de manutention

handmade [ˌhændˈmeɪd] adj fait (à la) main

handmaid(en) ['hændmeɪd(ə)n] n († or liter: lit, fig) servante f

handover ['hændəʊvəʳ] n [of company, colony] cession f ♦ **the handover of power** la passation des pouvoirs ♦ **the prisoner's handover to the police ...** lorsque le prisonnier a été remis à la police ...

handrail ['hændreɪl] n [of stairs] rampe f, main f courante ; [of bridge, quay] garde-fou m

handsaw ['hændsɔː] n scie f à main, scie f égoïne

handset ['hændset] n (Telec) combiné m

handsewn [ˌhændˈsəʊn] adj cousu main

handshake ['hændʃeɪk] n **a** poignée f de main ; → **golden**
b (Comput) prise f de contact

handsome ['hænsəm] → SYN adj **a** (= attractive) man, face, features, building, object beau (belle f) ♦ **a handsome woman** une belle femme ♦ (Prov) **handsome is as handsome does** l'air ne fait pas la chanson, l'habit ne fait pas le moine
b (= large) sum coquet ♦ **a handsome price/salary** un bon prix/salaire ♦ **to win a handsome victory** remporter une belle victoire ♦ **to win by a handsome margin** gagner haut la main
c (= generous) conduct, compliment, gift généreux ♦ **to make a handsome apology for sth** se confondre en excuses pour qch

handsomely ['hænsəmlɪ] → SYN adv **a** (= attractively) illustrated joliment ; dressed avec élégance
b (= generously) pay, reward, behave généreusement ; contribute généreusement, avec gé-

nérosité ♦ **to apologize handsomely** se confondre en excuses
c (= convincingly) win haut la main ♦ **this strategy paid off handsomely** cette stratégie s'est révélée payante

handspring ['hændsprɪŋ] n saut m de mains

handstand ['hændstænd] n appui m renversé, équilibre m sur les mains ♦ **to do a handstand** faire un appui renversé or un équilibre sur les mains

handwork ['hændwɜːk] n ⇒ **handiwork**

handwrite ['hændraɪt] vt écrire à la main

handwriting ['hændraɪtɪŋ] → SYN n écriture f ♦ **he has seen the handwriting on the wall** (US) il mesure la gravité de la situation ♦ **the handwriting is on the wall** la catastrophe est imminente

handwritten ['hændrɪt(ə)n] adj manuscrit, écrit à la main

handy ['hændɪ] → SYN **1** adj **a** (= useful) tool, hint, method pratique ♦ **a handy little car** une petite voiture bien pratique ♦ **I brought a torch just in case — that's handy!** j'ai apporté une lampe de poche à tout hasard — bonne idée ! ♦ **he's coming to see us tomorrow — that's handy!** il vient nous voir demain — ça tombe bien ! ♦ **to come in handy** être bien utile
b (* = conveniently close) proche ♦ **in a handy place** à portée de (la) main ♦ **the shops are very handy** les magasins sont tout près ♦ **to be handy for the shops** être à proximité des magasins ♦ **to keep** or **have sth handy** avoir qch à portée de (la) main
c (= skilful) adroit (de ses mains) ♦ **he's handy around the home** il est bricoleur ♦ **he's handy in the kitchen** il se débrouille bien en cuisine ♦ **to be handy with sth** savoir bien se servir de qch
d ship maniable
2 COMP ▷ **handy-pack** n emballage m à poignée

handyman ['hændɪmæn] n, pl **-men** (do-it-yourself) bricoleur m ; (= servant) factotum m, homme m à tout faire

hang [hæŋ] → SYN pret, ptp **hung** **1** vt **a** (= suspend) [+ lamp] suspendre, accrocher (**on** à) ; [+ curtains, hat, decorations] accrocher ; [+ painting] (gen) accrocher ; (in gallery) (= exhibit) exposer ; [+ door] monter ; [+ wallpaper] poser, tendre ; [+ dangling object] laisser pendre ♦ **to hang clothes on the line** pendre des vêtements sur la corde à linge, mettre des vêtements à sécher ♦ **he hung the rope over the side of the boat** il a laissé pendre le cordage par-dessus bord ♦ **to hang one's head** baisser la tête
b (Culin) [+ game] faire faisander
c (= decorate) décorer (**with** de) ♦ **trees hung with lights** des arbres décorés de lumières ♦ **walls hung with modern paintings** des murs décorés de tableaux modernes ♦ **a study hung with hessian** un bureau tapissé or tendu de jute ♦ **balconies hung with flags** des balcons pavoisés
d pret, ptp **hanged** [+ criminal] pendre ♦ **he was hanged for murder** il fut pendu pour meurtre ♦ **he was hanged, drawn and quartered** il a été pendu, éviscéré et écartelé ♦ **he hanged himself** il s'est pendu ♦ **(may) as well be hanged for a sheep as a lamb** quitte à être punis, autant l'être pour un crime qui en vaille la peine
e († *: in phrases) **hang him!** qu'il aille se faire voir ! * ♦ **(I'll be) hanged if I know!** je veux bien être pendu si je le sais ! * ♦ **I'm hanged if I'm waiting until he decides to come back** je serais fou d'attendre or je ne vois pas pourquoi j'attendrais qu'il se décide à revenir ♦ **hang it (all)!** zut ! * ♦ **hang the expense** * au diable la dépense
2 vi **a** [rope, dangling object] pendre, être accroché or suspendu (**on, from** à) ; [drapery] tomber ♦ **a suit that hangs well** un costume qui tombe bien ♦ **her hair hung down her back** (not put up) elle avait les cheveux dénoués ; (long) ses cheveux lui tombaient dans le dos ♦ **her hair hung loose about her shoulders** ses cheveux flottaient sur ses épaules ♦ **a picture hanging on the wall** un tableau accroché au mur ♦ **to hang out of the window** [person] se pencher par la fenêtre ; [thing] pendre à la fenêtre ♦ **I was left hanging by my fingertips** (lit) je me suis

retrouvé agrippé or cramponné au rocher (or au bord de la fenêtre etc) ; (fig) je n'avais plus qu'un mince espoir de m'en tirer ♦ **just hang loose!** * (esp US) essaie d'être relax ! * ♦ **to hang tough** * (esp US) tenir bon ; → **balance**
b (= hover) planer, peser ♦ **a damp fog hung over the valley** un brouillard chargé d'humidité planait or pesait sur la vallée ♦ **a haze of expensive perfume hangs around her** les effluves d'un parfum de luxe flottent autour d'elle ♦ **the hawk hung motionless in the sky** le faucon était comme suspendu dans le ciel ♦ **a constant threat of unemployment hangs over us** or **our heads** une menace constante de chômage pèse sur nous ♦ **the question was left hanging in the air** la question est restée en suspens ♦ **time hung heavy (on his hands)** le temps lui durait or pesait, il trouvait le temps long
c [criminal] être pendu ♦ **he ought to hang** il devrait être pendu ♦ **he'll hang for it** cela lui vaudra la corde or d'être pendu ♦ **to be sentenced to hang** être condamné à la corde (**for sth** pour qch) ♦ **he was sentenced to hang for killing a young woman** il a été condamné à la corde pour avoir tué une jeune femme
d (US *) ⇒ **hang about**
3 n * **a** **to get the hang of** (= learn to use) [+ machine, tool, device] piger * comment utiliser ; (= grasp meaning of) [+ letter, book] (arriver à) comprendre ♦ **to get the hang of doing sth** attraper le coup pour faire qch ♦ **you'll soon get the hang of it** (of device, process etc) tu auras vite fait de t'y mettre ♦ **she's getting the hang of her new job** elle commence à s'habituer à son nouveau travail ♦ **I am getting the hang of it!** ça y est, je saisis !
b **I don't give a hang** † je m'en fiche *
4 COMP ▷ **hang-glider** n (= aircraft) deltaplane ® m, aile f delta ; (= person) libériste mf ▷ **hang-gliding** n deltaplane ® m, vol m libre ♦ **to go hang-gliding** faire du deltaplane ®, pratiquer le vol libre ▷ **hangout** * n lieu m de prédilection ▷ **hang-up** * n (= complex) complexe m (**about** en ce qui concerne) ♦ **to have a hang-up about one's body** être mal dans son corps, être complexé ♦ **to have a hang-up about spiders** avoir la phobie des araignées, avoir une peur maladive des araignées ♦ **to have sexual hang-ups** avoir des blocages (sexuels)

▶ **hang about, hang around** **1** vi (= loiter, pass time) traîner ; (= wait) attendre ♦ **he's always hanging about here** il est toujours à traîner par ici ♦ **he got sick of hanging around waiting for me** il en a eu marre de m'attendre ♦ **they always hang around together** ils sont toujours ensemble ♦ **Ann used to hang around with the boys** Ann traînait avec les garçons ♦ **to keep sb hanging about** faire attendre or poireauter * qn ♦ **this is where they usually hang about** c'est là qu'ils se trouvent habituellement ♦ **hang about!** attends ! ♦ **hang about** *, **this fellow's a crook** attends, ce type * est un escroc
2 vt fus ♦ **the crowd who hung around the cafe** les habitués du café

▶ **hang back** vi (in walking etc) rester en arrière, hésiter à aller de l'avant ♦ **she hung back from suggesting this** elle hésitait à le proposer ♦ **they hung back on closing the deal** ils tardaient à conclure l'affaire ♦ **he should not hang back (on this decision) any longer** il est temps qu'il prenne une décision or qu'il se décide

▶ **hang down** vi pendre

▶ **hang in** * vi (also **hang in there**) s'accrocher ♦ **hang in there, Bill, you're going to make it** accroche-toi, Bill, tu vas t'en sortir

▶ **hang on** **1** vi **a** (* = wait) attendre ♦ **hang on!** attendez ! ; (on phone) ne quittez pas ! ♦ **hang on a sec, I'll come with you** attends une seconde, je viens avec toi ♦ **I had to hang on for ages** (on phone) j'ai dû attendre des siècles
b (= hold out) tenir bon ♦ **he managed to hang on till help came** il réussit à tenir bon jusqu'à l'arrivée des secours ♦ **Manchester United hung on to take the Cup** Manchester United a tenu bon et a remporté le championnat ♦ **to hang on by one's finger-**

nails or **fingertips** (lit) être agrippé or cramponné au rocher (or au bord de la fenêtre etc); (fig) n'avoir plus qu'un mince espoir de s'en tirer ◆ **hang on in there *** ⇒ **hang in there** ; → **hang in**

[c] **to hang on to sth *** (= cling on to) s'accrocher à qch, rester cramponné à qch ; (= keep, look after) garder qch ◆ **hang on to the branch** cramponne-toi à la branche, ne lâche pas la branche ◆ **to hang on to one's lead** conserver son avance ◆ **to hang on to power** s'accrocher au pouvoir

[2] vt fus (lit, fig) se cramponner à, s'accrocher à ◆ **to hang on sb's arm** se cramponner or s'accrocher au bras de qn ◆ **to hang on sb's words** or **every word** boire les paroles de qn, être suspendu aux lèvres de qn

[b] (= depend on) dépendre de ◆ **everything hangs on his decision** tout dépend de sa décision ◆ **everything hangs on whether he saw her or not** le tout est de savoir s'il l'a vue ou non

[3] vt sep (esp US) ◆ **to hang one on *** se cuiter ‡, se biturer ‡

▶ **hang out** [1] vi [a] [tongue] pendre ; [shirt tails etc] pendre (dehors), pendouiller * ◆ **let it all hang out!** ‡ défoulez-vous !

[b] * (= live) percher *, crécher ‡ ; (= loiter aimlessly) traîner

[c] (= resist) **they are hanging out for a 5% rise *** ils insistent pour obtenir une augmentation de 5 %

[2] vt sep [+ streamer] suspendre (dehors) ; [+ washing] étendre (dehors) ; [+ flag] arborer ◆ **to hang sb out to dry *** (= abandon them) abandonner qn à son sort

[3] **hang-out *** n → **hang**

▶ **hang together** vi [a] (= unite) [people] se serrer les coudes

[b] (= be consistent) [argument] se tenir ; [story] tenir debout ; [statements] s'accorder, concorder ◆ **her ideas don't always hang together very well as a plot** ses intrigues sont souvent décousues

▶ **hang up** [1] vi (Telec) raccrocher ◆ **to hang up on sb** raccrocher au nez de qn see also **hung**

[2] vt sep [+ hat, picture] accrocher, pendre (on à, sur) ◆ **to hang up the receiver** (Telec) raccrocher ◆ **to hang up one's hat** (fig = retire) raccrocher * ◆ **the goalkeeper announced he was hanging up his boots for good** (fig) le gardien de but a annoncé qu'il raccrochait pour de bon ; → **hung**

[3] **hang-up *** n → **hang**

hangar ['hæŋəʳ] n (Aviat) hangar m

hangdog ['hæŋdɒg] → SYN n ◆ **to have a hangdog look** or **expression** avoir un air de chien battu

hanger ['hæŋəʳ] [1] n (also **coat hanger**) cintre m ; (= hook) patère f

[2] COMP ▷ **hanger-on** → SYN n, pl **hangers-on** parasite m ◆ **he's just one of the hangers-on** (= person) c'est juste l'un de ces parasites ◆ **there was a crowd of hangers-on** il y avait toute une foule de parasites

hanging ['hæŋɪŋ] → SYN [1] n [a] (= execution) pendaison f

[b] (NonC) accrochage m, suspension f ; [of bells, wallpaper] pose f ; [of door] montage m ; [of picture] accrochage m

[c] (= curtains etc) hangings tentures fpl, draperies fpl ◆ **bed hangings** rideaux mpl de lit

[2] adj bridge, staircase suspendu ; door battant ; lamp, light pendant ; sleeve tombant

[3] COMP ▷ **hanging basket** n panier m suspendu ▷ **hanging committee** n (Art) jury m d'exposition ▷ **the Hanging Gardens of Babylon** npl les jardins mpl suspendus de Babylone ▷ **hanging judge** n (Hist) juge qui envoyait régulièrement à la potence ▷ **hanging offence** n (lit) crime m pendable ◆ **it's not a hanging offence** (fig) ce n'est pas grave, ce n'est pas un cas pendable ▷ **hanging plant** n plante f tombante or à port retombant ▷ **hanging valley** n (Geog) vallée f suspendue ▷ **hanging wardrobe** n penderie f

hangman ['hæŋmən] n, pl **-men** [a] (= executioner) bourreau m

[b] (= game) pendu m ◆ **to play hangman** jouer au pendu

hangnail ['hæŋneɪl] n petite peau f, envie f

hangover ['hæŋəʊvəʳ] → SYN n [a] (after drinking) **to have a hangover** avoir la gueule de bois *

[b] (fig = relic) **this problem is a hangover from the previous administration** c'est un problème que nous avons hérité de l'administration précédente

Hang Seng Index [,hæŋseŋ'ɪndeks] n indice m Hang Seng

hank [hæŋk] → SYN n [of wool] écheveau m

hanker ['hæŋkəʳ] → SYN vi ◆ **to hanker for** or **after** rêver de

hankering ['hæŋkərɪŋ] n ◆ **to have a hankering for sth/to do sth** rêver de qch/de faire qch

hankie *, **hanky** * ['hæŋkɪ] n abbrev of **handkerchief**

hanky-panky * ['hæŋkɪ'pæŋkɪ] n (suspicious) entourloupes * fpl ; (= fooling around) bêtises fpl ; (sexual) batifolage m ◆ **there's some hanky-panky going on** (suspicious) il se passe quelque chose de louche, il y a là quelque chose de pas très catholique ◆ **there were reports of political hanky-panky** le bruit courait qu'il se passait des choses louches en politique

Hannibal ['hænɪbəl] n Hannibal m

Hanoi [hæ'nɔɪ] n Hanoï

Hanover ['hænəʊvəʳ] n Hanovre ◆ **the house of Hanover** (Brit Hist) la maison or la dynastie de Hanovre

Hanoverian [,hænəʊ'vɪərɪən] adj hanovrien

Hansard ['hænsɑːd] n Hansard m (procès verbal des débats du parlement britannique)

Hanseatic [,hænzɪ'ætɪk] adj ◆ **the Hanseatic League** la Hanse, la Ligue hanséatique

hansom ['hænsəm] n (also **hansom cab**) cab m

Hants [hænts] abbrev of **Hampshire**

Hanukkah ['hɑːnəkə] n (Rel) Hanoukka f

hapax legomenon ['hæpæksləˈgɒmɪ,nɒn] n, pl **hapax legomena** [ləˈgɒmɪnə] hapax m

ha'pence † ['heɪpəns] npl of **ha'penny**

ha'penny † ['heɪpnɪ] n ⇒ **halfpenny**

haphazard [,hæp'hæzəd] → SYN adj ◆ **in a somewhat haphazard fashion** un peu n'importe comment ◆ **the whole thing was very haphazard** tout était fait au petit bonheur ◆ **a haphazard approach to film-making** une approche de la réalisation de films peu méthodique

haphazardly [,hæp'hæzədlɪ] adv arrange, select au hasard

haphazardness [,hæp'hæzədnɪs] n caractère m peu systématique, manque m d'organisation

hapless ['hæplɪs] adj infortuné (before n), malheureux (before n)

haplography [hæp'lɒgrəfɪ] n haplographie f

haploid ['hæplɔɪd] (Bio) [1] adj haploïde

[2] n (= cell) cellule f haploïde ; (= organism) organisme m haploïde

haplology [hæp'lɒlədʒɪ] n (Ling) haplologie f

happen ['hæpən] → SYN vi [a] arriver, se passer ◆ **something happened** il est arrivé or il s'est passé quelque chose ◆ **what's happened?** qu'est-ce qui s'est passé ?, qu'est-il arrivé ? ◆ **just as if nothing had happened** comme si de rien n'était ◆ **whatever happens** quoi qu'il arrive (subj) or advienne ◆ **don't let it happen again!** que cela ne se reproduise pas ! ◆ **these things happen** ce sont des choses qui arrivent ◆ **what has happened to him?** (= befallen) qu'est-ce qui lui est arrivé ? ; (= become of) qu'est-ce qu'il est devenu ? ◆ **if anything happened to me my wife would have enough money** s'il m'arrivait quelque chose ma femme aurait assez d'argent ◆ **something has happened to him** il lui est arrivé quelque chose ◆ **a funny thing happened to me this morning** il m'est arrivé quelque chose de bizarre ce matin ◆ **let's pretend it never happened** faisons comme si rien ne s'était passé ◆ **she switched on the ignition. Nothing happened** elle a mis le contact. Il ne s'est rien passé ◆ **it's all happening!** * c'est que des choses !

[b] (= come about, chance) **how does it happen that ...?** comment se fait-il que ... (+ subj) ? ◆ **it might happen that ...** il se pourrait que ...

(+ subj) ◆ **it so happened that ...** il s'est trouvé que ... (+ indic) ◆ **it so happens that I'm going there today, as it happens I'm going there today** il se trouve que j'y vais aujourd'hui

◆ **to happen to do sth** ◆ **he happened to tell me that ...** il me disait justement que ... ◆ **do you happen to have a pen?** aurais-tu par hasard un stylo ? ◆ **how did you happen to go?** comment se fait-il que tu y sois allé ? ◆ **we happened to discover we had a friend in common** nous avons découvert par hasard que nous avions un ami commun ◆ **I looked in the nearest paper, which happened to be the Daily Mail** j'ai regardé dans le premier journal qui m'est tombé sous la main. Il s'est trouvé que c'était le Daily Mail ◆ **I happen to know he is not rich** je sais qu'en fait, il n'est pas riche ◆ **if he does happen to see her** s'il lui arrive de la voir

▶ **happen (up)on** † vt fus [+ object] trouver par hasard ; [+ person] rencontrer par hasard

happening ['hæpnɪŋ] → SYN [1] n événement m ; (Theat) happening m

[2] adj * branché *

happenstance * ['hæpənstæns] n ◆ **by happenstance** par hasard

happily ['hæpɪlɪ] → SYN adv [a] say, talk, play (= contentedly) d'un air heureux ; (= merrily) gaiement ◆ **to smile happily** avoir un sourire épanoui or de bonheur ◆ **it all ended happily** tout s'est bien terminé ◆ **I'm a happily married man** je suis heureux en ménage ◆ **they lived happily ever after** ils vécurent heureux

[b] (= without difficulty) live together, work together etc sans problème

[c] (= willingly) offer, lend volontiers

[d] (= fortunately) heureusement ◆ **happily, no one was hurt** heureusement, personne n'a été blessé ◆ **happily for him, he can afford it** heureusement pour lui, il peut se le permettre

[e] (= felicitously) express, word avec bonheur ◆ **a happily chosen word** un mot choisi avec bonheur

happiness ['hæpɪnɪs] LANGUAGE IN USE 24.3 → SYN n bonheur m

happy ['hæpɪ] LANGUAGE IN USE 3.2, 11.2, 23.2, 23.3, 23.6, 24, 25 → SYN

[1] adj [a] (= joyful, glad) person, smile, time heureux ◆ **a happy feeling** un sentiment de bonheur ◆ **to have a happy ending** bien se terminer ◆ **to have happy memories of sb/sth** garder un bon souvenir or de bons souvenirs de qn/qch ◆ **to be happy about sth** être heureux de qch ◆ **as happy as Larry** or **a sandboy** or **a clam** or **a lark, happy as the day is long** (US) heureux comme un poisson dans l'eau, heureux comme un roi ◆ **we're just one big happy family** (firm, school etc) nous formons une grande famille, nous sommes comme une grande famille ◆ **to be happy for sb** se réjouir pour qn ◆ **can't you just be happy for me?** tu ne peux pas te réjouir pour moi ? ◆ **I'm happy that I came** je suis content d'être venu ◆ **I'm happy that you came** je suis content que vous soyez venu ◆ **I'm happy to say that ...** j'ai le plaisir de vous dire que ... ◆ **I'm just happy to have a job** je m'estime heureux d'avoir un emploi

[b] (= contented, at ease) person content, heureux ; childhood, life, marriage, retirement, family heureux ◆ **I'm happy here reading** je suis très bien ici à lire ◆ **we like to keep the customers/sponsors happy** nous voulons que nos clients/sponsors soient satisfaits ◆ **you're not just saying that to keep me happy?** tu ne dis pas ça juste pour me faire plaisir ? ◆ **to be happy with** or **about sth** être satisfait de qch ◆ **I'm not happy with this new car** je ne suis pas satisfait de cette nouvelle voiture ◆ **I'm not happy about leaving him alone** ça ne me plaît pas trop de le or je n'aime pas trop le laisser seul

[c] (= willing, glad) **to be happy to do sth** bien vouloir faire qch ◆ **she was quite happy to stay there alone** cela ne l'ennuyait or la dérangeait pas (du tout) de rester là toute seule ◆ **I'm always happy to oblige** à votre service ◆ **I would be happy to have your comments** n'hésitez pas à me faire part de vos commentaires ◆ **I'd be more than** or **only too happy to do that** je le ferais volontiers ; → **slap, trigger**

d (in greetings) **happy birthday!** bon anniversaire ! ◆ **"happy birthday to you!"** (in song) "joyeux anniversaire !" ◆ **"happy 40th birthday"** (on card) "40 ans : joyeux anniversaire !" ◆ **happy Christmas!** joyeux Noël ! ◆ **happy Easter!** joyeuses Pâques ! ◆ **happy New Year!** bonne année ! ◆ **happy holidays!** (US) joyeuses fêtes ! ◆ **happy days!** * (as toast) tchin-tchin ! * ; see also **return**

e * (euph = tipsy) éméché *, gris *

f (= fortunate) chance, coincidence heureux ◆ **the happy few** les rares privilégiés mpl

g (= felicitous) phrase, words, outcome heureux ◆ **it's not a happy thought** ce n'est pas une perspective réjouissante

2 COMP ▷ **happy-clappy** adj (pej) service *qui se déroule dans une allégresse collective* ▷ **the happy couple** n les jeunes mariés mpl ▷ **the happy event** n (= birth) l'heureux événement m ▷ **happy families** n (= card game) jeu m des sept familles ▷ **happy-go-lucky** → SYN adj person, attitude insouciant ◆ **the arrangements were very happy-go-lucky** c'était organisé au petit bonheur (la chance) ◆ **to do sth in a happy-go-lucky way** faire qch au petit bonheur (la chance) or à la va comme je te pousse * ▷ **happy hour** n (US) heure f du cocktail or de l'apéritif ; (Brit) *heure, généralement en début de soirée, pendant laquelle les consommations sont à prix réduit* ▷ **happy hunting ground** n [of Native Americans] paradis m des Indiens d'Amérique ◆ **a happy hunting ground for collectors** le paradis des collectionneurs ▷ **happy medium** n juste milieu m ◆ **to strike a happy medium** trouver le juste milieu

Hapsburg ['hæpsbɜːg] n Habsbourg ◆ **the Hapsburgs** les Habsbourg mpl

hapten ['hæptən], **haptene** ['hæptiːn] n haptène m

haptic ['hæptɪk] adj tactile

hara-kiri ['hærə'kɪrɪ] n hara-kiri m ◆ **to commit hara-kiri** faire hara-kiri

harangue [hə'ræŋ] → SYN **1** vt [+ crowd] haranguer (*about* à propos de) ; [+ individual] sermonner (*about* à propos de) ◆ **he tried to harangue the crowd into action** il a essayé de haranguer la foule pour qu'elle agisse

2 n (to crowd) harangue f ; (to individual) sermon m

harass ['hærəs] → SYN vt **a** (= harry) [+ troops, the enemy, crowd etc] harceler ◆ **they complained of being routinely harassed by the police** ils se sont plaints de harcèlements répétés de la part de la police ◆ **he sexually harassed her** il la harcelait sexuellement

b (= worry) tracasser ; (stronger) harceler, tourmenter ◆ **harassed by doubts** harcelé de doutes

harassed ['hærəst] → SYN adj (= hassled) harcelé ; (= overburdened) surmené ◆ **to feel harassed** être harcelé

harassment ['hærəsmənt] → SYN n harcèlement m ◆ **police harassment** harcèlement m de la part de la police ; → **sexual**

harbinger ['hɑːbɪndʒəʳ] n (liter) signe m avant-coureur (liter), présage m ◆ **a harbinger of doom** un funeste présage

harbour, harbor (US) ['hɑːbəʳ] → SYN **1** n (for boats) port m ; (fig) havre m (liter), refuge m ◆ **Dover Harbour** (in names) port m de Douvres ◆ **the ship was lying in the harbour** le navire était au port or avait mouillé dans le port ; → **outer**

2 vt **a** (= give shelter to) héberger, abriter ◆ **to harbour a criminal** receler un criminel (Jur) ◆ **they accused the government of harbouring terrorists** ils ont accusé le gouvernement d'avoir fermé les yeux sur la présence de terroristes

b [+ suspicions] entretenir, nourrir ; [+ fear, hope] entretenir ◆ **to harbour a grudge against sb** garder rancune à qn ◆ **she harbours no regrets** elle ne nourrit aucun regret

c [+ dirt, dust] retenir, garder ◆ **the river still harbours crocodiles** des crocodiles habitent encore le fleuve ◆ **the cat's fur harbours various parasites** divers parasites trouvent refuge dans la fourrure du chat

3 COMP ▷ **harbour dues, harbour fees** npl (Jur, Comm) droits mpl de port ▷ **harbour master** n capitaine m de port ▷ **harbour station** n gare f maritime

hard [hɑːd] → SYN **1** adj **a** (= firm) object, substance, ground, bed, fruit dur ; mud, snow durci ; muscle ferme ; cheese à pâte pressée ; see also **f** ◆ **to become** or **get** or **go** or **grow hard** durcir ◆ **the ground was baked/frozen hard** le sol était durci par la chaleur/par le gel ◆ **the lake was frozen hard** le lac était complètement gelé ◆ **to set hard** [plaster, concrete, clay etc] bien prendre

b (= difficult) problem, question, exam, choice, decision, work difficile ; task pénible, dur ; battle, fight rude ; match âprement disputé ◆ **it is hard to do that** il est difficile de faire cela ◆ **to find it hard to do sth** avoir du mal à faire qch, trouver difficile de faire qch ◆ **I find it hard to believe that ...** j'ai du mal à croire que ... ◆ **their prices are hard to beat** leurs prix sont imbattables ◆ **to be hard to open/close/translate** etc être difficile or dur à ouvrir/fermer/traduire etc ◆ **good managers are hard to find these days** il est difficile de trouver de bons cadres de nos jours ◆ **that's a hard question to answer** c'est une question à laquelle il est difficile de répondre ◆ **it was a hard decision to make** c'était une décision difficile à prendre ◆ **I've had a hard day** ma journée a été dure ◆ **a hard day's work** une rude journée de travail ◆ **it's hard work!** c'est dur ! ◆ **a hard day's sunbathing on the beach** (hum) une rude journée or une journée fatigante passée à bronzer sur la plage (hum) ◆ **she's had a very hard life** elle a eu une vie très dure ◆ **it's a hard life** (also iro) la vie est dure ◆ **it's a hard life being a man** (also iro) c'est dur d'être un homme ◆ **she's having a hard time at the moment** elle traverse une période difficile ◆ **she had a hard time of it after her husband's death** elle a traversé une période difficile après la mort de son mari ◆ **to have a hard time doing sth** avoir du mal or des difficultés à faire qch ◆ **you'll have a hard time trying to get him to help you** vous allez avoir du mal à le persuader de vous aider ◆ **to give sb a hard time** * en faire voir de toutes les couleurs à qn ◆ **the kids are giving me a hard time at the moment** * les enfants sont vraiment pénibles en ce moment ◆ **times are hard** les temps sont durs ◆ **those were hard times** c'était une époque difficile ◆ **"Hard Times"** (Literat) "Les Temps difficiles" ◆ **he always has to do it** or **things the hard way** il faut toujours qu'il cherche (subj) la difficulté ◆ **to learn the hard way** l'apprendre à ses dépens ◆ **to play hard to get** * se faire désirer ; see also **drive**

c (= committed) **he's a hard worker** il est travailleur ◆ **he's a hard drinker** il boit beaucoup, il boit sec

d (= forceful) blow, kick, punch violent ◆ **give it a hard push** pousse fort ◆ **she gave the rope a hard tug** elle a tiré la corde d'un coup sec ◆ **he had a hard fall** il a fait une mauvaise chute ◆ **a hard blow** (fig) un coup dur (*for, to sb/sth* pour qn/qch) → **knock**

e (= unsympathetic) person, face, look, smile, voice dur ◆ **to have a hard heart** avoir le cœur dur ◆ **no hard feelings!** sans rancune ! ◆ **to show there are no hard feelings** pour montrer qu'il n'y a pas de rancune entre nous (or eux etc) ◆ **to grow hard** s'endurcir

f (= harsh, severe) winter, climate rude, rigoureux ; frost fort ; light, colour cru ; treatment dur ; rule, decision sévère ◆ **to take a hard line with sb/on sth** se montrer dur or intransigeant avec qn/lorsqu'il s'agit de qch ; see also **3** ◆ **to be hard on sb** [person] être dur avec qn ◆ **aren't you being a bit hard on yourself?** n'es-tu pas un peu trop dur avec toi-même ? ◆ **to be hard on sb/sth** (= damaging) [situation, circumstances] être difficile or éprouvant pour qn/qch ◆ **the light was hard on the eyes** la lumière fatiguait les yeux ◆ **children are hard on their shoes** les enfants usent leurs chaussures en un rien de temps ◆ **hard cheese** * or **lines** *! (Brit) tant pis pour toi ! ◆ **hard luck!** pas de chance or de veine * ! ◆ **it was hard luck that he didn't win** il n'a vraiment pas eu de chance de ne pas gagner ◆ **it's hard luck on him** il n'a vraiment pas de chance ◆ **he told me another hard luck story** il m'a encore raconté ses malheurs ◆ **his hard luck story failed to move me** il n'a pas réussi à m'émouvoir avec ses malheurs

g (= tough) **she thinks she's really hard** * person elle se considère comme une dure

h (= indisputable) information sûr ; evidence tangible ◆ **there are hard facts to support our arguments** il y a des faits concrets pour soutenir nos arguments ◆ **the hard facts of the matter are that ...** ce qu'il y a de sûr et certain, c'est que ... ◆ **what we want is hard news** ce qu'il nous faut, c'est une information sérieuse

i (= strong) drink fortement alcoolisé, fort ; drug dur ◆ **hard porn** * porno m hard * ◆ **the hard stuff** * (= whisky) le whisky ; (= drugs) les drogues dures ◆ **a drop of the hard stuff** * un petit coup * de whisky

j (Chem) water dur

k (Med) tissue sclérosé, scléreux

l (esp Brit) **the hard left/right** (Pol) la gauche/droite dure

m (Phon, Ling) sound dur ; consonant (= not palatalized) dur ; (= velar) fort, dur †

n (St Ex) market, stock, rate soutenu, ferme ; → **3**

2 adv **a** (= energetically, assiduously) push, pull, rain, snow fort ; work dur ; study assidûment ; laugh aux éclats ; cry à chaudes larmes ; listen de toutes ses oreilles ; think bien ◆ **tug the rope hard** tire sur la corde d'un coup sec ◆ **she slammed the door hard** elle a claqué violemment la porte ◆ **to fall down hard** tomber lourdement ◆ **to run hard** courir de toutes ses forces ◆ **to hold on hard** tenir bon ◆ **to hit hard** frapper fort, cogner dur ; see also **hit** ◆ **to beg hard** supplier ◆ **to look hard at** [+ person] dévisager ; [+ thing] bien regarder ◆ **to try hard** faire or fournir un gros effort ◆ **no matter how hard I try, I ...** j'ai beau essayer, je ... ◆ **as hard as one can** de toutes ses forces ◆ **to be hard at work** or **at it** * travailler or bosser * dur ◆ **she works hard at keeping herself fit** elle fait de gros efforts pour rester en forme ◆ **he likes to work hard and play hard** il met autant d'énergie à travailler qu'à s'amuser ◆ **to clamp down hard on sb** prendre des sanctions très sévères contre qn

◆ **to be hard pressed** or **pushed** or **put (to it) to do sth** avoir beaucoup de mal à faire qch ◆ **to be hard pressed for time/money** être vraiment à court de temps/d'argent

b (= as far as possible) turn **hard left** à fond à gauche ◆ **hard right** à fond à droite ◆ **hard a-port** (Naut) bâbord toute ◆ **hard a-starboard** (Naut) tribord toute ◆ **hard astern** (Naut) arrière toute ◆ **hard about** (Naut) demi-tour toute

c (= badly) **to take sth hard** être très affecté par qch ◆ **it'll go hard for him if ...** ça ira mal pour lui si ... ◆ **she feels hard done by** (by person) elle se sent brimée ; (by life) elle trouve qu'elle n'a pas eu de chance dans la vie

d (= closely) **to follow** or **come hard behind** or **upon sth** suivre qch de très près ◆ **hard by sth** † tout près de qch ◆ **it was hard on 10 o'clock** † il était bientôt 10 heures ; → **heel**

3 COMP ▷ **hard-and-fast** → SYN adj timetable strict ; position inflexible ; conclusion définitif ; evidence concluant ; rule absolu ▷ **hard-ass** *✱ n (US) dur(e) m(f) à cuire * ▷ **hard-assed** *✱ adj coriace ▷ **hard-bitten** → SYN adj (fig) dur à cuire * ▷ **hard-boiled** adj egg dur ; (fig) person dur à cuire * ▷ **hard card** n (Comput) carte f (de) disque dur ▷ **hard case** * n dur(e) m(f) à cuire * ▷ **hard cash** n (Fin) espèces fpl, argent m liquide ▷ **hard copy** n (Comput) tirage m, sortie f papier ▷ **hard core** n **a** (= committed group) [of supporters, advocates, objectors] noyau m dur ; (within organization, political party) éléments mpl durs, inconditionnels mpl **b** (for roads) matériaux mpl pour assise, couche f de fondation ; see also **hardcore** ▷ **hard-core** → SYN adj reactionary (Marxism etc) pur et dur ; support, opposition inconditionnel ◆ **hard-core pornography** pornographie f hard ▷ **hard court** n (Tennis) court m en dur ▷ **hard currency** n (Fin) devise f forte ▷ **hard disk** n (Comput) disque m dur ▷ **hard disk drive** n (Comput) unité f de disque dur ▷ **hard-drinking** adj qui boit beaucoup or sec ▷ **hard-earned** adj money, salary durement gagné ; holiday bien mérité ▷ **hard-faced, hard-featured** adj au visage sévère, aux traits durs ▷ **hard-fought** adj battle acharné ; election, competition âprement disputé ▷ **hard hat** n [of motorcyclist, construction worker] casque m ; (= riding hat) bombe f ; (esp US fig = construction worker) ouvrier m du bâtiment ▷ **hard-hat** adj (esp US fig) réactionnaire ▷ **hard-headed** → SYN adj réaliste, qui a la tête sur les épaules ◆ **hard-headed businessman** homme m d'affaires réaliste ; see also **hardhead** ▷ **hard-hearted** → SYN adj insensible, au cœur dur ◆ **he was very hard-hearted towards them** il était très dur avec eux ▷ **hard-heartedness** n insensibilité f, dureté f ▷ **hard-hitting** → SYN adj (fig) report, news programme sans complaisance ▷ **hard labour, hard labor** (US) n (Jur) travaux mpl forcés ▷ **hard lens** n verre m or lentille f de contact rigide ▷ **hard-line** → SYN adj (pur et) dur ▷ **hard-liner** n pur(e) m(f) et dur(e) m(f) ▷ **hard loan** n (Fin) prêt m aux conditions commerciales or du marché ▷ **hard mint candy** n (US) bonbon m à la menthe ▷ **hard-nosed** adj dur ▷ **hard of hearing** adj dur d'oreille ▷ **the hard-of-hearing** npl les malentendants mpl ▷ **hard-on** **n **to have a hard-on** bander ** ▷ **hard-packed snow** n neige f tassée ; (by wind) congère f ▷ **hard pad** n (Vet) sclérose f des coussinets ▷ **hard palate** n voûte f du palais, palais m dur ▷ **hard rock** n (Mus) hard rock m ▷ **hard sauce** n (US) *crème au beurre* ▷ **hard science** n science f dure ▷ **hard-sell** n (Comm) vente f agressive ◆ **hard-sell tactics** stratégie f de vente agressive ◆ **hard-sell approach** (gen) approche f agressive ▷ **hard shoulder** n (esp Brit Aut) bande f d'arrêt d'urgence ▷ **hard-up** * adj (= penniless) fauché *, sans le sou ◆ **I'm hard-up** je suis fauché * or à sec * ◆ **they must be hard-up if ...** (fig) les choses doivent aller mal (pour eux) si ... ◆ **to be hard-up for sth** (gen) être à court de qch, manquer de qch ▷ **hard-wearing** → SYN adj shoes, clothes, material solide, résistant ▷ **hard-wired** adj (Comput) câblé ▷ **hard-won** adj victory, battle, freedom, independence durement gagné, remporté de haute lutte ; promotion bien mérité ▷ **hard-working** → SYN adj (gen) travailleur ; student, pupil travailleur, bûcheur *

hardback [ˈhɑːdbæk] [1] adj book relié, cartonné
[2] n livre m relié or cartonné

hardball [ˈhɑːdbɔːl] n (US) base-ball m ◆ **to play hardball** * (fig) employer la manière forte, ne pas prendre de gants

hardboard [ˈhɑːdbɔːd] n (NonC) isorel ® m, panneau m dur (de fibres de bois)

hardcore [ˌhɑːdˈkɔːʳ] n (Mus) hardcore m ; see also **hard**

hardcover [ˈhɑːdˌkʌvəʳ] adj, n (US) ⇒ **hardback**

harden [ˈhɑːdn] → SYN [1] vt [a] [+ substance] durcir ; [+ steel] tremper ; [+ muscle] affermir, durcir ◆ **his years in the Arctic hardened him considerably** les années qu'il a passées dans l'Arctique l'ont considérablement endurci ◆ **to harden o.s. to sth** s'endurcir or s'aguerrir à qch ◆ **to harden one's heart** s'endurcir ◆ **this hardened his heart** cela lui a endurci le cœur ◆ **my heart hardened against her** je lui ai fermé mon cœur
[b] (Fin) **to harden credit** restreindre le crédit ; see also **hardened**
[c] (Med) [+ arteries] scléroser
[2] vi [a] [substances] durcir ; [steel] se tremper ◆ **his voice hardened** sa voix se fit dure ◆ **the look on his face hardened** son regard s'est durci
[b] (Fin) [shares, prices] se raffermir ◆ **the market hardened** le marché s'affermit
[c] (Med) [arteries] se scléroser

hardened [ˈhɑːdnd] → SYN adj substance durci ; steel trempé ; criminal, sinner endurci ; drinker invétéré ◆ **hardened drug addicts** des toxicomanes endurcis ◆ **I'm hardened to it** j'ai l'habitude, ça ne me fait plus rien ◆ **a world hardened to political injustice** un monde qui est devenu insensible à l'injustice politique

hardener [ˈhɑːdnəʳ] n durcisseur m

hardening [ˈhɑːdnɪŋ] [1] n [a] [of substance] durcissement m ; [of steel] trempe f ; (fig) durcissement m, endurcissement m ◆ **I noticed a hardening of his attitude** j'ai remarqué que son attitude se durcissait
[b] (Fin) [of currency, prices] raffermissement m
[c] (Med) induration f, sclérose f
[2] COMP ▷ **hardening of the arteries** n (Med) artériosclérose f

hardhead [ˈhɑːdhed] n (= person) réaliste mf ; see also **hard**

hardihood [ˈhɑːdɪhʊd] n hardiesse f

hardiness [ˈhɑːdɪnɪs] → SYN n robustesse f

hardly [ˈhɑːdlɪ] → SYN adv [a] (gen) à peine, ne ... guère ; (= only just) à peine, tout juste ◆ **he can hardly write** il sait à peine écrire, c'est à peine s'il sait écrire ◆ **I can hardly hear you** je vous entends à peine ◆ **I hardly know you** je vous connais à peine, je ne vous connais presque pas ◆ **he had hardly spoken when ...** à peine avait-il parlé que ..., il n'eut pas plus tôt parlé que ... ◆ **you'll hardly believe it** vous aurez de la peine or du mal à le croire ◆ **it's hardly his business if ...** ce n'est guère son affaire si ... ◆ **I need hardly point out that ...** je n'ai pas besoin de faire remarquer que ... ◆ **he was given hardly 24 hours to pack his bags** c'est à peine si on lui a donné 24 heures pour faire ses bagages ◆ **their two faces were hardly more than 18 inches apart** leurs visages étaient à moins de 50 centimètres l'un de l'autre ◆ **hardly anyone** presque personne ◆ **hardly anywhere** presque nulle part ◆ **hardly a day goes by without a visit from someone** il est rare qu'une journée se passe sans qu'il y ait une visite ◆ **hardly had he got home than the phone started ringing** à peine était-il rentré chez lui que le téléphone se mit à sonner ◆ **you have hardly eaten anything** tu n'as presque rien mangé ◆ **Nicki had hardly slept** Nicki avait à peine dormi ◆ **hardly ever** presque jamais ◆ **hardly!** (= not at all) certainement pas ! ; (= not exactly) pas précisément ! ◆ **he would hardly have said that** il n'aurait tout de même pas dit cela ◆ **it's hardly surprising his ideas didn't catch on** il n'est guère surprenant que ses idées ne soient pas devenues populaires
[b] (frm = harshly) durement, sévèrement ◆ **to treat sb hardly** se montrer sévère avec qn

hardness [ˈhɑːdnɪs] n dureté f ◆ **hardness of hearing** surdité f (partielle) ◆ **his hardness of heart** sa dureté de cœur ◆ **the hardness of the market** (Fin) le raffermissement du marché

hardscrabble [ˈhɑːdˌskræbəl] adj (US) farmer, farm misérable

hardship [ˈhɑːdʃɪp] → SYN [1] n [a] (NonC) (= circumstances) épreuves fpl ; (= suffering) souffrance f ; (= poverty) pauvreté f ; (= deprivation) privation f ◆ **he has suffered great hardship** il a connu de dures épreuves ◆ **periods of economic hardship** des périodes de difficultés économiques ◆ **many students are experiencing severe financial hardship** beaucoup d'étudiants ont de gros problèmes d'argent ◆ **there's a certain amount of hardship involved but it's worth it** ça sera dur mais ça en vaut la peine ◆ **a life of hardship** une vie pleine d'épreuves ◆ **being posted to Cairo was no hardship at all** être posté au Caire n'avait rien de désagréable ◆ **it's no great hardship to go and see her once a month** ce n'est pas la mer à boire d'aller la voir une fois par mois
[b] **hardships** épreuves fpl, privations fpl ◆ **the hardships of war** les privations fpl or les rigueurs fpl de la guerre ◆ **many families are suffering economic hardships** de nombreuses familles ont des problèmes financiers
[2] COMP ▷ **hardship clause** n (Jur) clause f de sauvegarde ▷ **hardship fund** n fonds m d'aide

hardtack [ˈhɑːdtæk] n (Mil) biscuit m ; (Naut) galette f

hardtop [ˈhɑːdtɒp] n (Aut) voiture f à hard-top

hardware [ˈhɑːdwɛəʳ] [1] n (NonC) (Comm) quincaillerie f *(marchandises)* ; (Mil etc) matériel m ; (Comput, Space) matériel m, hardware m
[2] COMP ▷ **hardware dealer** n quincaillier m, -ière f ▷ **hardware shop** (Brit), **hardware store** (US) n quincaillerie f

hardwood [ˈhɑːdwʊd] [1] n (= tree) feuillu m ; (= wood) bois m dur, bois m de feuillu
[2] COMP de feuillu, de bois dur

hardy [ˈhɑːdɪ] → SYN [1] adj [a] (= tough) person, animal robuste ; plant rustique
[b] (= brave) person hardi, intrépide
[2] COMP ▷ **hardy annual** n (Bot) annuelle f rustique ; (fig) (= topic) sujet m rebattu, sujet m bateau ▷ **hardy perennial** n (Bot) vivace f rustique ; (fig) sujet m rebattu, sujet m bateau

hare [hɛəʳ] [1] n, pl **hares** or **hare** lièvre m ◆ **hare and hounds** (= game) (sorte de) jeu m de piste ◆ **to run with the hare and hunt with the hounds** ménager la chèvre et le chou ; → **jug, mad**
[2] vi (Brit) ◆ **to hare away** or **off** * partir en trombe or à fond de train
[3] COMP ▷ **hare coursing** n chasse f au lièvre

harebell [ˈhɛəbel] n campanule f

harebrained [ˈhɛəbreɪnd] adj person écervelé ; plan, scheme insensé ◆ **to be harebrained** [person] être une tête de linotte, être écervelé

harelip [ˌhɛəˈlɪp] n (Med) bec-de-lièvre m

harem [hɑːˈriːm] n harem m

haricot [ˈhærɪkəʊ] n (Brit : also **haricot bean**) haricot m blanc ◆ **haricot mutton** haricot m de mouton

hark [hɑːk] vi (liter) ◆ **to hark to** écouter, prêter une oreille attentive à ◆ **hark!** († or liter) écoutez ! ◆ **hark at him!** * (Brit) mais écoutez-le (donc) ! *

► **hark back** vi revenir (*to* à) ◆ **to hark back to sth** revenir sur qch, ressasser qch

harken [ˈhɑːkən] vi ⇒ **hearken**

Harlequin [ˈhɑːlɪkwɪn] n (Theat) Arlequin m ◆ **Harlequin costume** costume m bigarré or d'Arlequin

Harley Street [ˈhɑːlɪˌstriːt] n (Brit) Harley Street *(haut lieu de la médecine privée à Londres)*

harlot †† [ˈhɑːlət] n courtisane f

harm [hɑːm] → SYN [1] n mal m ◆ **to do sb harm** faire du mal à qn ◆ **he never did any harm to anyone** il n'a jamais fait de mal à personne ◆ **a bit of exercise never did anyone any harm** un peu d'exercice physique n'a jamais fait de mal à personne ◆ **the harm's done now** le mal est fait maintenant ◆ **no harm done!** il n'y a pas de mal ! ◆ **it can't do you any harm** ça ne peut pas te faire de mal ◆ **it will do more harm than good** cela fera plus de mal que de bien ◆ **to cut taxes would do the economy more harm than good** une réduction des impôts ferait plus de mal que de bien à l'économie ◆ **he means no harm** il n'a pas de mauvaises intentions ◆ **he doesn't mean us any harm** il ne nous veut pas de mal ◆ **you will come to no harm** il ne t'arrivera rien ◆ **make sure that no harm comes to him** fais en sorte qu'il ne lui arrive rien de mal ◆ **I don't see any harm in it, I see no harm in it** je n'y vois aucun mal ◆ **there's no harm in an occasional drink** un petit verre de temps en temps ne peut pas faire de mal ◆ **there's no harm in asking** un renseignement ne coûte rien ◆ **in harm's way** en danger ◆ **they'd been put in harm's way** on les avait mis en danger ◆ **keep** or **stay out of harm's way** (= out of danger) mettez-vous en sûreté ; (= out of the way) ne restez pas dans les parages ◆ **to keep a child out of harm's way** mettre un enfant à l'abri du danger ◆ **put the vase out of harm's way** mets ce vase en lieu sûr
[2] vt [+ person] (= damage) faire du tort à, nuire à ; (= hurt) faire du mal à ; [+ crops, harvest, building] endommager ; [+ object] abîmer ; [+ reputation, interests, cause] nuire à ◆ **this will harm his case considerably** cela desservira ses intérêts ◆ **products which harm the environment** des produits nocifs pour l'environnement ; → **fly**

harmattan [hɑːˈmætən] n harmattan m

harmful [ˈhɑːmfʊl] → SYN adj substance, rays, effects nocif ◆ **to be harmful to** (physically) être nuisible à or mauvais pour ; (morally) porter préjudice à

harmless [ˈhɑːmlɪs] → SYN adj animal, substance, device, joke inoffensif (*to* pour) ; hobby, pleasure, entertainment, diversion innocent ; rash, cyst, growth bénin (-igne f) ◆ **it's just a bit of harmless fun** ce n'est pas bien méchant ◆ **he's harmless** * il n'est pas bien méchant ◆ **to hold harmless** (Jur) tenir à couvert

harmlessly [ˈhɑːmlɪslɪ] adv [a] (= without causing damage) explode sans dommages
[b] (= inoffensively) gossip de façon inoffensive ◆ **it all started harmlessly enough** au début ce n'était qu'un jeu

harmonic [hɑːˈmɒnɪk] [1] adj (Math, Mus, Phys) harmonique
[2] **harmonics** npl [a] (= science) harmonie f ; (= overtones) harmoniques mpl
[b] (Phys) harmoniques mpl or fpl
[3] COMP ▷ **harmonic analysis** n analyse f harmonique ▷ **harmonic mean** n moyenne f harmonique ▷ **harmonic minor scale** n (Mus) gamme f harmonique mineure

harmonica / **hat**

▷ **harmonic progression** n progression f harmonique ▷ **harmonic series** n (Math) série f harmonique

harmonica [hɑːˈmɒnɪkə] n harmonica m

harmonious [hɑːˈməʊnɪəs] → SYN adj (gen, Mus) harmonieux

harmoniously [hɑːˈməʊnɪəslɪ] adv **a** live together, work together en harmonie ; blend, combine harmonieusement, avec harmonie
  b sing harmonieusement

harmonist [ˈhɑːmənɪst] n (Mus) harmoniste mf

harmonium [hɑːˈməʊnɪəm] n harmonium m

harmonization [ˌhɑːmənaɪˈzeɪʃən] n harmonisation f

harmonize [ˈhɑːmənaɪz] → SYN [1] vi (Mus) chanter en harmonie ; [colours etc] s'harmoniser (with avec)
  [2] vt (gen, Mus) harmoniser

harmony [ˈhɑːmənɪ] → SYN n (Mus) harmonie f ; (fig) harmonie f, accord m ✦ **in perfect harmony** en parfaite harmonie, en parfait accord ✦ **they work together in harmony** ils travaillent ensemble en harmonie ✦ **in harmony with** en harmonie or en accord avec ✦ **to live in harmony with nature** vivre en harmonie avec la nature ; → **close¹**

harness [ˈhɑːnɪs] → SYN [1] n [of horse] harnais m, harnachement m ; [of loom, parachute] harnais m ; (Climbing) baudrier m ✦ **to get back in(to) harness*** (fig = back to work) reprendre le collier ✦ **to die in harness** (fig) mourir debout or à la tâche ✦ **to work in harness (with sb)** (fig) travailler en tandem (avec qn)
  [2] vt **a** [+ horse] harnacher ✦ **to harness a horse to a carriage** atteler un cheval à une voiture
  b (fig) [+ river, resources, energy, power, anger] exploiter ; [+ patient] employer à bien
  [3] COMP ▷ **harness race** n course f attelée

Harold [ˈhærəld] n Harold m

harp [hɑːp] → SYN [1] n harpe f
  [2] vi ✦ **to harp on (about) sth** rabâcher qch ✦ **stop harping on about it!** cesse de nous rebattre les oreilles avec ça ! ✦ **she's always harping on about her problems** elle nous rebat les oreilles de ses problèmes ✦ **I don't want to harp on about it** je ne veux pas revenir toujours là-dessus ✦ **to harp back to sth** revenir sur qch, ressasser qch
  [3] COMP ▷ **harp seal** n (Zool) phoque m du Groenland

harpist [ˈhɑːpɪst] n harpiste mf

harpoon [hɑːˈpuːn] [1] n harpon m
  [2] vt harponner

harpsichord [ˈhɑːpsɪkɔːd] n clavecin m

harpsichordist [ˈhɑːpsɪkɔːdɪst] n claveciniste mf

harpy [ˈhɑːpɪ] [1] n (Myth) harpie f ✦ **old harpy** (pej) vieille harpie f or sorcière f
  [2] COMP ▷ **harpy eagle** n (Zool) harpie f

harridan [ˈhærɪdən] n (frm) harpie f, sorcière f

harried [ˈhærɪd] adj look, expression soucieux

harrier [ˈhærɪəʳ] n **a** (= dog) harrier m ✦ **harriers** meute f
  b harriers (= cross-country runners) coureurs mpl de cross
  c (= bird) busard m

Harris Tweed ® [ˌhærɪsˈtwiːd] n (gros) tweed m (des Hébrides)

harrow [ˈhærəʊ] [1] n herse f
  [2] vt **a** (Agr) herser
  b (fig) [+ person] tourmenter, torturer

harrowing [ˈhærəʊɪŋ] → SYN [1] adj story, account, film poignant ; experience extrêmement pénible ; photo, picture difficile à supporter
  [2] n (Agr) hersage m

harrumph [həˈrʌmf] vi (US) se racler la gorge

Harry [ˈhærɪ] n (abbrev of **Henry**) Harry ; → **flash**

harry [ˈhærɪ] → SYN vt [+ country] dévaster, ravager ; [+ person] harceler ; (Mil) harceler

harsh [hɑːʃ] → SYN adj **a** (= severe) words, criticism, reality, truth, measures dur ; person, verdict, sentence, punishment sévère ✦ **the harsh facts of ...** la dure réalité de ... ✦ **he said many harsh things about his opponents** il n'a pas été tendre avec ses adversaires ✦ **to be harsh on sb** être dur avec qn

b (= inhospitable) conditions, environment dur ; climate, winter, weather rude, rigoureux
c (= rough, hard) colour, voice, cry criard ; sound discordant ; light cru ; whisper, breathing rauque ; contrast heurté ; wool, fabric rêche ; wine, whisky, tobacco âpre, râpeux ; cleaner, detergent corrosif ✦ **the harsh glare of the sun** l'éclat éblouissant du soleil

harshly [ˈhɑːʃlɪ] → SYN adv treat, criticize, judge sévèrement ; say rudement, durement ; laugh d'un rire jaune or amer

harshness [ˈhɑːʃnɪs] → SYN n **a** (= severity) [of manner] rudesse f ; [of words, conditions] dureté f ; [of fate, climate] rigueur f ; [of punishment, laws] sévérité f
  b (= roughness) (to the touch) rudesse f, dureté f ; (to the taste) âpreté f ; (to the ear) discordance f

hart [hɑːt] [1] n, pl **harts** or **hart** cerf m
  [2] COMP ▷ **hart's-tongue** n (Bot) scolopendre f

harum-scarum* [ˌhɛərəmˈskɛərəm] [1] adj tête de linotte inv
  [2] n tête f de linotte

harvest [ˈhɑːvɪst] → SYN [1] n [of corn] moisson f ; [of fruit] récolte f, cueillette f ; [of grapes] vendange f ; (fig) moisson f ✦ **to get in the harvest** faire la moisson, moissonner ✦ **a bumper potato harvest** une récolte de pommes de terre exceptionnelle ✦ **poor harvests** mauvaises récoltes fpl ; see also **reap**
  [2] vt [+ corn] moissonner ; [+ fruit] récolter, cueillir ; [+ grapes] vendanger, récolter ; [+ organ, egg] prélever ; [+ reward] moissonner ; [+ information] récolter ✦ **to harvest the fields** faire les moissons, moissonner (les champs)
  [3] vi faire la moisson, moissonner
  [4] COMP ▷ **harvest festival** n fête f de la moisson ▷ **harvest home** n (= festival) fête f de la moisson ; (= season) fin f de la moisson ▷ **harvest mite** n aoûtat m ▷ **harvest moon** n pleine lune f (de l'équinoxe d'automne) ▷ **harvest mouse** n rat m des moissons ▷ **harvest tick** n aoûtat m ▷ **harvest time** n at harvest time pendant or à la moisson

harvester [ˈhɑːvɪstəʳ] n (= machine) moissonneuse f ; (= person) moissonneur m, -euse f ; → **combine**

harvesting [ˈhɑːvɪstɪŋ] (US) [1] n moisson f
  [2] adj des moissons

harvestman [ˈhɑːvɪstmən] n, pl **-men** (= insect) faucheur m

has [hæz] [1] → **have**
  [2] COMP ▷ **has-been*** n (= person) has been* m inv ; (= hat, carpet etc) vieillerie f, vieux truc* m ✦ **he's/she's a has-been*** il/elle a fait son temps

hash [hæʃ] → SYN [1] n **a** (* = mess) gâchis m ✦ **he made a hash of it** il a raté son affaire ✦ **I'll settle his hash*** je vais lui régler son compte *
  b (Culin) plat en sauce à base de viande hachée et de légumes
  c (Drugs*: also **hashish**) hasch * m
  [2] vt (Culin) hacher
  [3] COMP ▷ **hash browns** npl (Culin) pommes fpl de terre sautées (servies au petit déjeuner) ▷ **hash house*** n (US) gargote f ▷ **hash house slinger*** n (US) serveur m, -euse f dans une gargote ▷ **hash key** n (on keyboard, phone) touche f dièse

▶ **hash out** vt sep **a** ⇒ **hash over**
  b (= solve) finir par résoudre

▶ **hash over*** vt sep [+ problem, plan, difficulty] discuter ferme de ✦ **this subject has been hashed over a great deal** on a discuté en long et en large de ce sujet

▶ **hash up** [1] vt sep **a** (Culin) hacher menu
  b (= spoil) he really hashed it up * il a raté son affaire
  [2] hash-up * n ⇒ hash 1a

hashish [ˈhæʃɪʃ] n haschisch or haschich m

haslet [ˈhæzlɪt] n (NonC) pâté d'abats de porc

hasn't [ˈhæznt] ⇒ **has not** ; → **have**

hasp [hɑːsp] n [of door, lid, window] moraillon m ; [of book cover, necklace] fermoir m

Hassidic [hæˈsɪdɪk] adj hassidique

hassle* [ˈhæsl] [1] n **a** (= fuss) histoire f ; (= worries) tracas mpl ✦ **what a hassle!** quelle histoire ! ✦ **legal hassles** tracas mpl juridiques ✦ **it's a hassle!** c'est toute une histoire or affaire ! ✦ **it's no hassle!** ce n'est pas un problème ! ✦ **it isn't worth the hassle** ça ne vaut pas la peine ✦ **preparing for a wedding is such a hassle** la préparation d'un mariage, c'est toute une affaire ✦ **commuting's a bit of a hassle** les trajets quotidiens sont un peu embêtants ✦ **charcoal's a real hassle to light** ce n'est pas une mince affaire d'allumer du charbon de bois
  b (US) (= squabble) chamaillerie* f, bagarre* f ; (= bustle, confusion) pagaille f
  [2] vt (= harass), embêter, enquiquiner* ✦ **stop hassling me, will you?** arrête donc de m'embêter or de m'enquiquiner * ✦ **he was continually being hassled for money** on l'embêtait sans arrêt pour lui demander de l'argent
  [3] vi (US = quarrel) se battre (with sb avec qn ; over sth à propos de qch)

hassock [ˈhæsək] n coussin m (d'agenouilloir)

hast †† [hæst] (liter) thou hast ⇒ **you have** ; → **have**

hastate [ˈhæsteɪt] adj (Bot) hasté

haste [heɪst] → SYN n hâte f ; (excessive) précipitation f ✦ **why all this haste?** pourquoi tant de précipitation ? ✦ **to do sth in haste** faire qch à la hâte or en hâte ✦ **in their haste to explain what had happened, they ...** dans leur précipitation à expliquer ce qui s'était passé, ils ... ✦ **in great haste** en toute hâte ✦ **to make haste** † se hâter (to do sth de faire qch) ✦ (Prov) **more haste less speed** hâtez-vous lentement ✦ (Prov) **marry in haste, repent at leisure** qui se marie sans réfléchir aura tout le loisir de s'en repentir

hasten [ˈheɪsn] → SYN [1] vi se hâter, s'empresser (to do sth de faire qch) ✦ **... I hasten to add ...** je m'empresse d'ajouter, ... j'ajoute tout de suite ✦ **to hasten down/away** etc se hâter de descendre/partir etc, descendre/partir etc à la hâte
  [2] vt (gen) hâter, accélérer ; [+ reaction] activer ✦ **to hasten one's step** presser le pas, accélérer l'allure or le pas ✦ **to hasten sb's departure** hâter le départ de qn ✦ **to hasten sb's/sth's demise** précipiter la fin de qn/qch ✦ **the strikes that hastened the collapse of the Soviet Union** les grèves qui ont précipité l'effondrement de l'Union soviétique

hastily [ˈheɪstɪlɪ] → SYN adv hâtivement ; (= excessively quickly) précipitamment ✦ **a hastily arranged press conference** une conférence de presse organisée à la hâte ✦ **he hastily suggested that ...** il s'est empressé de suggérer que ..., il a suggéré précipitamment que ... ✦ **to act hastily in doing sth** agir avec précipitation or à la hâte en faisant qch

hastiness [ˈheɪstɪnɪs] n (= speed) précipitation f, trop grande hâte f ; (= rashness) caractère m inconsidéré ; (= temper) caractère m emporté

Hastings [ˈheɪstɪŋz] n ✦ **the Battle of Hastings** la bataille de Hastings

hasty [ˈheɪstɪ] → SYN adj **a** (= hurried) departure, escape, retreat précipité ; glance, examination, visit, sketch, kiss rapide ✦ **to eat a hasty breakfast** prendre son petit déjeuner en hâte ✦ **to bid a hasty goodbye to sb** dire précipitamment au revoir à qn
  b (= rash) action, decision, words hâtif ; marriage précipité ✦ **don't be hasty** pas de précipitation ✦ **perhaps I was a bit hasty** (in actions) j'ai sans doute agi avec précipitation ; (in speaking) j'ai sans doute parlé trop vite ✦ **to have a hasty temper** s'emporter facilement

hat [hæt] [1] n chapeau m ✦ **to put on one's hat** mettre son chapeau ✦ **hat in hand** (lit) chapeau bas ; (fig) obséquieusement ✦ **hats off!** chapeau bas ! ✦ **to take one's hat off to sb** tirer son chapeau à qn ✦ **hats off to them for helping the homeless!** leur action en faveur des SDF mérite un (grand) coup de chapeau ✦ **to keep sth under one's hat*** garder qch pour soi ✦ **keep it under your hat!* motus !** ✦ **to pass round the hat** or (US) **to pass the hat for sb** faire la quête pour qn ✦ **she wears two hats** (fig) elle a deux casquettes ✦ **speaking with my accountant's hat on** (si je te parlais) en tant que comptable ✦ **putting on my nationalistic hat ...** en tant que nationaliste ...

◆ **at the drop of a hat** act, make speech au pied levé ; leave, shoot, get angry pour un oui pour un non

[2] COMP ▷ **hat shop** n (for women) boutique f de modiste ; (for men) chapellerie f ▷ **hat tree** n (US) ⇒ **hatstand** ▷ **hat trick** n **a** to score a hat trick (gen Sport) réussir trois coups (or gagner trois matchs etc) consécutifs ; (Ftbl) marquer trois buts dans un match ; (Cricket) éliminer trois batteurs en trois balles **b** (Conjuring) tour m du chapeau

hatband ['hætbænd] n ruban m de chapeau

hatbox ['hætbɒks] n carton m à chapeaux

hatch¹ [hætʃ] → SYN **[1] vt a** [+ chick, egg] faire éclore ; → **chicken**
b [+ plot] ourdir (liter), tramer ; [+ plan] couver
[2] vi (also **hatch out**) [chick, egg] éclore
[3] n (= brood) couvée f

hatch² [hætʃ] n **a** (Naut: also **hatchway**) écoutille f ; (= floodgates) vanne f d'écluse ◆ **under hatches** dans la cale ◆ **down the hatch!** ✶ (fig) cul sec ! ✶
b (Brit: also **service** or **serving hatch**) passe-plats m inv, guichet m
c (= car) ⇒ **hatchback**

hatch³ [hætʃ] vt (Art) hachurer

hatchback ['hætʃbæk] n (= car) voiture f à hayon

hatcheck ['hætʃek] n (also **hatcheck girl**, **hatcheck man**) préposé(e) m(f) au vestiaire

hatchel ['hætʃəl] vt sérancer

hatchery ['hætʃərɪ] n couvoir m

hatchet ['hætʃɪt] **[1] n** hachette f ; → **bury**
[2] COMP ▷ **hatchet-faced** adj au visage en lame de couteau ▷ **hatchet job** n (fig) démolissage m ◆ **to do a hatchet job on sb** démolir qn ▷ **hatchet man** ✶ n, pl **hatchet men** (US = hired killer) tueur m (à gages) ; (fig) (in industry etc) homme m de main ◆ **he was the company's hatchet man when they sacked 200 workers** c'est lui que l'entreprise a chargé de faire tomber les têtes quand elle a licencié 200 ouvriers

hatching¹ ['hætʃɪŋ] n (of chicks, eggs) (= act) éclosion f ; (= brood) couvée f

hatching² ['hætʃɪŋ] n (Art) hachures fpl

hatchway ['hætʃweɪ] n passe-plats m inv

hate [heɪt] LANGUAGE IN USE 7.3 → SYN
[1] vt haïr ; (weaker) détester, avoir horreur de ◆ **she hates him like poison** elle le hait à mort ; (weaker) elle ne peut pas le voir en peinture ✶ ◆ **what he hates most of all is ...** ce qu'il déteste le plus au monde c'est ... ◆ **I hate it when people accuse me of lying** je déteste ou j'ai horreur que les gens m'accusent de mentir ◆ **to hate o.s.** s'en vouloir (for doing sth de faire qch) ◆ **I hated myself for writing that letter** je m'en voulais d'avoir écrit cette lettre ◆ **to hate doing sth, to hate to do sth** détester faire qch, avoir horreur de faire qch ◆ **he hates being** or **to be ordered about** il a horreur or il ne peut pas souffrir qu'on lui donne (subj) des ordres ◆ **I hate being late** je déteste être en retard, j'ai horreur d'être en retard ◆ **she hates me having any fun** elle ne supporte pas que je m'amuse ◆ **I hate to tell you this, but ...** je suis désolé (de vous le dire), mais ... ◆ **I hate to admit it, but you were right** je suis obligé d'admettre que vous aviez raison ◆ **I hate seeing her in pain** je ne peux pas supporter de la voir souffrir ◆ **I would hate to keep him waiting** je ne voudrais surtout pas le faire attendre ◆ **I hate to rush you but I have another appointment later on** je ne voudrais pas vous bousculer mais j'ai un autre rendez-vous plus tard ◆ **I would hate him to think that ...** je ne voudrais surtout pas qu'il pense que ...
[2] n (NonC) haine f ; → **pet**
[3] COMP ▷ **hate campaign** n campagne f de dénigrement or de haine ▷ **hate mail** n lettres fpl d'injures

hated ['heɪtɪd] adj haï, détesté

hateful ['heɪtfʊl] → SYN adj **a** (= horrible) odieux
b (= full of hate) haineux

hath †† [hæθ] ⇒ **has** ; → **have**

hatless ['hætlɪs] adj sans chapeau

hatpin ['hætpɪn] n épingle f à chapeau

hatrack ['hætræk] n porte-chapeaux m inv

hatred ['heɪtrɪd] → SYN n (NonC) haine f ◆ **racial hatred** la haine raciale ◆ **he developed a bitter hatred of the police** il s'est mis à vouer une haine féroce à la police ◆ **the brothers killed their father out of hatred** la haine a poussé les frères à tuer leur père ◆ **to feel hatred for sb/sth** haïr qn/qch

hatstand ['hætstænd] n portemanteau m

hatter ['hætəʳ] n chapelier m ; → **mad**

haughtily ['hɔːtɪlɪ] adv say, reply, dismiss, ignore avec arrogance, avec morgue (liter)

haughtiness ['hɔːtɪnɪs] n arrogance f, morgue f (liter)

haughty ['hɔːtɪ] → SYN adj (pej) person, manner, tone, look hautain

haul [hɔːl] → SYN **[1] n a** (= journey) **the long haul between Paris and Grenoble** le long voyage entre Paris et Grenoble ◆ **it's a long haul** (lit, fig) la route est longue ◆ **revitalizing the economy will be a long haul** relancer l'économie prendra beaucoup de temps ◆ **over the long haul** (esp US fig) sur le long terme
b (= catch) [of fish] prise f ◆ **a good haul** une belle prise, un beau coup de filet
c (= booty) butin m ◆ **the thieves made a good haul** les voleurs ont eu un beau butin ◆ **a drugs haul** une saisie de drogue ◆ **police have recovered a haul of machine guns** la police a récupéré tout un stock de mitraillettes ◆ **what a haul!** ✶ (fig) quelle récolte !
[2] vt a (= pull) traîner, tirer ◆ **to haul o.s. on to sth** se hisser sur qch ◆ **he hauled himself to his feet** il s'est levé à grand-peine ◆ **to haul sb over the coals** passer un savon ✶ à qn, réprimander sévèrement qn ◆ **she was hauled before magistrates for refusing to pay the fine** ✶ elle a été traînée devant les tribunaux parce qu'elle avait refusé de payer l'amende ◆ **to haul ass** ✶✶ (US) se barrer ✶✶, mettre les bouts ✶✶
b (= transport by truck) camionner
c (Naut) haler ◆ **to haul a boat into the wind** faire un lofer un bateau
[3] vi (Naut) [boat] lofer ; [wind] refuser

▶ **haul down** vt sep (gen) [+ object] descendre (en tirant) ; [+ flag, sail] affaler, amener

▶ **haul in** vt sep [+ line, catch] amener ; [+ drowning man] tirer (de l'eau)

▶ **haul up** vt sep (gen) [+ object] monter (en tirant) ; [+ flag, sail] hisser ◆ **to haul o.s. up** se hisser ◆ **to haul up a boat** (Naut) (aboard ship) rentrer une embarcation (à bord) ; (on to beach) tirer un bateau au sec ◆ **to be hauled up in court** ✶ être traîné devant les tribunaux ◆ **he was hauled up for speeding** ✶ il a été interpellé parce qu'il roulait trop vite

haulage ['hɔːlɪdʒ] **[1] n** (= business) transport m routier ; (= charge) frais mpl de transport
[2] COMP ▷ **haulage company** (Brit) entreprise f de transports (routiers) ▷ **haulage contractor** n ⇒ **haulier**

hauler ['hɔːləʳ] n (US) **a** ⇒ **haulier**
b (= vehicle) camion m, poids m lourd

haulier ['hɔːlɪəʳ] n (Brit) (= company) entreprise f de transports (routiers) ; (= person in charge) entrepreneur m de transports (routiers), transporteur m ; (= driver) camionneur m, routier m

haunch [hɔːntʃ] n hanche f ◆ **haunches** [of animal] derrière m, arrière-train m ◆ **(squatting) on his haunches** (person) accroupi ; (dog etc) assis (sur son derrière) ◆ **haunch of venison** (Culin) cuissot m de chevreuil

haunt [hɔːnt] → SYN **[1] vt** (lit, fig) hanter ◆ **he used to haunt the café in the hope of seeing her** il hantait le café dans l'espoir de la voir ◆ **to be haunted by memories** être hanté par des souvenirs ◆ **he is haunted by the fear of losing all his money** il est hanté par la peur de or il a la hantise de perdre tout son argent ◆ **the decision to leave her children now haunts her** elle est hantée par le remords parce qu'elle a décidé d'abandonner ses enfants ◆ **lack of money haunted successive projects** le manque d'argent a été la plaie de or a nui à tous les projets ; see also **haunted**
[2] n [of criminals] repaire m ◆ **one of the favourite haunts of this animal is ...** un des lieux où l'on trouve souvent cet animal est ... ◆ **it is a favourite haunt of artists** c'est un lieu fréquenté par les artistes ◆ **that café is one of his favourite haunts** ce café est un de ses lieux favoris or de prédilection ◆ **familiar childhood haunts** des lieux de prédilection de son (or mon etc) enfance

haunted ['hɔːntɪd] → SYN adj house hanté ; look, expression égaré ; face, eyes hagard ◆ **he looks haunted** il a un air égaré or hagard

haunting ['hɔːntɪŋ] → SYN **[1] adj** tune obsédant, qui vous hante ; image, beauty, memory, doubt, cry
[2] n ◆ **there have been several hauntings here** il y a eu plusieurs apparitions ici

hauntingly ['hɔːntɪŋlɪ] adv ◆ **hauntingly beautiful** d'une beauté envoûtante

haute couture [ˌəʊt kuːˈtʊəʳ] n haute couture f

haute cuisine [ˌəʊtkwɪˈziːn] n haute cuisine f

hauteur [əʊˈtɜː] n hauteur f (pej), morgue f (liter)

Havana [həˈvænə] n **a** La Havane
b a Havana (cigar) un havane

---

have [hæv]

vb : 3rd pers sg pres **has**, pret, ptp **had**

→ SYN   LANGUAGE IN USE 10

[1] AUXILIARY VERB   **[3] TRANSITIVE VERB**
[2] MODAL VERB   **[4] NOUN**
                            [5] PHRASAL VERBS

When **have** is part of a set combination, eg **have a look/walk, have a good time, have breakfast/lunch**, look up the noun.

---

[1] AUXILIARY VERB

a avoir

avoir is the auxiliary used with most verbs to form past tenses. For important exceptions see **b**:

◆ **I have eaten** j'ai mangé ◆ **I have been** j'ai été ◆ **I had been** j'avais été ◆ **I had eaten** j'avais mangé ◆ **haven't you grown!** comme tu as grandi ! ◆ **once he'd explained the situation I felt better** une fois qu'il m'eut expliqué la situation, je me suis senti mieux

Note the agreement of the past participle with the preceding direct object:

◆ **I haven't seen him** je ne l'ai pas vu ◆ **I haven't seen her** je ne l'ai pas vue ◆ **I hadn't seen him** je ne l'avais pas vu ◆ **had I seen her** or **if I had seen her I would have spoken to her** si je l'avais vue, je lui aurais parlé ◆ **having seen them** les ayant vus

When describing uncompleted states or actions, French generally uses the present and imperfect where English uses the perfect and past perfect:

◆ **I have lived** or **have been living here for ten years/since January** j'habite ici depuis dix ans/depuis janvier ◆ **I had lived** or **had been living there for ten years** j'habitais là depuis dix ans

◆ **to have just ...** venir de ... ◆ **I have just seen him** je viens de le voir ◆ **I had just spoken to him** je venais de lui parler BUT **I've just come from London** j'arrive à l'instant de Londres

b être

être is the auxiliary used with all reflexives, and the following verbs when used intransitively: aller, arriver, descendre, devenir, entrer, monter, mourir, naître, partir, passer, rentrer, rester, retourner, revenir, sortir, tomber, venir.

◆ **I have gone** je suis allé ◆ **I've made a mistake** je me suis trompé ◆ **I had gone** j'étais allé ◆ **I had made a mistake** je m'étais trompé ◆ **I left immediately after I had seen him** je suis parti tout de suite après l'avoir vu

c in tag questions : seeking confirmation   n'est-ce pas ◆ **you've seen her, haven't you?** vous l'avez vue, n'est-ce pas ? ◆ **he hasn't told anyone, has he?** il n'en a parlé à personne, n'est-ce pas ? ◆ **you haven't lost it, have you?** tu ne l'as pas perdu, n'est-ce pas ?

have-a-go / havoc

d [in tag responses] he's got a new job – oh has he? il a un nouveau travail – ah bon? ◆ you've dropped your book – so I have! vous avez laissé tomber votre livre – en effet or ah oui, c'est vrai!

(mais) si or (mais) non are used to contradict:

◆ you haven't seen her – yes I have! vous ne l'avez pas vue – (mais) si! ◆ you've made a mistake – no I haven't! vous vous êtes trompé – (mais) non!

oui or non are often sufficient when answering questions:

◆ have you met him? – yes I have est-ce que tu l'as rencontré? – oui ◆ has he arrived? – no he hasn't est-ce qu'il est arrivé? – non

e [avoiding repetition of verb] have you ever been there? if you have ... y êtes-vous déjà allé? si oui, ... ◆ have you tried it? if you haven't ... est-ce que vous avez goûté ça? si vous ne l'avez pas fait, ... ; → **so, neither, nor**

2 MODAL VERB

◆ **to have to** + infinitive devoir, falloir ;

falloir is always used in the third person singular, in an impersonal construction:

◆ they have to work hard ils doivent travailler dur, il faut qu'ils travaillent (subj) dur ◆ they had to work hard ils ont dû travailler dur, il a fallu qu'ils travaillent (subj) dur ◆ you're going to have to work hard! tu vas devoir travailler dur!, il va falloir que tu travailles (subj) dur! ◆ I have (got) to speak to you at once je dois vous parler or il faut que je vous parle (subj) immédiatement ◆ I'll have to leave now or I'll miss the train il faut que je parte, sinon je vais rater mon train ◆ he had to pay all the money back il a dû tout rembourser ◆ don't you have to get permission? est-ce qu'on ne doit pas demander la permission? ◆ do you have to go now?, have you got to go now? est-ce que vous devez partir tout de suite? ◆ she was having to get up at six each morning elle devait se lever à 6 heures tous les matins ◆ we've had to work late twice this week nous avons dû rester travailler tard deux fois cette semaine ◆ we shall have to find an alternative nous allons devoir or il nous faudra trouver une autre solution ◆ the locks will have to be changed il va falloir changer les serrures ◆ what kind of equipment would you have to have? quel type de matériel vous faudrait-il? [BUT] ◑ it's got to be or it has to be the biggest scandal this year c'est sans aucun doute le plus gros scandale de l'année ◑ it still has to be proved ça reste à prouver ◑ do you have to make such a noise? tu es vraiment forcé de faire tout ce bruit?, tu ne pourrais pas faire un peu moins de bruit?

◆ **don't/doesn't have to** + infinitive

Note that falloir and devoir are not used:

◆ he doesn't have to work il n'a pas besoin de travailler ◆ you didn't have to tell her! tu n'avais pas besoin de le lui dire! ◆ if you're a member you don't have to pay si vous êtes membre vous n'avez pas besoin de payer ◆ it's nice not to have to work on Saturdays c'est agréable de ne pas avoir à travailler le samedi ◆ I don't have to do it je ne suis pas obligé or forcé de le faire

3 TRANSITIVE VERB

a [= possess] avoir ◆ I have or I've got three books j'ai trois livres ◆ have you got or do you have a suitcase? avez-vous une valise? ◆ she has blue eyes elle a les yeux bleus ◆ he's got big feet il a de grands pieds ◆ I've got an idea j'ai une idée ◆ have you got this jumper in black? est-ce que vous avez ce pull en noir? ◆ sorry, that's all I have désolé, c'est tout ce que j'ai ◆ I haven't (got) any more je n'en ai plus ◆ she has or she's got a shop elle tient or a une boutique ◆ have you got the time (on you)? est-ce que vous avez or avez-vous l'heure? ◆ I have (got) nothing to do je n'ai rien à faire ◆ I have (got) letters to write j'ai des lettres à écrire ◆ I didn't have any spades (Cards) je n'avais pas de piques ◆ he has flu il a la grippe ◆ I've (got) a headache j'ai mal à la tête ◆ I had my camera ready j'avais mon appareil tout prêt [BUT] ◑ I'll have everything ready je veillerai à ce que tout soit prêt ◑ I have (got) no German je ne parle pas un mot d'allemand

b [= eat, drink, take] he had an egg for breakfast il a mangé un œuf au petit déjeuner ◆ I'll just have a sandwich je vais juste prendre or manger un sandwich ◆ I've had some more shall we have a coffee? est-ce qu'on prend un café? ◆ to have tea with sb prendre le thé avec qn ◆ I've had a couple of aspirins j'ai pris deux aspirines ◆ will you have ...? (in offers) ◆ will you have tea or coffee? voulez-vous or prendrez-vous du thé ou du café? ◆ will you have some more? voulez-vous en reprendre?

c [= spend] passer ◆ what sort of day have you had? est-ce que tu as passé une bonne journée? ◆ to have a pleasant evening passer une bonne soirée

d [= smoke] fumer ◆ he had a cigarette il a fumé une cigarette

e [= receive, obtain, get] avoir, recevoir ◆ to have news from sb avoir or recevoir des nouvelles de qn ◆ we had a lot of visitors nous avons eu or reçu beaucoup de visites [BUT] ◑ I had a birthday card from him il m'a envoyé une carte d'anniversaire ◑ there are no newspapers to be had on ne trouve pas de journaux

Note the use of falloir to translate must have/have to have:

◆ I must have £50 at once il me faut 50 livres immédiatement ◆ I must or have to have them by this afternoon il me les faut pour cet après-midi ◆ I must have more time il me faut davantage de temps

f [= hold, catch] tenir ◆ he had me by the throat/the hair il me tenait à la gorge/par les cheveux ◆ the dog had (got) him by the ankle le chien le tenait par la cheville ◆ I have or I've got him where I want him! * je le tiens! [BUT] ◑ there you have me ! là tu me poses une colle!

g [= to give birth to] **to have a child** avoir un enfant ◆ she is having a baby in April elle va avoir un bébé en avril ◆ our cat has had kittens notre chatte a eu des petits

h [⚥ = to have sex with] coucher * avec

i set structures

◆ **to let sb have** (= give) donner à qn ◆ let me have your address donnez-moi votre adresse ◆ I'll let you have the books tomorrow je vous donnerai les livres demain [BUT] ◑ I'll let you have it for 100 francs je vous le cède pour 100 F

◆ **to have it that** ◆ he will have it that Paul is guilty il soutient que Paul est coupable ◆ he won't have it that Paul is guilty il n'admet pas que Paul soit coupable ◆ rumour has it that ... le bruit court que ...

◆ **won't have** or **am not having** (= refuse to accept) ◆ I won't have or am not having this nonsense! je ne tolérerai pas ces enfantillages! ◆ I won't have or am not having this sort of behaviour! je ne tolérerai pas une conduite pareille! ◆ I won't have it! je ne tolérerai pas ça! ◆ I won't have him risking his neck on that motorbike je ne tolérerai pas qu'il risque sa vie sur cette moto ◆ I'm not having any! ⚥ ça ne prend pas!*

◆ **would have** (= wish) ◆ as fate would have it, he did not get the letter la fatalité a voulu qu'il ne reçoive pas la lettre ◆ what would you have me do? que voulez-vous que je fasse? ◆ I would have you know that ... sachez que ...

◆ **to have sth done** faire faire qch ◆ to have sth mended faire réparer qch ◆ have it mended! fais-le réparer! ◆ to have one's hair cut se faire couper les cheveux ◆ they killed him, or had him killed ils l'ont tué ou ils l'ont fait tuer ◆ I've had the brakes checked j'ai fait vérifier les freins

◆ **to have sb do sth** faire faire qch à qn ◆ I had him clean the car je lui ai fait nettoyer la voiture

◆ **to have sb doing sth** ◆ he had us all helping with the dinner il nous avait tous mis à contribution pour préparer le dîner ◆ she soon had them all reading and writing elle réussit très rapidement à leur apprendre à lire et à écrire

◆ **to have sth stolen/broken** etc ◆ he had his car stolen il s'est fait voler sa voiture, on lui a volé sa voiture ◆ he had his worst fears confirmed ses pires craintes se sont réalisées ◆ I've had three windows broken this week j'ai eu trois fenêtres cassées cette semaine

◆ **had better** (= should) ◆ I had better go now il vaut mieux que j'y aille ◆ you'd better not tell him that! tu ferais mieux de ne pas lui dire ça!

◆ **to be had** * se faire avoir ◆ you've been had tu t'es fait avoir*, on t'a eu*

◆ **to have had it** * ◆ I've had it (= am done for) je suis fichu* or foutu ⚥; (= fed up: also **I've had it up to here** or **I've had that**) j'en ai par-dessus la tête!*, j'en ai marre!*, j'en ai ras-le-bol!*

◆ **to have to do with** ◆ I have (got) nothing to do with it je n'y suis pour rien ◆ that has nothing to do with it ça n'a rien à voir

4 NOUN

◆ the haves and the have-nots les riches mpl et les pauvres mpl ◆ the have-nots les démunis mpl, les déshérités mpl

5 PHRASAL VERBS

▶ **have at** vt fus (in swordfight etc) ◆ have at thee! †† défends-toi!

▶ **have down** vt sep ◆ we are having the Smiths down for a few days nous avons invité les Smith à venir passer quelques jours chez nous

▶ **have in** vt sep **a** [+ doctor] faire venir ◆ we'll have them in and discuss it nous allons les faire venir pour en discuter
b to have it in for sb * garder or avoir une dent contre qn
c to have it in one en être capable ◆ she has got it in her elle en est capable

▶ **have it away** ⚥, **have it off** ⚥ vi (Brit) ◆ to have it away or off with sb s'envoyer ⚥ qn, se taper ⚥ qn ◆ they were having it off ils s'envoyaient en l'air ⚥

▶ **have on** vt sep **a** [+ clothes] porter ◆ he had nothing on il était tout nu
b (Brit = have planned) I've got so much on this week that ... j'ai tant à faire cette semaine que ... ◆ I've (got) nothing on this evening je suis libre ce soir
c (Brit * = tease) [+ person] faire marcher * ◆ you're having me on! tu plaisantes!
d * Richard has nothing on him! Richard ne lui arrive pas à la cheville! ◆ the police have nothing on me la police n'a pas de preuve contre moi

▶ **have out** vt sep **a** to have a tooth out se faire arracher une dent
b to have it out with sb s'expliquer avec qn

▶ **have round** vt sep [+ friends, neighbours] inviter

▶ **have up** vt sep ◆ to be had up passer en jugement (for sth pour qch, for doing sth pour avoir fait qch)

have-a-go * adj ◆ have-a-go hero intrépide qui n'hésite pas à intervenir lorsqu'il est témoin d'un délit

haven ['heɪvn] → SYN n **a** a haven of [+ peace, tranquillity etc] un havre de ◆ a haven for [+ animals, refugees] un refuge pour ; [+ artists, writers] un refuge de
b (liter = harbour) port m ; → **safe, tax**

haven't ['hævnt] ⇒ **have not** ; → **have**

haver ['heɪvəʳ] vi (N Engl, Scot) dire des âneries

haversack ['hævəsæk] n (over shoulder) musette f ; (on back) sac m à dos ; (Mil) havresac m, musette f

havoc ['hævək] → SYN n (NonC) ravages mpl ; (less serious) dégâts mpl ◆ **to cause** or **create havoc** faire des dégâts ◆ **to wreak havoc** causer des ravages ◆ violent storms wreaked havoc on the French Riviera de violents orages ont ravagé la Côte d'Azur or ont causé des ravages sur la Côte d'Azur ◆ stress can wreak havoc on the immune system le stress peut perturber sérieusement or dérégler le système immunitaire ◆ this wreaked

havoc with their plans cela a bouleversé tous leurs projets ✦ **to wreak havoc on sb's life** complètement bouleverser la vie de qn ✦ **to play havoc with** (schedule, routine, plans) bouleverser ; (health, skin) être très mauvais pour ✦ **spicy food can play havoc with your stomach** les aliments épicés peuvent vous déranger l'estomac ✦ **his drug habit played havoc with his career** sa toxicomanie a gravement perturbé sa carrière

haw¹ [hɔː] n (Bot) cenelle f

haw² [hɔː] vi ✦ **to hem and haw** ✦ **to hum and haw** balancer

Hawaii [həˈwaɪɪ] n Hawaï or Hawaii ✦ **in Hawaii** à Hawaï or Hawaii

Hawaiian [həˈwaɪjən] [1] adj hawaïen ✦ **the Hawaiian Islands** les îles fpl Hawaï or Hawaii [2] n [a] Hawaïen(ne) m(f) [b] (Ling) hawaïen m [3] COMP ▷ **Hawaiian guitar** n guitare f hawaïenne ▷ **Hawaiian shirt** n chemise f hawaïenne ▷ **Hawaiian Standard Time** n (US) heure f de Hawaï

hawfinch [ˈhɔːfɪntʃ] n gros-bec m

hawk¹ [hɔːk] [1] n [a] (Orn) faucon m ✦ **to have eyes like a hawk** avoir un regard d'aigle or des yeux de lynx ✦ **to watch sb like a hawk** surveiller qn de près, avoir qn à l'œil ✶ [b] (Pol fig) faucon m ✦ **hawks and doves** faucons mpl et colombes fpl [2] vi chasser au faucon [3] COMP ▷ **hawk-eyed** adj au regard d'aigle, aux yeux de lynx ▷ **hawk moth** n (= insect) sphinx m

hawk² [hɔːk] [1] vi (also **hawk up**: = clear one's throat) se racler la gorge [2] vt ✦ **to hawk sth up** cracher qch

hawk³ [hɔːk] → SYN vt (= peddle) colporter ; (in street) crier (des marchandises)

hawkbill [ˈhɔːkbɪl] n caret m

hawker [ˈhɔːkəʳ] n (street) colporteur m ; (door-to-door) démarcheur m, -euse f

Hawkeye [ˈhɔːkaɪ] [1] n (US) habitant(e) m(f) de l'Iowa [2] COMP ▷ **the Hawkeye State** n l'Iowa m

hawking [ˈhɔːkɪŋ] n fauconnerie f

hawkish [ˈhɔːkɪʃ] adj belliciste

hawksbill [ˈhɔːksˌbɪl] (also **hawksbill turtle**) n caret m

hawkweed [ˈhɔːkwiːd] n (Bot) épervière f

hawse [hɔːz] n (Naut: in bows) écubier m

hawsehole [ˈhɔːzhəʊl] n écubier m

hawser [ˈhɔːzəʳ] n haussière or aussière f

hawthorn [ˈhɔːθɔːn] n aubépine f

hay [heɪ] [1] n foin m ✦ **to make hay** (Agr) faner, faire les foins ✦ (Prov) **to make hay while the sun shines** ≈ battre le fer pendant qu'il est chaud ✦ **to make hay of** ✶ (argument) démolir ✶ ; (enemy, team) battre à plate(s) couture(s) ✦ **that ain't hay** ✶ (US fig) c'est pas rien ✶ ; → **hit, roll** [2] COMP ▷ **hay fever** n (Med) rhume m des foins ▷ **hay fork** n fourche f à foin

haycock [ˈheɪkɒk] n meulon m (de foin)

hayloft [ˈheɪlɒft] n grenier m à foin, fenil m

haymaker [ˈheɪmeɪkəʳ] n (= worker) faneur m, -euse f ; (Boxing = blow) uppercut m magistral

haymaking [ˈheɪmeɪkɪŋ] n fenaison f, foins mpl

hayrick [ˈheɪrɪk] n ⇒ **haystack**

hayride [ˈheɪraɪd] n (esp US) promenade dans une charrette de foin

hayseed ✶ [ˈheɪsiːd] n (US pej) péquenaud ✶ m

haystack [ˈheɪstæk] n meule f de foin

Haywain [ˈheɪweɪn] n ✦ **"the Haywain"** (Art) La Charrette de foin

haywire ✶ [ˈheɪwaɪəʳ] adj ✦ **to go haywire** [person] perdre la tête or la boule ✶ ; [plans] être perturbé ; [equipment etc] se détraquer

hazard [ˈhæzəd] [1] n [a] (= risk) risque m ; (stronger) danger m, péril m ✦ **natural hazards** risques mpl naturels ✦ **to be a safety hazard (to children)** constituer un danger (pour les enfants), être dangereux (pour les enfants) ✦ **to pose a hazard (to sb/sth)** présenter un risque (pour qn/qch) ✦ **these waste materials pose an environmental hazard** ces déchets présentent un risque pour l'environnement ; → **fire, health, occupational** [b] (= chance) hasard m, chance f ✦ **it was pure hazard that he ...** ce fut pur hasard qu'il (+ subj) ... [c] (Golf etc) obstacle m naturel, hazard m [2] vt [a] (= venture to make) [+ remark, forecast] hasarder ✦ **to hazard a suggestion** hasarder une proposition ✦ **to hazard an attempt** risquer une tentative ✦ **to hazard a guess** hasarder une hypothèse ✦ **she hazarded a guess that ...** elle a hasardé l'hypothèse que ... ✦ **"I could do it," she hazarded** "je pourrais le faire," se risqua-t-elle à dire [b] (= risk) [+ life, reputation] risquer ; [+ one's fortune] risquer [3] COMP ▷ **hazard (warning) lights** npl (Aut) feux mpl de détresse

hazardous [ˈhæzədəs] → SYN [1] adj dangereux (to or for sb/sth pour qn/qch) [2] COMP ▷ **hazardous waste** n déchets mpl dangereux

haze¹ [heɪz] → SYN n brume f (légère) ✦ **a haze of cigarette smoke filled the room** un nuage de fumée de cigarette emplissait la pièce ✦ **a haze of dust** un nuage de poussière ✦ **to be in a haze** (fig) être dans le brouillard ✦ **in a haze of alcohol** dans les brumes de l'alcool ; → **heat**

haze² [heɪz] vt (US Univ) bizuter

hazel [ˈheɪzl] [1] n (Bot) noisetier m, coudrier m [2] adj (colour) (couleur) noisette inv ✦ **hazel eyes** yeux mpl (couleur) noisette [3] COMP ▷ **hazel grouse** n gélinotte f (des bois) ▷ **hazel grove** n coudraie f

hazelnut [ˈheɪzlnʌt] n noisette f

hazelwood [ˈheɪzlwʊd] n (bois m de) noisetier m

haziness [ˈheɪzɪnɪs] n [a] (= mist) brume f [b] (= lack of clarity) of ideas, memory flou m, manque m de précision

hazing [ˈheɪzɪŋ] n (US Univ) bizutage m

hazy [ˈheɪzɪ] → SYN adj [a] (= misty) sunshine, sun voilé ; day, sky brumeux ; view (with mist) brumeux ; (with heat, vapour, dust) flou ✦ **it's very hazy today** (with mist) il y a beaucoup de brume aujourd'hui ; (with vapour, heat, dust) l'air est vaporeux aujourd'hui ✦ **hazy blue** bleu pastel inv [b] (= indistinct) outline, vision, details flou ; notion, idea, memory vague ✦ **to be hazy about sth** [person] n'avoir qu'une vague idée de qch

HB [ˌeɪtʃˈbiː] adj (Brit) (abbrev of **hard-black**) HB

H-block n quartier de haute sécurité de la prison de Maze à Belfast

HC (abbrev of **hot and cold (water)**) → **hot**

HCF [ˌeɪtʃsiːˈef] (abbrev of **highest common factor**) PGCD m

HCG [ˌeɪtʃsiːˈdʒiː] n (abbrev of **human chorionic gonadotrophin**) HCG

HDD n (Comput) (abbrev of **hard disk drive**) → **hard**

hdqrs (abbrev of **headquarters**) QG m inv

HDTV n (abbrev of **high definition television**) TVHD f

HE [ˌeɪtʃˈiː] [a] (abbrev of **His** or **Her Excellency**) SE [b] (abbrev of **high explosive**) → **high**

he, He (Rel) [hiː] [1] pers pron [a] (unstressed) il ✦ **he has come** il est venu ✦ **here he is** le voici ✦ **he is a doctor** il est médecin, c'est un médecin ✦ **he is a small man** c'est un homme petit [b] (stressed) lui ✦ **it is he** (frm) c'est lui ✦ **if I were he** (frm) si j'étais lui, si j'étais à sa place ✦ **younger than he** (frm) plus jeune que lui ✦ **HE didn't do it** ce n'est pas lui qui l'a fait [c] (+ rel pron) celui ✦ **he who** or **that can** celui qui peut [2] n ✶ mâle m ✦ **it's a he** (animal) c'est un mâle ; (baby) c'est un garçon [b] (Scol) **you're he!** ✶ (c'est toi le) chat ! [3] COMP mâle ▷ **he-bear** n ours m mâle ▷ **he-goat** n bouc m ▷ **he-man** ✶ n, pl **he-men** (vrai) mâle m, macho ✶ m

head [hed]
→ SYN

[1] NOUN   [3] INTRANSITIVE VERB
[2] TRANSITIVE VERB   [4] COMPOUNDS
[5] PHRASAL VERBS

[1] NOUN

[a] Anat tête f ✦ **to hit sb on the head** frapper qn à la tête ✦ **head down** (= upside down) la tête en bas ; (= looking down) la tête baissée ✦ **to keep one's head down** ✶ (= avoid trouble) garder un profil bas ; (= work hard) travailler dur ✦ **head hanging** la tête baissée ✦ **head downwards** la tête en bas ✦ **head first, head foremost** la tête la première ✦ **my head aches, I've got a bad head** ✶ j'ai mal à la tête or au crâne ✶ ✦ **I've got a bit of a head** ✶ j'ai un peu mal au crâne ✶ ✦ **head of hair** chevelure f ✦ **to stand on one's head** faire le poirier ✦ **I could do it standing on my head** c'est simple comme bonjour ✦ **to stand** or **turn sth on its head** renverser le contre-pied de qch ✦ **she is a head taller than her sister**, she is taller than her sister by a head elle dépasse sa sœur d'une tête ✦ **to win by a (short) head** [horse] gagner d'une (courte) tête ✦ **to give a horse its head** lâcher la bride à un cheval ✦ **to give sb his head** lâcher la bride à qn ✦ **to give (sb) head** ✶✶ (esp US) tailler une pipe ✶✶ (à qn) ✦ **to keep one's head above water** (lit) garder la tête au-dessus de l'eau ; (fig) se maintenir à flot ✦ **to have a big** or **swollen head** (fig) avoir la grosse tête ✶ ✦ **to put** or **lay one's head on the block** (fig) risquer gros ✦ **it's completely above my head** (fig) cela me dépasse complètement ✦ **to get in** or **be in over one's head** ✶ être complètement dépassé ✦ **he gave orders over my head** il a donné des ordres sans me consulter ✦ **he went over my head to the director** il m'a court-circuité pour parler au directeur ✦ **his ideas went right over my head** ses idées me dépassaient complètement ✦ **he's got his head in the sand** il pratique la politique de l'autruche ✦ **to have one's head up one's arse** ✶✶ (Brit = be confused) dérailler ✶ ✦ **to have one's head up one's ass** ✶✶ (US = be heedless) marcher à côté de ses pompes ✶ ✦ **he was talking his head off** ✶ il n'arrêtait pas de parler ✦ **to sing/shout one's head off** ✶ chanter/crier à tue-tête ✦ **to laugh one's head off** rire aux éclats or à gorge déployée ✦ **on your own head be it!** à vos risques et périls ! ✦ **head to wind** (Naut) vent debout ✦ **head on** ⇒ **head-on**

✦ **a head, per head** par tête ✦ **they paid 10 francs a head** or **per head** ils ont payé 10 F par tête

✦ **from head to foot** or **toe** de la tête aux pieds ✦ **covered from head to foot** or **toe in mud** couvert de boue de la tête aux pieds ✦ **he was dressed in black from head to foot** or **toe** il était habillé en noir de la tête aux pieds ✦ **he was trembling from head to foot** il tremblait de tout son corps

✦ **head and shoulders** ✦ **he stands head and shoulders above everybody else** (lit) il dépasse tout le monde d'une tête ; (fig) il surpasse tout le monde ✦ **she is head and shoulders above her sister in maths** elle est cent fois meilleure que sa sœur en maths

✦ **head over heels** ✦ **to turn** or **go head over heels** (accidentally) faire la culbute ; (on purpose) faire une galipette ✦ **to be/fall head over heels in love with sb** être/tomber follement or éperdument amoureux de qn

[b] (= mind, intellect) tête f ✦ **weak** or **soft** ✶ **in the head** un peu demeuré ✶ ✦ **to count in one's head** calculer mentalement or de tête ✦ **I can't do it in my head** je ne peux pas faire or calculer ça de tête ✦ **to get sth into one's head** ✶ s'enfoncer or se mettre qch dans la tête ✦ **I wish he would get it into his head** ✶ **that ...** j'aimerais lui faire rentrer dans la tête que ... ✦ **I can't get that into his head** ✶ je ne peux pas lui mettre ça dans la tête ✦ **he has taken it into his head that ...** il s'est mis dans la tête que ... ✦ **to take it into one's head to do sth** se mettre en tête de or s'aviser de faire qch ✦ **it didn't enter his head that .../to do** il ne lui vint pas à l'idée que .../de faire ✦ **you never know what's going on in his head** on ne sait jamais ce qui lui passe par la tête ✦ **what put that (idea) into his head?**

headache / headline

qu'est-ce qui lui a mis cette idée-là dans la tête ? ◆ **that tune has been running through my head all day** j'ai eu cet air dans la tête or cet air m'a trotté dans la tête toute la journée ◆ **she's got her head screwed on (right)** ◆ elle a la tête sur les épaules ◆ **two heads are better than one** deux avis valent mieux qu'un ◆ **we put our heads together** * nous y avons réfléchi ensemble ◆ **don't bother or worry your head about it** ◆ ne vous en faites pas pour cela ◆ **to keep one's head** garder son sang-froid ◆ **to lose one's head** perdre la tête ◆ **the wine/his success went to his head** le vin/son succès lui est monté à la tête ◆ **he has gone or he is off his head** * il a perdu la boule * ◆ **to get one's head together or straight** reprendre le dessus ◆ **to get one's head round sth** * (= understand) piger * qch ; (= come to accept) accepter qch ◆ **it does my head in** * ça me prend la tête *

◆ **a (good) head (for)** ◆ **she has a good head for figures** elle a des dispositions pour or elle est douée pour le calcul ◆ **she has a good head for heights** elle n'a jamais le vertige ◆ **he has no head for heights** il a le vertige ◆ **she has a good business head** elle a le sens des affaires ◆ **she has a good head on her shoulders** elle a de la tête

◆ **out of one's head** ◆ **I can't get it out of my head** je ne peux pas me sortir ça de la tête, ça me trotte dans la tête ◆ **he couldn't get her out of his head** il ne pouvait pas s'empêcher de penser à elle ◆ **his name has gone out of my head** son nom m'est sorti de la tête or de la mémoire ◆ **it's gone right out of my head** ça m'est tout à fait sorti de la tête ◆ **to be out of one's head** * (= mad) être cinglé * or dingue * ; (= drunk) être bituré * or pété * ; (= high on drugs) être défoncé * or pété *

c [of cattle] (pl inv) **20 head of cattle** 20 têtes fpl or pièces fpl de bétail ◆ **20 head of oxen** 20 bœufs mpl

d [specific part] [of flower, nail, pin, hammer, mast] tête f ; [of arrow] pointe f ; [of spear] fer m ; [of cane] pommeau m ; [of bed] chevet m ; [of violin] crosse f ; (on beer) mousse f, faux col * m ; (on tape recorder) tête f *(de lecture, d'enregistrement)*

e [= top end] [of page, staircase] haut m ; [of pillar] chapiteau m ; [of jetty, pier] extrémité f ◆ **at the head of** (of lake, valley) à l'extrémité de ; (table) au (haut †) bout de ; (procession) en tête de ; (fig = in charge of: army, organization, company) à la tête de ◆ **at the head of the list/the queue** en tête de liste/de file ◆ **to be at the head of the field** or **pack** (Sport) mener la course

f [of vegetable] [of lettuce, cabbage] pomme f ; [of celery] pied m

g [of abscess, pimple] tête f ◆ **it's coming to a head** [abscess, pimple] ça mûrit ; (fig, gen) ça devient critique ◆ **it all came to a head when he met her yesterday** les choses sont arrivées au point critique quand il l'a rencontrée hier ◆ **to bring things to a head** précipiter les choses

h [= leader] (Comm, Pol) [of family] chef m ◆ **head of department** [of company] chef m de service ; [of shop] chef m de rayon ; see also **i** ◆ **head of state** chef m d'État ◆ **the head of the government** le chef du gouvernement

i [esp Brit Scol] ⇒ **headmaster** or **headmistress** ◆ **head of French/Maths** etc (Scol) ≈ professeur m coordinateur de français/de maths etc ◆ **head of department** [of school, college] chef m de section

j [= title] titre m ; (= subject heading) rubrique f ◆ **under this head** sous ce titre or cette rubrique

k [of coin] face f ◆ **to toss heads or tails** jouer à pile ou face ◆ **heads or tails?** pile ou face ? ◆ **heads I win!** face je gagne ! ◆ **he called heads** il a annoncé "face" ◆ **I can't make head (n)or tail of what he's saying** je ne comprends rien à ce qu'il dit ◆ **I can't make head or tail of it** je n'y comprends rien, pour moi ça n'a ni queue ni tête

l [Drugs *] → **acid**

m [Comput] ◆ **reading/writing head** tête f de lecture/d'écriture

2 TRANSITIVE VERB

a [+ group of people] être à la tête de ; [+ procession, list, poll] venir or être en tête de ◆ **Dr Grey heads our research team** le docteur Grey est à la tête de notre équipe de chercheurs ◆ **a coalition government headed by the former opposition leader** un gouvernement de coalition dirigé par l'ancien leader de l'opposition

b [= direct] **he got in the car and headed it towards town** il est monté dans la voiture et a pris la direction de or il s'est dirigé vers la ville ◆ **to head a ship for port** (Naut) mettre le cap sur le port

c [= put at head of] [+ chapter] intituler ◆ **to head a chapter/a letter etc with sth** mettre qch en tête d'un chapitre/d'une lettre etc

d [Ftbl] **to head the ball** faire une tête

3 INTRANSITIVE VERB

[= go, move] ◆ **to head for** or **towards, to be headed for** or **towards** [person, vehicle] se diriger vers ; [ship] mettre le cap sur ◆ **he headed up the hill** il s'est mis à monter la colline ◆ **he was heading home(wards)** il était sur le chemin du retour ◆ **they were heading back to town** ils rentraient or retournaient à la ville ◆ **he's heading for a disappointment** il va vers une déception ◆ **he's heading for trouble** il va avoir des ennuis ◆ **they're heading for victory** ils sont bien partis pour gagner ◆ **they're heading straight for disaster** ils vont droit au désastre

4 COMPOUNDS

buyer, assistant etc principal ▷ **head-banger** * n (= heavy metal fan) enragé(e) * m(f) de heavy metal ; (= mad person) cinglé(e) * m(f) ▷ **head boy** n (Brit Scol) élève de terminale chargé d'un certain nombre de responsabilités ▷ **head clerk** n (Comm) premier commis m, chef m de bureau ; (Jur) principal m ▷ **head cold** n rhume m de cerveau ▷ **head gardener** n jardinier m en chef ▷ **head girl** n (Brit Scol) élève de terminale chargée d'un certain nombre de responsabilités ▷ **head-guard** n (Sport) casque m de protection ▷ **head height** n at head height à hauteur d'homme ▷ **head lad** n (Racing) premier garçon m ▷ **head nurse** n (US) infirmier m, -ière f en chef ▷ **head office** n siège m social, agence f centrale ▷ **head of steam** n pression f ◆ **to build up** or **work up a head of steam** (fig) (= get worked up) se mettre dans tous ses états ; (= build momentum) prendre de l'ampleur ◆ **to get** or **build up a head of steam for sth** (fig) obtenir un ferme soutien pour qch ▷ **head of water** n colonne f d'eau, hauteur f de chute ▷ **head-on** adv → **head-on** ▷ **head post office** n bureau m central des postes, poste f principale ▷ **head restraint** n (Aut) ⇒ **headrest** ▷ **head shop** n (US) boutique f hippie ▷ **head start** n (fig) **to have a head start** être avantagé dès le départ (over or on sb par rapport à qn) ▷ **head teacher** n (Brit Scol) ⇒ **headmaster** or **headmistress** ▷ **head to head** adv to compete head to head with sb affronter directement qn ; (Comm) être en concurrence directe avec qn ▷ **head-to-head** adj contest, competition direct ◊ n affrontement m direct ▷ **head-up display** n collimateur m de pilotage ▷ **head voice** n (Mus) voix f de tête ▷ **head waiter** n maître m d'hôtel

5 PHRASAL VERBS

▶ **head off** 1 vi partir (for pour, towards vers) ◆ **he headed off onto the subject of ...** il est passé à la question de ...

2 vt sep [+ enemy] forcer à se rabattre ; [+ person] (lit) détourner de son chemin ; (fig) [+ questions] parer

▶ **head up** vt fus [+ organization, team] diriger

headache ['hedeɪk] → SYN n **a** (lit) mal m de tête ◆ **to have a headache** avoir mal à la tête ◆ **he suffers from terrible headaches** il souffre de terribles maux de tête

b (fig) problème m ◆ **at least that's not my headache** au moins ce n'est pas mon problème ◆ **it was a real headache** ça n'a pas été une mince affaire ◆ **the decision created a major headache for the Government** cette décision a sérieusement compliqué la tâche du gouvernement ◆ **his teenage daughter is a real headache** sa fille est une adolescente impossible

headband ['hedbænd] n bandeau m

headbang * ['hedbæŋ] vi secouer la tête au rythme du hard rock

headboard ['hedbɔːd] n [of bed] dosseret m

headbutt ['hedbʌt] 1 n coup m de tête
2 vt donner un coup de tête à

headcase * ['hedkeɪs] n cinglé(e) * m(f)

headcheese ['hedtʃiːz] n (US Culin) fromage m de tête

headcount ['hedkaʊnt] n **a** comptage m, vérification f du nombre de personnes présentes ◆ **let's do a headcount** comptons-les, comptons combien ils sont

b (= number of employees) nombre m d'employés

headdress ['heddres] n (of lace) coiffe f ; (of feathers) coiffure f

headed ['hedɪd] adj (Brit) ◆ **headed writing paper** or **notepaper** papier m à lettres à en-tête

-headed ['hedɪd] adj (in compounds) ◆ **bareheaded** nu-tête inv ◆ **curly-headed** frisé, aux cheveux frisés ; → **hard**

header ['hedər] n **a** (= dive) plongeon m ; (= fall) chute f or plongeon m (la tête la première) ◆ **to take a header** (= fall) tomber par terre la tête la première ◆ **to take** or **do a header into the water** piquer une tête dans l'eau ◆ **the dollar took a header in share trading today** le dollar a chuté en Bourse aujourd'hui

b (Ftbl) tête f

c (Constr) boutisse f

d (Comput) en-tête m

headfirst [ˌhedˈfɜːst] → SYN adv (lit) la tête la première ◆ **she rushed headfirst into marriage** (fig) elle s'est précipitée dans le mariage

headgear ['hedgɪər] n (NonC) couvre-chef m

headhunt ['hedhʌnt] 1 vi (fig) recruter des cadres pour une entreprise
2 vt recruter ◆ **she has been headhunted by several firms** plusieurs entreprises ont essayé de la recruter

headhunter ['hedhʌntər] n (lit) chasseur m de têtes ; (fig) (in recruiting personnel) chasseur m de têtes, recruteur m de cadres

headhunting ['hedhʌntɪŋ] n chasse f aux or de têtes

headiness ['hedɪnɪs] n **a** (= strength) [of wine] goût m capiteux ◆ **the headiness of her perfume was almost intoxicating** son parfum capiteux était presque enivrant

b (= exhilaration) exaltation f ◆ **the headiness of the unknown** l'exaltation de l'inconnu

heading ['hedɪŋ] → SYN n (= title: at top of page, chapter, article, column of figures) titre m ; (= subject title) rubrique f ; (printed: on letter, document) en-tête m ◆ **chapter heading** (gen) tête f de chapitre ; (= title) titre m ◆ **under this heading** sous ce titre or cette rubrique ◆ **this comes under the heading of ...** cela se classe sous la rubrique de ..., cela vient au chapitre de ... ◆ **under the heading of "Science" may be found ...** sous la rubrique "Sciences" on peut trouver ... ◆ **the essay was divided into several headings** la dissertation était divisée en plusieurs chapitres ; → **tariff**

headlamp ['hedlæmp] n ⇒ **headlight**

headland ['hedlənd] n promontoire m, cap m

headless ['hedlɪs] adj body, nail sans tête ; (Zool) acéphale ; → **chicken**

headlight ['hedlaɪt] n (Brit Aut) phare m ; [of train] fanal m, feu m avant

headline ['hedlaɪn] 1 n [of newspaper] gros titre m ; (Rad, TV) grand titre m ◆ **it's in the headlines in the papers** c'est en gros titre or en manchette dans les journaux ◆ **the headlines were full of the story** cette histoire faisait les gros titres or la une de tous les journaux ◆ **to hit the headlines** * [story, person] faire les gros titres or la une ; [scandal, crime etc] défrayer la chronique ◆ **the story never made the headlines** cette histoire n'a jamais fait les gros titres or la une ◆ **have you seen the headlines?** as-tu vu les (gros) titres ? ◆ **here are the news headlines** (Rad, TV) voici les titres de l'actualité or de notre journal

◆ **here are the headlines again** et maintenant le rappel des titres ◆ **I only heard the headlines** je n'ai entendu que les (grands) titres
[2] vt [a] [+ story] mettre en manchette ◆ **a story headlined "Fraud in high places"** un article intitulé "Fraude en haut lieu"
[b] [+ festival, event] être en tête de l'affiche de ◆ **his ambition was to headline the Albert Hall before he was 30** son ambition était d'être en tête de l'affiche de l'Albert Hall avant l'âge de 30 ans
[3] COMP ▷ **headline news** n to be or make headline news faire les gros titres ▷ **headline rate of inflation** n (Econ) l'indice des prix prenant notamment en compte les taux d'intérêt des emprunts logement

headliner * ['hedlaɪnəʳ] n (US Mus, Theat) vedette f

headlock ['hedlɒk] n ◆ **to get/have sb in a headlock** cravater qn/avoir cravaté qn

headlong ['hedlɒŋ] → SYN **[1]** adv (lit, fig) run, rush, plunge tête baissée ◆ **she fell headlong down the stairs** elle est tombée la tête la première dans les escaliers ◆ **avoid rushing headlong into another relationship** évitez de vous précipiter tête baissée dans une nouvelle liaison
[2] adj (lit, fig) fall vertigineux ◆ **headlong dash** or **rush** ruée f ◆ **they made a headlong dash for the door** ils se sont rués vers la porte ◆ **the army was in headlong flight** l'armée était en pleine débandade

headman ['hedmən] n, pl **-men** chef m *(d'une tribu etc)*

headmaster ['hed'mɑːstəʳ] n (Brit gen) directeur m ; [of French lycée] proviseur m ; [of college] principal m ; (US Scol) directeur m d'école privée

headmistress ['hedmɪstrɪs] n (Brit gen) directrice f ; [of French lycée] proviseur m ; [of college] principale f ; (US Scol) directrice f d'école privée

head-on ['hed'ɒn] **[1]** adv confront, tackle, meet de front ◆ **to collide** or **crash head-on** se heurter de plein fouet ◆ **to collide head-on with sth, to crash head-on into sth** heurter qch de plein fouet
[2] adj smash, collision frontal ; conflict, clash, confrontation direct

headphones ['hedfəʊnz] npl (Rad, Telec) casque m (à écouteurs)

headpiece ['hedpiːs] n (= helmet) casque m

headquarter ['hedkwɔːtəʳ] vt ◆ **the company is headquartered in Chicago** la société a son siège à Chicago

headquarters ['hedkwɔːtəz] **[1]** npl [of bank, company, political party] siège m ; (Mil) quartier m général
[2] COMP ▷ **headquarters staff** n (Mil) état-major m

headrace ['hedreɪs] n canal m d'amont

headrest ['hedrest] n appui-tête m, repose-tête m

headroom ['hedrʊm] n (Aut) hauteur f de l'habitacle ◆ **there is not enough headroom** (gen) le plafond est trop bas or n'est pas assez haut ◆ **have you got enough headroom?** vous avez assez d'espace (en hauteur) ? ◆ **"5 metres headroom"** (on roadsign) "hauteur limite : 5 mètres"

headscarf ['hedskɑːf] n foulard m

headset ['hedset] n ⇒ **headphones**

headship ['hedʃɪp] n (= post) poste m de directeur ◆ **under the headship of Mr Winfield** sous la direction de M. Winfield

headshrinker * ['hedʃrɪŋkəʳ] n psy * mf

headsman † ['hedzmən] n, pl **-men** bourreau m

headsquare ['hedskwɛəʳ] n foulard m

headstall ['hedstɔːl] n têtière f

headstand ['hedstænd] n ◆ **to do a headstand** faire le poirier

headstone ['hedstəʊn] n **[a]** [of grave] pierre f tombale
[b] (Archit) clef f de voûte, pierre f angulaire

headstream ['hedstriːm] n partie f amont *(d'une rivière ou d'un fleuve)*

headstrong ['hedstrɒŋ] → SYN adj (= obstinate) têtu ; (= rash) impétueux

headwaters ['hedwɔːtəz] npl sources fpl

headway ['hedweɪ] → SYN n progrès m ◆ **to make headway** (in journey, studies etc) avancer, faire des progrès ; [ship] faire route ◆ **I didn't make much headway with him** je n'ai pas fait beaucoup de progrès avec lui

headwind ['hedwɪnd] n vent m contraire ; (Naut) vent m debout

headword ['hedwɜːd] n entrée f, adresse f

heady ['hedɪ] → SYN adj scent, wine capiteux ; days, experience, atmosphere, brew, mixture grisant ◆ **the heady delights of ...** les plaisirs grisants de ... ◆ **the heady heights of ...** les sommets vertigineux de ... ◆ **it's heady stuff*** (for sb) c'est grisant (pour qn) ◆ **to be heady with success** être grisé par le succès ◆ **the air was heady with spices** les épices rendaient l'air enivrant

heal [hiːl] → SYN **[1]** vi (also **heal over**, **heal up**) [wound] se cicatriser
[2] vt [+ person] guérir (of de) ; [+ wound] cicatriser ; (fig) [+ differences] régler ; [+ troubles] apaiser ◆ **time will heal the pain** votre chagrin s'estompera avec le temps ◆ **to heal the breach** (fig) combler le fossé, effectuer une réconciliation

healer ['hiːləʳ] n guérisseur m, -euse f ; → **faith**

healing ['hiːlɪŋ] → SYN **[1]** n [of person] guérison f ; [of wound] cicatrisation f
[2] adj ointment cicatrisant ; properties médicinal, curatif ; powers de guérison ; words apaisant ◆ **the healing process** le processus de guérison ◆ **to have healing hands** avoir des talents de guérisseur

health [helθ] → SYN **[1]** n (Med, fig) santé f ◆ **in good/poor health** en bonne/mauvaise santé ◆ **poverty can cause poor health** la pauvreté peut être la cause de problèmes de santé ◆ **he suffers from poor health** il est en mauvaise santé ◆ **to have health problems** avoir des problèmes de santé ◆ **the health benefits of a vegetarian diet** les effets bénéfiques pour la santé d'un régime végétarien ; see also **2** ◆ **to regain one's health** recouvrer la santé, guérir ◆ **the health of the economy** (fig) la santé de l'économie ◆ **to drink (to) sb's health** boire à la santé de qn ◆ **your health!, good health!** à votre santé ! ◆ **Department of/Secretary of State for Health and Social Security** (Brit: formerly) ◆ **Department/Secretary of Health and Human Services** (US) ministère m/ministre m de la Santé et des Affaires sociales ◆ **Department of Health** (Brit) ≃ ministère m de la Santé ; → **national**, **restore**
[2] COMP ▷ **the Health and Safety Executive** n (Brit) ≃ l'inspection f du travail ▷ **Health and Safety Inspector** n (Brit) ≃ inspecteur m, -trice f du travail ▷ **Health Authority** n (Brit) administration f régionale de la santé publique ▷ **health benefits** npl (Admin) prestations fpl maladie ▷ **health care** n services mpl médicaux ▷ **health care worker** n membre m du personnel soignant ▷ **health centre** n ≃ centre m médicosocial ▷ **health check** n visite f médicale ; (more thorough) bilan m de santé ▷ **health club** n club m de (re)mise en forme ▷ **health education** n (Scol) hygiène f ▷ **health farm** n établissement m de remise en forme ▷ **health foods** npl aliments mpl naturels ou diététiques or bio * ▷ **health food shop**, **health food store** (US) n magasin m or boutique f de produits diététiques ▷ **health-giving** adj → **healthful** ▷ **health hazard** n risque m pour la santé ▷ **health insurance** n assurance f maladie ▷ **health maintenance organization** n (US) organisme médical privé ▷ **health officer** n inspecteur m, -trice f de la santé (publique) ▷ **health resort** n (= spa town) station f thermale, ville f d'eau ; (in mountains) station f climatique ▷ **health risk** n ⇒ **health hazard** ▷ **health salts** npl (Med) sels mpl médicinaux ▷ **Health Service** n (Brit) → NHS **I got my glasses on the Health Service** ≃ la Sécurité sociale m'a remboursé mes lunettes ▷ **health service** n (US Univ) infirmerie f ▷ **Health Service doctor** n (Brit) ≃ médecin m conventionné ▷ **health spa** n centre m de cure, station f thermale ▷ **health visitor** n (Brit) ≃ infirmière f visiteuse ▷ **health warning** n (on cigarette packet) mise en garde du ministère de la Santé

HEALTH MAINTENANCE ORGANIZATION

Aux États-Unis, les **health maintenance organizations** sont des organismes privés qui dispensent des soins médicaux (y compris hospitaliers) à leurs adhérents. Dans une volonté de maîtrise des coûts, ces organismes insistent sur la médecine préventive et obligent à consulter des médecins agréés. En ce sens, ils diffèrent des assurances médicales privées avec lesquelles on les assimile parfois.

---

healthful ['helθfʊl] adj sain

healthily ['helθɪlɪ] adv live, eat, grow sainement ◆ **a recipe which is healthily low in fat** une recette saine du fait de sa faible teneur en graisses ◆ **healthily cynical/irreverent** d'un cynisme/d'une irrévérence salutaire ◆ **to be healthily contemptuous of sth** montrer un mépris sain de qch ◆ **to be healthily sceptical of sth** faire preuve d'un scepticisme salutaire à l'égard de qch

healthiness ['helθɪnɪs] n [of diet] caractère m sain ; [of person, plant, animal] bonne santé f ; [of climate] salubrité f

healthy ['helθɪ] → SYN adj **[a]** (= in good health) person, animal, plant en bonne santé ; body, skin, hair, cell, sexuality sain ; appetite solide ◆ **he is very healthy** il est en très bonne santé ◆ **to stay healthy** rester en bonne santé ◆ **her skin/she had a healthy glow** sa peau/elle éclatait de santé ◆ **a healthy mind in a healthy body** un esprit sain dans un corps sain
[b] (fig = thriving) economy, bank, relationship sain ; bank account bien approvisionné ◆ **to make** or **earn a healthy living** gagner confortablement sa vie
[c] (= health-giving) food, lifestyle, attitude sain ; climate, air salubre ; exercise bon pour la santé, salutaire ◆ **to have a healthy diet** manger sainement ◆ **healthy eating** une alimentation saine ◆ **advice on healthy living** conseils mpl pour vivre sainement
[d] (= wholesome, desirable) profit substantiel ; scepticism salutaire, de bon aloi ; doubts légitime ◆ **to have a healthy respect for sb/sth** apprécier qn/qch à sa juste valeur ◆ **the economy is showing healthy growth** l'économie connaît une croissance équilibrée ◆ **a healthy dose of caution/scepticism** etc une bonne dose de prudence/scepticisme etc ◆ **his interest in this is not very healthy** l'intérêt qu'il y porte n'est pas très sain

heap [hiːp] → SYN **[1]** n tas m ◆ **in a heap** en tas ◆ **to collapse/fall in a heap** [person] s'effondrer/tomber comme une masse ◆ **to be at the top/the bottom of the heap** (fig) être en haut/en bas de l'échelle
[b] (* fig) tas * m, masse * f ◆ **heaps of** (money, people, ideas) des tas * de ◆ **she has heaps of enthusiasm** elle déborde d'enthousiasme ◆ **they got heaps of criticism for this decision** ils ont été très critiqués pour cette décision ◆ **we've got heaps of time** nous avons largement le temps, nous avons tout notre temps ◆ **heaps of times** des tas * de fois, mille fois ◆ **to have heaps of** or **a whole heap of things to do** avoir un tas * or des masses * de choses à faire ◆ **heaps better** drôlement * mieux ◆ **(to be in) a whole heap of trouble** (avoir) tout un tas * d'ennuis ◆ **the news struck him all of a heap** ‡ (fig) la nouvelle lui a coupé bras et jambes or l'a éberlué * ◆ **he was struck all of a heap** ‡ (fig) il en est resté baba *
[c] (‡ = car) tas m de ferraille *
[2] vt [a] ⇒ **heap up**
[b] (fig) **to heap gifts on sb** couvrir qn de cadeaux ◆ **to heap praise/favours on sb** combler qn d'éloges/de faveurs ◆ **to heap abuse/scorn on sb** accabler or couvrir qn d'injures/de mépris ◆ **to heap work on sb** accabler qn de travail ◆ **to heap coals of fire on sb's head** (fig) rendre le bien pour le mal à qn

▶ **heap up** vt sep empiler ◆ **to heap sth up on top of sth** empiler or entasser qch sur qch ◆ **she heaped her plate up with cakes** elle a empilé des gâteaux sur son assiette, elle a chargé son assiette de gâteaux

heaped [hiːpt] adj **[a]** basket très chargé ◆ **shelves heaped with piles of old books** des étagères fpl croulant sous des piles de vieux livres ◆ **a sofa heaped with cushions** un canapé où s'entassent des coussins or disparaissant sous les coussins

b (Culin) **a heaped spoonful** une grosse cuillerée ◆ **a heaped teaspoonful** une cuiller à café bien pleine

heaping [hi:pɪŋ] adj (US) ⇒ **heaped b**

hear [hɪəʳ] LANGUAGE IN USE 21.1 → SYN pret, ptp **heard**

1 vt **a** entendre ◆ **did you hear what he said?** avez-vous entendu ce qu'il a dit ? ◆ **can you hear him?** vous l'entendez (bien) ? ◆ **I can't hear you!** je ne vous entends pas ! ◆ **I hear you speaking** je vous entends parler ◆ **you're not going, do you hear (me)?** tu n'iras pas, tu m'entends ? ◆ **I hear you** (= understand) je comprends ◆ **I heard him say that ...** je l'ai entendu dire que ... ◆ **I heard someone come in** j'ai entendu entrer quelqu'un or quelqu'un entrer ◆ **a noise was heard** un bruit se fit entendre ◆ **he was heard to say that ...** on l'a entendu dire que ... ◆ **to make o.s. heard** se faire entendre ◆ **I couldn't hear myself think** * je ne m'entendais plus penser ◆ **to hear him (talk) you'd think he was an expert** à l'entendre, on dirait que c'est un expert ◆ **I have heard it said that ..., I've heard tell that ...** j'ai entendu dire que ... ◆ **I've heard tell of ...** j'ai entendu parler de ... ◆ **to hear voices** (lit, fig) entendre des voix ◆ **let's hear it for ...** * (call for applause) un grand bravo pour ..., on applaudit bien fort ...

b (= learn) [+ piece of news, facts] apprendre ◆ **have you heard the news?** connaissez-vous la nouvelle ? ◆ **have you heard the rumour that they're going to leave?** avez-vous entendu la rumeur selon laquelle ils partiraient ? ◆ **we've been hearing reports of roads blocked by snow** nous avons entendu à la radio que les routes étaient bloquées par la neige ◆ **have you heard the story about her trip to Paris?** tu as entendu ce qui s'est passé quand elle est allée à Paris ? ◆ **have you heard the one about the Scotsman who ...** tu connais l'histoire de l'Écossais qui ... ◆ **we've heard it all before** ce n'est pas la première fois qu'on entend cette histoire ◆ **I've been hearing bad things about him** on m'a dit du mal de lui ◆ **I've never heard such rubbish!** jamais je n'ai entendu pareilles âneries ! ◆ **he had heard that they had left** on lui avait dit qu'ils étaient partis ◆ **I hear you've been ill** il paraît que vous avez été malade, on m'a dit que vous avez été malade ◆ **did you hear whether or not she's accepted the job?** savez-vous si elle a accepté (ou non) le poste ?

c (= listen to) [+ lecture etc] assister à, écouter ◆ **to hear a case** (Jur) entendre une cause ◆ **the court has been hearing evidence that he was ...** le tribunal a entendu des témoignages selon lesquels il aurait été ... ◆ **to hear mass** (Rel) assister à or entendre la messe ◆ **Lord, hear our prayers** Seigneur, écoutez nos prières ◆ **to hear a child's lessons** faire répéter or réciter ses leçons à un enfant

2 vi **a** entendre ◆ **he does not** or **cannot hear very well** il n'entend pas très bien

b (= get news) recevoir or avoir des nouvelles (*from* de) ◆ **I hear from my daughter every week** je reçois or j'ai des nouvelles de ma fille chaque semaine ◆ **you will hear from me soon** vous aurez bientôt de mes nouvelles ◆ **hoping to hear from you** (in informal letter) en espérant avoir bientôt de tes nouvelles ; (in formal letter) dans l'attente de vous lire ◆ **you'll be hearing from me!** (threatening) tu vas avoir de mes nouvelles !, tu vas entendre parler de moi ! ◆ **to hear about** or **of sb/sth** (gen) entendre parler de qn/qch ; (= have news of) avoir des nouvelles de qn/qch ◆ **I hear about** or **of him from his mother** j'ai de ses nouvelles par sa mère, sa mère me donne de ses nouvelles ◆ **he wasn't heard of for a long time** on n'entendit plus parler de lui pendant longtemps ◆ **he was never heard of again** on n'a plus jamais entendu parler de lui ◆ **the ship was never heard of again** on n'a jamais retrouvé trace du navire ◆ **I've never heard of him!** je ne le connais pas !, connais pas ! * ◆ **everyone has heard of him** tout le monde a entendu parler de lui ◆ **I've never heard of such a thing!** je n'ai jamais entendu parler d'une chose pareille ! ◆ **I hear about nothing else!** j'en ai les oreilles rebattues ! ◆ **I won't hear of you going there** je ne veux absolument pas que tu y ailles ◆ **no! I won't hear of it!** non, je ne veux pas en entendre parler ! ◆ **can I help you with the washing-up? – I wouldn't hear of it!** je peux vous aider à faire la vaisselle ? – (il n'en est) pas question !

3 excl ◆ **hear, hear!** bravo !

▶ **hear out** vt sep [+ person, story] écouter jusqu'au bout

heard [hɜːd] vb (pt, ptp of **hear**)

hearer [ˈhɪərəʳ] n auditeur m, -trice f ◆ **hearers** auditoire m, auditeurs mpl

hearing [ˈhɪərɪŋ] → SYN **1** n **a** (NonC = sense) ouïe f ◆ **to have good hearing** avoir l'ouïe fine ◆ **his hearing's not very good** il n'entend pas très bien ◆ **within hearing (distance)** à portée de voix ◆ **in my hearing** en ma présence, devant moi ; → **hard**

b (= chance to be heard) **to give sb a fair hearing** (gen) écouter ce que qn a à dire ◆ **he was refused a hearing** on refusa de l'entendre, on refusa d'écouter ce qu'il avait à dire ◆ **to condemn sb without a hearing** condamner qn sans l'entendre ◆ **he got a sympathetic hearing** on l'a écouté avec bienveillance

c (= meeting) [of commission, committee etc] séance f ◆ **court hearing** (Jur) audience f ◆ **to give sb a fair hearing** accorder à qn un procès équitable ◆ **they demanded a proper hearing of their complaint** ils ont exigé que leur plainte soit correctement entendue ◆ **disciplinary hearing** conseil m de discipline ◆ **full hearing** (Jur) audience f contradictoire

2 adj person qui entend (bien)

3 COMP ◆ **hearing aid** n appareil m acoustique, audiophone m, sonotone ® m ◆ **hearing dog** n chien m de malentendant ▷ **hearing-impaired** adj (= deaf) sourd ; (= hard of hearing) malentendant ◊ n the **hearing-impaired** (= deaf) les sourds mpl ; (= hard of hearing) les malentendants mpl

hearken [ˈhɑːkən] vi († or liter) prêter l'oreille (*to* à)

hearsay [ˈhɪəseɪ] → SYN **1** n ◆ **from** or **by hearsay** par ouï-dire ◆ **it's only hearsay** ce ne sont que des rumeurs ou des on-dit

2 COMP report, account fondé sur des ouï-dire ◆ **hearsay evidence** n (Jur) preuve f par commune renommée or par ouï-dire

hearse [hɜːs] n corbillard m, fourgon m mortuaire

heart [hɑːt]

→ SYN LANGUAGE IN USE 22, 26.1

1 NOUN
2 PLURAL NOUN
3 COMPOUNDS

1 NOUN

a Anat cœur m ◆ **to have a weak heart** avoir le cœur malade, être cardiaque ◆ **to clasp sb to one's heart** (liter) serrer qn sur son cœur

b seat of feelings, emotions cœur m ◆ **a battle for the hearts and minds of ...** une bataille pour séduire ... ◆ **it did my heart good to see them** cela m'a réchauffé le cœur de les voir ◆ **I didn't have the heart to tell him, I couldn't find it in my heart to tell him** je n'ai pas eu le cœur de le lui dire ◆ **he knew in his heart that it was a waste of time** au fond de lui-même, il savait bien que c'était une perte de temps ◆ **in his heart of hearts he thought ...** dans son for intérieur or au fond de lui-même, il pensait ... ◆ **his heart isn't in it** le cœur n'y est pas ◆ **his heart isn't in his work** il n'a pas le cœur à l'ouvrage ◆ **his heart is in the right place** il a bon cœur ◆ **this is an issue which is close to or dear to his heart** c'est un sujet qui lui tient à cœur ◆ **that part of the country was very dear to her heart** cette région du pays était très chère à son cœur ◆ **to be in good heart** avoir le moral ◆ **a man after my own heart** un homme selon mon cœur ◆ **with all my heart** de tout mon cœur ◆ **have a heart!** * pitié ! * ◆ **to lose one's heart to sb** tomber amoureux de qn ◆ **to take sth to heart** prendre qch à cœur ◆ **don't take it to heart** ne prenez pas cela trop à cœur ◆ **it cut me to the heart** cela m'a profondément blessé ◆ **he has set his heart on a new car, his heart is set on a new car** il veut à tout prix une nouvelle voiture ◆ **he has set his heart on going to Paris** son vœu le plus cher est d'aller à Paris, il rêve d'aller à Paris ◆ **my heart was in my mouth, I had my heart in my mouth** mon cœur battait la chamade ◆ **to eat/drink to one's heart's content** manger/boire tout son soûl ◆ **it was his heart's desire** c'était son plus cher désir or ce qu'il désirait le plus au monde ◆ **to have a heart of gold/stone** avoir un cœur en or/de pierre ◆ **heart and soul** corps et âme ◆ **he put his heart and soul into his work** il s'est donné à son travail corps et âme

◆ **from the heart** du cœur ◆ **a cry from the heart** un cri du cœur ◆ **a plea from the heart** un appel du fond du cœur ◆ **to speak from the heart** parler du fond du cœur ◆ **from the bottom of one's heart** du fond du cœur

◆ **at heart** au fond ◆ **I'm an optimist at heart** au fond je suis optimiste ◆ **she's still a child at heart** elle est restée très enfant ◆ **we have your (best) interests at heart** vos intérêts nous tiennent à cœur

◆ **by heart** par cœur ◆ **to know by heart** or **off by heart** * [+ text, song, poem] savoir par cœur ; [+ subject, plan, route] connaître par cœur ◆ **to learn sth by heart** or **off by heart** * apprendre qch par cœur

c = courage courage m ◆ **to put new** or **fresh heart into sb** redonner (du) courage à qn ◆ **to lose/take heart** perdre/prendre courage ◆ **we may take heart from the fact that ...** le fait que ... devrait nous encourager

d = centre [of town] cœur m, centre m ◆ **in the heart of the forest** au cœur or au (beau) milieu de la forêt, en pleine forêt ◆ **in the heart of the desert** au cœur or au (fin) fond du désert ◆ **in the heart of the country** en pleine campagne ◆ **the heart of the matter** le fond du problème, le vif du sujet

e = middle part [of cabbage, lettuce, celery] cœur m ; [of artichoke] fond m, cœur m

2 hearts PLURAL NOUN

Cards cœur m ◆ **queen/six of hearts** dame f/six m de cœur ; for other phrases see **club**

3 COMPOUNDS

▷ **heart attack** n crise f cardiaque ▷ **heart case** n cardiaque mf ▷ **heart complaint, heart condition** n maladie f de cœur ◆ **to have a heart complaint** or **condition** être cardiaque ▷ **heart disease** n maladie f de cœur ▷ **heart failure** n (gen) insuffisance f cardiaque ; (= cardiac arrest) arrêt m du cœur ▷ **heart-lung machine** n cœur-poumon m (artificiel) ▷ **heart murmur** n (Med) souffle m au cœur ▷ **heart-rate** n rythme m cardiaque ▷ **heart-rate monitor** n moniteur m cardiaque ▷ **heart-rendingly** adv cry, appeal d'une manière déchirante ◆ **her performance was heart-rendingly beautiful** elle a joué d'une manière bouleversante ▷ **heart-searching** n after much heart-searching he ... après s'être longuement interrogé, il ... ▷ **heart-shaped** adj en (forme de) cœur ▷ **heart surgeon** n chirurgien m cardiologue ▷ **heart surgery** n chirurgie f du cœur ▷ **heart-throb** * n (= person) idole f, coqueluche f ; (US) ⇒ **heartbeat** ▷ **heart-to-heart** adj intime, à cœur ouvert ◊ adv à cœur ouvert ◊ n **to have a heart-to-heart (with sb)** * parler à cœur ouvert (avec qn) ▷ **heart transplant** n greffe f du cœur ▷ **heart trouble** n **to have heart trouble** souffrir du cœur, être cardiaque ◆ **heart trouble in the over-50s** les troubles cardiaques dont on souffre après la cinquantaine

heartache [ˈhɑːteɪk] n chagrin m, peine f

heartbeat [ˈhɑːtbiːt] n **a** (= single beat) battement m de or du cœur, pulsation f

b (= rhythm of heart, pulse) battements mpl de or du cœur, pouls m ◆ **her heartbeat is very weak** son pouls est très faible

heartbreak [ˈhɑːtbreɪk] n immense chagrin m or douleur f

heartbreaker ['hɑːtbreɪkəʳ] n (man) bourreau m des cœurs ; (woman) femme f fatale

heartbreaking ['hɑːtbreɪkɪŋ] → SYN adj story, sight qui fend le cœur ; appeal, cry, sound déchirant, qui fend le cœur ◆ **it was heartbreaking to see him like that** c'était à fendre le cœur de le voir comme ça

heartbroken ['hɑːtbrəʊkn] → SYN adj ◆ **to be heartbroken** avoir un immense chagrin ; (stronger) avoir le cœur brisé ; [child] avoir un gros chagrin ◆ **she was heartbroken about it** elle en a eu un immense chagrin ; (stronger) elle en a eu le cœur brisé

heartburn ['hɑːtbɜːn] n brûlures fpl d'estomac

-hearted ['hɑːtɪd] adj (in compounds) ◆ **open-hearted** sincère ◆ **warm-hearted** chaleureux ; → **broken, hard**

hearten ['hɑːtn] vt encourager, donner du courage à

heartening ['hɑːtnɪŋ] adj encourageant, réconfortant ◆ **it's very heartening to see so many young writers emerging** c'est très encourageant or réconfortant de voir apparaître tant de jeunes écrivains ◆ **it's heartening that the crime figures have dropped so significantly** il est encourageant or réconfortant de voir que la criminalité a connu une telle baisse

heartfelt ['hɑːtfelt] → SYN adj qui vient du fond du cœur ◆ **to make a heartfelt appeal** lancer un appel du fond du cœur ◆ **heartfelt sympathy** condoléances fpl sincères

hearth [hɑːθ] **1** n foyer m, âtre † m
2 COMP ▷ **hearth rug** n devant m de foyer

heartily ['hɑːtɪlɪ] → SYN adv **a** (= enthusiastically) laugh de bon cœur ; say, welcome chaleureusement ; applaud avec enthousiasme ; eat de bon appétit ; drink, sing avec entrain ; recommend vivement ; agree pleinement ; congratulate, endorse de tout cœur
b (= thoroughly) glad, relieved, sorry profondément ◆ **to be heartily sick of *** or **fed up with * sb/sth** en avoir vraiment par-dessus la tête * de qn/qch ◆ **to dislike sb heartily** détester cordialement qn ◆ **to dislike sth heartily** avoir une profonde aversion pour qch

heartiness ['hɑːtɪnɪs] n [of welcome] cordialité f ; [of support] enthousiasme m ; [of appetite] solidité f ; [of person] (= cheerfulness) jovialité f

heartland ['hɑːtlænd] n (also **heartlands**) [of country, continent] cœur m, centre m ◆ **the Tory heartland** (fig) le bastion traditionnel des conservateurs

heartless ['hɑːtlɪs] → SYN adj person sans cœur ; treatment cruel

heartlessly ['hɑːtlɪslɪ] adv say, deceive sans pitié ◆ **heartlessly cruel** d'une cruauté impitoyable

heartlessness ['hɑːtlɪsnɪs] n [of person] manque m de cœur

heartrending ['hɑːtrendɪŋ] → SYN adj cry, appeal déchirant, qui fend le cœur ; sight qui fend le cœur ◆ **it was heartrending to see him** c'était à fendre le cœur de le voir

heartsick ['hɑːtsɪk] adj ◆ **to be heartsick** avoir la mort dans l'âme

heartstrings ['hɑːtstrɪŋz] npl ◆ **to pull at** or **tug (at)** or **touch sb's heartstrings** toucher or faire vibrer la corde sensible de qn, prendre qn par les sentiments

heartwarming ['hɑːtwɔːmɪŋ] → SYN adj réconfortant, qui réchauffe le cœur

heartwood ['hɑːtwʊd] n (NonC) duramen m

hearty ['hɑːtɪ] → SYN **1** adj **a** (= enthusiastic) welcome, thanks chaleureux ; applause enthousiaste ; slap, pat, thump bon (before n) ; appetite solide ◆ **he gave a hearty laugh** il eut un bon rire franc ◆ **to bid sb a hearty welcome** accueillir chaleureusement qn ◆ **he's a hearty eater** c'est un gros mangeur ; → **hale**
b (= substantial) food, soup consistant ; meal copieux ; helping généreux
c (pej = bluff) person, greeting trop exubérant ; voice retentissant
d (= wholehearted) endorsement, condemnation sans réserves ◆ **to be in hearty agreement with sb/sth** être absolument d'accord avec qn/qch ◆ **please accept my hearty** or **heartiest congratulations** (in letter) je vous adresse mes plus vives félicitations ◆ **to have a hearty** dislike of sb détester cordialement qn ◆ **to have a hearty dislike of sth** avoir une profonde aversion pour qch
2 n ◆ **a** (= person) gai luron † m ◆ **rugby hearty *** joueur m de rugby enthousiaste
b (Naut) **heave ho, my hearties!** oh ! hisse ! les gars ! *

heat [hiːt] → SYN **1** n **a** (NonC: gen, Phys) chaleur f ◆ **extremes of heat and cold** extrêmes mpl de chaleur et de froid ◆ **I can't stand heat** je ne supporte pas la chaleur ◆ **how can you work in this heat?** (indoor temperature) comment pouvez-vous travailler dans cette fournaise ? ; (in hot weather) comment pouvez-vous travailler par cette chaleur ? ◆ **if you can't stand the heat get out of the kitchen** (fig) que ceux qui trouvent la situation intenable s'en aillent ◆ **in the heat of the day** au (moment le) plus chaud de la journée ◆ **in the summer heat** dans la chaleur de l'été ◆ **we were trying to stay cool in the 35-degree heat** nous essayions de nous rafraîchir alors qu'il faisait 35 degrés ◆ **at a low heat** (Culin) à feu doux ◆ **cook over a low/medium heat** cuire à feu doux/moyen ◆ **lower the heat and allow to simmer** (Culin) réduire le feu et laisser mijoter ◆ **in the heat of the moment/the battle/the argument** dans le feu de l'action/du combat/de la discussion ◆ **in the heat of his departure they forgot ...** dans l'agitation qui a entouré son départ, ils ont oublié ... ◆ **"certainly not!" she responded with some heat** "certainement pas !" répondit-elle avec feu ◆ **the issue was debated with some heat** cette question a fait l'objet d'un débat houleux ◆ **we had no heat all day at the office** nous avons été sans chauffage toute la journée au bureau ◆ **to turn on the heat** (in house, office etc) mettre le chauffage ◆ **to put** or **turn the heat on sb *** (fig) faire pression sur qn ◆ **to turn up the heat on sb *** (fig) accentuer la pression sur qn ◆ **the heat is on *** on est sous pression ◆ **it'll take the heat off us *** (fig) ça nous permettra de souffler or de respirer un peu ; → **red, specific, white**
b (Sport) (épreuve f) éliminatoire f ; → **dead**
c (NonC) (Zool) chaleur f, rut m ◆ **in** or (Brit) **on heat** en chaleur, en rut
d (US) **the heat** ✳ les flics ✳ mpl
2 vt (Culin, Phys, Tech) chauffer ; (Med) [+ blood] échauffer ; (fig) enflammer
3 vi [liquid etc] chauffer ; [room] se réchauffer
4 COMP ▷ **heat capacity** n (Phys) capacité f calorifique ▷ **heat-conducting** adj thermoconducteur (-trice f) ▷ **heat conductor** n conducteur m de chaleur ▷ **heat constant** n (Phys) constante f calorifique ▷ **heat death** n (Phys) mort f énergétique or thermique ▷ **heat efficiency** n rendement m thermique or calorifique ▷ **heat engine** n moteur m thermique ▷ **heat exchanger** n échangeur m de chaleur ▷ **heat exhaustion** n (Med) épuisement m dû à la chaleur ▷ **heat haze** n brume f de chaleur ▷ **heat lightning** n éclair(s) m(pl) de chaleur ▷ **heat loss** n perte f calorifique ▷ **heat rash** n (Med) irritation f or inflammation f (due à la chaleur) ▷ **heat-resistant, heat-resisting** adj ⇒ **heatproof** ▷ **heat-seeking** adj missile thermoguidé, guidé par infrarouge ▷ **heat-sensitive** adj sensible à la chaleur ▷ **heat shield** n (Space) bouclier m thermique ▷ **heat sink** n (Elec) dissipateur m thermique or de chaleur ; (Aviat) couche f d'absorption de chaleur ▷ **heat-treat** vt [+ metal, alloy] tremper et faire revenir ▷ **heat treatment** n (Med) traitement m par la chaleur, thermothérapie f

▶ **heat up 1** vi [liquid etc] chauffer ; [room] se réchauffer
2 vt sep réchauffer

heated ['hiːtɪd] → SYN **1** adj **a** swimming pool, greenhouse, towel rail chauffé
b (= impassioned) debate, discussion passionné ; argument, exchange, words vif ◆ **to become** or **get** or **grow heated** [person, debate, argument etc] s'échauffer
2 COMP ▷ **heated rollers** npl bigoudis mpl or rouleaux mpl chauffants

heatedly ['hiːtɪdlɪ] adv say avec emportement ; argue avec feu, fougueusement ; debate avec feu, avec passion ; deny farouchement

heater ['hiːtəʳ] n (gen: for room) appareil m de chauffage, radiateur m ; (for water) chauffe-eau m inv ; [of car] chauffage m ; → **electric, immersion**

heath [hiːθ] n **a** (esp Brit = moorland) lande f
b (= plant) bruyère f

heathen ['hiːðən] → SYN (pej) **1** adj (= unbelieving) païen ; (= barbarous) barbare, sauvage
2 n, pl **heathens** or **heathen** païen(ne) m(f), les païens mpl ; (= savages) les barbares mpl, les sauvages mpl

heathenish ['hiːðənɪʃ] adj (pej) (= unbelieving) de païen ; (= barbarous) barbare

heathenism ['hiːðənɪzəm] n (pej) paganisme m

heather ['heðəʳ] n bruyère f

Heath Robinson * [hiːθ'rɒbɪnsən] adj (Brit) bricolé

heating ['hiːtɪŋ] **1** n chauffage m ; → **central**
2 COMP ▷ **heating apparatus** n (= heater) appareil m de chauffage ; (= equipment) appareils mpl de chauffage ▷ **heating engineer** n chauffagiste m ▷ **heating plant** n système m or installation f de chauffage ▷ **heating power** n pouvoir m calorifique ▷ **heating system** n système m de chauffage

heatproof ['hiːtpruːf] adj material résistant inv à la chaleur ; dish allant inv au four

heatpump ['hiːtpʌmp] n pompe f à chaleur, thermopompe f

heatstroke ['hiːtstrəʊk] n (NonC: Med) coup m de chaleur

heatwave ['hiːtweɪv] n vague f de chaleur

heave [hiːv] → SYN vb : pret, ptp **heaved** **1** n [of sea] houle f ; [of bosom] soulèvement m ◆ **to give a heave** (= lift, throw, tug etc) faire un effort pour soulever (or lancer or tirer etc) ◆ **to give sb the heave(-ho)** ✳ [employer] sacquer * or virer * qn ; [boyfriend, girlfriend] plaquer * qn
2 vt (= lift) lever or soulever (avec effort) ; (= pull) tirer (avec effort) ; (= drag) traîner (avec effort) ; (= throw) lancer ◆ **he heaved Barney to his feet** il a soulevé Barney (avec effort) pour le mettre debout ◆ **he heaved himself up off his stool** il s'est levé de son tabouret avec effort ◆ **to heave a sigh of relief** pousser un gros soupir de soulagement
3 vi **a** [sea, chest] se soulever ; [person] (= pant) haleter ; (= retch) avoir des haut-le-cœur or des nausées ; (= vomit) vomir ◆ **his stomach was heaving** son estomac se soulevait ◆ **it makes my stomach heave** ça me dégoûte, ça me rend malade
b (Naut), pret, ptp **hove** **to heave into sight** or **view** apparaître
4 COMP ▷ **heave-ho** excl (Naut) oh ! hisse !

▶ **heave to** pret, ptp **hove** (Naut) **1** vi se mettre en panne
2 vt sep mettre en panne

▶ **heave up** vt sep (= vomit) vomir

heaven ['hevn] → SYN **1** n **a** (= paradise) ciel m, paradis m ◆ **to go to heaven** aller au ciel, aller au paradis ◆ **in heaven** au ciel, au or en paradis ◆ **our Father which art in heaven** notre Père qui êtes aux cieux ◆ **he was in heaven** or **in seventh heaven** il était au septième ciel ou aux anges ◆ **I thought I'd died and gone to heaven! *** j'étais au septième ciel or aux anges ◆ **it was heaven *** c'était divin or merveilleux ◆ **he found a heaven on earth** il a trouvé son paradis sur terre ◆ **the shop was a chocolate-lover's heaven!** ce magasin était un paradis pour les amateurs de chocolat ! ◆ **an injustice that cries out to heaven** une injustice criante or flagrante ◆ **heaven help you *** (if your mother ever finds out about this) (si ta mère apprend ça) je te souhaite bien de la chance ◆ **what in heaven's name does that mean? *** mais qu'est-ce que ça veut bien dire ? ◆ **heaven (only) knows what/when** etc Dieu sait quoi/quand etc ◆ **when will you come back? — heaven (only) knows!** quand reviendras-tu ? — Dieu seul le sait ! ◆ **heaven knows I've tried** Dieu sait or m'est témoin que j'ai essayé ◆ **(good) heavens! *** mon Dieu !, Seigneur !, ciel ! (hum) ◆ **for heaven's sake *** pour l'amour de Dieu * or du ciel * ◆ **I wish to heaven * he were still here!** si seulement il était encore là ! ◆ **I wish to heaven * I'd never met you!** si seulement je ne t'avais jamais rencontré ! ; → **forbid, move, stink, thank**

b (gen liter) **the heavens** (= sky) le ciel, le firmament (liter) ◆ **the heavens opened** le ciel se mit à déverser des trombes d'eau

2 COMP ▷ **heaven-sent** adj providentiel

heavenly ['hevnlɪ] → SYN **1** adj (lit) céleste, du ciel ; (fig) (= delightful) divin, merveilleux

2 COMP ▷ **heavenly body** n corps m céleste ▷ **Heavenly Father** n (Rel) Père m céleste

heavenward(s) ['hevnwəd(z)] adv go vers le ciel ◆ **to look heavenward(s)** lever les yeux au ciel

heavily ['hevɪlɪ] → SYN adv **a** (= much) rely on, influence, censor, subsidize fortement ; rain à verse, très fort ; snow à gros flocons, très fort ; bleed, sweat abondamment ; smoke, drink beaucoup ; gamble gros ; criticize vivement ; tax lourdement ; fortified solidement ; populated densément ; wooded très ◆ **he spoke in heavily accented English** il parlait anglais avec un fort accent ◆ **heavily armed** fortement armé ◆ **heavily bandaged** entouré d'un épais pansement ◆ **to be heavily booked in advance** être en grande partie réservé à l'avance ◆ **his face was heavily bruised** il avait la figure toute meurtrie ◆ **heavily in debt** fortement endetté ◆ **to be heavily defeated** subir une défaite écrasante ◆ **to be heavily disguised** avoir un déguisement très élaboré ◆ **heavily edited** plein de corrections ◆ **heavily fined** condamné à une lourde amende ◆ **heavily guarded** fortement gardé ◆ **heavily involved in** or **with** (politics, interest group) fortement engagé dans ; (drugs, illegal business) fortement impliqué dans ◆ **heavily laden** lourdement chargé ◆ **his heavily lined face** son visage tout parcheminé or ridé ◆ **heavily made-up eyes** yeux mpl très maquillés or fardés ◆ **heavily outnumbered** très inférieur en nombre ◆ **heavily pregnant** près d'accoucher, dans un état de grossesse avancée ◆ **a heavily pregnant mare** une jument près de mettre bas ◆ **heavily scented flowers** des fleurs au parfum lourd or capiteux ◆ **heavily sedated** sous l'influence de fortes doses de calmants ◆ **heavily spiced** fortement épicé ◆ **heavily underlined** souligné d'un gros trait ◆ **heavily weighted in sb's favour/against sb** fortement favorable/défavorable à qn ◆ **the rain/snow was falling heavily** il pleuvait/neigeait très fort ◆ **to borrow heavily** emprunter de fortes sommes ◆ **to invest heavily** beaucoup investir ◆ **to lose heavily** (Gambling) perdre gros ; (Sport, Pol) subir une défaite écrasante

b **to be heavily into** * [+ sports, music, computers etc] être un(e) mordu(e) de * ◆ **he's heavily into drugs/heroin/health foods** son truc *, c'est la drogue/l'héroïne/l'alimentation bio

c (= deeply) breathe, pant bruyamment ; sleep, sigh profondément

d (= clumsily) sit down, fall, land, lean, move lourdement ; walk d'un pas lourd

e (= solidly) **heavily built** costaud, solidement bâti ◆ **her attacker is described as aged 30-40 and heavily built** son agresseur aurait entre 30 et 40 ans et serait de forte carrure

f (= slowly) say d'une voix accablée

g (= richly) encrusted, embroidered, gilded richement

heaviness ['hevɪnɪs] → SYN n [of person, animal, load] poids m ◆ **the heaviness of his movements** la lourdeur des ses mouvements ◆ **a sensation of heaviness in the limbs** une sensation de lourdeur dans les membres ◆ **the heaviness of the blood loss** l'importance f de l'hémorragie ◆ **hormones to reduce the heaviness of your period** des hormones qui rendraient vos règles moins abondantes ◆ **heaviness of heart** tristesse f

Heaviside layer ['hevɪsaɪd] n couche f (atmosphérique) de Heaviside

heavy ['hevɪ] → SYN **1** adj **a** (gen) lourd ◆ **to make sth heavier** alourdir qch ◆ **how heavy are you?** combien pesez-vous ? ◆ **heavier than air** plus lourd que l'air

b expenses, movement, step lourd ; payments, charges important ; crop abondant ; loss, fine gros (grosse f) (before n), lourd (before n) ; meal, food lourd, indigeste ; defeat grave ; book, film, lecture (= not superficial) profond ; (= difficult, tedious) indigeste ; humour, irony lourd ; part in play (= demanding) lourd, difficile ; population dense ; sigh gros (grosse f) (before n), profond ; silence, sleep lourd, profond ; soil lourd, gras (grasse f) ◆ **to be a heavy drinker/smoker** boire/fumer beaucoup, être un grand buveur/fumeur ◆ **to be a heavy sleeper** avoir le sommeil profond or lourd ◆ **the heavy smell of incense** la forte odeur de l'encens ◆ **heavy eyes** yeux mpl battus or cernés ◆ **heavy blow** (lit) coup m violent ; (fig) rude coup m ◆ **a man of heavy build** un homme solidement bâti or de forte constitution ◆ **there were heavy casualties** il y a eu de nombreuses victimes ◆ **a heavy concentration of ...** une forte concentration de ... ◆ **heavy cold** (Med) gros rhume m ◆ **heavy periods** (Med) règles fpl abondantes ◆ **heavy features** gros traits mpl, traits mpl épais ◆ **with a heavy heart** le cœur gros ◆ **to play the heavy husband** jouer les maris autoritaires ◆ **he got really heavy with me** * (= threatening) il est devenu menaçant ◆ **the plane made a heavy landing** l'avion a fait un atterrissage brutal ◆ **heavy line** gros trait m, trait m épais ◆ **it's heavy stuff** * (= not superficial) c'est du solide * ; (= difficult, tedious) c'est indigeste ◆ **the traffic was heavy** la circulation était dense ◆ **I was caught up in heavy traffic** j'ai été pris dans un ralentissement ◆ **heavy viewer** (TV) téléspectateur m, -trice f assidu(e) ◆ **heavy wine** vin m corsé or lourd

◆ **heavy on ...** ◆ **my car is heavy on petrol** ma voiture consomme beaucoup (d'essence) ◆ **salads heavy on carrots** des salades avec beaucoup de carottes ◆ **barley bread is heavy on the stomach** le pain d'orge pèse sur l'estomac

◆ **heavy with...** ◆ **his voice was heavy with sarcasm** son ton était très sarcastique ◆ **the air was heavy with smoke from the factory** l'air était chargé de fumée provenant de l'usine ◆ **eyes heavy with sleep** yeux mpl lourds de sommeil ◆ **heavy with young** [animal] gravide ◆ **to be heavy with child** † (liter) être grosse †

c (= difficult) task, work lourd, pénible ◆ **I've had a heavy day** j'ai eu une journée chargée ◆ **the going was heavy because of the rain** le terrain était lourd à cause de la pluie ◆ **the conversation was heavy going** la conversation languissait ◆ **this book is very heavy going** ce livre est très indigeste ◆ **he did all the heavy work** c'est lui qui a fait le gros travail

d (Met) rain, shower fort (before n), gros (grosse f) (before n) ; fog épais (-aisse f) ; sky couvert, lourd ◆ **heavy dew** forte rosée f ◆ **heavy sea** grosse mer f ◆ **a heavy sea was running** la mer était grosse ◆ **heavy weather** (Naut) gros temps m ◆ **he made heavy weather of it** il s'est compliqué la tâche or l'existence * ◆ **he made heavy weather of cleaning the car** il s'est compliqué la vie pour laver la voiture

e (Mil) **heavy artillery, heavy guns** artillerie f lourde, grosse artillerie f ◆ **heavy (gun)fire** feu m nourri ◆ **heavy fighting** combats mpl acharnés ◆ **heavy shelling** bombardements mpl intensifs

2 adv lourd, lourdement ◆ **to weigh** or **lie heavy on** peser lourd sur ◆ **he's heavy into** * **health foods** (US) (fig) il est à fond dans l'alimentation bio *, son truc, c'est l'alimentation bio * ; see also **lie**[1]

3 n **a** (Boxing) poids m lourd

b (* = bouncer etc) costaud * m

c (Brit * = newspaper) grand journal m

4 COMP ▷ **heavy bodies** npl (Phys) corps mpl graves ▷ **heavy breather** n (on phone) *personne qui fait des appels téléphoniques anonymes obscènes* ▷ **heavy cream** n (US) crème f fraîche épaisse or à fouetter ▷ **heavy crude (oil)** n brut m lourd ▷ **heavy cruiser** n (Naut) croiseur m lourd ▷ **heavy-duty** adj carpet résistant ; equipment à usage industriel ▷ **heavy goods vehicle** n poids m lourd ▷ **heavy-handed** → SYN adj person (= severe) dur ; (= tactless, clumsy) maladroit ; tactics dur, répressif ; style lourd ▷ **heavy-handedly** adv (with severity) durement ; (= tactlessly) maladroitement ▷ **heavy-hearted** adj to be **heavy-hearted** avoir le cœur gros ▷ **heavy hydrogen** n hydrogène m lourd ▷ **heavy industry** n industrie f lourde ▷ **heavy-laden** adj lourdement chargé ▷ **heavy metal** n (Chem) métal m lourd ; (Mus) heavy metal m ▷ **heavy mob** * n **the heavy mob** les durs * mpl ▷ **heavy-set** adj costaud ▷ **heavy type** n (Typo) caractères mpl gras ▷ **heavy water** n eau f lourde

heavyweight ['hevɪweɪt] **1** n (Boxing) poids m lourd ; (* fig = influential person) (grosse) pointure f

2 adj **a** (Boxing) bout, champion, class poids lourds inv ◆ **a heavyweight boxer** un poids lourd

b (= serious) issue, subject, newspaper, interviewer, political commentator sérieux

c (= thick) cloth, plastic épais (-aisse f) ; wallpaper fort

Hebe ** ['hi:bɪ] n (US pej) youpin(e) ** m(f)

hebephrenia [,hi:bɪ'fri:nɪə] n hébéphrénie f

hebephrenic [,hi:bɪ'frenɪk] adj hébéphrénique

hebetate ['hebɪteɪt] adj (Bot) obtus

Hebraic [hɪ'breɪk] adj hébraïque

Hebraistic(al) [,hi:breɪ'ɪstɪk(əl)] adj hébraïsant, hébraïste

Hebrew ['hi:bru:] **1** adj hébreu m only, hébraïque

2 n **a** (Hist) Hébreu m, Israélite mf ◆ **Hebrews** (Bible) Hébreux mpl

b (Ling) hébreu m

Hebrides ['hebrɪdi:z] n ◆ **the Hebrides** les Hébrides fpl

Hecate ['hekətɪ] n (Myth) Hécate f

heck * [hek] **1** excl zut ! *, flûte ! *

2 n ◆ **a heck of a lot** une sacrée quantité * ◆ **I'm in one heck of a mess** je suis dans un sacré pétrin * ◆ **what the heck is he doing?** que diable * peut-il bien faire ? ◆ **what the heck did he say?** qu'est-ce qu'il a bien pu dire ? ◆ **what the heck!** et puis flûte * or zut * !

heckle ['hekl] → SYN vti chahuter

heckler ['heklə[r]] n (Pol etc) (élément m) perturbateur m

heckling ['heklɪŋ] n chahut m

hectare ['hektɑ:[r]] n hectare m

hectic ['hektɪk] → SYN **1** adj **a** life, lifestyle (= busy) trépidant ; (= eventful) mouvementé ; journey, day mouvementé ; schedule très chargé ; activity fiévreux ; pace trépidant ; traffic intense ◆ **we've had three hectic days** on n'a pas arrêté pendant trois jours

b (Med) person, colour fiévreux

2 COMP ▷ **hectic fever** n fièvre f hectique

hectically ['hektɪkəlɪ] adv frénétiquement ◆ **hectically busy** complètement débordé

hectogramme, hectogram (US) ['hektəʊgræm] n hectogramme m

hectolitre, hectoliter (US) ['hektəʊ,li:tə[r]] n hectolitre m

Hector ['hektə[r]] n Hector m

hector ['hektə[r]] → SYN **1** vt harceler

2 vi ◆ **stop hectoring!** arrête de harceler les gens !

hectoring ['hektərɪŋ] adj ◆ **in a hectoring voice** d'un ton autoritaire or impérieux

Hecuba ['hekjʊbə] n Hécube f

he'd [hi:d] ⇒ **he had, he would** ; → **have, would**

heddle ['hedl] n lice f

hedge [hedʒ] → SYN **1** n **a** haie f ◆ **beech hedge** haie f de hêtres

b (fig) **a hedge against inflation** une protection contre l'inflation

2 vi **a** (= not be direct) (in answering) se dérober ; (in explaining, recounting etc) expliquer or raconter etc avec des détours ◆ **don't hedge** dis-le franchement ◆ **to hedge on a question/promise** éviter de répondre à une question/de s'engager

b (= protect o.s.) **to hedge against sth** se prémunir contre qch

3 vt **a** (also **hedge about, hedge in**) entourer d'une haie, enclore ◆ **hedged (about** or **in) with difficulties** (fig) plein de difficultés ◆ **the offer was hedged around with conditions** l'offre était assortie d'une série de conditions

b [+ bet, risk] couvrir ◆ **to hedge one's bets** (fig) se couvrir (fig) ◆ **"I can't give you an answer now", he hedged** "je ne peux pas vous répondre maintenant ", dit-il en se dérobant

c **to hedge the issue** esquiver la question

4 COMP ▷ **hedge clippers** npl cisailles fpl à haie ▷ **hedge fund** n (Fin) fonds m spéculatif ▷ **hedge trimmer** n taille-haie m

▶ **hedge off** vt sep [+ garden] entourer d'une haie ; [+ part of garden] séparer par une haie (*from* de)

hedgehog ['hedʒhɒg] n hérisson m

hedgehop ['hedʒhɒp] vi (Aviat) faire du rase-mottes

hedger ['hedʒəʳ] n (St Ex, Fin) arbitragiste m (*en couverture de risques*)

hedgerow ['hedʒrəʊ] n haie f

hedgesparrow ['hedʒspærəʊ] n fauvette f des haies or d'hiver

hedonism ['hi:dənɪzəm] n hédonisme m

hedonist ['hi:dənɪst] adj, n hédoniste mf

hedonistic [,hi:do'nɪstɪk] adj hédoniste

heebie-jeebies ✱ ['hi:bɪ'dʒi:bɪz] npl ◆ **to give sb the heebie-jeebies** (revulsion) donner la chair de poule à qn ✱ (fright, apprehension) flanquer la frousse ✱ or la trouille ✱ à qn

heed [hi:d] → SYN ① vt tenir compte de ② n ◆ **to take heed of sth, to pay** or **give heed to sth** tenir compte de qch ◆ **take no heed of what they say** ne faites pas attention à ce qu'ils disent ◆ **to pay no heed to sb** ne pas écouter qn ◆ **pay no heed to these rumours** ne faites pas attention à ces rumeurs ◆ **he paid no heed to the warning** il n'a tenu aucun compte de cet avertissement ◆ **to take heed to do sth** prendre soin de faire qch

heedless ['hi:dlɪs] → SYN adj (= not thinking) étourdi ; (= not caring) insouciant ◆ **heedless of what was going on** inattentif à ce qui se passait ◆ **heedless of danger, she ...** sans se soucier du danger, elle ... ◆ **heedless of complaints** sans tenir compte des réclamations

heedlessly ['hi:dlɪslɪ] adv sans faire attention

heehaw ['hi:hɔ:] ① n hi-han m ② vi faire hi-han, braire

heel¹ [hi:l] → SYN ① n ⓐ [of foot, sock, shoe, tool, golf club, bow etc] talon m ; [of hand] hypothénar m (Anat) ◆ **high heels** talons mpl hauts ◆ **shoes with high heels** chaussures fpl à talons hauts ◆ **at sb's heels** sur les talons de qn ◆ **to be (hot) on sb's heels** marcher sur les talons de qn ◆ **they followed close** or **hard on his heels** ils étaient sur ses talons ◆ **this meeting follows hot on the heels of last month's talks** cette réunion arrive juste après les négociations du mois dernier ◆ **to be snapping at sb's heels** ✱ (fig) essayer de prendre la place de qn ◆ **to take to one's heels, to show a clean pair of heels** prendre ses jambes à son cou ◆ **he turned on his heel and left** il a tourné les talons et est parti ◆ **under the heel of** (fig) sous le joug or la botte de ◆ **heel!** (to dog) au pied ! ◆ **he brought the dog to heel** il a fait venir le chien à ses pieds ◆ **to bring sb to heel** (fig) rappeler qn à l'ordre, faire rentrer qn dans le rang ; → **click, cool down, kick**
ⓑ († ✱ = unpleasant man) salaud ✱ m
② vt ⓐ [+ shoes] remettre or refaire un talon à
ⓑ (Rugby) [+ ball] talonner ; see also **back**
③ COMP ▷ **heel-bar** n talon-minute m ▷ **heel-piece** n [of sock etc] talon m (renforcé)

heel² [hi:l] → SYN vi (also **heel over**) [ship] giter, donner de la bande ; [truck, structure] s'incliner or pencher (dangereusement)

heeled [hi:ld] adj ⓐ → **well** ⓑ (US ✱ = armed) armé

heeling ['hi:lɪŋ] n (Rugby) talonnage m

heft ✱ [heft] vt (= lift) soulever ; (= feel weight of) soupeser

hefty ✱ ['heftɪ] adj ⓐ (= big) person costaud ✱, maous ✱ (-ousse ✱ f) ; object, fine, increase, meal de taille ✱ ; profit gros (grosse f) ; bill salé ✱ ; fees très élevé ◆ **a hefty sum** une jolie somme, une coquette somme
ⓑ (= powerful) kick, slap, punch formidable

Hegelian [heɪˈgeɪlɪən] adj hégélien

Hegelianism [heɪˈgeɪlɪənɪzəm] n (Philos) hégélianisme m

hegemony [hɪˈgeməni] n hégémonie f

Hegira ['hedʒɪrə] n hégire f

heifer ['hefəʳ] n génisse f

heigh [heɪ] excl hé !, eh ! ◆ **heigh-ho!** eh bien !

height [haɪt] → SYN ① n ⓐ [of object, building] hauteur f ; [of person] taille f ; [of mountain] altitude f ; [of star, sun] élévation f ◆ **what height are you?** combien mesurez-vous ? ◆ **he is 5 foot 9 inches in height, his height is 5 foot 9 inches** il fait 1 mètre 75 ◆ **of average height** de taille moyenne ◆ **her weight is about normal for her height** son poids est à peu près normal par rapport à sa taille ◆ **he drew himself up to his full height** il s'est dressé de toute sa hauteur ◆ **a building 40 metres in height** un bâtiment qui a or un bâtiment de 40 mètres de haut ◆ **at shoulder height** à hauteur des épaules ◆ **height above sea level** altitude f au-dessus du niveau de la mer
ⓑ (= high place) éminence f, hauteur f ◆ **the heights** les sommets mpl ◆ **fear of heights** (gen) vertige m ◆ **to be afraid of heights** avoir le vertige ◆ **his performance never reached the heights** (fig) il n'a jamais brillé ; → **giddy, head**
ⓒ (= altitude) [of plane] altitude f ◆ **to gain/lose height** gagner or prendre/perdre de l'altitude
ⓓ (fig) (= best point) [of fortune] apogée m ; [of success] point m culminant ; [of glory] sommet m ; [of grandeur] sommet m, faîte m ; [of absurdity, folly] comble m ◆ **at the height of his power** au summum de sa puissance ◆ **at the height of his career** à l'apogée or au sommet de sa carrière ◆ **at the height of his fame** au sommet de sa gloire ◆ **he is at the height of his powers** il est en pleine possession de ses moyens ◆ **at the height of summer/the storm/the battle** au cœur de l'été/l'orage/la bataille ◆ **at the height of the season** au plus fort de la saison ◆ **the season is at its height** la saison bat son plein ◆ **the height of fashion** la toute dernière mode, le dernier cri ◆ **the height of luxury** le comble du luxe ◆ **the height of bad manners/arrogance/bad taste** le comble de l'impolitesse/de l'arrogance/du mauvais goût ◆ **during the war emigration was at its height** pendant la guerre l'émigration a atteint son niveau le plus haut ◆ **at its height the company employed 12,000 people** à son apogée la société employait 12 000 personnes ◆ **the crisis was at its height** la crise avait atteint son paroxysme
② COMP ▷ **height gauge** n (Aviat etc) altimètre m ▷ **height of land** n (US) ligne f de partage des eaux

heighten ['haɪtn] → SYN ① vt (= raise) relever, rehausser ; (Med) [+ fever] faire monter, aggraver ; [+ effect, absurdity, interest, tension, fear] augmenter, intensifier ; [+ flavour] relever ◆ **heightened emotions** des sentiments mpl plus vifs ◆ **heightened sensations** des sensations fpl plus vives ◆ **she looked at him with heightened interest** elle l'a regardé avec un intérêt accru ◆ **this gave her a heightened awareness of ...** cela lui a permis de mieux se rendre compte de ... ◆ **with heightened colour** [person] le teint animé
② vi [tension] augmenter, monter ; [fear] s'intensifier, devenir plus vif

heinous ['heɪnəs] adj odieux, atroce

heinously ['heɪnəslɪ] adv odieusement, de manière odieuse

heir [ɛəʳ] → SYN ① n héritier m, légataire mf (*to* de) → **he is heir to a fortune** il héritera d'une fortune ◆ **heir to the throne** héritier m du trône or de la couronne ◆ **rightful heir** héritier m légitime or naturel ◆ **to fall heir to sth** hériter de qch
② COMP ▷ **heir apparent** n, pl **heirs apparent** héritier m présomptif ▷ **heir-at-law** n, pl **heirs-at-law** (Jur) héritier m légitime or naturel ▷ **heir presumptive** n, pl **heirs presumptive** héritier m présomptif (*sauf naissance d'un héritier en ligne directe*)

heiress ['ɛərɪs] n héritière f

heirloom ['ɛəlu:m] n héritage m ◆ **this silver is a family heirloom** c'est de l'argenterie de famille

heist ✱ [haɪst] (esp US) ① n (= robbery) hold-up m inv ; (= burglary) casse ✱ m ② vt voler

held [held] vb (pt, ptp of **hold**)

Helen ['helɪn] n Hélène f ◆ **Helen of Troy** Hélène f de Troie

heliacal rising [hɪˈlaɪəkəl] n (Astron) lever m héliaque

helianthemum [,hi:lɪˈænθəməm] n (Bot) hélianthème m

helianthus [,hi:lɪˈænθəs] n (Bot) hélianthe m

helical ['helɪkəl] ① adj hélicoïdal ◆ **helical spring** ressort m hélicoïdal
② COMP ▷ **helical gear** n engrenage m hélicoïdal

helices ['helɪ,si:z] npl of **helix**

helichrysum [,helɪˈkraɪzəm] n (Bot) immortelle f

helicoid ['helɪkɔɪd] ① adj (Bio, Geom) hélicoïdal ② n (Geom) hélicoïde m

helicopter ['helɪkɒptəʳ] ① n hélicoptère m ◆ **transfer** or **transport by helicopter** héliportage m ◆ **transferred** or **transported by helicopter** héliporté
② vt (esp US) [+ person, goods] transporter en hélicoptère ◆ **to helicopter in/out** etc amener/évacuer etc par hélicoptère
③ COMP patrol, rescue en hélicoptère ; pilot d'hélicoptère ▷ **helicopter gunship** n hélicoptère m de combat ▷ **helicopter station** n héligare f

heliocentric [,hi:lɪəʊˈsentrɪk] adj (Astron) héliocentrique

heliocentricism [,hi:lɪəʊˈsentrɪ,sɪzəm] n héliocentrisme m

heliograph ['hi:lɪəʊgrɑ:f] n héliographe m

heliometer [,hi:lɪˈɒmɪtəʳ] n (Astron) héliomètre m

heliopsis [,hi:lɪˈɒpsɪs] n (Bot) héliopsis m

heliostat ['hi:lɪəʊstæt] n héliostat m

heliotherapy [,hi:lɪəʊˈθerəpɪ] n héliothérapie f

heliotrope ['hi:lɪətrəʊp] ① n ⓐ (Bot) héliotrope m
ⓑ (= colour) ≈ violet m
② adj ≈ violet

heliotropic [,hi:lɪəˈtrɒpɪk] adj (Bot) héliotrope

heliotropin [,hi:lɪˈɒtrəpɪn] n héliotropine f

heliotropism [,hi:lɪˈɒtrəpɪzəm] n (Bot) héliotropisme m

helipad ['helɪpæd] n hélistation f

heliport ['helɪpɔ:t] n héliport m

helium ['hi:lɪəm] n hélium m

helix ['hi:lɪks] n, pl **helixes** or **helices** ['helɪ,si:z] (Anat) hélix m

he'll [hi:l] ⇒ **he will** ; → **will**

hell [hel] → SYN ① n ⓐ (Rel) enfer m ; (Myth) les enfers mpl ◆ **in hell** (gen, Rel) en enfer ; (Myth) aux enfers ◆ **the hell of the labour camps** l'enfer des camps de travail ◆ **to make sb's life hell** rendre la vie de qn infernale ◆ **when hell freezes over** quand les poules auront des dents, à la Saint-Glinglin ✱ ◆ **all hell broke** or **was let loose** ✱ ça a été une pagaille ✱ monstre ◆ **when he heard about it all hell broke** or **was let loose** ✱ quand il l'a appris il a fait une scène épouvantable ◆ **life became hell** la vie est devenue infernale ◆ **it's hell on earth** c'est l'enfer ◆ **a living hell** un véritable enfer ◆ **we've been to hell and back** ✱ ça a été l'enfer or l'horreur (mais on s'en est sortis) ◆ **we're going to hell in a handbasket** or **handcart** ✱ la situation est catastrophique ✱ pour nous ◆ (Prov) **hell hath no fury like a woman scorned** rien n'est plus à craindre qu'une femme blessée ◆ **come hell or high water** en dépit de tout, contre vents et marées ◆ **the boyfriend from hell** ✱ le pire des petits amis ◆ **the holiday from hell** ✱ des vacances de cauchemar ◆ **to ride hell for leather** aller à un train d'enfer ◆ **he went off home hell for leather** il est rentré chez lui au triple galop
ⓑ ✱ (emphatic phrases) **there'll be hell to pay** ça va barder ✱ ◆ **he did it for the hell of it** (gen) il l'a fait parce que ça lui chantait ; (= to annoy people) il l'a fait pour embêter le monde ◆ **to play (merry) hell with** [+ plans, routine, schedule] bouleverser ; [+ health, skin] être très mauvais pour ◆ **they beat the hell out of me** ils m'ont roué de coups ◆ **I hope to hell you're right** j'espère sacrément ✱ que tu as raison ◆ **to give sb hell** (= make their life a misery) faire mener une vie infernale à qn ; (= scold) faire sa fête à qn ✱, passer une engueulade ✱ à qn ✱ ◆ **my back's giving me hell** mon dos me fait horriblement mal ✱ ◆ **the children give her hell** les enfants lui en font voir de toutes les couleurs ✱ ◆ **to go through hell** vivre un enfer or l'enfer ◆ **I put Brian through hell** j'en ai fait voir de toutes les couleurs à Brian ◆ **oh hell!** flûte ! ✱,

merde ! ‡ ◆ **hell and damnation!, hell's bells** or **teeth!** † (Brit) sacrebleu ! * ◆ **to hell with him!** qu'il aille se faire voir ! * ◆ **to hell with it!** la barbe ! * ◆ **get the hell out of here!** fous le camp ! ‡ ◆ **let's get the hell out of here** barrons-nous ‡ ◆ **he got the hell out** il a foutu le camp ‡ ◆ **to scare the hell out of sb** faire une peur bleue à qn *, ficher la frousse à qn * ◆ **go to hell!** va te faire voir * or foutre ‡ ! ◆ **will you do it? – the hell I will!** tu le feras ? – tu parles * or tu rigoles ‡ !

♦ **as hell** ◆ **I was angry as hell** j'étais vraiment en boule * ◆ **it's (as) hot/cold as hell** on crève * de chaud/froid ◆ **they sure as hell haven't been trained properly** une chose est sûre, ils n'ont pas été correctement formés

♦ **hell of a** ◆ **to make a hell of a noise** faire un boucan or un raffut du diable * ◆ **a hell of a lot of cars** tout un tas de bagnoles * ◆ **a hell of a lot of people** des masses * de gens ◆ **he's a hell of a nice guy** c'est un type vachement bien * ◆ **we had a hell of a time** (= bad) ça n'a pas été marrant ‡, on en a bavé ‡ ; (= good) on s'est vachement marrés ‡, ça a été terrible ‡ or du tonnerre ‡ ◆ **they had one hell of a fight** ils se sont étripés ◆ **there'll be a hell of a row** ça va barder *

♦ **like hell** ◆ **to work like hell** travailler comme un forçat ◆ **to run like hell** courir comme un dératé * or un fou ◆ **it hurts like hell** ça fait vachement * mal ◆ **I missed her like hell** elle me manquait vachement * ◆ **will you do it? – like hell (I will)!** tu le feras ? – tu parles * or tu rigoles ‡ !

♦ **what/where** etc **the hell ...** ◆ **what the hell!** (in surprise) merde alors ! ‡ ; (dismissive) qu'est-ce que ça peut bien faire ! ◆ **what the hell does he want now?** qu'est-ce qu'il peut bien vouloir maintenant ? ◆ **what the hell is he doing?** qu'est-ce qu'il peut bien fabriquer * or foutre ‡ ? ◆ **what the hell did he say?** qu'est-ce qu'il a bien pu raconter ? ◆ **what the hell's going on?** mais enfin qu'est-ce qui se passe ?, mais bon sang * qu'est-ce qui se passe ? ◆ **where the hell have I put it?** où est-ce que j'ai bien pu le foutre ? ‡ ◆ **where the hell have you been?** d'où tu sors, toi ? * ◆ **how the hell did you get in?** comment diable tu as fait pour entrer ? ◆ **why the hell did you do it?** qu'est-ce qui t'a pris de faire ça ?

2 COMP ▷ **hell-raiser** ‡ n **to be a hell-raiser** mener une vie de patachon * or de bâton de chaise * ▷ **hell-raising** ‡ n vie f de patachon * or de bâton de chaise * ▷ **hell's angel** n (= person) Hell's Angel m

hellacious ‡ [heˈleɪʃəs] adj (US) a (= terrible) fighting infernal ; car crash effroyable
b (= wild) party dingue *
c (= excellent) vacation d'enfer *

hellbent * [ˌhelˈbent] adj ◆ **to be hellbent on doing sth** or (US) **to do sth** vouloir à tout prix faire qch

hellcat [ˈhelkæt] n harpie f, mégère f

hellebore [ˈhelɪˌbɔːʳ] n (h)ellébore m

Hellene [ˈheliːn] n Hellène mf

Hellenic [heˈliːnɪk] adj hellénique

Hellenistic [ˌhelɪˈnɪstɪk] adj hellénistique

heller ‡ [ˈheləʳ] n (US) vrai démon * m

hellfire [ˈhelˈfaɪəʳ] n flammes fpl de l'enfer

hellhole * [ˈhelhəʊl] n bouge m

hellion * [ˈheljən] n (US) chahuteur m, trublion m

hellish [ˈhelɪʃ] → SYN 1 adj (lit) vision cauchemardesque ; intentions, actions diabolique ; (* fig = very unpleasant) time, place, job infernal ; problems épouvantable
2 adv † * expensive, difficult sacrément

hellishly * [ˈhelɪʃlɪ] adv horriblement

hello [həˈləʊ] LANGUAGE IN USE 21.2 excl (in greeting) bonjour ! ; (Telec) allo ! ; (to attract attention) hé !, ohé ! ; (in surprise) tiens !

helluva ‡ [ˈheləvə] ⇒ **hell of a** ; → **hell**

helm [helm] → SYN 1 n (Naut) barre f ◆ **to be at the helm** (Naut) être à or tenir la barre ; (fig) être à or tenir la barre or les rênes ◆ **to take (over) the helm** (fig) prendre la barre
2 vt tenir la barre de
3 vi être à or tenir la barre, barrer

helmet [ˈhelmɪt] n casque m ; → **crash¹**

helmeted [ˈhelmɪtɪd] adj casqué

helminth [ˈhelmɪnθ] n helminthe m

helminthiasis [ˌhelmɪnˈθaɪəsɪs] n (Med) helminthiase f

helminthic [helˈmɪnθɪk] adj helminthique

helminthology [ˌhelmɪnˈθɒlədʒɪ] n helminthologie f

helmsman [ˈhelmzmən] n, pl **-men** (Naut) timonier m, homme m de barre

helot [ˈhelət] n ilote mf, hilote mf

help [help] LANGUAGE IN USE 4 → SYN
1 n a (gen) aide f ; (in emergency) secours m ◆ **help!** (in danger etc) au secours !, à l'aide ! ; (in dismay) mince ! ◆ **thank you for your help** merci de votre aide ◆ **with his brother's help** avec l'aide de son frère ◆ **help was at hand in the form of my sister** ma sœur est venue à mon secours ◆ **with the help of a knife/a computer** à l'aide d'un couteau/d'un ordinateur ◆ **he did it without help** il l'a fait tout seul ◆ **to shout for help** appeler or crier au secours, appeler à l'aide ◆ **to ask sb for help** demander de l'aide à qn ◆ **ask the pharmacist for help** demandez conseil au pharmacien ◆ **to go to sb's help** aller au secours de qn, prêter secours or assistance à qn ◆ **to come to sb's help** venir à l'aide de qn or en aide à qn ◆ **to be of help to sb** [person, machine, training] rendre service à qn ◆ **can I be of help?** je peux vous aider ? ◆ **I was glad to be of help** j'ai été content d'avoir pu rendre service ◆ **it was of no help (at all)** cela n'a servi à rien (du tout) ◆ **you've been a great help** vous m'avez vraiment rendu service ◆ **you're a great help!** (iro) tu es d'un précieux secours ! (iro) ◆ **you can't get decent (domestic) help nowadays** on ne trouve plus de bons employés de maison de nos jours ◆ **she has no help in the house** elle n'a personne pour l'aider à la maison ◆ **we need more help in the shop** il nous faut davantage de personnel au magasin ◆ **he's beyond help** (fig) on ne peut plus rien pour lui ◆ **there's no help for it** il n'y a rien à faire, on n'y peut rien ; → **voluntary**
b (= cleaner) femme f de ménage ; → **daily, home, mother**
2 vt a (gen) aider (*sb to do sth* qn à faire qch) ; (in emergency) secourir ◆ **let me help you with that suitcase** je vais vous aider avec votre valise ◆ **she helps her son with his homework** elle aide son fils à faire ses devoirs ◆ **he got his brother to help him** il s'est fait aider par son frère ◆ **that doesn't help much** cela ne sert pas à or n'arrange pas grand-chose ◆ **that won't help you** cela ne vous servira à rien ◆ (Prov) **God helps those who help themselves** aide-toi et le ciel t'aidera (Prov) ◆ **so help me God!** je le jure devant Dieu ! ◆ **so help me * I'll kill him!** je le tuerai, je le jure ! ◆ **this money will help to save the church** cet argent contribuera à sauver l'église ◆ **every little helps** les petits ruisseaux font les grandes rivières (Prov) ◆ **can I help you?** (in shop) (to customer at counter) vous désirez ? ; (to customer browsing) je peux vous aider ? ◆ **to help each other** or **one another** s'entraider ◆ **he is helping the police with their inquiries** (euph) il est en train de répondre aux questions de la police ◆ **it helps industry/exports** cela favorise l'industrie/les exportations ◆ **to help sb across/down/in** etc aider qn à traverser/à descendre/à entrer etc ◆ **to help sb up/down/out with a suitcase** aider qn à monter/à descendre/à sortir une valise ◆ **to help sb (up) to his feet** aider qn à se lever ◆ **to help sb on/off with his coat** aider qn à mettre/à enlever son manteau
b (= serve) **to help o.s.** se servir ◆ **he helped himself to vegetables** il s'est servi de légumes ◆ **help yourself to wine/bread** prenez du vin/du pain, servez-vous de vin/de pain ◆ **just help yourself to leaflets** voilà des prospectus, servez-vous ◆ **help yourself!** servez-vous ! ◆ **he's helped himself to my pencil** * (euph) il m'a piqué mon crayon *
c (with can, cannot, etc) **I couldn't help laughing** je ne pouvais pas m'empêcher de rire ◆ **one cannot help wondering whether ...** on ne peut s'empêcher de se demander si ... ◆ **one can't help but wonder/be impressed** on ne peut s'empêcher de se demander/d'être impressionné ◆ **it can't be helped** tant pis !, on n'y peut rien ! ◆ **I can't help it if he always comes late** je n'y peux rien or ce n'est pas de ma faute s'il arrive toujours en retard ◆ **he can't help it** ce n'est pas de sa faute, il n'y peut rien ◆ **why are you laughing? – I can't help it** pourquoi riez-vous ? – c'est plus fort que moi ◆ **we just can't help ourselves** c'est plus fort que nous ◆ **not if I can help it!** sûrement pas !, il faudra d'abord me passer sur le corps ! (hum) ◆ **he won't come if I can help it** je vais faire tout mon possible pour l'empêcher de venir ◆ **can I help it if it rains?** est-ce que c'est de ma faute s'il pleut ? ◆ **it's rather late now – I can't help that, you should have come earlier** il est un peu tard maintenant – je n'y peux rien, tu aurais dû venir plus tôt ◆ **he can't help his temperamental nature** il n'arrive pas à se corriger de son humeur instable ◆ **he can't help his deafness** ce n'est pas de sa faute s'il est sourd ◆ **he can't help being stupid** ce n'est pas de sa faute s'il est idiot ◆ **don't say more than you can help** n'en dites pas plus qu'il ne faut
3 COMP ▷ **help desk** n service m d'assistance ▷ **help menu** n (Comput) menu m d'assistance

► **help along** vt sep [+ person] aider à marcher ; [+ scheme] (faire) avancer, faire progresser

► **help out**
1 vi aider, donner un coup de main ; (financially) dépanner * ◆ **I help out with the secretarial work** j'aide à faire le secrétariat
2 vt sep (gen) aider, donner un coup de main à ; (financially) dépanner *, tirer d'embarras ◆ **to help each other out** s'entraider

► **help up** vt sep ◆ **to help sb up** aider qn à se lever

helper [ˈhelpəʳ] → SYN n aide mf

helpful [ˈhelpfʊl] → SYN adj a (= cooperative) person, staff obligeant (*to sb* avec qn) ◆ **you have been most helpful** c'était très aimable à vous
b (= useful) suggestion, book, tool utile ; medicine efficace ◆ **to be helpful in doing sth** contribuer à faire qch

helpfully [ˈhelpfəlɪ] adv say avec obligeance ; provide, suggest, explain obligeamment

helpfulness [ˈhelpfʊlnɪs] n obligeance f

helping [ˈhelpɪŋ] → SYN 1 n (at table) portion f ◆ **to take a second helping of sth** reprendre de qch ◆ **I've had three helpings** j'en ai repris deux fois ◆ **the public appetite for huge helpings of nostalgia** le goût du public pour de grosses bouffées de nostalgie
2 adj secourable ◆ **to give** or **lend a helping hand (to)** aider, donner un coup de main (à)

helpless [ˈhelplɪs] → SYN adj victim, baby, old person sans défense (*against sth* contre qch) ; invalid impotent, sans défense ; situation désespéré ; feeling, gesture d'impuissance ◆ **he is quite helpless (in this matter)** il n'y peut rien, il ne peut rien y faire ◆ **she looked at him with a helpless expression** elle lui jeta un regard d'impuissance ◆ **to feel helpless (against sth)** se sentir désarmé (devant qch) ◆ **he was helpless to resist** il a été incapable de résister ◆ **to be helpless with laughter** être mort de rire

helplessly [ˈhelplɪslɪ] adv a (= impotently) struggle, try, say désespérément ; stand, look on sans pouvoir rien faire ; agree en désespoir de cause ◆ **he was lying helplessly on the ground** il était allongé par terre, sans pouvoir bouger
b (= uncontrollably) sob, cry, sneeze sans pouvoir se retenir ; drift inexorablement ◆ **to laugh helplessly** être mort de rire ◆ **to get helplessly drunk** se soûler jusqu'à ne plus pouvoir tenir debout ◆ **to feel helplessly angry** être en proie à une colère impuissante

helplessness [ˈhelplɪsnɪs] n [of victim, baby, old person] impuissance f (*against sth* face à qch ; *before sth* devant qch) ; [of invalid] impotence f ◆ **feelings of helplessness** un sentiment d'impuissance ◆ **the helplessness of the situation** le fait que la situation soit désespérée

helpline ['helplaɪn] n (esp Brit) service m d'assistance téléphonique ; (Comm) ≈ numéro m vert *(pour renseignements sur un produit)*

helpmate ['helpmeɪt], **helpmeet** † ['helpmiːt] n (= spouse) époux m, épouse f ; (= female companion) dame f de compagnie

Helsinki [hel'sɪŋkɪ] n Helsinki

helter-skelter ['heltə'skeltə'] → SYN 1 adv run pêle-mêle
2 adj rush désordonné
3 a (= rush) débandade f, bousculade f
b (Brit: in fairground) toboggan m

hem¹ [hem] → SYN 1 n ourlet m ; (= edge) bord m ◆ **I've let the hem down on my skirt** j'ai défait l'ourlet de ma jupe pour la rallonger, j'ai rallongé ma jupe
2 vt (= sew) ourler

▶ **hem in** vt sep [+ houses, objects, people] cerner ; [rules etc] entraver ◆ **I feel hemmed in** je me sens oppressée ◆ **they are hemmed in by rigid contracts** ils sont pris dans le carcan de contrats rigides

hem² [hem] vi → haw²

hema(t)... ['hiːmə(t)] pref (US) ⇒ haema(t)...

hematemesis [ˌhiːmə'temɪsɪs] n (US) ⇒ haematemesis

hemato... ['hiːmətəʊ] pref (US) ⇒ haemato...

hematolysis [ˌhiːmə'tɒlɪsɪs] n, pl **hematolyses** [ˌhiːmə'tɒlɪsiːz] (US) ⇒ haematolysis

hematopoiesis [ˌhemətəʊpɔɪ'iːsɪs] n (US) ⇒ haematopoiesis

hematopoietic [ˌhemətəʊpɔɪ'etɪk] adj (US) ⇒ haematopoietic

hematosis [ˌhiːmə'təʊsɪs] n (US) ⇒ haematosis

heme [hiːm] n (US Bio) hème m

hemeralopia [ˌhemərə'ləʊpɪə] n (Med) héméralopie f

hemerocallis [ˌhemərəʊ'kælɪs] n hémérocalle f

hemicycle ['hemɪsaɪkl] n hémicycle m

hemidemisemiquaver ['hemɪˌdemɪ'semɪˌkweɪvə'] n (Mus) quadruple croche f

hemin ['hiːmɪn] n (US) ⇒ haemin

hemiplegia [ˌhemɪ'pliːdʒɪə] n hémiplégie f

hemiplegic [ˌhemɪ'pliːdʒɪk] adj, n hémiplégique mf

hemipteran [hɪ'mɪptərən] n (= insect) hémiptère m

hemipterous [hɪ'mɪptərəs] adj (Zool) hémiptère

hemisphere ['hemɪsfɪə'] n hémisphère m ◆ **the northern hemisphere** l'hémisphère m nord or boréal ◆ **the southern hemisphere** l'hémisphère m sud or austral

hemispheric ['hemɪsferɪk] adj a (Geog) **Northern hemispheric summers** les étés mpl de l'hémisphère nord or boréal
b (US Pol) relations, solidarity entre pays du nord et du sud de l'Amérique ; policy concernant les relations entre pays du nord et du sud de l'Amérique ◆ **a sense of hemispheric identity** un sentiment d'identité américaine
c (Med, Psych) asymmetry hémisphérique ; specialization, activity de l'un des hémisphères (du cerveau)

hemistich ['hemɪstɪk] n hémistiche m

hemline ['hemlaɪn] n (bas m de l')ourlet m ◆ **hemlines are lower this year** les robes rallongent cette année

hemlock ['hemlɒk] n a (= plant, poison) ciguë f
b (= tree: also **hemlock spruce**) sapin m du Canada, sapin-ciguë m

hem(o)... ['hiːm(əʊ)] pref (US) ⇒ haem(o)...

hemoglobinopathy [ˌhiːməʊɡləʊbɪ'nɒpəθɪ] n (US) ⇒ haemoglobinopathy

hemolysin [ˌhiːməʊ'laɪsɪn] n (US) ⇒ haemolysin

hemolysis [hɪ'mɒlɪsɪs] n (US) ⇒ haemolysis

hemoptysis [hɪ'mɒptɪsɪs] n, pl **hemoptyses** [hɪ'mɒptɪsiːz] (US) ⇒ haemoptysis

hemostasis [ˌhiːməʊ'steɪsɪs] n (US) ⇒ haemostasis

hemp [hemp] n (= plant, fibre) chanvre m ; (= drug) chanvre m indien

hemstitch ['hemstɪtʃ] 1 vt ourler à jour
2 n point m d'ourlet

hen [hen] 1 n a poule f ; (= female bird) femelle f ◆ **hen bird** oiseau m femelle
b (Scot) **here you are, hen*** voilà, ma petite dame*
2 COMP ▷ **hen harrier** n busard m Saint-Martin ▷ **hen night***, **hen party*** n (esp Brit) soirée f entre femmes (or filles)

henbane ['henbeɪn] n (Bot) jusquiame f (noire), herbe f aux poules

hence [hens] LANGUAGE IN USE 26.3 → SYN adv a (frm = therefore) d'où ◆ **hence the name** d'où son nom ◆ **inflation is rising: hence, new economic policies are needed** l'inflation est en hausse ; d'où la nécessité de prendre de nouvelles mesures économiques ◆ **it will drive up the price of oil, and hence the price of petrol** ça fera monter le prix du pétrole, et par conséquent celui de l'essence ◆ **the lack of blood, and hence oxygen, in the brain** le manque de sang, et par conséquent or et donc d'oxygène, dans le cerveau
b (frm = from now) d'ici ◆ **two years hence** d'ici deux ans
c (†† = from here) d'ici ◆ **(get thee) hence!** hors d'ici !

henceforth [hens'fɔːθ] → SYN, **henceforward** [hens'fɔːwəd] adv (frm) dorénavant, désormais

henchman ['hentʃmən] n, pl **-men** (pej) homme m de main ; (Hist) écuyer m

hencoop ['henkuːp] n cage f à poules

hendecagon [hen'dekəɡən] n (Geom) hendécagone m

hendecagonal [hendɪ'kæɡənl] adj (Geom) hendécagonal

hendecasyllabic [henˌdekəsɪ'læbɪk] adj hendécasyllabe

hendecasyllable ['hendekəˌsɪləbl] n hendécasyllabe m

hendiadys [hen'daɪədɪs] n hendiadys m, hendyadyin m

henge [hendʒ] n ≈ cromlech m

henhouse ['henhaʊs] n poulailler m

henna ['henə] 1 n henné m
2 vt [+ hair] teindre au henné ◆ **to henna one's hair** se faire un henné

henpecked ['henpekt] → SYN adj ◆ **he's a henpecked husband** sa femme le mène par le bout du nez

Henry ['henrɪ] n Henri m ; → hooray

henry ['henrɪ] n henry m

hep 1 n * (abbrev of **hepatitis**) hépatite f
2 adj * † (= with-it) dans le vent * ◆ **to be hep to sth** (US) être au courant de qch

heparin ['hepərɪn] n héparine f

hepatic [hɪ'pætɪk] adj (Anat, Med) hépatique

hepatitis [ˌhepə'taɪtɪs] n hépatite f ◆ **hepatitis A/B/C** hépatite f A/B/C

hepatology [ˌhepə'tɒlədʒɪ] n (Med) hépatologie f

hepatomegaly [ˌhepətəʊ'meɡəlɪ] n hépatomégalie f

Hephaestus [hɪ'fiːstəs] n (Myth) Héphaïstos m

heptagon ['heptəɡən] n (Geom) heptagone m

heptagonal [hep'tæɡənəl] adj (Geom) heptagonal

heptahedral [ˌheptə'hiːdrəl] adj (Geom) heptaédrique

heptahedron [ˌheptə'hiːdrən] n (Geom) heptaèdre m

heptameter [hep'tæmɪtə'] n heptamètre m

heptametrical [ˌheptə'metrɪkəl] adj heptamètre

heptane ['hepteɪn] n (Chem) heptane m

heptathlon [hep'tæθlən] n heptathlon m

her [hɜː'] 1 pers pron a (direct) (unstressed) la ; (before vowel) l' ; (stressed) elle ◆ **I see her** je la vois ◆ **I have seen her** je l'ai vue ◆ **I know HIM but I have never seen HER** lui je le connais, mais elle je ne l'ai jamais vue
b (indirect) lui ◆ **I gave her the book** je lui ai donné le livre ◆ **I'm speaking to her** je lui parle
c (after prep etc) elle ◆ **I am thinking of her** je pense à elle ◆ **without her** sans elle ◆ **she took her books with her** elle a emporté ses livres avec elle ◆ **if I were her** si j'étais elle ◆ **it's her** c'est elle ◆ **younger than her** plus jeune qu'elle
d celle ◆ **to her who might complain, I should point out that ...** à celle qui se plaindrait, je ferais remarquer que ... ◆ **the articles are of no value except to her who had once owned them** ces articles n'ont aucune valeur sauf pour celle à qui ils appartenaient autrefois
2 poss adj son, sa, ses ◆ **her book** son livre ◆ **her table** sa table ◆ **her friend** son ami(e) m(f) ◆ **her clothes** ses vêtements

Hera ['hɪərə] n Héra f

Heracles ['herəˌkliːz] n Héraclès m

Heraclitus [ˌherə'klaɪtəs] n Héraclite m

herald ['herəld] 1 n héraut m ◆ **the herald of spring** (fig, liter) le messager du printemps (liter)
2 vt annoncer ◆ **to herald (in)** annoncer l'arrivée de ◆ **tonight's game is being heralded as the match of the season** (Ftbl) on présente le match de ce soir comme le plus important de la saison

heraldic [he'rældɪk] adj héraldique ◆ **heraldic bearing** armoiries fpl, blason m

heraldry ['herəldrɪ] n (NonC) (= science) héraldique f ; (= coat of arms) blason m ; (ceremonial) pompe f héraldique ◆ **book of heraldry** armorial m

herb [hɜːb, (US) 3ːb] 1 n herbe f ◆ **herbs** (Culin) fines herbes fpl ◆ **pot herbs** herbes fpl potagères ◆ **medicinal herbs** herbes fpl médicinales, simples mpl
2 COMP ▷ **herb bennet** n (NonC) benoîte f commune, herbe f de Saint-Benoît ▷ **herb garden** n jardin m d'herbes aromatiques ▷ **herb Paris** n (NonC) parisette f ▷ **herb Robert** n (NonC) herbe f à Robert ▷ **herb tea** n infusion f, tisane f

herbaceous [hɜː'beɪʃəs] adj herbacé ◆ **herbaceous border** bordure f de plantes herbacées

herbage ['hɜːbɪdʒ] n (Agr) herbages mpl ; (Jur) droit m de pacage

herbal ['hɜːbəl] 1 adj d'herbes
2 n herbier m *(livre)*
3 COMP ▷ **herbal medicine** n phytothérapie f ▷ **herbal remedy** n remède m à base de plantes ▷ **herbal tea** n infusion f, tisane f

herbalism ['hɜːbəlɪzəm] n phytothérapie f

herbalist ['hɜːbəlɪst] n herboriste mf

herbarium [hɜː'bɛərɪəm] n, pl **herbariums** or **herbaria** [hɜː'bɛərɪə] herbier m (collection)

herbicide ['hɜːbɪsaɪd] n herbicide m

herbivore ['hɜːbɪvɔː'] n herbivore m

herbivorous [hɜː'bɪvərəs] adj herbivore

herby ['hɜːbɪ] adj taste de fines herbes ◆ **the sauce is a bit too herby** il y a trop de fines herbes dans cette sauce

Herculean [ˌhɜːkjʊ'liːən] adj herculéen

Hercules ['hɜːkjuliːz] n (Myth) Hercule m ; (fig) (= strong man) hercule m

herd [hɜːd] → SYN 1 n a [of cattle, goats, elephants etc] troupeau m ; [of stags] harde f ; [of horses] troupe f, bande f ◆ **to ride herd on sb** (US) avoir l'œil sur qn
b * [of people] troupeau m, foule f ◆ **to follow the herd** (fig) être comme un mouton de Panurge ; → common
c († = person) pâtre m (liter) ; → cowherd, goatherd
2 vt [+ animals] mener en troupeau ◆ **to herd into/onto** etc [+ people] faire entrer/monter etc en troupeau dans
3 COMP ▷ **herd-book** n herd-book m ▷ **herd instinct** n instinct m grégaire

▶ **herd together** 1 vi [animals, people] s'attrouper, s'assembler en troupeau
2 vt sep [+ animals, people] rassembler

herdsman ['hɜːdzmən] n, pl **-men** gardien m de troupeau ; (= shepherd) berger m ; (= cowman) vacher m, bouvier m

here [hɪə'] 1 adv a (place) ici ◆ **I live here** j'habite ici ◆ **come here** venez ici ◆ **here!** (at roll call) présent ! ◆ **he's here at last** le voici enfin, il est enfin là or arrivé ◆ **spring is here** c'est le printemps, le printemps est là ◆ **my sister here says ...** ma sœur que voici dit ...

hereabouts / Hestia

♦ **this man here saw it** cet homme-ci l'a vu ♦ **Mr Moore is not here just now** M. Moore n'est pas là or ici en ce moment ♦ **are you there? – yes I'm here** vous êtes là ? – oui je suis là ♦ **I shan't be here this afternoon** je ne serai pas là cet après-midi ♦ **I'm here to help** je suis là pour vous aider ♦ **I'm here to tell you (that)** ... je suis venu vous dire (que) ... ♦ **here below** ici-bas

♦ **here and there** çà et là, par-ci par-là

♦ **here, there and everywhere** un peu partout

♦ **neither here nor there** ♦ **it's neither here nor there** tout cela n'a aucun rapport

♦ **here and now** sur-le-champ ♦ **I must warn you here and now that** ... il faut que je vous prévienne tout de suite que ...

♦ preposition + **here** ♦ **about** or **around here** par ici ♦ **far from here** loin d'ici ♦ **put it in here** mettez-le ici ♦ **come in here** venez (par) ici ♦ **in here please** par ici s'il vous plaît ♦ **near here** près d'ici ♦ **over here** ici ♦ **it's cold up here** il fait froid ici (en haut) ♦ **up to** or **down to here** jusqu'ici ♦ **from here to London** d'ici (jusqu')à Londres ♦ **it's 10km from here to Paris** il y a 10 km d'ici à Paris

♦ **here** + verb structure (showing, announcing etc) ♦ **here I am** me voici ♦ **here is my brother** voici mon frère ♦ **here are the others** voici les autres ♦ **here we are at last** nous voici enfin arrivés ♦ **here we are!** (bringing sth) voici ! ♦ **here you are!** (giving sth) tenez ! ♦ **here come my friends** voici mes amis qui arrivent ♦ **here goes!** * allons-y !, c'est parti ! * ♦ **here we go again!** c'est reparti ! *, (et) voilà que ça recommence ! ♦ **here lies** ... ci-gît ...

♦ **here's to** ... ♦ **here's to you!** à la tienne !, à la vôtre ! ♦ **here's to your success!** à votre succès !

b (time) alors, à ce moment-là ♦ **it's here that the real test will come** ce sera l'épreuve de vérité ♦ **here I think it is appropriate to draw your attention to** ... je pense qu'il convient maintenant d'attirer votre attention sur ...

[2] excl ▷ **here, I didn't promise that at all!** dites donc, je n'ai jamais promis cela ! ♦ **here, you try to open it** * tiens, essaie de l'ouvrir, alors ♦ **here, hold this a minute** * tiens-moi ça une minute

[3] COMP ▷ **the here and now** n le présent, l'instant m présent

hereabouts [ˌhɪərəˈbaʊts] adv par ici

hereafter [hɪərˈɑːftər] → SYN [1] adv (= in the future) après, plus tard ; (in document = following this) ci-après ; (= after death) dans l'autre monde or vie

[2] n ♦ **the hereafter** l'au-delà m

hereby [hɪəˈbaɪ] adv (Comm, Jur) (in letter) par la présente ; (in document) par le présent document ; (in act) par le présent acte ; (in will) par le présent testament ; (in declaration) par la présente (déclaration)

hereditaments [ˌherɪˈdɪtəmənts] npl (Jur) biens meubles ou immeubles transmissibles par héritage

hereditary [hɪˈredɪtrɪ] → SYN adj héréditaire ♦ **a hereditary peer** un lord héréditaire

heredity [hɪˈredɪtɪ] → SYN n hérédité f

herein [hɪərˈɪn] adv (frm) (= in this matter) en ceci, en cela ; (= in this writing) ci-inclus

hereinafter [ˌhɪərɪnˈɑːftər] adv (Jur) ci-après, dans la suite des présentes

hereof [hɪərˈɒv] adv (frm) de ceci, de cela ♦ **the provisions hereof** (Jur) les dispositions fpl des présentes

heresiarch [hɪˈriːzɪɑːk] n hérésiarque mf

heresy [ˈherəsɪ] → SYN n hérésie f ♦ **an act of heresy** une hérésie

heretic [ˈherətɪk] → SYN n hérétique mf

heretical [hɪˈretɪkəl] → SYN adj hérétique

hereto [hɪəˈtuː] adv (Jur) à ceci, à cela ♦ **the parties hereto** (Jur) les parties fpl aux présentes

heretofore [ˌhɪətəˈfɔːr] adv (frm) (= up to specified point) jusque-là ; (= up to now) jusqu'ici ; (= previously) ci-devant

hereupon [ˌhɪərəˈpɒn] adv (frm) là-dessus, sur ce

herewith [hɪəˈwɪð] adv (frm) avec ceci ♦ **I am sending you herewith** je vous envoie ci-joint or sous ce pli ♦ **I enclose herewith a copy of** ... veuillez trouver ci-joint une copie de ...

heritable [ˈherɪtəbl] adj objects, property transmissible ; intelligence héréditaire

heritage [ˈherɪtɪdʒ] → SYN [1] n (lit, fig) héritage m, patrimoine m ♦ **our national heritage** notre patrimoine national

[2] COMP ▷ **heritage centre** n (Brit) petit musée m local

hermaphrodite [hɜːˈmæfrədaɪt] adj, n hermaphrodite m

hermaphroditic [hɜːˌmæfrəˈdɪtɪk] adj hermaphrodite

hermaphroditism [hɜːˈmæfrədɪtɪzəm] n hermaphrodisme m

hermeneutic [ˌhɜːmɪˈnjuːtɪk] adj herméneutique

hermeneutics [ˌhɜːmɪˈnjuːtɪks] n (NonC) herméneutique f

Hermes [ˈhɜːmiːz] n Hermès m

hermetic [hɜːˈmetɪk] adj (gen, also Literat) hermétique

hermetically [hɜːˈmetɪkəlɪ] adv hermétiquement ♦ **hermetically sealed** hermétiquement fermé

Hermione [hɜːˈmaɪənɪ] n (Myth) Hermione f

hermit [ˈhɜːmɪt] → SYN [1] n (lit, fig) ermite m

[2] COMP ▷ **hermit crab** n bernard-l'(h)ermite m inv

hermitage [ˈhɜːmɪtɪdʒ] n ermitage m

hernia [ˈhɜːnɪə] n, pl **hernias** or **herniae** [ˈhɜːnɪiː] hernie f

hero [ˈhɪərəʊ] → SYN pl **heroes** [1] n **a** (all senses) héros m ♦ **his boyhood hero** le héros de son enfance ♦ **the hero of the hour** le héros du jour ; → **land**

b ⇒ **hero sandwich**

[2] COMP ▷ **hero sandwich** n (US) grand sandwich m mixte ▷ **hero's welcome** n ♦ **to give sb a hero's welcome** accueillir qn comme un héros ▷ **hero-worship** → SYN n culte m (du héros) ◊ vt aduler, idolâtrer

Herod [ˈherəd] n Hérode m ; → **out-Herod**

Herodias [heˈrəʊdɪæs] n (Hist) Hérodiade f

Herodotus [hɪˈrɒdətəs] n (Antiq) Hérodote m

heroic [hɪˈrəʊɪk] → SYN [1] adj héroïque ♦ **to put up heroic resistance** résister héroïquement

[2] COMP ▷ **heroic age** n temps mpl héroïques ▷ **heroic couplet** n (Poetry) distique m héroïque ▷ **heroic verse** n (NonC: Poetry) vers mpl héroïques ♦ **in heroic verse** en décasyllabes

heroically [hɪˈrəʊɪkəlɪ] adv héroïquement ♦ **she managed, heroically, to keep a straight face** (hum) elle réussit, à grand-peine, à garder son sérieux

heroics [hɪˈrəʊɪks] npl actes mpl de bravoure ♦ **no heroics!** ne joue pas les héros !

heroin [ˈherəʊɪn] [1] n héroïne f (drogue)

[2] COMP ▷ **heroin addict** n héroïnomane mf ▷ **heroin addiction** n héroïnomanie f ▷ **heroin user** n héroïnomane mf

heroine [ˈherəʊɪn] → SYN n héroïne f (femme)

heroism [ˈherəʊɪzəm] → SYN n héroïsme m

heron [ˈherən] n héron m

heronry [ˈherənrɪ] n héronnière f

herpes [ˈhɜːpiːz] [1] n herpès m ; → **genital**

[2] COMP ▷ **herpes simplex** n herpès m simplex ▷ **herpes zoster** n herpès m zoster, zona m

herpetic [hɜːˈpetɪk] adj (Med) herpétique

herpetologic(al) [ˌhɜːpɪtəˈlɒdʒɪk(əl)] adj erpétologique, herpétologique

herpetologist [ˌhɜːpɪˈtɒlədʒɪst] n erpétologiste mf, herpétologiste mf

herpetology [ˌhɜːpɪˈtɒlədʒɪ] n (Med) herpétologie f, erpétologie f

herring [ˈherɪŋ] [1] n, pl **herrings** or **herring** hareng m ; → **fish, red**

[2] COMP ▷ **herring boat** n harenguier m ▷ **herring gull** n goéland m argenté ▷ **the herring-pond** * n (= the Atlantic) la mare aux harengs (hum), l'Atlantique nord

herringbone [ˈherɪŋbəʊn] [1] n (lit) arête f de hareng ; (Archit) appareil m en épi ; (Ski: also **herringbone climb**) montée f en canard

[2] COMP ▷ **herringbone pattern** n (dessin m à) chevrons mpl ▷ **herringbone stitch** n point m d'épine (en chevron)

hers [hɜːz] poss pron le sien, la sienne, les siens, les siennes ♦ **my hands are clean, hers are dirty** mes mains sont propres, les siennes sont sales ♦ **hers is a specialized department** sa section est une section spécialisée ♦ **this book is hers** ce livre est à elle, ce livre est le sien ♦ **is this poem hers?** ce poème est-il d'elle ? ♦ **the house became hers** la maison est devenue la sienne ♦ **it is not hers to decide** ce n'est pas à elle de décider, il ne lui appartient pas de décider

♦ ... **of hers** ♦ **a friend of hers** un de ses amis (à elle) ♦ **it's no fault of hers** ce n'est pas de sa faute (à elle) ♦ **no advice of hers could prevent him** aucun conseil de sa part ne pouvait l'empêcher ♦ **that car of hers** (pej) sa fichue * voiture ♦ **that stupid son of hers** (pej) son idiot de fils ♦ **that temper of hers** (pej) son sale caractère

herself [hɜːˈself] pers pron (reflexive) (direct and indirect) se ; (emphatic) elle-même ; (after prep) elle ♦ **she has hurt herself** elle s'est blessée ♦ **she poured herself a whisky** elle s'est servie un whisky ♦ **"why not?" she said to herself** "pourquoi pas ?" se dit-elle ♦ **she told me herself** elle me l'a dit elle-même ♦ **I saw the girl herself** j'ai vu la jeune fille elle-même or en personne ♦ **she kept three for herself** elle s'en est réservé trois ♦ **he asked her for a photo of herself** il lui a demandé une photo d'elle ♦ **she hasn't been herself lately** (= not behaving normally) elle n'est pas dans son état normal ces temps-ci ; (= not feeling well) elle n'est pas dans son assiette ces temps-ci

♦ **(all) by herself** toute seule

Herts [hɑːts] abbrev of **Hertfordshire**

hertz [hɜːts] n (pl inv) hertz m

he's [hiːz] ⇒ **he is, he has** ; → **be, have**

hesitancy [ˈhezɪtənsɪ] n hésitation f

hesitant [ˈhezɪtənt] → SYN adj hésitant ♦ **to be hesitant to do sth** or **about doing sth** hésiter à faire qch ♦ **I am hesitant about whether I should go** je ne sais pas si je dois y aller ou non

hesitantly [ˈhezɪtəntlɪ] adv say avec hésitation ; enter en hésitant ♦ **she stood hesitantly in the doorway** elle se tenait indécise sur le pas de la porte

hesitate [ˈhezɪteɪt] LANGUAGE IN USE 3.1, 20.2, 21.2 → SYN vi hésiter (over, about, at sur, devant ; to do sth à faire qch) ♦ **he didn't hesitate at the idea of leaving her** il l'a quittée sans hésiter ♦ **he never once hesitated over publishing the article** il n'a pas hésité une seconde avant de publier cet article ♦ **the President has been hesitating over whether to attend the conference** le président hésite à assister à la conférence ♦ **I will not hesitate to take unpopular decisions** je n'hésiterai pas à prendre des décisions impopulaires ♦ **she hesitated about going in for politics** elle hésitait à entrer dans la politique ♦ **don't hesitate to ask me** n'hésitez pas à me demander ♦ **please do not hesitate to contact our Customer Service Department** n'hésitez pas à contacter notre service clientèle ♦ **he hesitates at nothing** il ne recule devant rien, rien ne l'arrête ♦ (Prov) **he who hesitates is lost** une minute d'hésitation peut coûter cher

hesitatingly [ˈhezɪteɪtɪŋlɪ] adv avec hésitation ; speak, say d'une voix hésitante

hesitation [ˌhezɪˈteɪʃən] → SYN n hésitation f ♦ **without the slightest hesitation** sans la moindre hésitation ♦ **I have no hesitation in saying that** ... je n'hésite pas à dire que ... ♦ ... **he said after some hesitation** ... dit-il après un moment d'hésitation ♦ **I had no hesitation about taking the job** j'ai accepté le travail sans la moindre hésitation

Hesperides [heˈsperɪdiːz] npl ♦ **the Hesperides** les Hespérides fpl

hessian [ˈhesɪən] (esp Brit) [1] n (toile f de) jute m

[2] COMP (= made of hessian) en (toile de) jute

Hestia [ˈhestɪə] n (Myth) Hestia f

het [het] **1** ‡ adj, n hétéro * mf
  2 COMP **het up** * adj excité, énervé ✦ **he gets het up about the slightest thing** il se met dans tous ses états à propos d'un rien
hetero * ['hetərəʊ] n, adj hétéro * mf
hetero... ['hetərəʊ] pref hétér(o)...
heterocercal [,hetərəʊ'sɜːkəl] adj hétérocerque
heterochromosome [,hetərəʊ'krəʊməˌsəʊm] n hétérochromosome m
heterocyclic [,hetərəʊ'saɪklɪk] adj hétérocyclique
heterodox ['hetərədɒks] adj hétérodoxe
heterodoxy ['hetərədɒksɪ] n hétérodoxie f
heterodyne [,hetərəʊdaɪn] (Elec) **1** vt interférer
  2 adj hétérodyne
heteroecious [,hetə'riːʃəs] adj (Bio) hétéroïque, polyxène
heterogamete [,hetərəʊgæ'miːt] n (Bio) hétérogamète m
heterogamous [,hetə'rɒgəməs] adj (Bio) hétérogame
heterogamy [,hetə'rɒgəmɪ] n (with differing gametes) hétérogamie f ; (in different generations) hétérogamétie f
heterogeneity [,hetərəʊdʒə'niːətɪ] n hétérogénéité f
heterogeneous ['hetərəʊ'dʒiːnɪəs] adj hétérogène
heterogonous [,hetə'rɒgənəs] adj (Bio, Bot) hétérogone
heterogony [,hetə'rɒgənɪ] n (Bio, Bot) hétérogonie f
heterograft ['hetərəʊˌgrɑːft] n hétérogreffe f
heterologous [,hetə'rɒləgəs] adj (Anat) hétérologue
heteromerous [,hetə'rɒmərəs] adj (Bio) hétéromère
heteromorphic [,hetərəʊ'mɔːfɪk] adj (Bio) hétéromorphe
heteronym ['hetərəʊnɪm] n (Ling) hétéronyme m
heterophylly [,hetərəʊ'fɪlɪ] n (Bot) hétérophyllie f
heteroplastic [,hetərəʊ'plæstɪk] adj hétéroplastique
heteroplasty ['hetərəʊˌplæstɪ] n hétéroplastie f
heteropterous [,hetə'rɒptərəs] adj (Bio) hétéroptère
heterosexism ['hetərəʊ'seksɪzm] n discrimination f à l'égard des homosexuels
heterosexual ['hetərəʊ'seksjʊəl] adj, n hétérosexuel(le) m(f)
heterosexuality [,hetərəʊˌseksjʊ'ælɪtɪ] n hétérosexualité f
heterotaxis [,hetərəʊ'tæksɪs] n hétérotaxie f
heterotroph ['hetərəʊˌtrɒf] n hétérotrophe m
heterotrophic [,hetərəʊ'trɒfɪk] adj (Bio) hétérotrophe
heterozygote [,hetərəʊ'zaɪgəʊt] n (Bio) hétérozygote m
heterozygous [,hetərəʊ'zaɪgəs] adj (Bio) hétérozygote
hetman ['hetmən] n hetman m
heuristic [hjʊə'rɪstɪk] adj heuristique
heuristics [hjʊə'rɪstɪks] n (NonC) heuristique f
hew [hjuː] → SYN **1** vt, pret **hewed**, ptp **hewn** or **hewed** [hjuːn] [+ stone] tailler, équarrir ; [+ wood] couper ; [+ coal] abattre ✦ **to hew sth out of wood/stone** tailler qch dans du bois/la pierre
  2 vi, pret, ptp **hewed** (US) ✦ **to hew to sth** se conformer à qch, suivre qch
hewer ['hjuːər] n [of stone, wood] équarrisseur m ; [of coal] haveur m, piqueur m
hex[1] [heks] (esp US) **1** n (= spell) sort m ; (= witch) sorcière f
  2 vt jeter un sort à
hex[2] [heks] n (Comput) ✦ **hex code** code m hexadécimal
hexachlorophene [,heksə'klɔːrəfiːn] n (Chem) hexachlorophène m

hexachord ['heksəˌkɔːd] n hexacorde m
hexadecimal [,heksə'desɪməl] adj, n hexadécimal m
hexagon ['heksəgən] n hexagone m
hexagonal [hek'sægənəl] adj hexagonal
hexagram ['heksəˌgræm] n hexagramme m
hexahedral [,heksə'hiːdrəl] adj (Geom) hexaédrique
hexahedron [,heksə'hiːdrən] n (Geom) hexaèdre m
hexameter [hek'sæmɪtər] n hexamètre m
hexane ['heksein] n (Chem) hexane m
hexapod ['heksəˌpɒd] n hexapode m
hexathlon [hek'sæθlən] n hexathlon m
hex key n (also **hex key wrench**) clé f à pipe
hexose ['heksəʊs] n hexose m
hey [heɪ] excl hé !, ohé ! ✦ **hey presto!** (said by magician) passez muscade ! ; ô miracle ! ✦ **what the hey!** (US) et puis zut ! *
heyday ['heɪdeɪ] → SYN n [of the music hall, the railways etc] âge m d'or, beaux jours mpl ✦ **in his heyday** (= in his prime) quand il était dans la force de l'âge ; (= at his most famous) à l'apogée de sa gloire ✦ **in the heyday of punk/of the theatre** à l'âge d'or du punk/du théâtre ✦ **in the heyday of flares** à la grande époque des pantalons à pattes d'éléphant
Hezbollah ['hezbəˈlɑː] **1** n Hezbollah m
  2 adj guerrillas, leader, stronghold du Hezbollah
HF [,eɪtʃ'ef] n (abbrev of **high frequency**) HF
HGV [,eɪtʃdʒiː'viː] n (Aut) (abbrev of **heavy goods vehicle**) → **heavy**
HH [,eɪtʃ'eɪtʃ] **a** (Brit) (abbrev of **double hard**) HH
  b (abbrev of **His** or **Her Highness**) S.M.
  c (abbrev of **His Holiness**) S.S.
HHS [eɪtʃeɪtʃ'es] n (US) (abbrev of **Health and Human Services**) ministère de la Santé et des Affaires sociales
HI abbrev of **Hawaii**
hi * [haɪ] excl **a** (= greeting) salut ! *
  b (= hey) hé !, ohé !
hiatus [haɪ'eɪtəs] → SYN **1** n, pl **hiatuses** or **hiatus** (in series, manuscript etc) lacune f ; (Ling, Phon, Poetry) hiatus m ; (fig) (= interruption) interruption f, pause f ; (= difference) hiatus m, décalage m ✦ **after a two-week hiatus** après une interruption de deux semaines ✦ **there was an hiatus in his acting life** il y a eu une coupure dans sa carrière d'acteur
  2 COMP ▷ **hiatus hernia** n (Med) hernie f hiatale
Hib [hɪb] n (Med) vaccin m HIB
hibernate ['haɪbəneɪt] vi hiberner
hibernation [,haɪbə'neɪʃən] n hibernation f ✦ **in hibernation** en hibernation
hibernator ['haɪbəneɪtər] n animal m hibernant
Hibernian [haɪ'bɜːnɪən] **1** adj irlandais
  2 n Irlandais(e) m(f)
hibiscus [hɪ'bɪskəs] n, pl **hibiscuses** hibiscus m
hic [hɪk] excl hic !
hiccup, hiccough † ['hɪkʌp] **1** n **a** hoquet m ✦ **to have hiccups** avoir le hoquet
  b (= minor setback) contretemps m, ratés mpl ✦ **the recent sales hiccup** la baisse momentanée des ventes que nous avons connue récemment
  2 vi hoqueter
  3 vt dire en hoquetant
hick * [hɪk] (US) **1** n péquenaud(e) * m(f) (pej)
  2 adj ideas de péquenaud * (pej)
  3 COMP ▷ **hick town** n bled * m (pej)
hickey * ['hɪkɪ] n (US) (= pimple) petit bouton m ; (= lovebite) suçon m
hickory ['hɪkərɪ] n hickory m, noyer m blanc d'Amérique
hidalgo [hɪ'dælgəʊ] n hidalgo m
hidden ['hɪdn] **1** vb (ptp of **hide**)
  2 adj caché ✦ **to remain hidden** rester caché ✦ **hidden meaning** sens m caché ✦ **"no hidden extras"** "garanti sans suppléments" ✦ **hidden tax** impôt m déguisé
  3 COMP ▷ **hidden agenda** n intentions fpl cachées

hide[1] [haɪd] → SYN pret **hid** [hɪd] ptp **hidden** or **hid** [hɪd] †† **1** vt cacher (from sb à qn) ; [+ feelings] dissimuler (from sb à qn) ✦ **to hide o.s.** se cacher ✦ **I've got nothing to hide** je n'ai rien à cacher or à dissimuler ✦ **he's hiding something** il nous cache quelque chose ✦ **to hide one's face** se cacher le visage ✦ **to hide sth from sight** dérober qch aux regards ✦ **hidden from sight** dérobé aux regards ✦ **to hide one's light under a bushel** cacher ses talents ✦ **he doesn't hide his light under a bushel** ce n'est pas la modestie qui l'étouffe ✦ **clouds hid the sun** des nuages cachaient or voilaient le soleil ✦ **the building was hidden by trees and shrubs** le bâtiment était caché par des arbres et des arbustes ✦ **he tried to hide his disappointment** il a essayé de dissimuler sa déception
  2 vi se cacher (from sb de qn) ✦ **he's hiding behind his boss** (fig) il se réfugie derrière son patron (fig)
  3 n (Brit) cachette f
  4 COMP ▷ **hide-and-(go-)seek** n cache-cache m

▶ **hide away 1** vi se cacher (from de)
  2 vt sep cacher
  3 hideaway n → **hideaway**

▶ **hide out, hide up 1** vi se cacher (from de)
  2 hideout n → **hideaway**

hide[2] [haɪd] → SYN **1** n (= skin) peau f ; (= leather) cuir m ✦ **they found neither hide nor hair of him** ils n'ont pas trouvé la moindre trace de son passage ✦ **I haven't seen hide nor hair of him** * je ne l'ai vu nulle part, il a complètement disparu de la circulation ✦ **when I went to Australia I didn't see hide nor hair of a kangaroo** quand je suis allé en Australie, je n'ai pas vu l'ombre d'un kangourou ; → **tan**
  2 COMP chair etc de or en cuir
hideaway ['haɪdəweɪ] n cachette f, planque * f
hidebound ['haɪdbaʊnd] → SYN adj person borné, obtus ; view étroit, borné
hideous ['hɪdɪəs] → SYN adj appearance, sight, person hideux, affreux ; crime, attack abominable, horrible ; (fig) terrible * ✦ **it's been a truly hideous day** ça a été une journée absolument épouvantable
hideously ['hɪdɪəslɪ] adv deformed, ugly hideusement ; embarrassed affreusement ; expensive horriblement
hideousness ['hɪdɪəsnɪs] n [of appearance, sight] extrême laideur f ; [of crime] atrocité f, monstruosité f
hideout ['haɪdaʊt] n ⇒ **hideaway**
hidey-hole * ['haɪdɪhəʊl] n planque * f
hiding[1] ['haɪdɪŋ] **1** n [of object] fait m de cacher ; [of feelings] dissimulation f ; [of criminals] recel m ✦ **to be in hiding** se tenir caché ✦ **to go into hiding** se cacher ✦ **to come out of hiding** sortir de sa cachette
  2 COMP ▷ **hiding place** n cachette f
hiding[2] ['haɪdɪŋ] → SYN n (gen) raclée * f ; (= punishment) correction f ✦ **to give sb a good hiding** donner une bonne raclée * or correction à qn ✦ **to take or get a hiding** * (fig) prendre une raclée * ✦ **to be on a hiding to nothing** * (Brit) être sûr de se ramasser or prendre une gamelle *
hie †† [haɪ] vi se hâter ✦ **hie thee hence!** hors d'ici !
hierarchic(al) [,haɪə'rɑːkɪk(əl)] adj hiérarchique
hierarchically [,haɪə'rɑːkɪkəlɪ] adv hiérarchiquement
hierarchy ['haɪərɑːkɪ] → SYN n hiérarchie f
hieratic [,haɪə'rætɪk] adj (frm) hiératique
hierodule ['haɪərəʊˌdjuːl] n hiérodule m
hieroglyph ['haɪərəglɪf] n hiéroglyphe m
hieroglyphic [,haɪərə'glɪfɪk] → SYN **1** adj hiéroglyphique
  2 n hiéroglyphe m
hieroglyphics [,haɪərə'glɪfɪks] npl (lit) écriture f hiéroglyphique ; (fig) hiéroglyphes mpl, écriture f hiéroglyphique
hifalutin * [,haɪfə'luːtɪn] adj ⇒ **highfalutin(g)**

hi-fi ['haɪ'faɪ] (abbrev of high fidelity) 1 n a (also hi-fi system) chaîne f (hi-fi inv)

b (NonC) hi-fi f inv, haute fidélité inv

2 COMP reproduction, record hi-fi inv, haute fidélité inv ▷ **hi-fi equipment** n matériel m hi-fi inv ▷ **hi-fi set, hi-fi system** n chaîne f (hi-fi inv)

higgledy-piggledy * ['hɪgldɪ'pɪgldɪ] adj, adv pêle-mêle inv

high [haɪ] → SYN 1 adj a (in height) building, mountain, wall, shelf, ceiling haut ◆ a high fence/hill/block of flats une haute clôture/colline/tour ◆ a building 40 metres high, a 40-metre high building un bâtiment de 40 mètres de haut, un bâtiment haut de 40 mètres ◆ the wall is 2 metres high le mur fait 2 mètres de haut ◆ the door is 3 metres high la porte fait 3 mètres de haut ◆ how high is that tower? quelle est la hauteur de cette tour ? ◆ how high is the mountain? quelle est l'altitude de la montagne ? ◆ the shelf was too high for him to reach l'étagère était trop haute, il n'arrivait pas à l'atteindre ◆ the sun was high in the sky le soleil était haut dans le ciel ◆ at high altitude à haute altitude ◆ when he was only so high * alors qu'il était haut comme trois pommes ◆ high cheekbones pommettes fpl saillantes ◆ (a piece of) high ground une hauteur ◆ to have or hold or occupy the (moral) high ground (= moral superiority) être au-dessus de la mêlée ◆ to take or claim the (moral) high ground se mettre dans une position moralement plus élevée, prétendre être au-dessus de la mêlée ; see also 4

b (in degree, number, strength etc) frequency, latitude, tension haut (before n) ; speed, value grand (before n) ; fever gros (grosse f) (before n), fort (before n) ; pressure élevé, haut (before n) ; salary haut (before n), gros (grosse f) (before n) ; rent, price élevé ; number grand (before n), élevé ; sound, voice aigu (-guë f) ; note haut ; complexion rougeaud ; colour vif ; polish brillant ; respect grand (before n), profond ; calling, character noble ; ideal noble, grand (before n) ; (Phon) vowel fermé ◆ this food is high in protein cet aliment contient beaucoup de protéine ◆ to have high blood pressure avoir de la tension ◆ his team were of the highest calibre son équipe était de très haut niveau ◆ of high caste de caste supérieure ◆ official reports say casualties have been high selon les rapports officiels, il y a beaucoup de morts et de blessés ◆ the new model has been refined to the highest degree le nouveau modèle est hautement perfectionné ◆ to have high expectations of sth placer de grands espoirs en qch ◆ to have high expectations of sb beaucoup attendre de qn ◆ high official haut fonctionnaire m ◆ to have a high opinion of sb/sth avoir une haute opinion de qn/qch ◆ she has friends in high places elle a des amis en haut lieu ◆ allegations of corruption in high places des allégations de corruption en haut lieu ◆ to buy sth at a high price acheter qch cher ◆ to pay a high price for sth (lit, fig) payer qch cher ◆ he has a high temperature il a une forte température ◆ it boils at a high temperature cela bout à une température élevée ◆ the temperature was in the high 30s la température approchait les quarante degrés ◆ it's high time you went home il est grand temps que tu rentres (subj) ◆ to set a high value on sth attacher une grande valeur à qch ◆ a high wind was blowing il soufflait un vent violent, il faisait grand vent ◆ in high gear (Aut) en quatrième (or cinquième) vitesse ◆ the highest common factor (Math) le plus grand commun diviseur ; see also 4 ; → lord, priority, profile, very

c (Culin) game, meat avancé, faisandé ; butter fort, rance

d * (= drunk) parti * ◆ he was high (= on drugs) il planait ◆ to get high on alcohol s'enivrer ◆ he was high on speed il planait après avoir pris du speed ◆ to be (as) high as a kite planer complètement * ◆ she was high on her latest success elle était enivrée par son dernier succès

e († * fig) to have a high old time s'amuser follement ◆ there was a high old row about it cela a provoqué une sacrée bagarre * or un sacré chambard *

2 adv a (in height) climb, jump, throw haut ; fly à haute altitude, à une altitude élevée ◆ she threw the ball high in the air elle a lancé le ballon haut dans les airs ◆ the balloon rose high in the air le ballon s'est élevé or est monté haut dans le ciel or dans les airs ◆ high above our heads bien au-dessus de nos têtes ◆ how high can you jump? à quelle hauteur pouvez-vous sauter ? ◆ a plate piled high with sandwiches une assiette avec une grosse pile de sandwiches ◆ the house was built high on the hillside la maison était construite en haut de là colline ◆ a house high up in the hills une maison perchée dans les collines ◆ grapes grown high up on the slope du raisin que l'on fait pousser en haut de la pente ◆ we saw a bird circling very high up nous avons vu un oiseau décrire des cercles très haut dans le ciel ◆ higher up plus haut ◆ higher up the hill was a small farm plus haut sur la colline il y avait une petite ferme ◆ higher and higher de plus en plus haut ◆ unemployment is climbing higher and higher le chômage augmente de plus en plus ◆ she was quite high up in the organization elle était assez haut placée dans l'organisation ◆ economic reform is high (up) on the agenda or on the list of priorities la réforme économique est l'une des (premières) priorités ◆ to aim high, to set one's sights high (fig) viser haut ◆ to live high on the hog * (esp US fig) vivre comme un nabab

b (in degree, number, strength etc) the numbers go as high as 200 les nombres montent jusqu'à 200 ◆ I had to go as high as 200 francs for it j'ai dû aller or monter jusqu'à 200 F pour l'avoir ◆ to hunt or look high and low for sb chercher qn partout ◆ to hunt or look high and low for sth chercher qch partout or dans tous les coins ◆ to hold one's head (up) high avoir la tête haute ◆ to play high [gambler] jouer gros (jeu) ◆ to live high mener grand train, mener la grande vie ◆ the sea is running high la mer est grosse or houleuse ◆ the river is running high la rivière est en crue ◆ feelings ran high les esprits étaient échauffés ; → fly¹

3 n a (= high point) the cost of living reached a new high le coût de la vie a atteint une nouvelle pointe or un nouveau plafond ◆ the pound closed at a new high against the dollar today la livre a atteint un nouveau plafond par rapport au dollar en clôture aujourd'hui ◆ his football career reached a new high with eight goals in ten matches sa carrière de footballeur a atteint un nouveau sommet avec huit buts en dix matchs ◆ car sales reached an all-time high of 2.3 million les ventes de voitures ont atteint un niveau record : 2,3 millions ◆ highs and lows (fig) les hauts mpl et les bas mpl

◆ on high en haut ◆ from on high d'en haut ◆ the directive had come down from on high la directive était venue d'en haut ◆ orders from on high des ordres venus d'en haut ◆ God on high Dieu qui est au ciel

b (Met = high pressure) a high over the North Sea une zone de haute pression sur la mer du Nord

c (Rel) the Most High le Très-Haut

4 COMP ▷ **high-ability** adj très doué ▷ **high altar** n maître-autel m ▷ **high and dry** adj boat échoué ◆ to leave sb high and dry (fig) laisser qn en plan * ▷ **high and mighty** * adj to be high and mighty se donner de grands airs, faire le grand seigneur (or la grande dame) ▷ **high-angle shot** n (Cine) plongée f ▷ **high beam** n (US) pleins phares mpl ▷ **high board** n (at pool) grand plongeoir m ▷ **high C** n (Mus) contre-ut m ▷ **high camp** n → camp² ▷ **High Church** n (Brit) Haute Église f (anglicane) ▷ **high-class** → SYN adj hotel, food, service de premier ordre ; house très bourgeois ; neighbourhood, flat (de) grand standing ; person du grand monde ; prostitute de luxe ▷ **high comedy** n (Theat) comédie f sophistiquée ◆ it was high comedy (fig) c'était du plus haut comique ▷ **high command** n (Mil) haut commandement m ▷ **High Commission** n (Admin) haut commissariat m ▷ **High Commissioner** n (Admin) haut commissaire m ▷ **High Court** n (Jur) ≃ Haute Cour f ▷ **High Court judge** n (Brit) juge m de la Haute Cour ▷ **high definition** adj, n haute définition f ▷ **high definition television** n télévision f haute définition ▷ **high-density** adj printing, disk haute densité inv ▷ **high-density housing** n grands ensembles mpl ▷ **high diving** n (NonC: Sport) plongeon(s) m(pl) de haut vol ; see also diving ▷ **high-energy** adj particle de haute énergie ▷ **high explosive** n explosif m (puissant) ▷ **high-explosive shell** n obus m explosif ▷ **high fashion** n haute couture f ▷ **high fibre diet** n (= eating régime) régime m riche en fibres ; (= food eaten) alimentation f riche en fibres ▷ **high-fidelity** n, adj haute fidélité f inv ▷ **high finance** n haute finance f ▷ **high-five** * n *geste de salut ou de félicitation où les deux personnes se tapent dans la main* ▷ **high-flier, high-flyer** n (fig) (in profession) jeune loup m ; (at school) crack * m ▷ **high-flown** → SYN adj style, discourse ampoulé ▷ **high-flyer** ▷ **high-flier** ▷ **high-flying** adj aircraft volant à haute altitude ; aim, ambition extravagant ; person qui ira loin ▷ **high-frequency** adj de or à haute fréquence ; see also ultrahigh, very ▷ **High German** n haut allemand m ▷ **high-grade** adj goods de qualité supérieure, de premier choix ▷ **high-grade mineral** n minerai m à haute teneur ▷ **high hand** n to rule sb with a high hand imposer sa loi à qn ▷ **high-handed** → SYN adj désinvolte ▷ **high-handedly** adv avec désinvolture ▷ **high-handedness** n désinvolture f ▷ **high hat** n (= hat) (chapeau m) haut-de-forme m ▷ **high-hat** * adj snob, poseur ◇ vt snober, traiter de haut ◇ vi faire le snob or la snobinette ▷ **high-heeled shoes** npl chaussures fpl à hauts talons ▷ **high heels** npl (= shoes) hauts talons mpl ▷ **high horse** n (fig) to get up/be on one's high horse monter/être sur ses grands chevaux ▷ **high hurdles** npl (Sport) 110 mètres haies m ▷ **high-income** adj group, country à hauts revenus, à revenus élevés ▷ **high-interest** adj (Fin) à intérêt élevé ▷ **high jinks** † * npl to get up to or have high jinks se payer du bon temps ◆ there were high jinks last night on s'est amusé comme des fous hier soir ▷ **high jump** n (Sport) saut m en hauteur ◆ he's for the high jump! * (Brit fig) (= going to be scolded, punished) il est bon pour une engueulade *, qu'est-ce qu'il va prendre ! * ; (= going to be sacked) il va se faire virer ! * ▷ **high jumper** n (Sport) sauteur m, -euse f en hauteur ▷ **high-level** adj meeting, discussions à un très haut niveau ; (Comput) programming de haut niveau ◆ high-level committee (with great authority) haute instance f ; (composed of high officials) comité m formé de hauts responsables ◆ high-level language langage m évolué ◆ high-level nuclear waste déchets mpl nucléaires à haute activité ▷ **high life** n to live the high life mener la grande vie ▷ **high living** n la grande vie ▷ **High Mass** n grand-messe f ▷ **high-minded** → SYN adj person à l'âme noble, de caractère élevé ; ambition, wish noble, élevé ▷ **high-necked** adj à col haut ▷ **high noon** n plein midi m ◆ it's high noon for ... (= crisis point) c'est l'heure de vérité pour ... ◆ "High Noon" (Cine) "Le train sifflera trois fois" ▷ **high-octane** adj petrol à indice d'octane élevé ; (fig = powerful, exciting) puissant ▷ **high-pass filter** n (Elec) filtre m passe-haut ▷ **high-performance** adj très performant, à haute performance ▷ **high-pitched** adj (Mus) voice, sound, note aigu (-guë f) ; song (chanté) dans les aigus ; (Archit) roof à forte pente ; ambitions noble, haut (before n) ▷ **high point** n [of visit, holiday] grand moment m ◆ the high point of the show/evening le clou du spectacle/de la soirée ▷ **high-powered** → SYN adj car très puissant ; (fig) person de haut vol ◆ high-powered businessman homme m d'affaires de haut vol ▷ **high-pressure** adj (Tech) à haute pression ◆ high-pressure area (Met) zone f de haute pression ◆ a high-pressure salesman (fig) un vendeur de choc * ◆ high-pressure salesmanship technique f de vente agressive ▷ **high-priced** adj coûteux, cher ▷ **high priest** n grand prêtre m ▷ **high priestess** n grande prêtresse f ▷ **high-principled** adj qui a des principes élevés ▷ **high-profile** adj position, politician très en vue ; role très influent ; issue très discuté ▷ **high-protein** adj riche en protéines ▷ **high-ranking** adj haut placé, de haut rang ◆ high-ranking official haut fonctionnaire m ▷ **high resolution** n haute résolution f ▷ **high-resolution** adj haute résolution inv ▷ **high-rise** n (also high-rise block, high-rise flats) tour f (d'habitation) ▷ **high-risk** adj à haut risque ▷ **high roller** * n (US) (gen) casse-cou * m inv ; (Gambling) flambeur ⁑ m ▷ **high school** n (US) ≃ lycée m ; (Brit) collège m or établissement m d'enseignement secondaire ◆ high school diploma (US) diplôme m de fin d'études secondaires, ≃ baccalauréat m ; → HIGH

SCHOOL ▷ **high-scoring** adj à score élevé ◆ **high seas** npl on the high seas en haute mer ▷ **high season** n (Brit) haute saison f ▷ **high-sided vehicle** n véhicule m haut (donnant prise au vent) ▷ **high sign** n (US) signe m convenu or d'intelligence ◆ to give sb a high sign faire un signe d'intelligence à qn ▷ **high society** n haute société f ▷ **high-sounding** → SYN adj sonore, grandiloquent (pej), ronflant (pej) ▷ **high-speed** → SYN adj (gen) ultrarapide ◆ **a high-speed chase** une course poursuite ▷ **high-speed lens** objectif m à obturation (ultra)rapide ◆ **high-speed train** train m à grande vitesse, TGV m ▷ **high-spending** adj (pej) budgétivore ▷ **high-spirited** → SYN adj person plein d'entrain or de vivacité ; horse fougueux, fringant ▷ **high spirits** → SYN npl entrain m, vivacité f ◆ in high spirits (= lively, energetic) plein d'entrain or de vivacité ; (= happy) tout joyeux ▷ **high spot** n (fig) (= climax) [of visit, holiday] grand moment m ◆ **the high spot of the show/evening** le clou du spectacle/de la soirée ◆ to hit the high spots * faire la foire ‡ or la noce * (dans un night-club, restaurant etc) ▷ **high stakes** npl (lit, fig) **to play for high stakes** jouer gros (jeu) ▷ **high street** n (Brit) [of village] grand-rue f ; [of town] rue f principale ▷ **high-street** adj (Brit) shop, store qui appartient à une grande chaîne ◆ **the high-street banks** les grandes banques fpl ▷ **high-strung** → SYN adj (US) ⇒ **highly strung** ; ▷ **highly** ▷ **high summer** n le cœur de l'été ◆ **in high summer** en plein été, au cœur de l'été, au plus chaud de l'été ▷ **high table** n (gen) table f d'honneur ; (Scol, Univ) table f des professeurs (au réfectoire) ▷ **high tea** n (Brit) repas pris en début de soirée ▷ **high tech** n high-tech m inv ▷ **high-tech** adj equipment, product de pointe, de haute technologie ; computer sophistiqué ; company high-tech inv, de pointe, de haute technologie ; industry, medicine de pointe, high-tech inv ; weapon de haute technologie ; job dans un secteur de haute technologie ; technique de pointe ◆ **the high-tech age** l'ère f des techniques de pointe ▷ **high technology** n technologie f avancée or de pointe ▷ **high-technology** adj device d'une haute technicité ; sector de pointe ▷ **high-tensile steel** n acier m à résistance élevée ▷ **high-tensile wire** n fil m à résistance élevée ▷ **high tension** n (Elec) haute tension f ▷ **high-tension** adj (Elec) à haute tension ▷ **high tide** n marée f haute ◆ at high tide à marée haute ▷ **high-toned** adj (= morally superior) édifiant ; (= affectedly superior) moralisateur (-trice f) ▷ **high treason** n haute trahison f ▷ **high-up** adj person, post de haut rang, très haut placé ◇ n * grosse légume * f, huile * f ▷ **high-velocity** adj rifle, bullet, jet of air à grande vitesse ▷ **high voltage** n haut voltage m ▷ **high-voltage** adj haut voltage inv ▷ **high water** n ⇒ **high tide** ; see also **hell** ▷ **high-water mark** n niveau m des hautes eaux ▷ **high wire** n (lit = tightrope) corde f raide ◆ to be walking the high wire (fig) être sur la corde raide ▷ **high wire act** n (lit, fig) numéro m de corde raide ▷ **high wire artist** n funambule mf ▷ **high yellow** *‡ n (US pej) mulâtre m au teint clair, mulâtresse f au teint clair

---

HIGH SCHOOL

Aux États-Unis, les **high schools** réunissent les quatre années du deuxième cycle du secondaire (15 à 18 ans). Les élèves reçus à leur examen final se voient remettre leur diplôme au cours d'une importante cérémonie appelée "graduation".

La vie des **high schools** a inspiré de nombreux films et téléfilms américains ; on y voit le rôle qu'y jouent les sports (en particulier le football et le basket-ball) et certaines manifestations mondaines comme le bal de fin d'année des élèves de terminale, le "senior prom".

→ GRADE; GRADUATION; PROM

-high [haɪ] adj (in compounds) ◆ **to be knee/shoulder-high** arriver aux genoux/épaules

highball ['haɪbɔːl] **1** n **a** (esp US = drink) whisky m à l'eau (avec de la glace)
b (also **highball glass** or **tumbler**) grand verre m
2 vi (US Aut ‡) foncer *

highborn ['haɪbɔːn] adj de haute naissance, bien né

highboy ['haɪbɔɪ] n (US) commode f (haute)

highbrow ['haɪbraʊ] → SYN (slightly pej) **1** n intellectuel(le) m(f)
2 adj tastes, interests d'intellectuel ; music pour intellectuels

highchair ['haɪtʃɛəʳ] n chaise f haute (pour enfants)

higher ['haɪəʳ] (compar of **high**) **1** adj animal, primate, species, plant supérieur ; degree, diploma d'études supérieures ◆ **any number higher than six** tout nombre supérieur à six ◆ **the higher forms** or **classes** (Scol) les grandes classes fpl ◆ **the higher income brackets** les tranches fpl de revenu(s) supérieur(s)
2 adv plus haut ; → **high**
3 n (Scot Scol: also **Higher**) ⇒ **Higher Grade**
4 COMP ▷ **higher degree** n (Univ) diplôme m d'études supérieures ▷ **higher education** n enseignement m supérieur ▷ **Higher Education Funding Concil** n commission gouvernementale responsable de la dotation des universités ▷ **Higher Grade** n (Scot Scol) diplôme m de fin d'études secondaires, ≈ baccalauréat m ; → A LEVELS ▷ **Higher National Certificate** n (Brit Educ) ≈ BTS ▷ **Higher National Diploma** n (Brit Educ) ≈ DUT m ▷ **higher-up** n (= senior person) supérieur(e) m(f) (hiérarchique)

highfalutin(g) * [ˌhaɪfəˈluːtɪn] adj behaviour, language affecté, prétentieux ; style ampoulé

highjack ['haɪdʒæk] vt ⇒ **hijack**

highjacker ['haɪdʒækəʳ] n ⇒ **hijacker**

highjacking ['haɪdʒækɪŋ] n ⇒ **hijacking**

highland ['haɪlənd] → SYN **1** adj (Brit) ◆ **Highland** scenery, air des Highlands ; holiday dans les Highlands
2 highlands npl région f montagneuse, montagnes fpl ◆ **the Highlands** (Brit Geog) les Highlands mpl
3 COMP ▷ **Highland fling** n danse écossaise ▷ **Highland games** npl jeux mpl écossais

highlander ['haɪləndəʳ] n montagnard m ◆ **Highlander** (Brit) natif m, -ive f des Highlands

highlight ['haɪlaɪt] → SYN **1** n **a** (= high point) **the highlights of the match/the festival** les instants mpl les plus marquants du match/du festival ◆ **the highlight of the show/evening** le clou du spectacle/de la soirée
b (Art, lit) rehaut m ◆ **to have highlights put in one's hair** se faire faire un balayage or des mèches fpl
2 vt **a** (= emphasize) souligner, mettre l'accent sur ◆ **his report highlighted the plight of the homeless** son rapport a attiré l'attention sur la situation des SDF ◆ **the incident highlights growing concern about racism** cet incident montre que le racisme inquiète de plus en plus les gens
b (with highlighter pen) surligner ; (= underline) souligner ; (on computer) sélectionner

highlighter ['haɪˌlaɪtəʳ] n **a** (= pen) surligneur m
b (for hair) produit m éclaircissant

highly ['haɪlɪ] → SYN **1** adv **a** (= very) (gen) extrêmement ; skilled, qualified, unlikely, professional hautement ; prized très ; interesting, unusual tout à fait ◆ **highly respected** éminemment respecté ◆ **highly acclaimed by the critics** salué par la critique ◆ **highly recommended** [book, film, play] hautement recommandé ◆ **she comes highly recommended** elle est chaudement recommandée ◆ **highly polished** (shiny) furniture, wood (bien) astiqué, briqué ; gemstone (bien) poli ◆ **highly charged atmosphere** très tendu ; occasion, debate à l'atmosphère très tendue ◆ **highly seasoned** fortement assaisonné ◆ **to be highly sexed** avoir de forts appétits sexuels
b (= at or to a high level) **highly-paid** person, job très bien payé or rémunéré ◆ **highly-trained** scientist, academic qui a une formation très poussée ; sportsman bien entraîné ◆ **highly-placed** haut inv placé ◆ **highly-regarded**, **highly-rated** très estimé ◆ **highly coloured** (lit) picture etc haut en couleur ; (fig) description pittoresque
c (with vb) **to speak/think highly of sb/sth** dire/penser beaucoup de bien de qn/qch ◆ **to praise sb highly** chanter les louanges de qn ◆ **I don't rate him very highly at all** je n'ai pas une très haute opinion de lui ◆ **travelling by car rates very highly in terms of conve-** nience la voiture est perçue comme un moyen de transport très pratique
2 COMP ▷ **highly strung** adj (esp Brit) très nerveux

highness ['haɪnɪs] n ◆ **His or Her/Your Highness** Son/Votre Altesse f ; → **royal**

highroad ['haɪrəʊd] n (esp Brit) (lit) grand-route f ◆ **the highroad to success** (fig) la voie de la réussite

hightail * ['haɪteɪl] vt (esp US) ◆ **they hightailed it back to town** ils sont revenus en ville à toute vitesse or à tout(e) berzingue ‡

highway ['haɪweɪ] **1** n **a** (US = main road) grande route f, route f nationale
b (also **public highway**) voie f publique ◆ **the king's** or **queen's highway** la voie publique ◆ **through the highways and byways of Sussex** par tous les chemins du Sussex
2 COMP ▷ **highway code** n (Brit) code m de la route ▷ **highway patrol** n (US: also **state highway patrol**) police f de la route ▷ **highway robbery** n (lit) banditisme m de grand chemin ◆ **it's highway robbery** (fig) c'est du vol manifeste or caractérisé ▷ **Highways Department** n (Admin) administration f des Ponts et Chaussées ▷ **highways engineer** n ingénieur m des Ponts et Chaussées

highwayman ['haɪweɪmən] n, pl **-men** (Hist) bandit m de grand chemin

hijack ['haɪdʒæk] → SYN **1** vt (lit) détourner ; (fig) récupérer
2 n (lit) détournement m ; (fig) récupération f

hijacker ['haɪdʒækəʳ] n pirate m (de l'air/de la route/du rail etc), auteur m d'un détournement

hijacking ['haɪdʒækɪŋ] n (lit, fig) détournement m

hike [haɪk] → SYN **1** n **a** randonnée f (à pied) ; (Mil, Sport) marche f à pied ◆ **to go on** or **for a hike** faire une randonnée (pédestre)
b (= increase) [of prices etc] hausse f, augmentation f
2 vi **a** faire des randonnées (pédestres) ◆ **we spent our holidays hiking in France** nous avons passé nos vacances à faire des randonnées pédestres à travers la France
b (US = increase) [price etc] augmenter
3 vt ⇒ **hike up**

▶ **hike up** vt sep **a** (= hitch up) [+ skirt] remonter
b (= increase) [+ prices, amounts] augmenter

hiker ['haɪkəʳ] n randonneur m, -euse f

hiking ['haɪkɪŋ] **1** n randonnées fpl (à pied)
2 COMP ▷ **hiking boots** npl chaussures fpl de randonnée or de marche

hilarious [hɪˈlɛərɪəs] → SYN adj très drôle, tordant *

hilariously [hɪˈlɛərɪəslɪ] adv comiquement ◆ **hilariously funny** absolument tordant * ◆ **hilariously old-fashioned** démodé et ridicule

hilarity [hɪˈlærɪtɪ] → SYN n hilarité f ◆ **it caused a lot of hilarity** cela a déchaîné l'hilarité

hill [hɪl] → SYN **1** n colline f ; (gen lower) coteau m ; (rounded) mamelon m ; (= slope) côte f, pente f ; (up) montée f ; (down) descente f ◆ **he was going up the hill** il montait la colline ◆ **up hill and down dale, over hill and dale** (liter) par monts et par vaux ◆ **as old as the hills** vieux comme Hérode ◆ **he's over the hill** * (fig = old) il se fait vieux ; → **ant**, **molehill**, **uphill**
2 COMP ▷ **hill climb** n (Sport) course f de côtes ▷ **hill climber** n ⇒ **hill walker** ▷ **hill climbing** n ⇒ **hill walking** ▷ **hill farmer** n (esp Brit) agriculteur pratiquant l'élevage sur hauts pâturages ▷ **hill farming** n (Agr) élevage m en montagne ▷ **hill start** n (Aut) démarrage m en côte ▷ **hill walker** n randonneur m, -euse f ▷ **hill walking** n randonnées fpl (en montagne)

hillbilly * ['hɪlbɪlɪ] **1** n (US: gen pej) péquenaud * m (pej), rustaud m (pej) (montagnard du sud des USA)
2 COMP ▷ **hillbilly music** n musique f folk inv (originaire des montagnes du sud des USA)

hilliness ['hɪlɪnɪs] n caractère m accidenté

hillock ['hɪlək] → SYN n monticule m

hillside [ˈhɪlsaɪd] n (flanc m de) coteau m ◆ **on the hillside** à flanc de coteau

hilltop [ˈhɪltɒp] 1 n ◆ **on the hilltop** en haut de or au sommet de la colline

2 adj village, site, fortress perché en haut d'une colline

hilly [ˈhɪlɪ] adj country vallonné, accidenté ; road qui monte et qui descend

hilt [hɪlt] → SYN n [of sword] poignée f ; [of dagger] manche m ; [of pistol] crosse f ◆ **she's in debt up to the hilt** elle est endettée jusqu'au cou ◆ **we're mortgaged to the hilt** nous nous sommes endettés jusqu'au cou avec l'achat de notre maison (or appartement) ◆ **to back** or **support sb to the hilt** être derrière qn quoi qu'il arrive, soutenir qn à fond ◆ **he played his role to the hilt** il a joué son rôle avec conviction

hilum [ˈhaɪləm] n, pl **hila** [ˈhaɪlə] (Bot) hile m

him, Him (Rel) [hɪm] pers pron a (direct) (unstressed) le ; (before vowel) l' ; (stressed) lui ◆ **I see him** je le vois ◆ **I have seen him** je l'ai vu ◆ **I know HER but I've never seen HIM** je la connais, elle, mais lui je ne l'ai jamais vu

b (indirect) lui ◆ **I give him the book** je lui donne le livre ◆ **I'm speaking to him** je lui parle, c'est à lui que je parle

c (after prep etc) lui ◆ **I am thinking of him** je pense à lui ◆ **I'm proud of him** je suis fier de lui ◆ **without him** sans lui ◆ **if I were him** si j'étais lui, si j'étais à sa place ◆ **it's him** c'est lui ◆ **younger than him** plus jeune que lui

d celui ◆ **to him who might complain, I should point out that ...** à ceux qui se plaindraient, je ferais remarquer que ...

Himalayan [ˌhɪməˈleɪən] adj (gen) himalayen ; expedition dans l'Himalaya

Himalayas [ˌhɪməˈleɪəz] npl (chaîne f de l')Himalaya m

himation [hɪˈmætɪˌɒn] n, pl **himatia** [hɪˈmætɪə] himation m

himself [hɪmˈself] pers pron (reflexive) (direct and indirect) se ; (emphatic) lui-même ; (after prep) lui ◆ **he has hurt himself** il s'est blessé ◆ **he poured himself a whisky** il s'est servi un whisky ◆ **"why not?" he said to himself** "pourquoi pas ?" se dit-il ◆ **he told me himself** il me l'a dit lui-même ◆ **I saw the teacher himself** j'ai vu le professeur lui-même or en personne ◆ **he kept three for himself** il s'en est réservé trois ◆ **she asked him for a photo of himself** elle lui a demandé une photo de lui ◆ **there's no work and no future for students like himself** il n'y a pas de travail et pas d'avenir pour les étudiants comme lui ◆ **he hasn't been himself lately** (= not behaving normally) il n'est pas dans son état normal ces temps-ci ; (= not feeling well) il n'est pas dans son assiette ces temps-ci

♦ **(all) by himself** tout seul

hind¹ [haɪnd] n, pl **hinds** or **hind** (Zool) biche f

hind² [haɪnd] → SYN adj legs, feet, paws de derrière ◆ **to get up on one's hind legs** * (hum) se lever pour parler ◆ **she could** or **would talk the hind leg(s) off a donkey** * c'est un vrai moulin à paroles

hinder¹ [ˈhaɪndəʳ] adj (compar of **hind²**)

hinder² [ˈhɪndəʳ] → SYN vt (= obstruct, impede) entraver, gêner ; (= delay) retarder ; (= prevent) empêcher, arrêter ◆ **the rescue team's efforts were hindered by the bad weather** les efforts de l'équipe de sauveteurs ont été entravés par le mauvais temps ◆ **we want to help, not hinder, the progress of the scheme** nous voulons faire avancer le projet, pas l'entraver ◆ **being disabled has done nothing to hinder her career** son handicap n'a pas du tout entravé sa carrière ◆ **the heavy jacket hindered him as he tried to swim** sa lourde veste le gênait pour nager ◆ **poor productivity hinders economic growth** lorsque la productivité est faible, cela entrave la croissance économique ◆ **he does not let racism hinder him** il ne se laisse pas arrêter par le racisme ◆ **the rocky terrain hindered their progress** le terrain rocheux les a freinés ◆ **poor diet is hindering her recovery** sa mauvaise alimentation l'empêche de guérir plus vite ◆ **high interest rates are hindering recovery** les taux d'intérêt élevés font obstacle à la reprise or freinent la reprise ◆ **to hinder sb from doing sth** (= prevent) empêcher qn de faire qch ◆ **restrictions that hinder them from doing their job** (= impede) des restrictions qui les gênent dans leur travail

Hindi [ˈhɪndɪ] n (Ling) hindi m

hindmost [ˈhaɪndməʊst] → SYN adv dernier ; → **devil, every**

hindquarters [ˈhaɪndˌkwɔːtəz] npl arrière-train m, train m de derrière

hindrance [ˈhɪndrəns] → SYN n obstacle m ◆ **to be a hindrance to sb/sth** gêner qn/qch ◆ **he is more of a hindrance than a help** il gêne plus qu'il n'aide ◆ **these attacks are a hindrance to reconciliation** ces attaques font obstacle à la réconciliation ◆ **the issue has been a constant hindrance to normal relations between the two countries** ce problème n'a cessé de faire obstacle à la normalisation des relations entre les deux pays ◆ **they crossed the border without hindrance** ils ont traversé la frontière sans problème or difficulté

hindsight [ˈhaɪndsaɪt] n ◆ **with** or **in hindsight** ◆ **with the benefit of hindsight** avec du recul, rétrospectivement ◆ **it was, in hindsight, a mistaken judgement** rétrospectivement or avec du recul, je pense que c'était une erreur de jugement

Hindu [ˈhɪnduː] 1 adj hindou

2 n hindou(e) m(f)

Hinduism [ˈhɪndʊˌɪzəm] n hindouisme m

Hindu Kush [kʊʃ] npl (Geog) ◆ **the Hindu Kush** l'Hindū Kūsh m

Hindustan [ˌhɪndʊˈstɑːn] n l'Hindoustan m

Hindustani [ˌhɪndʊˈstɑːnɪ] 1 adj hindou

2 n a Hindoustani(e) m(f)

b (Ling) hindoustani m

hinge [hɪndʒ] → SYN 1 n [of door] gond m, charnière f ; [of box] charnière f ; (fig) pivot m, charnière f ; (= stamp hinge) charnière f ◆ **the door came off its hinges** la porte est sortie de ses gonds

2 vt [+ door] mettre dans ses gonds ; [+ box] mettre des charnières à ◆ **a hinged lid** un couvercle à charnière(s) ◆ **a hinged flap** [of counter] (in shop, bar) abattant m ◆ **the mirror was hinged to a wooden frame** le miroir était fixé à un cadre en bois par des charnières

3 vi a (Tech) pivoter (*on* sur)

b (fig) **to hinge on** or **upon sth** dépendre de qch ◆ **everything hinges on his decision** tout dépend de sa décision

4 COMP ▷ **hinged girder** n (Tech) poutre f articulée ▷ **hinge joint** n (Anat) diarthrose f

hint [hɪnt] → SYN 1 n a allusion f ◆ **to drop a hint, to throw out a hint** faire une allusion ◆ **to drop a hint that ...** faire une allusion au fait que ... ◆ **he dropped me a hint that he would like an invitation** il m'a fait comprendre or il m'a laissé entendre qu'il aimerait être invité ◆ **he dropped a gentle hint about it** il y a fait une allusion discrète ◆ **a broad** or **strong** or **heavy hint** une allusion transparente or à peine voilée ◆ **there are strong hints from the government that ...** le gouvernement a clairement laissé entendre que ... ◆ **I dropped heavy hints that I'd love a new coat for my birthday** j'ai insisté lourdement sur le fait que je voulais un nouveau manteau pour mon anniversaire ◆ **she gave me a subtle hint not to expect promotion** elle m'a fait comprendre discrètement qu'il ne fallait pas compter sur une promotion ◆ **he knows how to take a hint** il comprend à demi-mot, il comprend les allusions ◆ **he took the hint and left at once** il a compris sans qu'on ait besoin de lui expliquer et est parti sur-le-champ ◆ **I can take a hint** (ça va,) j'ai compris ◆ **he can't take a hint** il ne comprend pas vite ◆ **I'll give you a hint - the answer has two words** je vais vous donner un indice or vous mettre sur la piste : la réponse est en deux mots ◆ **he gave no hint of his feelings** il n'a rien laissé transparaître de ses sentiments ◆ **hints and tips for travellers** conseils mpl aux voyageurs ◆ **hints on maintenance** conseils mpl d'entretien

b (= trace) [of colour] touche f ; [of taste, flavour] soupçon m ◆ **she was wearing a hint of eyeshadow** elle avait mis un peu or une touche de fard à paupières ◆ **there was a hint of sadness in his smile** il y avait un je ne sais quoi de triste dans son sourire ◆ **there was a hint of desperation in his voice** il y avait une pointe de désespoir dans sa voix ◆ **there was no hint of apology in his voice** il n'y avait pas la moindre trace de remords dans sa voix ◆ **"why are you here?" she said, with no hint of irony** "que faites-vous ici ?" dit-elle, sans la moindre ironie ◆ **at the first hint of trouble** à la moindre alerte, au moindre problème ◆ **there's a hint of spring in the air** il y a un petit air printanier

2 vt (= insinuate) insinuer (*that* que) ◆ **he hinted strongly that ...** il a lourdement insinué que ... ◆ **he hinted to me that he was unhappy** il m'a laissé entendre or fait comprendre qu'il était malheureux

3 vi ◆ **to hint at sth** faire allusion à qch ◆ **what are you hinting at?** qu'est-ce que vous voulez dire par là ? ◆ **are you hinting at something?** c'est une allusion ? ◆ **the newspapers hinted darkly at conspiracies** les journaux ont fait des allusions inquiétantes à des complots ◆ **the president hinted at the possibility of tax cuts** le président a laissé entendre qu'il pourrait y avoir une baisse des impôts

hinterland [ˈhɪntəlænd] n arrière-pays m inv

hip¹ [hɪp] 1 n a (Anat) hanche f ◆ **with (one's) hands on (one's) hips** les mains sur les hanches ◆ **to break one's hip** se casser le col du fémur ; → **shoot**

b (Archit) arête f *(d'un toit)*

2 COMP ▷ **hip bag** n (sac m) banane f ▷ **hip bath** n baignoire-sabot f ▷ **hip flask** n flasque f ▷ **hip joint** n articulation f coxofémorale or de la hanche ▷ **hip measurement** n ⇒ **hip size** ▷ **hipped roof** n (Archit) toit m en croupe ▷ **hip pocket** n poche f revolver inv ▷ **hip replacement (operation)** n pose f d'une prothèse de la hanche ◆ **she's waiting for/she's had a hip replacement** elle attend/on lui a posé une prothèse de la hanche ▷ **hip roof** n toit m en croupe ▷ **hip size** n tour m de hanches ◆ **what is her hip size?** quel est son tour de hanches ?, combien fait-elle de tour de hanches ?

hip² [hɪp] n (Bot) cynorrhodon m

hip³ [hɪp] excl ◆ **hip hip hurrah!** hip hip hip hourra !

hip⁴ * [hɪp] 1 adj (= up-to-date) dans le vent *, à la page

2 vt (US) mettre au parfum *

hipbone [ˈhɪpbəʊn] n os m iliaque or de la hanche

hip-hop [ˈhɪphɒp] n hip-hop m

hiphuggers [ˈhɪphʌgəz] npl pantalon m taille basse

hipparch [ˈhɪpɑːk] n hipparque m

hipped [hɪpt] adj (US) ◆ **to be hipped on sth** * être dingue * de qch

-hipped [hɪpt] adj (in compounds) ◆ **broad-hipped** large de hanches, aux hanches larges ◆ **narrow-hipped** aux hanches étroites

hippie * [ˈhɪpɪ] adj, n (in the sixties) hippie mf ; (modern-day) baba mf cool ◆ **an ageing hippie** un hippie sur le retour

hippo * [ˈhɪpəʊ] n abbrev of **hippopotamus**

hippocras [ˈhɪpəʊˌkræs] n hypocras m

Hippocrates [hɪˈpɒkrəˌtiːz] n Hippocrate m

Hippocratic oath [hɪpəʊˈkrætɪk] n ◆ **the Hippocratic oath** le serment d'Hippocrate

hippodrome [ˈhɪpədrəʊm] n hippodrome m

Hippolytus [hɪˈpɒlɪtəs] n Hippolyte m

hippopotamus [ˌhɪpəˈpɒtəməs] n, pl **hippopotamuses** or **hippopotami** [ˌhɪpəˈpɒtəmaɪ] hippopotame m

hippuric [hɪˈpjʊərɪk] adj ◆ **hippuric acid** acide m hippurique

hippy¹ * [ˈhɪpɪ] ⇒ **hippie**

hippy² * [ˈhɪpɪ] adj aux hanches larges, large de hanches

hipster [ˈhɪpstəʳ] 1 n a (Brit) **hipster skirt** jupe f taille basse ; see also **2**

b (US *) jeune homme m dans le vent *(1940-50)*

2 **hipsters** npl (Brit) pantalon m taille basse

hire [ˈhaɪəʳ] → SYN 1 n (NonC: Brit = act of hiring) [of car, boat, clothes, hall] location f ◆ **for hire** car, boat, building à louer ; taxi libre ◆ **on hire** en location ◆ **to let out sth on hire** louer qch ◆ **car/cycle/ski hire** location f de voitures/de vélos/de skis

2 vt a (Brit = rent) [+ car, boat, clothes, hall] louer ◆ **a hired car** une voiture louée or de location

b (= employ) [+ person] engager, embaucher ◆ **hired man** (for season) ouvrier m saisonnier ; (on daily basis) ouvrier m à la journée ◆ **a hired killer** un tueur à gages

3 vi embaucher, recruter ◆ **she's in charge of all hiring and firing at the company** c'est elle qui est responsable du recrutement et des licenciements au sein de l'entreprise

4 COMP ▷ **hire car** n (Brit) voiture f de location ▷ **hire charges** npl (Brit) frais mpl de location, prix m de (la) location ▷ **hire company** n société f de location de voitures ▷ **hire purchase** n (Brit) achat m or vente f à crédit, achat m or vente f à tempérament ◆ **on hire purchase** à crédit ▷ **hire purchase agreement** n (Brit) contrat m de crédit

► **hire out** vt sep a (Brit = rent out) [+ car, tools] louer

b (US) **he hires himself out as a gardener** il fait des journées (or des heures) de jardinier

hireling [ˈhaɪəlɪŋ] n (pej) mercenaire m

hiring [ˈhaɪrɪŋ] n [of car] location f ; [of staff] embauche f

Hiroshima [ˌhɪrɒˈʃiːmə] n Hiroshima

hirsute [ˈhɜːsjuːt] adj velu, poilu

hirudin [hɪˈruːdɪn] n hirudine f

his [hɪz] 1 poss adj son, sa, ses ◆ **his book** son livre ◆ **his table** sa table ◆ **his friend** son ami(e) ◆ **his clothes** ses vêtements ◆ **HIS book** son livre à lui ◆ **he has broken his leg** il s'est cassé la jambe

2 poss pron le sien, la sienne, les siens, les siennes ◆ **my hands are clean, his are dirty** mes mains sont propres, les siennes sont sales ◆ **his is a specialized department** sa section est une section spécialisée ◆ **this book is his** ce livre est à lui, ce livre est le sien ◆ **this poem is his** ce poème est de lui ◆ **the house became his** la maison est devenue la sienne ◆ **it is not his to decide** ce n'est pas à lui de décider, il ne lui appartient pas de décider

◆ **... of his** ◆ **a friend of his** un de ses amis (à lui) ◆ **it's no fault of his** ce n'est pas de sa faute (à lui) ◆ **no advice of his could prevent her doing it** aucun conseil de sa part ne pouvait l'empêcher de le faire ◆ **that car of his** (pej) sa fichue* voiture ◆ **that stupid son of his** (pej) son idiot de fils ◆ **that temper of his** (pej) son sale caractère ◆ **that awful laugh of his** (pej) ce rire abominable qu'il a

Hispanic [hɪˈspænɪk] 1 adj (gen) hispanique ; (in America) hispano-américain

2 n Hispano-Américain(e) m(f)

Hispano... [hɪˈspænəʊ] pref hispano-

hispid [ˈhɪspɪd] adj (Bot) hispide

hiss [hɪs] → SYN 1 vi [person, snake] siffler ; [cat] cracher ; [gas, steam] chuinter, siffler

2 vt [+ actor, speaker] siffler ◆ **"come here", he hissed** "viens ici", siffla-t-il

3 n sifflement m ◆ **hisses** (Theat) sifflet(s) m(pl)

histamine [ˈhɪstəmiːn] n (Physiol) histamine f

histaminic [ˌhɪstəˈmɪnɪk] adj (Physiol, Med) histaminique

histidine [ˈhɪstɪˌdiːn] n histidine f

histochemistry [ˌhɪstəʊˈkemɪstrɪ] n histochimie f

histocompatibility [ˌhɪstəʊkəmˌpætɪˈbɪlɪtɪ] n (Med) histocompatibilité f

histogenesis [ˌhɪstəʊˈdʒenəsɪs] n (Bio) histogénèse f

histogenetic [ˌhɪstəʊdʒəˈnetɪk] adj (Bio) histogénétique

histogram [ˈhɪstəgræm] n histogramme m

histological [ˌhɪstəˈlɒdʒɪkəl] adj (Bio) histologique

histologist [hɪˈstɒlədʒɪst] n histologiste mf

histology [hɪˈstɒlədʒɪ] n histologie f

histolysis [hɪˈstɒlɪsɪs] n (Bio) histolyse f

histone [ˈhɪstəʊn] n histone f

histoplasmosis [ˌhɪstəʊplæzˈməʊsɪs] n histoplasmose f

historian [hɪˈstɔːrɪən] → SYN n historien(ne) m(f)

historic [hɪˈstɒrɪk] → SYN 1 adj (gen) historique ◆ **site of historic interest** site m historique ◆ **a historic occasion** un événement historique

2 COMP ▷ **historic present** n (Gram) présent m historique or de narration

historical [hɪˈstɒrɪkəl] → SYN 1 adj (gen) historique ◆ **the historical background to the case** le rappel historique or l'historique m de l'affaire ◆ **place of historical interest** monument m or site m historique ◆ **of historical importance** d'une importance historique ◆ **a historical landmark** un événement historique marquant, un jalon dans l'histoire ◆ **a famous historical figure** un personnage historique célèbre ◆ **from a historical perspective** d'un point de vue historique ◆ **historical research** recherche f historique ◆ **a historical record** une source historique ◆ **there is no historical precedent for this** sur le plan historique, il n'y a aucun précédent

2 COMP ▷ **historical linguistics** n (NonC) linguistique f diachronique ▷ **historical novel** n roman m historique ▷ **historical present** n (Gram) ⇒ **historic present** ; → **historic**

historically [hɪˈstɒrɪkəlɪ] adv (= traditionally) traditionnellement ; (= in historical terms) important, accurate historiquement ; consider sur le plan historique ◆ **historically, there is no precedent for this** sur le plan historique, ceci n'a aucun précédent ◆ **historically speaking** historiquement parlant

historicity [ˌhɪstəˈrɪsɪtɪ] n historicité f

historiographer [ˌhɪstɒrɪˈɒgrəfəʳ] n historiographe mf

historiography [ˌhɪstɒrɪˈɒgrəfɪ] n historiographie f

history [ˈhɪstərɪ] → SYN n a (NonC) histoire f ◆ **to make history** être historique ◆ **she will go down in history for what she did** elle entrera dans l'histoire pour ce qu'elle a fait ◆ **it will go down in history (as ...)** [event, day, decision] cela entrera dans l'histoire (comme étant ...) ◆ **one of the most dramatic moments in Polish history** un des moments les plus marquants de l'histoire polonaise ◆ **the highest salary in television history** le salaire le plus élevé de l'histoire de la télévision ◆ **religious history** l'histoire f des religions ◆ **military history** l'histoire f militaire ◆ **that's all ancient history** c'est de l'histoire ancienne tout cela ◆ **the recent ceasefire agreement is already history** le récent cessez-le-feu n'est déjà plus qu'un souvenir ◆ **... and the rest is history** ... le reste appartient à l'histoire ◆ **one mistake and you're history*** une erreur et tu es fini* ; → **natural**

b **I don't know the history of this necklace** je ne connais pas l'histoire de ce collier ◆ **what is his medical history?** quel est son passé médical ? ◆ **my family has a history of asthma** j'ai des antécédents familiaux d'asthme ◆ **he has a history of psychiatric disorders** il a des antécédents de troubles psychiatriques ◆ **the accused had a history of violent behaviour** l'accusé était déjà connu pour avoir commis des actes de violence ; → **case**[1]

histrionic [ˌhɪstrɪˈɒnɪk] adj théâtral ; (pej) histrionique, de cabotin (pej) ◆ **histrionic ability** talent m dramatique

histrionically [ˌhɪstrɪˈɒnɪkəlɪ] adv d'un air théâtral or mélodramatique

histrionics [ˌhɪstrɪˈɒnɪks] npl art m dramatique ◆ **I'm tired of his histrionics** (pej) j'en ai assez de ses airs dramatiques or de son cinéma*

hit [hɪt] → SYN vb : pret, ptp **hit** 1 n a (= stroke, blow) coup m ; (in baseball, cricket) coup m de batte ; (in tennis) coup m de raquette ; (fig) attaque f ◆ **the film was a hit at current government policy** le film était une attaque contre la politique actuelle du gouvernement ; → **free**

b (= successful stroke) coup m réussi, beau coup m ; (Fencing) touche f ; (Mil: with bomb, bullet, shell) tir m réussi ◆ **three hits and three misses** (gen) trois succès et trois échecs ; → **direct, score**

c (Comput) (= response from Internet) réponse f ; (= visit to website) connexion f

d (gen) (gros) succès m ; (= song) tube* m ◆ **the play/song was a big hit** la pièce/chanson a eu un énorme succès ◆ **to make a hit of sth*** réussir (pleinement) qch ◆ **she was** or **made a big hit with my sister** elle a beaucoup plu à ma sœur

e (* = dose) [of crack, speed, caffeine etc] dose* f ; → **score**

f (* = assassination) meurtre m

2 vt a (= strike) (once) frapper ; (repeatedly) taper sur ; (= knock against) heurter, cogner ; (= reach) atteindre ; (Billiards, Fencing) toucher ; (Typ, Comput) [+ key] appuyer sur ; (fig = hurt, annoy) blesser ◆ **he hit his brother** il a frappé son frère ◆ **he hit me!** (once) il m'a frappé ! ; (repeatedly) il m'a tapé dessus ! ◆ **his father used to hit him** son père le battait ◆ **to hit sb where it hurts** (lit: in fight) frapper qn là où ça fait mal ; (fig) toucher qn à son point faible ◆ **she hit him a blow across the face** (with hand) elle l'a frappé au visage ; (with truncheon etc) elle lui a donné un coup de matraque etc sur le visage ◆ **to hit one's knee/elbow on** or **against sth** se cogner or se heurter le genou/coude contre qch ◆ **his head hit the corner of the table, he hit his head on the corner of the table** sa tête a cogné contre or heurté le coin de la table, il s'est cogné la tête sur le coin de la table ◆ **the stone hit the window** la pierre a cogné contre la fenêtre ◆ **he hit the nail with a hammer** il a tapé sur le clou avec un marteau ◆ **to hit the nail on the head** (fig) mettre dans le mille, faire mouche ◆ **that hit home!** (fig) le coup a porté ! ◆ **to hit the buffers** (Brit fig) [plan, project] s'en aller en eau de boudin ◆ **to hit the wall** (fig) [athlete etc] connaître un passage à vide ◆ **to hit the ground running*** se mettre immédiatement au travail ◆ **he was hit by flying glass** il a reçu des éclats de verre ◆ **the president was hit by three bullets** le président a reçu trois balles ◆ **the bullet hit him in the chest** il a reçu la balle dans la poitrine ◆ **the house was hit by a bomb** la maison a été atteinte par or a reçu une bombe ◆ **the tree was hit by lightning** l'arbre a été frappé par la foudre ◆ **the hurricane hit San Francisco yesterday evening** l'ouragan a frappé San Francisco hier soir ◆ **my plane had been hit** mon avion avait été touché ◆ **you won't know what's hit you when the baby arrives!*** ta vie va être bouleversée par l'arrivée du bébé ; → **down**[2], **mark**

b (fig = affect adversely) toucher ◆ **California was the area hardest hit by the storms** la Californie a été la région la plus touchée par les tempêtes ◆ **production was hit by the strike** la production a été touchée par la grève ◆ **the rise in prices will hit the poorest families first** la hausse des prix affectera or touchera d'abord les familles les plus pauvres ◆ **he was hard hit by his losses** ses pertes l'ont durement touché or atteint ◆ **industry has been hard hit by the recession** l'industrie a été gravement touchée par la récession ◆ **the public was hardest hit by the strike** c'est le public qui a été touché le plus durement par la grève

c (fig) **to hit the papers** [news, story] être à la une* des journaux, faire les gros titres des journaux ◆ **what will happen when the story hits the front page?** que se passera-t-il quand on lira cette histoire en première page des journaux ? ◆ **the car hit* 100mph just before it crashed** la voiture a atteint les 160 km/h juste avant l'accident ◆ **oil prices hit record levels yesterday** le prix du pétrole a atteint un niveau record hier ◆ **then it hit me*** (= realization) alors ça a fait tilt* ◆ **it suddenly hit me* that ...** je me suis soudain rendu compte que ..., j'ai soudain réalisé que ... ◆ **you've hit it!*** ça y est*, tu as trouvé ! ◆ **he hit me with a six of spades*** (US Cards) il m'a flanqué un six de pique ◆ **to hit sb for 10 dollars**‡ (US) taper* qn de 10 dollars ◆ **to hit the bottle*** se mettre à picoler* ◆ **to hit the ceiling*** or **the roof*** sortir de ses gonds ◆ **to hit the deck*** (= get down) s'aplatir au sol ; (= get knocked down) (gen) tomber par terre ; [boxer] aller au tapis ◆ **to hit the dirt**‡ s'aplatir au sol ◆ **to hit the hay**‡ or **the sack**‡ se pieuter‡ ◆ **to hit the road*** or **the trail*** se mettre en route ◆ **in May the candidates will hit the campaign trail** en mai les candidats se lanceront dans la campagne électorale ◆ **to hit the dance floor*** aller sur la piste (de danse) ◆ **when will Jim hit town?*** quand est-ce que Jim va débarquer* en ville ? ◆ **we should hit Las**

hitch / hock

Vegas in a couple of hours nous devrions arriver à Las Vegas dans une ou deux heures ◆ **to hit the shops*** [article] arriver dans les magasins ; [person] faire les magasins ◆ **to hit the bookshops** or (US) **bookstores** [new publication] sortir en librairie ◆ **it hits the spot*** [food, drink] ça fait du bien ! ; (= succeeds) ça tombe à pic ! * ◆ **to hit sb for six*** [cold, flu] lessiver* qn ; [news] faire un choc à qn ; → **headline, high, jackpot, skid**

d (= collide with) heurter, rentrer dans* ◆ **the car hit a pedestrian** la voiture a renversé un piéton

e (= find) trouver, tomber sur ; [+ problems, difficulties] rencontrer ◆ **at last we hit the right road** nous sommes enfin tombés sur la bonne route ◆ **we've hit a snag** on est tombés sur un os*

[3] vi (= collide) se heurter, se cogner (against à, contre)

[4] COMP ▷ **hit-and-miss** adv au petit bonheur (la chance), un peu n'importe comment ◇ adj work fait au petit bonheur (la chance) ; attitude désinvolte ; technique empirique ◆ **it's a hit-and-miss affair** c'est une question de chance ◆ **the way she painted the room was rather hit-and-miss** elle a peint la pièce un peu n'importe comment ◆ **it was all rather hit-and-miss** tout se passait plutôt au petit bonheur (la chance), tout était à la va-comme-je-te-pousse ▷ **hit-and-run accident** n accident m avec délit de fuite ▷ **hit-and-run driver** n chauffard m coupable du délit de fuite ▷ **hit-and-run raid** n (Mil) raid m éclair inv ▷ **hit-and-run strike** n grève f éclair ▷ **hit list** n liste f noire ◆ **he's on her hit list** (fig) elle l'a dans le collimateur* ▷ **hit-or-miss** → SYN adv, adj ⇒ **hit-and-miss** ▷ **hit parade** n hit-parade m ▷ **hit rate** n (= success rate) taux m de réussite ◆ **he had the best hit rate of the whole Police Academy** (shooting) il a obtenu le meilleur score au tir de toute l'école de police ▷ **hit show** n (Theat) revue f à succès ; (TV) émission f à succès ▷ **hit single** n (Mus) tube* m ▷ **hit squad*** n commando m (de tueurs)

▶ **hit back** [1] vi (lit) frapper en retour ; (fig) riposter ◆ **to hit back at sb** se venger de qn ◆ **to hit back at sb's criticism/suggestions/accusations** riposter à la critique/aux suggestions/aux accusations de qn
[2] vt sep ◆ **to hit sb back** frapper qn en retour

▶ **hit off*** vt sep ◆ **to hit it off with sb** bien s'entendre avec qn ◆ **they hit it off straight away** ils se sont immédiatement bien entendus ◆ **he has never hit it off with Douglas** il ne s'est jamais entendu avec Douglas

▶ **hit on** vt fus **a** ⇒ **hit upon**
b (US *) draguer*

▶ **hit out** vi **a** (lit) **the police hit out with batons and iron bars** la police a distribué des coups de matraque et de barres de fer ◆ **to hit out at sb** donner un coup à qn
b (fig) riposter ◆ **he hit out angrily when I suggested it had been his fault** il a riposté avec colère quand j'ai suggéré que c'était de sa faute ◆ **to hit out at sb** s'en prendre à qn ◆ **to hit out at sb's criticism/suggestions/accusations** riposter à la critique/aux suggestions/aux accusations de qn

▶ **hit upon** vt fus tomber sur, trouver

hitch [hɪtʃ] → SYN [1] n **a** (= obstacle) (petit) problème m ◆ **there's been a hitch** il y a eu un (petit) problème ◆ **there's been a hitch in their plans** leur projet s'est heurté à un obstacle ◆ **after some technical hitches the show finally got under way** après quelques problèmes techniques le spectacle a finalement commencé ◆ **the only hitch is that ...** le seul ennui c'est que ... ◆ **without a hitch** sans accroc
b (US*: in army or in jail) période passée dans l'armée ou en prison
c (= knot: gen) nœud m ; (also **hitch knot**) deux demi-clés f pl
d **to give sth a hitch (up)** remonter qch
[2] vt **a** (also **hitch up**) [+ trousers, skirt] remonter
b (= fasten) accrocher, attacher, fixer ; (Naut) amarrer ◆ **to get hitched*** se marier ◆ **to hitch one's wagon to a star** (US) aspirer à de hautes destinées ◆ **to hitch one's wagon to sb** (US) chercher à profiter de la destinée de qn
c * to hitch a lift (= be hitch-hiking) faire du stop* ; (= get a lift) être pris en stop* ◆ **to hitch a lift** or **a ride to Paris** faire du stop* jusqu'à Paris, être pris en stop* pour Paris ◆ **she hitched a lift into town** elle a fait du stop* pour aller en ville, quelqu'un l'a déposée en ville ◆ **I hitched a ride with a truck driver** j'ai été pris en stop* par un camion or un routier
[3] vi * ⇒ **hitch-hike**
[4] COMP ▷ **hitch-hike** vi faire du stop* or de l'auto-stop ◆ **they hitch-hiked to Paris** ils sont allés à Paris en stop, ils ont fait du stop* or de l'auto-stop jusqu'à Paris ▷ **hitch-hiker** n auto-stoppeur m, -euse f ▷ **hitch-hiking** n auto-stop m, stop* m

▶ **hitch up** vt sep **a** [+ horses, oxen] atteler (to à)
b ⇒ **hitch 2a**

hitcher* ['hɪtʃəʳ] n stoppeur* m, -euse f

hi-tec(h) ['haɪtek] adj ⇒ **high-tech** ; → **high**

hither ['hɪðəʳ] → SYN [1] adv **a** (†† = to here) bring ici ◆ **come hither!** viens ça ! ††; (US) **come** ◆ **his journey hither** son voyage en ce lieu
b **hither and thither** (Brit), **hither and yon** (US) (= to and fro) çà et là
[2] adj †† de ce côté-ci

hitherto [ˌhɪðəˈtuː] → SYN adv jusqu'ici

Hitler ['hɪtləʳ] [1] n Hitler m
[2] COMP ▷ **the Hitler Youth (Movement)** n les jeunesses fpl hitlériennes

Hitlerian [hɪtˈlɪərɪən] adj hitlérien

Hitlerism ['hɪtlərɪzəm] n hitlérisme m

hitman* ['hɪtmæn] n, pl **-men** tueur m à gages

Hittite ['hɪtaɪt] [1] n **a** Hittite mf
b (Ling) hittite m
[2] adj hittite

HIV [ˌeɪtʃaɪˈviː] [1] n (Med) (abbrev of **human immunodeficiency virus**) HIV m, VIH m
[2] COMP ▷ **HIV-negative** adj séronégatif ▷ **HIV-positive** adj séropositif ▷ **HIV-related** adj associé au sida ▷ **HIV virus** n virus m HIV

hive [haɪv] [1] n (= place, also fig) ruche f ; (with bees in it) essaim m ◆ **a hive of activity** or **industry** (fig) une vraie ruche
[2] vt mettre dans une ruche
[3] vi entrer à la ruche

▶ **hive off** (Brit) [1] vi **a** (= separate) se séparer (from de)
b (*: rush off) filer*, se tirer*
[2] vt sep séparer (from de) ◆ **they hived off the infant school to a different building** ils ont déplacé la maternelle pour l'installer dans un autre bâtiment ◆ **the branch might be hived off into a separate company** il se peut que cette succursale devienne une société indépendante

hives [haɪvz] npl (Med) urticaire f

hiya* ['haɪjə] excl salut ! *

Hizbollah, Hizbullah ['hɪzbəˈlɑː] n ⇒ **Hezbollah**

hl (abbrev of **hectolitre(s)**) hl

HLA [ˌeɪtʃelˈeɪ] n (abbrev of **human leucocyte antigens**) HLA mpl

HM [eɪtʃˈem] n (abbrev of **His** or **Her Majesty**) S.M., Sa Majesté

HMG [ˌeɪtʃemˈdʒiː] n (Brit) (abbrev of **His** or **Her Majesty's Government**) → **majesty**

HMI [ˌeɪtʃemˈaɪ] n (Brit Educ) (abbrev of **His** or **Her Majesty's Inspector**) ≃ inspecteur m, -trice f général(e) de l'enseignement secondaire

HMO [ˌeɪtʃemˈəʊ] n (US) (abbrev of **Health Maintenance Organization**) organisme médical privé assurant un forfait santé

HMS [ˌeɪtʃemˈes] n (Brit) (abbrev of **His** or **Her Majesty's Ship**) → **ship**

HMSO [ˌeɪtʃemesˈəʊ] n (Brit) (abbrev of **His** or **Her Majesty's Stationery Office**) → **stationery**

HNC [ˌeɪtʃenˈsiː] n (Brit Educ) (abbrev of **Higher National Certificate**) ≃ BTS m

HND [ˌeɪtʃenˈdiː] n (Brit Educ) (abbrev of **Higher National Diploma**) ≃ DUT m

ho [həʊ] excl ◆ **ho ho!** ah ah (ah) !

hoagie, hoagy ['həʊgɪ] n (US) grand sandwich m mixte

hoard [hɔːd] → SYN [1] n réserves fpl, provisions fpl ; (pej) stock m (pej) ; (= treasure) trésor m ◆ **a hoard of food** des provisions fpl, des réserves fpl ◆ **a hoard of silver and jewels** un trésor composé d'argenterie et de bijoux ; (pej) tout un stock d'argenterie et de bijoux ◆ **a squirrel's hoard of nuts** les réserves or provisions de noisettes d'un écureuil
[2] vt (also **hoard up**) [+ food etc] amasser, mettre en réserve ; (pej) stocker (pej) ; [+ money] accumuler, amasser

hoarder ['hɔːdəʳ] → SYN n ◆ **to be a hoarder** ne rien jeter

hoarding¹ ['hɔːdɪŋ] n (act of saving) entassement m, accumulation f ; [of capital] thésaurisation f

hoarding² ['hɔːdɪŋ] n **a** (Brit: for advertisements) panneau m d'affichage or publicitaire
b (= fence) palissade f

hoarfrost ['hɔːfrɒst] n gelée f blanche, givre m

hoarse [hɔːs] → SYN adj person enroué ; voice rauque, enroué ◆ **to be hoarse** avoir la voix rauque, être enroué ◆ **he shouted himself hoarse** il s'est enroué à force de crier

hoarsely ['hɔːslɪ] adv d'une voix rauque

hoarseness ['hɔːsnɪs] n enrouement m

hoary ['hɔːrɪ] → SYN adj **a** hair blanchi, blanc neigeux inv ; person (lit, liter: also **hoary-headed**) chenu (liter) ; (fig) vénérable ◆ **a hoary old joke** une blague éculée ◆ **a hoary old tradition** une vieille tradition surannée
b (Bot) couvert de duvet blanc

hoax [həʊks] → SYN [1] n canular m ◆ **to play a hoax on sb** monter or faire un canular à qn ◆ **the phone call was a hoax** le coup de téléphone était le fait d'un mauvais plaisant
[2] vt faire or monter un canular à ◆ **we were completely hoaxed** on nous a eus* ◆ **to hoax sb into believing sth** faire croire qch à qn

hoaxer ['həʊksəʳ] n mauvais plaisant m

hob [hɒb] n (on cooker) plan m de cuisson ; (Brit: on old-fashioned cooker) rond m ; (by fireplace) plaque f (de foyer) (où la bouilloire etc est tenue au chaud)

Hobbit ['hɒbɪt] n (Literat) ◆ **"the Hobbit"** "Bilbo le Hobbit"

hobble ['hɒbl] [1] vi clopiner, boitiller ◆ **to hobble along** aller clopin-clopant ◆ **to hobble in/out** etc entrer/sortir etc en clopinant
[2] vt (lit, fig) entraver
[3] n (for horses) entrave f
[4] COMP ▷ **hobble skirt** n jupe f entravée

hobbledehoy [ˌhɒbldɪˈhɔɪ] n grand dadais m

hobby ['hɒbɪ] → SYN [1] n passe-temps m inv, hobby m ◆ **he began to paint as a hobby** il a commencé la peinture comme passe-temps
[2] COMP ▷ **hobby-horse** n (= toy) tête f de cheval (sur un manche) ; (= rocking horse) cheval m à bascule ; (fig) sujet m favori, dada* m ◆ **he's off on his hobby-horse** (fig) le voilà reparti (sur son dada)

hobbyist ['hɒbɪɪst] n amateur m ◆ **a photo hobbyist** un photographe amateur

hobgoblin ['hɒbˌgɒblɪn] n (= elf) lutin m ; (fig) (= bugbear) croquemitaine m

hobnail ['hɒbneɪl] [1] n caboche f, clou m
[2] COMP ▷ **hobnail(ed) boots** npl souliers mpl cloutés or ferrés

hobnob ['hɒbnɒb] → SYN vi ◆ **to hobnob with** frayer avec

hobo ['həʊbəʊ] n, pl **hobo(e)s** (US) **a** (= tramp) clochard m
b (= migratory worker) saisonnier m

Hobson's choice ['hɒbsənzˈtʃɔɪs] n ◆ **it's Hobson's choice** c'est un choix qui n'en est pas un, ce n'est un choix qu'en apparence

Ho Chi Minh City [ˈhəʊtʃiːˈmɪnˈsɪtɪ] n Hô Chi Minh-Ville

hock¹ [hɒk] n [of animal] jarret m ; [of human] creux m du genou ; (Culin) jarret m (de bœuf)

hock² [hɒk] n (Brit = wine) vin m du Rhin

hock³ ✳ [hɒk] **1** vt (= pawn) mettre au clou ✳ **2** n ◆ **in hock** object au clou ✳, au mont-de-piété ; person endetté

hockey ['hɒkɪ] **1** n **a** (also **field hockey**) hockey m
b (also **ice hockey**) hockey m sur glace
2 comp match, pitch de hockey ▷ **hockey player** n hockeyeur m, -euse f, joueur m, -euse f de hockey ▷ **hockey stick** n crosse f de hockey

hocus-pocus [ˌhəʊkəsˈpəʊkəs] n (NonC) **a** (= trickery) **a bit of hocus-pocus** des tours de passe-passe
b (= mumbo-jumbo) galimatias m

hod [hɒd] n (for coal) seau m à charbon ; (for bricks, mortar) oiseau m, hotte f

hodgepodge ['hɒdʒpɒdʒ] n (esp US) ⇒ **hotchpotch**

hoe [həʊ] **1** n houe f, binette f
2 vt [+ ground] biner ; [+ vegetables, weeds] sarcler

hoedown ['həʊdaʊn] n (US) (= dance) danse f (villageoise) ; (= party) bal m populaire

hog [hɒɡ] **1** n **a** cochon m, porc m ; (Brit: castrated) cochon m ◆ **he's a greedy hog** c'est un vrai goinfre ◆ **to go hog wild** ✳ (US) dépasser les bornes ; → **high, road, whole**
b (US ✳ = motorbike) moto f ✳
2 vt ✳ **a** (= monopolize) [+ best chair etc] accaparer, monopoliser ; [+ conversation] monopoliser ◆ **don't hog all the sweets** ne garde pas tous les bonbons pour toi ◆ **to hog the credit** s'attribuer tout le mérite ◆ **to hog the limelight** monopoliser l'attention
b [+ food] se goinfrer ✳ de

Hogarthian [həʊˈɡɑːθɪən] adj grotesque à la manière de Hogarth

Hogmanay [ˌhɒɡməˈneɪ] n (Scot) la Saint-Sylvestre, le réveillon du jour de l'an

---

HOGMANAY

Hogmanay est le nom donné aux festivités du premier de l'An en Écosse, où elles occupent une place toute particulière. La coutume veut que l'on se rende chez ses voisins après minuit en apportant symboliquement un petit cadeau, de la boisson et, parfois, un morceau de charbon en gage de prospérité pour l'année à venir ; cette coutume porte le nom de "first-footing".

---

hogshead ['hɒɡzhed] n barrique f

hogtie ['hɒɡtaɪ] vt (US) (lit) lier les pieds et les poings de ; (fig) entraver ◆ **to be hogtied** (lit, fig) être pieds et poings liés

hogwash ['hɒɡwɒʃ] n (= pigswill) eaux fpl grasses (pour nourrir les porcs) ; (✳ = nonsense) inepties fpl

hogweed ['hɒɡwiːd] n berce f

ho hum ✳ ['həʊˈhʌm] **1** excl ◆ **ho hum! that's life** eh oui ! c'est la vie
2 adj (also **ho-hum**) moyen

hoick ✳ [hɔɪk] vt (Brit = lift) ◆ **to hoick one's trousers up** remonter son pantalon ◆ **to hoick sb out of bed** tirer qn de son lit

hoi polloi [ˌhɔɪpəˈlɔɪ] → SYN npl (pej) ◆ **the hoi polloi** la populace

hoist [hɔɪst] → SYN **1** vt hisser, remonter ; [+ sails, flag] hisser ◆ **to be hoist with one's own petard** être pris à son propre piège
2 n **a** (= equipment) appareil m de levage, palan m ; (= winch) treuil m ; (= crane) grue f ; (for goods) monte-charge m inv ; (made of rope) corde f, palan m
b ◆ **to give sth a hoist (up)** hisser or remonter qch

hoity-toity [ˌhɔɪtɪˈtɔɪtɪ] adj (pej = arrogant) prétentieux, bêcheur ✳

hoke ✳ [həʊk] vt (US) ◆ **to hoke up a movie** forcer les effets d'un film

hokey ✳ ['həʊkɪ] **1** adj (US) **a** (= phoney) bidon ✳ inv ◆ **it's hokey** c'est du bidon ✳
b (= corny) story, song cucul la praline ✳ inv ; excuse tiré par les cheveux
2 comp ▷ **hokey-cokey** n sorte de ronde

Hokkaido [hɒˈkaɪdəʊ] n Hokkaido

hokku [hɒkuː] n, pl inv ⇒ **haiku**

hokum ✳ ['həʊkəm] n (US) (= nonsense) foutaises ✳ fpl ; (= sentimentality) blablabla ✳ m sentimental, niaiseries fpl ; (US Cine, Theat) gros effets mpl

---

hold [həʊld]
vb : pret, ptp **held**

→ SYN   LANGUAGE IN USE 27

1 NOUN   **3** INTRANSITIVE VERB
2 TRANSITIVE VERB   **4** COMPOUNDS
5 PHRASAL VERBS

---

1 NOUN

a = grip, clutch prise f ◆ **he loosened his hold** il a desserré sa prise or son étreinte f ◆ **he loosened his hold around my arms/my throat** il a desserré son étreinte autour de mes bras/ma gorge ◆ **I tried to break free from his hold** j'ai essayé de me dégager ◆ **to seize hold of** saisir ◆ **to have hold of** tenir ◆ **I've got a good** or **firm hold on the rope** je tiens bien or bon la corde

b = control, influence emprise f ◆ **the Prime Minister's uneasy hold over her government** la fragile emprise du Premier ministre sur son gouvernement ◆ **the president has consolidated his hold on the media** le président a renforcé son emprise sur les médias ◆ **she still has a hold on him** elle a toujours de l'emprise sur lui

c gen, also Climbing prise f ◆ **the rock offered him few holds** le rocher lui offrait peu de prises

d Wrestling prise f ◆ **no holds barred** ✳ (fig) tous les coups sont (or étaient etc) permis ◆ **a talk show with no holds barred** ✳ un débat télévisé où tous les coups sont permis

e of hairspray, hair gel fixation f ◆ **finish with hairspray for extra hold** pour finir, vaporisez de la laque pour obtenir une fixation parfaite

f Naut cale f

g Aviat soute f

+ set structures

◆ **to catch hold (of sth)** attraper (qch) ◆ **catch hold!** attrape ! ◆ **he caught hold of her arm** il l'a attrapée par le bras

◆ **to get/take a hold of** (= catch) prendre ◆ **to get a hold of o.s.** se maîtriser, se contrôler ◆ **get a hold of yourself!** ressaisis-toi !

◆ **to get hold of** (= find, trace) [+ object] dénicher ✳, (réussir à) se procurer ; [+ details, information] réussir à obtenir ; (= contact) [+ person] contacter, joindre ◆ **can you get hold of £500 by tomorrow?** est-ce que tu peux te procurer 500 livres d'ici demain ? ◆ **where did you get hold of that hat?** où as-tu déniché ✳ or été trouver ce chapeau ? ◆ **children can all too easily get hold of drugs** les enfants peuvent trop facilement se procurer de la drogue ◆ **where did you get hold of that idea?** où as-tu été pêcher ✳ or trouver cette idée ? ◆ **the press got hold of the story** la presse s'empara de cette histoire ◆ **we've been trying to get hold of him all day** nous avons essayé de le contacter or le joindre toute la journée

◆ **to take hold** [fire] prendre ; [custom, practice] se répandre ; [idea] faire son chemin ; [recession, economic recovery, disease] s'installer ; [truce, ceasefire] tenir ◆ **the reforms taking hold in former Communist states** les réformes engagées dans les anciens États communistes ◆ **take hold!** tiens !

◆ **to keep hold of** tenir fermement, ne pas lâcher ◆ **keep hold of the idea that ...** dites-vous bien que ...

◆ **on hold** [phone call, order etc] en attente ◆ **to put sb on hold** (during phone call) mettre qn en attente ◆ **nuclear testing was put on hold** les essais nucléaires ont été suspendus ◆ **he put his career on hold to spend more time with his family** il a laissé sa carrière en plan pour consacrer davantage de temps à sa famille

2 TRANSITIVE VERB

a = grasp tenir ◆ **hold this for a moment** tiens or prends ça un moment ◆ **he held my arm** il me tenait le bras ◆ **the dog held the stick in his mouth** le chien tenait le bâton dans sa gueule ◆ **she was holding her sister's hand** (lit, fig) elle tenait la main de sa sœur ◆ **they were holding hands** (gen) ils se tenaient par la main ; [lovers] ils étaient la main dans la main ◆ **she held him tight** elle l'a serré très fort ◆ **hold him tight or he'll fall** tenez-le bien pour qu'il ne tombe (subj) pas

b = keep in place ◆ **to hold sth in place** maintenir qch en place ◆ **the nails hold the carpet in place** les clous maintiennent la moquette en place ◆ **hair held in place with a clip** des cheveux attachés avec une barrette ◆ **she held the door open** elle a tenu la porte (ouverte) ◆ **a hat held by a ribbon tied under the chin** un chapeau maintenu au moyen d'un ruban noué sous le menton

c = support supporter ◆ **the ladder won't hold you** or **your weight** l'échelle ne supportera pas ton poids

d = maintain, keep ◆ **to hold o.s. upright** se tenir droit ◆ **to hold a note** (Mus) tenir une note ◆ **to hold sth in mind** garder qch à l'esprit ◆ **to hold an opinion** avoir une opinion ◆ **to hold sb's attention/interest** retenir l'attention/l'intérêt de qn ◆ **can he hold an audience?** est-ce qu'il sait tenir son public (en haleine) ? ◆ **this car holds the road well** cette voiture tient bien la route ◆ **to hold one's breath** (lit, fig) retenir son souffle ◆ **don't hold your breath!** (fig) n'y compte pas trop ! ◆ **it's scheduled to finish in August, but don't hold your breath** il est prévu que ce soit fini en août mais je n'y compterais pas trop ◆ **hold the line!** (Telec) ne quittez pas ! ◆ **I've been holding the line for several minutes** (Telec) cela fait plusieurs minutes que je suis en ligne or que j'attends

e = have, possess [+ ticket, permit, driving licence] avoir ; [+ shares, record] détenir ◆ **Spain held vast territories in South America** l'Espagne possédait de vastes territoires en Amérique du Sud

f = defend successfully (gen, Mil) tenir ◆ **the army held the bridge against the enemy** l'armée a tenu le pont malgré les attaques de l'ennemi ◆ **to hold one's serve** (Tennis) gagner son service

◆ **to hold one's own** (gen) (bien) se débrouiller ; [ill person] se maintenir ◆ **he can hold his own in German** il se débrouille très bien en allemand ◆ **he can hold his own with anybody** il ne s'en laisse pas remonter

g = occupy [+ post, position] avoir, occuper ; (Rel) [+ living] jouir de ◆ **he holds the post of headmaster** il occupe le poste de directeur

h = cause to take place [+ meeting, election, debate etc] tenir ; [+ conversation] avoir, tenir ; (Scol) [+ examination] organiser ◆ **the exhibition is always held here** l'exposition se tient toujours or a toujours lieu ici ◆ **to hold a service** (Rel) [priest etc] célébrer un office ◆ **they are holding a service to mark the day when ...** ils ont prévu une cérémonie pour commémorer le jour où ... ◆ **to hold interviews** [employer etc] recevoir des candidats ◆ **the interviews are being held in London** les entretiens ont lieu à Londres

i = contain contenir ◆ **this box will hold all my books** cette caisse est assez grande pour (contenir) tous mes livres ◆ **this bottle holds one litre** cette bouteille a une contenance d'un litre or peut contenir un litre ◆ **this room holds 20 people** il y a de la place pour 20 personnes dans cette salle ◆ **what does the future hold for us?** qu'est-ce que l'avenir nous réserve ? ◆ **I wonder what the future holds** je me demande ce que l'avenir nous réserve ◆ **she can hold her drink** or **liquor!** ✳ c'est fou ce qu'elle supporte bien l'alcool !

j = keep, have charge of garder ◆ **I will hold the money until ...** je garderai l'argent jusqu'à ce que ... ◆ **my lawyer holds these documents** ces documents sont chez mon avocat ◆ **the bank holds these bills** la banque conserve ces effets ◆ **we don't hold that information on our files** nous n'avons pas ces informations dans nos fichiers ◆ **the data is held on computer** ces données sont stockées sur informatique

k = keep back, restrain [+ person] tenir, retenir ◆ **to hold a train** empêcher un train de partir ◆ **hold the letter until ...** n'envoyez pas la lettre avant que ... (+ subj) ◆ **"hold for arrival"** (US: on letters) "ne pas faire suivre" ◆ **the police held him for two days** la police l'a gardé (à vue) pendant deux jours ◆ **there's**

holdall / hole

no **holding him** il n'y a pas moyen de l'arrêter ◆ **hold it!** * stop !

[I] [= believe, assert] **to hold that ...** maintenir que ◆ **he holds that matter does not exist** il maintient que la matière n'existe pas ◆ **to hold sth to be true** considérer qch comme vrai ◆ **this is held to be true** cela passe pour vrai ◆ **the court held that ...** (Jur) la cour a statué que ... ◆ **it was held by the judge that ...** le juge a statué que ... ◆ **the law holds that ...** la loi prévoit or stipule que ... ◆ **he was held guilty of the offence** on pensait que c'était lui qui avait commis le délit ◆ **to hold sb responsible for sth** tenir qn pour responsable de qch ◆ **to hold in high esteem** tenir en haute estime

◆ **to hold sth against sb** en vouloir à qn de qch ◆ **I don't hold it against him** je ne lui en veux pas

[3] INTRANSITIVE VERB

[a] [= remain in place] [rope, nail etc] tenir, être solide ◆ **to hold firm** or **tight** or **fast** (= stay in place) tenir ; see also **tight** ◆ **hold hard!** arrêtez !, minute ! *

[b] [weather] se maintenir

[c] [Telec] **can you hold, please?** ne quittez pas ! ◆ **I've been holding for several minutes** cela fait plusieurs minutes que je suis en ligne or que j'attends

[d] **hold good** [statement, argument] être valable ◆ **your argument doesn't hold (good)** votre argument n'est pas valable ◆ **the theory could still hold** la théorie pourrait tout de même être valable

[4] COMPOUNDS

▷ **holding operation** n solution f provisoire
▷ **holding pattern** n (Aviat) circuit m d'attente

[5] PHRASAL VERBS

► **hold back**

[1] vi (lit) rester en arrière ; (fig) se retenir (*from sth* de qch, *from doing* de faire) ◆ **I held back from telling him what I really thought** je me suis retenu de lui dire ce que je pensais vraiment

[2] vt sep [a] [+ fears, emotions] maîtriser ; [+ tears] retenir ◆ **the police held back the crowd** la police a contenu la foule ◆ **to hold sb back from doing sth** empêcher qn de faire qch ◆ **they held back the names of the victims** ils n'ont pas divulgué le nom des victimes ◆ **he was holding something back from me** il me cachait quelque chose ◆ **his policies have held our country back economically** sa politique a bloqué l'essor économique or a freiné le développement (économique) de notre pays

[b] [US Scol] [+ pupil] faire redoubler ◆ **to be held back** redoubler

► **hold down** vt sep [a] (= keep in place) maintenir en place ; [+ person] maintenir ◆ **to hold one's head down** garder la tête baissée ◆ **we couldn't hold him down** nous ne sommes pas arrivés à le maintenir au sol

[b] (= keep low) [+ costs, prices, inflation, taxes] empêcher d'augmenter ◆ **strict government regulation will hold down costs** le gouvernement empêchera les coûts d'augmenter grâce à une réglementation stricte

[c] [+ job] (= have) avoir, occuper ; (= keep) garder ◆ **she's managed to hold down a job as well as looking after the children** elle a réussi à continuer de travailler tout en s'occupant des enfants ◆ **he's holding down a good job** il a une belle situation ◆ **he can't hold down a job** il ne garde jamais longtemps le même travail

► **hold forth**

[1] vi faire des discours, disserter ◆ **he was holding forth on the subject of religion** il faisait des discours or dissertait sur la religion

[2] vt sep (frm = hold out) tendre

► **hold in** vt sep retenir ◆ **hold your stomach in!** rentre ton ventre ! ◆ **to hold in one's temper** se contenir, se retenir ◆ **he managed to hold in his horse** il a réussi à maîtriser son cheval ◆ **depression can sometimes be traced to holding in anger** le fait de réprimer sa colère peut entraîner la dépression ◆ **go ahead and cry, don't hold it in** laisse-toi aller et pleure, n'essaie pas de te retenir

► **hold off**

[1] vi ◆ **the rain has held off so far** jusqu'ici il n'a pas plu

[2] vt sep [a] (= prevent from approaching) tenir éloigné or à distance ◆ **they held off the enemy** ils tenaient l'ennemi à distance ◆ **try to hold him off a little longer** (fig) essayez de le faire patienter encore un peu ◆ **I can't hold him off any longer: you'll have to see him** je ne peux pas le faire attendre plus longtemps : il faut que vous le voyiez

[b] (= resist) **she held off all challengers to win the race** elle a gagné la course malgré les autres challengers

[c] (= delay) **to hold off doing sth** attendre pour faire qch ◆ **they held off eating until she had arrived** ils ont attendu qu'elle soit arrivée pour manger

► **hold on**

[1] vi [a] (= endure) tenir bon, tenir le coup * ◆ **despite her aching shoulders, Nancy held on** malgré ses épaules qui lui faisaient mal, Nancy a tenu bon or a tenu le coup

[b] (= wait) attendre ◆ **hold on!** attendez ! ; (on telephone) ne quittez pas !

[2] vt sep maintenir (en place), tenir en place ◆ **this hinge holds the lid on** cette charnière maintient le couvercle (en place) ◆ **to hold one's hat on** tenir son chapeau sur sa tête

► **hold on to** vt fus [a] (= cling to) [+ rope, raft, branch] se cramponner à, s'accrocher à ; (fig) [+ hope, idea] se raccrocher à

[b] (= keep) garder ◆ **hold on to this for me** (= hold it) tiens-moi ça ; (= keep it) garde-moi ça

► **hold out**

[1] vi [a] (= last) [supplies] durer ◆ **how long will the food hold out?** combien de temps est-ce que les provisions vont durer ? ◆ **if his luck holds out** s'il continue à avoir de la chance

[b] (= endure, resist) tenir bon, tenir le coup ◆ **to hold out against** [+ enemy, attacks] tenir bon devant ; [+ change, improvements, progress, threats, fatigue] résister à ◆ **one prisoner was still holding out on the roof of the jail** un prisonnier continuait à résister sur le toit de la prison ◆ **they are holding out for more pay** ils continuent de demander une augmentation

[2] vt sep [+ object] tendre (*sth to sb* qch à qn) ◆ **"I'm Nancy" she said, holding out her hand** "je m'appelle Nancy" dit-elle en tendant la main ◆ **to hold out one's arms** ouvrir les bras

[3] vt fus ◆ **the doctors hold out little hope for him** les médecins ne lui donnent pas beaucoup de chances de s'en tirer ◆ **she's still holding out hope that ...** elle conserve toujours l'espoir que ... ◆ **the negotiations held out little hope of a settlement** il y avait peu d'espoir que les négociations aboutissent à un accord ◆ **the scheme holds out the promise of great financial reward** ce projet promet de rapporter beaucoup d'un point de vue financier

► **hold out on** * vt fus [+ price etc] s'en tenir à ◆ **you've been holding out on me!** tu m'as caché quelque chose !

► **hold over** vt sep remettre ◆ **the meeting was held over until Friday** la réunion a été remise à vendredi

► **hold to**

[1] vt fus s'en tenir à ◆ **I hold to what I said** je m'en tiens à ce que j'ai dit ◆ **he held to his religious beliefs** il restait attaché à ses convictions religieuses

[2] vt sep ◆ **to hold sb to a promise** faire tenir parole à qn ◆ **I'll hold you to that!** je te prends au mot !

► **hold together**

[1] vi [objects] tenir (ensemble) ; [groups, people] rester uni ◆ **the coalition will never hold together for six months** la coalition ne tiendra jamais six mois ◆ **we must hold together** il faut se serrer les coudes or rester unis

[2] vt sep [+ objects] maintenir (ensemble) ; (fig) [+ political party] maintenir l'union de ◆ **he held the family together** c'est grâce à lui que la famille est restée unie ◆ **she sought to hold together the various factions in her party** elle a cherché à réconcilier les différentes factions de son parti

► **hold up**

[1] vi [a] (lit) **that building won't hold up much longer** ce bâtiment ne tiendra plus longtemps debout

[b] [argument] tenir la route ; [economy] tenir le coup ◆ **the evidence doesn't hold up** ces preuves ne tiennent pas la route

[2] vt sep [a] (= raise) lever, élever ◆ **hold it up higher** tiens-le plus haut ◆ **hold up your hand** levez la main ◆ **hold it up so that we can see it** soulevez-le pour que nous puissions le voir ◆ **to hold sth up to the light** élever qch vers la lumière ◆ **I'll never be able to hold my head up again** je ne pourrai plus jamais regarder personne en face ◆ **to hold sb up to ridicule** tourner qn en ridicule ◆ **he had always been held up as an example to the younger ones** il avait toujours été cité en exemple aux plus jeunes

[b] (= support) soutenir ◆ **the roof is held up by pillars** le toit est soutenu par des piliers

[c] (= stop) arrêter ; (= suspend) différer, suspendre ; (= cause delay to) retarder ◆ **the traffic was held up by the accident** l'accident a ralenti la circulation ◆ **I'm sorry, I was held up** excusez-moi, j'ai été retenu ◆ **violence on the streets could hold up progress towards reform** la violence dans les rues pourrait retarder les réformes

[d] [robber] [+ bank, shop] faire un hold-up dans, braquer * ; [+ coach, person] attaquer (à main armée), braquer *

► **hold with** * vt fus ◆ **I don't hold with that** je désapprouve or réprouve cela ◆ **she doesn't hold with people smoking** elle n'aime pas que l'on fume (subj)

holdall ['həʊldɔːl] n (Brit) (sac m) fourre-tout m inv

holder ['həʊldə^r] [→ SYN] n [a] [of ticket, card] détenteur m, -trice f ; [of passport, office, post, title of nobility, diploma] titulaire mf ; [of stocks] porteur m, -euse f, détenteur m, -trice f ; [of farm] exploitant m, -e f ; (Sport etc) [of record] détenteur m, -trice f ; [of title] détenteur m, -trice f, tenant(e) m(f) ◆ **the holders of the European Football Championship** les détenteurs or les tenants du titre de champion d'Europe de football ◆ **account holder** (Banking) titulaire mf d'un compte

[b] (= object) support m ◆ **penholder** porte-plume m inv ; → **cigarette**

holding ['həʊldɪŋ] [1] n [a] (= act) tenue f ; (Tech) fixation f

[b] (= possession) [of lands] possession f, jouissance f ; [of stocks] possession f

[c] (= farm) propriété f, ferme f

[2] **holdings** npl (Fin) (= lands) avoirs mpl fonciers ; (= stocks) intérêts mpl, participations fpl

[3] COMP ▷ **holding company** n (Fin) holding m, société f de portefeuille

holdout ['həʊldaʊt] n (US) *personne qui fait obstacle*, obstacle m ◆ **Britain was the only holdout on this agreement** la Grande-Bretagne était le seul pays à faire obstacle à cet accord

holdover * ['həʊldəʊvə^r] n (US: esp Pol) rescapé(e) m(f) (fig)

holdup ['həʊldʌp] n [a] (= robbery) hold-up m inv, braquage * m

[b] (= delay) retard m ; (in traffic) embouteillage m, bouchon m ◆ **there's been a holdup in the delivery** il y a eu un retard dans la livraison ◆ **a big holdup owing to roadworks** un gros embouteillage or bouchon dû aux travaux

hole [həʊl] [→ SYN] n [a] trou m ; (in defences, dam) brèche f ; (in clouds) trouée f ◆ **he spied on them through a hole in the wall** il les a espionnés en regardant par un trou dans le mur ◆ **these socks are in holes** or **full of holes** ces chaussettes sont toutes trouées or pleines de trous ◆ **to wear a hole in sth** trouer qch ◆ **to wear into holes** se trouer ◆ **I need it like I need a hole in the head!** * ॥ je n'ai vraiment pas besoin de ça !

b [of mouse] trou m ; [of rabbit, fox] terrier m

c (Golf) trou m ◆ **we played nine holes** nous avons fait neuf trous ; → **4**

d (fig = gap) **it made** or **blew a hole in his savings** cela a fait un trou dans ses économies ◆ **to blow a hole in sb's plans** saborder les plans de qn ◆ **there were some holes in his theory/his argument** il y avait des failles fpl or des faiblesses fpl dans sa théorie/son argumentation ◆ **the plot is full of holes** l'intrigue est mal ficelée ◆ **his story's full of holes** sa version des faits ne tient pas debout ; → **burn, knock, pick**

e (* = trouble) **they were in a nasty hole** ils étaient dans un sale pétrin ◆ **he got me out of a hole** il m'a tiré d'embarras or d'un mauvais pas

f (* pej) (= town) trou m (paumé) * ; (= room, house) bouge m

[2] vt **a** faire un trou dans, trouer ◆ **the ship was holed by a missile** un missile a fait un trou dans le bateau

b (Golf) [+ putt] enquiller ◆ **to hole a ball in three** faire un or le trou en trois ◆ **he holed the 5th in three, il a fait le (trou numéro) cinq en trois coups** il a fait trois sur le cinq

[3] vi **a** [socks, pullover] se trouer

b (Golf: also **hole out**) terminer le trou ◆ **to hole in one** faire le or un trou en un ; see also **4** ◆ **he holed from nine feet at the 18th** il a fait le 18e trou à trois mètres

c (Billiards) bloquer

[4] COMP ▷ **hole-and-corner** adj (pej) (= secret) clandestin, secret (-ète f) ; (= furtive) furtif ; (= underhand) fait en douce * ▷ **hole in one** n (Golf) trou m en un ▷ **hole in the heart** n maladie f bleue ◆ **she was born with a hole in the heart** elle est née avec une malformation cardiaque or du cœur ▷ **hole-in-the-heart** adj **hole-in-the-heart baby** enfant m(f) bleu(e) ◆ **hole-in-the-heart operation** opération f pour communication interventriculaire ▷ **hole-in-the-wall** * n (Brit = cash dispenser) distributeur m de billets

► **hole up** vi [animal, criminal] se terrer ◆ **she's been holed up in her study all day** elle a passé toute la journée cloîtrée dans son bureau

holey ['həʊlɪ] adj plein de trous, (tout) troué

holiday ['hɒlɪdeɪ] [→ SYN] [1] n (esp Brit) (= vacation) vacances fpl ; (= day off) (jour m de) congé m ; (= public holiday) jour m férié ◆ **to take a holiday** prendre des vacances or un congé ◆ **to take a month's holiday** prendre un mois de vacances ◆ **holidays with pay, paid holidays** congés mpl payés ◆ **tomorrow is a holiday** demain est un jour férié ◆ **the school holiday(s)** les vacances fpl scolaires ◆ **the Christmas holiday(s)** les vacances fpl de Noël ; → **bank²**

♦ **on holiday** en vacances, en congé ◆ **to go on holiday** partir en vacances

[2] vi (esp Brit) passer les vacances ◆ **they were holidaying at home** ils prenaient leurs vacances à la maison

[3] COMP mood gai, joyeux ▷ **holiday camp** n (Brit) (gen) camp m de vacances ; (for children only) colonie f or camp m de vacances ▷ **holiday clothes** npl tenue f de vacances ▷ **holiday feeling** n atmosphère f or ambiance f de vacances ▷ **holiday home** n (esp Brit) maison f or résidence f secondaire ▷ **holiday job** n (Brit) emploi m temporaire *(pendant les vacances)* ▷ **holiday-maker** n (Brit) vacancier m, -ière f ; (in summer) estivant(e) m(f) ▷ **holiday pay** n (esp Brit) congés mpl payés ◆ **they don't get holiday pay** ils n'ont pas droit aux congés payés ▷ **holiday resort** n (esp Brit) villégiature f, lieu m de vacances ▷ **holiday season** n période f des vacances ▷ **holiday spirit** n air m or ambiance f de vacances ◆ **he's already lost his holiday spirit** il ne se sent déjà plus en vacances ▷ **holiday traffic** n départs mpl en (or retours mpl de) vacances

holier-than-thou * ['həʊlɪəðən'ðaʊ] adj person imbu de soi-même, supérieur ; (in religious matters) pharisien ; attitude suffisant

holiness ['həʊlɪnɪs] [→ SYN] n sainteté f ◆ **His Holiness** Sa Sainteté

holism ['həʊlɪzəm] n holisme m

holistic [həʊ'lɪstɪk] adj holistique

Holland ['hɒlənd] n **a** la Hollande, les Pays-Bas mpl

b (Tex) **holland** toile f de Hollande

holler * ['hɒlə^r^] (esp US) [1] n braillement m

[2] vti (also **holler out**) brailler, beugler * ◆ **to holler at sb** (= tell off) crier après qn

hollow ['hɒləʊ] [→ SYN] [1] adj **a** (= empty inside) tree, tooth, log, stem creux ◆ **to sound hollow** [object] sonner creux ◆ **to have a hollow feeling in one's stomach** (from hunger) avoir le ventre creux ; (from emotion) avoir l'estomac noué ◆ **to have hollow legs** * (= eat all the time) avoir le ver solitaire * ; (= drink a lot) boire comme un trou *

b (= sunken) cheeks creux ; eyes creux, cave

c (= hollow-sounding) laugh creux ; voice caverneux ; sound (from box) creux ; (from hall, cave) caverneux ; → **beat**

d (= false, empty) person, victory faux (fausse f) ; promise, threat, gesture vain ◆ **hollow words** des paroles fpl creuses ◆ **to have a hollow ring, to ring hollow** sonner faux ◆ **a hollow sham** une dérisoire comédie

[2] n (in ground) (gen) creux m ; (= valley) cuvette f ; [of back, hand, tree] creux m ; [of tooth] cavité f ◆ **to have** or **hold sb in the hollow of one's hand** mener qn par le bout du nez

[3] vt (also **hollow out**) creuser ; (= scoop out) [+ apple etc] évider

[4] COMP ▷ **hollow-cheeked** adj aux joues creuses or creusées ▷ **hollow-eyed** adj aux yeux caves or creux

hollowly ['hɒləʊlɪ] adv echo avec un bruit creux ; say platement ◆ **to ring hollowly** sonner creux ◆ **to laugh hollowly** rire jaune

hollowness ['hɒləʊnɪs] n [of promise, guarantee] manque m de sincérité, vacuité f

holly ['hɒlɪ] [1] n houx m

[2] COMP ▷ **holly berry** n baie f de houx

hollyhock ['hɒlɪ,hɒk] n rose f trémière

Hollywood ['hɒlɪ,wʊd] n Hollywood

holmium ['hɒlmɪəm] n holmium m

holm oak ['həʊm'əʊk] n chêne m vert, yeuse f

holocaust ['hɒləkɔːst] [→ SYN] n holocauste m ◆ **the Holocaust** (Hist) l'Holocauste m

Holocene ['hɒlə,siːn] [1] adj holocène

[2] n ◆ **the Holocene** l'Holocène m

hologram ['hɒlə,græm] n hologramme m

holograph ['hɒləgrɑːf] [1] n document m (h)olographe

[2] adj (h)olographe

holographic [,hɒlə'græfɪk] adj holographique

holography [hɒ'lɒgrəfɪ] n holographie f

holohedral [,hɒlə'hiːdrəl] adj (Geom) holoédrique

holophrastic [,hɒlə'fræstɪk] adj holophrastique

holothurian [,hɒlə'θjʊərɪən] n holothurie f

hols * [hɒlz] n (Brit) (abbrev of **holidays**) vacances fpl

Holstein ['həʊlstaɪn] n (US: = cattle) hollandaise f

holster ['həʊlstə^r^] n étui m de revolver ; (on saddle) fonte f

holy ['həʊlɪ] [→ SYN] [1] adj object, place, day, book saint ◆ **holy war** guerre f sainte ◆ **on holy ground** dans un lieu saint ◆ **the holy month of Ramadan** le mois sacré du ramadan ◆ **that child is a holy terror** * cet enfant est un vrai démon ◆ **holy cow** or **smoke** or **Moses** or **Moley** or **mackerel!** ‡ sacrebleu ! * ◆ **holy shit!** *‡ nom de Dieu ! ‡ ◆ **Holy (Mary) Mother of God!** ‡ nom de Dieu ! ‡ ; → **innocent**

[2] n ◆ **the holy of holies** le saint des saints

[3] COMP ▷ **the Holy Alliance** n la Sainte-Alliance ▷ **the Holy Bible** n la sainte bible ▷ **the Holy City** n la Ville sainte ▷ **Holy Communion** n sainte communion f ▷ **holy day** n (Rel) jour m de fête (liturgique) ◆ **holy day of obligation** fête f d'obligation ▷ **Holy Eucharist** n saint sacrement m ▷ **the Holy Family** n la Sainte famille ▷ **the Holy Father** n le Saint-Père ▷ **the Holy Ghost** n ⇒ **Holy Spirit** ▷ **the Holy Grail** n le Saint-Graal ▷ **Holy Joe** * n (= clergyman) curé m ; (= sanctimonious person) grenouille f de bénitier (pej) ▷ **the Holy Land** n la Terre sainte ◆ **in the Holy Land** en Terre sainte ▷ **holy man** n, pl **holy men** saint homme m ▷ **holy matrimony** n les liens mpl sacrés du mariage ◆ **they were joined in holy matrimony** ils ont été unis par les liens sacrés du mariage ▷ **the Holy Office** n le Saint-Office ▷ **holy oil** n huile f bénite ▷ **holy orders** npl ordres mpl ◆ **in holy orders** dans les ordres ◆ **to take holy orders** entrer dans les ordres ▷ **holy picture** image f pieuse ▷ **the Holy Roman Empire** n le Saint Empire romain germanique ▷ **the Holy Rood** n la sainte Croix ▷ **Holy Saturday** n samedi m saint ▷ **Holy Scripture** n Écriture f sainte ▷ **the Holy See** n le Saint-Siège ▷ **the Holy Sepulchre** n le Saint-Sépulcre ▷ **the Holy Spirit** n le Saint-Esprit, l'Esprit m saint ▷ **the Holy Trinity** n la sainte Trinité ▷ **holy war** n guerre f sainte ▷ **holy water** n eau f bénite ▷ **Holy Week** n semaine sainte f ▷ **Holy Writ** † n (= scripture) Écriture f sainte ◆ **he treats everything she says as if it were Holy Writ** pour lui, tout ce qu'elle dit est parole d'évangile ▷ **Holy Year** année f sainte

holystone ['həʊlɪstəʊn] (Naut) [1] n brique f à pont

[2] vt briquer

homage ['hɒmɪdʒ] n (NonC) hommage m ◆ **to pay homage to sb/sth** rendre hommage à qn/qch ◆ **in homage to sb/sth** en hommage à qn/qch

homburg ['hɒmbɜːg] n chapeau m mou, feutre m (souple)

home [həʊm] [→ SYN] [1] n **a** maison f, chez-soi m ◆ **to have a home of one's own** avoir sa propre maison (or son propre appartement) ◆ **he was glad to see his home again** il était content de rentrer chez lui ◆ **it is quite near my home** c'est tout près de chez moi ◆ **his home is in Paris** il habite Paris ◆ **I live in Paris but my home is in London** je suis de Londres, mais j'habite à Paris en ce moment ◆ **home for me is Edinburgh** c'est à Édimbourg que je me sens chez moi ◆ **for some years he made his home in France** pendant quelques années il a habité en France ◆ **refugees who made their home in Britain** les réfugiés qui se sont installés en Grande-Bretagne ◆ **home for them is England now, they now call England home** maintenant l'Angleterre c'est leur pays ◆ **Warwick is home to some 550 international students** il y a quelque 550 étudiants étrangers à Warwick ◆ **the building is home to over 1,000 students** plus de 1 000 étudiants logent dans ce bâtiment ◆ **he is far from home** il est loin de chez lui ◆ **he has been away from home for some months** il est loin de chez lui depuis quelques mois ◆ (Prov) **there's no place like home,** ◆ (Prov) **home is where the heart is** on n'est vraiment bien que chez soi ◆ **he has no home** il n'a pas de foyer ◆ **to give sb/an animal a home** recueillir qn/un animal chez soi or sous son toit ◆ **he made a home for his sisters** il a accueilli ses sœurs sous son toit ◆ **it's a home from home** (Brit) or **away from home** (US) c'est mon second chez-moi (or son second chez-soi etc) ◆ **she has a lovely home** c'est joli chez elle ◆ **he comes from a broken home** il vient d'un foyer désuni ◆ **"good home wanted for kitten"** "cherche foyer accueillant pour chaton" ◆ **accidents in the home** accidents mpl domestiques ; → **leave, set up, spiritual**

♦ **at home** chez soi, à la maison ◆ **I'll be at home this afternoon** je serai chez moi cet après-midi ◆ **is Paul at home?** est-ce que Paul est à la maison ? ◆ **Celtic are at home to Rangers, Celtic are playing Rangers at home** (Ftbl) le Celtic joue à domicile contre les Rangers, le Celtic reçoit les Rangers ◆ **Mrs Gough is not at home** (frm = not receiving visitors) Mme Gough ne reçoit pas ◆ **Mrs Gough is not at home to anyone** (frm) Mme Gough ne reçoit personne ◆ **to be** or **feel at home with sb** se sentir à l'aise avec qn ◆ **he doesn't feel at home in English** il n'est pas à l'aise en anglais ◆ **to make o.s. at home** se mettre à l'aise, faire comme chez soi ◆ **make yourself at home!** (fig, also iro) faites comme chez vous ! ◆ **who's he when he's at home?** * qui c'est celui-là ? * ◆ **what's that when it's at home?** * qu'est-ce que c'est que ça ?

b (= country of origin) pays m natal, patrie f ◆ **at home and abroad** ici et or chez nous et à l'étranger ◆ **the Russians, at home and abroad** les Russes, chez eux et à l'étranger ◆ **to bring sth closer** or **nearer (to) home for sb** permettre à qn de mieux se rendre compte de qch ◆ **let's concentrate on problems closer** or **nearer to home** occupons-nous de problèmes qui nous concernent plus directement ◆ **her jokes about bald people were a bit too close to home for him** ses

honourable / hope

honourable, honorable (US) ['ɒnərəbl] → SYN adj person, action, intentions honorable ; contract, debt d'honneur ◆ **an honourable mention** une mention honorable ◆ **the Honourable ...** (title) l'honorable ... ◆ **my (right) Honourable friend** (Brit Parl) mon (très) honorable collègue ◆ **the (right) Honourable member for Weston** (Brit Parl) ≃ Monsieur (or Madame) le député de Weston ; → **right**

honourably, honorably (US) ['ɒnərəblɪ] adv honorablement

Hons. (Univ) (abbrev of **honours degree**) avec mention

Hon. Sec. n (abbrev of **Honorary Secretary**) → **honorary**

Honshu ['hɒnʃu] n (Geog) Honshu f

hooch *['hu:tʃ] n (= alcoholic drink) gnôle * f

hood [hʊd] **1** n **a** (gen) capuchon m ; [of executioner etc] cagoule f ; (Univ) épitoge f ; [of falcon] chaperon m ◆ **rain hood** capuche f (en plastique)
b (Brit Aut) capote f ; (US Aut) capot m
c [of pram] capote f ; (over fire, cooker etc) hotte f
d [of cobra] capuchon m
e (* = hoodlum) truand m
2 vt [+ falcon] chaperonner, enchaperonner

hooded ['hʊdɪd] **1** adj (gen) monk, figure, gunman encapuchonné ; prisoner au visage couvert ; coat etc à capuchon ◆ **he has hooded eyes** il a les paupières tombantes
2 COMP ▷ **hooded crow** n corneille f mantelée ▷ **hooded falcon** n faucon m chaperonné or enchaperonné

hoodlum ['hu:dləm] n truand m

hoodoo * ['hu:du:] **1** n (= bad luck) guigne * f, poisse * f ; (= object, person) porte-guigne * m
2 vt porter la guigne * or la poisse * à

hoodwink ['hʊdwɪŋk] → SYN vt tromper, duper ◆ **they hoodwinked me into accepting** j'ai accepté sur la foi d'informations erronées

hooey * ['hu:ɪ] n (US) sornettes fpl, conneries ‡ fpl ◆ **to talk a lot of hooey** dire des bêtises, déconner *

hoof [hu:f] **1** n, pl **hoofs** or **hooves** sabot m (d'animal) ◆ **on the hoof** sur pied ; → **cloven**
2 vt ◆ **to hoof it** * (= walk) aller à pinces * ; (US) (= dance) danser, se trémousser
3 COMP ▷ **hoof and mouth disease** n (US) fièvre f aphteuse

hoofed [hu:ft] adj à sabots

hoofer * ['hu:fər] n (esp US = dancer) danseur m, -euse f professionnel(le)

hoo-ha ['hu:ha:] n (= noise) brouhaha m, boucan * m ; (= confusion) pagaille * f or pagaïe * f ; (= bustle) tohu-bohu m ; (= excitement) animation f ; (pej) (= fuss) ◆ **there was a great hoo-ha about it** on en a fait tout un foin * or tout un plat *

hook [hʊk] → SYN **1** n **a** crochet m ; (for hanging coats) patère f ; (on dress) agrafe f ; (Fishing) hameçon m ◆ **hooks and eyes** (Sewing) agrafes fpl ◆ **he swallowed the story hook, line and sinker** * il a gobé * tout ce qu'on lui a raconté, il a tout avalé (fig) ◆ **by hook or by crook** coûte que coûte, par tous les moyens ◆ **to get sb off the hook** * tirer qn d'affaire or d'un mauvais pas ◆ **to let sb off the hook** * [+ wrongdoer] ficher la paix à qn * ; [+ sb with problem] tirer qn une épine du pied à qn ◆ **he's off the hook** * il est tiré d'affaire ◆ **to get one's hooks into sb/sth** * (pej) mettre le grappin sur qn/qch
b (Telec) **to take the phone off the hook** décrocher le téléphone ◆ **the phone's off the hook** on a décroché le téléphone ◆ **the phone was ringing off the hook** * (US) le téléphone n'arrêtait pas de sonner
c (Boxing) crochet m ◆ **right hook** crochet m (du droit)
d (Golf) coup m hooké
e (Agr) faucille f
2 vt **a** accrocher (to à) ; [+ dress] agrafer ; (Naut) gaffer ; (Boxing) donner un crochet à ; (Fishing) prendre ; (Golf) hooker ◆ **to hook the ball** (Rugby) talonner le ballon ◆ **to hook a husband** * se trouver un mari ; see also **hooked**
3 vi **a** (Golf) hooker

b (US *) [prostitute] faire le tapin ‡ or le trottoir *
4 COMP ▷ **hook-nosed** adj au nez recourbé or crochu ▷ **the Hook of Holland** n Hoek van Holland

▶ **hook on** **1** vi s'accrocher (to à)
2 vt sep accrocher (to à)

▶ **hook up** **1** vi [dress etc] s'agrafer
2 vt sep **a** [+ dress etc] agrafer
b (Rad, TV *) faire un duplex entre
3 **hookup** * n → **hookup**

hookah ['hʊkə] n narguilé m

hooked [hʊkt] adj **a** (= hook-shaped) nose recourbé, crochu ◆ **the end of the wire was hooked** le bout du fil (de fer) était recourbé
b (= having hooks) muni de crochets or d'agrafes or d'hameçons ; → **hook**
c (* fig) (= fascinated) fasciné (on par), accroché (on par) ; (= dependent) dépendant (on de) ◆ **he's hooked on it** il ne peut plus s'en passer ◆ **to get hooked on** [+ drugs] devenir accro * à ; [+ jazz, television] devenir enragé * de ◆ **he's really hooked on that girl** il est complètement dingue * de cette fille ◆ **he's become hooked on power** il aime trop le pouvoir : il ne peut plus s'en passer ◆ **once I'd seen the first episode I was hooked** après avoir vu le premier épisode j'étais accro *
d (* = married) casé *, marié

hooker ['hʊkər] n **a** (Rugby) talonneur m
b (‡ = prostitute) putain ‡ f

hookey * ['hʊkɪ] n ◆ **to play hookey** sécher les cours, faire l'école buissonnière

hookup * ['hʊkʌp] n (Rad, TV) relais m temporaire

hookworm ['hʊkwɜ:m] n ankylostome m

hooky * ['hʊkɪ] n ⇒ **hookey**

hooligan ['hu:lɪgən] → SYN n vandale m, hooligan m

hooliganism ['hu:lɪgənɪzəm] n vandalisme m, hooliganisme m

hoop [hu:p] → SYN n [of barrel] cercle m ; (= toy: in circus, for skirt) cerceau m ; (Basketball) (cercle m du) panier m ; (Croquet) arceau m ◆ **they put him through the hoop(s)** (= interrogated) ils l'ont mis sur la sellette ◆ **they put him through** or **made him jump through hoops** (= put to test) ils l'ont mis à l'épreuve

hoopla ['hu:pla:] n **a** (Brit) jeu m d'anneaux (dans les foires)
b (US *) ⇒ **hoo-ha**

hoopoe ['hu:pu:] n huppe f

hooray [hu:'reɪ] **1** excl hourra
2 COMP ▷ **Hooray Henry** n, pl **Hooray Henries** (Brit pej) jeune homme des classes supérieures jovial et bruyant

hoosegow * ['hu:sgaʊ] n (US) taule ‡ f or tôle ‡ f, trou * m

Hoosier ['hu:ʒər] n (US) habitant(e) m(f) de l'Indiana ◆ **the Hoosier State** l'Indiana m

hoot [hu:t] → SYN **1** n **a** [of owl] hululement m ; (esp Brit) (Aut) coup m de klaxon ®, [of siren] mugissement m ; [of train] sifflement m ; (= jeer) huée f ◆ **she gave a hoot of laughter** elle s'est esclaffée ◆ **I don't give** or **care a hoot** or **two hoots** * je m'en fiche *
b (* = amusing thing, person) **it was a hoot** c'était tordant * or marrant * ◆ **she's a hoot** elle est impayable *
2 vi [owl] hululer ; (esp Brit) [car horn] klaxonner, corner ; [siren] mugir ; [train] siffler ; (= jeer) huer, pousser des huées ◆ **to hoot with laughter** s'esclaffer, rire aux éclats ◆ **to hoot with derision/delight** pousser des cris moqueurs/de joie
3 vt **a** (also **hoot down**) [+ actor, speaker] huer, conspuer
b **to hoot the** or **one's horn** klaxonner

hootenanny ['hu:tənænɪ] n (US) petit concert de musique folklorique improvisé

hooter ['hu:tər] n **a** [of factory] sirène f ; (Brit) [of car] klaxon ® m ; [of train] sifflet m
b (Brit ‡ = nose) pif ‡ m, blair ‡ m
c (US ‡ = breasts) **hooters** ‡ roberts ‡ mpl

Hoover ® ['hu:vər] (Brit) **1** n aspirateur m
2 vt ◆ **to hoover a carpet/a room** passer l'aspirateur sur un tapis/dans une pièce ◆ **to hoover sth up** (lit) aspirer qch ; (fig: = consume) engloutir

hoovering ['hu:vərɪŋ] n (Brit) ◆ **to do the hoovering** passer l'aspirateur

hooves [hu:vz] npl of **hoof**

hop¹ [hɒp] → SYN **1** n **a** [of person, animal] saut m ; [of bird] sautillement m ◆ **hop skip and jump, hop step and jump** (Sport) triple saut m ◆ **it's a hop, skip** or **step and jump from here** c'est à deux pas d'ici ◆ **with a hop, skip** or **step and jump he was gone** une pirouette et il avait disparu ◆ **to catch sb on the hop** (Brit) prendre qn au dépourvu ◆ **to keep sb/be on the hop** * ne pas laisser à qn/ne pas avoir le temps de respirer
b († = dance) sauterie † f
c (Aviat) étape f ◆ **from London to Athens in two hops** de Londres à Athènes en deux étapes ◆ **it's a short hop from Paris to Brussels** ce n'est qu'un saut de Paris à Bruxelles
2 vi [person] (on one foot) sauter à cloche-pied ; (= jump) sauter ; [animal] sauter ; [bird] sautiller ◆ **he hopped over to the window** il est allé à cloche-pied jusqu'à la fenêtre ◆ **hop in!** (in car etc) montez ! ◆ **he hopped out of bed** il a sauté du lit ◆ **he hopped onto a plane for London** il a attrapé un avion pour Londres ; → **mad**
3 vt sauter ◆ **to hop it** * (Brit) décamper *, mettre les bouts * or les voiles * ◆ **hop it!** * (Brit) fiche le camp ! * ◆ **he hopped a flight to New York** (US) il a attrapé un avion pour New York
4 COMP ▷ **hop-o'-my-thumb** n le Petit Poucet

▶ **hop off** * vi (= leave) décamper *, ficher le camp *

hop² [hɒp] **1** n (Bot: also **hops**) houblon m
2 COMP ▷ **hop picker** n cueilleur m, -euse f de houblon ▷ **hop-picking** n cueillette f du houblon ▷ **hop pole** n perche f à houblon

hope [həʊp] LANGUAGE IN USE 8.4, 23, 25.2 → SYN **1** n espoir m (of doing sth de faire qch), espérance f (liter) (also Rel) ◆ **we must live in hope** nous devons vivre d'espoir ◆ **she lives in (the) hope of seeing her son again** elle continue d'espérer revoir un jour son fils ◆ **in the hope that ...** dans l'espoir que ... ◆ **in the hope of sth/of doing sth** dans l'espoir de qch/de faire qch ◆ **to have hopes of doing sth** avoir l'espoir de faire qch ◆ **I haven't much hope of succeeding** je n'ai pas beaucoup d'espoir de réussir ◆ **to give up hope** cesser d'espérer, perdre espoir ◆ **you should never give up hope** il ne faut jamais perdre espoir ◆ **to give up hope of doing sth** abandonner l'espoir de faire qch ◆ **past** or **beyond (all) hope** sans espoir, désespéré ◆ **the car was smashed beyond any hope of repair** la voiture était bonne pour la casse ◆ **she hasn't (got) a hope in hell** * of being promoted elle n'a pas la moindre chance d'être promue ◆ **there is no hope of that** c'est hors de question ◆ **he set out with high hopes** il s'est lancé avec l'espoir de faire de grandes choses ◆ **she had high hopes of winning** elle avait bon espoir de gagner ◆ **her family has great** or **high hopes of her** sa famille a de grands espoirs pour elle ◆ **to raise sb's hopes** faire naître l'espoir chez qn ◆ **don't raise her hopes too much** ne lui laisse or donne pas trop d'espoir ◆ **don't get your hopes up** or **raise your hopes too much** n'y compte pas trop ◆ **to lose (all) hope of sth/of doing sth** perdre l'espoir or tout espoir de qch/de faire qch ◆ **my hope is that ...** ce que j'espère or mon espoir c'est que ... ◆ **you're my last hope** tu es mon dernier espoir ◆ **she's now our best hope** elle représente maintenant notre plus grand espoir ◆ **some hope(s)!** * tu parles ! *, tu crois au père Noël ! * ; → **dash, faith, hold out**
2 vi espérer ◆ **to hope for money/for success** espérer gagner de l'argent/avoir du succès ◆ **they were still hoping for a peaceful solution to the crisis** ils espéraient toujours trouver une solution pacifique à la crise ◆ **we're hoping for fine weather** nous espérons avoir du beau temps or qu'il fera beau ◆ **if I were you I shouldn't hope for too much from the meeting** à votre place je n'attendrais pas trop de la réunion ◆ **don't**

hope for too much n'en attendez pas trop ◆ **it was too much to hope for (that ...)** ça aurait été trop beau (que ... (+ subj)) ◆ **a pay rise would be too much to hope for** une augmentation ? il ne faut pas rêver ! ◆ **to hope for better days** espérer (connaître) des jours meilleurs ◆ **we must hope for better things** il faut espérer que de meilleurs jours viendront ou que ça ira mieux ◆ **to hope for the best** espérer que tout se passe au mieux ◆ **to hope against hope** espérer en dépit de tout

3 vt espérer ◆ **I hope (that) he comes** j'espère qu'il viendra ◆ **I hope to see you, I hope I'll see you** j'espère te voir ◆ **I hope to God or hell**⁑ **she remembers/he doesn't turn up** j'espère vraiment qu'elle s'en souvient/qu'il ne viendra pas ◆ **what do you hope to gain by that?** qu'espères-tu obtenir par là ? ◆ **the party cannot hope to win more than a few seats** le parti ne peut pas espérer obtenir plus que quelques sièges ◆ **hoping to hear from you** (in letter) dans l'espoir d'avoir de vos nouvelles ◆ **I hope so** (answer to question) j'espère que oui ; (agreeing with sb's statement) je l'espère, j'espère bien ◆ **I hope not** (answer to question) j'espère que non ; (agreeing: also **I should hope not**) j'espère bien que non !

4 COMP ▷ **hope chest** n (US) (armoire f ou malle f à) trousseau m ▷ **hoped-for** adj espéré

hopeful ['həʊpʊl] → SYN 1 adj a (= optimistic) person, face plein d'espoir ◆ **to be** or **feel hopeful (that ...)** avoir bon espoir (que ...) ◆ **I'll ask her but I'm not too hopeful** je lui demanderai mais je n'y crois pas trop ◆ **to be hopeful of doing sth** avoir bon espoir de faire qch

b (= promising) sign, future prometteur ; situation, news encourageant

2 n ◆ **the young hopefuls** (showing promise) les jeunes espoirs mpl ; (ambitious) les jeunes ambitieux mpl ; (hoping for sth) les jeunes optimistes mpl ◆ **the British Olympic hopefuls** (hoping to make team) les candidats mpl à la sélection pour l'équipe olympique britannique ; (hoping to win medal) les prétendants mpl britanniques à une médaille olympique ◆ **presidential hopeful Gavin Killip** le candidat à la présidence Gavin Killip

hopefully ['həʊpʊlɪ] → SYN adv a (= optimistically) say, look at avec espoir ◆ **... she asked hopefully ...** demanda-t-elle pleine d'espoir

b (* = one hopes) avec un peu de chance ◆ **hopefully we'll be able to find a solution** avec un peu de chance, nous trouverons une solution ◆ **hopefully it won't rain** j'espère qu'il ne va pas pleuvoir ◆ **(yes) hopefully!** je l'espère !, j'espère bien ! ◆ **hopefully not!** j'espère que non !

hopefulness ['həʊpʊlnɪs] n optimisme m

hopeless ['həʊplɪs] → SYN adj a (= doomed) person, cause, situation, position, attempt désespéré ; task impossible ◆ **it's hopeless!** c'est désespérant ! ◆ **a hopeless muddle** or **mess** une effroyable pagaille ◆ **in the face of** or **against hopeless odds** face à une situation désespérée ◆ **to feel hopeless** (= in despair) être désespéré

b (= incurable) romantic incorrigible ; drunk invétéré ◆ **he's hopeless***, **he's a hopeless case*** c'est un cas désespéré

c (* = useless) person, work nul ◆ **he's a hopeless teacher** il est nul comme professeur ◆ **to be hopeless at maths/sport etc** être nul en maths/sport etc ◆ **to be hopeless at doing sth** être nul quand il s'agit de faire qch

hopelessly ['həʊplɪslɪ] adv a (= despairingly) avec désespoir

b (= impossibly) confused totalement ; lost complètement ◆ **hopelessly naïve** d'une naïveté désespérante ◆ **supplies were hopelessly inadequate** les provisions manquaient cruellement ◆ **to be hopelessly in love** or **besotted (with sb)** être éperdument amoureux (de qn)

hopelessness ['həʊplɪsnɪs] n [of situation] caractère m désespéré ; (= powerlessness) sentiment m d'impuissance ; (= despair) désespoir m

hopfield ['hɒpfiːld] n houblonnière f

hophead⁑ ['hɒphed] n (US pej) junkie* mf

hoplite ['hɒplaɪt] n hoplite m

hopper ['hɒpəʳ] 1 n a (= bin) trémie f

b (Austral *) kangourou m

2 COMP ▷ **hopper car** n (Rail) wagon-trémie m

hopscotch ['hɒpskɒtʃ] n marelle f

Horace ['hɒrɪs] n Horace m

Horae ['hɔːriː] npl (Myth) Heures fpl

Horatii [hɒ'reɪʃaɪ] npl (Antiq) ◆ **the three Horatii** les trois Horaces

horde [hɔːd] → SYN n horde f (also pej), foule f ◆ **hordes of people** des foules de gens

hordein ['hɔːdiːɪn] n hordéine f

horehound ['hɔːhaʊnd] n marrube m

horizon [hə'raɪzn] → SYN n (lit) horizon m ; (fig) vue f, horizon m ◆ **on the horizon** (lit, fig) à l'horizon ◆ **the mountains on the distant horizon** les montagnes loin à l'horizon ◆ **over the horizon** (fig) en perspective ◆ **a man of limited horizons** un homme aux vues étroites ◆ **to broaden** or **expand one's horizons** élargir son horizon ou ses horizons ◆ **to open new horizons for sb** ouvrir des horizons à qn

horizontal [ˌhɒrɪ'zɒntl] 1 adj horizontal

2 n horizontale f

3 COMP ▷ **horizontal bar** n barre f fixe

horizontally [ˌhɒrɪ'zɒntəlɪ] adv horizontalement

hormonal [hɔː'məʊnəl] adj hormonal

hormone ['hɔːməʊn] 1 n hormone f

2 COMP ▷ **hormone replacement therapy** n traitement m hormonal substitutif ▷ **hormone treatment** n traitement m hormonal

horn [hɔːn] 1 n a corne f ◆ **to draw in** or **pull in one's horns** (fig) (= back down) diminuer d'ardeur ; (= spend less) restreindre son train de vie ; → **dilemma**

b (Mus) cor m ; → **French**

c [of car] klaxon ® m, avertisseur m ; [of boat] sirène f ◆ **to blow** or **sound the** or **one's horn** klaxonner, corner ; → **foghorn**

d (US⁑ = telephone) bigophone* m ◆ **to get on the horn to sb** passer un coup de bigophone* à qn

e [of saddle] corne f, pommeau m

2 COMP handle, ornament en corne ▷ **Horn of Africa** n (Geog) **the Horn of Africa** la Corne de l'Afrique ▷ **horn of plenty** n corne f d'abondance ▷ **horn-rimmed spectacles** npl lunettes fpl à monture d'écaille

▶ **horn in**⁑ vi (esp US) mettre son grain de sel

hornbeam ['hɔːnbiːm] n charme m

hornbill ['hɔːnbɪl] n calao m

hornblende ['hɔːnblend] n (Miner) hornblende f

horned [hɔːnd] 1 adj (gen) cornu

2 COMP ▷ **horned owl** n duc m (Orn) ▷ **horned toad** n crapaud m cornu

hornet ['hɔːnɪt] n frelon m ◆ **his inquiries stirred up a hornet's nest** ses investigations ont mis le feu aux poudres ◆ **the case has opened up a hornet's nest of moral and legal concerns** cette affaire soulève une série de questions épineuses, tant morales que juridiques

horniness ['hɔːnɪnɪs] n a [of skin] aspect m calleux

b (⁑ = lustfulness) appétit m sexuel (débridé)

hornless ['hɔːnlɪs] adj sans cornes

hornpipe ['hɔːnpaɪp] n (Naut) matelote f (danse)

horny ['hɔːnɪ] adj a (= like horn) corné ; hands etc calleux

b (⁑ = sexually aroused) excité* (sexuellement)

c (⁑ = sexually attractive) sexy*

horology [hɒ'rɒlədʒɪ] n horlogerie f

horoscope ['hɒrəskəʊp] n horoscope m

horrendous [hɒ'rendəs] adj épouvantable

horrendously [hɒ'rendəslɪ] adv horriblement, affreusement

horrible ['hɒrɪbl] → SYN adj a (= horrific) horrible ; moment terrible ◆ **the horrible truth** la terrible vérité

b (= unpleasant, awful) épouvantable ; clothes affreux ; mistake terrible

c (* = unkind) person méchant (to sb avec qn) ◆ **that's a horrible thing to say!** c'est vraiment méchant or terrible de dire des choses pareilles ! ◆ **all the horrible things I said to you** toutes les horreurs que je t'ai dites

horribly ['hɒrɪblɪ] adv a (= horrifically) die, scream d'une manière horrible ; mutilated, disfigured, injured horriblement ; cruel très, particulièrement ; violent terriblement

b (= unpleasantly, awfully) expensive, guilty, embarrassed, uncomfortable terriblement ◆ **it's all gone horribly wrong** les choses ont très mal tourné ◆ **I'm going to be horribly late*** je vais être affreusement en retard

horrid ['hɒrɪd] → SYN adj a (= nasty) person ignoble ; weather, place épouvantable ; (= ugly) hideux ◆ **a horrid child** une (petite) horreur*

horrific [hɒ'rɪfɪk] adj atroce, horrible

horrifically [hɒ'rɪfɪkəlɪ] adv injured, burned, beaten horriblement ; expensive, dangerous terriblement

horrified ['hɒrɪfaɪd] adj horrifié

horrify ['hɒrɪfaɪ] → SYN vt horrifier

horrifying ['hɒrɪfaɪɪŋ] adj effrayant

horrifyingly ['hɒrɪfaɪɪŋlɪ] adv effroyablement

horripilation [hɒˌrɪpɪ'leɪʃən] n (Physiol) horripilation f

horror ['hɒrəʳ] → SYN 1 n (= feeling, object) horreur f ◆ **to have a horror of sth/of doing sth** avoir horreur de qch/de faire qch ◆ **the horrors of war** les horreurs fpl de la guerre ◆ **to scream in horror** pousser un cri d'horreur ◆ **he looked away in horror** horrifié, il détourna son regard ◆ **to my horror I realized that ...** je me suis rendu compte avec horreur que ... ◆ **to my horror he returned with a knife** à ma grande horreur il est revenu un couteau à la main ◆ **they watched in horror as the train left the tracks** le train a déraillé sous leurs yeux horrifiés ◆ **and then, horror of horrors***, **he said ...** et alors, pour comble de l'horreur, il a dit ... ◆ **you little horror!*** petit monstre !* ◆ **nine die in motorway horror** (as headline) scènes d'horreur sur l'autoroute : neuf morts ; → **chamber**

2 COMP book, film, comic d'épouvante ▷ **horror story** n (lit) histoire f d'épouvante ; (fig) horreur f ▷ **horror-stricken, horror-struck** adj glacé d'horreur

horse [hɔːs] 1 n a cheval m ◆ **he's fond of the horses*** c'est un turfiste invétéré ◆ **to work like a horse** travailler comme un forcené ◆ **(straight) from the horse's mouth** de source sûre ◆ **to back the wrong horse** (lit, fig) miser sur le mauvais cheval ◆ **that's a horse of a different colour** cela n'a rien à voir ◆ **hold your horses!*** (fig) arrêtez !, minute ! ◆ **it's (a case of) horses for courses** (Brit) chacun selon ses compétences ◆ **to change** or **switch horses in midstream** (fig) changer de cheval au milieu du gué ◆ (Prov) **you can take** or **lead a horse to water but you cannot make it drink** on ne peut pas forcer les gens ; → **dark, eat, gift, white, willing**

b (Gym) cheval m d'arçons ; → **clothes**

c (NonC: Mil) cavalerie f ◆ **light horse** cavalerie f légère

d (Drugs * = heroin) blanche* f, héroïne f

2 COMP ▷ **horse-and-buggy** adj (US) approach, system dépassé ▷ **horse artillery** n troupes fpl montées ▷ **horse bean** n féverole f ▷ **horse brass** n médaillon m de cuivre (fixé à une martingale) ▷ **horse-breaker** n dresseur m, -euse f de chevaux ▷ **horse breeder** n éleveur m, -euse f de chevaux ▷ **horse chestnut** n (= nut) marron m (d'Inde) ; (also **horse chestnut tree**) marronnier m (d'Inde) ▷ **horse-collar** n collier m (de harnais) ▷ **horse-dealer** n maquignon m ▷ **horse-doctor*** n vétérinaire mf ▷ **horse-drawn** adj tiré par des chevaux, à chevaux ▷ **the Horse Guards** npl (Brit Mil) (le régiment de) la Garde à cheval ▷ **horse latitudes** npl latitudes fpl subtropicales ▷ **horse-laugh** n gros rire m ▷ **horse manure** n crottin m de cheval ▷ **horse opera*** n (US Cine, TV) western m ▷ **horse-race** n course f de chevaux ▷ **horse-racing** n courses fpl de chevaux, hippisme m ▷ **horse-riding** n (Brit) équitation f ▷ **horse-sense*** n (gros) bon sens m ▷ **horse show** n concours m hippique ▷ **horse-trade** vi (lit) maquignonner ; (fig) négocier âprement ▷ **horse-trader** n

horseback / hot

(lit) maquignon m ; (fig) négociateur m, -trice f redoutable ▷ **horse-trading** n (lit) maquignonnage m ; (fig) âpres négociations fpl ▷ **horse trailer** n (US) ⇒ **horsebox** ▷ **horse trials** npl concours m hippique ▷ **horse vaulting** n (Sport) saut m de cheval

▶ **horse about*, horse around*** vi chahuter, jouer bruyamment ◆ **stop horsing about!** arrêtez de chahuter !

horseback ['hɔːsbæk] **1** n ◆ **on horseback** à cheval
2 COMP ▷ **horseback riding** n (esp US) équitation f

horsebox ['hɔːsbɒks] n (Brit) fourgon m à chevaux, van m ; (in stable) box m

horsecar ['hɔːskɑːʳ] n (US) fourgon m à chevaux, van m

horseflesh ['hɔːsfleʃ] n **a** (= horses generally) chevaux mpl
b (= horsemeat) viande f de cheval

horsefly ['hɔːsflaɪ] n taon m

horsehair ['hɔːsheəʳ] **1** n crin m (de cheval)
2 adj de or en crin

horsehide ['hɔːshaɪd] n cuir m de cheval

horseless ['hɔːslɪs] **1** adj sans cheval
2 COMP ▷ **horseless carriage** † n voiture f sans chevaux

horseman ['hɔːsmən] → SYN n, pl **-men** cavalier m ◆ **he's a good horseman** c'est un bon cavalier, il monte bien (à cheval)

horsemanship ['hɔːsmənʃɪp] n (= skill) talent m de cavalier, monte f

horsemeat ['hɔːsmiːt] n viande f de cheval

horseplay ['hɔːspleɪ] → SYN n chahut m

horsepower ['hɔːspaʊəʳ] n puissance f (en chevaux) ; (= unit) cheval-vapeur m ◆ **a ten-horsepower car** une dix-chevaux

horseradish ['hɔːsrædɪʃ] **1** n (Bot) raifort m
2 COMP ▷ **horseradish sauce** n sauce f au raifort

horseshit⁑ ['hɔːsʃɪt] n (lit) crottin m (de cheval) ; (fig) (= nonsense) conneries⁑ fpl

horseshoe ['hɔːsʃuː] **1** n fer m à cheval
2 adj en fer à cheval
3 COMP ▷ **horseshoe bat** n (Zool) rhinolophe m, fer m à cheval ▷ **horseshoe crab** n (Zool) limule f, crabe m des Moluques

horsetail ['hɔːsteɪl] n (Bot) prêle f

horsewhip ['hɔːswɪp] **1** n cravache f
2 vt cravacher

horsewoman ['hɔːswʊmən] n, pl **-women** cavalière f, écuyère f ◆ **she's a good horsewoman** c'est une bonne cavalière, elle monte bien (à cheval)

horst [hɔːst] n horst m

hors(e)y* ['hɔːsɪ] adj **a** (= fond of horses) passionné de chevaux ; (= fond of riding) passionné d'équitation
b (in appearance) person, face chevalin

horticultural [,hɔːtɪ'kʌltʃərəl] adj horticole ◆ **horticultural show** exposition f horticole or d'horticulture

horticulturalist [,hɔːtɪ'kʌltʃərəlɪst] n ⇒ **horticulturist**

horticulture ['hɔːtɪkʌltʃəʳ] n horticulture f

horticulturist [,hɔːtɪ'kʌltʃərɪst] n horticulteur m, -trice f

Horus ['hɔːrəs] n (Myth) Horus m

hosanna, hosannah [həʊ'zænə] **1** excl hosanna !
2 n hosanna m

hose¹ [həʊz] **1** n (gen) tuyau m ; (also **garden hose**) tuyau m d'arrosage ; (also **fire hose**) tuyau m d'incendie ; (Tech) (for water) manche f à eau ; (for air) manche f à air ; (Aut) durite f
2 vt (in garden) arroser au jet ; [firemen] arroser à la lance

▶ **hose down, hose out** vt sep laver au jet

hose² [həʊz] n (pl inv) (Comm = stockings etc) bas mpl ; (US = tights) collants mpl ; (Hist) (= tights) chausses fpl ; (= knee breeches) culotte f courte

Hosea [həʊ'zɪə] n Osée m

hosepipe ['həʊzpaɪp] **1** n (in garden) tuyau m d'arrosage ; (of fireman) tuyau m d'incendie
2 COMP ▷ **hosepipe ban** n (Brit) interdiction d'arroser pour cause de pénurie d'eau

hosier ['həʊzɪəʳ] n bonnetier m, -ière f

hosiery ['həʊzɪərɪ] n (business) bonneterie f ; (Comm) (= stocking department) rayon m des bas mpl ; (= stockings) bas mpl

hosp n abbrev of **hospital**

hospice ['hɒspɪs] n (gen) hospice m ; (for terminally ill) établissement m de soins palliatifs

hospitable [hɒs'pɪtəbl] → SYN adj person, place, welcome hospitalier (**to sb** envers qn), accueillant ; climate, environment favorable (**to sth** à qch), hospitalier

hospitableness [hɒs'pɪtəblnɪs] n [of person] hospitalité f ; [of place] caractère m accueillant or hospitalier

hospitably [hɒs'pɪtəblɪ] adv welcome de façon accueillante

hospital ['hɒspɪtl] **1** n hôpital m ◆ **in hospital** à l'hôpital ◆ **people** or **patients in hospital** (malades mpl) hospitalisés mpl ◆ **to go into hospital** aller à l'hôpital, être hospitalisé ; → **maternity, mental**
2 COMP treatment, staff hospitalier ; bed etc d'hôpital ; dispute, strike des hôpitaux ▷ **hospital administrator** n (Brit) administrateur m, -trice f d'hôpital ; (US) directeur m, -trice f d'hôpital ▷ **hospital board** n conseil m d'administration de l'hôpital ▷ **hospital case** n 90% **of hospital cases are released within three weeks** 90 % des patients hospitalisés sortent dans les trois semaines ◆ **this is a hospital case** le patient doit être hospitalisé ▷ **hospital doctor** n médecin m hospitalier ◆ **junior hospital doctor** interne m des hôpitaux ▷ **hospital facilities** npl structures fpl hospitalières ▷ **hospital nurse** n infirmier m, -ière f hospitalier (-ière) ▷ **hospital service** n service m hospitalier ▷ **hospital ship** n navire-hôpital m ▷ **hospital train** n train m sanitaire

hospitality [,hɒspɪ'tælɪtɪ] → SYN **1** n hospitalité f
2 COMP ▷ **hospitality suite** n salon m (où sont offerts les rafraîchissements)

hospitalization [,hɒspɪtəlaɪ'zeɪʃən] n hospitalisation f

hospitalize ['hɒspɪtəlaɪz] vt hospitaliser

hospodar ['hɒspədɑːʳ] n hospodar m

host¹ [həʊst] → SYN **1** n **a** (= person receiving guests) hôte m ; († = innkeeper) patron m ; [of TV, radio show] animateur m, -trice f, présentateur m, -trice f ◆ **mine host** (hum) notre hôte (hum) ◆ **to play host to sb/sth** accueillir qn/qch
b (Bot, Zool, Comput) hôte m
2 vt [+ radio or TV show] animer ; [+ festival, games] accueillir
3 COMP plant, animal hôte ; town etc qui reçoit ▷ **host computer** n hôte m ▷ **host country** n [of conference, games etc] pays m d'accueil

host² [həʊst] → SYN n **a** (= crowd) foule f ◆ **a host of friends** une foule d'amis ◆ **a whole host of reasons** toute une série or tout un tas* de raisons
b †† armée f

host³ [həʊst] n (Rel) hostie f

hosta ['hɒstə] n (Bot) funkia m, hosta m

hostage ['hɒstɪdʒ] → SYN n otage m ◆ **to take/hold sb hostage** prendre/retenir qn en otage ◆ **to be a hostage to fortune** être le jouet du destin ◆ **to give hostages** or **a hostage to fortune** prendre des risques

hostel ['hɒstəl] **1** n **a** (for students, workers) foyer m ◆ **(youth) hostel** auberge f de jeunesse
b († = inn) auberge f
2 vi **to go (youth) hostelling** aller passer ses vacances en auberges de jeunesse

hosteller ['hɒstələʳ] n ≃ ajiste mf

hostelry ['hɒstəlrɪ] n (esp Brit ††) hostellerie f ; (hum) (= pub) auberge f

hostess ['həʊstɪs] **1** n (gen) hôtesse f ; (in night club) entraîneuse f ; [of TV, radio show] animatrice f, présentatrice f ; → **air**
2 COMP ▷ **hostess trolley** n (Brit) table f roulante chauffante

ANGLAIS-FRANÇAIS 446

hostile ['hɒstaɪl], (US) 'hɒstəl] → SYN **1** adj hostile (**to** à) ; (Mil) fire, force, aircraft ennemi
2 COMP ▷ **hostile takeover bid** n (Econ, Fin) OPA f hostile

hostility [hɒ'stɪlɪtɪ] → SYN n hostilité f

hostler †† ['ɒslə'] n (US) ⇒ **ostler**

hot [hɒt] → SYN **1** adj **a** (lit) chaud ◆ **to be hot** [person] avoir (très or trop) chaud ; [thing] être (très) chaud ; (Met) faire (très) chaud ◆ **it's too hot in here** il fait trop chaud ici ◆ **to get hot** [person] commencer à avoir (trop) chaud ; [thing] devenir chaud, chauffer ; (Met) commencer à faire chaud ◆ **it was a very hot day** c'était un jour de grande or de forte chaleur ◆ **the hot sun** le soleil brûlant ◆ **in the hot weather** pendant les grandes chaleurs ◆ **bread hot from the oven** pain tout chaud sorti du four ◆ **hot dishes** (on menu) plats mpl chauds ◆ **I can't drink hot things** je ne peux pas boire chaud ◆ **the food must be served hot** la nourriture doit être servie bien chaude ◆ **he's had more trips to Paris than I've had hot dinners*** c'est un grand habitué des voyages à Paris ◆ **hot and cold (running water)** (eau f courante) chaude et froide ◆ **to be in hot water** (fig) être dans le pétrin ◆ **to be** or **get into hot water** (fig) s'attirer des ennuis ◆ **this subject's too hot to handle*** ce sujet est trop épineux ◆ **she's too hot to handle*** il vaut mieux ne pas s'y frotter ◆ **that's a hot button** (US) c'est un sujet épineux ◆ **to be (all) hot and bothered** (= perspiring) être en nage ; (= flustered) être dans tous ses états (about sth au sujet de qch) ◆ **to be/get hot under the collar*** être/se mettre dans tous ses états (about sth au sujet de qch) see also **4** ; → **cake, coal, iron**
b (fig) food, curry fort, épicé ; spices fort ; news tout(e) frais (fraîche f) ; contest, dispute, competition acharné ; topic brûlant ; temperament passionné, violent ◆ **he's got a hot temper** il a un caractère violent, il est très coléreux ◆ **a hot war*** (Pol) une guerre ouverte ◆ **hot favourite** (Sport) grand favori m ◆ **hot tip** tuyau m sûr* ◆ **to be hot on the trail** être sur la bonne piste ◆ **to be hot on sb's trail** être sur les talons de qn ◆ **you're getting hot!** (in guessing games etc) tu brûles !
◆ **news hot from the press** informations fpl de dernière minute ◆ **the latest designs hot from Milan** les derniers modèles qui arrivent tout droit de Milan ◆ **to make it** or **things hot for sb*** mettre qn dans une situation délicate ; see also **pursuit**
c (* = very good: gen) terrible*, sensationnel* ◆ **that's hot** (esp US) c'est fantastique ◆ **not so hot** pas formidable*, pas fameux* ◆ **how are things? — not so hot** comment ça va ? — pas terrible* ◆ **he's pretty hot at maths** c'est un crack* en maths ◆ **he's pretty hot at football** il joue super bien au foot* ◆ **she is so hot*** (sexually) elle est tellement sexy
d (= successful) article for sale très recherché, qui a beaucoup de succès ◆ **the hottest show in town*** un spectacle à voir absolument ◆ **Bardot soon became the hottest property*** **in show business** bientôt, on s'est arraché Bardot dans le milieu du show-business
e (= stolen) it's hot* c'est de la fauche*
f (= radioactive) radioactif (-ive f)
2 adv → **blow¹**
3 hots⁑ npl ◆ **to have the hots for sb** craquer* complètement pour qn
4 COMP ▷ **hot air*** n (fig) (= nonsense) blabla-bla* m, foutaises⁑ fpl ; (= empty talk) du vent ◆ **to blow hot air** brasser du vent ◆ **he's all hot air** c'est une grande gueule* ▷ **hot-air balloon** n ballon m, montgolfière f ▷ **hot-blooded** adj (fig) ardent, passionné ▷ **hot cross bun** n brioche f du Vendredi saint ▷ **hot-desking** n partage m de bureaux ▷ **hot dog** n (Culin) hot-dog m ▷ **hot-dogging** n (Ski) ski m acrobatique ▷ **hot flash** n (US) ⇒ **hot flush** ▷ **hot flush** n (Med) bouffée f de chaleur ▷ **hot gospeller** n prêcheur m évangéliste, exalté(e) m(f) ▷ **hot issue** n (Fin) émission f des valeurs vedettes ▷ **hot jazz** n hot m ▷ **hot key** n (Comput) touche f directe ▷ **hot line** n (Telec) (gen) ligne f ouverte vingt-quatre heures sur vingt-quatre (to avec) ; (Pol) téléphone m rouge (to avec) ▷ **hot money** n (Fin) capitaux mpl spéculatifs or fébriles ; (stolen) argent m volé ▷ **hot pants*** npl mini-short m ▷ **hot pepper** n piment m rouge ▷ **hot potato*** n (fig) sujet m brûlant ◆ **he dropped the idea like a hot potato** il a

(soudain) laissé tomber cette idée ▷ **hot press** n (Ir = airing cupboard) placard-séchoir m ▷ **hot seat** * n (US = electric chair) chaise f électrique ♦ to be in the hot seat (fig) (in decision-making etc) être en première ligne ▷ **hot-selling** adj qui se vend comme des petits pains ▷ **hot shit** *⁎* n (esp US fig) he really thinks he's hot shit il ne se prend pas pour de la merde* ▷ **hot-shoe** n (Phot) sabot(-contact) m, porte-flash m ▷ **hot spot** * n (Brit) (= trouble area) point m névralgique or chaud ; (= night club) boîte f (de nuit) ▷ **hot spring** n source f chaude ▷ **hot stuff** * n to be hot stuff (= terrific) être terrible * ; (= daring) film etc être osé ♦ he's hot stuff (= clever) il est génial * ; (= sexy) il est sexy * ▷ **hot-tempered** adj emporté, colérique ▷ **hot tub** n (esp US) jacuzzi ® m ▷ **hot-water bottle** n bouillotte f ▷ **hot-wire** * vt [+ car] démarrer en faisant se toucher les fils de contact

▶ **hot up** * (fig) **1** vi (esp Brit) chauffer ♦ things are hotting up in the Middle East cela commence à chauffer * au Moyen-Orient ♦ things are hotting up (at a party) l'atmosphère commence à chauffer * ♦ the bars rarely hot up before 1am il y a rarement de l'ambiance dans les bars avant une heure du matin

2 vt sep (= to step up) ♦ police are hotting up their surveillance la police renforce sa surveillance

hotbed ['hɒtbed] → SYN n ♦ a hotbed of vice une sentine de vices ♦ a hotbed of social unrest un foyer d'agitation sociale

hotcake ['hɒtkeɪk] n (US) ⇒ **pancake**

hotchpotch ['hɒtʃpɒtʃ] → SYN n salmigondis m, fatras m

hotel [həʊˈtel] **1** n hôtel m ♦ to stay at a hotel être à l'hôtel

2 COMP furniture, prices, porter, d'hôtel ▷ **hotel industry** n industrie f hôtelière, hôtellerie f ▷ **hotel manager** n gérant(e) m(f) or directeur m, -trice f d'hôtel ▷ **hotel receptionist** n réceptionniste mf d'hôtel ▷ **hotel room** n chambre f d'hôtel ▷ **hotel ship** n navire-hôtel m ▷ **hotel staff** n personnel m hôtelier or de l'hôtel ▷ **hotel work** n he's looking for hotel work il cherche un travail dans l'hôtellerie ▷ **hotel workers** npl personnel m hôtelier

hotelier [həʊˈtelɪəʳ], **hotelkeeper** [həʊˈtelˌkiːpəʳ] n hôtelier m, -ière f

hotfoot ['hɒtfʊt] → SYN **1** adv à toute vitesse, à toute allure

2 vt ♦ to hotfoot it * galoper

hothead ['hɒthed] → SYN **1** n (fig) tête f brûlée

2 adj (also **hotheaded**) person impétueux ; attitude exalté

hothouse ['hɒthaʊs] **1** n (lit) serre f (chaude) ; (fig) foyer m

2 adj (lit) de serre (chaude) ♦ a hothouse atmosphere une ambiance très compétitive

hothousing ['hɒthaʊzɪŋ] n enseignement intensif à l'intention des enfants surdoués

hotly ['hɒtlɪ] adv a (= keenly) debated, disputed avec passion ♦ hotly pursued (by sb) poursuivi de très près (par qn) ♦ the man hotly tipped to become the next president l'homme donné comme grand favori de la course à la présidence ♦ he was hotly tipped to take a gold il était grand favori pour la médaille d'or ♦ to be hotly contested être l'objet d'une lutte acharnée

b (= angrily) deny avec virulence ; say avec feu

hotplate ['hɒtpleɪt] n plaque f chauffante

hotpot ['hɒtpɒt] n (esp Brit Culin) ragoût de viande aux pommes de terre

hotrod ['hɒtrɒd] n (US: also **hotrod car**) hotrod m, voiture f gonflée *

hotshot * ['hɒtʃɒt] **1** adj person génial ; performance de virtuose ♦ a hotshot lawyer un ténor du barreau

2 n (= expert) as m, crack * m ; (= important person) gros bonnet m

Hottentot ['hɒtəntɒt] **1** adj hottentot

2 n a Hottentot mf

b (Ling) hottentot m

hotter * ['hɒtəʳ] n jeune m qui fait un rodéo dans une voiture volée

hotting * ['hɒtɪŋ] n rodéo m dans une voiture volée

Houdan ['huːdæn] n houdan f

houm(o)us ['huːməs] n ⇒ **hummus**

hound [haʊnd] → SYN **1** n a chien m courant, chien m de meute ; (hum = any dog) chien m ♦ the hounds (Brit) la meute ♦ to ride to hounds chasser à courre ♦ "The Hound of the Baskervilles" (Literat) "Le Chien des Baskerville" ; → **foxhound, master**

b († pej = person) canaille f, crapule f

2 vt [+ person] s'acharner sur or contre, harceler ♦ he is constantly hounding them for advice il les harcèle constamment pour leur demander conseil ♦ to be hounded by the press être harcelé par la presse ♦ he was hounded out of his job il a été chassé de son travail ♦ he was hounded out of town il a été forcé à quitter la ville ♦ they hounded him for the money ils n'ont pas arrêté de le harceler pour qu'il leur donne l'argent

3 COMP ▷ **hound's-tongue** n cynoglosse f ▷ **hound's-tooth check** n (Tex) pied-de-poule m

▶ **hound down** vt sep (traquer et) capturer

▶ **hound out** vt sep chasser

hour ['aʊəʳ] **1** n a (= period) heure f ♦ a quarter of an hour un quart d'heure ♦ three quarters of an hour trois quarts d'heure ♦ half an hour, a half-hour une demi-heure ♦ an hour and a half une heure et demie ♦ two and a half hours deux heures et demie ♦ hour by hour heure par heure ♦ 80km an hour 80 km à l'heure ♦ four hours' walk from here (à) quatre heures de marche d'ici ♦ London is an hour away from here Londres est à une heure d'ici ♦ to do sth (for) hour after hour faire qch des heures or des heures d'affilée ♦ to pay sb by the hour payer qn à l'heure ♦ she is paid £8 an hour elle est payée 8 livres (de) l'heure ♦ getting there would take hours il faudrait des heures pour s'y rendre ♦ she's been waiting for hours elle attend depuis des heures ♦ to be hours late (lit) être en retard de plusieurs heures ; (fig) être terriblement en retard

b (= time of day, point in time) heure f ; (fig) heure f, moment m ♦ on the hour à l'heure juste (toutes les heures) ♦ the hour has come l'heure est venue, c'est l'heure ♦ his hour has come son heure est venue ♦ his last hour neared sa dernière heure approchait ♦ the hour of his execution l'heure de son exécution ♦ the darkest hour of my professional life le passage le plus noir de ma vie professionnelle ♦ in the early or (wee) small hours (of the morning) au petit matin or jour, aux premières heures (du jour) ♦ at all hours (of the day and night) à toute heure (du jour et de la nuit) ♦ till all hours * jusqu'à une heure avancée de la nuit, jusqu'à très tard ♦ not at this hour surely! tout de même pas à cette heure-ci or à l'heure qu'il est ! ♦ at this late hour (fig) à ce stade avancé ♦ in his hour of danger lorsqu'il était en danger ♦ the problems of the hour les problèmes mpl du jour or de l'heure ♦ Book of Hours livre m d'Heures ; → **eleventh, half**

c to keep regular hours avoir une vie réglée ♦ to work long hours avoir une journée très longue ♦ after hours (Brit) (of shops, pubs) après l'heure de fermeture ; (of offices) après les heures de bureau ♦ out of hours en dehors des heures d'ouverture ♦ out of school hours en dehors des heures de cours or de classe ; → **early, late, office, school¹**

2 COMP ▷ **hour hand** n [of watch, clock] petite aiguille f

hourglass ['aʊəglɑːs] **1** n sablier m

2 COMP ▷ **hourglass figure** n (fig) silhouette f de rêve

hourly ['aʊəlɪ] **1** adj a (= every hour) the hourly news broadcast les nouvelles diffusées toutes les heures ♦ the village has an hourly bus service le village est desservi par un car qui passe toutes les heures ♦ at hourly intervals toutes les heures ♦ at two-hourly intervals toutes les deux heures

b (= per hour) earnings, wage, rate horaire ; worker, job payé à l'heure ♦ paid on an hourly basis payé à l'heure

c (= constant) constant

2 adv a (= every hour) fly, patrol, update toutes les heures

b (= per hour) pay à l'heure

c (= constantly) constamment

d (= at any moment) expect à tout moment, d'un moment à l'autre

house [haʊs] → SYN **1** n, pl **houses** ['haʊzɪz] a maison f ♦ at my house chez moi ♦ to my house chez moi ♦ she needs more help in the house il faudrait qu'elle soit plus aidée à la maison ♦ she looks after the house herself elle tient son ménage, c'est elle qui s'occupe du ménage ♦ to keep house (for sb) tenir la maison or le ménage (de qn) ♦ to set up house s'installer, monter son ménage ♦ they've set up house together (gen) ils habitent ensemble ; [couple] ils se sont mis en ménage ♦ to put or set one's house in order (fig) mettre de l'ordre dans ses affaires ♦ to play at houses, to play house (esp US) jouer au papa et à la maman ♦ they got on like a house on fire ils s'entendaient à merveille or comme larrons en foire ♦ to be (as) safe as houses être tout à fait sûr, ne présenter aucun risque ♦ he'll be safe as houses il ne courra absolument aucun risque ♦ their jobs are safe as houses ils ne risquent pas du tout de perdre leur emploi, ils ont un emploi tout à fait sûr ♦ to go round the houses * (Brit) (= waffle) parler pour ne rien dire ; → **doll, eat, move, open, public**

b (Parl) the House la Chambre ; → **floor**

c (Theat etc) (= place) salle f ; (= audience) spectateurs mpl ♦ is there a doctor in the house? y a-t-il un médecin dans la salle ? ♦ a full or good house une salle pleine ♦ to play to full or packed houses faire salle pleine, jouer à guichets fermés ♦ "house full" "complet" ♦ the second house la deuxième séance ♦ to bring the house down faire un tabac *, casser la baraque * ; → **pack**

d (Comm: also **business house**) maison f (de commerce), compagnie f ; → **banking, fashion, publishing** etc

♦ in house → **in**

♦ on the house * aux frais de la maison ♦ drinks are on the house! c'est la tournée du patron !

♦ out of house en externe ♦ the work was done out of house le travail a été fait en externe

e (of noble family) maison f ; (Rel) maison f religieuse ; (Brit Scol) groupe m d'internes ♦ the House of Windsor la maison des Windsor

f (Mus) House (music) house f

2 [haʊz] vt [+ person] loger, héberger ♦ she was housing refugees elle logeait or hébergeait des réfugiés ♦ the town offered to house six refugee families la ville a proposé de loger six familles de réfugiés ♦ this building houses five families/a motorcycle museum ce bâtiment abrite cinq familles/un musée de la moto ♦ the jail houses more than a thousand inmates il y a plus de mille détenus dans cette prison ♦ the freezer is housed in the basement le congélateur est au sous-sol ♦ the generator is housed in a large wooden box le générateur se trouve dans un grand châssis de bois ♦ the sauna is housed in their garage le sauna est (situé) dans leur garage

3 COMP ▷ **house agent** n (Brit) agent m immobilier ▷ **house arrest** n assignation f à domicile or à résidence ♦ to put sb under house arrest assigner qn à domicile or à résidence ♦ to be under house arrest être assigné à domicile, être en résidence surveillée ▷ **house call** n visite f à domicile ▷ **house-clean** vi (US) faire le ménage ▷ **house-cleaning** n (US) ménage m, nettoyage m ▷ **house-hunt** vi (Brit) chercher une maison (or un appartement), être à la recherche d'une maison (or d'un appartement) ▷ **house-hunting** n (Brit) recherche f d'une maison (or d'un appartement) ▷ **house-husband** n homme m au foyer ▷ **house journal, house magazine** n [of company, organization] bulletin m, journal m interne ▷ **house manager** n (Theat) directeur m, -trice f de théâtre ▷ **house of cards** n château m de cartes ▷ **House of Commons** n (Brit) Chambre f des communes ▷ **house of correction** n (Brit) maison f d'arrêt ▷ **house officer** n (Brit Med) interne mf ▷ **House of God** n maison f de Dieu

▷ **House of Lords** n (Brit) Chambre f des lords ▷ **House of Representatives** n (US) Chambre f des députés ▷ **house organ** n ⇒ **house journal** ▷ **house-owner** n propriétaire mf d'une maison ▷ **house painter** n peintre m en bâtiments ▷ **house party** n (in country house) partie f de campagne ◆ **I'm having a house party next week** (gen) j'organise une soirée ou une fête chez moi la semaine prochaine ▷ **house physician** n (Brit) (in hospital) ≃ interne mf en médecine ; (in hotel etc) médecin m (attaché à un hôtel etc) ▷ **house plant** n plante f d'intérieur ▷ **house prices** npl prix mpl de l'immobilier ▷ **house-proud** adj (esp Brit) **she's very house-proud** tout est toujours impeccable chez elle ▷ **house red** n vin m rouge cuvée du patron ▷ **house rosé** n vin m rosé cuvée du patron ▷ **house rule** n (gen, Comm) règle f de la maison ▷ **house rules** npl (Comm) règlement m interne ▷ **house sale** n vente f immobilière ▷ **house-sit** vi to house-sit for sb garder la maison de qn ▷ **house-sitter** n personne qui loge chez qn en son absence ▷ **the Houses of Parliament** n (in Brit) (= building) le Palais de Westminster ; (= members) le Parlement, les Chambres fpl ▷ **house sparrow** n moineau m domestique ▷ **house style** n (Publishing) style m maison ▷ **house surgeon** n (Brit) ≃ interne mf en chirurgie ▷ **house-to-house** adj porte à porte ◆ **house-to-house search** perquisition f systématique dans le quartier ◆ **to make a house-to-house search for sb** aller de porte en porte à la recherche de qn ▷ **house-train** vt (Brit) [+ animal] apprendre à être propre à ▷ **house-trained** adj (Brit) animal propre ; (fig) person docile, obéissant ▷ **House Un-American Activities Committee** n (US Hist) Commission f des activités antiaméricaines ▷ **house-warming (party)** n pendaison f de crémaillère ◆ **to give a house-warming (party)** pendre la crémaillère ▷ **house white** n vin m blanc cuvée du patron ▷ **house wine** n cuvée f du patron

---

HOUSE

Les types de logements portent souvent des noms différents en anglais britannique et en anglais américain ; ainsi, un appartement se dit respectivement "flat" (Brit) et "apartment" (US). Un "condominium" (US) est un immeuble d'habitation dont les appartements appartiennent à des propriétaires individuels alors que les parties communes sont en copropriété.

Les rangées de maisons identiques et contiguës sont appelées "terraced houses" (Brit) ou "row houses" (US). Les "semidetached houses" (Brit) ou "duplex houses" (US) sont des maisons jumelles, tandis que la "detached house" (Brit) est un pavillon.

Deux autres types de maisons répandues aux États-Unis sont les "ranch houses" - de longues bâtisses généralement de plain-pied, et les "colonials", maisons de style 18e siècle en bardeaux ou en briques, comportant souvent un portique.

---

houseboat ['haʊsbəʊt] n house-boat m, péniche f (aménagée)

housebound ['haʊsbaʊnd] 1 adj confiné chez soi 2 **the housebound** npl les personnes fpl confinées chez elles

houseboy† ['haʊsbɔɪ] n (= servant) domestique m ; (in former colonies) boy m

housebreaker ['haʊsbreɪkər] n (= burglar) cambrioleur m

housebreaking ['haʊsbreɪkɪŋ] n (= burglary) cambriolage m

housebroken ['haʊsbrəʊkən] adj (US) ⇒ **house-trained** ; → **house**

housecoat ['haʊskəʊt] n a (= dress) robe f d'intérieur b (= dressing gown) peignoir m

housedress ['haʊsdres] n ⇒ **housecoat** a

housefather ['haʊsfɑːðər] n responsable m (de groupe) (dans une institution)

housefly ['haʊsflaɪ] n mouche f (commune ou domestique)

houseful ['haʊsfʊl] n ◆ **a houseful of people** une pleine maisonnée de gens ◆ **a houseful of dogs** une maison pleine de chiens

houseguest ['haʊsgest] n invité(e) m(f) ◆ **I've got houseguests** j'ai des amis à la maison

household ['haʊsˌhəʊld] → SYN 1 n (= persons) (gens mpl de la) maison f, ménage m (also Admin, Econ) ◆ **there were seven people in his household** sa maison était composée de sept personnes ◆ **the whole household was there to greet him** tous les gens de la maison étaient là pour l'accueillir ◆ **give below details of your household** indiquez ci-dessous les personnes qui résident chez vous ◆ **households with more than three wage-earners** des ménages ou des familles de plus de trois salariés ◆ **poor households** les ménages mpl pauvres ◆ **a male-only household** un appartement (or une maison) où il n'y a que des hommes ◆ **Household** (Brit) maison f royale 2 COMP accounts, expenses, equipment de or du ménage ▷ **household ammonia** n ammoniaque f ; en ménage ▷ **household appliances** npl appareils mpl électroménagers ▷ **household arts** npl arts mpl ménagers ▷ **Household Cavalry** n (Brit) Cavalerie f de la Garde Royale ▷ **household chores** npl travaux mpl ménagers ▷ **household gods** npl dieux mpl du foyer, pénates mpl ▷ **household goods** npl (gen) (Comm) appareils mpl ménagers ; (Econ) biens mpl d'équipement ménager ◆ **all her household goods** (more generally) ses meubles mpl et ses ustensiles mpl de ménage ▷ **household insurance** n assurance f sur le contenu de l'habitation ▷ **household linen** n linge m de maison ▷ **household name** n **she is a household name** elle est connue partout ◆ **Kleeno is a household name** Kleeno est une marque très connue ▷ **household soap** n savon m de Marseille ▷ **Household troops** npl (Brit) Garde f royale ▷ **household word** n (fig) **it's a household word** c'est un mot que tout le monde connaît

householder ['haʊsˌhəʊldər] → SYN n occupant(e) m(f) ; (= owner) propriétaire mf ; (= lessee) locataire mf ; (= head of house) chef m de famille

housekeeper ['haʊskiːpər] n (in sb else's house) gouvernante f ; (in institution) économe f, intendante f ◆ **his wife is a good housekeeper** sa femme est bonne ménagère or maîtresse de maison

housekeeping ['haʊskiːpɪŋ] → SYN n a (= skill) économie f domestique or ménagère ; (= work) ménage m b (esp Brit: also **housekeeping money**) argent m du ménage c (Comput) gestion f des disques

houseleek ['haʊsliːk] n sempervivum m

houselights ['haʊslaɪts] npl (Theat) lumières fpl or éclairage m de la salle

housemaid ['haʊsmeɪd] 1 n bonne f 2 COMP ▷ **housemaid's knee** n inflammation f du genou

houseman ['haʊsmən] n, pl **-men** (Brit: in hospital) ≃ interne mf

housemartin ['haʊsmɑːtɪn] n hirondelle f de fenêtre

housemaster ['haʊsmɑːstər] n (Brit Scol) professeur responsable d'un groupe d'internes

housemate ['haʊsmeɪt] n ◆ **my housemate** la personne avec qui je partage la maison ; (both renting) mon or ma colocataire

housemistress ['haʊsmɪstrɪs] n (Brit Scol) professeur responsable d'un groupe d'internes

housemother ['haʊsmʌðər] n responsable f (de groupe) (dans une institution)

houseparent ['haʊsˌpɛərənt] n éducateur m, -trice f spécialisé(e) (responsable d'un groupe de jeunes dans un foyer)

houseroom ['haʊsrʊm] n ◆ **I wouldn't give it houseroom** je n'en voudrais pas chez moi ◆ **I wouldn't give him houseroom** (Brit fig) je ne veux pas de lui

housetop ['haʊstɒp] n toit m ◆ **to shout or proclaim sth from the housetops** (fig) crier qch sur les toits

housewares ['haʊswɛəz] npl (esp US) articles mpl ménagers

housewife ['haʊswaɪf] n, pl **-wives** [waɪvz] a ménagère f ; (as opposed to career woman) femme f au foyer ◆ **a born housewife** une ménagère née, une femme au foyer type ◆ **a bored housewife** une femme au foyer qui s'ennuie, une ménagère esseulée ◆ **housewives refuse to pay these prices** les ménagères refusent de payer ces prix ◆ **I'd rather be a housewife** j'aimerais mieux être femme au foyer b ['hʌzɪf] (= sewing box) trousse f de couture

housewifely ['haʊsˌwaɪflɪ] adj de ménagère

housewifery ['haʊsˌwɪfərɪ] n tenue f du ménage

housewives ['haʊsˌwaɪvz] npl of **housewife**

housework ['haʊswɜːk] n (NonC) ménage m, tâches fpl ménagères ◆ **to do the housework** faire le ménage

housing ['haʊzɪŋ] → SYN 1 n a (NonC) logement m ◆ **affordable housing is difficult to find** les logements à des prix abordables sont difficiles à trouver ◆ **there's a lot of new housing** il y a beaucoup de résidences ou de constructions nouvelles ◆ **the housing of workers proved difficult** le logement des ouvriers a posé un problème ◆ **Minister/Ministry of Housing** (Brit) ◆ **Secretary/Department of Housing and Urban Development** (US) ministre m/ministère m de l'Urbanisme et du Logement ; → **low**[1] b (Tech: for mechanism etc) boîtier m ; (Archit, Constr) encastrement m 2 COMP matters, problem, crisis de or du logement ▷ **housing association** n (Brit) (for providing housing) association à but non lucratif qui construit et rénove des logements pour les louer à des prix très raisonnables ; (for co-ownership) association f de copropriétaires (pour faciliter l'accession à la propriété privée) ▷ **housing benefit** n (Admin) allocation f logement ▷ **housing conditions** npl conditions fpl de logement ▷ **housing development** n (US) ensemble m immobilier privé ▷ **housing estate** n (Brit) (= council-owned flats) cité f ; (= privately-owned houses) lotissement m ▷ **housing list** n (Brit) liste d'attente pour obtenir un logement social ▷ **housing project** n (US = place) ≃ cité f ▷ **housing scheme** n (Scot) ⇒ **housing estate** ▷ **housing shortage** n pénurie f or manque m de logements ◆ **the current acute housing shortage** la crise du logement actuelle ▷ **housing stock** n parc m de logements

hove [həʊv] vb (pt, ptp of **heave**)

hovel ['hɒvəl] → SYN n taudis m, masure f

hover ['hɒvər] → SYN 1 vi a [bird, butterfly] voltiger (about autour de ; over au-dessus de) ; [bird of prey, helicopter, danger, threat] planer (above, over au-dessus de) ; [person] (also **hover about**, **hover around**) rôder ; [smile] errer ; [mist, fog] flotter ◆ **a waiter hovered over or round us** un garçon (de café) rôdait or tournait autour de nous ◆ **she was hovering in the doorway** elle hésitait sur le pas de la porte ◆ **he was hovering between life and death** il restait suspendu entre la vie et la mort ◆ **the exchange rate is hovering around 140 yen to the dollar** le taux de change tourne autour de or avoisine les 140 yens pour un dollar b (= waver) hésiter (between entre) 2 COMP ▷ **hover fly** n (Zool) syrphe m

hovercraft ['hɒvəkrɑːft] n aéroglisseur m

hoverport ['hɒvəpɔːt] n hoverport m

hovertrain ['hɒvətreɪn] n aérotrain m

how [haʊ] 1 adv a (= in what way) comment ◆ **how did you come?** comment êtes-vous venu ? ◆ **tell me how you came** dites-moi comment vous êtes venu ◆ **to learn how to do sth** apprendre à faire qch ◆ **I know how to do it** je sais le faire ◆ **how do you like your steak?** comment aimez-vous votre bifteck ? ◆ **how did you like the steak?** comment avez-vous trouvé le bifteck ? ◆ **how was the play?** comment avez-vous trouvé la pièce ? ◆ **how is it that ...?** comment se fait-il que ... (+ subj) ? ◆ **how could you (do such a thing)?** comment as-tu pu faire une chose pareille ? ◆ **how could you do/say that?** comment as-tu pu faire/dire une chose pareille ? ◆ **how can that be?** comment cela (se fait-il) ? ◆ **how come?** * comment ça se fait ?*, pourquoi ? ◆ **how come you aren't**

going out? * pourquoi tu ne sors pas ? *
• **and how!** et comment ! *

♦ **how about ...** * ♦ **how or how's** ⁑ **about going for a walk?** et si on allait se promener ? ♦ **how about you?** et toi ? ♦ **how about that?** (US) ça alors !

♦ **how's that?** * ⁑ (= how possible, in what way) comment ça ? ; (= what is your opinion) qu'est-ce que tu en penses ? ; (= agreed) d'accord ?, ça va ? ♦ **how's that (again)?** (= please repeat) vous pouvez répéter ? ♦ **how's that for size/height?** ça va du point de vue de la taille/de la hauteur ? ♦ **how's that for clean!** (admiringly) c'est ce que j'appelle propre ! ♦ **how's that for luck?** quelle veine ! *

b (health etc) **how are you?** comment allez-vous ? ♦ **tell me how she is** dites-moi comment elle va ♦ **how do you do?** (on being introduced) enchanté ♦ **how are things?** * comment ça va ? ♦ **how's business?** comment vont les affaires ? ♦ **how's life?** * comment ça va ?

c (with adj, adv: degree, quantity etc) que, comme ♦ **how glad I am to see you!** que or comme je suis content de vous voir ! ♦ **I can't tell you how glad I was to leave that place** vous ne pouvez pas savoir à quel point j'étais heureux de quitter cet endroit ♦ **how splendid!** c'est merveilleux ! ♦ **how nice!** comme c'est gentil ! ♦ **how kind of you!** c'est très aimable à vous ! ♦ **how very astute of you** (or **him** etc)! quelle finesse ! (also iro) ♦ **how very clever of you!** ce que vous pouvez être intelligent ! ♦ **how he has grown!** comme il a grandi !, ce qu'il a grandi ! * ♦ **how long is the tunnel!** quelle est la longueur du tunnel ? ♦ **how long is this film?** combien de temps dure ce film ? ♦ **how long will you be staying?** combien de temps resterez-vous ? ♦ **how tall is he?** quelle est sa taille ?, combien mesure-t-il ? ♦ **how old is he?** quel âge a-t-il ? ♦ **how soon can you come?** quand pouvez-vous venir ? ♦ **how much does this book cost?** combien coûte ce livre ?

d (= that) que ♦ **she told me how she had seen the child lying on the ground** elle m'a raconté qu'elle avait vu l'enfant couché par terre

2 n ♦ **the how and the why of it** le comment et le pourquoi de cela

3 COMP ▷ **how-d'ye-do** † * n **here's a (fine) how-d'ye-do!** en voilà une affaire !, en voilà une histoire ! * ♦ **it was a real how-d'ye-do** c'était un joli gâchis ! * ▷ **how-to** adj ♦ **a how-to book on carpentry** un manuel de menuiserie ♦ **a how-to video on carpentry** une vidéo d'initiation à la menuiserie

howdah ['haʊdə] n siège sanglé sur le dos d'un éléphant

howdy * ['haʊdɪ] excl (US) salut !

however [haʊ'evər] LANGUAGE IN USE 26.2, 26.3 → SYN

1 adv **a** (= nevertheless) cependant, toutefois ♦ **that is one reason. It is not, however, the only one** c'est une raison. Ce n'est cependant pas la seule ♦ **losing doesn't seem to matter to women. Most men, however, can't stand it** cela ne semble pas gêner les femmes de perdre. Par contre or en revanche, les hommes détestent cela, cela ne semble pas gêner les femmes de perdre alors que la plupart des hommes détestent cela ♦ **however, he remained unimpressed by my enthusiasm** pourtant, mon enthousiasme ne lui a fait ni chaud ni froid

b (= no matter how) **however tall he may be** or **is, ...** il a beau être grand, ..., malgré sa taille, ... ♦ **however much money he has ...** il a beau être riche ..., même s'il a beaucoup d'argent ... ♦ **however hard she tried, she couldn't remember my name** malgré tous ses efforts, elle n'arrivait pas à se souvenir de mon nom ♦ **however great the temptation, don't do it** même si tu es très tenté, ne le fais pas ♦ **however few people come, we'll do the play** même s'il n'y a pas beaucoup de monde, nous jouerons la pièce ♦ **however many people there are** quel que soit le nombre de personnes (présentes) ♦ **six or seven people, or however many are present** six ou sept personnes, ou selon le nombre de présents

c (= how on earth: in questions) comment donc ♦ **however did you manage to do that?** comment donc as-tu réussi à le faire ?

2 conj de quelque manière que (+ subj) ♦ **however we tell her about this, she won't be pleased** de quelque manière que nous le lui disions, elle ne sera pas contente ♦ **however you may do it, it will never be right** quoi que vous fassiez or de toute façon, ce ne sera jamais bien ♦ **however that may be** quoi qu'il en soit

howitzer ['haʊɪtsər] n obusier m

howl [haʊl] → SYN **1** n [of person, animal] hurlement m ; [of baby] braillement m, hurlement m ; [of wind] mugissement m ♦ **there were howls of laughter at her remark** sa remarque a provoqué d'énormes éclats de rire

2 vi **a** [person, animal] hurler ; [wind] mugir ♦ **to howl with laughter** rire aux éclats or à gorge déployée ♦ **to howl with delight** pousser des cris de joie ♦ **to howl with pain/rage** hurler de douleur/de rage ♦ **to howl with derision** lancer des huées

b (* = cry) pleurer ; [baby] brailler *

3 vt (also **howl out**) hurler, crier ♦ **they howled their disapproval** ils hurlaient leur désapprobation

▶ **howl down** vt sep huer ♦ **the president was howled down by the crowd** le président a été hué par la foule

howler * ['haʊlər] n gaffe * f, bourde f ♦ **to make a howler** faire une gaffe * or une bourde ♦ **schoolboy howler** perle f (d'écolier)

howling ['haʊlɪŋ] **1** n [of person, animal] hurlements mpl ; [of wind] mugissement m

2 adj **a** (= wailing) person, animal hurlant ; wind, blizzard mugissant

b (* = terrific) success monstre

howsoever [haʊsəʊ'evər] **1** adv **a** (frm = no matter how) **howsoever bad the situation may seem** quelque (liter) mauvaise que la situation puisse paraître

b (†† or dial = nevertheless) néanmoins

2 conj (frm) ♦ **howsoever that may be** quoi qu'il en soit

hoy [hɔɪ] excl ohé !

hoyden † ['hɔɪdn] n garçon m manqué

hoydenish † ['hɔɪdənɪʃ] adj garçonnier, de garçon manqué

HP * [eɪtʃ'piː] n (Brit) (abbrev of **hire purchase**) → **hire**

hp [eɪtʃ'piː] n (abbrev of **horsepower**) CV

HPV [eɪtʃpiː'viː] n (abbrev of **human papilloma virus**) HPV m, papillomavirus m

HQ [eɪtʃ'kjuː] n (abbrev of **headquarters**) QG m

hR [eɪtʃ'ɑː] n (abbrev of **human resources**) ressources fpl humaines

hr (abbrev of **hour**) h ♦ **28 hrs** 28 h

HRH [eɪtʃɑːr'eɪtʃ] n (abbrev of **His** or **Her Royal Highness**) SAR

HRT [eɪtʃɑː'tiː] n (abbrev of **hormone replacement therapy**) → **hormone**

HS n (US Scol) (abbrev of **high school**) → **high**

HSH [eɪtʃes'eɪtʃ] (abbrev of **His** or **Her Serene Highness**) S.A.S.

HST [eɪtʃes'tiː] n **a** (Brit) (abbrev of **high speed train**) ≃ TGV m

b (US) (abbrev of **Hawaiian Standard Time**) → **Hawaiian**

HT (abbrev of **high tension**) → **high**

ht n abbrev of **height**

HTML [eɪtʃtiːem'el] (abbrev of **hypertext markup language**) HTML m

HUAC n (US Hist) (abbrev of **House Un-American Activities Committee**) → **house**

hub [hʌb] → SYN **1** n [of wheel] moyeu m ; (fig) (= centre) centre m ; (= cornerstone) pierre f angulaire ♦ **a hub of finance/activity/operations** un centre financier/d'activité/d'opérations or opérationnel ♦ **the island's social hub** le carrefour de la vie sociale de l'île ♦ **the hub of their environmental policy** la pierre angulaire de leur politique écologique

2 COMP ▷ **hub airport** n (US) plaque f tournante du transport aérien

hubba-hubba * ['hʌbə'hʌbə] excl (US) vise un peu ! *

hubble-bubble ['hʌbl‚bʌbl] n (= pipe) narguilé m

hubbub ['hʌbʌb] n tohu-bohu m

hubby ⁑ ['hʌbɪ] n (abbrev of **husband**) mari m

hubcap ['hʌbkæp] n (Aut) enjoliveur m

hubris ['hjuːbrɪs] n orgueil m (démesuré)

huckleberry ['hʌklbərɪ] n (US) myrtille f

huckster ['hʌkstər] n (US) (= hawker) colporteur m ; (fig pej) mercanti m ; (* = salesman) vendeur m de choc * ; (in fairground) bonimenteur m

HUD [hʌd] n (US) (abbrev of **Department of Housing and Urban Development**) → **housing**

huddle ['hʌdl] → SYN **1** n [of people] petit groupe m (compact) ♦ **a huddle of houses in the valley** quelques maisons blotties dans la vallée ♦ **to go into a huddle** * se réunir en petit comité (fig)

2 vi **a** (lit) se blottir (les uns contre les autres) ♦ **we huddled round the fire** nous nous sommes blottis autour du feu ♦ **the baby birds huddled in the nest** les oisillons se blottissaient les uns contre les autres dans le nid ♦ **spectators huddling under umbrellas** des spectateurs s'abritant tant bien que mal sous leurs parapluies ; see also **huddled**

b (US fig = meet and discuss) se réunir en petit comité (fig)

▶ **huddle down** vi (= crouch) se recroqueviller, se faire tout petit ; (= snuggle) se blottir, se pelotonner

▶ **huddle together** vi se serrer or se blottir les uns contre les autres ♦ **they were huddling together for warmth** ils se serraient or se blottissaient les uns contre les autres pour se tenir chaud ♦ **they huddled together to discuss the proposal** ils ont formé un petit groupe pour discuter de la proposition ; see also **huddled**

▶ **huddle up** vi se blottir, se pelotonner

huddled ['hʌdld] adj ♦ **the chairs were huddled in a corner** les chaises étaient rassemblées or groupées dans un coin ♦ **small wooden sheds, huddled under tall pine trees** de petites cabanes groupées sous de hauts sapins ♦ **he lay huddled under the blankets** il était blotti or pelotonné sous les couvertures ♦ **the children lay huddled (together) under the blankets** les enfants étaient blottis or pelotonnés (les uns contre les autres) sous les couvertures ♦ **she sat huddled in the corner** elle était (assise,) blottie dans le coin ♦ **he was huddled over his books** il était penché sur ses livres

Hudson Bay ['hʌdsən'beɪ] n la baie d'Hudson

Hudson River ['hʌdsən] n (Geog) Hudson m

hue[1] [hjuː] → SYN n ♦ **hue and cry** clameur f ♦ **to raise a hue and cry** crier haro (against sur)

hue[2] [hjuː] → SYN n (= colour) teinte f, nuance f

-hued [hjuːd] adj (in compounds) ♦ **many-hued** multicolore

huff[1] * [hʌf] n ♦ **to be in a huff** être vexé ♦ **to go into a huff** prendre la mouche, se vexer ♦ **he went off** or **left in a huff** il s'est vexé et il est parti

huff[2] [hʌf] vi (lit) ♦ **to huff and puff** souffler comme un bœuf * ; (* = show annoyance) râler *

huffily * ['hʌfɪlɪ] adv avec (mauvaise) humeur

huffiness * ['hʌfɪnɪs] n mauvaise humeur f

huffy * ['hʌfɪ] adj (= annoyed) vexé ; (= sulky) boudeur, qui boude ; (= touchy) susceptible

hug [hʌg] → SYN **1** vt **a** (= hold close) serrer dans ses bras, étreindre ; [bear, gorilla] écraser entre ses bras ♦ **to hug one another** s'étreindre ♦ **she stood hugging herself as if she were cold** elle avait les bras serrés contre sa poitrine comme si elle avait froid ♦ **she hugged her legs tight to her chest** elle a serré ses jambes contre sa poitrine ♦ **to hug o.s. over sth** (fig) jubiler à l'idée de qch

b (= keep close to) serrer ♦ **to hug the shore/wind** (Naut) serrer la côte/le vent ♦ **to hug the kerb** [car] serrer le trottoir

2 vi s'étreindre ♦ **we hugged and kissed** nous nous sommes embrassés

huge / hump

3 n étreinte f ◆ **to give sb a hug** serrer qn dans ses bras, étreindre qn ◆ **he gave the child a big hug** il a serré l'enfant bien fort dans ses bras ; → **bear²**

huge [hju:dʒ] → SYN adj person, object, profit, difference, amount, effort énorme ; success énorme, fou (folle f) ; eyes immense ; number, increase très fort ◆ **on a huge scale** sur une très grande échelle

hugely ['hju:dʒlɪ] adv popular, expensive, important, entertaining, enjoyable extrêmement ; enjoy o.s., vary, increase énormément ◆ **a hugely successful film** un film qui a eu un énorme succès or un succès fou ◆ **hugely influential** très influent ◆ **hugely talented** extrêmement doué

hugeness ['hju:dʒnɪs] n immensité f

hugger-mugger † * [ˈhʌgə,mʌgə^r] adv (confusedly) pêle-mêle

Hugh [hju:] n Hugues m

Huguenot ['hju:gənəʊ] **1** adj huguenot
2 n huguenot(e) m(f)

huh [hʌ] excl (dismay) oh ! ; (surprise, disbelief) hein ? ; (disgust) berk ! *, beuh !

Hula Hoop ® ['hu:lə,hu:p] n hula-hoop m

hulk [hʌlk] → SYN n **a** (big) hulk of a man mastodonte m ◆ **I followed his big hulk** * **into the kitchen** j'ai suivi ce géant dans la cuisine
b (= prison ship) ponton m ; (= wrecked ship) épave f ; (= ramshackle ship) vieux rafiot * m ; (= wrecked vehicle, building) carcasse f

hulking ['hʌlkɪŋ] adj massif, imposant ◆ **he was a hulking great brute** * c'était un gros malabar *

hull [hʌl] → SYN **1** n **a** [of ship] coque f ; [of plane] carlingue f ; [of tank] caisse f
b [of nuts] coque f ; [of peas, beans] cosse f, gousse f
2 vt **a** [+ peas] écosser ; [+ barley] monder ; [+ oats, rice] décortiquer ; [+ nuts] écaler ; [+ berries] équeuter
b [+ ship, plane] percer la coque de

hullabaloo * [,hʌləbə'lu:] n (= noise) raffut * m ◆ **they made** or **there was quite a hullabaloo about the missing money** (= fuss) on a fait toute une histoire * ou tout un foin * à propos de l'argent disparu ◆ **I don't know what all the hullabaloo is about** (= noise) je ne sais pas d'où vient ce raffut * ; (= fuss) je ne comprends pas pourquoi on en fait toute une histoire

hullo [hʌ'ləʊ] excl (esp Brit) ⇒ **hello**

hum [hʌm] → SYN **1** vi **a** [insect] bourdonner ; [person] fredonner, chantonner ; [aeroplane, engine, machine] vrombir ; [spinning top, radio] ronfler ; [wire] bourdonner ◆ **then things began to hum** * (fig) alors les choses ont commencé à chauffer * or à s'animer ; → **haw²**
b (Brit * = stink) chlinguer *
2 vt [+ tune] fredonner, chantonner
3 n **a** [of insect, conversation] bourdonnement m ; [of aeroplane, engine, machine] vrombissement m ; [of spinning top, radio] ronflement m
b (Brit * = stink) puanteur f
4 excl hem !, hum !

human ['hju:mən] → SYN **1** adj humain ◆ **he's only human after all** après tout, ce n'est pas un surhomme ◆ **to lack the human touch** manquer de chaleur humaine ◆ **not fit for human consumption** impropre à la consommation ; → **decency**
2 n humain m
3 COMP ▷ **human being** n être m humain ▷ **human ecology** n écologie f humaine ▷ **human engineering** n ergonomie f ▷ **human interest** n dimension f humaine ▷ **human interest story** n (Press) histoire f à dimension humaine ▷ **human nature** n nature f humaine ◆ **it's only human nature to want revenge** c'est dans la nature humaine de chercher à se venger ▷ **human papilloma virus** n (Med) virus m du papillome humain, papillomavirus m ▷ **human race** n race f humaine, genre m humain ▷ **human resource management** n gestion f des ressources humaines ▷ **human resources** npl ressources fpl humaines ▷ **human rights** npl droits mpl de l'homme ▷ **human rights campaigner** n défenseur m des droits de l'homme ▷ **human shield** n bouclier m humain

humane [hju:'meɪn] → SYN **1** adj **a** (= compassionate) person plein d'humanité ; attitude humain, plein d'humanité ; treatment, decision, system humain ; society bienveillant
b (= painless) **the humane killing of cattle** l'abattage m sans cruauté du bétail
2 COMP ▷ **the Humane Society** n (in US) société protectrice des animaux, ≈ SPA f ▷ **humane studies** npl études de lettres

humanely [hju:'meɪnlɪ] adv (= compassionately) treat avec humanité, humainement ; (= painlessly) kill, slaughter, rear sans cruauté

humaneness [hju:'meɪnnɪs] n humanité f

humanism ['hju:mənɪzəm] n humanisme m

humanist ['hju:mənɪst] n, adj humaniste mf

humanistic [,hju:mə'nɪstɪk] adj humaniste

humanitarian [hju:,mænɪ'tɛərɪən] → SYN adj, n humanitaire mf

humanitarianism [hju:,mænɪ'tɛərɪənɪzəm] → SYN n humanitarisme m

humanity [hju:'mænɪtɪ] → SYN **1** n humanité f
2 the humanities npl les humanités fpl, les lettres fpl

humanization [,hju:mənaɪ'zeɪʃən] n humanisation f

humanize ['hju:mənaɪz] → SYN vt humaniser

humankind [,hju:mən'kaɪnd] n humanité f, genre m humain

humanly ['hju:mənlɪ] adv ◆ **if it is humanly possible** si c'est humainement possible ◆ **we will do all that is humanly possible** nous ferons tout ce qui est humainement possible ◆ **in as quick a time as is humanly possible** aussi vite qu'il est humainement possible de le faire

humanoid ['hju:mənɔɪd] adj, n humanoïde mf

humble ['hʌmbl] → SYN **1** adj **a** (= lowly) person, beginnings, home, job humble ◆ **of humble origins** or **birth** (liter) d'humble naissance ◆ **the humble potato/earthworm** l'humble pomme de terre/ver de terre ◆ **in my humble opinion** (esp iro) à mon humble avis ◆ **my humble abode** (hum) mon humble demeure (hum) ◆ **I am** or **remain, Sir, your humble servant** † (in letters) je suis, Monsieur, votre humble serviteur † ◆ **your humble servant** (= oneself) votre serviteur (hum) ◆ **to eat humble pie** faire amende honorable
b (= unassuming) person modeste (about sth à propos de qch) ; restaurant sans prétention
c **it makes me (feel) very humble** ça me donne un sentiment de grande humilité
2 vt (= humiliate) rabaisser ; (Sport) humilier ◆ **Ted's words humbled me** les paroles de Ted ont été une leçon d'humilité pour moi ◆ **to humble o.s.** se rabaisser ◆ **I felt humbled** j'ai eu honte de moi ◆ **millions of viewers were humbled by their story** ça a été une leçon d'humilité pour des millions de téléspectateurs ◆ **United were humbled 3-0 at Liverpool** United a été honteusement battu 3 à 0 par Liverpool

humblebee ['hʌmblbi:] n bourdon m

humbleness ['hʌmblnɪs] n humilité f

humbly ['hʌmblɪ] adv say, beseech, thank, beg sb's pardon humblement ; suggest en toute humilité

humbug ['hʌmbʌg] → SYN **1** n **a** (= person) charlatan m ; (= talk) sornettes fpl
b (Brit = sweet) bonbon m à la menthe
2 excl n'importe quoi !

humdinger † * ['hʌmdɪŋə^r] n ◆ **he's/she's a real humdinger!** il est génial/elle est géniale ! * ◆ **it's a humdinger!** c'est terrible * or sensass * ! ◆ **it's going to be a humdinger of a match** ça va être un match sensass * ◆ **a humdinger of a hangover** une épouvantable gueule de bois * ◆ **his latest novel is a real humdinger** son dernier roman est vraiment sensass *

humdrum ['hʌm,drʌm] → SYN **1** adj monotone, banal
2 n monotonie f, banalité f

humectant [hju:'mektənt] n (Chem) humectant m

humeral ['hju:mərəl] adj huméral

humerus ['hju:mərəs] n, pl **humeri** ['hju:mə,raɪ] humérus m

humid ['hju:mɪd] → SYN adj climate humide et chaud ◆ **it's humid today** il fait lourd aujourd'hui

humidifier [hju:'mɪdɪfaɪə^r] n humidificateur m

humidify [hju:'mɪdɪfaɪ] vt [+ room, air] humidifier

humidity [hju:'mɪdɪtɪ] → SYN n humidité f

humidor ['hju:mɪdɔ:^r] n boîte f à cigares

humify ['hju:mɪfaɪ] **1** vt transformer en humus
2 vi se transformer en humus

humiliate [hju:'mɪlɪeɪt] → SYN vt humilier

humiliating [hju:'mɪlɪeɪtɪŋ] → SYN adj humiliant

humiliatingly [hju:'mɪlɪeɪtɪŋlɪ] adv d'une manière humiliante, honteusement ◆ **humiliatingly, he broke down in tears** à sa grande honte, il éclata en sanglots

humiliation [hju:,mɪlɪ'eɪʃən] → SYN n humiliation f

humility [hju:'mɪlɪtɪ] → SYN n humilité f

humming ['hʌmɪŋ] **1** n [of insect, voices] bourdonnement m ; [of aeroplane, engine, machine] vrombissement m ; [of person] fredonnement m
2 COMP ▷ **humming-top** n toupie f ronflante

hummingbird ['hʌmɪŋbɜ:d] n oiseau-mouche m, colibri m

hummock ['hʌmək] n (= hillock) tertre m, monticule m ; (in ice field) hummock m

hummocky ['hʌməkɪ] adj inégal, accidenté

hummus ['hɔməs] n houm(m)ous m

humongous * [hju:'mɒŋgəs] adj maous * (-ousse * f) ◆ **a humongous row** une mégadispute *, une dispute maousse * ◆ **a humongous box office hit** un mégasuccès * au box-office ◆ **Streisand is such a humongous star** Streisand est vraiment une superstar

humor ['hju:mə^r] (US) ⇒ **humour**

-humored ['hju:məd] adj (US) (in compounds) ⇒ **-humoured**

humorist ['hju:mərɪst] → SYN n humoriste mf

humorless ['hju:məlɪs] adj (US) ⇒ **humourless**

humorlessly ['hju:məlɪslɪ] adv (US) ⇒ **humourlessly**

humorous ['hju:mərəs] → SYN adj **a** (= amusing) book, comment, writer humoristique
b (= amused) expression amusé

humorously ['hju:mərəslɪ] adv avec humour

humour, humor (US) ['hju:mə^r] → SYN **1** n **a** (= sense of fun) humour m ◆ **I see no humour in it** je ne vois pas où est l'humour ◆ **this is no time for humour** ce n'est pas le moment de faire de l'humour ◆ **the humour of the situation** le comique de la situation ◆ **their own inimitable brand of humour** leur humour inimitable
b (= temper) humeur f ◆ **to be in (a) good/bad humour** être de bonne/mauvaise humeur ◆ **to be out of humour** être de mauvaise humeur
c (Med Hist) humeur f
2 vt [+ person] faire plaisir à ; [+ sb's wishes, whims] se prêter à, se plier à ◆ **just humour him!** fais-lui plaisir !

-humoured, -humored (US) ['hju:məd] adj (in compounds) ◆ **bad-humoured** de mauvaise humeur ; → **good**

humourless, humorless (US) ['hju:məlɪs] adj person qui manque d'humour, qui n'a pas le sens de l'humour ; laugh, style sans humour

humourlessly, humorlessly (US) ['hju:məlɪslɪ] adv sans humour

hump [hʌmp] → SYN **1** n **a** [of person, camel] bosse f
b (= hillock) bosse f, mamelon m ◆ **we're over the hump now** * (fig) le plus difficile est passé or fait maintenant
c (Brit) **to have** or **get the hump** * faire la gueule *
2 vt **a** (Brit * = carry) porter, trimballer *
b (** = have sex with) baiser **, sauter *
3 vi (** = have sex) baiser **

humpback ['hʌmpbæk] n **a** (= person) bossu(e) m(f) ◆ **to have a humpback** être bossu
b (also **humpback whale**) baleine f à bosse

humpbacked ['hʌmpbækt] adj **a** person bossu
b (Brit) bridge en dos d'âne

humph [hʌmf] excl hum!

humpy ['hʌmpɪ] adj ground inégal, accidenté

humungous* [hjuː'mʌŋɡəs] adj ⇒ **humongous**

humus ['hjuːməs] n humus m

Hun [hʌn] n **a** (Hist) Hun m
b (‡ pej) Boche‡ m (pej)

hunch [hʌntʃ] → SYN **1** vt ◆ **to hunch one's back** arrondir le dos ◆ **to hunch one's shoulders** se voûter ◆ **hunched shoulders** épaules fpl voûtées ◆ **with hunched shoulders** la tête rentrée dans les épaules ; → **hunched**
2 n **a** (* = premonition) pressentiment m, intuition f ◆ **to have a hunch that ...** avoir (comme une petite) idée que * ... ◆ **it's only a hunch** ce n'est qu'une impression ◆ **your hunch paid off** vous avez bien fait de vous fier à votre intuition ◆ **his hunch proved right** son intuition était juste ◆ **to act on a hunch, to play a hunch** (esp US) suivre son intuition
b (= hump) bosse f
c ⇒ **hunk**

hunchback ['hʌntʃbæk] → SYN n bossu(e) m(f)

hunchbacked ['hʌntʃbækt] adj bossu

hunched ['hʌntʃt] adj recroquevillé ◆ **she sat hunched over her typewriter** elle était penchée sur sa machine à écrire ◆ **he sat hunched (up) over his books** il était assis courbé ou penché sur ses livres ◆ **he was hunched forward in his chair** il était penché en avant sur sa chaise ; → **hunch**

hundred ['hʌndrəd] **1** adj cent ◆ **a hundred books/chairs** cent livres/chaises ◆ **two hundred chairs** deux cents chaises ◆ **about a hundred books** une centaine de livres
2 n **a** cent m ◆ **about a hundred, a hundred-odd*** une centaine ◆ **I've got a hundred** j'en ai cent ◆ **a** or **one hundred and one** cent un ◆ **two hundred** deux cents ◆ **two hundred and one** deux cent un ◆ **the hundred and first** le ou la cent unième ◆ **a hundred per cent** cent pour cent ◆ **it was a hundred per cent successful** cela a réussi à cent pour cent ◆ **in seventeen hundred** en dix-sept cents ◆ **in seventeen hundred and ninety-six** en dix-sept cent quatre-vingt-seize ◆ **sold by the hundred** (Comm) vendus par (lots de) cent ◆ **to live to be a hundred** devenir centenaire ◆ **they came in (their) hundreds** ils sont venus par centaines ; for other phrases see **sixty**
b (* fig) **hundreds of** des centaines de, des tas* de ◆ **I've told you hundreds of times!** je te l'ai dit mille fois!
3 COMP ▷ **the Hundred Days** npl (Hist) les Cent Jours mpl ▷ **hundreds and thousands** npl (Brit) vermicelles mpl en sucre ▷ **hundred-year-old** adj centenaire, séculaire (liter) ▷ **the Hundred Years' War** n (Hist) la guerre de Cent Ans

hundredfold ['hʌndrədfəʊld] **1** adj centuple
2 adv au centuple

hundredth ['hʌndrɪdθ] **1** adj centième
2 n (= person, thing) centième mf ; (= fraction) centième m

hundredweight ['hʌndrədweɪt] n (Brit, Can) (poids m de) cent douze livres fpl (50,7 kg) ; (US) (poids m de) cent livres fpl (45,3 kg)

hung [hʌŋ] **1** vb (pret, ptp of **hang**)
2 adj ◆ **to be hung like a horse** ou **a donkey**‡ être bien monté‡
3 COMP ▷ **hung jury** n jury m sans majorité, jury m qui ne parvient pas à une décision ▷ **hung over*** adj **to be hung over** avoir la gueule de bois* ▷ **hung parliament** n parlement m sans majorité, parlement m où aucun parti n'a la majorité ▷ **hung up*** adj (= tense) complexé, inhibé ◆ **he's hung up about it** il en fait tout un complexe* ◆ **to be hung up on sb/sth** (= obsessed) être fou (folle f) de qn/qch

Hungarian [hʌŋˈɡeərɪən] **1** adj (gen) hongrois ; ambassador, embassy de Hongrie ; teacher de hongrois
2 n **a** Hongrois(e) m(f)
b (Ling) hongrois m

Hungary ['hʌŋɡərɪ] n la Hongrie

hunger ['hʌŋɡə'] → SYN **1** n faim f ; (fig) faim f, soif f (for de) ◆ **hunger to do sth** désir m ardent de faire qch
2 vi (liter) avoir faim ◆ **to hunger for** ou **after sth** (fig) avoir faim (fig) ou soif (fig) de qch ◆ **to hunger to do sth** (fig) désirer ardemment faire qch
3 COMP ▷ **the hunger marches** npl (Brit Hist) les marches fpl de la faim ▷ **hunger strike** n grève f de la faim ◆ **to go on (a) hunger strike** faire la grève de la faim ▷ **hunger striker** n gréviste mf de la faim

hungrily ['hʌŋɡrɪlɪ] adv eat, kiss, smoke goulûment ; look, listen, wait avidement

hungry ['hʌŋɡrɪ] → SYN adj **a** (for food) person, animal affamé ◆ **to be** ou **feel hungry** avoir faim ◆ **he's a hungry child** cet enfant a faim ; (permanently) cet enfant a toujours faim ou a un gros appétit ◆ **I'm so hungry** j'ai tellement faim ◆ **to be very hungry** avoir très faim, être affamé ◆ **you look hungry** tu as l'air d'avoir faim ◆ **to make sb hungry** donner faim à qn ◆ **to go hungry** (= starve) être affamé, manquer de nourriture ; (= miss a meal) sauter un repas ◆ **when he was a child he often went hungry** quand il était enfant, il ne mangeait pas toujours à sa faim ◆ **digging the garden is hungry work** ça donne faim de bêcher
b (= eager) **they were hungry for news** ils attendaient avidement des nouvelles ◆ **the child is hungry for love** cet enfant a besoin d'amour ◆ **hungry for success** executive avide de réussir ; artist, writer avide de succès

hunk [hʌŋk] → SYN n **a** [of bread, cheese] (gros) morceau m
b (* = attractive man) beau mec* m

hunker ['hʌŋkə'] vi ◆ **to hunker down** s'accroupir

hunkers ['hʌŋkəz] npl fesses fpl ◆ **on one's hunkers** accroupi

hunky* ['hʌŋkɪ] **1** adj man bien foutu*
2 COMP ▷ **hunky-dory*** adj au poil* ◆ **everything's hunky-dory** tout marche comme sur des roulettes*

hunt [hʌnt] → SYN **1** n **a** (gen) recherche f
b (Sport = event) chasse f ◆ **elephant/tiger hunt** chasse f à l'éléphant/au tigre ◆ **the hunt was held on the Duke's land** la partie de chasse a eu lieu sur les terres du duc ◆ **the hunt rode by** (= hunters) les chasseurs sont passés à cheval ◆ **the Beaufort hunt** l'équipage m Beaufort ◆ **the hunt for the missing child** la battue pour retrouver l'enfant disparu ◆ **the hunt for the murderer** la chasse au meurtrier ◆ **her hunt for a husband** sa chasse au mari ◆ **I've had a hunt for my gloves** j'ai cherché mes gants partout ◆ **to be on the hunt for a cheap house** chercher une ou être à la recherche d'une maison bon marché ◆ **the hunt is on for ...** (fig) on cherche ...
2 vt **a** (= seek) chercher ; (= pursue) poursuivre, pourchasser
b (Sport) [+ fox etc] chasser, faire la chasse à ◆ **to hunt a horse** monter un cheval à la chasse ◆ **astronomers hunt the sky for black holes** les astronomes cherchent des trous noirs dans le ciel ◆ **I've hunted my desk for it** j'ai retourné tout mon bureau pour le trouver
3 vi (Sport) chasser ◆ **to go hunting** aller à la chasse ◆ **to hunt for** (Sport) faire la chasse à, chasser ; (gen) [+ object, details, facts, missing person] chercher (partout), être à la recherche de ◆ **he is hunting for a job** il est à la recherche d'un travail ◆ **he hunted in his pocket for his pen** il a fouillé dans sa poche pour trouver son stylo ◆ **we hunted around for cardboard and glue** nous avons cherché partout du carton et de la colle ◆ **hunt around until you find what you need** fouillez jusqu'à ce que vous trouviez ce dont vous avez besoin
4 COMP ▷ **hunt sabbing*** n (Brit) sabotage m des chasses à courre ▷ **hunt saboteur, hunt sab*** n (Brit) activiste cherchant à saboter les chasses à courre ▷ **hunt the thimble** n ≈ cache-tampon m

▶ **hunt down** vt sep [+ animal] pourchasser ; [+ person] traquer, pourchasser ; [+ object, facts, details, quotation] dénicher

▶ **hunt out** vt sep dénicher, découvrir

hunter ['hʌntə'] **1** n **a** (= person) (Sport) chasseur m ; (gen) poursuivant m ; → **lion**
b (= horse) cheval m de chasse
c (= watch) (montre f à) savonnette f
2 COMP ▷ **hunter-gatherer** n chasseur-cueilleur m ◆ **they were hunter-gatherers** ils vivaient de chasse et de cueillette ▷ **hunter-killer submarine** n sous-marin m nucléaire d'attaque

hunting ['hʌntɪŋ] **1** n **a** (Sport) chasse f ; (with dogs) chasse f à courre ; (also **fox hunting**) chasse f au renard
b (gen = search) chasse f (for à), recherche f (for de) ; → **bargain, house**
2 COMP ▷ **hunting ground** n (lit, fig) (terrain m de) chasse f ; → **happy** ▷ **hunting horn** n cor m ou trompe f de chasse ▷ **hunting lodge** n pavillon m de chasse ▷ **hunting pink** n rouge m chasseur inv ▷ **hunting season** n saison f de chasse ▷ **hunting spider** n lycose f

Huntington's chorea [ˌhʌntɪŋtənzkɔːˈrɪə] n chorée f de Huntington

huntress ['hʌntrɪs] n (liter) chasseresse f

huntsman ['hʌntsmən] n, pl **-men** chasseur m

hurdle ['hɜːdl] → SYN **1** n (for fences) claie f ; (Sport) haie f ; (fig) obstacle m ◆ **the 100-metre hurdles** (Sport) le 100 mètres haies ◆ **to take a hurdle** (Sport) franchir une haie ; (fig) franchir un obstacle ◆ **to fall at the first hurdle** (fig) échouer au premier obstacle
2 vi (Sport) faire de la course de haies
3 COMP ▷ **hurdle champion** n champion(ne) m(f) de course de haies ▷ **hurdle race** n course f de haies ▷ **hurdles champion** n ⇒ **hurdle champion** ▷ **hurdles race** n ⇒ **hurdle race**

hurdler ['hɜːdlə'] n (Sport) coureur m, -euse f de haies

hurdling ['hɜːdlɪŋ] n (NonC) course f de haies

hurdy-gurdy ['hɜːdɪˌɡɜːdɪ] n orgue m de Barbarie

hurl [hɜːl] → SYN vt [+ object, stone] jeter ou lancer (avec violence) (at contre) ◆ **they were hurled to the ground by the blast** ils ont été précipités à terre par le souffle de l'explosion ◆ **to hurl o.s. at sb/sth** se ruer sur qn/qch ◆ **they hurled themselves into the fray** ils se sont jetés dans la mêlée ◆ **he hurled himself from a 10th floor window** il s'est jeté ou précipité d'une fenêtre au 10e étage ◆ **they hurled themselves into the debate** ils se sont jetés à corps perdu dans le débat ◆ **her question hurled us headlong into a moral quandary** sa question nous a plongés dans un dilemme moral ◆ **to hurl abuse at sb** lancer des injures à qn, accabler ou agonir qn d'injures

hurley ['hɜːlɪ], **hurling** ['hɜːlɪŋ] n sport irlandais ressemblant au hockey sur gazon

hurly-burly ['hɜːlɪˈbɜːlɪ] → SYN n (= commotion) tohu-bohu m ; (= uproar) tumulte m ◆ **the hurly-burly of politics** le tourbillon de la politique ◆ **the hurly-burly of election campaigning** le tourbillon de la campagne électorale

Huron ['hjʊərən] n ◆ **Lake Huron** le lac Huron

hurrah [hʊˈrɑː], **hurray** [hʊˈreɪ] n hourra m ◆ **hurrah for Robert!** vive Robert! ◆ **last hurrah** (US) (= last appearance) dernier tour m de piste ; (= last attempt) dernière tentative f ; (Pol) dernière campagne f ; → **hip³**

hurricane ['hʌrɪkən] → SYN **1** n ouragan m
2 COMP ▷ **hurricane-force** adj wind de force 12 ▷ **hurricane lamp** n lampe-tempête f

hurried ['hʌrɪd] → SYN adj steps précipité, pressé ; remark dit à la hâte ; departure précipité ; decision pris à la hâte ; reading, visit, meeting très rapide ; work fait à la hâte, fait à la va-vite* (pej) ◆ **a hurried breakfast** un petit déjeuner pris à la hâte ◆ **a hurried goodbye** des adieux précipités ◆ **to pay sb a hurried visit** passer voir qn en coup de vent

hurriedly ['hʌrɪdlɪ] adv (= quickly) en hâte ; (faster than one would wish) à la hâte

hurry ['hʌrɪ] → SYN **1** n (= haste) hâte f, précipitation f ; (= eagerness) empressement m ◆ **what's the** ou **your hurry?*** qu'est-ce qui (vous) presse? ◆ **there's no (great) hurry** rien ne presse, il n'y a pas le feu* ◆ **there's no hurry for it** ça ne presse pas

hurt / hydraulic

♦ **in a hurry** ◆ **to be in a hurry** être pressé ◆ **to be in a hurry to do sth** avoir hâte de faire qch ◆ **it was done in a hurry** cela a été fait à la hâte ◆ **he left in a hurry** il est parti précipitamment ◆ **I won't do that again in a hurry!** * je ne suis pas près de recommencer ! ◆ **he won't come back here in a hurry!** * il ne reviendra pas de sitôt !, il n'est pas près de revenir ! ◆ **are you in a hurry for this?** vous en avez un besoin urgent ?, vous en avez besoin tout de suite ?

♦ **in no hurry** ◆ **I'm in no particular hurry** je ne suis pas particulièrement pressé ◆ **I'm in no hurry to do that again!** * je ne recommencerai pas de sitôt !, je ne suis pas près de recommencer !

2 vi **a** se dépêcher, se presser (*to do sth* de faire qch) ◆ **do hurry!** dépêchez-vous ! ◆ **don't hurry** ne vous pressez or dépêchez pas ◆ **I must hurry** il faut que je me dépêche (subj) or presse (subj)

b **to hurry in/out/through** entrer/sortir/traverser en hâte ◆ **she hurried (over) to her sister's** elle s'est précipitée chez sa sœur ◆ **he hurried after her** il a couru pour la rattraper ◆ **they hurried up the stairs** ils ont monté l'escalier quatre à quatre ◆ **she hurried home** elle s'est dépêchée de rentrer, elle est rentrée en hâte

3 vt **a** [+ person] bousculer, faire se dépêcher ; [+ piece of work] presser ◆ **don't hurry your meal** (= don't feel you have to rush) ne vous pressez pas (de manger) ; (= don't eat too quickly) ne mangez pas trop vite ◆ **I don't want to hurry you** je ne veux pas vous bousculer ◆ **you can't hurry him, he won't be hurried** vous ne le ferez pas se dépêcher ◆ **this job can't be hurried** ce travail prend du temps ◆ **I won't be hurried into a decision** je refuse de prendre une décision précipitée ; *see also* **hurried**

b **to hurry sb in/out/through** etc faire entrer/sortir/traverser etc qn à la hâte or en (toute) hâte ◆ **they hurried him to a doctor** ils l'ont emmené d'urgence chez un médecin

4 COMP ▷ **hurry-scurry** vi courir dans tous les sens ◇ n bousculade f, débandade f ◇ adv à la débandade

▶ **hurry along** **1** vi marcher d'un pas pressé ◆ **hurry along please!** pressons un peu, s'il vous plaît !
2 vt sep ⇒ **hurry on** 2

▶ **hurry back** vi se presser de revenir (or de retourner) ◆ **hurry back!** (to guest) revenez-nous bientôt ! ◆ **don't hurry back: I'll be here till 6 o'clock** ne te presse pas de revenir, je serai ici jusqu'à 6 heures

▶ **hurry on** **1** vi ◆ **she hurried on to the next stop** elle s'est pressée de gagner l'arrêt suivant ◆ **they hurried on to the next question** ils sont vite passés à la question suivante ◆ **she hurried on ahead** elle est partie devant, elle est partie en éclaireur
2 vt sep [+ person] faire se dépêcher ; [+ work] activer, accélérer ◆ **we're trying to hurry things on a little** nous essayons d'accélérer or d'activer un peu les choses

▶ **hurry up** **1** vi se dépêcher, se presser ◆ **hurry up!** dépêchez-vous ! ◆ **hurry up and take your bath** dépêche-toi de prendre ton bain ◆ **hurry up with that coffee** (bringing it) dépêche-toi d'apporter ce café ; (drinking it) dépêche-toi de boire ton café
2 vt sep [+ person] faire se dépêcher ; [+ work] activer, pousser

hurt [hɜːt] → SYN pret, ptp **hurt** **1** vt **a** (= do physical damage to) [+ person] faire du mal à ◆ **to hurt o.s.** se blesser, se faire mal ◆ **to hurt one's arm** se faire mal au bras ◆ **I hope I haven't hurt you?** j'espère que je ne vous ai pas fait de mal or pas blessé ? ◆ **to get hurt** se blesser, se faire mal ◆ **someone is bound to get hurt** il va y avoir quelqu'un de blessé, quelqu'un va se faire du mal ; *see also* **1b, 1c** ◆ **a little rest won't hurt him** un peu de repos ne lui fera pas de mal ◆ **a glass of wine never hurt anyone** un verre de vin n'a jamais fait de mal à personne ◆ **it won't hurt you to be a bit more serious** ça ne te ferait pas de mal d'être un peu plus sérieux ; → **fly¹**

b (= cause physical pain to) [+ person] faire mal à ◆ **to hurt o.s.**, **to get hurt** se faire mal

c (emotionally) faire de la peine à ◆ **someone is bound to get hurt** il y a toujours quelqu'un qui pâtit or qui écope * ◆ **what hurt most was ...** ce qui faisait le plus mal c'était ... ◆ **to hurt sb's feelings** blesser qn

d (= damage) [+ thing] abîmer, endommager ; [+ sb's reputation, career] nuire à ◆ **an embargo would hurt the economy** un embargo serait mauvais pour or aurait un effet néfaste sur l'économie

2 vi **a** faire mal ◆ **that hurts** ça fait mal ◆ **my arm hurts** mon bras me fait mal ◆ **it doesn't hurt much** ça ne fait pas très mal ◆ **where does it hurt?** où avez-vous mal ? ◆ **nothing hurts like the truth** il n'y a que la vérité qui blesse ◆ **it won't hurt for being left for a while** * il n'y aura pas de mal à laisser cela de côté un instant

b (= suffer emotionally) souffrir

3 n (physical) douleur f ◆ **the real hurt lay in his attitude to her** ce qui la blessait vraiment or lui faisait vraiment mal c'était l'attitude qu'il avait envers elle ◆ **feelings of hurt and anger** la peine et la colère

4 adj (lit, fig) blessé ◆ **she's feeling hurt about it** ça l'a blessée, elle est blessée

hurtful ['hɜːtfʊl] → SYN adj nocif, nuisible (*to* à) ; remark blessant ◆ **what a hurtful thing (for you) to say!** c'est vraiment blessant ce que tu as dit !

hurtfully ['hɜːtfʊlɪ] adv d'une manière blessante

hurtle ['hɜːtl] **1** vi ◆ **to hurtle along** [car, person] avancer à toute vitesse or allure ◆ **to hurtle past sb** passer en trombe devant qn ◆ **the stone hurtled through the air** la pierre a fendu l'air ◆ **she went hurtling down the hill** elle a dévalé la pente
2 vt lancer (de toutes ses forces or violemment)

husband ['hʌzbənd] → SYN **1** n mari m, (Admin, Jur) époux m ◆ **now they're husband and wife** ils sont maintenant mari et femme ◆ **the husband and wife** les conjoints mpl, les époux mpl ◆ **they were living together as husband and wife** (gen) ils vivaient maritalement ; (Jur, Admin) ils vivaient en concubinage
2 vt (frm) [+ strength] ménager, économiser ; [+ supplies, resources] bien gérer

husbandry ['hʌzbəndrɪ] → SYN n (Agr) agriculture f, (fig) économie f, gestion f ◆ **good husbandry** bonne gestion f ; → **animal**

hush [hʌʃ] → SYN **1** n silence m ◆ **there was a sudden hush, a hush fell** il y a eu un silence, tout à coup tout le monde s'est tu ◆ **an expectant hush fell over the crowd** les spectateurs ont retenu leur souffle ◆ **in the hush of the night** (liter) dans le silence de la nuit ◆ **a deathly hush** un silence de mort ◆ **let's have a bit of hush** * allons, un peu de silence ; *see also* **hushed**
2 excl chut !
3 vt (= silence) faire taire ; (= soothe) apaiser, calmer
4 vi se taire
5 COMP ▷ **hush-hush** * adj (ultra-)secret (-ète f) ▷ **hush money** * n pot-de-vin m (*pour acheter le silence*) ◆ **to pay sb hush money** acheter le silence de qn ▷ **hush puppy** n (US Culin) espèce de beignet

▶ **hush up** vt sep [+ scandal, news] étouffer ; [+ fact] cacher ; [+ person] faire taire, empêcher de parler

hushed [hʌʃt] adj voice, conversation étouffé ◆ **there was a hushed silence** (of embarrassment) un ange est passé ; (of expectation) tout le monde a retenu son souffle ◆ **in hushed amazement they ...** frappés de stupeur, ils ... ◆ **we discussed the situation in hushed whispers** nous avons discuté de la situation à voix basse

husk [hʌsk] → SYN **1** n [of wheat] balle f ; [of maize, rice] enveloppe f ; [of chestnut] bogue f ; [of nut] écale f ; [of peas] cosse f, gousse f ◆ **rice in the husk** riz m non décortiqué
2 vt [+ maize, rice] décortiquer ; [+ nut] écaler ; [+ grain] vanner ; [+ peas] écosser ; [+ barley, oats] monder

huskily ['hʌskɪlɪ] adv d'une voix rauque or voilée

huskiness ['hʌskɪnɪs] → SYN n enrouement m

husky¹ ['hʌskɪ] → SYN adj **a** (= hoarse) person enroué ; voice rauque, voilé
b (= burly) costaud *

husky² ['hʌskɪ] n (dog) chien m esquimau or de traineau

hussar [hʊˈzɑːʳ] n hussard m

Hussite ['hʌsaɪt] n hussite m

hussy ['hʌsɪ] n (pej) dévergondée f

hustings ['hʌstɪŋz] npl (esp Brit) plateforme f électorale ◆ **he said it on the hustings** il l'a dit pendant or au cours de sa campagne électorale ◆ **candidates are battling it out at the hustings** (fig) les élections mettent aux prises les candidats

hustle ['hʌsl] → SYN **1** vt **a** [+ person] pousser, bousculer ◆ **to hustle sb in/out/away** faire entrer/sortir/partir qn ◆ **they hustled him into a car** ils l'ont poussé dans une voiture ◆ **I won't be hustled into anything** je ne ferai rien si on me bouscule ◆ **I won't be hustled into making a decision** je refuse de prendre une décision précipitée

b (= cause to proceed) **to hustle legislation through** faire voter des lois à la hâte ◆ **to hustle things (on** or **along)** faire activer les choses

c (US *) (= sell, pass off) fourguer *, refiler *
2 vi **a** (* = hurry) se manier *, se grouiller *
b (esp US *) (= make efforts) se démener ; (= work hard) trimer *, turbiner *
c (esp US *) [prostitute] faire le trottoir * ; [trader] fricoter *
3 n **a** (= jostling) bousculade f ; (= activity) grande activité f ◆ **hustle and bustle** tourbillon m d'activité ◆ **the hustle and bustle of city life** le tourbillon de la vie en ville
b (US *) racket m, activité f illégale

hustler * ['hʌslər] n (= swindler) arnaqueur m, -euse f ; (= prostitute) prostitué(e) m(f) ; (= go-getter) battant(e) m(f)

hut [hʌt] → SYN n (= primitive dwelling) hutte f, case f ; (= shed) cabane f ; (Mil) baraquement m ; (for climbers) refuge m ; [of shepherd] cabane f, abri m ; → **mud**

hutch [hʌtʃ] n [of rabbit] clapier m ; (US = dresser) vaisselier m

HV, h.v. (abbrev of **high voltage**) → **high**

hyacinth ['haɪəsɪnθ] n **a** (Bot) jacinthe f ◆ **wild hyacinth** jacinthe f des bois or sauvage, endymion m
b (= gemstone) hyacinthe f

Hyades ['haɪəˌdiːz], **Hyads** ['haɪædz] npl (Astron) hyades fpl

hyaena [haɪˈiːnə] n ⇒ **hyena**

hyaline ['haɪəlɪn] adj (Bio) hyalin

hyalite ['haɪəlaɪt] n (Geol) hyalite f

hyaloid ['haɪəlɔɪd] **1** adj (Med) artery hyaloïdien
2 COMP ▷ **hyaloid membrane** n membrane f hyaloïde or vitreuse

hybrid ['haɪbrɪd] → SYN **1** n **a** (gen) hybride m
b (= bicycle) vélo m hybride
2 adj hybride
3 COMP ▷ **hybrid system** n système m hybride ▷ **hybrid vigour** n (Bio) hétérosis f, luxuriance f des hybrides

hybridism ['haɪbrɪdɪzəm] n hybridisme m

hybridization [ˌhaɪbrɪdaɪˈzeɪʃən] n hybridation f

hybridize ['haɪbrɪdaɪz] vt hybrider, croiser

hybridoma [ˌhaɪbrɪˈdəʊmə] n (Bio) hybridome m

hydra ['haɪdrə] n, pl **hydras** or **hydrae** ['haɪdriː] hydre f

hydracid [haɪˈdræsɪd] n (Chem) hydracide m

hydrangea [haɪˈdreɪndʒə] n hortensia m

hydrant ['haɪdrənt] n prise f d'eau ; (also **fire hydrant**) bouche f d'incendie

hydrargyria [ˌhaɪdrɑːˈdʒɪrɪə], **hydrargyrism** [haɪˈdrɑːdʒɪrɪzəm] n hydrargyrisme m

hydrate ['haɪdreɪt] **1** n hydrate m
2 vt hydrater

hydration [haɪˈdreɪʃən] n hydratation f

hydraulic [haɪˈdrɒlɪk] **1** adj (gen) hydraulique
2 COMP ▷ **hydraulic brake** n (Aut) frein m hydraulique ▷ **hydraulic circuit** n (Aut) circuit m hydraulique ▷ **hydraulic press** n presse f hydraulique ▷ **hydraulic ram** n (= piston) piston m or pilon m hydraulique ; (= pump) bélier m hydraulique ▷ **hydraulic ramp** n (Aut) pont m élévateur ▷ **hydraulic suspension** n (Aut) suspension f hydraulique

hydraulics [haɪ'drɒlɪks] n (NonC) hydraulique f

hydrazine ['haɪdrəziːn] n (Chem, Aviat) hydrazine f

hydrazoic [ˌhaɪdrə'zəʊɪk] adj ◆ **hydrazoic acid** acide m azothydrique

hydride ['haɪdraɪd] n (Chem) hydrure m

hydriodic acid [ˌhaɪdrɪ'ɒdɪk] n (Chem) acide m iodhydrique

hydro ['haɪdrəʊ] ① a (Brit † = hotel) établissement m thermal *(hôtel)* b (Can) (= electricity) énergie f hydroélectrique ; (= power station) centrale f hydroélectrique ② adj (Can) hydroélectrique

hydr(o)... ['haɪdr(əʊ)] pref hydr(o)...

hydrobromic acid [ˌhaɪdrəʊ'brəʊmɪk] n (Chem) acide m bromhydrique

hydrocarbon [ˌhaɪdrəʊ'kɑːbən] n hydrocarbure m

hydrocele ['haɪdrəʊsiːl] n (Med) hydrocèle f

hydrocephalic [ˌhaɪdrəʊsɪ'fælɪk] adj (Med) hydrocéphale

hydrocephalus [ˌhaɪdrəʊ'sefələs] n (Med) hydrocéphalie f

hydrochloric [ˌhaɪdrəʊ'klɒrɪk] adj chlorhydrique

hydrochloride [ˌhaɪdrə'klɔːraɪd] n (Chem) hydrochlorure m

hydrocoralline [ˌhaɪdrə'kɒrəliːn] n hydrocoralliaire m

hydrocortisone [ˌhaɪdrəʊ'kɔːtɪzəʊn] n (Med) hydrocortisone f

hydrocyanic [ˌhaɪdrəʊsaɪ'ænɪk] adj cyanhydrique

hydrodynamic [ˌhaɪdrəʊdaɪ'næmɪk] adj hydrodynamique

hydrodynamics [ˌhaɪdrəʊdaɪ'næmɪks] n (NonC) hydrodynamique f

hydroelectric [ˌhaɪdrəʊɪ'lektrɪk] ① adj hydroélectrique ② COMP ▷ **hydroelectric power** n énergie f hydroélectrique

hydroelectricity [ˌhaɪdrəʊɪlek'trɪsɪtɪ] n hydroélectricité f

hydrofluoric acid [ˌhaɪdrəʊfluː'ɒrɪk] n (Chem) acide m fluorhydrique

hydrofoil ['haɪdrəʊˌfɔɪl] n hydroptère m, hydrofoil m

hydrogen ['haɪdrɪdʒən] ① n hydrogène m ② COMP ▷ **hydrogen bomb** n bombe f à hydrogène ▷ **hydrogen bond** n liaison f hydrogène ▷ **hydrogen bromide** n (= gas) bromure m d'hydrogène ; (= solution) acide m bromhydrique ▷ **hydrogen chloride** n (= gas) gaz m chlorhydrique ; (= solution) acide m chlorhydrique ▷ **hydrogen cyanide** n acide m cyanhydrique ▷ **hydrogen fluoride** n (Chem) (= gas) fluorure m d'hydrogène ; (= solution) acide m fluorhydrique ▷ **hydrogen iodide** n (Chem) acide m iodhydrique, iodure m d'hydrogène ▷ **hydrogen peroxide** n eau f oxygénée ▷ **hydrogen sulphide** n hydrogène m sulfuré

hydrogenate [haɪ'drɒdʒɪneɪt] ① vt hydrogéner ② COMP ▷ **hydrogenated glucose syrup** n sirop m de glucose hydrogéné ▷ **hydrogenated vegetable oil** n huile f végétale hydrogénée

hydrogenation [haɪˌdrɒdʒɪ'neɪʃən] n hydrogénation f

hydrogenous [haɪ'drɒdʒɪnəs] adj hydrogéné

hydrographer [haɪ'drɒgrəfəʳ] n hydrographe mf

hydrographic [ˌhaɪdrə'græfɪk] adj hydrographique

hydrography [haɪ'drɒgrəfɪ] n hydrographie f

hydroid ['haɪdrɔɪd] (Zool) ① adj order des hydraires ② n hydroïde m, hydraire f

hydrokinetics [ˌhaɪdrəʊkɪ'netɪks] n (NonC) hydrodynamique f

hydrolase ['haɪdrəleɪz] n (Bio) hydrolase f

hydrological [ˌhaɪdrə'lɒdʒɪkəl] adj hydrologique

hydrologist [haɪ'drɒlədʒɪst] n hydrologue mf

hydrology [haɪ'drɒlədʒɪ] n hydrologie f

hydrolyse, hydrolyze (US) ['haɪdrəlaɪz] ① vt hydrolyser ② COMP ▷ **hydrolysed vegetable protein** n protéine f végétale hydrolysée

hydrolysis [haɪ'drɒlɪsɪs] n hydrolyse f

hydrolyte ['haɪdrəlaɪt] n (Chem) substance f hydrolysée

hydrolytic [ˌhaɪdrə'lɪtɪk] adj hydrolyt(iqu)e

hydrometer [haɪ'drɒmɪtəʳ] n hydromètre m

hydrometric [ˌhaɪdrəʊ'metrɪk] adj hydrométrique

hydrometry [haɪ'drɒmətrɪ] n hydrométrie f

hydropathic [ˌhaɪdrəʊ'pæθɪk] adj hydrothérapique

hydrophilic [ˌhaɪdrəʊ'fɪlɪk] adj hydrophile

hydrophobia [ˌhaɪdrəʊ'fəʊbɪə] n hydrophobie f

hydrophobic [ˌhaɪdrəʊ'fəʊbɪk] adj hydrophobe

hydrophone ['haɪdrəfəʊn] n hydrophone m

hydrophyte ['haɪdrəʊfaɪt] n (Bot) hydrophyte f

hydroplane [ˌhaɪdrəʊ'pleɪn] n hydroglisseur m

hydroponic [ˌhaɪdrəʊ'pɒnɪk] adj hydroponique

hydroponics [ˌhaɪdrəʊ'pɒnɪks] n (NonC) culture f hydroponique

hydropower [ˌhaɪdrəʊ'paʊəʳ] n énergie f hydroélectrique, hydroélectricité f

hydroquinone [ˌhaɪdrəʊkwɪ'nəʊn] n (Chem, Phot) hydroquinone f

hydrosphere ['haɪdrəˌsfɪəʳ] n (Geog) hydrosphère f

hydrostatic [ˌhaɪdrəʊ'stætɪk] adj hydrostatique

hydrostatics [ˌhaɪdrəʊ'stætɪks] n (NonC) hydrostatique f

hydrotherapy [ˌhaɪdrəʊ'θerəpɪ] n hydrothérapie f

hydrothermal [ˌhaɪdrəʊ'θɜːməl] adj hydrothermal

hydrothorax [ˌhaɪdrəʊ'θɔːræks] n hydrothorax m

hydrotropism [haɪ'drɒtrəpɪzəm] n hydrotropisme m

hydrous ['haɪdrəs] adj hydraté

hydroxide [haɪ'drɒksaɪd] n hydroxyde m

hydroxyl [haɪ'drɒksɪl] adj (Chem) hydroxyle

hydroxylamine [haɪˌdrɒksɪlə'miːn] n hydroxylamine f

hydrozoan [ˌhaɪdrəʊ'zəʊən] (Zool) ① adj order des hydrozoaires ② n hydrozoaire m

hyena [haɪ'iːnə] n hyène f

Hygiaphone ® ['haɪdʒɪəfəʊn] n hygiaphone ® m

hygiene ['haɪdʒiːn] → SYN n hygiène f

hygienic [haɪ'dʒiːnɪk] → SYN adj hygiénique

hygienically [haɪ'dʒiːnɪkəlɪ] adv hygiéniquement

hygienist ['haɪdʒiːnɪst] n hygiéniste mf

hygrometer [haɪ'grɒmɪtəʳ] n hygromètre m

hygrometric [ˌhaɪgrə'metrɪk] adj hygrométrique

hygrometry [haɪ'grɒmətrɪ] n hygrométrie f

hygrophilous [haɪ'grɒfɪləs] adj hygrophile

hygrophyte ['haɪgrəfaɪt] n (Bot) hygrophyte f

hygrophytic [ˌhaɪgrə'fɪtɪk] adj (Bot) hygrophile

hygroscope ['haɪgrəʊskəʊp] n hygroscope m

hygroscopic [ˌhaɪgrə'skɒpɪk] adj hygroscopique

hygrostat ['haɪgrəʊstæt] n hygrostat m

hymen ['haɪmen] n (Anat) hymen m

hymenium [haɪ'miːnɪəm] n, pl **hymeniums** or **hymenia** [haɪ'miːnɪə] hyménium m

hymenopteran [ˌhaɪmɪ'nɒptərən] n (Zool) hyménoptère m

hymenopterous [ˌhaɪmɪ'nɒptərəs] adj (Zool) hyménoptère

hymn [hɪm] ① n hymne m, cantique m ◆ **a hymn to sth** (fig = celebration) un hymne à qch ② vt (liter) chanter un hymne à la gloire de ③ COMP ▷ **hymn book** n livre m de cantiques

hymnal ['hɪmnəl] n livre m de cantiques

hyoid ['haɪɔɪd] adj (Anat) hyoïde

hyoscyamine [ˌhaɪə'saɪəmiːn] n (Chem, Med) hyoscyamine f

hypallage [haɪ'pælədʒiː] n (Ling) hypallage f

hype [haɪp] → SYN ① n a (NonC: * = publicity) battage m publicitaire ; (in media) battage m médiatique ◆ **it has been the subject of intense media hype** ça a fait l'objet d'un énorme battage médiatique ◆ **he's always been contemptuous of marketing hype** il a toujours méprisé le battage publicitaire des campagnes de marketing b (* = book, product) livre m or produit m lancé à grand renfort de publicité c (Drugs ⁑) (= syringe) shooteuse ⁑ f ; (= injection) shoot ⁑ m ; (= addict) toxico * mf, camé(e) * m(f) ② vt a (*: also **hype up** = publicize) [+ book, product, film] faire un énorme battage autour de ◆ **he felt the film was hyped up too much** il a trouvé que l'on avait fait trop de battage autour de ce film b (⁑ = increase) [+ numbers, attendance] augmenter ◆ **to hype the economy** stimuler l'économie c (⁑ = excite) exciter ; see also **hyped-up** d (US ⁑ = cheat) [+ person] tromper, rouler * ③ vi (Drugs ⁑: also **hype up**) se shooter * ④ COMP ▷ **hyped-up** ⁑ adj (= excited) surexcité ; (= anxious) stressé

▶ **hype up** vi, vt sep → hype 3, hyped-up

hyper * ['haɪpəʳ] adj surexcité

hyper... ['haɪpəʳ] pref hyper...

hyperacidity ['haɪpərə'sɪdɪtɪ] n hyperacidité f

hyperactive [ˌhaɪpər'æktɪv] adj child hyperactif

hyperactivity [ˌhaɪpəræk'tɪvɪtɪ] n suractivité f ; [of child] hyperactivité f, syndrome m hyperkinétique (SPEC)

hyperaemia, hyperemia (US) [ˌhaɪpər'iːmɪə] n (Med) hyperémie f

hyperaesthesia, hyperesthesia (US) [ˌhaɪpəriːs'θiːzɪə] n (Med) hyperesthésie f

hyperbaric [ˌhaɪpə'bærɪk] adj (Phys) hyperbare

hyperbaton [haɪ'pɜːbəˌtɒn] n hyperbate f

hyperbola [haɪ'pɜːbələ] n, pl **hyperbolas** or **hyperbolae** [haɪ'pɜːbəˌliː] (Math) hyperbole f

hyperbole [haɪ'pɜːbəlɪ] → SYN n (Literat) hyperbole f

hyperbolic(al) [ˌhaɪpə'bɒlɪk(əl)] ① adj hyperbolique ② COMP ▷ **hyperbolic function** n (Math) fonction f hyperbolique

hyperboloid [haɪ'pɜːbəlɔɪd] n (Math) hyperboloïde m

hyperborean [ˌhaɪpə'bɔːrɪən] adj hyperboréen

hypercharge ['haɪpətʃɑːdʒ] n (Phys) hypercharge f

hypercholesterolaemia, hypercholesterolemia (US) ['haɪpəkəˌlestərɒl'iːmɪə] n (Med) hypercholestérolémie f

hypercorrect [ˌhaɪpəkə'rekt] adj hypercorrect

hypercorrection [ˌhaɪpəkə'rekʃən] n hypercorrection f

hypercritical [ˌhaɪpə'krɪtɪkəl] → SYN adj hypercritique

hyperdulia [ˌhaɪpədjuː'lɪə] n hyperdulie f

hyperfocal distance [ˌhaɪpə'fəʊkəl] n (Phot) distance f hyperfocale

hyperglycaemia, hyperglycemia (US) [ˌhaɪpəglaɪ'siːmɪə] n hyperglycémie f

hyperglycaemic, hyperglycemic (US) [ˌhaɪpəglaɪ'siːmɪk] adj hyperglycémique

hypergolic [ˌhaɪpə'gɒlɪk] adj fuel hypergolique

hypericum [haɪ'perɪkəm] n (Bot) hypéricacée f

hyperinflation [ˌhaɪpərɪn'fleɪʃən] n hyperinflation f

hyperkinetic [ˌhaɪpəkɪ'netɪk] adj suractif ; child hyperactif

hyperlink ['haɪpəlɪŋk] n lien m hypertexte

hypermarket ['haɪpəmɑːkɪt] n (Brit) hypermarché m

hypermeter [haɪˈpɜːmɪtəʳ] n vers m hypermètre

hypermetric [ˌhaɪpəˈmɛtrɪk] adj hypermètre

hypermetropia [ˌhaɪpəmɪˈtrəʊpɪə], **hypermetropy** [ˌhaɪpəˈmɛtrəpɪ] n hypermétropie f

hypermnesia [ˌhaɪpəmˈniːzɪə] n hypermnésie f

hypernym [ˈhaɪpənɪm] n hyperonyme m

hyperon [ˈhaɪpərɒn] n (Phys) hypéron m

hyperopia [ˌhaɪpəˈrəʊpɪə] n (Med) hypermétropie f

hyperopic [ˌhaɪpəˈrɒpɪk] adj (Med) hypermétrope

hyperplasia [ˌhaɪpəˈpleɪzɪə] n hyperplasie f

hyperpyrexia [ˌhaɪpəpaɪˈrɛksɪə] n (Med) hyperthermie f

hyperrealism [ˌhaɪpəˈrɪəlɪzəm] n hyperréalisme m

hypersensitive [ˌhaɪpəˈsɛnsɪtɪv] adj hypersensible

hypersonic [ˌhaɪpəˈsɒnɪk] adj hypersonique

hyperspace [ˈhaɪpəspeɪs] n (Math) hyperespace m ; (Literat) espace m atemporel

hypersthene [ˈhaɪpəsθiːn] n (Miner) hypersthène m

hypertension [ˌhaɪpəˈtɛnʃən] n hypertension f

hypertensive [ˌhaɪpəˈtɛnsɪv] adj (Med) person hypertendu ; drug hypertensif

hypertext [ˈhaɪpətɛkst] n (Comput) hypertexte m

hyperthermia [ˌhaɪpəˈθɜːmɪə] n hyperthermie f

hyperthyroid [ˌhaɪpəˈθaɪrɔɪd] adj (Med) hyperthyroïdien

hyperthyroidism [ˌhaɪpəˈθaɪrɔɪdɪzəm] n (Med) hyperthyroïdie f, hyperthyroïdisme m

hypertonic [ˌhaɪpəˈtɒnɪk] adj (Chem, Med) hypertonique

hypertrophic [ˌhaɪpəˈtrɒfɪk] adj (Med) hypertrophique

hypertrophy [haɪˈpɜːtrəfɪ] [1] n hypertrophie f [2] vt hypertrophier [3] vi s'hypertrophier

hyperventilate [ˌhaɪpəˈvɛntɪleɪt] vi hyperventiler

hyperventilation [ˌhaɪpɜːvɛntɪˈleɪʃən] n hyperventilation f

hypervitaminosis [ˌhaɪpəˌvɪtəmɪˈnəʊsɪs] n (Med) hypervitaminose f

hypha [ˈhaɪfə] n, pl **hyphae** [ˈhaɪfiː] (Bot) hyphe f

hyphen [ˈhaɪfən] n trait m d'union

hyphenate [ˈhaɪfəneɪt] vt mettre un trait d'union à ◆ **hyphenated word** mot m à trait d'union

hyphenation [ˌhaɪfənˈeɪʃən] n insertion f des traits d'union

hypnagogic, hypnogogic [ˌhɪpnəˈgɒdʒɪk] adj hypnagogique

hypnoid [ˈhɪpnɔɪd] adj hypnoïde

hypnology [hɪpˈnɒlədʒɪ] n (Psych) hypnologie f

hypnopaedia [ˌhɪpnəˈpiːdɪə] n apprentissage pendant le sommeil (grâce à des cassettes, par exemple)

hypnopompic [ˌhɪpnəʊˈpɒmpɪk] adj (Psych) hypnopompique

hypnosis [hɪpˈnəʊsɪs] n, pl **hypnoses** [hɪpˈnəʊsiːz] hypnose f ◆ **under hypnosis** en état d'hypnose, en état hypnotique

hypnotherapist [ˌhɪpnəʊˈθɛrəpɪst] n hypnothérapeute mf

hypnotherapy [ˌhɪpnəʊˈθɛrəpɪ] n hypnothérapie f

hypnotic [hɪpˈnɒtɪk] → SYN [1] adj state hypnotique, d'hypnose ; trance, regression, power hypnotique ; rhythm, effect, eyes, voice envoûtant [2] n (= drug) hypnotique m ; (= person) sujet m hypnotique

hypnotism [ˈhɪpnətɪzəm] n hypnotisme m

hypnotist [ˈhɪpnətɪst] n hypnotiseur m, -euse f

hypnotize [ˈhɪpnətaɪz] → SYN vt (lit, fig) hypnotiser ◆ **to hypnotize sb into doing sth** faire faire qch à qn sous hypnose ◆ **to hypnotize o.s.** s'hypnotiser

hypo [ˈhaɪpəʊ] n (Phot) hyposulfite m, thiosulfate m

hypo... [ˈhaɪpəʊ] pref hypo...

hypoallergenic [ˌhaɪpəʊæləˈdʒɛnɪk] adj hypoallergénique

hypoblast [ˈhaɪpəʊblæst] n (Bio) endoblaste m

hypocaust [ˈhaɪpəʊkɔːst] n (Hist) hypocauste m

hypocentre [ˈhaɪpəʊsɛntəʳ] n [of earthquake] hypocentre m ; [of nuclear blast] point m zéro

hypochlorite [ˌhaɪpəˈklɔːraɪt] n (Chem) hypochlorite m

hypochlorous acid [ˌhaɪpəˈklɔːrəs] n acide m hypochloreux

hypochondria [ˌhaɪpəʊˈkɒndrɪə] n (Med) hypocondrie f

hypochondriac [ˌhaɪpəʊˈkɒndrɪæk] [1] adj (Med) hypocondriaque ◆ **my hypochondriac brother** (gen) mon frère, ce malade imaginaire [2] n (Med) hypocondriaque mf ; (gen) malade mf imaginaire

hypochondrium [ˌhaɪpəʊˈkɒndrɪəm] n, pl **hypochondria** [ˌhaɪpəˈkɒndrɪə] (Anat) hypocondre m

hypocorism [haɪˈpɒkəˌrɪzəm] n (= pet name) hypocoristique m

hypocoristic [ˌhaɪpəkɒˈrɪstɪk] adj (Ling) hypocoristique

hypocotyl [ˌhaɪpəˈkɒtɪl] n (Bio) hypocotyle m

hypocrisy [hɪˈpɒkrɪsɪ] → SYN n hypocrisie f

hypocrite [ˈhɪpəkrɪt] → SYN n hypocrite mf

hypocritical [ˌhɪpəˈkrɪtɪkəl] → SYN adj hypocrite

hypocritically [ˌhɪpəˈkrɪtɪkəlɪ] adv hypocritement

hypocycloid [ˌhaɪpəˈsaɪklɔɪd] n (Math) hypocycloïde f

hypodermic [ˌhaɪpəˈdɜːmɪk] [1] adj hypodermique [2] n (= syringe) seringue f hypodermique ; (= needle) aiguille f hypodermique ; (= injection) injection f hypodermique

hypodermis [ˌhaɪpəˈdɜːmɪs] n (Bot, Zool) hypoderme m

hypogastric [ˌhaɪpəˈgæstrɪk] adj hypogastrique

hypogastrium [ˌhaɪpəˈgæstrɪəm] n, pl **hypogastria** [ˌhaɪpəˈgæstrɪə] (Anat) hypogastre m

hypogeal [ˌhaɪpəˈdʒiːəl] adj (Bot, Zool) hypogé

hypogeum [ˌhaɪpəˈdʒiːəm] n, pl **hypogea** [ˌhaɪpəˈdʒiːə] hypogée m

hypoglicaemia, hypoglicemia (US) [ˌhaɪpəʊglaɪˈsiːmɪə] n (Med) hypoglycémie f

hypoglossal [ˌhaɪpəˈglɒsəl] adj hypoglosse

hypoglycaemia, hypoglycemia (US) [ˌhaɪpəʊglaɪˈsiːmɪə] n (Med) hypoglycémie f

hypoglycaemic, hypoglycemic (US) [ˌhaɪpəʊglaɪˈsiːmɪk] adj hypoglycémique

hypogynous [haɪˈpɒdʒɪnəs] adj hypogyne

hypoid gear [ˈhaɪpɔɪd] n engrenage m hypoïde

hyponym [ˈhaɪpənɪm] n hyponyme m

hyponymy [haɪˈpɒnɪmɪ] n hyponymie f

hypophosphate [ˌhaɪpəˈfɒsfeɪt] n (Chem) hypophosphite m

hypophosphite [ˌhaɪpəˈfɒsfaɪt] n (Chem) hypophosphite m

hypophosphoric acid [ˌhaɪpəfɒsˈfɒrɪk] n (Chem) acide m hypophosphorique

hypophosphorous acid [ˌhaɪpəˈfɒsfərəs] n (Chem) acide m hypophosphoreux

hypophyge [haɪˈpɒfɪdʒɪ] n (Archit) escape f

hypophyseal [ˌhaɪpəˈfɪzɪəl] adj hypophysaire

hypophysis [haɪˈpɒfɪsɪs] n, pl **hypophyses** [haɪˈpɒfɪsiːz] hypophyse f

hypostasis [haɪˈpɒstəsɪs] n, pl **hypostases** [haɪˈpɒstəsiːz] (Rel) hypostase f

hypostatic [ˌhaɪpəˈstætɪk] adj (Rel) hypostatique

hypostyle [ˈhaɪpəʊstaɪl] adj hypostyle

hyposulphite [ˌhaɪpəˈsʌlfaɪt] n (Phot) hyposulfite m, thiosulfate m

hyposulphurous acid [ˌhaɪpəˈsʌlfərəs] n (Chem) acide m hyposulfureux

hypotension [ˌhaɪpəʊˈtɛnʃən] n (Med) hypotension f

hypotensive [ˌhaɪpəʊˈtɛnsɪv] adj (Med) person hypotendu ; drug hypotensif

hypotenuse [haɪˈpɒtɪnjuːz] n hypoténuse f

hypothalamic [ˌhaɪpəθəˈlæmɪk] adj hypothalamique

hypothalamus [ˌhaɪpəˈθæləməs] n, pl **hypothalami** [ˌhaɪpəˈθæləmaɪ] hypothalamus m

hypothecate [haɪˈpɒθɪkeɪt] vt hypothéquer

hypothermia [ˌhaɪpəˈθɜːmɪə] n hypothermie f

hypothesis [haɪˈpɒθɪsɪs] → SYN n, pl **hypotheses** [haɪˈpɒθɪsiːz] hypothèse f ; → **working**

hypothesize [haɪˈpɒθɪsaɪz] [1] vt conjecturer ◆ **it was hypothesized that ...** on est parti de l'hypothèse que ... [2] vi se livrer à des conjectures

hypothetic(al) [ˌhaɪpəʊˈθɛtɪk(əl)] adj hypothétique

hypothetically [ˌhaɪpəʊˈθɛtɪkəlɪ] adv en théorie

hypothetico-deductive [ˌhaɪpəˌθɛtɪkəʊdɪˈdʌktɪv] adj hypothético-déductif

hypothyroid [ˌhaɪpəʊˈθaɪrɔɪd] adj (Med) hypothyroïdien

hypothyroidism [ˌhaɪpəʊˈθaɪrɔɪdɪzəm] n (Med) hypothyroïdie f, hypothyroïdisme m

hypotonic [ˌhaɪpəˈtɒnɪk] adj (Bio) hypotonique

hypotonicity [ˌhaɪpətəʊˈnɪsɪtɪ] n (Med) hypotonie f

hypoxia [haɪˈpɒksɪə] n (Med) hypoxie f

hypsography [hɪpˈsɒgrəfɪ] n (Geog) hypsographie f

hypsometer [hɪpˈsɒmɪtəʳ] n (for altitude) hypsomètre m

hypsometry [hɪpˈsɒmɪtrɪ] n (Geog) hypsométrie f

hyrax [ˈhaɪræks] n, pl **hyraxes** or **hyraces** [ˈhaɪrəsiːz] (Zool) hyracien m, hyracoïde m

hyssop [ˈhɪsəp] n (Bot) hysope f

hysterectomy [ˌhɪstəˈrɛktəmɪ] n hystérectomie f

hysteresis [ˌhɪstəˈriːsɪs] [1] n hystérésis f [2] COMP ▷ **hysteresis loop** n cycle m d'hystérésis

hysteria [hɪsˈtɪərɪə] → SYN n (Psych) hystérie f ◆ **she felt a wave of mounting hysteria** (= panic) elle se sentait or elle était au bord de la crise de nerfs ◆ **there were signs of hysteria among the crowd** la foule semblait être au bord de l'hystérie ◆ **he was completely overcome with hysteria** il était complètement hystérique ; → **mass**[1]

hysteric [hɪsˈtɛrɪk] n hystérique mf

hysterical [hɪsˈtɛrɪkəl] → SYN adj (Psych) hystérique ; (gen) person très nerveux, surexcité ; (with laughter) en proie au fou rire ; laugh, sobs, weeping convulsif ; (* = hilarious) joke, scene, comedian tordant * ◆ **hysterical laughter** fou rire m ◆ **hysterical crying** une violente crise de larmes

hysterically [hɪsˈtɛrɪkəlɪ] adv (Med, Psych) hystériquement ◆ **to weep hysterically** avoir une violente crise de larmes ◆ **to laugh hysterically** rire convulsivement, être saisi d'un rire convulsif ◆ **"come here", she shouted hysterically** "viens ici" hurla-t-elle comme une hystérique ◆ **it was hysterically funny** * c'était à se tordre de rire

hysterics [hɪsˈtɛrɪks] npl a (= tears, shouts) (violente) crise f de nerfs ◆ **to have hysterics, to go into hysterics** avoir une (violente) crise de nerfs ◆ **she was nearly in hysterics** elle était au bord de la crise de nerfs
b (* = laughter) crise f de fou rire ◆ **to have hysterics, to go into hysterics** attraper le fou rire ◆ **we were in hysterics about it** on a ri aux larmes ◆ **he had us all in hysterics** il nous a fait rire aux larmes

Hz (Rad etc) (abbrev of **hertz**) hz

I

I¹, i [aɪ] n **a** (= letter) I, i m ◆ **I for Isaac** (Brit) ◆ **I for item** (US) ≃ I comme Irène ; → **dot**
b (Geog) (abbrev of **Island** and **Isle**) I

I² [aɪ] pers pron (unstressed) je ; (before vowel) j' ; (stressed) moi ◆ **he and I are going to sing** lui et moi (nous) allons chanter ◆ **no, I'll do it** non, c'est moi qui vais le faire ◆ **it is I** (frm) c'est moi

IA abbrev of **Iowa**

Ia. abbrev of **Iowa**

IAAF [ˌaɪeɪeɪ'ef] n (abbrev of **International Amateur Athletic Federation**) FIAA f

IAEA [ˌaɪeɪi:'eɪ] n (abbrev of **International Atomic Energy Agency**) AIEA f

iamb [aɪ'æmb], **iambus** [aɪ'æmbəs] n, pl **iambs** or **iambi** [aɪ'æmbaɪ] or **iambuses** (Prosody) iambe m

iambic [aɪ'æmbɪk] **1** adj iambique
2 n iambe m, vers m iambique
3 COMP ▷ **iambic pentameter** n pentamètre m iambique

IATA [aɪ'ɑːtə] n (abbrev of **International Air Transport Association**) IATA f

iatrogenic [aɪˌætrəʊ'dʒenɪk] adj (Med) iatrogène

ib. [ibidem] → **ibid**

IBA [ˌaɪbi:'eɪ] n (Brit) (abbrev of **Independent Broadcasting Authority**) haute autorité contrôlant les sociétés indépendantes de radiotélévision

Iberia [aɪ'bɪərɪə] n l'Ibérie f

Iberian [aɪ'bɪərɪən] **1** adj ibérique
2 n **a** Ibère mf
b (Ling) ibère m
3 COMP ▷ **Iberian Peninsula** n péninsule f Ibérique

iberis [aɪ'bɪərɪs] n (Bot) ibéris f

IBEW [ˌaɪbi:i:'dʌbljuː] n (abbrev of **International Brotherhood of Electrical Workers**) syndicat

ibex [ˈaɪbeks] n, pl **ibexes** or **ibex** or **ibices** [ˈɪbɪˌsiːz] bouquetin m, ibex m

IBF n (abbrev of **International Boxing Federation**) IBF f

ibid [ˈɪbɪd] (abbrev of **ibidem**) ibid

ibis [ˈaɪbɪs] n, pl **ibises** or **ibis** ibis m

Ibiza [ɪ'biːθə] n Ibiza f ◆ **in Ibiza** à Ibiza

Ibo [ˈiːbəʊ] n, pl **Ibo** or **Ibos** **a** Ibo mf
b (Ling) ibo m

IBRD [ˌaɪbiːɑːˈdiː] n (abbrev of **International Bank for Reconstruction and Development**) BIRD f

IBS [ˌaɪbiːˈes] n (abbrev of **irritable bowel syndrome**) → **irritable**

ibuprofen [ˌaɪbjuːˈprəʊfən] n (Med) ibuprofène m

IC [aɪ'siː] n (abbrev of **integrated circuit**) CI m

i/c (abbrev of **in charge**) → **charge**

ICA [ˌaɪsiːˈeɪ] n **a** (Brit) abbrev of **Institute of Contemporary Arts**
b (Brit) abbrev of **Institute of Chartered Accountants**
c abbrev of **International Cooperation Administration**

ICAO [ˌaɪsiːeɪˈəʊ] n (abbrev of **International Civil Aviation Organization**) OACI f

Icarus [ˈɪkərəs] n Icare m

ICBM [ˌaɪsiːbiːˈem] n (abbrev of **intercontinental ballistic missile**) ICBM m

ICC [ˌaɪsiːˈsiː] n (abbrev of **International Chamber of Commerce**) CCI f

ice [aɪs] → SYN **1** n **a** (NonC) glace f ; (on road) verglas m ; (for drink) glaçons mpl ◆ **my hands are like ice** j'ai les mains glacées ◆ **to put sth on ice** (lit) [+ melon, wine] mettre qch à rafraîchir avec de la glace ; [+ champagne] mettre qch à frapper ; (fig) mettre qch en attente or au frigidaire * ◆ **to keep sth on ice** (lit) garder qch sur or dans de la glace ; (fig) garder qch en attente ◆ **"Cinderella on ice"** (Theat) "Cendrillon, spectacle sur glace" ◆ **to break the ice** (lit) (also in conversation etc) briser or rompre la glace ; (= broach tricky matter) entamer le sujet délicat ◆ **that cuts no ice** or **that doesn't cut much ice with me** ça ne me fait aucun effet, ça ne m'impressionne guère ; → **black, cold**
b (Brit: also **ice cream**) glace f ◆ **raspberry ice** glace f à la framboise ; → **water**
c (* = diamonds) diam(s)* m(pl), diamant(s) m(pl)
d (* = drug) drogue à base de méthamphétamine
2 vt **a** [+ cake] glacer
b (fig) **his words iced her heart** ses paroles l'ont glacée ; → **iced**
3 COMP ▷ **ice age** n période f glaciaire ▷ **ice-age** adj (qui date) de la période glaciaire ▷ **ice axe** n piolet m ▷ **ice bag** n sac m or poche f de glace ▷ **ice blue** n, adj bleu m métallique inv ▷ **ice bridge** n pont m de glace ▷ **ice bucket** n seau m à glace or à champagne ▷ **ice climber** n glaciériste mf ▷ **ice-cold** → SYN adj drink, hands glacé ; room, manners, person glacial ▷ **ice cream** n glace f ◆ **strawberry ice cream** glace f à la fraise ▷ **ice-cream cone**, **ice-cream cornet** (Brit) n cornet m de glace ▷ **ice-cream maker** n sorbetière f ▷ **ice-cream parlour** n (= shop) glacier m ▷ **ice-cream soda** n (US) soda m avec de la crème glacée ▷ **ice-cream van** n camionnette f de vendeur de glaces ▷ **ice cube** n glaçon m ▷ **ice dance** n ⇒ **ice dancing** ▷ **ice dancer** n danseur m, -euse f sur glace ▷ **ice dancing** n danse f sur glace ▷ **ice field** n champ m de glace ▷ **ice floe** n banquise f (flottante) ▷ **ice hammer** n marteau-piolet m ▷ **ice hockey** n hockey m sur glace ▷ **ice lolly** n (Brit) sucette f glacée ▷ **ice machine** n (US) machine f à glace or à glaçons ▷ **ice maiden** * n glaçon * m (fig) ▷ **ice maker** n (US) machine f à glace or à glaçons ▷ **ice-making compartment** n freezer m, compartiment m à glace ▷ **ice pack** n (Med) poche f de glace ; (Geog) banquise f ▷ **ice pick** n pic m à glace ▷ **ice piton** n broche f (à glace) ▷ **ice point** n point m de congélation ▷ **ice rink** n patinoire f ▷ **ice sheet** n (Geol) couche f de glace ▷ **ice-shelf** n (Geog) ice-shelf m ▷ **ice show** n (Theat) spectacle m sur glace ▷ **ice skate** n patin m (à glace) ▷ **ice-skate** vi faire du patin (à glace) or du patinage (sur glace) ▷ **ice skater** n patineur m, -euse f (sur glace) ▷ **ice-skating** n patinage m (sur glace) ▷ **ice-station** n station f de recherche polaire ▷ **ice storm** n (US) tempête f de pluie verglaçante ▷ **ice tongs** npl pince f à glace ▷ **ice tray** n bac m à glaçons ▷ **ice water** n (US) eau f glacée ▷ **ice yacht** n char m à voile (sur patins)

▶ **ice over** **1** vi [windscreen, aircraft wings] givrer ; [river] geler ◆ **the lake has iced over** le lac a gelé or est pris (de glace)
2 vt sep ◆ **to be iced over** [windscreen, aircraft wings] être givré ; [river, lake] être gelé, être pris (de glace)

▶ **ice up** **1** vi [windscreen, aircraft, mechanism, lock] se givrer
2 vt sep ◆ **to be iced up** [windscreen, aircraft wings] être givré ; [river, lake] être gelé, être pris (de glace)

iceberg [ˈaɪsbɜːg] **1** n iceberg m ; (* fig = person) glaçon * m ; see also **tip¹**
2 COMP ▷ **iceberg lettuce** n laitue f iceberg (sorte de laitue croquante)

iceboat [ˈaɪsbəʊt] n (Sport) ⇒ **ice yacht** ; → **ice** (Naut) ⇒ **icebreaker**

icebound [ˈaɪsbaʊnd] adj harbour fermé par les glaces ; ship pris dans les glaces

icebox [ˈaɪsbɒks] n (US † = refrigerator) frigidaire ® m, réfrigérateur m ; (Brit = freezer compartment) compartiment m à glace, freezer m ; (= insulated box) glacière f ◆ **this room is like an icebox** cette pièce est une vraie glacière, on gèle dans cette pièce

icebreaker [ˈaɪsˌbreɪkər] n (Naut) brise-glace(s) m ◆ **as an icebreaker** (fig) pour briser la glace or faire connaissance

icecap [ˈaɪskæp] n calotte f glaciaire

iced [aɪst] adj coffee, tea glacé ; melon rafraîchi ◆ **iced water/martini** de l'eau/un martini avec des glaçons ◆ **iced champagne** champagne m frappé

icefall [ˈaɪsfɔːl] n (waterfall) cascade f gelée

icehouse [ˈaɪshaʊs] n glacière f

Iceland [ˈaɪslənd] **1** n l'Islande f
2 COMP ▷ **Iceland spar** n (Miner) spath m d'Islande

Icelander [ˈaɪsləndər] n Islandais(e) m(f)

Icelandic [aɪsˈlændɪk] **1** adj islandais
2 n (Ling) islandais m

iceman [ˈaɪsmæn] n, pl **-men** **a** (US) marchand m or livreur m de glace
b (Archeol) homme m trouvé dans la glace

I Ching [ˈiː ˈtʃɪŋ] n Yijing or Yi-king m

ichneumon [ɪkˈnjuːmən] **1** n mangouste f

ichthyologic(al) / identify

▣ COMP ▷ **ichneumon fly, ichneumon wasp** n ichneumon m

ichthyologic(al) [ˌɪkθɪəˈlɒdʒɪk(əl)] adj ichtyologique

ichthyologist [ˌɪkθɪˈɒlədʒɪst] n ichtyologiste mf

ichthyology [ˌɪkθɪˈɒlədʒɪ] n ichtyologie f

ichthyophagous [ˌɪkθɪˈɒfəɡəs] adj ichtyophage

ichthyornis [ˌɪkθɪˈɔːnɪs] n ichtyornis m

ichthyosaurus [ˌɪkθɪəˈsɔːrəs] n, pl **ichthyosauruses** or **ichthyosauri** [ˌɪkθɪəˈsɔːraɪ] ichtyosaure m

ichthyosis [ˌɪkθɪˈəʊsɪs] n (Med) ichtyose f

icicle [ˈaɪsɪkl] n glaçon m (naturel)

icily [ˈaɪsɪlɪ] adv say sur un ton glacial ; smile, stare d'un air glacial ✦ **icily polite** d'une politesse glaciale ✦ **icily calm** d'un calme glacial

iciness [ˈaɪsɪnɪs] n **a** (lit) [of road surface] état m verglacé
b (fig) [of manner, tone, stare etc] froideur f extrême

icing [ˈaɪsɪŋ] ▣ n **a** (NonC: Culin) glace f, glaçage m ✦ **chocolate/coffee etc icing** glaçage m au chocolat/au café etc ; ✦ **butter**
b (fig) **the icing on the cake** la cerise sur le gâteau
▣ COMP ▷ **icing sugar** n (Brit) sucre m glace

ICJ [ˌaɪsiːˈdʒeɪ] n (abbrev of **International Court of Justice**) CIJ f

icky * [ˈɪkɪ] adj (= messy) poisseux ; (fig) (= horrible) dégueulasse **

icon [ˈaɪkɒn] n **a** (Rel, Comput) icône f
b (fig = symbol) emblème m ; (= idol) idole f ✦ **a feminist/youth/gay icon** une idole pour les féministes/les jeunes/les homosexuels ✦ **fashion icon** figure f emblématique de la mode

iconic [aɪˈkɒnɪk] adj **a** (Ling, Comput, Psych) iconique
b (Art) portrait ressemblant à une icône
c (culturally) figure emblématique ✦ **to achieve iconic status** devenir une idole

iconoclasm [aɪˈkɒnəklæzəm] n iconoclasme m

iconoclast [aɪˈkɒnəklæst] n iconoclaste mf

iconoclastic [aɪˌkɒnəˈklæstɪk] adj iconoclaste

iconographer [ˌaɪkɒˈnɒɡrəfər] n iconographe mf

iconographic [aɪˌkɒnəˈɡræfɪk] adj iconographique

iconography [ˌaɪkɒˈnɒɡrəfɪ] n iconographie f

iconolatry [ˌaɪkɒˈnɒlətrɪ] n (Rel) iconolâtrie f

iconological [aɪˌkɒnəˈlɒdʒɪkəl] adj iconologique

iconologist [ˌaɪkɒˈnɒlədʒɪst] n iconologiste mf

iconology [ˌaɪkɒˈnɒlədʒɪ] n iconologie f

iconoscope [aɪˈkɒnəˌskəʊp] n (Elec) iconoscope m

iconostasis [ˌaɪkəʊˈnɒstəsɪs] n, pl **iconostases** [ˌaɪkəʊˈnɒstəsiːz] (Rel) iconostase f

icosahedron [ˌaɪkəsəˈhiːdrən] n (Math) icosaèdre m

ICR [ˌaɪsiːˈɑːr] n (US) (abbrev of **Institute for Cancer Research**) institut de recherche sur le cancer

ICRC [ˌaɪsiːɑːrˈsiː] n (abbrev of **International Committee of the Red Cross**) CICR m

icterine warbler [ˈɪktəraɪn] n (Orn) hypolaïs m (ictérine), contrefaisant m

ictus [ˈɪktəs] n (Med, Literat) ictus m

ICU [ˌaɪsiːˈjuː] n (abbrev of **intensive care unit**) USI f

icy [ˈaɪsɪ] → SYN ▣ adj **a** (= frozen) road, pavement verglacé ; lake, river, sea gelé ✦ **icy rain** pluie f mêlée de grêle ✦ **icy conditions** (on roads) verglas m ✦ **it's icy this morning** il gèle ce matin
b (also **icy cold**) wind, water glacial, glacé ; hands, feet glacé ✦ **it was icy (cold) yesterday** il faisait un froid glacial hier ✦ **her hands were icy (cold)** elle avait les mains glacées ✦ **the icy blast** (liter or hum) le vent glacial
c (= unfriendly) stare, silence, tone, reception glacial
▣ COMP ▷ **icy blue** adj, n bleu m métallique inv

ID [ˌaɪˈdiː] ▣ abbrev of **Idaho**
▣ n (abbrev of **identification**) pièce f d'identité ✦ **she asked me for some ID** elle m'a demandé une pièce d'identité ✦ **I had no ID on me** je n'avais pas de pièce d'identité sur moi
▣ COMP (abbrev of **identification, identity**) bracelet, tag, number d'identification ▷ **ID card** n (gen) carte f d'identité ; (magnetic) carte f d'identification ▷ **ID parade** n (Brit) séance f d'identification (d'un suspect)

Id. (US) abbrev of **Idaho**

id [ɪd] n (Psych) ça m

id. [ɪd] abbrev of **idem**

I'd [aɪd] ⇒ **I had, I should, I would** ; → **have, should, would**

IDA [ˌaɪdiːˈeɪ] n (abbrev of **International Development Association**) AID f

Ida. abbrev of **Idaho**

Idaho [ˈaɪdəˌhəʊ] n l'Idaho m ✦ **in Idaho** dans l'Idaho

IDD [ˌaɪdiːˈdiː] n (Brit Telec) (abbrev of **international direct dialling**) automatique international

ide [aɪd] n (fish) ide m

idea [aɪˈdɪə] LANGUAGE IN USE 1, 2.2, 11.2 → SYN n **a** (= thought, purpose) idée f ✦ **brilliant** or **bright idea** idée f géniale or de génie ✦ **good idea!** bonne idée ! ✦ **what an idea!, the very idea (of it)!** quelle idée !, en voilà une idée ! ✦ **I can't bear the idea of selling it** je ne supporte pas l'idée de le vendre ✦ **I've got an idea for a play** j'ai une idée pour une pièce de théâtre ✦ **I hit (up)on** or **I suddenly had the idea of going to see her** l'idée m'est venu d'un seul coup l'idée m'est venue d'aller la voir ✦ **I like the idea of helping people** l'idée d'aider les gens me plaît ✦ **I like/hate the idea of living abroad** j'aimerais assez/je déteste l'idée de vivre à l'étranger ✦ **I hate the idea that summer's over** je n'arrive pas à me faire à l'idée que l'été est fini ✦ **it's an idea** or **a good idea to book well in advance** c'est une (bonne) idée de réserver assez longtemps à l'avance ✦ **it was a good/wonderful idea to come here** c'était une bonne/excellente idée de venir ici ✦ **it might not be a bad idea to wait a few days** ce ne serait peut-être pas une mauvaise idée d'attendre quelques jours ✦ **the idea is to reduce expenditure** l'idée est de réduire les dépenses ✦ **whose idea was it to take this route?** qui a eu l'idée de prendre cet itinéraire ? ✦ **it wasn't my idea!** ce n'est pas moi qui en ai eu l'idée ! ✦ **man/woman of ideas** homme m/femme f à idées ✦ **he's the ideas man** * or **the one with the ideas** c'est lui qui trouve les idées ✦ **the idea never entered my head** l'idée ne m'en est jamais venue ou ne m'a jamais effleuré ✦ **he got the idea into his head that she wouldn't help him** il s'est mis dans la tête qu'elle ne l'aiderait pas ✦ **where did you get the idea that I wasn't well?** où as-tu été chercher que je n'allais pas bien ? ✦ **where did you get that idea?** où est-ce que tu as pris cette idée ? ✦ **what gave you the idea that I couldn't come?** qu'est-ce qui t'a fait penser que je ne pourrais pas venir ? ✦ **don't get any ideas!** * ce n'est pas la peine d'y penser ! ✦ **once he gets an idea into his head** une fois qu'il s'est mis une idée en tête ✦ **to put ideas into sb's head, to give sb ideas** mettre or fourrer * des idées dans la tête de qn ✦ **that gave me the idea of inviting her** cela m'a donné l'idée de l'inviter
b (= opinion) idée f, opinion f ; (= way of thinking) façon f de penser ✦ **she has some odd ideas about how to bring up children** elle a de drôles d'idées sur l'éducation des enfants ✦ **according to his idea** selon sa façon de penser ✦ **if that's your idea of fun** si c'est ça que tu appelles t'amuser ✦ **that's not my idea of a holiday** ce n'est pas ce que j'appelle des vacances
c (= vague knowledge) idée f ✦ **I've got some idea of what this is all about** j'ai une vague idée de quoi il s'agit ✦ **have you any idea of what he meant to do?** avez-vous idée de ce qu'il voulait faire ? ✦ **I have no idea** je n'en sais rien ✦ **I haven't the least** or **slightest** or **foggiest** * **idea** je n'en ai pas la moindre idée ✦ **I had the idea that he'd joined the army** j'avais dans l'idée qu'il s'était engagé dans l'armée ✦ **I had no idea they knew each other** je n'avais aucune idée or j'ignorais absolument qu'ils se connaissaient ✦ **he has no idea what he's doing!** il fait n'importe quoi ! * ✦ **it was awful, you've no idea!** c'était terrible, tu ne peux pas t'imaginer ! ✦ **can you give me a rough idea of how many you want?** pouvez-vous m'indiquer en gros or approximativement combien vous en voulez ? ✦ **he gave me a general idea of what they would do** il m'a donné une idée générale de ce qu'ils allaient faire ✦ **this will give you an idea of how much it will cost** cela permettra de vous faire une idée de ce que ça va coûter ✦ **you're getting the idea!** * tu commences à comprendre or à piger * ! ✦ **I've got the general idea** * je vois à peu près or en gros (ce dont il s'agit) ✦ **that's the idea!** * c'est ça ! ✦ **what's the big idea?** * ça ne va pas, non ?*

ideal [aɪˈdɪəl] → SYN ▣ adj idéal (for sb/sth pour qn/qch ; for doing sth pour faire qch)
▣ n idéal m

idealism [aɪˈdɪəlɪzəm] n idéalisme m

idealist [aɪˈdɪəlɪst] → SYN adj, n idéaliste mf

idealistic [aɪˌdɪəˈlɪstɪk] → SYN adj idéaliste

idealistically [aɪˌdɪəˈlɪstɪkəlɪ] adv de façon idéaliste

idealization [aɪˌdɪəlaɪˈzeɪʃən] n idéalisation f

idealize [aɪˈdɪəlaɪz] vt idéaliser

ideally [aɪˈdɪəlɪ] → SYN adv **a** (= preferably) **ideally, you should brush your teeth after every meal** l'idéal serait de se brosser les dents après chaque repas, pour bien faire il faudrait se brosser les dents après chaque repas ✦ **ideally, every child should get individual attention** l'idéal serait que chaque enfant soit suivi individuellement ✦ **ideally I'd like to leave about five** dans l'idéal ou pour bien faire, j'aimerais partir vers cinq heures
b (= perfectly) **he is ideally suited to the job** il est parfait pour ce poste ✦ **I'm not ideally placed to give you advice** je ne suis pas le mieux placé pour vous conseiller ✦ **the village is ideally situated** la situation du village est idéale

idem [ˈaɪdem, ˈɪdem] pron, adj idem

ident * [ˈaɪdent] n (TV : also **station ident**) clip vidéo servant à identifier une chaîne de télévision

identical [aɪˈdentɪkəl] → SYN adj identique (to à) ✦ **identical twins** vrais jumeaux mpl, vraies jumelles fpl

identically [aɪˈdentɪkəlɪ] adv de façon identique ✦ **identically dressed** vêtus de manière identique, habillés pareil *

identifiable [aɪˈdentɪˌfaɪəbl] adj identifiable ; goal, group distinct ; person repérable, reconnaissable ✦ **identifiable as a Frenchman** reconnaissable en tant que Français ✦ **it is identifiable as a Rembrandt** on voit tout de suite que c'est un Rembrandt ✦ **he's easily identifiable** il est facilement repérable or reconnaissable (as comme ; by à) ✦ **Chinese rugs are identifiable by their design** les tapis chinois se reconnaissent à leur motifs

identification [aɪˌdentɪfɪˈkeɪʃən] → SYN ▣ n **a** identification f (with avec) ✦ **early identification of a disease** l'identification précoce d'une maladie ✦ **he's made a formal identification of the body** il a formellement identifié le corps
b (= association) association f ✦ **the identification of Spain with Catholicism** l'association de l'Espagne au catholicisme
c (= empathy) his identification with the problem sa compréhension profonde du problème ✦ **an actor's identification with his character** l'identification f d'un acteur avec son personnage
d (= proof of identity) pièce f d'identité
▣ COMP ▷ **identification mark** n signe m particulier (permettant d'identifier qn ou qch) ▷ **identification papers** npl pièces fpl or papiers mpl d'identité ▷ **identification parade** n (Brit Police) séance f d'identification (d'un suspect) ▷ **identification tag** n plaque f d'identification

identifier [aɪˈdentɪˌfaɪər] n (Comput) identificateur m

identify [aɪˈdentɪfaɪ] → SYN ▣ vt **a** (= establish identity of) identifier ✦ **she identified him as the man who had attacked her** elle l'a identifié comme étant son agresseur ✦ **the police have identified the man they want to question** la police a identifié or établi l'identité de l'homme qu'elle veut interroger ◆ **to identify a body** identifier un cadavre

b (= consider as the same) identifier (*A with B* A avec *or* à *or* et B) ◆ **to identify o.s. with** s'identifier à *or* avec, s'assimiler à ◆ **he refused to identify himself with the rebels** il a refusé de s'identifier avec les rebelles ◆ **he refused to be identified with the rebels** il a refusé d'être identifié *or* assimilé aux rebelles

2 vi s'identifier (*with* avec, à), s'assimiler (*with* à) ◆ **a character the audience can identify with** un personnage auquel le public peut s'identifier

Identikit ® [aɪ'dentɪkɪt] n (also **Identikit picture**) portrait-robot m, photo-robot f

identity [aɪ'dentɪtɪ] → SYN **1** n identité f ◆ **proof of identity** pièce f d'identité ◆ **a case of mistaken identity** une erreur d'identité ◆ **the distinct cultural identity of Tibetans** l'identité culturelle distincte des Tibétains

2 COMP ▷ **identity card** n (gen) carte f d'identité ; (magnetic) carte f d'identification ▷ **identity crisis** n (Psych) crise f d'identité ▷ **identity disc** n plaque f d'identité ▷ **identity papers** npl pièces fpl *or* papiers mpl d'identité ▷ **identity parade** n (Brit) séance f d'identification (d'un suspect)

ideogram ['ɪdɪəgræm], **ideograph** ['ɪdɪəgrɑːf] n idéogramme m

ideographic [,ɪdɪə'græfɪk] adj idéographique

ideography [,ɪdɪ'ɒgrəfɪ] n (Ling) idéographie f

ideological [,aɪdɪə'lɒdʒɪkəl] adj idéologique

ideologically [,aɪdɪə'lɒdʒɪkəlɪ] adv motivated idéologiquement, du point de vue idéologique ◆ **ideologically sound/unsound** idéologiquement correct/incorrect, correct/incorrect sur le plan idéologique ◆ **to be ideologically opposed to sth** être hostile à qch pour des raisons idéologiques ◆ **ideologically, they are poles apart** du point de vue idéologique, ils sont très éloignés l'un de l'autre

ideologist [,aɪdɪ'ɒlədʒɪst] n idéologue mf

ideologue ['aɪdɪəlɒg, (US) 'aɪdɪəlɑːg] n idéologue mf

ideology [,aɪdɪ'ɒlədʒɪ] n idéologie f

ideomotor [,aɪdɪə'məʊtə^r] adj idéomoteur

ides [aɪdz] npl ides fpl

idiocy ['ɪdɪəsɪ] → SYN n **a** (NonC) stupidité f, idiotie f (*of doing sth* de faire qch) ◆ **a piece of idiocy** une stupidité, une idiotie

b (Med ††) idiotie f

idiolect ['ɪdɪəʊlekt] n idiolecte m

idiom ['ɪdɪəm] → SYN n **a** (= phrase, expression) expression f *or* tournure f idiomatique, idiotisme m

b (= language) [of country] idiome m, langue f ; [of region] idiome m ; [of person] idiome m, parler m

c (= style) style m ◆ **in a minimalist idiom** dans un style minimaliste

idiomatic [,ɪdɪə'mætɪk] → SYN adj idiomatique ◆ **idiomatic expression** expression f *or* tournure f idiomatique

idiomatically [,ɪdɪə'mætɪkəlɪ] adv de façon idiomatique

idiosyncrasy [,ɪdɪə'sɪŋkrəsɪ] → SYN n idiosyncrasie f, particularité f ◆ **it's just one of his little idiosyncrasies** ça fait partie de son côté original

idiosyncratic [,ɪdɪəsɪŋ'krætɪk] adj particulier, singulier

idiosyncratically [,ɪdɪəsɪŋ'krætɪkəlɪ] adv d'une manière tout à fait caractéristique

idiot ['ɪdɪət] → SYN **1** n **a** idiot(e) m(f), imbécile mf ◆ **to act** *or* **behave like an idiot** se conduire en idiot *or* en imbécile ◆ **to grin like an idiot** sourire bêtement ◆ **to feel like an idiot** se sentir bête ◆ **what an idiot I am!** que je suis idiot !, quel imbécile je fais !

b (Med ††) idiot(e) m(f) (de naissance) ; → **village**

2 COMP ▷ **idiot board** n (TV) téléprompteur m, télésouffleur m ▷ **idiot box** ‡ n (US TV) téloche * f ▷ **idiot-proof** * adj method infaillible ; machine indétraquable, indéréglable

idiotic [,ɪdɪ'ɒtɪk] → SYN adj idiot, stupide ◆ **that was idiotic of you!** ce que tu as été idiot ! ◆ **what an idiotic thing to say!** c'est idiot *or* stupide de dire une chose pareille !

idiotically [,ɪdɪ'ɒtɪkəlɪ] adv stupidement, de façon idiote

idle ['aɪdl] → SYN **1** adj **a** (= inactive) person inactif ; employee désœuvré ; machinery à l'arrêt ; factory arrêté ; land inexploité ◆ **this machine is never idle** cette machine n'est jamais à l'arrêt *or* ne s'arrête jamais ◆ **he has not been idle during his absence** il n'a pas chômé pendant son absence ◆ **to stand idle** [machinery, vehicle, factory] être à l'arrêt ◆ **to lie** *or* **sit idle** [money] dormir ; [land] rester inexploité ◆ **idle money** argent m qui dort ; → **lie¹**

b (= unoccupied, at leisure) person, hours, days oisif ◆ **idle time** [of workers] temps m chômé ; [of machine] temps m mort, arrêt m machine ◆ **to spend one's idle hours doing sth** passer son temps libre à faire qch ◆ **in an idle moment** pendant un moment d'oisiveté

c (pej = lazy) person fainéant ◆ **the idle rich** (pej) les riches oisifs mpl ; → **bone, devil**

d († = unemployed) sans emploi ◆ **to make sb idle** (Ind) réduire qn au chômage

e (= futile, vain) threat, promise, hope vain (before n) ; speculation, talk, chatter oiseux, vain (before n) ; conversation, remark, question oiseux, futile ; rumour, fear sans fondement ◆ **out of idle curiosity** par pure *or* simple curiosité ◆ **idle gossip** ragots mpl ◆ **that is no idle boast** ce n'est pas une vaine fanfaronnade ◆ **an idle dream** un vain rêve ◆ **it would be idle to do such a thing** il serait vain *or* futile de faire une telle chose

2 vi **a** (also **idle about** *or* **around**) [person] paresser, fainéanter ◆ **to idle about the streets** traîner dans les rues

b [engine, machine] tourner au ralenti

3 vt (US) [+ person] mettre au chômage ; [+ factory] mettre à l'arrêt

4 COMP ▷ **idle pulley** n poulie f folle ▷ **idle wheel** n roue f *or* pignon m intermédiaire

► **idle away** vt sep ◆ **to idle away one's time** passer le temps (en occupations futiles), s'occuper pour passer le temps ◆ **he idled the time away in dreamy thought** il passait le temps à rêvasser

idleness ['aɪdlnɪs] → SYN n **a** (= leisure) oisiveté f ; (pej = laziness) paresse f, fainéantise f ◆ **to live in idleness** vivre dans l'oisiveté

b (= state of not working) inaction f, inactivité f ; (= unemployment) chômage m

c [of threat, wish, question, speculation] futilité f, inutilité f ; [of promises, pleasures] futilité f ; [of fears] manque m de justification ; [of words] manque m de sérieux ; [of effort] inutilité f

idler ['aɪdlə^r] n **a** (= lazy person) paresseux m, -euse f, fainéant(e) m(f)

b (Tech) (= wheel) roue f folle ; (= pinion) pignon m libre ; (= pulley) poulie f folle

idling ['aɪdlɪŋ] → SYN adj ◆ **at idling speed** au ralenti

idly ['aɪdlɪ] adv **a** (= lazily) sit, spend time sans rien faire ◆ **to stand** *or* **sit idly by (while ...)** rester sans rien faire (pendant que ...)

b (= abstractedly) wonder, speculate, think, look at vaguement ; say, play with négligemment ; talk pour passer le temps ◆ **idly curious** vaguement curieux

idol ['aɪdl] → SYN n (lit, fig) idole f ◆ **a teen idol** une idole des jeunes ◆ **a fallen idol** une idole déchue

idolater [aɪ'dɒlətə^r] → SYN n idolâtre mf

idolatress [aɪ'dɒlətrɪs] n idolâtre f

idolatrous [aɪ'dɒlətrəs] adj idolâtre

idolatry [aɪ'dɒlətrɪ] → SYN n (lit, fig) idolâtrie f

idolization [,aɪdəlaɪ'zeɪʃən] n transformation f en idole

idolize ['aɪdəlaɪz] → SYN vt idolâtrer

IDP [,aɪdiː'piː] n (abbrev of **integrated data processing**) traitement m intégré de l'information *or* des données

idyll ['ɪdɪl] n (Literat, also fig) idylle f ◆ **this spoiled our rural idyll** ça a gâché notre vie idyllique à la campagne

idyllic [ɪ'dɪlɪk] adj idyllique

idyllically [ɪ'dɪlɪklɪ] adv idylliquement

i.e. [,aɪ'iː] (abbrev of **id est**) (= that is) c.-à-d., c'est-à-dire

if [ɪf] → SYN **1** conj **a** (condition = supposing that) si ◆ **I'll go if you come with me** j'irai si tu m'accompagnes ◆ **if the weather's nice I shall be pleased** s'il fait beau je serai content ◆ **if the weather were nice I should be pleased** s'il faisait beau je serais content ◆ **if the weather's nice and (if it is) not too cold I shall go with you** s'il fait beau et (s'il ne fait *or* qu'il ne fasse) pas trop froid je vous accompagnerai ◆ **if I had known, I would have visited them** si j'avais su, je leur aurais rendu visite ◆ **if you wait a minute, I'll come with you** si vous attendez *or* voulez attendre une minute, je vais vous accompagner ◆ **if I were a millionaire, I could ...** si j'étais (un) millionnaire, je pourrais ... ◆ **if I were you** si j'étais vous, (si j'étais) à votre place ◆ **(even) if I knew I wouldn't tell you** même si je le savais, je ne te le dirais pas ◆ **if they are to be believed** à les en croire ◆ **if it is true that ...** s'il est vrai que ... (+ indic), si tant est que ... (+ subj)

b (= whenever) si ◆ **if I asked him he helped me** si je le lui demandais il m'aidait ◆ **if she wants any help she asks me** si elle a besoin d'aide elle s'adresse à moi

c (= although) si ◆ **(even) if it takes me all day I'll do it** (même) si cela doit me prendre toute la journée je le ferai ◆ **(even) if they are poor at least they are happy** s'ils sont pauvres du moins ils sont heureux ◆ **even if it is a good film it's rather long** c'est un bon film bien qu'(il soit) un peu long ◆ **nice weather, (even) if rather cold** temps agréable, bien qu'un peu froid ◆ **even if he tells me himself I won't believe it** même s'il me le dit lui-même je ne le croirai pas

d (= granted that, admitting that) si ◆ **if I am wrong, you are wrong too** si je me trompe *or* en admettant que je me trompe (subj), vous vous trompez aussi ◆ **(even) if he did say that, he didn't mean to hurt you** quand (bien) même il l'aurait dit, il n'avait aucune intention de vous faire de la peine

e (= whether) si ◆ **do you know if they have gone?** savez-vous s'ils sont partis ? ◆ **I wonder if it's true** je me demande si c'est vrai

f (= unless) **if ... not** si ... ne ◆ **that's the house, if I'm not mistaken** voilà la maison, si je ne me trompe ◆ **they're coming at Christmas if they don't change their minds** ils viennent à Noël à moins qu'ils ne changent (subj) d'avis

g (phrases) **underpaid, if they are paid at all** mal payés, si tant est qu'on les paie ◆ **if it weren't for him, I wouldn't go** sans lui, je n'irais pas ◆ **if it weren't for him, I wouldn't be in this mess** sans lui, je ne serais pas dans ce pétrin ◆ **if it hadn't been for you, I would have despaired** sans toi, j'aurais désespéré ◆ **well if he didn't try to steal my bag!** * (ne) voilà-t-il pas qu'il essaie de me voler mon sac ! * ◆ **if it isn't our old friend Smith!** tiens ! mais c'est notre bon vieux Smith ! ◆ **if I know her, she'll refuse** telle que je la connais, elle refusera

♦ **if so, if it be so** (liter) s'il en est ainsi, si c'est le cas

♦ **if not** sinon ◆ **they're nothing if not efficient** le moins qu'on puisse dire, c'est qu'ils sont efficaces

♦ **as if** comme, comme si ◆ **he acts as if he were rich** il se conduit comme s'il était riche ◆ **as if by chance** comme par hasard ◆ **he stood there as if he were dumb** il restait là comme (s'il était) muet ◆ **it isn't as if we were rich** ce n'est pas comme si nous étions riches, nous ne sommes pourtant pas riches

♦ **if only** (wishing) si seulement ◆ **if only I had known!** si seulement j'avais su ! ◆ **if only it were that simple!** si seulement c'était aussi simple ! ◆ **I'd better write to her, if only to let her know that ...** (emphatic use) il faudrait que je lui écrive, ne serait-ce que pour lui faire savoir que ... ◆ **if only for a moment** ne serait-ce que pour un instant

2 n ◆ **ifs and buts** les si mpl et les mais mpl ◆ **it's a big if** c'est un grand point d'interrogation

IFAD [,aɪefeɪ'diː] n (abbrev of **International Fund for Agricultural Development**) FIDA m

IFC [,aɪef'siː] n (abbrev of **International Finance Corporation**) SFI f

iffy ‡ ['ɪfɪ] adj (= uncertain) outcome, future aléatoire, incertain ; (= dodgy) method qui craint ‡ ◆ **an iffy neighbourhood** un quartier douteux ◆ **it all seems a bit iffy to me** ça me

immaculately / immunostimulant

ANGLAIS-FRANÇAIS 460

◆ an immaculate white shirt une chemise blanche immaculée

[2] COMP ▷ **the Immaculate Conception** n (Rel) l'Immaculée Conception f

immaculately [ɪ'mækjʊlɪtlɪ] adv dressed, groomed, behaved de façon impeccable ◆ immaculately clean d'une propreté impeccable ◆ an immaculately kept house/car une maison/voiture impeccablement tenue

immanent ['ɪmənənt] adj immanent

Immanuel [ɪ'mænjʊəl] n Emmanuel m

immaterial [ˌɪmə'tɪərɪəl] → SYN adj **a** (= unimportant) négligeable, sans importance ◆ it is immaterial whether he did or not il importe peu qu'il l'ait fait ou non ◆ that's (quite) immaterial (= not important) ça n'a pas d'importance ; (= not relevant) ça n'est pas pertinent ◆ that's immaterial to us peu nous importe ◆ my presence was immaterial to him il n'avait que faire de ma présence
b (Philos etc) immatériel

immaterialism [ˌɪmə'tɪərɪəlɪzəm] n immatérialisme m

immaterialist [ˌɪmə'tɪərɪəlɪst] n immatérialiste mf

immature [ˌɪmə'tjʊəʳ] → SYN adj **a** (= not fullgrown) fruit (qui n'est) pas mûr, vert ; animal, tree jeune
b (= childish) immature ◆ he's very immature il est très immature, il manque vraiment de maturité ◆ he is emotionally immature il est affectivement immature ◆ she's just being childish and immature elle se comporte d'une manière puérile et immature

immaturity [ˌɪmə'tjʊərɪtɪ] → SYN n manque m de maturité, immaturité f

immeasurable [ɪ'meʒərəbl] → SYN adj amount, height, space incommensurable ; joy, suffering incommensurable, infini ; precautions, care infini ; wealth, riches, value inestimable

immeasurably [ɪ'meʒərəblɪ] adv (frm) better, worse infiniment ; improve infiniment ; increase, rise, advance dans des proportions illimitées ◆ to help sb immeasurably apporter une aide inestimable à qn ◆ to add immeasurably to sth ajouter infiniment à qch

immediacy [ɪ'mi:dɪəsɪ] n immédiateté f ◆ the immediacy of live television l'immédiateté du direct ◆ a sense of immediacy un sentiment d'immédiateté or d'urgence

immediate [ɪ'mi:dɪət] → SYN [1] adj **a** (= instant) effect, impact, response, results, ceasefire, closure, danger immédiat ◆ with immediate effect avec effet immédiat ◆ to come into immediate effect entrer immédiatement en vigueur ◆ to take immediate action agir immédiatement ◆ for immediate delivery à livrer immédiatement ◆ the matter deserves your immediate attention cette affaire exige une attention immédiate de votre part ◆ a savings account that allows immediate access to your money un compte d'épargne qui vous permet d'effectuer des retraits à tout moment ◆ he has no immediate plans to retire il n'envisage pas de prendre sa retraite dans l'immédiat
b (= most urgent) future, needs, priority, threat, problem, issue immédiat ◆ my immediate concern was for the children mon premier souci a été les enfants ◆ of more immediate concern is the state of the economy l'état de l'économie est une préoccupation plus urgente or plus immédiate ◆ his (most) immediate task sa tâche la plus urgente
c (= direct, nearest) immédiat ◆ in sb's immediate vicinity dans le voisinage immédiat de qn ◆ to the immediate south immédiatement au sud ◆ her immediate predecessor son prédécesseur immédiat ◆ in the immediate aftermath of the war sitôt après la guerre, dans l'immédiat après-guerre ◆ my immediate family ma famille immédiate

[2] COMP ▷ **immediate constituent** n (Gram) constituant m immédiat

immediately [ɪ'mi:dɪətlɪ] → SYN [1] adv **a** (= at once) immédiatement, tout de suite ◆ immediately available/obvious/apparent immédiatement disponible or tout de suite disponible/évident/apparent ◆ immediately before/after/afterwards immédiatement or sitôt avant/après/après ◆ the years immediately following the Second World War les années qui ont immédiatement suivi la Seconde Guerre mondiale ◆ immediately upon arrival or arriving dès l'arrivée
b (= directly) directement ◆ immediately behind/above directement derrière/au-dessus
[2] conj (esp Brit) dès que ◆ immediately I returned, je... dès mon retour, je ...

Immelmann ['ɪməlˌmɑːn] n (also **Immelmann turn**) immelmann m

immemorial [ˌɪmɪ'mɔːrɪəl] → SYN adj immémorial ◆ from or since time immemorial de toute éternité, de temps immémorial

immense [ɪ'mens] → SYN adj space immense, vaste ; size immense ; possibilities, achievements, fortune, difficulty immense, énorme

immensely [ɪ'menslɪ] adv rich, successful, popular immensément, extrêmement ; enjoy, help, vary énormément ◆ immensely helpful book, object etc extrêmement utile ; person extrêmement serviable ◆ to improve immensely s'améliorer énormément

immensity [ɪ'mensɪtɪ] → SYN n immensité f

immerse [ɪ'mɜːs] vt immerger, plonger ; (Rel) baptiser par immersion ◆ to immerse one's head in water plonger la tête dans l'eau ◆ to immerse o.s. in sth (work, hobby) se plonger dans qch ◆ to be immersed in one's work être absorbé or plongé dans son travail

immerser [ɪ'mɜːsəʳ] n chauffe-eau m électrique

immersion [ɪ'mɜːʃən] → SYN [1] n immersion f ; (fig) absorption f ; (Rel) baptême m par immersion
[2] COMP ▷ **immersion course** n (Educ) stage m or cours m intensif (in de) ▷ **immersion heater** n (Brit) (= boiler) chauffe-eau m inv électrique ; (= device) thermoplongeur m

immigrancy ['ɪmɪgrənsɪ] n (US) condition f d'immigrant

immigrant ['ɪmɪgrənt] → SYN [1] adj, n (newly arrived) immigrant(e) m(f) ; (well-established) immigré(e) m(f)
[2] COMP ▷ **immigrant labour** n ⇒ **immigrant workers** ▷ **immigrant workers** npl (Ind) main-d'œuvre f immigrée

immigrate ['ɪmɪgreɪt] vi immigrer

immigration [ˌɪmɪ'greɪʃən] [1] n immigration f ◆ to go through customs and immigration passer la douane et l'immigration
[2] COMP ▷ **immigration** policy d'immigration ; law sur l'immigration ▷ **immigration authorities** npl services mpl de l'immigration ▷ **immigration border patrol** n (US Police) services mpl de l'immigration ▷ **immigration control** n (= department) (services mpl de) l'immigration f ; (= system) contrôle m de l'immigration ▷ **Immigration Department** n services mpl de l'immigration

imminence ['ɪmɪnəns] n imminence f

imminent ['ɪmɪnənt] → SYN adj imminent

immiscible [ɪ'mɪsɪbl] adj (Chem) immiscible

immobile [ɪ'məʊbaɪl] → SYN adj immobile

immobiliser [ɪ'məʊbɪlaɪzəʳ] n (Aut) dispositif m antidémarrage

immobility [ˌɪməʊ'bɪlɪtɪ] → SYN n immobilité f

immobilization [ɪˌməʊbɪlaɪ'zeɪʃən] n immobilisation f

immobilize [ɪ'məʊbɪlaɪz] → SYN vt (also Fin) immobiliser

immoderate [ɪ'mɒdərɪt] → SYN adj (frm) desire, appetite immodéré, démesuré ; conduct déréglé

immoderately [ɪ'mɒdərɪtlɪ] adv (frm) immodérément

immodest [ɪ'mɒdɪst] adj **a** (= indecent) impudique, indécent
b (= presumptuous) impudent, présomptueux

immodestly [ɪ'mɒdɪstlɪ] adv **a** (= indecently) dress de façon inconvenante ◆ to behave immodestly avoir une conduite inconvenante
b (= presumptuously) claim de façon présomptueuse

immodesty [ɪ'mɒdɪstɪ] → SYN n **a** (= indecency) impudeur f, indécence f
b (= presumption) impudence f, présomption f

immolate ['ɪməʊleɪt] vt (frm) immoler

immolation [ˌɪmə'leɪʃən] n immolation f

immoral [ɪ'mɒrəl] → SYN [1] adj immoral, contraire aux bonnes mœurs ◆ it is immoral to do that il est immoral de faire ça ◆ it would be immoral for him to take the money il serait immoral qu'il accepte (subj) l'argent ◆ it is immoral that ... il est immoral que ... (+ subj) ◆ immoral behaviour un comportement contraire aux bonnes mœurs
[2] COMP ▷ **immoral earnings** npl (Jur) gains mpl résultant d'activités contraires à la morale

immorality [ˌɪmə'rælɪtɪ] → SYN n immoralité f

immortal [ɪ'mɔːtl] → SYN [1] adj person, god immortel ; fame immortel, impérissable ◆ in the immortal words of La Pasionaria, they shall not pass selon le mot impérissable de la Pasionaria, ils ne passeront pas
[2] n immortel(le) m(f)

immortality [ˌɪmɔː'tælɪtɪ] → SYN n immortalité f

immortalize [ɪ'mɔːtəlaɪz] → SYN vt immortaliser

immovable [ɪ'muːvəbl] → SYN [1] adj **a** object fixe ; (Jur) belongings immeuble, immobilier
b (fig) courage, decision inflexible, inébranlable ◆ John was immovable in his decision John était inflexible or inébranlable dans sa décision
[2] **immovables** npl (Jur) immeubles mpl, biens mpl immobiliers

immovably [ɪ'muːvəblɪ] adv **a** fix, nail down de façon inamovible
b determined de façon inébranlable ; opposed irrévocablement

immune [ɪ'mjuːn] → SYN [1] adj **a** (Med) person immunisé (from, to contre) → **acquired**
b (fig = secure from) **immune from** or **to** (temptation, wish etc) immunisé or blindé * contre ◆ immune to criticism immunisé or blindé * contre la critique ◆ he never became immune to the sight of death il n'a jamais pu s'habituer à la vue de la mort
c (fig = exempt from) immune from taxation exonéré d'impôt ◆ to be immune from prosecution bénéficier de l'immunité
[2] COMP ▷ **immune body** n anticorps m ▷ **immune deficiency** n déficience f immunitaire ▷ **immune response** n réaction f immunitaire ▷ **immune serum** n immun-sérum m ▷ **immune system** n système m immunitaire

immunity [ɪ'mjuːnɪtɪ] → SYN n (Med, gen) immunité f (from, to contre) ◆ diplomatic/parliamentary immunity immunité f diplomatique/parlementaire

immunization [ˌɪmjʊnaɪ'zeɪʃən] n immunisation f (against contre)

immunize ['ɪmjʊnaɪz] → SYN vt immuniser (against contre)

immunoassay [ˌɪmjʊnəʊ'æseɪ] n (Med) essai m immunologique

immunochemistry [ˌɪmjʊnəʊ'kemɪstrɪ] n immunochimie f

immunocompetence [ˌɪmjʊnəʊ'kɒmpɪtəns] n immunocompétence f

immunocompromised [ˌɪmjʊnəʊ'kɒmprəmaɪzd] adj (Med) immunodéprimé

immunodeficiency [ˌɪmjʊnəʊdɪ'fɪʃənsɪ] n déficience f immunologique

immunodeficient [ˌɪmjʊnəʊdɪ'fɪʃənt] adj (Med) immunodéficitaire

immunodepressant [ˌɪmjʊnəʊdɪ'presnt] n, adj immunodépresseur m

immunofluorescence [ˌɪmjʊnəʊflʊə'resns] n immunofluorescence f

immunogenic [ˌɪmjʊnəʊ'dʒenɪk] adj immunogène

immunoglobulin [ˌɪmjʊnəʊ'glɒbjʊlɪn] n immunoglobuline f

immunological [ˌɪmjʊnəʊ'lɒdʒɪkəl] adj immunologique

immunologist [ˌɪmjʊ'nɒlədʒɪst] n immunologiste mf

immunology [ˌɪmjʊ'nɒlədʒɪ] n immunologie f

immunoreaction [ˌɪmjuːnəʊrɪ'ækʃən] n (Med) réaction f immunitaire

immunostimulant [ˌɪmjʊnəʊ'stɪmjʊlənt] n immunostimulant m

immunosuppressant [ˌɪmjʊnəʊsʌˈpresnt] **1** n immunosuppresseur m
2 adj immunosuppressif

immunosuppression [ˌɪmjʊnəʊsʌˈpreʃən] n immunosuppression f

immunosuppressive [ˌɪmjʊnəʊdɪˈpresɪv] adj immunosuppressif

immunotherapy [ˌɪmjʊnəʊˈθerəpɪ] n immunothérapie f

immure [ɪˈmjʊər] vt (frm) (lit) emmurer ; (fig) enfermer

immutability [ˌɪmjuːtəˈbɪlɪtɪ] n immutabilité f, immuabilité f (frm)

immutable [ɪˈmjuːtəbl] adj immuable, inaltérable

immutably [ɪˈmjuːtəblɪ] adv immuablement

imp [ɪmp] → SYN n diablotin m, lutin m ; (* = child) petit(e) espiègle m(f), petit diable m

impact [ˈɪmpækt] → SYN **1** n **a** (lit) impact m (on sur), choc m (on, against contre) ◆ **the asteroid exploded on impact** l'astéroïde a explosé au moment du choc or de l'impact ◆ **the plane exploded on impact with the sea** l'avion a explosé au moment où il a touché la mer
b (fig) (= effect) impact m, effet m ; (= consequences) incidences fpl, conséquences fpl ◆ **to make an impact on sb** (= affect) produire un impact sur qn ; (= impress) faire une forte impression sur qn ◆ **to have an impact on sth** avoir des incidences or conséquences sur qch
2 [ɪmˈpækt] vt **a** (= cause to become impacted) enfoncer, presser (into dans)
b (= collide with) percuter, entrer en collision avec
c (= affect) toucher
3 [ɪmˈpækt] vi **a** (= hit) percuter ◆ **the missile impacted with the ground** le missile a percuté le sol
b (= become stuck) se coincer
c (= influence) influer (on sur)
4 COMP ▷ **impact printer** n (Comput) imprimante f à impact

▶ **impact on** vt fus ◆ **to impact on sb** produire un impact sur qn

impacted [ɪmˈpæktɪd] **1** adj (gen = stuck) coincé ; tooth inclus, enclavé ; fracture engrené
2 COMP ▷ **impacted area** n (US) quartier m surpeuplé

impair [ɪmˈpɛər] → SYN vt [+ abilities, faculties] détériorer, diminuer ; [+ negotiations, relations] porter atteinte à ; [+ health] abîmer, détériorer ; [+ sight, hearing] abîmer, affaiblir ; [+ mind, strength] diminuer

impaired [ɪmˈpɛəd] → SYN **1** adj sight, hearing abîmé, affaibli ; faculties, health détérioré ; strength diminué
2 n ◆ **the visually impaired** les malvoyants mpl ◆ **the hearing impaired** les malentendants mpl

impairment [ɪmˈpɛəmənt] n **a** (NonC = weakening) [of judgment, mental functions] affaiblissement m, diminution f
b (= defect) déficience f ◆ **hearing/visual impairment** déficience f auditive/visuelle ◆ **speech** or **language impairments** troubles mpl du langage

impala [ɪmˈpɑːlə] n, pl **impalas** or **impala** impala m

impale [ɪmˈpeɪl] vt empaler (on sur)

impalpable [ɪmˈpælpəbl] adj impalpable

impanation [ˌɪmpæˈneɪʃən] n impanation f

impanel [ɪmˈpænl] vt ⇒ **empanel**

imparisyllabic [ɪmˌpærɪsɪˈlæbɪk] adj imparisyllabique

imparity [ɪmˈpærɪtɪ] n inégalité f

impart [ɪmˈpɑːt] → SYN vt **a** (= make known) [+ news] communiquer, faire part de ; [+ knowledge] communiquer, transmettre
b (= bestow) donner, transmettre

impartial [ɪmˈpɑːʃəl] → SYN adj person, attitude, verdict, decision, speech impartial, objectif

impartiality [ˌɪmpɑːʃɪˈælɪtɪ] → SYN n impartialité f, objectivité f

impartially [ɪmˈpɑːʃəlɪ] adv impartialement, objectivement

impassable [ɪmˈpɑːsəbl] → SYN adj barrier, river infranchissable ; road impraticable

impasse [æmˈpɑːs] → SYN n (lit, fig) impasse f ◆ **to reach an impasse** se retrouver dans une impasse ◆ **a way out of the impasse** un moyen de sortir de l'impasse

impassioned [ɪmˈpæʃnd] → SYN adj feeling exalté ; plea, speech passionné

impassive [ɪmˈpæsɪv] adj person, attitude, face impassible, imperturbable

impassively [ɪmˈpæsɪvlɪ] adv impassiblement, imperturbablement

impassiveness [ɪmˈpæsɪvnɪs] n impassibilité f

impasto [ɪmˈpæstəʊ] n (Art = paint, technique) empâtement m

impatience [ɪmˈpeɪʃəns] → SYN n **a** (= eagerness) impatience f (to do sth de faire qch)
b (= intolerance) intolérance f (of sth à l'égard de qch ; with sb vis-à-vis de qn, à l'égard de qn)

impatiens [ɪmˈpeɪʃɪˌenz] n (pl inv: Bot) impatiente f

impatient [ɪmˈpeɪʃənt] → SYN adj **a** (= eager) person, answer impatient ◆ **an impatient gesture** un geste d'impatience ◆ **impatient to leave** impatient de partir ◆ **to become** or **get** or **grow impatient** s'impatienter ◆ **they are impatient for jobs** ils ont hâte d'obtenir un emploi
b (= intolerant) intolérant (of sth à l'égard de qch ; with sb vis-à-vis de qn, à l'égard de qn ; at par rapport à)

impatiently [ɪmˈpeɪʃəntlɪ] adv wait, say impatiemment ; nod avec impatience ◆ **to look forward impatiently to sth** attendre qch avec beaucoup d'impatience

impeach [ɪmˈpiːtʃ] → SYN vt **a** (Jur = accuse) [+ public official] mettre en accusation (en vue de destituer) ; (US) entamer la procédure d'impeachment contre ; [+ person] accuser (for or of sth de qch ; for doing sth de faire qch)
b (= question, challenge) [+ sb's character] attaquer ; [+ sb's motives, honesty] mettre en doute ◆ **to impeach a witness** (Jur) récuser un témoin

impeachable [ɪmˈpiːtʃəbl] adj passible des tribunaux

impeachment [ɪmˈpiːtʃmənt] → SYN n **a** (Jur) [of public official] mise f en accusation (en vue d'une destitution) ; (US) procédure f d'impeachment ; [of person] accusation f (for or of sth de qch ; for doing sth de faire qch)
b [of sb's character] dénigrement m ; [of sb's honesty] mise f en doute

impeccable [ɪmˈpekəbl] → SYN adj manners, behaviour, taste irréprochable ; credentials, timing, English, service, clothes impeccable

impeccably [ɪmˈpekəblɪ] adv dress impeccablement ; behave de façon irréprochable

impecunious [ˌɪmpɪˈkjuːnɪəs] → SYN adj (frm) impécunieux, nécessiteux

impedance [ɪmˈpiːdəns] n (Elec) impédance f

impede [ɪmˈpiːd] → SYN vt [+ person, progress] entraver ; [+ action, success, movement, traffic] gêner, entraver ◆ **to impede sb from doing sth** empêcher qn de faire qch

impediment [ɪmˈpedɪmənt] → SYN n **a** obstacle m, empêchement m ◆ **there was no legal impediment to the marriage** il n'y avait aucun empêchement légal à ce mariage
b (also **speech impediment**) défaut m d'élocution
c impediments ⇒ **impedimenta**

impedimenta [ɪmˌpedɪˈmentə] → SYN npl (also Mil) impedimenta mpl

impel [ɪmˈpel] → SYN vt **a** (= drive forward) pousser, faire avancer
b (= compel) obliger, forcer (to do sth à faire qch) ; (= urge) inciter, pousser (to do sth à faire qch) ◆ **to impel sb to crime** pousser qn au crime ◆ **to impel sb to action** pousser qn à agir

impend [ɪmˈpend] vi **a** (= be about to happen) être imminent ; (= menace, hang over) [danger, storm] menacer ; [threat] planer

impending [ɪmˈpendɪŋ] → SYN adj imminent

impenetrability [ɪmˌpenɪtrəˈbɪlɪtɪ] n [of forest] impénétrabilité f ; [of book, theory] caractère m hermétique

impenetrable [ɪmˈpenɪtrəbl] → SYN adj barrier infranchissable ; forest impénétrable ; darkness, mystery insondable ; book, theory inaccessible ; accent incompréhensible

impenetrably [ɪmˈpenɪtrəblɪ] adv ◆ **impenetrably thick** d'une épaisseur impénétrable ◆ **impenetrably obscure** d'une obscurité insondable

impenitence [ɪmˈpenɪtəns] n impénitence f

impenitent [ɪmˈpenɪtənt] adj impénitent ◆ **he was quite impenitent about it** il ne s'en repentait nullement

impenitently [ɪmˈpenɪtəntlɪ] adv sans repentir

imperative [ɪmˈperətɪv] → SYN **1** adj **a** action, need impératif ; desire pressant, impérieux ◆ **immediate action is imperative** il est impératif d'agir immédiatement ◆ **silence is imperative** le silence s'impose ◆ **it is imperative to do this** il est impératif de le faire ◆ **it is imperative for him to do this, it is imperative that he (should) do this** il est impératif qu'il le fasse
b (Gram) imperative form/mood forme f impérative/mode m impératif ◆ **imperative verb** verbe m à l'impératif
2 n (Gram) impératif m ◆ **in the imperative (mood)** à l'impératif, au mode impératif

imperatively [ɪmˈperətɪvlɪ] adv **a** need impérieusement ; order impérativement
b (Gram) use verb à l'impératif

imperceptibility [ˌɪmpəˌseptɪˈbɪlɪtɪ] n imperceptibilité f

imperceptible [ˌɪmpəˈseptəbl] → SYN adj sight, movement, sound imperceptible (to à) ; difference imperceptible, insensible

imperceptibly [ˌɪmpəˈseptəblɪ] → SYN adv imperceptiblement

imperceptive [ˌɪmpəˈseptɪv] adj peu perspicace

imperfect [ɪmˈpɜːfɪkt] → SYN **1** adj **a** (= flawed) world, human being, system, knowledge imparfait ; goods, copy défectueux
b (Gram) tense, ending de l'imparfait ; verb à l'imparfait
2 n (Gram) imparfait m ◆ **in the imperfect (tense)** à l'imparfait
3 COMP ▷ **imperfect competition** n (Econ) concurrence f imparfaite ▷ **imperfect market** n (Econ) marché m imparfait

imperfection [ˌɪmpəˈfekʃən] → SYN n (in person) (moral) défaut m ; (physical) imperfection f ; (in skin, paper, policy, system, design) imperfection f (in sth de qch) ; (in china, glass, jewel, cloth) défaut m (in sth de qch)

imperfectly [ɪmˈpɜːfɪktlɪ] adv imparfaitement

imperial [ɪmˈpɪərɪəl] → SYN **1** adj **a** (Pol) impérial ◆ **His Imperial Highness/Majesty** Son Altesse/Sa Majesté Impériale
b (in Brit = non-metric) imperial weights and measures système anglo-saxon de poids et mesures ◆ **imperial gallon** ≃ 4,55 litres
2 n (= beard) (barbe f à l')impériale f
3 COMP ▷ **imperial preference** n (Brit Hist) tarif m préférentiel (à l'intérieur de l'Empire britannique) ▷ **imperial system** n système anglo-saxon de poids et mesures

---

IMPERIAL SYSTEM

Le système dit "impérial" des poids et mesures reste utilisé en Grande-Bretagne, parallèlement au système métrique, officiellement adopté en 1971 et enseigné dans les écoles. Beaucoup de gens connaissent leur poids en "stones and pounds" et leur taille en "feet and inches". Les distances sont, elles, données en "miles".

Aux États-Unis, le système "impérial" est encore officiellement en usage pour toutes les unités de poids et mesures. Cependant, en ce qui concerne les liquides, beaucoup de noms sont les mêmes que dans le système britannique, mais la contenance diffère. D'autre part, les gens se pèsent en "pounds" plutôt qu'en "stones and pounds".

---

imperialism [ɪmˈpɪərɪəlɪzəm] n impérialisme m

imperialist [ɪmˈpɪərɪəlɪst] adj, n impérialiste mf

imperialistic [ɪmˌpɪərɪəˈlɪstɪk] adj impérialiste

imperially [ɪmˈpɪərɪəlɪ] adv majestueusement; say, gesture impérieusement

imperil [ɪmˈperɪl] → SYN vt (liter) [+ sb's life] mettre en péril or danger; [+ fortune, one's life] exposer, risquer; [+ health, reputation] compromettre

imperious [ɪmˈpɪərɪəs] adj gesture, look, command impérieux; need, desire pressant, impérieux

imperiously [ɪmˈpɪərɪəslɪ] adv impérieusement

imperishable [ɪmˈperɪʃəbl] → SYN adj impérissable

impermanence [ɪmˈpɜːmənəns] n caractère m éphémère

impermanent [ɪmˈpɜːmənənt] adj éphémère, transitoire

impermeability [ɪmˌpɜːmɪəˈbɪlɪtɪ] n imperméabilité f

impermeable [ɪmˈpɜːmɪəbl] adj rock imperméable; wall, roof étanche

impersonal [ɪmˈpɜːsnl] → SYN adj (also Gram) impersonnel

impersonality [ɪmˌpɜːsəˈnælɪtɪ] n côté m impersonnel

impersonalize [ˌɪmˈpɜːsənəˌlaɪz] vt déshumaniser

impersonally [ɪmˈpɜːsnəlɪ] adv de façon impersonnelle

impersonate [ɪmˈpɜːsəneɪt] → SYN vt (gen) se faire passer pour; (Jur) usurper l'identité de; (Theat) imiter

impersonation [ɪmˌpɜːsəˈneɪʃən] → SYN n (Theat) imitation f; (Jur) usurpation f d'identité ◆ his Elvis impersonation son imitation d'Elvis ◆ he gave a fair impersonation of somebody trying to be friendly il jouait assez bien le rôle de quelqu'un qui se veut aimable

impersonator [ɪmˈpɜːsəneɪtər] n (Theat) imitateur m, -trice f; (Jur) usurpateur m, -trice f d'identité; → female

impertinence [ɪmˈpɜːtɪnəns] → SYN n impertinence f ◆ a piece of impertinence une impertinence ◆ to ask would be an impertinence il serait impertinent de demander

impertinent [ɪmˈpɜːtɪnənt] → SYN adj (= impudent) impertinent (to sb envers qn) ◆ don't be impertinent! ne soyez pas impertinent! ◆ would it be impertinent to ask where exactly you were? serait-il inconvenant de vous demander où vous étiez exactement?

impertinently [ɪmˈpɜːtɪnəntlɪ] adv a (= impudently) avec impertinence
b (= irrelevantly) sans pertinence, hors de propos; reply à côté de la question

imperturbability [ˌɪmpəˌtɜːbəˈbɪlɪtɪ] n imperturbabilité f

imperturbable [ˌɪmpəˈtɜːbəbl] adj imperturbable

imperturbably [ˌɪmpəˈtɜːbəblɪ] adv imperturbablement

impervious [ɪmˈpɜːvɪəs] → SYN adj a (= impermeable) substance, rock imperméable (to à); wall, roof étanche (to à)
b (fig) impervious to the sufferings of others insensible aux souffrances d'autrui ◆ impervious to reason inaccessible or sourd à la raison ◆ impervious to threats indifférent aux menaces ◆ he is impervious to criticism la critique le laisse indifférent or ne le touche pas; (pej) il est fermé or sourd à la critique

impetigo [ˌɪmpɪˈtaɪɡəʊ] n (Med) impétigo m; (in children) gourme f

impetuosity [ɪmˌpetjʊˈɒsɪtɪ] → SYN n impétuosité f, fougue f

impetuous [ɪmˈpetjʊəs] → SYN adj impétueux, fougueux

impetuously [ɪmˈpetjʊəslɪ] → SYN adv impétueusement, fougueusement

impetuousness [ɪmˈpetjʊəsnɪs] n ⇒ impetuosity

impetus [ˈɪmpɪtəs] → SYN n a (Phys) [of object] force f d'impulsion; [of runner] élan m
b (fig) impulsion f, élan m ◆ to give (an) impetus to donner une impulsion or un élan à ◆ she needs a new impetus for her talent elle a besoin d'une nouvelle impulsion or d'un nouvel élan pour exprimer son talent ◆ to gain impetus prendre de l'ampleur ◆ to lose impetus être en perte de vitesse

impiety [ɪmˈpaɪətɪ] → SYN n impiété f

impinge [ɪmˈpɪndʒ] → SYN vi a (= make impression) to impinge on sb/sth affecter or toucher qn/qch ◆ it didn't impinge on his daily life cela n'affectait pas sa vie quotidienne, cela n'avait pas de répercussion sur sa vie quotidienne
b to impinge on sb's rights empiéter sur les droits de qn, porter atteinte aux droits de qn ◆ this legislation could impinge on privacy cette législation pourrait porter atteinte à la vie privée
c cosmic rays that impinge on the upper atmosphere les rayons cosmiques qui affectent la couche supérieure de l'atmosphère

impingement [ɪmˈpɪndʒmənt] n empiètement m (of, on sur)

impious [ˈɪmpɪəs] → SYN adj impie

impiously [ˈɪmpɪəslɪ] adv avec impiété

impish [ˈɪmpɪʃ] → SYN adj espiègle, malicieux

implacable [ɪmˈplækəbl] → SYN adj implacable (towards sb/sth envers qn/qch) ◆ he was implacable in his opposition to the proposal il a été implacable dans son opposition à la proposition

implacably [ɪmˈplækəblɪ] adv implacablement

implant [ɪmˈplɑːnt] → SYN 1 vt a [+ idea] implanter (in sb dans la tête de qn); [+ principle] inculquer (in sb à qn); [+ desire, wish] inspirer (in sb à qn)
b (Med) implanter (in dans)
2 vi s'implanter (in dans)
3 [ˈɪmplɑːnt] n (under skin) implant m; (= graft) greffe f ◆ breast implant (Med) prothèse f mammaire ◆ cochlear implant implant m cochléaire ◆ silicone implant implant m en silicone or siliconique

implantation [ˌɪmplɑːnˈteɪʃən] n [of ideology, culture] introduction f; (Med) [of embryo] implantation f

implausibility [ɪmˌplɔːzɪˈbɪlɪtɪ] n invraisemblance f

implausible [ɪmˈplɔːzəbl] adj peu plausible, peu vraisemblable

implausibly [ɪmˈplɔːzəblɪ] adv big, fat, high incroyablement ◆ his characters are implausibly nice ses personnages sont d'une bonté peu vraisemblable ◆ they are, rather implausibly, good friends chose incroyable, ils sont bons amis

implement [ˈɪmplɪmənt] → SYN 1 n outil m, instrument m ◆ implements équipement m (NonC), matériel m (NonC); (for gardening, painting, carpentry) matériel m, outils mpl; (for cooking) ustensiles mpl ◆ implements of war matériel m de guerre ◆ farm implements matériel m or outillage m agricole
2 [ˈɪmplɪment] vt [+ decision, plan, recommendation] mettre en œuvre, exécuter; [+ promise] accomplir; [+ contract] exécuter; [+ law] mettre en œuvre, appliquer; [+ system] mettre en place; [+ idea] mettre en pratique, réaliser

implementation [ˌɪmplɪmenˈteɪʃən] → SYN n [of plan] exécution f, réalisation f; [of law, reform, peace agreement, policy] mise f en œuvre; (Comput) implémentation f

implicate [ˈɪmplɪkeɪt] → SYN vt impliquer, compromettre (in dans)

implication [ˌɪmplɪˈkeɪʃən] → SYN n a (= inference) insinuation f ◆ what's your implication? qu'est-ce que tu insinues (par là)? ◆ by implication par voie de conséquence ◆ he didn't realize the full implication of his words il n'a pas mesuré toute la portée de ses paroles
b (= possible result) implication f ◆ what are the implications of the new tax for the poor? quelles sont les implications or incidences du nouvel impôt pour les pauvres? ◆ what are the political implications? quelles sont les incidences politiques? ◆ we shall have to study all the implications il nous faudra étudier toutes les conséquences (possibles)
c (NonC = involvement) implication f (in dans)

implicit [ɪmˈplɪsɪt] → SYN adj a (= implied) warning, message, criticism, threat, admission implicite (in dans); recognition tacite
b (= unquestioning) belief, faith, confidence, obedience absolu

implicitly [ɪmˈplɪsɪtlɪ] → SYN adv a (= indirectly) accept, recognize, criticize implicitement
b (= unquestioningly) trust totalement; believe tout à fait

implied [ɪmˈplaɪd] → SYN 1 adj criticism, question implicite, sous-entendu; threat implicite, voilé; message implicite
2 COMP ▷ **implied reader** n (Literat) lecteur m (à qui s'adresse implicitement le texte) ▷ **implied term** n (Jur) clause f implicite or tacite ▷ **implied warranty** n (US Jur) garantie f légale

implode [ɪmˈpləʊd] 1 vi imploser
2 vt causer l'implosion de
3 COMP ▷ **imploded consonant** n (Phon) consonne f implosive

implore [ɪmˈplɔːr] → SYN vt implorer (sb to do sth qn de faire qch) ◆ to implore sb's help implorer le secours de qn ◆ I implore you! je vous en supplie or conjure!

imploring [ɪmˈplɔːrɪŋ] adj look, voice implorant, suppliant; person suppliant

imploringly [ɪmˈplɔːrɪŋlɪ] adv say d'un ton implorant ◆ to look imploringly at sb supplier qn du regard, regarder qn d'un air implorant

implosion [ɪmˈpləʊʒən] n implosion f

implosive [ɪmˈpləʊzɪv] 1 adj implosif
2 n (Phon) implosive f

imply [ɪmˈplaɪ] → SYN vt a [person] suggérer, laisser entendre; (= insinuate) insinuer (pej) ◆ he implied that he would come il a laissé entendre qu'il viendrait ◆ he implied that I was lying il a laissé entendre or insinué que je mentais ◆ are you implying that ...? voulez-vous suggérer or insinuer que ...? ◆ it is implied that ... il faut sous-entendre que ..., cela sous-entend que ...; see also implied
b (= indicate) impliquer ◆ that implies some intelligence cela implique or suppose une certaine intelligence ◆ figures imply that the economy is getting stronger les chiffres laissent penser or suggèrent que l'économie connaît une embellie; see also implied

impolite [ˌɪmpəˈlaɪt] → SYN adj impoli (to or towards sb avec or envers qn) ◆ it is impolite to do that il est impoli de faire cela ◆ it was very impolite of you to do/say that c'était très impoli de votre part de faire/dire cela

impolitely [ˌɪmpəˈlaɪtlɪ] adv impoliment

impoliteness [ˌɪmpəˈlaɪtnɪs] → SYN n impolitesse f (to, towards envers)

impolitic [ɪmˈpɒlɪtɪk] adj (frm) peu politique, impolitique

imponderable [ɪmˈpɒndərəbl] adj, n impondérable m

import [ˈɪmpɔːt] → SYN 1 n a (Comm = process, goods) importation f (into en) ◆ import of goods importation f de marchandises ◆ imports from England importations fpl en provenance d'Angleterre
b (= significance) importance f ◆ of great/little import question, issue de grande/peu d'importance; argument de poids/de peu de poids
c (frm = meaning) [of action, decision, speech, words] sens m, signification f; [of document] teneur f
2 [ɪmˈpɔːt] vt a (Comm) importer ◆ imported goods marchandises fpl d'importation or importées
b (frm = mean, imply) signifier, vouloir dire
3 COMP ▷ **import ban** n interdiction f d'importer ▷ **import duty** n droits mpl d'importation, taxe f à l'importation ▷ **import-export (trade)** n import-export m ▷ **import levy** n taxe f à l'importation ▷ **import licence** n licence f d'importation ▷ **import quota** n quota m à l'importation, contingent m d'importation ▷ **import surcharge** n surtaxe f à l'importation ▷ **import tariff** n droits mpl de douane à l'importation ▷ **import trade** n (commerce m d')importation f

importable [ɪmˈpɔːtəbl] adj importable

importance [ɪmˈpɔːtəns] → SYN n importance f ◆ to be of importance avoir de l'importance ◆ of some importance assez important, d'une certaine importance ◆ of great importance très important, de grande impor-

tance ♦ **it is a matter of great importance for the future** c'est quelque chose de très important pour l'avenir ♦ **it is of the highest importance that ...** il est de la plus haute importance que ... (+ subj), il importe au premier chef que ... (+ subj) ♦ **it is of importance to do** il est important de faire, il importe de faire (frm) ♦ **it is of no (great) importance** c'est sans (grande) importance ♦ **to give importance to sth** [person] attacher de l'importance ou du prix à qch ; [event, development] accorder or donner de l'importance à qch ♦ **we give** or **attach the greatest importance to establishing the facts** nous accordons ou attachons la plus haute importance à l'établissement des faits ♦ **man of importance** homme m important, personnage m (important) ♦ **person of no importance** personne f sans importance ♦ **his position gives him considerable importance** sa position lui donne une importance or un poids considérable ♦ **he is full of his own importance** il est imbu de lui-même, il est pénétré de son importance ♦ **the importance of being/doing** l'importance d'être/de faire ♦ **"The Importance of being Ernest"** (Literat) "De l'Importance d'être constant"

important [ɪmˈpɔːtənt] LANGUAGE IN USE 26.3 → SYN **adj** important (*to* or *for sb/sth* pour qn/qch) ♦ **that's not important** ça n'a pas d'importance, cela n'est pas important ♦ **the important thing is not to win but to take part** l'important n'est pas de gagner mais de participer ♦ **the most important thing is that you should be happy** le plus important, c'est que tu sois heureux ♦ **the most important thing to remember is ...** (factual information) ce qu'il faut surtout retenir, c'est ... ♦ **the most important thing to remember is to do ...** (advice on interview technique etc) n'oublie pas de faire ... ♦ **to make sb feel important** donner à qn un sentiment d'importance ♦ **he's trying to look important** il fait l'important, il se donne des airs importants ♦ **it is important to do sth** il est important de faire qch ♦ **it is important for sb to do sth** or **that sb (should) do sth** il est important que qn fasse qch

importantly [ɪmˈpɔːtəntlɪ] **adv a** (= significantly) **to figure importantly in sth** occuper une place importante dans qch ♦ **to differ importantly from sth** présenter d'importantes différences avec qch ♦ **I was hungry, and, more importantly, my children were hungry** j'avais faim et, surtout ou plus important encore, mes enfants avaient faim

b (also **self-importantly**) say, strut d'un air important

importation [ˌɪmpɔːˈteɪʃən] **n** (Comm) importation f

importer [ɪmˈpɔːtər] **n** (= person) importateur m, -trice f ; (= country) (pays m) importateur m

importing [ɪmˈpɔːtɪŋ] **n** importation f

importunate [ɪmˈpɔːtjʊnɪt] → SYN **adj** (frm) visitor, demand importun, gênant ; creditor harcelant

importune [ˌɪmpɔːˈtjuːn] **1 vt** (frm) [questioner, beggar] importuner, ennuyer ; [creditor] harceler, presser ; (Jur) [prostitute] racoler

2 vi (Jur) racoler ♦ **she was arrested for importuning** elle a été arrêtée pour racolage

importunity [ˌɪmpɔːˈtjuːnɪtɪ] **n** (frm) importunité f

impose [ɪmˈpəʊz] → SYN **1 vt a** [+ task, conditions, constraint, rule, obedience, one's opinion] imposer (*on* à) ; [+ sanctions] infliger (*on* à) ♦ **to impose a fine on sb** condamner qn à une amende ♦ **to impose a tax on sth** imposer qch, taxer qch ♦ **beware of imposing your tastes on your children** gardez-vous d'imposer vos goûts à vos enfants ♦ **the pressures imposed upon teachers** les pressions que subissent les professeurs ♦ **to impose itself** s'imposer ♦ **to impose o.s. (on sb)** s'imposer (à qn) ♦ **to impose one's presence on sb** imposer sa présence à qn

b (Typ) imposer

2 vi s'imposer ♦ **I don't want to impose** je ne veux pas m'imposer ♦ **to impose on sb** abuser de la gentillesse de qn ♦ **to impose on sb's hospitality** abuser de l'hospitalité de qn

imposing [ɪmˈpəʊzɪŋ] → SYN **adj** imposant, impressionnant

imposition [ˌɪmpəˈzɪʃən] → SYN **n a** (NonC) [of sanction, rule, law, tax, conditions] imposition f ♦ **the imposition of a ban on cycling** l'imposition d'une interdiction de rouler à bicyclette

b (= tax imposed) impôt m, taxe f

c (fig) **it's rather an imposition on her** c'est abuser de sa gentillesse

d (Typ) imposition f

e (Scol) punition f

impossibility [ɪmˌpɒsəˈbɪlɪtɪ] → SYN **n** impossibilité f (*of sth* de qch ; *of doing* de faire qch) ♦ **it's an impossibility** c'est une chose impossible, c'est quelque chose d'impossible ; → **physical**

impossible [ɪmˈpɒsəbl] LANGUAGE IN USE 12, 15.3, 16.3, 16.4, 18.2, 26.3 → SYN

1 adj impossible ♦ **this cooker is impossible to clean!** cette cuisinière est impossible à nettoyer ! ♦ **it is impossible for him to leave** il lui est impossible de partir, il est dans l'impossibilité de partir ♦ **I find it impossible to understand why ...** il m'est impossible de comprendre pourquoi ... ♦ **to make it impossible for sb to do sth** mettre qn dans l'impossibilité de faire qch ♦ **to put sb/to be in an impossible position** or **situation** mettre qn/être dans une position ou situation impossible ♦ **it is/is not impossible that ...** il est/n'est pas impossible que ... (+ subj) ♦ **that boy is impossible!** * ce garçon est impossible ! *

2 n impossible m ♦ **to do/ask for the impossible** faire/demander l'impossible

impossibly [ɪmˈpɒsəblɪ] **adv** small, large, late incroyablement ; expensive ridiculement ♦ **impossibly rude/arrogant** d'une impolitesse/arrogance insupportable ♦ **impossibly difficult** d'une difficulté insurmontable ♦ **her standards were impossibly high** ses exigences étaient impossibles à satisfaire ♦ **he's behaving impossibly** il se conduit d'une façon impossible ♦ **if, impossibly, he were to succeed** si, par impossible, il réussissait

impost [ˈɪmpəʊst] **n** (Admin, Fin, Jur) impôt m ; (Customs) taxe f douanière, droit m de douane

imposter, impostor [ɪmˈpɒstər] **n** imposteur m

imposture [ɪmˈpɒstʃər] **n** imposture f

impotence [ˈɪmpətəns] → SYN **n** (gen, sexual, fig) impuissance f ; † [of invalid, patient] impotence f

impotent [ˈɪmpətənt] → SYN **adj a** (sexually) impuissant

b (= powerless) person, organization impuissant ; † invalid, patient impotent ♦ **in impotent rage** or **fury** † dans une rage impuissante ♦ **to be impotent in the face of sth** être impuissant face à qch

impound [ɪmˈpaʊnd] **vt a** (Jur) [+ property] confisquer, saisir ; [+ car] mettre en fourrière

b [+ water] retenir, endiguer

impoundment [ɪmˈpaʊndmənt] **n a** (Jur) [of property] saisie f ; [of car] mise f en fourrière

b [of water] retenue f d'eau

c (US Fin) *mise en réserve de fonds votés (par le Congrès)*

impoverish [ɪmˈpɒvərɪʃ] → SYN **vt** appauvrir

impoverished [ɪmˈpɒvərɪʃt] **adj** pauvre

impoverishment [ɪmˈpɒvərɪʃmənt] **n** appauvrissement m

impracticability [ɪmˌpræktɪkəˈbɪlɪtɪ] → SYN **n** impraticabilité f

impracticable [ɪmˈpræktɪkəbl] → SYN **adj** idea, plan, scheme, suggestion impraticable, irréalisable

impractical [ɪmˈpræktɪkəl] → SYN **adj** person qui manque d'esprit pratique ; plan, idea difficilement applicable ; clothes pas pratique

impracticality [ɪmˌpræktɪˈkælɪtɪ] → SYN **n** [of person] manque m d'esprit pratique ; [of plan, idea] côté m peu pratique

imprecation [ˌɪmprɪˈkeɪʃən] **n** (frm) imprécation f, malédiction f

imprecise [ˌɪmprɪˈsaɪs] → SYN **adj** imprécis

imprecision [ˌɪmprɪˈsɪʒən] **n** imprécision f, manque m de précision

impregnable [ɪmˈpregnəbl] → SYN **adj** (Mil) fortress, defences imprenable, inexpugnable ; (fig) person, position inattaquable ; argument irréfutable

impregnate [ˈɪmpregneɪt] → SYN **vt a** (= fertilize) féconder

b (= saturate) imprégner, imbiber (*with* de) ; (fig) imprégner, pénétrer (*with* de)

impregnation [ˌɪmpregˈneɪʃən] **n a** (= fertilization) fécondation f

b (= permeation) imprégnation f ♦ **the impregnation of paper with chemicals** l'imprégnation du papier par des produits chimiques

impresario [ˌɪmpreˈsɑːrɪəʊ] **n** impresario m

impress [ɪmˈpres] → SYN **1 vt a** [+ person] impressionner ♦ **to be impressed by sth** être impressionné par qch ♦ **they were most impressed by his having everything ready on time** ils ont été très impressionnés par le fait qu'il ait tout préparé à temps ♦ **he is not easily impressed** il ne se laisse pas facilement impressionner ♦ **I am not impressed** (negative opinion) (by object, work of art, performance) ça me laisse froid ; (by sb's behaviour) ça ne m'impressionne pas ♦ **I am NOT impressed!** (annoyance) je ne suis pas du tout content ! ♦ **he impressed me favourably/unfavourably** il m'a fait une bonne/mauvaise impression ♦ **his novel greatly impressed me** son roman m'a beaucoup impressionné, son roman m'a fait une forte or grosse impression ♦ **he does it just to impress people** il ne le fait que pour épater la galerie

b imprimer, marquer (*on* sur) ♦ **to impress a seal on wax** imprimer un sceau sur de la cire ♦ **to impress sth on sb** (fig) faire (bien) comprendre qch à qn ♦ **that day has remained impressed in my memory** ce jour est resté gravé dans ma mémoire

2 vi [object, work of art, performance] être impressionnant ; [person] faire bonne impression

3 [ˈɪmpres] **n** marque f, empreinte f

impression [ɪmˈpreʃən] → SYN **n a** (= effect) impression f ♦ **to make an impression on sb** faire impression or de l'effet à qn ♦ **to make an impression on sth** avoir un effet sur qch ♦ **to make a good/bad impression on sb** faire bonne/mauvaise impression à qn ♦ **his novel made a lasting impression on me** son roman m'a laissé une impression durable ♦ **what was your impression of him?** quelle impression vous a-t-il fait ? ♦ **you have a false impression of him** vous vous trompez sur son compte ♦ **first impressions count** c'est la première impression qui compte ♦ **she got the wrong impression** elle s'est méprise ♦ **he gave the impression of being bored** il donnait l'impression de s'ennuyer ♦ **to create an impression of space** créer une impression d'espace

b (= vague idea) impression f ♦ **I was under the impression that ..., my impression was that ...** j'avais l'impression que ..., je croyais que ... ♦ **that wasn't my impression!** ce n'est pas l'impression que j'ai eue ! ♦ **his impressions of Paris** les impressions qu'il a gardées de Paris

c [of seal, stamp, footprint] empreinte f, trace f ; (on wax) impression f ; (Dentistry) empreinte f

d [of engraving] impression f ; (esp Brit) [of book] tirage m, édition f

e to do impressions (of sb) faire des imitations (de qn)

impressionable [ɪmˈpreʃnəbl] → SYN **adj** impressionnable ♦ **at an impressionable age** à un âge où l'on est impressionnable

impressionism [ɪmˈpreʃənɪzəm] **n** (Art) impressionnisme m

impressionist [ɪmˈpreʃənɪst] **adj, n** (Art) impressionniste mf ; (= entertainer) imitateur m, -trice f

impressionistic [ɪmˌpreʃəˈnɪstɪk] **adj** story, account, painting impressionniste

impressive [ɪmˈpresɪv] → SYN **adj** appearance, building, ceremony, person, sight, sum impressionnant, imposant ; amount, account, achievement, result, speech impressionnant

impressively [ɪmˈpresɪvlɪ] **adv** big, high, brave etc remarquablement ; win, perform d'une manière impressionnante ♦ **impressively large** remarquablement grand, d'une grandeur impressionnante

impressment [ɪmˈpresmənt] n [of person] enrôlement m forcé; [of property, goods] réquisition f

imprimatur [ˌɪmprɪˈmɑːtə(r)] n (frm) imprimatur m

imprint [ɪmˈprɪnt] → SYN **1** vt imprimer, marquer (*on* sur); (fig) imprimer, graver (*on* dans)
  2 [ˈɪmprɪnt] n **a** (= impression) (lit, fig) empreinte f; (Psych) empreinte f perceptive
  b (Publishing) **published under the Collins imprint** édité chez Collins

imprinting [ɪmˈprɪntɪŋ] n (NonC: Psych) empreinte f

imprison [ɪmˈprɪzn] → SYN vt emprisonner, écrouer; (fig) emprisonner ◆ **they imprisoned him for his part in the burglary** ils l'ont emprisonné or écroué pour avoir participé au cambriolage ◆ **the judge imprisoned him for ten years** le juge l'a condamné à dix ans de prison

imprisonment [ɪmˈprɪznmənt] → SYN n emprisonnement m, incarcération f ◆ **to sentence sb to seven years' imprisonment/to life imprisonment** condamner qn à sept ans de prison/à la prison à vie or à perpétuité ◆ **sentence of life imprisonment** condamnation f à la prison à vie or à perpétuité ◆ **the prospect of imprisonment** la perspective de la prison

improbability [ɪmˌprɒbəˈbɪlɪtɪ] → SYN n **a** (= unlikelihood) [of outcome] improbabilité f
  b (= implausibility) [of film, story, plot, excuse] invraisemblance f

improbable [ɪmˈprɒbəbl] → SYN adj **a** (= unlikely) situation, victory improbable ◆ **it is improbable that ...** il est improbable or il est peu probable que ... (+ subj)
  b (= implausible) explanation, story, name invraisemblable ◆ **improbable as it sounds ...** aussi invraisemblable que cela paraisse ...

improbably [ɪmˈprɒbəblɪ] adv invraisemblablement ◆ **she works, improbably, in a bank** bizarrement, elle travaille dans une banque

impromptu [ɪmˈprɒmptjuː] → SYN **1** adv impromptu
  2 adj impromptu ◆ **to make an impromptu speech** faire un discours impromptu or au pied levé ◆ **to make an impromptu appearance** faire une apparition impromptu
  3 n (Mus) impromptu m

improper [ɪmˈprɒpə(r)] → SYN adj **a** (= unsuitable) déplacé, malséant
  b (= indecent) indécent, inconvenant; conduct, suggestion indécent; story indécent, scabreux
  c (= dishonest) malhonnête
  d (= wrong) diagnosis incorrect, erroné; term inexact, impropre; use, interpretation abusif, incorrect; (Sport) play etc incorrect ◆ **improper fraction** n (Math) fraction dont le numérateur est supérieur au dénominateur

improperly [ɪmˈprɒpəlɪ] adv **a** (= indecently) **he was improperly dressed** il était habillé de façon inconvenante
  b (= dishonestly) act de façon irrégulière
  c (= incorrectly) test, diagnose, treat mal ◆ **a word used improperly** un mot employé improprement

impropriety [ˌɪmprəˈpraɪətɪ] → SYN n **a** [of behaviour etc] inconvenance f ◆ **to commit an impropriety** commettre une inconvenance ◆ **to behave with impropriety** se conduire avec inconvenance ◆ **financial impropriety** irrégularités fpl financières
  b (Ling) [of expression, phrase] impropriété f

improv * [ˈɪmprɒv] n sketch m improvisé

improve [ɪmˈpruːv] → SYN **1** vt **a** (= make better) [+ situation, position, work, health, wording] améliorer; [+ physique] développer; [+ knowledge, machine, invention] améliorer, perfectionner; [+ building, property] réaménager, rénover; [+ soil] amender, embellir; [+ soil, land] amender, bonifier ◆ **to improve sb's looks** or **appearance** embellir or avantager qn ◆ **to improve one's looks** s'embellir ◆ **to improve one's chances of doing sth** améliorer or augmenter ses chances de faire qch ◆ **how can I improve my chances at interview?** comment est-ce que je peux améliorer or augmenter mes chances de réussite à un entretien? ◆ **that should improve his chances of success** cela devrait améliorer ses chances de succès ◆ **$60,000 worth of repairs failed to improve matters** 60 000 dollars de réparations n'ont pas réussi à améliorer les choses ◆ **she's trying to improve her mind** elle essaie de se cultiver (l'esprit) ◆ **a book which improves the mind** un livre qui élève l'esprit ◆ **he wants to improve his French** il veut se perfectionner en français
  b (= make good use of) tirer parti de, profiter de ◆ **to improve the occasion, to improve the shining hour** (hum) tirer parti de l'occasion, mettre l'occasion à profit
  2 vi **a** (= get better) [situation, position, health, prospects, chances, weather] s'améliorer; [physique] se développer; [soil] s'amender, se bonifier; [student, patient] faire des progrès ◆ **the service has improved** la qualité du service s'est améliorée ◆ **his work is improving** (la qualité de) son travail s'améliore ◆ **his French is improving** il fait des progrès en français ◆ **as medical knowledge improves** avec l'amélioration des connaissances médicales ◆ **mobile phones have improved greatly** les téléphones portables se sont beaucoup améliorés ◆ **safety/efficiency/productivity has definitely improved** il y a eu une nette amélioration au niveau de la sécurité/de l'efficacité/du rendement ◆ **business is improving** les affaires reprennent ◆ **things are improving** les choses vont mieux ◆ **matters haven't improved much** la situation ne s'est pas beaucoup améliorée ◆ **his chances of success are improving** ses chances de réussir s'améliorent ◆ **to improve with use** s'améliorer à l'usage ◆ **this wine improves with age** ce vin se bonifie or s'améliore en vieillissant ◆ **he's improved with age** (hum) il s'est amélioré or bonifié avec l'âge ◆ **this book improves on re-reading** ce livre gagne à être relu
  b **to improve on sth** faire mieux que qch, apporter des améliorations à qch ◆ **it can't be improved on** on peut difficilement faire mieux ◆ **she had improved on her previous performance** elle s'est améliorée depuis sa dernière prestation ◆ **to improve on sb's offer** (Comm, Fin) enchérir sur qn

improved [ɪmˈpruːvd] adj meilleur ◆ **much/slightly improved** nettement/légèrement meilleur ◆ **this room looks much improved after painting** la pièce est beaucoup mieux après avoir été repeinte ◆ **"new improved formula"** (Comm) "nouvelle formule"

improvement [ɪmˈpruːvmənt] → SYN **1** n **a** (NonC) [of situation, position, health, soil, land] amélioration f; [of mind, physique] développement m; [of site] aménagement m, embellissement m; [of building, property] réaménagement m, rénovation f; [of machine] perfectionnement m ◆ **there's been quite an improvement** (gen) on constate une nette amélioration ◆ **there has been some improvement in the patient's condition** l'état du malade s'est un peu amélioré ◆ **it is open to improvement** ça peut être amélioré ◆ **he has shown some improvement in French** il a fait quelques progrès en français ◆ **this model is an improvement on the previous one** ce modèle est mieux que le précédent ◆ **the new teacher is an improvement on his predecessor** le nouveau professeur est meilleur que son prédécesseur ◆ **they made an improvement on their previous offer** ils ont fait une nouvelle offre plus intéressante ◆ **there is room for improvement** (in situation) cela pourrait être mieux; (in work) on pourrait faire mieux
  b (gen pl) **improvements** améliorations fpl, aménagements mpl ◆ **to carry out improvements to a house** apporter des améliorations à or faire des travaux d'aménagement dans une maison
  2 COMP ▷ **improvement grant** n subvention f pour l'amélioration d'un logement, ≈ prime f à l'amélioration de l'habitat

improvidence [ɪmˈprɒvɪdəns] n imprévoyance f, manque m de prévoyance

improvident [ɪmˈprɒvɪdənt] adj (= not providing for future) imprévoyant; (= extravagant) prodigue, dépensier

improvidently [ɪmˈprɒvɪdəntlɪ] adv avec imprévoyance

improving [ɪmˈpruːvɪŋ] adj (= edifying) édifiant

improvisation [ˌɪmprəvaɪˈzeɪʃən] → SYN n (gen, Mus) improvisation f

improvise [ˈɪmprəvaɪz] → SYN vti (gen, Mus) improviser

imprudence [ɪmˈpruːdəns] n imprudence f

imprudent [ɪmˈpruːdənt] → SYN adj imprudent

imprudently [ɪmˈpruːdəntlɪ] adv imprudemment

impudence [ˈɪmpjʊdəns] → SYN n impudence f, effronterie f

impudent [ˈɪmpjʊdənt] → SYN adj impudent, effronté

impudently [ˈɪmpjʊdəntlɪ] adv impudemment, avec effronterie

impugn [ɪmˈpjuːn] vt (frm) [+ motives, sincerity, judgment] contester; [+ honour, reputation] porter gravement atteinte à, attaquer

impulse [ˈɪmpʌls] → SYN **1** n **a** (= sudden desire) impulsion f ◆ **rash impulse** coup m de tête ◆ **on a sudden impulse he ...** pris d'une impulsion soudaine il ... ◆ **a man of impulse** un impulsif ◆ **to act on (an) impulse** agir par impulsion ◆ **my first impulse was to refuse** ma première impulsion or réaction a été de refuser ◆ **he couldn't resist the impulse** il n'arrivait pas à résister à l'envie ◆ **she resisted an impulse to smile** elle a réprimé son envie de sourire
  b (= stimulus) impulsion f, élan m ◆ **this gave new impulse to the reform process** ça a donné une nouvelle impulsion or un nouvel élan au processus de réforme
  c (Phys, Elec, Physiol) impulsion f
  2 COMP ▷ **impulse buy** n achat m d'impulsion ▷ **impulse buying** n achats mpl d'impulsion ▷ **impulse purchase** n ⇒ **impulse buy**

impulsion [ɪmˈpʌlʃən] n impulsion f

impulsive [ɪmˈpʌlsɪv] → SYN adj **a** (= spontaneous, acting on impulse) movement impulsif, spontané; temperament primesautier; temper, passion fougueux; act impulsif, spontané; remark irréfléchi ◆ **she's very impulsive** elle est très impulsive
  b (= impelling) force irrésistible

impulsively [ɪmˈpʌlsɪvlɪ] adv impulsivement

impulsiveness [ɪmˈpʌlsɪvnɪs] n (NonC) caractère m impulsif, impulsivité f

impunity [ɪmˈpjuːnɪtɪ] → SYN n impunité f ◆ **with impunity** impunément, avec impunité

impure [ɪmˈpjʊə(r)] → SYN adj air, water, milk, motive impur; thought, action impur, impudique; drug frelaté; (Archit etc) style bâtard

impurity [ɪmˈpjʊərɪtɪ] → SYN n impureté f

imputation [ˌɪmpjʊˈteɪʃən] → SYN n **a** (= accusation) imputation f
  b (NonC) attribution f, imputation f (*of sth to sb/sth* de qch à qn/qch)

impute [ɪmˈpjuːt] → SYN vt imputer, attribuer (*sth to sb/sth* qch à qn/qch) ◆ **imputed rent/value** (Comm) loyer m/valeur f imputé(e) or implicite ◆ **imputed cost** (Comm) coût m supplétif, charge f supplétive

IN abbrev of **Indiana**

in [ɪn]

1 PREPOSITION	3 ADJECTIVE
2 ADVERB	4 PLURAL NOUN
	5 COMPOUNDS

1 PREPOSITION

When **in** is the second element in a phrasal verb, eg **ask in**, **fill in**, **look in**, look up the verb. When it is part of a set combination, eg **in the country**, **in ink**, **in danger**, **weak in**, **wrapped in**, look up the other word.

a place dans ◆ **in the box** dans la boîte ◆ **in the street** dans la rue BUT ◑ **in the shop window** en vitrine ◑ **in sb's house** chez qn
  ◆ **in it/them** (= inside it, inside them) dedans ◆ **put that in it** mets-le dedans ◆ **there's something in it** il y a quelque chose dedans ◆ **our bags were stolen, and our passports were in them** on nous a volé nos sacs et nos passeports étaient dedans

b people chez ◆ **a condition rare in a child of that age** une maladie rare chez un enfant de cet âge ◆ **it's something I admire in her**

c'est quelque chose que j'admire chez elle ◆ **we find this theme in Dickens** on trouve ce thème chez Dickens ⟦BUT⟧ ◊ **the party will have a great leader in him** le parti trouvera en lui un excellent leader

c ⟦plant, animal⟧ chez ◆ **you find this instinct in animals** on trouve cet instinct chez les animaux ◆ **a condition common in plants, shellfish, and some lizards** une maladie courante chez les plantes, les crustacés et certains lézards

d ⟦with geographical names⟧
◆ **in** + feminine countries, regions, islands en ;
∣ Feminine countries usually end in **-e**:
◆ **in England/France** en Angleterre/France ◆ **in Brittany/Provence** en Bretagne/Provence ◆ **in Sicily/Crete** en Sicile/Crète ◆ **in Louisiana/Virginia** en Louisiane/Virginie ◆ **in Cornwall/Bavaria** en Cornouailles/Bavière
∣ **en** is also used with masc countries beginning with a vowel:
◆ **in Iran/Israel** en Iran/Israël
◆ **in** + masculine country: au ◆ **in Japan/Kuwait** au Japon/Koweït
∣ Note also:
◆ **in the Sahara/Kashmir** au Sahara/Cachemire
◆ **in** + plural country/group of islands: aux ◆ **in the United States/West Indies** aux États-Unis/Antilles
◆ **in** + town/island without article: à ◆ **in London/Paris** à Londres/Paris ◆ **in Cuba/Malta** à Cuba/Malte
◆ **in** + masculine state/French region/county: dans ◆ **in Poitou/Berry** dans le Poitou/le Berry ◆ **in Sussex/Yorkshire** dans le Sussex/le Yorkshire
∣ **dans** is also used with islands with **île** in their name, and many departments:
◆ **in the Drôme/the Var** dans la Drôme/le Var ◆ **in the Isle of Man/the Ile de Ré** dans l'île de Man/l'île de Ré ⟦BUT⟧ ◊ **in Seine-et-Marne/the Vendée** en Seine-et-Marne/Vendée

e ⟦with time expressions⟧ (= in the space of) en ; (= after) dans ◆ **I can't do it in two hours** je ne peux pas le faire en deux heures ◆ **he has written twice in three years** il a écrit deux fois en trois ans ◆ **it'll be ready in three hours** ce sera prêt dans trois heures ◆ **I'll be back in a week** je reviendrai dans une semaine ⟦BUT⟧ ◊ **once in a hundred years** une fois tous les cent ans

f ⟦month, year, season⟧ en ◆ **in May** en mai ◆ **in 2000/September 2000** en 2000/septembre 2000 ◆ **in summer/autumn/winter** en été/automne/hiver ⟦BUT⟧ ◊ **in spring** au printemps ;
∣ Look up the noun when translating such phrases as **in the morning, in the sixties, in a minute, in a week's time, in the end**:

g ⟦= wearing⟧ en ◆ **they were all in shorts** ils étaient tous en short ◆ **in his slippers** en pantoufles, dans ses pantoufles ⟦BUT⟧ ◊ **you look nice in that dress** cette robe te va bien, tu es jolie dans cette robe

h ⟦language, medium, material⟧ en ◆ **in French** en français ◆ **in marble/velvet** en marbre/velours

i ⟦ratio⟧ sur ◆ **one man in ten** un homme sur dix ◆ **what happened was a chance in a million** il y avait une chance sur un million que ce genre de choses arrive ◆ **a one in fifty chance of survival** une chance sur cinquante de survie ⟦BUT⟧ ◊ **they pay 20 pence in the pound income tax** ils payent 20 pour cent d'impôts sur le revenu

j ⟦= in respect of⟧ **rough in appearance** d'aspect rugueux ◆ **in that, he resembles his father** en cela, il ressemble à son père

k ⟦following superlative⟧ de ◆ **the best pupil in the class** le meilleur élève de la classe ◆ **the highest mountain in Europe** la plus haute montagne d'Europe, la montagne la plus haute d'Europe

l ⟦= while⟧ en ◆ **in saying this, in so saying** en disant cela ◆ **in trying to save her he fell into the water himself** en essayant de la sauver, il est tombé à l'eau

⟦2⟧ ADVERB

a ⟦= inside⟧ à l'intérieur ◆ **she opened the door and they all rushed in** elle a ouvert la porte et ils se sont tous précipités à l'intérieur ;
∣ When **in** means **in it** or **in them**, it is translated by **y**:
◆ **she opened her bag and put the ticket in** elle a ouvert son sac et y a mis le billet

b ⟦at home, work⟧
◆ **to be in** [person] être là ◆ **the boss isn't in yet** le patron n'est pas encore là
∣ When **in** means **at home**, **chez** + pronoun can also be used:
◆ **he's usually in on Saturday morning** il est généralement là le samedi matin, il est généralement chez lui le samedi matin ◆ **you're never in!** tu n'es jamais là !, tu n'es jamais chez toi ! ◆ **is Paul in?** est-ce que Paul est là ? ⟦BUT⟧ ◊ **there's nobody in** il n'y a personne
∣ **to be in** may require a more specific translation:
◆ **the train is in** le train est en gare ◆ **he's in for tests** il est venu faire des analyses ◆ **the essays have to be in by Friday** les dissertations doivent être rendues d'ici vendredi ◆ **the harvest is in** la moisson est rentrée ◆ **the socialists are in!** les socialistes sont au pouvoir ! ◆ **the fire is still in** il y a encore du feu ◆ **the screw was not in properly** la vis n'était pas bien enfoncée

c ⟦set structures⟧
◆ **in between** ◆ **the pages in between are completely blank** les pages du milieu sont vierges ◆ **in between he will give three concerts** entre-temps or dans l'intervalle, il donnera trois concerts
◆ **in between** + noun/pronoun entre ◆ **he positioned himself in between the two weakest players** il s'est placé entre les deux joueurs les plus faibles ◆ **in between adventures, he finds time for ...** entre deux aventures, il trouve le temps de ... ; see also **5**
◆ **to be in for sth** (= be threatened with) ◆ **we are in for trouble*** nous allons avoir des ennuis ◆ **you don't know what you're in for!*** tu ne sais pas ce qui t'attend ! ◆ **he's in for it!*** il va en prendre pour son grade ! ◆ **to be in for a competition/exam** (= to be entered for) être inscrit à un concours/examen
◆ **to be in on sth*** (= know about) ◆ **to be in on a plan/secret** être au courant d'un plan/d'un secret ◆ **are you in on it?** tu es au courant ?
◆ **in that** (= seeing that) ◆ **the new treatment is preferable in that ...** le nouveau traitement est préférable car ...
◆ **to be well in with sb*** être dans les petits papiers de qn* ◆ **she's well in with the management** elle est bien avec la direction

⟦3⟧ ADJECTIVE

⟦* = fashionable⟧ in inv, à la mode ◆ **straw hats are in** les chapeaux de paille sont in* or en vogue or à la mode ◆ **it's the in place to eat** c'est le restaurant branché* or à la mode en ce moment ◆ **it's the in thing to ...** c'est très in* or à la mode de ... (+ infin)

⟦4⟧ **the ins** PLURAL NOUN

a ⟦= details⟧
◆ **the ins and outs** ◆ **to know the ins and outs of a matter** connaître les tenants et aboutissants d'une affaire, connaître une affaire dans ses moindres détails ◆ **she knows the ins and outs of the system** le système n'a plus de secret pour elle, elle connaît le système dans ses moindres détails

b ⟦* : US Pol⟧ le parti au pouvoir

⟦5⟧ COMPOUNDS

▷ **in-between** n the in-betweens ceux qui sont entre les deux ◇ adj it's in-between c'est entre les deux ◆ **in-between times** dans les intervalles ◆ **it was in-between*** weather c'était un temps mitigé ◆ **a coat for in-between*** **weather** un manteau de demi-saison ▷ **in-built** adj (esp Brit) feeling, tendency inné ; feature, device intégré ◆ **in-built limitation** limite f inhérente au système ▷ **in-car entertainment system** n autoradio m ▷ **the in-crowd*** n les branchés* mpl, les gens mpl

in ◆ **to be in with the in-crowd** faire partie des branchés* or des gens in ▷ **in-depth** adj en profondeur ◆ **in-depth interview** interview f en profondeur ▷ **in-flight** adj → in-flight ▷ **in-goal area** n (Rugby) en-but m inv ▷ **in-group** n cercle m fermé ▷ **in-house** adj (= designed for staff) publication interne ; training en entreprise or en interne ; (= made within company) video etc réalisé en interne ◇ adv train, produce etc en interne ▷ **in-joke** n plaisanterie f pour initiés ▷ **in-laws*** npl (= parents-in-law) beaux-parents mpl ; (others) belle-famille f ▷ **in-off*** n (Ftbl) the goal was an in-off le but a été marqué après un cafouillage dans la surface de réparation ▷ **in-patient** n ⇒ **inpatient** ▷ **in-service education** n (US) formation f continue ▷ **in-service training** n (Ind etc) formation f continue ◆ **to have in-service training** (Ind, Scol etc) [new employee] faire un stage d'initiation ; [present employee] faire un stage de perfectionnement ; (new subject) faire un stage de recyclage ◆ **to have in-service training in the use of computers** suivre un stage d'informatique dans son entreprise ▷ **in-store** adj detective employé par le magasin ; theft commis par un membre du personnel ▷ **in-tray** n corbeille f arrivée ▷ **in-your-face**⁎ **in-yer-face**⁎ adj cru

-in [ɪn] n (in compounds) particule qui désigne une réunion ou un rassemblement ◆ **a talk-in** une réunion où l'on discute ; → **sit-in, teach**

in. abbrev of **inch**

inability [ˌɪnə'bɪlɪtɪ] → SYN n incapacité f (to do sth de faire qch), inaptitude f (to do sth à faire qch)

in absentia [ˌɪnæb'sentɪə] adv (frm) en votre (or leur etc) absence

inaccessibility ['ɪnækˌsesə'bɪlɪtɪ] n inaccessibilité f

inaccessible [ˌɪnæk'sesəbl] → SYN adj (lit, fig) inaccessible (to sb/sth à qn/qch) ◆ **to be inaccessible by road/by land/by boat/by sea** être inaccessible par la route/par voie terrestre/par bateau/par voie maritime

inaccuracy [ɪn'ækjʊrəsɪ] → SYN n a (NonC) [of calculation, information, translation, quotation, statement] inexactitude f ; [of person] imprécision f, manque m de précision ; [of expression, term, word] inexactitude f, impropriété f
b (= error) inexactitude f ◆ **there are several inaccuracies in his account** son rapport contient plusieurs inexactitudes

inaccurate [ɪn'ækjʊrɪt] → SYN adj information, statement, picture, forecast inexact ; method, instrument, missile, shot imprécis ◆ **he is inaccurate** il fait des erreurs ◆ **the clock is inaccurate** l'horloge n'est pas à l'heure ◆ **it is inaccurate to say that ...** il est inexact de dire que ...

inaccurately [ɪn'ækjʊrɪtlɪ] → SYN adv answer, quote, report avec inexactitude, inexactement ; multiply incorrectement

inaction [ɪn'ækʃən] → SYN n inaction f, inertie f ◆ **policy of inaction** politique f de l'inaction or de non-intervention

inactivate [ɪn'æktɪˌveɪt] vt inactiver

inactivation [ɪnˌæktɪ'veɪʃən] n inactivation f

inactive [ɪn'æktɪv] → SYN adj **a** person, animal, lifestyle, bank account inactif ; member non participant
b (Chem) substance non actif, inerte
c volcano (= extinct) inactif, éteint ; (= dormant) assoupi

inactivity [ˌɪnæk'tɪvɪtɪ] → SYN n inactivité f

inadequacy [ɪn'ædɪkwəsɪ] → SYN n [of system, punishment, resources, piece of work] insuffisance f ; (Psych) inadaptation f or insuffisance f socio-affective ◆ **the inadequacies of the current system** les insuffisances du système actuel

inadequate [ɪn'ædɪkwɪt] → SYN ⟦1⟧ adj (= insufficient) resources, funding, protection, information, preparation, amount insuffisant ; (= unsatisfactory) facilities, housing, training, response, diet inadéquat, inadapté ; (= incompetent) incompétent ; (Psych) mal adapté or inadapté (sur le plan socio-affectif) ◆ **he's inadequate** il ne fait pas le poids, il n'est pas à la

inadequately / **incense**

hauteur ◆ **he felt totally inadequate** il ne se sentait absolument pas à la hauteur ◆ **inadequate staffing levels** manque m de personnel ◆ **the proposed legislation is quite inadequate for this purpose** la législation en projet est tout à fait insuffisante or inadéquate pour atteindre ce but ◆ **the amount offered is inadequate to cover the expenses** la somme proposée ne suffit pas à couvrir les frais
[2] n (also **social inadequate**) inadapté(e) m(f)

inadequately [ɪnˈædɪkwɪtlɪ] → SYN adv insuffisamment

inadmissible [ˌɪnədˈmɪsəbl] → SYN adj attitude, opinion, behaviour inadmissible ; suggestion, offer inacceptable ◆ **inadmissible evidence** (Jur) témoignage m irrecevable

inadvertence [ˌɪnədˈvɜːtəns] n manque m d'attention, étourderie f ◆ **by** or **through inadvertence** par inadvertance, par mégarde

inadvertent [ˌɪnədˈvɜːtənt] adj a (= heedless) person insouciant (to de) ; action commis par inadvertance or par mégarde ◆ **an inadvertent insult** une insulte lâchée par étourderie
b (= inattentive) person inattentif, étourdi

inadvertently [ˌɪnədˈvɜːtəntlɪ] → SYN adv par inadvertance or mégarde

inadvisability [ˈɪnədˌvaɪzəˈbɪlɪtɪ] n inopportunité f (of doing sth de faire qch)

inadvisable [ˌɪnədˈvaɪzəbl] LANGUAGE IN USE 2.2 → SYN adj action, scheme inopportun, à déconseiller ◆ **it is inadvisable to do ...** il est déconseillé de faire ...

inalienable [ɪnˈeɪlɪənəbl] adj (Jur, fig) rights, affection inaliénable

inamorata [ɪnˌæməˈrɑːtə] n (liter) amoureuse f

inamorato [ɪnˌæməˈrɑːtəʊ] n amoureux m

inane [ɪˈneɪn] → SYN adj person, action inepte, bête ; question, smile, grin bête ◆ **inane remark** observation f inepte, ineptie f ◆ **what an inane thing to do!** faut-il être bête pour faire une chose pareille !

inanely [ɪˈneɪnlɪ] adv grin, laugh bêtement ; talk sottement

inanimate [ɪnˈænɪmɪt] → SYN adj inanimé

inanition [ˌɪnəˈnɪʃən] n inanition f

inanity [ɪˈnænɪtɪ] n ineptie f

inappetence [ɪnˈæpətəns] n (Med) inappétence f

inapplicable [ɪnˈæplɪkəbl] → SYN adj inapplicable (to à)

inappropriate [ˌɪnəˈprəʊprɪɪt] → SYN adj action, behaviour, remark inopportun, déplacé ; word, expression impropre ; name mal choisi, impropre ; moment inopportun, mauvais ◆ **it would be inappropriate for me to comment** il ne m'appartient pas de commenter

inappropriately [ˌɪnəˈprəʊprɪɪtlɪ] adv remark, reply mal à propos, inopportunément ◆ **to behave inappropriately** ne pas se comporter comme il faut (or fallait etc) ◆ **he was asking questions quite inappropriately** il posait des questions de façon tout à fait inopportune ◆ **he was dressed inappropriately for ...** il n'était pas habillé comme il fallait pour ...

inappropriateness [ˌɪnəˈprəʊprɪɪtnəs] n [of action, behaviour, remark] caractère m inopportun or déplacé ; [of word] impropriété f

inapt [ɪnˈæpt] → SYN adj a remark, behaviour peu approprié
b person inapte, incapable

inaptitude [ɪnˈæptɪtjuːd] n a [of remark, behaviour] caractère m peu approprié
b [of person] inaptitude f, incapacité f

inarticulacy [ˌɪnɑːˈtɪkjʊləsɪ] n difficulté f à s'exprimer ◆ **he was suddenly reduced to inarticulacy** il était soudain incapable de s'exprimer

inarticulate [ˌɪnɑːˈtɪkjʊlɪt] → SYN adj a (= incohérent) speech mal articulé ; sound, noise inarticulé ; emotion inexprimable ◆ **he is inarticulate** (= unable to express himself) il s'exprime mal, il n'arrive pas à s'exprimer ; (in pronunciation) il articule mal, il avale ses mots ◆ **inarticulate with anger** bafouillant or bégayant de colère
b (Anat, Bot) body, structure inarticulé

inarticulately [ˌɪnɑːˈtɪkjʊlɪtlɪ] adv mumble de manière confuse

inartistic [ˌɪnɑːˈtɪstɪk] adj work peu artistique, sans valeur artistique ; person dépourvu de sens artistique, peu artiste

inartistically [ˌɪnɑːˈtɪstɪkəlɪ] adv sans talent (artistique), de façon peu artistique

inasmuch [ˌɪnəzˈmʌtʃ] adv **inasmuch as** (= seeing that) attendu que, vu que ; (= insofar as) en ce sens que, dans la mesure où

inattention [ˌɪnəˈtenʃən] → SYN n manque m d'attention, inattention f ◆ **inattention to details** manque m d'attention pour les détails ◆ **a moment's inattention** un moment d'inattention

inattentive [ˌɪnəˈtentɪv] → SYN adj (= not paying attention) inattentif, distrait ; (= neglectful) peu attentionné, négligent (towards sb envers qn) ◆ **he was inattentive to details** il accordait peu d'attention aux détails ◆ **he was inattentive to her requests** il était peu attentif à ses demandes

inattentively [ˌɪnəˈtentɪvlɪ] adv distraitement, sans prêter attention

inaudible [ɪnˈɔːdəbl] → SYN adj sound, whisper, voice inaudible ◆ **he was almost inaudible** il était presque inaudible, on l'entendait à peine ◆ **sounds that are inaudible to humans** des sons qui ne sont pas perceptibles à l'oreille humaine

inaudibly [ɪnˈɔːdəblɪ] adv speak, mumble de manière inaudible

inaugural [ɪnˈɔːɡjʊrəl] → SYN adj inaugural ◆ **inaugural lecture** (Univ) cours m inaugural ◆ **inaugural ceremony** cérémonie f d'inauguration or d'ouverture

inaugurate [ɪnˈɔːɡjʊreɪt] → SYN vt a [+ policy] inaugurer, mettre en application ; [+ new rail service etc] inaugurer ; [+ era] inaugurer, commencer
b [+ president, official] investir dans ses fonctions ; [+ bishop, king, pope] introniser ◆ **to inaugurate sb as mayor** investir qn de ses fonctions de maire

inauguration [ɪˌnɔːɡjʊˈreɪʃən] → SYN [1] n [of president, governor, government] investiture f ; [of bishop, king, pope] intronisation f ; [of building, institution, service] inauguration f
[2] COMP ▷ **Inauguration Day** n (US Pol) jour m de l'investiture du président

---

INAUGURATION DAY

Les élections présidentielles américaines ont lieu au mois de novembre, mais le nouveau président ne prête serment que deux mois plus tard, le 20 janvier, **Inauguration Day**, à l'occasion d'une cérémonie d'investiture qui se tient dans la ville de Washington.

---

inauspicious [ˌɪnɔːsˈpɪʃəs] → SYN adj beginning, event peu propice, de mauvais augure ; circumstances malencontreux, fâcheux

inauspiciously [ˌɪnɔːsˈpɪʃəslɪ] adv sous de mauvais auspices

inboard [ˈɪnbɔːd] (Naut) [1] adv à l'intérieur, à bord
[2] prep à bord de
[3] adj intérieur (-eure f)
[4] COMP ▷ **inboard motor** n (moteur m) in-bord m

inborn [ˈɪnˈbɔːn] → SYN adj talent, ability, instinct, desire, fear inné ; weakness, fault congénital

inbound [ˈɪnˌbaʊnd] adj ◆ **an inbound flight from Honduras** un vol en provenance du Honduras ◆ **a plane/flight inbound for Heathrow Airport** un avion/vol arrivant à l'aéroport de Heathrow

inbred [ˈɪnˌbred] → SYN adj a (= innate) inné (in sb chez qn)
b (Sociol, Bio) family, tribe qui possède un fort degré de consanguinité ; person de parents ayant un fort degré de consanguinité ; animal issu de la même souche

inbreeding [ˈɪnˌbriːdɪŋ] n [of animals] croisement m d'animaux de même souche ◆ **there is a lot of inbreeding in the tribe** il y a beaucoup d'unions consanguines au sein de la tribu

inc abbrev of **including, inclusive**

Inc. (abbrev of **Incorporated**) SA ◆ **Gough and Gautier Inc.** Gough et Gautier SA

ANGLAIS-FRANÇAIS 466

Inca [ˈɪŋkə] [1] n, pl **Inca** or **Incas** a Inca mf
b (Ling) quichua m
[2] adj inca inv

incalculable [ɪnˈkælkjʊləbl] → SYN adj a (= immeasurable) effect, consequences, damage, risk, cost, loss incalculable ; value, importance, benefit inestimable
b (= unpredictable) mood imprévisible

incandescence [ˌɪnkænˈdesns] n incandescence f

incandescent [ˌɪnkænˈdesnt] [1] adj a (lit = glowing) incandescent
b (fig, liter = radiant) rayonnant
c (= furious) **he was incandescent (with rage** or **fury)** il était blême de rage
[2] COMP bulb, lamp, light à incandescence

incantation [ˌɪnkænˈteɪʃən] → SYN n incantation f

incantatory [ɪnˈkæntətərɪ] adj incantatoire

incapability [ɪnˌkeɪpəˈbɪlɪtɪ] n (Jur, fig) incapacité f (of doing sth de faire qch)

incapable [ɪnˈkeɪpəbl] LANGUAGE IN USE 16.4 → SYN adj person incapable (of doing sth de faire qch) ; (Jur) incapable, inapte ◆ **I'm not incapable, I can manage** je ne suis pas invalide, je peux me débrouiller ◆ **incapable of violence/tenderness/love/murder** incapable de violence/de tendresse/d'aimer/de commettre un meurtre ◆ **he was incapable of movement** il était incapable de bouger ◆ **incapable of proof/analysis** (frm) impossible à prouver/analyser ◆ **to be incapable of solution** (frm) être insoluble or sans solution, ne pouvoir être résolu

incapacitate [ˌɪnkəˈpæsɪteɪt] → SYN vt a handicaper ◆ **she was incapacitated by diabetes** elle était handicapée par ses problèmes de diabète ◆ **to be incapacitated for work** or **from working** être dans l'incapacité de travailler, être en invalidité ◆ **heart problems incapacitated him** ses problèmes cardiaques l'empêchaient de mener une vie normale
b (Jur) frapper d'incapacité

incapacitated [ˌɪnkəˈpæsɪteɪtɪd] adj handicapé ◆ **he was incapacitated with severe back pain** il était immobilisé souffrant d'un sérieux mal de dos

incapacitating [ˌɪnkəˈpæsɪteɪtɪŋ] adj ◆ **incapacitating headaches** les maux mpl de tête qui empêchent toute activité ◆ **he had an incapacitating heart condition** ses problèmes cardiaques l'empêchaient de poursuivre des activités normales ◆ **she suffered an incapacitating stroke** elle a eu une attaque qui l'a laissée handicapée

incapacity [ˌɪnkəˈpæsɪtɪ] → SYN n a incapacité f (to do de faire), incompétence f (to do sth pour faire qch), impuissance f (to do sth à faire qch ; for sth en matière de qch)
b (Jur) incapacité f (légale)

incarcerate [ɪnˈkɑːsəreɪt] → SYN vt incarcérer

incarceration [ɪnˌkɑːsəˈreɪʃən] n incarcération f

incarnate [ɪnˈkɑːnɪt] → SYN (Rel, fig) [1] adj incarné ◆ **the Incarnate Word** (Rel) le Verbe incarné ◆ **he's evil/the devil incarnate** c'est le mal/le diable incarné ◆ **he is cynicism incarnate** il est le cynisme incarné
[2] [ˈɪnkɑːneɪt] vt incarner

incarnation [ˌɪnkɑːˈneɪʃən] → SYN n (Rel, fig) incarnation f ◆ **she is the incarnation of virtue** c'est la vertu incarnée ◆ **in a previous incarnation** dans une vie antérieure

incautious [ɪnˈkɔːʃəs] → SYN adj person imprudent ; remark, promise, action irréfléchi ; behaviour inconsidéré

incautiously [ɪnˈkɔːʃəslɪ] → SYN adv imprudemment, sans réfléchir

incendiary [ɪnˈsendɪərɪ] → SYN [1] adj (lit, fig) incendiaire
[2] n (= bomb) engin m or bombe f incendiaire ; (= arsonist) incendiaire mf ; (fig) (= agitator) brandon m de discorde
[3] COMP ▷ **incendiary device** n dispositif m incendiaire

incense[1] [ɪnˈsens] → SYN vt (= anger) mettre en fureur ; (stronger) mettre dans une rage folle

incense[2] [ˈɪnsens] → SYN [1] n encens m

2 COMP ▷ **incense bearer** n thuriféraire m ▷ **incense burner** n encensoir m ▷ **incense stick** n bâtonnet m d'encens

incensed [ɪn'senst] [→ SYN] adj outré (*at, by* de, par), révolté (*at, by* par)

incentive [ɪn'sentɪv] [→ SYN] 1 n a (= motivation) motivation f ◆ **he has got no incentive** il n'a aucune motivation, il n'est absolument pas motivé ◆ **this gave me an incentive** cela m'a motivé or m'a donné une motivation ◆ **there is no incentive to work hard** rien ne vous incite or ne vous pousse à travailler dur ◆ **what incentive is there to work faster?** pour quelle (bonne) raison se mettrait-on à travailler plus vite? ◆ **they have little incentive to keep going** peu de choses les motivent or incitent à continuer ◆ **to provide incentive(s) for sth** encourager qch à l'aide de mesures incitatives

b (= promised reward) incitation f ; (Marketing) prime f ◆ **financial/economic incentives** incitations fpl financières/économiques ◆ **they offered him an incentive** ils lui ont promis qu'il serait récompensé ; see also **tax**

2 COMP ▷ **incentive bonus** n (Ind) prime f d'encouragement ▷ **incentive discount** n (Comm) remise f promotionnelle ▷ **incentive payment** n ▷ **incentive scheme** système m de primes ⇒ **incentive bonus**

inception [ɪn'sepʃən] [→ SYN] n commencement m, début m ◆ **since its inception** depuis ses débuts

incertitude [ɪn'sɜːtɪtjuːd] n incertitude f

incessant [ɪn'sesnt] [→ SYN] adj complaints incessant, perpétuel ; rain, efforts incessant

incessantly [ɪn'sesntlɪ] [→ SYN] adv sans arrêt

incest ['ɪnsest] n inceste m

incestuous [ɪn'sestjʊəs] adj (lit) incestueux ◆ **they're an incestuous lot** (fig) ils sont très repliés sur eux-mêmes, ils vivent entre eux ◆ **it's a very incestuous world** (fig) c'est un univers où tout le monde se connaît

incestuously [ɪn'sestjʊəslɪ] adv incestueusement

inch [ɪntʃ] 1 n pouce m (= 2,54 cm) ◆ **he has grown a few inches since last year** ≈ il a grandi de quelques centimètres depuis l'année dernière ◆ **not an inch from my face** or **nose** en plein or juste devant mon nez ◆ **he couldn't see an inch in front of him** il n'y voyait pas à deux pas ◆ **not an inch of the cloth is wasted** on ne perd pas un centimètre de tissu ◆ **not an inch of French territory will be conceded** on ne cédera pas un pouce de territoire français ◆ **he knows every inch of the district** il connaît la région comme sa poche or (jusque) dans ses moindres recoins ◆ **we searched every inch of the room** nous avons cherché partout dans la pièce, nous avons passé la pièce au peigne fin ◆ **the police were searching the area inch by inch** la police passait le quartier au peigne fin ◆ **an inch-by-inch search** une fouille minutieuse ◆ **he wouldn't budge an inch** (lit) il n'a pas voulu bouger d'un pouce ; (fig) il n'a pas voulu faire la plus petite concession or céder d'un pouce ◆ **he's every inch a soldier** il a tout d'un soldat, il est soldat jusqu'à la moelle ◆ **she's every inch a lady** c'est une femme du monde jusqu'au bout des ongles, elle a tout d'une femme du monde ◆ **within an inch of succeeding/of death** etc à deux doigts or à un doigt de réussir/de la mort etc ◆ **they beat him to within an inch of his life** ils l'ont roué de coups et laissé à deux doigts de la mort ◆ **he missed being run over by inches** il a été à deux doigts de se faire écraser ◆ **give him an inch and he'll take a yard** or **a mile** vous lui donnez le doigt, il vous prend le bras

2 vi ◆ **to inch (one's way) forward/out/in** etc avancer/sortir/entrer etc peu à peu or petit à petit ◆ **to inch (one's way) through** se frayer peu à peu un passage ◆ **prices are inching up** les prix augmentent petit à petit

3 vt ◆ **to inch sth forward/in/out** etc faire avancer/entrer/sortir etc qch peu à peu or petit à petit

inchoate ['ɪnkəʊeɪt] adj (frm) (= just begun) naissant, débutant ; (= half-formed) vague, mal défini ; (= unfinished) incomplet (-ète f), inachevé

inchoative [ɪn'kəʊətɪv] adj (Ling) aspect, verb inchoatif

inchtape ['ɪntʃteɪp] n centimètre m (de couturière)

inchworm ['ɪntʃwɜːm] n (Zool) (chenille f) arpenteuse f

incidence ['ɪnsɪdəns] n a [of disease] fréquence f, incidence f ; [of crime] taux m ◆ **the incidence of breast cancer increases with age** la fréquence or l'incidence des cancers du sein augmente avec l'âge ◆ **the high incidence of heart disease in men over 40** le taux élevé des maladies cardiaques chez les hommes de plus de 40 ans ◆ **record incidences of pneumonia and bronchitis** un nombre record de cas de pneumonie et de bronchite

b (Opt, Phys etc) incidence f ; → **angle**

incident ['ɪnsɪdənt] [→ SYN] 1 n a incident m ; (in book, play etc) épisode m, péripétie f ◆ **there were several incidents on the border last month** il y a eu plusieurs incidents frontaliers le mois dernier ◆ **two students were killed in separate incidents** deux étudiants ont été tués dans deux incidents différents ◆ **a diplomatic incident** un incident diplomatique ◆ **the Birmingham incident** l'incident de Birmingham or qui a eu lieu à Birmingham ◆ **incidents of violence** actes mpl de violence

b (NonC) **the elections went ahead without incident** les élections se sont poursuivies sans incident ◆ **a novel full of incident** un roman plein de péripéties ◆ **a life full of incident** une vie mouvementée

2 adj a (frm) **incident to** lié à ◆ **costs incident to the development of the new model** les coûts liés au développement du nouveau modèle

b (Opt) incident

3 COMP ▷ **incident room** n (Police) bureau m de police *(provisoirement installé sur les lieux d'une enquête)*

incidental [ˌɪnsɪ'dentl] [→ SYN] 1 adj (= accompanying) annexe ; (= secondary) d'importance secondaire, annexe ; (= unplanned) accidentel, fortuit ; (= relating to a particular incident) detail accessoire, secondaire ◆ **I don't know much about the incidental background** je connais mal les circonstances annexes ◆ **teaching is incidental to my main occupation of translating** l'enseignement n'est pour moi qu'une activité annexe par rapport à la traduction ◆ **these minor characters are incidental to the story** ces personnages secondaires ne sont pas essentiels à l'histoire ◆ **the dangers incidental to such exploration** les dangers que comporte une telle exploration

2 n event etc chose f fortuite ◆ **that's just an incidental** ça n'a pas de rapport avec la question ◆ **incidentals** (= expenses) faux frais mpl ; (= objects) accessoires mpl

3 COMP ▷ **incidental damages** npl (Jur) dommages-intérêts mpl accessoires ▷ **incidental expenses** npl faux frais mpl ▷ **incidental music** n (TV) musique f de fond ; (Theat) musique f de scène ; (Cine) musique f de film ◆ **the incidental music to the play** la musique qui accompagne la pièce

incidentally [ˌɪnsɪ'dentəlɪ] [→ SYN] adv a (= by the way) (at start of sentence) au fait, à propos ; (in middle, at end of sentence) soit dit en passant, entre parenthèses ◆ **incidentally, why have you come?** au fait or à propos, pourquoi es-tu venu? ◆ **the tower, incidentally, dates from the 12th century** la tour, entre parenthèses, date du 12e siècle

b (= casually) mention, happen incidemment ◆ **it was only incidentally interesting** cela n'avait qu'un intérêt accessoire

incinerate [ɪn'sɪnəreɪt] [→ SYN] vt incinérer

incineration [ɪnsɪnə'reɪʃən] n incinération f

incinerator [ɪn'sɪnəreɪtər] n (domestic, industrial) incinérateur m ; [of crematorium] four m crématoire

incipient [ɪn'sɪpɪənt] [→ SYN] adj quarrel, disease, revolt naissant, qui commence ◆ **the incipient uprising was suppressed** la révolte naissante a été étouffée, la révolte a été écrasée dans l'œuf

incise [ɪn'saɪz] [→ SYN] vt a inciser, faire une incision dans

b (Art) graver

incision [ɪn'sɪʒən] [→ SYN] n incision f, entaille f ; (Surg) incision f

incisive [ɪn'saɪsɪv] [→ SYN] adj tone, analysis, comment, criticism incisif ; mind pénétrant ◆ **she's very incisive** elle a l'esprit très vif

incisively [ɪn'saɪsɪvlɪ] adv say sur un ton incisif ; analyse, criticize de façon pénétrante

incisiveness [ɪn'saɪsɪvnɪs] [→ SYN] n [of person, comment, criticism, analysis] perspicacité f ◆ **the incisiveness of his mind** son acuité d'esprit ◆ **the incisiveness of his tone was almost aggressive** son ton était incisif au point d'en être presque agressif

incisor [ɪn'saɪzər] n (= tooth) incisive f

incite [ɪn'saɪt] [→ SYN] vt inciter, pousser (*to* à) ◆ **to incite sb to violence/revolt** etc inciter or pousser qn à la violence/la révolte etc ◆ **to incite sb to do sth** inciter or pousser qn à faire qch ◆ **they were incited to break the law** on les a incités or poussés à enfreindre la loi

incitement [ɪn'saɪtmənt] [→ SYN] n (NonC) incitation f (*to* à)

incivility [ˌɪnsɪ'vɪlɪtɪ] [→ SYN] n (NonC) impolitesse f, incivilité † f (also liter) ◆ **there was an exchange of incivilities** ils ont échangé des amabilités (iro)

incl. abbrev of **including, inclusive**

inclemency [ɪn'klemənsɪ] [→ SYN] n inclémence f

inclement [ɪn'klemənt] [→ SYN] adj inclément

inclination [ˌɪnklɪ'neɪʃən] [→ SYN] n a (= liking, wish) inclination f, penchant m ; (= tendency) tendance f ; (= desire) envie f ◆ **children with little inclination for schooling** des enfants qui montrent peu d'inclination or de penchant pour les études ◆ **she was by inclination generous** elle était généreuse par inclination ◆ **I had no inclination to sleep** je n'avais aucune envie de dormir ◆ **I have neither the time nor the inclination (to do)** je n'ai ni le temps ni l'envie (de faire) ◆ **she's a playwright by inclination** elle est auteur dramatique par goût ◆ **to follow one's own inclinations** suivre son inclination or ses penchants (naturels) ◆ **he has an inclination towards meanness** il a tendance à être mesquin ◆ **her natural inclination was to help him** son inclination naturelle la portait à lui venir en aide

b (= slope, leaning) [of hill] inclinaison f, pente f ; [of head, body] inclination f

incline [ɪn'klaɪn] [→ SYN] 1 vt a (= bend, bow) incliner, pencher ◆ **Jack inclined his head very slightly** Jack a très légèrement incliné or penché la tête ◆ **inclined at an angle of ...** incliné à un angle de ...

b (fig: gen pass) **to incline sb to do sth** porter qn à faire qch ◆ **to be inclined to do sth** (= have a tendency to) avoir tendance à faire qch ; (= feel desire to) être enclin à faire qch ◆ **he's inclined to be lazy** il a tendance à être paresseux ◆ **the drawer is inclined to stick** le tiroir a tendance à se coincer ◆ **I'm inclined to think that ...** j'ai tendance à penser que ... ◆ **I'm inclined to believe you** je suis tenté de te croire ◆ **I'm more inclined to believe her than her sister** j'aurais tendance à la croire elle, plutôt que sa sœur ◆ **he's that way inclined** il est comme ça ◆ **to be criminally inclined** avoir des tendances criminelles ◆ **to be artistically inclined** avoir des dispositions pour l'art ◆ **if you feel (so) inclined** si le cœur vous en dit ◆ **to be well** or **favourably inclined towards sb** être bien disposé envers qn

2 vi a (= slope) s'incliner ; (= bend, bow) s'incliner, se pencher

b (= tend towards) **she inclines to the opinion that ...** elle est plutôt d'avis que ..., elle aurait tendance à croire que ... ◆ **he inclines to laziness** il incline à la paresse, il a tendance à être paresseux ◆ **his politics incline towards socialism** ses idées politiques tendent vers le socialisme

3 ['ɪnklaɪn] n pente f, inclinaison f ; (Rail) plan m incliné ◆ **a steep incline** une pente raide

4 COMP ▷ **inclined plane** n plan m incliné

inclinometer [ˌɪnklɪ'nɒmɪtər] n (Aviat) inclinomètre m, clinomètre m

inclose [ɪn'kləʊz] vt ⇒ **enclose**

inclosure [ɪn'kləʊʒər] n ⇒ **enclosure**

include [ɪn'kluːd] [→ SYN] vt inclure, comprendre ◆ **your name is not included on the list** votre nom ne figure pas sur la liste ◆ **the wine was included in the overall price** le vin

incriminating [ɪnˈkrɪmɪneɪtɪŋ] adj compromettant ◆ **incriminating document** pièce f à conviction ◆ **incriminating evidence** (Jur) pièces fpl à conviction, preuves fpl à charge ; (fig) pièces fpl à conviction

incrimination [ɪnˌkrɪmɪˈneɪʃən] n incrimination f

incriminatory [ɪnˈkrɪmɪnətərɪ] adj ⇒ **incriminating**

incrustation [ˌɪnkrʌsˈteɪʃən] n incrustation f

incubate [ˈɪnkjʊbeɪt] **1** vt **a** [+ eggs] couver, incuber
b (= grow) [+ bacteria cultures, disease] incuber
c (fig) [+ plan, scheme] mûrir
2 vi [eggs, bacteria, virus] être en incubation ; (fig) couver

incubation [ˌɪnkjʊˈbeɪʃən] **1** n **a** [of eggs, disease] incubation f
b (fig) [of plan, scheme] gestation f
2 COMP ▷ **incubation period** n période f d'incubation

incubator [ˈɪnkjʊbeɪtəʳ] n (for chicks, eggs, babies) couveuse f, incubateur m ; (for bacteria cultures) incubateur m ◆ **to put a baby in an incubator** mettre un nouveau-né en couveuse

incubus [ˈɪŋkjʊbəs] n, pl **incubuses** or **incubi** [ˈɪŋkjʊˌbaɪ] (= demon) incube m ; (fig) cauchemar m

incudes [ɪnˈkjuːdiːz] npl of **incus**

inculcate [ˈɪnkʌlkeɪt] vt inculquer (*sth in sb, sb with sth* qch à qn)

inculcation [ˌɪnkʌlˈkeɪʃən] n inculcation f

incumbency [ɪnˈkʌmbənsɪ] n [of president, official] mandat m ; (Rel) charge f ◆ **during his incumbency** (gen) pendant son mandat ; (Rel) pendant la durée de sa charge

incumbent [ɪnˈkʌmbənt] → SYN **1** adj **a** (frm) **to be incumbent (up)on sb to do sth** incomber or appartenir à qn de faire qch
b (in office) en exercice ◆ **the incumbent President** (US Pol) le président en exercice ; (before elections) le président sortant
2 n (Rel, Admin) titulaire m ◆ **the present incumbent of the White House** (US Pol) l'occupant actuel de la Maison-Blanche

incunabula [ˌɪnkjʊˈnæbjʊlə] npl incunables mpl

incunabular [ˌɪnkjʊˈnæbjʊləʳ] adj incunable

incur [ɪnˈkɜːʳ] → SYN vt [+ anger, blame] s'attirer, encourir ; [+ risk] courir ; [+ obligation, debts] contracter ; [+ loss] subir ; [+ expenses, costs] encourir

incurability [ɪnˌkjʊərəˈbɪlɪtɪ] n incurabilité f

incurable [ɪnˈkjʊərəbl] → SYN **1** adj **a** (Med) incurable
b (fig) incurable, incorrigible ◆ **he's an incurable romantic** c'est un romantique incorrigible
2 n incurable mf

incurably [ɪnˈkjʊərəblɪ] adv (Med, fig) incurablement ◆ **the incurably ill** les incurables mpl

incurious [ɪnˈkjʊərɪəs] adj sans curiosité (*about* en ce qui concerne), incurieux (liter) (*about* de)

incuriously [ɪnˈkjʊərɪəslɪ] adv sans curiosité

incursion [ɪnˈkɜːʃən] n (Mil) incursion f ; (fig) ingérence f

incus [ˈɪŋkəs] n, pl **incudes** (Anat) enclume f

Ind. abbrev of **Indiana**

indebted [ɪnˈdetɪd] → SYN adj **a** (Fin) endetté ◆ **to be indebted to sb for sth** (lit, fig) être redevable à qn de qch ◆ **I was indebted to the tune of £13,000** mes dettes s'élevaient à 13 000 livres ◆ **heavily indebted companies** des sociétés fpl fortement endettées ◆ **he was indebted to his brother for a large sum** il était redevable d'une grosse somme à son frère
b (= grateful) **I am indebted to him for pointing out that ...** je lui suis redevable d'avoir fait remarquer que ... ◆ **I am greatly indebted to him for his generosity** je lui dois beaucoup pour sa générosité

indebtedness [ɪnˈdetɪdnɪs] n **a** (Fin, Comm) dette(s) f(pl), endettement m ◆ **the company has reduced its indebtedness to £15 million** la société a réduit son endettement à 15 millions de livres ◆ **the amount of our indebtedness to the bank is $15,000** notre dette envers la banque s'élève à 15 000 dollars
b (fig) dette(s) f(pl) ◆ **my indebtedness to my friend** ma dette envers mon ami, je suis redevable à mon ami ◆ **De Palma's indebtedness to Hitchcock** ce que De Palma doit à Hitchcock

indecency [ɪnˈdiːsnsɪ] → SYN **1** n (gen) indécence f ; (Jur: also **act of indecency**) attentat m à la pudeur
2 COMP ▷ **indecency charge** n accusation f d'attentat à la pudeur ▷ **indecency law** n loi f sur l'attentat à la pudeur

indecent [ɪnˈdiːsnt] → SYN **1** adj indécent ◆ **indecent material** documents mpl contraires aux bonnes mœurs
2 COMP ▷ **indecent assault** n attentat m à la pudeur (*on sb* contre qn) ▷ **indecent behaviour** n outrage m aux bonnes mœurs ▷ **indecent exposure** n outrage m public à la pudeur

indecently [ɪnˈdiːsntlɪ] adv **a** behave indécemment, de façon indécente ◆ **they got married indecently soon after his first wife's funeral** ils se sont mariés si tôt après les obsèques de sa première femme que c'en était indécent
b (Jur) touch de façon indécente ◆ **to indecently assault sb** attenter à la pudeur de qn ◆ **to indecently expose oneself** or **one's person** commettre un outrage public à la pudeur

indecipherable [ˌɪndɪˈsaɪfərəbl] → SYN adj indéchiffrable

indecision [ˌɪndɪˈsɪʒən] → SYN n indécision f, irrésolution f

indecisive [ˌɪndɪˈsaɪsɪv] → SYN adj **a** (= uncertain) person, government, manner indécis (*about* or *over sth* à propos de qch)
b (= inconclusive) discussion, argument, result, vote peu concluant, peu probant

indecisively [ˌɪndɪˈsaɪsɪvlɪ] adv de façon indécise

indecisiveness [ˌɪndɪˈsaɪsɪvnɪs] n ⇒ **indecision**

indeclinable [ˌɪndɪˈklaɪnəbl] adj indéclinable

indecorous [ɪnˈdekərəs] adj (frm) peu convenable, inconvenant

indecorously [ɪnˈdekərəslɪ] adv d'une manière inconvenante or peu convenable

indecorum [ˌɪndɪˈkɔːrəm] n (frm) manquement m aux usages

indeed [ɪnˈdiːd] LANGUAGE IN USE 26.3 → SYN adv **a** (indicating confirmation, agreement) en effet, effectivement ◆ **he promised to help and indeed he helped us a lot** il a promis de nous aider et effectivement il nous a beaucoup aidés ◆ **I am indeed quite tired** je suis en effet assez fatigué ◆ **did you know him?** – **I did indeed** vous le connaissiez ? — oui, tout à fait ◆ **are you coming?** – **indeed I am** or **yes indeed!** vous venez ? — mais certainement or (mais) bien sûr !
b (introducing further information) d'ailleurs, en fait ◆ **I don't know what she said, indeed I don't want to know** je ne sais pas ce qu'elle a dit, d'ailleurs or en fait je ne veux pas le savoir ◆ **he was happy, indeed delighted, to hear the news** il était content, même ravi d'entendre la nouvelle ◆ **I feel, indeed I know he is right** je sens, en fait je sais qu'il a raison
c (as intensifier) vraiment ◆ **that's praise indeed coming from him** venant de lui, c'est vraiment un compliment ◆ **I am very grateful/pleased indeed** je suis vraiment reconnaissant/très content ◆ **thank you very much indeed** je vous remercie infiniment ◆ **if indeed he were wrong** s'il est vrai qu'il a tort, si tant est qu'il ait tort
d (showing interest, irony, surprise etc) (oh) indeed? vraiment ?, c'est vrai ? ◆ **is it indeed!, did you** (or **he** etc) **indeed!** vraiment ? ◆ **who is that man?** – **who is he indeed?** qui est cet homme ? – ah bon ? ◆ **what was to be done?** – **what indeed?** que faire ? — on peut effectivement se poser la question ? ◆ **I heard it on the wireless** – **wireless, indeed! they're called radios now** je l'ai entendu à la TSF — TSF, vraiment ! ça s'appelle une radio, maintenant

indefatigable [ˌɪndɪˈfætɪgəbl] adj infatigable, inlassable

indefatigably [ˌɪndɪˈfætɪgəblɪ] adv inlassablement

indefeasible [ˌɪndɪˈfiːzəbl] adj inaliénable

indefensibility [ˈɪndɪˌfensɪˈbɪlɪtɪ] n caractère m indéfendable

indefensible [ˌɪndɪˈfensəbl] → SYN adj indéfendable

indefensibly [ˌɪndɪˈfensəblɪ] adv d'une manière inexcusable ◆ **he was indefensibly rude** il a été d'une grossièreté impardonnable or inexcusable

indefinable [ˌɪndɪˈfaɪnəbl] → SYN adj indéfinissable, vague

indefinably [ˌɪndɪˈfaɪnəblɪ] adv vaguement

indefinite [ɪnˈdefɪnɪt] → SYN **1** adj **a** (= unspecified) period, postponement, size, number, duration indéterminé ; strike, curfew, ban illimité ◆ **for the indefinite future** pour un avenir indéterminé ◆ **to be granted indefinite leave (of absence)** obtenir un congé à durée indéterminée ◆ **at some indefinite time** à un moment quelconque or indéterminé
b (= vague) feelings indéfini ; word imprécis ; plans imprécis, mal défini
2 COMP ▷ **indefinite article** n (Gram) article m indéfini ▷ **indefinite pronoun** n (Gram) pronom m indéfini

indefinitely [ɪnˈdefɪnɪtlɪ] → SYN adv last, continue, stay, detain indéfiniment ; adjourn, cancel pour une durée indéterminée ◆ **the meeting has been postponed indefinitely** la réunion a été reportée à une date indéterminée

indehiscence [ˌɪndɪˈhɪsns] n indéhiscence f

indehiscent [ˌɪndɪˈhɪsnt] adj indéhiscent

indelible [ɪnˈdeləbl] → SYN adj (lit, fig) indélébile

indelibly [ɪnˈdeləblɪ] adv (lit, fig) de façon indélébile

indelicacy [ɪnˈdelɪkəsɪ] → SYN n (frm) **a** (NonC) [of person, behaviour] (= tactlessness) indélicatesse f, manque m de délicatesse ; (= indiscreetness) manque m de discrétion
b [of action, remark] (= impropriety) inconvenance f ; (= coarseness) grossièreté f ; (= tactlessness) indiscrétion f

indelicate [ɪnˈdelɪkɪt] → SYN adj person (= indiscreet) indélicat, peu délicat ; (= tactless) manquant de tact, indiscret (-ète f) ; act, remark (= out of place) indélicat, déplacé ; (= tactless) indiscret (-ète f), manquant de tact ; (= coarse) grossier

indemnification [ɪnˌdemnɪfɪˈkeɪʃən] n **a** (NonC) indemnisation f (*for, against* de)
b (= sum paid) indemnité f, dédommagement m

indemnify [ɪnˈdemnɪfaɪ] → SYN vt **a** (= compensate) indemniser, dédommager (*sb for sth* qn de qch)
b (= safeguard) garantir, assurer (*sb against* or *for sth* qn contre qch)

indemnity [ɪnˈdemnɪtɪ] → SYN **1** n **a** (= compensation) indemnité f, dédommagement m
b (= insurance) assurance f, garantie f
c (Fin) cautionnement m
2 COMP ▷ **indemnity clause** n clause f de dédommagement ▷ **indemnity insurance** n assurance f de compensation

indemonstrable [ˌɪndɪˈmɒnstrəbl] adj indémontrable

indene [ˈɪndiːn] n (Chem) indène m

indent [ɪnˈdent] → SYN **1** vt **a** (Typ) [+ word, line] mettre en alinéa or en retrait ; [+ whole paragraph] mettre en retrait ; [+ first line of paragraph] faire un retrait de première ligne de ◆ **indented line** ligne f en alinéa or en retrait ◆ **indent two spaces** renfoncez de deux espaces, mettez en alinéa or en retrait de deux espaces
b [+ border] denteler, découper (*en dentelant*) ◆ **indented edge** bord m dentelé ◆ **indented coastline** littoral m découpé
2 vi (Brit Comm) ◆ **to indent on sb for sth** passer une commande de qch à qn, commander qch à qn
3 [ˈɪndent] n **a** (Brit Comm) commande f
b ⇒ **indentation**

indentation [ˌɪndenˈteɪʃən] n **a** (Typ) alinéa m

indenture [ɪn'dentʃəʳ] **1** n (Jur) contrat m synallagmatique ; [of apprentice] contrat m d'apprentissage
2 vt (Jur) lier par contrat (synallagmatique) ; [+ apprentice] mettre en apprentissage (*to* chez)

b (= act) découpage m ; (= notched edge) dentelure f, découpure f ; [of coastline] échancrures fpl, indentations fpl
c (= hollow mark) empreinte f ; (= footprint) trace f de pas ; (in metal, car) bosse f ✦ **the indentation of tyres on the soft ground** l'empreinte des pneus sur le sol mou

independence [ˌɪndɪ'pendəns] → SYN **1** n **a** (gen) indépendance f (*from* par rapport à) ✦ **to show independence** faire preuve d'indépendance, manifester son indépendance
b (Pol) **the country's first elections since independence** les premières élections du pays depuis l'indépendance ✦ **the country got its independence in 1970** le pays est devenu indépendant or a obtenu son indépendance en 1970 ✦ **Rhodesia gained independence from Britain in 1978** la Rhodésie s'est affranchie de la tutelle britannique en 1978
2 COMP ▷ **Independence Day** n (US) fête f or anniversaire m de l'Indépendance américaine (*le 4 juillet*)

independent [ˌɪndɪ'pendənt] → SYN **1** adj **a** (gen) person, attitude, artist indépendant ; radio libre ✦ **she was fiercely independent** elle était farouchement indépendante ✦ **he is an independent thinker** c'est un penseur original ✦ **an Independent member** (Pol) un député non inscrit or non affilié ✦ **independent means** rentes fpl, revenus mpl indépendants ✦ **he has independent means** il a une fortune personnelle
b country, nation indépendant (*of* de), autonome ✦ **to become independent** devenir indépendant or autonome, s'affranchir
c (= unrelated) proof, research indépendant ; reports émanant de sources indépendantes ✦ **to ask for an independent opinion** demander un avis indépendant ✦ **there has been no independent confirmation of this report** aucune source indépendante n'a confirmé cette information
d (Gram) indépendant
2 n (Pol) ✦ **Independent** non-inscrit(e) m(f), non-affilié(e) m(f)
3 COMP ▷ **independent school** n (Brit) établissement m d'enseignement privé ▷ **independent suspension** n (Aut) suspension f indépendante ▷ **Independent Television Commission** n (Brit) ≃ Conseil m supérieur de l'audiovisuel ▷ **independent variable** n (Math) variable f indépendante

independently [ˌɪndɪ'pendəntlɪ] → SYN adv act, live, think de façon indépendante, de façon autonome ; research, negotiate, determine séparément ✦ **independently of sb/sth** indépendamment de qn/qch ✦ **to be independently wealthy** avoir une fortune personnelle ✦ **the two scientists had discovered the virus quite independently** les deux savants avaient découvert le virus chacun de leur côté ✦ **quite independently, he had offered to help** il avait proposé son aide sans même qu'on le lui demande, il avait spontanément proposé son aide

indescribable [ˌɪndɪs'kraɪbəbl] → SYN adj indescriptible

indescribably [ˌɪndɪs'kraɪbəblɪ] adv ✦ **indescribably filthy** d'une saleté indescriptible ✦ **it was indescribably awful** c'était affreux au-delà de toute expression ✦ **indescribably beautiful** d'une beauté indescriptible

indestructibility [ˌɪndɪstrʌktə'bɪlɪtɪ] n indestructibilité f

indestructible [ˌɪndɪs'trʌktəbl] → SYN adj indestructible

indeterminable [ˌɪndɪ'tɜːmɪnəbl] adj indéterminable

indeterminacy [ˌɪndɪ'tɜːmɪnəsɪ] n indétermination f

indeterminate [ˌɪndɪ'tɜːmnɪt] → SYN **1** adj age, sex, number, period indéterminé ; meaning, shape imprécis, vague ; colour imprécis, indéterminé ; (Math) indéterminé
2 COMP ▷ **indeterminate sentence** n (US Jur) peine f de prison de durée indéterminée

indeterminately [ˌɪndɪ'tɜːmnɪtlɪ] adv de façon indéterminée, vaguement

indeterminism [ˌɪndɪ'tɜːmɪnɪzəm] n (Philos) indéterminisme m

indeterminist [ˌɪndɪ'tɜːmɪnɪst] n (Philos) indéterministe mf

index ['ɪndeks] → SYN **1** n **a** pl **indexes** (= list) (in book, map etc) index m, table f alphabétique ; (on cards, in files: in library etc) catalogue m or répertoire m (alphabétique) ✦ **to put a book on the Index** (Rel) mettre un livre à l'Index
b pl **indexes** (= pointer) [of instrument] aiguille f, index m
c pl **indices** (= number expressing ratio) indice m ✦ **cost-of-living index** indice m du coût de la vie ✦ **index of growth/of industrial activity** indice m de croissance/de l'activité industrielle ✦ **index of refraction** (Opt) indice m de réfraction
d (St Ex: also **share index**) indice m boursier
e pl **indices** (fig) signe m (révélateur), indication f ✦ **it is an index of how much poorer people were then** c'est un signe révélateur de la plus grande pauvreté qui régnait à l'époque ✦ **weeds are an index to the character of the soil** les mauvaises herbes sont un indicateur de la nature du sol
f pl **indexes** index (finger) index m
g pl **indexes** (Typ) index m
h pl **indices** (Math) exposant m
2 vt **a** (= put an index in) [+ book] ajouter un index or une table alphabétique à ✦ **the book is badly indexed** l'index or la table alphabétique du livre est mal fait(e)
b (= put into an index) [+ word] faire figurer dans l'index or la table alphabétique ; (on cards, in files etc) [+ information] répertorier or cataloguer (alphabétiquement) ; [+ books, diskettes, articles] classer (*under* sous, à) ✦ **it is indexed under "Europe"** c'est classé or indexé sous "Europe"
c (Fin, Econ) [+ wages, prices] indexer
3 COMP ▷ **index card** n fiche f ▷ **index case** n (Med) proposant(e) m(f) ▷ **index figure** n (Stat) indice m ▷ **index finger** n index m ▷ **index fossil** n fossile m caractéristique or stratigraphique ▷ **index-linked** adj (Brit Econ) indexé ▷ **index number** n ⇒ **index figure** ▷ **index-tied** adj ⇒ **index-linked**

indexation [ˌɪndek'seɪʃən] n indexation f

indexer ['ɪndeksəʳ] n indexeur m, -euse f

India ['ɪndɪə] **1** n l'Inde f ; (Hist) les Indes fpl
2 COMP ▷ **India ink** n encre f de Chine ▷ **India paper** n papier m bible ▷ **India rubber** n (NonC) (= substance) caoutchouc m ; (= eraser) gomme f

Indiaman ['ɪndɪəmən] n, pl **-men** (Naut Hist) *navire faisant le voyage des Indes*

Indian ['ɪndɪən] **1** adj **a** (in India) indien, de l'Inde ; ambassador, embassy de l'Inde ; (Hist) des Indes
b (also **American Indian**) indien, des Indiens (d'Amérique)
2 n **a** (in India) Indien(ne) m(f)
b (also **American Indian**) Indien(ne) m(f) (d'Amérique)
c (Ling) amérindien m
3 COMP ▷ **Indian clubs** npl massues fpl (*de gymnastique*) ▷ **Indian cobra** n serpent m à lunettes ▷ **Indian corn** n maïs m ▷ **Indian elephant** n éléphant m d'Asie ▷ **Indian Empire** n Empire m des Indes ▷ **Indian file** n in **Indian file** en file indienne ▷ **Indian giver** * n (US pej) personne f qui reprend ses cadeaux ▷ **Indian hemp** n chanvre m indien, cannabis m ▷ **Indian ink** n encre f de Chine ▷ **Indian Mutiny** n (Hist) révolte f des Cipayes ▷ **Indian National Congress** n Congrès m national indien ▷ **Indian Ocean** n océan m Indien ▷ **Indian rope trick** n *tour d'illusionniste consistant à grimper à une corde que l'on a dressée en jouant d'un instrument de musique* ▷ **Indian sign** † n (US) sort m ✦ **to put an Indian sign on sb** jeter un sort à qn ▷ **Indian summer** n (= warm weather) été m indien or de la Saint-Martin ; (esp Brit: fig = success late in life) réussite f tardive, succès m tardif ▷ **Indian tea** n thé m indien or de l'Inde ▷ **Indian tonic (water)** n Schweppes ® m ▷ **Indian wrestling** n (US Sport) bras m de fer ; see also **rope**

Indiana [ˌɪndɪ'ænə] n l'Indiana m ✦ **in Indiana** dans l'Indiana

Indianapolis [ˌɪndɪə'næpəlɪs] n Indianapolis

indicate ['ɪndɪkeɪt] → SYN **1** vt **a** (= point to) indiquer, montrer ✦ **he indicated a chair and asked me to sit down** il a indiqué or montré une chaise et m'a invité à m'asseoir
b (= be a sign of) indiquer ✦ **a change in colour indicates the presence of acid** un changement de couleur indique la présence d'acide ✦ **opinion polls indicate (that) they are losing popularity** les sondages indiquent que leur cote de popularité est en baisse
c (= make known) [+ intentions, opinion] faire connaître, faire part de ; [+ feelings] laisser voir, manifester ✦ **he indicated that I was to leave** il m'a fait comprendre que je devais partir ✦ **he indicated that he might resign** il a laissé entendre qu'il pourrait démissionner
d (= call for) indiquer ✦ **the use of penicillin is clearly indicated** le recours à la pénicilline est nettement indiqué ✦ **a new approach to the wages problem is indicated** il convient d'aborder le problème des salaires sous un nouvel angle
2 vi (esp Brit Aut) mettre son clignotant ✦ **he was indicating (left)** il avait mis son clignotant (à gauche)

indication [ˌɪndɪ'keɪʃən] → SYN n signe m, indication f ✦ **it was an indication of his guilt** c'était un signe or une indication de sa culpabilité ✦ **we had no indication that it was going to take place** rien ne laissait prévoir or présager que cela allait arriver ✦ **there is every indication that she's right** tout porte à croire or laisse à penser qu'elle a raison ✦ **there are few indications that they are ready to come to an agreement** rien ne laisse présager qu'ils approchent d'un accord ✦ **all the indications lead one to believe that ...** tout porte à croire que ..., il y a toute raison de croire que ... ✦ **it is some indication of how popular she is** cela montre à quel point elle est populaire ✦ **if this result is any indication, he ...** à en juger par ce résultat, il ... ✦ **to give sb an indication of one's feelings/intentions** manifester ses sentiments/faire part de ses intentions à qn ✦ **he gave us some indication of what he meant** il nous a donné une idée de ce qu'il voulait dire ✦ **he gave no indication that he was ready to compromise** il n'a aucunement laissé entendre qu'il était prêt à transiger

indicative [ɪn'dɪkətɪv] → SYN **1** adj **a** to be **indicative of sth** être révélateur de qch ✦ **to be indicative of the fact that ...** montrer que ...
b (Gram) indicatif
2 n (Gram: also **indicative mood**) (mode m) indicatif m ✦ **in the indicative** à l'indicatif

indicator ['ɪndɪkeɪtəʳ] → SYN n (= device) indicateur m ; (= needle on scale etc) aiguille f, index m ; (= indication) indicateur m ; (Brit Aut: also **indicator light**) (flashing) clignotant m ; (projecting) flèche f ; (Ling) indicateur m ✦ **higher output is an indicator that the economy is recovering or of economic recovery** une augmentation de la production est un indicateur de reprise économique ✦ **economic indicators** indicateurs mpl économiques ✦ **altitude/pressure indicator** indicateur m d'altitude/de pression

indices ['ɪndɪsiːz] npl of **index** → **1c**, **1e**, **1h**

indict [ɪn'daɪt] vt **a** (esp US Jur) mettre en examen ✦ **to indict sb for sth** or **on a charge of sth** inculper qn de qch, mettre qn en examen pour qch
b (fig) accuser, porter une accusation contre

indictable [ɪn'daɪtəbl] adj (Jur) person, action attaquable en justice, passible de poursuites ✦ **an indictable offence** un délit grave, une infraction majeure

indictment [ɪn'daɪtmənt] → SYN n **a** (Jur) (= bill) acte m d'accusation (*for* de) ; (= process) mise f en examen (*for* pour) ; (US) accusation f (*par le jury d'accusation*) → GRAND JURY ✦ **bill of indictment** (Brit Hist) résumé m d'instruction (*présenté au jury d'accusation*) ✦ **to bring an indictment against sb (for sth)** inculper qn (de qch)
b (fig) **such poverty is an indictment of the political system** une telle pauvreté est une véritable mise en cause du système politique ✦ **his speech constituted a damning indictment of government policy** son discours a été

indie * ['ɪndɪ] n (Mus) musique f or rock m indé

Indies ['ɪndɪz] npl Indes fpl ; → **east, west**

indifference [ɪn'dɪfrəns] → SYN n **a** (= lack of interest, of feeling) indifférence f (to à ; towards envers), manque m d'intérêt (to, towards pour, à l'égard de) ◆ **he greeted the suggestion with indifference** il a accueilli la suggestion avec indifférence or sans manifester d'intérêt ◆ **it is a matter of supreme indifference to me** cela m'est parfaitement indifférent or égal
  b (= poor quality) médiocrité f

indifferent [ɪn'dɪfrənt] → SYN adj **a** (= lacking feeling, interest) indifférent (to à) ◆ **the government's indifferent attitude to the massacres** l'indifférence manifestée par le gouvernement vis-à-vis des massacres
  b (pej = mediocre) talent, performance, player médiocre, quelconque ◆ **good, bad or indifferent** bon, mauvais ou quelconque
  c († = impartial) impartial, neutre

indifferentism [ɪn'dɪfrəntɪzəm] n indifférentisme m

indifferentist [ɪn'dɪfrəntɪst] n indifférentiste mf

indifferently [ɪn'dɪfrəntlɪ] adv **a** (= uninterestedly) say, shrug, look at avec indifférence
  b (pej = badly) perform, write médiocrement
  c († = impartially) **she went indifferently to one shop or the other** elle allait indifféremment dans une boutique ou dans l'autre

indigence ['ɪndɪdʒəns] n indigence f

indigenous [ɪn'dɪdʒɪnəs] adj people, species, plant, culture, language indigène ; population indigène, autochtone ◆ **the elephant is indigenous to India** l'éléphant est un animal indigène en Inde

indigent ['ɪndɪdʒənt] adj (frm) indigent, nécessiteux

indigestible [,ɪndɪ'dʒestəbl] adj **a** food, fibre inassimilable (par l'organisme)
  b (fig) book, information indigeste

indigestion [,ɪndɪ'dʒestʃən] → SYN n (NonC: Med) indigestion f ◆ **to have an attack of indigestion** avoir une indigestion ◆ **he gets a lot of indigestion** il fait souvent des indigestions

indignant [ɪn'dɪgnənt] → SYN adj indigné (at or about sth de qch ; with sb contre qn) ◆ **they were indignant that they were not consulted/that he had not consulted them** ils étaient indignés de ne pas avoir été consultés/qu'il ne les eût pas consultés ◆ **to become** or **get indignant** s'indigner ◆ **to make sb indignant** indigner qn

indignantly [ɪn'dɪgnəntlɪ] adv avec indignation ; say d'un air or d'un ton indigné

indignation [,ɪndɪg'neɪʃən] → SYN n indignation f (at devant ; with contre) ◆ **she was filled with indignation at their working conditions** leurs conditions de travail la remplissaient d'indignation

indignity [ɪn'dɪgnɪtɪ] → SYN n **a** (= act) outrage m, indignité f ◆ **it was the final indignity** c'était le comble de l'outrage ◆ **he suffered the indignity of having to ...** il subit l'outrage d'avoir à ...
  b (NonC) indignité f

indigo ['ɪndɪgəʊ] **1** n, pl **indigos** or **indigoes** indigo m
  2 adj (also **indigo blue**) (bleu) indigo inv

indirect [,ɪndɪ'rekt] → SYN **1** adj indirect
  2 COMP ▷ **indirect demand** n (Comm) demande f indirecte ▷ **indirect discrimination** n discrimination f indirecte ▷ **indirect lighting** n éclairage m indirect ▷ **indirect object** n (Gram) complément m d'objet indirect ▷ **indirect question** n (gen, Gram) question f indirecte ▷ **indirect speech** n (Gram) discours m indirect ▷ **indirect tax** n impôt m indirect ▷ **indirect taxation** n contributions fpl indirectes, impôts mpl indirects

indirectly [,ɪndɪ'rektlɪ] → SYN adv indirectement

indirectness [,ɪndɪ'rektnɪs] n caractère m indirect

---

indiscernible [,ɪndɪ'sɜːnəbl] → SYN adj indiscernable

indiscipline [ɪn'dɪsɪplɪn] n indiscipline f

indiscreet [,ɪndɪs'kriːt] → SYN adj (= tactless) indiscret (-ète f) ; (= rash) imprudent (about sth à propos de qch)

indiscreetly [,ɪndɪs'kriːtlɪ] adv (= tactlessly) indiscrètement ; (= rashly) imprudemment, avec imprudence

indiscrete [,ɪndɪ'skriːt] adj indivisible

indiscretion [,ɪndɪs'kreʃən] → SYN n **a** (NonC) (= tactlessness) manque m de discrétion, indiscrétion f ; (= rashness) imprudence f ; (= carelessness) indiscrétion f
  b (= tactless remark, action) indiscrétion f ◆ **an act of indiscretion** une indiscrétion ◆ **a youthful indiscretion** une bêtise or une erreur de jeunesse

indiscriminate [,ɪndɪs'krɪmɪnɪt] → SYN adj killing, violence aveugle ; punishment distribué à tort et à travers ◆ **indiscriminate use of pesticides** emploi m sans discernement des pesticides ◆ **to be indiscriminate in one's attacks** lancer ses attaques au hasard ◆ **to be indiscriminate in one's viewing habits** ne pas être sélectif dans ses choix de programmes de télévision

indiscriminately [,ɪndɪs'krɪmɪnɪtlɪ] adv use sans discernement ; kill sans discrimination ; fire au hasard ; read, watch TV de façon non sélective

indispensable [,ɪndɪs'pensəbl] → SYN adj indispensable (to à) ◆ **nobody's indispensable!** personne n'est indispensable ! ◆ **you're not indispensable!** on peut se passer de toi !, tu n'es pas indispensable !

indisposed [,ɪndɪs'pəʊzd] → SYN adj **a** (= unwell) indisposé, souffrant
  b (= disinclined) peu disposé, peu enclin (to do sth à faire qch)

indisposition [,ɪndɪspə'zɪʃən] → SYN n **a** (= illness) indisposition f, malaise m
  b (= disinclination) manque m d'inclination (to do sth à faire qch)

indisputable [,ɪndɪs'pjuːtəbl] → SYN adj incontestable, indiscutable

indisputably [,ɪndɪs'pjuːtəblɪ] LANGUAGE IN USE 26.3 adv incontestablement, indiscutablement

indissociable [,ɪndɪ'səʊʃəbl] adj indissociable (from de)

indissolubility [,ɪndɪ,sɒljʊ'bɪlɪtɪ] n indissolubilité f

indissoluble [,ɪndɪ'sɒljʊbl] → SYN adj **a** friendship indissoluble
  b (Chem) insoluble

indissolubly [,ɪndɪ'sɒljʊblɪ] adv (gen, Jur) indissolublement

indistinct [,ɪndɪs'tɪŋkt] → SYN adj voice, sound, words, figure, shape indistinct ; memory vague, flou ; photograph flou

indistinctly [,ɪndɪs'tɪŋktlɪ] adv see, hear, speak indistinctement ; remember vaguement

indistinguishable [,ɪndɪs'tɪŋgwɪʃəbl] → SYN adj
  a indifférenciable (from de)
  b (= very slight) noise, difference, change imperceptible, indiscernable

indistinguishably [,ɪndɪs'tɪŋgwɪʃəblɪ] adv au point de ne pouvoir être différencié

indium ['ɪndɪəm] n indium m

individual [,ɪndɪ'vɪdjʊəl] → SYN **1** adj **a** (= separate) opinion, attention, portion individuel ◆ **served in individual dishes** servi dans des plats individuels ◆ **individual bargain** n (Ind) négociations fpl au niveau individuel
  b (= distinctive, characteristic) personnel, particulier ◆ **he has an individual style** il a un style personnel or bien à lui ◆ **the language she uses is highly individual** elle utilise un langage très personnel or particulier
  c (Sport) **individual pursuit** poursuite f individuelle ◆ **individual sports** sports mpl individuels
  2 n individu m ◆ **each individual is entitled to ...** tout individu or toute personne or chacun a droit à ...

individualism [,ɪndɪ'vɪdjʊəlɪzəm] → SYN n individualisme m

individualist [,ɪndɪ'vɪdjʊəlɪst] → SYN n individualiste mf

---

individualistic [,ɪndɪ,vɪdjʊə'lɪstɪk] adj individualiste

individuality [,ɪndɪ,vɪdjʊ'ælɪtɪ] → SYN n individualité f

individualize [,ɪndɪ'vɪdjʊəlaɪz] vt individualiser, personnaliser ◆ **individualized instruction** (US Scol) enseignement m individualisé

individually [,ɪndɪ'vɪdjʊəlɪ] → SYN adv **a** (= separately) wrapped, numbered individuellement, séparément ◆ **individually responsible for sth** individuellement or personnellement responsable de qch ◆ **he spoke to them individually** il leur a parlé à chacun individuellement or personnellement ◆ **they're all right individually** pris séparément ils sont très bien
  b (= uniquely) decorated de façon individualisée or personnalisée ◆ **individually designed flats** appartements mpl individualisés or personnalisés

individuate [,ɪndɪ'vɪdjʊeɪt] vt (Bio) individualiser

indivisibility [,ɪndɪ,vɪzə'bɪlɪtɪ] n indivisibilité f

indivisible [,ɪndɪ'vɪzəbl] adj indivisible ; (Math, Philos) insécable

indivisibly [,ɪndɪ'vɪzəblɪ] adv indivisiblement, indissolublement

Indo- ['ɪndəʊ] pref indo- ; → **Indo-China**

Indo-China ['ɪndəʊ'tʃaɪnə] n l'Indochine f

Indo-Chinese ['ɪndəʊtʃaɪ'niːz] **1** adj indo-chinois
  2 n Indochinois(e) m(f)

indoctrinate [ɪn'dɒktrɪneɪt] → SYN vt endoctriner ◆ **they've all been indoctrinated** ils sont tous endoctrinés ◆ **to indoctrinate sb with ideas** inculquer des idées à qn ◆ **to indoctrinate sb to do sth** conditionner qn à faire qch ◆ **we have all been strongly indoctrinated to value material things** nous avons tous été fortement conditionnés à valoriser les choses matérielles, on nous a fortement inculqué à tous le sens des choses matérielles ◆ **to indoctrinate sb with political ideas/with hatred of the enemy** inculquer des doctrines politiques/la haine de l'ennemi à qn

indoctrination [ɪn,dɒktrɪ'neɪʃən] → SYN n endoctrinement m

Indo-European ['ɪndəʊ,jʊərə'pɪən] **1** adj indo-européen
  2 n (Ling) indo-européen m

indole ['ɪndəʊl] n (Chem) indole m

indolence ['ɪndələns] n indolence f

indolent ['ɪndələnt] → SYN adj indolent

indolently ['ɪndələntlɪ] adv indolemment

indomitable [ɪn'dɒmɪtəbl] → SYN adj indomptable ◆ **her indomitable spirit** sa ténacité à toute épreuve

indomitably [ɪn'dɒmɪtəblɪ] adv struggle, continue sans jamais se laisser abattre

Indonesia [,ɪndəʊ'niːzɪə] n l'Indonésie f

Indonesian [,ɪndəʊ'niːzɪən] **1** adj indonésien
  2 n **a** Indonésien(ne) m(f)
  b (Ling) indonésien m

indoor ['ɪndɔː'] adj activity, plant, shoes d'intérieur ; market, swimming pool, tennis court, cycle track couvert ; sports, athletics, championship en salle ; job (in office) dans un bureau ; (at home) à la maison ; (Cine, Theat) scene d'intérieur ◆ **indoor aerial** (TV) antenne f intérieure ◆ **indoor games** (squash etc) sports mpl pratiqués en salle ; (table games) jeux mpl de société ◆ **indoor photography** photographie f d'intérieur

indoors [ɪn'dɔːz] adv stay (in building) à l'intérieur ; (at home) chez soi ; go, keep, spend time à l'intérieur ◆ **to go indoors** rentrer ◆ **to take sb indoors** faire entrer qn ◆ **I can't stay indoors forever** je ne peux pas rester enfermé tout le temps ◆ **bring plants indoors in October** en octobre, rentrer les plantes

indophenol [,ɪndəʊ'fiːnɒl] n indophénol m

indorse [ɪn'dɔːs] vt → **endorse**

Indra ['ɪndrə] n (Rel) Indra m

indrawn ['ɪndrɔːn] adj (lit) ◆ **a long indrawn breath** une longue inspiration ◆ **he received the news with indrawn breath** (fig) l'annonce de la nouvelle lui a coupé le souffle ◆ **the crowd**

gave a gasp of indrawn breath la foule a retenu son souffle

indris ['ɪndrɪs] n indri m

indubitable [ɪn'dju:bɪtəbl] → SYN adj indubitable

indubitably [ɪn'dju:bɪtəblɪ] adv indubitablement

induce [ɪn'dju:s] → SYN vt **a** (= persuade) persuader (*sb to do sth* qn de faire qch), inciter (*sb to do sth* qn à faire qch) ♦ **nothing would ever induce me to go back there** rien ne pourrait me décider à retourner là-bas
b (= bring about) [+ reaction] produire, provoquer ; [+ sleep, illness, hypnosis] provoquer ♦ **to induce labour** (Med) déclencher l'accouchement *(artificiellement)* ♦ **induced labour** accouchement m déclenché ♦ **she was induced** son accouchement a été déclenché
c (Philos = infer) induire, conclure
d (Elec) produire par induction

-induced [ɪn'dju:st] adj (in compounds) causé ou provoqué par ♦ **drug-induced** sleep, fit causé ou provoqué par les médicaments (ou par la drogue etc) ♦ **self-induced** intentionnel, volontaire ; hypnosis autosuggéré

inducement [ɪn'dju:smənt] → SYN n **a** (= reward) récompense f ; (euph) (= bribe) pot-de-vin m (pej) ♦ **and as an added inducement we are offering ...** et comme avantage supplémentaire nous offrons ... ♦ **he received £100 as an inducement** il a reçu 100 livres à titre de gratification, il a reçu un pot-de-vin (pej) de 100 livres ♦ **financial/cash inducements** avantages mpl financiers/en espèces
b (NonC = reason for doing sth) motivation f (*to do sth, for doing sth* pour faire qch), encouragement m (*to do sth, for doing sth* à faire qch)

induct [ɪn'dʌkt] vt [+ president] établir dans ses fonctions, installer ; [+ clergyman] instituer, installer ; [+ student] accueillir *(au début de leur première année d'études)* ; (US Mil) incorporer ♦ **to induct sb into the mysteries of ...** initier qn aux mystères de ...

inductance [ɪn'dʌktəns] n (= component, property) inductance f

induction [ɪn'dʌkʃən] **1** n **a** (NonC) (Elec, Philos) induction f ; [of sleep, hypnosis etc] provocation f ; (Med) [of labour] déclenchement m (provoqué)
b [of clergyman, president] installation f ; [of new staff members] insertion f, intégration f ; (US Mil) incorporation f
2 COMP ▷ **induction coil** n (Elec) bobine f d'induction ▷ **induction course, induction training** n (Ind) stage m préparatoire (d'intégration), stage m d'accueil et d'orientation ▷ **induction heating** n chauffage m par induction ▷ **induction loop** n (also **induction loop system**) *système d'amplification sonore destiné aux malentendants et captable par les appareils acoustiques dans les salles de spectacle* ▷ **induction motor** n moteur m asynchrone ou à induction ▷ **induction year** n (Scol) [of teacher] = année f de stage

inductive [ɪn'dʌktɪv] adj **a** (Logic, Math) reasoning, logic, process inductif
b (Elec) load inductif ; current inducteur (-trice f)

indulge [ɪn'dʌldʒ] → SYN **1** vt **a** (= spoil) [+ person] gâter ; (= give way to, gratify) [+ person, desires, wishes, laziness] céder à ♦ **he indulges her every whim** il lui passe tous ses caprices, il cède à tous ses caprices ♦ **on Saturdays he indulges his passion for football** le samedi il s'adonne à sa passion pour le football ♦ **indulge yourself with a glass of chilled white wine** faites-vous plaisir avec un verre de vin blanc bien frais ♦ **go on, indulge yourself!** allez, laissez-vous tenter !
b (Comm = extend time for payment) [+ person, firm] accorder des délais de paiement à
2 vi ♦ **to indulge in sth** se permettre qch ♦ **she indulged in a little harmless flirtation** elle s'est permis un petit flirt inoffensif ♦ **we can't afford to indulge in cheap speculation** nous ne pouvons pas nous complaire dans des suppositions gratuites ♦ **we don't indulge in such underhand tactics** nous ne nous abaissons pas à pratiquer ces tactiques sournoises

indulgence [ɪn'dʌldʒəns] → SYN n **a** (NonC = tolerance) indulgence f, complaisance f
b (= luxury) luxe m ; (= treat, food) gâterie f ♦ **he allowed himself the indulgence of a day off work** il s'est offert le luxe de prendre un jour de congé ♦ **smoking was his one indulgence** la cigarette était son seul petit plaisir or son seul péché mignon
c (Rel) indulgence f

indulgent [ɪn'dʌldʒənt] → SYN adj (= not severe) indulgent (*to* envers, pour) ; (= permissive) indulgent (*to* envers, pour), complaisant (*to* à l'égard de, pour)

indulgently [ɪn'dʌldʒəntlɪ] adv avec indulgence

induline ['ɪndjʊˌlaɪn] n induline f

indult [ɪn'dʌlt] n indult m

induration [ˌɪndjʊ'reɪʃən] n (Med) induration f

Indus ['ɪndəs] n Indus m

industrial [ɪn'dʌstrɪəl] **1** adj application, experience, psychology, research, training industriel ; expansion industriel, de l'industrie ; worker de l'industrie ; accident, injury, medicine du travail ; fabric, equipment pour l'industrie, industriel
2 COMP ▷ **industrial action** n (Brit) action f revendicative ; (= strike) (mouvement m de) grève f ♦ **to take industrial action** lancer une action revendicative ; (= go on strike) se mettre en grève ▷ **industrial archaeology** n archéologie f industrielle ▷ **industrial arts** npl (US) enseignement m technique ▷ **industrial capacity** n capacité f industrielle ▷ **industrial correspondent** n (Brit Press, Rad, TV) correspondant m industriel ▷ **industrial democracy** n (Ind) participation f du personnel à la gestion de l'entreprise ▷ **industrial design** n design m (industriel), esthétique f industrielle ▷ **industrial designer** n concepteur-dessinateur m industriel, designer m ▷ **industrial diamond** n diamant m naturel or industriel ▷ **industrial disease** n maladie f professionnelle ▷ **industrial dispute** n (Brit) conflit m social ▷ **industrial engineering** n génie m industriel ▷ **industrial espionage** n espionnage m industriel ▷ **industrial estate** n (Brit) zone f industrielle ▷ **industrial hygiene** n hygiène f du travail ▷ **industrial injury benefit** n indemnité f d'accident du travail ▷ **industrial insurance** n assurance f contre les accidents du travail, assurance f des salariés de l'industrie ▷ **industrial park** n zone f industrielle ▷ **industrial psychologist** n psychologue mf d'entreprise ▷ **industrial rehabilitation** n réadaptation f fonctionnelle ▷ **industrial relations** npl relations fpl patronat-syndicats ; (= field of study) relations fpl sociales ▷ **Industrial Revolution** n (Hist) révolution f industrielle ▷ **industrial school** n (US) école f technique ▷ **industrial-strength** adj **a** (Ind) à usage industriel **b** (* hum = strong) elastic bien costaud ; face cream énergique ♦ **industrial-strength red wine** du gros rouge costaud or qui tache ▷ **industrial tribunal** n ≃ conseil m de prud'hommes ▷ **industrial unrest** n troubles mpl sociaux, agitation f ouvrière ▷ **industrial vehicle** n véhicule m industriel ▷ **industrial waste** n (Brit) déchets mpl industriels ▷ **industrial wastes** npl (US) ⇒ **industrial waste**

industrialism [ɪn'dʌstrɪəlɪzəm] n industrialisme m

industrialist [ɪn'dʌstrɪəlɪst] → SYN n industriel m

industrialization [ɪnˌdʌstrɪəlaɪ'zeɪʃən] n industrialisation f

industrialize [ɪn'dʌstrɪəlaɪz] **1** vt industrialiser
2 COMP ▷ **industrialized country** n pays m industrialisé

industrious [ɪn'dʌstrɪəs] → SYN adj assidu

industriously [ɪn'dʌstrɪəslɪ] → SYN adv assidûment, avec assiduité

industriousness [ɪn'dʌstrɪəsnɪs] n ⇒ **industry 1b**

industry ['ɪndəstrɪ] → SYN **1** n **a** industrie f ♦ **basic** or **heavy industry** industrie f lourde ♦ **the hotel industry** l'hôtellerie f, l'industrie f hôtelière ♦ **the tourist industry** le tourisme, l'industrie f touristique ♦ **psychoanalysis has become a real industry** (fig) la psychanalyse est devenue une véritable industrie ; → **coal, textile, trade**
b (NonC = industriousness) assiduité f, application f ♦ **with great industry** avec beaucoup d'assiduité
2 COMP ▷ **industry standard** n norme f industrielle ▷ **industry-standard** adj aux normes industrielles

inebriate [ɪ'ni:brɪɪt] **1** n (frm) alcoolique mf
2 adj (frm) en état d'ébriété
3 [ɪ'ni:brɪeɪt] vt (lit, fig) enivrer, griser

inebriated [ɪ'ni:brɪeɪtɪd] → SYN adj (= drunk) (lit) ivre ; (fig) enivré, grisé (*by* de)

inebriation [ɪˌni:brɪ'eɪʃən], **inebriety** [ˌɪni:'braɪətɪ] n état m d'ébriété

inedible [ɪn'edɪbl] adj (= not meant to be eaten) non comestible ; (= not fit to be eaten) immangeable

ineducable [ɪn'edjʊkəbl] adj inéducable

ineffable [ɪn'efəbl] adj (liter) indicible (liter), ineffable

ineffably [ɪn'efəblɪ] adv (liter) ineffablement (liter)

ineffaceable [ˌɪnɪ'feɪsəbl] adj ineffaçable, indélébile

ineffective [ˌɪnɪ'fektɪv] → SYN adj inefficace (*against* sth contre qch ; *in doing* sth pour faire qch)

ineffectively [ˌɪnɪ'fektɪvlɪ] adv use inefficacement ; try vainement, en vain

ineffectiveness [ˌɪnɪ'fektɪvnɪs] n inefficacité f

ineffectual [ˌɪnɪ'fektjʊəl] → SYN adj ⇒ **ineffective**

ineffectually [ˌɪnɪ'fektjʊəlɪ] adv inefficacement

inefficacious [ˌɪnefɪ'keɪʃəs] adj inefficace

inefficacy [ɪn'efɪkəsɪ] n inefficacité f

inefficiency [ˌɪnɪ'fɪʃənsɪ] → SYN n [of action, machine, measures] inefficacité f, insuffisance f ; [of person] incompétence f, manque m d'efficacité

inefficient [ˌɪnɪ'fɪʃənt] → SYN adj person, measures, drug inefficace ; machine, factory peu performant

inefficiently [ˌɪnɪ'fɪʃəntlɪ] adv inefficacement ♦ **work done inefficiently** travail exécuté de façon inefficace

inelastic [ˌɪnɪ'læstɪk] adj **a** material non élastique
b (fig) system, regulations rigide ; (Econ) demand, supply non élastique
c (Phys) inélastique

inelegance [ɪn'elɪgəns] n inélégance f

inelegant [ɪn'elɪgənt] adj inélégant, peu élégant

inelegantly [ɪn'elɪgəntlɪ] adv inélégamment

ineligibility [ɪnˌelɪdʒə'bɪlɪtɪ] n (gen) inéligibilité f ; (Fin) irrecevabilité f

ineligible [ɪn'elɪdʒəbl] → SYN adj candidate inéligible ♦ **he's ineligible for social security benefits** il n'a pas droit aux prestations de la Sécurité sociale ♦ **he's ineligible to vote** il n'a pas le droit de vote ♦ **ineligible for military service** inapte au service militaire

ineluctable [ˌɪnɪ'lʌktəbl] adj (frm) inéluctable, inévitable

ineluctably [ˌɪnɪ'lʌktəblɪ] adv inéluctablement

inept [ɪ'nept] → SYN adj (= incompetent) incompétent ; (= inappropriate) remark déplacé ♦ **the team's inept performance** la médiocre performance de l'équipe

ineptitude [ɪ'neptɪtju:d] → SYN n (= incompetence) incompétence f ; (= inappropriateness) [of remark] caractère m déplacé

ineptly [ɪ'neptlɪ] adv ineptement

ineptness ['ɪneptnɪs] n ⇒ **ineptitude**

inequality [ˌɪnɪ'kwɒlɪtɪ] → SYN n inégalité f

inequitable [ɪn'ekwɪtəbl] → SYN adj inéquitable, injuste

inequity [ɪn'ekwɪtɪ] n injustice f, iniquité f

ineradicable [ˌɪnɪ'rædɪkəbl] adj indéracinable, tenace

inert [ɪ'nɜ:t] → SYN **1** adj (gen, also Chem, Phys) inerte ; (= dull) morne
2 COMP ▷ **inert gas** n gaz m inerte

inertia / infertile

inertia [ɪ'nɜːʃə] → SYN **1** n **a** (of person) inertie f, apathie f
b (Chem, Phys) inertie f
2 COMP ▷ **inertia-reel seat belts** npl (Aut) ceintures fpl (de sécurité) à enrouleurs ▷ **inertia selling** n (Brit Comm) vente f forcée par correspondance

inertial [ɪ'nɜːʃl] adj (Aviat) ◆ **inertial guidance** guidage m inertiel ◆ **inertial mass** masse f inerte

inescapable [ˌɪnɪs'keɪpəbl] → SYN adj inéluctable, inévitable

inescapably [ˌɪnɪs'keɪpəblɪ] adv inéluctablement, inévitablement

inessential [ˌɪnɪ'senʃəl] adj superflu, non-essentiel

inestimable [ɪn'estɪməbl] → SYN adj gift, friendship inestimable, inappréciable ; fortune, work incalculable

inestimably [ɪn'estɪməblɪ] adv ◆ she has contributed inestimably to the project sa contribution au projet a été inestimable ◆ **inestimably greater** nettement plus grand

inevitability [ɪnˌevɪtə'bɪlɪtɪ] n caractère m inévitable

inevitable [ɪn'evɪtəbl] → SYN **1** adj result inévitable, inéluctable ; day, event fatal ◆ **it seems that civil war has become inevitable** il semble que la guerre civile soit devenue inévitable or inéluctable ◆ **it's inevitable that new recruits will make errors at first** les nouvelles recrues feront inévitablement or fatalement des erreurs au début ◆ **I'm afraid it's inevitable** j'ai bien peur que ce soit inévitable or inéluctable ◆ **the tourist had the inevitable camera** le touriste avait l'inévitable or l'incontournable appareil-photo
2 n ◆ **the inevitable** l'inévitable m

inevitably [ɪn'evɪtəblɪ] → SYN adv inévitablement

inexact [ˌɪnɪg'zækt] adj inexact

inexactitude [ˌɪnɪg'zæktɪtjuːd] n inexactitude f

inexactly [ˌɪnɪg'zæktlɪ] adv inexactement

inexcusable [ˌɪnɪks'kjuːzəbl] → SYN adj inexcusable, impardonnable ◆ **it is inexcusable that ...** il est inexcusable que ... (+ subj) ◆ **it would be inexcusable to make such a mistake** il serait inexcusable de faire une telle erreur ◆ **that was inexcusable of you** c'était inexcusable or impardonnable de votre part

inexcusably [ˌɪnɪks'kjuːzəblɪ] adv say, overlook, neglect de façon inexcusable or impardonnable ◆ **inexcusably lazy/careless** d'une paresse/d'une négligence inexcusable

inexhaustible [ˌɪnɪg'zɔːstəbl] → SYN adj inépuisable

inexhaustibly [ˌɪnɪg'zɔːstəblɪ] adv inépuisablement

inexorable [ɪn'eksərəbl] → SYN adj inexorable

inexorably [ɪn'eksərəblɪ] → SYN adv inexorablement

inexpedient [ˌɪnɪks'piːdɪənt] adj action, decision, policy inopportun, malavisé

inexpensive [ˌɪnɪks'pensɪv] → SYN adj bon marché inv, pas cher

inexpensively [ˌɪnɪks'pensɪvlɪ] adv buy à bon marché, à bon compte ; live à peu de frais

inexperience [ˌɪnɪks'pɪərɪəns] → SYN n inexpérience f, manque m d'expérience

inexperienced [ˌɪnɪks'pɪərɪənst] → SYN adj driver, pilot, teacher, doctor inexpérimenté ◆ **I am very inexperienced in matters of this kind** j'ai très peu d'expérience dans ce genre de choses ◆ **doctors are inexperienced in dealing with this disease** les médecins ont peu d'expérience dans le traitement de cette maladie ◆ **he's too inexperienced to be president** il manque trop d'expérience pour être président ◆ **to be sexually inexperienced** manquer d'expérience sexuelle

inexpert [ɪn'ekspɜːt] → SYN adj inexpert, maladroit (in en)

inexpertly [ɪn'ekspɜːtlɪ] adv maladroitement

inexpiable [ɪn'ekspɪəbl] adj inexpiable

inexplicable [ˌɪnɪks'plɪkəbl] → SYN adj inexplicable

inexplicably [ˌɪnɪks'plɪkəblɪ] adv inexplicablement

inexpressible [ˌɪnɪks'presəbl] → SYN adj inexprimable

inexpressibly [ˌɪnɪks'presəblɪ] adv indiciblement

inexpressive [ˌɪnɪks'presɪv] → SYN adj inexpressif

inexpressiveness [ˌɪnɪks'presɪvnɪs] n inexpressivité f

inextinguishable [ˌɪnɪks'tɪŋgwɪʃəbl] → SYN adj fire impossible à éteindre or à maîtriser ; passion, enthusiasm indéfectible ; thirst, laughter inextinguible

in extremis [ˌɪnɪk'striːmɪs] adv (frm) in extremis

inextricable [ˌɪnɪks'trɪkəbl] adj inextricable

inextricably [ˌɪnɪks'trɪkəblɪ] → SYN adv inextricablement

infallibility [ɪnˌfælə'bɪlɪtɪ] → SYN n (also Rel) infaillibilité f

infallible [ɪn'fæləbl] → SYN adj infaillible

infallibly [ɪn'fæləblɪ] adv **a** (= without error) pronounce, correct infailliblement
b (= always) infailliblement, immanquablement

infamous ['ɪnfəməs] → SYN adj person, place tristement célèbre (for sth pour qch) ; incident notoire ; case, trial, conduct infâme ◆ **his infamous temper** son mauvais caractère notoire

infamy ['ɪnfəmɪ] n infamie f

infancy ['ɪnfənsɪ] → SYN n **a** (lit) petite enfance f, bas âge m ; (Jur) minorité f ◆ **early infancy** toute petite enfance f ◆ **child still in infancy** enfant mf encore en bas âge ◆ **a quarter of these children die in infancy** un quart de ces enfants meurent en bas âge
b (fig) enfance f, débuts mpl ◆ **when radio was still in its infancy** quand la radio en était encore à ses débuts or à ses premiers balbutiements

infant ['ɪnfənt] → SYN **1** n (= newborn) nouveau-né m ; (= baby) bébé m, nourrisson m ; (= young child) petit(e) enfant m(f), enfant mf en bas âge ; (Jur) mineur(e) m(f) ; (Brit Scol) enfant mf, petit(e) m(f) (de quatre à sept ans)
2 COMP disease infantile ; (fig) industry, movement, organization naissant ▷ **infant class** n (Brit) ≃ cours m préparatoire ◆ **the infant classes** les classes fpl enfantines, les petites classes fpl ▷ **infant education** n enseignement m des petits (entre quatre et sept ans) ▷ **infant mortality** n mortalité f infantile ▷ **infant school** n (Brit) ≃ cours m préparatoire et première année de cours élémentaire (entre quatre et sept ans) ▷ **infant welfare clinic** n centre m médicosocial pédiatrique

infanta [ɪn'fæntə] n infante f

infante [ɪn'fæntɪ] n infant m

infanticide [ɪn'fæntɪsaɪd] n (= crime) infanticide m ; (frm) (= killer) infanticide mf

infantile ['ɪnfəntaɪl] → SYN **1** adj infantile
2 COMP ▷ **infantile paralysis** † n (= polio) paralysie f infantile †

infantilism [ɪn'fæntɪˌlɪzəm] n (Psych) infantilisme m

infantilize [ɪn'fæntɪˌlaɪz] vt infantiliser

infantry ['ɪnfəntrɪ] n (NonC: Mil) infanterie f (NonC), fantassins mpl

infantryman ['ɪnfəntrɪmən] n fantassin m ; → light²

infarct ['ɪnfɑːkt] n (Med) infarctus m

infarction [ɪn'fɑːkʃən] n (Med) **a** (= dead tissue) ⇒ infarct
b (= forming of dead tissue) infarcissement m

infatuate [ɪn'fætjʊeɪt] → SYN vt (gen pass) tourner la tête à ◆ **to be infatuated with** [+ person] être fou d'amour pour ; [+ idea] avoir la tête pleine de, être engoué de ◆ **to become infatuated with** [+ person] s'enticher de ; [+ idea] s'engouer pour ◆ **as soon as he met her he was infatuated** il s'est entichée d'elle dès leur première rencontre

infatuation [ɪnˌfætjʊ'eɪʃən] → SYN n (with person) amour m obsessionnel ; (with idea, activity) engouement m (with sth pour qch)

infect [ɪn'fekt] → SYN vt **a** (lit) [+ person, wound] infecter ; [+ air, well, blood] contaminer ◆ **his wound became infected** sa blessure s'infecta

◆ **a virus spread by infected blood** un virus qui se transmet par du sang contaminé ◆ **to infect sb with a disease** transmettre or communiquer une maladie à qn ◆ **to be infected with malaria/hepatitis** être atteint du paludisme/de l'hépatite ◆ **infected with HIV** séropositif
b (fig) for a moment I was infected by her fear pendant un moment elle m'a communiqué sa peur ◆ **you can't help being infected with his passion for the music** sa passion pour la musique est véritablement contagieuse

infection [ɪn'fekʃən] → SYN n **a** (lit) [of person, wound] infection f ; [of air, well, blood] contamination f ◆ **there's some infection in the wound** la blessure est légèrement infectée ◆ **she has a slight infection** elle a une légère infection ◆ **a throat infection** une angine ◆ **an ear infection** une otite
b (fig) contagion f

infectious [ɪn'fekʃəs] → SYN **1** adj **a** (Med) disease (= transmissible) contagieux ; (= caused by germs) infectieux
b (fig) person, laugh, enthusiasm, rhythm contagieux
2 COMP ▷ **infectious hepatitis** n hépatite f infectieuse ▷ **infectious mononucleosis** n mononucléose f infectieuse

infectiousness [ɪn'fekʃəsnɪs] n **a** (Med) nature f infectieuse
b (fig) contagion f

infective [ɪn'fektɪv] adj disease (= transmissible) contagieux ; (= caused by germs) infectieux ; agent infectieux

infectivity [ˌɪnfek'tɪvɪtɪ] n infectiosité f

infelicitous [ˌɪnfɪ'lɪsɪtəs] adj (frm) malheureux, fâcheux

infelicity [ˌɪnfɪ'lɪsɪtɪ] n (frm) **a** (NonC = misfortune) malheur m
b (= tactless act, remark) maladresse f

infer [ɪn'fɜː] → SYN vt **a** (= conclude) déduire, conclure (that que) ◆ **can we infer from this that you disagree?** pouvons-nous en déduire ou en conclure que vous n'êtes pas d'accord ?
b (* = imply) laisser entendre, insinuer ◆ **what are you inferring?** qu'est-ce que vous insinuez ?

inference ['ɪnfərəns] → SYN n **a** (= conclusion) déduction f, conclusion f ◆ **by inference** par déduction ◆ **the inference is that he is unwilling to help us** on doit en conclure qu'il n'est pas disposé à nous aider ◆ **to draw an inference from sth** tirer une conclusion de qch
b (* = implication) insinuation f

inferential [ˌɪnfə'renʃəl] adj method déductif ; proof obtenu par déduction

inferentially [ˌɪnfə'renʃəlɪ] adv par déduction

inferior [ɪn'fɪərɪər] LANGUAGE IN USE 26.3 → SYN **1** adj **a** person, status, quality inférieur (-eure f) (to sb à qn ; in sth en qch) ; product de qualité inférieure ; service, work de second ordre ◆ **he makes me feel inferior** il me donne un sentiment d'infériorité
b (Jur) court ≃ de première instance
c (Bot) infère
d (Typ) **inferior letter** indice m
2 n (in quality, social standing) inférieur m, -eure f ; (in authority, rank: also Mil) subalterne mf, subordonné(e) m(f)

inferiority [ɪnˌfɪərɪ'ɒrɪtɪ] → SYN **1** n infériorité f (to par rapport à)
2 COMP ▷ **inferiority complex** n complexe m d'infériorité

infernal [ɪn'fɜːnl] → SYN adj **a** (* = terrible) noise infernal ; heat, weather abominable ; car, computer satané ◆ **it's an infernal nuisance** c'est vraiment empoisonnant
b (Myth, Rel, liter) regions infernal ; flames de l'enfer

infernally * [ɪn'fɜːnəlɪ] adv difficult abominablement, épouvantablement ◆ **it is infernally hot** il fait une chaleur infernale or abominable

inferno [ɪn'fɜːnəʊ] n **a** an inferno, a blazing inferno un brasier
b (liter = hell) enfer m

infertile [ɪn'fɜːtaɪl] → SYN adj person, animal, land, soil stérile

infertility [ˌɪnfɜːˈtɪlɪtɪ] → SYN [1] n [of person, animal, land, soil] stérilité f
[2] COMP ▷ **infertility clinic** n service de consultation pour problèmes de stérilité ▷ **infertility treatment** n (Med) traitement m de la stérilité

infest [ɪnˈfest] → SYN vt [a] (lit) [pest, vermin] infester ◆ **infested with** infesté de
[b] (fig) [drugs, bandits] envahir

infestation [ˌɪnfesˈteɪʃən] n infestation f

infidel [ˈɪnfɪdəl] [1] n (liter) (Hist, Rel) infidèle † mf; (Rel) incroyant(e) m(f)
[2] adj infidèle †, incroyant

infidelity [ˌɪnfɪˈdelɪtɪ] n infidélité f ◆ **divorce on the grounds of infidelity** (Jur) divorce m pour cause d'adultère

infighting [ˈɪnˌfaɪtɪŋ] n [a] (within group) conflits mpl or querelles fpl internes, luttes fpl intestines (within au sein de)
[b] (Mil) (hand-to-hand) corps à corps m; (close-range) combat m rapproché; (Boxing) corps à corps m

infill [ˈɪnfɪl] n (Constr, Geol) remplissage m

infiltrate [ˈɪnfɪltreɪt] → SYN [1] vi [troops, person, light, liquid, ideas] s'infiltrer (into dans)
[2] vt [+ liquid] infiltrer (into dans; through à travers); (Pol) [+ group, organization] infiltrer, noyauter; (Mil) [troops] [+ territory, city, enemy lines] s'infiltrer dans ◆ **to infiltrate troops into a territory, to infiltrate a territory with troops** envoyer des troupes s'infiltrer dans un territoire

infiltration [ˌɪnfɪlˈtreɪʃən] n (Pol, Mil, Med) infiltration f (into sth dans qch)

infiltrator [ˈɪnfɪltreɪtəʳ] n (inside organization, country) agent m infiltré ◆ **Western infiltrators** agents mpl de l'Occident

infinite [ˈɪnfɪnɪt] → SYN [1] adj (gen) number, patience, care infini, illimité; possibilités illimité; (Math, Philos, Rel) infini ◆ **the choice is infinite** le choix est illimité ◆ **an infinite variety of landscapes** une variété infinie de paysages ◆ **God in his infinite mercy** Dieu dans son infinie miséricorde ◆ **it gave her infinite pleasure** cela lui a fait infiniment plaisir ◆ **the organizers, in their infinite wisdom, planned the two events for the same day** (iro) les organisateurs, dans leur infinie sagesse, ont programmé les deux manifestations le même jour ◆ **he seemed to have an infinite capacity for cruelty** (iro) sa cruauté semblait illimitée
[2] n infini m

infinitely [ˈɪnfɪnɪtlɪ] adv infiniment

infiniteness [ˈɪnfɪnɪtnɪs] n ⇒ **infinity** c

infinitesimal [ˌɪnfɪnɪˈtesɪməl] → SYN adj (gen) amount, majority etc infinitésimal, infime; (Math) infinitésimal

infinitesimally [ˌɪnfɪnɪˈtesɪmlɪ] adv infiniment

infinitival [ˌɪnfɪnɪˈtaɪvl] adj (Gram) infinitif

infinitive [ɪnˈfɪnɪtɪv] (Gram) [1] n infinitif m ◆ **in the infinitive** à l'infinitif
[2] adj infinitif

infinitude [ɪnˈfɪnɪtjuːd] n ◆ **an infinitude of** une infinité de

infinity [ɪnˈfɪnɪtɪ] → SYN n [a] (= that which is infinite) infinité f, infini m ◆ **in time and space or in infinity** dans le temps et dans l'espace ou dans l'infinité or l'infini
[b] (= infinite quantity, number etc) infinité f ◆ **an infinity of reasons/details/possibilities** une infinité de raisons/détails/possibilités
[c] (= infiniteness) infinitude f ◆ **the infinity of God** l'infinitude f de Dieu
[d] (Math) infini m ◆ **to infinity** à l'infini

infirm [ɪnˈfɜːm] → SYN [1] adj [a] (= sick) infirme
[b] (liter) **infirm of purpose** irrésolu, indécis
[2] **the infirm** npl les infirmes mpl ◆ **the old and the infirm** les personnes fpl âgées et les infirmes mpl

infirmary [ɪnˈfɜːmərɪ] n (= hospital) hôpital m; (in school etc) infirmerie f

infirmity [ɪnˈfɜːmɪtɪ] → SYN n infirmité f ◆ **her grandmother's increasing infirmity** l'infirmité croissante de sa grand-mère ◆ **she bears these infirmities with fortitude** elle supporte ces infirmités avec courage

infix [ɪnˈfɪks] [1] vt [+ habit, idea] inculquer (in à), implanter (in dans); (Ling) insérer (in dans)
[2] [ˈɪnfɪks] n (Ling) infixe m

in flagrante delicto [ɪnfləˈɡræntɪdɪˈlɪktəʊ] adv en flagrant délit

inflame [ɪnˈfleɪm] → SYN vt [a] (fig) [+ courage] enflammer; [+ anger, desire, hatred, discord] attiser
[b] (Med) enflammer
[c] (= set alight) enflammer, mettre le feu à

inflammability [ɪnˌflæməˈbɪlɪtɪ] n inflammabilité f

inflammable [ɪnˈflæməbl] → SYN adj [a] liquid, substance inflammable
[b] (fig) situation explosif

inflammation [ˌɪnfləˈmeɪʃən] → SYN n (Med, fig) inflammation f

inflammatory [ɪnˈflæmətərɪ] → SYN adj [a] speech, remark, language incendiaire
[b] (Med) inflammatoire

inflatable [ɪnˈfleɪtəbl] [1] adj dinghy, mattress pneumatique, gonflable; toy, rubber ring gonflable
[2] n (gen) objet m (or jouet m etc) gonflable; (= dinghy) canot m pneumatique

inflate [ɪnˈfleɪt] → SYN [1] vt [a] (lit) [+ tyre, balloon] gonfler (with de); (Med) [+ lung] dilater
[b] (fig) [+ prices] gonfler, faire monter; [+ bill, account] gonfler, charger
[2] vi [tyre, balloon, air bag] se gonfler

inflated [ɪnˈfleɪtɪd] → SYN adj [a] (lit) tyre, balloon gonflé; lung dilaté
[b] (fig) price, cost, salary, insurance claim excessif ◆ **inflated with pride** bouffi d'orgueil ◆ **he has an inflated ego** il a une très haute opinion de lui-même ◆ **he has an inflated sense of his own importance** il se fait une idée exagérée de sa propre importance

inflation [ɪnˈfleɪʃən] → SYN [1] n [a] (Econ) inflation f; [of prices] hausse f
[b] [of tyre etc] gonflement m
[2] COMP ▷ **inflation-proof** adj protégé contre l'inflation ▷ **inflation rate** n taux m d'inflation

inflationary [ɪnˈfleɪʃnərɪ] adj inflationniste ◆ **the inflationary spiral** la spirale f de l'inflation

inflationist [ɪnˈfleɪʃənɪst] n partisan(e) m(f) d'une politique inflationniste

inflect [ɪnˈflekt] [1] vt [a] (Ling) [+ word] mettre une désinence à; (= conjugate) conjuguer; (= decline) décliner ◆ **inflected form** forme f fléchie ◆ **inflected vowel** voyelle f infléchie
[b] (= modulate) [+ voice] moduler; (Mus) [+ note] altérer
[c] (Geom, Opt = bend) infléchir, dévier
[2] vi (Ling) ◆ **a verb which inflects** un verbe flexionnel or qui prend des désinences ◆ **does this noun inflect in the plural?** ce nom prend-il la marque du pluriel ? ◆ **an inflecting language** une langue désinentielle or flexionnelle

inflection [ɪnˈflekʃən] → SYN n [a] (= modulation) [of voice, tone] inflexion f; [of note] altération f
[b] (NonC: Ling) [of word] flexion f ◆ **the inflection of nouns/verbs** la flexion nominale/verbale ◆ **vowel inflection** inflexion f vocalique
[c] (Ling = affix) désinence f
[d] (= curving) [of body] inflexion f, inclination f; (Geom, Opt) inflexion f, déviation f

inflectional [ɪnˈflekʃənəl] adj (Ling) flexionnel ◆ **an inflectional ending** une désinence

inflexibility [ɪnˌfleksɪˈbɪlɪtɪ] → SYN n [a] (lit) rigidité f
[b] (fig) inflexibilité f, rigidité f

inflexible [ɪnˈfleksəbl] → SYN adj [a] (lit) person inflexible; object rigide
[b] (fig) system, policy rigide; person, rule, position inflexible; attitude rigide, inflexible

inflexion [ɪnˈflekʃən] n ⇒ **inflection**

inflict [ɪnˈflɪkt] → SYN vt [+ punishment, torture, fine, defeat] infliger (on à); [+ pain, suffering] faire subir, infliger (on à) ◆ **to inflict damage** causer des dégâts ◆ **to inflict a wound on sb** infliger une blessure à qn ◆ **the enemy inflicted heavy casualties on us** l'ennemi nous a infligé de lourdes pertes ◆ **to inflict one's company/one's beliefs on sb** imposer sa compagnie/ses croyances à qn

infliction [ɪnˈflɪkʃən] → SYN n [a] (NonC) **another operation would mean further infliction of pain on him** une autre opération reviendrait à lui infliger de nouvelles douleurs
[b] (= misfortune) affliction f

in-flight [ˈɪnˌflaɪt] adj refuelling en vol; film, entertainment proposé pendant le vol ◆ **in-flight meal** repas m servi pendant le vol ◆ **in-flight magazine** magazine m de voyage (destiné aux passagers aériens)

inflorescence [ˌɪnflɔːˈresns] n (stalks, flowers) inflorescence f; (blossoming) floraison f

inflow [ˈɪnfləʊ] [1] n [a] [of water] afflux m, arrivée f
[b] ⇒ **influx** a
[c] [of capital] entrée f
[2] COMP ▷ **inflow pipe** n tuyau m d'arrivée ◆ **water-inflow pipe** arrivée f or adduction f d'eau

influence [ˈɪnflʊəns] → SYN [1] n (gen) influence f (on sur) ◆ **under his influence** sous son influence ◆ **under the influence of his advisers, he ...** influence par ses conseillers, il ... ◆ **under the influence of drink/drugs** sous l'effet or l'empire de la boisson/des drogues ◆ **convicted of driving under the influence of drink** (Jur) condamné pour conduite en état d'ébriété or d'ivresse ◆ **he was a bit under the influence*** il était pompette * ◆ **her book had** or **was a great influence on him** son livre a eu beaucoup d'influence sur lui or l'a beaucoup influencé ◆ **he has got influence** il a de l'influence ◆ **I've got a lot of influence with her** j'ai beaucoup d'influence or d'ascendant sur elle ◆ **to use one's influence with sb to get sth** user de son influence auprès de qn pour obtenir qch ◆ **she used her influence to persuade them to accept the deal** elle a usé de son influence pour les persuader d'accepter le marché ◆ **to exert influence over sb** exercer une influence sur qn ◆ **he denies having exerted any political influence over them** il a nié avoir exercé la moindre influence politique sur eux ◆ **I shall bring all my influence** or **every influence to bear on him** j'essaierai d'user de toute mon influence pour le persuader ◆ **a man of influence** un homme influent ◆ **she is a good influence in the school/on the pupils** elle a or exerce une bonne influence dans l'établissement/sur les élèves ◆ **she is a disruptive influence** c'est un élément perturbateur
[2] vt [+ attitude, behaviour, decision, person] influencer ◆ **don't be influenced by him** ne vous laissez pas influencer par lui ◆ **he's easily influenced** il est très influençable, il se laisse facilement influencer ◆ **her music is strongly influenced by jazz** sa musique est fortement influencée par le jazz ◆ **the artist has been influenced by Leonardo da Vinci** cet artiste a été influencé par Léonard de Vinci ◆ **your diet may influence your risk of getting cancer** votre alimentation peut influer sur les risques que vous avez de développer un cancer
[3] COMP ▷ **influence peddling** n trafic m d'influence

influential [ˌɪnflʊˈenʃəl] → SYN adj influent ◆ **to be influential** avoir de l'influence ◆ **she has influential friends** elle a des amis influents or haut placés

influenza [ˌɪnflʊˈenzə] n (NonC) grippe f ◆ **he's got influenza** il a la grippe

influx [ˈɪnflʌks] → SYN n [a] [of people] afflux m, flot m; [of new ideas, attitudes] flot m, flux m ◆ **a great influx of people into the neighbourhood** un gros afflux d'arrivants dans le voisinage ◆ **the influx of tourists/foreign workers** l'afflux or le flot de touristes/de travailleurs étrangers
[b] ⇒ **inflow** 1a
[c] (= meeting place of rivers) confluent m

info* [ˈɪnfəʊ] n (NonC) (abbrev of **information** 1a) (gen) renseignements mpl; (= tips) tuyaux * mpl (about sur)

infobahn [ˈɪnfəʊbɑːn] n autoroute f de l'information

infomercial [ˈɪnfəʊmɜːʃəl] n (US) (for product) publireportage m; (Pol) émission ou un candidat présente son programme électoral

inform [ɪnˈfɔːm] LANGUAGE IN USE 24.5 → SYN
[1] vt [a] (gen) informer (of de); (= warn) avertir (of de) ◆ **to inform sb of sth** informer qn de qch, faire savoir qch à qn ◆ **"he'd like a word with you", she informed me** "il aimerait vous dire un mot" m'a-t-elle dit

informal / **inglenook**

✦ **we were informed that the factory was to close** nous avons été informés que l'usine allait fermer ✦ **I should like to be informed as soon as he arrives** j'aimerais être informé or averti dès qu'il sera là, prévenez-moi dès qu'il arrivera ✦ **keep me informed** tenez-moi au courant ✦ **I'd like to be kept informed of progress** j'aimerais que l'on me tienne au courant de l'avancement des choses ✦ **they tried to keep us fully informed** ils ont essayé de nous tenir pleinement informés ✦ **why was I not informed?** pourquoi ne m'a-t-on rien dit ?, pourquoi n'ai-je pas été informé ? ✦ **we must inform the police** il faut avertir la police ✦ **the public should be informed about the dangers of these drugs** il faudrait informer le public or le public devrait être informé des dangers de ces drogues ✦ **she's better informed than most of her colleagues** elle est mieux informée que la plupart de ses collègues ✦ **he was not well informed about what had been happening** il était mal informé or il n'était pas bien au courant de ce qui s'était passé ; *see also* **informed**

b (= contribute to) contribuer à ; (= influence) influencer ✦ **his writing is informed by a sound knowledge of philosophy** ses écrits portent la marque d'une solide connaissance de la philosophie

2 vi ✦ **to inform against** or **on sb** dénoncer qn

informal [ɪnˈfɔːməl] → SYN adj **a** (= relaxed, natural) person décontracté, sans façons ; manner, tone, style, atmosphere décontracté

b (Ling) language, expression familier

c (= unceremonious) party, meal, visit tout simple, sans cérémonie ; clothes décontracté ✦ **it was a very informal occasion** c'était une occasion dénuée de toute formalité or de tout protocole ✦ **it's just an informal get-together between friends** ce sera à la bonne franquette ✦ **it will be quite informal** ce sera sans cérémonie ✦ **en toute simplicité** ✦ **"dress informal"** "tenue de ville"

d (= unofficial) talks, meeting non officiel, informel ; agreement, acceptance, announcement, communication, visit non officiel, officieux ; invitation non officiel, dénué de caractère officiel ; group à caractère non officiel ✦ **there was an informal arrangement that ...** il y avait une entente officieuse selon laquelle ...

informality [ˌɪnfɔːˈmælɪtɪ] → SYN n [of visit, welcome etc] simplicité f, absence f de formalité ; [of style, language] simplicité f ; [of arrangement, agreement, occasion] caractère m informel or officieux ✦ **the informality of his manners** (gen) son naturel ; (pej) les familiarités qu'il se permet

informally [ɪnˈfɔːməlɪ] adv **a** (= in relaxed manner) talk, dress de façon décontractée

b (= unceremoniously, unofficially) invite sans cérémonie ; meet, discuss, agree, arrange officieusement

c (Ling) call familièrement

informant [ɪnˈfɔːmənt] n **a** (gen, Press) informateur m, -trice f ✦ **my informant tells me ... mon informateur me dit que ...** ✦ **who is your informant?** de qui tenez-vous cette information ?, quelles sont vos sources ?

b (= informer: also **police informant**) indicateur m, informateur m (de la police) ✦ **a mafia boss turned police informant** un parrain de la mafia devenu indicateur or informateur

c (Ling: also **native informant**) informateur m, -trice f

informatics [ˌɪnfəˈmætɪks] n (NonC) informatique f

information [ˌɪnfəˈmeɪʃən] LANGUAGE IN USE 19.1, 19.3 → SYN

1 n **a** (NonC = facts) renseignements mpl, information(s) f(pl) ✦ **a piece of information** un renseignement, une information ✦ **to give sb information about** or **on sth/sb** renseigner qn sur qch/qn ✦ **to get information about** or **on sth/sb** se renseigner sur qch/qn, obtenir des informations sur qch/qn ✦ **to ask for information about** or **on sth/sb** demander des renseignements or des informations sur qch/qn ✦ **I need more information about it** il me faut des renseignements plus complets or des informations plus complètes ✦ **we are collecting as much information as we can on that organization** nous sommes en train de réunir le plus d'informations or de renseignements possible(s) sur cette organisation ✦ **we have no information on that point** nous n'avons aucune information or aucun renseignement là-dessus ✦ **until more information is available** jusqu'à ce qu'il y ait de plus amples renseignements ✦ **have you any information about the accident?** avez-vous des renseignements or des détails sur l'accident ? ✦ **the police are seeking information about ...** la police recherche des renseignements sur ..., la police enquête sur ... ✦ **I have information that they are being held captive near the border** j'ai des informations selon lesquelles ils seraient retenus en captivité près de la frontière ✦ **our information is that he has refused to talk to the press** selon nos renseignements il aurait refusé de parler à la presse ✦ **my information is that the President will be making a statement this afternoon** selon mes renseignements le président fera une déclaration cet après-midi ✦ **the police had acted on inadequate information** la police avait agi à partir d'informations insuffisantes ✦ **I enclose for your information a copy of ...** à titre d'information je joins une copie de ... ✦ **"for your information"** (on document) "à titre d'information", "à titre indicatif" ✦ **for your information, he ...** (gen) nous vous signalons or informons qu'il ... ; (iro) au cas où vous ne le sauriez pas (encore), il ... ; → **tourist**

b (US Telec) (service m des) renseignements mpl

c pl **informations** (Jur) (= denunciation) dénonciation f ; (= charge) plainte f ✦ **to lay an information against sb** (= bring charge against) déposer plainte contre qn ; (= denounce) dénoncer qn à la police

2 COMP ▷ **information bureau** n bureau m d'informations or de renseignements ▷ **information content** n contenu m informationnel ▷ **information desk** n accueil m ▷ **information exchange** n centre m d'échange d'informations ▷ **information highway** n ⇒ **information superhighway** ▷ **information industry** n secteur m de l'information ▷ **information office** n ⇒ **information bureau** ▷ **information officer** n responsable mf de l'information ▷ **information overload** n surinformation f ▷ **information pack** n (Brit) documentation f, ensemble m documentaire ▷ **information processing** n informatique f, traitement m de l'information ▷ **information retrieval** n recherche f documentaire ▷ **information retrieval system** n système m de recherche documentaire ▷ **information science** n informatique f ▷ **information scientist** n informaticien(ne) m(f) ▷ **information service** n bureau m d'informations or de renseignements ▷ **information superhighway** n autoroute f de l'information ▷ **information technology** n informatique f, technologie f de l'information ▷ **information theory** n théorie f de l'information

informational [ˌɪnfəˈmeɪʃnl] adj needs, meeting, documentary, programme d'information

informative [ɪnˈfɔːmətɪv] → SYN adj book, meeting, article, talk instructif ✦ **the talk was very informative about ...** l'exposé était très instructif quant à or au sujet de ...

informatory [ɪnˈfɔːmətərɪ] adj (Bridge) d'information ✦ **informatory double** contre m d'appel

informed [ɪnˈfɔːmd] → SYN adj person informé ; debate, discussion approfondi ; opinion, criticism, point of view fondé ✦ **an informed decision** une décision prise en connaissance de cause ✦ **to make an informed choice** choisir en connaissance de cause ✦ **informed sources** sources fpl bien informées ✦ **informed observers** observateurs mpl bien informés ✦ **there is a body of informed opinion which claims that there is ...** certains milieux bien informés prétendent qu'il y a ..., selon certains milieux bien informés, il y aurait ... ✦ **an informed guess** une hypothèse fondée sur la connaissance des faits ; *see also* **inform**

informer [ɪnˈfɔːməʳ] → SYN n dénonciateur m, -trice f, délateur m, -trice f ✦ **police informer** indicateur m, informateur m (de la police) ✦ **to turn informer** (on specific occasion) dénoncer or vendre ses complices ; (long-term) devenir indicateur or informateur

infotainment [ˌɪnfəʊˈteɪnmənt] n info-spectacle m, info-divertissement m

infraction [ɪnˈfrækʃən] n [of law, rule] infraction f (*of* à)

infra dig* [ˈɪnfrəˈdɪg] adj au-dessous de sa (or ma etc) dignité, indigne or au-dessous de soi (or moi etc), déshonorant

infrared [ˈɪnfrəˈred] adj infrarouge ✦ **infrared photography** photographie f (à l') infrarouge

infrasonic [ˌɪnfrəˈsɒnɪk] adj infrasonore

infrasound [ˈɪnfrəsaʊnd] n (Phys) infrason m

infrastructure [ˈɪnfrəˌstrʌktʃəʳ] n infrastructure f

infrequency [ɪnˈfriːkwənsɪ] n rareté f

infrequent [ɪnˈfriːkwənt] → SYN adj peu fréquent

infrequently [ɪnˈfriːkwəntlɪ] adv peu souvent, peu fréquemment ✦ **not infrequently** assez fréquemment

infringe [ɪnˈfrɪndʒ] → SYN **1** vt (+ law, rule) enfreindre, transgresser ✦ **to infringe copyright** ne pas respecter les droits d'auteur ✦ **to infringe a patent** commettre une contrefaçon en matière de brevet ✦ **to infringe sb's rights** empiéter sur or léser les droits de qn

2 vi ✦ **to infringe (up)on sb's rights** empiéter sur or léser les droits de qn ✦ **to infringe on sb's privacy** porter atteinte à la vie privée de qn

infringement [ɪnˈfrɪndʒmənt] → SYN n [of law] transgression f (*of sth* de qch), violation f (*of sth* de qch) ; [of rule] infraction f (*of sth* à qch) ; [of rights, liberties] atteinte f (*of* or *on sth* à qch) ✦ **to be in infringement of a law** enfreindre une loi ✦ **infringement of copyright** non-respect m des droits d'auteur ✦ **infringement of patent** contrefaçon f de brevet

infundibular [ˌɪnfʌnˈdɪbjʊləʳ] adj (Anat) infundibulaire

infundibuliform [ˌɪnfʌnˈdɪbjʊlɪˌfɔːm] adj infundibuliforme

infundibulum [ˌɪnfʌnˈdɪbjʊləm] n infundibulum m

infuriate [ɪnˈfjʊərɪeɪt] → SYN vt rendre furieux, mettre en fureur ✦ **it infuriates me (that ...)** cela me rend fou (que.. (+ subj)), cela m'exaspère (que ... (+ subj)) ✦ **to be infuriated** être furieux ✦ **she was infuriated to hear that ...** elle était furieuse d'apprendre que ... ✦ **to be infuriated by sth/sb** être exaspéré par qch/qn

infuriating [ɪnˈfjʊərɪeɪtɪŋ] → SYN adj exaspérant, rageant

infuriatingly [ɪnˈfjʊərɪeɪtɪŋlɪ] adv say, reply, laugh de façon exaspérante ✦ **infuriatingly slow/cheerful** d'une lenteur/gaieté exaspérante ✦ **infuriatingly reasonable** raisonnable à un point exaspérant

infuse [ɪnˈfjuːz] **1** vt infuser (*into* dans) ; (Culin) [+ tea, herbs] (faire) infuser ; (fig) [+ ideas etc] infuser, insuffler (*into* à) ✦ **to infuse a project with enthusiasm** insuffler de l'enthousiasme dans un projet

2 vi (Culin) [tea, herbs] infuser

infuser [ɪnˈfjuːzəʳ] n (for tea) boule f à thé

infusion [ɪnˈfjuːʒən] n infusion f

ingenious [ɪnˈdʒiːnɪəs] → SYN adj ingénieux, astucieux

ingeniously [ɪnˈdʒiːnɪəslɪ] adv ingénieusement, astucieusement ✦ **ingeniously inventive excuses** des excuses ingénieuses

ingénue [ˈænʒeɪˈnjuː] n ingénue f

ingenuity [ˌɪndʒɪˈnjuːɪtɪ] → SYN n ingéniosité f

ingenuous [ɪnˈdʒenjʊəs] → SYN adj (= naïve) ingénu, naïf (naïve f) ; (= candid) sincère, franc (franche f)

ingenuously [ɪnˈdʒenjʊəslɪ] adv ingénument

ingenuousness [ɪnˈdʒenjʊəsnɪs] → SYN n ingénuité f

ingest [ɪnˈdʒest] vt (Med) ingérer

ingestion [ɪnˈdʒestʃən] n (Med) ingestion f

inglenook [ˈɪŋglnʊk] **1** n coin m du feu

2 COMP ▷ **inglenook fireplace** n grande cheminée f à l'ancienne

inglorious [ɪnˈɡlɔːrɪəs] → SYN adj peu glorieux ; (stronger) déshonorant, honteux

ingloriously [ɪnˈɡlɔːrɪəslɪ] adv fall, slip piteusement ; fail lamentablement

ingoing [ˈɪnɡəʊɪŋ] adj people, crowd qui entre ; tenant nouveau (nouvelle f)

ingot [ˈɪŋɡət] n lingot m

ingrained [ˈɪnˈɡreɪnd] adj **a** (= deep-seated) attitude, prejudice, hostility, distrust enraciné (*in sb* chez qn ; *in sth* dans qch) ; habit invétéré
b dirt, grime incrusté ◆ **ingrained with dirt** encrassé, incrusté de saleté

ingrate [ˈɪnɡreɪt] n ingrat(e) m(f)

ingratiate [ɪnˈɡreɪʃɪeɪt] → SYN vt ◆ **to ingratiate o.s. with sb** se faire bien voir de qn, s'insinuer dans les bonnes grâces de qn

ingratiating [ɪnˈɡreɪʃɪeɪtɪŋ] → SYN adj patelin, doucereux

ingratitude [ɪnˈɡrætɪtjuːd] → SYN n ingratitude f

ingredient [ɪnˈɡriːdɪənt] → SYN n (Culin) ingrédient m ; [of character etc] élément m ◆ **ingredients** (on food packaging) ingrédients mpl, composition f

ingress [ˈɪnɡres] n (Jur) entrée f ◆ **to have free ingress** avoir le droit d'entrée

ingrowing [ˈɪnˌɡrəʊɪŋ], **ingrown** (US) [ˈɪnˌɡrəʊn] adj ◆ **ingrowing nail** ongle m incarné

inguinal [ˈɪŋɡwɪnl] adj inguinal

ingurgitate [ɪnˈɡɜːdʒɪteɪt] vt ingurgiter

ingurgitation [ɪnˌɡɜːdʒɪˈteɪʃən] n ingurgitation f

inhabit [ɪnˈhæbɪt] → SYN vt [+ town, country] habiter ; [+ house] habiter (dans) ◆ **inhabited** habité

inhabitable [ɪnˈhæbɪtəbl] adj habitable

inhabitant [ɪnˈhæbɪtənt] → SYN n habitant(e) m(f)

inhalant [ɪnˈheɪlənt] n inhalant m

inhalation [ˌɪnhəˈleɪʃən] n (gen, Med) inhalation f

inhalator [ˈɪnhəleɪtə^r] n ⇒ **inhaler**

inhale [ɪnˈheɪl] → SYN **1** vt [+ vapour, gas] inhaler ; [+ perfume] respirer, humer ; [smoker] avaler
2 vi [smoker] avaler la fumée

inhaler [ɪnˈheɪlə^r] n inhalateur m

inharmonious [ˌɪnhɑːˈməʊnɪəs] adj inharmonieux, peu harmonieux

inhere [ɪnˈhɪə^r] vi (frm) être inhérent (*in* à)

inherent [ɪnˈhɪərənt] → SYN adj dangers, problems, contradictions, risks, weaknesses, rights inhérent, intrinsèque ; (Jur) propre (*in, to* à) ◆ **to be inherent to sb/sth** être inhérent à qn/qch ◆ **with all the inherent difficulties** avec toutes les difficultés qui s'y rattachent

inherently [ɪnˈhɪərəntlɪ] adv involve, entail, dangerous, difficult par nature ; (Philos) par inhérence ; (Jur) en propre ◆ **there is nothing inherently wrong with the system** le système n'a rien de mauvais en soi ◆ **war is inherently a dirty business** la guerre est par nature une sale affaire

inherit [ɪnˈherɪt] → SYN **1** vt hériter de, hériter (liter) ◆ **she inherited $10,000** elle a hérité de 10 000 dollars ◆ **to inherit a house/fortune** hériter d'une maison/d'une fortune, hériter (liter) une maison/une fortune ◆ **to inherit a house/fortune from sb** hériter (liter) une maison/une fortune de qn ◆ **he inherited the estate from his father** il a succédé à son père à la tête du domaine, il a hérité du domaine de son père ◆ **to inherit a title** succéder à un titre, hériter d'un titre ◆ **the new government has inherited a weak economy** le nouveau gouvernement a hérité d'une économie en mauvaise santé ◆ **she inherited her mother's beauty** elle a hérité de la beauté de sa mère ◆ **he inherits his patience/his red hair from his father** il tient sa patience/ses cheveux roux de son père ◆ **I've inherited my brother's coat** (hum) j'ai hérité du manteau de mon frère ; *see also* **inherited**
2 vi hériter ◆ **she is due to inherit on the death of her aunt** elle doit hériter à la mort de sa tante

inheritance [ɪnˈherɪtəns] → SYN **1** n **a** (NonC) succession f ◆ **law of inheritance** (Jur) droit m de succession
b [of individual, family] héritage m ; [of nation] patrimoine m ◆ **to come into an inheritance** faire un héritage ◆ **an inheritance of $10,000** un héritage de 10 000 dollars ◆ **it's part of our cultural inheritance** cela fait partie de notre patrimoine culturel ◆ **our genetic inheritance** notre patrimoine génétique
2 COMP ▷ **inheritance tax** n droits mpl de succession

inherited [ɪnˈherɪtɪd] adj disease, defect héréditaire ; gene hérité ◆ **inherited wealth/property** richesse f/propriété f dont on a hérité

inheritor [ɪnˈherɪtə^r] n (lit, fig) héritier m, -ière f

inhibit [ɪnˈhɪbɪt] → SYN vt **a** [+ growth, development] (= slow down) freiner ; (= hinder) entraver ; (= prevent) empêcher ; [situation, sb's presence] [+ person] gêner ; (Psych) inhiber ◆ **tablets which inhibit the desire to eat** des pilules qui coupent la faim, des coupe-faim mpl ◆ **orthodox drugs can inhibit the action of natural treatments** les médicaments traditionnels peuvent gêner l'action des traitements naturels ◆ **a drug that inhibits the formation of blood clots** un médicament qui empêche la formation de caillots de sang ◆ **alcohol can inhibit our ability to think logically** l'alcool peut diminuer nos facultés de raisonnement ◆ **stress can inhibit a man's sexual performance** le stress peut diminuer or amoindrir les capacités sexuelles d'un homme ◆ **to inhibit freedom of speech** entraver la liberté d'expression ◆ **to inhibit sb from doing sth** (= restrain) retenir qn de faire qch ; (= prevent) empêcher qn de faire qch ◆ **his presence inhibited the discussion** (= limited it) sa présence gênait la discussion ; (= prevented it) sa présence empêchait toute discussion ◆ **he was greatly inhibited by his lack of education** (= held back) il était handicapé par son manque d'instruction ; (= embarrassed) il était très gêné par son manque d'instruction
b (Jur = prohibit) interdire, défendre (*sb from doing sth* à qn de faire qch)

inhibited [ɪnˈhɪbɪtɪd] → SYN adj refoulé, inhibé ◆ **he is very inhibited** il a beaucoup d'inhibitions ◆ **to be sexually inhibited** être refoulé sexuellement

inhibiting [ɪnˈhɪbɪtɪŋ] adj inhibiteur (-trice f)

inhibition [ˌɪnhɪˈbɪʃən] → SYN n **a** (gen) complexe m ; (Physiol, Psych) inhibition f
b (Jur = prohibition) interdiction f

inhibitor [ɪnˈhɪbɪtə^r] n (Bio, Chem) inhibiteur m

inhibitory [ɪnˈhɪbɪtərɪ] adj **a** (Physiol, Psych) inhibiteur (-trice f)
b (Jur) prohibitif

inhospitable [ˌɪnhɒsˈpɪtəbl] → SYN adj person, behaviour, reception inhospitalier, peu accueillant ; country, climate inhospitalier ; weather désagréable, inclément (liter)

inhospitably [ˌɪnhɒsˈpɪtəblɪ] adv behave de façon or manière inhospitalière ◆ **to treat sb inhospitably** se montrer inhospitalier envers qn ◆ **inhospitably cold** [region, climate] d'un froid inhospitalier ; (fig) [person] d'une froideur glaciale

inhospitality [ˈɪnˌhɒspɪˈtælɪtɪ] n [of person, country, climate] inhospitalité f ; [of weather] inclémence f (liter)

inhuman [ɪnˈhjuːmən] → SYN adj (lit, fig) inhumain

inhumane [ˌɪnhjuː(ˈ)meɪn] → SYN adj inhumain

inhumanely [ɪnhjuːˈmeɪnlɪ] adv cruellement

inhumanity [ˌɪnhjuːˈmænɪtɪ] n inhumanité f

inhumanly [ɪnˈhjuːmənlɪ] adv inhumainement ◆ **inhumanly accurate** d'une précision surhumaine

inhumation [ˌɪnhjuːˈmeɪʃən] n (frm) inhumation f

inimical [ɪˈnɪmɪkəl] → SYN adj (= hostile) hostile ◆ **inimical to** défavorable à, (l')ennemi de

inimitable [ɪˈnɪmɪtəbl] → SYN adj inimitable

inimitably [ɪˈnɪmɪtəblɪ] adv d'une façon inimitable

iniquitous [ɪˈnɪkwɪtəs] → SYN adj inique, profondément injuste

iniquitously [ɪˈnɪkwɪtəslɪ] adv iniquement

iniquity [ɪˈnɪkwɪtɪ] → SYN n iniquité f

initial [ɪˈnɪʃəl] → SYN **1** adj **a** investment, cost, results, period, enthusiasm initial ◆ **after the initial shock, I ...** après le choc initial, je ... ◆ **my initial reaction was to refuse** ma première réaction or ma réaction initiale a été de refuser ◆ **initial reports suggest that hundreds of people have been wounded** selon les premiers rapports il y aurait des centaines de blessés ◆ **in the initial stages** au début, dans un premier temps ◆ **initial expenses** [of shop, firm etc] frais mpl d'établissement
b (Phon) initial
c (Typ) **initial letter** initiale f
2 n (lettre f) initiale f ◆ **initials** initiales fpl ; (as signature) parafe or paraphe m
3 vt [+ letter, document] parafer or parapher ; (= approve) viser
4 COMP ▷ **Initial Teaching Alphabet** n (Brit Scol) alphabet phonétique d'apprentissage de la lecture

initialization [ɪˌnɪʃəlaɪˈzeɪʃən] n (Comput) initialisation f

initialize [ɪˈnɪʃəˌlaɪz] vt (Comput) initialiser

initially [ɪˈnɪʃəlɪ] → SYN adv d'abord, au départ ◆ **initially, they were wary of him** au départ, ils se méfiaient de lui

initiate [ɪˈnɪʃɪeɪt] → SYN **1** vt **a** [+ negotiations, discussion, action, reform] engager, lancer ; [+ enterprise, fashion] lancer ; [+ scheme, programme] mettre en place ◆ **to initiate sex** prendre l'initiative de l'acte sexuel ◆ **to initiate proceedings against sb** (Jur) intenter un procès à qn
b (Rel etc) [+ person] initier ◆ **to initiate sb into a science/a secret** initier qn à une science/un secret ◆ **to initiate sb into a society** admettre qn au sein d'une société (secrète)
2 [ɪˈnɪʃɪɪt] adj, n initié(e) m(f)

initiation [ɪˌnɪʃɪˈeɪʃən] → SYN **1** n **a** [of negotiations, discussion, action, reform, enterprise, fashion] lancement m ; [of scheme, programme] mise f en place
b (into society) admission f (*into* dans), initiation f ; (into knowledge, secret) initiation f (*into* à)
2 COMP ▷ **initiation rite** n rite m d'initiation

initiative [ɪˈnɪʃətɪv] → SYN **1** n initiative f ◆ **to take the initiative** prendre l'initiative (*in doing sth* de faire qch) ◆ **the government still has the initiative** le gouvernement a gardé l'initiative ◆ **to use one's (own) initiative** faire preuve d'initiative ◆ **on one's own initiative** de sa propre initiative, par soi-même ◆ **he's got initiative** il a de l'initiative ◆ **to have/lose the initiative** avoir/perdre l'initiative ◆ **a new peace initiative** une nouvelle initiative de paix
2 COMP ▷ **initiative test** n test m d'initiative

initiator [ɪˈnɪʃɪˌeɪtə^r] n auteur m, instigateur m, -trice f

inject [ɪnˈdʒekt] → SYN **1** vt **a** [+ liquid, gas] injecter (*into* dans) ◆ **to inject sb with sth** (Med) injecter qch à qn, faire une piqûre or une injection de qch à qn ◆ **to inject sb's arm with penicillin, to inject penicillin into sb's arm** faire une piqûre or injection de pénicilline dans le bras de qn ◆ **to inject sb against tetanus** vacciner qn contre le tétanos ◆ **he injects himself** [diabetic etc] il se fait ses piqûres ◆ **to inject drugs** [addict] se piquer* ◆ **to inject heroin** se piquer* à l'héroïne
b (fig) **to inject sb with enthusiasm** communiquer or insuffler de l'enthousiasme à qn ◆ **I wanted to inject some humour into my speech** je voulais introduire un peu d'humour dans mon discours ◆ **they need to inject some new life into their relationship** il faut qu'ils introduisent un peu de nouveauté dans leur relation ◆ **the government are trying to inject some life into the economy** le gouvernement essaie de relancer l'économie ◆ **she injected some money/£5 million into the company** elle a injecté de l'argent/ 5 millions de livres dans la société
2 vi [drug addict] se piquer*

injectable [ɪnˈdʒektəbl] adj (Med) injectable

injection [ɪnˈdʒekʃən] → SYN n (lit, fig, also Fin = process) injection f ; (Med, Brit Dentistry = shot) injection f, piqûre f ◆ **to give medicine by injection** administrer un remède par injection ◆ **an injection of new capital** une injection or un apport de capital frais ◆ **a $250**

injector [ɪnˈdʒɛktəʳ] n (Aut) injecteur m ; → **fuel**

injudicious [ˌɪndʒʊˈdɪʃəs] → SYN adj peu judicieux, malavisé

injudiciously [ˌɪndʒʊˈdɪʃəslɪ] adv peu judicieusement

injunction [ɪnˈdʒʌŋkʃən] → SYN n (gen) ordre m, recommandation f formelle ; (Jur) injonction f ; (= court order) ordonnance f (*to do sth* de faire qch ; *against doing sth* de ne pas faire qch) ◆ **she plans to seek a court injunction to stop publication of the photographs** elle a l'intention de demander une ordonnance pour empêcher la publication des photos ◆ **an injunction banning the sale of the book** une ordonnance interdisant la vente du livre ◆ **to give sb strict injunctions to do sth** enjoindre formellement or strictement à qn de faire qch

injure [ˈɪndʒəʳ] → SYN vt **a** (= hurt physically) [+ person, limb] blesser ◆ **to injure o.s.** se blesser ◆ **to injure one's leg** se blesser à la jambe ◆ **no one was injured** il n'y a pas eu de blessés, personne n'a été blessé ; *see also* **injured**
b (fig) [+ person] (= wrong) faire du tort à, nuire à ; (Jur) porter préjudice à, léser ; (= offend) blesser, offenser ; (= damage) [+ reputation, sb's interests, chances, trade] compromettre ; (Comm) [+ cargo, goods] avarier ◆ **to injure sb's feelings** offenser qn ◆ **to injure one's health** compromettre sa santé, se détériorer la santé ; *see also* **injured**

injured [ˈɪndʒəd] → SYN **1** adj **a** (physically) blessé ; (in road accident) accidenté ; limb blessé
b (fig) person offensé ; look, voice blessé, offensé, wife, husband outragé, trompé ◆ **the injured party** (Jur) la partie lésée
2 the injured npl (gen) les blessés mpl ; (in road accident) les accidentés mpl, les blessés mpl

injurious [ɪnˈdʒʊərɪəs] adj nuisible, préjudiciable (*to* à)

injury [ˈɪndʒərɪ] → SYN **1** n **a** (physical) blessure f ◆ **to do sb an injury** blesser qn ◆ **you'll do yourself an injury!** tu vas te faire mal ! ◆ **three players have injuries** (Sport) il y a trois joueurs de blessés
b (fig = wrong) (to person) tort m, préjudice m ; (to reputation) atteinte f ; (Jur) lésion f, préjudice m ◆ **to the injury of sb** au détriment or au préjudice de qn
c (Comm, Naut) avarie f
2 COMP ▷ **injury benefit** n (Brit) rente f d'accident du travail ▷ **injury time** n (Brit Ftbl) arrêts mpl de jeu ◆ **to play injury time** jouer les arrêts de jeu

injustice [ɪnˈdʒʌstɪs] → SYN n injustice f ◆ **to do sb an injustice** être ou se montrer injuste envers qn

ink [ɪŋk] **1** n **a** encre f ◆ **written in ink** écrit à l'encre ; → **Indian, invisible**
b [of octopus, cuttlefish] encre f, sépia f
2 vt **a** (Typ) [+ roller] encrer
b (US * fig = sign) signer
3 COMP ▷ **ink bag** n (Zool) sac m or poche f d'encre ▷ **ink blot** n tache f d'encre, pâté m ▷ **ink blot test** n (Psych) test m de la tache d'encre, test m de Rorschach ▷ **ink bottle** n bouteille f d'encre ▷ **ink-cap** n (fungus) coprin m ▷ **ink eraser** n gomme f à encre ▷ **inking-pad** n tampon m encreur ▷ **ink-jet printer** n (Comput) imprimante f à jet d'encre ▷ **ink roller** n rouleau m d'imprimerie ▷ **ink rubber** n ⇒ **ink eraser**

▶ **ink in** vt sep repasser à l'encre

▶ **ink out** vt sep raturer or barrer à l'encre

▶ **ink over** vt sep ⇒ **ink in**

inkling [ˈɪŋklɪŋ] → SYN n soupçon m, vague or petite idée f ◆ **I had no inkling that ...** je n'avais pas la moindre idée que ..., je ne me doutais pas du tout que ... ◆ **he had no inkling of what was going on** il n'avait pas la moindre idée de ce qui se passait, il ne se doutait pas du tout de ce qui se passait ◆ **I had an inkling that he would come** quelque chose me disait qu'il viendrait ◆ **we had some inkling of their plan** nous avions une petite idée de leur plan ◆ **there was no inkling of the disaster to come** rien ne laissait présager le désastre qui allait se produire

inkpad [ˈɪŋkpæd] n tampon m (encreur)

inkpot [ˈɪŋkpɒt] n encrier m

inkstain [ˈɪŋksteɪn] n tache f d'encre

inkstand [ˈɪŋkstænd] n (grand) encrier m (de bureau)

inkwell [ˈɪŋkwɛl] n encrier m (de pupitre etc)

inky [ˈɪŋkɪ] adj **a** (liter = dark) colour très foncé ; sky noir inv d'encre or comme de l'encre ◆ **inky black** noir inv d'encre ◆ **inky blue** (d'un) bleu outremer foncé inv
b (= covered with ink) finger, paper plein d'encre ; pad, rubber stamp encré

inlaid [ˈɪnleɪd] adj brooch, sword incrusté (*with* de) ; box, table marqueté ; metal damasquiné ◆ **ivory inlaid with gold** ivoire m incrusté d'or ◆ **an inlaid floor** un parquet ◆ **inlaid work** (= jewels) incrustation f ; (= wood) marqueterie f

inland [ˈɪnlænd] → SYN **1** adj **a** (= not coastal) sea, town intérieur (-eure f) ◆ **inland navigation** navigation f fluviale ◆ **inland waterways** canaux mpl et rivières fpl
b (Brit = domestic) mail, trade intérieur (-eure f)
2 [ɪnˈlænd] adv à l'intérieur ◆ **to go inland** aller dans l'arrière-pays
3 COMP ▷ **the Inland Revenue** n (= organization, system) le fisc ▷ **inland revenue** n (= payments) contributions fpl directes ▷ **Inland Revenue stamp** n timbre m fiscal

inlay [ˈɪnleɪ] vb : pret, ptp **inlaid** **1** n [of brooch, sword] incrustation f ; [of table, box] marqueterie f ; [of floor] parquet m ; [of metal] damasquinage m
2 [ɪnˈleɪ] vt [+ brooch, sword] incruster (*with* de) ; [+ table, box] marqueter ; [+ floor] parqueter ; [+ metal] damasquiner ; *see also* **inlaid**

inlet [ˈɪnlɛt] → SYN **1** n **a** [of sea] crique f, anse f ; [of river] bras m de rivière
b (Tech) arrivée f, admission f ; [of ventilator] prise f (d'air)
2 COMP ▷ **inlet pipe** n tuyau m d'arrivée ; → **valve**

in loco parentis [ɪnˌlɒkəʊpəˈrɛntɪs] adv en tant que substitut or à la place des parents

inmate [ˈɪnmeɪt] n [of prison] détenu(e) m(f) ; [of asylum] interné(e) m(f) ; [of hospital] malade mf, hospitalisé(e) m(f), pensionnaire * mf

inmost [ˈɪnməʊst] → SYN adj thoughts le plus secret, le plus intime ; feelings le plus intime ◆ **in the inmost part of the temple** au plus profond or au cœur du temple ◆ **in one's inmost being** au plus profond de soi-même ◆ **in one's inmost heart** au fond de son cœur

inn [ɪn] **1** n (small, wayside) auberge f ; (larger, wayside) hostellerie f ; (in town) hôtel m ; († = tavern) cabaret † m
2 COMP ▷ **inn sign** n enseigne f d'auberge ▷ **the Inns of Court** npl (Brit Jur) les (quatre) écoles fpl de droit *(londoniennes)*

innards * [ˈɪnədz] npl entrailles fpl, intérieurs * mpl

innate [ɪˈneɪt] → SYN adj ability, talent, wisdom, intelligence, conservatism inné ; dignity foncier ; distrust naturel ◆ **an innate sense of sth** un sens inné de qch

innately [ɪˈneɪtlɪ] adv ◆ **innately aggressive/generous** d'une agressivité/générosité innée, naturellement agressif/généreux

inner [ˈɪnəʳ] → SYN **1** adj **a** room, court intérieur (-eure f) ◆ **on the inner side** à l'intérieur ◆ **they formed an inner circle within the society** ils formaient un petit noyau or un petit cercle (fermé) à l'intérieur de la société
b emotions, thoughts intime ; life intérieur (-eure f) ◆ **the inner child** l'enfant m intérieur ◆ **the inner meaning** le sens intime or profond ◆ **the inner man** (= spiritual self) l'homme m intérieur ; (hum) (= stomach) l'estomac m ◆ **the discovery of the inner self** la découverte de soi ◆ **trust your inner self** suivez votre instinct
2 COMP ▷ **inner city** n quartiers mpl déshérités *(à l'intérieur de la ville)* ▷ **inner-city** adj buildings, problems, crime, renewal des quartiers déshérités ▷ **inner-city areas** npl ≈ inner city ▷ **inner-directed** adj (esp US) individualiste ▷ **inner dock** n (Naut) arrière-bassin m ▷ **inner ear** n (Anat) oreille f interne ▷ **inner harbour** n arrière-port m ▷ **Inner Mongolia** n (Geog) Mongolie-Intérieure f ▷ **inner sole** n [of shoe] semelle f (intérieure) ▷ **inner spring mattress** n (US) matelas m à ressorts ▷ **inner tube** n [of tyre] chambre f à air

---

INNER CITY

L'expression **inner city** désigne initialement le centre des villes. Dans l'évolution des villes anglo-saxonnes, les quartiers du centre, délaissés par les classes aisées, se caractérisent souvent par une grande pauvreté, un taux de chômage élevé, de très mauvaises conditions de logement et des tensions entre les groupes ethniques. En ce sens, la notion de **inner city** correspond en français aux banlieues à problèmes.

---

innermost [ˈɪnəməʊst] adj ⇒ **inmost**

innervate [ˈɪnɜːveɪt] vt innerver

innervation [ˌɪnɜːˈveɪʃən] n innervation f

inning [ˈɪnɪŋ] n (Baseball) tour m de batte

innings [ˈɪnɪŋz] n (pl inv) **a** (Cricket) tour m de batte
b (fig) tour m ◆ **I've had a good innings** j'ai bien profité de l'existence

innit * [ˈɪnɪt] excl (Brit) ◆ **innit?** pas vrai ?*

innkeeper [ˈɪnkiːpəʳ] n (wayside) aubergiste mf ; (in town) hôtelier m, -ière f

innocence [ˈɪnəsns] → SYN n (gen, Jur) innocence f ; (= simplicity) innocence f, naïveté f ◆ **in all innocence** en toute innocence ◆ **in his innocence he believed it all** naïf comme il est (or était etc) il a tout cru, dans son innocence il a tout cru ◆ **to protest one's innocence** (Jur) protester de son innocence

Innocent [ˈɪnəsnt] n (= Papal name) Innocent m

innocent [ˈɪnəsnt] → SYN **1** adj **a** (= not guilty, not involved, naive) person, victim, bystander innocent (*of sth* de qch) ◆ **to be found innocent of sth** être déclaré innocent de qch ◆ **as innocent as a newborn babe** innocent comme l'enfant qui vient de naître
b (= harmless, not malicious) question, remark, pastime innocent ◆ **it was the source of much innocent amusement** on s'en est beaucoup amusé mais il n'y avait aucune méchanceté là-dedans ◆ **an innocent mistake** une erreur commise en toute innocence ◆ **innocent infringement** (Jur: of patent) contrefaçon f involontaire
c (frm) **innocent of** (= free from) vierge de (liter), dépourvu de ◆ **a room innocent of all ornament** une pièce vierge de (liter) or dépourvue de tout ornement
2 n ◆ **he's one of Nature's innocents** *, he's a bit of an innocent* * c'est un grand innocent ◆ **he tried to come the innocent with me** * il a essayé de jouer aux innocents avec moi ◆ **Massacre of the Holy Innocents** (Rel) Massacre m des (saints) Innocents ◆ **Holy Innocents' Day** jour m des saints Innocents

innocently [ˈɪnəsntlɪ] adv innocemment, en toute innocence

innocuous [ɪˈnɒkjʊəs] adj inoffensif

innocuously [ɪˈnɒkjʊəslɪ] adv de façon inoffensive

innominate bone [ɪˈnɒmɪnɪt] n (Anat) os m iliaque

innovate [ˈɪnəʊveɪt] vti innover

innovation [ˌɪnəʊˈveɪʃən] → SYN n innovation f (*in sth* en (matière de) qch), changement m (*in sth* en (matière de) qch) ◆ **to make innovations in sth** apporter des innovations or des changements à qch ◆ **scientific/technical innovations** innovations fpl scientifiques/techniques

innovative [ˈɪnəʊˌveɪtɪv] adj person, organization innovateur (-trice f) ; idea, design novateur (-trice f) ; product original ◆ **we aim to be innovative** nous cherchons à innover

innovator [ˈɪnəʊveɪtəʳ] n innovateur m, -trice f, novateur m, -trice f

innovatory [ˈɪnəʊˌveɪtərɪ] adj (Brit) ⇒ **innovative**

innuendo [ˌɪnjʊˈɛndəʊ] → SYN n, pl **innuendo(e)s** insinuation f, allusion f (malveillante) ◆ **to make innuendo(e)s about sb** faire des insinuations (malveillantes) à l'égard de qn ◆ **to spread innuendo(e)s about sb** faire courir des bruits sur qn ◆ **sexual innuendo** allusions fpl grivoises

Innuit ['ɪnjuːɪt] ⇒ **Inuit**

innumerable [ɪ'njuːmərəbl] → SYN adj innombrable, sans nombre ◆ **there are innumerable reasons** il y a une infinité de raisons ◆ **I've told you innumerable times** je te l'ai dit cent fois ◆ **goals can be pursued in innumerable ways** on peut poursuivre un but de cent manières différentes ◆ **she drank innumerable cups of coffee** elle a bu un nombre incalculable de tasses de café

innumeracy [ɪ'njuːmərəsɪ] n incapacité f à maîtriser les nombres

innumerate [ɪ'njuːmərɪt] adj qui n'a pas le sens de l'arithmétique ◆ **he's totally innumerate** il ne sait pas du tout compter

inoculable [ɪ'nɒkjʊləbl] adj (Med) inoculable

inoculate [ɪ'nɒkjʊleɪt] vt (Med, Vet) [+ person, animal] vacciner (against sth contre qch) ◆ **to inoculate sb with sth** inoculer qch à qn

inoculation [ɪˌnɒkjʊ'leɪʃən] n (Med, Vet) inoculation f

inoculum [ɪ'nɒkjʊləm] n, pl **inocula** [ɪ'nɒkjʊlə] (Med) inoculum m

inoffensive [ˌɪnə'fensɪv] → SYN adj inoffensif

inoperable [ɪn'ɒpərəbl] adj inopérable

inoperative [ɪn'ɒpərətɪv] → SYN adj inopérant

inopportune [ɪn'ɒpətjuːn] → SYN adj inopportun

inopportunely [ɪn'ɒpətjuːnlɪ] adv inopportunément

inordinate [ɪ'nɔːdɪnɪt] → SYN adj size, number, quantity démesuré ; demands immodéré, extravagant ; pride, pleasure extrême ◆ **an inordinate amount of luggage/time/money** énormément de bagages/de temps/d'argent ◆ **an inordinate sum (of money)** une somme exorbitante ou astronomique

inordinately [ɪ'nɔːdɪnɪtlɪ] adv hot, cold, difficult excessivement ; proud infiniment ◆ **to be inordinately fond of sth** aimer particulièrement qch

inorganic [ˌɪnɔː'gænɪk] → SYN adj a (= artificial) fibre, material, fertilizer inorganique
b (Sci) minéral ◆ **inorganic chemistry** chimie f inorganique or minérale

inositol [ɪ'nəʊsɪtɒl] n (Chem) inosite m, inositol m

inpatient ['ɪnˌpeɪʃənt] n malade mf hospitalisé(e)

input ['ɪnpʊt] 1 n a (= contribution) contribution f, participation f ; [of funds, labour] apport m ; (= ideas) idées fpl ◆ **we need a regular input of new ideas** nous avons besoin d'un flux or d'un apport constant de nouvelles idées ◆ **artistic/creative input** apport m artistique/créatif
b (Econ) **inputs** input m, intrants mpl ; (Ind = materials, parts) consommations fpl intermédiaires
c (Elec) énergie f, puissance f ; (Tech) [of machine] consommation f
d (Comput) (= data) input m ; (= act of inputting) saisie f, entrée f (de données)
2 vt (Comput) saisir (into sur), entrer (into sth dans qch)
3 COMP ▷ **input data** n (Comput) données fpl en entrée ▷ **input/output** n (Comput) entrée-sortie f ▷ **input/output device** n (Comput) périphérique m entrée-sortie ▷ **input/output table** n (Econ) tableau m d'entrées-sorties

inquest ['ɪnkwest] → SYN n (Jur) enquête f (criminelle) ; → **coroner**

inquietude [ɪn'kwaɪətjuːd] n (liter) inquiétude f

inquiline ['ɪnkwɪlaɪn] n (Bio) commensal m

inquire [ɪn'kwaɪər] → SYN 1 vi se renseigner (about sth sur, after, about de) ; s'informer (about, after de) ; (= ask) demander ◆ **to inquire after sb/sth** demander des nouvelles de qn/qch, s'informer or s'enquérir (liter) de qn/qch ◆ **I'll go and inquire** je vais demander ◆ **inquire at the office** demandez au bureau, renseignez-vous au bureau ◆ "**inquire within**" "renseignements ici", "s'adresser ici" ◆ "**inquire at the information desk**" "s'adresser aux renseignements", "s'adresser au bureau de renseignements" ◆ **to inquire into** (subject) faire des recherches or des investigations sur ; (possibilities) se renseigner sur ; (Admin, Jur) (event, situation) enquêter sur, faire une enquête sur
2 vt demander ◆ "**is something wrong?**" **he inquired** "il y a quelque chose qui ne va pas ?" a-t-il demandé ◆ **he rang up to inquire how she was** il a téléphoné pour demander or savoir comment elle allait ◆ **he inquired what she wanted** il a demandé ce qu'elle voulait ◆ **I inquired whether my letter had arrived** j'ai demandé si ma lettre était arrivée ◆ **he inquired his way to the cemetery, he inquired how to get to the cemetery** il a demandé le chemin du cimetière

inquiring [ɪn'kwaɪərɪŋ] → SYN adj attitude, frame of mind curieux ; look interrogateur (-trice f)

inquiringly [ɪn'kwaɪərɪŋlɪ] adv look d'un air interrogateur ; say d'un ton interrogateur

inquiry [ɪn'kwaɪərɪ] → SYN 1 n a (from individual) demande f de renseignements ◆ **to make inquiries (about sb/sth)** se renseigner (sur qn/qch), demander des renseignements (sur qn/qch) ; see also **1b** ◆ **on inquiry he found that ...** renseignements pris il a découvert que ... ◆ **a look of inquiry** un regard interrogateur ◆ **he gave me a look of inquiry** il m'a interrogé du regard ◆ "**all inquiries to ...**" "pour tous renseignements s'adresser à ..."
b (Admin, Jur) enquête f, investigation f ◆ **to set up** or **open an inquiry (into sth)** ouvrir une enquête (sur qch) ◆ **committee of inquiry** commission f d'enquête ◆ **to hold an inquiry (into sth)** enquêter or faire une enquête (sur qch) ◆ **to call for an inquiry into sth** demander une enquête sur qch ◆ **a murder inquiry** une enquête sur un meurtre ◆ **they are pursuing a new line of inquiry** ils suivent une nouvelle piste ◆ **the police are making inquiries** la police enquête ; → **help, officer**
c (Telec, Rail etc) **the Inquiries** les renseignements mpl
2 COMP ▷ **inquiry agent** n détective m privé ▷ **inquiry desk, inquiry office** n (bureau m de) renseignements mpl

inquisition [ˌɪnkwɪ'zɪʃən] → SYN n investigation f, recherches fpl ; (Jur) enquête f (judiciaire) ◆ **the Inquisition** (Rel) l'Inquisition f

inquisitive [ɪn'kwɪzɪtɪv] → SYN adj curieux, inquisiteur (-trice f) (pej)

inquisitively [ɪn'kwɪzɪtɪvlɪ] adv avec curiosité ; (pej) d'un air inquisiteur

inquisitiveness [ɪn'kwɪzɪtɪvnɪs] n curiosité f ; (pej) curiosité f indiscrète, indiscrétion f

inquisitor [ɪn'kwɪzɪtər] n (Jur) enquêteur m, -euse f ; (Rel) inquisiteur m

inquisitorial [ɪnˌkwɪzɪ'tɔːrɪəl] adj inquisitorial

inquorate [ɪn'kwɔːreɪt] adj (Admin) qui n'a pas le quorum, où le quorum n'est pas atteint

inroad ['ɪnrəʊd] → SYN n (Mil) incursion f (into en, dans) ◆ **to make inroads on** or **into** (fig) (majority, numbers, supplies) entamer ; (sb's rights) empiéter sur ◆ **they have made significant inroads into the commercial aircraft market** ils ont fait une percée importante sur le marché de l'aéronautique commerciale

inrush ['ɪnˌrʌʃ] n [of air, water, people] irruption f

ins. (abbrev of **inches**) → **inch**

insalivation [ˌɪnˌsælɪ'veɪʃən] n insalivation f

insalubrious [ˌɪnsə'luːbrɪəs] adj (gen) insalubre, malsain ; district peu recommandable

insane [ɪn'seɪn] → SYN 1 adj (Med) aliéné, dément ; (gen) person, desire fou (folle f), insensé ; project démentiel ◆ **to become insane** perdre la raison ◆ **to go insane** perdre la raison, devenir fou ◆ **to drive sb insane** rendre qn fou ◆ **he must be insane to think of going** il faut qu'il soit fou pour envisager d'y aller ◆ **you must be insane!** tu es fou ! ◆ **temporarily insane** pris d'une crise de folie ◆ **insane asylum** (US) asile m d'aliénés ; → **certify**
2 **the insane** npl (Med) les aliénés mpl

insanely [ɪn'seɪnlɪ] adv behave de façon insensée ◆ **to laugh insanely** (= hysterically) rire de façon hystérique ◆ **insanely possessive/expensive/fast** follement possessif/cher/rapide ◆ **insanely jealous** (on one occasion) fou de jalousie ; (by nature) d'une jalousie maladive

insanitary [ɪn'sænɪtərɪ] → SYN adj insalubre, malsain

insanity [ɪn'sænɪtɪ] → SYN n (Med) aliénation f mentale, démence f ; (gen) folie f, démence f

insatiability [ɪnˌseɪʃə'bɪlɪtɪ] n insatiabilité f

insatiable [ɪn'seɪʃəbl] → SYN adj (lit, fig) insatiable (for sth de qch)

insatiably [ɪn'seɪʃəblɪ] adv ◆ **to be insatiably hungry** avoir une faim insatiable ◆ **to be insatiably curious** être d'une curiosité insatiable

inscribe [ɪn'skraɪb] → SYN vt a (in book etc) inscrire ; (on monument etc) inscrire, graver ; [+ surface] marquer, graver ; (fig) [+ ideas] graver, inscrire, fixer ◆ **to inscribe a tomb with a name** or **a name on a tomb** graver un nom sur une tombe ◆ **a watch inscribed with his name** une montre gravée à son nom ◆ **a watch, inscribed "to Laura"** une montre portant l'inscription "à Laura" ◆ **inscribed stock** (Fin) titres mpl nominatifs or inscrits ◆ **inscribed angle** (Math) angle m inscrit
b (= dedicate) [+ book] dédicacer

inscription [ɪn'skrɪpʃən] → SYN n (on coin, monument etc) inscription f ; (on cartoon) légende f ; (= dedication) dédicace f

inscrutability [ɪnˌskruːtə'bɪlɪtɪ] n impénétrabilité f

inscrutable [ɪn'skruːtəbl] → SYN adj impénétrable (to sb/sth à qn/qch)

inscrutably [ɪn'skruːtəblɪ] adv impénétrablement

insect ['ɪnsekt] 1 n insecte m
2 COMP ▷ **insect bite** n piqûre f d'insecte ▷ **insect eater** n insectivore m ▷ **insect powder** n poudre f insecticide ▷ **insect repellent** adj antimoustiques inv, insectifuge (frm) ◇ n (= cream, ointment etc) crème f (or lotion f etc) antimoustiques inv, insectifuge m (frm) ▷ **insect spray** n aérosol m or bombe f insecticide

insectarium [ˌɪnsek'tɛərɪəm] n, pl **insectariums** or **insectaria** [ˌɪnsek'tɛərɪə] insectarium m

insecticidal [ɪnˌsektɪ'saɪdl] adj insecticide

insecticide [ɪn'sektɪsaɪd] adj, n insecticide m

insectivore [ɪn'sektɪvɔːr] n insectivore m

insectivorous [ˌɪnsek'tɪvərəs] adj insectivore

insecure [ˌɪnsɪ'kjʊər] → SYN adj a (= unsure of oneself) **to be insecure** manquer d'assurance ; (Psych) être anxieux or angoissé ◆ **to feel insecure** (gen) se sentir mal dans sa peau ; (= afraid) ne pas se sentir en sécurité
b (= uncertain) future incertain ; job, rights précaire
c (= unsafe, unprotected) building, lock, door, window, district peu sûr
d (= not firm, badly fixed) structure, ladder qui n'est pas sûr ; rope, rope ladder, load mal attaché

insecurity [ˌɪnsɪ'kjʊərɪtɪ] → SYN n (also Psych) insécurité f

inselberg ['ɪnzlbɜːg] n inselberg m

inseminate [ɪn'semɪneɪt] vt inséminer

insemination [ɪnˌsemɪ'neɪʃən] n insémination f ; → **artificial**

insensate [ɪn'senseɪt] adj (frm) (= senseless) insensé ; (= inanimate) inanimé, insensible ; (= unfeeling) insensible

insensibility [ɪnˌsensə'bɪlɪtɪ] → SYN n a (frm Med = unconsciousness) insensibilité f, inconscience f
b (fig = unfeelingness) insensibilité f (to sb/sth à qn/qch), indifférence f (to sb/sth pour qn/qch)

insensible [ɪn'sensəbl] → SYN adj a (frm = unconscious) inconscient, sans connaissance ◆ **the blow knocked him insensible** le coup lui fit perdre connaissance
b (= unaware, impervious) insensible (to sth à qch) ◆ **insensible to the cold/to shame/to ridicule** insensible au froid/à la honte/au ridicule

insensibly [ɪn'sensəblɪ] adv change, grow insensiblement, imperceptiblement

insensitive [ɪn'sensɪtɪv] → SYN adj (lit, fig: physically or emotionally) person insensible (to sth à qch ; to sb envers qn) ; remark, act indélicat ; policy pas assez réfléchi ◆ **policies which are**

insensitive to the needs of ... des mesures qui ne tiennent pas compte des besoins de...

insensitively [ɪnˈsensɪtɪvlɪ] **adv** sans aucun tact

insensitivity [ɪn,sensɪˈtɪvɪtɪ] **n** insensibilité f

inseparable [ɪnˈsepərəbl] → SYN **adj** inséparable (*from* de)

inseparably [ɪnˈsepərəblɪ] **adv** inséparablement ◆ **inseparably bound up with** or **linked with** inséparablement lié à

insert [ɪnˈsɜːt] → SYN **1** **vt** insérer (*in, into* dans ; *between* entre) ; [+ paragraph, word] insérer, introduire (*in* dans), ajouter (*in* à) ; [+ knife, finger] introduire, enfoncer (*in* dans) ; [+ key] introduire, mettre (*in* dans) ; (Typ) [+ page, leaflet] encarter, insérer ; [+ advertisement] insérer (*in* dans)

2 [ˈɪnsɜːt] **n** **a** (= extra pages) encart m ; (in print) (= advertisement, note, word) insertion f

b (Tech) pièce f insérée, ajout m ; (Sewing) entre-deux m inv, incrustation f

insertion [ɪnˈsɜːʃən] → SYN **1** **n** **a** (NonC) insertion f, introduction f

b ⇒ **insert 2a**

2 **COMP** ▷ **insertion mark** **n** (Typ) signe m d'insertion

INSET [ˈɪnset] **n** (Brit) (abbrev of **in-service education and training**) formation f continue

inset [ˈɪnset] pret, ptp **inset** **1** **vt** [+ jewel] insérer (*into* dans), incruster (*into* sur) ; [+ leaflet] encarter, insérer (*into* dans) ; (in typing, printing) [+ word, line] rentrer ◆ **to inset a panel into a skirt** (Sewing) rapporter un panneau sur une jupe ◆ **to inset a map into the corner of a larger one** insérer une carte en cartouche sur une plus grande

2 **n** (= diagram) schéma m en cartouche ; (= map) carte f en cartouche ; (= portrait) portrait m en cartouche ; (Typ = leaflet, pages) encart m ; (Sewing) entre-deux m inv, incrustation f

3 **adj** gem, pearl enchâssé, serti ◆ **inset with** incrusté de

inshore [ˈɪnˈʃɔːʳ] **1** **adj** area, fisherman, navigation, waters côtier ; fishing boat côtier, caboteur ; reefs près de la côte ◆ **inshore fishing** pêche f côtière ◆ **inshore lifeboat** canot m de sauvetage côtier ◆ **inshore wind** vent m de mer

2 **adv** be, fish près de la côte ; blow, flow, go vers la côte

inside [ˈɪnˈsaɪd] → SYN

When **inside** is an element in a phrasal verb, eg **step inside**, look up the verb.

1 **adv** **a** dedans, à l'intérieur ◆ **inside and outside** au-dedans et au-dehors ◆ **come** or **step inside!** entrez (donc) ! ◆ **it is warmer inside** il fait plus chaud à l'intérieur ◆ **wait for me inside** attendez-moi à l'intérieur ◆ **let's go inside** rentrons

b (* = in jail) à l'ombre *, au frais *

2 **prep** **a** (of place) à l'intérieur de, dans ◆ **he was waiting inside the house** il attendait à l'intérieur (de la maison) or dans la maison ◆ **she was standing just inside the gate** (seen from inside) elle était juste de ce côté-ci de la barrière ; (seen from outside) elle était juste de l'autre côté de la barrière

b (of time) en moins de ◆ **he came back inside three minutes** or (US) **inside of three minutes** il est revenu en moins de trois minutes ◆ **he was well inside the record time** (Sport) il avait largement battu le record

3 **n** **a** dedans m, intérieur m ; [of house, box, company] intérieur m ◆ **on the inside** à l'intérieur ◆ **walk on the inside of the pavement** or (US) **sidewalk** marchez sur le trottoir du côté maisons ◆ **the door is bolted on** or **from the inside** la porte est fermée au verrou de l'intérieur ◆ **I heard music coming from inside** j'ai entendu de la musique qui venait de l'intérieur

♦ **inside out** ◆ **your coat is inside out** ton manteau est à l'envers ◆ **her umbrella blew inside out** son parapluie s'est retourné sous l'effet du vent ◆ **I turned the bag inside out** j'ai retourné le sac (entièrement) ◆ **he knows his subject inside out** il connaît son sujet à fond ◆ **he knows the district inside out** il connaît le quartier comme sa poche ◆ **we know each other inside out** nous nous connaissons parfaitement ◆ **war turns morality inside out** la guerre met les valeurs morales sens dessus dessous

b (* = stomach: also **insides**) ventre m ◆ **he felt the fear grip his insides** il a senti la peur le prendre au ventre

4 **adj** **a** intérieur (-eure f), d'intérieur ◆ **inside pocket** poche f intérieure ◆ **inside seat** [of plane] place f côté fenêtre ◆ **to get inside information** (fig) obtenir des renseignements grâce à des complicités dans la place ◆ **the inside story** (Press) les dessous mpl de l'histoire ◆ **it must have been an inside job** * (theft etc) c'est un coup qui a dû être monté de l'intérieur or par quelqu'un de la maison

b (Aut) wheel, headlight etc (in Brit) gauche ; (in US, Europe etc) droit ◆ **the inside lane** (in Brit) ≃ la voie de gauche ; (in US, Europe etc) ≃ la voie de droite ◆ **to be on** or **hold the inside track** (Sport) être à la corde, tenir la corde ; (fig) être le mieux placé

5 **COMP** ▷ **inside-forward** **n** (Sport) intérieur m, inter * m ▷ **inside-left** **n** (Sport) intérieur m gauche ▷ **inside leg** **n** entrejambe m ▷ **inside leg measurement** **n** mesure f or hauteur f de l'entrejambe ▷ **inside-right** **n** (Sport) intérieur m droit

insider [ɪnˈsaɪdəʳ] **1** **n** (gen) quelqu'un qui connaît les choses de l'intérieur ; (in firm, organization) quelqu'un qui est dans la place ; (esp sb with influence, knowledge, also St Ex) initié(e) m(f)

2 **COMP** ▷ **insider dealing, insider trading** **n** (Jur, Fin) délit m d'initiés

insidious [ɪnˈsɪdɪəs] → SYN **adj** insidieux

insidiously [ɪnˈsɪdɪəslɪ] **adv** insidieusement

insight [ˈɪnsaɪt] → SYN **n** **a** (= revealing glimpse) aperçu m, idée f (*into* de ; *about* sur) ◆ **to give sb an insight into sth** donner à qn un aperçu de qch ◆ **this gave us new insights into what's been happening** cela nous a ouvert de nouvelles perspectives sur ce qui s'est passé ◆ **that will give you an insight into his reasons for doing it** cela vous éclairera sur les raisons qui l'ont poussé à le faire

b (= discernment) pénétration f, perspicacité f

insightful [ˈɪnsaɪtfʊl] **adj** pénétrant, perspicace

insignia [ɪnˈsɪgnɪə] → SYN **n**, pl **insignias** or **insignia** insigne m

insignificance [,ɪnsɪgˈnɪfɪkəns] → SYN **n** insignifiance f ; → **pale**[1]

insignificant [,ɪnsɪgˈnɪfɪkənt] → SYN **adj** insignifiant ◆ **not insignificant** non négligeable ◆ **statistically insignificant** statistiquement non significatif

insincere [,ɪnsɪnˈsɪəʳ] → SYN **adj** person pas sincère, hypocrite ; book, smile, remark faux (fausse f), hypocrite

insincerely [,ɪnsɪnˈsɪəlɪ] **adv** speak, smile, promise sans sincérité, de façon hypocrite

insincerity [,ɪnsɪnˈserɪtɪ] → SYN **n** manque m de sincérité, hypocrisie f

insinuate [ɪnˈsɪnjʊeɪt] → SYN **vt** **a** (= hint, suggest) insinuer ◆ **to insinuate that ...** insinuer que ... ◆ **to insinuate to sb that ...** insinuer à qn que ... ◆ **what are you insinuating?** qu'est-ce que tu veux dire or insinuer par là ?

b **to insinuate o.s. into sb's favour** s'insinuer dans les bonnes grâces de qn

insinuating [ɪnˈsɪnjʊeɪtɪŋ] **adj** insinuant

insinuation [ɪn,sɪnjʊˈeɪʃən] → SYN **n** **a** (= suggestion) insinuation f, allusion f

b (NonC) insinuation f

insipid [ɪnˈsɪpɪd] → SYN **adj** food, taste, entertainment, person insipide ; colour fade

insipidity [,ɪnsɪˈpɪdɪtɪ] → SYN **n** [of food, taste, entertainment, person] insipidité f ; [of colour] fadeur f

insist [ɪnˈsɪst] LANGUAGE IN USE 4 → SYN

1 **vi** insister ◆ **if you insist** si vous insistez, si vous y tenez ◆ **I won't insist** je n'insisterai pas ◆ **please don't insist** inutile d'insister ◆ **if he refuses, I will insist** s'il refuse, j'insisterai ◆ **to insist on doing sth** insister pour faire qch, vouloir absolument faire qch ◆ **I insist on your coming** j'insiste pour que tu viennes, je tiens absolument à ce que tu viennes ◆ **he insisted on my waiting for him** il a insisté pour que je l'attende, il voulait absolument que je l'attende ◆ **they insisted on silence** ils ont exigé le silence ◆ **he insisted on his innocence** il a clamé son innocence, il protestait de son innocence ◆ **they insist on the right to defend themselves** ils revendiquent leur droit de se défendre eux-mêmes ◆ **he insisted on the need for dialogue** il a insisté sur le besoin de dialogue ◆ **to insist on a point in a discussion** insister sur un point dans une discussion

2 **vt** **a** (= demand) insister ◆ **I must insist that you let me help** j'insiste pour que tu me permettes d'aider ◆ **she insisted that I should come** elle a insisté pour que je vienne ◆ **I insist that you should come** j'insiste pour que tu viennes, je tiens absolument à ce que tu viennes

b (= affirm) affirmer, soutenir ◆ **he insists that he has seen her before** il affirme or soutient l'avoir déjà vue ◆ **"it's not that difficult", she insisted** "ce n'est pas si difficile" a-t-elle affirmé or soutenu

insistence [ɪnˈsɪstəns] → SYN **n** insistance f ◆ **his insistence on coming with me** l'insistance qu'il met (or a mis etc) à vouloir venir avec moi ◆ **their insistence on being involved** or **that they should be involved** leur insistance à vouloir être associé ◆ **his insistence on his innocence** ses protestations d'innocence ◆ **his insistence on secrecy made her uneasy** son insistance à exiger le secret la mettait mal à l'aise ◆ **with insistence** avec insistance ◆ **I did it on** or **at his insistence** je l'ai fait parce qu'il a insisté

insistent [ɪnˈsɪstənt] → SYN **adj** person, tone, question, attitude, demands insistant ◆ **she was (most) insistent (about it)** elle a (beaucoup) insisté (là-dessus)

insistently [ɪnˈsɪstəntlɪ] **adv** avec insistance

in situ [ɪnˈsɪtjuː] **adv** (frm) in situ, en place

insofar [,ɪnsəʊˈfɑː] **adv** ◆ **insofar as** en ce sens que, dans la mesure où

insolate [ˈɪnsəʊ,leɪt] **vt** insoler

insolation [,ɪnsəʊˈleɪʃən] **n** insolation f

insole [ˈɪn,səʊl] **n** (removable) semelle f intérieure ; (part of shoe) première f

insolence [ˈɪnsələns] → SYN **n** (NonC) insolence f (*to* envers)

insolent [ˈɪnsələnt] → SYN **adj** insolent (*to* or *with sb* avec qn)

insolently [ˈɪnsələntlɪ] **adv** insolemment

insolubility [ɪn,sɒljʊˈbɪlɪtɪ] **n** insolubilité f

insoluble [ɪnˈsɒljʊbl] → SYN **adj** insoluble

insolvable [ɪnˈsɒlvəbl] **adj** insoluble

insolvency [ɪnˈsɒlvənsɪ] → SYN **n** (gen) insolvabilité f ; (= bankruptcy) faillite f

insolvent [ɪnˈsɒlvənt] → SYN **adj** (gen) insolvable ; (= bankrupt) en faillite, en état de cessation de paiement (Jur) ◆ **to become insolvent** [trader] tomber en or faire faillite ; [individual] tomber en déconfiture ◆ **to declare oneself insolvent** [trader] déposer son bilan ; [individual] se déclarer insolvable

insomnia [ɪnˈsɒmnɪə] → SYN **n** insomnie f

insomniac [ɪnˈsɒmnɪæk] **adj, n** insomniaque mf

insomuch [,ɪnsəʊˈmʌtʃ] **adv** ◆ **insomuch that** à tel point or au point que ◆ **insomuch as** d'autant que

insouciance [ɪnˈsuːsɪəns] **n** (frm) insouciance f

insouciant [ɪnˈsuːsɪənt] **adj** (frm) insouciant (*about sth* de qch)

insp. abbrev of **inspector**

inspect [ɪnˈspekt] → SYN **vt** **a** (= examine) [+ document, object] examiner (avec attention or de près), inspecter ; (Brit) [+ ticket] contrôler ; (Customs) [+ luggage] visiter ; [+ machinery] inspecter, vérifier ; (Mil, Pol) [+ weapon sites] inspecter ; [+ school, teacher] inspecter ◆ **right to inspect (sth)** (Jur) droit m de regard (sur qch)

b (Mil) [+ troops] (= check) inspecter ; (= review) passer en revue

inspection [ɪnˈspekʃən] → SYN **1** **n** **a** [of document, object] examen m (attentif) ; (Brit) [of ticket] contrôle m ; [of machinery] inspection f, vérification f ; [of school] (visite f d')inspection f ◆ **close inspection** (gen) examen m minutieux ; (for checking purposes) inspection f ◆ **customs inspection** visite f de douane ◆ **factory inspection** inspection f d'usine ◆ **to make an inspection of sth** effectuer une inspection or un contrôle de qch ◆ **on inspection everything proved normal** une vérification a permis de s'assurer que tout était

481 ENGLISH-FRENCH **inspector / instruct**

normal ◆ **on closer inspection** en regardant de plus près

b (Mil) [of troops] (= check) inspection f ; (= review) revue f

2 COMP ▷ **inspection pit** n (Aut) fosse f (de réparation)

inspector [ɪnˈspektəʳ] → SYN **1** n **a** (gen) inspecteur m, -trice f ; (Brit: on bus, train) contrôleur m, -euse f ◆ **tax inspector, inspector of taxes** (Brit) contrôleur m or inspecteur m des impôts

b (Brit: also **police inspector**) inspecteur m (de police) ; → **chief**

c (Brit Scol: also **schools inspector, inspector of schools**) (secondary) inspecteur m, -trice f d'académie ; (primary) inspecteur m, -trice f primaire

2 COMP ▷ **inspector general** n, pl **inspectors general** inspecteur m général ; see also **1**

inspectorate [ɪnˈspektərɪt] n (esp Brit) (= body of inspectors) corps m des inspecteurs, inspection f ; (= office) inspection f

inspiration [ˌɪnspəˈreɪʃən] → SYN n **a** (NonC) inspiration f ◆ **to draw one's inspiration from sth** s'inspirer de qch

b **to be an inspiration to sb** [person, thing] être une source d'inspiration pour qn ◆ **you've been an inspiration to us all** vous avez été notre source d'inspiration à tous ◆ **to be the inspiration for sth** servir d'inspiration pour qch ◆ **the inspiration behind the reforms was a paper written in 1985** les réformes s'inspiraient d'un article écrit en 1985

c (= good idea) inspiration f ◆ **to have a sudden inspiration** avoir une inspiration subite

inspirational [ˌɪnspəˈreɪʃənl] adj teacher, leader enthousiasmant, stimulant ; book, film stimulant, inspirant ; (Rel) édifiant

inspiratory [ɪnˈspaɪərətərɪ] adj inspiratoire

inspire [ɪnˈspaɪəʳ] → SYN vt [+ person, work of art, action, decision] inspirer ◆ **the book was inspired by a real person** le livre s'inspirait d'un personnage réel ◆ **to inspire confidence in sb, to inspire sb with confidence** inspirer confiance à qn ◆ **to inspire courage in sb** insuffler du courage à qn ◆ **to inspire sb with an idea** inspirer une idée à qn ◆ **her beauty inspired him to write the song** inspiré par sa beauté, il a écrit cette chanson ◆ **what inspired you to offer to help?** qu'est-ce qui vous a donné l'idée de proposer votre aide ?

inspired [ɪnˈspaɪəd] → SYN adj **a** person, performance, idea, choice inspiré ◆ **that was an inspired guess** or **a piece of inspired guesswork!** bien deviné !

b (= motivated) **politically/divinely/classically inspired** d'inspiration politique/divine/classique

inspiring [ɪnˈspaɪərɪŋ] → SYN adj **a** (= edifying, impressive) story, film, example édifiant, inspirant ◆ **the inspiring tale of her fight against cancer** l'histoire édifiante de sa lutte contre le cancer ◆ **it wasn't particularly inspiring** ce n'était pas terrible *

b (= stimulating) teacher, leader enthousiasmant, stimulant ; book, film stimulant, inspirant

inst. adv (Comm) (abbrev of **instant**) courant ◆ **the 16th inst.** le 16 courant

instability [ˌɪnstəˈbɪlɪtɪ] → SYN n instabilité f

instal(l) [ɪnˈstɔːl] vt (gen, Rel) installer ◆ **to instal(l) o.s. in** s'installer dans

installation [ˌɪnstəˈleɪʃən] → SYN n (all senses) installation f

installer [ɪnˈstɔːləʳ] n installateur m, -trice f

instalment, installment (US) [ɪnˈstɔːlmənt] → SYN **1** n **a** (= payment) versement m (partiel or échelonné) ; (= down payment) acompte m ; [of loan, investment, credit] tranche f, versement m ◆ **to pay an instalment** faire un versement (partiel) ◆ **to pay in** or **by instalments** payer en plusieurs versements or par traites échelonnées ◆ **instalment on account** acompte m provisionnel ◆ **annual instalment** versement m annuel, annuité f ◆ **monthly instalment** versement m mensuel, mensualité f

b [of story, serial] épisode m ; [of book] fascicule m, livraison f ◆ **this is the first instalment of a six-part serial** (TV etc) voici le premier épisode d'un feuilleton qui en comportera six ◆ **this story will appear in instalments over the next eight weeks** ce récit paraîtra par épisodes pendant les huit semaines à venir ◆ **to publish a work in instalments** publier un ouvrage par fascicules

2 COMP ▷ **installment plan** n (US) contrat m de vente à crédit or à tempérament ◆ **to buy on the installment plan** acheter à crédit

instance [ˈɪnstəns] LANGUAGE IN USE 26.2 → SYN

1 n **a** (= example) exemple m, cas m ; (= occasion) circonstance f, occasion f ◆ **for instance** par exemple ◆ **in the present instance** dans le cas présent, dans cette circonstance ◆ **in many instances** dans bien des cas ◆ **in the first instance** en premier lieu ◆ **as an instance of** comme exemple de ◆ **let's take an actual instance** prenons un exemple or un cas concret ◆ **this is an instance of what I was talking about** c'est un exemple de ce dont je parlais ◆ **a serious instance of corruption** un cas sérieux de corruption

b (Jur) **at the instance of** sur or à la demande de, sur l'instance de

2 vt donner en exemple, citer en exemple, faire état de (more frm)

instant [ˈɪnstənt] → SYN **1** adj **a** obedience, relief, response, effect immédiat, instantané ; need urgent, pressant ◆ **this calls for instant action** ceci nécessite des mesures immédiates ◆ **instant camera/photography** appareil m (photo)/photographie f à développement instantané

b (Culin) coffee soluble ; potatoes déshydraté ; food à préparation rapide ◆ **instant soup** potage m (instantané) en poudre

c (Comm) courant ◆ **your letter of the 10th instant** votre lettre du 10 courant

2 n **a** (= moment) instant m, moment m ◆ **come here this instant** viens ici tout de suite or à l'instant ◆ **for an instant** pendant un instant, l'espace d'un instant ◆ **on the instant** tout de suite, à l'instant ◆ **the next instant** l'instant d'après ◆ **I did it in an instant** je l'ai fait en un instant ◆ **I'll be ready in an instant** je serai prêt dans un instant ◆ **in** or **at the same instant** au même moment ◆ **he left the instant he heard the news** il est parti dès qu'il or aussitôt qu'il a appris la nouvelle

b (lottery = scratchcard) *jeu instantané de grattage*, ≃ Tac o Tac ® m

3 COMP ▷ **instant replay** n (TV) *répétition immédiate d'une séquence* ; (= slow-motion) ralenti m

instantaneity [ɪnˌstæntəˈniːɪtɪ] n instantanéité f

instantaneous [ˌɪnstənˈteɪnɪəs] → SYN adj event, response instantané ◆ **I took an instantaneous dislike to him** je l'ai tout de suite or immédiatement détesté

instantaneously [ˌɪnstənˈteɪnɪəslɪ] → SYN adv instantanément

instantly [ˈɪnstəntlɪ] → SYN adv die, be killed sur le coup, instantanément ; know, recognize immédiatement ; recognizable, identifiable, available immédiatement ◆ **instantly likeable** person sympathique au premier abord ◆ **the giant panda is instantly recognizable** or **identifiable by its black and white coat** le panda géant est immédiatement reconnaissable à son pelage noir et blanc ◆ **instantly forgettable** (= mediocre) sans aucun intérêt

instead [ɪnˈsted] → SYN adv plutôt, au contraire ◆ **if you don't like orange juice, have some mineral water instead** si vous n'aimez pas le jus d'orange, prenez plutôt de l'eau minérale ◆ **forget about dieting and eat normally instead** oubliez votre régime et mangez normalement ◆ **his brother came instead (of him)** son frère est venu à sa place ◆ **I didn't go to the office, I went to the cinema instead** je ne suis pas allé au bureau, au lieu de cela je suis allé au cinéma

♦ **instead of** ◆ **instead of going to school** au lieu d'aller à l'école, plutôt que d'aller à l'école ◆ **we decided to have dinner at 8 o'clock instead of 7** nous avons décidé de dîner à 8 heures au lieu de 7 ◆ **instead of Louise** à la place de Louise ◆ **this is instead of a birthday present** c'est à la place d'un cadeau d'anniversaire

instep [ˈɪnstep] n **a** (Anat) cou-de-pied m ◆ **to have a high instep** avoir le pied cambré

b [of shoe] cambrure f

instigate [ˈɪnstɪgeɪt] → SYN vt être l'instigateur de

instigation [ˌɪnstɪˈgeɪʃən] → SYN n instigation f ◆ **at sb's instigation** à l'instigation de qn

instigator [ˈɪnstɪgeɪtəʳ] → SYN n instigateur m, -trice f ; [of riot, plot] auteur m

instil, instill (US) [ɪnˈstɪl] → SYN vt [+ courage, optimism] insuffler (*into sb* à qn) ; [+ knowledge, principles] inculquer (*into sb* à qn) ; [+ idea, fact] faire comprendre (*into sb* à qn) ; [+ fear] faire naître (*into sb* chez qn) ◆ **to instil into sb that ...** faire pénétrer dans l'esprit de qn que ...

instinct [ˈɪnstɪŋkt] → SYN **1** n instinct m ◆ **by** or **from instinct** d'instinct ◆ **to have an instinct for business** or **a good business instinct** avoir le sens des affaires

2 [ɪnˈstɪŋkt] adj (liter) ◆ **instinct with** qui exhale or respire (liter), plein de

instinctive [ɪnˈstɪŋktɪv] → SYN adj instinctif

instinctively [ɪnˈstɪŋktɪvlɪ] → SYN adv instinctivement

instinctual [ɪnˈstɪŋktʃʊəl] adj ⇒ **instinctive**

institute [ˈɪnstɪtjuːt] → SYN **1** vt **a** (= establish) [+ system, rules] instituer, établir ; (= found) [+ society] fonder, constituer ◆ **newly instituted** post récemment créé, de création récente ; organization de fondation récente

b (= set in motion) [+ inquiry] ouvrir ; [+ action] entreprendre (*against sb* contre qn) ◆ **to institute proceedings against sb** intenter un procès contre qn

c (Rel) investir

2 n **a** (gen) institut m ◆ **Institute of Education** Institut m de formation des maîtres ◆ **Institute of Linguistics** etc Institut m de linguistique etc

b (US = course) stage m (d'études)

institution [ˌɪnstɪˈtjuːʃən] → SYN n **a** (= organization) institution f ◆ **a religious/political institution** une institution religieuse/politique ◆ **financial/credit/educational institution** établissement m financier/de crédit/d'enseignement ◆ **an academic institution** un établissement d'enseignement supérieur

b (= feature, custom) institution f ◆ **democratic institutions, the institutions of democracy** les institutions fpl démocratiques ◆ **the institution of marriage** l'institution f du mariage ◆ **tea is a great British institution** le thé est une grande institution britannique ◆ **he's been with the firm so long that he's now an institution** (hum) il fait partie de l'entreprise depuis si longtemps qu'il en est devenu une véritable institution

c (= hospital, mental home etc) institution f ◆ **he has been in institutions all his life** il a passé toute sa vie en institution

d (NonC) [of system, practice] institution f ; [of proceedings, inquiry] ouverture mf

e (Rel) [of priest] investiture f

institutional [ˌɪnstɪˈtjuːʃənl] → SYN adj **a** (= of institutions) reform, structure institutionnel ◆ **institutional care** soins mpl en institution

b (Fin, Comm = of companies) investors, funds, buying institutionnel

c (pej = reminiscent of institutions) food d'internat ; atmosphere réglementé

institutionalization [ˈɪnstɪˌtjuːʃnəlaɪˈzeɪʃən] n [of person] placement m dans une institution ; [of custom, procedure] institutionnalisation f

institutionalize [ˌɪnstɪˈtjuːʃnəlaɪz] vt **a** [+ person] placer dans une institution

b [+ procedure, custom, event etc] institutionnaliser, donner un caractère officiel à

institutionalized [ˌɪnstɪˈtjuːʃnəlaɪzd] adj **a** (= living in an institution) **institutionalized people** personnes fpl vivant en institution

b (= dependent) dépendant ◆ **after all those years in prison, he's become totally institutionalized** après toutes ces années en prison, il est désormais totalement dépendant or il a désappris à être autonome

c (= ingrained) racism etc institutionnalisé ◆ **to become institutionalized** s'institutionnaliser, devenir une institution ◆ **institutionalized religion** (NonC) la religion institutionnalisée

institutionally [ˌɪnstɪˈtjuːʃnəlɪ] adv institutionnellement

instruct [ɪnˈstrʌkt] → SYN vt **a** (= teach) [+ person] instruire ◆ **to instruct sb in sth** instruire qn en qch, enseigner or apprendre qch à qn

instruction / integral

◆ **to instruct sb in how to do sth** enseigner or apprendre à qn comment (il faut) faire qch

b (= order, direct) [+ person] donner des instructions or des ordres à ◆ **to instruct sb to do** charger qn de faire, donner pour instructions à qn de faire ◆ **I am instructed to inform you that ...** (frm) je suis chargé de or j'ai mission de vous informer que ...

c (Brit Jur) **to instruct a solicitor** donner ses instructions à un notaire ◆ **to instruct counsel** constituer avocat ◆ **to instruct the jury** [judge] donner des instructions au jury (*to do sth* pour qu'il fasse qch)

instruction [ɪnˈstrʌkʃən] → SYN **1** n **a** (NonC = teaching) instruction f, enseignement m ◆ **to give instruction to sb (in sth)** instruire qn (en qch) ◆ **driving instruction** leçons fpl de conduite

b (gen pl) **instructions** instructions fpl ; (Mil) consigne f ; (Comm, Pharm, Tech) indications fpl ◆ **he gave me precise instructions on what to do if ...** il m'a donné des consignes précises or des instructions précises sur la conduite à tenir au cas où ... ◆ **I gave instructions for him to be brought to me** j'ai donné des instructions pour qu'on or j'ai donné ordre qu'on me l'amène (subj) ◆ **he gave me instructions not to leave until ...** il m'a donné ordre de ne pas partir avant ... ◆ **he was given strict instructions to avoid alcohol** on lui a rigoureusement interdit de boire de l'alcool ◆ **to act according to instructions** (gen) se conformer aux instructions ; (Mil) se conformer à la consigne ◆ **"instructions for use"** "mode d'emploi" ◆ **the instructions are on the back of the box** le mode d'emploi est (indiqué) au dos de la boîte

2 COMP ▷ **instruction book** n (Comm, Tech) mode m d'emploi, notice f d'utilisation ▷ **instruction manual** n manuel m d'utilisation

instructive [ɪnˈstrʌktɪv] → SYN adj instructif

instructively [ɪnˈstrʌktɪvlɪ] adv de manière instructive, instructivement

instructor [ɪnˈstrʌktər] → SYN n **a** (Sport) moniteur m, -trice f, professeur m ; (Mil) instructeur m ; → **driving**

b (US Univ) ≃ assistant m

instructress [ɪnˈstrʌktrɪs] n (Sport) monitrice f, professeur m

instrument [ˈɪnstrəmənt] → SYN **1** n (gen, Med, Mus, Tech, fig) instrument m ; (Jur) instrument m, acte m juridique ; (Fin) titre m, effet m ◆ **to fly by** or **on instruments** naviguer aux instruments ◆ **instrument of government** instrument m du gouvernement ; → **blunt, wind¹**

2 [ˌɪnstrəˈment] vt (Mus) orchestrer ; (Jur) instrumenter

3 COMP (Aviat) flying, landing aux instruments (de bord) ▷ **instrument board, instrument panel** n (Aut, Aviat) tableau m de bord

instrumental [ˌɪnstrəˈmentl] → SYN adj **a** role déterminant ◆ **to be instrumental in sth** jouer un rôle-clé dans qch ◆ **he was instrumental in setting up/launching the scheme** il a joué un rôle-clé dans la mise en place/le lancement du projet

b (Mus) music, composition, arrangement, tuition, ensemble instrumental ; recording, album de musique instrumentale ; composer d'œuvres instrumentales ◆ **instrumental performer** instrumentiste mf

instrumentalist [ˌɪnstrəˈmentəlɪst] n (Mus) instrumentiste mf

instrumentation [ˌɪnstrəmenˈteɪʃən] n (Mus, Tech) instrumentation f

insubordinate [ˌɪnsəˈbɔːdənɪt] → SYN adj insubordonné, indiscipliné

insubordination [ˈɪnsəbɔːdɪˈneɪʃən] → SYN n insubordination f, indiscipline f, désobéissance f

insubstantial [ˌɪnsəbˈstænʃəl] adj **a** (= small) sum, amount peu important ; meal, work peu substantiel ; (= weak) argument sans substance ; evidence sans fondement ; structure peu solide

b (liter = unreal) vision, illusion chimérique

insufferable [ɪnˈsʌfərəbl] → SYN adj (frm) insupportable

insufferably [ɪnˈsʌfərəblɪ] adv (frm) insupportablement ◆ **it was insufferably hot** il faisait une chaleur insupportable

insufficiency [ˌɪnsəˈfɪʃənsɪ] n insuffisance f

insufficient [ˌɪnsəˈfɪʃənt] → SYN adj insuffisant

insufficiently [ˌɪnsəˈfɪʃəntlɪ] adv insuffisamment

insufflate [ˈɪnsʌˌfleɪt] vt (Med) insuffler

insufflation [ˌɪnsʌˈfleɪʃən] n (Med) insufflation f

insular [ˈɪnsjələr] adj **a** (pej = parochial) person, attitude, views, outlook borné (pej) ; community, existence coupé du monde extérieur

b (SPEC = relating to an island) insulaire

insularism [ˈɪnsjələrɪzəm] n (pej) insularisme m

insularity [ˌɪnsjʊˈlærɪtɪ] n insularité f ; (fig pej) [of person] étroitesse f d'esprit ; [of community, existence] fermeture f au monde extérieur ; [of outlook, views] étroitesse f

insulate [ˈɪnsjʊleɪt] **1** vt **a** (Elec) isoler ; (against cold, heat) [+ room, roof] isoler ; [+ water tank] calorifuger ; (against sound) [+ room, wall] insonoriser ◆ **insulated handle** manche m isolant ◆ **insulated pliers** pince f isolante ◆ **insulating material** isolant m

b (fig) [+ person] (= separate) séparer (*from* de) ; (= protect) protéger (*against* de)

2 COMP ▷ **insulating tape** n (ruban m) isolant m ; (= adhesive) chatterton m

insulation [ˌɪnsjʊˈleɪʃən] n **a** (NonC) (Elec) isolation f ; [of house, room] (against cold) isolation f (calorifuge) ; (against sound) insonorisation f

b (fig) **they lived in happy insulation from brutal facts** ils vivaient heureux à l'abri de la réalité brutale

c (NonC = material) isolant m

insulator [ˈɪnsjʊleɪtər] n (Elec) (= device) isolateur m ; (= material) isolant m

insulin [ˈɪnsjʊlɪn] **1** n insuline f

2 COMP injection d'insuline ▷ **insulin-dependent** adj insulinodépendant ◆ **insulin-dependent diabetes** diabète m insulinodépendant ▷ **insulin shock** n (Med) choc m insulinique ▷ **insulin treatment** n insulinothérapie f, traitement m insulinique or à l'insuline

insult [ɪnˈsʌlt] → SYN **1** vt (with words, gestures) insulter, injurier ; (= offend) faire (un) affront à, insulter ◆ **she felt insulted by his indifference** elle s'est sentie insultée par son indifférence

2 [ˈɪnsʌlt] n (= remark) insulte f, injure f ; (= action, affront) affront m, insulte f ◆ **to hurl insults at sb** injurier qn, lancer des insultes à qn ◆ **the book is an insult to the reader's intelligence** le livre est une insulte à or fait affront à l'intelligence du lecteur ◆ **these demands are an insult to the profession** ces revendications sont un affront à la profession ◆ **an insult to sb's memory** une insulte à la mémoire de qn ◆ **it was seen as an insult to Islam** cela a été perçu comme un affront à l'islam ; → **add**

insulting [ɪnˈsʌltɪŋ] → SYN adj insultant, injurieux ◆ **to be insulting to sb** [remarks, comments etc] être un affront à qn

insultingly [ɪnˈsʌltɪŋlɪ] adv behave, talk de façon insultante ◆ **insultingly dismissive** dédaigneux au point d'être insultant ◆ **insultingly sexist** d'un sexisme insultant

insuperable [ɪnˈsuːpərəbl] → SYN adj insurmontable

insuperably [ɪnˈsuːpərəblɪ] adv d'une façon insurmontable

insupportable † [ˌɪnsəˈpɔːtəbl] → SYN adj insupportable

insurable [ɪnˈʃʊərəbl] adj assurable

insurance [ɪnˈʃʊərəns] → SYN **1** n (gen) assurance f (*on* or *for sth* pour qch ; *against* contre) ; (= policy) police f or contrat m d'assurances (*on* or *for sth* pour qch ; *against sth* contre qch) ; (fig) garantie f ◆ **he pays £300 a year in insurance** il paie 300 livres (de primes) d'assurance par an ◆ **insurance on a building** assurance f sur le capital immobilier ◆ **to take out insurance** contracter une assurance ◆ **to take out insurance against** s'assurer contre, se faire assurer contre ◆ **what does your insurance cover?** que couvre votre police or contrat d'assurance ? ◆ **we must extend our insurance** nous devons augmenter le montant pour lequel nous sommes assurés ◆ **the insurance runs out on 5 July** l'assurance arrive à échéance le 5 juillet ◆ **to do sth as an insurance against** (fig) faire qch comme garantie contre, faire qch pour se prémunir contre ; → **fire, life**

2 COMP ▷ **insurance adjuster** n (US) expert m en sinistres ▷ **insurance agent** n agent m d'assurances ▷ **insurance broker** n courtier m d'assurances ▷ **insurance certificate** n (Aut) attestation f d'assurance ▷ **insurance claim** n (déclaration f de) sinistre m ▷ **insurance company** n compagnie f or société f d'assurances ▷ **insurance policy** n police f d'assurance, assurances* fpl ▷ **insurance premium** n prime f (d'assurance) ▷ **insurance scheme** n régime m d'assurances ▷ **insurance stamp** n (Brit Admin) vignette f or timbre m de contribution à la sécurité sociale ▷ **insurance underwriter** n (gen) assureur m ; (= underwriting company) réassureur m

insurant [ɪnˈʃʊərənt] n (SPEC) assuré(e) m(f), souscripteur m, -trice f

insure [ɪnˈʃʊər] → SYN vt **a** [+ car, house] (faire) assurer ◆ **he insured his guitar for $1000** il a assuré sa guitare pour 1 000 dollars ◆ **to insure o.s.** or **one's life** s'assurer or se faire assurer sur la vie ◆ **I am insured against fire** je suis assuré contre l'incendie ◆ **we insured (ourselves) against possible disappointment** (fig) nous avons paré aux déceptions possibles ◆ **in order to insure against any delay ...** pour nous (or les etc) garantir contre tout retard ...

b [+ power, success] assurer, garantir ◆ **this will insure that you will be notified when ...** grâce à ceci vous êtes assuré d'être avisé quand ... ◆ **in order to insure that terrorists do not enter the country** afin de s'assurer que les terroristes n'entrent pas dans le pays ◆ **they want to insure that their children will be educated properly** ils veulent s'assurer or être sûrs que leurs enfants recevront une éducation correcte

insured [ɪnˈʃʊəd] adj, n assuré(e) m(f)

insurer [ɪnˈʃʊərər] n assureur m

insurgence [ɪnˈsɜːdʒəns], **insurgency** [ɪnˈsɜːdʒənsɪ] n insurrection f

insurgent [ɪnˈsɜːdʒənt] → SYN adj, n insurgé(e) m(f)

insurmountable [ˌɪnsəˈmaʊntəbl] → SYN adj insurmontable

insurrection [ˌɪnsəˈrekʃən] → SYN n **a** (NonC) insurrection f ◆ **to rise in insurrection** se soulever, s'insurger

b (= uprising) insurrection f, soulèvement m

insurrectionary [ˌɪnsəˈrekʃnərɪ] adj insurrectionnel

insurrectionist [ˌɪnsəˈrekʃənɪst] n insurgé(e) m(f)

int. adj, n (abbrev of **international**) international

intact [ɪnˈtækt] → SYN adj intact ◆ **to remain** or **survive intact** rester intact

intaglio [ɪnˈtɑːlɪˌəʊ] n, pl **intaglios** or **intagli** [ɪnˈtɑːljiː] ; (= gem) intaille f ; (= carving, design) gravure f en creux

intake [ˈɪnteɪk] **1** n **a** (NonC Tech) [of water] prise f, adduction f ; [of gas, steam] adduction f, admission f ; → **air**

b (Scol, Univ) admission(s) f(pl), (nombre m des) inscriptions fpl ; (Mil) contingent m, recrues fpl ◆ **the latest intake of young graduates into our company** le dernier contingent de jeunes diplômés recrutés dans notre société ◆ **the US's annual intake of immigrants** le contingent annuel d'immigrants arrivant aux États-Unis

c [of protein, liquid, alcohol etc] consommation f ◆ **food intake** ration f alimentaire

d **she heard his intake of breath** elle l'a entendu retenir sa respiration

2 COMP ▷ **intake valve** n (Tech) soupape f d'admission

intangible [ɪnˈtændʒəbl] **1** adj quality, presence intangible, impalpable

2 n impondérable m

3 COMP ▷ **intangible assets** npl (Jur) immobilisations fpl incorporelles ▷ **intangible property** n (Jur) biens mpl incorporels

integer [ˈɪntɪdʒər] n (nombre m) entier m

integral [ˈɪntɪgrəl] → SYN **1** adj **a** part intégrant, constituant ◆ **to be an integral part of**

sth, **to be integral to sth** faire partie intégrante de qch

b (= whole) intégral, complet (-ète f), entier ◆ **integral payment** paiement m intégral

c (Math) intégral ◆ **integral calculus** calcul m intégral

2 n (Math, fig) intégrale f

integrate ['ɪntɪgreɪt] → SYN **1** vt **a** (= combine into a whole) [+ people, objects, ideas] intégrer, incorporer (*in, into* dans)

b (= complete by adding parts) compléter ◆ **an integrated personality** (Psych) une personnalité bien intégrée

c (= combine, desegregate) [+ races, religions, ethnic groups etc] intégrer ◆ **to integrate Catholic and non-Catholic schools** intégrer les écoles catholiques et non catholiques ◆ **to integrate a school** etc imposer la déségrégation dans un établissement scolaire etc ◆ **integrated school** établissement m scolaire où se pratique l'intégration

d (Math) intégrer

2 vi **a** [school, neighbourhood etc] pratiquer l'intégration raciale

b [person, religious or ethnic group etc] s'intégrer (*into* dans)

integrated ['ɪntɪgreɪtɪd] **1** adj intégré

2 COMP ▷ **integrated accounting package** n logiciel m intégré de comptabilité ▷ **integrated circuit** n (Elec) circuit m intégré ▷ **integrated course** n (Brit Educ) cours m de formation professionnelle *(pour apprentis)* ▷ **integrated day** n (Brit Scol) journée f sans emploi du temps structuré ▷ **Integrated Services Digital Network** n Réseau m numérique à intégration de services ▷ **integrated studies** npl (Brit Scol) études fpl générales *(où les matières ne sont pas différenciées)*

integration [,ɪntɪ'greɪʃən] → SYN n (also Math, Psych) intégration f (*into* dans) ◆ **racial/social/European integration** intégration f raciale/sociale/européenne

integrity [ɪn'tegrɪtɪ] → SYN n **a** (= honesty) intégrité f, probité f ◆ **a man of integrity** un homme intègre

b (= totality) intégrité f, totalité f ◆ **in its integrity** dans son intégrité, dans sa totalité ◆ **territorial integrity** l'intégrité f du territoire ◆ **the integrity of the nation** l'intégrité f de la nation

integument [ɪn'tegjʊmənt] n tégument m

intellect ['ɪntɪlekt] → SYN n **a** (NonC) (= reasoning power) intellect m, intelligence f ; (= cleverness) intelligence f, esprit m ◆ **a man of (great) intellect** un homme d'une grande intelligence

b [of person] intelligence f, esprit m

intellectual [ɪntɪ'lektjʊəl] → SYN **1** adj (gen) intellectuel ; group, family d'intellectuels ◆ **intellectual property** propriété f intellectuelle

2 n intellectuel(le) m(f)

intellectualism [ɪntɪ'lektjʊəlɪzəm] n intellectualisme m

intellectualist [ɪntɪ'lektjʊəlɪst] n intellectualiste mf

intellectuality [,ɪntɪ,lektjʊ'ælɪtɪ] n intellectualité f

intellectualization [,ɪntɪ,lektjʊəlaɪ'zeɪʃən] n intellectualisation f

intellectualize [ɪntɪ'lektjʊəlaɪz] **1** vt intellectualiser

2 vi ◆ **you always have to intellectualize** il faut toujours que tu intellectualises tout

intellectually [ɪntɪ'lektjʊəlɪ] adv intellectuellement, sur le plan intellectuel ◆ **intellectually satisfying/honest** etc intellectuellement satisfaisant/honnête etc

intelligence [ɪn'telɪdʒəns] → SYN **1** n **a** (NonC) intelligence f ◆ **a man of little intelligence** un homme peu intelligent or de peu d'intelligence ◆ **his book shows intelligence** son livre est intelligent

b (= information) renseignement(s) m(pl), information(s) f(pl) ◆ **latest intelligence** (Press) informations fpl de dernière minute

c Military/Naval Intelligence service m de renseignements de l'armée de Terre/de la Marine ◆ **he was in Intelligence during the war** il était dans les services de renseignements pendant la guerre

2 COMP ▷ **intelligence agent** n agent m de renseignements, agent m secret ▷ **Intelligence Corps** n (Brit Mil) *service de renseignements et de sécurité militaires* ▷ **Intelligence officer** n (Brit Pol) officier m de renseignements ▷ **intelligence quotient** n quotient m intellectuel ▷ **Intelligence Service** n (Brit Pol) services mpl secrets or de renseignements ▷ **intelligence test** n test m d'aptitude intellectuelle ▷ **intelligence work** n to do **intelligence work** être dans or travailler dans les services de renseignements

intelligent [ɪn'telɪdʒənt] → SYN adj (gen) intelligent ◆ **intelligent terminal** (Comput) terminal m intelligent ◆ **the search for intelligent life on other planets** la recherche de formes de vie intelligente sur d'autres planètes

intelligently [ɪn'telɪdʒəntlɪ] adv intelligemment

intelligentsia [ɪn,telɪ'dʒentsɪə] → SYN n (collective sg) ◆ **the intelligentsia** l'intelligentsia f, l'élite f intellectuelle

intelligibility [ɪn,telɪdʒə'bɪlɪtɪ] → SYN n intelligibilité f

intelligible [ɪn'telɪdʒəbl] → SYN adj intelligible

intelligibly [ɪn'telɪdʒəblɪ] adv intelligiblement

intemperance [ɪn'tempərəns] n (= lack of self-restraint) intempérance f ; (= lack of moderation) manque m de modération

intemperate [ɪn'tempərɪt] → SYN adj (frm) attitude, comment immodéré ; language sans retenue ; person intempérant † ; haste, zeal excessif

intend [ɪn'tend] LANGUAGE IN USE 8 → SYN vt avoir l'intention ; [+ gift etc] destiner (*for* à) ◆ **to intend to do sth, to intend doing sth** avoir l'intention de faire qch ◆ **I intend to go and see him** j'ai l'intention d'aller le voir ◆ **I don't intend to tell him about it** je n'ai pas l'intention de lui en parler ◆ **I'm sure he didn't intend that we should hear him** je suis sûr qu'il ne pensait pas que nous allions l'entendre ◆ **I fully intend to punish him** j'ai la ferme intention de le punir ◆ **he intends to be a doctor** il a l'intention de devenir médecin, il se destine à la médecine ◆ **it was intended that he should become an accountant** il était prévu qu'il devienne comptable ◆ **this scheme is intended to help the poor** ce projet est destiné à venir en aide aux indigents ◆ **intended for** destiné à ◆ **the money was intended for British families** l'argent était destiné aux familles britanniques ◆ **hospital facilities which were intended for AIDS patients** des infrastructures hospitalières qui étaient destinées aux malades du sida ◆ **the building was originally intended as a sports complex** le bâtiment devait initialement être un complexe sportif ◆ **I intended it as a compliment** (dans mon esprit) cela voulait être un compliment ◆ **he intended no harm** il l'a fait sans mauvaise intention ◆ **to intend marriage** avoir des intentions de mariage ◆ **did you intend that?** est-ce que vous avez fait cela exprès ? ; see also **intended**

intended [ɪn'tendɪd] **1** adj **a** (= desired, planned) target visé ; effect voulu ◆ **the intended victim (of the attack)** la victime visée (par l'attentat) ◆ **he stayed only ten days of his intended six-month visit** il n'est resté que dix jours sur les six mois de visite qu'il avait prévus

b (= deliberate) insult etc intentionnel, fait intentionnellement

2 n † ◆ **his intended** sa promise †, sa future (hum) ◆ **her intended** son promis †, son futur (hum)

intense [ɪn'tens] → SYN adj **a** heat, cold, pain, light, colour, activity, fighting, speculation intense ; fear, anger, hatred violent ; interest, enthusiasm, competition très vif

b (= passionate) person sérieux ; relationship passionné ; gaze, expression d'une grande intensité

intensely [ɪn'tenslɪ] → SYN adv **a** (= very) hot, cold, unpleasant extrêmement ; moving, moved, irritated vivement

b concentrate, look at intensément ; hate de tout son être ◆ **I dislike her intensely** elle me déplaît profondément

intensification [ɪn,tensɪfɪ'keɪʃən] n [of heat, light, pain, activity, fighting] intensification f ; [of production] accélération f, intensification f

intensifier [ɪn'tensɪfaɪə^r] n (Gram) intensif m

intensify [ɪn'tensɪfaɪ] → SYN **1** vt intensifier ◆ **to intensify (one's) efforts to do sth** intensifier ses efforts pour faire qch

2 vi fighting, competition, speculation s'intensifier ; heat, cold, pain, fear, anger, hatred, light, colour augmenter

intensity [ɪn'tensɪtɪ] → SYN n [of anger, hatred, love] intensité f, force f ; [of cold, heat] intensité f ; [of current, light, sound] intensité f, puissance f ; [of tone] véhémence f ◆ **her intensity disturbs me** son côté sérieux me met mal à l'aise ◆ **capital intensity** intensité f capitalistique

intensive [ɪn'tensɪv] → SYN **1** adj (gen, Ling, Agr) intensif ◆ **an intensive course in French** un cours accéléré or intensif de français

2 COMP ▷ **intensive care** n **to be in intensive care** être en réanimation ◆ **to need intensive care** demander des soins intensifs ▷ **intensive care unit** n (Med) service m de réanimation, unité f de soins intensifs ▷ **intensive farming** n agriculture f intensive

-intensive [ɪn'tensɪv] adj (in compounds) à forte intensité de ◆ **capital-intensive** à forte intensité de capital ; → **energy, labour**

intensively [ɪn'tensɪvlɪ] adv work, campaign, study, farm intensivement ◆ **intensively reared** meat provenant d'un élevage intensif

intent [ɪn'tent] → SYN **1** n intention f ◆ **it was not my intent to do business with him** il n'était pas dans mes intentions de traiter avec lui, je n'avais pas l'intention de traiter avec lui ◆ **to all intents and purposes** pratiquement ◆ **with good intent** dans une bonne intention ◆ **to do sth with intent** faire qch de propos délibéré ◆ **with criminal intent** (Jur) dans un but délictueux ◆ **with intent to do sth** dans l'intention or le but de faire qch ◆ **he denied possessing a firearm with intent to endanger life** (Jur) il a nié avoir détenu une arme à feu dans le but d'attenter à la vie de quelqu'un ◆ **he signed a letter of intent to sell his assets** il a signé une lettre d'intention concernant la vente de ses biens ; → **loiter**

2 adj **a** (= absorbed) face, look, expression attentif ◆ **intent on his work/on a jigsaw puzzle** absorbé par son travail/par un puzzle ◆ **he was intent on what she was saying** il écoutait attentivement ce qu'elle disait

b (= determined) **to be intent on doing sth** être résolu à faire qch ◆ **intent on revenge** résolu à se venger ◆ **they were intent on his downfall** ils étaient résolus à provoquer sa perte ◆ **he was so intent on seeing her that ...** il avait l'esprit tellement occupé par l'idée de la voir que ...

intention [ɪn'tenʃən] LANGUAGE IN USE 8 → SYN n intention f ◆ **it is my intention to retire** j'ai l'intention de prendre ma retraite ◆ **to have no intention of doing sth** n'avoir aucune intention de faire qch ◆ **he has every intention of doing this** il a bien l'intention de le faire ◆ **I haven't the least** or **slightest intention of staying** je n'ai pas la moindre intention de rester ici, il n'est nullement dans mes intentions de rester ici ◆ **with the intention of doing sth** dans l'intention de or dans le but de faire qch ◆ **with this intention** à cette intention, à cette fin ◆ **with good intentions** avec de bonnes intentions ◆ **with the best of intentions** avec les meilleures intentions (du monde) ◆ **what are your intentions?** quelles sont vos intentions ?, que comptez-vous faire ? ◆ **I don't know what his intentions were when he did it** je ne sais pas quelles étaient ses intentions quand il l'a fait ◆ **his intentions are honourable** il a des intentions honorables

intentional [ɪn'tenʃənl] → SYN adj intentionnel ◆ **how can I blame him? it wasn't intentional** comment pourrais-je lui en vouloir ? il ne l'a pas fait exprès or ce n'était pas intentionnel

intentionally [ɪn'tenʃnəlɪ] → SYN adv mislead, violate, discriminate etc intentionnellement ◆ **the authorities consider him intentionally homeless** l'administration considère qu'il a délibérément quitté son domicile ◆ **intentionally vague/misleading** délibérément vague/trompeur

intently [ɪn'tentlɪ] → SYN adv listen, look, watch, stare intensément ◆ **they were talking intently about work** ils étaient absorbés à parler travail

intentness [ɪn'tentnɪs] n intensité f ◆ **intentness of purpose** résolution f

Union n Union f internationale des télécommunications ▷ **International Trade Organization** n Organisation f internationale du commerce

Internationale [ˌɪntəˌnæʃəˈnɑːl] n Internationale f

internationalism [ˌɪntəˈnæʃnəlɪzəm] n internationalisme m

internationalist [ˌɪntəˈnæʃnəlɪst] n internationaliste mf

internationalization [ˌɪntəˌnæʃnəlaɪˈzeɪʃən] n internationalisation f

internationalize [ˌɪntəˈnæʃnəlaɪz] vt internationaliser

internationally [ˌɪntəˈnæʃnəlɪ] adv recognized internationalement ; discussed, accepted, competitive au niveau international ◆ **internationally renowned** de réputation internationale, réputé internationalement ◆ **internationally respected** respecté dans le monde entier ◆ **to compete internationally** [athlete etc] participer à des compétitions internationales ; [company] être présent sur le marché international ◆ **internationally, the situation is even worse** sur le plan international, la situation est encore pire

internecine [ˌɪntəˈniːsaɪn] adj (frm) strife, warfare, feud interne ◆ **internecine quarrels/battles** querelles fpl/luttes fpl internes or intestines (liter)

internee [ˌɪntɜːˈniː] n (Mil, Pol) interné(e) m(f)

Internet [ˈɪntəˌnet] **1** n ◆ **the Internet** l'Internet m

2 COMP ▷ **Internet café** n cybercafé m

internist [ɪnˈtɜːnɪst] n (US Med) ≈ spécialiste mf de médecine interne, interniste mf

internment [ɪnˈtɜːnmənt] **1** n (Mil, Pol) internement m

2 COMP ▷ **internment camp** n camp m d'internement

internship [ˈɪntɜːnˌʃɪp] n (US Med) internat m ; (Univ etc) stage m en entreprise

interoceanic [ˌɪntərˌəʊʃɪˈænɪk] adj interocéanique

interoperability [ˈɪntərˌɒpərəˈbɪlɪtɪ] n (Comput) interopérabilité f, interfonctionnement m

interosseous [ˌɪntərˈɒsɪəs] adj (Anat) interosseux

interpellate [ɪnˈtɜːpeleɪt] vt (Pol) interpeller

interpellation [ɪnˌtɜːpeˈleɪʃən] n (Pol) interpellation f

interpenetrate [ˌɪntəˈpenɪtreɪt] **1** vt imprégner

2 vi s'interpénétrer

interpersonal [ˌɪntəˈpɜːsnl] adj ◆ **interpersonal skills/relationships** compétences fpl/relations fpl interpersonnelles

interphase [ˈɪntəˌfeɪz] n interphase f

interplanetary [ˌɪntəˈplænɪtərɪ] adj journey interplanétaire ◆ **interplanetary vessel** vaisseau m spatial

interplay [ˈɪntəpleɪ] n (NonC) effet m réciproque, interaction f

Interpol [ˈɪntəˌpɒl] n Interpol m

interpolate [ɪnˈtɜːpəleɪt] → SYN vt (gen) interpoler (into dans) ; [+ text, manuscript] altérer par interpolation

interpolation [ɪnˌtɜːpəˈleɪʃən] → SYN n interpolation f

interpose [ˌɪntəˈpəʊz] → SYN **1** vt [+ remark] placer ; [+ objection, veto] opposer ; [+ obstacle] interposer ◆ **to interpose o.s. between** s'interposer entre ◆ "**he rang me just now", she interposed** "il vient de me téléphoner" dit-elle soudain

2 vi intervenir, s'interposer

interpret [ɪnˈtɜːprɪt] LANGUAGE IN USE 26.1 → SYN

1 vt (all senses) interpréter

2 vi interpréter, servir d'interprète, faire l'interprète

interpretation [ɪnˌtɜːprɪˈteɪʃən] → SYN n (all senses) interprétation f ◆ **she put quite a different interpretation on the figures** elle a donné à ces chiffres une tout autre interprétation

interpretative [ɪnˈtɜːprɪtətɪv] adj article, account explicatif ; skills, grasp, problems d'interprétation ◆ **interpretative centre** centre m d'information

interpreter [ɪnˈtɜːprɪtəʳ] → SYN n (= person: lit, fig) interprète mf ; (Comput) interpréteur m

interpreting [ɪnˈtɜːprɪtɪŋ] n (= profession) interprétariat m, interprétation f

interpretive [ɪnˈtɜːprɪtɪv] adj ⇒ interpretative

interracial [ˌɪntəˈreɪʃəl] adj marriage mixte ; problems, violence interracial

interregnum [ˌɪntəˈreɡnəm] n, pl **interregnums** or **interregna** [ˌɪntəˈreɡnə] interrègne m

interrelate [ˌɪntərɪˈleɪt] **1** vt mettre en corrélation

2 vi [concepts] être en corrélation (with avec) ◆ **the way in which we interrelate with others** la manière dont nous communiquons avec les autres ◆ **the body and the mind interrelate** le corps et l'esprit sont étroitement liés

interrelated [ˌɪntərɪˈleɪtɪd] adj étroitement lié

interrelation [ˌɪntərɪˈleɪʃən], **interrelationship** [ˌɪntərɪˈleɪʃənʃɪp] n corrélation f, lien m étroit

interrogate [ɪnˈterəɡeɪt] → SYN vt interroger, soumettre à une interrogation ; (Police) soumettre à un interrogatoire ; (Comput) interroger

interrogation [ɪnˌterəˈɡeɪʃən] → SYN **1** n interrogation f ; (Police) interrogatoire m

2 COMP ▷ **interrogation mark, interrogation point** n point m d'interrogation

interrogative [ˌɪntəˈrɒɡətɪv] → SYN **1** adj look, tone interrogateur (-trice f) ; (Ling) interrogatif

2 n (Ling) interrogatif m ◆ **in the interrogative** à l'interrogatif

interrogatively [ˌɪntəˈrɒɡətɪvlɪ] adv d'un air or d'un ton interrogateur ; (Ling) interrogativement

interrogator [ɪnˈterəɡeɪtəʳ] n interrogateur m, -trice f

interrogatory [ˌɪntəˈrɒɡətərɪ] adj interrogateur (-trice f)

interrupt [ˌɪntəˈrʌpt] → SYN **1** vt [+ speech, traffic, circuit, holiday] interrompre ; [+ communication] interrompre, couper ; [+ person] (when talking) interrompre, couper la parole à ; (when busy etc) interrompre ; [+ view] gêner, boucher ◆ **to interrupt a private conversation** interrompre un tête-à-tête ◆ **the match was interrupted by rain** le match a été interrompu par la pluie ◆ **don't interrupt!** pas d'interruptions ! ◆ **I don't want to interrupt, but ...** je ne voudrais pas vous interrompre, mais ...

2 COMP ▷ **interrupted screw** n (Tech) vis f à filets interrompus

interrupter, interruptor [ˌɪntəˈrʌptəʳ] n interrupteur m

interruption [ˌɪntəˈrʌpʃən] → SYN n interruption f ◆ **without interruption** sans interruption, sans arrêt ◆ **an interruption to her career** une interruption dans sa carrière

intersect [ˌɪntəˈsekt] → SYN **1** vt couper, croiser ; (Math) intersecter ◆ **the city is intersected by three waterways** la ville est traversée par trois cours d'eau

2 vi [lines, wires, roads etc] se couper, se croiser ; (Math) s'intersecter ◆ **intersecting arcs/lines** (Math) arcs mpl/lignes fpl intersecté(e)s ◆ **their histories intersect** leurs histoires se croisent ◆ **historical events intersect with our lives** nos vies sont traversées par des événements historiques ◆ **the path intersects with the main road** le chemin croise la route principale

intersection [ˌɪntəˈsekʃən] → SYN n (US = crossroads) croisement m, carrefour m ; (Math) intersection f

interservice [ˌɪntəˈsɜːvɪs] adj (Mil) interarmes inv

intersex [ˈɪntəseks] n (Zool) intersexué m

intersexual [ˌɪntəˈseksjʊəl] adj relations intersexuel ; (Zool) intersexué

intersperse [ˌɪntəˈspɜːs] vt semer, parsemer (among, between dans, parmi) ◆ **a book interspersed with quotations** un livre parsemé or émaillé de citations ◆ **a speech interspersed with jokes** un discours émaillé de plaisanteries ◆ **a rocky landscape interspersed with lakes** un paysage de rochers et de lacs ◆ **periods of tremendous heat interspersed with sudden showers** des périodes de très forte chaleur entrecoupées de brusques averses

interstate [ˌɪntəˈsteɪt] (US) **1** adj commerce etc entre états

2 n (also **interstate highway**) autoroute f (qui relie plusieurs États)

3 COMP ▷ **interstate highway** n → **2** → ROADS

interstellar [ˌɪntəˈsteləʳ] adj interstellaire, intersidéral

interstice [ɪnˈtɜːstɪs] n interstice m

interstitial [ˌɪntəˈstɪʃəl] **1** adj (Phys, Anat) interstitiel

2 n (Chem) (atome m) interstitiel m

intertextual [ˌɪntəˈtekstjʊəl] adj (Literat) intertextuel

intertextuality [ˈɪntəˌtekstjʊˈælɪtɪ] n (Literat) intertextualité f

intertrigo [ˌɪntəˈtraɪɡəʊ] n (Med) intertrigo m

intertwine [ˌɪntəˈtwaɪn] **1** vt entrelacer ◆ **their destinies are intertwined** leurs destins sont inextricablement liés

2 vi s'entrelacer ◆ **intertwining branches** branches fpl entrelacées ◆ **her fate intertwined with his** son destin était inextricablement lié au sien

interurban [ˌɪntəˈɜːbən] adj interurbain

interval [ˈɪntəvəl] → SYN n **a** (in time) intervalle m ◆ **at intervals** par intervalles ◆ **at frequent/regular intervals** à intervalles rapprochés/réguliers ◆ **at rare intervals** à intervalles espacés, de loin en loin ◆ **at fortnightly intervals** tous les quinze jours ◆ **there was an interval for discussion** il y eut une pause pour la discussion ◆ **he has lucid intervals** (Med) il a des moments de lucidité ◆ **showery intervals** (Met) averses fpl ; → **sunny**

b (Theat) entracte m ; (Sport) mi-temps f, pause f ; (Scol) récréation f

c (= space between objects) intervalle m, distance f ◆ **at intervals of 2 metres** à 2 mètres d'intervalle, à 2 mètres de distance ◆ **rest areas spaced at regular intervals along major roads** des aires de repos aménagées à intervalles réguliers sur les routes principales

d (Mus) intervalle m ◆ **second/third interval** intervalle m de seconde/de tierce

intervene [ˌɪntəˈviːn] → SYN **1** vi **a** [person] intervenir (in dans) ◆ **the government intervened to resolve the crisis** le gouvernement est intervenu pour résoudre la crise ◆ **Europe would intervene with military force** l'Europe interviendrait militairement

b [event, circumstances etc] survenir, arriver ; [time] s'écouler, s'étendre (between entre) ◆ **war intervened** survint la guerre ◆ **if nothing intervenes** s'il n'arrive or ne se passe rien entre-temps ◆ **you never know what might intervene between now and election day** on ne sait jamais ce qui pourrait se passer d'ici les élections

2 vt (= interrupt) ◆ **I've told you he's not here, Irene intervened** "je vous ai dit qu'il n'était pas là" coupa Irene

intervening [ˌɪntəˈviːnɪŋ] adj event survenu ; period of time intermédiaire ◆ **the intervening years were happy** les années qui s'écoulèrent entre-temps furent heureuses, la période intermédiaire a été heureuse ◆ **I had spent the intervening time in London** entre-temps j'étais resté à Londres ◆ **they scoured the intervening miles of moorland** ils ont parcouru les kilomètres de lande qui séparaient les deux endroits

intervention [ˌɪntəˈvenʃən] → SYN n intervention f (in dans) ◆ **intervention price** (Econ) prix m d'intervention

interventionism [ˌɪntəˈvenʃənɪzəm] n interventionnisme m

interventionist [ˌɪntəˈvenʃənɪst] n, adj interventionniste mf

intervertebral disc [ˌɪntəˈvɜːtɪbrəl] n (Anat) disque m intervertébral

interview [ˈɪntəvjuː] LANGUAGE IN USE 19.3, 19.5 → SYN

1 n **a** (for job, place on course etc) entretien m ; (to discuss working conditions, pay rise etc) entrevue f ◆ **to call** or **invite sb to (an) interview** convoquer qn à or pour un entretien ◆ **to come to (an) interview** venir pour or se présenter à un entretien ◆ **I had an interview with the manager** j'ai eu un entretien or une entrevue avec le directeur ◆ **the interviews will be held next week** les entretiens auront lieu la semaine prochaine

b (Press, Rad, TV) interview f ◆ **to give an interview** accorder une interview

2 vt **a** (for job, place on course etc) avoir un entretien avec ◆ **he is being interviewed on Monday** on le convoque (pour) lundi ◆ **she was interviewed for the job** elle a passé un entretien pour le poste

b (Press, Rad, TV) interviewer

c (Police) interroger ◆ **he was interviewed by the police** il a été interrogé par les policiers ◆ **the police want to interview him** la police le recherche

3 vi ◆ **we shall be interviewing throughout next week** nous faisons passer des entretiens toute la semaine prochaine

interviewee [ˌɪntəvjuːˈiː] n (for job, place on course etc) candidat(e) m(f) *(qui passe un entretien)*; (Press, Rad, TV) interviewé(e) m(f)

interviewer [ˈɪntəvjuər] → SYN n (Press, Rad, TV) interviewer m ; (in market research, opinion poll) enquêteur m, -trice f ◆ **the interviewer asked me ...** (for job etc) la personne qui m'a fait passer l'entretien m'a demandé ...

inter vivos [ˈɪntəˈviːvɒs] adj (Jur) ◆ **inter vivos gift** donation f entre vifs

intervocalic [ˌɪntəvəʊˈkælɪk] adj (Phon) intervocalique

interwar [ˈɪntəˈwɔːr] adj ◆ **the interwar period** or **years** l'entre-deux-guerres m

interweave [ˌɪntəˈwiːv] **1** vt [+ threads] tisser ensemble ; [+ lines etc] entrelacer ; (fig) [+ stories, subplots] entremêler

2 vi s'entrelacer, s'emmêler

intestacy [ɪnˈtestəsɪ] n ◆ **intestacy law** loi f sur les intestats

intestate [ɪnˈtestɪt] **1** adj (Jur) intestat f inv ◆ **to die intestate** mourir ab intestat

2 COMP ▷ **intestate estate** n succession f ab intestat

intestinal [ɪnˈtestɪnl] → SYN adj intestinal ◆ **intestinal blockage** occlusion f intestinale ◆ **to have intestinal fortitude** (US fig) avoir quelque chose dans le ventre *

intestine [ɪnˈtestɪn] n (Anat) intestin m ◆ **small intestine** intestin m grêle ◆ **large intestine** gros intestin m

inti [ˈɪntɪ] n inti m

intifada [ˌɪntɪˈfɑːdə] n intifada f

intimacy [ˈɪntɪməsɪ] → SYN n **a** (NonC) intimité f

b (NonC: sexual) rapports mpl (intimes or sexuels)

c intimacies familiarités fpl

intimate [ˈɪntɪmɪt] → SYN **1** adj **a** (= close) friend, friendship, contact intime ; link, bond étroit ; (sexually) intime ◆ **to be on intimate terms (with sb)** (gen) être intime (avec qn), être très proche (de qn) ; (sexually) avoir des relations intimes (avec qn) ◆ **to be intimate with sb** (euph = have sex with) avoir des rapports intimes avec qn (euph)

b (= private, cosy) conversation, moment, details, restaurant, photo etc intime ◆ **an intimate atmosphere** une atmosphère intime or d'intimité ◆ **an intimate candlelit dinner for two** un dîner aux chandelles en tête-à-tête

c (= detailed) ◆ **to have an intimate knowledge of sth** avoir une connaissance intime or approfondie de qch

2 n intime mf, familier m, -ière f

3 [ˈɪntɪmeɪt] vt (frm) **a** (= hint) laisser entendre, donner à entendre

b (= make known officially) annoncer *(that* que) ◆ **he intimated his approval, he intimated that he approved** il a annoncé qu'il était d'accord

intimately [ˈɪntɪmɪtlɪ] → SYN adv know intimement ; talk en toute intimité ◆ **intimately concerned** intimement concerné ◆ **to be intimately involved in** or **with a project** être très engagé dans un projet ◆ **to be intimately involved with sb** (sexually) avoir des relations intimes avec qn ◆ **intimately linked** or **connected** étroitement lié ◆ **to be intimately acquainted with sb/sth** connaître intimement qn/qch

intimation [ˌɪntɪˈmeɪʃən] → SYN n (= announcement) (gen) annonce f ; [of death] avis m ; [of birth, wedding] annonce f ; (= notice) signification f, notification f ; (= hint) suggestion f ; (= sign) indice m, indication f ◆ **this was the first intimation we had of their refusal** c'était la première fois qu'on nous notifiait leur refus ◆ **this was the first intimation we had that the company was in financial difficulty** c'était la première fois que nous entendions parler des difficultés financières de l'entreprise ◆ **he gave no intimation that he was going to resign** rien dans son comportement ne permettait de deviner qu'il allait démissionner

intimidate [ɪnˈtɪmɪdeɪt] → SYN vt intimider

intimidating [ɪnˈtɪmɪdeɪtɪŋ] adj person, manner, presence, atmosphere intimidant ; sight, figure impressionnant, intimidant ; tactics d'intimidation

intimidation [ɪnˌtɪmɪˈdeɪʃən] → SYN n (NonC) intimidation f ; (Jur) menaces fpl

intimidatory [ɪnˌtɪmɪˈdeɪtərɪ] adj tactics, telephone call d'intimidation ; behaviour intimidant

into [ˈɪntʊ]

When **into** *is an element in a phrasal verb, eg* **break into, enter into, look into, walk into,** *look up the verb.*

prep (gen) dans ◆ **to come** or **go into a room** entrer dans une pièce ◆ **to go into town** aller en ville ◆ **to get into a car** monter dans une voiture or en voiture ◆ **he helped his mother into the car** il a aidé sa mère à monter dans la or en voiture ◆ **she fell into the lake** elle est tombée dans le lac ◆ **he went off into the desert** il est parti dans le désert ◆ **to put sth into a box** mettre qch dans une boîte ◆ **put the book into it** mets le livre dedans ◆ **it broke into a thousand pieces** ça s'est cassé en mille morceaux ◆ **to change traveller's cheques into francs/francs into pounds** changer des chèques de voyage contre des francs/des francs contre des livres sterling ◆ **to translate** or **put sth into French** traduire qch en français ◆ **he went further into the forest** il s'est enfoncé dans la forêt ◆ **far into the night** tard dans la nuit ◆ **it was into 1996** c'était déjà 1996, on était déjà en 1996 ◆ **it continued well into** or **far into 1996** cela a continué pendant une bonne partie de 1996 ◆ **he's well into his fifties/sixties** il a une bonne cinquantaine/soixantaine d'années ◆ **he's well into his seventies/eighties** il a soixante-dix/quatre-vingts ans bien tassés * ◆ **let's not go into that again!** ne revenons pas là-dessus ! ◆ **we must go into this very carefully** nous devons étudier la question de très près ◆ **4 into 12 goes 3** 12 divisé par 4 donne 3 ◆ **the children are into everything** * les enfants touchent à tout ◆ **she's into** * **health foods/jazz/buying antiques** les aliments naturels/le jazz/acheter des antiquités, c'est son truc * ◆ **to be into drugs** * toucher à la drogue * ; → **burst, get into, grow into**

intolerable [ɪnˈtɒlərəbl] → SYN adj (= unacceptable) intolérable ; (= unbearable) insupportable, intolérable ◆ **an intolerable intrusion into his private life** une intrusion intolérable dans sa vie privée ◆ **the heat was intolerable** la chaleur était insupportable or intolérable ◆ **it is intolerable that ...** il est intolérable or il n'est pas tolérable que ... (+ subj)

intolerably [ɪnˈtɒlərəblɪ] adv (frm) **a** high, low, expensive, rude, arrogant etc horriblement ◆ **it was intolerably hot** il faisait une chaleur intolérable or insupportable, il faisait horriblement chaud

b (with vb) annoy, disturb, behave de façon intolérable

intolerance [ɪnˈtɒlərəns] → SYN n (NonC: also Med) intolérance f

intolerant [ɪnˈtɒlərənt] → SYN adj intolérant ◆ **to be intolerant of** (gen) ne pas supporter ; (Med) foodstuff, drug etc présenter une intolérance à

intolerantly [ɪnˈtɒlərəntlɪ] adv avec intolérance

intonation [ˌɪntəʊˈneɪʃən] n (Ling, Mus) intonation f

intone [ɪnˈtəʊn] → SYN vt entonner ; (Rel) psalmodier

intoxicant [ɪnˈtɒksɪkənt] **1** adj enivrant

2 n (= alcohol) alcool m, boisson f alcoolisée ; (= narcotic) stupéfiant m

intoxicate [ɪnˈtɒksɪkeɪt] → SYN vt (lit, fig) enivrer

intoxicated [ɪnˈtɒksɪkeɪtɪd] → SYN adj (frm = drunk) en état d'ivresse ◆ **intoxicated by** or **with success/victory** etc enivré par le succès/la victoire etc

intoxicating [ɪnˈtɒksɪkeɪtɪŋ] → SYN adj drink alcoolisé ; effect, perfume enivrant

intoxication [ɪnˌtɒksɪˈkeɪʃən] → SYN n ivresse f ; (Med) intoxication f (par l'alcool) ; (fig) ivresse f ◆ **in a state of intoxication** (Jur) en état d'ivresse or d'ébriété

intra... [ˈɪntrə] pref intra... ◆ **intra-atomic** intra-atomique

intracardiac [ˌɪntrəˈkɑːdɪæk] adj intracardiaque

intracellular [ˌɪntrəˈseljʊlər] adj (Bio) intracellulaire

intracranial [ˌɪntrəˈkreɪnɪəl] adj intracrânien

intractability [ɪnˌtræktəˈbɪlɪtɪ] n **a** (= difficulty) [of problem, dispute] insolubilité f (frm), caractère m insoluble

b (= stubbornness) [of person, government] intransigeance f

intractable [ɪnˈtræktəbl] adj problem insoluble ; illness, pain réfractaire (à tout traitement) ; child, temper intraitable, indocile

intradermal [ˌɪntrəˈdɜːməl] adj (Med) intradermique

intrados [ɪnˈtreɪdɒs] n, pl **intrados** or **intradoses** (Archit) intrados m

intramolecular [ˌɪntrəməˈlekjʊlər] adj intramoléculaire

intramural [ˌɪntrəˈmjʊərəl] **1** adj studies, sports, competitions à l'intérieur d'un même établissement

2 intramurals npl (US Scol, Univ) matchs mpl entre élèves (or étudiants) d'un même établissement

intramuscular [ˌɪntrəˈmʌskjʊlər] adj intramusculaire

intramuscularly [ˌɪntrəˈmʌskjʊləlɪ] adv par voie intramusculaire

intranet [ˈɪntrənet] n intranet m

intransigence [ɪnˈtrænsɪdʒəns] n intransigeance f

intransigent [ɪnˈtrænsɪdʒənt] → SYN adj, n intransigeant(e) m(f)

intransigently [ɪnˈtrænsɪdʒəntlɪ] adv avec intransigeance, de manière intransigeante

intransitive [ɪnˈtrænsɪtɪv] adj, n (Gram) intransitif m

intransitively [ɪnˈtrænsɪtɪvlɪ] adv (Gram) intransitivement

intransitivity [ɪnˌtrænsɪˈtɪvɪtɪ] n (Gram) intransitivité f

intranuclear [ˌɪntrəˈnjuːklɪər] adj intranucléaire

intrapreneur [ˌɪntrəprəˈnɜːr] n *cadre qui fait preuve d'esprit d'entreprise et à qui l'on confie le développement d'une nouvelle filiale*

intrastate [ˌɪntrəˈsteɪt] adj à l'intérieur d'un État (or de l'État)

intrauterine [ˌɪntrəˈjuːtəraɪn] **1** adj procedure, surgery, insemination, pregnancy intra-utérin

2 COMP ▷ **intrauterine device** n stérilet m, dispositif m anticonceptionnel intra-utérin

intravenous [ˌɪntrəˈviːnəs] **1** adj injection, fluids, solution intraveineux ; feeding par voie intraveineuse ; line, tube, needle par voie intraveineuse ; drugs administré par voie intraveineuse ◆ **intravenous drug users/drug use** utilisateurs mpl/utilisation f de drogue par voie intraveineuse

2 COMP ▷ **intravenous drip** n perfusion f intraveineuse, goutte-à-goutte m ▷ **intravenous injection** n (injection f or piqûre f) intraveineuse

intravenously [ˌɪntrəˈviːnəslɪ] adv par voie intraveineuse

intrepid / invalidly

intrepid [ɪnˈtrepɪd] → SYN *adj* intrépide

intrepidity [ˌɪntrɪˈpɪdɪtɪ] *n* intrépidité f

intrepidly [ɪnˈtrepɪdlɪ] *adv* intrépidement

intricacy [ˈɪntrɪkəsɪ] → SYN *n* [of problem, plot, pattern, mechanism] complexité f ◆ **the intricacies of English law** les subtilités fpl du droit anglais

intricate [ˈɪntrɪkɪt] → SYN *adj* mechanism complexe ; pattern, style complexe, très élaboré ; plot, problem, situation complexe ◆ **all the intricate details** les détails dans toute leur complexité

intricately [ˈɪntrɪkɪtlɪ] *adv* ◆ **intricately carved** finement sculpté ◆ **intricately designed** (in conception) de conception très élaborée ; (elaborately drawn) au dessin or motif très élaboré ◆ **intricately patterned tiles** des carreaux aux motifs complexes or élaborés

intrigue [ɪnˈtriːɡ] → SYN **1** *vi* intriguer, comploter (*with sb* avec qn ; *to do sth* pour faire qch)
2 *vt* intriguer ◆ **she intrigues me** elle m'intrigue ◆ **go on, I'm intrigued** continue, ça m'intrigue ◆ **I'm intrigued to hear what she's been saying** je suis curieux de savoir ce qu'elle a dit ◆ **I was intrigued with** or **by what you said about the case** ce que vous avez dit sur l'affaire m'a intrigué
3 *n* (= plot) intrigue f ; (= love affair) intrigue f, liaison f ◆ **political intrigue** intrigue f politique

intriguer [ɪnˈtriːɡər] *n* intrigant(e) m(f)

intriguing [ɪnˈtriːɡɪŋ] → SYN **1** *adj* fascinant
2 *n* (NonC) intrigues fpl

intriguingly [ɪnˈtriːɡɪŋlɪ] *adv* ◆ **intriguingly different** étrangement différent ◆ **intriguingly original** d'une originalité fascinante ◆ **intriguingly-titled** au titre fascinant ◆ **intriguingly, this was never confirmed** très curieusement, ça n'a jamais été confirmé

intrinsic [ɪnˈtrɪnsɪk] → SYN *adj* intrinsèque ◆ **the sculpture has no intrinsic value** cette sculpture n'a pas de valeur intrinsèque ◆ **financial insecurity is intrinsic to capitalism** l'insécurité financière est une caractéristique intrinsèque du capitalisme

intrinsically [ɪnˈtrɪnsɪklɪ] *adv* intrinsèquement ◆ **intrinsically linked** intrinsèquement lié

intro* [ˈɪntrəʊ] *n* (abbrev of **introduction**) intro* f

intro... [ˈɪntrəʊ] *pref* intro...

introduce [ˌɪntrəˈdjuːs] → SYN *vt* **a** (= make acquainted) présenter ◆ **he introduced me to his friend** il m'a présenté à son ami ◆ **let me introduce myself** permettez-moi de me présenter ◆ **I introduced myself to my new neighbour** je me suis présenté à mon nouveau voisin ◆ **who introduced them?** qui les a présentés ? ◆ **we haven't been introduced** nous ne nous sommes pas été présentés ◆ **may I introduce Mr Smith?** (frm) puis-je (me permettre de) vous présenter M. Smith ? ◆ **he introduced me to the delights of skiing** il m'a initié aux plaisirs du ski ◆ **I was introduced to Shakespeare at the age of 11** on m'a fait connaître Shakespeare quand j'avais 11 ans ◆ **who introduced him to drugs?** qui est-ce qui lui a fait connaître la drogue ?
b (= announce etc) [+ speaker] présenter ; [+ subject] présenter, aborder ; (Rad, TV) [+ programme etc] présenter
c (= adopt, bring in) [+ reform, new method, innovation] introduire, mettre en place ; [+ practice] faire adopter, introduire ; (= tackle) [+ subject, question] aborder ◆ **to introduce a bill** (Parl) présenter un projet de loi ◆ **this introduced a note of irony into the conversation** ça a introduit une note d'ironie dans la conversation
d (= put in place) introduire ; [+ key etc] introduire, insérer (*into* dans) ◆ **he introduced the tape recorder surreptitiously** il a introduit subrepticement le magnétophone ◆ **when video cameras were first introduced into the courtroom** le jour où les caméras ont été autorisées pour la première fois dans les salles d'audience ◆ **we were introduced into a dark room** (frm) on nous introduisit dans une pièce sombre ◆ **I introduced him into the firm** je l'ai introduit or fait entrer dans l'entreprise ◆ **privatization will introduce real competition into the telecommunications industry** la privatisation amènera une réelle concurrence dans l'industrie des télécommunications ◆ **potatoes were introduced into Europe from America** la pomme de terre a été introduite d'Amérique en Europe

introduction [ˌɪntrəˈdʌkʃən] → SYN **1** *n* **a** (= introducing, putting in place: gen) introduction f (*into* dans) ; [of system, legislation] mise f en place ◆ **the introduction of new technology** l'introduction des technologies nouvelles ◆ **his introduction to professional football** ses débuts dans le monde du football professionnel
b présentation f (*of sb to sb* de qn à qn) ◆ **to give sb an introduction** or **a letter of introduction to sb** donner à qn une lettre de recommandation auprès de qn ◆ **someone who needs no introduction** une personne qu'il est inutile de présenter ◆ **will you make** or **do* the introductions?** voulez-vous faire les présentations ?
c (to book etc) avant-propos m, introduction f
d (= elementary course) introduction f (*to* à), manuel m élémentaire ◆ **"an introduction to German"** "initiation à l'allemand"
2 COMP ▷ **introduction agency** *n* club m de rencontres

introductory [ˌɪntrəˈdʌktərɪ] → SYN *adj* préliminaire, d'introduction ◆ **a few introductory words** quelques mots d'introduction ◆ **introductory remarks** remarques fpl (pré)liminaires, préambule m ◆ **introductory offer** (Comm) offre f de lancement ◆ **an introductory price of £2.99** un prix de lancement de 2,99 livres

introit [ˈɪntrɔɪt] *n* introït m

introjection [ˌɪntrəˈdʒekʃən] *n* introjection f

intromission [ˌɪntrəˈmɪʃən] *n* intromission f

intron [ˈɪntrɒn] *n* intron m

introrse [ɪnˈtrɔːs] *adj* introrse

introspection [ˌɪntrəʊˈspekʃən] *n* (NonC) introspection f

introspective [ˌɪntrəʊˈspektɪv] → SYN *adj* introspectif, replié sur soi-même

introspectiveness [ˌɪntrəʊˈspektɪvnɪs] *n* tendance f à l'introspection

introversion [ˌɪntrəʊˈvɜːʃən] *n* introversion f

introvert [ˈɪntrəʊvɜːt] → SYN **1** *n* (Psych) introverti(e) m(f) ◆ **he's something of an introvert** c'est un caractère plutôt fermé
2 *adj* introverti
3 *vt* (Psych) ◆ **to become introverted** se replier sur soi-même

introverted [ˈɪntrəʊvɜːtɪd] → SYN *adj* (Psych) introverti ; (fig) (= inward-looking) system, society replié sur soi-même

intrude [ɪnˈtruːd] → SYN **1** *vi* [person] être importun, s'imposer ◆ **to intrude on sb's privacy** s'ingérer dans la vie privée de qn ◆ **to intrude on sb's grief** ne pas respecter le chagrin de qn ◆ **to intrude into sb's affairs** s'immiscer or s'ingérer dans les affaires de qn ◆ **my family has been intruded upon by the press** la presse s'est immiscée dans la vie privée de ma famille ◆ **I don't want to intrude on your meeting** je ne veux pas interrompre votre réunion ◆ **don't let personal feelings intrude** ne vous laissez pas influencer par vos sentiments ◆ **don't let negative thoughts intrude** écartez toute pensée négative ◆ **am I intruding?** est-ce que je (vous) dérange ? ; (stronger) est-ce que je (vous) gêne ?
2 *vt* introduire de force (*into* dans), imposer (*into* à) ◆ **to intrude one's views (on sb)** imposer ses idées (à qn)

intruder [ɪnˈtruːdər] → SYN **1** *n* (= person, animal) intrus(e) m(f) ; (Mil, Aviat) (= aircraft) avion pénétrant sans autorisation dans un espace aérien ◆ **the intruder fled when he heard the car** l'intrus s'est enfui en entendant la voiture ◆ **I felt like an intruder** je me sentais étranger or de trop
2 COMP ▷ **intruder alarm** *n* alarme f anti-effraction

intrusion [ɪnˈtruːʒən] → SYN *n* intrusion f (*into* dans) ◆ **excuse this intrusion** excusez-moi de vous déranger

intrusive [ɪnˈtruːsɪv] → SYN *adj* person, presence indiscret (-ète f), importun ◆ **intrusive consonant** (Ling) consonne f d'appui ◆ **the intrusive "r"** (Ling) le r ajouté en anglais en liaison abusive

intubate [ˈɪntjəʊbeɪt] *vt* intuber

intubation [ˌɪntjʊˈbeɪʃən] *n* (Med) intubation f

INTUC [ˈɪntʌk] *n* (abbrev of **Indian National Trade Union Congress**) confédération des syndicats indiens

intuit [ɪnˈtjʊɪt] *vt* ◆ **to intuit that ...** savoir intuitivement or par intuition que ..., avoir l'intuition que ... ◆ **he intuits your every thought** il connaît intuitivement toutes vos pensées

intuition [ˌɪntjuːˈɪʃən] → SYN *n* intuition f ◆ **female** or **woman's intuition** l'intuition féminine

intuitive [ɪnˈtjuːɪtɪv] → SYN *adj* intuitif

intuitively [ɪnˈtjuːɪtvlɪ] *adv* intuitivement ◆ **the plan seemed intuitively attractive** intuitivement, ce projet nous (or leur etc) a plu ◆ **intuitively, the idea seems reasonable to me** intuitivement, je trouve cette idée raisonnable

intussusception [ˌɪntəsəˈsepʃən] *n* (Bio, Med) intussusception f

Inuit [ˈɪnjuːɪt] **1** *n* Inuit mf ◆ **the Inuit(s)** les Inuit mfpl
2 *adj* inuit inv

inulin [ˈɪnjʊlɪn] *n* inuline f

inundate [ˈɪnʌndeɪt] → SYN *vt* (lit, fig) inonder (*with* de) ◆ **to be inundated with work** être débordé (de travail), être submergé de travail ◆ **to be inundated with visits** être inondé de visiteurs, être débordé de visites ◆ **to be inundated with letters** être submergé de lettres

inundation [ˌɪnʌnˈdeɪʃən] *n* inondation f

inure [ɪnˈjʊər] *vt* ◆ **to be inured to** [+ criticism, cold] être endurci contre ; [+ sb's charms] être insensible à ; [+ pressures] être habitué à ◆ **to inure o.s. to sth** s'aguerrir à qch

in utero [ɪnˈjuːtərəʊ] *adj, adv* (Med) in utero

invade [ɪnˈveɪd] → SYN *vt* **a** (gen, Mil, fig) envahir ◆ **city invaded by tourists** ville f envahie par les touristes ◆ **he was suddenly invaded by doubts** il fut soudain envahi de doutes ◆ **cells that have been invaded by a virus** des cellules qui ont été envahies par un virus
b [+ privacy] violer, s'ingérer dans ◆ **to invade sb's rights** empiéter sur les droits de qn

invader [ɪnˈveɪdər] → SYN *n* envahisseur m, -euse f ◆ **the immune system produces antibodies to neutralize the invader** le système immunitaire fabrique des anticorps afin de neutraliser l'envahisseur

invading [ɪnˈveɪdɪŋ] *adj* army, troops d'invasion ◆ **the invading Romans** l'envahisseur romain

invaginate [ɪnˈvædʒɪneɪt] **1** *vt* invaginer
2 *vi* s'invaginer

invagination [ɪnˌvædʒɪˈneɪʃən] *n* invagination f

invalid[1] [ˈɪnvəlɪd] → SYN **1** *n* (= sick person) malade mf ; (with disability) invalide mf, infirme mf ◆ **chronic invalid** malade mf chronique ◆ **to treat sb like an invalid** traiter qn comme un handicapé
2 *adj* (= ill) malade ; (with disability) invalide, infirme
3 [ˈɪnvəliːd] *vt* (esp Brit Mil) ◆ **he was invalided home from the front** il fut rapatrié du front pour blessures (or pour raisons de santé)
4 COMP ▷ **invalid car, invalid carriage** *n* (Brit) voiture f d'infirme or pour handicapé

▶ **invalid out** *vt sep* (Mil) ◆ **to invalid sb out of the army** réformer qn (pour blessures or pour raisons de santé)

invalid[2] [ɪnˈvælɪd] → SYN *adj* (esp Jur) non valide, non valable ; argument nul (nulle f) ◆ **to become invalid** [ticket] ne plus être valable, être périmé ◆ **to declare sth invalid** déclarer qch nul

invalidate [ɪnˈvælɪdeɪt] → SYN *vt* invalider, annuler ; (Jur) casser, infirmer ; [+ will] rendre nul et sans effet ; [+ contract] vicier ; [+ statute] abroger

invalidation [ɪnˌvælɪˈdeɪʃən] *n* invalidation f

invalidity [ˌɪnvəˈlɪdɪtɪ] *n* **a** (= disability) invalidité f ◆ **invalidity benefit** (Brit Admin) allocation f d'invalidité
b [of argument] nullité f ; [of law, election] invalidité f

invalidly [ɪnˈvælɪdlɪ] *adv* invalidement

invaluable [ɪnˈvæljʊəbl] → SYN adj (lit, fig) inestimable, inappréciable ◆ **her help or she has been invaluable to me** elle m'a été d'une aide inestimable or inappréciable

invariable [ɪnˈvɛərɪəbl] → SYN adj invariable

invariably [ɪnˈvɛərɪəblɪ] → SYN adv invariablement

invariance [ɪnˈvɛərɪəns] n invariance f

invariant [ɪnˈvɛərɪənt] adj, n invariant m

invasion [ɪnˈveɪʒən] → SYN n **a** (Mil, fig) invasion f ◆ **a tourist invasion** une invasion de touristes
 b [of rights] empiètement m (of sur) ◆ **invasion of privacy** (by journalist, police etc) intrusion f dans la vie privée ◆ **reading her diary was a gross invasion of privacy** lire son journal intime était une intrusion choquante dans sa vie privée

invasive [ɪnˈveɪsɪv] adj (Med) disease (gen) qui gagne du terrain ; cancer, carcinoma invasif ; surgery, treatment agressif ◆ **the legislation has been criticized as being too invasive** cette législation a été critiquée parce qu'elle porterait atteinte à la vie privée

invective [ɪnˈvɛktɪv] → SYN n (NonC) invective f ◆ **torrent** or **stream of invective** flot m d'invectives or d'injures ◆ **racist invective** injures fpl racistes

inveigh [ɪnˈveɪ] vi ◆ **to inveigh against sb/sth** invectiver qn/qch ; (more violently) fulminer or tonner contre qn/qch

inveigle [ɪnˈviːgl] vt ◆ **to inveigle sb into sth** entraîner or attirer qn dans qch (par la ruse) ◆ **to inveigle sb into doing sth** entraîner or amener qn à faire qch (par la ruse)

invent [ɪnˈvɛnt] → SYN vt (lit, fig) inventer

invention [ɪnˈvɛnʃən] → SYN n **a** invention f ◆ **the invention of the telephone** l'invention f du téléphone ◆ **one of his most practical inventions** une de ses inventions les plus pratiques
 b (= falsehood) invention f, mensonge m ◆ **it was pure invention on her part** c'était pure invention de sa part ◆ **it was (an) invention from start to finish** c'était de l'invention du début à la fin

inventive [ɪnˈvɛntɪv] → SYN adj inventif

inventiveness [ɪnˈvɛntɪvnɪs] n (NonC) esprit m inventif or d'invention

inventor [ɪnˈvɛntər] → SYN n inventeur m, -trice f

inventory [ˈɪnvəntrɪ] → SYN **1** n inventaire m ; (US Comm) stock m ◆ **to draw up** or **make an inventory of sth** inventorier qch, faire or dresser un inventaire de qch ◆ **inventory of fixtures** état m des lieux
 2 vt inventorier
 3 COMP ▷ **inventory control** n (US Comm) gestion f des stocks

inverse [ˈɪnvɜːs] → SYN **1** adj inverse ◆ **in inverse order** en sens inverse ◆ **in inverse proportion to** inversement proportionnel à ◆ **in inverse ratio (to)** en raison inverse (de) ◆ **an inverse relationship between ...** une relation inverse entre ...
 2 n inverse m, contraire m
 3 COMP ▷ **inverse function** n fonction f inverse

inversely [ɪnˈvɜːslɪ] adv inversement

inversion [ɪnˈvɜːʃən] → SYN n (gen) inversion f ; [of values, roles etc] (also Mus) renversement m

invert [ɪnˈvɜːt] → SYN **1** vt **a** [+ elements, order, words] inverser, intervertir ; [+ roles] renverser, intervertir ◆ **to invert a process** renverser une opération
 b [+ cup, object] retourner
 2 [ˈɪnvɜːt] n (Psych) inverti(e) m(f)
 3 COMP ▷ **inverted chord** n (Mus) accord m renversé ▷ **inverted commas** npl (Brit) guillemets mpl ◆ **in inverted commas** entre guillemets ▷ **inverted nipples** npl mamelons mpl ombiliqués ▷ **inverted snobbery** n snobisme m à l'envers ▷ **invert sugar** n sucre m inverti

invertase [ɪnˈvɜːteɪz] n (Bio) invertase f

invertebrate [ɪnˈvɜːtɪbrɪt] adj, n invertébré m

inverter, invertor [ɪnˈvɜːtər] n (Elec) inverseur m

invest [ɪnˈvɛst] → SYN **1** vt **a** (Fin) [+ money, capital, funds] investir, placer (in dans, en) ◆ **to invest money** faire un or des placement(s), placer de l'argent ◆ **I have invested a lot of time in this project** j'ai consacré beaucoup de temps à ce projet ◆ **she invested a lot of effort in it** elle s'est beaucoup investie
 b (= endow) revêtir, investir (sb with sth qn de qch) ◆ **to invest sb as** [+ monarch, president etc] élever qn à la dignité de ◆ **the buildings are invested with a nation's history** ces bâtiments sont empreints de l'histoire d'une nation
 c (Mil = surround) investir, cerner
 2 vi investir ◆ **to invest in shares/property** placer son argent or investir dans des actions/dans l'immobilier ◆ **I've invested in a new car** (hum) je me suis offert une nouvelle voiture

investigate [ɪnˈvɛstɪgeɪt] → SYN vt [+ question, possibilities] examiner, étudier ; [+ motive, reason] scruter, sonder ; [+ crime] enquêter sur, faire une enquête sur

investigation [ɪnˌvɛstɪˈgeɪʃən] → SYN n **a** (NonC) [of facts, question] examen m ; [of crime] enquête f (of sur) ◆ **to be under investigation for sth** faire l'objet d'une enquête pour qch ◆ **the matter under investigation** la question à l'étude
 b [of researcher] investigation f, enquête f ; [of policeman] enquête f ◆ **his investigations led him to believe that ...** ses investigations l'ont amené à penser que ... ◆ **criminal investigation** enquête f criminelle ◆ **to launch an investigation** ouvrir une enquête ◆ **preliminary investigation** enquête f or investigations fpl préalable(s) or préparatoire(s) ◆ **it calls for an immediate investigation** cela demande une étude immédiate or à être étudié immédiatement ◆ **to call for an immediate investigation into sth** demander que l'on ouvre (subj) immédiatement une enquête sur qch ◆ **to order an investigation into** or **of sth** ordonner une enquête sur qch ◆ **we have made investigations** nous avons fait une enquête or des recherches

investigative [ɪnˈvɛstɪˌgeɪtɪv] adj journalism, reporter, team, method d'investigation

investigator [ɪnˈvɛstɪgeɪtər] → SYN n investigateur m, -trice f ; → **private**

investigatory [ɪnˈvɛstɪˌgeɪtərɪ] adj ◆ **investigatory group/panel** groupe m/commission f d'enquête

investiture [ɪnˈvɛstɪtʃər] → SYN n investiture f

investment [ɪnˈvɛstmənt] → SYN **1** n **a** (Fin) investissement m, placement m ; (fig, esp Psych) investissement m ◆ **by careful investment of his capital** en investissant or plaçant soigneusement son capital ◆ **he regretted his investment in the company** il regrettait d'avoir investi dans la firme ◆ **investment in shares** placement m en valeurs ◆ **investment in property** placement m or investissement m immobilier ◆ **we need a major investment in new technology** il nous faut investir massivement dans les nouvelles technologies ◆ **foreign investment in the region** les investissements mpl étrangers dans la région ◆ **investments** (= money invested) placements mpl, investissements mpl ◆ **return on one's investments** retour m sur investissement ◆ **a portable TV is always a good investment** une télévision portable est toujours un bon investissement
 b (Mil) investissement m
 c ⇒ **investiture**
 2 COMP ▷ **investment account** n compte m d'investissement ▷ **investment analyst** n analyste mf en placements ▷ **investment bank** n (US) banque f d'affaires or d'investissement ▷ **investment bond** n contrat d'assurance vie à cotisation unique ▷ **investment company** n société f de placement ▷ **investment grant** n subvention f d'équipement or d'investissement ▷ **investment income** n revenu m des placements or des investissements ▷ **investment management** n gestion f de portefeuille ▷ **investment manager** n gérant(e) m(f) de portefeuille ▷ **investment opportunities** npl investissements mpl or placements mpl intéressants ▷ **investment portfolio** n portefeuille m d'investissement ▷ **investment trust** n société f d'investissement

investor [ɪnˈvɛstər] n (gen) investisseur m ; (= shareholder) actionnaire mf ◆ **(the) big investors** les gros actionnaires mpl ◆ **(the) small investors** les petits actionnaires mpl, la petite épargne (NonC)

inveterate [ɪnˈvɛtərɪt] → SYN adj gambler, smoker, liar invétéré ; traveller insatiable ; collector impénitent ; laziness, extravagance incurable

invidious [ɪnˈvɪdɪəs] → SYN adj decision, distinction, choice injuste, propre à susciter la jalousie ; comparison blessant, désobligeant ; task ingrat, déplaisant

invigilate [ɪnˈvɪdʒɪleɪt] (Brit) **1** vi être de surveillance (à un examen)
 2 vt [+ examination] surveiller

invigilation [ɪnˌvɪdʒɪˈleɪʃən] n (Brit) surveillance f des examens

invigilator [ɪnˈvɪdʒɪleɪtər] n (Brit) surveillant(e) m(f) (à un examen)

invigorate [ɪnˈvɪgəreɪt] → SYN vt [+ person] [drink, food, thought, fresh air] redonner des forces à, revigorer ; [climate, air] vivifier, tonifier ; [exercise] tonifier ; [+ campaign] animer ◆ **to feel invigorated** se sentir revigoré or vivifié

invigorating [ɪnˈvɪgəreɪtɪŋ] adj climate, air, walk vivifiant, tonifiant ; speech stimulant

invincibility [ɪnˌvɪnsɪˈbɪlɪtɪ] n invincibilité f

invincible [ɪnˈvɪnsəbl] → SYN adj **a** (= unbeatable) invincible
 b (= unshakeable) faith, belief, spirit inébranlable

inviolability [ɪnˌvaɪələˈbɪlɪtɪ] n inviolabilité f

inviolable [ɪnˈvaɪələbl] → SYN adj inviolable

inviolably [ɪnˈvaɪələblɪ] adv inviolablement

inviolate [ɪnˈvaɪəlɪt] → SYN adj inviolé

invisibility [ɪnˌvɪzəˈbɪlɪtɪ] n invisibilité f

invisible [ɪnˈvɪzəbl] → SYN **1** adj **a** (lit) invisible
 b (fig = ignored) ignoré ◆ **to feel invisible** se sentir ignoré
 2 **invisibles** npl invisibles mpl
 3 COMP ▷ **invisible assets** n (Fin) actifs mpl incorporels ▷ **invisible earnings** n revenus npl invisibles ▷ **invisible exports** npl exportations fpl invisibles ▷ **invisible imports** n importations fpl invisibles ▷ **invisible ink** n encre f sympathique ▷ **invisible mending** n stoppage m

invisibly [ɪnˈvɪzəblɪ] adv invisiblement

invitation [ˌɪnvɪˈteɪʃən] LANGUAGE IN USE 25 → SYN
 1 n invitation f ◆ **invitation to dinner** invitation f à dîner ◆ **I have an open** or **standing invitation to their home** je suis toujours le bienvenu chez eux ◆ **the unions have not yet accepted the invitation to attend** les syndicats n'ont pas encore accepté de venir ◆ **their invitation to attend a July conference** leur invitation à participer à une conférence en juillet ◆ **he has refused an invitation to attend the inauguration ceremony** il a refusé d'assister à la cérémonie d'ouverture ◆ **at sb's invitation** à or sur l'invitation de qn ◆ **by invitation (only)** sur invitation (seulement) ◆ **to send out invitations** envoyer des invitations ◆ **invitation to bid** (Fin) avis m d'appel d'offres ◆ **this lock is an open invitation to burglars!** (iro) cette serrure est une véritable invite au cambriolage !
 2 COMP ▷ **invitation card** n (carte f or carton m d')invitation f

invitational [ˌɪnvɪˈteɪʃənl] adj (Sport) ◆ **invitational tournament** tournoi m sur invitation

invite [ɪnˈvaɪt] LANGUAGE IN USE 25.1 → SYN
 1 vt **a** (= ask) [+ person] inviter (to do sth à faire qch) ◆ **to invite sb to dinner** inviter qn à dîner ◆ **he invited him for a drink** il l'a invité à prendre un verre ◆ **I've never been invited to their house** je n'ai jamais été invité chez eux ◆ **he was invited to the ceremony** il a été invité (à assister) à la cérémonie ◆ **to invite sb in/up** etc inviter qn à entrer/monter etc ◆ **that store invites thieves** (iro) ce magasin est une invite au vol
 b (ask for) [+ sb's attention, subscriptions etc] demander, solliciter ◆ **when he had finished he invited questions from the audience** quand il eut fini il invita le public à poser des questions ◆ **he was invited to give his opinion** on l'a invité à donner son avis
 c (= lead to) [+ confidences, questions, doubts, ridicule] appeler ; [+ discussion, step] inviter à ; [+ failure, defeat] chercher ◆ **I wouldn't walk home alone, it only invites trouble** je ne ren-

irresoluteness [ɪˈrezəluːtnɪs] n irrésolution f, indécision f

irrespective [ˌɪrɪˈspektɪv] adj ◆ **irrespective of** ◆ **they were all the same price, irrespective of their quality** ils étaient tous au même prix, indépendamment de leur qualité or quelle que soit la qualité ◆ **irrespective of race, creed or colour** sans distinction de race, de religion ou de couleur, indépendamment de la race, de la religion ou de la couleur ◆ **irrespective of whether they are needed** que l'on en ait besoin ou non

irresponsibility [ˈɪrɪsˌpɒnsəˈbɪlɪtɪ] n [of person] irresponsabilité f (also Jur), légèreté f ; [of act] légèreté f

irresponsible [ˌɪrɪsˈpɒnsəbl] → SYN adj person, behaviour, attitude, action (also Jur) irresponsable ; remark irréfléchi ◆ **it was irresponsible of her to say that, she was irresponsible to say that** c'était irresponsable de sa part de dire cela ◆ **it would be irresponsible of me to encourage you** ce serait irresponsable de ma part si je t'encourageais ◆ **it is irresponsible to drink and drive** c'est faire preuve d'irresponsabilité de conduire lorsqu'on a bu

irresponsibly [ˌɪrɪsˈpɒnsɪblɪ] adv act, behave de façon irresponsable ◆ **irresponsibly extravagant** d'une extravagance irresponsable

irretrievable [ˌɪrɪˈtriːvəbl] adj harm, damage, loss irréparable ; object irrécupérable ; (Fin) debt irrécouvrable ◆ **the irretrievable breakdown of a relationship** la rupture irrémédiable d'une relation ◆ **to divorce on grounds of irretrievable breakdown** (Jur) divorcer pour rupture de la vie commune

irretrievably [ˌɪrɪˈtriːvəblɪ] adv irréparablement, irrémédiablement

irreverence [ɪˈrevərəns] → SYN n irrévérence f

irreverent [ɪˈrevərənt] → SYN adj irrévérencieux

irreverently [ɪˈrevərəntlɪ] adv irrévérencieusement

irreversible [ˌɪrɪˈvɜːsəbl] → SYN adj damage, process, change, decline, disease, brain damage, operation irréversible ; decision, judgment irrévocable

irreversibly [ˌɪrɪˈvɜːsəblɪ] adv change irréversiblement ; damage de façon irréversible

irrevocable [ɪˈrevəkəbl] → SYN adj irrévocable

irrevocably [ɪˈrevəkəblɪ] adv irrévocablement

irrigable [ˈɪrɪgəbl] adj irrigable

irrigate [ˈɪrɪgeɪt] → SYN vt (Agr, Med) irriguer

irrigation [ˌɪrɪˈgeɪʃən] n (Agr, Med) irrigation f

irritability [ˌɪrɪtəˈbɪlɪtɪ] → SYN n irritabilité f

irritable [ˈɪrɪtəbl] → SYN 1 adj person (= cross) irritable, (= irascible) irascible, coléreux ; look, mood irritable ; temperament, nature irascible ◆ **to get** or **grow irritable** devenir irritable
  2 COMP ▷ **irritable bowel syndrome** n syndrome m du côlon irritable, colopathie f spasmodique

irritably [ˈɪrɪtəblɪ] adv avec irritation

irritant [ˈɪrɪtənt] 1 n a (= annoying noise, interference etc) source f d'irritation ; (= contentious issue) point m épineux ◆ **the issue has become a major irritant to the government** cette question donne du fil à retordre au gouvernement
  b (= substance) irritant m
  2 adj substance, effect irritant

irritate [ˈɪrɪteɪt] → SYN vt a (= annoy) irriter, agacer ◆ **to get** or **become irritated** s'irriter
  b (Med) irriter

irritating [ˈɪrɪteɪtɪŋ] → SYN adj a (= annoying) irritant, agaçant
  b (Med) irritant

irritatingly [ˈɪrɪteɪtɪŋlɪ] adv ◆ **irritatingly slow/smug** d'une lenteur/d'une autosuffisance irritante or agaçante

irritation [ˌɪrɪˈteɪʃən] → SYN n a (NonC = annoyance) irritation f, agacement m
  b (= irritant) source f d'irritation

irruption [ɪˈrʌpʃən] n irruption f

IRS [ˌaɪɑːˈres] n (US) (abbrev of **Internal Revenue Service**) ◆ **the IRS** ≃ le fisc

is [ɪz] → **be**

ISA [ˈaɪsə] n (Brit) (abbrev of **Individual Savings Account**) plan m d'épargne défiscalisé

Isaac [ˈaɪzək] n Isaac m

isagogics [ˌaɪsəˈgɒdʒɪks] n (NonC) notions fpl de base, prolégomènes mpl, isagogique f

Isaiah [aɪˈzaɪə] n Isaïe m

isallobar [aɪˈsæləˌbɑːʳ] n (Med) isallobare f

isatin [ˈaɪsətɪn] n (Chem) isatine f

ISBN [ˌaɪesbiːˈen] n (abbrev of **International Standard Book Number**) ISBN m

ischaemia [ɪsˈkiːmɪə] n (Med) ischémie f

ischaemic (US), **ischemic** [ɪsˈkemɪk] adj ischémique

ischium [ˈɪskɪəm] n, pl **ischia** [ˈɪskɪə] ischion m

ISDN [ˌaɪesdiːˈen] n (abbrev of **Integrated Services Digital Network**) RNIS m

isentropic [ˌaɪsenˈtrɒpɪk] adj isentropique

ish * [ɪʃ] adv (Brit) ◆ **hungry?** – **ish** tu as faim ? – un (petit) peu ◆ **is it good?** – **ish** est-ce que c'est bien ? – pas mal *

...ish [ɪʃ] suf a ...âtre ◆ **blackish** plutôt noir, noirâtre (pej)
  b **she came at threeish** elle est venue vers 3 heures or sur les 3 heures ◆ **it's coldish** il fait un peu froid or frisquet * ◆ **she's fortyish** elle a dans les quarante ans *

Ishtar [ˈɪʃtɑːʳ] n (Myth) Ishtar f

isinglass [ˈaɪzɪŋglɑːs] n ichtyocolle f

Isis [ˈaɪsɪs] n (Myth) Isis f

Islam [ˈɪzlɑːm] n Islam m

Islamic [ɪzˈlæmɪk] adj islamique ◆ **the Islamic Republic of ...** la République islamique de ...

Islamicist [ɪzˈlæmɪsɪst] n islamiste mf

Islamism [ˈɪzləmɪzəm] n islamisme m

Islamist [ˈɪzləmɪst] n ⇒ **Islamicist**

Islamization [ˌɪzləmaɪˈzeɪʃən] n islamisation f

island [ˈaɪlənd] 1 n (lit, fig) île f ; (smaller) îlot m ◆ **an island of calm** une oasis de tranquillité
  2 COMP people, community insulaire ▷ **island-hopping** * n **to go island-hopping** aller d'île en île ◇ adj **island-hopping holiday** vacances passées à aller d'île en île

islander [ˈaɪləndəʳ] n insulaire mf, habitant(e) m(f) d'une île or de l'île

isle [aɪl] 1 n (liter) île f ; → **British**
  2 COMP ▷ **the Isle of Man** n l'île f de Man ▷ **the Isle of Wight** n l'île f de Wight

islet [ˈaɪlɪt] n îlot m

ism [ˈɪzəm] n doctrine f, idéologie f ◆ **Marxism or any other ism** le marxisme ou tout autre doctrine or idéologie

...ism [ˈɪzəm] suf ...isme

Ismaili [ˌɪzmɑːˈiːlɪ] n (= sect) ismaélisme m, ismaïlisme m ; (= member) ismaélien(ne) m(f), ismaïlien(ne) m(f)

isn't [ˈɪznt] ⇒ **is not** : → **be**

ISO [ˌaɪesˈəʊ] n (abbrev of **International Standards Organization**) ISO f

iso... [ˈaɪsəʊ] pref iso...

isobar [ˈaɪsəʊbɑːʳ] n isobare f

isobath [ˈaɪsəʊˌbæθ] n isobathe f

isobathic [ˌaɪsəʊˈbæθɪk] adj isobathe

Isobel [ˈɪzəʊbel] n Isabelle f

isobutene [ˌaɪsəʊˈbjuːtiːn] n (Chem) isobutène m

isocheim, isochime [ˈaɪsəʊˌkaɪm] n isochimène f

isochoric [ˌaɪsəʊˈkɔːrɪk] adj isochore

isochronal [aɪˈsɒkrənl] adj isochrone

isoclinal [ˌaɪsəʊˈklaɪnl] adj (Geol) isoclinal

isocline [ˈaɪsəʊklaɪn] n (= folds) isocline f ; (= line) (ligne f) isocline f

isodynamic [ˌaɪsəʊdaɪˈnæmɪk] adj (Phys) line isodynamique

isogamy [aɪˈsɒgəmɪ] n isogamie f

isogeotherm [ˌaɪsəʊˈdʒiːəʊθɜːm] n isogéotherme f

isogloss [ˈaɪsəʊˌglɒs] n isoglosse f

isogonic [ˌaɪsəʊˈgɒnɪk] 1 adj (Math) isogone
  2 n (Phys) isogone m

isohel [ˈaɪsəʊhel] n ligne f isohèle

isohyet [ˌaɪsəʊˈhaɪɪt] n ligne f isohyète

isolable [ˈaɪsələbl] adj isolable

isolate [ˈaɪsəʊleɪt] → SYN vt (all senses) isoler (from de)

isolated [ˈaɪsəʊleɪtɪd] → SYN adj (gen, Chem, Med etc) isolé (from sb/sth de qn/qch) ◆ **to keep sb/sth isolated (from sb/sth)** tenir qn/qch à l'écart (de qn/qch)

isolation [ˌaɪsəʊˈleɪʃən] → SYN 1 n a (gen, Med) isolement m ◆ **international isolation** isolement m international ◆ **to be (kept) in isolation** [prisoner] être maintenu en isolement ◆ **he was in isolation for three months** il a passé trois mois en isolement
  b **in isolation** isolément ◆ **my remarks should not be considered in isolation** mes remarques ne devraient pas être considérées isolément or hors contexte ◆ **taken in isolation these statements can be dangerously misleading** hors contexte ces déclarations risquent d'être mal interprétées ◆ **no social class can exist in isolation** aucune classe sociale ne peut exister isolément ◆ **to act in isolation** agir seul ◆ **to deal with sth in isolation** traiter de qch à part
  c (Chem etc) (= action) isolation f ; (= state) isolement m
  2 COMP ▷ **isolation hospital** n hôpital m de quarantaine ▷ **isolation ward** n salle f de quarantaine

isolationism [ˌaɪsəʊˈleɪʃənɪzəm] n isolationnisme m

isolationist [ˌaɪsəʊˈleɪʃənɪst] adj, n isolationniste mf

Isolde [ɪˈzɒldə] n Iseult or Iseut f

isoleucine [ˌaɪsəʊˈluːsiːn] n isoleucine f

isomer [ˈaɪsəməʳ] n isomère m

isomeric [ˌaɪsəˈmerɪk] adj (Chem, Phys) isomère

isomerism [aɪˈsɒmərɪzəm] n (Chem, Phys) isomérie f

isometric [ˌaɪsəʊˈmetrɪk] 1 adj isométrique
  2 **isometrics** npl exercices mpl musculaires isométriques

isomorphic [ˌaɪsəʊˈmɔːfɪk] adj isomorphe

isomorphism [ˌaɪsəʊˈmɔːfɪzəm] n isomorphisme m

isoniazid [ˌaɪsəʊˈnaɪəzɪd] n isoniazide f

isopleth [ˈaɪsəʊpleθ] n (ligne f) isoplèthe f

isopluvial [ˌaɪsəʊˈpluːvɪəl] adj ◆ **isopluvial map** carte f pluviométrique

isopod [ˈaɪsəʊpɒd] n (Zool) isopode m

isoprene [ˈaɪsəʊpriːn] n (Chem) isoprène m

isopropyl alcohol [ˌaɪsəʊˈprəʊpɪl] n (Chem) isopropanol m

isopteran [aɪˈsɒptərən] n (Zool) isoptère m

isosceles [aɪˈsɒsɪliːz] adj isocèle

isoseismal [ˌaɪsəʊˈsaɪzməl] adj, n (Geol) isosiste f

isostasy [aɪˈsɒstəsɪ] n (Geol) isostasie f

isostatic [ˌaɪsəʊˈstætɪk] adj (Geol) isostatique

isotheral [aɪˈsɒθərəl] adj isothère

isothere [ˈaɪsəʊθɪəʳ] n isothère f

isotherm [ˈaɪsəʊθɜːm] n isotherme f

isothermal [ˌaɪsəʊˈθɜːməl] adj isotherme

isotonic [ˌaɪsəʊˈtɒnɪk] adj contraction, solution isotonique

isotope [ˈaɪsəʊtəʊp] adj, n isotope m

isotopic [ˌaɪsəʊˈtɒpɪk] adj (Phys) isotopique

isotron [ˈaɪsəʊtrɒn] n isotron m

isotropic [ˌaɪsəʊˈtrɒpɪk], **isotropous** [aɪˈsɒtrəpəs] adj (Bio, Phys) isotrope

isotropy [aɪˈsɒtrəpɪ] n (Bio, Phys) isotropie f

ISP [ˌaɪesˈpiː] n (abbrev of **Internet Service Provider**) fournisseur m d'accès à Internet

I-spy [ˈaɪspaɪ] n (Brit) jeu où l'on essaie de faire deviner le nom d'un objet à partir de sa première lettre

Israel [ˈɪzreɪl] n Israël m ◆ **in Israel** en Israël

Israeli [ɪzˈreɪlɪ] 1 adj (gen) israélien ; ambassador, embassy d'Israël
  2 n, pl **Israelis** or **Israeli** Israélien(ne) m(f)

Israelite [ˈɪzrɪəlaɪt] n israélite mf

ISSN [ˌaɪeseˈsen] n (abbrev of **International Standard Serial Number**) ISSN m

issue [ˈɪʃuː] → SYN **1** n **a** (= matter, question) question f ; (= point) point m ; (= problem) problème m ◆ **it is a very difficult issue** c'est une question *or* un problème très complexe ◆ **she raised several new issues** elle a soulevé plusieurs points nouveaux ◆ **the priest raised the issue of human rights** le prêtre a soulevé la question des droits de l'homme ◆ **she raised the issue of who was to control the budget** elle a posé la question de savoir qui contrôlerait le budget ◆ **the issue is whether ...** la question est de savoir si ... ◆ **the main** *or* **key issue is to discover if ...** la question centrale est de découvrir si ... ◆ **that's the main** *or* **key issue** c'est la question principale *or* le problème principal ◆ **it's not a political issue** ce n'est pas une question politique ◆ **this needn't become an issue between us** il ne faut pas que ça devienne un problème entre nous ◆ **the real issue was never addressed** le vrai problème *or* la vraie question n'a jamais été posé(e) ◆ **to face the issue** regarder le problème en face ◆ **to evade** *or* **avoid the issue** éluder le problème, prendre la tangente

♦ **at issue** ◆ **the point at issue** le point controversé ◆ **the question at issue** la question en jeu *or* qui fait problème ◆ **the matter at issue** l'affaire f en jeu ◆ **his integrity is not at issue** son intégrité n'est pas (mise) en doute *or* en cause ◆ **his political future is at issue** son avenir politique est (mis) en question *or* en cause ◆ **what is at issue is whether/how ...** la question est de savoir si/comment ... ◆ **they were at issue over this** ils étaient en désaccord sur cela

♦ **to make an issue of sth** ériger qch en problème ◆ **he makes an issue of every tiny detail** il fait une montagne du moindre détail ◆ **I don't want to make an issue of it but ...** je ne veux pas trop insister là-dessus mais ...

♦ **to take** *or* **join issue with sb** engager une controverse avec qn ◆ **I feel I must take issue with you on this** je me permets de ne pas partager votre avis là-dessus

b (= release) [of book] publication f, parution f, sortie f ; [of goods, tickets] distribution f ; [of passport, document] délivrance f ; [of banknote, cheque, shares, stamp] émission f, mise f en circulation ; [of proclamation] parution f ; (Jur) [of warrant, writ, summons] lancement m ◆ **there has been a new issue of banknotes/stamps/shares** il y a eu une nouvelle émission de billets/de timbres/d'actions ◆ **these coins are a new issue** ces pièces viennent d'être émises

c (= copy, number) [of newspaper, magazine] numéro m, livraison f ◆ **in this issue** dans ce numéro

d (Med) écoulement m

e (NonC: Jur *or* liter = offspring) descendance f, progéniture f (liter) ◆ **without issue** sans descendance, sans progéniture (liter) ◆ **the king and his issue** le roi et sa descendance *or* ses descendants

f (frm = outcome) résultat m

2 vt [+ book] publier, faire paraître ; [+ order] donner ; [+ goods, tickets] distribuer ; [+ passport, document] délivrer ; [+ banknote, cheque, shares, stamps] émettre, mettre en circulation ; [+ proclamation] faire ; [+ threat, ultimatum, warning, warrant, writ] lancer ; [+ verdict] rendre ◆ **to issue a statement** faire une déclaration ◆ **to issue a summons** (Jur) lancer une assignation ◆ **issued to bearer** (Fin) émis au porteur ◆ **to issue sth to sb, to issue sb with sth** fournir *or* donner qch à qn ◆ **the children were issued with pencils** on a fourni *or* distribué des crayons aux enfants

3 vi (liter) ◆ **to issue forth** [steam, liquid, people] jaillir ◆ **to issue from** sortir de ◆ **blood issuing from his mouth, he ...** alors que du sang sortait de sa bouche, il ... ◆ **flames issued forth from the kitchen** des flammes sortaient de la cuisine

4 COMP (esp Mil) clothing etc réglementaire, d'ordonnance ▷ **issued capital** n capital m émis ▷ **issue price** n (St Ex) prix m *or* cours m d'émission

issuer [ˈɪʃʊəʳ] n (Fin, St Ex) émetteur m, société f émettrice

Istanbul [ˌɪstænˈbuːl] n Istanbul

isthmian [ˈɪsθmɪən] adj (Geol, Med) isthmique

isthmus [ˈɪsməs] n, pl **isthmuses** *or* **isthmi** [ˈɪsmaɪ] isthme m

istle [ˈɪstlɪ] n tampico m

Istria [ˈɪstrɪə] n l'Istrie f

IT [ˈaɪˈtiː] (abbrev of **information technology**) → **information**

it[1] [ɪt] **1** pron **a** (specific) (nominative) il, elle ; (accusative) le, la ; (before vowel) l' ; (dative) lui ◆ **where is the book? – it's on the table** où est le livre ? – il est sur la table ◆ **my machine is old but it works** ma machine est vieille mais elle marche ◆ **here's the pencil – give it to me** voici le crayon – donne-le-moi ◆ **if you find the watch give it to him** si tu trouves la montre, donne-la-lui ◆ **he found the book and brought it to me** il a trouvé le livre et me l'a apporté ◆ **let the dog in and give it a drink** fais entrer le chien et donne-lui à boire

b of *or* from *or* about *or* for it etc en ◆ **he's afraid of it** il en a peur ◆ **I took the letter out of it** j'en ai sorti la lettre ◆ **I feel the better for it** ça m'a fait du bien ◆ **I don't care about it** ça m'est égal, je m'en fiche * ◆ **speak to him about it** parlez-lui-en ◆ **he didn't speak to me about it** il ne m'en a pas parlé ◆ **I doubt it** (following French verbs with de) j'en doute

c in *or* to *or* at it etc y ◆ **he fell in it** il y est tombé ◆ **he'll be at it** (meeting etc) il y sera ◆ **he agreed to it** il y a consenti ◆ **taste it!** (following French verbs with à) goûtez-y ! ◆ **don't touch it** n'y touche pas

d above *or* over it (au-)dessus ◆ **below** *or* **beneath** *or* **under it** (au-)dessous, (en-)dessous ◆ **there's the table and your book is on it** voilà la table et votre livre est dessus ◆ **a table with a cloth over it** une table avec une nappe dessus ◆ **he drew a house with a cloud above it** il a dessiné une maison avec un nuage au-dessus ◆ **there is a fence but you can get under it** il y a une barrière mais vous pouvez passer (en-)dessous

e (weather, time) il ◆ **it is raining** il pleut ◆ **it's hot today** il fait chaud aujourd'hui ◆ **it was a warm evening** il faisait doux ce soir-là ◆ **it's 3 o'clock** il est 3 heures ◆ **it's Wednesday 16 October** nous sommes (le) mercredi 16 octobre

f (impers: non-specific) **it all frightens me** tout cela m'effraie ◆ **it's very pleasant here** c'est agréable *or* bien ici ◆ **who is it?** qui est-ce ? ◆ **it's me** c'est moi ◆ **what is it?** qu'est-ce que c'est ? ◆ **what's it all about?** qu'est-ce qui se passe ?, de quoi s'agit-il ? ◆ **where is it?** où est-ce ?, où est-ce que c'est ? ◆ **that's it!** (approval) c'est ça ! ; (agreement) exactement !, tout à fait ! ; (achievement) ça y est !, c'est fait ! ; (anger) ça suffit ! ; (dismay) ça y est ! ◆ **how was it?** comment ça s'est passé ?, comment c'était ? * ◆ **what was that noise? – it was the cat** qu'est-ce que c'était que ce bruit ? – c'était le chat ◆ **it's no use trying to see him** ce n'est pas la peine de *or* ça ne sert à rien d'essayer de le voir ◆ **it's difficult to understand** c'est difficile à comprendre ◆ **it's difficult to understand why** il est difficile de comprendre pourquoi ◆ **it's a pity** c'est dommage ◆ **I considered it pointless to protest** j'ai jugé (qu'il était) inutile de protester ◆ **it's fun to go for a swim** c'est amusant d'aller nager ◆ **it was your father who phoned** c'est ton père qui a téléphoné ◆ **it was Anne I gave it to** c'est à Anne que je l'ai donné ◆ **it can't be helped** on n'y peut rien, on ne peut rien y faire ◆ **the best of it is that ...** ce qu'il y a de mieux (là-dedans) c'est que ... ◆ **he's not got it in him to do this job properly** il est incapable de faire ce travail comme il faut ◆ **keep at it!** continuez ! ◆ **let's face it** regardons les choses en face ◆ **he's had it** * il est fichu * ◆ **to be with it** * être dans le vent * *or* à la page ◆ **to get with it** * se mettre à la page * ◆ **she's got it in for me** elle m'en veut, elle a une dent contre moi *

g (in games) **you're it!** c'est toi le chat !

h (* = something special) **she really thinks she's it** elle se prend vraiment pour le nombril du monde * ◆ **she's got it** elle est sexy *

2 COMP ▷ **It Girl** * (Brit) jeune fille f branchée

it[2] [ɪt] n (abbrev of **Italian**) ◆ **gin and it** vermouth-gin m

ITA [ˌaɪtiːˈeɪ] (abbrev of **Initial Teaching Alphabet**) → **initial**

Italian [ɪˈtæljən] **1** adj (gen) italien ; ambassador, embassy d'Italie ; teacher d'italien

2 n **a** Italien(ne) m(f)

b (Ling) italien m ; → **Switzerland**

3 COMP ▷ **Italian cypress** n (Bot) cyprès m d'Italie ▷ **Italian greyhound** n (= dog) levron m, lévrier m d'Italie

Italianate [ɪˈtæljənɪt] adj garden, landscape à l'italienne ; building, architecture, singing de style italien, italianisant

italianism [ɪˈtæljənɪzəm] n (Ling) italianisme m

italianist [ɪˈtæljənɪst] n (= specialist) italianisant(e) m(f)

italic [ɪˈtælɪk] **1** adj (Typ) italique ◆ **italic script** *or* **writing** écriture f italique

2 **italics** npl italique m ◆ **to put a word/to write in italics** mettre un mot/écrire en italique ◆ **"my italics"** "c'est moi qui souligne"

italicization [ɪˌtælɪsaɪˈzeɪʃən] n impression f en italique

italicize [ɪˈtælɪsaɪz] vt (Typ) mettre *or* imprimer en italique

Italo- [ɪˈtæləʊ] pref italo-

Italy [ˈɪtəlɪ] n l'Italie f

ITC [ˌaɪtiːˈsiː] n (Brit) (abbrev of **Independent Television Commission**) ≃ CSA m, *organisme de contrôle de l'audiovisuel*

itch [ɪtʃ] → SYN **1** n (lit) démangeaison f ◆ **I've got an itch in my leg/back** ma jambe/mon dos me démange, j'ai des démangeaisons à la jambe/dans le dos ◆ **the itch** (Med, Vet) la gale ◆ **I've got an itch** * **for** *or* **to travel** l'envie de voyager me démange ◆ **the seven-year itch** *le cap des sept ans de mariage*

2 vi **a** [person] éprouver des démangeaisons ◆ **his legs itch** ses jambes le *or* lui démangent ◆ **my leg/back itches** ma jambe/mon dos me démange, j'ai des démangeaisons à la jambe/dans le dos ◆ **my eyes are itching** j'ai les yeux qui me piquent ◆ **my skin itches** j'ai la peau qui me gratte *or* démange

b * **I was itching to get started** cela me démangeait de commencer ◆ **I'm itching to tell him the news** la langue me démange de lui annoncer la nouvelle ◆ **he's itching for a fight** ça le démange de se battre ◆ **she was itching for her contract to end** elle avait hâte que son contrat se termine (subj) ◆ **the people are itching for change** les gens attendent un changement avec impatience

3 vt démanger

4 COMP ▷ **itch mite** n sarcopte m

itchiness [ˈɪtʃɪnɪs] n démangeaisons fpl

itching [ˈɪtʃɪŋ] → SYN **1** n démangeaison f

2 COMP ▷ **itching powder** n poil m à gratter

itchy [ˈɪtʃɪ] → SYN adj ◆ **my eyes are itchy** j'ai les yeux qui me piquent ◆ **my skin is** *or* **feels itchy** j'ai la peau qui me gratte *or* me démange ◆ **my scalp is** *or* **feels itchy, I have an itchy scalp** j'ai le cuir chevelu qui me démange *or* qui me gratte ◆ **a dry, itchy scalp** un cuir chevelu sec et irrité ◆ **I have an itchy leg** j'ai la jambe qui me démange, j'ai des démangeaisons à la jambe ◆ **I'm** *or* **I feel all itchy** ça me démange de partout, ça me gratte partout ◆ **the baby has an itchy rash** le bébé a des rougeurs qui le démangent ◆ **this sweater is itchy** ce pull me gratte ◆ **to have itchy feet** * (esp Brit fig) avoir la bougeotte * ◆ **to have itchy fingers** * (fig) (= be impatient to act) ne pas tenir en place ; (= be likely to steal) être kleptomane sur les bords * ◆ **to have an itchy palm** * (fig, pej) avoir les doigts crochus * ◆ **to have an itchy trigger finger** * avoir la gâchette facile

it'd [ˈɪtd] ⇒ **it had, it would** ; → **have, would**

item [ˈaɪtəm] → SYN **1** n (Comm, Comput) article m ; (in discussion: at meeting) question f, point m ; (in variety show) numéro m ; (in catalogue, newspaper) article m ; (Jur: in contract) article m ; (Accounts) poste m ◆ **an item of clothing** un vêtement ◆ **an item of food, a food item** un aliment ◆ **an item of jewellery, a jewellery item** un bijou ◆ **items on the agenda** questions fpl à l'ordre du jour ◆ **the first item on the programme** le premier numéro du programme ◆ **the first item on the list** (gen) la première chose sur la liste ; (on shopping list) le premier article sur la liste ; (in discussion) la première question *or* le premier point sur la liste ◆ **the main item in the news, the**

itemization / **izard**

main news item (Rad, TV) l'information f principale ◆ we have several items for discussion nous avons plusieurs points à discuter ◆ they're an item * ils sont ensemble
[2] adv item, en outre
[3] COMP ▷ **item veto** n (US Pol) veto m partiel (*sur un projet de loi*)

itemization [ˌaɪtəmaɪˈzeɪʃən] n détail m

itemize [ˈaɪtəmaɪz] → SYN vt donner le détail de ◆ **an itemized bill** une facture f détaillée

iterate [ˈɪtəreɪt] vt (frm) réitérer

iteration [ˌɪtəˈreɪʃən] n itération f

iterative [ˈɪtərətɪv] adj itératif

itinerant [ɪˈtɪnərənt] → SYN adj preacher itinérant ; actor, musician ambulant ◆ **itinerant (lace-)seller** colporteur m, -euse f (de dentelle) ◆ **an itinerant lifestyle/childhood** un mode de vie/une enfance nomade ◆ **itinerant teacher** (US Scol) professeur qui enseigne dans plusieurs établissements

itinerary [aɪˈtɪnərərɪ] → SYN n itinéraire m

it'll [ˈɪtl] ⇒ **it will** ; → **will**

ITN [ˌaɪtiːˈen] n (Brit) (abbrev of **Independent Television News**) chaîne indépendante d'actualités télévisées

ITO [ˌaɪtiːˈəʊ] n (abbrev of **International Trade Organization**) OIC f

its [ɪts] [1] poss adj son m (also f before vowel), sa f, ses pl
[2] poss pron le sien, la sienne, les siens, les siennes

it's [ɪts] ⇒ **it is, it has** ; → **be, have**

itself [ɪtˈself] pron [a] (emphatic) lui-même m, elle-même f ◆ **the book itself is not valuable** le livre (en) lui-même n'est pas de grande valeur ◆ **the chair itself was covered with ink** la chaise elle-même était couverte d'encre ◆ **you've been kindness itself** vous avez été la gentillesse même ◆ **she fainted in the theatre itself** elle s'est évanouie en plein théâtre or dans le théâtre même ◆ **the involvement of the foreign ministers was itself a sign of progress** l'engagement des ministres des affaires étrangères était en soi un signe encourageant ◆ **in the town itself, the atmosphere remained calm** dans la ville même, le calme régnait ◆ **no matter who's elected, the system itself is not going to change** peu importe qui sera élu, le système en lui-même ne va pas changer

◆ **by itself** ◆ **the door closes by itself** la porte se ferme d'elle-même or toute seule ◆ **this by itself is not bad** ceci n'est pas un mal en soi ◆ **the mere will to cooperate is by itself not sufficient** la simple volonté de coopérer n'est pas suffisante en soi

◆ **in itself, in and of itself** en soi ◆ **just reaching the semifinals has been an achievement in itself** arriver en demi-finale a déjà été un exploit en soi ◆ **this in itself is not bad** ceci n'est pas un mal en soi ◆ **an end in itself** une fin en soi

[b] (reflexive) se ◆ **the dog hurt itself** le chien s'est fait mal ◆ **the computer can reprogram itself** l'ordinateur peut se reprogrammer tout seul ◆ **a group which calls itself the freedom movement** un groupe qui se donne le nom de mouvement pour la liberté

itsy-bitsy * [ˌɪtsɪˈbɪtsɪ] adj minuscule, tout petit

ITU [ˌaɪtiːˈjuː] n (abbrev of **International Telecommunications Union**) UIT f

ITV [ˌaɪtiːˈviː] n (Brit) (abbrev of **Independent Television**) chaîne indépendante de télévision

IU(C)D [ˌaɪjuːsiːˈdiː] n (abbrev of **intrauterine (contraceptive) device**) DIU m

IV, i.v. [ˈaɪˈviː] (abbrev of **intravenous(ly)**) IV, iv

ANGLAIS-FRANÇAIS 494

Ivan [ˈaɪvən] n Ivan m ◆ **Ivan the Terrible** Ivan le Terrible

I've [aɪv] ⇒ **I have** ; → **have**

IVF [ˌaɪviːˈef] (abbrev of **in vitro fertilization**) FIV f

ivory [ˈaɪvərɪ] [1] n [a] (NonC) ivoire m
[b] (= object) ivoire m
[c] **ivories** * (= piano keys) touches fpl ; (= dice) dés mpl ; (= teeth) dents fpl
[2] COMP statue, figure en ivoire, d'ivoire ; (also **ivory-coloured**) ivoire inv ▷ **the Ivory Coast** n la Côte-d'Ivoire ▷ **ivory tower** → SYN n (fig) tour f d'ivoire ▷ **ivory trade** n (= selling) commerce m de l'ivoire ; (= industry) industrie f de l'ivoire

ivy [ˈaɪvɪ] [1] n lierre m
[2] COMP ▷ **Ivy League** n (US) les huit grandes universités privées du nord-est ◇ adj ≃ BCBG *

IVY LEAGUE

Les universités dites de l'**Ivy League** sont huit universités du nord-est des États-Unis réputées pour la qualité de leur enseignement et qui ont créé une association visant à encourager les compétitions sportives interuniversitaires. Il s'agit des universités de Harvard, Yale, Pennsylvania, Princeton, Columbia, Brown, Dartmouth et Cornell. Le nom de cette "ligue du lierre" vient du fait que la plupart des bâtiments de ces prestigieuses institutions sont recouverts de lierre.

Un **Ivy Leaguer** est un étudiant appartenant à l'une de ces universités, ou toute personne qui en adopte les modes et les comportements.

---

ivyleaf geranium [ˈaɪvɪliːfdʒəˈreɪnɪəm] n géranium-lierre m

ixia [ˈɪksɪə] n ixia f

izard [ˈɪzəd] n (Zool) isard m

J

J, j [dʒeɪ] n (= letter) J, j m ◆ **J for Jack, J for John, J for Jig** (US) ≃ J comme Jean

J/A n (abbrev of **joint account**) compte m joint

jab [dʒæb] → SYN ① vt [+ knife, stick] enfoncer, planter (*into* dans) ◆ **he jabbed his elbow into my side** il m'a donné un coup de coude dans les côtes ◆ **he jabbed the fabric with his needle** il a planté son aiguille dans l'étoffe ◆ **he jabbed a finger at the map** il a montré la carte du doigt
② vi (Boxing) lancer un coup droit, envoyer un direct (*at* à)
③ n **a** coup m *(donné avec un objet pointu)*
b (Brit * = injection) piqûre f ◆ **I've had my jab** on m'a fait ma piqûre
c (Boxing) coup m droit, direct m

jabber ['dʒæbəʳ] (pej) ① vt (also **jabber out**) [+ excuse, explanation] bafouiller, bredouiller; [+ foreign language] baragouiner; [+ prayers] marmotter
② vi **a** (= speak unintelligibly: also **jabber away**) baragouiner ◆ **they were jabbering (away) in Chinese** ils baragouinaient en chinois
b (= chatter: also **jabber on**) jacasser, caqueter ◆ **he was jabbering (on) about his holidays** il parlait à n'en plus finir de ses vacances

jabbering ['dʒæbərɪŋ] n jacassement m, caquetage m

jabbing ['dʒæbɪŋ] adj pain aigu (f aiguë)

jaborandi ['dʒæbə,rændɪ] n jaborandi m

jabot ['ʒæbəʊ] n [of garment] jabot m

jacaranda [,dʒækə'rændə] n jacaranda m

jack [dʒæk] ① n **a** (Aut) cric m
b (Bowls) cochonnet m, bouchon * m
c (Cards) valet m
d (= flag) → **union**
e dim of **John**
f Jack and the Beanstalk Jack au pays des géants ◆ **before you could say Jack Robinson *** en moins de temps qu'il n'en faut pour le dire ◆ **I'm all right Jack *** moi, je suis peinard *
g every man jack chacun ◆ **every man jack of them** tous tant qu'ils sont (or étaient etc)
② **jacks** npl (= game) osselets mpl
③ COMP ▷ **jack-by-the-hedge** n (Bot) alliaire f ▷ **Jack Frost** n (le) Bonhomme Hiver ▷ **jack-in-office *** n (pej) rond-de-cuir qui joue les petits chefs ▷ **jack-in-the-box** n diable m (à ressort) ▷ **jack-knife** n, pl **jack-knives** couteau m de poche ◇ vi ◆ **the lorry jack-knifed** la remorque (du camion) s'est mise en travers ◆ **jack-knife dive** saut m carpé or de carpe ▷ **jack of all trades** n ◆ **he's a jack of all trades (and master of none)** c'est un touche-à-tout ▷ **jack-o'-lantern** n feu follet m ▷ **jack pike** n (= fish) petit brochet m, brocheton m ▷ **jack plug** n fiche f mâle, jack m ▷ **jack rabbit** n gros lièvre m *(de l'Ouest américain)* ▷ **Jack Russell** n (= dog) jack russell terrier m ▷ **jack shit *** n (US) que dalle * ▷ **Jack Tar ***, **jack tar *** n (Naut) marin m, matelot m ▷ **Jack-the-lad *** n (Brit) petit frimeur * m (pej)

▶ **jack in *** vt sep (Brit) plaquer *

▶ **jack up** vt sep **a** [+ car] soulever avec un cric ◆ **the car was jacked up** la voiture était sur le cric
b (* = raise) [+ prices, wages] faire grimper

jackal ['dʒækɔːl] n chacal m

jackanapes † ['dʒækəneɪps] n polisson(ne) m(f)

jackaroo * [,dʒækə'ruː] n (Austral) garçon m de ferme

jackass ['dʒækæs] n âne m, baudet * m; (* fig) crétin * m; → **laughing**

jackboot ['dʒækbuːt] ① n **a** botte f cavalière
b (fig = military dictatorship) régime m totalitaire ◆ **to live under the jackboot of** vivre ou être sous la botte de
② adj discipline, method autoritaire, dictatorial

jackdaw ['dʒækdɔː] n choucas m

jackeroo * [,dʒækə'ruː] n (Austral) garçon m de ferme

jacket ['dʒækɪt] → SYN ① n **a** (straight, fitted style) (man's) veste f, veston m; (woman's) veste f; (padded or blouson style) blouson m; → **life**
b [of water boiler] enveloppe f calorifugée; [of book] jaquette f; [of record] pochette f ◆ **jacket potatoes, potatoes baked in their jackets** (Brit) pommes fpl de terre cuites au four dans leur peau ou en robe des champs
② vt [+ book] doter d'une jaquette

jackfruit ['dʒækfruːt] n (= tree) jaquier m; (= fruit) jaque m

jackhammer ['dʒæk,hæməʳ] n (US) marteau-piqueur m

jackleg ['dʒækleg] adj (US) (= not qualified) amateur; (= dishonest) work louche; (= makeshift) structure de fortune

jackpot ['dʒækpɒt] → SYN n gros lot m, jackpot m ◆ **to hit the jackpot** (lit, fig) (= win prize) gagner le gros lot or le jackpot; (= be successful) faire un malheur * or un tabac *

jacksie * ['dʒæksɪ] n (Brit = bottom) cul * m ◆ **he got kicked up the jacksie** il a reçu des coups de pied au cul *

jacksnipe ['dʒæksnaɪp] n (Orn) bécassine f sourde

jackstraw ['dʒækstrɔː] ① n (fig) nullité f
② COMP ▷ **jackstraws** npl (= game) (jeu de) jonchets mpl

Jacob ['dʒeɪkəb] ① n Jacob m
② COMP ▷ **Jacob's ladder** n l'échelle f de Jacob

Jacobean [,dʒækə'biːən] adj jacobéen (-éenne) f *(de l'époque de Jacques Iᵉʳ d'Angleterre [1603-1625])*

Jacobite ['dʒækəbaɪt] ① n Jacobite mf
② adj jacobite

Jacquard ['dʒækɑːd] n (= loom, weave) jacquard m

Jacuzzi ® [dʒɜ'kuːzɪ] n jacuzzi ® m, bain m à jet propulsé

jade¹ [dʒeɪd] ① n jade m
② adj (colour) (couleur de) jade inv
③ COMP ▷ **jade-green** adj vert jade inv

jade² [dʒeɪd] → SYN n (= horse) haridelle f, rossinante f; († pej = prostitute) traînée * f; († = pert girl) coquine f

jaded ['dʒeɪdɪd] → SYN adj person las (lasse f) (*with* or *about* de), blasé; palate blasé ◆ **his appetite was jaded** il avait l'estomac fatigué

jadeite ['dʒeɪdaɪt] n (Miner) jadéite f

Jaffa ['dʒæfə] n (Geog) Jaffa

jag [dʒæg] ① n **a** saillie f, aspérité f
b (* fig) **a drinking jag** une cuite * ◆ **they were on a drinking jag last night** ils se sont bien cuités * or ils ont pris une fameuse cuite * hier soir ◆ **a crying jag** une crise de larmes
c (Scot) injection f, piqûre f
② vt (= catch, tear) déchirer

jagged ['dʒægɪd] → SYN adj rocks, edge, glass, metal déchiqueté; tear irrégulier, en dents de scie; hole aux bords déchiquetés or irréguliers

jaggy ['dʒægɪ] adj irrégulier

jaguar ['dʒægjʊəʳ] n jaguar m

jai alai ['haɪə,laɪ] n (US Sport) ≃ pelote f basque

jail [dʒeɪl] → SYN ① n prison f ◆ **he is in jail** il est en prison ◆ **he was in jail for five years** il a fait cinq ans de prison ◆ **to put sb in jail** mettre qn en prison ◆ **to send sb to jail** condamner qn à la prison ◆ **to send sb to jail for five years** condamner qn à cinq ans de prison ◆ **to break jail** s'évader (de prison)
② vt mettre en prison ◆ **to jail sb for life** condamner qn (à la réclusion) à perpétuité ◆ **to jail sb for theft/murder** condamner qn à la prison pour vol/meurtre
③ COMP ▷ **jail sentence** n peine f de prison ◆ **she got a three-year jail sentence** elle a été condamnée à (une peine de) trois ans de prison

jailbait * ['dʒeɪlbeɪt] n (US) mineure f ◆ **she's jailbait** (NonC) si tu touches à cette fille, tu te retrouves en taule *

jailbird ['dʒeɪlbɜːd] n récidiviste mf

jailbreak ['dʒeɪlbreɪk] n évasion f (de prison)

jailbreaker ['dʒeɪlbreɪkəʳ] n évadé(e) m(f)

jailer ['dʒeɪləʳ] → SYN n geôlier m, -ière f

jailhouse ['dʒeɪlhaʊs] n prison f

Jain ['dʒaɪn] adj, n (Rel) jaïn (mf) inv

Jainism ['dʒaɪnɪzəm] n (Rel) jaïnisme m

Jainist ['dʒaɪnɪst] adj, n (Rel) jaïn (mf) inv

Jakarta [dʒə'kɑːtə] n Djakarta or Jakarta

jakes * ['dʒeɪks] n ◆ **the jakes** les cabinets mpl

jalap, jalop ['dʒæləp] n jalap m

jalop(p)y / Jayhawker

jalop(p)y * [dʒəˈlɒpɪ] n vieux tacot * m, guimbarde f

jalousie [ˈʒæluːziː] n jalousie f (store)

jam¹ [dʒæm] → SYN ① n a (= crush) [of vehicles] embouteillage m ; [of people] foule f, masse f ; → log¹, traffic
　b (* = mess) pétrin m ◆ to be in a jam être dans le pétrin ◆ to get into/out of a jam se mettre dans le/se tirer du pétrin ◆ to get sb into/out of a jam mettre qn dans le/tirer qn du pétrin
　c (Climbing) coincement m, verrou m
② vt a (= stuff) entasser ; (= thrust) fourrer, enfoncer ◆ to jam clothes into a suitcase entasser des vêtements dans une valise ◆ the prisoners were jammed into a small cell les prisonniers ont été entassés dans une petite cellule ◆ he jammed his hat on il a enfoncé son chapeau sur sa tête ◆ she jammed her hands into her pockets elle a enfoncé or fourré ses mains dans ses poches ◆ he jammed a handkerchief up his sleeve il a fourré un mouchoir dans sa manche ◆ to jam one's foot on the brake écraser le frein, enfoncer la pédale de frein
　b (= wedge) [+ door, window] coincer ◆ to be jammed between the wall and the door être coincé entre le mur et la porte ◆ he got his finger jammed in the door, he jammed his finger in the door il s'est coincé le doigt dans la porte ◆ the coins got jammed in the machine les pièces se sont coincées dans la machine ◆ to jam a door open/shut coincer or bloquer une porte en position ouverte/fermée
　c (= make unworkable: also **jam up**) [+ lock] bloquer ; [+ mechanism] enrayer, coincer ; [+ gun, machine] enrayer ; [+ hinge] coincer ; [+ brake] bloquer, coincer
　d (= block) [crowd, cars] [+ street, corridor] encombrer, embouteiller ◆ a street jammed with cars une rue embouteillée ◆ the street was jammed with people la rue était noire de monde ◆ the entrance was jammed with people des gens bouchaient l'entrée ◆ spectators jammed the stadium for the match les spectateurs se sont entassés dans le stade pour le match ◆ the drain was jammed with rubbish l'égout était bouché par des ordures
　e [+ station, broadcast, transmission, radar signal] brouiller ; (Telec) [+ line] encombrer ; [+ switchboard] encombrer, saturer
③ vi a (= become stuck) [door, switch, lever, hinge] se coincer ; [mechanism] s'enrayer, se coincer ; [gun] s'enrayer ; [brake] se bloquer ◆ the key jammed in the lock la clé s'est coincée dans la serrure
　b (= press tightly) **the crowd jammed into the courtroom** la foule s'est entassée dans la salle de tribunal
④ COMP ▷ **jam-full, jam-packed** adj room comble, plein à craquer * ; bus bondé, plein à craquer * ; street, pavements noir de monde ; container, suitcase plein à ras bord

▶ **jam in** vt sep [+ people] (= pack in) entasser ; (= trap, wedge) coincer ; [+ cars, objects, fabric] coincer ◆ **to be jammed in by the crowd** être compressé or coincé par or dans la foule

▶ **jam on** vt sep a **to jam on the brakes** écraser le frein, enfoncer la pédale de frein
　b **to jam on one's hat** enfoncer son chapeau sur sa tête

jam² [dʒæm] ① n (esp Brit) confiture f ◆ **cherry jam** confiture f de cerises ◆ **you want jam on it!** * (Brit) et quoi encore ? ◆ **to promise jam tomorrow** promettre des jours meilleurs ◆ **(it's a case of) jam tomorrow** ça ira mieux demain ; → **money**
② COMP tart à la confiture ▷ **jam jar, jam pot** n pot m à confiture ▷ **jam puff** n (Brit) feuilleté m à la confiture ▷ **jam roll** n (Brit) roulé m à la confiture

jam³ [dʒæm] (Mus) ① n (also **jam session**) bœuf * m, jam-session f
② vi faire un bœuf *

Jamaica [dʒəˈmeɪkə] ① n la Jamaïque ◆ **in Jamaica** à la Jamaïque ◆ **"Jamaica Inn"** (Literat) "L'Auberge de la Jamaïque"
② COMP ▷ **Jamaica pepper** n toute-épice f

Jamaican [dʒəˈmeɪkən] ① adj jamaïquain ; ambassador, embassy de la Jamaïque
② n Jamaïquain(e) m(f)

jamb [dʒæm] n [of door, window] jambage m, montant m

jambalaya [ˌdʒʌmbəˈlaɪə] n plat de la Louisiane à base de riz et de fruits de mer

jamboree [ˌdʒæmbəˈriː] → SYN n (= gathering) grand rassemblement m ; (= merrymaking) festivités fpl ; (scouts) jamboree m ; (fig) réjouissances fpl

James [dʒeɪmz] n Jacques m

jamming [ˈdʒæmɪŋ] n (Rad) brouillage m ; (Telec) encombrement m

jammy [ˈdʒæmɪ] adj a (lit) fingers, hands poisseux (de confiture)
　b (Brit * = lucky) verni ◆ **that was pretty jammy!** c'était un coup de veine * or de pot * ! ◆ **jammy devil** or **so-and-so** veinard(e) * m(f)

JAN [ˌdʒeɪeɪˈen] n (US) (abbrev of **Joint Army-Navy**) organisation commune armée-marine

Jan. abbrev of **January**

Jane [dʒeɪn] ① n Jeanne f ; → **plain**
② COMP ▷ **Jane Doe** n (US Jur) femme dont on ignore le nom

jangle [ˈdʒæŋgl] → SYN ① vi [bracelets, chains] cliqueter ; [saucepans] retentir avec un bruit de ferraille or de casserole ; [bells] retentir ◆ **his nerves were jangling** il avait les nerfs à vif
② vt faire cliqueter ◆ **jangled nerves** nerfs mpl à vif
③ n cliquetis m

jangling [ˈdʒæŋglɪŋ] ① adj keys, bracelets cliquetant ; phone, music strident
② n [of keys] cliquetis m ; [of phone] sonnerie f stridente

janitor [ˈdʒænɪtəʳ] → SYN n (= doorkeeper) portier m ; (US, Scot = caretaker) concierge m, gardien m

Jansenism [ˈdʒænsəˌnɪzəm] n jansénisme m

Jansenist [ˈdʒænsənɪst] adj, n janséniste mf

Jansenistic [ˌdʒænsənˈɪstɪk] adj janséniste

jansky [ˈdʒænskɪ] n, pl **janskys** (Astron) jansky m

January [ˈdʒænjʊərɪ] n janvier m ; for phrases see **September**

Janus [ˈdʒeɪnəs] n Janus m

Jap [dʒæp] n (pej) (abbrev of **Japanese**) Japonais(e) m(f)

Japan [dʒəˈpæn] n le Japon

japan [dʒəˈpæn] ① n laque f
② vt laquer

Japanese [ˌdʒæpəˈniːz] ① adj (gen) japonais ; ambassador, embassy du Japon ; teacher de japonais
② n a Japonais(e) m(f)
　b (Ling) japonais m
③ **the Japanese** npl les Japonais mpl
④ COMP ▷ **Japanese flowering cherry** n (Bot) cerisier m du Japon ▷ **Japanese larch** n (Bot) mélèze m du Japon ▷ **Japanese red cedar** n (Bot) cèdre m du Japon

jape † [dʒeɪp] n (= trick) farce f, tour m ; (= joke) blague * f

japonica [dʒəˈpɒnɪkə] n cognassier m du Japon

jar¹ [dʒɑːʳ] → SYN ① n a (= harsh sound) son m discordant ; (= jolt: lit, fig) secousse f, choc m ◆ **that gave him a nasty jar** (lit, fig) cela l'a sérieusement ébranlé or secoué
② vi a (= sound discordant) rendre un son discordant ; (= rattle, vibrate) vibrer, trembler ◆ **to jar against sth** cogner sur qch or heurter qch (avec un bruit discordant)
　b (= clash, be out of harmony) [note] détonner ; [colours] jurer (with avec) ; (fig) [ideas, opinions] se heurter ◆ **what he says jars a little** ce qu'il dit sonne faux
③ vt [+ structure] ébranler ; [+ person] ébranler, secouer ; (fig) commotionner, choquer ◆ **the explosion jarred the whole building** l'explosion a ébranlé tout le bâtiment ◆ **he was badly jarred by the blow** il a été sérieusement commotionné par le choc ◆ **you jarred my elbow** tu m'as cogné le coude

▶ **jar (up)on** vt fus irriter, agacer ◆ **this noise jars (up)on my nerves** ce bruit me met les nerfs en boule * or me tape sur les nerfs ◆ **her screams jar (up)on my ears** ses cris m'écorchent or me percent les oreilles

jar² [dʒɑːʳ] → SYN n a (of glass) bocal m ; (of stone, earthenware) pot m, jarre f ; → **jam²**
　b (Brit * = drink) pot m, verre m ◆ **we had a few jars** on a pris quelques verres

jardinière [ˌʒɑːdɪˈnjɛəʳ] n (= plant holder, Culin) jardinière f

jargon [ˈdʒɑːgən] → SYN n (= technical language) jargon m ; (= pompous nonsense) jargon m, charabia * m

jarl [jɑːl] n (Hist) jarl m

jarring [ˈdʒɑːrɪŋ] adj a (= discordant) noise, voice, colours discordant ◆ **to strike a jarring note** (fig) détonner
　b (= jolting) **jarring shock** secousse f
　c (= upsetting) experience bouleversant

jasmine [ˈdʒæzmɪn] n jasmin m ◆ **jasmine tea** thé m au jasmin

Jason [ˈdʒeɪsən] n Jason m

jasper [ˈdʒæspəʳ] n jaspe m

jato [ˈdʒeɪtəʊ] n, pl **jatos** (Aviat) décollage m JATO

jaundice [ˈdʒɔːndɪs] n (Med) jaunisse f

jaundiced [ˈdʒɔːndɪst] → SYN adj (fig = bitter) amer, aigri ◆ **to look on sth with a jaundiced eye, to take a jaundiced view of sth** voir qch d'un mauvais œil ◆ **he has a fairly jaundiced view of things** il voit les choses en noir ◆ **to give sb a jaundiced look** regarder qn d'un œil torve

jaunt [dʒɔːnt] → SYN n ◆ **to go for a jaunt** aller faire un tour or une virée *

jauntily [ˈdʒɔːntɪlɪ] adv (= cheerily) say d'une voix enjouée ; walk d'un pas leste

jauntiness [ˈdʒɔːntɪnɪs] n désinvolture f

jaunty [ˈdʒɔːntɪ] → SYN adj (= cheery) air, tone enjoué ; step leste, vif ; hat, clothes coquet ◆ **a hat worn at a jaunty angle** un chapeau incliné sur le côté de façon guillerette

Java [ˈdʒɑːvə] ① n Java f ◆ **in Java** à Java
② COMP ▷ **Java man** n pithécanthrope m, homme m de Java

java * [ˈdʒɑːvə] n (US = coffee) café m, kawa * m

Javanese [ˌdʒɑːvəˈniːz] ① adj javanais
② n a (pl inv) Javanais(e) m(f)
　b (Ling) javanais m

javelin [ˈdʒævlɪn] ① n (Sport) javelot m ; (Mil) javelot m, javeline f ◆ **the javelin** (= competition) le (lancer du) javelot
② COMP ▷ **javelin thrower** n (Sport) lanceur m, -euse f de javelot ▷ **javelin throwing** n (NonC) le lancement or le lancer du javelot

jaw [dʒɔː] → SYN ① n a (Anat) mâchoire f ; [of pincer, vice] mâchoire f ◆ **his jaw dropped (in astonishment)** il en est resté bouche bée ◆ **his jaw was set in concentration** la concentration lui faisait serrer les mâchoires ◆ **his jaw was set in an angry line** sa mâchoire serrée lui donnait un air furieux ◆ **the jaws of death** les bras mpl de la mort ◆ **the jaws of hell** (liter) les portes fpl de l'enfer ◆ **"Jaws"** (Cine) "Les dents de la mer" ; → **lockjaw, lower¹**
　b (= chat) **we had a good old jaw** * on a bien papoté *
② vi * (= chat) papoter *, tailler une bavette * ; (= moralize) faire un sermon * ◆ **he was jawing (on) about ...** il discourait sur ... (pej)

jawbone [ˈdʒɔːbəʊn] ① n (os m) maxillaire m
② vt (US fig) chercher à convaincre, exercer des pressions sur

jawboning * [ˈdʒɔːbəʊnɪŋ] n (US Pol) pressions fpl gouvernementales

jawbreaker [ˈdʒɔːbreɪkəʳ] n (US) (= word) mot m très difficile à prononcer ; (= sweet) bonbon m à sucer

jaw-dropping * [ˈdʒɔːdrɒpɪŋ] adj stupéfiant

-jawed [dʒɔːd] adj (in compounds) au menton ... ◆ **square-jawed** au menton carré

jawline [ˈdʒɔːlaɪn] n menton m

jay [dʒeɪ] n (Orn) geai m

Jayhawker [ˈdʒeɪhɔːkəʳ] n (US) habitant(e) m(f) du Kansas ◆ **the Jayhawker State** le Kansas

jaywalk ['dʒeɪˌwɔːk] vi traverser la chaussée en dehors des clous

jaywalker ['dʒeɪˌwɔːkər] n piéton(ne) m(f) indiscipliné(e)

jaywalking ['dʒeɪˌwɔːkɪŋ] n (gen) indiscipline f des piétons ◆ **to be accused of jaywalking** être accusé d'avoir traversé la chaussée en dehors des clous

jazz [dʒæz] **1** n (Mus) jazz m ◆ **and all that jazz** * et tout le bataclan *, et tout ça ; → **hot**
2 vi (US * = exaggerate) exagérer
3 COMP band, club, record de jazz ▷ **jazz ballet** n ballet m sur musique de jazz ▷ **jazz rock** n jazz-rock m

▶ **jazz up** vt sep **a** (Mus) to jazz up the classics mettre les classiques au goût du jour ◆ **a jazzed-up version of the national anthem** une version de l'hymne national mise au goût du jour
b * [+ occasion] animer ◆ **to jazz up a party** mettre de l'animation dans une soirée ◆ **to jazz up an old dress** égayer or rajeunir une vieille robe ◆ **she jazzed her outfit up with a scarf** elle a égayé sa tenue avec un foulard

jazzed * [dʒæzd] adj (US) ◆ **to be jazzed for sth** être plein d'entrain à la pensée de qch

jazzman ['dʒæzmən] n, pl **-men** jazzman m

jazzy ['dʒæzɪ] adj **a** (* = showy) clothes, product, car voyant, qui en jette *
b (= upbeat) music vivant, gai ; (= jazz-like) rhythm, beat de jazz

J.C. (abbrev of **Jesus Christ**) → **Jesus**

JCB ® [ˌdʒeɪsiːˈbiː] n abbr pelle f hydraulique automotrice

JCR [ˌdʒeɪsiːˈɑːr] n (Brit Univ) (abbrev of **Junior Common Room**) → **junior**

JCS [ˌdʒeɪsiːˈes] n (US Mil) (abbrev of **Joint Chiefs of Staff**) → **joint**

jct., jctn abbrev of **junction**

JD [ˌdʒeɪˈdiː] n (US = Doctor of Laws) ≃ doctorat m en droit

jealous ['dʒeləs] → SYN adj (= envious) person, nature, look jaloux (of de) ◆ **a jealous rage** une crise de jalousie ◆ **jealous feelings** jalousie f ◆ **to keep a jealous watch over** or **a jealous eye on sb/sth** surveiller qn/qch d'un œil jaloux

jealously ['dʒeləslɪ] adv watch d'un œil jaloux ; guard, protect jalousement ◆ **jealously guarded secret, privilege** jalousement gardé

jealousy ['dʒeləsɪ] → SYN n jalousie f

Jean [dʒiːn] n Jeanne f

jeans [dʒiːnz] npl (also **pair of jeans**) jean m ; → **blue**

Jedda ['dʒedə] n (Geog) Djeddah

Jeep ® [dʒiːp] n jeep ® f

jeepers creepers * ['dʒiːpəzˈkriːpəz] excl (US) nom d'un chien ! *, bon sang ! *

jeer [dʒɪər] → SYN **1** n (= mocking remark) raillerie f ; (from a crowd) quolibet m, huée f
2 vi [individual] railler ; [crowd] huer, conspuer (frm) ◆ **to jeer at sb** se moquer de qn, railler qn
3 vt huer, conspuer

jeering ['dʒɪərɪŋ] **1** adj railleur, moqueur
2 n (= mocking remarks) railleries fpl ; [of crowd] huées fpl

jeeringly ['dʒɪərɪŋlɪ] adv say d'un ton moqueur

Jeez * [dʒiːz] excl bon Dieu ! *, putain ! *

jehad [dʒɪˈhæd] n ⇒ **jihad**

Jehovah [dʒɪˈhəʊvə] **1** n Jéhovah m
2 COMP ▷ **Jehovah's Witness** n Témoin m de Jéhovah

jejunal [dʒɪˈdʒuːnəl] adj jéjunal

jejune [dʒɪˈdʒuːn] adj (liter) (= naive) naïf (naïve f) ; (= dull) ennuyeux, plat

jejunum [dʒɪˈdʒuːnəm] n jéjunum m

Jekyll and Hyde ['dʒekələnˈhaɪd] n ◆ **a Jekyll and Hyde (character)** une sorte de Docteur Jekyll et Mister Hyde

jell [dʒel] vi ⇒ **gel**[1]

jellaba ['dʒeləbə] n djellaba f

jellied ['dʒelɪd] adj eels, meat en gelée

Jell-O ® **jello** ['dʒeləʊ] n (US Culin) gelée f

jelly ['dʒelɪ] **1** n **a** (Brit: gen) gelée f ; (US = jam) confiture f ◆ **blackcurrant jelly** gelée f de cassis ; → **petroleum**
b * ⇒ **gelignite**
2 COMP ▷ **jelly baby** n bonbon m à la gélatine (en forme de bébé) ▷ **jelly bean** n bonbon m à la gelée ▷ **jelly bear** n nounours m (bonbon) ▷ **jelly roll** n (US Culin) gâteau m roulé

jellyfish ['dʒelɪfɪʃ] n, pl **jellyfish** or **jellyfishes** méduse f

jemmy ['dʒemɪ] (Brit) **1** n pince-monseigneur f
2 vt ◆ **to jemmy sth open** ouvrir qch à l'aide d'une pince-monseigneur

Jena ['jeːnɑː] n (Geog) Iéna

jeopardize ['dʒepədaɪz] → SYN vt mettre en danger, compromettre

jeopardy ['dʒepədɪ] → SYN n (NonC) péril m ◆ **his life is in jeopardy** sa vie est or ses jours sont en péril ◆ **his happiness is in jeopardy** son bonheur est menacé ◆ **my business is in jeopardy** mon affaire risque de couler

jerbil ['dʒɜːbɪl] n ⇒ **gerbil**

jerboa [dʒɜːˈbəʊə] n gerboise f

jeremiad [ˌdʒerɪˈmaɪəd] → SYN n jérémiade f

Jeremiah [ˌdʒerɪˈmaɪə] n Jérémie m

jerepigo [ˌdʒerɪˈpɪɡəʊ] n vin de liqueur sud-africain

Jericho ['dʒerɪˌkəʊ] n Jéricho

jerk [dʒɜːk] → SYN **1** n **a** (= push, pull, twist) secousse f, saccade f ; (Med) réflexe m tendineux, crispation f nerveuse ◆ **the car moved along in a series of jerks** la voiture a avancé par saccades or par à-coups ◆ **the train started with a series of jerks** le train s'est ébranlé avec une série de secousses or de saccades
b (esp US * pej = person) pauvre type * m ; → **physical, soda**
2 vt (= pull) tirer brusquement ; (= shake) secouer (par saccades), donner une secousse à ◆ **she jerked her head up** elle a brusquement redressé la tête ◆ **he jerked the book out of my hand** il m'a brusquement arraché le livre que je tenais à la main ◆ **he jerked himself free** il s'est libéré d'une secousse ◆ **to jerk out an apology** bafouiller une excuse
3 vi **a** **the car jerked along** la voiture roulait en cahotant ◆ **he jerked away (from me)** il s'est brusquement écarté de moi
b [person, muscle] se contracter, se crisper

▶ **jerk off** ** vi se branler ** *

jerkily ['dʒɜːkɪlɪ] adv move, walk d'une démarche saccadée ; speak, say d'une voix entrecoupée

jerkin ['dʒɜːkɪn] n gilet m ; (Hist) justaucorps m, pourpoint m

jerkiness ['dʒɜːkɪnɪs] n [of walk] rythme m saccadé ; [of journey] cahots mpl ; [of style, delivery] caractère m haché

jerkwater town * ['dʒɜːkˌwɔːtəˈtaʊn] n (US pej) trou m perdu, bled * m

jerky ['dʒɜːkɪ] → SYN adj motion, movement, rhythm saccadé ; song au rythme saccadé

jeroboam [ˌdʒerəˈbəʊəm] n jéroboam m

Jerry * ['dʒerɪ] n (Brit = German) Boche * m

jerry * ['dʒerɪ] **1** n (Brit = chamberpot) pot m (de chambre), Jules * m
2 COMP ▷ **jerry-building** n (NonC) construction f bon marché ▷ **jerry-built** → SYN adj house (construit) en carton-pâte ; (fig) agreement, plan cousu de fil blanc ▷ **jerry can** n jerrycan m

Jersey ['dʒɜːzɪ] n **a** (Geog) (île f de) Jersey f ◆ **in Jersey** à Jersey
b (Zool) race f Jersey ◆ **a Jersey (cow)** une vache jersiaise or de Jersey

jersey ['dʒɜːzɪ] n (= pullover) chandail m ; (= material) jersey m ; → **yellow**

Jerusalem [dʒəˈruːsələm] **1** n Jérusalem ◆ **the New/Heavenly Jerusalem** la Jérusalem nouvelle/céleste
2 COMP ▷ **Jerusalem artichoke** n topinambour m

jess [dʒes] n (Falconry) créance f, filière f

jessie * ['dʒesɪ] n (pej) lavette * f

jest [dʒest] → SYN **1** n plaisanterie f ◆ **in jest** pour rire, en plaisantant ◆ **many a true word is spoken in jest** beaucoup de vérités se disent en plaisantant
2 vi plaisanter, se moquer ◆ **"amazing", he jested** "pas possible !", dit-il d'un ton moqueur or se moqua-t-il

jester ['dʒestər] → SYN n (Hist) bouffon m ; (= joker) plaisantin m, farceur m, -euse f ◆ **the King's jester** le fou du Roi

jesting ['dʒestɪŋ] **1** adj remark (fait) en plaisantant or pour plaisanter
2 n plaisanteries fpl

jestingly ['dʒestɪŋlɪ] adv en plaisantant

Jesuit ['dʒezjʊɪt] n, adj (Rel, fig) jésuite m

jesuitic(al) [ˌdʒezjʊˈɪtɪk(əl)] adj (Rel, fig) jésuitique

Jesus ['dʒiːzəs] **1** n Jésus m ◆ **Jesus Christ** Jésus-Christ m ◆ **Jesus (wept)!** * nom de Dieu ! * ; → **society**
2 COMP ▷ **Jesus freak** * n chrétien(ne) m(f) militant(e) branché(e) * ▷ **Jesus Movement** n Jesus Movement m ▷ **Jesus sandals** npl nu-pieds mpl

jet[1] [dʒet] → SYN **1** n **a** [of liquid] jet m, giclée f ; [of gas] jet m
b (Aviat: also **jet plane**) avion m à réaction, jet m ◆ **by jet** en jet
c (= nozzle) brûleur m ; (Aut) gicleur m
2 vi * voyager en avion or en jet ◆ **she's jetting off to Spain next week** elle prend l'avion pour l'Espagne la semaine prochaine
3 COMP (Aviat) travel en jet ▷ **jet engine** n (Aviat) moteur m à réaction, réacteur m ▷ **jet fighter** n (Aviat) chasseur m à réaction ▷ **jet-foil** n hydroglisseur m ▷ **jet fuel** n kérosène m ▷ **jet lag** n fatigue f due au décalage horaire ▷ **jet-lagged** adj to be jet-lagged souffrir du décalage horaire ▷ **jet-powered, jet-propelled** adj à réaction ▷ **jet propulsion** n propulsion f par réaction ▷ **jet set** n jet-set m or f ▷ **jet-set** adj travellers de or de la jet-set ▷ **jet setter** n membre m du or de la jet-set ▷ **jet-setting** adj lifestyle du or de la jet-set ; n person qui fait partie du or de la jet-set ▷ **jet ski** n scooter m des mers, jet-ski m ▷ **jet-ski** vi faire du scooter des mers or du jet-ski ▷ **jet skiing** n (NonC) jet-ski m ▷ **jet stream** n (Met, Aviat) jet-stream m, courant-jet m

jet[2] [dʒet] → SYN **1** n jais m
2 COMP ▷ **jet-black** adj de jais, noir comme jais

jetliner ['dʒetˌlaɪnər] n avion m de ligne

jetsam ['dʒetsəm] n **a** (NonC) jets mpl à la mer ; → **flotsam**
b (fig = down-and-outs) épaves fpl (fig)

jettison ['dʒetɪsən] → SYN vt **a** (Naut) jeter par-dessus bord, se délester de
b (Aviat) [+ bombs, fuel, cargo] larguer
c (fig) [+ idea, system, plans] abandonner ; [+ assets, product] se défaire de

jetton ['dʒetən] n jeton m

jetty ['dʒetɪ] → SYN n (= breakwater) jetée f, digue f ; (= landing pier) embarcadère m, débarcadère m ; (of wood) appontement m

jetway ['dʒetweɪ] n (Aviat) passerelle f télescopique

Jew [dʒuː] **1** n juif or Juif m, juive or Juive f
2 COMP ▷ **Jew-baiting** n persécution f des juifs ▷ **jew's ear** n (= fungus) oreille f de Judas ▷ **jew's harp** n guimbarde f

jewel ['dʒuːəl] → SYN **1** n bijou m, joyau m ; (= gem) pierre f précieuse ; (Tech: in watch) rubis m
b (fig) (= object, work of art) bijou m, joyau m ; (= person) perle f, trésor m ◆ **the jewel in the crown of ...** le joyau de ..., le plus beau fleuron de ... ◆ **his latest book is the jewel in his crown** son dernier livre est le couronnement de sa carrière
2 COMP ▷ **jewel case** n (also **jewel box** : for jewels) coffret m à bijoux ; (for CD) boîtier m de disque compact

jewelled, jeweled (US) ['dʒuːəld] adj orné de bijoux or de pierreries ; watch monté sur rubis

jeweller, jeweler (US) ['dʒuːələr] **1** n bijoutier m ◆ **jeweller's (shop)** bijouterie f

jewellery / jobbery

2 COMP ▷ **jeweller's rouge** n colcotar m, rouge m d'Angleterre or de Prusse

jewellery, jewelry (US) ['dʒuːəlrɪ] → SYN (NonC) bijoux mpl ◆ **a piece of jewellery** un bijou ◆ **jewelry store** (US) bijouterie f

Jewess † [dʒuːɪs] n (gen pej) Juive f

Jewish ['dʒuːɪʃ] adj juif

Jewishness ['dʒuːɪʃnɪs] n judaïté f, judéité f

Jewry ['dʒʊərɪ] n la communauté juive, les Juifs mpl

Jezebel ['dʒezə,bel] → SYN n Jézabel f

JFK ['dʒeɪef'keɪ] n (abbrev of John Fitzgerald Kennedy International Airport) aéroport de la ville de New York

jib [dʒɪb] → SYN 1 n a (Naut) foc m ◆ **the cut of his jib** † ∗ (fig) son allure
b [of crane] flèche f
2 vi [person] rechigner (at sth à qch ; at doing sth à faire qch) ; [horse] refuser d'avancer ◆ **the horse jibbed at the fence** le cheval a refusé l'obstacle or a renâclé devant l'obstacle

jibe¹ [dʒaɪb] ⇒ **gibe**

jibe² [dʒaɪb] vi (US = agree) concorder

Jidda ['dʒɪdə] n Djeddah

jiffy ∗ ['dʒɪfɪ] 1 n ◆ **wait a jiffy** attends une minute or une seconde ◆ **in a jiffy** en moins de deux ∗
2 COMP ▷ **Jiffy bag** ® n enveloppe f matelassée

jig [dʒɪg] → SYN 1 n a (= dance) gigue f ◆ **the jig's up** ∗ (US fig) c'est cuit ∗
b (Tech) calibre m, gabarit m
2 vi (also **jig about**, **jig around**) se trémousser, gigoter ∗ ◆ **to jig up and down** sautiller

jigger¹ ['dʒɪgər] n a (= whisky measure) mesure f d'une once et demie (= 42 ml)
b (esp US ∗ = thingummy) truc ∗ m, machin ∗ m

jigger² ['dʒɪgər] n (= flea) chique f

jiggered ∗ ['dʒɪgəd] adj (Brit) a (= astonished) étonné, baba ∗ f inv ◆ **well, I'll be jiggered!** nom d'un chien ! ∗
b (= exhausted) crevé ∗

jiggermast ['dʒɪgəmɑːst] n (Naut) (mât m d')artimon m

jiggery-pokery ∗ ['dʒɪgərɪ'pəʊkərɪ] n (NonC: Brit) magouilles ∗ fpl, manigances fpl

jiggle ['dʒɪgl] vt secouer légèrement

jigsaw ['dʒɪgsɔː] n a (also **jigsaw puzzle**) puzzle m
b (= saw) scie f sauteuse

jihad [dʒɪ'hæd] n (Rel) djihad m

jilt [dʒɪlt] vt [+ lover, girlfriend, boyfriend] plaquer ∗, laisser tomber ∗ ◆ **jilted** abandonné, plaqué ∗ ◆ **he was jilted at the altar** il a été plaqué ∗ par sa fiancée le jour de son mariage

Jim [dʒɪm] 1 n (dim of **James**) Jim m
2 COMP ▷ **Jim Crow** n (US = policy) politique f raciste (envers les Noirs)

jimjams¹ ∗ ['dʒɪmdʒæmz] n ◆ **to have the jimjams** (from revulsion) avoir des frissons or la chair de poule ; (from fear) avoir les chocottes ∗ ; (from drink) avoir une (or des) crise(s) de delirium tremens

jimjams² ['dʒɪmdʒæmz] npl (baby talk) pyjama m

Jimmy ['dʒɪmɪ] n (dim of **James**) Jimmy m

jimmy ['dʒɪmɪ] n (US) pince-monseigneur f

jimson weed ['dʒɪmsən,wiːd] n (US Bot) stramoine f, datura m

jingle ['dʒɪŋgl] → SYN 1 n a [of jewellery etc] (musical) tintement m ; (clinking) cliquetis m
b (= tune) (advertising) **jingle** jingle m or sonal m publicitaire
2 vi (musically) tinter ; (= clink) cliqueter
3 vt (musically) faire tinter ; (= clink) faire cliqueter

jingo ['dʒɪŋgəʊ] n, pl **jingoes** chauvin m ◆ **by jingo!** ∗ ça alors !, nom d'une pipe ! ∗

jingoism ['dʒɪŋgəʊɪzəm] n chauvinisme m

jingoist ['dʒɪŋgəʊɪst] n chauvin m

jingoistic [,dʒɪŋgəʊ'ɪstɪk] adj chauvin

jink ∗ [dʒɪŋk] vi (Brit = zigzag) zigzaguer ◆ **he jinked out of the way** il a fait un bond de côté

jinks [dʒɪŋks] npl → **high**

jinricksha [dʒɪn'rɪkʃɔː] n pousse(-pousse) m inv

jinx ∗ [dʒɪŋks] → SYN 1 n ◆ **to put a jinx on sb** porter la poisse à qn ◆ **to put a jinx on sth** jeter un sort à qch ◆ **there's a jinx on this watch** on a jeté un sort à cette montre
2 vt [+ person] porter la guigne ∗ or la poisse ∗ à ◆ **to be jinxed** [person] avoir la guigne ∗ or la poisse ∗ ◆ **this project must be jinxed** un mauvais sort semble peser sur ce projet

jitney ∗ ['dʒɪtniː] n (US) a pièce f de cinq cents
b véhicule à itinéraire fixe et à prix modique

jitterbug ['dʒɪtəbʌg] 1 n a (= dance) danse acrobatique sur rythme de swing ou de boogie-woogie
b (∗ = panicky person) froussard(e) ∗ m(f), trouillard(e) ∗ m(f)
2 vi (= dance) danser le jitterbug

jitteriness ∗ ['dʒɪtərɪnɪs] n trac m, frousse ∗ f

jitters ∗ ['dʒɪtəz] npl frousse ∗ f ◆ **to have the jitters** (gen) être nerveux or agité ; (before performance) avoir le trac, avoir la frousse ∗ ◆ **to give sb the jitters** rendre qn nerveux or agité, ficher la frousse à qn ∗

jittery ∗ ['dʒɪtərɪ] adj nerveux, agité ◆ **to be jittery** avoir la frousse ∗

jiujitsu [dʒuː'dʒɪtsuː] n ⇒ **jujitsu**

jive [dʒaɪv] 1 n a (= music, dancing) swing m
b (esp US ∗) (= big talk) baratin ∗ m ; (= nonsense) foutaises ∗ fpl ◆ **stop that jive** arrête de dire tes conneries ∗
c (US = type of speech) argot m (des Noirs surtout)
2 vi (= dance) danser le swing

Jly abbrev of **July**

Jnr (Brit) abbrev of **junior**

Joan [dʒəʊn] n Jeanne f ◆ **Joan of Arc** Jeanne f d'Arc

Job [dʒəʊb] 1 n (Bible) Job m
2 COMP ▷ **Job's comforter** n piètre consolateur m, -trice f ▷ **Job's tears** n (Bot) larme-de-Job f

job [dʒɒb] → SYN 1 n a (= piece of work, task) travail m, boulot ∗ m ◆ **I have a little job for you** j'ai un petit travail or un petit boulot ∗ pour vous ◆ **he has made a good job of it, he has done a good job** (on it) il a fait du bon travail or du bon boulot ∗ or **a good job of work** il a fait du bon travail or du bon boulot ∗ ◆ **he has made a poor job of it** il n'a pas fait du bon travail or boulot ∗ ◆ **he has made a terrible job of it** il a saboté le travail, il a fait du sale boulot ∗ ◆ **the decorators made a terrible job of the kitchen** les peintres ont fait du sale boulot ∗ dans la cuisine ◆ **it's not ideal but it'll do the job** ∗ ce n'est pas l'idéal mais cela fera l'affaire ◆ **we could have done a far better job of running the project than they have** on aurait pu gérer ce projet beaucoup mieux qu'eux ◆ **she's done a fine job with her children** elle a bien élevé ses enfants ; → **chin, odd, nose**
b (= employment) travail m, emploi m, boulot ∗ m ◆ **to get a job** trouver un travail or un emploi or un boulot ∗ ◆ **to look for a job** chercher un travail or un emploi or un boulot ∗ ◆ **to have a job** avoir un travail or un emploi ◆ **to lose one's job** perdre son travail or son emploi or son boulot ∗ ◆ **a job as a librarian** un poste or un emploi de bibliothécaire ◆ **he's looking for a job as a teacher/secretary/manager** il cherche un poste or un emploi de professeur/secrétaire/directeur ◆ **teaching/manufacturing jobs** emplois mpl dans l'enseignement/l'industrie ◆ **nursing jobs** postes mpl d'infirmiers ◆ **he has a job for the vacation** il a un travail or un boulot ∗ or un job ∗ pour les vacances ◆ **to be out of a job** être au chômage ◆ **7,000 jobs lost** 7 000 suppressions d'emplois ◆ **it's more than my job's worth** (hum) ça risque de me coûter mon travail ◆ **we've found the right person for the job** nous avons trouvé la personne qu'il nous faut ◆ **off-the-job training** formation f à l'extérieur ◆ **jobs for the boys** ∗ (Brit) des boulots pour les (petits) copains ∗ ; → **cushy, loss**

ANGLAIS-FRANÇAIS 498

◆ **on the job** (= while working) talk, sleep, learn pendant le travail ◆ **he fell asleep on the job** ∗ (= during sex) il s'est endormi en pleine action ∗ (hum) or en faisant l'amour ◆ **she's always on the job** ∗ (= always working) elle est toujours en train de travailler ◆ **to stay or remain on the job** rester à son poste ◆ **on-the-job training** (formal) formation f dans l'entreprise ; (informal) formation f sur le tas

c (= duty, responsibility) travail m ◆ **it's not my job to supervise him** ce n'est pas à moi de n'est pas mon travail de contrôler ce qu'il fait ◆ **he's got a job to do, he's only doing his job** il ne fait que son travail ◆ **drinking a lot of water helps the kidneys do their job** boire beaucoup d'eau facilite le travail des reins ◆ **he knows his job** il connaît son affaire ◆ **that's not his job** ce n'est pas de son ressort, ce n'est pas son travail ◆ **I had the job of telling them** c'est moi qui ai dû le leur dire

d (= state of affairs) **it's a good job (that) he managed to meet you** c'est heureux or c'est une chance qu'il ait pu vous rencontrer ◆ **and a good job too!** à la bonne heure ! ◆ **it's a bad job** c'est une sale affaire ◆ **to give sth/sb up as a bad job** renoncer à qch/qn en désespoir de cause ◆ **this is just the job** ∗ (Brit) c'est juste ou exactement ce qu'il faut

e (= difficult time) **to have a job to do sth** or **doing sth** avoir du mal à faire qch ◆ **I had a job to finish this letter** j'ai eu du mal à finir cette lettre ◆ **it was a job** or **an awful job to organize this party** ça a été un sacré ∗ travail or tout un travail que d'organiser cette soirée ◆ **it was a (terrible) job convincing him or to convince him** ça a été toute une affaire or ça n'a pas été une mince affaire pour le convaincre ◆ **you'll have a job convincing him or to convince him!** vous aurez du mal à le convaincre ! ◆ **you've got a real job there!** tu n'es pas au bout de tes peines !

f (∗ = dishonest business) **to do a job** faire un coup ◆ **to pull a job** monter un coup ◆ **a put-up job** un coup monté ◆ **remember that bank job?** tu te rappelles le coup de la banque ?

g (∗ = thing) truc ∗ m ◆ **that red job over there** ce truc rouge là-bas

2 vi (= do casual work) faire des petits travaux ; (St Ex) négocier, faire des transactions ; (= profit from public position) magouiller ∗

3 vt (also **job out**) [+ work] sous-traiter

4 COMP ▷ **job action** n (US Ind) action f revendicative, (mouvement m de) grève f ▷ **job analysis** n (Ind) analyse f des tâches, analyse f statique or par poste de travail ▷ **job centre** n (Brit) ≃ ANPE f, ≃ Agence f nationale pour l'emploi ▷ **job club** n (Brit) club m d'entraide pour chômeurs ▷ **job control language** n (Comput) langage m de contrôle de travaux ▷ **job creation** n création f d'emplois ▷ **job creation scheme** n plan m de création d'emplois ▷ **job description** n description f de poste, profil m de l'emploi ▷ **job evaluation** n évaluation f des tâches ▷ **job-hop** ∗ vi changer fréquemment d'emploi ▷ **job hopper** ∗ n personne f qui change fréquemment d'emploi ▷ **job hunting** n chasse f à l'emploi ▷ **job lot** n lot m d'articles divers ◆ **to sell/buy sth as a job lot** vendre/acheter qch par lots ▷ **job offer** n offre f d'emploi ▷ **job queue** n (Comput) file f d'attente des travaux ▷ **job rotation** n rotation f des tâches ▷ **job satisfaction** n satisfaction f au travail ◆ **I get a lot of job satisfaction** je trouve beaucoup de satisfaction dans mon travail ▷ **job security** n sécurité f de l'emploi ▷ **job seeker** n (Brit Admin) demandeur f d'emploi ▷ **job seeker's allowance** n (Brit Admin) allocation f de demandeur d'emploi ▷ **job-share** (Brit) n partage m de poste ◆ vi partager un poste ▷ **job sharing** n partage m de poste ▷ **job specification** n description f de poste ▷ **job title** n intitulé m de poste

jobber ['dʒɒbər] n (Brit St Ex) négociant m en valeurs (boursières) ; (also **stock jobber**) contrepartiste m ; (= pieceworker) ouvrier m, -ière f à la tâche ; (= dishonest person) magouilleur ∗ m, -euse ∗ f

jobbery ['dʒɒbərɪ] n (NonC: Brit) malversation f, magouillage m

jobbing ['dʒɒbɪŋ] **1** adj (Brit) (paid by the day) payé à la journée ; (paid by the task) à la tâche, à façon
2 n (NonC: St Ex) transactions fpl boursières

jobholder ['dʒɒb,həʊldər] n (= employed person) personne f qui travaille ; (in specific post) employé(e) m(f)

jobless ['dʒɒblɪs] → SYN **1** adj sans emploi, au chômage
2 the jobless npl les chômeurs mpl, les sans-emploi mpl ◆ **the jobless figures** le nombre de chômeurs or sans-emploi, les chiffres mpl du chômage

joblessness ['dʒɒblɪsnɪs] n chômage m

jobsworth * ['dʒɒbz,wɜːθ] n (Brit) employé qui applique le règlement à la lettre

Jocasta [dʒɒˈkæstə] n (Myth) Jocaste f

Jock * [dʒɒk] n (pej) Écossais m

jock [dʒɒk] n **a** ⇒ **jockstrap**
b (US) sportif m

jockey ['dʒɒkɪ] → SYN **1** n jockey m
2 vi ◆ **to jockey about** se bousculer ◆ **to jockey for position** (lit, fig) manœuvrer pour se placer avantageusement ◆ **they were jockeying for office in the new government** ils manœuvraient pour obtenir des postes dans le nouveau gouvernement
3 vt ◆ **to jockey sb into doing sth** manœuvrer qn (habilement) pour qu'il fasse qch, amener adroitement qn à faire qch
4 COMP ▷ **Jockey club** n Jockey-Club m ▷ **Jockey Shorts ®** npl caleçon m

jockstrap ['dʒɒkstræp] n (Sport) slip m de sport ; (Med) suspensoir m

jocose [dʒəˈkəʊs] adj (liter) (= merry) enjoué, jovial ; (= jesting) facétieux

jocosely [dʒəˈkəʊslɪ] adv (liter) say (= merrily) d'un ton enjoué ; (= jestingly) facétieusement

jocular ['dʒɒkjʊlər] → SYN adj (= merry) enjoué, jovial ; (= humorous) plaisant

jocularity [,dʒɒkjʊˈlærɪtɪ] n jovialité f

jocularly ['dʒɒkjʊlɪlɪ] adv say, ask, speak, discuss en plaisantant

jocund ['dʒɒkənd] adj jovial, joyeux

jocundity [dʒəʊˈkʌndɪtɪ] n gaieté f, jovialité f

jocundly ['dʒɒkəndlɪ] adv jovialement

jodhpurs ['dʒɒdpəz] npl jodhpurs mpl, culotte f de cheval

Joe [dʒəʊ] **1** n (dim of Joseph) Jo m
2 COMP ▷ **Joe Bloggs** * (Brit), **Joe Blow** * (US) n Monsieur tout-le-monde m, l'homme m de la rue ▷ **Joe College** n (US Univ) l'étudiant m type américain ▷ **Joe Public** * n (Brit) le public ▷ **Joe Six-Pack** * n (US), **Joe Soap** * n (Brit) Monsieur tout-le-monde m, l'homme m de la rue

Joel ['dʒəʊəl] n Joël m

joey * ['dʒəʊɪ] n (Austral) **a** (= young kangaroo) jeune kangourou m
b (= child) môme * mf, gosse * mf

jog [dʒɒg] → SYN **1** n **a** (Sport = run) jogging m, footing m ◆ **to go for a jog** aller faire un jogging or un footing ◆ **she begins the day with a jog around the park** elle commence la journée en faisant son jogging or footing dans le parc
b (also **jog-trot**) petit trot m ◆ **he set off at a jog down the path** il s'est mis à descendre le sentier au petit trot ◆ **to go along at a jog(-trot)** aller au petit trot
c (= nudge, knock) légère poussée f ; (with elbow) coup m de coude
2 vt (= shake) secouer, bringuebaler ; (= nudge) pousser ◆ **to jog sb's elbow** pousser le coude de qn ◆ **to jog sb's memory** rafraîchir la mémoire de qn
3 vi **a** (Sport) faire du jogging, faire du footing
b cahoter, bringuebaler ◆ **the cart jogs along the path** la charrette cahote or bringuebale sur le chemin

▶ **jog about** **1** vi sautiller
2 vt sep remuer

▶ **jog along** vi (lit) [person, vehicle] aller son petit bonhomme de chemin, cheminer ; (fig) [person] aller cahin-caha * ; [piece of work, course of action] aller tant bien que mal

▶ **jog around** vti ⇒ **jog about**

▶ **jog on** vi ⇒ **jog along**

jogger ['dʒɒgər] **1** n jogger m, joggeur m, -euse f
2 COMP ▷ **jogger's nipple** * n mamelon m du jogger

jogging ['dʒɒgɪŋ] **1** n (Sport) jogging m, footing m
2 COMP ▷ **jogging shoes** npl chaussures fpl de jogging ▷ **jogging suit** n jogging m

joggle ['dʒɒgl] **1** vt secouer
2 vi bringuebaler, ballotter
3 n légère secousse f

Johannesburg [dʒəʊˈhænɪs,bɜːg] n Johannesburg

John [dʒɒn] **1** n **a** Jean m
b (esp US = lavatory) **the john** * les chiottes * fpl
c (US = prostitute's customer) john * micheton * m
2 COMP ▷ **John Barleycorn** n (hum) l'alcool m ◆ **shall we say hello to John Barleycorn?** on se boit un petit verre (de whisky) ? ▷ **John Bull** n John Bull m (Anglais de caricature) ▷ **John Doe** n (US Jur) homme dont on ignore le nom ▷ **John Dory** n saint-pierre m inv, dorée f ▷ **John Hancock** *, **John Henry** * n (US fig = signature) signature f, paraphe m ▷ **John of the Cross** n (also **Saint John of the Cross**) saint Jean m de la Croix ▷ **John Q. Public** * n (US) le public, le quidam (hum) ▷ **John the Baptist** n (also **Saint John the Baptist**) saint Jean m Baptiste ▷ **John Thomas** * n Popaul * m

Johnny ['dʒɒnɪ] **1** n **a** (dim of John)
b johnny * type * m
c (Brit † * = condom: also **johnny, rubber johnny**) capote f (anglaise) *
2 COMP ▷ **Johnny-come-lately** n nouveau venu m ; (= upstart) parvenu m ▷ **Johnny Foreigner** * n (Brit) l'étranger m

join [dʒɔɪn] LANGUAGE IN USE 25.2 → SYN
1 vt **a** (= attach) attacher, relier ; (= assemble, put together) [+ parts] assembler ; [+ broken pieces] raccorder ; (with glue) recoller ; (Elec) [+ batteries] accoupler, connecter ◆ **to join (together) two ends of a chain** attacher or relier les deux bouts d'une chaîne ◆ **join part A to part B** (in instructions) assemblez l'élément A avec l'élément B ◆ **join the panels (together) with screws** assemblez les panneaux à l'aide de vis ◆ **they are joined at the hip** * (fig, pej) ils sont comme cul et chemise * , ils sont inséparables ; → **issue**
b (= link) relier (to à) ◆ **join the dots (together) with a line** reliez les points par un trait ◆ **the island was joined to the mainland by a bridge** l'île était reliée à la terre par un pont ◆ **to join hands** se donner la main ◆ **joined in marriage** or **matrimony** unis par les liens du mariage
c (= merge with) [river] [+ another river, the sea] rejoindre, se jeter dans ; [road] [+ another road] rejoindre ◆ **this is where the river joins the sea** c'est là que le fleuve se jette dans la mer
d (Mil, fig) **to join battle (with)** engager le combat (avec) ◆ **they joined forces** ils ont uni leurs forces ◆ **to join forces (with sb) to do sth** s'unir (à qn) pour faire qch
e (= become member of) [+ club, association, political party] devenir membre de, adhérer à, s'affilier à ; [+ university] entrer à, s'inscrire à ; [+ circus, religious order] entrer dans ; [+ procession] se joindre à ◆ **to join NATO/the European Union** devenir membre de l'OTAN/l'Union européenne ◆ **he joined Liverpool** (Ftbl) il a rejoint l'équipe de Liverpool ◆ **to join the army** s'engager or s'enrôler dans l'armée ◆ **to join a trade union** s'affilier à un syndicat, se syndiquer ◆ **join the club!** * (fig) tu es en bonne compagnie !
f [+ person] rejoindre, retrouver ◆ **I'll join you in five minutes** je vous rejoins or retrouve dans cinq minutes ◆ **Paul joins me in wishing you ...** Paul se joint à moi pour vous souhaiter ... ◆ **Moscow has joined Washington in condemning these actions** Moscou, comme Washington, a condamné ces actions ◆ **she joined me in support of the idea** elle s'est jointe à moi pour défendre cette idée ◆ **will you join us?** (= come with us) voulez-vous venir avec nous ? ; (= be one of our number) voulez-vous être des nôtres ? ; (in restaurant) voulez-vous vous asseoir à notre table ?, je peux or puis-je m'asseoir avec vous ? ◆ **will you join me in a drink?** (in restaurant) voulez-vous prendre un verre avec moi ? ◆ **to join one's regiment** rejoindre son régiment ◆ **to join one's ship** rallier or rejoindre son bâtiment ◆ **to join the queue** se mettre à la queue
2 vi **a** (= connect) [pieces, parts, edges] se raccorder (with à) ; ends s'attacher
b (= link up) [lines] se rejoindre, se rencontrer
c (= merge) [roads, rivers] se rejoindre ; (= become a member) [of political party, sports club, leisure club, class, group] devenir membre ◆ **to join in doing sth** [people] s'associer pour faire qch ◆ **Moscow and Washington have joined in condemning these actions** Moscou et Washington ont toutes deux condamné ces actions
3 n (in mended object) ligne f de raccord ; (Sewing) couture f
4 COMP ▷ **joined case** n (Jur) affaire f jointe ▷ **joined-up** adj writing attaché ; language, thinking cohérent ▷ **join-the-dots puzzle** n (Brit) jeu qui consiste à relier des points pour découvrir une figure

▶ **join in**
1 vi participer, se mettre de la partie ◆ **join in!** (in singing) chantez avec nous !
2 vt fus [+ game, activity] participer à ; [+ conversation] prendre part à ; [+ protests, shouts] joindre sa voix à ; [+ thanks, wishes] se joindre à ; → **chorus**

▶ **join on**
1 vi [links, parts of structure] se joindre (to à)
2 vt sep fixer ; (by tying) attacher

▶ **join together**
1 vi ⇒ **join 2a**
2 vt sep ⇒ **join 1a, 1b**

▶ **join up**
1 vi (Mil) entrer dans l'armée
2 vt sep joindre, assembler ; [+ pieces of wood or metal] abouter, rabouter ; (Elec) [+ wires] connecter, raccorder

joinder ['dʒɔɪndər] n (Jur) jonction f

joiner ['dʒɔɪnər] n (Brit = carpenter) menuisier m

joinery ['dʒɔɪnərɪ] n (Brit) menuiserie f

joint [dʒɔɪnt] → SYN **1** n **a** (Anat) articulation f ◆ **ankle/knee/elbow joint** articulation f de la cheville/du genou/du coude ◆ **out of joint** [knee, ankle, hip] démis ; (fig) de travers ◆ **to put one's shoulder/wrist** etc **out of joint** se démettre l'épaule/le poignet etc ◆ **his nose is out of joint** (fig) il est dépité ◆ **that put his nose out of joint** (fig) ça l'a défrisé * ; → **ball**
b (in wood, metal) articulation f, jointure f ; (Geol: in rock) diaclase f ; → **mitre, universal**
c (Brit) [of meat] rôti m ◆ **a cut off the joint** une tranche de rôti
d * (= night club) boîte * f ; (= disreputable pub) bistro(t) * m mal famé ; (= gambling den) tripot m
e (Drugs *) joint * m
2 adj statement, action, project, approach, meeting, control commun ; research en commun ; decision pris d'un commun accord ; effort conjugué ◆ **to come joint first/second** (in race, competition) être classé premier/deuxième ex aequo ◆ **to make** or **take a joint decision to do sth** décider d'un commun accord de faire qch ◆ **joint consultations** consultations fpl bilatérales ◆ **joint obligation** coobligation f ◆ **joint responsibility** coresponsabilité f ◆ **in joint names** ses conjointement
3 vt **a** (Brit Culin) découper (aux jointures)
b [+ pipes] joindre, raccorder
4 COMP ▷ **joint account** n (Fin) compte m joint ▷ **joint agreement** n (Ind) convention f collective ▷ **joint and several guarantee** n caution f solidaire ▷ **joint and several liability** n responsabilité f conjointe et solidaire ▷ **joint author** n coauteur m ▷ **Joint Chiefs of Staff** npl (US) chefs mpl d'état-major (des armées) ▷ **joint committee** n (gen) commission f mixte ; (US Pol) commission f interparlementaire ▷ **joint estate** n (Jur) biens mpl communs ▷ **joint favourite** n the horses are joint favourites ces chevaux sont les deux favoris ▷ **joint**

financing n cofinancement m ▷ **joint heir** n cohéritier m, -ière f ▷ **joint honours** n (Brit Univ = degree) ≈ licence f préparée dans deux matières (ayant le même coefficient) ▷ **joint manager** n codirecteur m, -trice f, cogérant(e) m(f) ▷ **joint mortgage** n emprunt m logement souscrit conjointement ▷ **joint ownership** n copropriété f ▷ **joint partner** n coassocié(e) m(f) ▷ **joint passport** n passeport m conjoint (pour mari et femme) ▷ **joint-stock company** n (Fin) société f par actions ▷ **joint venture** n (gen) entreprise f commune ; (Jur, Fin = company, operation) joint-venture f

---

JOINT CHIEFS OF STAFF

Collectivement, les **Joint Chiefs of Staff** (c'est-à-dire les chefs d'état-major des trois corps d'armée) constituent un organe du ministère américain de la Défense ayant pour rôle de conseiller le Président, le Conseil national de sécurité et le ministère de la Défense en matière de défense nationale.

---

jointed ['dʒɔɪntɪd] adj doll articulé ; fishing rod, tent pole démontable

jointly ['dʒɔɪntlɪ] → SYN adv conjointement (with avec) ◆ **to be jointly responsible** or **liable for sth** être conjointement responsable de qch ◆ **jointly and severally** (Jur) conjointement et solidairement

jointure ['dʒɔɪntʃəʳ] n douaire m

joist [dʒɔɪst] n (wooden) solive f ; (metal) poutrelle f

jojoba [həʊ'həʊbə] n jojoba m

joke [dʒəʊk] → SYN **1** n **a** (= funny anecdote) plaisanterie f, blague* f ◆ **for a joke** pour rire, pour blaguer* ◆ **to make a joke about sb/sth** plaisanter sur qn/qch ◆ **to make a joke of sth** tourner qch à la plaisanterie ◆ **he can't take a joke** il ne comprend pas ou il prend mal la plaisanterie ◆ **it's no joke!** (= it's not easy) ce n'est pas une petite affaire ! (doing sth que de faire qch) ; (= it's not enjoyable) ce n'est pas drôle ou marrant* (doing sth (que) de faire qch) ◆ **what a joke!** (gen, iro) ce que c'est drôle ! ◆ **it's a joke!*** (pej = useless) c'est de la blague ! ◆ **his behaviour is (getting) beyond a joke*** (Brit) il a dépassé les bornes ◆ **the situation is (getting) beyond a joke*** la situation devient alarmante ◆ **the joke is that ...** le plus drôle c'est que ..., ce qu'il y a de drôle or de marrant* c'est que ... ◆ **now the joke's on her** maintenant, c'est elle qui rit jaune, la plaisanterie s'est retournée contre elle ; → **see, standing**
b (= trick) tour m, farce f ◆ **to play a joke on sb** faire une farce à qn, jouer un tour à qn ; → **practical**
c (= object of amusement) risée f ◆ **he is the joke of the village** il est la risée du village
2 vi plaisanter, blaguer* ◆ **you're joking!** vous voulez rire !, sans blague ! ◆ **£100 for that? – you must be joking!** 100 livres pour ça ? – vous n'êtes pas sérieux or vous voulez rire ! ◆ **I'm not joking** je ne plaisante pas ◆ **I was only joking** ce n'était qu'une plaisanterie ◆ **you mustn't joke about his accent** il ne faut pas se moquer de son accent

joker ['dʒəʊkəʳ] → SYN n **a** (* = idiot) rigolo* m ◆ **some joker will always start singing** il y aura toujours un rigolo* pour se mettre à chanter
b (Cards) joker m ◆ **the joker in the pack** (fig) l'outsider m, le joker
c ⇒ **jokester**
d (Jur) clause f ambiguë

jokester ['dʒəʊkstəʳ] n blagueur m, -euse f, plaisantin m

jokey* ['dʒəʊkɪ] adj (= amusing) rigolo* (-ote* f) ; (= jocular) blagueur, jovial ◆ **in a jokey way** en plaisantant

joking ['dʒəʊkɪŋ] **1** adj tone de plaisanterie
2 n (NonC) plaisanterie f, blague* f ◆ **joking apart** or **aside** plaisanterie or blague* à part

jokingly ['dʒəʊkɪŋlɪ] adv en plaisantant, pour plaisanter ◆ **she jokingly referred to her son as "my little monster"** elle appelait son fils "mon petit monstre" pour plaisanter

---

jollification* [ˌdʒɒlɪfɪ'keɪʃən] n (NonC) réjouissances fpl

jollity ['dʒɒlɪtɪ] n [of person, atmosphere] gaieté f, joyeuse humeur f

jolly ['dʒɒlɪ] → SYN **1** adj (esp Brit) **a** (= cheerful) person, atmosphere, smile, mood jovial
b († * = enjoyable) amusant ◆ **to have a jolly (old) time** bien s'amuser
2 adv (Brit † * = very) good, decent drôlement*, rudement* ◆ **you are jolly lucky** tu as une drôle de veine* ◆ **jolly good!** (expressing approval) très bien ! ◆ **I'm jolly well going** un peu que je vais y aller ! * ◆ **you jolly well will go!** pas question que tu n'y ailles pas ! ◆ **I (should) jolly well hope** or **think so!** j'espère bien !
3 vt ◆ **to jolly sb along** enjôler qn ◆ **they jollied him into joining them** ils l'ont convaincu (en douceur) de se joindre à eux
4 n (US) ◆ **to get one's jollies**‡ prendre son pied‡ (from doing sth en faisant qch)
5 COMP ▷ **jolly boat** n (Naut) canot m ▷ **the Jolly Roger** n le pavillon noir

jolt [dʒəʊlt] → SYN **1** vi (vehicle) cahoter, tressauter ◆ **to jolt along** avancer en cahotant ◆ **to jolt to a stop** s'arrêter brutalement
2 vt (lit, fig) secouer, cahoter ◆ **she was jolted awake** elle s'est réveillée en sursaut ◆ **to jolt sb into action/into doing sth** (fig) pousser qn à agir/à faire qch ◆ **she was jolted back to reality** elle fut brutalement rappelée à la réalité ◆ **it jolted her out of her self-pity/depression** ça l'a tellement secouée qu'elle a arrêté de s'apitoyer sur son sort/qu'elle a arrêté de déprimer
3 n **a** (= jerk) [of vehicle] secousse f, à-coup m
b (fig) choc m ◆ **it gave me a jolt** ça m'a fait un choc

jolting ['dʒəʊltɪŋ] **1** adj cahotant
2 n (NonC) cahots mpl

Jonah ['dʒəʊnə] n Jonas m ; (fig) porte-malheur m inv, oiseau m de malheur

Jonas ['dʒəʊnəs] n Jonas m

Jonathan ['dʒɒnəθən] n Jonathan m

Joneses ['dʒəʊnzɪz] npl ◆ **to try to keep up with the Joneses*** ne pas vouloir faire moins bien que le voisin

jonquil ['dʒɒŋkwɪl] **1** n jonquille f, narcisse m
2 adj jonquille inv

Jordan ['dʒɔːdn] n (= country) la Jordanie ◆ **the river Jordan** le Jourdain

Jordanian [dʒɔː'deɪnɪən] **1** n Jordanien(ne) m(f)
2 adj jordanien ; ambassador, embassy, monarch de Jordanie

Joseph ['dʒəʊzɪf] n Joseph m

Josephine ['dʒəʊzɪfiːn] n Joséphine f

josh‡ [dʒɒʃ] (esp US) **1** vt charrier*, mettre en boîte*
2 vi blaguer*
3 n mise f en boîte*

josher‡ ['dʒɒʃəʳ] n (US) plaisantin m, taquin(e) m(f)

Joshua ['dʒɒʃʊə] n Josué m

joss stick ['dʒɒsstɪk] n bâton m d'encens

jostle ['dʒɒsl] → SYN **1** vi ◆ **he jostled against me** il m'a bousculé ◆ **to jostle through the crowd** se frayer un chemin (à coups de coudes) à travers la foule ◆ **to jostle for sth** (lit, fig) jouer des coudes pour obtenir qch
2 vt bousculer
3 n bousculade f

jot [dʒɒt] **1** n brin m, iota m ◆ **there is not a jot of truth in this** il n'y a pas une once de vérité là-dedans ◆ **not one jot or tittle** pas un iota, pas un brin
2 vt noter, prendre note de
▷ **jot down** vt sep noter, prendre note de ◆ **to jot down notes** prendre or griffonner des notes ◆ **to jot down a few points** prendre note de or noter quelques points

jota ['xɒtə] n jota f

jotter ['dʒɒtəʳ] n (Brit) (= exercise book) cahier m (de brouillon) ; (= pad) bloc-notes m

jottings ['dʒɒtɪŋz] npl notes fpl

joual [ʒwɑːl] n (Can) joual m

---

joule [dʒuːl] n joule m

journal ['dʒɜːnl] → SYN **1** n **a** (= periodical) revue f ; (= newspaper) journal m
b (= diary) journal m
c (Naut) livre m de bord ; (Comm) livre m de comptes ; (Jur) compte rendu m
2 COMP ▷ **journal bearing** n (Tech) palier m

journalese [ˌdʒɜːnə'liːz] n (NonC: pej) jargon m journalistique

journalism ['dʒɜːnəlɪzəm] n journalisme m

journalist ['dʒɜːnəlɪst] → SYN n journaliste mf

journalistic [ˌdʒɜːnə'lɪstɪk] adj profession, community, experience, talent, cliché de journaliste ; style, career journalistique

journalistically [ˌdʒɜːnə'lɪstɪkəlɪ] adv du point de vue journalistique ; write dans un style journalistique

journey ['dʒɜːnɪ] → SYN **1** n (gen) voyage m ; (short or regular trip) trajet m, parcours m ; (distance covered) trajet m ◆ **to go on a journey** partir en voyage ◆ **to set out on one's journey** se mettre en route ◆ **a two days' journey** un voyage de deux jours ◆ **it's a 50-minute train journey from Glasgow to Edinburgh** le trajet Glasgow-Édimbourg en train est de or prend 50 minutes ◆ **to reach one's journey's end** arriver à destination ◆ **the journey from home to office** le trajet de la maison au bureau ◆ **the return journey, the journey home** le (voyage or trajet de) retour ◆ **a car journey** un voyage or trajet en voiture ◆ **a long bus journey** un long trajet en autobus ◆ **"Journey to the End of the Night"** (Literat) "Voyage au bout de la nuit" ; → **outward**
2 vi voyager ◆ **to journey on** continuer son voyage
3 COMP ▷ **journey time** n durée f du trajet

journeyman ['dʒɜːnɪmən] **1** n, pl **-men** artisan m
2 COMP ▷ **journeyman baker** n ouvrier m boulanger ▷ **journeyman joiner** n compagnon m charpentier

journo* ['dʒɜːnəʊ] n (abbrev of **journalist**) journaliste mf, journaleux* m (pej)

joust [dʒaʊst] **1** n joute f
2 vi (lit, fig) jouter

jouster ['dʒaʊstəʳ] n jouteur m

Jove [dʒəʊv] n Jupiter m ◆ **by Jove!** † * sapristi ! *

jovial ['dʒəʊvɪəl] → SYN adj jovial

joviality [ˌdʒəʊvɪ'ælɪtɪ] n jovialité f

jovially ['dʒəʊvɪəlɪ] adv say jovialement ; laugh gaiement

jowl [dʒaʊl] n (= jaw) mâchoire f ; (= cheek) bajoue f ; → **cheek**

-jowled [dʒaʊld] adj (in compounds) ◆ **square-jowled** à la mâchoire carrée

jowly ['dʒaʊlɪ] adj aux joues flasques

joy [dʒɔɪ] → SYN n **a** (NonC) joie f ◆ **the joy of my life** mon rayon de soleil ◆ **to my great joy** à ma grande joie
b (= enjoyable thing) plaisir m ◆ **the joys of the seaside** les plaisirs or les charmes du bord de la mer ◆ **the joys of motherhood** les joies fpl or satisfactions fpl de la maternité ◆ **it was a joy to see him again** c'était un (vrai) plaisir de le revoir ◆ **this car is a joy to drive** c'est un (vrai) plaisir de conduire cette voiture ◆ **his dancing was a joy to watch, it was a joy to watch him dancing** c'était un (vrai) plaisir or délice de le regarder danser ◆ **to be full of the joys of spring** avoir le cœur joyeux ◆ **I wish you joy of it!** (iro) je vous souhaite bien du plaisir !
c (Brit = success) **any joy?** alors, ça a marché ? * ◆ **I got no joy out of it** ça n'a pas marché, ça n'a rien donné ◆ **I got no joy out of him** avec lui ça n'a rien donné, je n'en ai rien tiré

joyful ['dʒɔɪfʊl] → SYN adj joyeux

joyfully ['dʒɔɪfəlɪ] adv greet, sing joyeusement

joyfulness ['dʒɔɪfʊlnɪs] n (gen) joie f ◆ **the joyfulness of the occasion** le caractère joyeux de l'événement

joyless ['dʒɔɪlɪs] → SYN adj world sans joie ; person, experience triste

joylessly ['dʒɔɪlɪslɪ] adv sans joie

joyous ['dʒɔɪəs] → SYN adj (liter) joyeux

joyously ['dʒɔɪəslɪ] adv (liter) (with vb) avec joie ; (with adj) joyeusement

joyride ['dʒɔɪˌraɪd] **1** n ◆ **to go for a joyride** faire une virée * dans une voiture volée
2 vi (also **go joyriding**) faire une virée * dans une voiture volée

joyrider ['dʒɔɪˌraɪdəʳ] n jeune chauffard m au volant d'une voiture volée

joyriding ['dʒɔɪˌraɪdɪŋ] n ◆ **joyriding is on the increase** il y a de plus en plus de jeunes qui volent une voiture juste pour aller faire une virée

joystick ['dʒɔɪstɪk] n (Aviat) manche m à balai ; (Comput) manche m à balai, manette f (de jeu)

JP [ˌdʒeɪ'piː] n (Brit Jur) (abbrev of **Justice of the Peace**) → **justice**

Jr (US) (abbrev of **Junior**) Jr

JSA n (Brit Admin) (abbrev of **job seeker's allowance**) → **job**

jubilant ['dʒuːbɪlənt] → SYN adj person, voice débordant de joie ; face épanoui, radieux ◆ **he was jubilant** il jubilait

jubilantly ['dʒuːbɪləntlɪ] adv avec jubilation, en jubilant

jubilation [ˌdʒuːbɪ'leɪʃən] → SYN **1** n (= emotion) allégresse f, jubilation f
2 jubilations npl (= celebrations) fête f, réjouissance(s) f(pl)

jubilee ['dʒuːbɪliː] → SYN n jubilé m ; → **diamond**

Judaea [dʒuː'diːə] n la Judée

Judaeo-Christian, Judeo-Christian (US) [dʒuːˌdeɪəʊ'krɪstɪən] adj judéo-chrétien

Judaeo-Spanish [dʒuː'diːəʊ] adj judéo-espagnol, ladino

Judah ['dʒuːdə] n Juda m

Judaic [dʒuː'deɪɪk] adj judaïque

Judaism ['dʒuːdeɪɪzəm] n judaïsme m

Judaize ['dʒuːdeɪˌaɪz] vt judaïser

Judas ['dʒuːdəs] **1** n **a** (= name) Judas m ◆ **Judas Iscariot** Judas m Iscariote
b (= traitor) judas m
c (= peephole) judas m
2 COMP ▷ **Judas tree** n arbre m de Judée, gainier m

judder ['dʒʌdəʳ] (Brit) **1** vi vibrer ; (stronger) trépider ◆ **to judder to a halt** s'arrêter en trépidant
2 n vibration f, trépidation f

Jude [dʒuːd] n Jude m

Judea [dʒuː'diːə] n Judée f

Judezmo [dʒuː'dezməʊ] n (Ling) ladino m

judge [dʒʌdʒ] → SYN **1** n **a** (gen, Jur, Sport) juge m ; (= member of judging panel) membre m du jury ◆ **(the book of) Judges** (Bible) (le livre des) Juges mpl ◆ **the judges' rules** (Brit Police) la procédure criminelle avant un procès ; see also **4**
b (fig) connaisseur m, juge m ◆ **to be a good judge of character** être bon psychologue, savoir juger les gens ◆ **to be a good judge of wine** être bon juge en vins, s'y connaître en vins ◆ **I'll be the judge** or **let me be the judge of that** c'est à moi de juger
2 vt **a** (= assess) [+ person, conduct, competition] juger ; [+ qualities] apprécier
b (= consider) juger, estimer (*that* que) ◆ **to judge it necessary to do sth** juger or estimer nécessaire de faire qch ◆ **to judge o.s. ready/qualified** s'estimer prêt/compétent ◆ (Prov) **you can't judge a book by its cover** il ne faut pas se fier aux apparences
3 vi juger, rendre un jugement ◆ **to judge for oneself** juger par soi-même ◆ **as far as one can judge, as far as can be judged** autant qu'on puisse en juger ◆ **judging by** or **from** à en juger par or d'après
4 COMP ▷ **judge advocate** n, pl **judge advocates** (Mil, Jur) assesseur m *(auprès d'un tribunal militaire)* ▷ **judge of appeal** n (Jur) conseiller m à la cour d'appel

judg(e)ment ['dʒʌdʒmənt] **1** n **a** (Jur, Rel) jugement m ◆ **to sit in judg(e)ment on** or **over** juger ◆ **to give** or **pass judg(e)ment (on)** prononcer or rendre un jugement or un arrêt (sur) ; → **last**¹
b (= opinion) jugement m, avis m ◆ **to give one's judg(e)ment (on)** donner son avis (sur) ◆ **in my judg(e)ment** selon moi
c (NonC = good sense) jugement m, discernement m ◆ **to have (sound) judg(e)ment** avoir du jugement
2 COMP ▷ **judg(e)ment call** n (esp US) **to make a judg(e)ment call** prendre une décision en s'en remettant à son jugement personnel ▷ **Judg(e)ment Day** n (Rel) le jour du Jugement (dernier)

judg(e)mental [dʒʌdʒ'mentəl] adj ◆ **he is very judg(e)mental** il porte toujours des jugements catégoriques, il s'érige toujours en juge

judicature ['dʒuːdɪkətʃəʳ] n **a** (= process of justice) justice f
b (= body of judges) magistrature f
c (= judicial system) système m judiciaire

judicial [dʒuː'dɪʃəl] → SYN **1** adj **a** (Jur) power, function judiciaire ◆ **judicial and extrajudicial documents** actes mpl judiciaires et extrajudiciaires ◆ **the judicial process** la procédure judiciaire ◆ **judicial appointments** nominations fpl judiciaires
b (= wise) mind sage ◆ **judicial faculty** sens m critique
2 COMP ▷ **judicial inquiry** n enquête f judiciaire ▷ **judicial murder** n meurtre m légal ▷ **judicial proceedings** npl poursuites fpl judiciaires ▷ **judicial review** n (Jur) (Brit) réexamen m d'une décision de justice *(par une juridiction supérieure)* ; (US) examen m de la constitutionnalité d'une loi ▷ **judicial sale** n vente f forcée or judiciaire

judicially [dʒuː'dɪʃəlɪ] adv judiciairement

judiciary [dʒuː'dɪʃɪərɪ] **1** adj judiciaire
2 a (= system) système m judiciaire
b (= body of judges) magistrature f
c (= branch of government) pouvoir m judiciaire

judicious [dʒuː'dɪʃəs] → SYN adj (frm) judicieux

judiciously [dʒuː'dɪʃəslɪ] adv (frm) use, say judicieusement

judiciousness [dʒuː'dɪʃəsnɪs] n [of comment] pertinence f

Judith ['dʒuːdɪθ] n Judith f

judo ['dʒuːdəʊ] n judo m

judoist ['dʒuːdəʊɪst] n judoka mf

judoka ['dʒuːdəʊˌkɑː] n judoka m

Judy ['dʒuːdɪ] n (dim of **Judith**) → **Punch**

jug [dʒʌg] → SYN **1** n **a** (for water) carafe f ; (for wine) pichet m ; (round, heavy, jar-shaped) cruche f ; (for milk) pot m ; (for washing water) broc m
b (⁕ = prison) taule * f or tôle * f, bloc * m ◆ **in jug** en taule *, au bloc *
2 vt **a** (Culin) cuire en civet ◆ **jugged hare** civet m de lièvre
b (⁕ = imprison) coffrer *
3 COMP ▷ **jug band** n (US) orchestre m (de folk or de jazz) improvisé *(utilisant des ustensiles ménagers)*

jugal ['dʒuːgəl] adj jugal

juggernaut ['dʒʌgənɔːt] n **a** (Brit = truck) gros poids lourd m, mastodonte m
b (fig = irresistible force) **the media/military juggernaut** le rouleau compresseur que représente(nt) les médias/l'armée ◆ **the juggernaut of tradition/religion** l'influence écrasante de la tradition/religion
c (Rel) **Juggernaut** Jagannâth m

juggins ⁕ ['dʒʌgɪnz] n jobard(e) m(f), cruche * f

juggle ['dʒʌgl] → SYN **1** vi (lit, fig) jongler (*with* avec)
2 vt [+ balls, plates, facts, figures] jongler avec ; [+ one's time] essayer de partager ◆ **to juggle a career and a family** jongler pour concilier sa carrière et sa vie de famille

juggler ['dʒʌgləʳ] n jongleur m, -euse f

juggling ['dʒʌglɪŋ] **1** n (NonC) **a** (lit: with balls, plates) jonglerie f
b (fig = clever organization) **combining career and family requires a lot of juggling** il faut beaucoup jongler pour concilier sa carrière et sa famille ◆ **with a bit of juggling I managed to pack everything into one suitcase** avec un peu d'astuce j'ai réussi à tout mettre dans une seule valise
c (= trickery) tours mpl de passe-passe
2 COMP ▷ **juggling act** n (fig) **to do a juggling act** tout mener de front ◆ **to do a juggling act with sth** jongler avec qch (fig)

jughead ⁕ ['dʒʌghed] n (US pej) andouille * f

Jugoslav ['juːgəʊˌslɑːv] **1** adj yougoslave
2 n Yougoslave mf

Jugoslavia [ˌjuːgəʊ'slɑːvɪə] n la Yougoslavie

jugular ['dʒʌgjʊləʳ] **1** adj jugulaire
2 n (veine f) jugulaire f ◆ **to go for the jugular** frapper au point le plus faible

juice [dʒuːs] → SYN **1** n **a** [of fruit, meat] jus m ◆ **orange juice** jus m d'orange
b (Physiol) suc m ◆ **digestive juices** sucs mpl digestifs
c (US ⁕ = alcohol) alcool m
d (* = electricity, gas) jus * m ; (Brit = petrol) essence f
2 COMP ▷ **juice extractor** n (Brit) centrifugeuse f électrique

▶ **juice up** * vt sep **a** (US Aut) [+ car] gonfler le moteur de
b (= spice up) [+ occasion] mettre de l'ambiance dans ; [+ image, brand] donner du punch à *

juicehead ⁕ ['dʒuːshed] n (US) poivrot(e) * m(f), alcoolique mf

juicer ['dʒuːsəʳ] n centrifugeuse f électrique

juiciness ['dʒuːsɪnɪs] n juteux m

juicy ['dʒuːsɪ] → SYN adj **a** (= succulent) fruit, steak juteux
b * (= desirable) role, part savoureux ; deal juteux ; (= interesting) story, scandal, details croustillant ◆ **I heard some juicy gossip about him** j'ai entendu des histoires bien croustillantes à son sujet

jujitsu [dʒuː'dʒɪtsuː] n jiu-jitsu m

juju ['dʒuːdʒuː] n *culte africain proche du vaudou*

jujube ['dʒuːdʒuːb] n jujube m

jukebox ['dʒuːkbɒks] n juke-box m

Jul. abbrev of **July**

julep ['dʒuːlep] n boisson f sucrée, sirop m, julep m ; → **mint**²

Julian ['dʒuːlɪən] **1** n Julien m
2 adj julien

julienne [ˌdʒuːlɪ'en] (Culin) **1** adj (en) julienne inv
2 n (consommé) julienne f

Juliet ['dʒuːlɪet] n Juliette f

Julius ['dʒuːlɪəs] n Jules m ◆ **Julius Caesar** Jules m César

July [dʒuː'laɪ] n juillet m ◆ **the July Monarchy** (Hist) la Monarchie de Juillet ; for phrases see **September**

jumble ['dʒʌmbl] → SYN **1** vt (also **jumble up**) **a** (lit) [+ objects, clothes, figures] mélanger ◆ **to jumble everything (up)** tout mélanger ◆ **his clothes are all jumbled up on his bed** ses vêtements sont pêle-mêle or en vrac sur son lit ◆ **a jumbled mass of wires** un amas de fils entortillés ◆ **can you work out whose famous face has been jumbled up in the picture?** (in magazine) pouvez-vous recomposer le visage du personnage célèbre qui figure sur cette image ?
b (fig) [+ facts, details] brouiller, embrouiller ◆ **jumbled thoughts/memories** pensées fpl/souvenirs mpl confus(es)
2 n **a** (lit) [of objects] fouillis m, méli-mélo * m ◆ **a jumble of toys/papers** un tas de jouets/papiers en vrac ◆ **in a jumble** objects, papers, toys en vrac
b **a jumble of words** une suite de mots sans queue ni tête ◆ **a jumble of ideas/thoughts/memories** des idées fpl/pensées fpl/souvenirs mpl confus(es) ◆ **in a jumble** ideas, thoughts confus
c (NonC: Brit = junk, goods at jumble sale) bric-à-brac m
3 COMP ▷ **jumble sale** n (Brit) vente f de charité *(d'objets d'occasion)*

jumbo ['dʒʌmbəʊ] → SYN **1** n * **a** éléphant m
b ⇒ **jumbo jet**
2 COMP order, load, box, bottle, vegetable, prawn, egg géant ▷ **jumbo jet** n (Aviat) jumbo-jet m, avion m gros porteur ▷ **jumbo loan** n prêt m géant or jumbo ▷ **jumbo pack** n (gen) paquet m géant ; [of bottles, cans] emballage m géant

jumbuck * ['dʒʌmbʌk] n (Austral) mouton m

jump [dʒʌmp] → SYN ① n a (gen) saut m ; (of fear, nervousness) sursaut m ◆ **to give a jump** faire un saut, sauter ; (nervously) sursauter ◆ **at one jump** d'un (seul) bond ◆ **to be one jump ahead** (fig) avoir une longueur d'avance (of sur) ◆ **to get a** or **the jump on sb/sth** (US) prendre une longueur d'avance sur qn/qch ◆ **it's a big jump from medical student to doctor** il y a une grande différence entre être étudiant en médecine et devenir médecin ; → **bungee jumping, high, parachute, running**

b (= increase) bond m ◆ **a jump in profits/ sales/inflation** un bond des profits/des ventes/de l'inflation ◆ **the jump in prices** la hausse brutale des prix ◆ **a 5% jump in the unemployment figures** un bond de 5 % des chiffres du chômage

c (Comput) saut m

d (Horse-riding) obstacle m

② vi a (= leap) sauter, bondir ◆ **to jump in/out/across** entrer/sortir/traverser d'un bond ◆ **to jump across a stream** franchir un ruisseau d'un bond ◆ **to jump into the river** sauter dans la rivière ◆ **to jump off a bus/train** sauter d'un autobus/d'un train ◆ **to jump off a wall** sauter (du haut) d'un mur ◆ **to jump over a wall/fence/ditch** sauter un mur/une barrière/un fossé ◆ **he managed to jump clear as the car went over the cliff** il a réussi à sauter hors de la voiture au moment où celle-ci passait par-dessus la falaise ◆ **to jump up and down** sauter ◆ **to jump up and down with excitement** bondir d'excitation ◆ **to jump up and down with anger** trépigner de colère ◆ **to jump for joy** (fig) sauter de joie

b (from nervousness) sursauter, tressauter ◆ **to make sb jump** [loud noise] faire sursauter or tressauter qn ◆ **it almost made him jump out of his skin** * ça l'a fait sauter au plafond * ◆ **his heart jumped** (with fear) il a eu un coup au cœur ; (with happiness) son cœur a bondi

c (fig) [person] sauter ◆ **to jump from one subject to another** sauter (sans transition) d'un sujet à un autre, passer du coq à l'âne ◆ **she jumped from kitchen assistant to chef** elle est passée directement de simple aide-cuisinière à chef de cuisine ◆ **she jumped from seventh place to second** elle est passée directement de la septième à la seconde place ◆ **to jump at** [+ chance, suggestion, offer] sauter sur ; [+ idea] accueillir avec enthousiasme ◆ **to jump down sb's throat** * rembarrer qn ◆ **to jump to conclusions** tirer des conclusions hâtives ◆ **he jumped to the conclusion that ...** il en a conclu hâtivement que ... ◆ **to jump to sb's defence** s'empresser de prendre la défense de qn ◆ **jump to it!** * et plus vite que ça ! *, et que ça saute ! *

d [prices, shares, profits, costs] monter en flèche, faire un bond ◆ **her salary jumped from $25,000 to $50,000** son salaire est passé brusquement or d'un seul coup de 25 000 à 50 000 dollars ◆ **losses jumped to $4.1 million** les pertes ont subitement atteint les 4,1 millions de dollars

③ vt a [person, horse] [+ obstacle, ditch, fence] sauter, franchir (d'un bond) ◆ **the horse jumped a clear round** le cheval a fait un parcours d'obstacles sans faute ◆ **the electric current jumps the gap between the two wires** sans que les fils se touchent, le courant électrique passe de l'un à l'autre ◆ **to jump 2 metres** sauter 2 mètres, faire un saut de 2 mètres

b [rider, horse] faire sauter ◆ **the jockey jumped his horse over the fence** le jockey a fait sauter l'obstacle à son cheval ◆ **she's jumping three horses in this competition** [jockey] elle monte trois chevaux dans cette épreuve d'obstacles ; [owner] elle engage trois chevaux dans cette épreuve d'obstacles

c (= skip) sauter ◆ **the stylus jumped a groove** la pointe de lecture a sauté un sillon ◆ **the disease has jumped a generation** cette maladie a sauté une génération ◆ **the film then jumps ten years to 1996** le film fait alors un bond de dix ans pour arriver en 1996 ◆ **the company's shares jumped £1.25/3%** les actions de la société ont fait un bond de 1,25 livres/de 3 % ◆ **to jump bail** (Jur) ne pas comparaître au tribunal ◆ **to jump a claim** (Jur) s'emparer illégalement d'une concession minière ◆ **to jump the gun** (Sport) partir avant le départ ; (* fig) agir prématurément ◆ **to jump the gun on sb** couper l'herbe sous le pied de qn ◆ **to jump the lights** or **a red light** * [motorist] brûler le feu rouge ◆ **to jump the queue** * (Brit) passer avant son tour, resquiller * ◆ **to jump the points** [train] dérailler à l'aiguillage ◆ **to jump the rails** (lit) [train] dérailler ◆ (esp Brit fig = go wrong) déraper ◆ **to jump a train** (= get on) sauter dans un train en marche ; (= get off) sauter d'un train en marche ◆ **to jump ship** (lit) déserter le navire ; (fig = join rival organization) passer dans un autre camp ◆ **to jump town** * (US) quitter la ville

d (= attack) **to jump sb** * sauter sur qn

④ COMP ▷ **jumped-up** * adj (Brit pej) (= pushy) parvenu ; (= cheeky) effronté ; (= conceited) prétentieux ◆ **he is a jumped-up clerk** ce n'est qu'un petit employé qui a monté en grade ▷ **jump-jet** n avion m à décollage vertical ▷ **jump jockey** n (Brit Racing) jockey m de steeple-chase ▷ **jump leads** npl (Brit Aut) câbles mpl de démarrage (pour batterie) ▷ **jump-off** n (Horse-riding) (épreuve f) finale f (d'un concours hippique) ▷ **jump rope** n (US) corde f à sauter ▷ **jump seat** n (Aut, Aviat) strapontin m ▷ **jump-start** → **jump-start** ▷ **jump suit** n (gen) combinaison(-pantalon) f, combinaison f de saut

▶ **jump about jump around** vi sautiller

▶ **jump down** vi (gen) descendre d'un bond (from de) ◆ **jump down!** (from wall, bicycle) sautez !

▶ **jump in** vi sauter dedans ◆ **he came to the river and jumped in** arrivé à la rivière il a sauté dedans ◆ **jump in!** (into vehicle) montez ! ; (into swimming pool) sautez !

▶ **jump off** ① vi sauter ◆ **he jumped off** il a sauté
② **jumping-off** adj → **jumping**
③ **jump-off** n → **jump**

▶ **jump on** ① vi (onto truck, bus) ◆ **jump on!** montez ! ◆ **to jump on(to) one's bicycle** sauter sur son vélo
② vt fus **to jump on(to) a bus** sauter dans un autobus
b (* = reprimand) tomber sur

▶ **jump out** vi sauter (of de) ◆ **to jump out of bed** sauter (à bas) du lit ◆ **to jump out of the window** sauter par la fenêtre ◆ **to jump out of a car/train** sauter d'une voiture/d'un train ◆ **jump out!** (from vehicle) sortez !, descendez ! ◆ **the mistake jumped out of the page at him** l'erreur dans la page lui a sauté aux yeux

▶ **jump up** ① vi se (re)lever d'un bond
② **jumped-up** * adj → **jump**

jumper ['dʒʌmpə'] → SYN ① n a (Brit = sweater) pull(over) m
b (US = dress) robe-chasuble f
c (= one who jumps: person, animal) sauteur m, -euse f
d (Comput) cavalier m
② COMP ▷ **jumper cables** npl câbles mpl de démarrage (pour batterie)

jumpily * ['dʒʌmpɪlɪ] adv nerveusement

jumping ['dʒʌmpɪŋ] ① n (gen) saut m ; (= equitation) jumping m, concours m hippique
② adj (US * = lively) plein d'animation
③ COMP ▷ **jumping bean** n haricot m sauteur ▷ **jumping Jack** n (= puppet) pantin m ▷ **jumping-off place, jumping-off point** n (fig) tremplin m ◆ **they used the agreement as a jumping-off place** or **point for further negotiations** ils se sont servis de l'accord comme d'un tremplin pour de plus amples négociations ▷ **jumping rope** n (US) corde f à sauter

jump-start ['dʒʌmpstɑːt] ① vt a (Aut) **to jump-start a car** (by pushing) faire démarrer une voiture en la poussant ; (with jump-leads) faire démarrer une voiture en branchant sa batterie sur une autre
b [+ negotiations, process, economy] relancer
② n a (Aut) **to give sb a jump-start** (by pushing) faire démarrer la voiture de qn en la poussant ; (with jump leads) faire démarrer la voiture de qn en branchant sa batterie sur une autre
b [of negotiations, process, economy] relance f

jumpy * ['dʒʌmpɪ] adj person nerveux ; (St Ex) market instable

Jun. a abbrev of **June**
b (abbrev of **Junior**) Jr

junction ['dʒʌŋkʃən] → SYN ① n a (NonC) jonction f
b (Brit) (= meeting place) [of roads] bifurcation f ; (= crossroads) carrefour m ; [of rivers] confluent m ; [of railway lines] embranchement m ; [of pipes] raccordement m ; (= station) gare f ◆ **leave the motorway at junction 13** prenez la sortie numéro 13
② COMP ▷ **junction box** n (Elec) boîte f de dérivation ▷ **junction transistor** n (Elec) transistor m à jonction

juncture ['dʒʌŋktʃə'] → SYN n a (= joining place) jointure f, point m de jonction ; (Ling) joncture f
b (fig = state of affairs) conjoncture f ◆ **at this juncture** (fig = point) à ce moment

June [dʒuːn] ① n juin m ; for phrases see **September**
② COMP ▷ **June bug** n hanneton m

Juneberry ['dʒuːn,berɪ] n amélanchier m

Jungian [jʊŋɪən] ① n (= follower of Jung) jungien(ne) m(f)
② adj jungien

jungle ['dʒʌŋgl] ① n a jungle f ◆ **"The Jungle Book"** (Literat) "Le Livre de la jungle"
b (Mus) jungle f (prononcé comme en anglais)
② COMP ▷ **jungle animal** n animal m de la jungle ▷ **jungle bunny** * ‡ n (esp US pej) nègre m, négresse f, Noir(e) m(f) ▷ **jungle fever** n forme de malaria ▷ **jungle gym** n (in playground) cage f à poules or aux écureuils ▷ **jungle juice** * n gnôle * f ▷ **jungle warfare** n (NonC) combats mpl de jungle

junior ['dʒuːnɪə'] → SYN ① adj a (in age) (plus) jeune, cadet ◆ **John Smith, Junior** John Smith fils or junior ; see also 3
b (in position) employee, job subalterne ◆ **junior members of staff** les employés subalternes ◆ **he is junior to me in the business** il est au-dessous de moi dans l'entreprise ◆ **people at the most junior level in the company** les petits employés de l'entreprise ; see also 3
c (Sport) competition, team, title (gen) junior ; (= under 11) ≃ de poussins ; (= 12 to 13) ≃ de benjamins ; (= 14 to 15) ≃ de minimes ; (= 16 to 17) ≃ de cadets ; (= 18 to 19) ≃ de juniors ◆ **to compete at junior level** faire partie de l'équipe des poussins (or des benjamins etc)

② n a cadet(te) m(f) ◆ **he is two years my junior, he is my junior by two years** il est mon cadet de deux ans
b (Brit Scol) petit(e) élève m(f) (de 7 à 11 ans) ; (US Scol) élève mf de classe de première ; (US Univ) étudiant(e) m(f) de troisième année
c (Sport) (gen) junior mf ; (= under 11) ≃ poussin mf ; (= 12 to 13) ≃ benjamin(e) m(f) ; (= 14 to 15) ≃ minime mf ; (= 16 to 17) ≃ cadet(te) m(f) ; (= 18 to 19) ≃ junior mf

③ COMP ▷ **junior class** n the junior classes les petites classes fpl (de 7 à 11 ans) ▷ **junior clerk** n petit commis m ▷ **junior college** n (US) institut m universitaire (du premier cycle) ▷ **Junior Common Room** n (Brit Univ) (= room) salle f des étudiants ; (= students) étudiants mpl ▷ **junior doctor** n interne m des hôpitaux ▷ **junior executive** n jeune cadre m ▷ **junior high school** n (US) ≃ collège m ▷ **Junior League** n a (US: for voluntary work) association locale féminine d'aide à la communauté b (Brit Sport) championnat m junior ▷ **junior minister** n (Parl) sous-secrétaire m d'État ▷ **junior miss** † n (Comm) fillette f (de 11 à 14 ans) ▷ **junior officer** n officier m subalterne ▷ **junior partner** n associé(-adjoint) m ▷ **junior rating** n (Brit Navy) matelot m ▷ **junior school** n (Brit) école f primaire (de 7 à 11 ans) ▷ **junior's license** n (US) permis spécial pour adolescents et autres apprentis conducteurs ; → DRIVING LICENCE, DRIVER'S LICENSE ▷ **junior technician** n (Brit Aviat) soldat m de première classe ▷ **junior training centre** n (Brit) centre m médico-éducatif ▷ **junior varsity sports** npl (US Univ) sports pratiqués entre les équipes de deuxième division des établissements scolaires et universitaires

juniper ['dʒu:nɪpəʳ] n genévrier m ◆ **juniper berry** baie f de genièvre ◆ **juniper berries** genièvre m

junk¹ [dʒʌŋk] → SYN **1** n (NonC) (= discarded objects) bric-à-brac m inv, vieilleries fpl; (= metal) ferraille f; (* = bad quality goods) camelote * f; (* = worthless objects) pacotille * f; (** = nonsense) âneries fpl; (Drugs *) came * f
2 vt * bazarder *, balancer *
3 COMP ▷ **junk art** n junk art m *(sculptures réalisées à l'aide de déchets)* ▷ **junk bond** n junk bond m, obligation f à risque ▷ **junk dealer** n brocanteur m, -euse f ▷ **junk food** * n (NonC) **to eat junk food** manger des cochonneries * ▷ **junk heap** n dépotoir m ▷ **junk mail** n (NonC) imprimés mpl publicitaires *(envoyés par la poste)* ▷ **junk market** n marché m aux puces ▷ **junk shop** n (boutique f de) brocante f

junk² [dʒʌŋk] n (= boat) jonque f

junket ['dʒʌŋkɪt] **1** n **a** (Culin) (lait m) caillé m
b (US = trip at public expense) voyage m aux frais de la princesse *
2 vi faire bombance

junketing ['dʒʌŋkɪtɪŋ] n (NonC) (= merrymaking) bombance f, bringue * f; (US * = trip, banquet at public expense) voyage m or banquet m aux frais de la princesse *

junkie, junky * ['dʒʌŋkɪ] n drogué(e) m(f), camé(e) * m(f) ◆ **a television junkie** un accro * de la télé

junkyard ['dʒʌŋkjɑ:d] n entrepôt m de chiffonnier-ferrailleur

Juno ['dʒu:nəʊ] n Junon f

Junr (abbrev of **Junior**) Jr

junta ['dʒʌntə] n junte f

Jupiter ['dʒu:pɪtəʳ] n (Myth) Jupiter m; (Astron) Jupiter f

Jura ['dʒʊərə] n (also **Jura Mountains**) Jura m

Jurassic [dʒʊˈræsɪk] adj (Geol) period jurassique

juridical [dʒʊəˈrɪdɪkəl] adj juridique

jurisdiction [ˌdʒʊərɪsˈdɪkʃən] → SYN n (Jur) juridiction f; (Admin) compétence f ◆ **it comes within our jurisdiction** (Jur) cela relève de notre juridiction; (Admin) cela relève de notre compétence or de nos attributions, c'est de notre ressort ◆ **to be outside sb's jurisdiction** (Jur) ne pas relever de la juridiction de qn; (Admin) ne pas relever des compétences de qn, sortir des attributions de qn; → **court**

jurisdictional [ˌdʒʊərɪsˈdɪkʃənl] adj (US) ◆ **jurisdictional dispute** conflit m d'attributions

jurisprudence [ˌdʒʊərɪsˈpru:dəns] n jurisprudence f; → **medical**

jurist ['dʒʊərɪst] n juriste m

juror ['dʒʊərəʳ] n juré m

jury¹ ['dʒʊərɪ] **1** n (Jur) jury m, jurés mpl; [of examination, exhibition, competition] jury m ◆ **to be on the jury** faire partie du jury ◆ **Ladies and Gentlemen of the jury** Mesdames et Messieurs les jurés ◆ **the jury is out** (lit) le jury s'est retiré pour délibérer; (fig) cela reste à voir ◆ **the jury is out on whether this is true** reste à voir si c'est vrai; → **coroner, grand**
2 COMP ▷ **jury box** n banc m des jurés ▷ **jury duty** n (US, Scot) ⇒ **jury service** ▷ **jury-rigging** n constitution d'un jury partisan ▷ **jury service** n to do jury service faire partie d'un jury, être juré ◆ **to be called for jury service** être appelé à faire partie d'un jury ▷ **jury shopping** n (US Jur) recherche du jury idéal *(par récusation de jurés)* ▷ **the jury system** n le système de jugement par jury

jury² ['dʒʊərɪ] **1** adj (Naut) de fortune, improvisé
2 COMP ▷ **jury-rigged** adj (esp Naut) de fortune

juryman ['dʒʊərɪmən] n, pl **-men** juré m

jurywoman ['dʒʊərɪwʊmən] n, pl **-women** femme f juré

---

just¹ [dʒʌst]
→ SYN

1 ADVERB
2 COMPOUND

1 ADVERB

a = exactly juste, exactement ◆ **it's just 9 o'clock** il est 9 heures juste, il est exactement 9 heures ◆ **you're just in time** vous arrivez juste à temps ◆ **it took me just two hours** il m'a fallu exactement or juste deux heures ◆ **it's just what I wanted** c'est exactement or juste ce que je voulais ◆ **that's just what I thought** c'est exactement ce que je pensais ◆ **that's just what I was going to say** c'est juste or exactement ce que j'allais dire ◆ **just how many came we don't know** nous ne savons pas exactement or au juste combien de personnes sont venues ◆ **just then** or **at that moment** à ce moment-là, juste à ce moment ◆ **he has to have everything just so** il faut que tout soit exactement comme il veut

> Note the translations of the following examples, where **just** is used for emphasis:

◆ **just what are you implying?** qu'est-ce que tu veux dire au juste ? ◆ **just what did they hope to achieve!** on se demande bien ce qu'ils s'imaginaient obtenir ! ◆ **I'm sure that's just what it was** c'était sûrement ça ◆ **just when everything was going so well!** dire que tout allait si bien !

b indicating position juste ◆ **just by the church** juste à côté de or tout près de l'église ◆ **my house is just here** ma maison est juste ici ◆ **it's just on the left as you go in** c'est tout de suite à gauche en entrant ◆ **just over there** là(, tout près) ◆ **just past the station** juste après la gare ◆ **it's just to the left of the bookcase** c'est juste à gauche de la bibliothèque

c = at this or that moment **we're just off** nous partons à l'instant ◆ **I'm just coming!** j'arrive ! ◆ **it's okay, I was just leaving** ce n'est pas grave, je partais ◆ **are you leaving? – not just yet** tu pars ? — pas encore or pas tout de suite ◆ **are you ready? – not just yet** tu es prêt ? — pas tout à fait

d referring to recent time **just last week** pas plus tard que la semaine dernière ◆ **I saw him just last week** je l'ai vu pas plus tard que la semaine dernière ◆ **this book is just out** ce livre vient de paraître

◆ **to have just done sth** venir de faire qch ◆ **he had just left** il venait de partir ◆ **I have only just heard about it** je viens juste de l'apprendre ◆ **I've just this minute finished it** je viens de le finir à l'instant, je viens tout juste de le finir

e = barely we (only) just caught the train nous avons juste eu le temps de sauter dans le train ◆ **I'll just catch the train if I hurry** j'aurai tout juste le temps d'attraper le train si je me dépêche ◆ **his voice was just audible** sa voix était tout juste audible

◆ **only just** tout juste ◆ **I will only just get there on time** j'arriverai tout juste à l'heure ◆ **I have only just enough money** j'ai tout juste assez d'argent BUT ▸ **we only just missed the train** nous avons juste le train de justesse ▸ **he passed the exam but only just** il a été reçu à l'examen mais de justesse or mais ça a été juste

f = slightly juste ◆ **he got home just after 9 o'clock** il est rentré peu après or juste après 9 heures ◆ **just after he came** juste après son arrivée ◆ **just after this** juste après, tout de suite après ◆ **just before Christmas** juste avant Noël ◆ **just before it started to rain** juste avant qu'il ne commence à pleuvoir ◆ **that's just over the kilo** cela fait juste un peu plus du kilo BUT ▸ **just over £10** un peu plus de 10 livres ▸ **just under £10** un peu moins de 10 livres ▸ **it's just after 9 o'clock** il est un peu plus de 9 heures

g = conceivably **it may just be possible** ce n'est pas totalement exclu ◆ **it's an old trick, but it could just work** c'est une vieille astuce mais avec un peu de chance ça pourrait marcher

h = merely juste, ne … que ◆ **it's just a suggestion** c'est juste une suggestion, ce n'est qu'une suggestion ◆ **there will be just the two of us** il n'y aura que nous deux, il y aura juste nous deux ◆ **just a few** juste quelques-uns ◆ **would you like some?** – **just a little bit** tu en veux ? — juste un petit peu ◆ **just a quick note to let you know that …** juste un petit mot pour vous dire que … ◆ **he did it just for a laugh** * il l'a fait juste pour rigoler * BUT ▸ **that's just your opinion** ça c'est ce que tu penses, ça c'est ton opinion

i = simply (tout) simplement ◆ **I just told him to go away** je lui ai simplement dit de s'en aller ◆ **I would just like to say this** je voudrais juste or seulement or simplement dire ceci ◆ **don't take any notice of her, she's just jealous** ne fais pas attention à elle, elle est tout simplement jalouse

> When **just** is used in mitigation, or for emphasis, this is expressed in French in various ways:

◆ **I was just wondering if you knew …** je me demandais si vous saviez … ◆ **I'm just phoning to remind you that …** je te téléphone juste pour te rappeler que … ◆ **it's just one of those things** * c'est comme ça *, c'est la vie ◆ **I just can't imagine what's happened to him** je n'arrive tout simplement pas à comprendre or j'ai du mal à imaginer ce qui a (bien) pu lui arriver ◆ **you should just send it back** vous n'avez qu'à le renvoyer ◆ **just because YOU think so doesn't mean …** ce n'est pas parce que tu le crois que …

j = specially spécialement ◆ **I did it just for you** je l'ai fait spécialement pour toi

k = absolutely absolument, tout simplement ◆ **it was just marvellous!** c'était absolument or tout simplement merveilleux ! ◆ **she's just amazing!** elle est tout simplement or absolument stupéfiante ! BUT ▸ **that's just stupid !** c'est complètement or vraiment stupide ▸ **we're managing just fine** on s'en sort (sans problème)

l in imagination **I can just see her face if I told her** j'imagine déjà la tête qu'elle ferait si je (le) lui disais ◆ **I can just hear the roars of laughter** j'entends déjà les rires (que ça provoquerait)

m in commands, requests, threats **just wait here a minute** attends une minute ici ◆ **just be reasonable** sois donc (un peu) raisonnable ◆ **just don't ask me to help** ne me demande surtout pas de t'aider ◆ **just a moment please** un instant s'il vous plaît ◆ **just imagine!** * rends-toi compte !, tu t'imagines un peu ! * ◆ **just look at that!** regarde-moi ça ! * ◆ **just you do!, just you try it!, just you dare!** essaie un peu pour voir ! ◆ **just shut up!** * veux-tu te taire !, tu vas te taire ! ◆ **just let me get my hands on him!** * celui-là, si je l'attrape !

n in rejoinders **that's just it!, that's just the point!** justement ! ◆ **just so!** exactement ! ◆ **yes, but just the same …** oui, mais tout de même … ◆ **that's ridiculous! – isn't it just!** (Brit) c'est ridicule ! — ça tu peux le dire ! ◆ **she made a real mess of it – didn't she just!** (Brit) elle a tout gâché — ça tu peux le dire !

o set structures

◆ **just about** (= approximately) à peu près ◆ **it's just about 3 o'clock** il est à peu près 3 heures ◆ **it's just about 5 kilos** ça pèse à peu près 5 kilos BUT ▸ **I think it's just about here that I saw him** je pense que c'est par ici que je l'ai vu ▸ **have you finished ?** – **just about** avez-vous fini ? — presque ▸ **the incident just about ruined him** l'incident l'a ruiné ou presque or l'a quasiment ruiné ▸ **I've had just about enough** or **about as much as I can stand** ! j'en ai par-dessus la tête ! *, j'en ai vraiment assez !

◆ **to be just about to do sth** être sur le point de faire qch ◆ **we were just about to leave** on était sur le point de partir, on allait partir

◆ **just as** ◆ **leave everything just as you find it** laissez tout exactement en l'état ◆ **just as we arrived it began to rain** juste au moment où nous arrivions, il s'est mis à pleuvoir ◆ **come just as you are** venez comme vous êtes ◆ **just as you like** (c'est) comme vous voulez or voudrez ◆ **just as I thought!** c'est bien ce que je pensais ! ◆ **this one is just as good as the more expensive model** celui-ci est tout aussi bon que le modèle plus cher

◆ **just as well** ◆ **I wasn't expecting much, which was just as well** je ne m'attendais pas à grand-chose, heureusement or et c'est tant mieux ◆ **I was driving slowly, and just as well** heureusement que je roulais lentement ◆ **we might just as well have stayed on a few days longer** on aurait très bien pu rester quelques jours de plus

◆ **just in case** ◆ **just in case it rains** juste au cas où il pleuvrait ◆ **I'm taking a sleeping bag, just in case** j'emmène un sac de couchage, au cas où or pour le cas où

◆ **just like** ◆ **he's just like his father** (physically) c'est le portrait de son père, c'est son père tout craché ; (in behaviour) il est comme son père ◆ **they have their problems just like the rest of us** eux aussi, ils ont leurs problèmes comme tout le monde ◆ **that's just like Robert, always late** c'est bien Robert ça, toujours en retard ◆ **I can't find £1,000 just like that** je ne peux pas trouver 1 000 livres comme ça

◆ **just now** (= a short time ago) à l'instant, tout à l'heure ◆ **I saw him just now** je l'ai vu à l'instant or tout à l'heure ◆ **I'm busy just now** (= at the moment) je suis occupé (pour l'instant) ◆ **he's on the phone just now** il est au téléphone

2 COMPOUND

▷ **just-in-time manufacturing** n (Comm) production f à flux tendu or juste à temps

just² [dʒʌst] → SYN adj (= fair) juste (*to* or *towards sb* avec qn) ◆ **it is only just to point out that ...** il n'est que juste de faire remarquer que ... ; → **deserts**

justice ['dʒʌstɪs] → SYN **1** n **a** (NonC ; Jur) justice f ◆ **to bring sb to justice** traduire qn en justice ◆ **justice has been done** justice a été faite ; → **poetic**

b (NonC = fairness) justice f ◆ **I must, in (all) justice, say (that) ...** pour être juste, je dois dire (que) ... ◆ **in justice to him he ..., to do him justice he ...** pour être juste envers lui, il ..., il faut lui rendre cette justice qu'il ... ◆ **this photograph doesn't do him justice** cette photo ne le flatte pas or ne l'avantage pas ◆ **she never does herself justice** elle ne se montre jamais à sa juste valeur ◆ **to do justice to a meal** faire honneur à un repas

c (= judge) (Brit) juge m ; (US) juge m de la Cour Suprême ; → **lord**

d (= justness) [of cause] bien-fondé m ◆ **to dispute the justice of a claim** contester le bien-fondé d'une réclamation

2 COMP ▷ **Justice Department** n (US) département m de la Justice ▷ **Justice of the Peace** n juge m de paix

justifiable [,dʒʌstɪ'faɪəbl] → SYN adj action justifié ; desire, emotion légitime ; choice défendable ◆ **justifiable homicide** (Jur) homicide m justifiable (*commis par qn dans l'exercice de ses fonctions*)

justifiably [,dʒʌstɪ'faɪəblɪ] adv à juste titre ◆ **he was angry, and justifiably so** il était en colère, à juste titre or et il y avait de quoi

justification [,dʒʌstɪfɪ'keɪʃən] → SYN n **a** (gen, also Rel) justification f (*of, for* de, à, pour) ◆ **as a justification for his action** comme justification de or à son acte ◆ **in justification of** pour justifier ◆ **to have some justification for doing sth** avoir des raisons de faire qch ◆ **he had no justification for lying** il n'avait aucune raison valable de mentir ◆ **with justification** à juste titre

b (Typ, Comput) [of text, page] justification f

justify ['dʒʌstɪfaɪ] → SYN vt **a** [+ behaviour, action] justifier ; [+ decision] prouver le bien-fondé de ◆ **to justify o.s.** se justifier ◆ **this does not justify his being late** cela ne justifie pas son retard ◆ **to be justified in doing sth** avoir de bonnes raisons de faire qch ◆ **you're not justified in talking to her like that** rien ne vous autorise à lui parler de cette façon ◆ **am I justified in thinking ...?** est-ce que j'ai raison de penser ... ?

b (Typ, Comput) [+ paragraph, text] justifier ◆ **justified left/right, left/right justified** justifié à gauche/à droite

justly ['dʒʌstlɪ] → SYN adv **a** (= justifiably, deservedly) proud, famous, claim, accuse à juste titre

b (= fairly, equitably) treat, rule, govern, reward justement

justness ['dʒʌstnɪs] n [of cause] justesse f

jut [dʒʌt] → SYN vi (also **jut out**) faire saillie, dépasser ◆ **he saw a gun jutting (out) from behind a wall** il a vu le canon d'un fusil dépasser de derrière un mur ◆ **the cliff juts (out) into the sea** la falaise avance dans la mer ◆ **to jut (out) over the street/the sea** surplomber la rue/la mer

Jute [dʒuːt] n Jute m

jute [dʒuːt] n jute m

Juvenal ['dʒuːvɪnəl] n Juvénal m

juvenile ['dʒuːvənaɪl] → SYN **1** n (= human) adolescent(e) m(f), jeune mf ; (= bird, animal) jeune mf

2 adj **a** (= young) animal jeune

b violence, employment des jeunes ; diabetes, arthritis juvénile ◆ **juvenile crime** délinquance f juvénile ◆ **juvenile books** livres mpl pour enfants ; see also **3** ; → **lead¹**

c (pej) behaviour, attitude puéril(e) m(f), juvénile

3 COMP ▷ **juvenile court** n (Jur) tribunal m pour enfants ▷ **juvenile delinquency** n délinquance f juvénile ▷ **juvenile delinquent** n délinquant(e) m(f) juvénile, jeune délinquant(e) m(f) ◆ **juvenile delinquents** l'enfance f or la jeunesse délinquante ▷ **juvenile offender** n (Jur) jeune délinquant(e) m(f)

juvenilia [,dʒuːvɪ'nɪlɪə] npl (frm) œuvres fpl de jeunesse

juxtapose ['dʒʌkstəpəʊz] vt juxtaposer

juxtaposition [,dʒʌkstəpə'zɪʃən] → SYN n juxtaposition f ◆ **to be in juxtaposition** se juxtaposer

K

K, k [keɪ] n **a** (= letter) K, k m ◆ **K for King** ≃ K comme Kléber
b (= thousand) mille m ◆ **he earns 30K** * il gagne 30 000 livres (or dollars)
c (Comput) K K m

kabala [kæˈbɑːlə] n cabale f

kabob [kəˈbɒb] n ⇒ **kebab**

kabuki [kəˈbuːkɪ] n kabuki m

Kabul [kəˈbʊl] n Kaboul

Kabyle [kəˈbaɪl] n **a** Kabyle mf
b (Ling) kabyle m

Kabylia [kəˈbɪlɪə] n (Geog) la Kabylie

kaffeeklatsch [ˈkæfɪklætʃ] n (US) réunion de femmes qui se retrouvent régulièrement pour bavarder autour d'une tasse de café

Kaffir [ˈkæfər] (pej) **1** n, pl **Kaffirs** or **Kaffir** Cafre mf
2 adj cafre

Kafkaesque [ˌkæfkəˈesk] adj kafkaïen

kaftan [ˈkæftæn] n caf(e)tan m

kagoul(e) [kəˈguːl] n ⇒ **cagoule**

kail [keɪl] n ⇒ **kale**

kainite [ˈkaɪnaɪt] n (Miner) kaïnite f

Kaiser [ˈkaɪzər] n Kaiser m

kakemono [ˌkækɪˈməʊnəʊ] n, pl **kakemonos** (Art) kakémono m

Kalahari [ˌkæləˈhɑːrɪ] n ◆ **Kalahari (Desert)** (désert m du) Kalahari m

kalashnikov [kəˈlæʃnɪkɒf] n kalachnikov f

kale [keɪl] n chou m frisé

kaleidoscope [kəˈlaɪdəskəʊp] n (lit, fig) kaléidoscope m

kaleidoscopic [kəˌlaɪdəˈskɒpɪk] adj kaléidoscopique

kaleyard [ˈkeɪljɑːd] n (Scot) (jardin m) potager m

Kamasutra [ˌkɑːməˈsuːtrə] n Kamasutra m

kami [ˈkɑːmɪ] n (Rel) kami m

kamikaze [ˌkæmɪˈkɑːzɪ] **1** n kamikaze m
2 adj kamikaze

Kampala [ˌkæmˈpɑːlə] n Kampala

Kampuchea [ˌkæmpʊˈtʃɪə] n ◆ **(Democratic) Kampuchea** le Kampuchéa (démocratique)

Kampuchean [ˌkæmpʊˈtʃɪən] **1** n Kampuchéen(ne) m(f)
2 adj kampuchéen

Kan. abbrev of **Kansas**

Kanak [kəˈnæk] n canaque mf, kanak(e) m(f)

kangaroo [ˌkæŋɡəˈruː] **1** n kangourou m ◆ **to have kangaroos in one's top paddock** * (Austral) débloquer *
2 COMP ▷ **kangaroo court** n (pej) tribunal m irrégulier

kanji [ˈkændʒɪ] n (Ling) kandji m, kanji m

Kans. abbrev of **Kansas**

Kansas [ˈkænzəs] n le Kansas ◆ **in Kansas** dans le Kansas

Kantian [ˈkæntɪən] **1** n kantien(ne) m(f)
2 adj kantien

Kantianism [ˈkæntɪənɪzəm] n (Philos) kantisme m

kaolin [ˈkeəlɪn] n kaolin m

kaon [ˈkeɪɒn] n (Phys) kaon m

kapok [ˈkeɪpɒk] **1** n (= material) kapok m ; (= tree) fromager m
2 COMP cushion rembourré de kapok

Kaposi's sarcoma [kæˈpəʊsɪzsɑːˈkəʊmə] n (Med) sarcome m de Kaposi

kaput * [kəˈpʊt] adj watch, car fichu *, kaput * inv ; plan fichu *, foutu *

karabiner [ˌkærəˈbiːnər] n (Climbing) mousqueton m

Karachi [kəˈrɑːtʃɪ] n (Geog) Karachi

karaoke [ˌkɑːrəˈəʊkɪ] **1** n karaoké m
2 COMP competition, singer de karaoké ▷ **karaoke bar** n bar m karaoké ▷ **karaoke machine** n karaoké m

karat [ˈkærət] n ⇒ **carat**

karate [kəˈrɑːtɪ] **1** n (NonC) karaté m
2 COMP ▷ **karate chop** n coup m de karaté (donné avec le tranchant de la main)

karateka [kəˈrɑːtɪkæ] n (Sport) karatéka mf

Kariba [kəˈriːbə] n ◆ **Lake Kariba** le lac Kariba

karma [ˈkɑːmə] n (Rel) karma m ◆ **good/bad karma** (fig) bonnes/mauvaises vibrations fpl

Karnak [ˈkɑːnæk] n (Antiq) Karnak, Carnac

kart [kɑːt] **1** n kart m
2 vi ◆ **to go karting** faire du karting

karting [ˈkɑːtɪŋ] n karting m

karyokinesis [ˌkærɪəʊkɪˈniːsɪs] n caryocinèse f

karyotype [ˈkærɪəˌtaɪp] n caryotype m

Kashmir [kæʃˈmɪər] n le Cachemire

Kashmiri [kæʃˈmɪərɪ] **1** n **a** (= person) Cachemirien(ne) m(f)
b (Ling) kashmiri m, cachemirien m
2 adj cachemirien

kat [kæt] n ⇒ **khat**

kata [ˈkɑːtə] n (Martial Arts) kata m

katabolic [ˌkætəˈbɒlɪk] adj catabolique

Kate [keɪt] n (dim of Katharine)

Katharine, Katherine [ˈkæθərɪn], **Kathleen** [ˈkæθliːn] n Catherine f

Katmandu [ˌkætmænˈduː] n (Geog) Katmandou

katydid [ˈkeɪtɪdɪd] n sauterelle f d'Amérique

katzenjammer * [ˈkætsənˌdʒæmər] n (US) **a** (= noise) tapage m
b (= hangover) gueule f de bois *

Kawasaki's disease [ˌkæwəˈsækɪz] n (Med) syndrome m de Kawasaki

kayak [ˈkaɪæk] n kayak m

Kazak(h) [kəˈzɑːk] **1** adj kazakh
2 n **a** Kazakh(e) m(f)
b (Ling) kazakh m

Kazakhstan [ˌkɑːzɑːkˈstæn] n le Kazakhstan

kazoo [kəˈzuː] n mirliton m

KB (abbrev of **kilobyte**) Ko m

KBE [ˌkeɪbiːˈiː] n (Brit) (abbrev of **Knight of the British Empire**) titre honorifique

KC [keɪˈsiː] n **a** (Brit Jur) (abbrev of **King's Counsel**) → **counsel**
b abbrev of **Kansas City**

kcal [ˈkeɪkæl] n (abbrev of **kilocalorie**) kcal

KCB [ˌkeɪsiːˈbiː] n (Brit) (abbrev of **Knight Commander of the Bath**) titre honorifique

KD [keɪˈdiː] adj (US Comm) (abbrev of **knocked down**) (livré) non monté

kebab [kəˈbæb] n (also **shish kebab**) brochette f (de viande) ; (also **doner kebab**) doner kebab m

kecks [keks] npl (N Engl) pantalon m

kedge [kedʒ] (Naut) **1** n ancre f à jet
2 vt haler (sur une ancre à jet)

kedgeree [ˌkedʒəˈriː] n (Brit) kedgeree m (pilaf de poisson avec des œufs durs)

keek [kiːk] vi (Scot) regarder furtivement

keel [kiːl] n (Naut) quille f ◆ **on an even keel** (Naut) dans ses lignes, à égal tirant d'eau ; (fig) stable ◆ **to keep sth on an even keel** (fig) maintenir qch en équilibre ◆ **to get back on an even keel** retrouver l'équilibre

▶ **keel over** **1** vi **a** (Naut) chavirer
b (* fig) [person] tourner de l'œil *
2 vt (Naut) (faire) chavirer

keelhaul [ˈkiːlhɔːl] vt (Naut) faire passer sous la quille (en guise de châtiment) ; (* fig) passer un savon à *

keelson [ˈkiːlsən] n (Naut) carlingue f

keen[1] [kiːn] LANGUAGE IN USE 19.2 → SYN adj **a** (= eager) **to be keen to do sth** or **on doing sth** tenir à faire qch ◆ **to be keen for** [+ solution, referendum etc] avoir hâte de voir ◆ **she's keen for a family** elle a envie d'avoir des enfants ◆ **he's not keen on her coming** il ne tient pas tellement à ce qu'elle vienne ◆ **to be keen for sb to do sth** or **that sb should do sth** tenir à ce que qn fasse qch ◆ **to await sth with keen anticipation** attendre qch avec beaucoup d'impatience
b (= enthusiastic) student, amateur enthousiaste ◆ **a keen gardener/photographer** un passionné de jardinage/de photo ◆ **a keen advocate of sth** un fervent partisan de qch ◆ **he tried not to seem too keen** il a essayé de ne pas se montrer trop enthousiaste or de ne pas montrer trop d'enthousiasme ◆ **to be keen on music/cycling** aimer beaucoup la musique/le vélo ◆ **to be keen on an idea** être emballé * par une idée ◆ **to become** or **get keen on sth** se passionner pour qch ◆ **I got quite keen on the idea** l'idée m'a séduit ◆ **to be (as) keen as mustard** * ◆ **to be mustard keen** *

kerchief † ['kɜːtʃɪf] n fichu m, fanchon f

kerchiefed † ['kɜːtʃɪft] adj portant un fichu, coiffé d'un fichu

kerfuffle * [kəˈfʌfl] n (Brit) histoire * f ◆ **what a kerfuffle!** quelle histoire!*, que d'histoires!*

Kerguelen ['kɜːgɪlɪn] n (Geog) (îles fpl) Kerguelen fpl

kernel ['kɜːnl] → SYN n **a** [of nut, fruit stone] amande f; (= seed) grain m ◆ **there's a kernel of truth in what he says** il y a un grain de vérité dans ce qu'il dit
b (Ling, Comput) noyau m ◆ **kernel sentence** (Ling) phrase-noyau f

kerosene ['kerəsiːn] 1 n **a** (= aircraft fuel) kérosène m
b (US: for stoves, lamps) pétrole m (lampant)
2 COMP ▷ **kerosene lamp** n lampe f à pétrole

Kerry blue terrier ['kerɪ] n (= dog) terrier kerry-blue m

kestrel ['kestrəl] n crécerelle f

ketch [ketʃ] n ketch m

ketchup ['ketʃəp] n ketchup m

ketonaemia, ketonemia (US) [ˌkiːtəʊˈniːmɪə] n cétonémie f

ketone ['kiːtəʊn] n (Chem) cétone f

ketonic [kɪˈtɒnɪk] adj cétonique

ketonuria [ˌkiːtəʊˈnjʊərɪə] n cétonurie f

kettle ['ketl] n **a** (for water: US: also **teakettle**) bouilloire f ◆ **the kettle's boiling** l'eau bout (dans la bouilloire) ◆ **I'll just put the kettle on (for some tea)** je vais mettre l'eau à chauffer (pour le thé)
b (also **fish kettle**) poissonnière f ◆ **that's a fine** or **a pretty kettle of fish** quel micmac!* ◆ **that's another** or **a different kettle of fish** c'est une autre paire de manches*

kettledrum ['ketldrʌm] n (Mus) timbale f

key [kiː] → SYN 1 n **a** (for lock) clé or clef f ◆ **to turn the key (in the door)** donner un tour de clé (dans la serrure) ◆ **leave the key in the door** laisse la clé sur la porte; → **latchkey, lock¹, master**
b [of clock] clé f or clef f (de pendule), remontoir m; [of clockwork toy etc] remontoir m; [Tech] clé f de serrage or à écrous
c (to problem etc) clé f or clef f ◆ **he holds the key to the mystery** il détient la clé du mystère ◆ **the key to understanding his behaviour is ...** la clé pour comprendre son comportement, c'est..., l'explication de son comportement, c'est... ◆ **the key to ending this recession** la solution pour mettre fin à la récession
d (= answers) solutions fpl; (Scol) corrigé m; (= explanation) (for map, diagram etc) légende f; (to symbols, abbreviations) liste f
e [of piano, computer, typewriter etc] touche f; [of wind instrument] clé f or clef f; → **function**
f (Mus) ton m ◆ **to be in/off key** être/ne pas être dans le ton ◆ **to go off key** sortir du ton ◆ **to sing in/off key** chanter juste/faux ◆ **to play in/off key** jouer juste/faux ◆ **that note was off key** cette note était fausse ◆ **in the key of C/D etc** en do/ré etc ◆ **in the major key** en mode majeur ◆ **change of key** changement m de ton; → **low¹, minor**

2 adj (= crucial) person, job, component, issue etc clé inv

3 vt **a** (Comput, Typo: also **key in** or **up**) [+ text, data] saisir
b **to key one's speech to** or **for one's audience** adapter son discours à son auditoire ◆ **the colour scheme was keyed to brown** les coloris s'harmonisaient autour du brun

4 COMP ▷ **key fruit** n samare f ▷ **key grip** n (Cine, TV) machiniste mf ▷ **key money** n pas m de porte (fig) ▷ **key punch** n (Comput) perforatrice f à clavier ▷ **key ring** n porte-clés m inv ▷ **key signature** n (Mus) armature f

▶ **key in** vt sep (Comput, Typ) ⇒ **key 3a**

▶ **key up** vt sep **a** ⇒ **key 3a**
b (fig) (= excite) surexciter; (= make tense) tendre ◆ **she was (all) keyed up about the interview** elle était excitée ou tendue à la perspective de l'entrevue

keyboard ['kiːbɔːd] 1 n [of piano, computer, typewriter etc] clavier m
2 vt (Comput, Typ) saisir
3 **keyboards** npl (Mus) (instrument m à) clavier m électronique, synthétiseur m ◆ **he's on keyboards** il est aux claviers or au synthétiseur
4 COMP ▷ **keyboard instruments** npl (Mus) instruments mpl à clavier ▷ **keyboard operator** n (Comput) ⇒ **keyboarder** ▷ **keyboard player** n (Mus) **he's a keyboard player** il joue du piano (or clavecin etc) ▷ **keyboard skills** npl (Comput) compétences fpl de claviste

keyboarder ['kiːbɔːdəʳ] n (Comput) opérateur m, -trice f de saisie, claviste mf

keyboardist ['kiːbɔːdɪst] n (Mus) joueur m, -euse f de synthétiseur

keyhole ['kiːhəʊl] 1 n trou m de serrure ◆ **through the keyhole** par le trou de la serrure
2 COMP ▷ **keyhole saw** n scie f à guichet ▷ **keyhole surgery** n (Med) chirurgie f endoscopique

keying ['kiːɪŋ] n saisie f (de données)

Keynesian ['keɪnzɪən] (Econ) 1 adj keynésien
2 n partisan m du keynésianisme

Keynesianism ['keɪnzɪənˌɪzəm] n (Econ) keynésianisme m

keynote ['kiːnəʊt] → SYN 1 n (Mus) tonique f; (fig) (= main theme) [of speech, policy] idée-force f
2 COMP ▷ **keynote speaker** n (Pol etc) orateur m principal ▷ **keynote speech** n discours-programme m

keynoter * ['kiːnəʊtəʳ] n (US) ⇒ **keynote speaker**; → **keynote**

keypad ['kiːpæd] n (Comput) pavé m numérique

keystone ['kiːstəʊn] 1 n (Archit, fig) clé f or clef f de voûte
2 COMP ▷ **the Keystone State** n (US) la Pennsylvanie

keystroke ['kiːstrəʊk] n (Typ, Comput) frappe f

keyword ['kiːwɜːd] n mot-clé m

Kg (abbrev of **kilogram(s)**) kg

KGB [keɪdʒiːˈbiː] n (in former USSR) KGB m

Khafre ['kæfreɪ] n Chéphren m

khaki ['kɑːkɪ] 1 adj kaki inv
2 n kaki m

Khartoum [kɑːˈtuːm] n Khartoum

khat [kæt] n qat or khat m

Khmer [kmɛəʳ] 1 adj khmer (khmère f)
2 n **a** Khmer m, Khmère f
b (Ling) khmer m, cambodgien m
3 COMP ▷ **Khmer Republic** n République f khmère ▷ **Khmer Rouge** n Khmer m rouge

Khonsu ['kɒnsuː] n Khonsou m

Khyber Pass [ˌkaɪbəˈpɑːs] n passe f de Khyber or Khaybar

kHz abbrev of **kilohertz**

kiang ['kɪæŋ] n hémione m

kibbutz ['kɪbʊts] n, pl **kibbutzim** [kɪˈbʊtsɪm] kibboutz m

kibitz * ['kɪbɪts] vi (US) (Cards) regarder le jeu de quelqu'un par-dessus son épaule; (fig) mettre son grain de sel*

kibitzer * ['kɪbɪtsəʳ] n (US) (Cards) spectateur m, -trice f (qui regarde le jeu de quelqu'un par-dessus son épaule); (= busybody) mouche f du coche; (pej) (= disruptive wisecracker) petit malin m, petite maligne f

kibosh * ['kaɪbɒʃ] n ◆ **to put the kibosh on sth** mettre le holà à qch

kick [kɪk] → SYN 1 n **a** (= action) coup m de pied ◆ **to give the door a kick** donner un coup de pied dans la porte ◆ **to get a kick on the leg** recevoir un coup de pied à la jambe ◆ **to aim** or **take a kick at sb/sth** lancer un coup de pied à qn/qch or dans la direction de qn/qch ◆ **he needs a kick up the backside** * il a besoin d'un bon coup de pied au cul * ◆ **to give sb a kick in the pants** * botter * le derrière à qn ◆ **this refusal was a kick in the teeth for her** * ce refus lui a fait l'effet d'une gifle; → **free**
b (* = thrill, excitement) **I get a kick out of it** je trouve ça stimulant or excitant ◆ **she got quite a kick out of seeing Paris** elle a été tout émoustillée or excitée de voir Paris ◆ **he gets a kick out of making his sister cry** il prend un malin plaisir à faire pleurer sa sœur ◆ **he did it for kicks** il l'a fait pour se marrer * or pour rigoler *
c (* = zest, punch) **a drink with plenty of kick in it** une boisson qui vous donne un coup de fouet ◆ **an old man with plenty of kick left in him** un vieil homme encore plein de punch *
d [of gun] recul m ◆ **a kick of the starting handle** un retour de manivelle
e (fig) **he's on a fishing kick now** * son truc * en ce moment c'est la pêche
f (Ftbl etc) **he's a good kick** * il a un bon dégagement

2 vi **a** [person] donner or lancer un coup de pied; [footballer] shooter; [baby] (in womb) donner des coups de pied; (after birth) gigoter *; [horse] ruer ◆ **to kick at sb/sth** [person] lancer un coup de pied à qn/qch or en direction de qn/qch; [horse] lancer une ruade à qn/qch or en direction de qn/qch; see also **2b** ◆ **to kick for touch** (Rugby) chercher la touche ◆ **to kick against the pricks** regimber en pure perte ◆ **to kick over the traces** (fig) ruer dans les brancards (fig)
b (* = object to sth) ruer dans les brancards, se rebiffer ◆ **to kick (out) at** or **against sth** se rebiffer contre qch *
c [gun] reculer

3 vt **a** [person] (gen) donner un coup de pied à; [+ ball] donner un coup de pied à, botter; [horse] lancer une ruade à ◆ **she kicked him in the face/head/shin/stomach** elle lui a donné un coup de pied au visage/à la tête/dans le tibia/dans le ventre ◆ **to kick one's legs in the air** [baby] gigoter ◆ **to kick sb's bottom** botter * le derrière or les fesses à or de qn ◆ **to kick a goal** (Ftbl etc) marquer un but ◆ **to kick the ball into touch** (Rugby) botter en touche ◆ **I could have kicked myself** * je me serais giflé ◆ **to kick sb in the teeth** * (fig) faire un coup vache * à qn ◆ **to kick sb when he's (or she's) down** * (fig) frapper qn à terre ◆ **to kick sb downstairs** (lit) faire descendre qn à coups de pied dans le derrière; (fig) rétrograder qn ◆ **to kick sb upstairs** (lit) faire monter qn à coups de pied dans le derrière; (* fig) catapulter or bombarder * qn à un poste supérieur (pour s'en débarrasser); (Brit Pol *) catapulter qn à la Chambre des lords (un député dont on ne veut plus aux Communes) ◆ **I'm going to kick (some) ass** * * (esp US) il y a des coups de pied au cul qui se perdent * * ◆ **to kick** (Brit) or **kick up** (US) **one's heels** * (= wait around) faire le pied de grue, poireauter * ◆ **to kick the bucket** * (= die) casser sa pipe *
b (= stop) **to kick the habit** (gen) arrêter; [smoker] arrêter de fumer; [drug addict] décrocher *

4 COMP ▷ **kick boxing** n boxe f française ▷ **kick-off** → SYN n (Ftbl etc) coup m d'envoi; (* fig = start) [of meeting, ceremony etc] démarrage * m ◆ **the kick-off is at 3pm** (Ftbl) le coup d'envoi est à 15 h ◆ **when's the kick-off?** * (fig) à quelle heure ça démarre? * ◆ **for a kick-off** * (fig) d'abord, pour commencer ▷ **kick pleat** n (Sewing) pli m d'aisance ▷ **kick-stand** n [of motorcycle, bicycle] béquille f ▷ **kick-start** vt [+ motorcycle] démarrer au kick; (fig) [+ economy] donner un coup de fouet à; [+ negotiations, process] relancer ▷ **kick starter** n [of motorcycle] kick m ▷ **kick turn** n (Ski) conversion f

▶ **kick about, kick around** 1 vi * [books, clothes etc] traîner; [person] traîner, traînasser (pej)
2 vt sep ◆ **to kick a ball about** or **around** jouer au ballon, s'amuser avec un ballon ◆ **don't kick that book about** or **around** (fig) ne maltraite pas ce livre ◆ **to kick sb around** (= mistreat) traiter qn sans ménagement, malmener qn ◆ **to kick an idea around** * (reflecting) tourner et retourner une idée; (discussing) débattre une idée

▶ **kick away** vt sep **a** [+ object on ground] repousser du pied
b **he kicked away the last part of the fence** il a démoli à coups de pied ce qui restait de la clôture

kickable / kind

▶ **kick back** ① vi [engine] avoir un retour de manivelle
② vt sep **a** [+ ball etc] renvoyer (du pied)
b (US ⁎) [+ money] ristourner
③ kickback* n → kickback

▶ **kick down** vt sep [+ door] enfoncer à coups de pied ; [+ hedge, barrier] démolir à coups de pied

▶ **kick in** ① vt sep **a** [+ door] enfoncer à coups de pied ♦ **to kick sb's teeth in** * casser la figure * or la gueule ⁑ à qn
b (US ⁎ = contribute) cracher *, abouler *
② vi (* = begin, take effect) [drug] commencer à agir ; [mechanism, generator] entrer en action

▶ **kick off** ① vi (Ftbl) donner le coup d'envoi ; (*fig) ♦ **the party kicked off in great style** la soirée a démarré* en beauté
② vt sep enlever (du pied or d'un coup de pied)
③ kick-off n → kick

▶ **kick out** ① vi [horse] ruer ♦ **the man kicked out at his assailants** l'homme envoyait de grands coups de pied à ses assaillants ♦ **to kick out against one's lot/society** etc se révolter contre son sort/la société etc see also kick 2b
② vt sep (lit) chasser à coups de pied, flanquer* dehors ; (*fig) flanquer* dehors or à la porte

▶ **kick up** vt sep [+ dust] faire voler ♦ **to kick up a row** * or **a din** * or **a racket** * faire du chahut or du tapage or du boucan * ♦ **to kick up a fuss** * faire des histoires or toute une histoire ♦ **he kicked up a stink** ⁑ **about it** il en a fait tout un plat * ; see also kick 3a

kickable ['kɪkəbl] adj penalty que l'on peut réussir

kickback * ['kɪkbæk] n (= reaction) réaction f, contrecoup m ; (= bribe) pot-de-vin m ; (= rebate on sale) ristourne f, rabais m

kicker ['kɪkəʳ] n (Rugby) botteur m

kickin' * ['kɪkɪn] adj ♦ **a really kickin' club** une boîte qui bouge * ♦ **a kickin' beat** un rythme d'enfer *

kicky ⁑ ['kɪkɪ] adj excitant, palpitant

kid [kɪd] → SYN ① n **a** (= goat) chevreau m, chevrette f
b (NonC = leather) chevreau m (NonC)
c (= child) gosse* mf, gamin(e)* m(f) ; (= teenager) (petit(e)) jeune m(f) ♦ **when I was a kid** quand j'étais gosse * ♦ **that's kid's stuff** (= easy to do) un gamin * or un gosse * saurait faire ça ; (= suitable for children) c'est bon pour des gosses * ♦ **hi, kid!** salut mon vieux (or ma vieille)! ♦ **to be like a kid in a candy store** (US) être aux anges
② vt * ♦ **to kid sb** faire marcher qn * ♦ **no kidding!, you're kidding!** sans blague! * ♦ (and) **I'm not kidding, I kid you not** je t'assure ♦ **you can't kid me** tu ne me la feras pas⁑ ♦ **I kid you not** je te jure ♦ **who are you trying to kid?** à qui tu veux faire croire ça ? ♦ **to kid o.s.** se faire des illusions, se fourrer le doigt dans l'œil ♦ **to kid o.s. that ...** s'imaginer que ...
③ vi (* : also kid on) raconter des blagues * ♦ **he's just kidding (on)** il te (or nous etc) fait marcher * ♦ **I was only kidding (on)** j'ai dit ça pour plaisanter or pour rigoler *
④ COMP ▷ **kid brother** * n petit frère m ▷ **kid gloves** npl gants mpl de chevreau ♦ **to handle with kid gloves** (fig) [+ person] ménager, prendre des gants avec * ; [+ subject] traiter avec précaution ▷ **kid sister** * n petite sœur f

▶ **kid on** ① vi ⇒ kid 3
② vt sep **a** **to kid sb on** faire marcher qn *, raconter des blagues à qn *
b (= pretend) **he was kidding on that he was hurt** il faisait semblant d'être blessé

kidding * ['kɪdɪŋ] n ♦ **all kidding aside** blague * à part

kiddy * ['kɪdɪ] n gosse* mf, gamin(e)* m(f)

kidnap ['kɪdnæp] → SYN vt kidnapper, enlever

kidnapper, kidnaper (US) ['kɪdnæpəʳ] n kidnappeur m, -euse f, ravisseur m, -euse f

kidnapping, kidnaping (US) ['kɪdnæpɪŋ] n enlèvement m, kidnapping m, rapt m

kidney ['kɪdnɪ] ① n (Anat) rein m ; (Culin) rognon m ♦ **of the same kidney** du même acabit
② COMP disease etc rénal, de(s) reins ▷ **kidney bean** n haricot m rouge or de Soissons ▷ **kidney dish** n haricot m ▷ **kidney donor** n donneur m, -euse f de rein(s) ▷ **kidney failure** n (Med) insuffisance f rénale ▷ **kidney machine** n (Med) rein m artificiel ♦ **to be on a kidney machine** être sous rein artificiel or en (hémo)dialyse ▷ **kidney-shaped** adj en forme de haricot ▷ **kidney specialist** n néphrologue mf ▷ **kidney stone** n calcul m rénal ▷ **kidney transplant** n greffe f du rein, transplantation f rénale ▷ **kidney vetch** n (Bot) (anthyllis f or anthyllide f) vulnéraire f

kidology * [kɪ'dɒlədʒɪ] n (Brit) bluff m

Kiel [ki:l] n ♦ **Kiel Canal** canal m de Kiel

Kiev ['ki:ef] n (Geog) Kiev

kif [ki:f] n (= marijuana) marijuana f ; (= other smoked drug) herbe * f

kike *⁑ [kaɪk] n (esp US pej) youpin(e) *⁑ m(f) (pej)

Kilimanjaro [ˌkɪlɪmən'dʒɑ:rəʊ] n ♦ **Mount Kilimanjaro** le Kilimandjaro

kill [kɪl] → SYN ① n **a** (at bullfight, hunt) mise f à mort ♦ **the wolves gathered round for the kill** les loups se sont rassemblés pour tuer leur proie ♦ **the tiger had made a kill** le tigre avait tué ♦ **to move in for the kill** (lit) s'approcher pour la curée ; (fig) guetter le dénouement ♦ **to be in at the kill** (fig) assister au dénouement ; (for unpleasant event) assister au coup de grâce
b (NonC: Hunting = animals killed) pièces fpl tuées, tableau m de chasse ♦ **the lion dragged his kill over to the trees** le lion a traîné (le cadavre de) sa proie sous les arbres
② vt **a** tuer ; (= murder) assassiner ; (= gun down) abattre ; [+ animal] tuer ; (Hunting, Shooting: also in slaughterhouse) abattre ♦ **the earthquake killed five people** le tremblement de terre a fait cinq morts ♦ **the shock killed her** c'est le choc qui l'a tuée ♦ **the frost has killed my trees** le gel a tué or a fait mourir mes arbres ♦ **to be killed in action/battle** tomber au champ d'honneur/au combat ♦ **thou shalt not kill** tu ne tueras point ♦ (Prov) **to kill two birds with one stone** faire d'une pierre deux coups ♦ (Prov) **it was kill or cure** (hum) c'était un remède de cheval * (fig)
b (fig) [+ parliamentary bill] couler ; [+ proposal, attempt] faire échouer ; (Press etc) [+ paragraph, line] (faire) supprimer ; [+ story] interdire la publication de ; [+ rumour] étouffer, mettre fin à ; [+ pain] supprimer ; [+ feeling, hope] détruire ; [+ flavour, smell] tuer ; [+ sound] étouffer ; [+ engine, motor] arrêter ♦ **to kill time** tuer le temps ♦ **we're just killing time on tue le temps** ♦ **to kill** * **a bottle of whisky** liquider * une bouteille de whisky
c * **to kill o.s. with work** se tuer au travail ♦ **to kill sb with kindness** accabler qn de prévenances ♦ **he certainly wasn't killing himself** le moins qu'on puisse dire c'est qu'il ne se surmenait pas ♦ **don't kill yourself!** (iro) surtout ne te surmène pas! (iro) ♦ **I'll do it (even) if it kills me** je le ferai même si je dois y laisser ma peau ♦ **this heat is killing me** cette chaleur me tue or me crève * ♦ **my feet are killing me** j'ai un de ces* mal aux pieds ♦ **she was killing herself (laughing)** elle était morte de rire, elle était pliée en deux de rire ♦ **this will kill you!** tu vas (mourir de) rire * ♦ **dressed**
③ vi [cancer, drugs, drink etc] tuer

▶ **kill off** vt sep [+ people] tuer ; [+ weeds, disease, bacteria, infection] éliminer ; [+ parliamentary bill] couler

killer ['kɪləʳ] → SYN ① n tueur m, -euse f ; (= murderer) assassin m, meurtrier m, -ière f ♦ **diphtheria is still more than a killer** autrefois la diphtérie tuait ♦ **it's a killer** * (fig) (= hard work) c'est tuant ; (= very funny) c'est tordant * ; (= very impressive) c'est terrible * or formidable * ; → ladykiller
② COMP ▷ **killer cell** n (Med) cellule f K or tueuse ▷ **killer disease** n (gen) maladie f mortelle ; (= epidemic) maladie f meurtrière ▷ **killer instinct** n (lit) instinct m de meurtre ♦ **he's got the killer instinct** (fig) c'est un battant ♦ **he lacks the killer instinct** (fig) il manque d'agressivité ▷ **killer satellite** n (Mil) satellite-chasseur m ▷ **killer whale** n épaulard m, orque f

killing ['kɪlɪŋ] → SYN ① n [of person] meurtre m ; [of people, group] tuerie f, massacre m ; [of animal] (Hunting) mise f à mort ; (at abattoir) abattage m ♦ **the killing of stags is forbidden** il est interdit de tuer les cerfs ♦ **all the killing sickened him of war** toute cette tuerie lui fit prendre la guerre en horreur ♦ **to make a killing** (fig : in buying and selling) réussir un beau coup
② adj **a** blow, disease, shot meurtrier
b (* = exhausting) work tuant, crevant *
③ COMP ▷ **killing fields** npl charniers mpl

killingly ['kɪlɪŋlɪ] adv ♦ **killingly funny** crevant *, tordant * ♦ **it was killingly funny** c'était crevant * or tordant *, c'était à mourir de rire

killjoy ['kɪldʒɔɪ] → SYN n rabat-joie mf inv

kiln [kɪln] n four m ♦ **pottery kiln** four m céramique ; → lime¹

Kilner jar ® ['kɪlnəˌdʒɑ:ʳ] n (Brit) bocal m à conserves

kilo ['ki:ləʊ] n (abbrev of kilogram(me)) kilo m

kiloampère ['kɪləʊˌæmpɛəʳ] n kiloampère m

kilobar ['kɪləʊˌbɑ:ʳ] n kilobar m

kilobyte ['kɪləʊˌbaɪt] n (Comput) kilo-octet m

kilocalorie ['kɪləʊˌkælərɪ] n kilocalorie f

kilocycle ['kɪləʊˌsaɪkl] n kilocycle m

kilogram(me) ['kɪləʊˌgræm] n kilogramme m

kilohertz ['kɪləʊˌhɜ:ts] n (pl inv) kilohertz m

kilolitre, kiloliter (US) ['kɪləʊˌli:təʳ] n kilolitre m

kilometre, kilometer (US) ['kɪləʊˌmi:təʳ, kɪ'lɒmətəʳ] n kilomètre m ♦ **it is 5 kilometres to the nearest town** la ville la plus proche est à 5 kilomètres

kilometric [ˌkɪləʊ'metrɪk] adj kilométrique

kiloton ['kɪləʊˌtʌn] n kilotonne f

kilovolt ['kɪləʊˌvəʊlt] n kilovolt m

kilowatt ['kɪləʊwɒt] ① n kilowatt m
② COMP ▷ **kilowatt-hour** n kilowattheure m

kilt [kɪlt] n kilt m

kilted ['kɪltɪd] adj man en kilt ♦ **kilted skirt** kilt m

kilter ['kɪltəʳ] n ♦ **out of kilter** détraqué, déglingué * ♦ **out of kilter with** déphasé par rapport à

kimono [kɪ'məʊnəʊ] n kimono m

kin [kɪn] → SYN n (NonC) parents mpl, famille f ; → kith, next

kind [kaɪnd] LANGUAGE IN USE 4, 22, 25.1 → SYN
① n (= class, variety, sort, type) genre m, type m, sorte f ; (= make) [of car, coffee etc] marque f ♦ **this kind of book** ce genre de livre ♦ **books of all kinds** des livres de tous genres or de toutes sortes ♦ **this kind of thing** ce genre or ce type de chose ♦ **what kind of flour do you want? – the kind you gave me last time** quelle sorte or quel type de farine voulez-vous ? — celle que vous m'avez donnée la dernière fois ♦ **what kind do you want?** vous en voulez de quelle sorte ? ♦ **what kind of car is it?** quelle marque de voiture est-ce ? ♦ **what kind of dog is he?** qu'est-ce que c'est comme (race de) chien ? ♦ **what kind of man is he?** quel genre or quel type d'homme est-ce ? ♦ **he is not the kind of man to refuse** ce n'est pas le genre d'homme à refuser, il n'est pas homme à refuser ♦ **he's not that kind of person** ce n'est pas son genre ♦ **I'm not that kind of girl!** * (gen) ce n'est pas mon genre ! ; (refusing sb's advances) pour qui me prenez-vous ? ♦ **that's the kind of person I am** voilà ce que je suis (fait) ♦ **what kind of people does he think we are?** (mais enfin,) pour qui nous prend-il ? ♦ **what kind of a fool does he take me for?** (non mais *,) il me prend pour un imbécile ! ♦ **what kind of behaviour is this?** qu'est-ce que c'est que cette façon de se conduire ? ♦ **what kind of an answer do you call that?** vous appelez ça une réponse ? ♦ **classical music is the kind she likes most** c'est la musique classique qu'elle préfère ♦ **and all that kind of thing** et tout ça * ♦ **you know the kind of thing I mean** vous voyez (à peu près) ce que je veux dire ♦ **I don't like that kind of talk** je n'aime pas ce genre de

kinda / **Kirg(h)iz**

propos ◆ **he's the kind that will cheat** il est du genre à tricher ◆ **I know his kind!*** je connais ce genre de type ◆ **your kind never do any good*** il n'y a rien de bon à tirer de gens de votre espèce ◆ **he's not my kind*** (gen) je n'aime pas les gens de son genre or de son espèce ; (sexually) ce n'est pas mon genre d'homme ◆ **it's my kind*** **of film** c'est le genre de film que j'aime ou qui me plaît

◆ **a kind of ...** une sorte or une espèce de ..., un genre de ... ◆ **there was a kind of box in the middle of the room** il y avait une sorte or une espèce de boîte au milieu de la pièce ◆ **there was a kind of tinkling sound** on entendait quelque chose qui ressemblait à un bruit de grelot ◆ **in a kind of way I'm sorry*** d'une certaine façon je le regrette

◆ **kind of*** ◆ **I was kind of frightened that ...** j'avais comme peur que ... + ne (+ subj) ◆ **I kind of like that** j'aime assez ça ◆ **I kind of thought that he would come** j'avais dans l'idée qu'il viendrait ◆ **he was kind of worried-looking** il avait l'air un peu inquiet, il avait l'air comme qui dirait* inquiet ◆ **it's kind of blue** c'est plutôt bleu ◆ **aren't you pleased? – kind of!** tu n'es pas content ? – si, assez !

◆ **of a kind** (pej) ◆ **it was beef of a kind** c'était quelque chose qui pouvait passer pour du bœuf ◆ **it was an apology of a kind** ça pouvait ressembler à une excuse ◆ **the cease-fire brought peace of a kind** le cessez-le-feu a introduit une certaine paix

◆ **of the kind** ◆ **something of the kind** quelque chose de ce genre or d'approchant ◆ **this is wrong – nothing of the kind!** c'est faux – pas le moins du monde or absolument pas ! ◆ **I shall do nothing of the kind!** je n'en ferai rien !, certainement pas ! ◆ **I will have nothing of the kind!** je ne tolérerai pas cela !

 b (= race, species) genre m, espèce f ◆ **they differ in kind** ils sont de genres différents or de natures différentes ◆ **they're two of a kind** ils sont du même genre ; (pej) ils sont du même acabit ◆ **this painting is perfect of/the only one of its kind** ce tableau est parfait dans/unique en son genre ; → **humankind, mankind**

 c (NonC = goods as opposed to money) nature f ◆ **to pay/payment in kind** payer/paiement m en nature ◆ **I shall repay you in kind** (fig) (after good deed) je vous revaudrai ça ; (after bad deed) je vous rendrai la monnaie de votre pièce

 2 adj **a** (= caring, helpful) person, remark, smile gentil ; gesture aimable ; face, voice doux (douce f), affable ◆ **to be kind to sb** [person] être gentil avec qn ◆ **to be kind to sb/sth** [photograph, lighting] montrer qn/qch à son avantage ; [clothes] avantager qn/qch ◆ **to be kind to animals** être bon avec les animaux ◆ **that's very kind of you** c'est très gentil or (more frm) aimable (à vous or de votre part) ◆ **life has been kind to me** j'ai eu de la chance dans la vie, j'ai eu la vie belle ◆ **life has not been kind to her** la vie ne l'a pas gâtée ◆ **to have a kind heart** avoir bon cœur ◆ **"Kind Hearts and Coronets"** (Literat) "Noblesse oblige" ; → **soul**

 b (= charitable) person gentil ; comments aimable ; thought délicat, attentionné ◆ **he was very kind about me** il a dit des choses très gentilles or aimables sur moi ◆ **the critics were not kind to the film** les critiques n'ont pas été tendres avec le film ◆ **the kindest thing that can be said about him is that ...** ce qu'on peut en dire de plus aimable, c'est que ...

 c (in polite formulae) **he was kind enough to write to me** il a eu la gentillesse de m'écrire ◆ **please be kind enough to ..., please be so kind as to ...** veuillez avoir la gentillesse de ... (frm) ◆ **would you be kind enough to ...?, would you be so kind as to ...?** voudriez-vous avoir la gentillesse or l'amabilité de ... ? (frm)

 d (= not harmful) doux (douce f) ◆ **a washing-up liquid that is kind to your hands** un produit à vaisselle qui n'abîme pas vos mains or qui est doux pour vos mains

 3 COMP ▷ **kind-hearted** → SYN adj bon, qui a bon cœur ▷ **kind-heartedness** n bonté f, grand cœur m

kinda* ['kaɪndə] ⇒ **kind of ; → kind**

kindergarten ['kɪndəˌgɑːtn] n (gen) jardin m d'enfants ; (state-run) (école f) maternelle f

◆ **she's in kindergarten now** elle est en maternelle maintenant

kindle ['kɪndl] → SYN **1** vt [+ fire] allumer ; [+ wood] enflammer ; (fig) [+ passion, desire] allumer, enflammer ; [+ enthusiasm, interest] susciter ; [+ heart] enflammer
 2 vi s'allumer, s'enflammer

kindliness ['kaɪndlɪnɪs] → SYN n bienveillance f, bonté f

kindling ['kɪndlɪŋ] n (NonC = wood) petit bois m, bois m d'allumage

kindly ['kaɪndlɪ] → SYN **1** adv **a** (= in a caring way) say, speak, treat avec bienveillance
 b (= generously) offer, give, invite gentiment, aimablement ◆ **Mr Lea has kindly offered to help us** M. Lea nous a gentiment proposé son aide
 c (= please) **kindly be seated** veuillez vous asseoir ◆ **would you kindly pass the salt?** auriez-vous la gentillesse de me passer le sel ? ◆ **will you kindly be quiet!** (annoyed) veux-tu te taire ?
 d (= favourably) **to think kindly of sb** apprécier qn ◆ **to look kindly (up)on sb/sth** considérer qn/qch avec bienveillance ◆ **they don't look kindly on disloyalty** ils n'apprécient pas du tout la déloyauté ◆ **he'll look kindly on your request** il sera favorable à votre demande ◆ **not to take kindly to sb/sth/to doing sth** ne pas apprécier qn/qch/de faire qch ◆ **she didn't take it kindly when I said that** elle n'a pas apprécié quand j'ai dit cela ; → **disposed**
 2 adj person, smile, words bienveillant ; face, eyes doux (douce f) ; → **soul**

kindness ['kaɪndnɪs] → SYN n **a** (NonC) gentillesse f, bonté f (towards pour, envers) ◆ **to treat sb with kindness, to show kindness to sb** être gentil avec or envers qn, faire preuve de bonté envers qn ◆ **out of the kindness of his heart** par (pure) bonté d'âme ; → **kill**
 b (= act of kindness) gentillesse f, attention f ◆ **to do sb a kindness** rendre service à qn ◆ **he thanked the teachers for all their kindnesses** il a remercié les professeurs pour toutes leurs petites attentions ◆ **it would be a kindness to let him know** ce serait lui rendre service que de le lui dire

kindred ['kɪndrɪd] → SYN **1** n (NonC) (= relatives) parents mpl, famille f ; (= relationship) parenté f
 2 adj **a** (= related) languages, tribes apparenté, de la même famille
 b (= similar) similaire, semblable, analogue ◆ **to have a kindred feeling for sb** sympathiser avec qn
 3 COMP ▷ **kindred spirit** n âme f sœur

kinesiology [ˌkɪniːsɪˈblədʒɪ] n cinésiologie f, kinésiologie f

kinetheodolite [ˌkɪnəθɪˈɒdəˌlaɪt] n cinéthéodolite m

kinetic [kɪˈnetɪk] adj (Phys, Art) cinétique

kinetics [kɪˈnetɪks] n (NonC) cinétique f

kinfolk ['kɪnfəʊk] npl ⇒ **kinsfolk**

king [kɪŋ] → SYN **1** n **a** (lit, fig) roi m ◆ **King Arthur/David** le roi Arthur/David ◆ **"King Lear"** (Literat) "Le Roi Lear" ◆ **(the Book of) Kings** (Bible) le livre des Rois ◆ **the king of beasts** le roi des animaux ◆ **it cost a king's ransom** ça a coûté des sommes fabuleuses ◆ **an oil king** un roi ou un magnat du pétrole
 b (Cards, Chess) roi m ; (Draughts) dame f
 2 COMP ▷ **King Charles spaniel** n (= dog) (épagneul m) king-charles m inv ▷ **king cobra** n cobra m royal ▷ **king crab** n (Zool) limule f, crabe m des Moluques ▷ **King James Version** n traduction anglaise de la Bible, publiée en 1611 ▷ **king penguin** n manchot m royal ▷ **king prawn** n (grosse) crevette f rose ▷ **King's Bench** n (Brit Jur) cour f supérieure de justice ▷ **King's Counsel** n (Jur) avocat m de la Couronne ▷ **King's evidence** n (Jur) **to turn King's evidence** témoigner contre ses complices ▷ **the King's highway** n (Jur) la voie publique ▷ **king-size bed** n grand lit m (de 1,95 m de large) ▷ **king-size(d)** adj (Comm) cigarette long (longue f) ; packet géant ◆ **I've got a king-size(d) headache*** j'ai un mal de crâne carabiné ▷ **King's Messenger** n courrier m diplomatique ▷ **King's speech** n (Brit) discours m du roi ; → QUEEN'S SPEECH; KING'S SPEECH

kingbolt ['kɪŋbəʊlt] n pivot m central, cheville f ouvrière

kingcup ['kɪŋkʌp] n (= buttercup) bouton m d'or ; (= marsh marigold) souci m d'eau or des marais, populage m

kingdom ['kɪŋdəm] → SYN n royaume m ; (Bot, Zool) règne m ◆ **the plant kingdom** le règne végétal ◆ **the Kingdom of God** le royaume de Dieu ◆ **the Kingdom of Heaven** le royaume des cieux, le royaume céleste ◆ **he's gone to kingdom come*** il est parti dans l'autre monde or dans un monde meilleur ◆ **to send sb to kingdom come*** envoyer qn dans l'autre monde or dans un monde meilleur or ad patres* ◆ **till kingdom come*** jusqu'à la fin des siècles ◆ (Prov) **in the kingdom of the blind (the one-eyed man is king)** au royaume des aveugles, les borgnes sont rois (Prov) ; → **animal, united**

kingfish ['kɪŋfɪʃ] n (US = leader) caïd* m

kingfisher ['kɪŋfɪʃəʳ] n martin-pêcheur m

kingly ['kɪŋlɪ] adj (lit, fig) royal, de roi

kingmaker ['kɪŋmeɪkəʳ] n personne f qui fait et défait les rois ◆ **the kingmakers** (Pol fig) les gens mpl qui font et défont les hommes politiques

kingpin ['kɪŋpɪn] n (Tech) pivot m central, cheville f ouvrière ; (fig) pilier m ; (US = tenpin bowling, skittles) première quille f

kingship ['kɪŋʃɪp] n royauté f

kink [kɪŋk] → SYN **1** n (in rope, tube, wire) nœud m ; (in paper) défaut m ◆ **to work out** or **iron out the kinks** (fig) résoudre les problèmes ◆ **her hair has a kink in it** ses cheveux frisent légèrement
 2 vi [rope, tube, wire] s'entortiller

kinkiness ['kɪŋkɪnɪs] n **a** [of hair] ondulations fpl
 b (= strangeness) bizarrerie f
 c [of sexual tastes] perversité f ; [of underwear] caractère m coquin

kinky ['kɪŋkɪ] → SYN **1** adj **a** (*: sexually) person aux mœurs spéciales, pervers sur les bords* ; activity spécial (euph) ; underwear d'un goût spécial ◆ **kinky sex** des pratiques sexuelles un peu spéciales ◆ **kinky black leather gear** un attirail en cuir noir d'un goût spécial
 b (* = eccentric) person farfelu
 c (= curly) hair frisé
 2 COMP ▷ **kinky boots** npl bottes fpl de cuir (ajustées au-dessous du genou)

kinsfolk ['kɪnzfəʊk] npl (NonC) parents mpl, famille f

Kinshasa [kɪnˈʃɑːzə] n (Geog) Kinshasa

kinship ['kɪnʃɪp] → SYN n (NonC) **a** (= blood relationship) parenté f
 b (fig = bond) affinité f ◆ **to feel a deep kinship with sb** avoir de nombreuses affinités avec qn

kinsman ['kɪnzmən] → SYN n, pl **-men** parent m

kinswoman ['kɪnzˌwʊmən] n, pl **-women** parente f

kiosk ['kiːɒsk] (Brit) → SYN n (for selling: also bandstand) kiosque m ; (Telec) cabine f téléphonique

Kioto [kɪˈəʊtəʊ] n (Geog) Kyōto

kip* [kɪp] (Brit) **1** n (= bed) plumard* m, pieu* m ; (= nap) roupillon* m ◆ **to get some kip** piquer un roupillon*, pioncer*
 2 vi (also **kip down**) se pieuter*

kippa ['kɪpə] n (Rel) kippa f

kipper ['kɪpəʳ] (Brit) **1** n hareng m fumé et salé, kipper m
 2 vt [+ herring] fumer et saler
 3 COMP ▷ **kipper tie** n large cravate f (des années 60)

kir [kɪəʳ] n kir m

Kirbigrip ® **kirbygrip** ['kɜːbɪˌgrɪp] n pince f à cheveux

Kirghiz ['kɜːgɪz] **1** adj kirghiz inv
 2 n **a** Kirghiz(e) m(f)
  b (Ling) kirghize m

Kirghizia [kɜːˈgɪzɪə] n (Geog) Kirghizistan m

Kirg(h)iz ['kɜːgɪz] **1** adj kirghiz inv
 2 n **a** (= person) Kirghiz(e) m(f)
  b (Ling) kirghiz m

Kirg(h)izstan [ˌkɜːgɪsˈtɑːn, ˌkɜːˈgɪzɪə] n le Kirghizstan **Kirg(h)izia** [ˌkɜːˈgɪzɪə] n le Kirghizstan

kirk [kɜːk] n (Scot) église f ◆ **the Kirk** l'Église f presbytérienne (d'Écosse)

Kirsch [kɪəʃ], **Kirschwasser** [ˈkɪəʃˌvɑːsəʳ] n kirsch m

kiss [kɪs] → SYN ① n baiser m ◆ **to give sb a kiss** donner un baiser à qn, embrasser qn ◆ **give me a kiss** embrasse-moi ; (to child) fais-moi une bise * ◆ **kiss of life** (esp Brit Med) bouche-à-bouche m ◆ **"love and kisses"** (in letter) "bons baisers", "grosses bises" * ◆ **to give the kiss of death to ...** (fig) porter le coup fatal à ... ; → **blow¹**
② vt ⓐ embrasser, donner un baiser à ◆ **to kiss sb's cheek** embrasser qn sur la joue ◆ **to kiss sb's hand** baiser la main de qn ◆ **to kiss hands** (Diplomacy etc) être admis au baisemain (du roi ou de la reine) ◆ **they kissed each other** ils se sont embrassés ◆ **to kiss sb good night/goodbye** embrasser qn en lui souhaitant bonne nuit/en lui disant au revoir, souhaiter bonne nuit/dire au revoir à qn en l'embrassant ◆ **I'll kiss it better** (to hurt child) un petit bisou * et ça ira mieux ◆ **to kiss ass**⁑⁎ (esp US) faire de la lèche * ◆ **to kiss sb's ass**⁑⁎ (esp US) lécher le cul à qn⁑⁎ ◆ **kiss my ass!**⁑⁎ (esp US) va chier ! *⁑ ; see also **goodbye**
ⓑ (= touch lightly: also liter) frôler ◆ **the ball kissed the top of the crossbar** le ballon a frôlé la barre transversale
③ vi s'embrasser ◆ **to kiss and make up** faire la paix ◆ **to kiss and tell** raconter ses secrets d'alcôve
④ COMP ▷ **kiss-and-tell** * adj story, memoirs divulguant des secrets d'alcôve (avec une personnalité en vue) ▷ **kiss curl** n (Brit) accroche-cœur m ▷ **kissing gate** n portail qui empêche le passage du bétail ▷ **kiss-off**⁑* n (US) **to give sb the kiss-off** [+ employee] virer * qn ; [+ girlfriend etc] plaquer⁎ qn

▶ **kiss away** vt sep ◆ **she kissed away the child's tears** elle a séché les larmes de l'enfant en l'embrassant

▶ **kiss back** vt sep [+ person] rendre un baiser à

kissable [ˈkɪsəbl] adj que l'on a envie d'embrasser

kissagram [ˈkɪsəˌgræm] n baiser télégraphié

KISSAGRAM

Un **kissagram** est un "baiser télégraphié" adressé à une personne pour lui faire une surprise, par exemple à l'occasion de son anniversaire. Le message est remis par un porteur costumé, qui lui lit un petit texte et embrasse le destinataire devant tout le monde.

---

kisser⁎ [ˈkɪsəʳ] n gueule⁑⁎ f

kit [kɪt] → SYN ① n ⓐ (NonC) (= equipment, gear) (for camping, skiing, climbing, photography etc) matériel m, équipement m ; (Mil) fourniment m, fourbi⁎ * ; (= tools) outils mpl ◆ **fishing etc kit** matériel m or attirail m de pêche etc ◆ **the whole kit and caboodle** * (US) tout le bataclan *, tout le fourbi *
ⓑ (NonC: *) (= belongings) affaires fpl ; (= clothes) fringues * fpl ; (for sports) affaires fpl ; (= luggage) bagages mpl ◆ **get your kit off!**⁑ ⁎ à poil ! * ◆ **have you got your gym/football kit?** tu as tes affaires de gym/de football ?
ⓒ (= set of items) trousse f ◆ **puncture-repair kit** trousse f de réparations ◆ **first-aid kit** trousse f d'urgence or de premiers secours ; → **survival**
ⓓ (= parts for assembly) kit m ◆ **sold in kit form** vendu en kit ◆ **he built it from a kit** il l'a assemblé à partir d'un kit ◆ **model aeroplane kit** maquette f d'avion (à assembler)
② COMP ▷ **kit car** n voiture f en kit ▷ **kit inspection** n (Mil) revue f de détail

▶ **kit out, kit up** vt sep (Brit) ⓐ (Mil) équiper (with de)
ⓑ **to kit sb out with sth** équiper qn de qch ◆ **he arrived kitted out in oilskins** il est arrivé équipé d'un ciré ◆ **he had kitted himself out in a bright blue suit** il avait mis un costume bleu vif

kitbag [ˈkɪtbæg] n (esp Brit) sac m (de voyage, de sportif, de soldat, de marin etc)

kitchen [ˈkɪtʃɪn] → SYN ① n cuisine f ; → **thief**
② COMP table, cutlery, scissors etc de cuisine ▷ **kitchen cabinet** n buffet m de cuisine ; (Pol fig) proches conseillers mpl du Premier ministre ; (in US) proches conseillers mpl du Président ; → CABINET ▷ **kitchen-diner, kitchen-dinette** n cuisine f avec coin-repas ▷ **kitchen foil** n papier m d'aluminium or d'alu ▷ **kitchen garden** n (jardin m) potager m ▷ **kitchen paper** n essuie-tout m inv ▷ **kitchen police** n (US Mil) (= work) corvée f de cuisine ; (= soldiers) soldats mpl chargés de la corvée de cuisine ▷ **kitchen range** n fourneau m (de cuisine), cuisinière f ▷ **kitchen roll** n ⇒ **kitchen paper** ▷ **kitchen salt** n sel m de cuisine, gros sel m ▷ **kitchen scales** npl balance f (de cuisine) ▷ **kitchen sink** n évier m ◆ **I've packed everything but the kitchen sink** * j'ai tout emporté sauf les murs ▷ **kitchen-sink drama** * n (Theat) théâtre misérabiliste des années 50 et 60 ▷ **kitchen soap** n savon m de Marseille ▷ **kitchen unit** n élément m de cuisine ▷ **kitchen utensil** n ustensile m de cuisine ▷ **kitchen waste** n déchets mpl domestiques ▷ **kitchen wastes** npl (US) ⇒ **kitchen waste**

kitchenette [ˌkɪtʃɪˈnet] n kitchenette f

kitchenmaid [ˈkɪtʃɪnmeɪd] n fille f de cuisine

kitchenware [ˈkɪtʃɪnwɛəʳ] n (NonC) (= dishes) vaisselle f or faïence f (de cuisine) ; (= equipment) ustensiles mpl de cuisine

kite [kaɪt] ① n ⓐ (Orn) milan m ; (= toy) cerf-volant m ; → **fly³**, **high**
ⓑ (Fin *) (= cheque) chèque m en bois * ; (= bill) traite f en l'air *
② COMP ▷ **kite balloon** n (Mil) ballon m d'observation, saucisse f ▷ **Kite mark** n (Brit Comm) label m de qualité (délivré par l'Association britannique de normalisation)

kith [kɪθ] n ◆ **kith and kin** amis mpl et parents mpl

kitsch [kɪtʃ] ① n (NonC) kitsch m, art m kitsch or pompier
② adj kitsch inv, pompier

kitschy [ˈkɪtʃɪ] adj kitsch inv

kitten [ˈkɪtn] n chaton m, petit chat m ◆ **to have kittens**⁑ * (Brit fig) piquer une crise *

kittenish [ˈkɪtənɪʃ] adj (lit) de chaton ; (fig) de chaton, mutin

kittiwake [ˈkɪtɪweɪk] n mouette f tridactyle

kitty [ˈkɪtɪ] ① n ⓐ (Cards etc) cagnotte f ; (* fig) caisse f, cagnotte f ◆ **there's nothing left in the kitty** il n'y a plus un sou dans la caisse or dans la cagnotte
ⓑ (* = cat) minet * m, minou * m
② COMP ▷ **Kitty Litter ®** n (US) litière f pour chats

Kiushu [ˈkjuːʃuː] n (Geog) Kyūshū f

kiwi [ˈkiːwiː] n ⓐ (= bird) kiwi m, aptéryx m
ⓑ (also **kiwi fruit**) kiwi m
ⓒ (* = New Zealander) néo-zélandais(e) m(f)

KKK [ˌkeɪkeɪˈkeɪ] (US) abbrev of **Ku Klux Klan**

Klan [klæn] n ◆ **the Klan** le Ku Klux Klan

Klanism [ˈklænɪzəm] n doctrine f du Ku Klux Klan

Klansman [ˈklænzmən] n (US) membre m du Ku Klux Klan

klaxon [ˈklæksn] n klaxon ® m

Kleenex ® [ˈkliːneks] n, pl **Kleenex** or **Kleenexes** kleenex ® m

Klein bottle [klaɪn] n (Math) vase m de Klein

kleptomania [ˌkleptəʊˈmeɪnɪə] n kleptomanie f

kleptomaniac [ˌkleptəʊˈmeɪnɪæk] adj, n kleptomane mf

klieg light [ˈkliːglaɪt] n (esp US) lampe f à arc

klutz⁎ [klʌts] n (US) empoté(e) m(f), manche * m

klystron [ˈklɪstrɒn] n klystron m

km n (abbrev of **kilometre(s)**) km

kmh n (abbrev of **kilometres per hour**) km/h

knack [næk] → SYN n ⓐ (= physical dexterity) tour m de main ◆ **to learn** or **get the knack of doing sth** prendre le tour de main pour faire qch ◆ **there's a knack to it** il y a un tour de main à prendre ◆ **I've lost the knack** j'ai perdu la main
ⓑ (= talent) **to have the knack of doing sth** avoir le don pour faire qch ; (iro) avoir le chic pour faire qch ◆ **she's got a knack of saying the wrong thing** elle a le chic pour dire ce qu'il ne faut pas ◆ **I never really got the knack of it** je n'ai jamais compris le truc *

knacker [ˈnækəʳ] (Brit) ① n ⓐ [of horses] équarrisseur m ◆ **to send a horse to the knacker's yard** envoyer un cheval à l'équarrissage
ⓑ [of boats, houses] entrepreneur m de démolition, démolisseur m
② vt ⁑ ⓐ (= tire) crever *
ⓑ (= break) bousiller *
③ **knackers**⁑* † npl (Brit: = testicles) couilles⁑* fpl

knackered⁑ [ˈnækəd] adj (Brit) ⓐ (= tired out) crevé *, éreinté *
ⓑ (= broken, worn out) nase *, foutu⁑*

knapsack [ˈnæpsæk] n sac m à dos, havresac m

knapweed [ˈnæpwiːd] n (Bot) centaurée f

knave [neɪv] → SYN n († pej) filou m, fripon † m ; (Cards) valet m

knavery [ˈneɪvərɪ] → SYN n (NonC: pej) filouterie f, friponnerie † f

knavish [ˈneɪvɪʃ] adj (pej) de filou, de fripon †

knawel [ˈnɔːəl] n (Bot) scléranthe m

knead [niːd] → SYN vt [+ dough] pétrir, travailler ; [+ muscles] malaxer

knee [niː] ① n genou m ◆ **he sank in up to the knees** il s'est enfoncé jusqu'aux genoux ◆ **these trousers are out at** or **have gone at the knee(s)** ce pantalon est usé aux genoux ◆ **to sit on sb's knee** s'asseoir sur les genoux de qn ◆ **to put a child over one's knee** donner une fessée à un enfant ◆ **to learn sth at one's mother's knee** apprendre qch dès son jeune âge ◆ **to go (down) on one's knees** s'agenouiller, tomber or se mettre à genoux ◆ **to go down on one's knees to sb** (lit) tomber or se mettre à genoux devant qn ; (fig) se mettre à genoux devant qn (fig), supplier qn à genoux ◆ **on bended knee(s)** à genoux ◆ **to bring sb to his knees** (fig) forcer qn à capituler or à se soumettre ◆ **it will bring the country/the steel industry to its knees** ça va mettre le pays/l'industrie sidérurgique à genoux
② vt ◆ **to knee sb in the groin** donner un coup de genou dans le bas-ventre de qn
③ COMP ▷ **knee-bend** n (gen, Ski) flexion f (du genou) ▷ **knee breeches** npl culotte f courte ▷ **knee-deep** adj **he was knee-deep in mud** la boue lui arrivait aux genoux, il était dans la boue jusqu'aux genoux ◆ **the water was knee-deep** l'eau arrivait aux genoux ◆ **to be knee-deep in paperwork** être dans la paperasse jusqu'au cou ▷ **knee-high** adj à hauteur de genou ◆ **knee-high to a grasshopper** * haut comme trois pommes ▷ **knee jerk** n réflexe m rotulien ▷ **knee-jerk** adj reaction, response réflexe ◆ **he's a knee-jerk conservative** * c'est un conservateur primaire ▷ **knee joint** n articulation f du genou ▷ **knee level** n **at knee level** à (la) hauteur du genou ▷ **knee pants** npl (US) bermuda m ▷ **knee reflex** n réflexe m rotulien ▷ **knees-up**⁎ n, pl **knees-ups** (Brit) pince-fesses⁑* m, bringue * f

kneecap [ˈniːkæp] ① n (Anat) rotule f
② vt tirer dans le genou de

kneecapping [ˈniːkæpɪŋ] n mutilation f en tirant dans le genou

kneel [niːl] → SYN pret, ptp **knelt** or **kneeled** vi (also **kneel down**) s'agenouiller, se mettre à genoux ; (= be kneeling) être agenouillé ◆ **he had to kneel on his case to shut it** il a dû se mettre à genoux sur sa valise pour la fermer ◆ **to kneel (down) to** or **before sb** (lit, fig) se mettre à genoux devant qn

kneeling [ˈniːlɪŋ] adj à genoux, agenouillé

kneepad [ˈniːpæd] n genouillère f

kneeroom [ˈniːrʊm] n espace m pour les jambes

knell [nel] → SYN n glas m ◆ **to sound** or **toll the (death) knell** sonner le glas

knelt [nelt] vb (pt, ptp of **kneel**)

Knesset [ˈknesɪt] n ◆ **the Knesset** la Knesset

knew [njuː] vb (pt of **know**)

knickerbocker [ˈnɪkəˌbɒkə^{r}] [1] **knickerbockers** npl (knee-length) knickers mpl ; (longer) culotte f de golf

[2] COMP ▷ **knickerbocker glory** n (Brit) *coupe glacée faite de glace, de gelée, de crème et de fruits*

knickers [ˈnɪkəz] → SYN npl a (Brit: woman's) culotte f, slip m *(de femme)* ◆ **knickers!** ‡ (annoyed) mince ! * ; (disbelieving) mon œil ! * ◆ **to get one's knickers in a twist** ‡ se mettre dans tous ses états

b † ⇒ **knickerbockers ;** → **knickerbocker**

knick-knack [ˈnɪknæk] → SYN n bibelot m, babiole f ; (on dress) colifichet m

knife [naɪf] → SYN [1] n, pl **knives** couteau m ; (also **pocket knife**) canif m ◆ **knife, fork and spoon** couvert m ◆ **to turn** or **twist the knife in the wound** (fig) retourner le couteau dans la plaie (fig) ◆ **he's got his knife into me** * (fig) il s'acharne contre moi ◆ **the knives are out** * (esp Brit fig) c'est la guerre ouverte ◆ **the knives are out for him** * (esp Brit fig) on en a après lui ◆ **to put** or **stick the knife into sb** (fig) blesser qn ◆ **it's war to the knife between them** ils sont à couteaux tirés (fig) ◆ **(to go) under the knife** * (Med) (passer) sur le billard * ◆ **before you could say knife** * en moins de temps qu'il n'en faut pour le dire ◆ **like a (hot) knife through butter** (= easily) avec une grande facilité

[2] vt [+ person] donner un coup de couteau à ◆ **she had been knifed** elle avait reçu un coup (or des coups) de couteau ; (to death) elle avait été tuée à coups de couteau

[3] COMP ▷ **knife edge** n fil m d'un couteau ; (Tech) couteau m ◆ **on a knife edge** (fig = tense, anxious) sur des charbons ardents (fig) ◆ **the success of the scheme/the result was balanced on a knife edge** la réussite du projet/le résultat ne tenait qu'à un fil ▷ **knife-edge(d)** adj blade tranchant, aiguisé ; crease bien marqué ▷ **knife-grinder** n rémouleur m ▷ **knife pleat** n pli m couché ▷ **knife point** n **to hold sb at knife point** menacer qn d'un couteau ▷ **knife rest** n porte-couteau m ▷ **knife-sharpener** n (on wall, on wheel etc) affiloir m, aiguisoir m ; (long, gen with handle) fusil m (à repasser les couteaux)

knifeman [ˈnaɪfmən] n (Brit) agresseur m armé d'un couteau

knifing [ˈnaɪfɪŋ] n attaque f au couteau

knight [naɪt] [1] n chevalier m ; (Chess) cavalier m ◆ **a knight in shining armour** (= romantic figure) un prince charmant ; (= saviour) un sauveur, un redresseur de torts

[2] vt a (Hist) [+ squire etc] adouber, faire chevalier

b (Brit) [sovereign] donner l'accolade (de chevalier) à, faire chevalier ◆ **he was knighted for services to industry** il a été fait chevalier pour services rendus dans l'industrie

[3] COMP ▷ **knight errant** n, pl **knights errant** (Hist) chevalier m errant ▷ **knight-errantry** n (NonC) chevalerie f errante ▷ **Knight of the Garter** n chevalier m de (l'ordre de) la Jarretière ▷ **Knight Templar** n, pl **Knights Templars** or **Knights Templar** chevalier m de l'ordre du Temple, Templier m

knighthood [ˈnaɪthʊd] n a (= knights collectively) chevalerie f

b (Brit = rank) titre m de chevalier ◆ **to get** or **receive a knighthood** être fait chevalier, recevoir le titre de chevalier

knightly [ˈnaɪtlɪ] adj courtesy chevaleresque ; armour de chevalier

knit [nɪt] → SYN pret, ptp **knitted** or **knit** [1] vt a [+ garment, blanket etc] tricoter ◆ **"knit three, purl one"** "trois mailles à l'endroit, une maille à l'envers" ◆ **to knit sth for sb, to knit sb sth** tricoter qch pour qn ◆ **knitted jacket** veste f tricotée or en tricot ◆ **knitted goods** tricots mpl, articles mpl en maille ; → **close¹, thick**

b **to knit one's brows** froncer les sourcils

[2] vi a tricoter

b (also **knit together, knit up**) [bone] se souder

[3] COMP ▷ **knit stitch** n maille f à l'endroit

▸ **knit together** [1] vi ⇒ **knit 2b**

[2] vt sep a **knit two together** "tricoter deux mailles ensemble"

b (fig) [+ family, community] lier, unir ; [+ team] souder

▸ **knit up** [1] vi a ⇒ **knit 2b**

b **this wool knits up very quickly** cette laine monte très vite

[2] vt sep [+ jersey] tricoter

knitter [ˈnɪtə^{r}] n tricoteur m, -euse f

knitting [ˈnɪtɪŋ] [1] n (NonC) a (gen) tricot m ; (Ind) tricotage m ◆ **where's my knitting?** où est mon tricot ? ; → **double**

b [of bone] consolidation f, soudure f

[2] COMP ▷ **knitting bag** n sac m à tricot ▷ **knitting machine** n machine f à tricoter, tricoteuse f ▷ **knitting needle, knitting pin** n aiguille f à tricoter ▷ **knitting wool** n laine f à tricoter

knitwear [ˈnɪtweə^{r}] n (NonC: Comm) tricots mpl

knives [naɪvz] npl of **knife**

knob [nɒb] → SYN n a [of door, instrument] bouton m ; [of cane, walking stick] pommeau m ; (= small bump) bosse f, protubérance f ; (on tree) nœud m ◆ **with knobs on** * (fig) et encore plus

b (= small piece) [of cheese etc] petit morceau m ◆ **knob of butter** (Brit) noix f de beurre

c (*‡ = penis) zob *‡ m, bitte *‡ f

knobbly [ˈnɒblɪ], **knobby** [ˈnɒbɪ] adj noueux

knobkerrie [ˈnɒbˌkerɪ] n massue f

knock [nɒk] → SYN [1] n a (= blow) coup m ; (= collision) heurt m, choc m ; (in engine etc) cognement m ◆ **he got a knock (on the head etc)** il a reçu or pris * un coup (sur la tête etc) ◆ **he gave himself a nasty knock (on the head etc)** il s'est cogné très fort (la tête etc)

b (at door) **there was a knock at the door** on a frappé (à la porte) ◆ **I heard a knock (at the door)** j'ai entendu (quelqu'un) frapper (à la porte) ◆ **knock, knock!** toc, toc, toc ! ◆ **I'll give you a knock at 7 o'clock** je viendrai taper à la porte à 7 heures

c (fig) (= setback) revers m ◆ **knocks** * (= criticism) critiques fpl ◆ **to take a knock** [person] recevoir un coup (fig) ◆ **his pride/credibility has taken a knock** son orgueil/sa crédibilité en a pris un coup ◆ **his confidence has taken a knock** sa confiance a été sérieusement ébranlée ◆ **her professional reputation took a very hard knock** sa réputation professionnelle en a pris un sacré * coup

[2] vt a (= hit, strike) [+ object] frapper ◆ **to knock a nail into a plank** planter or enfoncer un clou dans une planche ◆ **to knock a nail in (with a hammer/shoe etc)** enfoncer un clou (d'un coup or à coups de marteau/de chaussure etc) ◆ **he knocked the ball into the hedge** il a envoyé la balle dans la haie ◆ **she knocked the knife out of his hand** elle lui a fait tomber le couteau des mains ◆ **to knock a glass off a table** faire tomber un verre d'une table ◆ **she knocked the cup to the floor** elle a fait tomber la tasse (par terre) ◆ **to knock the bottom out of a box** défoncer (le fond d')une boîte ◆ **to knock the bottom out of an argument** démolir un argument ◆ **this knocked the bottom out of the market** (St Ex) cela a provoqué l'effondrement des cours ◆ **to knock holes in sth** faire des trous dans qch ◆ **to knock holes in an argument** battre un argument en brèche ◆ **to knock sb's confidence** ébranler la confiance de qn ◆ **that knocked his plans on the head** * (Brit) ça a flanqué * par terre or démoli ses projets ◆ **it's time to knock this idea on the head** * il est temps de faire un sort à cette idée ◆ **to knock some sense into sb** * ramener qn à la raison (par la manière forte) ◆ **to knock spots off sb** * battre qn à plate(s) couture(s) ◆ **to knock spots off sth** * être beaucoup mieux que qch ; → **stuffing**

b (= hit, strike) **to knock sb to the ground** [person, explosion] jeter qn à terre, faire tomber qn ; (= stun) assommer qn ◆ **to knock sb unconscious** or **cold** or **senseless** or **silly** assommer qn ◆ **to knock sb off balance** faire perdre l'équilibre à qn ◆ **he knocked the child out of the way** il a brusquement écarté l'enfant ◆ **to knock sb dead** * épater qn *, en mettre plein la vue à qn * ◆ **go out there and knock 'em dead!** * montre-leur de quoi tu es capable ! ◆ **to knock sb on the head** frapper qn à la tête ; (= stun) assommer qn ◆ **to knock sb into the middle of next week** * faire voir trente-six chandelles à qn * ◆ **his wife's death really knocked him sideways** * (Brit = shook him) la mort de sa femme l'a profondément ébranlé ◆ **confidence in the legal system has been knocked sideways** * (Brit) la confiance dans le système légal a été sérieusement ébranlée ◆ **to knock sb for six** * (Brit) [cold, flu] lessiver * qn ; [news] faire un choc à qn

c (= collide with, strike) [person] se cogner dans, heurter ; [vehicle] heurter ◆ **to knock one's head on** or **against** se cogner la tête contre ◆ **he knocked his foot against the leg of the table** il a buté contre le pied de la table

d (Constr) **to knock two rooms into one** abattre la cloison entre deux pièces

e (* = denigrate) [+ person, sb's work] débiner * ; [+ plan, project, idea] dénigrer ◆ **don't knock it!** arrête de dénigrer ! ◆ **don't knock it if you haven't tried it!** c'est pas la peine * de critiquer si tu n'as pas essayé !

f (Scot * = steal) piquer *

[3] vi a (= strike, hit) frapper ; (more forcefully) cogner ◆ **to knock at the door/window** frapper à la porte/la fenêtre ◆ **he knocked on the table** il a frappé la table, il a cogné sur la table ◆ **his knees were knocking** il tremblait de peur, il avait les chocottes *

b (= bump, collide) **to knock against** or **into sb/sth** se cogner contre qn/qch, heurter qn/qch ◆ **his hand knocked against the shelf** sa main a heurté l'étagère, il s'est cogné la main contre l'étagère ◆ **he knocked into the table** il s'est cogné dans or contre la table, il a heurté la table ◆ **the car knocked into the lamppost** la voiture a heurté le réverbère

c [car engine] cogner

[4] COMP ▷ **knocked down** adj (US Comm) table, shed etc (livré) non monté ▷ **knock-for-knock agreement** n (Insurance) convention f d'indemnisation directe de l'assuré ▷ **knock-kneed** adj **to be knock-kneed** avoir les genoux cagneux ▷ **knock-knees** npl **to have knock-knees** avoir les genoux cagneux ▷ **knock-on** n (Rugby) en-avant m inv ▷ **knock-on effect** n répercussions fpl ▷ **knock-out agreement** n (Jur, Fin) entente f entre enchérisseurs ▷ **knock-out drops** * npl soporifique m ▷ **knock-up** n (Tennis) **to have a knock-up** faire des balles

▸ **knock about** *, **knock around** * [1] vi a (= travel) vadrouiller *, bourlinguer * (fig) ; (= hang around) traîner, glander ‡ ◆ **he spent many years knocking about in the provinces** il a passé de nombreuses années à vadrouiller * or bourlinguer * en province ◆ **he has knocked about a bit** il a beaucoup bourlingué * ◆ **what are all these boxes knocking about in the garage?** que font tous ces cartons dans le garage ? ◆ **who's he knocking around with these days?** qui est-ce qu'il fréquente en ce moment ?

[2] vt fus ◆ **to knock about the world** vadrouiller * de par le monde ◆ **he's knocking about France somewhere** * il vadrouille * or il se balade * quelque part en France

[3] vt sep a (* = beat) taper sur, frapper ◆ **he knocks her about** il lui tape dessus *

b [storm, waves] [+ boat] ballotter

c **to knock a ball about** taper dans le ballon *

[4] **knockabout** n, adj → **knockabout**

▸ **knock back** [1] vi (lit) ◆ **he knocked on the wall and she knocked back** il a frappé au mur et elle a répondu de la même façon

[2] vt sep * a (= drink) s'enfiler *, s'envoyer * ; (= eat) avaler, engloutir

b (= cost) coûter ◆ **how much did it knock you back?** ça vous a coûté combien ? ◆ **this watch knocked me back £120** cette montre m'a coûté 120 livres

c (fig = shock) sonner * ◆ **the news knocked her back a bit** la nouvelle l'a un peu sonnée *

d (= reject) rejeter

▸ **knock down** [1] vt sep a [+ object] (= topple) renverser ; (= knock off shelf, table etc) faire tomber ; [+ building, wall etc] abattre, démolir ; [+ door] (= remove) démolir ; (= kick in) défoncer, enfoncer ◆ **he knocked me down with one blow** il m'a jeté à terre d'un seul coup ; → **feather**

b (= run over) [vehicle] [+ person] renverser ; [+ lamppost] emboutir ; [+ fence, wall] défoncer

◆ **he got knocked down by a bus** il a été renversé par un autobus ◆ **c** [+ price] baisser ◆ **he knocked the price down by 10%** il a baissé le prix de 10 %, il a fait une remise de 10 % sur le prix ◆ **d** (at auction) **to knock down sth to sb** adjuger qch à qn ◆ **it was knocked down for £10** ça a été adjugé 10 livres

[2] **knockdown** adj, n → **knockdown**
[3] **knocked down** adj → **knock**

▶ **knock off** [1] vi * (= stop work) s'arrêter (de travailler) ; (= leave work) se casser *, se tirer * ; (= strike) débrayer
[2] vt sep **a** (lit) [+ object on shelf etc] faire tomber ◆ **I got knocked off my bike** j'ai été renversé en vélo ◆ **to knock sb's block off** * casser la figure * à qn ◆ **b** (= reduce price by) [+ percentage, amount] faire une remise de ◆ **I'll knock off £10/10%** je vous fais une remise de 10 livres/de 10 % ◆ **she knocked 15 seconds off the world record** elle a battu le record du monde de 15 secondes ◆ **c** * [+ homework, correspondence, piece of work] expédier ◆ **d** (Brit * = steal) piquer * ◆ **e** (= stop) **knock it off!** * ça suffit ! ◆ **f** (* = kill) liquider *
[3] **knocking-off** adj → **knocking**

▶ **knock on** [1] vt sep (Rugby) ◆ **to knock the ball on** faire un en-avant
[2] vt fus ◆ **he's knocking on for fifty** * il frise la cinquantaine
[3] **knock-on** n, adj → **knock**

▶ **knock out** [1] vt sep **a** [+ nail etc] faire sortir (of de) ◆ **to knock out one's pipe** débourrer or éteindre sa pipe ◆ **to knock a window out** [builder] enlever une fenêtre ; [explosion, earthquake] souffler une fenêtre ◆ **b** (* = put out of action) [storm, earthquake, bomb] [+ power supply, electricity] couper ; [missile] [+ target] détruire, bousiller * ◆ **c** (= stun) [person] assommer ; (Boxing) mettre knock-out or k.-o. ; [drug] sonner *, assommer ◆ **to knock o.s. out** s'assommer ◆ **d** * (= shock, overwhelm) sidérer * ; (= exhaust) mettre à plat * ◆ **e** (from competition, contest) éliminer (of de)
[2] **knockout** n, adj → **knockout**

▶ **knock over** vt sep **a** [+ object] renverser ◆ **b** [vehicle] [+ pedestrian] renverser ; [+ lamppost] emboutir ; [+ fence] défoncer ◆ **he was knocked over by a taxi** il a été renversé par un taxi

▶ **knock together** [1] vi [glasses, knees] s'entrechoquer
[2] vt sep **a** (lit) [+ two objects] cogner l'un contre l'autre ◆ **I'd like to knock their heads together!** * ce sont deux têtes à claques
b * ⇒ **knock up 2c**

▶ **knock up** [1] vi (Tennis) faire des balles
[2] vt sep **a** (lit) [+ handle, lever etc] faire lever d'un coup ◆ **b** (Brit = waken) réveiller (en frappant à la porte) ◆ **c** (* = make hurriedly) [+ meal] improviser ; [+ shed, furniture] bricoler (en vitesse) ◆ **d** (Brit * = exhaust) [+ person] crever * ◆ **e** (* = make pregnant) engrosser *
[3] **knock-up** n → **knock**

knockabout ['nɒkəˌbaʊt] [1] n (esp US Naut) dériveur m, petit voilier m
[2] adj (esp Brit = boisterous) fun, humour, style exubérant ◆ **knockabout comedy** (Theat) (grosse) farce f

knockback * ['nɒkbæk] n revers m

knockdown ['nɒkdaʊn] [1] adj **a** **a knockdown blow** (lit) un coup à assommer un bœuf ; (fig) un coup de boutoir
b (Brit Comm) **knockdown price** prix m très avantageux or intéressant ◆ **"knockdown prices"** (in posters, announcements) "prix sacrifiés" ◆ **to sell at knockdown prices** vendre pour une bouchée de pain
[2] n (Boxing) knock-down m inv

knocker ['nɒkəʳ] n **a** (also **door-knocker**) marteau m (de porte), heurtoir m
b **knockers** ⁂ (= breasts) nichons ⁂ mpl, roberts ⁂ mpl

knocking ['nɒkɪŋ] [1] n (NonC) **a** coups mpl ◆ **I can hear knocking at the door** j'entends frapper à la porte
b (in engine) cognement m
[2] COMP ◆ **knocking copy** n (Advertising) publicité f comparative ▷ **knocking-off time** * n (Ind etc) heure f de la sortie ▷ **knocking shop** ⁂ n (Brit) bordel m

knockout ['nɒkaʊt] → SYN [1] n **a** (Boxing) knock-out m inv
b (= overwhelming success) **to be a knockout** * [person, record, achievement] être sensationnel ◆
c (= competition) compétition f (avec épreuves éliminatoires) ◆ **"It's a Knockout"** (TV: formerly) ≃ Jeux sans frontières
[2] adj **a** (Boxing etc) **he delivered** or **landed a knockout blow** or **punch** il a mis son adversaire K.-O. ◆ **the knockout blow came in round six** il a été mis K.-O. au sixième round ◆ **knockout blow** (fig) coup m terrible
b (Brit Sport) competition, tournament par élimination

knoll [nəʊl] n (= hillock) tertre m, monticule m

Knossos ['nɒsəs] n Cnossos

knot¹ [nɒt] [1] n **a** nœud m ◆ **to tie/untie a knot** faire/défaire un nœud ◆ **the marriage knot** le lien du mariage ◆ **to have a knot in one's stomach** (= feel tense) avoir l'estomac noué, avoir un nœud à l'estomac ; → **granny**, **reef²**, **slipknot**, **tie**
b (Naut = unit of speed) nœud m ◆ **to make 20 knots** filer 20 nœuds ; → **rate¹**
c (in wood) nœud m ◆ **a knot of people** un petit groupe de gens
[2] vt **a** [+ rope, scarf, tie, handkerchief] faire un nœud à, nouer ◆ **he knotted the piece of string to the rope** il a noué la ficelle à la corde ◆ **get knotted!** ⁂ va te faire voir * or foutre ⁂ !
[3] COMP ◆ **knotted clover** n (Bot) trèfle m strié ▷ **knotted cranesbill** n (Bot) géranium m noueux

▶ **knot together** vt sep attacher, nouer

knot² [nɒt] n (Orn) bécasseau m maubèche

knotgrass ['nɒtɡrɑːs] n (Bot) renouée f des oiseaux

knothole ['nɒtθəʊl] n (in wood) trou m (laissé par un nœud)

knotty ['nɒtɪ] adj **a** (lit) wood, muscle, hand noueux ; rope, hair plein de nœuds
b (fig = thorny) problem, issue, question épineux

knout [naʊt] n knout m

---

know [nəʊ]
vb : pret **knew**, ptp **known**

→ SYN   LANGUAGE IN USE   16.1

[1] TRANSITIVE VERB   [3] SET STRUCTURES
[2] INTRANSITIVE VERB   [4] NOUN
                        [5] COMPOUNDS

---

[1] TRANSITIVE VERB

Look up set combinations such as **know the ropes**, **know the score** at the noun.

a = **have knowledge of** connaître ◆ **to know the details/the results/the truth** connaître les détails/les résultats/la vérité ◆ **I know the problem!** je connais le problème ! ◆ **to know one's business** * connaître son affaire, s'y connaître

> **savoir** can often also be used:

◆ **to know the difference between** connaître or savoir la différence entre ◆ **to know French** savoir or connaître le français ◆ **that's worth knowing** c'est bon à savoir ◆ **it was sure to cause trouble, as well he knew** ça allait sûrement faire des histoires et il le savait très bien ◆ **I know the problems that arise when ...** je connais les problèmes qui surviennent lorsque ... ;

> When **know** is followed by a clause, **savoir** must be used. Unlike **that**, **que** can never be omitted.

◆ **I know (that) you're wrong** je sais que vous avez tort ◆ **I know him to be a liar** je sais que c'est un menteur ◆ **I would have you know that ...** sachez que ... ◆ **to know how to do sth** savoir faire qch ◆ **I know how you feel** je sais ce que tu ressens, je connais ça ◆ **you don't know how glad/relieved I am to see you** vous ne pouvez pas savoir comme je suis content/soulagé de vous voir ◆ **she knows what it means to suffer** or **what suffering means** elle sait ce que c'est la souffrance ◆ **he knows what he's talking about** il sait de quoi il parle ◆ **I don't know where to begin** je ne sais pas par où commencer ◆ **do you know whether she's coming?** est-ce que tu sais si elle vient ? ◆ **I don't know why he reacted like that** je ne sais pas pourquoi il a réagi comme ça

b = **be acquainted with** [+ person, place, book, author] connaître ◆ **I know him well** je le connais bien ◆ **do you know Paris?** connaissez-vous Paris ? ◆ **to know sb by sight/by name/by reputation** connaître qn de vue/de nom/de réputation ◆ **he knows all his customers by name** il connaît tous ses clients par leur(s) nom(s) ◆ **I don't know her to speak to** je ne la connais que de vue ◆ **everyone knows him as Dizzy** on le connaît sous le nom de Dizzy ◆ **most of us know him only as a comedian** la plupart d'entre nous ne le connaissons qu'en tant que comique ◆ **he is known as a man of great charm** c'est un homme connu pour son charme, il passe pour un homme plein de charme ◆ **civilisation as we know it** la civilisation telle que nous la connaissons

c = **understand** **I don't know how you can say that!** comment peux-tu dire une chose pareille ! ◆ **you know what I mean** tu vois ce que je veux dire

d = **recognize** reconnaître ◆ **to know sb by his voice/his walk** reconnaître qn à sa voix/à sa démarche ◆ **I knew him at once** je l'ai reconnu tout de suite ◆ **I know real expertise when I see it!** je sais reconnaître un spécialiste quand j'en vois un ! BUT ● **she knows a good thing when she sees it** * elle ne laisse pas passer les bonnes occasions ● **he knew he was to blame** il se savait coupable

e = **be certain** **I don't know that it's made things any easier** je ne suis pas sûr que ça ait simplifié les choses ◆ **I don't know if** or **that that is a very good idea** je ne suis pas sûr que ce soit une bonne idée ◆ **I don't know if I can do it** je ne sais pas si je peux le faire

f exclamations **well, what do you know!** * tiens, tiens ! ◆ **I know (what!), let's leave it till tomorrow!** et si on remettait ça à demain ? ◆ **(do) you know what** *, **I think she did it!** tu sais quoi, je pense que c'est elle qui a fait ça ! ◆ **she's furious! - don't I know it!** * elle est furieuse ! — à qui le dis-tu or je suis bien placé pour le savoir ! ◆ **not if I know it!** * ça m'étonnerait ! ◆ **that's all you know (about it)!** * c'est ce que tu crois ! ◆ **you know what you can do with it!** ⁂ tu peux te le mettre où je pense ! ⁂

---

[2] INTRANSITIVE VERB

savoir ◆ **who knows?** qui sait ? ◆ **is she nice? - I don't know** or **I wouldn't know** * est-ce qu'elle est gentille ? — je ne sais pas or je n'en sais rien ◆ **how should I know?** est-ce que je sais (moi) ! *, comment veux-tu que je sache ? ◆ **it'll be expensive, you know** ça va coûter cher, tu sais ◆ **you know, that's not a bad idea** tu sais, ce n'est pas une mauvaise idée ◆ **as far as I know** autant que je sache, à ma connaissance ◆ **not as far as I know** pas que je sache, pas à ma connaissance ◆ **for all I know** pour ce que j'en sais ◆ **one never knows, you never know** on ne sait jamais BUT ● **and afterwards they just don't want to know** * et après ça ils ne veulent plus en entendre parler

---

[3] SET STRUCTURES

◆ **to know sth about sth/sb** ◆ **to know a lot about sth/sb** en savoir long sur qch/qn ◆ **I don't know much about it/him** je ne sais pas grand-chose à ce sujet/je ne le connais pas beaucoup ◆ **I'd like to know more (about it)** je voudrais en savoir plus (à ce sujet) ◆ **it's no good lying, I know all about it** ce n'est pas la peine de mentir, je sais tout ◆ **she knows all about computers** elle s'y connaît en informatique ◆ **I know nothing about music** je n'y connais rien en musique, je ne

knowable / kremlinologist

m'y connais pas du tout en musique ◆ **I know nothing about it** je ne sais rien à ce sujet

◆ **to know about sth/sb** ◆ **I didn't know about their quarrel** je ne savais pas qu'ils s'étaient disputés, je n'étais pas au courant de leur dispute ◆ **I didn't know about the accident** je n'étais pas au courant de cet accident ◆ **I didn't know about that** j'ignorais cela, je n'étais pas au courant ◆ **he knows about antiques** il s'y connaît en antiquités ◆ **do you know about Paul?** tu es au courant pour Paul ? ◆ **I don't know about you, but I think it's terrible** je ne sais pas ce que tu en penses mais personnellement je trouve ça affreux ◆ **so you're satisfied? — I don't know about that** alors tu es satisfait ? — pas vraiment ◆ **I'm not going to school tomorrow — I don't know about that!** * je ne vais pas à l'école demain — c'est à voir ou c'est ce qu'on va voir !

◆ **to know of** (= be acquainted with) connaître ; (= be aware of) savoir ; (= learn about) apprendre ; (= have heard of) entendre parler de ◆ **do you know of a good hairdresser?** connaissez-vous un bon coiffeur ? ◆ **I know of a nice little café** je connais un petit café sympathique ◆ **I'd known of his death for some time** je savais depuis quelque temps qu'il était mort ◆ **is he married? — not that I know of** il est marié ? — pas que je sache ou pas à ma connaissance ◆ **I knew of his death through a friend** j'ai appris sa mort par un ami ◆ **I know of you through your sister** j'ai entendu parler de vous par votre sœur ◆ **I don't know him but I know of him** je ne le connais pas mais j'ai entendu parler de lui ◆ **I know of no reason why he should have committed suicide** je ne lui connais aucune raison de se suicider BUT ◆ **I know of no evidence for this claim** rien à ma connaissance ne permet de l'affirmer

◆ **to know sb/sth from sb/sth** (= distinguish) savoir distinguer qn/qch de qn/qch, savoir faire la différence entre qn/qch et qn/qch ◆ **students may not know a pronoun from an adverb** les étudiants ne savent pas toujours distinguer un pronom d'un adverbe ◆ **he doesn't know good wine from cheap plonk** * il ne sait pas faire la différence entre un bon vin et une piquette, il est incapable de distinguer un bon vin d'une piquette BUT ◆ **he doesn't know one end of a horse/hammer from the other** c'est à peine s'il sait ce que c'est qu'un cheval/marteau ;

◆ **to know sb/sth** + infinitive ◆ **I've never known him to smile** je ne l'ai jamais vu sourire ◆ **I've never known her to be wrong** je dois dire qu'elle ne se trompe jamais ◆ **I've known such things to happen before** ça s'est déjà produit auparavant ◆ **well, it has been known (to happen)** enfin, ça c'est déjà vu ◆ **I've never known it to rain like this in June** je n'ai jamais vu autant de pluie en juin

◆ **to know better** ◆ **I know better than to offer advice** je me garde bien de donner des conseils ◆ **he knows better than to touch his capital** il est trop prudent pour entamer son capital ◆ **you ought to know better than to listen to him** tu sais bien qu'il ne faut pas l'écouter ◆ **you ought to have known better** tu aurais dû réfléchir ◆ **he should know better at his age** à son âge il devrait avoir un peu plus de bon sens ◆ **they re-used needles because they didn't know any better** ils réutilisaient les seringues par ignorance ◆ **he says he didn't do it but I know better** il dit qu'il ne l'a pas fait mais je ne suis pas dupe

◆ **to know best** ◆ **mother knows best!** maman a toujours raison ! ◆ **you know best, I suppose!** bon, puisque tu le dis !

◆ **to get to know** [+ fact] apprendre ; [+ person] faire plus ample connaissance avec, apprendre à connaître ◆ **I'd like to see you again and get to know you better** j'aimerais vous revoir et faire plus ample connaissance avec vous or vous connaître à mieux vous connaître

◆ **to let sb know** ◆ **I'll let you know** je vous le ferai savoir ◆ **I'll let you know on Monday** je te dirai ou te le ferai savoir ça lundi ◆ **if you can't come, please let me know** (in advance) préviens-moi si tu ne peux pas venir

◆ **to let sb know sth** dire qch à qn ◆ **I'll let you know the price as soon as possible** je te dirai combien ça coûte dès que possible ◆ **let me know if I can help** si je peux me rendre utile, dites-le-moi BUT ◆ **he soon let me know what he thought of it** il n'a pas tardé à me faire savoir ce qu'il en pensait

[4] NOUN

◆ **to be in the know** * être au courant or au parfum *

[5] COMPOUNDS

▷ **know-all** * n (Brit) (Monsieur) je-sais-tout * m, (Madame or Mademoiselle) je-sais-tout * f ▷ **know-how** * n savoir-faire m ◆ **they have the materials to make the missile but they haven't got the know-how** ils ont le matériel nécessaire à la fabrication du missile mais ils n'ont pas le savoir-faire ◆ **after years in the job he has acquired a lot of know-how** après des années dans cet emploi il a acquis beaucoup de savoir-faire or de métier ◆ **you need quite a bit of know-how to operate this machine** il faut pas mal s'y connaître pour faire marcher cette machine ▷ **know-it-all** * n (US) ⇒ **know-all**

knowable ['nəʊəbəl] adj connaissable

knowing ['nəʊɪŋ] → SYN [1] adj a (= shrewd) fin, malin (-igne f) ; (= wise) sage

b (= arch) look, smile entendu

[2] n ◆ **there's no knowing what he might do** impossible de savoir ce qu'il va faire ◆ **will he help us? — there's no knowing** est-ce qu'il va nous aider ? — on ne peut pas savoir

knowingly ['nəʊɪŋli] → SYN adv a (= consciously) sciemment, intentionnellement

b (= archly) look, smile, nod d'un air entendu

knowledge ['nɒlɪdʒ] LANGUAGE IN USE 19.2 → SYN

[1] n (NonC) a (= understanding, awareness) connaissance f ◆ **to have knowledge of** avoir connaissance de ◆ **to have no knowledge of** ne pas savoir, ignorer ◆ **to (the best of) my knowledge** à ma connaissance, pour autant que je sache ◆ **not to my knowledge** pas à ma connaissance, pas que je sache ◆ **they had never to her knowledge complained before** à sa connaissance ils ne s'étaient jamais plaints auparavant ◆ **without his knowledge** à son insu, sans qu'il le sache ◆ **without the knowledge of her mother** à l'insu de sa mère, sans que sa mère le sache ◆ **to bring sth to sb's knowledge** porter qch à la connaissance de qn ◆ **to bring to sb's knowledge that ...** porter à la connaissance de qn le fait que ... ◆ **it has come to my knowledge that ...** j'ai appris que ... ◆ **knowledge of the facts** la connaissance des faits ◆ **it's common or public knowledge that ...** il est de notoriété publique que ...

b (= body of knowledge) savoir m ; (= learning, facts learnt) connaissances fpl ◆ **his knowledge will die with him** son savoir mourra avec lui ◆ **my knowledge of English is elementary** mes connaissances d'anglais sont élémentaires ◆ **he has a thorough knowledge of geography** il a de grandes connaissances en géographie, il possède la géographie à fond ◆ **he has a working knowledge of Japanese** il possède les éléments de base du japonais

[2] COMP ▷ **knowledge-based system** n (Comput) système m expert ▷ **knowledge engineering** n (Comput) génie m cognitif

knowledgeable ['nɒlɪdʒəbl] → SYN adj person (in general) cultivé ; (in a given subject) qui s'y connaît ◆ **she's very knowledgeable about cars** elle s'y connaît en voitures

knowledgeably ['nɒlɪdʒəbli] adv de manière compétente

known [nəʊn] → SYN [1] n (ptp of **know**)

[2] adj connu (to sb de qn) ◆ **to be known for sth/for doing sth** être connu pour qch/pour faire qch ◆ **she wishes to be known as Jane Beattie** elle veut se faire appeler Jane Beattie ◆ **he is known to be unreliable** il est bien connu qu'on ne peut pas compter sur lui ◆ **he is known to have been there/to be dishonest** on sait qu'il y a été/qu'il est malhonnête ◆ **it soon became known that ...** on a bientôt su que ... ◆ **to make sth known to sb** faire savoir qch à qn ◆ **to make o.s.**

known to sb se présenter à qn ◆ **to make one's presence known to sb** manifester sa présence à qn ◆ **known to the Ancient Greeks** connu des Grecs de l'antiquité ◆ **to let it be known that** faire savoir que ◆ **it is a known fact that ...** c'est un fait établi que ... ◆ **an internationally-known expert** un expert reconnu au plan international ◆ **he is a known quantity** on sait ce qu'il vaut ◆ **the most dangerous snake known to man** le serpent le plus dangereux que l'homme connaisse

knuckle ['nʌkl] [1] n articulation f or jointure f du doigt ◆ **to graze one's knuckles** s'écorcher les articulations des doigts ◆ **to be near the knuckle** * être limite * ; → **rap**

[2] COMP ▷ **knuckle-bone** n (Anat) articulation f du doigt ; (Culin) os m de jarret ▷ **knuckle sandwich** * n châtaigne * f, coup m de poing

▶ **knuckle down** * vi s'y mettre ◆ **to knuckle down to work** s'atteler au travail

▶ **knuckle under** * vi céder

knuckleduster ['nʌkl,dʌstər] n coup-de-poing m américain

knucklehead * ['nʌklhed] n crétin(e) * m(f), nouille * f

knurl [nɜːl] [1] n (in wood) nœud m ; (Tech) moletage m

[2] vt (Tech) moleter

KO * ['keɪ'əʊ] (abbrev of **knockout**) [1] n, pl **KO's** (= blow) K.-O. f

[2] vt, vb : pret, ptp **KO'd** ['keɪ'əʊd] (gen, Boxing) mettre K.-O.

koala [kəʊ'ɑːlə] n (also **koala bear**) koala m

kohl [kəʊl] [1] n khôl m

[2] COMP ▷ **kohl pencil** n crayon m khôl

kohlrabi [kəʊl'rɑːbɪ] n, pl **kohlrabies** chou-rave m

kolkhoz [kɒl'kɔːz] n kolkhoz(e) m

kook * [kuːk] n (US) dingue * mf

kookaburra ['kʊkə,bʌrə] n kookaburra m

kookie *, **kooky** * ['kuːkɪ] adj (US) dingue *, cinglé *

kopeck ['kəʊpek] n kopeck m

Koran [kɒ'rɑːn] n Coran m

Koranic [kɒ'rænɪk] adj coranique

Korea [kə'rɪə] n la Corée ◆ **North/South Korea** la Corée du Nord/du Sud

Korean [kə'rɪən] [1] adj coréen ◆ **North/South Korean** nord-/sud-coréen

[2] n a Coréen(ne) m(f) ◆ **North/South Korean** Nord-/Sud-Coréen(ne)

b (Ling) coréen m

korma ['kɔːmə] n type de curry souvent préparé à la crème et à la noix de coco

kosher ['kəʊʃər] adj a (Rel) casher inv, kasher inv

b (* fig) **it's kosher** c'est OK * ◆ **there's something not quite kosher about him/it** il y a quelque chose de pas très catholique * en lui/là-dedans

Kosovan ['kɒsəvən], **kosovar** ['kɒsəvɑːr] [1] adj kosovar

[2] n Kosovar(e) m(f)

Kosovo ['kɒsə,vəʊ] [1] n le Kosovo

[2] adj kosovar

Kowloon Peninsula ['kaʊluːnpɪ'nɪnsjʊlə] n péninsule f de Kowloon

kowtow ['kaʊtaʊ] vi se prosterner ◆ **to kowtow to sb** courber l'échine devant qn, faire des courbettes devant qn

KP [keɪ'piː] n a (US Mil) (abbrev of **kitchen police**) → **kitchen**

b (Med) abbrev of **Kaposi's sarcoma**

kph [,keɪpiː'aɪtʃ] n (abbrev of **kilometres per hour**) km/h

kraal [krɑːl] n kraal m

kraft ® [krɑːft] n (also **kraft paper**) (papier m) kraft m

kraken ['krɑːkən] n (Myth) kraken m

Kraut * [kraʊt] n (pej) Boche * mf

Kremlin ['kremlɪn] n Kremlin m

kremlinologist ['kremlɪ'nɒlədʒɪst] n kremlinologue mf

kremlinology ['kremlɪ'nɒlədʒɪ] n kremlinologie f
krill [krɪl] n (pl inv) krill m
kris [krɪs] n kriss m, criss m
Krishna ['krɪʃnə] n (= deity) Krisna or Krishna ; (= river) Krishna m, Kistna m
Krishnaism ['krɪʃnə,ɪzəm] n kris(h)naïsme m
krona ['krəʊnə] n couronne f (suédoise)
krone ['krəʊnə] n (Danish) couronne f (danoise) ; (Norwegian) couronne f (norvégienne)
Krugerrand ['kru:gə,rænd] n krugerrand m
Krum(m)horn ['krʌm,hɔ:n] n (Mus) cromorne m
krypton ['krɪptɒn] n krypton m
KS abbrev of **Kansas**
Kt (Brit) abbrev of **knight**
Kuala Lumpur [,kwɑ:lə'lʊmpʊəʳ] n (Geog) Kuala Lumpur
Kubla Khan ['ku:blə'kɑ:n], **Kublai Khan** ['ku:blaɪ'kɑ:n] n Kuiblai Khan

kudos * ['kju:dɒs] n (NonC) gloire f ♦ **to have kudos** avoir du prestige ♦ **he got all the kudos** c'est lui qui a récolté toute la gloire or tous les lauriers
Kufic ['ku:fɪk] adj coufique
Ku Klux Klan ['ku:'klʌks'klæn] n Ku Klux Klan m
kukri ['kʊkrɪ] n koukri m
kulak ['ku:læk] n (Hist) koulak m
kulfi ['kʊlfɪ] n (Culin) kulfi m *(dessert indien)*
kumiss ['ku:mɪs] n (Culin) koumis m, koumys m
kummel ['kɪməl] n kummel m
kumquat ['kʌmkwɒt] n kumquat m
kung fu ['kʌŋ'fu:] n kung-fu m
Kuomintang ['kwəʊ'mɪn'tæŋ] n Kuo-min-tang m
Kurd [kɜ:d] n Kurde mf
Kurdish ['kɜ:dɪʃ] n, adj kurde
Kurdistan [,kɜ:dɪ'stɑ:n] n le Kurdistan

Kuril Islands [kʊ'rɪl] npl (archipel m des) Kouriles fpl
Kuwait [kʊ'weɪt] n le Koweït
Kuwaiti [kʊ'weɪtɪ] ① n Koweitien(ne) m(f) ② adj koweitien
kvas(s) [kvɑ:s] n kvas or kvas m
kvetch * [kvetʃ] vi (US) se plaindre (*about* de), râler *
kW (abbrev of **kilowatt**) kW
kwashiorkor [,kwɑ:ʃɪ'ɔ:kɔ:ʳ] n kwashiorkor m
kWh (abbrev of **kilowatt-hour(s)**) kWh
KY abbrev of **Kentucky**
kymograph ['kaɪmə,grɑ:f] n (Med) kymographe m
Kyoto [kɪ'əʊtəʊ] n (Geog) Kyōto
kyphosis [kaɪ'fəʊsɪs] n (Med) cyphose f
Kyrgyzstan [,kɜ:gɪs'tɑ:n] n ⇒ **Kirg(h)izstan**
Kyrie eleison ['kɪrɪɪ ə'leɪsən] n (Rel) kyrie eleison m inv
Kyushu ['kju:ʃu:] n Kyūshū

L

L, l [el] **1** n **a** (= letter) L, l m ♦ **L for London, L for Love** (US) ≃ L comme Louis
b (abbrev of **litre(s)**) l
c (US) **the L** * le métro aérien
d (Geog) (abbrev of **Lake**) L
e (abbrev of **left**) gauche
f (abbrev of **large**) L (pour indiquer la taille sur l'étiquette)
g (Ling) abbrev of **Latin**
2 COMP ▷ **L-driver** n (Brit Aut) conducteur m, -trice f débutant(e) ▷ **L-plate** n (Brit Aut) plaque signalant la conduite accompagnée ; [of driving school] plaque f d'auto-école ▷ **L-shaped** adj room en (forme de) L

LA¹ [el'eɪ] abbrev of **Los Angeles**

LA² abbrev of **Louisiana**

La abbrev of **Lane**

La. abbrev of **Louisiana**

la [lɑː] n (Mus) la m

laager ['lɑːgəʳ] n (= camp) camp m (défendu par une formation circulaire de chariots)

Lab (Brit Pol) (abbrev of **Labour**) **1** adj travailliste
2 n (NonC) le parti travailliste, les travaillistes mpl ♦ **the New Labour** le New Labour, le nouveau parti travailliste

lab * [læb] **1** n (abbrev of **laboratory**) labo * m
2 COMP work, test en laboratoire ▷ **lab book** n (Scol etc) cahier m de travaux pratiques ▷ **lab coat** n blouse f blanche ▷ **lab technician** n technicien(ne) m(f) de laboratoire

labdanum ['læbdənəm] n ladanum m

label ['leɪbl] → SYN **1** n (lit, fig, Ling) étiquette f ; (= brand guarantee) label m ♦ **an album on the Technix label** un album sorti chez Technix or sous le label Technix ♦ **he was stuck with the label of "political activist"** il avait du mal à se défaire de l'étiquette d'"activiste politique" ; → **luggage**
2 vt **a** [+ parcel, bottle] coller une or des étiquette(s) sur ; (Comm) [+ goods for sale] étiqueter ♦ **all packets must be clearly labelled** tous les paquets doivent être clairement étiquetés ♦ **the bottle was not labelled** il n'y avait pas d'étiquette sur la bouteille ♦ **the bottle was labelled "poison"** sur la bouteille il y avait marqué "poison"
b [+ person, group] étiqueter, cataloguer (pej) (as comme) ♦ **he was labelled a dissident** on l'a étiqueté or catalogué comme dissident
c (Ling) marquer

labelling, labeling (US) ['leɪblɪŋ] n (Comm, Bio) étiquetage m

labia ['leɪbɪə] n (pl of **labium**) lèvres fpl ♦ **labia minora/majora** petites/grandes lèvres fpl

labial ['leɪbɪəl] **1** adj (Anat, Phon) labial
2 n (Phon) labiale f

labialization [ˌleɪbɪəlaɪ'zeɪʃən] n (Phon) labialisation f

labiate ['leɪbɪeɪt] (Bot) **1** n labiée f, labiacée f
2 adj labié, labiacé

labile ['leɪbaɪl] adj (Chem) labile

lability [lə'bɪlɪtɪ] n (Chem) labilité f

labiodental [ˌleɪbɪəʊ'dentəl] **1** adj labiodental
2 n labiodentale f

labiovelar [ˌleɪbɪəʊ'viːləʳ] adj, n labiovélaire f

labium ['leɪbɪəm] n → **labia**

labor ['leɪbəʳ] (US) ⇒ **labour**

laboratory [lə'bɒrətərɪ, (US) 'læbrətərɪ] **1** n laboratoire m ; → **language**
2 COMP experiment, instrument, product de laboratoire ▷ **laboratory assistant** n assistant(e) m(f) de laboratoire, laborantin(e) m(f) ▷ **laboratory equipment** n équipement m de laboratoire ▷ **laboratory school** n (US) école f d'application ▷ **laboratory technician** n technicien(ne) m(f) de laboratoire

laborious [lə'bɔːrɪəs] adj laborieux

laboriously [lə'bɔːrɪəslɪ] adv laborieusement

labour, labor (US) ['leɪbəʳ] → SYN **1** n **a** (= hard work, task) travail m ♦ **labour of love** tâche f accomplie avec amour ♦ **this biography is clearly a labour of love** il est évident que cette biographie a été écrite avec amour ♦ **his involvement is more a labour of love than a financial investment** il s'est engagé par passion, plus que par intérêt financier ♦ **labours of Hercules** travaux mpl d'Hercule ; → **hard, manual**
b (NonC: Ind = workers) main-d'œuvre f ♦ **Minister/Ministry of Labour, Secretary/Department of Labour** (US) ministre m/ministère m du Travail ; → **management, skilled**
c (Pol) **Labour** le parti travailliste, les travaillistes mpl ♦ **he votes Labour** il vote travailliste
d (Med) travail m ♦ **in labour** en travail, en train d'accoucher ♦ **to go into labour** commencer à avoir des contractions
2 adj (Pol) ♦ **Labour** travailliste
3 vi **a** (= work with effort) travailler dur (at à) ; (= work with difficulty) peiner (at sur) ♦ **to labour to do sth** peiner pour faire qch ♦ **to labour up a slope** [person, car] gravir péniblement une pente
b [engine, motor] peiner ; [ship, boat] fatiguer
c ♦ **to labour under a delusion** être victime d'une illusion ♦ **to labour under the delusion or misapprehension that ...** s'imaginer que ...
4 vt insister sur, s'étendre sur ♦ **I won't labour the point** je n'insisterai pas (lourdement) sur ce point, je ne m'étendrai pas là-dessus
5 COMP (Ind) dispute, trouble ouvrier ▷ **labor union** n (US) syndicat m ▷ **labo(u)r agreement** n convention f collective ▷ **labo(u)r camp** n camp m de travail ▷ **Labo(u)r Day** n fête f du Travail (Brit : 1ᵉʳ mai ; US, Can : premier lundi de septembre) ▷ **Labour Exchange** n (Brit: formerly) ≃ Bourse f de l'emploi †, ≃ Agence f pour l'emploi ▷ **labo(u)r force** n (Ind) main-d'œuvre f, travailleurs mpl ▷ **labo(u)r-intensive** adj intensif en main-d'œuvre ▷ **labo(u)r laws** npl législation f or droit m du travail ▷ **labo(u)r market** n marché m du travail ▷ **labo(u)r movement** n (Pol) mouvement m ouvrier ♦ **the Labo(u)r movement** le mouvement travailliste ▷ **labo(u)r pains** npl (Med) douleurs fpl de l'accouchement ▷ **Labour Party** n (Brit Pol) parti m travailliste ▷ **labour relations** npl relations fpl du travail ▷ **labo(u)r-saving** adj qui facilite le travail ▷ **labo(u)r-saving device** n (in household) appareil m ménager ▷ **labo(u)r shortage** n (Ind) pénurie f de main-d'œuvre ▷ **labo(u)r supply** n (Ind) main-d'œuvre f (disponible) ▷ **labo(u)r ward** n (Med) salle f d'accouchement or de travail

---

LABOR DAY

La fête du Travail aux États-Unis et au Canada est fixée au premier lundi de septembre. Instituée par le Congrès en 1894 après avoir été réclamée par les mouvements ouvriers pendant douze ans, elle a perdu une grande partie de son caractère politique pour devenir un jour férié assez ordinaire et l'occasion de partir pour un long week-end avant la rentrée des classes.

---

laboured, labored (US) ['leɪbəd] → SYN adj **a** (= involving effort) movement pénible ; debate, negotiations, process, task laborieux ♦ **laboured breathing** respiration f pénible or difficile
b (= clumsy) joke, pun, rhyme, style lourd, laborieux

labourer, laborer (US) ['leɪbərəʳ] → SYN n ouvrier m, travailleur m ; (on farm) ouvrier m agricole ; (on roads, building sites etc) manœuvre m ♦ **(Prov) the labourer is worthy of his hire** l'ouvrier mérite son salaire ; → **dock¹**

labouring, laboring (US) ['leɪbərɪŋ] adj class ouvrier

labourite, laborite (US) ['leɪbəraɪt] n (Pol) travailliste mf

Labrador ['læbrədɔːʳ] n **a** (Geog) le Labrador
b (= dog: also **labrador**) labrador m

labradorite [ˌlæbrə'dɔːraɪt] n labrador m

laburnum [lə'bɜːnəm] n cytise m, faux ébénier m

labyrinth ['læbɪrɪnθ] → SYN n (lit, fig) labyrinthe m ♦ **a labyrinth of streets** un dédale or un labyrinthe de rues

labyrinthine [ˌlæbɪ'rɪnθaɪn] adj labyrinthique, labyrinthien

labyrinthodont [ˌlæbə'rɪnθədɒnt] n labyrinthodonte m

Lacanian [lə'keɪnɪən] adj lacanien

laccolite ['lækəlaɪt], **laccolith** ['lækəlɪθ] n laccolithe f

lace [leɪs] → SYN **1** n **a** (NonC: Tex) dentelle f ◆ **dress trimmed with lace** robe f bordée de dentelle(s) ◆ **a piece of lace** de la dentelle
b [of shoe, corset] lacet m
2 vt **a** (also **lace up**) [+ shoe, corset] lacer ◆ **to lace one's fingers together** joindre les mains
b **to lace with** [+ alcohol] arroser de ◆ **tea laced with whisky** du thé arrosé de whisky ◆ **coffee laced with cyanide** du café dans lequel on a ajouté du cyanure ◆ **her comments were laced with sarcasm/humour** ses propos étaient empreints de sarcasme/d'humour
3 vi (also **lace up**) se lacer
4 COMP collar, curtains de or en dentelle ▷ **lace-ups** * npl ⇒ **lace-up shoes** ▷ **lace-up shoes** npl (Brit) chaussures fpl à lacets

lacemaker ['leɪsˌmeɪkə'] n dentellier m, -ière f
lacemaking ['leɪsˌmeɪkɪŋ] n fabrication f de la dentelle, dentellerie f
lacerate ['læsəreɪt] → SYN vt (lit) [+ face, skin, clothes] lacérer ; (fig) [+ person] déchirer, fendre le cœur de
laceration [ˌlæsə'reɪʃən] n (= act) lacération f ; (= tear: also Med) déchirure f
lacey ['leɪsɪ] adj ⇒ **lacy**
lachryma Christi ['lækrəmə'krɪstɪ] n Lacryma-Christi m
lachrymal ['lækrɪməl] adj lacrymal
lachrymose ['lækrɪməʊs] → SYN adj (liter) larmoyant
laciness ['leɪsɪnɪs] n dentelle(s) f(pl)
lacing * ['leɪsɪŋ] n raclée * f
lack [læk] LANGUAGE IN USE 17.1 → SYN
1 n manque m ◆ **through** or **for lack of** faute de, par manque de ◆ **such was their lack of confidence that** … ils manquaient tellement de confiance que … ◆ **there was a complete lack of interest in my proposals** mes suggestions se sont heurtées à une indifférence totale ◆ **there was no lack of applicants/ customers** ce n'étaient pas les candidats/ les clients qui manquaient ; → **try**
2 vt [+ confidence, friends, strength, interest] manquer de ◆ **we lack the resources** nous manquons de ressources, nous n'avons pas les ressources nécessaires ◆ **he doesn't lack talent** ce n'est pas le talent qui lui manque or qui lui fait défaut
3 vi **a** **to be lacking** [food, money etc] manquer, faire défaut ◆ **innovation has been sadly lacking throughout this project** l'innovation a fait cruellement défaut tout au long de ce projet
b **to be lacking in, to lack for** [person] manquer de

lackadaisical [ˌlækə'deɪzɪkəl] → SYN adj (= listless) nonchalant, apathique ; (= lazy) indolent ◆ **work fait à la va-comme-je-te-pousse** *
lackadaisically [ˌlækə'deɪzɪkəlɪ] adv nonchalamment
lackey ['lækɪ] → SYN n laquais m (also pej), larbin * m (pej)
lacking * ['lækɪŋ] adj (= stupid) simplet, demeuré *
lacklustre, lackluster (US) ['lækˌlʌstə'] → SYN adj terne, peu brillant
laconic [lə'kɒnɪk] → SYN adj laconique
laconically [lə'kɒnɪklɪ] adv laconiquement
lacquer ['lækə'] **1** n (= substance: for wood, hair etc) laque f ; (= object) laque m ◆ **lacquer ware** laques mpl
2 vt [+ wood] laquer ; (Brit) [+ hair] mettre de la laque sur
lacrosse [lə'krɒs] **1** n lacrosse m
2 COMP ▷ **lacrosse stick** n crosse f
lactalbumin [læk'tælbjʊmɪn] n (Chem) lactalbumine f
lactase ['lækteɪs] n lactase f
lactate ['lækteɪt] **1** n (Chem) lactate m
2 vi produire du lait
lactation [læk'teɪʃən] n lactation f
lacteal ['læktɪəl] **1** adj lacté
2 lacteals npl veines fpl lactées
lactescence [læk'tesns] n (Bot) lactescence f
lactescent [læk'tesnt] adj (Bot) lactescent

lactic ['læktɪk] **1** adj lacté
2 COMP ▷ **lactic acid** n (Chem) acide m lactique
lactiferous [læk'tɪfərəs] adj lactifère
lactobacillus [ˌlæktəʊbə'sɪləs] n lactobacille m
lactoflavin [ˌlæktəʊ'fleɪvɪn] n lactoflavine f
lactogenic [ˌlæktə'dʒenɪk] adj lactogène
lactometer [læk'tɒmɪtə'] n (Agr) lactomètre m, galactomètre m
lacto-ovo-vegetarian [ˌlæktəʊˌəʊvəʊˌvedʒɪ'tɛərɪən] n lacto-ovo-végétarien(ne) m(f)
lactose ['læktəʊs] n lactose m
lacto-vegetarian [ˌlæktəʊˌvedʒɪ'tɛərɪən] n lactovégétarien(ne) m(f)
lacuna [lə'kju:nə] n, pl **lacunas** or **lacunae** [lə'kju:ni:] lacune f
lacustrine [lə'kʌstraɪn] adj lacustre
lacy ['leɪsɪ] adj underwear, shirt, cushion (= made of lace) en dentelle ; (= containing lace) avec des dentelles ◆ **her tights had a lacy pattern** (= resembling lace) ses collants avaient un motif de dentelle ◆ **the frost made a lacy pattern** il y avait une dentelle de givre
lad [læd] → SYN n (esp Brit) (= boy) garçon m, gars * m ; (* = son) fiston * m ◆ **when I was a lad** quand j'étais jeune, dans mon jeune temps ◆ **he's only a lad** ce n'est qu'un gosse * or un gamin * ◆ **I'm going for a drink with the lads** * (Brit) je vais boire un pot * avec les copains ◆ **come on lads!** (Brit) allez les gars ! * ◆ **he's one of the lads** * (Brit) il fait partie de la bande ◆ **he's a bit of a lad** * (Brit) c'est un vrai mec * ; → **stable²**
ladder ['lædə'] **1** n **a** (lit, fig) échelle f ◆ **to be at the top/bottom of the ladder** (fig) être en haut/en bas de l'échelle ◆ **the social ladder** l'échelle f sociale ◆ **to move up the social ladder** monter dans l'échelle sociale ◆ **to move up the career ladder** monter dans la hiérarchie ◆ **she has reached the top of the career ladder** elle est au sommet de sa carrière ◆ **to get on the housing ladder** accéder à la propriété ◆ **an evolutionary ladder from monkey to ape to man** l'échelle de l'évolution du singe au grand singe puis à l'homme ; → **rope, stepladder**
b (Brit: in tights) échelle f, maille f filée ◆ **to have a ladder in one's tights** avoir une échelle à son collant, avoir un collant filé
2 vt (Brit) [+ tights, stocking] filer, faire une échelle à
3 vi (Brit) [tights, stocking] filer
ladderproof ['lædəpru:f] adj (Brit) tights, stockings indémaillable
laddie * ['lædɪ] n (esp Scot and dial) garçon m, (petit) gars * m ◆ **look here, laddie!** dis donc, mon petit * or fiston * !
laddish * ['lædɪʃ] adj (Brit) macho * inv
lade [leɪd] pret **laded**, ptp **laden** vt charger
laden ['leɪdn] → SYN **1** vb (ptp of **lade**)
2 adj chargé (with de) ◆ **fully laden truck/ship** camion m/navire m avec un plein chargement
la-di-da * ['lɑ:dɪ'dɑ:] (pej) **1** adj person chochotte * ; voice maniéré, apprêté ; manner affecté
2 adv talk, speak de façon maniérée or affectée
Ladin [læ'di:n] n ladin m
lading ['leɪdɪŋ] n cargaison f, chargement m ; → **bill**
Ladino [lə'di:nəʊ] n ladino m
ladle ['leɪdl] **1** n louche f
2 vt [+ soup] servir (à la louche)
▶ **ladle out** vt sep [+ soup] servir (à la louche) ; (* fig) [+ money, advice] prodiguer (à foison)
lady ['leɪdɪ] **1** n **a** (= woman) dame f ◆ **she's a real lady** c'est une vraie dame ◆ **she's no lady** elle n'a aucune classe ◆ **a little old lady** une petite vieille * ◆ **young lady** (married) jeune femme f ; (unmarried) jeune fille f ◆ **look here, young lady!** dites donc, jeune fille ! ◆ **this is the young lady who served me** (in shop, restaurant etc) voilà la demoiselle qui m'a servi ◆ **Ladies and Gentlemen!** Mesdames, Mesdemoiselles, Messieurs ! ◆ **good morning, ladies and gentlemen** bonjour mesdames, bonjour mesdemoiselles, bonjour messieurs ◆ **listen here, lady** * écoutez, ma petite dame * ◆ **the lady of the house** (Brit) la maîtresse de maison ◆ **"The Lady with the Camelias"** (Literat) "La Dame aux camélias" ◆ **ladies who lunch** * dames fpl de la bonne société ; → **first, leading**
b († = wife) dame f ◆ **the headmaster and his lady** le directeur et sa dame † ◆ **your good lady** (hum) votre dame * (also hum) ◆ **his young lady** (= girlfriend) sa petite amie ; (= fiancée) sa fiancée
c (in titles) **Lady Davenport** lady Davenport ◆ **Sir John and Lady Smith** sir John Smith et lady Smith
d (for ladies) **ladies' hairdresser** coiffeur m, -euse f pour dames ◆ **lady's umbrella** parapluie m de femme ◆ **he's a ladies' man** or **a lady's man** c'est un homme à femmes
e **ladies** (also **ladies' room** = public lavatory) toilettes fpl (pour dames) ◆ **where is the ladies' room?, where is the ladies?** où sont les toilettes (pour dames) ? ◆ **"Ladies"** (on sign) "Dames"
f (Rel) **Our Lady** Notre-Dame f
2 COMP engineer etc femme (before n) ▷ **ladies' auxiliary** n (US Med) association de bénévoles s'occupant d'œuvres de bienfaisance dans un hôpital ▷ **Lady Bountiful** n généreuse bienfaitrice f ▷ **Lady Chapel** n (Rel) chapelle f de la (Sainte) Vierge ▷ **Lady Day** n (Brit) la fête de l'Annonciation ▷ **lady doctor** n femme f médecin ▷ **lady friend** n amie f ▷ **lady-in-waiting** n, pl **ladies-in-waiting** dame f d'honneur ▷ **lady-love** n († or hum) **his lady-love** sa bien-aimée †, la dame de ses pensées (hum) ▷ **Lady Luck** Dame f Fortune ▷ **Lady Mayoress** n (Brit) femme f du lord-maire ▷ **Lady Muck** n **she thinks she's Lady Muck** * ce qu'elle peut se croire ! * ▷ **lady's-bedstraw** n (Bot) gaillet m jaune ▷ **lady's finger** n (= biscuit) boudoir m ; (= vegetable) gombo m ▷ **lady's maid** n femme f de chambre (attachée au service particulier d'une dame) ▷ **lady's mantle** n (Bot) alchémille f ▷ **lady's-slipper** n (Bot) sabot m de Vénus, soulier m de Notre-Dame ▷ **lady's-smock** n (Bot) cardamine f or cresson m des prés ▷ **lady teacher** n femme f professeur
ladybird ['leɪdɪbɜ:d] n (Brit) coccinelle f, bête f à bon Dieu
ladybug ['leɪdɪbʌg] n (US) ⇒ **ladybird**
ladyfinger ['leɪdɪˌfɪŋɡə'] n (US Culin) boudoir m (biscuit)
ladykiller ['leɪdɪˌkɪlə'] → SYN n don Juan m, bourreau m des cœurs (hum)
ladylike ['leɪdɪlaɪk] → SYN adj person bien élevé, distingué ; manners raffiné ◆ **it's not ladylike to yawn** une jeune fille bien élevée or comme il faut ne bâille pas
ladyship ['leɪdɪʃɪp] n ◆ **Her/Your Ladyship** Madame f (la comtesse or la baronne etc)
Laffer curve ['læfə'] n (Econ) graphique servant à démontrer qu'une augmentation de l'imposition des gros revenus diminue les revenus de l'État
lag¹ [læɡ] → SYN **1** n (= delay) retard m ; (between two events) décalage m ; → **jet¹, time**
2 vi rester en arrière, traîner ◆ **he was lagging behind the others** il était à la traîne ; (physically) il traînait derrière les autres ◆ **their country lags behind ours in car exports** leur pays a du retard or est en retard sur le nôtre dans l'exportation automobile ◆ **he now lags ten points behind the leader** il a maintenant un retard de dix points sur le leader
▶ **lag behind** vi rester en arrière, traîner ◆ **the government is lagging behind in the opinion polls** le gouvernement est à la traîne dans les sondages
lag² [læɡ] vt [+ pipes] calorifuger
lag³ * [læɡ] n (esp Brit) ◆ **old lag** récidiviste mf, cheval m de retour
lager ['lɑ:ɡə'] n lager f, ≈ bière f blonde ◆ **lager lout** (Brit) jeune voyou m (porté sur la bière)
laggard ['læɡəd] → SYN n traînard(e) m(f)
lagging ['læɡɪŋ] n (NonC) (= material) calorifuge m ; (= act) calorifugeage m
lagniappe [læn'jæp] n (US) prime f
lagoon [lə'ɡu:n] n (gen) lagune f ; (coral) lagon m

Lagos ['leɪgɒs] n Lagos m

Lagrangian point [lə'greɪndʒɪən] n (Astron) point m de Lagrange

lah [lɑː] n (Mus) la m

lah-di-dah * [,lɑːdɪ'dɑː] ⇒ **la-di-da**

laicization [,leɪsaɪ'zeɪʃən] n laïcisation f

laicize ['leɪsaɪz] vt laïciser

laid [leɪd] 1 vb (pt, ptp of **lay¹**) → **new**
2 COMP ▷ **laid-back** * adj relax*, décontracté

lain [leɪn] vb (ptp of **lie¹**)

lair [lɛəʳ] → SYN (lit, fig) tanière f, repaire m

laird [lɛəd] n (Scot) laird m, propriétaire m foncier

laity ['leɪtɪ] npl ♦ **the laity** les laïcs or les laïques mpl

lake¹ [leɪk] 1 n lac m ♦ **Lake Michigan** (in Geog names) le lac Michigan ♦ **Lake Constance** le lac de Constance ♦ **Lake Geneva** le lac Léman or de Genève
2 COMP ▷ **the Lake District** n (Brit Geog) la région des lacs ♦ **lake dwellers** npl (Hist) habitants mpl d'un village or d'une cité lacustre ▷ **lake dwelling** n (Hist) habitation f lacustre ▷ **the Lake poets** npl (Literat) les lakistes mpl ▷ **the Lakes** npl (Brit Geog) ⇒ **the Lake District**

lake² [leɪk] n (Art) laque f

Lakeland ['leɪklænd] 1 n (Brit Geog) ⇒ **the Lake District** ; → **lake¹**
2 COMP ▷ **Lakeland terrier** n (= dog) terrier m Lakeland

lakeside ['leɪksaɪd] 1 n bord m de lac
2 adj au bord du (or d'un) lac ♦ **along the lakeside** le long du lac ♦ **by** or **at the lakeside** au bord du lac

Lakshmi [læk'ʃmiː] n (Rel) Lakṣmī f

la-la land * ['lɑːlɑːlænd] n (esp US) Los Angeles, et plus particulièrement Hollywood

Lallans ['lælənz] 1 n lallans m (forme littéraire du dialecte parlé dans les Basses Terres d'Écosse)
2 adj en lallans

lallation [læ'leɪʃən] n (Phon) lallation f, lambdacisme m

lallygag * ['lælɪgæg] vi (US) ⇒ **lollygag**

lam¹ * [læm] 1 vt tabasser *
2 vi ♦ **to lam into sb** (= thrash) rentrer dans qn * ; (= scold) engueuler qn *

lam² * [læm] n (US) ♦ **on the lam** en fuite, en cavale * ♦ **to take it on the lam** filer, partir en cavale *

lama ['lɑːmə] n lama m (Rel)

Lamaism ['lɑːməˌɪzəm] n (Rel) lamaïsme m

Lamaist ['lɑːməɪst] adj, n (Rel) lamaïste mf

Lamaistic [,lɑːmə'ɪstɪk] adj (Rel) lamaïste

Lamarckian [lɑː'mɑːkɪən] adj, n lamarckien(ne) m(f)

Lamarckism [lɑː'mɑːkɪzəm] n lamarckisme m

lamasery ['lɑːməsərɪ] n (Rel) lamaserie f

lamb [læm] 1 n (Culin, Zool) agneau m ♦ **Lamb of God** (Rel) Agneau de Dieu ♦ **my little lamb!** * mon trésor !, mon ange ! ♦ **poor lamb!** * pauvre petit(e) ! ♦ **he followed her like a lamb** il l'a suivie sans broncher or sans protester ♦ **like a lamb to the slaughter** comme un agneau que l'on mène à l'abattoir
2 vi agneler, mettre bas
3 COMP ▷ **lamb chop**, **lamb cutlet** n côtelette f d'agneau ▷ **lamb's lettuce** n mâche f, doucette f ▷ **lamb's wool** n (NonC) lambswool m, laine f d'agneau

lambada [,læm'bɑːdə] n lambada f

lambast ['læmbæst], **lambaste** [læm'beɪst] vt (= scold) réprimander , (= criticize severely) éreinter, démolir ; (= beat) rosser *

lambent ['læmbənt] adj chatoyant

lambert ['læmbət] n (Phys) lambert m

lambing ['læmɪŋ] n agnelage m ♦ **lambing time**, **lambing season** (période f d')agnelage m

lambkin ['læmkɪn] n jeune agneau m, agnelet m ♦ **my little lambkin!** * mon trésor or ange !

lambrequin ['læmbrɪkɪn] n lambrequin m

Lambrusco [læm'bruskəʊ] n (= wine) lambrusco m

lambskin ['læmskɪn] 1 n (= skin itself) peau f d'agneau ; (= material) agneau m (NonC)
2 adj en agneau, d'agneau

lame [leɪm] → SYN 1 adj **a** (= disabled) person éclopé ; horse boiteux ; leg estropié ♦ **to be lame** boiter ♦ **to be slightly lame** boitiller ♦ **to go** or **fall lame** se mettre à boiter ♦ **this horse is lame in one leg** ce cheval boite d'une jambe
b (= feeble) excuse mauvais ; performance piètre (before n) ; joke vaseux ; argument boiteux
c (Poetry) metre boiteux, faux (fausse f)
2 vt [+ person, animal] estropier
3 n (US *) personne f qui n'est pas dans le coup
4 COMP ▷ **lame duck** n (= failure) canard m boiteux ; (US Pol) homme politique non réélu qui assure l'intérim en attendant l'entrée en fonction de son successeur

lamé ['lɑːmeɪ] 1 n lamé m
2 adj en lamé ♦ **gold lamé jacket** veste f lamée or

lamebrain * ['leɪmbreɪn] n crétin(e) m(f)

lamebrained * ['leɪmbreɪnd] adj crétin

lamelliform [lə'melɪˌfɔːm] adj lamelliforme

lamely ['leɪmlɪ] adv say, ask sans conviction ♦ **to argue lamely (that ...)** avancer des arguments boiteux (selon lesquels ...)

lameness ['leɪmnɪs] n (lit) claudication f (frm), boiterie f ; (of excuse) faiblesse f

lament [lə'ment] → SYN 1 n **a** lamentation f
b (= poem) élégie f ; (= song) complainte f ; (at funerals) chant m funèbre ; (for bagpipes etc) lamentation f
2 vt [+ loss, lack] regretter ♦ **to lament sb's death** pleurer la mort de qn ♦ **to lament the fact that ...** regretter que ... (+ subj) ♦ **"she doesn't believe me!"**, **he lamented** "elle ne me croit pas !", gémit-il or se lamenta-t-il ♦ **our (late) lamented sister** notre regrettée sœur ♦ **the late lamented James Rose** le regretté James Rose
3 vi se lamenter (for sur) ♦ **to lament over one's lost youth** pleurer sa jeunesse perdue

lamentable ['læməntəbl] → SYN adj state, situation, performance lamentable, déplorable ; incident fâcheux, regrettable

lamentably ['læməntəblɪ] adv lamentablement ♦ **there are still lamentably few women surgeons** il est déplorable qu'il y ait toujours aussi peu de femmes chirurgiens ♦ **there are, lamentably, no set rules** il n'y a pas, on peut le déplorer, de règles établies

lamentation [,læmən'teɪʃən] → SYN n lamentation f ♦ **(the Book of) Lamentations** (Bible) le livre des Lamentations

lamia ['leɪmɪə] n lamie f

laminaria [,læmɪ'nɛərɪə] n laminaire f

laminate ['læmɪneɪt] 1 vt [+ metal] laminer ; [+ book jacket] plastifier
2 n stratifié m

laminated ['læmɪneɪtɪd] adj metal laminé ; glass feuilleté ; windscreen (en verre) feuilleté ; book, jacket plastifié ♦ **laminated wood** contre-plaqué m

laminectomy [,læmɪ'nektəmɪ] n laminectomie f

laminitis [,læmɪ'naɪtɪs] n (Vet) fourbure f

lammergeier ['læməˌgaɪəʳ] n (Orn) gypaète m

lamp [læmp] 1 n **a** (= light) lampe f ; (Aut) feu m ; → **blowlamp**, **safety**, **streetlamp**
b (= bulb) ampoule f ♦ **100-watt lamp** ampoule f de 100 watts
2 COMP ▷ **lamp bracket** n applique f ▷ **lamp standard** n réverbère m

lampblack ['læmpblæk] n noir m de fumée or de carbone

lampern ['læmpən] n lamproie f de rivière

lamplight ['læmplaɪt] n ♦ **by lamplight** à la lumière de la (or d'une) lampe

lamplighter ['læmplaɪtəʳ] n allumeur m de réverbères

lamplit ['læmplɪt] adj éclairé (par une lampe)

lampoon [læm'puːn] → SYN 1 n (gen) virulente satire f ; (written) pamphlet m, libelle m ; (spoken) diatribe f
2 vt [+ person, action, quality] railler, tourner en dérision, faire la satire de ; (in song) chansonner

lampoonist [læm'puːnɪst] n (gen) satiriste m ; (= writer) pamphlétaire m ; (= singer) chansonnier m

lamppost ['læmppəʊst] n réverbère m ♦ **between you, me and the lamppost** * tout à fait entre nous, soit dit entre nous

lamprey ['læmprɪ] n lamproie f

lampshade ['læmpʃeɪd] n abat-jour m inv

lampstand ['læmpstænd] n pied m de lampe

LAN [læn] n (Comput) (abbrev of **local area network**) → **local**

lanai [lə'naɪ] n (US) véranda f

Lancashire ['læŋkəʃɪəʳ] 1 n **a** (Geog) Lancashire m
b (= cheese) fromage m du Lancashire
2 COMP ▷ **Lancashire heeler** n (= dog) Lancashire-heeler m, heeler m du Lancashire

Lancaster ['læŋkəstəʳ] n (Geog) Lancaster ; (Hist) Lancastre

Lancastrian [læŋ'kæstrɪən] 1 adj (Geog) lancastrien, de Lancaster ; (Hist) de Lancastre
2 n Lancastrien(ne) m(f), natif m, -ive f or habitant(e) m(f) de Lancaster ; (Hist) Lancastrien(ne) m(f), natif m, -ive f or habitant(e) m(f) de Lancastre

lance [lɑːns] 1 n **a** (= weapon) lance f ; (= soldier) lancier m
b (Med) lancette f, bistouri m
2 vt [+ abscess] percer ; [+ finger] ouvrir
3 COMP ▷ **lance corporal** n (Brit Mil) caporal m

lancelet ['lɑːnslət] n (Zool) amphioxus m

lanceolate ['lɑːnsɪəˌleɪt] adj (Bot) lancéolé

lancer ['lɑːnsəʳ] n (= soldier) lancier m

lancet ['lɑːnsɪt] 1 n (Med) lancette f, bistouri m
2 COMP ▷ **lancet window** n (Archit) fenêtre f en ogive

lanceted ['lɑːnsɪtɪd] adj (Art) lancéolé

Lancs. [læŋks] n abbrev of **Lancashire**

land [lænd] → SYN 1 n **a** (NonC: as opposed to sea) terre f ♦ **on land** à terre ♦ **over land and sea** sur terre et sur mer ♦ **dry land** terre f ferme ♦ **on dry land** sur la terre ferme ♦ **to sight land** apercevoir la terre ♦ **to go by land** voyager par voie de terre ♦ **to make land** toucher terre ♦ **to see how the land lies**, **to find out the lie** (Brit) or **the lay** (US) **of the land** tâter le terrain, prendre le vent * ♦ **(for) land's sake!** * (US) juste ciel ! (liter)
b (NonC: Agr) terre f ; (= countryside) campagne f ♦ **many people have left the land** beaucoup de gens ont quitté or déserté la campagne ♦ **agricultural land** terres fpl agricoles ♦ **fertile land** terre f fertile ♦ **grazing land** pâturage m ♦ **to work (on) the land** travailler la terre ♦ **to live off the land** vivre de la terre
c (= property) (large) terre(s) f(pl) ; (smaller) terrain m ♦ **she's bought a piece of land** elle a acheté un terrain ♦ **get off my land!** sortez de mon terrain or de mes terres !
d (= country, nation) pays m ♦ **people of many lands** des gens de nationalités diverses ♦ **throughout the land** dans tout le pays ♦ **a land of contrasts** une terre de contrastes ♦ **a land of opportunity** un pays où tout le monde a ses chances ♦ **a land fit for heroes** un pays digne de ses héros ♦ **to be in the land of the living** être encore de ce monde ♦ **the Land of the Rising Sun** l'empire m or le pays m du Soleil-Levant ♦ **land of milk and honey** or **flowing with milk and honey** pays m de cocagne ♦ **in the Land of Nod** au pays des rêves ; → **law**, **native**, **promised**
2 vt **a** [+ cargo] décharger, débarquer ; [+ passengers] débarquer ; [+ aircraft] poser ; [+ fish] prendre ♦ **to land a blow on sb's cheek/mouth**, **to land sb a blow on the cheek/mouth** frapper qn sur la joue/bouche
b (* = obtain) [+ job, contract, prize] décrocher *
c (Brit * = cause to be) **to land sb in it** mettre qn dans de beaux draps or dans le pétrin * ♦ **that will land you in trouble** ça va vous attirer des ennuis ♦ **to land sb in debt** endetter qn ♦ **buying the house landed him in debt** en achetant la maison, il s'est endetté

✦ that's what landed him in jail c'est comme ça qu'il s'est retrouvé en prison ✦ his outspoken comments landed him in court for slander son franc-parler lui a valu un procès en diffamation

[d] (Brit *) to be landed with sth (= left with) avoir qch or rester avec qch sur les bras ; (= forced to take on) récolter qch *, devoir se coltiner qch * ✦ now we're landed with all this extra work maintenant il faut qu'on se coltine * (subj) tout ce boulot * en plus ✦ I've got landed with this job on m'a collé * ce travail ✦ being overdrawn could land you with big bank charges avec un découvert, vous pourriez vous retrouver à payer d'importants frais bancaires

[3] vi [a] (aircraft) atterrir, se poser ; (on sea) amerrir ; (on ship's deck) apponter ✦ to land on the moon [rocket, spacecraft] alunir, se poser sur la lune ✦ [person] atterrir sur la lune ✦ we landed at Orly nous avons atterri à Orly ✦ as the plane was coming in to land comme l'avion s'apprêtait à atterrir

[b] [person, object] (gen) retomber ; (= fall) tomber ; [ski jumper, gymnast] retomber, se recevoir ✦ he slipped and landed heavily on his arm il a glissé et est tombé lourdement sur le bras ✦ to land awkwardly mal retomber ✦ to land on sth [falling object] tomber sur qch ; [person or animal jumping] retomber or atterrir * sur qch ; [bird, insect] se poser sur qch ✦ to land on one's feet (lit, fig) retomber sur ses pieds

[c] (from boat) débarquer

[4] COMP breeze de terre ; prices des terrains ; defences terrestre ; law, policy, reform agraire ; tax foncier ▷ **land agent** n (= steward) régisseur m ; (= estate agent) agent m immobilier ▷ **land army** n (Brit) travailleuses fpl agricoles (pendant les deux guerres mondiales) ▷ **land forces** npl armée f de terre, forces fpl terrestres ▷ **land girl** n (Brit) travailleuse f agricole (pendant les deux guerres mondiales) ▷ **land grant college** n (US) établissement m d'enseignement supérieur (créé grâce à une donation foncière du gouvernement fédéral) ▷ **land line** n (Telec) ligne f terrestre ▷ **land mass** n bloc m continental ▷ **land-office** n (US fig) to do a land-office business * faire d'excellentes affaires ▷ **land ownership** n propriété f foncière ▷ **land patent** n (US) titre m (constitutif) de propriété foncière ▷ **land-poor farmer** n (US) fermier m riche en terre mais pauvre en disponibilités ▷ **land reform** n réforme f agraire ▷ **land registry** n (Brit) ≈ bureau m du cadastre ▷ **Land Rover®** n Land Rover f, landrover f ▷ **Land's End** n (Geog) Land's End (pointe sud-ouest de l'Angleterre) ▷ **land worker** n ouvrier m, -ière f agricole ▷ **land yacht** n char m à voile

► **land up** * vi atterrir *, (finir par) se retrouver ✦ to land up in Paris/in jail atterrir * or finir par se retrouver à Paris/en prison ✦ the report landed up on my desk le rapport a atterri * or a fini par arriver sur mon bureau ✦ we finally landed up in a small café nous avons fini par échouer or nous retrouver dans un petit café

landau ['lændɔː] n landau m (véhicule)

landed ['lændɪd] [1] adj proprietor foncier, terrien ; property foncier

[2] COMP ▷ **landed gentry** n aristocratie f terrienne ▷ **landed price** n (Comm) prix m débarqué or au débarquement

landfall ['lændfɔːl] n terre f (aperçu d'un navire) ✦ **to make landfall** (= see land) apercevoir la terre ; (= make land) accoster

landfill ['lændfɪl] n enfouissement m des déchets ✦ **landfill site** site m d'enfouissement (des déchets)

landgrave ['lændgreɪv] n (Hist) landgrave m

landing[1] ['lændɪŋ] [1] n [a] (of aircraft, spacecraft etc) atterrissage m ; (on sea) amerrissage m ; (on moon) alunissage m ; (on deck) appontage m ; → **crash, pancake, soft**

[b] (from ship) débarquement m ✦ **the Normandy landings** (Mil Hist) le débarquement (du 6 juin 1944)

[c] [of high jumper, ski jumper, gymnast] réception f

[2] COMP ▷ **landing card** n carte f de débarquement ▷ **landing craft** n (Mil) chaland m or navire m de débarquement ▷ **landing field** n terrain m d'aviation ▷ **landing force** n (Mil) troupes fpl de débarquement ▷ **landing gear** n (Aviat) train m d'atterrissage ▷ **landing ground** n terrain m d'atterrissage ▷ **landing lights** npl (on aircraft) phares mpl d'atterrissage ; (on ground) balises fpl (d'atterrissage) ▷ **landing net** n (Fishing) épuisette f ▷ **landing party** n (Naut) détachement m de débarquement ▷ **landing stage** n (Brit) débarcadère m, appontement m ▷ **landing strip** n (Aviat) piste f d'atterrissage ▷ **landing wheels** npl roues fpl du train d'atterrissage

landing[2] ['lændɪŋ] n (between stairs) palier m ; (= storey) étage m

landlady ['lænd,leɪdɪ] n [of flat, house] (gen) propriétaire f ; (= live-in owner) logeuse f ; (Brit) [of pub, guest house] patronne f

landless ['lændlɪs] adj sans terre

landlocked ['lændlɒkt] adj (= totally enclosed) country enclavé, sans accès à la mer ; lake qui ne communique pas avec la mer ; (= almost totally enclosed) entouré par les terres

landlord ['lænd,lɔːd] → SYN n [of flat, house] (gen) propriétaire m ; (= live-in owner) logeur m ; (Brit) [of pub, guest house] patron m

landlubber * ['lænd,lʌbə[r]] n (hum) marin m d'eau douce (pej)

landmark ['lændmɑːk] → SYN n point m de repère ✦ **a landmark in ...** (fig) un moment marquant de ..., un temps fort de ...

landmine ['lændmaɪn] n (Mil) mine f terrestre

landowner ['lændəʊnə[r]] n propriétaire m terrien

landowning ['lændəʊnɪŋ] adj family de propriétaires terriens ✦ **the landowning class** les propriétaires mpl terriens

landscape ['lændskeɪp] → SYN [1] n (= land, view, picture) paysage m

[2] vt [+ garden] dessiner ; [+ bomb site, dirty place etc] aménager

[3] adj, adv (Comput) en format paysage

[4] COMP ▷ **landscape architect** n architecte mf paysagiste ▷ **landscape gardener** n jardinier m, -ière f paysagiste ▷ **landscape gardening** n jardinage m paysagiste, paysagisme m ▷ **landscape mode** n (Comput) **to print sth in landscape mode** imprimer qch en format paysage ▷ **landscape painter** n (peintre m) paysagiste mf

landscaping ['lændskeɪpɪŋ] n (NonC) aménagements mpl paysagers

landslide ['lændslaɪd] → SYN [1] n glissement m de terrain ; [of loose rocks etc] éboulement m ; (fig Pol: also **landslide victory**) victoire f écrasante ✦ **to win by a landslide, to win a landslide victory** remporter une victoire écrasante ✦ **landslide majority** majorité f écrasante

[2] vi (US Pol) remporter une victoire électorale écrasante

landslip ['lændslɪp] n (esp Brit) glissement m de terrain ; [of loose rocks etc] éboulement m

landward ['lændwəd] [1] adj (situé or dirigé) du côté de la terre ✦ **landward breeze** brise f de mer ✦ **landward side** côté m terre

[2] adv (also **landwards**) vers or en direction de la terre, vers l'intérieur

lane [leɪn] [1] n [a] (in country) chemin m, petite route f ; (in town) ruelle f

[b] (Aut) (= part of road) voie f ; (= line of traffic) file f ✦ **"keep in lane"** ne changez pas de file ✦ **"get in lane"** mettez-vous dans ou sur la bonne file ✦ **(to be in) the left-hand lane** (être or rouler sur) la voie de gauche ✦ **three-lane road** route f à trois voies ✦ **I'm in the wrong lane** je suis dans or sur la mauvaise file ✦ **traffic was reduced to a single lane** on ne roulait plus que sur une seule file

[c] (for aircraft, ships, runners, swimmers) couloir m ✦ **air/shipping lane** couloir m aérien/de navigation

[2] COMP ▷ **lane closure** n (Aut) fermeture f de voie(s) de circulation ✦ **there'll be lane closures on the M1** certaines voies seront fermées à la circulation sur la M1 ▷ **lane markings** npl (Aut) signalisation f au sol des voies, signalisation f horizontale

lang (abbrev of **language**) langue(s) f(pl)

langlauf ['lɑːŋˌlaʊf] n (Ski) ski m de fond ✦ **langlauf specialist** fondeur m, -euse f ✦ **langlauf skier** skieur m, -euse f de fond

langoustine [ˌlɒŋguːˈstiːn] n (Culin) langoustine f

language ['læŋgwɪdʒ] → SYN [1] n [a] (= particular tongue) langue f ✦ **the French language** la langue française ✦ **English has become the international language of business** l'anglais est devenu la langue internationale des affaires ✦ **he's studying languages** il fait des études de langues ; → **dead, source**

[b] (NonC = ability to talk) langage m ✦ **the faculty of language** le langage ✦ **animal language** le langage des animaux ✦ **the origin of language** l'origine du langage ✦ **how do children acquire language?** comment se fait l'acquisition du langage chez les enfants ? ✦ **speaking is one aspect of language** la parole est l'un des aspects du langage ✦ **he's studying language** il étudie les sciences du langage

[c] (= specialized terminology: also Comput) langage m ✦ **the formal language of official documents** le langage conventionnel des documents officiels ✦ **scientific/legal language** langage m scientifique/juridique ✦ **the language of art/science/flowers** le langage de l'art/de la science/des fleurs ✦ **we're not speaking the same language here** (fig) nous ne parlons pas le même langage ✦ **cigarettes and beer, now you're talking my language!** des cigarettes et de la bière ? voilà qui devient intéressant ! ✦ **to speak the language of diplomacy/violence** parler le langage de la diplomatie/violence ; → **machine, sign**

[d] (NonC = individual's manner of expression) langage m ✦ **(watch your) language!** * surveille ton langage ! ✦ **strong** or **bad** or **foul language** gros mots mpl, grossièretés fpl

[2] COMP studies, textbooks, department de langues ; students, degree en langues ; development langagier, linguistique ; ability à s'exprimer ▷ **language barrier** n barrière f linguistique or de la langue ▷ **language laboratory, language lab** * n laboratoire m de langues ✦ **language lab training** or **practice** entraînement m en cabines

languid ['læŋgwɪd] → SYN adj languissant

languidly ['læŋgwɪdlɪ] adv avec langueur ✦ **languidly graceful/elegant** d'une grâce/élégance langoureuse

languidness ['læŋgwɪdnɪs] n langueur f

languish ['læŋgwɪʃ] → SYN vi (gen) (se) languir (for, over après) ; (in prison) se morfondre, dépérir

languishing ['læŋgwɪʃɪŋ] → SYN adj languissant, langoureux

languor ['læŋgə[r]] n langueur f

languorous ['læŋgərəs] adj langoureux, alangui

laniferous [ləˈnɪfərəs] adj (Bio) lanifère, lanigère

lank [læŋk] → SYN adj hair raide et terne ; grass, plant long (longue f) et grêle

lanky ['læŋkɪ] → SYN adj grand et maigre, dégingandé

lanner ['lænə[r]] n lanier m

lanneret ['lænəˌret] n laneret m

lanolin ['lænəʊlɪn] n lanoline f

lantern ['læntən] [1] n (all senses) lanterne f ; (in paper) lanterne f vénitienne, lampion m ; → **Chinese, magic**

[2] COMP ▷ **lantern gurnard** n (= fish) grondin m sombre ▷ **lantern-jawed** adj aux joues creuses ▷ **lantern slide** n plaque f de lanterne magique

lanthanide ['lænθənaɪd] n (Chem) lanthanide m

lanthanum ['lænθənəm] n lanthane m

lanuginous [ləˈnjuːdʒɪnəs] adj lanugineux

lanugo [ləˈnjuːgəʊ] n (Bio) lanugo m

lanyard ['lænjəd] n (gen, Mil) cordon m ; (Naut) ride f (de hauban)

Lao [laʊ] n (pl inv) Lao mpl

Laos [laʊs] n le Laos

Laotian ['laʊʃɪən] [1] adj laotien

[2] n [a] Laotien(ne) m(f)

[b] (Ling) laotien m

late mettre qn en retard ◆ **I apologized for my late arrival** je me suis excusé d'être arrivé en retard ◆ **we apologize for the late arrival of flight XY 709** nous vous prions d'excuser le retard du vol XY 709 ◆ **late arrivals will not be admitted** les retardataires ne seront pas admis ◆ **his campaign got off to a late start** sa campagne a démarré tard ◆ **both my babies were late** mes deux bébés sont nés or arrivés après terme ; see also **little**

b (with time expressions) **to be 20 minutes late** avoir 20 minutes de retard ◆ **it made me an hour late** j'ai eu une heure de retard à cause de ça ◆ **the train is 30 minutes late** le train a 30 minutes de retard ◆ **I'm/I was two hours late for work** je vais arriver/je suis arrivé au travail avec deux heures de retard ◆ **a technical problem on the plane made us two hours late** un problème technique dans l'avion nous a fait arriver avec deux heures de retard ◆ **I'm a week late** (gen) j'ai une semaine de retard ; (menstrual period) j'ai une semaine de retard* (euph), mes règles ont une semaine de retard

c (= after usual time) crop, flowers tardif ; booking de dernière minute ◆ **Easter is late this year** Pâques est or tombe tard cette année ◆ **spring was late** le printemps était en retard or était tardif

d (= at advanced time of day) tard ◆ **it was very late** il était très tard ◆ **it's getting late** il se fait tard ◆ **owing to the late hour** en raison de l'heure tardive ◆ **at this late hour** à cette heure tardive ◆ **to work late hours** finir son travail tard le soir, travailler tard le soir ◆ **to keep late hours** être un(e) couche-tard* inv ◆ **to have a late meal/lunch** manger/déjeuner tard ◆ **there's a late(-night) film on Saturdays** (Cine) le samedi, il y a une séance supplémentaire le soir ◆ **the late film tonight is ...** (TV) le film diffusé en fin de soirée est ... ◆ **there's a late(-night) show on Saturdays** (Theat) il y a une seconde représentation en soirée le samedi ◆ **late(-night) opening** (Comm) nocturne f ◆ **there's late(-night) opening on Thursdays** les magasins ouvrent en nocturne or font nocturne* le jeudi ◆ **late (-night) opening Fridays until 7pm** nocturne jusqu'à 19 heures le vendredi

e (= near end of period or series) **the latest edition of the catalogue** la toute dernière édition du catalogue ◆ **the subject of her later books is ...** le sujet de ses derniers livres est ... ◆ **two late goals** deux buts en fin de match ◆ **at this late stage** à ce stade avancé ◆ **he was in his late thirties** il approchait de la quarantaine ◆ **in the late afternoon** en fin d'après-midi ◆ **she was enjoying the cool late evening** elle appréciait la fraîcheur de cette fin de soirée ◆ **by late morning** à la fin de la matinée ◆ **in late June/September** fin juin/septembre, à la fin (du mois de) juin/septembre ◆ **in late spring** à la fin du printemps ◆ **it was not until late 1989 that ...** ce n'est qu'à la fin de l'année 1989 que ... ◆ **in the late 1980s** à la fin des années 80 ◆ **in the late 18th century** à la fin du 18e (siècle) ◆ **in the late Middle Ages** à la fin du Moyen Âge ◆ **a late Victorian house** une maison de la fin de l'époque victorienne ; see also **later, latest**

f (= dead) feu (liter) ◆ **the late queen** feu la reine ◆ **the late Harry Thomas** feu Harry Thomas ◆ **my late wife** ma pauvre or défunte (frm) femme ◆ **our late colleague** notre regretté (frm) or défunt (frm) collègue

2 adv **a** (= after scheduled time) arrive en retard ; start, finish, deliver avec du retard ◆ **to arrive late for sth** (meeting, dinner, film) arriver en retard à qch ◆ **we're running late this morning** nous sommes en retard ce matin ◆ **the baby was born late** le bébé est né or arrivé après terme ◆ **the baby was born two weeks late** le bébé est né avec deux semaines de retard ◆ **he turned up two hours late** il est arrivé avec deux heures de retard ◆ **we're running about 40 minutes late** nous avons environ 40 minutes de retard ◆ **work on the new motorway started two years late** la construction de la nouvelle autoroute a commencé avec deux ans de retard ◆ **too late** trop tard ; see also **later** ; → **better**

b (= after usual time) **to flower late** fleurir tard ◆ **her periods started very late** elle a eu ses premières règles très tard ◆ **they married late in life** ils se sont mariés sur le tard ◆ **she had started learning German quite late in life** elle avait commencé à apprendre l'allemand assez tard ◆ **she came late to acting** elle est devenue comédienne sur le tard ◆ **he had come quite late to painting** il s'était mis à la peinture sur le tard

c (= at advanced time of day) work, get up, sleep, start, finish tard ◆ **they stayed up talking until very late** ils sont restés à parler jusque tard dans la nuit ◆ **the chemist is open late on Thursdays** la pharmacie est ouverte tard or en nocturne le jeudi ◆ **to stay up late** veiller tard, se coucher tard ◆ **to work late at the office** rester tard au bureau pour travailler ◆ **late at night** tard dans la nuit or la soirée ◆ **late that night** tard dans la nuit or la soirée ◆ **late last night** tard hier soir ◆ **late in the afternoon** en fin d'après-midi ◆ **late the previous evening** la veille, en fin de soirée ◆ **it was late in the evening before I returned to Baker Street** je ne suis retourné à Baker Street qu'en fin de soirée ◆ **late into the night** tard dans la nuit ◆ **it is rather late in the day to change your mind** (fig) c'est un peu tard pour changer d'avis ◆ **it was her intervention, late in the day, that saved the scheme** (fig) ce fut son intervention, assez tardive, qui sauva le projet

d (= near end of period) **late in 1992** à la fin de l'année 1992, fin 1992 ◆ **late in the year** en fin d'année ◆ **late last year** à la fin de l'année dernière ◆ **late in May** fin mai ◆ **they scored late in the second half** ils ont marqué à la fin de la deuxième mi-temps ◆ **symptoms appear only late in the disease** les symptômes n'apparaissent qu'à un stade avancé de la maladie ◆ **very late in the proceedings*** tout à la fin, très tard ◆ **it wasn't until relatively late in his career that ...** ce n'est que vers la fin de sa carrière que ...

e (= recently) **as late as last week** pas plus tard que la semaine dernière, la semaine dernière encore ◆ **as late as 1950** en 1950 encore ◆ **as late as the 1980s** jusque dans les années 80

♦ **of late** (= lately) dernièrement, ces derniers temps ◆ **we haven't seen much of him of late** on ne l'a pas beaucoup vu ces derniers temps

f (frm = formerly) **Jane Burdon, late of Bristol** Jane Burdon, autrefois domiciliée à Bristol ◆ **Carrington, late of the Diplomatic Service** Carrington, ancien membre du corps diplomatique

3 COMP ▷ **late developer** n **he's a late developer** il n'est pas précoce, il a mis du temps à sortir de l'enfance ▷ **late-night** adj **late-night television** émissions fpl de fin de soirée ◆ **there's late-night shopping on Thursdays** le magasin ouvre en nocturne or fait nocturne* le jeudi

latecomer ['leɪtkʌməʳ] n **a** (lit) retardataire mf ◆ **latecomers will not be admitted** (frm) les retardataires ne seront pas admis

b (fig) **he is a latecomer to politics** il est venu à la politique sur le tard

lateen [lə'tiːn] n (also **lateen sail**) voile f latine

lately ['leɪtlɪ] → SYN adv ces derniers temps, dernièrement ◆ **till lately** jusqu'à ces derniers temps ; see also **Johnny**

latency ['leɪtənsɪ] n (Med) latence f

lateness ['leɪtnɪs] → SYN n **a** (= not being on time) [of person, train, flight] retard m ◆ **he apologized for his lateness** il s'est excusé de son retard ◆ **his boss became exasperated by his constant lateness** ses retards perpétuels ont fini par exaspérer son patron

b **a crowd had gathered despite the lateness of the hour** une foule s'était formée malgré l'heure tardive

latent ['leɪtənt] 1 adj tendency, talent, antagonism, racism, threat latent ; meaning caché

2 COMP ▷ **latent defect** n (Jur) vice m caché ▷ **latent heat** n (Phys) chaleur f latente ▷ **latent image** n (Phot) image f latente ▷ **latent period** n (Med) période f de latence

later ['leɪtəʳ] → SYN (compar of **late**) 1 adv plus tard ◆ **later that night** plus tard (dans la soirée) ◆ **even later** encore plus tard ◆ **two years later** deux ans plus tard ◆ **later on** (in period of time, film) plus tard ; (in book) plus loin ◆ **not or no later than ...** pas plus tard que ... ◆ **essays must be handed in not later than Monday morning** les dissertations devront être remises lundi matin dernier délai or au plus tard ◆ **later!** (when interrupted etc) tout à l'heure ! ; (US* = goodbye) à plus ! * ◆ **see you later!*** (= in a few minutes) à tout à l'heure ! ; (longer) à plus tard ! ; see also **soon**

2 adj **a** (= subsequent, more recent) chapter, date ultérieur (-eure f) ◆ **we'll discuss it at a later meeting** nous en discuterons au cours d'une réunion ultérieure or d'une autre réunion ◆ **at a later meeting they decided ...** au cours d'une réunion ultérieure, ils ont décidé ... ◆ **I decided to take a later train** j'ai décidé de prendre un autre train or de partir plus tard ◆ **the later train** (of two) le train suivant ◆ **a later edition** une édition postérieure ◆ **this version is later than that one** (= subsequent) cette version est postérieure à celle-là

b (in period or series) **at a later stage** plus tard ◆ **at a later stage in the negotiations** lors d'une phase ultérieure des négociations ◆ **the later 18th century** la fin du 18e (siècle) ◆ **Beethoven's later symphonies** les dernières symphonies de Beethoven ◆ **in later life** plus tard ◆ **in his later years** vers la fin de sa vie

lateral ['lætərəl] → SYN 1 adj latéral (also Phon)

2 COMP ▷ **lateral thinking** n (esp Brit) la pensée latérale *(manière non conventionnelle d'aborder les problèmes)*

laterality [,lætə'rælɪtɪ] n latéralité f

laterally ['lætərəlɪ] adv (= sideways) latéralement ; (= originally) ◆ **to think laterally** pratiquer la pensée latérale, avoir une manière originale d'aborder les problèmes

laterite ['lætəraɪt] n (Miner) latérite f

latest ['leɪtɪst] → SYN (superl of **late**) 1 adj **a** (= most recent) dernier ◆ **his latest film** son dernier film ◆ **the latest in a series of murders** le dernier en date d'une série de meurtres ◆ **the latest news** les dernières nouvelles fpl ◆ **the latest news (bulletin)** (Rad, TV) les dernières informations fpl ◆ **his latest statement** sa dernière déclaration (en date) ◆ **he is the latest minister to resign** c'est le dernier ministre en date à démissionner ◆ **the very latest technology** la toute dernière technologie

b (= last possible) limite ◆ **what is the latest date for applications?** quelle est la date limite de dépôt des candidatures ? ◆ **the latest date he could do it was 31 July** la dernière date à laquelle il pouvait le faire était le 31 juillet ◆ **the latest possible date for the election** la date ultime pour les élections ◆ **the latest time you may come is 4 o'clock** l'heure limite à laquelle vous pouvez arriver est 4 heures ◆ **the latest time for doing it is April** il faut le faire en avril au plus tard ◆ **at the latest possible moment** au tout dernier moment

2 adv (= last) ◆ **to arrive/get up (the) latest** être le dernier or la dernière à arriver/se lever ◆ **to work latest** travailler plus tard que les autres ◆ **to flower (the) latest** fleurir en dernier

3 n **a** * (= latest version) **it's the latest in computer games** c'est le dernier cri* en matière de jeux électroniques ◆ **the very latest in technology** le dernier cri* de la technologie ◆ **have you heard the latest?** (= news) tu connais la dernière ?* ◆ **what's the latest on this affair?** qu'y a-t-il de nouveau sur cette affaire ? ◆ **for the latest on the riots, over to Ian** (Rad, TV) pour les dernières informations sur les émeutes, à vous, Ian ◆ **have you seen his latest?** (= girlfriend) tu as vu sa nouvelle ?* ◆ **have you heard his latest?** (= joke) tu connais sa dernière ?* ◆ **did you hear about his latest?** (= exploit) on t'a raconté son dernier exploit or sa dernière prouesse ?

b (= latest time) **when** or **what is the latest you can come?** quand pouvez-vous venir, au plus tard ? ◆ **I'll be there by noon at the latest** j'y serai à midi au plus tard ◆ **give me your essay by Monday at the latest** rendez-moi votre dissertation lundi dernier délai or au plus tard

latex ['leɪteks] n, pl **latexes** or **latices** ['lætɪ,siːz] latex m

lath [lɑːθ] n, pl **laths** [lɑːðz] (Constr) latte f ◆ **a lath-and-plaster wall** *un mur fait en lattes et enduit de plâtre*

lathe [leɪð] n (Tech) tour m ; → **capstan, power**

lather ['lɑːðəʳ] → SYN ① n **a** [of soap] mousse f (de savon)
b (= sweat) [of horse] écume f ♦ **in a lather** [horse] couvert d'écume ; (* fig = nervous, anxious) [person] agité, dans tous ses états ♦ **to work o.s. up into a lather** * se mettre dans tous ses états ♦ **what's he getting into such a lather about?** * pourquoi se met-il dans un état pareil?
② vt ♦ **to lather one's face/hands** etc se savonner le visage/les mains etc
③ vi [soap] mousser

latices ['læti,siːz] npl of latex

laticiferous [,læti'sifərəs] adj laticifère

latifundia [,læti'fundiə] npl latifundia mpl

latifundium [,læti'fʌndiəm] n latifundium m

Latin ['lætɪn] ① adj **a** (Ling) text, grammar, poet latin ; lesson de latin
b people, temperament, culture (European) latin ; (in US) latino-américain
② n **a** (Ling) latin m ♦ **late Latin** bas latin m ♦ **low Latin** bas latin m ♦ **vulgar Latin** latin m vulgaire
b Latin(e) m(f) ; (in US) Latino-Américain(e) m(f)
③ COMP ▷ **Latin America** n Amérique f latine ▷ **Latin-American** adj latino-américain, d'Amérique latine ◊ n Latino-Américain(e) m(f) ▷ **latin lover** n latin lover m ▷ **Latin quarter** n quartier m latin ▷ **Latin school** n (US) ≈ lycée m classique

Latinate ['lætɪneɪt] adj language latin

Latinism ['lætɪnɪzəm] n (Ling) latinisme m

Latinist ['lætɪnɪst] n latiniste mf

Latinization [,lætɪnaɪ'zeɪʃən] n latinisation f

Latinize ['lætɪnaɪz] vt latiniser

Latinizer ['lætɪ,naɪzəʳ] n (Rel) latinisant m

Latino [læ'tiːnəʊ] ① n, pl **Latinos** (in US) Latino mf
② COMP ▷ **Latino-American** adj latino-américain ◊ n Latino-Américain(e) m(f)

latish* ['leɪtɪʃ] ① adj hour assez avancé, assez tardif ♦ **it's getting latish** il commence à se faire tard ♦ **we had a latish breakfast** nous avons pris notre petit déjeuner assez ou plutôt tard
② adv assez tard, plutôt tard

latitude ['lætɪtjuːd] → SYN n **a** (Geog) latitude f ♦ **at a latitude of 48° north** à ou par 48° de latitude Nord ♦ **in these latitudes** sous ces latitudes
b (NonC = freedom) latitude f ♦ **to give** or **allow sb a certain amount of latitude** laisser ou accorder une certaine latitude à qn

latitudinal [,lætɪ'tjuːdɪnl] adj latitudinal

latitudinarian [,lætɪtjuːdɪ'nɛərɪən] adj, n latitudinaire mf, laxiste mf

latria [lə'traɪə] n latrie f

latrine [lə'triːn] n latrine(s) f(pl) (gen pl)

latte ['lɑːteɪ] n (= coffee) café m au lait

latter ['lætəʳ] LANGUAGE IN USE 26.2 → SYN (frm)
① adj **a** (= second of two) dernier, second ♦ **the latter proposition was accepted** cette dernière ou la seconde proposition fut acceptée ♦ **of the two, we prefer the latter solution** nous préférons la seconde solution ♦ **the latter half** la seconde moitié ♦ **the latter half of the month** la seconde quinzaine du mois
b (= later) **the latter stages of the match produced some fine football** vers la fin du match, il y a eu du très bon football ♦ **the college was destroyed in the latter stages of the war/one's century** le collège a été détruit vers la fin de la guerre/du siècle ♦ **in the latter years of his life, in his latter years** les dernières années de sa vie, tard dans sa vie
② n **a** the latter is the more expensive of the two systems ce dernier ou second système est le plus coûteux des deux ♦ **of these two books the former is expensive the latter is not** le premier de ces deux livres est cher mais le second ne l'est pas ♦ **he visited his cousin and uncle - the latter was ill** il a rendu visite à son cousin et à son oncle : ce dernier était souffrant ♦ **of the two possible solutions, I prefer the latter** je préfère la seconde solution

③ COMP ▷ **latter-day** adj moderne, d'aujourd'hui ▷ **Latter-Day Saints** npl (Rel) Saints mpl des derniers jours

latterly ['lætəlɪ] → SYN adv (frm) (= recently) récemment, dernièrement ; (= towards end of life) vers la fin de sa (ou leur etc) vie ; (= towards end of period) vers la fin ♦ **he has lived abroad for many years, latterly in Rome** il a longtemps vécu à l'étranger, dernièrement il était à Rome

lattice ['lætɪs] → SYN ① n treillis m ; (= fence) treillage m, claire-voie f ; (also **lattice structure**) structure f réticulaire
② COMP ▷ **lattice girder** n poutre f en treillis ▷ **lattice window** n fenêtre f treillissée

latticed ['lætɪst] adj window treillissé ; fence, wall treillagé

latticework ['lætɪswɜːk] n treillis m

Latvia ['lætvɪə] n la Lettonie

Latvian ['lætvɪən] ① adj lette, letton (-on(n)e f)
② n **a** Lette mf, Letton((n)e) m(f), Latvien(ne) m(f)
b (Ling) lette m, letton m

laud [lɔːd] ① vt (liter) louanger (liter) ; (Rel) louer, glorifier, chanter les louanges de
② npl (Rel) laudes fpl

laudable ['lɔːdəbl] → SYN adj louable, digne de louanges

laudably ['lɔːdəblɪ] adv behave de façon louable ♦ **he was laudably calm** son calme était remarquable ♦ **a laudably objective article** un article d'une louable objectivité

laudanum ['lɔːdnəm] n laudanum m

laudatory ['lɔːdətərɪ] → SYN adj (frm) élogieux

lauds [lɔːdz] npl laudes fpl

laugh [lɑːf] → SYN ① n **a** rire m ♦ **he has a very distinctive laugh** il a un rire très caractéristique ♦ **with a laugh** (brief) dans un éclat de rire ; (longer) en riant ♦ **with a scornful laugh** avec un rire méprisant ou dédaigneux ♦ **to give a laugh** rire ♦ **to have a good laugh at sb/sth** bien rire de qn/qch ♦ **his act didn't get a single laugh** son numéro n'a fait rire personne ♦ **that joke always gets a laugh** cette plaisanterie fait toujours rire ♦ **he had the last laugh** finalement c'est lui qui a bien ri ♦ **we'll see who has the last laugh** on verra bien qui rira le dernier ♦ **the laugh is on you*** c'est toi qui fais les frais de la plaisanterie ♦ **it was a laugh a minute!** (also iro) c'était d'un drôle ! (also iro) ; → **play, raise**
b (* = amusement, amusing time) **it was** or **we had a good laugh** on s'est bien amusés, on a bien rigolé* ♦ **if you want a laugh go to her German class!** si tu veux t'amuser ou rigoler* va assister à son cours d'allemand ! ♦ **what a laugh!** ça, c'est (or c'était etc) marrant ! * ♦ **just for a laugh** or **for laughs** rien que pour rire, histoire de rire ♦ **he's always good for a laugh** il nous fera toujours bien rire ♦ **his films are always good for a laugh** ses films sont toujours drôles ♦ **he's a good laugh** on rigole* bien avec lui

② vi rire ♦ **you may laugh!, it's easy for you to laugh!** tu peux toujours rire ! ♦ **you've got to laugh*** ♦ **you have to laugh** * (philosophical) il vaut mieux en rire ♦ **I didn't know whether to laugh or cry** je ne savais plus si je devais rire ou pleurer ♦ **he laughed until he cried** il pleurait de rire, il riait aux larmes ♦ **to laugh about** or **over sth** rire de qch ♦ **there's nothing to laugh about** il n'y a pas de quoi rire ♦ **he never laughs at my jokes** mes plaisanteries ne le font jamais rire ; see also **laugh at** ♦ **she laughed to herself** elle a ri dans sa barbe, elle a ri sous cape ♦ **to laugh up one's sleeve** rire dans sa barbe, rire sous cape ♦ **he makes me laugh** il me fait rire ♦ **don't make me laugh*** (iro = don't be silly) laisse-moi rire, ne me fais pas rire ♦ (Prov) **he who laughs last laughs longest** rira bien qui rira le dernier (Prov) ♦ **to laugh in sb's face** rire au nez de qn ♦ **he'll soon be laughing on the other side of his face** il n'aura bientôt plus envie de rire, il va bientôt rire jaune ♦ **I'll make you laugh on the other side of your face!** je vais t'apprendre à rire !
♦ **it's all right for him, he's laughing*** lui il est en fiche, il est peinard * ♦ **once we get this contract signed we're laughing** * une fois ce contrat signé, ce sera dans la poche *

♦ **he's laughing all the way to the bank** * il n'a pas de problèmes de compte en banque ! ; → **burst out**

③ vt ♦ **he laughed a jolly laugh** il eut un rire jovial ♦ **"don't be silly," he laughed** "ne sois pas idiot", dit-il en riant ♦ **to be laughed out of court** [person, idea] être tourné en ridicule ♦ **they laughed him to scorn** ils l'ont tourné en dérision ♦ **he laughed himself silly** * il a ri comme un bossu * ou une baleine *

④ COMP ▷ **laugh track** n (US Rad, TV) (bande f sonore de) rires mpl préenregistrés

▶ **laugh at** vt fus (lit) [+ person, sb's behaviour] rire de ; (unpleasantly) se moquer de ; (fig) [+ difficulty, danger] se rire de

▶ **laugh down** vt sep ♦ **they laughed the speaker down** leurs moqueries ont réduit l'orateur au silence

▶ **laugh off** vt sep **a** **to laugh one's head off** * rire comme un bossu * ou une baleine *
b [+ accusation] écarter d'une plaisanterie ou d'une boutade ♦ **she managed to laugh it off** elle a réussi à tourner la chose en plaisanterie ♦ **you can't laugh this one off** cette fois tu ne t'en tireras pas par la plaisanterie

laughable ['lɑːfəbl] → SYN adj person, behaviour, idea, suggestion ridicule ; offer, amount dérisoire ♦ **it's laughable to compare him with Gandhi** il est ridicule de le comparer à Gandhi

laughably ['lɑːfəblɪ] adv ridiculement

laughing ['lɑːfɪŋ] ① adj **a** person, face, eyes riant, rieur
b (= light-hearted) **this is no laughing matter** il n'y a pas de quoi rire ♦ **I'm in no laughing mood** (= angry) je ne suis pas d'humeur à rire ; (= sad) je n'ai pas le cœur à rire
② COMP ▷ **laughing gas** n gaz m hilarant ▷ **laughing hyena** n (Zool) hyène f (tachetée) ▷ **laughing jackass** n (Orn) martin-pêcheur m géant ▷ **laughing stock** n **he was the laughing stock of the class** il était la risée de la classe ♦ **he made himself a laughing stock** il s'est couvert de ridicule

laughingly ['lɑːfɪŋlɪ] adv **a** (= amusedly) say en riant
b (= ironically) **this patch of lawn that I laughingly call my garden** ce carré de gazon que j'appelle pour rire mon jardin ♦ **what the government laughingly calls its economic policy** (= risibly) ce que le gouvernement appelle sans rire sa politique économique

laughline ['lɑːflaɪn] n (US: on face) ride f d'expression

laughter ['lɑːftəʳ] → SYN ① n (NonC) rire(s) m(pl) ♦ **there was a little nervous laughter** on entendit quelques rires nerveux ♦ **there was loud laughter at this remark** cette remarque a provoqué des éclats de rire ♦ **he said amid laughter that ...** il dit au milieu des rires que ... ♦ **laughter is good for you** cela fait du bien de rire ♦ **their laughter could be heard in the next room** on les entendait rire dans la pièce à côté ; → **can², roar**
② COMP ▷ **laughter line** n (Brit: on face) ride f d'expression

launce [lɑːns] n (= fish) lançon m

launch [lɔːntʃ] → SYN ① n **a** (= motorboat) (for patrol etc) vedette f ; (for pleasure) bateau m de plaisance ♦ **police launch** vedette f de la police
b (= boat carried by warship) chaloupe f
c (= launching) [of ship, spacecraft, product] lancement m ; → **window**
② vt **a** [+ ship, satellite, missile] lancer ; [+ shore lifeboat etc] faire sortir ; [+ ship's boat] mettre à la mer
b [+ company, product, career, scheme, plan] lancer ; [+ attack, offensive] lancer, déclencher ; [+ inquiry, investigation] ouvrir ♦ **to launch a share issue** (Fin) émettre des actions, faire une émission d'actions ♦ **it was this novel that really launched her as a writer** c'est ce roman qui l'a vraiment lancée en tant qu'écrivain ♦ **the film launched her as Hollywood's latest star** le film a fait d'elle la nouvelle star d'Hollywood
③ vi (fig: also **launch forth**) se lancer ♦ **to launch into** [+ speech, explanation, attack] se lancer dans

launcher / laxative

④ COMP ▷ **launch pad** n (Space) ⇒ **launching pad** ▷ **launch party** n (Publishing etc) réception f de lancement ▷ **launch vehicle** n (Space) fusée f de lancement

▶ **launch forth** vi ⇒ launch 3

▶ **launch out** vi [business, company] (= diversify) se diversifier ◆ **to launch out into sth** [speaker, business] se lancer dans qch

launcher ['lɔːntʃəʳ] n (Mil, Space) lanceur m; → **missile, rocket**

launching ['lɔːntʃɪŋ] ① n a [of new ship, missile, satellite] lancement m; [of shore lifeboat] sortie f; [of ship's boat] mise f à la mer
  b [of company, product, career] lancement m
  ② COMP ▷ **launching ceremony** n cérémonie f de lancement ▷ **launching pad** n (Space) rampe f de lancement ▷ **launching site** n (Mil, Space) aire f de lancement

launder ['lɔːndəʳ] vt a [+ clothes] laver ◆ **to send sth to be laundered** envoyer qch à la blanchisserie or au blanchissage
  b [+ money] blanchir

launderer ['lɔːndərəʳ] n [of money] blanchisseur m

Launderette® [,lɔːndə'ret] n (Brit) laverie f automatique

laundering ['lɔːndərɪŋ] n a [of clothes] blanchissage m
  b [of money] blanchiment m

laundress ['lɔːndrɪs] n blanchisseuse f

laund(e)rette [,lɔːndə'ret] n laverie f automatique

Laundromat® ['lɔːndrəmæt] n (US) ⇒ **laund(e)rette**

laundry ['lɔːndrɪ] ① n a (NonC = clean clothes) linge m; (= dirty clothes) linge m (sale) ◆ **to do the laundry** faire la lessive, laver le linge
  b (= place) blanchisserie f
  ② COMP ▷ **laundry basket** n panier m à linge ▷ **laundry list** n (lit) liste f de blanchissage; (fig pej) liste f interminable ▷ **laundry mark** n marque f de la blanchisserie or du blanchissage ▷ **laundry van** n camionnette f de la blanchisserie ▷ **laundry worker** n blanchisseur m, -euse f (employé)

laureate ['lɔːrɪɪt] adj, n lauréat(e) m(f) ◆ **(poet) laureate** (in Brit) poète m lauréat

laurel ['lɒrəl] ① n (Bot, fig) laurier m ◆ **to rest on one's laurels** se reposer sur ses lauriers ◆ **to win one's laurels** se couvrir de lauriers ◆ **you must look to your laurels** ne t'endors pas sur tes lauriers
  ② COMP ▷ **laurel wreath** n couronne f de lauriers

laurustinus [,lɔːrəs'taɪnəs] n (Bot) laurier-tin m

Lausanne [ləʊ'zæn] n (Geog) Lausanne

lav * ['læv] n (abbrev of **lavatory**) cabinets mpl, WC mpl

lava ['lɑːvə] ① n lave f
  ② COMP ▷ **lava bed** n champ m de lave ▷ **lava flow** n coulée f de lave ▷ **lava lamp** n lampe f à bulles d'huile

lavage [læ'vɑːʒ] n (Med) lavage m; (colonic) lavement m

lavalier(e) [,lævə'lɪəʳ] n (US) pendentif m

lavatorial [,lævə'tɔːrɪəl] adj scatologique

lavatory ['lævətrɪ] → SYN ① n a (= room) toilettes fpl, W.-C. mpl
  b (Brit = fitting) (cuvette f et siège m de) W.-C. mpl ◆ **to put sth down the lavatory** jeter qch dans les W.-C. or cabinets; → **public**
  ② COMP ▷ **lavatory bowl** n cuvette f de W.-C. ▷ **lavatory humour** n (pej) humour m scatologique ▷ **lavatory pan** n ⇒ **lavatory bowl** ▷ **lavatory paper** n papier m hygiénique ▷ **lavatory seat** n siège m de W.-C.

lavender ['lævəndəʳ] ① n lavande f
  ② COMP colour lavande inv ▷ **lavender bag** n sachet m de lavande ▷ **lavender-blue** adj bleu lavande inv ▷ **lavender water** n eau f de lavande

laver bread ['lɑːvəbred] n gâteau m d'algues

lavish ['lævɪʃ] → SYN ① adj a person prodigue (of, with de) ◆ **to be lavish with one's money** dépenser sans compter, se montrer prodigue

  b (= generous) expenditure très considérable; amount gigantesque; meal plantureux, copieux; helping, hospitality généreux ◆ **to bestow lavish praise on sb** se répandre en éloges sur qn
  ② vt prodiguer (sth on sb qch à qn)

lavishly ['lævɪʃlɪ] adv illustrated, decorated somptueusement; equipped, furnished somptueusement, luxueusement ◆ **to entertain lavishly** recevoir somptueusement ◆ **to spend lavishly** dépenser sans compter ◆ **to tip sb lavishly** donner un pourboire très généreux à qn

lavishness ['lævɪʃnɪs] n [of spending] extravagance f; [of hospitality, helping] générosité f; [of meal] luxe m

law [lɔː] → SYN ① n a (NonC = set of laws, legislation) loi f, législation f ◆ **the law** la loi ◆ **it's the law** c'est la loi ◆ **the law as it stands** la législation en vigueur ◆ **they're campaigning for a change in the law** ils font campagne pour la modification de la loi ◆ **according to French/European law** selon la législation française/européenne ◆ **by or under French/international law** selon la loi or la législation française/internationale ◆ **when a bill becomes law** (Parl) quand un projet de loi est voté ◆ **to be above the law** être au-dessus des lois ◆ **to keep within the law** rester dans (les limites de) la légalité ◆ **to take the law into one's own hands** (se) faire justice soi-même ◆ **the law of the land** la législation or les lois du pays ◆ **the law of the jungle** la loi de la jungle ◆ **the Law of Moses** la loi de Moïse ◆ **law and order** l'ordre m public; see also 2 ◆ **forces of law and order** forces fpl de l'ordre ◆ **to have the law on one's side** avoir la loi pour soi ◆ **he's a law unto himself** il ne connaît d'autre loi que la sienne, il fait ce qu'il veut; → **break, lay down, rule, word**

● **against the law** contraire à la loi, illégal

● **by law** ◆ **protected/prohibited/permitted by law** protégé/interdit/autorisé par la loi ◆ **bound** or **obliged by law** légalement obligé ◆ **you must by law provide access for the handicapped** vous êtes légalement obligé d'aménager un accès pour les handicapés ◆ **parents who must by law remain anonymous** les parents que la loi oblige à rester dans l'anonymat

  b (NonC = operation of the law) justice f ◆ **the report looks at how women are treated by the law** ce rapport étudie la façon dont la justice traite les femmes ◆ **court of law** cour f de justice, tribunal m ◆ **to go to law** recourir à la justice ◆ **to take a case to law** porter une affaire devant les tribunaux ◆ **to take sb to law** faire un procès à qn ◆ **I'll have the law on you!*** je vous traînerai devant les tribunaux ! ◆ **here's the law arriving!*** (= the police) voilà les flics ! *; → **arm¹, brush, officer**

  c (NonC = system, science, profession) droit m ◆ **civil/criminal etc law** le droit civil/criminel etc ◆ **to study** or **read law** faire son or du droit ◆ **to practise law** [solicitor] être notaire m; [barrister] être avocat(e) ◆ **Faculty of Law** (Univ) faculté f de droit; → **common, martial, point**

  d (= regulation) loi f ◆ **to pass a law** voter une loi ◆ **several laws have been passed against pollution** plusieurs lois ont été votées pour combattre la pollution ◆ **is there a law against it?** est-ce que c'est interdit par la loi ? ◆ **there should be a law against it!** ça devrait être interdit ! ◆ **there's no law against it!*** ce n'est pas défendu ! ◆ **framework law** loi-cadre f

  e (= principle, rule) (also Phys) loi f; (Sport) règle f ◆ **the law of averages** la loi des probabilités ◆ **the law of diminishing returns** la loi des rendements décroissants ◆ **the law(s) of gravity** la loi de la chute des corps or de la pesanteur ◆ **the laws of nature** les lois fpl de la nature ◆ **the law(s) of supply and demand** la loi de l'offre et de la demande; → **Murphy, Parkinson's law, sod²**
  ② COMP ▷ **law-abiding** → SYN adj respectueux des lois ▷ **law-and-order issues** npl questions fpl d'ordre public ▷ **law-breaking** n (NonC) violation f de la loi ◇ adj violant or enfreignant la loi ▷ **law centre, law center** (US) n service de consultations juridiques gratuites ▷ **law clerk** n (US Jur) jeune juriste qui prépare le travail du juge ▷ **law court** n cour f de justice, tribunal m ▷ **Law Courts** npl ≃ Palais m de justice ▷ **law enforcement agency** n (US) service chargé de faire respecter la loi ▷ **law enforcement officer** n (US) personne ayant des pouvoirs de police ▷ **Law Faculty** n (Univ) faculté f de droit ▷ **Law Lords** npl (Brit) juges siégeant à la Chambre des lords ▷ **law school** n (Univ) faculté f de droit ◆ **he's at law school** il fait son droit or du droit ▷ **law student** n étudiant(e) m(f) en droit

lawbreaker ['lɔː,breɪkəʳ] → SYN n personne f qui enfreint la loi

lawful ['lɔːfʊl] → SYN adj action légal; marriage, child légitime; contract valide ◆ **it is not lawful to do that** il n'est pas légal de or il est illégal de faire cela ◆ **to go about one's lawful business** vaquer à ses occupations

lawfully ['lɔːfəlɪ] adv légalement

lawfulness ['lɔːfʊlnɪs] n légalité f

lawgiver ['lɔː,gɪvəʳ] n (Brit) législateur m, -trice f

lawless ['lɔːlɪs] → SYN adj country sans loi; period d'anarchie; person sans foi ni loi ◆ **lawless behaviour** manque m de respect des lois ◆ **we live in an increasingly lawless society** nous vivons dans une société où l'on respecte de moins en moins la loi

lawlessness ['lɔːlɪsnɪs] n [of person] non-respect m des lois; [of country, period] anarchie f

lawmaker ['lɔː,meɪkəʳ] n (US) législateur m, -trice f

lawman ['lɔːmæn] n, pl **-men** (US) policier m

lawn¹ [lɔːn] ① n pelouse f
  ② COMP ▷ **lawn party** n (US) garden-party f ▷ **lawn tennis** n (on grass) tennis m sur gazon; (on hard surface) tennis m

lawn² [lɔːn] n (Tex) batiste f, linon m

lawnmower ['lɔːnmoʊəʳ] n tondeuse f (à gazon)

Lawrence ['lɒrəns] n ≃ Laurent m

lawrencium [lɔː'rensɪəm] n lawrencium m

Lawson cypress ['lɔːsən] n (Bot) cyprès m de Lawson

lawsuit ['lɔːsuːt] → SYN n (esp US) procès m ◆ **to bring a lawsuit against sb** intenter un procès à qn, poursuivre qn en justice

lawyer ['lɔːjəʳ] → SYN n a (= solicitor) (for sales, wills etc) notaire m; (in court for litigation) avocat m; (= barrister) avocat m; (in business firm etc) conseiller m juridique
  b (= person trained in law) juriste mf

LAWYER

Il existe deux catégories d'avocats en Grande-Bretagne : les "solicitors" et les "barristers" (appelés "advocates" en Écosse). Les premiers sont à la fois des notaires, qui traitent donc les transactions immobilières, les affaires de succession, etc, et des avocats habilités à plaider au civil dans les instances inférieures. Les seconds sont des avocats plus spécialisés, qui interviennent au pénal ou au civil dans les instances supérieures, y compris pour défendre des affaires dont ils sont saisis par des "solicitors".

Aux États-Unis, les avocats sont appelés "attorneys". Ils travaillent souvent selon le système dit "no win no fee" (c'est-à-dire que le client ne paie les honoraires que s'il a gain de cause), ce qui leur permet de défendre des clients pauvres dans des affaires importantes, avec la perspective d'obtenir des gains importants en cas de succès. Ainsi, les dommages et intérêts demandés dans les affaires civiles sont souvent beaucoup plus élevés qu'en Europe, et les Américains ont volontiers recours aux voies judiciaires pour régler leurs différends.

---

lax [læks] → SYN adj a behaviour, discipline, morals relâché; person négligent; government laxiste; pronunciation relâché ◆ **to be lax in doing sth** faire qch avec négligence or sans soin ◆ **to be lax about security/one's work/duties** négliger la sécurité/son travail/ses devoirs ◆ **he's become very lax recently** il s'est beaucoup relâché récemment
  b (Med) bowels relâché
  c (Ling) vowel lâche

laxative ['læksətɪv] adj, n laxatif m

laxity ['læksɪtɪ], **laxness** ['læksnɪs] n [of behaviour, discipline, morals] relâchement m ; [of person] négligence f ; [of government] laxisme m

lay¹ [leɪ] → SYN vb : pret, ptp **laid** ① n ⓐ [of countryside, district etc] disposition f, configuration f ; → **land**

ⓑ (⚹ = sex) partie f de jambes-en-l'air ◆ **it was a good lay** on a bien baisé⚹⚹ ◆ **she's an easy lay** elle couche⚹ avec n'importe qui, c'est une fille facile ◆ **he's/she's a good lay** il/elle baise bien⚹⚹, c'est un bon coup⚹

② vt ⓐ (= put, place, set) [+ cards, objects] mettre, poser ; (= stretch out) [+ cloth etc] étendre ◆ **he laid his briefcase on the table** il a posé ou mis sa serviette à plat sur la table ◆ **she laid her hand on my shoulder** elle a posé or mis la main sur mon épaule ◆ **he laid his head on the table/the pillow** il a posé sa tête sur la table/l'oreiller ◆ **I didn't lay a finger on him** je ne l'ai pas touché ◆ **if you so much as lay a finger on me ...** si tu oses (seulement) lever la main sur moi ... ◆ **I wish I could lay my hands on a good dictionary** si seulement je pouvais mettre la main sur or dénicher un bon dictionnaire ◆ **to lay hands on a territory etc** (= seize) s'emparer d'un territoire etc ◆ **to lay a hand** or **hands on sb** (= strike) porter or lever la main sur qn ◆ **to lay hands on sb** (Rel) faire l'imposition des mains à qn ◆ **to lay it on the line** ⚹ (fig) y aller carrément, ne pas y aller par quatre chemins ◆ **he laid it on me** ⚹ (US = explain) il m'a tout expliqué ◆ **to lay one on sb** ⚹ (Brit = hit) coller un pain ⚹ à qn, flanquer une châtaigne ⚹ à qn ; (= trick) jouer un sale tour à qn ; → **curse, eye, hand, rest, siege**

ⓑ (= put down, install) poser, mettre ; [+ bricks, carpet, cable, pipe] poser ; [+ mine] poser, mouiller ◆ **to lay a road** faire une route ◆ **to lay a floor with carpet** poser une moquette sur un sol ; → **foundation**

ⓒ [+ eggs] pondre ◆ **this bird lays its eggs in the sand** cet oiseau pond (ses œufs) dans le sable ; see also **egg, new**

ⓓ (= prepare) [+ fire] préparer ; [+ snare, trap] tendre, dresser (*for* à) ; [+ plans] élaborer ◆ **to lay the table (for lunch)** (Brit) mettre la table or le couvert (pour le déjeuner) ◆ **all our carefully-laid plans went wrong** tous nos projets si bien élaborés ont échoué ◆ **even the best-laid plans can go wrong** même les projets les mieux élaborés peuvent échouer ; see also **best**

ⓔ (with adjective) **to lay bare one's innermost thoughts/feelings** mettre à nu ou dévoiler ses pensées les plus profondes/ses sentiments les plus secrets ◆ **to lay bare one's soul** (liter) mettre son âme à nu ◆ **the blow laid him flat** le coup l'étendit par terre ou l'envoya au tapis ◆ **the storm laid the town flat** la tempête a rasé la ville ◆ **to be laid low** être immobilisé ◆ **he was laid low with flu** il était immobilisé par la grippe, la grippe l'obligeait à garder le lit ◆ **to lay sb/to lay o.s. open to criticism etc** exposer qn/s'exposer à la critique etc ◆ **to lay waste a town, to lay a town to waste** ravager or dévaster une ville

ⓕ (= impose, place) [+ tax] faire payer (*on sth* sur qch) ; [+ burden] imposer (*on sb* à qn) → **blame, emphasis, responsibility**

ⓖ (= wager) [+ money] parier, miser (*on* sur) ◆ **I'll lay you (a fiver ⚹) that ...** je te parie (5 livres) que ... ◆ **to lay a bet (on sth)** parier (sur qch)

ⓗ (= register, bring to sb's attention) [+ accusation, charge] porter ◆ **we shall lay the facts before him** nous lui exposerons les faits ◆ **they laid their plan before him** ils lui ont soumis leur projet ◆ **to lay a matter before the court** (Jur) saisir le tribunal d'une affaire ◆ **he laid his case before the commission** il a porté son cas devant or soumis son cas à la commission ◆ **to lay a complaint** (Jur) porter plainte (*against* contre ; *with* auprès de) ◆ **to lay information** (Police = inform authorities) donner des informations, servir d'indicateur ; → **claim**

ⓘ (= suppress) [+ ghost] exorciser, conjurer ; [+ doubt, fear] dissiper ◆ **to lay the dust** faire tomber la poussière

ⓙ (⚹ = have sex with) baiser⚹⚹ ◆ **to get laid** baiser⚹⚹, se faire sauter⚹

③ vi [bird, fish, insect] pondre

④ COMP ▷ **lay-by** n (Brit Aut) (petite) aire f de stationnement (*sur le bas-côté*) ▷ **lay days** npl (Naut) jours mpl de planche, estarie f ▷ **lay-off** n (Ind) licenciement m

▶ **lay about** vt fus ◆ **to lay about sb (with a stick)** rouer qn de coups (de bâton)

▶ **lay alongside** (Naut) vi, vt sep accoster

▶ **lay aside** vt sep ⓐ (= save) [+ money, supplies] mettre de côté

ⓑ (= put away) [+ object] mettre de côté ◆ **he laid aside his book to greet me** il a posé son livre pour me dire bonjour

ⓒ (= relinquish) [+ prejudice, scruples] faire abstraction de ; [+ differences, disagreements, doubts] faire taire ; [+ principles] se départir de ; [+ fears, anxieties, doubts] écarter ; [+ plans, projects] abandonner

▶ **lay away** ① vt sep (US) ⇒ **lay aside** a
② layaway adj → **layaway plan**

▶ **lay back** ① vt sep remettre (*on* sur)
② layback n → **layback**

▶ **lay by** ① vt sep ⇒ **lay aside** a
② lay-by n → **lay¹**

▶ **lay down** ① vi (Cards) étaler son jeu or ses cartes
② vt sep ⓐ (= deposit) [+ object, parcel, burden] poser, déposer ◆ **to lay down one's cards** poser son jeu or ses cartes

ⓑ [+ wine] mettre en cave

ⓒ (= give up) **to lay down one's arms** déposer ses or les armes ◆ **to lay down one's life for sb** sacrifier sa vie pour qn

ⓓ (= establish, decide) [+ rule] établir, poser ; [+ condition, price] imposer, fixer ◆ **he laid it down that ...** il décréta ou stipula que ... ◆ **it is laid down in the rules that ...** il est stipulé dans le règlement que ... ◆ **to lay down a policy** dicter une politique ◆ **to lay down the law (to sb)** (about sth) (fig) (essayer de) faire la loi (à qn) (sur qch) ◆ **in our house it's my mother who lays down the law** c'est ma mère qui fait la loi à la maison ◆ **stop laying down the law!** arrête de commander !

▶ **lay in** vt sep [+ goods, reserves] faire provision de ; (in shop) emmagasiner ◆ **to lay in provisions** faire des provisions ◆ **I must lay in some fruit** il faut que je m'approvisionne (subj) en fruits or que je fasse provision de fruits

▶ **lay into** ⚹ vt fus (= attack verbally) prendre à partie ; (= scold) passer un savon à ⚹ ; (= attack physically) rentrer dans le chou or le lard de ⚹, tomber à bras raccourcis sur ◆ **we really laid into the beer last night** (fig = devour) on a descendu pas mal de bière hier soir⚹

▶ **lay off** ① vt sep (Ind) [+ workers] licencier, débaucher
② vt fus (⚹ = leave alone) ◆ **you'd better lay off the beer/running for a while** tu ferais mieux de t'abstenir de boire/courir pour le moment ◆ **lay off (it)!** (= stop) tu vas t'arrêter ? ⚹ ; (= don't touch) pas touche ! ⚹, bas les pattes ! ⚹ ◆ **lay off him!** fiche-lui la paix ! ⚹ ◆ **I told him to lay off (it)** je lui ai dit d'arrêter
③ lay-off n → **lay¹**

▶ **lay on** vt sep ⓐ [+ tax] mettre ◆ **they lay on an extra charge for tea** ils ajoutent à la note le prix du thé

ⓑ (Brit) (= install) [+ water, gas] installer, mettre ; (= provide) [+ facilities, entertainment] fournir ◆ **a house with water/gas/electricity laid on** une maison qui a l'eau courante/le gaz/l'électricité ◆ **I'll have a car laid on for you** je mettrai une voiture à votre disposition, je ferai en sorte que vous ayez une voiture à votre disposition ◆ **everything will be laid on** il y aura tout ce qu'il faut ◆ **it was all laid on (for us)** so that we didn't have to buy anything tout (nous) était fourni si bien qu'on n'a rien eu à acheter

ⓒ [+ varnish, paint] étaler ◆ **he laid it on thick** or **with a trowel** ⚹ (fig) il en a rajouté⚹ ; → **lay¹**

▶ **lay out** ① vt sep ⓐ (= plan, design) [+ garden] dessiner ; [+ house] concevoir (le plan de) ; [+ essay] faire le plan de ◆ **a well laid-out flat** un appartement bien conçu ◆ **to lay out page 4** (Typ) faire la mise en page de la (page) 4, monter la (page) 4

ⓑ (= get ready, display) [+ clothes] sortir, préparer ; [+ goods for sale] disposer, étaler ◆ **the meal that was laid out for them** le repas qui leur avait été préparé ◆ **to lay out a body** faire la toilette d'un mort

ⓒ (= present systematically) [+ reasons, events etc] exposer systématiquement

ⓓ (= spend) [+ money] débourser, dépenser (*on pour*)

ⓔ (= knock out) mettre knock-out or KO

ⓕ (= make an effort) **to lay o.s. out to do sth** faire tout son possible pour faire qch, se mettre en quatre pour faire qch
② layout n → **layout**

▶ **lay over** (US) ① vi s'arrêter, faire une halte
② layover n → **layover**

▶ **lay to** (Naut) ① vi être en panne
② vt sep mettre en panne

▶ **lay up** vt sep ⓐ [+ store, provisions] amasser, entasser ; (in shop) emmagasiner ◆ **to lay up trouble for o.s.** se préparer des ennuis

ⓑ [+ car] remiser ; [+ boat] désarmer ◆ **he is laid up (in bed) with flu** il est au lit avec la grippe

lay² [leɪ] vb (pt of **lie¹**)

lay³ [leɪ] n (Mus, Poetry) lai m

lay⁴ [leɪ] → SYN ① adj ⓐ missionary, school, education laïque

ⓑ (fig) **to the lay mind** aux yeux du profane, pour le profane ◆ **lay opinion on this** l'opinion des profanes sur la question

② COMP ▷ **lay analyst** n psychanalyste non titulaire d'un doctorat ▷ **lay brother** n frère m convers or lai ▷ **lay person** n ⓐ (Rel) laïc m ⓑ (fig) profane mf, non-initié(e) m(f) ▷ **lay reader** n prédicateur m laïque ▷ **lay sister** n sœur f converse

lay⁵ [leɪ] adj (Art) ◆ **lay figure** mannequin m

layabout ⚹ ['leɪəbaʊt] n (Brit) fainéant(e) m(f), feignant(e) ⚹ m(f)

layaway plan ['leɪəweɪˌplæn] n (US Comm) vente f à livraison différée

layback ['leɪbæk] n (Climbing) dülfer f

layer ['leɪə^r] → SYN ① n ⓐ [of atmosphere, paint, dust, sand] couche f ; (Geol) couche f, strate f ◆ **several layers of clothing** plusieurs épaisseurs fpl de vêtements

ⓑ (= hen) **a good layer** une bonne pondeuse

ⓒ (Hort) marcotte f

② vt ⓐ [+ hair] couper en dégradé

ⓑ (Hort) marcotter

③ COMP ▷ **layer cake** n gâteau m fourré

layette [leɪ'et] n layette f

laying ['leɪɪŋ] ① n [of carpet] pose f ◆ **the laying of wreaths** (ceremony) le dépôt de gerbes ◆ **the laying on of hands** (Rel) l'imposition f des mains

② adj ◆ **laying hen** poule f pondeuse

layman ['leɪmən] → SYN n, pl **-men** ⓐ (Rel) laïc m

ⓑ (fig) profane m, non-initié m ◆ **in layman's terms** en termes simples

layout ['leɪaʊt] → SYN n [of house, school] disposition f, agencement m ; [of garden] plan m, dessin m, disposition f ; [of district] disposition f ; [of essay] plan m ; [of advertisement, newspaper article etc] agencement m, mise f en page ◆ **the layout of page 4** (Press etc) la mise en page de la (page) 4 ◆ **I don't like the layout of my hand** (Cards) je n'aime pas mon jeu

layover ['leɪˌəʊvə^r] n (US) halte f

Lazarist ['læzərɪst] n (Rel) lazariste m

Lazarus ['læzərəs] n Lazare m

laze [leɪz] vi (also **laze about, laze around** = be idle) paresser, ne rien faire, traînasser (pej) ◆ **we lazed (about** or **around) in the sun for a week** nous avons passé une semaine au soleil à ne rien faire, nous avons eu une semaine de farniente au soleil ◆ **stop lazing about** or **around and do some work!** cesse de perdre ton temps (à ne rien faire) et mets-toi au travail !

▶ **laze away** vt sep ◆ **to laze the time away** passer son temps à ne rien faire

lazily ['leɪzɪlɪ] adv (= idly, languidly) stretch, get up, yawn, watch paresseusement ; smile avec

laziness / lead

indolence ♦ **to drift lazily** [smoke, cloud] flotter mollement ; [snowflakes] voleter légèrement

laziness ['leɪzɪnɪs] → SYN n paresse f, indolence f, fainéantise f

lazulite ['læzjʊlaɪt] n (Miner) lazulite f

lazy ['leɪzɪ] → SYN **1** adj **a** (pej = idle) person paresseux ♦ **I'm lazy about washing my vegetables** je suis trop paresseux pour laver mes légumes, je ne prends pas la peine de laver mes légumes ♦ **to feel lazy** être pris de paresse

b (pej = sloppy) attitude nonchalant, paresseux ; writing, work peu soigné ; style relâché

c (= relaxed, languid) gesture, smile nonchalant, indolent ; river paresseux, lent ; hour, day, afternoon de détente ; lunch, dinner décontracté ♦ **a lazy drawl** une voix traînante et nonchalante ♦ **we had a lazy holiday on the beach** nous avons passé des vacances reposantes à la plage

2 COMP ▷ **lazy eye** n (Med) amblyopie f ▷ **lazy Susan** n (= dish) plateau m tournant

lazybones * ['leɪzɪbəʊnz] n (NonC) feignant(e) * m(f)

LB (abbrev of **Labrador**) LB

lb (abbrev of **libra**) ⇒ **pound¹**

LBO [ˌelbiːˈəʊ] n (Fin) (abbrev of **leveraged buyout**) → **leverage**

lbw [ˌelbiːˈdʌblju:] n (Cricket) (abbrev of **leg before wicket**) faute du batteur qui met la jambe devant le guichet au moment où la balle arrive

LC n (in US) (abbrev of **Library of Congress**) → **library**

lc (Typ) (abbrev of **lower case**) → **lower**

L/C (Fin) (abbrev of **letter of credit**) → **letter**

LCD [ˌelsiːˈdiː] n **a** (abbrev of **liquid crystal display**) → **liquid**
b (abbrev of **lowest common denominator**) PPDC m

lcd [ˌelsiːˈdiː] n ⇒ **LCD b**

LCM, lcm [ˌelsiːˈem] n (abbrev of **lowest common multiple**) PPCM m

Ld (Brit) abbrev of **Lord**

L-dopa [elˈdəʊpə] n L-dopa f

LDS [ˌeldiːˈes] n (abbrev of **Licentiate in Dental Surgery**) diplôme m de chirurgien dentiste

LEA [ˌeliːˈeɪ] n (Brit Educ) (abbrev of **local education authority**) → **local**

lea [liː] n (liter) pré m

leach [liːtʃ] → SYN **1** vt [+ liquid] filtrer ; [+ particles] lessiver
2 vi [liquid] filtrer (from de ; into dans ; through à travers)

---

lead¹ [liːd]

vb : pret, ptp **led**

→ SYN LANGUAGE IN USE 26.3

1 NOUN	4 INTRANSITIVE VERB
2 ADJECTIVE	5 COMPOUNDS
3 TRANSITIVE VERB	6 PHRASAL VERBS

1 NOUN

a esp Sport (= front position) tête f ; (= distance or time ahead) avance f ♦ **to be in the lead** (in match) mener ; (in race, league) être en tête ♦ **to go into** or **take the lead** (in race) prendre la tête ; (in match, league) mener ♦ **to have a three-point lead** avoir trois points d'avance ♦ **to have a two-minute/ten-metre lead over sb** avoir deux minutes/dix mètres d'avance sur qn

b = initiative initiative f, exemple m ♦ **to follow sb's lead** suivre l'exemple de qn ♦ **to give the lead** donner le ton, montrer l'exemple ♦ **to give sb a lead** montrer l'exemple à qn ♦ **to take the lead in doing sth** être le premier à faire qch ♦ **thanks to his lead the rest were able to ...** grâce à son initiative les autres ont pu ...

c = clue piste f ♦ **the police have a lead** la police tient une piste ♦ **the footprints gave them a lead** les traces de pas les ont mis sur la piste

d Theat rôle m principal ♦ **to play the lead** tenir or jouer or avoir le rôle principal ♦ **to sing the lead** chanter le rôle principal ♦ **male/female lead** premier rôle m masculin/féminin ♦ **juvenile lead** jeune premier m

e = leash laisse f ♦ **dogs must be kept on a lead** les chiens doivent être tenus en laisse

f Elec = flex fil m

g Press article m à la une ; (= editorial) éditorial m ♦ **the financial crisis is the lead (story) in this morning's papers** (= headlines) la crise financière fait les gros titres des journaux or est à la une des journaux ce matin

h Cards whose lead is it? à qui est-ce de jouer ?

i Comm leads and lags termaillage m, jeu m de termes de paiement

2 ADJECTIVE

= leading ♦ **lead guitarist** première guitare f ♦ **lead vocalist** (chanteur m) leader m, (chanteuse f) leader f

3 TRANSITIVE VERB

a = conduct, show the way to [+ person, horse] conduire, mener (to à) ; [+ procession, parade] être à la tête de ♦ **to lead sb in/out/across** etc faire entrer/sortir/traverser etc qn ♦ **they led him into the king's presence** on le conduisit devant le roi ♦ **to lead sb into a room** faire entrer qn dans une pièce ♦ **the guide led them through the courtyard** le guide leur a fait traverser la cour or les a fait passer par la cour ♦ **the first street on the left will lead you to the church** la première rue à gauche vous mènera à l'église ♦ **what led you to Venice?** qu'est-ce qui vous a amené à Venise ? ♦ **each clue led him to another** chaque indice le menait au suivant ♦ **this leads me to an important point** cela m'amène à un point important ♦ **to lead a team onto the field** conduire une équipe sur le terrain

b = be leader of [+ government, movement, party, team] être à la tête de, diriger ; [+ expedition] être à la tête de, mener ; [+ regiment] être à la tête de, commander ; (Ftbl etc) [+ league] être en tête de ; [+ orchestra] (Brit) être le premier violon de ; (US) diriger ♦ **we are looking for someone to lead our new department** nous cherchons quelqu'un pour assurer la direction de notre nouveau service

c Sport, fig = be ahead of they were leading us by 10 metres ils avaient une avance de 10 mètres sur nous ♦ **to lead the field** (Sport, fig) venir or être en tête ♦ **our country leads the world in textiles** notre pays est le leader mondial dans le domaine du textile

d + life, existence mener ♦ **they lead a simple life** ils mènent une vie simple

e = induce, bring porter, amener ♦ **I am led to the conclusion that ...** je suis amené à conclure que ...

♦ **to lead sb to do sth** ♦ **he led me to believe that he would help me** il m'a amené à croire qu'il m'aiderait ♦ **what led you to think that?** qu'est-ce qui vous a amené à penser ça ? ♦ **his financial problems led him to change his attitude** ses problèmes financiers l'ont amené à changer d'attitude

f Cards jouer ; (Bridge etc: at first trick) attaquer de, entamer ♦ **what is led?** qu'est-ce qui est joué or demandé ?

4 INTRANSITIVE VERB

a = be ahead : esp Sport (in match) mener ; (in race) être en tête ♦ **which horse is leading?** quel est le cheval de tête ? ♦ **to lead by half a length/three points** avoir une demi-longueur/trois points d'avance ♦ **to lead (by) four goals to three** mener (par) quatre (buts) à trois

b = go ahead aller devant ; (= show the way) montrer le chemin ♦ **you lead, I'll follow** passez devant, je vous suis

c Jur **to lead for the defence** être l'avocat principal de la défense

d Dancing mener, conduire

e = go [road, corridor] mener, conduire ; [door] mener (to à), s'ouvrir (to sur) ; (fig) mener (to à) ♦ **where is all this leading?** (trend, events) où cela va-t-il nous mener ? ; (questions, reasoning) où veut-il (or voulez-vous etc) en venir ? ♦ **the streets that lead into/from the square** les rues qui débouchent sur/partent de la place ; see also **lead off**

♦ **to lead to** ♦ **it led to war** cela a conduit à la guerre ♦ **it led to his arrest** cela a abouti à son arrestation ♦ **that will lead to his undoing** cela causera or sera sa perte ♦ **it led to nothing** ça n'a mené à rien ♦ **this led to their asking to see the president** cela les a amenés à demander à voir le président ♦ **it could lead to some confusion** cela pourrait créer or occasionner une certaine confusion ♦ **it led to a change in his attitude** cela a provoqué un changement dans son attitude ♦ **one story led to another** une histoire en a amené une autre ♦ **one thing led to another and we ...** une chose en amenant une autre, nous ...

f Cards who is it to lead? c'est à qui de commencer ? ♦ **south to lead** (Bridge) sud joue

5 COMPOUNDS

▷ **lead-in** n introduction f, entrée f en matière ▷ **lead story** n (Press) ⇒ **1g** ▷ **lead time** n [of project, process] délais mpl (d'exécution or de réalisation) ; [of stock] délais mpl (de réapprovisionnement) ; [of new product] délais mpl (de démarrage or de mise en production) ▷ **lead-up** n préparation f (to sth de qch)

6 PHRASAL VERBS

▶ **lead away** vt sep emmener ♦ **he was led away by the soldiers** il a été emmené par les soldats ♦ **they led him away to the cells** ils l'ont conduit en cellule

▶ **lead back** vt sep ramener, reconduire ♦ **they led us back to the office** ils nous ont ramenés or reconduits au bureau ♦ **this street leads you back to the town hall** cette rue vous ramène à l'hôtel de ville

▶ **lead off**
1 vi (= begin) commencer
2 vt fus [corridor, path] partir de ♦ **a passage leading off the foyer** un couloir qui part du foyer ♦ **the rooms which lead off the corridor** les pièces qui donnent sur le couloir
3 vt sep ⇒ **lead away**

▶ **lead on**
1 vi (= lead the way) marcher devant ♦ **lead on(, Macduff)!** (hum) allez-y, je vous suis !
2 vt sep **a** (= tease) taquiner, faire marcher * ; (= fool) duper, avoir * ; (= raise hopes in) donner de faux espoirs à ; (sexually) allumer *
b (= induce) amener ♦ **they led him on to talk about his experiences** ils l'ont amené à parler de son expérience ♦ **this led him on to say that ...** cela l'amena à dire que ...

▶ **lead up** vi **a** [path etc] conduire ♦ **this road leads up to the castle** cette route conduit or mène au château ♦ **this staircase leads up to the roof** cet escalier conduit au or donne accès au toit

b (= precede) précéder ♦ **the years that led up to the war** les années qui ont précédé la guerre ♦ **the events that led up to the revolution** les événements qui ont conduit à la révolution

c (= lead on) he led up carefully to his proposal il a soigneusement amené sa proposition ♦ **what are you leading up to?** où voulez-vous en venir ? ♦ **what's all this leading up to?** (= what's he trying to say?) où veut-il en venir ?

---

lead² [led] **1** n **a** (NonC = metal) plomb m ♦ **they filled** or **pumped him full of lead** * (hum) ils l'ont criblé de balles, ils l'ont transformé en écumoire * ; → **red**

b (NonC: also **black lead**) mine f de plomb

c [of pencil] mine f ; [of fishing line] plomb m ; (for sounding) plomb m (de sonde) ; (Aut: for wheel balancing) masselotte f ♦ **that'll put lead in your pencil** †‡ (Brit hum) ça va te donner de la vigueur (virile) ; → **swing**

d (Brit) **leads** [of roof] couverture f de plomb ♦ **(window) leads** plomberies fpl

2 COMP object, weight etc de or en plomb ▷ **lead acetate** n acétate m de plomb ▷ **lead balloon** * n **it went down like a lead balloon**

c'est tombé à plat, ça a foiré ⁑ ▷ **lead crystal** n cristal m au plomb ▷ **lead-crystal** adj decanter, bowl en cristal (au plomb) ▷ **lead-free** adj sans plomb ▷ **lead glass** n verre m au plomb ▷ **lead oxide** n oxyde m de plomb ▷ **lead paint** n peinture f à base de carbonate de plomb ▷ **lead pencil** n crayon m à papier ▷ **lead pipe** n tuyau m de plomb ▷ **lead piping** n tuyauterie f de plomb ▷ **lead poisoning** n saturnisme m, coliques fpl de plomb ▷ **lead shot** n (NonC) grenaille f de plomb

leaded ['ledɪd] adj **a** **leaded window** fenêtre f à petits carreaux ◆ **leaded lights** petits carreaux mpl
b petrol au plomb, qui contient du plomb

leaden ['ledn] **1** adj **a** († = made of lead) de or en plomb
b (liter: in colour) sky, clouds de plomb, plombé
c (= heavy) footsteps, atmosphere lourd, pesant ; silence de mort ; translation, dialogue lourd
d (pej = stodgy) food bourratif *
2 COMP ▷ **leaden-eyed** adj aux yeux ternes ▷ **leaden-limbed** adj to feel leaden-limbed se sentir des membres de plomb

leadenly ['lednlɪ] adv walk d'un pas lourd, lourdement ; look d'un œil terne

leader ['li:dəʳ] → SYN **1** n **a** [of expedition, gang, tribe] chef m ; [of club] dirigeant(e) m(f) ; (= guide) guide m ; (Climbing) premier m (de cordée) ; [of riot, strike] meneur m, -euse f ; (Mil) commandant m ; (Pol) dirigeant(e) m(f), leader m ◆ **the leader of the Socialist Party** le leader or le chef (du parti) socialiste ◆ **political leaders** leaders mpl or chefs mpl politiques ◆ **one of the leaders of the trade union movement** un des dirigeants or chefs de file or leaders du mouvement syndical ◆ **he's a born leader** il est né pour commander ◆ **the leader of the orchestra** (Brit) le premier violon ; (US) le chef d'orchestre ◆ **one of the leaders in the scientific field** une des sommités du monde scientifique ◆ **they're the (world) leaders in the cosmetics industry** ce sont les leaders mondiaux de l'industrie cosmétique ◆ **the leader for the defence** (Jur) l'avocat m principal de la défense ; → **follow, youth, world**
b (Sport) (in race) (= runner) coureur m de tête ; (= horse) cheval m de tête ; (in league) leader m ◆ **he managed to stay up with the leaders** il a réussi à rester dans les premiers or dans le peloton de tête
c (Press) article m principal ; (= editorial) éditorial m ◆ **leader writer** (Brit) éditorialiste mf
d (Mus) (= principal violinist) premier violon m ; (US = director) chef m d'orchestre
e (Recording: also **leader tape**) amorce f
f (Fishing) bas m de ligne
g (Comm: also **loss leader**) produit m d'appel
h (St Ex) **leaders** valeurs fpl vedettes
2 COMP ▷ **Leader of the House** n (Brit Parl) président m de la Chambre *(des communes ou des lords)*

> **LEADER OF THE HOUSE**
>
> **Leader of the House** désigne le président de la Chambre des communes ou celui de la Chambre des lords. Ils ont pour fonction de préparer les débats parlementaires et d'en assurer le bon déroulement. L'un et l'autre occupent une place importante au sein de l'équipe gouvernementale.

leaderless ['li:dəlɪs] adj party sans chef

leadership ['li:dəʃɪp] → SYN n **a** (NonC) (= position) direction f, leadership m ; (= action) direction f ◆ **during** or **under his leadership** sous sa direction ◆ **to take over the leadership of the country** prendre la succession à la tête du pays ◆ **they were rivals for the party leadership** ils étaient candidats rivaux à la direction du parti ◆ **to resign the party leadership** démissionner de la tête du parti ◆ **he has leadership potential** il a l'étoffe d'un chef ◆ **he praised her leadership during the crisis** il a loué la manière dont elle a géré la crise ◆ **the company is suffering from poor leadership** la société est mal gérée
b (= leaders collectively) dirigeants mpl ◆ **the union leadership has** or **have agreed to arbitration** les dirigeants du syndicat ont accepté l'arbitrage

leading[1] ['li:dɪŋ] → SYN **1** adj **a** (= important) important ◆ **a leading industrialist** un industriel de premier plan ◆ **a leading industrial nation** une des principales nations industrialisées ◆ **a leading advocate of economic sanctions** un des principaux partisans des sanctions économiques
b (= most important) principal ◆ **Britain's leading car manufacturer** le premier or le principal constructeur automobile britannique ◆ **one of the leading figures of the twenties** un personnage marquant des années vingt ◆ **one of our leading industries** l'une de nos principales industries ◆ **one of the country's leading writers** un des écrivains les plus importants or les plus en vue du pays
c (Theat, Cine) role, part principal ◆ **to play the leading part** or **role (in a film/play)** être la vedette (d'un film/d'une pièce) ◆ **to play** or **take a leading part** or **role in sth** (fig) jouer un rôle majeur or prépondérant dans qch
d (= in foremost position) car, aircraft, battalion de tête
e (= winning) (in race) runner, driver, car en tête de course ; (in league) competitor, club, team en tête de classement
2 COMP ▷ **leading aircraft(s)man** pl **leading aircraft(s)men leading aircraft(s)woman** pl **leading aircraft(s)women** n (Brit Aviat) ≃ soldat m (de l'armée de l'air) ▷ **leading article** n (Press) (Brit) éditorial m ; (US) article m de tête ▷ **leading case** n (Jur) précédent m ▷ **leading counsel** n (Brit Jur) *avocat commis sur une affaire* ▷ **leading edge** n **a** (Aviat) **the leading edge** le bord d'attaque **b** (fig) **to be at** or **on the leading edge of technology** être à la pointe de la technologie ◆ **to invest in the leading edge of technology** investir dans les technologies de pointe ▷ **leading lady** n (Cine) actrice f principale ◆ **his leading lady in that film was Gill Page** sa partenaire principale dans ce film était Gill Page ◆ **the leading lady was Mary Dodd** (Theat) c'est Mary Dodd qui tenait le premier rôle féminin ▷ **leading light** n **he is one of the leading lights in the campaign** c'est un des personnages les plus en vue de la campagne ◆ **she was one of the leading lights in the local drama society** c'était une des étoiles du groupe d'art dramatique local ◆ **one of the leading lights in the economic field** une des sommités or lumières en matière d'économie ▷ **leading man** n, pl **leading men** (Cine) acteur m principal ◆ **her leading man in that film was Will Preston** son partenaire principal dans ce film était Will Preston ◆ **the leading man was David Penn** (Theat) c'est David Penn qui tenait le premier rôle masculin ▷ **leading note** n (Mus) note f sensible ▷ **leading question** n (Jur, fig: pej) question f tendancieuse ▷ **leading rating** n (Brit Navy) quartier-maître m de 1re classe ▷ **leading rein** n (Horse-riding) longe f

leading[2] ['ledɪŋ] n (NonC: Typ) interligne f, blanc m

leadworks ['ledwɜ:ks] n fonderie f de plomb

leaf [li:f] → SYN pl **leaves** **1** n **a** [of tree, plant] feuille f ◆ **the leaves** les feuilles fpl, le feuillage ◆ **in leaf** en feuilles ◆ **to come into leaf** se couvrir de feuilles ◆ **to shake like a leaf** trembler comme une feuille ; → **fig**
b [of book] feuillet m, page f ◆ **you should take a leaf out of his book** vous devriez prendre exemple sur lui ◆ **to turn over a new leaf** changer de conduite ; → **flyleaf**
c [of table] (on hinges) rabat m, abattant m ; (in groove, removable) rallonge f
d (NonC) [of metal] feuille f ; → **gold**
2 COMP ▷ **leaf beetle** n chrysomèle f ▷ **leaf bud** n bourgeon m à feuilles ▷ **leaf insect** n phyllie f ▷ **leaf mould, leaf mold** (US) n (NonC) terreau m de feuilles ▷ **leaf tobacco** n tabac m en feuilles

► **leaf through** vt fus [+ book] feuilleter, parcourir

leafless ['li:flɪs] adj sans feuilles, dénudé

leaflet ['li:flɪt] → SYN **1** n **a** (= publication) prospectus m ; (Pol, Rel) tract m ; (for publicity) dépliant m, prospectus m ; (Comm etc = instruction sheet) notice f explicative, mode m d'emploi
b (Bot) foliole f
2 vi distribuer des prospectus or des tracts etc
3 vt [+ area, street] distribuer des prospectus or des tracts etc dans

leafstalk ['li:fstɔ:k] n (Bot) queue f, pétiole m

leafy ['li:fɪ] adj branch couvert de feuilles ; tree, plant touffu ; garden luxuriant ; lane bordé d'arbres (feuillus) ; suburb vert ◆ **green leafy vegetables** les légumes mpl verts à feuilles

league[1] [li:g] → SYN **1** n **a** (= association) ligue f ◆ **to form a league against** se liguer contre ◆ **to be in league (with sb)** être de connivence (avec qn)
b (Ftbl) championnat m ; (Baseball) division f ◆ **major/minor league** (Baseball) première/deuxième division f ; → **rugby**
c (fig = class) classe f, catégorie f ◆ **they're in a different** or **not in the same league** ils ne sont pas du même calibre ◆ **in the big league** dans le peloton de tête, parmi les premiers ◆ **this is way out of your league!** tu ne fais pas le poids !, tu n'es pas de taille !
2 COMP ▷ **league champions** npl (Brit Ftbl) vainqueurs mpl du championnat ◆ **they were the league champions last year** ils ont remporté le championnat l'année dernière ▷ **league championship** n championnat m ▷ **league leaders** npl **they are the league leaders now** pour le moment ils sont en tête du championnat ▷ **league match** n (Brit Ftbl) match m de championnat ▷ **League of Nations** n Société f des Nations ▷ **league table** n (Ftbl) classement m du championnat

league[2] [li:g] n lieue f ◆ **seven-league boots** bottes fpl de sept lieues

leak [li:k] → SYN **1** n **a** (in bucket, pipe, roof, bottle, pen) fuite f ; (in boat) voie f d'eau ; (in shoe) trou m ◆ **to spring a leak** [bucket, pipe] se mettre à fuir ; [boat] commencer à faire eau ◆ **the ship sprang a leak in the bow** une voie d'eau s'est déclarée à l'avant du navire ◆ **a gas leak** une fuite de gaz
b [of information] fuite f ◆ **a Cabinet leak** (fig) une fuite ministérielle ◆ **budget/security leak** fuite f concernant le budget/la sécurité
c (⁑ = urinate) **to take a leak** pisser ⁑ ◆ **to go for a leak** aller pisser ⁑
2 vi **a** [bucket, pen, pipe, bottle] fuir ; [ship] faire eau ; [shoe] prendre l'eau ◆ **the roof leaks** le toit fuit, il y a des fuites dans le toit
b [gas, liquid] fuir, s'échapper ◆ **the acid leaked (through) onto the carpet** l'acide a filtré jusque dans le tapis
c [cabinet, ministry etc] **the Cabinet has been leaking** il y a eu des fuites au sein du cabinet
3 vt **a** [+ liquid] répandre, faire couler ◆ **the tanker had leaked its contents into the river/all over the road** le contenu du camion-citerne s'était répandu dans la rivière/sur la route
b [+ information] divulguer ; [+ story, document] divulguer *(à la presse)*

► **leak in** vi [spilt liquid] filtrer ; [water] s'infiltrer ◆ **the water is leaking in through the roof** l'eau entre or s'infiltre par le toit

► **leak out** vi [gas, liquid] fuir, s'échapper ; [secret, news] filtrer, être divulgué ◆ **it finally leaked out that ...** on a fini par apprendre que ...

leakage ['li:kɪdʒ] n (= leak) [of gas, liquid, information] fuite f ; (= amount lost) perte f

leakproof ['li:kpru:f] adj étanche

leaky ['li:kɪ] → SYN adj roof, pipe, bucket qui fuit ; boat qui fait eau ; shoe qui prend l'eau

lean[1] [li:n] → SYN pret, ptp **leaned** or **leant** **1** vi **a** (= slope) [wall, construction etc] pencher ◆ **I lean towards the belief that ...** (fig) je tends à or j'incline à croire que ... ◆ **to lean towards sb's opinion** tendre à partager l'opinion de qn ◆ **to lean towards the left** (Pol) avoir des sympathies pour la gauche or à gauche
b (= support o.s., rest) [person] s'appuyer (*(up) against* contre, à ; *on* sur), prendre appui (*(up) against* contre ; *on* sur) ; (with one's back) s'adosser (*(up) against* à), s'appuyer (*(up) against* contre, à) ; (with elbows) s'accouder (*on* à) ◆ **to be leaning** être appuyé or adossé or accoudé ◆ **to be leaning (up) against the wall**

[ladder, cycle etc] être appuyé contre le mur ; [person] être appuyé contre le mur, être adossé au mur ◆ **to lean on one's elbows** s'appuyer or prendre appui sur les coudes ◆ **to lean on sb for help** or **support** s'appuyer sur qn ◆ **to lean (heavily) on sb for advice** compter (beaucoup) sur qn pour ses conseils

c (✳ = apply pressure) faire pression (*on* sur), forcer la main (*on* à) ◆ **they leaned on him for payment** ils ont fait pression sur lui pour qu'il paie (*subj*) ◆ **the editor was leaning on him for the article** le rédacteur en chef le pressait pour qu'il remette son article

[2] vt [+ ladder, cycle etc] appuyer (*(up) against* contre) ◆ **to lean one's elbows on the table/ one's head on sb's shoulder** poser ses coudes sur la table/sa tête sur l'épaule de qn ◆ **she leaned her weight on the door** elle s'appuya de tout son poids contre la porte

[3] n inclinaison f

[4] COMP ▷ **lean-to** n, pl **lean-tos** appentis m ◆ **lean-to garage/shed** etc garage m/cabane f etc en appentis

▶ **lean back** [1] vi se pencher en arrière ◆ **to lean back in an armchair** se laisser aller en arrière dans un fauteuil ◆ **to lean back against sth** s'adosser contre or à qch

[2] vt sep [+ chair] pencher en arrière ◆ **to lean one's head back** pencher la tête en arrière, renverser la tête (en arrière)

▶ **lean forward** [1] vi se pencher en avant

[2] vt sep pencher en avant

▶ **lean out** [1] vi se pencher au dehors ◆ **to lean out of the window** se pencher par la fenêtre ◆ "**do not lean out**" "ne pas se pencher au dehors"

[2] vt sep pencher au dehors ◆ **he leant his head out of the window** il a passé la tête par la fenêtre

▶ **lean over** vi [person] (= forward) se pencher en avant ; (= sideways) se pencher sur le côté ; [object, tree] pencher, être penché ◆ **to lean over backwards** se pencher en arrière

▶ **lean up** vi, vt sep → lean¹ 1b, 2

lean² [liːn] → SYN [1] adj a (= slim) person, body mince ; animal svelte ◆ **to have a lean build** être mince

b (= fatless) meat, beef maigre

c (= poor) harvest maigre, pauvre ◆ **lean diet** régime m maigre ◆ **lean years** années fpl de vaches maigres ◆ **there are lean times ahead in the property market** le marché de l'immobilier connaîtra une période difficile ◆ **we had a lean time of it** on a mangé de la vache enragée ◆ **to go through a lean patch** traverser une période difficile

d (Comm) company dégraissé

[2] n [of meat] maigre m

[3] COMP ▷ **lean-burn engine** n moteur m à carburant maigre

leaning ['liːnɪŋ] → SYN [1] n (= liking) penchant m (*towards* pour) ; (= tendency) tendance f (*towards* à) ◆ **I always had a leaning towards sport** j'ai toujours été attiré par le sport ◆ **he has artistic leanings** il a une prédisposition pour les arts, il a des tendances artistiques ◆ **what are his political leanings?** quelles sont ses tendances politiques ?

[2] adj wall, building penché

[3] COMP ▷ **the Leaning Tower of Pisa** n la tour penchée de Pise

leanness ['liːnnɪs] n maigreur f

leant [lent] vb (pt, ptp of lean¹)

leap [liːp] → SYN vb : pret, ptp **leaped** or **leapt** [1] n a (lit) saut m, bond m ◆ **to take a leap** bondir, sauter ◆ **at one leap** d'un bond

b (fig) bond m ◆ **a leap in profits/inflation** un bond dans les profits/l'inflation ◆ **there has been a leap of 13% in profits/sales** les profits/ les ventes ont fait un bond de 13 % ◆ **Russia's leap into the market economy** le passage de la Russie à l'économie de marché ◆ **the film takes a leap into fantasy** le film plonge dans le fantastique ◆ **to make the leap from singer to actor** réussir à passer de la chanson au cinéma (or au théâtre) ◆ **in** or **by leaps and bounds** à pas de géant ◆ **a leap in the dark** un saut dans l'inconnu ◆ **a big** or **great leap forward** un grand bond en avant ◆ **a giant leap for mankind** un pas de géant pour l'humanité ◆ **(to take** or **make) a leap of faith** (Rel, fig) (faire) un acte de foi ◆ **to make a leap of the imagination** or **an imaginative leap** faire preuve de beaucoup d'imagination ◆ **you're making a leap of logic here that I can't follow** je n'arrive pas à suivre votre logique

[2] vi a [person, animal, fish] sauter, bondir ; [flames] jaillir ◆ **to leap in/out** etc entrer/ sortir etc d'un bond ◆ **to leap to one's feet** se lever d'un bond ◆ **he leapt into/out of the car** il sauta dans/de la voiture ◆ **he leapt out of bed** il sauta du lit ◆ **he leapt over to the window** il se précipita à la fenêtre ◆ **to leap off a bus/train** sauter d'un bus/train ◆ **to leap over a ditch** franchir un fossé d'un bond, sauter (par-dessus) un fossé ◆ **he leapt into the air** il fit un bond (en l'air) ◆ **the flames leapt into the air** les flammes ont jailli or se sont élevées dans les airs ◆ **to leap to attention** se mettre vivement au garde-à-vous ◆ **he leapt for joy** il a sauté or bondi de joie ◆ **the word leapt out at him** or **leapt off the page (at him)** le mot lui a sauté aux yeux

b (fig) [profits, sales, prices, unemployment] faire un bond ◆ **the shares leapt from 125p to 190p** les actions ont fait un bond de 125 à 190 pence ◆ **the shares leapt (by) 21p to 370p** les actions ont fait un bond de 21 pence pour atteindre la cote de 370 pence ◆ **her heart leapt** son cœur a bondi dans sa poitrine ◆ **my heart leapt at the sight of her** j'ai eu un coup au cœur en la voyant ◆ **to leap at sth** [+ chance, suggestion, offer] sauter sur qch ; [+ idea] accueillir qch avec enthousiasme ◆ **to leap to the conclusion that ...** conclure hâtivement que ... ◆ **you mustn't leap to conclusions** il ne faut pas tirer de conclusions hâtives ◆ **to leap to sb's defence** s'empresser de prendre la défense de qn ; → **look**

[3] vt a [+ stream, hedge etc] sauter (pardessus), franchir d'un bond

b [+ horse] faire sauter

c (fig) **to leap a generation** [disease, illness, trait] sauter une génération

[4] COMP ▷ **leap year** n année f bissextile

▶ **leap about** vi gambader ◆ **to leap about with excitement** sauter de joie

▶ **leap up** vi a (lit) (off ground) sauter en l'air ; (to one's feet) se lever d'un bond ; [flame] jaillir ◆ **the dog leapt up at him** le chien lui a sauté dessus ◆ **he leapt up indignantly** il a bondi d'indignation

b (fig) [profits, sales, prices, unemployment] faire un bond

leapfrog ['liːpfrɒg] [1] n saute-mouton m

[2] vi ◆ **to leapfrog over** (lit) [+ person] sauter à saute-mouton par-dessus ; [+ stool, object] franchir à saute-mouton ; (fig) dépasser

[3] vt (fig) dépasser

leapt [lept] vb (pt, ptp of leap)

learn [lɜːn] → SYN pret, ptp **learned** or **learnt** [1] vt a (by study) [+ language, lesson, musical instrument] apprendre ◆ **to learn (how) to do sth** apprendre à faire qch ◆ **he's learnt his lesson** (fig) il a compris la leçon ◆ **I've learnt a lot since then** (fig) je sais à quoi m'en tenir maintenant, maintenant j'ai compris

b (= find out) [+ facts, news, results etc] apprendre ◆ **I was sorry to learn (that) you had been ill** j'ai appris avec regret que vous aviez été malade ◆ **we haven't yet learned whether he recovered** nous ne savons toujours pas s'il est guéri

c (Psych = acquire) behaviour, reaction acquérir ◆ **a learned reaction** une réaction acquise ◆ **learned behaviour** comportement m acquis

d (✳ = teach) apprendre ◆ **I'll learn you!** je vais t'apprendre, moi ! ✳ ◆ **that'll learn you!** ça t'apprendra ! ✳

[2] vi a apprendre ◆ **it's never too late to learn** il n'est jamais trop tard pour apprendre, on apprend à tout âge ◆ **he'll learn!** (fig iro) un jour il comprendra ! ◆ **we are learning about the Revolution at school** on étudie la Révolution en classe ◆ **to learn from experience** apprendre par l'expérience ◆ **to learn from one's mistakes** tirer la leçon de ses erreurs ; → **live¹**

b (= hear) **I was sorry to learn of** or **about your illness** j'ai appris avec regret votre maladie

▶ **learn off** vt sep apprendre par cœur

▶ **learn up** vt sep (= revise) [+ maths etc] travailler, bûcher ✳ ; [+ new facts] apprendre ◆ **she learnt up all she could about the district** elle a appris tout ce qu'elle a pu sur la région

learnable ['lɜːnəbl] adv que l'on peut apprendre, qui s'apprend ◆ **easily learnable** facile à apprendre

learned ['lɜːnɪd] → SYN adj (= erudite) person, journal, society, essay savant ; profession intellectuel ◆ **my learned friend** (Brit Jur) mon éminent confrère

learnedly ['lɜːnɪdlɪ] adv avec érudition, savamment

learnedness ['lɜːnɪdnɪs] n érudition f

learner ['lɜːnər] → SYN [1] n apprenant(e) m(f) ◆ **learner (driver)** (Brit Aut) apprenti(e) conducteur m, -trice f ◆ **you are a quick learner** vous apprenez vite ◆ **a learners' dictionary** un dictionnaire pour apprenants ◆ **language learner** étudiant(e) m(f) en langues ◆ **a learner of English** un apprenant d'anglais

[2] COMP ▷ **learner-centred, learner-centered** (US) adj centré sur l'apprenant ▷ **learner's license** n (US) *permis spécial pour apprentis conducteurs* ; → DRIVING LICENCE; DRIVER'S LICENSE

learning ['lɜːnɪŋ] → SYN [1] n (NonC) a (= fund of knowledge) érudition f, savoir m ◆ **a man of learning** (in humanities) un érudit ; (in sciences) un savant ◆ (Prov) **a little learning is a dangerous thing** mieux vaut être ignorant qu'à demi-savant ; → **seat**

b (= act) apprentissage m, étude f (*of* de) ◆ **language** etc **learning** apprentissage m or étude f des langues etc ◆ **children who are behind in their learning** des enfants qui ont du retard à l'école ◆ **learning develops the memory** apprendre développe la mémoire ◆ **a place of learning** un lieu d'étude ; → **distance, rote**

[2] COMP ▷ **learning curve** n courbe f d'apprentissage ▷ **learning difficulties, learning disabilities** npl difficultés fpl d'apprentissage ▷ **learning-disabled** adj (US Scol) ayant des difficultés d'apprentissage ▷ **learning resources centre** n (Educ) centre m de documentation et d'information

learnt [lɜːnt] vb (esp Brit) (pt, ptp of learn)

lease [liːs] → SYN [1] n a (Jur = contract, duration) bail m ◆ **long lease** bail m à long terme ◆ **99-year lease** bail m de 99 ans ◆ **to take a house on lease** prendre une maison à bail, louer une maison

b (fig) **to take on a new lease of** (Brit) or **on** (US) **life** [person] reprendre goût à la vie, retrouver un second souffle, repartir pour un tour ✳ ◆ **the heart transplant has given him a new lease of** or **on life** sa greffe du cœur lui a donné un regain de vitalité ◆ **their renovations have given the old farmhouse a new lease of** or **on life** leurs travaux de rénovation ont donné une nouvelle jeunesse à la vieille ferme ◆ **printing can give old T-shirts a new lease of** or **on life** l'impression d'un motif peut donner une nouvelle jeunesse à de vieux tee-shirts

[2] vt [+ house, car etc] louer à bail

[3] COMP ▷ **lease-lend** n (Econ) prêt-bail m

leaseback ['liːsbæk] n cession-bail f ◆ **leaseback scheme** or **contract** contrat m de cession-bail

leasehold ['liːshəʊld] [1] n (= contract) ≃ bail m emphytéotique ; (= property) propriété f louée à bail

[2] adj property, building, land loué à bail

[3] adv buy à bail

[4] COMP ▷ **leasehold reform** n révision f du bail

leaseholder ['liːshəʊldər] n ≃ locataire mf emphytéotique

leash [liːʃ] → SYN n (for dog) laisse f ◆ **to keep a dog on a leash** tenir un chien en laisse ◆ **to hold** or **keep sb on a short** or **tight leash** tenir la bride haute à qn ◆ **to give sb a longer leash** (esp US) laisser la bride sur le cou à qn

leasing ['liːsɪŋ] n crédit-bail m

least [liːst] LANGUAGE IN USE 26.3 → SYN (superl of little²)

[1] adj (= smallest amount of) le moins de ; (= smallest) le moindre, la moindre, le plus petit, la plus petite ◆ **he has (the) least money** c'est lui qui a le moins d'argent ◆ **the least**

thing upsets her la moindre chose *or* la plus petite chose la contrarie ◆ **the principle of least effort** le principe du moindre effort ◆ **the least common denominator** (Math) le plus petit dénominateur commun ◆ **with the least possible expenditure** avec le moins de dépenses possible(s) ◆ **that's the least of our worries** c'est le moindre *or* le cadet de nos soucis ; → **resistance**

2 pron le moins ◆ **you've given me the least** c'est à moi que tu en as donné le moins ◆ **it's the least I can do** c'est le moins que je puisse faire, c'est la moindre des choses ◆ **it's the least one can expect** c'est la moindre des choses ◆ **what's the least you are willing to accept?** quel prix minimum êtes-vous prêt à accepter ? ◆ **I wasn't the least bit surprised** cela ne m'a pas surpris le moins du monde ◆ (Prov) **least said soonest mended** moins on en dit mieux on se porte, moins on en dit et mieux ça vaut ◆ **that's the least of it!** s'il n'y avait que ça !, ça, ce n'est rien !

◆ **at least** (with quantity, comparison) au moins ; (parenthetically) du moins, tout au moins ◆ **it costs $5 at least** cela coûte au moins 5 dollars ◆ **there were at least eight books** il y avait au moins huit livres ◆ **he's at least as old as you** il a au moins votre âge ◆ **he eats at least as much as I do** il mange au moins autant que moi ◆ **at least it's not raining** au moins il ne pleut pas ◆ **you could at least have told me!** tu aurais pu au moins me le dire ! ◆ **I can at least try** je peux toujours essayer ◆ **he's ill, at least that's what he says** il est malade, du moins c'est ce qu'il dit

◆ **at the very least** au moins, au minimum ◆ **it will cost $100 at the very least** cela coûtera 100 dollars au minimum *or* au bas mot

◆ **in the least** ◆ **not in the least!** pas du tout ! ◆ **he was not in the least tired** *or* **not the least bit tired** *or* **not tired in the least** il n'était pas le moins du monde fatigué ◆ **it didn't surprise me in the least** cela ne m'a pas surpris le moins du monde ◆ **it doesn't matter in the least** cela n'a pas la moindre importance

◆ **to say the least** ◆ **I was annoyed, to say the least (of it)** j'étais mécontent, c'était le moins qu'on puisse dire ◆ **she was not very wise, to say the least** elle était pour le moins imprudente ◆ **it wasn't a very good meal, to say the least of it** c'était un repas assez médiocre pour ne pas dire plus

3 adv le moins ◆ **the least expensive** le moins cher ◆ **the least expensive car** la voiture la moins chère ◆ **he did it least easily of all** (= least easily of all he did) c'est ce qu'il a eu le plus de mal à faire ; (= least easily of all people involved) c'est lui qui l'a fait le moins facilement de tous ◆ **she is least able to afford it** elle est la dernière à pouvoir se l'offrir ◆ **when you are least expecting it** quand vous vous y attendez le moins

◆ **least of all** ◆ **he deserves it least of all** c'est lui qui le mérite le moins de tous ◆ **nobody seemed amused, least of all John** cela ne semblait amuser personne et surtout pas John ◆ **least of all would I wish to offend him** je ne voudrais surtout pas le froisser

◆ **not least** ◆ **all countries, not least the USA** tous les pays, et en particulier les USA ◆ **not least because ...** notamment *or* entre autres parce que ...

4 COMP ⊳ **least-worst** * adj moins pire *, moins mauvais

leastways * [ˈliːstweɪz], **leastwise** * [ˈliːstwaɪz] adv du moins, ou plutôt

leather [ˈleðəʳ] **1** n **a** (NonC) cuir m ; → **hell, patent**

b (also **wash leather**) peau f de chamois ; → **chamois**

c (US * = wallet) portefeuille m

2 **leathers** npl (= suit) cuir * m ; (= trousers) pantalon m en cuir

3 vt (* = beat) tanner le cuir à *

4 COMP boots, jacket, seat de *or* en cuir ⊳ **leather bar** * n bar m cuir * (*à clientèle sado-masochiste et homosexuelle*) ⊳ **leather goods** npl (gen) articles mpl en cuir ; (fancy goods) maroquinerie f

leatherback [ˈleðəbæk] n (Zool) (tortue f) luth m, fausse tortue

leatherbound [ˈleðəbaʊnd] adj book relié (en) cuir

Leatherette ® [ˌleðəˈret] n similicuir m, skaï ® m

leatheriness [ˈleðərɪnɪs] n [of meat] coriacité f ; [of skin] aspect m parcheminé

leathering * [ˈleðərɪŋ] n ◆ **to give sb a leathering** tanner le cuir à qn *

leatherjacket [ˈleðəˌdʒækɪt] n (Zool) larve f de la tipule

leathern [ˈleðən] adj (= of leather) de *or* en cuir ; (= like leather) tanné

leatherneck * [ˈleðənek] n (US) marine m, fusilier m marin américain

leathery [ˈleðərɪ] → SYN adj meat, substance coriace ; skin parcheminé, tanné

leave [liːv] → SYN vb : pret, ptp **left** **1** n **a** (NonC) (= consent) permission f ◆ **to ask leave (from sb) to do sth** demander (à qn) la permission de faire qch ◆ **by** *or* **with your leave** avec votre permission ; → **by**

b (= holiday) (gen) congé m ; (Mil) permission f ◆ **how much leave do you get?** vous avez droit à combien de jours de congé (*or* de jours de permission) ? ◆ **six weeks' leave** permission f *or* congé m de six semaines ◆ **to be on leave** être en congé *or* en permission ◆ **on leave of absence** en congé exceptionnel ; (Mil) en permission spéciale ; → **absent, French, sick**

c (= departure) congé m ◆ **to take (one's) leave (of sb)** prendre congé (de qn) ◆ **I must take my leave** il faut que je prenne congé ◆ **have you taken leave of your senses?** avez-vous perdu la tête *or* la raison ?

2 vt **a** (= go away from) [+ town] quitter, partir de ; (permanently) quitter ; [+ room, building] sortir de, quitter ; [+ person, job, one's husband, wife] quitter ; [+ one's children] abandonner ◆ **he left Paris in 1994** il a quitté Paris en 1994 ◆ **we left Paris at 6 o'clock** nous sommes partis de Paris *or* nous avons quitté Paris à 6 heures ◆ **I must leave you** il faut que je vous quitte (subj) ◆ **you may leave us** (frm) vous pouvez vous retirer (frm) ◆ **they were left to die/to starve** on les a laissés mourir/mourir de faim ◆ **he has left this address** il n'habite plus à cette adresse ◆ **he left home in 1989** il a quitté la maison en 1989 ◆ **I left home at 6 o'clock** je suis sorti de chez moi *or* j'ai quitté la maison à 6 heures ◆ **to leave hospital** sortir de *or* quitter l'hôpital ◆ **the ship left port** le navire a quitté le port ◆ **to leave prison** sortir de prison ◆ **the car left the road** la voiture a quitté la route ◆ **to leave the room** (= go out) sortir de la pièce ; (euph = go to toilet) sortir (euph) ◆ **he left school in 1996** (Brit) il a quitté l'école en 1996 ; (US) il a terminé ses études en 1996 ; (US = gave up studies) il a arrêté ses études en 1996 ◆ **he left school at 4pm** il est sorti de l'école *or* il a quitté l'école à 16 heures ◆ **the train left the station** le train est sorti de *or* a quitté la gare ◆ **to leave the table** se lever de table, quitter la table ◆ **to leave the track** (Rail) dérailler ; → **love, lurch²**

b (= forget) [+ object, keys, umbrella] laisser, oublier ◆ **he left his umbrella on the train** il a laissé *or* oublié son parapluie dans le train

c (= deposit, put) laisser ◆ **I'll leave the book for you with my neighbour** je laisserai le livre pour vous chez mon voisin ◆ **has the postman left anything?** est-ce que le facteur a apporté *or* laissé quelque chose ? ◆ **can I leave my camera with you?, can I leave you my camera?** puis-je vous confier mon appareil-photo ? ◆ **he left the children with a neighbour** il a laissé *or* confié les enfants à un voisin ◆ **he leaves a widow and one son** il laisse une veuve et un orphelin ◆ **to leave a message for sb** laisser un message à qn ◆ **to leave the waiter a tip** laisser un pourboire au garçon ◆ **to leave word** laisser un mot *or* un message (*with sb for sb* à qn pour qn ; *that* que) ◆ **he left word for Paul to go and see him** il a fait dire à Paul d'aller le voir ◆ **he left word with me for Paul to go and see him** il m'a chargé de dire à Paul d'aller le voir

d (= allow to remain) laisser ◆ **leave it where it is** laisse-le là où il est ◆ **he left half his meal** il a laissé la moitié de son repas ◆ **to leave a space** (Typ etc) laisser un blanc *or* un espace ◆ **to leave the door open/the phone off the hook** laisser la porte ouverte/le téléphone décroché ◆ **to leave two pages blank** laisser deux pages blanches ◆ **it left me free for the afternoon** cela m'a laissé l'après-midi de libre, cela m'a libéré pour l'après-midi ◆ **this deal has left me in debt** cette affaire m'a laissé des dettes ◆ **he was left a widower** il est devenu veuf ◆ **he left it lying on the floor** il l'a laissé traîner par terre ◆ **don't leave that letter lying around** ne laissez pas traîner cette lettre ◆ **to leave sb on his own** *or* **to himself** laisser qn tout seul ◆ **to leave sb in peace** *or* **to himself** laisser qn tranquille ◆ **left to himself, he'd never have finished** (tout) seul, il n'aurait jamais fini ◆ **I'll leave it to you to decide** je te laisse le soin de décider ◆ **I('ll) leave you to judge** je vous laisse juger ◆ **I'll leave the matter in your hands** je vous laisse vous occuper de l'affaire, je vous laisse le soin d'arranger cela ◆ **shall we go via Paris? – I'll leave it to you** et si on passait par Paris ? – je m'en remets à vous *or* je vous laisse décider ◆ **leave it to me!** laissez-moi faire !, je m'en charge ! ◆ **I'll leave you to it** * je vous laisse (à vos occupations) ◆ **I wanted to leave myself (with) at least £80 a week** je voulais garder *or* qu'il me reste (subj) au moins 80 livres par semaine ◆ **let's leave it at that** tenons-nous-en là ◆ **let's leave it at that for today** restons-en là pour aujourd'hui ◆ **it left a good impression on me** cela m'a fait bonne impression ◆ **to leave sb in charge of a house/shop** etc laisser à qn la garde d'une maison/d'une boutique etc ◆ **the boss is out and he's left me in charge** le patron est sorti et m'a laissé la charge de tout ◆ **take it or leave it** c'est à prendre ou à laisser ◆ **I can take it or leave it** cela ne me fait ni chaud ni froid ; → **alone, baby, chance, cold, desire, device, go, shelf, stand, stone, unsaid**

e (Math) **three from six leaves three** six moins trois égalent trois ◆ **if you take four from seven, what are you left with?** si tu enlèves quatre de sept, qu'est-ce qui te reste ?

f (in will) [+ money] laisser (*to* à) ; [+ object, property] laisser, léguer (*to* à)

g **to be left** rester ◆ **what's left?** qu'est-ce qui reste ? ◆ **who's left?** qui est-ce qui reste ? ◆ **there'll be none left** il n'en restera pas ◆ **how many are (there) left?** combien en reste-t-il ? ◆ **there are three cakes left** il reste trois gâteaux ◆ **are there any left?** est-ce qu'il en reste ? ◆ **nothing was left for me but to sell the house** il ne me restait plus qu'à vendre la maison ◆ **I was left with a lot of stock I couldn't sell** je me suis retrouvé avec un gros stock que je ne pouvais pas écouler ◆ **I've got $6 left** il me reste 6 dollars ◆ **I've got a half left** il m'en reste la moitié ◆ **I'll have nothing left** il ne me restera plus rien ◆ **I've no money left** je n'ai plus d'argent ◆ **have you got any left?** est-ce qu'il vous en reste ?

3 vi (= go away) [person, train, ship etc] partir, s'en aller ; (= resign) partir, démissionner ◆ **to leave for Paris** [person, train] partir pour Paris ; [ship] partir *or* appareiller pour Paris ◆ **it's time we left, it's time for us to leave** il est l'heure de partir *or* que nous partions (subj) ◆ **the train leaves at 4 o'clock** le train part à 4 heures ◆ **he's just left** il vient de partir ◆ **his wife has left** (permanently) sa femme est partie

▸ **leave about, leave around** vt sep [+ clothes, possessions etc] laisser traîner

▸ **leave aside** vt sep laisser de côté

▸ **leave behind** vt sep **a** (= not take) [+ person] laisser, ne pas emmener ; [+ object] laisser, ne pas emporter ◆ **he left the children behind in Paris** il a laissé les enfants à Paris ◆ **you'll get left behind if you don't hurry up** on va te laisser là si tu ne te dépêches pas

b (= outdistance) [+ opponent in race] distancer ; [+ fellow students etc] dépasser

c (= forget) [+ gloves, umbrella etc] laisser, oublier

▸ **leave in** vt sep [+ paragraph, words etc] garder, laisser ; [+ plug] laisser, ne pas enlever ◆ **leave the cake in for 50 minutes** (in oven) laisser cuire le gâteau pendant 50 minutes

▸ **leave off** **1** vi (* = stop) s'arrêter ◆ **where did we leave off?** (in work, reading) où nous sommes-nous arrêtés ? ◆ **leave off!** arrête !, ça suffit ! *

2 vt sep **a** (* = stop) arrêter (*doing sth* de faire qch)

b [+ lid] ne pas remettre ; [+ clothes] (= not put back on) ne pas remettre ; (= stop wearing) cesser de porter, abandonner ; (= not put on) ne pas mettre

c [+ gas, heating, tap] laisser fermé ; [+ light] laisser éteint

d (= not add to list) (deliberately) exclure ; (accidentally) oublier, omettre

▶ **leave on** vt sep **a** [+ one's hat, coat etc] garder, ne pas enlever ; [+ lid] ne pas enlever, laisser

b [+ gas, heating, tap] laisser ouvert ; [+ light] laisser allumé

▶ **leave out** vt sep **a** (= omit) (accidentally) oublier, omettre ; (deliberately) exclure ; [+ line in text] (also Mus) [+ note] sauter ◆ **they left him out** ils l'ont tenu or laissé à l'écart ◆ **I'm feeling left out** j'ai l'impression d'être tenu à l'écart ◆ **leave it out!** ✶ arrête ! ✶

b (= not put back) laisser sorti, ne pas ranger ; (= leave visible) [+ food, note, etc] laisser ◆ **I left the box out on the table** j'ai laissé la boîte sortie sur la table ◆ **to leave sth out in the rain** laisser qch dehors sous la pluie ◆ **to leave sb out in the cold** (lit) laisser qn dans le froid ; (fig) laisser qn à l'écart

▶ **leave over** 1 vt sep **a** this is all the meat that was left over c'est toute la viande qui reste ◆ **there's nothing left (over)** il ne reste plus rien ◆ **there's never anything left over** il n'y a jamais de restes ◆ **after each child has three there are two left over** quand chaque enfant en a pris trois, il en reste deux ◆ **if there's any money left over** s'il reste de l'argent

b (= postpone) remettre (à plus tard) ◆ **let's leave this over till tomorrow** remettons cela à demain

2 **leftovers** npl → **leftover**

-leaved [li:vd] adj (in compounds) ◆ **small-leaved** à petites feuilles ◆ **round-leaved** à feuilles rondes ◆ **five-leaved stem** tige f à cinq feuilles

leaven ['levn] → SYN 1 n levain m

2 vt (lit) faire lever ◆ **his speech was leavened by a few witty stories** son discours était agrémenté de quelques anecdotes spirituelles

3 COMP ▷ **leavened bread** n pain m au levain

leavening ['levnɪŋ] n (lit, fig) levain m

leaves [li:vz] npl of **leaf**

leavetaking ['li:v,teɪkɪŋ] n adieux mpl

leaving ['li:vɪŋ] 1 n départ m

2 COMP ▷ **leaving present** n cadeau m de départ

leavings ['li:vɪŋz] → SYN npl restes mpl

Lebanese [,lebə'ni:z] 1 adj libanais

2 n (pl inv) Libanais(e) m(f)

3 **the Lebanese** npl les Libanais mpl

Lebanon ['lebənən] n le Liban ; → **cedar**

Lebensraum ['leɪbənz,raʊm] n (Hist) Lebensraum m

lech ✶ [letʃ] 1 vi ◆ **to lech after sb** (= desire) désirer qn ; (= behave lecherously) courir après qn

2 n ⇒ **lecher**

lecher ['letʃər] n coureur m de jupons

lecherous ['letʃərəs] → SYN adj lubrique, libidineux (hum) ; **look** lascif

lecherously ['letʃərəslɪ] adv lubriquement, lascivement

lechery ['letʃərɪ] → SYN n (NonC) luxure f, lubricité f

lecithin ['lesɪθɪn] n (Chem) lécithine f

lecky ✶ ['lekɪ] n (Brit) électricité f, jus ✶ m

Leclanché cell [lə'klɑːnʃeɪ] n (Elec) pile f Leclanché

lectern ['lektən] n lutrin m

lectionary ['lekʃənrɪ] n (Rel) lectionnaire m

lector ['lektɔːr] n (Univ) lecteur m, -trice f

lecture ['lektʃər] → SYN 1 n **a** (gen single occurrence) conférence f ; (Univ etc: gen one of a series) cours m (magistral) ◆ **to give a lecture** faire or donner une conférence, faire un cours (on sur) ◆ **I went to the lectures on French poetry** j'ai suivi les cours de poésie française ; → **inaugural**

b (fig = reproof) réprimande f, sermon m (pej) ◆ **to give** or **read sb a lecture** sermonner qn (about au sujet de)

2 vi faire or donner une conférence (to à ; on sur), faire un cours (to à ; on sur) ◆ **he lectures at 10 o'clock** il fait son cours à 10 heures ◆ **he lectures at Bristol** il enseigne dans le supérieur à Bristol ◆ **he lectures in law** il est professeur de droit à l'université ◆ **she lectures on Keats** elle fait cours sur Keats

3 vt (= reprove) réprimander (for having done pour avoir fait), sermonner (pej) ◆ **he lectured me for my clumsiness** il m'a réprimandé pour ma maladresse

4 COMP ▷ **lecture course** n (Univ) cours m magistral ▷ **lecture hall** n amphithéâtre m ▷ **lecture notes** npl notes fpl de cours ▷ **lecture room, lecture theatre** n (gen) salle f de conférences ; (Univ) amphithéâtre m

lecturer ['lektʃərər] n **a** (= speaker) conférencier m, -ière f

b (Brit Univ) ≃ enseignant(e) m(f) du supérieur ◆ **senior lecturer** ≃ maître m de conférences

lectureship ['lektʃəʃɪp] n (Brit Univ) ≃ poste m d'enseignant(e) du supérieur ◆ **senior lectureship** ≃ poste m de maître de conférences ◆ **he's got a lectureship in English at Birmingham University** il enseigne l'anglais à l'université de Birmingham

lecythus ['lesɪθəs] n lécythe m

LED [,eli:'di:] 1 n (abbrev of light-emitting diode) (diode f) LED f

2 COMP ▷ **LED display** n affichage m LED

led [led] vb (pt, ptp of **lead**[1])

ledge [ledʒ] → SYN n (on wall) rebord m, saillie f ; (also **window ledge**) rebord m (de la fenêtre) ; (on mountain) saillie f ; (Climbing) vire f ; (under sea) (= ridge) haut-fond m ; (= reef) récif m

ledger ['ledʒər] 1 n (Accounts) grand livre m

2 COMP ▷ **ledger line** n (Mus) ligne f supplémentaire

lee [liː] 1 n côté m sous le vent ◆ **in** or **under the lee of ...** à l'abri de ...

2 adj side of ship, shore sous le vent

leech [liːtʃ] 1 n (lit, also fig pej) sangsue f ◆ **he clung like a leech to me all evening** il est resté pendu à mes basques ✶ toute la soirée

leek [liːk] n poireau m

leer [lɪər] → SYN 1 vi lorgner ◆ **to leer at sb** lorgner qn

2 n (evil) regard m mauvais ; (lustful) regard m concupiscent

leeringly ['lɪərɪŋlɪ] adv lascivement, lubriquement

leery ✶ ['lɪərɪ] adj ◆ (esp US, Can) **to be leery about sth** se méfier de qch

lees [liːz] → SYN npl [of wine] lie f (NonC)

leet [liːt] n (Scot) liste f (des candidats à un poste)

leeward ['liːwəd] (esp Naut) 1 adj, adv sous le vent

2 n côté m sous le vent ◆ **to leeward** sous le vent

3 COMP ▷ **the Leeward Islands** npl (Geog) les îles fpl Sous-le-Vent

leeway ['liːweɪ] → SYN n **a** (Naut) dérive f

b (fig = freedom) liberté f ◆ **he gives his children/his staff too much leeway** il donne trop de liberté à ses enfants/à son personnel ◆ **that allows** or **gives him a certain (amount of) leeway** cela lui donne une certaine liberté d'action or marge de manœuvre ◆ **we had ten minutes' leeway to catch the train** nous avions une marge (de sécurité) de dix minutes pour attraper le train ◆ **they want more leeway to make decisions** ils veulent davantage de latitude or de liberté pour prendre des décisions ◆ **we had little leeway in our choice of hotel** or **in choosing a hotel** nous n'étions pas vraiment libres de choisir notre hôtel ◆ **he has some leeway in deciding how much money to spend** il dispose d'une certaine liberté or marge de manœuvre pour les dépenses

left[1] [left] 1 vb (pt, ptp of **leave**)

2 COMP ▷ **left luggage** n (Brit) bagages mpl en consigne ▷ **left-luggage locker** n (casier m à) consigne f automatique ▷ **left-luggage office** n consigne f

left[2] [left] → SYN 1 adj gauche ◆ **my left arm/foot** mon bras/pied gauche ◆ **left hand down!** (Aut) braquez à gauche ! ◆ **to have two left feet** ✶ être maladroit de ses pieds ◆ **to be (way) out in left field** ✶ (esp US) être (tout à fait) saugrenu ◆ **to come out of left field** ✶ (esp US) être totalement inattendu ; see also **4**

2 adv turn, look à gauche ◆ **go** or **bear** or **turn left at the church** tournez or prenez à gauche à l'église ◆ **eyes left!** (Mil) tête gauche ! ; → **right**

3 n **a** gauche f ◆ **on your left** à or sur votre gauche ◆ **on the left** sur la gauche, à gauche ◆ **the door on the left** la porte de gauche ◆ **to drive on the left** conduire à gauche ◆ **the third man from the left** le troisième homme en partant de la gauche ◆ **to the left** à gauche ◆ **to keep to the left** (Aut) tenir sa gauche ◆ **turn it to the left** tournez-le vers la gauche or à gauche

b (Pol) **the Left** la gauche ◆ **he's further to the Left than I am** il est plus à gauche que moi ◆ **the parties of the Left** les partis mpl de gauche

c (Boxing) gauche m ◆ **he threw a left to the jaw** il a porté un direct du gauche à la mâchoire ◆ **he hit him with his left** il l'a frappé du gauche

4 COMP ▷ **left back** n (Sport) arrière m gauche ▷ **Left Bank** n (in Paris) rive f gauche ▷ **left-footed** adj shot du pied gauche ; player gaucher ▷ **left-footer** ✶ n (Brit: = catholic) catho ✶ mf ▷ **left half** n (Sport) demi m gauche ▷ **left-hand** adj à or de gauche ◆ **the left-hand door/page** etc la porte/page etc de gauche ◆ **left-hand drive car** conduite f à gauche (véhicule) ◆ **this car is left-hand drive** cette voiture a la conduite à gauche ◆ **on the left-hand side** à gauche ◆ **a left-hand turn** un virage à gauche ▷ **left-handed** adj person gaucher ; screw fileté à gauche, avec pas à gauche ; scissors etc pour gaucher ◆ **left-handed compliment** (= insincere) compliment m hypocrite ; (= ambiguous) compliment m ambigu ▷ **left-handedness** n [of person] fait m d'être gaucher, manualité f gauche, sinistralité f (SPEC) ▷ **left-hander** n (= person) gaucher m, -ère f ; (✶ = blow) gifle f or claque ✶ f (donnée de la main gauche) ▷ **left-of-centre** adj (Pol) de centre gauche ▷ **left wing** n (Mil, Sport) aile f gauche ; (Pol) gauche f ▷ **left-wing** adj newspaper, view de gauche ◆ **he's very left-wing** il est très à gauche ◆ **he's on the left-wing of the party** il se situe à la gauche du parti ▷ **left-winger** n (Pol) homme m or femme f de gauche ; (Sport) ailier m gauche

leftie ✶ ['leftɪ] n **a** (esp Brit: Pol, pej) gaucho ✶ mf (pej), gauchiste mf

b (US = left-handed person) gaucher m, -ère f

leftish ['leftɪʃ] adj ⇒ **leftist 2**

leftism ['leftɪzəm] n (NonC) gauchisme m

leftist ['leftɪst] (Pol) 1 n gauchiste mf

2 adj de gauche

leftover ['left,əʊvər] → SYN 1 n (= throwback) vestige m (from de) ◆ **a leftover from the days when ...** un vestige des jours or de l'époque où ...

2 **leftovers** npl (after meal) restes mpl

3 adj restant, qui reste ◆ **a bottle with some leftover wine in it** une bouteille avec un restant de vin ◆ **a leftover bottle of wine** une bouteille de vin qui reste (or restait etc)

leftward(s) ['leftwəd(z)] (Pol, lit) 1 adj orienté vers la gauche

2 adv vers la gauche

lefty ✶ ['leftɪ] n ⇒ **leftie**

leg [leg] → SYN 1 n **a** [of person, horse] jambe f ; [of other animal, bird, insect] patte f ◆ **my legs won't carry me any further!** je ne tiens plus sur mes jambes ! ◆ **to stand on one leg** se tenir sur un pied or une jambe ◆ **to give sb a leg up** (lit) faire la courte échelle à qn ; (✶ fig) donner un coup de pouce à qn ◆ **he hasn't got a leg to stand on** il ne peut s'appuyer sur rien, il n'a aucun argument valable ◆ **it's got legs** ✶ (esp US) [idea, plan, story] ça tient debout ◆ **to pull sb's leg** (= hoax) faire marcher qn ; (= tease) taquiner qn

ENGLISH-FRENCH

♦ **to get one's leg over** ⁎ (Brit) s'envoyer en l'air ⁎ ; → **fast¹, hind², last¹**

b (Culin) [of lamb] gigot m ; [of beef] gîte m ; [of veal] sous-noix f ; [of pork, chicken, frog] cuisse f ; [of venison] cuissot m

c [of table etc] pied m ; [of trousers, tights etc] jambe f ; → **inside**

d (= stage) [of journey] étape f ♦ **first leg** (Ftbl etc) match m aller ♦ **second** or **return leg** match m retour ♦ **to run/swim the first leg** (Sport: in relay) courir/nager la première distance or le premier relais

2 vt ♦ **to leg it** ⁎ (= run) cavaler ⁎ ; (= flee) se barrer ⁎ ; (= walk) aller à pied, faire le chemin à pied

3 COMP ▷ **leg bone** n tibia m ▷ **leg iron** n (Med) appareil m (orthopédique) ▷ **leg muscle** n muscle m de la jambe, muscle m jambier (frm) ▷ **leg-of-mutton sleeve** n manche f gigot inv ▷ **leg-pull** ⁎ n canular m ▷ **leg-pulling** ⁎ n mise f en boîte ⁎ ▷ **leg shield** n protège-jambe m ▷ **leg-warmers** npl jambières fpl

legacy ['legəsɪ] → SYN **1** n (Jur) legs m (de biens mobiliers) ; (fig) legs m, héritage m ♦ **to leave a legacy to sb** (Jur) faire un legs or un héritage à qn ; (fig) laisser un héritage à qn ♦ **they have left us a legacy of bureaucracy and red tape** ils nous ont légué leur bureaucratie et leur paperasserie ♦ **we are left with the legacy of 40 years of environmental disaster** nous héritons de 40 ans de désastre écologique ♦ **the legacy of the past** l'héritage m or le legs du passé ♦ **the tragedy left a legacy of bitterness** cette tragédie a laissé un profond sentiment d'amertume ♦ **this law is a legacy from medieval times** cette loi est un héritage de l'époque médiévale ♦ **the economic legacy of Thatcherism/Communism** l'héritage m économique du thatchérisme/du communisme ♦ **this vase is a legacy from the previous tenants** (hum) on a hérité ce vase des précédents locataires

2 COMP ▷ **legacy duty, legacy tax** (US) n droits mpl de succession

legal ['liːgəl] → SYN **1** adj **a** (= concerning the law) error, protection judiciaire ; question, battle, services, framework juridique ; status légal, judiciaire ♦ **to take legal action against sb** intenter un procès à qn, poursuivre qn en justice ♦ **I am considering taking legal action** j'envisage d'intenter une action ♦ **to take legal advice** (on or about or over sth) consulter un juriste ou un avocat (à propos de qch) ♦ **legal loophole** vide m juridique ♦ **it's a legal matter** c'est une question juridique ou de droit ♦ **in legal matters** en matière de droit ♦ **to have a legal mind** être un excellent juriste ♦ **to the legal mind the issue is quite clear** pour un juriste ce problème est tout à fait clair ♦ **for legal reasons** pour des raisons légales ♦ **he's below the legal age for driving a car** il n'a pas l'âge légal pour conduire une voiture

b (= lawful) act, decision, right, obligation, requirement légal

2 COMP ▷ **legal adviser** n conseiller m, -ère f juridique ▷ **legal aid** n aide f judiciaire ▷ **legal costs** npl frais mpl de justice ▷ **legal currency** n (Fin) monnaie f légale ♦ **this note is no longer legal currency** ce billet n'a plus cours ▷ **legal department** n [of bank, firm] service m du contentieux ▷ **legal document** n (concerning the law) document m juridique ; (legally valid) document m légal ▷ **legal eagle** ⁎ n as ⁎ m du barreau ▷ **legal entity** n personne f morale ▷ **legal fees** npl frais mpl de justice ▷ **legal fiction** n fiction f juridique ▷ **legal holiday** n (US) jour m férié ▷ **the legal limit** n la limite légale ▷ **legal offence** n infraction f à la loi ▷ **legal opinion** n avis m juridique ▷ **legal proceedings** npl procès m, poursuites fpl ♦ **to begin** or **start legal proceedings against sb** engager des poursuites contre qn, intenter un procès à qn ▷ **the legal process** n la procédure (judiciaire) ▷ **the legal profession** n (= lawyers) les gens mpl de loi ; (= occupation) ♦ **to go into the legal profession** faire une carrière juridique ▷ **legal redress** n réparation f en justice ▷ **legal representation** n représentation f en justice ▷ **legal successor** n ayant cause m ▷ **legal system** n système m juridique ▷ **legal tender** n (Fin) monnaie f légale ♦ **is this legal tender?** banknote ce billet a-t-il cours ? ; coin cette pièce a-t-elle cours ?

legalese ⁎ [ˌliːgəˈliːz] n (pej) jargon m des juristes

legalism ['liːgəˌlɪzəm] n (pej) **a** (word, point, rule etc) argutie f juridique

b (turn of mind) juridisme m, légalisme m

legalistic [ˌliːgəˈlɪstɪk] adj (pej) légaliste

legalistically [ˌliːgəˈlɪstɪkəlɪ] adv (frm) d'un point de vue purement juridique

legality [lɪˈgælɪtɪ] → SYN n légalité f

legalization [ˌliːgəlaɪˈzeɪʃən] n légalisation f

legalize ['liːgəlaɪz] → SYN vt légaliser

legally ['liːgəlɪ] adv (gen) légalement ♦ **to acquire sth legally** acquérir qch légalement ou par des moyens légaux ♦ **legally, the whole issue is a nightmare** du point de vue juridique, toute cette question est un cauchemar

legate ['legɪt] n légat m

legatee [ˌlegəˈtiː] n légataire mf

legation [lɪˈgeɪʃən] → SYN n légation f

legato [lɪˈgɑːtəʊ] adv legato

legator [ˌlegəˈtɔːr] n testateur m, -trice f

legend ['ledʒənd] → SYN n (all senses) légende f ♦ **a legend in his own lifetime, a living legend** une légende de son vivant

legendary ['ledʒəndərɪ] → SYN adj (gen) légendaire ♦ **to achieve legendary status** devenir légendaire

-legged ['legɪd] adj (in compounds) ♦ **four-legged** à quatre pattes, quadrupède (frm) ♦ **barelegged** aux jambes nues ; → **three**

leggiero [ledˈʒɛərəʊ] (Mus) adv leggiero

leggings ['legɪŋz] npl (for woman) caleçon m, leggings mpl ; (= legwarmers) jambières fpl ; (for baby) petit pantalon m ; (protective: for walker, farmer) cuissardes fpl

leggo ⁎ [leˈgəʊ] excl ⇒ **let go** ; → **go 1b**

leggy ⁎ ['legɪ] adj person aux longues jambes ; (slightly pej) youth etc tout en jambes ; animal aux longues pattes, haut sur pattes ♦ **a gorgeous leggy blonde** une magnifique blonde aux longues jambes

Leghorn ['leghɔːn] n (Geog) Livourne

legibility [ˌledʒɪˈbɪlɪtɪ] → SYN n lisibilité f

legible ['ledʒəbl] → SYN adj lisible

legibly ['ledʒəblɪ] adv de façon lisible

legion ['liːdʒən] → SYN **1** n (lit, fig) légion f ; → **foreign**

2 adj légion inv ♦ **books on the subject are legion** les ouvrages sur ce sujet sont légion

---

LEGION

La **British Legion** est un organisme d'aide aux anciens combattants et à leurs familles. Comptant de nombreux clubs locaux, elle organise des collectes au profit des associations caritatives de l'armée le jour anniversaire de l'armistice de la Première Guerre mondiale. C'est le "Poppy Day Appeal".

L'**American Legion** remplit des fonctions similaires et aide à la réinsertion des anciens combattants. D'autre part, elle fait pression auprès du Congrès pour défendre leurs intérêts et milite en faveur d'une forte défense nationale. Elle compte également de nombreux clubs locaux où ses membres peuvent se retrouver.

---

legionary ['liːdʒənərɪ] **1** n légionnaire m
2 adj de la légion

legionella [ˌliːdʒəˈnelə] n légionellose f

legionnaire [ˌliːdʒəˈnɛər] **1** n légionnaire m
2 COMP ▷ **legionnaire's disease** n (Med) maladie f du légionnaire

legislate ['ledʒɪsleɪt] → SYN vi légiférer, faire des lois ♦ **to legislate against** faire des lois contre ♦ **the government's decision to legislate for immigration control** la décision du gouvernement de légiférer sur le contrôle de l'immigration ♦ **we can't legislate for people doing that** ça ne servirait à rien d'interdire aux gens de le faire

legislation [ˌledʒɪsˈleɪʃən] → SYN n **a** (= body of laws) législation f ; (= single law) loi f ♦ **a piece of legislation** une loi ♦ **to bring in** or **introduce legislation** faire des lois ♦ **the government is considering legislation against ...** le gouvernement envisage de légiférer contre ... ♦ **we are in favour of legislation to abolish ...** nous sommes partisans d'une législation qui abolirait ... ♦ **under the present legislation** sous la législation actuelle

b (NonC) (= making laws) élaboration f des lois ; (= enacting) promulgation f des lois

legislative ['ledʒɪslətɪv] → SYN adj (frm) reform, assembly, powers, process législatif ; session parlementaire ; programme de lois ; proposals de loi ♦ **the legislative body** (le corps) législatif ♦ **a legislative agenda** (US) un programme de lois ♦ **legislative drafting** (US) rédaction f des projets de loi

legislator ['ledʒɪsleɪtər] → SYN n législateur m, -trice f

legislature ['ledʒɪslətʃər] → SYN n (corps m) législatif m

legist ['liːdʒɪst] n légiste mf

legit ⁎ [ləˈdʒɪt] adj business, deal réglo ⁎ ♦ **to go legit** faire les choses dans les règles

legitimacy [lɪˈdʒɪtɪməsɪ] n légitimité f

legitimate [lɪˈdʒɪtɪmɪt] → SYN **1** adj **a** (= lawful) action, government, business, child légitime ; (= valid) reason, excuse, argument, conclusion valable ; complaint fondé ; target admissible ♦ **for legitimate purposes** dans un but légitime, pour des motifs valables ♦ **he has a legitimate claim to the property** il a légitimement droit à cette propriété ♦ **it's legitimate for the international community to intervene** il est légitime que la communauté internationale intervienne ♦ **it's perfectly legitimate to raise objections** il est parfaitement légitime de soulever des objections

b (Theat) **the legitimate stage** or **theatre** (gen) le théâtre sérieux ; (as opposed to cinema) le théâtre

2 [lɪˈdʒɪtɪmeɪt] vt légitimer

legitimately [lɪˈdʒɪtɪmɪtlɪ] adv act, claim, argue, expect légitimement ♦ **a legitimately elected government** un gouvernement élu légitimement ♦ **one might legitimately believe/ask ...** on est en droit de croire/de demander ...

legitim(iz)ation [lɪˌdʒɪtɪm(aɪ)ˈzeɪʃən] n légitimation f

legitimization [lɪˌdʒɪtɪmaɪˈzeɪʃən] n légitimation f

legitimize [lɪˈdʒɪtɪmaɪz] → SYN vt légitimer

legless ['leglɪs] adj **a** (lit) sans jambes, cul-de-jatte

b (Brit ⁎ fig = drunk) bourré ⁎, rond ⁎

legman ⁎ ['legmæn] n, pl -**men** (Press) reporter m débutant (qui enquête sur le terrain) ; (gen) garçon m de courses

Lego ® ['legəʊ] **1** n Lego ® m
2 COMP ▷ **Lego brick** n bloc m de Lego ®

legroom ['legrʊm] n place f pour les jambes

legume ['legjuːm] n (gen) (= plant) légumineuse f ; (= pod) gousse f

leguminous [leˈgjuːmɪnəs] adj légumineux

legwork ⁎ ['legwɜːk] n [of reporter, investigator etc] travail m sur le terrain ♦ **I had to do all the legwork** (gen) c'est moi qui ai dû me déplacer

Leibnitzian [laɪbˈnɪtsɪən] adj leibnizien

Leicester ['lestər] n (= cheese) leicester m (fromage de vache anglais à pâte dure)

Leics. abbrev of Leicestershire

Leipzig ['laɪpsɪg] n Leipzig

leishmania [liːʃˈmeɪnɪə] n leishmania f

leishmaniasis [ˌliːʃməˈnaɪəsɪs] n (Med) leishmaniose f

leisure ['leʒər], (US) ['liːʒər] → SYN **1** n (NonC) loisir m, temps m libre ♦ **she's a lady of leisure** (hum) elle est rentière (fig hum) ♦ **a life of leisure** une vie pleine de loisirs, une vie oisive (pej) ♦ **in my moments** or **hours of leisure** à mes moments perdus, pendant mes loisirs ♦ **do it at your leisure** prenez tout votre temps ♦ **think about it at (your) leisure** réfléchissez-y à tête reposée ♦ **a park where the public can stroll at leisure** un parc où l'on peut flâner à sa guise ♦ **he is not often at leisure** il n'a pas souvent de temps libre

2 COMP pursuits, activities de loisirs ; sector des loisirs ▷ **leisure centre** (Brit) centre m de loisirs ▷ **leisure complex** n complexe m de loisirs ▷ **the leisure industry** n l'industrie f

leisured ['leʒəd] adj person, life, existence oisif; meal tranquille ◆ **the leisured classes** les classes fpl oisives

leisurely ['leʒəlɪ] → SYN ① adj pace, stroll, meal, occupation tranquille ◆ **to adopt a leisurely approach to sth** aborder qch avec décontraction ◆ **to have a leisurely bath** prendre tranquillement un bain
② adv tranquillement, sans se presser

leitmotif, leitmotiv ['laɪtməʊˌtiːf] n (Mus, fig) leitmotiv m

lem [lem] n (Space) lem m, module m lunaire

lemma ['lemə] n, pl **lemmas** or **lemmata** ['lemətə] (Ling: gen) vocable m; (Comput Ling) lemme m

lemmatization [ˌleməˌtaɪ'zeɪʃən] n lemmatisation f

lemmatize ['lemətaɪz] vt lemmatiser

lemming ['lemɪŋ] n lemming m

lemniscate ['lemnɪskɪt] n lemniscate f

lemon ['lemən] ① n **a** (= fruit, drink) citron m; (= tree) citronnier m; (= colour) citron m; → **bitter**
b * (= idiot) cruche * f, imbécile mf; (= defective object) cochonnerie * f ◆ **I stood there like a lemon** j'étais là comme un imbécile or une cruche *
② adj (in colour) citron inv
③ COMP ▷ **lemon balm** n citronnelle f, eau f de mélisse ▷ **lemon cheese, lemon curd** n (Brit) crème f au citron ▷ **lemon drink** n citronnade f ▷ **lemon drop** n bonbon m (acidulé) au citron ▷ **lemon grass** n lemon-grass m inv ▷ **lemon grove** n plantation f de citronniers ▷ **lemon juice** n jus m de citron; (= drink) citron m pressé ▷ **lemon soda** n (esp US) limonade f ▷ **lemon sole** n (Brit) limande-sole f ▷ **lemon squash** n ≃ citronnade f ▷ **lemon squeezer** n presse-citron m, presse-agrumes m inv ▷ **lemon tea** n thé m au citron ▷ **lemon tree** n citronnier m ▷ **lemon yellow** adj, n jaune citron m inv

lemonade [ˌleməˈneɪd] n (still) citronnade f; (fizzy) limonade f

lemur ['liːməʳ] n maki m, lémur m

lemures ['lemjʊˌriːz] npl (Myth) Lémures mpl

lend [lend] → SYN pret, ptp **lent** ① vt **a** (+ money, possessions) prêter ◆ **to lend sb sth, to lend sth to sb** prêter qch à qn ◆ **to lend money at 10%** prêter de l'argent à 10 %; → **lease**
b (fig) [+ importance] prêter, accorder (to à); [+ dignity, mystery] donner, conférer (to à) ◆ **to lend credibility to sth** donner or conférer une certaine crédibilité à qch ◆ **to lend authority to sth** conférer une certaine autorité à qch ◆ **to lend an ear (to sb)** prêter l'oreille (à qn), écouter (qn); see also **ear** ◆ **to lend one's name to ...** prêter son nom à ..., accorder son patronage à ...
c (reflexive) **to lend itself (or o.s.) to ...** se prêter à ... ◆ **the novel doesn't lend itself to being filmed** ce roman ne se prête pas à une adaptation cinématographique ◆ **the programme doesn't really lend itself to radio** cette émission ne se prête pas vraiment à la radio ◆ **these problems don't lend themselves to quick solutions** ces problèmes ne se prêtent pas à des solutions rapides ◆ **he refused to lend himself to such a dishonest scheme** il a refusé de cautionner un plan aussi malhonnête, il a refusé de se laisser impliquer dans une affaire aussi malhonnête; → **hand, support, weight**
② COMP ▷ **lend-lease** n (US) ⇒ **lease-lend**; → **lease**

▶ **lend out** vt sep [+ object, book] prêter

lender ['lendəʳ] n prêteur m, -euse f; → **money-lender**

lending ['lendɪŋ] ① n prêt m ◆ **bank lending** le prêt bancaire
② COMP ▷ **lending library** n bibliothèque f de prêt ▷ **lending limit** n (Fin) plafond m de crédit ▷ **lending policy** n (Fin) politique f de prêt ▷ **lending rate** n (Fin) taux m de prêt, taux m d'intérêt débiteur

length [len(k)θ] → SYN ① n **a** (NonC: in space) longueur f ◆ **its length was 6 metres, it was 6 metres in length** il faisait 6 mètres de long, sa longueur était de 6 mètres ◆ **what is the length of the field?, what length is the field?** quelle est la longueur du champ? ◆ **along the whole length of the river** tout le long or sur toute la longueur de la rivière ◆ **what length do you want?** quelle longueur vous faut-il?, il vous en faut combien (de long)? ◆ **what length (of cloth) did you buy?** quel métrage (de tissu) as-tu acheté? ◆ **the ship turns in its own length** le navire vire sur place ◆ **over the length and breadth of England** dans toute l'Angleterre ◆ **to fall full length, to go or measure one's length** tomber or s'étaler ◆ de tout son long; see also **full**; → **arm¹**
b (NonC: in time) durée f; [of book, essay, letter, film, speech] longueur f ◆ **what length is the film?, what's the length of the film?** quelle est la durée du film? ◆ **length of life** durée f de vie ◆ **for the whole length of his life** pendant toute la durée de sa vie ◆ **for what length of time?** pour combien de temps?, pour quelle durée? ◆ **for some length of time** pendant un certain temps, pendant quelque temps ◆ **the length of time he took to do it** le temps qu'il a mis à le faire ◆ **length of service** ancienneté f ◆ **4,000 words in length** (essay, book) de 4 000 mots
◆ **at length** (= at last) enfin, à la fin ◆ **at (great) length** (= for a long time) fort longuement; (= in detail) dans le détail, en long et en large
◆ **to go to the length/to ... lengths** ◆ **he went to the length of asking my advice** il est allé jusqu'à me demander conseil ◆ **I've gone to great lengths to get it finished** je me suis donné beaucoup de mal pour le terminer ◆ **he would go to any length(s) to succeed** il ne reculerait devant rien pour réussir ◆ **I didn't think he would go to such lengths to get the job** je n'aurais pas cru qu'il serait allé jusque-là pour avoir le poste
c (Sport) longueur f ◆ **to win by a length** gagner d'une longueur ◆ **he was two lengths behind** il avait deux longueurs de retard ◆ **the race will be swum over six lengths** la course se nagera sur six longueurs ◆ **four lengths of the pool** quatre longueurs de piscine ◆ **he was about three car lengths behind me** il était à trois longueurs de voiture derrière moi
d (Phon) [of vowel] quantité f; [of syllable] longueur f
e (= section) [of rope, wire] morceau m, bout m; [of wallpaper] lé m, laize f; [of cloth] métrage m, pièce f; [of tubing] morceau m, bout m; [of track] tronçon m ◆ **cut into metre lengths** coupé en morceaux d'un mètre ◆ **I bought several lengths of dress material** j'ai acheté plusieurs métrages de tissu de confection ◆ **dress/skirt length** (Sewing) hauteur f de robe/de jupe
② COMP ▷ **length mark** n (Ling) signe m diacritique de longueur

-length [len(k)θ] adj (in compounds) ◆ **ankle-length skirt** jupe f qui descend jusqu'aux chevilles ◆ **elbow-length sleeve** manche f mi-longue; → **shoulder**

lengthen ['len(k)θən] → SYN ① vt [+ object] allonger, rallonger; [+ visit, life] prolonger; (Phon) [+ vowel] allonger ◆ **to lengthen one's stride** allonger le pas
② vi (object, process, cycle, shadows, queue) s'allonger; (visit, silence) se prolonger; [skirts] rallonger ◆ **the days/nights are lengthening** les jours/nuits rallongent ◆ **the intervals between his visits were lengthening** ses visites s'espaçaient

lengthily ['len(k)θɪlɪ] adv longuement

lengthways ['len(k)θweɪz], **lengthwise** ['len(k)θwaɪz] ① adv dans le sens de la longueur
② adj longitudinal

lengthy ['len(k)θɪ] → SYN adj très long (longue f) ◆ **lengthy delays on the M8** de très forts ralentissements sur la M8 ◆ **for a lengthy period of time** pendant très longtemps ◆ **patients who have a lengthy wait for treatment** les patients qui doivent attendre très longtemps pour être soignés

lenience ['liːnɪəns], **leniency** ['liːnɪənsɪ] n [of parent, teacher, treatment, view] indulgence f; [of government, judge, sentence] clémence f ◆ **to show sb lenience** se montrer clément envers qn

lenient ['liːnɪənt] → SYN adj parent, teacher, treatment, view indulgent (with sb avec qn); government, judge, sentence clément

leniently ['liːnɪəntlɪ] adv treat avec indulgence

Lenin ['lenɪn] n Lénine m

Leningrad ['lenɪngræd] n Leningrad

Leninism ['lenɪnɪzəm] n léninisme m

Leninist ['lenɪnɪst] adj, n léniniste mf

lenitive ['lenɪtɪv] adj, n lénitif m

lens [lenz] ① n (for magnifying) lentille f; [of camera] objectif m; [of spectacles] verre m; (also **contact lens**) lentille f, verre m de contact; [of eye] cristallin m; → **contact, telephoto, wide**
② COMP ▷ **lens cap** n (Phot) bouchon m d'objectif ▷ **lens field** n angle m de couverture ▷ **lens holder** n porte-objectif m inv ▷ **lens hood** n pare-soleil m inv

Lent [lent] n (Rel) le carême ◆ **in** or **during Lent** pendant le carême ◆ **to keep Lent** observer le carême, faire carême ◆ **I gave it up for Lent** j'y ai renoncé pour le carême

lent [lent] vb (pt, ptp of **lend**)

Lenten ['lentən] adj de carême

lenticel ['lentɪˌsel] n lenticelle f

lentigo [len'taɪgəʊ] n, pl **lentigines** [len'tɪdʒɪniːz] (Med) lentigo m

lentil ['lentɪl] n (Bot, Culin) lentille f ◆ **lentil soup** soupe f aux lentilles

lento ['lentəʊ] adv lento

Leo ['liːəʊ] n (Astron) le Lion ◆ **I'm (a) Leo** (Astrol) je suis (du) Lion

Leonard ['lenəd] n Léonard m

Leonardo (da Vinci) [ˌliːəˈnɑːdəʊ(dəˈvɪntʃɪ)] n Léonard de Vinci m

Leonian [liːˈəʊnɪən] n ◆ **to be a Leonian** être (du) Lion

leonine ['liːənaɪn] adj léonin

leopard ['lepəd] ① n léopard m ◆ (Prov) **the leopard cannot change its spots** on ne peut pas changer sa nature, chassez le naturel, il revient au galop ◆ **"The Leopard"** (Literat) "Le Guépard"
② COMP ▷ **leopard moth** n (Zool) zeuzère f

leopardess ['lepədes] n léopard m femelle

leopardskin ['lepədskɪn] n peau f de léopard

leotard ['liːətɑːd] n justaucorps m

leper ['lepəʳ] n (Med, fig) lépreux m, -euse f ◆ **leper colony** léproserie f

lepidolite [lɪˈpɪdəˌlaɪt] n lépidolit(h)e m

lepidoptera [ˌlepɪˈdɒptərə] npl lépidoptères mpl

lepidopteran [ˌlepɪˈdɒptərən] adj, n (Zool) lépidoptère m

lepidopterist [ˌlepɪˈdɒptərɪst] n lépidoptériste mf

lepidosiren [ˌlepɪdəʊˈsaɪərən] n lépidosirène m

leprechaun ['leprəkɔːn] n lutin m, farfadet m

leprosarium [ˌleprəˈsɛərɪəm] n, pl **leprosaria** [ˌleprəˈsɛərɪə] léproserie f

leprosy ['leprəsɪ] n lèpre f

leprous ['leprəs] adj lépreux

leptocephalus [ˌleptəʊˈsefələs] n leptocéphale m

lepton ['leptɒn] n (Phys) lepton m

leptospirosis [ˌleptəʊspaɪˈrəʊsɪs] n (Med) leptospirose f

lesbian ['lezbɪən] → SYN ① adj woman, activist, feminist lesbien; couple de lesbiennes; relationship, affair homosexuel (entre femmes) ◆ **lesbian sex** rapports mpl homosexuels entre femmes ◆ **lesbian and gay community** communauté f lesbienne et gay ◆ **lesbian and gay issues** questions fpl concernant les lesbiennes et les gays ◆ **lesbian and gay movement/rights** mouvement m/droits mpl des lesbiennes et des gays ◆ **lesbian and gay people** les lesbiennes fpl et les gays mpl
② n lesbienne f

lesbianism ['lezbɪənɪzəm] n lesbianisme m, homosexualité f féminine

lese-majesty [liːz] n lèse-majesté f inv

lesion ['liːʒən] n lésion f

Lesotho [lɪ'suːtʊ] n le Lesotho

less [les] → SYN (compar of little²) 1 adj, pron (in amount, size, degree) moins (de) ◆ **less butter** moins de beurre ◆ **even less** encore moins ◆ **even** or **still less butter** encore moins de beurre ◆ **much less milk** beaucoup moins de lait ◆ **a little less cream** un peu moins de crème ◆ **less and less** de moins en moins ◆ **less and less money** de moins en moins d'argent ◆ **he couldn't have done less if he'd tried** il aurait pu difficilement (en) faire moins ◆ **of less importance** de moindre importance, de moins d'importance ◆ **I have less time for reading** j'ai moins le temps de lire, j'ai moins de temps pour lire ◆ **can't you let me have it for less?** vous ne pouvez pas me faire un prix ? ◆ **less of your cheek!** * ça suffit ! ◆ **less noise please!** moins de bruit s'il vous plaît ! ◆ **less of that** or **it!** assez !, ça suffit ! ◆ **with less trouble** avec moins de mal ◆ **he knows little German and less Russian** il ne connaît pas bien l'allemand et encore moins le russe ◆ **he has little but I have less** il n'a pas grand-chose mais j'en ai encore moins ◆ **we must see less of her** il faut que nous la voyions (subj) moins souvent

◆ **less than** moins que ; (before a number) moins de ◆ **I have less than you** j'en ai moins que vous ◆ **I need less than that** il m'en faut moins que cela ◆ **I have less money than you** j'ai moins d'argent que vous ◆ **it costs less than the export model** il coûte moins cher que le modèle d'exportation ◆ **it was less money than I expected** c'était moins (d'argent) que je n'escomptais ◆ **less than half the audience** moins de la moitié de l'assistance ◆ **I got less out of it than you did** j'en ai tiré moins de profit que toi ◆ **it took less time than I expected** cela a pris moins de temps que je ne pensais ◆ **we eat less bread than we used to** nous mangeons moins de pain qu'avant ◆ **he did less to help them than his brother did** il a moins fait or fait moins pour les aider que son frère ◆ **it is less than perfect** on ne peut pas dire que ce soit parfait ◆ **in less than a month** en moins d'un mois ◆ **in less than no time** * en un rien de temps, en moins de deux * ◆ **not less than one kilo** pas moins d'un kilo ◆ **a sum less than 10 francs** une somme de moins de 10 F ◆ **it's less than you think** c'est moins que vous ne croyez ◆ **I won't sell it for less than $10** je ne le vendrai pas à or pour moins de 10 dollars

◆ **no less** ◆ **with no less skill than enthusiasm** avec non moins d'habileté que d'enthousiasme ◆ **no less a person than the Prime Minister** rien moins que le Premier ministre ◆ **he's bought a car, no less** * il s'est payé une voiture, rien que ça * ◆ **I was told the news by the bishop, no less** * c'est l'évêque en personne, s'il vous plaît *, qui m'a appris la nouvelle ◆ **he has no less than four months' holiday a year** il a au moins quatre mois de vacances par an ◆ **it costs no less than £100** ça ne coûte pas moins de 100 livres ◆ **I think no less of him for that** il n'est pas descendu dans mon estime pour autant

◆ **the less ...** ◆ **there will be so much the less to pay** cela fera autant de moins à payer ◆ **the less said about it the better** mieux vaut ne pas en parler ◆ **the less you buy the less you spend** moins vous achetez, moins vous dépensez ◆ **I think none the less of him** or **I don't think any the less of him for that** il n'est pas descendu dans mon estime pour autant

◆ **nothing less than** rien moins que, tout simplement ◆ **he's nothing less than a thief** c'est tout simplement un voleur, ce n'est qu'un voleur ◆ **nothing less than a bomb would move them** il faudrait au moins une bombe pour les faire bouger ◆ **nothing less than a public apology will satisfy him** il ne lui faudra rien moins que des excuses publiques pour le satisfaire ◆ **it's nothing less than disgraceful** le moins qu'on puisse dire c'est que c'est une honte

2 adv a moins ◆ **you must eat less** vous devez moins manger, il faut que vous mangiez (subj) moins ◆ **I must see you less** il faut que je vous voie moins souvent ◆ **to grow less** diminuer ◆ **that's less important** c'est moins important, ça n'est pas si important ◆ **less and less** de moins en moins ◆ **still less, much less, even less** encore moins ◆ **less regularly/often** moins régulièrement/souvent ◆ **whichever is (the) less expensive** le moins cher des deux ◆ **he is less well known** il est moins (bien) connu ◆ **he was (all) the less pleased as he'd refused to give his permission** il était d'autant moins content qu'il avait refusé son autorisation ◆ **he wasn't expecting me but he was none the less pleased to see me** il ne m'attendait pas mais il n'en était pas moins content de me voir

◆ **less ... than** moins ... que ◆ **it's less expensive than you think** c'est moins cher que vous ne croyez ◆ **he was less hurt than frightened** il a eu plus de peur que de mal ◆ **the problem is less one of capital than of personnel** ce n'est pas tant or c'est moins un problème de capital qu'un problème de personnel ◆ **he was less annoyed than amused** il était moins fâché qu'amusé ◆ **it is less a short story than a novel** c'est moins une nouvelle qu'un roman

◆ **no less ... than** ◆ **she is no less intelligent than you** elle n'est pas moins intelligente que vous ◆ **he criticized the director no less than the caretaker** il a critiqué le directeur tout autant que le concierge

◆ **the less ...** + comparative ◆ **the less he works the less he earns** moins il travaille, moins il gagne ◆ **the less you worry about it the better** moins vous vous ferez du souci à ce sujet, mieux ça vaudra ; → **more**

3 prep moins ◆ **less 10% discount** moins 10 % de remise ◆ **in a year less four days** dans un an moins quatre jours

...less [lɪs] suf ◆ **hatless** sans chapeau ◆ **childless** sans enfants

lessee [le'siː] n preneur m, -euse f (à bail)

lessen ['lesn] → SYN 1 vt (gen) diminuer ; [+ cost] réduire ; [+ anxiety, pain] atténuer ; [+ effect, shock] amortir ; (Pol) [+ tension] relâcher

2 vi diminuer, s'amoindrir ; [pain] s'atténuer ; [tension] se relâcher

lessening ['lesnɪŋ] → SYN n (NonC) diminution f, amoindrissement m ◆ **lessening of tension** (Pol) détente f

lesser ['lesəʳ] → SYN 1 adj a moindre ◆ **to a lesser degree** or **extent** à un moindre degré, à un degré moindre ◆ **the lesser of two evils** le moindre de deux maux ◆ **we lesser mortals** * or **beings** * (hum) nous (autres) simples mortels (hum)

b (Bot, Zool, Geog) petit

2 COMP ▷ **the Lesser Antilles** npl les Petites Antilles fpl ▷ **lesser black-backed gull** n (Orn) goéland m brun ▷ **lesser celandine** n ficaire f ▷ **lesser panda** n petit panda m ▷ **lesser spotted dogfish** n (= fish) petite roussette f ▷ **lesser spotted woodpecker** n (Orn) pic m épeichette ▷ **lesser weever** n (= fish) petite vive f ▷ **lesser whitethroat** n (Orn) fauvette f babillarde

lesson ['lesn] → SYN 1 n a (gen) leçon f ; (in school, college etc) leçon f, cours m ◆ **a French/geography** etc **lesson** une leçon or un cours de français/de géographie etc ◆ **swimming/driving lesson** leçon f de natation/de conduite ◆ **to have** or **take lessons in** prendre des leçons de ◆ **to give lessons in** donner des leçons de ◆ **we have lessons from nine to midday** nous avons classe or cours de 9 heures à midi ◆ **lessons start at 9 o'clock** la classe commence or les cours commencent à 9 heures ◆ **let that be a lesson to you!** que cela te serve de leçon ! ; → **private, teach**

b (Rel) leçon f ; → **read¹**

2 COMP ▷ **lesson plans** npl (Scol) dossier m pédagogique

lessor [le'sɔːʳ] n bailleur m, -eresse f

lest [lest] conj (liter) de peur or de crainte de (+ infin), de peur or de crainte que (+ ne) (+ subj) ◆ **he took the map lest he should get lost** il a pris la carte de peur or crainte de se perdre, il a pris la carte au cas où il se perdrait ◆ **I gave him the map lest he should get lost** je lui ai donné la carte de peur or de crainte qu'il (ne) se perde, je lui ai donné la carte au cas où il se perdrait ◆ **lest anyone had forgotten, may I remind you that ...** au cas où certains auraient oublié, permettez-moi de vous rappeler que ... ◆ **I was afraid lest he should** or **might fall** je craignais qu'il ne tombe (subj) or ne tombât (subj) (frm) ◆ **"lest we forget"** (on war memorial etc) "in memoriam"

let¹ [let] LANGUAGE IN USE 3.1, 9, 26.1 → SYN pret, ptp **let**

1 vt a (= allow) laisser ◆ **to let sb do sth** laisser qn faire qch ◆ **he wouldn't let us** il n'a pas voulu ◆ **she wanted to help but her mother wouldn't let her** elle voulait aider mais sa mère ne l'a pas laissée faire ◆ **I won't let you be treated like that** je ne permettrai pas qu'on vous traite (subj) de cette façon ◆ **I won't let it be said that ...** je ne permettrai pas que l'on dise que ... ◆ **to let sb into a secret** révéler un secret à qn ◆ **don't let it get you down** * ne te laisse pas démoraliser pour autant * ◆ **don't let me forget** rappelle-le-moi, tu m'y feras penser ◆ **don't let the fire go out** ne laisse pas s'éteindre le feu ◆ **let me have a look** faites voir ◆ **let me help you** laissez-moi vous aider ◆ **let me give you some advice** permettez-moi de vous donnez un conseil ◆ **let me take your coat** laissez-moi vous débarrasser de votre manteau ◆ **let me tell you ...** que je vous dise ... or raconte (subj) ... ◆ **when can you let me have it?** quand est-ce que je pourrai l'avoir or le prendre ? ◆ **let him have it!** (= give) donnez-le-lui ! ; (* = shoot, strike etc) règle-lui son compte ! * ◆ **let him be!** laisse-le (tranquille) ! ◆ **(just you) let me catch you stealing again!** * que je t'attrape (subj) or t'y prenne encore à voler ! ◆ **the hunted man let himself be seen** l'homme traqué s'est laissé repérer ◆ **I let myself be persuaded** je me suis laissé convaincre ; → **alone, drop, fall, fly³, go, know, lie**

b (used to form imperative of 1st person) **let us** or **let's go for a walk** allons nous promener ◆ **let's go!** allons-y ! ◆ **let's get out of here!** filons !, fichons le camp (d'ici) ! * ◆ **don't let's** * or **let's not start yet** ne commençons pas tout de suite ◆ **don't let me keep you** que je ne vous retienne pas ◆ **don't let me see you doing that again** que je ne t'y reprenne pas, que je ne te revois pas faire ça ◆ **let us pray** prions ◆ **let me see (now) ..., let's see (now) ...** voyons ... ◆ **let me think** laissez-moi réfléchir ; → **say**

c (used to form imperative of 3rd person) **if he wants the book, let him come and get it himself** s'il veut le livre, qu'il vienne le chercher lui-même or il n'a qu'à venir le chercher lui-même ◆ **let him say what he likes, I don't care** qu'il dise ce qu'il veut, ça m'est égal ◆ **let no one believe that I will change my mind** que personne ne s'imagine (subj) que je vais changer d'avis ◆ **let that be a warning to you** que cela vous serve d'avertissement ◆ **let there be light** que la lumière soit ◆ **just let them try!** qu'ils essaient (subj) un peu ! ◆ **let it be done at once** (frm) qu'on le fasse tout de suite ◆ **let x equal two** (Math) soit x égal à deux

d (Med) **to let blood** tirer du sang, faire une saignée

e **to let a window/door into a wall** percer or ouvrir une fenêtre/porte dans un mur

f (esp Brit = hire out) [+ house etc] louer, mettre en location ◆ **"flat to let"** "appartement à louer" ◆ **"to let", "to be let"** "à louer"

2 n [of house etc] location f ◆ **I'm looking for a long/short let for my villa** je cherche à louer ma villa pour une longue/brève période

3 COMP ▷ **let alone** conj → **alone** e ▷ **let-down** * n déception f ◆ **what a let-down!** quelle déception ! ◆ **the film was a let-down after the book** le film était décevant par rapport au livre ▷ **let-out** n (Brit) échappatoire f, issue f ▷ **let-up** * n (= decrease) diminution f ; (= stop) arrêt m ; (= respite) relâchement m, répit m ◆ **if there is a let-up in the rain** si la pluie s'arrête un peu ◆ **he worked five hours without (a) let-up** il a travaillé cinq heures d'affilée or sans s'arrêter ◆ **there will be no let-up in my efforts** je ne relâcherai pas mes efforts

► **let away** vt sep (= allow to leave) laisser partir ◆ **the headmaster let the children away early today** le directeur a laissé partir or a renvoyé les enfants tôt aujourd'hui ◆ **you can't let him away with that!** tu ne peux pas le laisser s'en tirer comme ça !

► **let down**

[1] vt sep **a** [+ window] baisser ; [+ one's hair] dénouer, défaire ; [+ dress] rallonger ; [+ tyre] dégonfler ; (on rope etc) [+ person, object] descendre ◆ **to let down a hem** défaire un ourlet *(pour rallonger un vêtement)* ◆ **he let me down gently** (fig) (in giving bad news) il me l'a dit or il m'a traité avec ménagement ; (in punishing etc) il n'a pas été trop sévère avec moi ; see also **hair**

b (= disappoint, fail) faire faux bond à, décevoir ◆ **we're expecting you on Sunday, don't let us down** nous vous attendons dimanche, nous comptons sur vous or ne nous faites pas faux bond ◆ **he's let me down several times** il m'a déçu plusieurs fois or à plusieurs reprises ◆ **to feel let down** être déçu ◆ **that shop has let me down before** j'ai déjà été déçu par cette boutique ◆ **the car let me down** la voiture m'a joué des tours ◆ **my watch never lets me down** ma montre est toujours à l'heure ◆ **you've let the team down** ta façon de jouer a beaucoup déçu or desservi l'équipe ◆ **you've let the side down** (fig) tu ne nous (or leur) as pas fait honneur ◆ **the weather let us down** le beau temps n'a pas été de la partie

[2] **let-down** * n → **let**[1]

► **let in** vt sep [+ person, cat] faire entrer, laisser entrer, ouvrir (la porte) à ◆ **can you let him in?** pouvez-vous lui ouvrir (la porte) ? ◆ **the maid let him in** la bonne lui a ouvert la porte or l'a fait entrer ◆ **he pleaded with us to let him in** il nous a suppliés de le laisser entrer or de lui ouvrir (la porte) ◆ **they wouldn't let me in** ils ne voulaient pas me laisser entrer ◆ **shall I let myself in?** je peux entrer ? ◆ **he let himself in with a key** il a ouvert (la porte) or il est entré avec une clé ◆ **to let in water** [shoes, tent] prendre l'eau ; [roof] laisser entrer or passer la pluie ◆ **the curtains let the light in** les rideaux laissent entrer la lumière ◆ **this camera lets the light in** cet appareil-photo laisse passer la lumière ◆ **to let the clutch in** (Aut) embrayer

♦ **to let sb in for sth** * ◆ **see what you've let me in for now!** tu vois dans quelle situation tu me mets maintenant ! ◆ **if I'd known what you were letting me in for I'd never have come** si j'avais su dans quoi tu allais m'entraîner je ne serais jamais venu ◆ **you're letting yourself in for trouble** tu te prépares des ennuis ◆ **you don't know what you're letting yourself in for** tu ne sais pas à quoi tu t'engages ◆ **I let myself in for doing the washing-up** je me suis laissé coincer pour la corvée de vaisselle ◆ **I got let in for a £5 donation** j'ai dû donner cinq livres

♦ **to let sb in on sth** mettre qn au courant de qch ◆ **can't we let him in on it?** ne peut-on pas le mettre au courant ?

► **let off** vt sep **a** (= cause to explode, fire etc) [+ bomb] faire éclater ; [+ firework] tirer, faire partir ; [+ firearm] faire partir

b (= release) dégager, lâcher ◆ **to let off steam** [boiler, engine] lâcher or dégager de la vapeur ; (* fig) [person] [+ anger] décharger sa bile ; [+ excitement] se défouler *

c (= allow to leave) laisser partir ◆ **they let the children off early today** aujourd'hui ils ont laissé partir or renvoyé les enfants de bonne heure ◆ **will you please let me off at 3 o'clock?** pourriez-vous s'il vous plaît me laisser partir à 3 heures ?

d (= excuse) dispenser ◆ **to let sb off (doing) sth** dispenser qn de (faire) qch ◆ **if you don't want to do it, I'll let you off** si tu ne veux pas le faire, je t'en dispense

e (= not punish) ne pas punir, faire grâce à ◆ **he let me off** il ne m'a pas puni ◆ **I'll let you off this time** je vous fais grâce or je ferme les yeux pour cette fois ◆ **the headmaster let him off with a warning** le directeur lui a seulement donné un avertissement ◆ **he was let off with a fine** il s'en est tiré avec une amende, il en a été quitte pour une amende ◆ **to let sb off lightly** laisser qn s'en tirer à bon compte

f [+ rooms etc] louer ◆ **the house has been let off in flats** la maison a été louée en plusieurs appartements

► **let on** *

[1] vi (= tell) ◆ **I won't let on** je ne dirai rien, je garderai ça pour moi ◆ **they knew the answer but they didn't let on** ils connaissaient la réponse mais ils n'ont pas pipé ◆ **don't let on!** motus ! ◆ **don't let on about what they did** ne va pas raconter or dire ce qu'ils ont fait ◆ **she didn't let on that she'd seen me** elle n'a pas dit qu'elle m'avait vu

[2] vt sep **a** (= admit, acknowledge) dire, aller raconter (*that* que) ◆ **he didn't let on who gave it to him/where he got it** il n'a pas révélé qui le lui avait donné/où il l'avait trouvé

b (= pretend) prétendre, raconter (*that* que)

► **let out**

[1] vi ◆ **to let out at sb** (with fists, stick etc) envoyer des coups à qn ; (= abuse) injurier qn ; (= speak angrily to) attaquer qn ; (= scold) réprimander qn sévèrement

[2] vt sep **a** (= allow to leave) [+ person, cat] faire or laisser sortir ; (= release) [+ prisoner] relâcher ; [+ sheep, cattle] faire sortir (*of* de) ; [+ caged bird] lâcher ◆ **let me out!** laissez-moi sortir ! ◆ **I'll let you out** je vais vous ouvrir la porte or vous reconduire ◆ **the watchman let me out** le veilleur m'a fait sortir ◆ **he let himself out quietly** il est sorti sans faire de bruit, il a ouvert la porte sans faire de bruit ◆ **I'll let myself out** pas besoin de me reconduire ◆ **they are let out of school at 4** on les libère à 16 heures ◆ **to let the air out of a tyre** dégonfler un pneu ◆ **to let the water out of the bath** vider l'eau de la baignoire ; → **cat**

b [+ fire, candle] laisser s'éteindre

c (= reveal) [+ secret, news] laisser échapper, révéler ◆ **don't let it out that ...** ne va pas raconter que ...

d [+ shout, cry] laisser échapper ◆ **to let out a laugh** faire entendre un rire

e [+ dress] élargir ◆ **to let one's belt out by two holes** desserrer sa ceinture de deux crans ◆ **to let out a seam** défaire une couture *(pour agrandir un vêtement)*

f (= remove suspicion from) disculper, mettre hors de cause ; (= exclude) exclure, éliminer ◆ **his alibi lets him out** son alibi le met hors de cause ◆ **if it's a bachelor you need that lets me out** si c'est un célibataire qu'il vous faut je ne peux pas faire votre affaire

g (esp Brit) [+ house etc] louer

[3] **let-out** n → **let**[1]

► **let past** vt sep [+ person, vehicle, animal, mistake] laisser passer

► **let through** vt sep [+ vehicle, person, light] laisser passer

► **let up**

[1] vi [rain] diminuer ; [cold weather] s'adoucir ◆ **he didn't let up until he'd finished** il ne s'est accordé aucun répit avant d'avoir fini ◆ **she worked all night without letting up** elle a travaillé toute la nuit sans relâche ◆ **what a talker she is, she never lets up!** quelle bavarde, elle n'arrête pas ! ◆ **to let up on sb** * lâcher la bride à qn

[2] vt sep (= allow to rise) ◆ **to let sb up** permettre à qn de se lever

[3] **let-up** * n → **let**[1]

let[2] [let] n **a** (Tennis) let m, balle f à remettre ◆ **to play a let** jouer un let, remettre le service ◆ **let ball** balle f de let ◆ **let!** net !, let !

b (Jur) **without let or hindrance** librement, sans empêchement aucun

letch * [letʃ] vi ⇒ **lech**

lethal [ˈliːθəl] [→ SYN] adj (= causing death) poison, chemical, gas, effect, injection, dose mortel ; attack, blow fatal ; weapon, explosion meurtrier ◆ **(by) lethal injection** (par) injection f (d'une dose) mortelle ◆ **a lethal combination** or **cocktail (of ...)** [of drink, drugs etc] un mélange fatal (de ...) ; (fig) [of ignorance, fear, poverty etc] un mélange explosif or détonant (de ...) ; (Pol, Mil) ◆ **lethal/non-lethal aid** aide f militaire/humanitaire ◆ **that stuff is lethal!** * (hum : coffee, beer etc) c'est infect !

lethargic [lɪˈθɑːdʒɪk] [→ SYN] adj **a** (= tired) person léthargique ; movement indolent ◆ **to feel lethargic** avoir une sensation de léthargie

b (Comm, St Ex) léthargique ◆ **trading was lethargic** les affaires étaient moroses

lethargically [lɪˈθɑːdʒɪkəlɪ] adv de façon léthargique

lethargy [ˈleθədʒɪ] [→ SYN] n léthargie f

Lethe [ˈliːθɪ] n (Myth) Léthé m

LETS [lets] n (abbrev of **Local Exchange Trading Scheme**) SEL m

let's [lets] ⇒ **let us** ; → **let**[1]

Lett [let] ⇒ **Latvian**

letter [ˈletəʳ] [→ SYN] [1] n **a** [of alphabet] lettre f ◆ **the letter L** la lettre L ◆ **it was printed in letters 15cm high** c'était écrit en lettres de 15 cm de haut ◆ **the letter of the law** la lettre de la loi ◆ **he followed the instructions to the letter** il a suivi les instructions à la lettre or au pied de la lettre ◆ **to have a lot of letters after** (Brit) **or behind** (US) **one's name** être bardé de diplômes ; → **block, capital, red**

b (= written communication) lettre f ◆ **I wrote her a letter** je lui ai écrit une lettre ◆ **thank you for your letter of 1 June 2000** je vous remercie pour votre lettre du 1er juin 2000 ◆ **were there any letters for me?** y avait-il du courrier or des lettres pour moi ? ◆ **to write a letter of complaint/support/apology/protest** écrire une lettre de réclamation/de soutien/d'excuse/de protestation ◆ **she apologized/complained by letter** elle a envoyé une lettre d'excuse/de réclamation ◆ **he was invited by letter** il a reçu une invitation écrite ◆ **his appointment to the post was confirmed by letter** il a reçu une lettre confirmant sa nomination ◆ **the news came in a letter from her brother** une lettre de son frère annonçait la nouvelle ◆ **"The Letters of Virginia Woolf"** "La correspondance de Virginia Woolf", "Les lettres de Virginia Woolf" ; → **covering, love, open**

c (= literature) **letters** (belles-)lettres fpl ◆ **man of letters** homme m de lettres

d (US Scol) distinctions fpl *(pour succès sportifs)*

[2] vt **a** (= put letter on) **I've lettered the packets according to the order they arrived in** j'ai inscrit des lettres sur les paquets selon leur ordre d'arrivée ◆ **she lettered the envelopes from A to M** elle a marqué les enveloppes de A à M

b (= add lettering to) **the book cover was lettered in gold** la couverture du livre portait une inscription en lettres d'or ◆ **the case is lettered with my initials** l'étui est gravé à mes initiales, mes initiales sont gravées sur l'étui

[3] COMP ▷ **letter bomb** n lettre f piégée ▷ **letter-card** n (Brit) carte-lettre f ▷ **letter of acknowledgement** n (Comm) lettre f accusant réception ▷ **letter of attorney** n (Jur) procuration f ▷ **letter of credence** n ⇒ **letters of credence** ▷ **letter of credit** n (Fin) lettre f de crédit ▷ **letter of intent** n lettre f d'intention ▷ **letter of introduction** n lettre f de recommandation ▷ **letter of request** n (Jur) commission f rogatoire ▷ **letter opener** n coupe-papier m inv ▷ **letter paper** n papier m à lettres ▷ **letter-perfect** adj (US) **to be letter-perfect in sth** connaître qch sur le bout des doigts ▷ **letter quality** n (Comput) qualité f courrier ▷ **letter rogatory** n ⇒ **letter of request** ▷ **letters of credence** npl (Diplomacy) lettres fpl de créance ▷ **letters page** n (in newspaper) (page f du) courrier m des lecteurs ▷ **letters patent** npl lettres fpl patentes ▷ **letter-writer** n **he's a good/bad letter-writer** c'est un bon/mauvais correspondant or épistolier (hum)

letterbox [ˈletəbɒks] n (esp Brit) boîte f aux or à lettres

lettered [ˈletəd] adj person lettré ; see also **letter**

letterhead [ˈletəhed] n en-tête m (de lettre)

lettering [ˈletərɪŋ] n (NonC) (= engraving) gravure f ; (= letters) caractères mpl

letterpress [ˈletəpres] n (Typ) (= method) typographie f ; (= text) texte m imprimé

letting [ˈletɪŋ] n **a** [of flat etc] location f

b → **bloodletting**

Lettish [ˈletɪʃ] n (Ling) letton m, lette m, lettique m

lettuce [ˈletɪs] n (as plant, whole) laitue f ; (leaves, as salad) salade f

leu [ˈleɪuː] n (Fin) leu m

leucine [ˈluːsiːn] n leucine f

leucite [ˈluːsaɪt] n leucite f

leucoblast [ˈluːkəʊblɑːst] n (Bio) leucoblaste m

leucocyte, leukocyte (esp US) [ˈluːkəˌsaɪt] n leucocyte m

leucocytic [ˌluːkəˈsɪtɪk] adj leucocytaire

leucocytosis [ˌluːkəʊsaɪˈtəʊsɪs] n leucocytose f

leucoma [luːˈkəʊmə] n, pl **leucomas** or **leucomata** [luːˈkəʊmətə] (Med) leucome m

leucopenia [ˌluːkəʊˈpiːnɪə] n leucopénie f

leucopoiesis [ˌluːkəʊpɔɪˈiːsɪs] n leucopoïèse f

leucopoietic [ˌluːkəʊpɔɪˈetɪk] adj leucopoïétique

leucorrhoea [ˌluːkəˈriːə] n (Med) leucorrhée f

leucotomy, leukotomy (esp US) [luːˈkɒtəmɪ] n leucotomie f, lobotomie f cérébrale

leukaemia, leukemia (esp US) [luːˈkiːmɪə] n leucémie f

leukocyte [ˈluːkəˌsaɪt] n (esp US) ⇒ **leucocyte**

leukocytic [ˌluːkəˈsɪtɪk] adj (esp US) ⇒ **leucocytic**

leukocytosis [ˌluːkəʊsaɪˈtəʊsɪs] n (esp US) ⇒ **leucocytosis**

leukopenia [ˌluːkəʊˈpiːnɪə] n (esp US) ⇒ **leucopenia**

leukopoiesis [ˌluːkəʊpɔɪˈiːsɪs] n (esp US) ⇒ **leucopoiesis**

leukopoietic [ˌluːkəʊpɔɪˈetɪk] adj (esp US) ⇒ **leucopoietic**

leukotomy [luːˈkɒtəmɪ] n (esp US) ⇒ **leucotomy**

Levalloisian [ˌlevəˈlɔɪzɪən] adj levalloisien

Levant [lɪˈvænt] n Levant m

Levantine [ˈlevəntaɪn] [1] adj levantin
[2] n (Hist) Levantin(e) m(f)

levee[1] [ˈlevɪ] n (= raised riverside of silt) levée f naturelle ; (= man-made embankment) levée f, digue f ; (= ridge surrounding field) digue f ; (= landing place) quai m

levee[2] [leˈveɪ] n (Hist) réception f royale *(pour hommes)* ; (at royal bedside) lever m (du roi) ◆ **a presidential levee** (US) une réception présidentielle

level [ˈlevl] → SYN [1] n [a] (lit = height) niveau m, hauteur f ◆ **the water reached a level of 10 metres** l'eau a atteint un niveau or une hauteur de 10 mètres ◆ **water finds its own level** l'eau trouve son niveau ◆ **at roof level** au niveau du toit ◆ **the top of the tree was on a level with the roof** la cime de l'arbre arrivait au niveau or à la hauteur du toit ◆ **she bent down until her eyes were on a level with mine** elle s'est baissée pour que ses yeux soient au même niveau que les miens ; → **eye, knee, sea**

[b] (fig: in intellect, achievement) niveau m ◆ **the child will find his own level** l'enfant trouvera son niveau ◆ **intellectual level** niveau m intellectuel ◆ **he's far above my level** il est d'un niveau bien supérieur au mien ◆ **the teacher came down to their level** le professeur s'est mis à leur niveau ◆ **I'm not on his level at all** je ne suis pas du tout à son niveau ◆ **his reading/writing is on a level with that of his brother** il a le même niveau que son frère en lecture/écriture ◆ **that dirty trick is on a level with the other one he played** ce mauvais coup est (bien) à la hauteur du or vaut le précédent

[c] (fig: in hierarchy) niveau m, échelon m ◆ **social level** niveau m social ◆ **at a higher/lower level** (in company) à un échelon supérieur/inférieur ; talks, negotiations à un niveau or échelon supérieur/inférieur ◆ **at local/national/international level** au niveau local/national/international ◆ **at departmental level** à l'échelon départemental ◆ **there were redundancies at all levels of the organization** il y a eu des licenciements à tous les niveaux or échelons de l'organisation

[d] (= rate, degree) [of inflation, unemployment, radiation] niveau m, taux m ; [of income, noise, difficulty, violence] niveau m ◆ **the level of hormones/insulin in the blood** le taux d'hormones/d'insuline dans le sang ◆ **the level of alcohol in the blood** le taux d'alcoolémie ◆ **cholesterol level(s), level(s) of cholesterol** taux m de cholestérol ◆ **level of consciousness** (Med) état m de conscience ◆ **a higher level of consciousness** un niveau de conscience supérieur ◆ **the idea attracted a high level of interest** cette idée a suscité beaucoup d'intérêt ◆ **the level of support for the government is high/low** beaucoup/peu de gens soutiennent le gouvernement ◆ **the level of violence in those societies is very high** il y a énormément de violence dans ces sociétés ◆ **the strike received a fairly low level of support** la grève n'a pas vraiment été suivie ◆ **the level of public interest in the scheme remains low** le public continue à manifester peu d'intérêt pour ce projet ◆ **these polls do not reflect the true level of support for Green policies** ces sondages ne reflètent pas la popularité réelle des mesures écologiques ◆ **the rising level of violence** la montée de la violence ◆ **the rising level of inflation/unemployment** l'augmentation f de l'inflation/du chômage ◆ **there has been a falling/rising level of support for their policies** de moins en moins/de plus en plus de gens soutiennent leur politique

[e] (= floor) niveau m ◆ **the house is on four levels** la maison est sur or la maison a quatre niveaux

[f] (Nucl Ind) **high-/intermediate-/low-level waste** déchets mpl de haute/moyenne/faible activité

[g] (Aut, Rail) palier m ◆ **speed on the level** vitesse f en palier ◆ **I'm telling you on the level** * je te le dis franchement ◆ **is this on the level?** * est-ce que c'est réglo ? * ◆ **is he on the level?** * est-ce qu'il joue franc-jeu ?, est-ce qu'il est fair-play ?

[h] (also **spirit level**) niveau m à bulle

[i] (= flat place) terrain m plat

[2] adj [a] (= flat, not bumpy, not sloping) surface plat, plan, uni ◆ **level ground** terrain m plat or plan ◆ **it's dead level** c'est parfaitement plat ◆ **the tray must be absolutely level** il faut que le plateau soit parfaitement horizontal ◆ **hold the stick level** tiens le bâton horizontal or à l'horizontale ◆ **a level spoonful** une cuillerée rase ◆ **a level playing field** (fig) une situation équitable pour tout le monde ◆ **a level playing field for all companies** une situation équitable pour toutes les entreprises ◆ **to compete on a level playing field** être sur un pied d'égalité ◆ **to do one's level best (to do sth)** * faire tout son possible or faire de son mieux (pour faire qch)

[b] (= equal) (at same standard) à égalité ; (at same height) à la même hauteur ◆ **the two contestants are dead level** les deux participants sont exactement à égalité ◆ **hold the two sticks absolutely level (with each other)** tiens les deux bâtons exactement à la même hauteur ◆ **keep your shoulders level throughout the exercise** gardez vos épaules à la même hauteur tout au long de l'exercice ◆ **he knelt down so that their eyes were level** il s'est agenouillé afin que leurs yeux soient au même niveau ◆ **the dining room is level with the garden** la salle à manger est de plain-pied avec le jardin ◆ **level with the ground** au niveau du sol, à ras du sol ◆ **to be level with sb** (in race) être à la hauteur de qn ; (in league) être à égalité avec qn, avoir le même nombre de points que qn ; (in one's studies, achievements etc) être au niveau de or au même niveau que qn ; (in salary, rank) être à l'échelon de or au même échelon que qn, être au même niveau que qn ◆ **to be level in seniority with** avoir la même ancienneté que, être au même niveau d'ancienneté que ◆ **to draw level with sb** (esp Brit) (in race) arriver à la hauteur de or à la même hauteur que qn ; (in league) arriver dans la même position que qn, arriver au même score que qn ; (in one's studies, achievements etc) arriver au niveau de or au même niveau que qn ; (in salary, rank) arriver au niveau de or au même niveau que qn, arriver au même échelon que qn ◆ **she slowed down a little to let the car draw level (with her)** elle a ralenti un peu afin de permettre à la voiture d'arriver à sa hauteur

[c] (= steady) voice, tones calme ◆ **she gave him a level stare** elle l'a dévisagé calmement ◆ **to keep a level head** garder tout son sang-froid ; see also **5**

[d] (US * = honest) person, deal honnête, régulier

[3] vt [a] (= make level) [+ site, ground] niveler, aplanir ; [+ quantities] répartir également ◆ **to level the score** (in competition, league etc) égaliser ◆ **Graf levelled the score to one set all** (Tennis) Graf a égalisé à un set partout

[b] (= demolish) [+ building, town] raser ◆ **to level sth to the ground** raser qch

[c] (= aim) **to level a blow at sb** allonger un coup de poing à qn ◆ **to level a gun at sb** braquer or pointer un pistolet sur qn ◆ **to level an accusation at sb** lancer or porter une accusation contre qn ◆ **to level criticism at** or **against sb** formuler des critiques à l'encontre de qn ◆ **to level charges at** or **against sb** (Jur) porter des accusations contre qn

[4] vi ◆ **I'll level with you** je vais être franc avec vous ◆ **you're not levelling with me about how much it cost** tu ne me dis pas combien ça a coûté

[5] COMP ▷ **level crossing** n (Brit Rail) passage m à niveau ▷ **level-headed** → SYN adj équilibré, pondéré ▷ **level-pegging** adj (Brit) **they were level-pegging** ils étaient à égalité

► **level down** [1] vt sep (lit) [+ surface] aplanir, raboter ; (fig) [+ standards] niveler par le bas
[2] **levelling down** n → **levelling**

► **level off** [1] vi [statistics, results, prices etc] se stabiliser ; [curve on graph] s'aplatir ; [aircraft] amorcer le vol en palier ◆ **output has levelled off over recent months** la production s'est stabilisée ces derniers mois
[2] vt sep (= make flat) [+ heap of sand etc] égaliser, niveler
[3] **levelling off** n → **levelling**

► **level out** [1] vi [statistics, results, prices etc] se stabiliser ; [curve on graph] s'aplatir ; [road etc] s'aplanir
[2] vt sep niveler, égaliser

leveling [ˈlevlɪŋ] (US) ⇒ **levelling**

leveller, leveler (US) [ˈlevləʳ] n ◆ **poverty is a great leveller** tous les hommes sont égaux dans la misère ◆ (Prov) **death is the great leveller** nous sommes tous égaux devant la mort

levelling, leveling (US) [ˈlevlɪŋ] [1] n (NonC: lit, fig) nivellement m
[2] adj (fig) process, effect de nivellement
[3] COMP ▷ **levelling down** n nivellement m par le bas ▷ **levelling off** n (gen) égalisation f, nivellement m ; (Econ, Fin) stabilisation f, tassement m ▷ **levelling rod, levelling staff** n mire f, jalon-mire m ▷ **levelling up** n nivellement m par le haut

levelly [ˈlevlɪ] adv (= evenly) look at, say posément

lever [ˈliːvəʳ] → SYN [1] n (gen, also fig) levier m ; (small: on machine etc) manette f ◆ **he used it as a lever to get what he wanted** (fig) cela lui a servi de marchepied pour arriver à ses fins ; → **gear**
[2] vt ◆ **to lever sth into position** mettre qch en place (à l'aide d'un levier) ◆ **to lever sth out/open** extraire/ouvrir qch (au moyen d'un levier) ◆ **they had levered open the door with a crowbar** ils avaient ouvert la porte à l'aide d'un levier ◆ **he levered himself out of the chair** (hum) il s'est extirpé * du fauteuil ◆ **to lever sb into a post** pistonner qn pour un poste ◆ **to lever sb out** déloger qn

► **lever up** vt sep soulever au moyen d'un levier ◆ **he levered himself up on one elbow** il s'est soulevé sur un coude ◆ **to lever up the bank rate** relever le taux d'escompte officiel

leverage [ˈliːvərɪdʒ] → SYN [1] n (lit) force f (de levier) ; (fig = influence) influence f, prise f (*on* or *with sb* sur qn) ; (US Fin) effet m de levier
[2] vt (Fin) [+ company] augmenter le ratio d'endettement de ◆ **leveraged buyout** rachat m d'entreprise financé par l'endettement

leveret [ˈlevərɪt] n levraut m

leviathan [lɪˈvaɪəθən] n (Bible) Léviathan m ; (fig = ship/organization etc) navire m/organisme m etc géant

Levi's ® [ˈliːvaɪz] npl Levi's ® m

levitate [ˈlevɪteɪt] [1] vi se soulever or être soulevé par lévitation
[2] vt soulever or élever par lévitation

levitation [ˌlevɪˈteɪʃən] n lévitation f

Leviticus [lɪˈvɪtɪkəs] n Lévitique m

levity [ˈlevɪtɪ] → SYN n (= frivolity) manque m de sérieux, légèreté f

levy [ˈlevɪ] → SYN [1] n [a] (gen) prélèvement m (*on* sur) ; (= tax) impôt m, taxe f (*on* sur) ; (= amount, act of taxing) taxation f ◆ **import levy** prélèvement m à l'importation ◆ **the politi-**

cal levy (in Brit) *cotisation des membres d'un syndicat au parti travailliste* ◆ **training levy** ≃ taxe f d'apprentissage ; → **capital**
  b (Mil) (= act) levée f, enrôlement m ; (= troops) troupes fpl enrôlées, levée f
  2 vt **a** (= impose) [+ tax] prélever (*on sth* sur qch) ; [+ fine] infliger, imposer (*on sb* à qn)
  b (= collect) [+ taxes, contributions] lever, percevoir
  c (Mil) **to levy troops/an army** lever des troupes/une armée ◆ **to levy war** (**on** or **against**) faire la guerre (à)

▶ **levy on** vt fus (Jur) ◆ **to levy on sb's property** saisir (les biens de) qn

lewd [luːd] → SYN adj comment, picture, gesture, joke obscène ◆ **to have a lewd expression on one's face** avoir un air lubrique

lewdly ['luːdlɪ] adv de façon obscène

lewdness ['luːdnɪs] → SYN n [of person] lubricité f ; [of object, drawing] obscénité f

Lewis gun ['luːɪs] n *mitrailleuse de la Première Guerre mondiale*

lexeme ['leksiːm] n lexème m

lexical ['leksɪkəl] adj lexical ◆ **lexical item** unité f lexicale, item m lexical

lexicalization [ˌleksɪkəlaɪ'zeɪʃən] n lexicalisation f

lexicalize ['leksɪkə,laɪz] vt lexicaliser

lexicographer [ˌleksɪ'kɒɡrəfəʳ] n lexicographe mf

lexicographical [ˌleksɪkəʊ'ɡræfɪkəl] adj lexicographique

lexicography [ˌleksɪ'kɒɡrəfɪ] n lexicographie f

lexicological [ˌleksɪkə'lɒdʒɪkəl] adj lexicologique

lexicologist [ˌleksɪ'kɒlədʒɪst] n lexicologue mf

lexicology [ˌleksɪ'kɒlədʒɪ] n lexicologie f

lexicon ['leksɪkən] n **a** (Ling = wordlist, lexis) lexique m
  b (fig = terminology, language) vocabulaire m ◆ **the word "perestroika" has entered the political lexicon** le mot « perestroïka » fait désormais partie du vocabulaire politique

lexis ['leksɪs] n (Ling) lexique m

Leyden jar ['leɪdn] n (Phys) bouteille f de Leyde

Leyland cypress ['leɪlənd] n (Bot) cyprès m hybride de Leyland

LGV [ˌeldʒiː'viː] n (abbrev of **large goods vehicle**) poids lourd m

lhasa apso ['lɑːsə 'æpsəʊ] n (= dog) Lhasa apso m

LI abbrev of **Long Island**

liability [ˌlaɪə'bɪlɪtɪ] → SYN **1** n **a** (NonC) responsabilité f ◆ **don't admit liability for the accident** n'acceptez pas la responsabilité de l'accident ◆ **his liability for the company's debts was limited to $50,000** il n'était responsable qu'à hauteur de 50 000 dollars des dettes de la société
  b (NonC) **liability for tax/for paying tax** assujettissement m à l'impôt/au paiement de l'impôt ◆ **liability for military service** obligations fpl militaires
  c (Fin) **liabilities** (= debts) dettes fpl, passif m ◆ **assets and liabilities** actif m et passif m ◆ **to meet one's liabilities** rembourser ses dettes ◆ **current liability** dettes fpl à court terme ◆ **non-current liability** dettes fpl à moyen et long terme
  d (= handicap) **this car is a liability (for us)** on n'arrête pas d'avoir des problèmes avec cette voiture ◆ **he's a real liability** il ne fait que nous attirer des ennuis ◆ **this issue has become a political liability** cette question constitue maintenant un handicap politique
  2 COMP ▷ **liability insurance** n assurance f responsabilité civile ▷ **liability suit** n (US Jur) procès m en responsabilité (civile) ; → **joint, limited, strict**

liable ['laɪəbl] → SYN adj **a to be liable to do sth** (= be likely to) avoir des chances de faire qch ; (= risk) risquer de faire qch ◆ **he's liable to refuse to do it** il risque de refuser de le faire ◆ **he is liable not to come** il y a des chances (pour) qu'il ne vienne pas, il y a peu de chances qu'il vienne ◆ **we are liable to get shot on** on risque de se faire tirer dessus ◆ **we are liable to be in London next week** nous pourrions bien être or nous serons probablement à Londres la semaine prochaine ◆ **it's liable to be hot there** il peut faire très chaud là-bas
  b (= subject) **to be liable to sth** être sujet à qch ◆ **the programme is liable to alteration without notice** la direction se réserve le droit d'apporter sans préavis des modifications à ce programme ◆ **to be liable to imprisonment/a fine** être passible d'emprisonnement/d'une amende ◆ **to be liable to** or **for prosecution** s'exposer à des poursuites ◆ **to be liable to** or **for duty** [goods] être assujetti à des droits ; [person] avoir à payer des droits ◆ **to be liable to** or **for tax** [person] être imposable ; [thing] être assujetti à la taxation ◆ **every man of 20 is liable for military service** tout homme de 20 ans est astreint au service militaire ◆ **he is not liable for military service** il a été exempté du service militaire
  c (Jur = responsible) (civilement) responsable (*for sb/sth* de qn/qch) ◆ **jointly and severally liable** responsable conjointement et solidairement ◆ **to be liable for sb's debts** répondre des dettes de qn ◆ **he is still liable for interest on the loan** il est toujours redevable d'intérêts sur cet emprunt ◆ **liable for damages** tenu de verser des dommages et intérêts ◆ **you could be liable for hefty damages** on serait en droit de vous demander des dommages et intérêts importants ◆ **to be held liable (for sth)** être tenu (pour) responsable (de qch) ◆ **to be liable in law** or **under the law** être responsable devant la loi ◆ **to be liable in law** or **under the law to do sth** être tenu, de par la loi, de faire qch, être tenu par la loi de faire qch

liaise [lɪ'eɪz] vi (Brit) se contacter ◆ **to liaise with** (= cooperate with) se concerter avec ; (= act as go-between) assurer la liaison avec ◆ **to liaise between** assurer la liaison entre

liaison [liː'eɪzɒn] → SYN **1** n (gen, Mil, Phon) liaison f
  2 COMP ▷ **liaison committee** n comité m de liaison ▷ **liaison officer** n (Mil, gen) officier m de liaison

liana [lɪ'ɑːnə] n liane f

liar ['laɪəʳ] → SYN n menteur m, -euse f

Lib [lɪb] **1** adj, n (Brit Pol) (abbrev of **Liberal**) libéral(e) m(f)
  2 COMP ▷ **Lib-Lab** * adj (Brit Pol Hist) (abbrev of **Liberal-Labour**) **Lib-Lab pact** pacte m libéral-travailliste

lib * [lɪb] n abbrev of **liberation**

libation [laɪ'beɪʃən] n libation f

libber * ['lɪbəʳ] n ⇒ **liberationist**

libel ['laɪbəl] → SYN **1** n (Jur) (= act) diffamation f (par écrit) ; (= document) écrit m diffamatoire ◆ **to sue sb for libel, to bring an action for libel against sb** intenter un procès en diffamation à qn ◆ **that's (a) libel!** (fig) c'est une calomnie !
  2 vt (Jur) diffamer (par écrit) ; (gen) calomnier, médire de
  3 COMP ▷ **libel laws** npl (Jur) lois fpl sur la diffamation ▷ **libel proceedings** npl ⇒ **libel suit** ▷ **libel suit** n procès m en diffamation

libellous, libelous (US) ['laɪbələs] → SYN adj diffamatoire

liberal ['lɪbərəl] → SYN **1** adj **a** (= broad-minded) education, régime, society libéral ; ideas, views progressiste ; person large d'esprit
  b (= broad) interpretation libre
  c (= generous) amount, helping, contribution, offer généreux ; person prodigue (*with* de), généreux ; supply ample, abondant ◆ **a liberal amount of** beaucoup de ◆ **she made liberal use of the hairspray** elle a utilisé beaucoup de laque ◆ **she made liberal use of her sister's make-up and clothes** elle se servait abondamment du maquillage et des vêtements de sa sœur ◆ **because of the liberal use of weedkillers and pesticides these days** parce que les herbicides et les pesticides sont utilisés abondamment de nos jours ◆ **the artist's liberal use of black** la dominante noire dans l'œuvre de ce peintre
  d (Brit Pol) **Liberal** libéral
  2 n (Pol) libéral(e) m(f)
  3 COMP ▷ **liberal arts** npl arts mpl libéraux ▷ **liberal democracy** n démocratie f libérale ▷ **Liberal Democrat** n (Pol) libéral(e) m(f) démocrate m(f) ▷ **the Liberal Democrat Party** n (Brit) le parti démocrate-libéral ▷ **liberal-minded** adj ⇒ **1a** ▷ **liberal studies** npl (Scol etc) ≃ programme m de culture générale

liberalism ['lɪbərəlɪzəm] n (gen, Pol) libéralisme m

liberality [ˌlɪbə'rælɪtɪ] → SYN n (= broad-mindedness) libéralisme m ; (= generosity) libéralité f, générosité f

liberalization [ˌlɪbərəlaɪ'zeɪʃən] n libéralisation f

liberalize ['lɪbərəlaɪz] → SYN vt libéraliser

liberally ['lɪbərəlɪ] adv **a** (= generously) généreusement
  b (= indulgently) treat libéralement

liberate ['lɪbəreɪt] → SYN vt [+ prisoner, slave] libérer ; [+ women etc] libérer, émanciper ; (Chem) [+ gas] libérer, dégager ; (Fin) [+ capital] dégager

liberated ['lɪbəreɪtɪd] adj libéré

liberation [ˌlɪbə'reɪʃən] → SYN **1** n libération f ; (Fin) dégagement m
  2 COMP ▷ **liberation theology** n (Rel) théologie f de la libération

liberationist [ˌlɪbə'reɪʃənɪst] n (active) membre m d'un (or du) mouvement de libération ; (sympathiser) partisan m de la libération (*des femmes etc*)

liberator ['lɪbəreɪtəʳ] → SYN n libérateur m, -trice f

Liberia [laɪ'bɪərɪə] n le Libéria or Liberia

Liberian [laɪ'bɪərɪən] **1** adj (gen) libérien ; ambassador, embassy du Libéria
  2 n Libérien(ne) m(f)

libertarian [ˌlɪbə'tɛərɪən] **1** adj person, attitude, view, policy, politics libertaire
  2 n libertaire mf

libertarianism [ˌlɪbə'tɛərɪənɪzəm] n (= philosophy) doctrine f libertaire ; (= sb's characteristic) idées fpl libertaires

liberticidal [lɪˌbɜːtɪ'saɪdəl] adj liberticide

libertinage ['lɪbətɪnɪdʒ] n libertinage m

libertine ['lɪbətiːn] → SYN adj, n libertin(e) m(f)

Liberty ['lɪbətɪ] n (= civil rights group) *association britannique de défense des libertés civiques*

liberty ['lɪbətɪ] → SYN **1** n **a** (= freedom) liberté f ◆ **individual/political liberty** liberté f individuelle/politique
  ◆ **at liberty** ◆ **the escaped prisoner remains at liberty** le prisonnier évadé est toujours en liberté ◆ **to set sb at liberty** mettre qn en liberté ◆ **to set** or **leave sb at liberty to do sth** permettre qn à faire qch ◆ **you are at liberty to choose** vous êtes libre de choisir, libre à vous de choisir ◆ **I am not at liberty to reveal that information** je n'ai pas le droit de révéler ces informations
  b (= presumption) liberté f ◆ **to take liberties (with sb)** prendre ou se permettre des libertés (avec qn) ◆ **to take the liberty of doing sth** prendre la liberté or se permettre de faire qch ◆ **that was rather a liberty on his part** il ne s'est pas gêné ◆ **what a liberty!** * quel toupet ! *
  2 COMP ▷ **liberty bodice** † n ≃ chemise f américaine ▷ **liberty cap** n (Hist) bonnet m phrygien ▷ **liberty hall** n (fig hum) **it's liberty hall here** * ici tout est permis

libidinal [lɪ'bɪdɪnl] adj libidinal

libidinous [lɪ'bɪdɪnəs] → SYN adj (frm) libidineux (liter or hum)

libidinously [lɪ'bɪdɪnəslɪ] adv de façon libidineuse ◆ **a libidinously worded letter** une lettre libidineuse

libidinousness [lɪ'bɪdɪnəsnɪs] n libidinosité f

libido [lɪ'biːdəʊ] n libido f

Libra ['liːbrə] n (Astron) la Balance ◆ **I'm (a) Libra** (Astrol) je suis (de la) Balance

Libran ['liːbrən] n ◆ **to be a Libran** être (de la) Balance

librarian [laɪ'brɛərɪən] n bibliothécaire mf

librarianship [laɪ'brɛərɪənʃɪp] n (= job) poste m de bibliothécaire ; (esp Brit) bibliothéconomie f ; (= knowledge) connaissances fpl de bibliothécaire ◆ **to do** or **study librarian-**

ship faire des études de bibliothécaire or de bibliothéconomie

library [ˈlaɪbrərɪ] **1** n **a** (= building, room) bibliothèque f ; → **mobile, public, reference**

b (= collection, also Comput) bibliothèque f ; (= published series) collection f, série f

2 COMP ▷ **library book** n livre m de bibliothèque ▷ **library card** n ⇒ **library ticket** ▷ **library edition** n édition f de luxe ▷ **Library of Congress** n (US) Bibliothèque f du Congrès ▷ **library pictures** npl (TV) images fpl d'archives ▷ **library science** n bibliothéconomie f ▷ **library software** n (Comput) répertoire m de macro-instructions ▷ **library ticket** n carte f de lecteur or de bibliothèque

> **LIBRARY OF CONGRESS**
>
> La Bibliothèque du Congrès a été fondée à Washington en 1800, initialement pour servir les besoins des membres du Congrès. Devenue par la suite la Bibliothèque nationale des États-Unis, elle reçoit, au titre du dépôt légal, deux exemplaires de chaque ouvrage publié dans le pays et possède un fonds très riche de manuscrits, partitions de musique, cartes, films et autres enregistrements. D'autre part, c'est elle qui gère la bibliothèque internationale en attribuant les numéros d'ISBN.

librettist [lɪˈbretɪst] n librettiste mf

libretto [lɪˈbretəʊ] n, pl **librettos** or **libretti** [lɪˈbretiː] libretto m, livret m

Librium ® [ˈlɪbrɪəm] n Librium ® m

Libya [ˈlɪbɪə] n la Libye

Libyan [ˈlɪbɪən] **1** n Libyen(ne) m(f)

2 adj (gen) libyen ; ambassador, embassy de Libye ◆ **Libyan Arab Jamahiriya** Jamahiriya f arabe libyenne ◆ **the Libyan Desert** le désert de Libye

lice [laɪs] npl of **louse**

licence, license (US) [ˈlaɪsəns] [→ SYN] **1** n **a** (= permit) (gen) autorisation f, permis m ; (for manufacturing, trading etc) licence f ; (Aut) (for driver) permis m ; (for car) vignette f ; (for radio, TV) redevance f ; (= document itself) fiche f de redevance ◆ **driving licence** (Brit) permis m de conduire ◆ **export/import licence** permis m d'exporter/d'importer ◆ **pilot's licence** brevet m de pilote ◆ **have you got a licence for this television?** est-ce que vous avez payé votre redevance pour cette télévision ? ◆ **they were married by special licence** ils se sont mariés avec dispense (de bans) ◆ **to manufacture sth under licence** fabriquer qch sous licence ; → **marriage, off**

b (NonC) (= freedom) licence f, liberté f ; (= excess) licence f ◆ **you can allow some licence in translation** on peut tolérer une certaine licence or liberté dans la traduction ; → **poetic**

2 COMP ▷ **licence fee** n (Brit TV) redevance f ▷ **licence number** n (Aut) [of licence] numéro m de permis de conduire ; [of car] numéro m minéralogique or d'immatriculation ▷ **licence plate** n plaque f minéralogique or d'immatriculation

license [ˈlaɪsəns] [→ SYN] **1** n (US) ⇒ **licence**

2 vt **a** (= give licence to) donner une licence à ; [+ car] [licensing authority] délivrer la vignette pour ; [owner] acheter la vignette de or pour ◆ **is that gun licensed?** avez-vous un permis pour ce revolver ? ◆ **the shop is licensed to sell tobacco** le magasin détient une licence de bureau de tabac ◆ **the shop is licensed for the sale of alcoholic liquor** le magasin détient une licence de débit de boissons ◆ **licensed victualler** (Brit Jur) patron m or gérant m d'un pub ◆ **(on) licensed premises** (Brit) (dans un) établissement ayant une licence de débit de boissons ◆ **licensed product** (Jur) produit m sous licence ◆ **licensed practical nurse** (US) infirmier m, -ière f auxiliaire

b (frm = permit) autoriser (*sb to do sth* qn à faire qch), permettre (*sb to do sth* à qn de faire qch)

3 COMP ▷ **license plate** n (US) ⇒ **licence plate**

licensee [ˌlaɪsənˈsiː] n concessionnaire mf d'une licence, licencié m ; (Brit) [of pub] patron(ne) m(f)

licenser [ˈlaɪsənsəʳ] n ⇒ **licensor**

licensing [ˈlaɪsənsɪŋ] **1** adj ◆ **the licensing authority** l'organisme m or le service délivrant les permis (or les licences etc)

2 COMP ▷ **licensing agreement** n (Comm) accord m de licence ▷ **licensing hours** npl (Brit) heures fpl d'ouverture légales *(des débits de boisson)* ▷ **licensing laws** npl (Brit) lois fpl réglementant la vente d'alcool

> **LICENSING LAWS**
>
> En Grande-Bretagne, les lois réglementant la vente et la consommation d'alcool sont connues sous le nom de **licensing laws**. L'âge minimum pour boire de l'alcool dans les lieux publics est de 18 ans.
>
> Aux États-Unis, chaque État a sa propre législation en la matière. L'âge minimum varie de 18 à 21 ans et, dans certains comtés, il reste rigoureusement interdit de vendre ou de consommer de l'alcool. Dans d'autres, on ne peut acheter les boissons alcoolisées que dans des magasins spécialisés appelés "liquor stores" ou "package stores". La plupart des restaurants et discothèques ont une licence (liquor license) qui les autorise à vendre de l'alcool.

licensor [ˈlaɪsənsəʳ] n (Jur) bailleur m or bailleresse f de licence

licentiate [laɪˈsenʃɪɪt] n diplômé(e) m(f) *(pour pratiquer une profession libérale)*

licentious [laɪˈsenʃəs] [→ SYN] adj (frm) licencieux

licentiousness [laɪˈsenʃəsnɪs] [→ SYN] n (frm) licence f

lichee [ˌlaɪˈtʃiː] n ⇒ **lychee**

lichen [ˈlaɪkən] n lichen m

lichgate [ˈlɪtʃgeɪt] n porche m de cimetière

licit [ˈlɪsɪt] adj licite

lick [lɪk] [→ SYN] **1** n **a** coup m de langue ◆ **the cat gave my hand a lick** le chat m'a donné un coup de langue ◆ **the cat gave my hand a lick** le chat m'a léché la main ◆ **give me** or **let me have a lick** je peux goûter ? ◆ **to give o.s. a lick and a promise** * faire un (petit) brin de toilette ◆ **a lick of paint** un (petit) coup de peinture ◆ **he didn't do a lick of work** * il n'a rien fichu *

b (* = speed) vitesse f ◆ **at a fair** or **a good** or **one hell of a lick** en quatrième vitesse *, à toute blinde *

c (Mus *) riff m

2 vt **a** [person, animal, flames] lécher ◆ **she licked the cream off her fingers** elle a léché la crème qu'elle avait sur les doigts ◆ **the cat licked (at) her hand** le chat lui a léché la main ◆ **the cat licked its paws** le chat s'est léché les pattes ◆ **to lick sth clean** nettoyer qch à coups de langue ◆ **to lick the bowl out** or **clean** lécher le saladier ◆ **to lick one's lips** (lit) se lécher les lèvres ; (fig) se frotter les mains ◆ **to lick one's chops** * se lécher les babines * ; (fig) se frotter les mains, s'en lécher les babines * ◆ **to lick sb's boots** lécher les bottes à qn *, jouer les lèche-bottes * avec qn ◆ **to lick sb's arse** ** lécher le cul à qn ** ◆ **to lick one's wounds** (fig) panser ses blessures (fig)

b * (= defeat) écraser *, battre à plate(s) couture(s) ; (= outdo, surpass) battre ; (= thrash) flanquer une correction à, tabasser * ◆ **I've got it licked** [+ problem, puzzle etc] j'ai trouvé la solution ; [+ bad habit] j'ai réussi à m'arrêter ◆ **it's got me licked** [problem etc] cela me dépasse ; → **shape**

► **lick off** vt sep enlever à coups de langue, lécher ◆ **lick it off!** lèche-le !

► **lick up** vt sep lécher ; [cat] laper

lickety-split * [ˈlɪkɪtɪˈsplɪt] adv (US) à fond de train

licking * [ˈlɪkɪŋ] n (= whipping) rossée * f, raclée * f ; (= defeat) déculottée * f

lickspittle [ˈlɪkˌspɪtl] n (pej) lèche-botte * mf

licorice [ˈlɪkərɪs] n (US) ⇒ **liquorice**

lid [lɪd] n **a** [of pan, box, jar, piano] couvercle m ◆ **the newspaper articles took** or **blew the lid off his illegal activities** les articles de presse ont étalé au grand jour ses activités illégales ◆ **that puts the (tin) lid on it!** † * (= that's the end) ça c'est un comble or le pompon ! * ◆ **to keep the lid on sth** [+ scandal, affair] étouffer qch ; [+ crime] contenir qch ◆ **to keep a lid on prices** enrayer la hausse des prix

b (also **eyelid**) paupière f

lidded [ˈlɪdɪd] adj container, jar à couvercle ◆ **heavily lidded eyes** yeux mpl aux paupières lourdes

lido [ˈliːdəʊ] n (= resort) complexe m balnéaire ; (Brit = swimming pool) piscine f *(en plein air)*

lie[1] [laɪ] [→ SYN] pret **lay**, ptp **lain** **1** vi **a** [person etc] (= lie down) s'allonger, s'étendre ; (state = be lying) être allongé or étendu ; (in grave etc) être enterré ◆ **go and lie on the bed** allez vous allonger or vous étendre sur le lit ◆ **don't lie on the grass** ne t'allonge pas sur l'herbe ◆ **he was lying on the floor** (resting etc) il était allongé or étendu par terre ; (unable to move) il était étendu or il gisait par terre ◆ **she lay in bed until 10 o'clock** elle est restée or a traîné (pej) au lit jusqu'à 10 heures ◆ **she was lying in bed** elle était au lit ◆ **she was lying on her bed** elle était allongée or étendue sur son lit ◆ **she was lying in bed reading** elle lisait au lit ◆ **lie on your side** couche-toi or allonge-toi sur le côté ◆ **she was lying face downwards** elle était (allongée or étendue) à plat ventre ◆ **he was lying asleep** il était allongé et il dormait, il était allongé endormi ◆ **he lay asleep on the bed** il dormait allongé or étendu sur le lit ◆ **he lay dead** il était étendu mort ◆ **he lay dead at her feet** il était étendu mort à ses pieds, il gisait à ses pieds ◆ **he lay helpless on the floor** il était étendu or il gisait par terre sans pouvoir rien faire ◆ **he was lying still** il était étendu immobile ◆ **lie still!** ne bouge pas !, reste tranquille ! ◆ **his body was lying on the ground** son corps gisait sur le sol ◆ **he lies in the churchyard** il repose dans le or est enterré au cimetière ◆ **the corpse lay in the coffin/the tomb** le corps reposait or était dans le cercueil/la tombe ◆ **to lie in state** être exposé solennellement ◆ **here lies** or **lieth ...** († : on tombstone) ci-gît ... ◆ **to lie low** (fig) (= hide) se cacher, rester caché ; (= stay out of limelight) ne pas se faire remarquer, se tenir à carreau * ; → **ambush, sleeping, wait**

b [object] être ; [place, road] se trouver, être ; [land, sea etc] s'étendre ; (= remain) rester, être ◆ **the book lay on the table** le livre était sur la table ◆ **the book lay unopened all day** le livre est resté fermé toute la journée ◆ **the book lay open on the table** le livre était ouvert sur la table ◆ **his food lay untouched while he told us the story** il n'a pas touché à son assiette pendant qu'il nous racontait l'histoire ◆ **his clothes were lying on the floor** ses vêtements étaient par terre ◆ **the contents of the box lay scattered on the carpet** le contenu de la boîte était éparpillé sur le tapis ◆ **our road lay along the river** notre route longeait la rivière ◆ **the road lies over the hills** la route traverse les collines ◆ **the British team is lying third** l'équipe britannique est troisième or en troisième position ◆ **to lie at anchor** [ship] être à l'ancre, avoir mouillé ◆ **obstacles lie in the way** la route est semée d'embûches ◆ **the money is lying (idle) in the bank** l'argent dort à la banque ◆ **the factory lay idle** personne ne travaillait dans l'usine ◆ **the machines lay idle** les machines étaient arrêtées ◆ **the snow lay two metres deep** il y avait deux mètres de neige ◆ **the snow lay thick** or **deep on the ground** il y avait une épaisse couche de neige sur le sol ◆ **this snow will not lie** la neige ne tiendra pas ◆ **the town lay in ruins** la ville était en ruines ◆ **the meal lay heavy on his stomach** le repas lui pesait sur l'estomac ◆ **the crime lay heavy on his conscience** ce crime lui pesait sur la conscience ◆ **the valley/lake/sea lay before us** la vallée/le lac/la mer s'étendait devant nous ◆ **Stroud lies to the west of Oxford** Stroud est situé à l'ouest d'Oxford ◆ **the years that lie before us** les années à venir ◆ **a brilliant future lies before you** vous avez devant vous un brillant avenir ◆ **what lies before him** (fig : in future) ce que lui réserve l'avenir ◆ **what lies ahead** (fig) ce qui reste à venir, ce que réserve l'avenir ◆ **the (whole) world lay at her feet** toutes les portes lui étaient ouvertes ◆ **to let it** or **things lie** (fig) laisser les choses comme elles sont ; → **land**

light / **like** ANGLAIS-FRANÇAIS 540

blond ▷ **light meter** n (Phot) posemètre m ▷ **light pen, light pencil** n (Comput) photostyle m, crayon m optique ▷ **light pollution** n pollution f lumineuse ▷ **light-sensitive** adj photosensible ▷ **light show** n éclairages mpl ▷ **lights out** n l'extinction f des feux ◆ lights out at 9 o'clock extinction des feux à 21 heures ◆ lights out! extinction des feux !, on éteint ! ▷ **light switch** n interrupteur m ▷ **light wave** n onde f lumineuse ▷ **light-year** n année-lumière f ◆ 3000 light-years away à 3 000 années-lumière ◆ that's light-years away (fig) c'est à des années-lumière

▶ **light out** †* vi partir à toute vitesse (for pour), se barrer*

▶ **light up**

[1] vi a (lamp) s'allumer ; (fig) s'allumer, s'éclairer ◆ her eyes/face lit up son regard/visage s'est éclairé

b (* = start to smoke) allumer une cigarette or une pipe etc

[2] vt sep (= illuminate) éclairer ◆ a smile lit up her face un sourire a éclairé or illuminé son visage

[3] lit up adj → lit

[4] lighting-up n → lighting

light² [laɪt] → SYN [1] adj a (= not heavy) parcel, weapon, clothes, sleep, meal, wine, soil léger ◆ lighter than air plus léger que l'air ◆ as light as a feather léger comme une plume ◆ to be light on one's feet (gen) avoir le pas léger or la démarche légère ; (of boxer) avoir un très bon jeu de jambes ; (of dancer) être aérien ◆ to be a light sleeper avoir le sommeil léger

b (fig) (= not serious) play, music, breeze, punishment, shower léger ; rain petit, fin ; work, task (= easy) facile ; (= not strenuous) peu fatigant ◆ it is no light matter c'est sérieux, ça n'est pas une plaisanterie ◆ a light fall of snow une légère chute de neige ◆ with a light heart le cœur léger ◆ "woman wanted for light work" "on demande employée de maison pour travaux légers" ◆ to make light work of sth faire qch aisément or sans difficulté ◆ to make light of sth prendre or traiter qch à la légère

[2] adv ◆ to sleep light avoir le sommeil léger ◆ to travel light voyager avec peu de bagages

[3] lights npl (= meat) mou m (abats)

[4] COMP ◆ light aircraft n petit avion m ▷ **light ale** n (Brit) sorte de bière blonde légère ▷ **light beer** n (US) bière f basses calories ▷ **light comedy** n comédie f légère ▷ **light entertainment** n (NonC: Rad, TV) variétés fpl ▷ **light-fingered** adj to be light-fingered être chapardeur ▷ **light-footed** adj (gen) au pas léger, à la démarche légère ; dancer aérien ▷ **light-footedly** adv d'un pas léger ▷ **light-headed** adj (= dizzy) étourdi, pris de vertige ; (= unable to think clearly) étourdi, hébété ; (= excited) exalté, grisé ; (= thoughtless) étourdi, écervelé ▷ **light-hearted** adj person gai, aimable, enjoué ; laugh joyeux, gai ; atmosphere joyeux, gai, plaisant ; discussion enjoué ; question, remark plaisant, peu sérieux ▷ **light-heartedly** adv (= happily) joyeusement, allégrement ; (= jokingly) en plaisantant ; (cheerfully) de bon cœur, avec bonne humeur ▷ **light heavyweight** adj, n (Boxing) (poids m) mi-lourd m ▷ **light industry** n industrie f légère ▷ **light infantry** n (Mil) infanterie f légère ▷ **light middleweight** adj, n (Boxing) (poids m) superwelter m or super-mi-moyen m ▷ **light opera** n opérette f ▷ **light railway** n transport m urbain sur rail ▷ **light reading** n lecture f distrayante ▷ **light vehicles** npl véhicules mpl légers ▷ **light verse** n poésie f légère ▷ **light welterweight** adj, n (Boxing) (poids m) super-léger m

light³ [laɪt] → SYN pret, ptp **lighted** or **lit** vi ◆ to light (up)on sth trouver qch par hasard, tomber par chance sur qch ◆ his eyes lit upon the jewels son regard est tombé sur les bijoux

lighten¹ ['laɪtn] → SYN [1] vt a (= light up) [+ darkness, face] éclairer, illuminer

b (= make lighter) [+ colour, hair] éclaircir

[2] vi a (sky) s'éclaircir

b (Met) it is lightening (of lightning) il fait or il y a des éclairs

lighten² ['laɪtn] → SYN [1] vt a (= make less heavy) [+ cargo, burden] alléger ; [+ tax] alléger, réduire

b (fig) [+ atmosphere] détendre ; [+ discussion] rendre plus léger ◆ to lighten sb's mood dérider qn ◆ the sunshine did nothing to lighten his mood malgré le soleil, il ne s'est pas déridé

[2] vi [load] se réduire ◆ her heart lightened at the news la nouvelle lui a enlevé le poids qu'elle avait sur le cœur or lui a ôté un grand poids

▶ **lighten up** * vi se relaxer, se détendre

lighter¹ ['laɪtəʳ] [1] n (for gas cooker) allume-gaz m inv ; (also cigarette lighter) briquet m ; (Aut: on dashboard) allume-cigare m inv, allume-cigarette m inv ; → **cigar, firelighter, lamplighter**

[2] COMP ▷ **lighter flint** n pierre f à briquet ▷ **lighter fuel** n gaz m (or essence f) à briquet

lighter² ['laɪtəʳ] n (Naut) (= barge) péniche f, chaland m ; (= for unloading ships) allège f

lighterage ['laɪtərɪdʒ] n (transport m par) ac(c)onage m ; (= fee) droit m d'ac(c)onage

lighthouse ['laɪthaʊs] [1] n phare m

[2] COMP ▷ **lighthouse keeper** n gardien(ne) m(f) de phare

lighting ['laɪtɪŋ] [1] n (NonC) a (Elec) éclairage m ; (Theat) éclairages mpl

b (= act) [of lamp, candle etc] allumage m

[2] COMP ▷ **lighting cameraman** n (Cine) éclairagiste m ▷ **lighting effects** npl effets mpl or jeux mpl d'éclairage, éclairages mpl ▷ **lighting engineer** n éclairagiste mf ▷ **lighting fixture** n appareil m d'éclairage ▷ **lighting-up time** n (Brit Aut) heure à laquelle les automobilistes sont tenus d'allumer leurs phares

lightless ['laɪtlɪs] → SYN adj sombre

lightly ['laɪtlɪ] → SYN adv a (= gently) walk légèrement ; stroke doucement, délicatement ; brush délicatement ◆ she touched his brow lightly with her hand elle lui a effleuré le front de la main ◆ bring to the boil and season lightly with pepper faire bouillir et assaisonner légèrement de poivre ◆ lightly boiled egg ≃ œuf m mollet ◆ lightly cooked pas trop cuit ◆ to kiss sb lightly donner un petit baiser à qn ◆ he kissed me lightly on the lips il a déposé un petit baiser sur mes lèvres

b (= light-heartedly) speak légèrement, à la légère ; laugh légèrement ; remark, say d'un ton dégagé ◆ if this deadline is not met, they will not take it lightly si ce délai n'est pas respecté, ils ne le prendront pas à la légère ◆ to get off lightly s'en tirer à bon compte

lightness¹ ['laɪtnɪs] n (= brightness) clarté f

lightness² ['laɪtnɪs] n (in weight, Culin) légèreté f

lightning ['laɪtnɪŋ] [1] n (= flash) éclair m ; (= phenomenon) foudre f ◆ we saw lightning nous avons vu un éclair or des éclairs ◆ there was a lot of lightning il y avait beaucoup d'éclairs ◆ a flash of lightning un éclair ◆ struck by lightning frappé par la foudre, foudroyé ◆ (Prov) lightning never strikes twice in the same place la foudre ne frappe or ne tombe jamais deux fois au même endroit ◆ like lightning* avec la rapidité de l'éclair or à la vitesse de l'éclair ; → **forked, grease, sheet**

[2] COMP attack foudroyant ; (Ind) strike surprise inv ; visit éclair inv ▷ **lightning bug** n (US) luciole f ▷ **lightning conductor, lightning rod** (US) n paratonnerre m

lightship ['laɪtʃɪp] n bateau-phare m, bateau-feu m

lightweight ['laɪtweɪt] → SYN [1] adj jacket, shoes léger ; (Boxing) poids léger inv

[2] n (Boxing) poids m léger ◆ European lightweight champion/championship champion m/championnat m d'Europe des poids légers

ligneous ['lɪgnɪəs] adj ligneux

lignification [ˌlɪgnɪfɪ'keɪʃən] n (Bot) lignification f

lignify ['lɪgnɪfaɪ] vi (Bot) se lignifier

lignin ['lɪgnɪn] n (Bot) lignine f

lignite ['lɪgnaɪt] n lignite m

lignitic [lɪg'nɪtɪk] adj ligniteux

lignum vitae ['lɪgnəm'viːtaɪ] n a (= tree) gaïac m

b (= wood) bois m de gaïac

Liguria [lɪ'gjʊərɪə] n la Ligurie

Ligurian [lɪ'gjʊərɪən] adj ligurien

likable ['laɪkəbl] → SYN adj ⇒ **likeable**

like [laɪk]

→ SYN LANGUAGE IN USE 3.3, 4, 7, 8, 11.2, 13, 25.2

[1] ADJECTIVE   [5] NOUN
[2] PREPOSITION   [6] PLURAL NOUN
[3] ADVERB   [7] TRANSITIVE VERB
[4] CONJUNCTION   [8] COMPOUNDS

[1] ADJECTIVE

= similar de ce type or genre, analogue ◆ this technique detects sugar and other like substances cette technique permet de détecter le sucre et d'autres substances de ce type or analogues ◆ in like manner de la même manière ◆ they are as like as two peas (in a pod) ils se ressemblent comme deux gouttes d'eau

[2] PREPOSITION

a = in the manner of comme ◆ he spoke like an aristocrat il parlait comme un aristocrate ◆ he spoke like the aristocrat he was il parlait comme l'aristocrate qu'il était ◆ he behaved like a fool il s'est conduit comme un imbécile ◆ like the fool he is, he ... imbécile comme il l'est, il ... ◆ like an animal in a trap he ... comme or telle une bête prise au piège, il ... ◆ an idiot like you un imbécile comme toi ◆ she was like a sister to me elle était comme une sœur pour moi ◆ the news spread like wildfire la nouvelle s'est répandue comme une traînée de poudre ◆ to tell it like it is* dire les choses comme elles sont

◆ like that comme ça ◆ don't do it like that ne fais pas comme ça ◆ some people are like that il y a des gens comme ça ◆ his father is like that son père est comme ça ◆ it wasn't like that at all ce n'est pas comme ça que ça s'est passé ◆ people like that can't be trusted on ne peut pas se fier à des gens pareils or à des gens comme ça

◆ like this comme ceci, comme ça ◆ you do it like this tu fais comme ceci or ça ◆ it happened like this ... voici comment ça s'est passé ..., ça s'est passé comme ça ... ◆ it was like this, I'd just got home ... voilà, je venais juste de rentrer chez moi ... ◆ I'm sorry I didn't come but it was like this ... je m'excuse de ne pas être venu mais c'est que ...

b in comparisons comme ◆ to be like sb/sth ressembler à qn/qch ◆ they are very (much) like one another ils se ressemblent beaucoup ◆ he is like his father il ressemble à son père, il est comme son père ◆ he's just like anybody else il est comme tout le monde ◆ the portrait is not like him le portrait ne lui ressemble pas or n'est pas ressemblant ◆ his work is rather like Van Gogh's son œuvre est un peu dans le style de Van Gogh ◆ your writing is rather like mine vous avez un peu la même écriture que moi, votre écriture ressemble un peu à la mienne ◆ a house like mine une maison comme la mienne ◆ a hat rather or something like yours un chapeau un peu comme le vôtre or dans le genre du vôtre ◆ I found one like it j'en ai trouvé un pareil, j'ai trouvé le même ◆ I never saw anything like it! je n'ai jamais rien vu de pareil ! ◆ we heard a noise like a car backfiring on a entendu comme une pétarade de voiture

c in descriptions ◆ what's he like? comment est-il ? ◆ you know what she's like* vous savez comment elle est ◆ what's he like as a teacher? comment est-il or que vaut-il comme professeur ? ◆ what was the film like? comment as-tu trouvé le film ? ◆ what's the weather like in Paris? quel temps fait-il à Paris ? ◆ that's more like it!* voilà qui est mieux !, il y a du progrès !

◆ something/nothing like ◆ it cost something like £100 cela a coûté dans les 100 livres, cela a coûté quelque chose comme 100

541 ENGLISH-FRENCH ...like / likeness

livres ◆ **he's called Middlewick or something like that** il s'appelle Middlewick ou quelque chose comme ça or quelque chose d'approchant ◆ **I was thinking of giving her something like a necklace** je pensais lui offrir un collier ou quelque chose dans ce genre-là or quelque chose comme ça ◆ **that's something like a steak!** * voilà ce que j'appelle or ce qui s'appelle un bifteck ! ◆ **there's nothing like real silk** rien de tel que la soie véritable, rien ne vaut la soie véritable ◆ **that's nothing like it!** ça n'est pas du tout ça !

d [= typical of] **that's just like him!** c'est bien de lui ! ◆ **it's not like him to be late** ça ne lui ressemble pas or ça n'est pas son genre d'être en retard ◆ **that's just like a woman!** voilà bien les femmes !

e [= in the same way as] comme, de même que ◆ **like me, he is fond of Brahms** comme moi, il aime Brahms ◆ **he, like me, thinks that ...** comme moi, il pense que ... ◆ **he thinks like us** * il pense comme nous ◆ **do it like me** * fais comme moi ◆ **can't you just accept it like everyone else?** tu ne peux pas simplement l'accepter comme tout le monde ? ◆ (Prov) **like father, like son** tel père, tel fils (Prov)

f [= such as] comme, tel que ◆ **the things she prefers, like reading and music** les activités qu'elle préfère, telles que la lecture et la musique or comme la lecture et la musique

3 ADVERB

a [= likely] **(as) like as not, like enough** * probablement

b [= near] **that record's nothing like as good as this one** ce disque-là est loin d'être aussi bon que celui-ci ◆ **she's more like 30 than 25** elle est plus près de 30 ans que de 25 ◆ **he asked her to do it – ordered her, more like!** * il lui a demandé de le faire – il le lui a ordonné, plutôt !

c [‡ : conversational filler] **he felt tired like, he felt like tired** (US) il se sentait comme qui dirait * fatigué ◆ **I had a fortnight's holiday, like, so I did a bit of gardening** j'avais quinze jours de vacances, alors comme ça * j'ai fait un peu de jardinage

4 CONJUNCTION

a [* = as] comme ◆ **he did it like I did** il l'a fait comme moi ◆ **he can't play poker like his brother can** il ne sait pas jouer au poker comme or aussi bien que son frère ◆ **like we used to** comme nous en avions l'habitude ◆ **it's just like I say** c'est comme je vous le dis

b [* = as if] comme si ◆ **he behaved like he was afraid** il se conduisait comme s'il avait peur ◆ **it's not like she's poor, or anything** ce n'est pas comme si elle était pauvre

5 NOUN

[= similar thing] ◆ **oranges, lemons and the like** les oranges, les citrons et autres fruits de ce genre ◆ **the like of which we'll never see again** comme on n'en reverra plus jamais ◆ **did you ever see the like (of it)?** * a-t-on jamais vu une chose pareille ? ◆ **I've never known his like for ...** il n'a pas son pareil pour ... ◆ **we'll never see his like again** nous ne verrons plus jamais quelqu'un comme lui or son pareil ◆ **the likes of him** * les gens comme lui or de son acabit (pej)

6 **likes** PLURAL NOUN

goûts mpl, préférences fpl ◆ **he knows all my likes and dislikes** il sait tout ce que j'aime et (tout) ce que je n'aime pas

7 TRANSITIVE VERB

a [+ person] aimer bien ◆ **I like him** je l'aime bien ◆ **I don't like him** je ne l'aime pas beaucoup, il me déplaît ◆ **I've come to like him** il m'est devenu sympathique, maintenant je l'aime bien ◆ **he is well liked here** on l'aime bien ici, on le trouve sympathique ici ◆ **how do you like him?** comment le trouvez-vous ? ◆ **I don't like the look of him** son allure ne me dit rien qui vaille

b [+ object, food, activity] aimer (bien) ◆ **I like that hat** j'aime bien ce chapeau, ce chapeau me plaît ◆ **which do you like best?** lequel préfères-tu ? ◆ **this plant doesn't like sunlight** cette plante ne se plaît pas à la lumière du soleil ◆ **I like oysters but they don't like me** * j'aime bien les huîtres mais elles ne me réussissent pas ◆ **I like music/Beethoven/football** j'aime bien la musique/Beethoven/le football ◆ **I like to have a rest after lunch** j'aime (bien) me reposer après déjeuner ◆ **he likes to be obeyed** il aime être obéi or qu'on lui obéisse ◆ **I like people to be punctual** j'aime que les gens soient à l'heure, j'aime qu'on soit ponctuel ◆ **I don't like it when he's unhappy** je n'aime pas ça quand il est malheureux ◆ **well, I like that!** * (iro) ah ça, par exemple ! ◆ **I like your cheek!** * (iro) tu as quand même du toupet ! * ◆ **how do you like Paris?** que pensez-vous de Paris ?, est-ce que Paris vous plaît ? ◆ **how do you like it here?** (est-ce que) vous vous plaisez ici ? ◆ **your father won't like it** cela ne plaira pas à ton père, ton père ne sera pas content ◆ **whether he likes it or not** que cela lui plaise ou non

c [= want, wish] aimer (bien), vouloir ◆ **I'd like to go home** j'aimerais (bien) or je voudrais (bien) rentrer chez moi ◆ **I'd have liked to be there** j'aurais (bien) aimé être là ◆ **I didn't like to disturb you** je ne voulais pas vous déranger ◆ **I thought of asking him but I didn't like to** j'ai bien pensé (à) le lui demander mais j'étais gêné ◆ **would you like a drink?** voulez-vous boire quelque chose ? ◆ **I would like more time** je voudrais plus de temps ◆ **which one would you like?** lequel voudriez-vous or aimeriez-vous ? ◆ **I would like you to speak to him** je voudrais que tu lui parles (subj) ◆ **would you like me to go and get it?** veux-tu que j'aille le chercher ? ◆ **would you like to go to Paris?** aimerais-tu aller à Paris ? ◆ **how would you like to go to Paris?** est-ce que cela te plairait or te dirait * d'aller à Paris ? ◆ **how do you like your steak: rare, medium or well done?** vous le voulez comment, votre bifteck : saignant, à point ou bien cuit ? ◆ **how would you like a steak?** est-ce que ça te dirait * de manger un bifteck ? ◆ **I can do it when/where/as much as/how I like** je peux le faire quand/où/autant que/comme je veux ◆ **when would you like breakfast?** à quelle heure voulez-vous votre petit déjeuner ? ◆ **whenever you like** quand vous voudrez ◆ **"As You Like It"** (Literat) "Comme il vous plaira" ◆ **don't think you can do as you like** ne croyez pas que vous pouvez or puissiez faire comme vous voulez or comme bon vous semble ◆ **I'll go out as much as I like** je sortirai autant qu'il me plaira ◆ **come on Sunday if you like** venez dimanche si vous voulez ◆ **if you like** si tu veux, si vous voulez ◆ **she can do what(ever) she likes with him** elle fait tout ce qu'elle veut de lui ◆ **(you can) shout as much as you like, I won't open the door** crie tant que tu veux or voudras, je n'ouvrirai pas la porte ◆ **he can say** or **let him say what he likes, I won't change my mind** il peut dire ce qu'il veut, je ne changerai pas d'avis

8 COMPOUNDS

▷ **like-minded** adj de même sensibilité ◆ **it was nice to be with like-minded individuals** c'était agréable d'être en compagnie de gens de même sensibilité

...like [laɪk] suf ◆ **childlike** enfantin ◆ **statesmanlike** d'homme d'État ; → **catlike**

likeable [ˈlaɪkəbl] adj sympathique, agréable

likeableness [ˈlaɪkəblnɪs] n caractère m sympathique or agréable

likelihood [ˈlaɪklɪhʊd] [→ SYN] n probabilité f, chance f ◆ **there is little likelihood of his coming** or **that he will come** il y a peu de chances or il est peu probable qu'il vienne ◆ **there is a strong likelihood of his coming** or **that he will come** il y a de fortes chances (pour) qu'il vienne, il est très probable qu'il viendra ◆ **there is no likelihood of that** cela ne risque pas d'arriver ◆ **in all likelihood she ...** selon toute probabilité elle ..., il est fort probable qu'elle ...

likely [ˈlaɪklɪ] LANGUAGE IN USE 16.2, 26.3 [→ SYN]

1 adj **a** (= probable) outcome, result, consequences probable ◆ **likely developments in the region** les développements que la région va probablement connaître ◆ **what is the likeliest time to find him at home?** à quelle heure a-t-on le plus de chances de le trouver chez lui ? ◆ **it is likely that ...** il est probable que ... (+ subj), il y a des chances (pour) que ... (+ subj) ◆ **it is not likely that ...** il est peu probable que ... (+ subj), il y a peu de chances que ... (+ subj) ◆ **it is very likely that ...** il est tout à fait possible que ... (+ subj), il y a de grandes chances (pour) que ... (+ subj) ◆ **it's hardly likely that ...** il n'est guère probable que ... (+ subj) ◆ **is it likely that he would forget?** se peut-il qu'il oublie (subj) ? ◆ **is it likely that I'd forget?** comment aurais-je pu oublier ?

b **he/it is likely to ...** il est bien possible qu'il/que cela ... (+ subj) ◆ **to be likely to win/succeed** (with pleasant outcome) [person] avoir de fortes chances de gagner/réussir ◆ **to be likely to fail/refuse** (with unpleasant outcome) [person] risquer d'échouer/de refuser ◆ **it is likely to sell well/to improve** (pleasant) [thing] il y a de fortes chances (pour) que cela se vende bien/que cela s'améliore (subj) ◆ **it is likely to break/make a loss** (unpleasant) [thing] cela risque de se casser/de ne pas être rentable ◆ **she is likely to arrive at any time** (gen) elle va probablement arriver d'une minute à l'autre ; (unwelcome) elle risque d'arriver d'une minute à l'autre ◆ **she is not likely to come** il est peu probable or il y a peu de chances qu'elle vienne ◆ **this trend is likely to continue** (gen) cette tendance va probablement se poursuivre ; (unpleasant) cette tendance risque de se poursuivre ◆ **he is not likely to succeed** il a peu de chances de réussir ◆ **the man most likely to succeed** l'homme qui a le plus de chances de réussir ◆ **this incident is likely to cause trouble** cet incident pourrait bien créer or risque de créer des problèmes ◆ **that is not likely to happen** cela a peu de chances de se produire ◆ **they were not likely to forget it** ils n'étaient pas près de l'oublier

c (= plausible) explanation plausible, vraisemblable ◆ **a likely story** or **tale!** (iro) elle est bonne, celle-là ! (iro) ◆ **a likely excuse!** (iro) belle excuse ! (iro)

d (= promising) **he's a likely candidate/recruit** c'est un candidat/une nouvelle recrue qui promet ◆ **a likely candidate to become** or **for Prime Minister** quelqu'un qui a de fortes chances de devenir Premier ministre ◆ **I asked six likely people** j'ai demandé à six personnes susceptibles de convenir or qui me semblaient pouvoir convenir ◆ **he's a likely young man** c'est un jeune homme qui promet ◆ **it's not a very likely place for a film festival** (= surprising choice) ce n'est pas vraiment l'endroit auquel on penserait pour un festival du cinéma ◆ **he glanced round for a likely-looking person to help him** il chercha des yeux une personne susceptible de l'aider ◆ **a likely place for him to be hiding** un endroit où il pouvait être caché

2 adv **a** **very** or **most likely** très probablement ◆ **it will very** or **most likely rain** il va très probablement pleuvoir ◆ **as likely as not** sans doute

b (US) probablement ◆ **some prisoners will likely be released soon** certains prisonniers seront probablement bientôt libérés

c (esp Brit: *) **not likely!** sûrement pas ! * ◆ **are you going? – not likely!** tu y vas ? – sûrement pas or ça risque pas !

liken [ˈlaɪkən] [→ SYN] vt comparer (*to* à) ◆ **to liken sb to a fox/bird/hamster** comparer qn à un renard/un oiseau/un hamster ◆ **he likened the situation to a time bomb** il a comparé la situation à une bombe à retardement ◆ **he likened himself to the former president** il se comparait à l'ancien président ◆ **X can be likened to Y** on peut comparer X et Y

likeness [ˈlaɪknɪs] [→ SYN] n **a** (= resemblance) ressemblance f (*to* avec) ◆ **I can't see much likeness between them** je ne vois guère de ressemblance entre eux, je ne trouve pas qu'ils se ressemblent (subj) beaucoup ◆ **a strong family likeness** un air de famille très marqué ◆ **to bear a likeness to sb/sth** ressembler à qn/qch

b **in the likeness of ...** sous la forme or l'aspect de ...

c (= portrait) **to draw sb's likeness** faire le portrait de qn ◆ **to have one's likeness taken**

likewise / limp

se faire faire son portrait ◆ **it is a good likeness** c'est très ressemblant ◆ **to catch a likeness** (Art, Phot) saisir une ressemblance

likewise ['laɪkwaɪz] adv (= similarly) de même ; (= also) également, aussi ; (= moreover) de plus, en outre ◆ **in Italy football is the national sport, likewise in Britain** en Italie, le football est le sport national ; il en est de même en Grande-Bretagne ◆ **I can talk to him about anything. Likewise with my brother** je peux lui parler de tout ; c'est la même chose avec mon frère or il en est de même avec mon frère ◆ **overtures from the Right have likewise been rejected** des ouvertures de la part de la droite ont de même or ont également été rejetées ◆ **my wife is well, the children likewise** ma femme va bien, les enfants aussi or également ◆ **and likewise, it cannot be denied that ...** et on ne peut pas nier non plus que ...
  b (with vb) **to do likewise** faire de même
  c (in replies) **nice to talk to you – likewise** * ça m'a fait plaisir de parler avec vous – moi de même

liking ['laɪkɪŋ] → SYN n (for person) sympathie f, affection f (for pour) ; (for thing) goût m (for pour), penchant m (for pour) ◆ **to take a liking to sb** se prendre d'amitié pour qn ◆ **to take a liking to (doing) sth** se mettre à aimer (faire) qch ◆ **to have a liking for sb** avoir de la sympathie pour qn ◆ **to have a liking for sth** avoir un penchant or du goût pour qch, aimer qch ◆ **a liking for work** le goût du travail ◆ **to your liking, for your liking** à votre goût ◆ **the curry is a little too hot for my liking** le curry est un petit peu trop épicé à mon goût

lilac ['laɪlək] [1] n (= bush, colour, flower) lilas m ◆ **a bunch of white lilac** un bouquet de lilas blanc
  [2] adj (in colour) lilas inv

Lilliputian [ˌlɪlɪ'pju:ʃən] [1] adj lilliputien
  [2] n Lilliputien(ne) m(f)

Lilo ® ['laɪˌləʊ] n matelas m pneumatique

lilt [lɪlt] n (of speech, song) rythme m, cadence f ◆ **a song with a lilt to it** une chanson bien rythmée ◆ **her voice had a pleasant lilt (to it)** sa voix avait des inflexions mélodieuses

lilting ['lɪltɪŋ] adj song cadencé ; voice aux intonations mélodieuses ; movement cadencé

lily ['lɪlɪ] [1] n lis m ◆ **lily of the valley** muguet m ; → **water**
  [2] COMP ▷ **lily-livered** adj poltron ▷ **lily pad** n feuille f de nénuphar ▷ **lily-white** adj (lit) d'une blancheur de lis ; (fig = innocent) blanc (blanche f) comme neige ; (US : for Whites only) excluant totalement les Noirs

Lima ['li:mə] [1] n Lima
  [2] COMP ▷ **Lima bean** n haricot m de Lima

limb [lɪm] → SYN n (Anat, Zool, also fig) membre m ; [of tree] grosse branche f ; [of cross] bras m ◆ **to tear limb from limb** [+ person] mettre en pièces ; [+ animal] démembrer ◆ **to be out on a limb** (= isolated) être isolé ; (= vulnerable) être dans une situation délicate ◆ **to go out on a limb** prendre des risques ◆ **limb of Satan** suppôt m de Satan ; → **risk**

-limbed [lɪmd] adj (in compounds) ◆ **long-limbed** aux membres longs ◆ **strong-limbed** aux membres forts

limber¹ ['lɪmbəʳ] adj person leste ; thing souple, flexible

▶ **limber up** vi (Sport etc) se dégourdir, faire des exercices d'assouplissement ; (fig) se préparer, se mettre en train ◆ **limbering-up exercises** exercices mpl d'assouplissement

limber² ['lɪmbəʳ] n [of gun carriage] avant-train m

limbic ['lɪmbɪk] [1] adj limbique
  [2] COMP ▷ **limbic system** n (Anat) système m limbique

limbless ['lɪmlɪs] adj ◆ **limbless man** (= no limbs) homme m sans membres, homme m tronc ; (= limb missing) homme m estropié, homme m à qui il manque un bras ou une jambe ; (after amputation) amputé m (d'un membre) ◆ **limbless ex-servicemen** ≈ (grands) mutilés mpl de guerre

limbo¹ ['lɪmbəʊ] n ◆ **in limbo** (= forgotten) tombé dans l'oubli ; (= still undecided) encore dans les limbes mpl (liter) ; (Rel) dans les limbes ◆ **in legal/social limbo** dans un vide juridique/social

limbo² ['lɪmbəʊ] n (= dance) limbo m ◆ **limbo dancer** danseur m, -euse f de limbo

lime¹ [laɪm] [1] n (Chem) chaux f ; → **quicklime**
  b (also **birdlime**) glu f
  [2] vt **a** [+ ground] chauler
  b [+ twig] engluer ; [+ bird] prendre à la glu, engluer
  [3] COMP ▷ **lime kiln** n four m à chaux

lime² [laɪm] [1] n **a** (= fruit) citron m vert, lime f
  b (= tree) lime f
  c (= drink) jus m de citron vert ◆ **vodka/lager and lime** vodka f/bière f citron vert
  [2] COMP ▷ **lime cordial** n sirop m de citron vert ▷ **lime green** n vert m jaune inv ▷ **lime juice** n jus m de citron vert

lime³ [laɪm] n (= linden : also **lime tree**) tilleul m

limeade ['laɪmeɪd] n sirop m de citron vert

limelight ['laɪmlaɪt] → SYN n (Theat) feux mpl de la rampe ◆ **to be in the limelight** (fig) être en vedette or au premier plan ◆ **to keep out of the limelight** ne pas se faire remarquer

limerick ['lɪmərɪk] n limerick m

LIMERICK

Un **limerick** est un poème humoristique ou burlesque en cinq vers, dont les rimes se succèdent dans l'ordre aabba. Le sujet de ces épigrammes (qui commencent souvent par "There was a ...") est généralement une personne décrite dans des termes crus ou sur un mode surréaliste.

---

limestone ['laɪmstəʊn] n calcaire m

Limey * ['laɪmɪ] n (US, Austral) Anglais(e) m(f), Angliche* mf

limicolous [laɪ'mɪkələs] adj limicole

liminal ['lɪmɪnl] adj (Psych) liminal

limit ['lɪmɪt] → SYN [1] n (= furthest point) [of territory, experience, vision etc] limite f ; (fig) limite f, borne f ; (= restriction on amount, number etc) limitation f, restriction f ; (= permitted maximum) limite f ◆ **the city limits (of Baghdad)** les limites de la ville (de Bagdad) ◆ **we must set a limit to the expense** il faut limiter or restreindre les dépenses ◆ **his anger knows no limits** sa colère ne connaît pas de limites, sa colère est sans borne(s) ◆ **to go to the limit to help sb** faire tout son possible pour aider qn ◆ **the 60km/h limit** (= speed limit) la limitation de vitesse de 60 km/h ◆ **there is a 60km/h limit on this road** la vitesse est limitée à 60 km/h sur cette route ; see also **speed** ◆ **that's the limit!** * c'est le comble !, ça dépasse les bornes ! ◆ **he's the limit!** * (= goes too far) il dépasse les bornes ! ; (= amusing) il est impayable ! * ◆ **there are limits!** * quand même il y a des limites !, il y a des limites à tout ! ◆ **he is at the limit of his patience/endurance** il est à bout de patience/de forces ◆ **off limits** area, district d'accès interdit ; (on sign) "accès interdit" ◆ **there is no limit on the amount you can import** la quantité que l'on peut importer n'est pas limitée ◆ **outside the limits of ...** en dehors des limites de ... ◆ **over the limit** (of lorry in weight) en surcharge, surchargé ; (of driver on Breathalyser) qui excède le taux maximal légal d'alcoolémie ◆ **he was three times over the limit** [driver] son taux d'alcoolémie était trois fois plus élevé que le maximum légal ◆ **there is a limit to my patience** ma patience a des limites or des bornes ◆ **there is a limit to what one can do** il y a une limite à ce que l'on peut faire, on ne peut (quand même) pas faire l'impossible ◆ **within the limits of** dans les limites de ◆ **within a 5-mile limit** dans un rayon de 8 kilomètres ◆ **it is true within limits** c'est vrai dans une certaine limite or mesure ◆ **without limit** sans limitation, sans limite ; see also **stretch**
  [2] vt **a** (= restrict) [+ speed, time] limiter (to à) ; [+ expense, power] limiter, restreindre (to à) ; [+ person] limiter ◆ **he limited questions to 25 minutes** il a limité les questions à 25 minutes ◆ **he limited questions to those dealing with education** il a accepté seulement les questions portant sur l'éducation ◆ **to limit o.s. to a few remarks** se borner à (faire) quelques remarques ◆ **to limit o.s. to ten cigarettes a day** se limiter à dix cigarettes par jour ◆ **we are limited in what we can do** nous sommes limités dans ce que nous pouvons faire
  b (= confine) limiter ◆ **Neo-Fascism is not limited to Europe** le néofascisme ne se limite pas à l'Europe ◆ **our reorganization plans are limited to Africa** nos projets de réorganisation ne se limitent à or ne concernent que l'Afrique ◆ **the government's attempts to limit unemployment to 2.5 million** les efforts du gouvernement pour empêcher le chômage de dépasser la barre des 2,5 millions

limitation [ˌlɪmɪ'teɪʃən] → SYN n **a** (= restriction) limitation f, restriction f ◆ **the limitation on imports** la limitation or la restriction des importations ◆ **there is no limitation on the amount of currency you may take out** il n'y a aucune restriction sur les devises que vous pouvez emporter ◆ **he has/knows his limitations** il a/connaît ses limites
  b (Jur) prescription f

limited ['lɪmɪtɪd] → SYN [1] adj **a** (= restricted) number, resources, choice, means, amount, range limité ; intelligence, person borné, limité ◆ **for a limited period only** seulement pendant une période limitée ◆ **to a limited extent** jusqu'à un certain point, dans une certaine mesure seulement
  b (esp Brit Comm, Jur) **Smith and Sons Limited** ≈ Smith et fils, SA
  [2] COMP ▷ **limited bus** n (US) ⇨ **limited-stop bus** ▷ **limited company** n (esp Brit Jur) (also **private limited company**) ≈ société f à responsabilité limitée ; (also **public limited company**) ≈ société f anonyme ▷ **limited edition** n [of book] édition f à tirage limité ; [of poster, print] tirage m limité ; [of record] pressage m limité ; [of car] série f limitée ▷ **limited liability** n (Brit Jur) responsabilité f limitée ◆ **limited liability company** société f à responsabilité limitée ◆ **limited partnership** n société f en commandite simple ▷ **limited-stop bus** n autobus m semi-direct

limiting ['lɪmɪtɪŋ] adj restrictif, contraignant

limitless ['lɪmɪtlɪs] → SYN adj power sans borne(s), illimité ; opportunities illimité

limnological [ˌlɪmnə'lɒdʒɪkəl] adj limnologique

limnologist [lɪm'nɒlədʒɪst] n limnologue mf

limnology [lɪm'nɒlədʒɪ] n limnologie f

limo * ['lɪməʊ] n (abbrev of **limousine**) limousine f

limonene ['lɪməˌniːn] n limonène m

limonite ['laɪməˌnaɪt] n limonite f

limousine ['lɪməziːn] [1] n (gen) limousine f ; (US : from airport etc) (voiture-)navette f
  [2] COMP ▷ **limousine liberal** * n (US) libéral m de salon

limp¹ [lɪmp] → SYN [1] adj **a** (= not firm) hand, handshake, hair, penis molle (molle f) ; lettuce, flowers plus très frais (fraîche f) ◆ **to go limp** devenir mou ◆ **his body went limp** tous les muscles de son corps se sont relâchés ◆ **to let one's body go limp** laisser son corps se relâcher ◆ **let your arm go limp** laissez aller votre bras ◆ **his arms hung limp by his sides** il avait les bras ballants ◆ **he was limp with exhaustion** il était épuisé ◆ **I feel very limp in this hot weather** je me sens tout ramolli or avachi par cette chaleur ◆ **to have a limp wrist** * (= be effeminate) avoir des manières efféminées
  b (fig = feeble) excuse faible ; style mou (molle f)
  c (Publishing) **limp cover(s)** reliure f souple
  [2] COMP ▷ **limp-wristed** adj (pej = effeminate) efféminé

limp² [lɪmp] → SYN [1] vi (person) boiter ; (fig) [vehicle etc] marcher tant bien que mal ◆ **to limp in/out** etc entrer/sortir etc en boitant ◆ **to limp along** avancer en boitant, aller clopin-clopant * ◆ **he limped to the door** il est allé à la porte en boitant, il a clopiné jusqu'à la porte ◆ **the plane managed to limp home** l'avion a réussi à regagner sa base tant bien que mal
  [2] n claudication f, boiterie f ◆ **to have a limp, to walk with a limp** boiter, clopiner

limpet ['lɪmpɪt] n **a** (Zool) patelle f, bernique f ; (fig = person) crampon m ◆ **to cling** or **stick to sth like a limpet** s'accrocher à qch comme une moule au rocher
b (Mil: also **limpet mine**) mine-ventouse f

limpid ['lɪmpɪd] (liter) adj limpide

limpidity [lɪm'pɪdɪtɪ] n limpidité f

limpidly ['lɪmpɪdlɪ] adv limpidement

limply ['lɪmplɪ] adv **a** (lit) mollement ◆ **his arms hung limply by his side** il avait les bras ballants ◆ **the flag hung limply from the mast** le drapeau pendait mollement
b (fig) say, express mollement

limpness ['lɪmpnɪs] n **a** (lit) mollesse f
b (fig) [of style] mollesse f ; [of excuse] faiblesse f

limulus ['lɪmjʊləs] n limule m or f

limy ['laɪmɪ] adj **a** (= chalky) soil, water calcaire
b (also **limy green**) d'un vert acide

linage ['laɪnɪdʒ] **1** n (Press) lignage m, nombre m de lignes ◆ **advertising linage** nombre m de lignes de publicité
2 COMP ▷ **linage advertisement** n petite annonce f ordinaire *(sans encadrement)*

linchpin ['lɪntʃ,pɪn] n (Aut) esse f ; (fig) pivot m, charnière f

Lincs. [lɪŋks] abbrev of **Lincolnshire**

linctus ['lɪŋktəs] n, pl **linctuses** sirop m (contre la toux)

lindane ['lɪndeɪn] n (Chem, Agr) lindane m

linden ['lɪndən] n (also **linden tree**) tilleul m

line¹ [laɪn]

→ SYN LANGUAGE IN USE 27

1 NOUN
2 TRANSITIVE VERB
3 COMPOUNDS
4 PHRASAL VERB

1 NOUN

a = mark ligne f, trait m ; (Math, TV, Sport) ligne f ; (= pen stroke) trait m ; (on palm) ligne f ◆ **a straight line** une (ligne) droite ◆ **a curved line** une (ligne) courbe ◆ **to put a line through sth** barrer or rayer qch ◆ **the teacher put a red line through my translation** le professeur a barré or rayé ma traduction au stylo rouge ◆ **to draw a line under sth** (in exercise book) tirer un trait sous qch ; (fig: episode, event) tirer un trait sur qch ◆ **line by line** ligne par ligne ◆ **above the line** (Bridge) (marqué) en points d'honneur ◆ **below the line** (Bridge) (marqué) en points de marche ; (Accounts) hors bilan ◆ **on the line** (Mus) sur la ligne ; → **bottom, dotted, draw, state**

b = boundary frontière f ◆ **there's a thin** or **fine line between genius and madness** il n'y a qu'un pas du génie à la folie, peu de choses séparent génie et folie

c Geog = equator **the Line** la ligne

d = wrinkle ride f ◆ **the lines on her face were now deeper** les rides de son visage s'étaient creusées

e = shape **the rounded lines of this car** les contours mpl arrondis de cette voiture ◆ **clothes that follow the lines of the body** des vêtements mpl moulants or qui épousent les contours du corps

f = rope corde f ; (= wire) fil m ; (Fishing) ligne f, fil m ; [of diver] corde f (de sûreté) ; (also **clothes line, washing line**) corde f (à linge) ◆ **they threw a line to the man in the sea** ils ont lancé une corde à l'homme qui était tombé à la mer

g = pipe tuyau m ; (larger: esp for oil, gas) pipeline m

h Telec, also Elec = cable ligne f ◆ **"663-1111 five lines"** "663.11.11 cinq lignes groupées" ◆ **it's a bad line** la ligne est mauvaise ◆ **the line's gone dead** (during conversation) on nous a coupés ; (before dialling) la ligne est en dérangement ◆ **the lines are down** les lignes ont été coupées ◆ **the line is engaged** or (US) **busy** la ligne est occupée, c'est occupé ◆ **Mr Smith is on the line (for you)** j'ai M. Smith à l'appareil (pour vous) ◆ **he's on the line to the manager** il est en ligne avec le directeur ◆ **the lines are open from 6 o'clock onwards** on peut téléphoner or appeler à partir de 6 heures

i of print, writing ligne f ; [of poem] vers m ; (* = letter) mot m ◆ **page 20, line 18** page 20, ligne 18 ◆ **new line** (in dictation) à la ligne ◆ **a six-line stanza** une strophe de six vers ◆ **it's one of the best lines in "Hamlet"** c'est l'un des meilleurs vers de "Hamlet" ◆ **drop me a line** * envoyez-moi un (petit) mot ◆ **to read between the lines** lire entre les lignes ◆ **lines** (Scol = punishment) lignes fpl à copier ◆ **to learn/forget one's lines** (Theat) apprendre/oublier son texte

j esp US = queue file f, queue f ◆ **to form a line** faire la queue ◆ **to stand** or **wait in line** faire la queue

k = row, column [of trees, parked cars, hills] rangée f ; [of cars in traffic jam] file f ; [of people] (side by side) rang m, rangée f ; (one behind another) chaîne f file f, colonne f ; (also **assembly line**) chaîne f ◆ **the new recruits marched in a line** les nouvelles recrues avançaient en file ◆ **they sat in a line in front of him** ils se sont assis en rang devant lui ◆ **a line of winning numbers** une série de numéros gagnants ◆ **the first line of defence** le premier moyen de défense ◆ **the first line of treatment** le premier traitement à suivre

l = succession série f ; (= descent) ligne f, lignée f ◆ **the latest in a long line of tragedies** la dernière d'une longue série de tragédies ◆ **in a direct line from** en droite ligne de, en ligne directe de ◆ **he comes from a long line of artists** il est issu d'une longue lignée d'artistes ◆ **the royal line** la lignée royale ◆ **succession passes through the male line** la succession se fait par les hommes

m also shipping line (= company) compagnie f maritime ; (= route) ligne f (maritime) ◆ **the Cunard Line** la compagnie Cunard ◆ **the New York-Southampton line** la ligne New York-Southampton

n Rail etc (= route) ligne f (de chemin de fer) ; [of underground] ligne f (de métro) ; [of bus] ligne f ; (= track) voie f ◆ **the Brighton line** la ligne de Brighton ◆ **the line was blocked for several hours** la voie a été bloquée plusieurs heures ◆ **cross the line by the footbridge** empruntez la passerelle pour traverser la voie ◆ **the train left the line** le train a déraillé

o = direction **the main** or **broad lines** [of story, plan] les grandes lignes fpl ◆ **line of argument** raisonnement m ◆ **the next chapter continues this line of thinking** le chapitre suivant développe cet argument ◆ **line of research** ligne f de recherche ◆ **you're on the right lines** vous êtes sur la bonne voie ◆ **on ethnic/geographical lines** selon des critères ethniques/géographiques ; → **inquiry, resistance**

p = stance position f ; (= argument) argument m ◆ **they voted against the government line** ils ont voté contre la position adoptée par le gouvernement ◆ **they came out with their usual line** ils ont sorti leur argument habituel ◆ **to take a strong line on ...** se montrer ferme sur ...

q * = field **line of business** or **work** activité f ◆ **you must be very aware of that in your line of business** vous devez en être très conscient dans votre métier ◆ **what's your line (of business** or **work)?** que faites-vous dans la vie ? ◆ **we're in the same line (of business)** (of companies) nous sommes dans la même branche ◆ **most kids can do something in the art line** la plupart des gosses ont un certain don artistique ◆ **cocktail parties are not (in) my line** les cocktails ne sont pas mon genre ◆ **fishing's more (in) my line (of country)** la pêche est davantage mon truc * ◆ **he's got a nice line in rude jokes** il connaît plein d'histoires cochonnes *

r = product **this lager is the shop's best selling line** cette bière blonde est ce qui se vend le mieux (dans le magasin)

s = course **in the line of duty** dans l'exercice de ses (or mes etc) fonctions ◆ **it's all in the line of duty** * (fig) ça fait partie du boulot *

t * = idea **... but I really don't have a line on what's going to happen** ... mais je n'ai vraiment aucune idée de ce qui va se passer ◆ **we've got a line on where he's gone to** nous croyons savoir où il est allé

u = spiel **to give sb a line** * baratiner * qn ◆ **to feed** or **hand sb a line about sth** * raconter des bobards * à qn sur qch

v Mil ligne f ◆ **in the front line** (Mil, fig) en première ligne ◆ **behind (the) enemy lines** derrière les lignes ennemies ◆ **line of battle** ligne f de combat ◆ **regiment of the line** (Brit Mil) ≈ régiment m d'infanterie ◆ **line abreast** (Navy) ligne f de front ◆ **line astern** (Navy) ligne f de file ◆ **ship of the line** vaisseau m de ligne, navire m de haut bord ◆ **the (battle) lines are drawn** (fig) les hostilités fpl sont engagées

w Drugs [of cocaine etc] ligne f

x set structures

◆ **along the line** ◆ **somewhere along the line he got an engineering degree** je ne sais pas exactement quand, il a décroché son diplôme d'ingénieur ◆ **all along the line** (= constantly) toujours ; (= everywhere) partout ◆ **didn't I tell you that all along the line?** c'est ce que je n'ai pas arrêté de te dire ◆ **they've been involved all along the line** ils ont participé depuis le début ◆ **the effects will be felt all along the line** les effets en seront ressentis à tous les niveaux

◆ **all (the way)** or **right down the line** ⇒ **all along the line**

◆ **along those/the same** etc **lines** ◆ **he'd already said something along those lines** il avait déjà dit quelque chose du même genre ◆ **we are all thinking along the same lines** nous pensons tous de la même façon, nous sommes tous d'accord or du même avis ◆ **several projects were suggested, all along the same lines** plusieurs projets avaient été suggérés et tous étaient du même genre ◆ **I hope we'll continue along the same lines** j'espère que nous continuerons sur cette lancée ◆ **along** or **on political/racial lines** decide, divide selon des critères politiques/raciaux ; organize, plan dans une optique politique/raciale ◆ **factories now work along Japanese lines** les usines emploient maintenant des méthodes japonaises

◆ **in line** ◆ **to keep sb in line** faire tenir qn tranquille ◆ **if the Prime Minister fails to keep the rebels in line** si le Premier ministre ne réussit pas à maîtriser les éléments rebelles ◆ **to be in line for a job** être sur les rangs pour un emploi ◆ **public sector pay is in line to rise** les salaires des fonctionnaires devraient augmenter ◆ **Earth was in line with Venus and the Sun** la Terre était alignée avec Vénus et le Soleil ◆ **the law is now in line with most medical opinion** la loi va maintenant dans le sens de l'avis de la plupart des médecins ◆ **our system is broadly in line with that of other countries** notre système correspond plus ou moins à celui d'autres pays

◆ **into line** ◆ **to come** or **fall** or **step into line** [person, group] se conformer (*with* à) ◆ **to come** or **fall into line** [plans, proposals] concorder (*with* avec) ◆ **to fall into line with sb** (fig) se ranger or se conformer à l'avis de qn ◆ **to bring sth into line with sth** (lit, fig) aligner qch sur qch ◆ **attempts to bring the system into line with that of Germany** des tentatives pour aligner le système sur celui de l'Allemagne

◆ **on line** (= on computer) en ligne ◆ **they can order their requirements on line** ils peuvent passer leurs commandes en ligne ◆ **to come on line** (= in or into service) [power station, machine] entrer en service

◆ **on the line** * (= at stake) en jeu ◆ **my reputation/job is on the line** ma réputation/mon emploi est en jeu ◆ **to put one's reputation/job on the line** mettre sa réputation/son emploi en jeu ◆ **to put o.s. on the line** prendre de gros risques ◆ **to put one's neck** * or **ass** ** (US) **on the line** risquer sa peau *

◆ **out of line** * (= unreasonable) ◆ **to be out of line** ◆ **he was completely out of line to suggest that ...** il n'aurait vraiment pas dû suggérer que ... ◆ **he is out of line with his own party** (= in conflict) il est en décalage par rapport à son parti ◆ **their debts are completely out of line with their incomes** leurs dettes sont tout à fait disproportionnées par rapport à leurs revenus ◆ **this result is out of line with the trend** ce résultat ne s'inscrit pas dans la tendance générale

line / Linotype

2 TRANSITIVE VERB

[= mark] [+ face] rider, marquer ◆ **his face was lined with exhaustion** il avait le visage marqué par la fatigue ◆ **lined paper** papier m réglé

3 COMPOUNDS

▷ **line dancing** n danse de style country ▷ **line drawing** n (Art) dessin m (au trait) ▷ **line feed** n (Comput) saut m or changement m de ligne ▷ **line fishing** n (Sport) pêche f à la ligne ▷ **line judge** n (Tennis) juge m de ligne ▷ **line manager** n (Brit Ind) supérieur m hiérarchique or direct ▷ **line of attack** n (Mil) plan m d'attaque ; (fig) plan m d'action ▷ **line of communication** n ligne f de communication ◆ **to keep the lines of communication open with sb** ne pas rompre le dialogue avec qn ▷ **line of descent** n (lit, fig) lignée f ◆ **an ancient family who trace their line of descent back more than a thousand years** (lit) une vieille famille dont les origines remontent à plus de mille ans ◆ **in a direct line of descent from sth** (fig) dans la lignée directe de qch ▷ **line of fire** n ligne f de tir ◆ **right in the line of fire** en plein dans la ligne de tir or de feu ▷ **line of flight** n [of bird etc] ligne f de vol ; [of object] trajectoire f ▷ **line of latitude** n ligne f de latitude ▷ **line of longitude** n ligne f de longitude ▷ **line of sight** n (Mil) ligne f de visée ▷ **line of vision** n champ m de vue ▷ **line-out** n (Rugby) touche f ▷ **line printer** n (Comput) imprimante f ligne par ligne ▷ **line spacing** n (Typ, Comput) interligne m ▷ **line storm** n (US) ouragan m ▷ **line-up** n [of people etc] (= row) file f ; (Police = identity parade) séance f d'identification (d'un suspect) ; (Ftbl etc) (composition f de l')équipe f ◆ **the new line-up** (fig, Pol etc) la nouvelle composition du Parlement (or du Congrès etc) ◆ **the President chose his line-up** le Président a choisi son équipe or ses collaborateurs ◆ **the line-up of African powers** (fig, Pol) le front des puissances africaines

4 PHRASAL VERB

▶ **line up**

1 vi a (= stand in row) se mettre en rang(s), s'aligner ; (= stand in queue) faire la queue ◆ **the teams lined up and waited for the whistle** les équipes se sont alignées et ont attendu le coup de sifflet

b (fig = align o.s.) **to line up against sb/sth** se liguer contre qn/qch ◆ **to line up behind sth** se rallier à qch ◆ **most senators lined up in support of the president** la plupart des sénateurs se sont ralliés au président ◆ **black people have lined up on both sides of the issue** les Noirs se sont ralliés aux deux camps ◆ **to line up with** or **behind** or **alongside sb** se ranger du côté de qn, se rallier à qn

2 vt sep a [+ people, objects] aligner, mettre en ligne ◆ **line them up against the wall** alignez-les contre le mur ◆ **they were lined up and shot** on les a alignés pour les fusiller ◆ **to be all lined up** * (= ready) être fin prêt (for pour, to do pour faire)

b * (= organize) [+ party, trip] organiser ; (= find) trouver ◆ **we must line up a chairman for the meeting** il faut que nous trouvions un président pour la réunion ◆ **to have sth lined up** avoir or avoir prévu qch ◆ **to have sb lined up** avoir qn en vue ◆ **have you got something lined up for this evening?** est-ce que tu as prévu quelque chose pour ce soir ? ◆ **have you got someone lined up?** avez-vous quelqu'un en vue ? ◆ **I wonder what he's got lined up for us** je me demande ce qu'il nous prépare

line² [laɪn] → SYN vt [+ clothes, bag, box] doubler (with de) ; [bird] [+ nest] garnir, tapisser ; (Tech) revêtir, chemiser ◆ **to line one's pockets** (fig : esp pej) se remplir les poches ◆ **eat something to line your stomach** ne reste pas l'estomac vide ◆ **the walls were lined with books and pictures** les murs étaient couverts or tapissés de livres et de tableaux ◆ **the streets were lined with cheering crowds** les rues étaient bordées d'une (double) haie de spectateurs enthousiastes ◆ **cheering crowds lined the route** une foule enthousiaste faisait la haie tout le long du parcours ◆ **the road was lined with trees** la route était bordée d'arbres ◆ → **wool**

lineage ['lɪnɪɪdʒ] n a (= ancestry) lignage † m, famille f ; (= descendants) lignée f ◆ **she can trace her lineage back to the 17th century** sa famille remonte au 17ᵉ siècle
b ['laɪnɪɪdʒ] ⇒ **linage**

lineal ['lɪnɪəl] adj en ligne directe

lineament ['lɪnɪəmənt] n (liter) (= feature) trait m, linéament m (liter) ◆ **lineaments** (= characteristic) caractéristiques fpl, particularités fpl

linear ['lɪnɪəʳ] 1 adj linéaire
2 COMP ▷ **linear accelerator** n (Phys) accélérateur m linéaire ▷ **linear equation** n (Math) équation f linéaire ▷ **linear motor** n moteur m linéaire ▷ **linear perspective** n (Art) perspective f linéaire ▷ **linear programming** n (Econ, Math) programmation f linéaire

linebacker ['laɪnbækə] n (US Sport) linebacker m, défenseur m (positionné derrière la ligne)

lineman ['laɪnmən] n, pl **-men** (US) (Rail) poseur m de rails ; (Telec) ouvrier m de ligne

linen ['lɪnɪn] 1 n a (NonC) (Tex) (toile f de) lin m
b (collective n) (= sheets, tablecloths etc : also **linens** : esp US) linge m (de maison) ; (= underwear) linge m (de corps) ◆ **dirty** or **soiled linen** linge m sale ; → **household, wash**
2 COMP sheet de fil, pur fil ; suit, thread de lin ▷ **linen basket** n panier m à linge ▷ **linen closet, linen cupboard** n armoire f or placard m à linge ▷ **linen paper** n papier m de lin

liner ['laɪnəʳ] 1 n a (Naut) paquebot m de grande ligne ; → **airliner, Atlantic**
b (also **dustbin liner**) sac m poubelle
c → **eyeliner**
d (US) [of record] pochette f
2 COMP ▷ **liner note** n (US) texte m (sur pochette de disque)

linesman ['laɪnzmən] n, pl **-men** (Sport, Tennis) juge m de ligne ; (Ftbl, Rugby) juge m de touche

ling¹ [lɪŋ] n (= heather) bruyère f

ling² [lɪŋ] n, pl **ling** or **lings** a (= sea fish) lingue f, julienne f
b (= freshwater fish) lotte f de rivière

linger ['lɪŋɡəʳ] → SYN vi (also **linger on**) [person] (= wait behind) s'attarder ; (= take one's time) prendre son temps ; (= dawdle) traîner, lambiner * ; [smell, pain] persister ; [tradition, memory] persister, subsister ; [doubt] subsister ◆ **the others had gone, but he lingered (on)** les autres étaient partis, lui restait en arrière or s'attardait ◆ **after the accident he lingered (on) for several months** (before dying) après l'accident il a traîné quelques mois avant de mourir ◆ **he always lingers behind everyone else** il est toujours derrière tout le monde, il est toujours à la traîne ◆ **don't linger about** or **around** ne lambine pas *, ne traîne pas ◆ **to linger over a meal** rester longtemps à table, manger sans se presser ◆ **I let my eye linger on the scene** j'ai laissé mon regard s'attarder sur la scène ◆ **to linger on a subject** s'attarder s'étendre sur un sujet

lingerie ['læ̃ʒəriː] n (NonC) lingerie f

lingering ['lɪŋɡərɪŋ] → SYN adj look long (longue f), insistant ; doubt qui subsiste (encore) ; hope faible ; death lent

lingo * ['lɪŋɡəʊ] n, pl **lingoes** (pej) (= language) langue f ; (= jargon) jargon m ◆ **I had a hard time in Spain because I don't speak the lingo** j'ai eu du mal en Espagne parce que je ne cause * pas la langue

lingua franca ['lɪŋɡwə'fræŋkə] n, pl **lingua francas** or **linguae francae** ['lɪŋɡwiː'frænsiː] langue f véhiculaire, lingua franca f inv

linguiform ['lɪŋɡwɪfɔːm] adj linguiforme

linguist ['lɪŋɡwɪst] n linguiste mf ◆ **I'm no great linguist** je ne suis pas vraiment doué pour les langues

linguistic [lɪŋ'ɡwɪstɪk] 1 adj linguistique
2 COMP ▷ **linguistic atlas** n atlas m linguistique ▷ **linguistic borrowing** n (= item borrowed) emprunt m ; (= process) emprunts mpl ▷ **linguistic geography** n géographie f linguistique ▷ **linguistic philosophy** n philosophie f linguistique

ANGLAIS-FRANÇAIS 544

linguistically [lɪŋ'ɡwɪstɪkəlɪ] adv linguistiquement

linguistics [lɪŋ'ɡwɪstɪks] 1 n (NonC) linguistique f ; → **comparative**
2 COMP book, degree, professor de linguistique ; student en linguistique

liniment ['lɪnɪmənt] n liniment m

lining ['laɪnɪŋ] n [of clothes, bag, box] doublure f ; (Tech) revêtement m ; [of brakes] garniture f ; [of stomach] paroi f ◆ **lining paper** papier m d'apprêt ; (for drawers) papier m à tapisser ; → **silver**

link [lɪŋk] LANGUAGE IN USE 17.1 → SYN
1 n a [of chain] maillon m
b (= connection) lien m, liaison f ; (= interrelation) rapport m, lien m ; (= bonds) lien m, relation f ; (hypertext) lien m ◆ **a new rail link** une nouvelle liaison ferroviaire ◆ **there must be a link between the two phenomena** il doit y avoir un lien or un rapport entre ces deux phénomènes ◆ **he served as link between management and workers** il a servi de lien or d'intermédiaire entre la direction et les ouvriers ◆ **cultural links** liens mpl culturels, relations fpl culturelles ◆ **links of friendship** liens mpl d'amitié ◆ **he broke off all links with his friends** il a cessé toutes relations avec ses amis, il a rompu tous les liens avec ses amis ; → **cufflink, missing, weak**
2 vt a (physically) lier ◆ **to link arms** se donner le bras
b (= establish communication between) relier ; (fig) lier ◆ **linked by rail/by telephone** reliés par (la) voie ferrée/par téléphone ◆ **linked (together) in friendship** liés d'amitié ◆ **the two companies are now linked (together)** ces deux sociétés sont maintenant liées or associées
c (= establish logical connection between) établir un lien or rapport entre ◆ **to link sth with sb** établir un lien entre qch et qn ◆ **the police are not linking him with the murder** la police n'a établi aucun rapport entre lui et le meurtre ◆ **this is closely linked to our sales figures** ceci est étroitement lié à nos chiffres de vente ◆ **smoking and lung cancer are closely linked** le tabac et le cancer des poumons sont étroitement liés
3 vi **to link to sth** avoir un lien avec qch
4 COMP ▷ **linking consonant** n (Phon) consonne f de liaison ▷ **linking verb** n (Ling) verbe m copulatif, copule f ▷ **link road** n (Brit) route f de jonction ▷ **link-up** n (gen) lien m, rapport m ; (Rad, TV) (= connection) liaison f ; (= programme) émission f en duplex ; (Space) jonction f ◆ **there is no apparent link-up between the two cases** il n'y a pas de rapport apparent or de lien apparent entre les deux affaires ◆ **is there any link-up between our company and theirs?** y a-t-il un lien entre notre entreprise et la leur ?

▶ **link together**
1 vi s'unir, se rejoindre
2 vt sep [+ two objects] unir, joindre ; (by means of a third) relier see also **link 2b**

▶ **link up**
1 vi [persons] se rejoindre ; [firms, organizations etc] s'associer ; [spacecraft] opérer l'arrimage ; [roads, railway lines] se rejoindre, se rencontrer ◆ **they linked up with the other group** ils ont rejoint l'autre groupe
2 vt sep a (Rad, Telec, TV) relier, assurer la liaison entre
b [+ spacecraft] opérer l'arrimage de
3 **link-up** n → **link**

linkage ['lɪŋkɪdʒ] n a (= connection) lien m, relation f
b (Tech) tringlerie f, transmission f par tringlerie
c (Bio) linkage m

linkman ['lɪŋkmæn] n, pl **-men** (esp US TV, Rad) présentateur m

links [lɪŋks] npl (terrain m de) golf m, links mpl

Linnaean [lɪ'neɪən] adj (Bio) linnéen

linnet ['lɪnɪt] n linotte f

lino * ['laɪnəʊ] n (Brit) (abbrev of **linoleum**) lino m ◆ **lino cut** gravure f sur linoléum

linocut ['laɪnəʊkʌt] n (Art) linogravure f

linoleum [lɪ'nəʊlɪəm] n linoléum m

Linotype ® ['laɪnəʊtaɪp] n linotype f

linsang ['lɪnsæŋ] n linsang m

linseed ['lɪnsiːd] n (NonC) graines fpl de lin ◆ **linseed oil** huile f de lin

lint [lɪnt] n (NonC) **a** (Med) tissu m ouaté *(pour pansements)* ◆ **a small piece of lint** une compresse, un petit pansement ouaté
b (US = fluff) peluches fpl ◆ **a piece** or **speck of lint** une peluche

lintel ['lɪntl] n linteau m

Linus ['laɪnəs] n (esp US) ◆ **Linus blanket** * couverture f sécurisante *(pour jeune enfant)*

lion ['laɪən] **1** n lion m ; (fig = person) personnage m en vue, célébrité f ◆ **the Lion** (Astrol, Astron) le Lion ◆ **to get** or **take the lion's share** se tailler la part du lion ◆ **to put one's head in the lion's mouth** (fig) se jeter or se précipiter dans la gueule du loup ◆ **to throw sb to the lions** (fig) abandonner qn à son sort, jeter or livrer qn en pâture ; → **beard, mountain, Richard**
2 COMP ▷ **lion cub** n lionceau m ▷ **lionhearted** adj d'un courage de lion ▷ **lionhunter** n (fig) **she is a lion-hunter** * elle cherche toujours à avoir des célébrités comme invités ▷ **lion-tamer** n dompteur m, -euse f de lions

lioness ['laɪənɪs] n lionne f

lionization [ˌlaɪənaɪˈzeɪʃən] n starisation * f

lionize ['laɪənaɪz] vt [+ person] aduler, stariser *

lip [lɪp] → SYN **1** n **a** (Anat) lèvre f ; [of dog etc] babine f ◆ **on every lip** or **everyone's lips** (fig) sur toutes les lèvres
b (= edge) [of jug] bec m ; [of cup, saucer] rebord m ; [of crater] bord m ; [of wound] bord m, lèvre f
c (* = insolence) culot * m, insolences fpl ◆ **less of your lip!** ne sois pas insolent ! ; → **bite, button, stiff**
2 COMP ▷ **lip balm** n (esp US) ⇒ **lip salve** ▷ **lip gloss** n brillant m à lèvres ▷ **lip pencil** n crayon m à lèvres ▷ **lip-read** vt lire sur les lèvres ▷ **lip-reader** n *personne qui sait lire sur les lèvres* ▷ **lip-reading** n lecture f sur les lèvres ▷ **lip salve** n (Brit) baume m pour les lèvres ▷ **lip service** n **he pays lip service to socialism but ...** à l'écouter on dirait qu'il est socialiste mais ... ◆ **he only pays lip service to socialism** il n'est socialiste que du bout des paroles ◆ **that was merely lip service on his part** il ne l'a dit que pour la forme, il l'a dit du bout des lèvres ▷ **lip-smacking** * adj pleasure, satisfaction, relish vif ▷ **lip-sync(h)** vi (= sing) chanter en play-back ; (= speak) doubler des films ◇ vt (= sing) chanter en play-back ; (= speak) doubler ◆ **to lip-sync(h) sb's words** doubler qn ◇ n play-back m

lipaemia [lɪˈpiːmɪə] n lipidémie f

lipase ['laɪpeɪs] n lipase f

lipemia [lɪˈpiːmɪə] n (US) ⇒ **lipaemia**

lipid ['laɪpɪd] n lipide m

lipogenesis [ˌlɪpəʊˈdʒɛnɪsɪs] n lipogenèse f

lipolysis [lɪˈpɒlɪsɪs] n lipolyse f

lipoma [lɪˈpəʊmə] n lipome m

lipophilic [ˌlɪpəʊˈfɪlɪk] adj lipophile

lipoprotein [ˌlɪpəʊˈprəʊtiːn] n (Chem, Bio) lipoprotéine f

liposome ['lɪpəʊsəʊm] n liposome m

liposuction [ˌlɪpəʊˈsʌkʃən] n lipo-aspiration f, liposuccion f

lipotropic [ˌlɪpəʊˈtrɒpɪk] adj lipotrope

-lipped [lɪpt] adj (in compounds) ◆ **dry-lipped** aux lèvres sèches ; → **thick**

lippy * ['lɪpɪ] **1** adj insolent
2 n (= lipstick) rouge m à lèvres

lipstick ['lɪpstɪk] n (NonC) (= substance) rouge m à lèvres ; (= stick) (bâton m or tube m de) rouge m à lèvres

liquation [laɪˈkweɪʃən] n liquation f

liquefaction [ˌlɪkwɪˈfækʃən] n liquéfaction f

liquefiable [ˈlɪkwɪˌfaɪəbl] adj liquéfiable

liquefied ['lɪkwɪfaɪd] **1** adj liquéfié
2 COMP ▷ **liquefied natural gas** n gaz m naturel liquéfié ▷ **liquefied petroleum gas** n gaz m de pétrole liquéfié

liquefy ['lɪkwɪfaɪ] **1** vt liquéfier
2 vi se liquéfier

liqueur [lɪˈkjʊər] **1** n liqueur f
2 COMP ▷ **liqueur brandy** n fine (champagne) f ▷ **liqueur chocolates** npl chocolats mpl à la liqueur ▷ **liqueur glass** n verre m à liqueur

liquid ['lɪkwɪd] → SYN **1** adj **a** (= not solid etc) substance liquide ; container pour (les) liquides ◆ **liquid air/oxygen** air m/oxygène m liquide ◆ **liquid ammonia** ammoniaque m (liquide) ◆ **liquid crystal** (Comput) cristal m liquide ◆ **liquid crystal display** affichage m à cristaux liquides ◆ **liquid diet** régime m (exclusivement) liquide ◆ **to have a liquid lunch** (hum) boire de l'alcool en guise de déjeuner ◆ **liquid measure** mesure f de capacité pour les liquides ◆ **Liquid Paper** ® (for corrections) correcteur m liquide ◆ **liquid paraffin** (Pharm) huile f de paraffine or de vaseline ◆ **liquid petroleum gas** GPL m, gaz m de pétrole liquéfié
b (fig) eyes, sky limpide, clair ; sound, voice limpide, harmonieux ; (Phon) liquide ◆ **liquid assets** (Fin) liquidités fpl, disponibilités fpl
2 n (= fluid) liquide m ; (Ling) liquide f

liquidambar [ˌlɪkwɪˈdæmbər] n liquidambar m

liquidate ['lɪkwɪdeɪt] → SYN vt **a** (Fin, Jur) liquider ◆ **liquidated damages** (Jur) dommages-intérêts mpl préalablement fixés (par les parties)
b (* = kill) liquider *

liquidation [ˌlɪkwɪˈdeɪʃən] n (Fin, Jur) liquidation f ; [of debt] remboursement m ◆ **to go into liquidation** déposer son bilan

liquidator ['lɪkwɪˌdeɪtər] n (Jur) ≃ liquidateur m

liquidity [lɪˈkwɪdɪtɪ] **1** n (Econ) liquidité f ; (Fin) disponibilités fpl de trésorerie
2 COMP ▷ **liquidity cushion** n (Fin) volant m de trésorerie

liquidize ['lɪkwɪdaɪz] vt liquéfier ; (Culin) passer au mixer or mixeur

liquidizer ['lɪkwɪdaɪzər] n (Brit Culin) mixer m, mixeur m

liquor ['lɪkər] → SYN **1** n **a** (esp US) (= alcoholic drink) boissons fpl alcoolisées ; (= spirits) spiritueux m, alcool m ◆ **to be the worse for liquor** (US) être soûl or ivre ◆ **he can't hold his liquor** il ne supporte pas l'alcool
b (Culin) liquide m
2 COMP ▷ **liquor license** n (US) licence f de débit de boissons ▷ **liquor store** n (US) magasin m de vins et spiritueux ; → LICENSING LAWS

▶ **liquor up** * (US) **1** vi se pinter *
2 vt sep ◆ **to liquor sb up** faire trop boire qn, soûler * qn

liquorice ['lɪkərɪs] (Brit) **1** n (Bot) réglisse f ; (= sweet) réglisse m
2 COMP ▷ **liquorice all-sorts** npl (gen Brit) bonbons mpl assortis au réglisse ▷ **liquorice root** n bâton m de réglisse ▷ **liquorice stick** n bâton m de réglisse

lira ['lɪərə], pl **lire** ['lɪəri] lire f

Lisbon ['lɪzbən] n Lisbonne f

lisle [laɪl] n (also **lisle thread**) fil m d'Écosse

lisp [lɪsp] **1** vi zézayer, zozoter *
2 vt (also **lisp out**) dire en zézayant ◆ **"please don't say that," she lisped coyly** "s'il vous plait, ne dites pas cela", dit-elle en minaudant
3 n zézaiement m ◆ **... she said with a lisp ...** dit-elle en zézayant ◆ **to speak with** or **have a lisp** zézayer, zozoter *, avoir un cheveu sur la langue *

lisper ['lɪspər] n zozoteur * m, -euse f

lisping ['lɪspɪŋ] adj zézayant, zozotant *

lispingly ['lɪspɪŋlɪ] adv en zézayant, en zozotant *

lissom(e) ['lɪsəm] adj souple, agile

list¹ [lɪst] → SYN **1** n liste f ; (Comm) catalogue m ◆ **your name isn't on the list** votre nom ne figure pas sur la liste ◆ **you can take me off the list** vous pouvez me rayer de la liste ◆ **you're (at the) top/bottom of the list** (lit) vous êtes en tête/en fin de liste ◆ **that's at the top of my list** je le ferai en priorité ; → **active, civil, danger**
2 vt (= make list of) faire or dresser la liste de ; (= write down) inscrire ; (= produce list of: Comput) lister ; (= enumerate) énumérer ◆ **your name isn't listed** votre nom n'est pas inscrit, votre nom n'est pas sur la liste ◆ **it isn't listed** (Comm) cela ne figure pas au catalogue ◆ **an airgun is listed as a weapon** les fusils à air comprimé sont classés parmi les armes ◆ **"airgun" is listed under "air"** "airgun" se trouve sous "air" ◆ **the shares are listed at 85 francs** (St Ex) les actions sont cotées 85 F ◆ **listed on the Stock Exchange** (St Ex) coté en Bourse
3 COMP ▷ **listed building** n (Brit) monument m classé or historique ▷ **listed company** n société f cotée en Bourse ▷ **listed securities** npl (St Ex) valeurs fpl inscrites or admises à la cote officielle, valeurs fpl cotées en Bourse ▷ **list price** n (Comm) prix m catalogue

list² [lɪst] → SYN **1** vi (= lean) donner de la bande, giter ◆ **the ship is listing badly** le bateau gîte dangereusement ◆ **to list to port** gîter or donner de la bande sur bâbord
2 n inclinaison f ◆ **to have a list** gîter ◆ **to have a list of 20°** gîter de 20°, donner 20° de gîte or de bande

listen ['lɪsn] → SYN **1** vi **a** écouter ◆ **listen to me** écoute-moi ; see also **b** ◆ **listen!** écoute ! ◆ **you never listen to a word I say!** tu n'écoutes jamais ce que je dis ! ◆ **to listen to the radio** écouter la radio ◆ **you are listening to the BBC** vous êtes à l'écoute de la BBC ◆ **to listen for** [+ voice, remark, sign] guetter ; [+ footsteps] guetter le bruit de ◆ **listen for the telephone while I'm out** réponds au téléphone pendant mon absence ; → **half**
b (= heed) écouter ◆ **listen to your father** écoute ton père ◆ **listen to me!** (as threat) écoute-moi bien ! ◆ **listen *, I can't stop to talk now but ...** écoute, je n'ai pas le temps de parler tout de suite mais ... ◆ **he wouldn't listen to reason** il n'a pas voulu entendre raison ◆ **when I asked him to stop, he would not listen** quand je lui ai demandé d'arrêter, il n'a rien voulu entendre
2 n ◆ **to have a listen** * écouter *(to sth qch)*

▶ **listen in** vi **a** (Rad †) être à l'écoute, écouter
b (= eavesdrop) écouter ◆ **to listen in on sth** or **to sth** (secretly) écouter qch secrètement ◆ **I should like to listen in to your discussion** j'aimerais assister à votre discussion

▶ **listen out for** vt fus [+ voice, remark, sign] guetter ; [+ footsteps] guetter le bruit de

▶ **listen up** vi (esp US) écouter

listener ['lɪsnər] n (gen) personne f qui écoute ; (to speaker, radio etc) auditeur m, -trice f ◆ **the listeners** l'auditoire m, le public ◆ **she's a good listener** elle sait écouter

listening ['lɪsnɪŋ] **1** n écoute f ◆ **good listening is good parenting** il faut savoir écouter ses enfants ◆ **he did all the talking, I did all the listening** il a monopolisé la parole et moi, je me suis contenté d'écouter
2 COMP ▷ **listening device** n dispositif m d'écoute ▷ **listening post** n (Mil) poste m d'écoute

listeria [lɪˈstɪərɪə] n listéria f

listeriosis [lɪˌstɪərɪˈəʊsɪs] n listériose f

listing ['lɪstɪŋ] **1** n (gen, also Comput) listage m ; (St Ex) inscription f à la cote officielle ◆ **the TV listings** les programmes mpl de télévision
2 COMP ▷ **listings magazine** n (gen) guide m des spectacles et distractions ; (TV) magazine m de télévision

listless ['lɪstlɪs] → SYN adj (= without energy) sans énergie, mou (molle f) ◆ **to feel listless** se sentir sans énergie or ressort ◆ **the heat made him listless** la chaleur lui enlevait son énergie ◆ **a day of listless trading on the world's stock markets** une journée morose sur les marchés financiers mondiaux

listlessly ['lɪstlɪslɪ] adv say, behave avec apathie

listlessness ['lɪstlɪsnɪs] n manque m d'énergie

lists [lɪsts] npl (Hist) lice f ◆ **to enter the lists** (lit, fig) entrer en lice

lit [lɪt] **1** vb (pt, ptp of **light¹**)
2 adj éclairé, illuminé ◆ **the street was very badly lit** la rue était très mal éclairée ◆ **lit up** * (= drunk) parti *, paf * inv

lit.¹ * [lɪt] n **a** abbrev of **literature**
b (abbrev of **literary**) littér.

lit.[2] (abbrev of **literal(ly)**) lit

litany [ˈlɪtənɪ] n litanie f ◆ **the Litany** (Rel) les litanies

litchi [ˌlaɪˈtʃiː] n ⇒ **lychee**

lite * adj (= low-fat) allégé

liter [ˈliːtəʳ] n (US) ⇒ **litre**

literacy [ˈlɪtərəsɪ] → SYN 1 n [of person] fait m de savoir lire et écrire ; [of population] degré m d'alphabétisation ◆ **his literacy was not in doubt** personne ne doutait du fait qu'il savait lire et écrire ◆ **universal literacy is one of the principal aims** l'un des buts principaux est de donner à tous la capacité de lire et d'écrire ◆ **there is a high/low degree of literacy in that country** le degré d'alphabétisation est élevé/bas dans ce pays ◆ **many adults have problems with literacy** de nombreux adultes ont du mal à lire et à écrire

2 COMP ▷ **literacy campaign** n campagne f d'alphabétisation or contre l'illettrisme ▷ **literacy project, literacy scheme** n projet m d'alphabétisation ▷ **literacy test** n test m mesurant le niveau d'alphabétisation

literal [ˈlɪtərəl] → SYN 1 adj a (= basic) meaning littéral ◆ **in the literal sense (of the word)** au sens propre du terme

b (= verbatim) translation littéral, mot pour mot ; interpretation littéral ◆ **to be very literal about sth** prendre qch au pied de la lettre ; see also **literal-minded**

c (= absolute) **the literal truth** l'entière or la pure vérité ◆ **it was a literal fact** c'était un fait ◆ **the drought has meant literal starvation for millions** la sécheresse a réduit littéralement à la famine des millions de gens

2 COMP ▷ **literal-minded** adj prosaïque, sans imagination ▷ **literal-mindedness** n manque m d'imagination

literalism [ˈlɪtərəlɪzəm] n *tendance à tout prendre au pied de la lettre*

literally [ˈlɪtərəlɪ] → SYN adv translate, believe, understand littéralement ◆ **to take sb/sth literally** prendre qn/qch au pied de la lettre ◆ **he interpreted the message literally** il a interprété le message au pied de la lettre or dans son sens littéral ◆ **I'm literally* dumbstruck by the news** je suis littéralement* assommé par cette nouvelle

literary [ˈlɪtərərɪ] → SYN 1 adj littéraire ◆ **a literary man** un lettré ◆ **literary types*** amateurs mpl de littérature

2 COMP ▷ **literary agent** n agent m littéraire ▷ **literary critic** n critique mf littéraire ▷ **literary criticism** n critique f littéraire ▷ **literary editor** n rédacteur m, -trice f littéraire ▷ **literary theory** n théorie f littéraire

literate [ˈlɪtərɪt] → SYN adj a (= able to read etc) qui sait lire et écrire ; (= educated) instruit ; (= cultured) cultivé ◆ **few of them are literate** peu d'entre eux savent lire et écrire ◆ **highly literate** très instruit or cultivé

b (fig = competent) **to be economically/scientifically** etc **literate** avoir des connaissances de base en économie/sciences etc ; → **computer**

literati [ˌlɪtəˈrɑːtiː] npl gens mpl de lettres, lettrés mpl

literature [ˈlɪtərɪtʃəʳ] → SYN n (NonC) a (= literary works) littérature f ◆ **18th-century French literature** la littérature française du 18e siècle ◆ **the literature of ornithology** la littérature or la bibliographie de l'ornithologie

b (= documentation) documentation f ◆ **travel/educational literature** documentation f sur les voyages/pédagogiques ◆ **sales literature** brochures fpl publicitaires

litharge [ˈlɪθɑːdʒ] n litharge f

lithe [laɪð] → SYN adj person, body, movement souple, agile

lithely [ˈlaɪðlɪ] adv agilement

lithiasis [lɪˈθaɪəsɪs] n (Med) lithiase f

lithium [ˈlɪθɪəm] n lithium m

litho * [ˈlaɪθəʊ] n (abbrev of **lithograph**) litho * f

lithograph [ˈlɪθəʊgrɑːf] 1 n lithographie f *(estampe)*

2 vt lithographier

lithographer [lɪˈθɒgrəfəʳ] n lithographe mf

lithographic [ˌlɪθəˈgræfɪk] adj lithographique

lithography [lɪˈθɒgrəfɪ] n (NonC) lithographie f *(procédé)*

lithosphere [ˈlɪθəsfɪəʳ] n (Geol) lithosphère f

lithotomy [lɪˈθɒtəmɪ] n (Med) lithotomie f

lithotripsy [ˈlɪθəʊˌtrɪpsɪ] n (Med) lithotripsie f

lithotripter [ˈlɪθəˌtrɪptəʳ] n lithotri(p)teur m

lithotrity [lɪˈθɒtrɪtɪ] n (Med) lithotritie f

Lithuania [ˌlɪθjʊˈeɪnɪə] n la Lituanie

Lithuanian [ˌlɪθjʊˈeɪnɪən] 1 adj lituanien

2 n a Lituanien(ne) m(f)

b (Ling) lituanien m

litigable [ˈlɪtɪgəbl] adj (Jur) case litigieux

litigant [ˈlɪtɪgənt] → SYN n (Jur) plaideur m, -euse f

litigate [ˈlɪtɪgeɪt] → SYN 1 vi plaider

2 vt mettre en litige, contester

litigation [ˌlɪtɪˈgeɪʃən] → SYN n litige m, procès m ◆ **they are in litigation** ils sont en litige or en procès ◆ **the case is in litigation** l'affaire est en litige or devant les tribunaux

litigator [ˈlɪtɪgeɪtəʳ] n (Jur) avocat-conseil m

litigious [lɪˈtɪdʒəs] → SYN adj (Jur) litigieux ; person (= given to litigation) procédurier, chicaneur ; (= argumentative etc) chicanier

litigiousness [lɪˈtɪdʒəsnɪs] n esprit m chicaneur

litmus [ˈlɪtməs] 1 n (Chem) tournesol m ◆ **litmus (paper)** papier m de tournesol

2 COMP ▷ **litmus test** n (lit) réaction f au (papier de) tournesol ; (fig) test m décisif

litotes [ˈlaɪtəʊˌtiːz] n, pl inv litote f

litre, liter (US) [ˈliːtəʳ] n litre m ◆ **litre bottle** (bouteille f d'un) litre m

litter [ˈlɪtəʳ] → SYN 1 n a (NonC) (= rubbish) détritus mpl ; (dirtier) ordures fpl ; (= papers) vieux papiers mpl ; (left after picnic etc) papiers mpl gras ◆ **"litter"** (on basket etc) "papiers (SVP)" ◆ **"(leave) no litter"** (on notice) "prière de ne pas laisser de détritus"

b (= untidy mass) fouillis m ◆ **a litter of books** un fouillis or un fatras de livres

c (Zool = offspring) portée f

d (Agr = bedding) litière f

e (= stretcher) civière f ; (= couch) litière f

f **cat litter** litière f (pour chats)

2 vt a [person] [+ room] mettre du désordre dans, mettre en désordre ; [+ countryside] laisser des détritus dans ◆ **he littered the floor with all his football gear** il a éparpillé ses affaires de football par terre

b (gen pass) [rubbish, papers] joncher (*with* de) ◆ **the floor was littered with paper** des papiers jonchaient le sol ◆ **glass from broken bottles littered the pavements, the pavements were littered with glass from broken bottles** les trottoirs étaient jonchés de tessons de bouteilles ◆ **littered with mistakes** bourré de fautes ◆ **the desk was littered with books** le bureau était couvert or encombré de livres ◆ **the streets were littered with corpses** les rues étaient jonchées de cadavres ◆ **the road is littered with obstacles** cette route est parsemée d'obstacles ◆ **a field littered with mines** un champ truffé de mines

3 vi (Zool) mettre bas

4 COMP ▷ **litter basket, litter bin** n (Brit) poubelle f ▷ **litter box** n (US) ⇒ **litter tray** ▷ **litter tray** n (esp Brit) caisse f à litière

litterbug * [ˈlɪtəbʌg], **litter-lout** * [ˈlɪtəlaʊt] n (pej) *personne qui jette des détritus par terre* ◆ **litterbugs should be fined** on devrait mettre à l'amende ces cochons * qui jettent des détritus n'importe où ◆ **all these litterbugs who foul up camp sites** tous ces cochons* qui jettent leurs détritus dans les campings

little[1] [ˈlɪtl] → SYN 1 adj petit ◆ **a little present** un petit cadeau ◆ **a little cat** un petit chat ◆ **when I was little** quand j'étais petit ◆ **she had a little girl yesterday** elle a eu une petite fille hier ◆ **here's a little something for yourself*** voilà un petit quelque chose* pour vous ◆ **a little old woman** une petite vieille ◆ **poor little thing!** pauvre petit(e) ! ◆ **she's a dear little thing** (patronizing) c'est une jolie petite fille ◆ **what an annoying little man!** ce qu'il est agaçant, ce type ! ◆ **the little ones** (= children) les petits mpl ◆ **the little woman** (hum, gen patronizing = wife) ma (or ta etc) petite femme* ◆ **it's always the little man who suffers** (= small trader) ce sont toujours les petits (commerçants) qui paient ◆ **he's quite a** or **the little gentleman!** qu'il est bien élevé ce petit ! ◆ **we went for a little holiday** nous sommes partis quelques jours (en vacances) ◆ **I'll pay you a little visit** je passerai rapidement te voir ◆ **who knows what's going on in his little mind** (pej) qui sait ce qui se passe dans son esprit ◆ **all his dirty little jokes** toutes ses plaisanteries cochonnes* ◆ **"The Little Prince"** (Literat) "Le Petit Prince"

2 COMP ▷ **little auk** n (Orn) mergule m (nain) ▷ **little end** n (Aut) pied m de bielle ▷ **Little Englander** n (Brit) a (Hist) *Anglais opposé à l'expansion de l'empire britannique* b (= chauvinistic) Anglais(e) m(f) chauvin(e) et insulaire ; (= anti-European) Anglais(e) m(f) anti-européen(ne) ▷ **little finger** n petit doigt m, auriculaire m ▷ **little grebe** n (Orn) grèbe m castagneux ▷ **little green men*** npl (hum = aliens) petits hommes mpl verts, extraterrestres mpl ▷ **little gull** n (Orn) mouette f pygmée ▷ **little hand** n [of clock] petite aiguille f ▷ **Little League** n (US Sport) *championnat de baseball pour les moins de 12 ans* ▷ **little owl** n (Orn) (chouette f) chevêche f ▷ **the little people** npl (Ir = fairies) les fées fpl, les lutins mpl ▷ **little ringed plover** n (Orn) petit gravelot m ▷ **little slam** n (Sport, Cards) petit chelem m ▷ **little stint** n (Orn) bécasseau m minute ▷ **little tern** n (Orn) sterne f naine ▷ **little toe** n petit orteil m

little[2] [ˈlɪtl]

compar **less**, superl **least**

→ SYN

1 ADJECTIVE
2 PRONOUN
3 ADVERB
4 SET STRUCTURES

1 ADJECTIVE

= not much peu de ◆ **there is little hope of finding survivors** il y a peu d'espoir de retrouver des survivants ◆ **I have very little money** j'ai très peu d'argent ◆ **he gave me too little money** il m'a donné trop peu d'argent ◆ **I have little money left** il me reste peu d'argent, il ne me reste pas beaucoup d'argent ◆ **so little time** si peu de temps ◆ **I have little time for reading** je n'ai pas beaucoup or je n'ai guère le temps de lire ◆ **with no little trouble/difficulty/satisfaction** avec beaucoup de mal/difficulté/satisfaction

◆ **a little ...** (= some) un peu de ... ◆ **I have a little money left** il me reste un peu d'argent ◆ **would you like a little milk in your tea?** voulez-vous une goutte de lait dans votre thé ? ◆ **a little bit (of)** un peu (de) ◆ **we're having a little (bit of) trouble** nous avons un petit problème or quelques difficultés

2 PRONOUN

a = not much peu, pas grand-chose ◆ **he reads little** il lit peu ◆ **so little of what he says is true** il y a si peu de vrai dans ce qu'il dit ◆ **he lost weight because he ate so little** il a perdu du poids parce qu'il mangeait très peu ◆ **so little of the population is literate** une proportion si infime de la population est alphabétisée, la population est si peu alphabétisée ◆ **I know too little about him to have an opinion** je le connais trop mal pour me former une opinion ◆ **there was little anyone could do** il n'y avait pas grand-chose à faire ◆ **he did little to help** il n'a pas fait grand-chose pour aider ◆ **he did very little** il n'a vraiment pas fait grand-chose ◆ **he had little to say** il n'avait pas grand-chose à dire ◆ **I had little to do with it** je n'ai pas eu grand-chose à voir là-dedans ◆ **that has very little to do with it!** ça n'a pas grand-chose à voir ! ◆ **however little you give, we'll be grateful** même si vous ne donnez pas grand-chose, nous vous serons reconnaissants ◆ **I see little of her nowadays** je ne la vois plus beaucoup ◆ **he had little or nothing to say about it** il n'avait pratiquement rien à dire là-dessus

b = small amount **the little I have seen is excellent** le peu que j'en ai vu est excellent ◆ **I did what little I could** j'ai fait ce que j'ai pu ◆ **every little helps** (= gift) tous les dons sont les bienvenus ◆ **it's all I can do – every little helps!** c'est tout ce que je peux faire – c'est toujours ça !

◆ **a little** (= a certain amount) un peu ◆ **give me a little** donne-m'en un peu ◆ **I'd like a little of everything** je voudrais un peu de tout ◆ **I know a little about stamp collecting** je m'y connais un peu en philatélie ◆ **they'll have to wait a little** (= a certain time) ils vont devoir attendre un moment ◆ **after/for a little (time** or **while)** au bout d'un/pendant un moment

3 ADVERB

a [= hardly, scarcely, not much] **they spoke very little on the way home** ils n'ont pas dit grand-chose sur le chemin du retour ◆ **it's little better now he's rewritten it** ça n'est pas beaucoup or ça n'est guère mieux maintenant qu'il l'a récrit ◆ **it's little short of folly** ça frise la folie ◆ **little more than a month ago** il y a à peine plus d'un mois ◆ **a little-known work by Corelli** un morceau peu connu de Corelli ◆ **his work is little performed these days** on ne joue plus beaucoup ses œuvres aujourd'hui ◆ **however little you like it you'll have to go** même si ça ne te plaît pas, il va falloir que tu y ailles

◆ **a little ...** (= slightly, somewhat) un peu ... ◆ **she is a little tired** elle est un peu fatiguée ◆ **a little too big** un peu trop grand ◆ **a little more** un peu plus, encore un peu ◆ **a little less** un peu moins ◆ **a little more slowly** un peu plus lentement ◆ **a little later** un peu plus tard ◆ **a little more/less cream** un peu plus de/moins de crème ◆ **he was not a little surprised** (frm or hum) il a été pour le moins surpris ◆ **he spoke a little harshly** il a eu des propos un peu trop durs ◆ **she reacted a little unreasonably** elle ne s'est pas montrée très raisonnable

b [= not at all] **he little imagined that ...** il était loin de s'imaginer que ... ◆ **little did he think that ...** il était loin de se douter que ...

c [= rarely] rarement, peu souvent ◆ **I see him/it happens very little** je le vois/cela arrive très rarement or très peu souvent ◆ **I watch television very little nowadays** je ne regarde plus beaucoup or plus très souvent la télévision

4 SET STRUCTURES

◆ **as little as** ◆ **as little as possible** le moins possible ◆ **you could get one for as little as $20** on peut en trouver un pour (seulement) 20 dollars ◆ **you can eat well for as little as 50 francs** on peut bien manger pour 50 francs ◆ **I like him as little as you do** je ne l'aime pas plus que toi ◆ **(as) little as I like him, I must admit that ...** bien que je ne l'aime pas beaucoup, je dois admettre que ...

◆ **little by little** petit à petit, peu à peu

◆ **to make little of sth** (= accomplish easily) faire qch sans aucun mal ; (= play down) minimiser qch ; (= underestimate) sous-estimer qch ◆ **the sailors made little of loading the huge boxes** les marins chargeaient les énormes caisses sans aucun mal ◆ **it's hard work, but the scouts make little of it** c'est dur mais les scouts ne s'arrêtent pas à ça ◆ **government spokesmen have made little of the latest setback** les porte-parole du gouvernement ont minimisé les implications de ce dernier revers ◆ **we've made little of the link between women's health and work** nous avons sous-estimé le lien entre la santé et le travail des femmes ◆ **he made little of his opportunities** (= fail to exploit) il n'a pas tiré parti des possibilités qu'il avait

◆ **to say little for sb/sth** (= reflect badly on) ◆ **it says (very) little for him** cela n'est pas vraiment à son honneur ◆ **it says little for his honesty** cela en dit long sur son honnêteté (iro)

littleness ['lɪtlnɪs] n petitesse f

littoral ['lɪtərəl] adj, n littoral m

liturgical [lɪ'tɜːdʒɪkəl] adj liturgique

liturgist ['lɪtədʒɪst] n liturgiste mf

liturgy ['lɪtədʒɪ] n liturgie f

livable ['lɪvəbl] adj climate, life supportable ; pain supportable, tolérable ; house habitable ◆ **this house is not livable (in)** * cette maison est inhabitable ◆ **he is/is not livable (with)** * il est facile à vivre/insupportable or invivable * ◆ **her life is not livable** elle mène une vie impossible or insupportable

live[1] ['lɪv] → SYN 1 vi a (= be alive) vivre ; (= survive) survivre ; (after illness, accident) s'en sortir ◆ **she has only six months to live** il ne lui reste plus que six mois à vivre ◆ **she'll never live to see it** elle ne vivra pas assez longtemps pour le voir ◆ **the doctor said she would live** le docteur a dit qu'elle s'en sortirait ◆ **nothing could live in such a hostile environment** rien ne pourrait survivre dans un environnement si hostile ◆ **he didn't live long after his wife died** il n'a pas survécu longtemps à sa femme ◆ **he won't live long** (gen) il n'en a plus pour longtemps ; [young person] il ne fera pas de vieux os ◆ **as long as I live I shall never leave you** je ne te quitterai pas tant que je vivrai ◆ **I shall remember it as long as I live** je m'en souviendrai jusqu'à mon dernier jour ◆ **he was still living when his daughter got married** il était encore en vie quand sa fille s'est mariée ◆ **are your parents still living?** vous avez encore vos parents ? ◆ **while his uncle lived** du vivant de son oncle ◆ **to live to be 90** vivre jusqu'à (l'âge de) 90 ans ◆ **you'll live to be a hundred** vous serez centenaire ◆ **you'll live!** * (hum, iro) tu n'en mourras pas ! ◆ **she lives for her children/her work** elle ne vit que pour ses enfants/son travail ◆ **he is living for the day when he will see his son again** il ne vit que pour le jour où il reverra son fils ◆ **he just lived for football** il ne vivait que pour le football, il n'y avait que le football dans sa vie ◆ **I've got nothing left to live for** je n'ai plus de raison de vivre ◆ **you must learn to live with it** il faut que tu t'y fasses or que tu t'en accommodes (subj) ◆ **he will have to live with that awful memory all his life** il lui faudra vivre avec cet horrible souvenir jusqu'à la fin de ses jours ◆ **people living with HIV and AIDS** ceux qui vivent avec la séropositivité et le sida

b (fig = live on) **her voice will live with me forever** je garderai toujours le souvenir de sa voix ◆ **this night will live in history** cette nuit fera date (dans l'histoire)

c (= have lifestyle) vivre ◆ **to live honestly** vivre honnêtement, mener une vie honnête ◆ **to live in luxury** vivre dans le luxe ◆ **to live like a king** or **a lord** mener grand train ◆ **to live by an ideal/a principle** etc vivre en accord avec un idéal/un principe etc ◆ **to live in fear/terror (of)** vivre dans la peur/la terreur (de) ◆ **you** or **we live and learn** on apprend à tout âge ◆ (Prov) **live and let live** il faut se montrer tolérant ◆ **let's live a little!** * il faut profiter de la vie ! ◆ **if you haven't been to London you haven't lived!** * si tu n'as pas vu Londres, tu n'as rien vu ! ◆ **you haven't lived until you've tried real Italian spaghetti** * il n'y a rien de meilleur que de véritables spaghettis italiens ; → **hand, hope, style, well**

d (= earn one's living) gagner sa vie ◆ **to live by journalism** gagner sa vie en tant que or comme journaliste ◆ **to live by buying and selling used cars** gagner sa vie en achetant et vendant des voitures d'occasion

e (= reside) habiter, vivre ◆ **where do you live?** où habitez-vous ? ◆ **to live in London** habiter (à) Londres, vivre à Londres ◆ **to live in a flat** habiter un appartement ◆ **she lives in Station Road** elle habite (dans) Station Road ◆ **this is a nice place to live** il fait bon vivre ici ◆ **he lives with his mother** il vit or habite avec sa mère ; (in her house) il vit chez sa mère ◆ **he's living with Ann** (as man and wife) il vit avec Ann ◆ **he's not an easy person to live with** il n'est pas facile à vivre ◆ **a house fit for a queen to live in** une maison princière ; see also **fit, unfit** ◆ **to live under occupation** être occupé ; → **sin**

2 vt vivre, mener ◆ **to live a life of luxury/crime** vivre dans le luxe/le crime ◆ **to live a healthy life** mener une vie saine ◆ **to live a life of ease** avoir une vie facile ◆ **to live life to the full** vivre pleinement sa vie, profiter au maximum de la vie ◆ **he has lived and breathed football since he was seven** il ne vit que pour le football depuis qu'il a sept ans ◆ **to live a lie** vivre dans le mensonge ◆ **to live the part** (Theat, fig) entrer dans la peau du personnage ; → **life**

3 COMP ▷ **lived-in** adj (lit = inhabited) house, flat etc habité ; (fig = well-worn) [+ face] marqué par le temps ▷ **live-in** adj (gen) housekeeper etc à demeure ◆ **live-in lover** petit(e) ami(e) m(f) avec qui l'on vit ◆ **live-in partner** compagnon m, compagne f

► **live down** vt sep [+ disgrace, scandal] faire oublier (avec le temps) ◆ **you'll never live it down!** jamais tu ne feras oublier ça !

► **live in** 1 vi [servant] être logé et nourri ; [student, doctor] être interne

2 **lived-in** adj → **live**[1]

3 **live-in** adj → **live**[1]

► **live off** vt fus a [+ fruit, rice] vivre de, se nourrir de ◆ **to live off the land** vivre des ressources naturelles

b ⇒ **live on 2c**

► **live on** 1 vi [person] continuer à vivre ; [tradition, memory] rester, survivre

2 vt fus a (= feed on) [+ fruit, rice] vivre de, se nourrir de ◆ **you can't live on air** * on ne vit pas de l'air du temps ◆ **she absolutely lives on chocolate** * elle se nourrit exclusivement de chocolat ◆ **to live on hope** vivre d'espérance

b (= subsist on) **to live on $10,000 a year** vivre avec 10 000 dollars par an ◆ **we have just enough to live on** nous avons juste de quoi vivre ◆ **what does he live on?** de quoi vit-il ?, qu'est-ce qu'il a pour vivre ? ◆ **to live on one's salary** vivre de son salaire ◆ **to live on one's capital** vivre de or manger son capital ◆ **to live on borrowed time** être en sursis (fig)

c (= depend financially on) [+ person] vivre aux dépens or aux crochets de

► **live out** 1 vi [servant] ne pas être logé ; [student, doctor] être externe

2 vt sep passer ◆ **she won't live the year out** elle ne passera pas l'année ◆ **he lived out the war in the country** il a passé la durée de la guerre à la campagne

3 vt fus (frm) [+ one's destiny] accomplir, réaliser ; [+ one's beliefs] mettre en pratique, vivre en accord avec

► **live through** vt fus a (= experience) vivre, voir ◆ **she has lived through two world wars** elle a vu deux guerres mondiales ◆ **the difficult years he has lived through** les années difficiles qu'il a vécues

b (= survive) supporter ◆ **he can't live through the winter** il ne passera pas l'hiver ◆ **I couldn't live through another day like that** je ne pourrais pas supporter or passer une deuxième journée comme ça

► **live together** vi (as man and wife) vivre ensemble ; (as flatmates) partager un appartement

► **live up** vt sep ◆ **to live it up** * (= live in luxury) mener la grande vie ; (= have fun) mener une vie de bâton de chaise

► **live up to** vt fus a (= be true to) [+ one's principles] vivre en accord avec, vivre selon ; [+ one's promises] être fidèle à, respecter

b (= be equal to) être or se montrer à la hauteur de ; (= be worthy of) répondre à, se montrer digne de ◆ **to live up to sb's expectations** être or se montrer à la hauteur des espérances de qn ◆ **the holiday didn't live up to expectations** les vacances n'ont pas été ce qu'on avait espéré ◆ **sales have not lived up to expectations this year** les ventes ont été décevantes cette année ◆ **his brother's success will give him something to live up to** la réussite de son frère lui servira de modèle

live[2] [laɪv] → SYN 1 adj a person, animal vivant, en vie ; (fig) dynamique ◆ **a live birth** une naissance viable ◆ **live bait** (Fishing) vif m *(appât)* ◆ **a real live spaceman** un astronaute en chair et en os

b (Rad, TV) (transmis or diffusé) en direct ◆ **the programme was live** cette émission était (transmise or diffusée) en direct ◆ **performed before a live audience** joué en public ◆ **they're a great live act** ils font un excellent numéro sur scène ◆ **a CD featuring live recordings from her New York concert** un CD avec des morceaux du concert qu'elle a donné à New York ◆ **"recorded live"** "enregistré en public"

c coal ardent ; ammunition, shell, cartridge de combat ; (= unexploded) non explosé

d (Elec) **that's live!** c'est branché ! ◆ **the switch/hair-dryer was live** l'interrupteur/le séchoir à cheveux était mal isolé (et dangereux) ; see also **3**
2 adv (Rad, TV) en direct ◆ **to play live** (= on stage) jouer sur scène ◆ **it was broadcast live** c'était (transmis or diffusé) en direct ◆ **the match is brought to you live from ...** le match vous est transmis en direct depuis ... ◆ **here, live from New York, is our reporter Guy Pugh** voici, en direct de New York, notre envoyé spécial Guy Pugh ◆ **to go live** (Brit) prendre l'antenne
3 COMP ▷ **live rail** n (Elec) rail m conducteur ▷ **live wire** n (Elec) fil m sous tension ◆ **he's a (real) live wire** * il a un dynamisme fou ▷ **live yoghurt** n yaourt m fermenté

liveable ['lɪvəbl] adj ⇒ **livable**

livedo [lɪ'viːdəʊ] n (Med) livedo m or f, livédo m or f

livelihood ['laɪvlɪhʊd] → SYN n (NonC) moyens mpl d'existence, gagne-pain m inv ◆ **to earn a** or **one's livelihood** gagner sa vie ◆ **his livelihood depends on ...** son gagne-pain dépend de ... ◆ **their principal livelihood is tourism/rice** leur principale source de revenu est le tourisme/la culture du riz

liveliness ['laɪvlɪnɪs] → SYN n a (= lively nature) [of person, animal, mind, language] vivacité f, vitalité f ; [of eyes] éclat m ; [of voice] enjouement m
b (= lively mood) [of party, bar, street, debate] animation f ; [of person] entrain m ; [of song, tune] gaieté f

livelong ['lɪvlɒŋ] adj (liter) ◆ **all the livelong day** tout au long du jour (liter), toute la journée

lively ['laɪvlɪ] → SYN adj a (by nature) person, animal, personality vif, plein de vitalité ; mind, imagination vif ◆ **she took a lively interest in everything** elle manifestait un vif intérêt pour tout
b (in mood) party, bar, street, atmosphere, debate animé ; person plein d'entrain ; description, language, style vivant ; song, tune entraînant, gai ◆ **the meeting promises to be a lively affair** la réunion va sûrement être mouvementée ◆ **things were getting quite lively** (hum) ça commençait à chauffer * ◆ **at a lively pace** or **speed** à vive allure
c * **to look lively** se remuer * ◆ **come on, look lively!** allez, remue-toi ! *

liven ['laɪvn] → SYN 1 vt ◆ **to liven up** [+ person] égayer ; [+ evening, discussion, party etc] animer ◆ **a bit of paint should liven the room up** un peu de peinture égayerait la pièce
2 vi ◆ **to liven up** s'animer ◆ **things are beginning to liven up** ça commence à s'animer

liver ['lɪvəʳ] 1 n (Anat, Culin) foie m ; → **lily**
2 COMP ▷ **liver complaint** n problème m de foie ▷ **liver fluke** n (Vet) douve f du foie ▷ **liver opal** n (Miner) ménilite f ▷ **liver paste** n ≃ pâté m de foie ▷ **liver pâté** n pâté m de foie ▷ **liver salts** npl ≃ Alka-Seltzer ® m ▷ **liver sausage** n saucisse f au pâté de foie ▷ **liver spot** n (Med) tache f brune or de vieillesse

liveried ['lɪvərɪd] adj en livrée

liverish ['lɪvərɪʃ] adj a (= bilious) qui a mal au foie
b (= irritable) de mauvais poil *, grincheux

Liverpudlian [,lɪvə'pʌdlɪən] 1 n ◆ **he's a Liverpudlian** il est de Liverpool
2 adj de Liverpool

liverwort ['lɪvəwɜːt] n (Bot) hépatique f, herbe f de la Trinité

liverwurst ['lɪvəwɜːst] n (esp US) ⇒ **liver sausage** ; → **liver**

livery ['lɪvərɪ] → SYN 1 n a [of servant] livrée f
b [of company, product] couleurs fpl
c **to keep a horse at livery** avoir un cheval en pension or en garde
2 COMP ▷ **livery company** n (Brit) corporation f londonienne ▷ **livery man** n, pl **livery men** (in London) membre m d'une corporation ; (†† = retainer) serviteur m ▷ **livery stable** n (boarding) pension f pour chevaux ; (hiring out) écurie f de louage

lives [laɪvz] npl of **life**

livestock ['laɪvstɒk] n (NonC) *bétail et animaux de basse-cour*

livid ['lɪvɪd] → SYN adj a (* = furious) person, expression, glare furieux (*at* or *about sth* à propos de qch) ◆ **to be livid at** or **about having to do sth** être furieux de devoir faire qch ◆ **to be livid that ...** être furieux que ...
b (= purple) bruise, scar violet ; shade, hue livide (liter) ; sky plombé, de plomb ◆ **livid red** rouge plombé
c (liter = pale, greyish) face livide, blême ◆ **to be livid with rage (at sth)** être livide or blême de colère (contre qch)

living ['lɪvɪŋ] → SYN 1 adj person vivant, en vie ; language, example, faith vivant ; water vif ◆ **living or dead** mort ou vif ◆ **the (world's) greatest living pianist** le plus grand pianiste vivant ◆ **a living death** un enfer, un calvaire ◆ **"the Living Desert"** "le désert vivant" ◆ **the living rock** le roc ◆ **carved out of the living rock** taillé à même le or dans le roc ◆ **living fossil** fossile m vivant ◆ **a living skeleton** (fig) un cadavre ambulant ◆ **in** or **within living memory** de mémoire d'homme ◆ **it's the living end** * (fig) c'est super * ; → **daylight, image, proof, soul**
2 n a (= livelihood) vie f ◆ **to earn** or **make a living by painting portraits/as an artist** gagner sa vie en peignant des portraits/en tant qu'artiste ◆ **to work for one's living** travailler pour gagner sa vie ◆ **what does he do for a living?** que fait-il dans la vie ? ◆ **he thinks the world owes him a living** il croit que tout lui est dû ; → **cost**
b (NonC = way of life) vie f ◆ **gracious living** vie f élégante or raffinée ◆ **healthy living** vie f saine ◆ **living was not easy in those days** la vie n'était pas facile en ce temps-là ; → **loose, standard**
c (Brit Rel) cure f, bénéfice m
3 **the living** npl les vivants mpl ; → **land**
4 COMP ▷ **living conditions** npl conditions fpl de vie ▷ **the living dead** npl (Occultism) les morts mpl vivants ; (fig) les morts mpl en sursis ▷ **living expenses** npl frais mpl de subsistance ▷ **living quarters** npl quartiers mpl, logement(s) m(pl) ▷ **living room** n salon m, salle f de séjour ▷ **living space** n espace m vital ▷ **living standards** npl niveau m de vie ▷ **living wage** n **they were asking for a living wage** ils demandaient un salaire décent ◆ **£50 a week isn't a living wage** on ne peut pas vivre avec 50 livres par semaine ▷ **living will** n testament m de vie

Livorno [lɪ'vɔːnəʊ] n Livourne

Livy ['lɪvɪ] n Tite-Live m

Lizard ['lɪzəd] n ◆ (Brit Geog) **the Lizard** le cap Lizard

lizard ['lɪzəd] 1 n lézard m ; (also **lizardskin**) (peau f de) lézard m
2 COMP bag etc en lézard

llama ['lɑːmə] n lama m (Zool)

LLB [,elel'biː] n (abbrev of **Legum Baccalaureus**) (= Bachelor of Laws) ≃ licence f de droit

LLD [,elel'diː] n (abbrev of **Legum Doctor**) (= Doctor of Laws) ≃ doctorat m de droit

LLM [,elel'em] n (abbrev of **Master of Laws**) ◆ **to have an LLM** avoir une maîtrise en or de droit

LM [el'em] n (abbrev of **lunar module**) → **lunar**

LMS [,elem'es] n (abbrev of **local management of schools**) → **local**

LMT [,elem'tiː] (US) (abbrev of **local mean time**) heure f locale

LNG n (abbrev of **liquefied natural gas**) → **liquefy**

lo [ləʊ] excl (liter or hum) regardez ! ◆ **... when lo and behold, in he walked!** ... et c'est alors qu'il est entré ! ◆ **lo and behold the result!** et voilà le résultat !

loach [ləʊtʃ] n loche f (de rivière)

load [ləʊd] → SYN 1 n a (= cargo, weight) [of person, animal, washing machine] charge f ; [of lorry] chargement m, charge f ; [of ship] cargaison f ; (= weight) (gros) poids m ; (= pressure) poids m, pression f ◆ **he was carrying a heavy load** il était lourdement chargé ◆ **the load slipped off the lorry** le chargement or la charge a glissé du camion ◆ **the lorry had a full load** le camion avait un chargement complet ◆ **the ship had a full load** le navire avait une cargaison complète ◆ **under (full) load** chargé (à plein) ◆ **I had three loads of coal (delivered) last autumn** on m'a livré trois fois du charbon l'automne dernier ◆ **I put another load in the washing machine** j'ai mis une autre charge de linge dans la machine à laver ◆ **he was buckling under the load of his rucksack** il pliait sous le poids de son sac à dos
b (fig) (= burden) fardeau m, charge f ; (= mental strain) poids m ◆ **supporting his brother's family was a heavy load for him** c'était pour lui une lourde charge (que) de faire vivre la famille de son frère ◆ **he finds his new responsibilities a heavy load** il trouve ses nouvelles responsabilités pesantes or lourdes ◆ **to take a load off sb's mind** débarrasser qn de ce qui lui pèse (fig) ◆ **that's a load off my mind!** c'est un poids en moins !, quel soulagement ! ; → **busload, payload, shed², work**
c (Constr, Elec, Tech, also of firearm) charge f
d * **a load of** un tas de, des masses de * ◆ **loads of** des tas de *, des masses de * ◆ **that's a load of rubbish!** tout ça c'est de la blague ! * ◆ **we've got loads of time** on a tout notre temps, on a largement le temps ◆ **he's got loads of money** il est plein de fric * ◆ **we've got loads (of them) at home** nous en avons des tas * or des tonnes * à la maison ◆ **there were loads of people there** il y avait des tas de gens * ◆ **get a load of this!** ‡ (= look) vise ‡ un peu ça !, regarde voir ! * ; (= listen) écoute un peu ça !, écoute voir ! *
2 vt a [+ lorry, ship, washing machine etc] charger (*with* de) ; [+ person] charger ; (= overwhelm) accabler ◆ **the branch was loaded (down) with pears** la branche était chargée de poires, la branche ployait sous les poires ◆ **she was loaded (down) with shopping** elle pliait sous le poids de ses achats ◆ **his pockets were loaded with sweets and toys** ses poches étaient bourrées de bonbons et de jouets ◆ **they arrived loaded (down) with presents for us** ils sont arrivés chargés de cadeaux pour nous ◆ **to load sb (down) with gifts** couvrir qn de cadeaux ◆ **to load sb with honours** combler or couvrir qn d'honneurs ◆ **we are loaded (down) with debts** nous sommes couverts or criblés de dettes ◆ **loaded (down) with cares** accablé de soucis ◆ **a heart loaded (down) with sorrow** un cœur lourd or accablé de chagrin ◆ **the whole business is loaded with problems** toute cette affaire présente d'énormes difficultés
b (= take on cargo of) **to load coal/grain** etc [ship etc] charger du charbon/du grain etc ◆ **to be loaded for bear** * (US: = eager) être gonflé à bloc *
c (= refill) [+ gun, camera, computer, file, disk] charger (*with* de, avec)
d (= weight) [+ cane etc] plomber ; [+ dice] piper ◆ **to load the dice against sb** défavoriser qn ◆ **his lack of experience loads the dice against him** son manque d'expérience joue contre lui ; see also **loaded**
e [+ insurance premium] majorer
3 vi [lorry, ship, camera, gun] (also Comput) se charger
4 COMP ▷ **load-bearing** adj (Constr) beam, structure porteur ▷ **load factor** n (Elec) facteur m d'utilisation ; (Aviat) coefficient m de remplissage ▷ **load line** n (Naut) ligne f de charge ▷ **load-shedding** n (Elec) délestage m

► **load down** vt sep charger (*with* de) → **load 2a**

► **load up** 1 vi [ship, lorry] se charger ; [person] charger, ramasser son chargement ◆ **to load up with sth** charger qch ◆ **to load up with** or **on** ‡ (US fig) [+ food, drink] se bourrer de *
2 vt sep [+ truck, animal, person] charger (*with* de, avec)

...load [ləʊd] n (in compounds) → **carload, planeload**

loaded ['ləʊdɪd] → SYN adj a (= full) lorry, shelf, gun, camera chargé (*with sth* de qch) ◆ **she was loaded (down) with parcels** elle avait les bras chargés de colis ◆ **loaded software** (Comput) logiciel m chargé ; see also **load**
b (= rich) **to be loaded** ‡ **(with money)** être friqué *, être plein aux as *
c ‡(= drunk) bourré * ; (through drugs) défoncé *
d (= tendentious) word, term, statement lourd de sens ◆ **that's a loaded question!** c'est une question tendancieuse !

loader / lock

e (= weighted) cane etc plombé ; dice pipé ◆ **the dice were loaded** (lit, fig) les dés étaient pipés ◆ **the dice were loaded against him** il avait peu de chances de réussir ◆ **the dice were loaded in his favour** tout jouait en sa faveur ◆ **the situation is loaded in our favour** les faits jouent en notre faveur

f (US Baseball) bases occupé

loader ['ləʊdəʳ] n (= person, instrument) chargeur m ; (Constr) chargeuse f ; → **low¹**

loading ['ləʊdɪŋ] **1** n chargement m ◆ "**no loading or unloading**" (street sign) "interdiction de charger et de décharger"
2 COMP ▷ **loading bay** n aire f de chargement

loadstar ['ləʊdstɑːʳ] n ⇒ **lodestar**

loadstone ['ləʊdstəʊn] n ⇒ **lodestone**

loaf¹ [ləʊf] → SYN **1** n, pl **loaves a** (also **loaf of bread**) pain m ; (= round loaf) pain m rond, miche f de pain ◆ (Prov) **half a loaf is better than no bread** faute de grives on mange des merles (Prov) ◆ **use your loaf!** ¾ (Brit) réfléchis un peu !, fais marcher tes méninges ! ¾ ; → **cottage, sandwich, slice**
b sugar loaf pain m de sucre ; → **meat**
2 COMP ▷ **loaf pan** n (US) ⇒ **loaf tin** ▷ **loaf sugar** n sucre m en pain ▷ **loaf tin** n moule m à pain

loaf² [ləʊf] vi (also **loaf about, loaf around**) traîner, fainéanter

loafer ['ləʊfəʳ] n **a** (= person) flemmard(e) * m(f), tire-au-flanc * m inv
b (= shoe) mocassin m

loam [ləʊm] n (NonC) **a** (= soil) terreau m
b (for moulds) terre f de moulage

loaminess ['ləʊmɪnɪs] n richesse f en terreau

loamy ['ləʊmɪ] adj soil riche en terreau

loan [ləʊn] → SYN **1** n **a** (= money) (lent) prêt m ; (borrowed) emprunt m ◆ **to take out a loan** contracter un emprunt ◆ **can I ask you for a loan?** pouvez-vous m'accorder un prêt ? ◆ **loans and deposits** (Banking) emplois mpl et ressources fpl ; → **raise**
b prêt m ◆ **I asked Barbara for the loan of her car** j'ai demandé à Barbara de me prêter sa voiture ◆ **may I have the loan of your lawnmower?** pouvez-vous me prêter votre tondeuse à gazon ? ◆ **I can give you the loan of it for a few days** je peux vous le prêter pour quelques jours ◆ **he had offered the loan of his villa at Cavalaire** il avait offert de prêter sa villa à Cavalaire
◆ **on loan** ◆ **this picture is on loan from the city museum** ce tableau est prêté par le ou est un prêt du musée municipal ◆ **I have a car on loan from the company** la compagnie me prête une voiture ou met une voiture à ma disposition ◆ **my assistant is on loan to another department at the moment** mon assistant est détaché dans un autre service en ce moment ◆ **the book is out on loan** (in library) le livre est sorti ◆ **I have this book out on loan from the library** j'ai emprunté ce livre à la bibliothèque
2 vt prêter (sth to sb qch à qn)
3 COMP ▷ **loan agreement** n (Fin) convention f de prêt ▷ **loan capital** n capital m d'emprunt ▷ **loan collection** n (Art etc) collection f de tableaux (ou d'objets etc) en prêt ▷ **loan investment** n (Fin) investissement m sous forme de prêt ▷ **loan office** n bureau m de prêt ▷ **loan officer** n [of bank] gestionnaire mf de crédit ▷ **loan shark** * n (pej) usurier m, -ière f ▷ **loan translation** n (Ling) calque m ▷ **loan word** n (Ling) (mot m d')emprunt m

loath [ləʊθ] → SYN adj (frm) ◆ **to be (very) loath to do sth** répugner à faire qch ◆ **he was loath to see her again** il n'était pas du tout disposé à la revoir ◆ **I am loath to add to your difficulties but ...** je ne voudrais surtout pas ajouter à vos difficultés mais ... ◆ **nothing loath** très volontiers

loathe [ləʊð] LANGUAGE IN USE 7.3 vt [+ person] détester, haïr ; [+ thing] avoir en horreur ◆ **to loathe doing sth** avoir horreur de faire qch ◆ **he loathes being criticized** il a horreur d'être critiqué

loathing ['ləʊðɪŋ] → SYN n (NonC) dégoût m, répugnance f ◆ **he/it fills me with loathing** il/cela me répugne ou dégoûte

loathsome ['ləʊðsəm] → SYN adj détestable

loathsomeness ['ləʊðsəmnɪs] n caractère m répugnant, nature f détestable or écœurante

loaves [ləʊvz] npl of **loaf**

lob [lɒb] **1** vt [+ stone etc] lancer (haut or en chandelle) ◆ **to lob a ball** (Tennis) faire un lob, lober ◆ **he lobbed the book (over) to me** il m'a lancé ou balancé * le livre ◆ **to lob the goalkeeper** (Ftbl) lober le gardien de but
2 vi (Tennis) lober, faire un lob
3 n (Tennis) lob m

lobar ['ləʊbəʳ] adj lobaire

lobby ['lɒbɪ] → SYN **1** n **a** (= entrance hall) [of hotel] hall m ; (smaller) vestibule m, entrée f ; [of private house] vestibule m, entrée f ; [of theatre] foyer m (des spectateurs)
b (Brit Parl) (where MPs meet public) hall m (de la Chambre des communes où les députés rencontrent le public), ≈ salle f des pas perdus ; (where MPs vote: also **division lobby**) vestibule m (où les députés se répartissent pour voter)
c (Pol = pressure group) groupe m de pression, lobby m ◆ **the anti-vivisection lobby** le groupe de pression or le lobby antivivisection
2 vt (Parl, also gen) [+ person] faire pression sur ; (esp US) [+ proposal, cause] faire pression en faveur de, soutenir activement
3 vi (Pol) ◆ **to lobby for sth** faire pression pour obtenir qch
4 COMP ▷ **lobby correspondent** n (Brit Press) journaliste mf parlementaire

lobbyer ['lɒbɪəʳ] n (US) ⇒ **lobbyist**

lobbying ['lɒbɪɪŋ] n (Pol) sollicitations fpl (d'un groupe de pression), pressions fpl

lobbyism ['lɒbɪɪzəm] n (US) ⇒ **lobbying**

lobbyist ['lɒbɪɪst] n (Pol) membre m d'un groupe de pression (for en faveur de) → **lobby**

lobe [ləʊb] n lobe m

lobectomy [ləʊ'bektəmɪ] n (Med) lobectomie f

lobelia [ləʊ'biːlɪə] n lobélie f

lobeline ['ləʊbə,liːn] n lobéline f

lobotomize [ləʊ'bɒtəmaɪz] vt lobotomiser

lobotomy [ləʊ'bɒtəmɪ] n lobotomie f

lobster ['lɒbstəʳ] **1** n, pl **lobsters** or **lobster** homard m
2 COMP ▷ **lobster nets** npl filets mpl à homards ▷ **lobster pot** n casier m à homards

lobule ['lɒbjuːl] n lobule m

local ['ləʊkəl] → SYN **1** adj custom, saying, weather forecast, newspaper, currency, train, branch, fog local ; shops, library du or de quartier ; wine, speciality du pays, local ; (Med) pain localisé ◆ **he's a local man** il est du pays ou du coin ◆ **the local doctor** (gen) le médecin le plus proche ; (in town) le médecin du quartier ◆ **what is the local situation?** (here) quelle est la situation ici ? ; (there) quelle est la situation là-bas ? ◆ **it adds a bit of local colour** ça met un peu de couleur locale ◆ **of local interest** d'intérêt local ◆ **a local call** (Telec) une communication locale ◆ **local management of schools** (Brit) gestion f des établissements scolaires par les administrations locales
2 n **a** (* = person) personne f du pays ou du coin * ◆ **the locals** les gens du pays ou du coin * ◆ **he's one of the locals** il est du pays ou du coin *
b (Brit *= pub) café m du coin, bistro(t) * m du coin ◆ **my local** le café du coin, le pub où je vais
c (US Rail) (train m) omnibus m
d * ⇒ **local anaesthetic 1**
e (US = trade union branch) section f syndicale
3 COMP ▷ **local anaesthetic** n anesthésie f locale ▷ **local area network** n (Comput) réseau m local ▷ **local authority** n autorité f locale ◇ adj des autorités locales ▷ **local council** conseil m municipal ▷ **local education authority** n autorité locale chargée de l'enseignement ▷ **local government** n administration f locale ◆ **local government elections** élections fpl municipales ▷ **local government officer, local government official** n ≈ fonctionnaire mf (de l'administration locale) ▷ **local radio** n radio f locale

◆ **she works in local radio** elle travaille dans une radio locale ▷ **local time** n heure f locale

locale [ləʊ'kɑːl] n endroit m

localism ['ləʊkəlɪzəm] n (Pol) régionalisation f, décentralisation f

locality [ləʊ'kælɪtɪ] → SYN n **a** (= neighbourhood) environs mpl, voisinage m ; (= district) région f ◆ **in the locality** dans les environs, dans la région ◆ **in the immediate locality of** tout près de
b (= place, position) lieu m ◆ **the locality of the murder** le lieu du meurtre ; → **bump**

localization [,ləʊkəlaɪ'zeɪʃən] n localisation f

localize ['ləʊkəlaɪz] → SYN vt localiser ◆ **localized pain** douleur f localisée

locally ['ləʊkəlɪ] adv (gen) localement ◆ **to live locally** habiter dans le coin ◆ **both nationally and locally** à l'échelon tant national que local ◆ **to be available locally** être disponible sur place ◆ **to produce/buy sth locally** produire/acheter qch sur place ◆ **locally grown** cultivé localement ◆ **we deliver free locally** nous livrons gratuitement dans les environs ◆ **this is Cirencester, known locally as "Ciren"** c'est Cirencester, que l'on appelle ici "Ciren" ◆ **an ugly concrete building known locally as "the Gulag"** un bâtiment en béton très laid que les gens du coin surnomment "le goulag"

locate [ləʊ'keɪt] → SYN **1** vt **a** (= find) [+ place, person] repérer, trouver ; [+ noise, leak, cause] localiser ◆ **I can't locate the school on this map** je n'arrive pas à repérer ou à trouver l'école sur cette carte ◆ **have you located the briefcase I left yesterday?** avez-vous retrouvé la serviette que j'ai oubliée hier ? ◆ **the doctors have located the cause of the pain/the source of the infection** les médecins ont localisé la cause de la douleur/la source de l'infection
b (= situate) [+ factory, school etc] situer ◆ **they decided to locate the factory in Manchester** ils ont décidé d'implanter or de construire l'usine à Manchester ◆ **where is the hospital to be located?** où va-t-on construire l'hôpital ? ◆ **the college is located in London** le collège est situé ou se trouve à Londres
c (= assume to be) situer, placer ◆ **many scholars locate the Garden of Eden there** c'est là que de nombreux érudits situent ou placent le Paradis terrestre
d (US = have place to live) **to be located** être installé
2 vi (US *) s'installer

location [ləʊ'keɪʃən] → SYN **1** n **a** (= position) emplacement m ◆ **a hotel set in a beautiful location** un hôtel situé dans un endroit magnifique ◆ **what's your location?** où vous trouvez-vous ?
b (Cine) extérieur m ◆ **to film in foreign locations** tourner en extérieur à l'étranger ◆ **on location** en extérieur
c (NonC = finding) [of person, object] repérage m
2 COMP (Cine) scene, shot en extérieur

locative ['lɒkətɪv] adj, n locatif m

loc. cit. [lɒk'sɪt] (abbrev of **loco citato**) loc. cit.

loch [lɒx] n (Scot) lac m, loch m ◆ **Loch Lomond** le loch Lomond ; → **sea**

lochia ['lɒkɪə] n (Med) lochies fpl

loci ['ləʊsaɪ] npl of **locus**

lock¹ [lɒk] → SYN **1** n **a** [of door, box etc] serrure f ; (on steering wheel, bicycle, motorbike) antivol m
◆ **under lock and key** possessions sous clé ; prisoner sous les verrous ◆ **to put/keep sth under lock and key** mettre/garder qch sous clé ◆ **to put sb under lock and key** enfermer qn à clé ; prisoner mettre qn sous les verrous ◆ **to keep sb under lock and key** garder qn enfermé à clé ; prisoner garder qn sous les verrous
b [of gun] (also **safety lock**) cran m de sûreté ; (also **gunlock**) percuteur m
◆ **lock, stock and barrel** ◆ **he sold the factory lock, stock and barrel** il a vendu l'usine en bloc ◆ **they rejected the proposals lock, stock and barrel** ils ont rejeté les suggestions en bloc or toutes les suggestions sans exception ◆ **he has moved out lock, stock and barrel**

lock / logic

il a déménagé en emportant tout son fourbi *

c (Comput) verrouillage m

d [of canal] écluse f; → **airlock**

e (Wrestling) immobilisation f ◆ **to hold sb in a lock** immobiliser qn

f (Aut) rayon m de braquage ◆ **this car has a good lock** cette voiture braque bien or a un bon rayon de braquage ◆ **3.5 turns from lock to lock** 3,5 tours d'une butée à l'autre

g (Rugby: also **lock forward**) (avant m de) deuxième ligne f

2 vt **a** (= fasten) [+ door, suitcase, car, safe] fermer à clé, verrouiller ◆ **behind locked doors** à huis clos ◆ **to lock the stable door after the horse has bolted** (fig) prendre ses précautions trop tard ◆ **to lock horns** (lit) [animals] se mettre à lutter cornes contre cornes ; (fig) se disputer ◆ **to lock horns with sb** avoir une prise de bec avec qn

b [+ person] enfermer (*in* dans) ◆ **he got locked in the bathroom** il s'est trouvé enfermé dans la salle de bains

c (= prevent use of) [+ mechanism] bloquer ; (Comput) verrouiller ◆ **he locked the steering wheel on his car** il a bloqué la direction de sa voiture (en mettant l'antivol) ◆ **to lock the wheels** (Aut: by braking) bloquer les roues

d (= grip, also fig) [+ person] étreindre, serrer ◆ **she was locked in his arms** elle était serrée dans ses bras ◆ **they were locked in a close embrace** ils étaient unis dans une étreinte passionnée ◆ **the two armies were locked in combat** les deux armées étaient aux prises

3 vi **a** [door] fermer à clé

b [wheel, elbow, knee] se bloquer

4 COMP ▷ **lock gate** n porte f d'écluse ▷ **lock keeper** n éclusier m, -ière f ▷ **lock-up** n (Brit = garage) box m ; (Brit = shop) boutique f *(sans logement)* ; (US * = prison) prison f, lieu m de détention provisoire ; (* = cell) cellule f provisoire

▶ **lock away** **1** vt sep [+ object, jewels] mettre sous clé ; [+ criminal] mettre sous les verrous ; [+ mental patient etc] enfermer

2 lockaway n → **lockaway**

▶ **lock in** vt sep **a** [+ person, dog] enfermer (à l'intérieur) ◆ **to lock o.s. in** s'enfermer (à l'intérieur)

b (Fin) [+ assets, loans] engager (à plus d'un an)

▶ **lock on** vi [spacecraft] s'arrimer (*to* à) ◆ **to lock on to sth** [radar] capter qch

▶ **lock out** **1** vt sep **a** [+ person] (deliberately) mettre à la porte ; (by mistake) enfermer dehors, laisser dehors (sans clé) ◆ **to find o.s. locked out** (by mistake) se trouver enfermé dehors, se retrouver à la porte ; (as punishment) se trouver mis à la porte ◆ **to lock o.s. out** s'enfermer dehors ◆ **to lock o.s. out of one's car** fermer la voiture en laissant les clés à l'intérieur

b (Ind) [+ workers] fermer l'usine à, lockouter

2 lockout n → **lockout**

▶ **lock up** **1** vi fermer (toutes les portes) à clé ◆ **will you lock up when you leave?** voulez-vous tout fermer en partant ? ◆ **to lock up for the night** tout fermer pour la nuit

2 vt sep **a** [+ object, jewels] enfermer, mettre sous clé ; [+ house] fermer (à clé) ; [+ criminal] mettre sous les verrous or en prison ; [+ mental patient etc] enfermer ◆ **you ought to be locked up!** * on devrait t'enfermer !, il faut te faire soigner !

b [+ capital, funds] immobiliser, bloquer (*in* dans)

3 lock-up n → **lock¹**

lock² [lɒk] → SYN n [of hair] mèche f ; (= ringlet) boucle f ◆ **his locks** sa chevelure, ses cheveux mpl ◆ **her curly locks** ses boucles fpl

lockable ['lɒkəbl] adj qui ferme à clé

lockaway ['lɒkəˌweɪ] n (Fin) titre m à long terme

locker ['lɒkə'] **1** n casier m *(fermant à clé)* ◆ **the left-luggage lockers** la consigne (automatique)

2 COMP ▷ **locker-room** n vestiaire m ◇ adj (fig) joke etc de corps de garde, paillard

locket ['lɒkɪt] n médaillon m *(bijou)*

locking ['lɒkɪŋ] **1** adj door, container, cupboard qui ferme à clé, verrouillable ◆ **locking petrol cap** (Aut) bouchon m antivol *(pour réservoir)*

2 n (gen, Comput) verrouillage m ; (Aut) [of door] verrouillage m, condamnation f ; → **central**

lockjaw ['lɒkdʒɔː] n (Med) tétanos m

locknut ['lɒknʌt] n (= washer) contre-écrou m ; (self-locking) écrou m autobloquant

lockout ['lɒkaʊt] n (Ind) lock-out m inv

locksmith ['lɒksmɪθ] n serrurier m

loco¹ * ['ləʊkəʊ] adj (esp US) dingue *

loco² * ['ləʊkəʊ] n (abbrev of **locomotive**) loco † f, locomotive f

locomotion [ˌləʊkə'məʊʃən] n locomotion f

locomotive [ˌləʊkə'məʊtɪv] **1** n (Rail) locomotive f

2 adj engine, power locomotif ; muscle locomoteur (-trice f)

3 COMP ▷ **locomotive driver**, **locomotive engineer** n mécanicien m ▷ **locomotive shed** n hangar m à locomotives ▷ **locomotive workshop** n (= factory) usine f de construction de locomotives ; (for repairs) atelier m de réparation de locomotives

locomotor [ˌləʊkə'məʊtə'] **1** adj locomoteur (-trice f)

2 COMP ▷ **locomotor ataxia** n (Med) ataxie f locomotrice

locoweed [ˌləʊkəʊ'wiːd] n (Bot) sorte d'astragale

locular ['lɒkjʊlə'] adj loculaire, loculé, loculeux

locum ['ləʊkəm] n (also **locum tenens** : esp Brit) suppléant(e) m(f) *(de prêtre ou de médecin)*

locus ['lɒkəs] n, pl **loci** lieu m, point m ; (Math) lieu m géométrique

locust ['ləʊkəst] **1** n locuste f, sauterelle f

2 COMP ▷ **locust bean** n caroube f ▷ **locust tree** n caroubier m

locution [lə'kjuːʃən] n locution f

lode [ləʊd] n (Miner) filon m, veine f

loden ['ləʊdən] n loden m

lodestar ['ləʊdstɑː'] n **a** (Astron) étoile f polaire

b (fig) principe m directeur

lodestone ['ləʊdstəʊn] n magnétite f, aimant m naturel

lodge [lɒdʒ] → SYN **1** n (= small house in grounds) maison f or pavillon m de gardien ; (= porter's room in building) loge f ; (Freemasonry) loge f ; (US Ind) section f syndicale ; [of beaver] abri m, gîte m ; → **hunting**

2 vt **a** [+ person] loger, héberger

b [+ bullet] loger

c (Admin, Jur) (= leave) [+ money] déposer ; [+ statement, report] présenter (*with sb* à qn), déposer (*with sb* chez qn) ◆ **to lodge an appeal** (Jur) interjeter appel, se pourvoir en cassation ◆ **to lodge a complaint against** (Jur) porter plainte contre ◆ **documents lodged by the parties** (Jur) pièces fpl versées aux débats par les parties

3 vi [person] être logé, être en pension (*with* chez) ; [bullet] se loger

lodger ['lɒdʒə'] → SYN n (Brit) (room only) locataire mf ; (room and meals) pensionnaire mf ◆ **to take (in) lodgers** (room only) louer des chambres ; (room and meals) prendre des pensionnaires

lodging ['lɒdʒɪŋ] → SYN **1** n (NonC = accommodation) logement m, hébergement m ◆ **they gave us a night's lodging** ils nous ont logés or hébergés une nuit ; → **board**

2 lodgings npl **a** (= room) chambre f ; (= flatlet) logement m ◆ **he took lodgings with Mrs Smith** † (with meals) il a pris pension chez Mme Smith ; (without meals) il a loué une chambre or un logement chez Mme Smith ◆ **he's in lodgings** il vit en meublé or en garni † ◆ **to look for lodgings** (room) chercher une chambre meublée ; (flatlet) chercher un logement meublé ◆ (with meals) prendre à prendre pension ◆ **we took him back to his lodgings** nous l'avons ramené chez lui

3 COMP ▷ **lodging house** n pension f

loess ['ləʊɪs] n lœss m

ANGLAIS-FRANÇAIS 550

loft [lɒft] **1** n **a** [of house, stable, barn] grenier m ; → **hayloft**, **pigeon**

b [of church, hall] galerie f ; → **organ**

c (= converted living space) loft m

2 vt **a** (Golf) [+ ball] lancer en chandelle

b (= send very high) lancer très haut

3 COMP ▷ **loft conversion** n (Brit) (= accommodation) grenier m aménagé ; (NonC = process, activity) aménagement m de grenier

loftily ['lɒftɪlɪ] adv say, declare, look at avec hauteur ◆ **his loftily dismissive attitude** son attitude hautaine et dédaigneuse ◆ **to be loftily indifferent to sb/sth** être d'une indifférence hautaine vis-à-vis de qn/qch

loftiness ['lɒftɪnɪs] n **a** (= great height) hauteur f

b (fig = nobility) noblesse f

c (pej = haughtiness) hauteur f

lofty ['lɒftɪ] → SYN adj **a** (= high) building, ceiling, mountain haut ; room haut de plafond ◆ **to rise to a lofty position in government** atteindre un poste élevé au gouvernement

b (= noble) aim, ideal, idea noble

c (pej = haughty) hautain

d (= elevated) style, rhetoric élevé, noble

log¹ [lɒg] → SYN **1** n **a** (= felled tree trunk) rondin m ; (for fire) bûche f ; → **sleep**

b (Naut = device) loch m

c (= book) (Aviat, Naut) journal m de bord ; [of lorry driver etc] carnet m de route ; (gen) registre m ◆ **to keep the log** tenir le journal de bord ◆ **to write up the log** rédiger le journal de bord

2 vt **a** [+ trees] tronçonner, débiter or tailler en rondins

b (= record) (gen) noter, consigner ; (Aviat, Naut: also **log up**) inscrire au journal de bord ◆ **details of the crime are logged in the computer** les données concernant le crime sont entrées dans l'ordinateur

c (speeds) **the ship was logging 18 knots** le navire filait 18 nœuds ◆ **the plane was logging 300mph** l'avion volait à 500 km/h

d (= clock up: often also **log up**) **he has logged 5,000 hours' flying time** il a à son actif or il compte 5 000 heures de vol ◆ **sailors often log 5,000 sea miles in a year** les marins font souvent 5 000 milles marins par an ◆ **I logged eight hours' work each day** j'ai travaillé huit heures par jour

3 COMP ▷ **log cabin** n cabane f en rondins ▷ **log fire** n feu m de bois ▷ **log jam** n (lit) train m de flottage bloqué ; (fig) impasse f (fig) ▷ **log-rolling** n (Sport) sport de bûcheron, consistant à faire courir avec les pieds, sans tomber, un tronc d'arbre flottant ; (fig pej) échange de concessions ou de faveurs

▶ **log in** (Comput) ⇒ **log on**

▶ **log off** (Comput) **1** vi sortir

2 vt sep déconnecter

▶ **log on** (Comput) **1** vi entrer

2 vt sep connecter, faire entrer dans le système

▶ **log out** (Comput) ⇒ **log off**

▶ **log up** vt sep → **log¹ 2b, 2d**

log² [lɒg] n (Math) (abbrev of **logarithm**) log * m ◆ **log tables** tables fpl de logarithmes

loganberry ['ləʊgənbərɪ] n framboise f de Logan

logarithm ['lɒgərɪθəm] n logarithme m

logarithmic [ˌlɒgə'rɪðmɪk] adj (Math) logarithmique

logbook ['lɒgbʊk] n **a** (Aviat, Naut etc) ⇒ **log¹ 1c**

b (Brit Aut) ≃ carte f grise

loge [ləʊʒ] n (Theat) loge f

logger ['lɒgə'] n (US) bûcheron m

loggerhead ['lɒgəˌhed] **1** n (also **loggerhead turtle**) caouane f

2 npl ◆ **to be at loggerheads (with)** être en désaccord or à couteaux tirés (avec)

loggerheads ['lɒgəhedz] npl ◆ **to be at loggerheads (with)** être en désaccord or à couteaux tirés (avec)

loggia ['lɒdʒɪə] n, pl **loggias** or **loggie** ['lɒdʒe] loggia f

logging ['lɒgɪŋ] n exploitation f du bois

logic ['lɒdʒɪk] → SYN **1** n logique f ◆ **I can't see the logic of it** ça ne me paraît pas rationnel

◆ **to chop logic** (Brit fig) discutailler (pej), ergoter (*with sb* avec qn)
[2] COMP ▷ **logic bomb** n (Comput) bombe f logique ▷ **logic-chopping** n (Brit fig) ergoterie f, ergotage m ▷ **logic circuit** n (Comput) circuit m logique

logical ['lɒdʒɪkəl] → SYN [1] adj logique ◆ **capable of logical thinking** capable de penser logiquement
[2] COMP ▷ **logical positivism** n positivisme m logique, logicopositivisme m ▷ **logical positivist** n logicopositiviste mf

logically ['lɒdʒɪkəlɪ] adv possible, consistent logiquement ; consider, examine, discuss rationnellement ◆ **it follows logically (from this) that ...** il s'ensuit logiquement que ... ◆ **the keyboard is laid out logically** le clavier est logiquement conçu or conçu avec logique ◆ **logically, I should have taken this into consideration** logiquement, j'aurais dû en tenir compte

logician [lɒ'dʒɪʃən] n logicien(ne) m(f)

logicism ['lɒdʒɪˌsɪzəm] n logicisme m

logistic [lɒ'dʒɪstɪk] [1] adj logistique
[2] **logistics** npl logistique f

logistical [lɒ'dʒɪstɪkəl] adj → **logistic 1**

logistically [lɒ'dʒɪstɪkəlɪ] adv sur le plan logistique

loglog ['lɒglɒg] n (Math) log m de log

logo ['ləʊgəʊ] n logo m

logocentrism [ˌlɒgəʊ'sɛntrɪzəm] n (Philos) logocentrisme m

logogram ['lɒgəɡræm] n logogramme m

logographer [lɒ'gɒgrəfər] n logographe m

logography [lɒ'gɒgrəfɪ] n logographie f

logogriph ['lɒgəˌgrɪf] n logogriphe m

logopaedics, logopedics (US) [ˌlɒgəʊ'piːdɪks] n (NonC) logopédie f

logorrhoea [ˌlɒgə'rɪə] n logorrhée f

logroll ['lɒgrəʊl] vi (esp US Pol) magouiller *

logrolling ['lɒgrəʊlɪŋ] n (esp US Pol) magouilles * fpl

logy * ['ləʊgɪ] adj (US) apathique, léthargique

loin [lɔɪn] [1] n (Culin: gen) filet m ; [of veal, venison] longe f ; [of beef] aloyau m
[2] **loins** npl a (= lower back) reins mpl, lombes mpl
b (= groin) aine f ; (euph) (= genitals) bas-ventre m (euph) ; → **gird**
[3] COMP ▷ **loin chop** n (Culin) côte f première

loincloth ['lɔɪnklɒθ] n pagne m (d'étoffe)

Loire [lwar] n Loire f ◆ **the Loire Valley** la vallée de la Loire ; (between Orléans and Tours) le Val de Loire

loiter ['lɔɪtər] → SYN vi a (also **loiter about** = stand around) traîner ; (suspiciously) rôder
b (Jur) **to loiter with intent** ≈ commettre un délit d'intention ◆ **to be charged with loitering with intent** être accusé d'un délit d'intention

▶ **loiter away** vt sep ◆ **to loiter away one's time/days** passer son temps/ses journées à ne rien faire

loll [lɒl] → SYN vi [person] se prélasser ; [head] pendre

▶ **loll about, loll around** vi fainéanter, flâner

▶ **loll back** vi [person] se prélasser ; [head] pendre en arrière ◆ **to loll back in an armchair** se prélasser dans un fauteuil

▶ **loll out** [1] vi [tongue] pendre
[2] vt sep [+ tongue] laisser pendre

lollapalooza * [ˌlɒləpə'luːzə], **lollapaloosa** * [ˌlɒləpə'luːsər] n (US) (amazing) truc m * génial ; (large) truc m maous *

Lollards ['lɒlədz] npl (Hist) Lollards mpl

lollipop ['lɒlɪpɒp] [1] n sucette f (bonbon)
[2] COMP ▷ **lollipop lady** *, **lollipop man** *, pl **lollipop men** (Brit) personne chargée d'aider les écoliers à traverser la rue

---

LOLLIPOP LADY, LOLLIPOP MAN

On appelle **lollipop lady** et **lollipop man** une femme ou un homme placé à proximité d'une école et chargé d'aider les écoliers à traverser la rue. Vêtues d'un manteau blanc ou jaune fluorescent, ces personnes arrêtent la circulation à l'aide d'un grand panneau rond indiquant "stop" et qui rappelle par sa forme les sucettes appelées "lollipops".

---

lollop ['lɒləp] vi [animal] galoper ; [person] courir gauchement or à grandes enjambées maladroites ◆ **to lollop in/out** etc entrer/sortir etc à grandes enjambées maladroites

lolly ['lɒlɪ] n (Brit) a * sucette f ; → **ice**
b (NonC: * = money) fric * m, pognon * m

lollygag * ['lɒlɪgæg] vi (US) a (= waste time) glander *
b (= kiss and cuddle) se peloter *

Lombard ['lɒmbəd] [1] n Lombard(e) m(f)
[2] adj lombard

Lombardy ['lɒmbədɪ] [1] n la Lombardie
[2] COMP ▷ **Lombardy poplar** n peuplier m d'Italie

London ['lʌndən] [1] n Londres
[2] COMP life londonien, à Londres ; person, accent, street londonien, de Londres ; taxi londonien ▷ **London Bridge** n pont m de Londres ▷ **London plane** n (Bot) platane m (hispanicus) ▷ **London pride** n (Bot) saxifrage f ombreuse, désespoir m des peintres

Londoner ['lʌndənər] n Londonien(ne) m(f)

lone [ləʊn] → SYN [1] adj gunman isolé ; piper, rider solitaire ; survivor unique ◆ **a lone figure** une silhouette solitaire ◆ **to fight a lone battle for sth** être seul à se battre pour qch ◆ **she was a lone voice** elle était la seule à être de cet avis
[2] COMP ▷ **lone father** n père m célibataire ▷ **lone mother** n mère f célibataire ▷ **lone parent** n père ou mère qui élève seul ses enfants ▷ **lone-parent family** n (Brit) famille f monoparentale ▷ **the lone star state** n (US) le Texas ▷ **lone wolf** n **he's a lone wolf** c'est un (loup) solitaire

loneliness ['ləʊnlɪnɪs] → SYN n [of person, atmosphere, life] solitude f ; [of house, road] (= isolated position) isolement m

lonely ['ləʊnlɪ] → SYN [1] adj person, time, life, journey, job solitaire ; village, house isolé ; road peu fréquenté ◆ **it's lonely at the top** le pouvoir isole ◆ **to feel lonely** se sentir seul ◆ **you might find London a lonely place** il se peut que vous vous sentiez seul ou que vous souffriez de solitude à Londres
[2] npl : **the lonely** les personnes fpl seules
[3] COMP ▷ **lonely hearts ad** * n petite annonce f de rencontre ▷ **lonely hearts club** * n club m de rencontres (pour personnes seules) ▷ **lonely hearts column** * n petites annonces fpl de rencontres

loner ['ləʊnər] n solitaire mf

lonesome ['ləʊnsəm] [1] adj (esp US) ⇒ **lonely**
[2] n ◆ **all on my** (or **your** etc) **lonesome** * tout seul, toute seule

---

long¹ [lɒŋ]

→ SYN

| [1] ADJECTIVE | [3] NOUN |
| [2] ADVERB | [4] COMPOUNDS |

[1] ADJECTIVE

a in size dress, hair, rope, distance, journey, book etc long (longue f) ◆ **the wall is 10 metres long** le mur fait or a 10 mètres de long ◆ **a wall 10 metres long** un mur de 10 mètres de long ◆ **how long is the swimming pool?** quelle est la longueur de la piscine ? ◆ **to get longer** [queue] s'allonger ; [hair] pousser ◆ **the document is long on generalities and short on practicalities** le document fait une large place aux généralités et ne donne pas beaucoup de détails pratiques ◆ **the cooking wasn't exactly long on imagination** * la cuisine n'était pas très originale ◆ **to have a long**

---

arm (fig) avoir le bras long ◆ **they were eventually caught by the long arm of the law** ils ont fini par être rattrapés par la justice ◆ **a string of degrees as long as your arm** * (= masses of degrees) des diplômes à n'en plus finir ◆ **to have a long face** (fig) avoir la mine allongée, faire triste mine ◆ **to make** or **pull a long face** faire la grimace ◆ **to be long in the leg** (of person) avoir de longues jambes ; (of trousers) être trop long ◆ **he's getting a bit long in the tooth** * il n'est plus tout jeune, il n'est plus de la première jeunesse ◆ **not by a long chalk** or **shot** * loin de là ◆ **it's a long shot but we might be lucky** (fig) c'est très risqué mais nous aurons peut-être de la chance ◆ **it was just a long shot** (fig) il y avait peu de chances pour que cela réussisse ; see also **4**

b in distance ◆ **it's a long way** c'est loin ◆ **it's a long way to the shops** les magasins sont loin ◆ **we walked a long way** nous avons beaucoup marché ◆ **it was a long 3 miles to the nearest pub** le pub le plus proche était à 5 bons kilomètres

c in time visit, wait, weekend, look, film long (longue f) ; delay important ◆ **I find the days very long** je trouve les jours bien longs ◆ **the days are getting longer** les jours rallongent ◆ **to be six months long** durer six mois ◆ **at long last** enfin ◆ **he took a long drink of water** il a bu beaucoup d'eau ; see also **4** ◆ **it will be a long job** ça va prendre du temps ◆ **to have a long memory** ne pas oublier vite ◆ **in the long run** à la longue ◆ **in the long term** à long terme ; see also **long-term** ◆ **long time no see!** * tiens, un revenant ! *, ça fait une paye ! * ◆ **to take the long view** penser à l'avenir ◆ **he's not long for this world** * il n'en a plus pour longtemps ◆ **the reply was not long in coming** la réponse n'a pas tardé à venir

◆ **a long time** longtemps ◆ **a long time ago** il y a longtemps ◆ **that was a long, long time ago** il y a bien longtemps de cela ◆ **what a long time we've been!** tu en as mis du temps ! * ◆ **to be a long time coming** mettre du temps à arriver ◆ **it will be a long time before I see her again** je ne la reverrai pas de si tôt or pas avant longtemps ◆ **it will be remembered for a long time to come** on s'en souviendra longtemps ◆ **it'll be a long time before I do that again!** je ne recommencerai pas de si tôt ! ◆ **for a long time I had to stay in bed** j'ai dû longtemps garder le lit ◆ **have you been studying English for a long time?** il y a longtemps que vous étudiez l'anglais ? ◆ **it's a long time since I last saw him** ça fait longtemps que je ne l'ai pas vu ◆ **he has not been seen for a long time** on ne l'a pas vu depuis longtemps, cela fait longtemps qu'on ne l'a pas vu ◆ **for a long time now he has been unable to work** voilà longtemps qu'il est dans l'incapacité de travailler ◆ **you took a long time to get here** or **getting here** tu as mis longtemps pour or à venir ◆ **it takes a long time for the drug to act** ce médicament met du temps à agir ◆ **it took a long time for the truth to be accepted** les gens ont mis très longtemps à accepter la vérité

d Ling vowel long (longue f)

[2] ADVERB

a = a long time longtemps ◆ **they didn't stay long** ils ne sont pas restés longtemps ◆ **he didn't live long after that** il n'a pas survécu longtemps ◆ **he hasn't been gone long** il n'y a pas longtemps qu'il est parti ◆ **it didn't take him long to realize that ...** il n'a pas mis longtemps à se rendre compte que ... ◆ **are you going away for long?** vous partez pour longtemps ? ◆ **not for long** pas pour longtemps ◆ **not for much longer** plus pour très longtemps ◆ **will you be long?** tu en as pour longtemps ? ◆ **I won't be long** je n'en ai pas pour longtemps ◆ **don't be long** dépêche-toi ◆ **he hasn't long to live** il n'en a plus pour longtemps ◆ **women live longer than men** les femmes vivent plus longtemps que les hommes ◆ **this method has long been used in industry** cette méthode est employée depuis longtemps dans l'industrie ◆ **have you been here/been waiting long?** vous êtes ici/vous attendez depuis longtemps ?, il y a longtemps que vous êtes ici/que vous attendez ? ◆ **these are long-needed changes** ce sont des changements qui s'imposent depuis longtemps ◆ **his long-awaited reply** sa

long / look   ANGLAIS-FRANÇAIS 552

réponse (si) longtemps attendue ◆ **I have long wished to say ...** il y a longtemps que je souhaite dire ... ◆ **long may this situation continue** espérons que cela continuera ◆ **long live the King!** vive le roi ! ◆ **I only had long enough to buy a paper** je n'ai eu que le temps d'acheter un journal ◆ **six months at (the) longest** six mois au plus ◆ **so long!** * à bientôt !

b = through all night long toute la nuit ◆ all summer long tout l'été ◆ his whole life long toute sa vie

c set structures

◆ **before long** (+ future) sous peu, dans peu de temps ; (+ past) peu après

◆ **how long ?** (in time) ◆ **how long will you be?** ça va te demander combien de temps ?, tu vas mettre combien de temps ? ◆ **how long did they stay?** combien de temps sont-ils restés ? ◆ **how long is it since you saw him?** cela fait combien de temps que tu ne l'as pas vu ? ◆ **how long are the holidays?** les vacances durent combien de temps ?

> In the following **depuis** + present/imperfect translates English perfect/pluperfect continuous:

◆ **how long have you been learning Greek?** depuis combien de temps apprenez-vous le grec ? ◆ **how long had you been living in Paris?** depuis combien de temps viviez-vous à Paris ?, cela faisait combien de temps que vous viviez à Paris ?

◆ **long ago** il y a longtemps ◆ **how long ago was it?** il y a combien de temps de ça ? ◆ **as long ago as 1930** déjà en 1930 ◆ **of long ago** d'il y a longtemps ◆ **not long ago** il n'y a pas longtemps, il y a peu de temps ◆ **he arrived not long ago** il n'y a pas longtemps qu'il est arrivé, il vient d'arriver

◆ **long after** longtemps après ◆ **long after he died** longtemps après sa mort ◆ **he died long after his wife** il est mort longtemps après sa femme

◆ **long before** ◆ **long before the war** bien avant la guerre ◆ **long before his wife's death** bien avant la mort de sa femme, longtemps avant que sa femme ne meure ◆ **his wife had died long before** sa femme était morte depuis longtemps, il y avait longtemps que sa femme était morte ◆ **you should have done it long before now** vous auriez dû le faire il y a longtemps ◆ **not long before the war** peu (de temps) avant la guerre ◆ **he died long before his wife died** peu (de temps) avant la mort de sa femme, peu avant que sa femme ne meure ◆ **she had died not long before** elle était morte peu de temps avant or auparavant

◆ **long since** ◆ **it's not long since he died, he died not long since*** il est mort il y a peu or il n'y a pas longtemps ◆ **long since** il y a longtemps ◆ **he thought of friends long since dead** il a pensé à des amis morts depuis longtemps

◆ **any/no/a little longer** ◆ **I can't stay any longer** je ne peux pas rester plus longtemps ◆ **she no longer wishes to do it** elle ne veut plus le faire ◆ **he is no longer living there** il n'y habite plus ◆ **wait a little longer** attendez encore un peu

◆ **as long as** (conditional) à condition que (+ subj) ◆ **you can borrow it as long as or so long as John doesn't mind** vous pouvez l'emprunter à condition que John n'y voie pas d'inconvénient ◆ **as long as necessary** (relating to time) le temps qu'il faudra ◆ **stay (for) as long as you like** restez autant que or aussi longtemps que vous voulez ◆ **as or so long as this crisis lasts** tant que durera cette crise ◆ **as or so long as the war lasted** tant que dura la guerre

3 NOUN

a **the long and the short of it is that ...** le fin mot de l'histoire, c'est que ...

b = syllable, beat longue f

4 COMPOUNDS

▷ **long-acting** adj drug à effet lent et à action longue ▷ **long-chain** adj (Chem) à chaîne longue ▷ **long-dated** adj (Fin) à longue échéance ▷ **long-distance** adj race, runner de fond ◆ **long-distance call** (Telec) appel m à longue distance ◆ **long-distance flight** vol m **long-courrier** ◆ **long-distance lorry driver** (Brit) routier m ◆ **long-distance skier** fondeur m, -euse f ◇ adv **to call sb long-distance** appeler qn à longue distance ◆ **long division** (Math) division f écrite complète (avec indication des restes partiels) ▷ **long-drawn-out** adj interminable, qui n'en finit pas ▷ **long drink** n long drink m ▷ **long-eared** adj aux longues oreilles ▷ **long-eared owl** n (Orn) hibou m moyen-duc ▷ **long-established** adj business, company qui existe depuis longtemps ; habit vieux (vieille f) ▷ **long fin tuna, long fin tunny** n thon m blanc ▷ **long-forgotten** adj oublié depuis longtemps ▷ **long-grain rice** n riz m long ▷ **long green*** n (US = money) argent m, fric* m ▷ **long-haired** adj person aux cheveux longs ; animal à longs poils ▷ **long-haul** n transport m à longue distance ◆ **long-haul airline/flight** ligne f/vol m long-courrier ▷ **long-headed** adj (fig) avisé, perspicace, prévoyant ▷ **long-horned beetle** n cérambyx m ▷ **long johns*** npl caleçon m long ▷ **long jump** n (Sport) saut m en longueur ▷ **long jumper** n sauteur m, -euse f en longueur ▷ **long-lasting** adj durable ◆ **to be longer-lasting** or **more long-lasting durer plus longtemps** ▷ **long-legged** adj person, horse aux jambes longues ; other animal, insect à longues pattes ▷ **long-life** adj milk longue conservation ; batteries longue durée ▷ **long-limbed** adj aux membres longs ▷ **long list** n première liste f, liste f préliminaire ▷ **long-lived** adj d'une grande longévité ◆ **women are longer-lived or more long-lived than men** les femmes vivent plus longtemps que les hommes ▷ **long-lost** adj person perdu de vue depuis longtemps ; thing perdu depuis longtemps ▷ **long-nosed** adj au nez long ▷ **long-nosed skate** n (= fish) raie f à bec pointu ▷ **long play** n ⇒ **long-playing record** ▷ **long-playing record** n 33 tours m inv ▷ **long-range** adj missile, rocket, plan à longue portée ; planning etc à long terme ◆ **long-range plane** (Mil) avion m à grand rayon d'action ; (civil) long-courrier m ◆ **long-range weather forecast** prévisions fpl météorologiques à long terme ▷ **long-running** adj play qui tient l'affiche depuis longtemps ; TV programme qui est diffusé depuis longtemps ◆ **long-running series** (TV) série-fleuve f ; dispute qui dure depuis longtemps ▷ **long shot** (Cine) plan m général or d'ensemble ; see also **1a** ▷ **long-sighted** adj (Brit) (lit) hypermétrope ; (in old age) presbyte ; (fig) person prévoyant, qui voit loin ; decision pris avec prévoyance ; attitude prévoyante ▷ **long-sightedness** n (lit) hypermétropie f ; (in old age) presbytie f ; (fig) prévoyance f ▷ **long-sleeved** adj à manches longues ▷ **long-spined sea scorpion** n (= fish) chabot m de mer ▷ **long-standing** adj de longue date ▷ **long-stay car park** n parking m or parc m de stationnement de longue durée ▷ **long stop** n (fig) garde-fou m ▷ **long-suffering** adj très patient, d'une patience à toute épreuve ▷ **long-tailed** adj à longue queue ◆ **long-tailed tit** mésange f à longue queue ▷ **long-term** adj ⇒ **long-term** adj ▷ **long-time** adj de longue date, vieux (vieille f) ▷ **long trousers** npl (as opposed to shorts) pantalon m ◆ **when I was old enough to wear long trousers** quand j'ai passé l'âge des culottes courtes ▷ **the long vacation, the long vac*** n (Brit Univ) les grandes vacances fpl ▷ **long wave** n (Rad) grandes ondes fpl ◆ **on (the) long wave** sur les grandes ondes ▷ **long-winded** adj person intarissable, prolixe ; speech interminable ▷ **long-windedly** adv intarissablement ▷ **long-windedness** n prolixité f

long² [lɒŋ] vi ◆ **to long to do sth** (= hope to) avoir très envie de faire qch ; (= dream of) rêver de faire qch ◆ **I'm longing to meet her** j'ai très envie de la rencontrer ◆ **to long for sth** (= hope for) avoir très envie de qch ; (= dream of) rêver de qch ◆ **the longed-for news** la nouvelle tant attendue ◆ **to long for sb to do sth** mourir d'envie que qn fasse qch ◆ **she longed for her friends** ses amis lui manquaient beaucoup or terriblement

longan ['lɒŋgən] n longane m

longboat ['lɒŋbəʊt] n (grande) chaloupe f

longbow ['lɒŋbəʊ] n arc m (anglais)

longeron ['lɒndʒərən] n (Aviat) longeron m

longevity [lɒn'dʒevɪtɪ] n longévité f

longhair* ['lɒŋhɛəʳ] n (US) intello* m

longhand ['lɒŋhænd] **1** n écriture f normale or courante ◆ **in longhand** (not shorthand) en clair ; (not typed) à la main **2** adj en clair

longhorn cattle ['lɒŋhɔ:n'kætl] n (NonC) bovins mpl longhorn inv or à longues cornes

longing ['lɒŋɪŋ] → SYN **1** n **a** (= urge) désir m, envie f (for sth de qch) ; (= craving: for food etc) envie f ◆ **to have a sudden longing to do sth** avoir un désir soudain or une envie soudaine de faire qch

b (= nostalgia) nostalgie f ◆ **his longing for the happy days of his childhood** la nostalgie qu'il avait des jours heureux de son enfance

2 adj look, glance (for sth) plein d'envie ; (for sb) plein de désir

longingly ['lɒŋɪŋlɪ] adv ◆ **to look longingly at sb** regarder qn d'un air énamouré ◆ **to look longingly at sth** regarder qch avec convoitise, dévorer qch des yeux ◆ **to think longingly of sb** penser amoureusement à qn ◆ **to think longingly of sth** penser avec envie à qch

longish ['lɒŋɪʃ] adj hair, period, distance assez long (longue f) ; book, play assez long (longue f), longuet* (slightly pej) ◆ **(for) a longish time** assez longtemps

longitude ['lɒŋgɪtju:d] n longitude f ◆ **at a longitude of 48°** par 48° de longitude

longitudinal [ˌlɒŋgɪ'tju:dɪnl] adj longitudinal

longitudinally [ˌlɒŋgɪ'tju:dɪnəlɪ] adv longitudinalement

longlist ['lɒŋlɪst] vt ◆ **to be longlisted** figurer sur une première liste de sélection

longship ['lɒŋʃɪp] n (Vikings) drakkar m

longshoreman ['lɒŋʃɔ:mən] n, pl **-men** (US) débardeur m, docker m

longshoring ['lɒŋʃɔ:rɪŋ] n (US) débardage m

long-term ['lɒŋ'tɜ:m] **1** adj loan, policy, investment, effects, solution, view, interests, future à long terme ◆ **he's in a long-term relationship** (going out together) il sort avec la même personne depuis longtemps ; (living together) il vit avec la même personne depuis longtemps ◆ **they're in a long-term relationship** (going out) ils sortent ensemble depuis longtemps ; (living together) ils vivent ensemble depuis longtemps

2 COMP ◆ **long-term care** n prise f en charge de longue durée ▷ **long-term car park** n parc m de stationnement (avec forfait à la journée/à la semaine etc) ▷ **long-term health care** n ⇒ **long-term care** ▷ **the long-term unemployed** npl les chômeurs mpl de longue durée ; see also **long¹**

longways ['lɒŋweɪz] adv en longueur, en long ◆ **longways on** dans le sens de la longueur

lonicera [lɒ'nɪsərə] n (Bot) chèvrefeuille m

loo* [lu:] **1** n (Brit) toilettes fpl, W.-C. mpl ◆ **he's in the loo** il est au petit coin* or aux toilettes

2 COMP ◆ **loo paper*** n PQ* m

loofah ['lu:fəʳ] n luffa m, loofa m

look [lʊk]

→ SYN   LANGUAGE IN USE 16.2

1 NOUN	**4** TRANSITIVE VERB
2 PLURAL NOUN	**5** COMPOUNDS
3 INTRANSITIVE VERB	**6** PHRASAL VERBS

1 NOUN

a at sth, sb **do you want a look?** tu veux regarder or jeter un coup d'œil ? ◆ **and now for a quick look at the papers** et maintenant, les grands titres de vos journaux

◆ **to have/take a look** ◆ **let me have a look** (= may I) fais voir ; (= I'm going to) je vais voir ◆ **let me have another look** (= may I) je peux regarder encore une fois ? ◆ **to have or take a look at sth** regarder qch, jeter un coup d'œil à qch ◆ **take** or **have a look at this!**

553 ENGLISH-FRENCH

look / look

regarde-moi ça !, regarde ! ◆ **to take another** or **a second look at sth** examiner qch de plus près ◆ **to take a good look at sth** bien regarder qch ◆ **to take a good look at sb** regarder qn avec attention ◆ **take a good look!** regarde bien ! ◆ **to take a long look at sb** regarder longuement qn, bien regarder qn ◆ **to take a long hard look at sth** (fig) examiner qch de près ◆ **to take a long (hard) look at o.s.** (fig) faire son autocritique ◆ **to have a look round the house** visiter la maison ◆ **I just want to have a look round** (in town) je veux simplement faire un tour ; (in a shop) est-ce que je peux regarder ? ◆ **have a look through the telescope** regarde dans le télescope

b = expression regard m ◆ **an inquiring look** un regard interrogateur ◆ **with a nasty look in his eye** avec un regard méchant ◆ **he gave me a furious look** il m'a jeté un regard furieux, il m'a regardé d'un air furieux ◆ **we got some very odd looks** les gens nous ont regardé d'un drôle d'air ◆ **I told her what I thought and if looks could kill** *, **I'd be dead** je lui ai dit ce que je pensais et elle m'a fusillé or foudroyé du regard ; see also **black, dirty, long**[1]

c = search **to have a look for sth** chercher qch ◆ **have another look!** cherche bien ! ◆ **I've had a good look for it already** je l'ai déjà cherché partout

d = appearance air m ◆ **there was a sad look about him** il avait l'air plutôt triste ◆ **I like the look of her** * je trouve qu'elle a l'air sympathique or qu'elle a une bonne tête * ◆ **I don't like the look(s) of him** * il a une tête qui ne me revient pas * ◆ **he had the look of a sailor (about him)** il avait l'air d'un marin ◆ **she has a look of her mother (about her)** elle a quelque chose de sa mère ◆ **by the look(s) of him** * à le voir ◆ **by the look(s) of it** or **things** * de toute évidence ◆ **you can't go by looks** il ne faut pas se fier aux apparences (Prov) ◆ **I don't like the look of this at all** * ça ne me dit rien qui vaille

e Fashion = style look m ◆ **I need a new look** il faut que je change (subj) de look

2 **looks** * PLURAL NOUN

beauté f ◆ **looks aren't everything** la beauté n'est pas tout ◆ **she has kept her looks** elle est restée belle ◆ **she's losing her looks** elle n'est plus aussi belle qu'autrefois, sa beauté se fane

3 INTRANSITIVE VERB

a = see, glance regarder ◆ **look over there!** regarde là-bas ! ◆ **look!** regarde ! ◆ **just look!** regarde un peu ! ◆ **look and see if he's still there** regarde s'il est encore là ◆ **look what a mess you've made!** regarde le gâchis que tu as fait ! ◆ **look who's here!** * regarde qui est là ! ◆ **let me look** (= may I) fais voir ; (= I'm going to) je vais voir ◆ **to look the other way** (lit = avert one's eyes) détourner le regard ; (fig) fermer les yeux (fig) ◆ (Prov) **look before you leap** il faut réfléchir avant d'agir

◆ **to look** + adverb/preposition ◆ **he looked around him for an ashtray** il a cherché un cendrier des yeux ◆ **to look down one's nose at sb** * regarder qn de haut ◆ **she looks down her nose at** * **romantic novels** elle méprise les romans à l'eau de rose ◆ **to look down the list** parcourir la liste ◆ **look here** *, **we must discuss it first** écoutez, il faut d'abord en discuter ◆ **look here** *, **that isn't what I said!** dites donc, ce n'est pas (du tout) ce que j'ai dit ! ◆ **she looked into his eyes** (gen) elle l'a regardé droit dans les yeux ; (romantically) elle a plongé son regard dans le sien ◆ **(you must) look on the bright side (of life)** il faut être optimiste, il faut voir le bon côté des choses ◆ **to look over sb's shoulder** (lit) regarder par-dessus l'épaule de qn ; (fig) être constamment sur le dos de qn, surveiller qn constamment ◆ **to be looking over one's shoulder** (fig) être sur ses gardes ◆ **he looked right through me** * (fig) il a fait comme s'il ne me voyait pas

b = face [building] donner ◆ **the house looks east** la maison donne à l'est ◆ **the house looks onto the main street** la maison donne sur la rue principale

c = search chercher ◆ **you should have looked more carefully** tu aurais dû chercher un peu mieux ◆ **you can't have looked far** tu n'as pas dû beaucoup chercher

d = seem avoir l'air ◆ **he doesn't look himself, he's not looking himself** il n'a pas l'air dans son assiette, il n'a pas l'air en forme ◆ **he looks about 40** il doit avoir la quarantaine ◆ **he looks about 75 kilos/1 metre 80** il doit faire environ 75 kilos/1 mètre 80 ◆ **she's tired and she looks it** elle est fatiguée et ça se voit ◆ **he's 50 and he looks it** il a 50 ans et il les fait ◆ **how did she look?** (health) elle avait l'air en forme ? ; (on hearing news) quelle tête elle a fait ? ◆ **how do I look?** comment me trouves-tu ? ◆ **how does it look to you?** qu'en pensez-vous ?

◆ **to look as if** ◆ **try to look as if you're glad to see them!** essaie d'avoir l'air content de les voir ! ◆ **it looks as if it's going to snow** on dirait qu'il va neiger ◆ **it looks as if he isn't coming, it doesn't look as if he's coming** on dirait qu'il ne va pas venir ◆ **it looks to me as if he isn't coming, it doesn't look to me as if he's coming** j'ai l'impression qu'il ne va pas venir

◆ **to look** + adjective/noun ◆ **she looks her age** elle fait son âge ◆ **look alive** or **lively!** * remue-toi ! * ◆ **it will look bad** ça va faire mauvais effet ◆ **she looks her best in blue** c'est le bleu qui lui va le mieux ◆ **you must look your best for this interview** il faut que tu présentes bien pour cet entretien ◆ **he just does it to look big** * il fait ça uniquement pour se donner de l'importance ◆ **they made me look foolish** or **a fool** ils m'ont ridiculisé ◆ **he looks good in uniform** l'uniforme lui va bien ◆ **that dress looks good** or **well on her** cette robe lui va bien ◆ **that hat/necklace looks good on you** ce chapeau/collier te va bien ◆ **that pie looks good** cette tarte a l'air bonne ◆ **how are you getting on with your autobiography? – it's looking good** comment avance ton autobiographie ? – elle avance bien ◆ **it looks good on paper** c'est très bien en théorie or sur le papier ◆ **that story looks interesting** cette histoire a l'air intéressante or semble intéressante ◆ **that hairstyle makes her look old** cette coiffure la vieillit ◆ **it makes him look ten years older/younger** ça le vieillit/rajeunit de dix ans ◆ **he looks older than that** il a l'air plus âgé que ça ◆ **to look the part** (fig) avoir le physique or avoir la tête de l'emploi * ◆ **how pretty you look!** comme vous êtes jolie ! ◆ **it looks promising** c'est prometteur ◆ **it doesn't look right** il y a quelque chose qui ne va pas ◆ **it looks all right to me** ça m'a l'air d'aller ◆ **to make sb look small** (fig) rabaisser qn, diminuer qn ◆ **she looks tired** elle a l'air fatigué(e) ◆ **you look** or **you're looking well** vous avez bonne mine ◆ **she doesn't look well** elle n'a pas bonne mine, elle a mauvaise mine

◆ **to look like** (= be in appearance) ◆ **what does he look like?** comment est-il ? ◆ **you can see what the house used to look like** on voit comment était la maison ◆ **he looks like his father** (= resemble) il ressemble à son père ◆ **the picture doesn't look like him at all** on ne le reconnait pas du tout sur cette photo ◆ **he looks like a soldier** il a l'air d'un soldat ◆ **she looked like nothing on earth** * (ill, depressed) elle avait une tête épouvantable (= seem) ◆ **it looks like salt** on dirait du sel ◆ **this looks to me like the right shop** cela m'a l'air d'être le bon magasin ◆ **it looks like rain** * on dirait qu'il va pleuvoir ◆ **the rain doesn't look like stopping** la pluie n'a pas l'air de (vouloir) s'arrêter ◆ **it certainly looks like it** ça m'en a tout l'air ◆ **the evening looked like being interesting** la soirée promettait d'être intéressante

4 TRANSITIVE VERB

a = look at regarder ◆ **to look sb in the face** or **in the eye(s)** regarder qn en face or dans les yeux ◆ **I could never look him in the face** or **in the eye(s) again** (fig) je ne pourrais plus le regarder en face ◆ **to look sb up and down** toiser qn

b = pay attention to regarder, faire attention à ◆ **look where you're going!** regarde où tu vas ! ◆ **look what you've done now!** regarde ce que tu as fait !

5 COMPOUNDS

▷ **look-alike** * n sosie m ◆ **a Churchill look-alike** un sosie de Churchill ▷ **looked-for** adj result attendu, prévu ; effect escompté, recherché ▷ **look-in** * n (= visit) **to give sb a look-in** passer voir qn, faire une visite éclair or un saut chez qn ◆ **with such competition we won't get a look-in** (Brit = chance) avec de tels concurrents nous n'avons pas la moindre chance ◆ **our team didn't have** or **get a look-in** notre équipe n'a jamais eu le moindre espoir or la moindre chance de gagner ▷ **looking-glass** † n glace f, miroir m ▷ **look-out** n → **look-out** ▷ **look-see** * n **to have** or **to take a look-see** jeter un coup d'œil, jeter un œil * ▷ **look-up** (Comput) n consultation f ◇ adj list etc à consulter

6 PHRASAL VERBS

► **look about** vi regarder autour de soi ◆ **to look about for sb/sth** chercher qn/qch (des yeux)

► **look after** vt fus **a** (= take care of) [+ invalid, animal, plant] s'occuper de ; [+ one's possessions] prendre soin de ; [+ finances] gérer ◆ **she doesn't look after herself properly** elle se néglige ◆ **look after yourself!** * prends soin de toi !, fais bien attention à toi ! * ◆ **she's quite old enough to look after herself** elle est assez grande pour se débrouiller * toute seule ◆ **he certainly looks after his car** il bichonne sa voiture ◆ **we're well looked after here** on s'occupe bien de nous ici, on nous soigne ici

b (= mind) [+ child] garder, s'occuper de ; [+ shop, business] s'occuper de ; [+ luggage, house] (= watch over) surveiller ; (= keep temporarily) garder (*sth for sb* qch pour qn) ◆ **to look after one's own interests** protéger ses propres intérêts

► **look ahead** vi (= in front) regarder devant soi ; (= to future) penser à l'avenir ◆ **I'm looking ahead at what might happen** j'essaie d'imaginer ce qui pourrait se passer

► **look around** vi ⇒ **look about**

► **look at** vt fus **a** (= observe) [+ person, object] regarder ◆ **to look hard at** [+ person] dévisager ; [+ thing] regarder or examiner de très près ◆ **just look at this mess!** regarde un peu ce fouillis ! ◆ **just look at you!** * regarde de quoi tu as l'air !, regarde-toi ! ◆ **to look at him you would never think (that) ...** à le voir, on n'imaginerait pas que ... ◆ **it isn't much to look at** *, **it's nothing to look at** * ça ne paie pas de mine

b (= consider) [+ situation, problem] examiner ◆ **let's look at the facts** considérons or examinons les faits ◆ **they wouldn't look at my proposal** ils n'ont même pas pris ma proposition en considération, ils ont d'emblée rejeté ma proposition ◆ **he now looked at her with new respect** il commença à la considérer avec respect ◆ **that's one way of looking at it** c'est un point de vue, mais pas le mien ◆ **it depends (on) how you look at it** tout dépend comment on voit or envisage la chose ◆ **just look at him now!** (what's become of him) regarde où il en est aujourd'hui !

c (= check) vérifier ; (= see to) s'occuper de ◆ **will you look at the carburettor?** pourriez-vous vérifier le carburateur ? ◆ **I'll look at it tomorrow** je m'en occuperai demain

d (* = have in prospect) **you're looking at a minimum of £65** ça va vous coûter 65 livres au minimum ◆ **they are looking at savings of £3m** il s'agit d'économies qui pourraient atteindre 3 millions de livres

► **look away** vi (lit) détourner les yeux or le regard (*from* de) ; (fig) fermer les yeux

► **look back** vi **a** (lit) regarder derrière soi ◆ **she looked back at Marie and smiled** elle se retourna pour regarder Marie et lui sourit

b (fig: in memory) revenir sur le passé ◆ **after that he never looked back** * après, ça n'a fait qu'aller de mieux en mieux pour lui ◆ **there's no point looking back** ça ne sert à rien de revenir sur le passé ◆ **looking back, I'm surprised I didn't suspect anything** rétrospectivement or avec le recul, je suis étonné de n'avoir rien soupçonné ◆ **to look back on** or **at** or **over sth** (= remember, evaluate) repen-

looker / loose   ANGLAIS-FRANÇAIS

ser à qch ◆ **when they look back on or at this match ...** lorsqu'ils repenseront à ce match ... ◆ **we can look back on or over 20 years of happy marriage** nous avons derrière nous 20 ans de bonheur conjugal

▶ **look behind** vi regarder en arrière

▶ **look down** vi baisser les yeux ◆ **to look down at the ground** regarder par terre ◆ **don't look down or you'll fall** ne regarde pas en bas, sinon tu vas tomber ◆ **he looked down at or on the town from the hilltop** il a regardé la ville du haut de la colline

▶ **look down on** vt fus **a** (= despise) mépriser ◆ **to look down on sb** regarder qn de haut, mépriser qn

b (= overlook) dominer ◆ **the castle looks down on the valley** le château domine la vallée

▶ **look for** vt fus **a** (= seek) [+ object, work] chercher ◆ **to be looking for trouble** * chercher les ennuis

b (= expect) [+ praise, reward] attendre, espérer

▶ **look forward to** vt fus [+ event, meal, trip, holiday] attendre avec impatience ◆ **I'm looking forward to seeing them** j'ai hâte de les voir ◆ **I look forward to meeting you on the 5th** (frm) je vous verrai donc le 5 ◆ **looking forward to hearing from you** (in letter) en espérant avoir bientôt de vos nouvelles, dans l'attente de votre réponse (frm) ◆ **I look forward to the day when ...** j'attends avec impatience le jour où ... ◆ **are you looking forward to your birthday?** tu attends ton anniversaire avec impatience ? ◆ **we'd been looking forward to it for weeks** on attendait ça depuis des semaines ◆ **I'm really looking forward to it** je m'en fais déjà une fête, je m'en réjouis à l'avance ◆ **they are looking forward to an increase in sales** ils anticipent une augmentation des ventes

▶ **look in** vi **a** (lit) regarder à l'intérieur ◆ **to look in at the window** regarder par la fenêtre

b (* = pay visit) passer ◆ **we looked in at Robert's** nous sommes passés chez Robert, nous avons fait un saut chez Robert ◆ **to look in on sb** passer voir qn ◆ **the doctor will look in again tomorrow** le docteur repassera demain

▶ **look into** vt fus (= examine) [+ possibility, problem, situation] examiner, étudier ◆ **they are going to look into other possibilities** ils vont examiner d'autres solutions ◆ **there's obviously been a mistake. I'll look into it** il y a dû y avoir une erreur. Je vais m'en occuper ◆ **we must look into what happened to the money** il va falloir que nous enquêtions pour voir ce qu'est devenu cet argent

▶ **look on**

[1] vi regarder (faire) ◆ **they just looked on while the raiders escaped** quand les bandits se sont enfuis, ils se sont contentés de regarder ◆ **he wrote the letter while I looked on** il a écrit la lettre tandis que je le regardais faire

[2] vt fus considérer ◆ **many look on him as a hero** beaucoup le considèrent comme un héros ◆ **to look kindly (up)on sth/sb** (frm) approuver qch/qn ◆ **I do not look on the matter in that way** (frm) je ne vois or n'envisage pas la chose de cette façon(-là)

▶ **look out**

[1] vi **a** (lit = look outside) regarder dehors ◆ **to look out of the window** regarder par la fenêtre

b (= take care) faire attention, prendre garde ◆ **I told you to look out!** je t'avais bien dit de faire attention ! ◆ **look out!** attention !

[2] vt sep (Brit) (= look for) chercher ; (= find) trouver ◆ **I'll look out some old magazines** je vais essayer de trouver or vais chercher des vieux magazines ◆ **I've looked out the minutes of the meeting** j'ai trouvé le procès-verbal de la réunion

▶ **look out for** vt fus **a** (= look for) chercher, être à la recherche de ; (= watch out for) [+ sth good] essayer de repérer ; [+ danger] se méfier de, faire attention à ◆ **look out for special deals** soyez à l'affût des bonnes affaires ◆ **look out for ice on the road** méfiez-vous du or faites attention au verglas

b (* = look after) [+ person] s'occuper de ◆ **to look out for oneself** se débrouiller tout seul ◆ **we look out for each other** on se tient les coudes

▶ **look over** vt sep [+ document, list] parcourir ; [+ goods, produce] inspecter ; [+ town, building] visiter ; [+ person] (quickly) jeter un coup d'œil à ; (slowly) regarder de la tête aux pieds, toiser

▶ **look round**

[1] vi **a** (= glance about) regarder (autour de soi) ◆ **we're just looking round** (in shop) on regarde

b (= search) chercher ◆ **I looked round for you after the concert** je vous ai cherché après le concert ◆ **I'm looking round for an assistant** je cherche un assistant, je suis à la recherche d'un assistant

c (= look back) se retourner ◆ **I looked round to see where he was** je me suis retourné pour voir où il était ◆ **don't look round!** ne vous retournez pas !

[2] vt fus [+ town, factory] visiter, faire le tour de

▶ **look through** vt fus **a** (= scan) [+ mail] regarder ; (thoroughly) [+ papers, book] examiner ; (briefly) [+ papers] parcourir ; [+ book] parcourir, feuilleter

b (= revise) [+ lesson] réviser, repasser ; (= reread) [+ notes] relire

c (= ignore) **he just looked right through me** * il a fait comme s'il ne me voyait pas

▶ **look to** vt fus **a** (= seek help from) se tourner vers ◆ **many sufferers look to alternative therapies** de nombreux malades se tournent vers les médecines parallèles ◆ **I look to you for help** je compte sur votre aide

b (= think of) penser à ◆ **to look to the future** penser à l'avenir

c (= seek to) chercher à ◆ **they are looking to make a profit** ils cherchent à réaliser un bénéfice

▶ **look up**

[1] vi **a** (= glance upwards) regarder en haut ; (from reading etc) lever les yeux

b (* = improve) [prospects, weather] s'améliorer ; [business] reprendre ◆ **things are looking up** ça va mieux, ça s'améliore ◆ **oil shares are looking up** les actions pétrolières remontent or sont en hausse

[2] vt sep **a** (* = seek out) [+ person] passer voir ◆ **look me up the next time you are in London** venez or passez me voir la prochaine fois que vous serez à Londres

b (in reference book) [+ name, word] chercher ◆ **to look up a word in the dictionary** chercher un mot dans le dictionnaire ◆ **you'll have to look that one up** [+ word] il va falloir que tu cherches (subj) dans le dictionnaire

[3] vt fus [+ reference book] consulter, chercher dans or vérifier dans

▶ **look upon** vt fus ⇒ **look on 2**

▶ **look up to** vt fus (= admire) admirer

looker ['lʊkəʳ] [1] n * ◆ **she's a (real) looker** c'est une belle plante *, elle est vraiment canon * ◆ **he's a (real) looker** c'est un beau mec *

[2] COMP ▷ **looker-on** n badaud(e) m(f)

-looking ['lʊkɪŋ] adj (in compounds) ◆ **ugly-looking** laid (d'aspect) ◆ **sinister-looking** à l'air sinistre ; → **good**

look-out ['lʊkaʊt] → SYN [1] n **a** (= observation) surveillance f, guet m ◆ **to keep a look-out, to be on the look-out** faire le guet, guetter ◆ **to keep a or be on the look-out for sb/sth** guetter qn/qch ◆ **to be on the look-out for bargains** être à l'affût des bonnes affaires ◆ **to be on the look-out for danger** être sur ses gardes ◆ **to be on look-out (duty)** (Mil) être au guet ; (Naut) être en vigie ; → **sharp**

b (= observer) (gen) guetteur m ; (Mil) homme m de guet, guetteur m ; (Naut) homme m de veille or de vigie, vigie f

c (= observation post) (gen, Mil) poste m de guet ; (Naut) vigie f

d (esp Brit : * = outlook) perspective f ◆ **it's a poor look-out for cotton** les perspectives pour le coton ne sont pas brillantes ◆ **it's a grim look-out for people like us** la situation or ça s'annonce mal pour les gens comme nous ◆ **that's your look-out!** cela vous regarde !, c'est votre affaire !

[2] COMP tower d'observation ▷ **look-out post** n (Mil) poste m de guet or d'observation

loom¹ [luːm] → SYN vi (also **loom up** = appear) [building, mountain] apparaître indistinctement, se dessiner ; [figure, ship] surgir ; (fig) [danger, crisis] menacer ; [event] être imminent ◆ **the ship loomed (up) out of the mist** le navire a surgi de or dans la brume ◆ **the dark mountains loomed (up) in front of us** les sombres montagnes sont apparues or se sont dressées menaçantes devant nous ◆ **the possibility of defeat loomed (up) before him** la possibilité de la défaite s'est présentée à son esprit ◆ **a recession is looming in the United States** une récession menace sérieusement les États-Unis ◆ **the threat of war looms ahead** la guerre menace d'éclater ◆ **the threat of an epidemic loomed large in their minds** la menace d'une épidémie était au premier plan de leurs préoccupations ◆ **the exams are looming large** les examens sont dangereusement proches

loom² [luːm] n (Tex: for weaving) métier m à tisser

loon [luːn] n **a** (* = fool) imbécile m, idiot m

b (US Orn) plongeon m arctique, huard m or huart m

looniness * ['luːnɪnɪs] n folie f, dinguerie * f

loon pants ['luːnpænts], **loons** [luːnz] npl pantalon moulant à taille basse et pattes d'éléphant

loony * ['luːnɪ] [1] n timbré(e) * m(f), cinglé(e) * m(f)

[2] adj timbré *, cinglé *

[3] COMP ▷ **loony bin** n maison f de fous, asile m ◆ **in the loony bin** chez les fous ▷ **loony left** * (Brit Pol: pej) n **the loony left** l'aile extrémiste du parti travailliste ◇ adj de l'aile extrémiste du parti travailliste

loop [luːp] → SYN [1] n **a** (in string, ribbon, writing) boucle f ; (in river) méandre m, boucle f ◆ **the string has a loop in it** la ficelle fait une boucle ◆ **to put a loop in sth** faire une boucle à qch ◆ **to knock or throw sb for a loop** * (esp US) sidérer * qn ◆ **to be in/out of the loop** * être/ne pas être au courant ◆ **keep me in the loop** * tiens-moi au courant

b (Elec) circuit m fermé ; (Comput) boucle f ; (Rail: also **loop line**) voie f d'évitement ; (by motorway etc) bretelle f

c (Med) **the loop** (= contraceptive) le stérilet

d (= curtain fastener) embrasse f

[2] vt [+ string etc] faire une boucle à, boucler ◆ **he looped the rope round the post** il a passé la corde autour du poteau ◆ **to loop the loop** (Aviat) faire un looping, boucler la boucle

[3] vi former une boucle

▶ **loop back** [1] vi [road, river] former une boucle ; (Comput) se reboucler

[2] vt sep [+ curtain] retenir or relever avec une embrasse

▶ **loop up** vt sep ⇒ **loop back 2**

loophole ['luːphəʊl] → SYN n (Archit) meurtrière f ; (fig: in law, argument, regulations) point m faible, lacune f ◆ **we must try to find a loophole** (fig) il faut que nous trouvions une échappatoire ou une porte de sortie *

loopy * ['luːpɪ] adj cinglé * ◆ **to go loopy** perdre les pédales *

loose [luːs] → SYN [1] adj **a** (= not tied up) animal (= free) en liberté ; (= escaped) échappé ; (= freed) lâché ; hair dénoué, flottant ; (= not attached) page from book détaché ◆ **loose chippings** (Brit: on roadway) gravillons mpl ◆ **loose covers** (Brit: of furniture) housses fpl ◆ **write it on a loose sheet of paper** écrivez-le sur une feuille volante ; (to pupil) écrivez-le sur une (feuille de) copie ◆ **the loose end of a rope** le bout libre d'une corde ◆ **to be at a loose end** (fig) ne pas trop savoir quoi faire, ne pas savoir quoi faire de sa peau * ◆ **to tie up (the) loose ends** (fig) régler les détails qui restent ◆ **to get loose** [animal] s'échapper ◆ **to have come loose** [page] s'être détaché ; [hair] s'être dénoué ◆ **to let or set or turn an animal loose** libérer or lâcher un animal ◆ **to let the**

dogs loose on sb lâcher les chiens sur qn ♦ **we can't let him loose on that class** on ne peut pas le lâcher dans cette classe ♦ **to tear (o.s.) loose** se dégager ♦ **to tear sth loose** détacher qch (en déchirant) ♦ **to cut loose** (Naut) couper les amarres ♦ **he cut loose (from his family)** (fig) il a coupé les amarres (avec sa famille) ; → **break, hell**

b (= not firmly in place) screw desserré, qui a du jeu ; stone, brick branlant ; tooth qui branle, qui bouge ; knot, shoelace qui se défait, desserré ♦ **one of your buttons is very loose** l'un de tes boutons va tomber or se découd ♦ **a loose connection** (Elec) un mauvais contact ♦ **to be coming or getting or working loose** [knot] se desserrer, se défaire ; [screw] se desserrer, avoir du jeu ; [stone, brick] branler ; [tooth] branler, bouger ; [page] se détacher ; [hair] se défaire ♦ **to have come loose** [knot] s'être défait ; [screw] s'être desserré ; [stone, brick] branler ; [tooth] branler, bouger ♦ **the reins hung loose** les rênes n'étaient pas tenues or tendues, les rênes étaient sur le cou ♦ **hang** or **stay loose!*** relax !* ; → **screw**

c (Comm = not pre-packed) biscuits, carrots etc en vrac ; butter, cheese au poids ♦ **the potatoes were loose in the bottom of the basket** les pommes de terre étaient à même au fond du panier ♦ **just put them loose into the basket** mettez-les à même or tels quels dans le panier

d (= not tight) skin flasque, mou (molle f) ; coat, dress (= not close-fitting) vague, ample ; (= not tight enough) lâche, large ; collar lâche ♦ **these trousers are too loose round the waist** ce pantalon est trop large or lâche à la taille ♦ **loose clothes are better for summer wear** l'été il vaut mieux porter des vêtements amples ou pas trop ajustés ♦ **the rope round the dog's neck was quite loose** la corde passée au cou du chien était toute lâche ♦ **a loose weave** un tissu lâche ; see also 4 ♦ **he's got a loose tongue** il ne sait pas tenir sa langue ♦ **his bowels are loose** (Med) ses intestins sont relâchés ; → **play**

e (= not strict) discipline relâché ; organization peu structuré ; translation approximatif, assez libre ; style lâche, relâché ; (= vague) reasoning, thinking imprécis ; association, link vague ♦ **a loose interpretation of the rules** une interprétation peu rigoureuse du règlement ♦ **there is a loose connection between the two theories** il y a un vague lien entre les deux théories

f (pej) (= dissolute) woman facile, de mœurs légères ; morals relâché, douteux ♦ **to lead a loose life** mener une vie dissolue ♦ **loose living** vie f dissolue or de débauche ♦ **loose talk** (= careless) propos mpl inconsidérés

g (= available) funds disponible, liquide

h (= not compact) soil meuble ♦ **loose scrum** (Rugby) mêlée f ouverte

2 n (of prisoner) ♦ **on the loose*** en cavale ♦ **there was a crowd of kids on the loose* in the town** il y avait une bande de jeunes qui traînait dans les rues sans trop savoir quoi faire ♦ **a gang of hooligans on the loose*** une bande de voyous déchaînés ♦ **in the loose** (Rugby) dans la mêlée ouverte

3 vt **a** (= undo) défaire ; (= untie) délier, dénouer ; [+ screw etc] desserrer ; (= free) [+ animal] lâcher ; [+ prisoner] relâcher, mettre en liberté ♦ **to loose a boat (from its moorings)** démarrer une embarcation, larguer les amarres ♦ **they loosed the dogs on him** ils ont lâché les chiens après or sur lui

b (also **loose off**) [+ gun] décharger (on or at sb sur qn) ; [+ arrow] tirer (on or at sb sur qn) ; [+ violence etc] déclencher (on contre) ♦ **to loose (off) a volley of abuse at sb** (fig) déverser un torrent or lâcher une bordée d'injures sur qn

4 COMP ▷ **loose box** n (Brit: for horses) box m ▷ **loose cannon*** n franc-tireur m ▷ **loose change** n petite or menue monnaie f ▷ **loose-fitting** adj ample, vague ▷ **loose-leaf** adj à feuilles volantes, à feuilles or feuillets mobiles ▷ **loose-leaf binder** n classeur m (à feuilles mobiles) ▷ **loose-leafed** adj ⇒ **loose-leaf** ▷ **loose-limbed** adj agile ▷ **loose-weave** adj material lâche ; curtains en tissu lâche

▶ **loose off** **1** vi (= shoot) tirer (at sb sur qn)
2 vt sep ⇒ **loose 3b**

loosely ['luːslɪ] **1** adv **a** (= not tightly) hold sans serrer ; tie lâchement ♦ **stand with your arms hanging loosely by your sides** tenez-vous debout, les bras relâchés le long du corps ♦ **a loosely woven mesh** des mailles lâches

b (= imprecisely, not strictly) translated librement ; connected vaguement ♦ **loosely defined** mal défini ♦ **loosely organized** peu structuré ♦ **loosely knit** association, grouping peu structuré ♦ **a character loosely based on Janis Joplin** un personnage librement inspiré de Janis Joplin ♦ **loosely speaking** grosso modo ♦ **that word is loosely used to mean ...** on emploie couramment ce mot pour dire ...

2 COMP ▷ **loosely-knit** adj aux mailles lâches

loosen ['luːsn] → SYN **1** vt **a** (= slacken) [+ screw, belt, knot] desserrer ; [+ rope] détendre, relâcher ; (= untie) [+ knot, shoelace] défaire ; (fig) [+ emotional ties] distendre ; [+ laws, restrictions] assouplir ♦ **first loosen the part then remove it gently** il faut d'abord dégager la pièce puis l'enlever doucement ♦ **to loosen one's grip (on sth)** (lit) desserrer sa prise or son étreinte (sur qch) ; (fig = be less strict with) perdre son emprise (sur qch) ♦ **to loosen sb's tongue** délier la langue à qn

b (Agr) [+ soil] rendre meuble, ameublir ♦ **to loosen the bowels** (Med) relâcher les intestins

2 vi [fastening] se défaire ; [screw] se desserrer, jouer ; [knot] (= slacken) se desserrer ; (= come undone) se défaire ; [rope] se détendre

▶ **loosen up** **1** vi **a** (= limber up) faire des exercices d'assouplissement ; (before race etc) s'échauffer

b (= become less shy) se dégeler, perdre sa timidité

c (= become less strict with) **to loosen up on sb*** se montrer plus coulant* or moins strict envers qn

2 vt sep ♦ **to loosen up one's muscles** faire des exercices d'assouplissement ; (before race etc) s'échauffer

looseness ['luːsnɪs] n **a** (= immorality) [of behaviour] immoralité f ; [of morals] relâchement m

b [of translation] imprécision f ; [of style] manque m de rigueur or de précision

c [of soil] ameublissement m ♦ **looseness of the bowels** (Med) relâchement m des intestins or intestinal

loot [luːt] → SYN **1** n **a** (= plunder) butin m

b (*fig) (= prizes, gifts etc) butin m ; (= money) pognon‡ m, fric‡ m

2 vt [+ town] piller, mettre à sac ; [+ shop, goods] piller

3 vi ♦ **to go looting** se livrer au pillage

looter ['luːtə'] n pillard m

looting ['luːtɪŋ] n pillage m

lop [lɒp] vt [+ tree] tailler ; [+ branch] couper

▶ **lop off** vt sep [+ branch, piece] couper ; [+ head] trancher

lope [ləʊp] vi courir en bondissant ♦ **to lope along/in/out** etc avancer/entrer/sortir etc en bondissant

lop-eared ['lɒp,ɪəd] adj aux oreilles pendantes

lophobranch ['lɒfə,bræŋk] n lophobranche m

lophophore ['lɒfə,fɔː'] n lophophore m

lopsided ['lɒp'saɪdɪd] adj **a** (= not straight) de travers, de guingois* ; smile de travers ; (= asymmetric) disproportionné

b (fig = unequal) contest etc inégal

loquacious [lə'kweɪʃəs] adj loquace, bavard

loquacity [lə'kwæsɪtɪ] n loquacité f, volubilité f

loran ['lɔːrən] n loran m

lord [lɔːd] → SYN **1** n **a** seigneur m ♦ **lord of the manor** châtelain m ♦ **lord and master** (hum) seigneur m et maître m (hum) ♦ **Lord (John) Smith** (Brit) lord (John) Smith ♦ **the (House of) Lords** la Chambre des lords ♦ **my Lord Bishop of Tooting** (Monseigneur) l'évêque de Tooting ♦ **my Lord** Monsieur le baron (or comte etc) ; (to judge) Monsieur le Juge ; (to bishop) Monseigneur, Excellence ♦ **"The Lord of the Rings"** (Literat) "Le Seigneur des anneaux" ; → **law, live¹, sea**

b (Rel) **the Lord** le Seigneur ♦ **Our Lord** Notre Seigneur ♦ **the Lord Jesus** le Seigneur Jésus ♦ **the Lord's supper** l'Eucharistie f, la sainte Cène ♦ **the Lord's prayer** le Notre-Père ♦ **the Lord's day** le jour du Seigneur ♦ **good Lord!** mon Dieu !, bon sang !* ♦ **oh Lord!** * Seigneur !, zut !* ♦ **Lord knows*** (what/who etc) Dieu sait (quoi/qui etc)

2 vt ♦ **to lord it** vivre en grand seigneur, mener la grande vie ♦ **to lord it over sb** traiter qn avec arrogance or de haut

3 COMP ▷ **Lord Advocate** n (Scot Jur) ≃ procureur m de la République ▷ **Lord Chamberlain** n (Brit) grand chambellan m ▷ **Lord Chancellor** n ⇒ **Lord High Chancellor** ▷ **Lord Chief Justice (of England)** n (Jur) président m de la Haute Cour de justice ▷ **Lord High Chancellor** n (Jur, Parl) grand chancelier m d'Angleterre ▷ **Lord High Commissioner** n représentant m de la Couronne à l'Assemblée générale de l'église d'Écosse ▷ **Lord Justice of Appeal** n (Jur) juge m à la cour d'appel ▷ **Lord Lieutenant** n représentant m de la Couronne dans un comté ▷ **Lord Mayor** n lord-maire m (titre du maire des principales villes anglaises et galloises) ▷ **Lord of Appeal (in Ordinary)** n (Jur) juge m de la Cour de cassation (siégeant à la Chambre des lords) ▷ **Lord President of the Council** n (Parl) président m du Conseil privé de la reine ▷ **Lord Privy Seal** n (Parl) lord m du Sceau privé ▷ **Lord Provost** n titre du maire des principales villes écossaises ▷ **lords-and-ladies** n (Bot) pied-de-veau m ▷ **Lord spiritual** n (Brit Parl) membre ecclésiastique de la Chambre des lords ▷ **Lord temporal** n (Brit Parl) membre laïque de la Chambre des lords

lordliness ['lɔːdlɪnɪs] n (frm) **a** (pej = haughtiness) morgue f (liter)

b (= dignity) [of person, bearing] dignité f ; (= impressiveness) [of mansion, palace] magnificence f

lordly ['lɔːdlɪ] → SYN adj (frm) **a** (pej = haughty) person, expression, sneer hautain, arrogant ; behaviour, indifference souverain

b (= dignified) person noble, digne ; bearing noble, majestueux

c (= impressive) mansion, palace seigneurial

lordosis [lɔː'dəʊsɪs] n (Med) lordose f

Lord's [lɔːdz] n célèbre terrain de cricket londonien

lordship ['lɔːdʃɪp] n (= rights, property) seigneurie f ; (= power) autorité f (over sur) ♦ **your Lordship** Monsieur le comte (or le baron etc) ; (to judge) Monsieur le Juge ; (to bishop) Monseigneur, Excellence

lore [lɔː'] → SYN n (NonC) **a** (= traditions) tradition(s) f(pl), coutumes fpl, usages mpl ; → **folklore**

b (= knowledge: gen in compounds) **his bird/wood lore** sa (grande) connaissance des oiseaux/de la vie dans les forêts

Lorenzo [lə'renzəʊ] n ♦ **Lorenzo the Magnificent** Laurent m le Magnifique

lorgnette [lɔː'njet] n (= eyeglasses) face-à-main m ; (= opera glasses) lorgnette f, jumelles fpl de spectacle

loris ['lɔːrɪs] n loris m

Lorraine [lɒ'reɪn] n la Lorraine ♦ **Cross of Lorraine** croix f de Lorraine

lorry ['lɒrɪ] (Brit) **1** n camion m, poids m lourd ♦ **to transport sth by lorry** transporter qch par camion, camionner qch ♦ **it fell off the back of a lorry*** (Brit) ça sort pas d'un magasin*, c'est de la fauche* ; → **articulate**

2 COMP ▷ **lorry driver** n camionneur m, conducteur m de poids lourd ; (long-distance) routier m ▷ **lorry load** n chargement m (de camion)

Los Angeles [lɒs'ændʒɪ,liːz] n Los Angeles

lose [luːz] → SYN pret, ptp **lost** **1** vt **a** (= mislay, fail to find) [+ object] perdre, égarer ♦ **I lost him in the crowd** je l'ai perdu dans la foule ♦ **you've lost me there*** je ne vous suis plus, je n'y suis plus

♦ **to get lost** ♦ **he got lost in the wood** il s'est perdu or égaré dans la forêt ♦ **some of our boxes got lost in the move** nous avons perdu quelques cartons pendant le déménagement ♦ **to get lost in the post** être égaré par la poste ♦ **get lost!‡** (= go away) barre-toi !‡ ; (= forget it) va te faire voir !‡

loser / lot ANGLAIS-FRANÇAIS 556

b (= not win) [+ game, match, money, bet] perdre ◆ **how much did you lose?** (in gambling etc) combien avez-vous perdu ?

c (= be deprived of) [+ person, money, possessions, job, one's sight, limb, enthusiasm] perdre ◆ **he lost $1,000 on that deal** il a perdu 1 000 dollars dans cette affaire ◆ **7,000 jobs lost** 7 000 suppressions fpl d'emploi ◆ **they lost 100 planes in one battle** ils ont perdu 100 avions en une seule bataille ◆ **he's lost his licence** [driver] on lui a retiré or il s'est fait retirer son permis de conduire ◆ **I lost my father when I was ten** j'ai perdu mon père à l'âge de dix ans ◆ **to lose a patient** [doctor] perdre un malade ◆ **100 men were lost** 100 hommes ont perdu la vie, 100 hommes ont péri (liter) ◆ **to be lost at sea** [person] être perdu en mer, périr (liter) en mer ◆ **the ship was lost with all hands** le navire a disparu or a sombré corps et biens ◆ **to lose one's life** perdre la vie ◆ **20 lives were lost in the explosion** 20 personnes ont trouvé la mort or ont péri (liter) dans l'explosion ◆ **to lose one's breath** s'essouffler ◆ **to have lost one's breath** être hors d'haleine, être à bout de souffle ◆ **he didn't lose any sleep over it** il n'en a pas perdu le sommeil pour autant, ça ne l'a pas empêché de dormir ◆ **don't lose any sleep over it!** ne vous en faites pas !, dormez sur vos deux oreilles ! ◆ **to lose one's voice** (because of a cold) avoir une extinction de voix ◆ **to have lost one's voice** avoir une extinction de voix, être aphone ◆ **she's lost her figure** elle a perdu sa ligne ◆ **she's losing her looks** elle n'est plus aussi belle qu'autrefois, sa beauté se fane ◆ **to lose interest in sth** se désintéresser de qch ◆ **to lose the use of an arm** perdre l'usage d'un bras ◆ **the poem loses a lot in translation** la traduction n'a pas su rendre les subtilités de ce poème ◆ **you've got nothing to lose (by it)** tu n'as rien à perdre ◆ **you've got nothing to lose by helping him** tu n'as rien à perdre à l'aider ◆ **he completely lost it** * (= broke down) il s'est effondré ; see also **lost** ; → **balance, consciousness, cool, heart**

d (= miss, waste) [+ opportunity] manquer, perdre ◆ **what he said was lost in the applause** ses paroles se sont perdues dans les applaudissements ◆ **this was not lost on him** cela ne lui a pas échappé ◆ **there's no time to lose** or **to be lost** il n'y a pas de temps à perdre ◆ **there's not a minute to lose** il n'y a pas une minute à perdre

e [watch, clock] **to lose ten minutes a day** retarder de dix minutes par jour

f (= get rid of) [+ unwanted object] renoncer à, se débarrasser de ; (= shake off) [+ competitors, pursuers] distancer, semer ◆ **to lose weight** perdre du poids, maigrir ◆ **I lost 2 kilos** j'ai maigri de or j'ai perdu 2 kilos ◆ **they had to lose 100 workers** ils ont dû licencier 100 employés ◆ **he managed to lose the detective who was following him** il a réussi à semer le détective qui le suivait ◆ **try to lose him** * **before you come to see us** essaie de le semer avant de venir nous voir

g (= cause to lose) faire perdre, coûter ◆ **that will lose you your job** cela va vous faire perdre or vous coûter votre place ◆ **that lost us the war/the match** cela nous a fait perdre la guerre/le match

2 vi **a** [player, team] perdre ◆ **they lost 6-1** (Ftbl etc) ils ont perdu or ils se sont fait battre 6 à 1 ◆ **they lost to the new team** ils se sont fait battre par la nouvelle équipe ◆ **our team is losing today** notre équipe est en train de perdre aujourd'hui

b (fig) **he lost on the deal** il a été perdant dans l'affaire ◆ **you can't lose!** * tu n'as rien à perdre (mais tout à gagner) ◆ **it loses in translation** cela perd à la traduction ◆ **the story did not lose in the telling** l'histoire n'a rien perdu à être racontée

c [watch, clock] retarder

► **lose out** vi être perdant ◆ **to lose out on a deal** être perdant dans une affaire ◆ **he lost out on it** il y a été perdant

loser ['luːzər] → SYN n **a** (Sport etc) perdant(e) m(f) ◆ **good/bad loser** bon/mauvais joueur m, bonne/mauvaise joueuse f ◆ **to come off the loser** être perdant ◆ **he is the loser by it** il y perd

b (* pej) loser * or looser * m ◆ **he's a born loser** c'est un loser * or looser * ; → **back**

losing ['luːzɪŋ] 1 adj team, party, candidate perdant ◆ **(to fight) a losing battle** (fig) (livrer) une bataille perdue d'avance ◆ **to be on the losing side** être du côté des perdants ◆ **(to be on) a losing streak** * (être dans) une période de déveine * ◆ **to be on a losing wicket** * (Brit fig) ne pas être en veine *

2 **losings** npl (= money losses) pertes fpl

loss [lɒs] LANGUAGE IN USE 24.4 → SYN

1 n **a** (gen) perte f ◆ **a loss of confidence/control/interest** une perte de confiance/de contrôle/d'intérêt ◆ **the loss of a limb/one's eyesight** la perte d'un membre/de la vue ◆ **our sadness at the loss of a loved one** notre tristesse après la perte d'un être aimé ◆ **after the loss of his wife, he ...** après avoir perdu sa femme, il ... ◆ **it was a comfort to her in her great loss** c'était un réconfort pour elle dans son grand malheur or sa grande épreuve ◆ **his death was a great loss to the company** sa mort a été or a représenté une grande perte pour la société ◆ **he's no great loss** * ce n'est pas une grande or une grosse perte ◆ **to feel a sense of loss** éprouver un sentiment de vide ◆ **losses amounting to $2 million** des pertes qui s'élèvent (or s'élevaient etc) à 2 millions de dollars ◆ **to suffer heavy losses** subir des pertes importantes or de lourdes pertes ◆ **enemy losses were high** (Mil) l'ennemi avait subi de lourdes pertes ◆ **Conservative losses in the North** (Pol: in election) les sièges perdus par les conservateurs dans le nord ◆ **to sell at a loss** [salesman] vendre à perte ; [goods] se vendre à perte ◆ **to cut one's losses** faire la part du feu, sauver les meubles *

◆ **to be at a loss** être perplexe or embarrassé ◆ **to be at a loss to explain sth** être incapable d'expliquer qch, être embarrassé pour expliquer qch ◆ **we are at a loss to know why he did it** nous ne savons absolument pas pourquoi il l'a fait ◆ **to be at a loss for words** chercher or ne pas trouver ses mots ◆ **he's never at a loss for words** il a toujours quelque chose à dire

b **loss of appetite, appetite loss** perte f d'appétit ◆ **loss of blood, blood loss** perte f de sang ; (more serious) hémorragie f ◆ **hair loss** perte f de cheveux ◆ **weight loss, loss of weight** perte f de poids ◆ **there was great loss of life** il y a eu beaucoup de victimes or de nombreuses victimes ◆ **the coup succeeded without loss of life** le coup (d'État) a réussi sans faire de victimes ◆ **loss of heat, heat loss** perte f de chaleur ◆ **loss of earnings** or **income** perte f de revenus ◆ **job losses** suppressions fpl d'emploi ◆ **the factory closed with the loss of 300 jobs** l'usine a fermé et 300 emplois ont été supprimés ◆ **without loss of time** sans perte or sans perdre de temps ◆ **to suffer a loss of face** perdre la face ; → **dead, profit**

2 COMP ▷ **loss adjuster** n (Brit Insurance) expert m en sinistres ▷ **loss leader** n (Comm) article m pilote *(vendu à perte pour attirer les clients)* ▷ **loss maker** n (Comm) (= product) article m vendu à perte ; (= firm) entreprise f en déficit chronique ▷ **loss-making** adj (Comm) product vendu à perte ; firm déficitaire ▷ **loss ratio** n (Insurance) ratio m sinistres-pertes

lost [lɒst] → SYN 1 vb (pt, ptp of **lose**)

2 adj **a** (= mislaid, not found) perdu, égaré ◆ **several lost children were reported** on a signalé plusieurs cas d'enfants qui s'étaient perdus or égarés ◆ **the lost sheep** (Rel) la brebis égarée

b (= bewildered, uncomprehending) perdu ◆ **it was too difficult for me, I was lost** c'était trop compliqué pour moi, j'étais perdu ◆ **after his death I felt lost** après sa mort j'étais complètement perdu or désorienté ◆ **he had a lost look in his eyes** or **a lost expression on his face** il avait l'air complètement perdu or désorienté ◆ **to be lost for words** chercher or ne pas trouver ses mots

c (= gone, disappeared, departed) person, job, limb, enthusiasm, interest perdu ◆ **to give sb/sth up for lost** considérer qn/qch comme perdu ◆ **the lost generation** la génération perdue ◆ **songs that reminded him of his lost youth** des chansons qui lui rappelaient sa jeunesse passée ◆ **a mother mourning for her lost child** une mère pleurant son enfant (disparu) ◆ **he was lost to British science forever** ses dons ont été perdus à jamais pour la science britannique ◆ **to regain one's lost confidence** retrouver confiance en soi

d (= beyond hope) **lost cause** cause f perdue ◆ **a lost soul** (Rel fig) une âme en peine ◆ **all is not lost!** tout n'est pas perdu ! ◆ **he is lost to all finer feelings** tous les sentiments délicats le dépassent

e (= wasted) [+ opportunity] manqué, perdu ◆ **my advice was lost on him** il n'a pas écouté mes conseils, mes conseils ont été en pure perte ◆ **modern music is lost on me** (= don't understand it) je ne comprends rien à la musique moderne ; (= don't enjoy it) la musique moderne me laisse froid ◆ **the remark was lost on him** il n'a pas compris la remarque ◆ **to make up for lost time** rattraper le temps perdu

f (= absorbed) perdu, plongé (*in* dans), absorbé (*in* par) ◆ **to be lost in one's reading** être plongé dans sa lecture, être absorbé par sa lecture ◆ **he was lost in thought** il était perdu dans or absorbé par ses pensées ◆ **she is lost to the world** * elle est ailleurs, plus rien n'existe pour elle

3 COMP ▷ **lost and found** n (US) ⇒ **lost property** ▷ **lost-and-found columns** npl (Press) (page f des) objets mpl perdus et trouvés ▷ **lost-and-found department** n (US) ⇒ **lost property office** ▷ **lost property** n objets mpl trouvés ▷ **lost property office** n (bureau m des) objets mpl trouvés

Lot [lɒt] n (Bible) Lot(h) m

lot¹ [lɒt] → SYN 1 n ◆ **a lot** (= a great deal) beaucoup ◆ **I'd give a lot to know ...** je donnerais cher pour savoir ... ◆ **there wasn't a lot we could do/say** nous ne pouvions pas faire/dire grand-chose ◆ **a lot of** beaucoup de ◆ **a lot of time/money** beaucoup de temps/d'argent ◆ **there were a lot of people** il y avait beaucoup de monde ◆ **a lot of people think that ...** beaucoup de gens pensent que ... ◆ **quite a lot of** [of people, cars] un assez grand nombre de, pas mal de ; [of honey, cream] une assez grande quantité de, pas mal de ◆ **such a lot of ...** tellement de ..., tant de ... ◆ **what a lot!** quelle quantité ! ◆ **what a lot of people!** que de monde or de gens ! ◆ **what a lot of time you take to get dressed!** tu en mets du temps à t'habiller ! ◆ **we don't go out a lot** nous ne sortons pas beaucoup or pas souvent ◆ **we see a lot of her** nous la voyons souvent or beaucoup ◆ **things have changed quite a lot** les choses ont beaucoup or pas mal changé ◆ **he cries such a lot** il pleure tellement ◆ **he's a lot better** il va beaucoup or bien mieux ◆ **that's a lot better** c'est beaucoup or bien mieux ◆ **a lot you care!** * (iro) comme si ça te faisait quelque chose ! ◆ **a lot that'll help!** * (iro) la belle avance ! ◆ **thanks a lot!** * merci beaucoup ! ; (iro) merci (bien) ! (iro) ; → **awful, fat**

2 **lots** * npl (= plenty) beaucoup, des tas * ◆ **lots of** beaucoup de, plein de * ◆ **lots and lots (of)** [of people, cars] des tas * (de) ; [of flowers] des masses * (de) ; [of butter, honey] des tonnes * (de) ◆ **I've got lots** j'en ai plein * ◆ **there's lots (of it)** il y en a plein * ◆ **there were lots (of them)** il y en avait plein * ◆ **lots better/bigger/easier** bien mieux/plus grand/plus facile

lot² [lɒt] → SYN n **a** (= destiny) sort m, lot m (liter) ◆ **the hardships that are the lot of the poor** la dure vie qui est lot des pauvres ◆ **it is the common lot** (liter) c'est le sort or le lot commun ◆ **she is content with her lot** elle est contente de son sort ◆ **a woman's/soldier's lot is not always a happy one** ce n'est pas toujours facile d'être une femme/d'être soldat ◆ **her lot (in life) had not been a happy one** elle n'avait pas eu une vie heureuse ◆ **it was not his lot to make a fortune** il n'était pas destiné à faire fortune, le sort n'a pas voulu qu'il fasse fortune ◆ **it fell to my lot to break the news to her** il m'incomba de or il me revint de lui annoncer la nouvelle ◆ **to improve one's lot** améliorer sa condition ◆ **to throw in** or **cast in one's lot with sb** partager (volontairement) le sort de qn, unir sa destinée à celle de qn

b (= random selection) tirage m au sort, sort m ◆ **by lot** par tirage au sort ◆ **to draw** or **cast lots** tirer au sort

c (= batch) [of goods] lot m ; [of shares] paquet m ◆ **there was only one lot of recruits still to arrive** il ne manquait plus qu'un lot de recrues ◆ **lot no. 69 is an antique table** (at auction) le lot no. 69 est une table ancienne

◆ **are you coming, you lot?** * bon vous venez, vous autres ? * ◆ **us lot** ‡ **should stick together** il faut qu'on se serre (subj) les coudes ◆ **he's a bad lot** * il ne vaut pas cher * ◆ **you rotten lot!** * vous êtes vaches ! ‡ ; → **job**

d (noun phrase) **the lot** * (= everything) (le) tout ; (= everyone) tous mpl, toutes fpl ◆ **that's the lot** c'est tout, tout y est ◆ **here are some apples, take the (whole) lot** voici des pommes, prends-les toutes ◆ **here's some money, just take the lot** voici de l'argent, prends tout ◆ **the (whole) lot cost me £1** ça m'a coûté une livre en tout ◆ **big ones, little ones, the lot!** les grands, les petits, tous ! ◆ **the lot of you** vous tous ◆ **they went off, the whole lot of them** ils sont tous partis, ils sont partis tous tant qu'ils étaient

e (esp US) (= plot of land) lot m (de terrain), parcelle f ; (= film studio) enceinte f des studios ◆ **building lot** terrain m à bâtir ◆ **vacant** or **empty lot** terrain m disponible ; → **parking** ◆ **all over the lot** * (US) (= everywhere) partout ; (= in confusion) en désordre, bordélique *

loth [ləʊθ] adj ⇒ **loath**

Lothario [ləʊ'θɑːrɪ,əʊ] n (liter or hum) don Juan m

lotion ['ləʊʃən] → SYN n lotion f ; → **hand**

lotos ['ləʊtəs] n ⇒ **lotus**

lottery ['lɒtərɪ] → SYN n (lit, fig) loterie f ◆ **lottery ticket** billet m de loterie

lotto ['lɒtəʊ] n loto m

lotus ['ləʊtəs] **1** n lotus m

2 COMP ▷ **lotus-eater** n (Myth) mangeur m, -euse f de lotus, lotophage m ▷ **lotus position** n (Yoga) position f du lotus

louche [luːʃ] adj person, place louche

loud [laʊd] → SYN **1** adj **a** (= noisy) voice fort, sonore ; laugh bruyant, sonore ; noise, cry sonore, grand ; music bruyant, sonore ; thunder fracassant ; protests vigoureux ; (pej) behaviour tapageur ◆ **the orchestra is too loud** l'orchestre joue trop fort ◆ **the music is too loud** la musique est trop bruyante ◆ **in a loud voice** d'une voix forte ◆ **... he said in a loud whisper** ... chuchota-t-il bruyamment ◆ **this remark was greeted by loud applause** un tonnerre d'applaudissements a accueilli cette remarque ◆ **to be loud in one's support/condemnation of sth** soutenir/condamner qch avec force or virulence ◆ **loud pedal** (Mus) pédale f forte

b (pej = gaudy) colour voyant, criard ; clothes voyant, tapageur

2 adv speak etc fort, haut ◆ **turn the radio up a little louder** mets la radio un peu plus fort, augmente le volume (de la radio)

◆ **loud and clear** ◆ **I am reading** or **receiving you loud and clear** je vous reçois cinq sur cinq ◆ **the president's message was received loud and clear** (fig) le message du président a été reçu cinq sur cinq ◆ **we could hear it loud and clear** nous l'entendions clairement

◆ **out loud** tout haut ◆ **to laugh out loud** rire tout haut

3 COMP ▷ **loud-mouth** * n (pej) grande gueule ‡ f ▷ **loud-mouthed** adj (pej) braillard, fort en gueule *

loudhailer [,laʊd'heɪləʳ] n (Brit) porte-voix m inv, mégaphone m

loudly ['laʊdlɪ] → SYN adv **a** (= noisily, in a loud voice) say d'une voix forte ; talk, speak, shout fort ; laugh, clear one's throat, knock, applaud, quarrel, complain bruyamment ; proclaim haut et fort

b (fig = vociferously) complain, protest vigoureusement

c (pej = garishly) dress d'une façon voyante or tapageuse

loudness ['laʊdnɪs] n [of voice, tone, music, thunder] force f ; [of applause] bruit m ; [of protests] vigueur f

loudspeaker [,laʊd'spiːkəʳ] n (for PA system, musical instruments) haut-parleur m, enceinte f ; [of stereo] baffle m, enceinte f

lough [lɒx] n (Ir) lac m ◆ **Lough Corrib** le lough Corrib

Louis ['luːɪ] n Louis m ◆ **Louis XIV** Louis XIV

louis ['luːɪ] n (pl inv) louis m (d'or)

Louisiana [luː,iːzɪ'ænə] n la Louisiane ◆ **in Louisiana** en Louisiane

lounge [laʊndʒ] → SYN **1** n (esp Brit) [of house, hotel] salon m ; → **airport, arrival, departure, sun, television**

2 vi (= recline: on bed, chair) se prélasser ; (pej = sprawl) être allongé paresseusement ◆ **to lounge against a wall** s'appuyer paresseusement contre un mur

3 COMP ▷ **lounge bar** n [of pub] ≃ salon m ; [of hotel] ≃ bar m ▷ **lounge jacket** n (US) veste f d'intérieur or d'appartement ▷ **lounge lizard** † * n (pej) salonnard m (pej) ▷ **lounge suit** n (Brit) complet(-veston) m ; (US) tenue f d'intérieur (de femme) ◆ **"lounge suit"** (Brit: on invitation) "tenue de ville"

► **lounge about, lounge around** vi paresser, flâner, flemmarder *

► **lounge back** vi ◆ **to lounge back in a chair** se prélasser dans un fauteuil

lounger ['laʊndʒəʳ] n **a** (= bed) lit m de plage

b (pej = person) fainéant(e) m(f), flemmard(e) * m(f)

louse [laʊs] n, pl **lice** **a** (= insect) pou m

b (‡ pej = person) salaud ‡ m, (peau f de) vache ‡ f *(louse dans ce sens est utilisé au singulier seulement)*

► **louse up** ‡ vt sep [+ deal, event] bousiller *, foutre en l'air ‡

lousewort ['laʊswɜːt] n (Bot) pédiculaire f (des bois)

lousy ['laʊzɪ] adj **a** (* = terrible) car, day, weather pourri * ; idea, film, book, pay nul, minable ; food infect, dégueulasse ‡ ; headache fichu * (before n) ; mood massacrant ◆ **to be a lousy secretary/teacher** être nul en tant que secrétaire/professeur ◆ **she's a lousy driver** elle conduit comme un pied * ◆ **to be lousy in bed, to be a lousy lover** être nul au lit ◆ **to be lousy at sth** être nul en qch ◆ **she's been having a lousy time lately** la vie n'est pas drôle pour elle en ce moment ◆ **we had a lousy time on holiday** nos vacances ont été un vrai cauchemar ◆ **to be lousy to sb** être infect avec qn

b (*: expressing displeasure) malheureux ◆ **50 lousy pounds!** 50 malheureuses livres ! ◆ **a lousy trick** une vacherie * ◆ **you can keep your lousy job, I don't want it!** votre boulot minable or votre boulot de merde ‡, je n'en veux pas !

c (= ill) **to feel lousy** * être mal fichu *

d (esp US: * = teeming) **this place is lousy with cops** c'est infesté de flics * ici ◆ **he is lousy with money** il est bourré de fric *

e (= infested with lice) person, blanket pouilleux

lout [laʊt] → SYN n rustre m, butor m ; → **litterbug**

loutish ['laʊtɪʃ] adj manners de rustre, de butor ◆ **his loutish behaviour** la grossièreté de sa conduite

Louvre [luvrə] n ◆ **the Louvre** le Louvre

louvre, louver (US) ['luːvəʳ] n (in roof) lucarne f ; (on window) persienne f, jalousie f

louvred door, louvered door (US) ['luːvəddɔːʳ] n porte f à claire-voie

lovable ['lʌvəbl] → SYN adj person très sympathique ; child, animal adorable

lovage ['lʌvɪdʒ] n (Bot) livèche f, ache f des montagnes

love [lʌv] LANGUAGE IN USE 21.2 → SYN

1 n **a** (for person) amour m (*of* de, pour ; *for* pour) ; (for country, music, horses) amour m (*of* de ; *for* pour) ; (stronger) passion f (*of* de ; *for* pour) ◆ **her love for** or **of her children** son amour pour ses enfants, l'amour qu'elle porte (or portait etc) à ses enfants ◆ **her children's love (for her)** l'amour que lui portent (or portaient etc) ses enfants ◆ **he did it out of love for his children** il l'a fait par amour pour ses enfants ◆ **I feel no love for** or **towards him any longer** je n'éprouve plus d'amour pour lui ◆ **it was love at first sight** ça a été le coup de foudre ◆ **there's no love lost between them** ils ne peuvent pas se sentir * ; → **brotherly, labour, lady**

◆ **for (...) love** ◆ **don't give me any money, I'm doing it for love** ne me donnez pas d'argent, je le fais gratuitement or pour l'amour de l'art ◆ **to marry for love** faire un mariage d'amour ◆ **for love of her son** par amour pour son fils ◆ **I won't do it for love nor money** je ne le ferai pour rien au monde ◆ **it wasn't to be had for love nor money** c'était introuvable, on ne pouvait se le procurer à aucun prix ◆ **for the love of God** pour l'amour de Dieu ◆ **he studies history for the love of it** il étudie l'histoire pour son or le plaisir

◆ **in love** ◆ **they are in love (with each other)** ils s'aiment ◆ **she's in love** elle est amoureuse ◆ **to be/fall in love with** être/tomber amoureux de

◆ **to make love** faire l'amour (*with* avec ; *to* à)

b (in formulae: in letter) **(with) love (from) Jim** affectueusement, Jim ◆ **all my love, Jim** bises, Jim ◆ **give her my love** dis-lui bien des choses de ma part ; (stronger) embrasse-la pour moi ◆ **love and kisses** bisous mpl, grosses bises fpl ◆ **he sends (you) his love** il t'envoie ses amitiés ; (stronger) il t'embrasse

c (= object of affections) [of thing, object] passion f ; [of person] amour m ◆ **the theatre was her great love** le théâtre était sa grande passion ◆ **he's a little love!** * il est adorable ! ◆ **his first love was football** sa première passion a été le football ◆ **he thought of his first love** il pensait à son premier amour ◆ **he/she is the love of my life** c'est l'homme/la femme de ma vie ◆ **football is the love of her life** le football est sa grande passion

d (Brit *: term of address: in shop etc) (to man) monsieur ; (to woman) ma jolie * ; (to child) mon petit, ma petite ◆ **(my) love** (to man) mon chéri ; (to woman) ma chérie

e (Tennis etc) rien m, zéro m ◆ **love 30** rien à 30, zéro 30

2 vt **a** (= feel affection for) [+ partner, spouse, child] aimer ; [+ relative, friend] aimer (beaucoup) ◆ **he didn't just like her, he loved her** il ne l'aimait pas d'amitié, mais d'amour ◆ **they love each other** ils s'aiment ◆ (Prov) **love me, love my dog** qui m'aime aime mon chien ◆ **I must love you and leave you** * malheureusement, il faut que je vous quitte ◆ **love thy neighbour as thyself** (Bible) tu aimeras ton prochain comme toi-même ◆ **she loves me, she loves me not** (counting etc) elle m'aime, un peu, beaucoup, passionnément, à la folie, pas du tout

b (= appreciate, enjoy) [+ music, food, activity, place] aimer (beaucoup) ; (stronger) adorer ◆ **to love to do** or **doing sth** aimer (beaucoup) or adorer faire qch ◆ **he loves reading/knitting/photography** il est passionné de lecture/tricot/photographie, il aime or adore lire/tricoter/la photographie ◆ **she loves singing/swimming** elle aime or adore chanter/nager ◆ **I'd love to come** j'aimerais beaucoup venir, je serais enchanté or ravi de venir ◆ **I'd love to!** (in answer to question) avec plaisir ! ◆ **I'd love to but unfortunately ...** j'aimerais bien, malheureusement ... ◆ **I love the way she smiles** j'adore son sourire ◆ **I love the way he leaves us to do all the work!** (iro) il nous laisse tout le travail, vraiment j'apprécie (iro) ◆ **she's going to love you!** (iro) elle va te bénir ! (iro) ◆ **she's going to love that!** (iro) elle va être ravie ! (iro)

3 COMP ▷ **love affair** → SYN n (lit) liaison f (amoureuse) ; (fig) passion f (*with* pour) ▷ **love apple** † n (= tomato) pomme f d'amour † ▷ **love child** * n enfant mf de l'amour, enfant mf illégitime or naturel(le) ▷ **loved ones** npl êtres mpl chers ◆ **my loved ones** les êtres qui me sont chers ▷ **love feast** n (among early Christians) agape f ; (= banquet) banquet m ; (iro) agapes fpl ▷ **love game** n (Tennis) jeu m blanc ▷ **love handles** * npl poignées fpl d'amour * ▷ **love-hate relationship** n rapport m amour-haine ◆ **they have a love-hate relationship** ils s'aiment et se détestent à la fois ▷ **love-in-a-mist** n (Bot) nigelle f de Damas ▷ **love-knot** n lacs mpl d'amour ▷ **love letter** n lettre f d'amour, billet m doux (often hum) ▷ **love-lies-bleeding** n (Bot) amarante f queue-de-renard ▷ **love life** * n **how's your love life (these days)?** comment vont les amours ? ◆ **his love life is bothering him** il a des problèmes de cœur or sentimentaux ▷ **love match** n mariage m d'amour ▷ **love nest** * n nid m d'amoureux or d'amour ▷ **love potion** n philtre m d'amour ▷ **love scene** n scène f d'amour ▷ **love seat** n causeuse f *(siège)* ▷ **love story** n histoire f d'amour ▷ **love token** n gage m d'amour ▷ **love triangle** n triangle m amoureux

loveable ['lʌvəbl] adj ⇒ **lovable**

lovebirds [ˈlʌvbɜːdz] npl a (Orn) perruches fpl inséparables

b (fig = lovers) tourtereaux mpl

lovebite [ˈlʌvbaɪt] n suçon m

-loved [-lʌvd] adj (in compounds) ◆ **much-loved** adoré ◆ **best-loved** préféré

loveless [ˈlʌvlɪs] adj life, family, marriage sans amour ; person (= unloved) qui manque d'affection ; (= unloving) incapable d'aimer

lovelessly [ˈlʌvlɪslɪ] adv sans amour

loveliness [ˈlʌvlɪnɪs] n beauté f, charme m

lovelock [ˈlʌvlɒk] n accroche-cœur m *(sur le front)*

lovelorn [ˈlʌv,lɔːn] adj († or hum) qui languit d'amour

lovely [ˈlʌvlɪ] → SYN 1 adj a (= beautiful) woman, place, clothes, flower ravissant ; baby, animal, picture, voice beau (belle f) ◆ **you look lovely** tu es ravissante ◆ **this dress looks lovely on you** cette robe te va à ravir

b (= pleasant) person charmant ; day, weekend, flavour, meal, surprise merveilleux ; weather, holiday beau (belle f), merveilleux ; food, smell délicieux ; idea, suggestion excellent ◆ **lovely!** formidable ! ◆ **thanks, that's lovely** * (= fine) merci, c'est très bien comme ça ◆ **it's lovely to see you again** ça me fait bien plaisir de te revoir ◆ **it's been lovely seeing** or **to see you** j'ai été vraiment content de vous voir ◆ **we had a lovely time** nous nous sommes bien amusés ◆ **he made a lovely job of it** il a fait du bon travail ◆ **the water's lovely and warm** l'eau est bonne ◆ **it was lovely and hot outside** il faisait agréablement chaud dehors ◆ **we're lovely and early** * c'est bien, on est en avance

2 n (* = girl) belle fille f, beau brin m de fille, mignonne f ◆ **my lovely** ma jolie, ma mignonne

lovemaking [ˈlʌv,meɪkɪŋ] n (NonC) amour m, rapports mpl (sexuels) ◆ **after lovemaking** après l'amour

lover [ˈlʌvəʳ] → SYN 1 n a amant m ; († = suitor) amoureux m ◆ **lovers' vows** promesses fpl d'amoureux ◆ **they are lovers** ils ont une liaison, ils couchent * ensemble ◆ **they have been lovers for two years** leur liaison dure depuis deux ans ◆ **she took a lover** elle a pris un amant ◆ **Casanova was a great lover** Casanova fut un grand séducteur

b [of hobby, wine etc] amateur m ◆ **he's a lover of good food** il est grand amateur de bonne cuisine, il aime beaucoup la bonne cuisine ◆ **he's a great lover of Brahms** or **a great Brahms lover** c'est un fervent de Brahms, il aime beaucoup (la musique de) Brahms ◆ **art/theatre lover** amateur m d'art/de théâtre ◆ **music lover** amateur m de musique, mélomane mf ◆ **he's a nature lover** il aime la nature, c'est un amoureux de la nature ◆ **football lovers everywhere** tous les amateurs or passionnés de football

2 COMP ▷ **lover boy** * n (hum or iro = womanizer) don Juan m, tombeur * m ◆ **come on lover boy!** allez, beau gosse ! *

lovesick [ˈlʌvsɪk] adj amoureux, qui languit d'amour

lovesickness [ˈlʌvsɪknɪs] n mal m d'amour

lovesong [ˈlʌvsɒŋ] n chanson f d'amour

lovestruck [ˈlʌvstrʌk] adj éperdu

lovey * [ˈlʌvɪ] 1 n chéri(e) m(f)

2 COMP ▷ **lovey-dovey** * adj (hum) (trop) tendre

lovie * [ˈlʌvɪ] n chéri(e) m(f)

loving [ˈlʌvɪŋ] → SYN 1 adj person, child, couple, relationship affectueux ; marriage heureux ; wife, husband, parent aimant ; family uni ; kiss tendre ; smile plein de tendresse ◆ **loving kindness** bonté f, charité f ◆ **with loving care** avec le plus grand soin ◆ **"from your loving son, Martin"** "ton fils qui t'aime, Martin"

2 COMP ▷ **loving cup** n coupe f de l'amitié

-loving [ˈlʌvɪŋ] adj (in compounds) ◆ **art-loving** qui aime l'art, qui est amateur d'art ◆ **money-loving** qui aime l'argent

lovingly [ˈlʌvɪŋlɪ] adv a look at (= with affection) tendrement, avec tendresse ; (= with love) amoureusement

b (= carefully) restored, maintained avec amour

low[1] [ləʊ] → SYN 1 adj a wall, shelf, seat, ceiling, level, tide bas (basse f) ◆ **a dress with a low neck** une robe décolletée ◆ **to make a low bow** saluer bien bas ◆ **low cloud** (Met) nuages mpl bas ◆ **fog on low ground** brouillard m à basse altitude ◆ **the low ground near the sea** les basses terres fpl près de la mer ◆ **the house/town is on low ground** la maison/ville est bâtie dans une dépression ◆ **the river is very low just now** la rivière est très basse en ce moment ◆ **the sun is low in the sky** le soleil est bas dans le ciel or bas sur l'horizon ◆ **at low tide** à marée basse ◆ **low water** marée f basse, basses eaux fpl ◆ **the low point** (fig) [of sb's career] le creux de la vague ; see also **4, lower**[1] ; → **ebb**

b voice (= soft) bas (basse f) ; (= deep) bas (basse f), profond ; (Mus) note bas (basse f) ◆ **in a low voice** (= softly) à voix basse ; (= in deep tones) d'une voix basse or profonde ◆ **a low murmur** un murmure sourd or étouffé ◆ **they were talking in a low murmur** ils chuchotaient ◆ **he gave a low groan** il a gémi faiblement, il a poussé un faible gémissement ◆ **it's a bit low** [radio etc] on n'entend pas, ce n'est pas assez fort ; see also **4**

c wage, rate bas (basse f), faible ; price bas (basse f), modéré ◆ **people on low incomes** les gens à faibles revenus ◆ **at the lowest price** (Comm) au meilleur prix

d latitude, number, frequency bas (basse f) ; (Scol) mark bas (basse f), faible ; (Chem, Phys) density faible ; temperature bas (basse f), peu élevé ; speed petit (before n), faible ; lights faible, bas (basse f) ; visibility mauvais, limité ◆ **in low gear** (Aut) en première ou en seconde (vitesse) ◆ **the temperature never falls below 20° at the lowest** la température ne tombe jamais en dessous de 20° ◆ **the temperature is in the low thirties** il fait entre 30 et 35 degrés ◆ **the fire is getting low /is low** le feu baisse/est bas ◆ **at** or **on a low heat** (Culin) à feu doux ◆ **cook in a low oven** cuire au four à feu doux

e standard bas (basse f), faible ; quality inférieur (-eure f) ◆ **activity is at its lowest in the summer** c'est en été que l'activité est particulièrement réduite ◆ **people of low intelligence** les gens peu intelligents ◆ **to have a low opinion of sb** ne pas avoir bonne opinion de qn, avoir une piètre opinion de qn ◆ **to have a low opinion of sth** ne pas avoir bonne opinion de qch ◆ **their stock of soap was very low** (Comm etc) leur stock de savon était presque épuisé ◆ **supplies are getting** or **running low** les provisions diminuent ; see also **4, lower**[1] ; → **profile**

f **low in fat** à faible teneur en matières grasses ◆ **low in nitrogen** contenant peu d'azote ◆ **we're a bit low on petrol** nous n'avons plus beaucoup or il ne nous reste plus beaucoup d'essence ◆ **they were low on water** ils étaient à court d'eau ◆ **I'm low on funds** * je suis à court (d'argent)

g (Cards) **a low card** une basse carte ◆ **a low diamond** un petit carreau

h (= feeble) person faible, affaibli ; health mauvais ; (= depressed) déprimé ◆ **to be in low spirits, to be** or **feel low** être déprimé, ne pas avoir le moral ◆ **the patient is very low** le malade est bien bas ; see also **4**

i (Bio, Zool = primitive) inférieur (-eure f), peu évolué ◆ **the low forms of life** les formes fpl de vie inférieures or les moins évoluées

j (= humble) rank, origin bas (basse f) ; (= vulgar) company, taste mauvais ; character grossier, bas (basse f) ; café etc de bas étage ; (= shameful) behaviour ignoble, odieux ◆ **the lowest of the low** le dernier des derniers ◆ **that's a low trick** c'est un sale tour * ◆ **with low cunning** avec une ruse ignoble ; see also **4, lower**[1]

2 adv a (= in low position) aim, fly bas ◆ **to bow low** saluer bien bas ◆ **a dress cut low in the back** une robe très décolletée dans le dos ◆ **she is rather low down in that chair** elle est assise bien bas dans ce fauteuil, elle est assise bien bas ◆ **lower down the wall/the page** plus bas sur le mur/la page ◆ **lower down the hill** plus bas sur la colline, en contrebas ◆ **the plane came down low over the town** l'avion est descendu et a survolé la ville à basse altitude ◆ **the plane flew low over the town** l'avion a survolé la ville à basse altitude ◆ **to fall** or **sink low** tomber bien bas ◆ **I wouldn't stoop so low as to do that** je ne m'abaisserais pas à faire cela ; → **lay**[1], **lie**[1]

b (= at low volume, intensity, cost) **to turn the heating/lights/music/radio down low** baisser le chauffage/la lumière/la musique/la radio ◆ **the fire was burning low** le feu était bas ◆ **to speak low** parler à voix basse or doucement ◆ **to sing low** chanter bas ◆ **the song is pitched too low for me** le ton de cette chanson est trop bas pour moi ◆ **I can't get as low as that** (in singing) ma voix ne descend pas si bas ◆ **to buy low** (St Ex) acheter quand le cours est bas ◆ **to play low** (Cards) jouer une basse carte

3 n a (Met) dépression f

b (Aut) ⇒ **low gear 1d**

c (= low point: esp Fin) minimum m ◆ **prices/temperatures have reached a new low** or **an all-time low** les prix/les températures ont atteint leur niveau le plus bas or n'ont jamais été aussi bas(ses) ◆ **the pound has sunk** or **fallen to a new low** la livre a atteint son niveau le plus bas ◆ **this is really a new low in vulgarity** cela bat tous les records de vulgarité

4 COMP ▷ **low-alcohol** adj lager, wine, beer à faible teneur en alcool, peu alcoolisé ▷ **low-angle shot** n (Phot) contre-plongée f ▷ **low blow** n (Boxing, fig) coup m bas ▷ **low-budget** adj film, project à petit budget ; car etc pour les petits budgets ▷ **low-calorie, low-cal** * adj food, diet à basses calories, hypocalorique ▷ **low-cholesterol** adj diet anti-cholestérol ; spread etc à basse teneur en cholestérol ▷ **Low Church** n *tendance évangéliste de l'Église anglicane* ▷ **low-cost** adj (à) bon marché, pas cher ◆ **low-cost housing** (NonC) habitations fpl à loyer modéré, HLM mpl ▷ **the Low Countries** npl les Pays-Bas mpl ▷ **low-cut** adj dress etc décolleté ▷ **low-down** n → **low-down** ▷ **lowest common denominator** n (Math) plus petit dénominateur m commun ◆ **teachers have to go at the pace of the lowest common denominator** (fig) les professeurs doivent suivre le rythme des éléments les moins doués ▷ **lowest common multiple** n (Math) plus petit commun multiple m ▷ **low-fat** adj diet pauvre en matières grasses ; milk, cheese etc allégé ▷ **low-flying** adj volant à basse altitude ▷ **low flying** n (NonC) vol(s) m(pl) à basse altitude ▷ **low-frequency** adj (Elec) basse fréquence inv ▷ **Low German** n bas allemand m ▷ **low-grade** adj de qualité or de catégorie inférieure ▷ **low-heeled** adj à talon(s) plat(s), plat ▷ **low-key** adj discret (-ète f) ◆ **it was a low-key operation** l'opération a été conduite de façon très discrète ◆ **to keep sth low-key** faire qch de façon discrète ▷ **Low Latin** n bas latin m ▷ **low-level** adj (gen) bas (basse f) ; job subalterne ; talks, discussions à bas niveau ◆ **low-level flying** vol m or navigation f à basse altitude ◆ **low-level language** (Comput) langage m de bas niveau ◆ **low-level waste** (Nucl Phys) déchets mpl de faible activité ▷ **low-loader** n (Aut) semi-remorque f à plateforme surbaissée ; (Rail) wagon m (de marchandises) à plateforme surbaissée ▷ **low-lying** adj à basse altitude ▷ **Low Mass** n (Rel) messe f basse ▷ **low-minded** adj vulgaire, grossier ▷ **low-mindedness** n vulgarité f d'esprit ▷ **low-necked** adj décolleté ▷ **low-paid** adj job mal payé, qui paie mal ; worker mal payé, qui ne gagne pas beaucoup ◆ **the low-paid** les petits salaires mpl, les petits salariés mpl ; see also **lower**[1] ▷ **low-pass filter** n (Elec) filtre m passe-bas ▷ **low-pitched** adj ball bas (basse f) ; sound bas (basse f), grave ▷ **low-powered** adj de faible puissance ▷ **low-pressure** adj à or de basse pression ▷ **low-priced** adj à bas prix, (à) bon marché inv ▷ **low-principled** adj sans grands principes ▷ **low-profile** adj (gen) au profil bas ◆ **low-profile tyre** (Aut) pneu m taille basse ▷ **low-quality** adj goods de qualité inférieure ▷ **low-rent** adj (lit) housing, flat à loyer modéré ; (fig) de bas étage ▷ **low-rise** adj (Archit) à or de hauteur limitée, bas (basse f) ▷ **low-scoring** adj *où peu de points ou buts sont marqués* ▷ **low season** n (esp Brit) basse or morte-saison f ◇ adj rates, holiday pendant la basse or morte-saison ▷ **low-slung** adj chair bas (basse f) ; sports car surbaissé ▷ **low-spirited** adj déprimé, démoralisé ▷ **low-start mortgage** n (Brit) *emprunt hypothécaire à faibles remboursements initiaux* ▷ **Low Sunday** n dimanche m de Quasimodo ▷ **low-tar** adj cigarette à faible

teneur en goudron ▷ **low-tech** adj machinery rudimentaire ; design sommaire ▷ **low-tension** adj à basse tension ▷ **low vowel** n (Ling) voyelle f basse ▷ **low-water mark** n laisse f de basse mer ◆ **their morale had reached low-water mark** leur moral était on ne peut plus bas, ils avaient le moral à zéro * ◆ **sales had reached low-water mark** les ventes n'avaient jamais été aussi mauvaises

low² [ləʊ] vi [cattle] meugler, beugler, mugir

lowborn ['ləʊbɔːn] adj de basse extraction

lowboy ['ləʊbɔɪ] n (US) commode f basse

lowbrow * ['ləʊbraʊ] ① n (= person) personne f peu intellectuelle or sans prétentions intellectuelles
② adj person, book, film, programme sans prétentions intellectuelles

lowchen ['laʊtʃən] n (= dog) petit chien m lion

low-down * ['ləʊdaʊn] ① adj (esp US pej) person méprisable ◆ **a low-down trick** un sale tour
② n ◆ **to get the low-down on sb/sth** se renseigner sur qn/qch ◆ **to give sb the low-down on sth** mettre qn au courant or au parfum * de qch

lower¹ ['ləʊər] → SYN (compar of **low¹**) ① adj inférieur(-eure f) ◆ **the lower half of the body** le bas du corps ◆ **Annapurna is the lower of the two** l'Annapurna est la moins haute (des deux) ◆ **the lower shelf** l'étagère f du bas ; see also **low¹** ; → **reach**
② COMP ▷ **the lower abdomen** n le bas-ventre ▷ **the lower animals** npl les animaux mpl inférieurs ▷ **the lower back** n le bas du dos ▷ **lower-back pain** n douleurs fpl lombaires ▷ **Lower California** n (Geog) Basse-Californie f ▷ **lower case** n (Typ) bas m de casse ◆ **in lower case** en bas de casse ▷ **lower-case** adj minuscule ▷ **the lower chamber** n (Parl) la Chambre basse ▷ **lower class** n classes fpl inférieures, classe f populaire ◆ **lower-class family** famille f prolétarienne ou ouvrière ▷ **lower classes** npl ⇒ **lower class** ▷ **lower court** n (Jur) instance f inférieure ▷ **lower deck** n [of bus] étage m inférieur ; (Naut = part of ship) pont m inférieur ◆ **the lower deck** n (= personnel) les sous-officiers mpl et les matelots mpl ▷ **Lower Egypt** n la Basse-Égypte ▷ **the Lower House** n (Parl) (gen) la Chambre basse ; (Brit) la Chambre basse, la Chambre des communes ▷ **lower-income** adj group, family économiquement faible ▷ **lower jaw** n mâchoire f inférieure ▷ **the lower leg** n la partie inférieure de la jambe ▷ **lower limbs** npl membres mpl inférieurs ▷ **lower lip** n lèvre f inférieure ▷ **the lower mammals** npl les mammifères mpl inférieurs ▷ **lower middle class** n petite bourgeoisie f, (petite) classe f moyenne ◆ **a lower middle-class family** une famille de la classe moyenne ou de la petite bourgeoisie ◆ **a lower middle-class background** un milieu petit bourgeois ▷ **the lower paid** npl les personnes fpl à faible revenu ▷ **the lower ranks** npl (Mil) les grades mpl inférieurs ; (fig) les rangs mpl inférieurs ▷ **the lower regions** npl (hum) les enfers mpl ▷ **the Lower Rhine** n le Bas-Rhin ▷ **Lower Saxony** n la Basse-Saxe ▷ **the lower school** n ≈ le collège ▷ **lower sixth (form)** n (Brit Scol) ≈ classe f de première ▷ **the lower vertebrates** npl (Zool) les vertébrés mpl inférieurs ; see also **second¹**

lower² ['ləʊər] → SYN ① vt ⓐ [+ blind, window, construction] baisser, abaisser ; [+ sail, flag] abaisser, amener ; [+ boat, lifeboat] mettre à la mer ◆ **to lower the boats** mettre les embarcations à la mer ◆ **to lower sb/sth on a rope** (faire) descendre qn/descendre qch au bout d'une corde ◆ **to lower one's guard** (Boxing) baisser sa garde ; (fig) ne plus être sur ses gardes ◆ **to lower the boom on sb** (fig) serrer la vis * à qn
ⓑ [+ pressure, heating, price, voice] baisser ◆ **to lower sb's resistance** (Med) diminuer la résistance de qn ◆ **to lower sb's morale** démoraliser qn, saper le moral de qn ◆ **lower your voice!** baisse la voix !, (parle) moins fort ! ◆ **he lowered his voice to a whisper** il s'est mis à baisser la voix jusqu'à en chuchoter, il s'est mis à chuchoter ◆ **to lower o.s. to do sth** s'abaisser à faire qch ◆ **I refuse to lower myself** je refuse de m'abaisser ou de m'avilir ainsi
② vi (lit) baisser ; [pressure, price etc] baisser, diminuer

lower³ ['laʊər] vi [sky] se couvrir, s'assombrir ; [clouds] être menaçant ; [person] prendre un air sombre ou menaçant ◆ **to lower at sb** jeter un regard sombre ou menaçant à qn, regarder qn de travers

lowering¹ ['ləʊərɪŋ] ① n ⓐ [of window, flag] abaissement m ; [of boat] mise à la mer
ⓑ [of temperature] baisse f, abaissement m ; [of price, value] baisse f, diminution f ; [of pressure] baisse f ; (Med) [of resistance] diminution f ◆ **the lowering of morale** la baisse du moral, la démoralisation
② adj abaissant, dégradant, humiliant

lowering² ['laʊərɪŋ] adj look, sky sombre, menaçant

lowermost ['ləʊəməʊst] adj le plus bas

lowing ['ləʊɪŋ] n [of cattle] meuglement m, beuglement m, mugissement m

lowland ['ləʊlənd] ① n plaine f ◆ **the Lowlands (of Scotland)** la Basse Écosse, les Basses-Terres fpl (d'Écosse)
② COMP (in Scot) town, people, culture de Basse-Écosse ▷ **Lowland Scots** n (Ling) ⇒ **Lallans 1**

lowlander ['ləʊləndər] n (gen) habitant(e) m(f) de la (or des) plaine(s) ◆ **Lowlander** (in Scot) habitant(e) m(f) or originaire mf de la Basse-Écosse

lowlife * ['ləʊlaɪf] adj (esp US) ◆ **his lowlife friends** les voyous qu'il fréquente

lowlights ['ləʊlaɪts] npl ⓐ (Hairdressing) mèches fpl sombres
ⓑ (hum) **one of the lowlights** * of the sporting season un des moments les moins glorieux de la saison sportive

lowliness ['ləʊlɪnɪs] n humilité f

lowly ['ləʊlɪ] → SYN adj humble

lowness ['ləʊnɪs] n (in height) manque m de hauteur ; [of price, wages] modicité f ; [of temperature] peu m d'élévation ◆ **the lowness of the ceiling made him stoop** la maison était si basse de plafond qu'il a dû se baisser

lox [lɒks] n (US) saumon m fumé

loyal ['lɔɪəl] → SYN adj friend, ally, supporter loyal, fidèle ; wife, customer, reader fidèle ; employee, servant fidèle, dévoué ◆ **he has a loyal following** il a des partisans fidèles ◆ **the Queen's loyal subjects** les loyaux sujets de la reine ◆ **the loyal toast** (Brit) le toast porté au souverain ◆ **to be/remain** or **stay loyal to sb/sth** être/rester fidèle à qn/qch

loyalist ['lɔɪəlɪst] adj, n loyaliste mf

loyally ['lɔɪəlɪ] adv serve, support fidèlement ; say en toute loyauté

loyalty ['lɔɪəltɪ] → SYN ① n (to person) loyauté f (to envers) ; (to cause) dévouement m (to à) ; (to political party) loyauté f, loyalisme m (to envers) ◆ **my first loyalty is to my family** ma famille passe avant tout ◆ **to pledge one's loyalty to sb/sth** promettre d'être loyal envers qn/qch ou d'être dévoué à qch ◆ **to decide where one's loyalties lie** choisir son camp ◆ **to suffer from** or **have divided loyalties** être partagé, se sentir écartelé ◆ **a man of fierce loyalties** un homme d'une loyauté farouche
② COMP ▷ **loyalty card** n (Brit Comm) carte f de fidélité

lozenge ['lɒzɪndʒ] n ⓐ (Med) pastille f
ⓑ (Her, Math) losange m

LP [ɛl'piː] n (Mus) (abbrev of **long-playing (record)**) → **long**

LPG [ɛlpiː'dʒiː] n (abbrev of **liquified petroleum gas**) GPL m

LPN [ɛlpiː'ɛn] n (US Med) (abbrev of **Licensed Practical Nurse**) → **license**

LRAM [ɛlɑː'reɪɛm] n (Brit) (abbrev of **Licentiate of the Royal Academy of Music**) diplôme d'un des Conservatoires de musique

LRCP [ɛlɑːsiː'piː] n (Brit) (abbrev of **Licentiate of the Royal College of Physicians**) ≈ agrégation f de médecine

LRCS [ɛlɑːsiː'ɛs] n (Brit) (abbrev of **Licentiate of the Royal College of Surgeons**) ≈ agrégation f de médecine (opératoire)

LSAT [ɛlɛseɪ'tiː] n (US Univ) (abbrev of **Law School Admission Test**) examen d'entrée à une faculté de droit

LSD¹ [ɛlɛs'diː] n (Drugs) (abbrev of **lysergic acid diethylamide**) LSD m

LSD² [ɛlɛs'diː] n (Brit) (abbrev of **librae, solidi, denarii**) (= pounds, shillings and pence) ancien système monétaire britannique

LSE [ɛlɛs'iː] n (Brit) abbrev of **London School of Economics**

LSI [ɛlɛs'aɪ] n (abbrev of **large scale integration**) intégration f à grande échelle, LSI f

LSO [ɛlɛs'əʊ] n (abbrev of **London Symphony Orchestra**) orchestre symphonique de Londres

LT [ɛl'tiː] (Elec) (abbrev of **low tension**) → **low¹**

Lt (abbrev of **Lieutenant**) (on envelope etc) Lt. ◆ **Lt. J. Smith** Lieutenant J. Smith ◆ **Lt-Col** (abbrev of **Lieutenant-Colonel**) → **lieutenant** ◆ **Lt.-Gen** (abbrev of **Lieutenant-General**) → **lieutenant**

Ltd (Brit Comm etc) (abbrev of **Limited (Liability)**) **Smith & Co. Ltd** Smith & Cie SA or Ltée (Can)

lubber ['lʌbər] n (pej: = landlubber) marin m d'eau douce

lube * [luːb] ① n huile f de graissage
② vt graisser, lubrifier

lubricant ['luːbrɪkənt] adj, n lubrifiant m ◆ **alcohol is a great (social) lubricant** l'alcool facilite beaucoup les contacts

lubricate ['luːbrɪkeɪt] → SYN ① vt ⓐ (lit) lubrifier ; (Aut) graisser
ⓑ (fig = facilitate) faciliter
② COMP ▷ **lubricating oil** n huile f (de graissage), lubrifiant m

lubricated * ['luːbrɪkeɪtɪd] adj (hum = drunk) paf * inv, beurré *

lubrication [ˌluːbrɪ'keɪʃən] n lubrification f ; (Aut) graissage m

lubricator ['luːbrɪkeɪtər] n (= person, device) graisseur m

lubricious [luː'brɪʃəs] adj (frm = lewd) lubrique

lubricity [luː'brɪsɪtɪ] n (frm = lewdness) lubricité f

lucerne [luː'sɜːn] n (esp Brit) luzerne f

lucid ['luːsɪd] → SYN ① adj ⓐ (= clear) style, explanation, account clair
ⓑ (= clear-headed) person lucide ; moment, interval de lucidité
ⓒ (= bright) air, light lucide (†, also liter)
② COMP ▷ **lucid dream** n (Psych) rêve m lucide ▷ **lucid dreamer** n (Psych) rêveur m, -euse f lucide ▷ **lucid dreaming** n (Psych) rêverie f lucide

lucidity [luː'sɪdɪtɪ] n ⓐ (= clarity) [of style, explanation, book] clarté f
ⓑ (= clear-headedness) [of mind] lucidité f
ⓒ (liter = brightness) éclat m

lucidly ['luːsɪdlɪ] adv explain, write, argue clairement ; think lucidement, avec lucidité

Lucifer ['luːsɪfər] n Lucifer m

lucifugous [luː'sɪfjʊɡəs] adj lucifuge

luck [lʌk] LANGUAGE IN USE 23.5 → SYN n ⓐ (= chance, fortune) chance f, hasard m ◆ **good luck** (bonne) chance f, bonheur m, veine * f, pot * m ◆ **bad luck** malchance f, malheur m, déveine * f ◆ **it's good/bad luck to see a black cat** cela porte bonheur/malheur de voir un chat noir ◆ **to bring (sb) good/bad** or **ill luck** porter bonheur/malheur (à qn) ◆ **it brought us nothing but bad luck** cela ne nous a vraiment pas porté chance ◆ **good luck! bonne chance !** ◆ **bad** or **hard** or **tough luck !** manque de pot ! *, pas de veine ! * ◆ **better luck next time!** * ça ira mieux la prochaine fois ! ◆ **any luck?** * (gen) alors (ça a marché) ? * ; (= did you find it?) tu as trouvé ? ◆ **no luck?** * (gen) ça n'a pas marché ? * ; (= didn't you find it?) tu n'as pas trouvé ? ◆ **worse luck!** * malheureusement ! ◆ **to have the good/bad luck to do sth** avoir la chance ou la bonne fortune/la malchance ou la mauvaise fortune de faire qch ◆ **luck favoured him, luck was with him, luck was on his side** la chance lui souriait ◆ **as luck would have it** comme par hasard ◆ **don't push your luck** * vas-y doucement ! ◆ **he's pushing his luck** * il y va un peu fort, il charrie * ◆ **it's the luck of the draw** (fig) c'est une question de chance ◆ **(it's) just my luck!** * c'est bien ma chance or ma veine ! * ◆ **it was just his luck** * to meet the boss par malchance or par malheur il a rencontré le patron, il a eu la malchance ou le malheur de rencontrer le patron ◆ **to be down on one's luck** * (= be unlucky) avoir la déveine * or la poisse * ; (= go through bad

luxurious / lythe

luxurious [lʌɡˈzjʊərɪəs] → SYN adj **a** (= comfortable) hotel, surroundings luxueux, somptueux ; car, fabric, lifestyle luxueux ; tastes de luxe
  b (= sensuous) sigh, yawn voluptueux

luxuriously [lʌɡˈzjʊərɪəslɪ] adv **a** (= comfortably) furnished, appointed, decorated luxueusement ◆ **to live luxuriously** vivre dans le luxe
  b (= sensuously) sigh, yawn, stretch voluptueusement

luxuriousness [lʌɡˈzjʊərɪəsnɪs] n [of hotel, car, surroundings] luxe m

luxury [ˈlʌkʃərɪ] → SYN [1] n **a** (NonC) luxe m ◆ **to live in luxury** vivre dans le luxe ; → **lap¹**
  b (= luxurious item) luxe m ◆ **beef is becoming a luxury** le bœuf devient un (produit de) luxe ◆ **it's quite a luxury for me to go to the theatre** c'est du luxe pour moi que d'aller au théâtre ◆ **what a luxury to have** or **take a bath at last!** quel luxe de pouvoir enfin prendre un bain !
  [2] adj goods, article, item de luxe ; flat, hotel de grand luxe, de grand standing ◆ **a luxury car** une voiture de luxe

LV (abbrev of **luncheon voucher**) → **luncheon**

LW (Rad) (abbrev of **long wave**) GO fpl

lycanthrope [ˈlaɪkənˌθrəʊp] n lycanthrope m

lycanthropy [laɪˈkænθrəpɪ] n lycanthropie f

lyceum [laɪˈsiːəm] n ≃ maison f de la culture

lychee [ˈlaɪtʃiː] n litchi or letchi m

lychgate [ˈlɪtʃɡeɪt] n ⇒ **lichgate**

lychnis [ˈlɪknɪs] n lychnis m

lycopod [ˈlaɪkəˌpɒd] n lycopode m

Lycra ® [ˈlaɪkrə] [1] n Lycra ® m
  [2] COMP en Lycra

lyddite [ˈlɪdaɪt] n lyddite f

lye [laɪ] n lessive f *(substance)*

lying¹ [ˈlaɪɪŋ] → SYN [1] n (NonC) mensonge(s) m(pl) ◆ **lying will get you nowhere** ça ne te servira à rien de mentir
  [2] adj person menteur ; statement, story mensonger ◆ **you lying bastard!*** sale menteur !*

lying² [ˈlaɪɪŋ] [1] n [of body] ◆ **lying in state** exposition f (solennelle)
  [2] COMP ▷ **lying-in** † n, pl **lyings-in** (Med) accouchement m, couches fpl ▷ **lying-in ward** n salle f de travail or d'accouchement

Lyme disease [ˈlaɪm] n (Med, Vet) maladie f de Lyme

lymph [lɪmf] [1] n (Anat) lymphe f
  [2] COMP ▷ **lymph gland** † n ⇒ **lymph node** ▷ **lymph node** n ganglion m lymphatique

lymphangitis [ˌlɪmfænˈdʒaɪtɪs] n lymphangite f

lymphatic [lɪmˈfætɪk] adj lymphatique

lymphocyte [ˈlɪmfəʊˌsaɪt] n lymphocyte m

lymphocytic [ˌlɪmfəʊˈsɪtɪk] adj lymphocytaire

lymphocytopenia [ˌlɪmfəʊˌsaɪtəʊˈpiːnɪə] n lymphopénie f

lymphocytosis [ˌlɪmfəʊsaɪˈtəʊsɪs] n lymphocytose f

lymphoid [ˈlɪmfɔɪd] adj lymphoïde

lymphokine [ˈlɪmfəʊˌkaɪn] n lymphokine f

lymphoma [lɪmˈfəʊmə] n lymphome m

lymphopenia [ˌlɪmfəʊˈpiːnɪə] n lymphopénie f

lymphosarcoma [ˌlɪmfəʊsɑːˈkəʊmə] n lymphosarcome m

lynch [lɪntʃ] [1] vt (= hang) exécuter sommairement *(par pendaison)* ; (= kill) lyncher
  [2] COMP ▷ **lynch law** n loi f de Lynch ▷ **lynch mob** n lyncheurs mpl

lynching [ˈlɪntʃɪŋ] n (= action, result) lynchage m

lynchpin [ˈlɪntʃpɪn] n ⇒ **linchpin**

lynx [lɪŋks] [1] n, pl **lynxes** or **lynx** lynx m inv
  [2] COMP ▷ **lynx-eyed** adj aux yeux de lynx

Lyons [ˈlaɪənz] n Lyon

lyophilize [laɪˈɒfɪˌlaɪz] vt lyophiliser

lyre [ˈlaɪər] n lyre f

lyrebird [ˈlaɪəbɜːd] n oiseau-lyre m, ménure m

lyric [ˈlɪrɪk] → SYN [1] n **a** (= poem) poème m lyrique
  b (= words of song) **lyric(s)** paroles fpl
  [2] adj poem, poet lyrique
  [3] COMP ▷ **lyric writer** n parolier m, -ière f

lyrical [ˈlɪrɪkəl] → SYN adj **a** (Poetry) lyrique
  b * → **wax²**

lyrically [ˈlɪrɪkəlɪ] adv (= poetically) speak, write, describe avec lyrisme ◆ **lyrically beautiful** d'une beauté lyrique

lyricism [ˈlɪrɪsɪzəm] n lyrisme m

lyricist [ˈlɪrɪsɪst] n (= poet) poète m lyrique ; (= song-writer) parolier m, -ière f

lysergic [laɪˈsɜːdʒɪk] [1] adj lysergique
  [2] COMP ▷ **lysergic acid** n acide m lysergique

lysin [ˈlaɪsɪn] n lysine f *(anticorps)*

lysine [ˈlaɪsiːn] n lysine f *(acide aminé)*

lysosome [ˈlaɪsəˌsəʊm] n lysosome m

lysozyme [ˈlaɪsəzaɪm] n (Bio) lysozyme m

lythe [laɪð] n (Scot: = fish) lieu m jaune

M

M, m [em] n **a** (= letter) M, m m ◆ **M for Mike, M for Mother** ≃ M comme Marie
b (Brit) (abbrev of **motorway**) **on the M6** sur l'autoroute M6
c (abbrev of **million(s)**) → **million**
d (abbrev of **medium**) moyen
e (abbrev of **metre(s)**) m
f (abbrev of **mile(s)**) → **mile**

MA [ˌemˈeɪ] **a** (Univ) (abbrev of **Master of Arts**) **to have an MA in French** ≃ avoir une maîtrise de français ; → **master** ; → DEGREE
b abbrev of **Massachusetts**
c (US) (abbrev of **Military Academy**) → **military**

ma * [mɑː] n maman f ◆ **Ma Smith** (pej) la mère Smith

ma'am [mæm] n (abbrev of **madam**) (gen: esp US) Madame f, Mademoiselle f ; (to royalty) Madame f

Maastricht Treaty [ˈmɑːstrɪktˈtriːtɪ] n ◆ **the Maastricht Treaty** le traité de Maastricht

mac [mæk] n **a** (Brit *) (abbrev of **mackintosh**) imperméable m, imper * m
b (esp US *: form of address) **hurry up Mac!** hé ! dépêchez-vous ! ; (to friend) dépêche-toi mon vieux or mon pote ! *

macabre [məˈkɑːbrə] → SYN adj macabre

macadam [məˈkædəm] **1** n macadam m ; → **tar¹**
2 COMP surface en macadam ; road macadamisé

macadamia nut [ˌmækəˈdeɪmɪə] n (Bot, Culin) macadamia m

macadamize [məˈkædəmaɪz] vt macadamiser

Macao [məˈkaʊ] n (Geog) Macao

macaque [məˈkɑːk] n (Zool) macaque m

macaroni [ˌmækəˈrəʊnɪ] **1** n, pl **macaronis** or **macaronies** macaroni(s) m(pl)
2 COMP ▷ **macaroni cheese** n gratin m de macaroni(s)

macaronic [ˌmækəˈrɒnɪk] **1** adj macaronique
2 n vers m macaronique

macaroon [ˌmækəˈruːn] n macaron m

macaw [məˈkɔː] n ara m

Macbeth [məkˈbeθ] n (Literat) Macbeth m

Maccabees [ˈmækəˌbiːz] npl (Rel) Maccabées mpl

Mace ® [meɪs] **1** n (= gas) gaz m incapacitant, mace m
2 vt attaquer au gaz incapacitant or au mace

mace¹ [meɪs] n (NonC = spice) macis m

mace² [meɪs] n (= weapon) massue f ; (= ceremonial staff) masse f

macebearer [ˈmeɪsbɛərəʳ] n massier m

macédoine [ˌmæsɪˈdwɑːn] n (of fruit, vegetables) macédoine f

Macedonia [ˌmæsɪˈdəʊnɪə] n la Macédoine

Macedonian [ˌmæsɪˈdəʊnɪən] **1** adj macédonien
2 n (= person) Macédonien(ne) m(f)

macerate [ˈmæsəreɪt] vti macérer

maceration [ˌmæsəˈreɪʃən] n macération f

Mach [mæk] n (Aviat: also **Mach number**) (nombre m de) Mach m ◆ **to fly at Mach 2** voler à Mach 2

machete [məˈʃetɪ] n machette f

Machiavelli [ˌmækɪəˈvelɪ] n Machiavel m

Machiavellian [ˌmækɪəˈvelɪən] adj machiavélique

machination [ˌmækɪˈneɪʃən] n machination f, intrigue f, manœuvre f

machine [məˈʃiːn] → SYN **1** n **a** (gen, Tech, Theat) machine f ◆ **adding/bread-making/cigarette-making** etc **machine** machine f à calculer/à fabriquer du pain/à fabriquer des cigarettes etc ◆ **shredding machine** broyeur m, broyeuse f ◆ **milking machine** trayeuse f ◆ **by machine** à la machine ; → **flying, knitting, washing**
b (fig) machine f ◆ **the company is a real money-making machine** cette société est une vraie machine à fabriquer de l'argent ◆ **the military machine** la machine or l'appareil m militaire ◆ **publicity/propaganda machine** appareil m publicitaire/de propagande ◆ **the political machine** la machine or l'appareil m politique ◆ **the Democratic machine** (US Pol) la machine administrative or l'appareil m du parti démocrate ; → **party**
c (pej = soulless person) machine f, automate m
2 vt (Tech) façonner à la machine, usiner ; (Sewing) coudre à la machine, piquer (à la machine)
3 COMP (gen) de la machine, des machines ; (Comput) machine ▷ **machine age** n siècle m de la machine or des machines ▷ **machine-assisted translation** n traduction f assistée par ordinateur ▷ **machine code** n (Comput) code m machine ▷ **machine error** n erreur f technique ▷ **machine gun** n mitrailleuse f ▷ **machine-gun** vt mitrailler ▷ **machine gunner** n mitrailleur m ▷ **machine-gunning** n mitraillage m ▷ **machine intelligence** n intelligence f artificielle ▷ **machine language** n langage m machine ▷ **machine-made** adj fait à la machine ▷ **machine operator** n (Ind) opérateur m, -trice f (sur machines) ▷ **machine-readable** adj (Comput) exploitable par un ordinateur ◆ **in machine-readable form** sous (une) forme exploitable par ordinateur ▷ **machine shop** n atelier m d'usinage ▷ **machine stitch** n point m (de piqûre) à la machine ▷ **machine-stitch** vt piquer à la machine ▷ **machine time** n temps m d'opération (d'une machine) ▷ **machine tool** n machine-outil f ◆ **machine-tool operator** opérateur m sur machine-outil, usineur m ▷ **machine translation** n traduction f automatique ▷ **machine washable** adj lavable à la or en machine

machinery [məˈʃiːnərɪ] → SYN n (NonC) **a** (= machines collectively) machinerie f, machines fpl ; (= parts of machine) mécanisme m, rouages mpl ◆ **a piece of machinery** un mécanisme ◆ **to get caught in the machinery** être pris dans la machine ◆ **agricultural machinery** machines fpl agricoles ◆ **electrical machinery** appareils mpl électriques ◆ **industrial machinery** équipements mpl industriels
b (fig) **the machinery of government** l'appareil m étatique ◆ **the machinery to enforce this legislation simply doesn't exist** aucun dispositif d'application n'a été mis en place pour cette législation

machinist [məˈʃiːnɪst] n machiniste mf, opérateur m, -trice f (sur machine) ; (on sewing, knitting machines) mécanicienne f

machismo [mætˈʃɪzməʊ] n (NonC) machisme m, phallocratie f

Machmeter [ˈmækˌmiːtəʳ] n machmètre m

macho [ˈmætʃəʊ] **1** n macho m, phallocrate m
2 adj macho inv

mackerel [ˈmækrəl] **1** n, pl **mackerel** or **mackerels** maquereau m
2 COMP ▷ **mackerel shark** n (Zool) (requin m) taupe f, lamie f ▷ **mackerel sky** n ciel m pommelé

Mackinaw [ˈmækɪˌnɔː] n (US) (also **Mackinaw coat**) grosse veste f de laine à carreaux ; (also **Mackinaw blanket**) grosse couverture f de laine à carreaux

mackintosh [ˈmækɪntɒʃ] n imperméable m

mackle [ˈmækl] vt (Typo) maculer

macramé [məˈkrɑːmɪ] **1** n macramé m
2 COMP plant holder etc en macramé

macro [ˈmækrəʊ] **1** n (Comput) macro f
2 COMP ▷ **macro lens** n (Phot) objectif m macro

macro... [ˈmækrəʊ] pref macro... ◆ **macromolecule** macromolécule f ; → **macrobiotic**

macrobiotic [ˌmækrəʊbaɪˈɒtɪk] adj macrobiotique

macrobiotics [ˌmækrəʊbaɪˈɒtɪks] n (NonC) macrobiotique f

macrocephalia [ˌmækrəsɪˈfeɪlɪə] n macrocéphalie f

macrocephalic [ˌmækrəʊsɪˈfælɪk] adj (Med) macrocéphale

macrocephaly [ˌmækrəʊˈsefəlɪ] n (Med) macrocéphalie f

macroclimate [ˈmækrəʊˌklaɪmɪt] n (Met) macroclimat m

macrocosm [ˈmækrəʊkɒzəm] n macrocosme m

macrocosmic [ˌmækrəʊˈkɒzmɪk] adj macrocosmique

macrocyte [ˈmækrəʊˌsaɪt] n macrocyte m

macroeconomics [ˌmækrəʊˌiːkəˈnɒmɪks] n (NonC) macroéconomie f

macrographic [ˌmækrəʊˈɡræfɪk] adj macrographique

macro-instruction [ˌmækrəʊɪnˈstrʌkʃən] n macro-instruction f

macrolinguistics [ˌmækrəʊlɪŋˈɡwɪstɪks] n (NonC) macrolinguistique f

macromarketing [ˌmækrəʊˈmɑːkɪtɪŋ] n macromarketing m

macromolecule [ˌmækrəʊˈmɒlɪˌkjuːl] n (Bio) macromolécule f

macron [ˈmækrɒn] n macron m

macrophage [ˈmækrəʊfeɪdʒ] n (Bio) macrophage m

macrophotography [ˌmækrəʊfəˈtɒɡrəfɪ] n macrophotographie f

macroscopic [ˌmækrəˈskɒpɪk] adj macroscopique

macrosporangium [ˌmækrəʊspɔːˈrændʒɪəm] n macrosporange m

macrospore [ˈmækrəʊˌspɔːʳ] n macrospore f

macrostructure [ˈmækrəʊˌstrʌktʃəʳ] n macrostructure f

macruran [məˈkrʊərən] n macroure m

macula [ˈmækjʊlə] n macula f

MAD [ˌemerˈdiː] n (US Mil) (abbrev of mutual(ly) assured destruction) → **mutual**

mad [mæd] → SYN **1** adj **a** person (= deranged) fou (folle f) ; (= rash, crazy) fou (folle f), insensé ; hope, plan, idea insensé ; race, gallop effréné ; bull furieux ; dog enragé ♦ **to go mad** devenir fou ♦ **this is idealism gone mad** c'est de l'idéalisme qui dépasse les bornes ; (stronger) c'est de l'idéalisme qui vire à la folie ♦ **to drive sb mad** (lit, fig) rendre qn fou ; *see also* **b** ♦ **as mad as a hatter** or **a March hare**, (stark) **raving mad** * ♦ **stark staring mad** * fou à lier ♦ **mad with grief** fou de chagrin ♦ **that was a mad thing to do** il fallait être fou pour faire cela ♦ **you're mad to think of it!** tu es fou d'y songer ! ♦ **are you mad?** ça ne va pas ? * (iro) ♦ **you must be mad!** ça ne va pas, non ! * ♦ **you must be mad to cycle in this weather!**, **you must be mad**, **cycling in this weather!** il faut vraiment que tu sois fou pour faire du vélo par ce temps !, tu es fou de faire du vélo par ce temps ! ♦ **we had a mad dash for the bus** nous avons dû foncer * pour attraper le bus ♦ **I'm in a mad rush** * je suis à la bourre *

♦ **like mad** ♦ **to pedal/push** *etc* **like mad** * pédaler/appuyer *etc* comme un fou ♦ **to run like mad** * courir comme un fou *or* un dératé ♦ **to cry like mad** * pleurer comme une Madeleine ♦ **to laugh like mad** * rire comme une baleine * ♦ **the phone has been ringing like mad** * all morning le téléphone n'a pas arrêté de sonner ce matin ♦ **to work/shout like mad** * travailler/crier comme un fou ou un forcené ♦ **this plant grows like mad** * cette plante pousse comme du chiendent

b (esp US * = angry) furieux ♦ **to be mad at** or **with sb** être furieux contre qn ♦ **to get mad at** or **with sb** s'emporter contre qn ♦ **don't get mad at** or **with me!** ne te fâche pas contre moi ! ♦ **he was mad at** or **with me for spilling the tea** il était furieux contre moi parce que j'avais renversé le thé ♦ **he was really mad about my mistake** mon erreur l'a mis hors de lui ♦ **he makes me mad!** ce qu'il peut m'agacer or m'énerver ! ♦ **to drive sb mad** faire enrager qn, mettre qn en fureur ♦ **he's hopping** or **spitting mad** il est fou furieux ♦ **mad as a hornet** * (US) furibard *

c (* = enthusiastic: also **mad keen**) **to go mad on sth** devenir dingue * de qch ♦ **mad about sth** mordu * or dingue * de qch ♦ **to be mad on** or **about sb** être fou de qn ♦ **I'm not mad on** or **about him** je ne l'aime pas trop ♦ **to be mad on** or **about swimming/football/computers**, **to be swimming-/football-/computer-mad** être mordu * or dingue * de natation/de football/d'informatique ♦ **I'm not mad about it** ça ne m'emballe pas *

d (* = excited) **the audience went mad** la folie a gagné le public ♦ **the dog went mad when he saw his master** le chien est devenu comme fou quand il a vu son maître ♦ **I went mad and finished everything in an hour** sur un coup de tête ou de folie, j'ai tout fini en une heure

2 COMP ▷ **mad cow disease** n maladie f de la vache folle ▷ **mad money** * n (NonC: US) **this is my mad money** cet argent-là, c'est pour mes petits plaisirs

Madagascan [ˌmædəˈɡæskən] **1** adj malgache **2** n (= person) Malgache mf

Madagascar [ˌmædəˈɡæskəʳ] n (= island) Madagascar f ; (= country) Madagascar m ♦ **the Democratic Republic of Madagascar** la République démocratique de Madagascar ♦ **in Madagascar** à Madagascar

madam [ˈmædəm] n, pl **madams** or **mesdames** [ˈmeɪdæm] **a** madame f ; (unmarried) mademoiselle f ♦ **Dear Madam** (in letters) Madame, Mademoiselle ♦ **Madam Chairman** (frm) Madame la Présidente

b (Brit) **she's a little madam** * c'est une petite pimbêche or mijaurée

c (= brothelkeeper) sous-maîtresse f, tenancière f de maison close

madcap [ˈmædkæp] adj, n écervelé(e) m(f)

madden [ˈmædn] → SYN vt rendre fou ; (= infuriate) exaspérer ♦ **maddened by pain** fou de douleur

maddening [ˈmædnɪŋ] adj exaspérant

maddeningly [ˈmædnɪŋlɪ] adv say, smile d'une façon exaspérante ♦ **to be maddeningly cautious/slow** être d'une prudence/lenteur exaspérante

madder [ˈmædəʳ] n (= plant, dye) garance f

made [meɪd] **1** vb (pt, ptp of **make**)

2 COMP ▷ **made-to-measure** adj (fait) sur mesure ▷ **made-to-order** adj (fait) sur commande ▷ **made-up** → SYN adj (= invented) story inventé, fabriqué ; (pej) faux (fausse f) ; (with cosmetics) face, eyes maquillé ; nails fait ♦ **she is too made-up** elle est trop maquillée

-made [meɪd] adj ending in comps ♦ **British/French-made** fabriqué en Grande-Bretagne/France

Madeira [məˈdɪərə] **1** n (Geog) (l'île f de) Madère f ; (= wine) (vin m de) madère m **2** COMP ▷ **Madeira cake** n ≈ quatre-quarts m ▷ **Madeira sauce** n sauce f madère

madhouse * [ˈmædhaʊs] n (lit, fig) maison f de fous

Madison Avenue [ˈmædɪsənˈævənjuː] n (US) le monde de la publicité

madly [ˈmædlɪ] → SYN adv **a** scream, grin comme un fou ♦ **to be/fall madly in love with sb** être/tomber éperdument amoureux de qn ♦ **to love sb madly** aimer qn à la folie ♦ **we were madly rushing for the train** (= furiously) c'était la course pour attraper le train ♦ **I was madly trying to open it** j'essayais désespérément de l'ouvrir

b attractive, exciting follement ; irritating extrêmement ♦ **madly impatient** piaffant d'impatience ♦ **madly jealous** fou de jalousie

madman [ˈmædmən] → SYN n, pl **-men** fou m

madness [ˈmædnɪs] → SYN n (gen, Med) folie f ; (in animals = rabies) rage f ; (= rashness) folie f, démence f ♦ **it is sheer madness to say so** c'est de la pure folie or de la démence de le dire ♦ **what madness!** c'est de la pure folie !, il faut être fou !

Madonna [məˈdɒnə] **1** n (Rel) Madone f ; (fig) madone f

2 COMP ▷ **Madonna lily** n lis m blanc

Madras [məˈdrɑːs] n (Geog) Madras

madras [məˈdrɑːs] n **a** (Culin = curry) curry très épicé ♦ **beef/chicken madras** curry de bœuf/poulet très épicé

b (Tex: also **madras cotton**) madras m

madrepore [ˌmædrɪˈpɔːʳ] n (Zool) madrépore m

Madrid [məˈdrɪd] n Madrid

madrigal [ˈmædrɪɡəl] n madrigal m

madrigalist [ˈmædrɪɡəlɪst] n madrigaliste mf

madwoman [ˈmædwʊmən] n, pl **-women** folle f

Maecenas [miːˈsiːnæs] n (Antiq) Mécène m ; (fig: = patron) mécène m

maelstrom [ˈmeɪlstrəʊm] n (lit, fig) tourbillon m, maelström m

maenad [ˈmiːnæd] n (Antiq) ménade f

maestro [ˈmaɪstrəʊ] n, pl **maestros** or **maestri** [ˈmaɪstriː] maestro m

Mae West † * [ˌmeɪˈwest] n gilet m de sauvetage (gonflable)

MAFF n (Brit) (abbrev of **Ministry of Agriculture, Fisheries and Food**) ministère m de l'Agriculture, de la Pêche et de l'Alimentation

mafia [ˈmæfɪə] n (lit, fig) mafia f ♦ **it's a real mafia** c'est une véritable mafia ♦ **a literary mafia** une coterie littéraire

mafioso [ˌmæfɪˈəʊsəʊ] n maf(f)ioso m

mag * [mæɡ] n (abbrev of **magazine**) revue f, magazine m

magazine [ˌmæɡəˈziːn] → SYN n **a** (Press) revue f, magazine m ; (Rad, TV: also **magazine programme**) magazine m

b (Mil = store) magasin m (du corps)

c (in gun) (= compartment) magasin m ; (= cartridges) chargeur m ; (in slide projector etc) magasin m

Magdalenian [ˌmæɡdəˈliːnɪən] adj, n (Geol) magdalénien ♦ **the Magdalenian** le Magdalénien

Magellan [məˈɡelən] n Magellan m ♦ **Magellan Strait** détroit m de Magellan

Magellanic cloud [ˌmæɡɪˈlænɪk] n (Astron) nuage m de Magellan

magenta [məˈdʒentə] **1** n magenta m **2** adj magenta inv

Maggie [ˈmæɡɪ] n (dim of **Margaret**) Maguy f

Maggiore [ˌmædʒɪˈɔːrɪ] n ♦ **Lake Maggiore** le lac Majeur

maggot [ˈmæɡət] n ver m, asticot m

maggoty [ˈmæɡətɪ] adj fruit véreux

Maghreb [ˈmʌɡrəb] n Maghreb m

Maghrebi [ˈmʌɡrəbɪ] **1** adj maghrébin **2** n Maghrébin(e) m(f)

Magi [ˈmeɪdʒaɪ] npl (rois mpl) mages mpl

magic [ˈmædʒɪk] → SYN **1** n (NonC) magie f, enchantement m ♦ **as if by magic**, **like magic** comme par enchantement or magie ♦ **the magic of that moment** la magie de cet instant

2 adj **a** (= supernatural) magique, enchanté ; (fig) merveilleux, prodigieux ♦ **to say the magic word** prononcer la formule magique ♦ **the Magic Flute** la Flûte enchantée

b (esp Brit * = brilliant) super *, génial *

3 COMP ▷ **magic bullet** n (Med) médicament m miracle ; (US * = solution) solution f miracle ▷ **magic carpet** n tapis m volant ▷ **magic circle** n cercle m magique ▷ **magic eye** n (Elec) œil m magique, indicateur m cathodique ▷ **magic lantern** n lanterne f magique ▷ **magic mushroom** * n champignon m hallucinogène ▷ **magic realism** n (Art, Literat) réalisme m magique ▷ **magic spell** n sort m, sortilège m ▷ **magic square** n carré m magique

▶ **magic away** vt sep faire disparaître comme par enchantement

▶ **magic up** vt sep faire apparaître comme par enchantement

magical [ˈmædʒɪkəl] **1** adj **a** (= supernatural) powers, properties magique

b (= wonderful) story, tale, experience merveilleux ; place, moment magique

2 COMP ▷ **magical mystery tour** n voyage m enchanté ▷ **magical realism** n ⇒ **magic realism** ; → **magic**

magically [ˈmædʒɪkəlɪ] adv disappear, transform, produce comme par magie or enchantement

magician [məˈdʒɪʃən] → SYN n (lit, fig) magicien(ne) m(f) ; (Theat etc) illusionniste mf

magisterial [ˌmædʒɪsˈtɪərɪəl] → SYN adj (lit) de magistrat ; (fig) magistral, formidable

magisterially [ˌmædʒɪsˈtɪərɪəlɪ] adv magistralement

magistracy [ˈmædʒɪstrəsɪ] n (NonC) magistrature f

magistrate [ˈmædʒɪstreɪt] → SYN n magistrat m, juge m ♦ **magistrates' court** ≈ tribunal m d'instance

magma [ˈmæɡmə] n, pl **magmas** or **magmata** [ˈmæɡmətə] magma m

Magna C(h)arta [ˌmæɡnəˈkɑːtə] n (Brit Hist) Grande Charte f

magna cum laude [ˈmægnəkʌmˈlaʊdeɪ] adv (US Univ) ◆ **to graduate magna cum laude** ≃ obtenir la mention très bien

Magna Graecia [ˈmægnəˈgriːʃɪə] n (Antiq) la Grande-Grèce

magnanimity [ˌmægnəˈnɪmɪtɪ] → SYN n magnanimité f

magnanimous [mægˈnænɪməs] → SYN adj person, gesture magnanime (*to sb* envers qn) ◆ **to be magnanimous in victory** se montrer magnanime dans la victoire, être un vainqueur magnanime

magnanimously [mægˈnænɪməslɪ] adv magnanimement

magnate [ˈmægneɪt] → SYN n magnat m, roi m ◆ **industrial/financial magnate** magnat m de l'industrie/de la finance ◆ **oil magnate** magnat m or roi m du pétrole

magnesia [mægˈniːʃə] n magnésie f; → **milk**

magnesium [mægˈniːzɪəm] n magnésium m

magnet [ˈmægnɪt] n (lit, fig) aimant m

magnetic [mægˈnetɪk] → SYN [1] adj (lit, fig) magnétique
[2] COMP ▷ **magnetic card reader** n lecteur m de cartes magnétiques ▷ **magnetic declination** n inclinaison f magnétique ▷ **magnetic disk** n disque m magnétique ▷ **magnetic field** n champ m magnétique ▷ **magnetic needle** n aiguille f aimantée ▷ **magnetic north** n nord m magnétique ▷ **magnetic resonance imager** n imageur m à résonance magnétique ▷ **magnetic resonance imaging** n imagerie f par résonance magnétique ▷ **magnetic storm** n orage m magnétique ▷ **magnetic strip, magnetic stripe** n (on credit card etc) piste f magnétique ▷ **magnetic tape** n bande f magnétique

magnetically [mægˈnetɪkəlɪ] adv [a] (Phys) attach magnétiquement
[b] (fig) **to be magnetically drawn to sb/sth** être attiré par qn/qch comme par un aimant

magnetism [ˈmægnɪtɪzəm] → SYN n (lit, fig) magnétisme m

magnetization [ˌmægnɪtaɪˈzeɪʃən] n aimantation f

magnetize [ˈmægnɪtaɪz] vt (lit) aimanter, magnétiser; (fig) magnétiser

magneto [mægˈniːtəʊ] n magnéto f

magneto... [mægˈniːtəʊ] pref magnéto...

magnetoelectric [mægˌniːtəʊɪˈlektrɪk] adj (Phys) magnétoélectrique, électromagnétique

magnetoelectricity [mægˌniːtəʊɪlekˈtrɪsɪtɪ] n (Phys) électromagnétisme m

magnetohydrodynamics [mægˌniːtəʊˌhaɪdrəʊdaɪˈnæmɪks] n (NonC) magnétohydrodynamique f

magnetometer [ˌmægnɪˈtɒmɪtər] n magnétomètre m

magnetomotive [mægˌniːtəʊˈməʊtɪv] adj magnétomoteur

magnetosphere [mægˈniːtəʊˌsfɪər] n magnétosphère f

magnetostriction [mægˌniːtəʊˈstrɪkʃən] n magnétostriction f

magnetron [ˈmægnɪˌtrɒn] n magnétron m

Magnificat [mægˈnɪfɪˌkæt] n (Rel) Magnificat m inv

magnification [ˌmægnɪfɪˈkeɪʃən] → SYN [1] n [a] (Opt) grossissement m ◆ **under magnification** au microscope
[b] (fig = amplification) exagération f
[c] (Rel) glorification f
[2] COMP ▷ **magnification factor** n coefficient m de grossissement

magnificence [mægˈnɪfɪsəns] → SYN n magnificence f, splendeur f, somptuosité f

magnificent [mægˈnɪfɪsənt] → SYN adj (gen) magnifique; food, meal splendide ◆ "**The Magnificent Seven**" (Cine) "Les Sept Mercenaires"

magnificently [mægˈnɪfɪsəntlɪ] adv magnifiquement

magnify [ˈmægnɪfaɪ] → SYN [1] vt [a] [+ image] grossir; [+ sound] amplifier; [+ incident etc] exagérer, grossir ◆ **to magnify sth four times** grossir qch quatre fois
[b] (Rel = praise) glorifier

[2] COMP ▷ **magnifying glass** n loupe f, verre m grossissant

magniloquence [mægˈnɪləkwəns] n grandiloquence f

magniloquent [mægˈnɪləkwənt] adj grandiloquent

magnitude [ˈmægnɪtjuːd] → SYN n ampleur f; (Astron) magnitude f ◆ **of the first magnitude** (fig) de première grandeur

magnolia [mægˈnəʊlɪə] [1] n [a] (also **magnolia tree**) magnolia m, magnolier m
[b] (= colour) rose m pâle
[2] adj rose pâle inv
[3] COMP ▷ **the Magnolia State** n (US) le Mississippi

magnox [ˈmægnɒks] n magnox m ◆ **magnox reactor** réacteur m au magnox

magnum [ˈmægnəm] [1] n, pl **magnums** magnum m
[2] COMP ▷ **magnum opus** n (Art, Literat, fig) œuvre f maîtresse

magpie [ˈmægpaɪ] n [a] (Orn) pie f ◆ **to chatter like a magpie** jacasser comme une pie, être un vrai moulin à paroles *
[b] (fig = collector) **he's a real magpie** c'est un collectionneur invétéré

magus [ˈmeɪgəs] n, pl **magi** [ˈmeɪdʒaɪ] mage m

Magyar [ˈmægjɑːʳ] [1] adj magyar
[2] n Magyar(e) m(f)

Mahabharata [məˌhɑːˈbɑːrətə] n (Literat) le Mahābhārata

maharaja(h) [ˌmɑːhəˈrɑːdʒə] n mahara(d)jah m

maharanee, maharani [ˌmɑːhəˈrɑːniː] n maharani f

maharishi [ˌmɑːhəˈriːʃɪ] n maharishi m

mahatma [məˈhɑːtmə] n mahatma m

Mahdi [ˈmɑːdɪ] n mahdi m

Mahdism [ˈmɑːdɪzəm] n mahdisme m

Mahdist [ˈmɑːdɪst] adj, n mahdiste mf

mahjong(g) [ˌmɑːˈdʒɒŋ] n ma(h)-jong m

mahogany [məˈhɒgənɪ] [1] n acajou m
[2] COMP (= made of mahogany) en acajou; (= mahogany-coloured) acajou inv

Mahomet [məˈhɒmɪt] n Mahomet m

Mahometan † [məˈhɒmɪtən] [1] adj mahométan
[2] n mahométan(e) m(f)

Mahometanism † [məˈhɒmɪtənɪzəm] n mahométisme m

mahonia [məˈhəʊnɪə] n mahonia m

mahout [məˈhaʊt] n cornac m

maid [meɪd] → SYN [1] n [a] (= servant) domestique f; (in hotel) femme f de chambre; → **barmaid, housemaid, lady**
[b] †† (= young girl) jeune fille f; (= virgin) vierge f ◆ **the Maid (of Orleans)** (Hist) la Pucelle (d'Orléans); → **old**
[2] COMP ▷ **maid-of-all-work** n bonne f à tout faire ▷ **maid of honour** n (esp US) demoiselle f d'honneur

maiden [ˈmeɪdn] → SYN [1] n (liter) (= girl) jeune fille f; (= virgin) vierge f
[2] COMP flight, voyage premier (before n), inaugural ▷ **maiden aunt** n tante f célibataire, tante f restée vieille fille (pej) ▷ **maiden lady** n († or hum) demoiselle f ▷ **maiden name** n nom m de jeune fille ▷ **maiden over** n (Cricket) *série de six balles où aucun point n'est marqué* ▷ **maiden pink** n (Bot) œillet m deltoïde or couché ▷ **maiden speech** n (Parl) premier discours m *(d'un député etc)*

maidenhair [ˈmeɪdnhɛəʳ] [1] n (Bot: also **maidenhair fern**) capillaire m, cheveu-de-Vénus m
[2] COMP ▷ **maidenhair tree** n (Bot) ginkgo m, arbre m aux écus

maidenhead [ˈmeɪdnhed] n [a] (Anat) hymen m
[b] (= virginity) virginité f

maidenhood [ˈmeɪdnhʊd] n virginité f

maidenly [ˈmeɪdnlɪ] → SYN adj de jeune fille, virginal, modeste

maidservant † [ˈmeɪdsɜːvənt] n servante f

maieutics [meɪˈjuːtɪks] n (NonC) maïeutique f

mail¹ [meɪl] → SYN [1] n [a] (NonC = postal system) poste f ◆ **by mail** par la poste
[b] (NonC = letters) courrier m ◆ **here's your mail** voici votre courrier
[c] (Comput: also **e-mail, electronic mail**) courrier m électronique, e-mail m ◆ **to send sb a mail** envoyer un message à qn (par courrier électronique), envoyer un courrier électronique or un e-mail à qn
[2] vt [a] (esp US = post) envoyer or expédier (par la poste), poster
[b] (Comput: also **e-mail**) [+ message, memo etc] envoyer par courrier électronique ◆ **to mail sb** envoyer un message à qn (par courrier électronique), envoyer un courrier électronique à qn (*about* à propos de)
[3] COMP ▷ **mail bomb** n (US) colis m piégé ▷ **mail car** n (US Rail) wagon m postal ▷ **mail carrier** n (US) facteur m, préposé(e) m(f) ▷ **mail clerk** n (employé(e) m(f)) préposé(e) m(f) au courrier ▷ **mail coach** n (Rail) wagon-poste m; (horse-drawn) malle-poste f ▷ **mail drop** n (US, Can) boîte f à or aux lettres ▷ **mailing list** n (Comm) liste f d'adresses ▷ **mail-merge** n (Comput) publipostage m ▷ **mail order** n vente f par correspondance ◆ **we got it by mail order** nous l'avons acheté par correspondance ▷ **mail-order** adj mail-order catalogue catalogue m de vente par correspondance ◆ **mail-order firm, mail-order house** maison f de vente par correspondance ▷ **mail room** n (esp US) service m courrier ▷ **mail slot** n (US) fente f de la or d'une boîte aux lettres ▷ **mail train** n train m postal ▷ **mail truck** n (US) camionnette f or fourgon m des postes ▷ **mail van** n (Brit) (Aut) camionnette f or fourgon m des postes; (Rail) wagon m postal

mail² [meɪl] n (NonC) mailles fpl ◆ **coat of mail** cotte f de mailles ◆ **the mailed fist** (fig) la manière forte; → **chain**

mailbag [ˈmeɪlbæg] n sac m postal

mailboat [ˈmeɪlbəʊt] n paquebot(-poste) m

mailbox [ˈmeɪlbɒks] n (Comput, US Post) boîte f aux lettres

Mailgram ® [ˈmeɪlgræm] n (US) télégramme m *(distribué avec le courrier)*

mailing [ˈmeɪlɪŋ] [1] n publipostage m, mailing m ◆ **mailing list** fichier m or liste f d'adresses
[2] COMP ▷ **mailing address** n (US) adresse f postale ▷ **mailing clerk** n préposé(e) m(f) au courrier

mailman [ˈmeɪlmæn] n, pl -**men** (US) facteur m, préposé m

mailshot [ˈmeɪlʃɒt] n (Brit) mailing m, publipostage m

maim [meɪm] → SYN vt estropier, mutiler ◆ **to be maimed for life** être estropié pour la vie or à vie

Main [meɪn] n (Geog) Main m

main [meɪn] → SYN [1] adj [a] door, entrance, shop, feature, idea, objective principal; pipe, beam maître (maîtresse f) ◆ **the main body of the army/the crowd** le gros de l'armée/de la foule ◆ **one of his main ideas was ...** une de ses principales idées or idées maîtresses consistait à ... ◆ **my main idea was to establish ...** mon idée directrice était d'établir ... ◆ **the main point of his speech** le point fondamental de son discours ◆ **the main point or object or objective of the meeting** l'objet principal de cette réunion ◆ **the main thing is to keep quiet** l'essentiel est de se taire ◆ **the main thing to remember is ...** ce qu'il ne faut surtout pas oublier c'est ... ◆ **to have an eye to the main chance** tirer profit de toutes les situations; see also **3** ; → **drag, eye, issue**
[b] **by main force** de vive force
[2] n [a] (= principal pipe, wire) canalisation f or conduite f maîtresse ◆ **(electricity) main** conducteur m principal ◆ **(gas) main** (in street) conduite f principale; (in house) conduite f de gaz ◆ **main (sewer)** (égout m) collecteur m ◆ **(water) main** (in street or house) conduite f d'eau de la ville ◆ **the water in this tap comes from the mains** l'eau de ce robinet vient directement de la conduite ◆ **the mains** (Elec) le secteur ◆ **connected to the mains** branché sur (le) secteur ◆ **this radio works by battery or from the mains** ce poste de radio marche sur piles ou sur (le)

mainbrace / **make**

secteur ✦ **to turn off the electricity/gas/water at the main(s)** couper le courant/le gaz/l'eau au compteur

b **in the main** dans l'ensemble, en général

c (liter) (= sea) l'océan m, le (grand) large ; → **Spanish**

3 COMP ▷ **main beam** n (Archit) poutre f maîtresse ▷ **main bearing** n (Aut etc) palier m ▷ **main clause** n (Gram) proposition f principale ▷ **main course** n (Culin) plat m principal ▷ **main deck** n (Naut) pont m principal ▷ **main door (flat)** n (Brit) appartement m avec porte d'entrée particulière sur la rue ▷ **main line** n (Rail) grande ligne f ▷ **main man** * n, pl **main men** (US) meilleur pote * m ▷ **main memory** n (Comput) mémoire f centrale ▷ **main office** n (Comm etc) bureau m principal ; [of political party, newspaper, agency etc] siège m (social) ▷ **main road** n grande route f, route f à grande circulation ✦ **the main road** la grand-route ✦ **it is one of the main roads into Edinburgh** c'est une des grandes voies d'accès à Édimbourg ▷ **main sheet** n (Naut) écoute f de (la) grand-voile ▷ **mains set** n (radio, tape recorder etc) appareil m fonctionnant sur secteur ▷ **mains supply** n to be on the mains supply (for electricity/gas/water) être raccordé au réseau (de distribution) d'électricité/de gaz/d'eau ▷ **main street** n grand-rue f, rue f principale ▷ **mains water** n eau f de la ville ▷ **main-topmast** n (Naut) grand mât m de hune

mainbrace ['meɪnbreɪs] n (Naut) bras m (de grand-vergue) ; → **splice**

Maine [meɪn] n le Maine ✦ **in Maine** dans le Maine

mainframe ['meɪnfreɪm] n (also **mainframe computer**) (= central computer) unité f centrale, processeur m central ; (= large computer) gros ordinateur m

mainland ['meɪnlænd] **1** n continent m (opposé à une île) ✦ **the mainland of Greece, the Greek mainland** la Grèce continentale ✦ **the Mainland** (Brit) (not Northern Ireland) la Grande-Bretagne (l'Angleterre, l'Écosse et le pays de Galles) ; (not Hong Kong) la Chine continentale

2 ['meɪnlənd] adj continental ✦ **mainland Greece** la Grèce continentale

mainlander ['meɪnləndəʳ] n habitant(e) m(f) du continent, continental(e) m(f)

mainline ['meɪnlaɪn] **1** adj **a** (= principal) → **mainstream**

b station, train de grande ligne

2 vi (Drugs *) se shooter

3 vt (= inject) ✦ **to mainline heroin** * se shooter * à l'héroïne

mainliner * ['meɪnlaɪnəʳ] n (Drugs) junkie mf qui se shoote *

mainly ['meɪnlɪ] → SYN adv surtout, principalement ✦ **mainly because** surtout parce que

mainmast ['meɪnmɑːst] n (Naut) grand mât m

mainsail ['meɪnseɪl] n (Naut) grand-voile f

mainspring ['meɪnsprɪŋ] n [of clock etc] ressort m principal ; (fig) mobile m principal

mainstay ['meɪnsteɪ] → SYN n (Naut) étai m (de grand mât) ; (fig) soutien m, point m d'appui ✦ **he was the mainstay of the organization** c'était lui le pilier ou le pivot de l'organisation

mainstream ['meɪnstriːm] **1** adj political party, denomination grand, dominant ; media principal ; press traditionnel ; culture grand public inv ; film, music conventionnel, mainstream * ; audience moyen ✦ **fascism has never been part of mainstream politics in Britain** le fascisme n'a jamais fait partie des grands courants politiques en Grande-Bretagne

2 n [of politics etc] courant m dominant

3 vt (US Scol) intégrer dans la vie scolaire normale

mainstreaming ['meɪnstriːmɪŋ] n (US) intégration (d'enfants retardés ou surdoués) dans la vie scolaire normale

mainstreeting ['meɪnˌstriːtɪŋ] n (Can Pol) bain m de foule

maintain [meɪn'teɪn] LANGUAGE IN USE 26.2 → SYN

1 vt **a** (= continue, keep up) [+ rate, level, order, progress, stability, sanctions, temperature, speed, value, standard, quality] maintenir ; [+ friendship, correspondence, diplomatic relations] entretenir ; [+ silence] garder ; [+ attitude, advantage] conserver, garder ✦ **to maintain the status quo** maintenir le statu quo ✦ **to maintain sth at a constant temperature** maintenir qch à une température constante ✦ **to maintain radio silence** maintenir le silence radio ✦ **to maintain control** garder le contrôle ✦ **maintain the pressure on the wound** continuez à comprimer la blessure ✦ **to maintain one's living standards** maintenir son niveau de vie ✦ **the government has failed to maintain standards of health care in this country** le gouvernement n'a pas réussi à maintenir la qualité des soins médicaux dans notre pays ✦ **pupils who manage to maintain their high standards throughout their school career** des élèves qui arrivent à rester parmi les meilleurs pendant toute leur scolarité ✦ **he maintained his opposition to ...** il continua à s'opposer à ... ✦ **if the improvement is maintained** si l'on (ou s'il etc) continue à faire des progrès ✦ **products which help to maintain healthy skin and hair** des produits qui aident à garder une peau et des cheveux en bonne santé ✦ **to maintain one's weight (at the same level)** garder le même poids ✦ **he wants to maintain his weight at 150 pounds** il veut rester à 68 kilos

b (= support, finance) [+ family, wife, child, army] entretenir

c (= assure upkeep of) [+ road, building, car, machine] entretenir

d (= assert) [+ opinion, fact] soutenir, maintenir ✦ **to maintain one's innocence** clamer son innocence ✦ **I maintain that ...** je soutiens ou maintiens que ... ✦ **"I wasn't there," she maintained** "je n'y étais pas", insista-t-elle

2 COMP ▷ **maintained school** n (Brit) école f publique

maintenance ['meɪntɪnəns] → SYN **1** n (NonC) **a** (= continuation, preservation) [of rate, level, order, progress, stability, sanctions, temperature, speed, value, standard, quality] maintien m

b (= upkeep) [of road, building, car, machine] entretien m, maintenance f (Tech) ✦ **car maintenance** mécanique f (auto)

c (= financing) [of family, wife, child, army] entretien m

d (Jur) pension f alimentaire ✦ **he pays £50 per week maintenance** il verse une pension alimentaire de 50 livres par semaine

2 COMP ▷ **maintenance allowance** n [of student] bourse f (d'études) ; [of worker away from home] indemnité f (pour frais de déplacement) ▷ **maintenance contract** n contrat m d'entretien ▷ **maintenance costs** npl frais mpl d'entretien ▷ **maintenance crew** n équipe f d'entretien ▷ **maintenance grant** n ⇒ **maintenance allowance** ▷ **maintenance man** n, pl **maintenance men** (Tech etc) employé m chargé de l'entretien ▷ **maintenance order** n (Jur) ordonnance f de versement de pension alimentaire

maintop ['meɪntɒp] n (Naut) grande hune f

maintopsail [ˌmeɪn'tɒpseɪl] n (Naut) grand hunier m

Mainz [maɪnts] n (Geog) Mayence

maiolica [məˈjɒlɪkə] n majolique f

maisonette [ˌmeɪzəˈnɛt] n (esp Brit) (appartement m en) duplex m

maître d'hôtel [ˌmɛtrədəʊˈtɛl] n, pl **maîtres d'hôtel** (also **maître d'**) maître m d'hôtel

maize [meɪz] n (Brit) maïs m ✦ **maize field** champ m de maïs

Maj. (abbrev of **Major**) (on envelope) Maj. J. Smith Monsieur le Major J. Smith

majestic [məˈdʒɛstɪk] → SYN adj majestueux

majestically [məˈdʒɛstɪkəlɪ] adv majestueusement

majesty ['mædʒɪstɪ] → SYN n majesté f ✦ **His Majesty the King** Sa Majesté le Roi ✦ **Your Majesty** Votre Majesté ✦ **His** ou **Her Majesty's Government** (Brit) le gouvernement britannique ✦ **on His** ou **Her Majesty's service** (Brit) au service du gouvernement britannique ✦ **His** ou **Her Majesty's Stationery Office** (Brit) ≃ l'Imprimerie f nationale ; → **ship**

majolica [məˈdʒɒlɪkə] n majolique f

major ['meɪdʒəʳ] → SYN **1** adj (gen, Jur, Mus, Philos etc) majeur ✦ **of major importance** d'une importance majeure ou exception-

---

ANGLAIS-FRANÇAIS 566

nelle ✦ **of major interest** d'intérêt majeur ✦ **major key** (Mus) ton m majeur ✦ **in the major key** en majeur ✦ **the major portion** la majeure partie ✦ **a major operation** (Med) une grosse opération ✦ **major repairs** grosses réparations fpl, gros travaux mpl ✦ **major road** route f principale ✦ **it was a major success** cela a eu un succès considérable ✦ **major suit** (Cards) majeure f ✦ **Smith Major** (Brit Scol) Smith aîné

2 n **a** [of army and US Air Force] commandant m ; [of cavalry] chef m d'escadron ; [of infantry] chef m de bataillon

b (Jur) majeur(e) m(f)

c (US Univ) matière f principale

d (esp US Univ) music/psychology etc major étudiant(e) m(f) en musique/psychologie etc

3 vi ✦ (US Univ) **to major in chemistry** se spécialiser en chimie

4 COMP ▷ **major-general** n (Mil) général m de division ; (US Air Force) général m de division aérienne ▷ **major league** n (US Sport) première division f

Majorca [məˈjɔːkə] n Majorque f ✦ **in Majorca** à Majorque

Majorcan [məˈjɔːkən] **1** adj majorquin

2 n Majorquin(e) m(f)

majordomo [ˌmeɪdʒəˈdəʊməʊ] n majordome m

majorette [ˌmeɪdʒəˈrɛt] n majorette f

majority [məˈdʒɒrɪtɪ] → SYN **1** n **a** (= greater part) majorité f ✦ **to be in the** or **a majority** être majoritaire ou en majorité ✦ **elected by a majority of nine** élu avec une majorité de neuf voix ✦ **a four-fifths majority** une majorité des quatre cinquièmes ✦ **in the majority of cases** dans la majorité ou la plupart des cas ✦ **the majority of people think that ...** la plupart ou la majorité des gens pensent que ... ✦ **the vast majority of them believe ...** dans leur immense majorité ils croient ... ; → **silent**

b (in age) majorité f ✦ **the age of majority** l'âge m de la majorité ✦ **to reach one's majority** atteindre sa majorité

2 COMP ▷ (Pol) government, rule majoritaire ▷ **majority opinion** n (US Jur) arrêt m rendu à la majorité (des votes des juges) ▷ **majority rule** n (Pol) gouvernement m par la majorité ▷ **majority verdict** n (Jur) verdict m majoritaire ou rendu à la majorité

---

make [meɪk]

vb : pret, ptp **made**

→ SYN

1 TRANSITIVE VERB	**3** NOUN
2 INTRANSITIVE VERB	**4** COMPOUNDS
5 PHRASAL VERBS	

1 TRANSITIVE VERB

When **make** is part of a set combination, eg **make a case**, **make an attempt**, **make a bow**, **make sure**, **make bold**, look up the other word.

a ✦ = create, produce ✦ [+ bed, cake, clothes, coffee, fire, noise, remark, one's will] faire ; [+ shelter] construire ; [+ toys, tools, machines] fabriquer, faire ✦ **I'm going to make a cake** je vais faire un gâteau ✦ **he made it himself** il l'a fait lui-même ✦ **two and two make four** deux et deux font ou égalent quatre ✦ **how much does that make (altogether)?** combien ça fait (en tout) ? ✦ **that makes the third time I've rung him** ça fait la troisième fois ou trois fois que je l'appelle BUT ✦ **to make a payment** effectuer un paiement ▶ **God made Man** Dieu a créé l'homme ▶ **he's as clever as they make 'em** * il est malin comme pas un *, il est malin comme tout *

✦ **to make the/a total** ✦ **I make the total 70 francs** selon mes calculs ça fait 70 F ✦ **that makes a total of 18 points** ça fait 18 points en tout

✦ **to make sth into sth** transformer qch en qch

✦ **made** + preposition ✦ **they were made for each other** ils étaient faits l'un pour l'autre ✦ **her shoes weren't made for walking** elle n'avait pas les chaussures adaptées pour la marche ✦ **made in France** (on label) fabriqué

make / make

en France, "made in France" ♦ **the frames are made of plastic** la monture est en plastique ♦ **to show what one is made of** montrer ce dont on est capable ♦ **this car wasn't made to carry eight people** cette voiture n'est pas faite pour transporter huit personnes

b = earn [+ money] [person] gagner, se faire ; [company, firm] réaliser un bénéfice net de ; [product, deal] rapporter ♦ **he makes $400 a week** il gagne or se fait 400 dollars par semaine ♦ **how much do you make?** combien gagnez-vous ? ♦ **how much do you stand to make?** combien pensez-vous pouvoir gagner ? ♦ **the company made 1.4 million pounds last year** la société a réalisé un bénéfice net de 1,4 million de livres l'année dernière ♦ **the film made millions** le film a rapporté des millions ♦ **the deal made him $500** cette affaire lui a rapporté 500 dollars ♦ **what did you make by or on it?** combien est-ce que ça t'a rapporté ?

c = score marquer ♦ **Lara made a hundred** Lara a marqué cent points

d = reach, attain [+ destination] arriver à ; (= catch) [+ train, plane] attraper, avoir ♦ **will we make Paris before lunch?** est-ce que nous arriverons à Paris avant le déjeuner ? BUT ◊ **we made good time** (on foot) nous avons bien marché ; (in vehicle) nous avons bien roulé ◊ **he made the list of ...** * son nom a figuré sur la liste de ...

| réussir à/ arriver à + infinitive are used in the following to translate **make** + noun:

♦ **do you think he'll make (it to) university?** croyez-vous qu'il arrivera à entrer à l'université ? ♦ **the novel made the bestseller list** le roman a réussi à se placer sur la liste des best-sellers ♦ **he made (it into) the first team** il a réussi à être sélectionné dans l'équipe première

e = force obliger, forcer ♦ **you can't make me!** tu ne peux pas m'y forcer or obliger ! ; see also **j**

f = reckon **how many do you make it?** combien en comptes-tu ? ♦ **I make 100km from here to Paris** d'après moi or selon moi il y a 100 km d'ici à Paris ♦ **what time do you make it?** quelle heure as-tu ?

g = ensure success of **the beautiful pictures make the book** ce livre doit beaucoup à ses magnifiques images ♦ **that film made her** ce film l'a consacrée ♦ **he was made for life** * son avenir était assuré ♦ **you're made!** * ton avenir est assuré, tu n'as pas de soucis à te faire pour ton avenir ! ♦ **he's got it made** * son avenir est assuré, il n'a pas à s'en faire pour son avenir ♦ **to make or break sb** assurer ou briser la carrière de qn ♦ **his visit made my day!** * sa visite m'a fait un plaisir fou ! * ♦ **go ahead, make my day!** * (iro) vas-y, qu'est-ce que tu attends ?

h = be, constitute faire ♦ **he'll make a good footballer** il fera un bon joueur de football ♦ **he'll make somebody a good husband** il fera un bon mari ♦ **to make a fourth** (in game) faire le quatrième ♦ **I made one of their group** je faisais partie de leur groupe ♦ **they make good cooking apples** ce sont or elles font de bonnes pommes à cuire BUT ◊ **she made him a good wife** elle a été une bonne épouse pour lui ◊ **they make a handsome pair** ils forment un beau couple ◊ **these books make a set** ces livres forment une collection ◊ **the latest report doesn't make pleasant reading** le dernier compte-rendu n'est pas très réjouissant

i Cards **to make the cards** battre les cartes ♦ **to make a trick** faire un pli ♦ **he made ten and lost three (tricks)** il a fait dix plis et en a perdu trois ♦ **to bid and make three hearts** (Bridge) demander et faire trois cœurs ♦ **he managed to make his queen of diamonds** il a réussi à faire un pli avec sa dame de carreau

j set structures

♦ **to make sb do sth** (= cause to) faire faire qch à qn ; (= force) obliger or forcer qn à faire qch, faire faire qch à qn ♦ **to make sb laugh** faire rire qn ♦ **what made you believe that ...?** qu'est-ce qui vous a fait croire que ... ? ♦ **the author makes him die in the last chapter** l'auteur le fait mourir au dernier chapitre ♦ **I was made to wait for an hour** on m'a fait attendre une heure ♦ **they made him tell them the password** ils l'ont obligé or forcé à leur dire le mot de passe BUT ◊ **I don't know what makes him do it** je ne sais pas ce qui le pousse à faire ça

♦ **to make sb sth** (= choose as) ♦ **to make sb king** mettre qn sur le trône ♦ **he made John his assistant** il a fait de John son assistant ♦ **he made her his wife** il l'a épousée ♦ **this actor makes the hero a tragic figure** cet acteur fait du héros un personnage tragique

♦ **to make of** ♦ **what did you make of the film?** que penses-tu de ce film ? ♦ **what do you make of him?** qu'est-ce que tu penses de lui ? ♦ **I don't know what to make of it all** je ne sais pas quoi penser de tout ça ♦ **I can't make anything of this letter, I can make nothing of this letter** je ne comprends rien à cette lettre

♦ **to make ...** + adjective ♦ **to make o.s. useful/ill** se rendre utile/malade ♦ **to make sb happy/unhappy** rendre qn heureux/malheureux ♦ **make yourself comfortable** mettez-vous à l'aise ;

| Look up other combinations, eg **to make sb thirsty**, **to make o.s. ridiculous**, at the adjective:

♦ **to make believe** (= pretend) faire semblant ; (= imagine) imaginer ♦ **he made believe he couldn't understand** il a fait semblant de ne pas comprendre ♦ **let's make believe we're on a desert island** imaginons que nous sommes sur une île déserte

♦ **to make do** (= manage) se débrouiller ♦ **I'll make do with what I've got** je vais me débrouiller avec ce que j'ai ♦ **she had to make do and mend for many years** elle a dû se débrouiller pendant des années avec ce qu'elle avait ♦ **he can't come, you'll have to make do with me** (= be satisfied) il ne peut pas venir, tu vas devoir te contenter de moi

♦ **to make it** (= come) venir ; (= arrive) arriver ; (= succeed) réussir, y parvenir, y arriver ♦ **sorry, I can't make it** désolé, je ne peux pas venir ♦ **he made it just in time** il est arrivé juste à temps ♦ **you've got the talent to make it** tu as tout pour réussir ♦ **he tried for months to get into the team and eventually made it** il a essayé pendant des mois d'intégrer l'équipe et a fini par y parvenir or y arriver BUT ◊ **can you make it by 3 o'clock?** est-ce que tu peux y être pour 3 heures ?

♦ **to make it with sb** (* = be accepted) être accepté par qn ; (⚹ = have sex with) s'envoyer⚹ or se taper⚹ qn ♦ **he'll never make it with them** * il ne réussira jamais à se faire accepter d'eux ♦ **they're making it (together)**⚹ ils couchent * ensemble

♦ **to make it** + time, date, amount ♦ **let's make it 5 o'clock/$30** si on disait 5 heures/30 dollars ? ♦ **I'm coming tomorrow – okay, can you make it the afternoon?** je viendrai demain — d'accord, mais est-ce que tu peux venir dans l'après-midi ?

2 INTRANSITIVE VERB

a = act

♦ **to make as if, to make like** * ♦ **he made as if to strike me** il fit mine de me frapper ♦ **she made as if to protest, then hesitated** elle parut sur le point de protester, puis hésita ♦ **he was making like he didn't have any money** il faisait mine de ne pas avoir d'argent

b tide, flood monter

3 NOUN

a Comm (= brand) marque f ; (= manufacture) fabrication f ♦ **it's a good make** c'est une bonne marque ♦ **the cars were mainly of French make** les voitures étaient pour la plupart de fabrication française ♦ **what make of car do you drive?** qu'est-ce que vous avez comme (marque de) voiture ? BUT ◊ **these are our own make** (industrial products) ceux-là sont fabriqués par nous ; (confectionery, food) ceux-là sont faits maison ◊ **it's my own make** je l'ai fait moi-même

b **to be on the make** (*: pej) [person] (= trying to make money) chercher à se remplir les poches ; (= trying to get power) avoir une ambition dévorante ; (US) [person, thing] (= to be successful) avoir du succès ; [tide] (= to be rising) monter ♦ **some politicians are on the make** certains hommes politiques cherchent à se remplir les poches ♦ **a brilliant young man on the make** un jeune homme brillant à l'ambition dévorante ♦ **it's on the make** ça a du succès ♦ **the tide is on the make** la marée monte

4 COMPOUNDS

▷ **make-believe** n to play at make-believe jouer à faire semblant ♦ **the land of make-believe** le pays des chimères ♦ **theatre is a world of make-believe** le théâtre est un monde d'illusions ◊ adj **his story is pure make-believe** son histoire est de l'invention pure or (de la) pure fantaisie ♦ **they were on a make-believe island** ils faisaient semblant d'être sur une île ♦ **the child made a make-believe boat out of the chair** l'enfant faisait de la chaise un bateau imaginaire
▷ **make-or-break** * adj décisif (for sb/sth pour qn/qch) ▷ **make-up** n → **make-up**

5 PHRASAL VERBS

▶ **make after** vt fus se lancer à la poursuite de ♦ **they made after him** ils se sont lancés à sa poursuite

▶ **make at** vt fus se jeter sur ♦ **he made at me with a knife** il s'est jeté sur moi avec un couteau

▶ **make away** vi ⇒ **make off**

▶ **make away with** vt fus (= murder) supprimer ♦ **to make away with o.s.** se supprimer

▶ **make for** vt fus **a** (= go to) **where are you making for?** où allez-vous ? ♦ **he made for the door** il se dirigea vers la porte ♦ **the ship is making for Cyprus** le navire fait route vers Chypre ♦ **to make for home** rentrer (chez soi)
b (= produce) produire ; (= contribute to) contribuer à ♦ **controversy makes for eye-catching headlines** toute controverse produit de gros titres accrocheurs ♦ **a good education system makes for a successful economy** un bon système éducatif contribue à la prospérité de l'économie ♦ **happy parents make for a happy child** quand les parents sont heureux, l'enfant l'est aussi, à parents heureux, enfant heureux

▶ **make off** vi se tirer * ♦ **to make off with sth** se tirer * avec qch

▶ **make out** **1** vi **a** (* = manage) se débrouiller ♦ **they're making it fairly well** ils se débrouillent assez bien ♦ **how are you making out?** comment ça marche ?, comment te débrouilles-tu ? ♦ **how are you making out with your research?** comment avancent tes recherches ? ♦ **the firm is making out all right** l'entreprise marche bien
b (US ⚹ = have sex) s'envoyer en l'air⚹ ♦ **to make out with sb** s'envoyer⚹ qn

2 vt sep **a** (= draw up, write) [+ list, bill] faire, dresser ; [+ cheque] libeller ; [+ will] faire, rédiger ♦ **cheques made out to ...** chèques mpl libellés à l'ordre ou au nom de ... ♦ **who shall I make it out to?** je le fais à l'ordre de qui ?, c'est à quel ordre ?
b (= put forward) **he made out a good case for not doing it** il a présenté de bons arguments pour ne pas le faire
c (= see, distinguish) [+ object, person] discerner, distinguer ; (= hear) distinguer, comprendre ; (= understand) comprendre ; (= decipher) [+ handwriting] déchiffrer ♦ **I could just make out three figures in the distance** j'arrivais tout juste à discerner ou distinguer trois silhouettes au loin ♦ **I can't make it out at all** je n'y comprends rien ♦ **how do you make that out?** qu'est-ce qui vous fait penser cela ? ♦ **I can't make out what he wants/why he is here** je n'arrive pas à comprendre ce qu'il veut/pourquoi il est ici
d (= claim, pretend) prétendre (that que) ; (= portray as) présenter comme ♦ **he's not as stupid as he makes out** il n'est pas aussi stupide qu'il le prétend ♦ **he isn't as rich as people make out** il n'est pas aussi riche que les gens le prétendent ♦ **the programme made her out to be naïve** l'émission la présentait comme une femme naïve ♦ **the biography makes her out to be ruthless** cette biographie la décrit comme une femme impitoyable ♦ **they made him out to be a fool**

ils disaient que c'était un imbécile ◆ **he made out that he was a doctor** il se faisait passer pour (un) médecin ◆ **he made out to be looking for a pen** il a fait semblant de chercher un stylo

▶ **make over** vt sep **a** (= assign) [+ money, land] céder, transférer (*to* à)

b (= remake) [+ garment, story] reprendre ; (= convert) [+ building] convertir ◆ **she made the jacket over to fit her son** elle a repris la veste pour (qu'elle aille à) son fils

▶ **make up** ⟦1⟧ vi **a** (= become friends again) se réconcilier, se rabibocher *

b (= apply cosmetics) se maquiller ; (Theat) se maquiller, (heavily) se grimer

⟦2⟧ vt sep **a** (= invent) [+ story, excuse, explanation] inventer, fabriquer ◆ **you're making it up!** tu l'inventes (de toutes pièces) !

b (= put together) [+ packet, parcel] faire ; [+ dish, medicine, solution] préparer ; [+ garment] assembler ; [+ list] faire, dresser ◆ **to make sth up into a bundle** faire un paquet de qch ◆ **to make up a book** (Typ) mettre un livre en pages ◆ **to make up a prescription** (Pharm) exécuter or préparer une ordonnance ◆ **she made up a bed for him on the sofa** elle lui a fait or préparé un lit sur le canapé ◆ **have you made up the beds?** as-tu fait les lits ? ◆ **customers' accounts are made up monthly** les relevés de compte des clients sont établis chaque mois ◆ **they sell material and also make up clothes** ils vendent du tissu et font aussi des vêtements ◆ **"customers' own material made up"** "travail à façon"

c (= counterbalance, replace) [+ loss, deficit] combler, compenser ; [+ sum of money, numbers, quantity, total] compléter ◆ **to make up the difference** mettre la différence ◆ **they made up the number with five amateurs** ils ont complété l'équipe en faisant appel à cinq amateurs ◆ **he made it up to $100** il a complété les 100 dollars ◆ **to make up lost time** rattraper le temps perdu ◆ **you'll have to make the time up** il faudra que vous rattrapiez vos heures de travail ◆ **to make up lost ground** regagner le terrain perdu ◆ **to make up ground on sb** gagner du terrain sur qn

d (= repay) **to make sth up to sb, to make it up to sb for sth** revaloir qch à qn ◆ **I'll make it up to you I promise** je te revaudrai ça, je te le promets ◆ **I must make it up to him for my stupid mistake** je dois me faire pardonner auprès de lui pour mon erreur stupide

e (= settle) [+ dispute] mettre fin à ; [+ differences] régler ◆ **to make up one's quarrel, to make it up** se réconcilier, se rabibocher * ◆ **let's make it up** faisons la paix

f (= apply cosmetics to) [+ person] maquiller ; (Theat) maquiller, (heavily) grimer ◆ **to make o.s. up, to make one's face up** se maquiller ; (Theat) se maquiller, (heavily) se grimer ◆ **she was making up her eyes** elle se maquillait les yeux

g (= compose, form) composer, constituer ; (= represent) constituer, représenter ◆ **the group was made up of six teachers** le groupe était composé or constitué de six professeurs ◆ **how many people make up the team?** combien y a-t-il de personnes dans l'équipe ? ◆ **they make up 6% of ...** ils représentent or constituent 6 % de ...

▶ **make up for** vt fus compenser ◆ **he has made up for last year's losses** il a comblé les pertes de l'année dernière ◆ **money can't make up for what we've suffered** l'argent ne peut compenser ce que nous avons souffert ◆ **he tried to make up for all the trouble he'd caused** il essaya de se faire pardonner les ennuis qu'il avait causés ◆ **he made up for all the mistakes he'd made** il s'est rattrapé pour toutes les erreurs qu'il avait commises ◆ **she said that nothing could make up for her husband's death** elle dit que rien ne la consolerait de la mort de son mari ◆ **to make up for lost time** rattraper le temps perdu

▶ **make up on** vt fus (= catch up with) rattraper

▶ **make up to** * vt fus (= curry favour with) passer de la pommade * à qn

makefast ['meɪkfɑːst] n (US) point m d'amarre

makeover ['meɪkəʊvəʳ] n (lit, fig) changement m de look *

Maker ['meɪkəʳ] n (Rel) ◆ **our Maker** le Créateur ◆ **he's gone to meet his Maker** (hum) il est allé ad patres (hum)

-maker ['meɪkəʳ] n (in compounds) **a** (= manufacturer: gen) fabricant(e) m(f) de ... ◆ **tyre/furniture-maker** fabricant m de pneus/de meubles ◆ **film-maker** cinéaste mf ; see also **watchmaker**

b (= machine) **coffee-maker** cafetière f électrique ◆ **yoghurt-maker** yaourtière f

makeshift ['meɪkʃɪft] → SYN ⟦1⟧ n expédient m, moyen m de fortune
⟦2⟧ adj de fortune

make-up ['meɪkʌp] → SYN ⟦1⟧ n **a** (NonC = nature) [of object, group etc] constitution f ; [of person] tempérament m, caractère m

b (NonC = cosmetics) maquillage m ◆ **she wears too much make-up** elle se maquille trop, elle est trop maquillée

c (US Scol etc: *) examen m de rattrapage

⟦2⟧ COMP ▷ **make-up artist** n maquilleur m, -euse f ▷ **make-up bag** n trousse f de maquillage ▷ **make-up base** n base f (de maquillage) ▷ **make-up case** n nécessaire m or boîte f de maquillage ▷ **make-up class** n (US Scol) cours m de rattrapage ▷ **make-up girl** n maquilleuse f ▷ **make-up man** n, pl **make-up men** maquilleur m ▷ **make-up remover** n démaquillant m

makeweight ['meɪkweɪt] n **a** (lit) (= weight, object) tare f

b (fig = person) bouche-trou m

making ['meɪkɪŋ] ⟦1⟧ n **a** (NonC) (Comm, gen) fabrication f ; [of dress] façon f, confection f ; [of machines] fabrication f, construction f ; [of food] (Ind: by machine) fabrication f ◆ **rennet is used in the making of cheese** on utilise la présure dans la fabrication du fromage ◆ **bread-/cheese-/wine-** etc **making** fabrication f du pain/du fromage/du vin etc ◆ **she does her own wine-making** elle fait son vin elle-même ◆ **all his troubles are of his own making** tous ses ennuis sont de sa faute ◆ **decision-making** prise f de décisions ◆ **he wrote a book on the making of the film** il a écrit un livre sur la genèse de ce film

◆ **in the making** ◆ **the film was three months in the making** il a fallu trois mois pour faire ce film ◆ **a new system/society is in the making** un nouveau système/une nouvelle société est en train de se créer ◆ **a compromise may be in the making** il se peut que l'on soit sur le point d'arriver à un compromis ◆ **a genius/star in the making** un génie/une star en herbe ◆ **a dictator/criminal in the making** de la graine de dictateur/criminel ◆ **it's a disaster in the making** ça risque de tourner au désastre ◆ **it's history in the making** c'est l'histoire en train de se faire ◆ **it's still in the making** product, film c'est encore en chantier

b (= forming) **it was the making of him** (gen) c'est ce qui a formé son caractère ; (= made him successful) son succès est parti de là

⟦2⟧ **makings** npl éléments mpl essentiels ◆ **he has the makings of a footballer** il a l'étoffe d'un footballeur ◆ **the situation has the makings of a civil war** cette situation laisse présager une guerre civile ◆ **we have all the makings of a great movie** il y a tous les ingrédients pour faire un grand film

malabsorption [ˌmæləbˈsɔːpʃən] n (Med) malabsorption f

malacca [məˈlækə] n (also **malacca cane**) (= stem) malacca m ; (= stick) canne f en malacca

Malachi [ˈmæləkaɪ] n Malachie m

malachite [ˈmæləkaɪt] n malachite f

malacology [ˌmæləˈkɒlədʒɪ] n malacologie f

maladjusted [ˌmæləˈdʒʌstɪd] → SYN adj **a** (Psych) inadapté

b (Tech) mal ajusté, mal réglé

maladjustment [ˌmæləˈdʒʌstmənt] n **a** (Psych) inadaptation f

b (Tech) mauvais ajustement m

maladministration [ˌmælədˌmɪnɪsˈtreɪʃən] → SYN n mauvaise gestion f

maladroit [ˌmæləˈdrɔɪt] adj (frm) inhabile, maladroit

maladroitly [ˌmæləˈdrɔɪtlɪ] adv (frm) maladroitement

maladroitness [ˌmæləˈdrɔɪtnɪs] n (frm) maladresse f

malady [ˈmælədɪ] → SYN n (frm) maladie f, mal m

Malagasy [ˌmæləˈɡɑːzɪ] ⟦1⟧ n **a** Malgache mf
b (Ling) malgache m
⟦2⟧ adj (Hist) malgache ◆ **the Malagasy Republic** la République malgache

malaise [mæˈleɪz] n (frm) malaise m

malanders [ˈmæləndəz] n (NonC: Vet) malandre f

malapropism [ˈmæləprɒpɪzəm] n impropriété f (de langage)

malapropos [ˌmæləprəˈpəʊ] adj déplacé

malar [ˈmeɪləʳ] adj malaire

malaria [məˈlɛərɪə] n paludisme m, malaria f

malarial [məˈlɛərɪəl] adj parasite du paludisme ; mosquito porteur de paludisme ; region impaludé ◆ **malarial fever** paludisme m, malaria f

malark(e)y * [məˈlɑːkɪ] n (NonC) âneries fpl

Malawi [məˈlɑːwɪ] n le Malawi

Malawian [məˈlɑːwɪən] ⟦1⟧ n Malawien(ne) m(f)
⟦2⟧ adj malawien

Malay [məˈleɪ] ⟦1⟧ adj language, community, culture malais ◆ **the Malay mainland** la Malaisie continentale
⟦2⟧ n **a** (= person) Malais(e) m(f)
b (Ling) malais m
⟦3⟧ COMP ▷ **the Malay Archipelago** n l'archipel m malais ▷ **the Malay Peninsula** n la péninsule malaise ▷ **Malay States** (Hist) États mpl malais

Malaya [məˈleɪə] n la Malaisie occidentale

Malayalam [ˌmælɪˈɑːləm] n malayalam m

Malayan [məˈleɪən] ⇒ **Malay**

Malayo-Polynesian [məˈleɪəʊ] adj malayo-polynésien

Malaysia [məˈleɪzɪə] n la Malaisie, la Malaysia

Malaysian [məˈleɪzɪən] ⟦1⟧ adj malais
⟦2⟧ n Malais(e) m(f)

malcontent [ˈmælkənˌtent] → SYN adj, n mécontent(e) m(f)

Maldives [ˈmɔːldaɪvz] npl Maldives fpl

male [meɪl] → SYN ⟦1⟧ adj (Anat, Bio, Tech etc) mâle ; (fig = manly) mâle, viril (virile f) ◆ **male child** enfant m mâle ◆ **the male sex** le sexe masculin ; → **chauvinist, menopause, model**
⟦2⟧ n (= animal) mâle m ; (= man) homme m
⟦3⟧ COMP ▷ **male bonding** n fraternisation f masculine ▷ **male-dominated** adj dominé par les hommes ▷ **male-voice choir** n chœur m d'hommes, chœur m de voix mâles

maleate [ˈmælɪeɪt] n (Chem) maléate m

malediction [ˌmælɪˈdɪkʃən] n malédiction f

malefactor [ˈmælɪfæktəʳ] → SYN n malfaiteur m, -trice f

maleficence [mæˈlefɪsəns] n malfaisance f

maleficent [mæˈlefɪsənt] adj malfaisant

maleic [məˈleɪɪk] adj (Chem) ◆ **maleic acid** acide m maléique

maleness [ˈmeɪlnɪs] n (= being male) fait m d'être mâle ; (= masculinity) masculinité f

malevolence [məˈlevələns] → SYN n malveillance f (*towards* envers)

malevolent [məˈlevələnt] → SYN adj malveillant

malevolently [məˈlevələntlɪ] adv avec malveillance

malformation [ˌmælfɔːˈmeɪʃən] → SYN n malformation f, difformité f

malformed [ˌmælˈfɔːmd] adj baby malformé ◆ **to have a malformed heart/foot** avoir une malformation cardiaque/du pied

malfunction [ˌmælˈfʌŋkʃən] → SYN ⟦1⟧ n mauvais fonctionnement m, défaillance f
⟦2⟧ vi mal fonctionner

Mali [ˈmɑːlɪ] n le Mali

Malian [ˈmɑːlɪən] ⟦1⟧ n Malien(ne) m(f)
⟦2⟧ adj malien

malic ['mælɪk] adj (Chem) ◆ **malic acid** acide m malique

malice ['mælɪs] n méchanceté f, malice † f; (stronger) malveillance f ◆ **to bear sb malice** vouloir du mal à qn ◆ **with malice aforethought** (Jur) avec préméditation, avec intention criminelle or délictueuse

malicious [məˈlɪʃəs] → SYN [1] adj person méchant; talk, rumour, attack, phone call malveillant; smile mauvais ◆ **malicious gossip** médisances fpl ◆ **with malicious intent** avec l'intention de nuire
[2] COMP ◆ **malicious falsehood** n (Jur) diffamation f ▷ **malicious wounding** n (Jur) ≈ coups mpl et blessures fpl volontaires

maliciously [məˈlɪʃəslɪ] adv say, smile méchamment; (stronger) avec malveillance; (Jur) avec préméditation, avec intention criminelle

malign [məˈlaɪn] → SYN [1] adj pernicieux
[2] vt calomnier, diffamer ◆ **you malign me** vous me calomniez

malignancy [məˈlɪɡnənsɪ] n [a] malveillance f, malfaisance f
[b] (Med) malignité f

malignant [məˈlɪɡnənt] → SYN adj [a] (= malevolent) influence, effect nocif; plot, look, person malveillant
[b] (Med) malin (-igne f)

malignantly [məˈlɪɡnəntlɪ] adv speak, say avec malveillance

malignity [məˈlɪɡnɪtɪ] n ⇒ **malignancy**

malignly [məˈlaɪnlɪ] adv pernicieusement

malinger [məˈlɪŋɡəʳ] vi faire le (or la) malade

malingerer [məˈlɪŋɡərəʳ] n faux malade m, fausse malade f; (Admin, Mil etc) simulateur m, -trice f ◆ **he's a malingerer** il se fait passer pour malade

mall [mɔːl, (US) mæl] n [a] (gen) allée f, mail m
[b] (US = pedestrianized street) rue f piétonnière; (also **shopping mall**) centre m commercial

mallard ['mæləd] n, pl **mallard(s)** (also **mallard duck**) colvert m

malleability [ˌmælɪəˈbɪlɪtɪ] n malléabilité f

malleable ['mælɪəbl] adj [a] (lit) material malléable
[b] (fig) person malléable, influençable

malleolus [məˈliːələs] n, pl **malleoli** [məˈliːəˌlaɪ] (Anat) malléole f

mallet ['mælɪt] n maillet m

malleus ['mælɪəs] n, pl **mallei** ['mælɪˌaɪ] marteau m

Mallorca [məˈljɔːkə] n (Geog) Majorque f

mallow ['mæləʊ] n (Bot) mauve f; → **marshmallow**

malmsey ['mɑːmzɪ] n (Culin) malvoisie f

malnourished [ˌmælˈnʌrɪʃt] adj person qui souffre de malnutrition

malnutrition [ˌmælnjuːˈtrɪʃən] n malnutrition f

malodorous [mælˈəʊdərəs] adj (liter) malodorant

malposition [ˌmælpəˈzɪʃən] n malposition f

malpractice [ˌmælˈpræktɪs] → SYN [1] n (= wrongdoing) faute f professionnelle; (= neglect of duty) négligence f or incurie f professionnelle
[2] COMP ▷ **malpractice suit** n (US Jur) procès m pour faute professionnelle ◆ **to bring a malpractice suit against sb** poursuivre qn pour faute professionnelle

malt [mɔːlt] [1] n malt m
[2] vt malter
[3] COMP vinegar de malt ▷ **malt extract** n extrait m de malt ▷ **malt liquor** n (US) bière f ▷ **malt whisky** n (whisky m) pur malt m

Malta ['mɔːltə] n (island) Malte f; (state) Malte m ◆ **in Malta** à Malte

maltase ['mɔːlteɪz] n maltase f

malted ['mɔːltɪd] [1] adj malté
[2] COMP ▷ **malted barley** n orge f maltée ▷ **malted milk** n lait m malté

Maltese [ˌmɔːlˈtiːz] [1] adj maltais ◆ **Maltese cross** croix f de Malte ◆ **Maltese fever** fièvre f de Malte
[2] n [a] (pl inv) Maltais(e) m(f)
[b] (Ling) maltais m
[3] **the Maltese** npl les Maltais mpl

Malthus ['mælθəs] n Malthus m

Malthusian [mælˈθjuːzɪən] adj, n malthusien(ne) m(f)

Malthusianism [mælˈθjuːzɪəˌnɪzəm] n malthusianisme m

maltodextrin [ˌmɔːltəʊˈdekstrɪn] n (Chem) maltodextrine f

maltose ['mɔːltəʊz] n maltose m

maltreat [mælˈtriːt] → SYN vt maltraiter, malmener

maltreatment [ˌmælˈtriːtmənt] n mauvais traitement m

malty ['mɔːltɪ] adj smell, taste de malt

mam * [mæm] n (Brit dial) maman f ◆ **my mam** maman

mama [məˈmɑː] n (esp US) mère f, maman f ◆ **he's a mam(m)a's boy** (pej) c'est un fils à sa mère (pej)

mamba ['mæmbə] n (Zool) mamba m ◆ **black/green mamba** mamba m noir/vert

mambo ['mæmbəʊ] n, pl **mambos** mambo m

mamma [məˈmɑː] n ⇒ **mama**

mammal ['mæməl] n mammifère m

mammalian [mæˈmeɪlɪən] adj mammalien

mammalogy [mæˈmælədʒɪ] n mammalogie f

mammary ['mæmərɪ] [1] adj mammaire
[2] COMP ▷ **mammary gland** n glande f mammaire

mammogram ['mæməɡræm] n (Med) mammographie f

mammography [mæˈmɒɡrəfɪ] n mammographie f

Mammon ['mæmən] n le dieu Argent, Mammon m

mammoth ['mæməθ] → SYN [1] n mammouth m
[2] adj colossal

mammy ['mæmɪ] n [a] * maman f
[b] (US = Black nurse) nourrice f noire

man [mæn] → SYN [1] n, pl **men** [a] (gen) homme m; (= servant) domestique m; (in factory etc) ouvrier m; (in office, shop etc) employé m; (Sport = player) joueur m, équipier m; (= husband) homme m ◆ **men and women** les hommes mpl et les femmes fpl ◆ **he's a nice man** c'est un homme sympathique ◆ **an old man** un vieil homme, un vieillard ◆ **a blind man** un aveugle ◆ **a medical man** un docteur ◆ **a man of God** un homme de Dieu ◆ **I don't like the man** je n'aime pas cet homme or ce type ◆ **the man's an idiot** c'est un imbécile ◆ **that man Smith** ce (type *) Smith ◆ **the man Jones** † le dénommé or le nommé Jones ◆ **the man in the moon** le visage que l'on peut imaginer en regardant la lune ◆ **as one man** (= in unison) comme un seul homme ◆ **as one man to another** d'homme à homme ◆ **they're communists to a man or to the last man** ils sont tous communistes sans exception ◆ **they perished to a man** pas un seul d'entre eux n'a survécu ◆ **he's been with this firm man and boy for 30 years** cela fait 30 ans qu'il est entré tout jeune encore dans la maison ◆ **the employers and the men** les patrons mpl et les ouvriers mpl ◆ **man and wife** mari m et femme f ◆ **to live as man and wife** vivre maritalement ◆ **my old man** * son homme * ◆ **my old man** * (= father) mon paternel *; (= husband) mon homme * ◆ **her young man** † * son amoureux †, son futur (hum) ◆ **it will make a man of him** cela fera de lui un homme ◆ **be a man!** sois un homme! ◆ **he took it like a man** il a pris ça vaillamment ◆ **he was man enough to apologize** il a eu le courage de s'excuser ◆ **he's his own man again** (= not subordinate to anyone) il est redevenu son propre maître; (= in control of his emotions etc) il est de nouveau maître de lui; → **best, estate, jack**
[b] (Mil) homme m (de troupe), soldat m; (Naut) homme m (d'équipage), matelot m ◆ **officers and men** (Aviat, Mil) officiers mpl et soldats mpl, officiers mpl et hommes mpl de troupe; (Naut) officiers mpl et matelots mpl ◆ **the corporal and his men** le caporal et ses hommes ◆ **they fought to the last man** ils se sont battus jusqu'au dernier
[c] (= sort, type) **I'm not a drinking man** je ne bois pas (beaucoup) ◆ **I'm not a gambling man** je ne suis pas joueur ◆ **he's not a football man** ce n'est pas un amateur de football ◆ **I'm a whisky man myself** personnellement, je préfère le whisky ◆ **a leg/tit ⁕/bum ⁑ man** un homme attiré par les belles jambes/les beaux nichons ⁑/les belles fesses ◆ **he's a man's man** c'est un homme qui est plus à l'aise avec les hommes ◆ **he's a Leeds man** (= native) il est or vient de Leeds; (= football supporter) c'est un supporter de Leeds ◆ **he's not the man to fail** il n'est pas homme à échouer ◆ **he's not the man for that** il n'est pas fait pour cela ◆ **he's the man for the job** c'est l'homme qu'il nous (or leur etc) faut ◆ **if you're looking for someone to help you, then I'm your man** si vous cherchez quelqu'un pour vous aider, je suis votre homme ◆ **the man in the street** l'homme m de la rue, Monsieur Tout-le-monde ◆ **a man of the world** un homme d'expérience ◆ **a man about town** un homme du monde ◆ **the man of the hour** or **the moment** le héros du jour, l'homme m du moment; → **destiny, idea, lady, letter, local, property**
[d] (in compounds) **the ice-cream man** le marchand de glaces ◆ **the TV man** l'installateur m (or le dépanneur) de télé ◆ **the gas man** l'employé m du gaz ◆ **it's the green/red man** (Brit Aut) le feu pour les piétons est au vert/au rouge; → **repair¹**
[e] (= humanity in general) **Man** l'homme m ◆ **that's no use or good to man (n)or beast** cela ne sert strictement à rien ◆ (Prov) **Man proposes, God disposes** l'homme propose et Dieu dispose (Prov)
[f] (= person) homme m ◆ **all men must die** tous les hommes sont mortels, nous sommes tous mortels ◆ **men say that...** on dit que..., certains disent que... ◆ **any man would have done the same** n'importe qui aurait fait de même ◆ **no man could blame him** personne ne pouvait le lui reprocher ◆ **what else could a man do?** qu'est-ce qu'on aurait pu faire d'autre?
[g] (in direct address) **hurry up, man!** * dépêchez-vous!, magnez-vous donc! *; (to friend etc) magne-toi, mon vieux! * ◆ **man** *, **was I terrified!** quelle frousse * j'ai eue! ◆ **look here young man!** dites donc, jeune homme! ◆ **(my) little man!** mon grand! ◆ **old man** † * mon vieux * ◆ **my (good) man** † mon brave † ◆ **good man!** bravo!
[h] (Chess) pièce f; (Draughts) pion m
[i] (US) **the Man** ⁑ (= white man) le blanc; (= boss) le patron; (= police) les flics * mpl
[2] vt [a] (= provide staff for) assurer une permanence à; (= work at) être de service à ◆ **they haven't enough staff to man the office every day** ils n'ont pas assez de personnel pour assurer une permanence au bureau tous les jours ◆ **who will man the enquiry desk?** qui sera de service au bureau des renseignements? ◆ **the telephone is manned twelve hours per day** il y a une permanence téléphonique douze heures par jour
[b] (Mil) **to man a ship** équiper un navire en personnel ◆ **the ship was manned mainly by Chinese** l'équipage était composé principalement de Chinois ◆ **the troops who manned the look-out posts** les troupes qui tenaient les postes d'observation ◆ **the soldiers manning the fortress** les soldats qui étaient en garnison dans la forteresse ◆ **to man the boats** (Naut) armer les bateaux ◆ **to man the guns** (Mil) servir les canons ◆ **to man the pumps** armer les pompes; see also **manned**
[3] COMP ▷ **man-at-arms** n, pl **men-at-arms** homme m d'armes, cuirassier m ▷ **man-child** n (liter) enfant m mâle ▷ **man-day** n (Comm, Ind etc) jour-homme m, jour m de travail ▷ **man-eater** n (= animal) mangeur m d'hommes; (= cannibal) cannibale m, anthropophage m; (fig hum = woman) dévoreuse f d'hommes, mante f religieuse ▷ **man-eating** adj animal mangeur d'hommes; tribe etc anthropophage ▷ **man Friday** n (in Robinson Crusoe) Vendredi m; (fig) (= retainer) fidèle serviteur m; (= assistant) aide m de bureau ▷ **man-hater** n **to be a man-hater** [woman] avoir les hommes en horreur ▷ **man-hour** n (Comm, Ind etc) heure-homme f, heure f de travail ▷ **man-made** → SYN adj fibre, fabric synthétique; lake, barrier artificiel ▷ **man management** n **he's not very good at man management** il ne sait pas très bien

manacle / manhood

diriger une équipe ◆ **man management is an important skill** il faut savoir bien diriger une équipe ▷ **man-of-war, man-o'-war** n, pl **men-of-war** (Naut) vaisseau m or navire m or bâtiment m de guerre ; → **Portuguese** ▷ **man orchid** n (Bot) acéras f homme-pendu ; ▷ **man-sized** a adj (fig) grand, de taille, de grande personne * ▷ **man-to-man** adj, adv d'homme à homme ▷ **man-to-man marking** n (Brit Ftbl) marquage m individuel

manacle ['mænəkl] → SYN 1 n (gen pl) menottes fpl

2 vt mettre les menottes à ◆ **manacled** les menottes aux poignets

manage ['mænɪdʒ] LANGUAGE IN USE 15.4, 16.4 → SYN

1 vt a (= direct) [+ business, estate, theatre, restaurant, hotel, shop, time, capital] gérer ; [+ institution, organization] administrer, diriger ; [+ football team, boxer etc] être le manager de ; [+ actor, singer etc] être le manager or l'imprésario de ; [+ farm] exploiter

b (= handle, deal with) [+ boat, vehicle] manœuvrer, manier ; [+ animal, person] savoir s'y prendre avec ◆ **you managed the situation very well** tu as très bien géré la situation

c (= succeed, contrive) **to manage to do sth** réussir or arriver à faire qch ◆ **how did you manage to do it?** comment as-tu réussi à le faire ?, comment y es-tu arrivé ? ◆ **how did you manage not to spill it?** comment as-tu fait pour ne pas le renverser ? ◆ **he managed not to get his feet wet** il a réussi à ne pas se mouiller les pieds ◆ **he managed to annoy everybody** (iro) il a trouvé le moyen de mécontenter tout le monde ◆ **you'll manage it next time!** tu réussiras or tu y arriveras la prochaine fois ! ◆ **will you come? – I can't manage (it) just now** tu viendras ? – je ne peux pas pour l'instant

d (= manage to do, pay, eat etc) **how much will you give? – I can manage 50 francs** combien allez-vous donner ? – je peux aller jusqu'à 50 F or je peux mettre 50 F ◆ **surely you could manage another biscuit?** tu mangeras bien encore un autre biscuit ? ◆ **I couldn't manage another thing!** * je n'en peux plus ! ◆ **can you manage the suitcases?** pouvez-vous porter les valises ? ◆ **can you manage 8 o'clock?** 8 heures, ça vous convient ? ◆ **can you manage two more in the car?** peux-tu encore en prendre deux or as-tu de la place pour deux de plus dans la voiture ? ◆ **I managed a smile/a few words of greeting** etc j'ai quand même réussi à sourire/à dire quelques mots de bienvenue etc

2 vi (= succeed, get by) se débrouiller ◆ **can you manage?** tu y arrives or arriveras ? ◆ **thanks, I can manage** merci, ça va ◆ **I can manage without him** je peux me débrouiller sans lui ◆ **she manages on her pension/on £60 a week** elle se débrouille avec seulement sa retraite/avec seulement 60 livres par semaine ◆ **how will you manage?** comment allez-vous faire or vous débrouiller ?

3 COMP ▷ **managed competition** n (US Ind) concurrence f réglementée or encadrée ▷ **managed economy** n économie f dirigée ▷ **managed forests** npl forêts fpl gérées ▷ **managed funds** npl (Fin) fonds mpl gérés ▷ **managed trade** n (Ind) commerce m dirigé

manageability [ˌmænɪdʒə'bɪlɪtɪ] n maniabilité f ; [of hair] souplesse f, facilité f d'entretien ◆ **one of the advantages of the new system is its manageability** un des avantages du nouveau système, c'est qu'il est pratique

manageable ['mænɪdʒəbl] → SYN adj size, amount, number, proportions raisonnable ; problem soluble ; task faisable ; person souple ; child, animal docile ; hair facile à coiffer ; vehicle, boat maniable ◆ **the situation is manageable** la situation est gérable

management ['mænɪdʒmənt] → SYN 1 n a (NonC = managing) [of company, estate, theatre] gestion f ; [of institution, organization] administration f, direction f ; [of farm] exploitation f ◆ **his skilful management of his staff** l'habileté avec laquelle il dirige son personnel

b (= people in charge) [of business, hotel, theatre etc] direction f ◆ **by order of the management** par ordre de la direction ◆ **the management and the workers** la direction et les travailleurs ◆ **management and labour** or **unions** (Ind) les partenaires mpl sociaux ◆ **he's (one of the) management now** il fait partie des cadres (supérieurs) maintenant ◆ **"under new management"** "changement de propriétaire"

2 COMP ▷ **management accounting** n comptabilité f de gestion ▷ **management buyout** n rachat m d'une entreprise par ses cadres or sa direction ▷ **management chart** n organigramme m ▷ **management committee** n comité m de direction ▷ **management company** n société f de gestion ▷ **management consultancy** n (= business) cabinet m de conseil ; (= advice) conseil m en gestion d'entreprise ▷ **management consultant** n conseiller m en gestion (d'entreprise) ▷ **management information system** n système m intégré de gestion ▷ **management selection procedures** npl (procédure f de) sélection f des cadres ▷ **management studies** npl (Educ) (études fpl de) gestion f ▷ **management style** n mode m de gestion ▷ **management trainee** n cadre m stagiaire

manager ['mænɪdʒər] → SYN n [of company, business] directeur m, administrateur m ; [of theatre, cinema] directeur m ; [of restaurant, hotel, shop] gérant m ; [of farm] exploitant m ; [of actor, singer, boxer etc] manager m ; [of sports team] directeur m sportif ; (Fin) chef m de file ◆ **school manager** (Brit) ≃ membre m du conseil d'établissement ◆ **general manager** directeur m général ◆ **to be a good manager** être bon gestionnaire ; → **business, sale**

manageress [ˌmænɪdʒə'res] n [of hotel, café, shop] gérante f ; [of theatre, cinema] directrice f

managerial [ˌmænə'dʒɪərɪəl] adj responsibilities, staff d'encadrement ; job, position d'encadrement, de cadre ; (Ftbl) career de directeur sportif ◆ **the managerial class** les cadres mpl (supérieurs) ◆ **proven managerial skills** des compétences fpl confirmées en matière de gestion ◆ **his managerial style** son style de gestion ◆ **a managerial decision** une décision de la direction

managership ['mænɪdʒəʃɪp] n directorat m

managing ['mænɪdʒɪŋ] 1 adj (Brit = bossy) autoritaire

2 COMP ▷ **managing bank** n banque f chef de file ▷ **managing director** n (Brit) directeur m général, PDG m ▷ **managing editor** n directeur m de la rédaction

manatee [ˌmænə'tiː] n lamantin m

Manaus, Manáos [mə'naus] n (Geog) Manaus

Manchester terrier ['mæntʃɪstər] n (= dog) terrier m de Manchester

manchineel [ˌmæntʃɪ'niːl] n (also **manchineel tree**) mancenillier m

Manchu [mæn'tʃuː] 1 n a (= person) Mandchou(e) m(f)

b (Ling) mandchou m

2 adj mandchou

Manchuria [mæn'tʃʊərɪə] n la Mandchourie

Manchurian [mæn'tʃʊərɪən] 1 adj mandchou

2 n Mandchou(e) m(f)

Mancunian [mæn'kjuːnɪən] 1 n ◆ **he's a Mancunian** il est de Manchester

2 adj de Manchester

mandala ['mændələ] n mandala m

Mandarin ['mændərɪn] n (also **Mandarin Chinese**) Mandarin m

mandarin ['mændərɪn] n a (= person: lit, fig) mandarin m

b (also **mandarin orange**) mandarine f

c (also **mandarin duck**) canard m mandarin

mandate ['mændeɪt] → SYN 1 n a (= authority) mandat m ◆ **they have no mandate to govern** ils n'ont pas le mandat du peuple ◆ **with such a small majority, how can the government claim to have a mandate?** avec une majorité si infime, le gouvernement ne peut pas prétendre avoir reçu le mandat du peuple ◆ **the union has a mandate to ...** le syndicat est mandaté pour ... ◆ **the ICRC's mandate is to provide impartial assistance to victims of conflict** le CICR a pour mandat de fournir une assistance impartiale aux victimes de conflits

b (= country) pays m sous mandat ◆ **under French mandate** sous mandat français

2 vt a (= give authority to) donner mandat (sb to do sth à qn de faire qch)

b (US) (= make obligatory) rendre obligatoire ; (= entail) [act, decision] entraîner, comporter

c (= place under mandate) [+ territory] mettre sous le mandat (to de)

mandatory ['mændətərɪ] → SYN adj a (= obligatory) obligatoire (for sb/sth pour qn/qch) ◆ **to be mandatory (for sb) to do sth** être obligatoire (pour qn) de faire qch ◆ **the mandatory retirement age** l'âge m de la retraite obligatoire

b (Jur = not discretionary) life sentence, death penalty, ban, fine automatique

c (Pol) state, functions mandataire ◆ **to be a mandatory power** être une puissance mandataire ◆ **to have mandatory powers** avoir des pouvoirs conférés par mandat

mandible ['mændɪbl] n [of bird, insect] mandibule f ; [of mammal, fish] mâchoire f (inférieure)

mandolin(e) ['mændəlɪn] n mandoline f

mandolinist [ˌmændə'lɪnɪst] n mandoliniste mf

mandorla [mæn'dɔːlə] n mandorle f

mandrake ['mændreɪk], **mandragora** [mæn'drægərə] n mandragore f

mandrel ['mændrəl] n [of lathe] mandrin m

mandrill ['mændrɪl] n mandrill m

mane [meɪn] n (lit, fig) crinière f

manes ['mɑːneɪz] npl (Antiq) mânes mpl

maneuver etc [mə'nuːvər] (US) ⇒ **manoeuvre** etc

manful ['mænfʊl] → SYN adj attempt vaillant

manfully ['mænfʊlɪ] → SYN adv struggle, battle, cope vaillamment

manga ['mæŋgə] n, pl **manga** manga m

manganese [ˌmæŋgə'niːz] 1 n manganèse m

2 COMP ▷ **manganese bronze** n bronze m au manganèse ▷ **manganese oxide** n oxyde m de manganèse ▷ **manganese steel** n acier m au manganèse

manganic [mæŋ'gænɪk] adj manganique

manganous ['mæŋgənəs] adj manganeux

mange [meɪndʒ] n gale f

mangel(-wurzel) ['mæŋgl(ˌwɜːzl)] n betterave f fourragère

manger ['meɪndʒər] n (Agr) mangeoire f ; (Rel) crèche f ; → **dog**

mangetout ['mɒnʒ'tuː] n (pl inv; also **mangetout pea**) mange-tout m inv

manginess ['meɪndʒɪnɪs] n [of animal] aspect m galeux ; [of carpet] aspect m miteux

mangle¹ ['mæŋgl] 1 n (for wringing) essoreuse f à rouleaux ; (for smoothing) calandre f

2 vt essorer, calandrer

mangle² ['mæŋgl] → SYN vt (also **mangle up**) [+ object, body] déchirer, mutiler ; (fig) [+ text] mutiler ; [+ quotation] estropier ; [+ message] estropier, mutiler

mango ['mæŋgəʊ] 1 n, pl **mango(e)s** (= fruit) mangue f ; (= tree) manguier m

2 COMP ▷ **mango chutney** n condiment m à la mangue

mangold(-wurzel) ['mæŋgəld(ˌwɜːzl)] n ⇒ **mangel(-wurzel)**

mangosteen ['mæŋgəˌstiːn] n mangoustan m

mangrove ['mæŋgrəʊv] 1 n palétuvier m, manglier m

2 COMP ▷ **mangrove swamp** n mangrove f

mangy ['meɪndʒɪ] → SYN adj a (= diseased) animal galeux

b * (= shabby) coat, wig, rug, blanket miteux ◆ **what a mangy trick!** quel tour de cochon ! *

manhandle ['mænˌhændl] → SYN vt (= treat roughly) malmener ; (esp Brit) (= move by hand) [+ goods etc] manutentionner

Manhattan [mæn'hætən] n a (Geog) Manhattan

b (= drink) manhattan m (cocktail de whisky et de vermouth doux)

manhole ['mænhəʊl] 1 n bouche f d'égout

2 COMP ▷ **manhole cover** n plaque f d'égout

manhood ['mænhʊd] → SYN n a (= age, state) âge m d'homme, âge m viril ◆ **to reach manhood** atteindre l'âge d'homme ◆ **during his early manhood** quand il était jeune homme

b (= manliness) virilité f ♦ **a threat to his manhood** une menace pour sa virilité
c (= men collectively) hommes mpl
d (euph = penis) membre m viril

manhunt ['mænhʌnt] n chasse f à l'homme

mania ['meɪnɪə] → SYN n (Psych, fig) manie f ♦ **persecution mania** manie f or folie f de la persécution ♦ **to have a mania for (doing) sth** avoir la manie de (faire) qch

...mania [meɪnɪə] suf ...manie f

maniac ['meɪnɪæk] → SYN **1** n (Psych) maniaque mf; * fou m, folle f; (Jur) dément(e) m(f) ♦ **a self-confessed golf maniac** * un mordu du golf, de son propre aveu ♦ **he drives like a maniac** * il conduit comme un fou ♦ **he's a maniac!** * il est fou à lier!, il est bon à enfermer!
2 adj (Psych) maniaque; * fou (folle f); (Jur) dément

maniacal [məˈnaɪəkəl] adj person maniaque; laughter hystérique; expression, eyes de fou (folle f)

maniacally [məˈnaɪəkəlɪ] adv grin comme un(e) dément(e) ♦ **he laughed maniacally** il a ri d'un rire hystérique

manic ['mænɪk] **1** adj (Psych) person maniaque; (fig) person survolté *; activity, energy frénétique; grin, smile de dément(e); laughter hystérique
2 COMP ▷ **manic depression** n psychose f maniacodépressive, cyclothymie f ▷ **manic-depressive** adj, n maniacodépressif m, -ive f, cyclothymique mf

Manich(a)ean [ˌmænɪˈkiːən] adj, n manichéen(ne) m(f) ♦ **the Manich(a)ean heresy** l'hérésie f manichéenne

Manich(a)eism ['mænɪkiːɪzəm] n (Hist, fig) manichéisme m

manicure ['mænɪkjʊər] **1** n (= act) soin m des mains, manucure f ♦ **to have a manicure** se faire faire les mains, se faire manucurer ♦ **to give sb a manicure** faire les mains à qn, manucurer qn
2 vt [+ person] faire les mains à, manucurer; [+ sb's nails] faire ♦ **to manicure one's nails** se faire les ongles
3 COMP ▷ **manicure case** n trousse f à ongles or de manucure ▷ **manicure scissors** npl ciseaux mpl de manucure or à ongles ▷ **manicure set** n ⇒ **manicure case**

manicured ['mænɪkjʊəd] adj nails, hands manucuré; person aux mains manucurées; (fig) lawn, garden impeccable

manicurist ['mænɪkjʊərɪst] n manucure mf

manifest ['mænɪfest] → SYN **1** adj manifeste
2 vt manifester ♦ **a problem manifested itself** un problème s'est présenté
3 n (Aviat, Naut) manifeste m
4 COMP ▷ **Manifest Destiny** n (US Hist) destinée f manifeste

---

MANIFEST DESTINY

Au 19e siècle, les Américains estimaient que les États-Unis avaient pour "destinée manifeste", voulue par Dieu, d'étendre leur territoire et leur influence à travers le continent nord-américain. Ce principe a servi à justifier l'avance des colons vers le Mexique ainsi que la guerre hispano-américaine de 1898, à l'issue de laquelle les États-Unis ont annexé Porto Rico et les Philippines. Rarement évoqué aujourd'hui, ce sentiment demeure sous-jacent chez beaucoup d'Américains qui trouvent naturelle la suprématie de leur pays en Amérique et sur le pourtour de l'océan Pacifique.

---

manifestation [ˌmænɪfesˈteɪʃən] → SYN n manifestation f

manifestly ['mænɪfestlɪ] adv (frm) manifestement

manifesto [ˌmænɪˈfestəʊ] n, pl **manifesto(e)s** (Pol etc) manifeste m

manifold ['mænɪfəʊld] → SYN **1** adj (frm) difficulties, benefits multiple; effects divers; shortcomings, duties nombreux; collection divers, varié ♦ **in manifold forms** sous diverses formes ♦ **manifold wisdom** sagesse f infinie

2 n (Aut etc) ♦ **inlet/exhaust manifold** collecteur m or tubulure f d'admission/d'échappement

manikin ['mænɪkɪn] n ⇒ **mannikin**

Manila [məˈnɪlə] n Manille, Manila

mani(l)la envelope [məˌnɪləˈenvələʊp] n enveloppe f en papier kraft

mani(l)la paper [məˌnɪləˈpeɪpər] n papier m kraft

manioc ['mænɪɒk] n manioc m

manipulate [məˈnɪpjʊleɪt] → SYN vt **a** [+ tool etc] manipuler ♦ **they use computers to manipulate images** ils utilisent l'ordinateur pour manipuler des images
b (pej) [+ facts, figures, accounts] tripoter, trafiquer *; [+ events] agir sur; [+ person] manipuler, manœuvrer ♦ **to manipulate a situation** faire son jeu des circonstances ♦ **to manipulate sb into doing sth** manipuler qn pour lui faire faire qch

manipulation [məˌnɪpjʊˈleɪʃən] n (gen, Med) manipulation f; **market manipulation** (Fin) manœuvre(s) f(pl) boursière(s)

manipulative [məˈnɪpjʊlətɪv] adj **a** (pej = controlling) person, behaviour, film, speech manipulateur (-trice f)
b (Physiotherapy) **manipulative therapy** or **treatment** (traitement m par) manipulations fpl ♦ **manipulative therapist** thérapeute mf qui soigne par manipulations

manipulator [məˈnɪpjʊleɪtər] n manipulateur m, -trice f

Manitoba [ˌmænɪˈtəʊbə] n le Manitoba

manitou [ˈmænɪtuː] n (Rel) manitou m

mankind [mænˈkaɪnd] → SYN n (NonC) (= the human race) le genre humain, l'humanité f; (= the male sex) les hommes mpl

manky * [ˈmæŋkɪ] (Brit) adj cradingue *

manlike ['mænlaɪk] adj form, figure, qualities humain; (pej) woman hommasse (pej)

manliness [ˈmænlɪnɪs] → SYN n virilité f, caractère m viril

manly [ˈmænlɪ] → SYN adj man, boy, chest, shoulders, sport viril (virile f); pride, virtue mâle

manna ['mænə] n manne f ♦ **manna from heaven** manne f tombée du ciel or providentielle

manned [mænd] adj spacecraft, flight habité; mission habité, humain; see also **man**

mannequin [ˈmænɪkɪn] n mannequin m

manner [ˈmænər] → SYN **1** n **a** (= mode, way) manière f, façon f ♦ **the manner in which he did it** la manière or façon dont il l'a fait ♦ **in such a manner that ...** (frm) de telle sorte que ... (+ indic (actual result) or + subj (intended result)) ♦ **in this manner, after this manner** (frm) de cette manière or façon ♦ **in** or **after the manner of Van Gogh** à la manière de Van Gogh ♦ **in the same manner, in like manner** (frm) de la même manière ♦ **in a (certain) manner** en quelque sorte ♦ **in such a manner as to ...** de façon à ... ♦ **in a manner of speaking** pour ainsi dire ♦ **it's a manner of speaking** c'est une façon de parler ♦ **manner of payment** mode m de paiement ♦ **(as) to the manner born** comme s'il (or elle etc) avait cela dans le sang
b (= behaviour, attitude) attitude f, comportement m ♦ **his manner to his mother** son attitude envers sa mère, sa manière de se conduire avec sa mère ♦ **I don't like his manner** je n'aime pas son attitude ♦ **there's something odd about his manner** il y a quelque chose de bizarre dans son comportement
c (= class, sort, type) sorte f, genre m ♦ **all manner of birds** toutes sortes d'oiseaux ♦ **no manner of doubt** aucun doute; → **means**
2 manners npl **a** (= social behaviour) manières fpl ♦ **good manners** bonnes manières fpl, savoir-vivre m ♦ **bad manners** mauvaises manières fpl ♦ **it's good/bad manners (to do that)** ça se fait/ne se fait pas (de faire ça) ♦ **he has no manners, his manners are terrible** il a de très mauvaises manières, il n'a aucun savoir-vivre ♦ **aren't you forgetting your manners?** (to child) est-ce que c'est comme ça qu'on se tient? ♦ **road manners** politesse f au volant
b (= social customs) mœurs fpl, usages mpl ♦ **novel of manners** roman m de mœurs; → **comedy**

mannered ['mænəd] → SYN adj **a** (pej = affected) voice, gesture, writing, painting maniéré; style maniéré, précieux
b (= polite) person bien élevé; society civilisé ♦ **beautifully** or **impeccably mannered** qui a des manières exquises

-mannered ['mænəd] adj (in compounds) ♦ **rough-mannered** aux manières rudes; → **bad, mild-mannered, well**

mannerism [ˈmænərɪzəm] → SYN n **a** (= habit, trick of speech etc) trait m particulier; (pej) tic m, manie f
b (NonC: Art, Literat etc) maniérisme m

mannerist [ˈmænərɪst] adj, n maniériste mf

mannerliness [ˈmænəlɪnɪs] n (= civility) savoir-vivre m

mannerly [ˈmænəlɪ] → SYN adj bien élevé

mannikin ['mænɪkɪn] n **a** (Art, Dressmaking) mannequin m (objet)
b (= dwarf etc) homoncule m, nabot m

manning [ˈmænɪŋ] n (Mil) armement m; (Ind) effectifs mpl ♦ **manning levels** niveau m des effectifs

mannish [ˈmænɪʃ] adj woman masculin, hommasse (pej); behaviour, clothes masculin ♦ **in a mannish way** comme un homme, d'une façon masculine

mannishly [ˈmænɪʃlɪ] adv dress comme un homme

mannishness [ˈmænɪʃnɪs] n masculinité f

mannite [ˈmænaɪt] n mannite f, mannitol m

mannitol [ˈmænɪtɒl] n (Bio) mannitol m, mannite f

mannose [ˈmænəʊs] n mannose m

manoeuvrability, maneuverability (US) [məˌnuːvrəˈbɪlɪtɪ] n manœuvrabilité f, maniabilité f

manoeuvrable, maneuverable (US) [məˈnuːvrəbl] adj car, ship maniable, manœuvrable

manoeuvre, maneuver (US) [məˈnuːvər] → SYN **1** n (all senses) manœuvre f ♦ **to be on manoeuvres** (Mil etc) faire des or être en manœuvres ♦ **it doesn't leave much room for manoeuvre** (fig) cela ne laisse pas une grande marge de manœuvre
2 vt (all senses) manœuvrer ♦ **to manoeuvre sth out/in/through** etc faire sortir/entrer/traverser etc qch en manœuvrant ♦ **they manoeuvred the gun into position** ils ont manœuvré le canon pour le mettre en position ♦ **he manoeuvred the car through the gate** il a pu à force de manœuvres faire passer la voiture par le portail ♦ **to manoeuvre sb into doing sth** manœuvrer qn pour qu'il fasse qch ♦ **the government tried to manoeuvre itself into a stronger position** le gouvernement a essayé de manœuvrer pour renforcer ses positions
3 vi (all senses) manœuvrer

manoeuvring [məˈnuːvərɪŋ] n (NonC: pej = scheming) magouille f *

manometer [mæˈnɒmɪtər] n manomètre m

manor [ˈmænər] n **a** (also **manor house**) manoir m, gentilhommière f
b (Hist = estate) domaine m seigneurial; → **lord**
c (Brit Police etc: *) fief m

manorial [məˈnɔːrɪəl] adj seigneurial

manpower [ˈmænˌpaʊər] **1** n (NonC) **a** (= workers available) (gen, Ind) main-d'œuvre f; (Mil etc) effectifs mpl ♦ **the shortage of skilled manpower** la pénurie de main-d'œuvre qualifiée
b (= physical exertion) force f physique
2 COMP ▷ **Manpower Services Commission** n (Brit: formerly) ≃ Agence f nationale pour l'emploi

manqué [ˈmɒŋkeɪ] adj manqué

mansard [ˈmænsɑːd] n (also **mansard roof**) mansarde f, comble m brisé

manse [mæns] n presbytère m (d'un pasteur presbytérien)

manservant [ˈmænsɜːvənt] n, pl **menservants** or **manservants** valet m de chambre

mansion [ˈmænʃən] → SYN **1** n (in town) hôtel m particulier; (in country) château m, manoir m

manslaughter COMP ▷ **the Mansion House** n *résidence officielle du Lord Mayor de Londres*

manslaughter ['mænslɔːtəʳ] n (Jur) homicide m (involontaire or par imprudence)

mansuetude †† ['mænswɪtjuːd] n mansuétude f, douceur f

manta ['mæntə] n (= fish: also **manta ray**) mante f, raie f cornue

mantel ['mæntl] n **a** (also **mantelpiece, mantelshelf**) (dessus m or tablette f de) cheminée f **b** (= structure round fireplace) manteau m, chambranle m (de cheminée)

mantes ['mæntiːz] npl of **mantis**

mantic ['mæntɪk] adj divinatoire

mantilla [mæn'tɪlə] n mantille f

mantis ['mæntɪs] n, pl **mantises** or **mantes** mante f; → **praying**

mantissa [mæn'tɪsə] n (Math) mantisse f

mantle ['mæntl] → SYN 1 n **a** † (= cloak) cape f; [of lady] mantelet †† f ◆ **mantle of snow** (liter) manteau m de neige
b [of gas lamp] manchon m; → **gas**
c (Geol: of earth) manteau m
2 vt (liter) (re)couvrir

mantra ['mæntrə] n **a** (lit) mantra m **b** (fig) litanie f

mantrap ['mæntræp] n piège m à hommes

Mantua ['mæntjʊə] n (Geog) Mantoue

manual ['mænjʊəl] → SYN 1 adj work, worker, lens, method, dexterity, gearbox manuel; transmission, typewriter mécanique; pump à main ◆ **manual labour** main-d'œuvre f ◆ **manual controls** commandes fpl manuelles
2 n **a** (= book) manuel m
b [of organ] clavier m

manually ['mænjʊəlɪ] adv à la main, manuellement ◆ **manually operated** à main, manuel

manufacture [,mænjʊ'fæktʃəʳ] → SYN 1 n (NonC) fabrication f; [of clothes] confection f
2 **manufactures** npl produits mpl manufacturés
3 vt (Ind) fabriquer; [+ clothes] confectionner; (fig) [+ story, excuse] fabriquer ◆ **manufactured goods** produits mpl manufacturés

manufacturer [,mænjʊ'fæktʃərəʳ] → SYN 1 n fabricant m
2 COMP ▷ **manufacturers' recommended price** n prix m public

manufacturing [,mænjʊ'fæktʃərɪŋ] 1 n fabrication f
2 COMP town, city, job, output, sector industriel; industry de transformation ▷ **manufacturing base** n base f industrielle ▷ **manufacturing company** n manufacture f ▷ **manufacturing plant** n usine f

manumission [,mænjʊ'mɪʃən] n (Hist) affranchissement m

manumit [,mænjʊ'mɪt] vt (Hist) affranchir

manure [mə'njʊəʳ] → SYN 1 n (NonC: also **farmyard manure**) fumier m; (also **artificial manure**) engrais m ◆ **liquid manure** (organic) purin m, lisier m; (artificial) engrais m liquide; → **horse**
2 vt (with farmyard manure) fumer; (with artificial manure) répandre des engrais sur
3 COMP ▷ **manure heap** n (tas m de) fumier m

manuscript ['mænjʊskrɪpt] 1 n manuscrit m ◆ **in manuscript** (= not yet printed) sous forme de manuscrit; (= handwritten) écrit à la main
2 adj manuscrit, écrit à la main

Manx [mæŋks] 1 adj de l'île de Man, mannois
2 n (Ling) mannois m
3 **the Manx** npl les Mannois mpl
4 COMP ▷ **Manx cat** n chat m de l'île de Man ▷ **Manx shearwater** n (Orn) puffin m des Anglais

Manxman ['mæŋksmən] n, pl **-men** Mannois m

Manxwoman ['mæŋkswʊmən] n, pl **-women** Mannoise f

many ['menɪ] → SYN 1 adj, pron, compar **more**, superl **most** beaucoup (de), un grand nombre (de) ◆ **many books** beaucoup de livres, un grand nombre de livres ◆ **very many books** un très grand nombre de livres, de très nombreux livres ◆ **many of those books** un grand nombre de ces livres ◆ **many of them** un grand nombre d'entre eux, beaucoup d'entre eux ◆ **a good many of those books** (un) bon nombre de ces livres ◆ **many people** beaucoup de gens or de monde, bien des gens ◆ **many came** beaucoup sont venus ◆ **many believe that to be true** bien des gens croient que c'est vrai ◆ **the many** (liter) la multitude, la foule ◆ **the many who admire him** le grand nombre de gens qui l'admirent ◆ **many times** bien des fois ◆ **many a time, many's the time** * maintes fois, souvent ◆ **I've lived here for many years** j'habite ici depuis des années ◆ **he lived there for many years** il y a vécu de nombreuses années or de longues années ◆ **people of many kinds** des gens de toutes sortes ◆ **a good or great many things** beaucoup de choses ◆ **in many cases** dans bien des cas, dans de nombreux cas ◆ **many a man would be grateful** il y en a plus d'un qui serait reconnaissant ◆ **a woman of many moods** une femme d'humeur changeante ◆ **a man of many parts** un homme qui a des talents très divers ◆ **many happy returns (of the day)!** bon or joyeux anniversaire !
◆ **as many** ◆ **I have as many problems as you** j'ai autant de problèmes que vous ◆ **I have as many as you** j'en ai autant que vous ◆ **as many as wish to come** tous ceux qui désirent venir ◆ **as many as 100 people are expected** on attend jusqu'à 100 personnes ◆ **there were as many again outside the hall** il y en avait encore autant dehors que dans la salle
◆ **how many** ◆ **how many people?** combien de gens ? ◆ **how many?** combien ? ◆ **how many there are!** qu'ils sont nombreux !
◆ **however many** ◆ **however many books you have** quel que soit le nombre de livres que vous ayez ◆ **however many there may be** quel que soit leur nombre
◆ **so many** ◆ **so many have said it** il y en a tant qui l'ont dit ◆ **I've got so many already (that ...)** j'en ai déjà tant (que ...) ◆ **there were so many (that ...)** il y en avait tant (que ...) ◆ **so many dresses** tant de robes ◆ **ever so many times** * je ne sais combien de fois, tant de fois ◆ **the people far below, like so many ants** les gens tout en bas comme autant de fourmis ◆ **he did not say that in so many words** il n'a pas dit cela explicitement
◆ **too many** trop ◆ **there were too many** il y en avait trop ◆ **too many cakes** trop de gâteaux ◆ **three too many** trois de trop ◆ **20 would not be too many** il n'y en aurait pas trop de 20 ◆ **he's had one too many** * (drinks) il a bu un coup de trop ◆ **I've got too many already** j'en ai déjà trop ◆ **there are too many of you** vous êtes trop nombreux ◆ **too many of these books** trop de ces livres ◆ **too many of us know that ...** nous sommes trop (nombreux) à savoir que ...
2 COMP ▷ **many-coloured, many-hued** adj (liter) multicolore ▷ **many-sided** adj object qui a de nombreux côtés, (fig) person aux intérêts (or talents) variés or multiples ; problem complexe, qui a de nombreuses facettes

manzanilla [,mænzə'nɪlə] n (Culin) manzanilla m

Maoism ['maʊɪzəm] n maoïsme m

Maoist ['maʊɪst] adj, n maoïste mf

Maori ['maʊrɪ] 1 adj maori
2 n **a** (= person) Maori(e) m(f)
b (Ling) maori m

Mao (Tse Tung) ['maʊ(tseɪ'tʊŋ)] n Mao (Tsé-Tung) m

map [mæp] 1 n (gen) carte f; [of town, bus, tube, subway] plan m ◆ **geological/historical/linguistic map** carte f géologique/historique/linguistique ◆ **map of Paris/the Underground** plan m de Paris/du métro ◆ **map of France** carte f de la France ◆ **this will put Bishopbriggs on the map** (fig) cela fera connaître Bishopbriggs ◆ **the whole town was wiped off the map** la ville entière a été rayée de la carte ◆ **off the map** * (fig) (= unimportant) perdu; (= distant) à l'autre bout du monde; → **relief**
2 vt [+ country, district etc] faire or dresser la carte (or le plan) de; [+ route] tracer
3 COMP ▷ **map projection** n (Geog) projection f cartographique ▷ **map-reading** n lecture f des cartes

▶ **map out** vt sep [+ route, plans] tracer; [+ book, essay] établir les grandes lignes de; [+ one's time, career, day] organiser; [+ strategy, plan] élaborer ◆ **he hasn't yet mapped out what he will do** il n'a pas encore de plan précis de ce qu'il va faire

maple ['meɪpl] 1 n érable m
2 COMP ▷ **maple leaf** n, pl **maple leaves** feuille f d'érable ▷ **maple sugar** n sucre m d'érable ▷ **maple syrup** n sirop m d'érable

mapmaker ['mæpmeɪkəʳ] n cartographe mf

mapmaking ['mæpmeɪkɪŋ] n cartographie f

mapping ['mæpɪŋ] 1 n (Math) application f; (Comput) mappage m
2 COMP ▷ **mapping pen** n plume f de dessinateur or à dessin

Maputo [mə'puːtəʊ] n (Geog) Maputo

mar [mɑːʳ] → SYN vt gâter, gâcher ◆ **to make or mar sth** assurer le succès ou l'échec de qch

Mar. abbrev of **March**

marabou ['mærəbuː] n (Orn) marabout m

marabout ['mærəbuː] n (Rel) marabout m

maraca [mə'rækə] n (Mus) maraca f or m

Maracaibo [,mærə'kaɪbəʊ] n (Geog) Maracaibo

maracas [mə'rækəz] npl maracas mpl

maranta [mə'ræntə] n maranta m

marasca cherry [mə'ræskə] n marasque f

maraschino [,mærəs'kiːnəʊ] 1 n marasquin m
2 COMP ▷ **maraschino cherry** n cerise f au marasquin

Marathon ['mærəθən] n (Geog, Hist) Marathon

marathon ['mærəθən] 1 n (Sport, fig) marathon m
2 adj **a** (Sport) runner de marathon
b (fig = very long) marathon inv ◆ **a marathon session** une séance-marathon

maraud [mə'rɔːd] → SYN vi marauder, être en maraude ◆ **to go marauding** aller à la maraude

marauder [mə'rɔːdəʳ] → SYN n maraudeur m, -euse f

marauding [mə'rɔːdɪŋ] 1 adj en maraude
2 n maraude f

marble ['mɑːbl] 1 n **a** (= stone, sculpture) marbre m
b (= toy) bille f ◆ **to play marbles** jouer aux billes ◆ **to lose one's marbles** * perdre la boule * ◆ **to pick up one's marbles and go home** * (US) reprendre ses billes
2 vt marbrer
3 COMP staircase, statue de or en marbre; industry marbrier ▷ **marble cake** n gâteau m marbré ▷ **marble quarry** n marbrière f

marcasite ['mɑːkəsaɪt] n (Miner) marcassite f

marcescent [mɑː'sesənt] adj marcescent

March [mɑːtʃ] n mars m; → **mad**; for other phrases see **September**

march [mɑːtʃ] → SYN 1 n **a** (Mil etc) marche f ◆ **on the march** en marche ◆ **quick/slow march** marche f rapide/lente ◆ **a day's march** une journée de marche ◆ **a 10km march, a march of 10km** une marche de 10 km ◆ **the march on Rome** la marche sur Rome ◆ **the march of time/progress** la marche du temps/progrès; → **forced, route, steal**
b (= demonstration) manifestation f (*against* contre; *for* pour)
c (Mus) marche f; → **dead**
2 vi **a** (Mil etc) marcher au pas ◆ **the army marched in/out** l'armée entra/sortit (au pas) ◆ **to march into battle** marcher au combat ◆ **to march past** défiler ◆ **to march past sb** défiler devant qn ◆ **march!** marche ! ; → **forward, quick**
b (gen) **to march in/out/up** etc (briskly) entrer/sortir/monter etc d'un pas énergique ; (angrily) entrer/sortir/monter etc d'un air furieux ◆ **he marched up to me** il s'est approché de moi d'un air décidé ◆ **to march up and down the room** faire les cent pas dans la pièce, arpenter la pièce
c (= demonstrate) manifester (*against* contre; *for* pour)
3 vt **a** (Mil) faire marcher (au pas) ◆ **to march troops in/out** etc faire entrer/faire sortir etc des troupes (au pas)

b (fig) **to march sb in/out/away** faire entrer/faire sortir/emmener qn tambour battant ◆ **to march sb off to prison*** embarquer qn en prison*

[4] COMP ▷ **march-past** n (Mil etc) défilé m

marcher ['mɑːtʃər] n (in demo etc) manifestant(e) m(f)

marches ['mɑːtʃɪz] npl (= border) frontière f; (= borderlands) marche f

marching ['mɑːtʃɪŋ] [1] n marche f
[2] COMP ▷ **marching band** n (US) orchestre m d'école (avec majorettes) ▷ **marching orders** npl (Mil) feuille f de route ◆ **to give sb his marching orders*** (fig) flanquer* qn à la porte, envoyer promener* qn ◆ **to get one's marching orders*** (fig) se faire mettre à la porte ▷ **marching song** n chanson f de route

marchioness ['mɑːʃənɪs] n marquise f (personne)

Marco Polo ['mɑːkəʊ'pəʊləʊ] n Marco Polo m

Marcus Aurelius ['mɑːkəsɔː'riːlɪəs] n Marc Aurèle m

Mardi Gras ['mɑːdɪ'grɑː] n mardi gras m inv, carnaval m

mare [mεər] [1] n jument f
[2] COMP ▷ **mare's nest** n **his discovery turned out to be a mare's nest** sa découverte s'est révélée très décevante

mare's-tail n (= cloud) cirrus allongé; (= plant) pesse f (d'eau)

Maremma [mə'remə] n (= dog) berger m des Abruzzes

marg* [mɑːdʒ] n (Brit) abbrev of **margarine**

Margaret ['mɑːgərt] n Marguerite f

margarine [,mɑːdʒə'riːn] n margarine f

margarita [,mɑːgə'riːtə] n margarita f

margay ['mɑːgeɪ] n margay m

marge* [mɑːdʒ] n (Brit) abbrev of **margarine**

margin ['mɑːdʒɪn] → SYN n [of book, page] marge f; [of river, lake] bord m; [of wood] lisière f; (fig: Comm, Econ, gen) marge f ◆ **notes in the margin** notes en marge or marginales ◆ **do not write in the margin** n'écrivez rien dans la marge ◆ **wide/narrow margin** (Typ) grande/petite marge f ◆ **to win by a wide/narrow margin** gagner de loin/de peu ◆ **elected by a narrow margin** élu de justesse or avec peu de voix de majorité ◆ **on the margin(s) of society** en marge de la société ◆ **to allow a margin for ...** laisser une marge pour ... ◆ **to allow for a margin of error** prévoir une marge d'erreur ◆ **profit margin, margin of profit** marge f (bénéficiaire) ◆ **margin of safety** marge f de sécurité

marginal ['mɑːdʒɪnl] → SYN [1] adj [a] (= unimportant) importance, significance, role, writer, business marginal (to sth par rapport à qch); existence de marginal(e); issue insignifiant; benefit minime; improvement négligeable ◆ **a marginal case** un cas limite ◆ **the effect will be marginal** l'effet sera négligeable
[b] (Brit Parl) seat, constituency très disputé
[c] (Sociol) people, groups marginal
[d] (Agr) land à faible rendement
[e] (= written in margin) comments, notes en marge, marginal
[2] n (Brit Parl) siège m à faible majorité

MARGINAL SEAT

En Grande-Bretagne, siège de député obtenu à une faible majorité et qui ne peut donc être considéré comme solidement acquis à un parti, contrairement au "safe seat" (siège sûr). Les circonscriptions à faible majorité appelées "marginal constituencies", intéressent particulièrement les médias en cas d'élection partielle, car elles constituent un bon baromètre de la popularité du parti au pouvoir.

---

marginalia [,mɑːdʒɪ'neɪlɪə] npl notes fpl marginales or en marge

marginalization [,mɑːdʒɪnəlaɪ'zeɪʃən] n marginalisation f

marginalize ['mɑːdʒɪnəlaɪz] vt marginaliser

marginally ['mɑːdʒɪnəlɪ] adv légèrement

margravate ['mɑːgrəvɪt], **margraviate** [mɑː'greɪvɪɪt] n margraviat m

marguerita [,mɑːgə'riːtə] n ⇒ **margarita**

marguerite [,mɑːgə'riːt] n marguerite f

Maria [mə'raɪə] n Marie f; → **black**

Marie Galante [marigalāt] n (Geog) Marie-Galante f

marigold ['mærɪgəʊld] n (Bot) souci m

marigraph ['mærɪˌgræf] n marégraphe m

marijuana, marihuana [mærɪ'hwɑːnə] n marihuana f or marijuana f

marimba [mə'rɪmbə] n marimba m

marina [mə'riːnə] n marina f

marinade [,mærɪ'neɪd] [1] n marinade f
[2] vt ['mærɪneɪd] mariner

marinate ['mærɪneɪt] vt mariner

marine [mə'riːn] → SYN [1] adj (= in the sea) plant, animal marin; (= from the sea) products de la mer; (= by the sea) vegetation, forces maritime
[2] n [a] (Naut) mercantile or merchant marine marine f marchande
[b] (Mil) fusilier m marin; (US) marine m (américain) ◆ **the Marines** (Brit) ◆ **the Marine Corps** (US) les fusiliers mpl marins, les marines mpl ◆ **tell that to the marines!*** à d'autres!*
[3] COMP ▷ **marine biologist** n océanographe mf biologiste ▷ **marine biology** n océanographie f biologique ▷ **marine engineer** n ingénieur m du génie maritime ▷ **marine engineering** n génie m maritime ▷ **marine insurance** n assurance f maritime ▷ **marine life** n vie f marine ▷ **marine science** n sciences fpl marines or de la mer ▷ **marine underwriter** n assureur m maritime

mariner ['mærɪnər] → SYN [1] n (liter) marin m
[2] COMP ▷ **mariner's compass** n boussole f, compas m; → **master**

Mariolatry [,mεərɪ'ɒlətrɪ] n (Rel: pej) vénération f excessive de la Vierge

Mariology [,mεərɪ'ɒlədʒɪ] n mariologie f

marionette [,mærɪə'net] n marionnette f

Marist ['mεərɪst] n (Rel) mariste mf

marital ['mærɪtl] → SYN [1] adj [a] (= relating to marriage) conjugal ◆ **marital breakdown** rupture f des rapports conjugaux ◆ **to commit marital rape** violer son épouse
[b] (= relating to husband) marital
[2] COMP ▷ **marital relations** npl rapports mpl conjugaux ▷ **marital status** n (frm) situation f de famille, état m civil

maritime ['mærɪtaɪm] → SYN [1] adj maritime
[2] COMP ▷ **Maritime Alps** npl (Geog) Alpes fpl maritimes ▷ **maritime law** n droit m maritime ▷ **maritime pine** n (Bot) pin m maritime ▷ **the Maritime Provinces** npl (in Canada) les provinces fpl maritimes

marjoram ['mɑːdʒərəm] n marjolaine f

Mark [mɑːk] n Marc m ◆ **Mark Antony** Marc-Antoine m

mark¹ [mɑːk] n (= currency) mark m

mark² [mɑːk] → SYN [1] n [a] (= physical marking) marque f; (= stain) marque f, tache f; (= written symbol on paper, cloth etc) signe m; (as signature) marque f, croix f; (= footprint, animal track, tyre track etc) empreinte f; (= marking: on animal, bird) tache f ◆ **that will leave a mark** (gen) cela laissera une marque; (= stain) cela laissera une tache ◆ **to make one's mark** (as signature) faire une marque or une croix; see also **d** ◆ **he was found without a mark on his body** quand on l'a trouvé, son corps ne portait aucune trace de blessure ◆ **the marks of violence were visible everywhere** on voyait partout des marques or traces de violence ◆ **the city still bears the marks of occupation** la ville porte encore les marques or traces de son occupation; see also **c**; → **finger, punctuation**
[b] (fig = sign) signe m ◆ **a mark of strength/success** un signe de force/de réussite (sociale) ◆ **the tendency to drink in secret is a mark of addiction** la propension à boire en cachette est un signe d'alcoolisme ◆ **a mark of shame** un objet de honte ◆ **as a mark of protest/defiance** en signe de protestation/défi ◆ **as a mark of respect** en signe de respect ◆ **as a mark of my gratitude** en témoignage de ma gratitude ◆ **as a mark of his confidence in/disapproval of ...** pour marquer sa confiance en/sa désapprobation de ...
[c] (fig = hallmark) marque f ◆ **it bears the mark(s) of genius** cela porte la marque du génie ◆ **the attack bore the marks of a terrorist organization** cet attentat portait la marque d'une organisation terroriste ◆ **it is the mark of a good teacher** c'est le signe d'un bon professeur ◆ **the mark of a true teacher/architect is the ability to ...** on reconnaît le véritable professeur/architecte à sa capacité à ... ◆ **to react the way he did was the mark of a true hero** il s'est montré or révélé un véritable héros en réagissant comme il l'a fait
[d] (fig = lasting impression) **to leave one's mark on sth** laisser son empreinte sur qch ◆ **he has certainly made his mark** il s'est certainement imposé ◆ **he has certainly made a or his mark in British politics** il a certainement marqué la politique britannique de son empreinte ◆ **to make one's mark as a politician** s'imposer comme homme politique ◆ **to make one's mark as a poet/writer** se faire un nom en tant que poète/qu'écrivain
[e] (Scol) = grade: in exam, essay, overall assessment) note f; (= point) point m ◆ **good/bad mark** bonne/mauvaise note f ◆ **she got a good mark** or **good marks in French** elle a eu une bonne note en français ◆ **marks for effort/conduct** etc (Brit) note f d'application/de conduite etc ◆ **the mark is out of 20** c'est une note sur 20 ◆ **you need 50 marks to pass** il faut avoir 50 points pour être reçu ◆ **to fail by two marks** échouer à deux points près ◆ **he got full marks** (Brit) (Scol) il a eu dix sur dix (or vingt sur vingt etc) ◆ **he deserves full marks** (Brit fig) il mérite vingt sur vingt ◆ **full marks to him for achieving so much** (Brit fig) on ne peut que le féliciter de tout ce qu'il a accompli ◆ **(I give him) full marks for trying** c'est bien d'avoir essayé ◆ **full marks for honesty** bravo pour l'honnêteté ◆ **there are no marks* for guessing his name** (hum) il n'y a pas besoin d'être un génie pour savoir de qui je parle
[f] (= target) cible f ◆ **to hit the mark** (lit) faire mouche; (fig) faire mouche, mettre dans le mille ◆ **to be right on the mark** [comment, observation] être très pertinent ◆ **she's normally right on the mark** d'habitude, ses observations sont très pertinentes ◆ **to miss the mark** (lit) manquer le but ◆ **to miss the mark, to be wide of the mark** or **off the mark** or **far from the mark** (fig) être loin de la vérité ◆ **it's way off the mark*** [forecast, estimate] c'est complètement à côté de la plaque* ◆ **to be an easy mark** (pej) être une cible facile; → **overshoot, overstep**
[g] (Sport) ligne f de départ; (Rugby) arrêt m de volée ◆ **on your marks! get set! go!** à vos marques! prêts! partez! ◆ **to get off the mark** (lit, fig) démarrer ◆ **to be quick off the mark** (fig) (= quick on the uptake) avoir l'esprit vif; (= quick in reacting) avoir des réactions rapides ◆ **to be quick off the mark in doing sth** (fig) ne pas perdre de temps pour faire qch ◆ **to be slow off the mark** (fig) être lent (à la détente*) ◆ **I don't feel up to the mark** (fig) je ne suis pas dans mon assiette, je ne suis pas en forme ◆ **he isn't up to the mark for this job** (fig) il n'est pas à la hauteur de ce travail ◆ **his work isn't up to the mark, his work doesn't come up to the mark** (fig) son travail n'est pas satisfaisant, son travail laisse à désirer ◆ **this film came well up to the mark** (fig) ce film ne m'a pas déçu
[h] (Econ = level, point) barre f ◆ **the number of unemployed has reached the 2 million mark/fallen below the 2 million mark** le chiffre du chômage a atteint la barre des 2 millions/est descendu en dessous de la barre des 2 millions
[i] (Comm = brand name) marque f
[j] (Mil, Tech = model, type) série f ◆ **Concorde Mark 1** Concorde m première série
[k] (Culin = oven temperature) **(gas) mark 6** thermostat m 6
[2] vt [a] (= make a mark on) marquer, mettre une marque à or sur; [+ paragraph, item, linen, suitcase] marquer; (= stain) tacher, marquer ◆ **I hope your dress isn't marked** j'espère que ta robe n'est pas tachée ◆ **to mark the cards** (lit) marquer les cartes

b animal, bird **a bird marked with red** un oiseau tacheté de rouge

c (fig = scar) marquer ◆ **the accident marked him for life** l'accident l'a marqué pour la vie ◆ **suffering had marked him** la douleur l'avait marqué ◆ **his reign was marked by civil wars** son règne fut marqué par des guerres civiles

d (= indicate) marquer ; [+ price etc] marquer, indiquer ; (St Ex) coter ; (Sport) [+ score] marquer ◆ **this flag marks the frontier** ce drapeau marque la frontière ◆ **they marked his grave with a cross** ils ont mis une croix sur sa tombe ◆ **it marks a change of policy** cela indique un changement de politique ◆ **in order to mark the occasion** pour marquer l'occasion ◆ **this marks him as a future manager** ceci fait présager pour lui une carrière de cadre ◆ **to mark time** (Mil) marquer le pas ; (fig) (= wait) faire du sur place, piétiner ; (by choice, before doing sth) attendre son heure ; → **X** ; see also **marked**

e (Scol etc) [+ essay, exam] corriger, noter ; [+ candidate] noter, donner une note à ◆ **to mark sth right/wrong** marquer qch juste/faux

f (= note, pay attention to) bien écouter ◆ **(you) mark my words!** crois-moi ! ; (predicting) tu verras ! ◆ **mark you, he may have been right** remarquez qu'il avait peut-être raison ◆ **mark him well** †† écoutez bien ce qu'il dit

g (Sport) [+ opposing player] marquer

3 vi se tacher

4 COMP ▷ **mark reader** n lecteur m optique ▷ **mark reading** n lecture f optique ▷ **mark scanner** n lecteur m de marques ▷ **mark scanning** n lecture f de marques ▷ **mark-up** n (Comm) (= increase) hausse f, majoration f de prix ; (= profit margin) bénéfice m ◆ **mark-up on a bill** majoration f sur une facture ◆ **there's a 50% mark-up on this product** ils ont une marge or ils font un bénéfice de 50 % sur ce produit

▶ **mark down** **1** vt sep **a** (= write down) inscrire, noter

b (= reduce) [+ price] baisser ; [+ goods] démarquer, baisser le prix de ◆ **all these items have been marked down for the sales** tous ces articles ont été démarqués pour les soldes ◆ **to be marked down** (St Ex) s'inscrire en baisse, reculer

c (Scol) [+ exercise, pupil] baisser la note de

d (= single out) [+ person] désigner, prévoir (for pour)

2 markdown n → **markdown**

▶ **mark off** vt sep **a** (= separate) séparer, distinguer (from de)

b (Surv etc = divide by boundary) délimiter ; [+ distance] mesurer ; [+ road, boundary] tracer

c [+ items on list etc] cocher ◆ **he marked the names off as the people went in** il cochait les noms (sur la liste) à mesure que les gens entraient

▶ **mark out** vt sep **a** [+ zone etc] délimiter, tracer les limites de ; [+ field] borner ; [+ route, footpath] baliser ; (with stakes) jalonner ◆ **to mark out a tennis court** tracer les lignes d'un court de tennis ◆ **the route is marked out with flags** l'itinéraire est jalonné de drapeaux

b (= single out) désigner, distinguer ◆ **to mark sb out for promotion** désigner qn pour l'avancement ◆ **he was marked out long ago for that job** il y a longtemps qu'on l'avait prévu pour ce poste ◆ **his red hair marked him out from the others** ses cheveux roux le distinguaient des autres

▶ **mark up** **1** vt sep **a** (on board, wall etc) [+ price, score] marquer

b (Comm = put a price on) indiquer or marquer le prix de ◆ **these items have not been marked up** le prix n'est pas marqué sur ces articles

c (= increase) [+ price] majorer ; [+ goods] majorer le prix de ◆ **all these chairs have been marked up** toutes ces chaises ont augmenté ◆ **to be marked up** s'inscrire en hausse, avancer

d (Scol) [+ exercise, pupil] surnoter, gonfler la note de

2 mark-up n → **mark²**

markdown ['mɑːkdaʊn] n (Comm) remise f, réduction f

marked [mɑːkt] → SYN adj **a** (= noticeable) improvement, increase, decline, change, effect sensible ; lack net ; preference, tendency, difference net, marqué ; reluctance vif, marqué ; contrast frappant ; bias manifeste ; accent prononcé ◆ **it is becoming more marked** cela s'accentue ◆ **in marked contrast (to …)** en contraste frappant (avec …)

b to be a marked man être un homme marqué

c (= signposted) path, trail balisé

d (Ling) marqué ◆ **to be marked for number/gender** porter la marque du nombre/du genre

e (St Ex) **marked shares** actions fpl estampillées

markedly ['mɑːkɪdlɪ] → SYN adv improve, differ, contrast, change sensiblement ◆ **to be markedly better/worse** être nettement mieux/moins bien

marker ['mɑːkə^r] n **a** (also **marker pen**) marqueur m indélébile ; (for laundry etc) marquoir m

b (= flag, stake) marque f, jalon m ; (= light etc) balise f

c (= bookmark) signet m

d (Sport etc = person) marqueur m, -euse f ◆ **to lose** or **shake off one's marker** (Ftbl) se démarquer

e (Scol = person) correcteur m, -trice f

f (Tech: showing sth is present) indicateur m (for sth de qch)

g (Ling) marqueur m

market ['mɑːkɪt] → SYN **1** n **a** (= trade, place) marché m ◆ **to go to market** aller au marché ◆ **the wholesale market** le marché de gros ◆ **cattle market** marché m or foire f aux bestiaux ◆ **the sugar market, the market in sugar** le marché du sucre ◆ **the world coffee market** le marché mondial du or des café(s) ◆ **free market** marché m libre ◆ **a dull/lively market** (St Ex) un marché lourd/actif ◆ **the market is rising/falling** (St Ex) les cours mpl sont en hausse/en baisse ◆ **the company intends to go to the market** (St Ex) la société a l'intention d'entrer en Bourse ; → **black, buyer, common**

b (fig) marché m ◆ **home/overseas/world market** marché m intérieur/d'outre-mer/mondial ◆ **to have a good market for sth** avoir une grosse demande pour qch ◆ **to find a ready market for sth** trouver facilement un marché or des débouchés pour qch ◆ **there is a ready market for small cars** les petites voitures se vendent bien ◆ **there's no market for pink socks** les chaussettes roses ne se vendent pas ◆ **this appeals to the French market** cela plaît à la clientèle française, cela se vend bien en France ◆ **our competitors control 72% of the market** nos concurrents contrôlent 72% du marché ◆ **to be in the market for sth** être acheteur de qch ◆ **to put sth/to be on the market** mettre qch/être en vente or dans le commerce or sur le marché ◆ **to come on to the market** arriver sur le marché ◆ **it's the dearest car on the market** c'est la voiture la plus chère sur le marché ◆ **on the open market** en vente libre ; → **flood**

2 vt (= promote) commercialiser ; (= sell) vendre ; (= find outlet for) trouver un or des débouché(s) pour

3 vi (esp US: also **to go marketing**) aller faire des commissions

4 COMP ▷ **market analysis** n analyse f de marché ▷ **market cross** n croix f sur la place du marché ▷ **market day** n jour m de or du marché ; (St Ex) jour m de Bourse ▷ **market-driven** adj **a market-driven product** un produit conçu pour mieux répondre aux besoins du marché ▷ **market economy** n économie f de marché ▷ **market forces** npl forces fpl du marché ▷ **market garden** n (Brit) jardin m maraîcher ▷ **market gardener** n (Brit) maraîcher m, -ère f ▷ **market gardening** n (Brit) culture f maraîchère ▷ **market leader** n (= company, product) leader m du marché ▷ **market maker** n (Fin) faiseur m de marché ▷ **market opportunity** n créneau m ▷ **market place** n (lit) place f du marché ◆ **in the market place** (lit) au marché ; (fig: Econ) sur le marché ▷ **market price** n (Comm) prix m marchand or du marché ◆ **at market price** au cours, au prix courant ◆ **market prices** (St Ex) cours m du marché ▷ **market rates**

npl taux m du cours libre ▷ **market research** n étude f de marché (in de) ◆ **to do some market research** faire une étude de marché ◆ **I work in market research** je travaille pour un consultant en études de marché or une société de marketing ◆ **market research institute** or **organization** institut m de marketing ▷ **market researcher** n enquêteur m, -trice f (qui fait des études de marché) ▷ **market share** n part f du marché ▷ **market square** n place f du marché ▷ **market-test** vt tester sur le marché ◆ **in test m de marché** ▷ **market town** n (Brit) bourg m ▷ **market trader** n (Brit) commerçant(e) m(f) (qui vend sur les marchés) ▷ **market trends** npl (St Ex) tendances fpl du marché ▷ **market value** n valeur f marchande

marketability [ˌmɑːkɪtə'bɪlɪtɪ] n possibilité f de commercialisation

marketable ['mɑːkɪtəbl] → SYN adj **a** commodity, product, skill facilement commercialisable ; (St Ex) securities négociable ◆ **of marketable quality** d'une bonne qualité marchande

b (fig) person coté

marketeer [ˌmɑːkə'tɪə^r] n **a** → **black**

b (Brit Pol) **(pro-)Marketeers** ceux qui sont en faveur du Marché commun ◆ **anti-Marketeers** ceux qui s'opposent au Marché commun

marketing ['mɑːkɪtɪŋ] **1** n **a** [of product, goods] commercialisation f, marketing m

b (= field of activity) marketing m, mercatique f

c (= department) service m du marketing, département m marketing

2 COMP concept, plan de commercialisation ▷ **marketing arrangement** n accord m de commercialisation ▷ **marketing campaign** n campagne f de marketing ▷ **marketing department** n service m du marketing, département m marketing ▷ **marketing intelligence** n informations fpl commerciales ▷ **marketing manager** n directeur m, -trice f du marketing ▷ **marketing mix** n marketing mix m, plan m de marchéage ▷ **marketing people** npl one of our marketing people l'un de nos commerciaux ▷ **marketing strategy** n stratégie f marketing

marking ['mɑːkɪŋ] **1** n **a** (NonC) [of animals, trees, goods] marquage m

b (Brit Scol) (gen = correcting) correction f (des copies) ; (= giving of marks) attribution f de notes, notation f ; (= marks given) notes fpl

c (also **markings**) (on animal) marques fpl, taches fpl ; (on road) signalisation f horizontale

d (Ftbl) marquage m (d'un joueur)

2 COMP ▷ **marking ink** n encre f indélébile ▷ **marking scheme** n barème m

marksman ['mɑːksmən] → SYN n, pl **-men** tireur m ; (Police) tireur m d'élite

marksmanship ['mɑːksmənʃɪp] n adresse f au tir

markswoman ['mɑːkswʊmən] n, pl **markswomen** ['mɑːkswɪmɪn] tireuse f d'élite

marl [mɑːl] (Geol) **1** n marne f

2 vt marner

marlin ['mɑːlɪn] n **a** pl **marlin** or **marlins** (= fish) marlin m, makaire m

b ⇒ **marline**

marline ['mɑːlɪn] **1** n (Naut) lusin m

2 COMP ▷ **marlin(e) spike** n (Naut) épissoir m

marlite ['mɑːlaɪt] n (Geol) marne f vitrifiable

marly ['mɑːlɪ] adj marneux

marmalade ['mɑːməleɪd] **1** n confiture f or marmelade f (d'agrumes)

2 COMP ▷ **marmalade cat** n chat m roux ▷ **marmalade orange** n orange f amère, bigarade f

Marmara, Marmora ['mɑːmərə] n ◆ **the Sea of Marmara** la mer de Marmara

Marmite ® ['mɑːmaɪt] n pâte à tartiner à base d'extrait de levure

marmoreal [mɑːˈmɔːrɪəl] adj (liter) marmoréen

marmoset ['mɑːməʊzet] n ouistiti m

marmot ['mɑːmət] n marmotte f

Maronite ['mærənaɪt] **1** n Maronite mf

2 adj maronite

maroon¹ [məˈruːn] adj (= colour) bordeaux inv

maroon² [məˈruːn] n (= distress signal) fusée f de détresse

maroon³ [məˈruːn] → SYN vt (lit) [+ castaway] abandonner (sur une île or une côte déserte); (fig) [sea, traffic, strike etc] bloquer ◆ **to be marooned** (fig) être abandonné or délaissé

marque [mɑːk] n (= brand) marque f

marquee [mɑːˈkiː] n **a** (esp Brit) (= tent) grande tente f; (in circus) chapiteau m
b (= awning) auvent m; (US) [of theatre, cinema] marquise f, fronton m

Marquesas Islands [mɑːˈkeɪsæsˈaɪləndz] npl îles fpl Marquises

marquess [ˈmɑːkwɪs] n marquis m

marquetry [ˈmɑːkɪtrɪ] **1** n marqueterie f
2 COMP table etc de or en marqueterie

marquis [ˈmɑːkwɪs] n ⇒ **marquess**

marquise [mɑːˈkiːz] n **a** (= ring) marquise f
b (US = canopy) (gen) auvent m; (glass) marquise f

Marrakesh, Marrakech [məˈrækeʃ, mærəˈkeʃ] n Marrakech

marram grass [ˈmærəm] n (Bot) ammophila f, oyat m

marriage [ˈmærɪdʒ] LANGUAGE IN USE 24.3 → SYN
1 n mariage m; (fig) mariage m, alliance f ◆ **to give sb in marriage** donner qn en mariage ◆ **to take sb in marriage** † (gen) épouser qn; (in actual wording of service) prendre qn comme époux (or épouse) ◆ **civil marriage** mariage m civil ◆ **marriage of convenience** mariage m de convenance ◆ **aunt by marriage** tante f par alliance ◆ **they are related by marriage** ils sont parents par alliance ◆ **"The Marriage of Figaro"** (Theat) "Le Mariage de Figaro"; (Mus) "Les Noces de Figaro"; → **offer, shotgun**
2 COMP ▷ **marriage bed** n lit m conjugal ▷ **marriage bonds** npl liens mpl conjugaux ▷ **marriage broker** n agent m matrimonial ▷ **marriage bureau** n agence f matrimoniale ▷ **marriage ceremony** n (cérémonie f de) mariage m ▷ **marriage certificate** n (extrait m d')acte m de mariage ▷ **marriage customs** npl coutumes fpl matrimoniales ▷ **marriage guidance** n consultation f conjugale ▷ **marriage guidance counsellor** n conseiller m, -ère f conjugal(e) ▷ **marriage licence** n certificat m de publication des bans ▷ **marriage lines** npl (Brit) ⇒ **marriage certificate** ▷ **marriage partner** n conjoint(e) m(f) ▷ **marriage rate** n taux m de nuptialité ▷ **marriage settlement** n ≈ contrat m de mariage ▷ **marriage vows** npl vœux mpl de mariage

marriageable † [ˈmærɪdʒəbl] adj person mariable ◆ **of marriageable age** en âge de se marier ◆ **he's very marriageable** c'est un très bon parti

married [ˈmærɪd] → SYN **1** adj **a** (= wedded) person, couple marié (to à, avec) ◆ **twice-married** marié deux fois ◆ **"just married"** "jeunes mariés" ◆ **the newly married couple** les (nouveaux) mariés mpl ◆ **he is a married man** c'est un homme marié ◆ **to be happily married** être heureux en ménage ◆ **married life** vie f conjugale; see also **happily**
b (fig) **to be married to one's job** or **work** ne vivre que pour son travail
2 COMP ▷ **married name** n nom m de femme mariée ▷ **married quarters** npl (Mil) quartiers mpl des personnes mariées; → **marry**

marrow [ˈmærəʊ] → SYN n **a** [of bone] moelle f; (fig) essence f ◆ **to be chilled** or **frozen to the marrow** être gelé jusqu'à la moelle des os
b (Brit = vegetable) courge f ◆ **baby marrow** courgette f

marrowbone [ˈmærəʊbəʊn] n os m à moelle

marrowfat [ˈmærəʊfæt] n (also **marrowfat pea**) pois de grande taille

marry [ˈmærɪ] LANGUAGE IN USE 24.3 → SYN
1 vt **a** (= take in marriage) épouser, se marier avec ◆ **will you marry me?** veux-tu or voulez-vous m'épouser? ◆ **to get** or **be married** se marier ◆ **they've been married for ten years** ils sont mariés depuis dix ans ◆ **to marry money** faire un riche mariage, épouser une grosse fortune
b (= give or join in marriage) [priest, parent] marier ◆ **he has three daughters to marry (off)** il a trois filles à marier ◆ **she married (off) her daughter to a lawyer** elle a marié sa fille avec or à un avocat
2 vi se marier ◆ **to marry for money/love** faire un mariage d'argent/d'amour ◆ **to marry into a family** s'allier à une famille par le mariage, s'apparenter à une famille ◆ **to marry into money** épouser une grosse fortune ◆ **to marry beneath o.s.** † se mésallier, faire une mésalliance ◆ **to marry again** se remarier

▶ **marry off** vt sep [parent etc] marier; → **marry 1b**

▶ **marry up** vt sep [pattern etc] faire coïncider

Mars [mɑːz] n (Myth) Mars m; (Astron) Mars f

Marseillaise [mɑːsəˈleɪz] n Marseillaise f

Marseilles [mɑːˈseɪlz] n Marseille

marsh [mɑːʃ] → SYN **1** n marais m, marécage m; → **salt**
2 COMP ▷ **marsh cinquefoil** n comaret m des marais ▷ **marsh fever** n paludisme m, fièvre f des marais ▷ **marsh gas** n gaz m des marais ▷ **marsh harrier** n busard m des marais ▷ **marsh marigold** n renoncule f des marais ▷ **marsh tit** n mésange f nonnette, nonnette f des marais ▷ **marsh warbler** n rousserolle f

marshal [ˈmɑːʃəl] → SYN **1** n **a** (Mil etc) maréchal m ◆ **Marshal of the Royal Air Force** (Brit) maréchal m de la RAF; → **air, field**
b (Brit: at demonstration, sports event etc) membre m du service d'ordre
c (in US) (in police/fire department) ≈ capitaine m de gendarmerie/des pompiers; (= law officer) marshal m (magistrat et officier de police fédérale)
d (in Brit: at Court etc) chef m du protocole
2 vt (Mil, Police) [+ troops, forces] rassembler; [+ crowd, traffic] canaliser; (Rail) [+ wagons] trier ◆ **the police marshalled the procession into the town** la police a fait entrer le cortège en bon ordre dans la ville
b (fig) [+ facts] organiser; [+ evidence] rassembler; [+ resources] mobiliser; [+ support] obtenir, rallier ◆ **to marshal one's thoughts** rassembler ses idées

marshalling [ˈmɑːʃəlɪŋ] **1** n **a** [of crowd, demonstrators] maintien m de l'ordre (of parmi)
b (Rail) triage m
2 COMP ▷ **marshalling yard** n gare f or centre m de triage

Marshall Islands [ˈmɑːʃəl] npl îles fpl Marshall

marshland [ˈmɑːʃlænd] n région f marécageuse, marécage m

marshmallow [mɑːʃˈmæləʊ] n **a** (Bot) guimauve f
b (= sweet) marshmallow m

marshy [ˈmɑːʃɪ] → SYN adj marécageux

marsupial [mɑːˈsuːpɪəl] adj, n marsupial m

mart [mɑːt] n (esp US) (= trade centre) centre m commercial; (= market) marché m; (= auction room) salle f des ventes; → **property**

martagon [ˈmɑːtəgən] n (Bot: also **martagon lily**) (lis m) martagon m

marten [ˈmɑːtɪn] n, pl **martens** or **marten** martre f or marte f

martensite [ˈmɑːtɪnzaɪt] n martensite f

martensitic [ˌmɑːtɪnˈzɪtɪk] adj martensitique

Martha [ˈmɑːθə] n Marthe f

martial [ˈmɑːʃəl] → SYN **1** adj music militaire; spirit guerrier; behaviour martial; → **court martial**
2 COMP ▷ **martial art** n art m martial ▷ **martial artist** n expert m en arts martiaux ▷ **martial law** n loi f martiale ◆ **to be under martial law** être soumis à la loi martiale ▷ **martial rule** n domination f militaire

Martian [ˈmɑːʃən] **1** n martien(ne) m(f)
2 adj martien

martin [ˈmɑːtɪn] n (Orn) ◆ **house martin** hirondelle f de fenêtre ◆ **sand martin** hirondelle f de rivage

martinet [ˌmɑːtɪˈnet] → SYN n ◆ **to be a (real) martinet** être impitoyable or intraitable en matière de discipline

martingale [ˈmɑːtɪŋgeɪl] n (Horse-riding, Gambling) martingale f

Martini ® [mɑːˈtiːnɪ] n Martini ® m; (US = cocktail) adj Martini m américain ◆ **sweet Martini** Martini m rouge

Martinique [ˌmɑːtɪˈniːk] n la Martinique ◆ **in Martinique** à la Martinique

Martinmas [ˈmɑːtɪnməs] n la Saint-Martin

martyr [ˈmɑːtəʳ] **1** n (Rel, fig) martyr(e) m(f) (to de) ◆ **a martyr's crown** la couronne du martyre ◆ **he is a martyr to migraine(s)** ses migraines lui font souffrir le martyre ◆ **don't be such a martyr!** *, stop acting like a martyr! arrête de jouer les martyrs!
2 vt (Rel, fig) martyriser

martyrdom [ˈmɑːtədəm] → SYN n (NonC) (Rel) martyre m; (fig) martyre m, calvaire m

martyrization [ˌmɑːtɪraɪˈzeɪʃən] n martyre m

martyrize [ˈmɑːtɪraɪz] vt (Rel, fig) martyriser

martyrologist [ˌmɑːtəˈrɒlədʒɪst] n (Rel) martyrologiste mf

martyrology [ˌmɑːtəˈrɒlədʒɪ] n (Rel) (= list) martyrologe m; (= study) martyrologie f

MARV [mɑːv] n (abbrev of **manoeuvrable re-entry vehicle**) MARV m

marvel [ˈmɑːvəl] → SYN **1** n (= thing) merveille f; (= wonder) prodige m, miracle m ◆ **the marvels of modern science** les prodiges mpl de la science moderne ◆ **plastics were hailed as a marvel of modern science** on a salué les matières plastiques comme un prodige de la science moderne ◆ **the cathedral is a marvel of Gothic architecture** la cathédrale est un joyau de l'architecture gothique ◆ **if he gets there it will be a marvel** ce sera (un) miracle s'il y arrive ◆ **she's a marvel *** c'est une perle ◆ **it's a marvel to me *** how he does it je ne sais vraiment pas comment il y arrive ◆ **it's a marvel to me *** that ... cela me paraît un miracle que ... (+ subj), je n'en reviens pas que ... (+ subj) ◆ **it's a marvel that ...** c'est un miracle que ... (+ subj); → **work**
2 vi s'émerveiller, s'étonner (at de)
3 vt s'étonner (that de ce que + indic or + subj)

marvellous, marvelous (US) [ˈmɑːvələs] → SYN adj merveilleux ◆ **(isn't it) marvellous!** (iro) c'est vraiment extraordinaire! (iro) ◆ **to have a marvellous time** s'amuser énormément ◆ **it's marvellous to see you** je suis si content de te voir

marvellously, marvelously (US) [ˈmɑːvələslɪ] adv merveilleusement

Marxian [ˈmɑːksɪən] adj marxien

Marxism [ˈmɑːksɪzəm] **1** n marxisme m
2 COMP ▷ **Marxism-Leninism** n marxisme-léninisme m

Marxist [ˈmɑːksɪst] **1** adj, n marxiste mf ◆ **with Marxist tendencies** marxisant
2 COMP ▷ **Marxist-Leninist** adj, n marxiste-léniniste mf

Mary [ˈmɛərɪ] n Marie f ◆ **Mary Magdalene** Marie-Madeleine f ◆ **Mary Queen of Scots, Mary Stuart** Marie Stuart(, reine d'Écosse) ◆ **Mary Jane *** (Drugs) marie-jeanne * f, marijuana f; → **bloody**

Maryland [ˈmɛərɪlænd] n le Maryland ◆ **in Maryland** dans le Maryland

marzipan [ˈmɑːzɪpæn] **1** n pâte f d'amandes, massepain m
2 COMP sweet etc à la pâte d'amandes

masc. abbrev of **masculine**

mascara [mæsˈkɑːrə] n mascara m

mascaraed [mæsˈkɑːrəd] adj maquillé (au mascara)

Mascarene Islands [ˌmæskəˈriːn] npl (Geog) ◆ **the Mascarene Islands** l'archipel m des Mascareignes, les Mascareignes fpl

mascot [ˈmæskət] n mascotte f

masculine [ˈmæskjʊlɪn] → SYN **1** adj masculin
2 n (Gram) masculin m ◆ **in the masculine** au masculin

masculinist ['mæskjʊlɪnɪst], **masculist** ['mæskjʊlɪst] adj masculin ; (pej) phallocrate, machiste

masculinity [ˌmæskjʊ'lɪnɪtɪ] n masculinité f

masculinization [ˌmæskjʊlɪnaɪ'zeɪʃən] n masculinisation f

masculinize ['mæskjʊlɪnaɪz] vt masculiniser

masculist ['mæskjʊlɪst] n ⇒ **masculinist**

maser ['meɪzər] n maser m

MASH [mæʃ] **1** n (US) (abbrev of **mobile army surgical hospital**) unité f chirurgicale mobile de campagne
  2 COMP ▷ **MASH team** n équipe f chirurgicale mobile de campagne ▷ **MASH unit** n unité f chirurgicale mobile de campagne

mash [mæʃ] **1** n **a** (= pulp) pulpe f
  b (Brit Culin*= potatoes) purée f (de pommes de terre) ; → **banger**
  c (Agr) (for pigs, hens etc) pâtée f ; (for horses) mash m
  d (Brewing) pâte f
  2 vt **a** (= crush: also **mash up**) écraser, broyer ; (Culin) [+ potatoes, bananas] faire une purée de ◆ **mashed potatoes** purée f (de pommes de terre)
  b (= injure, damage) écraser
  c (Brewing) brasser

masher ['mæʃər] n (Tech) broyeur m ; (in kitchen) presse-purée m inv

mashie ['mæʃɪ] n (Golf) mashie m

mask [mɑːsk] → SYN **1** n (gen) masque m ; (for eyes: in silk or velvet) masque m, loup m ; (Comput) masque m de saisie ; → **death, gasmask, iron**
  2 vt **a** [+ person, face] masquer
  b (= hide) [+ object, truth, fact, differences] masquer, cacher ; [+ motives, pain] cacher, dissimuler ; [+ taste, smell] masquer ◆ **to mask sth from sb** (fig) cacher qch à qn
  3 vi [surgeon etc] se masquer
  4 COMP ▷ **masked ball** n bal m masqué ▷ **masking tape** n ruban m de masquage

maskinonge ['mæskɪˌnɒndʒ] n (= fish) maskinongé m

masochism ['mæsəʊkɪzəm] n masochisme m

masochist ['mæsəʊkɪst] n masochiste mf

masochistic [ˌmæsəʊ'kɪstɪk] adj masochiste

mason ['meɪsn] **1** n **a** (= stoneworker) maçon m ; → **monumental**
  b (also **freemason**) (franc-)maçon m
  2 COMP ▷ **the Mason-Dixon Line** n (US Hist) la ligne Mason-Dixon ▷ **Mason jar** n (US) bocal m à conserves (étanche)

MASON-DIXON LINE

La **ligne Mason-Dixon** est la frontière symbolique (longue de 375 km) qui, au 18ᵉ siècle, séparait le nord du sud des États-Unis, c'est-à-dire les États esclavagistes des États antiesclavagistes. L'expression est encore utilisée de nos jours. De même, les chanteurs de musique country parlent souvent avec nostalgie de traverser la **ligne Mason-Dixon** pour évoquer leur désir de rentrer chez eux dans le Sud.

---

masonic [mə'sɒnɪk] adj (franc-)maçonnique

Masonite ® ['meɪsənaɪt] n (US) aggloméré m

masonry ['meɪsənrɪ] n (NonC) **a** (= stonework) maçonnerie f
  b (= freemasonry) (franc-)maçonnerie f

masque [mɑːsk] n (Theat) mascarade f, comédie-masque f

masquerade [ˌmæskə'reɪd] **1** n (lit, fig) mascarade f
  2 vi ◆ **to masquerade as ...** se faire passer pour ...

mass¹ [mæs] → SYN **1** n **a** (NonC: Art, Phys) masse f
  b [of matter, dough, rocks, air, snow, water etc] masse f ◆ **a mass of daisies** une multitude de pâquerettes ◆ **the garden was a (solid) mass of colour** le jardin n'était qu'une profusion de couleurs ◆ **he was a mass of bruises** il était couvert de bleus ◆ **in the mass** dans l'ensemble ◆ **the great mass of people** la (grande) masse des gens, la (grande) majorité des gens
  c (= people) **the mass(es)** les masses (populaires) ◆ **Shakespeare for the masses** Shakespeare à l'usage des masses
  2 **masses** * npl ◆ **masses (of ...)** des masses * (de ...), des tas * (de ...) ◆ **I've got masses** j'en ai plein *
  3 adj **a** (= en masse) support, unemployment, opposition, destruction massif ; rally massif, de masse ; resignations, desertions, sackings en masse ; hysteria, hypnosis collectif ◆ **mass executions** exécutions fpl systématiques
  b (= for the masses) culture, civilization, movement, magazine (also Comput) memory de masse ; (= relating to the masses) psychology, education de masses
  4 vt ◆ **massed bands/troops** fanfares fpl/troupes fpl regroupées
  5 vi [troops, people] se masser ; [clouds] s'amonceler
  6 COMP ▷ **mass catering** n restauration f de collectivités ▷ **mass cult*** n (US) culture f populaire or de masse ▷ **mass funeral** n obsèques fpl collectives ▷ **mass grave** n charnier m ▷ **mass mailing** n publipostage m ▷ **mass-market** adj grand public inv ▷ **mass marketing** n commercialisation f de masse ▷ **mass media** npl (mass-)médias mpl ▷ **mass meeting** n grand rassemblement m ▷ **mass murder** n tuerie f, massacre m ▷ **mass murderer** n (lit, fig) boucher m, auteur m d'un massacre ◆ **mass noun** n (Ling) nom m massif ▷ **mass number** n (Chem) nombre m de masse ▷ **mass-produce** vt (Ind) fabriquer en série ▷ **mass production** n production f or fabrication f en série ▷ **mass spectrometer** n spectromètre m de masse

mass² [mæs] n (Rel, Mus) messe f ◆ **to say mass** dire la messe ◆ **to go to mass** aller à la messe ; → **black**

Mass. abbrev of **Massachusetts**

Massachusetts [ˌmæsə'tʃuːsɪts] n le Massachusetts ◆ **in Massachusetts** dans le Massachusetts

massacre ['mæsəkər] → SYN **1** n (lit, fig) massacre m ◆ **a massacre on the roads** une hécatombe sur les routes
  2 vt (lit, fig) massacrer

massage ['mæsɑːʒ] → SYN **1** n massage m ; (euph) massage m thaïlandais
  2 vt masser ; (fig) [+ figures] manipuler
  3 COMP ▷ **massage glove** n gant m de crin ▷ **massage parlour** n institut m de massage (spécialisé)

massé ['mæsɪ] n (Billiards: also **massé shot**) massé m

masseur [mæ'sɜːr] n masseur m

masseuse [mæ'sɜːz] n masseuse f

massicot ['mæsɪkɒt] n massicot m

massif [mæ'siːf] **1** n massif m
  2 COMP ▷ **the Massif Central** n le Massif central

massive ['mæsɪv] → SYN adj **a** (= imposing, solid) features, physique, building, furniture, rock face massif
  b (= large-scale) dose, explosion, increase massif ; majority écrasant ; heart attack, stroke foudroyant ◆ **on a massive scale** à très grande échelle
  c (*= huge) suitcase, car, house etc énorme, gigantesque ◆ **he weighs in at a massive 100 kilos** il fait le poids imposant de 100 kilos, c'est un colosse de 100 kilos

massively ['mæsɪvlɪ] adv invest, borrow, increase massivement ; reduce énormément ; successful, popular extrêmement ◆ **massively overloaded** beaucoup trop chargé ◆ **massively overweight** obèse

massiveness ['mæsɪvnɪs] n **a** [of building, features, dose, increase] aspect m or caractère m massif ; [of majority] ampleur f
  b * [of suitcase, car, house etc] taille f gigantesque

mast¹ [mɑːst] n (on ship, also flagpole) mât m ; (for radio) pylône m ◆ **the masts of a ship** la mâture d'un navire ◆ **to sail before the mast** (Naut) servir comme simple matelot

mast² [mɑːst] n (Bot) → **beechmast**

mastectomy [mæ'stektəmɪ] n mastectomie f

-masted [mɑːstɪd] adj (in compounds) ◆ **three-masted** à trois mâts

master ['mɑːstər] → SYN **1** n **a** [of household, institution, animal] maître m ◆ **the master of the house** le maître de maison ◆ **to be master in one's own house** être maître chez soi ◆ **the master is not at home** † Monsieur n'est pas là ◆ (Prov) **like master like man** tel maître tel valet (Prov) ◆ **old masters** (Art = pictures) tableaux mpl de maîtres ◆ **I am the master now** c'est moi qui commande ou qui donne les ordres maintenant ◆ **he has met his master** (fig) il a trouvé son maître ◆ **to be one's own master** être son (propre) maître ◆ **to be master of o.s./of the situation** être maître de soi/de la situation ◆ **to be (the) master of one's destiny** or **fate** être maître de sa destinée ◆ **he is a master of the violin** c'est un virtuose du violon ◆ **the Master** (Bible) le Seigneur ; → **old, past**
  b († : also **schoolmaster**) (in secondary school) professeur m ; (in primary school) instituteur m, maître m ◆ **music master** (in school) professeur m de musique ; (private tutor) professeur m or maître m de musique ; → **fencing**
  c (Naut) [of ship] capitaine m ; [of liner] (capitaine) commandant m ; [of fishing boat] patron m
  d (Univ) **Master of Arts/Science** etc ≃ titulaire mf d'une maîtrise en lettres/sciences etc ; → **DEGREE** ◆ **a master's (degree)** ≃ une maîtrise ◆ **master's essay** or **paper** or **thesis** (US) ≃ mémoire m (de maîtrise)
  e (Brit Univ) [of Oxbridge college etc] ≃ directeur m, ≃ principal m
  f (Brit: title for boys) monsieur m
  g ◆ **master tape, master disk**
  h (Golf) **the** (US) **Masters** les Masters mpl
  2 vt **a** [+ person] mater ; [+ animal] dompter ; [+ emotion] maîtriser ; [+ difficulty, crisis, problem] gérer, surmonter ; [+ situation] se rendre maître de
  b (= understand, learn) [+ theory] saisir ; [+ language, skill] maîtriser ◆ **he has mastered Greek** il connaît or possède le grec à fond ◆ **he'll never master the violin** il ne saura jamais bien jouer du violon ◆ **he has mastered the trumpet** il est devenu très bon trompettiste or un trompettiste accompli ◆ **it's so difficult that I'll never master it** c'est si difficile que je n'y parviendrai jamais
  3 COMP beam maître (maîtresse f) ; control, cylinder, switch principal ▷ **master-at-arms**, pl **masters-at-arms** (Naut) capitaine m d'armes ▷ **master baker** n maître m boulanger ▷ **master bedroom** n chambre f principale ▷ **master builder** n entrepreneur m en bâtiment ▷ **master butcher** n maître m boucher ▷ **master card** n (Cards, fig) carte f maîtresse ▷ **master chief petty officer** n (US Naut) major m ▷ **master class** n cours m de (grand) maître ▷ **master copy** n original m ▷ **master cylinder** n (Aut) maître cylindre m ▷ **master disk** n (Comput) disque m d'exploitation ▷ **master file** n (Comput) fichier m maître or permanent ▷ **master hand** n (= expert) maître m ◆ **to be a master hand at (doing) sth** être passé maître dans l'art de (faire) qch ◆ **the work of a master hand** un travail exécuté de main de maître ▷ **master key** n passe-partout m inv ▷ **master mariner** n (Naut) (foreign-going) ≃ capitaine m au long cours ; (home trade) ≃ capitaine m de la marine marchande ▷ **master of ceremonies** n maître m des cérémonies ; (TV etc) animateur m ▷ **Master of (fox)hounds** n grand veneur m ▷ **Master of the Rolls** n (Brit Jur) ≃ premier président m de la Cour de cassation ▷ **master plan** n schéma m directeur ▷ **master print** n (Cine) copie f étalon ▷ **master race** n race f supérieure ▷ **master sergeant** n (US) adjudant m ; (US Aviat) ≃ sergent-chef m ▷ **master stroke** n coup m magistral or de maître ▷ **master switch** n (Elec) interrupteur m général ▷ **master tape** n bande f mère

MasterCard ® ['mɑːstəkɑːd] n MasterCard ® f

masterful ['mɑːstəfʊl] → SYN adj **a** (= dominant) person à l'autorité naturelle
  b (= skilful) performance, job, display magistral ◆ **to be masterful at doing sth** réussir remarquablement à faire qch

masterfully ['mɑːstəfəli] adv [a] (= imperiously) act, decide on, announce d'un ton décisif, sur un ton d'autorité [b] (= expertly) magistralement, de main de maître

masterly ['mɑːstəli] → SYN adj performance, analysis magistral ; actor, player, politician de grande classe ◆ **in masterly fashion** avec maestria ◆ **to say sth with masterly understatement** dire qch avec un art consommé de la litote

mastermind ['mɑːstəmaɪnd] → SYN [1] n (= genius) génie m, cerveau m ; [of plan, crime etc] cerveau m
[2] vt [+ operation etc] diriger, organiser

masterpiece ['mɑːstəpiːs] → SYN n chef-d'œuvre m

masterwork ['mɑːstəwɜːk] n chef-d'œuvre m

mastery ['mɑːstəri] → SYN n (gen) maîtrise f (of de) ◆ **to gain mastery over** [+ person] avoir le dessus sur, l'emporter sur ; [+ animal] dompter ; [+ nation, country] s'assurer la domination de ; [+ the seas] s'assurer la maîtrise de

masthead ['mɑːsthed] n [of ship] tête f de mât ; [of newspaper] (= title) titre m ; (= staff etc) ours * m (Press)

mastic ['mæstɪk] n (= resin, adhesive) mastic m

masticate ['mæstɪkeɪt] vti mastiquer, mâcher

mastiff ['mæstɪf] n mastiff m

mastitis [mæˈstaɪtɪs] n mastite f

mastodon ['mæstədɒn] n mastodonte m (lit)

mastoid ['mæstɔɪd] [1] adj mastoïdien
[2] n (= bone) apophyse f mastoïde

mastoiditis [ˌmæstɔɪˈdaɪtɪs] n mastoïdite f

masturbate ['mæstəbeɪt] [1] vi se masturber
[2] vt masturber

masturbation [ˌmæstəˈbeɪʃən] n masturbation f

masturbator [ˈmæstəbeɪtər] n masturbateur m, -trice f

masturbatory [ˌmæstəˈbeɪtəri] adj masturbatoire, masturbateur (-trice f)

MAT [ˌemeɪˈtiː] n (abbrev of **machine-assisted translation**) TAO f

mat[1] [mæt] [1] n [a] (for floors etc) (petit) tapis m, carpette f ; [of straw etc] natte f ; (at door) paillasson m ; (in car, gymnasium) tapis m ◆ **to have sb on the mat** * (fig) passer un savon à qn * ◆ **a mat of hair** des cheveux emmêlés ◆ **to go to the mat for sb/to do sth** (US) monter au créneau pour qn/pour faire qch ; → **rush**[2]
[b] (on table) (heat-resistant) dessous-de-plat m inv ; (decorative) set m (de table) ; (embroidered linen) napperon m ; → **drip, place**
[2] vi (= become matted) [hair etc] s'emmêler ; [woollens] (se) feutrer ; → **matted**

mat[2] [mæt] adj ⇒ **matt(e)**

matador ['mætədɔːr] n matador m

match[1] [mætʃ] n allumette f ◆ **box/book of matches** boîte f/pochette f d'allumettes ◆ **have you got a match?** avez-vous une allumette or du feu ? ◆ **to strike** or **light a match** gratter or frotter or faire craquer une allumette ◆ **to put** or **set a match to sth** mettre le feu à qch ; → **safety**

match[2] [mætʃ] → SYN [1] n [a] (Sport) match m ; (esp Brit = game) partie f ◆ **to play a match against sb** disputer un match contre qn, jouer contre qn ◆ **international match** match m international, rencontre f internationale ◆ **match abandoned** match m suspendu ; → **away, home, return**
[b] (= equal) égal(e) m(f) ◆ **to meet one's match (in sb)** trouver à qui parler (avec qn), avoir affaire à forte partie (avec qn) ◆ **he's a match for anybody** il est de taille à faire face à n'importe qui ◆ **he's no match for Paul** il n'est pas de taille à lutter contre Paul, il ne fait pas le poids contre Paul ◆ **he was more than a match for Simon** Simon n'était pas à sa mesure or ne faisait pas le poids contre lui
[c] **to be a good match** [clothes, colours etc] aller bien ensemble, s'assortir bien ◆ **I'm looking for a match for these curtains** je cherche quelque chose pour aller avec ces rideaux
[d] (= comparison) adéquation f ◆ **a poor match between our resources and our objectives** une mauvaise adéquation entre nos ressources et nos objectifs
[e] († = marriage) mariage m ◆ **he's a good match for her** c'est un bon parti (pour elle) ◆ **they're a good match** ils sont bien assortis ; see also **love**
[2] vt [a] (= be equal to: also **match up to**) égaler, être l'égal de ◆ **his essay didn't match (up to) Jason's in originality** sa dissertation n'égalait pas or ne valait pas celle de Jason en originalité ◆ **she doesn't match (up to) her sister in intelligence** elle n'a pas l'intelligence de sa sœur ◆ **the result didn't match (up to) our hopes** le résultat a déçu nos espérances
[b] (= produce equal to) **to match sb's offer/proposal** faire une offre/une proposition équivalente à celle de qn ◆ **I can match any offer** je peux offrir autant que n'importe qui ◆ **to match sb's price/terms** offrir le même prix/des conditions aussi favorables que qn ◆ **this is matched only by …** cela n'a d'égal que …
[c] [clothes, colours etc] (intended as a set) être assorti à ; (a good match) aller bien avec ◆ **his tie doesn't match his shirt** sa cravate ne va pas avec sa chemise
[d] (= find similar piece etc to: also **match up**) **can you match (up) this material?** (exactly same) avez-vous du tissu identique à celui-ci ? ; (going well with) avez-vous du tissu assorti à celui-ci ?
[e] (= pair off) **to match sb against sb** opposer qn à qn ◆ **she matched her wits against his strength** elle opposait son intelligence à sa force ◆ **evenly matched** de force égale ◆ **they are well matched** [opponents] ils sont de force égale ; [married couple etc] ils sont bien assortis
[3] vi [colours, materials] être bien assortis, aller bien ensemble ; [cups] être appareillés ; [gloves, socks] faire la paire ; [two identical objects] se faire pendant ◆ **with (a) skirt to match** avec (une) jupe assortie
[4] COMP ▷ **match day** n (Brit Sport) jour m de match ▷ **match-fit** adj (Brit Sport) en état de jouer (un match) ▷ **match fitness** n (Brit Sport) **to regain match fitness** retrouver la forme pour jouer (un match) ▷ **match-fixing** n there were allegations of match-fixing il y a eu des accusations selon lesquelles le match était truqué ▷ **match play** n (Golf) match-play m ▷ **match point** n (Tennis) balle f de match ▷ **match-winner** n (= goal, point) but m (or point m) de la victoire

▶ **match up** [1] vi [colours etc] aller bien ensemble, être assortis
[2] vt sep ⇒ **match**[2] 2d

▶ **match up to** vt fus ⇒ **match**[2] 2a

matchboard ['mætʃbɔːd] n latte f bouvetée (pour lambris, parquets etc.)

matchbook ['mætʃbʊk] n (esp US) pochette f d'allumettes

matchbox ['mætʃbɒks] n boîte f d'allumettes

matching ['mætʃɪŋ] → SYN adj clothes, accessories, earrings, curtains assorti ◆ **he was dressed in a smart grey suit and matching tie** il était vêtu d'un élégant costume gris avec une cravate assortie ◆ **her matching blue sweater and skirt** son pull bleu et sa jupe assortie ◆ **a matching pair** une paire

matchless ['mætʃlɪs] → SYN adj (liter) sans égal

matchmake * ['mætʃmeɪk] vi jouer les entremetteurs

matchmaker ['mætʃmeɪkər] n entremetteur m, -euse f, marieur *m, -euse * f ◆ **she is a great matchmaker** elle aime jouer les entremetteuses

matchstick ['mætʃstɪk] [1] n allumette f
[2] COMP (= thin) limbs, body filiforme

matchwood ['mætʃwʊd] n (for matches) bois m d'allumettes ◆ **to smash sth to matchwood** (= debris) réduire qch en miettes, pulvériser qch

mate[1] [meɪt] → SYN [1] n [a] (at work) camarade mf
[b] (Brit * = friend) copain * m, copine * f ◆ **he's a good mate** c'est un bon copain ◆ **cheers mate!** * merci, mon vieux ! * ; → **classmate, playmate, workmate**
[c] (= assistant) aide mf ◆ **plumber's mate** aide-plombier m
[d] [of animal] mâle m, femelle f ; (* hum) [of human] (= spouse etc) compagnon m, compagne f
[e] (Brit Merchant Navy) ≈ second m (capitaine m) ; (US Naut) maître m (dans la marine) ; → **first**
[2] vt accoupler (with à)
[3] vi s'accoupler (with à, avec)

mate[2] [meɪt] (Chess) [1] n mat m ; → **checkmate, stalemate**
[2] vt mettre échec et mat, mater

maté ['mɑːteɪ] n (= tree, drink) maté m

matelot * ['mætləʊ] n mataf * m

mater dolorosa [ˌdɒləˈrəʊsə] n mater dolorosa f

material [məˈtɪəriəl] → SYN [1] adj (esp Jur) [a] (= physical) matériel ◆ **material damage** dommage m matériel ◆ **material evidence** preuves fpl matérielles
[b] (= relevant) pertinent (to sth pour qch) ◆ **material information** informations fpl pertinentes ◆ **material witness** témoin m de fait
[2] n [a] (= substance) substance f, matière f ◆ **chemical/dangerous materials** substances fpl or matières fpl chimiques/dangereuses ; → **waste**
[b] (= cloth, fabric) tissu m ◆ **dress material** tissu m pour robes
[c] (esp Ind = substances from which product is made) matériau m ◆ **building materials** matériaux mpl de construction ◆ **he's officer material** il a l'étoffe d'un officier ◆ **he's not university material** il n'est pas capable d'entreprendre des études supérieures ; → **raw**
[d] (= necessary tools, supplies) matériel m ◆ **the desk held all his writing materials** le bureau contenait tout son matériel nécessaire pour écrire ◆ **have you got any writing materials?** avez-vous de quoi écrire ? ◆ **reading material** (gen) de quoi lire, de la lecture ; (for studies) des ouvrages mpl (et des articles mpl) à consulter ◆ **play materials** le matériel pour le jeu ◆ **teaching** or **course material(s)** (Scol etc) matériel m pédagogique
[e] (NonC = facts, data) matériaux mpl ◆ **they had all the material required for a biography** ils avaient tous les matériaux or toutes les données nécessaires pour une biographie ◆ **I had all the material I needed for my article** j'avais tout ce qu'il me fallait pour mon article ◆ **the amount of material to be examined** la quantité de matériaux or de documents à examiner ◆ **all the background material** toute la documentation d'appui ◆ **reference material** ouvrages mpl de référence
[f] (NonC = sth written, composed etc) **all his material is original** tout ce qu'il écrit (or chante etc) est original ◆ **an album of original material** un album de titres inédits ◆ **she has written some very funny material** elle a écrit des choses très amusantes ◆ **we cannot publish this material** nous ne pouvons pas publier ce texte ◆ **in my version of the story, I added some new material** dans ma version de l'histoire, j'ai ajouté des éléments nouveaux ◆ **publicity material** (Comm) matériel m publicitaire or promotionnel ◆ **video material** enregistrements mpl vidéo ◆ **30 % of the programme was recorded material** 30 % de l'émission avait été préenregistrée

materialism [məˈtɪəriəlɪzəm] n matérialisme m

materialist [məˈtɪəriəlɪst] adj, n matérialiste mf

materialistic [məˌtɪəriəˈlɪstɪk] adj (pej) matérialiste

materialize [məˈtɪəriəlaɪz] → SYN [1] vi [a] (= take shape) [plan, wish] se matérialiser, se réaliser ; [offer, loan etc] se concrétiser, se matérialiser ; [idea] prendre forme
[b] (= appear, happen) **the promised cash didn't materialize** l'argent promis ne s'est pas concrétisé or matérialisé ◆ **a rebellion by radicals failed to materialize** il n'y a pas eu de rébellion des radicaux ◆ **none of the anticipated difficulties materialized** les difficultés auxquelles on s'attendait ne se sont pas présentées
[c] (Spiritualism etc) prendre une forme matérielle, se matérialiser ◆ **Derek materialized**

materially [məˈtɪərɪəlɪ] → SYN **adv** matériellement

materia medica [məˌtɪərɪəˈmedɪkə] n (= study) matière f médicale

maternal [məˈtɜːnəl] → SYN **1** adj maternel ◆ maternal smoking can damage the unborn child en fumant, les femmes enceintes risquent de compromettre la santé de leur bébé
2 COMP ▷ **maternal death** n mort f en couches ▷ **maternal deprivation** n (Psych) dépression f anaclitique ▷ **maternal health care** n soins mpl aux jeunes mères ▷ **maternal instinct** n instinct m maternel

maternity [məˈtɜːnɪtɪ] → SYN **1** n maternité f
2 COMP services etc obstétrique ; clothes de grossesse ▷ **maternity allowance, maternity benefit** n (Brit) allocation f de maternité ▷ **maternity dress** n robe f de grossesse ▷ **maternity home, maternity hospital** n maternité f ; (private) clinique f d'accouchement ▷ **maternity leave** n congé m de maternité ▷ **maternity pay** n (Brit) salaire versé pendant le congé de maternité ▷ **maternity ward** n (service m de) maternité f

matey [ˈmeɪtɪ] (Brit) **1** adj * person copain * (copine * f) (with sb avec qn) ; tone copain-copain * (f inv) ; charm familier
2 n (as term of address) ◆ **sorry, matey!** * désolé, mon vieux ! *

math * [mæθ] n (US) (abbrev of **mathematics**) math(s) * fpl

mathematical [ˌmæθəˈmætɪkəl] adj formula, equation, model, calculations mathématique ; skills, ability en mathématiques ◆ **I'm not mathematical** * je ne suis pas un matheux *, je n'ai pas la bosse * des maths ◆ **I haven't got a mathematical mind** je n'ai pas l'esprit mathématique ◆ **she was a mathematical genius** c'était une mathématicienne de génie, c'était un génie en mathématiques

mathematically [ˌmæθəˈmætɪklɪ] adv (gen) mathématiquement ◆ **mathematically gifted** doué en mathématiques ◆ **mathematically precise** avec une précision mathématique ◆ **to be mathematically inclined** or **minded** avoir l'esprit mathématique

mathematician [ˌmæθəməˈtɪʃən] n mathématicien(ne) m(f)

mathematics [ˌmæθəˈmætɪks] n (NonC) mathématiques fpl ◆ **I don't understand the mathematics of it** je ne vois pas comment on arrive à ce chiffre or à ce résultat

maths * [mæθs] n (Brit) (abbrev of **mathematics**) math(s) * fpl

Matilda [məˈtɪldə] n Mathilde f

matinée [ˈmætɪneɪ] **1** n (Theat) matinée f
2 COMP ▷ **matinée coat** n (Brit) veste f (de bébé) ▷ **matinée idol** n (Theat) idole f du public féminin ▷ **matinée jacket** n ⇒ **matinée coat**

mating [ˈmeɪtɪŋ] **1** n [of animals] accouplement m
2 COMP ▷ **mating call** n appel m du mâle ▷ **mating season** n saison f des amours

matins [ˈmætɪnz] n (Rel) matines fpl

matri... [ˈmeɪtrɪ] pref matri...

matriarch [ˈmeɪtrɪɑːk] n matrone f, femme f chef de tribu or de famille

matriarchal [ˌmeɪtrɪˈɑːkl] adj matriarcal

matriarchy [ˈmeɪtrɪɑːkɪ] n matriarcat m

matric * [məˈtrɪk] n (Brit Scol: formerly) abbrev of **matriculation 1b**

matrices [ˈmeɪtrɪsiːz] npl of **matrix**

matricide [ˈmeɪtrɪsaɪd] n (= crime) matricide m ; (= person) matricide mf

matriculate [məˈtrɪkjʊleɪt] vi **a** s'inscrire, se faire immatriculer
b (Brit Scol: formerly) être reçu à l'examen de matriculation

matriculation [məˌtrɪkjʊˈleɪʃən] **1** n **a** (Univ) inscription f, immatriculation f
b (Brit Scol: formerly) examen donnant droit à l'inscription universitaire
2 COMP (Univ) card, fee d'inscription

matrilineal [ˌmætrɪˈlɪnɪəl] adj matrilinéaire

matrilocal [ˌmætrɪˈləʊkəl] adj matrilocal

matrimonial [ˌmætrɪˈməʊnɪəl] → SYN adj (frm) bed, problems matrimonial ; law sur le mariage ◆ **the matrimonial home** le domicile conjugal

matrimony [ˈmætrɪmənɪ] → SYN n (NonC) mariage m ; → **holy**

matrix [ˈmeɪtrɪks] → SYN n, pl **matrixes** or **matrices** matrice f

matron [ˈmeɪtrən] **1** n **a** († = woman) matrone † f
b (Med) [of hospital] surveillante f générale ; (in school) infirmière f ; [of orphanage, old people's home etc] directrice f ◆ **yes matron** oui madame (or mademoiselle)
2 COMP ▷ **matron of honour** n dame f d'honneur

matronly [ˈmeɪtrənlɪ] adj figure imposant ; manner, clothes de matrone ◆ **a matronly woman** une matrone

matt(e) [mæt] **1** adj mat
2 COMP ▷ **matt emulsion** n peinture f mate ▷ **matt finish** n finition f mate ▷ **matt paint** n peinture f mate

matted [ˈmætɪd] → SYN adj hair, beard, fur emmêlé ; fibres, wool feutré ◆ **to become matted** [hair, beard, fur] s'emmêler ; [fibres, wool] feutrer ◆ **matted together** emmêlé ◆ **matted with blood/mud** mêlé de sang/boue, collé par le sang/la boue

matter [ˈmætər] LANGUAGE IN USE 7.5 → SYN
1 n **a** (NonC) (= physical substance) matière f, substance f ; (Philos, Phys) matière f ; (Typ) matière f, copie f ; (Med = pus) pus m ◆ **vegetable/inanimate matter** matière f végétale/inanimée ◆ **colouring matter** substance f colorante ◆ **advertising matter** publicité f, réclames fpl ; → **grey, mind, reading**
b (NonC = content) [of book etc] fond m, contenu m ◆ **matter and form** le fond et la forme ◆ **the matter of his essay was good but the style poor** le contenu de sa dissertation était bon mais le style laissait à désirer
c (= affair, concern) affaire f, question f ◆ **the matter in hand** l'affaire en question ◆ **the matter is closed** l'affaire est close or classée ◆ **she placed the matter in the hands of her solicitor** elle a remis l'affaire entre les mains de son avocat ◆ **it's a small matter** c'est un détail ◆ **in this matter** à cet égard ◆ **in the matter of ...** en matière de ..., en ce qui concerne ... ◆ **he doesn't see this as a resigning matter** il n'y a pas là, selon lui, de quoi démissionner ◆ **this is no joking matter** c'est très sérieux ; → **laughing** ◆ **it will be no easy matter** cela ne sera pas une mince affaire ◆ **for that matter** d'ailleurs ◆ **there's the matter of my expenses** il y a la question de mes frais ◆ **there's the small matter of that £200 I lent you** il y a le petit problème des 200 livres que je vous ai prêtées ◆ **in all matters of education** pour tout ce qui touche à or concerne l'éducation ◆ **it is a matter of great concern** c'est extrêmement inquiétant ◆ **it's a matter of habit** c'est une question or une affaire d'habitude ◆ **it took a matter of days** cela a été l'affaire de quelques jours ◆ **in a matter of ten minutes** en l'espace de dix minutes ◆ **it's a matter of $200 or so** il s'agit de quelque 200 dollars ◆ **as a matter of course** automatiquement ◆ **as a matter of fact** à vrai dire, en fait ; see also **matter-of-fact** ◆ **it's a matter of life and death** c'est une question de vie ou de mort ◆ **that's a matter of opinion!** c'est discutable ! ◆ **it is only a matter of time** ce n'est qu'une question de temps ◆ **it is only a matter of time before the bridge collapses** le pont va s'écrouler, ce n'est qu'une question de temps

d (= importance) **no matter!** peu importe !, tant pis ! ◆ **what matter (if ...)?** (liter) qu'importe (si ...) ? ◆ **(it is of) no matter whether ...** (liter) peu importe si ... ◆ **it is (of) no great matter** c'est peu de chose, cela n'a pas grande importance ◆ **get one, no matter how** débrouille-toi (comme tu peux) pour en trouver un ◆ **it must be done, no matter how** cela doit être fait par n'importe quel moyen ◆ **ring me no matter how late** téléphone-moi même tard or à n'importe quelle heure ◆ **no matter how you use it** peu importe comment vous l'utilisez ◆ **no matter when he comes** quelle que soit l'heure à laquelle il arrive ◆ **no matter how big it is** aussi grand qu'il soit ◆ **no matter what he says** quoi qu'il dise ◆ **no matter where/who** où/qui que ce soit

e (NonC) (= difficulty, problem) **what's the matter?** qu'est-ce qu'il y a ?, qu'y a-t-il ? ◆ **what's the matter with him?** qu'est-ce qu'il a ?, qu'est-ce qui lui prend ? ◆ **what's the matter with your hand?** qu'est-ce que vous avez à la main ? ◆ **what's the matter with my hat?** qu'est-ce qu'il a, mon chapeau ? * ◆ **what's the matter with trying to help him?** quel inconvénient or quelle objection y a-t-il à ce qu'on l'aide (subj) ? ◆ **is anything the matter?** quelque chose ne va pas ? ◆ **there's something the matter with my arm** j'ai quelque chose au bras ◆ **there's something the matter with the engine** il y a quelque chose qui ne va pas dans le moteur ◆ **as if nothing was the matter** comme si de rien n'était ◆ **nothing's the matter** * il n'y a rien ◆ **there's nothing the matter with me!** moi, je vais tout à fait bien ! ◆ **there's nothing the matter with the car** la voiture marche très bien ◆ **there's nothing the matter with that idea** il n'y a rien à redire à cette idée

2 vi importer (to à) ◆ **it doesn't matter** ça n'a pas d'importance, ça ne fait rien ◆ **it doesn't matter whether ...** peu importe que ... (+ subj), cela ne fait rien si ..., peu importe si ... ◆ **it doesn't matter who/where** peu importe qui/où etc ◆ **it matters little** (frm) peu importe ◆ **what does it matter?** qu'est-ce que cela peut faire ? ◆ **what does it matter to you (if ...)?** qu'est-ce que cela peut bien vous faire (si ...) ? ◆ **why should it matter to me?** pourquoi est-ce que cela me ferait quelque chose ? ◆ **some things matter more than others** il y a des choses qui importent plus que d'autres ◆ **nothing else matters** le reste n'a aucune importance

3 COMP ▷ **matter-of-fact** → SYN adj → **matter-of-fact**

Matterhorn [ˈmætəhɔːn] n ◆ **the Matterhorn** le Cervin

matter-of-fact [ˌmætərəvˈfækt] → SYN adj tone, voice neutre ; style prosaïque ; attitude, person terre à terre or terre-à-terre ; assessment, account neutre, qui se limite aux faits

matter-of-factly [ˌmætərəvˈfæktlɪ] adv say, explain d'un ton neutre

Matthew [ˈmæθjuː] n Matthieu m

matting [ˈmætɪŋ] n (NonC) sparterie f, pièces fpl de natte ; → **rush²**

mattins [ˈmætɪnz] n ⇒ **matins**

mattock [ˈmætək] n pioche f

mattress [ˈmætrɪs] **1** n matelas m
2 COMP ▷ **mattress cover** n alèse f

maturation [ˌmætjʊəˈreɪʃən] n maturation f

mature [məˈtjʊər] → SYN **1** adj age, reflection, plan mûr ; person (gen) mûr ; (Psych) mature ; (euph = old) d'âge mûr ; wine qui est arrivé à maturité ; cheese fait ; (Fin) bill échu ◆ **he's got much more mature since then** il a beaucoup mûri depuis
2 vt faire mûrir
3 vi [person] mûrir ; [wine, cheese] se faire ; (Fin) venir à échéance, échoir
4 COMP ▷ **mature student** n (Univ) (gen) étudiant(e) m(f) plus âgé(e) que la moyenne ; (Brit Admin) étudiant(e) m(f) de plus de 26 ans (ou de 21 ans dans certains cas)

maturely [məˈtjʊəlɪ] adv think, behave en adulte

maturity [məˈtjʊərɪtɪ] → SYN n maturité f ◆ **date of maturity** (Fin) échéance f

matutinal [ˌmætjʊˈtaɪnəl] adj matutinal

matzo [ˈmɒtsə] **1** n pain m azyme
2 COMP ▷ **matzo balls** npl boulettes fpl de pain azyme ▷ **matzo cracker** n cracker m de pain azyme ▷ **matzo meal** n farine f de pain azyme

maudlin [ˈmɔːdlɪn] → SYN adj larmoyant ◆ **to get maudlin about sth** devenir excessivement sentimental à propos de qch

maul [mɔːl] → SYN **1** vt **a** (= attack) [tiger etc] mutiler, lacérer ; (fatally) déchiqueter
b (= manhandle) malmener
c (* = paw at: sexually) tripoter ◆ **stop mauling me!** arrête de me tripoter !
2 n (Rugby) maul m

mauling ['mɔːlɪŋ] n ◆ **to get a mauling** [player, team] être battu à plate(s) couture(s); [author, book] être éreinté par la critique

maulstick ['mɔːlstɪk] n appuie-main m

maunder ['mɔːndəʳ] → SYN vi (= talk) divaguer; (= move) errer; (= act) agir de façon incohérente

Maundy money ['mɔːndɪˌmʌnɪ] n (Brit) aumône f royale du jeudi saint

Maundy Thursday [ˌmɔːndɪ'θɜːzdɪ] n le jeudi saint

Mauritania [ˌmɔːrɪ'teɪnɪə] n la Mauritanie

Mauritanian [ˌmɔːrɪ'teɪnɪən] 1 adj mauritanien
2 n Mauritanien(ne) m(f)

Mauritian [mə'rɪʃən] 1 adj (gen) mauricien; ambassador, embassy de l'île Maurice
2 n Mauricien(ne) m(f)

Mauritius [mə'rɪʃəs] n (l'île f) Maurice f ◆ **in Mauritius** à (l'île) Maurice

mausoleum [ˌmɔːsə'lɪəm] n, pl **mausoleums** or **mausolea** [ˌmɔːsə'lɪə] mausolée m

mauve [məʊv] adj, n mauve m

maverick ['mævərɪk] 1 a (= unmarked calf) veau m non marqué
b (fig = person) franc-tireur m (fig), indépendant(e) m(f)
2 adj dissident, non-conformiste

maw [mɔː] n (= mouth: lit, fig) gueule f

mawkish ['mɔːkɪʃ] → SYN adj (= sentimental) mièvre

mawkishness ['mɔːkɪʃnɪs] n [of film, poem] mièvrerie f

max [mæks] (abbrev of **maximum**) 1 adv ◆ **a couple of weeks, max** ∗ quinze jours, max ∗
2 n max ∗ m ◆ **to do sth to the max** ∗ faire qch à fond

maxi ∗ ['mæksɪ] 1 n (= coat/skirt) (manteau m/jupe f) maxi m
2 COMP ▷ **maxi single** n disque m double durée

maxilla [mæk'sɪlə] n, pl **maxillae** [mæk'sɪliː] maxillaire m

maxillary [mæk'sɪlərɪ] adj (Anat) maxillaire

maxim ['mæksɪm] → SYN n maxime f

maxima ['mæksɪmə] npl of **maximum**

maximal ['mæksɪml] adj maximal

maximization [ˌmæksɪmaɪ'zeɪʃən] n maximalisation f, maximisation f ◆ **maximization of profits** maximalisation or maximisation f des bénéfices

maximize ['mæksɪmaɪz] vt maximiser, porter au maximum ◆ **to maximize the advantages of sth** tirer le maximum de qch

maximum ['mæksɪməm] → SYN 1 n, pl **maximums** or **maxima** maximum m ◆ **a maximum of $8** un maximum de 8 dollars, 8 livres au maximum ◆ **at the maximum** au maximum ◆ **to the maximum** au maximum, à fond
2 adj maximum ◆ **maximum prices** prix mpl maximums or maxima ◆ **maximum security jail** or **prison** prison f de haute sécurité; see also **security** ◆ **maximum speed** (Aut etc) (= highest permitted) vitesse f limite, vitesse f maximale autorisée; (= highest possible) plafond m ◆ **maximum load** (on truck) charge f limite ◆ **maximum temperatures** températures fpl maximales
3 adv (au) maximum ◆ **twice a week maximum** deux fois par semaine (au) maximum

maxwell ['mækswel] n (Phys) maxwell m

May [meɪ] 1 n mai m ◆ **the merry month of May** (liter) le joli mois de mai; see also **September**
2 COMP ▷ **May beetle, May bug** n hanneton m ▷ **May Day** n le Premier Mai (fête du Travail) ▷ **May queen** n reine f de mai

may¹ [meɪ] LANGUAGE IN USE 9.1, 15.3 modal aux vb, pret, cond **might**
a (indicating possibility) **he may arrive** il arrivera peut-être ◆ **he might arrive** il se peut qu'il arrive (subj), il pourrait arriver ◆ **I said that he might arrive** j'ai dit qu'il arriverait peut-être ◆ **you may or might be making a big mistake** tu fais peut-être or tu es peut-être en train de faire une grosse erreur ◆ **might they have left already?** se peut-il qu'ils soient déjà partis? ◆ **I might have left it behind** il se peut que je l'aie oublié, je l'ai peut-être bien oublié ◆ **you might have killed me!** tu aurais pu me tuer! ◆ **I might have known** j'aurais dû m'en douter ◆ **that's as may be but ..., that may well be but ...** peut-être bien or c'est bien possible mais ... ◆ **as soon as may be** aussitôt que possible ◆ **be that as it may** (frm) quoi qu'il en soit ◆ **one might well ask whether ...** on est en droit de demander si ... ◆ **what might your name be?** (abrupt) et vous, comment vous appelez-vous?; (polite) puis-je savoir votre nom? ◆ **who might you be?** qui êtes-vous sans indiscrétion? ◆ **how old might he be, I wonder?** je me demande quel âge il peut bien avoir
b (indicating permission) **may I have a word with you?** – **yes, you may** puis-je vous parler un instant? – mais oui or bien sûr ◆ **may I help you?** puis-je or est-ce que je peux vous aider?; (in shop) vous désirez (quelque chose)?; (in general) ◆ **might I see it?** est-ce que je pourrais le voir?, vous permettez que je le voie? ◆ **might I suggest that ...?** puis-je me permettre de suggérer que ...? ◆ **if I may say so** si je puis me permettre ◆ **may I tell her now?** – **you may** or **might as well** est-ce que je peux le lui dire maintenant? – après tout pourquoi pas? ◆ **may I sit here?** vous permettez que je m'assoie ici? ◆ **may I?** vous permettez? ◆ **you may go now** (permission, also polite order) vous pouvez partir; (to subordinate) vous pouvez disposer ◆ **he said I might leave** il a dit que je pouvais partir, il m'a permis de partir
c (indicating suggestion: with might only) **you might try writing to him** (polite) tu pourrais toujours lui écrire ◆ **you might give me a lift home if you've got time** tu pourrais peut-être me ramener si tu as le temps ◆ **mightn't it be an idea to go and see him?** on ferait (or tu ferais etc) peut-être bien d'aller le voir ◆ **you might have told me you weren't coming!** (abrupt) tu aurais (tout de même) pu me prévenir que tu ne viendrais pas! ◆ **you might at least say thank you** tu pourrais au moins dire merci
d (phrases) **one might as well say £5 million** autant dire 5 millions de livres ◆ **we might as well not buy that newspaper at all since no one ever reads it** je me demande bien pourquoi nous achetons ce journal puisque personne ne le lit ◆ **I may** or **might as well tell you all about it** après tout je peux bien vous le raconter, je ferais aussi bien de tout vous dire ◆ **you may** or **might as well leave now as wait any longer** vous feriez aussi bien de partir tout de suite plutôt que d'attendre encore ◆ **they might (just) as well not have gone** ils auraient tout aussi bien pu ne pas y aller, ce n'était pas la peine qu'ils y aillent ◆ **she blushed, as well she might!** elle a rougi, et pour cause! ◆ **try as he might, he couldn't do it** il a eu beau essayer, il n'y est pas arrivé
e (frm or liter: subj use) **may God bless you!** (que) Dieu vous bénisse! ◆ **may he rest in peace** qu'il repose (subj) en paix ◆ **much good may it do you!** grand bien vous fasse! ◆ **O Lord, grant that we may always obey** Seigneur, accorde-nous or donne-nous de toujours obéir ◆ **lest he may** or **might be anxious** de crainte qu'il n'éprouve (subj) de l'anxiété ◆ **in order that they may** or **might know** afin qu'ils sachent

may² [meɪ] 1 n (= hawthorn) aubépine f
2 COMP branch etc d'aubépine ▷ **may tree** n (Brit) aubépine f

Mayan ['maɪən] (in South America) 1 adj maya
2 n a Maya mf
b (Ling) maya m

maybe ['meɪbiː] LANGUAGE IN USE 15.3 → SYN adv peut-être ◆ **maybe he'll be there** peut-être qu'il sera là, il sera peut-être là ◆ **maybe, maybe not** peut-être que oui, peut-être que non ◆ **that's as maybe** peut-être bien

mayday ['meɪdeɪ] n SOS m

Mayfair ['meɪfɛəʳ] n (Brit) Mayfair (le quartier le plus chic de Londres)

mayfish ['meɪfɪʃ] n (= fish) poisson m de mai

mayfly ['meɪflaɪ] n éphémère mf

mayhem ['meɪhem] → SYN n a (Jur ††, also US) mutilation f du corps humain
b (= havoc) grabuge ∗ m; (= destruction) destruction f

mayn't [meɪnt] ⇒ **may not**; → **may**¹

mayo ∗ ['meɪəʊ] n (US) abbrev of **mayonnaise**

mayonnaise [ˌmeɪə'neɪz] n mayonnaise f

mayor [mɛəʳ] n maire m ◆ **Mr/Madam Mayor** Monsieur/Madame le maire; → **lord**

mayoral ['mɛərəl] adj de (or du) maire ◆ **the mayoral residence/limousine etc** la résidence/limousine etc du maire

mayoralty ['mɛərəltɪ] n mandat m de maire

mayoress ['mɛərɛs] n (esp Brit) a (= female mayor) maire m
b (= wife of mayor) femme f du maire; → **lady**

maypole ['meɪpəʊl] n mât m enrubanné

mayweed ['meɪwiːd] n (Bot) matricaire f

maze [meɪz] → SYN n labyrinthe m, dédale m ◆ **a maze of little streets** un labyrinthe or un dédale de ruelles

mazuma ∗ [mə'zuːmə] n (US = money) fric ∗ m, pognon ∗ m

mazurka [mə'zɜːkə] n mazurka f

MB [ɛm'biː] n a (Comput) (abbrev of **megabyte**) Mo
b (Brit Univ) (abbrev of **Bachelor of Medicine**) diplôme de médecine

MBA [ˌɛmbiː'eɪ] n (Univ) (abbrev of **Master of Business Administration**) mastère de gestion

MBBS, MBChB (Univ) (abbrev of **Bachelor of Medicine and Surgery**) diplôme de chirurgie

MBE [ˌɛmbiː'iː] n (Brit) (abbrev of **Member of the Order of the British Empire**) titre honorifique; → HONOURS LIST

MBO [ˌɛmbiː'əʊ] n (Fin) (abbrev of **management buyout**) RES m

MC [ɛm'siː] n a (abbrev of **Master of Ceremonies**) → **master**
b (US) (abbrev of **Member of Congress**) → **member**
c (Brit Mil) (abbrev of **Military Cross**) ≈ Croix f de la valeur militaire
d (Aut) abbrev of **Monaco**

MCAT n (US Univ) (abbrev of **Medical College Admissions Test**) → **medical**

MCC [ˌɛmsiː'siː] n (abbrev of **Marylebone Cricket Club**) organisme de gestion de l'équipe nationale anglaise de cricket

McCarthyism [mə'kɑːθɪɪzəm] n (US Pol: gen pej) maccarthysme m

McCarthyist [mə'kɑːθɪɪst] adj, n (US Pol) maccarthyste mf

McCoy ∗ [mə'kɔɪ] n ◆ **it's the real McCoy** c'est du vrai de vrai ∗, c'est pas du chiqué ∗

MCh n (abbrev of **Master of Surgery**) (titulaire d'un) diplôme d'études en chirurgie

MCP ∗ [ˌɛmsiː'piː] n (abbrev of **male chauvinist pig**) → **chauvinist**

MD [ɛm'diː] n a (Univ) (abbrev of **Doctor of Medicine**) → **medicine**
b (US) **the MD** ∗ le médecin
c (Brit) (abbrev of **Managing Director**) PDG m
d abbrev of **Maryland**

Md. abbrev of **Maryland**

MDT [ˌɛmdiː'tiː] (US) (abbrev of **Mountain Daylight Time**) → **mountain**

ME [ɛm'iː] n a (Med) (abbrev of **myalgic encephalomyelitis**) SFC m, syndrome m de fatigue chronique, encéphalomyélite f myalgique
b abbrev of **Maine**
c (US) (abbrev of **medical examiner**) médecin m légiste

me¹ [miː] 1 pers pron a (direct) (unstressed) me; (before vowel) m'; (stressed) moi ◆ **he can see me** il me voit ◆ **he saw me** il m'a vu ◆ **you don't like jazz? Me, I love it** ∗ tu n'aimes pas le jazz? Moi, j'adore
b (indirect) me, moi; (before vowel) m' ◆ **he gave me the book** il me donna or m'a donné le livre ◆ **give it to me** donnez-le-moi ◆ **he was speaking to me** il me parlait
c (after prep etc) moi ◆ **without me** sans moi ◆ **I'll take it with me** je l'emporterai avec moi ◆ **it's me he's speaking to** c'est à moi qu'il parle ◆ **you're smaller than me** tu es plus petit que moi ◆ **if you were me** à ma place ◆ **poor (little) me!** ∗ pauvre de moi! ◆ **dear me!** ∗ mon Dieu!, oh là là!
2 COMP ▷ **Me generation** n génération f du moi

médaillons / medium

médaillons [medaɪjɔ̃] npl (Culin) médaillons mpl

medal ['medl] **1** n (Mil, Sport, gen) médaille f ◆ **swimming/athletics medal** médaille f de natation/d'athlétisme ◆ **(Congressional) Medal of Honor** (in US) Médaille f d'honneur (la plus haute décoration militaire)
2 COMP ▷ **medal-holder** n médaillé(e) m(f) ▷ **medal play** n (Golf) partie f par coups, medal play m

medalist ['medəlɪst] n (US) ⇒ **medallist**

medallion [mɪ'dæljən] n (gen, Archit) médaillon m

medallist, medalist (US) ['medəlɪst] n ◆ **he's a gold/silver medallist** il a eu la médaille d'or/d'argent ◆ **the three medallists on the podium** les trois médaillés mpl or vainqueurs mpl sur le podium

meddle ['medl] → SYN vi **a** (= interfere) se mêler, s'occuper (in de), s'ingérer (frm) (in dans) ◆ **stop meddling!** cesse de t'occuper or de te mêler de ce qui ne te regarde pas!
b (= tamper) toucher (with à)

meddler ['medlə^r] n **a** (= busybody) **he's a compulsive meddler** il faut toujours qu'il fourre son nez partout
b (touching things) touche-à-tout m inv

meddlesome ['medlsəm], **meddling** ['medlɪŋ] adj (pej) person qui fourre son nez partout

Medea [mə'dɪə] n (Myth) Médée f

Medellin [meðeˈjin] n (Geog) Medellin

medevac ['medɪvæk] n (= helicopter) hélicoptère m sanitaire de l'armée

media ['miːdɪə] **1** npl of **medium** ◆ **the media** les médias mpl ◆ **the media is state-controlled** les médias sont étatisés ◆ **the media have welcomed her visit** les médias ont salué sa visite ◆ **they issued a statement to the media assembled outside** ils ont fait une déclaration à l'intention des journalistes qui attendaient à l'extérieur
2 COMP attention, reaction des médias ; event, coverage médiatique ▷ **media circus** * n (pej = event) cirque m médiatique ▷ **media event** n événement m médiatique ▷ **media man** n, pl **media men** (Press, Rad, TV) journaliste m, reporter m ; (Advertising) publicitaire m ▷ **media person** n (Press, Rad, TV) journaliste mf ; (Advertising) publicitaire mf ▷ **media-shy** adj qui n'aime pas être interviewé ▷ **media star** n vedette f des médias ▷ **media studies** npl (Univ etc) études fpl de communication

mediaeval etc [ˌmedɪ'iːvəl] ⇒ **medieval**

medial ['miːdɪəl] **1** adj **a** (= middle) (gen) médian ; (Phon) médial, médian
b (= mid-point) moyen
2 n (Phon) médiane f

median ['miːdɪən] **1** adj (= mid value) médian ◆ **median income** revenu m médian
2 n **a** (Math, Stat) médiane f
b (US Aut: also **median strip**) terre-plein m central
3 COMP ▷ **median lethal dose** n (Med) dose f létale moyenne ▷ **median nerve** n (Anat) nerf m médian ▷ **median strip** n (US Aut) terre-plein m central

mediant ['miːdɪənt] n médiante f

mediate ['miːdɪeɪt] → SYN **1** vi servir d'intermédiaire (between entre ; in dans)
2 vt **a** (= arbitrate) [+ peace, settlement] obtenir par médiation ; [+ dispute] arbitrer
b (frm, lit = change) modifier (légèrement)

mediating ['miːdɪeɪtɪŋ] adj médiateur (-trice f)

mediation [ˌmiːdɪ'eɪʃən] n médiation f ◆ **through the mediation of sb** par l'entremise f de qn

mediatize ['miːdɪətaɪz] vt médiatiser

mediator ['miːdɪeɪtə^r] → SYN n médiateur m, -trice f

Medibank ['medɪbæŋk] n (Austral) Sécurité sociale australienne

medic * ['medɪk] n (abbrev of **medical**) (= student) carabin * m ; (= doctor) toubib * m

medicable ['medɪkəbl] adj guérissable, curable

Medicaid ® ['medɪˌkeɪd] n (US Med) Medicaid m

MEDICAID, MEDICARE

Medicaid est un organisme américain, administré conjointement par le gouvernement fédéral et par les États, qui prend en charge les traitements hospitaliers et les soins médicaux des personnes de moins de 65 ans vivant en dessous du seuil de pauvreté officiel. Les critères pour bénéficier de ces soins gratuits varient selon les États.

Medicare est un régime d'assurance maladie, financé par le gouvernement fédéral, qui prend en charge une partie des coûts d'hospitalisation et de traitement des personnes âgées de plus de 65 ans, des insuffisants rénaux et de certains handicapés. Les bénéficiaires de ce régime paient une cotisation mensuelle et doivent se faire soigner dans certains hôpitaux et par certains médecins agréés. Il existe parallèlement une assurance complémentaire privée appelée "Medigap". Toute personne non couverte par **Medicare** ou **Medicaid** doit prendre en charge personnellement ses soins de santé par le biais d'une assurance maladie privée.

---

medical ['medɪkəl] **1** adj subject, certificate, treatment médical
2 n (also **medical examination**) (in hospital, school, army etc) visite f médicale ; (private) examen m médical
3 COMP ▷ **medical board** n commission f médicale, conseil m de santé ; (Mil) conseil m de révision ▷ **medical care** n soins mpl médicaux ▷ **Medical College Admissions Test** n (US Univ) examen d'entrée en faculté de médecine ▷ **medical doctor** n docteur m en médecine ▷ **medical examination** n ⇒ **medical 2** ▷ **medical examiner** n (US Med) médecin m légiste ▷ **medical history** n **a** [of person] (= record) dossier m médical ; (= background) antécédents mpl médicaux **b** (= history of medicine) histoire f de la médecine ▷ **medical insurance** n assurance f maladie ▷ **medical jurisprudence** n médecine f légale ▷ **medical librarian** n (US) bibliothécaire mf médical(e) ▷ **medical man** * n, pl **medical men** médecin m ▷ **medical officer** n (Ind) médecin m du travail ; (Mil) médecin-major m (or -colonel etc) ▷ **Medical Officer of Health** n directeur m de la santé publique ▷ **medical practitioner** n médecin m (de médecine générale), généraliste mf ▷ **the medical profession** n (= career) la carrière médicale ; (= personnel) le corps médical ▷ **the Medical Research Council** n (Brit) organisme d'aide à la recherche médicale ▷ **medical school** n (Univ) école f or faculté f de médecine ▷ **medical social worker** n (Brit) assistant(e) m(f) social(e) (dans un hôpital) ▷ **medical student** n étudiant(e) m(f) en médecine ▷ **medical studies** npl études fpl de médecine or médicales ▷ **medical technician** n technicien(ne) m(f) de laboratoire ▷ **medical unit** n service m de médecine générale ▷ **medical ward** n salle f de médecine générale

medically ['medɪkəlɪ] adv treat médicalement ; prove, explain, recognize d'un point de vue médical ◆ **to examine sb medically** faire subir un examen médical à qn ◆ **to be medically fit for sth** être en état de faire qch ◆ **to be medically qualified** être diplômé en médecine ◆ **to be medically safe** être sans danger pour la santé ◆ **to be medically trained** avoir suivi une formation médicale

medicament [me'dɪkəmənt] n médicament m

Medicare ® ['medɪkɛə^r] n (US) Medicare m ; → MEDICAID; MEDICARE

medicate ['medɪkeɪt] vt [+ patient] traiter avec des médicaments ; [+ substance] ajouter une substance médicinale à

medicated ['medɪkeɪtɪd] adj soap médical ; shampoo traitant ◆ **medicated sweet** pastille f médicamenteuse

medication [ˌmedɪ'keɪʃən] n médication f

Medici ['medɪtʃɪ] npl Médicis mpl

medicinal [me'dɪsɪnl] → SYN adj plant, herb, value médicinal ; property, quality thérapeutique ◆ **medicinal drug** médicament m ◆ **for medicinal purposes** or **use** (lit) à des fins thérapeutiques ◆ **"medicinal use only"** "pour usage médical"

medicinally [me'dɪsɪnəlɪ] adv use, prescribe comme médicament

medicine ['medsn, 'medɪsn] → SYN **1** n **a** (NonC = science) médecine f ◆ **to study medicine** faire (sa) médecine ◆ **Doctor of Medicine** (Univ) docteur m en médecine ; → **forensic**
b (= drug etc) médicament m ◆ **it's a very good medicine for colds** c'est un remède souverain contre les rhumes ◆ **to take one's medicine** (lit) prendre son médicament ; (fig) avaler la pilule ◆ **let's give him a taste** or **dose of his own medicine** on va lui rendre la monnaie de sa pièce ; → **patent**
2 COMP ▷ **medicine ball** n médecine-ball m ▷ **medicine bottle** n flacon m ▷ **medicine box** n pharmacie f (portative) ▷ **medicine cabinet** n (armoire f à) pharmacie f ▷ **medicine chest** n (= box) pharmacie f (portative) ; (= cupboard) (armoire f à) pharmacie f ▷ **medicine cupboard** n ⇒ **medicine cabinet** ▷ **medicine man** n, pl **medicine men** sorcier m

medick ['medɪk] n (Bot) luzerne f

medico * ['medɪkəʊ] n ⇒ **medic**

medieval [ˌmedɪ'iːvəl] **1** adj **a** (Hist) period, building, town, streets, art, architecture, manuscript médiéval ; knight, lady, peasant du Moyen Âge ; atmosphere, charm moyenâgeux ◆ **medieval Europe/England** l'Europe f/l'Angleterre f médiévale or du Moyen Âge ◆ **medieval German literature** la littérature allemande médiévale ◆ **in medieval times** à l'époque médiévale
b (pej = primitive) plumbing, facilities moyenâgeux (pej)
2 COMP ▷ **Medieval History** n histoire f médiévale ▷ **Medieval Latin** n latin m médiéval ▷ **medieval studies** npl études fpl médiévales

medievalism [ˌmedɪ'iːvəlɪzəm] n médiévisme m

medievalist [ˌmedɪ'iːvəlɪst] n médiéviste mf

Medina [me'diːnə] n (Geog, Rel) Médine

mediocre [ˌmiːdɪ'əʊkə^r] → SYN adj médiocre

mediocrity [ˌmiːdɪ'ɒkrɪtɪ] → SYN n médiocrité f

meditate ['medɪteɪt] → SYN **1** vt méditer (sth qch ; doing sth de faire qch)
2 vi méditer (on, about sur), réfléchir (on, about à)

meditation [ˌmedɪ'teɪʃən] → SYN n méditation f (on, about sur) ◆ **the fruit of long meditation** le fruit de longues méditations ◆ **meditations** (Literat, Rel) méditations fpl (on sur)

meditative ['medɪtətɪv] adj person, mood, techniques, music méditatif ; exercises, state de méditation ◆ **the meditative calm of churches** le calme des églises qui incite à la méditation

meditatively ['medɪtətɪvlɪ] adv d'un air méditatif

Mediterranean [ˌmedɪtə'reɪnɪən] **1** adj country, town, coast, culture, climate, diet, species méditerranéen ; island de la Méditerranée ; holiday au bord de la Méditerranée ; cruise en Méditerranée ◆ **the Mediterranean Sea** la mer Méditerranée ◆ **Mediterranean people** les Méditerranéens mpl ◆ **the Mediterranean type** le type méditerranéen
2 n ◆ **the Mediterranean** (= sea) la Méditerranée ; (= region) la région méditerranéenne

medium ['miːdɪəm] **1** n, pl **media a** (Bio, Chem, gen) milieu m ; (fig) moyen m, véhicule m ◆ **through the medium of the press** par voie de presse ◆ **advertising medium** organe m de publicité ◆ **an artist's medium** (painting, sculpture etc) la discipline d'un artiste ; (oils, bronze etc) le matériau d'un artiste ◆ **language is the medium of thought** le langage est le véhicule de la pensée ◆ **television is the best medium for this type of humour** c'est à la télévision que ce genre d'humour passe le mieux, la télévision est le meilleur véhicule pour ce genre d'humour ; → **culture**
b (= mid-point) milieu m ◆ **the happy medium** le juste milieu
c pl **mediums** (Spiritualism) médium m
2 adj (gen) moyen ; pen à pointe moyenne ◆ **"medium"** (on garment labels) "moyen" ; see also **3**
3 COMP ▷ **medium close shot** n (Cine) plan m américain ▷ **medium-dated** adj (Fin) à

ANGLAIS-FRANÇAIS 582

ENGLISH-FRENCH

moyen terme ▷ **medium-dry** adj wine, sherry, cider demi-sec ▷ **medium-fine pen** n stylo m or feutre m à pointe moyenne ▷ **medium-priced** adj à un (or des) prix intéressant(s) or raisonnable(s) ▷ **medium range missile** n missile m à moyenne portée ▷ **medium rare** adj (of steaks) à point ▷ **medium-sized** adj de grandeur or de taille moyenne ▷ **medium-sweet** adj wine, sherry, cider demi-doux ▷ **medium-term** adj à moyen terme ▷ **medium-wave** adj (Rad) sur ondes moyennes ✦ on medium wave sur les ondes moyennes

mediumship ['miːdɪəmʃɪp] n médiumnité f

medlar ['medlə'] n (= fruit) nèfle f ; (also **medlar tree**) néflier m

medley ['medlɪ] → SYN n mélange m ; (Mus) pot-pourri m ✦ **400 metres medley** (Sport) le 4 x 100 mètres quatre nages

medulla [meˈdʌlə] n, pl **medullas** or **medullae** [meˈdʌliː] (Anat) moelle f ✦ **medulla oblongata** bulbe m rachidien

medullary canal [mɪˈdʌlərɪ] n [of long bone] canal m médullaire ; [of spine] canal rachidien

Medusa [mɪˈdjuːzə] n Méduse f

meek [miːk] → SYN **1** adj person docile, bonasse (pej) ; voice doux (douce f) ✦ **meek and mild** doux et docile ✦ **as meek as a lamb** doux comme un agneau
2 **the meek** npl (Bible) les débonnaires mpl

meekly ['miːklɪ] adv listen, accept, sit, stand docilement ; say humblement

meekness ['miːknɪs] → SYN n humilité f

meerschaum ['mɪəʃəm] n **a** (NonC = clay) écume f (de mer)
b (= pipe) pipe f en écume (de mer)

meet¹ [miːt] → SYN pret, ptp **met** **1** vt **a** [+ person] (by chance) rencontrer, tomber sur ; (coming in opposite direction) croiser ; (by arrangement) retrouver ; (= go to meet) aller chercher ; (= come to meet) venir chercher ✦ **to arrange to meet sb at 3 o'clock** donner rendez-vous à qn pour 3 heures ✦ **I am meeting the chairman at the airport** je vais chercher le président à l'aéroport ✦ **I am being met at the airport** on doit venir me chercher à l'aéroport ✦ **I'll meet you outside the cinema** je te or on se retrouve devant le cinéma ✦ **don't bother to meet me** ne prenez pas la peine de venir me chercher ✦ **he went to meet them** il est allé à leur rencontre, il est allé au-devant d'eux ✦ **she came down the steps to meet me** elle a descendu les escaliers et est venue à ma rencontre, elle a descendu les escaliers pour venir à ma rencontre ✦ **candidates will be required to meet the committee** les candidats devront se présenter devant les membres du comité ; → **halfway, match²**
b [+ river, sea] rencontrer ✦ **the bus for Aix meets the 10 o'clock train** l'autobus d'Aix assure la correspondance avec le train de 10 heures ✦ **a car met his train at King's Cross** une voiture l'attendait à l'arrivée de son train en gare de King's Cross ✦ **I'm due back at 10 o'clock, can you be there to meet my plane?** je reviens à 10 heures, peux-tu venir me chercher à l'aéroport ?
c (= make acquaintance of) rencontrer, faire la connaissance de ✦ **meet Mr Martin** je vous présente M. Martin ✦ **I am very pleased to meet you** enchanté de faire votre connaissance ✦ **glad** or **pleased to meet you!** enchanté !
d (= encounter) [+ opponent, opposing team, obstacle] rencontrer ; (= face) [+ enemy, danger] faire face à, affronter ; (in duel) se battre avec ✦ **he met his death** or **his end in 1880** il trouva la mort en 1880 ✦ **to meet death calmly** affronter la mort avec calme or sérénité ; → **halfway**
e (= satisfy, settle) [+ expenses, bill] régler, payer ; [+ responsibilities, debt] faire face à, s'acquitter de ; [+ deficit] combler ; [+ goal, aim] atteindre ; [+ demand, need, want] satisfaire, répondre à ; [+ condition, stipulation] remplir ; [+ charge, objection] réfuter ; (Comm) [+ orders] satisfaire, assurer ✦ **to meet the cost of sth** prendre en charge les frais de qch ✦ **he offered to meet the full cost of the repairs** il a proposé de payer la totalité des réparations ✦ **this will meet the case** ceci fera l'affaire ✦ **to meet payments** faire face

à ses obligations financières ✦ **to meet the payments on a washing machine** payer les traites d'une machine à laver ✦ **this meets our requirements** cela correspond à nos besoins ✦ **it did not meet our expectations** nous n'en avons pas été satisfaits
f (seeing, hearing) **the sound which met his ears** le bruit qui frappa ses oreilles ✦ **the sight which met my eye(s)** le spectacle qui s'offrit à mes yeux ✦ **I met his eye** mon regard rencontra le sien, nos regards se croisèrent ✦ **I dared not** or **couldn't meet her eye** je n'osais pas la regarder en face ✦ **there's more to this than meets the eye** (sth suspicious) on ne voit pas or on ne connaît pas les dessous de cette affaire ; (more difficult than it seems) c'est moins simple que cela n'en a l'air
2 vi **a** [people] (by chance) se rencontrer ; (by arrangement) se retrouver ; (more than once) se voir ; (= become acquainted) se rencontrer, faire connaissance ✦ **to meet again** se revoir ✦ **until we meet again!** au revoir !, à la prochaine fois ! ✦ **keep it until we meet again** or **until we next meet** garde-le jusqu'à la prochaine fois ✦ **have you met before?** vous vous connaissez déjà ? ✦ **they arranged to meet at 10 o'clock** ils se sont donné rendez-vous pour 10 heures
b [Parliament etc] se réunir, tenir séance ; [committee, society etc] se réunir ✦ **the class meets in the art room** le cours a lieu dans la salle de dessin
c [armies] se rencontrer, s'affronter ; [opposing teams] se rencontrer
d [lines, roads etc] (= join) se rencontrer, (= cross) se croiser ; [rivers] se rencontrer, confluer ✦ **our eyes met** nos regards se croisèrent ; → **end**
3 n **a** (Brit Hunting) rendez-vous m de chasse (au renard) ; (= huntsmen collectively) chasse f
b (Sport etc) meeting m

▶ **meet up** vi (by chance) se rencontrer ; (by arrangement) se retrouver ✦ **to meet up with sb** (by chance) rencontrer qn ; (by arrangement) retrouver qn ✦ **this road meets up with the motorway** cette route rejoint l'autoroute

▶ **meet with** vt fus **a** [+ difficulties, resistance, obstacles] rencontrer ; [+ refusal, losses, storm, gale] essuyer ; [+ welcome, reception] recevoir ✦ **he met with an accident** il lui est arrivé un accident ✦ **to meet with failure** essuyer un (or des) échec(s) ✦ **to meet with success** obtenir or remporter un (or des) succès ✦ **this suggestion was met with angry protests** de vives protestations ont accueilli cette suggestion ✦ **this met with no response** (in writing) il n'y a pas eu de réponse ; (in person) il (or elle) n'a pas réagi ✦ **we hope our offer meets with your approval** (frm) nous espérons que notre proposition vous conviendra
b (US) [+ person] (by chance) rencontrer, tomber sur ; (coming in opposite direction) croiser ; (by arrangement) retrouver

meet² †† [miːt] adj (= fitting) convenable, séant †

meeting ['miːtɪŋ] → SYN **1** n **a** (of group of people, political party, club etc) réunion f ; (large, formal) assemblée f ; (Pol, Sport) meeting m ✦ **business meeting** réunion f d'affaires or de travail ✦ **he's in a meeting** il est en réunion ✦ **I've got meetings all afternoon** je suis pris par des réunions tout l'après-midi ✦ **to call a meeting of shareholders** convoquer les actionnaires ✦ **to call a meeting to discuss sth** convoquer une réunion pour débattre qch ✦ **to address a meeting** prendre la parole à une réunion (or un meeting) ; → **annual, mass¹, open**
b (between individuals) rencontre f ; (arranged) rendez-vous m ; (formal) entrevue f ✦ **the minister had a meeting with the ambassador** le ministre s'est entretenu avec l'ambassadeur, le ministre a eu une entrevue avec l'ambassadeur ✦ **a meeting of minds** une entente profonde
c (Quakers) culte m ✦ **to go to meeting** aller au culte
2 COMP ▷ **meeting house** n (also Quakers' meeting house) temple m (des Quakers) ▷ **meeting place** n lieu m de réunion

meg * [meg] n, pl **meg** or **megs** (Comput = megabyte) méga * m ; (= megahertz) mégahertz m

mediumship / melatonin

mega *‡ ['megə] adj hypergénial *

mega... ['megə] pref méga... ✦ **megastar** mégastar f

megabuck * ['megəˌbʌk] n **a** (US = million dollars) million m de dollars
b (fig) **megabucks** des sommes astronomiques ✦ **it's worth megabucks** ça vaut la peau des fesses *

megabyte ['megəˌbaɪt] n (Comput) méga-octet m, Mo m

megacephalic [ˌmegəsɪˈfælɪk] adj (Med) mégalocéphale

megacephaly [ˌmegəˈsefəlɪ] n (Med) mégacéphalie f

megacycle ['megəˌsaɪkl] n mégacycle m

megadeath ['megəˌdeθ] n million m de morts

megafauna ['megəˌfɔːnə] n (Zool) mégafaune f

megahertz ['megəˌhɜːts] n, pl **megahertz** mégahertz m

megalith ['megəlɪθ] n mégalithe m

megalithic [ˌmegəˈlɪθɪk] adj mégalithique

megalomania [ˌmegələʊˈmeɪnɪə] n mégalomanie f

megalomaniac [ˌmegələʊˈmeɪnɪæk] adj, n mégalomane mf

megalopolis [ˌmegəˈlɒpəlɪs] n mégalopole f

megaphone ['megəfəʊn] n porte-voix m inv

megasporangium [ˌmegəspɔːˈrændʒɪəm] n macrosporange m

megaspore ['megəˌspɔː'] n macrospore f

megastar ['megəˌstɑː'] n mégastar f

megaton ['megətʌn] n mégatonne f ✦ **a five-megaton bomb** une bombe de cinq mégatonnes

megavolt ['megəvɒlt] n mégavolt m

megawatt ['megəwɒt] n mégawatt m

megillah *‡ [məˈgɪlə] n (US) grand laïus m, longues explications fpl ✦ **the whole megillah** tout le tremblement *

megohm ['megˌəʊm] n mégohm m

megrim ['miːgrɪm] n (= fish) calimande f

meiosis [maɪˈəʊsɪs] n, pl **meioses** [maɪˈəʊsiːz] **a** (Bio) méiose f
b (Literat) litote f

Mekong [ˌmiːˈkɒŋ] **1** n Mékong m
2 COMP ▷ **Mekong Delta** n delta m du Mékong

melamine ['meləmiːn] **1** n mélamine f
2 COMP cup, surface de or en mélamine ▷ **melamine-coated, melamine-faced** adj mélaminé

melancholia [ˌmelənˈkəʊlɪə] n (Psych) mélancolie f

melancholic † [ˌmelənˈkɒlɪk] adj person, nature, mood, song mélancolique ✦ **the melancholic temperament** (Med) le tempérament mélancolique

melancholically [ˌmelənˈkɒlɪklɪ] adv mélancoliquement

melancholy ['melənkəlɪ] → SYN **1** n (NonC) mélancolie f
2 adj person, place, look, smile, thoughts, sound, song mélancolique ; news, event, duty triste ✦ **to be in a melancholy mood** être d'humeur mélancolique ✦ **the melancholy truth** la triste vérité

Melanesia [ˌmeləˈniːzɪə] n la Mélanésie

Melanesian [ˌmeləˈniːzɪən] **1** adj mélanésien
2 n **a** (= person) Mélanésien(ne) m(f)
b (Ling) mélanésien m

melange, mélange [meɪˈlɑːnʒ] n (esp liter) mélange m

melanic [məˈlænɪk] adj mélanique

melanin ['melənɪn] n mélanine f

melanism ['melənɪzəm] n mélanisme m

melanocyte ['melənəʊˌsaɪt] n mélanocyte f

melanoma [ˌmeləˈnəʊmə] n, pl **melanomas** or **melanomata** [ˌmeləˈnəʊmətə] (Med) mélanome m

melanosis [ˌmeləˈnəʊsɪs] n (Med) mélanose f

melatonin [ˌmeləˈtəʊnɪn] n mélatonine f

Melba toast / menace

Melba toast ['melbə'təʊst] n (Culin) biscotte f très fine

Melbourne ['melbən] n Melbourne

Melchite ['melkaɪt] n melchite mf

meld [meld] vt (= blend) mélanger, mêler

melee, mêlée ['meleɪ] n mêlée f

melic ['melɪk] adj mélique

melilot ['melɪlɒt] n (Bot) mélilot m

melinite ['melɪˌnaɪt] n mélinite f

melliferous [mɪ'lɪfərəs] adj insect, plant mellifère

mellifluous [me'lɪfluəs] adj mélodieux

mellow ['meləʊ] → SYN 1 adj a (= soft, smooth) light, colour, music, voice doux (douce f); brick, stone patiné; wine, flavour, cheese, fruit moelleux; brandy, whisky velouté
   b (= genial, serene) person serein
   c (* = relaxed) person, mood, feeling relax * inv
   2 vt [+ wine] rendre moelleux, donner du moelleux à; [+ voice, sound] adoucir, rendre plus moelleux; [+ colour] fondre, velouter; [+ person, character] adoucir ♦ **the years have mellowed him** les angles de son caractère se sont arrondis avec l'âge, il s'est adouci or assagi avec les années
   3 vi [fruit] mûrir; [wine] se velouter; [colour] se velouter, se patiner; [voice] prendre du moelleux, se velouter; [person, character] s'adoucir

mellowing ['meləʊɪŋ] 1 n [of fruit, wine] maturation f; [of voice, colours, person, attitude] adoucissement m
   2 adj effect etc adoucissant

mellowness ['meləʊnɪs] n [of light, colour, music, voice] douceur f; [of wine, flavour, cheese, fruit] moelleux m; [of brick, stone] patine f

melodic [mɪ'lɒdɪk] 1 adj a (= melodious) music, song, voice mélodieux
   b (Mus) line, theme, structure, invention mélodique
   2 COMP ▷ **melodic minor (scale)** n (Mus) gamme f mineure mélodique

melodically [mɪ'lɒdɪkəlɪ] adv mélodiquement

melodious [mɪ'ləʊdɪəs] → SYN adj mélodieux

melodiously [mɪ'ləʊdɪəslɪ] adv mélodieusement

melodist ['melədɪst] n (= composer) mélodiste mf

melodize ['melədaɪz] 1 vt [+ poem] mettre en musique
   2 vi composer des mélodies

melodrama [ˌmeləʊ'drɑːmə] n (lit, fig) mélodrame m

melodramatic [ˌmeləʊdrə'mætɪk] → SYN 1 adj mélodramatique
   2 **melodramatics** npl mélo * m ♦ **I've had enough of your melodramatics** j'en ai assez de ton cinéma *

melodramatically [ˌmeləʊdrə'mætɪkəlɪ] adv d'une façon mélodramatique

melody ['melədɪ] → SYN n mélodie f

melon ['melən] n a (Bot, Culin) melon m ♦ **to cut a melon** * (US fig) se partager le gâteau; → **watermelon**
   b **melons** ⁑ (= breasts) roberts ⁑ mpl

melt [melt] → SYN 1 vi a [ice, butter, metal] fondre; [solid in liquid] fondre, se dissoudre ♦ **these cakes melt in the mouth** ces pâtisseries fondent dans la bouche ♦ **he looks as if butter wouldn't melt in his mouth** on lui donnerait le bon Dieu sans confession *; see also **melting**
   b (fig) [colours, sounds] se fondre, s'estomper (into dans); [person] se laisser attendrir; [anger] tomber; [resolution, determination] fléchir, fondre ♦ **to melt into tears** fondre en larmes ♦ **her heart melted with pity** son cœur a fondu de pitié ♦ **night melted into day** la nuit a fait insensiblement place au jour ♦ **one colour melted into another** les couleurs se fondaient les unes dans les autres ♦ **the thief melted into the crowd** le voleur s'est fondu or a disparu dans la foule
   c (= be too hot) **to be melting** * fondre, être en nage
   2 vt [+ ice, butter] (faire) fondre; [+ metal] fondre ♦ **to melt sb's heart** attendrir or émouvoir (le cœur de) qn ♦ **melted butter** (Culin) beurre m fondu; see also **melting**

▶ **melt away** vi a [ice etc] fondre complètement, disparaître
   b (fig) [money, savings] fondre; [anger] se dissiper, tomber; [confidence] disparaître; [fog] se dissiper; [crowd] se disperser; [person] se volatiliser

▶ **melt down** 1 vt sep fondre; [+ scrap iron, coins] remettre à la fonte
   2 **meltdown** n → **meltdown**

meltdown ['meltdaʊn] n a (Nucl Phys) fusion f (du cœur d'un réacteur nucléaire)
   b (fig: = disaster) effondrement m

melting ['meltɪŋ] 1 adj a snow fondant; (fig) voice, look attendri; words attendrissant
   2 n [of snow] fonte f; [of metal] fusion f, fonte f
   3 COMP ▷ **melting point** n point m de fusion ▷ **melting pot** n (fig) melting-pot m ♦ **the country was a melting pot of many nationalities** ce pays fut un melting-pot or fut un creuset ethnique ♦ **the scheme was back in the melting pot again** (Brit) le projet a été remis en question une fois de plus ♦ **it's still all in the melting pot** (Brit) c'est encore en pleine discussion or au stade des discussions

meltwater ['meltwɔːtəʳ] n neige f fondue

member ['membəʳ] → SYN 1 n a [of society, political party etc] membre m, adhérent(e) m(f); [of family, tribe] membre m ♦ **"members only"** (on notice etc) "réservé aux adhérents" ♦ **a member of the audience** un membre de l'assistance; (= hearer) un auditeur; (= spectator) un spectateur ♦ **Member of Congress** (US Pol) membre m du Congrès, ≃ député m ♦ **a member of the congress** un(e) congressiste ♦ **they treated her like a member of the family** ils l'ont traitée comme si elle faisait partie de or était de la famille ♦ **Member of Parliament** (Brit Pol) ≃ député m ♦ **the Member (of Parliament) for Woodford** le député de Woodford ♦ **Member of the European Parliament** (Brit) député européen ♦ **a member of the public** un particulier ♦ **members of the public were not allowed in** le public n'était pas admis ♦ **a member of the staff, an ordinary member of the public** un(e) simple citoyen(e); (of firm, organization) un(e) employé(e) ♦ **a member of staff** (Scol, Univ) un professeur; → **full, honorary, private**
   b (Anat, Bot, Math etc) membre m ♦ **(male) member** (= penis) membre m (viril)
   2 COMP ▷ **member countries, member nations member states** npl États mpl or pays mpl membres

membership ['membəʃɪp] → SYN 1 n a adhésion f, appartenance f ♦ **Britain's membership of the EU** l'appartenance de la Grande-Bretagne à l'UE ♦ **when I applied for membership of the club** quand j'ai fait ma demande d'adhésion au club ♦ **he has given up his membership of the party** il a rendu sa carte du parti ♦ **membership carries certain privileges** l'adhésion donne droit à certains privilèges, les membres jouissent de certains privilèges
   b (= number of members) **this society has a membership of over 800** cette société a plus de 800 membres
   2 COMP ▷ **membership card** n carte f d'adhérent or de membre ▷ **membership fee** n cotisation f, droits mpl d'inscription ▷ **membership qualifications** npl conditions fpl d'adhésion

membrane ['membreɪn] n membrane f

membranous ['mem'breɪnəs] adj membraneux

memento [mə'mentəʊ] n, pl **mementos** or **mementoes** (= keepsake) souvenir m; (= note, mark etc) mémento m; (= scar) souvenir m ♦ **as a memento of** en souvenir de ♦ **memento mori** memento mori m inv

memo ['meməʊ] 1 n (abbrev of **memorandum**) note f (de service)
   2 COMP ▷ **memo pad** n bloc-notes m

memoir ['memwɑːʳ] → SYN n (= essay) mémoire m, étude f (on sur); (= short biography) notice f biographique ♦ **memoirs** (autobiographical) mémoires mpl; [of learned society] actes mpl

memorabilia [ˌmemərə'bɪlɪə] n souvenirs mpl (objets)

memorable ['memərəbl] → SYN adj mémorable ♦ **one of his more memorable films** un de ses films dont on se souvient mieux

ANGLAIS-FRANÇAIS 584

memorably ['memərəblɪ] adv mémorablement

memorandum [ˌmemə'rændəm] n, pl **memorandums** or **memoranda** [ˌmemə'rændə] a (= reminder, note) note f ♦ **to make a memorandum of sth** prendre note de qch, noter qch
   b (= communication within company etc) note f (de service) ♦ **he sent a memorandum round about the drop in sales** il a fait circuler une note or il a fait passer une circulaire à propos de la baisse des ventes
   c (Diplomacy) mémorandum m
   d (Jur) sommaire m des articles (d'un contrat) ♦ **memorandum of agreement** protocole m d'accord

memorial [mɪ'mɔːrɪəl] → SYN 1 adj plaque commémoratif
   2 n a (= sth serving as reminder) **this scholarship is a memorial to John F. Kennedy** cette bourse d'études a été créée en mémoire de John F. Kennedy
   b (= monument) monument m (commémoratif), mémorial m; (over grave) monument m (funéraire) ♦ **a memorial to the victims** un monument aux victimes
   c (also **war memorial**) monument m aux morts
   d (Hist) **memorials** (= chronicles) chroniques fpl, mémoires mpl, mémorial m
   e (Admin etc = petition) pétition f, requête f (officielle)
   3 COMP ▷ **Memorial Day** n (US) le jour des morts au champ d'honneur (dernier lundi de mai) ▷ **memorial park** n (US = cemetery) cimetière m ▷ **memorial service** n ≃ messe f de souvenir

memorialize [mɪ'mɔːrɪəlaɪz] vt commémorer

memorize ['memə raɪz] → SYN vt [+ facts, figures, names] mémoriser, retenir; [+ poem, speech] apprendre par cœur

memory ['memərɪ] → SYN 1 n a (= faculty: also Comput) mémoire f ♦ **to have a good/bad memory** avoir (une) bonne/mauvaise mémoire ♦ **to have a memory for faces** avoir la mémoire des visages, être physionomiste mf ♦ **to play/quote from memory** jouer/citer de mémoire ♦ **to have a long memory** ne pas oublier facilement ♦ **to commit to memory** [+ poem] apprendre par cœur; [+ facts, figures] mémoriser, retenir ♦ **to the best of my memory** autant que je m'en souvienne ♦ **loss of memory** perte f de mémoire; (Med) amnésie f ♦ **additional** or **back-up memory** (Comput) mémoire f auxiliaire; → **fresh, living**
   b (= recollection) souvenir m ♦ **childhood memories** souvenirs mpl d'enfance ♦ **he had happy memories of his father** il avait de bons souvenirs de son père ♦ **"Memories of a country childhood"** "Souvenirs d'une enfance à la campagne" ♦ **the memory of the accident remained with him all his life** il a conservé toute sa vie le souvenir de l'accident, le souvenir de l'accident est resté gravé dans sa mémoire toute sa vie ♦ **to keep sb's memory alive** or **green** garder vivant le souvenir de qn, entretenir la mémoire de qn ♦ **in memory of** en souvenir de, à la mémoire de ♦ **sacred to the memory of** à la mémoire de ♦ **of blessed memory** de glorieuse mémoire
   2 COMP ▷ **memory bank** n bloc m de mémoire ▷ **memory capacity** n (Comput) capacité f de mémoire ▷ **memory card** n (Comput) carte f d'extension mémoire ▷ **memory chip** n (Comput) puce f mémoire ▷ **memory lane** n (fig) **it was a trip down memory lane** c'était un retour en arrière ou un retour aux sources ▷ **memory typewriter** n machine f à écrire à mémoire

memsahib ['mem,sɑːhɪb] n Madame f (aux Indes)

men [men] 1 npl of **man** ♦ **that'll separate the men from the boys** (hum) cela fera la différence (entre les hommes et les mauviettes *)
   2 COMP ▷ **men's room** n (US) toilettes fpl pour hommes

menace ['menɪs] → SYN 1 n menace f ♦ **he drives so badly he's a menace to the public** il conduit si mal qu'il est un danger public ♦ **that child/dog/motorbike is a menace** * cet enfant/ce chien/cette moto est une plaie * ♦ **to demand money with menaces** (Brit Jur) extorquer de l'argent
   2 vt menacer

menacing ['menɪsɪŋ] → SYN adj menaçant
menacingly ['menɪsɪŋlɪ] adv act d'un air menaçant ; say d'un ton menaçant
ménage [meɪ'nɑːʒ] n (pej) ménage m ◆ **ménage à trois** ménage m à trois
menagerie [mɪ'nædʒərɪ] n ménagerie f
Mencap ['menkæp] n (Brit) association pour les handicapés mentaux
mend [mend] → SYN **1** vt **a** (= repair) [+ watch, wall, vehicle, shoes etc] réparer ; [+ clothes etc] raccommoder ; (= darn) [+ sock, stocking] repriser ; [+ laddered stocking] remmailler ; → **fence**
b (fig) [+ marriage] sauver ◆ **to mend relations with sb** renouer de bonnes relations avec qn ◆ **that won't mend matters** cela ne va pas arranger les choses ◆ **to mend one's ways, to mend one's manners** s'amender ; → **least**
2 vi **a** (= darn etc) faire le raccommodage
b * ⇒ **to be on the mend 3b**
3 n **a** (on clothes) raccommodage m ; (= patch) pièce f ; (= darn) reprise f
b **to be on the mend** [invalid] être en voie de guérison, aller mieux ; [business, sales] reprendre, s'améliorer ; [conditions, situation, weather] s'améliorer
mendacious [men'deɪʃəs] → SYN adj (frm) statement, report mensonger ; person menteur
mendacity [men'dæsɪtɪ] n **a** (NonC) (habit) fausseté f, habitude f de mentir ; (tendency) propension f au mensonge ; [of report] caractère m mensonger
b (= lie) mensonge m
mendelevium [,mendɪ'liːvɪəm] n mendélévium m
Mendelian [men'diːlɪən] adj mendélien
Mendelism ['mendəlɪzəm] n mendélisme m
Mendel's laws ['mendlz] npl (Bio) lois fpl de Mendel
mendicancy ['mendɪkənsɪ] n mendicité f
mendicant ['mendɪkənt] adj, n mendiant(e) m(f)
mendicity [men'dɪsɪtɪ] n mendicité f
mending ['mendɪŋ] n (= act) raccommodage m ; (= clothes to be mended) vêtements mpl à raccommoder ; → **invisible**
Mendoza [men'dəuzə] n (Geog) Mendoza
Menelaus [,menɪ'leəs] n Ménélas m
menfolk ['menfəʊk] npl ◆ **the menfolk** les hommes mpl
menhaden [menheɪdən] n, pl inv (= fish) menhaden m
menhir ['menhɪə^r] n menhir m
menial ['miːnɪəl] → SYN **1** adj person servile ; task de domestique, inférieur (-eure f) ; position subalterne
2 n domestique mf, laquais m (pej)
meninges [mɪ'nɪndʒiːs] npl méninges fpl
meningitic [,menɪn'dʒɪtɪk] adj méningitique
meningitis [,menɪn'dʒaɪtɪs] n méningite f
meningococcus [me,nɪŋɡəʊ'kɒkəs] n méningocoque m
meniscus [mɪ'nɪskəs] n, pl **meniscuses** or **menisci** [mɪ'nɪsaɪ] ménisque m
Mennonite ['menənaɪt] adj,n mennonite mf
menopausal [,menəʊ'pɔːzəl] adj symptom de la ménopause ; woman ménopausé
menopause ['menəʊpɔːz] n ménopause f ◆ **the male menopause** l'andropause f
Menorca [mɪ'nɔːkə] n Minorque f ◆ **in Menorca** à Minorque
menorrhagia [,menɔː'reɪdʒɪə] n ménorragie f
menorrhoea [,menə'rɪə] n (Med) menstruation f
Mensa ['mensə] n Mensa f (association de personnes ayant un QI supérieur à la moyenne)
mensch * [menʃ] n (US) (= man) type m vraiment bien ; (= woman) fille f vraiment bien ◆ **be a mensch!** comporte-toi en adulte !
menses ['mensiːz] npl menstrues fpl
Menshevik ['menʃɪvɪk] n, adj menchevik m
Menshevism ['menʃəvɪzəm] n (Hist) menchevisme m
menstrual ['menstrʊəl] **1** adj menstruel

2 COMP ▷ **menstrual cramps** npl dysménorrhée f, règles fpl douloureuses ▷ **menstrual cycle** n cycle m (menstruel) ▷ **menstrual period** n règles fpl, menstruation f
menstruate ['menstrʊeɪt] vi avoir ses règles
menstruation [,menstrʊ'eɪʃən] → SYN n menstruation f
mensuration [,mensjʊə'reɪʃən] n (also Math) mesurage m
menswear ['menzweə^r] n (NonC: Comm) (= clothing) habillement m masculin ; (= department) rayon m hommes
mental ['mentl] → SYN **1** adj **a** (= not physical) mental ◆ **I made a mental note of her phone number** j'ai noté mentalement son numéro de téléphone ◆ **I made a mental note to get petrol** je me suis dit que je devais faire le plein
b (* = mad) cinglé * ◆ **to go mental** perdre la boule *
2 COMP ▷ **mental age** n âge m mental ▷ **mental arithmetic** n calcul m mental ▷ **mental block** n blocage m (psychologique) ▷ **mental cruelty** n (Jur) cruauté f mentale ▷ **mental defective** n débile mf mental(e) ▷ **mental deficiency** n débilité f or déficience f mentale ▷ **mental disability, mental handicap** n handicap m mental ▷ **mental healing** n (US Med) thérapeutique f par la suggestion ▷ **mental health** n (of person) santé f mentale ; (= activity, profession) psychiatrie f ▷ **mental home** n clinique f psychiatrique ▷ **mental hospital** n hôpital m psychiatrique ▷ **mental illness** n maladie f mentale ▷ **mental institution** n institution f psychiatrique ▷ **mental patient** n malade mf mental(e) ▷ **mental powers** npl facultés fpl intellectuelles ▷ **mental reservation** n restriction f mentale ▷ **mental retardation** n arriération f mentale ▷ **mental strain** n (= tension) tension f nerveuse ; (= overwork) surmenage m (intellectuel) ◆ **she's been under a great deal of mental strain** ses nerfs ont été mis à rude épreuve
mentalism ['mentəlɪzəm] n (Philos) mentalisme m
mentalistic [,mentə'lɪstɪk] adj (Philos) mentaliste
mentality [men'tælɪtɪ] → SYN n mentalité f
mentally ['mentəlɪ] adv calculate, formulate mentalement ◆ **mentally handicapped** handicapé mental ◆ **a mentally handicapped son/child** un fils/enfant handicapé mental ◆ **he is mentally handicapped** c'est un handicapé mental ◆ **mentally ill** or **sick** malade mental ◆ **a mentally ill** or **sick person** un(e) malade mental(e) ◆ **the mentally ill** les malades mpl mentaux ◆ **mentally retarded** † débile mental ◆ **mentally subnormal** † débile léger ◆ **mentally disturbed** or **disordered** or **unstable** or **unbalanced** déséquilibré ◆ **mentally defective** or **deficient** † mentalement déficient
menthol ['menθɒl] **1** n menthol m
2 COMP ▷ **menthol cigarettes** npl cigarettes fpl mentholées
mentholated ['menθəleɪtɪd] adj mentholé
mention ['menʃən] LANGUAGE IN USE 26.2 → SYN
1 vt (gen) mentionner ; [+ dates, figures] citer ◆ **he mentioned to me that you were coming** il m'a dit que vous alliez venir ◆ **I'll mention it to him** je lui en toucherai un mot, je le lui signalerai ◆ **I've never heard him mention his father** je ne l'ai jamais entendu parler de son père ◆ **to mention sb in one's will** coucher qn sur son testament ◆ **he didn't mention the accident** il n'a pas fait mention de l'accident, il n'a pas soufflé mot de l'accident ◆ **just mention my name** dites que c'est de ma part ◆ **he mentioned several names** il a cité plusieurs noms ◆ **without mentioning any names** sans nommer ou citer personne ◆ **I mention this fact only because …** je relève ce fait uniquement parce que … ◆ **they are too numerous to mention** ils sont trop nombreux pour qu'on les mentionne (subj) or cite (subj) tous ◆ **don't mention it!** il n'y a pas de quoi !, je vous en prie ! ◆ **I need hardly mention that …** il va sans dire que … ◆ **not to mention …** sans compter … ◆ **it is not worth mentioning** cela ne vaut pas la peine d'en parler ◆ **I have no jazz records worth mentioning** je n'ai pour ainsi dire pas de disques de jazz ; → **dispatch**

2 n mention f ◆ **to make mention of sth** (frm) faire mention de qch, signaler qch ◆ **honourable mention** mention f honorable ◆ **it got a mention in the news** on en a parlé or on l'a mentionné aux informations
mentor ['mentɔː^r] → SYN n mentor m
menu ['menjuː] → SYN **1** n (in restaurant etc) menu m ; (printed, written) menu m, carte f ; (Comput) menu m ◆ **on the menu** au menu ; → **fixed**
2 COMP ▷ **menu-driven** adj (Comput) dirigé or piloté par menu
meow [miː'aʊ] ⇒ **miaow**
MEP [,emiː'piː] n (Brit) (abbrev of **Member of the European Parliament**) → **member**
Mephistopheles [,mefɪs'tɒfɪliːz] n Méphistophélès m
mephistophelian [,mefɪstəʊ'fiːlɪən] adj méphistophélique
mephitic [mɪ'fɪtɪk] adj méphitique
mercantile ['mɜːkəntaɪl] → SYN **1** adj **a** class, tradition, navy, vessel marchand ; affairs commercial ; nation commerçant ; firm, establishment, court de commerce
b (pej) person, attitude mercantile
2 COMP ▷ **mercantile law** n droit m commercial ▷ **mercantile marine** n (Brit) marine m marchande
mercantilism ['mɜːkəntɪlɪzəm] n (Econ, also pej) mercantilisme m
mercantilist ['mɜːkəntɪlɪst] adj, n (Econ) mercantiliste m
Mercator [mɜː'keɪtə^r] n ◆ **Mercator projection** projection f de Mercator
mercenary ['mɜːsɪnərɪ] → SYN **1** adj **a** (pej) person, attitude intéressé, mercenaire
b (Mil) mercenaire
2 n (Mil) mercenaire m
mercer ['mɜːsə^r] n (Brit) marchand m de tissus
mercerize ['mɜːsəraɪz] vt (Tex) merceriser
merchandise ['mɜːtʃəndaɪz] → SYN **1** n (NonC) marchandises fpl
2 vi commercer, faire du commerce
3 vt promouvoir la vente de
merchandizer ['mɜːtʃəndaɪzə^r] n spécialiste mf du marchandisage or merchandising
merchandizing ['mɜːtʃəndaɪzɪŋ] n marchandisage m, merchandising m
merchant ['mɜːtʃənt] → SYN **1** n (= trader, dealer) négociant m ; (= wholesaler) marchand m en gros, grossiste m ; (= retailer) marchand m au détail, détaillant m ; (= shopkeeper) commerçant m ◆ **builders'/plumbers' merchant** fournisseur m de or en matériaux de construction/en sanitaires ◆ **timber/cloth/spice merchant** marchand m de bois/de tissu/d'épices ◆ **"The Merchant of Venice"** "le Marchand de Venise" ◆ **a doom-and-gloom merchant** * un oiseau de mauvais augure ◆ **a rip-off merchant*** un arnaqueur * ; → **coal, speed, wine**
2 COMP ▷ **merchant bank** n (Brit) banque f d'affaires ▷ **merchant banker** n (Brit) banquier m d'affaires ▷ **merchant marine** n (US) ⇒ **merchant navy** ▷ **merchant navy** n (Brit) marine f marchande ▷ **merchant seaman**, pl **merchant seamen** marin m de la marine marchande ▷ **merchant ship** n navire m marchand or de commerce ▷ **merchant shipping** n (NonC) navires mpl marchands or de commerce ▷ **merchant vessel** n navire m marchand or de commerce
merchantability [,mɜːtʃəntə'bɪlɪtɪ] n (Comm) valeur f commerciale ; (Jur) qualité f loyale et marchande
merchantable ['mɜːtʃəntəbl] adj **a** (Comm) commercialisable, vendable
b (Jur: also **of merchantable quality**) d'une bonne qualité marchande
merchantman ['mɜːtʃəntmən] n, pl **-men** (Naut) ⇒ **merchant ship** ; → **merchant**
merciful ['mɜːsɪfʊl] → SYN adj **a** (= compassionate) person, judge, court clément (to or towards sb envers qn); God miséricordieux (to or towards sb envers qn)

mercifully ['mɜːsɪfəlɪ] *adv* **a** judge, act (person) avec clémence ; (God) miséricordieusement

b (= fortunately) **mercifully it didn't rain** Dieu merci or par bonheur il n'a pas plu

merciless ['mɜːsɪlɪs] → SYN *adj* person, attack, treatment impitoyable (*towards sb* envers qn) ; sun, heat, rain, scrutiny implacable ♦ **to be a merciless critic of sb/sth** critiquer qn/qch impitoyablement

mercilessly ['mɜːsɪlɪslɪ] *adv* behave, attack, treat, criticize impitoyablement, sans pitié ♦ **the sun beat down mercilessly** le soleil était implacable

mercurial [mɜːˈkjʊərɪəl] *adj* **a** (liter) (= changeable) person, temperament, nature versatile, lunatique (pej) ; moods changeant ; (= lively) wit vif

b (Chem) mercuriel

mercuric [mɜːˈkjʊərɪk] *adj* (Chem) mercurique

Mercurochrome ® [mɜːˈkjʊərəˌkrəʊm] *n* (Med) mercurochrome ® m

mercurous ['mɜːkjʊrəs] *adj* (Chem) mercureux

mercury ['mɜːkjʊrɪ] *n* **a** (Chem) mercure m

b **Mercury** (Myth) Mercure m ; (Astron) Mercure f

mercy ['mɜːsɪ] → SYN **1** *n* **a** (gen) miséricorde f ; (= clemency) clémence f ; (= pity) pitié f ♦ **God in his mercy** Dieu en sa miséricorde ♦ **to have mercy on sb, to show mercy to sb** † faire preuve de clémence envers qn, avoir pitié de qn ♦ **have mercy on me!** ayez pitié de moi ! ♦ **to beg for mercy** demander grâce ♦ **with a recommendation to mercy** (Jur) ≃ avec avis en faveur d'une commutation de peine ♦ **a cruelty without mercy** une cruauté impitoyable ♦ **he was beaten without mercy** il a été battu impitoyablement ♦ **no mercy was shown to them** ils furent impitoyablement traités or traités sans merci ♦ **to throw o.s. on sb's mercy** (liter) s'en remettre à la merci de qn ♦ **at the mercy of sb/the weather** etc à la merci de qn/du temps etc ♦ **to leave sb to the mercy of** or **to the tender mercies of ...** (iro) livrer qn à ..., abandonner qn à la merci de ... ♦ **mercy (me)!** † * Seigneur !, miséricorde ! ♦ **for mercy's sake!** † par pitié ! ; → **errand**

b (= piece of good fortune) **it's a mercy that ...** heureusement que ... (+ indic), c'est une chance que ... (+ subj) ♦ **his death was a mercy** sa mort a été une délivrance

2 COMP flight, journey de secours, d'urgence (humanitaire) ▷ **mercy killing** *n* euthanasie f

mere[1] [mɪə[r]] *n* étang m, (petit) lac m

mere[2] [mɪə[r]] → SYN *adj* **a** (= least, even) simple (before n) ♦ **the mere mention of sth** le simple fait de mentionner qch ♦ **the mere existence of neo-Nazis is an outrage** le simple fait que les néonazis existent est un scandale, la simple existence des néonazis constitue un scandale ♦ **the mere possibility of rain was enough to put him off** le fait qu'il risquait de pleuvoir a suffi à le décourager ♦ **the mere sight of him makes me shiver** sa seule vue me fait frissonner, rien qu'à le voir je frissonne ♦ **he quarrelled over a mere nothing** ils se sont disputés pour une vétille ♦ **his voice was the merest whisper** sa voix n'était qu'un murmure ♦ **it's a mere kilometre away** ce n'est qu'à un kilomètre (de distance) ♦ **in a mere 17 minutes** en 17 minutes seulement ♦ **a mere $45** 45 dollars seulement

b (= simple, slight) coincidence, formality simple (before n) ♦ **a mere mortal** un(e) simple mortel(le) ♦ **he's a mere clerk** c'est un simple employé de bureau ♦ **I was a mere child when I married him** je n'étais qu'une enfant quand je l'ai épousé ♦ **by a mere chance** par pur hasard ♦ **he's a mere nobody** c'est un moins que rien ♦ **a mere nothing** trois fois rien

merely ['mɪəlɪ] *adv* simplement ♦ **I merely said that she was coming** j'ai tout simplement dit or je n'ai fait que dire qu'elle arrivait ♦ **he merely nodded** il se contenta de faire un signe de tête ♦ **he's merely a clerk** c'est un simple employé de bureau ♦ **I did it merely to please her** je ne l'ai fait que pour lui faire plaisir ♦ **merely to look at him makes me shiver** rien que de le regarder me fait frissonner ♦ **it's merely a formality** c'est une simple formalité ♦ **it's not merely dirty, it's filthy** ce n'est pas seulement sale, c'est dégoûtant

meretricious [ˌmerɪˈtrɪʃəs] *adj* (frm) charm, attraction factice ; style ampoulé

merganser [mɜːˈɡænsə[r]] *n*, *pl* **mergansers** or **merganser** (Orn) mergule m

merge [mɜːdʒ] → SYN **1** *vi* **a** (colours, shapes) se mêler (*into, with* à), se fondre (*into, with* dans) ; (sounds) se mêler (*into, with* à), se perdre (*into, with* dans) ; (roads) se rencontrer (*with* avec), se joindre (*with* à) ; (river) confluer (*with* avec) ♦ **to merge into** (also fig) [+ darkness, background etc] se fondre dans

b (Comm, Fin) fusionner (*with* avec)

2 *vt* unifier ♦ **the states were merged (into one) in 1976** ces États se sont unifiés en 1976, l'unification de ces États s'est réalisée en 1976

b (Comm, Fin, Comput) fusionner ♦ **the firms were merged** les entreprises ont fusionné ♦ **they decided to merge the companies into a single unit** ils décidèrent de fusionner les deux sociétés

merger ['mɜːdʒə[r]] → SYN *n* (Comm, Fin) fusion f, fusionnement m

meridian [məˈrɪdɪən] **1** *n* (Astron, Geog) méridien m ; (fig) apogée m, zénith m

2 *adj* méridien

meridional [məˈrɪdɪənl] **1** *adj* méridional

2 *n* (= person) méridional(e) m(f)

meringue [məˈræŋ] *n* meringue f

merino [məˈriːnəʊ] *n* mérinos m

meristem ['merɪˌstem] *n* méristème m

merit ['merɪt] LANGUAGE IN USE 13 → SYN

1 *n* mérite m, valeur f ♦ **people of merit** gens mpl de valeur or de mérite ♦ **a work of great merit** un travail de grande valeur ♦ **the great merit of this scheme** le grand mérite de ce projet ♦ **the idea has (some) merit** l'idée n'est pas mauvaise ♦ **the plan has the merit of being simple** le plan a le mérite d'être simple ♦ **there is little merit in doing so** il y a peu de mérite à le faire ♦ **he sees little merit in ...** il ne voit pas vraiment l'intérêt de ... ♦ **to treat sb according to his merits** traiter qn selon ses mérites ♦ **to judge sth on its own merits** juger qch en fonction de ses mérites ♦ **to judge sb on their own merits** juger qn selon ses mérites ♦ **to take** or **judge each case on its own merits** décider au cas par cas ♦ **they went into the merits of the new plan** ils ont discuté le pour et le contre de ce nouveau projet ♦ **certificate of merit** prix m

2 *vt* mériter ♦ **this merits fuller discussion** ceci mérite plus ample discussion

3 COMP ▷ **merit list** *n* (Scol etc) tableau m d'honneur ♦ **to get one's name on the merit list** être inscrit au tableau d'honneur ▷ **merit system** *n* (US Admin) système m de recrutement et de promotion par voie de concours

meritocracy [ˌmerɪˈtɒkrəsɪ] *n* méritocratie f

meritocrat ['merɪtəʊkræt] *n* membre m de la méritocratie

meritocratic [ˌmerɪtəʊˈkrætɪk] *adj* méritocratique

meritorious [ˌmerɪˈtɔːrɪəs] → SYN *adj* (frm) performance, victory, work, deed méritoire ; person méritant ♦ **for meritorious conduct** pour conduite exemplaire

meritoriously [ˌmerɪˈtɔːrɪəslɪ] *adv* d'une façon méritoire

Merlin ['mɜːlɪn] *n* (Myth) Merlin m l'Enchanteur

merlin ['mɜːlɪn] *n* (Orn) émerillon m

mermaid ['mɜːmeɪd] *n* (Myth) sirène f

merman ['mɜːmæn] *n*, *pl* **-men** (Myth) triton m

Merovingian [ˌmerəʊˈvɪndʒɪən] **1** *adj* mérovingien

2 *n* Mérovingien(ne) m(f)

merrie † ['merɪ] *adj* ♦ **Merrie England** l'Angleterre f du bon vieux temps

merrily ['merɪlɪ] *adv* **a** (= jovially) laugh, say gaiement, joyeusement

b (= cheeringly) burn, boil, bubble, ring gaiement

c (* = obviously, inconsiderately) gaiement ♦ **I was chattering away merrily, without realizing that ...** je bavardais gaiement sans me rendre compte que ...

merriment ['merɪmənt] → SYN *n* (NonC) gaieté or gaîté f, joie f ; (= laughter) hilarité f ♦ **this remark caused a lot of merriment** cette remarque a provoqué l'hilarité générale

merry ['merɪ] LANGUAGE IN USE 23.2 → SYN

1 *adj* **a** (= cheerful) laughter, mood, face, sound, tune joyeux ; eyes rieur ♦ **Merry Christmas** Joyeux Noël ♦ **a Merry Christmas to all our readers** Joyeux Noël à tous nos lecteurs ♦ **Robin Hood and his merry men** Robin des Bois et ses joyeux compagnons ♦ **to make merry** (liter) se divertir ; → **May, more**

b (pej, iro) **to go on one's merry way** poursuivre son petit bonhomme de chemin ♦ **to lead sb a merry dance** † (Brit) donner du fil à retordre à qn ; → **hell**

c (Brit) * (= euph = tipsy) éméché *, gris * ♦ **to get merry** être éméché * ♦ **"The Merry Wives of Windsor"** (Literat) "Les Joyeuses Commères de Windsor"

2 COMP ▷ **merry-go-round** *n* (in fairground) manège m ; (fig) tourbillon m

merrymaker ['merɪmeɪkə[r]] *n* fêtard m

merrymaking ['merɪmeɪkɪŋ] *n* (NonC) réjouissances fpl

mesa ['meɪsə] *n* (US) mesa f, plateau m

mescal [meˈskæl] *n* (= cactus) peyotl m ; (= alcohol) mescal m, mezcal m

mescaline ['meskəlɪn] *n* mescaline f

mesenchyme ['mesəŋˌkaɪm] *n* mésenchyme m

mesentery ['mesəntərɪ] *n* (Anat) mésentère m

mesh [meʃ] → SYN **1** *n* **a** [of net, sieve etc] (= space) maille f ; (fig = network) réseau m, rets mpl ; (= snare) rets mpl, filets mpl ♦ **netting with a 5cm mesh** filet m à mailles de 5 cm ♦ **meshes** (= threads) mailles fpl ; [of spider's web] fils mpl, toile f ♦ **a mesh of lies** un tissu de mensonges ♦ **caught in the meshes of the law** pris dans les mailles de la justice ♦ **the mesh(es) of intrigue** le réseau d'intrigues ; → **micromesh stockings**

b (NonC = fabric) tissu m à mailles ♦ **nylon mesh** tulle m de nylon ® ♦ **wire mesh** treillis m, grillage m ♦ **a belt of fine gold mesh** une ceinture tressée de fils d'or

c [of gears etc] engrenage m ♦ **in mesh** en prise

2 *vi* [wheels, gears] s'engrener ; [dates, plans] concorder, cadrer ; (fig) [two people, their characters etc] avoir des affinités

3 *vt* [+ fish etc] prendre au filet

4 COMP ▷ **mesh bag** *n* filet m (à provisions) ▷ **mesh stockings** *npl* (non-run) bas mpl indémaillables ; (in cabaret, circus etc) bas mpl résille

meshug(g)a, meshuggah [mɪˈʃʊɡə] *adj* (US) cinglé *, maboul *

mesmeric [mezˈmerɪk] *adj* (lit, fig) hypnotique, magnétique

mesmerism ['mezmərɪzəm] *n* mesmérisme m

mesmerize ['mezməraɪz] → SYN *vt* (lit, fig) hypnotiser, magnétiser ; [snake] fasciner ♦ **I was mesmerized** (fig) je ne pouvais pas détourner mon regard, j'étais comme hypnotisé

mesoblast ['mesəʊˌblæst] *n* mésoblaste m

mesoblastic [ˌmesəʊˈblæstɪk] *adj* mésoblastique

mesocarp ['mesəʊkɑːp] *n* (Bot) mésocarpe m

mesoderm ['mesəʊdɜːm] *n* (Bio) mésoderme m

mesodermal [ˌmesəʊˈdɜːməl], **mesodermic** [ˌmesəʊˈdɜːmɪk] *adj* mésodermique

Mesolithic [ˌmesəʊˈlɪθɪk] **1** *adj* mésolithique

2 *n* ♦ **the Mesolithic (period)** le Mésolithique

mesomorph ['mesəʊˌmɔːf] *n* mésomorphe mf

mesomorphic [ˌmesəʊˈmɔːfɪk] *adj* (Chem) mésomorphe

meson ['miːzɒn] *n* (Phys) méson m

mesophyte ['mesəʊfaɪt] *n* (Bot) mésophyte f

Mesopotamia [ˌmesəpəˈteɪmɪə] *n* la Mésopotamie

Mesopotamian [ˌmesəpəˈteɪmɪən] *adj* mésopotamien

mesosphere ['mesəʊˌsfɪə^r] n (Phys) mésosphère f

mesothelioma [ˌmesəʊˌθiːlɪ'əʊmə] n, pl **mesotheliomas** or **mesotheliomata** [ˌmesəʊˌθiːlɪ'əʊmətə] (Med) mésothéliome m

mesothorax [ˌmesəʊ'θɔːræks] n mésothorax m

Mesozoic [ˌmesəʊ'zəʊɪk] adj, n mésozoïque m

mesquit(e) ['meskiːt] n (Bot) prosopis m

mess [mes] → SYN 1 n a (= confusion of objects etc) pagaille * f, pagaïe * f, fouillis m ; (= dirt) saleté f ; (= muddle) gâchis m ◆ **what a mess the children have made!** les enfants ont mis une de ces pagailles * or un de ces fouillis ! ◆ **what a mess your room is in!** quelle pagaille * or quel fouillis il y a dans ta chambre ! ◆ **get this mess cleared up at once!** range-moi ce fouillis tout de suite ! ◆ **the result is a political/legal etc mess** politiquement/juridiquement etc on aboutit à un vrai gâchis ◆ **a financial/an administrative mess** une pagaille * financière/administrative ◆ **what a mess it all is!** quel gâchis ! ◆ **this page is a mess, rewrite it** cette page est un vrai torchon, recopiez-la ◆ **you look a mess, you're a mess** tu n'es pas présentable ◆ **he's a mess** * (emotionally, psychologically) il est complètement déboussolé * ; (US = no use) il n'est bon à rien ◆ **to get (o.s.) out of a mess** se sortir d'un mauvais pas, se dépatouiller * ◆ **to get sb out of a mess** sortir qn d'un mauvais pas
◆ **in a mess** ◆ **the house was in a terrible mess** (= untidy) la maison était dans un désordre épouvantable ; (= dirty) la maison était d'une saleté épouvantable ; (after bombing etc) la maison était dans un état épouvantable ◆ **the toys were in a mess** les jouets étaient en pagaille * or en désordre ◆ **they left everything in a mess** ils ont tout laissé en désordre ◆ **his face was in a dreadful mess** (after fight, accident etc) il avait le visage dans un état épouvantable ◆ **to be/get (o.s.) in a mess** (fig = difficulties) être/se mettre dans de beaux draps ◆ **his life is in a mess** sa vie est un vrai gâchis
◆ **to make a mess** ◆ **she made a mess of her new skirt** (= dirtied it) elle a sali or tout taché sa jupe neuve ; (= damaged it) elle a déchiré sa jupe neuve ◆ **the dog has made a mess of the flowerbeds** le chien a saccagé les plates-bandes ◆ **your boots have made an awful mess on the carpet** tu as fait des saletés sur le tapis avec tes bottes ◆ **the cat has made a mess in the kitchen** (euph) le chat a fait des saletés dans la cuisine ◆ **to make a mess of one's life/career** gâcher sa vie/sa carrière ◆ **to make a mess of things** * tout bousiller *, tout gâcher

b (Mil) (= place) mess m, cantine f ; (Naut) carré m, gamelle f ; (= food) ordinaire m, gamelle f ; (= members collectively) mess m

c (= animal food) pâtée f ; († † = dish) mets m, plat m ◆ **a mess of pottage** (Bible) un plat de lentilles

2 vt salir, souiller

3 vi (Mil etc) manger au mess, manger en commun (*with* avec) ◆ **no messing!** * (fig) sans blague ! *

4 COMP ▷ **mess deck** n (Naut) poste m d'équipage ▷ **mess dress, mess gear** n (Brit) n (Mil etc) tenue f de soirée ▷ **mess hall** n (US) ⇒ **mess room** ▷ **mess jacket** n (Mil etc) veston m de tenue de soirée ; [of civilian waiter] veste f courte ▷ **mess kit** n (US) gamelle f ; (Brit) tenue f de soirée ▷ **mess mate** n (Mil) camarade mf de mess ▷ **mess room** n (Mil) mess m ; (Naut) carré m ▷ **mess tin** n (Mil) gamelle f ▷ **mess-up** * n gâchis m

▶ **mess about** * 1 vi a (= play in water, mud) patouiller * ; (= act the fool) faire l'imbécile or le fou ◆ **we were messing about playing with paint** on faisait les fous en jouant avec de la peinture ◆ **stop messing about!** arrête de bêtises ! ◆ **I love messing about in boats** (= have fun) j'aime (m'amuser à) faire du bateau

b (= waste time) gaspiller or perdre son temps ; (= dawdle) lambiner, lanterner ◆ **he was messing about with his friends if** traînait avec ses copains ◆ **what were you doing? – just messing about** que faisais-tu ? — rien de particulier or de spécial

2 vt sep (Brit = disturb, upset) [+ person] créer des complications à, embêter * ; [+ plans, arrangements] chambarder *, chambouler *

◆ **stop messing me about** arrête de me traiter par-dessus la jambe * comme ça

▶ **mess about with** * vt fus a (= fiddle with) [+ pen etc] s'amuser avec, tripoter

b (= amuse o.s. with) **they were messing about with a ball** ils s'amusaient à taper dans un ballon

c ⇒ mess about 2

d (sexually) peloter *

▶ **mess around** ⇒ **mess about**

▶ **mess around with** * vt fus ⇒ **mess about with**

▶ **mess together** vi (Mil etc) manger ensemble au mess ; (* gen) faire popote * ensemble

▶ **mess up** 1 vt sep [+ clothes] salir, gâcher ; [+ room] mettre en désordre, semer la pagaille dans * ; [+ hair] ébouriffer ; [+ task, situation, plans, life etc] gâcher ◆ **to mess sb's hair up** décoiffer qn ◆ **that's messed everything up!** ça a tout gâché ! ◆ **to mess sb up** * (fig) (psychologically) perturber or traumatiser qn ; (US = beat up) abîmer le portrait de qn *

2 **mess-up** * n → **mess**

▶ **mess with** * vt fus [+ people] se frotter à * ; [+ drugs, drinks etc] toucher à * ◆ **if you mess with me ...** (threatening) si tu m'embêtes ...

message ['mesɪdʒ] LANGUAGE IN USE 27.3 → SYN

1 n a (= communication) message m ◆ **telephone message** message m téléphonique ◆ **to leave a message (for sb)** laisser un message (pour or à qn) ◆ **would you give him this message?** voudriez-vous lui transmettre ce message ? ◆ **I'll give him the message** je lui ferai la commission ◆ **to send sb a message** envoyer un message à qn ◆ **the President's message to Congress** le message du Président au Congrès

b (= meaning) [of prophet, writer, artist, book etc] message m ◆ **to get the message** * comprendre, saisir * ◆ **to get the** or **one's message across to sb** se faire comprendre de qn ◆ **I get the message!** * (c'est) compris !, je pige ! *

c (Scot = errand) course f, commission f ◆ **to go on a message for sb** faire une course pour qn ◆ **to go for** or **get the messages** faire les courses or les commissions

2 COMP ▷ **message bag** n (Scot) sac m à provisions ▷ **message-boy** n garçon m de courses ▷ **message switching** n (Comput) commutation f des messages

messaging ['mesɪdʒɪŋ] n (Comput) messagerie f

Messalina [ˌmesə'liːnə] n (Antiq) Messaline f

messenger ['mesɪndʒə^r] → SYN 1 n messager m, -ère f ; (in office) commissionnaire m, coursier m ; (in hotel etc) chasseur m, coursier m ; (Post) (petit) télégraphiste m ; → **king**

2 COMP ▷ **messenger boy** n garçon m de courses ▷ **messenger RNA** n (Bio) ARN m messager

Messiah [mɪ'saɪə] n Messie m

messiah [mɪ'saɪə] n messie m

messianic [ˌmesɪ'ænɪk] adj messianique

messily ['mesɪlɪ] adv play, eat, work salement, de manière peu soignée ◆ **my parents divorced very messily** le divorce de mes parents a été très pénible or difficile

Messina [me'siːnə] n (Geog) Messine

Messrs ['mesəz] npl (Brit) (abbrev of **Messieurs**) MM., messieurs mpl ◆ **Messrs Smith & Co** MM. Smith & Cie

messy ['mesɪ] → SYN adj a (= producing mess) person désordonné ; activity, job salissant ◆ **to be messy** [animal] salir ◆ **to be a messy eater** manger salement

b (= dirty) nappy sale

c (= untidy) place, room, desk en désordre ; clothes négligé ; hair en bataille ; work, job bâclé ; handwriting peu soigné

d (= complicated, awkward) situation, business, compromise embrouillé ; process délicat ; dispute, relationship, love affair compliqué ◆ **he had been through a messy divorce** son divorce a été difficile

mestizo [mɪ'stiːzəʊ] n, pl **mestizos** or **mestizoes** (US) métis(se) m(f) (né d'un parent espagnol ou portugais et d'un parent indien)

Met * [met] n ◆ **the Met** a (US) (abbrev of **Metropolitan Opera Company**) principal opéra de New York

b (US) (abbrev of **Metropolitan Museum of Art**) principal musée d'art de New York

c (Brit) (abbrev of **Metropolitan Police**) → **metropolitan**

met[1] [met] vb (pt, ptp of **meet**[1])

met[2] [met] 1 adj (Brit) (abbrev of **meteorological**) météo inv

2 COMP ▷ **the Met Office** n (Brit) ≃ la Météorologie nationale ▷ **met report** n bulletin m (de la) météo

meta... ['metə] pref mét(a)...

metabolic [ˌmetə'bɒlɪk] 1 adj process, activity métabolique ; disorder du métabolisme

2 COMP ▷ **metabolic rate** n métabolisme m basal or de base

metabolically [ˌmetə'bɒlɪklɪ] adv métaboliquement

metabolism [me'tæbəlɪzəm] n métabolisme m

metabolite [mɪ'tæbəˌlaɪt] n métabolite m

metabolize [me'tæbəlaɪz] vt métaboliser

metacarpal [ˌmetə'kɑːpl] adj, n métacarpien m

metacarpus [ˌmetə'kɑːpəs] n, pl **metacarpi** [ˌmetə'kɑːpaɪ] métacarpe m

metacentre ['metəˌsentə^r] n métacentre m

metal ['metl] 1 n a (Chem, Miner) métal m

b (Brit) (for road) empierrement m, cailloutis m ; (for railway) ballast m

c ⇒ **mettle**

2 vt a (= cover with metal) métalliser

b (Brit) [+ road] empierrer, caillouter

3 COMP de métal, en métal ▷ **metal detector** n détecteur m de métaux ▷ **metal fatigue** n fatigue f du métal ▷ **metal polish** n produit m d'entretien (pour métaux)

metalanguage ['metəˌlæŋɡwɪdʒ] n (Ling) métalangue f, métalangage m

metalinguistic [ˌmetəlɪŋ'ɡwɪstɪk] adj (Ling) métalinguistique

metalinguistics [ˌmetəlɪŋ'ɡwɪstɪks] n (NonC: Ling) métalinguistique f

metallic [mɪ'tælɪk] adj object, element, mineral, sound, colour, taste métallique ; paint, finish métallisé ; dish en métal ◆ **a metallic blue Ford** une Ford bleu métallisé

metallographic [məˌtælə'ɡræfɪk] adj métallographique

metallography [ˌmetə'lɒɡrəfɪ] n métallographie f

metalloid ['metəlɔɪd] (Chem) 1 n métalloïde m

2 adj métalloïdique

metallophone [me'tæləˌfəʊn] n métallophone m

metallurgic(al) [ˌmetə'lɜːdʒɪk(əl)] adj métallurgique

metallurgist [me'tælədʒɪst] n métallurgiste m

metallurgy [me'tælədʒɪ] n métallurgie f

metalwork ['metlwɜːk] n (NonC) a (= structure, articles) ferronnerie f ; [of car] carrosserie f

b (= craft: also **metalworking**) travail m des métaux

c (Scol) travail m des métaux

metalworker ['metlwɜːkə^r] n ferronnier m ; (Ind) (ouvrier m) métallurgiste m

metamathematics [ˌmetəˌmæθɪ'mætɪks] n (NonC) métamathématique f

metamere ['metəˌmɪə^r] n métamère m

metameric [ˌmetə'merɪk] adj métamère

metamerism [mɪ'tæməˌrɪzəm] n (Chem) métamérie f

metamorphic [ˌmetə'mɔːfɪk] adj métamorphique

metamorphism [ˌmetə'mɔːfɪzəm] n a (Geol) métamorphisme m

b (= metamorphosis) métamorphose f

metamorphose [ˌmetə'mɔːfəʊz] 1 vt métamorphoser, transformer (*into* en)

2 vi se métamorphoser (*into* en)

metamorphosis [ˌmetə'mɔːfəsɪs] n, pl **metamorphoses** [ˌmetə'mɔːfəˌsiːz] métamorphose f ◆ **"Metamorphosis"** (Literat) "La Métamorphose"

metamorphous [ˌmetə'mɔːfəs] adj ⇒ **metamorphic**

metaphor ['metəfəʳ] → SYN n métaphore f; → **mix, mixed**

metaphorical [ˌmetə'fɒrɪkəl] → SYN adj language métaphorique ◆ **to talk or speak in metaphorical terms** parler par métaphores ◆ **to express sth in metaphorical terms** exprimer qch en termes métaphoriques

metaphorically [ˌmetə'fɒrɪkəlɪ] adv speak métaphoriquement ◆ **metaphorically speaking** métaphoriquement

metaphysical [ˌmetə'fɪzɪkəl] → SYN adj métaphysique ◆ **the Metaphysical poets** les poètes mpl métaphysiques

metaphysics [ˌmetə'fɪzɪks] n (NonC) métaphysique f

metaplasia [ˌmetə'pleɪzɪə] n métaplasie f

metapsychology [ˌmetəsaɪ'kɒlədʒɪ] n métapsychologie f

metastasis [mɪ'tæstəsɪs] n, pl **metastases** [mɪ'tæstəsiːz] métastase f

metastasize [mɪ'tæstəsaɪz] vi (Med) métastaser

metatarsal [ˌmetə'tɑːsl] adj, n métatarsien m

metatarsus [ˌmetə'tɑːsəs] n, pl **metatarsi** [ˌmetə'tɑːsaɪ] métatarse m

metathesis [me'tæθəsɪs] n, pl **metatheses** [me'tæθəsiːz] métathèse f

metathorax [ˌmetə'θɔːræks] n métathorax m

metazoan [ˌmetə'zəʊən] n, adj métazoaire m

mete [miːt] → SYN vt ◆ **to mete out** [+ punishment] infliger, donner; [+ reward] décerner ◆ **to mete out justice** rendre la justice

metempsychosis [mɪˌtempsɪ'kəʊsɪs] n métempsycose f

meteor ['miːtɪəʳ] [1] n météore m
[2] COMP ▷ **meteor crater** n cratère m météorique ▷ **meteor shower** n averse f météorique

meteoric [ˌmiːtɪ'ɒrɪk] → SYN adj **a** (= rapid) career fulgurant ◆ **his meteoric rise to power/to fame** sa fulgurante ascension au pouvoir/à la célébrité
b (Astron) dust, impact météorique

meteorite ['miːtɪəraɪt] n météorite m or f

meteoroid ['miːtɪərɔɪd] n (Astron) météoroïde m

meteorological [ˌmiːtɪərə'lɒdʒɪkəl] [1] adj conditions, data, station, centre météorologique
[2] COMP ▷ **the Meteorological Office** n office météorologique britannique, ≈ la Météorologie nationale

meteorologically [ˌmiːtɪərə'lɒdʒɪklɪ] adv météorologiquement

meteorologist [ˌmiːtɪə'rɒlədʒɪst] n météorologiste mf, météorologue m

meteorology [ˌmiːtɪə'rɒlədʒɪ] n météorologie f

meter ['miːtəʳ] [1] n **a** (gen = measuring device) compteur m ◆ **electricity/gas/water meter** compteur m d'électricité/à gaz/à eau ◆ **to turn water/gas/electricity off at the meter** fermer l'eau/le gaz/l'électricité au compteur; → **light¹**
b (also **parking meter**) parcmètre m
c (US) ⇒ **metre**
[2] COMP ▷ **meter maid** * n (Aut) contractuelle f ▷ **meter reader** n releveur m de compteurs

meterage ['miːtərɪdʒ] n métrage m

methacrylic acid [ˌmeθə'krɪlɪk] n acide m méthacrylique

methadone ['meθədəʊn] n méthadone f

methaemoglobin, methemoglobin (US) [ˌmetˌhiːmə'gləʊbɪn] n méthémoglobine f

methamphetamine [ˌmeθæm'fetəmiːn] n méthamphétamine f

methane ['miːθeɪn] n (also **methane gas**) méthane m

methanol ['meθənɒl] n méthanol m

methinks [mɪ'θɪŋks] pret **methought** vb († or hum) ce me semble

methionine [me'θaɪəniːn] n méthionine f

method ['meθəd] → SYN [1] n **a** (NonC = orderliness) méthode f, ordre m ◆ **lack of method** manque m de méthode ◆ **there's method in his madness** il n'est pas si fou qu'il en a l'air
b (= manner, fashion) méthode f ◆ **his method of working** sa méthode de travail ◆ **there are several methods of doing this** il a plusieurs méthodes pour faire cela ◆ **method of assessment** (Scol etc) modalités fpl de contrôle ◆ **teaching methods** la didactique
c (Cine, Theat) **the Method** le système or la méthode de Stanislavski
[2] COMP ▷ **method acting** n (Cine, Theat) système m or méthode f de Stanislavski ▷ **method actor, method actress** n (Cine, Theat) adepte mf du système or de la méthode de Stanislavski

methodical [mɪ'θɒdɪkəl] → SYN adj méthodique

methodically [mɪ'θɒdɪkəlɪ] adv méthodiquement

Methodism ['meθədɪzəm] n méthodisme m

Methodist ['meθədɪst] adj, n méthodiste mf

methodological [ˌmeθədə'lɒdʒɪkəl] adj méthodologique

methodologically [ˌmeθədə'lɒdʒɪkəlɪ] adv méthodologiquement

methodology [ˌmeθə'dɒlədʒɪ] n méthodologie f

methought †† [mɪ'θɔːt] vb (pret of **methinks**)

meths * [meθs] (Brit) [1] n abbrev of **methylated spirit(s)**
[2] COMP ▷ **meths drinker** n alcoolo * mf (qui se soûle à l'alcool à brûler)

Methuselah [mə'θuːzələ] n (Bible) Mathusalem m ◆ **he's as old as Methuselah** il est vieux comme Mathusalem

methyl ['meθɪl] n méthyle m ◆ **methyl acetate/bromide/chloride** acétate m/bromure m/chlorure m de méthyle ◆ **methyl orange** méthylorange m, héliantine f

methylated spirit(s) ['meθɪleɪtɪd'spɪrɪt(s)] n(pl) alcool m à brûler or dénaturé

methylene ['meθɪliːn] n méthylène m

meticulous [mɪ'tɪkjʊləs] → SYN adj méticuleux ◆ **to be meticulous about sth** apporter un soin méticuleux à qch ◆ **meticulous attention to detail** souci m minutieux du détail

meticulously [mɪ'tɪkjʊləslɪ] adv méticuleusement ◆ **to be meticulously clean** être d'une propreté méticuleuse ◆ **meticulously precise** d'une exactitude scrupuleuse

meticulousness [mɪ'tɪkjʊləsnɪs] n soin m méticuleux

métier ['meɪtɪeɪ] → SYN n **a** (= calling) métier m
b (= strong point) point m fort

metol ['miːtɒl] n (Phot) métol ® m

metonymy [mɪ'tɒnɪmɪ] n métonymie f

metope ['metəʊp] n métope f

metre ['miːtəʳ] n (Measure, Poetry) mètre m; (Mus) mesure f

metric ['metrɪk] [1] adj measurement, weights and measures du système métrique; equivalent, size dans le système métrique ◆ **Britain went metric** * **in 1971** la Grande-Bretagne a adopté le système métrique en 1971
[2] COMP ▷ **the metric system** n le système métrique ▷ **metric ton, metric tonne** n tonne f

metrical ['metrɪkəl] [1] adj (Literat, Mus) métrique
[2] COMP ▷ **metrical psalm** n psaume m versifié

metricate ['metrɪkeɪt] vt convertir au système métrique

metrication [ˌmetrɪ'keɪʃən] n conversion f au or adoption f du système métrique

metrics ['metrɪks] n (NonC) métrique f

metrist ['metrɪst] n métricien(ne) m(f)

metro ['metrəʊ] n métro m

metrological [ˌmetrə'lɒdʒɪkəl] adj métrologique

metrology [mɪ'trɒlədʒɪ] n métrologie f

metronome ['metrənəʊm] n métronome m

metronomic [ˌmetrə'nɒmɪk] adj métronomique

metronymic [ˌmetrəʊ'nɪmɪk] [1] adj matronymique
[2] n matronyme m

metropolis [mɪ'trɒpəlɪs] → SYN n, pl **metropolises** métropole f (ville)

metropolitan [ˌmetrə'pɒlɪtən] [1] adj (Geog, Rel) métropolitain
[2] n (Rel) métropolitain m; (in Orthodox Church) métropolite m
[3] COMP ▷ **the Metropolitan Police** n (Brit) la police de Londres

metrorrhagia [ˌmetrɒ'reɪdʒɪə] n (Med) métrorragie f

mettle ['metl] n [of person] courage m; [of horse] fougue f ◆ **to be on one's mettle** être prêt à donner le meilleur de soi-même ◆ **to prove or show one's mettle** montrer de quoi on est capable, faire ses preuves ◆ **to test sb's mettle** mettre qn à l'épreuve ◆ **to be a test of sb's mettle** être un test pour qn

mettlesome ['metlsəm] adj ardent, fougueux

mew¹ [mjuː] [1] n [of cat etc] (also **mewing**) miaulement m
[2] vi miauler

mew² [mjuː] n (Orn) mouette f

mewl [mjuːl] vi vagir

mews [mjuːz] (Brit) [1] n **a** (= small street) ruelle f, venelle f
b (= stables) écuries fpl
[2] COMP ▷ **mews flat** n petit appartement aménagé dans une ancienne écurie, remise etc

Mexican ['meksɪkən] [1] adj (gen) mexicain; ambassador, embassy du Mexique
[2] n Mexicain(e) m(f)
[3] COMP ▷ **Mexican jumping bean** n fève f sauteuse ▷ **Mexican standoff** n (US fig) impasse f; (Hist) ▷ **the Mexican War** la guerre du Mexique ▷ **Mexican wave** n hola f (vague déferlante produite dans un stade par les spectateurs qui se lèvent tour à tour)

Mexico ['meksɪkəʊ] [1] n le Mexique
[2] COMP ▷ **Mexico City** n Mexico

mezcaline ['mezkəlɪn] n ⇒ **mescaline**

mezzanine ['mezəniːn] n **a** (= floor) entresol m
b (Theat) (Brit) dessous m de scène; (US) mezzanine f, corbeille f

mezzo(-soprano) ['metsəʊ(sə'prɑːnəʊ)] n (= voice) mezzo-soprano m; (= singer) mezzo(-soprano) f

mezzotint ['metsəʊtɪnt] n mezzo-tinto m inv

MF [em'ef] n (abbrev of **medium frequency**) OM

MFA [ˌemef'eɪ] n (US Univ) (abbrev of **Master of Fine Arts**) diplôme des beaux-arts

mfd (abbrev of **manufactured**) fabr

mfg (abbrev of **manufacturing**) fabr

MFH [ˌemef'eɪtʃ] n (Brit) (abbrev of **Master of Foxhounds**) → **master**

mfrs. (Comm) (abbrev of **manufacturers**) → **manufacturer**

mg n (abbrev of **milligram(s)**) mg

Mgr abbrev of **Monseigneur** or **Monsignor**

mgr abbrev of **manager**

MHR [ˌemeɪtʃ'ɑːʳ] n (in US) (abbrev of **Member of the House of Representatives**) ≈ député m

MHz (Rad etc) (abbrev of **megahertz**) MHz

MI n **a** abbrev of **Michigan**
b (abbrev of **machine intelligence**) IA f

mi [miː] n (Mus) mi m

MI5 [ˌemaɪ'faɪv] n (Brit) (abbrev of **Military Intelligence 5**) service britannique chargé de la surveillance du territoire, ≈ DST f

MI6 [ˌemaɪ'sɪks] n (Brit) (abbrev of **Military Intelligence 6**) services britanniques d'espionnage et de contre-espionnage, ≈ DGSE f

MIA [ˌemaɪ'eɪ] (Mil) (abbrev of **missing in action**) → **missing**

miaow [miː'aʊ] [1] n miaulement m, miaou m ◆ **miaow!** miaou !
[2] vi miauler

miasma [mɪ'æzmə] n, pl **miasmas** or **miasmata** [mɪ'æzmətə] miasme m

mica ['maɪkə] [1] n mica m
[2] COMP ▷ **mica-schist** n micaschiste m

mice [maɪs] npl of **mouse**

micelle [mɪ'sel] n (Chem) micelle f

Mich. abbrev of **Michigan**

Michael ['maɪkl] n Michel m

Michaelmas ['mɪklməs] **1** n (also **Michaelmas Day**) la Saint-Michel
2 COMP ▷ **Michaelmas daisy** n aster m d'automne ▷ **Michaelmas term** n (Brit Jur, Univ) trimestre m d'automne

Michelangelo [ˌmaɪkəl'ændʒɪləʊ] n Michel-Ange m

Michigan ['mɪʃɪgən] n le Michigan ◆ **in Michigan** dans le Michigan ◆ **Lake Michigan** le lac Michigan

Mick [mɪk] n **a** (dim of **Michael**)
b (⁎ pej) Irlandais m
c (Brit) **to take the Mick** ⁎ se moquer ◆ **to take the Mick out of sb** ⁎ se payer la tête de qn

Mickey ['mɪkɪ] **1** n (dim of **Michael**)
2 COMP ▷ **Mickey Finn** n boisson f droguée ▷ **Mickey Mouse** n (= cartoon character) Mickey m ◊ adj (⁎ pej: also **mickey-mouse**) car, penknife, regulations à la noix ⁎; job, courses pas sérieux, enfantin; degree sans valeur, à la noix ⁎

mickey ['mɪkɪ] **1** n (Brit) ◆ **to take the mickey** ⁎ **out of sb** se payer la tête de qn ◆ **he's always taking the mickey** ⁎ il n'arrête pas de se payer la tête des gens
2 COMP ▷ **mickey finn** n ⇒ **Mickey Finn**; → **Mickey** ▷ **mickey-mouse** adj → **Mickey**

micra ['maɪkrə] npl of **micron**

micro ⁎ ['maɪkrəʊ] n abbrev of **microcomputer**

micro... ['maɪkrəʊ] pref micro...

microanalysis [ˌmaɪkrəʊə'nælɪsɪs] n microanalyse f

microanalytical [ˌmaɪkrəʊˌænə'lɪtɪkl] adj microanalytique

microbe ['maɪkrəʊb] → SYN n microbe m

microbial [maɪ'krəʊbɪəl], **microbian** [maɪ'krəʊbɪən], **microbic** [maɪ'krəʊbɪk] adj microbien

microbiological [ˌmaɪkrəʊbaɪə'lɒdʒɪkəl] adj microbiologique

microbiologist [ˌmaɪkrəʊbaɪ'ɒlədʒɪst] n microbiologiste mf

microbiology [ˌmaɪkrəʊbaɪ'ɒlədʒɪ] n microbiologie f

microbus ['maɪkrəʊˌbʌs] n (US Aut) microbus m

microcapsule ['maɪkrəʊˌkæpsjʊl] n microcapsule f

microcassette ['maɪkrəʊkə'set] n microcassette f

microcephalic [ˌmaɪkrəʊsɪ'fælɪk] adj microcéphale

microcephaly [ˌmaɪkrəʊ'sefəlɪ] n microcéphalie f

microchemistry [ˌmaɪkrəʊ'kemɪstrɪ] n microchimie f

microchip ['maɪkrəʊˌtʃɪp] n puce f (électronique)

microcircuit ['maɪkrəʊˌsɜːkɪt] n microcircuit m

microcircuitry ['maɪkrəʊ'sɜːkətrɪ] n microcircuit m

microclimate ['maɪkrəʊklaɪmɪt] n microclimat m

micrococcus [ˌmaɪkrəʊ'kɒkəs] n micrococque m

microcomputer ['maɪkrəʊkəm'pjuːtə'] n micro-ordinateur m

microcomputing ['maɪkrəʊkəm'pjuːtɪŋ] n micro-informatique f

microcopy ['maɪkrəʊˌkɒpɪ] **1** n microcopie f
2 vt microcopier

microcosm ['maɪkrəʊˌkɒzəm] n microcosme m ◆ **a microcosm of ...** un microcosme de ... ◆ **in microcosm** en microcosme

microcosmic ['maɪkrəʊ'kɒzmɪk] adj microcosmique

microcrystal [ˌmaɪkrəʊ'krɪstəl] n microcristal m

microcrystalline ['maɪkrəʊ'krɪstəˌlaɪn] adj microcristallin

microculture ['maɪkrəʊˌkʌltʃə'] n microculture f

microdissection [ˌmaɪkrəʊdɪ'sekʃən] n microdissection f

microdot ['maɪkrəʊˌdɒt] n microcopie f

microeconomic ['maɪkrəʊˌiːkə'nɒmɪk] adj microéconomique

microeconomics ['maɪkrəʊˌiːkə'nɒmɪks] n (NonC) microéconomie f

microelectrode ['maɪkrəʊɪ'lektrəʊd] n microélectrode f

microelectronic ['maɪkrəʊɪlek'trɒnɪk] adj microélectronique

microelectronically ['maɪkrəʊɪlek'trɒnɪklɪ] adv microélectroniquement

microelectronics ['maɪkrəʊɪlek'trɒnɪks] n (NonC) microélectronique f

microenvironment ['maɪkrəʊɪn'vaɪərənmənt] n microenvironnement m

microfauna ['maɪkrəʊˌfɔːnə] n microfaune f

microfiche ['maɪkrəʊˌfiːʃ] **1** n microfiche f
2 COMP ▷ **microfiche reader** n microlecteur m (pour microfiches)

microfilm ['maɪkrəʊˌfɪlm] **1** n microfilm m
2 vt microfilmer
3 COMP ▷ **microfilm reader** n microlecteur m

microflora ['maɪkrəʊˌflɔːrə] n microflore f

microform ['maɪkrəʊˌfɔːm] n microforme f

microgram ['maɪkrəʊˌgrɑːm] n microgramme m

micrographic [ˌmaɪkrəʊ'græfɪk] adj micrographique

micrographically [ˌmaɪkrəʊ'græfɪklɪ] adv micrographiquement

micrographics [ˌmaɪkrəʊ'græfɪks] n (NonC) micrographie f

micrography [maɪ'krɒgrəfɪ] n micrographie f

microgravity ['maɪkrəʊ'grævɪtɪ] n (Phys) microgravité f

microgroove ['maɪkrəʊˌgruːv] n microsillon m

microhabitat ['maɪkrəʊ'hæbɪtæt] n microhabitat m

microlight ['maɪkrəʊˌlaɪt] n (Aviat) ULM m, ultra-léger-motorisé m

microlinguistics ['maɪkrəʊlɪŋ'gwɪstɪks] n (NonC) microlinguistique f

microlith ['maɪkrəʊˌlɪθ] n (Archeol) microlithe m

microlitre, microliter (US) ['maɪkrəʊ'liːtə'] n microlitre m

micromesh stockings ['maɪkrəʊmeʃ'stɒkɪŋz] npl bas mpl superfins

micrometeorite ['maɪkrəʊ'miːtɪəˌraɪt] n micrométéorite f or m

micrometeorologist ['maɪkrəʊmiːtɪə'rɒlədʒɪst] n micrométéorologue mf

micrometeorology ['maɪkrəʊmiːtɪə'rɒlədʒɪ] n micrométéorologie f

micrometer [maɪ'krɒmɪtə'] n **a** (= instrument) micromètre m
b (US = unit) micromètre m

micrometry [maɪ'krɒmɪtrɪ] n micrométrie f

microminiature [ˌmaɪkrəʊ'mɪnɪtʃə'] n microminiature f

microminiaturization ['maɪkrəʊˌmɪnɪtʃərəɪ'zeɪʃən] n microminiaturisation f

microminiaturize ['maɪkrəʊ'mɪnɪtʃəraɪz] vt microminiaturiser

micron ['maɪkrɒn] n, pl **microns** or **micra** ['maɪkrə] micron m

Micronesia [ˌmaɪkrəʊ'niːzɪə] n (Geog) la Micronésie

Micronesian [ˌmaɪkrəʊ'niːzɪən] **1** adj micronésien
2 n **a** Micronésien(ne) m(f)
b (Ling) micronésien m

microorganism ['maɪkrəʊ'ɔːgəˌnɪzəm] n microorganisme m

microphone ['maɪkrəʊˌfəʊn] n microphone m

microphotograph ['maɪkrəʊ'fəʊtəˌgrɑːf] **1** n microphotographie f
2 vt microphotographier

microphotographic ['maɪkrəʊˌfəʊtə'græfɪk] adj microphotographique

microphotography ['maɪkrəʊfə'tɒgrəfɪ] n microphotographie f

microphotometer ['maɪkrəʊfə'tɒmɪtə'] n microphotomètre m

microphotometric ['maɪkrəʊfəʊtə'metrɪk] adj microphotométrique

microphotometry ['maɪkrəʊfə'tɒmɪtrɪ] n microphotométrie f

microphysical ['maɪkrəʊ'fɪzɪkəl] adj microphysique

microphysicist ['maɪkrəʊ'fɪzɪsɪst] n microphysicien(ne) m(f)

microphysics ['maɪkrəʊˌfɪzɪks] n (NonC) microphysique f

microprint ['maɪkrəʊˌprɪnt] n (= copy) micrographie f

microprism ['maɪkrəʊˌprɪzəm] n microprisme m

microprobe ['maɪkrəʊˌprəʊb] n microsonde f

microprocessor ['maɪkrəʊ'prəʊsesə'] n microprocesseur m

microprogram ['maɪkrəʊˌprəʊgræm] n microprogramme m

microprogramming ['maɪkrəʊˌprəʊgræmɪŋ] n (Comput) microprogrammation f

micropyle ['maɪkrəʊˌpaɪl] n micropyle m

microreader ['maɪkrəʊˌriːdə'] n lecteur m de microforme, microlecteur m

microreproduction ['maɪkrəʊˌriːprə'dʌkʃən] n microreproduction f

microscope ['maɪkrəʊskəʊp] n microscope m ◆ **under the microscope** au microscope

microscopic [ˌmaɪkrəʊ'skɒpɪk] → SYN adj **a** (= visible with, using microscope) cell, fibre, particle, organism microscopique; examination, analysis au microscope ◆ **microscopic section** coupe f histologique
b (= minute) amount minuscule; writing microscopique, minuscule ◆ **to be microscopic in size** être d'une taille microscopique or minuscule
c (= meticulous) **with microscopic care** avec un soin minutieux ◆ **with microscopic precision** avec une précision minutieuse

microscopical [ˌmaɪkrə'skɒpɪkəl] adj ⇒ **microscopic**

microscopically [ˌmaɪkrə'skɒpɪkəlɪ] adv **a** (= with microscope) examine, detect au microscope
b (= minutely) **microscopically small** microscopique

microscopy [maɪ'krɒskəpɪ] n microscopie f

microsecond ['maɪkrəʊˌsekənd] n microseconde f

microsporangium [ˌmaɪkrəʊspɔː'rændʒɪəm] n microsporange m

microspore ['maɪkrəʊˌspɔː'] n microspore f

microstructural [ˌmaɪkrəʊ'strʌktʃərəl] adj microstructurel

microstructure ['maɪkrəʊˌstrʌktʃə'] n microstructure f

microsurgery ['maɪkrəʊˌsɜːdʒərɪ] n microchirurgie f

microsurgical ['maɪkrəʊ'sɜːdʒɪkəl] adj microchirurgical

microtome ['maɪkrəʊtəʊm] n microtome m

microtransmitter [ˌmaɪkrəʊtrænz'mɪtə'] n microémetteur m

microtubule [ˌmaɪkrəʊ'tjuːbjuːl] n microtubule m

microvolt ['maɪkrəʊˌvəʊlt] n microvolt m

microwatt ['maɪkrəʊˌwɒt] n microwatt m

microwave ['maɪkrəʊˌweɪv] **1** n **a** (Phys, Rad) micro-onde f
b (also **microwave oven**) (four m à) micro-ondes m
2 vt faire cuire au micro-ondes
3 COMP ▷ **microwave spectroscopy** n spectroscopie f à ondes courtes

microwaveable ['maɪkrəʊ'weɪvəbl] adj que l'on peut faire cuire au micro-ondes

micturate ['mɪktjʊəreɪt] vi uriner

micturition [ˌmɪktjʊə'rɪʃən] n miction f

mid¹ [mɪd] **1** pref ◆ **mid May** la mi-mai ◆ **in mid May** à la mi-mai, au milieu (du mois) de mai ◆ **mid morning** au milieu de la matinée

mid / midwife — ANGLAIS-FRANÇAIS

◆ **mid-morning coffee break** pause-café f du matin ◆ **to take a mid-career break** interrompre sa carrière ◆ **in mid course** à mi-course ◆ **in mid ocean** en plein océan, au milieu de l'océan ◆ **in mid Atlantic** en plein Atlantique, au milieu de l'Atlantique ◆ **a mid-Channel collision** une collision au milieu de la Manche ◆ **in mid discussion** etc au beau milieu de la discussion etc ◆ **she's in her mid forties** elle a dans les quarante-cinq ans ◆ **Mid Wales** la région centrale du pays de Galles ; → **midday, midstream, mid-Victorian**
[2] COMP **mid heavyweight** n (Wrestling) lourd-léger m

mid² [mɪd] prep (liter) ⇒ **amid**

midair [ˌmɪd'ɛəʳ] [1] n (lit) ◆ **in midair** en plein ciel ◆ **to leave sth in midair** laisser qch en suspens
[2] adj collision etc en plein ciel

Midas ['maɪdəs] n Midas m ◆ **to have the Midas touch** avoir le don de tout transformer en or

mid-Atlantic [ˌmɪdət'læntɪk] adj accent mi-britannique, mi-américain

midbrain ['mɪdˌbreɪn] n mésencéphale m

midday [ˌmɪd'deɪ] → SYN [1] n midi m ◆ **at midday** à midi
[2] ['mɪddeɪ] COMP sun, heat de midi

midden ['mɪdn] n (= dunghill) fumier m ; (= refuse-heap) tas m d'ordures ◆ **this place is (like) a midden!** * c'est une vraie écurie or porcherie ici !, on se croirait dans une écurie or porcherie ici !

middie ['mɪdɪ] n ⇒ **middy**

middle ['mɪdl] → SYN [1] adj chair, period etc du milieu ◆ **the middle button of his jacket** le bouton du milieu de sa veste ◆ **she's in her middle forties** elle a dans les quarante-cinq ans ◆ **the middle way** (fig) (= compromise) la solution intermédiaire ; (= happy medium) le juste milieu ◆ **to take the middle course** choisir le moyen terme or la solution intermédiaire ◆ **he was of (less than) middle height** il était d'une taille (inférieure à la) moyenne ◆ **I'm the middle child of three** * je suis la deuxième de trois enfants ◆ **the middle fortnight in May** les deuxième et troisième semaines de mai ; see also 3
[2] n **a** milieu m ◆ **in the middle of the morning/year/century** au milieu de la matinée/de l'année/du siècle ◆ **in the middle of the room** au milieu de la pièce ◆ **in the very middle (of ...), right in the middle (of ...)** au beau milieu (de ...) ◆ **to cut sth down the middle** couper qch en deux ◆ **the bullet hit him in the middle of his chest** le coup de feu l'a atteint en pleine poitrine ◆ **in the middle of June** au milieu (du mois) de juin, à la mi-juin ◆ **by the middle of the 19th century** vers le milieu du 19ᵉ siècle ◆ **they are all due to leave by the middle of next year** ils doivent tous partir d'ici le milieu de l'année prochaine ◆ **it's in the middle of nowhere** * c'est dans un bled perdu* or en pleine brousse ◆ **a village in the middle of nowhere** * un petit trou perdu* ◆ **I was in the middle of my work** j'étais en plein travail ◆ **I'm in the middle of reading it** je suis justement en train de le lire ; → **split**
b (* = waist) taille f ◆ **he wore it round his middle** il le portait à la taille or autour de la taille ◆ **in the water up to his middle** dans l'eau jusqu'à mi-corps or la ceinture or la taille
[3] COMP ▷ **middle age** n ≈ la cinquantaine ◆ **he's reached middle age** il a la cinquantaine ◆ **during his middle age** lorsqu'il avait la cinquantaine ▷ **middle-aged** adj person d'âge moyen ; outlook, attitude vieux jeu inv ◆ **the middle-aged** les gens d'âge moyen ▷ **the Middle Ages** npl le Moyen Âge or moyen âge ▷ **middle-age spread** n embonpoint m (que l'on prend avec l'âge) ▷ **Middle America** n les Américains mpl moyens ▷ **Middle American** n (Geog) Américain(e) m(f) du Middle-West ; (fig) américain(e) m(f) moyen(ne) ◊ adj (Geog) du Middle-West ; (fig) de l'américain moyen ▷ **middle C** n (Mus) do m du milieu du piano ▷ **middle class** n **the middle class(es)** les classes fpl moyennes, la classe moyenne ▷ **middle-class** adj des classes moyennes ▷ **middle distance** n **in the middle distance** (Art etc) au second plan ; (gen) à mi-distance ▷ **middle-distance race** n (Sport) course f de demi-fond ▷ **middle-distance runner** n (Sport) coureur m, -euse f de demi-fond ▷ **middle ear** n (Anat) oreille f moyenne ▷ **Middle East** n Moyen-Orient m ▷ **Middle Eastern** adj du Moyen-Orient ▷ **Middle England** n (fig) l'Angleterre f moyenne ▷ **Middle English** n (Ling) moyen anglais m ▷ **middle finger** n majeur m, médius m ▷ **Middle French** n (Ling) moyen français m ▷ **middle game** n (Chess) milieu m de partie ▷ **middle-grade manager** n (US) cadre m moyen ▷ **middle ground** n terrain m d'entente ▷ **Middle High German** n (Ling) moyen haut allemand m ▷ **the Middle Kingdom** n (Hist) (of Egypt) le Moyen Empire ; (of China) l'Empire m du Milieu ▷ **middle management** n (NonC) cadres mpl moyens ◆ **to be in middle management** être cadre moyen ▷ **middle manager** n cadre m moyen ▷ **middle name** n deuxième prénom m ◆ **his middle name is Scrooge** * (Brit fig) c'est un vieil Harpagon ◆ **discretion is my middle name** la discrétion est ma plus grande vertu or qualité ▷ **middle-of-the-road** adj (fig) politics, approach, group modéré, centriste ; solution moyen, du juste milieu ; music grand public inv ; fashion passe-partout inv ▷ **middle-of-the-roader** n modéré(e) m(f), centriste mf, partisan(e) m(f) du juste milieu ▷ **middle school** n ≈ premier cycle m du secondaire ▷ **middle-sized** adj tree, building de grandeur moyenne ; parcel de grosseur moyenne ; person de taille moyenne ▷ **middle voice** n (Ling) voix f moyenne ▷ **the Middle West** n (US) le Middle West, le Midwest

middlebrow * ['mɪdlbraʊ] [1] n personne f sans grandes prétentions intellectuelles
[2] adj intellectuellement moyen

middleman ['mɪdlmæn] → SYN n, pl -men (gen) intermédiaire m ; (Comm) intermédiaire m, revendeur m ◆ **to cut out the middleman** se passer d'intermédiaire

middlemost ['mɪdlməʊst] adj ⇒ **midmost**

middleweight ['mɪdlweɪt] (Boxing) [1] n (poids m) moyen m
[2] adj championship, boxer de poids moyen

middling * ['mɪdlɪŋ] → SYN [1] adj performance, result moyen, passable ; success moyen ◆ **business is only middling** les affaires vont comme ci comme ça or moyennement ◆ **how are you? – middling** comment ça va ? — couci-couça * ; → **fair¹**
[2] adv assez, moyennement ◆ **middling well** assez bien ◆ **middling big** assez grand

Middx abbrev of **Middlesex**

middy * ['mɪdɪ] n (Naut) (abbrev of **midshipman**) midship* m

Mideast [ˌmɪd'iːst] (US) [1] n ◆ **the Mideast** le Moyen-Orient
[2] adj du Moyen-Orient

midfield ['mɪdˌfiːld] n (Ftbl = place, player) milieu m de terrain

midfielder [mɪd'fiːldəʳ] n (Ftbl) milieu m de terrain

midge [mɪdʒ] n moucheron m

midget ['mɪdʒɪt] → SYN [1] n nain(e) m(f) ; (fig) puce f
[2] adj minuscule

MIDI ['mɪdɪ] (abbrev of **musical instrument digital interface**) [1] n interface f MIDI
[2] adj MIDI inv
[3] COMP ▷ **MIDI system** n chaîne f (hi-fi) midi

midi ['mɪdɪ] n (= skirt) jupe f mi-longue

midiron ['mɪdaɪən] n (Golf) midiron m, fer m n° 2

midland ['mɪdlənd] [1] n (Brit Geog) ◆ **the Midlands** les Midlands (les comtés du centre de l'Angleterre)
[2] COMP du centre (du pays) ▷ **midland regions** npl régions fpl centrales (de l'Angleterre)

midlife ['mɪdlaɪf] [1] adj de la cinquantaine
[2] adv autour de la cinquantaine
[3] n ◆ **in midlife** autour de la cinquantaine
[4] COMP ▷ **midlife crisis** n crise f de la cinquantaine

midmost ['mɪdməʊst] adj le plus proche du milieu or centre

midnight ['mɪdnaɪt] → SYN [1] n minuit m ◆ **at midnight** à minuit
[2] COMP de minuit ▷ **midnight blue** n bleu m nuit ▷ **midnight-blue** adj bleu nuit inv ▷ **to burn the midnight oil** travailler très tard dans la nuit ◆ **his essay smells of the midnight oil** * on dirait qu'il a passé la moitié de la nuit sur sa dissertation ▷ **midnight sun** n soleil m de minuit

midpoint ['mɪdpɔɪnt] n milieu m ◆ **at midpoint** à mi-course, à mi-parcours

mid-price ['mɪdpraɪs] adj milieu de gamme inv

midriff ['mɪdrɪf] n [of person] ventre m ; [of dress] taille f ◆ **dress with a bare midriff** robe f découpée à la taille, robe f (deux-pièces) laissant voir le ventre

mid-season [1] n mi-saison f, milieu m de saison
[2] adj de mi-saison, de milieu de saison

mid-sentence [ˌmɪd'sentəns] n ◆ **in mid-sentence** au beau milieu d'une phrase

midshipman ['mɪdʃɪpmən] n, pl -men (Naut) midshipman m, ≈ enseigne m de vaisseau de deuxième classe, ≈ aspirant m

midships ['mɪdʃɪps] adv ⇒ **amidships**

midsize ['mɪdsaɪz] adj de taille moyenne

midst [mɪdst] → SYN [1] n ◆ **in the midst of** (= in the middle of) au milieu de ; (= surrounded by) entouré de ; (= among) parmi ; (= during) pendant, au milieu de ◆ **we are in the midst of an economic crisis** nous sommes en pleine crise économique ◆ **he's in the midst of revising for his exams** il est en plein dans ses révisions ◆ **in our midst** parmi nous ◆ **in the midst of plenty** (liter) dans l'abondance ◆ **in the midst of life** au milieu de la vie
[2] prep (liter) ⇒ **amidst**

midstream ['mɪd'striːm] [1] n ◆ **in midstream** (lit) au milieu du courant ; (fig) en plein milieu ; (when speaking) au beau milieu d'une phrase ◆ **to change course in midstream** (fig) changer d'avis en cours de route or à mi-parcours ; (Sport) changer de tactique en milieu de match ; → **horse**
[2] adv ◆ **in midstream** 1

midsummer ['mɪdˌsʌməʳ] [1] n (= height of summer) milieu m or cœur m de l'été ; (= solstice) solstice m d'été ◆ **in midsummer** au cœur de l'été, en plein été ◆ **at midsummer** à la Saint-Jean ◆ **"A Midsummer Night's Dream"** (Literat) le Songe d'une nuit d'été
[2] COMP heat, weather, storm etc estival, de plein été ▷ **Midsummer Day** n la Saint-Jean ▷ **midsummer madness** n **it's midsummer madness** c'est de la folie pure

midterm ['mɪdtɜːm] [1] n **a** le milieu du trimestre
b (also **midterm holiday**) ≈ vacances fpl de (la) Toussaint (or de février ou de Pentecôte)
[2] COMP ▷ **midterm elections** npl ≈ élections fpl législatives (intervenant au milieu du mandat présidentiel) ▷ **midterm exams** npl examens mpl de milieu de trimestre

midtown ['mɪdtaʊn] (US) [1] n centre-ville m
[2] adj du centre-ville

mid-Victorian [ˌmɪdvɪk'tɔːrɪən] adj (Brit) du milieu de l'époque victorienne

midway [ˌmɪd'weɪ] → SYN [1] adj place (situé) à mi-chemin
[2] adv stop, pause à mi-chemin, à mi-route ◆ **midway between** à mi-chemin entre
[3] n (US: in fair) emplacement m d'attractions foraines

midweek [ˌmɪd'wiːk] [1] adj flight, performance, match en milieu de semaine ◆ **midweek return (ticket)** (Rail) (billet m) aller et retour m en semaine (meilleur marché)
[2] adv en milieu de semaine

Midwest [ˌmɪd'west] n (in US) ◆ **the Midwest** le Middle West, le Midwest

Midwestern [ˌmɪd'westən] adj du Middle West, du Midwest

Midwesterner [mɪd'westənəʳ] n natif m, -ive f or habitant(e) m(f) du Middle West

midwife ['mɪdwaɪf] [1] n, pl -wives sage-femme f, maïeuticien m
[2] COMP ▷ **midwife toad** n alyte m, crapaud m accoucheur

midwifery ['mɪdwɪfərɪ] n (NonC = profession) profession f de sage-femme ◆ **she's studying midwifery** elle fait des études de sage-femme

midwinter [ˌmɪd'wɪntər] **1** n (= heart of winter) milieu m or fort m de l'hiver ; (= solstice) solstice m d'hiver ◆ **in midwinter** au cœur de l'hiver, en plein hiver ◆ **at midwinter** au solstice d'hiver
2 COMP cold, snow, temperature hivernal, de plein hiver

mien [miːn] n (frm, liter) contenance f, air m, mine f

mifepristone [mɪfəˈprɪstəʊn] n (Med) ≃ RU 486 m

miff * [mɪf] **1** n (= quarrel) fâcherie f ; (= sulks) bouderie f
2 vt fâcher, mettre en boule * ◆ **to be miffed about** or **at sth** être fâché or vexé de qch

might¹ [maɪt] LANGUAGE IN USE 15.3
1 modal aux vb → **may¹**
2 COMP ▷ **might-have-been** n ce qui aurait pu être, espoir m déçu, vœu m non comblé ; (= person) raté(e) m(f), fruit m sec

might² [maɪt] → SYN n (NonC) puissance f, force(s) f(pl) ◆ (Prov) **might is right** la force prime le droit ◆ **with might and main, with all one's might** de toutes ses forces

mightily ['maɪtɪlɪ] adv **a** († = greatly) considérablement ◆ **to deem sth mightily important** donner une importance considérable à qch
b (liter = powerfully) strike, hit vigoureusement

mightiness ['maɪtɪnɪs] n puissance f, pouvoir m, grandeur f

mightn't ['maɪtnt] ⇒ **might not** ; → **may¹**

mighty ['maɪtɪ] → SYN **1** adj (liter) nation, king, river, effort, blow, bang puissant ; oak, redwood imposant, majestueux ; power formidable ◆ **the mighty ocean** le vaste océan ; → **high**
2 adv (esp US *) vachement *
3 **the mighty** npl les puissants mpl ◆ **how are the mighty fallen** (Bible) ils sont tombés les héros

migmatite ['mɪgməˌtaɪt] n migmatite f

mignonette [ˌmɪnjəˈnet] n (Bot) réséda m

migraine ['miːgreɪn] n (Med) migraine f ◆ **it gives me a migraine** ça me donne la migraine ◆ **to get** or **suffer from migraines** souffrir de migraines

migrainous ['miːgreɪnəs] adj migraineux

migrant ['maɪgrənt] → SYN **1** adj **a** (Agr, Ind) worker, labour (gen) itinérant ; (= immigrant) immigré ; (= seasonal) saisonnier ; family, child (gen) itinérant ; (= nomadic) nomade ; (= immigrant) d'immigrés
b (Zool) migrateur (-trice f)
2 n **a** (= bird, animal) migrateur m ; (= person) migrant(e) m(f)
b (also **migrant worker**) (gen) travailleur m itinérant ; (= immigrant) travailleur m immigré ; (= seasonal) travailleur m saisonnier ;
→ **economic**

migrate [maɪˈgreɪt] → SYN vi migrer

migration [maɪˈgreɪʃən] → SYN n migration f

migratory ['maɪgreɪtərɪ] → SYN adj **a** (Zool) bird, animal, fish, locust migrateur (-trice f) ; habits, movement, journey migratoire
b (Ind, Agr) labour (gen) itinérant ; (= immigrant) immigré ; (= seasonal) saisonnier ; population (gen) itinérant ; (= nomadic) nomade ; (= immigrant) d'immigrés ◆ **migratory pressures** les pressions fpl qui obligent les gens à migrer

mihrab ['miːræb] n mihrab m

mikado [mɪˈkɑːdəʊ] n mikado m

Mike [maɪk] n **a** (dim of **Michael**)
b **for the love of Mike** * pour l'amour du ciel

mike * [maɪk] n (abbrev of **microphone**) micro m
▶ **mike up** * vt sep ◆ **to be miked up** porter un micro

mil [mɪl] n (Phot) (abbrev of **millimetre**) mm

milady † [mɪˈleɪdɪ] n madame la comtesse etc

Milan [mɪˈlæn] n Milan

Milanese [ˌmɪləˈniːz] adj (gen, also Culin) milanais

milch cow ['mɪltʃkaʊ] n **a** (Agr †) vache f laitière
b (fig) vache f à lait

mild [maɪld] → SYN **1** adj climate, winter, voice, flavour, cheese, soap, shampoo doux (douce f) ; tobacco, reproach, punishment léger ; exercise, effect, protest modéré ; sauce peu épicé or relevé ; medicine bénin (-igne f), anodin ; illness bénin (-igne f) ◆ **it's mild today** il fait doux aujourd'hui ◆ **a mild spell** (Met) (gen) une période clémente ; (after frost) un redoux ◆ **he had a mild form of polio** il a eu la poliomyélite sous une forme bénigne or atténuée ◆ **a mild sedative** un sédatif léger ◆ **a mild curry** (Culin) un curry pas trop fort or pimenté
2 n (Brit: also **mild ale**) bière brune faiblement alcoolisée
3 COMP ▷ **mild-mannered** adj doux (douce f), d'un naturel doux

mildew ['mɪldjuː] **1** n (NonC) (gen) moisissure f ; (on wheat, roses etc) rouille f ; (on vine) mildiou m
2 vt [+ plant] piquer de rouille ; [+ vine] frapper de mildiou ; [+ paper, cloth] piquer (d'humidité)
3 vi [roses, wheat etc] se rouiller ; [vine] devenir mildiousé, être attaqué par le mildiou ; [paper, cloth] se piquer

mildewed ['mɪldjuːd] adj carpet, mattress, wallpaper, wall, wood moisi ; cloth, paper piqué (par l'humidité) ; wheat, roses piqué de rouille ; vine mildiousé

mildly ['maɪldlɪ] adv **a** (= gently) say, reply, ask doucement, avec douceur ◆ **to protest mildly** protester faiblement or timidement ◆ **that's putting it mildly** (= euphemistically) c'est le moins que l'on puisse dire ◆ **to call him naïve is putting it mildly** le qualifier de naïf est un euphémisme
b (= moderately) interested, amusing modérément ; surprised, irritated, encouraging légèrement ◆ **to be mildly critical of sb/sth** critiquer légèrement qn/qch

mildness ['maɪldnɪs] → SYN n [of person, manner, response, weather, soap] douceur f ; [of flavour, food, tobacco, cigarette] légèreté f ; [of punishment, sentence] clémence f ; (Med) [of illness] bénignité f

mile [maɪl] n **a** mile m (= 1 609,33 m) ; (also **nautical mile**) mille m ◆ **a 50-mile journey** ≃ un trajet de 80 km ◆ **it's 12 miles to Manchester** ≃ il y a vingt kilomètres d'ici à Manchester ◆ **30 miles per gallon** (Aut) ≃ huit litres aux cent ◆ **50 miles per hour** ≃ 80 kilomètres à l'heure ◆ **there was nothing but sand for miles and miles** il n'y avait que du sable sur des kilomètres (et des kilomètres) ◆ **they live miles away** ils habitent à cent lieues d'ici ◆ **we've walked (for) miles!** on a marché pendant des kilomètres !, on a fait des kilomètres ! ; → IMPERIAL SYSTEM ◆ **not a million miles from here** sans aller chercher bien loin ◆ **you could see/smell it a mile off** ça se voyait/se sentait à un kilomètre ◆ **it sticks** or **stands out a mile** * ça se voit comme le nez au milieu de la figure ◆ **you were miles off (the) target** * vous n'étiez pas près de toucher la cible, vous étiez bien loin du but ◆ **sorry, I was miles away** * (= day-dreaming) désolé, j'étais ailleurs ◆ **the President is willing to go the extra mile for peace** or **to achieve peace** le président est prêt à faire un effort supplémentaire pour ramener la paix
b **miles** * (= lots) ◆ **she's miles better than I am at maths** * elle est bien plus calée que moi en maths * ◆ **he's miles bigger than you** il est bien plus grand que toi

mileage ['maɪlɪdʒ] **1** n **a** (Aut etc = distance covered) distance f or parcours m en milles, ≃ kilométrage m ◆ **the indicator showed a very low mileage** le compteur marquait peu de kilomètres ◆ **the car had a low mileage** la voiture avait peu roulé or avait peu de kilomètres ◆ **what mileage has this car done?** quel est le kilométrage de cette voiture ?, combien de kilomètres a cette voiture ? ◆ **most of our mileage is in and around town** nous roulons surtout en ville et dans les alentours
b (Aut etc = miles per gallon or litre) ≃ consommation f (de carburant) aux cent (km) ◆ **for a car of that size the mileage was very good** pour une voiture aussi puissante elle consommait peu ◆ **you'll get a better mileage from this car** vous consommerez moins (d'essence) avec cette voiture ; → **gas**
c (* fig = potential, profit) **he got a lot of mileage out of it** (of idea, story, event) il en a tiré le maximum ; (of coat, gadget etc) ça lui a fait de l'usage ◆ **there's still some mileage left in it** (idea etc) on peut encore en tirer quelque chose ; (coat etc) ça peut encore faire de l'usage ◆ **he decided there was no mileage in provoking a row with his boss** il a décidé que cela ne servirait à rien de se disputer avec son patron
2 COMP ▷ **mileage allowance** n (Admin etc) ≃ indemnité f kilométrique ▷ **mileage indicator** n (Aut) ≃ compteur m kilométrique

mileometer [maɪˈlɒmɪtər] n ⇒ **milometer**

milepost ['maɪlpəʊst] n ≃ borne f kilométrique

miler * ['maɪlər] n (= person, horse) athlète ou cheval qui court le mile

milestone ['maɪlstəʊn] n (lit) borne f (milliaire), ≃ borne f kilométrique ; (fig: in life, career etc) jalon m, événement m marquant or déterminant

milfoil ['mɪlfɔɪl] n (Bot) millefeuille f

milieu ['miːljɜː] → SYN n, pl **milieus** (frm) milieu m (social)

militancy ['mɪlɪtənsɪ] n militantisme m

militant ['mɪlɪtənt] → SYN **1** adj militant
2 n (all senses) militant(e) m(f)
3 COMP ▷ **Militant Tendency** n (Brit Pol) ex-faction trotskiste du parti travailliste britannique

militantly ['mɪlɪtəntlɪ] adv act de façon militante ◆ **to be militantly opposed to sb/sth** s'opposer activement à qn/qch ◆ **militantly nationalist/Catholic** d'un nationalisme/catholicisme militant

militarily [ˌmɪlɪtərɪlɪ] adv significant, useful, sensitive, effective d'un point de vue militaire ; strong, powerful militairement ◆ **to intervene/respond militarily** intervenir/répondre militairement

militarism ['mɪlɪtərɪzəm] n militarisme m

militarist ['mɪlɪtərɪst] adj, n militariste mf

militaristic [ˌmɪlɪtəˈrɪstɪk] adj (pej) militariste

militarization [ˌmɪlɪtəraɪˈzeɪʃən] n militarisation f

militarize ['mɪlɪtəraɪz] vt militariser

military ['mɪlɪtərɪ] → SYN **1** adj government, life, uniform militaire ; family de militaires ◆ **military academy** (US) école f (spéciale) militaire ◆ **of military age** en âge de faire son service (militaire or national) ◆ **military attaché** attaché m militaire ◆ **military band** musique f militaire ◆ **military police** police f militaire ◆ **military policeman** agent m de la police militaire ◆ **military superiority** supériorité f militaire ◆ **military training** préparation f militaire ◆ **to do one's military service** faire son service (militaire or national)
2 **the military** npl l'armée f, le(s) militaire(s) m(pl)
3 COMP ▷ **military-industrial complex** n complexe m militaro-industriel

militate ['mɪlɪteɪt] vi militer (against contre ; for, in favour of pour) ◆ **his attitude militates against him** son attitude le dessert or joue contre lui ◆ **this militates against any improvement in the situation** cela tend à empêcher toute amélioration de la situation

militia [mɪˈlɪʃə] → SYN collective n (gen) milice(s) f(pl) ◆ **the militia** (US) la réserve (territoriale) ; → **state**

militiaman [mɪˈlɪʃəmən] n, pl **-men** milicien m

milk [mɪlk] → SYN **1** n (also Cosmetics) lait m ◆ **coconut milk** lait m de coco ◆ **moisturising milk** lait m hydratant ◆ **the milk of human kindness** le lait de la tendresse humaine ◆ **a land flowing with milk and honey** un pays de cocagne ◆ **he came home with the milk** * (hum) il est rentré avec le jour or à patron-minet * ◆ **he dismissed the report as milk and water** il a déclaré que le rapport n'était ni fait ni à faire ; → **cleansing, condense, cry, skim**
2 vt **a** [+ cow] traire
b (fig = rob) dépouiller (of de), exploiter ◆ **his son milked him of all his savings** son fils l'a dépouillé de toutes ses économies ◆ **it milked (him of) his strength** cela a sapé or

milking / mind

miné ses forces ◆ **to milk sb of ideas/information** soutirer des idées/des renseignements à qn ◆ **to milk sb dry** exploiter qn à fond, épuiser les forces créatrices de qn

c to milk the applause tout faire pour que les gens continuent d'applaudir

[3] vi ◆ **to go milking** (s'en) aller traire ses vaches

[4] COMP ▷ **milk-and-water** → SYN adj (fig pej) à la manque * ▷ **milk bank** n lactarium m ▷ **milk bar** n milk-bar m ▷ **milk can** n pot m à lait ; (larger) bidon m à lait ▷ **milk chocolate** n chocolat m au lait ▷ **milk churn** n bidon m à lait ▷ **milk diet** n régime m lacté ▷ **milk duct** n (Anat) canal m galactophore ▷ **milk fever** n fièvre f lactée ▷ **milk float** n (Brit) voiture f de laitier ▷ **milk gland** n (Anat) glande f galactogène ▷ **milk jug** n (petit) pot m à lait ▷ **milk of magnesia** n lait m de magnésie, magnésie f hydratée ▷ **milk pan** n petite casserole f pour le lait ▷ **milk parsley** n (Bot) peucédan m des marais ▷ **milk powder** n lait m en poudre ▷ **milk products** npl produits mpl laitiers ▷ **milk pudding** n entremets m au lait ▷ **milk round** n (Brit) tournée f (du laitier) ; (Brit Univ *) tournée f de recrutement dans les universités ◆ **to do a milk round** [child etc] livrer le lait ▷ **milk run** * n (Aviat) vol m sans accroc ▷ **milk saucepan** n petite casserole f pour le lait ▷ **milk shake** n milk-shake m ▷ **milk stout** n (Brit) bière f brune douce ▷ **milk thistle** n (Bot) chardon m Marie ▷ **milk tooth** n dent f de lait ▷ **the milk train** n (fig hum) le tout premier train (du matin) ▷ **milk-white** adj (liter) d'une blancheur de lait, blanc (blanche f) comme le or du lait, laiteux

milking ['mɪlkɪŋ] [1] n traite f ◆ **to do the milking** traire les vaches

[2] COMP pail, stool à traire ▷ **milking machine** n trayeuse f (mécanique) ▷ **milking time** n heure f de la traite

milkmaid ['mɪlkmeɪd] n trayeuse f (personne)

milkman ['mɪlkmən] n, pl **-men** laitier m

milksop * ['mɪlksɒp] n chiffe f molle *, lavette * f (fig), mollusque * m (fig)

milkweed ['mɪlkwiːd] n (Bot) laiteron m

milkwort ['mɪlkwɜːt] n (Bot) polygala m, herbe f au lait

milky ['mɪlkɪ] [1] adj **a** (in colour) liquid, mist, haze, blue, green laiteux ; eyes plein d'opacités blanchâtres

b (Culin) drink à base de lait ; coffee, tea avec beaucoup de lait

[2] COMP ▷ **the Milky Way** n la Voie lactée ▷ **milky-white** adj skin, sap d'un blanc laiteux

mill [mɪl] → SYN [1] n **a** (also **windmill** or **water mill**) moulin m ; (Ind: for grain) minoterie f ; (small: for coffee etc) moulin m ◆ **pepper-mill** moulin m à poivre ◆ **to go through the mill** (fig) passer par de dures épreuves, en voir de dures * ◆ **to put sb through the mill** (fig) mettre qn à l'épreuve, en faire voir de dures à qn * ; → **coffee, run, windmill**

b (= factory: gen) usine f, fabrique f ; (also **spinning mill**) filature f ; (also **weaving mill**) tissage m ; (also **steel mill**) aciérie f ◆ **paper mill** (usine f de) papeterie f ◆ **cotton mill** filature f de coton ; → **sawmill**

[2] vt **a** [+ flour, coffee, pepper] moudre

b (Tech) [+ screw, nut] moleter ; [+ wheel, edge of coin] créneler ◆ **milled edge** [of coin] tranche f cannelée

[3] vi ◆ **to mill round sth** [crowd etc] grouiller autour de qch

[4] COMP ▷ **mill girl** n (Ind) ouvrière f des filatures (or des tissages or des aciéries) ▷ **mill owner** n (Ind) industriel m (du textile) ▷ **mill race** n bief m d'amont or de moulin ▷ **mill stream** n courant m du bief ▷ **mill wheel** n roue f de moulin ▷ **mill worker** n (Ind) ouvrier m, -ière f des filatures (or des tissages or des aciéries)

▶ **mill about, mill around** vi [crowd] grouiller, fourmiller ; [cattle etc] tourner sur place or en rond

millboard ['mɪlbɔːd] n carton m pâte

millenarian [ˌmɪləˈnɛərɪən] adj, n millénariste mf

millenarianism [ˌmɪlɪˈnɛərɪənɪzəm] n (Rel) millénarisme m

millenary [mɪˈlɛnərɪ], **millennial** [mɪˈlɛnɪəl] adj, n millénaire m

millennium [mɪˈlɛnɪəm] n, pl **millenniums** or **millennia** [mɪˈlɛnɪə] millénaire m ◆ **the millennium** (Rel, also fig) le millénium ◆ **the millennium bug** le bogue de l'an 2000

millepede ['mɪlɪpiːd] n ⇒ **millipede**

millepore [ˌmɪlɪˌpɔː] n millépore m

miller ['mɪlə'] [1] n meunier m ; (Ind: large-scale) minotier m

[2] COMP ▷ **miller's thumb** n (= fish) chaboisseau m, chabot m d'eau douce

millet ['mɪlɪt] n (NonC) millet m

millhand ['mɪlhænd] n (Ind) ⇒ **mill worker** ; → **mill**

milli... ['mɪlɪ] pref milli...

milliard ['mɪlɪɑːd] n (Brit) milliard m

millibar ['mɪlɪbɑː'] n millibar m

milligram(me) ['mɪlɪɡræm] n milligramme m

millilitre, milliliter (US) ['mɪlɪˌliːtə'] n millilitre m

millimetre, millimeter (US) ['mɪlɪˌmiːtə'] n millimètre m

milliner ['mɪlɪnə'] n modiste f, chapelier m, -ière f

millinery ['mɪlɪnərɪ] n (NonC) chapellerie f féminine

milling ['mɪlɪŋ] [1] n (NonC) [of flour etc] mouture f ; [of screw etc] moletage m ; [of coin] crénelage m

[2] adj crowd, people grouillant

million ['mɪljən] n million m ◆ **a million men** un million d'hommes ◆ **he's one in a million** * c'est la crème des hommes or la perle des hommes ◆ **it's a chance in a million** c'est une occasion etc unique ◆ **millions of ...** * des milliers de ... ◆ **thanks a million!** * merci mille fois ! ◆ **to feel (like) a million dollars** or (esp US) **bucks** * se sentir dans une forme époustouflante * ◆ **she looked (like) a million dollars** or (esp US) **bucks in her new outfit** * elle était absolument superbe dans sa nouvelle tenue

millionaire [ˌmɪljəˈnɛə'] n millionnaire m, ≈ milliardaire m

millionairess [ˌmɪljəˈnɛərɪs] n millionnaire f

millionth ['mɪljənθ] [1] adj millionième

[2] n millionième mf ; (= fraction) millionième m

millipede ['mɪlɪpiːd] n mille-pattes m inv

millisecond ['mɪlɪˌsekənd] n milliseconde f

millivolt ['mɪlɪvəʊlt] n millivolt m

millpond ['mɪlpɒnd] n bief m or retenue f d'un moulin ◆ **the sea was like a millpond** c'était une mer d'huile

Mills-and-Boon ® [ˌmɪlzənˈbuːn] adj ≈ de la collection Harlequin

Mills bomb ['mɪlzˌbɒm] n grenade f à main

millstone ['mɪlstəʊn] → SYN n (lit) meule f ◆ **it's a millstone round his neck** c'est un boulet qu'il traîne avec lui

millwright ['mɪlraɪt] n constructeur m or installateur m de moulins

milometer [maɪˈlɒmɪtə'] n (Brit) compteur m de miles, ≈ compteur m kilométrique

milord [mɪˈlɔːd] n milord m

milt [mɪlt] n laitance f, laite f

mime [maɪm] → SYN [1] n **a** (= skill, classical play) mime m ; (= modern play) mimodrame m ; (fig) (= gestures etc) mimique f ◆ **an adaptation in mime** une adaptation mimée

b (= actor) mime m

[2] vti mimer ◆ **to mime to a tape** (= sing etc) chanter etc en play-back

[3] COMP ▷ **mime artist** n mime mf

mimeo ['mɪmɪəʊ] (abbrev of **mimeograph**) [1] n ronéo ® f

[2] vt ronéoter *

Mimeograph ® ['mɪmɪəɡrɑːf] [1] n (= machine) ronéo ® f ; (= copy) polycopié m

[2] vt ◆ **mimeograph** ronéotyper, ronéoter *

mimesis [mɪˈmiːsɪs] n (Bio) mimétisme m ; (Art, Literat) mimesis f

mimetic [mɪˈmetɪk] adj mimétique

ANGLAIS-FRANÇAIS 592

mimic ['mɪmɪk] → SYN [1] n imitateur m, -trice f

[2] adj **a** (= imitating) imitateur (-trice f)

b (= sham) factice, simulé

[3] vt (= copy) imiter ; (= burlesque) imiter, singer ◆ **computers that mimic human intelligence** des ordinateurs qui cherchent à reproduire l'intelligence humaine

mimicry ['mɪmɪkrɪ] n (NonC) imitation f ; (Zool) mimétisme m

mimosa [mɪˈməʊzə] n **a** (= tree) mimosa m

b (US = cocktail) mimosa m (champagne-jus d'orange)

Min. (Brit) abbrev of **Ministry**

min. **a** (abbrev of **minute^1**) min.

b (abbrev of **minimum**) min.

mina ['maɪnə] n ⇒ **mynah**

minaret ['mɪnərɛt] n minaret m

minatory ['mɪnətərɪ] adj (frm) silence, place menaçant

mince [mɪns] → SYN [1] n (Brit Culin) bifteck m haché, hachis m de viande

[2] vt **a** [+ meat, vegetables] hacher ◆ **minced beef** bœuf m haché

b (fig) **he didn't mince (his) words** il n'a pas mâché ses mots, il n'y est pas allé par quatre chemins ◆ **never one to mince words, he ...** n'ayant pas l'habitude de mâcher ses mots, il ...

[3] vi (in talking) parler du bout des lèvres ; (in walking) marcher en minaudant ◆ **to mince in/out** entrer/sortir en minaudant

[4] COMP ▷ **mince pie** n (Culin) tartelette f de Noël (aux fruits secs)

▶ **mince up** vt sep (Culin etc) hacher

mincemeat ['mɪnsmiːt] n (Culin) hachis de fruits secs, de pommes et de graisse ; (US) ≈ mince 1 ◆ **to make mincemeat of** (fig) [+ opponent, enemy] battre à plate(s) couture(s) *, pulvériser ; [+ theories, arguments] pulvériser

mincer ['mɪnsə'] n hachoir m (appareil)

mincing ['mɪnsɪŋ] → SYN [1] adj (pej) steps, gait, voice affecté

[2] COMP ▷ **mincing machine** n hachoir m

mincingly ['mɪnsɪŋlɪ] adv (pej) say, walk en minaudant

MIND [maɪnd] n organisme d'aide aux handicapés mentaux

mind [maɪnd]
→ SYN LANGUAGE IN USE 4, 7.5, 8.2, 9.1

[1] NOUN
[2] TRANSITIVE VERB
[3] INTRANSITIVE VERB
[4] COMPOUNDS
[5] PHRASAL VERB

[1] NOUN

a = brain esprit m ◆ **a logical/an analytical/a creative mind** un esprit logique/d'analyse/créateur or créatif ◆ **he is one of the great minds of the century** c'est un des grands esprits de son siècle ◆ (Prov) **great minds think alike** les grands esprits se rencontrent ◆ **he has the mind of a five-year-old** il a cinq ans d'âge mental ◆ **mind over matter** victoire de l'esprit sur la matière ◆ **his mind went blank** il a eu un trou or un passage à vide ◆ **his mind is going** il n'a plus toute sa tête ◆ **at the back of my mind I had the feeling that ...** je sentais confusément que ... ◆ **of sound mind** sain d'esprit ◆ **to be of unsound mind** ne plus avoir toutes ses facultés (mentales) ◆ **that's a load** or **a weight off my mind** * c'est un gros souci de moins, cela m'ôte un poids ◆ **what's on your mind?** qu'est-ce qui vous préoccupe ou vous tracasse ? ◆ **it came (in)to** or **entered my mind that ...** il m'est venu à l'esprit que ..., l'idée m'est venue que ... ◆ **to come** or **spring to mind** venir à l'esprit ◆ **she wanted to get into the mind of this woman** elle voulait se mettre dans la peau de cette femme ◆ **I can't get it out of my mind** je ne peux pas m'empêcher d'y penser ◆ **you can put that right out of your mind!** tu peux faire une croix dessus ! ◆ **try to put it out of your mind** essayez de ne plus y penser ◆ **to let one's mind run on sth** se laisser aller à penser à qch ◆ **to read** or **see into sb's mind** lire dans les pensées de qn

◆ to set or put sb's mind at ease or rest rassurer qn ◆ it's all in the mind tout ça, c'est dans la tête *
◆ in mind ◆ to bear sth in mind (= take account of) tenir compte de qch ; (= remember) ne pas oublier qch ◆ bear it in mind! songez-y bien ! ◆ I'll bear you in mind je songerai or penserai à vous ◆ to keep sth in mind ne pas oublier qch ◆ we must keep in mind that ... n'oublions pas que ... ◆ have you (got) anything particular in mind? avez-vous quelque chose de particulier en tête ? ◆ do you have somebody in mind for the job? vous avez quelqu'un en vue pour ce poste ? ◆ to have (it) in mind to do sth penser faire qch ◆ that puts me in mind of ... cela me rappelle ...
◆ in one's mind ◆ I'm not clear in my own mind about it je ne sais pas qu'en penser moi-même ◆ to be easy in one's mind (about sth) avoir l'esprit tranquille (à propos de qch) ◆ to be uneasy in one's mind (about sth) être inquiet (au sujet de qch) ◆ to be in one's right mind avoir toute sa raison or sa tête ◆ nobody in their right mind would do that aucun être sensé ne ferait cela ◆ in one's mind's eye en imagination
◆ out of one's mind ◆ to be out of one's mind * (with worry/jealousy) être fou (d'inquiétude/de jalousie) ◆ to go out of one's mind with worry/jealousy devenir fou d'inquiétude/de jalousie ◆ he's out of his mind! il est complètement fou ! ◆ you must be out of your mind! tu es complètement fou !, ça ne va pas ! * ◆ he went out of his mind il a perdu la tête or la raison

b = attention, concentration to have one's mind on sth être préoccupé par qch ◆ to have one's mind on something else avoir la tête ailleurs ◆ to let one's mind wander relâcher son attention ◆ it went quite or right or clean * out of my mind ça m'est complètement sorti de la tête * ◆ to bring one's mind to bear on sth porter or concentrer son attention sur qch ◆ to give one's mind to sth bien réfléchir à qch ◆ I haven't had time to give the matter my mind je n'ai pas eu le temps de bien y réfléchir ◆ he can't give his whole mind to his work il n'arrive pas à se concentrer sur son travail ◆ to keep one's mind on sth se concentrer sur qch ◆ to put or set one's mind to a problem s'attaquer à un problème ◆ you can do it if you put or set your mind to it tu peux le faire si tu le veux vraiment ◆ this will take her mind off her troubles cela lui changera les idées

c = opinion avis m, idée f ◆ to my mind à mon avis ◆ to have a closed mind (on or about sth) avoir des idées or opinions arrêtées (sur or au sujet de qch) ◆ to have a mind of one's own [person] avoir ses idées ; [machine] avoir des caprices ◆ they were of one mind or like mind or the same mind ils étaient d'accord or du même avis ◆ I'm still of the same mind je n'ai pas changé d'avis ◆ they thought with one mind ils étaient unanimes ◆ to know one's own mind savoir ce que l'on veut

◆ to make up one's mind ◆ we can't make up our minds about the house nous ne savons pas quelle décision prendre pour la maison ◆ I can't make up my mind about him je ne sais pas vraiment que penser de lui ◆ have you made your mind up? avez-vous pris votre décision ? ◆ to make up one's mind to do sth décider de faire qch

d = inclination, intention you can do it if you have a mind (to) vous pouvez le faire si vous en avez envie ◆ I have no mind to offend him † je n'ai aucune envie de l'offenser ◆ I've a good mind to do it † j'ai bien envie de le faire ◆ I've a good mind to tell him everything! * j'ai bien envie de tout lui dire ! ◆ I've half a mind to do it * j'ai presque envie de le faire ◆ nothing is further from my mind! (bien) loin de moi cette pensée ! ◆ nothing was further from my mind than going to see her je n'avais nullement l'intention d'aller la voir ◆ I was of a mind to go and see him j'avais l'intention d'aller le voir ◆ to set one's mind on doing sth avoir fermement l'intention de faire qch

◆ in two minds ◆ to be in two minds about doing sth hésiter à faire qch ◆ I'm in two minds about it j'hésite, je me tâte

e = memory to stick in sb's mind rester gravé dans la mémoire de qn ◆ to bring or call sth to mind rappeler qch ◆ to pass out of mind (liter) tomber dans l'oubli

2 TRANSITIVE VERB

a = pay attention to faire or prêter attention à ; (= beware of) prendre garde à ; (US = listen to) écouter ◆ mind what you're doing! (fais) attention à ce que tu fais ! ◆ mind you don't fall! prenez garde de ne pas tomber ! ◆ mind what I say! écoute bien ce que je te dis !, fais bien attention à ce que je te dis ◆ mind the step! attention à la marche ! ◆ mind your head! attention à votre tête ! ◆ mind your backs! * gare à vous !, dégagez ! * ◆ mind yourself!, mind your eye! ‡ prends garde !, fais gaffe ! ‡ ◆ mind your language/your manners! surveille ton langage/tes manières ! ◆ mind how you go ◆ prends bien soin de toi ◆ don't mind him! ne t'occupe pas de lui !, ne fais pas attention à lui ! ◆ don't mind me! (iro) ne vous gênez surtout pas (pour moi) ! * (iro)

b = dislike, object to I don't mind ironing/travelling alone ça ne me dérange pas de faire le repassage/de voyager seul ◆ I don't mind wet weather la pluie ne me dérange pas ◆ I don't mind him but she's awful! * lui, passe encore or lui, ça va, mais elle, je la trouve vraiment horrible ! ◆ I wouldn't mind a cup of coffee * une tasse de café ne serait pas de refus *, je prendrais bien une tasse de café ◆ if you don't mind my (frm) or me saying (so) si je puis me permettre ◆ I don't mind telling you *, I was shocked inutile de dire que j'ai été vraiment choqué ◆ I don't mind going with you je veux bien vous accompagner ◆ cigarette? – I don't mind if I do une cigarette ? – ce n'est pas de refus ! *

◆ would you mind + gerund ◆ would you mind opening the door? cela vous ennuierait d'ouvrir la porte ? ◆ would you mind coming with me? cela vous dérangerait de m'accompagner ? ; (abruptly) suivez-moi, s'il vous plaît

c = care I don't mind what people say je me moque du qu'en-dira-t-on ◆ I don't mind where we go peu importe où nous allons

d = take charge of [+ children, animals] garder ; [+ shop, business] garder, tenir ◆ to mind the shop * or the store * (US) (fig) veiller au grain

e dial = remember I mind the day when ... je me rappelle le jour où ...

3 INTRANSITIVE VERB

a = object if you don't mind si cela ne vous fait rien ◆ if you don't mind! (iro: indignantly) non, mais ! ◆ do you mind if I take this book? – I don't mind at all ça ne vous ennuie pas que je prenne ce livre ? — mais non, je vous en prie ◆ I'm sure they won't mind if you don't come ils sont sûrs qu'ils ne seront pas trop contrariés si tu ne viens pas

b = care which do you want? – I don't mind lequel voulez-vous ? – ça m'est égal

◆ never mind (don't worry) ne t'en fais pas !, ne t'inquiète pas ! ; (= it makes no odds) ça ne fait rien !, peu importe ! ◆ never mind that now! (soothingly) n'y pense plus ! ; (irritably) ça peut très bien attendre ! ◆ he can't walk, never mind * run il ne peut pas marcher, encore moins courir ◆ never you mind! * ça ne te regarde pas !, ce ne sont pas tes oignons ! *

c = be sure mind you tell her! n'oubliez pas de le lui dire ! ◆ mind and come to see us! * n'oublie pas de venir nous voir ! ◆ be there at ten, mind * sois là à 10 heures sans faute

◆ mind you * ◆ mind you, I didn't know he was going to Paris remarquez, je ne savais pas qu'il allait à Paris ◆ mind you, it won't be easy mais ce ne sera pas facile pour autant ◆ mind you, he could be right, he could be right, mind you peut-être qu'il a raison après tout ◆ I got substantial damages. It took two years, mind you je me suis fait largement dédommagé mais ça a quand même pris deux ans

4 COMPOUNDS

▷ **mind-bender** * n (US) révélation f
▷ **mind-bending** * **mind-blowing** * adj drug hallucinogène ; experience, news, scene hallucinant ◆ **mind-boggling** * adj époustouflant *, ahurissant ◆ **mind-expanding** adj drug etc hallucinogène ▷ **mind game** n manœuvre f psychologique ◆ to play mind games with sb chercher à manœuvrer qn psychologiquement ▷ **mind-numbing** * adj ennuyeux à mourir ▷ **mind-numbingly** * adv mind-numbingly boring ennuyeux à mourir ◆ mind-numbingly simple d'une simplicité enfantine ◆ mind-numbingly banal d'une banalité affligeante ▷ **mind reader** n (lit) télépathe mf ◆ he's a mind reader! il lit dans la pensée des gens ! ◆ I'm not a mind reader! * je ne suis pas devin ! * ▷ **mind reading** n télépathie f ▷ **mind-set** n mentalité f

5 PHRASAL VERB

▶ **mind out** * vi faire attention, faire gaffe * ◆ mind out! attention ! ◆ mind out of the way! ôtez-vous de là !, dégagez ! * ◆ mind out or you'll break it fais attention de ne pas le casser

Mindanao [ˌmɪndəˈnaʊ] n (Geog) Mindanao f

minded [ˈmaɪndɪd] adj (frm) ◆ if you are so minded si le cœur vous en dit ◆ to be minded to do sth être disposé à faire qch

-minded [ˈmaɪndɪd] adj (in compounds) **a** (describing mental faculties) qui est ... d'esprit ◆ feeble-minded faible d'esprit ; → **high, strong-minded**

b (describing interests) qui s'intéresse à ... ◆ business-minded qui a le sens des affaires ◆ he's become very ecology-minded il est devenu très sensible aux problèmes écologiques ◆ an industrially-minded nation une nation tournée vers l'industrie ◆ a romantically-minded girl une jeune fille aux idées romantiques ; → **family, like**

minder [ˈmaɪndəʳ] n **a** (Brit: also **baby-minder, child-minder**) gardienne f
b (* = bodyguard) ange m gardien (fig)

mindful [ˈmaɪndfʊl] → SYN adj (frm) ◆ to be mindful of sth être attentif à qch ◆ to be mindful that ... être attentif au fait que ... ◆ I am ever mindful of how much I am indebted to you je n'oublie pas à quel point je vous suis obligé ◆ be mindful of what I said songez à ce que j'ai dit

mindless [ˈmaɪndlɪs] → SYN adj **a** (Brit = senseless) violence, brutality, vandalism, killing gratuit
b (= stupid) work, routine, film, entertainment bêtifiant ; person stupide ◆ a mindless idiot un(e) idiot(e) fini(e)
c (frm = unmindful) to be mindless of sth être oublieux or insouciant de qch

mine¹ [maɪn] **1** poss pron le mien, la mienne, les miens mpl, les miennes fpl ◆ that book is mine ce livre m'appartient or est à moi ◆ this poem is mine ce poème est de moi ◆ will you be mine? † voulez-vous m'épouser ? ◆ the house became mine la maison est devenue (la) mienne ◆ no it's mine non, c'est à moi or le mien ◆ which dress do you prefer, hers or mine? quelle robe préférez-vous, la sienne ou la mienne ? ◆ what is mine is yours ce qui est à moi est à toi, ce qui m'appartient t'appartient ◆ it is not mine to decide (frm) ce n'est pas à moi de décider, il ne m'appartient pas de décider ◆ mine is a specialized department le service où je suis est spécialisé

◆ ... of mine ◆ no advice of mine could prevent him aucun conseil de ma part ne pouvait l'empêcher ◆ a friend of mine un de mes amis, un ami à moi ◆ I think that cousin of mine * is responsible je pense que c'est mon cousin qui est responsable ◆ it's no fault of mine ce n'est pas (de) ma faute

2 poss adj †† mon, ma, mes ; → **host¹**

mine² [maɪn] → SYN **1** n **a** (Min) mine f ◆ coalmine mine f de charbon ◆ to go down the mine(s) travailler or descendre à la mine ◆ to work a mine exploiter une mine

b (fig = rich source) a (real) mine of information une véritable mine de renseignements, une source inépuisable de renseignements ◆ she's a mine of celebrity gossip elle connaît tous les potins sur les célébrités

c (Mil, Naut = bomb) mine f ◆ to lay a mine mouiller or poser une mine ◆ to clear a beach of mines déminer une plage ; → **landmine**

minefield / minority

2 vt **a** (Min) [+ coal, ore] extraire
b (Mil, Naut etc) [+ sea, beach] miner, semer de mines ; [+ ship, tank] miner
3 vi exploiter un gisement ◆ **to mine for coal** extraire du charbon, exploiter une mine (de charbon)
4 COMP ▷ **mine-clearing** n (Mil, Naut) déminage m ▷ **mine detector** n (Mil) détecteur m de mines ▷ **mine disposal** n (Mil, Naut) déminage m ▷ **mine-sweeping** n (Mil, Naut) dragage m de mines, déminage m

minefield ['maɪnfiːld] n **a** (Mil, Naut) champ m de mines
b (fig = problematic area) **it's a legal/political minefield** c'est un terrain politiquement/juridiquement miné

minehunter ['maɪnhʌntəʳ] n (Mil, Naut) chasseur m de mines

minelayer ['maɪnleɪəʳ] n (Mil, Naut) mouilleur m de mines

minelaying ['maɪnleɪɪŋ] n (Mil, Naut) mouillage m de mines

miner ['maɪnəʳ] → SYN n mineur m ◆ **the miners' strike** la grève des mineurs ◆ **miner's lamp** lampe f de mineur

mineral ['mɪnərəl] **1** n (Geol) minéral m
2 **minerals** npl (Brit = soft drinks) boissons fpl gazeuses
3 adj minéral
4 COMP ▷ **mineral deposits** npl gisements mpl miniers ▷ **the mineral kingdom** n le règne minéral ▷ **mineral oil** n (Brit) huile f minérale ; (US) huile f de paraffine ▷ **mineral rights** npl droits mpl miniers ▷ **mineral water** n eau f minérale

mineralogical [ˌmɪnərə'lɒdʒɪkl] adj minéralogique

mineralogist [ˌmɪnə'rælədʒɪst] n minéralogiste mf

mineralogy [ˌmɪnə'rælədʒɪ] n minéralogie f

Minerva [mɪ'nɜːvə] n Minerve f

mineshaft ['maɪnʃɑːft] n puits m de mine

minestrone [ˌmɪnɪ'strəʊnɪ] n minestrone m

minesweeper ['maɪnswiːpəʳ] n (Mil, Naut) dragueur m de mines

Ming Dynasty [mɪŋ] n (Hist) dynastie f Ming

mingle ['mɪŋgl] → SYN **1** vt mêler, mélanger (*with* avec)
2 vi (= mix) se mêler, se mélanger ; (at party etc) se mêler aux invités or à la fête ; (= become indistinguishable) se confondre (*with* avec) ◆ **to mingle with the crowd** se mêler à la foule ◆ **he mingles with all sorts of people** il fraye avec toutes sortes de gens ◆ **guests ate and mingled** les invités ont mangé et ont discuté les uns avec les autres ◆ **she mingled for a while and then sat down with her husband** elle s'est mêlée aux autres invités pour discuter puis s'est assise avec son mari

mingy* ['mɪndʒɪ] adj (Brit) **a** (= mean) person radin* (*about sth* en ce qui concerne qch)
b (= measly) amount misérable

Mini ® ['mɪnɪ] n (= car) Mini (Cooper) ® f

mini ['mɪnɪ] **1** n (= fashion) mini f
2 adj ◆ **mini system** (= hi-fi) chaîne f (hi-fi) mini

mini... ['mɪnɪ] pref mini... ◆ **he's a kind of minidictator*** c'est une sorte de minidictateur

miniature ['mɪnɪtʃəʳ] → SYN **1** n **a** (Art) miniature f ◆ **in miniature** (lit, fig) en miniature
b (of whisky etc) mignonnette f
2 adj rose, railway, car, camera, version miniature ; dog, tree nain ◆ **miniature submarine** sous-marin m de poche ◆ **miniature bottle of whisky** mignonnette f de whisky
3 COMP ▷ **miniature golf** n minigolf m ▷ **miniature poodle** n caniche m nain

miniaturist ['mɪnɪtʃərɪst] n miniaturiste mf

miniaturization [ˌmɪnɪtʃəraɪ'zeɪʃən] n miniaturisation f

miniaturize ['mɪnɪtʃəraɪz] vt miniaturiser

minibar ['mɪnɪbɑːʳ] n (= fridge) minibar m

mini-boom ['mɪnɪbuːm] n miniboom m

minibudget ['mɪnɪˌbʌdʒɪt] n (Pol) collectif m budgétaire

minibus ['mɪnɪˌbʌs] n minibus m ◆ **by minibus** en minibus

minicab ['mɪnɪˌkæb] n (Brit) taxi m (*qu'il faut commander par téléphone*) ◆ **by minicab** en taxi

minicalculator † ['mɪnɪˌkælkjʊˌleɪtəʳ] n calculette f, calculatrice f de poche

minicar ['mɪnɪˌkɑːʳ] n toute petite voiture f

minicassette [ˌmɪnɪkə'set] n minicassette f

minicomputer ['mɪnɪkəm'pjuːtəʳ] n miniordinateur m

mini-course ['mɪnɪˌkɔːs] n (US Scol) cours m extrascolaire

minidress ['mɪnɪˌdres] n minirobe f

minim ['mɪnɪm] **1** n **a** (Brit Mus) blanche f
b (Measure = 0.5ml) ≈ goutte f
2 COMP ▷ **minim rest** n demi-pause f

minima ['mɪnɪmə] npl of **minimum**

minimal ['mɪnɪml] → SYN **1** adj risk, role, resources, effect, change minime ; level, requirements minimal, minimum ◆ **the money saved is minimal** la somme d'argent économisée est minime ◆ **minimal publicity/disruption** un minimum de publicité/perturbation ◆ **a minimal amount of effort** un minimum d'effort, un effort minime ◆ **to have minimal impact on sth** n'avoir qu'un très faible impact sur qch ◆ **damage was minimal** les dégâts étaient minimes ◆ **minimal loss of life** des pertes minimums en vies humaines ◆ **at minimal cost** pour un coût minimum ◆ **with minimal effort** avec un minimum d'effort
2 COMP ▷ **minimal art** n art m minimal ▷ **minimal free form** n (Ling) forme f libre minimale ▷ **minimal pair** n (Ling) paire f minimale

minimalism ['mɪnɪməlɪzəm] n (Art etc) minimalisme m

minimalist ['mɪnɪməlɪst] adj, n (Art etc) minimaliste mf

minimally ['mɪnɪməlɪ] adv à peine

minimarket ['mɪnɪˌmɑːkɪt], **minimart** ['mɪnɪˌmɑːt] n supérette f

minimax ['mɪnɪmæks] n (Math) minimax m

minimization [ˌmɪnɪmaɪ'zeɪʃən] n minimisation f

minimize ['mɪnɪmaɪz] → SYN vt **a** (= reduce to minimum) [+ amount, risk, losses] réduire au minimum
b (= play down) [+ risk, losses, sb's contribution, help] minimiser

minimum ['mɪnɪməm] → SYN **1** n, pl **minimums** or **minima** minimum m ◆ **a minimum of $100** un minimum de 100 dollars ◆ **$100 (at the) minimum** au moins 100 dollars ◆ **to do the minimum** faire le minimum ◆ **to reduce to a or the minimum** réduire au minimum ◆ **keep interruptions to a or the minimum** limitez les interruptions autant que possible ◆ **to keep costs to a minimum** maintenir les coûts au plus bas ◆ **with a minimum of commonsense one could ...** avec un minimum de bon sens on pourrait ...
2 adj minimum (f inv), minimal ◆ **with minimum effort** avec un minimum d'effort ◆ **at minimum cost** pour un coût minimum
3 COMP ▷ **minimum iron fabric** n tissu m ne demandant qu'un repassage minimum ▷ **minimum lending rate** n (Econ) taux m de base bancaire ▷ **minimum wage** n (Econ, Ind) salaire m minimum, ≈ SMIC m

mining ['maɪnɪŋ] **1** n (NonC) **a** (Min) exploitation f minière
b (Mil, Naut) pose f or mouillage m de mines
2 COMP village, company, industry, rights minier ; family de mineurs ▷ **mining area** n région f (d'industrie) minière ▷ **mining bee** n andrène m ▷ **mining engineer** n ingénieur m des mines ▷ **mining engineering** n génie m minier ◆ **to study mining engineering** ≈ faire des études à l'école des Mines

minion ['mɪnjən] n (lit = servant) laquais m ; (fig, hum) sous-fifre * m ◆ **she delegated the job to one of her minions** elle a donné ce travail à l'un de ses sous-fifres*

minipill ['mɪnɪpɪl] n minipilule f

miniscule ['mɪnɪskjuːl] adj ⇒ **minuscule**

miniseries ['mɪnɪˌsɪərɪz] n (TV) minifeuilleton m

mini-ski ['mɪnɪˌskiː] n (Ski) miniski m

miniskirt ['mɪnɪˌskɜːt] n minijupe f

minister ['mɪnɪstəʳ] → SYN **1** n **a** (Brit Govt) ministre m
b (Rel: also **minister of religion**) pasteur m, ministre m
2 vi ◆ **to minister to sb's needs** pourvoir aux besoins de qn ◆ **to minister to sb** secourir qn ◆ **to minister to a parish** (Rel) desservir une paroisse
3 COMP ▷ **ministering angel** n (fig) ange m de bonté ▷ **Minister of Health** n ministre m de la Santé ▷ **Minister of State** n (Brit Govt) ≈ secrétaire m d'État ; (gen) ministre m ▷ **minister plenipotentiary** n ministre m plénipotentiaire ◆ **minister resident** n ministre m résident ; → **defence, foreign**

ministerial [ˌmɪnɪs'tɪərɪəl] adj **a** (Govt) meeting, team, reshuffle, approval, decision ministériel ; post, career, duties de ministre ; resignation d'un ministre ◆ **the ministerial benches** le banc des ministres ◆ **a ministerial colleague** un(e) collègue ministre ◆ **the rules governing ministerial conduct** le règlement régissant la conduite des ministres ◆ **at ministerial level** à niveau ministériel ◆ **to hold ministerial office** occuper des fonctions ministérielles
b (Rel) his ministerial duties les obligations de son ministère ◆ **a ministerial friend of his in Glasgow** un de ses amis, ministre du culte à Glasgow

ministration [ˌmɪnɪs'treɪʃən] n **a** ministrations (= services, help) soins mpl
b (Rel) ministère m

ministry ['mɪnɪstrɪ] → SYN n **a** (= government department) ministère m ◆ **Ministry of Health/Defence** ministère m de la Santé/Défense ◆ **to form a ministry** (Parl) former un ministère or un gouvernement ◆ **the coalition ministry lasted two years** le ministère de coalition a duré deux ans
b (= period of office) ministère m
c (= clergy) **the ministry** le saint ministère ◆ **to go into** or **enter the ministry** devenir or se faire pasteur or ministre

minisystem ['mɪnɪˌsɪstəm] n (= hi-fi) minichaîne f

minium ['mɪnɪəm] n minium m

minivan ['mɪnɪvæn] n (US) monospace m

miniver ['mɪnɪvəʳ] n menu-vair m

mink [mɪŋk] **1** n, pl **mink** or **minks** (= animal, fur) vison m
2 COMP coat etc de vison

minke ['mɪŋkɪ] n ◆ **minke (whale)** baleine f minke

Minn. abbrev of **Minnesota**

minneola [ˌmɪnɪ'əʊlə] n minnéola m

Minnesota [ˌmɪnɪ'səʊtə] n le Minnesota ◆ **in Minnesota** dans le Minnesota

minnow ['mɪnəʊ] n, pl **minnow** or **minnows** **a** (Zool) vairon m ; (= any small fish) fretin m
b (fig = unimportant person) menu fretin m (pl inv)

Minoan [mɪ'nəʊən] adj minoen

minor ['maɪnəʳ] → SYN **1** adj change, consideration, defect (also Jur, Mus, Philos, Rel) mineur (-eure f) ; detail, expenses, repairs petit, menu ; importance, interest, position, role secondaire, mineur ◆ **minor poet** poète m mineur ◆ **minor problem/worry** problème m/souci m mineur ◆ **G minor** (Mus) sol mineur ◆ **minor key** (Mus) ton m mineur ◆ **in the minor key** (Mus) en mineur ◆ **minor offence** (Jur) ≈ délit m mineur ◆ **minor operation** (Med) opération f bénigne ◆ **to play a minor part** (Theat, fig) jouer un rôle accessoire or un petit rôle ◆ **minor planet** petite planète f, astéroïde m ◆ **minor suit** (Cards) (couleur f) mineure f ◆ **Smith minor** (Brit Scol) Smith junior
2 n **a** (Jur) mineur(e) m(f)
b (US Univ) matière f secondaire
3 vi ◆ (US Univ) **to minor in chemistry** étudier la chimie comme matière secondaire or sous-dominante

Minorca [mɪ'nɔːkə] n Minorque f ◆ **in Minorca** à Minorque

minority [maɪ'nɒrɪtɪ] **1** n (also Jur) minorité f ◆ **in a** or **the minority** en minorité ◆ **you are in a minority of one** (hum) vous êtes le seul à penser ainsi, personne ne partage vos vues or votre opinion ✦ **the reforms will affect only a small minority of the population** les réformes ne toucheront qu'une petite minorité de la population

② COMP party, opinion, government minoritaire ▷ **minority president** n (US Pol) président n'ayant pas la majorité absolue au Congrès ▷ **minority programme** n (Rad, TV) émission f destinée à un public restreint ▷ **minority report** n (Admin) rapport m soumis par un groupe minoritaire

Minos ['maɪnɒs] n Minos m

Minotaur ['maɪnətɔːʳ] n Minotaure m

minster ['mɪnstəʳ] n cathédrale f ; [of monastery] église f abbatiale ✦ **York Minster** cathédrale f d'York

minstrel ['mɪnstrəl] → SYN ① n (Hist etc) ménestrel m

② COMP ▷ **minstrel gallery** n (Archit) tribune f des musiciens ▷ **minstrel show** n (Theat) spectacle m de chanteurs et musiciens blancs déguisés en noirs

minstrelsy ['mɪnstrəlsɪ] n (NonC) (= art) art m du ménestrel or trouvère or troubadour ; (= songs) chants mpl

mint¹ [mɪnt] → SYN ① n **a** (also Brit: also **Royal Mint**) Monnaie f, hôtel m de la Monnaie

b (fig = large sum) une or des somme(s) folle(s) ✦ **to make a mint (of money)** faire fortune ✦ **he made a mint in oil** * il a fait fortune dans le pétrole

② vt [+ coins] battre ; [+ gold] monnayer (into pour obtenir) ; (fig) [+ word, expression] forger, inventer ✦ **he mints money** * il fait des affaires d'or, il ramasse l'argent à la pelle

③ COMP ▷ **mint condition** n in mint condition à l'état (de) neuf, en parfaite condition ▷ **mint stamp** n (Philat) timbre m non oblitéré

mint² [mɪnt] ① n (Bot, Culin) menthe f ; (= sweet) bonbon m à la menthe

② COMP chocolate, sauce à la menthe ▷ **mint julep** n (US) whisky m etc glacé à la menthe ▷ **mint sauce** n sauce f à la menthe ▷ **mint tea** n (= herbal tea) infusion f de menthe ; (= tea with mint) thé m à la menthe

-minted ['mɪntɪd] adj (in compounds) ✦ **newly-minted** coin tout neuf

minuend ['mɪnjʊend] n (Math) terme duquel on soustrait

minuet [ˌmɪnjʊ'et] n menuet m

minus ['maɪnəs] ① prep **a** (Math) moins ✦ **five minus three equals two** cinq moins trois égale(nt) deux ✦ **A/B minus** (Scol) ≃ A/B moins

b (* = without) sans, avec ... en or de moins ✦ **he arrived minus his coat** il est arrivé sans son manteau ✦ **they found his wallet minus the money** ils ont retrouvé son portefeuille mais sans l'argent ✦ **minus a finger** avec un doigt en or de moins

② n (Math) (= sign) moins m ; (= amount) quantité f négative ✦ **the minuses** (fig: of situation etc) les inconvénients mpl ✦ **the minuses far outweigh any possible gain** les inconvénients l'emportent largement sur les avantages éventuels ✦ **the plusses and minuses were about equal** les avantages et les inconvénients s'équilibraient plus ou moins

③ COMP ▷ **minus quantity** n (Math) quantité f négative ; (*: fig) quantité f négligeable ▷ **minus sign** n (Math) (signe m) moins m

minuscule ['mɪnəˌskjuːl] adj minuscule

minute¹ [mɪnɪt] → SYN ① n **a** (fig, of time) minute f ✦ **it is 23 minutes past 2** il est 2 heures 23 (minutes) ✦ **at 4 o'clock to the minute** à 4 heures pile or tapant(es) ✦ **we got the train without a minute to spare** une minute de plus et nous manquions le train ✦ **I'll do it in a minute** je le ferai dans une minute ✦ **I'll do it the minute he arrives** je le ferai dès qu'il arrivera ✦ **do it this minute!** * fais-le tout de suite or à la minute ! ✦ **he went out this (very) minute** * il vient tout juste de sortir ✦ **I've just this minute heard of it** * je viens de l'apprendre à la minute ✦ **at any minute** à tout moment, d'une minute or d'un instant à l'autre ✦ **any minute now** d'une minute à l'autre ✦ **at the last minute** à la dernière minute ✦ **to leave things till the last minute** tout faire à la dernière minute ✦ **I'll just be a minute, I shan't be a minute** * j'en

ai pour deux secondes ✦ **it won't take five minutes** ce sera fait en un rien de temps ✦ **I'm not suggesting for a minute that he's lying** loin de moi l'idée qu'il ment ✦ **one minute he's there, the next he's gone** une minute il est là, la minute d'après il est parti ✦ **one minute you say you love me, the next you're threatening to leave** tu dis que tu m'aimes et deux minutes plus tard tu menaces de me quitter ✦ **it's a few minutes' walk from the station** c'est tout près de la gare, c'est à quelques minutes à pied de la gare ✦ **wait a minute, just a minute** attendez une minute or un instant or un moment ; (indignantly) minute ! ✦ **half a minute!** * une petite minute ! ✦ **up to the minute** equipment dernier modèle inv ; fashion dernier cri inv ; news de dernière minute ✦ **there's one born every minute!** * il faut vraiment le faire ! *

b (Geog, Math = part of degree) minute f

c (= official record) compte rendu m, procès-verbal m, (Comm etc = memorandum) note f ✦ **to take the minutes of a meeting** rédiger le procès-verbal or le compte rendu d'une réunion ✦ **who will take the minutes?** qui se charge du compte rendu ?

② vt **a** (note etc) [+ fact, detail] prendre note de ; [+ meeting] rédiger le compte rendu de, dresser le procès-verbal de

b (= send minute to) [+ person] faire passer une note à (about au sujet de)

③ COMP ▷ **minute book** n (Admin, Comm etc) registre m des délibérations ▷ **minute hand** n [of clock etc] grande aiguille f ▷ **minute steak** n (Culin) entrecôte f minute

minute² [maɪ'njuːt] → SYN adj (= tiny) object, amount, variation, trace minuscule ; (= detailed) examination, analysis minutieux ✦ **in minute or the minutest detail** jusque dans les moindres or plus infimes détails

minutely [maɪ'njuːtlɪ] → SYN adv **a** (= in detail) examine, describe minutieusement, dans les moindres détails ✦ **a minutely detailed account** un compte rendu extrêmement détaillé or circonstancié

b (= slightly) move, change, differ très légèrement ✦ **anything minutely resembling a fish** quelque chose ayant très vaguement l'apparence d'un poisson

c (= very small) write, fold en tout petit

minutiae [mɪ'njuːʃɪiː] → SYN npl menus détails mpl

minx [mɪŋks] → SYN n (petite) espiègle f

Miocene ['maɪəsiːn] adj, n miocène m

miosis [maɪ'əʊsɪs] n (Med) myosis m

MIP [ˌemaɪ'piː] n **a** (abbrev of **monthly investment plan**) plan m d'épargne (à versement mensuel)

b (abbrev of **maximum investment plan**) assurance à capital différé à taux de rendement élevé

MIPS, mips [mɪps] n (abbrev of **millions of instructions per second**) MIPS

miracle ['mɪrəkl] → SYN ① n miracle m ✦ **by a miracle, by some miracle** par miracle ✦ **it is a miracle of ingenuity** c'est un miracle or une merveille d'ingéniosité ✦ **it is a miracle that ...** c'est miracle que ... (+ subj) ✦ **it will be a miracle if ...** ce sera (un) miracle si ...

② COMP ▷ **miracle cure, miracle drug** n remède m miracle ▷ **miracle-man** n, pl **miracle-men** faiseur m de miracles ▷ **miracle play** n (Rel, Theat) miracle m ▷ **miracle worker** n (fig) **I'm not a miracle worker!** * je ne sais pas faire de miracles !

miraculous [mɪ'rækjʊləs] → SYN adj (Rel, fig) miraculeux ✦ **to make a miraculous escape** en réchapper miraculeusement ✦ **to make a miraculous recovery** guérir miraculeusement ✦ **to be little** or **nothing short of miraculous** être tout bonnement miraculeux

miraculously [mɪ'rækjʊləslɪ] adv **a** (= as if by miracle) survive, escape, transform miraculeusement, par miracle ✦ **to be miraculously intact/unharmed** être miraculeusement intact/indemne ✦ **miraculously the baby appeared to be unhurt** par miracle, il semblait que le bébé était indemne

b (= extremely) beautiful merveilleusement

mirage ['mɪrɑːʒ] → SYN n (lit, fig) mirage m

MIRAS ['maɪræs] n (Brit Fin) (abbrev of **mortgage interest relief at source**) exonération fiscale à la source sur les intérêts d'emprunts hypothécaires

mire ['maɪəʳ] → SYN n (liter) (= mud) fange f (liter) ; (= swampy ground) bourbier m ✦ **to drag sb's**

name through the mire traîner (le nom de) qn dans la fange or la boue

mired ['maɪəd] adj (esp liter) **a** (= dirtied) **mired in mud** vehicle embourbé ; road recouvert de boue

b (= involved) **mired in debt** endetté jusqu'au cou ✦ **mired in scandal** fortement compromis dans un scandale

mirror ['mɪrəʳ] → SYN ① n miroir m, glace f ; (Aut) rétroviseur m ; (fig) miroir m ✦ **hand mirror** miroir m à main ✦ **pocket mirror** miroir m de poche ✦ **to look at o.s. in the mirror** se regarder dans le miroir or dans la glace ✦ **it holds a mirror (up) to ...** (fig) cela reflète ...

② vt (lit, fig) refléter ✦ **to be mirrored in** or **by sth** se refléter dans qch

③ COMP ▷ **mirror ball** n boule f (à facettes en miroir) ▷ **mirror carp** n (= fish) carpe f miroir ▷ **mirror image** n image f inversée ▷ **mirror site** n (Comput) site m miroir ▷ **mirror writing** n écriture f en miroir

mirth [mɜːθ] → SYN n (NonC) hilarité f ✦ **this remark caused some mirth** cette remarque a déclenché une certaine hilarité

mirthful ['mɜːθfʊl] → SYN adj (liter) gai, joyeux

mirthless ['mɜːθlɪs] adj sans joie

mirthlessly [mɜːθlɪslɪ] adv sans joie

MIRV [mɜːv] (abbrev of **Multiple Independently Targeted Re-entry Vehicle**) MIRV m

miry ['maɪərɪ] adj (liter) fangeux (liter), bourbeux

MIS [ˌemaɪ'es] n (abbrev of **management information system**) SIG m

misadventure [ˌmɪsəd'ventʃəʳ] → SYN n mésaventure f ; (less serious) contretemps m ✦ **death by misadventure** (Jur) mort f accidentelle

misalignment [ˌmɪsə'laɪnmənt] n mauvais alignement m ✦ **the dollar misalignment** le mauvais alignement du dollar

misalliance [ˌmɪsə'laɪəns] n mésalliance f

misandrist [mɪs'ændrɪst] adj, n misandre f

misandrous [mɪs'ændrəs] adj misandre

misandry ['mɪsəndrɪ] n misandrie f

misanthrope ['mɪzənθrəʊp] → SYN n misanthrope mf

misanthropic [ˌmɪzən'θrɒpɪk] adj person misanthrope ; feeling, mood, view de misanthrope

misanthropist [mɪ'zænθrəpɪst] n misanthrope mf

misanthropy [mɪ'zænθrəpɪ] n misanthropie f

misapplication [ˌmɪsæplɪ'keɪʃən] n [of knowledge] usage m impropre ; [of funds] détournement m

misapply ['mɪsə'plaɪ] vt [+ discovery, knowledge] mal employer, mal appliquer ; [+ abilities, intelligence] mal employer ; [+ money, funds] détourner

misapprehend ['mɪsæprɪ'hend] → SYN vt mal comprendre, se faire une idée fausse de or sur

misapprehension ['mɪsæprɪ'henʃən] → SYN n malentendu m, méprise f ✦ **there seems to be some misapprehension** il semble y avoir malentendu or méprise

misappropriate ['mɪsə'prəʊprɪeɪt] → SYN vt [+ money, funds] détourner

misappropriation ['mɪsəprəʊprɪ'eɪʃən] n détournement m

misbegotten ['mɪsbɪ'gɒtn] adj **a** (lit: liter) illégitime, bâtard

b (fig = misguided) plan, scheme mal conçu, malencontreux

misbehave ['mɪsbɪ'heɪv] → SYN vi se conduire mal ; [child] ne pas être sage, se tenir mal

misbehaviour, misbehavior (US) ['mɪsbɪ'heɪvjəʳ] → SYN n [of person, child] mauvaise conduite f or tenue f ; (stronger) inconduite f

misbelief ['mɪsbɪ'liːf] → SYN n (Rel) croyance f fausse

misbeliever ['mɪsbɪ'liːvəʳ] n (Rel) mécréant(e) m(f)

misc. adj (abbrev of **miscellaneous**) divers

miscalculate ['mɪs'kælkjʊleɪt] → SYN ① vt mal calculer

② vi (fig) se tromper

miscalculation / mishap

miscalculation ['mɪsˌkælkjʊ'leɪʃən] n (lit, fig) erreur f de calcul, mauvais calcul m

miscall ['mɪs'kɔːl] vt mal nommer, appeler à tort

miscarriage ['mɪs'kærɪdʒ] → SYN n **a** [of plan etc] insuccès m, échec m; [of letter, goods] perte f ♦ **miscarriage of justice** erreur f judiciaire
b (Med) fausse couche f ♦ **to have a miscarriage** faire une fausse couche

miscarry [ˌmɪs'kærɪ] → SYN vi **a** [plan, scheme] échouer, avorter; [letter, goods] s'égarer, ne pas arriver à destination
b (Med) faire une fausse couche

miscast ['mɪs'kɑːst] pret, ptp **miscast** vt (Cine, Theat etc) ♦ **the play has been miscast** la distribution est mauvaise ♦ **he was miscast** on n'aurait pas dû lui donner ou attribuer ce rôle

miscegenation [ˌmɪsɪdʒɪ'neɪʃən] n croisement m entre races *(humaines)*

miscellanea [ˌmɪsə'leɪnɪə] npl mélanges mpl

miscellaneous [ˌmɪsɪ'leɪnɪəs] → SYN **1** adj people, objects, writings, costs divers; collection hétéroclite ♦ **categorized** or **classified as "miscellaneous"** classé "divers" ♦ **"miscellaneous"** (on agenda) "divers"
2 COMP ▷ **miscellaneous expenses** npl frais mpl divers ▷ **miscellaneous items** npl (Comm) articles mpl divers; (Press) faits mpl divers

miscellany [mɪ'selənɪ] → SYN n [of objects etc] collection f hétéroclite; (Literat) sélection f, anthologie f; (Rad, TV) sélection f, choix m ♦ **miscellanies** (Literat) miscellanées fpl, (volume m de) mélanges mpl

mischance [ˌmɪs'tʃɑːns] → SYN n mésaventure f, malchance f ♦ **by (a) mischance** par malheur

mischief ['mɪstʃɪf] → SYN **1** n **a** (NonC) (= roguishness) malice f, espièglerie f; (= naughtiness) sottises fpl, polissonnerie f; (= maliciousness) méchanceté f ♦ **he's up to (some) mischief** child il (nous) prépare une sottise; adult (in fun) il (nous) prépare une farce ou niche; (from malice) il médite un mauvais tour ou coup ♦ **he's always up to some mischief** il trouve toujours une sottise ou niche à faire ♦ **to get into mischief** [child only] faire des sottises, faire des siennes ♦ **to keep sb out of mischief** empêcher qn de faire des sottises ou des bêtises, garder qn sur le droit chemin (hum) ♦ **the children managed to keep out of mischief** les enfants sont arrivés à ne pas faire de sottises, les enfants ont même été sages ♦ **he means mischief** child il va sûrement faire une sottise; adult (in fun) il va sûrement faire une farce; (from malice) il est mal intentionné ♦ **out of sheer mischief** (for fun) par pure espièglerie; (from malice) par pure méchanceté ♦ **full of mischief** espiègle, plein de malice ♦ **bubbling over with mischief** pétillant de malice ♦ **to make mischief (for sb)** créer des ennuis (à qn) ♦ **to make mischief between two people** semer la zizanie ou la discorde entre deux personnes
b (* = child) polisson(ne) m(f), petit(e) vilain(e) m(f)
c (= injury, damage) mal m; (to ship, building etc) dommage m, dégât(s) m(pl) ♦ **to do sb a mischief** * faire mal à qn ♦ **to do o.s. a mischief** se faire mal
2 COMP ▷ **mischief-maker** n semeur m, -euse f de discorde, faiseur m, -euse f d'histoires; (esp gossip) mauvaise langue f

mischievous ['mɪstʃɪvəs] → SYN adj **a** (= impish) person, nature, smile, glance malicieux; (= naughty) child, trick vilain; kitten, behaviour espiègle
b (= malicious) person, behaviour, attempt, suggestion, rumour malveillant

mischievously ['mɪstʃɪvəslɪ] adv **a** (= impishly) say, smile malicieusement; (= naughtily) behave mal
b (= maliciously) suggest, claim, attempt avec malveillance

mischievousness ['mɪstʃɪvəsnɪs] n (= roguishness) malice f, espièglerie f; (= naughtiness) polissonnerie f

miscible ['mɪsɪbl] adj miscible

misconceive [ˌmɪskən'siːv] **1** vt mal comprendre, mal interpréter
2 vi se tromper, se méprendre (*of* sur)

misconceived [ˌmɪskən'siːvd] adj policy, plan, approach peu judicieux; idea faux (fausse f), erroné

misconception [ˌmɪskən'sepʃən] → SYN n **a** (= wrong idea/opinion) idée f/opinion f fausse or erronée
b (= misunderstanding) malentendu m, méprise f

misconduct [ˌmɪs'kɒndʌkt] → SYN **1** n **a** (= bad behaviour) mauvaise conduite f; (Jur: sexual) adultère m; (Sport) mauvaise conduite f ♦ **to be sacked for misconduct** être licencié pour faute professionnelle ♦ **gross misconduct** faute f (professionnelle) grave ♦ **professional misconduct** faute f professionnelle ♦ **allegations of police misconduct** des allégations fpl selon lesquelles la police aurait commis des abus
b (= bad management) [of business etc] mauvaise administration f or gestion f
2 [ˌmɪskən'dʌkt] vt [+ business] mal diriger, mal gérer ♦ **to misconduct o.s.** † se conduire mal

misconstruction [ˌmɪskən'strʌkʃən] n (= misinterpretation) fausse interprétation f ♦ **words open to misconstruction** mots qui prêtent à méprise or contresens

misconstrue ['mɪskən'struː] vt [+ acts, words] mal interpréter

miscount ['mɪs'kaʊnt] **1** n (gen) mécompte m; (Pol: during election) erreur f de comptage ou dans le décompte des voix
2 vti mal compter

miscreant ['mɪskrɪənt] n (frm) scélérat(e) m(f), gredin(e) m(f)

miscue [ˌmɪs'kjuː] **1** n (Billiards) fausse queue f
2 vi **a** (Billiards) faire une fausse queue
b (Theat) manquer sa réplique

misdate [ˌmɪs'deɪt] vt mal dater ♦ **the letter was misdated** la lettre ne portait pas la bonne date

misdeal ['mɪs'diːl] vb : pret, ptp **misdealt** (Cards)
1 n maldonne f
2 vti ♦ **to misdeal (the cards)** faire maldonne

misdeed ['mɪs'diːd] n méfait m, mauvaise action f; (stronger) crime m

misdemeanour, misdemeanor (US) [ˌmɪsdɪ'miːnər] → SYN n **a** (= misdeed) incartade f, écart m de conduite; (more serious) méfait m
b (Jur) (Brit) infraction f, contravention f; (US) délit m

misdescribe [ˌmɪsdɪ'skraɪb] vt [+ goods for sale] décrire de façon mensongère

misdiagnose [ˌmɪsdaɪəg'nəʊz] vt **a** (Med) [+ illness] faire une erreur de diagnostic au sujet de; [+ patient] faire une erreur de diagnostic sur
b (= analyse wrongly) [+ problem, situation] faire une erreur d'analyse quant à

misdiagnosis [ˌmɪsdaɪəg'nəʊsɪs] n, pl **misdiagnoses** [ˌmɪsdaɪəg'nəʊsiːz] **a** (Med) [of illness] erreur f de diagnostic
b (= wrong analysis) [of problem, situation] erreur f d'analyse

misdirect [ˌmɪsdɪ'rekt] vt [+ letter etc] mal acheminer; [+ person] mal renseigner; [+ blow, efforts] mal diriger, mal orienter; [+ operation, scheme] mener mal ♦ **to misdirect the jury** (Jur) mal instruire le jury

misdirection [ˌmɪsdɪ'rekʃən] n [of letter etc] erreur f d'acheminement; [of blow, efforts] mauvaise orientation f; [of operation, scheme] mauvaise conduite f

miser ['maɪzər] → SYN n avare mf, grippe-sou m

miserable ['mɪzərəbl] → SYN adj **a** (= unhappy) person, face, look, experience malheureux ♦ **to feel miserable** ne pas avoir le moral; (= unwell) être mal en point ♦ **to make sb's life miserable, to make life miserable for sb** [person] mener la vie dure à qn; [illness] gâcher la vie à qn ♦ **don't look so miserable!** ne fais pas cette tête! ♦ **she's been having a miserable time recently** la vie n'est pas drôle pour elle en ce moment ♦ **we had a miserable time on holiday** nos vacances ont été un vrai cauchemar
b **miserable weather** * (= awful) un temps affreux, un très sale temps; (= depressing, overcast) un temps maussade

ANGLAIS-FRANÇAIS 596

c (= wretched, abject) person, place, conditions, life, existence misérable; sight lamentable, déplorable; failure lamentable
d (= paltry) number, amount dérisoire; offer minable; salary dérisoire, de misère; meal piteux; gift miteux ♦ **a miserable 50 francs** la somme dérisoire de 50 F

miserably ['mɪzərəblɪ] adv **a** (= unhappily) say, look, smile, nod d'un air malheureux ♦ **a miserably unhappy family** une famille des plus misérables et malheureuses ♦ **it was miserably cold and wet** il faisait désagréablement froid et humide
b (= wretchedly, horribly) live misérablement, perform, fail lamentablement ♦ **a miserably low wage** un salaire de misère ♦ **they played miserably** ils ont été minables, ils ont joué d'une façon minable

misère [mɪ'zɛər] n (Cards) misère f

miserliness ['maɪzəlɪnɪs] n avarice f

miserly ['maɪzəlɪ] → SYN adj **a** (= mean) person avare (*with sth* de qch)
b (= parsimonious) sum, amount, offer dérisoire ♦ **a miserly 8 dollars** 8 malheureux dollars

misery ['mɪzərɪ] → SYN **1** n **a** (= unhappiness) tristesse f, douleur f; (= suffering) souffrances fpl, supplice m; (= wretchedness) misère f, détresse f ♦ **the miseries of mankind** la misère de l'homme ♦ **a life of misery** une vie de misère ♦ **to make sb's life a misery** [person] mener la vie dure à qn; [illness] gâcher la vie de qn ♦ **to put an animal out of its misery** achever un animal ♦ **put him out of his misery** * **and tell him the results** abrégez son supplice et donnez-lui les résultats
b (Brit * = gloomy person) (child) pleurnicheur m, -euse f; (adult) grincheux m, -euse f, rabat-joie m inv ♦ **what a misery you are!** ce que tu peux être grincheux or rabat-joie!
2 COMP ▷ **misery-guts** n râleur * m, -euse * f, rabat-joie m inv

misfile [ˌmɪs'faɪl] vt mal classer

misfire ['mɪs'faɪər] → SYN vi [gun] faire long feu, rater; [plan] rater, foirer *; [joke] tomber à plat; [car engine] avoir des ratés

misfit ['mɪsfɪt] → SYN n **a** (Dress) vêtement m mal réussi ou qui ne va pas bien
b (fig = person) inadapté(e) m(f) ♦ **he's always been a misfit here** ♦ **a life of misery intégré ici, il n'a jamais su s'adapter ici** ♦ **"The Misfits"** (Cine) "Les Désaxés"; → **social**

misfortune [mɪs'fɔːtʃən] → SYN n (single event) malheur m; (NonC = bad luck) malchance f, infortune f (liter) ♦ **misfortunes never come singly** un malheur n'arrive jamais seul ♦ **misfortune dogs his footsteps** (liter) il joue de malchance ♦ **he'd had more than his fair share of misfortune** il avait eu plus que sa part de malheur ♦ **companion in misfortune** compagnon m or compagne f d'infortune ♦ **it is his misfortune that he is deaf** pour son malheur il est sourd ♦ **I had the misfortune to meet him** par malheur or par malchance je l'ai rencontré ♦ **that's your misfortune!** tant pis pour toi!

misgiving [mɪs'gɪvɪŋ] → SYN n appréhension f ♦ **not without some misgiving(s)** non sans appréhension ♦ **I had misgivings about the scheme** j'avais des doutes quant au projet

misgovern ['mɪs'gʌvən] vti mal gouverner, mal administrer

misgovernment ['mɪs'gʌvənmənt] n mauvaise gestion f

misguided ['mɪs'gaɪdɪd] → SYN adj person dans l'erreur; attempt peu judicieux; patriotism, idealism fourvoyé; belief, view, policy erroné ♦ **to be misguided in sth/in doing sth** faire erreur en ce qui concerne qch/en faisant qch ♦ **it would be misguided to do that** ce serait une erreur de faire cela

misguidedly ['mɪs'gaɪdɪdlɪ] adv malencontreusement (= unhappy), peu judicieusement, à mauvais escient

mishandle ['mɪs'hændl] → SYN vt **a** (= treat roughly) [+ object] manier ou manipuler sans précaution
b (= mismanage) [+ person] mal prendre, mal s'y prendre avec; [+ problem] mal traiter, mal aborder ♦ **he mishandled the whole situation** il a mal géré l'ensemble de la situation

mishap ['mɪshæp] → SYN n mésaventure f ♦ **slight mishap** contretemps m, anicroche f

mishear ['mɪs'hɪər] pret, ptp **misheard** [mɪs'hɜːd] vt mal entendre

mishit ['mɪs'hɪt] ① n coup m manqué ② vt [+ ball] mal jouer

mishmash * ['mɪʃmæʃ] n méli-mélo * m

misinform [ˌmɪsɪn'fɔːm] → SYN vt mal renseigner

misinformation [ˌmɪsɪnfə'meɪʃən] n désinformation f

misinterpret ['mɪsɪn'tɜːprɪt] → SYN vt mal interpréter, prendre à contresens

misinterpretation [ˌmɪsɪnˌtɜːprɪ'teɪʃən] n interprétation f erronée (of de), contresens m ◆ **open to misinterpretation** qui prête à confusion

misjudge ['mɪs'dʒʌdʒ] → SYN vt [+ amount, numbers, time] mal évaluer ; (= underestimate) sous-estimer ; [+ person] méjuger, se méprendre sur le compte de

misjudg(e)ment [ˌmɪs'dʒʌdʒmənt] n [of person, situation, mood, attitude] appréciation f erronée ; [of time, distance, speed, amount] mauvaise évaluation f ◆ **the government's economic misjudg(e)ments** les erreurs de jugement du gouvernement en matière d'économie

miskick [ˌmɪs'kɪk] ① vt ◆ **to miskick the ball** rater son coup de pied ② n coup m de pied raté

mislay [ˌmɪs'leɪ] → SYN pret, ptp **mislaid** vt égarer

mislead [ˌmɪs'liːd] → SYN pret, ptp **misled** vt (accidentally) induire en erreur, tromper ; (deliberately) tromper, fourvoyer

misleading [ˌmɪs'liːdɪŋ] → SYN adj information, report, statement trompeur ◆ **misleading advertising** publicité f mensongère ◆ **it would be misleading to suggest that ...** il serait trompeur de suggérer que ...

misleadingly [ˌmɪs'liːdɪŋlɪ] adv describe de façon trompeuse

misled [ˌmɪs'lɛd] vb (pt, ptp of **mislead**)

mislike † [mɪs'laɪk] vt ne pas aimer, détester

mismanage ['mɪs'mænɪdʒ] → SYN vt [+ business, estate, shop] mal gérer, gérer en dépit du bon sens ; [+ institution, organization] mal administrer ◆ **the whole situation has been mismanaged** l'affaire a été mal gérée d'un bout à l'autre

mismanagement ['mɪs'mænɪdʒmənt] n mauvaise gestion f or administration f

mismarriage [mɪs'mærɪdʒ] n mésalliance f

mismatch ['mɪs'mætʃ] n [of objects] disparité f ; [of colours, styles] dissonance f

mismatched [mɪs'mætʃt] adj people, things mal assortis

misname ['mɪs'neɪm] vt donner un nom inexact or impropre à, mal nommer

misnomer [mɪs'nəʊmər] n terme m impropre ◆ **that is a misnomer** c'est un terme qui ne convient guère

miso ['miːsəʊ] n (Culin) miso m

misogamist [mɪ'sɒɡəmɪst] n misogame mf

misogamy [mɪ'sɒɡəmɪ] n misogamie f

misogynist [mɪ'sɒdʒɪnɪst] ① n misogyne mf ② adj (= misogynistic) misogyne

misogynistic [mɪˌsɒdʒɪ'nɪstɪk] adj misogyne

misogynous [mɪ'sɒdʒɪnəs] adj misogyne

misogyny [mɪ'sɒdʒɪnɪ] n misogynie f

mispickel ['mɪsˌpɪkəl] n mispickel m

misplace ['mɪs'pleɪs] → SYN vt a [+ object, word] mal placer, ne pas mettre où il faudrait ; [+ affection, trust] mal placer b (= lose) égarer

misplaced ['mɪs'pleɪst] ① adj remark, humour déplacé ② COMP ▷ **misplaced modifier** n (Gram) participe amphibologique

misprint ['mɪsprɪnt] → SYN ① n faute f d'impression or typographique, coquille f ② [ˌmɪs'prɪnt] vt imprimer mal or incorrectement

mispronounce ['mɪsprə'naʊns] vt prononcer de travers, écorcher

mispronunciation ['mɪsprəˌnʌnsɪ'eɪʃən] n prononciation f incorrecte (of de), faute(s) f(pl) de prononciation

misquotation ['mɪskwəʊ'teɪʃən] n citation f inexacte

misquote ['mɪs'kwəʊt] → SYN vt citer faussement or inexactement ◆ **he was misquoted in the press** la presse a déformé ses propos ◆ **he was misquoted as having said ...** on lui a incorrectement fait dire que ... ◆ **he said that he had been misquoted** il a dit qu'on avait déformé ses propos

misread ['mɪs'riːd] pret, ptp **misread** ['mɪs'rɛd] vt a (lit) [+ word] mal lire ◆ **he misread "bat" as "rat"** il s'est trompé et a lu "rat" au lieu de "bat" b (fig = misinterpret) [+ sb's reply, signs etc] mal interpréter, se tromper sur ◆ **he misread the statements as promises of ...** il s'est mépris sur les déclarations en y voyant des promesses de ..., il a vu à tort dans ces déclarations des promesses de ... ◆ **he misread the whole situation** il a interprété la situation de façon tout à fait incorrecte

misrepresent ['mɪsˌreprɪ'zent] → SYN vt [+ facts] dénaturer, déformer ; [+ person] présenter sous un faux jour, donner une impression incorrecte de ◆ **he was misrepresented in the press** (= wrongly portrayed) la presse a donné de lui une image inexacte ; (= misquoted) la presse a déformé ses propos

misrepresentation ['mɪsˌreprɪzen'teɪʃən] n déformation f, présentation f déformée

misrule ['mɪs'ruːl] → SYN ① n a (= bad government) mauvaise administration f b (= disorder) désordre m, anarchie f ② vt gouverner mal

miss¹ [mɪs] → SYN ① n a (= shot etc) coup m manqué or raté ; (* = omission) manque m, lacune * f ; (* = mistake) erreur f, faute f ◆ (Prov) **a miss is as good as a mile** rater c'est rater (même de justesse) ; → **hit**, **near** ◆ **to give sth a miss** se passer de qch ◆ **to give a concert/a lecture/the Louvre a miss** * se passer d'aller à un concert/à une conférence/au Louvre ◆ **I'll give the wine a miss this evening** je me passerai de vin ce soir ◆ **I'll give my evening class a miss this week** * tant pis pour mon cours du soir cette semaine ◆ **oh give it a miss!** * ça suffit !, arrête ! b (= failure) four m, bide * m ◆ **they voted the record a miss** * le disque a été jugé minable * ② vt a (= fail to hit) [+ target, goal] manquer ◆ **the shot just missed me** la balle m'a manqué de justesse or d'un cheveu ◆ **the plane just missed the tower** l'avion a failli toucher la tour b (= fail to find, catch, use etc) [+ opportunity, appointment, train, person to be met, cue, road, turning] manquer, rater ; [+ house, thing looked out for, solution] ne pas trouver, ne pas voir ; [+ meal] sauter ; [+ class, lecture] manquer ◆ **you haven't missed much!** (iro) vous n'avez pas manqué or perdu grand-chose ! ◆ **we missed the tide** nous avons manqué la marée ◆ **you missed your vocation** vous avez raté votre vocation ◆ **to miss the boat** * or **the bus** * louper le coche * ◆ **to miss one's cue** (Theat) manquer sa réplique ; (fig) rater l'occasion, manquer le coche * ◆ **to miss one's footing** glisser ◆ **she doesn't miss much** or **a trick** * rien ne lui échappe ◆ **to miss one's way** perdre son chemin, s'égarer ◆ **you can't miss our house** vous trouverez tout de suite notre maison ◆ **you mustn't miss (seeing) this film** ne manquez pas (de voir) or ne ratez pas ce film, c'est un film à ne pas manquer or rater ◆ **don't miss the Louvre** ne manquez pas d'aller au Louvre ◆ **if we go that way we'll miss Bourges** si nous prenons cette route nous ne verrons pas Bourges ◆ **I missed him at the station by five minutes** je l'ai manqué or raté de cinq minutes à la gare ◆ **to miss a payment (on sth)** sauter un versement (pour qch) ◆ **I've never missed a payment on my mortgage** je n'ai jamais sauté de versement pour mon emprunt logement c [+ remark, joke, meaning] (= not hear) manquer, ne pas entendre ; (= not understand) ne pas saisir ◆ **I missed what you said** je n'ai pas entendu ce que vous avez dit ◆ **I missed that** je n'ai pas entendu, je n'ai pas compris ◆ **I missed the point of that joke** je n'ai pas compris ce que ça avait de drôle, je n'ai pas saisi l'astuce ◆ **you've missed the whole point!** vous n'avez rien compris !, vous avez laissé passer l'essentiel ! d (= escape, avoid) [+ accident, bad weather] échapper à ◆ **he narrowly missed being killed** il a manqué or il a bien failli se (faire) tuer e (= long for) [+ person] regretter (l'absence de) ◆ **I do miss Paris** Paris me manque beaucoup ◆ **we miss you very much** nous regrettons beaucoup ton absence, tu nous manques beaucoup ◆ **are you missing me?** est-ce que je te manque ? ◆ **they're missing one another** ils se manquent l'un à l'autre ◆ **he will be greatly missed** on le regrettera beaucoup ◆ **he won't be missed** personne ne le regrettera, bon débarras ◆ **I miss the old trams** je regrette les vieux trams ◆ **I miss the sunshine/the freedom** le soleil/la liberté me manque ◆ **I miss going to concerts** les concerts me manquent f (= notice loss of) [+ money, valuables] remarquer l'absence or la disparition de ◆ **I suddenly missed my wallet** tout d'un coup je me suis aperçu que je n'avais plus mon portefeuille ◆ **I'm missing 8 dollars** * il me manque 8 dollars ◆ **here's your hat back – I hadn't even missed it!** je vous rends votre chapeau — je ne m'étais même pas aperçu or n'avais même pas remarqué que je ne l'avais plus ! ◆ **you can keep that pen, I won't miss it** vous pouvez garder ce stylo, je n'en aurai pas besoin ③ vi [shot, person] manquer son coup, rater ◆ **you can't miss!** (fig) vous ne pouvez pas ne pas réussir ! ; see also **missing**

▶ **miss out** ① vt sep (esp Brit) a (accidentally) [+ name, word, line of verse, page] sauter, oublier ; (in distributing sth) [+ person] sauter, oublier b (on purpose) [+ course at meal] ne pas prendre, sauter ; [+ name on list] omettre ; [+ word, line of verse, page] laisser de côté, sauter ; [+ concert, lecture, museum] ne pas aller à ; (in distributing sth) [+ person] omettre ② vi (= lose out) ne pas obtenir son dû

▶ **miss out on** * vt fus a (= fail to benefit from) [+ opportunity, bargain] rater, louper * ; [+ one's share] ne pas recevoir, perdre ◆ **he missed out on several good deals** il a raté or loupé * plusieurs bonnes affaires b (= come off badly) **he missed out on the deal** il n'a pas obtenu tout ce qu'il aurait pu de l'affaire ◆ **make sure you don't miss out on anything** vérifie que tu reçois ton dû

miss² [mɪs] → SYN n a Mademoiselle f ◆ **Miss Smith** Mademoiselle Smith, Mlle Smith ◆ **the Misses Smith** † les demoiselles fpl Smith ; (on letter) Mesdemoiselles Smith ◆ **Dear Miss Smith** Chère Mademoiselle ◆ **yes Miss Smith** oui, Mademoiselle ◆ **yes, miss** * oui, Mademoiselle ◆ **Miss France 2000** Miss France 2000 b * petite or jeune fille f ◆ **the modern miss** la jeune fille moderne ◆ **she's a cheeky little miss** c'est une petite effrontée

Miss. abbrev of **Mississippi**

missal ['mɪsəl] n missel m

misshapen ['mɪs'ʃeɪpən] → SYN adj difforme

missile ['mɪsaɪl] → SYN ① n (Mil) missile m ; (= stone etc thrown) projectile m ; → **ballistic**, **ground**¹, **guided** ② COMP ▷ **missile base** n base f de missiles (or fusées) ▷ **missile launcher** n lance-missiles m inv

missilery ['mɪsaɪlrɪ] n (= collection) missiles mpl

missing ['mɪsɪŋ] → SYN ① adj a (= lost) **to be missing** [person, object] avoir disparu (from sth de qch) ◆ **to go missing** disparaître ◆ **there is one plate missing, one plate has gone or is missing** il manque une assiette ◆ **missing luggage** bagages mpl égarés b (= lacking) **to be missing** [person, object, details, information] manquer (from sth à qch) ◆ **two pieces are missing** il manque deux pièces ◆ **how many are missing?** combien en manque-t-il ? ◆ **there's nothing missing** il ne manque rien, tout y est ◆ **there's a button missing on** or **from my jacket** il manque un bouton à ma veste ◆ **he had a tooth missing** il lui

mission / mithridatic

manquait une dent, il avait une dent en moins ◆ **fill in the missing words** trouvez les mots manquants or qui manquent

c (Mil, Aviat, Naut) serviceman, fisherman, plane porté disparu ◆ **missing in action** (adj) porté disparu; (n) soldat m etc porté disparu ◆ **missing (and) presumed dead, missing believed killed** or **presumed dead, reported missing** porté disparu ◆ **one of our aircraft is missing** un de nos avions n'est pas rentré

2 COMP ▷ **the missing link** n (Anthropology, Zool) le chaînon manquant; (detail) l'élément m manquant ◆ **missing person** n personne f disparue ◆ **missing persons file** fichier m des personnes disparues ▷ **Missing Persons*** n (US) ⇒ **Missing Persons Bureau** ◆ **Missing Persons Bureau** n service de police enquêtant sur les personnes disparues

mission ['mɪʃən] → SYN **1** n (all senses) mission f ◆ **foreign missions** (Rel) missions fpl étrangères ◆ **to send sb on a mission to sb** envoyer qn en mission auprès de qn ◆ **his mission in life is to help others** il s'est donné pour mission d'aider autrui; → **trade**

2 COMP ▷ **mission control** n (Space etc) centre m de contrôle ▷ **mission controller** n ingénieur m du centre de contrôle ▷ **mission statement** n cahier m des charges

missionary ['mɪʃənrɪ] → SYN **1** n missionnaire mf

2 COMP work, duties missionnaire; society de missionnaires ▷ **missionary position** n (sex) position f du missionnaire

missis* ['mɪsɪz] n ◆ **the/my missis** (= wife) la/ma bourgeoise* ◆ **the missis** (= boss) la patronne* ◆ **hey missis!** eh, Madame!*

Mississippi [,mɪsɪ'sɪpɪ] n (= state, river) le Mississippi ◆ **in Mississippi** dans le Mississippi ◆ **the Mississippi Delta** le delta du Mississippi

missive ['mɪsɪv] → SYN n missive f

Missouri [mɪ'zʊərɪ] n (= state, river) le Missouri ◆ **in Missouri** dans le Missouri ◆ **I'm from Missouri*** (US fig) je veux des preuves

misspell ['mɪs'spel] pret, ptp **misspelled** or **misspelt** vt mal écrire, mal orthographier

misspelling ['mɪs'spelɪŋ] n **a** (= mistake) faute f d'orthographe

b (= mistakes) fautes fpl d'orthographe

misspend ['mɪs'spend] pret, ptp **misspent** vt [+ money] dépenser à mauvais escient, gaspiller; [+ time, strength, talents] mal employer, gaspiller

misspent [,mɪs'spent] **1** vb (pret, ptp of **misspend**)

2 adj ◆ **misspent youth** folle jeunesse f

misstate ['mɪs'steɪt] vt rapporter incorrectement

misstatement ['mɪs'steɪtmənt] n rapport m inexact

missus* ['mɪsɪz] n ⇒ **missis**

missy†* ['mɪsɪ] n ma petite demoiselle *

mist [mɪst] → SYN **1** n (Met) brume f; (on glass) buée f; (before eyes) brouillard m; [of perfume, dust etc] nuage m; [of ignorance, tears] voile m ◆ **morning/sea mist** brume f matinale/de mer ◆ **lost in the mists of time** (fig liter) perdu dans la nuit des temps; → **Scotch**

2 vt (also **mist over, mist up**) [+ mirror, windscreen, eyes] embuer

3 vi (also **mist over, mist up**) [scene, landscape, view] se couvrir de brume, devenir brumeux; [mirror, windscreen, eyes] s'embuer

mistakable [mɪs'teɪkəbl] adj facile à confondre (with, for avec)

mistake [mɪs'teɪk] LANGUAGE IN USE 26.3 → SYN vb: pret **mistook**, ptp **mistaken**

1 n (= error) erreur f, faute f; (= misunderstanding) méprise f ◆ **there must be** or **let there be no mistake about it** qu'on ne s'y méprenne pas or ne s'y trompe (subj) pas ◆ **it was a mistake to do that** c'était une erreur de faire cela ◆ **my mistake was to do ...** or **in doing ...** mon erreur a été de faire ... ◆ **my mistake!** c'est (de) ma faute!, mea culpa! ◆ **there must be some mistake** il doit y avoir erreur ◆ **I took his keys in mistake for mine** j'ai pris ses clés par erreur or en croyant prendre les miennes ◆ **they arrested him in mistake for his brother** ils l'ont pris pour son frère or l'ont confondu avec son frère et l'ont arrêté ◆ **that's a surprise and no mistake! pour une surprise c'est une surprise!

◆ **by mistake** par erreur

◆ **to make a mistake** faire une erreur or une faute; (= misunderstand) se tromper ◆ **you're making a big mistake** tu fais une grave or lourde erreur ◆ **she doesn't want her daughters to make the same mistakes she did** elle ne veut pas que ses filles fassent les mêmes erreurs qu'elle ◆ **to make the mistake of thinking/doing sth** faire l'erreur de penser/faire qch ◆ **to make a mistake in a calculation** faire une erreur de calcul ◆ **to make a mistake in a dictation** faire une faute dans une dictée ◆ **I made a mistake about the book/about him** je me suis trompé sur le livre/sur son compte ◆ **I made a mistake about** or **over the dates** je me suis trompé de dates ◆ **I made a mistake about the** or **over the or which road to take** je me suis trompé de route ◆ **make no mistake about it** ne vous y trompez pas

2 vt [+ meaning] mal comprendre, mal interpréter; [+ intentions] se méprendre sur; [+ time, road] se tromper de ◆ **there's no mistaking her voice** il est impossible de ne pas reconnaître sa voix ◆ **there's no mistaking that ...** il est indubitable que ... ◆ **there's no mistaking it, he ...** il ne faut pas s'y tromper, il ... ◆ **to mistake A for B** prendre A pour B, confondre A avec B; see also **mistaken**

mistaken [mɪs'teɪkən] LANGUAGE IN USE 12.1 → SYN

1 vb (ptp of **mistake**)

2 adj **a** (= wrong) **to be mistaken (about sb/sth)** se tromper (à propos de qn/qch) ◆ **to be mistaken in thinking that ...** se tromper en croyant que ... ◆ **I knew I wasn't mistaken!** je savais bien que je ne me trompais pas! ◆ **unless I'm (very much) mistaken, if I'm not (very much) mistaken** si je ne me trompe, sauf erreur de ma part ◆ **if they think that, then they are very much mistaken** si c'est ce qu'ils croient, eh bien ils se trompent lourdement ◆ **that's just where you're mistaken!** c'est là que vous vous trompez!

b (= erroneous) belief, idea, opinion, conclusion erroné ◆ **to do sth in the mistaken belief that ...** faire qch en croyant à tort que ... ◆ **to be under** or **have the mistaken impression that ...** avoir l'impression fausse que ...; → **identity**

mistakenly [mɪs'teɪkənlɪ] → SYN adv **a** (= wrongly) believe, think, assume à tort

b (= accidentally) kill, attack par erreur

mister ['mɪstə^r] n **a** (gen shortened to Mr) monsieur m ◆ **Mr Smith** Monsieur Smith, M. Smith ◆ **yes Mr Smith** oui, Monsieur ◆ **Mr Chairman** monsieur le président ◆ **Mister Big*** (fig) le caïd*, le gros bonnet * ◆ **Mister Right*** (fig) l'homme idéal or de ses (or mes etc) rêves

b **hey mister!*** eh, Monsieur!*

mistime ['mɪs'taɪm] vt [+ act, blow, kick] mal calculer ◆ **mistimed remark** remarque f inopportune ◆ **he mistimed it** il a choisi le mauvais moment ◆ **he mistimed his entrance** [actor] il a raté son entrée ◆ **to mistime one's arrival** (= arrive inopportunely) arriver au mauvais moment; (= miscalculate time) se tromper sur or mal calculer son (heure d')arrivée

mistiming [,mɪs'taɪmɪŋ] n ◆ **the mistiming of his arrival** son arrivée malencontreuse ◆ **the mistiming of the announcement** le moment mal choisi de cette annonce

mistiness ['mɪstɪnɪs] n [of morning etc] bruine f, état m brumeux; (on mirror, window pane) buée f

mistlethrush ['mɪslθrʌʃ] n draine f or drenne f

mistletoe ['mɪsltəʊ] n (NonC) gui m

mistook [mɪs'tʊk] vb (pt of **mistake**)

mistranslate ['mɪstrænz'leɪt] vt mal traduire, faire un (or des) contresens en traduisant

mistranslation ['mɪstrænz'leɪʃən] n **a** erreur f de traduction, contresens m

b (NonC) [of text etc] mauvaise traduction f, traduction f inexacte

mistreat [,mɪs'triːt] → SYN vt maltraiter

mistreatment [,mɪs'triːtmənt] n mauvais traitement m

mistress ['mɪstrɪs] → SYN n **a** (= lover) maîtresse f; (†† = sweetheart) amante † f

b [of household, institution etc] maîtresse f ◆ **is your** or **the mistress at home?** † (to servant) Madame est-elle là? ◆ **to be one's own mistress** être sa propre maîtresse, être indépendante

c (Brit † = teacher) (in primary school) maîtresse f, institutrice f; (in secondary school) professeur m ◆ **the English mistress** le professeur d'anglais

d († ††: term of address) madame f

mistrial [,mɪs'traɪəl] n (Brit, US Jur) procès m entaché d'un vice de procédure; (US) procès m ajourné pour défaut d'unanimité dans le jury

mistrust ['mɪs'trʌst] → SYN **1** n méfiance f, défiance f (of à l'égard de)

2 vt [+ person, sb's motives, suggestion] se méfier de, se défier de (liter); [+ abilities] douter de, ne pas avoir confiance en

mistrustful [mɪs'trʌstfʊl] → SYN adj person, look, glance méfiant ◆ **to be mistrustful of sb/sth** se méfier de qn/qch

mistrustfully [mɪs'trʌstfəlɪ] adv avec méfiance; look, say d'un air méfiant

misty ['mɪstɪ] → SYN **1** adj weather brumeux, day de brume, brumeux; mirror, windowpane embué; (fig) eyes, look embrumé, embué; (fig) outline, recollection, idea nébuleux, flou ◆ **misty blue/grey/green** bleu/gris/vert vaporeux or fondu

2 COMP ▷ **misty-eyed** adj (= near tears) qui a les yeux embués de larmes; (= sentimental) qui a la larme à l'œil

mistype [mɪs'taɪp] vt ◆ **her name had been mistyped** il y avait une faute de frappe dans son nom

misunderstand ['mɪsʌndə'stænd] → SYN pret, ptp **misunderstood** vt [+ words, action, reason] mal comprendre, comprendre de travers ◆ **you misunderstand me** vous m'avez mal compris ◆ **she was misunderstood all her life** toute sa vie elle est restée incomprise or méconnue

misunderstanding ['mɪsʌndə'stændɪŋ] → SYN n malentendu m, méprise f ◆ **there must be some misunderstanding** il doit y avoir méprise or une erreur ◆ **they had a slight misunderstanding** (= disagreement) il y a eu un léger malentendu entre eux

misunderstood ['mɪsʌndə'stʊd] vb (pt, ptp of **misunderstand**)

misuse ['mɪs'juːs] → SYN **1** n [of power, authority] abus m; [of word, tool] usage m impropre or abusif; [of money, resources, energies, one's time] mauvais emploi m ◆ **misuse of funds** (Jur) détournement m de fonds

2 ['mɪs'juːz] vt [+ power, authority] abuser de; [+ word] employer improprement or abusivement; [+ tool, money, resources, energies, one's time] mal employer; [+ funds] détourner

MIT [,emaɪ'tiː] n (US Univ) abbrev of **Massachusetts Institute of Technology**

mite [maɪt] n **a** (= ancient coin) denier m; (as contribution) obole f ◆ **the widow's mite** le denier de la veuve ◆ **he gave his mite to the collection** il a apporté son obole à la souscription

b (= small amount) **there's not a mite of bread left** il ne reste plus une miette de pain ◆ **not a mite of truth** pas une parcelle or un atome de vérité ◆ **a mite of consolation** une toute petite consolation ◆ **well, just a mite then** bon, mais alors un tout petit peu seulement ◆ **we were a mite surprised*** nous avons été un tantinet or un rien surpris

c (= small child) petit(e) m(f) ◆ **poor little mite** (le) pauvre petit

d (Zool) mite f ◆ **cheese mite** mite f du fromage

miter ['maɪtə^r] (US) ⇒ **mitre**

Mithraic [mɪθ'reɪɪk] adj mithriaque

Mithraism [mɪθ'reɪɪzəm] n (Rel) mithr(i)acisme m

Mithraist [mɪθ'reɪɪst] adj (Rel) mithriaque

Mithras ['mɪθræs] n Mithra m

mithridatic [,mɪθrɪ'deɪtɪk] adj (Med) method de mithridatisation ◆ **mithridatic immunity** mithridatisation f

mithridatism ['mɪθrɪdeɪˌtɪzəm] n (Med) mithridatisation f, mithridatisme m

mitigate ['mɪtɪgeɪt] → SYN vt + punishment, sentence, suffering, sorrow] alléger, atténuer; [+ effect, evil] atténuer ◆ **mitigating circumstances** circonstances fpl atténuantes

mitigation [ˌmɪtɪ'geɪʃən] → SYN n **a** (Jur) [of sentence] réduction f, allègement m
b (= excuse for crime, behaviour) circonstances fpl atténuantes (for pour) ◆ **in mitigation** en guise de circonstances atténuantes ◆ **to tender a plea in mitigation** plaider les circonstances atténuantes
c (= alleviation) [of problem, illness, suffering] atténuation f; [of situation] apaisement m

mitochondrion [ˌmaɪtəʊ'kɒndrɪən] n, pl **mitochondria** [ˌmaɪtəʊ'kɒndrɪə] (Bio) mitochondrie f

mitosis [maɪ'təʊsɪs] n (Bio) mitose f

mitotic [maɪ'tɒtɪk] adj (Bio) mitotique

mitral ['maɪtrəl] adj mitral ◆ **mitral valve** valvule f mitrale

mitre, miter (US) ['maɪtər] **1** n (Rel) mitre f; (Carpentry) onglet m
2 vt (Carpentry) (= join) [+ frame etc] assembler à or en onglet; (= cut) [+ corner, end] tailler à onglet
3 COMP ◆ **mitre box** n (Carpentry) boîte f à onglets ▷ **mitre joint** n (assemblage m à) onglet m

mitt [mɪt] n **a** ⇒ **mitten**
b (Baseball: also **catcher's mitt**) gant m de baseball
c (* = hand) patte * f, paluche * f

mitten ['mɪtn] n (with cut-off fingers) mitaine f; (with no separate fingers) moufle f; (Boxing *) gant m, mitaine * f

mix [mɪks] → SYN **1** n **a** (= combination) [of styles, types, cultures, emotions] mélange m ◆ **a mix of modern and traditional styles** un mélange de styles modernes et traditionnels ◆ **the company's product mix** les différents articles produits par l'entreprise ◆ **a real mix of people** toutes sortes de gens ◆ **schools which have an ethnic or religious mix** des écoles qui ont des élèves d'origines ethniques ou religieuses variées ◆ **the broad racial mix in this country** le melting-pot or le brassage des races dans ce pays ◆ **the candidate with the correct mix of skills for this job** le candidat possédant la diversité des compétences requises pour cet emploi ◆ **pupils study a broad mix of subjects at this school** les élèves étudient des matières diverses dans cette école ◆ **a mix of plants including roses and lavender** un assortiment de plantes comprenant (notamment) des roses et des lavandes ◆ **shirt in a linen and cotton mix** chemise f en lin et coton ◆ **a wool mix pullover** un pullover en laine mélangée
b (Culin etc) (packet) **cake/bread/pizza mix** préparation f pour gâteau/pain/pizza ◆ **cement mix** mortier m
c (Mus) (= track) version f mixée; (= mixing process) mixage m
2 vt **a** [+ liquids, ingredients, colours] mélanger (with avec, à); [+ small objects] mêler, mélanger (with avec, à); [+ metals] allier, amalgamer; [+ cement, mortar] malaxer, préparer; [+ cake, sauce] préparer, faire; [+ salad] remuer, retourner ◆ **to mix one thing with another** mélanger une chose à or avec une autre ◆ **to mix sth to a smooth paste** (bien) mélanger qch pour obtenir une pâte homogène ◆ **mix the eggs into the sugar** incorporez les œufs au sucre ◆ **he mixed the drinks** il a préparé les boissons ◆ **can I mix you a drink?** je vous sers un verre? ◆ **never mix your drinks!** évitez toujours les mélanges! ◆ **to mix business and** or **with pleasure** mélanger le travail et l'agrément, joindre l'utile à l'agréable ◆ **to mix one's metaphors** faire des métaphores incohérentes ◆ **to mix and match** mélanger différents types de
b (Mus) [+ track, album] mixer
c (Brit fig) **to mix it** * (= cause trouble) causer des ennuis; (= quarrel, fight) se bagarrer *
3 vi **a** [liquids, ingredients, colours] se mélanger ◆ **oil and water don't mix** (fig) l'eau et l'huile ne se mélangent pas; (fig) l'eau et le feu ne se marient pas ◆ **these colours just don't mix** ces couleurs ne s'harmonisent pas or ne vont pas bien ensemble ◆ **to mix and match** faire des mélanges
b (socially) **he mixes with all kinds of people** il fréquente toutes sortes de gens ◆ **he doesn't mix well** il est peu sociable ◆ **children from different social backgrounds don't often mix** les enfants d'origines sociales différentes ne se fréquentent or ne se mélangent pas souvent ◆ **they don't mix (with each other) socially** [work colleagues] ils ne se voient pas en dehors du bureau
4 COMP ▷ **mix-and-match** adj composite ▷ **mix-up** → SYN n (= confusion) confusion f; (= trouble) démêlé m ◆ **there was a mix-up over tickets** il y a eu confusion en ce qui concerne les billets ◆ **we got in a mix-up over the dates** nous nous sommes embrouillés dans les dates ◆ **he got into a mix-up with the police** il a eu un démêlé avec la police

▶ **mix in** **1** vi ◆ **he doesn't want to mix in** il préfère rester à l'écart ◆ **you must try to mix in** il faut essayer de vous mêler un peu aux autres
2 vt sep ◆ **mix in the eggs with …** incorporez les œufs à … ◆ **the producer used archive news footage mixed in with interviews** le producteur a combiné documents d'archives et interviews

▶ **mix round** vt sep mélanger, remuer

▶ **mix together** vt sep mélanger, amalgamer

▶ **mix up** **1** vt sep **a** (= prepare) [+ drink, medicine] préparer
b (put in disorder) [+ documents, garments] mêler, mélanger
c (= confuse) [+ two objects, two people] confondre ◆ **he mixed her up with Jane** il l'a confondue avec Jane
d **to mix sb up in sth** impliquer qn dans qch ◆ **to be/get mixed up in an affair** être/se trouver mêlé à une affaire ◆ **don't get mixed up in it!** restez à l'écart! ◆ **he is/he has got mixed up with a lot of criminals** il fréquente/il s'est mis à fréquenter un tas de malfaiteurs * ◆ **to mix it up** * (US) (= cause trouble) causer des ennuis; (= quarrel, fight) se bagarrer *
e (= muddle) [+ person] embrouiller ◆ **to be mixed up** [person] être (tout) désorienté or déboussolé *; [account, facts] être embrouillé or confus ◆ **I'm all mixed up about it** je ne sais plus où j'en suis, je ne m'y reconnais plus ◆ **you've got me all mixed up** vous m'avez embrouillé
2 **mix-up** n → **mix**
3 **mixed-up** adj → **mixed**

mixed [mɪkst] → SYN **1** adj **a** (gen) school, education, bathing mixte; neighbourhood mélangé, hétérogène; vegetables, herbs, biscuits assorti ◆ **a man/woman of mixed blood** un/une sang-mêlé ◆ **in mixed company** en présence d'hommes et de femmes ◆ **you shouldn't swear in mixed company** tu ne devrais pas jurer devant des dames ◆ **mixed nuts** noix fpl et noisettes fpl assorties ◆ **to be of mixed parentage** être issu d'un mariage mixte
b (= varying) reviews, emotions, messages, signals contradictoire; results, reaction inégal; weather inégal, variable; success, reception mitigé; year avec des hauts et des bas ◆ **she had mixed feelings about it** elle était partagée à ce sujet ◆ **to have had mixed fortunes** avoir connu un sort inégal ◆ **to have mixed motives** ne pas être complètement désintéressé
2 COMP ▷ **mixed ability** n (Scol) **a class of mixed ability** une classe sans groupes de niveau ◆ **mixed-ability group** classe f sans groupes de niveau ◆ **mixed-ability teaching** enseignement m sans groupes de niveau ▷ **mixed bag** n **to be a mixed bag (of sth)** être un mélange (de qch) ◆ **the students are a bit of a mixed bag** il y a un peu de tout parmi les étudiants ◆ **it's very much a mixed bag of activities** c'est un pot-pourri d'activités, c'est tout un mélange d'activités ▷ **mixed blessing** n **to be a mixed blessing** avoir du bon et du mauvais ◆ **children can be a mixed blessing!** les enfants, ça peut avoir du bon et du mauvais! ▷ **mixed bunch** n **a mixed bunch** [of people] un groupe hétérogène or disparate; [of products] un ensemble hétéroclite; [of flowers] un bouquet composé ▷ **mixed doubles** npl (Sport) double m mixte ▷ **mixed economy** n (Pol, Econ) économie f mixte ▷ **mixed farm** n exploitation f en polyculture et élevage ▷ **mixed farming** n polyculture f et élevage m ▷ **mixed grill** n (Brit) assortiment m de grillades, mixed-grill m ▷ **mixed marriage** n mariage m mixte ▷ **mixed media** adj multimédia ▷ **mixed metaphor** n mélange m de métaphores ▷ **mixed race** n **to be of mixed race** être métis ◆ **people of mixed race** des métis ▷ **mixed-race** adj couple, neighbourhood mixte; child métis (-isse) f ◆ **a mixed-race marriage** un mariage interracial ▷ **mixed spice** n mélange m d'épices ▷ **mixed-up** → SYN adj person désorienté, déboussolé *; report etc embrouillé, confus ◆ **he's a mixed-up kid** * c'est un gosse * qui a des problèmes

mixer ['mɪksər] **1** n **a** (Culin) hand mixer batteur m à main ◆ **electric mixer** batteur m électrique, mixer or mixeur m
b [of cement, mortar etc] malaxeur m; [of industrial liquids] agitateur m ◆ **cement mixer** bétonnière f, malaxeur m à béton
c (Cine etc: also **sound mixer**) (= person) ingénieur m du son; (= machine) mélangeur m de signaux, mixeur m
d (socially) **he's a good mixer** il est très sociable or liant
e (US = social gathering) soirée-rencontre f, réunion-rencontre f
f (Brit * = troublemaker) fauteur m de troubles
g (= drink) boisson f gazeuse (servant à couper un alcool)
2 COMP ▷ **mixer tap** n (Brit) (robinet m) mélangeur m

mixing ['mɪksɪŋ] **1** n **a** (gen) [of ingredients, substances, sexes, generations, races] mélange m; [of cocktails, cake, sauce] préparation f; [of cement, mortar] malaxage m ◆ **the mixing of charcoal with clay** le mélange de charbon de bois et d'argile ◆ **the mixing of the eggs into the flour** l'incorporation f des œufs dans la farine ◆ **colour mixing** mélange m de couleurs
b (Cine, Audio, Video) mixage m ◆ **audio mixing** mixage m audio
2 COMP ▷ **mixing bowl** n (Culin) saladier m (de cuisine) ▷ **mixing desk** n table f de mixage ▷ **mixing faucet** n (US) (robinet m) mélangeur m

mixture ['mɪkstʃər] → SYN n **a** (= combination) [of colours, flavours, ingredients, styles, types, reasons, emotions] mélange m ◆ **they spoke in a mixture of French, Italian and English** ils parlaient un mélange de français, d'italien et d'anglais ◆ **the family is an odd mixture** cette famille est un mélange bizarre or curieux ◆ **a mixture of people** toutes sortes de gens ◆ **the course offers a mixture of subjects** le cours propose des matières diverses ◆ **it's just the mixture as before** c'est toujours la même chose, il n'y a rien de nouveau
b (Med) préparation f, mixture f; (Culin: for cake, dough, batter etc) mélange m ◆ **fold the eggs into the cheese mixture** incorporez les œufs dans le mélange à base de fromage; → **cough**

miz(z)en ['mɪzn] n (Naut) artimon m

miz(z)enmast ['mɪznmɑːst] n (Naut) mât m d'artimon

mizzle * ['mɪzl] (also dial) **1** vi bruiner
2 n bruine f

mk (abbrev of **mark**) DM m

MKSA system [ˌemkeɪes'eɪ] n système m MKSA

mks units [ˌemkeɪ'es] npl unités fpl MKS

mkt Fin (abbrev of **market**) marché m

ml n (abbrev of **millilitre(s)**) ml

MLitt ['em'lɪt] n (abbrev of **Master of Literature** or **Master of Letters**) ≈ doctorat m de troisième cycle

MLR [ˌemel'ɑːr] n (abbrev of **minimum lending rate**) → **minimum**

MLS [ˌemel'es] n (US Univ) (abbrev of **Master of Library Science**) diplôme supérieur de bibliothécaire

M'lud [mə'lʌd] n (Brit Jur) (abbrev of **My Lord**) Monsieur le Juge

MM [ɛmˈɛm] n (Brit) (abbrev of **Military Medal**) médaille militaire

mm[1] [əm] excl mmm!

mm[2] (abbrev of **millimetre(s)**) mm

MMC [ˌɛmɛmˈsiː] n (abbrev of **Monopolies and Mergers Commission**) → **monopoly**

MME [ˌɛmɛmˈiː] n (US Univ) **a** abbrev of **Master of Mechanical Engineering**
b abbrev of **Master of Mining Engineering**

MMR [ˌɛmɛmˈɑːʳ] n (abbrev of **measles mumps rubella**) ROR m

MMus n (abbrev of **Master of Music**) ≃ maîtrise f de musique

MN [ˈɛmˈɛn] n **a** (Brit) (abbrev of **Merchant Navy**) → **merchant**
b abbrev of **Minnesota**

mnemonic [nɪˈmɒnɪk] adj, n mnémotechnique f, mnémonique f

mnemonics [nɪˈmɒnɪks] n (NonC) mnémotechnique f

Mnemosyne [niːˈmɒzɪˌniː] n (Myth) Mnémosyne f

MO [ˈɛmˈəʊ] n **a** (abbrev of **medical officer**) → **medical**
b abbrev of **Missouri**
c (esp US *) (abbrev of **modus operandi**) méthode f, truc * m

Mo. abbrev of **Missouri**

mo' * [məʊ] n (abbrev of **moment**) moment m, instant m ✦ **half** or **just a mo'!** un instant!, (interrupting) minute!*

m.o. [ˈɛmˈəʊ] n (abbrev of **money order**) → **money**

moa [ˈməʊə] n (Orn) moa m

moan [məʊn] → SYN [1] n (= groan) gémissement m, plainte f ✦ **I'm fed up with all your moans***(= complaint) j'en ai marre de tes récriminations or de t'entendre râler* ✦ **one of my biggest moans is that ...** une des choses qui me fait le plus râler*, c'est que ...
[2] vi (= groan) gémir, geindre; [wind etc] gémir; (* = complain) récriminer, râler*
[3] vt dire en gémissant ✦ **they moan that they're underpaid** ils se plaignent d'être sous-payés

moaner * [ˈməʊnəʳ] n rouspéteur * m, -euse * f, râleur * m, -euse * f

moaning [ˈməʊnɪŋ] [1] n gémissements mpl, plainte(s) f(pl); (* = complaints) plaintes fpl, récriminations fpl
[2] adj gémissant; (* = complaining) rouspéteur*, râleur*

moat [məʊt] n douves fpl, fossés mpl

moated [ˈməʊtɪd] adj castle etc entouré de douves or de fossés

mob [mɒb] → SYN [1] n **a** (= crowd) foule f ✦ **they went in a mob to the town hall** ils se rendirent en foule or en masse à la mairie ✦ **the embassy was set on fire by the mob** la foule a incendié l'ambassade ✦ **an angry mob** une foule en colère
b (* = group) bande f, clique f (pej) ✦ **Paul and his mob** Paul et sa bande, Paul et sa clique (pej)
c (= gang) [of criminals, bandits etc] gang m
d (= Mafia) **the Mob** * la Maf(f)ia
e (pej) **the mob** (= the common people) la populace
[2] vt [+ person] (= surround) se presser en foule autour de; (= attack) assaillir; [+ place] assiéger ✦ **the shops were mobbed*** les magasins étaient pris d'assaut
[3] COMP ▷ **mob-handed*** adv en force ▷ **mob hysteria** n hystérie f collective ▷ **mob oratory** n éloquence f démagogique ▷ **mob rule** (pej) la loi de la populace or de la rue ▷ **mob violence** n violence f collective

mobcap [ˈmɒbkæp] n charlotte f (bonnet)

mobile [ˈməʊbaɪl] → SYN [1] adj (gen, also Sociol) mobile ✦ **I'm not mobile this week*** (fig) je ne suis pas motorisé * cette semaine; → **shop, upwardly mobile**
[2] n **a** (also **mobile phone**) portable m
[3] COMP ▷ **mobile canteen** n (cuisine f) roulante f ▷ **mobile data system** n système m de données mobile ▷ **mobile home** n

mobile home m ▷ **mobile library** n bibliobus m ▷ **mobile phone** n (téléphone m) portable m ▷ **mobile police unit** n unité f mobile de police ▷ **mobile studio** n (Rad, TV) car m de reportage

mobility [məʊˈbɪlɪtɪ] [1] n mobilité f
[2] COMP ▷ **mobility allowance** n allocation f or indemnité f de transport (pour handicapés); → **upward**

mobilization [ˌməʊbɪlaɪˈzeɪʃən] n (all senses) mobilisation f

mobilize [ˈməʊbɪlaɪz] → SYN vti (gen, also Mil) mobiliser ✦ **to mobilize sb into doing sth** mobiliser qn pour faire qch ✦ **they were mobilized into a group which ...** on les a mobilisés pour constituer un groupe qui ...

mobocracy [mɒˈbɒkrəsɪ] n voyoucratie f

mobster [ˈmɒbstəʳ] n membre m du milieu, truand m

Moby Dick [ˈməʊbɪ] n (Literat) Moby Dick

moccasin [ˈmɒkəsɪn] n mocassin m

mocha [ˈmɒkə] n moka m

mock [mɒk] → SYN [1] n ✦ **to make a mock of sth/sb** tourner qch/qn en ridicule
[2] **mocks*** npl (Brit Scol) examens mpl blancs
[3] adj **a** (= imitation) leather etc faux (fausse f) (before n), imitation inv (before n), simili- inv
b (= pretended) anger, modesty simulé, feint ✦ **a mock battle/trial** un simulacre de bataille/de procès
c (Literat) burlesque; see also **6**
[4] vt **a** (= ridicule) ridiculiser; (= scoff at) se moquer de, railler; (= mimic, burlesque) singer, parodier
b (liter = defy) [+ sb's plans, attempts] narguer
[5] vi se moquer (at de)
[6] COMP ▷ **mock examination** n examen m blanc ▷ **mock-heroic** adj (gen) burlesque; (Literat) héroïcomique, burlesque ▷ **mock orange** n (Bot) seringa(t) m ▷ **mock-serious** adj à demi sérieux ▷ **mock turtle soup** n consommé m à la tête de veau ▷ **mock-up** n maquette f

▶ **mock up** [1] vt sep faire la maquette de
[2] **mock-up** n → **mock**

mocker [ˈmɒkəʳ] n moqueur m, -euse f

mockers* [ˈmɒkəz] npl ✦ **to put the mockers on sth** ficher qch en l'air**

mockery [ˈmɒkərɪ] → SYN [1] n **a** (= mocking) moquerie f, raillerie f; (= person, thing) sujet m de moquerie or de raillerie, objet m de risée ✦ **to make a mockery of sb/sth** tourner qn/qch en dérision, bafouer qn/qch ✦ **he had to put up with a lot of mockery** il a dû endurer beaucoup de railleries or de persiflages
b (= travesty) **it is a mockery of justice** c'est une parodie de justice ✦ **a mockery of a trial** une parodie or une caricature de procès ✦ **what a mockery it was!** c'était grotesque!

mocking [ˈmɒkɪŋ] → SYN [1] n (NonC) moquerie f, raillerie f
[2] adj (gen) moqueur, railleur; (maliciously) narquois

mockingbird [ˈmɒkɪŋˌbɜːd] n oiseau m moqueur

mockingly [ˈmɒkɪŋlɪ] adv say (gen) d'un ton moqueur or railleur; (= maliciously) d'un ton narquois; smile (gen) d'une façon moqueuse; (= maliciously) d'une façon narquoise

MOD [ˌɛməʊˈdiː] n (Brit) (abbrev of **Ministry of Defence**) → **defence**

mod[1] [mɒd] (abbrev of **modern**) [1] adj (Brit) ✦ **mod cons** → **modern conveniences**; → **modern**
[2] **mods** npl mods * mpl

mod[2] [mɒd] n (Scot) concours m de musique et de poésie (en gaélique)

modal [ˈməʊdl] adj (Ling, Mus etc) modal ✦ **modal auxiliary** or **verb** auxiliaire m modal

modality [məʊˈdælɪtɪ] n modalité f

mode [məʊd] n **a** (= way, manner) mode m, façon f, manière f ✦ **mode of life** façon f or manière f de vivre, mode m de vie
b (Comput, Ling, Mus, Philos etc) mode m ✦ **in interactive** etc **mode** (Comput) en mode conversationnel etc

model [ˈmɒdl] → SYN [1] n **a** (= small-scale representation) [of boat etc] modèle m (réduit); (Archit, Tech, Town Planning etc) maquette f; → **scale**[1]
b (= standard, example) modèle m, exemple m ✦ **he was a model of discretion** c'était un modèle de discrétion ✦ **on the model of** sur le modèle de, à l'image de ✦ **to take sb/sth as one's model** prendre modèle or exemple sur qn/qch ✦ **to hold sb out** or **up as a model** citer or donner qn en exemple
c (= person) (Art, Phot, Sculp etc) modèle m; (Fashion) mannequin m ✦ **male model** mannequin m masculin
d (Comm) modèle m ✦ **the latest models** (= garments, hats) les derniers modèles mpl ✦ **a 1978 model** (Aut) un modèle 1978 ✦ **sports model** (Aut) modèle m sport ✦ **four-door model** (Aut) version f quatre portes ✦ **factory model** modèle m de fabrique
e (Ling) modèle m
[2] adj **a** (= exemplary, designed as model) modèle
b (= miniature) railway, theatre, village miniature ✦ **model aeroplane/boat/train** maquette f d'avion/de bateau/de train, modèle m réduit d'avion/de bateau/de train ✦ **model car** modèle m réduit de voiture
[3] vt **a** (= make model of) modeler (in en)
b (= base) to model sth on sth modeler qch sur qch ✦ **to model o.s. on sb** se modeler sur qn, prendre modèle or exemple sur qn
c (Fashion) **to model clothes** être mannequin, présenter les modèles de collection ✦ **she was modelling swimwear** elle présentait les modèles de maillots de bain
d (= describe, map out) [+ system, process] modéliser
[4] vi (Art, Phot, Sculp) poser (for pour); (Fashion) être mannequin (for chez)

modeller, modeler (US) [ˈmɒdləʳ] n modeleur m, -euse f

modelling, modeling (US) [ˈmɒdlɪŋ] [1] n **a** (Art etc) modelage m; (= model making) modélisme m ✦ **she does modelling** (fashion) elle travaille comme mannequin; (for artist) elle travaille comme modèle
b [of system, process] modélisation f
[2] COMP ▷ **modelling clay** n pâte f à modeler

modem [ˈməʊdɛm] n modem m

Modena [ˈmɒːdenə] n Modène f

moderate [ˈmɒdərɪt] → SYN [1] adj **a** (also Pol = not extreme) person, behaviour, views, demands modéré; language, terms mesuré ✦ **he was moderate in his demands** ses exigences étaient raisonnables or n'avaient rien d'excessif ✦ **to be a moderate drinker** boire modérément ✦ **to take moderate exercise** faire de l'exercice avec modération
b (= average, middling) size moyen, modéré; amount, appetite, speed modéré; improvement, reduction, success, benefit léger; price modéré, raisonnable ✦ **over a moderate heat** (Culin) à or sur feu moyen ✦ **in a moderate oven** à four moyen
c climate tempéré
[2] n (esp Pol) modéré(e) m(f)
[3] [ˈmɒdəreɪt] vt **a** (= restrain, diminish) modérer ✦ **moderating influence** influence f modératrice
b (= preside over) présider
[4] vi [storm, wind etc] se modérer, se calmer
[5] [ˈmɒdərɪt] COMP ▷ **moderate-sized** adj de grandeur or de grosseur or de taille moyenne

moderately [ˈmɒdərɪtlɪ] → SYN adv **a** wealthy, pleased, expensive, difficult relativement, moyennement ✦ **to make a moderately good attempt to do sth** essayer tant bien que mal de faire qch ✦ **moderately priced** d'un prix raisonnable ✦ **moderately quickly** assez or relativement vite ✦ **to be moderately successful** réussir moyennement ✦ **she did moderately well in her exams** elle s'en est relativement bien tirée à ses examens
b increase, decline quelque peu ✦ **the dollar has gained moderately against the yen** le dollar a enregistré une hausse modérée par rapport au yen
c act avec modération; eat, drink modérément, avec modération ✦ **to exercise moderately** faire de l'exercice avec modération

moderation [ˌmɒdəˈreɪʃən] → SYN n (NonC) modération f, mesure f ◆ **in moderation** eat, drink, exercise avec modération, modérément ◆ **it's all right in moderation** c'est très bien à petites doses or à condition de ne pas en abuser ◆ **with moderation** avec mesure or modération ◆ **to advise moderation in drinking** conseiller la modération en matière de consommation d'alcool, conseiller de boire modérément or avec modération

moderato [ˌmɒdəˈrɑːtəʊ] adv moderato

moderator [ˈmɒdəreɪtəʳ] n **a** (Rel) Moderator président m (de l'Assemblée générale de l'Église presbytérienne)
b (in assembly, council, discussion) président(e) m(f)
c (Brit Univ = examiner) examinateur m, -trice f
d (Phys, Tech) modérateur m

modern [ˈmɒdən] → SYN **1** adj moderne ◆ **house with all modern conveniences** maison f tout confort ◆ **it has all modern conveniences** il y a tout le confort (moderne) ◆ **modern languages** langues fpl vivantes ◆ **in modern times** dans les temps modernes, à l'époque moderne ◆ **modern-day** des temps modernes
2 n (= artist, poet etc) moderne mf

modernism [ˈmɒdənɪzəm] n **a** (NonC: Art, Rel) modernisme m
b (= word) néologisme m

modernist [ˈmɒdənɪst] adj, n moderniste mf

modernistic [ˌmɒdəˈnɪstɪk] adj building, room, architecture, design moderniste

modernity [mɒˈdɜːnɪtɪ] n modernité f

modernization [ˌmɒdənaɪˈzeɪʃən] n modernisation f

modernize [ˈmɒdənaɪz] → SYN **1** vt moderniser
2 vi se moderniser

modest [ˈmɒdɪst] → SYN adj **a** (= not boastful) person modeste ◆ **to be modest about sth** être modeste à propos de qch ◆ **to be modest about one's achievements** ne pas se faire gloire de ses réussites or exploits
b (= small, unostentatious) amount, size, house, income, proposal, ambition modeste ◆ **his modest beginnings/origins** ses modestes débuts/origines ◆ **a family of modest means** une famille aux moyens modestes ◆ **he was modest in his demands** ses exigences étaient modestes ◆ **on a modest scale** à une échelle modeste ◆ **the book was a modest success** le livre a eu un succès modeste
c (= decorous) person pudique ; clothes décent

modestly [ˈmɒdɪstlɪ] adv **a** (= in moderation) gamble avec modération ; drink modérément, avec modération ◆ **to live modestly** vivre simplement ◆ **modestly furnished** modestement meublé ◆ **modestly priced** d'un prix raisonnable ◆ **modestly sized** de taille modeste ◆ **his modestly successful paintings** ses tableaux au succès modeste
b (= not boastfully) talk, smile modestement, avec modestie
c (= decorously) behave pudiquement ; dress avec pudeur

modesty [ˈmɒdɪstɪ] → SYN n **a** (gen) modestie f ; († = chasteness) pudeur f, modestie f ◆ **false modesty** fausse modestie f ◆ **may I say with all due modesty ...** soit dit en toute modestie ...
b [of request etc] modération f ; [of sum of money, price] modicité f

modicum [ˈmɒdɪkəm] n ◆ **a modicum of ...** un minimum de ...

modifiable [ˈmɒdɪfaɪəbl] adj modifiable

modification [ˌmɒdɪfɪˈkeɪʃən] → SYN n modification f (to, in à) ◆ **to make modifications (in or to)** faire or apporter des modifications (à)

modifier [ˈmɒdɪfaɪəʳ] n modificateur m ; (Gram) modificatif m

modify [ˈmɒdɪfaɪ] → SYN vt **a** (= change) [+ plans, design] modifier, apporter des modifications à ; [+ customs, society] transformer, modifier ; (Gram) modifier
b (= make less strong) modérer ◆ **he'll have to modify his demands** il faudra qu'il modère (subj) ses exigences ◆ **he modified his statement** il modéra les termes de sa déclaration

modifying [ˈmɒdɪfaɪɪŋ] **1** n modification f
2 adj note, term modificatif (also Gram) ; factor modifiant

modillion [məˈdɪljən] n (Archit) modillon m

modish [ˈməʊdɪʃ] adj à la mode

modishly [ˈməʊdɪʃlɪ] adv à la mode

modiste [məʊˈdiːst] n modiste f

Mods * [mɒdz] n (at Oxford university) (abbrev of **moderations**) premier examen du cursus universitaire

modular [ˈmɒdjʊləʳ] adj **a** (Constr) modulaire
b (esp Brit Univ) course, programme, curriculum par modules or unités de valeur ◆ **the course is modular in structure** l'enseignement est organisé en modules or unités de valeur ◆ **a six-week modular course** une unité de valeur or un module de six semaines ◆ **modular degree** licence f (par modules ou unités de valeur)

modulate [ˈmɒdjʊleɪt] **1** vt (all senses) moduler
2 vi (Mus) moduler

modulation [ˌmɒdjʊˈleɪʃən] n modulation f ◆ **amplitude modulation** modulation f d'amplitude ◆ **frequency modulation** modulation f de fréquence

module [ˈmɒdjuːl] n (gen) module m ; (esp Brit Univ) module m, ≈ unité f de valeur, ≈ UV f ◆ **module learning** (US) enseignement m par groupes de niveaux ; → lunar

modulus [ˈmɒdjʊləs] n, pl **moduli** [ˈmɒdjʊˌlaɪ] (Math, Phys) module m, coefficient m

modus [ˈməʊdəs] n ◆ **modus operandi** modus operandi m inv ◆ **modus vivendi** (between people) modus vivendi m inv ; (= way of life) mode m de vie

mog * [mɒg] n (Brit: = cat) minou * m

Mogadishu [ˌmɒgəˈdɪʃuː] n (Geog) Mogadiscio m

moggie *, **moggy** * [ˈmɒgɪ] n (Brit = cat) minou * m

Mogul [ˈməʊgəl] **1** adj mog(h)ol
2 n Mog(h)ol m

mogul [ˈməʊgəl] → SYN n **a** (fig = powerful person) nabab m ◆ **a mogul of the film industry** un nabab du cinéma
b (Ski) bosse f

MOH [ˌeməʊˈeɪtʃ] n (Brit) (abbrev of **Medical Officer of Health**) → medical

mohair [ˈməʊhɛəʳ] **1** n mohair m
2 COMP en or de mohair

Mohammed [məʊˈhæmed] n Mohammed m, Mahomet m

Mohammedan† [məʊˈhæmɪdən] **1** adj mahométan
2 n mahométan(e) m(f)

Mohammedanism† [məʊˈhæmɪdənɪzəm] n mahométisme m

Mohican [ˈməʊhɪkən] n, pl **Mohicans** or **Mohican** (also **Mohican Indian**) Mohican mf ◆ **mohican (hairdo)** iroquoise f

moire [mwɑː] n moire f

moiré [ˈmwɑːreɪ] adj, n moiré(e) m(f)

moist [mɔɪst] → SYN adj air, atmosphere, heat, skin (gen) humide ; (unpleasantly) moite ; place, climate, soil, eyes humide ; cake, texture moelleux ◆ **a plant which likes moist conditions** une plante qui aime l'humidité ◆ **moist with tears** mouillé de larmes

moisten [ˈmɔɪsn] → SYN **1** vt humecter, mouiller légèrement ; (Culin) mouiller légèrement ◆ **to moisten one's lips** s'humecter les lèvres
2 vi devenir humide or moite

moistness [ˈmɔɪstnɪs] n [of air, atmosphere, heat, skin] (gen) humidité f ; (unpleasant) moiteur f ; [of soil] humidité f ; [of cake, texture] moelleux m ◆ **she tried to hide the moistness in her eyes** elle essaya de cacher ses yeux embués de larmes

moisture [ˈmɔɪstʃəʳ] → SYN n humidité f ; (on glass etc) buée f

moisturize [ˈmɔɪstʃəraɪz] vt [+ skin] hydrater ; [+ air, atmosphere] humidifier

moisturizer [ˈmɔɪstʃəraɪzəʳ] n crème f hydratante, lait m hydratant

moke * [məʊk] n (Brit) bourricot m, baudet m

molal [ˈməʊlal] adj (Chem) molaire

molar [ˈməʊləʳ] **1** n (= tooth) molaire f
2 adj (Dentistry, Phys) molaire

molasses [məʊˈlæsɪz] n (NonC) mélasse f ◆ **to be as slow as molasses in winter** * (US) être lent comme une tortue

mold [məʊld] (US) ⇒ **mould**

Moldavia [mɒlˈdeɪvɪə] n (formerly) la Moldavie

Moldavian [mɒlˈdeɪvɪən] (formerly) **1** n Moldave mf
2 adj moldave

Moldova [mɒlˈdəʊvə] n la Moldova

Moldovan [mɒlˈdəʊvən] **1** adj moldave
2 n Moldave mf

mole[1] [məʊl] **1** n taupe f (also fig)
2 COMP ▷ **mole-catcher** n taupier m ▷ **mole cricket** n courtilière f, taupe-grillon f

mole[2] [məʊl] n (on skin) grain m de beauté

mole[3] [məʊl] n (= breakwater) môle m, digue f

mole[4] [məʊl] n (Chem) mole f

molecular [məʊˈlekjʊləʳ] **1** adj structure moléculaire
2 COMP ▷ **molecular biologist** n biologiste mf moléculaire ▷ **molecular biology** n biologie f moléculaire ▷ **molecular geneticist** n chercheur m en génétique moléculaire ▷ **molecular genetics** n (NonC) génétique f moléculaire

molecule [ˈmɒlɪkjuːl] → SYN n molécule f

molehill [ˈməʊlhɪl] n taupinière f ; → **mountain**

moleskin [ˈməʊlskɪn] **1** n (lit) (peau f de) taupe f ; (Brit Tex) moleskine f
2 adj (lit) de or en (peau de) taupe ; (Brit Tex) de or en moleskine

molest [məʊˈlest] → SYN vt (= attack) attaquer ; (Jur: sexually) attenter à la pudeur de ; [dog] s'attaquer à ; († = trouble) importuner, harceler

molestation [ˌməʊlesˈteɪʃən] n **a** (Jur) brutalités fpl ◆ **child molestation** maltraitance f à enfant ◆ **sexual molestation** agression f sexuelle
b († = annoyance) importunité † f ◆ **I was allowed to work without hindrance or molestation** on m'a laissé travailler sans me gêner ni m'importuner

molester [məʊˈlestəʳ] n satyre m

Moley [ˈməʊlɪ] → **holy**

Molinism [ˈmɒlɪnɪzəm] n molinisme m

moll * [mɒl] n (pej) nana * f (de gangster)

mollify [ˈmɒlɪfaɪ] vt apaiser, calmer ◆ **mollifying remarks** propos mpl lénifiants

mollusc, mollusk (US) [ˈmɒləsk] n mollusque m

molly [ˈmɒlɪ] n (= fish) molly m

mollycoddle [ˈmɒlɪkɒdl] vt (gen) élever dans du coton, chouchouter * ; [+ pupil] materner

mollycoddling [ˈmɒlɪkɒdlɪŋ] n (pej) chouchoutage m, maternage m

moloch [ˈməʊlɒk] n moloch m

Molotov [ˈmɒlətɒf] n ◆ **Molotov cocktail** cocktail m Molotov

molt [məʊlt] (US) ⇒ **moult**

molten [ˈməʊltən] adj en fusion

Molucca [məʊˈlʌkə] n ◆ **the Molucca Islands** or **the Moluccas** les Moluques fpl

Moluccan [məʊˈlʌkən] n → **south**

Moluccas [məˈlʌkəz] npl (Geog) Moluques fpl

molybdenite [mɒˈlɪbdɪnaɪt] n (Miner) molybdénite f

molybdenum [mɒˈlɪbdɪnəm] n molybdène m

molybdic [mɒˈlɪbdɪk] adj molybdique

mom * [mɒm] n (US) maman f ◆ **mom and pop store** * petite boutique f familiale, petit commerce m

Mombasa [mɒmˈbæsə] n (Geog) Mombas(s)a

moment [ˈməʊmənt] → SYN n **a** moment m, instant m ◆ **man of the moment** homme m du moment ◆ **the psychological moment** le mo-

momentarily / **mongolism**

ment psychologique ✦ **wait a moment!, just a moment!, one moment!, half a moment!** * (attendez) un instant or une minute ! ; (objecting to sth) minute !, pas si vite ! * ✦ **I shan't be a moment, I'll just** or **only be a moment** j'en ai pour un instant ✦ **a moment ago** il y a un instant ✦ **a moment later** un moment plus tard ✦ **that very moment** à cet instant or ce moment précis ✦ **the moment he arrives** dès or aussitôt qu'il arrivera ✦ **the moment he arrived** dès or aussitôt qu'il arriva, dès son arrivée ✦ **do it this moment!** fais-le à l'instant or tout de suite ! ✦ **I've just this moment heard of it** je viens de l'apprendre à l'instant (même) ✦ **it won't take a moment** c'est l'affaire d'un instant ✦ **at the (present) moment, at this moment in time** en ce moment (même), à l'heure qu'il est ✦ **any moment now** d'une minute à l'autre, incessamment ✦ **at that moment** à ce moment(-là) ✦ **(at) any moment** d'un moment or instant à l'autre ✦ **at every moment** à chaque instant, à tout moment ✦ **at the right moment** au bon moment, à point nommé ✦ **at the last moment** au dernier moment ✦ **to leave things till the last moment** attendre le dernier moment ✦ **for a moment** un instant ✦ **for a brief moment** l'espace d'un instant ✦ **not for a moment!** jamais de la vie ! ✦ **I don't think for a** or **one moment (that) he believed my story** je ne crois or pense pas un (seul) instant qu'il ait cru mon histoire ✦ **for the moment** pour le moment ✦ **that's enough for the moment** ça suffit pour le moment ✦ **from the moment I saw him** dès l'instant où je l'ai vu ✦ **from that moment** dès ce moment, dès cet instant ✦ **she changes her mind from one moment to the next** elle n'arrête pas de changer d'avis ✦ **I'll come in a moment** j'arrive dans un instant ✦ **it was all over in a moment** ça n'a duré qu'un instant ✦ **the moment of truth** la minute or l'heure de vérité ✦ **he has his moments** (fig) il a ses bons côtés ✦ **it has its moments** (of film) il y a de bons moments ; (of book) il y a de bons passages ; (of essay) il y a de bonnes choses ; → **spur**

b († = importance) importance f ✦ **of little moment** de peu d'importance ✦ **of (great) moment** de grande or haute importance

c (Tech) moment m ✦ **moment of inertia** moment m d'inertie

momentarily [ˈməʊməntərɪlɪ] → SYN adv **a** (= temporarily) distracted, blinded momentanément ✦ **I had momentarily forgotten** j'avais momentanément oublié ✦ **to be momentarily lost for words** ne pas savoir quoi dire pendant un moment ✦ **to pause momentarily** s'arrêter un instant

b (US = shortly) dans un instant

momentary [ˈməʊməntərɪ] → SYN adj lapse, lull, weakness, silence momentané ; feeling, relief, panic, hesitation passager ✦ **I caught a momentary glimpse of him** je l'ai entrevu rapidement or l'espace d'un instant ✦ **a momentary lapse of concentration** un moment d'inattention ✦ **she experienced a momentary loss of confidence** elle perdit momentanément confiance

momentous [məʊˈmentəs] → SYN adj event, occasion, day de grande importance ; decision, change capital

momentousness [məʊˈmentəsnɪs] n (NonC) importance f capitale, portée f

momentum [məʊˈmentəm] → SYN n, pl **momentums** or **momenta** [məʊˈmentə] (gen) vitesse f (acquise) ; (Phys etc) moment m (des quantités de mouvement) ; [of political movement etc] dynamisme m ✦ **to gain** or **gather momentum** [spacecraft, car etc] prendre de la vitesse ; (fig) gagner du terrain ✦ **to lose momentum** (Aut, Space etc, also fig) être en perte de vitesse ✦ **to have momentum** [politician, party etc] avoir le vent en poupe ✦ **the Reagan momentum** la dynamique or l'effet m Reagan

momma * [ˈmɒmə] n (US) ⇒ **mom**

mommy * [ˈmɒmɪ] n (US) ⇒ **mom**

Mon. abbrev of **Monday**

Monacan [mɒˈnɑːkən] **1** adj monégasque
2 n Monégasque mf

Monaco [ˈmɒnəkəʊ] n Monaco m ✦ **in Monaco** à Monaco

monad [ˈmɒnæd] n (Chem, Philos) monade f

monadelphous [ˌmɒnəˈdelfəs] adj (Bot) monadelphe

monadism [ˈmɒnəˌdɪzəm] n monadisme m

monadnock [məˈnædnɒk] n (Geol) monadnock m

monadology [ˌmɒnəˈdɒlədʒɪ] n monadologie f

Mona Lisa [ˌməʊnəˈliːzə] n ✦ **the Mona Lisa** la Joconde

monandrous [mɒˈnændrəs] adj (Bot) monandre

monarch [ˈmɒnək] → SYN n (lit, fig) monarque m

monarchic(al) [mɒˈnɑːkɪk(əl)] adj monarchique

monarchism [ˈmɒnəkɪzəm] n monarchisme m

monarchist [ˈmɒnəkɪst] adj, n monarchiste mf

monarchy [ˈmɒnəkɪ] → SYN n monarchie f

monastery [ˈmɒnəstərɪ] → SYN n monastère m

monastic [məˈnæstɪk] → SYN adj **a** (Rel) life monacal, monastique ; community, building, vows monastique

b (= austere) life, existence monacal ; room austère

monasticism [məˈnæstɪsɪzəm] n monachisme m

monatomic [ˌmɒnəˈtɒmɪk] adj (Chem) monoatomique

monaural [mɒnˈɔːrəl] adj instrument monophonique, monaural ; hearing monauriculaire

monazite [ˈmɒnəzaɪt] n monazite f

Monday [ˈmʌndɪ] **1** n lundi m ; for **Easter, Whit** ; for other phrases see **Saturday**

2 COMP ▷ **Monday-morning** adj (fig) that Monday-morning feeling la déprime * du lundi matin ✦ **Monday-morning quarterback** * (US fig) spécialiste mf du je-vous-l'avais-bien-dit

monecious [mɒˈniːʃəs] adj ⇒ **monoecious**

Monegasque [ˌmɒnəˈɡæsk] **1** adj monégasque
2 n Monégasque mf

moneme [ˈməʊniːm] n (Ling) monème m

monetarism [ˈmʌnɪtərɪzəm] n monétarisme m

monetarist [ˈmʌnɪtərɪst] adj, n monétariste mf

monetary [ˈmʌnɪtərɪ] → SYN adj cooperation, policy, control, value monétaire ; gain financier ✦ **economic and monetary union** union f économique et monétaire ✦ **monetary school** école f monétaire or monétariste ; → **international**

monetization [ˌmʌnɪtaɪˈzeɪʃən] n (Econ) monétisation f

monetize [ˈmʌnɪtaɪz] vt (Econ) monétiser

money [ˈmʌnɪ] → SYN **1** n **a** (NonC) argent m ; (Fin) monnaie f ✦ **French/Swedish money** argent m français/suédois ✦ **paper money** papier-monnaie m, monnaie f de papier ✦ (often pej) **to make money** [person] gagner de l'argent ; [business etc] rapporter, être lucratif ; see also **1b** ✦ **he made his money by dealing in cotton** il s'est enrichi avec le coton ✦ **the government's answer to the problem has been to throw money at it** le gouvernement n'a pas trouvé d'autre solution pour résoudre le problème que d'y injecter de l'argent ✦ **to come into money** (by inheritance) hériter (d'une somme d'argent) ; (gen) recevoir une somme d'argent ✦ **I paid** or **gave good money for it** ça m'a coûté de l'argent ✦ **he's earning good money** il gagne bien sa vie ; see also **1b** ✦ **he's earning big money** il gagne gros ✦ **that's big money** c'est une grosse somme ✦ **the deal involves big money** de grosses sommes sont en jeu dans cette transaction ; see also **1b** ✦ **he gets his money on Fridays** il touche son argent or sa paie le vendredi, il est payé le vendredi ✦ **when do I get my money?** quand est-ce que j'aurai mon argent ? ✦ **to get one's money's worth** (lit, fig) en avoir pour son argent ✦ **to get one's money back** se faire rembourser ; (with difficulty) récupérer son argent ✦ **I want my money back!** remboursez ! ✦ **to put money into sth** placer son argent dans qch ✦ **is there money in it?** est-ce que ça rapporte ?, est-ce que c'est lucratif ? ✦ **it was money well spent** j'ai (or nous avons eu) fait une bonne affaire ; → **coin, counterfeit, ready**

b (phrases) **it's a bargain for the money!** à ce prix-là c'est une occasion ! ✦ **that's the one for my money!** c'est juste ce qu'il me faut ! ✦ **that's the team for my money** je serais prêt à parier pour cette équipe ✦ **for my money we should do it now** à mon avis nous devrions le faire maintenant ✦ **it's money for jam** * or **old rope** * (Brit) c'est de l'argent vite gagné or gagné sans peine, c'est être

ANGLAIS-FRANÇAIS 602

payé à ne rien faire ✦ **he's made of money** * ✦ **he's rolling in money** * ✦ **he has pots of money** * il est cousu d'or, il roule sur l'or * ✦ **he's got money to burn** il a de l'argent à ne savoir qu'en faire or à jeter par la fenêtre ✦ **we're in the money now!** * nous roulons sur l'or * maintenant ✦ **he's in the big money** * il récolte un fric fou * ✦ (Prov) **money makes money** l'argent attire l'argent ✦ (Prov) **money is the root of all evil** l'argent est la racine de tous les maux ✦ (Prov) **money talks** l'argent est roi ✦ **money doesn't grow on trees** l'argent ne tombe pas du ciel ✦ **to put one's money where one's mouth is** joindre l'acte à la parole (en déboursant une somme d'argent) ✦ **to throw** or **send good money after bad** dépenser de l'argent pour rien ✦ **bad money drives out good** les capitaux douteux font fuir les investissements sains ✦ **your money or your life!** la bourse ou la vie ! ✦ **money runs through his fingers like water, he spends money like water** l'argent lui fond dans les mains ✦ **it's money from home** * (US fig) c'est du tout cuit * ✦ **his analysis was right on the money** (US) son analyse était tout à fait juste ; → **even²**

c (Jur) **moneys, monies** sommes fpl d'argent ✦ **moneys paid out** versements mpl ✦ **moneys received** recettes fpl, rentrées fpl ✦ **public moneys** deniers mpl publics

2 COMP difficulties, problems, questions d'argent, financier ▷ **money belt** n ceinture-portefeuille f ▷ **money expert** n expert m en matières financières ▷ **money-laundering** n blanchiment m d'argent ▷ **money-loser** n affaire f non rentable or qui perd de l'argent ▷ **money market** n (Econ) marché m monétaire ▷ **money matters** npl questions fpl d'argent or financières ▷ **money order** n (US) mandat m postal, mandat-poste m ▷ **money spider** n araignée f porte-bonheur inv ▷ **money spinner** * n (Brit) mine f d'or (fig) ▷ **money-spinning** * adj (Brit) idea qui peut rapporter de l'or ▷ **money supply** n (Econ) masse f monétaire

moneybag [ˈmʌnɪbæg] n sac m d'argent ✦ **he's a moneybags** * il est plein aux as *

moneybox [ˈmʌnɪbɒks] n tirelire f

moneychanger [ˈmʌnɪˌtʃeɪndʒəʳ] n (= person) changeur m ; (= change machine) distributeur m de monnaie, monnayeur m

moneyed [ˈmʌnɪd] adj riche, aisé ✦ **the moneyed classes** les classes fpl possédantes, les nantis mpl

moneygrubber [ˈmʌnɪˌɡrʌbəʳ] n (pej) grippe-sou m

moneygrubbing [ˈmʌnɪˌɡrʌbɪŋ] **1** n (pej) thésaurisation f, rapacité f
2 adj rapace, grippe-sou inv

moneylender [ˈmʌnɪˌlendəʳ] n prêteur m, -euse f sur gages

moneylending [ˈmʌnɪˌlendɪŋ] **1** n prêt m à intérêt
2 adj prêteur

moneymaker [ˈmʌnɪˌmeɪkəʳ] n ✦ **to be a moneymaker** [scheme] être une affaire lucrative ; [person] gagner beaucoup d'argent

moneymaking [ˈmʌnɪˌmeɪkɪŋ] → SYN **1** n acquisition f d'argent
2 adj lucratif, qui rapporte

moneyman * [ˈmʌnɪmæn] n, pl **-men** (US) financier m

moneywort [ˈmʌnɪwɜːt] n (Bot) souci m d'eau, lysimaque f

...monger [ˈmʌŋɡəʳ] suf marchand m de... ; → **fishmonger, scandalmonger, warmonger**

Mongol [ˈmɒŋɡəl] **1** adj (Geog, Ling) mongol
2 n **a** Mongol(e) m(f)
b (Ling) mongol m

mongol † [ˈmɒŋɡəl] **1** adj (= with/of Down's syndrome) mongolien
2 n (= person with Down's syndrome) mongolien(ne) m(f)

Mongolia [mɒŋˈɡəʊlɪə] n la Mongolie

Mongolian [mɒŋˈɡəʊlɪən] **1** n Mongol(e) m(f)
2 adj mongol ✦ **the Mongolian People's Republic** la République populaire de Mongolie

mongolism † [ˈmɒŋɡəlɪzəm] n (= Down's syndrome) mongolisme m

Mongoloid ['mɒŋgə,lɔɪd] adj, n ⇒ **Mongol 1, 2a, mongol 2**

mongoose ['mɒŋguːs] n, pl **mongooses** mangouste f

mongrel ['mʌŋgrəl] → SYN [1] n (= dog) (chien m) bâtard m ; (= animal, plant) hybride m, métis(se) m(f)
[2] adj hybride, bâtard, (de race) indéfinissable

monied ['mʌnɪd] adj ⇒ **moneyed**

monies ['mʌnɪz] npl of money → **1c**

moniker ‡ ['mɒnɪkər] n (= name) nom m ; (= nickname) surnom m

monism ['mɒnɪzəm] n (Philos) monisme m

monition [məʊ'nɪʃən] n (Rel) monition f

monitor ['mɒnɪtər] → SYN [1] n **a** (= device: Comput, Med, Tech, TV etc) moniteur m ♦ **heart rate monitor** moniteur m cardiaque
b (= person: Rad) rédacteur m, -trice f d'un service d'écoute
c (Scol) ≃ chef m de classe
[2] vt **a** [+ person, pupil, work, progress, system] suivre de près ; [+ equipment etc] contrôler (les performances de) ; [+ machine] contrôler ♦ **a nurse monitors the patient's progress** une infirmière suit de près or surveille l'évolution de l'état du malade ♦ **a machine monitors the patient's progress** une machine contrôle l'évolution de l'état du malade ♦ **to monitor the situation** surveiller l'évolution des choses
b (Rad) [+ foreign broadcasts, station] être à l'écoute de

monitoring ['mɒnɪtərɪŋ] n **a** (gen) (by person) surveillance f ; (by machine) contrôle m ; (Med, Tech) monitorage m ; (Univ, Scol) contrôle m continu (des connaissances)
b (Rad) (service m d')écoute f

monitory ['mɒnɪtərɪ] adj monitoire, d'admonition

monk [mʌŋk] → SYN [1] n moine m, religieux m
[2] COMP ▷ **monk seal** n (Zool) moine m

monkey ['mʌŋkɪ] → SYN [1] n singe m ; (= naughty child) galopin(e) m(f), polisson(ne) m(f) ; (Brit ‡ = £500) cinq cents livres ♦ **to make a monkey out of sb** tourner qn en ridicule ♦ **to have a monkey on one's back** ‡ (US Drugs) être esclave de la drogue ♦ **I don't give a monkey's** ‡ or **a monkey's cuss** †‡ (about football) (Brit) je n'en ai rien à foutre ‡ (du football) ♦ **as clever as a cartload** or **barrel (load) of monkeys** † ‡ (Brit) malin comme un singe
[2] COMP ▷ **monkey bars** npl (for climbing on) cage f à poules ▷ **monkey business** * n (fig) (dishonest) affaire f louche, combine(s) f(pl) ; (mischievous) singeries fpl ♦ **no monkey business now!** * pas de blagues ! * ▷ **monkey house** n cage f des singes, singerie f ▷ **monkey jacket** n (Naut) vareuse f ajustée ▷ **monkey nut** n (Brit) cacahouète or cacahuète f ▷ **monkey puzzle** n (= tree) araucaria m ▷ **monkey suit** * n (esp US: pej) costume m de pingouin *, smoking m ▷ **monkey tricks** * npl (fig) (dishonest) manœuvres fpl, combine(s) f(pl) ; (mischievous) singeries fpl ♦ **no monkey tricks now!** * pas de blagues ! * ▷ **monkey wrench** n clé f anglaise or à molette ♦ **to throw a monkey wrench into the works** * (US fig) flanquer la pagaille *

▶ **monkey about** *, **monkey around** * vi **a** (= waste time) perdre son temps ♦ **stop monkeying about and get on with your work** cesse de perdre ton temps et fais ton travail
b (= play the fool) faire l'idiot or l'imbécile ♦ **to monkey about with sth** tripoter qch, faire l'imbécile avec qch

monkeyshines * ['mʌŋkɪʃaɪnz] npl (US) pitreries fpl

monkfish ['mʌŋkfɪʃ] n, pl **monkfish** or **monkfishes** (= angler fish) lotte f ; (= angel fish) ange m de mer

monkish ['mʌŋkɪʃ] adj de moine

monkshood ['mʌŋkshʊd] n (Bot) aconit m

mono ['mɒnəʊ] [1] adj (abbrev of **monophonic**) mono inv
[2] n **a** **recorded in mono** enregistré en mono
b (also **mono record**) disque m mono

mono... ['mɒnəʊ] pref mon(o)...

monoacid [,mɒnəʊ'æsɪd] adj (Chem) monoacide

monobasic [,mɒnəʊ'beɪsɪk] adj monobasique

monocarpic [,mɒnəʊ'kɑːpɪk] adj (Bot) monocarpien, monocarpique

monochromatic [,mɒnəʊkrəʊ'mætɪk] adj monochromatique

monochromator [,mɒnəʊ'krəʊmeɪtər] n monochromateur m

monochrome ['mɒnəkrəʊm] [1] n (gen, also Art) monochrome m ; (Phot, TV) noir m et blanc m ♦ **landscape in monochrome** paysage m en camaïeu
[2] adj (gen) monochrome ; (Art) en camaïeu ; (Phot, TV) en noir et blanc

monocle ['mɒnəkl] n monocle m

monocled ['mɒnəkld] adj qui porte un monocle

monoclinal [,mɒnəʊ'klaɪnəl] adj monoclinal

monocline ['mɒnəʊklaɪn] n (Geol) pli m monoclinal, monocline m

monoclinic [,mɒnəʊ'klɪnɪk] adj monoclinique

monoclonal antibody [,mɒnəʊ'kləʊnl] n (Bio, Med) anticorps m monoclonal

monocoque [,mɒnəʊ'kɒk] [1] adj monocoque
[2] n (= car) monocoque f ; (= boat, bicycle) monocoque m

monocotyledon [,mɒnəʊ,kɒtɪ'liːdən] n (Bot) monocotylédone f

monocracy [mɒ'nɒkrəsɪ] n monocratie f

monocrat ['mɒnəkræt] n monocrate m

monocratic [mɒnə'krætɪk] adj monocratique

monocular [mɒ'nɒkjʊlər] adj monoculaire

monoculture ['mɒnəʊkʌltʃər] n monoculture f

monocyte ['mɒnəʊsaɪt] n monocyte m

monody ['mɒnədɪ] n monodie f

monoecious [mɒ'niːʃəs] adj (Bot) monoïque

monogamist [mə'nəgəmɪst] n monogame mf

monogamous [mə'nəgəməs] adj monogame

monogamy [mə'nəgəmɪ] n monogamie f

monogenetic [mɒnəʊdʒɪ'netɪk] adj monogénétique

monogram ['mɒnəgræm] [1] n monogramme m
[2] vt marquer de son (or mon etc) monogramme or de son (or mon etc) chiffre

monogrammed, monogramed (US) ['mɒnəgræmd] adj portant un (or son etc) monogramme, à son (or mon etc) chiffre

monograph ['mɒnəgrɑːf] n monographie f

monogynous [mɒ'nɒdʒɪnəs] adj monogame

monogyny [mɒ'nɒdʒɪnɪ] n monogamie f

monohull ['mɒnəʊhʌl] n monocoque m (Naut)

monokini [,mɒnəʊkiːnɪ] n monokini m

monolingual [,mɒnəʊ'lɪŋgwəl] adj monolingue

monolith ['mɒnəlɪθ] n **a** (lit = stone) monolithe m
b (fig = organization etc) mastodonte m

monolithic [,mɒnə'lɪθɪk] → SYN adj system, structure, state, party monolithique ; building colossal ; (Archeol) monolithe

monolog ['mɒnəlɒg] n (US) ⇒ **monologue**

monologist ['mɒnəlɒgɪst] n monologueur m

monologue, monolog (also US) ['mɒnəlɒg] → SYN n monologue m

monomania [,mɒnəʊ'meɪnɪə] n monomanie f

monomaniac [,mɒnəʊ'meɪnɪæk] n, adj monomane mf, monomaniaque mf

monomer ['mɒnəmər] n (Chem) monomère m

monomeric [,mɒnə'merɪk] adj monomère

monometallism [,mɒnəʊ'metəlɪzəm] n monométallisme m

monometer [mɒ'nɒmɪtər] n monomètre m

monomial [mɒ'nəʊmɪəl] [1] n monôme m
[2] adj de or en monôme

monomorphic [,mɒnəʊ'mɔːfɪk] adj monomorphe

monomorphism [,mɒnəʊ'mɔːfɪzəm] n monomorphisme m

mononuclear [,mɒnəʊ'njuːklɪər] adj mononucléaire

mononucleosis [,mɒnəʊnjuːklɪ'əʊsɪs] n mononucléose f

monophonic [,mɒnəʊ'fɒnɪk] adj monophonique, monaural

monophony [mɒ'nɒfənɪ] n monophonie f

monophthong ['mɒnəfθɒŋ] n monophtongue f

Monophysite [mɒ'nɒfɪ,saɪt] adj, n monophysite mf

Monophysitism [mɒ'nɒfɪ,sɪtɪzəm] n monophysisme m

monoplane ['mɒnəʊpleɪn] n monoplan m

monopolist [mə'nɒpəlɪst] n monopoliste mf

monopolistic [mənɒpə'lɪstɪk] adj monopolistique

monopolization [mənɒpəlaɪ'zeɪʃən] n monopolisation f

monopolize [mə'nɒpəlaɪz] → SYN vt (Comm) monopoliser, avoir le monopole de ; (fig) monopoliser, accaparer

monopoly [mə'nɒpəlɪ] [1] n **a** monopole m (of, in de)
b (= game) **Monopoly** ® Monopoly ® m
[2] COMP ▷ **Monopolies and Mergers Commission** n (Brit) Commission f d'enquête sur les monopoles, Commission f de la concurrence ▷ **Monopoly money** * n (NonC) (= large amount) somme f mirobolante * ; (pej) (= foreign currency) ≃ monnaie f de singe

monopteros [mɒn'ɒptə,rɒs] n (= temple) monoptère m

monorail ['mɒnəʊreɪl] n monorail m

monosaccharide [,mɒnəʊ'sækəraɪd] n (Chem) monosaccharide m, ose m

monosemic [,mɒnəʊ'siːmɪk] adj monosémique

monoski ['mɒnəʊ,skiː] n monoski m

monoskier ['mɒnəʊ,skiːər] n monoskieur m, -ieuse f

monosodium glutamate [mɒnəʊ'səʊdɪəm 'gluːtəmeɪt] n glutamate m (de sodium)

monospermal [,mɒnəʊ'spɜːməl], **monospermous** [,mɒnəʊ'spɜːməs] adj monosperme

monosyllabic [,mɒnəʊsɪ'læbɪk] adj word, reply monosyllabique ♦ **she was monosyllabic** elle ne s'exprimait que par monosyllabes ♦ **his English was fairly monosyllabic** son anglais était plutôt rudimentaire

monosyllable ['mɒnəsɪləbl] n monosyllabe m ♦ **to answer in monosyllables** répondre par monosyllabes

monotheism ['mɒnəʊθɪ,ɪzəm] n monothéisme m

monotheist ['mɒnəʊθɪːɪst] n monothéiste mf

monotheistic [,mɒnəʊθɪːˈɪstɪk] adj monothéiste

monotone ['mɒnətəʊn] n (= voice/tone etc) voix f/ton m etc monocorde ♦ **to speak in a monotone** parler sur un ton monocorde

monotonous [mə'nɒtənəs] → SYN adj monotone

monotonously [mə'nɒtənəslɪ] adv predictable de façon monotone ♦ **the rain dripped monotonously from the trees** la pluie ruisselait des arbres avec monotonie ♦ **the sky was monotonously grey** le ciel était d'un gris monotone

monotony [mə'nɒtənɪ] → SYN n monotonie f

monotype ['mɒnəʊtaɪp] n (Art, Engraving) monotype m ♦ **Monotype** ® (Typ = machine) Monotype ® f

monounsaturated [,mɒnəʊʌn'sætʃəreɪtɪd] adj (Chem) mono(-)insaturé

monovalence [,mɒnəʊ'veɪləns] n (Chem) monovalence f

monovalent [,mɒnəʊ'veɪlənt] adj (Chem) monovalent

monoxide [mɒ'nɒksaɪd] n monoxyde m

monozygotic [,mɒnəʊzaɪ'gɒtɪk] adj (Bio) monozygote

Monroe doctrine [mən'rəʊ'dɒktrɪn] n doctrine f de Monroe

monseigneur [,mɒnsen'jɜːr] n monseigneur m

monsignor [mɒn'siːnjər] n, pl **monsignors** or **monsignori** (Rel) monsignor m

monsoon [mɒn'suːn] n mousson f ◆ **the monsoons** la mousson ◆ **the monsoon season** la mousson d'été

mons pubis ['mɒnz'pjuːbɪs] n, pl **montes pubis** ['mɒntiːz'pjuːbɪs] mont m de Vénus, pénil m *(chez l'homme)*

monster ['mɒnstəʳ] → SYN 1 n (all senses) monstre m
2 adj * colossal, monstre *

monstrance ['mɒnstrəns] n ostensoir m

monstrosity [mɒn'strɒsɪtɪ] → SYN n (= thing) monstruosité f; (= person) monstre m

monstrous ['mɒnstrəs] → SYN adj monstrueux ◆ **it is monstrous that ...** c'est monstrueux que ... (+ subj)

monstrously ['mɒnstrəslɪ] adv monstrueusement

mons veneris ['mɒnz'venərɪs] n, pl **montes veneris** ['mɒntiːz'venərɪs] mont m de Vénus

Mont. abbrev of Montana

montage [mɒn'tɑːʒ] n (Cine, Phot) montage m

Montagu's blenny ['mɒntəɡjuːz] n (= fish) blennie f de Montagu

Montana [mɒn'tænə] n le Montana ◆ **in Montana** dans le Montana

Mont Blanc [mɔ̃blɑ̃] n le mont Blanc

montbretia [mɒn'briːʃə] n (Bot) monbrétia m

monte * ['mɒntɪ] n ⇒ **monty**

Monte Carlo ['mɒntɪ'kɑːləʊ] n Monte-Carlo

Montenegrin [,mɒntɪ'niːɡrɪn], **Montenegran** [,mɒntɪ'niːɡrən] 1 adj monténégrin
2 n Monténégrin(e) m(f)

Montenegro [,mɒntɪ'niːɡrəʊ] n le Monténégro

Monterey cypress [,mɒntə'reɪ] n (Bot) cyprès m à gros fruits or de Monterey

Monterey pine n (Bot) pin m de Monterey

Montezuma [mɒntɪ'zuːmə] n Montezuma m, Moctezuma II m ◆ **Montezuma's revenge** * turista f

month [mʌnθ] → SYN n mois m ◆ **it went on for months** or **for month after month** cela a duré des mois (et des mois) ◆ **in the month of May** au mois de mai, en mai ◆ **to be paid by the month** être payé au mois, être mensualisé ◆ **every month** happen tous les mois; pay mensuellement ◆ **month by month** de mois en mois ◆ **which day of the month is it?** le combien sommes-nous ? ◆ **at the end of this month** à la fin du or de ce mois ◆ **at the end of the current month** (Comm) fin courant * ◆ **he owes his landlady two months' rent** il doit deux mois à sa propriétaire ◆ **six months pregnant** enceinte de six mois ◆ **he'll never do it in a month of Sundays** * il le fera la semaine des quatre jeudis * or à la saint-glinglin * ; → **calendar, lunar**

monthly ['mʌnθlɪ] 1 adj mensuel ◆ **on a monthly basis** pay par mensualités; happen, do sth tous les mois ◆ **monthly payment** or **instalment** mensualité f ◆ **monthly period** (Med) règles fpl ◆ **monthly ticket** carte f (d'abonnement) mensuelle
2 n (Press) mensuel m
3 adv publish mensuellement ; pay au mois ; happen tous les mois ◆ **monthly paid staff** employés mpl mensualisés

Montpelier maple [mɒnt'piːlɪə] n (Bot) érable m de Montpel(l)ier

Montreal [mɒntrɪ'ɔːl] n Montréal

Mont-Saint-Michel [mɔ̃sɛ̃miʃɛl] n (Geog) le Mont-Saint-Michel

Montserrat [,mɒntsə'ræt] n (Geog: = island) Montserrat f

monty * ['mɒntɪ] n (Brit) ◆ **the full monty** la totale *

monument ['mɒnjʊmənt] → SYN n (all senses) monument m *(to, of à)* ◆ **Monty Python films are a monument to British eccentricity** les films de Monty Python sont un monument d'excentricité britannique

monumental [,mɒnjʊ'mentəl] → SYN 1 adj **a** (= huge) object, task, achievement, blunder monumental ; effort, success prodigieux ◆ **on a monumental scale** build sur une très grande or une vaste échelle ◆ **he was stupid on a monumental scale** il était d'une bêtise monumentale
b (to do with monuments) funéraire

2 COMP ▷ **monumental mason** n marbrier m *(funéraire)*

monumentally [,mɒnjʊ'mentəlɪ] adv dull, boring prodigieusement ◆ **monumentally important** d'une importance capitale or monumentale ◆ **it was monumentally successful** ça a eu un succès foudroyant

moo [muː] 1 n meuglement m ◆ **moo!** meuh ! ◆ **silly moo** * pauvre cloche * f
2 vi meugler
3 COMP ▷ **moo-cow** n (baby talk) meuh-meuh f (baby talk)

mooch * [muːtʃ] 1 vt (US) ◆ **to mooch sth from sb** (= cadge) taper qn de qch *
2 vi ◆ **to mooch in/out** etc entrer/sortir etc en traînant

▶ **mooch about** *, **mooch around** * vi traînasser, flemmarder *

mood [muːd] → SYN 1 n **a** humeur f ◆ **to be in a good/bad mood** être de bonne/mauvaise humeur, être de bon/mauvais poil * ◆ **to be in an ugly mood** [person] être d'une humeur massacrante or exécrable ; [crowd] être menaçant ◆ **to be in a forgiving mood** être en veine de générosité or d'indulgence ◆ **that depends on his mood** cela dépend de son humeur ◆ **he's in one of his moods** il est encore mal luné ◆ **she has moods** elle a des sautes d'humeur, elle est lunatique ◆ **the mood of the meeting** l'état d'esprit de l'assemblée ◆ **as the mood takes him** selon son humeur, comme ça lui chante *
◆ **in the mood** ◆ **I'm in the mood for a dance** j'ai envie de danser ◆ **I'm not in the mood for laughing** je ne suis pas d'humeur à rire, je n'ai aucune envie de rire ◆ **are you in the mood for chess?** une partie d'échecs, ça vous dit ? ◆ **he plays well when he's in the mood** quand il veut or quand ça lui chante * il joue bien ◆ **I'm not in the mood** ça ne me dit rien
◆ **in no mood** ◆ **I'm in no mood to listen to him** je ne suis pas d'humeur à l'écouter ◆ **they were in no mood for compromise** ils n'étaient nullement disposés à faire des compromis
b (Ling, Mus) mode m
2 COMP ▷ **mood music** n musique f d'ambiance ▷ **mood swing** n saute f d'humeur

moodily ['muːdɪlɪ] adv (= bad-temperedly) reply d'un ton maussade, maussadement ; (= gloomily) stare at d'un air morose

moodiness ['muːdɪnɪs] n (= sulkiness) humeur f maussade, (= changeability) humeur f changeante

moody ['muːdɪ] → SYN adj **a** (= sulky) person de mauvaise humeur *(with sb* avec qn) ◆ **Elvis's moody looks** la beauté ténébreuse d'Elvis
b (= temperamental) person d'humeur changeante, lunatique ◆ **to be moody** être lunatique
c (= atmospheric) music, film, picture sombre

Moog synthesizer ® [muːɡ] n (Mus) Minimoog ® m

moola(h) * * ['muːlɑː] n (US = money) pèze * * m, fric * * m

mooli ['muːlɪ] n (Culin) sorte de radis

moon [muːn] → SYN 1 n **a** lune f ◆ **there was no moon** c'était une nuit sans lune ◆ **there was a moon that night** il y avait clair de lune cette nuit-là ◆ **when the moon is full** à la pleine lune ◆ **by the light of the moon** à la clarté de la lune, au clair de la lune ◆ **the moons of Jupiter** les lunes de Jupiter ◆ **many moons ago** (hum) il y a de cela bien longtemps ◆ **to ask for the moon** demander la lune ◆ **he's over the moon** * (**about it**) il est aux anges ; → **blue, half, land, man, new, shoot**
2 vi (* = exhibit buttocks) montrer son cul * *
3 COMP ▷ **moon buggy** n jeep ® f lunaire ▷ **moon landing** n alunissage m ▷ **moon rock** n roche f lunaire ▷ **moon shot** n (Space) lancement m d'une fusée lunaire ▷ **moon walk** n marche f sur la lune

▶ **moon about**, **moon around** vi musarder en rêvassant

▶ **moon over** vt fus ◆ **to moon over sb** soupirer pour qn

moonbeam ['muːnbiːm] n rayon m de lune

moonboots ['muːnbuːts] npl moonboots fpl

mooncalf ['muːnkɑːf] n (= idiot) imbécile mf ; (= daydreamer) rêveur m, -euse f

mooncraft ['muːnkrɑːft] n (Space) module m lunaire

moonfaced ['muːnfeɪst] adj au visage rond

Moonie ['muːnɪ] n mooniste mf, adepte mf de la secte Moon

moonless ['muːnlɪs] adj sans lune

moonlight ['muːnlaɪt] 1 n clair m de lune ◆ **by moonlight, in the moonlight** au clair de lune
2 vi (* = work extra) travailler au noir
3 COMP ▷ **moonlight walk**, encounter au clair de lune ▷ **moonlight flit** n (Brit fig) **to do a moonlight flit** déménager à la cloche de bois ▷ **moonlight night** n nuit f de lune

moonlighting * ['muːnlaɪtɪŋ] n (NonC) travail m au noir

moonlit ['muːnlɪt] adj éclairé par la lune ◆ **a moonlit night** une nuit de lune

moonquake ['muːnkweɪk] n secousse f sismique lunaire, tremblement m de lune

moonrise ['muːnraɪz] n lever m de (la) lune

moonscape ['muːnskeɪp] n paysage m lunaire

moonshine * ['muːnʃaɪn] n (fig = nonsense) sornettes fpl ; (US = illegal spirits) alcool m de contrebande

moonshiner ['muːnʃaɪnəʳ] n (US) (= distiller) bouilleur m de cru clandestin ; (= smuggler) contrebandier m d'alcool

moonshining ['muːnʃaɪnɪŋ] n (US) distillation f clandestine

moonship ['muːnʃɪp] n (Space) module m lunaire

moonstone ['muːnstəʊn] n pierre f de lune

moonstruck ['muːnstrʌk] adj ◆ **he's moonstruck** il n'a pas toute sa tête

moony * ['muːnɪ] adj dans la lune

Moor [mʊəʳ] n Maure m or More m, Mauresque f or Moresque f

moor[1] [mʊəʳ] → SYN n (esp Brit) lande f

moor[2] [mʊəʳ] → SYN 1 vt [+ ship] amarrer
2 vi mouiller

moorcock ['mʊəkɒk] n (Orn) lagopède m d'Écosse or des saules *(mâle)*

moorhen ['mʊəhen] n poule f d'eau

mooring ['mʊərɪŋ] n (Naut) (= place) mouillage m ; (= ropes etc) amarres fpl ◆ **at her moorings** sur ses amarres ◆ **mooring buoy** coffre m (d'amarrage), bouée f de corps-mort

Moorish ['mʊərɪʃ] adj person, culture, influence, invasion maure ; architecture mauresque

moorland ['mʊələnd] n lande f ; (boggy) terrain m tourbeux

moose [muːs] n (pl inv) (in Canada) orignal m ; (in Europe) élan m

moot [muːt] → SYN 1 adj question discutable, controversé ◆ **it's a moot point** c'est discutable
2 vt [+ question] soulever, mettre sur le tapis ◆ **it has been mooted that ...** on a suggéré que ...
3 COMP ▷ **moot case** n (Jur) hypothèse f d'école ▷ **moot court** n (US) tribunal fictif permettant aux étudiants de s'exercer

mop [mɒp] → SYN 1 n **a** (for floor) balai m à franges ; (for dishes) lavette f (à vaisselle) ; (Naut) faubert m
b (also **mop of hair**) tignasse f ◆ **mop of curls** crinière * f bouclée
2 vt [+ floor, surface] essuyer ◆ **to mop one's brow** s'éponger le front
3 COMP ▷ **mopping-up operation, mop-up** (Mil) (opération f de) nettoyage m

▶ **mop down** vt sep passer un coup de balai à

▶ **mop up** 1 vt sep **a** [+ liquid] éponger ; [+ floor, surface] essuyer ◆ **she mopped up the sauce with a piece of bread** elle a saucé son assiette avec un morceau de pain
b [+ profits] rafler, absorber
c (Mil) [+ terrain] nettoyer ; [+ remnants of enemy] éliminer
2 **mopping-up** adj → **mop**

mopboard ['mɒpbɔːd] n (US) plinthe f

mope [məʊp] vi se morfondre, avoir le cafard * or des idées noires ◆ **she moped about**

it all day toute la journée elle a broyé du noir en y pensant

▶ **mope about, mope around** vi passer son temps à se morfondre, traîner son ennui

moped ['məʊped] n (esp Brit) vélomoteur m, mobylette ® f

moppet * ['mɒpɪt] n chéri(e) m(f)

moquette [mɒ'ket] n moquette f *(étoffe)*

MOR adj (Mus) (abbrev of **middle-of-the-road**) grand public inv

moraine [mɒ'reɪn] n moraine f

moral ['mɒrəl] → SYN ⓵ adj (all senses) moral ◆ **it is a moral certainty** c'est une certitude morale ◆ **to be under** or **have a moral obligation to do sth** être moralement obligé de faire qch, être dans l'obligation morale de faire qch ◆ **moral support** soutien m moral ◆ **I'm going along as moral support for him** j'y vais pour le soutenir moralement ◆ **the Moral Majority** (US Pol) les néoconservateurs mpl (américains) ◆ **moral philosopher** moraliste mf ◆ **moral philosophy** la morale, l'éthique f ◆ **Moral Rearmament** (Rel) Réarmement m moral ◆ **to raise moral standards** relever le niveau moral ◆ **moral standards are falling** le sens moral se perd ◆ **moral suasion** pression f morale ◆ **a moral victory** une victoire morale

⓶ n [of story] morale f ◆ **to point the moral** tirer la morale

⓷ **morals** npl [of person, act, attitude] moralité f ◆ **of loose morals** de mœurs relâchées ◆ **he has no morals** il est sans moralité

morale [mɒ'rɑːl] → SYN ⓵ n (NonC) moral m ◆ **high morale** bon moral m ◆ **his morale was very low** il avait le moral très bas or à zéro ◆ **to raise sb's morale** remonter le moral à qn ◆ **to lower** or **undermine sb's morale** démoraliser qn

⓶ COMP ▷ **morale booster** n **to be a morale booster for sb** remonter le moral de qn

moralist ['mɒrəlɪst] n moraliste mf

moralistic [mɒrə'lɪstɪk] adj (pej) moralisateur (-trice f) (pej)

morality [mə'rælɪtɪ] → SYN n ⓐ (NonC) moralité f

ⓑ (Theat: also **morality play**) moralité f

moralize ['mɒrəlaɪz] ⓵ vi moraliser (*about* sur)

⓶ vt moraliser, faire la morale à

moralizing ['mɒrəlaɪzɪŋ] ⓵ adj moralisateur (-trice f)

⓶ n leçons fpl de morale

morally ['mɒrəlɪ] adv ⓐ (= ethically) moralement ◆ **morally wrong** contraire à la morale ◆ **morally right** conforme à la morale ◆ **she was morally right** elle avait raison d'un point de vue moral ◆ **morally the situation is a minefield** d'un point de vue moral la situation est épineuse

ⓑ (frm = virtually) **morally certain** pratiquement sûr

morass [mə'ræs] n marais m, marécage m ◆ **a morass of problems** des problèmes à ne plus s'y retrouver à ne plus s'en sortir ◆ **a morass of figures** un fatras de chiffres ◆ **a morass of paperwork** de la paperasserie, un monceau de paperasserie ◆ **a legal/political morass** un imbroglio juridique/politique

moratorium [mɒrə'tɔːrɪəm] → SYN n, pl **moratoriums** or **moratoria** [mɒrə'tɔːrɪə] moratoire m, moratorium m

Moravia [mə'reɪvɪə] n la Moravie

Moravian [mə'reɪvɪən] ⓵ adj morave ◆ **the Moravian Church** l'Église f morave

⓶ n Morave mf

moray eel [mɒ'reɪ'iːl] n murène f

morbid ['mɔːbɪd] → SYN ⓵ adj (= ghoulish) person, thoughts, interest morbide ; fear, dislike maladif ◆ **don't be so morbid!** cesse donc de broyer du noir !

⓶ COMP ▷ **morbid anatomy** n anatomie f pathologique

morbidity [mɔː'bɪdɪtɪ] ⓵ n (also Med) morbidité f

⓶ COMP ▷ **morbidity rate** n taux m de morbidité

morbidly ['mɔːbɪdlɪ] adv ◆ **to be morbidly curious about sb/sth** être animé d'une curiosité

malsaine pour qn/qch ◆ **to be morbidly fascinated by sb/sth** avoir une fascination malsaine pour qn/qch ◆ **to be morbidly obsessed by sth** avoir la hantise de qch

morbidness ['mɔːbɪdnɪs] n ⇒ **morbidity**

mordacious [mɔː'deɪʃəs] adj mordant, caustique

mordacity [mɔː'dæsɪtɪ] n mordacité f (liter), causticité f

mordant ['mɔːdənt] adj (frm) mordant

mordent ['mɔːdənt] n (Mus) ◆ **(lower) mordent** mordant m, pincé m ◆ **upper** or **inverted mordent** pincé m renversé

more [mɔːʳ] LANGUAGE IN USE 5.1 → SYN (compar of **many, much**)

⓵ adj, pron ⓐ (= greater in number or quantity) plus (de), davantage (de) ; (= additional) encore (de) ; (= other) d'autres ◆ **many came but more stayed away** beaucoup de gens sont venus mais davantage or un plus grand nombre se sont abstenus ◆ **many more** or **a lot more books/time** beaucoup plus de livres/de temps ◆ **I need a lot more** il m'en faut beaucoup plus or bien davantage ◆ **I need a few more books** il me faut encore quelques livres or quelques livres de plus ◆ **some were talking and a few more were reading** il y en avait qui parlaient et d'autres qui lisaient ◆ **a little more** un peu plus (de) ◆ **several more days** quelques jours de plus, encore quelques jours ◆ **I'd like (some) more meat** je voudrais encore de la viande ◆ **there's no more meat** il n'y a plus de viande ◆ **is there (any) more wine?** y a-t-il encore du vin ?, est-ce qu'il reste du vin ? ◆ **have some more ice cream** reprenez de la glace ◆ **has she any more children?** a-t-elle d'autres enfants ? ◆ **no more shouting!** assez de cris !, arrêtez de crier ! ◆ **I've got no more, I haven't any more** je n'en ai plus, il ne m'en reste plus ◆ **I've no more time** je n'ai plus le temps ◆ **I shan't say any more, I shall say no more** je n'en dirai pas davantage ; (threat) tenez-le-vous pour dit ◆ **have you heard any more about him?** avez-vous d'autres nouvelles de lui ? ◆ **I've got more like these** j'en ai d'autres comme ça ◆ **you couldn't ask for more** on ne peut guère en demander plus or davantage ◆ **we must see more of her** il faut que nous la voyions (subj) davantage or plus souvent ◆ **I want to know more about it** je veux en savoir plus long, je veux en savoir davantage ◆ **there's more where that came from** ce n'est qu'un début ◆ **the more the merrier** plus on est de fous plus on rit (Prov) ◆ **and what's more ...** et qui plus est ... ◆ **his speech, of which more later, ...** son discours, sur lequel nous reviendrons, ... ◆ **let's say no more about it** n'en parlons plus ◆ **I shall have more to say about that** je reviendrai sur ce sujet (plus tard) ◆ **I've nothing more to say** je n'ai rien à ajouter ◆ **nothing more** rien de plus ◆ **something more** autre chose, quelque chose d'autre or de plus

◆ **more than** plus que ; (before a number) plus de ◆ **I've got more money/books than you** j'ai plus d'argent/de livres que vous ◆ **he's got more than you** il en a plus que vous ◆ **more people than seats/than usual/than we expected** plus de gens que de places/que de coutume/que prévu ◆ **it cost more than I expected** c'était plus cher que je ne pensais ◆ **more than half the audience** plus de la moitié de l'assistance or des auditeurs ◆ **not more than a kilo** pas plus d'un kilo ◆ **more than 20 came** plus de 20 personnes sont venues ◆ **no more than a dozen** une douzaine au plus ◆ **more than enough** plus que suffisant, amplement or bien suffisant ◆ **he can't afford more than a small house** il ne peut se payer qu'une petite maison

⓶ adv plus; exercise, sleep etc plus, davantage ◆ **more difficult** plus difficile ◆ **more easily** plus facilement ◆ **more and more difficult** de plus en plus difficile ◆ **even more difficult** encore plus difficile ◆ **you must rest more** vous devez vous reposer davantage ◆ **he sleeps more and more** il dort de plus en plus ; → **never**

◆ **more than** plus que ◆ **he talks more than I do** il parle plus or davantage que moi ◆ **she talks even more than he does** elle parle encore plus or davantage que lui ◆ **I like apples more than oranges** je préfère les

pommes aux oranges ◆ **no** or **nothing more than ...** rien (de plus) que ... ◆ **not much more than ...** pas beaucoup plus que ... ◆ **it will more than cover the cost** cela couvrira largement or amplement les frais ◆ **the house is more than half built** la maison est plus qu'à moitié bâtie ◆ **I had more than kept my promise** j'avais fait plus que tenir ma promesse

◆ **more ... than** plus ... que ◆ **more amused than annoyed** plus amusé que fâché ◆ **he was more frightened than hurt** il a eu plus de peur que de mal ◆ **each more beautiful than the next** or **the other** tous plus beaux les uns que les autres ◆ **it's more a short story than a novel** ◆ **he's no more a duke than I am** il n'est pas plus duc que moi ◆ **he could no more pay me than fly in the air** * il ne pourrait pas plus me payer que devenir pape *

◆ **... any more** (= any longer, again) ◆ **I won't do it any more** je ne le ferai plus ◆ **don't do it any more!** ne recommence pas ! ◆ **he doesn't live here any more** il n'habite plus ici ◆ **I can't stay any more** je ne peux pas rester plus longtemps or davantage

◆ **more or less** plus ou moins

◆ **no more and no less** ni plus ni moins ◆ **neither more nor less (than ...)** ni plus ni moins (que ...)

◆ **no more ...** † (= neither) ◆ **I can't bear him!** – **no more can I!** je ne peux pas le souffrir ! – ni moi non plus ! ◆ **I shan't go there again!** – **no more you shall** je ne veux pas y retourner ! – c'est entendu

◆ **... no more** (liter = no longer) ◆ **we shall see him no more** nous ne le reverrons jamais plus or plus jamais ◆ **he is no more** il n'est plus

◆ **... only more so** * ◆ **he's like his father, only more so** (= worse) il est comme son père, mais en pire ◆ **it's like that in Canada, only more so** (= better) c'est comme ça au Canada, mais en mieux

◆ **once more** une fois de plus, encore une fois ◆ **only once more** une dernière fois

◆ **the more ...** ◆ **the more you rest the quicker you'll get better** plus vous vous reposerez plus vous vous rétablirez rapidement ◆ **the more I think of it the more ashamed I feel** plus j'y pense plus j'ai honte ◆ **he is all the more happy** il est d'autant plus heureux (*as* que) ◆ **(all) the more so as** or **because ...** d'autant plus que ... ◆ **I love him all the more for it** je l'aime d'autant plus ◆ **she respected him all the more for his frankness** elle l'a respecté d'autant plus pour sa franchise

moreish * ['mɔːrɪʃ] adj ◆ **these cakes are very moreish** ces gâteaux ont un goût de revenez-y *

morel [mɒ'rel] n (Bot) morille f

morello [mə'reləʊ] n, pl **morellos** (also **morello cherry**) griotte f

moreover [mɔː'rəʊvəʳ] LANGUAGE IN USE 26.2, 26.3 → SYN adv (frm) de plus, en outre

mores ['mɔːreɪz] npl mœurs fpl

morganatic [mɔːgə'nætɪk] adj morganatique

morganatically [mɔːgə'nætɪkəlɪ] adv morganatiquement

morgue [mɔːg] → SYN n (= mortuary) morgue f ; (*: of newspaper) archives fpl (*d'un journal*)

MORI ['mɒrɪ] n (abbrev of **Market and Opinion Research Institute**) ◆ **MORI poll** sondage m d'opinion

moribund ['mɒrɪbʌnd] → SYN adj (frm: lit, fig) moribond

Mormon ['mɔːmən] ⓵ n mormon(e) m(f)

⓶ adj mormon

Mormonism ['mɔːmənɪzəm] n mormonisme m

morn [mɔːn] n (liter) (= morning) matin m ; (= dawn) aube f

morning ['mɔːnɪŋ] → SYN ⓵ n (= point in time) matin m ; (= duration) matinée f ◆ **on the morning of 23 January** le 23 janvier au matin, le matin du 23 janvier ◆ **during (the course of) the morning** pendant la matinée ◆ **I was busy all morning** j'ai été occupé toute la matinée ◆ **good morning!** (= hello) bonjour ! ; († = goodbye) au revoir ! ◆ **he came in the morning** il est arrivé dans la matinée ◆ **I'll do it in the morning** je le ferai le matin or dans la matinée ; (= tomorrow) je le ferai demain matin ◆ **it happened first thing in the**

morning c'est arrivé tout au début de la matinée ◆ **I'll do it first thing in the morning** je le ferai demain à la première heure ◆ **at 7 (o'clock) in the morning** à 7 heures du matin ◆ **in the early morning** au (petit) matin ◆ **to get up very early in the morning** se lever de très bonne heure or très tôt le matin, se lever de bon or de grand matin ◆ **I work in the morning(s)** je travaille le matin ◆ **she's working mornings or she's on mornings** * **this week** elle travaille le matin, cette semaine ◆ **a morning's work** une matinée de travail ◆ **she's got the morning off (today)** elle a congé ce matin ◆ **I have a morning off every week** j'ai un matin or une matinée (de) libre par semaine ◆ **what a beautiful morning!** quelle belle matinée ! ◆ **this morning** ce matin ◆ **tomorrow morning** demain matin ◆ **the morning before** la veille au matin ◆ **yesterday morning** hier matin ◆ **the next or following morning, the morning after** le lendemain matin ◆ **the morning after (the night before)** * un lendemain de cuite * ◆ **every Sunday morning** tous les dimanches matin ◆ **one summer morning** (par) un matin d'été ; → **Monday**
[2] adj walk, swim matinal, du matin ◆ **a morning train** un train le matin or dans la matinée ◆ **the morning train** le train du matin
[3] COMP ▷ **morning-after pill** n (= contraceptive) pilule f du lendemain ▷ **morning coat** n jaquette f ▷ **morning coffee** n pause-café f (dans la matinée) ◆ **we have morning coffee together** nous prenons un café ensemble le matin ▷ **morning dress** n jaquette f (et pantalon m rayé) ▷ **morning-glory** n (= flower) belle-de-jour f ▷ **morning paper** n journal m (du matin) ▷ **morning prayer(s)** n(pl) prière(s) f(pl) du matin ▷ **morning room** n petit salon m (conçu pour recevoir le soleil le matin) ▷ **morning service** n office m du matin ▷ **morning sickness** n nausée f (du matin), nausées fpl matinales ▷ **morning star** n étoile f du matin ▷ **morning watch** n (Naut) premier quart m du jour

Moroccan [məˈrɒkən] [1] adj (gen) marocain ; ambassador, embassy du Maroc
[2] n Marocain(e) m(f)

Morocco [məˈrɒkəʊ] n **a** le Maroc
b morocco (leather) maroquin m ◆ **morocco-bound** relié en maroquin

moron [ˈmɔːrɒn] → SYN n (* = idiot) crétin(e) m(f) * ; (Med) débile m léger, débile f légère

moronic [məˈrɒnɪk] adj crétin *

morose [məˈrəʊs] → SYN adj morose

morosely [məˈrəʊslɪ] adv look at d'un air morose ; say d'un ton morose

morph [mɔːf] n (Ling) morphe m

morpheme [ˈmɔːfiːm] n (Ling) morphème m

morphemics [mɔːˈfiːmɪks] n (NonC) (Ling) morphématique f

Morpheus [ˈmɔːfɪəs] n Morphée m ; → **arm¹**

morphia [ˈmɔːfɪə] n ⇒ **morphine**

morphine [ˈmɔːfiːn] [1] n morphine f
[2] COMP ▷ **morphine addict** n morphinomane mf ▷ **morphine addiction** n morphinomanie f

morphing [ˈmɔːfɪŋ] n (Cine, Comput) morphing m

morphogenesis [ˌmɔːfəʊˈdʒenɪsɪs] n morphogenèse f

morphogenetic [ˌmɔːfəʊdʒɪˈnetɪk] adj morphogène

morphological [ˌmɔːfəˈlɒdʒɪkəl] adj morphologique

morphologically [ˌmɔːfəˈlɒdʒɪkəlɪ] adv morphologiquement

morphologist [mɔːˈfɒlədʒɪst] n morphologue mf

morphology [mɔːˈfɒlədʒɪ] n morphologie f

morphophonemics [ˌmɔːfəʊfəʊˈniːmɪks] n (NonC) morphophonémique f

morphophonology [ˌmɔːfəfəˈnɒlədʒɪ] n morphophonologie f

morphosyntax [ˌmɔːfəʊˈsɪntæks] n morphosyntaxe f

morris [ˈmɒrɪs] [1] n (US) ⇒ **morris dance**
[2] COMP ▷ **morris dance** n danse folklorique anglaise ▷ **morris dancer** n danseur de morris dance ▷ **morris dancing** n danse folklorique anglaise ▷ **morris men** npl danseurs de morris dance

---
MORRIS DANCING

Le **morris dancing** est une danse folklorique anglaise traditionnelle réservée aux hommes. Habillés tout en blanc et portant des clochettes, ils exécutent différentes figures avec des mouchoirs et de longs bâtons. Cette danse est très populaire dans les fêtes de village.

---

morrow [ˈmɒrəʊ] n († or liter) (= morning) matin m ; (= next day) lendemain m ◆ **he said he would leave on the morrow** il a dit qu'il partirait le lendemain

Morse [mɔːs] [1] n morse m
[2] COMP ▷ **Morse alphabet** n alphabet m morse ▷ **Morse Code** n morse m ▷ **Morse signals** npl signaux mpl en morse

morsel [ˈmɔːsl] → SYN n (gen) (petit) bout m ◆ **she ate only a morsel of fish** elle n'a mangé qu'une bouchée de poisson ◆ **choice morsel** morceau m de choix

mortadella [ˌmɔːtəˈdelə] n mortadelle f

mortal [ˈmɔːtl] → SYN [1] adj life, hatred, enemy, fear mortel ; injury mortel, fatal ◆ **mortal combat** combat m à mort ◆ **mortal remains** dépouille f mortelle ◆ **mortal sin** péché m mortel ◆ **it's no mortal good to him** * cela ne lui sert strictement à rien
[2] n mortel(le) m(f)

mortality [mɔːˈtælɪtɪ] → SYN n mortalité f ◆ **infant mortality** (taux m de) mortalité f infantile

mortally [ˈmɔːtəlɪ] adv wounded, offended mortellement ; embarrassed horriblement ◆ **mortally ill** condamné ◆ **mortally afraid** mort de peur

mortar [ˈmɔːtəʳ] n (Constr, Mil, Pharm) mortier m

mortarboard [ˈmɔːtəbɔːd] n toque portée par les enseignants et les étudiants pendant la cérémonie de remise de diplômes universitaires

mortgage [ˈmɔːgɪdʒ] [1] n (in house buying etc) emprunt m immobilier ; (= second loan etc) hypothèque f ◆ **to take out** or **raise a mortgage** contracter un emprunt immobilier (on, for pour), prendre une hypothèque ◆ **to pay off** or **clear a mortgage** rembourser un emprunt immobilier, purger une hypothèque ◆ **to carry a mortgage** être grevé d'une hypothèque
[2] vt [+ house, one's future] hypothéquer
[3] COMP ▷ **mortgage broker** n courtier m en prêts hypothécaires ▷ **mortgage payment** n remboursement m d'un emprunt immobilier ▷ **mortgage rate** n taux m d'emprunt hypothécaire ▷ **mortgage relief** n (Brit) exonération fiscale sur les emprunts immobiliers

mortgageable [ˈmɔːgədʒɪbl] adj hypothécable

mortgagee [ˌmɔːgəˈdʒiː] n créancier m, -ière f hypothécaire

mortgagor [ˌmɔːgəˈdʒɔːʳ] n débiteur m, -trice f hypothécaire

mortice [ˈmɔːtɪs] n ⇒ **mortise**

mortician [mɔːˈtɪʃən] n (US) entrepreneur m de pompes funèbres

mortification [ˌmɔːtɪfɪˈkeɪʃən] → SYN n (gen) grande honte f ; (Rel) mortification f ◆ **mortification of the flesh** (Rel) mortification f de la chair

mortified [ˈmɔːtɪfaɪd] adj ◆ **I was mortified to learn that ...** j'ai été morte de honte en apprenant que ...

mortify [ˈmɔːtɪfaɪ] → SYN vt (gen) faire honte à, rendre honteux ; (Rel) mortifier ◆ **to mortify the flesh** se mortifier, mortifier sa chair

mortifying [ˈmɔːtɪfaɪɪŋ] adj très gênant (to sb pour qn)

mortise [ˈmɔːtɪs] [1] n mortaise f
[2] vt mortaiser
[3] COMP ▷ **mortise and tenon joint** n assemblage m à tenon et mortaise ▷ **mortise lock** n serrure f encastrée

mortuary [ˈmɔːtjʊərɪ] → SYN [1] n morgue f, dépôt m mortuaire
[2] adj mortuaire

morula [ˈmɒrjʊlə] n morula f

Mosaic [məʊˈzeɪɪk] adj (Bible Hist) mosaïque, de Moïse

mosaic [məʊˈzeɪɪk] [1] n mosaïque f
[2] COMP en mosaïque

moschatel [ˌmɒskəˈtel] n (Bot) moschatelline f, herbe f musquée

Moscow [ˈmɒskəʊ] n Moscou ◆ **the Moscow team** l'équipe f moscovite

Moselle [məʊˈzel] n **a** (Geog) Moselle f
b (= wine) (vin m de) Moselle m

Moses [ˈməʊzɪz] [1] n Moïse m ◆ **Holy Moses!** * mince alors ! *
[2] COMP ▷ **Moses basket** n moïse m

mosey * [ˈməʊzɪ] (US) [1] vi ◆ **to mosey along** (se) baguenauder *, aller or marcher sans (trop) se presser ◆ **they moseyed over to Joe's** ils sont allés faire un tour chez Joe ◆ **I'll just mosey on down** je vais y aller doucement
[2] n ◆ **to have a mosey round somewhere** faire une balade * or un tour quelque part

Moslem [ˈmɒzləm] ⇒ **Muslim**

mosque [mɒsk] n mosquée f

mosquito [mɒsˈkiːtəʊ] [1] n, pl **mosquito(e)s** moustique m
[2] COMP ▷ **mosquito bite** n piqûre f de moustique ▷ **mosquito net** n moustiquaire f ▷ **mosquito netting** n mousseline f or gaze f pour moustiquaire

moss [mɒs] [1] n mousse f (Bot) ; → **rolling**
[2] COMP ▷ **moss campion** n silène m à tige courte ▷ **moss green** adj vert mousse inv ◊ n vert m mousse inv ▷ **moss rose** n rose f mousseuse ▷ **moss stitch** n (Knitting) point m de riz

Mossad [ˈmɒsæd] n Mossad m

mossback * [ˈmɒsbæk] n (US fig) conservateur m à tout crin

mossy [ˈmɒsɪ] adj wall, stone moussu ◆ **mossy green** (adj) vert mousse inv ; (n) vert m mousse

most [məʊst] LANGUAGE IN USE 7.2 (superl of **many, much**)
[1] adj, pron **a** (= greatest in amount etc) le plus (de), la plus grande quantité (de), le plus grand nombre (de) ◆ **he earns (the) most money** c'est lui qui gagne le plus d'argent ◆ **I've got (the) most records** c'est moi qui ai le plus (grand nombre) de disques ◆ **(the) most** le plus, le maximum ◆ **who has got (the) most?** qui en a le plus ? ◆ **do the most you can** fais-en le plus que tu pourras ◆ **at (the) most, at the very most** au maximum, (tout) au plus ◆ **they're the most!** * ils sont champions ! *

◆ **to make the most of** [+ one's time] ne pas perdre, bien employer ; [+ opportunity, sunshine, sb's absence] profiter (au maximum) de ; [+ one's talents, business offer, money] tirer le meilleur parti de ; [+ one's resources, remaining food] utiliser au mieux, faire durer ◆ **make the most of it!** profitez-en bien !, tâchez de bien en profiter ! ◆ **he certainly made the most of the story** il a vraiment exploité cette histoire à fond ◆ **to make the most of o.s.** se faire valoir, se mettre en valeur

b (= largest part) la plus grande partie (de), la majeure or la meilleure partie (de) ; (= greatest number) la majorité (de), la plupart (de) ◆ **most (of the) people/books** etc la plupart or la majorité des gens/des livres etc ◆ **most honey is expensive** le miel en général coûte cher, la plupart des marques de miel coûtent cher ◆ **most of the butter** presque tout le beurre ◆ **most of the money** la plus grande or la majeure partie de l'argent, presque tout l'argent ◆ **most of it** presque tout ◆ **most of them** la plupart d'entre eux ◆ **most of the day** la plus grande or la majeure partie de la journée ◆ **most of the time** la plupart du temps ◆ **for the most part** pour la plupart, en général ◆ **in most cases** dans la plupart or la majorité des cas

[2] adv **a** (forming superl of adjs and advs) le plus ◆ **the most intelligent boy** le garçon le plus

intelligent ◆ **the most beautiful woman of all** la plus belle femme or la femme la plus belle de toutes ◆ **most easily** le plus facilement

b work, sleep etc le plus ◆ **he talked most** c'est lui qui a le plus parlé or parlé le plus ◆ **what he wants most (of all)** ce qu'il désire le plus or par-dessus tout or avant tout ◆ **the book he wanted most (of all)** le livre qu'il voulait le plus or entre tous ◆ **that's what annoyed me most (of all)** c'est ce qui m'a contrarié le plus or par-dessus tout

c (= very) bien, très, fort ◆ **most likely** très probablement ◆ **a most delightful day** une journée on ne peut plus agréable or des plus agréables or bien agréable ◆ **you are most kind** vous êtes (vraiment) très aimable ◆ **it's a most useful gadget** c'est un gadget des plus utiles or tout ce qu'il y a de plus utile ◆ **the Most High** le Très-Haut ◆ **Most Reverend** révérendissime

d (US * = almost) presque

...most [məʊst] suf le plus ◆ **northernmost** le plus au nord; → **foremost, innermost**

mostly [ˈməʊstlɪ] → SYN adv **a** (= chiefly) principalement, surtout ◆ **he now works mostly in Hollywood** à présent, il travaille principalement or surtout à Hollywood ◆ **the human body is mostly water** le corps humain est presque entièrement composé d'eau ◆ **it is mostly a book about nature** c'est avant tout un livre sur la nature

b (= almost all) pour la plupart ◆ **the men were mostly fairly young** les hommes étaient, pour la plupart, assez jeunes ◆ **more than one hundred people, mostly women** plus de cent personnes, pour la plupart des femmes

c (= usually) en général ◆ **he mostly comes on Mondays** il vient en général le lundi

MOT [ˌemoʊˈtiː] (Brit) **1** n **a** abbrev of **Ministry of Transport**

b (Aut: also **MOT test**) ≃ contrôle m technique ◆ **the car has passed/failed its MOT (test)** la voiture a obtenu/n'a pas obtenu le certificat de contrôle technique ◆ **the MOT (certificate) runs out in April** le certificat de contrôle technique expire en avril

2 vt ◆ **to get one's car MOT'd** faire passer sa voiture au contrôle technique ◆ **car for sale, MOT'd till June** voiture à vendre, certificat de contrôle technique valable jusqu'en juin

mote [məʊt] n atome m; [of dust] grain m ◆ **the mote in thy brother's eye** (Bible) la paille dans l'œil de ton frère

motel [məʊˈtel] n motel m

motet [məʊˈtet] n motet m

moth [mɒθ] **1** n papillon m de nuit, phalène m or f; (also **clothes-moth**) mite f ◆ **to be attracted like a moth to a flame** être irrésistiblement attiré

2 COMP ▷ **moth-eaten** → SYN adj mangé par les mites, mité; (* fig) mangé aux mites * ◆ **to become moth-eaten** se miter ▷ **moth-hole** n trou m de mite

mothball [ˈmɒθbɔːl] **1** n boule f de naphtaline ◆ **in mothballs** * (fig) object au placard (hum); ship en réserve ◆ **to put sth in mothballs** (fig) [+ project] mettre or remiser qch au placard

2 vt [+ ship] mettre en réserve; [+ factory] fermer provisoirement; (fig) [+ project] mettre or remiser au placard

mother [ˈmʌðəʳ] → SYN **1** n **a** (lit, fig) mère f ◆ **yes, Mother** (as form of address) oui, mère ◆ **she was (like) a mother to me** elle était une vraie mère pour moi ◆ **a mother of three** une mère de trois enfants ◆ **to learn sth at one's mother's knee** apprendre qch au berceau ◆ **mother's milk** lait m maternel ◆ **he took in poetry with his mother's milk** il a été imprégné de poésie depuis sa plus tendre enfance ◆ **the Reverend Mother** (Rel) la Révérende Mère ◆ **she's her mother's daughter** c'est (bien) la fille de sa mère ◆ **every mother's son of them** * tous sans exception ◆ **shall I be mother?** (Brit hum = shall I serve?) je fais le service or la mère de famille?; → **foster, housemother, necessity, single**

b ◆ **the mother of all battles** une bataille homérique or sans précédent ◆ **the mother of all controversies/confrontations** une controverse/une confrontation homérique or sans précédent ◆ **the mother of all traffic jams** un énorme bouchon

c († or liter) **old Mother Jones** la mère Jones; see also **3**

d (US *) ⇒ **motherfucker**

2 vt (= act as mother to) s'occuper de; (= indulge, protect) dorloter, chouchouter; (Psych) materner; (†† = give birth to) donner naissance à ◆ **she always mothers her lodgers** c'est une vraie mère pour ses locataires ◆ **why do men so often want their girlfriends to mother them?** pourquoi les hommes veulent-ils si souvent être maternés par leur petite amie?

3 COMP ▷ **mother abbess** n (Rel) mère f abbesse ▷ **Mother Carey's chicken** n pétrel m ▷ **Mother Church** n **our Mother Church** notre sainte mère l'Église ▷ **mother country** n mère patrie f ▷ **mother craft** n (Space) vaisseau m amiral ▷ **Mother Earth** n notre mère f la terre, la Terre mère ▷ **Mother Goose** n ma Mère l'Oye ▷ **mother hen** n mère f poule ▷ **mother-in-law** n, pl **mothers-in-law** belle-mère f ▷ **mother lode** n (Min) veine f principale; (fig) source f ▷ **mother love** n amour m maternel ▷ **mother-naked** adj nu comme un ver ▷ **Mother Nature** n Dame Nature f ▷ **Mother of God** n Marie, mère f de Dieu ▷ **mother-of-pearl** n nacre f (de perle) ▷ **mother-of-thousands** n (Bot) chlorophytum m ▷ **mother of vinegar** n mère m de vinaigre ▷ **Mother's Day** n la fête des Mères ▷ **mother's help, mother's helper** (US) n aide f maternelle ▷ **mother ship** n (Naut) ravitailleur m ▷ **Mother Superior** n, pl **Mother Superiors** or **Mothers Superior** (Rel) Mère f supérieure ▷ **mother-to-be** n, pl **mothers-to-be** future maman f ▷ **mother tongue** n langue f maternelle ▷ **mother wit** → SYN n bon sens m inné

motherboard [ˈmʌðəbɔːd] n (Comput) carte f mère

mothercraft [ˈmʌðəkrɑːft] n puériculture f

motherfucker [ˈmʌðəfʌkəʳ] n (esp US) (= person) enfoiré(e) ** m(f), enculé(e) ** m(f); (= thing) saloperie ** f

motherfucking ** [ˈmʌðəfʌkɪŋ] adj (esp US) ◆ **that motherfucking car!** cette putain de bagnole!** ◆ **get your motherfucking ass in gear!** magne-toi le cul!** ◆ **you motherfucking son-of-a-bitch!** espèce de fils de pute!**

motherhood [ˈmʌðəhʊd] n maternité f

mothering [ˈmʌðərɪŋ] **1** n soins mpl maternels; (fig) maternage m ◆ **he needs mothering** il a besoin d'être materné

2 COMP ▷ **Mothering Sunday** n (Brit) la fête des Mères

motherland [ˈmʌðəlænd] n patrie f

motherless [ˈmʌðəlɪs] adj sans mère

motherly [ˈmʌðəlɪ] → SYN adj maternel

motherwort [ˈmʌðəwɜːt] n agripaume f, léonure f

mothproof [ˈmɒθpruːf] **1** adj traité à l'antimite

2 vt traiter à l'antimite

motif [məʊˈtiːf] n (Art, Mus) motif m

motile [ˈməʊtaɪl] adj (Physiol) mobile

motility [məʊˈtɪlɪtɪ] n (Physiol) motilité f

motion [ˈməʊʃən] → SYN **1** n **a** (NonC) mouvement m, marche f; (Mus) mouvement m ◆ **perpetual motion** mouvement m perpétuel ◆ **to be in motion** [vehicle] être en marche; [machine] être en mouvement or en marche ◆ **to set in motion** [+ machine] mettre en mouvement or en marche; [+ vehicle] mettre en marche; (fig) [+ process etc] mettre en branle ◆ **to put or set the wheels in motion** (fig: of process etc) lancer le processus, mettre les choses en branle ◆ **the motion of the car made him ill** le mouvement de la voiture l'a rendu malade

b (= gesture etc) mouvement m, geste m ◆ **he made a motion to close the door** il a esquissé le geste d'aller fermer la porte ◆ **to go through the motions of doing sth** (fig) (mechanically) faire qch machinalement or en ayant l'esprit ailleurs; (insincerely) faire mine or semblant de faire qch

c (at meeting etc) motion f; (Parl) proposition f ◆ **to propose a motion** proposer une motion ◆ **motion carried/rejected** motion f adoptée/ rejetée ◆ **meeting convened of its own motion** (Admin, Jur) réunion f convoquée d'office

d (Brit: also **bowel motion**) selles fpl ◆ **to have** or **pass a motion** aller à la selle

e [of watch] mouvement m

2 vti ◆ **to motion (to) sb to do sth** faire signe à qn de faire qch ◆ **he motioned me in/out/to a chair** il m'a fait signe d'entrer/de sortir/de m'asseoir

3 COMP ▷ **motion picture** n (esp US Cine) film m (de cinéma) ◆ **motion-picture camera** caméra f ◆ **the motion-picture industry** l'industrie f cinématographique, le cinéma ▷ **motion sickness** n mal m des transports ▷ **motion study** n (Ind etc) étude f des cadences

motionless [ˈməʊʃənlɪs] → SYN adj person, body immobile ◆ **to remain motionless** rester immobile ◆ **to stand/sit/lie motionless** rester debout/assis/étendu sans bouger

motivate [ˈməʊtɪveɪt] → SYN vt [+ act, decision] motiver; [+ person] pousser, inciter (to do sth à faire qch)

motivated [ˈməʊtɪveɪtɪd] adj motivé (to do sth pour faire qch) ◆ **to keep sb motivated** faire en sorte que qn reste (subj) motivé ◆ **highly motivated** extrêmement motivé ◆ **he's not very politically motivated** il ne s'intéresse pas beaucoup à la politique ◆ **the violence was racially motivated** c'est le racisme qui a motivé les violences

motivation [ˌməʊtɪˈveɪʃən] → SYN **1** n motivation f ◆ **he lacks motivation** il n'est pas assez motivé, il manque de motivation (to do sth pour faire qch)

2 COMP ▷ **motivation research** n études fpl de motivation

motivational research [ˌməʊtɪˈveɪʃənəlrɪˈsɜːtʃ] n ⇒ **motivation research**; → **motivation**

motive [ˈməʊtɪv] → SYN **1** n **a** (= reason) intention f, raison f; (= motivation) [of person] motivations fpl; (for action) motifs mpl; (Jur) mobile m ◆ **I did it from the best motives** je l'ai fait avec les meilleures intentions or avec les motifs les plus louables ◆ **his motive for saying that** la raison pour laquelle il a dit cela ◆ **what were his motives?** quelles étaient ses motivations? ◆ **what was the motive for his behaviour?** quels étaient les motifs de sa conduite? ◆ **he had no motive for killing her** il n'avait aucune raison de la tuer ◆ **what was the motive for the murder?** quel était le mobile du meurtre? ◆ **the only suspect with a motive** le seul suspect à avoir un mobile; → **profit, ulterior**

b ⇒ **motif**

2 adj moteur (-trice f) ◆ **motive power** force f motrice

motiveless [ˈməʊtɪvlɪs] adj act, crime immotivé, gratuit

motley [ˈmɒtlɪ] → SYN **1** adj **a** (pej = ill-assorted) collection, assortment disparate ◆ **what a motley crew!** en voilà une belle équipe!*

b (= multicoloured: also **motley coloured**) bariolé

2 n (= garment) habit m bigarré (du bouffon)

motocross [ˈməʊtəkrɒs] n moto-cross m

motor [ˈməʊtəʳ] **1** n **a** (= engine) moteur m

b (Brit *) voiture f, bagnole * f

2 adj muscle, nerve moteur (-trice f); see also **5**

3 vi † aller en auto ◆ **to go motoring** faire de l'auto ◆ **to motor away/back** etc partir/ revenir etc en auto ◆ **we motored downriver** (in boat) nous avons descendu la rivière en bateau à moteur

4 vt (Brit †) conduire en auto ◆ **to motor sb away/back** etc emmener/ramener etc qn en auto

5 COMP accident de voiture ▷ **motor-assisted** adj à moteur ▷ **motor bus** † n autobus m ▷ **motor coach** n (Brit) car m ▷ **motor drive** n (Tech) entraînement m par moteur ▷ **motor-driven** adj à entraînement par moteur ▷ **motor home** n (US) camping-car m ▷ **motor industry** n industrie f automobile ▷ **motor inn** n (US) ⇒ **motor lodge** ▷ **motor insurance** n assurance-automobile f ▷ **motor launch** n (Naut) vedette f ▷ **motor lodge** n (US) motel m ▷ **motor lorry** n (Brit) ⇒ **motor truck** ▷ **motor mechanic** n mécanicien m garagiste ▷ **motor mower** n tondeuse f (à gazon) à moteur ▷ **motor neuron disease** n (Med) sclérose f latérale amyotrophique ▷ **motor oil** n huile f (de graissage) ▷ **motor racing** n (NonC) course f automobile ▷ **motor road** † n route f carrossable ▷ **motor scooter** n scooter m ▷ **motor ship** n ⇒ **motor vessel** ▷ **motor show** n exposition f de voitures ♦ the Motor Show (Brit) le Salon de l'automobile ▷ **motor torpedo boat** n vedette f lance-torpilles ▷ **the motor trade** n (le secteur de) l'automobile f ▷ **motor truck** n camion m (automobile) ▷ **motor vehicle** n véhicule m automobile ▷ **motor vessel** n (Naut) navire m à moteur (diesel), motorship m

motorail ['məʊtəreɪl] n train m auto-couchettes

motorbike ['məʊtəbaɪk] n moto f ♦ **motorbike gang** bande f de motards *

motorboat ['məʊtəbəʊt] n canot m automobile, bateau m à moteur

motorcade ['məʊtəkeɪd] n cortège m de voitures

motorcar ['məʊtəkɑːʳ] n (Brit) automobile f, voiture f

motorcycle ['məʊtəsaɪkl] [1] n moto(cyclette) f [2] COMP ▷ **motorcycle club** n club m de moto ▷ **motorcycle combination** n (motocyclette f à) side-car m ▷ **motorcycle engine** n moteur m de moto

motorcycling ['məʊtəsaɪklɪŋ] n motocyclisme m

motorcyclist ['məʊtəsaɪklɪst] n motocycliste mf

-motored ['məʊtəd] adj (in compounds) ♦ **four-motored** quadrimoteur (-trice f)

motoring ['məʊtərɪŋ] [1] n promenades fpl en voiture [2] COMP accident de voiture, d'auto ; holiday en voiture, en auto ▷ **motoring correspondent** n (Brit Press) chroniqueur m automobile ▷ **motoring magazine** n revue f automobile ▷ **motoring public** n automobilistes mpl ▷ **motoring school** n auto-école f

motorist ['məʊtərɪst] n automobiliste mf

motorization [ˌməʊtəraɪ'zeɪʃən] n motorisation f

motorize ['məʊtəraɪz] vt (esp Mil) motoriser ♦ **motorized bicycle** or **bike** * cyclomoteur m

motorman ['məʊtəmən] n, pl **-men** (US) conducteur m ; [of train] conducteur m, mécanicien m

motormouth *_* ['məʊtəmaʊθ] n moulin m à paroles *

motorway ['məʊtəweɪ] (Brit) [1] n autoroute f ; → ROADS [2] COMP bridge, exit, junction d'autoroute ▷ **motorway restaurant** restoroute m ®

Motown ['məʊtaʊn] n (US) a Detroit b (Mus) Motown m

mottle ['mɒtl] vt marbrer (with de)

mottled ['mɒtld] → SYN adj leaf, skin, colour, porcelain marbré (with sth de qch) ; horse moucheté, sky pommelé ; material chiné ♦ **mottled complexion** teint m brouillé ♦ **mottled blue and white** marbré de bleu et de blanc

motto ['mɒtəʊ] → SYN n, pl **mottoes** or **mottos** a [of family, school etc] devise f b (in cracker) (= riddle) devinette f ; (= joke) blague f c (Mus) **motto theme** leitmotiv m

motu proprio ['məʊtuː'prəʊprɪˌəʊ] n motu proprio m

mould¹, mold¹ (US) [məʊld] → SYN [1] n (Art, Culin, Metal, Tech etc) (= container, core, frame) moule m ; (= model for design) modèle m, gabarit m ♦ **rice mould** (Culin) gâteau m de riz ♦ **to cast metal in a mould** couler or jeter du métal dans un moule ♦ **to cast a figure in a mould** jeter une figure en moule, mouler une figure ; (fig) ♦ **to break the mould** (= reorganize) rompre avec la tradition ♦ **they broke the mould when they made him** il n'y a pas deux comme lui ♦ **cast in a heroic mould** de la trempe des héros ♦ **cast in the same mould** fait sur or coulé dans le même moule ♦ **men of his mould** des hommes de sa trempe or de son calibre ♦ **he doesn't fit into the usual mould of a retired colonel** il ne correspond pas à l'image traditionnelle or que l'on a d'un colonel à la retraite [2] vt (= cast) [+ metals] fondre, mouler ; [+ plaster, clay] mouler ; (= fashion) [+ figure etc] modeler (in, out of en) ; (fig) [+ sb's character, public opinion etc] former, façonner [3] vi : ♦ **the dress moulded to her body** la robe moulait son corps

mould², mold² (US) [məʊld] → SYN [1] n (= fungus) moisissure f [2] vi moisir

mould³, mold³ (US) [məʊld] n (= soil) humus m, terreau m ; → leaf

moulder, molder (US) ['məʊldəʳ] vi (gen) moisir ; (also **moulder away**) [building] tomber en poussière, se désagréger ; (* fig) [person, object] moisir

moulding, molding (US) ['məʊldɪŋ] [1] n a (Archit) moulure f b (Aut) baguette f c (Metal) (= object) objet m moulé, moulage m ; (= process) (gen) moulage m ; [of metal] coulée f ; [of statue] coulage m d (NonC = influencing) [of character, public opinion] formation f [2] COMP ▷ **moulding machine** n machine f à moulures ▷ **moulding process** n procédé m de moulage ▷ **moulding technique** n technique f de moulage

mouldy, moldy (US) ['məʊldɪ] → SYN adj a (= with mould) food, mattress, wallpaper, clothes moisi ♦ **to go mouldy** moisir ♦ **to smell mouldy** sentir le moisi ♦ **to taste mouldy** avoir goût de moisi b (Brit * = paltry) minable ♦ **all he gave me was a mouldy £5** il m'a juste refilé un malheureux billet de 5 livres

moult, molt (US) [məʊlt] [1] n mue f [2] vi [bird] muer ; [dog, cat] perdre ses poils [3] vt [+ feathers, hair] perdre

mound [maʊnd] → SYN n a [of earth] (natural) monticule m ; (artificial) levée f de terre, remblai m ; (Archeol: also **burial mound**) tumulus m b (= pile) tas m, monceau m

mount [maʊnt] → SYN [1] n a (liter) mont m, montagne f ♦ **Mount Carmel** le mont Carmel ♦ **Mount Fuji** or **Fujiyama** le Fuji-Yama ♦ **the Mount of Olives** le mont des Oliviers ; → sermon b (= horse) monture f c (= support) [of machine] support m ; [of jewel, lens, specimen] monture f ; [of microscope slide] lame f ; [of transparency] cadre m ; [of painting, photo] carton m de montage ; [of stamp in album] charnière f [2] vt (climb on or up) [+ hill, stairs] monter ; (with effort) gravir ; [+ horse, ladder] monter à ; [+ cycle] monter sur, enfourcher ; [+ platform, throne] monter sur ♦ **the car mounted the pavement** la voiture est montée sur le trottoir b [male animal] monter c [+ machine, specimen, jewel] monter (on, in sur) ; [+ map] monter, entoiler ; [+ picture, photo] monter or coller sur un carton ; [+ exhibit] fixer sur un support ; [+ gun] mettre en position ♦ **to mount stamps in an album** coller or monter des timbres dans un album ♦ **mounting press** (Phot) colleuse f d (= stage, orchestrate) [+ play, demonstration, plot, campaign, rescue operation etc] monter ♦ **to mount guard** (Mil) monter la garde (on sur ; over auprès de) ♦ **to mount an offensive** monter une attaque ♦ **she mounted a challenge to the Prime Minister's leadership** elle s'est posée en successeur du Premier ministre, en contestant son autorité ♦ **she mounted a title challenge to the reigning World Champion** elle a essayé de ravir son titre au champion du monde ♦ **they mounted a legal challenge to the directive** ils ont essayé de contester cette directive devant les tribunaux e (= provide with horse) monter ; → **mounted** [3] vi a [prices, temperature] monter, augmenter ; [pressure, tension] monter ; [concern] grandir, monter ; [debts, losses] augmenter ♦ **the death toll has mounted to 8,000** le nombre de morts se monte maintenant à 8 000 ♦ **opposition to the treaty is mounting** l'opposition au traité grandit or prend de l'ampleur ♦ **pressure is mounting on him to resign** la pression s'accentue sur lui pour qu'il démissionne ♦ **evidence is mounting that ...** il y a de plus en plus de raisons de penser que ... ♦ **speculation was mounting that she was about to resign** on se perdait en conjectures sur sa démission éventuelle b (= get on horse) se mettre en selle

▶ **mount up** vi (= increase) monter, s'élever ; (= accumulate) s'accumuler ♦ **it all mounts up** tout cela finit par chiffrer

mountain ['maʊntɪn] → SYN [1] n montagne f ♦ **to go to/live in the mountains** aller à/habiter la montagne ♦ **to make a mountain out of a molehill** (se) faire une montagne d'une taupinière ♦ **beef/butter mountain** (Econ) montagne f de bœuf/de beurre ♦ **faith can move mountains** la foi soulève des montagnes ♦ **we have a mountain to climb** (esp Brit fig) nous allons devoir soulever des montagnes ♦ **if Mohammed won't go to the mountain, the mountain must come to Mohammed** si la montagne ne vient pas à Mahomet, Mahomet ira à la montagne ♦ **a mountain of** (fig) une montagne de ♦ **a mountain of dirty washing** un monceau de linge sale ♦ **a mountain of work** un travail fou or monstre [2] COMP tribe, people montagnard ; animal, plant de(s) montagne(s) ; air de la montagne ; path, scenery, shoes, chalet de montagne ▷ **mountain ash** n sorbier m (des oiseleurs) ▷ **mountain avens** n (pl inv) dryade f à huit pétales ▷ **mountain bike** n VTT m, vélo m tout terrain ▷ **mountain cat** n puma m, couguar m ▷ **mountain chain** n chaîne f de montagnes ▷ **mountain climber** n grimpeur m, alpiniste mf ▷ **Mountain Daylight Time** n (US) heure f d'été des montagnes Rocheuses ▷ **mountain dew** * n whisky m (gén illicitement distillé) ▷ **mountain goat** n chèvre f de montagne ▷ **mountain guide** n (Climbing) guide m de montagne ▷ **mountain lion** n (US) ⇒ **mountain cat** ▷ **mountain pass** n col m ▷ **mountain pine** n pin m de montagne ▷ **mountain range** n chaîne f de montagnes ▷ **mountain sickness** n mal m des montagnes ▷ **Mountain Standard Time** n (US) heure f d'hiver des montagnes Rocheuses ▷ **the Mountain State** n (US) la Virginie occidentale ▷ **Mountain Time** n (US) heure f des montagnes Rocheuses ▷ **mountain top** n sommet m de la (or d'une) montagne, cime f

mountaineer [ˌmaʊntɪ'nɪəʳ] [1] n alpiniste mf [2] vi faire de l'alpinisme

mountaineering [ˌmaʊntɪ'nɪərɪŋ] n alpinisme m

mountainous ['maʊntɪnəs] → SYN adj a (= hilly) montagneux b (= immense) colossal c seas démonté ; waves énorme

mountainside ['maʊntɪnsaɪd] n flanc m or versant m d'une (or de la) montagne

mountebank ['maʊntɪbæŋk] n charlatan m

mounted ['maʊntɪd] [1] adj soldiers, troops à cheval [2] COMP ▷ **mounted police** n police f montée ▷ **mounted policeman** n, pl **mounted policemen** policier m à cheval

Mountie * ['maʊntɪ] n (Can) membre m de la police montée ♦ **the Mounties** la police montée

mounting ['maʊntɪŋ] n ⇒ **mount 2c**

mourn [mɔːn] → SYN [1] vi pleurer ♦ **to mourn for sb** pleurer qn ♦ **to mourn for sth** pleurer la perte de qch [2] vt [+ person] pleurer ; (sth gone) pleurer la perte de ; (sth sad) déplorer (frm) ♦ **he was still mourning the loss of his son** il pleurait encore son fils ♦ **he is still mourning the break-up of his relationship** il ne s'est pas encore remis de leur rupture

mourner ['mɔːnəʳ] n parent(e) m(f) or ami(e) m(f) du défunt ♦ **the mourners** le convoi or le cortège funèbre ♦ **to be the chief mourner** mener le deuil

mournful ['mɔːnfʊl] → SYN adj person, face, voice, sound, music mélancolique ; howl lugubre ; occasion triste

mournfully ['mɔːnfəlɪ] adv mélancoliquement

mournfulness ['mɔːnfʊlnɪs] n [of person] tristesse f, mélancolie f

mourning ['mɔːnɪŋ] → SYN [1] n deuil m ; (= clothes) vêtements mpl de deuil ♦ **in deep mourning** en grand deuil ♦ **to be in mourning**

(for sb) porter le deuil (de qn), être en deuil (de qn) ◆ **to go into/come out of mourning** prendre/quitter le deuil
☐ 2 COMP ▷ **mourning band** n crêpe m ▷ **mourning clothes** npl habits mpl de deuil

mouse [maʊs] ☐ 1 n, pl **mice** ☐ a souris f; (fig) timide mf, souris f; → **fieldmouse**
☐ b (Comput) souris f
☐ 2 adj hair châtain terne inv ◆ **mouse brown** brun terne inv
☐ 3 vi chasser les souris
☐ 4 COMP ▷ **mouse mat, mouse pad** n (Comput) tapis m (pour souris)

mousehole ['maʊshəʊl] n trou m de souris

mouser ['maʊsə^r] n souricier m

mousetail ['maʊsteɪl] n (Bot) queue f de souris

mousetrap ['maʊstræp] n souricière f ◆ **mousetrap (cheese)** * (pej) fromage m ordinaire ◆ **"The Mousetrap"** (Literat) "La Souricière"

mousey ['maʊsɪ] adj ⇒ **mousy**

moussaka [muː'sɑːkə] n moussaka f

mousse [muːs] n (Culin) mousse f ◆ **chocolate mousse** mousse f au chocolat ◆ (styling) **mousse (for hair)** mousse f coiffante or de coiffage

moustache [məs'tɑːʃ], **mustache** (US) ['mʌstæʃ] n moustache(s) f(pl) ◆ **man with a moustache** homme m moustachu or à moustache

moustachio [məs'tɑːʃɪəʊ] n moustache f à la gauloise

moustachioed [məs'tɑːʃɪəʊd] adj moustachu

Mousterian [muː'stɪərɪən] adj, n moustérien ◆ **the Mousterian** le moustérien

mousy ['maʊsɪ] adj (pej) (= nondescript) person effacé; (= brownish) hair châtain terne inv ◆ **mousy brown** brun terne inv

mouth [maʊθ] → SYN ☐ 1 n, pl **mouths** [maʊðz] ☐ a [of person, horse, sheep, cow] bouche f; [of dog, cat, lion, tiger, bear, snake, whale] gueule f ◆ **to be taken by mouth** (Pharm) à prendre par voie orale ◆ **that'll be another mouth to feed** c'est une autre bouche à nourrir ◆ **with one's mouth wide open** la bouche grand ouverte ◆ **it makes my mouth water** (lit, fig) cela me met l'eau à la bouche ◆ **she didn't dare open her mouth** elle n'a pas osé ouvrir la bouche ◆ **he never opened his mouth all evening** il n'a pas ouvert la bouche or il n'a pas desserré les dents de la soirée ◆ **he kept his mouth shut (about it)** il n'a pas soufflé mot ◆ **keep your mouth shut about this!** n'en parle à personne !, garde-le pour toi ! ◆ **shut your mouth!** ⁑ ferme-la !⁑, boucle-la !⁑ ◆ **to shut sb's mouth (for him)** * (fig) (= silence) clouer le bec à qn *; (= kill) supprimer qn ◆ **he's a big mouth** * c'est un fort en gueule ⁑, c'est une grande gueule ⁑ ◆ **(you've got a) big mouth!** * tu ne pouvais pas la fermer ! * ◆ **me and my big mouth!** * j'ai encore perdu une occasion de me taire ! ◆ **to speak** or **talk out of both sides of one's mouth** (US) retourner sa veste sans arrêt ◆ **out of the mouths of babes (and sucklings** or **innocents)** (Prov) la vérité sort de la bouche des enfants (Prov) ◆ **he's all mouth** (Brit) c'est un fort en gueule ⁑ ◆ **watch your mouth!** * sois poli !, surveille ton langage ! ; → **down¹, feed, heart, word**
☐ b [of river] embouchure f; [of bag] ouverture f; [of hole, cave, harbour] entrée f; [of bottle] goulot m; [of cannon, gun] bouche f, gueule f; [of well] trou m; [of volcano] bouche f; [of letterbox] ouverture f, fente f
☐ 2 [maʊð] vt ☐ a (soundlessly: gen) articuler en silence; (during spoken voice-over) faire semblant de prononcer; (during singing) faire semblant de chanter ◆ **"go away!", she mouthed at him** "va-t-en !", lui dit-elle en remuant les lèvres silencieusement
☐ b (insincerely) [+ platitudes, slogans, rhetoric] débiter ◆ **to mouth apologies/promises** se répandre en plates excuses/en fausses promesses
☐ 3 COMP ▷ **mouth organ** n (esp Brit) harmonica m ▷ **mouth-to-mouth (resuscitation)** n bouche-à-bouche m inv ▷ **mouth ulcer** n aphte m ▷ **mouth-watering** adj appétissant, alléchant

▶ **mouth off** * vi (= talk boastfully) en avoir plein la bouche * (*about* de); (US = talk insolently) dégoiser ⁑

-mouthed [maʊðd] adj (in compounds) ◆ **wide-mouthed** person qui a une grande bouche ; river à l'embouchure large ; cave avec une vaste entrée ; bottle au large goulot ; → **loud, mealy**

mouthful ['maʊθfʊl] → SYN n [of food] bouchée f ; [of drink] gorgée f ◆ **he swallowed it in one mouthful** [+ food] il n'en a fait qu'une bouchée ; [+ drink] il l'a avalé d'un trait ◆ **it's a real mouthful of a name!** quel nom à coucher dehors ! ◆ **you said a mouthful!** * (fig) c'est vraiment le cas de le dire ! ◆ **to give sb a mouthful** * (fig) passer un savon * à qn, enguirlander * qn

mouthpiece ['maʊθpiːs] → SYN n [of wind instrument, brass instrument] embouchoir m ; [of recorder] bec m ; [of telephone] microphone m ; (fig = spokesman) porte-parole m inv

mouthwash ['maʊθwɒʃ] n bain m de bouche ; (for gargling) gargarisme m

mouthy * ['maʊθɪ] adj ◆ **to be mouthy** être grande gueule⁑

movable ['muːvəbl] → SYN ☐ 1 adj mobile ◆ **movable feast** (Rel) fête f mobile ◆ **it's a movable feast** il n'y a pas de date fixe
☐ 2 **movables** npl (Jur) biens mpl meubles

move [muːv]
→ SYN

☐ 1 NOUN ☐ 3 INTRANSITIVE VERB
☐ 2 TRANSITIVE VERB ☐ 4 PHRASAL VERBS

☐ 1 NOUN

☐ a mouvement m
◆ **to be on the move** [troops, army] être en marche or en mouvement ◆ **he's on the move the whole time** (= moving around) il se déplace constamment, il est sans arrêt en déplacement ◆ **to be always on the move** [gipsies etc] se déplacer continuellement, être sans cesse par monts et par vaux ; [military or diplomatic personnel etc] être toujours en déplacement ; [child, animal] ne pas tenir en place ; (* = be busy) ne jamais (s')arrêter ◆ **the circus is on the move again** le cirque a repris la route ◆ **the police were after him and he had to stay on the move** recherché par la police, il était obligé de se déplacer constamment or de déménager constamment ◆ **it's a country on the move** c'est un pays en marche
◆ **to make a move** (= leave) manifester l'intention de partir ; (= act) faire quelque chose, agir ◆ **it's time we made a move** (= that we left) il est temps que nous partions ; (= acted, did sth) il est temps que nous fassions quelque chose ◆ **it was midnight and no one had made a move** il était minuit et personne n'avait manifesté l'intention de partir ◆ **he made a move towards the door** il esquissa un mouvement vers la porte ◆ **get a move on!** * remue-toi ! *, grouille-toi ! ⁑
☐ b = change (of house) déménagement m ; (of job) changement m d'emploi ◆ **it's our third move in two years** c'est notre troisième déménagement en deux ans ◆ **it's time he had a move** il a besoin de changer d'air or d'horizon
☐ c Chess, Draughts etc [of chessman etc] coup m ; (= player's turn) tour m ; (fig) pas m, démarche f, manœuvre f, mesure f ◆ **knight's move** marche f du cavalier ◆ **that was a silly move** (in game) c'était un coup stupide ; (fig) c'était une démarche or une manœuvre stupide ◆ **it's your move** (c'est) à vous de jouer ◆ **to have the first move** jouer en premier ; (Chess, Draughts) avoir le trait ◆ **he knows every move in the game** (fig) il connaît toutes les astuces ◆ **his first move after his election was to announce ...** la première mesure qu'il a prise après son élection a été d'annoncer ... ◆ **what's our** or **the next move?** et maintenant, qu'est-ce qu'on fait ? ◆ **let him make the first move** laisse-lui faire les premiers pas ◆ **we must watch his every move** il nous faut surveiller tous ses faits et gestes ◆ **there was a move to defeat the proposal** on a tenté de faire échec à la proposition
☐ d Climbing (= step etc) pas m ; (= section of pitch) passage m

☐ 2 TRANSITIVE VERB

☐ a = change position of [+ object, furniture] déplacer ; [+ limbs] remuer ; [+ troops, animals] transporter ◆ **you've moved the stick!** tu as bougé le bâton ! ◆ **he hadn't moved his chair** il n'avait pas déplacé sa chaise or changé sa chaise de place ◆ **move your chair nearer the fire** approchez votre chaise du feu ◆ **move your books over here** mets tes livres par ici ◆ **can you move your fingers?** pouvez-vous remuer vos doigts ? ◆ **he moved his family out of the war zone** il a évacué sa famille hors de la zone des conflits ◆ **they moved the crowd off the grass** ils ont fait dégager la foule de la pelouse ◆ **move your feet off the table** enlève tes pieds de la table ◆ **the wind moves the leaves** le vent agite or fait remuer les feuilles ◆ **to move house** (Brit) déménager ◆ **to move one's job** changer d'emploi ◆ **his firm want to move him** son entreprise veut l'envoyer ailleurs ; (Admin) son entreprise veut le muter ◆ **he's asked to be moved to London/to a new department/to an easier job** il a demandé à être muté à Londres/affecté à or muté dans un autre service/affecté à un emploi plus facile ◆ **to move heaven and earth to do sth** remuer ciel et terre pour faire qch, se mettre en quatre pour faire qch ◆ **to move a piece** (Chess) jouer une pièce
☐ b = change timing of **to move sth (forward/back)** [+ event, date] avancer/reculer qch
☐ c = remove [+ stain, mark] enlever, faire partir
☐ d Med **to move one's bowels** aller à la selle
☐ e Comm [+ stock] écouler
☐ f emotionally émouvoir, attendrir ◆ **she's easily moved** elle est facilement émue or attendrie ◆ **this did not move him** ceci n'a pas réussi à l'émouvoir or à l'attendrir ◆ **to move sb to tears** émouvoir qn jusqu'aux larmes ◆ **to move sb to laughter** faire rire qn ◆ **to move sb to anger** mettre qn en colère ◆ **to move sb to pity** apitoyer qn
☐ g = stimulate, persuade pousser, inciter (sb to do sth qn à faire qch) ◆ **I am moved to ask why ...** je suis incité à demander pourquoi ... ◆ **if I feel moved to do it, if the spirit moves me** (hum) si le cœur m'en dit ◆ **he won't be moved** il est inébranlable ◆ **even this did not move him** même ceci n'a pas réussi à l'ébranler
☐ h Admin, Parl etc = propose proposer ◆ **to move a resolution** proposer une motion ◆ **to move that sth be done** proposer que qch soit fait ◆ **he moved the adjournment of the meeting** or **that the meeting be adjourned** il a proposé que la séance soit levée

☐ 3 INTRANSITIVE VERB

☐ a person, animal (= stir) bouger, remuer ; (= go) aller, se déplacer ; [limb, lips, trees, leaves, curtains, door] bouger, remuer ; [clouds] passer, avancer ; [vehicle, ship, plane, procession] aller, passer ; [troops, army] se déplacer ◆ **don't move!** ne bougez pas ! ◆ **she moves well** elle a de l'aisance dans ses mouvements ◆ **troops are moving near the frontier** il y a des mouvements de troupes près de la frontière ◆ **the procession moved slowly out of sight** petit à petit la procession a disparu ◆ **I saw something moving over there** j'ai vu quelque chose bouger là-bas ◆ **keep moving!** (to keep warm etc) ne restez pas sans bouger ! ; (= pass along etc) circulez ! ◆ **to move freely** [mechanical part] jouer librement ; [people, cars] circuler librement ; [traffic] être fluide ◆ **to keep the traffic moving** assurer la circulation ininterrompue des véhicules ◆ **the car in front isn't moving** la voiture devant nous est à l'arrêt ◆ **do not get out while the bus is moving** ne descendez pas de l'autobus en marche, attendez l'arrêt complet de l'autobus pour descendre ◆ **the coach was moving at 30km/h** le car faisait du 30 km/h or roulait à 30 (km) à l'heure ◆ **to move in high society** (fig) fréquenter la haute société ◆ **he was certainly moving!** il ne traînait pas ! ◆ **that horse can certainly move** quand il s'agit de foncer ce cheval se défend ! * ◆ **you can't move for books in that room** * on ne peut plus se retourner dans cette pièce tellement il y a de livres
◆ **to move** + preposition ◆ **they moved rapidly across the lawn** ils ont traversé la pelouse rapidement ◆ **I'll not move from here** je ne

moveable / moving

bougerai pas d'ici ◆ **he has moved into another class** il est passé dans une autre classe ◆ **let's move into the garden** passons dans le jardin ◆ **the car moved round the corner** la voiture a tourné au coin de la rue ◆ **he moved slowly towards the door** il se dirigea lentement vers la porte

b =depart **it's time we were moving** il est temps que nous partions (subj), il est temps de partir ◆ **let's move!** partons !, en route !

c =move house etc [person, family] déménager ; [office, shop, business] être transféré ◆ **to move to a bigger house** emménager dans une maison plus grande ◆ **to move to the country** aller habiter (à) la campagne, aller s'installer à la campagne

d =progress [plans, talks etc] progresser, avancer ◆ **things are moving at last!** enfin ça avance or ça progresse ! ◆ **he got things moving** avec lui ça a bien démarré or c'est bien parti

e =act, take steps agir ◆ **the government won't move until ...** le gouvernement ne bougera pas or ne fera rien tant que ... ◆ **we must move first** nous devons prendre l'initiative ◆ **we'll have to move quickly if we want to avoid ...** il nous faudra agir sans tarder si nous voulons éviter ... ◆ **the committee moved to stop the abuse** le comité a pris des mesures pour mettre fin aux abus

f in games [player] jouer ; [chesspiece] avancer, se déplacer ◆ **it's you to move** (c'est) votre tour de jouer ◆ **white moves** (Chess) les blancs jouent ◆ **the knight moves like this** (Chess) le cavalier avance or se déplace comme cela

g Comm [goods] se vendre

4 PHRASAL VERBS

▶ **move about** 1 vi (gen) se déplacer ; (= fidget) remuer ; (= travel) voyager ◆ **he can move about only with difficulty** il ne se déplace qu'avec peine ◆ **stop moving about!** tiens-toi tranquille ! ◆ **we've moved about a good deal** (= change residence) nous ne sommes jamais restés longtemps au même endroit, nous avons souvent déménagé

2 vt sep [+ object, furniture, employee] déplacer

▶ **move along** 1 vi [people or vehicles in line] avancer, circuler ◆ **move along there!** (on bus) avancez un peu, ne restez pas près des portes ! ; (policeman) circulez ! ◆ **can you move along a few places?** (on bench etc) pouvez-vous vous pousser un peu ?

2 vt sep [+ crowd] faire circuler, faire avancer ; [+ animals] faire avancer

▶ **move around** ⇒ move about

▶ **move away** 1 vi a (= depart) partir, s'éloigner (from de)

b (= move house) déménager ◆ **they've moved away from here** ils n'habitent plus ici

2 vt sep [+ person, object] éloigner, écarter (from de)

▶ **move back** 1 vi a (= withdraw) reculer

b (to original position) (= go back) retourner ; (= come back) revenir ◆ **he moved back to the desk** il retourna au bureau

c (= move house) **they've moved back to London** (= gone back) ils sont retournés habiter (à) Londres ; (= come back) ils sont revenus habiter (a) Londres

2 vt sep a (backwards) [+ person, crowd, animals] faire reculer ; [+ troops] replier ; [+ object, furniture] reculer

b (to original position) [+ person] faire revenir or retourner ; [+ object] remettre ◆ **his firm moved him back to London** (= go back) son entreprise l'a fait retourner à Londres ; (= come back) son entreprise l'a fait revenir à Londres ◆ **move the table back to where it was before** remets la table là où elle était

▶ **move down** 1 vi a [person, object, lift] descendre ◆ **he moved down from the top floor** il est descendu du dernier étage ◆ **can you move down a few places?** (on bench etc) pouvez-vous vous pousser un peu ?

b (Sport: in league) reculer ◆ **he has had to move down one class** (Scol) il a dû descendre d'une classe

2 vt sep a [+ person] faire descendre ; [+ object] descendre

b (= demote) [+ pupil] faire descendre (dans une classe inférieure) ; [+ employee] rétrograder

▶ **move forward** 1 vi [person, animal, vehicle] avancer ; [troops] se porter en avant

2 vt sep [+ person, vehicle] faire avancer ; [+ troops] porter en avant ; [+ object, chair] avancer

▶ **move in** 1 vi a (= approach) [police etc] avancer, intervenir

b (to a house) emménager

2 vt sep [+ person] faire entrer ; [+ furniture etc] rentrer, mettre or remettre à l'intérieur ; (on removal day) installer

▶ **move in on** * vt fus (= advance on) (Mil etc) marcher sur, avancer sur ; [police] faire une descente dans ; (= attempt takeover of) [+ firm] essayer de mettre la main sur ◆ **to move in on sb (for the night)** se faire héberger par qn (pour la nuit)

▶ **move off** 1 vi [person] s'en aller, partir ; [car] démarrer ; [train, army, procession] s'ébranler, partir

2 vt sep [+ object] enlever

▶ **move on** 1 vi [person, vehicle] avancer ; (after stopping) se remettre en route ; [time] passer, s'écouler ◆ **the gipsies moved on to another site** les gitans sont allés s'installer plus loin ◆ **move on (now) please!** (policeman etc) circulez s'il vous plaît ! ◆ **moving on now to ...** (in discussion etc) passons maintenant à ...

2 vt sep [+ person, onlookers] faire circuler ; [+ clock] avancer

▶ **move out** 1 vi (of house, office, room etc) déménager ◆ **to move out of a flat** déménager d'un appartement, quitter un appartement

2 vt sep [+ person, animal] faire sortir ; [+ troops] retirer ; [+ object, furniture] sortir ; (on removal day) déménager

▶ **move over** 1 vi s'écarter, se pousser ◆ **move over!** pousse-toi ! ◆ **if he can't do the job he should move over and let someone else who can** (in job) s'il n'est pas capable de faire ce travail, il n'a qu'à céder la place à quelqu'un de plus compétent ◆ **to move over to sth new** (= change over) adopter qch de nouveau

2 vt sep [+ object] déplacer

▶ **move up** 1 vi a [person, flag etc] monter ◆ **can you move up a few seats?** pouvez-vous vous pousser un peu or vous décaler de quelques sièges ? ◆ **I want to move up nearer the stage** je veux m'approcher de la scène

b [employee] avoir de l'avancement ; (Sport: in league) progresser dans le classement ◆ **to move up a class** [pupil] passer dans la classe supérieure

2 vt sep a [+ person] faire monter ; [+ object] monter

b (= promote) [+ pupil] faire passer dans une classe supérieure ; [+ employee] donner de l'avancement à

moveable ['muːvəbl] adj ⇒ movable

movement ['muːvmənt] → SYN n a [of person, troops, army, population, vehicles, goods, capital] mouvement m ; (= gesture) mouvement m, geste m ◆ **he lay without movement** il était étendu sans mouvement ◆ **massage the skin using small circular movements** massez la peau en faisant de petits mouvements circulaires ◆ **hand movements** mouvements mpl or gestes mpl de la main ◆ **eye movements** (during sleep) mouvements mpl oculaires ◆ **her eye movements were furtive and suspicious** elle jetait des coups d'œil furtifs et soupçonneux ◆ **there was a movement towards the exit** il y eut un mouvement vers la sortie, on se dirigea vers la sortie ◆ **the accident disrupted the movement of traffic** l'accident a perturbé la circulation ◆ **the free movement of labour, capital and goods** la libre circulation de la main-d'œuvre, des capitaux et des marchandises

b **movements** (= comings and goings) allées fpl et venues fpl ◆ **the police know very little about the suspect's movements** la police ne

sait pas grand-chose sur les allées et venues du suspect

c (= action, impetus) [of prices, shares, market, situation] mouvement m ◆ **the film lacks movement** le film manque de mouvement, le rythme du film est trop lent ◆ **an upward/downward movement in the economy** une progression/régression économique ◆ **an upward/downward movement in share prices** un mouvement or une tendance à la hausse/à la baisse du prix des actions ◆ **there has been little movement in the political situation** la situation politique demeure à peu près inchangée ◆ **there has been some movement towards fewer customs restrictions** il semble que l'on aille vers une réduction des restrictions douanières ◆ **a movement towards multimedia products** un intérêt grandissant pour les produits multimédia

d (Pol = group, party) mouvement m ◆ **peace movement** mouvement m en faveur de la paix ◆ **separatist/resistance movement** mouvement m séparatiste/de résistance

e (Mus) [of symphony, concerto etc] mouvement m ◆ **in four movements** en quatre mouvements

f (= mechanism) [of machine, clock, watch etc] mouvement m

g (Med: also bowel movement) selles fpl ◆ **to have a (bowel) movement** aller à la selle

mover ['muːvəʳ] n a (Admin, Parl etc) [of motion] motionnaire mf, auteur m d'une motion ; → prime

b (US = removal person) déménageur m

c **she's a lovely mover** * elle a une chouette façon de danser (or de marcher etc) *

d **the movers and shakers** * les personnages mpl influents

movie ['muːvɪ] (esp US) 1 n film m (de cinéma) ◆ **the movies** le ciné * ◆ **to go to the movies** * aller au ciné *

2 COMP ▷ **movie actor** n acteur m de cinéma ▷ **movie actress** n actrice f de cinéma ▷ **movie camera** n caméra f ▷ **movie-going** n la fréquentation des salles de cinéma ▷ **movie house** n cinéma m (salle) ▷ **the movie industry** n l'industrie f cinématographique, le cinéma ▷ **movie maker** n (US) cinéaste mf ▷ **movie rating** n (US) système de classification des films ▷ **movie star** n star f or vedette f (de cinéma) ▷ **movie theater** n (US) cinéma m (salle)

MOVIE RATING, FILM RATING

En Grande-Bretagne, l'organisme chargé d'autoriser la diffusion des films et vidéos est le British Board of Classification. Le système de classification adopté est le suivant : "U" (Universal) : pour tous publics ; "PG" (Parental Guidance) : certaines scènes peuvent heurter les jeunes enfants ; "12", "15" ou "18" : interdiction aux moins de 12, 15 ou 18 ans ; "Restricted 18" : pour adultes seulement, le film ne pouvant être diffusé que dans des salles disposant d'une licence spéciale.

Aux États-Unis, ces fonctions de contrôle sont assumées par la Motion Picture Association of America, et la classification est la suivante : "G" (General) : pour tous publics ; "PG" (Parental Guidance) : certaines scènes peuvent heurter la sensibilité des jeunes enfants ; "PG13" : certaines scènes sont déconseillées aux moins de 13 ans ; "R" (Restricted) : toute personne de moins de 17 ans doit être accompagnée d'un adulte ; "NC-17" ou "X" : strictement interdit aux moins de 17 ans.

---

moviegoer ['muːvɪɡəʊəʳ] n (gen) amateur m de cinéma, cinéphile mf ◆ **I'm an occasional moviegoer** je vais de temps en temps au cinéma

movieland * ['muːvɪlænd] n le (monde du) cinéma

moving ['muːvɪŋ] → SYN 1 adj a (= in motion) vehicle, train en marche ; object, crowd en mouvement ; picture, image, graphics animé ◆ **moving part** (in machine) pièce f mobile ◆ **moving target** cible f mouvante or mobile ◆ **moving traffic** circulation f

b (emotionally) sight, plea émouvant, touchant ; book, film, story, account émouvant ◆ **it**

ENGLISH-FRENCH   movingly / much

was a deeply moving moment c'était un moment vraiment très émouvant
c (= motivating) he was the moving force or spirit in the whole affair il était l'âme de toute l'affaire
2 COMP ▷ **moving belt** n tapis m roulant ▷ **the moving party** n (Jur) la partie demanderesse ▷ **moving pavement** n trottoir m roulant ▷ **moving picture** † n (Cine) film m (de cinéma) ▷ **moving sidewalk** n (US) trottoir m roulant ▷ **moving staircase** n escalier m mécanique or roulant ▷ **moving walkway** n trottoir m roulant

movingly ['muːvɪŋlɪ] adv d'une manière émouvante or touchante

mow [məʊ] → SYN pret **mowed**, ptp **mowed** or **mown** vt [+ corn] faucher ◆ to mow the lawn tondre le gazon

▶ **mow down** vt sep (fig) [+ people, troops] faucher

mower ['məʊəʳ] n **a** (= machine: Agr) faucheuse f; (also **lawnmower**) tondeuse f (à gazon); → motor
b (= person) faucheur m, -euse f

mowing ['məʊɪŋ] n (Agr) fauchage m ◆ mowing machine (Agr) faucheuse f; (in garden) tondeuse f (à gazon)

mown [məʊn] vb (ptp of **mow**)

Mozambican [ˌməʊzəmˈbiːkən] **1** adj mozambicain
2 n Mozambicain(e) m(f)

Mozambique [ˌməʊzəmˈbiːk] n le Mozambique

Mozarab [məʊˈzærəb] n mozarabe mf

Mozarabic [məʊˈzærəbɪk] adj mozarabe

Mozart ['məʊtsɑːt] n Mozart m

Mozartian [məʊˈtsɑːtɪən] adj mozartien

mozzarella [ˌmɒtsəˈrelə] n (= cheese) mozzarella f

mozzetta [məʊˈzetə] n mosette f

MP [em'piː] n **a** (Brit) (abbrev of **Member of Parliament**) → member
b (abbrev of **Military Police**) → military
c (Can) (abbrev of **Mounted Police**) → mounted

mpg [ˌempiːˈdʒiː] (abbrev of **miles per gallon**) → mile

mph [ˌempiːˈeɪtʃ] n (abbrev of **miles per hour**) ≃ km/h

MPhil [ˌemˈfɪl] n (Univ) (abbrev of **Master of Philosophy**) diplôme de fin de deuxième cycle universitaire en lettres, ≃ DEA m

MPS [ˌempiːˈes] n (Brit) (abbrev of **Member of the Pharmaceutical Society**) diplôme de pharmacie

MPV [ˌempiːˈviː] n (abbrev of **multipurpose vehicle**) → multipurpose

Mr ['mɪstəʳ] n, pl **Messrs** M., Monsieur ; → mister

MRC [ˌemɑːˈsiː] n (Brit) (abbrev of **Medical Research Council**) → medical

MRCP [ˌemɑːsiːˈpiː] n (Brit) (abbrev of **Member of the Royal College of Physicians**) diplôme supérieur de médecine générale

MRCS [ˌemɑːsiːˈes] n (Brit) (abbrev of **Member of the Royal College of Surgeons**) diplôme supérieur de chirurgie

MRCVS [ˌemɑːsiːviːˈes] n (Brit) (abbrev of **Member of the Royal College of Veterinary Surgeons**) diplôme de médecine vétérinaire

MRI [ˌemɑːˈraɪ] n (abbrev of **magnetic resonance imaging**) IRM f, imagerie f par résonance magnétique

m-RNA [ˌemɑːrenˈeɪ] n (abbrev of **messenger RNA**) ARN m m

MRP [ˌemɑːˈpiː] n (abbrev of **manufacturers' recommended price**) → manufacturer

Mrs ['mɪsɪz] **1** n (pl inv) Mme
2 COMP ▷ **Mrs Mop** * n (Brit hum) femme f de ménage

MS [em'es] n **a** (also **ms**) abbrev of **manuscript**
b (abbrev of **multiple sclerosis**) → multiple
c abbrev of **Mississippi**
d (US Univ) (abbrev of **Master of Science**) maîtrise de sciences ; → DEGREE

Ms [mɪz, məz] n ≃ Mme

MS

Ms est un titre utilisé à la place de "Mrs" (Mme) ou de "Miss" (Mlle) pour éviter la distinction traditionnelle entre femmes mariées et femmes non mariées. Il se veut ainsi l'équivalent du "Mr" (M.) pour les hommes. Souvent tourné en dérision à l'origine comme étant l'expression d'un féminisme exacerbé, ce titre est aujourd'hui couramment utilisé.

MSA [ˌemesˈeɪ] n (US Univ) (abbrev of **Master of Science in Agriculture**) diplôme d'ingénieur agronome

MSC n (Brit: formerly) (abbrev of **Manpower Services Commission**) → manpower

MSc [ˌemesˈsiː] n (Brit Univ) (abbrev of **Master of Science**) ◆ to have an MSc in Biology avoir une maîtrise de biologie ; → master ; → DEGREE

MS-DOS ® [emˈesˌdɒs] n (Comput) MS-DOS ® m

MSF n (Brit) (abbrev of **Manufacturing, Science, Finance**) syndicat

MSG [ˌemesˈdʒiː] n abbrev of **monosodium glutamate**

Msgr abbrev of **monsignor**

MSP [ˌemesˈpiː] n (abbrev of **Member of the Scottish Parliament**) député m au Parlement écossais

MSS, mss npl abbrev of **manuscripts**

MST [ˌemesˈtiː] n (US) (abbrev of **Mountain Standard Time**) → mountain

MSW [ˌemesˈdʌbljuː] n (abbrev of **Master of Social Work**) ≃ maîtrise f en sciences sociales

MT [emˈtiː] n **a** (abbrev of **machine translation**) → machine
b abbrev of **Montana**
c (US) (abbrev of **Mountain Time**) → mountain

Mt (Geog) (abbrev of **Mount**) Mt ◆ Mt Pelat Mt Pelat ◆ Mt Everest l'Everest m

MTech [ˌemˈtek] (abbrev of **Master of Technology**) ≃ maîtrise f de technologie

mth abbrev of **month**

MTV [ˌemtiːˈviː] n (abbrev of **music television**) MTV

mu [mjuː] n mu m

---

much [mʌtʃ]
compar **more**, superl **most**
→ SYN

1 PRONOUN
2 ADJECTIVE
3 ADVERB

---

1 PRONOUN

a = a great deal, a lot much has happened since then beaucoup de choses se sont passées depuis ◆ much will depend on the state of the economy cela va dépendre en grande partie de l'état de l'économie ◆ we have much to be thankful for nous avons tout lieu d'être reconnaissants ◆ does it cost much? est-ce que ça coûte cher ? ◆ is it worth much? est-ce que ça a de la valeur ?

◆ **much of** (= a large part of) une bonne partie de ◆ much of the town/night une bonne partie de la ville/de la nuit ◆ much of what you say une bonne partie de ce que vous dites

◆ **to make much of sth** (= emphasize) faire grand cas de qch, attacher beaucoup d'importance à qch ◆ he made much of the fact that ... il a fait grand cas du fait que ..., il a attaché beaucoup d'importance au fait que ... ◆ he made too much of it il y attachait trop d'importance ◆ I couldn't make much of what he was saying (= understand) je n'ai pas bien compris or saisi ce qu'il disait

b in negative sentences

◆ **not ... much** (= a small amount) pas grand-chose, pas beaucoup

When the sense is **not much of it**, **en** is required with **pas beaucoup**, but not with **pas grand-chose**:

◆ I haven't got much left il ne m'en reste pas beaucoup, il ne me reste pas grand-chose ◆ what was stolen? – nothing much qu'est-ce qui a été volé ? – pas grand-chose ◆ he hadn't much to say about it il n'avait pas grand-chose à en dire ◆ there's not much anyone can do about it personne n'y peut grand-chose ◆ I haven't heard much of him lately je n'ai pas eu beaucoup de nouvelles de lui ces derniers temps ◆ we don't see much of each other nous ne nous voyons pas beaucoup BUT ◐ he's/it's not much to look at* il/ça ne paie pas de mine ◐ it isn't up to much* ce n'est pas terrible* ◐ she won but there wasn't much in it elle a gagné mais de justesse ;

Constructions with **valoir** are often used when assessing value or merit:

◆ I don't think much of that film à mon avis ce film ne vaut pas grand-chose, je ne trouve pas ce film très bon ◆ there isn't much to choose between them ils se valent plus ou moins ◆ there isn't much in it (in choice, competition) ça se vaut

2 ADJECTIVE

beaucoup de ◆ much money beaucoup d'argent ◆ much crime goes unreported beaucoup de crimes ne sont pas signalés ◆ he hasn't (very) much time il n'a pas beaucoup de temps ◆ much "antique" furniture is not genuine beaucoup de or bien des meubles dits "anciens" ne le sont pas BUT ◐ without much money avec peu d'argent ; (iro) ◐ and much good may it do you grand bien t'en fasse ◐ it's a bit much!* c'est un peu fort !

3 ADVERB

a = to a great degree beaucoup ◆ he hasn't changed much il n'a pas beaucoup changé ◆ she doesn't go out much elle ne sort pas beaucoup or pas souvent ◆ much bigger beaucoup plus grand ◆ much more easily beaucoup plus facilement ◆ much the cleverest de beaucoup or de loin le plus intelligent ◆ it doesn't much matter ça n'a pas grande importance BUT ◐ he much regrets that ... (frm) il regrette beaucoup or vivement que ... ◐ he was much displeased (frm) il était très mécontent ◐ much to my amazement à ma grande stupéfaction

◆ **very much** ◆ thank you very much merci beaucoup ◆ I very much hope that ... j'espère de tout cœur que ... ◆ something was very much the matter quelque chose n'allait pas du tout ◆ this is very much the case c'est tout à fait le cas

b = more or less it's (very or pretty) much the same c'est presque la même chose ◆ the town is (pretty) much the same as it was ten years ago la ville n'a pas beaucoup changé en dix ans ◆ they are (very or pretty) much of an age ils sont à peu près du même âge

c set structures

◆ **as much** (= that quantity) ◆ as much again encore autant ◆ twice as much deux fois plus or autant ◆ half as much again la moitié de plus ◆ I thought as much! (= that) c'est bien ce que je pensais !, je m'y attendais ! ◆ it was his fault, and he admitted as much later c'était de sa faute et il l'a admis par la suite

◆ **as much as** (in comparisons of equality) ◆ as much as possible autant que possible ◆ as much time as ... autant de temps que ... ◆ I've got as much as you j'en ai autant que toi ◆ I need it as much as you do j'en ai autant besoin que toi ◆ I love him as much as ever je l'aime toujours autant ◆ twice as much money as ... deux fois plus d'argent que ... ◆ I didn't enjoy it as much as all that je ne l'ai pas aimé tant que ça ◆ it's as much as he can do to stand up c'est tout juste s'il peut se lever

◆ **as much as** + amount ◆ you could pay as much as 200 francs for that ça va chercher jusqu'à 200 francs ◆ they hope to raise as much as $5 million ils espèrent collecter près de or jusqu'à 5 millions de dollars

◆ **however much** ◆ however much you protest ... on a beau protester ... ◆ however much you like him ... quelle que soit votre affection pour lui, ...

◆ **how much ... ?** combien ? ◆ how much does it cost? combien ça coûte ? ◆ how much money have you got? combien d'argent as-tu ?

muchness / mug

- **much as** ◆ **much as I like him, I don't trust him** ce n'est pas que je ne l'aime pas mais je ne lui fais pas confiance ◆ **much as I dislike doing this, ...** bien que je n'aime pas du tout faire cela, ...
- **much less** (= and even less) ◆ **he couldn't understand the question, much less answer it** il ne pouvait pas comprendre la question et encore moins y répondre
- **much though** ◆ **much though she loves them both** bien qu'elle les aime (subj) tous deux profondément
- **not much of a** * (= not a great) ◆ **he is not much of a writer** ce n'est pas un très bon écrivain, comme écrivain il y a mieux ◆ **I'm not much of a drinker** je ne bois pas beaucoup ◆ **it wasn't much of an evening** ce n'était pas une soirée très réussie
- **so much** (= a lot) tellement, tant ◆ **he'd drunk so much that ...** il avait tellement or tant bu que ... ◆ **so much of what he says is untrue** il y a tellement or tant de mensonges dans ce qu'il dit ◆ **so much pleasure** tant de plaisir ◆ **you spend so much of your time worrying that ...** tu passes tellement de temps à te faire du souci que ... ◆ [BUT] ◊ **he beat me by so much** il m'a battu de ça ◊ **do you want water in your whisky ? – about so much** vous voulez de l'eau dans votre whisky ? – à peu près comme ça ◊ **so much so that ...** à tel point que ... ◆ **without so much as a word** sans même (dire) un mot
- **not so much ... as** ◆ **the problem is not so much one of money as of staff** il ne s'agit pas tant d'un problème d'argent que d'un problème de personnel ◆ **I think of her not so much as a doctor but as a friend** je la considère plus comme une amie que comme un médecin
- **so much for** ◆ **so much for the producers, what of the consumers?** nous avons examiné le cas des producteurs mais qu'en est-il des consommateurs ? ◆ **so much for his help!** c'est ça qu'il appelle aider ! ◆ **so much for his promises!** voilà ce que valaient ses promesses ! ◆ **so much for that!** tant pis !
- **so much the** + comparative ◆ **so much the better!** tant mieux ! ◆ **that leaves so much the less to do** c'est toujours ça de moins à faire
- **this/that much** ◆ **this much?** (ça ira) comme ça ? ◆ **it's that much too long** c'est trop long de ça ◆ **he was at least this much taller than me** il était plus grand que moi d'au moins ça ◆ **I can't carry this much** je ne peux pas porter (tout) ceci ◆ **I know this much** je sais tout au moins ceci ◆ **this much we do know: ...** tout au moins nous savons ceci : ... ◆ **he has left, this much we do know** il est parti, ça nous le savons déjà ◆ **this much is certain ...** un point est acquis ... ◆ **this much is true** il y a ceci de vrai
- **too much** trop ◆ **I've eaten too much** j'ai trop mangé ◆ **he talks too much** il parle trop ◆ **$500 is too much** 500 dollars, c'est trop ◆ **that was too much for me** c'en était trop pour moi ◆ **too much sugar** trop de sucre ◆ **that's too much!** (lit) c'est trop ! ; (protesting) (ça) c'est trop fort ! [BUT] ◊ **too much !** * c'est dingue ! * ◊ **he was too much for his opponent** il était trop fort pour son adversaire ◊ **the stress was too much for me** je n'arrivais plus à supporter le stress ; (disapproving) ◊ **that film was really too much or a bit much for me** j'ai trouvé que le film dépassait vraiment or un peu les bornes

muchness * ['mʌtʃnɪs] n ◆ **they're much of a muchness** c'est blanc bonnet et bonnet blanc

mucilage ['mjuːsɪlɪdʒ] n mucilage m

mucilaginous [ˌmjuːsɪ'lædʒɪnəs] adj mucilagineux

muck [mʌk] → SYN 1 n a (= dirt) saletés fpl ; (= mud) boue f, gadoue f ◆ (Prov) **where there's muck there's brass** * l'argent n'a pas d'odeur ; → **lady**

b (= excrement) [of dog] crotte f ; [of horse] crottin m ; [of cow] bouse f ; [of bird] fiente f ; (= manure) fumier m

c (fig: describing food, film, book, conversation etc) saleté(s) f(pl), cochonnerie(s) * f(pl)

d (= bungle) **to make a muck** * **of sth** saloper * qch

2 COMP ▷ **muck heap** n tas m de fumier or d'ordures ▷ **muck-up** * n (= bungle) gâchis m

▶ **muck about** *, **muck around** * (Brit) 1 vi
a (= spend time aimlessly) perdre son temps ◆ **stop mucking about and get on with your work** cesse de perdre ton temps et fais ton travail
b (= potter around) **he enjoys mucking about in the garden** il aime bricoler dans le jardin
c (= play the fool) faire l'idiot or l'imbécile ◆ **to muck about with sth** (= fiddle with) jouer avec qch, tripoter qch
2 vt sep [+ person] traiter par-dessus la jambe *

▶ **muck in** * vi (Brit) (= share money etc) faire bourse commune (with avec) ◆ **to muck in with sb** (= share room) crécher * avec qn ◆ **everyone mucks in here** tout le monde met la main à la pâte * ici

▶ **muck out** vt sep (Brit) [+ stable] nettoyer, curer

▶ **muck up** * (Brit) 1 vt sep a (= ruin) [+ task] saloper * ; [+ plans, deal] chambouler * ; [+ life] gâcher ; [+ mechanism] bousiller * ◆ **he's really mucked things up!** il a vraiment tout flanqué par terre ! *
b (= make untidy) [+ room] semer la pagaille * dans ; [+ hair] emmêler ; [+ hairstyle] abîmer ; (= make dirty) [+ room, clothes] salir
2 **muck-up** n → **muck**

mucker * ['mʌkəʳ] n (Brit) pote * m

muckiness ['mʌkɪnɪs] n saleté f, malpropreté f

muckraker ['mʌkreɪkəʳ] n (fig) fouineur m, -euse f (qui déterre des scandales), fouille-merde * mf

muckraking ['mʌkreɪkɪŋ] n mise f au jour de scandales

mucksweat * ['mʌkˌswet] n ◆ **to be in a mucksweat** être en nage or en eau *

mucky * ['mʌkɪ] adj (Brit) a (= dirty) person, animal, place, object boueux ; job crasseux ◆ **to get mucky** se salir ◆ **to get sth mucky** salir qch ◆ **keep your mucky paws off!** (hum) touche pas avec tes pattes sales ! ◆ **you mucky pup!** (hum) petit(e) cochon(ne) !
b (= smutty) book, magazine, film cochon
c (= unpleasant) weather sale

mucous ['mjuːkəs] adj muqueux ◆ **mucous membrane** (membrane f) muqueuse f

mucro ['mjuːkrəʊ] n, pl **mucrones** [mjuː'krəʊniːz] mucron m

mucus ['mjuːkəs] n mucus m, mucosités fpl

mud [mʌd] → SYN 1 n boue f ; (in river, sea) boue f, vase f ; (in swamp) boue f, bourbe f ◆ **car stuck in the mud** voiture f embourbée ◆ **to drag sb's (good) name through the mud** or **drag sb through the mud** calomnier qn ◆ **to throw or sling mud at sb** (fig) couvrir qn de boue ◆ **mud sticks** (esp Brit) il est difficile de se laver de tout soupçon ◆ **here's mud in your eye!** (hum) à la tienne Étienne ! * (hum) ; → **clear, name, stick**

2 COMP ▷ **mud-caked** adj tout crotté ▷ **mud flap** n (Aut: gen) pare-boue m inv ; [of truck] bavette f ▷ **mud flat(s)** n(pl) laisse f de vase ▷ **mud hut** n hutte f de terre ▷ **mud pie** n pâté m (de sable, de terre) ▷ **mud-slinging** n (NonC) médisance f, dénigrement m ▷ **mud wrestling** n catch m dans la boue (généralement féminin)

mudbank ['mʌdbæŋk] n banc m de vase

mudbath ['mʌdbɑːθ] n bain m de boue

muddle ['mʌdl] → SYN 1 n (= disorder) désordre m ; (= tangle of objects) fouillis m ; (fig) confusion f ◆ **the muddle of notebooks and papers on her desk** le fouillis de bloc-notes et de papiers sur son bureau ◆ **her office was a muddle of files and papers** il y avait un vrai fouillis de dossiers et de papiers dans son bureau ◆ **there's been a muddle over the seats** il y a eu confusion en ce qui concerne les places ◆ **a legal/financial/bureaucratic muddle** un imbroglio juridique/financier/bureaucratique ◆ **what a muddle!** (= disorder) quel fouillis ! ; (= mix-up) quelle confusion !, quelle pagaille ! * ◆ **to be in a muddle** [room, books, clothes] être en désordre, être sens dessus dessous ; [person] ne plus s'y retrouver (over sth dans qch) ; [ideas] être embrouillé or confus ; [plans, arrangements] être confus or incertain ◆ **to get into a muddle**

[person] s'embrouiller (over sth dans qch, au sujet de qch) ; [ideas] s'embrouiller ◆ **the files have got into a real muddle** les dossiers sont sens dessus dessous

2 vt (also **muddle up**) a **to muddle (up) A and** or **with B** confondre A avec B
b (= perplex) [+ person] embrouiller ; [+ sb's ideas] brouiller, embrouiller ◆ **to be muddled (up)** être embrouillé ◆ **he was muddled by the whisky** le whisky lui avait brouillé l'esprit ◆ **I got rather muddled by her explanation** son explication m'a plutôt embrouillé ◆ **to get muddled (up)** [person, ideas] s'embrouiller ; see also **muddled**
c [+ facts, story, details] brouiller, embrouiller ; see also **muddled**

3 COMP ▷ **muddle-headed** adj person aux idées confuses, brouillon ; plan, ideas confus ▷ **muddle-up** n confusion f, embrouillamini * m

▶ **muddle along** vi se débrouiller tant bien que mal

▶ **muddle on** vi se débrouiller tant bien que mal

▶ **muddle through** vi se tirer d'affaire or s'en sortir tant bien que mal ◆ **I expect we'll muddle through** je suppose que nous nous en sortirons d'une façon ou d'une autre

▶ **muddle up** 1 vt sep ⇒ **muddle** 2
2 **muddle-up** n → **muddle**

muddled ['mʌdld] adj message, effort, attempt, situation, storyline confus

muddler ['mʌdləʳ] n esprit m brouillon (personne)

muddy ['mʌdɪ] → SYN 1 adj a (= dirty) clothes, object boueux, couvert de boue ; person couvert de boue
b (= dull) colour terne ; skin, complexion terreux ; liquid trouble ◆ **muddy brown** brun terne inv
c (= confused) ideas, thinking confus
2 vt [+ hands, clothes, shoes] crotter, salir ; [+ road] rendre boueux ; [+ water, river] troubler ◆ **to muddy the waters** (fig) brouiller les pistes

Mudéjar [mu'ðexar] n mudéjar mf

mudguard ['mʌdgɑːd] n (Brit) [of car etc] pare-boue m inv ; [of bicycle] garde-boue m inv

mudlark † ['mʌdlɑːk] n gamin(e) m(f) des rues

mudpack ['mʌdpæk] n masque m (de beauté) à l'argile

mudslide ['mʌdslaɪd] n coulée f de boue

mudstone ['mʌdstəʊn] n argilite f

muesli ['mjuːzlɪ] n muesli m

muezzin [muː'ezɪn] n muezzin m

muff [mʌf] 1 n (Dress, Tech) manchon m
2 vt * rater, louper * ; (Sport) [+ ball, shot] rater, louper * ; [+ chance, opportunity] rater, laisser passer ◆ **to muff one's lines** (Theat) se tromper dans son texte ◆ **to muff it** * rater son coup
3 vi * rater son coup

muffin ['mʌfɪn] n (Brit) muffin m (petit pain rond et plat) ; (US) petit gâteau au chocolat ou aux fruits

muffle ['mʌfl] → SYN vt a [+ sound, noise] assourdir, étouffer, amortir ; [+ noisy thing, bell, drum] assourdir ◆ **to muffle the oars** assourdir les avirons ◆ **in a muffled voice** d'une voix sourde or voilée or étouffée
b (also **muffle up** = wrap up) [+ object] envelopper ; [+ person] emmitoufler ◆ **muffled (up) in a blanket** enveloppé or emmitouflé dans une couverture ◆ **to muffle o.s. (up)** s'emmitoufler ◆ **he was all muffled up** il était emmitouflé des pieds à la tête

▶ **muffle up** 1 vi s'emmitoufler
2 vt sep ⇒ **muffle** b

muffler ['mʌfləʳ] n a (= scarf) cache-nez m inv, cache-col m inv
b (US Aut) silencieux m

mufti ['mʌftɪ] n a (Brit *) tenue f civile ◆ **in mufti** en civil, en pékin * (Mil)
b (Muslim) mufti or muphti m

mug [mʌg] → SYN 1 n a (= cup) tasse f (américaine), grande tasse f ; (= glass: for

beer etc) chope f ◆ **a mug of coffee** (= amount) un grand café
b (⁑ = face) bouille * f, bille⁑ f ◆ **ugly mug** sale gueule f
c (Brit⁑ = fool) andouille⁑ f, poire * f ◆ **what sort of a mug do you take me for?** tu me prends pour une andouille?⁑ ◆ **they're looking for a mug to help** ils cherchent une bonne poire * pour aider ◆ **it's a mug's game** c'est un piège à con⁑
2 vt (= assault) agresser
3 vi * **a** (= pull faces) faire des grimaces
b (= overact, act up) charger son rôle
4 COMP ◆ **mug money** * n petite somme d'argent que l'on garde sur soi pour la donner à un agresseur éventuel (et éviter ainsi de tout se faire voler) ▷ **mug shot** * n (Police) photo f d'identité judiciaire ; (gen) photo f d'identité

▶ **mug up** * **1** vt sep **a** (Brit = swot up) bûcher *, potasser *
b (US) **to mug it up**⁑ faire des grimaces
2 vi (Brit) ◆ **to mug up for an exam** bûcher * pour un examen

mugger ['mʌɡəʳ] n agresseur m

mugging ['mʌɡɪŋ] n **a** (= assault) agression f
b (= overacting) jeu m forcé

muggins⁑ ['mʌɡɪnz] n (Brit) idiot(e) m(f), niais(e) m(f) ◆ **muggins had to pay for it** (= oneself) c'est encore ma pomme⁑ qui a payé

muggy ['mʌɡɪ] → SYN adj weather, air, heat lourd ; climate chaud et humide ; summer, day, evening lourd, chaud et humide ◆ **it's very muggy today** il fait très lourd aujourd'hui

mugwort ['mʌɡwɜːt] n (Bot) armoise f vulgaire, herbe f à cent goûts

mugwump ['mʌɡwʌmp] n (US Pol) non-inscrit m, indépendant m

mujaheddin, mujahedeen [ˌmuːdʒəhəˈdiːn] npl ◆ **the mujaheddin** les moudjahiddin mpl

mulatto [mjuːˈlætəʊ] **1** n, pl **mulattos** or **mulattoes** mulâtre(sse) m(f)
2 adj mulâtre (f inv)

mulberry ['mʌlbərɪ] n (= fruit) mûre f ; (also **mulberry tree**) mûrier m

mulch [mʌltʃ] **1** n paillis m, mulch m
2 vt pailler, couvrir

mulct [mʌlkt] **1** n (= fine) amende f
2 vt **a** (= fine) frapper d'une amende
b (by fraud etc) **to mulct sb of sth, to mulct sth from sb** extorquer qch à qn

mule¹ [mjuːl] **1** n **a** mulet m ; (female) mule f ; (fig = person) mule f ◆ **obstinate** or **stubborn as a mule** têtu comme une mule or un mulet
b (Spinning) renvideur m
c (Drugs * = courier) fourmi * f
2 COMP ▷ **mule driver, mule skinner** * (US) n muletier m, -ière f ▷ **mule track** n chemin m muletier

mule² [mjuːl] n (= slipper) mule f

muleteer [ˌmjuːlɪˈtɪəʳ] n muletier m, -ière f

mulish ['mjuːlɪʃ] adj (pej) person têtu ; look buté, têtu ; attitude buté

mulishness ['mjuːlɪʃnɪs] n entêtement m

mull [mʌl] → SYN vt [+ wine, ale] chauffer et épicer ; see also **mulled**

▶ **mull over** vt sep retourner dans sa tête

mullah ['mʌlə] n mollah m

mulled [mʌld] adj ◆ **(a glass of) mulled wine** (un) vin chaud

mullein ['mʌlɪn] n molène f

mullet ['mʌlɪt] n ◆ **grey mullet** mulet m ◆ **red mullet** rouget m

mulligan stew⁑ ['mʌlɪɡən stjuː] n (US) ragoût m grossier

mulligatawny [ˌmʌlɪɡəˈtɔːnɪ] n soupe f au curry

mullion ['mʌlɪən] n meneau m ◆ **mullioned window** fenêtre f à meneaux

multi... ['mʌltɪ] pref multi... ◆ **multi-family accommodation** (often translated by plusieurs) résidence f pour ou destinée à plusieurs familles ◆ **multi-journey ticket** abonnement m (pour un nombre déterminé de trajets) ◆ **multi-person vehicle** véhicule m pour plusieurs personnes ◆ **multistage rocket** fusée f à plusieurs étages

multi-access [ˌmʌltɪˈækses] n (Comput) multivoie f ◆ **multi-access system** système m à multivoie

multicellular [ˌmʌltɪˈseljʊləʳ] adj multicellulaire

multichannel [ˌmʌltɪˈtʃænl] adj ◆ **multichannel TV** télévision f à canaux multiples

multicoloured, multicolored (US) ['mʌltɪˌkʌləd] adj multicolore

multicultural [ˌmʌltɪˈkʌltʃərəl] adj multiculturel, pluriculturel

multiculturalism [ˌmʌltɪˈkʌltʃərəlɪzəm] n multiculturalisme m, pluriculturalisme m

multidimensional [ˌmʌltɪdaɪˈmenʃənl] adj multidimensionnel

multidirectional [ˌmʌltɪdɪˈrekʃənl] adj multidirectionnel

multidisciplinary [ˌmʌltɪˈdɪsɪplɪnərɪ] adj pluridisciplinaire, multidisciplinaire ◆ **multidisciplinary system** pluridisciplinarité f

multifaceted [ˌmʌltɪˈfæsɪtɪd] adj (fig) qui présente de nombreux aspects, à multiples facettes

multifactorial [ˌmʌltɪfækˈtɔːrɪəl] adj multifactoriel

multifarious [ˌmʌltɪˈfɛərɪəs] → SYN adj (frm) multiple

multiflora [ˌmʌltɪˈflɔːrə] adj rose etc multiflore

multiform [ˈmʌltɪfɔːm] adj multiforme

multi-function [ˌmʌltɪˈfʌŋkʃən] adj multifonctionnel, polyvalent

multigym ['mʌltɪˌdʒɪm] n banc m de musculation

multihull ['mʌltɪhʌl] n multicoque m

multilateral [ˌmʌltɪˈlætərəl] adj multilatéral

multilateralist [ˌmʌltɪˈlætərəlɪst] (Pol) **1** adj en faveur des accords multilatéraux sur le désarmement nucléaire
2 n partisan(e) m(f) des accords multilatéraux sur le désarmement nucléaire

multi-level ['mʌltɪˈlevl] adj (US) à plusieurs niveaux

multilingual [ˌmʌltɪˈlɪŋɡwəl] adj person polyglotte ; society, country, dictionary multilingue, plurilingue ; pamphlet, announcement, sign en plusieurs langues

multilingualism [ˌmʌltɪˈlɪŋɡwəlɪzəm] n multilinguisme m, plurilinguisme m

multimedia [ˌmʌltɪˈmiːdɪə] adj product, system, market, CD multimédia (f inv)

multimillion [ˌmʌltɪˈmɪljən] adj ◆ **a multimillion pound deal** une affaire qui vaut plusieurs millions de livres ◆ **a multimillion dollar investment** un investissement de plusieurs millions de dollars

multimillionaire [ˌmʌltɪˈmɪljəˈnɛəʳ] n multimillionnaire mf, multimilliardaire mf

multi-nation [ˌmʌltɪˈneɪʃən] adj treaty, agreement multinational

multinational [ˌmʌltɪˈnæʃənl] **1** n multinationale f
2 adj multinational

multipack ['mʌltɪpæk] n pack m

multiparous [mʌlˈtɪpərəs] adj multipare

multipartite [ˌmʌltɪˈpɑːtaɪt] adj divisé en plusieurs parties

multiparty [ˌmʌltɪˈpɑːtɪ] adj (Pol) pluripartite

multiple ['mʌltɪpl] → SYN **1** n (Math) multiple m ; → **low¹**
2 adj multiple ◆ **multiple crash** or **pileup** (Aut) carambolage m
3 COMP ▷ **multiple choice** n (Scol, Univ: also **multiple-choice exam** or **test**) QCM m, questionnaire m à choix multiple ; (also **multiple-choice question**) question f à choix multiple ▷ **multiple-entry visa** n visa autorisant à entrer plusieurs fois dans un pays ▷ **multiple exposure** n (Phot) exposition f multiple ▷ **multiple ownership** n multipropriété f ▷ **multiple personality** n (Psych) dédoublement m de la personnalité ▷ **multiple-risk insurance** n assurance f multirisque ▷ **multiple sclerosis** n (Med) sclérose f en plaques ▷ **multiple store** n (Brit) grand magasin m à succursales multiples

multiplex ['mʌltɪpleks] **1** adj multiplex ◆ **multiplex cinema** complexe m multisalle
2 n multiplex m ; (Cine) multisalle m
3 vt communiquer en multiplex

multiplexer ['mʌltɪpleksəʳ] n multiplexeur m

multiplexing ['mʌltɪpleksɪŋ] n multiplexage m

multipliable ['mʌltɪˌplaɪəbl], **multiplicable** ['mʌltɪˌplɪkəbl] adj multipliable

multiplicand [ˌmʌltɪplɪˈkænd] n multiplicande m

multiplication [ˌmʌltɪplɪˈkeɪʃən] **1** n multiplication f
2 COMP ▷ **multiplication sign** n signe m de multiplication ▷ **multiplication tables** npl tables fpl de multiplication

multiplicative [ˈmʌltɪplɪˌkeɪtɪv] adj (Math, Gram) multiplicatif

multiplicity [ˌmʌltɪˈplɪsɪtɪ] n multiplicité f

multiplier ['mʌltɪplaɪəʳ] **1** n multiplicateur m
2 COMP ▷ **multiplier effect** n effet m multiplicateur

multiply ['mʌltɪplaɪ] → SYN **1** vt multiplier (by par)
2 vi se multiplier

multiplying ['mʌltɪplaɪɪŋ] adj multiplicateur (-trice f), multiplicatif

multipolar ['mʌltɪˈpəʊləʳ] adj multipolaire

multiprocessing [ˌmʌltɪˈprəʊsesɪŋ] n (Comput) multitraitement m

multiprocessor [ˌmʌltɪˈprəʊsesəʳ] n (Comput) multiprocesseur m

multiprogramming [ˌmʌltɪˈprəʊɡræmɪŋ] n (Comput) multiprogrammation f

multipurpose [ˌmʌltɪˈpɜːpəs] **1** adj polyvalent, à usages multiples
2 COMP ▷ **multipurpose vehicle** n (= off-roader) tout-terrain m ; (= people-carrier) monospace m

multiracial [ˌmʌltɪˈreɪʃəl] adj multiracial

multirisk [ˌmʌltɪˈrɪsk] adj (Insurance) multirisque

multisensory [ˌmʌltɪˈsensərɪ] adj multisensoriel

multiskilled [ˌmʌltɪˈskɪld] adj polyvalent

multiskilling [ˌmʌltɪˈskɪlɪŋ] n formation f pluridisciplinaire

multistage ['mʌltɪsteɪdʒ] adj **a** rocket à plusieurs étages
b process à plusieurs étapes

multistandard [ˌmʌltɪˈstændəd] adj (TV) set, video etc multistandard inv

multistorey [ˌmʌltɪˈstɔːrɪ], **multistoreyed, multistoried** (US) [ˌmʌltɪˈstɔːrɪd] adj à étages ◆ **multistorey car park** parking m à étages or à niveaux multiples

multitasking [ˌmʌltɪˈtɑːskɪŋ] n (Comput) traitement m multitâche

multitrack [ˌmʌltɪˈtræk] adj à plusieurs pistes

multitude ['mʌltɪtjuːd] → SYN n multitude f ◆ **the multitude** la multitude, la foule ◆ **for a multitude of reasons** pour une multitude or une foule de raisons ◆ **that covers** or **hides a multitude of sins** c'est un véritable cache-misère

multitudinous [ˌmʌltɪˈtjuːdɪnəs] adj innombrable

multiuser [ˌmʌltɪˈjuːzəʳ] adj (Comput) ◆ **multiuser system** configuration f multiposte

multivalence [ˌmʌltɪˈveɪləns] n polyvalence f

multivalent [ˌmʌltɪˈveɪlənt] adj polyvalent

multivitamin [ˌmʌltɪˈvɪtəmɪn] n complexe m vitaminé ◆ **multivitamin tablet** comprimé m de multivitamines

mum¹ * [mʌm] n (Brit = mother) maman f

mum² [mʌm] adj ◆ **to keep mum (about sth)** ne pas piper mot (de qch), ne pas souffler mot (de qch) ◆ **mum's the word!** motus !, bouche cousue !

mum³ * [mʌm] n (abbrev of **chrysanthemum**) ◆ **mums** chrysanthèmes mpl

mumble ['mʌmbl] **1** vi marmotter ◆ **stop mumbling!** arrête de marmotter or de parler entre tes dents !
2 vt marmonner, marmotter ◆ **to mumble one's words** manger ses mots ◆ **to mumble**

mumbo jumbo / music

an answer répondre entre ses dents, marmonner une réponse ◆ **to mumble that ...** marmonner que ...

3 n marmonnement m, marmottement m ◆ **... he said in a mumble** ... dit-il entre ses dents

mumbo jumbo [ˌmʌmbəʊˈdʒʌmbəʊ] n (= nonsense) baragouin * m, charabia * m ; (= pretentious words) jargon m obscur ; (= pretentious ceremony etc) tralala * m, salamalecs * mpl

mummer [ˈmʌməʳ] n (Theat) mime mf

mummery [ˈmʌməri] n (Theat, fig) momerie f

mummification [ˌmʌmɪfɪˈkeɪʃən] n momification f

mummify [ˈmʌmɪfaɪ] vt momifier

mummy[1] [ˈmʌmi] n (= embalmed) momie f

mummy[2] * [ˈmʌmi] n (Brit = mother) maman f ◆ **mummy's boy** (pej) fils m à sa maman *

mump [mʌmp] vi grogner, grommeler

mumps [mʌmps] n (NonC) oreillons mpl

mumsiness * [ˈmʌmzɪnɪs] n (= drabness) manque m de charme, mocheté * f

mumsy * [ˈmʌmzi] adj (= drab) sans charme, moche * ; (= motherly) mère poule inv

munch [mʌntʃ] → SYN vti (gen) croquer ; (= chew noisily) mastiquer bruyamment ◆ **to munch (away) on** or **at sth** dévorer qch à belles dents

Münchhausen's syndrome [ˈmʌntʃaʊzənzˌsɪndrəʊm] n (Med) syndrome m de Münchhausen

munchies * [ˈmʌntʃiz] npl **a** (= snack) quelque chose à grignoter
b **to have the munchies** (= be hungry) avoir un creux

munchkin * [ˈmʌntʃkɪn] n (US = small person, child) lilliputien m

mundane [ˌmʌnˈdeɪn] → SYN adj matter, issue, problem, object banal ; task courant ; explanation, concern terre-à-terre ◆ **on a more mundane level** au niveau pratique

mung bean [ˈmʌŋbiːn] n haricot m mung

Munich [ˈmjuːnɪk] n Munich

municipal [mjuːˈnɪsɪpəl] → SYN **1** adj municipal
2 COMP ▷ **municipal court** n (US Jur) tribunal local de première instance

municipality [mjuːˌnɪsɪˈpælɪti] → SYN n municipalité f

municipalization [mjuːˌnɪsɪpəlaɪˈzeɪʃən] n municipalisation f

municipalize [mjuːˈnɪsɪpəlaɪz] vt municipaliser

munificence [mjuːˈnɪfɪsns] → SYN n munificence f

munificent [mjuːˈnɪfɪsnt] → SYN adj (frm) munificent (liter)

muniments [ˈmjuːnɪmənts] npl (Jur) titres mpl (concernant la propriété d'un bien-fonds)

munitions [mjuːˈnɪʃənz] **1** npl munitions fpl
2 COMP ▷ **munitions dump** n dépôt m de munitions ▷ **munitions factory** n fabrique f de munitions

Munro [mʌnˈrəʊ] **1** n (Brit) sommet de plus de 1000 m d'altitude
2 COMP ▷ **Munro-bagger** * n personne qui a pour ambition d'escalader tous les sommets de plus de 1000 m d'altitude en Grande-Bretagne

muntjac, muntjak [ˈmʌntˌdʒæk] n muntjac m

muon [ˈmjuːɒn] n (Phys) muon m

mural [ˈmjʊərəl] **1** adj mural
2 n peinture f murale ; (in Modern Art) mural m

murder [ˈmɜːdəʳ] → SYN **1** n **a** (gen) meurtre m ; (Jur) meurtre m ; (premeditated) assassinat m ◆ **four murders in one week** quatre meurtres en une semaine ◆ **murder!** au meurtre !, à l'assassin ! ◆ (Prov) **murder will out** tôt ou tard la vérité se fait jour ◆ **he was screaming** or **shouting blue murder** * il criait comme un putois ou comme si on l'écorchait ◆ **she lets the children get away with murder** * elle passe tout aux enfants ◆ **they get away with murder** * ils peuvent tout se permettre
b * **the noise/heat in here is murder** le bruit/la chaleur ici est infernal(e) ◆ **the exam was murder** l'examen était épouvantable or coton * ◆ **did you have a good holiday?** — **no, it was murder** avez-vous passé de bonnes vacances ? — non, c'était l'enfer ◆ **the roads were murder** les routes étaient un cauchemar
2 vt [+ person] assassiner ; (fig) [+ song, music, language] massacrer ; [+ opponent, team] battre à plates coutures, écraser ◆ **the murdered man** (or **woman** etc) la victime ◆ **I could murder a steak/a beer** * (hum) je me taperais * or m'enfilerais * bien un steak/une bière
3 COMP ▷ **murder case** n (Jur) procès m pour meurtre ; (Police) affaire f de meurtre ▷ **murder hunt** n chasse f à l'homme pour retrouver le (or un) meurtrier ▷ **Murder Squad** n (Police) ≈ brigade f criminelle (de la police judiciaire) ▷ **murder trial** n ≈ procès m pour homicide ▷ **murder weapon** n arme f du crime

murderer [ˈmɜːdərəʳ] → SYN n meurtrier m, assassin m

murderess [ˈmɜːdərɪs] n meurtrière f

murderous [ˈmɜːdərəs] → SYN adj **a** (= homicidal) meurtrier ◆ **a murderous-looking individual** un individu à tête d'assassin
b (* = awful) heat effroyable

murk [mɜːk], **murkiness** [ˈmɜːkɪnɪs] n obscurité f

murky [ˈmɜːki] → SYN adj room, street, day, sky sombre ; fog, night, darkness épais (épaisse f) ; water, depths trouble ; colour terne, terreux ◆ **murky brown/green** brun inv/vert inv sale ◆ **the room was murky with smoke** la pièce était obscurcie par la fumée ◆ **his murky past** son passé trouble ◆ **the murky world of the arms trade** le monde trouble des trafiquants d'armes

murmur [ˈmɜːməʳ] → SYN **1** n **a** [of voice(s)] murmure m ; [of bees, traffic etc] bourdonnement m ; (fig = protest) murmure m ◆ **there wasn't a murmur in the classroom** il n'y avait pas un murmure dans la classe ◆ **to speak in a murmur** parler à voix basse, chuchoter ◆ **a murmur of conversation** un bourdonnement de voix ◆ **there were murmurs of disagreement** il y eut des murmures de désapprobation ◆ **he agreed without a murmur** il accepta sans murmure
b (Med) **a heart murmur** un souffle au cœur
2 vt murmurer
3 vi [person, stream] murmurer ; (= complain) murmurer (against, about contre)

murmuring [ˈmɜːmərɪŋ] **1** n [of people, stream] (also fig) [of protests] murmures mpl ; [of bees etc] bourdonnement m
2 adj stream murmurant, qui murmure

Murphy [ˈmɜːfi] **1** n (US, Ir * = potato) pomme f de terre
2 COMP ▷ **Murphy bed** n (US) lit m escamotable ▷ **Murphy's law** n (hum) loi f de l'emmerdement * maximum

MusB (abbrev of **Bachelor of Music**) ≈ maîtrise f de musique

MusBac n (abbrev of **Bachelor of Music**) diplôme d'études musicales

muscarine [ˈmʌskərɪn] n muscarine f

muscat [ˈmʌskæt] n **a** (also **muscat grape**) (raisin m) muscat m
b (= wine) (vin m) muscat m

muscatel [ˌmʌskəˈtel] n (= grape, wine) muscat m

muscle [ˈmʌsl] → SYN **1** n **a** (Anat) muscle m ◆ **he didn't move a muscle** il n'a pas levé or remué le petit doigt (to help etc pour aider etc) ; (= didn't flinch) il n'a pas bronché, il n'a pas sourcillé ◆ **put some muscle into it** * (fig = energy) vas-y avec un peu plus de nerf * ou de force
b (= power) pouvoir m effectif, impact m ◆ **political muscle** pouvoir m politique effectif, moyens mpl politiques ◆ **this union hasn't much muscle** ce syndicat n'a pas beaucoup d'impact or de poids
2 COMP ▷ **muscle-bound** adj (lit) aux muscles hypertrophiés ; (fig) raide

▶ **muscle in** * vi **a** (Brit: into group etc) intervenir, s'immiscer ◆ **to muscle (one's way) in on a group/a discussion** essayer de s'imposer dans un groupe/une discussion ◆ **stop muscling in!** occupe-toi de tes oignons ! *
b (US = force one's way inside) entrer violemment

muscleman [ˈmʌslmæn] n, pl **-men** (= strong man) hercule m ; (= gangster etc) homme m de main, sbire m

muscl(e)y [ˈmʌsli] adj musclé

Muscovite [ˈmʌskəvaɪt] **1** adj moscovite
2 n Moscovite mf

Muscovy duck [ˈmʌskəvi] n (Zool) canard m de Barbarie

muscular [ˈmʌskjʊləʳ] → SYN **1** adj **a** (= brawny) musclé ◆ **to be of muscular build** être musclé
b (Med, Physiol) musculaire
2 COMP ▷ **muscular dystrophy** n dystrophie f musculaire, myopathie f musculaire progressive

musculature [ˈmʌskjʊlətjʊəʳ] n musculature f

MusD (abbrev of **Doctor of Music**) ≈ doctorat m de musique

MusDoc n (abbrev of **Doctor of Music**) ≈ doctorat m de musique

muse [mjuːz] → SYN **1** vi méditer (on, about, over sur), songer, réfléchir (on, about, over à)
2 vt ◆ **they might accept, he mused** (= said) "il se pourrait qu'ils acceptent", dit-il d'un ton songeur ; (= thought) "il se pourrait qu'ils acceptent", songeait-il
3 n (Myth, fig: also **Muse**) muse f

museology [ˌmjuːzɪˈɒlədʒi] n muséologie f

museum [mjuːˈzɪəm] **1** n musée m
2 COMP ▷ **museum piece** n (lit, fig) pièce f de musée

mush[1] [mʌʃ] n (NonC) bouillie f ; (fig) sentimentalité f de guimauve or à l'eau de rose

mush[2] * [mʊʃ] n (Brit) **a** (= face) tronche * f
b (= person) **hey, mush!** hé, machin ! *

mushroom [ˈmʌʃrʊm] → SYN **1** n champignon m (comestible) ◆ **to spring up** or **sprout like mushrooms** pousser comme des champignons
2 vi **a** (= grow quickly) [town] pousser comme un champignon ; [sales, debts, investment] augmenter rapidement ; [market] connaître une expansion rapide ; [population] connaître une croissance rapide ◆ **the village mushroomed into a town** le village est rapidement devenu ville ◆ **the dispute mushroomed into a serious political crisis** le contentieux a pris de l'ampleur et s'est vite transformé en une grave crise politique ◆ **unemployment has mushroomed** le chômage monte en flèche ◆ **his debts have mushroomed into thousands of dollars** ses dettes se montent maintenant à des milliers de dollars
b (= appear, spring up) apparaître un peu partout ; (= multiply) proliférer, se multiplier ◆ **shops mushroomed all over the place** des magasins ont proliféré un peu partout
c (= gather mushrooms) **to go mushrooming** aller aux champignons
3 COMP soup, omelette aux champignons ; flavour de champignons ; (= colour) carpet etc beige rosé inv ▷ **mushroom cloud** n champignon m atomique ▷ **mushroom growth** n poussée f soudaine ▷ **mushroom town** n ville f champignon inv

mushrooming [ˈmʌʃrʊmɪŋ] **1** n **a** (= picking mushrooms) cueillette f des champignons ; → **mushroom 2c**
b (fig = growth) [of town etc] poussée f rapide ; [of sales, debts, investment] montée f en flèche ; [of market] expansion f or essor m rapide ◆ **the mushrooming of new shopping centres in the suburbs** (= proliferation) la prolifération des centres commerciaux en périphérie des villes
2 adj (= fast-growing) unemployment qui monte en flèche ; problem de plus en plus présent ; number croissant ; growth très rapide ; population qui connaît une croissance rapide

mushy [ˈmʌʃi] **1** adj **a** (= soft) vegetables, fish en bouillie ; fruit blet ; snow à demi fondu ◆ **to become** or **get** or **go mushy** se ramollir
b (pej = sentimental) film, book, sentimentalité à l'eau de rose
2 COMP ▷ **mushy peas** npl (Brit) purée f de petits pois

music [ˈmjuːzɪk] **1** n (all senses) musique f ◆ **to set to music** mettre en musique ◆ **it was music to his ears** c'était doux à son oreille

◆ **the Faculty of Music** (Univ) la faculté de musique ; → **ear¹, face, pop²**
2 COMP teacher, lesson, exam de musique ▷ **music box** n boîte f à musique ▷ **music case** n porte-musique m inv ▷ **music centre** n (= equipment) chaîne f (stéréo) ; (= shop) magasin m de hi-fi ▷ **music critic** n (Press) critique m musical ▷ **music director** n directeur m musical ▷ **music festival** n festival m de musique ▷ **music hall** (Brit) music-hall m ◊ adj de music-hall ▷ **music lover** n mélomane mf ▷ **music paper** n papier m à musique ▷ **music stand** n pupitre m à musique ▷ **music stool** n tabouret m *(de musicien)* ▷ **music video** n (for single) vidéoclip m ; (for album) série f de vidéoclips ; (for concert) concert m en vidéo

musical ['mjuːzɪkəl] → SYN **1** adj (lit, fig) voice, sound, criticism, studies musical ; family, person musicien ◆ **he comes from a musical family** ils sont très musiciens dans sa famille ◆ **she's very musical** (= gifted) elle est musicienne, elle est très douée pour la musique ; (= fond of it) elle est mélomane
2 n (Cine, Theat) comédie f musicale
3 COMP ▷ **musical box** n boîte f à musique ▷ **musical chairs** npl chaises fpl musicales ◆ **they were playing at musical chairs** (fig) ils changeaient tout le temps de place ▷ **musical comedy** n comédie f musicale, opérette f ▷ **musical director** n directeur m musical ▷ **musical evening** n soirée f musicale ▷ **musical instrument** n instrument m de musique ; (game) ▷ **musical statues** npl jeu où les participants doivent s'immobiliser dès que la musique s'arrête

musically ['mjuːzɪkəlɪ] adv musicalement ; develop du point de vue musical ; (melodiously) ◆ **she laughed musically** elle a eu un rire mélodieux ◆ **I'm musically trained** j'ai pris des leçons de musique ◆ **there's a lot going on musically in London** il se passe beaucoup de choses du point de vue musical à Londres ◆ **musically (speaking) this piece is beautiful** musicalement parlant, ce morceau est magnifique

musician [mjuːˈzɪʃən] n musicien(ne) m(f)

musicianship [mjuːˈzɪʃənʃɪp] n maestria f (de musicien), sens m de la musique

musicologist [ˌmjuːzɪˈkɒlədʒɪst] n musicologue mf

musicology [ˌmjuːzɪˈkɒlədʒɪ] n musicologie f

musing ['mjuːzɪŋ] → SYN **1** adj songeur, pensif
2 n songerie f ◆ **idle musings** rêvasseries fpl

musingly ['mjuːzɪŋlɪ] adv d'un air songeur, pensivement

musk [mʌsk] **1** n musc m
2 COMP ▷ **musk ox** n bœuf m musqué ▷ **musk rose** n rose f muscade ▷ **musk thistle** n (Bot) chardon m penché

muskeg ['mʌskeg] n (US = bog) tourbière f

musket ['mʌskɪt] n mousquet m

musketeer [ˌmʌskɪˈtɪəʳ] n mousquetaire m ◆ **the Three Musketeers** les Trois Mousquetaires

musketry ['mʌskɪtrɪ] **1** n tir m (au fusil etc)
2 COMP range, training de tir (au fusil etc)

muskmelon ['mʌskmelən] n cantaloup m

muskrat ['mʌskræt] n rat m musqué, ondatra m

musky ['mʌskɪ] adj musqué

Muslim ['muzlɪm] **1** n, pl **Muslims** or **Muslim** musulman(e) m(f) ; → **black**
2 adj musulman

muslin ['mʌzlɪn] **1** n mousseline f
2 COMP de or en mousseline

muso * ['mjuːzəʊ] n (= musician) musicien(ne) m(f)

musquash ['mʌskwɒʃ] **1** n (= animal) rat m musqué, ondatra m ; (= fur) rat m d'Amérique, ondatra m
2 COMP coat d'ondatra

muss * [mʌs] vt (also **muss up**) [+ dress, clothes] chiffonner, froisser ◆ **to muss sb's hair** décoiffer qn

mussel ['mʌsl] n moule f ◆ **mussel bed** parc m à moules, moulière f

Mussorgsky [mʊˈsɔːgskɪ] n Moussorgski m

must¹ [mʌst] LANGUAGE IN USE 10, 15.2 → SYN
1 modal aux vb **a** (indicating obligation) **you must leave now** vous devez partir or il faut que vous partiez (subj) maintenant ◆ **"the windows must not be opened"** (on notice) "défense d'ouvrir les fenêtres" ◆ **I (absolutely) must see him!** il faut absolument que je le voie ! ◆ **you mustn't touch it** il ne faut pas or tu ne dois pas y toucher, c'est défendu d'y toucher ◆ **what must we do now?** que faut-il or que devons-nous faire à présent ? ◆ **why must you always be so rude?** pourquoi faut-il toujours que tu sois si grossier ? ◆ **you must know that ...** (frm) il faut que vous sachiez que ... ◆ **I must ask you not to touch that** (frm) je dois vous prier or je vous prie de ne pas toucher à cela ◆ **we must ask you to send us ...** (Comm: in letters) nous nous trouvons dans l'obligation de vous demander de nous envoyer ... ◆ **if you must leave then go at once** s'il faut vraiment que vous partiez (subj), partez tout de suite ◆ **(well), if I must** eh bien, s'il le faut vraiment ◆ **sit down if you must** asseyez-vous si c'est indispensable or si vous y tenez ◆ **if you must know ...** si tu tiens vraiment à le savoir ..., si tu veux vraiment le savoir ... ◆ **I must away** †† je dois partir, il faut que je parte ◆ **I must say, he's very irritating** il n'y a pas à dire or franchement il est très agaçant ◆ **you look well, I must say!** je dois dire que or vraiment tu as très bonne mine ! ◆ **that's brilliant, I must say!** (iro) pour être réussi, c'est réussi (je dois dire) ! (iro) ◆ **well I must say!** * eh bien vraiment !, ça alors ! * ◆ **what must he do but bang the door just when ..., he must bang the door just when ...** il a fallu qu'il claque (subj) la porte juste au moment où ...
b (indicating certainty) **he must be wrong** il doit se tromper, il se trompe certainement ◆ **I realized he must be wrong** j'ai compris qu'il devait se tromper or qu'il se trompait certainement ◆ **he must be clever, mustn't he?** il doit être intelligent, n'est-ce pas ?, il doit être drôlement intelligent ◆ **he must be mad!** il est (complètement) fou ! ◆ **is he mad? – he must be!** est-ce qu'il est fou ? — on pourrait le croire ! ◆ **I must have made a mistake** j'ai dû me tromper ◆ **you must be joking!** vous plaisantez ! ◆ **you must know my aunt** vous devez connaître ma tante, vous connaissez sans doute ma tante ◆ **that must be Paul** ça doit être Paul
2 n * chose f indispensable, must * m ◆ **a must for all housewives!** un must * pour toutes les ménagères !, indispensable pour toutes les ménagères ! ◆ **this concert is a must for all Barry Manilow fans** ce concert est un must * pour les fans de Barry Manilow ◆ **this book is a must** c'est un livre à lire absolument ◆ **a car is a must in the country** une voiture est absolument indispensable à la campagne

must² [mʌst] n [of fruit] moût m

must³ [mʌst] n (= mould) moisi m

must⁴ [mʌst] n (Zool) rut m

must- * [mʌst] pref ◆ **a must-see movie** un film à ne pas manquer ◆ **a must-read** un livre à lire absolument ◆ **the must-have fashion item of the season** le must * de la saison ◆ **it was a must-win match** c'était un match qu'ils devaient gagner

mustache ['mʌstæʃ] n (US) ⇒ **moustache**

mustachio [məˈstɑːʃɪəʊ] n (US) moustache f à la gauloise

mustachioed [məˈstɑːʃɪəʊd] adj (US) moustachu

mustang ['mʌstæŋ] n mustang m

mustard ['mʌstəd] **1** n (Bot, Culin) moutarde f ◆ **to cut the mustard** * faire le poids, être à la hauteur ; → **keen¹**
2 adj moutarde
3 COMP ▷ **mustard and cress** n *salade de cresson alénois et de pousses de moutarde blanche* ▷ **mustard bath** n bain m sinapisé or à la moutarde ▷ **mustard gas** n ypérite f, gaz m moutarde ▷ **mustard plaster** n sinapisme m, cataplasme m sinapisé ▷ **mustard pot** n moutardier m, pot m à moutarde ▷ **mustard powder** n farine f de moutarde

muster ['mʌstəʳ] → SYN **1** n (= gathering) assemblée f ; (Mil, Naut: also **muster roll**) rassemblement m ; (= roll-call) appel m ◆ **to pass muster** (fig) (pouvoir) passer, être acceptable
2 vt **a** (= assemble, collect) [+ helpers, number, sum] réunir ; (also **muster up**) [+ strength, courage, energy] rassembler ◆ **I couldn't muster (up) enough energy to protest** je n'ai pas trouvé l'énergie de protester ◆ **they could only muster five volunteers** ils n'ont trouvé que cinq volontaires ◆ **the club can only muster 20 members** le club ne compte que 20 membres
b (= call roll of) battre le rappel de
3 vi (= gather, assemble) se réunir, se rassembler
4 COMP ▷ **muster station** n (on ship) point m de rassemblement

musth [mʌst] n (Zool) rut m

mustiness ['mʌstɪnɪs] n (= stale taste) goût m de moisi ; (= stale smell) odeur f de renfermé ; (= damp smell) odeur f de moisi

mustn't ['mʌsnt] ⇒ **must not** ; → **must**

musty ['mʌstɪ] → SYN adj **a** taste de moisi ; smell (= stale) de renfermé ; (= damp) de moisi ; book, clothes moisi ◆ **to grow musty** moisir ◆ **to smell musty** [room] sentir le renfermé ; [book, clothes] avoir une odeur de moisi
b (= hackneyed) ideas, methods suranné

mutability [ˌmjuːtəˈbɪlɪtɪ] → SYN n mutabilité f

mutable ['mjuːtəbl] → SYN adj sujet à mutation ; virus, gene mutable ; (Ling) sujet à la mutation

mutagen ['mjuːtədʒən] n mutagène m

mutagenic [mjuːtəˈdʒenɪk] adj mutagène

mutant ['mjuːtənt] adj, n mutant(e) m(f)

mutate [mjuːˈteɪt] **1** vi **a** (lit = undergo mutation) subir une mutation
b (fig = change) se transformer (*into sth* en qch)
2 vt faire subir une mutation à

mutation [mjuːˈteɪʃən] n (gen, Ling) mutation f

mutatis mutandis [muːˈtɑːtɪsmuːˈtændɪs] adv mutatis mutandis

mute [mjuːt] → SYN **1** adj **a** person, reproach muet ; consent tacite ◆ **mute with admiration, in mute admiration** muet d'admiration ◆ **he turned to her in mute appeal** il lui lança un regard suppliant ◆ **to be** or **bear mute testimony** or **witness to sth** être un témoin silencieux or muet de qch
b (Ling) H mute H muet ◆ **mute "e"** "e" muet
2 n **a** (Med † = deaf person) muet(te) m(f) ; → **deaf**
b (Mus) sourdine f
3 vt **a** (Mus) [+ trumpet, violin etc] mettre la sourdine à
b [+ sound] assourdir, rendre moins sonore ; [+ colour] adoucir, atténuer
c [+ feelings, emotions, enthusiasm] tempérer, modérer ◆ **to mute one's criticism of sth** tempérer or modérer ses critiques de qch
4 COMP ▷ **mute swan** n cygne m tuberculé or muet

muted ['mjuːtɪd] adj voice, sound sourd, assourdi ; colour sourd ; (Mus) violin en sourdine ; criticism, protest, feelings, enthusiasm tempéré

mutilate ['mjuːtɪleɪt] → SYN vt [+ person, limb] mutiler, estropier ; [+ object] mutiler, dégrader ; (fig) [+ text] mutiler, tronquer

mutilation [ˌmjuːtɪˈleɪʃən] n mutilation f

mutineer [ˌmjuːtɪˈnɪəʳ] n (Mil, Naut) mutiné m, mutin m

mutinous ['mjuːtɪnəs] → SYN adj crew, soldiers prêt à se mutiner, mutin ; workers, prisoners rebelle ; feelings de rébellion ; attitude, mood rebelle ; look de défi ◆ **the children were already fairly mutinous** les enfants regimbaient déjà

mutiny ['mjuːtɪnɪ] → SYN **1** n (Mil, Naut) mutinerie f ; (fig) révolte f
2 vi se mutiner ; (fig) se révolter

mutism ['mjuːtɪzəm] n (Med, Psych) mutisme m

mutt * [mʌt] n **a** (= fool) corniaud * m, crétin(e) * m(f)
b (= dog) clebs * m, corniaud m

mutter ['mʌtəʳ] → SYN **1** n marmonnement m ; (= grumbling) grommellement m
2 vt [+ word, excuse, threat, prayer] marmonner, marmotter ; [+ curses, obscenities] marmonner, grommeler ◆ **"no", he muttered** "non", marmonna-t-il or dit-il entre ses

muttering / myxomatosis

ANGLAIS-FRANÇAIS 616

dents ◆ **he muttered something to himself** il a marmonné or marmotté quelque chose entre ses dents ◆ **a muttered conversation** une conversation à voix basse ◆ **to mutter that** marmonner que

[3] vi marmonner, murmurer; (= grumble) grommeler, grogner ◆ **to mutter to oneself** (talking) marmonner or marmotter entre ses dents; (complaining) grommeler entre ses dents ◆ **she was muttering about the bad weather** elle maugréait contre le mauvais temps ◆ **to mutter about doing sth** parler de faire qch ◆ **the man who dared to say what others only muttered about** l'homme qui osait dire tout haut ce que les autres pensaient tout bas

muttering ['mʌtərɪŋ] n grommellement m

mutton ['mʌtn] [1] n (Culin) mouton m ◆ **leg of mutton** gigot m ◆ **shoulder of mutton** épaule f de mouton ◆ **she's mutton dressed (up) as lamb** * (hum) elle s'habille trop jeune pour son âge ; → **dead, leg**

[2] COMP ▷ **mutton chop** n côtelette f de mouton ▷ **mutton chops** * npl (= whiskers) favoris mpl (bien fournis), rouflaquettes fpl

muttonhead‡ * ['mʌtnhed] n cornichon * m

mutual ['mjuːtjʊəl] → SYN [1] adj **a** (= reciprocal) support, hatred, respect, need, destruction mutuel ◆ **mutual aid** entraide f, aide f mutuelle ◆ **I didn't like him and the feeling was mutual** je ne l'aimais pas et c'était réciproque

b (= common) interest, friend commun ◆ **it is to our mutual benefit** or **advantage** c'est dans notre intérêt commun ◆ **by mutual consent** par consentement mutuel

[2] COMP ▷ **mutual assured destruction** n (US Mil) destruction f mutuelle assurée ▷ **mutual fund (company)** n (US) société f d'investissement (de type SICAV) ▷ **mutual insurance (company)** n mutuelle f ▷ **mutual masturbation** n masturbation f mutuelle ▷ **mutual society** n mutuelle f

mutuality [ˌmjuːtjʊˈælɪtɪ] n mutualité f

mutually ['mjuːtjʊəlɪ] [1] adv convenient, acceptable, beneficial mutuellement ◆ **a mutually agreed goal** un objectif convenu ◆ **mutually contradictory** contradictoire ◆ **the two things are not mutually exclusive** ces deux choses ne sont pas incompatibles

[2] COMP ▷ **mutually assured destruction** n ⇒ **mutual assured destruction** ; → **mutual**

mutule ['mjuːtjuːl] n mutule f

Muzak ® ['mjuːzæk] n musique f (d'ambiance) enregistrée

muzzle ['mʌzl] → SYN [1] n **a** (of dog, fox etc) museau m ; (of gun) bouche f, gueule f

b (= anti-biting device) muselière f ; (fig) muselière f, bâillon m

[2] vt [+ dog] museler ; (fig) museler, bâillonner

[3] COMP ▷ **muzzle loader** n arme f qu'on charge par le canon ▷ **muzzle velocity** n vitesse f initiale

muzzy ['mʌzɪ] adj (Brit) **a** (= groggy, confused) brain brouillé ; feeling de confusion ; ideas confus, nébuleux ◆ **to be** or **feel muzzy** [person] avoir le cerveau brouillé

b (= blurred) TV picture flou ; outline estompé, flou

MVP n (US Sport) (abbrev of **most valuable player**) (= person) meilleur joueur m, meilleure joueuse f ; (= title) titre m de meilleur joueur

MW n **a** (Rad) (abbrev of **medium wave**) PO
b (Elec) (abbrev of **megawatt(s)**) MW

MX [em'eks] n (Mil) (abbrev of **missile experimental**) MX m

Mx (abbrev of **maxwell**) M.

my [maɪ] [1] poss adj mon, ma, mes ◆ **my book** mon livre ◆ **my table** ma table ◆ **my friend** mon ami(e) ◆ **my clothes** mes vêtements ◆ **MY book** mon livre à moi ◆ **I've broken my leg** je me suis cassé la jambe

[2] excl ◆ **(oh) my!** * ◆ **my, my!** * ça, par exemple !

myalgia [maɪˈældʒə] n myalgie f

myalgic encephalomyelitis [maɪˈældʒɪk enˌsefələʊmaɪəˈlaɪtɪs] n (Med) encéphalomyélite f myalgique

Myanmar ['maɪænmɑːʳ] n le Myanmar

myasthenia [ˌmaɪəsˈθiːnɪə] n myasthénie f

myasthenic [ˌmaɪəsˈθenɪk] adj myasthénique

mycelium [maɪˈsiːlɪəm] n, pl **mycelia** [maɪˈsiːlɪə] mycélium m

Mycenae [maɪˈsiːniː] n Mycènes

Mycenaean [ˌmaɪsəˈniːən] [1] adj mycénien
[2] n Mycénien(ne) m(f)

mycology [maɪˈkɒlədʒɪ] n mycologie f

mycoplasma [ˌmaɪkəʊˈplæzmə] n mycoplasme m

mycorrhiza [ˌmaɪkəˈraɪzə] n mycorhize m

mycosis [maɪˈkəʊsɪs] n mycose f

mycotoxin [ˌmaɪkəˈtɒksɪn] n mycotoxine f

mydriactic [ˌmɪdrɪˈætɪk] adj mydriatique

mydriasis [mɪˈdraɪəsɪs] n mydriase f

myelin ['maɪəlɪn] n myéline f

myelitis [ˌmaɪəˈlaɪtɪs] n myélite f

myeloblast ['maɪələʊˌblɑːst] n myéloblaste m

myelocyte ['maɪələʊˌsaɪt] n myélocyte m

myelogram ['maɪələˌgræm] n myélographie f

myeloma [ˌmaɪəˈləʊmə] n, pl **myelomas** or **myelomata** [ˌmaɪəˈləʊmətə] myélome m

myiasis ['maɪəsɪs] n myiase f

mynah ['maɪnə] n (also **mynah bird**) mainate m

myocardial infarction [ˌmaɪəʊˌkɑːdɪəlɪnˈfɑːkʃən] n infarctus m du myocarde

myocardium [ˌmaɪəʊˈkɑːdɪəm] n myocarde m

myogram ['maɪəˌgræm] n myogramme m

myograph ['maɪəˌgrɑːf] n myographe m

myologic [ˌmaɪəˈlɒdʒɪk] adj myologique

myology [maɪˈɒlədʒɪ] n myologie f

myoma [maɪˈəʊmə] n myome m

myopathy [maɪˈɒpəθɪ] n myopathie f

myopia [maɪˈəʊpɪə] n myopie f

myopic [maɪˈɒpɪk] → SYN adj (Opt) myope ; (fig) attitude peu prévoyant, à courte vue ◆ **this is a somewhat myopic view** c'est une vision à court terme

myosin ['maɪəsɪn] n myosine f

myosis [maɪˈəʊsɪs] n myosis m

myriad ['mɪrɪəd] → SYN [1] n myriade f ◆ **a myriad of** une myriade de
[2] adj (liter) innombrable, sans nombre

myriapod ['mɪrɪəpɒd] n (Zool) myriapode m

myrmecophile ['mɜːmɪkəʊˌfaɪl] n myrmécophile m

myrmecophilous [ˌmɜːmɪˈkɒfɪləs] adj myrmécophile

myrmidon ['mɜːmɪdən] n (pej hum) sbire m

myrrh [mɜːʳ] n myrrhe f

myrtle ['mɜːtl] n myrte m

myself [maɪˈself] pers pron (reflexive: direct and indirect) me ; (emphatic) moi-même ; (after prep) moi ◆ **I've hurt myself** je me suis blessé ◆ **I said to myself** je me suis dit ◆ **I spoke to him myself** je lui ai parlé moi-même ◆ **people like myself** des gens comme moi ◆ **I've kept one for myself** j'en ai gardé un pour moi ◆ **he asked me for a photo of myself** il m'a demandé une photo de moi ◆ **I told him myself** je le lui ai dit moi-même ◆ **I'm not myself today** je ne suis pas dans mon assiette aujourd'hui

◆ **(all) by myself** tout seul

mysterious [mɪsˈtɪərɪəs] → SYN adj person, object, disappearance, illness, power mystérieux ; smile mystérieux, énigmatique ◆ **why are you being so mysterious?** pourquoi tous ces mystères ? ◆ **God moves in mysterious ways** les voies du Seigneur sont impénétrables

mysteriously [mɪsˈtɪərɪəslɪ] adv mystérieusement

mystery ['mɪstərɪ] → SYN [1] n **a** (gen, Rel) mystère m ◆ **there's no mystery about it** ça n'a rien de mystérieux ◆ **it's a mystery to me how he did it** je n'arrive pas à comprendre comment il l'a fait ◆ **to make a great mystery of sth** faire grand mystère de qch

b (Theat: also **mystery play**) mystère m

c (Literat: also **mystery story**) roman m à énigmes

[2] COMP ship, man mystérieux ▷ **mystery play** n (Theat) mystère m ▷ **mystery tour** n (in coach etc) voyage m surprise (dont on ne connaît pas la destination)

mystic ['mɪstɪk] → SYN [1] adj (Rel) mystique ; power occulte ; rite ésotérique ; truth surnaturel ; formula magique
[2] n mystique mf

mystical ['mɪstɪkəl] adj mystique

mysticism ['mɪstɪsɪzəm] n mysticisme m

mystification [ˌmɪstɪfɪˈkeɪʃən] n **a** (= bewilderment) perplexité f

b [of issue, subject] mystification f ◆ **why all the mystification?** pourquoi tout ce mystère ?

mystify ['mɪstɪfaɪ] → SYN vt rendre or laisser perplexe ; (= deliberately deceive) mystifier

mystique [mɪsˈtiːk] n mystique f

myth [mɪθ] → SYN n (lit, fig) mythe m

mythic ['mɪθɪk] adj figure, symbol, status mythique ; proportions fabuleux

mythical ['mɪθɪkəl] → SYN adj beast, creature, figure mythique ; world fictif, mythique

mythicize ['mɪθɪsaɪz] vt mythifier

mythological [ˌmɪθəˈlɒdʒɪkəl] adj mythologique

mythologist [mɪˈθɒlədʒɪst] n mythologue mf

mythologize [mɪˈθɒlədʒaɪz] vt [+ person] transformer en héros mythique ; [+ event] mythifier

mythology [mɪˈθɒlədʒɪ] → SYN n mythologie f

mythomania [ˌmɪθəʊˈmeɪnɪə] n mythomanie f

mythomaniac [ˌmɪθəʊˈmeɪnɪæk] n mythomane mf

myxoedema, myxedema (US) [ˌmɪksɪˈdiːmə] n myxœdème m

myxoedematous, myxedematous (US) [ˌmɪksɪˈdemətəs] adj myxœdémateux

myxoedemic, myxedemic (US) [ˌmɪksɪˈdemɪk] adj myxœdémateux

myxomatosis [ˌmɪksəʊməˈtəʊsɪs] n myxomatose f

N

N, n [ɛn] n **a** (= letter) N, n m ◆ **N for Nancy** ≃ N comme Noémie
  b (Math) **to the nth (power)** à la puissance n ◆ **to the nth degree** (fig) à la puissance mille ◆ **I told him for the nth time** * **to stop talking** je lui ai dit pour la énième fois de se taire ◆ **there are n ways of doing it** il y a mille or des tas de * façons de le faire
  c (abbrev of **north**) N
  d (Elec) (abbrev of **neutral**) N

'n' * [ən] conj ⇒ **and**

NA [ɛnˈeɪ] n (abbrev of **Narcotics Anonymous**) association d'aide aux toxicomanes

n/a a (abbrev of **not applicable**) ne s'applique pas
  b (Banking) (abbrev of **no account**) pas de compte

NAACP [ˌɛnəˌeɪsiːˈpiː] n (US) (abbrev of **National Association for the Advancement of Colored People**) défense des droits civiques des Noirs

NAAFI [ˈnæfɪ] n (Brit Mil) (abbrev of **Navy, Army and Air Force Institute**) coopérative f militaire

nab * [næb] vt **a** (= catch in wrongdoing) pincer *, choper *
  b (= catch to speak to etc) attraper, coincer *
  c (= take) [+ sb's pen, chair etc] accaparer

nabla [ˈnæblə] n nabla m

nabob [ˈneɪbɒb] n (lit, fig) nabab m

Nabucco [næˈbuːkəʊ] n (Mus) Nabucco m

nacelle [næˈsɛl] n (Aviat) nacelle f

nacho [ˈnɑːtʃəʊ] n, pl **nachos** (Culin) nacho m

nacre [ˈneɪkəʳ] n nacre f

nacred [ˈneɪkəd], **nacreous** [ˈneɪkrɪəs] adj nacré

NACU [ˌɛnəˌɛsiːˈjuː] n (US) (abbrev of **National Association of Colleges and Universities**) association des établissements américains d'enseignement supérieur

Naderism [ˈneɪdərɪzəm] n consumérisme m, défense f du consommateur

nadir [ˈneɪdɪəʳ] → SYN n (Astron) nadir m ; (fig) point m le plus bas ◆ **in the nadir of despair** dans le plus profond désespoir ◆ **his fortunes reached their nadir when ...** il atteignit le comble de l'infortune quand ...

naevus, nevus (US) [ˈniːvəs] n, pl **naevi, (US) nevi** [ˈniːvaɪ] nævus m

naff * [næf] (Brit) adj tarte *, ringard *

▶ **naff off** * vi foutre le camp *

naffing * [ˈnæfɪŋ] adj (Brit) foutu *

NAFTA [ˈnæftə] n (abbrev of **North American Free Trade Agreement**) ALENA f

nag¹ [næg] → SYN **1** vt (also **nag at**) [person] harceler, asticoter * ; [worries] harceler, accabler ; [doubt] harceler, assaillir ; [anxiety] tenailler ◆ **he was nagging (at) me to tidy my room** il me harcelait or m'asticotait * pour que je range (subj) ma chambre ◆ **to nag sb into doing sth** harceler or asticoter * qn jusqu'à ce qu'il fasse qch ◆ **to nag sb about sth** embêter * qn avec qch ◆ **to nag sb to do sth or about doing sth** harceler or asticoter * qn pour qu'il fasse qch ◆ **she nagged him about never being home** elle lui reprochait de ne jamais être à la maison ◆ **his conscience was nagging (at) him** sa conscience le travaillait ◆ **nagged by doubts** rongé par le doute
  2 vi [person] (= scold) ne pas arrêter de faire des remarques ; [pain, doubts] être harcelant ◆ **to nag at sb** ⇒ **to nag sb 1**
  3 n ◆ **he's a dreadful nag** * (scolding) il n'arrête pas de faire des remarques ; (pestering) il n'arrête pas de nous (or le etc) harceler

nag² * [næg] → SYN n (= horse) cheval m ; (pej) canasson * m (pej)

Nagasaki [ˌnɑːgəˈsɑːkɪ] n Nagasaki

nagger [ˈnægəʳ] n ⇒ **nag¹ 3**

nagging [ˈnægɪŋ] → SYN **1** adj **a** doubt, feeling, fear, worry, question persistant ; pain tenace
  b wife qui n'arrête pas de faire des remarques, acariâtre ; voice insistant
  2 n (NonC) remarques fpl continuelles

Nagorno-Karabakh [nəˌgɔːnəʊkærəˈbɑːk] n Haut-Karabakh m, Nagorno-Karabakh m

Nagoya [ˈnɑːgɔɪə] n Nagoya

NAHT [ˌɛnəˌeɪtʃˈtiː] n (Brit) (abbrev of **National Association of Head Teachers**) association nationale des chefs d'établissements

Nahum [ˈneɪhəm] n Nahum m

naiad [ˈnaɪæd] n, pl **naiads** or **naiades** [ˈnaɪədiːz] naïade f

nail [neɪl] → SYN **1** n **a** (Anat) ongle m ; → **bite, fingernail, toenail, tooth**
  b (Tech) clou m ◆ **to pay on the nail** payer rubis sur l'ongle ◆ **to demand cash on the nail** demander à être payé rubis sur l'ongle ◆ **that decision was a** or **another nail in his coffin** cette décision a été un nouveau coup dur pour lui ◆ **to be as hard** or **tough as nails** (= resilient) être coriace ; (towards other people) être impitoyable ; → **bed, hit**
  2 vt **a** (= fix with nails) clouer ◆ **to nail the lid on(to) a crate** clouer le couvercle d'une caisse ◆ **to be nailed to the spot** or **ground** rester cloué sur place ◆ **to nail sth back on** reclouer qch ◆ **to nail one's colours to the mast** proclamer une fois pour toutes sa position ◆ **the Prime Minister has nailed his colours firmly to the European mast** le Premier ministre a proclamé une fois pour toutes qu'il était pro-européen ◆ **it's like trying to nail Jell-O ® to the wall** * (US) autant essayer de vider la mer avec une petite cuiller
  b (= put nails into) clouter ◆ **nailed shoes** chaussures fpl cloutées
  c * (= catch in crime etc) [+ person] pincer *, choper * ; (= expose) [+ lie] démasquer ; [+ rumour] démentir
  d (* = hit with shot etc) descendre *, abattre
  3 COMP ▷ **nail-biting** n habitude f de se ronger les ongles ◊ adj film à suspense, angoissant ; finish, match serré ▷ **nail bomb** n ≃ bombe f de fabrication artisanale ▷ **nail clippers** npl coupe-ongles m inv, pince f à ongles ▷ **nail enamel** n (US) ⇒ **nail lacquer** ▷ **nail lacquer, nail polish** n vernis m à ongles ▷ **nail polish remover** n dissolvant m ▷ **nail puller** n (Tech) tire-clou m ▷ **nail scissors** npl ciseaux mpl à ongles ▷ **nail set** n (Tech) chasse-clou m ▷ **nail varnish** n (Brit) ⇒ **nail polish** ▷ **nail varnish remover** n (Brit) ⇒ **nail polish remover** ▷ **nail wrench** n (Tech) arrache-clou m

▶ **nail down** vt sep **a** [+ lid] clouer
  b (fig) [+ hesitating person] obtenir une décision de ; [+ agreement, policy] établir, arrêter ◆ **I nailed him down to coming at 6 o'clock** je l'ai réduit or contraint à accepter de venir à 6 heures

▶ **nail up** vt sep **a** [+ picture etc] fixer par des clous
  b [+ door, window] condamner (en clouant)
  c [+ box, crate] clouer ◆ **to nail up goods in a crate** empaqueter des marchandises dans une caisse clouée

nailbrush [ˈneɪlbrʌʃ] n brosse f à ongles

nailfile [ˈneɪlfaɪl] n lime f à ongles

nainsook [ˈneɪnsʊk] n nansouk m

Nairobi [naɪˈrəʊbɪ] n Nairobi

naïve, naive [naɪˈiːv] → SYN adj **a** (pej = unrealistic) person, belief, optimism naïf (naïve f) ◆ **politically naïve** naïf sur le plan politique ◆ **it is naïve to think that ...** il faut être naïf pour croire que ...
  b (= innocent) person, charm ingénu
  c (Art) painting, style naïf (naïve f)

naïvely, naively [naɪˈiːvlɪ] adv think, assume, expect, believe naïvement ◆ **to be naïvely idealistic** être d'un idéalisme naïf

naïveté, naiveté [naɪˈiːvteɪ] → SYN , **naivety** [naɪˈiːvtɪ] n naïveté f, ingénuité f

naked [ˈneɪkɪd] → SYN adj **a** person, body, flesh, animal, light bulb, sword nu ; wire dénudé ◆ **to go naked** être (tout) nu ◆ **to sunbathe naked** se bronzer (tout) nu, faire du bronzage intégral ◆ **naked to the waist** torse nu ◆ **naked except for his socks** tout nu à part ses chaussettes, avec ses chaussettes pour seul vêtement ◆ **to feel naked without sth** se sentir nu sans qch ◆ **(as) naked as the day he/she was born** nu/nue comme un ver, en costume d'Adam/d'Ève ◆ **to see sth with the naked eye** voir qch à l'œil nu ◆ **visible/invisible to the naked eye** visible/invisible à l'œil nu ◆ **a naked flame** une flamme (nue) ; → **stark, strip**
  b (= pure) hatred non déguisé ; greed éhonté ; attempt flagrant ; ambition, aggression pur ; facts brut ◆ **the naked truth** la vérité toute nue
  c (liter = defenceless) person sans défense

nakedly ['neɪkɪdlɪ] adv ouvertement ◆ he was nakedly ambitious il ne cachait pas son ambition

nakedness ['neɪkɪdnɪs] → SYN n nudité f

NALGO ['nælgəʊ] n (Brit: formerly) (abbrev of National and Local Government Officers Association) ancien syndicat

NAM [enel'em] n (US) (abbrev of National Association of Manufacturers) organisation patronale américaine

Nam ✻ [nɑːm] n le Viêt-nam

namby-pamby ✻ ['næmbɪ'pæmbɪ] (pej) **1** n gnangnan ✻ mf
2 adj gnangnan ✻ inv

name [neɪm] → SYN **1** n **a** nom m ◆ what's your name? comment vous appelez-vous? ◆ my name is Robert je m'appelle Robert ◆ I'll do it or my name's not Robert Smith! ✻ je le ferai, foi de Robert Smith! ◆ I haven't a ha'penny or a penny to my name ✻ je n'ai pas un sou vaillant, je suis sans le sou ◆ what name are they giving the child? comment vont-ils appeler l'enfant? ◆ they married to give the child a name ils se sont mariés pour que l'enfant soit légitime ◆ what name shall I say? (on telephone) c'est de la part de qui?; (announcing arrival) qui dois-je annoncer? ◆ please fill in your name and address prière d'inscrire vos nom, prénom et adresse ◆ to take sb's name and address noter le nom et l'adresse or les coordonnées de qn ◆ to put one's name down for a job poser sa candidature à un poste ◆ to put one's name down for a competition/for a class s'inscrire à un concours/à un cours ◆ I'll put my name down for a company car je vais faire une demande pour avoir une voiture de fonction ◆ to have one's name taken (Ftbl etc) recevoir un avertissement ◆ this man, Smith by name or by the name of Smith cet homme, qui répond au nom de Smith ◆ he goes by the name of ... il est connu sous le nom de ... ◆ we know him by the name of ... on le connaît sous le nom de ... ◆ to go by or under the name of ... se faire appeler ... ◆ he writes under the name of John Smith il écrit sous le pseudonyme de John Smith ◆ but his real name is Piers Knight mais il s'appelle Piers Knight de son vrai nom, mais son vrai nom est Piers Knight ◆ she's the boss in all but name elle est le patron sans en avoir le titre ◆ to refer to sb by name désigner qn par son nom ◆ in name only or alone de nom seulement ◆ to exist in name only or in name alone n'exister que de nom; (power, rights) être nominal ◆ a marriage in name only or in name alone un mariage qui n'en est pas un ◆ he is king in name only il n'est roi que de nom, il n'a de roi que le nom ◆ to name names donner des noms ◆ to name or mention no names, naming or mentioning no names pour ne nommer personne ◆ without mentioning any names sans nommer or citer personne ◆ that's the name of the game (= that's what matters) c'est ce qui compte; (= that's how it is) c'est comme ça ◆ in the name of ... (lit, fig) au nom de ... ◆ in God's name pour l'amour du ciel or de Dieu ◆ in the king's name au nom du roi, de par le roi ◆ what in the name of goodness ✻ or in Heaven's ✻ or God's ✻ name are you doing? mais qu'est-ce que tu fais, pour l'amour du ciel? ◆ what in Heaven's ✻ or God's ✻ name does that mean? mais qu'est-ce que ça peut bien vouloir dire? ◆ all the great or big names were there toutes les célébrités étaient là ◆ he's one of the big names in show business c'est un des grands noms du show-business ; → **first, know, maiden, pet**[1]
b (= reputation) renom m ◆ he has a name for honesty il est réputé honnête, il a la réputation d'être honnête ◆ he has a name for stubbornness il a la réputation d'être têtu ◆ to protect one's (good) name protéger sa réputation ◆ this firm has a good name cette maison a (une) bonne réputation ◆ to have a bad name avoir une mauvaise réputation ◆ to get a bad name se faire une mauvaise réputation ◆ my name is mud ✻ in this place je ne suis pas en odeur de sainteté ici, je suis grillé ✻ ici ◆ if I do that my name will be mud ✻ in the office si je fais ça, c'en est fini de ma réputation or je suis grillé ✻ au bureau ◆ to make one's name se faire un nom ◆ this book made his name ce livre lui a rendu célèbre ◆ to make a name for o.s. (as) se faire une réputation or un nom (comme or en tant que) ◆ he made his name

as a singer il s'est fait un nom en tant que chanteur ; → **dog, vain**
c (= insult) **to call sb names** injurier qn, traiter qn de tous les noms ◆ he called me names! il m'a traité de tous les noms! ◆ names can't hurt me les injures ne me touchent pas
d (Fin: also Lloyd's name) membre de la Lloyd's
2 vt **a** (= call by a name, give a name to) nommer, appeler; [+ ship] baptiser; [+ comet, star, mountain] donner un nom à ◆ a person named Smith un(e) nommé(e) Smith ◆ the child was named Isobel on a appelé l'enfant Isobel ◆ to name a child after or for sb donner à un enfant le nom de qn ◆ the child was named after his father l'enfant a reçu le nom de son père ◆ they named him Winston after Churchill ils l'ont appelé Winston en souvenir de Churchill ◆ tell me how plants are named expliquez-moi l'appellation des plantes
b (= give name of) nommer; (= list) nommer, citer; (= fix) [+ date, price] fixer ◆ he was named for the chairmanship son nom a été avancé pour la présidence ◆ he named his son (as) his heir il a désigné son fils comme héritier ◆ he refused to name his accomplices il a refusé de nommer ses complices or de révéler les noms de ses complices ◆ my collaborators are named in the preface mes collaborateurs sont mentionnés dans l'avant-propos ◆ name the presidents donnez le nom des présidents, nommez les présidents ◆ name the chief works of Shakespeare citez les principaux ouvrages de Shakespeare ◆ name your price fixez votre prix ◆ to name the day (for wedding) fixer la date du mariage ◆ you name it, they have it! ✻ shop its ont tous les produits possibles et imaginables ; family ils ont tous les gadgets ◆ he was named as chairman il a été nommé président ◆ he has been named as the leader of the expedition on l'a désigné pour diriger l'expédition ◆ he was named as the thief on a dit que c'était lui le voleur ◆ they have been named as witnesses ils ont été cités comme témoins ◆ to name and shame sb ✻ désigner qn du doigt (fig)
3 COMP ▷ **name-calling** n injures fpl ▷ **name day** n fête f ▷ **name-drop** vi émailler sa conversation de noms de gens en vue ▷ **name-dropper** ✻ n he's a dreadful name-dropper il émaille toujours sa conversation de noms de gens en vue, à l'entendre il connaît la terre entière ▷ **name-dropping** ✻ n there was so much name-dropping in his speech son discours était truffé de noms de gens en vue ▷ **name part** n (Theat) rôle-titre m ▷ **name tape** n marque f (sur du linge ou des vêtements)

-named [neɪmd] adj (in compounds) ◆ the first-named le premier, la première ◆ the last-named ce dernier, cette dernière

nameless ['neɪmlɪs] → SYN adj **a** (= unnamed) person, grave anonyme; baby, town, island sans nom ◆ to remain nameless (= anonymous) garder l'anonymat ◆ a certain person, who shall be or remain nameless une certaine personne, que je ne nommerai pas
b (= indefinable) terror, sensation, emotion indéfinissable; (= unmentionable) vice, crime innommable

namely ['neɪmlɪ] → SYN adv à savoir ◆ two of them, namely Emma and Harry deux d'entre eux, (à savoir) Emma et Harry ◆ namely that ... à savoir que ...

nameplate ['neɪmpleɪt] n (on door etc) plaque f; (on manufactured goods) plaque f du fabricant or du constructeur

namesake ['neɪmseɪk] n homonyme m

Namibia [nɑːˈmɪbɪə] n la Namibie

Namibian [nɑːˈmɪbɪən] **1** adj namibien
2 n Namibien(ne) m(f)

nan[1] [nɑːn] n (also nan bread) nan m (pain indien)

nan[2] ✻ [næn], **nana** ✻ ['nænə] n (Brit = grandmother) mamie f, mémé f

nance ✻ [næns], **nancy** ✻ ['nænsɪ], **nancy-boy** ✻ ['nænsɪbɔɪ] n (Brit pej) tante ✻ f (pej), tapette ✻ f (pej)

NAND circuit [nænd] n (Comput) circuit m NON-ET

NAND gate [nænd] n (Comput) porte f NON-ET

nankeen [nænˈkiːn] n (Tex) nankin m

nanny ['nænɪ] **1** n **a** (= live-in carer) bonne f d'enfants, nurse f; (= daytime carer) garde f d'enfants, nourrice f ◆ yes nanny oui nounou (baby talk)
b (✻ = grandmother) mamie f, mémé f
2 COMP ▷ **nanny-goat** n chèvre f, bique ✻ f ▷ **nanny state** n (esp Brit) État-providence m

nannying ['nænɪɪŋ] n **a** (= job) garde f d'enfants
b (pej = mollycoddling) maternage m (excessif)

nano... ['nænəʊ] pref nano...

nanometre ['nænəʊˌmiːtə'] n nanomètre m

nanosecond ['nænəʊˌsekənd] n nanoseconde f

nanotechnology [ˌnænəʊtekˈnɒlədʒɪ] n nanotechnologie f

Naomi ['neɪəmɪ] n Noémi f

nap[1] [næp] → SYN **1** n (= sleep) petit somme m ◆ afternoon nap sieste f ◆ to have or take a nap faire un petit somme; (after lunch) faire la sieste
2 vi faire un (petit) somme, sommeiller ◆ to catch sb napping (fig) (= unawares) prendre qn à l'improviste or au dépourvu ; (= in error etc) surprendre qn en défaut

nap[2] [næp] → SYN n (Tex) poil m ◆ cloth that has lost its nap tissu m râpé or élimé ◆ with/without nap (on sewing pattern) avec/sans sens

nap[3] [næp] n (Cards) ≈ manille f aux enchères

nap[4] [næp] vt ◆ (Brit Racing) **to nap the winner** donner le cheval gagnant

NAPA [ˌenəɪpɪˈeɪ] n (US) (abbrev of National Association of Performing Artists) syndicat

napalm ['neɪpɑːm] **1** n napalm m
2 vt attaquer au napalm
3 COMP ▷ **napalm bomb** n bombe f au napalm ▷ **napalm bombing** n bombardement m au napalm

nape [neɪp] n (also nape of the neck) nuque f

naphtha ['næfθə] n (gen) naphte m ◆ **petroleum naphtha** naphta m

naphthalene ['næfθəliːn] n naphtaline f

naphthene ['næfθiːn] n naphtène m

naphthol ['næfθɒl] n naphtol m

napkin ['næpkɪn] **1** n **a** serviette f (de table)
b (Brit †: for babies) couche f
2 COMP ▷ **napkin ring** n rond m de serviette

Naples ['neɪplz] n Naples

Napoleon [nəˈpəʊlɪən] n **a** Napoléon m
b (= coin) napoléon (napoléon m)
c (US) napoleon (= pastry) millefeuille m

Napoleonic [nəˌpəʊlɪˈɒnɪk] adj napoléonien

nappe [næp] n (Geol) nappe f de charriage; (Geom) nappe f

napper † ✻ ['næpə'] n (= head) caboche ✻ f

nappy ['næpɪ] (Brit) **1** n couche f ◆ he's barely out of nappies si on lui pressait le nez, il en sortirait du lait
2 COMP ▷ **nappy liner** n protège-couche m ▷ **nappy rash** n érythème m (fessier) (Med) (frm) ◆ to have nappy rash (gen) avoir les fesses rouges

narc ✻ [nɑːk] n (US) (abbrev of narcotics agent) agent m de la brigade des stupéfiants, stup ✻ m

narceen, narceine ['nɑːsiːn] n narcéine f

narcissi [nɑːˈsɪsaɪ] npl of **narcissus**

narcissism [nɑːˈsɪsɪzəm] → SYN n narcissisme m

narcissist ['nɑːsɪsɪst] n narcissique mf

narcissistic [ˌnɑːsɪˈsɪstɪk] **1** adj person narcissique
2 COMP ▷ **narcissistic personality disorder** n (Psych) névrose f narcissique

narcissus [nɑːˈsɪsəs] n, pl **narcissi** or **narcissuses a** (= flower) narcisse m
b Narcissus Narcisse m

narcoanalysis [ˌnɑːkəʊəˈnælɪsɪs] n narcoanalyse f

narcolepsy ['nɑːkəʊlepsɪ] n narcolepsie f

narcoleptic [ˌnɑːkəˈleptɪk] adj narcoleptique

narcosis [nɑːˈkəʊsɪs] n narcose f

narco-terrorism [ˌnɑːkəʊˈterəˌrɪzəm] n narcoterrorisme m

narcotic [nɑːˈkɒtɪk] → SYN **1** adj **a** (Med) effect narcotique ◆ **narcotic drug** narcotique m
b (esp US Drugs) industry des stupéfiants
2 n **a** (Med) narcotique m
b (esp US Drugs) stupéfiant m
3 COMP ▷ **narcotics agent** n agent m de la brigade des stupéfiants ▷ **narcotics charge** n to be on a narcotics charge être mis en examen pour une affaire de stupéfiants ▷ **Narcotics Squad** n brigade f des stupéfiants

narcotism [ˈnɑːkəˌtɪzəm] n narcotisme m

narcotize [ˈnɑːkətaɪz] vt donner or administrer un narcotique à, narcotiser

nares [ˈnɛərɪːz] npl (Anat) narines fpl

narghile [ˈnɑːgɪli] n narguilé m

nark* [nɑːk] **1** vt **a** (Brit = infuriate) ficher en boule*, foutre en rogne‡; see also **narked**
b to nark it arrêter (de faire qch) ◆ **nark it!** suffit!*, écrase!‡
2 vi (Brit = inform police) moucharder*
3 n **a** (Brit: also **copper's nark**) indic‡ m, mouchard* m
b (US) ⇒ **narc**

narked* [nɑːkt] adj de mauvais poil* ◆ **to get narked** se mettre or se foutre‡ en rogne* (about à propos de)

narky‡ [ˈnɑːkɪ] adj (Brit) grognon(ne), mal embouché*; (on one occasion) de mauvais poil*, en rogne*

narrate [nəˈreɪt] → SYN vt raconter, narrer (liter)

narration [nəˈreɪʃən] → SYN n narration f

narrative [ˈnærətɪv] → SYN **1** n **a** (= story, account) récit m, narration f
b (NonC) narration f ◆ **he has a gift for narrative** il est doué pour la narration
2 adj poem, painting, structure, style narratif; skill de conteur ◆ **Jane Austen's narrative voice** le ton narratif de Jane Austen

narrator [nəˈreɪtər] → SYN n narrateur m, -trice f; (Mus) récitant(e) m(f)

narrow [ˈnærəʊ] → SYN **1** adj **a** road, path étroit; valley étroit, encaissé; passage étranglé; garment étroit, étriqué; boundary, limits restreint, étroit ◆ **within a narrow compass** dans d'étroites limites, dans un champ restreint ◆ **to grow** or **become narrow(er)** se rétrécir, se resserrer
b (fig) mind étroit, borné; outlook restreint, borné; existence limité, circonscrit; scrutiny serré, poussé; means, resources, income limité, juste (fig); majority faible, petit; advantage petit ◆ **in the narrowest sense (of the word)** au sens le plus restreint (du terme) ◆ **a narrow victory** une victoire remportée de justesse ◆ **to have a narrow escape** s'en tirer de justesse, l'échapper belle ◆ **that was a narrow shave*** or **squeak!*** on l'a échappé belle!, il était moins une!* ◆ **narrow vowel** (Ling) voyelle f tendue
2 narrows npl passage m étroit; [of harbour] passe f, goulet m; [of river] pertuis m, étranglement m
3 vi **a** [road, path, river, valley] se rétrécir ◆ **his eyes narrowed** il plissa les yeux
b (fig) [majority] s'amenuiser, se rétrécir ◆ **the search has now narrowed (down) to Soho** les recherches se concentrent maintenant sur Soho ◆ **the choice has narrowed (down) to five candidates** il ne reste maintenant que cinq candidats en lice ◆ **the field of inquiry has narrowed (down) to five people** ils concentrent maintenant leurs recherches sur cinq personnes ◆ **the question narrows (down) to this** la question se ramène or se réduit à ceci ◆ **his outlook has narrowed considerably since then** son horizon s'est beaucoup restreint or rétréci depuis lors ◆ **Britain's trade deficit narrowed a little last month** le déficit commercial de la Grande-Bretagne s'est légèrement réduit le mois dernier ◆ **the gap between Labour and the Conservatives is narrowing** l'écart entre les travaillistes et les conservateurs se réduit

4 vt **a** (= make narrower) [+ road, piece of land] rétrécir, réduire la largeur de; [+ skirt] rétrécir, resserrer ◆ **with narrowed eyes** en plissant les yeux
b (fig) [+ choice] réduire, restreindre; [+ ideas] rétrécir; [+ differences] réduire ◆ **they decided to narrow the focus of their investigation** ils ont décidé de restreindre le champ de leur enquête ◆ **to narrow the field (down)** restreindre le champ ◆ **they are hoping to narrow the gap between rich and poor nations** ils espèrent réduire l'écart entre pays riches et pays pauvres
5 COMP ▷ **narrow boat** n (Brit) péniche f ▷ **narrow-gauge line, narrow-gauge track** n (Rail) voie f étroite ▷ **narrow-minded** → SYN adj person à l'esprit étroit, borné; ideas, outlook étroit, borné ▷ **narrow-mindedness** n étroitesse f d'esprit ▷ **narrow-shouldered** adj étroit de carrure

▶ **narrow down** **1** vi **a** [road, path, valley] se rétrécir
b (fig) ⇒ **narrow 4b**
2 vt sep [+ choice] réduire, restreindre; [+ meaning, interpretation] restreindre, limiter see also **narrow 4**

narrowcasting [ˈnærəʊˌkæstɪŋ] n (Telec, TV) câblodistribution f (sur une zone réduite)

narrowing [ˈnærəʊɪŋ] n (NonC) (lit) rétrécissement m; (fig) (= reduction) réduction f

narrowly [ˈnærəʊlɪ] → SYN adv **a** (= barely) escape, avoid, defeat de justesse; miss, fail de peu
b defined (= strictly) rigoureusement; (= restrictively) d'une manière restrictive; technical, vocational strictement ◆ **a narrowly based curriculum** un programme d'enseignement restreint ◆ **to focus too narrowly on sth** trop se focaliser sur qch ◆ **to interpret a rule narrowly** interpréter une règle de manière restrictive, donner une interprétation restrictive d'une règle ◆ **in Britain, or more narrowly, in England** en Grande-Bretagne, ou plus précisément en Angleterre
c (= closely) look at, watch de près

narrowness [ˈnærəʊnɪs] n étroitesse f

narthex [ˈnɑːθeks] n narthex m

narwhal [ˈnɑːwəl] n narval m

NAS [eneɪˈes] n (US) (abbrev of **National Academy of Sciences**) académie des sciences

NASA [ˈnæsə] n (US) (abbrev of **National Aeronautics and Space Administration**) NASA f

nasal [ˈneɪzəl] **1** adj (Anat) nasal; (Ling) sound, vowel, pronunciation nasal; accent nasillard ◆ **to speak in a nasal voice** parler du nez, nasiller
2 n (Ling) nasale f

nasality [neɪˈzælɪtɪ] n nasalité f

nasalization [ˌneɪzəlaɪˈzeɪʃən] n nasalisation f

nasalize [ˈneɪzəlaɪz] vt nasaliser

nasally [ˈneɪzəlɪ] adv whine, complain d'une voix nasillarde ◆ **to speak nasally** nasiller

nascent [ˈnæsnt] adj **a** (frm = developing) democracy, science, industry naissant
b (Chem) naissant

nasogastric [ˌneɪzəʊˈgæstrɪk] adj tube gastrique

Nassau [ˈnæsɔː] n (Bahamas) Nassau

nastic movement [ˈnæstɪk] n nastie f

nastily [ˈnɑːstɪlɪ] adv **a** (= spitefully) say, laugh méchamment
b (= badly) injured gravement ◆ **to cough nastily** avoir une vilaine toux ◆ **her marriage ended rather nastily** son mariage s'est mal terminé

nastiness [ˈnɑːstɪnɪs] → SYN n **a** (= unpleasantness) [of war, crime] horreur f, laideur f; [of taste, smell] caractère m désagréable; [of substance] nocivité f
b (= spitefulness) [of person, behaviour, remark] méchanceté f

nasturtium [nəsˈtɜːʃəm] n (Bot) capucine f ◆ **climbing/dwarf nasturtium** capucine f grimpante/naine

nasty [ˈnɑːstɪ] → SYN **1** adj **a** (= unkind, spiteful) person, remark, joke méchant ◆ **to get** or **turn nasty** [person] devenir méchant ◆ **to be nasty to sb** être méchant avec qn ◆ **to be nasty about sb/sth** dire du mal de qn/qch ◆ **she never said a nasty word about anybody** elle n'a jamais dit de mal de personne ◆ **a nasty little man** un type* désagréable ◆ **he's/she's a nasty piece of work** c'est un sale type*/une sale bonne femme* ◆ **to have a nasty look in one's eye** avoir une lueur mauvaise dans le regard ◆ **to have a nasty temper** avoir un sale caractère ◆ **to have a nasty mind** toujours voir le mal partout ◆ **a nasty trick** un sale tour
b (= unpleasant) habit, rumour vilain; bend, corner dangereux; smell, taste, moment mauvais (before n), désagréable; feeling, situation, experience désagréable; problem épineux; weather affreux, vilain; book, story ignoble; life dur ◆ **a nasty business** une sale affaire ◆ **a nasty job** un sale travail ◆ **what a nasty mess!** (lit) quel pagaille épouvantable!; (fig) quel gâchis! ◆ **a nasty shock** or **surprise** une mauvaise surprise ◆ **to turn nasty** [situation] mal tourner; [weather] se gâter ◆ **events took a nasty turn** les choses ont mal tourné ◆ **to smell nasty** sentir mauvais, avoir une mauvaise odeur ◆ **to taste nasty** avoir un goût désagréable; see also **taste** ◆ **he had a nasty time of it!** (short spell) il a passé un mauvais quart d'heure!; (longer period) il a traversé une période très éprouvante!
c (= serious) accident, disease grave; fall, wound vilain, mauvais ◆ **a nasty cold** un gros rhume ◆ **a nasty bout of flu** une mauvaise grippe ◆ **a nasty case of food poisoning** une grave intoxication alimentaire
2 n **a** (= nasty things) saletés fpl, saloperies‡ fpl; → **video**

NAS/UWT [eneɪˌesˌjuːˈdʌbljuːtiː] (Brit) (abbrev of **National Association of Schoolmasters/Union of Women Teachers**) syndicat

Nat* [næt] n (= nationalist) nationaliste mf

Natal [nəˈtæl] n le Natal

natal [ˈneɪtl] adj natal ◆ **natal day** (liter) jour m de (la) naissance; → **antenatal, postnatal**

natality [nəˈtælɪtɪ] n natalité f

natatory [nəˈteɪtərɪ] adj natatoire

natch‡ [nætʃ] excl (abbrev of **naturally**) naturellement

nates [ˈneɪtiːz] npl (Anat) fesses fpl

NATFHE [eneɪˌtiːefˌeɪtʃˈiː] n (Brit) (abbrev of **National Association of Teachers in Further and Higher Education**) syndicat

nation [ˈneɪʃən] → SYN **1** n nation f ◆ **the French nation** la nation française ◆ **people of all nations** des gens de toutes les nationalités ◆ **the voice of the nation** la voix de la nation or du peuple ◆ **in the service of the nation** au service de la nation ◆ **the whole nation watched while he did it** il l'a fait sous les yeux de la nation tout entière; → **league¹, united**
2 COMP ▷ **nation-state** n État-nation m

national [ˈnæʃənl] → SYN **1** adj **a** (= of one nation) national
b (= nationwide) campaign, survey, network, TV, radio, broadcast national; election, referendum à l'échelle nationale ◆ **on a national scale** à l'échelon national ◆ **there was national opposition to ...** la nation (entière) s'est opposée à ... ◆ **national strike of miners** grève f des mineurs touchant l'ensemble du pays ◆ **the national and local papers** (Press) la presse nationale et la presse locale ◆ **they won 20% of the national vote** ils ont obtenu 20 % des voix à l'échelle nationale

---

NATIONAL CURRICULUM

Le **National Curriculum** est le programme d'enseignement obligatoire pour tous les élèves des écoles en Angleterre, au Pays de Galles et en Irlande du Nord. Il comprend les matières suivantes : anglais, mathématiques, sciences, technologie, histoire, géographie, musique, art, éducation physique et une langue vivante étrangère (et le gallois dans les écoles du pays de Galles). Tous les établissements primaires et secondaires doivent dispenser un enseignement religieux, et les écoles secondaires une éducation sexuelle, mais les parents sont libres, s'ils le veulent, d'en dispenser leurs enfants.

nationalism / natural

[2] n a (= person) ressortissant(e) m(f) ◆ he's a French national il est de nationalité française, c'est un ressortissant français ◆ foreign nationals ressortissants mpl étrangers

b (Brit Racing) the (Grand) National le Grand National (course d'obstacles qui se tient annuellement à Liverpool)

c (also national newspaper) quotidien m national

[3] COMP ▷ **National Aeronautics and Space Administration** n (US Admin) Agence f nationale de l'aéronautique et de l'espace ▷ **national anthem** n hymne m national ▷ **National Assembly** n Assemblée f nationale ▷ **National Assistance** n (Brit Admin: formerly) ≈ Sécurité f sociale ▷ **national bank** n (US) banque f fédérale ▷ **national costume** n ⇒ **national dress** ▷ **National Curriculum** n (Brit) programme m d'enseignement obligatoire ▷ **national debt** n dette f publique or nationale ▷ **national dress** n costume m national or du pays ▷ **National Economic Development Council** n (Brit: formerly) ≈ Agence f nationale d'information économique ▷ **National Enterprise Board** n (Brit) ≈ Institut m de développement industriel ▷ **National Executive Committee** n bureau m exécutif or national ▷ **National Extension College** n (Brit Scol) ≈ Centre m national d'enseignement par correspondance ▷ **national flag** n drapeau m national ; (Naut) pavillon m national ▷ **National Foundation of the Arts and the Humanities** n (US) ≈ ministère m de la Culture ▷ **National Front** n (Brit Pol) parti britannique d'extrême droite ▷ **national government** n (= not local) gouvernement m (central) ; (= coalition) gouvernement m de coalition ▷ **national grid** n (Brit Elec) réseau m national ▷ **National Guard** n (US) garde f nationale (milice de volontaires intervenant en cas de catastrophe naturelle et pouvant prêter main forte à l'armée en cas de crise) ▷ **National Guardsman** n, pl **National Guardsmen** (US) membre m de la garde nationale ; see also National Guard ▷ **National Health** n I got it on the National Health * ≈ je l'ai eu par la Sécurité sociale, ≈ ça m'a été remboursé par la Sécurité sociale ▷ **National Health Service** n (Brit) ≈ Sécurité f sociale ; → NHS ; NATIONAL INSURANCE ▷ **national holiday** n fête f nationale ▷ **national hunt** n (Racing) **national hunt season** saison f des courses d'obstacles ▷ **National Hunt racing** n (NonC: Brit) courses fpl d'obstacles ▷ **national income** n revenu m national ▷ **National Insurance** n (Brit) ≈ Sécurité f sociale ▷ **National Insurance benefits** npl (Brit) ≈ prestations fpl de la Sécurité sociale ▷ **National Insurance contributions** npl (Brit) ≈ cotisations fpl de Sécurité sociale ▷ **National Insurance number** n (Brit) ≈ numéro m de Sécurité sociale ▷ **National Labor Relations Board** n (US Admin) commission d'arbitrage du ministère du travail ▷ **National League** n (US Sport) l'une des deux principales divisions de base-ball aux États-Unis ▷ **National Liberation Front** n Front m de libération nationale ▷ **the National Lottery** n (Brit) ≈ la Loterie nationale ▷ **national monument** n monument m national ▷ **national park** n parc m national ▷ **National Rifle Association** n (US) organisation américaine militant pour le droit du port d'armes ; → GUN CONTROL ▷ **National Safety Council** n (Brit) Protection f civile ▷ **National Savings** n (Brit) épargne f nationale ▷ **National Savings Bank** n (Brit) ≈ Caisse f nationale d'épargne ▷ **National Savings Certificate** n (Brit) bon m d'épargne ▷ **National Security Council** n (US Pol) Conseil m national de sécurité ▷ **national service** n (Brit Mil)

NATIONAL INSURANCE

La **National Insurance** est le régime de sécurité sociale britannique auquel cotisent les salariés, leurs employeurs et les travailleurs indépendants. Une partie de ces contributions finance l'assurance maladie (National Health Service), mais l'essentiel sert à payer les pensions de retraite, l'assurance chômage et les allocations de veuvage, d'invalidité et de maternité. Pour avoir droit à ces dernières prestations, il faut avoir cotisé à la **National Insurance** pendant un certain nombre d'années. → NHS

---

service m national or militaire ◆ **to do one's national service** faire son service national or militaire ▷ **national serviceman** n, pl **national servicemen** (Brit Mil) appelé m, conscrit m ▷ **National Socialism** n national-socialisme m ▷ **national status** n nationalité f ▷ **National Trust** n (Brit) ≈ Caisse f nationale des monuments historiques et des sites ▷ **National Vocational Qualification** n ≈ certificat m d'aptitude professionnelle

nationalism ['næʃnəlɪzəm] → SYN n nationalisme m ; → Scottish

nationalist ['næʃnəlɪst] adj, n nationaliste mf ◆ **Nationalist China** la Chine nationaliste ; → Scottish

nationalistic [ˌnæʃnə'lɪstɪk] adj (esp pej) nationaliste, chauvin

nationality [ˌnæʃə'nælɪtɪ] → SYN n nationalité f ; → dual

nationalization [ˌnæʃnəlaɪ'zeɪʃən] n a (Ind, Pol) nationalisation f
b [of person] ⇒ naturalization a

nationalize ['næʃnəlaɪz] vt a (Ind, Pol) nationaliser
b [+ person] ⇒ naturalize 1a

nationally ['næʃnəlɪ] adv distribute, make available dans l'ensemble du pays ; broadcast sur l'ensemble du pays ; organize à l'échelon national ◆ **a nationally recognized qualification** une qualification reconnue dans tout le pays

nationhood ['neɪʃənhʊd] n nationalité f (existence en tant que nation)

nationwide ['neɪʃənwaɪd] → SYN [1] adj strike, protest etc à l'échelle nationale, national
[2] adv à l'échelle nationale ◆ **there was a nationwide search for the killers** on a organisé une chasse à l'homme dans tout le pays pour retrouver les assassins

native ['neɪtɪv] → SYN [1] adj a (= original) country, town natal ; language maternel ◆ **native land** pays m natal, patrie f ◆ **French native speaker** personne f de langue maternelle française, francophone mf ◆ **you should ask a native speaker** (Ling) il faudrait (le) demander à un locuteur natif ◆ **native son** (fig) enfant m du pays ; → informant
b (= innate) charm, talent, ability inné, naturel ◆ **native wit** bon sens m inné
c (= indigenous) plant, animal indigène ; product, resources (= of country) du pays ; (= of region) de la région ◆ **plant/animal native to ...** plante f/animal m originaire de ...
d (= of the natives) customs, costume du pays ; matters, rights, knowledge du pays, des autochtones ◆ **Minister of Native Affairs** ministre m chargé des Affaires indigènes ◆ **Ministry of Native Affairs** ministère m des Affaires indigènes ◆ **native labour** main-d'œuvre f indigène ◆ **native quarter** quartier m indigène ◆ **to go native** * adopter le mode de vie indigène
[2] n a (= person) autochtone mf ; (esp of colony) indigène mf ◆ **a native of the country** un(e) autochtone ◆ **a native of France** un(e) Français(e) de naissance ◆ **he is a native of Bourges** il est originaire de or natif de Bourges ◆ **she speaks French like a native** elle parle français comme si c'était sa langue maternelle ◆ **the natives** (hum or pej) les autochtones mpl, les indigènes mpl
b (Bot, Zool) indigène mf ◆ **this plant/animal is a native of Australia** cette plante/cet animal est originaire d'Australie
[3] COMP ▷ **Native American** n Indien(ne) m(f) d'Amérique, Amérindien(ne) m(f) ◇ adj amérindien ▷ **native-born** adj he's a native-born Scot il est écossais de naissance

---

NATIVE AMERICAN

Aux États-Unis, l'expression **Native Americans** désigne les populations autochtones, par opposition aux Américains d'origine européenne, africaine ou asiatique. On peut aussi parler d'"American Indian" (Indien d'Amérique), mais l'on évite les dénominations "Red Indian" ou "redskin" (Peau-Rouge), considérées comme méprisantes ou insultantes.

ANGLAIS-FRANÇAIS 620

nativism ['neɪtɪvɪzəm] n (US) hostilité f aux immigrants

nativity [nə'tɪvɪtɪ] [1] n a (Rel) Nativity Nativité f
b (Astrol) horoscope m
[2] COMP ▷ **nativity play** n pièce f représentant la Nativité

NATO ['neɪtəʊ] n (abbrev of North Atlantic Treaty Organization) OTAN f

natron ['neɪtrən] n (Miner) natron m, natrum m

NATSOPA [ˌnæt'səʊpə] n (Brit) (abbrev of National Society of Operative Printers, Graphical and Media Personnel) syndicat

natter * ['nætər] (Brit) [1] vi (= chat) causer, bavarder ; (= chatter) bavarder, jacasser ◆ **we nattered (away) for hours** nous avons bavardé pendant des heures ◆ **she does natter!** elle n'arrête pas de jacasser !
[2] n a (= chat) causerie f, causette * f ◆ **we had a good natter** nous avons bien bavardé, nous avons taillé une bonne bavette *
b (= chatterbox) moulin m à paroles *

natterer * ['nætərər] n ⇒ natter 2b

natterjack ['nætədʒæk] n (Zool: also natterjack toad) calamite m

natty * ['nætɪ] adj a (= smart) person chic inv ◆ **to be a natty dresser** être toujours bien sapé * ◆ **to look natty** être très chic
b (= handy) gadget pratique

natural ['nætʃrəl] → SYN [1] adj a (= normal) naturel, normal ◆ **it's only natural** c'est tout naturel, c'est bien normal ◆ **it seems quite natural to me** ça me semble tout à fait naturel or normal ◆ **there's a perfectly natural explanation for the sound** le bruit s'explique tout à fait naturellement ◆ **it is natural for this animal to hibernate** il est dans la nature de cet animal d'hiberner, il est naturel or normal que cet animal hiberne (subj) ◆ **it is natural for you to think ...**, it is natural that you should think ... il est naturel or normal que vous pensiez (subj) ... ◆ **natural break** (in television programme) interruption f normale ◆ **death from natural causes** (Jur) mort f naturelle ◆ **to die of** or **from natural causes** (Jur) mourir de mort naturelle ◆ **to die a natural death** mourir de sa belle mort ◆ **for (the rest of) his natural life** (Jur) à vie ◆ **natural size** grandeur f nature
b (= of or from nature) naturel ◆ **natural resources** ressources fpl naturelles ◆ **her hair is a natural blonde** ses cheveux sont naturellement blonds
c (= inborn) inné, naturel ◆ **to have a natural talent for** être naturellement doué pour, avoir un don (inné) pour ◆ **he's a natural** or (US) **natural-born painter** c'est un peintre né
d (= unaffected) person, manner simple, naturel
e (Mus) naturel ◆ **B natural** si m naturel ◆ **natural horn** cor m d'harmonie ◆ **natural key** ton m naturel ◆ **natural trumpet** trompette f naturelle
f (= biological) parents, child biologique
g (††† = illegitimate) child naturel
[2] adv ◆ **playing the piano comes natural to her** elle est naturellement douée pour le piano ◆ **try to act natural!** essaie d'avoir l'air naturel !, fais comme si de rien n'était !
[3] n a (Mus) (= sign) bécarre m ; (= note) note f naturelle
b (* = ideal) he's a natural for this part il est fait pour ce rôle ◆ **did you hear her play the piano? she's a natural!** est-ce que vous l'avez entendue jouer ? c'est une pianiste née ! ◆ **it's a natural** (US) ça coule de source
c (††† = simpleton) idiot(e) m(f) (de naissance), demeuré(e) m(f)
[4] COMP ▷ **natural (child)birth** n accouchement m sans douleur ▷ **natural disaster** n catastrophe f naturelle ▷ **natural gas** n gaz m naturel ▷ **natural history** n histoire f naturelle ▷ **natural justice** n (NonC) principes mpl élémentaires du droit ▷ **natural language** n langage m naturel ▷ **natural language processing** n (Comput) traitement m automatique de la langue, traitement m de la langue naturelle ▷ **natural law** n loi f naturelle or de la nature ▷ **natural logarithm** n logarithme m népérien or naturel ▷ **natural monopoly** n (Econ) monopole m naturel ▷ **natural number** n (Math) nombre m naturel ▷ **natural**

philosopher n physicien(ne) m(f) ▷ **natural philosophy** n physique f ▷ **natural science** n (NonC) sciences fpl naturelles ▷ **natural selection** n sélection f naturelle ▷ **natural theology** n théologie f naturelle, théodicée f ▷ **natural wastage** n (Ind) départs mpl naturels ◆ **to reduce the staff by natural wastage** (esp Brit) réduire le personnel par départs naturels

naturalism ['nætʃrəlɪzəm] → SYN n naturalisme m

naturalist ['nætʃrəlɪst] → SYN adj, n naturaliste mf

naturalistic [ˌnætʃrə'lɪstɪk] adj (Art, Literat) artist, writer, novel, painting naturaliste ◆ **a naturalistic environment** (= simulating nature) un environnement qui reproduit les conditions naturelles

naturalization [ˌnætʃrəlaɪ'zeɪʃən] 1 n a [of person] naturalisation f

b [of plant, animal] acclimatation f

2 COMP ▷ **naturalization papers** npl (Brit) déclaration f de naturalisation

naturalize ['nætʃrəlaɪz] → SYN 1 vt a [+ person] naturaliser ◆ **to be naturalized** se faire naturaliser

b [+ animal, plant] acclimater ; [+ word, sport] naturaliser

2 vi [plant, animal] s'acclimater

naturally ['nætʃrəlɪ] → SYN adv a (= as is normal) happen, develop, follow from, lead to, give birth naturellement ; die de mort naturelle

b (= of course) naturellement ◆ **naturally, I understand your feelings** naturellement, je comprends vos sentiments ◆ **naturally, I'll do all I can to help you** je ferai naturellement tout mon possible pour vous aider, il va de soi que je ferai tout mon possible pour vous aider ◆ **naturally enough** bien naturellement

c (= unaffectedly) behave, talk, smile avec naturel, naturellement

d (= by nature) cautious, cheerful, lazy de nature ◆ **her hair is naturally blond** c'est une vraie blonde ◆ **her hair is naturally curly** elle frise naturellement ◆ **a naturally optimistic person** un(e) optimiste né(e) ◆ **to do what comes naturally (to one)** faire ce qui (vous) semble naturel ◆ **caution comes naturally to him** il est prudent de nature ◆ **cynicism doesn't come naturally to her** elle n'est pas du genre cynique ◆ **playing the piano comes naturally to her** elle a un don (inné) pour le piano

naturalness ['nætʃrəlnɪs] n naturel m

nature ['neɪtʃəʳ] → SYN 1 n a (NonC: also Nature) nature f ◆ **he loves nature** il aime la nature ◆ **in nature** dans la nature ◆ **nature versus nurture** l'inné m et l'acquis m ◆ **let nature take its course** laissez faire la nature ◆ **a freak of nature** un caprice de la nature ◆ **to paint from nature** peindre d'après nature ◆ **against nature** contre nature ◆ **nature abhors a vacuum** la nature a horreur du vide ◆ **in a state of nature** (hum) à l'état naturel, dans le costume d'Adam * ◆ **to go back** or **return to nature** [person] retourner à la nature ; [land] retourner à la nature or à l'état sauvage ◆ **a return to nature** [of garden, land] un retour à la nature or l'état sauvage ; [of person] un retour à la nature ; → **law, mother**

b (= character) [of person, animal] nature f, naturel m ◆ **by nature** de nature, par tempérament ; see also c ◆ **he has a nice nature** c'est quelqu'un de très gentil ◆ **it is in the nature of human beings to contradict themselves** la contradiction est le propre de l'homme ◆ **it is in the nature of young people to want to travel** il est naturel de vouloir voyager quand on est jeune ◆ **it is not in his nature to lie** il n'est pas de or dans sa nature de mentir ◆ **that's very much in his nature** c'est tout à fait dans sa nature ◆ **the nature of the soil** la nature du sol ◆ **it is in the nature of things** c'est dans l'ordre des choses, c'est dans la nature des choses ◆ **the true nature of things l'essence des choses** ◆ **in the nature of this case it is clear that ...** vu la nature de ce cas il est clair que ... ◆ **cash is, by its (very) nature, easy to steal** l'argent est, par nature or de par sa nature, facile à voler ◆ **that's the nature of the beast** (fig) ça fait partie (des règles) du jeu ; → **better¹, good, human, second¹**

c (= type, sort) nature f, genre m ◆ **things of this nature** ce genre de chose ◆ **I will have nothing to do with anything of that nature** je refuse d'être mêlé à ce genre de chose ◆ **his comment was in the nature of a compliment** sa remarque était en quelque sorte un compliment ◆ **something in the nature of an apology** une sorte d'excuse, une vague excuse ◆ **ceremonies of a religious/solemn** etc **nature** cérémonies fpl religieuses/solennelles etc

2 COMP ▷ **nature conservancy** n protection f de la nature ▷ **Nature Conservancy Board** n (Brit) ≃ Direction f générale de la protection de la nature et de l'environnement ▷ **nature cure** n (NonC: Med) naturopathie f ▷ **nature-identical** adj synthétique ▷ **nature lover** n amoureux m, -euse f de la nature ▷ **nature reserve** n réserve f naturelle ▷ **nature study** n histoire f naturelle ; (Scol) sciences fpl naturelles ▷ **nature trail** n sentier m de découverte de la nature ▷ **nature worship** n adoration f de la nature

-natured ['neɪtʃəd] adj (in compounds) de nature ◆ **jealous-natured** jaloux de nature, d'un naturel jaloux ; → **good, ill**

naturism ['neɪtʃərɪzəm] n (esp Brit) naturisme m

naturist ['neɪtʃərɪst] → SYN n (esp Brit) naturiste mf

naturopath ['neɪtʃərəpæθ] n naturopathe mf

naturopathic [ˌneɪtʃərə'pæθɪk] adj naturopathique

naturopathy [ˌneɪtʃə'rɒpəθɪ] n naturopathie f

naught [nɔːt] n a (esp Brit Math) zéro m ◆ **naughts and crosses** (Brit) ≃ morpion m (jeu)

b († or liter = nothing) rien m ◆ **to bring sth to naught** faire échouer qch, faire avorter qch ◆ **to come to naught** échouer, n'aboutir à rien ◆ **to care naught for, to set at naught** ne faire aucun cas de, ne tenir aucun compte de

naughtily ['nɔːtɪlɪ] adv a say, remark avec malice ◆ **to behave naughtily** se conduire mal ; [child] être vilain

b (= suggestively) d'une manière osée

naughtiness ['nɔːtɪnɪs] n a [of child etc] désobéissance f, mauvaise conduite f ◆ **it was just a young boy's natural naughtiness** il était désobéissant, comme tous les enfants de son âge

b (= suggestiveness) [of story, joke, play] grivoiserie f ◆ **a writer who shocked the bourgeoisie with his sexual naughtiness** un écrivain qui a choqué la bourgeoisie avec ses grivoiseries

naughty ['nɔːtɪ] → SYN 1 adj a (= badly behaved) **a naughty boy/girl** un vilain garçon/une vilaine (petite) fille ◆ **(you) naughty boy/girl!** vilain/vilaine ! ◆ **he's naughty** c'est un vilain garçon ◆ **girls, you're being very naughty** les filles, vous êtes très vilaines ◆ **that was a naughty thing to do!** c'est vilain d'avoir fait ça !

b (esp Brit hum = slightly immoral) person culotté * ◆ **it was naughty of us, but it solved the problem** on n'aurait peut-être pas dû, mais ça a résolu le problème * ◆ **a wonderfully naughty chocolate cake** un gâteau au chocolat à se mettre à genoux devant *

c (Brit = suggestive) joke grivois, leste ; book, magazine, story osé

2 COMP ▷ **naughty bits** npl (euph = genitals) parties fpl intimes ▷ **the Naughty Nineties** npl (Brit) ≃ la Belle Époque ▷ **naughty word** n (esp baby talk) vilain mot m

nauplius ['nɔːplɪəs] n, pl **nauplii** ['nɔːplɪaɪ] (Zool) nauplius m

nausea ['nɔːsɪə] → SYN n (lit) nausée f ; (fig) dégoût m, écœurement m ◆ **she looked at the plate with a feeling of nausea** l'assiette de nourriture lui soulevait le cœur ◆ "**Nausea**" (Literat) "La Nausée"

nauseate ['nɔːsɪeɪt] → SYN vt (lit, fig) écœurer

nauseating ['nɔːsɪeɪtɪŋ] adj (lit, fig) écœurant

nauseatingly ['nɔːsɪeɪtɪŋlɪ] adv d'une façon dégoûtante or écœurante ◆ **she was nauseatingly beautiful/thin** elle était d'une beauté/minceur écœurante

nauseous ['nɔːsɪəs] adj a (= queasy) **to be** or **feel nauseous (at the sight/thought of sth)** avoir la nausée (à la vue/pensée de qch) ◆ **to make sb (feel) nauseous** donner la nausée à qn

b (= nauseating) smell écœurant

nautical ['nɔːtɪkəl] → SYN 1 adj chart nautique, marin ; theme, look, feel marin ; term de marine ; uniform de marin ; book sur la navigation maritime ◆ **he's a nautical man** c'est un marin

2 COMP ▷ **nautical almanac** n almanach m marin ▷ **nautical mile** n mille m marin or nautique

nautilus ['nɔːtɪləs] n, pl **nautiluses** or **nautili** ['nɔːtɪlaɪ] (Zool) nautile m

NAV [ˌeneɪ'viː] n (abbrev of **net asset value**) valeur f liquidative

Navaho ['nævəhəʊ] n (also **Navaho Indian**) Navaho or Navajo mf

naval ['neɪvəl] → SYN 1 adj battle, blockade, operation, unit naval ; affairs, matters de la marine ; commander de marine ◆ **naval forces** forces fpl navales ◆ **to have a naval presence in a region** avoir des forces navales dans une région ◆ **naval warfare** combats mpl navals

2 COMP ▷ **naval air station** n station f aéronavale ▷ **naval architect** n (gen) ingénieur m en construction navale ; (Navy) ingénieur m du génie maritime ▷ **naval architecture** n construction f navale ▷ **naval aviation** n aéronavale f ▷ **naval barracks** npl caserne f maritime ▷ **naval base** n base f navale ▷ **naval college** n école f navale ▷ **naval dockyard** n arsenal m (maritime) ▷ **naval hospital** n hôpital m maritime ▷ **naval officer** n officier m de marine ▷ **naval station** n ⇒ **naval base** ▷ **naval stores** npl entrepôts mpl maritimes

Navarre [nə'vɑːʳ] n la Navarre

nave¹ [neɪv] n [of church] nef f

nave² [neɪv] 1 n [of wheel] moyeu m

2 COMP ▷ **nave plate** n (Aut) enjoliveur m

navel ['neɪvəl] → SYN 1 n (Anat) nombril m, ombilic m

2 COMP ▷ **navel-gazing** n (pej) nombrilisme * m ▷ **navel orange** n (orange f) navel f inv

navicert ['nævɪsɜːt] n navicert m

navicular [nə'vɪkjʊləʳ] n [of foot] os m naviculaire, scaphoïde m tarsien ; [of wrist] scaphoïde (carpien)

navigable ['nævɪgəbl] → SYN adj river, canal, channel navigable ; missile, balloon, airship dirigeable

navigate ['nævɪgeɪt] → SYN 1 vi naviguer ◆ **you drive, I'll navigate** (in car) tu prends le volant, moi je lis la carte (or le plan) ◆ **the Government is trying to navigate through its present difficulties** le gouvernement essaie actuellement de naviguer entre les écueils

2 vt a (= plot course of) **to navigate a ship** (or a plane) naviguer

b (= steer) [+ boat] être à la barre de ; [+ aircraft] piloter ; [+ missile] diriger ◆ **he navigated the ship through the dangerous channel** il a dirigé le navire dans ce dangereux chenal

c (= sail) [+ seas, ocean] naviguer sur

d (fig) **he navigated his way through to the bar** il s'est frayé un chemin jusqu'au bar ◆ **he navigated the maze of back streets** il a réussi à retrouver son chemin dans le dédale des petites rues

navigation [ˌnævɪ'geɪʃən] → SYN 1 n navigation f ; → **coastal**

2 COMP ▷ **navigation laws** npl code m maritime ▷ **navigation lights** npl feux mpl de bord

navigational [ˌnævɪ'geɪʃənəl] adj instrument, techniques de navigation ◆ **it is a navigational hazard** c'est un danger pour la navigation

navigator ['nævɪgeɪtəʳ] → SYN n a (Aut, Aviat, Naut) navigateur m

b (= sailor-explorer) navigateur m, marin m

navvy ['nævɪ] → SYN n (Brit) terrassier m

navy ['neɪvɪ] → SYN 1 n a marine f (militaire or de guerre) ◆ **he's in the navy** il est dans la marine ◆ **Department of the Navy, Navy Department** (US) ministère m de la Marine ◆ **Secretary for the Navy** (US) ministre m de la Marine ◆ **to serve in the navy** servir dans la marine ; → **merchant, royal**

b (= colour) ⇒ **navy-blue**

nay [neɪ] († or liter) **1** particle non ◆ **do not say me nay** ne me dites pas non ; → **yea**

2 adv ou plutôt ◆ **surprised, nay astonished** surpris, ou plutôt abasourdi

naysayer ['neɪseɪəʳ] n (US) opposant(e) m(f) systématique

Nazareth ['næzərɪθ] n Nazareth

Nazi ['nɑːtsɪ] **1** n Nazi(e) m(f)

2 adj nazi

Nazism ['nɑːtsɪzəm] n nazisme m

NB [en'biː] (abbrev of nota bene) NB

NBA [ˌenbiː'eɪ] n **a** (US) (abbrev of **National Basketball Association**) association nationale de basket-ball

b (Brit) (abbrev of **Net Book Agreement**) → net²

NBC [ˌenbiː'siː] **1** n (US) (abbrev of **National Broadcasting Company**) NBC f (chaîne de télévision américaine)

2 adj (abbrev of nuclear, biological and chemical) NBC

NBS [ˌenbiː'es] n (US) (abbrev of **National Bureau of Standards**) ≃ AFNOR f

NC a (Comm etc) (abbrev of **no charge**) gratuit
b abbrev of **North Carolina**

NCB [ˌensiː'biː] n (Brit: formerly) (abbrev of **National Coal Board**) Charbonnages mpl de Grande-Bretagne

NCCL [ˌensiːsiː'el] n (Brit) (abbrev of **National Council for Civil Liberties**) ≃ ligue f des droits de l'homme

NCO [ˌensiː'əʊ] n (Mil) (abbrev of **non-commissioned officer**) sous-officier m

ND abbrev of **North Dakota**

NDP [ˌendiː'piː] n (abbrev of **net domestic product**) → net²

NE a (abbrev of **north-east**) N-E
b abbrev of **Nebraska**

Neanderthal [nɪ'ændətɑːl] **1** n **a** (lit: Geog) Neanderthal or Néanderthal m

b (fig) (= unreconstructed male) primaire m (pej), primate * m (pej) ; (= brute) brute f épaisse

2 adj **a** (= primitive) age, times de Neandertal or de Néandertal ; skeleton, grave de l'époque de Neandertal or de Néandertal

b (pej = primitive) person, attitude, approach primitif (pej) ; system, method primitif, archaïque

c (hum = brutish) person, grunt, conversation fruste ; appearance simiesque

3 COMP ▷ **Neanderthal man** n, pl **Neanderthal men** homme m de Neanderthal or de Néanderthal

neap [niːp] **1** n (also **neaptide**) marée f de morte-eau

2 COMP ▷ **neap season** n (also **neaptide season**) époque f des mortes-eaux

Neapolitan [nɪə'pɒlɪtən] **1** adj napolitain ◆ **a Neapolitan ice (cream)** une tranche napolitaine

2 n Napolitain(e) m(f)

near [nɪəʳ] → SYN **1** adv **a** (in space) tout près, à proximité ; (in time) près, proche ◆ **he lives quite near** il habite tout près ◆ **near at hand** object à portée de (la) main ; event tout proche ◆ **the shops are near at hand** les magasins sont tout près ◆ **to draw or come near (to)** s'approcher (de) ◆ **to draw or bring sth nearer** rapprocher qch ◆ **it was drawing or getting near to Christmas, Christmas was drawing or getting near** Noël approchait ◆ **the nearer it gets to the election, the more they look like losing** plus les élections approchent, plus leur défaite semble certaine ◆ **it was near to 6 o'clock** il était près de or presque 6 heures ◆ **near to where I had seen him** près de l'endroit où je l'avais vu ◆ **she was near to tears** elle était au bord des larmes ◆ **so near and yet so far!** on était pourtant si près du but !

b (also **nearly** : in degree) presque ◆ **this train is nowhere near full** ce train est loin d'être plein

c (= close) **as near as I can judge** pour autant que je puisse en juger ◆ **you won't get any nearer than that to what you want** vous ne trouverez pas mieux ◆ **that's near enough *** ça pourra aller ◆ **there were 60 people, near enough *** il y avait 60 personnes à peu près or grosso modo ◆ **as near as dammit *** ou presque, ou c'est tout comme *

d (Naut) près du vent, en serrant le vent ◆ **as near as she can** au plus près

2 prep **a** (in space) près de, auprès de ; (in time) près de, vers ◆ **near here/there** près d'ici/de là ◆ **near the church** près de l'église ◆ **he was standing near the table** il se tenait près de la table ◆ **regions near the Equator** les régions fpl près de or avoisinant l'équateur ◆ **stay near me** restez près de moi ◆ **don't come near me** ne vous approchez pas de moi ◆ **the sun was near to setting** le soleil était près or sur le point de se coucher ◆ **the passage is near the end of the book** le passage se trouve vers la fin du livre ◆ **her birthday is near mine** son anniversaire est proche du mien ◆ **he won't go near anything illegal** il ne se risquera jamais à faire quoi que ce soit d'illégal

b (= on the point of) près de, sur le point de ◆ **near tears** au bord des larmes ◆ **near death** près de or sur le point de mourir

c (= on the same level, in the same degree) au niveau de, près de ◆ **to be near sth** se rapprocher de qch ; (fig) ressembler à qch ◆ **French is nearer Latin than English is** le français ressemble plus au latin or est plus près du latin que l'anglais ◆ **it's the same thing or near it** c'est la même chose ou presque ◆ **it was of a quality as near perfection as makes no difference** c'était d'une qualité proche de la perfection ◆ **nobody comes anywhere near him at swimming** personne ne lui arrive à la cheville en natation ◆ **that's nearer it, that's nearer the thing *** voilà qui est mieux ; → **nowhere**

3 adj **a** (= close in space) building, town, tree proche, voisin ; neighbour proche ◆ **these glasses make things look nearer** ces lunettes rapprochent les objets ◆ **to the nearest decimal place** (Math) à la plus proche décimale près ◆ **to the nearest pound** à une livre près ◆ **the nearest route** l'itinéraire le plus court or le plus direct ; see also **5**

b (= close in time) proche, prochain ◆ **the hour is near (when ...)** l'heure est proche (où ...) ◆ **in the near future** dans un proche avenir, dans un avenir prochain ◆ **these events are still very near** ces événements sont encore très proches or très rapprochés de nous

c (fig) relative proche ; race, contest, result serré ◆ **my nearest and dearest *** les êtres qui me sont chers ◆ **the nearest equivalent** ce qui s'en rapproche le plus ◆ **his nearest rival/challenger** son plus dangereux rival/challenger ◆ **a near miss** (Aviat) une quasi-collision ; (Mil) [of shot] un tir très près du but ◆ **that was a near miss or a near thing** (gen) il s'en est fallu de peu or d'un cheveu ; [of shot] c'est passé très près ◆ **it was a near thing** (of election, race etc result) ça a été très juste ◆ **we had a near miss with that truck** on a frôlé l'accident or on l'a échappé belle avec ce camion ◆ **the translation is fairly near** la traduction est assez fidèle ◆ **that's the nearest thing to a compliment** ça pourrait passer pour un compliment, de sa etc part c'est un compliment ; see also **5, offer**

d ⇒ **nearside**

e (* = mean) radin *, pingre

4 vt (+ place) approcher de ; (+ person) approcher, s'approcher de ◆ **to be nearing one's goal** toucher au but ◆ **my book is nearing completion** mon livre est presque achevé ◆ **the book is nearing publication** la date de publication du livre approche ◆ **the country is nearing disaster** le pays est au bord de la catastrophe ◆ **to be nearing one's end** (= dying) toucher à or être près de sa fin

5 COMP ▷ **near beer** n (US) bière f légère ▷ **near-death experience** n état m de mort imminente ▷ **the Near East** n le Proche-Orient ▷ **near gale** n (Met) grand frais m ▷ **near gold** n similor m ▷ **near letter quality** n qualité f pseudo-courrier ▷ **near-letter quality** adj (Comm) de qualité pseudo-courrier ▷ **near-market** adj (Comm) bientôt commercialisable ▷ **near money** n (Fin) quasi-monnaie f ▷ **near-**

nudity n nudité f presque totale, quasi-nudité f ▷ **near point** n (Opt) punctum m proximum ▷ **near-sighted** → SYN adj (esp US) to be near-sighted être myope, avoir la vue basse ▷ **near-sightedness** n (esp US) myopie f ▷ **near silk** n soie f artificielle

nearby [ˌnɪə'baɪ] → SYN **1** adv tout près, à proximité

2 adj voisin ◆ **the house is nearby** la maison est tout près ◆ **a nearby house** une maison voisine

Nearctic [nɪ'ɑːktɪk] adj néarctique

nearly ['nɪəlɪ] → SYN **1** adv **a** (= almost) presque ◆ **it's nearly complete** c'est presque terminé ◆ **nearly black** presque noir ◆ **I've nearly finished** j'ai presque fini ◆ **we are nearly there** nous sommes presque arrivés ◆ **it's nearly 2 o'clock** il est près de or presque 2 heures ◆ **it's nearly time to go** il est presque l'heure de partir ◆ **she is nearly 60** elle a près de 60 ans, elle va sur ses 60 ans ◆ **their marks are nearly the same** leurs notes sont à peu près les mêmes ◆ **nearly all my money** presque tout mon argent, la presque totalité de mon argent ◆ **he nearly laughed** il a failli rire ◆ **I very nearly lost my place** j'ai bien failli perdre ma place ◆ **she was nearly crying** elle était sur le point de pleurer, elle était au bord des larmes ◆ **it's the same or very nearly so** c'est la même chose ou presque

b **not nearly** loin de ◆ **she is not nearly so old as you** elle est loin d'être aussi âgée que vous ◆ **that's not nearly enough** c'est loin d'être suffisant ◆ **it's not nearly good enough** c'est loin d'être satisfaisant

c (= closely) près, de près ◆ **this concerns me very nearly** cela me touche de très près

2 COMP ▷ **nearly-new** adj clothes d'occasion (en bon état) ▷ **nearly-new shop** n (Brit) magasin m d'articles d'occasion

nearness ['nɪənɪs] n **a** (in time, place) proximité f ; [of relationship] intimité f ; [of translation] fidélité f ; [of resemblance] exactitude f

b (* = meanness) parcimonie f, radinerie * f

nearside ['nɪəsaɪd] (Aut, Horse-riding etc) **1** n (in Brit) côté m gauche ; (in France, US etc) côté m droit

2 adj (in Brit) de gauche ; (in France, US etc) de droite

neat [niːt] → SYN adj **a** (= ordered) house, room, desk bien rangé ; garden bien entretenu ; hair bien coiffé ; handwriting, clothes, notes, work, appearance, sewing, stitches soigné ◆ **everything was neat and tidy** tout était bien rangé ◆ **she put her clothes in a neat pile** elle a soigneusement empilé ses vêtements ◆ **in neat rows** en rangées régulières ◆ **a neat hairstyle** une coiffure nette ◆ **a neat little suit** un petit tailleur bien coupé ◆ **she is very neat in her dress** elle est toujours impeccable or tirée à quatre épingles ◆ **he is a neat worker** il est soigneux dans son travail

b (= trim) waist, waistline, ankles fin ; legs bien fait ◆ **she has a neat figure** elle est bien faite ◆ **a neat little car** une jolie petite voiture

c (= skilful and effective) solution ingénieux ; plan habile, ingénieux ; division, category net, bien défini ; explanation (= clever) astucieux ; (= devious) habile ; phrase bien tourné ◆ **to make a neat job of sth** bien faire qch, réussir qch

d (US * = good) car, apartment, idea super * ◆ **he's a really neat guy** c'est un mec super * ◆ **it would be neat to do that** ce serait chouette * (de faire ça)

e (= undiluted) whisky, brandy, vodka sec (sèche f), sans eau

neaten ['niːtn] vt (+ dress) ajuster ; (+ desk) ranger ◆ **to neaten one's hair** se recoiffer

'neath [niːθ] prep (liter) ⇒ **beneath 1**

neatly ['niːtlɪ] → SYN adv **a** (= carefully) write, type, dress, fold soigneusement ◆ **to put sth away neatly** ranger qch soigneusement or avec soin

b (= skilfully) summarize habilement ◆ **he avoided the question very neatly** il a éludé la question très habilement ◆ **as you so neatly put it** comme vous le dites si bien ◆ **a neatly turned sentence** une phrase bien tournée or joliment tournée ◆ **you got out of that very neatly** vous vous en êtes très habilement tiré

c (= conveniently) fit, work out parfaitement

neatness ['niːtnɪs] → SYN n **a** (= tidiness) [of person, clothes, house] netteté f, belle ordonnance f ; [of garden, sewing] aspect m soigné ◆ **the neatness of her work/appearance** son travail/sa tenue soigné(e), le soin qu'elle apporte à son travail/à sa tenue
b [of ankles] finesse f ; [of figure] sveltesse f
c (= skilfulness) adresse f, habileté f

NEB [ˌeniːˈbiː] n **a** (Brit) (abbrev of **National Enterprise Board**) → **national**
b (abbrev of **New English Bible**) → **new 3**

nebbish ✶ ['nebɪʃ] **1** adj (US) empoté ✶ ◆ **your nebbish brother** ton empoté de frère
2 n ballot ✶ m, empoté(e) m(f)

Nebr. (US) abbrev of **Nebraska**

Nebraska [nɪˈbræskə] n le Nebraska ◆ **in Nebraska** dans le Nebraska

Nebuchadnezzar [ˌnebjʊkədˈnezəʳ] n Nabuchodonosor m

nebula ['nebjʊlə] n, pl **nebulas** or **nebulae** ['nebjʊliː] nébuleuse f

nebular hypothesis ['nebjʊləʳ] n (Astron) hypothèse f nébulaire

nebulization [ˌnebjʊlaɪˈzeɪʃən] n nébulisation f

nebulize ['nebjʊlaɪz] vt nébuliser

nebulizer ['nebjʊlaɪzəʳ] n (Med) nébuliseur m

nebulous ['nebjʊləs] → SYN adj (= vague) notion, concept nébuleux, vague ; (Astron) nébuleux

NEC [ˌeniːˈsiː] n **a** (abbrev of **National Executive Committee**) → **national**
b (abbrev of **National Exhibition Centre**) parc des expositions situé près de Birmingham en Angleterre

necessarily ['nesɪsərɪlɪ] LANGUAGE IN USE 16.1 → SYN adv **a** (= automatically) **not necessarily** pas forcément ◆ **this is not necessarily the case** ce n'est pas forcément le cas ◆ **you don't necessarily have to believe it** vous n'êtes pas forcé or obligé de le croire ◆ **he was lying, of course – not necessarily** bien entendu, il mentait — pas forcément
b (= inevitably) slow, short forcément, nécessairement ◆ **at this stage the plan necessarily lacks detail** à ce stade, le plan n'est forcément pas très détaillé

necessary ['nesɪsərɪ] LANGUAGE IN USE 10.3 → SYN
1 adj **a** (= required) skill, arrangements nécessaire, requis (to, for sth à qch) ◆ **all the qualifications necessary for this job** toutes les qualifications requises pour ce poste ◆ **if necessary** le cas échéant, si nécessaire ◆ **when or where necessary** lorsque c'est nécessaire ◆ **to do more than is necessary** en faire plus qu'il n'est nécessaire ◆ **to do no more than is strictly necessary** ne faire que le strict nécessaire ◆ **to do whatever is or everything necessary (for)** faire le nécessaire (pour) ◆ **to make it necessary for sb to do sth** mettre qn dans la nécessité de faire qch ◆ **it is necessary to do this** il est nécessaire de le faire ◆ **it is necessary for him to do this** il est nécessaire qu'il le fasse ◆ **it is necessary that ...** il est nécessaire que ... (+ subj)
b (= inevitable) consequence inéluctable ; corollary nécessaire ; result inévitable ◆ **there is no necessary connection between ...** il n'y a pas nécessairement de rapport entre ... ◆ **a necessary evil** un mal nécessaire
2 n **a** **to do the necessary** ✶ faire le nécessaire
b (= money) **the necessary** ✶ le fric ✶
c (Jur) **necessaries** (= necessities) les choses fpl nécessaires

necessitate [nɪˈsesɪteɪt] → SYN vt nécessiter, rendre nécessaire ◆ **the situation necessitated his immediate return** la situation l'a obligé à revenir immédiatement, la situation a nécessité son retour immédiat ◆ **the situation necessitates our abandoning the plan** la situation exige que nous abandonnions le projet

necessitous [nɪˈsesɪtəs] adj (frm) nécessiteux ◆ **in necessitous circumstances** dans le besoin, dans la nécessité

necessity [nɪˈsesɪtɪ] → SYN n **a** (NonC = compelling circumstances) nécessité f ; (= need, compulsion) besoin m, nécessité f ◆ **the necessity of doing sth** le besoin or la nécessité de faire qch ◆ **she realized the necessity of going to see him** elle a compris qu'il était nécessaire d'aller le voir or qu'il fallait aller le voir ◆ **she questioned the necessity of buying a brand new car** elle mettait en doute la nécessité d'acheter une voiture neuve ◆ **she regretted the necessity of making him redundant** elle regrettait d'avoir à le licencier ◆ **is there any necessity?** est-ce nécessaire ? ◆ **there's no necessity for tears/apologies** il n'est pas nécessaire de pleurer/s'excuser ◆ **there is no necessity for you to do that** il n'est pas nécessaire que vous fassiez cela ◆ **from** or **out of necessity** par nécessité, par la force des choses ◆ **of necessity** par nécessité ◆ **to be born of necessity** être dicté par les circonstances ◆ **to be under the necessity of doing sth** (frm) être dans la nécessité or dans l'obligation de faire qch ◆ **a case of absolute necessity** un cas de force majeure ◆ **in case of necessity** au besoin, en cas de besoin ◆ (Prov) **necessity knows no law** nécessité fait loi (Prov) ◆ (Prov) **necessity is the mother of invention** la nécessité rend ingénieux, nécessité est mère d'invention † ; → **virtue**
b (NonC = poverty) besoin m, nécessité † f
c (= necessary object etc) chose f indispensable ◆ **a dishwasher is a necessity nowadays** un lave-vaisselle est indispensable de nos jours, de nos jours, il est indispensable d'avoir un lave-vaisselle ◆ **a basic necessity** (= product) un produit de première nécessité ◆ **water is a basic necessity of life** l'eau est indispensable à la vie ◆ **a political/economic necessity** un impératif politique/économique ; → **bare**

neck [nek] **1** n **a** cou m ; [of horse, cow, swan] encolure f ◆ **to have a sore neck** avoir mal au cou ◆ **there was water dripping down my neck** de l'eau dégoulinait le long de mon cou ◆ **to fling one's arms round sb's neck, to fall on sb's neck** (liter) se jeter ou sauter au cou de qn ◆ **to win by a neck** (Racing) gagner d'une encolure ◆ **I don't want (to have) him (hanging) round my neck** ✶ je ne veux pas l'avoir sur le dos ◆ **to risk one's neck** risquer sa vie or sa peau ✶ ◆ **he's up to his neck in it** ✶ (in crime, plot, conspiracy) il est mouillé jusqu'au cou ✶ ◆ **to be up to one's neck in work** ✶ être débordé (de travail) ◆ **he's up to his neck in debt** ✶ il est endetté jusqu'au cou ◆ **he's up to his neck in drug dealing** ✶ il est mouillé jusqu'au cou dans des affaires de trafic de stupéfiants ◆ **the government is up to its neck in new allegations of corruption** ✶ le gouvernement a fort à faire avec ces nouvelles allégations de corruption ◆ **he got it in the neck** ✶ (= got told off) il en a pris pour son grade ✶ ; (= got beaten up) il a dérouillé ✶ ; (= got killed) il s'est fait descendre ✶ ◆ **to stick one's neck out** ✶ se mouiller ✶ ◆ **to throw sb out neck and crop** jeter qn dehors avec violence ◆ **it's neck or nothing** ✶ (Brit) il faut jouer or risquer le tout pour le tout ; → **breakneck, breathe, pain, save¹, stiff**
b (Culin) **neck of mutton** collet m or collier m de mouton ◆ **neck of beef** collier m de bœuf ◆ **best end of neck** côtelettes fpl premières
c [of dress, shirt etc] encolure f ◆ **high neck** col m montant ◆ **square neck** col m carré ◆ **a dress with a low neck** une robe décolletée ◆ **a shirt with a 38cm neck** une chemise qui fait 38 cm d'encolure or de tour de cou ; → **polo-neck, roll**
d [of bottle] goulot m ; [of vase] col m ; [of tooth, screw] collet m ; [of land] isthme m ; [of guitar, violin] manche m ; [of uterus, bladder] col m ◆ **in our** or **this neck of the woods** par ici ◆ **she's from your neck of the woods** elle vient du même coin que vous ; → **bottleneck**
e (Brit ✶ = impertinence) toupet ✶ m, culot ✶ m
2 vi (esp US ✶) [couple] se peloter ✶ ◆ **to neck with sb** peloter ✶ qn
3 vt (✶ = drink) s'enfiler ✶
4 COMP ▷ **neck and neck** adj à égalité

neckband ['nekbænd] n (= part of garment) col m ; (= choker) tour m de cou

-necked [nekt] adj (in compounds) → **low¹, round, stiff**

neckerchief ['nekətʃiːf] n (= scarf) foulard m, tour m de cou ; (on dress) fichu m

necking ✶ ['nekɪŋ] n (esp US) pelotage ✶ m

necklace ['neklɪs] **1** n collier m ; (long) sautoir m ◆ **ruby/pearl necklace** collier m de rubis/de perles ◆ **diamond necklace** collier m or rivière f de diamants
2 vt (✶ = kill with burning tyre) faire subir le supplice du collier à
3 COMP ▷ **necklace killing** n supplice m du collier

necklacing ['neklɪsɪŋ] n ⇒ **necklace killing** ; → **necklace**

necklet ['neklɪt] n collier m

neckline ['neklaɪn] n encolure f

neckshot ['nekʃɒt] n ≃ balle f dans la nuque

necktie ['nektaɪ] n (esp US) cravate f

necrobiosis [ˌnekrəʊbaɪˈəʊsɪs] n nécrobiose f, bionécrose f

necrological [ˌnekrəʊˈlɒdʒɪkəl] adj nécrologique

necrologist [neˈkrɒlədʒɪst] n nécrologue m

necrology [neˈkrɒlədʒɪ] n nécrologie f

necromancer ['nekrəʊˌmænsəʳ] n nécromancien(ne) m(f)

necromancy ['nekrəʊˌmænsɪ] n nécromancie f

necrophile ['nekrəʊˌfaɪl] n nécrophile mf

necrophilia [ˌnekrəʊˈfɪlɪə] n nécrophilie f

necrophiliac [ˌnekrəʊˈfɪlɪæk] n nécrophile mf

necrophilic [ˌnekrəʊˈfɪlɪk] adj nécrophile

necrophilism [neˈkrɒfɪlɪzəm] n ⇒ **necrophilia**

necrophobe ['nekrəʊˌfəʊb] n nécrophobe mf

necrophobia [ˌnekrəʊˈfəʊbɪə] n nécrophobie f

necrophobic [ˌnekrəʊˈfəʊbɪk] adj nécrophobe

necropolis [neˈkrɒpəlɪs] n, pl **necropolises** or **necropoleis** [neˈkrɒpəˌleɪs] nécropole f

necrosis [neˈkrəʊsɪs] n nécrose f

necrotic [neˈkrɒtɪk] adj nécrotique ; **tissue** nécrosé

necrotising fasciitis, necrotizing fasciitis (US) ['nekrəʊtaɪzɪŋfæʃɪˈaɪtɪs] n (Med) fasciite f nécrosante or gangreneuse

nectar ['nektəʳ] n nectar m

nectarine ['nektərɪn] n (= fruit) brugnon m, nectarine f ; (= tree) brugnonier m

ned ✶ [ned] n (esp Scot) voyou m

NEDC [ˌeniːˈdiːsiː] n (Brit: formerly) (abbrev of **National Economic Development Council**) → **national**

Neddy ✶ ['nedɪ] n (Brit: formerly) (abbrev of **National Economic Development Council**) → **national**

née [neɪ] adj née ◆ **Mrs Gautier, née Buchanan** Mme Gautier, née Buchanan

need [niːd] LANGUAGE IN USE 10.2 → SYN
1 n **a** (NonC = necessity, obligation) besoin m ◆ **in case of need** en cas de besoin ◆ **I can't see the need for it** je n'en vois pas la nécessité
◆ **if need be** si besoin est, s'il le faut
◆ **no need** ◆ **there's no need to hurry** il n'y a pas besoin or lieu de se dépêcher ◆ **no need to rush!** il n'y a pas le feu ! ◆ **no need to worry!** inutile de s'inquiéter ! ◆ **no need to tell him** pas besoin de lui dire ◆ **to have no need to do sth** ne pas avoir besoin de faire qch ◆ **there's no need for you to come, you have no need to come** vous n'êtes pas obligé de venir ◆ **should I call him? — no, there's no need** dois-je l'appeler ? — non, ce n'est pas la peine
b (NonC) (= want, lack, poverty) besoin m ◆ **there is much need of food** il y a un grand besoin de vivres ◆ **when the need arises** quand le besoin se présente or s'en fait sentir ◆ **your need is greater than mine** vous êtes plus dans le besoin que moi ; (✶ hum) vous en avez plus besoin que moi ; → **serve**
◆ **to be in need of, to have need of** avoir besoin de ◆ **to be badly** or **greatly in need of** avoir grand besoin de ◆ **I'm in need of a drink** j'ai besoin de prendre un verre ◆ **the house is in need of repainting** la maison a besoin d'être repeinte ◆ **those most in need of help** ceux qui ont le plus besoin d'aide ◆ **I have no need of advice** je n'ai pas besoin de conseils
c (NonC) (= misfortune) adversité f, difficulté f ; (= poverty) besoin m ◆ **in times of need** aux heures or aux moments difficiles ◆ **do not fail me in my hour of need** ne m'abandonnez pas dans l'adversité
◆ **in need** ◆ **to be in need** être dans le besoin ; → **friend**

needful ['niːdfʊl] → SYN **1** adj nécessaire ◆ **to do what is needful** faire ce qui est nécessaire, faire le nécessaire ◆ **as much as is needful** autant qu'il en faut
2 n ◆ **to do the needful** * faire ce qu'il faut

neediness ['niːdɪnɪs] n indigence f

needle ['niːdl] → SYN **1** n **a** aiguille f ◆ knitting/darning etc **needle** aiguille f à tricoter/à repriser etc ◆ **record-player needle** pointe f de lecture, saphir m ◆ **gramophone needle** aiguille f de phonographe ◆ **pine needle** (Bot) aiguille f de pin ◆ **it's like looking for a needle in a haystack** autant chercher une aiguille dans une botte de foin ◆ **to be on the needle**⁑ (Drugs) se shooter⁑ ; → **pin, sharp**
b (Brit *) **he gives me the needle** (= teases me) il me charrie* ; (= annoys me) il me tape sur les nerfs* or sur le système* ◆ **to get the needle** se ficher en boule⁑
2 vt **a** * (= annoy) asticoter, agacer ; (= sting) piquer or toucher au vif ; (= nag) harceler ◆ **she was needled into replying sharply** touchée au vif or agacée elle a répondu avec brusquerie
b (US) **to needle a drink*** corser une boisson
3 COMP ▷ **needle book, needle case** n porte-aiguilles m inv ▷ **needle exchange** n (= needle swapping) échange m de seringues ; (= place) centre m d'échange de seringues ▷ **needle match** (Brit Sport) règlement m de comptes ▷ **needle-sharp** adj (fig) (= alert) malin (-igne f) comme un singe ; (= penetrating) perspicace

needlecord ['niːdlkɔːd] n velours m mille-raies

needlecraft ['niːdlkrɑːft] n travaux mpl d'aiguille

needlepoint ['niːdlpɔɪnt] n tapisserie f (à l'aiguille)

needless ['niːdlɪs] → SYN adj death, suffering, sacrifice, repetition inutile ; cruelty, destruction gratuit ; expense, risk inutile, superflu ; remark, sarcasm, rudeness déplacé ◆ **needless to say, ...** inutile de dire que ..., il va sans dire que ...

needlessly ['niːdlɪslɪ] adv repeat, prolong inutilement ; die en vain ; suffer pour rien ◆ **you're worrying quite needlessly** vous vous inquiétez sans raison ◆ **he was needlessly rude** il a été d'une impolitesse tout à fait déplacée

needlessness ['niːdlɪsnɪs] n inutilité f ; [of remark] inopportunité f

needlestick injury ['niːdlstɪk'ɪndʒərɪ] n (Med) blessure f causée par une seringue

needlewoman ['niːdlwʊmən] n, pl **-women** ◆ **she is a good needlewoman** elle est douée pour les travaux d'aiguille

needlework ['niːdlwɜːk] → SYN n (gen) travaux mpl d'aiguille ; (= mending etc) (also Scol) couture f ◆ **bring your needlework with you** apportez votre ouvrage

needn't ['niːdnt] ⇒ **need not** ; → **need 3**

needs [niːdz] adv (liter) ◆ **I must needs leave tomorrow** il me faut absolument partir demain, je dois de toute nécessité partir demain ◆ **if needs must** s'il le faut absolument, si c'est absolument nécessaire ◆ (Prov) **needs must when the devil drives** nécessité fait loi (Prov)

needy ['niːdɪ] → SYN **1** adj person indigent, dans le besoin ; area sinistré ◆ **he's very needy at the moment** (emotionally) il a besoin de beaucoup d'attention en ce moment
2 the needy npl les nécessiteux mpl

neep [niːp] n (Scot) rutabaga m

ne'er [nɛəʳ] **1** adv (liter) ⇒ **never 1**
2 COMP ▷ **ne'er-do-well** n bon(ne) m(f) or propre mf à rien ◊ adj bon or propre à rien

ne'ertheless [ˌnɛəðəˈlɛs] adv (liter) ⇒ **nevertheless**

nefarious [nɪˈfɛərɪəs] → SYN adj (frm) vil (vile f) (liter)

nefariousness [nɪˈfɛərɪəsnɪs] n (frm) scélératesse f

Nefertiti [ˌnɛfəˈtiːtɪ] n Néfertiti f

neg. (abbrev of **negative**) nég.

negate [nɪˈgeɪt] → SYN vt (frm) (= nullify) annuler ; (= deny truth of) nier la vérité de ; (= deny existence of) nier (l'existence de) ◆ **this negated all the good that we had achieved** cela a réduit à rien tout le bien que nous avions fait

---

needful / négligé

ANGLAIS-FRANÇAIS 624

negation [nɪˈgeɪʃən] → SYN n (all senses) négation f

negative ['nɛgətɪv] → SYN **1** adj (gen, Elec, Ling, Phys etc) négatif (about sb/sth à l'égard de qn/qch) ; (= harmful) effect, influence néfaste ◆ **he's a very negative person** c'est quelqu'un de très négatif
2 n **a** réponse f négative ◆ **his answer was a curt negative** il a répondu par un non fort sec ◆ **the answer was in the negative** la réponse était négative ◆ **to answer in the negative** répondre négativement or par la négative, faire une réponse négative ◆ "negative" (as answer) (gen) "négatif" ; (computer voice) "réponse négative"
b (Ling) négation f ◆ **double negative** double négation f ◆ **two negatives make a positive** deux négations équivalent à une affirmation ◆ **in(to) the negative** à la forme négative
c (Phot) négatif m, cliché m
d (Elec) (pôle m) négatif m
3 vt **a** (= veto) [+ plan] rejeter, repousser ◆ **the amendment was negatived** l'amendement fut repoussé
b (= contradict, refute) [+ statement] contredire, réfuter
c (= nullify) [+ effect] neutraliser
4 COMP ▷ **negative campaigning** n (NonC: Pol) campagne f négative ▷ **negative cash flow** n trésorerie f négative ▷ **negative charge** n (Phys) charge f négative ▷ **negative equity** n moins-value f ▷ **negative feedback** n (NonC) **a** (= criticism) réactions fpl négatives ◆ **to give sb/get negative feedback (about sb/sth)** faire part à qn de ses/recevoir des réactions négatives (au sujet de qn/qch) **b** (Elec) contre-réaction f ▷ **negative income tax** n impôt m négatif ▷ **negative number** n nombre m négatif ▷ **negative particle** n (Ling) particule f négative ▷ **negative pole** n (Phys) pôle m négatif ▷ **negative sign** n (Math) signe m moins ▷ **negative tax** n ⇒ **negative income tax**

negatively ['nɛgətɪvlɪ] adv respond négativement ; affect d'une manière défavorable ◆ **to look at things negatively** voir les choses de façon négative

negativism ['nɛgətɪvɪzəm] n négativisme m

negativity [ˌnɛgəˈtɪvɪtɪ] → SYN n (Sci) négativité f ; [of attitude, person] négativité f, négativisme m

Negev Desert ['nɛgɛv'dɛzət] n désert m du Néguev

neglect [nɪˈglɛkt] → SYN **1** vt [+ person, animal] négliger, délaisser ; [+ garden, house, car, machinery] ne pas entretenir ; [+ rule, law] ne tenir aucun compte de, ne faire aucun cas de ; [+ duty, obligation, promise] manquer à ; [+ business, work, hobby] négliger ; [+ opportunity] laisser passer ; [+ one's health] négliger ; [+ advice] ne tenir aucun compte de, ne faire aucun cas de (frm) ◆ **to neglect o.s. or one's appearance** se négliger ◆ **to neglect to do sth** négliger or omettre de faire qch ; see also **neglected**
2 n (NonC) [of duty, obligation] manquement m (of à) ; [of work] manque m d'intérêt (of pour) ◆ **neglect of one's appearance** manque m de soins apportés à son apparence ◆ **his neglect of his promise** son manquement à sa promesse, le fait de ne pas tenir sa promesse ◆ **his neglect of his children** la façon dont il a négligé or délaissé ses enfants ◆ **his neglect of his house/garden/car** le fait qu'il ne s'occupe pas de sa maison/de son jardin/de sa voiture ◆ **the garden was in a state of neglect** le jardin était mal tenu or était à l'abandon ◆ **children left in utter neglect** enfants mpl complètement délaissés

neglected [nɪˈglɛktɪd] → SYN adj **a** (= uncared-for) person, district délaissé ; house, garden mal entretenu ; appearance négligé
b (= forgotten) play méconnu, ignoré ◆ **a neglected area of scientific research** un domaine négligé de la recherche scientifique

neglectful [nɪˈglɛktfʊl] adj négligent ◆ **to be neglectful of sth** négliger qch

neglectfully [nɪˈglɛktfəlɪ] adv avec négligence

négligé, negligee, négligée ['nɛglɪʒeɪ] n négligé m, déshabillé m

negligence ['neglɪdʒəns] → SYN n (NonC) négligence f, manque m de soins or de précautions ♦ **through negligence** par négligence ♦ **sin of negligence** (Rel) faute f or péché m d'omission ; → **contributory**

negligent ['neglɪdʒənt] → SYN 1 adj a (= careless) négligent ♦ **he was negligent in his work** il a fait preuve de négligence dans son travail ♦ **to be negligent in doing sth** faire preuve de négligence en faisant qch ♦ **to be negligent of sth** négliger qch
  b (= nonchalant) nonchalant
  2 COMP ▷ **negligent homicide** n (US) ≈ homicide m involontaire

negligently ['neglɪdʒəntlɪ] adv a (= carelessly) **to behave negligently** faire preuve de négligence
  b (= nonchalantly, offhandedly) négligemment ♦ **... she answered negligently** ... répondit-elle négligemment

negligible ['neglɪdʒəbl] → SYN adj amount, effect négligeable ; risk, impact négligeable, insignifiant ; support, cost insignifiant

negotiability [nɪˌgəʊʃə'bɪlɪtɪ] n négociabilité f

negotiable [nɪ'gəʊʃɪəbl] → SYN 1 adj a (esp Fin) price, salary à débattre ; rates, conditions, contract, bonds négociable ♦ **not negotiable** non négociable
  b (= passable) road, valley praticable ; mountain, obstacle franchissable ; river (= can be sailed) navigable ; (= can be crossed) franchissable
  2 COMP ▷ **negotiable instrument** n (Fin) instrument m négociable ▷ **negotiable securities** npl fonds mpl négociables

negotiant [nɪ'gəʊʃɪənt] n négociateur m, -trice f

negotiate [nɪ'gəʊʃɪeɪt] → SYN 1 vt a [+ sale, loan, settlement, salary] négocier
  b [+ obstacle, hill] franchir ; [+ river] (= sail on) naviguer ; (= cross) franchir, traverser ; [+ rapids, falls] franchir ; [+ bend in road] prendre, négocier ; [+ difficulty] surmonter, franchir
  c [+ bill, cheque, bond] négocier
  2 vi négocier, traiter (with sb for sth avec qn pour obtenir qch) ♦ **they are negotiating for more pay** ils sont en pourparler(s) or ils ont entamé des négociations pour obtenir des augmentations
  3 COMP ▷ **negotiating table** n table f des négociations

negotiation [nɪˌgəʊʃɪ'eɪʃən] → SYN n (= discussion) négociation f ♦ **to begin negotiations with** engager or entamer des négociations or des pourparlers avec ♦ **to be in negotiation with** être en pourparlers avec ♦ **the deal is under negotiation** l'affaire est en cours de négociation ♦ **negotiations are proceeding** des négociations or des pourparlers sont en cours ♦ **to solve sth by negotiation** résoudre qch par la négociation

negotiator [nɪ'gəʊʃɪeɪtər] n négociateur m, -trice f

Negress ['ni:gres] n Noire f

negritude ['negrɪtju:d] n négritude f

Negro ['ni:grəʊ] 1 adj noir ; (Anthropology) négroïde ; → **spiritual**
  2 n, pl **Negroes** Noir m

Negroid ['ni:grɔɪd] adj négroïde

Negus ['ni:gəs] n négus m

Nehemiah [ˌni:ɪ'maɪə] n Néhémie m

neigh [neɪ] 1 vi hennir
  2 n hennissement m

neighbour, neighbor (US) ['neɪbər] 1 n voisin(e) m(f) ; (Bible etc) prochain(e) m(f) ♦ **she is my neighbour** c'est ma voisine ♦ **she is a good neighbour** c'est une bonne voisine ♦ **Good Neighbor Policy** (US Pol) politique f de bon voisinage ♦ **Britain's nearest neighbour is France** la France est la plus proche voisine de la Grande-Bretagne ; → **next door**
  2 vi (US) ♦ **to neighbor with sb** se montrer bon voisin envers qn
  3 COMP ▷ **neighbor states** npl (US) États mpl voisins

neighbourhood, neighborhood (US) ['neɪbəhʊd] → SYN 1 n (= district) quartier m ; (= area nearby) voisinage m, environs mpl ♦ **all the children of the neighbourhood** tous les enfants du voisinage or du quartier ♦ **it's not a nice neighbourhood** c'est un quartier plutôt mal famé ♦ **the whole neighbourhood knows him** tout le quartier le connaît ♦ **the soil in this neighbourhood is very rich** la terre de cette région est très riche ♦ **the cinema is in his neighbourhood** le cinéma est près de or à proximité de chez lui ♦ **in the neighbourhood of the church** dans le voisinage de l'église, du côté de l'église ♦ **(something) in the neighbourhood of $100** dans les 100 dollars, environ 100 dollars ♦ **anyone in the neighbourhood of the crime** toute personne se trouvant dans les parages du crime
  2 adj doctor, shops du quartier ; café du coin ♦ **our/your friendly neighbourhood dentist** (fig, often iro) le gentil dentiste de notre/votre quartier
  3 COMP ▷ **neighbourhood TV** n télévision f locale ▷ **neighbourhood watch** n système de surveillance assuré par les habitants d'un quartier

neighbouring, neighboring (US) ['neɪbərɪŋ] → SYN adj country, area, building voisin, avoisinant ; state, town voisin ♦ **in neighbouring Italy** dans l'Italie voisine

neighbourliness, neighborliness (US) ['neɪbəlɪnɪs] n ♦ **(good) neighbourliness** rapports mpl de bon voisinage

neighbourly, neighborly (US) ['neɪbəlɪ] adj person aimable (to sb avec qn), amical ; feeling amical ; behaviour, gesture de bon voisin ♦ **they are neighbourly people** ils sont bons voisins ♦ **neighbourly relations** rapports mpl de bon voisinage ♦ **to behave in a neighbourly way** se conduire en bon voisin ♦ **that's very neighbourly of you** c'est très aimable (de votre part)

neighing ['neɪɪŋ] 1 n hennissement(s) m(pl)
  2 adj hennissant

neither ['naɪðər, 'ni:ðər] 1 adv ni ♦ **neither ... nor** ni ... ni (+ ne before vb) ♦ **she described the hotel as neither good nor bad** elle a dit que l'hôtel n'était ni bon ni mauvais ♦ **I've seen neither him nor her** je ne les ai vus ni l'un ni l'autre ♦ **he can neither read nor write** il ne sait ni lire ni écrire ♦ **the house has neither water nor electricity** la maison n'a ni eau ni électricité ♦ **neither you nor I know** ni vous ni moi ne (le) savons ♦ **he neither knows nor cares** il n'en sait rien et ça lui est égal ♦ **neither here nor there** ♦ **that's neither here nor there** ce n'est pas la question ♦ **the fact that she needed the money is neither here nor there, it's still stealing** peu importe qu'elle ait eu besoin de cet argent, il n'en reste pas moins que c'est du vol ♦ **an extra couple of miles is neither here nor there** on n'en est pas à deux ou trois kilomètres près
  2 conj a ♦ **if you don't go, neither shall I** si tu n'y vas pas je n'irai pas non plus ♦ **I'm not going – neither am I** je n'y vais pas – moi non plus ♦ **he didn't do it – neither did his brother** il ne l'a pas fait — son frère non plus
  b (liter = moreover ... not) d'ailleurs ... ne ... pas ♦ **I can't go, neither do I want to** je ne peux pas y aller et d'ailleurs je n'en ai pas envie
  3 adj ♦ **neither story is true** ni l'une ni l'autre des deux histoires n'est vraie, aucune des deux histoires n'est vraie ♦ **neither candidate got the job** les candidats n'ont eu le poste ni l'un ni l'autre ♦ **in neither way ni** d'une manière ni de l'autre ♦ **in neither case** ni dans un cas ni dans l'autre
  4 pron aucun(e) m(f), ni l'un(e) ni l'autre (+ ne before vb) ♦ **neither of them knows** ni l'un ni l'autre ne le sait, ils ne le savent ni l'un ni l'autre ♦ **I know neither of them** je ne (les) connais ni l'un ni l'autre ♦ **which (of the two) do you prefer ? – neither** lequel (des deux) préférez-vous ? — ni l'un ni l'autre

nekton ['nektɒn] n necton m

Nelly ['nelɪ] n (dim of **Helen, Ellen**) Hélène f, Éléonore f ♦ **not on your Nelly!** ✳ jamais de la vie !

nelson ['nelsən] n (Wrestling) ♦ **full nelson** nelson m ♦ **half-nelson** clef f du cou ♦ **to put a half-nelson on sb** ✳ (fig) attraper qn (pour l'empêcher de faire qch)

nelumbo [nɪ'lʌmbəʊ] n nélombo m

nemathelminth [ˌneməθelmɪnθ] n némathelminthe m

nematocyst ['nemətəsɪst] n nématocyste m

nematode ['nemətəʊd] n (also **nematode worm**) nématode m

nem. con. (abbrev of **nemine contradicente**) (= no one contradicting) à l'unanimité

nemertean [nɪ'mɜ:tɪən] n némerte m or f, némertien m

nemesia [nɪ'mi:zə] n némésia m (fleur)

Nemesis ['nemɪsɪs] n, pl **Nemeses** a (Myth) Némésis f
  b (also **nemesis**) némésis f, instrument m de vengeance ♦ **it's Nemesis** c'est un juste retour des choses ♦ **she's my Nemesis** (esp US) je suis vaincu d'avance avec elle

nemophila [ne'mɒfɪlə] n (Bot) némophile m

neo... ['ni:əʊ] pref néo...

neocapitalism [ˌni:əʊ'kæpɪtəlɪzəm] n néocapitalisme m

neocapitalist [ˌni:əʊ'kæpɪtəlɪst] adj, n néocapitaliste mf

Neocene ['ni:əˌsi:n] n néogène m

neoclassical [ˌni:əʊ'klæsɪkəl] adj néoclassique

neoclassicism [ˌni:əʊ'klæsɪsɪzəm] n néoclassicisme m

neocolonial [ˌni:əʊkə'ləʊnɪəl] adj néocolonial

neocolonialism [ˌni:əʊkə'ləʊnɪəlɪzəm] n néocolonialisme m

neocolonialist [ˌni:əʊkə'ləʊnɪəlɪst] n néocolonialiste mf

Neo-Darwinian [ˌni:əʊdɑ:'wɪnɪən] adj néodarwinien

Neo-Darwinism [ˌni:əʊ'dɑ:wɪnɪzəm] n néodarwinisme m

neodymium [ˌni:əʊ'dɪmɪəm] n néodyme m

neofascism [ˌni:əʊ'fæʃɪzəm] n néofascisme m

neofascist [ˌni:əʊ'fæʃɪst] adj, n néofasciste mf

Neogene ['ni:əˌdʒi:n] n néogène m

neogothic [ˌni:əʊ'gɒθɪk] adj, n néogothique m

neoimpressionism [ˌni:əʊɪm'preʃəˌnɪzəm] n néo-impressionnisme m

neoimpressionist [ˌni:əʊɪm'preʃənɪst] adj, n néo-impressionniste mf

neolith ['ni:əlɪθ] n (Archeol) pierre f polie

neolithic [ˌni:əʊ'lɪθɪk] 1 adj site, tomb néolithique ; person du néolithique
  2 COMP ▷ **the Neolithic Age, the Neolithic Period** n le néolithique

neological [ˌni:ə'lɒdʒɪkəl] adj néologique

neologism [nɪ'ɒlədʒɪzəm] n néologisme m

neologize [nɪ'ɒlədʒaɪz] vi faire un (or des) néologisme(s)

neology [nɪ'ɒlədʒɪ] n ⇒ **neologism**

neomycin [ˌni:əʊ'maɪsɪn] n néomycine f

neon ['ni:ɒn] 1 n (gaz m) néon m
  2 COMP ▷ **neon lamp**, **lighting** au néon ▷ **neon sign** n enseigne f (lumineuse) au néon

neonatal [ˌni:əʊ'neɪtəl] adj néonatal

neonate ['ni:əʊˌneɪt] n (frm) nouveau-né m

neonatology [ˌni:əʊnə'tɒlədʒɪ] n néonatologie f

neonazi [ˌni:əʊ'nɑ:tsɪ] adj, n néonazi(e) m(f)

neophyte ['ni:əʊˌfaɪt] n néophyte mf

neoplasm ['ni:əʊˌplæzəm] n néoplasme m

neoplastic [ˌni:əʊ'plæstɪk] adj néoformé

Neo-Platonic, neoplatonic [ˌni:əʊplə'tɒnɪk] adj néoplatonicien

Neo-Platonism, neoplatonism [ˌni:əʊ'pleɪtəˌnɪzəm] n néoplatonisme m

Neo-Platonist, neoplatonist [ˌni:əʊ'pleɪtəˌnɪst] n néoplatonicien(ne) m(f)

neoprene ® ['ni:əʊpri:n] n néoprène ® m

neoteny [nɪ'ɒtənɪ] n néoténie f

Neozoic [ˌni:əʊ'zəʊɪk] adj néozoïque

Nepal [nɪ'pɔ:l] n le Népal

Nepalese [ˌnepɔ:'li:z], **Nepali** [nɪ'pɔ:lɪ] 1 adj népalais
  2 n a (pl inv) Népalais(e) m(f)
  b (Ling) népalais m

nepenthe [nɪ'penθɪ] n (= drug, plant) népenthès m

nepeta ['nepətə] n népète f
nephelometry [ˌnefɪ'lɒmɪtrɪ] n néphélométrie f
nephew ['nevjuː, (esp US) 'nefjuː] n neveu m
nephology [nɪ'fɒlədʒɪ] n néphologie f, étude f des nuages
nephralgia [nɪ'frældʒɪə] n néphralgie f
nephrectomy [nɪ'frektəmɪ] n néphrectomie f
nephridium [nɪ'frɪdɪəm] n, pl **nephridia** [nɪ'frɪdɪə] néphridie f
nephrite ['nefraɪt] n (Miner) néphrite f
nephritic [ne'frɪtɪk] adj néphrétique
nephritis [ne'fraɪtɪs] n néphrite f
nephrologist [nɪ'frɒlədʒɪst] n néphrologue mf
nephrology [nɪ'frɒlədʒɪ] n néphrologie f
nephron ['nefrɒn] n (Anat) néphron m
nephroscope ['nefrəskəʊp] n néphroscope m
nephroscopy [nɪ'frɒskəpɪ] n néphroscopie f
nephrosis [nɪ'frəʊsɪs] n néphrose f
nephrotomy [nɪ'frɒtəmɪ] n néphrotomie f
nepotism ['nepətɪzəm] n népotisme m
nepotist ['nepətɪst] n *personne qui pratique le népotisme*
Neptune ['neptjuːn] n (Myth) Neptune m ; (Astron) Neptune f
neptunium [nep'tjuːnɪəm] n neptunium m
nerd⁎ [nɜːd] n pauvre mec⁎ m, ringard⁎ m
nerdish⁎ ['nɜːdɪʃ], **nerdy**⁎ ['nɜːdɪ] adj ringard⁎
nereid ['nɪərɪɪd] n (Myth, Zool) néréide f
nerine [nə'riːnɪ] n (Bot) nérine f
neritic [ne'rɪtɪk] adj néritique
Nero ['nɪərəʊ] n Néron m
neroli ['nɪərəlɪ] n ◆ **neroli (oil)** (essence f de) néroli m
nervate ['nɜːveɪt] adj (Bot) nervuré
nervation [nɜː'veɪʃən] n (Bot, Zool) nervation f
nerve [nɜːv] → SYN ▯1▯ n a (Anat, Dentistry) nerf m ; (Bot) nervure f ◆ **to kill the nerve of a tooth** dévitaliser une dent ◆ **his speech touched or struck a (raw) nerve** son discours a touché un point sensible
 b (NonC: fig) sang-froid m ◆ **it was a test of nerve and stamina for the competitors** le sang-froid et l'endurance des concurrents furent mis à l'épreuve ◆ **to hold** or **keep one's nerve** garder son sang-froid ◆ **he held his nerve to win the race** (Sport) il a gardé son sang-froid et il a gagné la course ◆ **he never got his nerve back** or **never regained his nerve** il n'a jamais repris confiance en lui ◆ **I haven't the nerve to do that** je n'ai pas le courage or le cran⁎ de faire ça ◆ **did you tell him? – I didn't/wouldn't have the nerve!** le lui as-tu dit? – je n'en ai pas eu/je n'en aurais pas le courage! ◆ **his nerve failed him, he lost his nerve** le courage lui a manqué, il s'est dégonflé⁎
 c (⁎ = cheek) toupet⁎ m, culot⁎ m ◆ **you've got a nerve!** tu es gonflé!⁎, tu as du culot⁎ or du toupet⁎! ◆ **you've got a bloody**⁎⁎ **nerve!** (Brit) tu charries!⁎⁎ ◆ **what a nerve!, of all the nerve!, the nerve of it!** quel toupet!⁎, quel culot!⁎ ◆ **he had the nerve to say that ...** il a eu le toupet⁎ or le culot⁎ de dire que ...
 ▯2▯ **nerves** npl (fig = nervousness) nerfs mpl, nervosité f ◆ **her nerves are bad, she suffers from nerves** elle a les nerfs fragiles ◆ **to have a fit** or **an attack of nerves** (before performance, exam etc) avoir le trac⁎ ◆ **it's only nerves** c'est de la nervosité ◆ **all the nerves, to be a bundle of nerves** être un paquet de nerfs ◆ **he was in a state of nerves, his nerves were on edge** il était sur les nerfs, il avait les nerfs tendus or à vif ◆ **he/the noise gets on my nerves** il/ce bruit me tape sur les nerfs⁎ or sur le système⁎ ◆ **to live on one's nerves** vivre sur les nerfs ◆ **to have nerves of steel** avoir les nerfs solides or des nerfs d'acier ◆ **war of nerves** guerre f des nerfs ; → **strain**¹
 ▯3▯ vt ◆ **to nerve o.s. to do sth** prendre son courage à deux mains or s'armer de courage pour faire qch ◆ **I can't nerve myself to do it** je n'ai pas le courage de le faire
 ▯4▯ COMP ▷ **nerve block** n (Med) anesthésie f par bloc nerveux ▷ **nerve cell** n cellule f

nerveuse ▷ **nerve centre** n (Anat) centre m nerveux ; (fig) centre m d'opérations (fig) ▷ **nerve ending** n terminaison f nerveuse ▷ **nerve fibre** n (Anat) fibre f nerveuse ▷ **nerve gas** n gaz m neurotoxique ▷ **nerve impulse** n influx m nerveux ▷ **nerve-racking** → SYN adj angoissant, très éprouvant pour les nerfs ▷ **nerve specialist** n neurologue mf ▷ **nerve-wracking** adj ⇒ **nerve-racking**
nerveless ['nɜːvlɪs] adj a (= weak) fingers, hands inerte ◆ **the dagger fell from his nerveless grasp** sa main inerte a lâché le poignard
 b (= brave) intrépide ; (= calm, collected) impassible
 c (pej = cowardly) lâche, dégonflé⁎ ◆ **he's nerveless** c'est un dégonflé⁎
 d (Anat) peu innervé ; (Bot) sans nervures
nervelessness ['nɜːvlɪsnɪs] n (fig) a (= calmness) sang-froid m
 b (= cowardice) lâcheté f
nerviness⁎ ['nɜːvɪnɪs] n a nervosité f
 b (US = cheek) culot⁎ m, toupet⁎ m
nervous ['nɜːvəs] → SYN ▯1▯ adj a person (= tense) nerveux, tendu ; (by nature) nerveux ◆ **to be nervous about sth** appréhender qch ◆ **I was nervous about him** or **on his account** j'étais inquiet pour lui ◆ **to be nervous of sth** appréhender qch ◆ **to be nervous of** or **about doing sth** hésiter à faire qch ◆ **don't be nervous, it'll be all right** ne t'inquiète pas, tout se passera bien ◆ **people of a nervous disposition** les personnes sensibles ◆ **to feel nervous** être nerveux ; (before performance, exam etc) avoir le trac⁎ ◆ **he makes me (feel) nervous** il m'intimide
 b (Med) disorder, tension nerveux ◆ **on the verge of nervous collapse** au bord de la dépression nerveuse
 ▯2▯ COMP ▷ **nervous breakdown** n dépression f nerveuse ◆ **to have a nervous breakdown** avoir or faire une dépression nerveuse ▷ **nervous energy** n vitalité f, énergie f ▷ **nervous exhaustion** n fatigue f nerveuse ; (serious) surmenage m ▷ **nervous Nellie**⁎ n (esp US) timoré(e) m(f), trouillard(e)⁎ m(f) ▷ **nervous system** n système m nerveux ▷ **nervous wreck**⁎ n ◆ **to be a nervous wreck** être à bout de nerfs ◆ **to turn sb into** or **make sb a nervous wreck** pousser qn à bout
nervously ['nɜːvəslɪ] adv nerveusement
nervousness ['nɜːvəsnɪs] n → SYN nervosité f
nervure ['nɜːvjʊər] n (Bot, Zool) nervure f
nervy⁎ ['nɜːvɪ] adj a (= nervous) nerveux ◆ **to be in a nervy state** avoir les nerfs à vif
 b (US = cheeky) **to be nervy** avoir du toupet⁎ or du culot⁎
...ness [nɪs] suf ◆ **greatness** grandeur f ◆ **selfishness** égoïsme m ◆ **weariness** lassitude f
Nessie⁎ ['nesɪ] n (Scot) *surnom affectueux donné au monstre du Loch Ness*
nest [nest] → SYN ▯1▯ n a [of birds, mice, turtles, ants etc] nid m ; (= contents) nichée f ◆ **to leave** or **fly the nest** (lit, fig) quitter le nid ; → **hornet, love**
 b (fig) nid m ◆ **nest of spies/machine guns** nid m d'espions/de mitrailleuses
 c [of boxes etc] jeu m ◆ **nest of tables** tables fpl gigognes
 ▯2▯ vi [bird etc] (se) nicher, faire son nid ◆ **to go (bird) nesting** aller dénicher les oiseaux or les œufs
 c [boxes etc] s'emboîter
 ▯3▯ COMP ▷ **nest box** n (for wild birds) nichoir m ; (for hens) pondoir m ▷ **nest egg** → SYN n (= money) pécule m
nested ['nestɪd] adj a tables gigognes
 b (Gram) emboîté
nesting ['nestɪŋ] n a [of birds] nidification f ◆ **nesting box** nichoir m ; (gen: for hens) pondoir m
 b (Gram) emboîtement m
nestle ['nesl] → SYN vi [person] se blottir, se pelotonner (*up to, against* contre) ; [house etc] se nicher ◆ **to nestle down in bed** se pelotonner dans son lit ◆ **to nestle against sb's shoulder** se blottir contre l'épaule de qn ◆ **a house nestling among the trees** une maison nichée parmi les arbres or blottie dans la verdure
nestling ['nestlɪŋ] → SYN n oisillon m

Nestorian [nes'tɔːrɪən] adj, n nestorien(ne) m(f)
Nestorianism [nes'tɔːrɪəˌnɪzəm] n nestorianisme m
net¹ [net] → SYN ▯1▯ n a (gen, Ftbl, Tennis etc) filet m ◆ **to come up to the net** (Tennis) monter au filet ◆ **the ball's in the net!** (Ftbl etc) c'est un but !
 b (fig) filet m ◆ **to slip through the net** passer à travers les mailles du filet ◆ **to be caught in the net** être pris au piège ◆ **to walk into the net** donner or tomber dans le panneau ◆ **to cast one's net wider** élargir son horizon or ses perspectives ; → **butterfly, hairnet, mosquito, safety**
 c (NonC: Tex) tulle m, voile m
 d (Internet) **the Net** le net
 ▯2▯ vt a (= catch) [+ fish, game] prendre au filet ◆ **the police netted several wanted men** un coup de filet de la police a permis d'arrêter plusieurs personnes recherchées
 b [+ river] tendre des filets dans ; [+ fruit bushes] poser un filet sur
 c (Sport) **to net the ball** envoyer la balle dans le filet ◆ **to net a goal** marquer un but
 ▯3▯ COMP ▷ **net cord** n (Tennis) bande f du filet ▷ **net curtains** npl voilage m ; (half-length) brise-bise m inv ▷ **net fishing** n pêche f au filet ▷ **net play** n (Tennis etc) jeu m au filet ▷ **Net surfer** n (Comput) internaute mf
net² [net] → SYN ▯1▯ adj a income, assets, worth, price, loss net ◆ **the price is $15 net** le prix net est de 15 dollars ◆ "**terms strictly net**" "prix nets"
 b result, effect final
 ▯2▯ vt [business deal etc] rapporter or produire net ; [person] gagner or toucher net
 ▯3▯ COMP ▷ **the Net Book Agreement** n (Brit: formerly) *accord de maintien des prix publics des livres (entre les éditeurs et les libraires)* ▷ **net domestic product** n produit m intérieur net ▷ **net national product** n produit m national net ▷ **net present value** n valeur f actuelle nette ▷ **net profit** n bénéfice m net ▷ **net realizable value** n valeur f nette réalisable ▷ **net weight** n poids m net
netball ['netbɔːl] n (Brit) netball m
nether†† ['neðər] → SYN adj ◆ **nether lip** lèvre f inférieure ◆ **nether garments** (also hum) sous-vêtements mpl ◆ **the nether regions** (= Hell) les enfers mpl ; (hum euph = genitals) les parties fpl intimes ◆ **the nether regions of the company** (hum) les coulisses fpl de l'entreprise ◆ **the nether world** les enfers mpl
Netherlander ['neðəˌlændər] n Néerlandais(e) m(f)
Netherlands ['neðələndz] ▯1▯ npl ◆ **the Netherlands** les Pays-Bas mpl ◆ **in the Netherlands** aux Pays-Bas
 ▯2▯ adj néerlandais
nethermost†† ['neðəməʊst] adj le plus bas, le plus profond
netiquette ['netɪket] n (Comput) netiquette f
netspeak ['netspiːk] n jargon m du Net
netsuke ['netsʊkɪ] n netsuké m
nett [net] ⇒ **net**²
netting ['netɪŋ] n (NonC) a (= nets) filets mpl ; (= mesh) mailles fpl ; (for fence etc) treillis m métallique ; (Tex) voile m, tulle m *(pour rideaux)* ; → **mosquito, wire**
 b (= net-making) fabrication f de filets
 c (= action: Fishing) pêche f au filet
nettle ['netl] → SYN ▯1▯ n (Bot) ortie f ◆ **stinging nettle** ortie f brûlante or romaine ◆ **dead nettle** ortie f blanche ◆ **to grasp the nettle** (Brit) prendre le taureau par les cornes
 ▯2▯ vt (fig) agacer, irriter ◆ **he was nettled into replying sharply** agacé, il a répondu avec brusquerie
 ▯3▯ COMP ▷ **nettle sting** n piqûre f d'ortie
nettlerash ['netlræʃ] n urticaire f
nettlesome ['netlsəm] adj (= annoying) irritant ; (= touchy) susceptible
network ['netwɜːk] → SYN ▯1▯ n (gen, also Comput, Elec, Rad, TV) réseau m ◆ **rail network** réseau m ferré or ferroviaire or de chemin de fer ◆ **road network** réseau m or système m routier ◆ **a network of narrow streets** un lacis (liter) or enchevêtrement de ruelles ◆ **network of veins** réseau m or lacis m de veines

♦ **a network of spies/contacts/salesmen** un réseau d'espions/de relations/de représentants ♦ **the programme went out over the whole network** (Rad, TV) le programme a été diffusé sur l'ensemble du réseau ♦ **the networks** (TV) les chaînes fpl ; → **old**

[2] vt (Rad, TV) diffuser sur l'ensemble du réseau ; (Comput) interconnecter

[3] vi (= form business contacts) tisser des liens

[4] COMP ▷ **Network Standard** n (US Ling) américain m standard ; → ENGLISH

networking ['netˌwɜːkɪŋ] n (Comm) maillage m de réseau ; (= making contacts) établissement m d'un réseau de relations ; (Comput) gestion f de réseau

neum(e) [njuːm] n (Mus) neume m

neural ['njʊərəl] [1] adj tube neural ; system nerveux

[2] COMP ▷ **neural cell** n cellule f nerveuse, neurone m ▷ **neural network** n (Comput) réseau m neuronal ▷ **neural tube** n tube m neural ▷ **neural tube defect** n malformation f du tube neural

neuralgia [njʊˈrældʒə] n névralgie f

neuralgic [njʊˈrældʒɪk] adj névralgique

neurasthenia [ˌnjʊərəsˈθiːnɪə] n neurasthénie f

neurasthenic [ˌnjʊərəsˈθenɪk] adj, n neurasthénique mf

neuritis [njʊəˈraɪtɪs] n névrite f

neuro... ['njʊərəʊ] pref neuro..., névro...

neurobiology [ˌnjʊərəʊbaɪˈɒlədʒɪ] n neurobiologie f

neuroblast ['njʊərəʊˌblæst] n neuroblaste m

neurochemistry [ˌnjʊərəʊˈkemɪstrɪ] n neurochimie f

neurochip ['njʊərəʊtʃɪp] n (Comput) puce f neuronale

neurocomputer ['njʊərəʊkəmˌpjuːtər] n ordinateur m neuronal

neuroendocrine [ˌnjʊərəʊˈendəʊkraɪn] adj neuroendocrinien

neuroendocrinology [ˌnjʊərəʊˌendəʊkrɪˈnɒlədʒɪ] n neuroendocrinologie f

neurogenic [ˌnjʊərəʊˈdʒenɪk] adj neurogène

neurohypophysis [ˌnjʊərəʊhaɪˈpɒfɪsɪs] n, pl **neurohypophyses** [ˌnjʊərəʊhaɪˈpɒfɪˌsiːz] posthypophyse f

neurolemma [ˌnjʊərəʊˈlemə] n (Anat) gaine f de Schwann

neuroleptic [ˌnjʊərəʊˈleptɪk] adj (Med) neuroleptique

neurolinguistic programming [ˌnjʊərəʊlɪŋˈgwɪstɪkˈprəʊgræmɪŋ] n programmation f neurolinguistique

neurolinguistics [ˌnjʊərəʊlɪŋˈgwɪstɪks] n (NonC) neurolinguistique f

neurological [ˌnjʊərəˈlɒdʒɪkəl] adj disease, disorder, damage neurologique ♦ **neurological surgeon** neurochirurgien m ♦ **neurological department** (service m de) neurologie f

neurologist [njʊəˈrɒlədʒɪst] n neurologue mf

neurology [njʊəˈrɒlədʒɪ] n neurologie f

neuroma [njʊəˈrəʊmə] n, pl **neuromas** or **neuromata** [njʊəˈrəʊmətə] névrome m, neurome m

neuromuscular [ˌnjʊərəʊˈmʌskjʊlər] adj neuromusculaire

neuron ['njʊərɒn], **neurone** ['njʊərəʊn] n neurone m

neuropath ['njʊərəpæθ] n névropathe mf

neuropathic [njʊərəˈpæθɪk] adj névropathique

neuropathology [ˌnjʊərəʊpəˈθɒlədʒɪ] n neuropathologie f

neuropathy [njʊˈrɒpəθɪ] n névropathie f

neuropeptide [ˌnjʊərəʊˈpeptaɪd] n neuropeptide m

neurophysiological [ˌnjʊərəʊˌfɪzɪəˈlɒdʒɪkəl] adj neurophysiologique

neurophysiologist [ˌnjʊərəʊˌfɪzɪˈɒlədʒɪst] n neurophysiologiste mf

neurophysiology [ˌnjʊərəʊˌfɪzɪˈɒlədʒɪ] n neurophysiologie f

neuropsychiatric [ˌnjʊərəʊˌsaɪkɪˈætrɪk] adj neuropsychiatrique

neuropsychiatrist [ˌnjʊərəʊsaɪˈkaɪətrɪst] n neuropsychiatre mf

neuropsychiatry [ˌnjʊərəʊsaɪˈkaɪətrɪ] n neuropsychiatrie f

neuropsychologist [ˌnjʊərəʊsaɪˈkɒlədʒɪst] n neuropsychologue mf

neuropsychology [ˌnjʊərəʊsaɪˈkɒlədʒɪ] n neuropsychologie f

neuroscience ['njʊərəʊsaɪəns] n neurosciences fpl

neurosis [njʊˈrəʊsɪs] → SYN n, pl **neuroses** [njʊˈrəʊsiːz] (Psych, fig) névrose f

neurosurgeon [ˌnjʊərəʊˈsɜːdʒən] n neurochirurgien(ne) m(f)

neurosurgery [ˌnjʊərəʊˈsɜːdʒərɪ] n neurochirurgie f

neurosurgical [ˌnjʊərəʊˈsɜːdʒɪkəl] adj neurochirurgique

neurotic [njʊˈrɒtɪk] → SYN [1] adj **a** (Psych) person névrosé ; behaviour, personality, disorder névrotique

b (pej = unreasonably anxious) person parano * ; obsession maladif ♦ **he's getting neurotic about the whole business** toute cette histoire le rend complètement parano *

[2] n (Psych) névrosé(e) m(f) ; (fig pej) parano * mf

neurotically [njʊˈrɒtɪkəlɪ] adv de façon obsessionnelle, jusqu'à la névrose

neuroticism [njʊˈrɒtɪsɪzəm] n tendances fpl à la névrose

neurotomy [njʊˈrɒtəmɪ] n neurotomie f

neurotoxic [ˌnjʊərəʊˈtɒksɪk] adj neurotoxique

neurotoxin [ˌnjʊərəʊˈtɒksɪn] n neurotoxine f

neurotransmitter [ˌnjʊərəʊtrænzˈmɪtər] n neurotransmetteur m

neurovascular ['njʊərəʊˈvæskʊlər] adj neurovasculaire

neuter ['njuːtər] → SYN [1] adj **a** neutre

b (Bot, Zool) neutre ; (Zool = castrated) châtré

[2] n **a** (Gram) neutre m ♦ **in the neuter** au neutre

b (Zool) animal m châtré

[3] vt **a** (Vet) châtrer

b (esp Brit fig = render ineffective) neutraliser

neutral ['njuːtrəl] → SYN [1] adj neutre ♦ **let's meet on neutral territory** rencontrons-nous en terrain neutre ♦ **let's try to find some neutral ground** essayons de trouver un terrain d'entente ♦ **neutral policy** politique f neutraliste or de neutralité

[2] n **a** (Pol) habitant(e) m(f) d'un pays neutre

b (Aut) point m mort ♦ **in neutral** au point mort

neutralism ['njuːtrəlɪzəm] n neutralisme m

neutralist ['njuːtrəlɪst] adj, n neutraliste mf

neutrality [njuːˈtrælɪtɪ] → SYN n (gen, Chem, Pol etc) neutralité f ; → **armed**

neutralization [ˌnjuːtrəlaɪˈzeɪʃən] n neutralisation f

neutralize ['njuːtrəlaɪz] → SYN vt (also Chem) neutraliser

neutrino [njuːˈtriːnəʊ] n neutrino m

neutron ['njuːtrɒn] [1] n neutron m

[2] COMP ▷ **neutron bomb** n bombe f à neutrons ▷ **neutron number** n nombre m de neutrons ▷ **neutron star** n étoile f à neutrons

Nev. (US) abbrev of **Nevada**

Nevada [nɪˈvɑːdə] n le Nevada ♦ **in Nevada** dans le Nevada

névé ['neveɪ] n (Geog) névé m

never ['nevər] [1] adv **a** ne... jamais ♦ **I never eat it** je n'en mange jamais ♦ **I have never seen him** je ne l'ai jamais vu ♦ **he will never come back** il ne reviendra jamais or plus (jamais) ♦ **never more** (liter) (ne...) plus jamais, (ne...) jamais plus ♦ **never in all my life** jamais de ma vie ♦ **I never heard such a thing!** je n'ai jamais entendu une chose pareille !

♦ **never (...) again** ♦ **never say that again** ne répète jamais ça ♦ **we shall never see her again** on ne la reverra (plus) jamais ♦ **never again!** plus jamais !, jamais plus !

♦ **never (...) before** ♦ **I've never seen him before** je ne l'ai jamais vu (jusqu'à aujourd'hui) ♦ **I'd never seen him before** je ne l'avais jamais vu auparavant ♦ **never before had there been such a disaster** jamais on n'avait connu tel désastre

♦ **never yet** ♦ **I have never yet been able to find ...** je n'ai encore jamais pu trouver ..., jusqu'ici je n'ai jamais pu trouver ...

b (emphatic) **that will never do!** c'est inadmissible ! ♦ **I never slept a wink** je n'ai pas fermé l'œil ♦ **he never so much as smiled** il n'a pas même souri ♦ **he never said a word, he said never a word** (liter) il n'a pas pipé mot ♦ **never a one** pas un seul ♦ **never was a child more loved** jamais enfant ne fut plus aimé ♦ **(surely) you've never left it behind!** * ne me dites pas que vous l'avez oublié ! ♦ **I've left it behind! – never!** je l'ai oublié ! – ça n'est pas vrai or pas possible ! ♦ **you must never ever come here again** tu ne dois jamais plus revenir ici ♦ **well I never (did)!** * ça par exemple ! *, ça alors ! * ♦ **never mind!** ça ne fait rien !, ne vous en faites pas ! ♦ **never fear!** n'ayez pas peur !, soyez tranquille !

[2] COMP ▷ **never-ending** → SYN adj interminable ▷ **never-failing** adj method infaillible ; source, spring inépuisable, intarissable ▷ **never-never** * n (Austral = outback) régions désertiques d'Australie ; (Brit) **to buy on the never-never** acheter à crédit or à tempérament ▷ **never-never land** n pays m imaginaire ▷ **never-outs** n (Comm) articles mpl toujours en stock ▷ **never-to-be-forgotten** adj inoubliable, qu'on n'oubliera jamais

nevermore ['nevəmɔːr] adv ne... plus jamais, ne... jamais plus ♦ **nevermore!** jamais plus !, plus jamais !

nevertheless [ˌnevəðəˈles] LANGUAGE IN USE 26.2, 26.3 → SYN adv néanmoins ♦ **it wasn't my fault. Nevertheless, I felt guilty** ce n'était pas ma faute ; néanmoins or cependant, je me suis senti coupable ♦ **it is nevertheless true that ...** cependant, il est vrai que ..., il est néanmoins vrai que ... ♦ **I shall go nevertheless** j'irai néanmoins or malgré tout ♦ **he is nevertheless my brother** il n'en reste pas moins mon frère ♦ **she has had no news, (yet) nevertheless she goes on hoping** elle n'a pas eu de nouvelles, et pourtant or et malgré tout elle continue d'espérer

nevus ['niːvəs] n (US) ⇒ **naevus**

new [njuː] → SYN [1] adj **a** (= not previously known etc) nouveau (nouvelle f), nouvel (m before vowel) ; (also **brand-new**, **good-as-new** (neuve f)) ♦ **I've got a new car** (= different) j'ai une nouvelle or une autre voiture ; (= brand-new) j'ai une voiture neuve ♦ **he has written a new book/article** il a écrit un nouveau livre/un nouvel article ♦ **this is Juliette's new book** c'est le nouveau or dernier livre de Juliette ♦ **new carrots** carottes fpl de primeur or nouvelles ♦ **there are several new plays on in London** on donne plusieurs nouvelles pièces à Londres ♦ **it's the new fashion** c'est la dernière or la nouvelle mode f ♦ **a new theory/invention** une nouvelle théorie/invention ♦ **the new moon** la nouvelle lune ♦ **there's a new moon tonight** c'est la nouvelle lune ce soir ♦ **I need a new notebook** il me faut un nouveau carnet or un carnet neuf ♦ **don't get your new shoes wet** ne mouille pas tes chaussures neuves ♦ **dressed in new clothes** vêtu or habillé de neuf ♦ **as good as new** comme neuf, à l'état de neuf ♦ **he made the bike as good as new** il a remis le vélo à neuf ♦ **"as new"** "état neuf" ♦ **I don't like all these new paintings** je n'aime pas tous ces tableaux modernes ♦ **I've got several new ideas** j'ai plusieurs idées nouvelles or neuves ♦ **this idea is not new** ce n'est pas une idée nouvelle or neuve ♦ **the new nations** les pays mpl neufs ♦ **this is a completely new subject** c'est un sujet tout à fait neuf ♦ **this sort of work is new to me** ce genre de travail est (quelque chose de) nouveau pour moi ♦ **a new deal** (Pol etc) une nouvelle donne ♦ **the new diplomacy** la diplomatie nouvelle manière or moderne ♦ **new style** nouveau style m ; see also 3 ♦ **the New Left** (Pol) la nouvelle gauche ♦ **the new rich** les nouveaux riches mpl

b (= recently arrived) **he came new to the firm last year** il est arrivé (dans l'entreprise) l'an dernier ♦ **I'm new to this kind of work** je n'ai jamais fait ce genre de travail, je suis

newborn / New Year

novice dans ce genre de travail ◆ **he's new to the trade** il est nouveau dans le métier ◆ **he's quite new to the town** il est tout nouvellement arrivé dans la ville ◆ **she's new to this game*** elle fait ses premières armes ◆ **the new people at number five** les gens qui viennent d'emménager au numéro cinq ◆ **new recruit** nouvelle recrue f, bleu * m ◆ **the new students** les nouveaux mpl, les nouvelles fpl ◆ **a new boy** (Scol) un nouveau ◆ **a new girl** (Scol) une nouvelle ◆ **she's new, poor thing** elle est nouvelle, la pauvre ◆ **are you new here?** (gen) vous venez d'arriver ici?; (in school, firm etc) vous êtes nouveau ici?

c (= different) **bring me a new glass, this one is dirty** apportez-moi un autre verre, celui-ci est sale ◆ **there was a new waiter today** il y avait un autre or un nouveau serveur aujourd'hui ◆ **he's a new man since he remarried** il est transformé or c'est un autre homme depuis qu'il s'est remarié ; see also **3** ◆ (Prov) **there's nothing new under the sun** il n'y a rien de nouveau sous le soleil (Prov) ◆ **that's nothing new!** ce or ça n'est pas nouveau!, il n'y a rien de neuf là-dedans! ◆ **that's a new one on me!*** première nouvelle!*, on en apprend tous les jours! (iro) ◆ **that's something new!** ça c'est nouveau! ◆ **what's new?*** quoi de neuf?*; see also **3**; → **brand, broom, leaf, split**

d (= fresh) **bread** frais (fraîche f) ; **milk** frais (fraîche f), fraîchement trait ; **cheese** frais (fraîche f), pas (encore) fait ; **wine** nouveau (nouvelle f), nouvel (m before vowel)

2 adv (gen in compounds) nouvellement ◆ **he's new out of college** il est frais émoulu du collège, il sort tout juste du collège ; → **3**

3 COMP ▷ **New Age** n New Age m ◇ adj New Age inv ▷ **New Ager*** n adepte mf du New Age ▷ **New Age travellers** npl voyageurs mpl New Age ▷ **New Amsterdam** n La Nouvelle-Amsterdam ▷ **New Brunswick** n le Nouveau-Brunswick ▷ **New Caledonia** n la Nouvelle-Calédonie ▷ **New Caledonian** n Néo-Calédonien(ne) m(f) ▷ **New Delhi** n New Delhi ▷ **New England** n la Nouvelle-Angleterre ▷ **New Englander** n habitant(e) m(f) de la Nouvelle-Angleterre ▷ **New English Bible** n traduction moderne de la Bible en anglais ◆ **new face** n nouveau visage m ▷ **new-fangled** → SYN adj (pej) ultramoderne ▷ **new-for-old** n (Insurance) remplacement m (par du neuf) ▷ **new-found** adj happiness etc de fraîche date ▷ **New Guinea** n la Nouvelle-Guinée ▷ **New Hampshire** n le New Hampshire ◆ **in New Hampshire** dans le New Hampshire ▷ **the New Hebrides** npl les Nouvelles-Hébrides fpl ▷ **New Jersey** n le New Jersey ◆ **in New Jersey** dans le New Jersey ▷ **New Jerusalem** n la Nouvelle Jérusalem ▷ **New Lad*** n (Brit) macho m nouvelle manière ▷ **new-laid egg** n œuf m du jour or tout frais (pondu) ▷ **New Latin** n latin m moderne ▷ **new look** n new-look m ▷ **new-look** adj new-look inv ▷ **New Man** (Brit) ≈ homme m moderne (qui partage les tâches ménagères, s'occupe des enfants etc) ▷ **new maths** n mathématiques fpl or maths* fpl modernes ▷ **New Mexico** n le Nouveau-Mexique ▷ **new-mown** adj grass frais coupé ; hay frais fauché ▷ **New Orleans** n La Nouvelle-Orléans ▷ **new potato** n pomme f (de terre) nouvelle ▷ **new product development** n (Comm) développement m de nouveaux produits ▷ **New Scotland Yard** n Scotland Yard m ▷ **New South Wales** n la Nouvelle-Galles du Sud ▷ **new-speak** n (Pol) langue f de bois ; (Literat) novlangue f ▷ **the new-style calendar** n le nouveau calendrier, le calendrier grégorien ▷ **New Technology** n nouvelles technologies fpl ▷ **New Testament** n Nouveau Testament m ▷ **new town** n (Brit) ville f nouvelle ▷ **New Wave** adj film de la nouvelle vague ; music New Wave inv ◇ n (Cine) nouvelle vague f ; (Mus) New Wave f ▷ **the New World** n le Nouveau Monde ◆ **the New World Symphony, the Symphony from the New World** (Mus) la Symphonie du Nouveau Monde ▷ **New Year** n → **New Year** ▷ **New Year's*** n (US) ⇒ **New Year's Day, New Year's Eve** ; → **New Year** ▷ **New York** n (= state) (l'État m de) New York m ; (= city) New York ◆ **in New York (State)** dans l'État de New York ◇ adj new-yorkais ▷ **New Yorker** n New-Yorkais(e) m(f) ▷ **New Zealand** n la Nouvelle-Zélande ◇ adj néo-zélandais ▷ **New Zealander** n Néo-Zélandais(e) m(f)

newborn ['njuːbɔːn] **1** adj **a** (lit) child, animal nouveau-né ◆ **a newborn babe** un(e) nouveau-né(e) m(f)

b (fig) nation, organization tout jeune

2 **the newborn** npl les nouveaux-nés mpl

3 n nouveau-né(e) m(f) ; → **innocent**

newcomer ['njuːkʌməʳ] → SYN n nouveau venu m, nouvelle venue f ◆ **they are newcomers to this town** ils viennent d'arriver dans cette ville

newel ['njuːəl] n noyau m (d'escalier)

Newfoundland ['njuːfəndlənd] **1** n Terre-Neuve f

2 adj terre-neuvien ◆ **Newfoundland fisherman** terre-neuvas m

3 COMP ▷ **Newfoundland dog** n chien m de Terre-Neuve, terre-neuve m inv

Newfoundlander [njuːˈfaʊndləʳ] n habitant(e) m(f) de Terre-Neuve, Terre-Neuvien(ne) m(f)

newish ['njuːɪʃ] adj assez neuf (neuve f)

newly ['njuːlɪ] → SYN **1** adv nouvellement ◆ **the newly-elected members** les membres nouvellement élus ◆ **her newly-awakened curiosity** sa curiosité récemment éveillée ◆ **newly arrived** récemment arrivé ◆ **newly rich** nouveau riche ◆ **newly shaved** rasé de frais ◆ **a newly-dug grave** une tombe fraîchement creusée or ouverte ◆ **a newly-formed friendship** une amitié de fraîche date ◆ **his newly-found happiness** son bonheur tout neuf ◆ **newly-made wine** vin m qu'on vient de faire ◆ **her newly-made friends** ses nouveaux amis ◆ **when I was newly married** quand j'étais jeune marié

2 COMP ▷ **newly industrialized country, newly industrializing country** n nouveau pays m industrialisé, pays m nouvellement industrialisé ▷ **newly-weds** npl jeunes mariés mpl

newness ['njuːnɪs] n [of fashion, ideas etc] nouveauté f ; [of clothes etc] état m (de) neuf ; [of bread] fraîcheur f ; [of cheese] manque m de maturité ; [of wine] jeunesse f

news [njuːz] → SYN **1** n (NonC) **a** nouvelle(s) f(pl) ◆ **a piece** or **an item of news** (gen) une nouvelle ; (Press) une information ◆ **have you heard the news?** tu es au courant? ◆ **have you heard the news about Paul?** vous savez ce qui est arrivé à Paul? ◆ **have you any news of him?** (= heard from him) avez-vous de ses nouvelles? ◆ **I have no news of her** je ne sais pas ce qu'elle est devenue ◆ **do let me have your news** surtout donnez-moi de vos nouvelles ◆ **what's your news?** quoi de neuf or de nouveau (chez vous)? ◆ **is there any news?** y a-t-il du nouveau? ◆ **I've got news for you!** j'ai du nouveau à vous annoncer! ◆ **this is news to me!*** première nouvelle!*, on en apprend tous les jours! (iro) ◆ **it will be news to him*** **that we are here** ça va le surprendre de nous savoir ici ◆ **good news** bonnes nouvelles fpl ◆ **bad** or **sad news** mauvaises or tristes nouvelles fpl ◆ **he's/it's bad news*** **on a toujours des ennuis avec lui/ça ◆ **she/it made news** on a parlé d'elle/on en a parlé dans le journal ◆ **bad news travels fast** les malheurs s'apprennent vite ◆ (Prov) **no news is good news!** pas de nouvelles, bonnes nouvelles! ◆ **when the news broke** quand on a su la nouvelle ◆ **"dog bites man" isn't news** "un homme mordu par un chien" n'est pas (ce qu'on peut appeler) une nouvelle ◆ **he's in the news again** (fig) le voilà qui refait parler de lui ; → **break**

b (Press, Rad) informations fpl ; (TV) informations fpl, journal m télévisé ◆ **official news** communiqué m officiel ◆ **financial/sporting etc news** chronique f or rubrique f financière/sportive etc ◆ **"news in brief"** (Press) "nouvelles brèves"

2 COMP ▷ **news agency** n agence f de presse ▷ **news analyst** n (US Rad, TV) commentateur m ▷ **news blackout** n black-out m ▷ **news broadcast, news bulletin** n (bulletin m d')informations fpl, journal m télévisé ▷ **news conference** n conférence f de presse ▷ **news desk** n service m des informations ▷ **news editor** n rédacteur m ▷ **news film** n film m d'actualités ▷ **news flash** n flash m (d'information) ▷ **news gathering** n (NonC) collecte f des informations ▷ **news headlines** npl titres mpl de l'actualité ▷ **news item** n (Press etc) information f ▷ **news magazine** n magazine m d'actualités ▷ **news photographer** n reporter m photographe ▷ **news pictures** npl reportage m photographique ▷ **news release** n (esp US) communiqué m de presse ▷ **news service** n agence f de presse ▷ **news sheet** n feuille f d'informations ▷ **news stand** n kiosque m (à journaux) ▷ **news theatre** n cinéma m or salle f d'actualités ▷ **news value** n **to have news value** présenter un intérêt pour le public ▷ **news weekly** n hebdomadaire m d'actualités

newsagent ['njuːzˌeɪdʒənt] **1** n (Brit) marchand(e) m(f) de or dépositaire mf de journaux

2 COMP ▷ **newsagent's (shop)** n (Brit) maison f de la presse

newsboy ['njuːzbɔɪ] n vendeur m or crieur m de journaux

newsbreak ['njuːzbreɪk] n (US) nouvelle f digne d'intérêt

newscast ['njuːzkɑːst] n (US) (bulletin m d')informations fpl

newscaster ['njuːzkɑːstəʳ] n (Rad, TV) présentateur m, -trice f (de journal télévisé)

newsclip ['njuːzklɪp] n (US Press) coupure f de journal

newsdealer ['njuːzdiːləʳ] n (US) ⇒ **newsagent**

newsgroup ['njuːzgruːp] n (Comput: on Internet) forum m de discussion

newshound ['njuːzhaʊnd], **newshawk** ['njuːzhɔːk] n reporter m ◆ **there was a crowd of newshounds around him** (pej) il était aux prises avec une meute de journalistes

newsletter ['njuːzletəʳ] n bulletin m (d'une entreprise)

newsmaker ['njuːzmeɪkəʳ] n (US) (= event) sujet m d'actualité ; (= person) vedette f de l'actualité

newsman ['njuːzmən] n, pl **-men** journaliste m

newsmonger ['njuːzmʌŋgəʳ] n (pej) pipelette* f, commère f

newspaper ['njuːzˌpeɪpəʳ] **1** n journal m ◆ **daily newspaper** quotidien m ◆ **weekly newspaper** hebdomadaire m ◆ **he works for** or **on a newspaper** il travaille pour un journal

2 COMP ▷ **newspaper advertising** n publicité-presse f ▷ **newspaper clipping, newspaper cutting** n coupure f de journal or de presse ▷ **newspaper office** n (bureaux mpl de la) rédaction f ▷ **newspaper photographer** n reporter m photographe ▷ **newspaper report** n reportage m

newspaperman ['njuːzˌpeɪpəmæn] n, pl **-men** journaliste m

newspaperwoman ['njuːzˌpeɪpəwʊmən] n, pl **-women** journaliste f

newsprint ['njuːzprɪnt] n (NonC) (= paper) papier m (journal) ; (= ink) encre f d'imprimerie

newsreader ['njuːzriːdəʳ] n (Brit Rad, TV) présentateur m, -trice f (de journal télévisé)

newsreel ['njuːzriːl] n actualités fpl (filmées)

newsroom ['njuːzrʊm] n salle f de rédaction

newsvendor ['njuːzvendəʳ] n vendeur m de journaux

newsworthy ['njuːzwɜːðɪ] adj ◆ **to be newsworthy** valoir la peine d'être publié

newsy* ['njuːzɪ] adj (= full of news) letter plein de nouvelles

newt [njuːt] n triton m

newton ['njuːtən] **1** n (Phys) newton m

2 COMP ▷ **Newton's rings** npl (Opt) anneaux mpl colorés or de Newton

Newtonian [njuːˈtəʊnɪən] adj newtonien

New Year ['njuːˈjɪəʳ] LANGUAGE IN USE 23.2

1 n nouvel an m, nouvelle année f ◆ **to bring in** or **see in the New Year** réveillonner (à la Saint-Sylvestre), fêter le nouvel an ◆ **Happy New Year!** bonne année! ◆ **to wish sb a happy New Year** souhaiter une or la bonne année à qn

2 COMP ▷ **New Year gift** n étrennes fpl ▷ **New Year resolution** n bonne résolution f (de nouvel an) ▷ **New Year's Day** n jour m or premier m de l'an, nouvel an m ▷ **New**

Year's Eve n la Saint-Sylvestre ▷ **New Year's Honours List** n (Brit) ⇒ **Honours List** ; → **honour** ; → HONOURS LIST

next [nekst] → SYN 1 adj a (in time) (in future) prochain ; (in past) suivant ◆ **come back next week/month** revenez la semaine prochaine/le mois prochain ◆ **he came back the next week** il est revenu la semaine suivante or d'après ◆ **he came back the next day** il est revenu le lendemain or le jour suivant ◆ **the next day but one** le surlendemain ◆ **during the next five days he did not go out** il n'est pas sorti pendant les cinq jours qui ont suivi ◆ **I will finish this in the next five days** je finirai ceci dans les cinq jours qui viennent or à venir ◆ **the next morning** le lendemain matin ◆ **(the) next time I see him** la prochaine fois que je le verrai ◆ **the next time I saw him** la première fois où or que je l'ai revu, quand je l'ai revu ◆ **I'll come back next week and the next again** je reviendrai la semaine prochaine et la suivante ◆ **this time next week** d'ici huit jours ◆ **the next moment** l'instant d'après ◆ **from one moment to the next** d'un moment à l'autre ◆ **the year after next** dans deux ans ◆ **next Wednesday, Wednesday next** * mercredi prochain ◆ **next March** en mars prochain ◆ **next year** l'année prochaine, l'an prochain

b (in series, list etc) (= following) page, case suivant ; (= which is to come) prochain ◆ **he got off at the next stop** il est descendu à l'arrêt suivant ◆ **you get off at the next stop** vous descendez au prochain arrêt ◆ **who's next?** à qui le tour ?, c'est à qui ? ◆ **you're next** c'est votre tour, c'est à vous (maintenant) ◆ **next please!** au suivant ! ◆ **I was the next person** or **I was next to speak** ce fut ensuite à mon tour de parler ; see also **4a** ◆ **I'll ask the very next person I see** je vais demander à la première personne que je verrai ◆ **in the next place** ensuite ◆ **on the next page** à la page suivante ◆ **"continued in the next column"** "voir colonne ci-contre" ◆ **the next thing to do is ...** la première chose à faire maintenant est de ... ◆ **he saw that the next thing to do was ...** il a vu que ce qu'il devait faire ensuite (c')était ... ◆ **(the) next thing I knew, he had gone** * et tout d'un coup, il a disparu ◆ **I'll try the next size up** je vais essayer la taille au-dessus ◆ **the next size down** la taille au-dessous

c (= immediately adjacent) house, street, room d'à côté

2 adv (in time) ensuite, après ◆ **next we had lunch** ensuite or après nous avons déjeuné ◆ **what shall we do next?** qu'allons-nous faire maintenant ? ◆ **when you next come to see us** la prochaine fois que vous viendrez nous voir ◆ **when I next saw him, when next I saw him** (frm) quand je l'ai revu (la fois suivante) ◆ **when shall we meet next?** quand nous reverrons-nous ? ◆ **a new dress! what(ever) next?** une nouvelle robe ! et puis quoi encore ?

◆ **next** + superlative ◆ **the next best thing would be to speak to his brother** à défaut le mieux serait de parler à son frère ◆ **she's my next best friend** à part une autre c'est ma meilleure amie ◆ **this is my next oldest daughter after Marie** c'est la plus âgée de mes filles après Marie ◆ **she's the next youngest** elle suit (par ordre d'âge) ◆ **who's the next tallest (boy)?** qui est le plus grand après ?

◆ **next to** (= beside) à côté de ; (= almost) presque ◆ **his room is next to mine** sa chambre est à côté de la mienne ◆ **the church stands next to the school** l'église est à côté de l'école ◆ **he was sitting next to me** il était assis à côté de moi ◆ **to wear wool next to the skin** porter de la laine à même la peau ◆ **the thing next to my heart** la chose qui me tient le plus à cœur ◆ **next to France, what country do you like best?** après la France, quel est votre pays préféré ? ◆ **to get next to sb** ‡ (US) se mettre bien * avec qn ◆ **the next to last row** l'avant-dernier or le pénultième rang ◆ **he was next to last** il était avant-dernier ◆ **next to nothing** * presque rien ◆ **I got it for next to nothing** * je l'ai payé trois fois rien ◆ **next to nobody** * presque personne ◆ **there's next to no news** * il n'y a presque rien de neuf ◆ **the next to top/bottom shelf** le deuxième rayon (en partant) du haut/du bas

3 prep (Brit †) à côté de ; → **2c**

4 n prochain(e) m(f) ◆ **the next to speak is Paul** c'est Paul qui parle ensuite, c'est Paul qui est le prochain à parler ◆ **the next to arrive was Robert** c'est Robert qui est arrivé ensuite or le suivant ◆ **I hope my next** * **will be a boy** (= baby) j'espère que mon prochain (enfant) sera un garçon ◆ **to be continued in our next** (= edition) suite au prochain numéro

5 COMP ▷ **next door** n, adv → **next door** ▷ **next of kin** n (on forms etc) nom et prénom de votre plus proche parent ◆ **who is your next of kin?** qui est votre plus proche parent ? ◆ **the police will inform the next of kin** la police préviendra la famille

next door ['neks'dɔːʳ] 1 n la maison (or l'appartement etc) d'à côté ◆ **it's the man from next door** c'est le monsieur d'à côté or qui habite à côté

2 adv a (= in or to next house, room) live, go à côté ◆ **she lived next door to me** elle habitait à côté de chez moi ◆ **we live next door to each other** nous sommes voisins ◆ **he has the room next door to me at the hotel** il a la chambre à côté de la mienne à l'hôtel ◆ **the house next door** la maison d'à côté ◆ **the boy/girl next door** (lit) le garçon/la fille d'à côté ◆ **he's the boy next door type** (fig) c'est quelqu'un de très simple ◆ **she married the boy next door** (fig) elle s'est mariée avec un bon gars * ◆ **at the table next door** * à la table d'à côté

b (* fig = almost) **that is next door to madness** cela frise la folie ◆ **if he isn't mad he's next door to it** s'il n'est pas fou il s'en faut de peu or c'est tout comme * ◆ **we were next door to being ruined** nous avons été au bord de la ruine, nous avons frôlé la ruine

3 **next-door** adj neighbour, building, room, table d'à côté

nexus ['neksəs] n (pl inv) (= connection) lien m ; (= series of connections) liaison f

NF [en'ef] n a (Brit Pol) (abbrev of **National Front**) → **national**

b abbrev of **Newfoundland**

n/f (Banking) (abbrev of **no funds**) défaut m de provision

NFL [enef'el] n (US) (abbrev of **National Football League**) Fédération f américaine de football

NFU [ˌenef'juː] n (Brit) (abbrev of **National Farmers' Union**) *syndicat*

NG [en'dʒiː] n (US) (abbrev of **National Guard**) → **national**

NGA [ˌendʒiː'eɪ] n (Brit: formerly) (abbrev of **National Graphical Association**) *ancien syndicat*

NGO [ˌendʒiː'əʊ] n abbrev of **non-governmental organization**

NH abbrev of **New Hampshire**

NHL [ˌeneɪtʃ'el] n (US) (abbrev of **National Hockey League**) Fédération f américaine de hockey sur glace

NHS [ˌeneɪtʃ'es] n (Brit) (abbrev of **National Health Service**) ≃ Sécurité f sociale

> **NHS**
>
> Le **National Health Service**, ou **NHS**, est la branche maladie du régime de sécurité sociale, qui, depuis 1948, assure des soins médicaux gratuits à toute personne résidant en Grande-Bretagne. Le **NHS** est essentiellement financé par l'impôt, mais aussi par les charges et les cotisations sociales et, enfin, par la quote-part à la charge de l'assuré sur les médicaments prescrits. Les soins dentaires ne sont pas gratuits. → PRESCRIPTION CHARGE

NI a (abbrev of **Northern Ireland**) → **northern**

b (Brit) (abbrev of **National Insurance**) → **national**

niacin ['naɪəsɪn] n acide m nicotinique

Niagara [naɪ'ægrə] 1 n Niagara m

2 COMP ▷ **Niagara Falls** npl les chutes fpl du Niagara

nib [nɪb] n a [of pen] (bec m de) plume f ◆ **fine nib** plume f fine or à bec fin ◆ **broad nib** grosse plume f, plume f à gros bec

b [of tool] pointe f

-nibbed [nɪbd] adj (in compounds) ◆ **fine-nibbed** à plume fine ◆ **gold-nibbed** à plume en or

nibble ['nɪbl] → SYN 1 vti [person] [+ food] grignoter ; [+ pen, finger, ear] mordiller ; [sheep, goats etc] brouter ; [fish] mordre, mordiller ◆ **to nibble (at) one's food** chipoter ◆ **she was nibbling (at) some chocolate** elle grignotait un morceau de chocolat ◆ **he was nibbling (at) her ear** il lui mordillait l'oreille ◆ **she nibbled (on) her pencil** elle mordillait son crayon ◆ **to nibble at an offer** se montrer tenté par une offre

2 n a (Fishing) touche f

b (= snack) **I feel like a nibble** * je grignoterais bien quelque chose

3 **nibbles** npl amuse-gueule(s) m(pl)

niblick ['nɪblɪk] n (Golf) niblick m

nibs [nɪbz] n (hum) ◆ **his nibs** ‡ Son Altesse (iro), sézigue *

NIC [ˌenaɪ'siː] n a (abbrev of **newly industrialized** or **industrializing country**) NPI m

b (Brit) (abbrev of **National Insurance Contribution**) → **national**

NICAM ['naɪkæm] (abbrev of **near-instantaneous companded audio multiplex**) NICAM

Nicaragua [ˌnɪkə'rægjʊə] n le Nicaragua

Nicaraguan [ˌnɪkə'rægjʊən] 1 adj nicaraguayen

2 n Nicaraguayen(ne) m(f)

nice [naɪs] → SYN 1 adj a (= pleasant, likeable) person sympathique ; place, manners agréable ; view beau (belle f) ; holiday beau (belle f), agréable ; smell, taste bon, agréable ; meal, idea bon ; dress, face, voice, smile, ring, photo joli ; car (to look at) beau (belle f) ; (to drive) bon ◆ **he seems like a nice person** il a l'air sympathique ◆ **it's nice here** on est bien ici ◆ **to smell nice** sentir bon ◆ **to taste nice** avoir bon goût ◆ **you look very nice** tu es très bien ◆ **you look nice in that dress** cette robe te va bien ◆ **a nice little house** une jolie petite maison ◆ **it would be nice if ...** ce serait bien si ... ◆ **it would be nice to know what they intend to do** j'aimerais bien savoir ce qu'ils ont l'intention de faire ◆ **(it's) nice to see you** ça fait plaisir de vous voir ◆ **(it's been) nice meeting you** or **to have met you** ça m'a fait plaisir de faire votre connaissance ◆ **nice to meet you!** * enchanté ! ◆ **a nice cup of coffee** un bon petit café ◆ **nice one!** * (Brit) ◆ **nice work!** * (lit) bien joué ! * ; (also iro) bravo ! ◆ **have a nice day!** bonne journée ! ◆ **we had a nice evening** nous avons passé une bonne soirée or une soirée agréable ◆ **did you have a nice time at the party?** vous vous êtes bien amusés à la soirée ?

b (= kind, friendly) person gentil (*to sb* avec qn), aimable (*to sb* envers qn) ◆ **he was perfectly nice about it** il a bien pris la chose ◆ **that wasn't nice of you** ce n'était pas gentil à vous or de votre part ◆ **it's nice of you to do that** c'est gentil à vous de faire cela ◆ **to say nice things about sb/sth** dire du bien de qn/sur qch ◆ **to be as nice as pie** * **(to sb)** être gentil comme tout (avec qn) ◆ **to be as nice as pie** * **about sth** très bien prendre qch ◆ **no more Mr Nice Guy!** * (hum) finis les ronds de jambe !

c (often iro = respectable, refined) person, behaviour, expression, book, film convenable, comme il faut ◆ **not nice** peu convenable, pas comme il faut ◆ **that's not nice!** ça ne se fait pas ! ◆ **nice girls don't do that** les filles bien élevées ne font pas ce genre de chose

d (= fine) weather, day beau (belle f) ◆ **nice weather we're having!** * beau temps, n'est-ce pas ?

e (* : used as intensifier) **a nice bright colour** une belle couleur vive ◆ **to have a nice cold drink** boire quelque chose de bien frais ◆ **he gets nice long holidays** il a la chance d'avoir de longues vacances ◆ **we had a nice long chat** nous avons bien bavardé

◆ **nice and ...** ◆ **to get up nice and early** se lever de bonne heure ◆ **we'll take it nice and easy** on va y aller doucement ◆ **it's so nice and peaceful here** c'est tellement paisible ici ◆ **I like my coffee nice and sweet** j'aime mon café bien sucré ◆ **it's nice and warm outside** il fait bon dehors

f (iro) joli ◆ **you're in a nice mess** vous voilà dans un joli pétrin * or dans de beaux draps ◆ **here's a nice state of affairs!** c'est du joli ! ◆ **that's a nice way to talk!** c'est sympa * ce que tu dis ! (iro) ◆ **you're so stupid! – oh**

nicely / **night**

that's nice! ce que tu peux être stupide ! — merci pour le compliment ! ◆ **nice friends you've got!** ils sont bien, tes amis !

g (frm = subtle, fastidious) distinction, judgement, point subtil ◆ **he has a nice taste in wine** il est difficile en ce qui concerne le vin ◆ **she's not very nice in her methods** elle n'a pas beaucoup de scrupules quant à ses méthodes

② COMP ▷ **nice-looking** adj joli, beau (belle f) ◆ **he's nice-looking** il est joli or beau garçon

nicely ['naɪslɪ] → SYN adv **a** (= well) manage, function, work, progress bien ◆ **to dress nicely** être bien habillé ◆ **nicely done** bien fait ◆ **that will do nicely!** * c'est parfait ! ◆ **to be doing very nicely (for oneself)** * s'en sortir très bien ◆ **to be coming along nicely** * bien se présenter ◆ **to be nicely placed to do sth** être bien placé pour faire qch

b (= politely) eat, thank poliment ; ask gentiment, poliment ◆ **a nicely behaved child** un enfant bien élevé

c (frm = subtly) differentiated subtilement

Nicene ['naɪsiːn] adj ◆ **the Nicene Creed** le Credo or le symbole de Nicée

niceness ['naɪsnɪs] → SYN n **a** (= pleasantness) [of person] gentillesse f, amabilité f ; [of place, thing] agrément m, caractère m agréable

b (frm = subtlety) délicatesse f ; [of distinction, point, taste etc] subtilité f

nicety ['naɪsɪtɪ] → SYN n **a** (of one's judgement) justesse f, précision f ◆ **to a nicety** à la perfection

b niceties (= subtleties, fine details) [of system, process, legislation, diplomacy] subtilités fpl ; (= refinements) [of clothes, fashion etc] raffinements mpl ◆ **legal/diplomatic niceties** subtilités fpl légales/diplomatiques ◆ **social niceties** mondanités fpl ◆ **the niceties of dinner party conversation** les mondanités qui s'échangent lors des dîners

niche [niːʃ] → SYN ① n (gen) niche f ; (Comm) créneau m ◆ **to find one's niche (in life)** trouver sa voie (dans la vie)

② COMP ▷ **niche marketing** n (Comm) marketing m du créneau ▷ **niche publishing** n édition de livres destinés à un créneau spécifique du marché

Nicholas ['nɪkələs] n Nicolas m ◆ **"Nicholas Nickleby"** (Literat) "Nicolas Nickleby"

Nick [nɪk] n **a** (dim of **Nicholas**)

b **Old Nick** * le diable, le malin

nick [nɪk] → SYN ① n **a** (in wood) encoche f ; (in blade, dish) ébréchure f ; (on face, skin) (petite) coupure f ◆ **in the nick of time** juste à temps

b (Brit *) taule * f ; (= police station) poste m de police ◆ **to be in the nick** être en taule *

c (Brit * = condition) état m, condition f ◆ **in good nick** en bon état ◆ **in bad nick** en mauvais état, nase * ◆ **his car's in better nick than mine** sa voiture est en meilleur état que la mienne

② vt **a** [+ plank, stick] faire une or des encoche(s) sur ; [+ blade, dish] ébrécher ; [+ cards] biseauter ◆ **he nicked his chin while shaving** il s'est fait une (petite) coupure au menton en se rasant

b (Brit * = arrest) pincer *, choper * ◆ **to get nicked** se faire pincer * or choper * ◆ **to nick sb for sth** pincer * qn pour qch ◆ **all right mate, you're nicked!** allez, mon gars, tu es fait ! *

c (Brit * = steal) piquer *, faucher *

d (US) **how much did they nick you for that suit?** * tu t'es fait avoir * de combien pour or sur ce costume ?

nickel ['nɪkl] ① n **a** (NonC = metal) nickel m

b (in Can, US = coin) pièce f de cinq cents

② vt nickeler

③ COMP ▷ **nickel-and-dime** * adj (US = cheap and nasty) de camelote, au rabais ▷ **nickel-in-the-slot machine** † n (US) machine f à sous ▷ **nickel-plate** vt (Metal) nickeler ▷ **nickel-plated** adj nickelé ▷ **nickel-plating** n nickelage m ▷ **nickel silver** n argentan m, maillechort m ▷ **nickel steel** n acier m au nickel

nickeliferous [ˌnɪkəˈlɪfərəs] adj nickélifère

nickelodeon [ˌnɪkəˈləʊdɪən] n (US) (= cinema) cinéma m à cinq sous ; (= jukebox) juke-box m

nicker ['nɪkər] ① vi **a** [horse] hennir doucement

b (= snigger) ricaner

② n (pl inv : Brit *) livre f

nickname ['nɪkneɪm] → SYN ① n surnom m ; (esp humorous or malicious) sobriquet m ; (= short form of name) diminutif m

② vt surnommer, donner un sobriquet à ◆ **John, nicknamed "Taffy"** John, surnommé "Taffy" ◆ **they nicknamed their teacher "Goggles"** ils ont surnommé leur professeur "Goggles", ils ont donné à leur professeur le sobriquet de "Goggles"

Nicodemus [ˌnɪkəˈdiːməs] n Nicodème m

Nicol prism ['nɪkl] n nicol m

Nicosia [ˌnɪkəˈsiːə] n Nicosie f

nicotiana [nɪˌkəʊfɪˈɑːnə] n nicotiana m

nicotinamide [ˌnɪkəˈtɪnəmaɪd] n amide m nicotinique

nicotine ['nɪkətiːn] ① n nicotine f

② COMP ▷ **nicotine patch** n patch m de nicotine, timbre m à la nicotine or antitabac ▷ **nicotine poisoning** n nicotinisme m ▷ **nicotine-stained** adj jauni or taché de nicotine

nicotinic [ˌnɪkəˈtɪnɪk] adj ◆ **nicotinic acid** acide m nicotinique

nicotinism ['nɪkətiːˌnɪzəm] n nicotinisme m, tabagisme m

nictitating membrane ['nɪktɪteɪtɪŋ] n paupière f nictitante

nictitation [ˌnɪktɪˈteɪʃən] n nictation f

nidation [naɪˈdeɪʃən] n nidation f

nidicolous [nɪˈdɪkələs] adj young bird nidicole

nidifugous [nɪˈdɪfjʊgəs] adj young bird nidifuge

niece [niːs] n nièce f

niello [nɪˈeləʊ] ① n, pl **niellos** or **nielli** [nɪˈelɪ] (= substance, object) nielle m

② vt nieller

Nielsen rating ['niːlsənreɪtɪŋ] n (TV) ≈ audimat ® m

Nietzschean ['niːtʃɪən] adj nietzschéen

niff * [nɪf] n (Brit) puanteur f ◆ **what a niff!** ce que ça cocotte * or (s)chlingue * !

niffy * ['nɪfɪ] adj (Brit) puant ◆ **it's niffy in here** ça cocotte * or (s)chlingue * ici !

nifty * ['nɪftɪ] adj **a** (= excellent) person, place, idea, gadget, car chouette *

b (= skilful) player habile ◆ **he's pretty nifty with a screwdriver** il manie drôlement bien le tournevis

c (= quick) **you'd better be nifty about it!** tu as intérêt à te magner ! *

d (= stylish) outfit coquet, chic inv

nigella [naɪˈdʒelə] n nigelle f

Niger ['naɪdʒər] ① n **a** (= country) le Niger

b (= river) Niger m

② COMP nigérien ; embassy, capital du Niger

Nigeria [naɪˈdʒɪərɪə] n le Nigeria

Nigerian [naɪˈdʒɪərɪən] ① n Nigérian(e) m(f)

② adj (gen) nigérian ; ambassador, embassy du Nigéria

niggardliness ['nɪgədlɪnɪs] → SYN n avarice f, pingrerie f

niggardly ['nɪgədlɪ] → SYN ① adj person pingre, avare ; amount, portion mesquin, piètre ; salary piètre ◆ **a niggardly £50** 50 malheureuses livres

② adv chichement, mesquinement

nigger *** ['nɪgər] ① n (pej) nègre m, négresse f ◆ **there's a nigger in the woodpile** il se trame quelque chose ◆ **to be the nigger in the woodpile** (Brit) faire le trouble-fête

② COMP ▷ **nigger brown** † adj (Brit) tête-de-nègre inv

niggle ['nɪgl] → SYN ① vi [person] (= go into detail) couper les cheveux en quatre ; (= find fault) trouver toujours à redire

② vt ◆ **his conscience was niggling him** sa conscience le travaillait

③ n (= doubt, query) ◆ **your report is excellent, I just have one little niggle** * votre rapport est excellent, j'ai juste une petite remarque

niggling ['nɪglɪŋ] → SYN ① adj (= trivial but annoying) doubt, suspicion obsédant ; (= finicky) person

tatillon ; (= petty) details insignifiant ◆ **a niggling injury** une vieille blessure qui se réveille de temps en temps ◆ **a niggling little pain** une petite douleur tenace ◆ **I've got a niggling worry about it** il y a quelque chose qui me tracasse (là-dedans)

② n (NonC) chicanerie f

nigh [naɪ] adv (liter) ⇒ **near 1, 2, 3** ◆ **it was nigh on ten years ago** cela fait près de dix ans ◆ **that's nigh on impossible** c'est presque impossible ◆ **well nigh** presque ◆ **the hour is nigh** l'heure est proche

night [naɪt] → SYN ① n **a** (= night-time) nuit f ◆ **night after night** des nuits durant ◆ **night and day** nuit et jour ◆ **all night (long)** toute la nuit ◆ **to sit up all night talking** passer la nuit (entière) à bavarder ◆ **at night**, **in the night** la nuit ◆ **by night**, **in the night** de nuit ◆ **during the night**, **in the night** pendant la nuit ◆ **far into the night** jusqu'à une heure avancée de la nuit, (très) tard dans la nuit ◆ **to spend the night (with sb)** passer la nuit (avec qn) ◆ **to have a good/bad night** bien/mal dormir, passer une bonne/mauvaise nuit ◆ **I've had several bad nights in a row** j'ai mal dormi plusieurs nuits de suite ◆ **he needs a good night's sleep** il a besoin d'une bonne nuit de sommeil ◆ **a night's lodging** un toit or un gîte pour la nuit ◆ **he's on nights this week** il est de nuit cette semaine ◆ **to work nights** travailler de nuit ; (US) ◆ **I can't sleep (at) nights** je ne peux pas dormir la nuit ; → **Arabian, early, goodnight**

b (= evening) soir m ◆ **6 o'clock at night** 6 heures du soir ◆ **to have a night out** sortir le soir ◆ **a night at the opera** une soirée à l'opéra ◆ **to make a night of it** * prolonger la soirée ◆ **I've had too many late nights** je me suis couché tard trop souvent ◆ **she's used to late nights** elle a l'habitude de se coucher tard

c (specifying) **last night** (= night-time) la nuit dernière, cette nuit ; (= evening) hier soir ◆ **tomorrow night** demain soir ◆ **the night before** la veille au soir ◆ **the night before last** avant-hier soir m ◆ **Monday night** (= evening) lundi soir ; (= night-time) dans la nuit de lundi à mardi

d (NonC = darkness) nuit f ◆ **night is falling** la nuit or le soir tombe ◆ **he went out into the night** il partit dans la nuit ◆ **he's afraid of the night** il a peur du noir ◆ **a creature of the night** (lit, fig) une créature de la nuit

e (Theat) soirée f, représentation f ◆ **the last three nights of ...** les trois dernières (représentations) de ... ◆ **Mozart night** soirée f (consacrée à) Mozart ; → **first**

② COMP clothes, flight de nuit ▷ **night-bird** n (lit) oiseau m de nuit, nocturne m ; (fig) couche-tard mf inv, noctambule mf (hum) ▷ **night-blind** adj héméralope ▷ **night blindness** n héméralopie f ▷ **night editor** n (Press) secrétaire mf de rédaction de nuit ▷ **night-fighter** n (Aviat) chasseur m de nuit ▷ **night letter** n (US) télégramme à tarif réduit, livré le lendemain matin ▷ **night light** n (child's) veilleuse f ; (Naut) feu m de position ▷ **night-night** * excl (= goodnight) bonne nuit ▷ **night nurse** n infirmier m, -ière f de nuit ▷ **night owl** * n (fig) couche-tard mf inv, noctambule mf (hum) ▷ **night porter** n gardien m de nuit, concierge mf de service la nuit ▷ **night safe** n coffre m de nuit ▷ **night school** n cours mpl du soir ▷ **night shelter** n asile m de nuit ▷ **night shift** n (= workers) équipe f de nuit ; (= work) poste m de nuit ◆ **to be** or **to work on (the) night shift** être (au poste) de nuit ▷ **night sights** npl viseur m de nuit ▷ **the night sky** n (gen) le ciel la nuit ; (liter) la voûte céleste ▷ **night soil** † n selles fpl (nocturnes) ▷ **night stand** n (US) table f de nuit ▷ **night stick** n (US Police) matraque f (d'agent de police) ▷ **night storage heater** n radiateur m par accumulation (fonctionnant au tarif de nuit) ▷ **night storage heating** n chauffage m par accumulation (fonctionnant au tarif de nuit) ▷ **night table** n table f de nuit ▷ **night-time** n (NonC) nuit f ◆ **at night-time** la nuit ◆ **in the night-time** pendant la nuit, de nuit ▷ **night vision** n vision f nocturne ▷ **night-vision** adj equipment, goggles pour la vision nocturne ▷ **night watch** n (= activity, period of time) veille f or garde f de nuit ; (= group of guards) équipe f des veilleurs or gardiens de nuit ; (= one man) ⇒ **night watchman** ▷ **night watchman** n,

nightcap ['naɪtkæp] n **a** (= hat) bonnet m de nuit
  b (= drink) boisson f (généralement alcoolisée, prise avant le coucher) ◆ **would you like a nightcap?** voulez-vous boire quelque chose avant d'aller vous coucher ?

nightclothes ['naɪtkləʊðz] npl vêtements mpl de nuit

nightclub ['naɪtklʌb] n boîte f de nuit, nightclub m

nightclubber ['naɪtklʌbəʳ] n ◆ **he's a real nightclubber** il adore sortir en boîte

nightclubbing ['naɪtklʌbɪŋ] n sorties fpl en boîte (de nuit)

nightdress ['naɪtdres] n (esp Brit) chemise f de nuit

nightfall ['naɪtfɔːl] → SYN n tombée f du jour ou de la nuit ◆ **at nightfall** à la tombée du jour, à la nuit tombante

nightgown ['naɪtgaʊn] n chemise f de nuit

nighthawk ['naɪthɔːk] n **a** (= bird) engoulevent m (d'Amérique)
  b (US fig = person) couche-tard mf inv, noctambule mf (hum)

nightie * ['naɪtɪ] n chemise f de nuit

nightingale ['naɪtɪŋgeɪl] n rossignol m

nightjar ['naɪtdʒɑːʳ] n engoulevent m (d'Europe)

nightlife ['naɪtlaɪf] n vie f nocturne ◆ **the Parisian/Roman nightlife** la vie nocturne à Paris/Rome

nightlong ['naɪtlɒŋ] adj (gen) de toute une nuit ; festivities, vigil qui dure toute la nuit

nightly ['naɪtlɪ] → SYN **1** adj ◆ **muggings are a nightly occurrence** les agressions nocturnes sont devenues quotidiennes ◆ **nightly performance** (Theat) représentation f tous les soirs
  2 adv (= every evening) tous les soirs ; (= every night) toutes les nuits ◆ **performances nightly** (Theat) représentations fpl tous les soirs

nightmare ['naɪtmɛəʳ] → SYN **1** n (lit, fig) cauchemar m ◆ **what a nightmare!** * quel cauchemar ! ◆ **to be sb's worst nightmare** être la pire hantise de qn
  2 COMP ▷ **nightmare scenario** n scénario m catastrophe

nightmarish ['naɪtmɛərɪʃ] adj de cauchemar, cauchemardesque

nightshade ['naɪtʃeɪd] n (Bot) ◆ **the nightshade family** les solanacées fpl ; → **deadly, woody**

nightshirt ['naɪtʃɜːt] n chemise f de nuit

nightspot * ['naɪtspɒt] n ⇒ **nightclub**

nightwear ['naɪtwɛəʳ] n (NonC) vêtements mpl de nuit

nihilism ['naɪɪlɪzəm] n nihilisme m

nihilist ['naɪɪlɪst] n nihiliste mf

nihilistic [ˌnaɪɪ'lɪstɪk] adj nihiliste

Nikkei index [nɪˌkeɪ'ɪndeks], **Nikkei average** [nɪˌkeɪ'ævərɪdʒ] n (Fin) indice m Nikkei

nil [nɪl] → SYN n (Sport) zéro ; → ZERO (in form-filling etc) néant ◆ **my morale was nil** j'avais le moral à zéro * ◆ **his motivation was nil** il n'était pas du tout motivé ◆ **"nil by mouth"** (in hospital) "à jeun"

Nile [naɪl] n Nil m ◆ **the Battle of the Nile** (Hist) la bataille d'Aboukir

nilgai ['nɪlgaɪ] n, pl **nilgai** or **nilgais**, **nilghau** n, pl **nilghau** or **nilghaus** nilgaut m

Nilotic [naɪ'lɒtɪk] adj (Geog) nilotique

nimbi ['nɪmbaɪ] npl of **nimbus**

nimble ['nɪmbl] → SYN **1** adj person, fingers, feet agile ; mind vif ; car maniable
  2 COMP ▷ **nimble-fingered** adj aux doigts agiles ▷ **nimble-footed** adj au pied léger ▷ **nimble-minded, nimble-witted** adj à l'esprit vif

nimbleness ['nɪmblnɪs] n [of person, fingers, limbs etc] agilité f ; [of mind] vivacité f

nimbly ['nɪmblɪ] → SYN adv move, jump lestement

nimbostratus [ˌnɪmbəʊ'streɪtəs] n, pl **nimbostrati** [ˌnɪmbəʊ'streɪtaɪ] nimbostratus m

nimbus ['nɪmbəs] → SYN n, pl **nimbi** or **nimbuses**
  a (= halo) nimbe m, halo m
  b (= cloud) nimbus m

Nimby * ['nɪmbɪ] n (abbrev of **not in my back yard**) riverain(e) m(f) contestataire (s'opposant à toute installation gênante près de chez lui)

nincompoop †* ['nɪŋkəmpuːp] n cornichon * m, gourde * f

nine [naɪn] **1** adj neuf inv ◆ **nine times out of ten** neuf fois sur dix ◆ **cats have nine lives** un chat retombe toujours sur ses pattes ◆ **he's got nine lives** (hum) person un ange gardien veille sur lui
  2 n neuf m inv ◆ **dressed (up) to the nines** * sur son trente et un ; for other phrases see **six**
  3 pron neuf ◆ **there are nine** il y en a neuf
  4 COMP ▷ **nine-day wonder** n merveille f d'un jour ▷ **nine-hole** adj **nine-hole golf course** (parcours m de) neuf trous ▷ **nine-to-five** adj **nine-to-five job** travail m de bureau ◆ **he's got a nine-to-five mentality** or **attitude** il a une mentalité de fonctionnaire

ninefold ['naɪnfəʊld] **1** adj ◆ **there was a ninefold increase in violent crime** le nombre des crimes violents a été multiplié par neuf, il y a neuf fois plus de crimes violents
  2 adv ◆ **to increase ninefold** se multiplier par neuf

ninepins ['naɪnpɪnz] npl (jeu m de) quilles fpl ◆ **they went down like ninepins** ils sont tombés comme des mouches

nineteen [naɪn'tiːn] **1** adj dix-neuf inv
  2 n dix-neuf m inv ◆ **he talks nineteen to the dozen** * (Brit) c'est un vrai moulin à paroles ◆ **they were talking nineteen to the dozen** * ils jacassaient à qui mieux mieux ; for other phrases see **six**
  3 pron dix-neuf ◆ **there are nineteen** il y en a dix-neuf

nineteenth [naɪn'tiːnθ] **1** adj dix-neuvième ◆ **the nineteenth (hole)** (Golf hum) le bar, la buvette
  2 n dix-neuvième mf ; (= fraction) dix-neuvième m ; for phrases see **sixth**

ninetieth ['naɪntɪɪθ] **1** adj quatre-vingt-dixième
  2 n quatre-vingt-dixième mf ; (= fraction) quatre-vingt-dixième m ; for phrases see **sixth**

ninety ['naɪntɪ] **1** adj quatre-vingt-dix inv
  2 n quatre-vingt-dix m inv ◆ **ninety-one** quatre-vingt-onze ◆ **ninety-nine** quatre-vingt-dix-neuf ◆ **ninety-nine times out of a hundred** quatre-vingt-dix-neuf fois sur cent ◆ **to be in one's nineties** être nonagénaire, avoir passé quatre-vingt-dix ans ◆ **"say ninety-nine!"** (at doctor's) ≃ dites trente-trois ! ; → **naughty** ; for other phrases see **sixty**
  3 pron quatre-vingt-dix ◆ **there are ninety** il y en a quatre-vingt-dix

ninny * ['nɪnɪ] n cornichon * m, serin(e) * m(f), gourde * f

ninth [naɪnθ] **1** adj neuvième
  2 n neuvième mf ; (= fraction) neuvième m ; for phrases see **sixth**

niobium [naɪ'əʊbɪəm] n niobium m

Nip *‡ [nɪp] n (pej) Nippon m, -on(n)e f, Jap * m (pej)

nip¹ [nɪp] → SYN **1** n (= pinch) pinçon m ; (= bite) morsure f ◆ **the dog gave him a nip** le chien lui a donné un (petit) coup de dent ◆ **there's a nip in the air today** (= chill) il fait frisquet aujourd'hui
  2 vt (= pinch) pincer ; (= bite) donner un (petit) coup de dent à ; [cold, frost] [+ plants] brûler ; (= prune) [+ bud, shoot] pincer ; (fig) [+ plan, ambition] faire échec à ◆ **the cold air nipped our faces** l'air froid nous piquait or pinçait le visage ◆ **to nip sth in the bud** faire avorter qch, tuer or écraser qch dans l'œuf
  3 vi **a** (Brit *) **to nip up/down/out** monter/descendre/sortir en courant ◆ **he nipped into the café** il a fait un saut au café
  b (= bite) **the dog nipped at his feet** le chien lui a mordillé le pied
  4 COMP ▷ **nip and tuck** * adv (= neck and neck) **it was nip and tuck** [race] la course a été serrée, ils sont arrivés dans un mouchoir de poche ◇ n (= plastic surgery) lifting m

▶ **nip along** * vi (Brit) [person] aller d'un bon pas ; [car] filer ◆ **nip along to Anne's house** cours vite or fais un saut chez Anne

▶ **nip in** * **1** vi (Brit) entrer en courant, entrer un instant ◆ **I've just nipped in for a minute** je ne fais qu'entrer et sortir ◆ **to nip in and out of the traffic** se faufiler entre les voitures
  2 vt sep (Sewing) faire une (or des) pince(s) à ◆ **dress nipped in at the waist** robe f pincée à la taille

▶ **nip off** **1** vi (Brit *) filer *, se sauver *
  2 vt sep [+ bud, shoot] pincer ; [+ top of sth] couper

nip² [nɪp] → SYN n (= drink) goutte f, petit verre m ◆ **to take a nip** boire une goutte ou un petit verre ◆ **have a nip of whisky!** une goutte de whisky ?

nipper ['nɪpəʳ] → SYN n **a** (Brit *) gosse * mf, mioche * mf
  b (= tool) **(pair of) nippers** pince f, tenaille(s) f(pl)
  c (Zool) pince f

nipple ['nɪpl] → SYN n **a** (Anat) mamelon m, bout m de sein
  b [of baby's bottle] tétine f ; (Geog) mamelon m
  c (for grease etc) graisseur m

Nippon ['nɪpɒn] n (= Japan) le Japon

Nipponese [ˌnɪpə'niːz] **1** adj nippon (-on(n)e f)
  2 n Nippon m, -on(n)e f

nippy * ['nɪpɪ] adj **a** (= chilly) weather, wind frisquet ◆ **it's a bit nippy today** il fait frisquet aujourd'hui ◆ **a nippy autumn day** une fraîche journée d'automne
  b (Brit = brisk) person rapide ◆ **a nippy little car** une petite voiture rapide et nerveuse
  c (US = piquant) cheese, flavour piquant

NIREX ['naɪreks] (abbrev of **Nuclear Industry Radioactive Waste Executive**) → **nuclear**

nirvana [nɪə'vɑːnə] n nirvana m

Nisei ['niːseɪ] n, pl **Nisei** or **Niseis** (US) Américain né d'immigrants japonais

nisi ['naɪsaɪ] adj → **decree**

Nissen hut ['nɪsnˌhʌt] n hutte f préfabriquée (en tôle, en forme de tunnel)

nit [nɪt] **1** n **a** (= louse-egg) lente f
  b (Brit *‡ = fool) crétin(e) * m(f)
  2 COMP ▷ **nit-pick** * vi **he's always nit-picking** il est très tatillon ▷ **nit-picker** * n tatillon m, -onne f

nite * [naɪt] n (= night) nuit f

niter ['naɪtəʳ] n (US) ⇒ **nitre**

nitrate ['naɪtreɪt] n nitrate m

nitration [naɪ'treɪʃən] n nitration f

nitre, niter (US) ['naɪtəʳ] n nitre m, salpêtre m

nitric ['naɪtrɪk] **1** adj nitrique
  2 COMP ▷ **nitric acid** n acide m nitrique ▷ **nitric oxide** n oxyde m nitrique

nitride ['naɪtraɪd] n nitrure m

nitrification [ˌnaɪtrɪfɪ'keɪʃən] n nitrification f

nitrify ['naɪtrɪfaɪ] vt nitrifier

nitrile ['naɪtrɪl] n nitrile m

nitrite ['naɪtraɪt] n nitrite m

nitro * ['naɪtrəʊ] n abbrev of **nitroglycerin(e)**

nitro... ['naɪtrəʊ] pref nitro...

nitrobacteria [ˌnaɪtrəʊbæk'tɪərɪə] npl nitrobactéries fpl

nitrobenzene [ˌnaɪtrəʊ'benziːn] n nitrobenzène m

nitrocellulose [ˌnaɪtrəʊ'seljʊləʊs] n nitrocellulose f

nitrogen ['naɪtrədʒən] **1** n azote m
  2 COMP ▷ **nitrogen cycle** n cycle m de l'azote ▷ **nitrogen dioxide** n dioxyde m d'azote ▷ **nitrogen fixation** n fixation f de l'azote atmosphérique ▷ **nitrogen gas** n (gaz m) azote m

nitrogenization [naɪˌtrɒdʒɪnaɪ'zeɪʃən] n nitruration f

nitrogenize [naɪ'trɒdʒɪnaɪz] vt nitrurer

nitrogenous [naɪ'trɒdʒɪnəs] adj azoté

nitroglycerin(e) ['naɪtrəʊ'glɪsəriːn] n nitroglycérine f

nitromethane [ˌnaɪtrəʊˈmiːθeɪn] n nitrométhane m

nitrophilous [naɪˈtrɒfɪləs] adj nitrophile

nitrous [ˈnaɪtrəs] **1** adj nitreux, d'azote
2 COMP ▷ **nitrous acid** n acide m nitreux ▷ **nitrous oxide** n oxyde m d'azote

nitty-gritty * [ˈnɪtɪˈgrɪtɪ] **1** n ◆ to get down to the nitty-gritty passer aux choses sérieuses ◆ the nitty-gritty of life (= hard facts) la dure réalité ◆ the nitty-gritty of motherhood (les difficultés de) la vie quotidienne d'une mère de famille ◆ the nitty-gritty of everyday politics la dure réalité quotidienne de la vie politique
2 adj details pratique ; problems concret

nitwit* [ˈnɪtwɪt] n crétin(e) m(f)

nival [ˈnaɪvl] adj nivéal

nix* [nɪks] **1** n (esp US = nothing) que dalle*
2 vt (US) mettre son veto à

nixie mail* [ˈnɪksɪmeɪl] n (US) courrier difficile à faire parvenir en raison d'une adresse illisible, incomplète etc

NJ abbrev of New Jersey

NLF [ˌenelˈef] n (abbrev of National Liberation Front) FLN m

NLP [ˌenelˈpiː] n (abbrev of neurolinguistic programming) PNL f

NLQ [ˌenelˈkjuː] (abbrev of near letter quality) → **near**

NLRB [ˌenelɑːˈbiː] n (abbrev of National Labor Relations Board) commission américaine d'arbitrage en matière d'emploi

NM, N.Mex. abbrev of New Mexico

NMR [ˌenemˈɑː] n (abbrev of nuclear magnetic resonance) RMN f

No [nəʊ] n (Theat) nô m

no [nəʊ] **1** particle non ◆ **oh no!** (denying) mais non! ; (disappointed) oh non! ◆ **to say/answer no** dire/répondre non ◆ **the answer is no** la réponse est non or négative ◆ **I won't take no for an answer*** j'insiste ◆ **I wouldn't do it, no not for $1000** je ne le ferais pas, même pas pour 1000 dollars ◆ **no to nuclear power!** non au nucléaire! ; see also **say**
2 n, pl **noes** non m inv ◆ **the noes have it** les non l'emportent, les voix contre l'emportent ◆ **there were seven noes** il y avait sept non or sept voix contre ; → **ay(e)**
3 adj **a** (= not any) pas de (used with ne), aucun (used with ne) ◆ **she had no coat** elle n'avait pas de manteau ◆ **I have no idea** je n'ai aucune idée ◆ **I have no more money** je n'ai plus d'argent ◆ **no man could do more** (liter) aucun homme ne pourrait faire davantage ◆ **no one man could do it** aucun homme ne pourrait le faire (à lui) seul ◆ **no two men would agree on this** il n'y a pas deux hommes qui seraient d'accord là-dessus ◆ **no two are alike** il n'y en a pas deux pareils ◆ **no sensible man would have done that** un homme sensé n'aurait pas fait ça ◆ **no Frenchman would say that** aucun Français ne dirait ça, un Français ne dirait jamais ça ◆ **there's no whisky like Scotch whisky** il n'y a pas de meilleur whisky que le whisky écossais ◆ **there's no Catholic like a converted Catholic** il n'y a pas plus catholique qu'un catholique converti ◆ **it's of no interest** ça n'a aucun intérêt, c'est sans intérêt ◆ **a man of no intelligence** un homme sans intelligence, un homme dénué d'intelligence ◆ **no win no fee** (US) il n'y a pas de honoraires que s'il a gain de cause ◆ **no way!***, **no go!*** pas question! ; see also **5** ◆ **it's no good waiting for him** cela ne sert à rien or ce n'est pas la peine de l'attendre ◆ **it's no wonder (that ...)** (ce n'est) pas étonnant (que ... (+ subj) or si ... (+ indic)) ◆ **no wonder!*** pas étonnant!
b (emphatic) **by no means** pas du tout, absolument pas ◆ **he's no friend of mine** il n'est pas de mes amis ◆ **he's no genius** ce n'est certes pas un génie, il n'a rien d'un génie ◆ **this is no place for children** ce n'est pas un endroit pour les enfants ◆ **in no time (at all)** en un rien de temps ◆ **it's no small matter** (frm) ce n'est pas rien ◆ **headache or no headache, you'll have to do it** * migraine ou pas (migraine), tu vas devoir le faire ◆ **theirs is no easy task** ils n'ont pas la tâche facile, leur tâche n'est pas facile ◆ **there's no such thing** cela n'existe pas ; → **end, mistake**
c (forbidding) **no smoking** défense de fumer ◆ **no entry** entrée f interdite, défense d'entrer ◆ **no parking** stationnement m interdit ◆ **no surrender!** on ne se rend pas! ◆ **no nonsense!** pas d'histoires!, pas de blagues!* ; see also **5**
d (with gerund) **there's no saying** or **knowing what he'll do next** impossible de dire ce qu'il fera après ◆ **there's no pleasing him** (quoi qu'on fasse) il n'est jamais satisfait
4 adv **a** non ◆ **whether he comes or no** qu'il vienne ou non ◆ **hungry or no, you'll eat your soup** que tu aies faim ou non, tu vas manger ta soupe
b (with compar) ne ... pas ◆ **the patient is no better** le malade ne va pas mieux ◆ **I can go no further** je ne peux pas aller plus loin, je n'en peux plus ◆ **I can bear it no longer** je ne peux plus le supporter, je n'en peux plus ◆ **she took no less than four weeks to do it** il lui a fallu pas moins de quatre semaines pour le faire ◆ **he returned with a bottle of champagne, no less!** il est revenu avec une bouteille de champagne, excusez du peu!* ◆ **no sooner said than done** aussitôt dit aussitôt fait
5 COMP ▷ **no-account*** adj, n (US) bon(ne) m(f) à rien ▷ **no ball** n (Cricket) balle f nulle ▷ **no-claim(s) bonus** n (Insurance) bonus m ▷ **no-fault divorce** n (Jur) ≈ divorce m par consentement mutuel (sans torts prononcés) ▷ **no-fault insurance** n (esp US Jur) assurance f automobile à remboursement automatique ▷ **no-fly zone** n zone f d'exclusion aérienne ▷ **no-frills** adj avec service (réduit au strict) minimum or simplifié ▷ **no-go** adj **it's no-go*** ça ne marche pas ◆ **no-go area** zone f interdite ▷ **no-good*** adj nul (nulle f), propre or bon à rien ◇ n propre m à rien ▷ **no-holds-barred** adj (lit, fig) où tous les coups sont permis ; see also **hold** ▷ **no-hoper*** n raté(e) m(f), nullard(e)* m(f), zéro* m ▷ **no jump** n (Sport) saut m annulé ▷ **no-knock raid** n (US) perquisition-surprise f ▷ **no-man's-land** n (Mil) no man's land m ; (= wasteland) terrain m vague ; (= indefinite area) zone f mal définie ▷ **no-no** ◆ **it's a no-no** (= forbidden) ça ne se fait pas ; (= impossible) c'est impossible ▷ **no-nonsense** adj approach, attitude raisonnable, plein de bon sens ◆ **no one** n = **nobody 1** ▷ **no place*** adv (esp US) ⇒ **nowhere** ▷ **no sale** n (Comm) non-vente f ▷ **no-show** n (esp US: on plane/at show etc) passager m/spectateur m etc qui ne se présente pas ▷ **no throw** n (Sport) lancer m annulé ▷ **no-trump(s)** n sans-atout m inv ◆ **to call no-trump(s)** annoncer sans-atout ◆ **three tricks in no-trump(s)** trois sans-atout ▷ **no-win situation** n impasse f

no. (abbrev of **number**) n°

Noah [ˈnəʊə] n Noé m ◆ **Noah's ark** l'arche f de Noé

nob¹†* [nɒb] → SYN n (esp Brit) aristo* mf, richard(e)* m(f) (pej) ◆ **the nobs** (les gens de) la haute*, les rupins* mpl

nob²* [nɒb] n (= head) caboche* f, fiole** f

nobble* [ˈnɒbl] vt (Brit) **a** (= corrupt) [+ person, jury etc] (by bribery) acheter, soudoyer ; (by intimidation) intimider
b (Racing) [+ horse, dog] droguer (pour l'empêcher de gagner)
c (= thwart) [+ plan etc] contrecarrer
d (= obtain dishonestly) [+ votes etc] acheter
e (= catch) [+ wrongdoer] pincer*, choper* ◆ **the reporters nobbled him as he left his hotel** les reporters l'ont happé or lui ont mis la main dessus au moment où il quittait son hôtel

Nobel [nəʊˈbel] n ◆ **Nobel prize** prix m Nobel ◆ **Nobel prizewinner** or **laureate** (lauréat(e) m(f) du) prix m Nobel

nobelium [nəʊˈbiːlɪəm] n nobélium m

nobility [nəʊˈbɪlɪtɪ] → SYN n (NonC) **a** (= nobles) (haute) noblesse f
b (= quality) noblesse f ◆ **nobility of mind** grandeur f d'âme, magnanimité f

noble [ˈnəʊbl] → SYN **1** adj **a** (= aristocratic, admirable) person, family, cause, attempt, sentiment noble ; wine grand, noble ; brandy grand ; monument, edifice majestueux, imposant ◆ **to be of noble birth** être de naissance noble ◆ **the noble art** le noble art, la boxe ; see also **3**
b (* = unselfish) généreux, magnanime ◆ **I was very noble and gave her my share** dans un geste magnanime je lui ai donné ma part, je lui ai généreusement donné ma part ◆ **it's very noble of you to give up your day off to help** c'est très généreux de ta part de te priver de ton jour de congé pour aider
c (Chem) metal noble ; see also **3**
2 n noble mf
3 COMP ▷ **noble fir** n sapin m noble ▷ **noble gas** n gaz m noble ▷ **noble-minded** adj magnanime, généreux ▷ **noble savage** n bon sauvage m

nobleman [ˈnəʊblmən] n, pl **-men** noble m, aristocrate m

nobleness [ˈnəʊblnɪs] n [of person, birth] noblesse f ; [of spirit, action etc] noblesse f, magnanimité f, générosité f ; [of animal, statue etc] belles proportions fpl, noblesse f de proportions ; [of building etc] majesté f ◆ **nobleness of mind** grandeur f d'âme, magnanimité f

noblewoman [ˈnəʊblwʊmən] n, pl **-women** aristocrate f, noble f

nobly [ˈnəʊblɪ] adv **a** (= aristocratically, admirably) behave noblement ◆ **nobly born** de naissance noble
b (* = selflessly) volunteer, offer généreusement ◆ **he nobly did the washing up** généreux, il a fait la vaisselle
c (= imposingly) stand, rise majestueusement

nobody [ˈnəʊbədɪ] → SYN **1** pron personne (+ ne before vb) ◆ **I saw nobody** je n'ai vu personne ◆ **nobody knows** personne ne le sait ◆ **nobody spoke to me** personne ne m'a parlé ◆ **who saw him?** – **nobody** qui l'a vu? – personne ◆ **nobody knows better than I** personne ne sait mieux que moi ◆ **nobody (that was) there will ever forget ...** personne parmi ceux qui étaient là n'oubliera jamais ... ◆ **it is nobody's business** cela ne regarde personne ◆ **it's nobody's business what I do, what I do is nobody's business** ce que je fais ne regarde personne ◆ **like nobody's business*** run etc à toutes jambes, comme un dératé* ; work etc d'arrachepied, sans désemparer ◆ **he's nobody's fool** il n'est pas né d'hier, c'est loin d'être un imbécile ◆ **nobody else**
2 n moins que rien mf inv, rien du tout m ◆ **he's a mere nobody, he's just a nobody** c'est un moins que rien or un rien du tout ◆ **they are nobodies** ce sont des moins que rien or des riens du tout ◆ **I worked with him when he was nobody** j'ai travaillé avec lui alors qu'il était encore inconnu

nock [nɒk] n encoche f

noctiluca [ˌnɒktɪˈluːkə] n, pl **noctilucae** [ˌnɒktɪˈluːsiː]

noctilucent [ˌnɒktɪˈluːsnt] adj noctiluque

noctuid [ˈnɒktjʊɪd] n (Zool) noctuidé m ; (= moth) noctuelle f

noctule [ˈnɒktjuːl] n (Zool) noctule f

nocturnal [nɒkˈtɜːnl] → SYN **1** adj animal, activity, habits nocturne ; raid de nuit
2 COMP ▷ **nocturnal emission**† n (Med) pollutions fpl nocturnes

nocturnally [nɒkˈtɜːnəlɪ] adv de nuit ◆ **a nocturnally active species** une espèce nocturne

nocturne [ˈnɒktɜːn] n (Mus) nocturne m

nod [nɒd] → SYN **1** n **a** signe m (affirmatif) or inclinaison f de (la) tête ◆ **he gave me a nod** (gen) il m'a fait un signe de (la) tête ; (in greeting) il m'a salué de la tête ; (signifying yes) il m'a fait signe que oui de la tête ◆ **he rose with a nod of agreement** il s'est levé, signifiant son accord d'un signe de (la) tête ◆ **to answer with a nod** répondre d'un signe de (la) tête ◆ **to get the nod*** [project etc] avoir le feu vert ◆ **on the nod*** (Brit) pass, approve sans discussion, d'un commun accord ◆ **to give sb the nod** (lit) faire un signe de tête à qn ; (= give approval) accepter qn ; (= give permission) donner le feu vert à qn ◆ **a nod and a wink*** un clin d'œil entendu ◆ **to give sb a nod and a wink*** faire un clin d'œil entendu à qn ◆ (Prov) **a nod is as good as a wink (to a blind horse)** l'allusion est claire
b **Land of Nod** → **land**

[2] vi **a** (= move head) faire un signe de (la) tête, incliner la tête ; (as sign of assent) hocher la tête, faire signe que oui ♦ **to nod to sb** faire un signe de tête à qn ; (in greeting) saluer qn d'un signe de tête, saluer qn de la tête ♦ **"does it work?" he asked, nodding at the piano** "est-ce qu'il marche ?" demanda-t-il, montrant le piano d'un signe de (la) tête ♦ **he nodded to me to go** de la tête il m'a fait signe de m'en aller ♦ **we're on nodding terms, we have a nodding acquaintance** nous nous disons bonjour, nous nous saluons ♦ **he has a nodding acquaintance with German/Montaigne** il connaît vaguement l'allemand/Montaigne

b (= doze) sommeiller, somnoler ♦ **he was nodding over a book** il dodelinait de la tête ou il somnolait sur un livre ♦ **to catch sb nodding** (fig) prendre qn en défaut

c (flowers, plumes) se balancer, danser

[3] vt ♦ **to nod one's head** (= move head down) faire un signe de (la) tête, incliner la tête ; (as sign of assent) faire un signe de tête affirmatif ♦ **to nod one's agreement/approval** manifester son assentiment/son approbation par un or d'un signe de tête ♦ **to nod assent** faire signe que oui ♦ **they nodded goodnight to Jane** ils ont dit bonsoir à Jane d'un signe de tête ♦ **Taylor leapt up to nod the ball home** (Ftbl) Taylor a bondi pour marquer un but de la tête

▶ **nod off** * vi s'endormir ♦ **I nodded off for a moment** je me suis endormi un instant

nodal ['nəʊdl] adj nodal

noddle †* ['nɒdl] n (= head) caboche * f, fiole * f

Noddy * ['nɒdɪ] adj (Brit = very easy, childish) d'une simplicité enfantine

node [nəʊd] n (gen, Astron, Geom, Ling, Phys) nœud m ; (Bot) nœud m, nodosité f ; (Anat) nodus m, nodosité f

nodular ['nɒdjʊləʳ] adj nodulaire

nodule ['nɒdjuːl] n (Anat, Bot, Geol) nodule m

Noel ['nəʊəl] n Noël m

noetic [nəʊ'etɪk] adj noétique

noggin ['nɒgɪn] n **a** (= container) (petit) pot m ; (= amount) quart m (de pinte) ♦ **let's have a noggin** (Brit = drink) allons boire or prendre un pot

b (US * = head) caboche * f, tête * f

Noh [nəʊ] n ⇒ **No**

nohow * ['nəʊhaʊ] adv (esp US = no way) pas du tout

noise [nɔɪz] → SYN [1] n **a** (= sound) bruit m ♦ **I heard a small noise** j'ai entendu un petit bruit ♦ **the noise of the traffic** le bruit de la circulation ♦ **to make a noise** faire du bruit ♦ **stop that noise!** arrêtez(-moi) tout ce bruit ! ♦ **noises in the ears** bourdonnements mpl (d'oreilles) ♦ **a hammering noise** un martèlement ♦ **a clanging noise** un bruit métallique ♦ **noises off** (Theat) bruits mpl dans les coulisses

b (fig) **to make reassuring/placatory noises** tenir des propos rassurants/apaisants ♦ **to make (all) the right noises** * se montrer complaisant ♦ **the book made a lot of noise when it came out** le livre a fait beaucoup de bruit quand il est sorti ♦ **to make a lot of noise about sth** * faire du tapage autour de qch ♦ **she made noises * about wanting to go home early** elle a laissé entendre qu'elle voulait rentrer tôt ; → **big**

c (NonC) (Rad, TV) interférences fpl, parasites mpl ; (on phone) friture f ; (Comput) bruit m

[2] vt (frm) ♦ **to noise sth about** or **abroad** ébruiter qch

[3] COMP ▷ **noise abatement** n lutte f antibruit ♦ **noise-abatement campaign/society** campagne f/ligue f antibruit or pour la lutte contre le bruit ▷ **noise pollution** n nuisances fpl sonores ▷ **noise prevention** n mesure f antibruit or contre le bruit

noiseless ['nɔɪzlɪs] → SYN adj person, machine silencieux

noiselessly ['nɔɪzlɪslɪ] adv sans bruit

noiselessness ['nɔɪzlɪsnɪs] n silence m, absence f de bruit

noisily ['nɔɪzɪlɪ] adv bruyamment

noisiness ['nɔɪzɪnɪs] n caractère m bruyant ; [of child] turbulence f

noisome ['nɔɪsəm] adj (liter) **a** (= malodorous) smell, odour, vapours méphitique (liter)

b (= unpleasant) person immonde ; (= harmful) environment néfaste

noisy ['nɔɪzɪ] → SYN adj **a** (= loud) bruyant ♦ **to be noisy** [person, car] être bruyant, faire beaucoup de bruit

b (= garish) colour criard, voyant

nomad ['nəʊmæd] → SYN n nomade mf

nomadic [nəʊ'mædɪk] → SYN adj (lit, fig) nomade

nomadism ['nəʊmədɪzəm] n nomadisme m

nom de plume † ['nɒmdə'pluːm] → SYN n, pl **noms de plume** (Literat) pseudonyme m

nomenclator ['nəʊmenˌkleɪtəʳ] n nomenclateur m, -trice f

nomenclature [nəʊ'menklətʃəʳ] → SYN n nomenclature f

nomenklatura [ˌnəʊmenklə'tʊərə] n (Pol: formerly in Eastern Europe) ♦ **the nomenklatura** la nomenklatura

nominal ['nɒmɪnl] → SYN [1] adj **a** (= in name only) agreement, power, rights, control, leader, value nominal ♦ **he's a nominal socialist/Christian** il n'a de socialiste/chrétien que le nom

b (= minimal) fee, charge, sum minimal, insignifiant ; wage, salary, rent insignifiant ; fine, penalty symbolique ♦ **nominal damages** (Jur) dommages-intérêts mpl symboliques, = franc m symbolique

c (Gram) clause nominal

[2] n (Gram) expression f nominale

nominalism ['nɒmɪnəlɪzəm] n nominalisme m

nominalist ['nɒmɪnəlɪst] n, adj nominaliste mf

nominalization [ˌnɒmɪnəlaɪ'zeɪʃən] n (Ling) nominalisation f

nominalize ['nɒmɪnəlaɪz] vt (Ling) nominaliser

nominally ['nɒmɪnəlɪ] adv independent théoriquement, en théorie ♦ **nominally in charge** théoriquement responsable ♦ **nominally, they are on the same side, but ...** en principe, ils sont du même bord, mais ... ♦ **nominally socialist/Christian** qui n'a de socialiste/chrétien que le nom

nominate ['nɒmɪneɪt] → SYN vt **a** (= appoint) nommer, désigner ♦ **he was nominated chairman, he was nominated to the chairmanship** il a été nommé président ♦ **nominated and elected members of a committee** membres mpl désignés et membres élus d'un comité

b (= propose) proposer, présenter ♦ **he was nominated for the presidency** il a été proposé comme candidat à la présidence ♦ **they nominated Mr Lambotte for mayor** ils ont proposé M. Lambotte comme candidat à la mairie ♦ **to nominate sb for an Oscar** proposer or nommer qn pour un Oscar

nomination [ˌnɒmɪ'neɪʃən] → SYN [1] n **a** (= appointment) nomination f (to à)

b (for job, political office etc) proposition f de candidat ♦ **nominations must be received by ...** toutes propositions de candidats doivent être reçues avant ...

c (Cine: for award) nomination f

[2] COMP ▷ **nomination paper** n (Pol) feuille f de candidature, nomination f

nominative ['nɒmɪnətɪv] [1] adj (gen) nominatif ; ending du nominatif

[2] n nominatif m ♦ **in the nominative** au nominatif, au cas sujet

nominator ['nɒmɪneɪtəʳ] n présentateur m

nominee [ˌnɒmɪ'niː] → SYN n (for post) personne f désignée or nommée ; (in election) candidat(e) m(f) désigné(e) ; (for annuity etc) personne f dénommée ; (St Ex) mandataire mf ♦ **nominee company** (St Ex) société f prête-nom

nomogram ['nɒməgræm] n nomogramme m

non- [nɒn] [1] pref non- ♦ **strikers and non-strikers** grévistes mpl et non-grévistes mpl ♦ **believers and non-believers** ceux qui croient et ceux qui ne croient pas, (les) croyants mpl et (les) non-croyants mpl

[2] COMP ▷ **non-absorbent** adj non absorbant ▷ **non-accidental injury** n (NonC) maltraitance f ▷ **non-accountable** adj non responsable ▷ **non-achievement** n échec m ▷ **non-achiever** n personne f qui ne réussit pas ▷ **non-addictive** adj qui ne crée pas de dépendance ▷ **non-affiliated** adj business non affilié ; industry non confédéré ▷ **non-aggression** n non-agression f ♦ **non-aggression pact** or **treaty** pacte m de non-agression ▷ **non-alcoholic** adj non alcoolisé, sans alcool ▷ **non-aligned** adj (Pol) non aligné ▷ **non-alignment** n non-alignement m ♦ **non-alignment policy** politique f de non-alignement ▷ **non-appearance** n (Jur) non-comparution f ▷ **non-arrival** n non-arrivée f ▷ **non-assertive** adj qui manque d'assurance, qui ne se met pas en avant ▷ **non-attendance** n absence f ▷ **non-availability** n non-disponibilité f ▷ **non-believer** n (Rel) incroyant(e) m(f) ▷ **non-biological** adj sans enzymes ▷ **non-Catholic** adj, n non catholique mf ▷ **non-Christian** adj non chrétien ▷ **non-classified** adj qui n'est pas classé secret ▷ **non-collegiate** adj student qui n'appartient à aucun collège ♦ **non-collegiate university** université f qui n'est pas divisée en collèges ▷ **non-com** * n (abbrev of **non-commissioned officer**) (US Mil) sous-off * m ▷ **non-communication** n manque m de communication ▷ **non-completion** n [of work] non-achèvement m ; [of contract] non-exécution f ▷ **non-compliance** n refus m d'obéissance (with à) ▷ **non compos mentis** → SYN adj qui n'a pas toute sa raison ▷ **non-contagious** adj non contagieux ▷ **non-contributory** adj non-contributory pension scheme régime m de retraite sans retenues or cotisations ▷ **non-controversial** adj ⇒ **uncontroversial** ▷ **non-conventional** adj non conventionnel ▷ **non-cooperation** n refus m de coopérer, non-coopération f ▷ **non-cooperative** adj peu coopératif ▷ **non-crush(able)** adj infroissable ▷ **non-cumulative** adj non cumulatif ▷ **non-custodial** adj (Jur) non-custodial sentence peine f non privative de liberté ▷ **non-dairy** adj qui n'est pas à base de lait ▷ **non-degradable** adj qui n'est pas biodégradable ▷ **non-democratic** adj non démocratique ▷ **non-denominational** adj œcuménique ▷ **non-drinker** n personne f qui ne boit pas d'alcool ▷ **non-drip** adj paint qui ne coule pas ▷ **non-driver** n (Aut) personne f qui n'a pas le permis de conduire ▷ **non-EU** adj citizens, passports des pays qui n'appartiennent pas à l'UE ; imports hors Union européenne ▷ **non-greasy** adj ointment, lotion qui ne graisse pas ; skin, hair normal, qui n'est pas gras (grasse f) ▷ **non-hero** n antihéros m ▷ **non-interference** n non-intervention f ▷ **non-iron** adj qui ne nécessite aucun repassage ♦ **"non-iron"** (on label) "ne pas repasser" ▷ **non-Jew** n non-juif m, -ive f ▷ **non-Jewish** adj non juif ▷ **non-league** adj (Brit Sport) hors division ▷ **non-manual worker** n col m blanc ▷ **non-Muslim** adj non musulman ◊ n non-musulman(e) m(f) ▷ **non-negotiable** adj (Comm) non négociable ; decision etc qui n'est pas négociable ▷ **non-nuclear** adj weapon conventionnel ; country non nucléaire ▷ **non-nutritious** adj sans valeur nutritive ▷ **non-party** adj (Pol) vote, decision indépendant, neutre ▷ **non-penetrative** adj sex sans pénétration ▷ **non-person** n (= stateless etc) personne f sans identité juridique ▷ **non-practising** adj Christian, Muslim etc non pratiquant ▷ **non-productive** adj non productif ▷ **non-professional** adj player etc amateur ♦ **non-professional conduct** manquement m aux devoirs de sa profession ◊ n (Sport etc) amateur mf ▷ **non-punitive** adj dont l'intention n'est pas de punir ▷ **non-racial** adj non racial ▷ **non-refillable** adj pen, bottle non rechargeable ▷ **non-reflective** adj glass non réfléchissant, antireflet f inv ▷ **non-religious** adj non croyant ▷ **non-resident** adj (gen) non résident ♦ **non-resident course** stage m sans hébergement ♦ **non-resident doctor** attaché(e) m(f) de consultations ♦ **non-resident student** (US Univ Admin) étudiant(e) d'une université d'État dont le domicile permanent est situé en dehors de cet État ◊ n non-résident(e) m(f) ; (Brit: in hotel) client(e) m(f) de passage (qui n'a pas de chambre) ▷ **non-sexist** adj qui n'est pas sexiste, non sexiste ▷ **non-student** n non-étudiant(e) m(f) ▷ **non-threatening** adj qui n'est pas menaçant ▷ **non-traditional** adj non traditionnel ▷ **non-union** adj (Ind) company, organization qui n'emploie pas de personnel syndiqué ▷ **non-unionized** adj ⇒ **non-union** ▷ **non-white** n personne f de couleur ◊ adj de couleur

nonacademic [ˌnɒnækə'demɪk] adj **a** (= extracurricular) extrascolaire

b (= non-educational) staff non enseignant ; career en dehors de l'enseignement

nonage / nonpaying

c (= not academically gifted) child, pupil peu doué pour les études

nonage ['nəʊnɪdʒ] n (Jur) minorité f

nonagenarian [,nɒnədʒɪ'nɛərɪən] adj, n nonagénaire mf

nonagon ['nɒnəgɒn] n ennéagone m

nonagonal [nɒ'nægənəl] adj ennéagonal

nonattributable [,nɒnə'trɪbjʊtəbl] adj de source non divulguée

nonbelligerent [,nɒnbɪ'lɪdʒərənt] 1 adj non belligérant
2 n non-belligérant(e) m(f)

nonbreakable [,nɒn'breɪkəbl] adj incassable

nonce [nɒns] 1 n a **for the nonce** pour la circonstance, pour l'occasion
b * pointeur * m
2 COMP ▷ **nonce-bashing** * n chasse f aux pointeurs *

nonchalance ['nɒnʃələns] → SYN n nonchalance f

nonchalant ['nɒnʃələnt] → SYN adj nonchalant ◆ **to be nonchalant about sth** prendre qch avec nonchalance

nonchalantly ['nɒnʃələntlɪ] adv nonchalamment, avec nonchalance

noncombatant [,nɒn'kɒmbətənt] adj, n non-combattant(e) m(f)

noncombustible [,nɒnkəm'bʌstɪbl] adj non combustible

noncommercial [,nɒnkə'mɜːʃəl] adj sans but lucratif

noncommissioned ['nɒnkə'mɪʃənd] adj (Mil) non breveté, sans brevet ◆ **noncommissioned officer** sous-officier m

noncommittal [,nɒnkə'mɪtl] → SYN adj person qui ne s'engage pas ; letter, statement qui n'engage à rien, évasif ; grunt évasif ; expression, attitude réservé ◆ **he gave a noncommittal answer** il fit une réponse évasive ou qui ne l'engageait pas ◆ **I'll be very noncommittal** je ne m'engagerai pas ◆ **he was very noncommittal about it** il ne s'est pas prononcé là-dessus

noncommittally [,nɒnkə'mɪtəlɪ] adv say, answer évasivement, sans s'engager

noncommunicant ['nɒnkə'mjuːnɪkənt] adj, n (Rel) non-communiant(e) m(f)

noncommunist [nɒn'kɒmjʊnɪst] 1 adj non communiste
2 n non-communiste mf

nonconductor ['nɒnkən'dʌktər] n (Phys) non-conducteur m, mauvais conducteur m ; [of heat] isolant m, calorifuge m ; (Elec) isolant m

nonconformism ['nɒnkən'fɔːmɪzəm] n non-conformisme m

nonconformist ['nɒnkən'fɔːmɪst] → SYN 1 n non-conformiste mf
2 adj non conformiste

Nonconformity [,nɒnkən'fɔːmɪtɪ] n (Rel) non-conformité f

nonconsecutive [,nɒnkən'sekjʊtɪv] adj non consécutif

nonconvertible [,nɒnkən'vɜːtəbl] adj non convertible

noncustodial sentence [,nɒnkʌs'təʊdɪəl] n (Jur) peine f non privative de liberté

nondazzle ['nɒn'dæzl] adj antiéblouissant

nondelivery [,nɒndɪ'lɪvərɪ] n (Comm) défaut m de livraison, non-livraison f

nondescript ['nɒndɪskrɪpt] → SYN adj person, face, building quelconque ; appearance insignifiant, quelconque ; colour indéfinissable

nondestructive [,nɒndɪs'trʌktɪv] adj (Tech) testing non destructeur

nondetachable [,nɒndɪ'tætʃəbl] adj handle etc fixe, indémontable ; lining, hood non détachable

nondirectional [,nɒn'dɪrekʃənl] adj omnidirectionnel

nondirective therapy [,nɒndɪ,rektɪv'θerəpɪ] n (Psych) psychothérapie f non directive, non-directivisme m

nondisclosure [,nɒndɪs'kləʊʒər] n nondivulgation f ◆ **nondisclosure agreement** accord m de confidentialité

nondistinctive ['nɒndɪs'tɪŋktɪv] adj (Ling) non distinctif

none [nʌn] → SYN 1 pron a (= nothing) aucun(e) m(f) (+ ne before vb) ◆ **none of these problems should affect us** aucun de ces problèmes ne devrait nous toucher ◆ **none of the books** aucun livre, aucun des livres ◆ **none of the money was used to build houses** on n'a pas utilisé un centime de cet argent pour construire des maisons ◆ **none of this** rien de ceci ◆ **none of that!** pas de ça ! ◆ **I want none of your excuses!** vos excuses ne m'intéressent pas ! ◆ **that's none of his business** ça ne le regarde pas ◆ **he would have none of it** il ne or n'en voulait rien savoir ◆ **none of this money** pas un centime de cet argent ◆ **none of this cheese** pas un gramme de ce fromage ◆ **none of this milk** pas une goutte de ce lait ◆ **none of this land** pas un mètre carré or pas un pouce de ce terrain ◆ **there's none left** il n'en reste plus

◆ **none at all** ◆ **I need money but have none at all** j'ai besoin d'argent mais je n'en ai pas du tout ◆ **there was no evidence, none at all** il n'y avait aucune preuve, absolument aucune ◆ **we had no notice of it, none at all** nous n'en avons pas été prévenus à l'avance, absolument pas ◆ **is there any bread left? – none at all** y a-t-il encore du pain ? — pas une miette

b (= nobody) personne, aucun(e) m(f) (both + ne before vb) ◆ **none of us knew how to change a wheel** aucun de nous or d'entre nous ne savait changer une roue ◆ **none can tell** personne or nul ne peut le dire ◆ **none of them** aucun d'entre eux ◆ **none of us** aucun de nous or d'entre nous, personne parmi nous ◆ **none but you can do it** (frm) vous seul êtes capable de le faire ◆ **I have told none but you** (frm) je ne l'ai dit à personne d'autre qu'à vous ◆ **none but a fool would do it** (frm) il n'y a qu'un imbécile pour le faire ◆ **I know, none better, that ...** (frm) je sais mieux que personne que ...

◆ **none other** ◆ **it was Hillary Clinton, none other** c'était Hillary Clinton en personne ◆ **their guest was none other than the president himself** leur invité n'était autre que le président en personne ◆ **for this reason and none other** pour cette raison très exactement

c (in form-filling) néant m
2 adv

◆ **none the ...** ◆ **he's none the worse for it** il ne s'en porte pas plus mal ◆ **she's looking none the worse for her ordeal** cette épreuve ne semble pas l'avoir trop marquée ◆ **I like him none the worse for it** je ne l'en aime pas moins pour cela ◆ **the house would be none the worse for a coat of paint** une couche de peinture ne ferait pas de mal à cette maison ◆ **he was none the wiser** il n'en savait pas plus pour autant, il n'était pas plus avancé

◆ **none too ...** ◆ **it's none too warm** il ne fait pas tellement chaud ◆ **and none too soon either!** et ce n'est pas trop tôt ! ◆ **at last he arrived and none too soon** il arriva enfin et ce n'était pas trop tôt ◆ **I was none too sure that he would come** j'étais loin d'être sûr qu'il viendrait ◆ **she was none too happy about it** elle était loin d'être contente ◆ **he was none too pleased at being disturbed** ça ne l'a pas enchanté qu'on le dérange

nonedible [nɒn'nedɪbl] adj non comestible

nonego [nɒn'iːgəʊ] n non-moi m

nonentity [nɒ'nentɪtɪ] → SYN n personne f insignifiante or sans intérêt ◆ **he's a complete nonentity** c'est une nullité

nonessential [,nɒnɪ'senʃl] 1 adj non essentiel, accessoire
2 **nonessentials** npl accessoires mpl ◆ **the nonessentials** l'accessoire m

nonestablished [,nɒnɪs'tæblɪʃt] adj church non établi

nonesuch ['nɒnsʌtʃ] n ⇒ **nonsuch**

nonet [nɒ'net] n (Mus) nonet m

nonetheless [,nɒnðə'les] → SYN adv ⇒ **nevertheless**

nonevent * ['nɒnɪ'vent] n non-événement m

ANGLAIS-FRANÇAIS 634

nonexamination course [,nɒnɪg'zæmɪ'neɪʃən kɔːs] n (Scol etc) études fpl non sanctionnées par un examen

nonexecutive director [,nɒnɪg'zekjʊtɪv dɪ'rektər] n administrateur m

nonexistence ['nɒnɪg'zɪstəns] n non-existence f

nonexistent ['nɒnɪg'zɪstənt] adj inexistant

nonexplosive ['nɒnɪk'spləʊsɪv] adj gas non explosif

nonfactual [,nɒn'fæktjʊəl] adj qui n'est pas fondé sur des faits

nonfat ['nɒnfæt] adj cooking, diet sans corps gras or matière grasse ; meat maigre

nonfattening [,nɒn'fætnɪŋ] adj qui ne fait pas grossir

nonferrous [,nɒn'ferəs] adj non ferreux

nonfiction [,nɒn'fɪkʃən] n littérature f non romanesque ◆ **he only reads nonfiction** il ne lit jamais de romans

nonfinite [,nɒn'faɪnaɪt] adj ◆ **nonfinite verb** verbe m au mode impersonnel ◆ **nonfinite forms** modes mpl impersonnels

nonflammable [,nɒn'flæməbl] adj ⇒ **noninflammable**

nonfulfilment [,nɒnfʊl'fɪlmənt] n non-exécution f, inexécution f

nonglare [,nɒn'glɛər] adj antiéblouissant

nongovernmental [,nɒngʌvən'mentl] adj non gouvernemental

nongrammatical [,nɒngrə'mætɪkəl] adj non grammatical

non grata * [,nɒn'grɑːtə] adj ◆ **he felt rather non grata** il avait l'impression d'être un intrus ; see also **persona**

nonillion [nəʊ'nɪljən] n (esp Brit = 10^{54}) nonillion m ; (esp US = 10^{30}) quintillion m

noninfectious [,nɒnɪn'fekʃəs] adj non contagieux

noninflammable [,nɒnɪn'flæməbl] adj ininflammable

nonintervention [,nɒnɪntə'venʃən] n (Pol etc) non-intervention f, laisser-faire m

noninterventionist [,nɒnɪntə'venʃənɪst] 1 adj non interventionniste
2 n (Pol etc) non-interventionniste mf

noninvolvement [,nɒnɪn'vɒlvmənt] n (in war, conflict) non-engagement m, neutralité f ; (in negotiations etc) non-participation f ; (Psych) détachement m

nonjudg(e)mental [,nɒndʒʌdʒ'mentəl] adj qui ne porte pas de jugement, neutre

nonladdering [,nɒn'lædərɪŋ] adj ⇒ **nonrun**

nonlinear [,nɒn'lɪnɪər] adj non linéaire

nonlinguistic [,nɒnlɪŋ'gwɪstɪk] adj communication etc non verbal

nonliterate [,nɒn'lɪtərɪt] adj tribe, culture sans écriture

nonmalignant [,nɒnmə'lɪgnənt] adj tumour bénin (-igne f)

nonmaterial ['nɒnmə'tɪərɪəl] adj immatériel

nonmember [,nɒn'membər] n [of club etc] personne f étrangère (au club etc) ◆ **open to nonmembers** ouvert au public

nonmetal ['nɒnmetl] n (Chem) non-métal m, métalloïde m

nonmetallic [,nɒnmɪ'tælɪk] adj (= relating to non-metals) métalloïdique ; (= not of metallic quality) non métallique

nonmilitant [,nɒn'mɪlɪtənt] adj non militant

nonmilitary [,nɒn'mɪlɪtərɪ] adj non militaire

nonobservance [,nɒnəb'zɜːvəns] n (gen) non-observation f, inobservation f ; (Rel) non-observance f

non obst. prep (abbrev of **non obstante**) (= notwithstanding) nonobstant

nonoperational [,nɒnɒpə'reɪʃənl] adj non opérationnel

nonpareil ['nɒnpərəl] (liter) 1 n personne f or chose f sans pareille
2 adj incomparable, sans égal

nonpartisan [,nɒn,pɑːtɪ'zæn] adj impartial

nonpaying [,nɒn'peɪɪŋ] adj visitor etc qui ne paie pas, admis à titre gracieux

nonpayment ['nɒn'peɪmənt] n non-paiement m (*of* de)

nonpenetrative [,nɒn'penɪtrətɪv] adj sex sans pénétration

nonperformance [,nɒnpə'fɔːməns] n [of contract] non-exécution f ; [of government] mauvais résultats mpl ; [of company] mauvaises performances fpl

nonplus [nɒn'plʌs] vt déconcerter, dérouter ◆ **I was utterly nonplussed** j'étais complètement déconcerté or dérouté

nonpolitical [nɒnpə'lɪtɪkəl] adj apolitique

nonpolluting [nɒnpə'luːtɪŋ] adj non polluant

nonprofitmaking ['nɒn'prɒfɪtmeɪkɪŋ], **nonprofit** (US) ['nɒn'prɒfɪt] adj à but non lucratif

nonproliferation ['nɒnprə,lɪfə'reɪʃən] n non-prolifération f ◆ **nonproliferation treaty** traité m de non-prolifération

nonpunitive [nɒn'pjuːnɪtɪv] adj dont l'intention n'est pas de punir

nonracial [nɒn'reɪʃəl] adj society non racial

nonreader [nɒn'riːdəʳ] n (averse to reading) personne qui ne lit pas ; (= illiterate) analphabète mf

nonreceipt ['nɒnrɪ'siːt] n [of letter etc] non-réception f

nonrecoverable [,nɒnrɪ'kʌvərəbl] adj (Jur) irrécouvrable

nonrecurring expenses ['nɒnrɪ'kɜːrɪŋ ɪk'spensɪz] npl dépenses fpl d'équipement

nonrenewable [,nɒnrɪ'njuːəbl] adj non renouvelable

nonrepresentational [,nɒnreprɪzen'teɪʃənl] adj (Pol) non représentatif ; (Art) non figuratif

nonreturnable ['nɒnrɪ'tɜːnəbl] adj bottle etc non consigné

nonrun ['nɒnrʌn] adj indémaillable

nonrunner ['nɒn'rʌnəʳ] n non-partant m

nonscheduled ['nɒn'ʃedjuːld] adj plane, flight spécial

nonsectarian ['nɒnsek'tɛərɪən] adj non confessionnel

nonsegregated [nɒn'segrɪgeɪtɪd] adj sans ségrégation

nonsense ['nɒnsəns] → SYN ① n (NonC) absurdités fpl, idioties fpl ◆ **to talk nonsense** dire n'importe quoi ◆ **that's a piece of nonsense!** c'est une absurdité !, n'importe quoi ! ◆ **that's (a lot of) nonsense** tout ça ce sont des absurdités ◆ **but that's nonsense!** mais c'est absurde !, mais c'est n'importe quoi ! ◆ **oh, nonsense!** oh, ne dis pas n'importe quoi ! ◆ **I'm putting on weight – nonsense!** je grossis — penses-tu ! ◆ **that is dangerous nonsense** c'est absurde et même dangereux ◆ **all this nonsense about them not being able to pay** toutes ces histoires idiotes comme quoi * or selon lesquelles ils seraient incapables de payer ◆ **it is nonsense to say ...** il est absurde or idiot de dire ... ◆ **he will stand no nonsense from anybody** il ne se laissera pas faire par qui que ce soit, il ne se laissera marcher sur les pieds par personne ◆ **he won't stand any nonsense about that** il ne plaisante pas là-dessus ◆ **I've had enough of this nonsense!** j'en ai assez de ces histoires or idioties ! ◆ **stop this nonsense!, no more of your nonsense!** arrête tes idioties ! ◆ **there's no nonsense about him** c'est un homme très carré ◆ **to knock the nonsense out of sb** * ramener qn à la raison ◆ **to make (a) nonsense of** [+ project, efforts, pledge] rendre inutile ; [+ claim] invalider ◆ **it is an economic nonsense to ...** c'est absolument absurde d'un point de vue économique que de ... ◆ **that is just publicity nonsense** ce n'est que du baratin publicitaire ▷ **stuff**
② COMP ▷ **nonsense verse** n vers mpl amphigouriques ▷ **nonsense word** n mot m inventé de toutes pièces

nonsensical [nɒn'sensɪkəl] adj idea, action absurde, dénué de sens ; person, attitude, rule, lyrics absurde

nonsensically [nɒn'sensɪkəlɪ] adv absurdement

non sequitur [nɒn'sekwɪtəʳ] n ◆ **it's a non sequitur** ça manque de suite

nonshrink ['nɒnʃrɪŋk] adj irrétrécissable

nonsinkable ['nɒn'sɪŋkəbl] adj insubmersible

nonsked * ['nɒn'sked] n (US) avion m spécial

nonskid ['nɒn'skɪd] adj antidérapant

nonskilled ['nɒn'skɪld] adj ⇒ **unskilled**

nonslip [nɒn'slɪp] adj shoe sole, ski antidérapant

nonsmoker ['nɒn'sməʊkəʳ] n (= person) non-fumeur m, -euse f, personne f qui ne fume pas ◆ **he is a nonsmoker** il ne fume pas

nonsmoking ['nɒn'sməʊkɪŋ] adj flight, seat, compartment, area non-fumeurs (inv) ; office, restaurant où il est interdit de fumer ; person qui ne fume pas, non fumeur ◆ **the nonsmoking population** ceux mpl qui ne fument pas, les non-fumeurs mpl

nonsolvent ['nɒn'sɒlvənt] adj (Chem) non dissolvant

nonspecialist ['nɒn'speʃəlɪst] ① n (gen) non-spécialiste mf ; (Med) généraliste mf
② adj knowledge, dictionary général

nonspecific ['nɒnspə'sɪfɪk] ① adj ⓐ (Med) non spécifique
ⓑ (= imprecise) général
② COMP ▷ **nonspecific urethritis** n (Med) urétrite f

nonstandard ['nɒn'stændəd] adj (Ling) non standard inv

nonstarter ['nɒn'stɑːtəʳ] n ⓐ (= horse) non-partant m
ⓑ (= person) nullité f
ⓒ (= idea) **it is a nonstarter** c'est voué à l'échec

nonstick ['nɒn'stɪk] adj coating antiadhésif ; saucepan qui n'attache pas

nonstop ['nɒn'stɒp] ① adj flight sans escale ; train direct ; journey sans arrêt ; music ininterrompu ; (Ski) non-stop ◆ **the movie's two hours of nonstop action** les deux heures d'action ininterrompue du film
② adv talk, work, rain sans interruption, sans arrêt ; (Ski) non-stop ◆ **to fly nonstop from London to Chicago** faire Londres-Chicago sans escale

nonsuch ['nʌnsʌtʃ] n (liter) personne f or chose f sans pareille

nonsuit [nɒn'suːt] ① n (Jur) (gen) ordonnance f de non-lieu ; (on the part of the plaintiff) cessation f de poursuites, retrait m de plainte ◆ **to direct a nonsuit** rendre une ordonnance de non-lieu
② vt † débouter ◆ **to be nonsuited** être débouté (de sa demande)

nonsupport ['nɒnsə'pɔːt] n (US Jur) défaut m de pension alimentaire

nonswimmer ['nɒn'swɪməʳ] n personne f qui ne sait pas nager

nontaxable ['nɒn'tæksəbl] adj non imposable

nonteaching staff [,nɒn'tiːtʃɪŋstɑːf] n (Scol etc) personnel m non enseignant

nontoxic [nɒn'tɒksɪk] adj non toxique

nontransferable ['nɒntræns'fɜːrəbl] adj ticket non transmissible ; share nominatif ; pension non réversible

nonverbal [,nɒn'vɜːbəl] adj non verbal

nonviable [,nɒn'vaɪəbl] adj non viable

nonvintage [nɒn'vɪntɪdʒ] adj wine non millésimé

nonviolence [,nɒn'vaɪələns] n non-violence f

nonviolent [,nɒn'vaɪələnt] adj non violent

nonvocational [,nɒnvəʊ'keɪʃnl] adj courses non professionnel

nonvoluntary [,nɒn'vɒləntərɪ] adj work rémunéré

nonvoter [nɒn'vəʊtəʳ] n (US Pol) abstentionniste mf

nonvoting share [,nɒn'vəʊtɪŋʃɛəʳ] n (Fin) action f sans droit de vote

nonworker [nɒn'wɜːkəʳ] n personne f sans activité professionnelle

nonworking [,nɒn'wɜːkɪŋ] adj sans emploi, qui ne travaille pas

nonwoven [nɒn'wəʊvən] adj non tissé

noodle ['nuːdl] n ⓐ (Culin) **noodles** nouilles fpl ◆ **noodle soup** potage m au vermicelle
ⓑ (* = silly person) nouille * f, nigaud(e) m(f)
ⓒ (US, Can * = head) caboche * f, tête f

nook [nʊk] → SYN n (= corner) coin m, recoin m ; (= remote spot) retraite f ◆ **nooks and crannies** coins mpl et recoins mpl ◆ **breakfast nook** coin-repas m ◆ **a shady nook** une retraite ombragée, un coin ombragé

nookie *, **nooky** * ['nʊkɪ] n (Brit: esp hum) la fesse * ◆ **to have a bit of nookie** avoir une partie de jambes en l'air *

noon [nuːn] n midi m ◆ **at/about noon** à/vers midi ; → **high**

noonday ['nuːndeɪ], **noontide** †† ['nuːntaɪd], **noontime** (esp US) ['nuːntaɪm] ① n midi m ◆ **at the noonday of his fame** (fig, liter) à l'apogée de sa gloire
② adj de midi

noose [nuːs] ① n nœud m coulant ; (in animal trapping) collet m ; [of cowboy] lasso m ; [of hangman] corde f ◆ **to put one's head in the noose, to put a noose round one's neck** (fig) se jeter dans la gueule du loup
② vt ⓐ [+ rope] faire un nœud coulant à
ⓑ (in trapping) prendre au collet ; [cowboy] prendre or attraper au lasso

nope * [nəʊp] particle non

nor [nɔːʳ] conj ⓐ (following neither) ni ◆ **neither you nor I can do it** ni vous ni moi (nous) ne pouvons le faire ◆ **she neither eats nor drinks** elle ne mange ni ne boit ◆ **neither here nor elsewhere does he stop working** ici comme ailleurs il ne cesse pas de travailler ; → **neither**
ⓑ (= and not) **I don't know, nor do I care** je ne sais pas et d'ailleurs je m'en moque ◆ **that's not funny, nor is it true** ce n'est ni drôle ni vrai ◆ **that's not funny, nor do I believe it's true** cela n'est pas drôle et je ne crois pas non plus que ce soit vrai ◆ **I shan't go and nor will you** je n'irai pas et toi non plus ◆ **I don't like him — nor do I** je ne l'aime pas — moi non plus ◆ **nor was this all** et ce n'était pas tout ◆ **nor will I deny that ...** et je ne nie pas non plus que ... (+ subj) ◆ **nor was he disappointed** et il ne fut pas déçu non plus ; → **yet**

nor' [nɔːʳ] adj (Naut: in compounds) ⇒ **north** ◆ **nor'east** etc ⇒ **north-east** ; → **north**

noradrenalin(e) ['nɔːrə'drenəlɪn, -iːn] n noradrénaline f

NOR circuit [nɔːʳ] n circuit m NON-OU or NI

Nordic ['nɔːdɪk] ① adj nordique
② COMP ▷ **Nordic skier** n skieur m, -euse f nordique ▷ **Nordic skiing** n ski m nordique

norepinephrine [,nɔːrepɪ'nefrɪn] n (US Med) noradrénaline f

Norf abbrev of **Norfolk**

Norfolk terrier ['nɔːfək] n (= dog) norfolk-terrier m

noria ['nɔːrɪə] n noria f

norm [nɔːm] → SYN n norme f ◆ **to differ from the norm** s'écarter de la norme

normal ['nɔːməl] → SYN ① adj ⓐ (gen) normal ; (= usual) habituel ◆ **traffic was normal for a bank holiday weekend** la circulation était normale pour un long week-end ◆ **a higher than normal risk of infection** un risque plus élevé que la normale ◆ **it's perfectly normal to feel that way** il est tout à fait normal de ressentir cela ◆ **it was quite normal for him to be late** c'était tout à fait dans ses habitudes d'arriver en retard ◆ **as normal** comme d'habitude ◆ **it's normal practice to do that** il est normal de faire cela ◆ **to buy sth for half the normal price** acheter qch à moitié prix ◆ **normal service will be resumed as soon as possible** (TV) nous vous prions de nous excuser pour cette interruption momentanée de l'image ◆ **the factory is back to normal working** le travail a repris normalement à l'usine
ⓑ (Math) normal, perpendiculaire
ⓒ (Chem) neutre
② n ⓐ normale f ◆ **above/below normal** au-dessus/en dessous de la normale ◆ **temperatures below normal** des températures au-dessous de la normale ◆ **to return** or **get back to normal** revenir à la normale
ⓑ (Math) normale f, perpendiculaire f
③ COMP ▷ **normal curve** n (Math) courbe f de répartition normale ▷ **normal distribution**

normality / nosologist

n (Math) répartition f normale ▷ **normal school** n (US: formerly) institut universitaire de formation des maîtres, ≈ école f normale

normality [nɔːˈmælɪtɪ] → SYN, **normalcy** (esp US) [ˈnɔːməlsɪ] n normalité f

normalization [ˌnɔːməlaɪˈzeɪʃən] n normalisation f

normalize [ˈnɔːməlaɪz] ① vt normaliser, régulariser
② vi se normaliser, se régulariser

normally [ˈnɔːməlɪ] → SYN adv (= usually) généralement, d'habitude ; (= as normal) normalement ◆ he normally arrives at about 10 o'clock d'habitude il arrive vers 10 heures ◆ the trains are running normally les trains circulent normalement

Norman [ˈnɔːmən] ① adj normand ; (Archit) roman ◆ the Norman Conquest la conquête normande ◆ Norman French (Ling) anglo-normand m
② n Normand(e) m(f)

Normandy [ˈnɔːməndɪ] n la Normandie ; → landing¹

normative [ˈnɔːmətɪv] adj normatif

Norse [nɔːs] ① adj (Hist) nordique, scandinave ◆ Norseman Scandinave m
② n (Ling) nordique m, norrois m ◆ Old Norse vieux norrois m

north [nɔːθ] → SYN ① n nord m ◆ magnetic north nord m or pôle m magnétique ◆ to the north of ... au nord de ... ◆ house facing the north maison f exposée au nord ◆ to veer to the north, to go into the north [wind] tourner au nord, anordir (Naut) ◆ the wind is in the north le vent est au nord ◆ the wind is (coming or blowing) from the north le vent vient or souffle du nord ◆ to live in the north habiter dans le nord ◆ in the north of Scotland dans le nord de l'Écosse ◆ the North (US Hist) les États mpl antiesclavagistes or du nord
② adj side, coast, slope, end nord inv ; region, area septentrional (frm) ◆ north wind vent m du nord ◆ (in) north Wales/London (dans) le nord du pays de Galles/de Londres ◆ on the north side du côté nord ◆ studio with a north light atelier m exposé au nord ◆ a north aspect une exposition au nord ◆ room with a north aspect pièce f exposée au nord ◆ north wall mur m (exposé au) nord ◆ north transept/door (Archit) transept m/portail m nord ; see also 4
③ adv lie, be au nord (of de) ; go vers le nord, en direction du nord ◆ further north plus au nord ◆ north of the island au nord de l'île ◆ the town lies north of the border la ville est (située) au nord de la frontière ◆ we drove north for 100km nous avons roulé pendant 100 km en direction du nord vers le nord ◆ go north till you get to Oxford allez en direction du nord or vers le nord jusqu'à Oxford ◆ to sail due north aller droit vers le nord ; (Naut) avoir le cap au nord ◆ north by north-east nord quart nord-est
④ COMP ▷ **North Africa** n l'Afrique f du Nord ▷ **North African** adj nord-africain, d'Afrique du Nord ◇ n Africain(e) m(f) du Nord, Nord-Africain(e) m(f) ▷ **North America** n l'Amérique f du Nord ▷ **North American** adj nord-américain, d'Amérique du Nord ◇ n Nord-Américain(e) m(f) ▷ **the North Atlantic** n l'Atlantique m nord ▷ **North Atlantic Drift** n dérive f nord-atlantique ▷ **North Atlantic Treaty Organization** n Organisation f du traité de l'Atlantique ▷ **North Carolina** n la Caroline du Nord ◆ in North Carolina en Caroline du Nord ▷ **the North Country** n (Brit) le Nord de l'Angleterre ▷ **north-country** adj du Nord (de l'Angleterre) ▷ **North Dakota** n le Dakota du Nord ◆ in North Dakota dans le Dakota du Nord ▷ **north-east** n nord-est m ◇ adj (du or au) nord-est inv ◇ adv vers le nord-est ▷ **north-easter** n nordet m (Naut), vent m du nord-est ▷ **north-easterly** adj wind, direction du nord-est ; situation au nord-est ◇ adv vers le nord-est ▷ **north-eastern** adj (du) nord-est inv ▷ **north-eastward(s)** adv vers le nord-est ▷ **north-facing** adj exposé au nord ▷ **North Island** n (of New Zealand) l'île f du Nord (de la Nouvelle-Zélande) ▷ **North Korea** n la Corée du Nord ▷ **North Korean** adj nord-coréen ◇ n Nord-Coréen(ne) m(f) ▷ **north-north-east** n nord-nord-est m ◇ adj (du or au) nord-nord-

est inv ◇ adv vers le nord-nord-est ▷ **north-north-west** n nord-nord-ouest m ◇ adj (du or au) nord-nord-ouest inv ◇ adv vers le nord-nord-ouest ▷ **North Pole** n pôle m Nord ▷ **North Sea** n mer f du Nord ▷ **North Sea gas** n (Brit) gaz m naturel de la mer du Nord ▷ **North Sea oil** n pétrole m de la mer du Nord ▷ **North Star** n étoile f polaire ▷ **North Vietnam** n le Vietnam du Nord ▷ **North Vietnamese** adj nord-vietnamien ◇ n Nord-Vietnamien(ne) m(f) ▷ **north-wall hammer** n (Climbing) marteau-piolet m ▷ **north-west** n nord-ouest m ◇ adj (du or au) nord-ouest inv ◇ adv vers le nord-ouest ▷ **north-wester** n noroît m (Naut), vent m du nord-ouest ▷ **north-westerly** adj wind, direction du nord-ouest ; situation au nord-ouest ◇ adv vers le nord-ouest ▷ **north-western** adj nord-ouest inv, du nord-ouest ▷ **North-West Frontier** n frontière f du Nord-Ouest ▷ **North-West Passage** n passage m du Nord-Ouest ▷ **north-westward(s)** adv vers le nord-ouest

Northants [nɔːˈθænts] abbrev of **Northamptonshire**

northbound [ˈnɔːθbaʊnd] adj traffic en direction du nord ; vehicle qui va vers le nord ; carriageway nord inv

Northd abbrev of **Northumberland**

northerly [ˈnɔːðəlɪ] ① adj wind du nord ; situation au nord ; direction vers le nord ◆ northerly latitudes latitudes fpl boréales ◆ northerly aspect exposition f au nord ◆ in a northerly direction en direction du nord, vers le nord
② adv vers le nord

northern [ˈnɔːðən] ① adj province, state, neighbour du nord ; border, suburbs nord inv ◆ the northern coast le littoral nord or septentrional ◆ house with a northern outlook maison f exposée au nord ◆ northern wall mur m exposé au nord ◆ in northern Spain dans le nord de l'Espagne ◆ northern hemisphere hémisphère m nord or boréal ◆ in the northern town of Lille à Lille, dans le nord
② COMP ▷ **Northern Ireland** n l'Irlande f du Nord ▷ **Northern Irish** adj d'Irlande du Nord ◇ npl Irlandais mpl du Nord ▷ **northern lights** npl aurore f boréale ▷ **the Northern Territory** n (of Australia) le Territoire du Nord

northerner [ˈnɔːðənəʳ] n ⓐ homme m or femme f du Nord, habitant(e) m(f) du Nord ◆ he is a northerner il vient du Nord ◆ the northerners les gens mpl du Nord, les septentrionaux mpl
ⓑ (US Hist) Nordiste mf

northernmost [ˈnɔːðənməʊst] adj le plus au nord, à l'extrême nord

Northlands [ˈnɔːθləndz] npl pays mpl du Nord

Northman [ˈnɔːθmən] n, pl -men (Hist) Viking m

Northumb abbrev of **Northumberland**

Northumbria [nɔːˈθʌmbrɪə] n la Northumbrie

Northumbrian [nɔːˈθʌmbrɪən] ① adj de Northumbrie
② n habitant(e) m(f) or natif m, -ive f de Northumbrie

northward [ˈnɔːθwəd] ① adj au nord
② adv (also **northwards**) vers le nord

Northwest Territories [ˌnɔːθwestˈterɪtərɪz] npl (Can) (Territoires mpl du) Nord-Ouest m

Northwest Territory [ˌnɔːθwestˈterɪtərɪ] n (US Hist) Territoire m du Nord-Ouest

Norway [ˈnɔːweɪ] ① n la Norvège
② COMP ▷ **Norway rat** n surmulot m

Norwegian [nɔːˈwiːdʒən] ① adj (gen) norvégien ; ambassador, embassy de Norvège
② n ⓐ (= person) Norvégien(ne) m(f)
ⓑ (Ling) norvégien m

Norwich terrier [ˈnɒrɪdʒ] n (= dog) norwich-terrier m

Nos, nos (abbrev of **numbers**) n°

nose [nəʊz] → SYN ① n ⓐ [of person, animal] nez m ; [of dog, cat] museau m ◆ he has a nice nose il a un joli nez ◆ his nose was bleeding il saignait du nez ◆ the horse won by a nose le cheval a gagné d'une demi-tête ◆ to speak through one's nose nasiller, parler du nez
ⓑ (= sense of smell) odorat m, nez m ◆ to have a good nose avoir l'odorat or le nez fin

ⓒ (= instinct) to have a (good) nose for sth savoir flairer qch ◆ he's got a (good) nose for a bargain/for danger/for a story il sait flairer les bonnes affaires/le danger/les scoops
ⓓ [of wine etc] arôme m, bouquet m
ⓔ (in phrases: fig) with one's nose in the air d'un air hautain ◆ she's always got her nose in a book* elle a toujours le nez fourré dans un livre* ◆ it was there under his very nose or right under his nose all the time c'était là juste or en plein sous son nez ◆ she did it under his very nose or right under his nose elle l'a fait à sa barbe or sous son nez ◆ to look down one's nose at sb/sth prendre qn/qch de haut ◆ he can't see beyond or further than (the end of) his nose il ne voit pas plus loin que le bout de son nez ◆ to turn one's nose up (at sth) faire le dégoûté (devant qch) ◆ to keep one's nose out of sth ne pas se mêler de qch ◆ to poke or stick one's nose into sth mettre or fourrer * son nez dans qch ◆ you'd better keep your nose clean* il vaut mieux que tu te tiennes à carreau * ◆ to lead sb by the nose mener qn par le bout du nez ◆ it gets up my nose * ça me pompe l'air*, ça me tape sur les nerfs* ; (US) ◆ right on the nose* en plein dans le mille ; → **blow¹, end, follow, grindstone, joint, pay, rub, thumb**
② vt ⓐ (= smell) flairer, renifler
ⓑ a van nosed its way past or through une camionnette est passée lentement
③ vi [ship, vehicle] avancer lentement
④ COMP ▷ **nose cone** n [of missile] ogive f ▷ **nose drops** npl gouttes fpl nasales, gouttes fpl pour le nez ▷ **nose flute** n flûte dans laquelle on souffle avec le nez ▷ **nose job*** n (plastic surgery) **to have a nose job** se faire refaire le nez ▷ **nose ring** n anneau m de nez ▷ **nose wheel** n (Aviat) roue f avant du train d'atterrissage

▶ **nose about** *, **nose around** * vi fouiner *, fureter

▶ **nose at** vt fus flairer, renifler

▶ **nose in** vi ⓐ [car] se glisser dans une file
ⓑ * [person] s'immiscer or s'insinuer (dans un groupe)

▶ **nose out** ① vi [car] déboîter prudemment
② vt sep ⓐ [dog] flairer
ⓑ to nose out a secret découvrir un secret ◆ to nose sb out dénicher or dépister qn

nosebag [ˈnəʊzbæɡ] n musette f

noseband [ˈnəʊzbænd] n [of horse] muserolle f

nosebleed [ˈnəʊzbliːd] n saignement m de nez ◆ to have a nosebleed saigner du nez

-nosed [nəʊzd] adj (in compounds) au nez ... ◆ red-nosed au nez rouge ; → **long¹, snub²**

nosedive [ˈnəʊzdaɪv] → SYN ① n ⓐ (Aviat) piqué m
ⓑ (fig) [of stocks, prices] chute f libre, plongeon m ◆ to take a nosedive ⇒ **2b**
② vi ⓐ [plane] descendre en piqué
ⓑ (fig) [stocks] baisser rapidement ; [prices, sales] chuter ; [career] s'effondrer

nosegay [ˈnəʊzɡeɪ] → SYN n petit bouquet m

nosepiece [ˈnəʊzpiːs] n (on spectacles) pont m ; (on microscope) porte-objectif m

nosey * [ˈnəʊzɪ] adj fouineur *, curieux ◆ to be nosey mettre or fourrer * son nez partout ◆ don't be (so) nosey! mêlez-vous de vos affaires or de ce qui vous regarde ! ◆ **Nosey Parker** (pej) fouineur * m, -euse f

nosh ⁂ [nɒʃ] ① n ⓐ (Brit = food) bouffe ⁂ f ◆ to have some nosh boulotter *, bouffer ⁂
ⓑ (US = snack) casse-croûte m
② vi ⓐ (Brit = eat) boulotter *, bouffer ⁂
ⓑ (US = have a snack) manger or grignoter entre les repas
③ COMP ▷ **nosh-up** n (Brit) bouffe ⁂ f ◆ to have a nosh-up bouffer ⁂, bâfrer ⁂

nosily * [ˈnəʊzɪlɪ] adv indiscrètement

nosiness * [ˈnəʊzɪnɪs] n curiosité f

nosing [ˈnəʊzɪŋ] n [of stair] rebord m

nosocomial [ˌnɒsəˈkəʊmɪəl] adj nosocomial

nosography [nɒˈsɒɡrəfɪ] n nosographie f

nosological [ˌnɒsəˈlɒdʒɪkəl] adj nosologique

nosologist [nɒˈsɒlədʒɪst] n nosologiste mf

nosology [nɒ'sɒlədʒɪ] n nosologie f

nostalgia [nɒs'tældʒɪə] → SYN n nostalgie f

nostalgic [nɒs'tældʒɪk] → SYN adj nostalgique ◆ **to be nostalgic for** or **about sth** avoir la nostalgie de qch

nostalgically [nɒ'stældʒɪkəlɪ] adv avec nostalgie

nostoc ['nɒstɒk] n (Bot) nostoc m

Nostradamus [ˌnɒstrə'dɑːməs] n Nostradamus m

nostril ['nɒstrəl] n [of person, dog etc] narine f; [of horse etc] naseau m

nostro account ['nɒstrəʊ] n (Fin) compte m nostro

nostrum ['nɒstrəm] → SYN n (= patent medicine, also fig) panacée f, remède m universel; (= quack medicine) remède m de charlatan

nosy* ['nəʊzɪ] → SYN adj ⇒ **nosey**

not [nɒt] adv **a** (with vb) ne ... pas ◆ **he is not here** il n'est pas ici ◆ **he has not** or **hasn't come** il n'est pas venu ◆ **he will not** or **won't stay** (prediction) il ne restera pas; (refusal) il ne veut pas rester ◆ **is it not?, isn't it?** non?, n'est-ce pas? ◆ **you have got it, haven't you?** vous l'avez (bien), non or n'est-ce pas? ◆ **he told me not to come** il m'a dit de ne pas venir ◆ **not wanting to be heard, he removed his shoes** ne voulant pas qu'on l'entende, il ôta ses chaussures; → **mention**
◆ **not only ... but also ...** non seulement ... mais également ...
b (as substitute for clause) non ◆ **is he coming? – I believe not** est-ce qu'il vient? — je crois que non ◆ **it would appear not** il semble que non ◆ **I am going whether he comes or not** j'y vais qu'il vienne ou non
c (elliptically) **I wish it were not so** (frm) je voudrais bien qu'il en soit autrement ◆ **for the young and the not so young** pour les jeunes et les moins jeunes ◆ **big, not to say enormous** gros pour ne pas dire énorme ◆ **will he come? – as likely as not** est-ce qu'il viendra? – ça se peut ◆ **as likely as not he'll come** il y a une chance sur deux or il y a des chances (pour) qu'il vienne
◆ **not at all** pas du tout ◆ **are you cold? – not at all** avez-vous froid? — pas du tout ◆ **thank you very much – not at all** merci beaucoup — je vous en prie or de rien or il n'y a pas de quoi
◆ **not in the least** pas du tout, nullement
◆ **not that ...** ◆ **not that I care** non pas que cela me fasse quelque chose ◆ **not that I know of** pas (autant) que je sache ◆ **not that they haven't been useful** on ne peut pas dire qu'ils or ce n'est pas qu'ils n'aient pas été utiles
◆ **why not?** pourquoi pas?
d (understatement) **a few ...** bien des ..., pas mal de ... ◆ **not without reason** non sans raison ◆ **not without some regrets** non sans quelques regrets ◆ **I shall not be sorry to ...** je ne serai pas mécontent de ... ◆ **it is not unlikely that ...** il n'est pas du tout impossible que ... ◆ **a not inconsiderable number of ...** un nombre non négligeable de ...
e (with pron etc) **not me** or (frm) **I!** moi pas!, pas moi! ◆ **not one book** pas un livre ◆ **not one man knew** pas un (homme) ne savait ◆ **not everyone can do that** tout le monde n'en est pas capable, ce n'est pas donné à tout le monde ◆ **not any more** plus (maintenant) ◆ **not yet** pas encore
f (with adj) non, pas ◆ **not guilty** non coupable ◆ **not negotiable** non négociable

notability [ˌnəʊtə'bɪlɪtɪ] → SYN n **a** (NonC) [of quality] prééminence f
b [of person] notabilité f, notable m

notable ['nəʊtəbl] → SYN **1** adj designer, philosopher, example éminent; fact notable, remarquable; success remarquable ◆ **with a few notable exceptions** à quelques notables exceptions près ◆ **to be notable for sth** se distinguer par qch ◆ **it is notable that ...** il est remarquable que ... (+ subj)
2 n notable m

notably ['nəʊtəblɪ] LANGUAGE IN USE 26.2 → SYN adv
a (= in particular) notamment
b (= noticeably) notablement ◆ **notably, she failed to mention ...** il est significatif or intéressant qu'elle n'ait pas mentionné ...

notarial [nəʊ'tɛərɪəl] adj seal notarial; deed notarié; style de notaire

notarize ['nəʊtəˌraɪz] vt (US) [notary] authentifier, certifier conforme

notary ['nəʊtərɪ] n (also **notary public**) notaire m ◆ **before a notary** par-devant notaire

notate [nəʊ'teɪt] vt (Mus) noter, transcrire

notation [nəʊ'teɪʃən] → SYN n (Mus, Ling, Math) notation f

notch [nɒtʃ] → SYN **1** n (in wood, stick etc) entaille f, encoche f; (in belt etc) cran m; (in wheel, board etc) dent f, cran m; (in saw) dent f; (in blade) ébréchure f; (US Geog) défilé m; (Sewing) cran m ◆ **he pulled his belt in one notch** il a resserré sa ceinture d'un cran ◆ **to be a notch/several notches above sth** (fig) être un peu/nettement mieux que qch
2 vt [+ stick etc] encocher; [+ wheel etc] cranter, denteler; [+ blade] ébrécher; (Sewing) [+ seam] cranter

▶ **notch together** vt sep (Carpentry) assembler à entailles

▶ **notch up** vt sep [+ score, point, win, success] marquer

notchback ['nɒtʃbæk] n (US = car) tricorps f, trois-volumes f

NOT circuit [nɒt] n circuit m NON

note [nəʊt] LANGUAGE IN USE 26.1, 26.2 → SYN
1 n **a** (= short record of facts, things to do etc) note f ◆ **to take** or **make a note of sth** prendre qch en note, prendre note de qch ◆ **I must make a mental note to buy some more** il faut que je me souvienne d'en racheter ◆ **to take** or **make notes** [student, policeman, secretary etc] prendre des notes ◆ **lecture notes** notes fpl de cours ◆ **to speak from notes** parler en consultant ses notes ◆ **to speak without notes** parler sans notes or papiers; → **compare**
b (= short commentary) note f, annotation f ◆ **author's note** note f de l'auteur ◆ **translator's notes** (= footnotes etc) remarques fpl or notes fpl du traducteur; (= foreword) préface f du traducteur ◆ **"Notes on Molière"** "Notes sur Molière" ◆ **notes on a literary work** commentaire m sur un ouvrage littéraire ◆ **to put notes into a text** annoter un texte
c (= informal letter) mot m ◆ **take a note to Mr Jones** (to secretary) je vais vous dicter un mot pour M. Jones ◆ **just a quick note to tell you ...** un petit mot à la hâte or en vitesse pour te dire ...
d (Diplomacy) note f ◆ **diplomatic note** note f diplomatique, mémorandum m ◆ **official note from the government** note f officielle du gouvernement
e (Mus) note f; [of piano] touche f; [of bird] note f ◆ **to hold a note** tenir or prolonger une note ◆ **to play a false note, to sing a false note** faire une fausse note
f (fig = tone) note f ◆ **on an optimistic/positive note** sur une note optimiste/positive ◆ **on a personal/practical note** d'un point de vue personnel/pratique ◆ **if I could add just a personal note** si je peux me permettre une remarque personnelle ◆ **on a more positive note ...** pour continuer sur une note plus optimiste ... ◆ **peace talks ended on a high/a more positive note** les pourparlers de paix se sont terminés sur une note optimiste/plus positive ◆ **on a more serious note ...** plus sérieusement or pour passer aux choses sérieuses ... ◆ **the talks began on a friendly note** les négociations ont débuté sur une note amicale ◆ **his speech struck the right/wrong note** son discours était bien dans la note/n'était pas dans la note ◆ **several speakers struck a pessimistic note** plusieurs orateurs se sont montrés pessimistes
g (= quality, implication) note f, accent m ◆ **with a note of anxiety in his voice** avec une note d'anxiété dans la voix ◆ **his voice held a note of desperation** sa voix avait un accent de désespoir ◆ **a note of nostalgia** une note or touche nostalgique ◆ **a note of warning** un avertissement discret
h (Brit: also **banknote**) billet m (de banque) ◆ **ten-pound note** billet m de dix livres (sterling)
i (Comm) (= promise to pay) effet m, billet m; (= voucher) bon m ◆ **note of hand** reconnaissance f (de dette) ◆ **notes payable** (Fin) effets mpl à payer; → **advice, promissory note**

j (NonC: frm = notability) **a man of note** un homme éminent or de marque ◆ **a family of note** une famille éminente ◆ **all the people of note** toutes les personnes importantes ◆ **nothing of note** rien d'important
k (NonC = notice) **to take note of** prendre (bonne) note de, remarquer ◆ **take note!** prenez bonne note! ◆ **the critics took note of the book** les critiques ont remarqué le livre ◆ **they will take note of what you say** ils feront or prêteront attention à ce que vous dites ◆ **worthy of note** (frm) remarquable, digne d'attention
2 vt **a** (gen) noter, prendre (bonne) note de (frm); (Jur) prendre acte de ◆ **to note a fact** (gen) prendre note d'un fait; (Jur) prendre acte d'un fait ◆ **which fact is duly noted** (Jur) dont acte ◆ **we have noted your remarks** nous avons pris (bonne) note de vos remarques
b (= notice) constater ◆ **to note an error** constater une erreur ◆ **I note that ...** je constate que ... ◆ **note that the matter is not yet closed** notez bien que l'affaire n'est pas encore close
c (also **note down**) noter ◆ **let me note it (down)** laissez-moi le noter ◆ **to note (down) sb's remarks** noter les remarques de qn ◆ **to note (down) an appointment in one's diary** noter un rendez-vous dans son agenda
3 COMP ▷ **note-case** n (Brit) portefeuille m, porte-billets m inv ▷ **note issue** n émission f fiduciaire

▶ **note down** vt sep ⇒ **note 2c**

notebook ['nəʊtbʊk] → SYN n **a** (= notepad) carnet m, calepin m; (Scol) cahier m; (tear-off) bloc-notes m
b (Comput: also **notebook computer**) notebook m

noted ['nəʊtɪd] → SYN adj historian, writer éminent, célèbre; thing, fact célèbre ◆ **to be noted for sth/for doing sth** être connu pour qch/pour avoir fait qch ◆ **a man not noted for his generosity** (iro) un homme qui ne passe pas pour être particulièrement généreux

notelet ['nəʊtlɪt] n carte-lettre f

notepad ['nəʊtpæd] n bloc-notes m

notepaper ['nəʊtpeɪpər] n papier m à lettres

noteworthiness ['nəʊtwɜːðɪnɪs] n importance f

noteworthy ['nəʊtwɜːðɪ] → SYN adj (frm) remarquable, notable ◆ **it is noteworthy that ...** il convient de noter que ...

nothing ['nʌθɪŋ] → SYN **1** n **a** rien m (+ ne before vb) ◆ **I saw nothing** je n'ai rien vu ◆ **nothing happened** il n'est rien arrivé, il ne s'est rien passé ◆ **to eat nothing** ne rien manger ◆ **nothing to eat/read** rien à manger/à lire ◆ **he's had nothing to eat yet** il n'a encore rien mangé ◆ **nothing could be easier** rien de plus simple ◆ **nothing pleases him** rien ne le satisfait, il n'est jamais content
b (+ adj) rien de ◆ **nothing new/interesting** etc rien de nouveau/d'intéressant etc
c (in phrases)

For set expressions such as **nothing doing**, **nothing else, nothing like**, etc. look up the other word.

◆ **he's five foot nothing*** il ne fait qu'un (petit) mètre cinquante deux ◆ **as if nothing had happened** comme si de rien n'était ◆ **I can do nothing (about it)** je n'y peux rien ◆ **he got nothing out of it** il n'en a rien retiré, il n'y a rien gagné ◆ **all his fame was as nothing, all his fame counted for nothing** toute sa gloire ne comptait pour rien ◆ **nothing of the kind!** absolument pas!, (mais) pas du tout! ◆ **don't apologize, it's nothing** ne vous excusez pas, ce n'est rien ◆ **that is nothing to you** (= it's easy for you) pour vous ce n'est rien ◆ **£500 is nothing to her** 500 livres, c'est une bricole pour elle, elle n'en est pas à 500 livres près ◆ **she is** or **means nothing to him** elle n'est rien pour lui ◆ **it's** or **it means nothing to me whether he comes or not** il m'est indifférent qu'il vienne ou non ◆ **her secretarial skills are nothing compared with** or **to her sister's** elle est beaucoup moins bonne secrétaire que sa sœur ◆ **that's nothing to what is to come** ce n'est rien à côté de ce qui nous attend ◆ **I can make nothing of it** je n'y comprends rien ◆ **there's nothing to it*** c'est facile (comme tout*) ◆ **you get nothing for nothing** on n'a rien

nothingness / notional

pour rien ◆ **to come to nothing** ne pas aboutir, ne rien donner, faire fiasco ◆ **to be reduced to nothing** être réduit à néant ◆ **there is nothing to laugh at** il n'y a pas de quoi rire ◆ **I've got nothing to say** je n'ai rien à dire ◆ **he had nothing to say for himself** (= no explanation) il ne trouvait aucune excuse; (= no conversation) il n'avait pas de conversation ◆ **in nothing flat** * (= very quickly) en un rien de temps, en cinq sec *

◆ **for nothing** (= in vain) en vain, inutilement; (= without payment) pour rien, gratuitement; (= for no reason) sans raison ◆ **he was working for nothing** il travaillait gratuitement or sans se faire payer ◆ **I'm not Scottish for nothing** * (hum) ce n'est pas pour rien que je suis écossais

◆ **nothing but** ◆ **he does nothing but eat** il ne fait que manger ◆ **he does nothing but complain** il ne fait que se plaindre, il n'arrête pas de se plaindre ◆ **I get nothing but complaints all day** je n'entends que des plaintes à longueur de journée ◆ **there's nothing for it but to go** (Brit) il n'y a qu'à or il ne nous reste qu'à partir

◆ **nothing in ...** ◆ **there's nothing in it** (= not interesting) c'est sans intérêt; (= not true) ce n'est absolument pas vrai; (= no difference) c'est du pareil au même; (in contest = very close) c'est très serré ◆ **there's nothing in these rumours** il n'y a rien de vrai or pas un grain de vérité dans ces rumeurs ◆ **there's nothing in it** * **for us** nous n'avons rien à y gagner ◆ **Oxford is leading, but there's nothing in it** Oxford est en tête, mais c'est très serré

◆ **nothing on** ◆ **to have nothing on** (= be naked) être nu; (= have no plans) être libre ◆ **I have nothing on (for) this evening** je suis libre ce soir, je n'ai rien de prévu ce soir ◆ **the police have nothing on him** la police n'a rien pu retenir contre lui ◆ **he has nothing on her** * (fig = isn't as good as) il ne lui arrive pas à la cheville

◆ **nothing to do with** ◆ **that has nothing to do with us** nous n'avons rien à voir là-dedans ◆ **I've got nothing to do with it** je n'y suis pour rien ◆ **have nothing to do with it!** ne vous en mêlez pas! ◆ **that has nothing to do with it** cela n'a rien à voir

◆ **to say nothing of ...** sans parler de ... ◆ **the tablecloth was ruined, to say nothing of my shirt** la nappe était fichue *, sans parler de ma chemise

d (Math *) zéro m

e (NonC = nothingness) néant m, rien m

f (= person) nullité f; (= thing) vétille f, rien m ◆ **it's a mere nothing compared with what he spent last year** ça n'est rien en comparaison de ce qu'il a dépensé l'an dernier ◆ **he's a nothing** c'est une nullité

2 adv aucunement, nullement ◆ **nothing less than rien moins que** ◆ **it was nothing like as big as we thought** c'était loin d'être aussi grand qu'on avait cru ◆ **nothing daunted, he ...**, nullement or aucunement découragé, il ..., sans se (laisser) démonter, il ...;
→ **loath**

3 adj (US * pej) minable, de rien du tout

nothingness ['nʌθɪŋnɪs] → SYN n (NonC) néant m

notice ['nəʊtɪs] → SYN **1** n **a** (NonC) (= warning, intimation) avis m, notification f; (Jur = official personal communication) mise f en demeure; (= period) délai m; (= end of work contract) (by employer) congé m; (by employee) démission f ◆ **I must have (some) notice of what you intend to do** il faut que je sois prévenu or avisé à l'avance de ce que vous avez l'intention de faire ◆ **we require six days' notice** nous demandons un préavis de six jours ◆ **a week's notice** une semaine de préavis, un préavis d'une semaine ◆ **I must have at least a week's notice if you want to ...** il faut me prévenir or m'avertir au moins une semaine à l'avance si vous voulez ... ◆ **we had no notice (of it)** nous n'avons pas été prévenus à l'avance ◆ **advance** or **previous notice** préavis m ◆ **final notice** dernier avertissement m ◆ **to get one's notice** (from job) recevoir son congé, être licencié ◆ **to give notice to** [+ tenant] donner congé à; [+ landlord etc] donner un préavis de départ à ◆ **to give notice that ...** faire savoir que ...; (Admin etc: officially) donner acte que ... ◆ **to give notice of sth** annoncer qch ◆ **notice is hereby given that ...** il est porté à la connaissance du public par la présente que ... ◆ **to give sb notice of sth** avertir or prévenir qn de qch; (Admin etc: officially) donner acte à qn de qch ◆ **to give sb notice that ...** aviser qn que ..., faire savoir à qn que ... ◆ **he gave her notice to ...** il l'a avisée qu'elle devait ... ◆ **to give sb notice (of dismissal)** [+ employee] licencier qn, renvoyer qn; [+ servant etc] donner son congé à qn, congédier qn ◆ **to give in** or **hand in one's notice** [professional or office worker] donner sa démission; [servant] donner ses huit jours ◆ **to serve notice on sb that ...** aviser qn que ..., faire savoir à qn que ...

b (Jur) **notice to appear** assignation f (à comparaître) ◆ **notice of calls** (Jur, Fin) (avis m d')appel m de fonds ◆ **notice to pay** avis m d'avoir à payer ◆ **notice to quit** (to tenant etc) congé m ◆ **notice of receipt** (Comm) avis m de réception ◆ **notice of termination** (Jur) avis m de clôture (d'une procédure)

c **at short notice** (Fin) à court terme ◆ **he rang me up at short notice** il m'a téléphoné à la dernière minute ◆ **you must be ready to leave at very short notice** il faut que vous soyez prêt à partir dans les plus brefs délais ◆ **I know it's short notice, but can I come this evening?** je sais que je préviens un peu tard, mais est-ce que je peux venir ce soir? ◆ **at a moment's notice** sur-le-champ, immédiatement ◆ **at three days' notice** dans un délai de trois jours ◆ **he's under notice (to leave)** (from job) il a reçu son congé ◆ **until further notice** jusqu'à nouvel ordre ◆ **without (previous) notice** (Admin frm) sans préavis, sans avis préalable ◆ **he was dismissed without (any) notice** il a été renvoyé sans préavis

d (= announcement) avis m, annonce f; (in newspaper) (= advert etc) annonce f; (= short article) entrefilet m; (= poster) affiche f, placard m; (= sign) pancarte f, écriteau m ◆ **birth/marriage/death notice** annonce f de naissance/mariage/décès ◆ **public notice** avis m au public ◆ **to put a notice in the paper** mettre or faire insérer une annonce dans le journal ◆ **I saw a notice in the paper about the concert** (Press) j'ai vu une annonce or un entrefilet dans le journal à propos du concert ◆ **the notice says "keep out"** l'écriteau porte l'inscription "défense d'entrer" ◆ **the notice of the meeting was published in ...** l'annonce de la réunion a été publiée dans ...

e (= review) [of book, film, play etc] compte rendu m, critique f ◆ **the book/film/play got good notices** le livre/le film/la pièce a eu de bonnes critiques

f (= attention) **it escaped his notice that ...** il ne s'est pas aperçu que ... ◆ **nothing escapes their notice** rien ne leur échappe ◆ **to attract notice** se faire remarquer; (deliberately = show off) s'afficher (pej) ◆ **it has attracted a lot of notice** cela a suscité un grand intérêt ◆ **to avoid notice** (essayer de) passer inaperçu ◆ **to bring sth to sb's notice** faire observer or remarquer qch à qn, porter qch à la connaissance de qn ◆ **it has come** or **it has been brought to my notice that ...** (frm) il a été porté à ma connaissance que ..., on m'a signalé que ...

◆ **to take notice of sb/sth** tenir compte de qn/qch, faire or prêter attention à qn/qch ◆ **a lot of notice he takes of me!** * pour lui c'est comme si je n'existais pas! ◆ **I wasn't taking much notice at the time** je ne faisais pas très attention à ce moment-là

◆ **to take no notice of sb/sth** ne tenir aucun compte de qn/qch, ne pas faire attention à qn/qch ◆ **take no notice!** ne faites pas attention! ◆ **he took no notice of her remarks** il n'a absolument pas tenu compte de ses remarques ◆ **he took no notice of her** il n'a absolument pas fait attention à elle; (iro)

2 vt **a** (= perceive) s'apercevoir de, remarquer; (= heed) faire attention à ◆ **I noticed a tear in his coat** j'ai remarqué un accroc dans son manteau ◆ **when he noticed me he called out to me** quand il m'a vu, il m'a appelé ◆ **to notice a mistake** remarquer une faute, s'apercevoir d'une faute ◆ **without my noticing it** sans que je le remarque (subj) or que je m'en aperçoive ◆ **I'm afraid I didn't notice** malheureusement je n'ai pas remarqué ◆ **did you notice what he said/when he arrived?** avez-vous remarqué ce qu'il a dit/à quelle heure il est arrivé? ◆ **I never notice such things** je ne remarque jamais ce genre de chose ◆ **I noticed her hesitating** j'ai remarqué or je me suis aperçu qu'elle hésitait ◆ **I notice you have a new dress** je vois que vous avez une nouvelle robe ◆ **yes, so I've noticed!** je m'en suis aperçu!, j'ai remarqué!

b (= review) [+ book, film, play] faire le compte rendu or la critique de

3 COMP ▷ **notice board** n (esp Brit) (printed or painted sign) écriteau m, pancarte f; (for holding announcements) panneau m d'affichage

noticeable ['nəʊtɪsəbl] LANGUAGE IN USE 26.3 → SYN adj effect, difference, improvement visible, sensible; lack évident, sensible ◆ **it isn't really noticeable** ça ne se voit pas vraiment ◆ **it is noticeable that ...** on voit bien que ... ◆ **to be noticeable by one's absence** briller par son absence

noticeably ['nəʊtɪsəblɪ] adv better, worse, higher, lower nettement ◆ **to be noticeably absent** briller par son absence ◆ **noticeably lacking** manquant visiblement ◆ **to improve noticeably** s'améliorer sensiblement ◆ **he shuddered noticeably** il frissonna de façon visible

notifiable ['nəʊtɪfaɪəbl] adj (frm: Admin) disease à déclarer obligatoirement; offence à signaler ◆ **all changes of address are notifiable immediately** tout changement d'adresse doit être signalé immédiatement aux autorités

notification [,nəʊtɪfɪ'keɪʃən] → SYN n (NonC) avis m; (Jur, Admin) notification f; [of marriage, engagement] annonce f; [of birth, death] déclaration f ◆ **written notification** (Press) notification f écrite

notify ['nəʊtɪfaɪ] → SYN vt ◆ **to notify sth to sb** signaler or notifier qch à qn ◆ **to notify sb of sth** aviser or avertir qn de qch ◆ **any change of address must be notified** tout changement d'adresse doit être signalé or notifié ◆ **you will be notified later of the result** on vous communiquera le résultat ultérieurement or plus tard

notion ['nəʊʃən] → SYN **1** n **a** (= thought, project) idée f ◆ **I've got a notion for a play** j'ai l'idée d'une pièce ◆ **I hit (up)on the notion of going to see her** tout à coup l'idée m'est venue d'aller la voir ◆ **the notion never entered my head!** cette idée ne m'est jamais venue à l'esprit or ne m'a jamais effleuré! ◆ **he got the notion (into his head)** or **he somehow got hold of the notion that she wouldn't help him** il s'est mis en tête (l'idée) qu'elle ne l'aiderait pas ◆ **where did you get the notion** or **what gave you the notion that I couldn't come?** qu'est-ce qui t'a fait penser que je ne pourrais pas venir? ◆ **to put notions into sb's head** *, **to give sb notions** * mettre or fourrer * des idées dans la tête de qn ◆ **that gave me the notion of inviting her** c'est ce qui m'a donné l'idée de l'inviter ◆ **I'd had a few notions about being a journalist** j'avais songé à devenir journaliste

b (= opinion) idée f, opinion f; (= way of thinking) façon f de penser ◆ **he has some odd notions** il a de drôles d'idées ◆ **she has some odd notions about how to bring up children** elle a de drôles d'idées sur la façon d'élever les enfants ◆ **according to his notion** selon sa façon de penser ◆ **if that's your notion of fun ...** si c'est ça que tu appelles t'amuser ... ◆ **it wasn't my notion of a holiday** ce n'était pas ce que j'appelle des vacances

c (= vague knowledge) idée f, notion f ◆ **I've got some notion of physics** j'ai quelques notions de physique ◆ **have you any notion of what he meant to do?** avez-vous la moindre idée de ce qu'il voulait faire? ◆ **I haven't the least** † or **slightest** or **foggiest** * **notion** je n'en ai pas la moindre idée ◆ **I have a notion that he was going to Paris** j'ai dans l'idée qu'il allait à Paris ◆ **I had no notion they knew each other** je n'avais aucune idée or j'ignorais absolument qu'ils se connaissaient ◆ **he has no notion of time** il n'a pas la notion du temps

2 notions npl (US = ribbons, thread etc) (articles mpl de) mercerie f

notional ['nəʊʃənl] → SYN adj **a** (= hypothetical) value, profit, amount théorique, hypothétique; time, line imaginaire

b (Philos) notionnel, conceptuel

c (Ling) grammar notionnel ◆ **notional word** mot m plein

d (US = whimsical) person capricieux, fantasque

notionally ['nəʊʃənəlɪ] adv (= hypothetically) théoriquement

notochord ['nəʊtəkɔːd] n (Anat) notocorde f

notoriety [ˌnəʊtəˈraɪətɪ] → SYN n **a** (NonC) (triste) notoriété f, triste réputation f

b (= person) individu m au nom tristement célèbre

notorious [nəʊˈtɔːrɪəs] → SYN adj criminal, liar, womaniser, meanness, brothel notoire ; crime, case célèbre ; person, prison tristement célèbre ◆ **the notorious Richard** le tristement célèbre Richard ◆ **to be notorious for one's meanness** être d'une mesquinerie notoire ◆ **to be notorious for one's racism** être bien connu pour ses idées racistes ◆ **he's notorious as a womaniser** c'est un coureur de jupons notoire ◆ **he's notorious for murdering his wife** il est tristement célèbre pour avoir assassiné sa femme ◆ **it is notorious that ...** il est notoire que ...

notoriously [nəʊˈtɔːrɪəslɪ] → SYN adv slow, unreliable, fickle notoirement ◆ **notoriously cruel/inefficient** d'une cruauté/incompétence notoire ◆ **it is notoriously difficult to do that** chacun sait à quel point c'est difficile à faire

Notts abbrev of **Nottinghamshire**

notwithstanding [ˌnɒtwɪθˈstændɪŋ] → SYN **1** prep malgré, en dépit de

2 adv néanmoins, malgré tout

3 conj (also **notwithstanding that**) quoique (+ subj), bien que (+ subj)

nougat ['nuːgɑː, 'nʌgət] n nougat m

nought [nɔːt] → SYN n → **naught** ; → ZERO

Nouméa [ˌnuːˈmeɪə] n Nouméa

noun [naʊn] **1** n nom m, substantif m

2 COMP ▷ **noun clause** n proposition f ▷ **noun phrase** n syntagme m nominal

nourish ['nʌrɪʃ] → SYN vt [+ person] nourrir (with de) ; [+ leather etc] entretenir ; (fig) [+ hopes etc] nourrir, entretenir ; → **ill, undernourish, well²**

nourishing ['nʌrɪʃɪŋ] → SYN adj (= nutritious) food nourrissant, nutritif ; (Cosmetics) cream qui nourrit la peau

nourishment ['nʌrɪʃmənt] → SYN n (NonC = food) nourriture f, aliments mpl ◆ **to take nourishment** (frm) se nourrir, s'alimenter ◆ **he has taken (some) nourishment** (frm) il s'est alimenté ◆ **sugar provides no real nourishment, there's no real nourishment in sugar** le sucre n'est pas vraiment nourrissant

nous * [naʊs] n (NonC: Brit) bon sens m ◆ **he's got a lot of nous** il a du plomb dans la cervelle *

Nov. abbrev of **November**

nova ['nəʊvə] n, pl **novas** or **novae** ['nəʊviː] nova f

Nova Scotia [ˌnəʊvəˈskəʊʃə] n la Nouvelle-Écosse

Nova Scotian [ˌnəʊvəˈskəʊʃən] **1** adj néo-écossais

2 n Néo-Écossais(e) m(f)

novation [nəʊˈveɪʃən] n (Jur) novation f

Novaya Zemlya [ˌnɒvəjəzɪmˈljɑː] n Nouvelle-Zemble f, Novaïa Zemlia f

novel ['nɒvəl] → SYN **1** n (Literat) roman m

2 adj original

novelette [ˌnɒvəˈlet] n (Literat) nouvelle f ; (trivial) roman m de quatre sous (pej) ; (= love story) roman m à l'eau de rose

novelist ['nɒvəlɪst] n romancier m, -ière f

novelistic [ˌnɒvəˈlɪstɪk] adj romanesque

novelization [ˌnɒvəlaɪˈzeɪʃən] n novélisation f

novelize ['nɒvəˌlaɪz] vt novéliser

novella [nəʊˈvelə] n, pl **novellas** or **novelle** [nəʊˈveleɪ] roman m court

novelty ['nɒvəltɪ] → SYN n **a** (NonC) (= newness) nouveauté f ; (= unusualness) étrangeté f ◆ **once** or **when the novelty has worn off** une fois passée la nouveauté

b (= idea, thing) innovation f ◆ **it was quite a novelty** c'était une innovation or du nouveau or de l'inédit

c (Comm) (article m de) nouveauté f, fantaisie f

November [nəʊˈvembər] n novembre m ; for phrases see **September**

novena [nəʊˈviːnə] n, pl **novenae** [nəʊˈviːniː] neuvaine f

novice ['nɒvɪs] → SYN **1** n **a** (= beginner) novice mf, débutant(e) m(f) ◆ **to be a novice at sth** être novice en qch ◆ **he's a novice in politics, he's a political novice** c'est un novice or débutant en politique ◆ **he's no novice** il n'est pas novice, il n'en est pas à son coup d'essai

b (Sport) (= person) débutant(e) m(f) (sportif qui n'a pas remporté de titre important) ; (= racehorse) cheval qui n'a pas remporté suffisamment de courses

c (Rel) novice mf

2 adj worker, writer etc novice, débutant

noviciate, novitiate [nəʊˈvɪʃɪɪt] n **a** (Rel) (= period) (temps m du) noviciat m ; (= place) maison f des novices, noviciat m

b (fig) noviciat m, apprentissage m

Novocain(e) ® ['nəʊvəʊˌkeɪn] n novocaïne f

Novosibirsk [ˌnəvəsɪˈbɪrsk] n Novossibirsk

NOW [naʊ] (in US) (abbrev of **National Organization for Women**) organisation féministe

now [naʊ] → SYN **1** adv **a** (= at this time) maintenant ; (= these days, at the moment) actuellement, en ce moment ; (= at that time) alors, à ce moment-là ◆ **now I'm ready** je suis prêt maintenant ◆ **now is the best time to go to Scotland** c'est maintenant le meilleur moment pour aller en Écosse ◆ **she's a widow now** elle est maintenant veuve ◆ **the couple, who now have three children ...** ce couple, qui a maintenant trois enfants ... ◆ **they won't be long now** ils ne vont pas tarder (maintenant) ◆ **what are you doing now?** qu'est-ce que tu fais actuellement or en ce moment ? ◆ **strawberries are in season now** c'est la saison des fraises ◆ **he now understood why she had left him** alors il comprit or il comprit alors pourquoi elle l'avait quitté ◆ **now is the time to do it** c'est le moment de le faire ◆ **I'll do it (right) now** je vais le faire dès maintenant or à l'instant ◆ **I am doing it (right) now** je suis (justement) en train de le faire, je le fais à l'instant même ◆ **now for the question of your expenses** et maintenant en ce qui concerne la question de vos dépenses ◆ **how can I believe you now?** comment puis-je te croire maintenant ? ◆ **(every) now and again, (every) now and then** de temps en temps, de temps à autre ◆ **it's now or never!** c'est le moment ou jamais !

◆ **even now** ◆ **even now there's time to change your mind** il est encore temps (maintenant) de changer d'avis ◆ **even now he doesn't believe me** il ne me croit toujours pas ◆ **people do that even now** les gens font ça encore aujourd'hui or maintenant ◆ **even now we are very short of money** encore actuellement or à l'heure actuelle nous avons très peu d'argent

b (with prep) **between now and next Tuesday** d'ici (à) mardi prochain ◆ **that will do for now** ça ira pour l'instant or pour le moment ◆ **till now, until now, up to now** (= till this moment) jusqu'à présent, jusqu'ici ; (= till that moment) jusque-là

◆ **before now** ◆ **you should have done that before now** vous auriez déjà dû l'avoir fait ◆ **before now people thought that ...** auparavant les gens pensaient que ... ◆ **you should have finished long before now** il y a longtemps que vous auriez dû avoir fini ◆ **long before now it was realized that ...** il y a longtemps déjà, on comprenait que ...

◆ **by now** ◆ **they should have arrived by now** ils devraient être déjà arrivés, ils devraient être arrivés à l'heure qu'il est ◆ **haven't you finished by now?** vous n'avez toujours pas fini ?, vous n'avez pas encore fini ? ◆ **by now it was clear that ...** dès lors, il était évident que ...

◆ **from now** ◆ **(in) three weeks from now** dans trois semaines ◆ **from now until then** d'ici là ◆ **from now on(wards)** (with present tense) à partir de maintenant ; (with future tense) à partir de maintenant, dorénavant, désormais ; (with past tense) dès lors, dès ce moment-là

c (showing alternation) **now walking, now running** tantôt (en) marchant tantôt (en) courant ◆ **now here, now there** tantôt par ici tantôt par là

d (without temporal implication) **now!** bon !, alors ! ◆ **now, now!** allons, allons ! ◆ **now, Simon!** (warning) allons, Simon ! ◆ **come now!** allons ! ◆ **well, now!** eh bien ! ◆ **now then, let's start!** bon, commençons ! ◆ **now then, what's all this?** alors, qu'est-ce que c'est que ça ? ◆ **now, they had been looking for him all morning** or, ils avaient passé toute la matinée à sa recherche ◆ **now, he was a fisherman** or, il était pêcheur ◆ **now do be quiet for a minute** allons, taisez-vous une minute

2 conj maintenant que ◆ **now (that) you've seen him** maintenant que vous l'avez vu

3 adj **a** (esp US = present) actuel ◆ **the now president** le président actuel

b * (= exciting and new) clothes du dernier cri ; (= interested in new things) people branché *, dans le vent

4 n → **here**

nowadays ['naʊəˌdeɪz] → SYN adv (in contrast to past years) de nos jours, aujourd'hui ; (in contrast to recently) ces jours-ci ◆ **rents are very high nowadays** les loyers sont très élevés de nos jours ◆ **why don't we ever see Jim nowadays?** pourquoi ne voit-on plus jamais Jim ces jours-ci ?

noway(s) ['nəʊweɪ(z)] adv (US) (after request for favour) pas question ; (= not at all) pas du tout

nowhere ['nəʊwɛər], **nowheres** * (US) ['nəʊwɛəz] adv **a** (lit = no place) nulle part ◆ **they have nowhere to go** ils n'ont nulle part où aller ◆ **there was nowhere to hide** il n'y avait aucun endroit où se cacher ◆ **from (out of) nowhere** de nulle part ◆ **there's nowhere I'd rather be** je me sens vraiment bien ici ◆ **there is nowhere more romantic than Paris** il n'y a pas d'endroit plus romantique que Paris ◆ **it's nowhere you know** ce n'est pas un endroit que tu connais ◆ **it's nowhere you'll ever find it** tu n'arriveras jamais à le trouver ◆ **where are you going? – nowhere special** or **nowhere in particular** où vas-tu ? — nulle part ◆ **she was nowhere to be found** elle était introuvable ◆ **he was nowhere in sight** or **nowhere to be seen** il avait disparu ; → **else, middle**

b (fig) **without him I would be nowhere** sans lui, je ne serais arrivé à rien ◆ **to come nowhere** (Sport) n'arriver à rien ◆ **he came from nowhere to take the lead from Coe** contre toute attente, il a dépassé Coe ◆ **he came from nowhere to win the election** cet outsider a remporté l'élection ◆ **the enquiry was getting nowhere** l'enquête piétinait ◆ **threatening me will get you nowhere** vous n'obtiendrez rien en me menaçant ◆ **lying will get you nowhere** ça ne te servira à rien de mentir ◆ **we're getting** or **this is getting us nowhere (fast)** * ça ne nous mène à rien, on tourne en rond ◆ **to be going nowhere (fast)** * [person] n'arriver à rien ; [talks] être dans l'impasse ◆ **to get nowhere with sb** n'arriver à rien avec qn ◆ **a fiver goes nowhere these days** on ne va pas loin avec un billet de cinq livres (or dollars) aujourd'hui

◆ **nowhere near** ◆ **his house is nowhere near the church** sa maison n'est pas près de l'église du tout ◆ **you are nowhere near the truth** vous êtes à mille lieues de la vérité ◆ **you're nowhere near it!, you're nowhere near right!** tu n'y es pas du tout ! ◆ **we're nowhere near finding a cure** nous sommes loin d'avoir trouvé un traitement ◆ **she is nowhere near as clever as he is** elle est nettement moins intelligente que lui ◆ **£10 is nowhere near enough** 10 livres sont loin de suffire ; see also **near 1b**

nowise ['nəʊwaɪz] adv (US) ⇒ **noway(s)**

nowt [naʊt] n (Brit dial) ⇒ **nothing**

noxious ['nɒkʃəs] adj (= toxic) gas, substance nocif ; (= unpleasant) smell infect, nauséabond ; (= repugnant) attitude, behaviour odieux ; influence, habit nocif ◆ **to have a noxious effect on** avoir un effet nocif sur

nozzle ['nɒzl] n **a** [of hose etc] ajutage m, jet m ; [of syringe] canule f ; (for icing) douille f ; [of bellows] bec m ; [of vacuum cleaner] suceur m ; [of flamethrower] ajutage m

b (⁂ = nose) pif ⁂ m, blair ⁂ m

NP (abbrev of **notary public**) notaire m

NPD [ˌenpiːˈdiː] n (Comm) (abbrev of **new product development**) → **new**

NPV [ˌenpiːˈviː] n (Fin) (abbrev of **net present value**) VAN f

nr prep abbrev of **near**

NRA [ˌenɑːˈreɪ] n **a** (US) (abbrev of **National Rifle Association**) → **national**
  b (Brit) (abbrev of **National Rivers Authority**) administration nationale des cours d'eau

NRV [ˌenɑːˈviː] n (Fin) (abbrev of **net realizable value**) → **net²**

NS abbrev of **Nova Scotia**

n/s 1 n abbrev of **nonsmoker**
  2 adj abbrev of **nonsmoking**

NSAID [ˌenesəɪˈdiː] n (Med) (abbrev of **nonsteroidal anti-inflammatory drug**) AINS m (anti-inflammatoire m non-stéroïdien)

NSB [ˌenesˈbiː] n (Brit) (abbrev of **National Savings Bank**) → **national**

NSC [ˌenesˈsiː] n **a** (US Pol) (abbrev of **National Security Council**) → **national**
  b (Brit) (abbrev of **National Safety Council**) → **national**

NSPCC [ˌenespiːˈsiːsiː] n (Brit) (abbrev of **National Society for the Prevention of Cruelty to Children**) société pour la protection de l'enfance

NSU [ˌenesˈjuː] n (Med) (abbrev of **nonspecific urethritis**) → **nonspecific**

NSW (Geog) (abbrev of **New South Wales**) → **new**

NT a (Bible) (abbrev of **New Testament**) → **new**
  b (Brit) (abbrev of **National Trust**) → **national**

nth [enθ] adj → **N b**

NTP [ˌentiːˈpiː] n (abbrev of **normal temperature and pressure**) température f et pression f normales

NTSC [ˌentiesˈsiː] (US) abbrev of **National Television System Committee**

nt. wt. (abbrev of **net weight**) poids m net

n-type [ˈentaɪp] adj (Elec) type N

NUAAW n (Brit) (abbrev of **National Union of Agricultural and Allied Workers**) syndicat

nuance [ˈnjuːɑːns] 1 n nuance f
  2 vt nuancer

nub [nʌb] n (= small lump) petit morceau m ◆ **the nub of the matter** (fig) l'essentiel m ◆ **to get to the nub of the matter** entrer dans le vif du sujet

Nubia [ˈnjuːbɪə] n la Nubie

Nubian [ˈnjuːbɪən] 1 adj nubien
  2 n Nubien(ne) m(f)

nubile [ˈnjuːbaɪl] adj (frm or hum) young woman nubile

nubility [njuːˈbɪlɪtɪ] n nubilité f

nucellus [njuːˈseləs] n, pl **nucelli** [njuːˈselaɪ] nucelle m

nucha [ˈnjuːkə] n, pl **nuchae** [ˈnjuːkiː] (Anat, Zool) nuque f

nuchal [ˈnjuːkəl] adj nucal

nuclear [ˈnjuːklɪər] 1 adj (Phys, Mil) charge, weapons, missile, war, arsenal nucléaire ◆ **to go nuclear** [country] acquérir l'arme nucléaire, se nucléariser ; [conflict] dégénérer en guerre nucléaire ; (esp Brit *) [person] piquer une crise *, exploser *
  2 COMP ▷ **nuclear bomb** n bombe f atomique or nucléaire ▷ **nuclear capability** n capacité f nucléaire ▷ **nuclear deterrent** n force f de dissuasion nucléaire ▷ **nuclear disarmament** n désarmement m nucléaire ▷ **nuclear energy** n énergie f nucléaire ▷ **nuclear family** n (Sociol) famille f nucléaire ▷ **nuclear fission** n fission f nucléaire ▷ **nuclear-free** adj zone, world dénucléarisé ▷ **nuclear fuel** n combustible m nucléaire ▷ **nuclear fusion** n fusion f nucléaire ▷ **nuclear industry** n industrie f nucléaire ▷ **Nuclear Industry Radioactive Waste Executive** n (Brit) organisme de décision en matière de politique concernant les déchets radioactifs ▷ **nuclear magnetic resonance** n résonance f magnétique nucléaire ▷ **nuclear medicine** n médecine f nucléaire ▷ **the Nuclear Non-Proliferation Treaty** n le Traité de non-prolifération des armes nucléaires ▷ **nuclear physicist** n physicien(ne) m(f) nucléaire ▷ **nuclear physics** n (NonC) physique f nucléaire ▷ **nuclear plant** n centrale f nucléaire ▷ **nuclear power** n puissance f nucléaire ▷ **nuclear-powered** adj (à propulsion) nucléaire ▷ **nuclear power station** n centrale f nucléaire ▷ **nuclear reaction** n réaction f nucléaire ▷ **nuclear reactor** n réacteur m nucléaire ▷ **nuclear reprocessing plant** n usine f de retraitement des déchets nucléaires ▷ **nuclear scientist** n chercheur m en physique nucléaire ▷ **nuclear submarine** n sous-marin m nucléaire ▷ **nuclear test** n essai m nucléaire ▷ **nuclear testing** n essais mpl nucléaires ▷ **nuclear umbrella** n parapluie m nucléaire ▷ **nuclear warhead** n ogive f or tête f nucléaire ▷ **nuclear waste** n déchets mpl nucléaires ▷ **nuclear weapon** n arme f nucléaire ▷ **nuclear winter** n hiver m nucléaire

nuclease [ˈnjuːklɪeɪz] n nucléase f

nucleate [ˈnjuːklɪɪt] 1 adj nucléé
  2 [ˈnjuːklɪeɪt] vi former un noyau

nuclei [ˈnjuːklaɪ] npl of **nucleus**

nucleic acid [njuːˈkliːɪkˈæsɪd] n acide m nucléique

nucleo... [ˈnjuːklɪəʊ] pref nucléo...

nucleolar [ˌnjuːklɪˈəʊlər] adj nucléolaire

nucleolus [njuːˈklɪəʊləs] n, pl **nucleoli** [njuːˈklɪəʊlaɪ] nucléole m

nucleon [ˈnjuːklɒn] 1 n nucléon m
  2 COMP ▷ **nucleon number** n nombre m de masse

nucleonic 1 [ˌnjuːklɪˈɒnɪk] adj nucléonique
  2 **nucleonics** [ˌnjuːklɪˈɒnɪks] n (NonC) nucléonique f

nucleophile [ˈnjuːklɪəfaɪl] n nucléophile m

nucleophilic [ˌnjuːklɪəʊˈfɪlɪk] adj nucléophile

nucleoprotein [ˌnjuːklɪəʊˈprəʊtiːn] n nucléoprotéine f

nucleoside [ˈnjuːklɪəsaɪd] n nucléoside m

nucleosome [ˈnjuːklɪəsəʊm] n nucléosome m

nucleotide [ˈnjuːklɪətaɪd] n nucléotide m

nucleus [ˈnjuːklɪəs] → SYN n, pl **nuclei** or **nucleuses** noyau m ; [of cell] nucléus m, noyau m ◆ **atomic nucleus** noyau m atomique ◆ **the nucleus of a library/university/crew** les principaux éléments mpl d'une bibliothèque/d'une université/d'un équipage ◆ **these three great footballers form the nucleus of the side** ces trois grands footballeurs forment la base de l'équipe ◆ **this group could be the nucleus of a future centrist party** ce groupe pourrait servir de base à un futur parti centriste

nuclide [ˈnjuːklaɪd] n nucléide m, nuclide m

NUCPS [ˌenjuːsiːpiːˈes] n (abbrev of **National Union of Civil and Public Servants**) syndicat

nude [njuːd] → SYN 1 adj person, body nu ; photograph de nu ◆ **to bathe nude** se baigner nu ◆ **to sunbathe nude** bronzer nu ◆ **nude scene** (Cine) scène f déshabillée ◆ **nude figures** or **studies** (Art) nus mpl
  2 n **a** (Art) nu m ◆ **a Goya nude** un nu de Goya
  b in the nude nu

nudge [nʌdʒ] → SYN 1 vt **a** (lit) pousser du coude, donner un (petit) coup de coude à ◆ **she nudged him forward** elle l'a (légèrement) poussé en avant
  b (fig = approach) **she's nudging fifty** elle approche de la cinquantaine ◆ **the temperature was nudging 35°C** la température approchait or frôlait les 35°
  c (= encourage) encourager ◆ **to nudge sb into doing sth** amener qn à faire qch ◆ **to nudge sb's memory** rafraîchir la mémoire à qn
  2 n (lit) coup m de coude ; (fig) coup m de pouce ◆ **to give sb a nudge (in the ribs)** donner un coup de coude à qn (dans les côtes) ◆ **a nudge and a wink** (fig) un clin d'œil ◆ **she made me an offer I couldn't refuse, nudge-nudge wink-wink (say no more)!** ⁕ elle m'a fait une proposition très intéressante, si vous voyez ce que je veux dire

▶ **nudge up** vt sep [+ prices] donner un coup de pouce à

nudibranch [ˈnjuːdɪbræŋk] n nudibranche m

nudie * [ˈnjuːdɪ] adj ◆ **nudie calendar** calendrier m avec des photos de femmes nues ◆ **nudie magazine** (gen) magazine m de charme ; (= pornographic) revue f porno *

nudism [ˈnjuːdɪzəm] n nudisme m

nudist [ˈnjuːdɪst] 1 adj, n nudiste mf
  2 COMP ▷ **nudist camp** n camp m de nudistes ▷ **nudist colony** n colonie f de nudistes

nudity [ˈnjuːdɪtɪ] → SYN n nudité f

nudnik * [ˈn(j)ʊdnɪk] n (US) casse-pieds mf inv

nugatory [ˈnjuːɡətərɪ] adj (frm) (= worthless) futile, sans valeur ; (= trivial) insignifiant ; (= ineffectual) inefficace, inopérant ; (= not valid) non valable

nugget [ˈnʌɡɪt] → SYN n pépite f ◆ **gold nugget** pépite f d'or

NUGMW n (Brit) (abbrev of **National Union of General and Municipal Workers**) syndicat

nuisance [ˈnjuːsns] → SYN 1 n **a** (= annoying thing or event) **what a nuisance he can't come** comme c'est ennuyeux or embêtant qu'il ne puisse pas venir ◆ **it's a nuisance having to shave** c'est agaçant d'avoir à se raser ◆ **the nuisance of having to shave each morning** la corvée de devoir se raser tous les matins ◆ **these weeds are a nuisance** ces mauvaises herbes sont une vraie plaie *, quel fléau, ces mauvaises herbes ◆ **these mosquitoes are a nuisance** ces moustiques sont un vrai fléau or une plaie * ◆ **what a nuisance!** c'est vraiment ennuyeux !, quelle barbe ! *
  b (= annoying person) peste f, fléau m ◆ **that child is a nuisance** cet enfant est une peste or un fléau ◆ **what a nuisance you are!** ce que tu peux être agaçant or casse-pieds * ! ◆ **he could be a bit of a nuisance when he was drunk** il pouvait être un peu casse-pieds * quand il était ivre ◆ **you're being a nuisance** tu es agaçant ◆ **sorry to be a nuisance** désolé de vous déranger or importuner ◆ **to make a nuisance of o.s.** embêter le monde *, être une peste or un fléau ; → **public**
  c (Jur) infraction f simple, dommage m simple ; → **public**
  2 COMP ▷ **nuisance call** n appel m anonyme ▷ **nuisance caller** n auteur m d'un appel anonyme ▷ **nuisance value** n **it has a certain nuisance value** cela sert à gêner or embêter * le monde

NUJ [ˌenjuːˈdʒeɪ] n (Brit) (abbrev of **National Union of Journalists**) syndicat

nuke * [njuːk] 1 vt **a** (= attack) [+ city] lancer une bombe atomique sur ; [+ nation, enemy] lancer une attaque nucléaire contre ; (= destroy) détruire à l'arme atomique or nucléaire
  b (= reheat) réchauffer au (four à) micro-ondes
  2 n **a** (= weapon) arme f atomique or nucléaire ◆ **"no nukes!"** * (slogan) "à bas les armes nucléaires!", "non au nucléaire!"
  b (US = power station) centrale f nucléaire

null [nʌl] → SYN 1 adj **a** (Jur) act, decree nul (nulle f), invalide ; legacy caduc (-uque f) ◆ **null and void** nul et non avenu ◆ **to render null** annuler, frapper de nullité
  b (= ineffectual) person insignifiant ; influence inexistant
  2 COMP ▷ **null hypothesis** n hypothèse f nulle

nullification [ˌnʌlɪfɪˈkeɪʃən] n **a** infirmation f, invalidation f
  b (US Hist) invalidation f par un État d'une loi fédérale

nullify [ˈnʌlɪfaɪ] → SYN vt infirmer, invalider

nullipara [nʌˈlɪpərə] n, pl **nulliparae** [nʒˈlɪpəˌriː] nullipare f

nulliparous [nʌˈlɪpərəs] adj nullipare

nullity [ˈnʌlɪtɪ] → SYN 1 n (NonC: Jur) [of act, decree] nullité f, invalidité f ; [of legacy] caducité f
  2 COMP ▷ **nullity suit** n (Jur) demande f en nullité de mariage

NUM [ˌenjuːˈem] n (Brit) (abbrev of **National Union of Mineworkers**) syndicat

numb [nʌm] → SYN 1 adj **a** (= without sensation) person, limb, face, lip engourdi ◆ **to go numb** s'engourdir ◆ **numb with cold** person, body transi, engourdi par le froid ; face, hands, feet engourdi par le froid
  b (= stunned) person hébété ◆ **numb with disbelief** figé d'incrédulité ◆ **numb with fright** paralysé par la peur, transi or glacé de

peur ◆ **numb with grief** muet de douleur ◆ **numb with shock** abasourdi par le choc

2 vt engourdir ; (fig) [fear etc] transir, glacer ◆ **numbed with grief** muet de douleur ◆ **numbed with fear** paralysé par la peur, transi or glacé de peur ◆ **it numbs the pain** cela endort la douleur

number ['nʌmbə^r] LANGUAGE IN USE 27 → SYN

1 n **a** (gen) nombre m ; (= actual figure: when written etc) chiffre m ◆ **even/odd/whole/cardinal/ordinal number** nombre m pair/impair/entier/cardinal/ordinal ◆ **(the Book of) Numbers** (Bible) les Nombres mpl ◆ **to paint by numbers** peindre selon des indications chiffrées ◆ **to do sth by numbers** or **by the numbers** (US) (fig) faire qch mécaniquement or bêtement ◆ **to play the numbers** or **the numbers game** or **the numbers racket** * (US Gambling) faire des paris clandestins, jouer à une loterie clandestine ; → **lucky**, **round**

b (= quantity, amount) nombre m, quantité f ◆ **a number of people** de nombreuses personnes ◆ **large numbers of people** un grand nombre de personnes ◆ **a great number of books/chairs** une grande quantité de livres/chaises ◆ **in a small number of cases** dans un petit nombre de cas ◆ **on a number of occasions** à plusieurs occasions, à maintes occasions ◆ **there were a number of faults in the machine** la machine avait un (certain) nombre de défauts ◆ **there are a number of things which …** il y a un certain nombre de choses or pas mal * de choses qui … ◆ **a fair number** un assez grand nombre, un nombre assez important ◆ **boys and girls in equal numbers** garçons et filles en nombre égal ◆ **numbers being equal …** à nombre égal … ◆ **ten in number** au nombre de dix ◆ **they were ten in number** ils étaient (au nombre de) dix ◆ **to the number of some 200** au nombre de 200 environ ◆ **few in number, in small numbers** en petit nombre ◆ **many in number, in large numbers** en grand nombre ◆ **in vast or huge numbers** en très grand nombre ◆ **to swell the number of …** grossir le nombre de … ◆ **he was brought in to swell the numbers** on l'a amené pour grossir l'effectif ◆ **without or beyond number** innombrable, sans nombre ◆ **times without number** à maintes reprises, mille et mille fois ◆ **any number can play** le nombre de joueurs est illimité ◆ **there were any number of*** cards in the box il y avait une quantité or un tas* de cartes dans la boîte ◆ **I've told you any number of** * **times** je te l'ai dit mille fois ◆ **they are found in numbers in Africa** on les trouve en grand nombre en Afrique ◆ **they came in their numbers** ils sont venus en grand nombre ◆ **there were flies in such numbers that …** les mouches étaient en si grand nombre que … ◆ **the power of numbers** le pouvoir du nombre ◆ **to win by force of numbers** or **by sheer numbers** l'emporter par le nombre or par la force du nombre ◆ **one of their number** d'entre eux ◆ **one of our number** un des nôtres ◆ **he was of our number** il était des nôtres, il était avec nous

c (in series) (Telec) numéro m ◆ **wrong number** (Telec) faux numéro ◆ **to get a wrong number** se tromper de numéro ◆ **that's the wrong number** ce n'est pas le bon numéro ◆ **at number four** au (numéro) quatre ◆ **Number 10** (Brit Pol) 10 Downing Street (résidence du Premier ministre) ; → DOWNING STREET ◆ **reference number** numéro m de référence ◆ **(registration) number** (Aut, Mil) (numéro m d')immatriculation f, numéro m minéralogique ◆ **to take a car's number** relever le numéro d'une voiture ◆ **I've got his number!** * (fig) je l'ai repéré ! ◆ **his number came up** * ça a été leur tour d'y passer *, il a fallu qu'ils y passent * aussi ◆ **his number's up** * il est fichu *, son compte est bon ◆ **that bullet had his number on it!** * cette balle était pour lui ! ◆ **he only thinks of number one** * il ne pense qu'à lui or qu'à sa pomme * ◆ **to look after or take care of number one** * penser avant tout à soi ◆ **to be number one (in the charts)** (Mus) être numéro un (au hit-parade) ◆ **the number one English player** le meilleur or premier joueur anglais ◆ **he's the number one there** c'est lui qui dirige tout là-dedans ◆ **he's my number two** * il est mon second ; → **opposite**

d (= model, issue) [of manufactured goods, clothes, car] modèle m ; [of newspaper, journal]

numéro m ◆ **the January number** (Press) le numéro de janvier ◆ **this car's a nice little number** * c'est une chouette * petite voiture ◆ **this wine is a nice little number** * c'est un bon petit vin ◆ **a little number in black** (= dress) une petite robe noire (toute simple) ◆ **she's a pretty little number** * c'est une jolie fille, c'est une belle nénette *; → **back**

e [of music hall, circus] numéro m ; [of pianist, dance band] morceau m ; [of singer] chanson f ; [of dancer] danse f ◆ **there were several dance numbers on the programme** le programme comprenait plusieurs numéros de danse ◆ **my next number will be …** (singer) je vais maintenant chanter …

f (NonC: Gram) nombre m ◆ **number is one of the basic concepts** le nombre est un des concepts de base ◆ **to agree in number** s'accorder en nombre

g (Mus) rythme m ◆ **numbers** (Poetry) vers mpl, poésie f ; (Mus) mesures fpl

2 vt **a** (= give a number to) numéroter ◆ **they are numbered from one to ten** ils sont numérotés de un à dix ◆ **the houses are not numbered** les maisons n'ont pas de numéro ◆ **numbered (bank) account** compte m (en banque) numéroté

b (= include) compter, comprendre ◆ **the library numbers 30,000 volumes** la bibliothèque compte or comporte 30 000 volumes ◆ **I number him among my friends** je le compte parmi mes amis ◆ **to be numbered with the heroes** compter au nombre des or parmi les héros

c (= amount to) compter ◆ **the crew numbers 50 men** l'équipage compte 50 hommes ◆ **they numbered 700** leur nombre s'élevait or se montait à 700, ils étaient au nombre de 700

d (= count) compter ◆ **his days were numbered** ses jours étaient comptés ◆ **your chances of trying again are numbered** il ne te reste plus beaucoup d'occasions de tenter ta chance ◆ **he was numbering the hours till the attack began** il comptait les heures qui le séparaient de l'assaut

3 vi (Mil etc: also **number off**) se numéroter ◆ **to number (off) from the right** se numéroter en partant de la droite

4 COMP ▷ **number-cruncher** * n (= machine) calculatrice f ◆ **he's the number-cruncher** * c'est le comptable, c'est le préposé aux chiffres (hum) ▷ **number-crunching** * n calcul m ▷ **number plate** n (Brit Aut) plaque f minéralogique or d'immatriculation or de police ◆ **a car with French number plates** une voiture immatriculée en France ▷ **numbers game** n **a** (US Gambling: also **numbers racket**) ⇒ **number 1a** ◆ (= focusing on numbers) usage trompeur de chiffres ◆ **to play the numbers game** jouer sur les chiffres ▷ **number theory** n théorie f des nombres

numbering ['nʌmbərɪŋ] **1** n (NonC) [of houses, seats etc] numérotage m

2 COMP ▷ **numbering machine** n machine f à numéroter

numberless ['nʌmbəlɪs] → SYN adj (liter) innombrable

numbhead * ['nʌmhed] n (US) imbécile mf, gourde * f

numbly ['nʌmlɪ] adv say, look at d'un air hébété ; walk l'air hébété

numbness ['nʌmnɪs] → SYN n [of hand, finger, senses] engourdissement m ; [of mind] torpeur f, engourdissement m

numbskull * ['nʌmskʌl] n imbécile mf, gourde * f

numerable ['njuːmərəbl] adj nombrable, dénombrable

numeracy ['njuːmərəsɪ] n (NonC) notions fpl de calcul, capacités fpl au calcul

numeral ['njuːmərəl] → SYN **1** n chiffre m, nombre m ◆ **Arabic/Roman numeral** chiffre m arabe/romain

2 adj numéral

numerate ['njuːmərɪt] adj child, graduate qui sait compter ◆ **he is barely numerate** il sait à peine compter

numeration [ˌnjuːməˈreɪʃən] n (Math) numération f

numerator ['njuːməreɪtə^r] n (Math) numérateur m ; (= instrument) numéroteur m

numerical [njuːˈmerɪkəl] adj value, data, superiority, strength numérique ; majority en nombre ◆ **in numerical order** dans l'ordre numérique

numerically [njuːˈmerɪkəlɪ] adv numériquement

numeric keypad [njuːˈmerɪkˈkiːpæd] n pavé m numérique

numerological [ˌnjuːmərəˈlɒdʒɪkəl] adj numérologique

numerology [ˌnjuːməˈrɒlədʒɪ] n numérologie f

numerous ['njuːmərəs] → SYN adj nombreux

Numidia [njuːˈmɪdɪə] n (Antiq Geog) la Numidie

numinous ['njuːmɪnəs] adj (liter) power, symbol sacré

numismatic [ˌnjuːmɪzˈmætɪk] adj numismatique

numismatics [ˌnjuːmɪzˈmætɪks] n (NonC) numismatique f

numismatist [njuːˈmɪzmətɪst] n numismate mf

nummular ['nʌmjʊlə^r] adj nummulaire

nummulite ['nʌmjʊlaɪt] n (= fossil) nummulite f

nummulitic [ˌnʌmjʊˈlɪtɪk] adj nummulitique

numpkin * ['nʌmpkɪn], **numpty** * ['nʌmptɪ] n (Brit) tête f de linotte

numskull ['nʌmskʌl] n ⇒ **numbskull**

nun [nʌn] **1** n religieuse f, bonne sœur * f ◆ **to become a nun** entrer en religion, prendre le voile

2 COMP ▷ **nun buoy** n (Naut) tonne f

nunatak ['nʌnəˌtæk] n nunatak m

Nunavut ['nʊnəvʊt] n Nunavut m

nunciature ['nʌnʃɪətjʊə^r] n nonciature f

nuncio ['nʌnʃɪəʊ] n nonce m ; → **papal**

nunnery † ['nʌnərɪ] n couvent m

NUPE ['njuːpɪ] n (Brit: formerly) (abbrev of **National Union of Public Employees**) ancien syndicat

nuptial ['nʌpʃəl] (liter or hum) **1** adj nuptial ◆ **the nuptial day** le jour des noces

2 nuptials npl noce f

NUR [ˌenjuːˈɑː^r] n (Brit: formerly) (abbrev of **National Union of Railwaymen**) ancien syndicat

nurd * [nɜːd] n ⇒ **nerd**

Nuremberg ['njʊərəm,bɜːɡ] n Nuremberg

nurse [nɜːs] → SYN **1** n **a** (in hospital) infirmier m, -ière f ; (at home) infirmier m, -ière f, garde-malade f ◆ **(male) nurse** infirmier m, garde-malade m ◆ **nurse's aide** (US Med) aide-soignant(e) m(f) ◆ **nurses' station** (US Med) bureau m des infirmières ◆ **the nurses' strike** la grève du personnel soignant or des infirmiers ; → **night**

b († : children's nurse) nurse f, bonne f d'enfants ◆ **yes nurse** oui, nounou

c († : also **wet-nurse**) nourrice f

2 vt **a** (Med) [+ person, illness, injury] soigner ◆ **she nursed him through pneumonia** elle l'a soigné pendant sa pneumonie ◆ **she nursed him back to health** il a guéri grâce à ses soins ◆ **to nurse a cold** soigner un rhume

b [+ baby] (= suckle) nourrir, allaiter ; (Brit = cradle in arms) bercer (dans ses bras)

c (fig) [+ hope, one's wrath etc] nourrir, entretenir ; [+ ambition] nourrir ; [+ plan, plot] mijoter, couver ; [+ horse, car engine] ménager ; [+ a fire] entretenir ◆ **to nurse one's wounded pride** lécher ses plaies ◆ **to nurse a constituency** (Brit Pol) soigner les électeurs ◆ **Jane still nurses the pain of rejection** Jane souffre toujours d'avoir été rejetée ◆ **to nurse the business along** (essayer de) maintenir la compagnie à flot ◆ **to nurse a drink all evening** faire durer un verre toute la soirée

nursehound ['nɜːshaʊnd] n (= fish) roussette f

nurseling ['nɜːslɪŋ] n ⇒ **nursling**

nursemaid ['nɜːsmeɪd] n nurse f, bonne f d'enfants

nursery ['nɜːsərɪ] **1** n **a** (= room) nursery f, chambre f d'enfants ◆ **night nursery** chambre f des enfants or d'enfants ; → **day**

b (= institution) (daytime only) crèche f, garderie f ; (daytime or residential) pouponnière f

c (Agr) pépinière f

d (fig) pépinière f ◆ **a nursery of talent** une pépinière de talents

nurseryman / NZ

ANGLAIS-FRANÇAIS 642

[2] COMP ▷ **nursery education** n enseignement m de l'école maternelle ▷ **nursery nurse** n puéricultrice f ▷ **nursery rhyme** n comptine f ▷ **nursery school** n (state-run) école f maternelle ; (gen private) jardin m d'enfants ♦ **nursery school teacher** (state-run) professeur m d'école maternelle ; (private) jardinière f d'enfants ▷ **nursery slopes** npl (Brit Ski) pentes fpl or pistes fpl pour débutants

nurseryman ['nɜːsərɪmən] n, pl **-men** pépiniériste m

nursing ['nɜːsɪŋ] [1] adj a nursing mother mère f qui allaite ♦ room for nursing mothers salle f réservée aux mères qui allaitent

b the nursing staff [of hospital] le personnel soignant or infirmier ; (all female) les infirmières fpl ; (male and female) les infirmiers mpl

[2] n a (= profession of nurse) profession f d'infirmière ; (= care of invalids) soins mpl ♦ she's going in for nursing elle va être infirmière

b (= suckling) allaitement m

[3] COMP ▷ **nursing auxiliary** n (Brit) aide-soignant(e) m(f) ▷ **nursing bra** n soutien-gorge m d'allaitement ▷ **nursing home** n (esp Brit) (for medical, surgical cases) clinique f, polyclinique f ; (for mental cases, disabled etc) maison f de santé ; (for convalescence/rest cure) maison f de convalescence/de repos ; (for old people) maison f de retraite ▷ **nursing officer** n (Brit Med) surveillant(e) m(f) général(e) ; **nursing orderly** n (Brit Mil) infirmier m (militaire) ▷ **nursing sister** n (Brit Med) infirmière f chef ▷ **nursing studies** npl études fpl d'infirmière or d'infirmier

nursling ['nɜːslɪŋ] n (liter) nourrisson m

nurture ['nɜːtʃər] → SYN [1] n (frm: lit, fig) nourriture f ; → **nature**

[2] vt (lit, fig) (= rear) élever, éduquer ; (= feed) nourrir (on de)

NUS [,enjuːˈes] n (Brit) a (abbrev of **National Union of Students**) syndicat

b (formerly) (abbrev of **National Union of Seamen**) ancien syndicat

NUT [,enjuːˈtiː] n (Brit) (abbrev of **National Union of Teachers**) syndicat

nut [nʌt] → SYN [1] n a (Bot: no generic term in French) (= hazelnut) noisette f ; (= walnut) noix f ; (= almond) amande f ♦ this chocolate has got nuts in it il y a du chocolat aux noisettes (or aux amandes etc) ♦ a bag of mixed nuts un sachet de noisettes, cacahouètes, amandes etc panachées ♦ nuts and raisins mendiants mpl ♦ he's a tough nut c'est un dur à cuire ♦ that's a hard nut to crack * ce n'est pas un petit problème ♦ he's a hard nut to crack * (fig) c'est un dur à cuire ♦ he can't paint for nuts *** (fig) il peint comme un pied *** ; → **beechnut, nuts, pistachio**

b (Tech) écrou m ; (Climbing) coinceur m ♦ the nuts and bolts of ... (fig) les détails mpl pratiques de ... ; see also **2**

c (coal) **nuts, nut coal** noix fpl, tête(s)-de-moineau f(pl) ♦ **anthracite nuts** noix fpl or tête(s)-de-moineau f(pl) d'anthracite

d (Culin) → **ginger**

e (*** = head) caboche * f ♦ **use your nut!** réfléchis donc un peu !, creuse-toi un peu les méninges ! *** ♦ **to be off one's nut** être tombé sur la tête *, être cinglé * ♦ **you must be off your nut!** mais ça (ne) va pas ! *, mais tu es tombé sur la tête ! * ♦ **to go off one's nut** perdre la boule *** ♦ **to do one's nut** (Brit) piquer une crise *

f he's a real nut *** (= mad person) il est cinglé * or toqué *

g (= enthusiast) a movie/football nut *** un(e) dingue * de cinéma/football

h * nuts! des clous ! *** ♦ nuts to you! va te faire fiche ! *

i nuts *** (= testicles) couilles *** fpl, roubignoles *** fpl ; see also **nuts**

[2] COMP (Culin) cutlet, rissoles, roast etc à base de cacahouètes (or noisettes etc) hachées ▷ **nut-brown** adj eyes noisette inv ; complexion brun ; hair châtain ▷ **nut chocolate** n chocolat m aux noisettes (or aux amandes etc) ▷ **nuts-and-bolts** * adj (fig = practical) avant tout pratique ♦ **nuts-and-bolts education** enseignement m axé sur les matières fondamentales

nutcase *** ['nʌtkeɪs] n dingue * mf, cinglé(e) * m(f) ♦ he's a nutcase il est bon à enfermer *, il est dingue *

nutcracker(s) ['nʌtkrækə(z)] [1] n(pl) casse-noix m inv, casse-noisette(s) m ♦ "The Nutcracker" (Mus) "Casse-noisette"

[2] COMP ▷ **nutcracker chin** n menton m en galoche or en casse-noisette

nuthatch ['nʌthætʃ] n (Orn) sittelle f, grimpereau m

nuthouse *** ['nʌthaʊs] n asile m ♦ he's in the nuthouse il est à l'asile

nutloaf ['nʌtləʊf] n, pl **nutloaves** ['nʌtləʊvz] pain de légumes et de noix ou de noisettes

nutmeg ['nʌtmeg] [1] n (= nut) (noix f) muscade f ; (= tree) muscadier m

[2] COMP ▷ **nutmeg-grater** n râpe f à muscade ▷ **the Nutmeg State** n (US) le Connecticut

Nutrasweet ® ['njuːtrəswiːt] n (= artificial sweetener) édulcorant m ; (for tea, coffee) sucrette ® f

nutrient ['njuːtrɪənt] [1] adj nutritif

[2] n substance f nutritive, nutriment m

nutriment ['njuːtrɪmənt] n élément m nutritif, nutriment m

nutrition [njuːˈtrɪʃən] → SYN n nutrition f, alimentation f

nutritional [njuːˈtrɪʃənl] adj information, advice nutritionnel ; value, content, requirements, deficiencies nutritif

nutritionist [njuːˈtrɪʃənɪst] n nutritionniste mf

nutritious [njuːˈtrɪʃəs] → SYN adj nourrissant, nutritif

nutritiousness [njuːˈtrɪʃəsnɪs] n caractère m nutritif

nutritive ['njuːtrɪtɪv] adj nutritif

nuts *** [nʌts] adj dingue *, cinglé ♦ to go nuts perdre la boule * ♦ to be nuts about sb/sth être dingue * de qn/qch ; see also **nut**

nutshell ['nʌtʃel] n coquille f de noix or de noisette etc ♦ in a nutshell ... en un mot ... ♦ to put the matter in a nutshell résumer l'affaire en un mot

nutter *** ['nʌtər] n (Brit) cinglé(e) * m(f), dingue * mf

nutty ['nʌtɪ] [1] adj a (no generic term in French) (with hazelnuts) aux noisettes ; (with almonds) aux amandes ; (with walnuts) aux noix ; flavour, taste, smell de noisette etc

b (* = mad) idea dingue * ; person cinglé *, dingue * ♦ to be (as) nutty as a fruitcake (hum) être complètement dingue * ♦ to be nutty about sb/sth (= enthusiastic) être dingue * de qn/qch

[2] COMP ▷ **nutty professor** * n professeur Tournesol m ▷ **nutty slack** n (Brit Min) déclassés mpl des gros

nux vomica [nʌksˈvɒmɪkə] n (= tree) vomiquier m ; (= fruit) noix f vomique

nuzzle ['nʌzl] vi [pig] fouiller du groin, fouiner ♦ the dog nuzzled up to my leg le chien est venu fourrer son nez contre ma jambe ♦ she nuzzled up to me elle est venue se blottir contre moi

NV abbrev of **Nevada**

NVQ [,enviːˈkjuː] n (abbrev of **National Vocational Qualification**) ≃ CAP m

---

NVQ

Les **National Vocational Qualifications**, ou **NVQ**, sont un système de qualifications à la fois théoriques et pratiques destinées essentiellement aux personnes occupant déjà un emploi. Toutefois, certains établissements secondaires préparent à ces examens, en plus ou à la place des examens traditionnels ("GCSE" ou "A levels"). Ce système existe en Angleterre, au pays de Galles et en Irlande du Nord ; en Écosse, il existe une filière comparable qui porte le nom de "Scottish Vocational Qualifications" ou "SVQ".

NW (abbrev of **north-west**) N-O

NWT [,endʌbljuːˈtiː] n (Can) abbrev of **Northwest Territories**

NY [enˈwaɪ] n (abbrev of **New York**) → **new**

nyala ['njɑːlə] n, pl **nyala** or **nyalas** (Zool) nyala m

Nyasaland [nɪˈæsəlænd] n le Nyas(s)aland

NYC [enwaɪˈsiː] n abbrev of **New York City**

nyctalopia [,nɪktəˈləʊpɪə] n nyctalopie f

nyctitropism [nɪkˈtɪtrəpɪzəm] n nyctitropisme m

nylghau ['nɪlgɔː] n, pl **nylghau** or **nylghaus** nilgaut m

nylon ['naɪlɒn] [1] n (NonC) nylon ® m

[2] adj stockings etc de or en nylon ®

[3] **nylons** npl bas mpl (or collant m) de or en nylon ®

nymph [nɪmf] n nymphe f ; (also **water nymph**) naïade f ; (also **wood nymph**) (hama)dryade f ; (also **sea nymph**) néréide f ; (also **mountain nymph**) oréade f

nymphae ['nɪmfiː] npl (Anat) nymphes fpl

nymphet [nɪmˈfet] n nymphette f

nympho * ['nɪmfəʊ] adj, n abbrev of **nymphomaniac**

nymphomania [,nɪmfəʊˈmeɪnɪə] n nymphomanie f

nymphomaniac [,nɪmfəʊˈmeɪnɪæk] adj, n nymphomane f

NYSE ['enwaɪesˈiː] n (US) (abbrev of **New York Stock Exchange**) Bourse de New York

nystagmus [nɪˈstægməs] n nystagmus m

NZ, N. Zeal (abbrev of **New Zealand**) → **new**

O

O, o¹ [əʊ] **1** n **a** (= letter) O, o m ◆ **O for Orange** ≃ O comme Oscar ; see also **OK**
 b (= number: Telec etc) zéro m
 2 COMP ▷ **O Grade** n (Scot Educ: formerly) ≃ matière f présentée au brevet ◆ **to do an O Grade in French** ≃ passer l'épreuve de français au brevet ▷ **O level** n (Brit Educ: formerly) ≃ matière f présentée au brevet ◆ **to do an O level in French** ≃ passer l'épreuve de français au brevet ◆ **O levels** ≃ brevet m ▷ **O-shaped** adj en forme de O ou de cercle

o² [əʊ] excl (liter) ô

o' [əʊ] prep (abbrev of **of**) de ; → **o'clock**

oaf [əʊf] → SYN n (awkward) balourd * m ; (bad-mannered) malotru(e) m(f), mufle m

oafish ['əʊfɪʃ] → SYN adj (pej) person mufle ; behaviour, remark de mufle

oak [əʊk] **1** n (= wood, tree) chêne m ◆ **light/dark oak** chêne m clair/foncé ◆ **great oaks from little acorns grow** (Prov) les petits ruisseaux font les grandes rivières
 2 COMP (= made of oak) de or en (bois de) chêne ; (= oak-coloured) (couleur) chêne inv ▷ **oak apple** n noix f de galle, galle f du chêne ▷ **oak gall** n noix f de galle ▷ **oak grove** n chênaie f ▷ **oak leaf cluster** n (US) ≃ barrette f (portée sur le ruban d'une médaille)

oaken ['əʊkən] adj (liter) de or en chêne

oakum ['əʊkəm] n étoupe f ◆ **to pick oakum** faire de l'étoupe

oakwood ['əʊkwʊd] n **a** (= forest) chênaie f, forêt f de chênes
 b (NonC = material) (bois m de) chêne m

O & M [əʊənd'em] (abbrev of **organization and methods**) → **organization**

OAP [ˌəʊeɪ'piː] (Brit) (abbrev of **old age pension** or **pensioner**) → **old**

oar [ɔːʳ] n **a** (gen) rame f ; (Sport) aviron m ◆ **he always puts** or **sticks * or shoves * his oar in** il faut toujours qu'il se mêle (subj) de tout ou qu'il vienne mettre son grain de sel * ; → **rest, ship**
 b (= person) rameur m, -euse f

-oared [ɔːd] adj (in compounds) ◆ **four-oared** à quatre avirons

oarfish ['ɔːfɪʃ] n régalec m, roi m des harengs

oarlock ['ɔːlɒk] n dame f (de nage), tolet m

oarsman ['ɔːzmən] n, pl **-men** rameur m, nageur m (SPEC)

oarsmanship ['ɔːzmənʃɪp] n (= art of rowing) art m de ramer ; (= skill as rower) qualités fpl de rameur

oarswoman ['ɔːzwʊmən] n, pl **-women** rameuse f, nageuse f (SPEC)

OAS [ˌəʊeɪ'es] n **a** (US) (abbrev of **Organization of American States**) OEA f
 b (Hist: in Algeria) (abbrev of **Organisation de l'armée secrète**) OAS f

oasis [əʊ'eɪsɪs] n, pl **oases** [əʊ'eɪsiːz] (lit, fig) oasis f ◆ **an oasis of peace** un havre or une oasis de paix

oast [əʊst] **1** n four m à (sécher le) houblon
 2 COMP ▷ **oast house** n sécherie f or séchoir m à houblon

oat [əʊt] n (= plant, food) ◆ **oats** avoine f (NonC) ◆ **to get one's oats *** (Brit) tirer son coup ** ◆ **to feel one's oats *** (US) (= feel high-spirited) avoir la pêche ; (= feel important) faire l'important ; → **rolled, wild**

oatcake ['əʊtkeɪk] n biscuit m or galette f d'avoine

oaten ['əʊtn] adj bread, biscuit à l'avoine ; flute en paille d'avoine

oath [əʊθ] → SYN **1** n, pl **oaths** [əʊðz] **a** serment m ◆ **he took** or **swore an oath promising to uphold the country's laws** il a fait le serment or il a juré de faire respecter les lois du pays ◆ **he took** or **swore an oath of loyalty to the government** il a juré loyauté au gouvernement ◆ **he swore on his oath that he had never been there** il jura n'y avoir jamais été or qu'il n'y avait jamais été ◆ **I'll take my oath on it!** je vous le jure !
 b (Jur) **to take the oath** prêter serment ◆ **on** or **under oath** sous serment ◆ **witness on** or **under oath** témoin m assermenté ◆ **to put sb on** or **under oath, to administer the oath to sb** faire prêter serment à qn ◆ **to put sb on** or **under oath to do sth** faire promettre à qn sous serment de faire qch ; → **allegiance**
 c (= bad language) juron m ◆ **to let out** or **utter an oath** lâcher or pousser un juron
 d (Antiq) **The Oath of the Horatii** Le serment des Horaces
 2 COMP ▷ **oath-taking** n (Jur etc) prestation f de serment

oatmeal ['əʊtmiːl] **1** n (NonC) (= cereal) flocons mpl d'avoine ; (US = porridge) bouillie f d'avoine, porridge m
 2 COMP (in colour) dress, fabric beige, grège

OAU [ˌəʊeɪ'juː] n (abbrev of **Organization of African Unity**) OUA f

OB n (Brit) (abbrev of **outside broadcast**) → **outside**

Obadiah [ˌəʊbə'daɪə] n Abdias m

obbligato [ˌɒblɪ'gɑːtəʊ] (Mus) **1** adj obligé
 2 n, pl **obbligatos** or **obbligati** [ˌɒblɪ'gɑːtiː] partie f obligée

obduracy ['ɒbdjʊrəsɪ] n (frm) **a** (pej = stubbornness) obstination f, entêtement m ◆ **the obduracy of his behaviour** son comportement obstiné ◆ **the obduracy of his silence** son silence obstiné
 b (= difficulty) [of problem, situation] insolubilité f

obdurate ['ɒbdjʊrɪt] → SYN adj (frm, pej) person obstiné, entêté ◆ **her look of obdurate stubbornness** son air obstiné et inflexible ◆ **to remain obdurate** s'obstiner, rester inflexible ◆ **they were obdurate in their refusal** ils s'obstinaient dans leur refus

obdurately ['ɒbdjʊrɪtlɪ] adv (frm) (= stubbornly) obstinément, opiniâtrement ; (= unyieldingly) inflexiblement

OBE [ˌəʊbiː'iː] n (abbrev of **Officer of the Order of the British Empire**) titre honorifique ; → HONOURS LIST

obedience [ə'biːdɪəns] → SYN n (NonC) obéissance f (to à) ; (Rel) obédience f (to à) ◆ **in obedience to the law/his orders** conformément à la loi/ses ordres ◆ **to owe obedience to sb** (frm) devoir obéissance à qn ◆ **to show obedience to sb/sth** obéir à qn/qch ◆ **to command obedience (from)** savoir se faire obéir (de) ; → **blind**

obedient [ə'biːdɪənt] → SYN adj person, child obéissant ; dog obéissant, docile ◆ **to be obedient to sb** être obéissant avec qn, obéir à qn ◆ **to be obedient to sb's wishes** obéir aux désirs de qn ◆ **your obedient servant** † (in letters) votre très obéissant serviteur † m

obediently [ə'biːdɪəntlɪ] adv docilement

obeisance [əʊ'beɪsəns] n (frm) **a** (NonC = homage) hommage m
 b (= bow) révérence f, salut m cérémonieux ◆ **to pay obeisance** or **to make (an) obeisance to sb** (= bow) faire la révérence à qn ; (= homage) rendre hommage à qn

obelisk ['ɒbɪlɪsk] → SYN n **a** (Archit) obélisque m
 b (Typ †) obel m or obèle m

obelus ['ɒbɪləs] n (= mark) obel m

obese [əʊ'biːs] → SYN adj obèse

obeseness [əʊ'biːsnɪs], **obesity** [əʊ'biːsɪtɪ] n obésité f

obey [ə'beɪ] → SYN **1** vt [+ person, instinct, order] obéir à ; [+ the law] se conformer à, obéir à ; [+ instructions] se conformer à, obtempérer à ; (Jur) [+ summons, order] obtempérer à ◆ **the plane's engine refused to obey the computer's commands** le moteur de l'avion refusait de répondre aux commandes de l'ordinateur
 2 vi obéir

obfuscate ['ɒbfəskeɪt] vt (frm) [+ mind, judgement] obscurcir ; [+ person] dérouter, déconcerter

obfuscation [ˌɒbfə'skeɪʃən] n obscurcissement m

obfuscatory [ˌɒbfəs'keɪtərɪ] adj jargon, treatise obscur

obi ['əʊbɪ] n, pl **obis** or **obi** obi m

obit * ['ɒbɪt] n (= obituary) notice f nécrologique, nécrologie f

obiter dictum [ˌəʊbɪtə'dɪktəm] n, pl **obiter dicta** ['dɪktə] **a** (Jur) opinion incidente du juge contenue dans les attendus, sans portée directe sur le litige
 b (= incidental remark) remarque f faite en passant

obituarist [ə'bɪtjʊərɪst] n nécrologue mf

obituary [ə'bɪtjʊərɪ] **1** n (also **obituary notice**) notice f nécrologique, nécrologie f
 2 COMP announcement nécrologique ▷ **obituary column** n nécrologie f, rubrique f nécrologique

object ['ɒbdʒɪkt] LANGUAGE IN USE 26.1, 26.3 → SYN

1 n a (= thing in general) objet m, chose f ◆ **what is this object?** (pej) quelle est cette chose ? (pej)

b (= focus) **object of pity/ridicule** objet m de pitié/de risée ◆ **the object of one's love** l'objet m aimé

c (= aim) but m ; (Philos) objet m ◆ **he has no object in life** il n'a aucun but dans la vie ◆ **with this object (in view** or **in mind)** dans ce but, à cette fin ◆ **with the object of doing sth** dans le but de faire qch ◆ **with the sole object of doing sth** à seule fin or dans le seul but de faire qch ◆ **what object is there in** or **what's the object of doing that?** à quoi bon faire cela ? ◆ **money is no object** l'argent importe peu ; → **defeat**

d (Gram) complément m (d'objet) ◆ **direct/indirect object** complément m (d'objet) direct/indirect

e **object of virtu** objet m d'art, curiosité f

2 [əb'dʒekt] vi élever une objection (*to sb/sth* contre qn/qch) ◆ **I object!** je proteste ! ◆ **I object most strongly!** je proteste catégoriquement or énergiquement ! ◆ **if you don't object** si cela ne vous fait rien, si vous n'y voyez pas d'inconvénient or d'objection ◆ **he didn't object when ...** il n'a élevé or formulé aucune objection quand ... ◆ **I object to that remark** je proteste or je m'élève contre cette remarque ◆ **I object to your rudeness** votre grossièreté est inadmissible ◆ **he objects to her drinking** cela l'ennuie qu'elle boive ◆ **do you object to my smoking?** cela vous ennuie que je fume (subj) ?, est-ce que cela vous gêne si je fume ? ◆ **she objects to all this noise** elle se plaint de tout ce bruit ◆ **I don't object to helping you** je veux bien vous aider ◆ **to object to sb** élever des objections contre qn ◆ **I would object to Paul but not to Robert as chairman** je ne voudrais pas que Paul soit président mais je n'ai rien contre Robert ◆ **they objected to him because he was too young** ils lui ont objecté son jeune âge ◆ **to object to a witness** (Jur) récuser un témoin ◆ **I wouldn't object to a bite to eat** * je mangerais bien un morceau

3 [əb'dʒekt] vt ◆ **to object that ...** objecter que ..., faire valoir que ...

4 COMP ▷ **object clause** n (Gram) proposition f complément d'objet, complétive f d'objet ▷ **object language** n (Ling) langage-objet m ▷ **object lesson** n (fig) **it was an object lesson in how not to drive a car** c'était une illustration de ce que l'on ne doit pas faire au volant ◆ **it was an object lesson in good manners** c'était une démonstration de bonnes manières ▷ **object programme** n (Comput) programme m objet

objectify [əb'dʒektɪfaɪ] vt objectiver

objection [əb'dʒekʃən] LANGUAGE IN USE 9.1, 26.3 → SYN n objection f ◆ **I have no objection(s)** je n'ai pas d'objection, je ne m'y oppose pas ◆ **if you have no objection(s)** si cela ne vous fait rien, si vous n'y voyez pas d'inconvénient or d'objection ◆ **I have no objection to him** je n'ai rien contre lui ◆ **I have a strong objection to dogs in shops** je ne supporte pas les chiens dans les magasins ◆ **have you any objection to my smoking?** cela ne vous ennuie pas que je fume (subj) ?, est-ce que cela vous gêne si je fume ? ◆ **I have no objection to the idea/to his leaving** je ne vois pas d'objection or je ne m'oppose pas à cette idée/à ce qu'il parte ◆ **there is no objection to our leaving** il n'y a pas d'obstacle or d'inconvénient à ce que nous partions (subj) ◆ **to make** or **raise an objection** soulever or formuler une objection ◆ **to make objection to an argument** (Jur) récuser un argument ◆ **objection!** (Jur) objection ! ; (gen) je proteste ! ◆ **objection overruled!** (Jur) objection rejetée !

objectionable [əb'dʒekʃnəbl] → SYN adj smell nauséabond ; behaviour, attitude répréhensible ; language choquant ; remark désobligeant ◆ **I find him thoroughly objectionable** il me déplaît souverainement ◆ **I find your tone highly objectionable** je trouve votre ton tout à fait désagréable ◆ **the language used in the programme was objectionable to many viewers** le langage utilisé au cours de l'émission a choqué de nombreux téléspectateurs

objective [əb'dʒektɪv] → SYN 1 adj a (= impartial) person, report, view objectif, impartial ; evidence, facts, criteria objectif ◆ **to take an objective look at sth** examiner qch d'une manière objective ◆ **he is very objective in his reporting** ses reportages sont très objectifs

b (Philos) objectif

c (Gram) pronoun complément d'objet ; genitive objectif ◆ **objective case** (cas m) accusatif m, cas m régime

2 n a (gen, also Phot) objectif m ◆ **to reach** or **attain one's objective** atteindre le but qu'on s'était fixé or son objectif

b (Gram) accusatif m

objectively [əb'dʒektɪvlɪ] → SYN adv objectivement

objectivism [əb'dʒektɪvɪzəm] n objectivisme m

objectivity [,ɒbdʒɪk'tɪvɪtɪ] → SYN n objectivité f, impartialité f

objectivize [əb'dʒektɪvaɪz] vt objectiver

objector [əb'dʒektə^r] n opposant(e) m(f) ◆ **the objectors to this scheme** les opposants au projet, les adversaires du projet ; → **conscientious**

objet d'art ['ɒbʒeɪ'dɑː] n, pl **objets d'art** objet m d'art

objet de vertu ['ɒbʒeɪdə'vɜːtjuː] n, pl **objets de vertu** objet m d'art, curiosité f

objurgate ['ɒbdʒɜːgeɪt] vt (frm) réprimander ; (stronger) accabler de reproches

objurgation [,ɒbdʒɜː'geɪʃən] n (frm) objurgation f, réprimande f

oblate ['ɒbleɪt] 1 n (Rel) oblat(e) m(f)

2 adj (Geom) aplati aux pôles

oblation [əʊ'bleɪʃən] n (Rel) (= act) oblation f ; (= offering: also **oblations**) oblats mpl

obligate ['ɒblɪgeɪt] vt obliger, contraindre (*sb to do sth* qn à faire qch) ◆ **to be obligated to do sth** être obligé de or contraint à faire qch

obligation [,ɒblɪ'geɪʃən] → SYN n a (= duty) obligation f ◆ **to be under an obligation to do sth** être tenu de faire qch, être dans l'obligation de faire qch ◆ **I'm under no obligation to do it** rien ne m'oblige à le faire ◆ **to lay** or **put sb under an obligation** créer une obligation à qn ◆ **to put** or **lay an obligation on sb to do sth** mettre qn dans l'obligation de faire qch ◆ **it is your obligation to see that ...** il vous incombe de veiller à ce que ... (+ subj) ◆ **"without obligation"** (in advert) "sans engagement" ◆ **"no obligation to buy"** (in advert) "aucune obligation d'achat" ; (in shop) "entrée libre"

b (= commitment) obligation f, engagement m ◆ **to meet one's obligations** respecter ses obligations or ses engagements ◆ **to fail to meet one's obligations** manquer à ses obligations or à ses engagements ◆ **to be under an obligation to sb** devoir de la reconnaissance à qn ◆ **to be under an obligation to sb for sth** être redevable à qn de qch

c (= debt) devoir m, dette f (de reconnaissance) ◆ **to repay an obligation** acquitter une dette de reconnaissance

obligatory [ɒ'blɪgətərɪ] LANGUAGE IN USE 10.1 → SYN adj a (= compulsory) attendance obligatoire ◆ **it is not obligatory to attend** il n'est pas obligatoire d'y assister ◆ **it is obligatory for you to attend** vous êtes dans l'obligation or vous êtes tenu d'y assister ◆ **to make it obligatory for sb to do sth** obliger qn à faire qch

b (= customary) smile, kiss de rigueur ◆ **she was wearing the obligatory sweater and pearl necklace** elle portait le pull et le collier de perles de rigueur

oblige [ə'blaɪdʒ] LANGUAGE IN USE 4, 10, 20.6 → SYN

1 vt a (= compel) obliger (*sb to do sth* qn à faire qch) ◆ **to be obliged to do sth** être obligé de faire qch

b (= do a favour to) rendre service à, obliger (liter) ◆ **he did it to oblige us** il l'a fait pour nous rendre service ◆ **can you oblige me with a pen?** (frm) auriez-vous l'amabilité or l'obligeance de me prêter un stylo ? ◆ **he's always ready to oblige journalists with information** il est toujours prêt à communiquer des informations aux journalistes ◆ **to be obliged to sb for sth** (Comm) être reconnaissant or savoir gré à qn de qch ◆ **I am much obliged to you** je vous remercie infiniment ◆ **I would be obliged if you would read it to us** je vous serais reconnaissant de bien vouloir nous le lire ◆ **thanks, I'd be obliged** merci, ce serait très gentil (de votre part) ◆ **much obliged!** merci beaucoup !, merci mille fois ! ◆ **much obliged for your assistance!** merci beaucoup or merci mille fois de votre aide !

2 vi ◆ **she is always ready** or **willing to oblige** elle est toujours prête à rendre service ◆ **anything to oblige!** * à votre service ! ◆ **he asked for more time and they obliged by delaying their departure** il a demandé un délai et ils se sont pliés à ses désirs en retardant leur départ ◆ **we asked him the way and he obliged with directions** nous lui avons demandé notre chemin et il nous a très gentiment donné des indications ◆ **a prompt answer will oblige** (Comm †) une réponse rapide nous obligerait

obligee [,ɒblɪ'dʒiː] n (Jur) obligataire m, créancier m

obliging [ə'blaɪdʒɪŋ] → SYN adj obligeant, serviable ◆ **it is very obliging of them** c'est très gentil or aimable de leur part

obligingly [ə'blaɪdʒɪŋlɪ] adv obligeamment

obligor [,ɒblɪ'gɔː^r] n (Jur) obligé m

oblique [ə'bliːk] → SYN 1 adj a (= indirect) approach, reference, criticism, warning indirect

b (= slanting) line, plane, cut oblique ; look en biais, oblique ; view de biais ; (Math) angle (= acute) aigu ; (= obtuse) obtus ◆ **it lies at an oblique angle to the coastline** c'est en biais par rapport à la côte

c (Gram) **oblique case** cas m oblique

2 n a (Anat) oblique f

b (Brit Typ: also **oblique stroke**) trait m oblique, oblique f

obliquely [ə'bliːklɪ] → SYN adv a (= indirectly) refer to, answer, approach indirectement

b (= diagonally) cut obliquement, en biais

obliqueness [ə'bliːknɪs], **obliquity** [ə'blɪkwɪtɪ] n

a [of approach, reference] caractère m indirect

b [of line] obliquité f

obliterate [ə'blɪtəreɪt] → SYN vt a (= destroy) détruire, anéantir

b [+ writing etc] (= erase) effacer, enlever ; (= obscure) rendre illisible ; (by progressive wear) oblitérer (frm) ; (fig) [+ memory, impressions] oblitérer (frm) ; [+ the past] faire table rase de

c (Post) [+ stamp] oblitérer

obliteration [ə,blɪtə'reɪʃən] → SYN n a (= destruction) [of person, object, country] anéantissement m ; [of rainforest] destruction f

b (= erasure) rature f, biffure f ; (fig) [of memory] effacement m

oblivion [ə'blɪvɪən] → SYN n (état m d')oubli m ◆ **to sink** or **fall into oblivion** tomber dans l'oubli

oblivious [ə'blɪvɪəs] → SYN adj (= unaware) inconscient (*of* or *to sb/sth* de qn/qch) ; (= forgetful) oublieux (*of* or *to sb/sth* de qn/qch)

oblong ['ɒblɒŋ] 1 adj (= rectangular) oblong (oblongue f) ; (= elongated) allongé ◆ **an oblong dish** un plat rectangulaire

2 n rectangle m

obloquy ['ɒbləkwɪ] n opprobre m

obnoxious [əb'nɒkʃəs] → SYN adj person odieux ; child, dog, behaviour odieux, détestable ; smell nauséabond ◆ **stop being so obnoxious!** arrête d'être odieux !

obnoxiously [əb'nɒkʃəslɪ] adv odieusement

o.b.o. [əʊbiː'əʊ] (abbrev of **or best offer**) à déb., à débattre ; → **offer**

oboe ['əʊbəʊ] 1 n hautbois m

2 COMP ▷ **oboe d'amore** n hautbois m d'amour

oboist ['əʊbəʊɪst] n hautboïste mf

obscene [əb'siːn] → SYN 1 adj act, gesture, language, remark, phone call obscène ; profit, salary indécent

2 COMP ▷ **obscene publication** n (Jur) publication f obscène ▷ **Obscene Publications Act** n (Brit) loi f sur les publications obscènes ▷ **Obscene Publications Squad** n (Brit) *brigade de répression des publications obscènes*

obscenely [əb'siːnlɪ] adv fat etc monstrueusement ◆ **to talk obscenely** dire des obscénités ◆ **obscenely rich** d'une richesse indécente ◆ **she earns obscenely large amounts of money** elle gagne tellement d'argent que c'en est

obscenity [əbˈsenɪtɪ] n (gen, also Jur) obscénité f; (= moral outrage) infamie f ◆ **the obscenity laws** les lois fpl sur l'obscénité

obscurantism [ˌɒbskjʊəˈræntɪzəm] n obscurantisme m

obscurantist [ˌɒbskjʊəˈræntɪst] adj, n obscurantiste mf

obscure [əbˈskjʊəʳ] → SYN **1** adj **a** (= not straightforward, not obvious) word, reference, reason, origins obscur
b (= not well-known) writer, artist, book obscur, peu connu; village peu connu, perdu
c (= indistinct) shape indistinct
2 vt (= hide) [+ sun] (partly) voiler; (completely) cacher; [+ view] cacher, masquer; (fig) [+ argument] [+ idea] rendre obscur ◆ **to obscure the issue** embrouiller la question

obscurely [əbˈskjʊəlɪ] adv obscurément

obscurity [əbˈskjʊərɪtɪ] → SYN n **a** (= darkness) obscurité f, ténèbres fpl (liter)
b (fig) [of argument, idea] obscurité f

obsequies [ˈɒbsɪkwɪz] npl (frm) obsèques fpl, funérailles fpl

obsequious [əbˈsiːkwɪəs] adj (pej) person, manner obséquieux, servile (to sb devant qn); smile obséquieux ◆ **their obsequious treatment of the film star** leur obséquiosité f à l'égard de la vedette

obsequiously [əbˈsiːkwɪəslɪ] adv (pej) obséquieusement

obsequiousness [əbˈsiːkwɪəsnɪs] n obséquiosité f, servilité f

observable [əbˈzɜːvəbl] → SYN adj facts, phenomena, pattern observable; benefits, consequences, effect observable, visible ◆ **the observable universe** (Astron) l'univers m observable

observably [əbˈzɜːvəblɪ] adv visiblement

observance [əbˈzɜːvəns] → SYN n **a** (NonC) [of rule, law] observation f, respect m; [of rite, custom, Sabbath] observance f; [of anniversary] célébration f
b (= rite, ceremony) observance f ◆ **religious observances** observances fpl religieuses

observant [əbˈzɜːvənt] → SYN adj person, eye observateur (-trice f)

observation [ˌɒbzəˈveɪʃən] → SYN **1** n **a** (NonC) observation f ◆ **observation of birds/bats** observation f des oiseaux/des chauves-souris ◆ **his powers of observation** ses facultés fpl d'observation ◆ **careful observation of the movement of the planets** une observation attentive du mouvement des planètes ◆ **to keep sb under observation** (Med) garder qn en observation; (Police) surveiller qn ◆ **they kept the house under observation** ils surveillaient la maison ◆ **to be under observation** (Med) être en observation; (Police) être sous surveillance ◆ **he came under observation when ...** (Police) on s'est mis à la surveiller quand ...
b (= remark) observation f, remarque f ◆ **this book contains observations about the causes of addictions** ce livre contient diverses observations or remarques sur les causes des dépendances ◆ **his observations on "Hamlet"** ses réflexions fpl sur "Hamlet"
2 COMP ▷ **observation balloon** n ballon m d'observation ▷ **observation car** n (Rail) wagon m or voiture f panoramique ▷ **observation deck** n terrasse f panoramique ▷ **observation post** n (Mil) poste m d'observation, observatoire m ▷ **observation satellite** n satellite m d'observation ▷ **observation tower** n mirador m, tour f de guet ▷ **observation ward** n (Med) salle f d'observation

observational [ˌɒbzəˈveɪʃənl] adj (frm) skills, faculties, test, device d'observation; evidence, data, study basé sur l'observation

observatory [əbˈzɜːvətrɪ] n observatoire m

observe [əbˈzɜːv] LANGUAGE IN USE 26.2, 26.3 → SYN vt **a** (= obey) [+ rule, custom, ceasefire] observer, respecter; [+ silence] garder, observer ◆ **failure to observe the law** (Jur) inobservation f de la loi
b (= celebrate) [+ anniversary] célébrer; [+ the Sabbath] observer ◆ **to observe Christmas/May Day** fêter Noël/le premier mai
c (= take note of) observer, remarquer; (= study) observer ◆ **to observe sth closely** observer qch attentivement, scruter qch ◆ **I'm only here to observe** je ne suis ici qu'en tant qu'observateur
d (= say, remark) (faire) remarquer, faire observer ◆ **he observed that the weather was cold** il a fait observer or remarquer qu'il faisait froid ◆ **as I was about to observe ...** comme j'allais le dire or le faire remarquer ... ◆ **I observed to him that ...** je lui ai fait remarquer or observer que ... ◆ **"he's a handsome young man", she observed** "c'est un beau jeune homme", remarqua-t-elle ◆ **... as Elliot observed** ... comme l'a remarqué or relevé Elliot

observer [əbˈzɜːvəʳ] → SYN n **a** (= person watching) observateur m, -trice f, spectateur m, -trice f ◆ **the observer may note ...** les observateurs or spectateurs remarqueront ... ◆ **a casual observer would have assumed they were friends** un simple observateur aurait pensé qu'ils étaient amis
b (= official: at meeting etc) observateur m, -trice f ◆ **UN observers will attend the conference** les observateurs de l'ONU assisteront à la conférence
c (Pol etc = analyst, commentator) spécialiste mf, expert m ◆ **an observer of Soviet politics** un spécialiste de la politique soviétique ◆ **political observers believe that ...** les observateurs politiques pensent que ...

obsess [əbˈses] → SYN **1** vt obséder ◆ **obsessed by** obsédé par
2 vi ◆ **to obsess about** or **over sth** être obsédé par qch

obsession [əbˈseʃən] → SYN n (state) obsession f; (= fixed idea) obsession f, idée f fixe; (of sth unpleasant) hantise f ◆ **sport is an obsession with him** c'est un obsédé de sport ◆ **he has an obsession about cleanliness** c'est un obsédé de la propreté, il a l'obsession de la propreté ◆ **his obsession with her** la manière dont elle l'obsède ◆ **his obsession with death** (= fascination) son obsession de la mort; (= fear) sa hantise de la mort

obsessional [əbˈseʃənl] adj behaviour, love, hatred obsessionnel ◆ **to be obsessional** [person] souffrir d'une obsession or d'obsessions ◆ **to be obsessional about tidiness/cleanliness** etc être un maniaque de l'ordre/de la propreté etc

obsessionally [əbˈseʃənəlɪ] adv de façon obsessionnelle ◆ **obsessionally tidy** obsédé par l'ordre, maniaque de l'ordre ◆ **to be obsessionally jealous of sb** éprouver une jalousie obsessionnelle vis-à-vis de qn

obsessive [əbˈsesɪv] **1** adj behaviour, need, desire, love, interest, secrecy obsessionnel; memory, thought obsédant ◆ **to be obsessive** [person] souffrir d'une obsession or d'obsessions ◆ **to be obsessive about tidiness/cleanliness** etc être un maniaque de l'ordre/de la propreté etc ◆ **an obsessive gambler** un(e) obsédé(e) du jeu ◆ **his obsessive tidiness was driving her crazy** son obsession de l'ordre la rendait folle
2 COMP ▷ **obsessive compulsive disorder** n (Psych) troubles mpl obsessionnels compulsifs

obsessively [əbˈsesɪvlɪ] adv work, love, hate de façon obsessionnelle ◆ **she is obsessively tidy** c'est une maniaque de l'ordre ◆ **to be obsessively in love with sb** aimer qn d'un amour obsessionnel ◆ **he's obsessively worried about her** il se fait tellement de souci pour elle que ça tourne à l'obsession

obsidian [ɒbˈsɪdɪən] n obsidienne f

obsolescence [ˌɒbsəˈlesns] **1** n [of machinery, goods, words] obsolescence f; (Bio) atrophie f, myopathie f ◆ **planned** or **built-in obsolescence** (Comm) obsolescence f programmée
2 COMP ▷ **obsolescence clause** n (Insurance) clause f de vétusté

obsolescent [ˌɒbsəˈlesnt] → SYN adj machinery, weapon obsolescent; word qui tombe en désuétude; (Bio) organ en voie d'atrophie

obsolete [ˈɒbsəliːt] → SYN adj weapon, equipment, machine obsolète; system, attitude, idea, process, practice dépassé; word obsolète, tombé en désuétude; law caduc (caduque f), tombé en désuétude; (Bio) atrophié

obstacle [ˈɒbstəkl] → SYN **1** n (lit, fig) obstacle m ◆ **to be an obstacle to sth** être un obstacle à qch ◆ **overcrowding remains a serious obstacle to improving living conditions** le surpeuplement reste un obstacle important à l'amélioration des conditions de vie ◆ **the main obstacle in negotiations is ...** le principal obstacle dans les négociations est ... ◆ **to put an obstacle in the way of sth/in sb's way** faire obstacle à qch/qn
2 COMP ▷ **obstacle course** n parcours m du combattant ▷ **obstacle race** n (Sport) course f d'obstacles

obstetric(al) [ɒbˈstetrɪk(əl)] adj techniques etc obstétrical; clinic obstétrique

obstetrician [ˌɒbstəˈtrɪʃən] n obstétricien(ne) m(f), (médecin m) accoucheur m

obstetrics [ɒbˈstetrɪks] n (NonC) obstétrique f

obstinacy [ˈɒbstɪnəsɪ] → SYN n [of person] obstination f (in doing sth à faire qch); [of illness] persistance f; [of resistance, refusal] obstination f

obstinate [ˈɒbstɪnɪt] → SYN adj **a** (= stubborn) person, refusal, silence, resistance obstiné ◆ **to have an obstinate streak** être du genre obstiné ◆ **he's very obstinate about it** il n'en démord pas
b (= persistent) weeds, stain, cough rebelle; pain, illness persistant

obstinately [ˈɒbstɪntlɪ] adv refuse, insist, struggle obstinément ◆ **to be obstinately uncooperative** refuser obstinément de coopérer ◆ **he was obstinately silent** il restait obstinément silencieux ◆ **unemployment figures are remaining obstinately high** le taux de chômage reste obstinément élevé ◆ **"no" he said obstinately** "non" répondit-il d'un air obstiné ◆ **he tried obstinately to do it by himself** il s'est obstiné or entêté à le faire tout seul

obstreperous [əbˈstrepərəs] → SYN adj person, behaviour tapageur ◆ **the crowd grew obstreperous** la foule s'est mise à faire du tapage

obstreperously [əbˈstrepərəslɪ] adv (= noisily) bruyamment, tapageusement; (= rebelliously) avec force protestations, en rouspétant *

obstruct [əbˈstrʌkt] → SYN **1** vt **a** (= block) [+ road] obstruer (with de); [+ pipe] engorger; (Med) [+ artery, windpipe] obstruer; [+ view] boucher, cacher
b (= halt) [+ traffic] bloquer; [+ progress] arrêter, enrayer
c (= hinder) [+ progress, traffic, plan] entraver; [+ person] gêner, entraver; (Sport) [+ player] faire obstruction à ◆ **to obstruct (the passage of) a bill** (Pol) faire de l'obstruction parlementaire ◆ **to obstruct a policeman in the execution of his duty** (Jur) gêner or entraver un agent de police dans l'exercice de ses fonctions
2 vi (Sport) faire de l'obstruction

obstruction [əbˈstrʌkʃən] → SYN n **a** (to plan, progress, view) obstacle m; (in pipe) bouchon m; (in artery, windpipe) obstruction f, occlusion f ◆ **to remove an obstruction from a chimney** enlever un objet qui obstrue une cheminée ◆ **the country's obstruction of the UN inspection process** l'obstruction du pays au processus d'inspection de l'ONU ◆ **legal obstructions** obstacles mpl juridiques ◆ **a bowel obstruction** une occlusion intestinale ◆ **an obstruction of the Fallopian tubes** une obturation des trompes de Fallope ◆ **to cause an obstruction** (Jur, gen) encombrer or obstruer la voie publique; (to traffic) bloquer la circulation ◆ **obstruction of justice** (Jur) entrave f à la justice ◆ **he was charged with obstruction of the police in the course of their duties** il a été inculpé pour entrave à l'action de la police dans l'exercice de ses fonctions
b (Sport) obstruction f

obstructionism [əbˈstrʌkʃənɪzəm] n obstructionnisme m

obstructionist [əbˈstrʌkʃənɪst] adj, n obstructionniste mf ◆ **to adopt obstructionist tactics** faire de l'obstruction, pratiquer l'obstruction

obstructive [əbˈstrʌktɪv] → SYN adj **a** (= troublesome) bureaucracy qui vous met des bâtons dans les roues ◆ **he's intent on being obstructive** il fait de l'obstruction systématique
b (Parl) person, behaviour, policy, tactics, measures obstructionniste
c (Med) obstructif, obstruant

obstructiveness [əbˈstrʌktɪvnɪs] n tendance f à dresser des obstacles or à faire obstacle

obtain [əb'teɪn] → SYN ▮1▮ vt (gen) obtenir ; [+ goods] procurer (*for sb* à qn) ; (for o.s.) se procurer ; [+ information, job, money] obtenir, (se) procurer ; [+ votes] obtenir, recueillir ; [+ prize] obtenir, remporter ; (Fin) [+ shares] acquérir ◆ **this gas is obtained from coal** on obtient ce gaz à partir du charbon ◆ **these goods may be obtained from any large store** on peut se procurer ces articles dans tous les grands magasins

▮2▮ vi (frm) [rule, custom etc] avoir cours, être en vigueur ; [fashion] être en vogue ; [method] être courant

obtainable [əb'teɪnəbl] → SYN adj product qu'on peut se procurer, disponible ◆ **the form is obtainable from** or **at post offices** on peut se procurer ce formulaire dans les bureaux de poste

obtrude [əb'truːd] (frm) ▮1▮ vt imposer (*sth on sb* qch à qn)

▮2▮ vi [object] gêner ; [person] s'imposer, imposer sa présence ◆ **the author's opinions do not obtrude** l'auteur n'impose pas ses opinions

obtrusion [əb'truːʒən] n intrusion f

obtrusive [əb'truːsɪv] → SYN adj person envahissant, qui s'impose ; object, building trop en évidence ; presence gênant, envahissant ; music, smell gênant, envahissant

obtrusively [əb'truːsɪvli] adv leave, walk out ostensiblement ; stare de façon importune

obtuse [əb'tjuːs] adj **a** person obtus ◆ **are you just being deliberately obtuse?** faites-vous exprès de ne pas comprendre ?

b (Math) angle obtus

obtuseness [əb'tjuːsnɪs] n stupidité f

obverse ['ɒbvɜːs] ▮1▮ n [of coin] face f, côté m face ; [of statement, truth] contrepartie f, contre-pied m

▮2▮ adj **a** side of coin etc de face, qui fait face ; (fig) correspondant, faisant contrepartie

b (in shape) leaf renversé, plus large au sommet qu'à la base

obviate ['ɒbvɪeɪt] vt [+ difficulty] obvier à, parer à ; [+ need, necessity] éviter ; [+ danger, objection] prévenir

obvious ['ɒbvɪəs] LANGUAGE IN USE 26.3 → SYN

▮1▮ adj question, solution, danger, reason, disadvantage évident (*to sb* pour qn) ; good faith évident, incontestable ; remark prévisible ; lie flagrant ◆ **an obvious injustice** une injustice manifeste or patente ◆ **he was the obvious choice for the role** il était tout désigné pour ce rôle ◆ **obvious statement** truisme m, lapalissade f ◆ **it's the obvious thing to do** c'est la chose à faire, cela s'impose ◆ **the obvious thing to do is to leave** la chose à faire c'est évidemment de partir ◆ **that's the obvious one to choose** c'est bien évidemment celui-là qu'il faut choisir ◆ **we mustn't be too obvious about it** il ne faut pas dévoiler notre jeu ◆ **it is obvious that ...** il est évident que ...

▮2▮ n ◆ **you are merely stating the obvious** c'est une lapalissade or un truisme, vous enfoncez une porte ouverte *

obviously ['ɒbvɪəsli] LANGUAGE IN USE 15.1 → SYN adv angry, upset, happy, pregnant visiblement ◆ **it's obviously true that ...** il est manifeste or notoire que ... ◆ **that's obviously true!** c'est la vérité ! ◆ **he was obviously not drunk** de toute évidence, il n'était pas ivre ◆ **he was not obviously drunk** à le voir, on ne pouvait pas dire s'il était ivre ◆ **she obviously adores her big sister** il est évident qu'elle adore sa grande sœur ◆ **obviously I am delighted** je suis bien entendu ravi ◆ **obviously!** bien sûr !, évidemment ! ◆ **obviously not!** apparemment non !

OC [,əʊ'siː] n abbrev of **Officer Commanding**

ocarina [,ɒkə'riːnə] n ocarina m

Occam ['ɒkəm] n Occam m ◆ **Occam's razor** le rasoir d'Occam

occasion [ə'keɪʒən] → SYN ▮1▮ n **a** (= particular time, date, occurrence etc) occasion f ◆ **on the occasion of ...** à l'occasion de ... ◆ **(on) the first occasion (that) it happened** la première fois que cela s'est passé ◆ **on that occasion** à cette occasion, cette fois-là ◆ **on several occasions** à plusieurs occasions or reprises ◆ **on rare occasions** en de rares occasions ◆ **on just such an occasion** dans une occasion tout à fait semblable ◆ **on great occasions** dans les grandes occasions ◆ **on a previous** or **former occasion** précédemment ◆ **I'll do it on the first possible occasion** je le ferai à la première occasion (possible) or dès que l'occasion se présentera ◆ **on occasion(s)** à l'occasion, quand l'occasion se présente (or se présentait etc) ◆ **should the occasion arise** le cas échéant ◆ **should the occasion so demand** si les circonstances l'exigent ◆ **as the occasion requires** selon le cas ◆ **he has had few occasions to speak Italian** il n'a pas eu souvent l'occasion de parler italien ◆ **he took (the) occasion to say ...** il en a profité pour dire ... ◆ **he was waiting for a suitable occasion to apologize** il attendait une occasion favorable pour or l'occasion de présenter ses excuses ◆ **this would be a good occasion to try it out** c'est l'occasion tout indiquée pour l'essayer ◆ **to rise to** or **be equal to the occasion** être à la hauteur de la situation

b (= event, function) événement m, occasion f ◆ **a big occasion** un grand événement, une grande occasion ◆ **it was quite an occasion** cela n'a pas été une petite affaire or un petit événement ◆ **play/music written for the occasion** pièce f spécialement écrite/musique f spécialement composée pour l'occasion

c (= reason) motif m ◆ **there is no occasion for alarm** or **to be alarmed** il n'y a pas lieu de s'alarmer, il n'y a pas de quoi s'inquiéter ◆ **there was no occasion for it** ce n'était pas nécessaire ◆ **I have no occasion for complaint** je n'ai pas motif à or sujet de me plaindre ◆ **you had no occasion to say that** vous n'aviez aucune raison de dire cela ◆ **I had occasion to reprimand him** (frm) j'ai eu l'occasion de or j'ai eu à le réprimander

d (frm) **to go about one's lawful occasions** vaquer à ses occupations

▮2▮ vt (frm) occasionner, causer

occasional [ə'keɪʒənl] → SYN ▮1▮ adj **a** (= infrequent) meeting, event qui a (or avait) lieu de temps en temps or de temps à autre ; rain, showers intermittent ◆ **I have the occasional drink** je prends un verre de temps en temps ◆ **she made occasional visits to England** elle allait de temps en temps en Angleterre ◆ **they had passed an occasional car on the road** ils avaient croisé quelques rares voitures

b (frm: Literat, Mus) poem, essay, music de circonstance

▮2▮ COMP ◆ **occasional table** n (Brit) table f d'appoint

occasionalism [ə'keɪʒənə,lɪzəm] n occasionnalisme m

occasionally [ə'keɪʒnəli] → SYN adv do, say, think etc à l'occasion, occasionnellement ; rude, silly, angry etc parfois ◆ **(only) very occasionally** très rarement, exceptionnellement

occident ['ɒksɪdənt] n (liter) occident m, couchant m ◆ **the Occident** l'Occident m

occidental [,ɒksɪ'dentl] adj (liter) occidental

occipita [ɒk'sɪpɪtə] npl of **occiput**

occipital [ɒk'sɪpɪtl] ▮1▮ adj occipital

▮2▮ COMP ▷ **occipital bone** n os m occipital ▷ **occipital lobe** n lobe m occipital

occiput ['ɒksɪpʌt] n, pl **occiputs** or **occipita** occiput m

occlude [ɒ'kluːd] ▮1▮ vt (all senses) occlure

▮2▮ vi (Dentistry) s'emboîter

▮3▮ COMP ▷ **occluded front** n (Met) front m occlus

occlusion [ɒ'kluːʒən] n (all senses) occlusion f

occlusive [ɒ'kluːsɪv] ▮1▮ adj (also Ling) occlusif

▮2▮ n (Phon) (consonne f) occlusive f

occult [ɒ'kʌlt] ▮1▮ adj occulte

▮2▮ n ◆ **the occult** le surnaturel ◆ **to study the occult** étudier les sciences occultes

occultism ['ɒkəltɪzəm] n occultisme m

occultist [ɒ'kʌltɪst] n occultiste mf

occupancy ['ɒkjʊpənsi] n occupation f (*d'une maison etc*)

occupant ['ɒkjʊpənt] → SYN n [of house] occupant(e) m(f), habitant(e) m(f) ; (= tenant) locataire mf ; [of land, vehicle etc] occupant(e) m(f) ; [of job, post] titulaire mf

occupation [,ɒkjʊ'peɪʃən] → SYN ▮1▮ n **a** (NonC) [of house etc] occupation f ; (Jur) prise f de possession ◆ **unfit for occupation** impropre à l'habitation ◆ **the house is ready for occupation** la maison est prête à être habitée ◆ **we found them already in occupation** nous les avons trouvés déjà installés

b (NonC: Mil, Pol) occupation f ◆ **army of occupation** armée f d'occupation ◆ **under (military) occupation** sous occupation (militaire) ◆ **during the Occupation** pendant or sous l'Occupation

c (= trade) métier m ; (= profession) profession f ; (= work) emploi m, travail m ; (= activity, pastime) occupation f, passe-temps m inv ◆ **he is a plumber by occupation** il est plombier de son métier ◆ **he needs some occupation for his spare time** il lui faut une occupation or de quoi occuper ses loisirs ◆ **his only occupation was helping his father** sa seule occupation était or il avait pour seule occupation d'aider son père ◆ **parachuting is a dangerous occupation** le parachutisme est un passe-temps dangereux

▮2▮ COMP troops d'occupation ▷ **occupation groupings** npl catégories fpl socioprofessionnelles

occupational [,ɒkjʊ'peɪʃənl] ▮1▮ adj training, group professionnel ; disease, accident du travail ; safety au travail ; risk professionnel, du métier

▮2▮ COMP ▷ **occupational hazard** n [of job] risque m professionnel or du métier ; [of skiing/sailing etc] risque m encouru par ceux qui font du ski/de la voile etc ◆ **it's an occupational hazard of** or **in this job** c'est un des risques de ce métier ▷ **occupational health** n santé f du travail ◆ **occupational health service** or **department** service m de médecine du travail ▷ **occupational pension** n retraite f complémentaire ▷ **occupational psychologist** n psychologue mf du travail ▷ **occupational psychology** n psychologie f du travail ▷ **Occupational Safety and Health Administration** n (US) ≈ inspection f du travail ▷ **occupational therapist** n ergothérapeute mf ▷ **occupational therapy** n ergothérapie f ◆ **occupational therapy department** service m d'ergothérapie

occupationally [,ɒkjʊ'peɪʃnəli] adv acquired, received dans l'exercice de sa (or leur etc) profession ◆ **an occupationally induced disease** une maladie professionnelle

occupied ['ɒkjʊpaɪd] → SYN ▮1▮ adj **a** (= inhabited) house habité

b (= busy, taken) toilet, room occupé ; seat, bed occupé, pris

c (Mil) occupé ◆ **Nazi-occupied Budapest** Budapest sous l'occupation nazie ; → **occupy**

▮2▮ COMP ▷ **the Occupied Territories** npl (in Middle East) les territoires mpl occupés

occupier ['ɒkjʊpaɪəʳ] n [of house] occupant(e) m(f), habitant(e) m(f) ; (= tenant) locataire mf ; [of land] occupant(e) m(f) ; → **owner**

occupy ['ɒkjʊpaɪ] → SYN vt **a** (= inhabit) [+ house] résider dans, habiter ; (= fill) [+ post] occuper

b [troops, demonstrators] occuper ; → **occupied**

c (= take up) [+ attention, mind, person, time, space] occuper ◆ **occupied with the thought of ...** absorbé par la pensée de ... ◆ **to be occupied in** or **with doing sth** être occupé à faire qch ◆ **to occupy o.s.** or **one's time (with** or **by doing sth)** s'occuper (à faire qch) ◆ **to keep sb occupied** occuper qn ◆ **how do you occupy your time/your days?** comment occupez-vous votre temps/vos journées ? ◆ **how do you keep occupied all day?** qu'est-ce que vous faites pour occuper vos journées ? ◆ **to keep one's mind occupied** s'occuper l'esprit

occur [ə'kɜːʳ] → SYN vi **a** [event] se produire, arriver ; [word] se rencontrer, se trouver ; [difficulty, opportunity] se présenter ; [change] s'opérer ; [disease, error] se produire, se rencontrer ; [plant etc] se trouver ◆ **if a vacancy occurs** en cas de poste vacant ◆ **should the case occur** le cas échéant

b (= come to mind) se présenter or venir à l'esprit (*to sb* de qn) ◆ **an idea occurred to me** une idée m'est venue à l'esprit ◆ **it occurred to me that he might be wrong** l'idée m'a traversé l'esprit qu'il pouvait avoir tort ◆ **it occurred to me that we could ...** j'ai pensé or je me suis dit que nous pourrions ... ◆ **it didn't occur to him to refuse** il n'a pas eu

occurrence [əˈkʌrəns] → SYN **1** n **a** (= event) événement m, circonstance f ◆ **an everyday occurrence** un fait journalier ◆ **this is a common occurrence** ceci arrive ◆ **se produit souvent** ◆ **terrorist attacks have become a daily occurrence** les attentats terroristes sont devenus une réalité quotidienne **b** fait m de se produire or d'arriver ◆ **chemicals which are used to prevent the occurrence of algae** des produits chimiques utilisés pour empêcher l'apparition d'algues ◆ **the greatest occurrence of heart disease is in those over 65** c'est chez les plus de 65 ans que l'on trouve or observe le plus grand nombre de cas de maladies cardiaques ◆ **to be of frequent occurrence** se produire or arriver souvent

ocean [ˈəʊʃən] **1** n (lit, fig) océan m ◆ **the ocean deeps** les grands fonds mpl ◆ **oceans of*** énormément de* ◆ **it's a drop in the ocean** c'est une goutte d'eau dans la mer **2** COMP climate, region océanique; cruise sur l'océan ▷ **ocean bed** n fond(s) m(pl) sous-marin(s) ▷ **ocean-going** adj de haute mer ◆ **ocean-going ship** navire m de haute mer ▷ **ocean liner** n paquebot m ▷ **the Ocean State** n (US) le Rhode Island

oceanarium [ˌəʊʃəˈnɛərɪəm] n, pl **oceanariums** or **oceanaria** [ˌəʊʃəˈnɛərɪə] parc m océanographique

Oceania [ˌəʊʃɪˈeɪnɪə] n l'Océanie f

Oceanian [ˌəʊʃɪˈeɪnɪən] **1** adj océanien **2** n Océanien(ne) m(f)

oceanic [ˌəʊʃɪˈænɪk] **1** adj océanique **2** COMP ▷ **the oceanic feeling** n (Psych) le sentiment océanique ▷ **oceanic ridge** n dorsale f océanique ▷ **oceanic trench** n fosse f océanique

Oceanid [əʊˈsɪənɪd] n océanide f

oceanographer [ˌəʊʃəˈnɒɡrəfər] n océanographe mf

oceanographic [ˌəʊʃənəˈɡræfɪk] adj océanographique

oceanography [ˌəʊʃəˈnɒɡrəfɪ] n océanographie f

oceanology [ˌəʊʃəˈnɒlədʒɪ] n océanologie f

Oceanus [əʊˈsɪənəs] n (Myth) Océan m

ocelot [ˈəʊsɪlɒt] n ocelot m

och [ɒx] excl (Scot) oh!

oche [ˈɒkɪ] n (Darts) ligne derrière laquelle doivent se tenir les joueurs de fléchettes pour lancer

ochlocracy [ɒkˈlɒkrəsɪ] n loi f de la rue, voyoucratie f

ochre, ocher (US) [ˈəʊkər] n (= substance) ocre f; (= colour) ocre m

ochreous [ˈəʊkrɪəs] adj ocreux

ocicat [ˈɒsɪkæt] n (Zool) ocicat m

ocker* [ˈɒkər] (Austral) **1** n (Australien m) rustre m **2** adj behaviour, language de rustre

Ockham [ˈɒkəm] n Occam m

Ockham's razor [ˈɒkəmz] n (Philos) le rasoir d'Occam

o'clock [əˈklɒk] adv ◆ **it is one o'clock** il est une heure ◆ **it's 4 o'clock in the morning** il est 4 heures du matin ◆ **at 5 o'clock** à 5 heures ◆ **at exactly 9 o'clock** à 9 heures précises or justes ◆ **at 12 o'clock** (= midday) à midi; (= midnight) à minuit ◆ **the 12 o'clock train** (= midday) (gen) le train de midi; (over loudspeaker) le train de 12 heures; (= midnight) (gen) le train de minuit; (over loudspeaker) le train de 0 heure ◆ **the 6 o'clock (bus/train** etc) le bus/train etc de 6 heures ◆ **the Nine O'Clock News** le journal de 21 heures ◆ **aircraft approaching at 5 o'clock** (Aviat, Mil: direction) avion à 5 heures; → **five**

OCR [ˌəʊsiːˈɑːr] (Comput) (abbrev of **optical character reader, optical character recognition**) → **optical**

Oct. abbrev of **October**

octagon [ˈɒktəɡən] n octogone m

octagonal [ɒkˈtæɡənəl] adj octogonal

octahedral [ˌɒktəˈhiːdrəl] adj (Math) octaédrique

octahedron [ˌɒktəˈhiːdrən] n, pl **octahedrons** or **octahedra** [ˌɒktəˈhiːdrə] octaèdre m

octal [ˈɒktəl] n, adj (Comput) ◆ **octal (notation)** octal m

octane [ˈɒkteɪn] **1** n octane m ◆ **high-octane petrol** carburant m à indice d'octane élevé **2** COMP d'octane ▷ **octane number, octane rating** n indice m d'octane

octant [ˈɒktənt] n (Math) octant m

octave [ˈɒktɪv] n (gen, Mus, Rel, Fencing) octave f; (Poetry) huitain m

octavo [ɒkˈteɪvəʊ] n, pl **octavos** in-octavo m

octet [ɒkˈtet] n (Mus) octuor m; (Poetry) huitain m

octillion [ɒkˈtɪljən] n (Brit) 10^{48}; (US) 10^{27}

October [ɒkˈtəʊbər] **1** n octobre m; for phrases see **September** **2** COMP ▷ **the October Revolution** n (Russian Hist) la Révolution d'octobre

octocentenary [ˌɒktəʊsenˈtiːnərɪ] n huit-centième anniversaire m

octogenarian [ˌɒktəʊdʒɪˈnɛərɪən] adj, n octogénaire mf

octopus [ˈɒktəpəs] pl **octopuses** **1** n (Zool) pieuvre f; (Culin) poulpe m; (Brit Aut: for luggage etc) pieuvre f, fixe-bagages m inv **2** COMP organization ramifié, à ramifications (multiples)

octopush [ˈɒktəpʊʃ] n sorte de hockey qui se joue sous l'eau

octoroon [ˌɒktəˈruːn] n octavon(ne) m(f)

octosyllabic [ˌɒktəʊsɪˈlæbɪk] **1** adj octosyllabique **2** n octosyllabe m, vers m octosyllabique

octosyllable [ˈɒktəʊˌsɪləbl] n (= line) octosyllabe m, vers m octosyllabique; (= word) mot m octosyllabique

octuple [ˈɒktjʊpl] **1** adj, n octuple m **2** [ɒkˈtjuːpl] vt octupler, multiplier par huit

ocular [ˈɒkjʊlər] adj, n oculaire m

ocularist [ˈɒkjʊlərɪst] n oculariste mf

oculist [ˈɒkjʊlɪst] n oculiste mf

oculomotor [ˌɒkjʊləʊˈməʊtər] adj oculomoteur

OD* [ˌəʊˈdiː] (abbrev of **overdose**) **1** n (lit) surdose f, overdose f **2** vi **a** (lit) (gen) faire une overdose; (fatally) mourir d'une surdose or d'une overdose ◆ **to OD on sth** prendre une surdose de qch **b** (fig, hum) **to OD on TV** etc faire une overdose de télé etc ◆ **to OD on chocolate** forcer* sur le chocolat

odalisque [ˈəʊdəlɪsk] n odalisque f

odd [ɒd] → SYN **1** adj **a** (= strange) bizarre, étrange ◆ **(how) odd!** bizarre!, étrange! ◆ **how odd that we should meet him** c'est étrange que nous l'ayons rencontré ◆ **what an odd thing for him to do!** c'est bizarre qu'il ait fait cela! ◆ **he says/does some very odd things** il dit/fait de drôles de choses parfois ◆ **the odd thing about it is ...** ce qui est bizarre or étrange à ce sujet c'est ... ◆ **he's got rather odd lately** il est bizarre depuis quelque temps **b** (Math) number impair **c** (= extra, left over) qui reste(nt); (from pair, set) shoe, sock dépareillé ◆ **I've got it all but the odd penny** il me manque un penny pour avoir le compte ◆ **£5 and some odd pennies** 5 livres et quelques pennies ◆ **any odd piece of wood** un morceau de bois quelconque ◆ **an odd scrap of paper** un bout de papier ◆ **a few odd bits of paper** deux ou trois bouts de papier ◆ **this is an odd size that we don't stock** (Brit) c'est une taille peu courante que nous n'avons pas (en stock) ◆ **to be the odd one over** être en surnombre ◆ **the odd man out, the odd one out** l'exception f; see also **2**, **odds** **d** (* = and a few more) **sixty-odd** soixante et quelques ◆ **forty-odd years** une quarantaine d'années, quarante et quelques années ◆ **£20-odd** 20 et quelques livres, 20 livres et quelques **e** (= occasional, not regular) **in odd moments he ...** à ses moments perdus, il ... ◆ **at odd times** de temps en temps ◆ **in odd corners all over the house** dans les coins et recoins de la maison ◆ **odd jobs** travaux mpl divers, petits travaux mpl; see also **2** ◆ **I did a lot of odd jobs before becoming an actor** j'ai fait beaucoup de petits boulots* or j'ai touché un peu à tout avant d'être acteur ◆ **to do odd jobs about the house** (= housework) faire des travaux domestiques divers; (= do-it-yourself) bricoler dans la maison ◆ **he does odd jobs around the garden** il fait des petits travaux de jardinage ◆ **I've got one or two odd jobs for you (to do)** j'ai deux ou trois choses or bricoles* à te faire faire ◆ **he has written the odd article** il a écrit un ou deux articles ◆ **I get the odd letter from him** de temps en temps je reçois une lettre de lui ◆ **tomorrow will be mainly sunny with the odd shower** la journée de demain sera ensoleillée avec quelques averses éparses **2** COMP ▷ **odd-jobber, odd-job man** n homme m à tout faire ▷ **odd-looking** adj à l'air bizarre ▷ **odd lot** n (St Ex) lot m fractionné (au nombre de titres inférieur à 100) ▷ **odd pricing** n prix mpl psychologiques

oddball* [ˈɒdbɔːl] **1** n excentrique mf **2** adj excentrique

oddbod* [ˈɒdbɒd] n ◆ **he's a bit of an oddbod** c'est un drôle d'oiseau*

oddity [ˈɒdɪtɪ] → SYN n **a** (= strangeness) ⇒ **oddness** **b** (= odd person) personne f bizarre, excentrique mf; (= odd thing) curiosité f; (= odd trait) singularité f ◆ **he's a real oddity** il a vraiment un genre très spécial ◆ **one of the oddities of the situation** un des aspects insolites de la situation

oddly [ˈɒdlɪ] adv curieusement, bizarrement ◆ **they sound oddly like the Beatles** leur style ressemble curieusement à celui des Beatles ◆ **an oddly shaped room** une pièce aux formes bizarres ◆ **oddly enough ...** chose curieuse ..., curieusement ...

oddment [ˈɒdmənt] n (Brit Comm) fin f de série; (one of a pair or collection) article m dépareillé; [of cloth] coupon m

oddness [ˈɒdnɪs] n (NonC) bizarrerie f, étrangeté f

odds [ɒdz] → SYN **1** npl **a** (Betting) cote f ◆ **he gave him odds of 5 to 1 (for Jupiter)** il lui a donné une cote de 5 contre 1 (sur Jupiter) ◆ **he gave him odds of 5 to 1 that he would fail his exams** il lui a parié à 5 contre 1 qu'il échouerait à ses examens ◆ **I got good/short/long odds** on m'a donné une bonne/faible/forte cote ◆ **the odds on** or **against a horse** la cote d'un cheval ◆ **the odds are 7 to 2 against Lucifer** Lucifer est à 7 contre 2, la cote de Lucifer est de 7 contre 2 ◆ **the odds are 6 to 4 on** la cote est à 4 contre 6 ◆ **the odds are 6 to 4 against** la cote est à 6 contre 4 ◆ **what odds will you give me?** quelle est votre cote? ◆ **the odds are 10 to 1 in favour of his** or **him** * **going** (fig) il y a 9 chances sur 10 (pour) qu'il y aille ◆ **over the odds** (Brit fig) plus que nécessaire ◆ **I got £30 over the odds for it** on me l'a payé 30 livres de plus que je ne demandais (or ne m'y attendais etc) **b** (fig = balance of advantage) chances fpl (for pour; against contre), avantage m ◆ **all the odds are against you** vous n'avez pratiquement aucune chance d'y arriver, c'est pratiquement perdu d'avance ◆ **the odds are against his** or **him coming** il est pratiquement certain qu'il ne viendra pas, il y a gros à parier qu'il ne viendra pas ◆ **the odds against another attack are very high** une nouvelle attaque est hautement improbable ◆ **the odds are on him coming** or **that he will come** il y a gros à parier qu'il viendra, il y a de fortes chances (pour) qu'il vienne ◆ **the odds are even that he will come** il y a cinquante pour cent de chances qu'il vienne ◆ **to fight against heavy** or **great odds** avoir affaire à plus fort que soi, combattre or lutter contre des forces supérieures ◆ **he managed to succeed against overwhelming odds** or **against all the odds** il a réussi alors que tout était contre lui ◆ **the odds are too great** le succès est trop improbable ◆ **by all the odds** (= unquestionably) sans aucun doute; (= judging from past experience) à en juger par l'expérience, d'après ce que l'on sait; → **stack** **c** (= difference) **it makes no odds** cela n'a pas d'importance, ça ne fait rien* ◆ **it makes no odds to me** ça m'est complètement égal, ça ne me fait rien ◆ **what's the odds?** qu'est-ce que ça peut bien faire?

ode / off

d to be at odds (with sb over sth) être en désaccord (avec qn sur qch) ◆ **to be at odds with the world** (= discontented) en vouloir au monde entier ◆ **to be at odds with o.s.** être mal dans sa peau ◆ **his pompous tone was at odds with the vulgar language he used** son ton pompeux ne cadrait pas avec son langage vulgaire ◆ **to set two people at odds** brouiller deux personnes, semer la discorde entre deux personnes

2 COMP ▷ **odds and ends** → SYN npl (gen) des petites choses fpl qui restent ; [of cloth] bouts mpl ; [of food] restes mpl ◆ **there were a few odds and ends lying about the house** quelques objets traînaient çà et là dans la maison ◆ **we still have a few odds and ends to settle** (fig) il nous reste encore quelques points à régler ▷ **oddsmakers** npl bookmakers ◇ mpl ▷ **odds-on** adj (Racing) **odds-on favourite** grand favori m ◆ **he's the odds-on favourite for the job** c'est le grand favori pour le poste ◆ **it's odds-on that he'll come** il y a toutes les chances qu'il vienne, il y a gros à parier qu'il viendra

ode [əʊd] n ode f (*to* à ; *on* sur)

Odessa [əʊˈdesə] n Odessa

Odin [ˈəʊdɪn] n (Myth) Odin m

odious [ˈəʊdɪəs] → SYN adj person détestable, odieux ; behaviour, crime odieux

odiously [ˈəʊdɪəslɪ] adv odieusement

odiousness [ˈəʊdɪəsnɪs] n [of person] caractère m détestable or odieux ; [of crime] caractère m odieux

odium [ˈəʊdɪəm] n (NonC) réprobation f générale, anathème m

odometer [ɒˈdɒmɪtə^r] n (US) odomètre m

odont(o)... [ɒˈdɒnt(əʊ)] pref odont(o)...

odontalgia [ˌɒdɒnˈtældʒɪə] n odontalgie f

odontoid [ɒˈdɒntɔɪd] adj odontoïde

odontological [ɒˌdɒntəˈlɒdʒɪkəl] adj odontologique

odontologist [ˌɒdɒnˈtɒlədʒɪst] n odontologiste mf

odontology [ˌɒdɒnˈtɒlədʒɪ] n odontologie f

odor [ˈəʊdə^r] n (US) ⇒ **odour**

odoriferous [ˌəʊdəˈrɪfərəs] adj odoriférant, parfumé

odorless [ˈəʊdəlɪs] adj (US) ⇒ **odourless**

odorous [ˈəʊdərəs] adj (liter) (gen) odorant ; (pleasantly) parfumé

odour, odor (US) [ˈəʊdə^r] → SYN n odeur f ; (pleasant) odeur f (agréable), parfum m ; (unpleasant) odeur f (mauvaise) ; (fig) trace f, parfum m (liter) ◆ **to be in good/bad odour with sb** (fig) être/ne pas être en faveur auprès de qn, être bien/mal vu de qn ◆ **odour of sanctity** odeur f de sainteté

odourless, odorless (US) [ˈəʊdəlɪs] adj inodore

Odysseus [əˈdiːsɪəs] n Ulysse m

Odyssey [ˈɒdɪsɪ] n (Myth) Odyssée f ◆ **odyssey** (gen) odyssée f

OE n (Ling) (abbrev of Old English) → **old**

OECD [ˌəʊiːsiːˈdiː] n (abbrev of Organization for Economic Cooperation and Development) OCDE f

oecology [ɪˈkɒlədʒɪ] n ⇒ **ecology**

oecumenical [ˌiːkjuːˈmenɪkəl] adj ⇒ **ecumenical**

oedema [ɪˈdiːmə] n, pl **oedemata** [ɪˈdiːmətə] (Brit) œdème m

Oedipal [ˈiːdɪpəl] adj œdipien

Oedipus [ˈiːdɪpəs] **1** n Œdipe m
2 COMP ▷ **Oedipus complex** n (Psych) complexe m d'Œdipe

œil-de-bœuf [ˌœjdəbœf] n (Archit) oculus m, œil-de-bœuf m

OEM [ˌəʊiːˈem] n (abbrev of **original equipment manufacturer**) (constructeur m) OEM m

oenological [ˌiːnəˈlɒdʒɪkəl] adj œnologique

oenologist [iːˈnɒlədʒɪst] n œnologue mf

oenology [iːˈnɒlədʒɪ] n œnologie f

o'er [ˈəʊə^r] (liter) ⇒ **over**

oersted [ˈɜːsted] n (Phys) œrsted m

oesophagoscope [iːˈsɒfəɡəʊˌskəʊp] n œsophagoscope m

oesophagoscopy [iːˌsɒfəˈɡɒskəpɪ] n œsophagoscopie f

oesophagus [iːˈsɒfəɡəs] n ⇒ **esophagus**

oestradiol [ˌiːstrəˈdaɪɒl] n (Med) œstradiol m, estradiol m

oestrogen [ˈiːstrəʊdʒən] n œstrogène m

oestrone [ˈiːstrəʊn] n œstrone f

oestrous [ˈiːstrəs] adj œstral ◆ **oestrous cycle** cycle m œstral

oestrus [ˈiːstrəs] n œstrus m

œuvre [ˈɜːvrə] n œuvre f

of [ɒv, əv] prep **a** (possession) de ◆ **the wife of the doctor** la femme du médecin ◆ **a painting of the queen's** un tableau de la reine or qui appartient à la reine ◆ **a friend of ours** (l')un de nos amis, un ami à nous ◆ **that funny nose of hers** son drôle de nez, ce drôle de nez qu'elle a ◆ **of it** en ◆ **the tip of it is broken** le bout en est cassé

b (objective genitive) de, pour ; (subjective) de ◆ **his love of his father** son amour pour son père, l'amour qu'il porte (or portait etc) à son père ◆ **love of money** amour de l'argent ◆ **a painting of the queen** un tableau de la reine or qui représente la reine ◆ **a leader of men** un meneur d'hommes ◆ **writer of legal articles** auteur m d'articles de droit

c (partitive) de, entre ◆ **the whole of the house** toute la maison ◆ **how much of this do you want?** combien or quelle quantité en voulez-vous ? ◆ **there were six of us** nous étions six ◆ **he asked the six of us to lunch** il nous a invités tous les six à déjeuner ◆ **of the ten only one was absent** sur les dix un seul était absent ◆ **he is not one of us** il n'est pas des nôtres ◆ **the 2nd of June** le 2 juin ◆ **today of all days** ce jour entre tous ◆ **you of all people ought to know** vous devriez le savoir mieux que personne ◆ **he is the bravest of the brave** (liter) c'est un brave entre les braves ◆ **he drank of the wine** (liter) il but du vin ; → **best, first, most, some**

d (concerning, in respect of) de ◆ **what do you think of him?** que pensez-vous de lui ? ◆ **what of it?** et alors ? ; → **bachelor, capable, hard, warn, year**

e (separation in space or time) de ◆ **south of Paris** au sud de Paris ◆ **within a month/a kilometre of ...** à moins d'un mois/d'un kilomètre de ... ◆ **a quarter of six** (US) six heures moins le quart

f (origin) de ◆ **of noble birth** de naissance noble ◆ **of royal origin** d'origine royale ◆ **a book of Dante's** un livre de Dante

g (cause) de ◆ **to die of hunger** mourir de faim ◆ **because of** à cause de ◆ **for fear of** de peur de ; → **ashamed, choice, necessity**

h (material) de, en ◆ **dress (made) of wool** robe f en or de laine

i (descriptive) de ◆ **a man of courage** un homme courageux ◆ **a girl of ten** une petite fille de dix ans ◆ **a question of no importance** une question sans importance ◆ **the city of Paris** la ville de Paris ◆ **town of narrow streets** ville f aux rues étroites ◆ **fruit of his own growing** fruits mpl qu'il a cultivés lui-même ◆ **that idiot of a doctor** cet imbécile de docteur ◆ **he has a real palace of a house** c'est un véritable palais que sa maison ; → **extraction, make, name**

j (agent etc) de ◆ **beloved of all** bien-aimé de tous ◆ **it was nasty of him to say so** c'était méchant de sa part de dire cela ; → **kind**

k (in temporal phrases) **of late** depuis quelque temps ◆ **he was often fine of a morning** (dial) il faisait souvent beau le matin ; → **old**

l → **free, irrespective, rid, short, smell, taste**

off [ɒf]
→ SYN

1 PREPOSITION	4 NOUN
2 ADVERB	5 INTRANSITIVE VERB
3 ADJECTIVE	6 TRANSITIVE VERB
7 COMPOUNDS	

When **off** is the second element in a phrasal verb, eg **get off, keep off, take off**, look up the verb. When it is part of a set combination, eg **off duty/work, far off**, look up the other word.

ANGLAIS-FRANÇAIS 648

1 PREPOSITION

a = **from** de ;
◆ de + le = du, de + les = des:
◆ **he fell/jumped off the wall** il est tombé/a sauté du mur ◆ **the orange fell off the table** l'orange est tombée de la table ◆ **he cut a piece off the steak and gave it to the dog** il a coupé un morceau du steak et l'a donné au chien BUT ◊ **he was balancing on the wall and fell off it** il était en équilibre sur le mur et il est tombé

Note the French prepositions used in the following:

◆ **he took the book off the table** il a pris le livre sur la table ◆ **we ate off paper plates** nous avons mangé dans des assiettes en carton

b = **missing from** ◆ **there are two buttons off my coat** il manque deux boutons à mon manteau ◆ **the lid was off the tin** le couvercle n'était pas sur la boîte

c = **away from** de ◆ **the helicopter was just a few metres off the ground** l'hélicoptère n'était qu'à quelques mètres du sol BUT ◊ **he ran towards the car and was 5 yards off it when ...** il a couru vers la voiture et n'en était plus qu'à 5 mètres lorsque ... ◊ **we want a house off the main road** nous cherchons une maison en retrait de la route principale

d = **near** près de ◆ **a flat just off the high street** un appartement près de la rue principale BUT ◊ **it's off Baker Street** c'est une rue qui donne dans Baker Street, c'est dans une rue perpendiculaire à Baker Street ◊ **a street (leading) off the square** une rue qui part de la place

e Naut au large de ◆ **off Portland Bill** au large de Portland Bill ◆ **it's off the coast of Brittany** c'est au large de la Bretagne

f * = **not taking, avoiding** ◆ **I'm off coffee at the moment** je ne bois pas de café en ce moment ◆ **I'm off smoking** je ne fume plus ◆ **he's off drugs** il ne touche plus à la drogue ; see also **go off**

2 ADVERB

a = **away** ◆ **the house is 5km off** la maison est à 5 km ◆ **the power station is visible from miles off** la centrale électrique est visible à des kilomètres à la ronde ◆ **my holiday is a week off** je suis en vacances dans une semaine
◆ **to be off*** (= going) partir ◆ **we're off to France today** nous partons pour la France aujourd'hui ◆ **they're off!** (Sport) les voilà partis !, ils sont partis ! ◆ **Dave's not here, he's off fishing** Dave n'est pas ici, il est parti pêcher or il est allé à la pêche BUT ◊ **I must be off** ◊ **it's time I was off** il faut que je file * or me sauve * ◊ **be off with you !** ◊ **off you go !** va-t-en !, file ! * ◊ **where are you off to ?** où allez-vous ? ◊ **I'm off fishing** je vais à la pêche ◊ **he's off on his favourite subject** le voilà lancé sur son sujet favori

b = **as holiday** ◆ **to take a day off** prendre un jour de congé ◆ **I've got this afternoon off** je ne travaille pas cet après-midi ◆ **he gets two days off each week** il a deux jours de congé or de repos par semaine ◆ **he gets one week off a month** il a une semaine de congé par mois

c = **removed** ◆ **he had his coat off** il avait enlevé son manteau ◆ **the lid was off** le couvercle n'était pas mis ◆ **the handle is off or has come off** la poignée s'est détachée ◆ **there are two buttons off** il manque deux boutons ◆ **off with those socks!** enlève ces chaussettes ! ◆ **off with his head!** qu'on lui coupe (subj) la tête !

d = **as reduction** **10% off** 10 % de remise or de réduction ◆ **I'll give you 10% off** je vais vous faire une remise or une réduction de 10 %

e * : referring to time
◆ **off and on** par intermittence ◆ **I'm still working as a waitress off and on** je travaille toujours comme serveuse par intermittence or de temps à autre ◆ **they lived together off and on for six years** ils ont vécu six ans ensemble par intermittence

3 ADJECTIVE

a = **absent from work** ◆ **he's off sick** il est malade or en congé de maladie ◆ **several teachers**

were off sick plusieurs enseignants étaient malades ◆ **10% of the workforce were off sick** 10 % des effectifs or du personnel étaient absents pour cause de maladie ◆ **he's been off for three weeks** cela fait trois semaines qu'il est absent

b [= off duty] **she's off at 4 o'clock today** elle termine à 4 heures aujourd'hui ◆ **he's off on Tuesdays** il n'est pas là le mardi, il ne travaille pas le mardi

c [= not functioning, connected, flowing] [brake] desserré ; [machine, light] éteint ; [engine, gas at main, electricity, water] coupé ; [tap] fermé ◆ **make sure the gas is off** n'oubliez pas de fermer le gaz ◆ **the light/TV/radio is off** la lumière/la télé/la radio est éteinte ◆ **the switch was in the off position** l'interrupteur était en position "arrêt" or n'était pas enclenché

d [= cancelled] meeting, trip, match annulé ◆ **the party is off** la soirée est annulée ◆ **their engagement is off** ils ont rompu leurs fiançailles ◆ **the lasagne is off** (in restaurant) il n'y a plus de lasagnes

e [Brit = bad] fish, meat avarié ; milk tourné ; butter rance ; taste mauvais

f [indicating wealth, possession] **they are comfortably off** ils sont aisés ◆ **they are badly off (financially)** ils sont dans la gêne ◆ **how are you off for bread?** qu'est-ce que vous avez comme pain ?

g [= not right]

◆ **a bit off** * ◆ **it was a bit off, him leaving like that** ce n'était pas très bien de sa part de partir comme ça ◆ **that's a bit off!** ce n'est pas très sympa ! * ◆ **the timing seems a bit off, seeing that an election is imminent** le moment est mal choisi étant donné l'imminence des élections

h [Brit] ⇒ **offside 2a**

4 NOUN

[* = start] ◆ **they're ready for the off** ils sont prêts à partir ◆ **from the off** dès le départ

5 INTRANSITIVE VERB

[esp US * = leave] ficher le camp *

6 TRANSITIVE VERB

[US * = kill] buter *, tuer

7 COMPOUNDS

▷ **off air** adv (TV, Rad) hors antenne ◆ **to go off air** [broadcast] rendre l'antenne ; [station] cesser d'émettre ◆ **to take sb off air** reprendre l'antenne à qn ◆ **to take sth off air** arrêter la diffusion de qch ▷ **off-air** adj (TV, Rad) hors antenne ▷ **off-balance-sheet reserve** n (Fin) réserve f hors bilan ▷ **off-beam** * adj statement, person à côté de la plaque * ▷ **off-Broadway** adj (US Theat) d'avant-garde, off ▷ **off-camera** adj (TV, Cine) hors champ ▷ **off-campus** adj (Univ) en dehors de l'université or du campus ▷ **off-centre** adj (gen) désaxé, décentré ; construction en porte-à-faux ; (fig) assessment etc pas tout à fait exact ▷ **off chance** n **I came on the off chance of seeing her** je suis venu avec l'espoir de la voir ◆ **he bought it on the off chance that it would come in useful** il l'a acheté pour le cas où cela pourrait servir ◆ **I did it on the off chance** * je l'ai fait à tout hasard or au cas où * ▷ **off-colour** adj (Brit) **he's off-colour today** il est mal fichu * or il n'est pas dans son assiette * aujourd'hui ◆ **an off-colour * story** une histoire osée or scabreuse ▷ **off day** n (US = holiday) jour m de congé ◆ **he was having an off day** (Brit) il n'était pas en forme ce jour-là, ce n'était pas son jour ▷ **off-guard** adj moment d'inattention ◆ **to catch sb off-guard** prendre qn au dépourvu ▷ **off-key** (Mus) adj faux (fausse f) ◇ adv sing faux ▷ **off-label store** n (US) magasin m de (vêtements) dégriffés ▷ **off-licence** n (Brit) (= shop) magasin m de vins et spiritueux ; (= permit) licence f *(permettant la vente de boissons alcoolisées à emporter)* ▷ **off-limits** adj (US Mil) **off-limits to troops** interdit au personnel militaire ▷ **off-line** (Comput) adj autonome ◇ adv ◆ **to go off-line** [computer] se mettre en mode autonome ◆ **to put the printer off-line** mettre l'imprimante en mode manuel ▷ **off-load** vt [+ goods] décharger, débarquer ; [+ passengers] débarquer ; [+ task, responsibilities] se décharger de (*on* or *onto sb* sur qn) ▷ **off-message** adj **he was off-message** ses propos étaient décalés par rapport à ce qu'on pouvait attendre ▷ **off-off-Broadway** adj (US Theat) résolument expérimental → OFF-BROADWAY ▷ **off-peak** adj → **off-peak** ▷ **off-piste** adj, adv (Ski) hors-piste ▷ **off-putting** adj task rebutant ; food peu ragoûtant ; person, manner rébarbatif, peu engageant ▷ **off-road** adj driving, racing, cycling off-road inv **off-roader, off-road vehicle** n véhicule m tout terrain ▷ **off-sales** n (Brit) (= sales) vente f de boissons alcoolisées (à emporter) ; (= shop) ≃ marchand m de vins ; (= counter) comptoir m des vins et spiritueux ▷ **off screen** adv (Cine, TV) dans le privé, hors écran ▷ **off-screen** adj (Cine, TV) hors écran ◆ **an off-screen romance** une aventure sentimentale à la ville ▷ **off-season** adj hors saison ◇ n morte-saison f ◆ **in the off-season** en morte-saison ▷ **off site** adv à l'extérieur du site ▷ **off-site** adj hors site ▷ **off-street parking** n place f de parking ◆ **a flat with off-street parking** un appartement avec une place de parking ▷ **off-the-cuff** adj remark impromptu ; speech impromptu, au pied levé ; see also **cuff** ▷ **off-the-job training** n → **job 1b** ▷ **off-the-peg, off-the-rack** (US) adj de confection ; see also **peg, rack**[1] ▷ **off-the-record** adj (= unofficial) officieux ; (= confidential) confidentiel ; see also **record** ▷ **off-the-shelf** adj (Econ) goods, item disponible dans le commerce ◇ adv ◆ **to buy sth off-the-shelf** acheter qch dans le commerce ; see also **shelf** ▷ **off-the-shoulder** adj dress sans bretelles ▷ **off-the-wall** * adj bizarre, dingue * ▷ **off-white** adj blanc cassé inv ▷ **off year** n (US Pol) *année sans élections importantes* ; see also **offbeat, offhand, offset, offshore**

> **OFF-BROADWAY**
>
> Dans le monde du théâtre new-yorkais, on qualifie de **off-Broadway** les pièces qui ne sont pas montées dans les grandes salles de Broadway. Le terme a d'abord été utilisé dans les années 50 pour désigner les productions à petit budget d'auteurs d'avant-garde comme Tennessee Williams ou Edward Albee. Les salles **off-Broadway**, généralement assez petites, proposent des billets à des prix raisonnables. Aujourd'hui, les théâtres les plus à l'avant-garde sont appelés **off-off-Broadway**.

offal [ˈɒfəl] n (NonC) **a** (Culin) abats mpl *(de boucherie)*

b (= refuse, rubbish) ordures fpl ; (= waste or by-product) déchets mpl

offbeat [ˈɒfbiːt] [→ SYN] **1** adj **a** (* = unusual) film, book, comedy, approach original ; person, behaviour, clothes excentrique ◆ **his offbeat sense of humour** son sens de l'humour cocasse

b (Mus) à temps faible

2 n (Mus) temps m faible

offcut [ˈɒfkʌt] n [of fabric] chute f ; [of wood] copeau m ; [of meat, fish] (for human consumption) parures fpl ; (for animals) déchets mpl

offence, offense (US) [əˈfens] [→ SYN] n **a** (Jur) délit m (*against* contre), infraction f (*against* à) ; (Rel = sin) offense f, péché m ◆ **it is an offence to do that** (Jur) il est contraire à la loi or il est illégal de faire cela ◆ **first offence** premier délit m ◆ **further offence** récidive f ◆ **political offence** délit m or crime m politique ◆ **capital offence** crime m capital ◆ **to commit an offence** commettre un délit, commettre une infraction (à la loi) ◆ **offences against national security** atteintes fpl à la sécurité nationale ◆ **he was charged with four offences of indecent assault** il a été inculpé de quatre attentats à la pudeur ◆ **offence against God** offense f faite à Dieu ◆ **an offence against common decency** un outrage aux bonnes mœurs ◆ **it is an offence to the eye** cela choque or offense la vue ; → **indictable**

b (NonC = insult) **to give** or **cause offence to sb** froisser or offenser qn ◆ **to take offence (at)** s'offenser (de), s'offusquer (de) ◆ **no offence taken!** il n'y a pas de mal ! ◆ **no offence meant (but ...)!** je ne voulais pas vous offenser ou froisser (mais ...) ! ◆ **no offence to the Welsh, of course!** sans vouloir offenser les Gallois, bien sûr !

c (NonC) (Mil: as opposed to defence) attaque f ◆ **the offence** (US Sport) les attaquants mpl ◆ **offence is the best (form of) defence** (Prov) la meilleure défense, c'est l'attaque ; → **weapon**

offend [əˈfend] [→ SYN] **1** vt [+ person] offenser ; [+ ears, eyes] offusquer, choquer ; [+ reason] choquer, heurter ◆ **to be** or **become offended (at)** s'offenser (de), s'offusquer (de) ◆ **she was offended by** or **at my remark** mon observation l'a offensée or vexée ◆ **you mustn't be offended** or **don't be offended if I say ...** sans vouloir vous offenser or vous vexer, je dois dire ... ◆ **it offends my sense of justice** cela va à l'encontre de or cela choque mon sens de la justice

2 vi **a** (gen) choquer ◆ **scenes that may offend** des scènes qui peuvent choquer

b (Jur) commettre un délit or une infraction ◆ **girls are less likely to offend than boys** les filles ont moins tendance que les garçons à commettre des délits or infractions

► **offend against** vt fus [+ law, rule] enfreindre, violer ; [+ good taste] offenser ; [+ common sense] être une insulte or un outrage à ◆ **this bill offends against good sense** ce projet de loi est une insulte au bon sens

offender [əˈfendəʳ] [→ SYN] n **a** (= lawbreaker) délinquant(e) m(f) ; (against traffic regulations etc) contrevenant(e) m(f) ◆ **first offender** (Jur) délinquant(e) m(f) primaire ◆ **previous offender** récidiviste mf ◆ **persistent** or **habitual offender** récidiviste mf ◆ **sex offender** délinquant m sexuel ◆ **young offender** jeune délinquant m ◆ **carbon dioxide is one of the main environmental offenders** le dioxyde de carbone est l'un des principaux responsables de la dégradation de l'environnement ◆ **small firms are the worst offenders when it comes to ...** les petites entreprises sont les plus coupables quand il s'agit de ...

b (= insulter) offenseur m ; (= aggressor) agresseur m

offending [əˈfendɪŋ] adj (hum) ◆ **the offending word/object** etc le mot/l'objet etc incriminé

offense [əˈfens] n (US) ⇒ **offence**

offensive [əˈfensɪv] [→ SYN] **1** adj **a** (= shocking) offensant, choquant ; (= hurtful) blessant, vexant ; (= disgusting) repoussant ; (= insulting) grossier, injurieux ; (= rude, unpleasant) déplaisant ◆ **to be offensive to sb** [person] insulter or injurier qn ; [joke] choquer qn ; [remark] offenser qn ◆ **offensive language** propos mpl choquants, grossièretés fpl ◆ **they found his behaviour very offensive** sa conduite les a profondément choqués ◆ **an offensive smell** une odeur repoussante

b (Mil, Sport) action, tactics offensif

2 n (Mil, Pol, Sport, Comm) offensive f ◆ **to be on the offensive** avoir pris l'offensive ◆ **to go on the offensive** passer à l'offensive ◆ **to take the offensive** prendre l'offensive ◆ **a sales/an advertising offensive** une offensive commerciale/publicitaire ◆ **they mounted an offensive on the government** (Pol) ils ont lancé une offensive contre le gouvernement ◆ **a diplomatic offensive** une offensive diplomatique ; → **peace**

3 COMP ▷ **offensive weapon** n (Jur) arme f offensive

offensively [əˈfensɪvlɪ] adv **a** (= abusively) behave de manière offensante ; shout de manière injurieuse ◆ **offensively rude** d'une impolitesse outrageante ◆ **offensively sexist** d'un sexisme offensant ◆ **an offensively anti-German article** un article injurieux contre les Allemands

b (= unpleasantly) loud, bland désagréablement ◆ **to smell offensively** sentir (très) mauvais

c (Mil, Sport) use, deploy, play de manière offensive ◆ **to be good/poor offensively** (Sport) être bon/mauvais en attaque

Offer [ˈɒfəʳ] n *organisme de contrôle des exploitants des réseaux de distribution de l'électricité*

offer [ˈɒfəʳ] LANGUAGE IN USE 19.5 [→ SYN]

1 n (gen, Comm) offre f (*of* de ; *for* pour ; *to do sth* de faire qch), proposition f (*of* de) ; [of marriage] demande f (en mariage) ◆ **to make**

offeree / offshore

a peace offer faire une proposition or offre de paix ◆ make me an offer! faites-moi une proposition or offre ! ◆ I'm open to offers je suis ouvert à toute proposition ◆ it's my best offer c'est mon dernier mot ◆ offers over/around £90,000 offres fpl au-dessus/autour de 90 000 livres ◆ he's had a good offer for the house on lui a fait une offre avantageuse or une proposition intéressante pour la maison ◆ £50 or near(est) or best offer (in advertisement) 50 livres à débattre ◆ he made me an offer I couldn't refuse (lit, fig) il m'a fait une offre que je ne pouvais pas refuser ◆ "this week's special offer" "promotion de la semaine"

◆ on offer (= available) disponible ◆ this brand is on (special) offer cette marque est en promotion ◆ "on offer this week" "promotion de la semaine"

② vt a [+ job, gift, prayers, entertainment, food, friendship etc] offrir (to à); [+ help, money] proposer (to à), offrir (to à) ◆ to offer to do sth offrir or proposer de faire qch ◆ he offered me a sweet il m'a offert un bonbon ◆ she offered me her house for the holidays elle m'a proposé sa maison pour les vacances ◆ to offer o.s. for a mission être volontaire or se proposer pour exécuter une mission ◆ to have a lot to offer avoir beaucoup à offrir ◆ to offer a sacrifice (Rel) offrir un sacrifice, faire l'offrande d'un sacrifice ◆ to offer one's flank to the enemy (Mil) présenter le flanc à l'ennemi

b (fig) [+ apology, difficulty, opportunity, view, advantage] offrir, présenter ; [+ remark] suggérer ; [+ opinion] émettre ; [+ facilities, guarantee, protection] offrir ; → resistance

③ vi [opportunity] s'offrir, se présenter

④ COMP ◆ offer document n (Fin) document accompagnant une offre publique d'achat ▷ offer of cover n (Fin) promesse f de garantie ▷ offer price n (St Ex) prix m d'émission

▶ offer up vt sep (liter) [+ prayers] offrir ; [+ sacrifice] offrir, faire l'offrande de

offeree [ɒfəˈriː] n (Jur, Fin) destinataire m de l'offre

offering [ˈɒfərɪŋ] → SYN n (= act, thing offered) offre f ; (= suggestion) suggestion f ; (Rel) offrande f, sacrifice m ; → burnt, peace, thank

offeror [ˈɒfərər] n (Jur, Fin) auteur m de l'offre, offrant m

offertory [ˈɒfətərɪ] ① n (Rel) (= part of service) offertoire m, oblation f ; (= collection) quête f ② COMP ◆ offertory box n tronc m

offhand [ɒfˈhænd] → SYN ① adj (also offhanded)
a (= casual) person, manner désinvolte, sans-gêne inv ; tone désinvolte
b (= curt) brusque
② adv de but en blanc ◆ I can't say offhand je ne peux pas vous le dire comme ça * ◆ do you happen to know offhand? est-ce que vous pouvez me le dire de but en blanc ? ◆ do you know offhand whether ...? est-ce que vous pouvez me dire de but en blanc or comme ça * si ... ?

offhanded [ɒfˈhændɪd] adj ⇒ offhand 1

offhandedly [ɒfˈhændɪdlɪ] adv a (= casually) avec désinvolture
b (= curtly) avec brusquerie

offhandedness [ɒfˈhændɪdnɪs] n a (= casualness) désinvolture f, sans-gêne m
b (= curtness) brusquerie f

office [ˈɒfɪs] → SYN ① n a (= place, room) bureau m ; (= part of organization) service m ◆ lawyer's office étude f de notaire ◆ doctor's office (US) cabinet m (médical) ◆ our London office notre siège or notre bureau de Londres ◆ the sales office le service des ventes ◆ he works in an office il travaille dans un bureau, il est employé de bureau ◆ "usual offices" (esp Brit) [of house etc] "sanitaires" ; → box office, foreign, head, home, newspaper

b (= function) fonction f, charge f ; (= duty) fonctions fpl, devoir m ◆ it is my office to ensure ... (frm) j'ai charge d'assurer ..., il m'incombe d'assurer ... ◆ he performs the office of treasurer il fait fonction de trésorier ◆ to be in office, to hold office [mayor, chairman] être en fonction, occuper sa charge ; [government, minister] détenir or avoir un portefeuille ; [political party] être au pouvoir or au gouvernement ◆ to take or come into office [chairman, mayor, government, minister] entrer en fonction, prendre ses fonctions ; [political party] arriver au or prendre le pouvoir ◆ he took office as prime minister in January il est entré dans ses fonctions de premier ministre au mois de janvier ◆ to be out of office [party, politician] ne plus être au pouvoir ◆ to go out of office [mayor, chairman, minister] quitter ses fonctions ; [political party, government] perdre le pouvoir ◆ to seek office se présenter aux élections, se porter candidat ◆ public office fonctions fpl officielles ◆ to be in or hold public office occuper des fonctions officielles, être en fonction ◆ to be disqualified from (holding) public office être révoqué ; → jack, sweep

c (Rel) office m ◆ Office for the dead office m funèbre or des morts ; → divine¹

② COMP staff, furniture, work de bureau ▷ office automation n bureautique f ▷ office bearer n [of club, society] membre m du bureau or comité directeur ▷ office block n (Brit) immeuble m de bureaux ▷ office boy n garçon m de bureau ▷ office building n ⇒ office block ▷ office holder n ⇒ office bearer ▷ office hours npl heures fpl de bureau ◆ to work office hours avoir des heures de bureau ▷ office job n he's got an office job il travaille dans un bureau ▷ office junior n employé(e) m(f) de bureau ▷ office manager n chef m de bureau ▷ Office of Fair Trading n ≈ Direction f générale de la concurrence, de la consommation et de la répression des fraudes ▷ Office of Management and Budget n (US) organisme chargé de gérer les ministères et de préparer le budget ▷ office party n fête f au bureau ▷ office politics n (esp pej) politique f interne ▷ office space n office space to let "bureaux à louer" ◆ 100m² of office space 100 m² de bureaux ▷ office worker n employé(e) m(f) de bureau

officer [ˈɒfɪsər] → SYN ① n a (Aviat, Mil, Naut) officier m ; → commission, man, petty

b (= official) [of company, institution, organization, club] membre m du bureau or comité directeur ◆ the Committee shall elect its officers (Admin, Jur) le comité désigne son bureau ◆ duly authorized officer (Jur) représentant m dûment habilité ; → local

c police officer policier m ◆ officer of the law fonctionnaire m de police ◆ the officer in charge of the inquiry l'inspecteur chargé or le fonctionnaire de police chargé de l'enquête ◆ yes officer (to policeman) oui, monsieur l'agent

② vt (Mil) (= command) commander ; (= provide with officers) pourvoir d'officiers or de cadres

③ COMP ◆ officer of the day n (Mil) officier m or service m de jour ▷ officer of the watch n (Naut) officier m de quart ▷ officers' mess n mess m (des officiers) ▷ Officers' Training Corps n (Brit Mil) corps m volontaire de formation d'officiers

official [əˈfɪʃəl] → SYN ① adj (gen) officiel ; uniform réglementaire ◆ it's not yet official ce n'est pas encore officiel ◆ official biography/biographer biographie f/biographe mf officiel(le) ◆ he learned of her death through official channels il a appris sa mort par des sources officielles ◆ to apply for sth through official channels faire la demande de qch par les voies officielles ◆ "for official use only" "réservé à l'administration"

② n (gen, Sport esp = person in authority) officiel m ; [of civil service] fonctionnaire mf ; [of railways, post office etc] employé(e) m(f) ◆ the official in charge of ... (le or la) responsable de ... ◆ information/personnel official responsable mf de l'information/du personnel ◆ town hall official employé(e) m(f) de mairie ◆ local government official ≈ fonctionnaire mf (de l'administration locale) ◆ government official fonctionnaire mf (de l'Administration) ◆ an official of the Ministry un représentant officiel du ministère ; → elect

③ COMP ▷ Official Receiver n (Brit Fin) administrateur m judiciaire ▷ the Official Secrets Act n (Brit) loi relative aux secrets d'État

ANGLAIS-FRANÇAIS 650

officialdom [əˈfɪʃəldəm] n (NonC) administration f, bureaucratie f (also pej)

officialese [əˌfɪʃəˈliːz] n (NonC: pej) jargon m administratif

officially [əˈfɪʃəlɪ] adv a (= formally) officiellement, à titre officiel ◆ "may be opened officially" (Post) "peut être ouvert d'office"
b (= theoretically) en principe ◆ officially, she shares the flat with another girl en principe, elle partage l'appartement avec une autre fille

officiant [əˈfɪʃɪənt] n (Rel) officiant m, célébrant m

officiate [əˈfɪʃɪeɪt] → SYN vi (= arbitrate: at competition, sports match etc) arbitrer ; (Rel) officier ◆ to officiate as remplir or exercer les fonctions de ◆ to officiate at assister à titre officiel à ◆ to officiate at a wedding célébrer un mariage

officious [əˈfɪʃəs] → SYN adj (pej) person, behaviour, manner trop empressé, zélé ◆ to be officious être trop empressé, faire du zèle

officiously [əˈfɪʃəslɪ] adv (pej) avec un empressement or un zèle excessif

officiousness [əˈfɪʃəsnɪs] n (pej) excès m d'empressement or de zèle

offie * [ˈɒfɪ] n (Brit) magasin m de vins et spiritueux

offing [ˈɒfɪŋ] → SYN n ◆ in the offing (Naut) au large ; (fig) en perspective

offish * [ˈɒfɪʃ] adj distant

offishly * [ˈɒfɪʃlɪ] adv d'un air distant

offishness * [ˈɒfɪʃnɪs] n attitude f distante

off-peak [ɒfˈpiːk] (Brit) ① adj period, time creux ; train, service, journey, electricity en période creuse ; telephone call at tarif réduit (aux heures creuses) ◆ off-peak rates or charges tarif m réduit (aux heures creuses) ◆ off-peak hours (Comm, Transport etc) heures fpl creuses ◆ off-peak ticket (Rail etc) billet m au tarif réduit heures creuses
② adv travel, cost (outside of rush hour) en dehors des heures de pointe ; (outside of holiday season) en période creuse

offprint [ˈɒfprɪnt] n (Typo) tirage m or tiré m à part ◆ I'll send you an offprint of my article je vous enverrai une copie de mon article

offset [ˈɒfset] → SYN vb : pret, ptp offset ① n a (= counterbalancing factor) compensation f ◆ as an offset to sth pour compenser qch
b (Typ) (= process) offset m ; (= smudge etc) maculage m
c (Bot) rejeton m ; (in pipe etc) coude m, courbure f

② vt a (= counteract, compensate for) compenser ◆ loans can be offset against corporation tax les emprunts peuvent venir en déduction de l'impôt sur les sociétés ◆ the increase in pay costs was offset by higher productivity l'augmentation des coûts salariaux a été compensée par une amélioration de la productivité ◆ they'll receive a large shipment of food to help offset winter shortages ils recevront une importante cargaison de nourriture pour compenser les pénuries de l'hiver
b (= weigh up) to offset one factor against another mettre en balance deux facteurs
c (Typ) (= print) imprimer en offset ; (= smudge) maculer

③ COMP ▷ offset lithography n (Typ) ⇒ offset printing ▷ offset paper n papier m offset ▷ offset press n presse f offset ▷ offset printing n offset m ▷ offset sheet n (Typ) décharge f

offshoot [ˈɒfʃuːt] → SYN n [of plant, tree] rejeton m ; [of organization] ramification f, antenne f ; [of scheme, discussion, action] conséquence f ◆ a firm with many offshoots une société aux nombreuses ramifications

offshore [ɒfˈʃɔːr] ① adj a (= out at sea) rig, platform offshore inv ; drilling, well en mer ◆ Britain's offshore oil industry l'industrie pétrolière offshore de la Grande-Bretagne ◆ offshore worker ouvrier m travaillant sur une plateforme offshore
b (= near land) reef, island proche du littoral ; waters côtier, proche du littoral ; fishing côtier
c (= from land) wind, breeze de terre

offside ['ɒfˈsaɪd] **1** n **a** (Sport) hors-jeu m inv **b** (Aut) (in Brit) côté m droit ; (in France, US etc) côté m gauche **2** adj **a** (Sport) to be offside être hors jeu ◆ the offside rule la règle du hors-jeu **b** (Aut) (in Brit) de droite ; (in France, US etc) de gauche

offspring ['ɒfsprɪŋ] → SYN n (pl inv) progéniture f (NonC) ; (fig) fruit m, résultat m ◆ how are your offspring? * (hum) comment va votre progéniture? *, comment vont vos rejetons? *

offstage ['ɒfˈsteɪdʒ] adv, adj (Theat) dans les coulisses

Ofgas ['ɒfgæs] n (Brit) organisme de contrôle des réseaux de distribution du gaz

Oflot ['ɒflɒt] n (Brit) organisme de contrôle de la loterie nationale

OFS [ˌəʊefˈes] n (abbrev of **Orange Free State**) État m libre d'Orange

Ofsted ['ɒfsted] n (Brit) organisme de contrôle des établissements scolaires

OFT [ˌəʊefˈtiː] n (Brit) (abbrev of **Office of Fair Trading**) ≃ DGCCRF f

oft [ɒft] adv (liter) maintes fois, souvent ◆ many a time and oft maintes et maintes fois

oft- [ɒft] pref ◆ **oft-repeated** souvent répété ◆ **oft-quoted** souvent cité ◆ **oft-times** †† souventes fois †

Oftel ['ɒftel] n (Brit) organisme de contrôle des réseaux de télécommunication

often ['ɒfən, 'ɒftən] → SYN adv souvent ◆ **(all) too often** trop souvent ◆ **it cannot be said too often that ...** on ne dira or répétera jamais assez que ... ◆ **once too often** une fois de trop ◆ **every so often** (in time) de temps en temps, de temps à autre ; (in spacing, distance) çà et là ◆ **as often as he did it** chaque fois or toutes les fois qu'il l'a fait ◆ **as often as not, more often than not** la plupart du temps ◆ **how often have I warned you about him?** combien de fois t'ai-je dit de te méfier de lui? ◆ **how often do the boats leave?** les bateaux partent tous les combien? ◆ **how often she had asked herself that very question!** combien de fois elle s'était justement posé cette question!

Ofwat ['ɒfwɒt] n (Brit) organisme de contrôle des réseaux de distribution d'eau

ogam, ogham ['ɒgəm] n écriture f oghamique, ogam m, ogham m

ogival [əʊˈdʒaɪvəl] adj ogival, en ogive

ogive ['əʊdʒaɪv] n ogive f (Archit)

ogle * ['əʊgl] vt reluquer *, lorgner

ogre ['əʊgə^r] → SYN n ogre m

ogress ['əʊgrɪs] n ogresse f

OH abbrev of **Ohio**

oh [əʊ] excl **a** oh!, ah! ◆ **oh dear!** oh là là !, (oh) mon Dieu! ◆ **oh what a waste of time!** ah, quelle perte de temps! ◆ **oh for some fresh air!** si seulement on pouvait avoir un peu d'air frais! ◆ **oh to be in France!** si seulement je pouvais être en France! ◆ **oh really?** ce n'est pas vrai! ◆ **he's going with her — oh is he!** (neutral) il y va avec elle — tiens, tiens or ah bon! ; (surprise) il y va avec elle — vraiment! ; (disapproval) il y va avec elle — je vois! ◆ **oh no you don't! — oh yes I do!** ah mais non! — ah mais si or oh que si! ◆ **oh, just a minute ...** euh, une minute ... **b** (cry of pain) aïe!

Ohio [əʊˈhaɪəʊ] n l'Ohio m ◆ **in Ohio** dans l'Ohio

ohm [əʊm] **1** n ohm m **2** COMP ▷ **Ohm's law** n (Elec) loi f d'Ohm

ohmmeter ['əʊmˌmiːtə^r] n (Phys) ohmmètre m

OHMS [ˌəʊeɪtʃemˈes] (Brit) (abbrev of **On His** or **Her Majesty's Service**) → **majesty**

oho [əʊˈhəʊ] excl ah

OHP n (abbrev of **overhead projector**) → **overhead**

oi(c)k * [ɔɪk] n (Brit) péquenaud * *

oil [ɔɪl] → SYN **1** n **a** (NonC: Geol, Ind etc) pétrole m ◆ **to find** or **strike oil** (lit) trouver du pétrole ; (fig) trouver le filon ◆ **to pour oil on troubled waters** ramener le calme ; → **crude b** (Art) huile f ◆ **painted in oils** peint à l'huile ◆ **to paint in oils** faire de la peinture à l'huile ◆ **an oil by Picasso** une huile de Picasso **c** (Aut) huile f ◆ **to check the oil** vérifier le niveau d'huile ◆ **to change the oil** faire la vidange **d** (Culin, Pharm etc) huile f ◆ **fried in oil** frit à l'huile ◆ **oil and vinegar dressing** vinaigrette f ; → **hair, palm², midnight e** (Austral) **the good oil** * la vérité vraie **2** vt [+ machine] graisser, lubrifier ◆ **to oil the wheels** or **works** (fig) mettre de l'huile dans les rouages ◆ **to be well oiled** * (= drunk) être beurré *, être paf * inv ; see also **oiled 3** COMP industry, shares pétrolier ; prices, king, magnate, millionaire du pétrole ▷ **oil-based paint** n peinture f glycérophtalique or à l'huile ▷ **oil beetle** n méloé m ▷ **oil-burning** adj lamp à huile, stove (paraffin) à pétrole, (fuel oil) à mazout ▷ **boiler** à mazout ▷ **oil change** n (Aut) vidange f ▷ **oil colour** n peinture f à l'huile ▷ **oil-cooled** adj à refroidissement par huile ▷ **oil deposits** npl gisements mpl pétrolifères or de pétrole ▷ **oil drill** n trépan m ▷ **oil drum** n baril m de pétrole ▷ **oil filter** n (Aut) filtre m à huile ▷ **oil find** n (Geol) découverte f de pétrole ▷ **oil-fired** adj boiler à mazout ; central heating au mazout ▷ **oil gauge** n jauge f de niveau d'huile ▷ **oil industry** n industrie f pétrolière, secteur m pétrolier ▷ **oil installation** n installation f pétrolière ▷ **oil lamp** n lampe f à huile or à pétrole ▷ **oil level** n (Aut) niveau m d'huile ▷ **oil men** npl pétroliers mpl ▷ **oil minister** n ministre m du pétrole ▷ **oil of cloves** n essence f de girofle ▷ **oil paint** n peinture f à l'huile ; (Art) couleur f à l'huile ▷ **oil painting** n (= picture, occupation) peinture f à l'huile ◆ **she's no oil painting** * ce n'est vraiment pas une beauté ▷ **oil palm** n éléis m, élæis m ▷ **oil pipeline** n oléoduc m, pipe-line m ▷ **oil platform** n plateforme f pétrolière ▷ **oil pollution** n pollution f due aux hydrocarbures ▷ **oil press** n pressoir m à huile ▷ **oil pressure** n pression f d'huile ▷ **oil producers, oil-producing countries** npl pays mpl producteurs de pétrole ▷ **oil refinery** n raffinerie f (de pétrole) ▷ **oil rig** n (on land) derrick m ; (at sea) plateforme f pétrolière ▷ **oil-seed rape** n (Bot) colza m ▷ **oil sheik** n émir m du pétrole ▷ **oil slick** n (at sea) nappe f de pétrole ; (on beach) marée f noire ▷ **oil spill** n (Naut, Road Transport etc) déversement m accidentel de pétrole ▷ **oil storage tank** n (Ind) réservoir m de stockage de pétrole ; (for central heating) cuve f à mazout ▷ **oil stove** n (paraffin) poêle m à pétrole ; (fuel oil) poêle m à mazout ▷ **oil tank** n (Ind) réservoir m de pétrole ; (for central heating) cuve f à mazout ▷ **oil tanker** n (= ship) pétrolier m, tanker m ; (= truck) camion-citerne m (à pétrole) ▷ **oil terminal** n port m d'arrivée or de départ pour le pétrole ▷ **oil well** n puits m de pétrole

oilcake ['ɔɪlkeɪk] n tourteau m (pour bétail)

oilcan ['ɔɪlkæn] n (for lubricating) burette f d'huile or de graissage ; (for storage) bidon m d'huile

oilcloth ['ɔɪlklɒθ] n toile f cirée

oiled [ɔɪld] adj cloth, paper huilé **b** (* = drunk: also **well oiled**) beurré *, soûl *

oiler ['ɔɪlə^r] **1** n (= ship) pétrolier m ; (= can) burette f à huile or de graissage ; (= person) graisseur m **2 oilers** npl (US = clothes) ciré m

oilfield ['ɔɪlfiːld] n gisement m pétrolifère or de pétrole, champ m de pétrole

oilgas ['ɔɪlgæs] n gaz m d'huile

oiliness ['ɔɪlɪnɪs] n **a** [of liquid, consistency, stain] aspect m huileux ; [of cooking, food] aspect m gras ; (= greasiness) [of skin, hair] aspect m gras **b** (pej) [of manners, tone etc] onctuosité f

oilpan ['ɔɪlpæn] n (US Aut) carter m

oilpaper ['ɔɪlpeɪpə^r] n papier m huilé

oilskin ['ɔɪlskɪn] **1** n toile f cirée **2 oilskins** npl (Brit = clothes) ciré m **3** adj en toile cirée

oilstone ['ɔɪlstəʊn] n pierre f à aiguiser (lubrifiée avec de l'huile)

oily ['ɔɪlɪ] **1** adj **a** (= greasy) skin, hair, food, cooking gras (grasse f) ; hands graisseux, gras (grasse f) ; rag, clothes graisseux ; stain d'huile ; liquid, consistency, substance, flavour huileux ; road couvert d'huile ; beach mazouté **b** (pej = smarmy) person, manner, voice, tone onctueux, mielleux **2** COMP ▷ **oily fish** n (Culin) poisson m gras

oink [ɔɪŋk] **1** vi [pig] grogner **2** n grognement m

ointment ['ɔɪntmənt] → SYN n onguent m, pommade f

o.j. * ['əʊdʒeɪ] n (US) jus m d'orange

OK¹ abbrev of **Oklahoma**

OK² * ['əʊˈkeɪ] vb : pret, ptp **OK'd 1** excl d'accord!, O.K. * or OK *! ◆ **OK, OK!** (= don't fuss) ça va, ça va! ◆ **OK, the next subject on the agenda is ...** bon, le point suivant à l'ordre du jour est ... **2** adj **a** (= agreed) parfait, très bien ; (= in order) en règle ; (on draft etc: as approval) (lu et) approuvé ◆ **I'm coming too, OK?** je viens aussi, d'accord or O.K. *? ◆ **leave me alone, OK?** tu me laisses tranquille, compris * or O.K. *? **b** (= acceptable) **it's OK by me** or **with me!** (je suis) d'accord!, ça me va!, O.K. *! ◆ **is it OK with you if I come too?** ça ne vous ennuie pas si je vous accompagne? ◆ **this car is OK but I prefer the other one** cette voiture n'est pas mal mais je préfère l'autre **c** (= no problem) **everything's OK** tout va bien ◆ **it's OK(, it's not your fault)** ce n'est pas grave, ce n'est pas de ta faute ◆ **can I help? — it's OK, I'm sure I'll manage** je peux vous aider? — ne vous en faites pas, ça va aller ◆ **thanks! — that's OK** merci! — de rien **d** (= undamaged, in good health) **are you OK?** (gen) tu vas bien? ; (after accident) tu n'as rien? ◆ **I'm OK** (gen) je vais bien, ça va (bien) ; (after accident) je n'ai rien ◆ **he's OK, he's only bruised** il n'a rien de grave, seulement quelques bleus ◆ **the car is OK** (= undamaged) la voiture est intacte or n'a rien ; (= repaired, functioning) la voiture marche or est en bon état **e** (= likeable) **he's OK, he's an OK guy** c'est un type bien * **f** (= well provided for) **another drink? — no thanks, I'm OK (for now)** un autre verre? — non merci, ça va (pour le moment) ◆ **are you OK for cash/work** etc? question argent/travail etc, ça va or tu n'as pas de problème? **3** adv (recovering from illness, operation) ◆ **she's doing OK** elle va bien ◆ **she's doing OK (for herself)** (socially, financially, in career) elle se débrouille or se défend bien ◆ **we managed OK for the first year** nous nous sommes bien débrouillés la première année **4** vt [+ document, plan] approuver ◆ **his doctor wouldn't OK the trip** son docteur ne voulait pas donner son accord pour le voyage **5** n (gen) ◆ **to give the** or **one's OK** donner son accord (to à) ◆ **to give the** or **one's OK to a plan** donner le feu vert à un projet ◆ **I'm free to start work as soon as I get the OK** je suis prêt à commencer à travailler dès que j'aurai reçu le feu vert

okapi [əʊˈkɑːpɪ] n, pl **okapis** or **okapi** okapi m

okay * ['əʊˈkeɪ] ⇒ **OK²**

okey-doke(y) * ['əʊkɪˈdəʊk(ɪ)] excl d'ac! *, O.K. * or OK *!

Okie ['əʊkɪ] n (US) travailleur m agricole migrant

Okla. abbrev of **Oklahoma**

Oklahoma [ˌəʊkləˈhəʊmə] n l'Oklahoma m ◆ **in Oklahoma** dans l'Oklahoma

okra ['əʊkrə] n gombo m, okra m

ol' * [əʊl] adj (esp US) ⇒ **old**

old [əʊld] → SYN **1** adj **a** (= aged, not young) vieux (vieille f), vieil (m before vowel), âgé ◆ **an old man** un vieil homme, un vieillard ◆ **an old lady** une vieille dame ◆ **an old**

woman une vieille femme ◆ he's a real old woman il a des manies de petite vieille ◆ a poor old man un pauvre vieillard, un pauvre vieux ◆ old people, old folk *, old folks * les personnes fpl âgées ; (disrespectful) les vieux mpl ◆ the older generation la génération antérieure or précédente ◆ older people les personnes fpl d'un certain âge ◆ it will appeal to old and young (alike) cela plaira aux vieux comme aux jeunes, cela plaira à tous les âges ◆ to have an old head on young shoulders être mûr pour son âge, faire preuve d'une maturité précoce ◆ old for his age or his years mûr pour son âge ◆ to be/grow old before one's time être vieux/ vieillir avant l'âge ◆ to grow or get old(er) vieillir ◆ he's getting old il vieillit ◆ that dress is too old for you cette robe te vieillit, cette robe fait trop vieux pour toi ◆ old Mr Smith le vieux M. Smith ◆ old Smith *, old man Smith * le vieux Smith, le (vieux) père Smith * ; see also 4 ; → fogey, Methuselah, ripe, salt

b (* : as term of affection) old Paul here ce bon vieux Paul ◆ he's a good old dog c'est un brave (vieux) chien ◆ you old scoundrel! sacré vieux ! ◆ I say, old man or old fellow or old chap or old boy † dites donc, mon vieux * ◆ my or the old man * (= husband) le patron * ; (= father) le or mon paternel *, le or mon vieux * ◆ "The Old Man and the Sea" (Literat) "Le Vieil Homme et la mer" ◆ my or the old woman * or lady * (= wife) la patronne *, ma bourgeoise * ; (= mother) la or ma mater *, la or ma vieille *

c (of specified age) how old are you? quel âge as-tu ? ◆ he is ten years old il a dix ans ◆ at ten years old à (l'âge de) dix ans ◆ a six-year-old boy, a boy (of) six years old un garçon (âgé) de six ans ◆ a three-year-old (= child) un(e) enfant de trois ans ; (= horse) un cheval de trois ans ◆ for 10 to 15-year-olds (gen) destiné aux 10-15 ans ◆ the firm is 80 years old la compagnie a 80 ans ◆ too old for that sort of work trop vieux or âgé pour ce genre de travail ◆ I didn't know he was as old as that je ne savais pas qu'il avait cet âge-là ◆ if I live to be as old as that si je vis jusqu'à cet âge-là ◆ when you're older (to child) quand tu seras plus grand ◆ if I were older si j'étais plus âgé ◆ if I were ten years older si j'avais dix ans de plus ◆ he is older than you il est plus âgé que toi ◆ he's six years older than you il a six ans de plus que toi ◆ older brother/son frère m/fils m aîné ◆ his oldest son son fils aîné ◆ she's the oldest elle est or c'est elle la plus âgée, elle est l'aînée ◆ he is old enough to dress himself il est assez grand pour s'habiller tout seul ◆ they are old enough to vote ils sont en âge de voter ◆ you're old enough to know better! à ton âge tu devrais avoir plus de bon sens ! ◆ she's old enough to be his mother! elle a l'âge d'être sa mère !, elle pourrait être sa mère !

d (= not new) vieux (vieille f), vieil (m before vowel) ; (with antique value) ancien (after n) ; (= of long standing) vieux (vieille f), vieil (m before vowel) ◆ an old building un vieil immeuble, un immeuble ancien ◆ old wine vin m vieux ◆ the old adage le vieil adage ◆ that's an old one! [story, joke] elle n'est pas nouvelle !, elle est connue ! ; [trick etc] ce n'est pas nouveau ! ◆ the old part of Nice le vieux Nice ◆ we're old friends nous sommes de vieux amis or des amis de longue date ◆ an old family une vieille famille, une famille de vieille souche ; see also 4 ; → Adam, brigade, hand, hill, lag³, soldier

e (= former) school, mayor, home ancien (before n) ◆ old boy (Brit Scol) ancien élève m ; see also 4 ◆ old girl (Brit Scol) ancienne élève f ◆ this is the old way of doing it c'est comme ça que l'on faisait autrefois ◆ old campaigner (Mil) vétéran m ◆ in the old days dans le temps, autrefois, jadis ◆ for old times' sake en souvenir du bon vieux temps ◆ they chatted about old times ils ont causé du passé ◆ just like old times! comme au bon vieux temps ! ◆ in the good old days or times au bon vieux temps ◆ those were the good old days c'était le bon vieux temps ; see also 4 ; → school¹, soldier

f (* : as intensifier) any old how/where etc n'importe comment/où etc ◆ any old thing n'importe quoi ◆ we had a great old time on s'est vraiment bien amusé ◆ it's the same old story c'est toujours la même histoire ◆ it isn't (just) any old painting, it's a Rembrandt ce n'est pas n'importe quel tableau, c'est un Rembrandt

[2] n ◆ (in days) of old autrefois, (au temps) jadis ◆ the men of old les hommes mpl du temps jadis ◆ I know him of old je le connais depuis longtemps

[3] the old npl les vieux mpl, les vieillards mpl

[4] COMP ▷ old age → SYN n vieillesse f ◆ in his old age dans sa vieillesse, sur ses vieux jours ▷ old age pension n (pension f de) retraite f (de la sécurité sociale) ▷ old age pensioner n (Brit) retraité(e) m(f) ▷ Old Bailey n (Brit Jur) cour d'assises de Londres ▷ (the) Old Bill * n (Brit) les poulets * mpl, la rousse * ▷ the old boy network n (Brit) le réseau de relations des anciens élèves des écoles privées ◆ he heard of it through the old boy network il en a entendu parler par ses relations ▷ the old country n la mère patrie ▷ the Old Dominion n (US) la Virginie ▷ Old English n (Ling) vieil anglais m ▷ Old English sheepdog n bobtail m ▷ old-established adj ancien (after n), établi (depuis longtemps) ▷ old-fashioned → SYN adj → old-fashioned ▷ Old Father Time n le Temps ▷ old folks' home n ⇒ old people's home ▷ Old French n (Ling) ancien or vieux français m ▷ Old Glory n (US) la bannière étoilée (drapeau des États-Unis) ▷ old gold adj (= colour) vieil or ▷ old guard n la vieille garde ▷ old hat n (fig) that's old hat! * c'est vieux !, c'est dépassé ! ▷ old-line adj (Pol etc) ultraconservateur (-trice f), ultratraditionaliste ▷ old-looking adj qui a l'air vieux ▷ old maid n (pej) vieille fille f ▷ old-maidish adj (pej) habits de vieille fille ◆ she's very old-maidish elle fait très vieille fille ▷ Old Man River n (US) le Mississippi ▷ old man's beard n (Bot) clématite f vigne-blanche or des haies, herbe f aux gueux ▷ old master n (Art) (= artist) grand peintre m, grand maître m (de la peinture) ; (= painting) tableau m de maître ▷ old money n a (= fortune) vieilles fortunes fpl b (= currency) ancien système monétaire en Grande-Bretagne ▷ Old Nick * n (hum) Lucifer m ▷ Old Norse n (Ling) vieux nor(r)ois m ▷ old people's home n maison f de retraite ▷ old school tie n (Brit) (lit) cravate f aux couleurs de son ancienne école ; (fig) réseau m des relations ◆ it's the old school tie (fig) c'est l'art de faire marcher ses relations ▷ the Old South n (US Hist) le vieux Sud (d'avant la guerre de Sécession) ▷ old stager n vétéran m, vieux routier m ▷ old-style adj à l'ancienne (mode) ▷ Old Testament n Ancien Testament m ▷ old-time → SYN adj du temps jadis ; (older) ancien (before n) ◆ old-time dancing danses fpl d'autrefois ▷ old-timer n (US) vieillard m, ancien m ; (as term of address) le vieux, l'ancien m ▷ old wives' tale n conte m de bonne femme ▷ old-womanish adj (pej) behaviour, remark de petite vieille ◆ she's very old-womanish on dirait vraiment une petite vieille ▷ the Old World n le Vieux or l'Ancien Monde m ▷ old-world → SYN adj → old-world

olde †† ['əʊldɪ] adj d'antan (liter)

olden ['əʊldən] adj (liter) ◆ olden days or times le temps jadis ◆ the quaint customs of olden times les curieuses coutumes d'antan ◆ in (the) olden days dans le temps jadis ◆ in olden times jadis, autrefois

olde-worlde ['əʊldɪ'wɜːldɪ] adj (hum or pej) (genuinely) vieillot (-otte f) ; (pseudo) faussement ancien (after n)

old-fashioned ['əʊld'fæʃnd] → SYN [1] adj a (= not modern) démodé ; (= traditional) traditionnel ◆ to look old-fashioned faire vieux jeu ◆ a good old-fashioned love story une bonne vieille histoire d'amour ◆ she is a good old-fashioned kind of teacher c'est un professeur de la vieille école ◆ good old-fashioned discipline la bonne (vieille) discipline d'autrefois ◆ good old-fashioned home cooking la bonne (vieille) cuisine à l'ancienne

b (= not progressive) person, attitude, ideas, values, virtues vieux jeu inv, dépassé

c (Brit = disapproving) to give sb an old-fashioned look † regarder qn de travers

[2] n (US = cocktail) old-fashioned m (cocktail à base de whisky)

oldie * ['əʊldɪ] n (= film, song) vieux succès * m ; (= person) croulant(e) * m(f) ; (= joke) bonne vieille blague * f ; → **golden**

oldish ['əʊldɪʃ] adj assez vieux (vieille f), assez vieil (m before vowel)

oldster * ['əʊldstər] n (US) ancien m, vieillard m

old-world ['əʊld'wɜːld] a (= traditional) charm, atmosphere suranné, désuet (-ète f) ; village, cottage de l'ancien temps ◆ an old-world interior un intérieur de style ancien ◆ Stratford is very old-world Stratford est une ville au charme suranné

b (Geog) country du vieux monde or continent

OLE ['əʊel'iː] n (Comput) (abbrev of object linking and embedding) liaison f OLE

ole * [əʊl] adj (esp US : often hum) ⇒ **old**

oleaginous [ˌəʊlɪ'ædʒɪnəs] adj oléagineux

oleander [ˌəʊlɪ'ændər] n laurier-rose m

oleate ['əʊlɪˌeɪt] n oléate m

olecranon [əʊ'lekrəˌnɒn] n olécrane m

olefine ['əʊlɪfiːn] n oléfine f

oleic [əʊ'liːɪk] adj ◆ oleic acid acide m oléique

olein ['əʊlɪɪn] n (Chem) oléine f

oleo * ['əʊlɪˌəʊ] n (US) abbrev of **oleomargarine**

oleo... ['əʊlɪəʊ] pref olé(i)..., olé(o)...

oleomargarine [ˌəʊlɪəʊ'mɑːdʒəriːn] n (US) margarine f

oleum ['əʊlɪəm] n (Chem) oléum m

olfaction [ɒl'fækʃən] n olfaction f

olfactory [ɒl'fæktərɪ] adj olfactif

oligarchic(al) [ˌɒlɪ'gɑːkɪk(əl)] adj oligarchique

oligarchy ['ɒlɪgɑːkɪ] n oligarchie f

Oligocene ['ɒlɪgəʊsiːn] adj, n oligocène m

oligochaete ['ɒlɪgəʊˌkiːt] n oligochète m

oligomer [ɒ'lɪgəmər] n oligomère m

oligopeptide [ˌɒlɪgəʊ'peptaɪd] n oligopeptide m

oligopolistic [ˌɒlɪgɒpə'lɪstɪk] adj oligopolistique

oligopoly [ˌɒlɪ'gɒpəlɪ] n oligopole m

oligosaccharide [ˌɒlɪgəʊ'sækəˌraɪd] n oligosaccharide m

oligospermia [ˌɒlɪgəʊ'spɜːmɪə] n (Med) oligospermie f

oligotrophic [ˌɒlɪgəʊ'trɒfɪk] adj (Bio) oligotrophe

oliguresis [ˌɒlɪgjʊə'riːsɪs], **oliguria** [ˌɒlɪ'gjʊərɪə] n oligurie f

olive ['ɒlɪv] [1] n a olive f ; (also **olive tree**) olivier m ; (also **olive wood**) (bois m d')olivier m ; → **mount**

b (= colour) (vert m) olive m

[2] adj (also **olive-coloured**) paint, cloth (vert) olive inv ; complexion, skin olivâtre

[3] COMP ▷ **olive branch** n (fig) to hold out the olive branch to sb tendre à qn le rameau d'olivier ▷ **olive drab** (US) adj gris-vert (olive) inv ◊ n toile f de couleur gris-vert (olive) (utilisée pour les uniformes de l'armée des USA) ▷ **olive-green** adj (vert) olive inv ◊ n (vert m) olive m ▷ **olive grove** n oliveraie f or oliveraie f ▷ **olive oil** n huile f d'olive

Oliver ['ɒlɪvər] n Olivier m ◆ "Oliver Twist" (Literat) "Olivier Twist"

olivine ['ɒlɪˌviːn] n (Miner) olivine f

oloroso [ˌɒlə'rəʊsəʊ] n, pl **olorosos** (= sherry) oloroso m

Olympia [ə'lɪmpɪə] n a (in Greece) Olympie

b (Brit) nom du palais des expositions de Londres

Olympiad [ə'lɪmpɪæd] n olympiade f

Olympian [ə'lɪmpɪən] [1] adj (Myth, fig) olympien

[2] n (Myth) dieu m de l'Olympe, Olympien m ; (Sport) athlète mf olympique

Olympic [əʊ'lɪmpɪk] [1] adj olympique

[2] **the Olympics** npl les Jeux mpl olympiques

[3] COMP ▷ **the Olympic flame** n la flamme olympique ▷ **the Olympic Games** npl les Jeux mpl olympiques ▷ **the Olympic torch** n le flambeau olympique

Olympus [əʊ'lɪmpəs] n (Geog, Myth : also **Mount Olympus**) le mont Olympe, l'Olympe m

OM [əʊ'em] (Brit) (abbrev of **Order of Merit**) → **order**

Oman [əʊˈmɑːn] n ♦ **(the Sultanate of) Oman** (le Sultanat d')Oman m

Omani [əʊˈmɑːnɪ] **1** n Omanais(e) m(f) **2** adj omanais

Omar Khayyám [ˈəʊmɑːkaɪˈɑːm] n Omar Khayam m

omasum [əʊˈmeɪsəm] n, pl **omasums** or **omasa** [əʊˈmeɪsə] feuillet m

OMB [ˈəʊemˈbiː] n (US) (abbrev of **Office of Management and Budget**) organisme chargé de gérer les ministères et de préparer le budget

ombudsman [ˈɒmbʊdzmən] n, pl **-men** médiateur m, ombudsman m (Admin), protecteur m du citoyen (Can)

omega [ˈəʊmɪgə] n oméga m

omelet(te) [ˈɒmlɪt] n omelette f ♦ **cheese omelet(te)** omelette f au fromage ♦ (Prov) **you can't make an omelet(te) without breaking eggs** on ne fait pas d'omelette sans casser des œufs (Prov)

omen [ˈəʊmən] → SYN n présage m, augure m ♦ **it is a good omen that ...** il est de bon augure or c'est un bon présage que ... (+ subj) ♦ **of ill** or **bad omen** de mauvais augure or présage ; → **bird**

omentum [əʊˈmentəm] n, pl **omenta** [əʊˈmentə] épiploon m ♦ **lesser/greater omentum** petit/grand épiploon m

omertà [omerˈta] n omerta f

omicron [əʊˈmaɪkrɒn] n omicron m

ominous [ˈɒmɪnəs] → SYN adj sign, development, event de mauvais augure ; warning, tone, look, clouds menaçant ; sound sinistre, inquiétant ♦ **there was an ominous silence** il y eut un silence qui ne présageait rien de bon ♦ **to look/sound ominous** ne rien présager de bon

ominously [ˈɒmɪnəslɪ] adv say d'un ton sinistre ; loom, creak de façon sinistre or inquiétante ♦ **he was ominously quiet** son silence ne présageait rien de bon ♦ **this sounded ominously like a declaration of war** ceci ressemblait de façon inquiétante à une déclaration de guerre ♦ **the deadline was drawing ominously close** l'heure limite s'approchait de façon inquiétante ♦ **more ominously, the government is talking of reprisals** fait plus inquiétant, le gouvernement parle de représailles

omission [əʊˈmɪʃən] → SYN n (= thing omitted) omission f, lacune f ; (Typ) (= words omitted) bourdon m ; (= act of omitting) omission f, oubli m ♦ **it was an omission on my part** c'est un oubli de ma part ; → **sin**

omit [əʊˈmɪt] → SYN vt (accidentally) omettre, oublier (to do sth de faire qch) ; (deliberately) omettre, négliger (to do sth de faire qch) ♦ **to omit any reference to sth** passer qch sous silence

omni... [ˈɒmnɪ] pref omni...

omnibus [ˈɒmnɪbəs] **1** n **a** († = bus) omnibus † m
b ⇒ **omnibus edition**
c (= book) recueil m
2 adj device à usage multiple
3 COMP ▷ **omnibus bill** n (US Pol) projet m de loi fourre-tout ▷ **omnibus edition** n (Publishing) gros recueil m ; (Brit TV, Rad) récapitulation des épisodes de la semaine ou du mois

omnicompetent [ˌɒmnɪˈkɒmpɪtənt] adj state souverain ; science capable de répondre à toutes les questions

omnidirectional [ˌɒmnɪdɪˈrekʃənl] adj omnidirectionnel

omnipotence [ɒmˈnɪpətəns] → SYN n omnipotence f, toute-puissance f

omnipotent [ɒmˈnɪpətənt] → SYN **1** adj God, person, figure omnipotent ; power absolu
2 n ♦ **the Omnipotent** le Tout-Puissant

omnipresence [ˌɒmnɪˈprezəns] n omniprésence f

omnipresent [ˌɒmnɪˈprezənt] adj omniprésent

omniscience [ɒmˈnɪsɪəns] n omniscience f

omniscient [ɒmˈnɪsɪənt] adj omniscient

omnium-gatherum [ˈɒmnɪəmˈgæðərəm] n (often hum) collection f disparate, ramassis m (pej)

omnivore [ˈɒmnɪvɔːʳ] n omnivore m

omnivorous [ɒmˈnɪvərəs] adj animal, person, diet omnivore ; (fig) reader vorace

ON (US) abbrev of **Ontario**

on [ɒn]

| 1 ADVERB | 3 ADJECTIVE |
| 2 PREPOSITION | 4 COMPOUNDS |

1 ADVERB

When **on** is the second element in a phrasal verb, eg **have on, get on, go on**, look up the verb. When it is part of a set combination, such as **broadside on, farther on**, look up the other word.

a = in place **the lid is on** le couvercle est mis ♦ **it was not on properly** ça avait été mal mis ♦ **on with your pyjamas!** allez, mets ton pyjama !

b in time expressions **from that time on** à partir de ce moment-là ♦ **it was well on in the night** il était tard dans la nuit ♦ **it was well on into September** septembre était déjà bien avancé ♦ **early on in the pregnancy** au début de la grossesse ♦ **the vital goal came late on** le but décisif a été marqué en fin de partie

c indicating continuation **let's drive on a bit** continuons un peu (en voiture) ♦ **if you read on, you'll see that ...** si tu continues (à lire), tu verras que ...

d set structures

♦ **on and off*** par intermittence ♦ **I'm still working as a waitress on and off** je travaille toujours comme serveuse, par intermittence or de temps à autre ♦ **they lived together on and off for six years** ils ont vécu six ans ensemble par intermittence
♦ **on and on** **they talked on and on for hours** ils n'ont pas arrêté de parler pendant des heures ♦ **the list goes on and on** la liste n'en finit plus
♦ **to be on about sth*** (= talk) ♦ **I don't know what you're on about** qu'est-ce que tu racontes ? * ; see also **go on**
♦ **to be on at sb*** (= nag) ♦ **he is always on at me** il est toujours après moi *
♦ **to be on to sb*** (= speak to) parler à qn ♦ **he's been on to me about the broken window** il m'a parlé du carreau cassé ♦ **I've been on to him on the phone** je lui ai parlé or je l'ai eu au téléphone ; see also **get on to**
♦ **to be on to sb/sth*** (= have found out about) ♦ **the police are on to him** la police est sur sa piste ♦ **I'm on to something** je suis sur une piste intéressante ♦ **archeologists knew they were on to something big** les archéologues savaient qu'ils allaient faire une découverte importante ♦ **she's on to the fact that we met yesterday** elle a découvert or elle a su que nous nous étions vus hier ♦ **he's on to a good thing** il a trouvé le filon *

2 PREPOSITION

When **on** occurs in a set combination, eg **on the right, on occasion, on the dole**, to **swear on**, to **lecture on**, look up the other word.

a indicating place, position sur, à

à is not used in relation to a horizontal surface:

♦ **on the pavement** sur le trottoir ♦ **a house on the main road** une maison sur la route principale ♦ **he threw it on (to) the table** il l'a jeté sur la table ♦ **I have no money on me** je n'ai pas d'argent sur moi ♦ **he climbed (up) on (to) the wall** il a grimpé sur le mur ♦ **there was mould on the bathroom walls** il y avait de la moisissure sur les murs de la salle de bain ♦ **there were posters on the wall** il y avait des posters sur le mur or au mur ♦ **he hung his jacket on the hook** il a suspendu sa veste à la patère ♦ **what page are we on?** à quelle page sommes-nous ? ♦ **she had sandals on her feet** elle avait des sandales aux pieds BUT ♦ **the ring on her finger** la bague qu'elle avait au doigt ♦ **on the other side of the road** de l'autre côté de la route

> **on it** and **on them** (when **them** refers to things) are not translated by preposition + noun:

♦ **you can't wear that shirt, there's a stain on it** tu ne peux pas porter cette chemise, il y a une tache dessus ♦ **bottles with no labels on them** des bouteilles sans étiquette ♦ **envelopes with no stamps on them** des enveloppes non affranchies

b with name of place **on the continent of Europe** sur le continent européen ♦ **on an island** dans or sur une île ♦ **on the island of ...** à or dans or sur l'île de ... ♦ **on Malta** à Malte

c with street names dans ♦ **I live on Main Street** j'habite (dans) Main Street ♦ **a house on North Street** une maison dans North Street

d = on board dans ♦ **there were a lot of people on the train/bus/plane** il y avait beaucoup de monde dans le train/le bus/l'avion ♦ **on the boat** dans or sur le bateau
♦ **to go/come on the train/bus** ♦ **I went on the train/bus** j'ai pris le train/le bus ♦ **he came on the train/bus** il est venu en train/bus

e = at the time of
♦ **on** + noun ♦ **on my arrival home** à mon arrivée à la maison ♦ **on the death of his son** à la mort de son fils ♦ **on my refusal to go away** devant mon refus de partir
♦ **on** + -ing ♦ **on hearing this** en entendant cela ♦ **on completing the course, she got a job in an office** à la fin de son stage elle a trouvé un emploi dans un bureau

f with day, date **on Sunday** dimanche ♦ **on Sundays** le dimanche ♦ **on 1 December** le 1er décembre ♦ **on the evening of 3 December** le 3 décembre au soir ♦ **on or about the 20th** vers le 20 ♦ **on or before 9 November** le 9 novembre au plus tard ♦ **on and after the 20th** à partir or à dater du 20 ♦ **on Easter Day** le jour de Pâques

g with number (score) avec ; (phone number) à ♦ **Smith is second on 21, but Jones is top on 23** Smith est second avec 21, mais Jones le bat avec 23 points ♦ **you can get me on 329 3065** tu peux m'appeler au 329 30 65

h Rad, TV à ; (name of channel) sur ♦ **on the radio/TV** à la radio/la télé * ♦ **on the BBC** à la BBC ♦ **on Radio 3/Channel 4** sur Radio 3/Channel 4 ♦ **you're on air** vous êtes en direct or à l'antenne

i = earning, getting **he's on £19,000 a year** il gagne 19 000 livres par an ♦ **how much are you on?** combien gagnez-vous ? ♦ **a student on a grant** un boursier or une boursière de l'enseignement supérieur

j = taking, using **I'm back on cigarettes** je me suis remis à fumer ♦ **to be on drugs** se droguer ♦ **he's on heroin** il se drogue à l'héroïne ♦ **to be on the pill** prendre la pilule ♦ **what is he on?*** (rhetorical question) à quoi il carbure ? * ♦ **the doctor put her on antibiotics/Valium ®** le médecin l'a mise sous antibiotiques/Valium ®

k = playing **with Louis Armstrong on trumpet** avec Louis Armstrong à la trompette ♦ **he played it on the piano** il l'a joué au piano

l = about, concerning sur ♦ **a lecture/book on medical ethics** un cours/livre sur l'éthique médicale ♦ **an essay on this subject** une dissertation sur ce sujet ♦ **a decision on this project** une décision sur ce projet BUT ♦ **we've read Jones on Marx** nous avons lu ce que Jones a écrit sur Marx ♦ **have you heard him on VAT?** vous l'avez entendu parler de la TVA ? ♦ **while we're on the subject** pendant que nous y sommes

m = doing **he's on a course** il suit un cours ; (away from office, home) il fait un stage ♦ **he was away on an errand** il était parti faire une course ♦ **I'm on a new project** je travaille à or sur un nouveau projet

n = at the expense of **we had a drink on the house** nous avons bu un verre aux frais du patron or de la maison ♦ **this round's on me** c'est ma tournée ♦ **the tickets are on me** je vous paie le billet ♦ **it's on me** c'est moi qui paie

onanism / one

o [indicating membership] to be on the team/committee faire partie de l'équipe/du comité ◆ he is on the "Evening News" il travaille à l'"Evening News"

3 ADJECTIVE

a [= functioning, operative] [machine, engine] en marche ; [radio, TV, electrical apparatus, light] allumé ; [handbrake] mis ; [electricity] branché ; [water tap, gas tap, gas main] ouvert ◆ leave the tap on laisse le robinet ouvert ◆ is the water on? est-ce que l'arrivée d'eau est ouverte ? ◆ don't leave the lights on! ne laisse pas les lumières allumées ◆ don't leave the lights on in the kitchen ne laisse pas la lumière allumée dans la cuisine ◆ the gas is still on le gaz est toujours allumé ◆ are you sure the handbrake is on? est-ce que tu as bien mis le frein à main ? ◆ the "on" switch l'interrupteur m ◆ the switch is in the "on" position l'interrupteur est enclenché or en position "marche"

b [= taking place] there's a marvellous match on at Wimbledon at the moment il y a un très bon match à Wimbledon en ce moment ◆ while the meeting was on pendant la réunion ◆ is the party still on? est-ce que la fête a bien or toujours lieu ? ◆ the search for a new Tory leader is on again le Parti conservateur est de nouveau en quête d'un leader

c [= being performed, shown] it's on in London [play] ça se passe à Londres ; [film] ça passe à Londres ◆ it's on for three nights [play] il y a trois représentations ; [film] ça passe trois soirs de suite ◆ it's still on [play, film] ça se joue encore, c'est encore à l'affiche ◆ what's on? (Theat, Cine) qu'est-ce qu'on joue ? ; (Rad, TV) qu'est-ce qu'il y a à la radio/à la télé ? ◆ "Eastenders"/Clive James is on tonight (Rad, TV) il y a "Eastenders"/Clive James ce soir ◆ you're on now! (Rad, TV, Theat) à vous (maintenant) ! ◆ you're on in five minutes c'est à vous dans cinq minutes

d [= on duty] I'm on every Saturday je travaille tous les samedis ◆ which doctor is on this morning? qui est le médecin de garde ce matin ? ◆ she's not on till 6 o'clock elle n'arrive pas avant 6 heures

e [= available : in restaurant] are the chops still on? il y a encore des côtelettes ?

f [indicating agreement] you're on! * d'accord ! ◆ are you on for dinner over here tonight? * est-ce que vous pouvez venir dîner ici ce soir ?

◆ it's not on * (Brit) (= not acceptable) c'est inadmissible ; (= not feasible) ce n'est pas concevable

◆ you're not on ! * (= no way!) pas question !

4 COMPOUNDS

▷ **on-campus** adj (Univ) sur le campus, à l'université ▷ **on-costs** npl (Brit Comm) frais mpl généraux ▷ **on day** n * he's having an on day today! * c'est son jour aujourd'hui !, il est dans un forme olympique aujourd'hui ! ▷ **on-glide** n (Phon) catastase f ▷ **on-line** (Comput) adj en ligne ◇ adv to go on-line [computer] se mettre en mode interactif ◆ to put the printer on-line connecter l'imprimante ◆ on-line data processing traitement m de données en ligne ▷ **on-message** adj she was on-message elle a fait exactement le discours qu'on pouvait attendre d'elle ▷ **on-off** adj on-off switch interrupteur m marche-arrêt ◆ it's an on-off affair * [relationship, plan etc] c'est une affaire qui évolue en dents de scie ▷ **on screen** adv (Cine, TV, Comput) à l'écran ▷ **on-screen** adj (Cine, TV, Comput) à l'écran ◆ their on-screen romance leur aventure sentimentale à l'écran ▷ **on-side** adj * to keep sb on-side garder qn de son côté ▷ **on-site** adj sur place ▷ **on-street parking** n stationnement m dans la rue ▷ **on-the-job** adj → job 1b

onanism [ˈəʊnənɪzəm] n onanisme m

onanist [ˈəʊnənɪst] n onaniste mf, masturbateur m, -trice f

ONC [əʊenˈsiː] n (Brit Educ) (abbrev of Ordinary National Certificate) → ordinary

once [wʌns] → SYN **1** adv **a** (= on one occasion) une fois ◆ he walked away without looking back once il est parti sans regarder une seule fois en arrière ◆ you once said you'd never do that vous avez dit un jour que vous ne le feriez jamais ◆ only once, once only une seule fois ; see also 3 ◆ he visited them only once il ne leur a rendu visite qu'une seule fois ◆ once or twice une ou deux fois, une fois ou deux ◆ more than once plus d'une fois ◆ never once, not once pas une seule fois ◆ once again, once more encore une fois, une fois de plus ◆ once before une fois déjà ◆ once a week tous les huit jours, une fois par semaine ◆ once a month, once every month une fois par mois ◆ once every fortnight/two days une fois tous les quinze jours/tous les deux jours ◆ once in a while or way (une fois) de temps en temps, de temps à autre ◆ for once pour une fois ◆ (just) this once juste pour cette fois-ci, (juste) pour une fois ◆ once and for all une fois pour toutes ◆ once a thief, always a thief qui a volé volera ◆ once a smoker, always a smoker qui a été fumeur le restera toute sa vie

b (= ever) jamais ◆ if once you begin to hesitate si jamais vous commencez à hésiter

c (= formerly) autrefois ◆ Texas was once ruled by Mexico le Texas était autrefois gouverné par le Mexique ◆ a once powerful nation une nation autrefois or jadis puissante ◆ once upon a time there were three little pigs (in children's stories) il était une fois trois petits cochons ◆ once upon a time you could be hanged for stealing a sheep (historically) autrefois or jadis, on pouvait être pendu pour avoir volé des moutons ◆ "Once Upon a Time in the West" (Cine) "Il était une fois dans l'ouest"

d at once (= immediately) immédiatement ; (= simultaneously) en même temps ◆ all at once (= simultaneously) tous (toutes fpl) en même temps or à la fois ; (= suddenly) tout à coup, soudain

2 conj une fois que ◆ once she'd seen him she left l'ayant vu or après l'avoir vu or une fois qu'elle l'eut vu elle s'en alla ◆ once you give him the chance si jamais on lui en donne l'occasion

3 COMP ▷ **once-only** adj a once-only offer une offre unique ▷ **once-over** * n (= quick look) to give sb the once-over jauger qn d'un coup d'œil ◆ to give sth the once-over vérifier qch très rapidement, jeter un coup d'œil rapide à qch ◆ I gave the room a quick once-over with the duster (= quick clean) j'ai donné or passé un coup (de chiffon) dans la pièce

onchocerciasis [ˌɒŋkəʊsəˈkaɪəsɪs] n, pl **onchocerciases** [ˌɒŋkəʊsəˈkaɪəsiːz] onchocercose f

oncogene [ˈɒŋkəʊdʒiːn] n oncogène m

oncogenic [ˌɒŋkəʊˈdʒenɪk] adj oncogène

oncological [ˌɒŋkəˈlɒdʒɪkəl] adj cancérologique, carcinologique

oncologist [ɒŋˈkɒlədʒɪst] n oncologiste mf, oncologue mf

oncology [ɒŋˈkɒlədʒɪ] n oncologie f

oncoming [ˈɒnkʌmɪŋ] **1** adj traffic, vehicle venant en sens inverse ; headlights, troops qui approche (or approchait) ; winter, night qui arrive (or arrivait) ; danger imminent

2 n [of winter etc] approche f, arrivée f

OND [əʊenˈdiː] n (Brit Educ) (abbrev of Ordinary National Diploma) → ordinary

one [wʌn] **1** adj **a** (= numerical) un, une ◆ one woman out of or in two une femme sur deux ◆ one or two people une ou deux personnes ◆ one girl was pretty, the other was ugly une des filles était jolie, l'autre était laide ◆ one hundred and twenty cent vingt ◆ God is one Dieu est un ◆ that's one way of doing it c'est une façon (entre autres) de le faire, on peut aussi le faire comme ça ◆ she is one (year old) elle a un an ◆ it's one o'clock il est une heure ◆ for one thing I've got no money d'abord or pour commencer je n'ai pas d'argent ◆ as one man comme un seul homme ◆ as one woman toutes ensemble ◆ with one voice d'une seule voix

b (indefinite) un, une ◆ one day un jour ◆ one Sunday morning un (certain) dimanche matin ◆ one hot summer afternoon she went ... par un chaud après-midi d'été par-tit ... ◆ one moment she's laughing, the next she's in tears elle passe facilement du rire aux larmes

c (= sole) un(e) seul(e), unique ◆ the one man who could do it le seul qui pourrait or puisse le faire ◆ no one man could do it un homme ne pourrait pas le faire (à lui) seul ◆ my one and only pleasure mon seul et unique plaisir ◆ the one and only Charlie Chaplin! le seul, l'unique Charlot !

d (= same) (le/la) même, identique ◆ they all went in the one car ils sont tous partis dans la même voiture ◆ they are one (and the same) person ils sont une seule et même personne ◆ it's one and the same thing c'est exactement la même chose

2 n **a** (= numeral) un(e) m(f) ◆ one, two, three un(e), deux, trois ◆ twenty-one vingt et un ◆ there are three ones in her phone number il y a trois un dans son numéro de téléphone ◆ one of them (people) l'un d'eux, l'une d'elles ; (things) (l')un(e) ◆ any one of them (people) n'importe lequel d'entre eux, n'importe laquelle d'entre elles ; (things) n'importe lequel, n'importe laquelle ◆ the last but one l'avant-dernier m, -ière f ◆ chapter one chapitre m un ◆ price of one (Comm) prix m à la pièce ◆ these items are sold in ones ces articles se vendent à la pièce

b (phrases) I for one don't believe it pour ma part je ne le crois pas ◆ who doesn't agree? – I for one! qui n'est pas d'accord ? — moi par exemple or pour commencer ! ◆ never (a) one pas un (seul) ◆ one by one un à un, un par un ◆ by or in ones and twos par petits groupes ◆ one after the other l'un après l'autre ◆ one and all tous tant qu'ils étaient, tous sans exception ◆ it's all one c'est tout un ◆ it's all one to me cela m'est égal or indifférent ◆ one and sixpence †† (Brit) un shilling et six pence ◆ he's president and secretary (all) in one il est à la fois président et secrétaire ◆ it's made all in one c'est fait d'une seule pièce or tout d'une pièce ◆ to be or have/go or get one up (on sb) * avoir/prendre l'avantage (sur qn) ; see also 4 ◆ to go one better than sb faire mieux que qn ◆ he's had one too many * il a bu un coup de trop * ; → number, road

3 pron (indefinite) un(e) m(f) ◆ would you like one? en voulez-vous (un) ? ◆ have you got one? en avez-vous (un) ? ◆ the problem is one of money c'est une question d'argent ◆ one of these days un de ces jours ◆ he's one of my best friends c'est un de mes meilleurs amis ◆ she's one of the family elle fait partie de la famille ◆ he is one of us il est des nôtres ◆ the book is one which or that I've never read c'est un livre que je n'ai jamais lu ◆ he's a teacher and I want to be one too il est professeur et je veux l'être aussi ◆ every one of the boys/books tous les garçons/les livres sans exception ◆ you can't have one without the other on ne peut avoir l'un sans l'autre ◆ sit in one or other of the chairs asseyez-vous sur l'une des chaises ; → anyone, no, someone

b (specific) this one celui-ci, celle-ci ◆ these ones ceux-ci, celles-ci ◆ that one celui-là, celle-là ◆ those ones ceux-là, celles-là ◆ which one? lequel ?, laquelle ? ◆ which ones? lesquels ?, lesquelles ? ◆ which is the one you want? lequel voulez-vous ? ◆ the one who or that celui qui, celle qui ◆ the one whom or that celui que, celle que ◆ the one that or which is lying on the table celui ou celle qui se trouve sur la table ◆ the one on the floor celui or celle qui est par terre ◆ here's my brother's one * voici celui or celle de mon frère ◆ he's the one with brown hair c'est celui qui a les cheveux bruns ◆ he hit her one on the nose * il lui a flanqué un coup sur le nez * ◆ I want the red one the grey ones je veux le rouge/les gris ◆ this grey one will do ce gris-ci fera l'affaire ◆ mine's a better one le mien or la mienne est meilleur(e) ◆ you've taken the wrong one vous n'avez pas pris le bon ◆ that's a difficult one! (= question) ça c'est difficile ! ; → eye, quick

c (= person) they thought of the absent one ils ont pensé à l'absent ◆ the little ones les petits mpl ◆ my dearest one mon chéri, ma chérie ◆ our dear ones ceux qui nous sont chers ◆ one John Smith † (or frm) un certain or un nommé John Smith ◆ he's a clever one c'est un malin ◆ to sing as one chanter en chœur ◆ for one who claims to know the

language, he ... pour quelqu'un qui prétend connaître la langue, il ... ◆ **he looked like one who had seen a ghost** il avait l'air de quelqu'un qui aurait vu un fantôme ◆ **to one who can read between the lines ...** à celui qui sait lire entre les lignes ... ◆ **he's never** or **not one to agree to that sort of thing** il n'est pas de ceux qui acceptent ce genre de choses ◆ **he's a great one for chess** c'est un mordu * des échecs ◆ **I'm not one** or **much of a one * for sweets** je ne suis pas (grand) amateur de bonbons ◆ **you are a one!** † * tu en as de bonnes ! * ; → **fine²**

d **one another** ⇒ **each other** ; → **each**

e (impersonal) (subject) on ; (object) vous ◆ **one must try to remember** on doit or il faut se souvenir ◆ **it tires one too much** cela vous fatigue trop ◆ **one likes to see one's friends happy** on aime voir ses amis heureux, on aime que ses amis soient heureux

4 COMP ▷ **one- ...** adj d'un/une (seul(e)) ..., à un/une seul(e) ..., à ... unique ▷ **one-acter** *, **one-act play** n pièce f en un acte ▷ **one-arm bandit** n ⇒ **one-armed bandit** ▷ **one-armed** adj manchot ▷ **one-armed bandit** * n machine f à sous, ≃ jackpot m ▷ **one-day** adj seminar, course d'une journée ▷ **one-dimensional** adj (Math) unidimensionnel ; (fig) character d'une pièce, carré ; story simpliste ▷ **one-eyed** adj person borgne ; animal etc qui n'a qu'un œil ▷ **one-handed** adj person manchot, qui a une (seule) main ; tool utilisable d'une (seule) main ◇ adv d'une (seule) main ▷ **one-horse place** * n bled * m, trou * m ▷ **one-horse race** n (fig) **it's a one-horse race** c'est couru d'avance ▷ **one-horse town** * n ⇒ **one-horse place** ▷ **one-hundred share index** n (Brit St Ex) *indice des cent principales valeurs de la Bourse de Londres* ▷ **one-legged** adj unijambiste ▷ **one-line message** n message m d'une (seule) ligne ▷ **one-liner** n (= joke) bon mot m ; (* = letter) note f, mot m ▷ **one-man** adj → **one-man** ▷ **one-night stand** n (Theat) soirée f or représentation f unique ; (sex) liaison f sans lendemain ▷ **one-off** * adj, n (Brit) → **one-off** ▷ **one-one, one-on-one** adj, adv (US) ⇒ **one-to-one** ▷ **one-owner** adj (Aut etc) qui n'a eu qu'un propriétaire ▷ **one-parent family** n famille f monoparentale ▷ **one-party system** n (Pol) système m à parti unique ▷ **one-piece** (Dress) adj une pièce inv, d'une seule pièce ◇ n (gen) vêtement m une pièce ; (also **one-piece swimsuit**) maillot m une pièce ▷ **one-reeler** n (US Cine) court-métrage m, film m d'une bobine ▷ **one-room(ed) apartment** n (US) ⇒ **one-room(ed) flat** ▷ **one-room(ed) flat** n (Brit) studio m, appartement m d'une pièce ▷ **one-shot** * adj, n (US) ⇒ **one-off** ▷ **one-sided** → SYN adj decision unilatéral ; contest, game inégal ; judgement, account partial ; bargain, contract inéquitable ▷ **one-sidedness** n [of account, presentation] partialité f ; [of bargain] caractère m inéquitable ▷ **one-size** adj taille unique inv ▷ **one-stop shopping** n *concentration des achats sur un seul point de vente* ▷ **one-time** → SYN adj ancien (before n) ▷ **one-to-one** adj, adv (Brit) → **one-to-one** ▷ **one-track** adj (Rail) à voie unique ◆ **to have a one-track mind** n'avoir qu'une idée en tête ▷ **one-two** n **a** (Boxing) gauche-droite m inv **b** (Ftbl) une-deux m inv **c** (in race) *arrivée où le gagnant est suivi d'un coéquipier* ▷ **one-up** * vt (US) **to one-up sb** marquer un point sur qn ▷ **one-upmanship** * n (hum) art m de faire mieux que les autres ▷ **one-way** adj street à sens unique ; traffic en sens unique ; transaction unilatéral ; bottle non consigné ; (fig) friendship, emotion etc non partagé ◆ **one-way mirror** miroir m ◆ **one-way trip** (voyage m) aller m ◆ **a one-way ticket** un aller simple ◆ **it's a one-way ticket to disaster** * c'est la catastrophe assurée ◆ **she knew the job was a one-way ticket to nowhere** * elle savait que ce boulot * ne mènerait à rien ▷ **one-woman** adj business, office que fait marcher une seule femme ◆ **one-woman show** (Art) exposition f consacrée à une seule artiste ; (Rad, Theat, TV) one woman show m ◆ **he's a one-woman man** c'est l'homme d'une seule femme

oneiromancy [əʊ'naɪərəʊ,mænsɪ] n oniromancie f

one-man ['wʌn'mæn] **1** adj **a** (= solo) business, company individuel ; rule, government d'une seule personne

b (= designed, suitable for one) canoe monoplace ; job pour une seule personne

c (= monogamous) **a one-man woman** la femme d'un seul homme

2 COMP ▷ **one-man band** n (Mus) homme-orchestre m ◆ **the company is a one-man band** * (fig) il (or elle) fait marcher l'affaire à lui (or elle) tout seul (or toute seule) ▷ **one-man show** n (Rad, Theat, TV) one man show m ; (Art) exposition f consacrée à un seul artiste ◆ **this company is a one-man show** * (fig) il (or elle) fait marcher l'affaire à lui (or elle) tout seul (or toute seule)

oneness ['wʌnnɪs] n unité f ; (= sameness) identité f ; (= agreement) accord m, entente f

one-off * ['wʌnɒf] (Brit) **1** adj object, building unique ; event exceptionnel

2 n ◆ **it's a one-off** (= extraordinary) il n'y en a qu'un comme ça ; (= not part of series) [TV programme etc] ça ne fait pas partie d'une série ; [event] ça ne va pas se reproduire or se répéter

onerous ['ɒnərəs] → SYN adj (frm) duty, restrictions pénible ; task pénible, lourd ; responsibility lourd

oneself [wʌn'self] pron (reflexive) se, soi-même ; (after prep) soi(-même) ; (emphatic) soi-même ◆ **to hurt oneself** se blesser ◆ **to speak to oneself** se parler (à soi-même) ◆ **to be sure of oneself** être sûr de soi(-même) ◆ **one must do it oneself** il faut le faire soi-même ◆ **to have sth (all) to oneself** avoir qch pour soi (tout) seul

◆ **(all) by oneself** (tout) seul

one-to-one [wʌntə'wʌn], **one-on-one** (US) [wʌnɒn'wʌn] **1** adj **a** (= involving two people) conversation en tête-à-tête, seul à seul ; talks en tête-à-tête ; training, therapy, counselling individuel ◆ **on a one-to-one basis** discuss etc seul à seul, en tête-à-tête ◆ **to teach sb on a one-to-one basis** donner des leçons particulières à qn ◆ **she has a one-to-one relationship with her pupils** elle connaît bien chacun de ses élèves ◆ **to have a one-to-one meeting with sb** voir qn en tête-à-tête or seul à seul ◆ **a one-to-one session** (gen) une réunion seul à seul or en tête-à-tête ; (Psych) un face à face ◆ **one-to-one tuition** leçons fpl particulières

b (= corresponding exactly) correspondence biunivoque ; ratio, rate de un pour un

2 adv **a** (= person-to-person) talk, discuss seul à seul

b (= in exact correspondence) convert au taux de un pour un

ongoing ['ɒngəʊɪŋ] adj (gen) debate, process, research en cours ; crisis, situation actuel ◆ **they have an ongoing relationship** ils ont des relations suivies

onion ['ʌnjən] **1** n oignon m ◆ **to know one's onions** † * (Brit) connaître son affaire, s'y connaître ; → **cocktail, spring**

2 COMP soup, pie à l'oignon ; stew aux oignons ▷ **onion dome** n (Archit) bulbe m ▷ **onion johnny** n vendeur m d'oignons (ambulant) ▷ **onion ring** n (Culin) rondelle f d'oignon en beignet ▷ **onion-shaped** adj bulbeux ▷ **onion skin** n pelure f d'oignon

oniony ['ʌnjənɪ] adj smell, taste d'oignon

onlooker ['ɒnlʊkəʳ] → SYN n ◆ **the onlookers** (gen) les spectateurs mpl, l'assistance f ; (after accident) les badauds mpl

onlooking ['ɒnlʊkɪŋ] adj ◆ **the onlooking crowd** (gen) les spectateurs ; (after accident) la foule des badauds

only ['əʊnlɪ] → SYN **1** adj seul, unique ◆ **only child** enfant mf unique ◆ **you're the only one to think of that** vous êtes le seul à y avoir pensé, vous seul y avez pensé ◆ **I'm tired! – you're not the only one!** * je suis fatigué ! – vous n'êtes pas le seul or il n'y a pas que vous ! ◆ **it's the only one left** c'est le seul qui reste (subj) ◆ **he is not the only one here** il n'est pas le seul ici, il n'y a pas que lui ici ◆ **the only book he has** le seul livre qu'il ait ◆ **his only friend was his dog** son chien était son seul ami ◆ **his only answer was to sigh deeply** pour toute réponse il a poussé un profond soupir ◆ **your only hope is to find another one** votre unique espoir est d'en trouver un autre ◆ **the only thing is that it's too late** seulement or malheureusement il est trop tard ◆ **that's the only way to do it** c'est la seule façon de le faire, on ne peut pas le faire autrement ; → **one, pebble**

2 adv **a** seulement, ne ... que ◆ **he's only ten** il n'a que dix ans ◆ **there are only two people who know that** il n'y a que deux personnes qui savent or sachent cela ◆ **only Paul can come** Paul seul peut venir, il n'y a que Paul qui puisse venir ◆ **only time will tell** c'est l'avenir qui le dira ◆ **I'm only the secretary** je ne suis que le secrétaire ◆ **a ticket for one person only** un billet pour une seule personne ◆ **"ladies only"** "réservé aux dames" ◆ **he can only wait** il ne peut qu'attendre ◆ **God only knows!** Dieu seul le sait ! ◆ **I can only say how sorry I am** tout ce que je peux dire c'est combien je suis désolé ◆ **that only makes matters worse** cela ne fait qu'aggraver les choses ◆ **I will only say that ...** je me bornerai à dire or je dirai simplement que ... ◆ **it will only take a minute** ça ne prendra qu'une minute ◆ **I only looked at it** je n'ai fait que le regarder ◆ **you've only to ask** vous n'avez qu'à demander ◆ **only think of the situation!** imaginez un peu la situation ! ◆ **only to think of it** rien que d'y penser ◆ **it's only that I thought he might ...** c'est que je pensais qu'il pourrait ...

b (phrases) **he was only too pleased to come** il n'a été que trop content de venir, il ne demandait pas mieux que de venir ◆ **it's only too true** ce n'est que trop vrai ◆ **not only ... but also ...** non seulement ... mais aussi ... ◆ **not only does it look good, it also saves you money** non seulement c'est beau, mais en plus ça vous permet de faire des économies ◆ **only yesterday** hier encore, pas plus tard qu'hier ◆ **it seems like only yesterday** il semble que c'était hier

◆ **only just** ◆ **he has only just arrived** il vient tout juste d'arriver ◆ **but I've only just bought it!** mais je viens seulement de l'acheter ! ◆ **I caught the train but only just** j'ai eu le train mais (c'était) de justesse

3 conj seulement, mais ◆ **I would buy it, only it's too dear** je l'achèterais bien, seulement or mais il est trop cher ◆ **he would come too, only he's ill** il viendrait bien aussi, si ce n'est qu'il est malade or seulement il est malade ◆ **if only** si seulement ◆ **only if** seulement si

o.n.o. [əʊen'əʊ] (abbrev of **or near(est) offer**) à déb., à débattre ; see also **offer**

onomasiology [,ɒnəʊ,meɪsɪ'ɒlədʒɪ] n **a** (Ling) onomasiologie f

b ⇒ **onomastics**

onomastic [,ɒnəʊ'mæstɪk] adj onomastique

onomastics [ɒnə'mæstɪks] n (NonC) onomastique f

onomatopoeia [,ɒnəʊmætəʊ'piːə] n onomatopée f

onomatopoeic [,ɒnəʊmætəʊ'piːɪk] → SYN , **onomatopoetic** [,ɒnəʊmætəʊpəʊ'etɪk] adj onomatopéique

onrush ['ɒnrʌʃ] n [of people] ruée f ; [of water] torrent m ◆ **he felt an onrush of pain/tears** il a senti une douleur l'envahir/les larmes lui monter aux yeux

onrushing ['ɒn,rʌʃɪŋ] adj vehicle qui arrive à toute allure ; water qui arrive à flots

onset ['ɒnset] n **a** (= attack) attaque f, assaut m

b (= beginning) [of illness, winter etc] début m, commencement m ◆ **at the onset** d'emblée

onshore ['ɒn'ʃɔːʳ] **1** adj **a** (= towards land) wind, breeze de mer, du large

b (= on, near land) oilfield, facilities, job, work à terre

2 adv (also **on shore**) **a** (= towards land) **to wash up onshore** être rejeté sur le rivage ◆ **the wind was blowing onshore** le vent venait du large

b (= on land) build, work à terre

onside [ɒn'saɪd] adj (Ftbl etc) ◆ **to be onside** ne pas être hors jeu

onslaught ['ɒnslɔːt] → SYN n attaque f ◆ **their relentless onslaught against the government's plans** leurs attaques implacables contre les projets du gouvernement ◆ **the constant onslaught of adverts on TV** le matraquage publicitaire constant à la télé

onstage ['ɒnsteɪdʒ] (Theat) **1** adv en scène

2 adj ◆ **her onstage presence** sa présence en scène

Ont. abbrev of **Ontario**

Ontario / open

Ontario [ɒnˈtɛərɪəʊ] n l'Ontario m ✦ **Lake Ontario** le lac Ontario

onto [ˈɒntʊ] prep ⇒ **on to** ; → **on 1d**

ontogenesis [ˌɒntəˈdʒenɪsɪs] n ontogenèse f

ontogeny [ɒnˈtɒdʒənɪ] n ontogénie f

ontological [ˌɒntəˈlɒdʒɪkəl] adj ontologique

ontology [ɒnˈtɒlədʒɪ] n ontologie f

onus [ˈəʊnəs] → SYN n, pl **onuses** (= responsibility) responsabilité f ; (= duty) charge f ✦ **the onus of proof rests with him** la charge de la preuve lui incombe ✦ **the onus is on him to do it** il lui incombe de le faire ✦ **the onus is on the manufacturers** c'est la responsabilité des fabricants

onward [ˈɒnwəd] 1 adj a (Transport, Comm) **onward flight** or **connection** correspondance f ✦ "British Airways would like to wish you a safe onward journey" "British Airways vous souhaite de poursuivre agréablement votre voyage" ✦ **a flight to Mykonos, with an onward boat journey to Paros** un vol jusqu'à Mykonos suivi d'une traversée en bateau jusqu'à Paros ✦ **goods delivered to Staverton for onward movement by rail** des marchandises livrées à Staverton d'où elles seront transportées par chemin de fer

b (= developing) **onward progress** avancée f ✦ **the onward march of sth** la marche en avant de qch

2 adv (esp Brit) ⇒ **onwards**

onwards [ˈɒnwədz] adv a (in direction) **to continue** (or **walk** or **sail** etc) **onwards** avancer ✦ **to journey onwards** poursuivre son voyage ✦ **onwards(!)** en avant !

b (in development) **to move onwards** aller de l'avant ✦ **the plot moves breathlessly onwards** l'intrigue se déroule à un rythme haletant

c (in time) **from then onwards, from that time onwards** depuis, depuis lors ✦ **from now onwards** désormais, dorénavant ✦ **from today onwards** à partir d'aujourd'hui ✦ **from Saturday/September/1960 onwards** à partir de samedi/septembre/1960

onyx [ˈɒnɪks] 1 n onyx m
2 COMP en onyx, d'onyx

oocyte [ˈəʊəʊsaɪt] n ovocyte m

oodles* [ˈuːdlz] npl un tas*, des masses* fpl ✦ **oodles of** un tas* de, des masses* de

ooh* [uː] 1 excl oh !
2 vi ✦ **to ooh and aah** pousser des oh ! et des ah !

oohing [ˈuːɪŋ] n ✦ **there was a lot of oohing and aahing** on entendait fuser des oh ! et des ah !

oolite [ˈəʊəlaɪt] n oolithe m

oolitic [ˌəʊəˈlɪtɪk] adj oolithique

oology [əʊˈɒlədʒɪ] n oologie f

oompah [ˈuːmpɑː] n flonflon m

oomph* [ʊmf] n (= energy) punch* m, dynamisme m ✦ **a pill designed to put the oomph back into your sex life** un médicament conçu pour redonner du tonus à votre vie sexuelle

oophorectomy [ˌəʊəfəˈrektəmɪ] n ovariectomie f

oophoritis [ˌəʊəfəˈraɪtɪs] n ovarite f

oops* [ʊps] excl houp ! ✦ **oops-a-daisy !** hop-là !

oosphere [ˈəʊəsfɪər] n oosphère f

oospore [ˈəʊəspɔːr] n oospore f

ootheca [ˌəʊəˈθiːkə] n, pl **oothecae** [ˌəʊəˈθiːsiː] oothèque f

ooze [uːz] → SYN 1 n vase f, limon m
2 vi [water, pus, walls etc] suinter ; [resin, gum] exsuder ✦ **she was oozing with confidence** elle débordait d'assurance
3 vt ✦ **his wounds oozed pus** le pus suintait de ses blessures ✦ **she was oozing charm/complacency** (pej) le charme/la suffisance lui sortait par tous les pores

► **ooze away** vi [liquids] s'en aller, suinter ; [strength, courage, enthusiasm] disparaître, se dérober ✦ **his strength etc was oozing away** ses forces etc l'abandonnaient

► **ooze out** vi [liquids] sortir, suinter

op[1]* [ɒp] n (Med, Mil) abbrev of **operation 1b, 1c**

op[2] [ɒp] adj (in compounds) ✦ **op art** op art m ✦ **op artist** artiste mf op art

op. (abbrev of **opus**) op

opacity [əʊˈpæsɪtɪ] n [of material] opacité f ; [of meaning etc] obscurité f

opah [ˈəʊpə] n (= fish) opah m

opal [ˈəʊpəl] 1 n opale f
2 COMP ring, necklace d'opale ; (also **opal-coloured**) opalin

opalescence [ˌəʊpəˈlesns] n opalescence f

opalescent [ˌəʊpəˈlesnt] adj (liter) light, sky, glass, colour opalescent (liter) ; eyes d'opale

opaline [ˈəʊpəlaɪn] 1 adj opalin
2 n opaline f

opaque [əʊˈpeɪk] → SYN 1 adj glass, liquid, darkness, language opaque ; plan, intention obscur ✦ **opaque black tights/stockings** collants mpl/bas mpl noirs opaques
2 COMP ▷ **opaque projector** n (US Opt) épiscope m

op. cit. [ˈɒpˈsɪt] (abbrev of **opere citato**) op. cit.

OPEC [ˈəʊpek] n (abbrev of **Organization of Petroleum-Exporting Countries**) OPEP f

Op-Ed [ˈɒpˈed] n, adj (US Press) (abbrev of **opposite editorial**) ✦ **Op-Ed (page)** page contenant les chroniques et commentaires (en face des éditoriaux)

open [ˈəʊpən] → SYN 1 adj a (= not closed) shop, road, door, box, bottle, book, shirt, grave, wound, eyes, flower ouvert ✦ **the shops are open** les magasins sont ouverts ✦ **the house is not open to visitors** la maison n'est pas ouverte au public ✦ **to welcome sb/sth with open arms** accueillir qn/qch à bras ouverts ✦ **the door was slightly open** la porte était entrouverte or entrebâillée ✦ **the window flew open** la fenêtre s'ouvrit brusquement ✦ **he is an open book** c'est un homme transparent, on lit en lui comme dans un livre ouvert ; see also 5 ; → **break, cut, eye, mouth, throw**

b river, water, canal ouvert à la navigation ; road dégagé ; pipe ouvert ; pores dilaté ✦ **the way to Paris lay open** la route de Paris était libre ✦ **the open air** le plein air ✦ **in the open air** en plein air ; live, walk au grand air ; sleep à la belle étoile ; see also 5 ✦ **the open sea** la haute mer, le large ✦ **on the open sea(s)** en haute mer, au large ✦ **in open country** en rase campagne ; (outside of town) à la campagne ✦ **when you reach open country** or **open ground** (Mil) quand vous arriverez en rase campagne ✦ **patch of open ground** (between trees) clairière f ✦ **beyond the woods there were open fields** au-delà des bois, il y avait des champs ✦ **the speed permitted on the open road** la vitesse autorisée en dehors des agglomérations ✦ **an open space for public use** un espace vert à l'usage du public ✦ **the (wide) open spaces** les grands espaces mpl ✦ **open view** or **aspect** vue f dégagée ✦ **have your bowels been open this morning?** est-ce que vous êtes allé à la selle ce matin ?

c (= not enclosed) car, carriage découvert ; boat non ponté ; drain, sewer à ciel ouvert ✦ **open market** (in town) marché m en plein air ; see also 5

d (= unrestricted) meeting, trial, discussion public (-ique f) ; economy, city ouvert ✦ **in open court** (Jur) en audience publique ✦ **to keep open house** tenir table ouverte ✦ **we had an open invitation (to visit anytime)** on nous avait invités à venir quand nous voulions ✦ **open tournament** (Sport) tournoi m open ✦ **jobs are advertised and filled by open competition** le recrutement se fait par voie de presse

e (= exposed) ouvert ✦ **(wide) open to the winds/the elements** ouvert à tous les vents/aux quatre vents

f (fig: to advice, question etc) **I'm open to advice** je suis ouvert à toutes les suggestions ✦ **it is open to doubt whether ...** on peut douter que ... (+ subj) ✦ **it is open to question** or **debate if** or **whether ...** (il) reste à savoir si ... ; see also **abuse, attack, correction, criticism, lay**[1]**, offer, persuasion**

g (= available) post, job vacant ✦ **this post is still open** ce poste est encore vacant ✦ **the offer is still open** cette proposition tient toujours ✦ **the number of jobs open to women is limited** le nombre de postes ouverts aux femmes ou auxquels les femmes peuvent postuler est limité ✦ **membership is not open to women** l'adhésion n'est pas ouverte aux femmes, les femmes ne peuvent pas être membres ✦ **the course is not open to men** les hommes ne sont pas acceptés dans ce cours ✦ **it is open to you to refuse** libre à vous de refuser ✦ **several methods/choices were open to them** plusieurs méthodes/choix s'offraient or se présentaient à eux

h (= frank) person, character, face, manner, hostility ouvert ; (= declared) admiration, envy, attempt non dissimulé ✦ **in open revolt (against)** en rébellion ouverte (contre) ✦ **I'm going to be completely open with you** je vais être tout à fait franc avec vous ✦ **you're not being very open with me** tu me caches quelque chose

i (= undecided) **they left the matter open** ils n'ont pas tranché la question, ils ont laissé la question en suspens ✦ **let's leave the date/arrangements open** attendons avant de fixer une date/avant de prendre ces dispositions ✦ **to keep an open mind on sth** réserver son jugement or son opinion sur qch ✦ **I've got an open mind about it** je n'ai pas encore formé d'opinion ce sujet ; see also 5 ✦ **it's an open question whether he will come** (il) reste à voir s'il viendra ✦ **how effective those sanctions are is an open question** (il) reste à voir si ces sanctions seront vraiment efficaces ✦ **the legality of these sales is still an open question** la légalité de ces ventes n'a pas encore été clairement établie ; → **option**

2 n a (outside) **(out) in the open** (= out of doors) dehors, en plein air ; (= in the country) au grand air ; (= not secretly) au grand jour ✦ **to sleep (out) in the open** dormir à la belle étoile ✦ **why can't we do it out in the open?** (= not secretly) pourquoi ne pouvons-nous pas le faire ouvertement ? ✦ **that swindle is now in the open** cette escroquerie est maintenant sur la place publique ✦ **to come out into the open** [fact] apparaître au grand jour ; [scandal] éclater au grand jour ✦ **to come out into the open about sth** [person] s'exprimer au grand jour sur qch ✦ **he came (out) into the open about what had been going on** il s'est exprimé au grand jour sur ce qui s'était passé ✦ **why don't you come into the open about it?** pourquoi ne le dites-vous pas ouvertement ? ✦ **to bring a dispute (out) into the open** révéler des différends au grand jour

b (Golf, Tennis) **the Open** l'open m, le tournoi open ✦ **the French Open** (le tournoi de) Roland Garros ✦ **the California Open** l'Open m de Californie

3 vt a (gen) ouvrir ; [+ pores] dilater ; [+ wound] (r)ouvrir ; [+ legs] écarter ✦ **it opens the way for new discoveries** cela ouvre la voie à de nouvelles découvertes ✦ **he opened his heart to me** il m'a ouvert son cœur ✦ **to open sb's mind (to sth)** ouvrir l'esprit de qn (à qch) ✦ **have you opened your bowels?** êtes-vous allé à la selle ? ✦ **to open wide** ouvrir grand ✦ **open wide!** (mouth) ouvrez grand ! ✦ **to open slightly** (door, window, eyes) entrouvrir ✦ **to open again** rouvrir ; → **eye, mouth**

b (= make) [+ road] tracer ; [+ hole] percer ; [+ gulf] creuser ✦ **this opened a gulf between father and son** cela a creusé un fossé entre le père et le fils ✦ **he opened his way through the bushes** il s'est frayé un chemin à travers les buissons

c (= begin, inaugurate, found) [+ meeting, debate, exhibition, trial] ouvrir ; [+ account, conversation] commencer, entamer ; [+ new building, institution] inaugurer ; [+ negotiations] ouvrir, engager ✦ **he had opened the conversation by telling her that ...** il avait commencé par lui dire que ...

d (Bridge) **to open (with) two hearts** ouvrir de deux cœurs

4 vi a [door, book, eyes, flower] s'ouvrir ; [shop, museum, bank] ouvrir ; [crack] se former ✦ **the door opened** la porte s'est ouverte ✦ **the door opened slightly** la porte s'est entrouverte or s'est entrebâillée ✦ **to open again** [door] se rouvrir ; [shops etc] rouvrir ✦ **there's a door that opens onto the garden** il y a une porte qui donne sur le jardin ✦ **the kitchen opens into the dining room** la cuisine donne sur la salle à manger ✦ **the two rooms open into one another** les deux pièces communiquent

b (= begin) commencer ; (Bridge) ouvrir ♦ **to open with sth** [debate, meeting, trial] s'ouvrir sur qch, commencer par qch ; [class, book, play] commencer par qch ♦ **the trial opened with the testimony of the victim** le procès s'est ouvert sur *or* a commencé par le témoignage de la victime ♦ **he opened with a warning about inflation** il a commencé par lancer un avertissement sur l'inflation ♦ **the play/film opens next week** la première (de la pièce/du film) a lieu la semaine prochaine

5 COMP ▷ **open-air** → SYN adj games, activities de plein air ; swimming pool découvert ; market, meeting en plein air, à ciel ouvert ♦ **open-air theatre** théâtre m en plein air ▷ **open-and-shut** adj (fig) **it's an open-and-shut case** la solution est évidente *or* crève les yeux ▷ **open-cast** adj (Brit Min) à ciel ouvert ▷ **open cheque** n (Brit Banking) chèque m non barré ▷ **open circuit** n (Elec) circuit m ouvert ▷ **open-cut** adj (US Min) ⇒ **open-cast** ▷ **open day** n (Brit) journée f portes ouvertes ▷ **open door** (Econ) n politique f d'ouverture ◇ adj policy, approach etc d'ouverture ▷ **open-ended, open-end** (US) adj tube ouvert ; discussion, meeting sans limite de durée ; ticket sans réservation de retour ; contract à durée indéterminée ; question ouvert ; commitment inconditionnel ▷ **open-eyed** adj (lit) les yeux ouverts ♦ **to be open-eyed about sth** garder les yeux ouverts sur qch ▷ **open-faced sandwich** n (US) tartine f ▷ **open government** n (NonC) politique f de transparence *(pratiquée par un gouvernement)* ▷ **open-handed** → SYN adj **to be open-handed** être généreux, avoir le cœur sur la main ▷ **open-hearted** adj franc (franche f), sincère ▷ **open-heart surgery** n (Med) chirurgie f à cœur ouvert ▷ **open learning** n (gen) *enseignement universitaire à la carte, notamment par correspondance* ; (= distance learning) télé-enseignement m ▷ **open letter** n lettre f ouverte ▷ **open market** n (Econ) marché m libre ♦ **you can buy it on the open market** c'est en vente libre ▷ **open marriage** n mariage m libre ▷ **open-minded** → SYN adj à l'esprit ouvert *or* large ♦ **to be very open-minded** avoir l'esprit très ouvert ▷ **open-mindedness** n ouverture f d'esprit ▷ **open-mouthed** adj, adv (fig) bouche bée ♦ **in open-mouthed disbelief** *or* **amazement** bouche bée ♦ **in open-mouthed admiration** béat d'admiration ▷ **open-necked** adj (not buttoned up) à col ouvert ; (low-cut) échancré ▷ **open-plan** adj (Archit) design qui élimine les cloisons ; house, school sans cloison ♦ **open-plan office** bureau m paysager ▷ **open primary** n (US Pol) *élection primaire ouverte aux non-inscrits d'un parti* ▷ **open prison** n prison f ouverte ▷ **open sandwich** n tartine f ▷ **open scholarship** n (Scol etc) *bourse décernée par un concours ouvert à tous* ▷ **open season** n (Hunting) saison f de la chasse ▷ **open secret** n secret m de Polichinelle ♦ **it's an open secret that ...** ce n'est un secret pour personne que ... ▷ **open shop** n (Ind) atelier m ouvert aux non-syndiqués ▷ **open station** n gare f avec libre accès aux quais ▷ **open string** n (Mus) corde f à vide ▷ **open ticket** n billet m open ▷ **open-top(ped)** adj bus à impériale découverte ; car décapotable ▷ **the Open University** n (Brit) ≃ le Centre national d'enseignement par correspondance ♦ **an Open University course** un cours universitaire par correspondance ▷ **open verdict** n (Jur) verdict m constatant un décès sans cause déterminée ▷ **open vowel** n (Ling) voyelle f ouverte

► **open out** 1 vi a [view] **soon a wonderful view opened out** bientôt une vue magnifique s'offrit à nous ♦ **as he left the town the countryside opened out** à la sortie de la ville, la campagne s'offrit à ses yeux

b (= widen) [passage, tunnel, street] s'élargir ♦ **to open out on to** déboucher sur

c [person] (= become less shy) s'ouvrir ; [team, player etc] s'affirmer

2 vt sep ouvrir ; [+ map, newspaper] ouvrir, déplier

► **open up** 1 vi a [new shop, business] s'ouvrir ; [new career] commencer ; [opportunity] se présenter

b (= start shooting) ouvrir le feu ♦ **they opened up with machine guns** ils ont ouvert le feu à la mitrailleuse

c [flower] s'ouvrir

d (= confide) s'ouvrir (*to sb* à qn) ♦ **I couldn't get him to open up at all** je ne suis pas arrivé à le faire parler ♦ **he finds it difficult to open up** il a de la peine à s'ouvrir *or* à se confier

e (Sport) [match] s'animer

f (= develop) [gulf] se creuser ; [split] se former ♦ **a gulf has opened up between the countries involved** un fossé s'est creusé entre les pays concernés

2 vt sep a [+ box, building, shop, wound, business, branch] ouvrir ; [+ map, newspaper] ouvrir, déplier ♦ **to open up again** rouvrir

b [+ oilfield, mine, road, area] ouvrir ; [+ possibilities] offrir ; [+ virgin country] défricher ; [+ blocked road] dégager ; [+ blocked pipe] déboucher ♦ **they opened up the way for other women** elles ont ouvert la voie à d'autres femmes ♦ **they opened up new paths in transplantation** ils ont ouvert de nouvelles voies en matière de transplantation ♦ **she opened up a lead of almost four minutes** elle était en tête avec près de quatre minutes d'avance ♦ **Deng decided to open up China for foreign investors** Deng décida d'ouvrir la Chine aux investisseurs étrangers

OPEN UNIVERSITY

L'**Open University** est une université ouverte à tous et fonctionnant essentiellement sur le principe du téléenseignement : cours par correspondance et émissions de radio et de télévision diffusées par la BBC. Ces enseignements sont complétés par un suivi pédagogique et par des stages, qui se tiennent généralement en été.

opener [ˈəʊpnəʳ] n a (esp in compounds) *personne ou dispositif qui ouvre* ; → **bottle, eye, tin**

b (Theat) (= artiste) artiste mf en lever de rideau ; (= act) lever m de rideau

c (Bridge) ouvreur m

d (fig) **for openers** * pour commencer, tout d'abord

opening [ˈəʊpnɪŋ] → SYN 1 n a ouverture f ; (in wall) brèche f ; [of door, window] embrasure f ; (in trees) trouée f ; (in forest, roof) percée f ; (in clouds) éclaircie f ; [of tunnel] entrée f

b (= beginning) [of meeting, debate, play, speech] ouverture f ; [of negotiations] ouverture f, amorce f

c (NonC = act of opening) [of door, road, letter] ouverture f ; [of shooting, war] déclenchement m ; [of flower] éclosion f ; (Jur) exposition f des faits ; (Cards, Chess) ouverture f ; [of ceremony, exhibition] inauguration f ♦ **the Opening of Parliament** (Brit) l'ouverture f de la session parlementaire

d (= opportunity) occasion f (*to do sth* de faire qch, pour faire qch) ; (= trade outlet) débouché m (*for* pour) ♦ **to give one's opponent/the enemy an opening** prêter le flanc à son adversaire/à l'ennemi

e (= work: gen) débouché m ; (= specific job, or work in specific firm) poste m ♦ **there are a lot of openings in computing** il y a beaucoup de débouchés dans l'informatique ♦ **we have an opening for an engineer** nous avons un poste (vacant) d'ingénieur ♦ **an opening with HarperCollins** un poste vacant chez HarperCollins

2 adj ceremony, speech d'inauguration, inaugural ; remark préliminaire ; (St Ex) price d'ouverture ♦ **opening gambit** (Chess) gambit m ; (fig) manœuvre f *or* ruse f (stratégique) ♦ **his favourite opening gambit is ...** (in conversation) sa remarque préférée pour entamer une conversation, c'est ... ♦ **opening hours** heures fpl d'ouverture ♦ **opening lines** [of play] premières répliques fpl ; [of poem] premiers vers mpl ♦ **opening night** (Theat) première f ; [of festival etc] soirée f d'ouverture ♦ **opening shot** (in battle etc) premier coup m de feu ; (fig) [of campaign etc] coup m d'envoi ♦ **opening time** (Brit) l'heure f d'ouverture des pubs

openly [ˈəʊpənlɪ] → SYN adv admit, acknowledge, talk about ouvertement ♦ **to be openly critical of sb/sth** critiquer qn/qch ouvertement ♦ **she wept openly** elle n'a pas caché ses larmes ♦ **he is openly gay** il ne cache pas son homosexualité

openness [ˈəʊpnnɪs] n a (= candour) franchise f ♦ **openness of mind** largeur f d'esprit

b [of land, countryside] aspect m découvert *or* exposé

openwork [ˈəʊpənwɜːk] 1 n (Sewing) jours mpl ; (Archit) claire-voie f, ajours mpl

2 COMP stockings etc ajouré ; (Archit) à claire-voie

opera [ˈɒpərə] 1 n a opéra m ; → **comic, grand, light²**

b (pl of **opus**)

2 COMP ▷ **opera bouffe** n opéra m bouffe ▷ **opera company** n troupe f *or* compagnie f d'opéra ▷ **opera glasses** npl jumelles fpl de théâtre ▷ **opera-goer** n amateur m d'opéra ▷ **opera hat** n (chapeau m) claque m, gibus m ▷ **opera house** n opéra m *(édifice)* ▷ **opera-lover** n amateur m d'opéra ▷ **opera singer** n chanteur m, -euse f d'opéra

operable [ˈɒpərəbl] adj opérable

operand [ˈɒpərænd] n opérande m

operate [ˈɒpəreɪt] → SYN 1 vi a [machine, vehicle] marcher, fonctionner ; [system, sb's mind] fonctionner ; [law] jouer ♦ **he believes that a conspiracy is operating to discredit his good name** il pense qu'il se trame un complot visant à le discréditer ♦ **several factors are operating to moderate wage rises** plusieurs facteurs jouent pour freiner les hausses de salaires

b [drug, medicine, propaganda] opérer, faire effet (*on, upon* sur)

c [fleet, regiment, thief etc] opérer ; (St Ex) faire des opérations (de bourse), spéculer ♦ **they can't operate efficiently on so little money** le manque d'argent les empêche d'opérer *or* de procéder avec efficacité ♦ **this allowed commercial banks to operate in the country** cela a permis aux banques commerciales d'opérer dans ce pays

d (Med) opérer ♦ **he was operated on for appendicitis** il a été opéré de l'appendicite ♦ **he operated for appendicitis** surgeon il l'a opéré de l'appendicite ♦ **to operate on sb's eyes** opérer qn aux *or* des yeux, opérer les yeux de qn ♦ **he has still not been operated on** il n'a pas encore été opéré

2 vt a [person] [+ machine, tool, vehicle, switchboard, telephone, brakes etc] faire marcher, faire fonctionner ♦ **a machine operated by electricity** une machine qui marche à l'électricité ♦ **this switch operates a fan** ce bouton commande *or* actionne un ventilateur

b [+ business, factory] diriger, gérer ; [+ coalmine, oil well, canal, quarry] exploiter, faire valoir

c [+ system] pratiquer ♦ **the government constantly operated embargoes against them** le gouvernement les frappait constamment d'embargo

operatic [ˌɒpəˈrætɪk] 1 adj aria, role, piece of music d'opéra ; convention, version opératique ♦ **Verdi's Requiem is often criticised for being too operatic** on reproche souvent au Requiem de Verdi d'être trop opératique ♦ **an operatic society** une association d'amateurs d'art lyrique

2 n ♦ **(amateur) operatics** opéra m d'amateurs

operating [ˈɒpəreɪtɪŋ] 1 adj (Comm, Ind) cost, deficit, expenses etc d'exploitation

2 COMP ▷ **operating cash** n trésorerie f d'exploitation ▷ **operating cycle** n cycle m d'exploitation ▷ **operating instructions** npl mode m *or* notice f d'emploi ▷ **operating manual** n manuel m d'utilisation ▷ **operating profit** n bénéfice m d'exploitation ▷ **operating room** n (US) ⇒ **operating theatre** ▷ **operating system** n (Comput) système m d'exploitation ▷ **operating table** n (Med) table f d'opération ▷ **operating theatre** n (Brit) salle f d'opération

operation [ˌɒpəˈreɪʃən] → SYN 1 n a (NonC) [of machine, vehicle] marche f, fonctionnement m ; [of mind, digestion] fonctionnement m ; [of drug etc] action f (*on* sur) ; [of business] gestion f ; [of mine, oil well, quarry, canal] exploitation f ; [of system] application f ♦ **to be in operation** [machine] être en service ; [business etc] fonctionner ; [mine etc] être en exploitation ; [law, system] être en vigueur ♦ **in full operation** [machine] fonctionnant à plein (rendement) ; [business, factory etc] en pleine activité ; [mine etc] en pleine exploitation

operational / oppressively

♦ **to come into operation** [law, system] entrer en vigueur ; [machine] entrer en service ; [business] se mettre à fonctionner ♦ **to put into operation** [machine] mettre en service ; [law] mettre or faire entrer en vigueur ; [plan] mettre en application

b (= enterprise, action: Comm, Fin, Ind, Math, Mil, Pol etc) opération f ♦ **that was an expensive operation** l'opération a été coûteuse ♦ **our operations in Egypt** (Comm, Ind) (trading company) nos opérations or nos activités en Égypte ; (oil, mining) nos exploitations en Égypte ♦ **rebuilding operations began at once** les opérations de reconstruction ont commencé immédiatement ♦ **Operation Overlord** (Mil) opération f Overlord

c (Med) opération f, intervention f (chirurgicale) ♦ **to have an operation** se faire opérer (for de) ♦ **a lung/heart/kidney operation** une opération des poumons/du cœur/des reins ♦ **to perform an operation on sb (for sth)** opérer qn (de qch)

2 COMP ▷ **operation code** n (Comput) code m d'opération ▷ **operations research** n recherche f opérationnelle ▷ **operations room** n (Mil, Police) centre m d'opérations

operational [ˌɒpəˈreɪʃənl] → SYN **1** adj staff, troops, vehicle, plan, system, service opérationnel ; cost, expenses, profit d'exploitation ; problems de fonctionnement ♦ **to have operational control** avoir le contrôle des opérations ♦ **at an operational level** au niveau opérationnel ♦ **for operational reasons** pour des raisons opérationnelles ♦ **on operational duties** (Police) en service

2 COMP ▷ **operational research** n recherche f opérationnelle ▷ **operational strategy** n (Fin, Econ) stratégie f d'intervention

operative [ˈɒpərətɪv] → SYN **1** adj **a** (= functioning) scheme, plan, system, service opérationnel ♦ **the operative part of the text** (Jur) le dispositif

b **the operative word** le mot clé, le mot qui compte

c (Med) report d'opération ; risk opératoire

2 n (= worker) ouvrier m, -ière f ; (= machine operator) opérateur m, -trice f ; (= detective) détective m (privé) ; (= spy) espion(ne) m(f) ; (= secret agent) agent m secret ; (US Pol = campaign worker) membre m de l'état-major (d'un candidat) ♦ **the steel operatives** la main-d'œuvre des aciéries

operator [ˈɒpəreɪtər] → SYN n **a** (= person) [of machine, computer etc] opérateur m, -trice f ; (Cine) opérateur m, -trice f (de prise de vues) ; [of telephones] téléphoniste mf, standardiste mf ; [of business, factory] dirigeant(e) m(f), directeur m, -trice f ♦ **operators in this section of the industry** ceux qui travaillent dans ce secteur de l'industrie ♦ **a big-time operator** (= criminal) un escroc d'envergure ; → **smooth, tour**

b (Math) opérateur m

operetta [ˌɒpəˈretə] n opérette f

ophicleide [ˈɒfɪˌklaɪd] n ophicléide m

ophidian [ɒˈfɪdɪən] n (Zool) ophidien m

ophite [ˈɒfaɪt] n ophite m

ophthalmia [ɒfˈθælmɪə] n ophtalmie f

ophthalmic [ɒfˈθælmɪk] **1** adj clinic, hospital, surgery ophtalmologique ; surgeon ophtalmologue ; nerve, vein ophtalmique

2 COMP ▷ **ophthalmic optician** n opticien(ne) m(f) optométriste ; (prescribing) oculiste mf ; (dispensing) opticien(ne) m(f)

ophthalmological [ˌɒfθælməˈlɒdʒɪkəl] adj ophtalmologique

ophthalmologist [ˌɒfθælˈmɒlədʒɪst] n ophtalmologiste mf, ophtalmologue mf

ophthalmology [ˌɒfθælˈmɒlədʒɪ] n ophtalmologie f

ophthalmoscope [ɒfˈθælməskəʊp] n ophtalmoscope m

ophthalmoscopy [ˌɒfθælˈmɒskəpɪ] n ophtalmoscopie f

opiate [ˈəʊpɪɪt] **1** n opiat m ; (fig) soporifique m

2 adj opiacé

opine [əʊˈpaɪn] vt (frm) (= think) être d'avis (that que), (= say) émettre l'avis (that que)

opinion [əˈpɪnjən] LANGUAGE IN USE 1.1, 2.1, 2.2, 6, 26.2 → SYN

1 n (= point of view) avis m, opinion f ; (= belief, judgement) opinion f ; (= professional advice) avis m ♦ **in my opinion** à mon avis, d'après moi ♦ **in the opinion of** d'après, selon ♦ **that's my opinion for what it's worth** c'est mon humble avis ♦ **it's a matter of opinion whether ...** c'est (une) affaire d'opinion pour ce qui est de savoir si ... ♦ **I'm entirely of your opinion** je suis tout à fait de votre avis or opinion, je partage tout à fait votre opinion ♦ **to be of the opinion that ...** être d'avis que ..., estimer que ... ♦ **political opinions** opinions fpl politiques ♦ **she's in a position to influence opinion** elle occupe une position d'influence ♦ **what is your opinion of this book?** quel est votre point de vue sur ce livre ? ♦ **her already favourable opinion of him** l'opinion favorable qu'elle avait déjà de lui ♦ **I haven't much of an opinion of him, I've got a low opinion of him** j'ai mauvaise opinion or une piètre opinion de lui ♦ **to take counsel's opinion** (Jur) consulter un avocat ♦ **opinion of the court** (Jur) jugement m rendu par le tribunal ; → **legal, public, second¹, strong**

2 COMP ▷ **opinion poll** n sondage m d'opinion

opinionated [əˈpɪnjəneɪtɪd] → SYN adj (pej) person qui a des opinions très arrêtées ♦ **you're so opinionated** tu as des opinions tellement arrêtées

opium [ˈəʊpɪəm] **1** n opium m

2 COMP ▷ **opium addict** n opiomane mf ▷ **opium den** n fumerie f d'opium ▷ **opium poppy** n pavot m somnifère

Oporto [əˈpɔːtəʊ] n (Geog) Porto

opossum [əˈpɒsəm], n, pl **opossums** or **opossum** opossum m, sarigue f

opp. abbrev of **opposite**

opponent [əˈpəʊnənt] → SYN n (Mil, Sport, in election) adversaire mf ; (in discussion, debate) antagoniste mf ; (of government, ideas etc) adversaire mf, opposant(e) m(f) (of de) ♦ **he has always been an opponent of nationalization** il a toujours été contre les nationalisations, il s'est toujours opposé aux nationalisations

opportune [ˈɒpətjuːn] → SYN adj action, remark à propos, opportun ♦ **to happen/arrive at an opportune time** or **moment (for sb/sth)** tomber/arriver au moment opportun (pour qn/qch) ♦ **you have come at an opportune moment** vous arrivez à point nommé, vous tombez bien

opportunely [ˈɒpətjuːnlɪ] adv opportunément, à propos

opportuneness [ˌɒpəˈtjuːnnɪs] n opportunité f

opportunism [ˌɒpəˈtjuːnɪzəm] → SYN n opportunisme m

opportunist [ˌɒpəˈtjuːnɪst] adj, n opportuniste mf

opportunistic [ˌɒpətjuˈnɪstɪk] adj opportuniste

opportunity [ˌɒpəˈtjuːnɪtɪ] → SYN n **a** (= occasion, chance) occasion f ♦ **a trip to London is a great opportunity for shopping** un voyage à Londres est une excellente occasion de faire du shopping ♦ **to have the** or **an opportunity to do** or **of doing sth** avoir l'occasion de faire qch ♦ **to take the opportunity of doing** or **to do sth** profiter de l'occasion pour faire qch ♦ **you really missed your opportunity there!** tu as vraiment laissé passer ta chance or l'occasion ! ♦ **at the first** or **earliest opportunity** à la première occasion, dès que l'occasion se présentera ♦ **when the opportunity presents itself** or **arises** à l'occasion ♦ **if the opportunity should present itself** or **arise** si l'occasion se présente ♦ **if you get the opportunity** si vous en avez l'occasion

b (= possibility for action) chance f ; (in career etc) perspective f d'avenir ♦ **equality of opportunity** égalité f des chances ♦ **to make the most of one's opportunities** profiter pleinement de ses chances ♦ **this job offers great opportunities** ce poste offre d'excellentes perspectives d'avenir ♦ **I want to see more opportunities for young people** je veux que les jeunes aient davantage de perspectives d'avenir ; → **equal, every**

opposable [əˈpəʊzəbl] adj thumb opposable

oppose [əˈpəʊz] → SYN vt **a** [+ person, argument, opinion, decision, plan] s'opposer à ; [+ sb's will, desires, suggestion] s'opposer à, faire opposition à ; [+ motion, resolution] (Pol) faire opposition à ; (in debate) parler contre ♦ **the government opposes a lifting of the embargo** le gouvernement s'oppose à une levée de l'embargo ♦ **the President opposes sending the refugees back** le président s'oppose au renvoi des réfugiés ♦ **he opposed it** il s'y est opposé

b (= set against) opposer (sth to sth else qch à qch d'autre)

opposed [əˈpəʊzd] LANGUAGE IN USE 8.3, 9.3, 12, 14 → SYN adj aims, attitudes, viewpoints opposé ♦ **to be opposed to** être opposé à qch ♦ **I'm opposed to your marrying him** je ne veux pas que tu l'épouses (subj) ♦ **as opposed to** par opposition à ♦ **as opposed to that, there is the question of ...** par contre, il y a la question de ...

opposing [əˈpəʊzɪŋ] → SYN adj factions, forces, views opposé ; (Jur) adverse ♦ **to be on opposing sides** ne pas être du même bord ♦ **the opposing team** l'équipe f adverse ♦ **the opposing votes** les voix fpl contre

opposite [ˈɒpəzɪt] → SYN **1** adj house etc d'en face ; bank, side, end opposé, autre ; direction, pole opposé ; (fig) attitude, point of view opposé, contraire ♦ **"see map on opposite page"** "voir plan ci-contre" ♦ **the opposite sex** l'autre sexe m ♦ **we take the opposite view (to his)** nous pensons le contraire (de ce qu'il pense), notre opinion est diamétralement opposée (à la sienne) ♦ **his opposite number** son homologue mf

2 adv (d')en face ♦ **the house opposite** la maison d'en face ♦ **the house is immediately** or **directly opposite** la maison est directement en face ♦ **opposite to** en face de

3 prep en face de ♦ **the house is opposite the church** la maison est en face de l'église ♦ **the house and the church are opposite one another** la maison et l'église sont en vis-à-vis ♦ **they sat opposite one another** ils étaient assis face à face or en vis-à-vis ♦ **they live opposite us** ils habitent en face de chez nous ♦ **to play opposite sb** (Cine, Theat etc) partager la vedette avec qn ♦ **opposite Calais** (Naut) à la hauteur de Calais

4 n contraire m, inverse m ♦ **quite the opposite!** bien au contraire ! ♦ **he told me just the opposite** or **the exact opposite** il m'a dit exactement l'inverse or le contraire ♦ **he says the opposite of everything I say** il prend le contre-pied de tout ce que je dis, il faut toujours qu'il me contredise ♦ **what's the opposite of white?** quel est le contraire de blanc ?

Opposition [ˌɒpəˈzɪʃən] (Brit Pol) **1** n ♦ **the Opposition** l'opposition f ♦ **the leader of the Opposition** le chef de l'opposition

2 COMP speaker, member, motion, party de l'opposition ▷ **the Opposition benches** npl (les bancs mpl de) l'opposition f

opposition [ˌɒpəˈzɪʃən] → SYN **1** n **a** opposition f (also Astron, Pol) ♦ **his opposition to the scheme** son opposition au projet ♦ **in opposition (to)** en opposition (avec) ♦ **the party in opposition** (Pol) le parti de l'opposition ♦ **to be in opposition** (Pol) être dans l'opposition ♦ **the opposition** (in politics) l'opposition f ; (= opposing team) l'adversaire m ; (= business competitors) la concurrence

b (Mil etc) opposition f, résistance f ♦ **they put up** or **offered considerable opposition** ils ont opposé une vive résistance ♦ **the army met with little or no opposition** l'armée a rencontré peu sinon point de résistance

2 COMP ▷ **opposition hold** n (Climbing) opposition f

oppositionist [ˌɒpəˈzɪʃənɪst] n (Pol) opposant(e) m(f) (systématique)

oppress [əˈpres] → SYN vt **a** (Mil, Pol etc) opprimer ♦ **the oppressed** les opprimés mpl

b [anxiety, heat etc] oppresser, accabler

oppression [əˈpreʃən] → SYN n (all senses) oppression f

oppressive [əˈpresɪv] → SYN adj **a** (Mil, Pol) system, regime, law oppressif

b (= uncomfortable) air, heat, silence, mood oppressant ; weather lourd ♦ **the little room was oppressive** on étouffait dans cette petite pièce

oppressively [əˈpresɪvlɪ] adv **a** (Mil, Pol) rule de manière oppressive

b (= uncomfortably) **the room was oppressively hot** on étouffait dans cette pièce ♦ **oppres-**

sively humid d'une humidité oppressante ♦ **it's oppressively hot today** il fait très lourd aujourd'hui ♦ **oppressively drab** or **grey** d'un gris sinistre

oppressor [əˈpresəʳ] → SYN n oppresseur m

opprobrious [əˈprəʊbrɪəs] adj (frm) chargé d'opprobre (liter)

opprobrium [əˈprəʊbrɪəm] n opprobre m

oppugn [əˈpjuːn] vt contester

oppugner [əˈpjuːnəʳ] n adversaire mf

opsin [ˈɒpsɪn] n opsine f

opsonin [ˈɒpsənɪn] n opsonine f

opt [ɒpt] **1** vi ♦ **to opt for sth** opter pour qch ♦ **to opt to do sth** choisir de faire qch

▶ **opt in** vi choisir de participer (*to* à)

▶ **opt out** vi choisir de ne pas participer (*of* à); [hospital, school] choisir l'autonomie par rapport aux autorités locales; [dentist] choisir de ne plus être conventionné par la Sécurité sociale; (Sociol) s'évader de or rejeter la société (de consommation); (Brit: pension) choisir une caisse de retraite privée *(par opposition au système de la Sécurité sociale)* ♦ **he opted out of going** il a choisi de ne pas y aller ♦ **you can always opt out** tu peux toujours te retirer or te récuser; *see also* **opt-out**

optative [ˈɒptətɪv] adj, n optatif m

optic [ˈɒptɪk] **1** adj optique

2 n (Brit: in bar) bouchon m doseur

3 optics npl optique f

4 COMP ▷ **optic nerve** n nerf m optique

optical [ˈɒptɪkəl] **1** adj microscope, telescope, system, glass, lens optique; instrument d'optique, optique

2 COMP ▷ **optical brightener** n agent m éclaircissant ▷ **optical character reader** n (Comput) lecteur m optique de caractères ▷ **optical character recognition** n reconnaissance f optique de caractères ▷ **optical disc, optical disk** n (Comput) disque m optique ▷ **optical fibre** n fibre f optique ▷ **optical illusion** n illusion f d'optique ▷ **optical scanner** n (Comput) lecteur m optique ▷ **optical scanning** n (Comput) lecture f optique

optician [ɒpˈtɪʃən] n opticien(ne) m(f); (prescribing) oculiste mf

optima [ˈɒptɪmə] npl of **optimum**

optimal [ˈɒptɪml] adj optimal

optimism [ˈɒptɪmɪzəm] n optimisme m

optimist [ˈɒptɪmɪst] n optimiste mf

optimistic [ˌɒptɪˈmɪstɪk] → SYN adj optimiste (*about sth* quant à qch) ♦ **she was optimistic of success** or **that she would succeed** elle avait bon espoir de réussir ♦ **to be cautiously optimistic** être d'un optimisme prudent

optimistically [ˌɒptɪˈmɪstɪklɪ] adv avec optimisme

optimization [ˌɒptɪmaɪˈzeɪʃən] n optimisation f

optimize [ˈɒptɪmaɪz] vt optimiser, optimaliser

optimum [ˈɒptɪməm] → SYN **1** adj level, number, time optimum, optimal ♦ **optimum conditions** conditions fpl optimales ♦ **exercise three times a week for optimum health** faites de l'exercice trois fois par semaine pour être au mieux de votre forme

2 n, pl **optimums** or **optima** optimum m

3 COMP ▷ **optimum population** n (Econ) population f optimale

option [ˈɒpʃən] → SYN **1** n **a** (gen) choix m, option f; (Comm, Fin) option f (*on* sur) ♦ **to take up the option** lever l'option ♦ **at the option of the purchaser** au gré de l'acheteur ♦ **option taker** (Comm, Fin) optant m ♦ **the buyer shall have the option to decide** (Jur) l'acheteur aura la faculté de décider ♦ **six months with/without the option of a fine** (Jur) six mois avec/sans substitution d'amende ♦ **I have no option** je n'ai pas le choix ♦ **he had no option but to come** il n'a pas pu faire autrement que de venir ♦ **you have the option of remaining here** rien ne vous force à rester ici si vous voulez ♦ **the military option** l'option f militaire ♦ **he left** or **kept his options open** (fig) il n'a pas voulu s'engager (irrévocablement) ♦ **to give sb the option of doing sth** donner à qn la possibilité de faire qch ♦ **children are given the option of learning French or German** les enfants peuvent choisir entre le français et l'allemand

b (Brit Scol = subject/course etc) (matière f/cours m etc à) option f ♦ **programme offering options** programme m optionnel

2 COMP ▷ **option money** n (Comm) prix m de l'option

optional [ˈɒpʃənl] → SYN adj course, subject (Scol) facultatif; (Univ) en option; accessories en option ♦ **a medical with optional eye test** un contrôle médical avec examen de la vue en option ♦ **optional extra** option f ♦ **dress optional** tenue f de soirée facultative

optoelectronic [ˌɒptəʊɪlekˈtrɒnɪk] adj optoélectronique

optoelectronics [ˌɒptəʊɪlekˈtrɒnɪks] n (NonC) optoélectronique f

optometer [ɒpˈtɒmɪtəʳ] n optomètre m

optometric [ˌɒptəˈmetrɪk] adj optométrique

optometrist [ɒpˈtɒmətrɪst] n optométriste mf

optometry [ɒpˈtɒmətrɪ] n optométrie f

opt-out [ˈɒptaʊt] **1** adj (Brit) school, hospital qui a choisi l'autonomie par rapport aux autorités locales

2 n **a** (Brit) [of school, hospital] choix d'autonomie par rapport aux autorités locales **b** (esp Brit: also **opt-out clause**) (Jur, Comm) clause f de sortie; (from treaty) clause f d'exemption

opulence [ˈɒpjʊləns] → SYN n [of person, lifestyle] opulence f; [of palace] somptuosité f, opulence f; [of room] somptuosité f, richesse f; [of clothes, furnishings] somptuosité f; [of material, voice] richesse f ♦ **a life of opulence** une vie opulente ♦ **the opulence of the production** (Cine, Theat) la somptuosité de la production

opulent [ˈɒpjʊlənt] adj person, lifestyle opulent; building, room, costume, film, production somptueux ♦ **silk curtains give the room an opulent feel** des rideaux de soie rendent la pièce plus somptueuse

opulently [ˈɒpjʊləntlɪ] adv furnish etc avec opulence; live dans l'opulence

opuntia [ɒˈpʌnʃɪə] n opuntia m, oponce m

opus [ˈəʊpəs] **1** n, pl **opuses** or **opera** opus m; → **magnum**

2 COMP ▷ **Opus Dei** n (= prayers) office m divin; (Catholic organization) Opus Dei f

opuscule [ɒˈpʌskjuːl] n opuscule m

OR abbrev of **Oregon**

or [ɔːʳ] conj ou; (with neg) ni ♦ **red or black? rouge ou noir?** ♦ **or else ou bien** ♦ **do it or else!** * fais-le, sinon (tu vas voir)! ♦ **without tears or sighs** sans larmes ni soupirs ♦ **he could not read or write** il ne savait ni lire ni écrire ♦ **an hour or so** environ une heure, à peu près une heure ♦ **botany, or the science of plants** la botanique, ou la science des plantes or autrement dit la science des plantes; → **either**

orache, orach (US) [ˈɒrɪtʃ] n (Bot) arroche f

oracle [ˈɒrəkl] → SYN n (Hist, fig) oracle m ♦ **the government managed to work the oracle and be re-elected** le gouvernement a réussi l'exploit d'être réélu

oracular [ɒˈrækjʊləʳ] adj (frm) (= prophetic) guidance, utterance prophétique; (= mysterious) person, tone, pronouncement sibyllin ♦ **oracular shrine** oracle m

oral [ˈɔːrəl] → SYN **1** adj **a** examination, teaching methods oral; testimony, message, account oral, verbal

b (Anat) cavity buccal, oral; (Pharm etc) dose par voie orale

2 n oral m

3 COMP ▷ **oral examiner** n (Scol etc) examinateur m, -trice f à l'oral ▷ **oral history** n la tradition orale ▷ **oral hygiene** n hygiène f buccale or buccodentaire ▷ **oral hygienist** n hygiéniste mf dentaire ▷ **oral sex** n (= fellatio) fellation f; (= cunnilingus) cunnilingus m ▷ **oral society** n société f à tradition orale ▷ **oral tradition** n la tradition orale ▷ **oral vowel** n (Ling) voyelle f orale

orally [ˈɔːrəlɪ] adv **a** (= verbally) express, promise, pass down oralement; testify, communicate oralement, de vive voix

b (Med) take, administer par voie orale

c (= with mouth) **to stimulate sb orally** stimuler qn avec la bouche or par des caresses bucco-génitales

Oran [əˈræn] n (Geog) Oran

orange [ˈɒrɪndʒ] **1** n orange f; (also **orange tree**) oranger m; (= colour) orange m, orangé m ♦ **"oranges and lemons"** chanson et jeu d'enfants ♦ **Orange** (Geog) Orange; → **blood**

2 adj **a** (in colour) dress, shirt, glow orange inv ♦ **bright orange** orange vif inv

b (in taste) drink, liqueur à l'orange; flavour d'orange

3 COMP ▷ **orange blossom** n fleur(s) f(pl) d'oranger ▷ **orange box, orange crate** (US) n caisse f à oranges ▷ **Orange Day** n (Ir) le 12 juillet (*procession annuelle des orangistes*) ▷ **orange flower water** n eau f de fleur d'oranger ▷ **Orange Free State** n État m libre d'Orange ▷ **orange grove** n orangeraie f ▷ **orange juice** n jus m d'orange ▷ **Orange Lodge** n (Ir Pol) association orangiste ▷ **orange marmalade** n confiture f d'oranges ▷ **orange peel** n (gen) peau f or écorce f d'orange; (Culin) zeste m d'orange ♦ **orange peel effect** (Med) peau f d'orange ▷ **orange squash** n ≃ orangeade f ▷ **orange stick** n bâtonnet m *(pour manucure etc)* ▷ **orange tree** n oranger m

orangeade [ˈɒrɪndʒˈeɪd] n orangeade f

Orangeism [ˈɒrɪndʒɪzm] n (Ir Pol) orangisme m

Orangeman [ˈɒrɪndʒmən] n, pl **-men** orangiste m

orangery [ˈɒrɪndʒərɪ] n orangerie f

Orangewoman [ˈɒrɪndʒˌwʊmən] n, pl **Orangewomen** [ˈɒrɪndʒˌwɪmɪn] (Ir Pol) orangiste f

orangewood [ˈɒrɪndʒwʊd] n (bois m d')oranger m

orangey [ˈɒrɪndʒɪ] adj colour orangé; taste, flavour d'orange ♦ **orangey-red** rouge orangé inv

orang-outang [ɔːˌræŋuːˈtæŋ], **orang-utan** [ɔːˌræŋuːˈtæn] n orang-outan(g) m

orate [ɒˈreɪt] **1** vi discourir, faire un discours; (pej) pérorer

2 vt déclamer

oration [ɔːˈreɪʃən] → SYN n discours m solennel; → **funeral**

orator [ˈɒrətəʳ] → SYN n orateur m, -trice f

Oratorian [ˌɒrəˈtɔːrɪən] n oratorien m

oratorical [ˌɒrəˈtɒrɪkl] → SYN adj oratoire

oratorio [ˌɒrəˈtɔːrɪəʊ] n, pl **oratorios** oratorio m

oratory¹ [ˈɒrətərɪ] → SYN n (= art) art m oratoire; (= what is said) éloquence f, rhétorique f ♦ **brilliant piece of oratory** brillant discours m

oratory² [ˈɒrətərɪ] n (Rel) oratoire m

orb [ɔːb] → SYN n **a** (= sphere) globe m, sphère f; (in regalia) globe m

b (liter = eye) œil m

c (liter = celestial body) orbe m

orbicular [ɔːˈbɪkjʊləʳ] adj orbiculaire

orbit [ˈɔːbɪt] → SYN **1** n (Anat, Astron) orbite f ♦ **to be in/go into/put into orbit (around)** être/entrer/mettre en or sur orbite (autour de) ♦ **countries within the communist orbit** pays mpl dans l'orbite communiste

2 vt graviter autour de, décrire une or des orbite(s) autour de

3 vi orbiter, être or rester en or sur orbite (*round* autour de)

orbital [ˈɔːbɪtl] **1** adj **a** (Brit) road, motorway périphérique

b (Space) orbital

c (Anat) orbitaire

2 COMP ▷ **orbital velocity** n (Astron) vitesse f orbitale or de révolution

orbiter [ˈɔːbɪtəʳ] n (Space) orbiteur m

Orcadian [ɔːˈkeɪdɪən] **1** adj des (îles) Orcades

2 n habitant(e) m(f) des (îles) Orcades

orchard [ˈɔːtʃəd] n verger m ♦ **cherry orchard** champ m de cerisiers, cerisaie f

orchestra [ˈɔːkɪstrə] **1** n **a** (Mus) orchestre m; → **leader, string**

b (US Theat) (fauteuils mpl d')orchestre m

orchestral / ordinary

2 COMP ▷ **orchestra pit** n (Theat) fosse f d'orchestre ▷ **orchestra stalls** npl (fauteuils mpl d')orchestre m

orchestral [ɔːˈkestrəl] adj music orchestral, d'orchestre ; playing de l'orchestre ; concert d'orchestre ; piece, work, arrangement pour orchestre ◆ **orchestral score** orchestration f

orchestrate [ˈɔːkɪstreɪt] → SYN vt orchestrer

orchestration [ˌɔːkɪsˈtreɪʃən] n orchestration f, instrumentation f

orchestrator [ˈɔːkɪsˌtreɪtəʳ] n (Mus) orchestrateur m, -trice f

orchid [ˈɔːkɪd] n orchidée f ◆ **wild orchid** orchis m

orchidectomy [ˌɔːkɪˈdektəmɪ] n (Med) orchidectomie f

orchil [ˈɔːkɪl] n orseille f

orchis [ˈɔːkɪs] n orchis m

orchitis [ɔːˈkaɪtɪs] n orchite f

OR circuit [ɔːʳ] n (Comput) circuit m OU, mélangeur m

ordain [ɔːˈdeɪn] → SYN vt **a** [God, fate] décréter (that que) ; [law] décréter (that que), prescrire (that que + subj) ; [judge] ordonner (that que + subj) ◆ **it was ordained that he should die young** il était destiné à mourir jeune, le sort or le destin a voulu qu'il meure jeune
b (Rel) [+ priest] ordonner ◆ **he was ordained (priest)** il a reçu l'ordination, il a été ordonné prêtre

ordeal [ɔːˈdiːl] → SYN n **a** rude épreuve f, supplice m ◆ **they suffered terrible ordeals** ils sont passés par or ils ont subi d'atroces épreuves ◆ **speaking in public was an ordeal for him** il était au supplice quand il devait parler en public, parler en public le mettait au supplice ◆ **the painful ordeal of the last eight months** l'épreuve pénible qu'ont été ces huit derniers mois
b (Hist Jur) ordalie f ◆ **ordeal by fire** épreuve f du feu

order [ˈɔːdəʳ]

→ SYN LANGUAGE IN USE 20.3, 27.7

1	NOUN	3	INTRANSITIVE VERB
2	TRANSITIVE VERB	4	COMPOUNDS
		5	PHRASAL VERBS

1 NOUN

a = disposition, sequence ordre m ◆ **word order** ordre m des mots ◆ **what order should these documents be in?** dans quel ordre faut-il classer ces documents ? ◆ **to be in order** être en ordre ◆ **to put in(to) order** mettre en ordre ◆ **the cards were out of order** les cartes n'étaient pas en ordre ◆ **the files have got all out of order** les dossiers sont sens dessus dessous ◆ **in order of merit/precedence** par ordre de mérite/préséance ◆ **"cast in order of appearance:"** (Theat) "avec par ordre d'entrée en scène :" ; (Cine) "par ordre d'apparition :" ◆ **he loves his boat and his family, in that order** il aime son bateau et sa famille, dans cet ordre-là

b NonC = also **good order** ordre m ◆ **he's got no sense of order** il n'a aucun (sens de l')ordre ◆ **in order** [room etc] en ordre ; [passport, documents] en règle ◆ **to put one's room/one's affairs in order** mettre de l'ordre dans sa chambre/ses affaires, mettre sa chambre/ses affaires en ordre ◆ **in short order** (US) sans délai, tout de suite ◆ **to be in running** or **working order** être en état de marche ◆ **in good order** (= in good condition) en bon état ◆ **the machine is out of order** la machine est en panne or détraquée * ◆ **"out of order"** (on sign) "hors service" ◆ **the line is out of order** (Telec) la ligne est en dérangement

c expressing purpose
◆ **in order to** pour, afin de ◆ **I did it in order to clarify matters** je l'ai fait pour or afin de clarifier la situation
◆ **in order that** afin que (+ subj), pour que (+ subj) ◆ **in order that there should be no misunderstanding** afin or pour qu'il n'y ait pas de malentendu, pour éviter tout malentendu

d = correct procedure (Parl etc) ordre m ◆ **order, order!** silence ! ◆ **to call sb to order** rappeler qn à l'ordre ◆ **he intervened on a point of order** il a soulevé un point de procédure ◆ **"(on a) point of order, Mister Chairman ..."** "j'aimerais soulever un point de procédure ..." ◆ **to be in order** (gen) [action, request etc] être dans les règles ◆ **that's quite in order** je n'y vois aucune objection ◆ **is it in order to do that?** est-ce que ça se fait ? ◆ **would it be in order for me to speak to her?** pourrais-je lui parler ? ◆ **it's quite in order for him to do that** rien ne s'oppose à ce qu'il le fasse ◆ **reforms are clearly in order** il est évident que des réformes s'imposent ◆ **a drink seems in order** un verre s'impose ◆ **congratulations are surely in order!** recevez toutes nos (or mes etc) félicitations ! ◆ **it seems a celebration is in order!** on va devoir fêter ça ! ◆ **out of order** ⁂ remark déplacé ◆ **that was well out of order!** ⁂, **you're way out of order!** ⁂ ça se fait pas ! *

e = peace, control ordre m ◆ **to keep order** [police] faire régner l'ordre, maintenir l'ordre ; [teacher] faire régner la discipline ◆ **she can't keep her class in order** elle n'arrive pas à tenir sa classe ◆ **keep your dog in order!** surveillez votre chien !

f = category, class (Bio) ordre m ; (= social position) classe f ; (= kind) ordre m ◆ **the lower/higher orders** (= social rank) les classes fpl inférieures/supérieures ◆ **of a high order** (fig) de premier ordre ◆ **order of magnitude** ordre m de grandeur ◆ **something in the order of 3,000 francs, something of the order of 3,000 francs** (Brit), **something on the order of 3,000 francs** (US) quelque chose de l'ordre de 3 000 francs ◆ **the present crisis is of a (very) different order** la crise actuelle est d'un (tout) autre ordre

g = the way things are ordre m ◆ **it is in the order of things** c'est dans l'ordre des choses ◆ **the old order is changing** le monde change ◆ **a new world order** un nouvel ordre mondial ◆ **a new social/political order** un nouvel ordre social/politique ◆ **strikes were the order of the day** les grèves étaient à l'ordre du jour

h Rel ordre m ◆ **the Benedictine Order** l'ordre m des bénédictins ◆ **to be in/take (holy) orders** être/entrer dans les ordres

i = command ordre m, consigne f (Mil) ◆ **to obey orders** obéir aux ordres, observer or respecter la consigne (Mil) ◆ **orders are orders** les ordres sont les ordres, la consigne c'est la consigne ◆ **that's an order!** c'est un ordre ! ◆ **on the orders of ...** sur l'ordre de ... ◆ **by order of ...** par ordre de ... ◆ **till further orders** jusqu'à nouvel ordre ◆ **to give sb orders to do sth** donner à qn l'ordre de faire qch ◆ **he gave the order for it to be done** il a ordonné qu'on le fasse, il a donné l'ordre de le faire ◆ **you can't give me orders!, I don't take orders from you!** je ne suis pas à vos ordres !, ce n'est pas à vous de me donner des ordres ! ◆ **I don't take orders from anyone** je n'ai d'ordres à recevoir de personne ◆ **to be under the orders of** être sous les ordres de ◆ **to be under orders to do sth** avoir (reçu l')ordre de faire qch ◆ **sorry, I'm under orders** désolé, j'ai (reçu) des ordres ◆ **Order in Council** (Brit Parl) ordonnance f prise en Conseil privé, ≈ décret-loi m

j Jur **judge's order** ordonnance f de juge ◆ **order of bankruptcy** déclaration f de faillite ◆ **order of the Court** injonction f de la cour ◆ **deportation order** arrêté m d'expulsion

k Comm commande f ◆ **made to order** fait sur commande ◆ **to give an order to sb (for sth), to place an order with sb (for sth)** passer une commande (de qch) à qn ◆ **we have received your order for ...** nous avons bien reçu votre commande de ... ◆ **we have the shelves on order for you** vos étagères sont commandées ◆ **to do sth to order** (Comm, fig) faire qch sur commande

l = warrant, permit permis m ◆ **order to view** permis m de visiter

m Fin **pay to the order of ...** payer à l'ordre de ... ◆ **pay John Smith or order** payez John Smith ou à son ordre

n in café etc portion f ◆ **an order of French fries** une portion de frites

o Archit ordre m

2 TRANSITIVE VERB

a = command ordonner à, donner l'ordre à ◆ **to order sb to do sth** ordonner à qn de faire qch, donner l'ordre à qn de faire qch ◆ **he ordered that the army should advance** (frm) il a donné l'ordre à l'armée d'avancer ◆ **he was ordered to be quiet** on lui a ordonné de se taire ◆ **to order sb in/out/up** etc ordonner à qn d'entrer/de sortir/de monter etc ◆ **to order a player off** renvoyer un joueur ◆ **to order a regiment abroad** envoyer un régiment à l'étranger ◆ **the regiment was ordered to Berlin** le régiment a reçu l'ordre d'aller à Berlin

b = ask for [+ goods, meal] commander ; [+ taxi] faire venir ◆ **to order more wine** redemander du vin ◆ **I didn't order this!** ce n'est pas ce que j'ai commandé !

c = put in sequence classer, ranger ◆ **they are ordered by date/size** ils sont classés or rangés dans l'ordre chronologique/par ordre de grandeur

d = put in good order [+ one's affairs etc] régler

3 INTRANSITIVE VERB

in restaurant etc passer sa commande ◆ **are you ready to order?** vous avez choisi ?

4 COMPOUNDS

▷ **order book** n (Comm, Ind) carnet m de commandes ◆ **the company's order books were full** les carnets de commandes de l'entreprise étaient pleins ▷ **order form** n (Comm) bulletin m or bon m de commande ▷ **order mark** n (Brit Scol) avertissement m ▷ **the Order of Merit** n (Brit) l'ordre m du mérite ▷ **Order of Service** n (Rel) ordre m de cérémonie ▷ **the Order of the Bath** n (Brit) l'ordre m du Bain ▷ **the Order of the Garter** n (Brit) l'ordre m de la Jarretière ▷ **order paper** n (Brit Parl) ordre m du jour

5 PHRASAL VERBS

▶ **order about, order around** vt sep commander ◆ **he likes ordering people about** il aime donner des ordres à tout le monde ◆ **I won't be ordered about by him!** je ne suis pas à ses ordres !, je n'ai pas d'ordres à recevoir de lui !

ordered [ˈɔːdɪd] adj (also **well ordered**) world, society, universe ordonné

ordering [ˈɔːdərɪŋ] n (Comm) passation f de commandes

orderliness [ˈɔːdəlɪnɪs] n (NonC) (habitudes fpl d')ordre m

orderly [ˈɔːdəlɪ] → SYN **1** adj person (= tidy) ordonné ; (= methodical) méthodique ; (= disciplined) discipliné ; mind, system méthodique ; life rangé, réglé ; room, queue ordonné ; row régulier ; school où règne la discipline ◆ **in an orderly fashion** or **manner** avec ordre
2 n **a** (Mil) planton m, ordonnance f
b (Med) garçon m de salle ; → **nursing**
3 COMP ▷ **orderly officer** n (Mil) officier m de service ▷ **orderly room** n (Mil) salle f de rapport

ordinal [ˈɔːdɪnl] **1** adj number ordinal
2 n (nombre m) ordinal m

ordinance [ˈɔːdɪnəns] n ordonnance f, arrêté m

ordinand [ˈɔːdɪnænd] n ordinand m

ordinarily [ˈɔːdnrɪlɪ] → SYN adv ◆ **more than ordinarily polite/honest** d'une politesse/honnêteté qui sort de l'ordinaire ◆ **the car would ordinarily cost more** cette voiture coûterait normalement plus ◆ **ordinarily, I would have disbelieved him** normalement, je ne l'aurais pas cru

ordinary [ˈɔːdnrɪ] → SYN **1** adj **a** (= usual, day-to-day) ordinaire, normal ◆ **it has 25 calories less than ordinary ice cream** elle a 25 calories de moins que les glaces ordinaires ◆ **in ordinary use** d'usage or d'emploi courant ◆ **my ordinary grocer's** mon épicerie habituelle ◆ **the heat made ordinary life impossible** la chaleur rendait impossible la routine habituelle ◆ **in the ordinary way** † en temps normal, d'ordinaire

b (= average, not outstanding) person, day ordinaire, comme les autres ; intelligence, knowledge, reader etc moyen ✦ **a perfectly ordinary Monday morning** un lundi matin comme les autres ✦ **mine was a fairly ordinary childhood** j'ai eu une enfance normale or assez ordinaire ✦ **I'm just an ordinary fellow** je suis un homme comme les autres ✦ **ordinary people** le commun des mortels ✦ **ordinary Germans** etc l'Allemand m etc moyen ✦ **it's not what you would call an ordinary present** c'est vraiment un cadeau peu ordinaire or peu banal ✦ **it was no ordinary bar** ce n'était pas un bar ordinaire or comme les autres ✦ **she's no ordinary woman** ce n'est pas une femme ordinaire or comme les autres ✦ **this is no ordinary novel, this is a masterpiece** ce n'est pas un roman comme les autres, c'est un chef-d'œuvre

c (pej) person, meal etc ordinaire, quelconque

2 n **a** ordinaire m ✦ **out of the ordinary** hors du commun, qui sort de l'ordinaire ✦ **above the ordinary** au-dessus du commun or de l'ordinaire

b (Rel) **the ordinary of the mass** l'ordinaire m de la messe

3 COMP ▷ **ordinary degree** n (Brit Univ) ≈ licence f ▷ **Ordinary grade** n (Scot) ⇒ Ordinary level ▷ **Ordinary level** n (Brit Educ: formerly) examen passé à l'âge de 16 ans dans le cadre des études secondaires ▷ **Ordinary National Certificate** n (Brit Educ) ≈ brevet m de technicien ▷ **Ordinary National Diploma** n (Brit Educ) ≈ brevet m de technicien supérieur ▷ **ordinary seaman** n, pl **ordinary seamen** (Brit Navy) matelot m non breveté ▷ **ordinary share** n (St Ex) action f ordinaire

ordination [ˌɔːdɪˈneɪʃən] n (Rel) ordination f

ordnance [ˈɔːdnəns] (Mil) **1** n (= guns) (pièces fpl d')artillerie f ; (= unit) service m du matériel et des dépôts

2 COMP ▷ **Ordnance Corps** n Service m du matériel ▷ **ordnance factory** n usine f d'artillerie ▷ **Ordnance Survey** n (in Brit) service m cartographique de l'État ✦ **Ordnance Survey map** ≈ carte f d'état-major

Ordovician [ˌɔːdəʊˈvɪʃən] adj ordovicien

ordure [ˈɔːdjʊəʳ] n ordure f

ore [ɔːʳ] n minerai m ✦ **iron ore** minerai m de fer

Ore(g). abbrev of **Oregon**

oregano [ˌɒrɪˈɡɑːnəʊ, (US) əˈreɡənəʊ] n origan m

Oregon [ˈɒrɪɡən] n l'Oregon m ✦ **in Oregon** dans l'Oregon

Oreo ® [ˈɔːrɪəʊ] n (US) **a** (= food) gâteau sec au chocolat fourré à la vanille

b (*: fig, hum = person) Noir(e) m(f) qui imite les Blancs

Orestes [ɒˈrestiːz] n Oreste m

orfe [ɔːf] n (= fish) orfe m, ide m rouge

orfray [ˈɔːfrɪ] n orfroi m

organ [ˈɔːɡən] → SYN **1** n **a** (Mus) orgue m, orgues fpl ✦ **grand organ** grandes orgues fpl ; → **barrel, mouth**

b (Anat) organe m ; (= penis) sexe m ✦ **vocal organs, organs of speech** organes mpl vocaux, appareil m vocal ✦ **reproductive or sex(ual) organs** organes mpl génitaux or sexuels ✦ **the male organ** le sexe masculin

c (fig = instrument) organe m ✦ **the chief organ of the administration** l'organe principal de l'administration

d (Press = mouthpiece) organe m, porte-parole m inv

2 COMP ▷ **organ bank** n (Med) banque f d'organes ▷ **organ-builder** n facteur m d'orgues ▷ **organ donor** n donneur m, -euse f d'organe(s) ▷ **organ-grinder** n joueur m, -euse f d'orgue de Barbarie ✦ **I want to talk to the organ-grinder, not the (organ-grinder's) monkey*** (pej) je veux parler au responsable ▷ **organ loft** n tribune f d'orgue ▷ **organ pipe** n tuyau m d'orgue ▷ **organ screen** n jubé m ▷ **organ stop** n jeu m d'orgue ▷ **organ transplant** n greffe f or transplantation f d'organe

organdie, organdy (US) [ˈɔːɡəndɪ] **1** n organdi m

2 COMP en organdi, d'organdi

organelle [ˌɔːɡəˈnel] n organelle m, organite m

organic [ɔːˈɡænɪk] **1** adj **a** (Chem) matter, waste, fertilizer, compound organique

b (Agr, Culin = non-chemical) farm, farming, methods, produce, food biologique, bio * inv ; farmer biologique ; meat, poultry sans hormones ✦ **organic restaurant** restaurant m diététique

c (frm = integral) society, state, community organique ; part fondamental ✦ **organic whole** tout m systématique ✦ **organic law** loi f organique

2 COMP ▷ **organic chemistry** n chimie f organique ▷ **organic disease** n maladie f organique

organically [ɔːˈɡænɪkəlɪ] adv **a** (Agr, Culin = not chemically) farm, grow, produce biologiquement, sans engrais chimiques ✦ **organically grown vegetables** légumes mpl biologiques ✦ **an organically rich soil** un sol riche en composés organiques

b (= naturally) develop, integrate naturellement

c (= physically) weak physiquement

organicism [ɔːˈɡænɪˌsɪzəm] n organicisme m

organism [ˈɔːɡənɪzəm] → SYN n organisme m (Bio)

organist [ˈɔːɡənɪst] n organiste mf

organization [ˌɔːɡənaɪˈzeɪʃən] → SYN **1** n **a** (gen) organisation f ; (= statutory body) organisme m, organisation f ; (= society) organisation f, association f ✦ **youth organization** organisation f or organisme m de jeunesse ✦ **she belongs to several organizations** elle est membre de plusieurs organisations or associations ✦ **a charitable organization** une œuvre or une association de bienfaisance ; → **travel**

b (= executives etc) [of business firm, political party] cadres mpl

c (NonC) organisation f ✦ **his work lacks organization** son travail manque d'organisation

2 COMP ▷ **organization and methods** n (Comm, Admin) organisation f scientifique du travail, OST f ▷ **organization chart** n organigramme m ▷ **organization expenses** npl (Fin) frais mpl d'établissement ▷ **Organization for Economic Cooperation and Development** n Organisation f de coopération et de développement économique ▷ **Organization for European Economic Cooperation** n Organisation f européenne de coopération économique ▷ **organization man** n, pl **organization men** (pej) cadre qui s'identifie complètement à son entreprise ▷ **Organization of African Unity** n Organisation f de l'unité africaine ▷ **Organization of American States** n Organisation f des États américains ▷ **Organization of Petroleum-Exporting Countries** n Organisation f des pays exportateurs de pétrole

organizational [ˌɔːɡənaɪˈzeɪʃənl] adj skill, ability d'organisateur ; problems d'organisation, organisationnel ; support, goals, links, structure organisationnel ; experience de l'organisation ; framework structurel, organisationnel ✦ **organizational change** (Jur, Comm) changement m structurel, modification f structurelle ✦ **at an organizational level** au niveau organisationnel or de l'organisation

organize [ˈɔːɡənaɪz] → SYN **1** vt **a** [+ meeting, scheme, course, visit, elections, strike, campaign, protest] organiser ✦ **they organized (it) for me to go to London** ils ont organisé mon départ pour Londres ✦ **I'll organize something to eat for us***, **I'll organize us something to eat*** (= buy food) je vais prévoir quelque chose à manger pour nous ; (= prepare food) je vais nous préparer un petit quelque chose ✦ **can you organize the food for us?** vous pouvez vous occuper de la nourriture ? ✦ **she's always organizing people*** elle veut toujours tout organiser ✦ **to organize one's thoughts, to get one's thoughts organized** mettre de l'ordre dans ses idées ✦ **to get (o.s.) organized** s'organiser ✦ **I can organize myself to be ready on Friday** je peux m'arranger pour être prêt vendredi ; see also **organized**

b (Ind: into trade union) syndiquer ; see also **organized**

2 vi (Ind) se syndiquer

organized [ˈɔːɡənaɪzd] **1** adj organisé

2 COMP ▷ **organized chaos*** n (hum) désordre m organisé ▷ **organized crime** n crime m organisé ▷ **organized labour** n (Ind) main-d'œuvre f syndiquée ▷ **organized religion** n religion f en tant qu'institution

organizer [ˈɔːɡənaɪzəʳ] n **a** [of event, activity] organisateur m, -trice f ✦ **the organizers apologize for ...** les organisateurs vous prient de les excuser pour ...

b **to be a good/bad organizer** être un bon/ mauvais organisateur

c (= diary) **personal organizer** Filofax ® m, organiseur m personnel ✦ **electronic organizer** agenda m électronique

organizing [ˈɔːɡənaɪzɪŋ] **1** n [of event, activity etc] organisation f ✦ **she loves organizing** elle adore organiser

2 adj group, committee (qui est) chargé de l'organisation

organo... [ˈɔːɡənəʊ] pref organo...

organophosphate [ˌɔːɡənəʊˈfɒsfeɪt] n organophosphoré m

organza [ɔːˈɡænzə] n organza m

orgasm [ˈɔːɡæzəm] **1** n orgasme m ✦ **to bring sb to orgasm** amener qn à l'orgasme ✦ **to achieve** or **reach orgasm** atteindre l'orgasme

2 vi avoir un orgasme

orgasmic [ɔːˈɡæzmɪk] adj **a** person, state orgasmique

b (* = enjoyable) experience, pleasure jouissif

orgiastic [ˌɔːdʒɪˈæstɪk] adj orgiaque

orgy [ˈɔːdʒɪ] → SYN n (lit, fig) orgie f ✦ **an orgy of killing/destruction** une orgie de tueries/ destruction

oriel [ˈɔːrɪəl] n (also **oriel window**) (fenêtre f en) oriel m

orient [ˈɔːrɪənt] **1** n (liter) orient m, levant m ✦ **the Orient** l'Orient

2 vt (lit, fig) orienter ✦ **to orient o.s.** s'orienter, se repérer ; see also **oriented**

oriental [ˌɔːrɪˈentəl] **1** adj peoples, civilization, design oriental ; carpet d'Orient

2 n ✦ **Oriental** † Oriental(e) m(f)

Orientalism [ˌɔːrɪˈentəlɪzəm] n orientalisme m

orientalist [ˌɔːrɪˈentəlɪst] n orientaliste mf

orientate [ˈɔːrɪənteɪt] vt ⇒ **orient 2** ; see also **oriented**

orientated [ˈɔːrɪənteɪtɪd] adj ⇒ **oriented**

orientation [ˌɔːrɪənˈteɪʃən] → SYN n (gen) orientation f ✦ **the group's political orientation** la tendance or l'orientation politique du groupe ✦ **orientation week** (US) (Univ) semaine f d'accueil des étudiants

oriented [ˈɔːrɪəntɪd] adj ✦ **oriented to** or **towards** (= giving priority to, influenced by) axé sur ; (= specially for needs of) adapté aux besoins de ✦ **the film is oriented to the British audience** ce film s'adresse en premier lieu au public britannique ✦ **their policies are oriented to(wards) controlling inflation** leurs politiques ont pour objet de or visent à juguler l'inflation ✦ **a defence-oriented budget** un budget axé sur la défense, un budget qui privilégie la défense ✦ **a strongly export-oriented economy** une économie fortement axée sur l'exportation ✦ **industry-oriented research** recherche f axée sur les besoins de l'industrie ✦ **user-/pupil-etc oriented** adapté aux besoins de or spécialement conçu pour l'usager/l'élève etc ✦ **politically oriented** orienté (politiquement) ✦ **he's not very family-oriented** il n'est pas très famille ✦ **it's still a very male-oriented job** cela demeure un emploi essentiellement masculin

orienteer [ˌɔːrɪənˈtɪəʳ] **1** n (Sport) personne qui fait des courses d'orientation

2 vi faire de la course d'orientation

orienteering [ˌɔːrɪənˈtɪərɪŋ] **1** n (Sport) exercice m d'orientation sur le terrain

2 COMP ▷ **orienteering race** n (Sport) course f d'orientation

orifice [ˈɒrɪfɪs] → SYN n orifice m

oriflamme [ˈɒrɪflæm] n oriflamme f

origami [ˌɒrɪˈɡɑːmɪ] n origami m

origan [ˈɒrɪɡən] n origan m

origin [ˈɒrɪdʒɪn] → SYN n (= parentage, source) origine f ; [of manufactured goods etc] origine f, provenance f ✦ **the origin of this lies in ...** l'origine en est ... ✦ **to have humble origins, to**

original [əˈrɪdʒɪnl] → SYN [1] adj a (= first, earliest) meaning originel ; inhabitant, member premier ; purpose, suggestion initial, premier ; shape, colour primitif ; edition original, princeps inv ✦ **original cost** (Fin, Comm) coût m d'acquisition ✦ **original jurisdiction** (US Jur) juridiction f de première instance ✦ **original sin** le péché originel

b (= not copied etc) painting, idea, writer original ; play inédit, original

c (= unconventional, innovative) character, person original ✦ he's an original thinker, he's got an original mind c'est un esprit original

[2] n a [of painting, language, document] original m ✦ **to read Dante in the original (Italian)** lire Dante dans le texte

b (* = person) original(e) m(f), phénomène * m

originality [əˌrɪdʒɪˈnælɪtɪ] → SYN n originalité f

originally [əˈrɪdʒɪnəlɪ] → SYN adv a (= initially) intend, plan au départ, à l'origine ✦ he's originally from Armenia il est originaire d'Arménie ✦ it was originally a hit for Janis Joplin au départ, c'était un tube de Janis Joplin

b (= unconventionally, innovatively) dress de façon originale ✦ **to think originally** avoir des idées novatrices ou originales

originate [əˈrɪdʒɪneɪt] → SYN [1] vt [person] être l'auteur de, être à l'origine de ; [event etc] donner naissance à ✦ **originating bank** banque f émettrice

[2] vi ✦ **to originate from** [person] être originaire de ; [goods] provenir de ✦ **to originate from sb** [suggestion, idea] émaner de qn ✦ **to originate in** [stream, custom etc] prendre naissance ou sa source dans

origination fee [əˌrɪdʒɪˈneɪʃənˈfiː] n frais mpl de constitution de dossier

originator [əˈrɪdʒɪneɪtər] → SYN n auteur m, créateur m, -trice f ; [of plan etc] initiateur m, -trice f

Orinoco [ˌɒrɪˈnəʊkəʊ] n Orénoque m

oriole [ˈɔːrɪəʊl] n loriot m ; → **golden**

Orion [əˈraɪən] n (Astron) Orion f ; (Myth) Orion m

Orkney [ˈɔːknɪ] n ✦ **the Orkney Islands** ✦ **the Orkneys** les Orcades fpl

orle [ɔːl] n (Her) orle m

Orleanist [ˈɔːlɪənɪst] n orléaniste mf

Orlon ® [ˈɔːlɒn] [1] n orlon ® m
[2] comp en orlon ®

ormer [ˈɔːmər] n (Zool) ormeau m

ormolu [ˈɔːməʊluː] [1] n similor m, chrysocale m
[2] comp en similor, en chrysocale

ornament [ˈɔːnəmənt] → SYN [1] n a (on building, ceiling, dress etc) ornement m

b (= ornamental object) objet m décoratif, bibelot m ; (fig, liter = person, quality) ornement m (fig, liter) ✦ **a row of ornaments on the shelf** une rangée de bibelots sur l'étagère

c (NonC = ornamentation) ornement m ✦ **rich in ornament** richement orné

d (Mus) ornement m

[2] [ˈɔːnəment] vt [+ style] orner, embellir (with de) ; [+ room, building, ceiling] décorer, ornementer (with de) ; [+ dress] agrémenter, orner (with de)

ornamental [ˌɔːnəˈmentl] → SYN adj a (= decorative) plant, shrub ornemental, décoratif ; garden, pond, lake d'agrément ; design décoratif

b (* : pej hum) person, role décoratif (pej)

ornamentation [ˌɔːnəmenˈteɪʃən] → SYN n (NonC) (gen) ornementation f, décoration f ; (Mus) ornements mpl

ornate [ɔːˈneɪt] → SYN adj très orné

ornately [ɔːˈneɪtlɪ] adv carved, decorated richement

ornery * [ˈɔːnərɪ] adj (US) person (= bad-tempered) désagréable ; (= nasty) méchant ; (= stubborn) entêté

ornithological [ˌɔːnɪθəˈlɒdʒɪkəl] adj ornithologique

ornithologist [ˌɔːnɪˈθɒlədʒɪst] n ornithologiste mf, ornithologue mf

ornithology [ˌɔːnɪˈθɒlədʒɪ] n ornithologie f

ornithomancy [ˈɔːnɪθəʊˌmænsɪ] n ornithomancie f

ornithosis [ˌɔːnɪˈθəʊsɪs] n ornithose f

orogeny [ɒˈrɒdʒɪnɪ] n orogénie f, orogénèse f

orographic [ˌɒrəʊˈgræfɪk] adj (Geog) orographique

orography [ɒˈrɒgrəfɪ] n (Geog) orographie f

orotund [ˈɒrəʊˌtʌnd] adj (= full-voiced) tonitruant, retentissant ; (= bombastic) pompeux, grandiloquent

orphan [ˈɔːfən] [1] n orphelin(e) m(f)
[2] adj orphelin
[3] vt ✦ **to be orphaned** devenir orphelin(e) ✦ **the children were orphaned by** ou **in the accident** les enfants ont perdu leurs parents dans l'accident

orphanage [ˈɔːfənɪdʒ] n orphelinat m

Orpheus [ˈɔːfjuːs] n Orphée m ✦ **Orpheus in the Underworld** (Mus) Orphée aux enfers

Orphic [ˈɔːfɪk] adj orphique

orphrey [ˈɔːfrɪ] n ⇒ **orfray**

orpiment [ˈɔːpɪmnt] n orpiment m

ortho... [ˈɔːθəʊ] pref ortho...

orthocentre [ˈɔːθəʊˌsentər] n (Math) orthocentre m

orthochromatic [ˌɔːθəʊkrəʊˈmætɪk] adj orthochromatique

orthoclase [ˈɔːθəʊˌkleɪz] n (Miner) orthose m

orthodontic [ˌɔːθəʊˈdɒntɪk] adj orthodontique

orthodontics [ˌɔːθəʊˈdɒntɪks] n (NonC) orthodontie f

orthodontist [ˌɔːθəʊˈdɒntɪst] n orthodontiste mf

orthodox [ˈɔːθədɒks] → SYN [1] adj (gen, Rel) person, view, method orthodoxe ; (Med) doctor, practitioner exerçant la médecine traditionnelle ; medicine traditionnel ✦ **orthodox Jews/Communists** juifs mpl/communistes mpl orthodoxes

[2] comp ▷ **the Orthodox Church** n (also **the Eastern Orthodox Church**) les Églises fpl orthodoxes

orthodoxy [ˈɔːθədɒksɪ] → SYN n orthodoxie f

orthogonal [ɔːˈθɒgənl] adj orthogonal

orthographic(al) [ˌɔːθəˈgræfɪk(əl)] adj orthographique

orthography [ɔːˈθɒgrəfɪ] n orthographe f

orthopaedic, orthopedic (US) [ˌɔːθəʊˈpiːdɪk] [1] adj ward, shoes orthopédique ; patient en traitement orthopédique

[2] comp ▷ **orthopaedic bed** n (specially firm) lit m à sommier anatomique, lit m orthopédique ▷ **orthopaedic mattress** n sommier m anatomique ▷ **orthopaedic surgeon** n chirurgien m orthopédiste ▷ **orthopaedic surgery** n chirurgie f orthopédique

orthopaedics, orthopedics (US) [ˌɔːθəʊˈpiːdɪks] n (NonC) orthopédie f

orthopaedist, orthopedist (US) [ˌɔːθəʊˈpiːdɪst] n orthopédiste mf

orthopaedy, orthopedy (US) [ˈɔːθəʊpiːdɪ] n ⇒ **orthopaedics**

orthopteran [ɔːˈθɒptərən] adj, n orthoptère m

orthopteron [ɔːˈθɒptərən] n, pl **orthoptera** [ɔːˈθɒptərə] orthoptère m

orthopterous [ɔːˈθɒptərəs] adj orthoptère

orthoptic [ɔːˈθɒptɪk] adj orthoptique

orthoptics [ɔːˈθɒptɪks] n (NonC) orthoptique f

orthoptist [ɔːˈθɒptɪst] n orthoptiste mf

orthorhombic [ˌɔːθəʊˈrɒmbɪk] adj orthorhombique

ortolan [ˈɔːtələn] n ortolan m

Orwellian [ɔːˈwelɪən] adj (Literat etc) d'Orwell

oryx [ˈɒrɪks] n, pl **oryxes** or **oryx** oryx m

OS [ˌəʊˈes] a (Brit Navy) (abbrev of **Ordinary Seaman**) ⇒ **ordinary**

b (in Brit) (abbrev of **Ordnance Survey**) → **ordnance**

c abbrev of **outsize**

os [ɒs] [1] n (Anat) os m
[2] comp ▷ **os coxae** n os m iliaque or coxal

Osaka [əʊˈsɑːkə] n Ōsaka

OSAR [ˈəʊzɑːr] n (abbrev of **optical storage and retrieval**) (Comput) OSAR m

Oscar [ˈɒskər] n (Cine) oscar m ✦ **Oscar-winning** qui a remporté un oscar (or des oscars)

oscillate [ˈɒsɪleɪt] → SYN [1] vi (gen, Elec, Phys etc) osciller ; (fig) [ideas, opinions] fluctuer, varier ; [person] osciller, balancer (between entre)
[2] vt faire osciller

oscillation [ˌɒsɪˈleɪʃən] → SYN n oscillation f

oscillator [ˈɒsɪleɪtər] n oscillateur m

oscillatory [ˈɒsɪleɪtərɪ] adj oscillatoire

oscillogram [ɒˈsɪləgræm] n oscillogramme m

oscillograph [ɒˈsɪləgrɑːf] n oscillographe m

oscilloscope [ɒˈsɪləskəʊp] n oscilloscope m

osculate [ˈɒskjʊleɪt] (hum) [1] vi s'embrasser
[2] vt embrasser

osculation [ˌɒskjʊˈleɪʃən] n (Math) osculation f

osculatory [ˈɒskjʊlətərɪ] adj (Math) osculateur

OSHA [ˈəʊseɪtʃeɪ] n (US) (abbrev of **Occupational Safety and Health Administration**) → **occupational**

osier [ˈəʊzɪər] [1] n osier m
[2] comp branch d'osier ; basket en osier, d'osier

Osiris [əʊˈsaɪrɪs] n Osiris m

Oslo [ˈɒzləʊ] n Oslo

osmic [ˈɒzmɪk] adj osmique

osmium [ˈɒzmɪəm] n (NonC) osmium m

osmometer [ɒzˈmɒmɪtər] n osmomètre m

osmosis [ɒzˈməʊsɪs] n (Phys, fig) osmose f ✦ **by osmosis** (lit, fig) par osmose

osmotic [ɒzˈmɒtɪk] adj osmotique

osmund [ˈɒzmənd], **osmunda** [ɒzˈmʌndə] n osmonde f

osprey [ˈɒspreɪ] n (Orn) balbuzard m (pêcheur)

osseous [ˈɒsɪəs] adj a (Anat, Zool) osseux
b ⇒ **ossiferous**

Ossianic [ˌɒsɪˈænɪk] adj ossianique

ossicle [ˈɒsɪkl] n osselet m

ossiferous [ɒˈsɪfərəs] adj ossifère

ossification [ˌɒsɪfɪˈkeɪʃən] n ossification f

ossify [ˈɒsɪfaɪ] → SYN (lit, fig) [1] vt ossifier
[2] vi s'ossifier

osso bucco [ˈɒsəʊˈbʊkəʊ] n osso buco m

ossuary [ˈɒsjʊərɪ] n ossuaire m

osteitis [ˌɒstɪˈaɪtɪs] n ostéite f

Ostend [ɒsˈtend] n Ostende

ostensible [ɒsˈtensəbl] → SYN adj (frm) prétendu (before n)

ostensibly [ɒsˈtensəblɪ] → SYN adv (frm) independent, innocuous etc soi-disant ✦ **he was ostensibly a student** il était soi-disant étudiant ✦ **he went out, ostensibly to telephone** il est sorti, soi-disant pour téléphoner ✦ **the road is closed, ostensibly because of landslides** la route est barrée, soi-disant à cause d'éboulements

ostensive [ɒˈstensɪv] adj a (Ling etc) ostensif
b ⇒ **ostensible**

ostentation [ˌɒstenˈteɪʃən] → SYN n (NonC) ostentation f

ostentatious [ˌɒstenˈteɪʃəs] → SYN adj a (pej = extravagant) car, clothes tape-à-l'œil inv ; surroundings prétentieux

b (pej = flamboyant) person prétentieux ; manner prétentieux, ostentatoire (liter)

c (= exaggerated) gesture, dislike, concern, attempt exagéré, ostentatoire (liter)

ostentatiously [ˌɒstenˈteɪʃəslɪ] adv a (pej = extravagantly) decorate, live avec ostentation ; dress de façon voyante

b (= exaggeratedly) try, yawn avec ostentation ✦ **he looked ostentatiously at his watch** il a regardé sa montre avec ostentation

osteo... [ˈɒstɪəʊ] pref ostéo...

osteoarthritic [ˌɒstɪəʊɑːˈθrɪtɪk] adj arthrosique

osteoarthritis ['ɒstɪəʊɑː'θraɪtɪs] n ostéoarthrite f

osteoblast ['ɒstɪəʊblæst] n ostéoblaste m

osteoclasis [ˌɒstɪ'ɒklǝsɪs] n (Surg) ostéoclasie f

osteogenesis [ˌɒstɪəʊ'dʒenɪsɪs] n ostéogenèse f, ostéogénie f

osteology [ˌɒstɪ'ɒlǝdʒɪ] n ostéologie f

osteoma [ˌɒstɪ'əʊmǝ] n, pl **osteomas** or **osteomata** [ˌɒstɪ'əʊmǝtǝ] ostéome m

osteomalacia [ˌɒstɪəʊmǝ'leɪʃɪǝ] n ostéomalacie f

osteomyelitis [ˌɒstɪəʊmaɪǝ'laɪtɪs] n ostéomyélite f

osteopath ['ɒstɪəpæθ] n ostéopathe mf

osteopathy [ˌɒstɪ'ɒpǝθɪ] n ostéopathie f

osteophyte ['ɒstɪǝfaɪt] n ostéophyte m

osteoplasty ['ɒstɪǝplæstɪ] n ostéoplastie f

osteoporosis [ˌɒstɪəʊpǝ'rǝʊsɪs] n ostéoporose f

osteotomy [ˌɒstɪ'ɒtǝmɪ] n ostéotomie f

ostinato [ˌɒstɪ'nɑːtǝʊ] n, pl **ostinatos** (Mus) ostinato m

ostler †† ['ɒslǝʳ] n (esp Brit) valet m d'écurie

ostracism ['ɒstrǝsɪzǝm] n ostracisme m

ostracize ['ɒstrǝsaɪz] → SYN vt ostraciser

ostrich ['ɒstrɪtʃ] n, pl **ostriches** or **ostrich** autruche f

Ostrogoth ['ɒstrǝgɒθ] n (Hist) Ostrogot(he) m(f)

Ostrogothic [ˌɒstrǝ'gɒθɪk] adj (Hist) ostrogoth

OT [ǝʊ'tiː] a (Bible) (abbrev of **Old Testament**) → **old**
b (Med) (abbrev of **occupational therapy**) → **occupational**

otalgia [ǝʊ'tældʒɪǝ] n (Med) otalgie f

OTB [ǝʊtiː'biː] n (US) (abbrev of **off-track betting**) ≈ PMU m

OTC [ˌǝʊtiː'siː] n (Brit Mil) (abbrev of **Officers' Training Corps**) → **officer**

OTE [ˌǝʊtiː'iː] (abbrev of **on-target earnings**) → **target**

other ['ʌðǝʳ] → SYN 1 adj autre ◆ **the other one** l'autre m ◆ **the other five** les cinq autres mfpl ◆ **other people have done it** d'autres l'ont fait ◆ **other people's property** la propriété d'autrui ◆ **it always happens to other people** ça arrive toujours aux autres ◆ **the other world** (fig) l'au-delà m, l'autre monde m ; see also **otherworldly** ◆ **the other day/week** l'autre jour m/semaine f ◆ **come back some other time** revenez un autre jour ◆ **other ranks** (esp Brit: Mil) ≈ sous-officiers mpl et soldats mpl ◆ **a newer writer or other said that ...** je ne sais quel écrivain a dit que ..., un écrivain, je ne sais plus lequel, a dit que ... ◆ **some fool or other** un idiot quelconque ◆ **there must be some other way of doing it** on doit pouvoir le faire d'une autre manière ; → **every, hand, time, word**

2 pron autre mf ◆ **and these five others** et ces cinq autres ◆ **there are some others** il y en a d'autres ◆ **several others have mentioned it** plusieurs autres l'ont mentionné ◆ **one after the other** l'un après l'autre ◆ **others have spoken of him** il y en a d'autres qui ont parlé de lui ◆ **he doesn't like hurting others** il n'aime pas faire de mal aux autres or à autrui ◆ **some like flying, others prefer the train** les uns aiment prendre l'avion, les autres préfèrent le train ◆ **some do, others don't** il y en a qui le font, d'autres qui ne le font pas ◆ **one or other of them will come** il y en aura bien un qui viendra ◆ **somebody or other suggested that ...** je ne sais qui a suggéré que ..., quelqu'un, je ne sais qui, a suggéré que ... ◆ **they concentrated on one problem to the exclusion of all others** ils se sont concentrés sur un problème, à l'exclusion de tous les autres ◆ **you and no other** vous et personne d'autre ◆ **no other than** nul autre que ◆ **each, none**

3 adv a (= otherwise) autrement ◆ **he could not have acted other than he did** il n'aurait pas pu agir autrement ◆ **I wouldn't wish him other than he is** il est très bien comme il est ◆ **I've never seen her other than with her husband** je ne l'ai jamais vue (autrement) qu'avec son mari ◆ **I couldn't do other than come** je ne pouvais faire autrement que de venir, je ne pouvais pas ne pas venir

b **other than ...** (= apart from) à part ... ◆ **other than that, I said nothing** à part ça, je n'ai rien dit, je n'ai rien dit d'autre ◆ **no one other than a member of the family** nul autre qu'un membre de la famille ; → **somehow**

4 COMP ▷ **other-directed** adj (US Psych) conformiste

otherness ['ʌðǝnɪs] n altérité f

otherwise ['ʌðǝwaɪz] → SYN 1 adv a (= in another way) autrement ◆ **I could not do otherwise than agree** je ne pouvais faire autrement que de consentir ◆ **it cannot be otherwise** il ne peut en être autrement ◆ **until proved otherwise** jusqu'à preuve du contraire ◆ **he was otherwise engaged** il était occupé à (faire) autre chose ◆ **except where otherwise stated** sauf indication contraire ◆ **whether sold or otherwise** vendu ou non ◆ **should it be otherwise** (frm) dans le cas contraire ◆ **Montgomery otherwise (known as) Monty** Montgomery alias Monty

b (= in other respects) autrement, à part cela ◆ **otherwise it's a very good car** autrement or à part ça c'est une excellente voiture ◆ **an otherwise excellent essay** une dissertation par ailleurs excellente

2 conj autrement

otherworldly [ˌʌðǝ'wɜːldlɪ] adj attitude détaché des contingences ; person détaché du monde

otic ['ǝʊtɪk] adj otique

otiose ['ǝʊʃɪǝʊs] adj (frm) (= idle) oisif ; (= useless) oiseux

otitis [ǝʊ'taɪtɪs] n otite f

otolaryngologist ['ǝʊtǝʊˌlærɪŋ'gɒlǝdʒɪst] n oto-rhino-laryngologiste mf

otolaryngology ['ǝʊtǝʊˌlærɪŋ'gɒlǝdʒɪ] n oto-rhino-laryngologie f

otolith ['ǝʊtǝʊlɪθ] n otolithe m

otology [ǝʊ'tɒlǝdʒɪ] n otologie f

otorhinolaryngology ['ǝʊtǝʊˌraɪnǝʊˌlærɪŋ'gɒlǝdʒɪ] n oto-rhino-laryngologie f

otoscope ['ǝʊtǝʊskǝʊp] n otoscope m

OTT * [ˌǝʊtiː'tiː] (abbrev of **over the top**) → **top**

Ottawa ['ɒtǝwǝ] n (= city) Ottawa ; (= river) Ottawa f, Outaouais m

otter ['ɒtǝʳ] 1 n loutre f
2 COMP ▷ **otter hound** n (= dog) otterhound m ; → **sea**

Otto ['ɒtǝʊ] n (Hist) Othon m or Otton m

Ottoman ['ɒtǝmǝn] 1 adj ottoman
2 n Ottoman(e) m(f)

ottoman ['ɒtǝmǝn] n, pl **ottomans** ottomane f

OU [ǝʊ'juː] (Brit Educ) a (abbrev of **Open University**) → **open**
b abbrev of **Oxford University**

ouabain ['wɑːbɑːɪn] n ouabaïne f

Ouagadougou [ˌwɑːgǝ'duːguː] n (Geog) Ouagadougou

ouch [aʊtʃ] excl aïe !

ought[1] [ɔːt] LANGUAGE IN USE 1.1 pret **ought** modal aux vb a (indicating obligation, advisability, desirability) **I ought to do it** je devrais le faire, il faudrait or il faut que je le fasse ◆ **I really ought to go and see him** je devrais bien aller le voir ◆ **he thought he ought to tell you** il a pensé qu'il devait vous le dire ◆ **if they behave as they ought** s'ils se conduisent comme ils le doivent, s'ils se conduisent correctement ◆ **this ought to have been finished long ago** cela aurait dû être terminé il y a longtemps ◆ **oughtn't you to have left by now?** est-ce que vous n'auriez pas dû déjà être parti ?

b (indicating probability) **they ought to be arriving soon** ils devraient bientôt arriver ◆ **he ought to have got there by now I expect** je pense qu'il est arrivé or qu'il a dû arriver (à l'heure qu'il est) ◆ **that ought to do** ça devrait aller ◆ **that ought to be very enjoyable** cela devrait être très agréable

ought[2] [ɔːt] n ⇒ **aught**

Ouija ®, ouija ['wiːdʒǝ] n ◆ **Ouija board** oui-ja m inv

ounce [aʊns] → SYN n a (= measurement) once f (= 28,35 grammes); (fig) [of truth, malice, sense, strength etc] once f, gramme m
b (Zool) once f

OUP [ǝʊjuː'piː] n (abbrev of **Oxford University Press**) Presses universitaires d'Oxford

our ['aʊǝʳ] poss adj notre (nos pl) ◆ **our book** notre livre m ◆ **our table** notre table f ◆ **our clothes** nos vêtements mpl ◆ **Our Father/Lady** (Rel) Notre Père m/Dame f ◆ **that's OUR car** (emphatic) c'est notre voiture à nous

ours ['aʊǝz] poss pron le nôtre, la nôtre, les nôtres ◆ **this car is ours** cette voiture est à nous ou nous appartient ou est la nôtre ◆ **a friend of ours** un de nos amis (à nous), un ami à nous * ◆ **I think it's one of ours** je crois que c'est un des nôtres ◆ **your house is better than ours** votre maison est mieux que la nôtre ◆ **it's no fault of ours** ce n'est pas de notre faute (à nous) ◆ **that car of ours** (pej) notre fichue * voiture ◆ **that stupid son of ours** (pej) notre idiot de fils ◆ **the house became ours** la maison est devenue la nôtre ◆ **no advice of ours could prevent him** aucun conseil de notre part ne pouvait l'empêcher ◆ **it is not ours to decide** (frm) ce n'est pas à nous de décider, il ne nous appartient pas de décider ◆ **ours is a specialized department** nous sommes un service spécialisé

ourself [ˌaʊǝ'self] pers pron (frm, liter: of royal or editorial we) nous-même

ourselves [ˌaʊǝ'selvz] pers pron (reflexive: direct and indirect) nous ; (emphatic) nous-mêmes ; (after prep) nous ◆ **we enjoyed ourselves** nous nous sommes bien amusés ◆ **we said to ourselves** nous nous sommes dit, on s'est dit * ◆ **we saw it ourselves** nous l'avons vu nous-mêmes ◆ **we've kept three for ourselves** nous nous en sommes réservé trois ◆ **people like ourselves** des gens comme nous ◆ **we were talking amongst ourselves** nous discutions entre nous ◆ **we had the beach to ourselves** on avait la plage pour nous
◆ **(all) by ourselves** tout seuls, toutes seules

oust [aʊst] vt évincer (sb from sth qn de qch) ◆ **they ousted him from the chairmanship** ils l'ont évincé de la présidence, ils l'ont forcé à démissionner ◆ **she soon ousted him as the teenagers' idol** elle eut vite fait de lui prendre sa place d'idole des jeunes

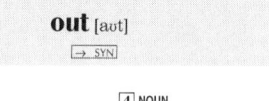

out [aʊt]
→ SYN

1 ADVERB
2 ADJECTIVE
3 PREPOSITION
4 NOUN
5 TRANSITIVE VERB
6 COMPOUNDS

When **out** is the second element in a phrasal verb, eg **get out, go out, speak out**, look up the verb. When **out** is part of a set combination, eg **day out, voyage out**, look up the noun.

1 ADVERB

a = outside dehors ◆ **it's hot out** il fait chaud dehors or à l'extérieur BUT ◆ **out you go !** sortez !, filez ! *; (above exit) ◆ **out** sortie

b person **to be out** (= to have gone out) être sorti ; (= to go out) sortir ◆ **Paul is out** Paul est sorti or n'est pas là ◆ **he's out a good deal** il sort beaucoup, il n'est pas souvent chez lui ◆ **he's out fishing** il est (parti) à la pêche

out, when followed by a preposition, is not usually translated:

◆ **he's out in the garden** il est dans le jardin ◆ **when he was out in Iran** lorsqu'il était en Iran ◆ **he's out to dinner** il est sorti dîner ◆ **he went out to China** il est parti en Chine ; → **out of**

c homosexual **to be out** * assumer publiquement son homosexualité

d Tennis **(the ball is) out!** (la balle est) out !

e tide **when the tide is out** à marée basse

f expressing distance **five days out from Liverpool** à cinq jours (de voyage) de Liverpool ◆ **the boat was 10 miles out (to sea)** le bateau était à 10 milles de la côte ◆ **their house is 10km out (of town)** leur maison est à 10 km de la ville ◆ **to be out at sea** être en mer

g set structures
◆ **to be out and about** ◆ **you should be out and about!** ne restez pas enfermé ! ◆ **to be out and about again** être de nouveau sur pied

♦ **out here** ici ♦ **come in! – no, I like it out here** entrez ! – non, je suis bien ici ♦ **she doesn't know how to get on with the people out here** elle a du mal à sympathiser avec les gens d'ici

♦ **out there** (= in that place) là ; (further away) là-bas ♦ **look out there** regardez là-bas

♦ **out with it !** * vas-y, parle !

2 ADJECTIVE

a =extinguished light, fire, gas éteint

b =available en vente ♦ **the video is out now** la vidéo est maintenant en vente BUT ◊ **a new edition is out this month** une nouvelle édition sort ce mois-ci

c =unavailable (for lending, renting) **that book is out** ce livre est sorti ♦ **the video I wanted was out** la cassette vidéo que je voulais était sortie

d =revealed **the secret is out** le secret n'en est plus un

e =unconscious évanoui, sans connaissance ♦ **he was out for 30 seconds** il est resté évanoui or sans connaissance pendant 30 secondes

f =wrong, incorrect **their timing was five minutes out** ils s'étaient trompés de cinq minutes ♦ **you were out by 20cm, you were 20cm out** vous vous êtes trompé or vous avez fait une erreur de 20 cm ♦ **you're not far out** tu ne te trompes pas de beaucoup, tu n'es pas tombé loin *

g =unacceptable idea, suggestion **that's right out, I'm afraid** il n'en est malheureusement pas question

h =defeated (in cards, games) **you're out** tu es éliminé ♦ **the socialists are out** (politically) les socialistes sont battus

i =finished **before the month was out** avant la fin du mois

j =striking **the steelworkers are out** (on strike) les ouvriers des aciéries sont en grève

k =unfashionable passé de mode, out inv ♦ **long skirts are out** les jupes longues sont passées de mode or out ♦ **romance is making a comeback, reality is out** les histoires d'amour font leur come-back, le réalisme est passé de mode or out

l in society **is your sister out?** † est-ce que votre sœur a fait son entrée dans le monde ?

m flowers, sun, moon etc **the roses are out** les rosiers sont en fleur(s) ♦ **the trees were out** les arbres étaient verts ♦ **the sun was out** le soleil brillait ♦ **the moon was out** la lune s'était levée, il y avait clair de lune ♦ **the stars were out** les étoiles brillaient

n set structures

♦ **to be out to do sth** * (= seeking to do) chercher à faire qch ♦ **they're just out to make a quick profit** ils ne cherchent qu'à se remplir les poches BUT ◊ **they were out to get him** ils voulaient sa peau

♦ **to be out for sth** * (= seeking) ♦ **he's out for all he can get** il cherche à profiter au maximum de la situation ♦ **she was just out for a good time** elle ne cherchait qu'à s'amuser

3 out of PREPOSITION

When **out of** is part of a phrasal verb, eg **come out of**, **run out of**, look up the verb. When it is part of a set combination, eg **out of danger**, **out of the way**, **out of bounds**, look up the noun.

a =outside en dehors de, hors de ♦ **he lives out of town** il habite en dehors de la ville ♦ **the town was out of range of their missiles** la ville était hors d'atteinte de leurs missiles

♦ **out of it** * (= escaped from situation) ♦ **I was glad to be out of it** j'étais bien content d'y avoir échappé ♦ **you're well out of it** tu n'as rien à regretter ♦ **I felt rather out of it at the party** (= excluded) je me sentais un peu exclu à cette fête ♦ **he's out of it** (= drunk, drugged) il est dans les vapes *

b expressing distance **they were 100km out of Paris** ils étaient à 100 km de Paris ♦ **it's 15km out of town** c'est à 15 km du centre-ville

c =absent from **the boss is out of town this week** le patron est en déplacement cette semaine ♦ **he's out of the office at the moment** il n'est pas au bureau actuellement

d =through par ♦ **out of the window** par la fenêtre ♦ **he went out of the back door** il est sorti par la porte de derrière

e =from **only one chapter out of the novel** un seul chapitre du roman ♦ **a model made out of matchsticks** un modèle réduit construit avec des allumettes ♦ **this is just one chapter out of a long novel** ce n'est qu'un chapitre tiré d'un long roman ♦ **he had made the table out of a crate** il avait fabriqué la table avec une caisse ♦ **it was like something out of a nightmare** c'était cauchemardesque ♦ **he looked like something out of "Star Trek"** il semblait sorti tout droit de "Star Trek"

> In the following **dans** describes the original position of the thing being moved:

♦ **to take sth out of a drawer** prendre qch dans un tiroir ♦ **to drink out of a glass** boire dans un verre ♦ **they ate out of the same plate** ils mangeaient dans la même assiette ♦ **he copied the poem out of a book** il a copié le poème dans un livre

f =because of par ♦ **out of curiosity/necessity** par curiosité/nécessité

g =from among sur ♦ **in nine cases out of ten** dans neuf cas sur dix ♦ **one out of five smokers** un fumeur sur cinq

h =without **we are out of bread/money** nous n'avons plus de pain/d'argent ♦ **we were out of petrol** nous n'avions plus d'essence, nous étions en panne d'essence

i =sheltered from à l'abri de ♦ **out of the wind** à l'abri du vent

j =eliminated from éliminé de ♦ **out of the World Cup** éliminé de la coupe du monde

k Racing **Lexicon by Hercules out of Alphabet** Lexicon issu d'Hercules et d'Alphabet

4 NOUN

a *=means of escape **this gives them an out, a chance to change their minds** cela leur laisse une porte de sortie, une occasion de changer d'avis

♦ **to want out** ♦ **the cat wants out** le chat veut sortir ♦ **he wants out but he doesn't know what he can do instead** il veut partir mais il ne sait pas trop ce qu'il pourrait faire d'autre ♦ **he wants out of his contract** il veut résilier son contrat

b US **on the outs with sb** * brouillé avec qn

5 TRANSITIVE VERB

=expose as a homosexual révéler l'homosexualité de

6 COMPOUNDS

▷ **out-of-body experience** n expérience f de sortie de corps ▷ **out-of-bounds** adj place interdit ; (US Ftbl) ball sorti ▷ **out-of-court settlement** n (Jur) règlement m à l'amiable ▷ **out-of-date** adj passport, ticket périmé ; custom suranné, désuet (-ète f) ; clothes démodé ; theory, concept périmé, démodé ; word vieilli ▷ **out-of-doors** adv ⇒ outdoors ▷ **out-of-pocket expenses** npl débours mpl, frais mpl ▷ **out-of-sight** * adj (US fig) formidable, terrible * ▷ **out-of-the-body experience** n ⇒ out-of-body experience ▷ **out-of-the-ordinary** adj theory, approach, film, book insolite, qui sort de l'ordinaire ▷ **out-of-the-way** adj (= remote) spot isolé, perdu ; (= unusual) ▷ **out-of-the-ordinary** ▷ **out-of-this-world** * adj (fig) sensationnel *, fantastique * ▷ **out-tray** n corbeille f de départ

outa * ['aʊtə] (esp US) (abbrev of **out of**) **I'm outa here** (= I'm going) moi, je me tire * ♦ **get outa here!** (= go away) fiche le camp ! * ; (= you're joking) tu me fais marcher *

outage ['aʊtɪdʒ] n **a** (= break in functioning) interruption f de service ; (Elec) coupure f de courant

b (= amount removed: gen) quantité f enlevée ; (Cine = cut from film) film m (rejeté au montage) ; (= amount lost: gen) quantité f perdue ; (Comm: during transport) déchet m de route or de freinte

out-and-out ['aʊtəndaʊt] → SYN adj lie pur et simple ; liar fieffé, fini ; cheat, fool, crook fini ; racist, fascist à tout crin ; winner incontestable ; success, victory, defeat total

out-and-outer * ['aʊtn'daʊtə'] n (esp US) jusqu'au-boutiste mf

outasite * ['aʊtə'saɪt] adj (US = out of sight) formidable, terrible *

outback ['aʊtbæk] n **a** (in Austral) intérieur m du pays (plus ou moins inculte)

b (= back country) campagne f isolée or presque déserte, cambrousse * f

outbid [aʊt'bɪd] pret **outbid** or **outbade** [aʊt'bɪd] ptp **outbidden** or **outbid** 1 vt enchérir sur 2 vi surenchérir

outbidding [aʊt'bɪdɪŋ] n (Fin) surenchères fpl

outboard ['aʊtbɔːd] adj, n ♦ **outboard (motor)** (moteur m) hors-bord m

outbound ['aʊtbaʊnd] adj passengers, train en partance

outbox [aʊt'bɒks] vt boxer mieux que

outbreak ['aʊtbreɪk] → SYN n [of war, fighting] début m, déclenchement m ; [of violence] éruption f ; [of emotion] débordement m ; [of fever, disease] accès m ; [of spots] éruption f, poussée f ; [of demonstrations] vague f ; [of revolt] déclenchement m ♦ **at the outbreak of the disease** lorsque la maladie se déclara ♦ **at the outbreak of war** lorsque la guerre éclata ♦ **the outbreak of hostilities** l'ouverture f des hostilités

outbuilding ['aʊtbɪldɪŋ] n dépendance f ; (separate) appentis m, remise f ♦ **the outbuildings** les communs mpl, les dépendances fpl

outburst ['aʊtbɜːst] → SYN n (gen) emportement m passager ; (= anger) explosion f, accès m ; (= energy) accès m ♦ **he was ashamed of his outburst** il avait honte de l'éclat or de la scène qu'il venait de faire

outcast ['aʊtkɑːst] → SYN n exclu(e) m(f), paria m ♦ **their government's attitude has made them international outcasts** l'attitude de leur gouvernement a mis au ban de la communauté internationale ♦ **this has made him an outcast from his own family** à cause de cela, il a été rejeté par sa propre famille ♦ **social outcast** exclu(e) m(f), paria m

outclass [aʊt'klɑːs] → SYN vt (gen) surclasser, surpasser ; (Sport) surclasser

outcome ['aʊtkʌm] → SYN n [of meeting, work, discussion] issue f, résultat m ; [of decision etc] conséquence f

outcrop ['aʊtkrɒp] (Geol) 1 n affleurement m 2 [aʊt'krɒp] vi affleurer

outcry ['aʊtkraɪ] → SYN n (= protest) tollé m (général) ; (= raised voices) huées fpl ♦ **there was a general outcry against …** un tollé général s'éleva contre … ♦ **to raise an outcry about sth** crier haro sur qch, ameuter l'opinion sur qch

outdated [aʊt'deɪtɪd] → SYN adj technology, equipment périmé ; clothes démodé ; method, system, concept, theory, idea, notion, practice dépassé, démodé ; custom suranné, désuet (-ète f)

outdid [aʊt'dɪd] vb (pt of **outdo**)

outdistance [aʊt'dɪstəns] → SYN vt distancer

outdo [aʊt'duː] → SYN pret **outdid**, ptp **outdone** [aʊt'dʌn] vt l'emporter sur (sb in sth qn en qch) ♦ **but he was not to be outdone** mais il refusait de s'avouer vaincu or battu ♦ **and I, not to be outdone, said that …** et moi, pour ne pas être en reste, j'ai dit que …

outdoor ['aʊtdɔːʳ] → SYN adj activities, pursuits, sports, games de plein air ; work, swimming pool, tennis court en plein air ; toilet à l'extérieur ; market à ciel ouvert ; shoes de marche ♦ **outdoor clothing** (Sport) vêtements mpl sport inv ♦ **outdoor centre** centre m aéré ♦ **for outdoor use** pour usage extérieur ♦ **to lead an outdoor life** vivre au grand air ♦ **he likes the outdoor life** il aime la vie au grand air or en plein air ♦ **outdoor living** vie f au grand air ♦ **she's the or an outdoor type** elle aime le grand air et la nature

outdoors ['aʊtdɔːz] 1 adv (also **out-of-doors**) stay, play, exercise, bathe dehors ; live au grand air ; sleep dehors, à la belle étoile ♦ **to be outdoors** être dehors ♦ **to go outdoors** sortir ♦ **outdoors, there are three heated swimming pools** il y a trois piscines chauffées à l'extérieur

2 n ♦ **the great outdoors** le grand air

3 adj ⇒ outdoor

outer ['aʊtə'] → SYN **1** adj layer, surface, skin, shell, wall, edge extérieur (-eure f); door qui donne sur l'extérieur ◆ **outer garments** vêtements mpl de dessus ◆ **outer harbour** avant-port m ◆ **the outer suburbs** la grande banlieue ◆ **the outer world** le monde extérieur ◆ **the outer reaches of the solar system** les confins mpl du système solaire
2 COMP ▷ **the Outer Hebrides** npl (Geog) les Outer Hebrides fpl ▷ **Outer London** n la grande banlieue londonienne ▷ **Outer Mongolia** n la Mongolie-Extérieure ▷ **outer office** n (= reception area) réception f ▷ **outer space** n espace m

outermost ['aʊtəməʊst] adj layer, rim extérieur (-eure f); edge extrême ◆ **the outermost planet** la planète la plus éloignée ◆ **the outermost suburbs** la grande banlieue ◆ **the outermost limits of ...** les extrémités fpl de ...

outerwear ['aʊtəwɛə'] n (NonC: US) vêtements mpl d'extérieur (pardessus, manteaux, vestes etc)

outface [aʊt'feɪs] vt (= stare out) dévisager; (fig) faire perdre contenance à

outfall ['aʊtfɔːl] n [of river] embouchure f; [of sewer] déversoir m

outfield ['aʊtfiːld] n (Baseball, Cricket) champ m or terrain m extérieur

outfielder ['aʊtfiːldə'] n (Baseball, Cricket) joueur m, -euse f de champ or de terrain extérieur

outfit ['aʊtfɪt] → SYN **1** n **a** (= set of clothes) tenue f ◆ **did you see the outfit she was wearing?** (in admiration) avez-vous remarqué sa toilette?; (pej) avez-vous remarqué son accoutrement or comment elle était accoutrée? ◆ **she's got a new spring outfit** elle s'est achetée une nouvelle tenue pour le printemps ◆ **travelling/skiing outfit** tenue f de voyage/de ski ◆ **cowboy outfit** panoplie f de cowboy
b (= clothes and equipment) équipement m; (= tools) matériel m, outillage m ◆ **puncture repair outfit** trousse f de réparation (de pneus)
c (* = company, organization, sports team etc) équipe f ◆ **when I joined this outfit** quand je suis entré dans cette boîte * ◆ **I wouldn't want to work for that outfit** je ne voudrais pas travailler pour cette boîte *
2 vt (esp US) équiper

outfitter ['aʊtfɪtə'] → SYN n (Brit) ◆ **gents' outfitter** magasin m d'habillement or de confection pour hommes ◆ **sports outfitter's** magasin m de sports

outflank [aʊt'flæŋk] vt (Mil) déborder; (fig) déjouer les manœuvres de

outflow ['aʊtfləʊ] → SYN n [of water] écoulement m, débit m; [of emigrants etc] exode m; [of capital] exode m, sortie(s) f(pl)

outfox [aʊt'fɒks] vt se montrer plus futé que

out-front * [aʊt'frʌnt] adj (US = frank) ouvert, droit

outgeneral [aʊt'dʒenərəl] vt (Mil) surpasser en tactique

outgoing ['aʊtgəʊɪŋ] → SYN **1** adj **a** (= departing) president, director, tenant sortant; flight, mail en partance; tide descendant ◆ **"outgoing calls only"** (Telec) "appels sortants uniquement"
b (= extrovert) person, personality, nature extraverti
2 outgoings npl (Brit) dépenses fpl, débours mpl

outgrow [aʊt'grəʊ] pret **outgrew** [aʊt'gruː] ptp **outgrown** [aʊt'grəʊn] vt **a** [+ clothes] devenir trop grand pour
b (fig) **to outgrow sth** hobby, sport ne plus s'intéresser à qch en grandissant; habit, defect perdre or se défaire de qch en prenant de l'âge; opinion, way of life abandonner en prenant de l'âge ◆ **we've outgrown all that now** nous avons dépassé ce stade, nous n'en sommes plus là ◆ **to outgrow one's friends** se détacher de ses amis en grandissant

outgrowth ['aʊtgrəʊθ] n (Geol) excroissance f; (fig) développement m, conséquence f

outguess [aʊt'ges] vt (= outwit) se montrer plus rapide que

outgun [aʊt'gʌn] vt **a** (= surpass in fire power) avoir une puissance de feu supérieure à
b (= surpass in shooting) tirer mieux que
c (* = outperform) éclipser

out-Herod [aʊt'herəd] vt ◆ **to out-Herod Herod** dépasser Hérode en cruauté

outhouse ['aʊthaʊs] n **a** appentis m, remise f ◆ **the outhouses** (gen) les communs mpl, les dépendances fpl
b (US = outdoor lavatory) cabinets mpl extérieurs

outing ['aʊtɪŋ] → SYN n **a** (= excursion) sortie f, excursion f ◆ **the school outing** la sortie annuelle de l'école ◆ **the annual outing to Blackpool** l'excursion f annuelle à Blackpool ◆ **let's go for an outing tomorrow** faisons une sortie demain ◆ **to go for an outing in the car** partir faire une randonnée ou un tour en voiture ◆ **a birthday outing to the theatre** une sortie au théâtre pour (fêter) un anniversaire
b (NonC: * = exposing as homosexual) [of public figure] révélation f de l'homosexualité

outlandish [aʊt'lændɪʃ] → SYN adj (pej) clothes excentrique; idea, claim excentrique, farfelu

outlast [aʊt'lɑːst] vt survivre à

outlaw ['aʊtlɔː] → SYN **1** n hors-la-loi m
2 vt [+ person] mettre hors la loi; [+ activity, organisation] proscrire, déclarer illégal

outlay ['aʊtleɪ] → SYN n (= spending) dépenses fpl; (= investment) mise f de fonds ◆ **national outlay on education** dépenses fpl nationales pour l'éducation

outlet ['aʊtlet] → SYN **1** n **a** (for water etc) issue f, sortie f; (US Elec) prise f de courant; [of lake] dégorgeoir m, déversoir m; [of river, stream] embouchure f; [of tunnel] sortie f
b (fig) (for talents etc) débouché m; (for energy, emotions) exutoire m (for à)
c (Comm) débouché m; → **retail**
2 COMP (Tech) pipe d'échappement, d'écoulement; valve d'échappement ▷ **outlet point** n [of pipe] point m de sortie

outline ['aʊtlaɪn] → SYN **1** n **a** (= profile, silhouette) [of object] contour m, configuration f; [of building, tree etc] profil m, silhouette f; [of face] profil m ◆ **he drew the outline of the house** il traça le contour de la maison ◆ **to draw sth in outline** dessiner qch au trait ◆ **rough outline** (Art) premier jet m, ébauche f
b (= plan, summary) plan m; (less exact) esquisse f, idée f ◆ **outlines** (= main features) grandes lignes fpl, grands traits mpl ◆ **rough outline of an article** canevas m d'un article ◆ **to give the broad** or **main** or **general outlines of sth** décrire or esquisser qch à grands traits ◆ **in broad outline the plan is as follows** dans ses grandes lignes or en gros, le plan est le suivant ◆ **I'll explain the plan in outline** je vais expliquer les grandes lignes du plan or le plan dans ses grandes lignes ◆ **I'll give you a quick outline of what we mean to do** je vous donnerai un aperçu de ce que nous avons l'intention de faire ◆ **"Outlines of Botany"** (as title) "Éléments de botanique"
2 vt **a** délinéer, tracer le contour de ◆ **she outlined her eyes with a dark pencil** elle a souligné or dessiné le contour de ses yeux avec un crayon foncé ◆ **the mountain was outlined against the sky** la montagne se profilait or se dessinait or se découpait sur le ciel
b (= summarize) [+ theory, plan, idea] exposer les grandes lignes de; [+ book, event] faire un bref compte rendu de; [+ facts, details] passer brièvement en revue ◆ **to outline the situation** brosser un tableau or donner un aperçu de la situation
3 COMP ▷ **outline drawing** n dessin m au trait ▷ **outline map** n tracé m des contours (d'un pays), carte f muette ▷ **outline planning permission** n (Brit: for building) avant-projet m (valorisant le terrain) ▷ **outline specifications** npl (Comm) devis m préliminaire

outlive [aʊt'lɪv] → SYN vt (= survive) [+ person, era, war, winter] survivre à ◆ **he outlived her by ten years** il lui a survécu dix ans ◆ **to have outlived one's usefulness** [person, object, scheme] avoir fait son temps

outlook ['aʊtlʊk] → SYN n **a** (= view) vue f (on, over sur), perspective f (on, over de)
b (fig) (= prospect) perspective f (d'avenir), horizon m (fig) ◆ **the outlook for June is wet** on annonce or prévoit de la pluie pour juin ◆ **the economic outlook** les perspectives fpl or les horizons mpl économiques ◆ **the outlook for the wheat crop is good** la récolte de blé s'annonce bonne ◆ **the outlook (for us) is rather rosy *** les choses se présentent or s'annoncent assez bien (pour nous) ◆ **it's a grim** or **bleak outlook** l'horizon est sombre or bouché, les perspectives sont fort sombres
c (= point of view) attitude f (on à l'égard de), point m de vue (on sur), conception f (on de) ◆ **he has a pessimistic outlook** il voit les choses en noir ◆ **they are European in outlook** ils sont tournés vers l'Europe

outlying ['aʊtlaɪɪŋ] → SYN adj area écarté ◆ **the outlying villages/islands** les villages mpl/îles fpl les plus éloigné(e)s ◆ **the outlying suburbs** la grande banlieue

outmanoeuvre, outmaneuver (US) [ˌaʊtmə'nuːvə'] vt (Mil) dominer en manœuvrant plus habilement; (fig) déjouer les plans de ◆ **domestic car manufacturers are outmanoeuvred by foreign competitors** les constructeurs automobiles du pays sont surclassés par leurs concurrents étrangers

outmatch [aʊt'mætʃ] vt (Sport, fig) surpasser

outmoded [aʊt'məʊdɪd] → SYN adj attitude, clothes démodé; concept, theory, system dépassé, démodé; custom suranné, désuet (-ète f); equipment périmé; industry obsolète

outnumber [aʊt'nʌmbə'] vt surpasser en nombre, être plus nombreux que ◆ **we were outnumbered five to one** ils étaient cinq fois plus nombreux que nous

out-of-town [ˌaʊtəv'taʊn] adj shopping centre, cinema en périphérie

out-of-towner * [ˌaʊtəv'taʊnə'] n (US) étranger m, -ère f à la ville

outpace [aʊt'peɪs] vt devancer, distancer

outpatient ['aʊtpeɪʃənt] n ◆ malade mf en consultation externe ◆ **outpatients (department)** service m de consultation externe

outperform [ˌaʊtpə'fɔːm] vt [person, machine, company] être plus performant que; [product] donner de meilleurs résultats; (Fin, St Ex) [shares etc] réaliser mieux que ◆ **this car outperforms its competitors on every score** cette voiture l'emporte sur ses concurrentes sur tous les plans

outplacement ['aʊtˌpleɪsmənt] n outplacement m (aide à la réinsertion professionnelle des cadres au chômage)

outplay [aʊt'pleɪ] vt (Sport) dominer par son jeu

outpoint [aʊt'pɔɪnt] vt (gen) l'emporter sur; (in game) avoir plus de points que

outpost ['aʊtpəʊst] n (Mil) avant-poste m; [of firm, organization] antenne f; (fig) avant-poste m

outpourings ['aʊtpɔːrɪŋz] → SYN npl (fig) épanchement(s) m(pl), effusion(s) f(pl)

output ['aʊtpʊt] → SYN vb: pret, ptp **output** **1** n **a** [of factory, mine, oilfield, writer] production f; (Agr) [of land] rendement m, production f; [of machine, factory worker] rendement m ◆ **output fell/rose** le rendement or la production a diminué/augmenté ◆ **this factory has an output of 600 radios per day** cette usine débite 600 radios par jour ◆ **gross output** (Ind, Econ) production f brute
b (Comput) sortie f, restitution f; (also **output data**) données fpl de sortie
c (Elec) puissance f fournie or de sortie
2 vt **a** (Comput) sortir ◆ **to output sth to a printer** imprimer qch
b [factory etc] sortir, débiter
3 vi (Comput) sortir les données or les informations ◆ **to output to a printer** imprimer
4 COMP ▷ **output device** n (Comput) unité f périphérique de sortie

outrage ['aʊtreɪdʒ] → SYN **1** n **a** (= act, event) atrocité f; (during riot etc) acte m de violence; (= public scandal) scandale m ◆ **the prisoners suffered outrages at the hands of ...** les prisonniers ont été atrocement maltraités par ... ◆ **it's an outrage against humanity** c'est un crime contre l'humanité ◆ **an outrage against justice** un outrage à la justice ◆ **several outrages occurred** or **were committed in the course of the night** plusieurs actes de

outraged / outstay ANGLAIS-FRANÇAIS 666

violence ont été commis au cours de la nuit ◆ **bomb outrage** attentat m au plastic or à la bombe ◆ **it's an outrage!** c'est un scandale !

b (= emotion) (sentiment m d')intense indignation f

2 vt [aʊtˈreɪdʒ] [+ morals, sense of decency] outrager, faire outrage à

outraged [ˈaʊtreɪdʒd] adj person outré (*about, at, by sth* de qch), indigné ; protest, letter, tone indigné ; dignity, pride offensé

outrageous [aʊtˈreɪdʒəs] → SYN adj a (= scandalous) behaviour, act, conduct scandaleux ; prices exorbitant ◆ **that's outrageous!** c'est scandaleux ! ◆ **he's outrageous!** * il dépasse les bornes !

b (= unconventional, flamboyant) remark outrancier ; story, claim, clothes, idea extravagant ; sense of humour outré

outrageously [aʊtˈreɪdʒəslɪ] adv expensive, high, funny, exaggerated outrageusement ; behave effrontément ; dress de manière extravagante ◆ **to flirt/lie outrageously** flirter/mentir effrontément or de façon outrancière

outrank [aʊtˈræŋk] vt (Mil) avoir un grade supérieur à

outré [ˈuːtreɪ] adj outré, outrancier

outreach [ˈaʊtriːtʃ] 1 n *programme destiné à informer les personnes défavorisées de leurs droits et des programmes d'aide dont elles peuvent bénéficier*

2 COMP ▷ **outreach worker** n *travailleur social effectuant un travail d'information sur le terrain auprès des groupes défavorisés*

outrider [ˈaʊtˌraɪdəʳ] n (on motorcycle) motocycliste mf, motard * m ; (on horseback) cavalier m ◆ **there were four outriders** il y avait une escorte de quatre motocyclistes (or cavaliers etc)

outrigger [ˈaʊtˌrɪgəʳ] n (Naut) outrigger m

outright [aʊtˈraɪt] → SYN 1 adv a (= openly) say, tell carrément, tout net ; laugh franchement

b (= completely) win haut la main ; reject, refuse, deny catégoriquement ◆ **he won the prize outright** il a gagné le prix haut la main ◆ **to be owned outright by sb** (Comm) appartenir entièrement or complètement à qn ◆ **to buy sth outright** (= buy and pay immediately) acheter qch au comptant ; (= buy all of sth) acheter qch en totalité

c (= instantly) **to be killed outright** être tué sur le coup

2 [ˈaʊtraɪt] adj a (= undisguised) lie, fraud, selfishness, arrogance pur ; hostility franc (franche f) ; condemnation, denial, refusal, rejection catégorique ; support, supporter inconditionnel

b (= absolute) victory total, complet (-ète f) ; independence total ; majority, ban absolu ; winner incontesté ; (Comm) (= full) owner, ownership à part entière ; grant sans conditions ; sale, purchase (= paying immediately) au comptant ; (= selling all of sth) en totalité ◆ **to be an outright opponent of sth** s'opposer catégoriquement à qch

outrival [ˌaʊtˈraɪvəl] vt surpasser

outrun [aʊtˈrʌn] pret, ptp **outrun** vt a [+ opponent, pursuer] distancer

b (fig) [+ resources, abilities] excéder, dépasser

outsell [ˌaʊtˈsel] vt [company] obtenir de meilleurs résultats que ; [product] mieux se vendre que

outset [ˈaʊtset] → SYN n début m, commencement m ◆ **at the outset** au début ◆ **from the outset** dès le début

outshine [aʊtˈʃaɪn] → SYN pret, ptp **outshone** [aʊtˈʃaɪn] vt (fig) éclipser, surpasser

outside [ˈaʊtˈsaɪd] → SYN 1 adv a (gen) à l'extérieur, dehors ◆ **outside in the corridor** dehors dans le couloir ◆ **the car was clean outside but filthy inside** la voiture était propre à l'extérieur mais dégoûtante à l'intérieur ◆ **the difficulties of life outside for ex-prisoners** les difficultés de la vie en liberté pour les anciens détenus ◆ **seen from outside** (lit, fig) vu du dehors or de l'extérieur

b (= outdoors) dehors ◆ **to go outside** sortir (dehors) ◆ **he left the car outside** il a laissé la voiture dans la rue ◆ **the scene was shot outside** (Cine) cette scène a été tournée en extérieur

2 prep (also **outside of** *) a [+ building] (= on the exterior of) à l'extérieur de, hors de ; (= in front of) devant ◆ **store flammable substances outside the house** conservez les produits inflammables à l'extérieur de or hors de la maison ◆ **the noise was coming from outside the house** le bruit venait de dehors ◆ **a man was standing outside the house** un homme se tenait devant la maison ◆ **the street outside his house** la rue devant sa maison ◆ **a crowd had gathered outside the building** une foule s'était rassemblée à l'extérieur du bâtiment or devant le bâtiment ◆ **they chose to live outside London** ils ont choisi de vivre à l'extérieur de or hors de Londres ◆ **they have 45 shops, 38 outside the UK** ils possèdent 45 magasins dont 38 à l'extérieur du Royaume-Uni or hors du Royaume-Uni ◆ **countries outside Europe** pays mpl non européens ◆ **he was waiting outside the door** il attendait à la porte ◆ **don't go outside the garden** ne sors pas du jardin ◆ **the ball landed outside the line** la balle a atterri de l'autre côté de la ligne ◆ **outside the harbour** au large du port ◆ **this fish can live for several hours outside water** ce poisson peut vivre plusieurs heures hors de l'eau ◆ **women who work outside the home** les femmes qui travaillent à l'extérieur ◆ **visitors from outside the area** les visiteurs mpl étrangers à la région

b (fig = beyond, apart from) en dehors de, hors de ◆ **investments outside Europe** investissements mpl en dehors de l'Europe or hors d'Europe ◆ **their reluctance to get involved militarily outside NATO** leur réticence à intervenir militairement en dehors du cadre or hors du cadre de l'OTAN ◆ **outside the festival proper** en dehors du or en marge du festival à proprement parler ◆ **outside office hours** en dehors des heures de bureau ◆ **it's outside the normal range** ça ne fait pas partie de la gamme habituelle ◆ **that falls outside the committee's terms of reference** ceci n'est pas du ressort de la commission ◆ **she doesn't see anyone outside her immediate family** elle ne voit personne en dehors de ses proches parents ◆ **babies born outside marriage** naissances fpl hors mariage, bébés mpl nés hors mariage ◆ **sex outside marriage** relations fpl sexuelles hors (du) mariage ◆ **to marry outside one's religion** se marier avec une personne d'une autre confession ◆ **to marry outside the Church** (= with non-Christian) se marier avec un(e) non-chrétien(e) ◆ **outside of selling the car, there seemed to be no solution** (US) à part vendre la voiture, il ne semblait pas y avoir de solution

3 n [of house, car, object] extérieur m, dehors m ; (= appearance) aspect m extérieur, apparence f ; (fig) [of prison, convent etc] (monde m) extérieur m ◆ **on the outside of** sur l'extérieur de ; (= beyond) à l'extérieur de, hors de, en dehors de ◆ **he opened the door from the outside** il a ouvert la porte du dehors ◆ **there's no window on to the outside** aucune fenêtre ne donne sur l'extérieur ◆ **the box was dirty on the outside** la boîte était sale à l'extérieur ◆ **the outside of the box was dirty** l'extérieur or le dehors de la boîte était sale ◆ **outside in** ⇒ **inside out** ; → **inside** ◆ **to look at sth from the outside** (lit, fig) regarder qch de l'extérieur or du dehors ◆ **(judging) from the outside** à en juger par les apparences ◆ **he passed the car on the outside** (in Brit) il a doublé la voiture sur la droite ; (in US, Europe etc) il a doublé la voiture sur la gauche ◆ **at the (very) outside** (= at most) (tout) au plus, au maximum ◆ **life on the outside** [of prison] la vie en liberté or à l'air libre

4 adj a (= outdoor) temperature, aerial, staircase extérieur (-eure f) ; toilet à l'extérieur ◆ **outside swimming pool/running track** piscine f/piste f en plein air

b (= outer) wall, edge, measurements extérieur (-eure f) ◆ **the outside lane** (of road) (in Brit) la voie de droite ; (in US, Europe etc) la voie de gauche ; (Sport) la piste extérieure

c (Telec) **outside call** appel m extérieur ◆ **outside line** ligne f extérieure

d (= from elsewhere) world, community, influence extérieur (-eure f) ; consultant, investor externe ◆ **outside examiner** (Scol, Univ) examinateur m, -trice f externe ◆ **to need outside help** avoir besoin d'aide extérieure ◆ **without outside help** sans aide extérieure ◆ **to get an outside opinion** demander l'avis d'un tiers

e (= beyond usual environment) **outside commitments** autres responsabilités fpl ◆ **outside work** (in addition to main job) autre travail m ; (outside the home) travail m à l'extérieur ◆ **outside interests** (= hobbies) passe-temps mpl inv

f (= faint) **there is an outside chance** or **possibility that he will come** il y a une petite chance qu'il vienne ◆ **he has an outside chance of a medal** il a une petite chance de remporter une médaille, il n'est pas impossible qu'il remporte (subj) une médaille

5 COMP ▷ **outside broadcast** n (Rad, TV) émission f réalisée en extérieur ▷ **outside broadcasting unit, outside broadcasting van** n (Rad, TV) car m de reportage ▷ **outside-left** n (Ftbl) ailier m gauche ▷ **outside-right** n (Ftbl) ailier m droit

outsider [ˈaʊtˈsaɪdəʳ] → SYN n a (= stranger) étranger m, -ère f ◆ **we don't want some outsider coming in and telling us what to do** ce n'est pas quelqu'un de l'extérieur qui va nous dire ce qu'il faut faire ◆ **he is an outsider** (pej) il n'est pas des nôtres ◆ **"The Outsider"** (Literat) "L'Étranger"

b (= horse or person unlikely to win) outsider m

outsize [ˈaʊtsaɪz] adj a (also **outsized** = exceptionally large) spectacles, scissors, bed énorme ; photograph géant ; ego démesuré

b (Dress) clothes grande taille inv ◆ **outsize shop** magasin m spécialisé dans les grandes tailles

c (Transport) **outsize load** convoi m exceptionnel

outskirts [ˈaʊtskɜːts] → SYN npl [of town] périphérie f, banlieue f ; [of forest] orée f, lisière f

outsmart * [aʊtˈsmɑːt] vt être or se montrer plus malin que

outsource [ˈaʊtsɔːs] vt (Ind) externaliser, sous-traiter

outsourcing [ˈaʊtsɔːsɪŋ] n (Ind) externalisation f, sous-traitance f ◆ **the outsourcing of components** l'externalisation de la fabrication de composants

outspend [aʊtˈspend] pret, ptp **outspent** [aʊtˈspend] vt ◆ **to outspend sb** dépenser plus que qn

outspoken [aʊtˈspəʊkən] → SYN adj person, criticism, comment, answer franc (franche f) ; critic, opponent qui ne mâche pas ses mots ; attack cinglant ; views tranché ◆ **to be outspoken** avoir son franc-parler, ne pas mâcher ses mots

outspokenly [aʊtˈspəʊkənlɪ] adv franchement, carrément

outspokenness [aʊtˈspəʊkənnɪs] n franc-parler m, franchise f

outspread [ˈaʊtˈspred] adj wings déployé ; fingers écarté ; arms grand ouvert

outsprint [aʊtˈsprɪnt] vt battre au sprint

outstanding [aʊtˈstændɪŋ] → SYN 1 adj a (= exceptional) person, work, service, talent, success, achievement remarquable, exceptionnel ; example, event remarquable ; importance exceptionnel ; feature dominant ; exception notable ◆ **an area of outstanding natural beauty** (in Brit) une zone naturelle protégée

b (= remaining) debt, balance, bill, account impayé ; loan non remboursé ; interest à échoir ; work en suspens, en souffrance ; issue, problem non résolu ◆ **a lot of work is still outstanding** beaucoup de travail reste à faire ◆ **outstanding amount** (Fin, Comm) montant m dû ◆ **outstanding claims** (Jur, Fin) sinistres mpl en cours ◆ **outstanding item** (Banking) suspens m ◆ **outstanding share** (Jur, Fin) action f en circulation

2 n (Banking) encours m

outstandingly [aʊtˈstændɪŋlɪ] adv good, beautiful exceptionnellement ; play magnifiquement ◆ **to be outstandingly successful** réussir remarquablement ◆ **outstandingly well** exceptionnellement bien

outstare [ˌaʊtˈsteəʳ] vt ⇒ **stare out**

outstation [ˈaʊtsteɪʃən] n (in remote area) poste m éloigné ; (Comput) terminal m

outstay [aʊtˈsteɪ] vt [+ person] rester plus longtemps que ◆ **I hope I haven't outstayed my welcome** j'espère que je n'ai pas abusé de votre hospitalité ◆ **I know when I've outstayed my welcome** je sais reconnaître quand je deviens indésirable

outstretched ['aʊtstretʃt] adj arm, hand, leg tendu; wings déployé

outstrip [aʊt'strɪp] LANGUAGE IN USE 26.3 vt (Sport, fig) devancer (*in* en)

outtake ['aʊteɪk] n (Cine, TV) chute f

outturn ['aʊtɜːn] n (US) [of factory] production f; [of machine, worker] rendement m

outvote [aʊt'vəʊt] vt [+ person] mettre en minorité, battre ♦ **his project was outvoted** son projet a été mis en minorité

outward ['aʊtwəd] → SYN **1** adj **a** (= from a place) flight à l'aller; ship, freight en partance; movement vers l'extérieur ♦ **the outward journey/voyage, the outward leg of the trip** l'aller m, le voyage (d')aller
  b (= external) appearance, display, sign extérieur (-eure f); calm apparent ♦ **to make an outward show of concern** faire mine de s'inquiéter
  2 adv **a** (esp Brit) ⇒ **outwards**
  b (Naut) outward bound (for/from) en partance (pour/de)
  3 COMP ▷ **outward journey** n (voyage m d')aller m ▷ **outward-looking** adj ouvert sur l'extérieur

outwardly ['aʊtwədlɪ] → SYN adv **a** (= externally) calm, unattractive extérieurement; respectable apparemment ♦ **outwardly he appeared calm and confident** extérieurement, il paraissait calme et confiant ♦ **outwardly I showed not the faintest sign of anger** extérieurement, je n'ai pas donné le moindre signe de colère
  b (in direction) point, direct, curve vers l'extérieur

outwards ['aʊtwədz] adv move, spread, face, open vers l'extérieur; look au loin ♦ **the journey/voyage outwards** l'aller m, le voyage (d')aller

outwear [aʊt'wɛər] vt **a** (= destroy by wearing) user
  b (= last longer than) durer plus longtemps que

outweigh [aʊt'weɪ] → SYN vt (= be more important than) (gen) l'emporter sur; [figures, balance etc] dépasser; (= compensate for) compenser

outwit [aʊt'wɪt] → SYN vt (gen) se montrer plus malin or spirituel que; [+ pursuer] dépister, semer *

outwith [aʊt'wɪθ] prep (Scot) ⇒ **outside 2b**

outwork ['aʊtwɜːk] n travail m (fait) à domicile

outworker ['aʊtwɜːkər] n travailleur m, -euse f à domicile, ouvrier m, -ière f à domicile

outworn [aʊt'wɔːn] → SYN adj custom, superstition qui n'a plus cours; idea, concept périmé

ouzo ['uːzəʊ] n ouzo m

ova ['əʊvə] npl of **ovum**

oval ['əʊvəl] → SYN **1** adj oval
  2 n ovale m ♦ **an oval of light** un halo de lumière
  3 COMP ▷ **the Oval Office** n (US Pol) (lit) le bureau ovale (*bureau du président à la Maison-Blanche*); (fig) la présidence (*des États-Unis*) ▷ **oval-shaped** adj (de forme) ovale

ovarian [əʊ'vɛərɪən] adj ovarien

ovariectomy [əʊˌvɛərɪ'ektəmɪ] n ovariectomie f

ovariotomy [əʊˌvɛərɪ'ɒtəmɪ] n ovariotomie f

ovaritis [əʊvə'raɪtɪs] n ovarite f

ovary ['əʊvərɪ] n (Anat, Bot) ovaire m

ovate ['əʊveɪt] adj ové

ovation [əʊ'veɪʃən] → SYN n ovation f, acclamations fpl ♦ **to give sb an ovation** ovationner qn, faire une ovation à qn; → **standing**

oven ['ʌvn] **1** n (Culin) four m; (Tech) four m, étuve f ♦ **in the oven** (Culin) au four ♦ **in a hot oven** à four vif or chaud ♦ **in a cool** or **slow oven** à four doux ♦ **the room/the town was like an oven** il faisait dans la pièce/la ville était une fournaise or une étuve; → **Dutch, gas**
  2 COMP ▷ **oven chips** npl (Culin) frites fpl prêtes à cuire (*au four*) ▷ **oven cleaner** n nettoyant m pour four ▷ **oven glove** n (Brit) gant m de cuisine, manique f ▷ **oven-ready** adj prêt à cuire

ovenbird ['ʌvnbɜːd] n fournier m

ovenproof ['ʌvnpruːf] adj allant au four

ovenware ['ʌvnwɛər] n (NonC) plats mpl allant au four

---

over ['əʊvər]
→ SYN

 1 ADVERB
 2 ADJECTIVE
 3 PREPOSITION
 4 PREFIX
 5 NOUN
 6 COMPOUNDS

When **over** is the second element in a phrasal verb, eg **come over, go over, turn over**, look up the verb.

1 ADVERB

a = above dessus ♦ **this one goes over and that one goes under** celui-ci passe dessus et celui-là dessous ♦ **where do you want it, under or over?** où est-ce que tu veux le mettre, dessus ou dessous?

b = here, there **I'll be over at 7 o'clock** je serai là à 7 heures ♦ **when you're next over this way** la prochaine fois que vous passerez par ici ♦ **they were over for the day** ils sont venus passer la journée
♦ **to have sb over** (= invite) inviter qn chez soi ♦ **I must have them over some time** il faut que je les invite (subj) chez moi un de ces jours ♦ **we had them over to dinner last week** ils sont venus dîner chez nous la semaine dernière

c with preposition/adverb
  When followed by a preposition or adverb, **over** is not usually translated:
♦ **they're over from Canada for the summer** ils sont venus du Canada pour passer ici l'été ♦ **over here** ici ♦ **they're over in France** ils sont en France ♦ **over there** là-bas ♦ **he drove us over to the other side of town** il nous a conduits de l'autre côté de la ville ♦ **and now over to our Birmingham studio** (Rad, TV) et nous passons maintenant l'antenne à notre studio de Birmingham
♦ **over against** contre ♦ **over against the wall** contre le mur ♦ **the issue of quality over against economy** le problème de l'opposition entre les exigences de la qualité et les contraintes de l'économie

d Telec **over (to you)!** à vous! ♦ **over and out!** terminé!

e = more plus ♦ **if it is 2 metres or over, then ...** si ça fait 2 mètres ou plus, alors... ♦ **those aged 65 and over** les personnes âgées de 65 ans et plus ♦ **balances of £50,000 and over** les comptes créditeurs de 50 000 livres et plus ♦ **children of eight and over** les enfants de huit ans et plus, les enfants à partir de huit ans

f in succession **he did it five times over** il l'a fait cinq fois de suite
♦ **over and over (again)** ♦ **he played the same tune over and over (again)** il a joué le même air je ne sais combien de fois ♦ **I got bored doing the same thing over and over again** je m'ennuyais à refaire toujours la même chose ♦ **all directors make the same film over and over again** tous les réalisateurs ne font qu'un seul film, qu'ils déclinent à l'infini ♦ **they have fallen into this trap over and over again** ils sont tombés dans ce piège maintes et maintes fois or à maintes reprises

g = remaining
  Note the impersonal use of **il reste**:
♦ **if there is any meat (left) over** s'il reste de la viande ♦ **there are three over** il en reste trois ♦ **four into twenty-nine goes seven and one over** vingt-neuf divisé par quatre font sept et il reste un BUT ❶ **there were two slices each and one over** il y avait deux tranches pour chacun et une en plus ❶ **when they've paid the bills there's nothing over for luxuries** une fois qu'ils ont payé les factures, ils n'ont pas de quoi faire des folies

2 ADJECTIVE

= finished ♦ **after the war was over** après la guerre ♦ **when this is (all) over** quand tout cela sera fini ♦ **when the exams/holidays are over** après les examens/vacances, quand les examens/vacances seront fini(e)s ♦ **our troubles are over** voilà la fin de nos ennuis
♦ **over and done with** fini et bien fini ♦ **I'll be glad when it's all over and done with** je serai content lorsque tout sera fini et bien fini ♦ **as far as we were concerned the incident was over and done with** pour nous, l'incident était clos ♦ **to get sth over and done with** en finir avec qch

3 PREPOSITION

When **over** occurs in a set combination, eg **over the phone, an advantage over**, look up the noun. When **over** is used with a verb such as **jump, trip, step**, look up the verb.

a = on top of sur ♦ **she put an apron on over her dress** elle a mis un tablier sur sa robe BUT ❶ **I spilled coffee over it/them** j'ai renversé du café dessus

b = above au-dessus de ♦ **the water came over his knees** l'eau lui arrivait au-dessus du genou ♦ **he's over me in the firm** il est au-dessus de moi dans l'entreprise ♦ **a washbasin with a mirror over it** un lavabo surmonté d'une glace

c = across de l'autre côté de ♦ **it's just over the river** c'est juste de l'autre côté de la rivière ♦ **the noise came from over the wall** le bruit venait de l'autre côté du mur BUT ❶ **the bridge over the river** le pont qui traverse la rivière ❶ **over the road** or **way** en face ❶ **there is a café over the road** il y a un café en face ❶ **the house over the way** or **the road** la maison d'en face

d = during **over the summer** pendant l'été ♦ **over Christmas** pendant les fêtes de Noël ♦ **a fare which doesn't require a stay over Saturday night** un tarif qui n'impose pas de passer sur place la nuit du samedi ♦ **the meetings take place over several days** les réunions se déroulent sur plusieurs jours ♦ **over a period of** sur une période de ♦ **over the last few years** ces dernières années

e = about **they fell out over money** ils se sont brouillés pour une question d'argent ♦ **the two sides disagreed over how much should be spent** les deux côtés n'arrivaient pas à se mettre d'accord sur la somme à dépenser

f = more than plus de ♦ **they stayed for over three hours** ils sont restés plus de trois heures ♦ **she is over 60** elle a plus de 60 ans ♦ **(the) over-18s/-21s** les plus de 18/21 ans ♦ **women over 21** les femmes de plus de 21 ans ♦ **the boat is over 10 metres long** le bateau fait plus de 10 mètres de long ♦ **well over 200 people** bien plus de 200 personnes BUT ❶ **all numbers over 20** tous les chiffres au-dessus de 20 ❶ **an increase of 5% over last year's total** une augmentation de 5% par rapport au total de l'année dernière
♦ **over and above** ♦ **this was over and above his normal duties** cela dépassait le cadre de ses fonctions or attributions ♦ **spending has gone up by 7% over and above inflation** les dépenses ont augmenté de 7%, hors inflation ♦ **over and above the fact that ...** sans compter que ... ♦ **yes, but over and above that, we must ...** oui, mais en plus nous devons ...

g = on **I spent a lot of time over that report** j'ai passé beaucoup de temps sur ce rapport ♦ **he took hours over the preparations** il a consacré des heures à ces préparatifs

h = while having **they talked over a cup of coffee** ils ont bavardé autour d'une tasse de café ♦ **we met over a meal in the canteen** nous nous sommes vus autour d'un repas à la cantine

i = recovered from
♦ **to be over sth** [+ illness, bad experience] s'être remis de qch ♦ **I was heartbroken when she left but I'm over it now** j'ai eu le cœur brisé lorsqu'elle est partie mais je m'en suis remis ♦ **hoping you'll soon be over your cold** en espérant que tu te remettras vite de ton rhume ♦ **we're over the worst now** ça devrait aller mieux maintenant

4 PREFIX

♦ **overabundant** surabondant ♦ **overabundance** surabondance f; → **overachieve, overanxious, overmuch** etc

5 NOUN

Cricket série f de six balles

6 COMPOUNDS

▷ **over-age** adj trop âgé

overachieve [ˌəʊvərəˈtʃiːv] vi [pupil, student] réussir mieux que prévu ; [executive] être un bourreau de travail

overachiever [ˌəʊvərəˈtʃiːvəʳ] n (Educ) élève ou étudiant(e) qui réussit mieux que prévu ; (Comm) bourreau m de travail

overact [ˌəʊvərˈækt] → SYN vi (Theat) en faire trop *

overactive [ˌəʊvərˈæktɪv] adj trop actif ; imagination débordant ◆ **to have an overactive thyroid** (Med) souffrir d'hyperthyroïdie f

overage [ˈəʊvərɪdʒ] n (US Comm) excédent m (de marchandises etc)

overall [ˌəʊvərˈɔːl] → SYN ① adj length, width, height, capacity, loss, gain total ; effect, impression d'ensemble ; improvement, increase, trend global ; study, survey global, d'ensemble ; (Sport) winner, leader, victory au classement général ◆ **no party holds overall control of the council** aucun parti n'a la majorité absolue dans la municipalité ◆ **an overall majority** une majorité absolue ◆ **a satisfactory overall performance** une performance globalement satisfaisante ◆ **he has overall responsibility** il a la responsabilité d'ensemble ◆ **overall measurements** (Aut) encombrement m, dimensions fpl hors tout ◆ **overall placings** (Sport) le classement général, le combiné ◆ **to be in overall lead** (Sport) être en tête du classement général
② [ˌəʊvərˈɔːl] adv view, survey en général ; measure d'un bout à l'autre, hors tout ; cost en tout ◆ **he came first overall** (Sport) il est arrivé premier au classement général ◆ **overall, it was disappointing** dans l'ensemble, ça a été décevant
③ [ˈəʊvərɔːl] n (Brit: shirt-type) blouse f
④ **overalls** npl [of mechanic etc] bleu m (de travail) ; (= dungarees) salopette f

overambitious [ˌəʊvəræmˈbɪʃəs] adj trop ambitieux

overanxious [ˌəʊvərˈæŋkʃəs] adj (= worried) trop inquiet (-ète f), trop anxieux ; (= zealous) trop zélé ◆ **overanxious parents** des parents mpl hyperanxieux ◆ **I'm not overanxious to go** (= not keen) je n'ai pas trop or tellement envie d'y aller ; (= not in a hurry) je ne suis pas trop pressé d'y aller

overarching [ˈəʊvərˌɑːtʃɪŋ] adj question que se pose tout le monde ; desire partagé par tout le monde

overarm [ˈəʊvərɑːm] adv, adj (esp Brit) par en dessus

overate [ˌəʊvərˈeɪt] vb (pt of **overeat**)

overawe [ˌəʊvərˈɔː] → SYN vt [person] intimider, impressionner, troubler ; [sight etc] impressionner

overbade [ˌəʊvəˈbeɪd] vb (pt of **overbid**)

overbalance [ˌəʊvəˈbæləns] → SYN ① vi [person] perdre l'équilibre, basculer ; [object] se renverser, basculer
② vt [+ object, boat] (faire) basculer, renverser ; [+ person] faire perdre l'équilibre à

overbearing [ˌəʊvəˈbɛərɪŋ] → SYN adj (pej) dominateur (-trice f)

overbid [ˌəʊvəˈbɪd] pret **overbid** or **overbade**, ptp **overbid** or **overbidden** (at auction) ① vt enchérir sur
② vi surenchérir

overblown [ˌəʊvəˈbləʊn] adj flower trop ouvert ; woman plantureux ; style ampoulé

overboard [ˈəʊvəbɔːd] adv fall, jump par-dessus bord ◆ **man overboard!** un homme à la mer ! ◆ **to throw sth overboard** (lit) jeter qch par-dessus bord ; (* fig) ne faire aucun cas de qch ◆ **to go overboard** * aller trop loin ◆ **to go overboard about sth** * s'emballer * pour qch ◆ **to go overboard about sb** * s'emballer * pour qn ◆ **don't go overboard with the sugar** * vas-y mollo * or doucement avec le sucre ; → **wash**

overbold [ˌəʊvəˈbəʊld] adj person, remark impudent ; action trop audacieux

overbook [ˌəʊvəˈbʊk] vti [hotel, airline] surréserver

overbooking [ˌəʊvəˈbʊkɪŋ] n [of hotel, flight] surréservation f, surbooking m

overburden [ˌəʊvəˈbɜːdn] vt (lit) surcharger ; (fig) surcharger, accabler (with de)

overburdened [ˌəʊvəˈbɜːdnd] adj person (with work) surchargé ; (with problems) accablé ; system surchargé ◆ **overburdened with** or **by sth** surchargé or accablé de qch

overcame [ˌəʊvəˈkeɪm] vb (pt of **overcome**)

overcapacity [ˌəʊvəkəˈpæsɪtɪ] n surcapacité f

overcapitalization [ˌəʊvəkæpɪtəlaɪˈzeɪʃən] n surcapitalisation f

overcapitalize [ˌəʊvəˈkæpɪtəlaɪz] vt surcapitaliser

overcapitalized [ˌəʊvəˈkæpɪtəlaɪzd] adj surcapitalisé

overcast [ˈəʊvəˌkɑːst] → SYN vb : pret, ptp **overcast** ① adj sky couvert, sombre ; weather, conditions couvert ; day au temps couvert ◆ **it is overcast** le temps est couvert ◆ **it/the weather grew overcast** ça/le temps s'est couvert
② n (Sewing: also **overcast stitch**) point m de surjet
③ [ˌəʊvəˈkɑːst] vt (Sewing) surjeter
④ COMP ▷ **overcast seam** n (Brit Sewing) surjet m

overcautious [ˌəʊvəˈkɔːʃəs] adj trop prudent, trop circonspect

overcautiously [ˌəʊvəˈkɔːʃəslɪ] adv avec un excès de prudence or de circonspection

overcautiousness [ˌəʊvəˈkɔːʃəsnɪs] n excès m de prudence or de circonspection

overcharge [ˌəʊvəˈtʃɑːdʒ] → SYN ① vt a **to overcharge sb for sth** faire payer qch trop cher à qn, surfacturer qch à qn ◆ **I was overcharged by twenty pounds** on m'a fait payer vingt livres de trop
b [+ electric circuit] surcharger
② vi **he overcharged for it** il le lui a (or il me l'a etc) fait payer trop cher

overcoat [ˈəʊvəkəʊt] n pardessus m

overcome [ˌəʊvəˈkʌm] → SYN pret **overcame**, ptp **overcome** ① vt [+ enemy] vaincre, triompher de ; [+ difficulty, obstacle, temptation] surmonter ; [+ one's rage, disgust, dislike etc] maîtriser, dominer ; [+ opposition] triompher de ◆ **to be overcome by temptation/remorse/grief** succomber à la tentation/au remords/à la douleur ◆ **sleep overcame him** il a succombé au sommeil ◆ **overcome with fear** paralysé par la peur, transi de peur ◆ **overcome with cold** transi (de froid) ◆ **she was quite overcome** elle fut saisie, elle resta muette de saisissement
② vi **we shall overcome!** nous vaincrons !

overcommit [ˌəʊvəkəˈmɪt] ① vi trop s'engager
② vt **to overcommit o.s.** trop s'engager ◆ **to be overcommitted** (financially) avoir des charges financières excessives ; (= have too much work) s'être engagé à faire trop de travail

overcompensate [ˌəʊvəˈkɒmpənseɪt] vi (gen) faire de la surcompensation ; (Psych) surcompenser (for sth qch)

overcompensation [ˌəʊvəkɒmpənˈseɪʃən] n (gen, Psych) surcompensation f

overcompress [ˌəʊvəkəmˈpres] vt surcomprimer

overconfidence [ˌəʊvəˈkɒnfɪdəns] n (= assurance) suffisance f, présomption f ; (= trust) confiance f aveugle (in en)

overconfident [ˌəʊvəˈkɒnfɪdənt] → SYN adj (= assured) suffisant, présomptueux ; (= trusting) trop confiant (in en)

overconsumption [ˌəʊvəkənˈsʌmpʃən] n (Comm, Econ) surconsommation f

overcook [ˌəʊvəˈkʊk] vt trop (faire) cuire

overcritical [ˌəʊvəˈkrɪtɪkəl] → SYN adj trop critique

overcrowded [ˌəʊvəˈkraʊdɪd] → SYN adj city, prison, house surpeuplé ; classroom surchargé ; train, bus, office bondé ◆ **they live in overcrowded conditions** ils vivent dans des conditions de surpeuplement

overcrowding [ˌəʊvəˈkraʊdɪŋ] n (in housing, prison, town, district) surpeuplement m ; (in classroom) effectif(s) m(pl) surchargé(s) ; (in bus etc) encombrement m

overdependence [ˌəʊvədɪˈpendəns] n dépendance f excessive (on envers, à l'égard de)

overdependent [ˌəʊvədɪˈpendənt] adj trop dépendant (on de)

overdevelop [ˌəʊvədɪˈveləp] vt (Econ) surdévelopper

overdeveloped [ˌəʊvədɪˈveləpt] adj (gen, Phot) trop développé ; (Econ) surdéveloppé

overdevelopment [ˌəʊvədɪˈveləpmənt] n (Econ) surdéveloppement m

overdo [ˌəʊvəˈduː] → SYN pret **overdid** [ˌəʊvəˈdɪd] ptp **overdone** vt a (= exaggerate) [+ attitude, accent, concern, interest] exagérer ; (= eat or drink to excess) abuser de, forcer sur * ◆ **don't overdo the beer** ne bois pas trop de bière, ne force * pas sur la bière ◆ **she rather overdoes the perfume** elle force * un peu sur le parfum, elle y va un peu fort * avec le parfum ◆ **he rather overdoes the devoted husband bit** * il en rajoute * dans le rôle du mari dévoué ◆ **to overdo it, to overdo things** (= push o.s. too hard) s'épuiser ; (= go too far) (in comments, descriptions etc) exagérer ◆ **he's overdone it a bit on the sunbed** il y a été un peu fort * avec les UV
b (= overcook) trop cuire

overdone [ˌəʊvəˈdʌn] → SYN ① vb (ptp of **overdo**)
② adj a (= exaggerated) excessif, outré
b (= overcooked) trop cuit

overdose [ˈəʊvədəʊs] ① n a (lit) surdose f, overdose f ◆ **to take an overdose** faire une overdose ◆ **to take an overdose of sth** prendre une surdose de qch ◆ **he died from an overdose** (of heroin) il est mort d'une overdose or d'une surdose (d'héroïne)
b (fig, hum) overdose f ◆ **I had an overdose of TV last week** j'ai fait une overdose de télé la semaine dernière
② vi a (lit) (gen) faire une overdose ; (fatally) mourir d'une surdose ou d'une overdose ◆ **to overdose on sth** prendre une surdose de qch
b (fig, hum) **to overdose on TV etc** faire une overdose de télé etc ◆ **to overdose on chocolate** forcer * sur le chocolat

overdraft [ˈəʊvədrɑːft] (Banking) ① n découvert m ◆ **I've got an overdraft** mon compte est à découvert, j'ai un découvert à la banque
② COMP ▷ **overdraft facility** n découvert m autorisé, autorisation f de découvert ▷ **overdraft interest** n intérêts mpl débiteurs, agios mpl ▷ **overdraft limit** n (Fin) limite f de découvert

overdramatize [ˌəʊvəˈdræmətaɪz] vt exagérer

overdraw [ˌəʊvəˈdrɔː] pret **overdrew**, ptp **overdrawn** (Banking) ① vi mettre son compte à découvert, dépasser son crédit
② vt [+ one's account] mettre à découvert

overdrawn [ˌəʊvəˈdrɔːn] ① vb (ptp of **overdraw**)
② adj person, account à découvert ◆ **I'm £500 overdrawn, my account is £500 overdrawn** j'ai un découvert de 500 livres ◆ **I'm overdrawn/my account is overdrawn by £500** je suis à découvert/mon compte est à découvert de 500 livres

overdress [ˈəʊvədres] ① n robe-chasuble f
② [ˌəʊvəˈdres] vi (also **to be overdressed**) être trop habillé

overdrew [ˌəʊvəˈdruː] vb (pt of **overdraw**)

overdrive [ˈəʊvədraɪv] n (Aut) (vitesse f) surmultipliée f ◆ **in overdrive** en surmultipliée ◆ **to go into overdrive** * (fig) mettre les bouchées doubles

overdue [ˌəʊvəˈdjuː] → SYN adj train, bus en retard ; reform qui tarde (à être réalisé) ; acknowledgement, recognition, apology tardif ; account impayé, en souffrance ◆ **the plane is 20 minutes overdue** l'avion a 20 minutes de retard ◆ **that change is long overdue** ce changement se fait attendre depuis longtemps ◆ **she's (a week) overdue** (menstrual period) elle est en retard (d'une semaine) ; (baby) elle a dépassé le terme (d'une semaine), elle aurait déjà dû accoucher (il y a une semaine) ◆ **the baby is (a week) overdue** l'enfant aurait déjà dû naître (il y a une semaine) ◆ **my books are (a week) overdue** je suis en retard (d'une semaine) pour rendre mes livres

overeager [ˌəʊvərˈiːɡəʳ] adj trop zélé, trop empressé ◆ **he was not overeager to leave** (= not keen) il n'avait pas une envie folle de partir ; (= not in a hurry) il n'était pas trop pressé de partir

overeat [ˌəʊvərˈiːt] → SYN pret **overate**, ptp **overeaten** vi (on one occasion) trop manger ; (regularly) trop manger, se suralimenter

overeating [ˌəʊvərˈiːtɪŋ] n excès mpl de table

over-egg * [ˈəʊvərˈeɡ] vt (Brit fig) ◆ **to over-egg the pudding** exagérer

overelaborate [ˌəʊvərɪˈlæbərɪt] adj design, plan trop compliqué ; style, excuse contourné ; dress trop recherché

overemphasis [ˌəʊvərˈemfəsɪs] n ◆ **to put an overemphasis on sth** accorder trop d'importance à qch

overemphasize [ˌəʊvərˈemfəsaɪz] → SYN vt accorder trop d'importance à ◆ **the importance of education cannot be overemphasized** on n'insistera jamais assez sur or on ne soulignera jamais assez l'importance de l'éducation

overemphatic [ˌəʊvərɪmˈfætɪk] adj trop catégorique

overemployment [ˌəʊvərɪmˈplɔɪmənt] n suremploi m

overenthusiastic [ˌəʊvərɪnˌθuːzɪˈæstɪk] adj trop enthousiaste

overenthusiastically [ˌəʊvərɪnˌθuːzɪˈæstɪkəlɪ] adv avec trop d'enthousiasme

overequip [ˌəʊvərɪˈkwɪp] vt suréquiper

overestimate [ˌəʊvərˈestɪmeɪt] vt [+ price, costs, importance] surestimer ; [+ strength] trop présumer de ; [+ danger] exagérer

overexcite [ˌəʊvərɪkˈsaɪt] vt surexciter

overexcited [ˌəʊvərɪkˈsaɪtɪd] adj surexcité ◆ **to get overexcited** se mettre dans un état de surexcitation, devenir surexcité ◆ **don't get overexcited!** ne vous excitez pas !

overexcitement [ˌəʊvərɪkˈsaɪtmənt] n surexcitation f

overexert [ˌəʊvərɪɡˈzɜːt] vt ◆ **to overexert o.s.** se surmener, s'éreinter

overexertion [ˌəʊvərɪɡˈzɜːʃən] n surmenage m

overexploit [ˌəʊvərɪksˈplɔɪt] vt surexploiter, trop exploiter

overexpose [ˌəʊvərɪksˈpəʊz] vt (Phot) surexposer

overexposure [ˌəʊvərɪksˈpəʊʒər] n (Phot, also fig) surexposition f

overextended [ˌəʊvərɪkˈstendɪd] adj person qui a trop d'activités ; organization qui a trop diversifié ses activités

overfamiliar [ˌəʊvəfəˈmɪljər] adj trop familier

overfeed [ˌəʊvəˈfiːd] **1** vt, pret, ptp **overfed** [ˌəʊvəˈfed] suralimenter, donner trop à manger à ◆ **to be overfed** (animal) être trop nourri ; (person) trop manger
2 vi se suralimenter, trop manger

overfeeding [ˌəʊvəˈfiːdɪŋ] n suralimentation f

overfill [ˌəʊvəˈfɪl] vt trop remplir

overfish [ˌəʊvəˈfɪʃ] vt surexploiter

overfishing [ˌəʊvəˈfɪʃɪŋ] n surpêche f

overflew [ˌəʊvəˈfluː] vb (pt of **overfly**)

overflight [ˈəʊvəflaɪt] n (authorized) survol m de l'espace aérien ; (unauthorized) violation f de l'espace aérien

overflow [ˈəʊvəfləʊ] → SYN **1** n **a** (= pipe, outlet) [of bath, sink etc] trop-plein m ; [of canal, reservoir etc] déversoir m, dégorgeoir m
b (= flooding) inondation f ; (= excess liquid) débordement m, trop-plein m
c (= excess) [of people, population] excédent m ; [of objects] excédent m, surplus m
2 [ˌəʊvəˈfləʊ] vt [+ container] déborder de ◆ **the river has overflowed its banks** la rivière a débordé or est sortie de son lit
3 [ˌəʊvəˈfləʊ] vi **a** [liquid, river etc] déborder ◆ **the river overflowed into the fields** la rivière a inondé les champs
b (fig) [people, objects] déborder ◆ **the crowd overflowed into the next room** la foule a débordé dans la pièce voisine
c [container] déborder (with de) ; [room, vehicle] regorger (with de) ◆ **to be full to overflowing** [cup, jug] être plein à ras bords or à déborder ; [room, vehicle] être plein à craquer ◆ **to fill a cup to overflowing** remplir une tasse à ras bords
d (fig = be full of) déborder, regorger (with de), abonder (with en) ◆ **the town was overflowing with visitors** la ville regorgeait de visiteurs ◆ **his heart was overflowing with love** son cœur débordait d'amour ◆ **he was overflowing with optimism** il débordait d'optimisme ◆ **he overflowed with suggestions** il abondait en suggestions
4 [ˈəʊvəfləʊ] COMP pipe d'écoulement

overfly [ˌəʊvəˈflaɪ] pret **overflew**, ptp **overflown** [ˌəʊvəˈfləʊn] vt survoler

overfond [ˌəʊvəˈfɒnd] adj ◆ **she is not overfond of ...** elle ne raffole pas de ...

overfull [ˌəʊvəˈfʊl] adj trop plein (of de)

overgenerous [ˌəʊvəˈdʒenərəs] adj person prodigue (with de) ; amount, helping excessif

overground [ˌəʊvəˈɡraʊnd] adj (Transport) à l'air libre

overgrown [ˈəʊvəˈɡrəʊn] adj ◆ **the path is overgrown (with grass)** le chemin est envahi par l'herbe ◆ **overgrown with weeds** recouvert de mauvaises herbes ◆ **a wall overgrown with ivy/moss** un mur recouvert or tapissé de lierre/de mousse ◆ **the garden is very overgrown** le jardin est une vraie forêt vierge or est complètement envahi (par la végétation) ◆ **he's just an overgrown schoolboy** il se conduit comme un enfant

overhand [ˈəʊvəhænd] (US) **1** adv **a** (Sport etc) throw, serve par en dessus
b (Sewing) à points de surjet
2 vt (Sewing) coudre à points de surjet

overhang [ˌəʊvəˈhæŋ] → SYN pret, ptp **overhung**
1 vt [tree, branch, rocks, balcony] surplomber ; [mist, smoke] planer sur ; [danger etc] menacer
2 vi [tree, branch, cliff, balcony] être en surplomb
3 [ˈəʊvəˌhæŋ] n [of cliff, rock, balcony, building] surplomb m

overhanging [ˌəʊvəˈhæŋɪŋ] adj rock, cliff, eaves en surplomb, en saillie ; tree, branch en surplomb

overhastily [ˌəʊvəˈheɪstɪlɪ] adv trop hâtivement, de façon trop précipitée

overhasty [ˌəʊvəˈheɪstɪ] adj trop précipité or hâtif ◆ **to be overhasty in doing sth** faire qch de façon trop précipitée ◆ **he was overhasty in his condemnation of ...** il a été trop hâtif en condamnant ...

overhaul [ˌəʊvəˈhɔːl] → SYN **1** n [of vehicle, machine] révision f (complète) ; [of ship] radoub m ; (fig) [of system, programme] refonte f, remaniement m
2 [ˌəʊvəˈhɔːl] vt **a** (= check, repair) [+ vehicle, machine] réviser, remettre en état ; [+ ship] radouber ; (fig) [+ system, programme] remanier
b (= catch up with) rattraper, gagner de vitesse ; (= overtake) dépasser

overhead [ˌəʊvəˈhed] → SYN **1** adv (= up above) au-dessus (de nos or vos etc têtes) ; (= in the sky) dans le ciel ; (= on the floor above) (à l'étage) au-dessus, en haut
2 [ˌəʊvəˈhed] adj **a** wires, cables, railway aérien
b (Comm) overhead **charges** or **costs** or **expenses** frais mpl généraux
3 [ˈəʊvəhed] n (US) ⇒ **overheads**
4 **overheads** npl (Brit) frais mpl généraux
5 COMP ▷ **overhead light** n plafonnier m ▷ **overhead lighting** n éclairage m au plafond ▷ **overhead projection** n rétroprojection f ▷ **overhead projector** n rétroprojecteur m ▷ **overhead valve** n (Aut) soupape f en tête ▷ **overhead-valve engine** n (Aut) moteur m à soupape en tête

overhear [ˌəʊvəˈhɪər] pret, ptp **overheard** [ˌəʊvəˈhɜːd] vt surprendre, entendre (par hasard) ◆ **he was overheard to say that ...** on lui a entendu dire or on l'a surpris à dire que ... ◆ **I overheard your conversation** j'ai entendu ce que vous disiez, j'ai surpris votre conversation

overheat [ˌəʊvəˈhiːt] **1** vt surchauffer
2 vi (gen) devenir surchauffé ; [engine, brakes] chauffer

overheated [ˌəʊvəˈhiːtɪd] → SYN adj room surchauffé ; brakes, engine, computer qui chauffe ; economy, market en état de surchauffe ◆ **to get overheated** (lit) [person, animal] avoir trop chaud ; (fig) [person] s'emporter

overheating [ˌəʊvəˈhiːtɪŋ] n (Econ) surchauffe f

overhung [ˌəʊvəˈhʌŋ] vb (pt, ptp of **overhang**)

overimpressed [ˌəʊvərɪmˈprest] n ◆ **I'm not overimpressed with him** il ne m'impressionne pas vraiment ◆ **I'm not overimpressed with his work** je ne suis pas vraiment impressionné par son travail

overindulge [ˌəʊvərɪnˈdʌldʒ] → SYN **1** vi abuser (in de) ◆ **I rather overindulged last night** j'ai un peu forcé * or abusé * hier soir, je me suis laissé aller à des excès hier soir
2 vt [+ person] trop gâter, satisfaire tous les caprices de ; [+ passion, appetite] céder trop facilement à

overindulgence [ˌəʊvərɪnˈdʌldʒəns] → SYN n indulgence f excessive (of/towards sb des/envers les caprices de qn), abus m (in sth de qch)

overindulgent [ˌəʊvərɪnˈdʌldʒənt] adj trop indulgent (to, towards envers)

overinvestment [ˌəʊvərɪnˈvestmənt] n (Econ) surinvestissement m

overjoyed [ˌəʊvəˈdʒɔɪd] → SYN adj person ravi, enchanté ◆ **I can't say I'm overjoyed** je ne peux pas dire que je sois enchanté ◆ **overjoyed at** or **about** or **with sth** ravi or enchanté de qch ◆ **to be overjoyed to see sb** être ravi or enchanté de voir qn ◆ **to be overjoyed that ...** être ravi or enchanté que ... (+ subj)

overkill [ˈəʊvəkɪl] n **a** (Mil) surarmement m
b (fig) **that was a bit of an overkill!** * c'était un peu excessif ! ◆ **such security measures may well be overkill** de telles mesures de sécurité sont peut-être exagérées or excessives ◆ **her new fitness régime quickly reached overkill** elle a vite dépassé la mesure avec son nouveau programme de mise en forme ◆ **every time I switch on the TV, there's football. It's overkill** chaque fois que j'allume la télévision, il y a du football : trop, c'est trop ◆ **an overkill in negative propaganda** trop de propagande hostile

overladen [ˌəʊvəˈleɪdn] adj (gen, also Elec) surchargé

overlaid [ˌəʊvəˈleɪd] vb (pt, ptp of **overlay**)

overland [ˈəʊvəlænd] **1** adj par voie de terre (to pour aller à) ◆ **by an overland route** par voie de terre
2 adv par voie de terre

overlap [ˈəʊvəlæp] **1** n empiètement m, chevauchement m ; [of tiles] chevauchement m
2 [ˌəʊvəˈlæp] vi (also **overlap each other**) se recouvrir partiellement ; [teeth, boards, tiles] se chevaucher ; (fig) se chevaucher ◆ **his work and ours overlap** son travail et le nôtre se chevauchent or se recoupent ◆ **our holidays overlap** nos vacances coïncident en partie or (se) chevauchent
3 [ˌəʊvəˈlæp] vt [+ tiles, slates] enchevaucher ; [+ edges] chevaucher, déborder de ; (fig) recouper ◆ **to overlap each other** → 2

overlay [ˌəʊvəˈleɪ] → SYN pret, ptp **overlaid** **1** vt (re)couvrir (with de)
2 [ˈəʊvəˌleɪ] n revêtement m

overleaf [ˈəʊvəliːf] adv au verso ◆ **see overleaf** voir au verso

overlie [ˌəʊvəˈlaɪ] vt recouvrir

overload [ˈəʊvəˌləʊd] → SYN **1** n surcharge f
2 [ˌəʊvəˈləʊd] vt [+ circuit, truck, animal] surcharger (with de) ; [+ engine] surmener

overlong [ˌəʊvəˈlɒŋ] **1** adj trop long (f longue)
2 adv trop longtemps

overlook [ˌəʊvəˈlʊk] → SYN vt **a** (= have a view over) [house, balcony etc] donner sur, avoir vue sur ; [window, door] s'ouvrir sur, donner sur ; [castle etc] dominer ◆ **our garden is not overlooked** personne n'a vue sur notre jardin
b (= accidentally miss) [+ fact, detail] oublier, laisser échapper ; [+ problem, difficulty] oublier, négliger ◆ **I overlooked that** j'ai oublié cela, cela m'a échappé ◆ **it is easy to overlook the fact that ...** on oublie facilement que ... ◆ **this plant is so small that it is easily overlooked** cette plante est si petite qu'il est facile de ne pas la remarquer
c (= deliberately allow to pass, ignore) [+ mistake] passer sur, fermer les yeux sur ◆ **we'll overlook it this time** nous passerons là-dessus cette fois-ci, nous fermerons les yeux (pour) cette fois
d (= supervise) surveiller

overlord [ˈəʊvəlɔːd] n (Hist) suzerain m; (= leader) chef m suprême ♦ **the steel/coal etc overlord** (fig) le grand patron de la sidérurgie/des charbonnages etc

overly [ˈəʊvəlɪ] → SYN adv trop

overman [ˌəʊvəˈmæn] vt affecter trop de personnel à

overmanned [ˌəʊvəˈmænd] adj en sureffectif

overmanning [ˌəʊvəˈmænɪŋ] n sureffectif m, effectif m pléthorique

overmuch [ˌəʊvəˈmʌtʃ] [1] adv excessivement, à l'excès ♦ **I don't like it overmuch** je ne l'aime pas trop
[2] adj excessif

overnice [ˌəʊvəˈnaɪs] adj person trop pointilleux, trop scrupuleux; distinction trop subtil

overnight [ˌəʊvəˈnaɪt] [1] adv (= during the night) (pendant) la nuit; (= until next day) jusqu'au lendemain; (fig = suddenly) du jour au lendemain ♦ **to stay overnight with sb** passer la nuit chez qn ♦ **we drove overnight** nous avons roulé de nuit ♦ **will it keep overnight?** est-ce que cela se gardera jusqu'à demain? ♦ **the town had changed overnight** la ville avait changé du jour au lendemain
[2] [ˈəʊvəˌnaɪt] adj stay d'une nuit; journey de nuit ♦ **there had been an overnight change of plans** (fig = sudden) les plans avaient changé du jour au lendemain
[3] COMP ▷ **overnight bag** n nécessaire m de voyage

overoptimistic [ˌəʊvərˌɒptɪˈmɪstɪk] adj trop optimiste

overpaid [ˌəʊvəˈpeɪd] vb (pt, ptp of **overpay**)

overpass [ˈəʊvəpɑːs] n (US Aut) (gen) pont m autoroutier; (at flyover) autopont m

overpay [ˌəʊvəˈpeɪ] pret, ptp **overpaid** vt [+ person, job] trop payer, surpayer ♦ **he was overpaid by $50** on lui a payé 50 dollars de trop

overpayment [ˌəʊvəˈpeɪmənt] n **a** overpayment (of wages) surpaye f, rémunération f excessive
b overpayment (of tax) trop-perçu m ♦ **refund of overpayment** remboursement m du trop-perçu

overpessimistic [ˌəʊvəˌpesɪˈmɪstɪk] adj défaitiste, trop pessimiste

overplay [ˌəʊvəˈpleɪ] vt (fig) ♦ **to overplay one's hand** aller trop loin

overpopulated [ˌəʊvəˈpɒpjʊleɪtɪd] adj surpeuplé

overpopulation [ˌəʊvəpɒpjʊˈleɪʃən] n surpopulation f (in dans), surpeuplement m (of de)

overpower [ˌəʊvəˈpaʊər] → SYN vt (= defeat) vaincre, subjuguer; (= subdue physically) dominer, maîtriser; (fig) (= overwhelm) accabler, terrasser

overpowering [ˌəʊvəˈpaʊərɪŋ] → SYN adj desire, urge, need, strength irrésistible; feeling irrépressible; force impérieux; smell, scent, flavour envahissant; noise assourdissant; heat accablant; colour tapageur; decoration oppressant; person, manner dominateur (-trice f)

overpraise [ˌəʊvəˈpreɪz] vt faire des éloges excessifs de

overprescribe [ˌəʊvəprɪsˈkraɪb] (Pharm, Med) [1] vi prescrire trop de médicaments
[2] vt prescrire en trop grande quantité

overprice [ˌəʊvəˈpraɪs] vt [+ goods] vendre trop cher, demander un prix excessif pour

overpriced [ˌəʊvəˈpraɪst] adj excessivement cher

overprint [ˌəʊvəˈprɪnt] (Typ) [1] vt surcharger ♦ **the price had been overprinted with the word "sale"** les mots "en solde" avaient été imprimés sur l'ancien prix
[2] [ˈəʊvəprɪnt] n surcharge f

overproduce [ˌəʊvəprəˈdjuːs] vt (Ind) surproduire

overproduction [ˌəʊvəprəˈdʌkʃən] n (Ind) surproduction f

overprotect [ˌəʊvəprəˈtekt] vt [+ child] protéger excessivement, surprotéger

overprotective [ˌəʊvəprəˈtektɪv] adj protecteur (-trice f) à l'excès

overqualified [ˌəʊvəˈkwɒlɪfaɪd] adj trop qualifié

overran [ˌəʊvəˈræn] vb (pt of **overrun**)

overrate [ˌəʊvəˈreɪt] → SYN vt surévaluer, faire trop de cas de

overrated [ˌəʊvəˈreɪtɪd] adj surfait, qui ne mérite pas sa réputation

overreach [ˌəʊvəˈriːtʃ] [1] vt ♦ **to overreach o.s.** (vouloir) trop entreprendre
[2] vi [person] tendre le bras trop loin; (fig) aller trop loin

overreact [ˌəʊvərɪˈækt] vi (gen, Psych) réagir de manière exagérée or excessive ♦ **observers considered that the government had overreacted** les observateurs ont trouvé excessive la réaction gouvernementale ♦ **she's always overreacting** elle exagère toujours, elle dramatise toujours tout

overreaction [ˌəʊvəriːˈækʃən] n réaction f exagérée or excessive or disproportionnée

overreliance [ˌəʊvərɪˈlaɪəns] n (= dependence) dépendance f excessive (on vis-à-vis de); (= trust) confiance f excessive (on en)

override [ˌəʊvəˈraɪd] → SYN pret **overrode**, ptp **overridden** [ˌəʊvəˈrɪdn] vt [+ law, duty, sb's rights] fouler aux pieds; [+ order, instructions] outrepasser; [+ decision] annuler, casser; [+ opinion, objection, protests, sb's wishes, claims] passer outre à, ne pas tenir compte de; [+ person] passer outre aux désirs de ♦ **this fact overrides all others** ce fait l'emporte sur tous les autres ♦ **this overrides what we decided before** ceci annule ce que nous avions décidé auparavant

overrider [ˈəʊvəraɪdər] n (Aut: of bumper) tampon m (de pare-chocs)

overriding [ˌəʊvəˈraɪdɪŋ] → SYN adj need, consideration, objective, principle, issue primordial; concern, impression, feeling premier; factor prépondérant; (Jur) act, clause dérogatoire ♦ **of overriding importance** d'une importance primordiale ♦ **his overriding desire was to leave as soon as possible** sa seule envie était de partir le plus vite possible

overripe [ˌəʊvəˈraɪp] adj fruit trop mûr, blet (blette f); cheese trop fait

overrode [ˌəʊvəˈrəʊd] vb (pt of **override**)

overrule [ˌəʊvəˈruːl] → SYN vt [+ judgement, decision] annuler, casser; [+ claim, objection] rejeter ♦ **he was overruled by the chairman** la décision du président a prévalu contre lui; → **objection**

overrun [ˌəʊvəˈrʌn] → SYN pret **overran**, ptp **overrun** [1] vt **a** [rats, weeds] envahir, infester; [troops, army] se rendre maître de, occuper ♦ **the town is overrun by** or **with tourists** la ville est envahie par les touristes or de touristes
b [+ line, edge etc] dépasser, aller au-delà de ♦ **to overrun a signal** (Rail) brûler un signal ♦ **the train overran the platform** le train s'est arrêté au-delà du quai
c to overrun one's time (by ten minutes) [speaker] dépasser le temps alloué (de dix minutes); [programme, concert etc] dépasser l'heure prévue de dix minutes)
[2] vi ♦ **to overrun (by ten minutes)** [speaker] dépasser le temps alloué (de dix minutes); [programme, concert etc] dépasser l'heure prévue (de dix minutes)

oversaw [ˌəʊvəˈsɔː] vb (pt of **oversee**)

overscrupulous [ˌəʊvəˈskruːpjʊləs] adj trop pointilleux, trop scrupuleux

overseas [ˈəʊvəˈsiːz] [1] adv outre-mer; (= abroad) à l'étranger ♦ **he's back from overseas** il revient de l'étranger ♦ **visitors from overseas** visiteurs mpl (venus) d'outre-mer, étrangers mpl
[2] adj colony, market d'outre-mer; trade extérieur (-eure f); visitor (venu) d'outre-mer, étranger; aid aux pays étrangers ♦ **he got an overseas posting** (Admin, Ind etc) il a été détaché à l'étranger or outre-mer ♦ **Minister/Ministry of Overseas Development** (Brit) ≈ ministre m/ministère m de la Coopération
[3] COMP ▷ **overseas cap** n (US) calot m, bonnet m de police

oversee [ˌəʊvəˈsiː] pret **oversaw**, ptp **overseen** vt surveiller

overseer [ˈəʊvəsɪər] → SYN n (in factory, on roadworks etc) contremaître m, chef m d'équipe; (in coalmine) porion m; [of prisoners, slaves] surveillant(e) m(f)

oversell [ˌəʊvəˈsel] pret, ptp **oversold** vt **a** (lit) match/show was oversold on a vendu plus de billets qu'il n'y avait de places pour le match/le spectacle
b (fig) faire trop valoir, mettre trop en avant

oversensitive [ˌəʊvəˈsensɪtɪv] adj trop sensible, trop susceptible

oversew [ˌəʊvəˈsəʊ] pret **oversewed**, ptp **oversewed** or **oversewn** vt coudre à points de surjet

oversexed [ˌəʊvəˈsekst] adj très porté sur le sexe or sur la chose

overshadow [ˌəʊvəˈʃædəʊ] → SYN vt [leaves etc] ombrager; [clouds] obscurcir; [tree, building] dominer; (fig) (= cloud, spoil) [+ person, period of time] assombrir; (= eclipse) [+ person, sb's achievement] éclipser ♦ **her childhood was overshadowed by her mother's death** son enfance a été assombrie par la mort de sa mère

overshoe [ˈəʊvəʃuː] n (gen) galoche f; (made of rubber) caoutchouc m

overshoot [ˌəʊvəˈʃuːt] pret, ptp **overshot** [ˌəʊvəˈʃɒt] vt dépasser, aller au-delà de ♦ **the plane overshot the runway** l'avion a dépassé la piste d'atterrissage ♦ **to overshoot the mark** (lit, fig) dépasser le but

oversight [ˈəʊvəsaɪt] → SYN n **a** (= omission) omission f, oubli m ♦ **by** or **through an oversight** par mégarde, par inadvertance
b (= supervision) surveillance f ♦ **under the oversight of** (frm) sous la surveillance de

oversimplification [ˌəʊvəˌsɪmplɪfɪˈkeɪʃən] n simplification f excessive

oversimplify [ˌəʊvəˈsɪmplɪfaɪ] vt trop simplifier, simplifier à l'extrême

oversize(d) [ˌəʊvəˈsaɪz(d)] adj **a** (= too big) trop grand; (Scol) class trop nombreux, pléthorique; family trop nombreux
b (= huge) gigantesque, énorme

oversleep [ˌəʊvəˈsliːp] pret, ptp **overslept** [ˌəʊvəˈslept] vi (= wake up too late) ne pas se réveiller à l'heure; (= sleep too long) dormir trop ♦ **I overslept** (= woke too late) je me suis réveillé trop tard

oversold [ˌəʊvəˈsəʊld] vb (pt, ptp of **oversell**)

overspend [ˌəʊvəˈspend] pret, ptp **overspent** [1] vt [+ allowance, resources] dépenser au-dessus de or au-delà de
[2] vi trop dépenser ♦ **to overspend by $10** dépenser 10 dollars de trop
[3] n dépassement m de budget

overspending [ˌəʊvəˈspendɪŋ] n (gen) dépenses fpl excessives; (Econ, Admin etc) dépassements mpl de crédits, dépassements mpl budgétaires

overspent [ˌəʊvəˈspent] vb (pt, ptp of **overspend**)

overspill [ˈəʊvəspɪl] (Brit) [1] n excédent m de population ♦ **the London overspill** l'excédent m de la population de Londres
[2] COMP ▷ **overspill town** n ville f satellite

overstaffed [ˌəʊvəˈstɑːft] adj en sureffectif

overstaffing [ˌəʊvəˈstɑːfɪŋ] n effectif m pléthorique, sureffectif m

overstate [ˌəʊvəˈsteɪt] vt exagérer

overstatement [ˌəʊvəˈsteɪtmənt] n exagération f

overstay [ˌəʊvəˈsteɪ] vt ♦ **to overstay one's leave** (Mil) excéder la durée fixée de sa permission; (gen) excéder la durée fixée de son congé ♦ **I hope I haven't overstayed my welcome** j'espère que je n'ai pas abusé de votre hospitalité ♦ **I know when I've overstayed my welcome** je sais reconnaître quand je deviens indésirable

oversteer [ˌəʊvəˈstɪər] vi trop braquer

overstep [ˌəʊvəˈstep] vt [+ limits] dépasser, outrepasser ♦ **to overstep one's authority** abuser de son autorité; (Pol) outrepasser son mandat ♦ **to overstep the line** or **mark** (fig) exagérer (fig), dépasser la mesure or les bornes

overstocked [ˌəʊvəˈstɒkt] adj pond, river surchargé de poissons; farm qui a un excès de cheptel; shop, market surapprovisionné

overstrain [ˌəʊvəˈstreɪn] vt [+ person] surmener ; [+ heart] fatiguer ; [+ strength] abuser de ; [+ horse, metal] forcer ; [+ resources, reserves] surexploiter ◆ **to overstrain o.s.** se surmener

overstretch [ˌəʊvəˈstretʃ] **1** vt **a** (lit) [+ muscles, legs] trop étirer
b (fig) [+ budget, finances] grever ; [+ resources] surexploiter ; [+ abilities] trop pousser ◆ **to overstretch o.s.** (= do too much) se surmener ; (financially) dépasser les limites de son budget
2 vi [person, muscles, legs] s'étirer de trop

overstretched [ˌəʊvəˈstretʃt] adj [person] débordé ◆ **my budget is overstretched** mon budget est extrêmement serré

overstrung [ˌəʊvəˈstrʌŋ] adj piano à cordes croisées

overstuffed [ˌəʊvəˈstʌft] adj chair rembourré

oversubscribed [ˌəʊvəsəbˈskraɪbd] adj (St Ex) sursouscrit ◆ **this outing was oversubscribed** il y a eu trop d'inscriptions pour cette sortie

overt [əʊˈvɜːt] → SYN adj hostility, interference manifeste ; criticism franc (franche f) ; discrimination, racism déclaré ; sexuality non réprimé ; message évident ◆ **overt and covert operations** (Mil, Pol) opérations fpl à découvert et secrètes

overtake [ˌəʊvəˈteɪk] → SYN pret **overtook**, ptp **overtaken** **1** vt **a** (= pass) [+ car] (Brit) doubler, dépasser ; [+ competitor, runner] devancer, dépasser
b (fig = take the lead over) [+ competitor, rival] devancer, dépasser ◆ **they have overtaken Britain as the world's fifth largest economy** ils ont dépassé la Grande-Bretagne et sont devenus la cinquième puissance économique mondiale ◆ **lung cancer has overtaken breast cancer as the main cause of death for women** le cancer des poumons a remplacé le cancer du sein comme principale cause de mortalité chez les femmes
c (fig = overwhelm) [storm, night] surprendre ◆ **the terrible fate that has overtaken them** le terrible sort qui s'est abattu sur eux or qui les a frappés ◆ **overtaken by fear** frappé d'effroi ◆ **to be overtaken by events** être dépassé par les événements ◆ **his fear was quickly overtaken by anger** sa peur a vite cédé la place à la colère
2 vi (Brit Aut) doubler, dépasser ◆ "no overtaking" "interdiction de dépasser" ◆ **to overtake on the inside** dépasser or doubler du mauvais côté

overtax [ˌəʊvəˈtæks] vt **a** (Fin) surimposer
b [+ person] surmener ◆ **to overtax one's strength** abuser de ses forces, se surmener ◆ **a singer who has overtaxed his voice** un chanteur qui a trop poussé sa voix ◆ **such a project might overtax the skills of our workforce** un tel projet risque de mettre les compétences de notre main-d'œuvre à trop rude épreuve

over-the-counter [ˌəʊvəðəˈkaʊntəʳ] **1** adj **a** (Pharm) drugs, medicine vendu sans ordonnance ; see also **counter**
b (St Ex) securities, transactions hors cote
2 COMP ▷ **over-the-counter market** n (St Ex) marché m hors cote, hors-cote m

overthrow [ˌəʊvəˈθrəʊ] → SYN pret **overthrew** [ˌəʊvəˈθruː] ptp **overthrown** [ˌəʊvəˈθrəʊn] **1** vt [+ enemy, country, empire] vaincre (définitivement) ; [+ dictator, government, system] renverser
2 [ˈəʊvəθrəʊ] n [of enemy etc] défaite f ; [of empire, government, system] chute f, renversement m

overtime [ˈəʊvətaɪm] **1** n (at work) heures fpl supplémentaires ◆ **I am on overtime, I'm doing** or **working overtime** je fais des heures supplémentaires ◆ **£300 per week with overtime** 300 livres par semaine heures supplémentaires comprises ◆ **to work overtime** (lit) faire des heures supplémentaires ; (fig) mettre les bouchées doubles ◆ **his imagination was working overtime** il s'était laissé emporter par son imagination
b (US Sport) prolongation f
2 COMP ▷ **overtime pay** n (rémunération f pour) heures fpl supplémentaires ▷ **overtime work(ing)** n heures fpl supplémentaires

overtired [ˌəʊvəˈtaɪəd] adj (gen) surmené ; baby, child énervé ◆ **don't get overtired** ne te surmène pas, ne te fatigue pas trop

overtly [əʊˈvɜːtlɪ] adv political, sexual ouvertement

overtone [ˈəʊvətəʊn] → SYN n **a** (Mus) harmonique m or f
b (fig = hint) note f, accent m ◆ **there were overtones** or **there was an overtone of hostility in his voice** on sentait une note or des accents d'hostilité dans sa voix ◆ **to have political overtones** avoir des connotations or des sous-entendus politiques

overtook [ˌəʊvəˈtʊk] vb (pt of **overtake**)

overtrick [ˈəʊvətrɪk] n (Bridge) levée f de mieux

overtrump [ˌəʊvəˈtrʌmp] vt (Cards) surcouper

overture [ˈəʊvətjʊəʳ] → SYN n **a** (Mus) ouverture f ◆ **the 1812 Overture** l'Ouverture f solennelle
b (fig) ouverture f, avance f ◆ **to make overtures to sb** faire des ouvertures à qn ◆ **peace overtures** ouvertures fpl de paix ◆ **friendly overtures** avances fpl amicales

overturn [ˌəʊvəˈtɜːn] → SYN **1** vt **a** [+ car, chair] renverser ; [+ boat] faire chavirer or capoter
b (fig) [+ government, plans] renverser ; [+ decision, judgement] annuler
2 vi [chair] se renverser ; [car, plane] se retourner, capoter ; [railway coach] se retourner, verser ; [boat] chavirer, capoter

overtype [ˌəʊvəˈtaɪp] vt taper par-dessus

overuse [ˌəʊvəˈjuːz] vt [+ object, product] abuser de ◆ **the word is overused** c'est un mot galvaudé

overvalue [ˌəʊvəˈvæljuː] vt (gen) surestimer ; (Econ) [+ currency] surévaluer

overview [ˈəʊvəvjuː] n **a** (lit) vue f d'ensemble, panorama m
b (fig) [of situation etc] vue f d'ensemble

overvoltage [ˌəʊvəˈvɒltɪdʒ] n surtension f

overweening [ˌəʊvəˈwiːnɪŋ] → SYN adj (frm) pride, arrogance, ambition, self-confidence, power démesuré ; person outrecuidant (liter) ; organization, bureaucracy présomptueux

overweight [ˌəʊvəˈweɪt] → SYN **1** adj ◆ **to be overweight** [person] avoir des kilos en trop ◆ **to be 5 kilos overweight** peser 5 kilos de trop ◆ **to be medically overweight** avoir une surcharge pondérale ◆ **your luggage is overweight** vous avez un excédent de bagages
2 [ˈəʊvəˌweɪt] n poids m en excès ; [of person] (gen) surpoids m ; (Med) surcharge f pondérale

overwhelm [ˌəʊvəˈwelm] → SYN vt **a** (lit) [flood, waves, sea] [+ land, person, ship] submerger, engloutir ; [earth, lava, avalanche] engloutir, ensevelir ; [+ one's enemy, opponent] écraser
b (fig) [emotions] accabler, submerger ; [misfortunes] atterrer, accabler ; [shame, praise, kindness] confondre, rendre confus ; [letters, phone calls] submerger, inonder ◆ **to overwhelm sb with questions** accabler qn de questions ◆ **to overwhelm sb with favours** combler qn de faveurs ◆ **I am overwhelmed by his kindness** je suis tout confus de sa gentillesse ◆ **to be overwhelmed with work** être débordé or accablé de travail ◆ **we have been overwhelmed with offers of help** nous avons été submergés or inondés d'offres d'aide ◆ **Venice quite overwhelmed me** Venise m'a bouleversé ◆ **to be overwhelmed with joy** être au comble de la joie ◆ **to be overwhelmed with grief** être accablé (par la douleur) ◆ **to be overwhelmed with feelings of inadequacy** avoir le sentiment accablant de ne pas être à la hauteur

overwhelming [ˌəʊvəˈwelmɪŋ] → SYN adj victory, majority, defeat écrasant ; desire, power, pressure irrésistible ; success énorme ; evidence, misfortune, sorrow, heat accablant ; bad news affligeant, atterrant ; good news extrêmement réjouissant ; welcome, reception extrêmement chaleureux ; response enthousiaste, qui dépasse toute espérance ◆ **to give overwhelming support for sb/sth** soutenir qn/qch sans réserves or à fond ◆ **one's overwhelming impression is that ...** l'impression dominante est que ... ◆ **an overwhelming vote in favour of the plan** une majorité écrasante en faveur du projet ◆ **he felt an overwhelming sense of relief** il a ressenti un immense soulagement ◆ **they won the competition despite overwhelming odds** ils ont remporté le concours alors que tout était contre eux ◆ **the odds against this happening are overwhelming** tout laisse à penser que cela ne se fera pas ◆ **the overwhelming military superiority of the enemy** la supériorité militaire écrasante de l'ennemi ◆ **for fear of an overwhelming military response** par crainte d'une riposte militaire fulgurante

overwhelmingly [ˌəʊvəˈwelmɪŋlɪ] adv **a** (= overpoweringly) tired, anxious, lucky extraordinairement
b (= predominantly) vote, approve, reject à une écrasante majorité ; white, male, positive, negative en très grande majorité

overwind [ˌəʊvəˈwaɪnd] vt [+ clock, watch] trop remonter, remonter trop à fond

overwinter [ˌəʊvəˈwɪntəʳ] **1** vi [person, animal, plant] passer l'hiver
2 vt [+ animal, plant] faire passer l'hiver à

overwork [ˌəʊvəˈwɜːk] → SYN **1** n surmenage m ◆ **to be ill from overwork** être malade d'avoir trop travaillé or de s'être surmené
2 vt **a** [+ person] surmener, surcharger de travail ; [+ horse] forcer ◆ **to overwork o.s.** se surmener
b (= make too elaborate) [+ speech] trop travailler ◆ **to overwork one's written style** écrire dans un style trop affecté
3 vi trop travailler, se surmener

overwrite [ˌəʊvəˈraɪt] vt (Comput) écraser

overwrought [ˌəʊvəˈrɔːt] → SYN adj **a** (= upset) person à bout, sur les nerfs
b (= overelaborate) poem, song tarabiscoté

overzealous [ˌəʊvəˈzeləs] adj trop zélé ◆ **to be overzealous** faire de l'excès de zèle, faire du zèle

Ovid [ˈɒvɪd] n Ovide m

oviduct [ˈəʊvɪdʌkt] n oviducte m

oviform [ˈəʊvɪfɔːm] adj ovoïde

ovine [ˈəʊvaɪn] adj ovin

oviparity [ˌəʊvɪˈpærɪtɪ] n oviparité f

oviparous [əʊˈvɪpərəs] adj ovipare

ovipositor [ˌəʊvɪˈpɒzɪtəʳ] n (Zool) oviposeur m

ovoid [ˈəʊvɔɪd] **1** adj ovoïde
2 n forme f ovoïde

ovotestis [ˌəʊvəʊˈtestɪs] n, pl **ovotestes** [ˌəʊvəʊˈtestiːz] ovotestis m

ovoviviparity [ˌəʊvəʊˌvaɪvɪˈpærɪtɪ] n ovoviviparité f

ovoviviparous [ˌəʊvəʊvaɪˈvɪpərəs] adj (Zool) ovovivipare

ovular [ˈɒvjʊləʳ] adj (Bot, Zool) ovulaire

ovulate [ˈɒvjʊleɪt] vi ovuler

ovulation [ˌɒvjʊˈleɪʃən] **1** n ovulation f
2 COMP ▷ **ovulation method** n (Med) méthode f Billings or de la glaire cervicale

ovule [ˈɒvjuːl] n (Bot, Zool) ovule m

ovum [ˈəʊvəm] n, pl **ova** (Bio) ovule m

ow [aʊ] excl ◆ ouch

owe [əʊ] → SYN vt **a** [+ money etc] devoir (to sb à qn) ◆ **he owes me £5** il me doit 5 livres ◆ **I'll owe it to you** je vous le devrai ◆ **I still owe him for the meal** je lui dois toujours le (prix du) repas ◆ **I owe you a lunch** je vous dois un déjeuner
b (fig) [+ respect, obedience, one's life] devoir (to sb à qn) ◆ **to owe sb a grudge** garder rancune à qn, en vouloir à qn (for de) ◆ **I owe you thanks for your help** je tiens à vous remercier de m'avoir aidé or pour votre aide, je ne vous ai pas encore remercié de m'avoir aidé or pour votre aide ◆ **I owe my family my grateful thanks for their understanding** je suis profondément reconnaissant à ma famille de sa compréhension ◆ **I owe you a favour** je vous revaudrai cela ◆ **the world doesn't owe you a living** tout ne t'est pas dû ◆ **you owe him nothing** vous ne lui devez rien ◆ **he owes his talent to his father** il tient son talent de son père ◆ **he owes his failure to his own carelessness** il doit son échec à sa propre négligence ◆ **to what do I owe the honour of ...?** (frm) que me vaut l'honneur de ... ? ◆ **they owe it to you that they succeeded** ils vous doivent leur succès or d'avoir réussi ◆ **I owe it to him to do that** je lui dois bien de faire cela ◆ **you owe it to yourself to make a success of it** vous vous devez de réussir

owing [ˈəʊɪŋ] LANGUAGE IN USE 17.1 → SYN
1 adj dû ◆ **the amount owing on the house** ce qui reste dû sur le prix de la maison ◆ **a lot of money is owing to me** on me doit beau-

owl [aʊl] n chouette f ; (with ear tufts) hibou m ◆ a wise old owl (fig = person) un vieux sage ; → **barn, tawny**

owlet ['aʊlɪt] n chouette f ; (with ear tufts) jeune hibou m

owlish ['aʊlɪʃ] adj man qui a l'air d'un hibou ; woman qui a l'air d'une chouette ; (of appearance) man de hibou ; woman de chouette ◆ his owlish spectacles ses lunettes qui lui donnent (or donnaient) l'air d'un hibou ◆ he gave me an owlish stare il m'a regardé fixement comme un hibou

owlishly ['aʊlɪʃlɪ] adv peer, stare avec des yeux de hibou

own [əʊn] → SYN **1** adj propre (before n) ◆ his own car sa (propre) voiture, sa voiture à lui ◆ it's her own company c'est sa (propre) société ◆ this is my own book ce livre est à moi, c'est mon livre ◆ it's my very own book c'est mon livre à moi ◆ I saw it with my own eyes je l'ai vu de mes propres yeux ◆ but your own brother said so mais c'est votre frère qui l'a dit ◆ all my own work! c'est moi qui ai fait tout le travail ! ◆ it was his own idea c'était son idée à lui ◆ he's his own man il est son propre maître ◆ he is his own worst enemy son pire ennemi, c'est lui-même ◆ he does his own cooking il fait la cuisine lui-même ◆ the house has its own garage la maison a son garage particulier ◆ my own one mon chéri, ma chérie ◆ "own garden" (in house-selling) "jardin privatif" ◆ own goal (Brit Ftbl) but contre son camp ◆ he scored an own goal (Ftbl) il a marqué un but contre son camp ; (fig) ça s'est retourné contre lui ◆ to do one's own thing* (fig) s'éclater* ; → **accord, sake¹, sweet, thing**
 2 pron a that's my own c'est à moi ◆ those are his own ceux-là sont à lui ◆ my time is my own je suis libre de mon temps, je fais ce que je veux quand il me plaît ◆ my time's not my own je n'ai pas une minute à moi ◆ I'm so busy I can scarcely call my time my own je suis si occupé que je n'ai pas une minute à moi ◆ I haven't a minute or a moment to call my own je n'ai pas une minute à moi ◆ it's all my own c'est tout à moi ◆ a style all his own un style bien à lui ◆ it has a charm all (of) its own or of its own cela possède un charme tout particulier or qui lui est propre, cela a un charme bien à soi ◆ for reasons of his own pour des raisons personnelles or qui lui sont propres ◆ a copy of your own votre propre exemplaire ◆ can I have it for my very own? puis-je l'avoir pour moi tout seul ? ◆ it's my very own c'est à moi tout seul ◆ a house of your very own une maison bien à vous ◆ she wants a room of her own elle veut sa propre chambre or sa chambre à elle ◆ I have money of my own j'ai de l'argent à moi or des ressources personnelles ◆ he gave me one of his own il m'a donné un des siens ◆ Streep made the role her own ce rôle est définitivement associé à l'interprétation qu'en a donnée Streep
 b (phrases) to look after one's own s'occuper des siens ◆ each to his own chacun ses goûts ◆ he's got nothing to call or nothing that he can call his own il n'a rien à lui ◆ to come into one's own montrer de quoi on est capable ◆ to get one's own back (on sb for sth) prendre sa revanche (sur qn de qch)
◆ on one's own tout seul ◆ did you do it (all) on your own? est-ce que vous l'avez fait tout seul ? ◆ if I can get him on his own si je réussis à le voir seul à seul ◆ you're on your own now! à toi de jouer (maintenant) !
 3 vt a (= possess) posséder ◆ who owns this pen/house/paper? à qui appartient ce stylo/cette maison/ce journal ? ◆ he acts as if he owns the place* il se comporte comme en pays conquis
 b (frm = acknowledge) reconnaître, avouer (that que) ◆ I own it je le reconnais, je l'avoue ◆ he owned his mistake il a reconnu or avoué son erreur ◆ he owned himself defeated il s'est avoué vaincu ◆ he owned the child as his il a reconnu l'enfant
 4 vi (frm) ◆ to own to a mistake avouer or reconnaître avoir commis une erreur ◆ he owned to debts of £750 il a avoué or reconnu avoir 750 livres de dettes ◆ he owned to having done it il a avoué l'avoir fait or qu'il l'avait fait
 5 COMP ▷ **own-brand, own-label** adj (Comm) their own-brand or own-label peas etc leur propre marque f de petits pois etc

▶ **own up** vi avouer ◆ to own up to sth admettre qch ◆ he owned up to having stolen it il a avoué l'avoir volé or qu'il l'avait volé ◆ come on, own up! allons, avoue !

owner ['əʊnəʳ] → SYN **1** n (gen) propriétaire mf ; (Jur: in house-building) maître m d'ouvrage ◆ he is the proud owner of ... il est l'heureux propriétaire de ... ◆ the owner of car number ... le propriétaire de la voiture immatriculée ... ◆ as owners of this dictionary know, ... comme les possesseurs de ce dictionnaire le savent, ... ◆ all dog owners will agree that ... tous ceux qui ont un chien conviendront que ... ◆ who is the owner of this book? à qui appartient ce livre ? ◆ at owner's risk (Comm) aux risques du client ; → **landowner**
 2 COMP ▷ **owner-driver** n conducteur m propriétaire ▷ **owner-occupied house** n maison f occupée par son propriétaire ▷ **owner-occupier** n (Brit) propriétaire m occupant

ownerless ['əʊnəlɪs] adj sans propriétaire

ownership ['əʊnəʃɪp] → SYN n possession f ◆ "under new ownership" (Comm) "changement de propriétaire" ◆ under his ownership business was good du temps où il était propriétaire, les affaires étaient bonnes ◆ his ownership of the vehicle was not in dispute on ne lui contestait pas la propriété du véhicule ◆ to establish ownership of the estate faire établir un droit de propriété sur le domaine

ownsome*, **owny-o** ['əʊnsəm], ['əʊnɪəʊ] n (hum) ◆ on one's ownsome tout seul

owt [əʊt] n (Brit dial) quelque chose

ox [ɒks] pl **oxen** bœuf m ◆ as strong as an ox fort comme un bœuf ◆ he's a big ox* (pej) c'est un gros balourd

oxalate ['ɒksəleɪt] n oxalate m

oxalic [ɒk'sælɪk] adj oxalique

oxblood ['ɒksblʌd] adj (in colour) rouge sang inv

oxbow ['ɒksbəʊ] **1** n (in river) méandre m
 2 COMP ▷ **oxbow lake** n bras m mort

Oxbridge ['ɒksbrɪdʒ] (Brit) **1** n l'université d'Oxford ou de Cambridge (ou les deux)
 2 COMP ▷ **Oxbridge** education n éducation à l'université d'Oxford ou de Cambridge ; accent, attitude typique des universitaires ou des anciens d'Oxford ou de Cambridge

---

OXBRIDGE

Oxbridge désigne collectivement les universités d'Oxford et de Cambridge, notamment lorsque l'on veut souligner le côté élitiste de ces deux prestigieuses institutions britanniques. En effet, beaucoup des étudiants de ces universités se retrouvent ensuite aux postes clés de la politique, de l'industrie et de la diplomatie.

---

oxcart ['ɒkskɑːt] n char m à bœufs

oxen ['ɒksən] npl of **ox**

oxeye daisy ['ɒksaɪˌdeɪzɪ] n marguerite f (Bot)

Oxfam ['ɒksfæm] n (Brit) (abbrev of **Oxford Committee for Famine Relief**) association caritative d'aide au tiers-monde

---

OXFAM

Oxfam, acronyme de "Oxford Committee for Famine Relief" est une association caritative d'aide aux pays du tiers monde ; elle cherche en particulier à y favoriser l'usage des technologies douces et l'utilisation des énergies renouvelables. Les magasins à l'enseigne d'**Oxfam** vendent des vêtements d'occasion et des objets artisanaux fabriqués dans les ateliers et coopératives gérés par l'association dans les pays du tiers-monde.

Oxford ['ɒksfəd] **1** n Oxford
 2 COMP ▷ **Oxford bags** npl pantalon très ample ▷ **Oxford blue** n bleu m foncé ▷ **the Oxford Movement** n (Brit Rel) le Mouvement d'Oxford

oxhide ['ɒkshaɪd] n cuir m de bœuf

oxidase ['ɒksɪdeɪs] n oxydase f

oxidation [ˌɒksɪ'deɪʃən] **1** n oxydation f
 2 COMP ▷ **oxidation-reduction** n (Chem, Phys) oxydoréduction f

oxide ['ɒksaɪd] n oxyde m

oxidization [ˌɒksɪdaɪ'zeɪʃən] n oxydation f

oxidize ['ɒksɪdaɪz] **1** vt oxyder
 2 vi s'oxyder
 3 COMP ▷ **oxidizing agent** n (Chem) agent m d'oxydation

oxidizer ['ɒksɪdaɪzəʳ] n (Chem) oxydant m

oxidizible ['ɒksɪˌdaɪzəbl] adj oxydable

oxime ['ɒksiːm] n oxime f

oxlip ['ɒkslɪp] n (Bot) primevère f élevée

Oxon ['ɒksən] abbrev of **Oxfordshire**

Oxon. ['ɒksən] (Brit) (abbrev of **Oxoniensis**) d'Oxford

Oxonian [ɒk'səʊnɪən] **1** adj oxonien, oxfordien
 2 n Oxonien(ne) m(f), Oxfordien(ne) m(f)

oxtail ['ɒksteɪl] **1** n queue f de bœuf
 2 COMP ▷ **oxtail soup** n soupe f à la queue de bœuf

oxter ['ɒkstəʳ] n (Scot) aisselle f

oxyacetylene ['ɒksɪəˈsetɪliːn] **1** adj oxyacétylénique
 2 COMP ▷ **oxyacetylene burner, oxyacetylene lamp oxyacetylene torch** n chalumeau m oxyacétylénique ▷ **oxyacetylene welding** n soudure f (au chalumeau) oxyacétylénique

oxyacid [ˌɒksɪˈæsɪd] n (Chem) oxacide m

oxycephalic [ˌɒksɪsɪˈfælɪk], **oxycephalous** [ˌɒksɪˈsefələs] adj acrocéphale

oxycephaly [ˌɒksɪˈsefəlɪ] n acrocéphalie f

oxygen ['ɒksɪdʒən] **1** n oxygène m
 2 COMP ▷ **oxygen bottle, oxygen cylinder** n bouteille f d'oxygène ▷ **oxygen mask** n masque m à oxygène ▷ **oxygen tank** n ballon m d'oxygène ▷ **oxygen tent** n tente f à oxygène

oxygenate ['ɒksɪdʒəneɪt] vt oxygéner

oxygenation [ˌɒksɪdʒəˈneɪʃən] n oxygénation f

oxyhaemoglobin [ˌɒksɪˌhiːməʊˈɡləʊbɪn] n (Physiol) oxyhémoglobine f

oxymoron [ˌɒksɪˈmɔːrɒn] n, pl **oxymora** [ˌɒksɪˈmɔːrə] oxymore m

oxysulphide [ˌɒksɪˈsʌlfaɪd] n oxysulfure m

oxytocin [ˌɒksɪˈtəʊsɪn] n (Med) ocytocine f

oxytone ['ɒksɪtəʊn] n oxyton m

oyez [əʊˈjez] excl oyez ! (cri du crieur public ou d'un huissier)

oyster ['ɔɪstəʳ] **1** n huître f ◆ the world is his oyster le monde est à lui
 2 COMP ▷ **oyster** industry ostréicole, huitrier ; knife à huître ▷ **oyster bed** n banc m d'huîtres, huîtrière f ▷ **oyster cracker** n (US Culin) petit biscuit m salé ▷ **oyster farm** n établissement m ostréicole ▷ **oyster farming** n ostréiculture f ▷ **oyster mushroom** n pleurote f ▷ **oyster shell** n coquille f d'huître ▷ **oyster stew** n (US Culin) soupe f aux huîtres

oystercatcher ['ɔɪstəˌkætʃəʳ] n (Orn) huîtrier m

oysterman ['ɔɪstəmən] n (esp US = person) amareyeur m

Oz* [ɒz] abbrev of **Australia**

oz abbrev of **ounce(s)**

Ozalid ® ['əʊzəlɪd] n (Typ) ozalid ® m

ozocerite, **ozokerite** [əʊˈzəʊkəraɪt] n ozocérite f, ozokérite f

ozone ['əʊzəʊn] **1** n (Chem) ozone m
 2 COMP ▷ **ozone depletion** n diminution f de la couche d'ozone ▷ **ozone-friendly** adj qui préserve la couche d'ozone ▷ **ozone hole** n trou m d'ozone ▷ **ozone layer** n couche f d'ozone ▷ **ozone-safe** adj sans danger pour la couche d'ozone ▷ **ozone screen** n couche f d'ozone ▷ **ozone shield** n couche f d'ozone

ozonize ['əʊzənaɪz] vt ozoniser

ozonizer ['əʊzəˌnaɪzəʳ] n ozoniseur m

ozonosphere [əʊˈzəʊnəˌsfɪəʳ] n ozonosphère f

P

P¹, p [piː] **1** n **a** (= letter) P, p m ◆ **to mind or watch one's Ps and Qs** * se surveiller ◆ **P for Peter** ≃ P comme Pierre
b (abbrev of **penny** or **pence**) penny m, pence mpl ◆ **10p** 10 pence
c (abbrev of **page**) p
2 COMP ▷ **P45** n (Brit) *attestation de fin de contrat de travail* ▷ **p and p** n (abbrev of post(age) and packing) → post³

P45

En Grande-Bretagne, le **P45** est l'attestation délivrée à tout employé à la fin de son contrat de travail ; elle indique la rémunération globale versée par l'employeur pendant la période considérée ainsi que les impôts et les cotisations sociales payés par l'employé. Le **P45** doit être présenté à tout nouvel employeur.
L'expression "to get one's **P45**" s'utilise dans le sens propre ou figuré de "être licencié". Ainsi, on pourra dire du sélectionneur d'une équipe sportive qu'il "risque de recevoir son **P45**" si ses joueurs ne sont pas à la hauteur lors d'un match important.

P² abbrev of **parking**

P. abbrev of **President**, **Prince**

PA [piːˈeɪ] **a** (abbrev of **personal assistant**) → **personal**
b (abbrev of **public-address system**) (also **PA system**) (système m de) sonorisation f, sono * f ◆ **it was announced over the PA that ...** on a annoncé par haut-parleur que ...
c (abbrev of **Press Association**) *agence de presse britannique*
d abbrev of **Pennsylvania**

pa * [pɑː] n papa m

Pa. abbrev of **Pennsylvania**

p.a. (abbrev of **per annum**) par an

pabulum [ˈpæbjʊləm] n **a** (US = nonsense) niaiseries fpl
b (rare = food) aliment m semi-liquide

PABX [piːeɪbiːˈeks] n (Telec) (abbrev of **private automatic branch exchange**) PABX m

PAC n (US) (abbrev of **political action committee**) → **political**

pace¹ [peɪs] → SYN **1** n **a** (= measure) pas m ◆ **20 paces away, at 20 paces** à 20 pas ◆ **to take two paces forward** faire deux pas en avant
b (= speed) (lit) [of movement] (walking) pas m ; (running) allure f ; (fig) [of action] rythme m ◆ **to go at a quick** or **good** or **smart pace** [walker] aller d'un bon pas ; [runner, cyclist] aller à vive allure ◆ **to quicken one's pace** [walker] presser or hâter le pas ; [runner, cyclist] presser or accélérer l'allure ◆ **to go at a slow pace** [walker] marcher lentement or à pas lents ; [runner, cyclist] aller à (une) petite allure ◆ **to gather pace** (lit) prendre de la vitesse ; (fig) [campaign etc] prendre de l'ampleur ◆ **the pace of life remains slow there** le rythme de vie y reste assez lent ◆ **to speed up the pace of reform** accélérer le rythme des réformes ◆ **their snail-like pace in implementing the programme** leur extrême lenteur dans la mise en œuvre du programme ◆ **to set the pace** (Sport) mener le train, donner l'allure ; (fig) donner le ton ◆ **to keep pace with sb** (lit) aller à la même allure que qn ; (fig) suivre le rythme de qn ◆ **to force the pace** (fig) forcer l'allure or le pas ◆ **earnings have not kept pace with inflation** les salaires n'ont pas suivi le rythme de l'inflation ◆ **he can't keep pace with things** il est dépassé par les événements ◆ **to do sth at one's own pace** (fig) faire qch à son rythme ◆ **he can't stand or stay the pace** (fig) il n'arrive pas à tenir le rythme
c one's paces ◆ **to put a horse through its paces** faire parader un cheval ◆ **to go through** or **show one's paces** (fig) montrer ce dont on est capable ◆ **to put sb through his paces** (fig) mettre qn à l'épreuve, demander à qn de montrer ce dont il est capable
2 vi marcher à pas mesurés ◆ **to pace up and down** faire les cent pas, marcher de long en large ◆ **to pace round a room** faire les cent pas dans une pièce, arpenter une pièce
3 vt **a** [+ room, floor, street] arpenter
b (Sport) [+ runner] régler l'allure de ◆ **to pace o.s.** (lit, fig) se ménager, ménager ses forces
4 COMP ▷ **pace bowler** n (Cricket) *lanceur qui envoie des balles très rapides*

▶ **pace out** vt sep [+ distance] mesurer en comptant ses pas

pace² [ˈpeɪsɪ] prep (frm) n'en déplaise à ◆ **pace your advisers** n'en déplaise à vos conseillers

-paced [peɪst] adj (in compounds) ◆ **fast-paced** au rythme rapide ◆ **well-paced** au rythme soutenu

pacemaker [ˈpeɪsˌmeɪkər] n **a** (Med) stimulateur m (cardiaque), pacemaker m
b (Sport = person) **to be (the) pacemaker** mener le train

pacer [ˈpeɪsər] n (US Sport) meneur m, -euse f (de train)

pacesetter [ˈpeɪsˌsetər] n ⇒ **pacemaker b**

paceway [ˈpeɪsweɪ] n (Austral Horse-riding) *piste de pas et de trot*

pacey [ˈpeɪsi] adj production, style, book au rythme enlevé

pachyderm [ˈpækɪdɜːm] n pachyderme m

pacific [pəˈsɪfɪk] → SYN **1** adj intentions, disposition pacifique m
2 n ◆ **Pacific** ⇒ **Pacific Ocean**
3 COMP ▷ **Pacific Daylight Time** n (US) heure f d'été du Pacifique ▷ **the Pacific Islands** npl les îles fpl du Pacifique ▷ **the Pacific Ocean** n le Pacifique, l'océan m Pacifique ▷ **Pacific Standard Time** n (US) heure f (normale) du Pacifique

pacifically [pəˈsɪfɪkəlɪ] adv say pour calmer les esprits

pacification [ˌpæsɪfɪˈkeɪʃən] n [of country, territory, population] pacification f

pacifier [ˈpæsɪfaɪər] n **a** (US = baby's dummy) tétine f, sucette f
b (= person) pacificateur m, -trice f

pacifism [ˈpæsɪfɪzəm] n pacifisme m

pacifist [ˈpæsɪfɪst] → SYN adj, n pacifiste mf

pacifistic [ˈpæsɪfɪst] adj pacifiste

pacify [ˈpæsɪfaɪ] vt [+ person, fears] calmer, apaiser ; [+ country, creditors] pacifier

pack [pæk] → SYN **1** n **a** (= packet) [of goods, cereal] paquet m ; [of cotton, wool] balle f ; [of pedlar] ballot m ; [of horse, mule] charge f ; (Mil) paquetage m ; (also **backpack**) sac m à dos ◆ **a pack of cigarettes** (= individual packet) un paquet de cigarettes ; (= carton) une cartouche de cigarettes
b (= group) [of hounds] meute f ; [of wolves, thieves] bande f ; [of brownies, cubs] meute f ; [of runners, cyclists] peloton m ; (Comm = set, lot) pack m, lot m ◆ **the yoghurt is sold in packs of four** le yaourt se vend par packs or lots de quatre (pots) ◆ **a four-/six-pack (of beer)** un pack de quatre/six bières ◆ **a pack of lies** un tissu de mensonges ◆ **a pack of fools** * un tas * or une bande * d'imbéciles ◆ **they're behaving like a pack of kids!** ils se comportent comme de vrais gamins ! ◆ **to stay ahead of the pack** (fig) maintenir or conserver son avance
c (esp Brit) [of cards] jeu m
d (Rugby) (= forwards) pack m ; (= scrum) mêlée f
e (Med) **cold/wet pack** compresse f froide/humide
2 vt **a** (= parcel up) (into box, container) empaqueter, emballer ; (into suitcase) mettre dans une valise, emballer ◆ **to pack one's things** faire ses bagages ◆ **pack fragile objects in newspaper** emballez les objets fragiles dans du papier journal ◆ **they come packed in dozens** ils sont conditionnés en paquets de douze ◆ **have you packed your toothbrush?** tu as mis ta brosse à dents dans ta valise ?
b (= fill tightly) [+ trunk, box] remplir (**with** de) ; (fig) [+ mind, memory] bourrer (**with** de) ◆ **to pack one's case** or **suitcase** faire sa valise ◆ **to pack one's bags** (lit) faire ses bagages or ses valises ; (fig) plier bagage, faire ses paquets or son balluchon * ◆ **they packed the hall to see him** (fig) ils se pressaient or se sont entassés dans la salle pour le voir ◆ **to pack the house** (Theat) [player, play] faire salle comble ◆ **the book is packed with information and photos** le livre est bourré de renseignements et de photos ; see also **packed**

package / paedophile

c (= crush together) [+ earth, objects] [person] tasser (*into* dans); [machine] damer (*into* dans); (Ski) [+ snow] damer; [+ people] entasser (*into* dans); see also **packed**

d (pej) **to pack a jury** composer un jury favorable ◆ **he had packed the committee with his own supporters** il avait noyauté le comité en y plaçant ses partisans

e (= contain) [+ power etc] **he packs a lot of force in that small frame of his** tout menu qu'il soit, il a énormément de force ◆ **this machine packs enough power to ...** cette machine a assez de puissance pour ... ◆ **he packs a good punch, he packs quite a wallop *** il a un sacré punch * ◆ **a film that still packs real punch *** un film qui est toujours aussi fort ◆ **to pack a gun** ⁑ (US) porter un revolver

3 vi **a** (= do one's luggage) faire ses bagages or sa valise ; → **send**

b (= fit) **these books pack easily into that box** ces livres tiennent bien dans cette boîte

c (= cram) **they packed into the stadium to hear him** ils se sont entassés dans le stade pour l'écouter ◆ **the crowd packed round him** la foule se pressait autour de lui

4 COMP ▷ **pack animal** n bête f de somme ▷ **pack drill** n (Mil) marche f forcée avec paquetage ◆ **no names, no pack drill, but ...** (fig) je ne veux citer personne, mais ... ▷ **pack ice** n (NonC) banquise f, pack m ▷ **pack trail** n sentier m muletier

▶ **pack away** vt sep ranger

▶ **pack in *** **1** vi (fig = break down, stop working) [machine, car, watch etc] tomber en panne, rendre l'âme *
2 vt sep (Brit) [+ person, job] plaquer * ◆ **to pack it all in** tout lâcher, tout plaquer * ◆ **pack it in!** (Brit) (= stop doing sth) laisse tomber ! * ; (= stop talking) écrase ! ⁑ ◆ **let's pack it in for the day** (Brit) assez or on arrête pour aujourd'hui ◆ **it's packing them in** (fig) [film, play etc] ça attire les foules

▶ **pack off *** vt sep (= dismiss) envoyer promener * ◆ **to pack a child off to bed** expédier or envoyer un enfant au lit ◆ **they packed John off to London** ils ont expédié * John à Londres

▶ **pack up** **1** vi **a** (= do one's luggage) faire sa valise ou ses bagages ; (moving house, business etc) faire ses cartons

b (* = give up and go) (permanently) plier bagage ◆ **I think I'll pack up and go home now** (on one occasion) bon, je crois que je vais m'arrêter là et rentrer chez moi

c (Brit * = break down, stop working) [machine, car, watch etc] tomber en panne, rendre l'âme *

2 vt sep **a** [+ object, book] emballer, empaqueter ◆ **he packed up his bits and pieces** il a rassemblé ses affaires ◆ **she packed up her few belongings** elle a mis ses quelques affaires dans une valise (or dans un sac etc) ; → **bag**

b (* = give up) [+ work, school] laisser tomber * ◆ **pack it up now!** laisse tomber ! *, arrête !

package ['pækɪdʒ] → SYN **1** n **a** (= parcel) paquet m, colis m

b (fig: group) (= items for sale) marché m global ; (= contract) contrat m global ; (= purchase) achat m forfaitaire ; (Comput) progiciel m ◆ **a package of measures** (Pol) un train de mesures ◆ **an aid package** un programme d'aide ◆ **a good financial package for those taking voluntary redundancy** une offre financière intéressante en cas de départ volontaire ◆ **payroll/inventory/management package** (Comput) progiciel m de paie/de stock or inventaire/de gestion ◆ **the president wants his economic plan passed as a package** le président veut que son plan économique soit accepté en bloc ◆ **the plan will be voted on as a package** le plan sera soumis au vote en bloc

c ⇒ **package holiday**

2 vt (Comm) emballer ; (fig) présenter ◆ **how are they going to package the proposal?** comment vont-ils présenter cette proposition ?

3 COMP ▷ **package deal** n (= agreement) accord m global ; (= contract) contrat m global ; (= purchase) achat m forfaitaire ▷ **package holiday** n voyage m organisé ▷ **package policy** n (Insurance) police f multirisque

▷ **package store** n (US) magasin m de vins et spiritueux ; → LICENSING LAWS ▷ **package tour** n voyage m organisé

packager ['pækɪdʒəʳ] n (Publishing) packager or packageur m

packaging ['pækɪdʒɪŋ] n (Comm) [of goods] conditionnement m ; (= wrapping materials) emballage m ; (Publishing) packaging m

packed [pækt] → SYN **1** adj **a** room (with people) comble, bondé ; (with furniture etc) bourré (*with* de) ; bus bondé ; (Brit: also **packed out**) theatre, hall comble ◆ **the bus was packed (with people)** le bus était bondé ◆ **the book is packed full of information** le livre est bourré * de renseignements ◆ **the lecture was packed** il y avait foule à la conférence ◆ **to be packed solid** or **tight** (with people) être plein à craquer or archiplein * ◆ **the car park was packed solid** le parking était archiplein *

b (with luggage ready) **I'm packed and ready to leave** j'ai fait mes bagages et je suis prêt (à partir)

c (= compressed) snow, soil tassé ◆ **the snow was packed hard** la neige était bien tassée

2 COMP ▷ **packed lunch** n (Brit) panier-repas m

-packed [pækt] adj (in compounds) ◆ **a fun-packed holiday** des vacances fpl pleines de distractions ◆ **a thrill-packed evening** une soirée pleine de or riche en péripéties ; → **action**

packer ['pækəʳ] n **a** (= person) emballeur m, -euse f

b (= device) emballeuse f

packet ['pækɪt] → SYN **1** n **a** (= parcel) paquet m ; (= paper bag) pochette f ◆ **to earn a packet *** gagner des sommes folles ◆ **to cost a packet *** coûter une somme folle ◆ **that must have cost a packet!** * (Brit) cela a dû coûter les yeux de la tête !

b [of sweets] sachet m ; [of cigarettes, seeds, biscuits, crisps, needles] paquet m

c (Naut : also **packet boat**) paquebot m, malle f ◆ **the Dover packet** la malle de Douvres

2 COMP ▷ **packet soup** n soupe f en sachet

packhorse ['pækhɔːs] n cheval m de bât

packing ['pækɪŋ] **1** n **a** [of parcel, goods etc] emballage m, empaquetage m ◆ **to do one's packing** faire sa valise ou ses bagages ◆ **meat packing** (Comm) conserverie f de viande (*industrie*)

b (= act of filling) [of space] remplissage m

c (Tech) [of piston, joint] garniture f

d (= padding) (fournitures fpl or matériaux mpl pour) emballage m ; (Tech) (matière f pour) garnitures fpl

2 COMP ▷ **packing case** n caisse f d'emballage ▷ **packing density** n (Comput) densité f d'implantation

packsaddle ['pæk,sædl] n bât m

packthread ['pækθred] n ficelle f (d'emballage)

pact [pækt] → SYN n pacte m ◆ **France made a pact with England** la France conclut or signa un pacte avec l'Angleterre ◆ **we made a pact to share the profits** nous nous sommes mis d'accord pour partager les bénéfices

pacy ['peɪsɪ] adj ⇒ **pacey**

pad [pæd] → SYN **1** n **a** (to prevent friction, damage) coussinet m ; (Tech) tampon m (amortisseur)

b (Ftbl) protège-cheville m inv ; (Hockey etc) jambière f ; (Fencing) plastron m

c [of block of paper] bloc m ; (also **writing pad**) bloc m (de papier à lettres) ; (also **notepad**) bloc-notes m ; → **blot**

d (for inking) tampon m encreur

e [of rabbit] patte f ; [of cat, dog] coussinet m, pelote f plantaire ; [of human fingers, toes] pulpe f ◆ **a pad of fat** un bourrelet de graisse

f (Space : also **launch pad**) rampe f (de lancement)

g [of water lily] feuille f de nénuphar

h (* = sanitary towel) serviette f hygiénique

i (⁑ = flat) piaule * f, appart * m

j (US) **to be on the pad** ⁑ [policeman] toucher des pots-de-vin, palper *

2 vi ◆ **to pad along** [person, animal] marcher à pas de loup or à pas feutrés ◆ **to pad about** aller et venir à pas de loup or à pas feutrés

3 vt **a** [+ cushion, shoulders] rembourrer ; [+ clothing] matelasser ; [+ furniture, door] matelasser, capitonner ◆ **pad your puppy's bed with something soft** garnissez le panier de votre chiot avec quelque chose de doux ◆ **to pad with cotton wool** ouater

b (Fin) [+ expenses] gonfler

▶ **pad out** vt sep **a** [+ clothes, shoulders] rembourrer

b (fig) [+ meal] rendre plus copieux (*with* sth en ajoutant qch) ; [+ speech, essay] étoffer ; (pej) délayer

padded ['pædɪd] **1** adj garment matelassé, ouatiné ; chair rembourré ; bedhead capitonné, matelassé ; envelope matelassé

2 COMP ▷ **padded bra** n soutien-gorge m rembourré ▷ **padded cell** n cellule f capitonnée ▷ **padded shoulders** npl épaules fpl rembourrées

padding ['pædɪŋ] → SYN n **a** (= action) rembourrage m

b (= material) bourre f, ouate f ; (fig: in book, speech) délayage m, remplissage m ◆ **there's too much padding in this essay** il y a trop de remplissage or de délayage dans cette dissertation

paddle ['pædl] → SYN **1** n **a** [of canoe] pagaie f ; [of waterwheel, paddle boat] aube f, palette f ; [of mixer, fan] pale f, palette f

b **to have** or **go for a paddle** (aller) barboter or faire trempette

c (US = table tennis bat) raquette f de ping-pong

2 vt **to paddle a canoe** faire avancer un canoë à la pagaie ◆ **to paddle one's own canoe** (fig) se débrouiller tout seul

b (US = spank) donner une fessée à

3 vi **a** (in boat, canoe) **to paddle up/down the river** remonter/descendre la rivière en pagayant or à la pagaie

b (= walk) (in water) [person] barboter, faire trempette ; [dog, duck] barboter ; (in mud) patauger

4 COMP ▷ **paddle boat, paddle steamer** (Brit) n bateau m à aubes or à roues ▷ **paddle wheel** n roue f à aubes or à palettes ▷ **paddling pool** n (Brit) pataugeoire f

▶ **paddle along** vi **a** (in boat) pagayer

b (= walk in water) barboter, faire trempette

paddock ['pædək] n enclos m (*pour chevaux*) ; (Racing) paddock m

Paddy ['pædɪ] n **a** (dim of **Patrick**)

b (⁑ esp pej) surnom des Irlandais

paddy[1] ['pædɪ] **1** n paddy m, riz m non décortiqué

2 COMP ▷ **paddy field** n rizière f

paddy[2] * ['pædɪ] n (= anger) rogne * f ◆ **to be in a paddy** être en rogne *

paddy waggon * ['pædɪ,wægən] n (US) panier m à salade *

padlock ['pædlɒk] **1** n [of door, chain] cadenas m ; [of cycle] antivol m

2 vt [+ door] cadenasser ; [+ cycle] mettre un antivol à

padre ['pɑːdrɪ] n **a** (Mil, Naut etc) aumônier m

b (* = clergyman) (Catholic) curé m, prêtre m ; (Protestant) pasteur m

padsaw ['pædsɔː] n scie f sauteuse

Padua ['pædjʊə] n Padoue

paean ['piːən] n péan m ◆ **paeans of praise** des éloges mpl dithyrambiques ◆ **the film is a paean to nature** ce film est un hymne à la nature

paederast ['pedəræst] n ⇒ **pederast**

paediatric [,piːdɪ'ætrɪk] **1** adj department de pédiatrie ; illness, medicine, surgery infantile

2 COMP ▷ **paediatric nurse** n infirmier m, -ière f en pédiatrie ▷ **paediatric nursing** n puériculture f

paediatrician [,piːdɪə'trɪʃən] n pédiatre mf

paediatrics [,piːdɪ'ætrɪks] n (NonC) pédiatrie f

paedophile ['piːdəʊfaɪl] n pédophile m ◆ **paedophile ring** réseau m de pédophiles

paedophilia [ˌpiːdəʊˈfɪlɪə] n pédophilie f
paedophiliac [ˌpiːdəʊˈfɪlɪæk] adj pédophile
paella [paɪˈelə] n paella f
pagan [ˈpeɪgən] → SYN adj, n (lit, fig) païen(ne) m(f)
paganism [ˈpeɪgənɪzəm] n paganisme m
paganize [ˈpeɪgənaɪz] vt paganiser
page¹ [peɪdʒ] → SYN [1] n (lit, fig) page f ◆ **on page 10** (à la) page 10 ◆ **continued on page 20** suite (en) page 20 ◆ **the sports pages** (in newspaper) les pages fpl sportives ◆ **a magazine with page upon page of adverts** un magazine bourré de publicité ◆ **to be on the same page** (US = in agreement) être d'accord
[2] vt [+ book] paginer; [+ printed sheets] mettre en pages
[3] COMP ▷ **page break** n (Comput) saut m de page ▷ **page proofs** npl (Typ) épreuves fpl en pages ▷ **page three** n (Brit) la page des pin up ▷ **page-turner** n livre m passionnant ◆ **her novel is a real page-turner** son roman se lit d'une traite

---
PAGE THREE

Depuis de nombreuses années, les lecteurs du journal "The Sun" - le quotidien populaire le plus vendu en Grande-Bretagne - découvrent en page trois la photo pleine page d'une jeune femme posant seins nus. Ce genre de pin up est appelée "**page three** girl", et l'expression **page three** s'est étendue aujourd'hui à toutes les photos de modèles aux seins nus publiées dans les tabloïdes.

---

page² [peɪdʒ] → SYN [1] n [a] (also **pageboy**) (in hotel) groom m, chasseur m; (at court) page m
[b] (US: Congress) jeune huissier m
[c] (US) ⇒ **pageboy** b
[2] vt (= call for) [+ person] faire appeler; [person calling] appeler ◆ **they're paging Mr Smith** on appelle M. Smith ◆ **paging Mr Smith!** on demande M. Smith !
pageant [ˈpædʒənt] → SYN n (historical) spectacle m or reconstitution f historique; (fig) spectacle m fastueux ◆ **Christmas pageant** spectacle m de Noël
pageantry [ˈpædʒəntrɪ] → SYN n apparat m, pompe f
pageboy [ˈpeɪdʒbɔɪ] n [a] (also **pageboy hairstyle**) (coupe f au) carré m; (court) coupe f à la Jeanne d'Arc
[b] (Brit: at wedding) garçon m d'honneur
[c] ⇒ **page² 1a**
pager [ˈpeɪdʒər] n bip * m, Alphapage ® m
paginate [ˈpædʒɪneɪt] vt paginer
pagination [ˌpædʒɪˈneɪʃən] n pagination f
paging [ˈpeɪdʒɪŋ] n (Comput, also in book) pagination f
pagoda [pəˈgəʊdə] [1] n pagode f
[2] COMP ▷ **pagoda tree** n sophora m (japonica)
pah † [pæ] excl pouah !
paid [peɪd] [1] vb (pt, ptp of **pay**)
[2] adj staff, employee salarié; work rémunéré, salarié; holidays payé ◆ **to be in paid employment** avoir un emploi rémunéré or salarié ◆ **highly paid** person, job très bien payé ◆ **paid gunman** tueur m à gages ◆ **a paid hack** un nègre (fig)
[3] COMP ▷ **paid-in** adj (Fin) moneys encaissé ▷ **paid-up** adj paid-up member membre m à jour de sa cotisation ◆ **fully/partly paid-up shares** actions fpl entièrement/non entièrement libérées; see also **pay**
pail [peɪl] n seau m ◆ **a pail** or **pailful of water** un seau d'eau
paillasse [ˈpælɪæs] n paillasse f
pain [peɪn] → SYN [1] n [a] (NonC) (physical) douleur f, souffrance f; (mental) peine f; (stronger) douleur f, souffrance f ◆ **to be in (great) pain** souffrir (beaucoup) ◆ **to cause pain to** (physically) faire mal à, faire souffrir; (mentally) faire de la peine à, peiner ◆ **a cry of pain** un cri de douleur ◆ **no pain, no gain** on n'a rien sans rien

[b] (localized) douleur f ◆ **I have a pain in my shoulder** j'ai une douleur à l'épaule ◆ **chest pain** douleurs fpl dans la poitrine ◆ **stomach pains** maux mpl d'estomac ◆ **he suffers from back pain** il a mal au dos ◆ **can you tell me where the pain is?** pouvez-vous me dire où vous avez mal ?
[c] (* = nuisance) **to be a (real) pain** [person, situation] être enquiquinant * or embêtant * ◆ **he's a pain in the neck** il est enquiquinant * or casse-pieds * ◆ **he's a pain in the arse** ‡ (Brit) or **the ass** ‡ (esp US) c'est un emmerdeur ‡ fini
[d] **pains** (= trouble) peine f ◆ **to take pains** or **to be at pains** or **to go to great pains (not) to do sth** se donner beaucoup de mal pour (ne pas) faire qch ◆ **to take pains over sth** se donner beaucoup de mal pour (faire) qch ◆ **to spare no pains** ne pas ménager ses efforts (**to do sth** pour faire qch) ◆ **for one's pains** pour sa peine, pour toute récompense ◆ **I got a black eye for my pains** tout ce que ça m'a valu, c'est un œil au beurre noir
[e] († † = punishment) peine f, punition f ◆ **on or under pain of death** (frm) sous peine de mort
[2] vt faire de la peine à, peiner; (stronger) faire souffrir ◆ **it pains him that she's unhappy** cela le peine or lui fait de la peine qu'elle soit malheureuse ◆ **it pains me to think that he's unhappy** cela me fait de la peine de penser qu'il est malheureux
[3] COMP ▷ **pain barrier** n (Sport) **to go through the pain barrier** vaincre la douleur ▷ **pain clinic** n service de consultation pour le traitement de la douleur ▷ **pain control** n soulagement m de la douleur
pained [peɪnd] → SYN adj smile, expression, voice peiné, froissé
painful [ˈpeɪnfʊl] → SYN adj [a] (= causing physical pain) wound etc douloureux ◆ **my hand is painful** j'ai mal à la main
[b] (= distressing) sight, duty pénible ◆ **it is painful to see her now** maintenant elle fait peine à voir
[c] (= laborious) climb, task pénible, difficile
painfully [ˈpeɪnfəlɪ] → SYN adv [a] (= in pain) throb douloureusement; move, walk péniblement ◆ **painfully swollen** enflé et douloureux
[b] (= laboriously) write, climb péniblement, à grand-peine
[c] (= agonizingly) learn, realize, understand de façon douloureuse; shy, sensitive, thin, slow terriblement ◆ **my ignorance was painfully obvious** mon ignorance n'était que trop évidente ◆ **it was painfully clear that ...** il n'était que trop évident que ... ◆ **to be painfully aware of/that ...** être douloureusement conscient de/que ...
painkiller [ˈpeɪnˌkɪlər] → SYN n calmant m, analgésique m
painkilling [ˈpeɪnˌkɪlɪŋ] adj calmant, analgésique
painless [ˈpeɪnlɪs] → SYN adj operation indolore, sans douleur; experience indolore ◆ **a quick and painless death** une mort rapide et sans souffrance ◆ **a painless way of paying one's taxes** un moyen indolore de payer ses impôts ◆ **it's a painless way of learning Chinese** de cette façon, on peut apprendre le chinois sans peine ◆ **the exam was fairly painless** * l'examen n'avait rien de bien méchant *
painlessly [ˈpeɪnlɪslɪ] adv (lit = without pain) sans douleur; (fig = without problems) sans peine
painstaking [ˈpeɪnzˌteɪkɪŋ] → SYN adj person, work minutieux, méticuleux
painstakingly [ˈpeɪnzˌteɪkɪŋlɪ] adv minutieusement, méticuleusement
paint [peɪnt] → SYN [1] n [a] (NonC) peinture f; → **coat**, **wet**
[b] **paints** couleurs fpl ◆ **a box of paints** une boîte de couleurs
[2] vt [a] [+ wall etc] peindre ◆ **to paint a wall red** peindre un mur en rouge ◆ **plates painted with flowers** des assiettes avec des motifs à fleurs ◆ **to paint sth again** repeindre qch ◆ **to paint one's nails** se vernir les ongles ◆ **to paint one's face** (gen, pej) se peinturlurer le visage ◆ **they painted the children's faces** ils ont peint le visage des enfants ◆ **to paint one's lips** se mettre du rouge à lèvres ◆ **to paint the town red** faire la noce *, faire la bringue * ◆ **to paint sb into a corner** pousser qn dans ses derniers retranchements ◆ **to paint o.s. into a corner** se mettre dans une impasse
[b] (Art) [+ picture, portrait] peindre ◆ **to paint the scenery** (Theat) brosser les décors ◆ **she painted a vivid picture of the moment she escaped** (= described) elle a décrit son évasion avec beaucoup de vivacité ◆ **he painted the situation in very black colours** il brossa un tableau très sombre de la situation
[c] (Med) [+ throat, wound] badigeonner
[3] vi (Art) peindre, faire de la peinture ◆ **to paint in oils** peindre à l'huile, faire de la peinture à l'huile ◆ **to paint in watercolours** faire de l'aquarelle
[4] COMP ▷ **paint gun** n pistolet m à peinture ▷ **paint remover** n décapant m (pour peinture) ▷ **paint roller** n rouleau m à peinture ▷ **paint spray** n pulvérisateur m (de peinture); (Aut: for repairs) bombe f de peinture or de laque ▷ **paint stripper** n (= chemical) décapant m; (= tool) racloir m

▶ **paint in** vt sep peindre
▶ **paint out** vt sep faire disparaître sous une couche de peinture
▶ **paint over** vt sep [+ slogan, graffiti] couvrir de peinture

paintballing [ˈpeɪntˌbɔːlɪŋ] n jeu guerrier où les projectiles sont des capsules de peinture
paintbox [ˈpeɪntbɒks] n boîte f de couleurs
paintbrush [ˈpeɪntbrʌʃ] n pinceau m, brosse f
painted [ˈpeɪntɪd] [1] adj wall, furniture, room peint
[2] COMP ▷ **painted lady** n (= butterfly) belle-dame f, vanesse f; (pej: also **painted woman**) femme f trop fardée, cocotte * f (pej)
painter¹ [ˈpeɪntər] n [a] (Art) peintre m; → **landscape**, **portrait**
[b] (also **housepainter**) peintre m (en bâtiments) ◆ **painter and decorator** peintre m décorateur
painter² [ˈpeɪntər] n (Naut) amarre f
painterly [ˈpeɪntəlɪ] adj (lit) talents, skill, eye de peintre; (fig) film très pictural; account pittoresque
painting [ˈpeɪntɪŋ] n [a] (NonC: lit, fig) peinture f ◆ **painting in oils** peinture f à l'huile ◆ **to study painting** étudier la peinture
[b] (= picture) tableau m, toile f
paintpot [ˈpeɪntpɒt] n pot m de peinture (lit)
paintwork [ˈpeɪntwɜːk] n (NonC) peinture f
pair [pɛər] → SYN [1] n [a] (= two) [of shoes, socks, scissors, earrings, eyes, spectacles] paire f ◆ **these gloves make** or **are a pair** ces gants vont ensemble ◆ **these socks are not a pair** ces chaussettes sont dépareillées ◆ **a pair of scissors** une paire de ciseaux ◆ **a pair of pyjamas** un pyjama ◆ **a pair of tweezers** une pince à épiler ◆ **I've only got one pair of hands!** je ne peux pas tout faire à la fois ! ◆ **to be** or **have a safe pair of hands** être fiable ◆ **she's got a great pair of legs** * elle a de belles jambes ◆ **John won with a pair of aces** John a gagné avec une paire d'as ◆ **the children were shown pairs of words** on a montré aux enfants des mots deux par deux ◆ **in pairs** (= two together) work etc à deux ; (= by twos) enter etc par deux
[b] [of animals] paire f; (= mated) couple m ; → **carriage**
[c] (= two people) paire f ◆ **you two are a right pair!** * vous faites vraiment la paire tous les deux ! ◆ **pairs of identical twins** paires fpl de vrais jumeaux
[d] (Brit Parl) un de deux députés de partis opposés qui se sont entendus pour s'absenter lors d'un vote
[2] vt [a] [+ socks] appareiller
[b] [+ animals] accoupler, apparier ◆ **to be paired with/against sb** (in competition etc) avoir qn comme partenaire/comme adversaire
[3] vi [gloves etc] aller ensemble ◆ **to pair with** aller avec
[b] [animals] s'accoupler, s'apparier
[4] COMP ▷ **pair bond** n (Zool etc: also **pair-bonding**) union f monogame ▷ **pairs champions** npl champions mpl par couple ▷ **pairs championship** n championnat m en double ▷ **pairs skaters** npl patineurs mpl par couple ▷ **pairs tournament** n tournoi m en double

pairing / palpitating

▶ **pair off** ① vi **a** [people] s'arranger deux par deux ◆ **to pair off with sb** se mettre avec qn

b (Brit Parl) s'entendre avec un adversaire pour s'absenter lors d'un vote

② vt sep mettre par paires ◆ **John was paired off with her at the dance** on lui a attribué John comme cavalier

▶ **pair up** vi [people] former un tandem, faire équipe ◆ **he paired up with his friend for the race** il a fait équipe avec son ami pour la course

pairing ['pɛərɪŋ] n **a** (= pair) [of footballers, rugby players, cricketers] association f ; [of tennis players] équipe f de double ; [of ice-skaters] couple m ; [of golfers] camp m ◆ **the pairing of Laurel and Hardy** (Cine, Theat) le duo or le tandem Laurel et Hardy

b (NonC = action) **the pairing of Dixon with Winterburn was a success** l'association Dixon-Winterburn a été un succès

c (Orn) appariement m

paisley ['peɪzlɪ] ① n (= fabric) laine f à motif cachemire ; (= design: also **paisley pattern**) motif m or dessin m cachemire

② COMP ▷ **paisley shawl** n châle m (à motif) cachemire

pajamas [pə'dʒɑːməz] npl (US) ⇒ **pyjamas**

Paki* ['pækɪ] (Brit pej) (abbrev of **Pakistani**) ① n Pakistanais(e) m(f)

② adj pakistanais(e)

③ COMP ▷ **Paki-basher** n personne qui participe à des attaques racistes contre des immigrés pakistanais ▷ **Paki-bashing** n attaques racistes contre des immigrés pakistanais

Pakistan [ˌpɑːkɪs'tɑːn] n le Pakistan

Pakistani [ˌpɑːkɪs'tɑːnɪ] ① adj pakistanais

② n Pakistanais(e) m(f)

pakora [pə'kɔːrə] n, pl **pakora** or **pakoras** (Culin) pakora m (petit beignet indien)

PAL [pæl] n (TV) (abbrev of **phase alternation line**) PAL m

pal* [pæl] n copain * m, copine * f ; (form of address) mon vieux * ◆ **they're great pals** ils sont très copains *, ce sont de grands copains * ◆ **be a pal!** sois sympa !*

▶ **pal up*** vi devenir copain(s)* (or copine(s)*) (with avec)

palace ['pælɪs] ① n palais m ◆ **the Palace** (= the Queen's entourage) le Palais (de Buckingham) ◆ **bishop's palace** évêché m, palais m épiscopal ◆ **royal palace** palais m royal ◆ **presidential palace** palais m présidentiel

② COMP ▷ **palace revolution** n (fig) révolution f de palais

paladin ['pælədɪn] n paladin m

palaeo... ['pælɪəʊ] pref ⇒ **paleo...**

Palaeozoic [ˌpælɪəʊ'zəʊɪk] adj, n (Geol) paléozoïque m

palais ['pæleɪ] n (Brit: also **palais de danse†**) dancing m, salle f de danse or de bal

palatable ['pælətəbl] → SYN adj food agréable au goût ; (fig) fact etc acceptable

palatal ['pælətl] ① adj palatal ◆ **palatal l** (Ling) l mouillé

② n palatale f

palatalization [ˌpælətəlaɪ'zeɪʃən] n palatalisation f

palatalize ['pælətəlaɪz] vt palataliser, mouiller

palate ['pælɪt] → SYN n (Anat) palais m ◆ **to have a discriminating palate** avoir le palais fin ◆ **too sweet for my palate** trop sucré à mon goût ; → **hard**, **soft**

palatial [pə'leɪʃəl] → SYN adj ◆ **the house is palatial** la maison est un véritable palais ◆ **a palatial hotel** un palace ◆ **the palatial splendour of the building** la splendeur palatiale de cet édifice

palatinate [pə'lætɪnɪt] n palatinat m

palaver [pə'lɑːvər] ① n **a** (lit = discussion) palabre f

b (* = fuss) palabres fpl ◆ **what a palaver!** quelle histoire pour si peu ! ◆ **to make a lot of palaver about** or **over sth** faire toute une histoire à propos de qch

② vi palabrer

pale¹ [peɪl] → SYN ① adj face, person (naturally) pâle ; (from sickness, fear) blême ; (from cold, dawn, moonlight) blafard ◆ **pale grey/pink** gris/rose pâle ◆ **to grow pale** (gen) pâlir ; (from sickness, emotion) blêmir, pâlir ◆ **he looked pale** il était pâle or blême ◆ **pale blue eyes** yeux mpl bleu pâle

② vi [person] (gen) (from shock, emotion) pâlir ; (from sickness) blêmir ; (from fear) pâlir, blêmir ◆ **to pale with fear** pâlir or blêmir de peur ◆ **it pales in comparison with ...**, **it pales into insignificance beside ...** cela paraît dérisoire par rapport or comparé à ... ◆ **her beauty paled beside her mother's** sa beauté était éclipsée par celle de sa mère

③ COMP ▷ **pale ale** n (Brit) pale-ale f (sorte de bière blonde légère) ▷ **pale-faced** adj (= not tanned) au teint pâle ; (from sickness, fear etc) pâle, blême ▷ **pale-skinned** adj à la peau claire

pale² [peɪl] n (= stake) pieu m ◆ **to be beyond the pale** [behaviour, ideas, beliefs] être inadmissible or inacceptable ; [person] dépasser les bornes

paleface ['peɪlfeɪs] n Visage pâle mf

paleness ['peɪlnɪs] n pâleur f

paleo... ['pælɪəʊ] pref paléo...

paleobotany [ˌpælɪəʊ'bɒtənɪ] n paléobotanique f

paleoclimatology [ˌpælɪəʊˌklaɪmə'tɒlədʒɪ] n paléoclimatologie f

paleoecology [ˌpælɪəʊɪ'kɒlədʒɪ] n paléoécologie f

paleographer [ˌpælɪ'ɒgrəfər] n paléographe mf

paleographic [ˌpælɪəʊ'græfɪk] adj paléographique

paleography [ˌpælɪ'ɒgrəfɪ] n paléographie f

paleolithic [ˌpælɪəʊ'lɪθɪk] adj paléolithique ◆ **the paleolithic age** le paléolithique

paleomagnetism [ˌpælɪəʊ'mægnɪtɪzəm] n paléomagnétisme m

paleontological [ˌpælɪˌɒntə'lɒdʒɪkəl] adj paléontologique

paleontologist [ˌpælɪɒn'tɒlədʒɪst] n paléontologue mf

paleontology [ˌpælɪɒn'tɒlədʒɪ] n paléontologie f

Paleozoic [ˌpælɪəʊ'zəʊɪk] ① adj paléozoïque

② n ◆ **the Paleozoic** le paléozoïque

Palermo [pə'lɛəməʊ] n Palerme

Palestine ['pælɪstaɪn] ① n la Palestine f

② COMP ▷ **Palestine Liberation Organization** n Organisation f de libération de la Palestine

Palestinian [ˌpæləs'tɪnɪən] ① adj palestinien

② n Palestinien(ne) m(f)

palette ['pælɪt] ① n (Art, Comput) palette f

② COMP ▷ **palette knife**, pl **palette knives** (Art) couteau m (à palette) ; (for cakes) pelle f (à tarte) ; (for cooking) spatule f

palfrey ['pɔːlfrɪ] n palefroi m

Pali ['pɑːlɪ] n (Ling) pali m

palilalia [ˌpælɪ'leɪlɪə] n palilalie f

palimony* ['pælɪmənɪ] n pension f alimentaire (versée à un(e) ex-concubin(e))

palimpsest ['pælɪmpsest] n palimpseste m

palindrome ['pælɪndrəʊm] n palindrome m

palindromic [ˌpælɪn'drɒmɪk] adj palindromique

paling ['peɪlɪŋ] n (= fence) palissade f ; (= stake) palis m

palisade [ˌpælɪ'seɪd] n **a** palissade f

b (US Geol) ligne f de falaises abruptes

pall¹ [pɔːl] → SYN vi perdre son charme (on sb pour qn) ◆ **the job was beginning to pall for him** il commençait à se lasser de ce poste

pall² [pɔːl] n drap m mortuaire ; (Rel) pallium m ; (fig) [of smoke] voile m ; [of snow] manteau m ; (depressing atmosphere) atmosphère f lugubre ◆ **to cast a pall over** [+ event, celebration] assombrir

Palladian [pə'leɪdɪən] adj (Archit) palladien

palladium [pə'leɪdɪəm] n palladium m

pallbearer ['pɔːlˌbɛərər] n ◆ **to be a pallbearer** porter le cercueil

pallet ['pælɪt] ① n **a** (= mattress) paillasse f ; (= bed) grabat m

b (for handling goods) palette f

c ⇒ **palette**

② COMP ▷ **pallet loader** n palettiseur m ▷ **pallet truck** n transpalette m

palletization [ˌpælɪtaɪ'zeɪʃən] n palettisation f

palletize ['pælɪtaɪz] vt palettiser

palliasse ['pælɪæs] n ⇒ **paillasse**

palliate ['pælɪeɪt] vt (Med, fig) pallier ◆ **palliating drugs** médicaments mpl palliatifs

palliative ['pælɪətɪv] adj, n palliatif m

pallid ['pælɪd] adj person, complexion pâle, blafard ; light blafard ; (fig = insipid) person, entertainment insipide

pallidness ['pælɪdnɪs], **pallor** ['pælər] n pâleur f ; [of face] teint m blafard, pâleur f

pallium ['pælɪəm] n, pl **palliums** or **pallia** ['pælɪə] (Rel, Zool) pallium m

pally* ['pælɪ] adj (très) copain* (copine* f) (with avec)

palm¹ [pɑːm] → SYN ① n [of hand] paume f ◆ **she placed the money in his palm** elle lui mit l'argent dans le creux de la main ◆ **to read sb's palm** lire or lui lire les lignes de la main à qn ◆ **to cross sb's palm with silver** donner la pièce à qn ◆ **to have sb in the palm of one's hand** faire de qn ce qu'on veut ◆ **he had the audience in the palm of his hand** il avait le public dans sa poche * ◆ **to grease** or **oil sb's palm** graisser la patte * à qn

② vt (= conceal) cacher au creux de la main ; (= pick up) subtiliser, escamoter ◆ **to palm sb sth**, **to palm sth to sb** glisser qch or faire passer qch à qn

▶ **palm off** vt sep [+ sth worthless] refiler * (on, onto à) ◆ **to palm sb off** se débarrasser de qn ◆ **they palmed the children off on me** ils m'ont refilé les enfants *

palm² [pɑːm] → SYN ① n (also **palm tree**) palmier m ; (= branch) palme f ; (Rel) rameau m ; (Rel = straw cross) rameaux mpl ◆ **to carry off the palm** remporter la palme

② COMP ▷ **palm court** adj (Brit) music, orchestra etc ⇒ **the dansant** ▷ **palm grove** n palmeraie f ▷ **palm oil** n huile f de palme ▷ **Palm Sunday** n (dimanche m des) Rameaux mpl ▷ **palm wine** n vin m de palme

palmar ['pælmər] adj (Anat) palmaire

palmate ['pælmeɪt] adj (Bot, Zool) palmé

palmcorder ['pɑːmˌkɔːdər] n caméscope m de paume

palmer ['pɑːmər] n (Hist) pèlerin m

palmetto [pæl'metəʊ] ① n, pl **palmettos** or **palmettoes** palmier m nain

② COMP ▷ **the Palmetto State** n (US) la Caroline du Sud

palmist ['pɑːmɪst] n chiromancien(ne) m(f)

palmistry ['pɑːmɪstrɪ] n chiromancie f

palmitic [pæl'mɪtɪk] adj ◆ **palmitic acid** acide m palmitique

palmtop computer ['pɑːmtɒpkəm'pjuːtər] n ordinateur m de poche

palmy ['pɑːmɪ] → SYN adj (fig) heureux ; era florissant, glorieux

palmyra [pæl'maɪrə] n borasse m

palomino [ˌpælə'miːnəʊ] n, pl **palominos** alezan m doré à crins blancs

palooka* [pə'luːkə] n (US pej) pauvre type * m, type * m fini

palp [pælp] n, pl **palps** or **palpi** ['pælpaɪ] ⇒ **palpus**

palpable ['pælpəbəl] → SYN adj (lit) palpable ; (fig) tension, fear, unease, frustration, enthusiasm palpable ; error manifeste

palpably ['pælpəblɪ] adv manifestement, d'une façon évidente

palpate ['pælpeɪt] vt (Med) palper

palpation [pæl'peɪʃən] n (Med) palpation f

palpebral ['pælpɪbrəl] adj palpébral

palpitate ['pælpɪteɪt] → SYN vi palpiter

palpitating ['pælpɪteɪtɪŋ] adj palpitant

palpitation [ˌpælpɪˈteɪʃən] n palpitation f ♦ **to have palpitations** avoir des palpitations

palpus [ˈpælpəs] n, pl **palps** or **palpi** [ˈpælpaɪ] palpe m

palsied † [ˈpɔːlzɪd] → SYN adj (Med) (= paralyzed) paralysé, paralytique ; (= trembling : also fig) tremblotant

palsy † [ˈpɔːlzɪ] n (Med) (= trembling) paralysie f agitante ; (= paralysis) paralysie f

palsy-walsy⁎ [ˌpælzɪˈwælzɪ] adj (Brit) ⇒ **pally**

paltry [ˈpɔːltrɪ] → SYN adj **a** (= tiny, insignificant) amount misérable, dérisoire
b (= petty) behaviour mesquin ; excuse piètre

paludism [ˈpæljʊdɪzəm] n paludisme m

palynological [ˌpælɪnəˈlɒdʒɪkəl] adj palynologique

palynologist [ˌpælɪˈnɒlədʒɪst] n palynologue mf

palynology [ˌpælɪˈnɒlədʒɪ] n palynologie f

pampas [ˈpæmpəs] **1** npl pampa(s) f(pl)
2 COMP ▷ **pampas grass** n herbe f des pampas

pamper [ˈpæmpər] → SYN vt (+ person, pet) bichonner, dorloter ♦ **she pampers her husband with small gifts** elle bichonne or dorlote son mari en lui offrant de petits cadeaux ♦ **pamper your skin with ...** offrez à votre peau ... ♦ **to pamper o.s.** se faire plaisir ♦ **she pampers herself with luxury beauty products** elle se bichonne avec des produits de beauté de luxe ♦ **go on, pamper yourself!** allez, faites-vous plaisir !

pamphlet [ˈpæmflɪt] → SYN n brochure f ; (Literat) opuscule m ; (= scurrilous tract) pamphlet m

pamphleteer [ˌpæmflɪˈtɪər] n auteur m de brochures or d'opuscules ; [of tracts] pamphlétaire mf

Pan [pæn] **1** n Pan m
2 COMP ▷ **Pan pipes** npl flûte f de Pan

pan¹ [pæn] → SYN **1** n **a** (Culin) casserole f ♦ **roasting pan** plat m à rôtir ; → **frying, pot¹**
b [of scales] plateau m ; [of lavatory] cuvette f ; (Miner) batée f ♦ **to go down the pan**⁎ (fig) tomber à l'eau⁎ ; → **brain, flash, salt**
c (US⁎ = face) binette⁎ f, bille f (de clown)⁎ ; → **deadpan**
2 vt **a** [+ sand] laver à la batée
b (⁎ = criticize harshly) [+ film, book] éreinter, démolir ♦ **his work was panned by his boss** son patron a descendu en flammes son travail
3 vi ♦ **to pan for gold** laver le sable aurifère (à la batée)
4 COMP ▷ **pan-fry** vt (Culin) faire sauter ▷ **pan scrubber** n tampon m à récurer

▶ **pan out** ⁎ vi (= turn out) tourner, se passer ; (= turn out well) bien tourner, bien se goupiller⁎ ♦ **it all panned out in the long run** ça s'est (bien) goupillé⁎ en fin de compte ♦ **things didn't pan out as he'd planned** les choses ne se sont pas goupillées⁎ comme il l'avait prévu

pan² [pæn] → SYN **1** vi [camera] faire un panoramique, panoramiquer (to sur) ♦ **the camera panned across the lawn** la caméra a fait un panoramique or a panoramiqué sur le gazon
2 vt ♦ **to pan the camera** panoramiquer

pan... [pæn] pref pan...

panacea [ˌpænəˈsɪə] → SYN n panacée f

panache [pəˈnæʃ] → SYN n panache m

Pan-African [ˌpænˈæfrɪkən] adj panafricain

Pan-Africanism [ˌpænˈæfrɪkənɪzəm] n panafricanisme m

Panama [ˌpænəˈmɑː] **1** n **a** le Panama
b (also **Panama hat**) panama m
2 COMP ▷ **the Panama Canal** n le canal de Panama

Panamanian [ˌpænəˈmeɪnɪən] **1** adj panaméen
2 n Panaméen(ne) m(f)

Pan-American [ˌpænəˈmerɪkən] **1** adj panaméricain
2 COMP ▷ **Pan-American Highway** n route f panaméricaine ▷ **Pan-American Union** n Union f panaméricaine

Pan-Americanism [ˌpænəˈmerɪkənɪzəm] n panaméricanisme m

Pan-Arab [ˌpænˈærəb] adj panarabe

Pan-Arabism [ˌpænˈærəbɪzəm] n panarabisme m

Pan-Asian [ˌpænˈeɪʃən] adj panasiatique

Pan-Asianism [ˌpænˈeɪʃənɪzəm] n panasiatisme m

panatella [ˌpænəˈtelə] n panatel(l)a m

pancake [ˈpænkeɪk] **1** n **a** (Culin) crêpe f ; → **flat¹**
b (Aviat: also **pancake landing**) atterrissage m à plat
c (= make-up) → **pancake make-up**
2 vi (Aviat) se plaquer, atterrir à plat
3 COMP ▷ **pancake batter** n pâte f à crêpes ▷ **pancake coil** n (Elec) galette f ▷ **Pancake Day** n (Brit) mardi m gras ▷ **pancake make-up** n (= powder compact) maquillage m compact ; (pej) tartine f de maquillage ▷ **pancake roll** n (Brit) ≃ rouleau m de printemps ▷ **Pancake Tuesday** n ⇒ **Pancake Day**

panchromatic [ˌpænkrəʊˈmætɪk] adj panchromatique

pancreas [ˈpæŋkrɪəs] n pancréas m

pancreatic [ˌpæŋkrɪˈætɪk] adj pancréatique

pancreatin [ˈpæŋkrɪətɪn] n pancréatine f

pancreatitis [ˌpæŋkrɪəˈtaɪtɪs] n pancréatite f

panda [ˈpændə] **1** n panda m
2 COMP ▷ **panda car** n (Brit) voiture f pie inv (de la police)

pandanus [pænˈdeɪnəs] n, pl **pandanuses** pandanus m

pandemic [pænˈdemɪk] **1** adj universel
2 n pandémie f

pandemonium [ˌpændɪˈməʊnɪəm] → SYN n tohu-bohu m, chahut m (monstre) ♦ **it's sheer pandemonium!** c'est un véritable charivari !, quel tohu-bohu ! ♦ **pandemonium broke loose** il y eut un chahut monstre or un véritable tohu-bohu ♦ **scenes of pandemonium** des scènes de désordre indescriptible

pander [ˈpændər] vi ♦ **to pander to** [+ person] se prêter aux exigences de ; [+ whims, desires] se plier à ; [+ tastes, weaknesses] flatter

p & h [ˌpiːəndˈeɪtʃ] n (US) (abbrev of **postage and handling**) port m et manutention f

P & L (Comm) (abbrev of **profit and loss**) → **profit**

Pandora [pænˈdɔːrə] **1** n Pandore f
2 COMP ▷ **Pandora's box** n boîte f de Pandore

p & p [ˌpiːəndˈpiː] n (abbrev of **postage and packing**) → **postage**

pandrop [ˈpændrɒp] n grosse pastille f de menthe

pane [peɪn] n vitre f, carreau m

panegyric [ˌpænɪˈdʒɪrɪk] adj, n panégyrique m

panegyrize [ˈpænɪdʒɪˌraɪz] vt faire le panégyrique de

panel [ˈpænəl] **1** n **a** [of door, wall] panneau m ; [of ceiling] caisson m
b (Aut, Aviat: also **instrument panel**) tableau m de bord
c (Dress) pan m
d (Jur) (= list) liste f (des jurés) ; (= jury) jury m ♦ **panel of examiners** (Admin, Scol etc) jury m (d'examinateurs)
e (also **interviewing panel**) jury m d'entretien
f (Brit Med : formerly) **to be on a doctor's panel** être inscrit sur le registre d'un médecin conventionné
g (Rad, TV etc) (gen) invités mpl ; (for game) jury m ♦ **a panel of experts** un groupe d'experts, un panel (d'experts)
h (in inquiry) commission f d'enquête ; (= committee) comité m ; [of negotiators etc] table f ronde
2 vt [+ surface] plaquer ; [+ room, wall] recouvrir de panneaux or de boiseries, lambrisser ♦ **panelled door** porte f à panneaux ♦ **oak-panelled** lambrissé de chêne, garni de boiseries de chêne
3 COMP ▷ **panel-beater** n (Aut) carrossier m, tôlier m ▷ **panel-beating** n (Aut) tôlerie f ▷ **panel discussion** n (Rad, TV etc) débat m, table f ronde (qui a lieu devant un public) ▷ **panel doctor** n (Brit: formerly) médecin m conventionné ▷ **panel game** n (Rad, TV) jeu m radiophonique (or télévisé) (avec des équipes d'invités) ▷ **panel patient** n (Brit: formerly) malade mf assuré(e) social(e) ▷ **panel pin** n pointe f, clou m à tête homme ▷ **panel truck, panel van** n (US Aut) camionnette f

panelling, paneling (US) [ˈpænəlɪŋ] n (NonC) panneaux mpl, lambris m, boiseries fpl

panellist, panelist (US) [ˈpænəlɪst] n (Rad, TV) invité(e) m(f) (d'une émission)

Pan-European [ˌpænjʊərəˈpiːən] adj paneuropéen

pang [pæŋ] → SYN n serrement m or pincement m de cœur ♦ **a pang of jealousy/regret** une pointe de jalousie/de regret ♦ **a pang of conscience** un accès de mauvaise conscience, des remords mpl ♦ **he saw her go without a pang** il l'a vue partir sans regret, cela ne lui a fait ni chaud ni froid⁎ de la voir partir ♦ **hunger pangs, pangs of hunger** tiraillements mpl d'estomac

pangolin [pæŋˈɡəʊlɪn] n (Zool) pangolin m

panhandle [ˈpænhændl] **1** n **a** (lit) manche m (de casserole)
b (US = strip of land) bande f de terre ♦ **the Texas panhandle** la partie septentrionale du Texas
2 vi (US⁎ = beg) faire la manche⁎
3 vt (US⁎ = beg from) mendigoter⁎ auprès de
4 COMP ▷ **the Panhandle State** n (US) la Virginie occidentale

panhandler⁎ [ˈpænhændlər] n (US = beggar) mendiant(e) m(f)

panic [ˈpænɪk] → SYN **1** n (NonC) panique f ♦ **to throw a crowd into a panic** semer la panique dans une foule ♦ **to get into a panic** paniquer⁎ ♦ **to throw sb into a panic** paniquer⁎ qn ♦ **in a panic** complètement affolé or paniqué ♦ **we were in a mad panic** c'était la panique générale ♦ **to do sth in a panic** faire qch en catastrophe ♦ **(there's) no panic**⁎, **it can wait** pas de panique⁎ or il n'y a pas le feu⁎, ça peut attendre
2 vi être pris de panique, paniquer⁎ ♦ **she's panicking about the future of our relationship** elle est prise de panique or elle panique⁎ quand elle pense à l'avenir de notre relation ♦ **industry is panicking about the recession** l'industrie panique⁎ à cause de la récession ♦ **don't panic!**⁎ pas d'affolement !, pas de panique !
3 vt [+ crowd] jeter or semer la panique dans ; [+ person] faire paniquer⁎ ♦ **he was panicked by his wife's strange behaviour** le comportement étrange de sa femme le faisait paniquer⁎ ♦ **they were panicked by the prospect of ...** ils étaient pris de panique or ils paniquaient⁎ à la perspective de ... ♦ **she was panicked into burning the letter** dans un moment d'affolement, elle brûla la lettre
4 COMP fear panique ; decision pris dans un moment de panique ▷ **panic attack** n crise f de panique ▷ **panic button**⁎ n (fig) signal m d'alarme ♦ **to hit** or **push the panic button** paniquer⁎ ▷ **panic buying** n achats mpl de précaution ▷ **panic grass** n (Bot) panic m ▷ **panic selling** n (St Ex) vente d'actions sous l'effet de la panique ▷ **panic stations** npl ♦ **it was panic stations** ça a été la panique générale⁎ ▷ **panic-stricken** → SYN adj person, crowd affolé, pris de panique ; look affolé

panicky [ˈpænɪkɪ] → SYN adj report, newspaper alarmiste ; decision, action de panique ♦ **to feel panicky** être pris de panique

panicle [ˈpænɪkəl] n (Bot) panicule f

Pan-Islamic [ˌpænɪzˈlæmɪk] adj panislamique

Pan-Islamism [ˌpænˈɪzləmɪzəm] n panislamisme m

panjandrum [pænˈdʒændrəm] n grand ponte⁎ m, grand manitou⁎ m

pannier [ˈpænɪər] n panier m, corbeille f ; [of pack animal] panier m de bât ; (on cycle, motorcycle: also **pannier bag**) sacoche f

panoply [ˈpænəplɪ] → SYN n panoplie f

panoptic(al) [pænˈɒptɪk(əl)] adj panoptique

panorama [ˌpænəˈrɑːmə] → SYN n panorama m

panoramic [ˌpænəˈræmɪk] → SYN 1 adj panoramique 2 COMP ▷ **panoramic screen** n (Cine) écran m panoramique ▷ **panoramic view** n vue f panoramique

pansy [ˈpænzɪ] n a (Bot) pensée f b (‡ pej = homosexual) tante‡ f, tapette f

pant [pænt] → SYN 1 vi (= gasp) [person] haleter ; [animal] battre du flanc, haleter ♦ **to pant for breath** chercher (à reprendre) son souffle ♦ **the boy/the dog panted along after him** le garçon/le chien le suivait, essoufflé ♦ **he panted up the hill** il grimpa la colline en haletant 2 vt (also **pant out**) [+ words, phrases] dire d'une voix haletante, dire en haletant 3 n halètement m

▶ **pant for** ‡ vt fus **I'm panting for a drink/a cigarette** je meurs d'envie de boire un coup*/d'en griller une*

pantaloon [ˌpæntəˈluːn] n a (a pair of) **pantaloons** une culotte b (Theat) **Pantaloon** Pantalon m

pantechnicon [pænˈteknɪkən] n (Brit) (= van) grand camion m de déménagement ; (= warehouse) entrepôt m (pour meubles)

pantheism [ˈpænθiːɪzəm] n panthéisme m

pantheist [ˈpænθiːɪst] n panthéiste mf

pantheistic [ˌpænθiːˈɪstɪk] adj panthéiste

pantheon [ˈpænθɪən] n panthéon m

panther [ˈpænθəʳ] n, pl **panthers** or **panther** panthère f ; → **black**

panties* [ˈpæntɪz] npl slip m (de femme)

pantihose [ˈpæntɪˌhəʊz] npl (esp US) ♦ (a pair of) **pantihose** un collant, des collants mpl

pantile [ˈpæntaɪl] n tuile f imbriquée

panting [ˈpæntɪŋ] n essoufflement m, halètement m

panto* [ˈpæntəʊ] n (Brit Theat) abbrev of **pantomime 1a**

pantograph [ˈpæntəɡrɑːf] n (Rail, Tech) pantographe m

pantomime [ˈpæntəmaɪm] 1 n a (Brit Theat) (= show) spectacle de Noël pour enfants b (= mime) pantomime f, mime m ♦ **in pantomime** en mimant c (Brit fig pej = fuss) pantomime f, comédie f ♦ **the whole thing was a pantomime** toute cette affaire n'était qu'une pantomime or une comédie ♦ **the government should abandon this pantomime of secrecy** le gouvernement devrait abandonner cette comédie du secret 2 COMP ▷ **pantomime dame** n (Brit) rôle travesti de femme dans un spectacle de Noël

---

PANTOMIME

La **pantomime** ou **panto** est un spectacle de théâtre pour enfants monté au moment de Noël. Le sujet en est un conte de fées ou une histoire populaire (par ex. Cendrillon ou Aladin), généralement présenté sous la forme d'une comédie bouffonne avec des chansons, des costumes fantaisistes et des décors féeriques. Les acteurs font beaucoup appel à la participation du public. Les principaux rôles masculins et féminins sont souvent interprétés par des acteurs du sexe opposé.

---

pantothenic acid [ˌpæntəˈθenɪk] n acide m pantothénique

pantoum [pænˈtuːm] n pantoum m

pantry [ˈpæntrɪ] n (in hotel, mansion) office f ; (in house) garde-manger m inv

pants [pænts] → SYN npl a (Brit = underwear) (a pair of) **pants** un slip b (esp US * = trousers) (a pair of) **pants** (un) pantalon ♦ **short pants** culottes fpl courtes ♦ **long pants** pantalon m (long) ♦ **she's the one who wears the pants*** c'est elle qui porte la culotte* ♦ **to be caught with one's pants down*** être pris au dépourvu ♦ **to bore the pants off sb*** barber qn*, raser qn* ♦ **to charm the pants off sb*** séduire qn ♦ **to beat the pants off sb*** (= defeat) mettre une raclée* à qn ♦ **he scared the pants off me*** il m'a flanqué une de ces trouilles*

pantsuit [ˈpæntsuːt] n (esp US) tailleur-pantalon m

panty girdle [ˈpæntɪˌɡɜːdl] n gaine-culotte f

pantyhose [ˈpæntɪhəʊz] n ⇒ **pantihose**

panty liner [ˈpæntɪˌlaɪnəʳ] n protège-slip m

panzer [ˈpænzəʳ] 1 n panzer m 2 COMP ▷ **panzer division** n division f blindée (allemande)

pap¹ [pæp] → SYN n (Culin) bouillie f ; (fig pej) niaiseries fpl

pap² †† [pæp] n (= nipple) mamelon m

papa [pəˈpɑː] n papa m

papacy [ˈpeɪpəsɪ] n papauté f

papadum [ˈpæpədəm] n poppadum m

papain [pəˈpeɪɪn] n (Chem) papaïne f

papal [ˈpeɪpəl] 1 adj throne, mass, guards pontifical ; legate, election, visit du Pape 2 COMP ▷ **papal bull** n bulle f papale ▷ **papal cross** n croix f papale ▷ **papal infallibility** n infaillibilité f pontificale ▷ **papal nuncio** n nonce m du Pape ▷ **Papal States** npl États mpl pontificaux or de l'Église

Papanicolaou smear [ˌpæpəˈnɪkəluːsmɪəʳ], **Papanicolaou test** [ˌpæpəˈnɪkəluːtest] n ⇒ **Pap smear**

paparazzo [ˌpæpəˈrætsəʊ] n, pl **paparazzi** [ˌpæpəˈrætsiː] paparazzi m inv

papaver [pæˈpɑːvəʳ] n papaver m, pavot m

papaverine [pəˈpeɪvəˌriːn] n papavérine f

papaya [pəˈpaɪə] n (= fruit) papaye f, (= tree) papayer m

paper [ˈpeɪpəʳ] → SYN 1 n a (NonC) papier m ; (pej = piles of paper) paperasses fpl ♦ **a piece of paper** (= odd bit) un bout or un morceau de papier ; (= sheet) une feuille de papier ♦ **he was asked to put his suggestions down on paper** on lui a demandé de mettre ses suggestions par écrit or sur papier ♦ **the project looks impressive enough on paper** sur le papier, le projet semble assez impressionnant ; → **brown, carbon, rice** b (also **newspaper**) journal m ♦ **to write for the papers** faire du journalisme ♦ **it was in the papers yesterday** c'était dans les journaux hier ♦ **I saw it in the paper** je l'ai vu dans le journal ; → **illustrate** c (Scol, Univ) (= set of exam questions) épreuve f (écrite) ; (= student's written answers) copie f ♦ **a geography paper** une épreuve de géographie ♦ **she did a good paper in French** elle a rendu une bonne copie de français d (= scholarly work) (printed) article m ; (spoken) communication f, intervention f ; (in seminar: by student etc) exposé m ♦ **to write a paper on** écrire un article sur e (= government publication) livre m ; → **white, green** f (also **wallpaper**) papier m peint g (Comm) effet m ♦ **commercial paper** effet m de commerce h (US * = money) fric* m 2 **papers** npl (= documents) papiers mpl ♦ **show me your (identity) papers** montrez-moi vos papiers (d'identité) ♦ **call-up papers** (Mil) ordre m d'appel ♦ **ship's papers** papiers mpl de bord ♦ **voting papers** bulletin m de vote 3 vt a [+ room, walls] tapisser ♦ **they papered the walls of the cafe with notices about ...** ils ont tapissé or complètement recouvert le mur du café d'affiches concernant ... b (US fig = fill theatre) **to paper the house*** remplir la salle d'invités 4 COMP doll, towel en papier, de papier ; (fig pej) diploma etc sans valeur, bidon‡ inv ; profits sur le papier, théorique ▷ **paper bag** n sac m en papier ; (small) poche f de papier ♦ **they couldn't fight their way out of a paper bag*** ils sont complètement nuls* ▷ **paper chain** n chaîne f en papier ▷ **paper chase** n jeu m de piste ▷ **paper cup** n gobelet m en carton ▷ **paper currency** n billets mpl (de banque) ▷ **paper-cutter** n massicot m, coupe-papier m inv ▷ **paper dart** n avion m en papier ▷ **paper fastener** n attache f métallique (à tête) ; (= clip) trombone m ▷ **paper handkerchief** n mouchoir m en papier ▷ **paper industry** n industrie f du papier ▷ **paper knife** n, pl **paper knives** coupe-papier m inv ▷ **paper lantern** n

lampion m ▷ **paper loss** n (Fin) perte f comptable ▷ **paper mill** n (usine f de) papeterie f ▷ **paper money** n papier-monnaie m, monnaie f fiduciaire ▷ **paper nautilus** n argonaute m ▷ **paper plate** n assiette f en carton ▷ **paper profit** n (Fin) profit m fictif, plus-value f non matérialisée ▷ **paper qualifications** npl diplômes mpl ▷ **paper round** n tournée f de distribution des journaux ▷ **paper shop** n (Brit) marchand m de journaux ▷ **paper-shredder** n broyeur m (pour papiers) ▷ **paper tape** n (Comput) bande f perforée, ruban m perforé ▷ **paper-thin** adj slice extrêmement fin ; wall fin comme du papier à cigarettes ♦ **to cut sth into paper-thin slices** émincer finement qch ▷ **paper tiger** n tigre m de papier ▷ **paper trail** n (esp US) traces fpl écrites

▶ **paper over** vt fus [+ crack in wall etc] recouvrir de papier ; (fig) [+ differences, disagreements] passer sur ♦ **to paper over the cracks** (fig) dissimuler les problèmes or les failles

paperback [ˈpeɪpəbæk] 1 n livre m broché ; (smaller) livre m de poche ♦ **it exists in paperback** ça existe en (édition de) poche 2 adj ♦ **paperback(ed) edition** édition f brochée ; (smaller) édition f de poche

paperbound [ˈpeɪpəbaʊnd] adj ⇒ **paperbacked** ; → **paperback**

paperboy [ˈpeɪpəbɔɪ] n (delivering) livreur m de journaux ; (selling) vendeur m or crieur m de journaux

paperclip [ˈpeɪpəklɪp] n trombone m ; (= bulldog clip) pince f

papergirl [ˈpeɪpəɡɜːl] n (delivering) livreuse f de journaux ; (selling) vendeuse f de journaux

paperhanger [ˈpeɪpəˌhæŋəʳ] n (Brit = decorator) tapissier-décorateur m ; (US ‡ = crook) passeur m de faux billets (or de chèques falsifiés)

paperless [ˈpeɪpəlɪs] adj ♦ **the paperless office** le bureau informatisé or zéro papier

paperweight [ˈpeɪpəweɪt] n presse-papiers m inv

paperwork [ˈpeɪpəwɜːk] n (gen) tâches fpl administratives ; (pej) paperasserie f ♦ **we need two more people to deal with the paperwork** il nous faut deux personnes de plus pour s'occuper des tâches administratives ♦ **he brings home paperwork every night** il rapporte du travail à la maison tous les soirs

papery [ˈpeɪpərɪ] → SYN adj (gen) (fin) comme du papier ; skin parcheminé

papier-mâché [ˌpæpjeɪˈmæʃeɪ] n papier m mâché

papilionaceous [pəˌpɪlɪəˈneɪʃəs] adj papilionacé

papilla [pəˈpɪlə] n, pl **papillae** [pəˈpɪliː] papille f

papillary [pəˈpɪlərɪ], **papillate** [ˈpæpɪleɪt] adj papillaire

papilloma [ˌpæpɪˈləʊmə] n, pl **papillomas** or **papillomata** [ˌpæpɪˈləʊmətə] papillome m

papillon [ˈpæpɪlɒn] n (= dog) papillon m

papist [ˈpeɪpɪst] (pej) 1 n papiste mf (pej) 2 adj de(s) papiste(s) (pej)

papistry [ˈpeɪpɪstrɪ] n (pej) papisme m (pej)

papoose [pəˈpuːs] n a (= baby) bébé m amérindien b (= baby sling) sac m kangourou, porte-bébé m

pappus [ˈpæpəs] n aigrette f (Bot)

pappy* [ˈpæpɪ] n (US dial) papa m

paprika [ˈpæprɪkə] n paprika m

Pap smear [ˈpæpsmɪəʳ], **Pap test** [ˈpæptest] n frottis m (vaginal)

Papuan [ˈpæpjʊən] 1 adj papou 2 n a Papou(e) m(f) b (Ling) papou m

Papua New Guinea [ˈpæpjʊənjuːˌɡɪnɪ] 1 n la Papouasie-Nouvelle-Guinée 2 adj papou

Papua-New-Guinean [ˈpæpjʊənjuːˌɡɪnɪən] n Papou(e) m(f)

papula [ˈpæpjʊlə], **papule** [ˈpæpjuːl] n, pl **papulae** [ˈpæpjʊliː] or **papules** (Med) papule f

papyrologist [ˌpæpɪˈrɒlədʒɪst] n papyrologue mf

papyrology [ˌpæpɪˈrɒlədʒɪ] n papyrologie f

papyrus [pəˈpaɪərəs] n, pl **papyruses** or **papyri** [pəˈpaɪəraɪ] papyrus m inv

par¹ [pɑːʳ] → SYN 1 n a (= equality of value) égalité f, pair m ; (Fin) [of currency] pair m ◆ **to be on a par with** être comparable à ◆ **an environmental disaster on a par with Chernobyl** une catastrophe écologique comparable à celle de Tchernobyl ◆ **to put sb on a par with** (= compare with) comparer qn avec ; (= consider as equal) considérer qn comme l'égal de ; (= make level with) mettre qn sur le même plan que ◆ **above/below par** (Fin) au-dessus/au-dessous du pair ◆ **at par** (Fin) au pair

 b (= average) moyenne f ◆ **his work isn't up to par, his work is below** or **under par** son travail laisse à désirer ◆ **to feel below** or **under par** (fig) ne pas se sentir en forme

 c (Golf) par m, normale f du parcours ◆ **par three** par trois ◆ **a par three (hole)** un par trois ◆ **four over par** quatre coups au-dessus du par ◆ **that's par for the course** (fig) c'est typique, il fallait (or faut etc) s'y attendre ◆ **his behaviour was par for the course** il a eu un comportement typique

 2 COMP ▷ **par value** n (Fin) valeur f au pair

par² * [pɑːʳ] n (Press) abbrev of **paragraph**

para * [ˈpærə] n a abbrev of **paragraph 1a**

 b (Brit Mil) (abbrev of **paratrooper**) para * m ◆ **the paras** les paras * mpl

 c (Mil) (abbrev of **parachutist**) **the paras** les paras * mpl ◆ **he's in the paras** il est para *

para... [ˈpærə] pref para...

parabasis [pəˈræbəsɪs] n, pl **parabases** [pəˈræbəˌsiːz] parabase f

parabiosis [ˌpærəbaɪˈəʊsɪs] n parabiose f

parable [ˈpærəbl] → SYN n parabole f ◆ **to speak in parables** parler par paraboles

parabola [pəˈræbələ] n parabole f (Math)

parabolic [ˌpærəˈbɒlɪk] adj parabolique

parabolically [ˌpærəˈbɒlɪklɪ] adv paraboliquement, par paraboles

paraboloid [pəˈræbəlɔɪd] n paraboloïde m

parabrake [ˈpærəˌbreɪk] n (Aviat) parachute-frein m, parachute m de freinage

Paracelsus [ˌpærəˈselsəs] n Paracelse m

paracentesis [ˌpærəsenˈtiːsɪs] n, pl **parancenteses** [ˌpærəsenˈtiːsiːz] paracentèse f

paracetamol [ˌpærəˈsiːtəmɒl] n paracétamol m

parachronism [pəˈrækrəˌnɪzəm] n parachronisme m

parachute [ˈpærəʃuːt] 1 n parachute m

 2 vi descendre en parachute ◆ **to parachute behind enemy lines** se faire parachuter derrière les lignes ennemies ◆ **to go parachuting** (Sport) faire du parachutisme

 3 vt [+ person, supplies] parachuter ◆ **food supplies were parachuted into the mountains** on a parachuté des vivres dans les montagnes

 4 COMP cords de parachute ▷ **parachute drop** n parachutage m ▷ **parachute jump** n saut m en parachute ▷ **parachute regiment** n régiment m de parachutistes

parachutist [ˈpærəʃuːtɪst] n parachutiste mf

Paraclete [ˈpærəkliːt] n ◆ **the Paraclete** Le Paraclet

parade [pəˈreɪd] → SYN 1 n a (gen, Mil) (= procession) défilé m ; (= ceremony) parade f, revue f ◆ **to be on parade** (Mil) (= drilling) être à l'exercice ; (for review) défiler

 b (fig) **parade of** (= exhibition of) [+ wares, goods] étalage m de ; (= procession, series of) [+ people] défilé m de ◆ **an endless parade of advertisements** des publicités à n'en plus finir ◆ **the dockers' parade of support for their union leader** (gen) la manifestation de soutien des dockers à leur leader syndical ; (pej) le soutien que les dockers font mine d'apporter au leader de leur syndicat

 c (esp Brit = road) boulevard m (souvent au bord de la mer)

 d (Mil: also **parade ground**) terrain m de manœuvres

 2 vt [+ troops] faire défiler ; (fig = display) [+ one's wealth, possessions] faire étalage de, afficher ◆ **she never paraded her knowledge** elle ne faisait jamais étalage de ses connaissances ◆ **these reforms were paraded as progress** (pej) ces réformes ont été présentées comme un progrès

 3 vi (Mil) défiler

▶ **parade about** *, **parade around** * vi se balader *, circuler * ◆ **don't parade about with nothing on!** ne te promène pas or ne te balade * pas tout nu !

paradigm [ˈpærədaɪm] n paradigme m

paradigmatic [ˌpærədɪɡˈmætɪk] adj paradigmatique

paradisaic [ˌpærədɪˈseɪɪk], **paradisal** [ˌpærəˈdaɪsəl] adj ⇒ **paradisiacal**

paradise [ˈpærədaɪs] → SYN 1 n paradis m ◆ **an earthly paradise** (fig) un paradis terrestre ◆ **it's a nature-lover's etc paradise** c'est un paradis pour les amoureux de la nature etc ◆ **to go to paradise** (euph = die) aller au ciel ◆ "**Paradise Lost**" (Literat) "Le Paradis perdu" ; → **fool¹**, **bird**

 2 COMP ▷ **paradise fish** n macropode m

paradisiacal [ˌpærədɪˈsaɪəkəl] adj paradisiaque

paradox [ˈpærədɒks] → SYN n paradoxe m

paradoxical [ˌpærəˈdɒksɪkəl] → SYN adj paradoxal

paradoxically [ˌpærəˈdɒksɪkəlɪ] adv paradoxalement

paraesthesia [ˌpærɛsˈθiːzɪə] n paresthésie f

paraffin [ˈpærəfɪn] 1 n (Chem) paraffine f ; (Brit = fuel: also **paraffin oil**) pétrole m (lampant) ◆ **liquid paraffin** (Med) huile f de paraffine

 2 COMP ▷ **paraffin heater** n poêle m à mazout or à pétrole ▷ **paraffin lamp** n lampe f à pétrole ▷ **paraffin wax** n paraffine f

paraglider [ˈpærəˌɡlaɪdəʳ] n a (= person) parapentiste mf

 b (= object) parapente m

paragliding [ˈpærəˌɡlaɪdɪŋ] n (NonC) parapente m

paragon [ˈpærəɡən] → SYN n modèle m, parangon m ◆ **a paragon of virtue** un modèle or parangon de vertu

paragraph [ˈpærəɡrɑːf] → SYN 1 n a paragraphe m ◆ "**new paragraph**" "à la ligne" ◆ **to begin a new paragraph** aller à la ligne

 b (newspaper item) entrefilet m

 2 vt diviser en paragraphes

 3 COMP ▷ **paragraph mark** n (Typ) pied m de mouche

paragraphia [ˌpærəˈɡrɑːfɪə] n (Psych) paragraphie f

Paraguay [ˈpærəɡwaɪ] 1 n le Paraguay

 2 COMP ▷ **Paraguay tea** n (Bot, Culin) maté m

Paraguayan [ˌpærəˈɡwaɪən] 1 adj paraguayen

 2 n Paraguayen(ne) m(f)

parakeet [ˈpærəkiːt] n perruche f (ondulée)

paralanguage [ˈpærəˌlæŋɡwɪdʒ] n (Ling) paralangage m

paralegal [ˈpærəˌliːɡəl] n (esp US) 1 n auxiliaire juridique

 2 adj secretary, assistant juridique

paralinguistic [ˈpærəlɪŋˈɡwɪstɪk] adj (Ling) paralinguistique

parallactic [ˌpærəˈlæktɪk] adj parallactique

parallax [ˈpærəlæks] n parallaxe f

parallel [ˈpærəlel] → SYN 1 adj a (Geom, Math etc) parallèle (with, to à) ◆ **the road runs parallel to the railway** la route est parallèle à la voie de chemin de fer

 b (fig) situation, process, event, operation analogue ; development parallèle (with, to à) ; talks, negotiations en parallèle ◆ **a parallel universe** un univers parallèle ◆ **in a parallel step, they ...** de la même manière, ils ...

 c (Ski) parallèle

 2 adv parallèlement (to à)

 3 n a (Geog) parallèle m ◆ **the 22nd parallel** le 22ᵉ parallèle

 b (Math) (ligne f) parallèle f

 c (= parallèle m, comparaison f ◆ **to draw a parallel between** établir or faire un parallèle ou une comparaison entre ◆ **an event without parallel in the modern era** un événement sans précédent à l'époque moderne ◆ **this wooded landscape is almost without parallel (anywhere else)** ce paysage sylvestre est (pratiquement) unique ◆ **he/she is without parallel** il/elle est sans pareil(le) ◆ **to happen etc in parallel with sth** arriver etc parallèlement à or en parallèle avec qch

 4 vt (Math) être parallèle à ; (fig) (= find equivalent to) trouver un équivalent à ; (= be equal to) égaler ◆ **a superb performance that no-one (else) could parallel** une magnifique performance que personne ne pourrait égaler ◆ **the increase in the number of smokers has been paralleled by an increase in lung cancers** l'augmentation du nombre des fumeurs s'est accompagnée d'une augmentation des cas de cancer du poumon ◆ **his success here has not been paralleled by recognition in his home country** le succès qu'il remporte ici n'a pas trouvé d'équivalent dans son pays d'origine

 5 COMP ▷ **parallel bars** npl barres fpl parallèles ▷ **parallel-park** vi (Aut) faire un créneau ▷ **parallel processing** n (Comput) traitement m en parallèle ▷ **parallel turn** n virage m parallèle

parallelepiped [ˌpærəˌleləˈpaɪped] n parallélépipède m

parallelism [ˈpærəlelɪzəm] n (Math, fig) parallélisme m

parallelogram [ˌpærəˈleləʊɡræm] n parallélogramme m

paralogism [pəˈrælədʒɪzəm] n paralogisme m

Paralympic [ˌpærəˈlɪmpɪk] 1 adj paralympique

 2 **Paralympics** npl ⇒ **Paralympic Games**

 3 COMP ▷ **Paralympic Games** npl Jeux mpl paralympiques

paralysis [pəˈrælɪsɪs] → SYN n, pl **paralyses** [pəˈrælɪsiːz] a (Med) paralysie f ; → **creeping**, **infantile**

 b (fig) [of country, government, trade, talks] paralysie f ; [of traffic etc] immobilisation f ◆ **political paralysis** immobilisme m politique

paralytic [ˌpærəˈlɪtɪk] → SYN 1 adj a (Med) paralytique

 b (Brit ‡ = drunk) ivre mort

 2 n paralytique mf

paralyzation [ˌpærəlaɪˈzeɪʃən] n immobilisation f

paralyze [ˈpærəlaɪz] → SYN vt a (Med) paralyser ◆ **his arm is paralyzed** il est paralysé du bras ◆ **paralyzed from the waist/neck down** paralysé des membres inférieurs/des quatre membres

 b (fig) [+ person, traffic, communications] paralyser ◆ **paralyzed with fear** paralysé or transi de peur ◆ **paralyzing cold** froid m paralysant ◆ **paralyzing fear/loneliness** peur f/solitude f pétrifiante ◆ **paralyzing shyness** timidité f maladive

paramagnetic [ˌpærəmæɡˈnetɪk] adj paramagnétique

paramagnetism [ˌpærəˈmæɡnətɪzəm] n paramagnétisme m

paramecium [ˌpærəˈmiːsɪəm] n (Zool) paramécie f

paramedic [ˌpærəˈmedɪk] n auxiliaire mf médical(e)

paramedical [ˌpærəˈmedɪkəl] adj paramédical

parament [ˈpærəmənt] n, pl **paraments** or **paramenta** [ˌpærəˈmentə] parement m

parameter [pəˈræmɪtəʳ] → SYN 1 n a (Math) paramètre m

 b (fig = criterion, principle) critère m, paramètre m ◆ **to define** or **establish** or **set the parameters of** or **for sth** définir les critères or paramètres de qch ◆ **to fall within certain parameters** respecter certains critères ◆ **within the parameters of ...** dans les limites de ... ◆ **the technical parameters of the system** les caractéristiques techniques de ce système ◆ **the parameters of their energy policy** les orientations principales de leur politique énergétique

parametric [ˌpærəˈmetrɪk] adj paramétrique

paramilitary [ˌpærəˈmɪlɪtərɪ] 1 adj organization, group, operation paramilitaire

paramnesia / paring

② n (= member) membre m d'une force paramilitaire ◆ **the paramilitaries** les forces fpl paramilitaires
③ **the paramilitary** npl (= organizations) les forces fpl paramilitaires

paramnesia [ˌpæræmˈniːzɪə] n paramnésie f

paramorphine [ˌpærəˈmɔːfiːn] n paramorphine f

paramount [ˈpærəmaʊnt] → SYN adj primordial ◆ **of paramount importance** d'une importance primordiale, de la plus haute importance ◆ **the interests of the child are paramount** les intérêts de l'enfant sont primordiaux or passent avant tout

paramountcy [ˈpærəˌmaʊntsɪ] n suprématie f

paramour [ˈpærəmʊər] n (liter) amant m, maîtresse f

parang [ˈpɑːræŋ] n petit couteau malaisien

paranoia [ˌpærəˈnɔɪə] n paranoïa f

paranoic [ˌpærəˈnɔɪk], **paranoiac** [ˌpærəˈnɔɪæk] adj, n paranoïaque mf

paranoid [ˈpærənɔɪd] ① adj a (Psych) paranoïde
b (* fig) parano *
② n paranoïaque mf

paranoidal [ˌpærəˈnɔɪdl] adj paranoïde

paranormal [ˌpærəˈnɔːml] ① adj paranormal
② n ◆ **the paranormal** les phénomènes mpl paranormaux

parapente [ˈpærəpɒnt] n paraski m, parapente m à ski

parapet [ˈpærəpɪt] n a (of bridge, roof etc) parapet m, garde-fou m ◆ **to put or stick * one's head above the parapet** se mouiller *, prendre un risque ◆ **to keep one's head below the parapet** ne pas se mouiller *, ne pas prendre de risques
b (Mil) parapet m

paraph [ˈpæræf] n paraphe m or parafe m

paraphasia [ˌpærəˈfeɪzɪə] n paraphasie f

paraphernalia [ˌpærəfəˈneɪlɪə] → SYN n (pl inv)
a (= belongings: also for hobbies, sports etc) attirail m
b (* = bits and pieces) bazar * m

paraphrase [ˈpærəfreɪz] → SYN ① n paraphrase f
② vt paraphraser

paraphrastic [ˌpærəˈfræstɪk] adj paraphrastique

paraphysis [pəˈræfɪsɪs] n, pl **paraphyses** [pəˈræfɪˌsiːz] paraphyse f

paraplegia [ˌpærəˈpliːdʒə] n paraplégie f

paraplegic [ˌpærəˈpliːdʒɪk] ① adj (gen) paraplégique ; games pour les paraplégiques
② n paraplégique mf

paraprofessional [ˌpærəprəˈfeʃənl] adj, n paraprofessionnel(le) mf

parapsychological [ˌpærəˌsaɪkəˈlɒdʒɪkəl] adj parapsychologique, parapsychique

parapsychologist [ˌpærəsaɪˈkɒlədʒɪst] n parapsychologue mf

parapsychology [ˌpærəsaɪˈkɒlədʒɪ] n parapsychologie f

Paraquat ® [ˈpærəkwɒt] n paraquat ® m

parasailing [ˈpærəˌseɪlɪŋ] n (NonC) parachutisme m ascensionnel

parascending [ˈpærəˌsendɪŋ] n (Sport) parachutisme m ascensionnel ◆ **to go parascending** faire du parachute ascensionnel

parasite [ˈpærəsaɪt] → SYN n (Bot, Zool, fig) parasite m

parasitic(al) [ˌpærəˈsɪtɪk(əl)] adj a (lit, fig) parasite (on de)
b (Med) disease parasitaire

parasiticidal [ˌpærəsɪtɪˈsaɪdl] adj parasiticide

parasiticide [ˌpærəˈsɪtɪsaɪd] n parasiticide m

parasitism [ˈpærəsɪtɪzəm] n parasitisme m

parasitize [ˈpærəsɪtaɪz] vt parasiter

parasitologist [ˌpærəsaɪˈtɒlədʒɪst] n parasitologue mf

parasitology [ˌpærəsaɪˈtɒlədʒɪ] n parasitologie f

parasitosis [ˌpærəsɪˈtəʊsɪs] n parasitose f

paraskiing [ˈpærəˌskiːɪŋ] n paraski m, parapente m à ski

parasol [ˈpærəˌsɒl] ① n (hand-held) ombrelle f ; (over table etc) parasol m
② COMP ▷ **parasol mushroom** n coulemelle f

parasuicide [ˌpærəˈsuːsaɪd] n faux suicide m

parasympathetic [ˌpærəsɪmpəˈθetɪk] ① adj parasympathique
② COMP ▷ **parasympathetic nervous system** n système m parasympathique

parasynthesis [ˌpærəˈsɪnθəsɪs] n (Ling) dérivation f parasynthétique

parasynthetic [ˌpærəsɪnˈθetɪk] adj (Ling) parasynthétique

paratactic [ˌpærəˈtæktɪk] adj ◆ **paratactic style** parataxe f

parataxis [ˌpærəˈtæksɪs] n parataxe f

parathyroid [ˌpærəˈθaɪrɔɪd] ① adj parathyroïdien
② n (also **parathyroid gland**) parathyroïde f

paratrooper [ˈpærəˌtruːpər] n parachutiste mf (soldat)

paratroops [ˈpærəˌtruːps] npl (unités fpl de) parachutistes mpl

paratyphoid [ˌpærəˈtaɪfɔɪd] ① adj paratyphique ◆ **paratyphoid fever** paratyphoïde f
② n paratyphoïde f

parboil [ˈpɑːbɔɪl] vt (Culin) faire bouillir or faire cuire à demi

parbuckle [ˈpɑːˌbʌkl] (Naut) ① vt trévirer
② n trévire f

parcel [ˈpɑːsəl] → SYN ① n a (= package) colis m, paquet m
b (= portion) [of land] parcelle f ; [of shares] paquet m ; [of goods] lot m ; → **part**
c (esp Brit fig) **a parcel of lies** un tas * or un tissu de mensonges ◆ **it's a parcel of nonsense** c'est des inepties ◆ **a parcel of fools** un tas * or une bande * d'idiots
② vt (also **parcel up**) [+ object, purchases] emballer, empaqueter
③ COMP ▷ **parcel bomb** n colis m piégé ▷ **parcel net** n filet m à bagages ▷ **parcel post** n service m de colis postaux, service m de messageries ◆ **to send sth (by) parcel post** envoyer qch par colis postal ▷ **parcel shelf** n (Aut) plage f arrière ▷ **parcels office** n bureau m des messageries

▶ **parcel out** vt sep [+ money, jobs, privileges etc] distribuer ; [+ inheritance] partager ; [+ land] lotir ; [+ tasks, duties] répartir

parch [pɑːtʃ] → SYN vt [+ crops, land] dessécher, brûler

parched [pɑːtʃt] adj lips, soil, plants desséché ◆ **I'm parched!** * je meurs de soif ! *

parchment [ˈpɑːtʃmənt] n parchemin m ◆ **parchment paper** papier-parchemin m

pardner * [ˈpɑːdnər] n (US) camarade m ◆ **so long, pardner!** au revoir, mon pote ! *

pardon [ˈpɑːdən] → SYN ① n a (NonC) pardon m ; → **beg**
b (Rel) indulgence f
c (Jur) (free) pardon grâce f ◆ **letter of pardon** lettre f de grâce ◆ **general pardon** amnistie f ◆ **royal pardon** grâce f royale ◆ **to grant sb a posthumous pardon** réhabiliter la mémoire de qn
② vt a [+ mistake, person] (gen) pardonner ; (Rel) absoudre ◆ **to pardon sb for sth** pardonner qch à qn ◆ **to pardon sb for doing sth** pardonner à qn d'avoir fait qch ◆ **pardon me** (apologizing for sth) excusez-moi, désolé ; (disagreeing politely) excusez-moi ; (interrupting) excusez-moi, pardonnez-moi ◆ **pardon me?** (US) comment ?, pardon ? ◆ **pardon me for troubling you** excusez-moi de vous déranger ◆ **pardon my asking, but ...** excusez-moi de vous poser cette question, mais ... ◆ **pardon me for breathing/speaking/living!** * (iro) excuse-moi de respirer/de parler/de vivre ! ◆ **pardon my French!** * (hum : after swearing) passez-moi or pardonnez-moi l'expression ! ◆ **if you'll pardon the expression** si vous me pardonnez l'expression
b (Jur) [+ criminal] gracier ; (= grant amnesty to) amnistier ; (posthumously) réhabiliter la mémoire de
③ excl (apologizing) pardon !, excusez-moi !
◆ **pardon?** (not hearing) comment ?, pardon ?

pardonable [ˈpɑːdnəbl] → SYN adj mistake pardonnable ; (Jur) graciable

pardonably [ˈpɑːdnəblɪ] adv de façon bien excusable or bien pardonnable

pardoner [ˈpɑːdənər] n (Rel Hist) religieux autorisé à dispenser des indulgences

pare [peər] vt a [+ fruit] peler, éplucher ; [+ nails] rogner, couper
b (= reduce: also **pare down**) [+ expenses] réduire

parenchyma [pəˈreŋkɪmə] n (Anat, Bot) parenchyme m

parent [ˈpeərənt] → SYN ① n (= father) père m ; (= mother) mère f ◆ **his parents** ses parents mpl ◆ **to be born of Scottish parents** être né de parents écossais ◆ **the parent birds/animals** les parents mpl de l'oiseau/l'animal
② COMP interest, involvement etc parental, des parents ▷ **parent company** n (Comm, Fin) maison f or société f mère ▷ **parent power** * n (Scol) influence f des parents d'élèves ▷ **parents' evening** n (Scol) réunion f d'information avec les parents (d'élèves) ▷ **parent-teacher association** n (Scol) association f de parents d'élèves et de professeurs ▷ **parent tree** n souche f

parentage [ˈpeərəntɪdʒ] → SYN n ◆ **of Scottish parentage** (mother and father) (né) de parents écossais ◆ **of unknown parentage** de parents inconnus ◆ **children of (racially) mixed parentage** les enfants issus de couples mixtes ◆ **there was some confusion about his parentage** on ne savait pas exactement qui étaient ses parents ◆ **genetic techniques that provide proof of parentage** des techniques génétiques qui permettent de prouver les liens de parenté

parental [pəˈrentl] adj choice des parents, parental ; involvement, cooperation, responsibility parental ; rights, attitudes des parents ◆ **parental consent** le consentement des parents ◆ **parental control** or **authority** l'autorité f parentale ◆ **parental leave** congé m parental ◆ **parental responsibility** la responsabilité des parents ◆ **parental rights over a child** (gen) les droits mpl des parents sur leur enfant ; (Jur) la tutelle d'un enfant

parenteral [pæˈrentərəl] adj parentéral

parenthesis [pəˈrenθɪsɪs] n, pl **parentheses** [pəˈrenθɪsiːz] parenthèse f ◆ **in parenthesis** or **parentheses** entre parenthèses

parenthetic(al) [ˌpærənˈθetɪk(əl)] adj entre parenthèses

parenthetically [ˌpærənˈθetɪkəlɪ] adv entre parenthèses

parenthood [ˈpeərənthʊd] n condition f de parent(s), paternité f (or maternité f) ◆ **the joys of parenthood** les joies fpl de la maternité (or paternité) ◆ **the responsibilities of parenthood** les responsabilités fpl des parents or que l'on a quand on a des enfants ◆ **she doesn't feel ready for parenthood** elle ne se sent pas mûre pour avoir des enfants

parenting [ˈpeərəntɪŋ] n éducation f des enfants ◆ **parenting is a full-time occupation** l'éducation d'un enfant or élever un enfant est un travail à plein temps ◆ **shared parenting** partage m de l'éducation des enfants

parer [ˈpeərər] n épluche-légumes m inv

paresis [pəˈriːsɪs] n, pl **pareses** [pəˈriːsiːz] (Med) parésie f

paresthesia [ˌpæresˈθiːzɪə] n (US) ⇒ **paraesthesia**

parhelic circle [pɑːˈhiːlɪk] n (Met) cercle m parhélique

parhelion [pɑːˈhiːlɪən] n, pl **parhelia** [pɑːˈhiːlɪə] (Met) par(h)élie m

pariah [pəˈraɪə] → SYN n paria m

parietal [pəˈraɪɪtl] ① adj pariétal
② n (Anat) pariétal m
③ **parietals** npl (US Univ) heures fpl de visite (du sexe opposé dans les chambres d'étudiants)

paring [ˈpeərɪŋ] n a **parings** [of fruit, vegetable] épluchures fpl, pelures fpl ; [of nails] bouts mpl d'ongles ; [of metal] rognures fpl (de métal), cisaille f ◆ **potato parings** épluchures fpl de pommes de terre

ANGLAIS-FRANÇAIS 680

b action f d'éplucher or de peler etc ◆ **paring knife** couteau m à éplucher, éplucheur m ; → **cheeseparing**

pari passu ['pæri'pæsu:] adv (frm) de pair

paripinnate [,pæri'pineit] adj paripenné

Paris ['pæris] **1** n Paris ◆ **the Paris Basin** (Geog) le Bassin parisien ; → **plaster**

2 adj society, nightlife, metro etc parisien ◆ **Paris fashions** la mode de Paris, la mode parisienne ◆ **Paris people** les Parisiens mpl

parish ['pærɪʃ] → SYN **1** n (Rel) paroisse f ; (Brit: civil) commune f ; (US: in Louisiana) ≈ comté m

2 COMP ▷ **parish church** n église f paroissiale ▷ **parish council** n ≈ conseil m municipal (d'une petite commune rurale, en Angleterre) ▷ **parish hall** n salle f paroissiale or municipale ▷ **parish priest** n (Catholic) curé m ; (Protestant) pasteur m ▷ **parish-pump** adj (Brit pej) subject d'intérêt purement local ; attitude borné ◆ **parish-pump mentality/politics/rivalries** esprit m/politique f/rivalités fpl de clocher ▷ **parish register** n registre m paroissial ▷ **parish school** † n école f communale

parishioner [pə'rɪʃənər] n paroissien(ne) m(f)

Parisian [pə'rɪzɪən] **1** adj district, theatre, street parisien, de Paris ; habit, personality, society parisien ; life à Paris

2 n Parisien(ne) m(f)

parisyllabic [,pærisɪ'læbɪk] adj parisyllabique

parity ['pæriti] → SYN **n** **a** [of rights, currencies] parité f ; (in arms race) équilibre m ◆ **they want parity with their colleagues in the private sector** ils veulent une parité des salaires et des conditions de travail avec leurs collègues du secteur privé

b (Fin) parité f ◆ **at parity (with)** à parité (avec) ◆ **exchange at parity** change m au pair or à (la) parité

c (US Agr) taux m de parité

park [pɑ:k] → SYN **1** n **a** (= public garden) jardin m public, parc m ; (= garden of country house) parc m ; → **car, national, retail, safari**

b (Brit Sport = field) terrain m

2 vt **a** [+ car etc] garer ◆ **to park the car** garer la voiture, se garer ◆ **don't park the car in the street** ne laisse pas la voiture dans la rue ◆ **a line of parked cars** une rangée de voitures en stationnement ◆ **he was parked near the theatre** il était stationné or garé près du théâtre

b (* = leave) to park a child with sb laisser un enfant chez qn ◆ **I parked granddad in an armchair** j'ai installé pépé dans un fauteuil ◆ **she parked herself on the sofa/at our table** elle s'est installée sur le canapé/à notre table

3 vi stationner, se garer ◆ **I was parking when I caught sight of him** j'étais en train de me garer quand je l'aperçus ◆ **do not park here** ne stationnez pas ici

4 COMP ▷ **park-and-ride** n stationnement en périphérie d'agglomération combiné à un système de transport en commun ▷ **park bench** n banc m de parc ▷ **park keeper** n (Brit) gardien(ne) m(f) de parc ▷ **park ranger** n (in national park) gardien(ne) m(f) de parc national ; (in forest) garde m forestier ; (in game reserve) garde-chasse m ▷ **park-ride** ⇒ **park-and-ride** ▷ **park warden** n ⇒ **park keeper**

parka ['pɑ:kə] n parka f

parkin ['pɑ:kɪn] n gâteau m à l'avoine et au gingembre

parking ['pɑ:kɪŋ] **1** n stationnement m ◆ "**parking**" "parking", "stationnement autorisé" ◆ "**no parking**" "défense de stationner", "stationnement interdit" ◆ **parking is very difficult** il est très difficile de trouver à se garer ◆ **there's plenty of parking (space)** il y a de la place pour se garer

2 COMP ▷ **parking attendant** n gardien m de parking, gardien m de parc de stationnement ▷ **parking bay** n emplacement m (sur un parking) ▷ **parking brake** n (US) frein m à main ▷ **parking garage** n (US) parking m (couvert) ▷ **parking lights** npl (US) feux mpl de position ▷ **parking lot** n (US) parking m, parc m de stationnement ▷ **parking meter** n parcmètre m ▷ **parking place, parking space** n place f de stationnement ◆ **I**

couldn't find a parking place or **space** je n'ai pas pu trouver à me garer ▷ **parking ticket** n P.-V. * m, contravention f

parkinsonism ['pɑ:kɪnsənɪzəm] n parkinsonisme m

Parkinson's (disease) ['pɑ:kɪnsənz(dɪ,zi:z)] n maladie f de Parkinson

Parkinson's law ['pɑ:kɪnsənlɔ:] n loi f de Parkinson (principe humoristique selon lequel toute tâche finit par occuper l'intégralité du temps qu'on a alloué à son accomplissement)

parkland ['pɑ:klænd] n espace(s) m(pl) vert(s)

parkway ['pɑ:kweɪ] n (US) route f (à plusieurs voies) bordée d'espaces verts

parky * ['pɑ:kɪ] adj (Brit) ◆ **it's a bit parky!** il fait frisquet ! *

parlance ['pɑ:ləns] n langage m, parler m ◆ **in common parlance** en langage courant ◆ **in medical/legal parlance** en langage médical/juridique ◆ **in the parlance of our profession** dans le jargon de notre profession

parlando [pɑ:'lændəʊ] adv (Mus) parlando

parlay ['pɑ:lɪ] (US) **1** vt (Betting) réemployer (les gains d'un précédent pari et le pari originel) ; (fig) [+ talent, inheritance] faire fructifier

2 vi (fig) faire fructifier de l'argent

parley ['pɑ:lɪ] → SYN **1** n pourparlers mpl

2 vi (also Mil) parlementer (with avec) ; (more frm) entrer or être en pourparlers (with avec)

parliament ['pɑ:ləmənt] → SYN **n** **a** (= institution, building) parlement m ◆ **Parliament** (Brit Hist) Parlement m ◆ **the London** or **Westminster Parliament** le Parlement de Londres or Westminster ◆ **in Parliament** au Parlement ◆ **to go into** or **enter Parliament** entrer au Parlement ◆ **the Queen opened Parliament** la reine a ouvert la session parlementaire ; → **house, member**

b (= period between elections) législature f ◆ **during the life of this parliament** au cours de cette législature

parliamentarian [,pɑ:ləmən'tɛərɪən] **1** n **a** (Brit Parl = MP) parlementaire mf, membre m du Parlement

b (Brit Hist) parlementaire mf

c (US = expert) spécialiste mf des procédures parlementaires

2 adj (Brit Hist) parlementaire

parliamentarianism [,pɑ:ləmən'tɛərɪənɪzəm] n parlementarisme m

parliamentary [,pɑ:lə'mentərɪ] → SYN **1** adj debate, session, business, language, majority parlementaire ◆ **parliamentary candidate** candidat m au Parlement

2 COMP ◆ **parliamentary agent** n agent m parlementaire ▷ **Parliamentary Commissioner** n (Brit) médiateur m, -trice f ▷ **parliamentary democracy** n démocratie f parlementaire ▷ **parliamentary election** n élections fpl législatives ▷ **parliamentary government** n (NonC) gouvernement m parlementaire ▷ **Parliamentary Labour Party** n (Brit) députés mpl du parti travailliste ▷ **parliamentary private secretary** n (Brit) parlementaire attaché à un ministre assurant la liaison avec les autres parlementaires ▷ **parliamentary privilege** n (Brit) immunité f parlementaire ▷ **parliamentary secretary** n (Brit) (parlementaire mf faisant fonction de) sous-secrétaire mf d'État

parlour, parlor (US) ['pɑ:lər] → SYN **1** n († : in house) petit salon m ; (in convent) parloir m ; († : in bar) arrière-salle f ; → **beauty, funeral**

2 COMP ▷ **parlor car** n (US Rail) pullman m ▷ **parlour game** n jeu m de société

parlourmaid ['pɑ:ləmeɪd] n servante f

parlous ['pɑ:ləs] → SYN adj (frm) alarmant

Parma ['pɑ:mə] **1** n Parme

2 COMP ▷ **Parma ham** n jambon m de Parme ▷ **Parma violet** n violette f de Parme

Parmesan [,pɑ:mɪ'zæn] n (also **Parmesan cheese**) parmesan m

Parnassian [pɑ:'næsɪən] adj parnassien

Parnassus [pɑ:'næsəs] n le Parnasse ◆ (**Mount**) **Parnassus** le mont Parnasse

parochial [pə'rəʊkɪəl] → SYN **1** adj (Rel) paroissial ; (fig pej) attitude, outlook borné ◆ **they're**

very parochial ils ont vraiment l'esprit de clocher, ils ne sont pas très ouverts sur le monde

2 COMP ▷ **parochial school** n (US) école f catholique

parochialism [pə'rəʊkɪəlɪzəm] n esprit m de clocher

parodic [pæ'rɒdɪk] adj parodique

parodist ['pærədɪst] n parodiste mf

parody ['pærədɪ] → SYN **1** n (lit, fig) parodie f

2 vt parodier

parole [pə'rəʊl] **1** n **a** (Jur) (= period of release) liberté f conditionnelle ; (= act of release) mise f en liberté conditionnelle ◆ **to release sb on parole** mettre qn en liberté conditionnelle ◆ **to break parole** se rendre coupable d'un délit entraînant la révocation de la libération conditionnelle ◆ **ten years without parole** dix ans de prison sans possibilité de libération conditionnelle

b (Mil etc) parole f d'honneur ◆ **on parole** sur parole

c [pæ'rɒl] (Ling) parole f

2 vt [+ prisoner] mettre or placer en liberté conditionnelle

3 COMP ▷ **parole board** n (Brit) comité de probation et d'assistance aux prisonniers mis en liberté conditionnelle ▷ **parole officer** n (US) contrôleur m judiciaire (chargé de surveiller un prisonnier en liberté conditionnelle)

paronomasia [,pærənəʊ'meɪzɪə] n (Rhetoric) paronomase f ; (= pun) jeu m de mots

paronym ['pærənɪm] n paronyme m

paroquet ['pærəkɪt] n ⇒ **parakeet**

parotid gland [pə'rɒtɪd] n (Anat) (glande f) parotide f

parotidis [pə,rɒtɪ'daɪtɪs] n parotidite f

parotiditic [pə,rɒtɪ'dɪtɪk], **parotitic** [,pærə'tɪtɪk] adj ourlien

parotitis [,pærə'taɪtɪs] n parotidite f

parousia [pə'ru:sɪə] n parousie f

paroxysm ['pærəksɪzəm] → SYN **n** **a** (Med) paroxysme m

b (fig) **a paroxysm of tears/laughter/rage** une crise de larmes/rire/colère ◆ **a paroxysm of coughing** une violente quinte de toux ◆ **paroxysms of rage** des transports mpl (liter) de colère ◆ **in a paroxysm of grief/rage** au paroxysme de la douleur/de la colère ◆ **in a paroxysm of delight** dans un transport de joie ◆ **the news sent her into paroxysms of delight** la nouvelle l'a transportée de joie

paroxysmal [,pærək'sɪzməl] adj paroxysmal

paroxysmic [,pærək'sɪzmɪk] adj paroxysmique

paroxytone [,pæ'rɒksɪ,təʊn], **paroxytonic** [,pærɒksɪ'tɒnɪk] adj paroxyton

parquet ['pɑ:keɪ] **1** n **a** (also **parquet flooring**) parquet m

b (US Theat) parterre m

2 vt parqueter

parquetry ['pɑ:kɪtrɪ] n parquetage m, parqueterie f

parr [pɑ:ʳ] n, pl **parrs** or **parr** (Zool) tacon m

parricidal ['pærɪsaɪdl] adj parricide

parricide ['pærɪsaɪd] n **a** (= act) parricide m

b (= person) parricide mf

parrot ['pærət] → SYN **1** n (Orn, fig) perroquet m ◆ **he was sick as a parrot** ⁂ (Brit hum) il en était malade *

2 vt (= repeat) [+ words, speech] répéter comme un perroquet ; (= copy) [+ behaviour, actions] imiter servilement

3 COMP ◆ **parrot cry** n (pej) slogan m ▷ **parrot disease** n psittacose f ▷ **parrot-fashion** adv comme un perroquet ▷ **parrot fever** n ⇒ **parrot disease** ▷ **parrot fish** n, pl **parrot fish** or **fishes** poisson m perroquet ▷ **parrot phrase** n ⇒ **parrot cry**

parry ['pærɪ] → SYN **1** vt [+ blow, attack] parer ; [+ question] éluder, [+ difficulty] tourner, éviter

2 vi parer ◆ **she parried with another insult** elle a riposté avec une autre insulte

3 n (Fencing) parade f

parse [pɑ:z] vt faire l'analyse grammaticale de

parsec ['pɑ:sek] n parsec m

Parsee / particular

Parsee ['pɑːsiː] adj, n parsi(e) m(f)

Parseeism ['pɑːsiːɪzəm] n parsisme m

parser ['pɑːzəʳ] n (Comput) analyseur m syntaxique

Parsi ['pɑːsiː] adj, n parsi(e) m(f)

parsimonious [ˌpɑːsɪˈməʊnɪəs] → SYN adj parcimonieux

parsimoniously [ˌpɑːsɪˈməʊnɪəslɪ] adv avec parcimonie, parcimonieusement

parsimony ['pɑːsɪmənɪ] → SYN n parcimonie f

parsing ['pɑːzɪŋ] n (Ling, Scol) analyse f grammaticale

parsley ['pɑːslɪ] [1] n persil m
[2] COMP ▷ **parsley piert** n (Bot) alchémille f des champs ▷ **parsley sauce** n sauce f persillée

parsnip ['pɑːsnɪp] n panais m

parson ['pɑːsn] → SYN [1] n (= parish priest) pasteur m
[2] COMP ▷ **parson's nose** * n (Culin) croupion m ▷ **Parsons table** n (US) table f (en plastique)

parsonage ['pɑːsənɪdʒ] n presbytère m

part [pɑːt] → SYN [1] n a (= section, division) partie f ◆ he spent part of his childhood in Wales il a passé une partie de son enfance au pays de Galles ◆ he lost part of his foot in the accident il a perdu une partie de son pied lors de l'accident ◆ parts of the play are good il y a de bons passages dans la pièce ◆ the funny part of it is that ... le plus drôle dans l'histoire c'est que ... ◆ part of him wanted to call her, part of him wanted to forget about her il était partagé entre le désir de l'appeler et l'envie de l'oublier ◆ it's all part of growing up c'est normal quand on grandit ◆ to him, it's just part of the job pour lui, ça fait partie du travail ◆ respect is an important part of any relationship le respect est un élément important de toute relation ◆ an important part of her work is ... une part importante de son travail consiste à ... ◆ his Catholicism was an integral part of him sa foi catholique faisait partie intégrante de lui-même ◆ she never really felt like part of the team elle n'a jamais vraiment eu l'impression de faire partie de l'équipe ◆ to be part and parcel of sth faire partie (intégrante) de qch ◆ a penny is the hundredth part of a pound le penny est le centième de la livre ◆ a man of (many) parts (liter) (= gifted) un homme très doué ; (= versatile) un homme qui a plusieurs cordes à son arc ; → **moving, private**

◆ **for the most part** dans l'ensemble, en général

◆ **in part** en partie, partiellement ◆ the delay was due in part to the postal strike le retard était dû en partie à une grève de la poste

◆ **in parts** par endroits ◆ the report was badly written and in parts inaccurate le rapport était mal écrit et par endroits inexact ◆ the road was damaged in parts la route était endommagée par endroits ◆ the film was good in parts il y avait de bons passages dans le film

b (= episode, instalment) [of book, play] partie f ; (Publishing) livraison f, fascicule m ; (Press, Rad, TV: of serial) épisode m ◆ a six-part serial, a serial in six parts un feuilleton en six épisodes

c (in machine, car) pièce f ◆ you can't get the parts for this model on ne trouve pas de pièces pour ce modèle ◆ **moving parts** pièces fpl mobiles ◆ **spare parts** pièces fpl détachées, pièces fpl de rechange

d (esp Culin = measure) mesure f ◆ three parts water to one part milk trois mesures d'eau pour une mesure de lait

e (Gram) **principal parts** [of verb] temps mpl principaux ; → 5

f (= share, involvement) participation f, rôle m ; (Cine, Theat) rôle m ◆ he was just right for the part (Cine, Theat) il était parfait pour ce rôle ◆ we all have our part to play nous avons tous notre rôle à jouer ◆ he had a large part in the organization of ... il a joué un grand rôle dans l'organisation de ... ◆ she had some part in it elle y était pour quelque chose ◆ he had no part in it il n'y était pour rien ◆ I'll have or I want no part in it, I don't want any part of it je ne veux pas m'en mêler ; → **act, play**

◆ **to take part (in sth)** participer (à qch) ◆ those taking part les participants mpl

g (= side, behalf) parti m, part f ◆ to take sb's part (in quarrel) prendre le parti de qn, prendre parti pour qn ◆ **for my part** pour ma part, quant à moi ◆ an error on the part of his secretary une erreur de la part de sa secrétaire ◆ to take sth in good part † prendre qch du bon côté

h (Mus) partie f ; [of song, fugue] voix f ; (= sheet of music) partition f ◆ the violin part la partie de violon ◆ the alto part la partie alto ◆ two-part song chant m à deux voix

i (= place) in foreign parts à l'étranger ◆ in these parts, in this part of the world * dans le coin *, par ici ◆ in my part of the world * dans mon pays, chez moi

j (US = parting : in hair) raie f

[2] adv (= partly) en partie ◆ she is part French elle a des origines françaises ◆ the animal was part dog, part wolf cet animal était moitié chien, moitié loup ◆ this novel is part thriller, part ghost story ce roman est à la fois un thriller et une histoire de fantômes ◆ she was part fascinated, part horrified by the story cette histoire provoqua chez elle un mélange de fascination et d'horreur

[3] vt a [+ crowd] ouvrir un passage dans ; [+ people, boxers] séparer ; [+ curtains] ouvrir, écarter ; [+ legs] écarter ◆ they were parted during the war years ils sont restés séparés pendant la guerre

b to part one's hair se faire une raie ◆ he parts his hair at the side/in the centre, his hair is parted at the side/in the centre il porte or a la raie sur le côté/au milieu

c to part company with sb (= leave) fausser compagnie à qn, quitter qn ; (= disagree) ne plus être d'accord avec qn ◆ they parted company (lit) ils se quittèrent ; (fig) ils se trouvèrent en désaccord ◆ the trailer parted company with the car (hum) la remorque a faussé compagnie à la voiture

[4] vi (gen) a (= take leave of each other) se quitter ; (= break up) [couple, boxers] se séparer ; (= open up) [crowd, lips, clouds, waters] s'ouvrir ◆ **to part from sb** quitter qn ; (permanently) se séparer de qn ◆ **to part with** [+ money] débourser ; [+ possessions] se défaire de, renoncer à ; [+ employee etc] se séparer de ◆ they parted friends, they parted amicably (lovers, friends) ils se sont quittés bons amis ; (business partners) ils se sont séparés à l'amiable

b (= break) [rope] se rompre

[5] COMP ▷ **part exchange** n (Brit) reprise f (en compte) ▷ **to take a car** etc **in part exchange** reprendre une voiture etc (en compte) ▷ **part of speech** n partie f du discours, catégorie f grammaticale ◆ what part of speech is "of"? à quelle catégorie grammaticale est-ce que "of" appartient ? ▷ **part owner** n copropriétaire mf ▷ **part payment** n (= exchange) règlement m partiel ; (= deposit) arrhes fpl ▷ **part song** n chant m à plusieurs voix or polyphonique ▷ **parts per million** npl parties fpl par million ▷ **part-time** → **part-time** ▷ **part-timer** n travailleur m, -euse f or employé(e) m(f) à temps partiel ▷ **part work** n (Brit) fascicule m

partake [pɑːˈteɪk] → SYN pret **partook**, ptp **partaken** vi (frm) ◆ to partake in prendre part à, participer à ◆ to partake of [+ meal, refreshment] prendre ; (fig) tenir de, avoir quelque chose de

parthenogenesis [ˌpɑːθɪnəʊˈdʒenɪsɪs] n parthénogénèse f

parthenogenetic [ˌpɑːθɪnəʊdʒɪˈnetɪk] adj parthénogénétique

parthenogenetically [ˌpɑːθɪnəʊdʒɪˈnetɪkəlɪ] adv parthénogénétiquement

Parthenon ['pɑːθənɒn] n Parthénon m

Parthian ['pɑːθɪən] adj ◆ **Parthian shot** flèche f du Parthe

partial ['pɑːʃəl] → SYN adj a (= in part) success, solution, explanation, withdrawal, eclipse, paralysis partiel

b (= biased) person, viewpoint partial (to, towards envers), injuste

c * **to be partial to sth** avoir un faible pour qch, être porté sur qch ◆ **to be partial to doing sth** aimer bien faire qch ◆ she is not (too) partial to being disturbed elle n'aime pas trop qu'on la dérange

partiality [ˌpɑːʃɪˈælɪtɪ] n a (= bias) partialité f (for pour ; towards envers), favoritisme m
b (= liking) prédilection f, penchant m, faible m (for pour)

partially ['pɑːʃəlɪ] → SYN [1] adv a (= partly) en partie (after vb) ◆ partially hidden by the trees caché en partie par les arbres ◆ the driver was partially responsible for the accident le conducteur était en partie responsable de l'accident ◆ he was only partially successful il n'a eu qu'un succès mitigé ◆ partially clothed à moitié nu ◆ partially, they were afraid of reprisals une des raisons est qu'ils avaient peur des représailles ◆ partially because he was embarrassed en partie parce qu'il était gêné
b (= with bias) avec partialité, partialement
[2] COMP ▷ **partially-sighted** adj to be partially-sighted être malvoyant ; → **disabled** ▷ **the partially-sighted** npl les malvoyants mpl

participant [pɑːˈtɪsɪpənt] → SYN n participant(e) m(f) (in à)

participate [pɑːˈtɪsɪpeɪt] → SYN vi participer, prendre part (in à)

participation [pɑːˌtɪsɪˈpeɪʃən] → SYN n participation f (in à)

participative [pɑːˈtɪsɪpətɪv], **participatory** [pɑːˈtɪsɪˌpeɪtərɪ] adj participatif

participial [ˌpɑːtɪˈsɪpɪəl] adj participial

participle ['pɑːtɪsɪpl] n participe m ◆ past/present participle participe m passé/présent

particle ['pɑːtɪkl] → SYN [1] n a (= small piece) (gen, Phys) particule f ; (fig) parcelle f, grain m ◆ dust particles, particles of dust grains mpl de poussière ◆ food particles quantités fpl infimes de nourriture ◆ subatomic particle particule f subatomique ◆ a particle of truth/of sense une parcelle de vérité/de bon sens ◆ not a particle of evidence pas l'ombre d'une preuve, pas la moindre preuve
b (Ling) particule f
[2] COMP ▷ **particle accelerator** n (Phys) accélérateur m de particules ▷ **particle board** n (US) panneau m de particules ▷ **particle physics** n physique f des particules élémentaires

parti-coloured, parti-colored (US) ['pɑːtɪˌkʌləd] adj bariolé

particular [pəˈtɪkjʊləʳ] → SYN [1] adj a (= specific, distinct) particulier ◆ in this particular case dans ce cas particulier or précis ◆ there seemed to be no particular reason for his outburst son emportement passager ne semblait pas avoir de raison particulière ◆ for no particular reason sans raison précise or bien définie ◆ that particular brand cette marque-là ◆ his particular chair son fauteuil à lui ◆ her particular type of humour son genre particulier d'humour, son humour personnel ◆ my particular choice mon choix personnel ◆ the report moves from the particular to the general (= specific) le rapport va du particulier au général

◆ **in particular** en particulier ◆ anything/anybody in particular quelque chose/quelqu'un en particulier ◆ nothing/nobody in particular rien de/personne en particulier ◆ are you looking for anything in particular? (in shop) vous cherchez quelque chose en particulier ?

b (= special) particulier, spécial ◆ nothing particular happened rien de particulier or de spécial n'est arrivé ◆ he took particular care over it il y a mis un soin (tout) particulier ◆ to be of particular interest to sb intéresser qn (tout) particulièrement ◆ this is of particular concern to us ceci nous préoccupe tout particulièrement ◆ to pay particular attention to sth faire bien or particulièrement attention à qch ◆ a particular friend of his un de ses meilleurs amis, un de ses amis intimes ◆ she didn't say anything particular elle n'a rien dit de spécial

c (= fussy) exigeant ◆ she is particular about whom she talks to elle ne parle pas à n'importe qui ◆ he is particular about his food il est exigeant or difficile pour la nourriture, il ne mange pas n'importe quoi ◆ which do you want? – I'm not particular lequel voulez-vous ? — cela m'est égal or je n'ai pas de préférence

d († = exact, detailed) account détaillé, circonstancié

particularity / pass

2 n (= detail) détail m ♦ **in every particular** en tout point ♦ **he is wrong in one particular** il se trompe sur un point

3 particulars npl (= information) détails mpl, renseignements mpl ; (= description) description f ; [of person] (= description) signalement m ; (= name, address etc) nom m et adresse f, coordonnées fpl ; (for official document etc) caractéristiques fpl signalétiques ♦ **full particulars** tous les détails, tous les renseignements ♦ **for further particulars apply to ...** pour de plus amples renseignements s'adresser à ...

particularity [pəˌtɪkjʊˈlærɪtɪ] n particularité f

particularize [pəˈtɪkjʊləraɪz] **1** vt préciser, individualiser
2 vi préciser

particularly [pəˈtɪkjʊləlɪ] → SYN adv **a** (= especially) good, bad, well, badly etc particulièrement ; specify, insist etc (tout) particulièrement ♦ **I particularly told you not to do that** je t'ai bien dit de ne pas faire cela, j'ai bien insisté pour que tu ne fasses pas cela ♦ **it's dangerous for children, particularly young ones** c'est dangereux pour les enfants, surtout or en particulier or notamment les tout jeunes ♦ **not particularly** pas particulièrement
b (= very carefully) méticuleusement, avec grand soin

particulate [pɑːˈtɪkjʊlət] **1** adj ♦ **particulate emissions** émissions fpl de particules
2 particulates npl (from fuel) particules fpl dangereuses

parting [ˈpɑːtɪŋ] → SYN **1** n **a** séparation f ; [of waters] partage m ♦ **the parting of the ways** (lit, fig) la croisée des chemins
b (Brit) [of hair] raie f ; [of mane] épi m ♦ **to have a side/centre parting** porter or avoir la raie sur le côté/au milieu
2 adj gift d'adieu ♦ **parting words** paroles fpl d'adieu ♦ **parting shot** (fig) flèche f du Parthe (liter), pointe f ♦ **he paused to deliver a or his parting shot** il s'est arrêté pour lancer la flèche du Parthe (liter) or une dernière pointe

partisan [ˌpɑːtɪˈzæn] → SYN **1** n (= supporter, fighter) partisan m
2 adj politics, debate partisan ; warfare de partisans ♦ **partisan spirit** (Pol etc) esprit m de parti

partisanship [ˌpɑːtɪˈzænʃɪp] n esprit m de parti, partialité f ; (= membership) appartenance f à un parti

partita [pɑːˈtiːtə] n, pl **partitas** or **partite** [pɑːˈtiːteɪ] (Mus) partita f

partition [pɑːˈtɪʃən] → SYN **1** n **a** (also **partition wall**) cloison f ♦ **a glass partition** une cloison vitrée
b (= dividing) [of property] division f ; [of country] partition f, partage m ; [of estate] morcellement m
2 vt [+ property] diviser, partager ; [+ country] partager ; [+ estate] morceler ; [+ room] cloisonner

▶ **partition off** vt sep [+ room, part of room] cloisonner

partitive [ˈpɑːtɪtɪv] adj, n partitif m

partly [ˈpɑːtlɪ] → SYN adv en partie ♦ **partly blue, partly green** moitié bleu, moitié vert

partner [ˈpɑːtnəʳ] → SYN **1** n **a** (gen) partenaire mf ; (in business partnership) associé(e) m(f) ♦ **our European partners** nos partenaires européens ♦ **partners in crime** complices mpl ; → **senior, sleeping, trading**
b (Sport) partenaire mf ; (= co-driver) coéquipier m, -ière f ; (Dancing) cavalier m, -ière f ♦ **take your partners for a waltz** choisissez vos partenaires pour la valse
c (in relationship) compagnon m, compagne f ; (Admin : cohabiting) concubin(e) m(f) ♦ **sexual partner** partenaire mf sexuel ♦ **bring your partner along** venez avec votre conjoint
2 vt (in business) être l'associé (de), s'associer à ; (Motor Racing) être le coéquipier de ; (Dancing) être le cavalier (or la cavalière) de ; (in competitions) être le (or la) partenaire de

partnership [ˈpɑːtnəʃɪp] → SYN n (gen) association f ; (= business) ≃ société f en nom collectif ♦ **limited partnership** (société f en) commandite f ♦ **to be in partnership** être en association (with avec), être associé ♦ **to enter or go into partnership** s'associer (with à, avec) ♦ **to take sb into partnership** prendre qn comme associé ♦ **a doctors' partnership** un cabinet de groupe (médical), une association de médecins ; → **general, working**

parton [ˈpɑːtɒn] n parton m

partook [pɑːˈtʊk] vb (pret of partake)

partridge [ˈpɑːtrɪdʒ] n, pl **partridges** or **partridge** perdrix f ; (young bird, also Culin) perdreau m

part-time [ˈpɑːtˈtaɪm] **1** adj **a** work, employment à temps partiel ; (= half-time) à mi-temps ♦ **to do part-time work, to have a part-time job** travailler à temps partiel or à mi-temps ♦ **on a part-time basis** à temps partiel
b employee, staff, student à temps partiel
2 n (Ind) ♦ **to be on part-time** * être au chômage partiel
3 adv work, study à temps partiel

parturient [pɑːˈtjʊərɪənt] adj parturiente

parturition [ˌpɑːtjʊəˈrɪʃən] n parturition f

partway [ˌpɑːtˈweɪ] adv ♦ **partway along** (or **through** or **there**) à mi-chemin

party [ˈpɑːtɪ] → SYN **1** n **a** (Pol etc) parti m ♦ **political/Conservative/Labour party** parti m politique/conservateur/travailliste
b (= group) [of travellers] groupe m, troupe * f ; [of workmen] équipe f, brigade f ; (Mil) détachement m, escouade f ; → **boarding, rescue, working**
c (= celebration) fête f ; (in the evening) soirée f ; (formal) réception f ♦ **to give** or **have** or **throw** * **a party** organiser une fête, inviter des amis ; (more formal gathering) donner une réception or une soirée ♦ **birthday party** fête f d'anniversaire ♦ **farewell party** fête f d'adieu ♦ **retirement party** cocktail m or pot m de départ ♦ **launch party** lancement m ♦ **children's party** goûter m d'enfants ♦ **private party** réception f privée ♦ **what does he bring to the party?** (fig) quelle contribution apporte-t-il ? ; → **bottle, Christmas, dinner, garden, tea**
d (Jur etc) partie f ♦ **all parties concerned** toutes les parties concernées, tous les intéressés ♦ **to be party to a suit** être en cause ♦ **to become a party to a contract** signer un contrat ♦ **injured party, party aggrieved** partie f lésée, victime f ♦ **innocent party** innocent(e) m(f) ♦ **I will not be (a) party to any dishonesty** je ne me ferai le (or la) complice d'aucune malhonnêteté ♦ **to be (a) party to a crime/to treachery** être complice d'un crime/d'une trahison ♦ **the government insists it will never become a party to this conflict** le gouvernement affirme catégoriquement qu'il ne prendra jamais part à ce conflit ♦ **they refused to be party to the negotiations** ils ont refusé de prendre part or participer aux négociations ; → **guilty, moving, prevailing, third**
e († * hum = person) individu m
f (Telec) correspondant m ♦ **your party is on the line** votre correspondant est en ligne
2 vi * faire la fête ♦ **let's party!** faisons la fête ! ♦ **I'm not a great one for partying** * je ne suis pas fêtard(e) *
3 COMP politics, leader de parti, du parti ; disputes de partis ▷ **party animal** * n fêtard(e) * m(f) ▷ **party dress** n robe f habillée ; (= evening dress) robe f de soirée ▷ **party hat** n chapeau m de cotillon ▷ **party line** n (Pol) politique f or ligne f du parti ; (Telec) ligne f commune à plusieurs abonnés ♦ **to follow** or **toe the party line** (Pol) suivre la ligne du parti, être dans la ligne du parti ; see also **toe** ▷ **party list** n scrutin m de liste ▷ **party machine** n (Pol) machine f or administration f du parti ▷ **party manners** npl his party manners were terrible sa façon de se tenir en société était abominable ♦ **the children were on their party manners** les enfants se sont conduits de façon exemplaire ▷ **party piece** * n to do one's party piece faire son numéro * ▷ **party plan** n (= system) vente f par réunions ; (= meeting) réunion f de vente à domicile ▷ **party political** adj (Rad, TV) party political broadcast émission réservée à un parti politique ♦ **this is not a party political question** cette question ne relève pas de la ligne du parti ▷ **party politics** n politique f de parti ; (pej) politique f politicienne ▷ **party pooper** * n rabat-joie m inv, trouble-fête mf ▷ **party spirit** n (Pol) esprit m de parti ; (* = gaiety) entrain m ▷ **party wall** n mur m mitoyen

partygoer [ˈpɑːtɪˌɡəʊəʳ] n (gen) habitué(e) m(f) des réceptions ; (on specific occasion) invité(e) m(f)

parulis [pəˈruːlɪs] n, pl **parulides** [pəˈruːlɪˌdiːz] parulie f

parvenu [ˈpɑːvəˌnjuː] n parvenu(e) m(f)

PASCAL, Pascal [pæsˈkæl] n Pascal m

pascal [ˈpæskəl] n (Phys) pascal m

Pascal's triangle n triangle m de Pascal

paschal [ˈpɑːskəl] **1** adj (Rel) pascal
2 COMP ▷ **the Paschal Lamb** n l'agneau m pascal

pasha [ˈpæʃə] n pacha m

Pasiphaë [pəˈsɪfɪiː] n (Myth) Pasiphaé f

paso doble [ˈpæsəʊˈdəʊbleɪ] n, pl **paso dobles** or **pasos dobles** paso doble m inv

pasqueflower [ˈpɑːskˌflaʊəʳ] n passe-fleur f, anémone f pulsatile

pasquinade [ˌpæskwɪˈneɪd] n satire f

pass [pɑːs] → SYN **1** n **a** (= permit) [of journalist, worker etc] coupe-file m, laissez-passer m inv ; (Rail etc) carte f d'abonnement ; (Theat) billet m de faveur ; (to museum etc) laissez-passer m ; (Naut) lettre f de mer ; (Mil etc = safe conduct) sauf-conduit m
b (in mountains) col m, défilé m ; → **sell**
c (in exam) moyenne f, mention f passable ♦ **did you get a pass?** avez-vous eu la moyenne ?, avez-vous été reçu ? ♦ **to get a pass in history** être reçu en histoire
d (* = state) things have come to a pretty pass when ... il faut que les choses aillent bien mal pour que ... ♦ **things have reached such a pass that ...** les choses en sont arrivées à un tel point que ...
e (Ftbl etc) passe f ; (Fencing) botte f, attaque f
f (sexual advance) to make a pass * at sb faire des avances * à qn
2 vi **a** (= come, go) passer (through par) ; [procession] défiler ; (Aut = overtake) dépasser, doubler ♦ **to let sb pass** laisser passer qn ♦ **to pass behind/in front of** passer derrière/devant ♦ **the procession passed down the street** la procession a descendu la rue ♦ **to pass out of sight** disparaître ♦ **letters passed between them** ils ont échangé des lettres ♦ **a knowing look passed between them** ils ont échangé un regard complice ♦ **the virus passes easily from one person to another** le virus se transmet facilement d'une personne à l'autre ♦ **to pass into history/legend** entrer dans l'histoire/la légende ♦ **the word has passed into the language** le mot est entré dans la langue
b [time] (se) passer, s'écouler ♦ **three hours/days/years had passed** trois heures/jours/années s'étaient écoulé(e)s ♦ **the afternoon passed pleasantly** l'après-midi a passé or s'est passé agréablement ♦ **how time passes!** comme le temps passe ! ♦ **I'm very conscious of time passing** j'ai une conscience aiguë du temps qui passe
c (esp Chem = change) se transformer (into en)
d (esp Jur = transfer) passer, être transmis ♦ **the estate passed to my sister** la propriété est revenue à ma sœur ♦ **the land has now passed into private hands** le terrain appartient désormais à un propriétaire privé
e (= go away) [pain, crisis] passer ; [danger] disparaître ; [memory] s'effacer, disparaître ; [storm] cesser ♦ **to let an opportunity pass** laisser passer une occasion ♦ **the deadline passed this morning** le délai a expiré ce matin
f (in exam) être reçu (in en)
g (= take place) se passer, avoir lieu ♦ **all that passed between them** tout ce qui s'est passé entre eux ♦ **to bring sth to pass** (liter) accomplir qch, réaliser qch ♦ **it came to pass that ...** (liter) il advint que ...
h (= be accepted) [coins] avoir cours ; [behaviour] convenir, être acceptable ; [project] passer ♦ **to pass under the name of ...** être connu sous le nom de ... ♦ **he tried to pass for a doctor** il a essayé de se faire passer pour

(un) médecin ◆ **what passes for** or **as law and order in this country** ce que l'on appelle l'ordre public dans ce pays ◆ **a cup of something that passed for coffee** une tasse d'un breuvage auquel ils donnaient le nom de café ◆ **she would pass for 20** on lui donnerait 20 ans ◆ **will this do? – oh, it'll pass** * est-ce que ceci convient ? – oh, ça peut aller ◆ **let it pass!** * (of insult) laisse tomber ! * ◆ **that's not exactly right, but let it pass** ce n'est pas exactement ça, mais passons or ça ne fait rien ◆ **he let it pass** il l'a laissé passer, il ne l'a pas relevé ◆ **he couldn't let that pass** il ne pouvait pas laisser passer ça

i (Cards) passer ◆ **(I) pass!** (in games) (je) passe ! ; (fig) aucune idée ! ◆ **I'll have to pass on that one** * (fig = can't answer) là je donne ma langue au chat ◆ **I'll pass on that one** * (= no thanks) je m'en passerai ; (in discussion) je passe mon tour

j (Sport) faire une passe (*to* à) ◆ **to pass forward/back** faire une passe avant/arrière

3 vt **a** (= go past) [+ building, person] passer devant ; [+ barrier, frontier, customs] passer ; (in car = overtake) dépasser, doubler ; (Sport = go beyond) dépasser ◆ **when you have passed the town hall ...** quand vous aurez dépassé la mairie ... ◆ **to pass the finishing line** (Sport) passer la ligne d'arrivée ◆ **they passed each other on the way** ils se sont croisés en chemin ◆ **no word passed his lips** (frm) il ne souffla or ne dit pas un mot ◆ **no meat has passed my lips for 20 years** (frm) il y a 20 ans que je n'ai plus mangé de viande

b (= get through) [+ exam] être reçu à or admis à, réussir ◆ **the film passed the censors** le film a reçu le visa de la censure ; → **muster**

c [+ time] passer ◆ **just to pass the time** pour passer le temps ◆ **to pass the evening reading** passer la soirée à lire ; → **time**

d (= hand over) (faire) passer ◆ **please pass the salt** faites passer le sel s'il vous plaît ◆ **to pass a dish round the table** faire passer un plat autour de la table ◆ **pass me the box** passez-moi la boîte ◆ **to pass sth down the line** faire passer qch (de main en main) ◆ **pass the word that it's time to go** faites passer la consigne que c'est l'heure de partir ◆ **we should pass this information to the police** nous devrions passer or transmettre ces informations à la police ; → **buck**

e (on phone) passer

f (= accept, allow) [+ candidate] recevoir, admettre ; (Parl) [+ bill] voter, faire passer ◆ **the censors passed the film** le film a reçu le visa de censure ◆ **they didn't pass him** (Scol, Univ) ils l'ont recalé ◆ **the doctor passed him fit for work** le docteur l'a déclaré apte à reprendre le travail ◆ **to pass the proofs (for press)** (Publishing) donner le bon à tirer

g (= utter) **to pass comment (on sth)** faire un commentaire (sur qch) ◆ **to pass remarks about sb/sth** faire des observations sur qn/qch ◆ **to pass judgement** (Jur, fig) prononcer or rendre un jugement (*on* sur) ◆ **to pass sentence** (Jur) prononcer une condamnation (*on sb* contre qn) see also **sentence**

h (= move) passer ◆ **he passed his hand over his brow** il s'est passé la main sur le front ◆ **he passed his handkerchief over his face** il a passé son mouchoir sur son visage ◆ **to pass a rope through a ring** passer une corde dans un anneau ◆ **to pass a cloth over a table** donner or passer un coup de chiffon à une table ◆ **to pass a knife through sth** enfoncer un couteau dans qch ◆ **to pass sth through a sieve** (Culin) passer qch (au tamis) ◆ **to pass in review** (Mil, fig) passer en revue

i (Sport) [+ ball] passer

j [+ forged money] (faire) passer, écouler ; [+ stolen goods] faire passer

k (= surpass) **to pass comprehension** dépasser l'entendement ◆ **to pass belief** être incroyable

l (Med = excrete) **to pass water** uriner ◆ **to pass blood** avoir du sang dans les urines ◆ **to pass a stone** évacuer un calcul

4 COMP ▷ **pass degree** n (Univ) ≈ licence f obtenue sans mention ▷ **pass mark** n (Scol, Univ) moyenne f ◆ **to get a pass mark** avoir la moyenne ▷ **pass-the-parcel** n **to play pass-the-parcel** ≈ jouer au furet ▷ **pass-through** n (US) passe-plat m

► **pass along** **1** vi passer, circuler, passer son chemin

2 vt sep **a** (lit) [+ object, book etc] faire passer (de main en main)

b ⇒ **pass on 2**

► **pass away** vi (euph = die) s'éteindre (euph), décéder (frm or euph)

► **pass back** vt sep [+ object] rendre, retourner ◆ **I will now pass you back to the studio** (Rad, TV) je vais rendre l'antenne au studio

► **pass by** **1** vi passer (à côté) ; [procession] défiler ◆ **I saw him passing by** je l'ai vu passer ◆ **to pass by on the other side** (fig = fail to help) détourner les yeux

2 vt sep ◆ **life has passed me by** je n'ai pas vraiment vécu ◆ **the war seemed to pass them by** la guerre ne semblait pas les toucher ◆ **fashion just passes him by** la mode le laisse froid

► **pass down** **1** vi [inheritance etc] être transmis, revenir (*to* à)

2 vt sep transmettre ◆ **to pass sth down (in a family)** transmettre qch par héritage (dans une famille) ◆ **passed down from father to son/from mother to daughter** transmis de père en fils/de mère en fille

► **pass in** vt sep (faire) passer ◆ **she passed the parcel in through the window** elle a passé or fait passer le colis par la fenêtre

► **pass off** **1** vi **a** (= subside) [faintness, headache etc] passer, se dissiper

b (= take place) [events] se passer, se dérouler ◆ **the demonstration passed off peacefully/without incident** la manifestation s'est déroulée pacifiquement/sans incident

2 vt sep faire passer, faire prendre ◆ **to pass someone off as someone else** faire passer une personne pour une autre ◆ **to pass something off as something else** faire passer une chose pour une autre ◆ **to pass o.s. off as a doctor** se faire passer pour (un) médecin ◆ **to pass sth off on sb** repasser or refiler * qch à qn

► **pass on** **1** vi **a** (euph = die) s'éteindre (euph), décéder (frm or euph)

b (= continue one's way) passer son chemin, ne pas s'arrêter ◆ **to pass on to a new subject** passer à un nouveau sujet

2 vt sep (= hand on) [+ object] (faire) passer (*to* à) ; [+ news] faire circuler, faire savoir ; [+ message] transmettre ◆ **take it and pass it on** prends et fais passer ◆ **to pass on old clothes to sb** repasser de vieux vêtements à qn ◆ **you've passed your cold on to me** tu m'as passé ton rhume ◆ **to pass on a tax to the consumer** répercuter un impôt sur le consommateur

► **pass out** **1** vi **a** (= faint) s'évanouir, perdre connaissance, tomber dans les pommes * ; (from drink) tomber ivre mort ; (= fall asleep) s'endormir comme une masse

b (Brit = complete training) (Police) finir son entraînement *(avec succès)* ; (Mil) finir ses classes *(avec succès)*

2 vt sep [+ leaflets etc] distribuer

► **pass over** **1** vi (euph) (= die) ⇒ **pass away**

2 vt sep [+ person, event, matter] (= fail to mention) ne pas mentionner ; (= fail to take into consideration) ne pas prendre en considération ◆ **the good work they have done is passed over in this article** le bon travail qu'ils ont fait n'est même pas mentionné dans cet article ◆ **to pass sth over in silence** passer qch sous silence ◆ **he was passed over in favour of his brother** on lui a préféré son frère ◆ **they passed over Paul in favour of Robert** ils ont donné la préférence à Robert au détriment de Paul ◆ **she was passed over for promotion** on ne lui a pas accordé la promotion qu'elle attendait

3 vt fus (= ignore) passer sous silence, ne pas relever

► **pass round** vt sep [+ bottle] faire passer ; [+ sweets, leaflets] distribuer ◆ **to pass the hat round** * (fig) faire la quête

► **pass through** **1** vi passer ◆ **I can't stop, I'm only passing through** je ne peux pas rester, je ne fais que passer

2 vt fus [+ country, area, substance, net] traverser ; [+ hardships] subir, endurer ◆ **this thread is too coarse to pass through the needle** ce fil est trop gros pour passer dans l'aiguille

► **pass up** vt sep **a** (lit) passer

b (* = forego) [+ chance, opportunity] laisser passer ◆ **she passed him up for promotion** elle ne lui a pas accordé la promotion qu'il attendait ◆ **he was passed up for the job** on a pris quelqu'un d'autre que lui pour cet emploi ◆ **she passed the film up for a rôle in a theatre play** elle a décliné un rôle dans ce film pour jouer dans une pièce de théâtre

passable ['pɑːsəbl] → SYN adj **a** (= tolerable) passable, assez bon ◆ **he spoke passable French** il parlait assez bien (le) français

b road praticable, carrossable ; river franchissable

passably ['pɑːsəblɪ] adv assez ◆ **he spoke passably good French** il parlait assez bien (le) français ◆ **she was doing passably well at school** elle avait d'assez bons résultats à l'école

passage ['pæsɪdʒ] → SYN n **a** (= passing) (lit) passage m ; [of bill, law] adoption f ; (fig) passage m, transition f (*from ... to* de ... à) ◆ **with the passage of time he understood** avec le temps il finit par comprendre ◆ **her passage through college** le temps qu'elle a passé à l'université ◆ **passage of** or **at arms** (fig, liter) passe f d'armes ; → **bird, rite, safe**

b (Naut) voyage m, traversée f ◆ **he worked his passage to Australia** il a travaillé pour se payer la traversée or son voyage en Australie

c (= way through: also **passageway**) passage m ◆ **to force a passage through sth** se frayer un passage or un chemin à travers qch ◆ **to leave a passage** laisser un passage, laisser le passage libre

d (also **passageway**) (indoors) couloir m, corridor m ; (outdoors) ruelle f, passage m

e (Mus) passage m ; [of text] passage m ◆ **selected passages** (Literat) morceaux mpl choisis

passageway ['pæsɪdʒweɪ] n ⇒ **passage 1c, 1d**

passbook ['pæsbʊk] n (= bank book) livret m (bancaire)

passé ['pæseɪ] adj play, book, person vieux jeu inv, démodé, dépassé * ; woman défraîchi, fané

passel ['pæsəl] n (US) ◆ **a passel of ...** une ribambelle de ..., un tas * de ...

passenger ['pæsndʒəʳ] → SYN **1** n (in train) voyageur m, -euse f ; (in boat, plane, car) passager m, -ère f ◆ **he's just a passenger** (fig pej) il n'est vraiment qu'un poids mort

2 COMP ▷ **passenger car** n (US) ⇒ **passenger coach** ▷ **passenger cell** n (Aut) habitacle m ▷ **passenger coach** n (Rail) voiture f or wagon m de voyageurs ▷ **passenger door** n [of car] portière f avant côté passager ▷ **passenger enquiries** npl (Aviat, Rail: also **passenger service enquiries**) renseignements mpl ▷ **passenger ferry** n ferry m ▷ **passenger jet** n avion m de ligne ▷ **passenger list** n (Aviat, Naut) liste f des passagers ▷ **passenger mile** n (Aviat) ≈ kilomètre-passager m ; (Rail etc) ≈ kilomètre-voyageur m ▷ **passenger seat** n [of car] (in front) siège m du passager ; (in back) siège m arrière ▷ **passenger ship** n navire m à passagers ▷ **passenger station** n (Rail) gare f de voyageurs ▷ **passenger train** n train m de voyageurs

passe-partout ['pæspɑːtuː] n **a** (= master key) passe-partout m inv *(clé)*, passe m

b (Art) **passe-partout (frame)** (encadrement m en) sous-verre m

passer-by [pɑːsə'baɪ] → SYN n, pl **passers-by** passant(e) m(f)

passerine ['pæsəraɪn] adj, n (Orn) passereau m

passim ['pæsɪm] adv passim

passing ['pɑːsɪŋ] → SYN **1** adj **a** (= moving by) person, car qui passe (or passait etc)

b (= brief) éphémère, passager ◆ **a passing desire** un désir fugitif ◆ **a passing interest in sth/sb** un intérêt éphémère pour qch/qn, un intérêt passager pour qch/qn ◆ **a passing acquaintance** une vague connaissance ◆ **to have a passing acquaintance with sb/sth** connaître vaguement qn/qch ◆ **a passing remark** une remarque en passant ◆ **to bear only a passing resemblance to sb/sth** ne ressembler que vaguement à qn/qch ◆ **to bear more than a passing resemblance to**

sb/sth ressembler beaucoup à qn/qch ◆ **with each** or **every passing day** de jour en jour ◆ **with each** or **every passing year** d'année en année, année après année

2 adv († or liter) extrêmement ◆ **passing fair** de toute beauté

3 **a** **with the passing of time** avec le temps ◆ **in passing** en passant

b [of train, car] passage m; (in car = overtaking) dépassement m

c (euph = death) mort f, trépas m (liter)

4 COMP ◆ **passing bell** n glas m ▷ **passing note** n (Mus) note f de passage ▷ **passing-out parade** n (Mil) défilé m de promotion ▷ **passing place** n (in road) aire f de croisement ▷ **passing shot** n (Tennis) passing-shot m, tir m passant

passion ['pæʃən] → SYN **1** n **a** (= love) passion f (for de) ◆ **to have a passion for music** adorer la musique ◆ **I have a passion for strong colours** j'adore les couleurs vives

b (= burst of anger) colère f; (stronger) rage f ◆ **fit of passion** accès m de rage ◆ **to be in a passion** être furieux; → **fly³**

c (= strong emotion) passion f, émotion f violente

d (Rel, Mus) **Passion** Passion f ◆ **the St John/St Matthew Passion** la Passion selon saint Jean/saint Matthieu

2 COMP ◆ **passion fruit** n (Bot) fruit m de la passion, maracuja m ▷ **Passion play** n (Rel) mystère m de la Passion (représentation théâtrale) ▷ **Passion Sunday** n (Rel) dimanche m de la Passion ▷ **Passion Week** n (Rel) semaine f de la Passion

passionate ['pæʃənɪt] → SYN adj person, plea, love, embrace passionné; speech véhément

passionately ['pæʃənɪtlɪ] adv argue, kiss, make love avec passion; believe passionnément; convinced, concerned passionnément; opposed farouchement ◆ **to be passionately fond of sth** adorer qch ◆ **to be passionately in love with sb** aimer passionnément qn ◆ **a passionately-held opinion** une opinion défendue ou soutenue avec passion

passionflower ['pæʃən,flaʊə'] n (Bot) passiflore f, fleur f de la Passion

passionless ['pæʃənlɪs] adj sans passion

passivate ['pæsɪ,veɪt] vt passiver

passive ['pæsɪv] → SYN **1** adj person (= motionless) passif, inerte; (= unresponsive) passif, soumis; role, attitude passif ◆ **his response was passive** il n'a pas vraiment réagi

b (Ling) vocabulary, understanding passif

c (Gram) tense, voice etc passif; verb au passif

2 n (Gram) passif m ◆ **in the passive** au passif

3 COMP ▷ **passive balance of trade** n balance f commerciale déficitaire ▷ **passive disobedience** n (Pol) désobéissance f passive ▷ **passive resistance** n (Pol) résistance f passive ▷ **passive restraint** n (Aut) dispositif m de sécurité passive ▷ **passive smoker** n non-fumeur m, -euse f affecté(e) par le tabagisme passif ▷ **passive smoking** n tabagisme m passif

passively ['pæsɪvlɪ] adv passivement; (Gram) au passif

passiveness ['pæsɪvnɪs], **passivity** [pæ'sɪvɪtɪ] n passivité f

passkey ['pɑːskiː] n passe-partout m inv, passe *m

Passover ['pɑːsəʊvə'] n pâque f (juive)

passport ['pɑːspɔːt] **1** n passeport m ◆ **a British/American/French etc passport** un passeport britannique/américain/français etc ◆ **visitor's passport** (Brit) passeport m temporaire ◆ **passport to success** clé f de la réussite ◆ **the lottery could be your passport to riches** la loterie pourrait vous ouvrir les portes de la fortune

2 COMP ▷ **passport control** n contrôle m des passeports ▷ **passport holder** n titulaire mf de passeport ◆ **are you a British passport holder?** avez-vous un passeport britannique? ▷ **passport office** n (= building) bureau m du contrôle des passeports; (= organization) service m du contrôle des passeports

password ['pɑːswɜːd] → SYN n (also Comput) mot m de passe

past [pɑːst] → SYN **1** n **a** passé m ◆ **in the past** (gen) dans le passé; (longer ago) autrefois ◆ **several times in the past** plusieurs fois dans le passé ◆ **in the past, many of these babies would have died** autrefois, beaucoup de ces bébés seraient morts ◆ **all the happy times in the past** tous les moments heureux du passé ◆ **events in the recent past have demonstrated that ...** certains événements récents ont montré que ... ◆ **as in the past** comme par le passé ◆ **she lives in the past** elle vit dans le passé ◆ **it's a thing of the past** cela appartient au passé ◆ **new vaccines could make these illnesses a thing of the past** de nouveaux vaccins pourraient faire disparaître ces maladies ◆ **I thought you'd quarrelled? – that's a thing of the past** or **that's all in the past** je croyais que vous vous étiez disputés? – c'est de l'histoire ancienne ◆ **we have to learn the lessons of the past** il nous faut tirer les leçons du passé ◆ **do you know about his past?** vous connaissez son passé? ◆ **a woman with a past** une femme au passé chargé

b (Gram) passé m ◆ **in the past** au passé

2 adj **a** (gen) passé ◆ **for some time past** depuis quelque temps ◆ **in times past** autrefois, (au temps) jadis ◆ **in past centuries** pendant les siècles passés ◆ **the past week** la semaine dernière or passée ◆ **the past few days/years** ces derniers jours/dernières années ◆ **she's been out of work for the past three years** elle est au chômage depuis trois ans ◆ **all that is now past** tout cela c'est du passé ◆ **the time for recriminations is past** le temps des récriminations est révolu ◆ **past president** ancien président m

b (Gram: gen) passé; verb au passé; form, ending du passé

3 prep **a** (beyond in time) plus de ◆ **it is past 11 o'clock** il est plus de 11 heures, il est 11 heures passées ◆ **half past three** (Brit) trois heures et demie ◆ **(a) quarter past three** (Brit) trois heures et quart ◆ **at 20 past three** (Brit) à 3 heures 20 ◆ **the train goes at five past*** (Brit) le train part à cinq* ◆ **she is past 60** elle a plus de 60 ans, elle a 60 ans passés

b (= beyond in space) au delà de, plus loin que ◆ **past it** au delà, plus loin ◆ **just past the post office** un peu plus loin que la poste, juste après la poste ◆ **I think we've gone past it** (= missed it) je pense que nous l'avons dépassé ◆ **he stared straight past me** il a fait comme s'il ne me voyait pas

c (= in front of) devant ◆ **he goes past the house every day** tous les jours il passe devant la maison ◆ **he rushed past me** il est passé devant moi à toute allure; (= overtook me) il m'a dépassé à toute allure

d (= beyond limits of) au delà de ◆ **past endurance** insupportable ◆ **it is past all understanding** cela dépasse l'entendement ◆ **I'm past caring** je ne m'en fais plus, j'ai cessé de m'en faire ◆ **he's past work** il n'est plus en état de travailler ◆ **I'm long past being surprised at anything he does** il y a longtemps que je ne m'étonne plus de ce qu'il peut (encore) inventer ◆ **he's a bit past it (now)*** il n'est plus dans la course* ◆ **that cake is past its best** ce gâteau n'est plus très frais ◆ **I wouldn't put it past her* to have done it** je la crois capable d'avoir fait ça ◆ **I wouldn't put it past him** cela ne m'étonnerait pas de lui

4 adv
When **past** is an element in a phrasal verb, eg **let past**, **run past**, **squeeze past**, look up the verb.

auprès, devant ◆ **to go** or **walk past** passer; → **march**

5 COMP ▷ **past anterior** n passé m antérieur ▷ **past definite** n ⇒ **past historic** ▷ **past historic** n passé m simple ▷ **past master** n (fig) **to be a past master at** or **of sth** être expert en qch ◆ **to be a past master at doing sth** avoir l'art de faire qch ▷ **past participle** n participe m passé ▷ **past perfect** n plus-que-parfait m ▷ **past tense** n passé m, forme f passée ◆ **in the past tense** au passé

pasta ['pæstə] n (NonC: Culin) pâtes fpl

paste [peɪst] → SYN **1** n **a** (Culin = spread etc) (meat) pâté m; (fish) beurre m, mousse f; (vegetable, fruit) purée f ◆ **mix the butter and flour into a paste** travaillez le beurre et la farine pour en faire une pâte ◆ **liver paste** pâté m or crème f de foie ◆ **tomato paste** concentré m or purée f de tomate ◆ **garlic paste** purée f d'ail ◆ **almond paste** pâte f d'amandes

b (= glue) colle f ◆ **wallpaper paste** colle f pour papier peint

c (jewellery) strass m

2 vt **a** coller; [+ wallpaper] enduire de colle ◆ **to paste photos into an album** coller des photos dans un album

b (Comput) coller, insérer ◆ **to paste text into a document** insérer du texte dans un document

c* (= thrash) flanquer une raclée à*; (= defeat) flanquer une déculottée à*; (= criticize) descendre en flammes*

3 COMP jewellery en strass ▷ **paste-up** n (Comput) collage m; (Typ) montage m

▶ **paste up** **1** vt sep [+ notice, list] afficher; [+ photos etc] coller; (Typ) monter

2 paste-up n → **paste**

pasteboard ['peɪstbɔːd] n **a** (= card) carton m

b (US: also **pastry board**) planche f à pâtisserie

pastel ['pæstəl] → SYN n **a** (= pencil) (crayon m) pastel m

b (= drawing) (dessin m au) pastel m

c (also **pastel colour**) ton m pastel inv

pastern ['pæstən] n paturon m

Pasteur Institute [pɑs'tœr] n Institut m Pasteur

pasteurization [,pæstəraɪ'zeɪʃən] n pasteurisation f

pasteurize ['pæstəraɪz] vt pasteuriser

pasteurized ['pæstəraɪzd] adj pasteurisé

pastiche [pæs'tiːʃ] → SYN n pastiche m

pastille ['pæstɪl] n pastille f

pastime ['pɑːstaɪm] → SYN n passe-temps m inv, divertissement m, distraction f

pasting* ['peɪstɪŋ] n (= thrashing) raclée* f; (= defeat) déculottée* f ◆ **to give sb a pasting** (physically) flanquer une raclée à qn*; (= defeat) flanquer une déculottée à qn*; (= criticize) descendre qn en flammes*

pastor ['pɑːstə'] → SYN n pasteur m

pastoral ['pɑːstərəl] → SYN **1** adj **a** (= rural) pastoral, champêtre; (Agr) de pâture; (Literat) pastoral; (fig, liter) bucolique, champêtre ◆ **pastoral land** pâturages mpl ◆ **"The Pastoral Symphony"** (Mus) "La Symphonie Pastorale"

b (Rel) pastoral ◆ **pastoral letter** lettre f pastorale

c (Educ etc) role, duties de conseiller ◆ **in a pastoral capacity** dans un rôle de conseiller

2 n (Literat, Rel) pastorale f

3 COMP ▷ **pastoral care system** n (Educ) tutorat m

pastrami [pə'strɑːmɪ] n bœuf fumé très épicé

pastry ['peɪstrɪ] **1** n **a** (NonC) pâte f; → **puff, short**

b (= cake) pâtisserie f

2 COMP ▷ **pastry board** n planche f à pâtisserie ▷ **pastry brush** n pinceau m à pâtisserie ▷ **pastry case** n croûte f ◆ **in a pastry case** en croûte ▷ **pastry chef, pastry cook** n pâtissier m, -ière f ▷ **pastry cutter** n (for cutting) coupe-pâte m inv; (for shapes) emporte-pièce m ▷ **pastry mix** n (Culin) préparation f (pour pâte à gâteau)

pasturage ['pɑːstjʊrɪdʒ] n pâturage m

pasture ['pɑːstʃə'] → SYN **1** n (Agr) pré m, pâturage m ◆ **to put out to pasture** (lit) mettre au pré or au pâturage; (fig) mettre à la retraite ◆ **to move on to pastures new** changer d'horizon or d'air ◆ **to seek pastures new** chercher de nouveaux horizons, chercher à changer d'air or d'horizon ◆ **greener pastures** cieux mpl plus cléments

2 vi paître

3 vt faire paître, pacager

4 COMP ▷ **pasture land** n herbage m, pâturage(s) m(pl)

pasty¹ ['peɪstɪ] adj pâteux; (pej) face, complexion terreux ◆ **pasty-faced** (pej) au teint terreux ◆ **you look a bit pasty** vous avez une mine de papier mâché

pasty² ['pæstɪ] n (Brit Culin) ≈ petit pâté m en croûte (contenant généralement de la viande, des oignons et des pommes de terre)

Pat [pæt] n **a** (dim of **Patrick** or **Patricia**)
b surnom des Irlandais

pat¹ [pæt] → SYN **1** vt [+ object] tapoter, donner une tape à ; [+ animal] flatter ◆ **he patted my hand** il me tapota la main ◆ **to pat one's stomach** se frotter le ventre ◆ **to pat sb on the back** (lit) tapoter qn dans le dos ; (fig) complimenter qn, congratuler qn ◆ **to pat o.s. on the back** s'envoyer des fleurs, s'applaudir
2 n **a** (= tap) coup m léger, petite tape f ; (on animal) petite tape f ◆ **to give sb a pat on the back** (lit) tapoter qn dans le dos ; (fig) complimenter qn, congratuler qn ◆ **give yourselves** or **you deserve a pat on the back** vous pouvez être contents de vous or fiers ◆ **to give o.s. a pat on the back** s'envoyer des fleurs, s'applaudir
b (also **pat of butter**) (individual) plaquette f (individuelle) de beurre ; (larger) plaque f de beurre

pat² [pæt] **1** adv **a** (= exactly suitable) à propos, à point ◆ **to answer pat** (= immediately) répondre sur-le-champ ; (= with repartee) répondre du tac au tac ◆ **he had his explanation pat** il avait son explication toute prête
b (= perfectly) learn par cœur ◆ **to know sth off pat** savoir qch sur le bout du doigt ◆ **she had all the answers off pat** elle a pu répondre du tac au tac
c (= firm, unmoving) remain inflexible ◆ **to stand pat** * (US) ne rien faire, refuser de bouger
2 adj example, answer, remark tout prêt

Patagonia [ˌpætəˈɡəʊnɪə] n la Patagonie

Patagonian [ˌpætəˈɡəʊnɪən] **1** adj patagonien
2 n Patagonien(ne) m(f)

patch [pætʃ] → SYN **1** n **a** (for clothes) pièce f ; (for inner tube, airbed) rustine ® f ; (over eye) cache m ; (cosmetic: on face) mouche f ; (Med : nicotine, HRT etc) patch m, timbre m
b (= small area) [of colour] tache f ; [of sky] pan m, coin m ; [of land] parcelle f ; [of vegetables] carré m ; [of ice] plaque f ; [of mist] nappe f ; [of water] flaque f ; (on dog's back etc) tache f ◆ **a damp patch on the wall/sheet** une tache d'humidité sur le mur/drap ◆ **he's got a bald patch** il a le crâne un peu dégarni ◆ **a man with a bald patch** un homme à la calvitie naissante or au crâne un peu dégarni
c (fig) **a bad** or **rough** or **sticky** * **patch** un moment difficile, une mauvaise passe ◆ **to hit** or **strike a bad patch** entrer dans une mauvaise passe ◆ **to go through a rough patch** traverser une mauvaise passe ◆ **good in patches** bon par moments ◆ **it isn't a patch on ...** ça ne soutient pas la comparaison avec ... ◆ **he's not a patch on our old boss** * il est loin de valoir notre ancien patron ; (stronger) il n'arrive pas à la cheville de notre ancien patron *
d (Comput) correction f (de programme)
e (Brit *) [of policeman, social worker etc] secteur m ◆ **they're off my patch now** ils ont quitté mon secteur
2 vt [+ clothes] rapiécer ; [+ tyre] réparer, poser une rustine ® à
3 COMP ▷ **patch pocket** n poche f appliquée or plaquée ▷ **patch test** n (Med) test m cutané

▶ **patch together** vt sep [+ garment] rapiécer ; (hum) [+ old car etc] retaper * ◆ **a new government was hastily patched together** un gouvernement de fortune a été mis sur pied à la hâte

▶ **patch up** vt sep [+ clothes] rapiécer ; [+ machine] rafistoler * ; * [+ injured person] rafistoler * ◆ **to patch up a quarrel** se rabibocher *, se raccommoder * ◆ **they soon patched up their differences** ils se sont vite rabibochés * or raccommodés *

patchouli [ˈpætʃʊlɪ] n (= plant, perfume) patchouli m

patchwork [ˈpætʃwɜːk] → SYN **1** n (lit, fig) patchwork m
2 COMP quilt en patchwork ; landscape bigarré ; (pej = lacking in unity) fait de pièces et de morceaux, fait de bric et de broc

patchy [ˈpætʃɪ] → SYN adj (lit, also fig pej) inégal

pate [peɪt] n tête f ◆ **a bald pate** un crâne chauve

pâté [ˈpæteɪ] n (NonC: Culin) pâté m

patella [pəˈtelə] n, pl **patellae** [pəˈteliː] rotule f

paten [ˈpætən] n patène f

patency [ˈpeɪtənsɪ] n évidence f

patent [ˈpætənt] → SYN **1** adj **a** (frm = obvious) fact, dishonesty patent, manifeste ◆ **it was a patent impossibility** c'était manifestement impossible
b invention breveté ◆ **patent medicine** spécialité f pharmaceutique
c (also **patent leather**) cuir m verni ◆ **patent (leather) shoes** chaussures fpl vernies or en cuir verni
2 n (= licence) brevet m d'invention ; (= invention) invention f brevetée ◆ **to take out a patent (on sth)** déposer un brevet (pour qch) ◆ **"patent(s) applied for"** "demande de brevet déposée" ◆ **"patent pending"** "brevet en cours d'homologation" ◆ **to come out of** or (US) **come off patent** tomber dans le domaine public
3 vt faire breveter
4 COMP ▷ **patent agent** n (Jur) conseil m en propriété industrielle ▷ **Patent and Trademark Office** n (US) ▷ **Patent Office** n ▷ **patent attorney** n (US) ⇒ **patent agent** ▷ **patent engineer** n conseil m en brevets d'invention ▷ **patent holder** n détenteur m, -trice f or titulaire mf d'un brevet d'invention ▷ **patent leather** n → **1c** ▷ **Patent Office** n (Brit) ≈ Institut m national de la propriété industrielle ▷ **patent right** n propriété f industrielle ▷ **Patent Rolls** npl (Brit) registre m des brevets d'invention ▷ **patent still** n alambic dans lequel la distillation est ininterrompue

patentable [ˈpeɪtəntəbl] adj (Jur etc) brevetable

patentee [ˌpeɪtənˈtiː] n breveté(e) m(f)

patently [ˈpeɪtəntlɪ] adv (frm) manifestement, de toute évidence ◆ **patently obvious** tout à fait évident, absolument évident

patentor [ˈpeɪtəntər] n (Jur etc) personne ou organisme délivrant des brevets d'invention

pater †* [ˈpeɪtər] n (esp Brit) pater * m, paternel * m

paterfamilias [ˌpeɪtəfəˈmɪlɪæs] n, pl **patresfamilias** [ˌpɑːtreɪzfəˈmɪlɪæs] paterfamilias m

paternal [pəˈtɜːnl] → SYN adj paternel

paternalism [pəˈtɜːnəlɪzəm] n paternalisme m

paternalist [pəˈtɜːnəlɪst] adj paternaliste

paternalistic [pəˌtɜːnəˈlɪstɪk] adj (pej) (trop) paternaliste

paternalistically [pəˌtɜːnəˈlɪstɪklɪ] adv (pej) de façon (trop) paternaliste

paternally [pəˈtɜːnəlɪ] adv paternellement

paternity [pəˈtɜːnɪtɪ] → SYN **1** n (lit, fig) paternité f
2 COMP ▷ **paternity leave** n congé m parental (pour le père) ▷ **paternity order** n (Jur) (ordonnance f de) reconnaissance f de paternité ▷ **paternity suit** n (Jur) action f en recherche de paternité

paternoster [ˌpætəˈnɒstər] n **a** (Rel) Pater m ◆ **the Paternoster** le Pater, le Notre Père
b (= elevator) pater noster m

path¹ [pɑːθ] → SYN **1** n **a** (also **pathway**) (in woods etc) sentier m, chemin m ; (in garden) allée f ; (also **footpath** : beside road) sentier m (pour les piétons) ◆ **to clear a path through the woods** ouvrir un sentier or un chemin dans les bois ◆ **to beat a path to sb's door** accourir en foule chez qn ; → **primrose**
b (= trajectory, route) [of river] cours m ; [of sun] route f ; [of bullet, missile, spacecraft, planet, hurricane] trajectoire f ; [of advancing person] chemin m ◆ **to cross sb's path** se trouver sur le chemin de qn ◆ **our paths have often crossed** nos chemins se sont souvent croisés ◆ **to destroy everything in one's path** [person, storm etc] tout détruire sur son chemin or son passage ◆ **he found his path barred** il trouva le chemin or le passage barré ◆ **he stepped off the kerb into the path of a car** il est descendu du trottoir au moment où une voiture arrivait
c (fig = way) voie f ◆ **she criticized the path the government was taking** elle a critiqué la voie suivie par le gouvernement ◆ **the path to success** la voie or le chemin du succès ◆ **the path towards peace/independence** la voie menant à la paix/l'indépendance ◆ **to break a new path** (esp US) montrer une voie nouvelle
2 COMP ▷ **path-breaking** adj (esp US) révolutionnaire ▷ **path name** n (Comput) nom m d'accès

path² * [pɑːθ] **1** n abbrev of **pathology**
2 COMP ▷ **path lab** n laboratoire m or labo * m d'analyses

Pathan [pəˈtɑːn] **1** adj pathan
2 n Pathan(e) m(f)

pathetic [pəˈθetɪk] → SYN adj **a** (= very sad) sight, grief pitoyable, navrant ◆ **a pathetic attempt** une tentative désespérée ◆ **it was pathetic to see it** cela faisait peine à voir, c'était un spectacle navrant
b (* = feeble) person, piece of work, performance pitoyable, minable
c (Literat) **(the) pathetic fallacy** l'anthropomorphisme m

pathetically [pəˈθetɪklɪ] adv **a** (= pitifully) behave, moan, weep d'une façon pitoyable, pitoyablement ◆ **pathetically thin/shy** d'une maigreur/timidité pitoyable ◆ **she was pathetically glad to see him** elle était terriblement heureuse de le voir
b (pej = feebly) lamentablement ◆ **I wimped out, pathetically** je me suis lamentablement dégonflé *

pathfinder [ˈpɑːθˌfaɪndər] → SYN n (gen) pionnier m, -ière f ; (Aviat) avion m éclaireur

pathogen [ˈpæθədʒən] n (Med) agent m pathogène

pathogenesis [ˌpæθəˈdʒenɪsɪs], **pathogeny** [pəˈθɒdʒɪnɪ] n (Med) pathogénèse f, pathogénie f

pathogenetic [ˌpæθəʊdʒɪˈnetɪk] adj pathogénique

pathogenic [ˌpæθəˈdʒenɪk] adj pathogène

pathognomonic [ˌpæθəɡnəˈmɒnɪk] adj pathognomonique

pathological [ˌpæθəˈlɒdʒɪkəl] adj pathologique

pathologically [ˌpæθəˈlɒdʒɪkəlɪ] adv jealous, violent pathologiquement

pathologist [pəˈθɒlədʒɪst] n pathologiste mf

pathology [pəˈθɒlədʒɪ] n pathologie f

pathos [ˈpeɪθɒs] → SYN n pathétique m ◆ **the pathos of the situation** ce que la situation a (or avait etc) de pathétique ◆ **told with great pathos** raconté d'une façon très émouvante or très pathétique ◆ **a film full of pathos** un film très pathétique

patience [ˈpeɪʃəns] → SYN n **a** patience f ◆ **to have patience** prendre patience, savoir patienter ◆ **she doesn't have much patience with children** elle n'est pas très patiente or elle n'a pas beaucoup de patience avec les enfants ◆ **I have no patience with these people** ces gens m'exaspèrent ◆ **to lose (one's) patience** perdre patience ◆ **to be out of patience (with sb/sth)** s'impatienter (with sb/sth contre qn/qch) ◆ **my patience is wearing thin** ma patience a des limites ◆ **I am out of patience, my patience is exhausted** ma patience est à bout, je suis à bout de patience ◆ **the patience of Job** une patience d'ange ; → **possess, tax, try**
b (Brit Cards) réussite f ◆ **to play patience** faire des réussites

patient [ˈpeɪʃənt] → SYN **1** adj patient (with avec) ◆ **(you must) be patient!** patientez !, (un peu de) patience ! ◆ **I've been patient long enough!** j'ai assez patienté or attendu !, ma patience a des limites !
2 n (gen) patient(e) m(f) ; (post-operative) opéré(e) m(f) ◆ **a doctor's patients** (undergoing treatment) les patients or les malades d'un médecin ; (on his/her list) les clients mpl d'un médecin ◆ **psychiatric patient** malade mf psychiatrique ◆ **cancer patient** cancéreux m, -euse f ◆ **heart patient** cardiaque mf ; → **in, outpatient**

patiently [ˈpeɪʃəntlɪ] adv patiemment, avec patience

patina [ˈpætɪnə] n **a** (on surface) patine f
b (= small amount) vernis m, aura f

patinate [ˈpætɪneɪt] vt patiner

patio [ˈpætɪəʊ] **1** n patio m
2 COMP ▷ **patio doors** npl (esp Brit) portes-fenêtres fpl (donnant sur un patio)

Patna ['pætnə] **1** n Patna
  2 COMP ▷ **Patna rice** n riz à grain long
patois ['pætwɑː], n, pl **patois** patois m
pat. pend. (abbrev of patent pending) → **patent**
patriarch ['peɪtrɪɑːk] n patriarche m
patriarchal [ˌpeɪtrɪ'ɑːkəl] adj patriarcal
patriarchy [ˌpeɪtrɪ'ɑːkɪ] n patriarcat m, gouvernement m patriarcal
Patricia [pə'trɪʃə] n Patricia f
patrician [pə'trɪʃən] adj, n patricien(ne) m(f)
patricide ['peɪtrɪsaɪd] n (= crime) parricide m; (= person) parricide mf
Patrick ['pætrɪk] n Patrice m, Patrick m
patrilineal [ˌpætrɪ'lɪnɪəl] adj patrilinéaire
patrilinear [ˌpætrɪ'lɪnɪər] adj patrilinéaire
patrilocal [ˌpætrɪ'ləʊkəl] adj patrilocal
patrimonial [ˌpætrɪ'məʊnɪəl] adj patrimonial
patrimony ['pætrɪmənɪ] n **a** patrimoine m, héritage m
  b (Rel) biens-fonds mpl (d'une église)
patriot ['peɪtrɪət] → SYN n patriote mf
patriotic [ˌpætrɪ'ɒtɪk] → SYN **1** adj deed, speech patriotique; person patriote
  2 COMP ▷ **the Patriotic Front** n (Pol) le Front patriote
patriotically [ˌpætrɪ'ɒtɪkəlɪ] adv patriotiquement, en patriote
patriotism ['pætrɪətɪzəm] → SYN n patriotisme m
patristic [pə'trɪstɪk] adj (Rel) patristique
patristics [pə'trɪstɪks] n (NonC: Rel) patristique f
Patroclus [pə'trɒkləs] n (Myth) Patrocle m
patrol [pə'trəʊl] → SYN **1** n **a** (NonC) patrouille f ◆ **to go on patrol** aller en patrouille, faire une ronde ◆ **to be on patrol** être de patrouille
  b (of troops, police, scouts, guides etc) patrouille f; (= ship, aircraft on patrol) patrouilleur m; (= police officer) agent m de police; → **border, immigration, customs**
  2 vt (police, troops etc) [+ district, town, streets] patrouiller dans, faire une patrouille dans
  3 vi (troops, police) patrouiller, faire une patrouille ◆ **to patrol up and down** (fig = walk about) faire les cent pas
  4 COMP helicopter, vehicle de patrouille ▷ **patrol car** n (Police) voiture f de police ▷ **patrol leader** n (Mil, scouts, guides) chef mf de patrouille ▷ **patrol wagon** n (US) voiture f ou fourgon m cellulaire
patrolboat [pə'trəʊlbəʊt] n (Naut) patrouilleur m
patrolman [pə'trəʊlmən] n, pl **-men** **a** (US) agent m de police ◆ **Patrolman Jim Sheppe** l'agent m Jim Sheppe
  b (Aut) agent m (d'une société de dépannage)
patrologist [pə'trɒlədʒɪst] n (Rel) spécialiste mf de patrologie
patrology [pə'trɒlədʒɪ] n (Rel) patrologie f
patrolwoman [pə'trəʊlˌwʊmən] n, pl **-women** (US) femme f agent de police ◆ **Patrolwoman Jill Brown** l'agent m Jill Brown
patron ['peɪtrən] → SYN **1** n **a** [of artist] protecteur m, -trice f; [of a charity] patron(ne) m(f)
  b (= customer) [of hotel, shop] client(e) m(f) ◆ **our patrons** (Comm) notre clientèle f; (Theat) notre public m ◆ "**parking for patrons only**" "stationnement réservé à la clientèle" ◆ "**patrons are reminded that ...**" "nous rappelons à notre aimable clientèle que ..."
  c ⇒ **patron saint**
  2 COMP ▷ **patron of the arts** n protecteur m, -trice f des arts, mécène m ▷ **patron saint** n saint(e) patron(ne) m(f)
patronage ['pætrənɪdʒ] → SYN n **a** (gen) (= support) [of artist etc] patronage m; (= financial backing) parrainage m, sponsoring m ◆ **under the patronage of ...** sous le patronage de ..., sous les auspices de ... ◆ **patronage of the arts** mécénat m, protection f des arts
  b (Rel) droit m de disposer d'un bénéfice; (Pol) droit m de présentation
  c (Pol pej) népotisme m ◆ **to give out patronage jobs** (US) nommer ses amis politiques à des postes de responsabilité, attribuer des postes à ses petits copains *

patroness † ['peɪtrənes] n [of artist] protectrice f
patronize ['pætrənaɪz] → SYN vt **a** (pej) traiter avec condescendance
  b (Comm) [+ shop, firm] donner or accorder sa clientèle à, se fournir chez; [+ dress shop] s'habiller chez; [+ bar, cinema, club] fréquenter
patronizing ['pætrənaɪzɪŋ] → SYN adj person condescendant; look, tone, smile, manner condescendant, de condescendance
patronizingly ['pætrənaɪzɪŋlɪ] adv speak d'un ton condescendant, avec condescendance; behave, bow, pat, laugh de façon condescendante; smile d'un air condescendant
patronymic [ˌpætrə'nɪmɪk] **1** n patronyme m, nom m patronymique
  2 adj patronymique
patsy ✱ ['pætsɪ] n (US) pigeon * m, gogo * m, victime f
patter¹ ['pætər] → SYN **1** n [of comedian, conjurer] bavardage m, baratin * m; [of salesman etc] boniment m, baratin * m
  2 vi (also **patter away**, **patter on**) jacasser, baratiner *
patter² ['pætər] → SYN **1** n [of rain, hail] crépitement m, bruit m ◆ **a patter of footsteps** un petit bruit de pas pressés ◆ **we'll soon be hearing the patter of tiny feet** (hum) on attend un heureux événement
  2 vi [footsteps] trottiner; [rain] tambouriner (on contre); [hail] crépiter
  3 COMP ▷ **patter song** n (Mus) ≃ ritournelle f
▶ **patter about, patter around** vi trottiner çà et là
pattern ['pætən] → SYN **1** n **a** (= design: on material, wallpaper etc) dessin(s) m(pl), motif m ◆ **a floral pattern** un motif floral or à fleurs ◆ **a pattern of small dots on the page** un motif de petits points sur la page ◆ **the torches made patterns of light on the walls** la lumière des torches dessinait des formes sur les murs ◆ **the pattern on a tyre** les sculptures fpl d'un pneu
  b (= style) style m ◆ **various patterns of cutlery** différents modèles de couverts ◆ **dresses of different patterns** des robes de styles différents
  c (Sewing: also **paper pattern**) patron m; (also **knitting pattern**) modèle m
  d (fig = model) exemple m, modèle m ◆ **pattern of living** (fig) mode m de vie ◆ **on the pattern of ...** sur le modèle de ... ◆ **this set a or the pattern for future meetings** cela a institué un modèle pour les réunions suivantes
  e (= standard, coherent behaviour etc) eating patterns habitudes fpl alimentaires ◆ **behaviour patterns of teenagers** les types mpl de comportement chez les adolescents ◆ **my sleep(ing) patterns became very disturbed** mes habitudes de sommeil se sont trouvées très perturbées ◆ **his sleep(ing) patterns have returned to normal** il s'est remis à dormir comme avant ◆ **the earth's weather patterns** les tendances fpl climatiques de la terre ◆ **I began to notice a pattern in their behaviour/reactions etc** j'ai commencé à remarquer certaines constantes dans leur conduite/leurs réactions etc ◆ **to be part of a pattern** faire partie d'un tout ◆ **it followed the usual pattern** [meeting, interview, crime, epidemic, drought, storm] cela s'est passé selon le scénario habituel; [timetable, schedule] cela suivait le schéma habituel ◆ **a clear pattern emerges from these statistics** un schéma très net ressort or se dégage de ces statistiques ◆ **the disease followed the same pattern everywhere** la maladie a présenté partout les mêmes caractéristiques ◆ **this week's violence follows a sadly familiar pattern** les actes de violence de cette semaine suivent un scénario trop familier ◆ **these strikes/attacks all followed the same pattern** ces grèves/attaques se sont toutes déroulées de la même manière ◆ **the pattern of trade** (Econ) la structure ou la physionomie des échanges
  f (= sample) [of material etc] échantillon m
  g (Ling) modèle m; [of sentence] structure f ◆ **on the pattern of ...** sur le modèle de ...
  2 vt **a** (= model) modeler (on sur) ◆ **to pattern o.s. on sb** prendre modèle sur qn
  b (= decorate) orner de motifs

3 COMP ▷ **pattern book** n (material, wallpaper etc) album m d'échantillons, (Sewing) catalogue m or album m de patrons ▷ **pattern maker** n (Metal) modeleur m
patterned ['pætənd] adj material, fabric, china à motifs
patterning ['pætənɪŋ] n (NonC) **a** (= markings) [of creature] (motifs mpl de la) livrée f ◆ **the patterning of the bird's winter/summer plumage** la livrée de cet oiseau pendant l'hiver/l'été
  b (Psych = conditioning) conditionnement m
patty ['pætɪ] **1** n rondelle f (de viande hachée)
  2 COMP ▷ **patty pan** n petit moule m ▷ **patty shell** n croûte f feuilletée
paucity ['pɔːsɪtɪ] n [of crops, coal, oil] pénurie f; [of money] manque m; [of news, supplies, water] disette f; [of ideas] indigence f, disette f
Paul [pɔːl] n Paul m
Pauline¹ ['pɔːliːn] n Pauline f
Pauline² ['pɔːlaɪn] adj (Rel = relating to St Paul) paulinien
paulownia [pɔː'ləʊnɪə] n paulownia m
paunch [pɔːntʃ] → SYN n [of person] ventre m, panse f, bedaine * f; [of ruminants] panse f
paunchiness ['pɔːntʃɪnɪs] n ventripotence f
paunchy ['pɔːntʃɪ] adj ventripotent
pauper ['pɔːpər] → SYN n indigent(e) m(f), pauvre(sse) m(f) ◆ **pauper's grave** fosse f commune
pauperdom ['pɔːpədəm] n (= state) pauvreté f; (= paupers) pauvres mpl
pauperism ['pɔːpərɪzəm] n paupérisme m
pauperization [ˌpɔːpəraɪ'zeɪʃən] n paupérisation f
pauperize ['pɔːpəraɪz] vt paupériser
pause [pɔːz] → SYN **1** n **a** pause f; (Mus) point m d'orgue; (Poetry) césure f ◆ **to give sb pause for thought, to give pause to sb** (frm) faire hésiter qn, donner à réfléchir à qn ◆ **a pause in the conversation** un petit ou bref silence (dans la conversation) ◆ **after a pause, he added ...** il marqua une pause et ajouta ... ◆ **he continued speaking without a pause** il continua sur sa lancée or dans la foulée ◆ **there was a pause for discussion/for refreshments** on s'arrêta pour discuter/pour prendre des rafraîchissements
  2 vi **a** (in work, activity) marquer un temps d'arrêt; (for a rest) faire une pause ◆ **to pause for breath** s'arrêter pour reprendre haleine ◆ **they paused for lunch** ils ont fait une pause pour le déjeuner ou une pause-déjeuner
  b (in speaking) marquer une pause, marquer un temps d'arrêt ◆ **to pause for thought** prendre le temps de réfléchir ◆ **without pausing to consider the consequences** sans prendre le temps de réfléchir aux conséquences
  c (= linger over) s'arrêter (on sur)
  3 vt ◆ **to pause a video/tape** appuyer sur la touche "pause" d'un magnétoscope/magnétophone ◆ **can you pause it there?** pouvez-vous appuyer sur la touche "pause" ?
pavane [pə'vɑːn] n pavane f
pave [peɪv] → SYN vt [+ street] paver; [+ yard] carreler, paver ◆ **paved with gold** pavé d'or ◆ **to pave the way (for)** ouvrir la voie (à)
pavement ['peɪvmənt] **1** n **a** (Brit) trottoir m
  b (= road surface) (of stone, wood) pavé m, pavage m; (stone slabs) dallage m; (ornate) pavement m
  c (US = roadway) chaussée f
  2 COMP ▷ **pavement artist** n (Brit) artiste mf de rue ▷ **pavement café** n (Brit) café m avec terrasse (sur le trottoir)
pavilion [pə'vɪlɪən] **a** (= tent, building) pavillon m (tente, construction)
  b (Brit Sport) pavillon m des vestiaires
paving ['peɪvɪŋ] **1** n **a** (material) (= stone) pavé m; (= flagstones) dalles fpl; (= tiles) carreaux mpl
  b (= paved ground) pavage m, dallage m, carrelage m; → **crazy**
  2 COMP ▷ **paving stone** n pavé m

pavlova [pæv'ləʊvə] n (Culin) *tarte meringuée aux fruits*

Pavlovian [pæv'ləʊvɪən] adj pavlovien

paw [pɔː] → SYN 1 n a [of animal] patte f
b (‡ = hand) patte* f ◆ **keep your paws off!** bas les pattes ! *
2 vt a (also **paw at**) [animal] donner un coup de patte à ◆ **to paw the ground** [horse] piaffer
b (‡ pej) [person] tripoter* ; (amorously) tripoter*, peloter‡

pawkily ['pɔːkɪlɪ] adv (Scot) narquoisement

pawky ['pɔːkɪ] adj (Scot) narquois

pawl [pɔːl] n cliquet m

pawn¹ [pɔːn] → SYN n a (Chess) pion m
b (fig) **to be sb's pawn** être le jouet de qn, se laisser manœuvrer par qn ◆ **he is a mere pawn (in the game)** il n'est qu'un pion sur l'échiquier

pawn² [pɔːn] → SYN 1 vt [+ one's watch etc] mettre en gage or au mont-de-piété or au clou*
2 n a (= thing pledged) gage m, nantissement m
b (NonC) **in pawn** en gage, au mont-de-piété, au clou* ◆ **to get sth out of pawn** dégager qch du mont-de-piété
3 COMP ▷ **pawn ticket** n reconnaissance f du mont-de-piété

pawnbroker ['pɔːn,brəʊkəʳ] n prêteur m, -euse f sur gages ◆ **pawnbroker's** ⇒ **pawnshop**

pawnbroking ['pɔːn,brəʊkɪŋ] n prêt m sur gages

pawnshop ['pɔːnʃɒp] n bureau m de prêteur sur gages, mont-de-piété m

pawpaw ['pɔːpɔː] n papaye f

pax [pæks] 1 excl (Brit † *: during game) pouce !
2 n (Rel) paix f ◆ **Pax Romana** (Hist) pax f romana ◆ **Pax Americana/Britannica** (Pol) pax f americana/britannica

pay [peɪ] → SYN vb : pret, ptp **paid** 1 n (gen) salaire m ; (esp of manual worker) paie or paye f ; (Mil, Naut) solde f, paie f ◆ **three weeks' pay** trois semaines de salaire or paie ◆ **to be on half/full pay** toucher la moitié/l'intégralité de son salaire or de sa paie ◆ **in the pay of ...** à la solde de ... (pej), aux gages de ... ◆ **the pay's not very good** ce n'est pas très bien payé ◆ **holidays with pay** congés mpl payés ◆ **time off without pay** congé m sans solde ; → **equal, half, holiday, take**
2 vt a [+ person] payer (*to do sth* à faire qch ; *for doing sth* pour faire qch) ; [+ tradesman, bill, fee] payer, régler ◆ **to pay sb $20** payer qn 20 dollars ◆ **he paid them for the book/the ticket** il les a payés pour le livre/le billet ◆ **he paid them $20 for the book/the ticket** il leur a acheté le livre/le billet pour 20 dollars ◆ **he paid them $20 for the work** il les a payés 20 dollars pour ce travail ◆ **he paid me for my trouble** il m'a dédommagé de mes peines ◆ **I don't pay you to ask questions** je ne vous paie pas pour poser des questions ◆ **we're not paid for that** on n'est pas payé pour cela, on n'est pas payé pour* ◆ **that's what you're paid for** c'est pour cela qu'on vous paie ◆ **I get paid on Fridays** je touche ma paie or mon salaire le vendredi ◆ **I am paid on a monthly basis** or **by the month** je suis payé au mois
b [+ instalments, money] payer ; [+ deposit] verser ; [+ debt] acquitter, s'acquitter de, régler ; [+ loan] rembourser ◆ **he paid $20 for the ticket** il a payé le billet 20 dollars ◆ **the company paid a high premium for Mr Peter's services** la société a payé cher pour obtenir les services de M. Peter ◆ **he paid a lot for his suit** son costume lui a coûté cher, il a payé son costume très cher ◆ **they pay good wages** ils paient bien ◆ **to pay cash (down)** payer comptant ◆ **to pay money into an account** verser de l'argent à un compte
c (Fin) [+ interest] rapporter ; [+ dividend] distribuer ◆ **shares that pay 5%** des actions qui rapportent 5 % ◆ **his generosity paid dividends** (fig) sa générosité a porté ses fruits ◆ **... but it paid him in the long run** ... mais il y a gagné en fin de compte ◆ **it would pay you to be nice to him** vous gagneriez à être aimable avec lui ◆ **it won't pay him to tell the truth** il ne gagnera rien à dire la vérité
d (fig) **he's paid his dues** (for achievement) il en a bavé* ; (for crime, error) il a payé sa dette (fig) ◆ **he's paid his debt to society** il a payé sa dette envers la société ◆ **the business is paying its way now** l'affaire couvre ses frais maintenant ◆ **he likes to pay his (own) way** il préfère payer sa part or son écot ◆ **to pay the price (for sth)** subir or payer les conséquences (de qch) ◆ **to pay the price of fame/success** payer le prix de la célébrité/du succès ◆ **the city is still paying the price of war** la ville souffre encore des conséquences de la guerre ◆ **they've paid a high price for their obstinacy/for being so naïve** ils ont payé très cher leur entêtement/leur naïveté ◆ **to put paid to sb's hopes/chances/plans** ruiner les espoirs/chances/projets de qn ◆ **I'll soon put paid to him!*** j'aurai vite fait de lui régler son compte ! ◆ (Prov) **he who pays the piper calls the tune** celui qui paie a le droit de décider comment sera dépensé son argent ; see also **3b**
e **to pay sb a visit** rendre visite à qn ◆ **we paid a visit to Paris on our way south** nous avons fait un petit tour à Paris en descendant vers le sud ◆ **to pay a visit*** or **a call*** (euph) aller au petit coin* ◆ **to pay one's last respects to sb** rendre un dernier hommage à qn
3 vi a payer ◆ **his job pays well** son travail paie bien ◆ **they pay very poorly** ils paient très mal ◆ **"pay on entry"** (on bus) "paiement à l'entrée" ◆ **I offered to pay for my mother** j'ai proposé de payer pour ma mère ◆ **to pay for the meal** payer le repas ◆ **he paid dearly for it** (fig) il l'a payé cher ◆ **to pay through the nose for sth*** (fig) payer le prix fort pour qch ◆ **we'll have to pay through the nose for it*** (fig) ça va nous coûter les yeux de la tête* ◆ **you'll pay for this!** (fig) vous (me) le payerez ! ◆ **I'll make him pay for that** (fig) je lui ferai payer ça ◆ **he's had to pay for it** (fig) (for achievement) il en a bavé* ◆ **he made a mistake and he's had to pay for it** il a fait une erreur et il l'a payée cher ; → **cash, instalment, nail**
b (= be profitable) [business, deal] rapporter, être rentable ◆ **does it pay?** est-ce que ça rapporte ?, c'est rentable ? ◆ **we need to sell 600 copies to make it pay** nous devons vendre 600 exemplaires pour rentrer dans nos frais or pour que ce soit rentable ◆ **crime doesn't pay** le crime ne paie pas ◆ **it pays to advertise** la publicité rapporte ◆ **insulation soon pays for itself** l'isolation est vite rentabilisée ◆ **it always pays to ask an expert's opinion** on a toujours intérêt à demander l'avis d'un expert ◆ **it doesn't pay to be polite these days** on ne gagne rien à être or cela ne paie pas d'être poli de nos jours ◆ **it doesn't pay to tell lies** cela ne sert à rien de mentir, on ne gagne rien à mentir
4 COMP dispute, negotiation salarial ▷ **pay-and-display** adj (Brit) car park à horodateur ▷ **pay as you earn, pay-as-you-go** (US) n retenue f à la source de l'impôt sur le revenu ▷ **pay award** n augmentation f de salaire collective ▷ **pay bargaining** n (NonC) négociations fpl salariales ▷ **pay bed** n (Brit) lit m (d'hôpital) payant *(par opposition aux soins gratuits du système de Sécurité sociale britannique)* ▷ **Pay Board** n Commission f des salaires ▷ **pay-cable channel** n (TV) chaîne f câblée payante ▷ **pay check** n (US) ⇒ **pay cheque** ▷ **pay cheque** n (Brit) salaire m, paie or paye f ▷ **pay day** n jour m de paie ◆ **to have a big pay day** (Sport) décrocher le gros lot ▷ **pay desk** n caisse f ; (Theat) caisse f, guichet m ▷ **pay dirt**‡ n (Min) filon m ◆ **to hit** or **strike pay dirt** (lit) découvrir un filon ; (fig) trouver le filon ▷ **pay envelope** n (US) enveloppe f de paie ▷ **pay increase** n ⇒ **pay rise** ▷ **pay(ing)-in slip, pay(ing)-in voucher** n (Banking) bordereau m de versement ▷ **pay packet** n (Brit) enveloppe f de paie ; (fig) paie f, salaire m ▷ **pay-per-view** n pay per view m, télévision f à la carte ◇ adj **pay-per-view television** le pay per view, la télévision à la carte ◆ **pay-per-view channel** (chaîne f de) télévision f en pay per view or à la carte ◆ **pay-per-view programme** émission f en pay per view or à la carte ◆ **on a pay-per-view basis** en pay per view, à la carte ▷ **pay phone** n téléphone m public ▷ **pay raise** n (US) ⇒ **pay rise** ▷ **pay rise** n (Brit) augmentation f de salaire ▷ **pay station** n (US) téléphone m public ▷ **pay structure** n (Ind) barème m des salaires ▷ **pay-TV** n télévision f payante

► **pay back** 1 vt sep a [+ stolen money] rendre, restituer ; [+ loan] rembourser ; [+ person] rembourser ◆ **I paid my brother back the £10 I owed him** j'ai remboursé à mon frère les 10 livres que je lui devais
b (fig = get even with) **to pay sb back for doing sth** faire payer à qn qch qu'il a fait ◆ **I'll pay you back for that!** je vous le revaudrai !
2 **payback** n → **payback**

► **pay down** vt sep ◆ **he paid £10 down** (as deposit) il a versé un acompte de 10 livres ; (whole amount in cash) il a payé 10 livres comptant

► **pay in** vt sep verser (*to* à) ◆ **to pay in money at the bank** verser de l'argent sur son compte, créditer son compte (bancaire) ◆ **to pay a sum in to an account** verser une somme sur un compte ◆ **to pay in a cheque** déposer un chèque

► **pay off** 1 vi [risk, trick, scheme, work] être payant ; [decision] être valable or payant ; [perseverance, patience] être récompensé ◆ **his patience paid off in the long run** finalement il a été récompensé de sa patience or sa patience a été récompensée
2 vt sep a [+ debts] s'acquitter de, régler ; [+ bill] régler ; [+ creditor, loan] rembourser ◆ **to pay sb off** (= bribe) donner des pots-de-vin à qn, acheter qn ◆ **to pay off an old score** (fig) régler un vieux compte ◆ **to pay off a grudge** (fig) satisfaire un désir de vengeance
b (= discharge) [+ worker, staff] licencier ; [+ servant] donner son compte à, congédier ; (Naut) [+ crew] débarquer
3 **payoff** n → **payoff**

► **pay out** 1 vi [fruit machine etc] [insurance policy] rembourser
2 vt sep a [+ rope] laisser filer
b [+ money] (= spend) débourser, dépenser ◆ **they paid out a large sum of money on new equipment** ils ont dépensé beaucoup d'argent pour acheter de nouveaux équipements

► **pay up** 1 vi payer ◆ **pay up!** payez !
2 vt fus [+ amount] payer, verser ◆ **pay up what you owe me!** payez-moi or remboursez-moi ce que vous me devez ! ; → **paid**

payable ['peɪəbəl] → SYN adj (= due, owed) payable ◆ **payable in/over three months** payable dans/en trois mois ◆ **payable when due** (Comm, Fin, Jur) payable à l'échéance ◆ **payable to bearer/on demand/at sight** payable au porteur/sur présentation/à vue ◆ **to make a cheque payable to sb** faire un chèque à l'ordre de qn ◆ **please make cheques payable to ..., cheques should be made payable to ...** les chèques doivent être libellés à l'ordre de ... ◆ **the interest payable on the loan** les intérêts à payer sur le prêt

payback ['peɪ,bæk] 1 n a [of investment] retour m, bénéfice m ; [of debt] remboursement m ; (fig) avantage m
b (= revenge) revanche f
2 COMP ▷ **payback time** (Comm) n temps m d'amortissement ◆ **it's payback time!** (fig) c'est le moment de la revanche !

PAYE [,piːeɪwaɪ'iː] (Brit) (abbrev of **pay as you earn**) → **pay**

payee [peɪ'iː] n [of cheque] bénéficiaire mf ; [of postal order] destinataire mf, bénéficiaire mf

payer ['peɪəʳ] n payeur m, -euse f ; [of cheque] tireur m, -euse f ◆ **to be a bad payer** être un mauvais payeur ◆ **late payers** personnes fpl qui paient avec du retard

paying ['peɪɪŋ] 1 adj a (= who pays) payant ◆ **paying guest** pensionnaire mf, hôte m payant
b (= profitable) business rémunérateur (-trice f), qui rapporte, rentable ; scheme rentable ◆ **it's not a paying proposition** ce n'est pas (une proposition) rentable
2 n [of debt] règlement m, acquittement m ; [of creditor] remboursement m ; [of money] paiement m, versement m
3 COMP ▷ **paying-in book** n (Banking) carnet m de bordereaux de versement ▷ **paying-in slip** n (Banking) bordereau m de versement

payload ['peɪləʊd] n (= cargo) charge f ; [of vehicle, boat, spacecraft] charge f utile ; (= explosive energy) [of warhead, bomb load] puissance f

paymaster ['peɪˌmɑːstəʳ] **1** n (gen) intendant m, caissier m, payeur m; (Naut) commissaire m; (Mil) trésorier m
2 COMP ▷ **Paymaster General** n (Brit) trésorier-payeur de l'Échiquier

payment ['peɪmənt] LANGUAGE IN USE 20.6 → SYN
1 n **a** (= money) (gen) paiement m; (to creditor) remboursement m; (into account) versement m; (= monthly repayment) mensualité f ◆ **to make (a) payment** faire or effectuer un paiement ◆ **method of payment** mode m de paiement ◆ **$150, in monthly payments of $10** 150 dollars, payables en mensualités de 10 dollars ◆ **prompt/late payment** paiement m rapide/en retard ◆ **without payment** à titre gracieux ◆ **we demand payment in full** nous exigeons le paiement intégral ◆ **payment by instalments** paiement m par traites or à tempérament ◆ **payment by results** prime f au rendement ◆ **payment in kind** paiement m en nature ◆ **to make payment in kind** payer en nature ◆ **on payment of a supplement/a deposit/$50** moyennant un supplément/une caution/la somme de 50 dollars ◆ **the car will be yours on payment of the balance** la voiture vous appartiendra une fois que vous aurez réglé le solde ◆ **as or in payment for ...** en règlement or paiement de ... ◆ **as or in payment for a debt** en règlement d'une dette ◆ **most major credit cards are accepted in payment** les principales cartes de crédit sont acceptées comme moyen de paiement ◆ **as or in payment for your help** pour vous remercier de votre aide ◆ **cash payment** (= not credit) paiement m comptant; (= in cash) paiement m en liquide; → **balance, down¹, easy, ex gratia, interest, miss, mortgage, nonpayment, part, redundancy, stop**
b (fig: for favour) récompense f ◆ **those who fought alongside the conquistadors were granted land in payment** ceux qui combattaient aux côtés des conquistadors recevaient une terre en récompense ◆ **travelling minstrels provided entertainment and were given food and lodging in payment** les ménestrels offraient un spectacle et recevaient le gîte et le couvert en échange
2 COMP ▷ **payment card** n carte f de paiement ▷ **payment date** n date f de paiement ◆ **your first payment date will be ...** la date de votre premier remboursement est le ... ▷ **payment system** n système m de paiement or de règlement ▷ **payment terms** npl modalités fpl de paiement

payoff ['peɪɒf] n **a** [of person] remboursement m (total); [of debt etc] règlement m (total); (* = reward) récompense f; (* = bribe) pot-de-vin m
b (* = outcome) résultat m final; (= climax) comble m, bouquet * m
c (= punch line) chute f

payola * ['peɪəʊlə] n (NonC: US) pots-de-vin mpl

payout ['peɪaʊt] n (in competition) prix m; (from insurance) dédommagement m

payroll ['peɪrəʊl] **1** n (Ind) (= list) registre m du personnel; (= money) masse f salariale; (= all the employees) personnel m, effectifs mpl ◆ **the factory has 60 people on the payroll** or **a payroll of 60** l'usine compte 60 employés or salariés ◆ **to be on a firm's payroll** être employé par une société
2 COMP ▷ **payroll tax** n taxe f sur les traitements et salaires

payslip ['peɪslɪp] n bulletin m de salaire

PB n (Sport) (abbrev of **personal best**) → **personal**

pb abbrev of **paperback**

PBS [ˌpiːbiːˈes] n (US) abbrev of **Public Broadcasting Service**

PBX [ˌpiːbiːˈeks] n (Brit Telec) (abbrev of **private branch exchange**) PBX m, commutateur m privé

PC [ˌpiːˈsiː] **1** n **a** (abbrev of **personal computer**) PC m
b (abbrev of **Police Constable**) → **police**; see also **plod**
c (abbrev of **Privy Councillor**) → **privy**
2 adj * (abbrev of **politically correct**) → **politically**; → POLITICALLY CORRECT

pc [ˌpiːˈsiː] n abbrev of **postcard**

p.c. (abbrev of **per cent**) → **per**

p/c n **a** (abbrev of **prices current**) prix mpl courants
b (abbrev of **petty cash**) → **petty**

PCB [ˌpiːsiːˈbiː] n **a** (abbrev of **polychlorinated biphenyl**) PCB m
b (abbrev of **printed circuit board**) → **printed**

pcm adv (abbrev of **per calendar month**) par mois ◆ **2,000 francs pcm** 2 000 F/m, 2 000 F par mois

PCP [ˌpiːsiːˈpiː] n **a** ® (Drugs) (abbrev of **phencyclidine**) PCP ® f, phencyclidine f
b (Med) abbrev of **pneumocystis carinii pneumonia**

PCV [ˌpiːsiːˈviː] n (Brit) abbrev of **passenger carrying vehicle**

PD [ˌpiːˈdiː] n (US) (abbrev of **police department**) → **police**

pd (abbrev of **paid**) payé

pdq * [ˌpiːdiːˈkjuː] adv (abbrev of **pretty damn quick**) en vitesse *

PDSA [ˌpiːdiːesˈeɪ] n (Brit) (abbrev of **People's Dispensary for Sick Animals**) → **people**

PDT [ˌpiːdiːˈtiː] n (US) (abbrev of **Pacific Daylight Time**) → **pacific**

PE [ˌpiːˈiː] n (Scol) (abbrev of **physical education**) → **physical**

pea [piː] **1** n (Bot, Culin) pois m ◆ **garden** or **green peas** petits pois mpl ◆ **they are as like as two peas (in a pod)** ils se ressemblent comme deux gouttes d'eau; → **process¹, shell, split, sweet**
2 COMP ▷ **pea green** n vert m inv pomme ▷ **pea-green** adj vert pomme inv ▷ **pea jacket** n (Naut) caban m ▷ **pea soup** n soupe f aux pois; (from split peas) soupe f aux pois cassés

peace [piːs] → SYN **1** n **a** (NonC) (= not war) paix f; (= treaty) (traité m de) paix f ◆ **a lasting peace** une paix durable ◆ **after a long (period of) peace war broke out** après une longue période de paix la guerre éclata ◆ **to be at peace** être en paix ◆ **to come in peace** venir en ami(s) ◆ **to live in** or **at peace with ...** vivre en paix avec ... ◆ **to make peace** faire la paix ◆ **to make peace with ...** signer or conclure la paix avec ... ◆ **to make (one's) peace with sb** se réconcilier avec qn
b (= calm) paix f, tranquillité f ◆ **to be at peace with oneself** avoir la conscience tranquille or en paix ◆ **to live at peace with the world** avoir une vie paisible ◆ **to be at peace with the world** ne pas avoir le moindre souci ◆ **peace of mind** tranquillité f d'esprit ◆ **to disturb sb's peace of mind** troubler l'esprit de qn ◆ **leave him in peace** laisse-le tranquille, fiche-lui la paix * ◆ **to sleep in peace** dormir tranquille ◆ **he gives them no peace** il ne les laisse pas en paix ◆ **anything for the sake of peace and quiet** n'importe quoi pour avoir la paix ◆ **I need a bit of peace and quiet** j'ai besoin d'un peu de calme ◆ **to hold** or **keep one's peace** † garder le silence, se taire; → **rest**
c (Jur etc = civil order) paix f, ordre m public ◆ **to disturb** or **break the peace** troubler l'ordre public ◆ **to keep the peace** [citizen] ne pas troubler l'ordre public; [police] veiller à l'ordre public; (fig) (= stop disagreement) maintenir le calme or la paix; → **breach, justice**
2 COMP (Pol) poster, march, meeting, demonstration pour la paix ▷ **peace campaign** n campagne f pour la paix; (for nuclear disarmament) campagne f pour le désarmement nucléaire ▷ **peace campaigner** n militant(e) m(f) pour la paix; (for nuclear disarmament) militant(e) m(f) pour le désarmement nucléaire ▷ **peace conference** n conférence f de paix ▷ **Peace Corps** n (US) organisation américaine de coopération et d'aide aux pays en développement ▷ **peace dividend** n économies sur le budget militaire réalisées depuis la fin d'une guerre et notamment de la guerre froide ▷ **peace initiative** n initiative f de paix ▷ **peace lobby** n lobby m pour la paix; (for nuclear disarmament) lobby m pour le désarmement nucléaire ▷ **peace-loving** adj pacifique ▷ **Peace Movement** n Mouvement m pour la paix; (for nuclear disarmament) Mouvement m pour le désarmement nucléaire ▷ **peace offensive** n offensive f de paix ▷ **peace offering**

n (Rel = sacrifice) offrande f propitiatoire; (fig) cadeau m or gage m de réconciliation ▷ **peace pipe** n calumet m de la paix ▷ **the peace process** n le processus de paix ▷ **peace studies** npl (Educ) études fpl sur la paix ▷ **peace talks** npl pourparlers mpl de paix ▷ **peace treaty** n (traité m de) paix f

peaceable ['piːsəbl] → SYN adj paisible, pacifique

peaceably ['piːsəblɪ] adv say, speak, agree pacifiquement; gather, assemble, behave de manière pacifique

peaceful ['piːsfʊl] → SYN adj **a** (= quiet) place, countryside, atmosphere, reign, period paisible; life, place, sleep paisible, tranquille; meeting calme
b (= not quarrelsome) person, disposition, nation pacifique, paisible; (= non-violent) demonstration non violent; solution pacifique ◆ **peaceful coexistence** coexistence f pacifique ◆ **to do sth by** or **through peaceful means** faire qch en utilisant des moyens pacifiques ◆ **the peaceful uses of atomic energy** l'utilisation pacifique de l'énergie nucléaire ◆ **for peaceful purposes** à des fins pacifiques

peacefully ['piːsfəlɪ] adv demonstrate, disperse paisiblement, dans le calme; live, sleep, lie paisiblement, tranquillement; die paisiblement ◆ **the demonstration passed off peacefully** la manifestation s'est déroulée dans le calme or paisiblement

peacefulness ['piːsfʊlnɪs] n paix f, tranquillité f, calme m

peacekeeper ['piːsˌkiːpəʳ] n (Mil) soldat m de la paix

peacekeeping ['piːsˌkiːpɪŋ] **1** n maintien m de la paix
2 COMP operation, policy de maintien de la paix ▷ **peacekeeping force** n (Mil) force f de maintien de la paix

peacemaker ['piːsˌmeɪkəʳ] → SYN n pacificateur m, -trice f, conciliateur m, -trice f; (esp international politics) artisan m de la paix

peacemaking ['piːsˌmeɪkɪŋ] **1** n (NonC) négociations fpl de paix
2 adj efforts de conciliation; role de conciliateur ◆ **the peacemaking process** le processus de paix

peacenik * ['piːsnɪk] n (pej) pacifiste mf

peacetime ['piːstaɪm] **1** n ◆ **in** or **during peacetime** en temps de paix
2 adj en temps de paix

peach¹ [piːtʃ] **1** n **a** pêche f; (also **peach tree**) pêcher m
b (* = beauty) **she's a peach!** elle est jolie comme un cœur! * ◆ **that was a peach of a shot!** (Sport) quel beau coup! ◆ **what a peach of a dress!** quel amour * de robe!
2 adj (couleur) pêche inv
3 COMP ▷ **peach blossom** n fleur f de pêcher ▷ **peaches-and-cream complexion** n teint m de pêche ▷ **peach melba** n pêche f Melba ▷ **the Peach State** n (US) la Géorgie ▷ **peach stone** n noyau m de pêche

peach *² [piːtʃ] vti (Prison) ◆ **to peach (on) sb** moucharder qn *

peachy ['piːtʃɪ] adj **a** (in colour) complexion de pêche
b (esp US: * = excellent) super * ◆ **how's it going? — just peachy!** ça va? — ça roule!

peacock ['piːkɒk] **1** n, pl **peacocks** or **peacock** paon m
2 COMP ▷ **peacock blue** n bleu m paon ▷ **peacock-blue** adj bleu paon inv ▷ **peacock butterfly** n paon m de jour; → **proud** ▷ **peacock's tail** n (Bot) padine f

peafowl ['piːfaʊl] n, pl **peafowls** or **peafowl** paon m

peahen ['piːhen] n paonne f

peak [piːk] → SYN **1** n **a** (= summit) [of mountain] cime f, sommet m; (= mountain itself) pic m
b [of cap] visière f
c (fig = high point) (on graph) sommet m; [of career] sommet m, apogée m ◆ **the peak of perfection** la perfection absolue ◆ **when the Empire was at its peak** quand l'Empire était à son apogée ◆ **when demand was at its peak** quand la demande était à son maximum ◆ **business was at its peak in 1985** les affaires

peaked / pederastic

ont atteint un point culminant en 1985 ◆ **at the peak of his fame** à l'apogée or au sommet de sa gloire ◆ **to be at the peak of one's popularity** être au faîte de sa popularité ◆ discontent reached its peak le mécontentement était à son comble ◆ **traffic reaches its peak about 5 o'clock** l'heure de pointe (de la circulation) est vers 17 heures ◆ **at** or **in the peak of condition** or **physical fitness** au meilleur or au mieux de sa forme ; → **off-peak, widow**

2 vi [sales, demand etc] atteindre son niveau maximum ◆ **to peak at 45%** atteindre au maximum 45 %

3 COMP ▷ **peak demand** n (Comm) demande f maximum or record inv ; (Elec) heures fpl de pointe (de la consommation d'électricité) ▷ **peak experience** n (fig) expérience f ineffable ▷ **peak hours** npl (for shops) heures fpl d'affluence ; (for traffic) heures fpl d'affluence or de pointe ▷ **peak listening time** n (Rad) heures fpl de grande écoute ▷ **peak load** n (Elec etc) charge f maximum ▷ **peak period** n (for shops, business) période f de pointe ; (for traffic) période f d'affluence or de pointe ▷ **peak production** n (Ind) production f maximum ▷ **peak rate** n plein tarif m ▷ **peak season** n pleine saison f ▷ **peak time** n (Brit) (TV) prime time m ; (Rad) heure f de plus forte écoute ; (Elec) périodes fpl de pointe ; (for traffic, train services) heures fpl de pointe ▷ **peak-time** adj (Brit) programme (TV) de prime time ; (Rad) des heures de plus forte écoute ; electricity consumption, traffic, train services des périodes de pointe ▷ **peak traffic** n circulation f aux heures d'affluence or de pointe ▷ **peak viewing (time)** n (TV) heures fpl de grande écoute ▷ **peak year** n année f record inv

peaked [pi:kt] adj cap à visière ; roof pointu

peaky* [ˈpi:kɪ] adj fatigué ◆ **to look peaky** avoir les traits un peu tirés, ne pas avoir l'air très en forme* ◆ **to feel peaky** ne pas se sentir très en forme*, se sentir mal fichu*

peal[1] [pi:l] → SYN **1** n ◆ **peal of bells** (= sound) sonnerie f de cloches, carillon m ; (set) carillon m ◆ **a peal of thunder** un coup de tonnerre ◆ **the peals of the organ** le ronflement de l'orgue ◆ **a peal of laughter** un éclat de rire ◆ **to go (off) into peals of laughter** rire aux éclats or à gorge déployée

2 vi (also **peal out**) [bells] carillonner ; [thunder] gronder ; [organ] ronfler ; [laughter] éclater

3 vt [+ bells] sonner (à toute volée)

peal[2] [pi:l] n (= young salmon) tacon m

peanut [ˈpi:nʌt] **1** n (= nut) cacahuète f ; (= plant) arachide f ◆ **to work for peanuts*** travailler pour trois fois rien or des clopinettes ◆ **$300 is peanuts for him*** pour lui 300 dollars représentent une bagatelle ◆ (Prov) **if you pay peanuts, you get monkeys** qui ne paie rien n'a que des bons à rien

2 COMP ▷ **peanut butter** n beurre m de cacahuètes ▷ **peanut gallery*** n (US) poulailler* m (dans un théâtre) ▷ **peanut oil** n huile f d'arachide

peapod [ˈpi:pɒd] n cosse f de pois

pear [pɛəʳ] **1** n poire f ; (also **pear tree**) poirier m

2 COMP ▷ **pear-shaped** adj en forme de poire, piriforme ◆ **to be pear-shaped*** [woman] avoir de fortes hanches ◆ **things started to go pear-shaped*** les choses ont commencé à mal tourner ; → **prickly**

pearl [pɜ:l] **1** n perle f ◆ **real/cultured pearls** perles fpl fines/de culture ◆ **pearls of wisdom** (liter or hum) trésors mpl de sagesse ◆ **a pearl among women** (liter) la perle des femmes ◆ **to cast pearls before swine** (liter) jeter des perles aux pourceaux, donner de la confiture aux cochons* ◆ **it's (just) pearls before swine*** c'est (donner) de la confiture à des cochons* ; → **seed, string**

2 vi **a** [water] perler, former des gouttelettes

b (= dive for pearls) pêcher les perles

3 COMP ▷ **pearl barley** n orge m perlé ▷ **pearl button** n bouton m de nacre ▷ **pearl diver** n pêcheur m, -euse f de perles ▷ **pearl diving** n pêche f des perles ▷ **pearl grey** n gris m perle inv ▷ **pearl-grey** adj gris perle inv ▷ **pearl-handled** adj knife à manche de nacre ; revolver à crosse de nacre ▷ **pearl necklace** n collier m de perles ▷ **pearl oyster** n huître f perlière

pearlwort [ˈpɜ:l,wɜ:t] n sagine f

pearly [ˈpɜ:lɪ] **1** adj (= made of pearl) en or de nacre ; (in colour) nacré ◆ **pearly teeth** dents fpl nacrées or de perle

2 COMP ▷ **the Pearly Gates** npl (hum) les portes fpl du Paradis ▷ **pearly king, pearly queen** n (Brit) marchand(e) des quatre saisons de Londres qui porte des vêtements couverts de boutons de nacre ▷ **pearly white** adj (liter or hum) teeth, skin d'un blanc éclatant

pearmain [ˈpɛəmeɪn] n (Bot) variété de pomme rouge

peasant [ˈpezənt] → SYN **1** n paysan(ne) m(f) ; (pej) paysan(ne) m(f), péquenaud(e)* m(f), rustre m ◆ **the peasants** (Hist, Sociol) la paysannerie, les paysans mpl ; (Econ) (= small farmers) les agriculteurs mpl, les ruraux mpl

2 adj crafts, life rural, paysan ◆ **peasant farmer** petit(e) exploitant(e) m(f) agricole ◆ **peasant farming** petite exploitation f agricole

peasantry [ˈpezəntrɪ] n ◆ **the peasantry** la paysannerie, les paysans mpl ; (= countryfolk) les campagnards mpl

pease pudding [ˌpi:zˈpʊdɪŋ] n purée f de pois cassés

peashooter [ˈpi:ʃu:təʳ] n (lit, fig) sarbacane f

peasouper* [ˌpi:ˈsu:pəʳ] n brouillard m à couper au couteau*, purée f de pois

peat [pi:t] **1** n (NonC) tourbe f ; (one piece) motte f de tourbe ◆ **to dig** or **cut peat** extraire de la tourbe

2 COMP ▷ **peat bog** n tourbière f ▷ **peat moss** n (Bot) sphaigne f ▷ **peat pot** n (Hort) pot m or godet m de tourbe

peaty [ˈpi:tɪ] adj soil tourbeux ; smell, taste de tourbe

pebble [ˈpebl] **1** n **a** (= stone) caillou m ; (on beach) galet m ◆ **he's not the only pebble on the beach** il n'est pas unique au monde, il n'y a pas que lui

b (Opt) lentille f en cristal de roche

2 COMP ▷ **pebble glasses*** npl gros carreaux* mpl de myope

pebbledash [ˈpebldæʃ] **1** n crépi m granité

2 vt recouvrir d'un crépi granité, graniter (SPEC)

pebbledashed [ˈpebldæʃt] adj wall, house recouvert d'un crépi granité

pebbleweave (cloth) [ˈpeblwi:v(ˌklɒθ)] n (Tex) granité m

pebbly [ˈpeblɪ] adj surface, road caillouteux ◆ **a pebbly beach** une plage de galets

pecan [prˈkæn] n **a** (= nut) (noix f) pacane f ; (= tree) pacanier m

peccadillo [ˌpekəˈdɪləʊ] → SYN n, pl **peccadillos** or **peccadilloes** peccadille f, vétille f

peccary [ˈpekərɪ] n, pl **peccary** or **peccaries** pécari m

peck[1] [pek] **1** n **a** [of bird] coup m de bec

b (= hasty kiss) bise f ◆ **to give sb a peck on the cheek** donner à qn une bise sur la joue

2 vt [bird] [+ object, ground] becqueter, picoter ; [+ food] picorer ; [+ person, attacker] donner un coup de bec à ◆ **to peck a hole in sth** faire un trou dans qch à (force de) coups de bec ◆ **the bird nearly pecked his eyes out** l'oiseau a failli lui crever les yeux à coups de bec

3 vi ◆ **to peck at** [bird] [+ object, ground] becqueter, picoter ; [+ food] picorer ; [+ person, attacker] donner un coup de bec à ◆ **to peck at one's food** [person] manger du bout des dents, chipoter*

4 COMP ▷ **pecking order, peck order** (US) n [of birds] ordre m hiérarchique ; (fig) hiérarchie f, ordre m des préséances

peck[2] [pek] n (Measure) picotin m ◆ **a peck of troubles** bien des ennuis

pecker [ˈpekəʳ] n **a** (Brit) **to keep one's pecker up*** garder le moral

b (US** = penis) quéquette* f

peckish* [ˈpekɪʃ] adj ◆ **to be** or **feel peckish** avoir un petit creux

pecs* [peks] npl pectoraux mpl

pectin [ˈpektɪn] n pectine f

pectinate [ˈpektɪ,neɪt], **pectinated** [ˈpektɪ,neɪtɪd] adj pectiné

pectoral [ˈpektərəl] **1** adj pectoral ◆ **pectoral fin** nageoire f pectorale ◆ **pectoral girdle** ceinture f scapulaire

2 n **a** pectorals (= muscles) pectoraux mpl

b pectoral m (ornement)

peculate [ˈpekjʊleɪt] vi détourner des fonds (publics)

peculation [ˌpekjʊˈleɪʃən] n détournement m de fonds (publics), péculat m

peculiar [prˈkju:lɪəʳ] → SYN adj **a** (= odd) bizarre ◆ **to feel peculiar** se sentir bizarre

b (frm = especial) particulier, spécial ◆ **a matter of peculiar importance** une question d'une importance particulière

c (frm = particular) particulier ◆ **the peculiar properties of this drug** les propriétés particulières de ce médicament ◆ **the region has its peculiar dialect** cette région a son dialecte particulier or son propre dialecte

◆ **peculiar to** particulier à, propre à ◆ **an animal peculiar to Africa** un animal qui n'existe qu'en Afrique ◆ **a phrase peculiar to him** une expression qui lui est particulière or propre

peculiarity [pɪˌkju:lɪˈærɪtɪ] → SYN n **a** (= distinctive feature) particularité f, trait m distinctif ◆ **it has the peculiarity of being ...** cela a or présente la particularité d'être ...

b (= oddity) bizarrerie f, singularité f (liter) ◆ **she's got her little peculiarities** elle a ses petites manies

peculiarly [pɪˈkju:lɪəlɪ] adv **a** (= oddly) étrangement, singulièrement

b (frm = uniquely) particulièrement ◆ **a peculiarly British characteristic** une caractéristique propre aux Britanniques or typiquement britannique

pecuniary [pɪˈkju:nɪərɪ] adj (frm) pécuniaire, financier ◆ **pecuniary difficulties** ennuis mpl d'argent, embarras mpl pécuniaires

pedagogic(al) [ˌpedəˈgɒdʒɪk(əl)] adj pédagogique

pedagogically [ˌpedəˈgɒdʒɪkəlɪ] adv (frm) d'un point de vue pédagogique

pedagogue [ˈpedəgɒg] → SYN n (Hist, fig) pédagogue mf

pedagogy [ˈpedəgɒgɪ] n pédagogie f

pedal [ˈpedl] **1** n **a** (= lever) [of car, bicycle, piano etc] pédale f ◆ **to put the pedal to the floor** or **boards** or **metal*** (Aut) (= accelerate fast) mettre le pied au plancher* ; (fig) foncer dans le brouillard* ; → **clutch**

b (Mus) basse f continue

2 vi [cyclist] pédaler ◆ **he pedalled through the town** il a traversé la ville à bicyclette or à vélo ; → **soft**

3 vt [+ machine, cycle] appuyer sur la or les pédale(s) de ◆ **Gavin pedalled the three miles to the restaurant** Gavin a fait les trois miles jusqu'au restaurant à bicyclette or à vélo

4 COMP ▷ **pedal bicycle** n bicyclette f à pédales ▷ **pedal bin** n poubelle f à pédale ▷ **pedal cycle** n bicyclette f à pédales ▷ **pedal cyclist** n cycliste mf ▷ **pedal pushers** npl (pantalon m) corsaire m

pedalboat [ˈpedlbəʊt] n pédalo ® m

pedalcar [ˈpedlkɑ:ʳ] n voiture f à pédales

pedalo [ˈpedələʊ] n, pl **pedalos** or **pedaloes** pédalo ® m

pedant [ˈpedənt] n pédant(e) m(f)

pedantic [pɪˈdæntɪk] → SYN adj pédant

pedantically [pɪˈdæntɪkəlɪ] adv de façon pédante, avec pédantisme

pedantry [ˈpedəntrɪ] → SYN n pédantisme m, pédanterie f

peddle [ˈpedl] → SYN **1** vi faire du colportage

2 vt [+ goods] colporter ; (fig pej) [+ gossip] colporter, répandre ; [+ ideas] propager ; [+ drugs] faire le trafic de

peddler [ˈpedləʳ] n **a** (esp US) ⇒ **pedlar**

b [of drugs] revendeur m, -euse f

pederast [ˈpedəræst] n pédéraste m

pederastic [ˌpedəˈræstɪk] adj pédérastique

pederasty ['pedəræstɪ] n pédérastie f
pedestal ['pedɪstl] → SYN **1** n piédestal m, socle m; (fig) piédestal m ◆ **to put** or **set sb on a pedestal** mettre qn sur un piédestal ◆ **to knock sb off their pedestal** faire descendre or faire tomber qn de son piédestal
2 COMP ▷ **pedestal basin** n lavabo m sur colonne ▷ **pedestal desk** n bureau m ministre inv ▷ **pedestal table** n guéridon m
pedestrian [pɪ'destrɪən] → SYN **1** n piéton m
2 adj (fig = prosaic) style, speech prosaïque, plat
3 COMP ▷ **pedestrian crossing** n (Brit) passage m pour piétons, passage m clouté ▷ **pedestrian precinct** n (Brit) zone f piétonne or piétonnière ▷ **pedestrian traffic** n piétons mpl ◆ **pedestrian traffic is increasing here** les piétons deviennent de plus en plus nombreux ici ◆ "**pedestrian traffic only**" "réservé aux piétons" ▷ **pedestrian zone** (US) ⇒ **pedestrian**
pedestrianization [pɪˌdestrɪənaɪ'zeɪʃən] n transformation f en zone piétonne or piétonnière (of de), création f d'une or de zone(s) piétonne(s) or piétonnière(s)
pedestrianize [pɪ'destrɪənaɪz] vt [+ area] transformer en zone piétonne or piétonnière
pediatric [ˌpiːdɪ'ætrɪk] adj ⇒ **paediatric**
pedicab ['pedɪkæb] n cyclopousse m (à deux places)
pediculosis [pɪˌdɪkjʊ'ləʊsɪs] n pédiculose f
pedicure ['pedɪkjʊəʳ] n pédicurie f ◆ **to have a pedicure** se faire soigner les pieds (par un pédicure)
pedigree ['pedɪgriː] → SYN **1** n **a** (= lineage) [of animal] pedigree m; [of person] ascendance f, lignée f
b (= genealogy) [of person, animal] arbre m généalogique
c (= document) [of dogs, horses etc] pedigree m; [of person] pièce f or document m généalogique
2 COMP dog, cattle etc de (pure) race
pediment ['pedɪmənt] n fronton m
pedipalp ['pedɪˌpælp] n pédipalpe m
pedlar ['pedləʳ] n (door to door) colporteur m; (in street) camelot m
pedological [ˌpedə'lɒdʒɪkl] adj pédologique
pedologist [pɪ'dɒlədʒɪst] n pédologue mf
pedology [pɪ'dɒlədʒɪ] n pédologie f
pedometer [pɪ'dɒmɪtəʳ] n podomètre m
pedophile ['piːdəʊfaɪl] n ⇒ **paedophile**
peduncle [pɪ'dʌŋkl] n pédoncule m
pedunculate [pɪ'dʌŋkjʊlɪt] adj pédonculé
pee ⁑ [piː] **1** vi pisser ⁑, faire pipi *
2 n pisse ⁑ f, pipi * m
peek [piːk] → SYN **1** n coup m d'œil (furtif) ◆ **to take a peek at sb/sth** jeter un coup d'œil (furtif) à or sur qn/qch
2 vi jeter un coup d'œil (furtif) (at sur, à) ◆ **no peeking!** on ne regarde pas!
3 COMP ▷ **peek-a-boo** * excl coucou! ▷ **peek-a-boo blouse** * n (US) corsage m semi-transparent
peel [piːl] → SYN **1** n [of apple, potato] pelure f, épluchure f; [of orange] écorce f, peau f; (Culin) zeste m
2 vt [+ fruit] peler, éplucher; [+ potato] éplucher; [+ stick] écorcer; [+ shrimps] décortiquer, éplucher ◆ **to keep one's eyes peeled** * faire attention, ouvrir l'œil ◆ **keep your eyes peeled* for a signpost!** ouvre l'œil ⁑ et tâche d'apercevoir un panneau!
3 vi [fruit] se peler; [paint] s'écailler; [skin, part of body] peler
▶ **peel away** **1** vi [skin] peler; (Med) se desquamer; [paint] s'écailler; [wallpaper] se décoller
2 vt sep [+ rind, skin] peler; [+ film, covering] détacher, décoller
▶ **peel back** vt sep [+ film, covering] détacher, décoller
▶ **peel off** **1** vi **a** ⇒ **peel away 1**
b (= leave formation, group etc) [plane] se détacher de la formation; [motorcyclists etc] se détacher du groupe (or du cortège) en virant ◆ **to peel off from** s'écarter de, se détacher en virant de
2 vt sep **a** ⇒ **peel away 2**
b (* fig) [+ garment] enlever, ôter ◆ **to peel off one's clothes** enlever ses vêtements, se déshabiller
peeler ['piːləʳ] n **a** (= gadget) (couteau-)éplucheur m; (electric) éplucheur m électrique
b (Brit ††= policeman) sergent m de ville
peelie-wally * ['piːlɪ'wælɪ] adj (Scot) chétif, souffreteux
peeling ['piːlɪŋ] **1** n ◆ **peelings** [of fruit, vegetables] pelures fpl, épluchures fpl ◆ **potato peelings** épluchures fpl de pommes de terre
2 adj skin qui pèle; wallpaper qui se décolle; paint qui s'écaille
peen [piːn] n [of hammer] panne f
peep¹ [piːp] **1** n **a** (= peek) coup m d'œil, regard m furtif ◆ **have a peep!** jette un coup d'œil! ◆ **to have** or **take a peep at sth** jeter un coup d'œil à or sur qch, regarder qch furtivement or à la dérobée ◆ **she had a peep at her present** elle a jeté un (petit) coup d'œil à son cadeau ◆ **to get** or **have a peep at the exam papers** jeter un (petit) coup d'œil discret sur les sujets d'examen
b [of gas] veilleuse f, (toute) petite flamme f ◆ **a peep of light showed through the curtains** un rayon de lumière filtrait entre les rideaux
2 vi jeter un coup d'œil, regarder furtivement ◆ **to peep at sth** jeter un coup d'œil à qch, regarder qch furtivement ◆ **she peeped into the box** elle a jeté un coup d'œil or elle a regardé furtivement à l'intérieur de la boîte ◆ **he was peeping at us from behind a tree** il nous regardait furtivement or à la dérobée de derrière un arbre ◆ **to peep over a wall** regarder furtivement par-dessus un mur, passer la tête par-dessus un mur ◆ **to peep through a window** regarder furtivement or jeter un coup d'œil par la fenêtre
3 COMP ▷ **peep-bo** * excl coucou! ▷ **Peeping Tom** n voyeur m ▷ **peep show** n (= box) visionneuse f; (= pictures) vues fpl stéréoscopiques; (= event) peep-show m
▶ **peep out** **1** vi **a** (= peek) **she was peeping out from behind the curtains** elle passait le nez de derrière les rideaux ◆ **the sun peeped out from behind the clouds** le soleil s'est montré entre les nuages
b (= appear) [gun, petticoat etc] dépasser (from de)
2 vt ◆ **she peeped her head out** elle a passé la tête
peep² [piːp] **1** n [of bird] pépiement m, piaulement m; [of mouse] petit cri m aigu ◆ **I don't want to hear a peep out of you** * je ne veux pas entendre le moindre son sortir de votre bouche ◆ **one more peep out of you and I'll send you to bed!** * si tu ouvres la bouche je t'envoie te coucher! ◆ **there wasn't a peep of protest about this** il n'y a pas eu la moindre protestation à ce sujet
2 vi [bird] pépier, piauler; [mouse] pousser de petits cris aigus
peepers ⁑ ['piːpəz] npl quinquets ⁑ mpl
peephole ['piːphəʊl] → SYN n (gen) trou m (pour épier); (in front door etc) judas m
peeptoe ['piːptəʊ] adj ◆ **peeptoe sandal/shoe** sandale f/chaussure f à bout découpé
peer¹ [pɪəʳ] vi (= look) ◆ **to peer at sb** regarder qn; (inquiringly/anxiously/dubiously) regarder qn d'un air interrogateur/dubitatif/inquiet; (short-sightedly) regarder qn avec les yeux de myope ◆ **to peer at a book/photograph** scruter (du regard) un livre/une photographie ◆ **she peered into the room** elle regarda dans la pièce d'un air interrogateur or dubitatif etc ◆ **to peer out of the window/over the wall** regarder par la fenêtre/par-dessus le mur d'un air interrogateur etc ◆ **to peer into sb's face** regarder qn d'un air interrogateur etc, dévisager qn ◆ **she peered around over her spectacles** elle regarda autour d'elle par-dessus ses lunettes
peer² [pɪəʳ] → SYN **1** n **a** (= social equal) pair m ◆ **accepted by his peers** accepté par ses pairs
b (liter: in achievement) égal(e) m(f) ◆ **as a musician he has no peer** comme musicien il est hors pair or il n'a pas son pareil
c (= noble: also **peer of the realm**) pair m (du royaume); → **hereditary**, **life**
2 COMP ▷ **peer group** n (Sociol) pairs mpl ▷ **peer pressure** n pressions fpl exercées par l'entourage or par les autres
peerage ['pɪərɪdʒ] → SYN n **a** (= rank) pairie f; (collective = the peers) pairs mpl, noblesse f; (= list of peers) nobiliaire m ◆ **to inherit a peerage** hériter d'une pairie ◆ **to be given a peerage** être anobli; → **life**
peeress ['pɪərɪs] n pairesse f
peerless ['pɪəlɪs] → SYN adj hors pair, sans pareil
peeve * [piːv] **1** vt mettre en rogne *
2 n ◆ **pet peeve** bête f noire (fig)
peeved * [piːvd] adj irrité, en rogne *
peevish ['piːvɪʃ] → SYN adj grincheux, maussade; child grognon, de mauvaise humeur
peevishly ['piːvɪʃlɪ] adv d'un air maussade, avec (mauvaise) humeur
peevishness ['piːvɪʃnɪs] n maussaderie f, mauvaise humeur f
peewee * ['piːwiː] (US) **1** adj minuscule
2 n (= child) petit bout m de chou *, enfant m haut comme trois pommes *
peewit ['piːwɪt] n vanneau m
peg [peg] → SYN **1** n **a** (wooden) cheville f; (metal) fiche f; (for coat, hat) patère f; (= tent peg) piquet m; (Climbing) piton m; [of violin] cheville f; [of cask] fausset m; (Croquet) piquet m; (Brit = clothes peg) pince f à linge ◆ **to buy a dress off the peg** (Brit) acheter une robe de prêt-à-porter or de confection ◆ **I bought this off the peg** c'est du prêt-à-porter, j'ai acheté ça tout fait; see also **off** ◆ **to take sb down a peg or two** remettre qn à sa place, rabattre le caquet à qn ◆ **a peg to hang a complaint on** (fig) un prétexte de plainte, un prétexte or une excuse pour se plaindre; → **level**, **square**
b (Brit) **a peg of whisky** un whisky-soda
2 vt **a** (gen) fixer à l'aide de fiches (or de piquets etc); (Tech) cheviller ◆ **to peg a tent down** fixer une tente avec des piquets ◆ **to peg clothes (out) on the line** étendre du linge sur la corde
b (Econ) [+ prices, wages] stabiliser, bloquer ◆ **to peg prices to sth** lier les prix à qch ◆ **they pegged their currencies to the dollar** ils ont fixé le cours de leurs monnaies par rapport au dollar
c (US = categorize) **to have sb pegged as an extremist/a delinquent** cataloguer qn comme extrémiste/délinquant
d (Climbing) pitonner
3 COMP ▷ **peg pants** npl (US) ≈ pantalon m fuseau
▶ **peg away** * vi bosser *, bûcher * ◆ **he's pegging away at his maths** il bosse * or bûche * ses maths
▶ **peg out** **1** vi (⁑ = die) casser sa pipe ⁑, clamser ⁑
2 vt sep [+ piece of land] piqueter, délimiter see also **peg 2a**
Pegasus ['pegəsəs] n Pégase m
pegboard ['pegbɔːd] n (Games) plateau m perforé (utilisé dans certains jeux)
pegleg ⁑ ['pegleg] n jambe f de bois
pegmatite ['pegmətaɪt] n pegmatite f
PEI n abbrev of **Prince Edward Island**
pejoration [ˌpiːdʒə'reɪʃən] n péjoration f
pejorative [pɪ'dʒɒrətɪv] adj péjoratif
pejoratively [pɪ'dʒɒrətɪvlɪ] adv péjorativement
peke * [piːk] n abbrev of **pekin(g)ese**
Pekin ['piːkɪn], **Peking** [piː'kɪŋ] **1** n Pékin
2 COMP ▷ **Peking duck** n canard m laqué
Pekin(g)ese [ˌpiːkɪ'niːz] n (pl inv = dog) pékinois m
Pekinologist [ˌpiːkə'nɒlədʒɪst] n (Pol) sinologue mf
pekoe ['piːkəʊ] n (thé m) pekoe m
Pelagianism [pe'leɪdʒɪəˌnɪzəm] n (Rel) pélagianisme m
pelagic [pɪ'lædʒɪk] adj pélagique
pelargonium [ˌpelə'gəʊnɪəm] n pélargonium m
pelf [pelf] n (pej) lucre m (pej), richesses fpl

Pepin the Short / perfect

PEP RALLY

Aux États-Unis, un **pep rally** est une réunion de lycéens ou d'étudiants qui souhaitent stimuler le moral de leur équipe sportive avant un match. La manifestation comprend des discours d'encouragement mais aussi un défilé de l'orchestre de l'école (ou de l'université) avec ses majorettes. Le terme est parfois utilisé pour les meetings politiques ou les séminaires d'entreprise ayant pour but de motiver les militants ou les employés.

Pepin the Short ['pepɪn] n (Hist) Pépin m le Bref

peplos, peplus ['peplɒs] n, pl **peploses** péplum m

pepo ['piːpəʊ] n péponide f

pepper ['pepəʳ] → SYN 1 n a (= spice) poivre m ◆ **white/black pepper** poivre m blanc/gris or noir
  b (= vegetable) poivron m ◆ **red/green pepper** poivron m rouge/vert
2 vt a (Culin) poivrer
  b (fig) **to pepper sb with shot** cribler qn de plombs ◆ **to pepper a speech with quotations** émailler or truffer un discours de citations ◆ **the minister was peppered with questions** le ministre a été assailli or bombardé de questions
3 COMP ▷ **pepper-and-salt** adj cloth chiné noir inv et blanc inv ; beard, hair poivre et sel inv ▷ **pepper gas** n gaz m poivre ▷ **pepper mill** n moulin m à poivre ▷ **pepper shaker** n ⇒ **pepperpot**

peppercorn ['pepəkɔːn] 1 n grain m de poivre
2 COMP ▷ **peppercorn rent** n (Brit) loyer m très modique

pepperiness ['pepərɪnɪs] n [of food] goût m poivré

peppermint ['pepəmɪnt] 1 n a (= sweet) pastille f de menthe
  b (= plant) menthe f poivrée
2 adj (also **peppermint-flavoured**) à la menthe

pepperoni [,pepə'rəʊnɪ] n saucisson sec de porc et de bœuf très poivré

pepperpot ['pepəpɒt] n poivrier m, poivrière f

peppery ['pepərɪ] → SYN adj food, taste poivré ; (fig) person irascible, emporté ; speech irrité

peppy* ['pepɪ] adj (US) person (= energetic) énergique ; (= lively) plein d'entrain ; car nerveux

pepsin ['pepsɪn] n pepsine f

peptic ['peptɪk] 1 adj digestif
2 COMP ▷ **peptic ulcer** n (Med) ulcère m de l'estomac ◆ **he has a peptic ulcer** il a un ulcère à l'estomac

peptide ['peptaɪd] n peptide m

peptone ['peptəʊn] n peptone f

per [pɜːʳ] 1 prep a par ◆ **per head** par tête, par personne ◆ **per head of population** par habitant ◆ **30 miles per gallon** ≃ 8 litres aux cent (km) ◆ **to drive at 100km per hour** rouler à 100 (km) à l'heure ◆ **she is paid 85 francs per hour** elle est payée 85 francs de (l')heure ◆ **30 francs per kilo** 30 francs le kilo
  b (Comm) **per post** par la poste ◆ **as per invoice** suivant facture ◆ **as per normal*** or **usual*** comme d'habitude ◆ **per pro** (Jur) (abbrev de **per procurationem**) (by proxy) p.p.
2 COMP ▷ **per annum** adv par an ▷ **per capita** adv par personne ▷ **per capita income** n (Econ) revenu m par habitant ▷ **per cent** pour cent ◆ **a ten per cent discount/increase** un rabais/une augmentation de dix pour cent ▷ **per day, per diem** adv par jour ◆ **a per diem of 100 dollars** (US) une indemnité journalière de 100 dollars ▷ **per se** adv en soi

peradventure [,perəd'ventʃəʳ] adv (liter) par hasard, d'aventure (liter)

perambulate [pə'ræmbjʊleɪt] (frm) 1 vt parcourir (un terrain, surtout en vue de l'inspecter)
2 vi marcher, faire les cent pas

perambulation [pə,ræmbjʊ'leɪʃən] n (frm) marche f, promenade(s) f(pl), déambulation f

perambulator† ['præmbjʊleɪtəʳ] n (Brit) voiture f d'enfant, landau m

perborate [pə'bɔːreɪt] n perborate m

percale [pə'keɪl] n (Tex) percale f

perceive [pə'siːv] → SYN vt a (= see, hear) [+ sound, light] percevoir
  b (= notice) remarquer, apercevoir ; (= realize) s'apercevoir de ◆ **he perceived that ...** il a remarqué or s'est aperçu que ...
  c (= view, regard) [+ person, situation] percevoir ◆ **she was perceived as a threat** elle était perçue comme une menace ◆ **the things children perceive as being important** les choses que les enfants perçoivent comme étant importantes ◆ **they perceive themselves as rebels** ils se considèrent comme des rebelles
  d (= understand) [+ implication, meaning] percevoir, saisir

perceived [pə'siːvd] adj ◆ **perceived problems** ce que les gens perçoivent comme des problèmes, ce qui constitue un problème aux yeux des gens ◆ **the perceived threat of nuclear weapons** la menace que constituent les armes nucléaires aux yeux des gens ◆ **the president's perceived failure to deal with these problems** le fait qu'aux yeux du public le président n'ait pas réussi à régler ces problèmes

percent [pə'sent] adv → **per**

percentage [pə'sentɪdʒ] 1 n a (= proportion) proportion f ; (Math) pourcentage m ◆ **the figure is expressed as a percentage** le chiffre est exprimé or donné en pourcentage ◆ **a high percentage were girls** les filles représentaient un fort pourcentage, il y avait une forte proportion de filles ◆ **few foods have such a high percentage of protein** peu d'aliments contiennent autant de protéines
  b (* = share, profit) **to get a percentage on sth** recevoir or toucher un pourcentage sur qch ◆ **there's no percentage in getting angry with him** (fig) ça ne sert à rien de se mettre en colère contre lui
2 COMP ▷ **percentage distribution** n (Econ) ventilation f en pourcentage ▷ **percentage point** n point m ◆ **ten percentage points** dix pour cent, dix points

percentile [pə'sentaɪl] 1 n centile m ◆ **she is in the top earning percentile** elle est dans la catégorie des hauts salaires ◆ **he's in the lowest 10th percentile for reading and writing** il est dans la tranche des 10% les moins bons en lecture et en écriture
2 COMP ▷ **percentile ranking** n classement m par pourcentage

perceptible [pə'septəbl] → SYN adj sound, movement perceptible ; difference, increase perceptible, sensible, appréciable

perceptibly [pə'septəblɪ] adv (gen) sensiblement ; (= visibly) visiblement ◆ **to improve perceptibly** s'améliorer sensiblement ◆ **the weather was perceptibly warmer** il faisait sensiblement plus chaud ◆ **he brightened perceptibly** il s'égaya visiblement

perception [pə'sepʃən] → SYN n a [of sound, sight etc] (also Psych) perception f ◆ **visual perception** la perception visuelle ◆ **one's powers of perception decrease with age** la faculté de perception diminue avec l'âge
  b (= insight) perspicacité f ◆ **a person of extraordinary perception** une personne d'une extraordinaire perspicacité ◆ **his powers of perception** sa grande perspicacité
  c (= impression, opinion) **the public's perception of the police/the Conservative party** l'image f de la police/du parti conservateur ◆ **our perception of the situation is that these problems are due to ...** d'après notre analyse de la situation, ces problèmes sont dus à ... ◆ **the President has been giving his perception of the situation** le président a donné son analyse de la situation ◆ **consumers have a rather different perception of the situation** les consommateurs se font une idée assez différente de la situation ◆ **there is a popular perception that she ...** beaucoup de gens imaginent qu'elle ...
  d (Admin, Comm) [of rents, taxes, profits] perception f

perceptive [pə'septɪv] → SYN adj a (= perspicacious) analysis, assessment pénétrant ; person

perspicace ◆ **how very perceptive of you!** vous êtes très perspicace !
  b faculty percepteur (-trice f), de (la) perception

perceptively [pə'septɪvlɪ] adv avec perspicacité

perceptiveness [pə'septɪvnɪs] n ⇒ **perception** b

perceptual [pə'septjʊəl] adj capacity, system, process, error de perception ◆ **perceptual distortion** (Med, Psych) troubles mpl de la perception

perch¹ [pɜːtʃ] n, pl **perch** or **perches** (= fish) perche f

perch² [pɜːtʃ] → SYN 1 n a [of bird] perchoir m, juchoir m ◆ **to knock sb off his perch*** faire dégringoler qn de son perchoir * ◆ **to fall or drop or topple off one's perch*** (Brit hum = die) casser sa pipe *
  b (= measure) perche f
2 vi [bird] (se) percher ; [person] se percher, se jucher ◆ **she perched on the arm of my chair** elle se percha or se jucha sur le bras de mon fauteuil ◆ **the tower perches on the edge of the cliff** la tour est perchée or juchée au bord de la falaise
3 vt [+ object, child, building etc] percher, jucher

perchance [pə'tʃɑːns] → SYN adv (†† or hum) d'aventure (liter)

Percheron ['pɜːʃərɒn] n percheron m

perchlorate [pə'klɔːreɪt] n perchlorate m

perchloric [pə'klɔːrɪk] adj ◆ **perchloric acid** acide m perchlorique

percipient [pə'sɪpɪənt] → SYN 1 adj faculty percepteur (-trice f) ; person fin, perspicace ; choice éclairé
2 n personne f qui perçoit

percolate ['pɜːkəleɪt] → SYN 1 vt ◆ **to percolate the coffee** passer le café ◆ **percolated coffee** café m fait dans une cafetière à pression
2 vi [coffee, water] passer (through par) ◆ **the news percolated through from the front** la nouvelle a filtré du front

percolation [,pɜːkə'leɪʃən] n percolation f

percolator ['pɜːkəleɪtəʳ] n cafetière f à pression ; (in café) percolateur m ◆ **electric percolator** cafetière f électrique

percussion [pə'kʌʃən] → SYN n a (= impact, noise) percussion f, choc m
  b (Mus) percussion f ◆ **the percussion (section)** les percussions fpl
2 COMP ▷ **percussion bullet** n balle f explosive ▷ **percussion cap** n capsule f fulminante ▷ **percussion drill** n perceuse f à percussion ▷ **percussion instrument** n (Mus) instrument m à percussion ▷ **percussion player** n percussionniste mf

percussionist [pə'kʌʃənɪst] n percussionniste mf

percussive [pə'kʌsɪv] adj percutant

percutaneous [,pɜːkjʊ'teɪnɪəs] adj (Med) percutané

perdition [pə'dɪʃən] n perdition f, ruine f, perte f ; (Rel) perdition f, damnation f

peregrination† [,perɪgrɪ'neɪʃən] n (frm) pérégrination f ◆ **peregrinations** voyage m, pérégrinations fpl

peregrine falcon [,perɪgrɪn'fɔːlkən] n faucon m pèlerin

peremptorily [pə'remptərɪlɪ] adv speak d'un ton péremptoire ; behave, gesture de manière péremptoire, péremptoirement

peremptory [pə'remptərɪ] → SYN adj instruction, order péremptoire, formel ; argument décisif, sans réplique ; tone tranchant, péremptoire

perennial [pə'renɪəl] → SYN 1 adj a (= long-lasting, enduring) perpétuel, éternel ; (= perpetual, recurrent) perpétuel, continuel
  b (Hort) plant vivace, pluriannuel
2 n (Hort) (plante f) vivace f, plante f pluriannuelle ; → **hardy**

perennially [pə'renɪəlɪ] adv (= always) perpétuellement, constamment ◆ **perennially popular** éternellement populaire

perestroika [,perə'strɔɪkə] n perestroïka f

perfect ['pɜːfɪkt] → SYN 1 adj a (= ideal) parfait ◆ **no one is perfect** personne n'est

ANGLAIS-FRANÇAIS 694

parfait, la perfection n'est pas de ce monde ◆ **she is perfect for the job** c'est la personne idéale pour le poste ◆ **in a perfect world** dans un monde parfait ◆ **she speaks perfect English** son anglais est parfait *or* impeccable ◆ **his Spanish is far from perfect** son espagnol est loin d'être parfait ◆ **it was the perfect moment to speak to him about it** c'était le moment idéal pour lui en parler ◆ **I've got the perfect solution!** j'ai trouvé la solution idéale ! ; → **word**

b (emphatic = complete) véritable, parfait ◆ **he's a** *or* **the perfect gentleman** c'est le parfait gentleman ◆ **he's a perfect stranger** personne ne le connaît ◆ **he's a perfect stranger to me** il m'est complètement inconnu ◆ **I am a perfect stranger in this town** je ne connais absolument rien de cette ville ◆ **a perfect pest** un véritable fléau ◆ **a perfect fool** un parfait imbécile, un imbécile fini ◆ **I have a perfect right to be here** j'ai tout à fait le droit d'être ici ◆ **it makes perfect sense to me** cela me paraît tout à fait évident

2 n (Gram) parfait m ◆ **in the perfect** au parfait

3 [pə'fekt] vt [+ technique, skill, work of art] parfaire ; [+ methods] mettre au point, perfectionner ; [+ plan] mettre au point ; [+ product, design] perfectionner ◆ **to perfect one's French** se perfectionner en français

4 COMP ▷ **perfect pitch** n (Mus) **to have perfect pitch** avoir l'oreille absolue ▷ **perfect tense** n (Gram) parfait m

perfectibility [pə,fektɪ'bɪlɪtɪ] n perfectibilité f

perfectible [pə'fektɪbl] adj perfectible

perfection [pə'fekʃən] → SYN n **a** (= faultlessness) perfection f ◆ **physical perfection** perfection f physique ◆ **to perfection** à la perfection

b (NonC = process of perfecting) perfectionnement m ◆ **the perfection of production methods** le perfectionnement des méthodes de production

perfectionism [pə'fekʃənɪzəm] n perfectionnisme m

perfectionist [pə'fekʃənɪst] → SYN adj, n perfectionniste mf

perfective [pə'fektɪv] (Gram) **1** adj perfectif

2 n **a** (= aspect) aspect m perfectif

b (= verb) verbe m perfectif

perfectly ['pɜːfɪktlɪ] → SYN adv **a** (= to perfection) parfaitement

b (= completely) parfaitement, tout à fait ◆ **but it's a perfectly good car!** mais il n'y a aucun problème avec cette voiture !, mais cette voiture marche parfaitement ! ◆ **you know perfectly well!** tu le sais parfaitement bien ! ◆ **to be perfectly honest, I hate classical music** pour être parfaitement *or* tout à fait honnête, je déteste la musique classique ◆ **it was perfectly horrible** † c'était parfaitement horrible

perfervid [pɜː'fɜːvɪd] adj (liter) plein de ferveur

perfidious [pɜː'fɪdɪəs] → SYN adj (liter) perfide, traître (traîtresse f) ◆ **perfidious Albion** la perfide Albion

perfidiously [pɜː'fɪdɪəslɪ] adv (liter) perfidement, traîtreusement ; act en traître, perfidement

perfidiousness [pə'fɪdɪəsnɪs] n perfidie f

perfidy ['pɜːfɪdɪ] → SYN n (liter) perfidie f

perforate ['pɜːfəreɪt] → SYN vt [+ paper, metal] perforer, percer ; [+ ticket] perforer, poinçonner ◆ **perforated tape** (Comput) bande f perforée ◆ **"tear along the perforated line"** "détachez suivant le pointillé"

perforation [,pɜːfə'reɪʃən] n perforation f

perforce † [pə'fɔːs] adv (frm) nécessairement, forcément

perform [pə'fɔːm] → SYN **1** vt **a** [+ task] exécuter, accomplir ; [+ duty] accomplir, s'acquitter de ; [+ function] remplir ; [+ miracle] accomplir ; [+ rite, ceremony] célébrer ; [+ cunnilingus, fellatio] pratiquer ; (Jur) [+ contract] exécuter ◆ **to perform an operation** (gen) accomplir *or* exécuter une opération ; (Med) pratiquer une opération, opérer ◆ **to perform an abortion** pratiquer un avortement

b (Mus, Theat etc) [+ play, ballet, opera, symphony etc] interpréter ◆ **to perform a part** interpréter un rôle

2 vi **a** [person] se produire ; [actor, musician] jouer ; [singer] chanter ; [dancer] danser ; [clown, acrobat, trained animal] exécuter un *or* des numéro(s) ◆ **he's performing at the Vic tonight** [actor] il joue ce soir au Vic ◆ **to perform on the violin** jouer du violon, exécuter un morceau au violon ◆ **he performed brilliantly as Hamlet** il a brillamment interprété Hamlet ◆ **when we performed in Edinburgh** (Theat) quand nous avons donné une *or* des représentation(s) à Édimbourg, quand nous avons joué à Édimbourg ◆ **the clowns performed well** les clowns ont bien exécuté leur numéro ; see also **performing**

b [machine, vehicle] marcher, fonctionner ◆ **the car is not performing properly** la voiture ne marche pas bien

c (Econ) **to perform well/badly** [economy, industry, factory] avoir de bons/mauvais résultats ◆ **their shares are performing strongly** leurs actions se comportent très bien

performance [pə'fɔːməns] → SYN **1** n **a** (= session, show) (gen) spectacle m ; (Theat, Mus) interprétation f, représentation f ; (at circus, variety show) séance f ◆ **"no performance tonight"** "ce soir relâche" ◆ **what a performance!** * (= rigmarole) quelle affaire !, quelle histoire ! * ; (= fuss about nothing) quel cinéma ! *

b (= rendering) [of composition] interprétation f ; [of one's act] numéro m ◆ **her performance as** *or* **of Desdemona** son interprétation de Desdémone, son jeu dans le rôle de Desdémone ◆ **I've never seen her in performance** je ne l'ai jamais vue sur scène ◆ **the pianist gave a splendid performance** le pianiste a joué de façon magnifique ◆ **Kingsley gives an Oscar-winning performance as Gandhi** l'interprétation de Kingsley dans le rôle de Gandhi lui a valu un oscar

c (= record, success) [of racehorse, athlete, team] performance f ; [of economy, business, factory] résultats mpl ; [of currency] tenue f ; (Comm) [of product] comportement m ; (Fin) [of investment] rentabilité f, rendement m ◆ **their performance in the election/in the exam/in maths** leurs résultats aux élections/à l'examen/en maths ◆ **his performance in the debate** sa prestation lors du débat ◆ **economic/financial/academic performance** résultats mpl économiques/financiers/universitaires ◆ **drinking too much can affect your sexual performance** l'excès d'alcool peut affecter vos performances sexuelles ◆ **on past performance, an England victory seems unlikely** si l'on se réfère au passé *or* d'après ses résultats passés, l'Angleterre semble avoir peu de chances de gagner

d [of engine, vehicle] performance f ; → **high**

e (NonC = carrying out) [of task, duty] exécution f ; [of miracle] accomplissement m ; [of ritual] célébration f (*of* de) ◆ **in the performance of my/his duties** dans l'exercice de mes/ses fonctions

f (Ling) performance f

2 COMP ▷ **performance anxiety** n trac m ▷ **performance art** n art m performance ▷ **performance artist** n performer m *(artiste pratiquant l'art performance)* ▷ **performance bond** n (Ind) garantie f de bonne fin *or* de bonne exécution ▷ **performance bonus** n (Comm, Fin) prime f de rendement ▷ **performance car** n voiture f à hautes performances ▷ **performance drugs** npl (Sport) dopants mpl ▷ **performance-enhancing drug** n dopant m ▷ **performance-related pay** n (Econ) salaire m au rendement

performative [pə'fɔːmətɪv] (Ling) adj, n ◆ **performative (verb)** (verbe m) performatif m

performer [pə'fɔːmər] → SYN n (Mus, Theat etc) artiste mf, interprète mf

performing [pə'fɔːmɪŋ] adj ◆ **the performing arts** les arts mpl du spectacle ◆ **performing artists** les gens mpl du spectacle ◆ **performing seals/dogs** phoques mpl/chiens mpl savants ◆ **performing flea** puce f savante

perfume ['pɜːfjuːm] → SYN **1** n parfum m

2 [pə'fjuːm] vt parfumer

perfumer [pə'fjuːmər] n parfumeur m, -euse f

perfumery [pə'fjuːmərɪ] n parfumerie f

perfunctorily [pə'fʌŋktərɪlɪ] adv bow, greet, kiss négligemment ; answer, agree, examine, check pour la forme

perfunctory [pə'fʌŋktərɪ] → SYN adj nod, bow, greeting négligent, pour la forme ; agreement superficiel, fait pour la forme

pergola ['pɜːgələ] n pergola f

perhaps [pə'hæps, præps] LANGUAGE IN USE 1, 2.2, 3.2, 15.3, 26.3 → SYN adv peut-être ◆ **perhaps he is right** il a peut-être raison, peut-être qu'il a raison, peut-être a-t-il raison (frm) ◆ **coincidence? perhaps (so)** coïncidence ? peut-être (que oui) ◆ **should he have resigned? perhaps he should** aurait-il dû démissionner ? peut-être (que oui) ◆ **the worst prime minister of the century? perhaps not, but ...** le pire Premier ministre du siècle ? peut-être pas *or* peut-être que non, mais ... ◆ **is there no hope left? perhaps there is** n'y a-t-il plus d'espoir ? peut-être que si

perianth ['perɪænθ] n (Bot) périanthe m

periastron [,perɪ'æstrɒn] n périastre m

pericardiac [,perɪ'kɑːdɪ,æk], **pericardial** [,perɪ'kɑːdɪəl] adj péricardique

pericarditis [,perɪkɑː'daɪtɪs] n (Med) péricardite f

pericardium [,perɪ'kɑːdɪəm] n, pl **pericardia** [,perɪ'kɑːdɪə] péricarde m

pericarp ['perɪkɑːp] n (Bot) péricarpe m

perichondrium [,perɪ'kɒndrɪəm] n, pl **perichondria** [,perɪ'kɒndrɪə] périchondre m

Pericles ['perɪ,kliːz] n Périclès m

pericycle ['perɪ,saɪkəl] n péricycle m

peridot ['perɪdɒt] n péridot m

perigee ['perɪdʒiː] n périgée m

periglacial [,perɪ'gleɪʃəl] adj périglaciaire

perihelion [,perɪ'hiːlɪən] n, pl **perihelia** [,perɪ'hiːlɪə] (Astron) périhélie m

peril ['perɪl] → SYN n (esp liter) péril m, danger m ◆ **he is in great peril** il court un grand péril ◆ **to be in peril of annihilation** risquer d'être anéanti ◆ **he's in peril of his life** sa vie est en danger ◆ **the cliff is in peril of collapsing** la falaise risque de s'effondrer ◆ **at the peril of** au péril de ◆ **at your peril** à vos risques et périls ◆ **insured peril** (Insurance) risque m assuré

perilous ['perɪləs] → SYN adj périlleux

perilously ['perɪləslɪ] adv périlleusement ◆ **perilously close** terriblement proche ◆ **to be/come perilously close to disaster/death** etc frôler *or* friser la catastrophe/la mort etc ◆ **I came perilously close to telling her everything** il s'en est fallu d'un cheveu que je ne lui dise tout

perimeter [pə'rɪmɪtər] → SYN **1** n périmètre m

2 COMP ▷ **perimeter fence** n périmètre m enclos, clôture f d'enceinte

perinatal [,perɪ'neɪtl] adj périnatal

perinea [,perɪ'niːə] npl of **perineum**

perineal [,perɪ'niːəl] adj périnéal

perineum [,perɪ'niːəm] n, pl **perinea** périnée m

period ['pɪərɪəd] → SYN **1** n **a** (= epoch) période f, époque f ; (Geol) période f ; (= stage: in career, development etc) époque f, moment m ; (= length of time) période f ◆ **the classical period** la période classique ◆ **costumes/furniture of the period** costumes mpl/meubles mpl de l'époque ◆ **Picasso's blue period** la période bleue de Picasso ◆ **the period from 1600 to 1750** la période entre 1600 et 1750 ◆ **the post-war period** (la période de) l'après-guerre m ◆ **during the whole period of the negotiations** pendant toute la période *or* durée des négociations ◆ **at a later period** à une époque ultérieure, plus tard ◆ **at that period in** *or* **of his life** à cette époque *or* à ce moment de sa vie ◆ **a period of social upheaval** une période *or* une époque de bouleversements sociaux ◆ **the magazine was forced to close down for a period** le magazine a dû interrompre sa publication pendant quelque temps *or* un certain temps ◆ **the factory will be closed for an indefinite period** l'usine sera fermée pour une durée indéterminée ◆ **after a short period in hospital** après un court séjour à l'hôpital ◆ **he had several periods of illness** il a été malade à plusieurs reprises ◆ **the holiday period** la période des vacances ◆ **bright/rainy periods** (Met) périodes fpl ensoleillées/de pluie ◆ **in the period of a year** en l'espace d'une année ◆ **it must be done within a three-month period** il faut le faire dans un délai de trois mois ; → **safe**

periodic / **pernicious**

b (Scol = lesson) ≃ heure f ◆ **first period** la première heure ◆ **a double period of French** ≃ deux heures de français

c (US = full stop) point m ◆ **I won't do it, period** je ne veux pas le faire ou je ne le ferai pas, un point c'est tout

d (= menstruation) règles fpl

e (Phys, Math = reciprocal of frequency) période f

[2] COMP ▷ **period costume**, **period dress** n costume m d'époque ▷ **period furniture** n (genuine) meuble m d'époque ; (copy) meuble m de style ancien ▷ **period of revolution** or **rotation** (Astron) période f de rotation ▷ **period pains** npl (Med) règles fpl douloureuses ▷ **period piece** n (fig) curiosité f

periodic [ˌpɪərɪˈɒdɪk] [1] adj périodique

[2] COMP ▷ **periodic table** n classification f périodique des éléments

periodical [ˌpɪərɪˈɒdɪkəl] → SYN [1] adj périodique

[2] n (journal m) périodique m, publication f périodique

periodically [ˌpɪərɪˈɒdɪkəlɪ] adv périodiquement

periodicity [ˌpɪərɪəˈdɪsɪtɪ] n périodicité f

periodontal [ˌperɪˈdɒntl] adj parodontal

periosteum [ˌperɪˈɒstɪəm] n, pl **periostea** [ˌperɪˈɒstɪə] périoste m

periostitis [ˌperɪɒˈstaɪtɪs] n périostite f

peripatetic [ˌperɪpəˈtetɪk] adj (= itinerant) ambulant ; (Brit) teacher qui exerce sur plusieurs établissements ; (Philos) péripatétique

peripheral [pəˈrɪfərəl] [1] adj périphérique

[2] n (Comput) périphérique m

periphery [pəˈrɪfərɪ] n périphérie f ◆ **on the periphery (of)** (lit, fig) en marge (de)

periphrasis [pəˈrɪfrəsɪs] n, pl **periphrases** [pəˈrɪfrəsiːz] périphrase f, circonlocution f

periphrastic [ˌperɪˈfræstɪk] adj périphrastique

peripteral [pəˈrɪptərəl] adj périptère

periscope [ˈperɪskəʊp] n périscope m

perish [ˈperɪʃ] → SYN [1] vi **a** (liter = die) périr, mourir (from de) ◆ **they perished in the attempt** ils y ont laissé la vie ◆ **perish the thought!** jamais de la vie !, loin de moi cette pensée ! ◆ **if, perish the thought, you should die suddenly** si par malheur ou si, Dieu nous en préserve, vous veniez à mourir subitement

b [rubber, material, leather] se détériorer, s'abîmer ; [food] se détériorer, s'abîmer

[2] vt [+ rubber, food] abîmer, détériorer

perishable [ˈperɪʃəbl] → SYN [1] adj périssable

[2] **perishables** npl denrées fpl périssables

perished [ˈperɪʃt] adj **a** rubber détérioré, abîmé

b (esp Brit = cold) **to be perished** †* être frigorifié *, crever* de froid

perisher * [ˈperɪʃəʳ] n (Brit) enquiquineur * m, -euse * f ◆ **you little perisher!** petite peste !

perishing [ˈperɪʃɪŋ] adj **a** (= very cold) très froid ◆ **outside in the perishing cold** dehors dans le froid glacial or intense ◆ **it was perishing *** (**cold**) il faisait un froid de loup ou de canard * ◆ **to be perishing *** [person] être frigorifié *, crever* de froid ; → **perish**

b (Brit †⚥) sacré * (before n), damné * (before n) ◆ **it's a perishing nuisance!** c'est vraiment enquiquinant !*

perisperm [ˈperɪspɜːm] n périsperme m

peristalsis [ˌperɪˈstælsɪs] n, pl **peristalses** [ˌperɪˈstælsiːz] péristaltisme m

peristaltic [ˌperɪˈstæltɪk] adj péristaltique

peristome [ˈperɪstəʊm] n péristome m

peristyle [ˈperɪstaɪl] n péristyle m

perithecium [ˌperɪˈθiːsɪəm] n, pl **perithecia** [ˌperɪˈθiːsɪə] périthèce m

peritoneal [ˌperɪtəˈniːəl] adj péritonéal

peritoneum [ˌperɪtəˈniːəm] n, pl **peritoneums** or **peritonea** [ˌperɪtəˈniːə] péritoine m

peritonitis [ˌperɪtəˈnaɪtɪs] n péritonite f

periwig [ˈperɪwɪg] n (Hist) perruque f

periwinkle [ˈperɪˌwɪŋkl] n (Bot) pervenche f ; (Zool) bigorneau m

perjure [ˈpɜːdʒəʳ] vt ◆ **to perjure o.s.** se parjurer ; (Jur) faire un faux serment ◆ **perjured evidence** (Jur) faux serment m, faux témoignage m (volontaire)

perjurer [ˈpɜːdʒərəʳ] n parjure mf

perjurious [pɜːˈdʒʊərɪəs] adj (Jur) ◆ **perjurious evidence** fausse preuve f ◆ **perjurious testimony** faux témoignage m

perjury [ˈpɜːdʒərɪ] → SYN n (Jur) faux serment m ◆ **to commit perjury** se parjurer ; (Jur) faire un faux serment

perk¹ [pɜːk] [1] vi ◆ **to perk up** (= cheer up) se ragaillardir ; (after illness) se remonter, se retaper * ; (= show interest) s'animer, dresser l'oreille ◆ **his ears perked up** (lit, fig) il a dressé l'oreille

[2] vt ◆ **to perk sb up** ragaillardir qn, retaper qn * ◆ **she perked up her outfit with a bright scarf** elle a égayé sa tenue avec une écharpe de couleur vive

perk² * [pɜːk] n (abbrev of **perquisite**) (= benefit) à-côté m, avantage m annexe ◆ **it's one of the perks of the job** c'est l'un des avantages or des à-côtés du métier ◆ **one of the perks of being a student is ...** l'un des avantages à être étudiant est ...

perk³ * [pɜːk] vi (abbrev of **percolate**) [coffee] passer

perkily [ˈpɜːkɪlɪ] adv speak d'un ton guilleret ; move vivement, avec vivacité ◆ **a bow pinned perkily to her cap** un nœud coquin attaché à son chapeau

perkiness * [ˈpɜːkɪnɪs] n entrain m

perky * [ˈpɜːkɪ] adj (= cheerful) guilleret, gai ; (= lively) vif, éveillé, plein d'entrain

perlite [ˈpɜːlaɪt] n (Miner) perlite f

perm¹ [pɜːm] [1] n (esp Brit) (abbrev of **permanent**) permanente f ◆ **to have a perm** se faire faire une permanente

[2] vt ◆ **to perm sb's hair** faire une permanente à qn ◆ **to have one's hair permed** se faire faire une permanente

perm² * [pɜːm] [1] n abbrev of **permutation**

[2] vti abbrev of **permutate**

permafrost [ˈpɜːməfrɒst] n permafrost m, pergélisol m

permalloy [pɜːˈmælɔɪ] n permalloy m

permanence [ˈpɜːmənəns] → SYN n permanence f

permanency [ˈpɜːmənənsɪ] n **a** → **permanence**

b (job) emploi m permanent, poste m fixe

permanent [ˈpɜːmənənt] → SYN [1] adj permanent ◆ **we cannot make any permanent arrangements** nous ne pouvons pas prendre de dispositions permanentes ◆ **I'm not permanent here** je ne suis pas ici à titre définitif ◆ **permanent address** résidence f or adresse f fixe ◆ **appointment to the permanent staff** nomination f à titre définitif ◆ **a permanent fixture** (= feature, object) une constante ◆ **a permanent fixture of government** une constante dans le gouvernement ◆ **he's a permanent fixture** il fait partie des meubles * ◆ **he's no longer a permanent fixture * on the political scene** il n'est plus le personnage omniprésent ou incontournable qu'il a été sur la scène politique

[2] n (US ✝: for hair) permanente f

[3] COMP ▷ **permanent-press** adj trousers à pli permanent ; skirt indéplissable ▷ **Permanent Secretary** n (Brit Admin) secrétaire m général (de ministère) ▷ **permanent wave** ✝ n permanente f ▷ **permanent way** n (Brit Rail) voie f ferrée

permanently [ˈpɜːmənəntlɪ] adv **a** change, live définitivement ; damage de façon permanente

b open, closed en permanence ; tired, angry, unhappy etc éternellement, constamment

permanganate [pɜːˈmæŋgənɪt] n permanganate m

permanganic [ˌpɜːmænˈgænɪk] adj ◆ **permanganic acid** acide m permanganique

permeability [ˌpɜːmɪəˈbɪlɪtɪ] n perméabilité f

permeable [ˈpɜːmɪəbl] adj perméable, pénétrable

permeate [ˈpɜːmɪeɪt] → SYN [1] vt [liquid] pénétrer, filtrer à travers ; [ideas] pénétrer dans or parmi, se répandre dans or parmi ◆ **permeated with** (lit, fig) saturé de, imprégné de

[2] vi (= pass through) pénétrer, s'infiltrer ; (fig) (= spread) se répandre, pénétrer

Permian [ˈpɜːmɪən] n, adj (Geol) permien m

permissible [pəˈmɪsɪbl] LANGUAGE IN USE 9.4
→ SYN adj action etc permis ; behaviour, attitude, level, limit acceptable ◆ **it is permissible to refuse** il est permis de refuser ◆ **would it be permissible to say that ...?** serait-il acceptable de dire que ... ? ◆ **the degree of permissible error is 2%** la marge d'erreur acceptable or tolérable est de 2 %

permission [pəˈmɪʃən] LANGUAGE IN USE 9.2
→ SYN n permission f ; (official) autorisation f ◆ **without permission** sans permission, sans autorisation ◆ **with your permission** avec votre permission ◆ **"by kind permission of ..."** "avec l'aimable autorisation de ..." ◆ **no permission is needed** il n'est pas nécessaire d'avoir une autorisation ◆ **he gave permission for the body to be exhumed** il a autorisé l'exhumation du corps ◆ **she gave permission for her daughter's marriage** elle a consenti au mariage de sa fille ◆ **she gave her daughter permission to marry** elle a autorisé sa fille à se marier ◆ **permission is required in writing from the committee** il est nécessaire d'obtenir l'autorisation écrite du comité ◆ **who gave you permission to do that?** qui vous a autorisé à ou qui vous a permis de faire cela ? ◆ **you have my permission to do that** je vous permets de ou vous autorise à faire cela, je vous accorde la permission or l'autorisation de faire cela ◆ **you have my permission to leave** je vous autorise à partir ◆ **to ask (sb's) permission to do sth** demander (à qn) la permission or l'autorisation de faire qch ◆ **to ask permission for sb to do sth** demander que qn ait la permission de faire qch

permissive [pəˈmɪsɪv] → SYN adj (= tolerant) person, parent permissif ◆ **the permissive society** la société permissive

permissively [pəˈmɪsɪvlɪ] adv de façon permissive

permissiveness [pəˈmɪsɪvnɪs] n permissivité f

permit [ˈpɜːmɪt] → SYN [1] n autorisation f écrite ; (for specific activity) permis m ; (for entry) laissez-passer m inv ; (for goods at Customs) passavant m ◆ **fishing permit** permis m de pêche ◆ **building permit** permis m de construire ◆ **you need a permit to go into the laboratory** pour entrer dans le laboratoire il vous faut une autorisation écrite ou un laissez-passer ; → **entry**

[2] [pəˈmɪt] vt (gen) permettre (sb to do sth à qn de faire qch), autoriser (sb to do sth qn à faire qch) ◆ **he was permitted to leave** on lui a permis de partir, on l'a autorisé à partir ◆ **camping is permitted here** il est permis de camper ici ◆ **is it permitted to smoke?** est-il permis de fumer ? ◆ **it is not permitted to smoke** il n'est pas permis ou il est interdit de fumer ◆ **we could never permit that to happen** nous ne pourrions jamais permettre que cela se produise, nous ne pourrions jamais laisser cela se produire ◆ **I won't permit it** je ne le permettrai pas ◆ **her mother will never permit the sale of the house** sa mère n'autorisera jamais la vente de la maison ◆ **her mother will not permit her to sell the house** sa mère ne lui permet pas de ou ne l'autorise pas à vendre la maison ◆ **the law permits the sale of this substance** la loi autorise la vente de cette substance ◆ **the vent permits the escape of gas** l'orifice permet l'échappement du gaz ◆ **permit me to help you** (frm) permettez-moi de vous aider ◆ **to permit o.s. sth** (frm) se permettre qch

[3] [pəˈmɪt] vi permettre ◆ **weather permitting, if the weather permits** si le temps le permet ◆ **if time permits** si j'ai (ou nous avons etc) le temps ◆ **to permit of sth** (frm) permettre qch ◆ **it does not permit of doubt** (frm) cela ne permet pas le moindre doute

permittivity [ˌpɜːmɪˈtɪvɪtɪ] n (Phys) permittivité f

permutate [ˈpɜːmjʊteɪt] vti permuter

permutation [ˌpɜːmjʊˈteɪʃən] → SYN n permutation f

permute [pəˈmjuːt] vt permuter

pernicious [pɜːˈnɪʃəs] → SYN [1] adj (gen, also Med) pernicieux

2 COMP ▷ **pernicious anaemia** n anémie f pernicieuse

perniciously [pɜːˈnɪʃəslɪ] adv pernicieusement

pernickety * [pəˈnɪkɪtɪ] adj (= fussy about) pointilleux, formaliste ; (= hard to please) difficile ; job délicat, minutieux ♦ **he's very pernickety** il est très pointilleux, il cherche toujours la petite bête, il est très difficile ♦ **he's very pernickety about what he wears/about his food** il est très difficile pour ses vêtements/pour sa nourriture

Peronism [ˈperənɪzəm] n péronisme m

Peronist [ˈperənɪst] adj, n péroniste mf

perorate [ˈperəreɪt] vi (speak at length) discourir ; (conclude a speech) conclure

peroration [ˌperəˈreɪʃən] → SYN n péroraison f

peroxidase [pəˈrɒksɪˌdeɪs] n peroxydase f

peroxidation [pəˌrɒksɪˈdeɪʃən] n peroxydation f

peroxide [pəˈrɒksaɪd] n (Chem) peroxyde m ; (for hair) eau f oxygénée ♦ **peroxide blonde** * blonde f décolorée or oxygénée * ; → **hydrogen**

perpendicular [ˌpɜːpənˈdɪkjʊləʳ] → SYN **1** adj (also Archit, Math) perpendiculaire (**to** à) ; cliff, slope à pic
2 n perpendiculaire f ♦ **to be out of perpendicular** être hors d'aplomb, sortir de la perpendiculaire
3 COMP ▷ **perpendicular Gothic** adj (Archit) gothique m perpendiculaire anglais

perpendicularly [ˌpɜːpənˈdɪkjʊləlɪ] adv perpendiculairement

perpetrate [ˈpɜːpɪtreɪt] → SYN vt [+ crime] perpétrer, commettre ; [+ blunder, hoax] faire

perpetration [ˌpɜːpɪˈtreɪʃən] n perpétration f

perpetrator [ˈpɜːpɪtreɪtəʳ] n auteur m ♦ **perpetrator of a crime** auteur m d'un crime

perpetual [pəˈpetjʊəl] → SYN adj movement, calendar, rain, sunshine, flower perpétuel ; nuisance, worry perpétuel, constant ; noise, questions, complaints perpétuel, continuel ; snows éternel ♦ **he's a perpetual nuisance** il ne cesse d'embêter le monde

perpetually [pəˈpetjʊəlɪ] adv perpétuellement, continuellement, sans cesse

perpetuate [pəˈpetjʊeɪt] → SYN vt perpétuer

perpetuation [pəˌpetjʊˈeɪʃən] n perpétuation f

perpetuity [ˌpɜːpɪˈtjuːɪtɪ] n perpétuité f ♦ **in** or **for perpetuity** à perpétuité

perplex [pəˈpleks] → SYN vt (= puzzle) plonger dans la perplexité, rendre perplexe

perplexed [pəˈplekst] adj person embarrassé, perplexe ; tone, glance perplexe ♦ **to look perplexed** avoir l'air perplexe or embarrassé

perplexedly [pəˈpleksɪdlɪ] adv avec perplexité, d'un air or d'un ton perplexe, d'un air embarrassé

perplexing [pəˈpleksɪŋ] → SYN adj matter, question embarrassant, compliqué ; situation embarrassant, confus

perplexity [pəˈpleksɪtɪ] → SYN n (= puzzlement) perplexité f

perquisite [ˈpɜːkwɪzɪt] → SYN n (frm) avantage m annexe ; (in money) à-côté m, gratification f

perry [ˈperɪ] n poiré m

persalt [ˈpɜːˌsɔːlt] n persel m

persecute [ˈpɜːsɪkjuːt] → SYN vt (= harass, oppress) [+ minorities etc] persécuter ; (= annoy) harceler (**with** de), tourmenter, persécuter

persecution [ˌpɜːsɪˈkjuːʃən] n persécution f ♦ **to have a persecution complex** avoir la manie or le délire de la persécution

persecutor [ˈpɜːsɪkjuːtəʳ] n persécuteur m, -trice f

Persephone [pəˈsefənɪ] n Perséphone f

Perseus [ˈpɜːsjuːs] n Persée m

perseverance [ˌpɜːsɪˈvɪərəns] → SYN n persévérance f

perseveration [pɜːˌsevəˈreɪʃən] n (Psych) persévération f

persevere [ˌpɜːsɪˈvɪəʳ] → SYN vi persévérer (**in sth** dans qch ; **at doing sth** à faire qch)

persevering [ˌpɜːsɪˈvɪərɪŋ] adj persévérant

perseveringly [ˌpɜːsɪˈvɪərɪŋlɪ] adv avec persévérance

Persia [ˈpɜːʃə] n la Perse

Persian [ˈpɜːʃən] **1** adj (Antiq) perse ; (from 7th century onward) persan ♦ **"Persian Letters"** (Literat) "Les Lettres persanes"
2 n **a** (= person) Persan(e) m(f) ; (Antiq) Perse mf
b (Ling) persan m
3 COMP ▷ **Persian blinds** npl persiennes fpl ▷ **Persian carpet** n tapis m de Perse ▷ **Persian cat** n chat m persan ▷ **Persian Gulf** n golfe m Persique ▷ **Persian lamb** n astrakan m, agneau m rasé

persicaria [ˌpɜːsɪˈkɛərɪə] n (Bot) (renouée f) persicaire f, pied m rouge

persiennes [ˌpɜːsɪˈenz] npl persiennes fpl

persiflage [ˌpɜːsɪˈflɑːʒ] n persiflage m, ironie f, raillerie f

persimmon [pɜːˈsɪmən] n (= tree) plaqueminier m de Virginie or du Japon, kaki m ; (= fruit) kaki m

persist [pəˈsɪst] → SYN vi [person] persister, s'obstiner (**in sth** dans qch ; **in doing sth** à faire qch) ; [pain, opinion] persister

persistence [pəˈsɪstəns] → SYN, **persistency** [pəˈsɪstənsɪ] n (NonC) [of person] (= perseverance) persévérance f ; (= obstinacy) obstination f ; [of pain] persistance f ♦ **as a reward for her persistence** pour la récompenser de sa persévérance ♦ **his persistence in seeking out the truth** son obstination à rechercher la vérité

persistent [pəˈsɪstənt] → SYN **1** adj **a** person (= persevering) persévérant ; (= obstinate) obstiné
b (= continual) smell, chemical substance persistant ; warnings, complaints, interruptions continuel, répété ; noise, nuisance continuel, incessant ; pain, fever, cough persistant, tenace ; fears, doubts continuel, tenace
2 COMP ▷ **persistent offender** n (Jur) multi-récidiviste mf ▷ **persistent vegetative state** n état m végétatif persistant or permanent

persistently [pəˈsɪstəntlɪ] adv **a** (= determinedly, obstinately) obstinément ♦ **those who persistently break the law** ceux qui persistent à enfreindre la loi
b (= constantly) constamment ♦ **persistently high unemployment** un taux de chômage qui demeure élevé

persnickety * [pəˈsnɪkɪtɪ] adj (US) ⇒ **pernickety**

person [ˈpɜːsn] → SYN n **a** personne f, individu m (often pej) ; (Jur) personne f ♦ **I know no such person** (= no one of that name) je ne connais personne de ce nom ♦ (= no one like that) je ne connais personne de ce genre ♦ **I like him as a person, but not as a politician** je l'aime bien en tant que personne mais pas comme homme politique ♦ **in person**, meet, appear, speak etc en personne ♦ **give it to him in person** remettez-le-lui en mains propres ♦ **in the person of** dans or en la personne de ♦ **I'm not the kind of person to ...** je ne suis pas du genre à ... ♦ **I'm not much of a city person** je n'aime pas beaucoup la ville ♦ **she likes dogs, but I'm more of a cat person** elle aime les chiens mais personnellement je préfère les chats ♦ **a person to person call** (Telec) une communication (téléphonique) avec préavis ♦ **he had a knife concealed on** or **about his person** (Jur) il avait un couteau caché sur lui ♦ **acting with person or persons unknown** (Jur) (agissant) de concert ou en complicité avec un ou des tiers non identifiés ; → **displace, private**
b (Gram) personne f ♦ **in the first person singular** à la première personne du singulier

persona [pɜːˈsəʊnə] n, pl **personae a** (Literat, Psych etc) personnage m
b persona grata/non grata persona grata/non grata

personable [ˈpɜːsnəbl] → SYN adj qui présente bien, de belle prestance

personae [pɜːˈsəʊniː] npl of **persona**

personage [ˈpɜːsnɪdʒ] → SYN n (Theat, gen) personnage m

personal [ˈpɜːsnl] → SYN **1** adj (= private) opinion, matter personnel ; (= individual) style personnel, particulier ; liberty personnel, individuel ; (= for one's own use) luggage, belongings personnel ; (= to do with the body) habits intime ; (= in person) call, visit personnel ; application (fait) en personne ; (Gram) personnel ; (= indiscreet) remark, question indiscret (-ète f) ♦ **my personal belief is ...** personnellement or pour ma part je crois ... ♦ **I have no personal knowledge of this** personnellement je ne sais rien à ce sujet ♦ **a letter marked "personal"** une lettre marquée "personnel" ♦ **his personal interests were at stake** ses intérêts personnels étaient en jeu ♦ **his personal appearance leaves much to be desired** son apparence (personnelle) or sa tenue laisse beaucoup à désirer ♦ **to make a personal appearance** apparaître en personne ♦ **I will give the matter my personal attention** je m'occuperai personnellement de cette affaire ♦ **these children need the personal attention of trained carers** ces enfants ont besoin d'éducateurs spécialisés qui s'occupent individuellement de chacun ♦ **the conversation/argument grew personal** la conversation/la discussion prit un ton or un tour personnel ♦ **don't be personal!** * ne sois pas si blessant ! ♦ **don't let's get personal!** * abstenons-nous d'allusions personnelles ! ♦ **his personal life** sa vie privée ♦ **for personal reasons** pour des raisons personnelles ♦ **the president believes his personal safety is at risk** le président craint pour sa sécurité personnelle ♦ **to give sth the personal touch** ajouter une note personnelle à qch
2 n (US Press) (= article) entrefilet m mondain ; (= ad) petite annonce f personnelle
3 COMP ▷ **personal accident insurance** n assurance f individuelle contre les accidents ▷ **personal ad** * n petite annonce f personnelle ▷ **personal allowance** n (Tax) abattement m personnel ▷ **personal assistant** n secrétaire mf particulier (-ière f) ▷ **personal best** n (Sport) record m personnel ▷ **personal call** n (Brit Telec) (= person to person) communication f (téléphonique) avec préavis ; (= private) appel m personnel ▷ **personal chair** n (Brit Univ) **to have a personal chair** être professeur à titre personnel ▷ **personal cleanliness** n hygiène f intime ▷ **personal column** n (Press) annonces fpl personnelles ▷ **personal computer** n ordinateur m individuel or personnel ▷ **personal details** npl (= name, address etc) coordonnées * fpl ▷ **personal effects** npl effets mpl personnels ▷ **personal estate** n (Jur) biens mpl personnels ▷ **personal friend** n ami(e) m(f) intime ▷ **personal hygiene** n ⇒ **personal cleanliness** ▷ **personal identification number** n code m personnel ▷ **personal insurance** n assurance f personnelle ▷ **personal loan** n (Banking) prêt m personnel ▷ **personal organizer** n Filofax agenda m (personnel), Filofax ® m ; (electronic) agenda m électronique ▷ **personal pension plan** n plan m d'épargne retraite ▷ **personal pronoun** n (Gram) pronom m personnel ▷ **personal property** n ⇒ **personal estate** ▷ **personal space** n espace m vital ▷ **personal stationery** n papier m à lettres à en-tête personnel ▷ **personal stereo** n baladeur m, Walkman ® m ▷ **personal trainer** n entraîneur m personnel ▷ **personal tuition** n cours mpl particuliers (**in** de)

personality [ˌpɜːsəˈnælɪtɪ] → SYN **1** n **a** (NonC: also Psych) personnalité f ♦ **you must allow him to express his personality** il faut lui permettre d'exprimer sa personnalité ♦ **she has a pleasant/strong personality** elle a une personnalité sympathique/forte ♦ **he has a lot of personality** il a beaucoup de personnalité ♦ **cats all have their own personalities** les chats ont tous leur personnalité propre ♦ **the house seemed to have a personality of its own** la maison semblait avoir une personnalité propre ; → **dual, split**
b (= celebrity) personnalité f, personnage m connu ♦ **a well-known television personality** une vedette de la télévision or du petit écran ♦ **it was more about personalities than about politics** (election etc) c'était plus une confrontation de personnalités que d'idées politiques
2 COMP (gen, Psych) problems de personnalité ▷ **personality cult** n culte m de la personnalité ▷ **personality disorder** n troubles mpl de la personnalité ▷ **personality test** n test m de personnalité, test m projectif (SPEC)

personalization / pessimistically

personalization [ˌpɜːsənəlaɪˈzeɪʃən] n personnalisation f

personalize [ˈpɜːsənəˌlaɪz] vt personnaliser

personalized [ˈpɜːsənəˌlaɪzd] **1** adj personnalisé

2 COMP ▷ **personalized number plate** n (Brit) plaque f d'immatriculation personnalisée ; → VANITY PLATE

personally [ˈpɜːsnəlɪ] LANGUAGE IN USE 1.1, 6.2, 26.2 → SYN adv personnellement ◆ **personally I disapprove of gambling** personnellement je désapprouve les jeux d'argent ◆ **I like him personally but not as an employer** je l'apprécie en tant que personne, mais pas comme patron ◆ **that's something you would have to raise with the director personally** il faudrait en parler au directeur en personne ◆ **I spoke to him personally** je lui ai parlé en personne ◆ **to be personally responsible** or **liable (for sth)** être personnellement responsable (de qch) ◆ **I hold you personally responsible (for this)** je vous en tiens personnellement responsable ◆ **I'm sorry, I didn't mean it personally** excusez-moi, je ne vous visais pas personnellement ◆ **don't take it personally!** ne le prenez pas pour vous !

personalty [ˈpɜːsnltɪ] n (Jur) biens mpl personnels

personate [ˈpɜːsəneɪt] → SYN vt **a** (Theat) incarner (le rôle de)
b (= personify) personnifier
c (Jur = impersonate) se faire passer pour

personification [pɜːˌsɒnɪfɪˈkeɪʃən] → SYN n (all senses) personnification f ◆ **she's the personification of good taste** elle est la personnification or l'incarnation f du bon goût

personify [pɜːˈsɒnɪfaɪ] → SYN vt personnifier ◆ **she's kindness personified** c'est la bonté personnifiée en personne ◆ **he's fascism personified** il est le fascisme personnifié

personnel [ˌpɜːsəˈnel] → SYN **1** n personnel m
2 COMP ▷ **personnel agency** n agence f pour l'emploi, bureau m de placement ▷ **personnel carrier** n (Mil) véhicule m de transport de troupes ▷ **personnel department** n service m du personnel ▷ **personnel management** n gestion f or direction f du personnel ▷ **personnel manager** n chef mf du (service du) personnel ▷ **personnel officer** n responsable mf (de la gestion) du personnel

perspective [pəˈspektɪv] → SYN n **a** (Archit, Art, Surv, gen) perspective f ◆ **in/out of perspective** en perspective/qui ne respecte pas la perspective
b (fig = viewpoint) point m de vue, perspective f ◆ **to see things from a different perspective** voir les choses d'un point de vue différent or sous un angle différent or sous un jour différent ◆ **in a historical perspective** dans une perspective or une optique historique ◆ **the reconstruction of history from a feminist perspective** la reconstitution de l'histoire d'un point de vue féministe ◆ **the book is written from the perspective of a parent** le livre est écrit du point de vue d'un parent ◆ **the report gave a distorted perspective of the case** le rapport donnait une image déformée de l'affaire ◆ **a child's perspective of the world** l'image f que se fait un enfant du monde ◆ **let me put this case in (its proper) perspective** je vais replacer cette affaire dans son contexte ◆ **let's keep this in perspective** ne perdons pas or gardons le sens des proportions

Perspex ® [ˈpɜːspeks] n (esp Brit) plexiglas ® m

perspicacious [ˌpɜːspɪˈkeɪʃəs] → SYN adj person perspicace ; analysis pénétrant

perspicaciously [ˌpɜːspɪˈkeɪʃəslɪ] adv avec perspicacité

perspicacity [ˌpɜːspɪˈkæsɪtɪ] → SYN n perspicacité f, clairvoyance f

perspicuity [ˌpɜːspɪˈkjuːɪtɪ] n **a** ⇒ **perspicacity**
b [of explanation, statement] clarté f, netteté f

perspicuous [ˌpɜːˈspɪkjʊəs] adj clair, net

perspiration [ˌpɜːspəˈreɪʃən] → SYN n transpiration f ◆ **bathed in** or **dripping with perspiration** en nage

perspire [pəsˈpaɪəʳ] → SYN vi transpirer

persuadable * [pəˈsweɪdəbl] adj qui peut être persuadé

persuade [pəˈsweɪd] → SYN vt (= urge) persuader (sb of sth qn de qch ; sb that qn que) ; (= convince) convaincre (sb of sth qn de qch) ◆ **it doesn't take much to persuade him** il n'en faut pas beaucoup pour le persuader or le convaincre ◆ **I am (quite) persuaded that he is wrong** (frm) je suis (tout à fait) persuadé qu'il a tort ◆ **I'm not persuaded of the benefits of your approach** je ne suis pas convaincu des avantages de votre approche ◆ **to persuade sb to do sth** persuader qn de faire qch ◆ **to persuade sb not to do sth** persuader qn de ne pas faire qch, dissuader qn de faire qch ◆ **I wanted to help but they persuaded me not to** je voulais aider mais on m'en a dissuadé ◆ **to persuade sb into doing sth *** persuader qn de faire qch ◆ **they persuaded me that I ought to see him** ils m'ont persuadé que je devais le voir ◆ **to persuade o.s. that ...** se persuader que ... ◆ **to persuade sb of the need for sth** persuader qn de la nécessité de qch ◆ **she is easily persuaded** elle se laisse facilement persuader or convaincre

persuasion [pəˈsweɪʒən] → SYN n **a** (NonC) persuasion f ◆ **he needed a lot of persuasion** il a fallu beaucoup de persuasion pour le convaincre ◆ **I don't need much persuasion to stop working** il n'en faut pas beaucoup pour me persuader de m'arrêter de travailler ◆ **he is open to persuasion** il est prêt à se laisser convaincre
b (= belief, conviction) (gen) croyance f ; (religious) confession f ; (political) conviction f politique ◆ **people of all religious/political persuasions** des gens de toutes les religions or confessions/de toutes les convictions politiques ◆ **I am not of that persuasion myself** personnellement je ne partage pas cette croyance

persuasive [pəˈsweɪsɪv] → SYN adj person, voice persuasif ; evidence, argument convaincant

persuasively [pəˈsweɪsɪvlɪ] adv **a** (= convincingly) argue, write, speak de façon persuasive
b (= attempting to persuade) **he smiled persuasively** il eut un sourire qui cherchait à convaincre ◆ **"oh go on, you know you want to", he said persuasively** "allons, tu sais que tu en as envie" dit-il en cherchant à le (or la) convaincre

persuasiveness [pəˈsweɪsɪvnɪs] n pouvoir m or force f de persuasion

pert [pɜːt] adj **a** (= coquettish) person coquin ◆ **a pert little hat** un petit chapeau coquin
b (= neat, firm) bottom, buttocks, breasts ferme ; nose mutin

pertain [pɜːˈteɪn] → SYN vi **a** (frm = relate) **to pertain to** se rapporter à, se rattacher à ◆ **documents pertaining to the case** documents se rapportant à or relatifs à l'affaire
b (Jur etc) [land] appartenir (to à)

pertinacious [ˌpɜːtɪˈneɪʃəs] → SYN adj (frm) (= stubborn) entêté, obstiné ; (in opinions etc) opiniâtre

pertinaciously [ˌpɜːtɪˈneɪʃəslɪ] adv (frm) maintain position obstinément ; argue avec persistance

pertinacity [ˌpɜːtɪˈnæsɪtɪ] n (frm) opiniâtreté f

pertinence [ˈpɜːtɪnəns] n justesse f, à-propos m, pertinence f ; (Ling) pertinence f

pertinent [ˈpɜːtɪnənt] → SYN adj pertinent ◆ **to be pertinent to sth** se rapporter à qch

pertinently [ˈpɜːtɪnəntlɪ] adv pertinemment, avec justesse, à propos

pertly [ˈpɜːtlɪ] adv (= cheekily) avec effronterie, avec impertinence

pertness [ˈpɜːtnɪs] → SYN n (= cheek) effronterie f, impertinence f

perturb [pəˈtɜːb] → SYN vt perturber, inquiéter, agiter

perturbation [ˌpɜːtɜːˈbeɪʃən] n (frm) perturbation f, agitation f

perturbed [pəˈtɜːbd] → SYN adj perturbé, inquiet (-ète f) ◆ **I was perturbed to hear that ...** j'ai appris avec inquiétude que ...

perturbing [pəˈtɜːbɪŋ] adj troublant, inquiétant

pertussis [pəˈtʌsɪs] n coqueluche f

Peru [pəˈruː] n le Pérou

Perugia [pəˈruːdʒə] n Pérouse

peruke [pəˈruːk] n (Hist) perruque f

perusal [pəˈruːzəl] → SYN n (frm) lecture f ; (thorough) lecture f attentive ◆ **I enclose the article for your perusal** je joins l'article à titre d'information

peruse [pəˈruːz] → SYN vt lire ; (thoroughly) lire attentivement

Peruvian [pəˈruːvɪən] **1** adj péruvien
2 n Péruvien(ne) m(f)

perv * [pɜːv] n abbrev of **pervert**

pervade [pɜːˈveɪd] → SYN vt [smell] se répandre dans ; [influence] s'étendre dans, [ideas] s'insinuer dans, pénétrer dans ; [gloom] envahir ; [problem] sévir dans ◆ **this atmosphere pervades the whole book** tout le livre baigne dans cette atmosphère

pervading [pɜːˈveɪdɪŋ] adj uncertainty, influence sous-jacent(e) ◆ **there is a pervading atmosphere of doom and gloom in the film** tout le film baigne dans une atmosphère sinistre ◆ **throughout the book there is a pervading sense of menace** tout au long du roman on ressent comme une menace sourde ◆ **the pervading feeling is that economic recovery is near** le sentiment général est que la reprise (économique) est proche ; see also **all**

pervasive [pɜːˈveɪsɪv] → SYN adj smell, ideas pénétrant ; gloom envahissant ; influence qui se fait sentir un peu partout

perverse [pəˈvɜːs] → SYN adj **a** (= twisted) pleasure, desire, humour pervers
b (= stubborn) têtu, entêté ; (= contrary) contrariant ◆ **how perverse of him!** qu'il est contrariant ! ◆ **what perverse behaviour!** quel esprit de contradiction ! ◆ **it would be perverse to refuse** ce serait faire preuve d'esprit de contradiction que de refuser

perversely [pəˈvɜːslɪ] adv **a** (= determinedly) obstinément ; (= in order to annoy) par esprit de contradiction
b (= paradoxically) paradoxalement ◆ **perversely enjoyable/engaging/appropriate** paradoxalement agréable/engageant/approprié

perverseness [pəˈvɜːsnɪs] n ⇒ **perversity**

perversion [pəˈvɜːʃən] → SYN n (also Psych) perversion f ; [of facts] déformation f, travestissement m ◆ **sexual perversions** perversions fpl sexuelles ◆ **perversion of a function** (Med) perversion f or altération f d'une fonction ◆ **a perversion of justice** (gen) un travestissement de la justice ; (Jur) un déni de justice ◆ **a perversion of the truth** un travestissement de la vérité

perversity [pəˈvɜːsɪtɪ] → SYN n **a** (= wickedness) perversité f, méchanceté f
b (= stubbornness) obstination f, entêtement m ; (= contrariness) caractère m contrariant, esprit m de contradiction

pervert [pəˈvɜːt] → SYN **1** vt [+ person] pervertir, dépraver ; (Psych) pervertir ; (Rel) détourner de ses croyances ; [+ habits etc] dénaturer, dépraver ; [+ fact] fausser, travestir ; [+ sb's words] dénaturer, déformer ; [+ justice, truth] travestir ◆ **to pervert the course of justice** entraver le cours de la justice
2 [ˈpɜːvɜːt] n (Psych: also **sexual pervert**) pervers m sexuel, pervertie f sexuelle

perverted [pəˈvɜːtɪd] → SYN adj (frm) pervers

pervious [ˈpɜːvɪəs] adj perméable, pénétrable ; (fig) accessible (to à)

pervy * [ˈpɜːvɪ] adj (Brit) pervers

Pesach [ˈpeɪsɑːk] n (Rel) Pessah f

pesade [peˈsɑːd] n pesade f

peseta [pəˈseɪtə] n peseta f

pesky * [ˈpeskɪ] adj (esp US) sale * (before n), empoisonnant *

peso [ˈpeɪsəʊ] n peso m

pessary [ˈpesərɪ] n pessaire m

pessimism [ˈpesɪmɪzəm] → SYN n pessimisme m

pessimist [ˈpesɪmɪst] → SYN n pessimiste mf

pessimistic [ˌpesɪˈmɪstɪk] → SYN adj pessimiste (about au sujet de, sur) ◆ **I'm very pessimistic about it** je suis très pessimiste à ce sujet or là-dessus ◆ **they are pessimistic about making a profit** ils n'ont pas grand espoir de faire des bénéfices

pessimistically [ˌpesɪˈmɪstɪkəlɪ] adv avec pessimisme

pest [pest] → SYN **1** n **a** (= insect) insecte m nuisible; (= animal) animal m nuisible ♦ **rabbits are classed as a pest in Australia** en Australie le lapin est considéré comme un (animal) nuisible
b (* = person) casse-pieds * mf inv, enquiquineur * m, -euse * f ♦ **you little pest!** que tu es enquiquinant!*; (to girl) espèce de petite peste! ♦ **a sex pest** un vicieux or une vicieuse (qui harcèle qn sexuellement)
2 COMP ▷ **pest control** n [of insects] désinsectisation f, lutte f contre les insectes; [of rats] dératisation f ♦ **pest control officer** (Admin) préposé(e) m(f) à la lutte antiparasitaire

pester ['pestər] → SYN vt harceler ♦ **to pester sb with questions** harceler qn de questions ♦ **she has been pestering me for an answer** elle n'arrête pas de me réclamer une réponse ♦ **he pestered me to go to the cinema with him** il n'a pas arrêté d'insister or il m'a cassé les pieds* pour que j'aille au cinéma avec lui ♦ **he pestered me into going to the cinema with him** il n'a pas arrêté d'insister et il m'a cassé les pieds* pour que j'aille au cinéma avec lui, et j'ai fini par l'accompagner ♦ **he pestered his father into lending him the car** à force d'insister auprès de son père, il a fini par se faire prêter la voiture ♦ **he pesters the life out of me** * il me casse les pieds * ♦ **stop pestering me!** laisse-moi tranquille!, fiche-moi la paix!* ♦ **stop pestering me about your bike** fiche-moi la paix* avec ton vélo ♦ **is this man pestering you?** est-ce que cet homme vous importune?

pesticidal [,pestɪ'saɪdl] adj pesticide

pesticide ['pestɪsaɪd] n (gen) pesticide m

pestiferous [pes'tɪfərəs] adj ⇒ **pestilent**

pestilence ['pestɪləns] → SYN n peste f

pestilent ['pestɪlənt], **pestilential** [,pestɪ'lenʃəl] adj **a** (= causing disease) pestilentiel; (= pernicious) nuisible
b (* = annoying) fichu * (before n), sacré ** (before n)

pestle ['pesl] n pilon m

pesto ['pestəʊ] n pesto m

pet¹ [pet] → SYN **1** n **a** (= animal) animal m domestique or familier or de compagnie ♦ **do you have any pets?** avez-vous des animaux domestiques or familiers or de compagnie?; (said by or to child) avez-vous des animaux chez vous or à la maison? ♦ **she keeps a goldfish as a pet** en fait d'animal elle a un poisson rouge ♦ **"no pets (allowed)"** "les animaux sont interdits"
b (* = favourite) chouchou(te) m(f) ♦ **the teacher's pet** le chouchou du professeur ♦ **to make a pet of sb** chouchouter qn *
c (*: term of affection) **be a pet and fetch my slippers** sois un chou* or sois gentil, va chercher mes chaussons ♦ **he's a real pet** c'est un chou*, il est adorable ♦ **come here pet** viens ici mon chou* or mon lapin*
2 adj lion, snake apprivoisé ♦ **she's got a pet rabbit/dog** elle a un lapin/chien ♦ **Jean-François has a pet alligator** Jean-François a un alligator comme animal de compagnie or un alligator apprivoisé
b (* = favourite) theory, project, charity, theme favori(te) m(f) ♦ **pet aversion** or **hate** bête f noire ♦ **it's his pet subject** c'est sa marotte, c'est son dada * ♦ **once he gets onto his pet subject...** quand il enfourche son cheval de bataille or son dada *...
3 vt (= indulge) chouchouter *; (= fondle) câliner; (*: sexually) caresser, peloter *
4 vi (*: sexually) se caresser, se peloter **
5 COMP ▷ **pet food** n aliments mpl pour animaux ▷ **pet name** n petit nom m (d'amitié) ▷ **pet passport** n passeport m pour animal domestique ▷ **pet shop** n boutique f d'animaux

pet² * [pet] → SYN n ♦ **to be in a pet** être de mauvais poil *

petal ['petl] n pétale m ♦ **petal-shaped** en forme de pétale

petaloid ['petəlɔɪd] adj pétaloïde

petard [pɪ'tɑːd] n pétard m; → **hoist**

Pete [piːt] n **a** (dim of Peter)
b **for Pete's sake!** * mais enfin!, bon sang! *

petechia [pɪ'tiːkɪə] n, pl **petechiae** [pɪ'tiːkɪ,iː] pétéchie f

Peter ['piːtər] **1** n Pierre m
2 COMP ▷ **Peter and the Wolf** n (Mus) Pierre et le Loup ▷ **Peter Pan** n (Literat) Peter Pan ▷ **Peter Pan collar** n col m Claudine ▷ **the Peter Principle** n le principe de Peter ▷ **Peter's pence** n (Rel) denier m de saint Pierre ▷ **Peter the Great** n (Hist) Pierre m le Grand; → **blue**, **rob**

peter¹ ['piːtər] vi ♦ **to peter out** [supplies] s'épuiser; [stream, conversation] tarir; [plans] tomber à l'eau; [story, plot, play, book] tourner court; [fire, flame] mourir; [road] se perdre

peter² ** ['piːtər] n (US = penis) bite ** f

peterman ** ['piːtəmən] n, pl **petermen** ['piːtəmən] perceur m de coffres-forts

pethidine ['peθɪdiːn] n (Med) péthidine f, mépéridine f

petiole ['petɪəʊl] n (Bot) pétiole m

petite [pə'tiːt] adj woman menue

petit-four [petɪ'fɔːr] n, pl **petits-fours** petit-four m

petition [pə'tɪʃən] → SYN **1** n **a** (= list of signatures) pétition f ♦ **to get up a petition against/for sth** organiser une pétition contre/en faveur de qch
b (= prayer) prière f; (= request) requête f, supplique f
c (Jur) requête f, pétition f ♦ **a petition for divorce** une demande de divorce ♦ **a petition for** or **in bankruptcy** une demande de mise en liquidation judiciaire ♦ **right of petition** droit m de pétition; → **file²**
2 vt **a** (= address petition to) adresser une pétition à, pétitionner ♦ **they petitioned the king for the release of the prisoner** ils ont adressé une pétition au roi pour demander la libération du prisonnier
b (frm = request) implorer, prier (sb to do sth qn de faire qch)
c (Jur) **to petition the court** adresser or présenter une pétition en justice
3 vi adresser une pétition, pétitionner ♦ **to petition for divorce** (Jur) faire une demande de divorce ♦ **to petition for bankruptcy** faire une demande de mise en liquidation judiciaire

petitioner [pə'tɪʃnər] n pétitionnaire mf; (Jur) requérant(e) m(f), pétitionnaire mf; (in divorce) demandeur m, -deresse f (en divorce)

petit jury [,petɪ'dʒʊərɪ] n (US) jury m (de jugement)

petit mal [pətɪ'mæl] n (NonC: Med) petit mal m

petit point ['petɪ'pɔɪnt] n (Sewing) petit point m

petits pois [pətiː'pwɑː] npl petits-pois mpl

petnapping * ['petnæpɪŋ] n (US) vol m d'animaux familiers (pour les revendre aux laboratoires)

Petrarch ['petrɑːk] n Pétrarque m

petrel ['petrəl] n pétrel m; → **stormy**

Petri dish ['piːtrɪdɪʃ] n boîte f de Petri

petrifaction [,petrɪ'fækʃən] n (lit, fig) pétrification f

petrified ['petrɪfaɪd] → SYN adj **a** (lit = turned to stone) pétrifié
b (fig = terrified) pétrifié or paralysé de peur ♦ **I was absolutely petrified!** j'étais terrifié!, j'étais pétrifié de peur!

petrify ['petrɪfaɪ] → SYN **1** vt **a** (lit = turn to stone) pétrifier
b (fig = terrify) pétrifier or paralyser de peur, clouer (sur place) de peur
2 vi se pétrifier (lit)

petro... ['petrəʊ] pref pétro...

petrochemical [,petrəʊ'kemɪkəl] **1** n produit m pétrochimique
2 adj pétrochimique

petrochemist [,petrəʊ'kemɪst] n pétrochimiste mf

petrochemistry [,petrəʊ'kemɪstrɪ] n pétrochimie f

petrocurrency ['petrəʊ,kʌrənsɪ] n pétrodevise f

petrodollar ['petrəʊ,dɒlər] n pétrodollar m

petroglyph ['petrəglɪf] n pétroglyphe m

petrographer [pe'trɒɡrəfər] n pétrographe mf

petrographic(al) [,petrə'ɡræfɪk(əl)] adj pétrographique

petrography [pe'trɒɡrəfɪ] n pétrographie f

petrol ['petrəl] (Brit) **1** n essence f ♦ **my car's very heavy on petrol** ma voiture consomme beaucoup (d'essence) ♦ **this car runs on petrol** cette voiture roule à l'essence; → **star**
2 COMP ▷ **petrol bomb** n cocktail m Molotov ▷ **petrol can** n bidon m à essence ▷ **petrol cap** n ⇒ **petrol filler cap** ▷ **petrol-driven** adj à essence ▷ **petrol engine** n moteur m à essence ▷ **petrol filler cap** n bouchon m de réservoir d'essence ▷ **petrol gauge** n (Aut) jauge f d'essence ▷ **petrol pump** n (on forecourt, in engine) pompe f à essence ▷ **petrol rationing** n rationnement m de l'essence ▷ **petrol station** n station-service f, poste m d'essence ▷ **petrol tank** n réservoir m (d'essence) ▷ **petrol tanker** n (= ship) pétrolier m, tanker m; (= truck) camion-citerne m (transport d'essence)

petroleum [pɪ'trəʊlɪəm] **1** n pétrole m ♦ **petroleum industry** industrie f pétrolière
2 COMP ▷ **petroleum jelly** n Vaseline ® f

petroliferous [,petrə'lɪfərəs] adj pétrolifère

petrological [,petrə'lɒdʒɪkəl] adj pétrologique

petrologist [pe'trɒlədʒɪst] n pétrologiste mf

petrology [pe'trɒlədʒɪ] n pétrologie f

petrosal [pə'trəʊsəl] adj pétreux

petticoat ['petɪkəʊt] n (= underskirt) jupon m; (= slip) combinaison f

pettifogging ['petɪfɒɡɪŋ] adj (= trifling) details insignifiant; objections chicanier

pettily ['petɪlɪ] adv avec mesquinerie, de façon mesquine

pettiness ['petɪnɪs] n (NonC) **a** (= small-mindedness) [of person, behaviour] mesquinerie f
b (= triviality) [of detail, complaint] insignifiance f

petting * ['petɪŋ] **1** n (NonC) caresses fpl ♦ **heavy petting** pelotage * m ♦ **to indulge in heavy petting** se peloter *
2 COMP ▷ **petting zoo** n (esp US) zoo ou partie d'un zoo où sont réunis des animaux, souvent jeunes, que les enfants peuvent caresser

pettish ['petɪʃ] adj person de mauvaise humeur, irritable; remark maussade; child grognon

pettishly ['petɪʃlɪ] adv avec mauvaise humeur, d'un air or d'un ton maussade

petty ['petɪ] → SYN **1** adj **a** (= small-minded) person, behaviour mesquin
b (= trivial) detail, complaint insignifiant, sans importance ♦ **petty annoyances** désagréments mpl mineurs, tracasseries fpl ♦ **petty regulations** règlement m tracassier
c (Naut) **petty officer** ≃ maître m ♦ **petty officer third class** (US Navy) quartier-maître m de première classe
2 COMP ▷ **petty cash** n petite caisse f, caisse f de dépenses courantes ▷ **petty crime** n **a** (NonC = illegal activities) petite délinquance f
b (= illegal act) délit m mineur ▷ **petty criminal** n petit malfaiteur m, malfaiteur m à la petite semaine ▷ **petty expenses** npl menues dépenses fpl ▷ **petty larceny** n (Jur) larcin m ▷ **petty official** n fonctionnaire mf subalterne, petit fonctionnaire m ▷ **Petty Sessions** npl (Brit Jur) sessions fpl des juges de paix

petulance ['petjʊləns] n mauvaise humeur f

petulant ['petjʊlənt] → SYN adj (by nature) irritable, irascible; (on one occasion) irrité; expression, gesture irrité ♦ **in a petulant mood** de mauvaise humeur ♦ **petulant behaviour** irritabilité f, irascibilité f; (on one occasion) mauvaise humeur f

petulantly ['petjʊləntlɪ] adv avec humeur

petunia [pɪ'tjuːnɪə] n pétunia m

pew [pjuː] n (Rel) banc m (d'église) ♦ **take a pew** * (hum) prenez donc un siège

pewter ['pjuːtər] **1** n étain m ♦ **to collect pewter** collectionner les étains
2 COMP pot etc en étain, d'étain

peyote [peɪ'əʊtɪ] n peyotl m

PFA [,piːef'eɪ] n (Brit) (abbrev of **Professional Footballers' Association**) syndicat de footballeurs

PFC [,piːef'siː] n (US Mil) (abbrev of **Private First Class**) → **private**

pfennig ['fenɪg] n pfennig m

PFLP [,piːefel'piː] n (abbrev of **Popular Front for the Liberation of Palestine**) FPLP m

PG [piː'dʒiː] **1** (Cine: film censor's rating) (abbrev of **Parental Guidance**) *certaines scènes peuvent heurter la sensibilité des jeunes enfants*
2 n (abbrev of **paying guest**) → **paying**

PGA [,piːdʒiː'eɪ] n (abbrev of **Professional Golfers' Association**) PGA f

PGCE [,piːdʒiːsiː'iː] n (Brit) (abbrev of **Postgraduate Certificate in Education**) *diplôme de troisième cycle en pédagogie*

PH [piː'eɪtʃ] n (US Mil) (abbrev of **Purple Heart**) → **purple**

pH [piː'eɪtʃ] n pH m

Phaedra ['fiːdrə] n Phèdre f

phaeton ['feɪtən] n phaéton m

phage [feɪdʒ] n (abbrev of **bacteriophage**) phage m

phagedaena, phagedena (US) [,fædʒɪ'diːnə] n phagédénisme m

phagocyte ['fægə,saɪt] n phagocyte m

phagocytic [,fægə'sɪtɪk] adj phagocytaire

phagocytosis [,fægəsaɪ'təʊsɪs] n phagocytose f

phalange ['fælændʒ] n (Anat) phalange f

phalangeal [fə'lændʒɪəl] adj phalangien

phalanger [fə'lændʒə'] n phalanger m

phalanx ['fælæŋks] n, pl **phalanges** [fæ'lændʒiːz] (gen, Mil, Hist, Anat) phalange f

phalarope ['fælə,rəʊp] n phalarope m

phalli ['fælaɪ] npl of **phallus**

phallic ['fælɪk] **1** adj phallique
2 COMP ▷ **phallic symbol** n symbole m phallique

phallicism ['fælɪsɪzəm] n (Rel) phallisme m, phallacisme m

phallocentric [,fælə'sentrɪk] adj phallocentrique

phallus ['fæləs] n, pl **phalluses** or **phalli** phallus m

phantasm ['fæntæzəm] n fantasme m

phantasmagoria [,fæntæzmə'gɔːrɪə] n fantasmagorie f

phantasmagoric(al) [,fæntæzmə'gɒrɪk(əl)] adj fantasmagorique

phantasmal [fæn'tæzməl] adj fantomatique

phantasy ['fæntəzɪ] n ⇒ **fantasy**

phantom ['fæntəm] → SYN **1** n (= ghost) fantôme m ; (= vision) fantasme m ◆ *the phantom pencil thief strikes again!* (hum) le voleur de crayons masqué a encore frappé !
2 COMP (Med) ▷ **phantom limb** n membre m fantôme ▷ **phantom pregnancy** n grossesse f nerveuse

Pharaoh ['fɛərəʊ] n pharaon m ; (as name) Pharaon m

Pharisaic(al) [,færɪ'seɪk(əl)] adj pharisaïque

Pharisaism [,færɪ'seɪɪzəm] n (Rel, fig) pharisaïsme m

Pharisee ['færɪsiː] → SYN n pharisien(ne) m(f)

pharmaceutical [,fɑːmə'sjuːtɪkəl] **1** adj pharmaceutique
2 pharmaceuticals npl médicaments mpl, produits mpl pharmaceutiques

pharmacist ['fɑːməsɪst] n (= person) pharmacien(ne) m(f) ; (Brit : also **pharmacist's**) pharmacie f

pharmacodynamic [,fɑːməkəʊdaɪ'næmɪk] adj pharmacodynamique

pharmacodynamics [,fɑːməkəʊdaɪ'næmɪks] n (NonC) pharmacodynamie f

pharmacognosy [,fɑːmə'kɒgnəsɪ] n pharmacognosie f

pharmacological [,fɑːməkə'lɒdʒɪkəl] adj pharmacologique

pharmacologist [,fɑːmə'kɒlədʒɪst] n pharmacologue mf

pharmacology [,fɑːmə'kɒlədʒɪ] n pharmacologie f

pharmacopoeia [,fɑːməkə'piːə] n pharmacopée f

pharmacy ['fɑːməsɪ] n pharmacie f

pharynges [fæ'rɪndʒiːz] npl of **pharynx**

pharyngitis [,færɪn'dʒaɪtɪs] n pharyngite f, angine f ◆ *to have pharyngitis* avoir une pharyngite

pharynx ['færɪŋks] n, pl **pharynxes** or **pharynges** pharynx m

phase [feɪz] → SYN **1** n **a** (= stage in process) phase f, période f ◆ *a critical phase in the negotiations* une phase or un stade critique des négociations ◆ *the first phase of the work* la première tranche des travaux ◆ *the phases of a disease* les phases fpl d'une maladie ◆ *the phases of the moon* les phases fpl de la lune ◆ *every child goes through a difficult phase* tout enfant passe par une phase or une période difficile ◆ *a passing phase* (gen) un état passager ; (= fad) une passade ◆ *it's just a phase he's going through* ça lui passera
b (Astron, Chem, Elec, Phys etc) phase f ◆ *in phase* (Elec, fig) en phase ◆ *out of phase* (Elec, fig) déphasé
2 vt [+ innovations, developments] introduire graduellement ; [+ execution of plan] procéder par étapes à ◆ *the modernization of the factory was phased over three years* la modernisation de l'usine s'est effectuée en trois ans par étapes ◆ *the changes were phased carefully so as to avoid unemployment* on a pris soin d'introduire les changements graduellement afin d'éviter le chômage ◆ *we must phase the various processes so as to lose as little time as possible* nous devons arranger or organiser les diverses opérations de façon à perdre le moins de temps possible ◆ *phased changes* changements mpl organisés de façon progressive ◆ *a phased withdrawal of troops* un retrait progressif des troupes
3 COMP ▷ **phase difference** n déphasage m ▷ **phase-out** n suppression f progressive

▶ **phase in** vt sep [+ new machinery, measures etc] introduire progressivement or graduellement

▶ **phase out** vt sep [+ machinery] retirer progressivement ; [+ jobs] supprimer graduellement ; [+ techniques, differences] éliminer progressivement

phasmid ['fæzmɪd] n phasme m

phatic ['fætɪk] adj phatique

PhD [,piːeɪtʃ'diː] n (Univ) (abbrev of **Doctor of Philosophy**) (= qualification) doctorat m ; (= person) ≈ titulaire mf d'un doctorat ◆ *to have a PhD in ...* avoir un doctorat de ...

pheasant ['feznt] n faisan m ◆ *cock pheasant* faisan m ◆ *hen pheasant* poule f faisane

phelloderm ['feləʊ,dɜːm] n phelloderme m

phenanthrene [fɪ'nænθriːn] n phénanthrène m

phencyclidine [fen'sɪklɪ,diːn] n phencyclidine f

phenix ['fiːnɪks] n (US) ⇒ **phoenix**

phenobarbitone ['fiːnəʊ'bɑːbɪtəʊn] n phénobarbital m

phenol ['fiːnɒl] n phénol m

phenolate ['fiːnə,leɪt] n phénolate m

phenolic [fɪ'nɒlɪk] adj ◆ *phenolic resin* phénoplaste m

phenology [fɪ'nɒlədʒɪ] n phénologie f

phenomena [fɪ'nɒmɪnə] npl of **phenomenon**

phenomenal [fɪ'nɒmɪnl] → SYN adj (lit, fig) phénoménal

phenomenalism [fɪ'nɒmɪnə,lɪzəm] n phénoménisme m

phenomenally [fɪ'nɒmɪnəlɪ] adv good, popular, well, quickly etc phénoménalement ; rise, increase de façon phénoménale ◆ *she has been phenomenally successful* elle a eu un succès phénoménal

phenomenological [fənɒmənə'lɒdʒɪkəl] adj phénoménologique

phenomenologist [fənɒmə'nɒlədʒɪst] n phénoménologue mf

phenomenology [fənɒmə'nɒlədʒɪ] n phénoménologie f

phenomenon [fɪ'nɒmɪnən] → SYN n, pl **phenomenons** or **phenomena** (lit, fig) phénomène m

phenotype ['fiːnəʊtaɪp] n (Bio) phénotype m

phenoxide [fɪ'nɒksaɪd] n phénolate m

phenyl ['fiːnaɪl] n phényle m

phenylalanine [,fiːnaɪl'ælə,niːn] n phénylalanine f

phenylketonuria [,fiːnaɪl,kiːtə'njʊərɪə] n phénylcétonurie f

pheromone ['ferə,məʊn] n phéromone f

phew [fjuː] excl (relief) ouf ! ; (heat) pfff ! ; (disgust) pouah ! ; (surprise) oh !

phi [faɪ] n phi m

phial ['faɪəl] n fiole f

Phi Beta Kappa ['faɪ'beɪtə'kæpə] n (US Univ) *association élitiste d'anciens étudiants très brillants, ou membre de cette association*

PHI BETA KAPPA

Le **Phi Beta Kappa** est le club estudiantin le plus ancien et le plus prestigieux des États-Unis. Fondé en 1776, il est réservé aux étudiants les plus brillants et l'adhésion se fait par élection des membres au cours de la troisième ou de la quatrième année d'études universitaires. Le nom du club vient de l'expression grecque "philosophia biou kybernetes" (la philosophie pour diriger la vie), qui lui sert de devise. Un membre du club est un **phi beta kappa**.

Phil abbrev of **Philadelphia**

Philadelphia [,fɪlə'delfɪə] n Philadelphie

philander [fɪ'lændə'] → SYN vi courir après les femmes, faire la cour aux femmes

philanderer [fɪ'lændərə'] → SYN n coureur m (de jupons), don Juan m

philandering [fɪ'lændərɪŋ] n (NonC) flirts mpl, liaisons fpl

philanthropic [,fɪlən'θrɒpɪk] → SYN adj philanthropique

philanthropist [fɪ'lænθrəpɪst] → SYN n philanthrope mf

philanthropy [fɪ'lænθrəpɪ] → SYN n philanthropie f

philatelic [,fɪlə'telɪk] adj philatélique

philatelist [fɪ'lætəlɪst] n philatéliste mf

philately [fɪ'lætəlɪ] n philatélie f

...phile [faɪl] suf ...phile ◆ *francophile* (adj, n) francophile m

Philemon [faɪ'liːmɒn] n Philémon m

philharmonic [,fɪlɑː'mɒnɪk] adj philharmonique

philhellene [fɪl'heliːn] n, adj philhellène mf

philhellenic [,fɪlhe'liːnɪk] adj philhellène

philhellenism [fɪl'helɪnɪzəm] n philhellénisme m

...philia ['fɪlɪə] suf ...philie f ◆ *francophilia* francophilie f

Philip ['fɪlɪp] n Philippe m

Philippi ['fɪlɪpaɪ] n Philippes

Philippians [fɪ'lɪpɪənz] npl Philippiens mpl

philippic [fɪ'lɪpɪk] n (liter) philippique f

Philippine ['fɪlɪpiːn] **1** adj **Philippines** npl ⇒ **the Philippine Islands**
2 COMP ▷ **the Philippine Islands** npl les Philippines fpl

philistine ['fɪlɪstaɪn] → SYN **1** adj **a** (fig) béotien
b **Philistine** philistin
2 n **a** (Bible) **Philistine** Philistin m
b (fig) philistin m, béotien(ne) m(f)

philistinism ['fɪlɪstɪ,nɪzəm] n philistinisme m

Phillips ® ['fɪlɪps] COMP ◆ *Phillips screw* vis f cruciforme ◆ *Phillips screwdriver* tournevis m cruciforme

phillumenist [fɪ'luːmənɪst] n philluministe mf

philodendron [,fɪlə'dendrən] n, pl **philodendrons** or **philodendra** [,fɪlə'dendrə] philodendron m

philological [,fɪlə'lɒdʒɪkəl] adj philologique

philologist [fɪ'lɒlədʒɪst] n philologue mf

philology [fɪ'lɒlədʒɪ] n philologie f

philosopher [fɪˈlɒsəfəʳ] → SYN **1** n philosophe mf ◆ **he is something of a philosopher** (fig) il est du genre philosophe
2 COMP ▷ **philosopher's stone** n pierre f philosophale

philosophic(al) [ˌfɪləˈsɒfɪk(əl)] adj **a** (= relating to philosophy) subject, debate, discussion, tradition philosophique
b (= calm, resigned) philosophe ◆ **in a philosophic(al) tone** d'un ton philosophe ◆ **to be philosophic(al) about sth** prendre qch avec philosophie

philosophically [ˌfɪləˈsɒfɪkəlɪ] adv **a** (= with resignation) avec philosophie
b philosophically important/disputable etc philosophiquement important/discutable etc, important/discutable etc sur le plan philosophique ◆ **to be philosophically inclined or minded** avoir l'esprit philosophique ◆ **he's philosophically opposed to war** il est, par philosophie, opposé à la guerre

philosophize [fɪˈlɒsəfaɪz] vi philosopher (*about, on* sur)

philosophy [fɪˈlɒsəfɪ] → SYN n philosophie f ◆ **his philosophy of life** sa philosophie, sa conception de la vie ; → **moral, natural**

philtre, philter (US) [ˈfɪltəʳ] n philtre m

phimosis [faɪˈməʊsɪs] n phimosis m

phiz‡ [fɪz], **phizog**‡ [ˈfɪzɒɡ] n (abbrev of **physiognomy**) binette‡ f, bouille‡ f

phlebitis [flɪˈbaɪtɪs] n phlébite f

phlebography [flɪˈbɒɡrəfɪ] n phlébographie f

phlebology [flɪˈbɒlədʒɪ] n phlébologie f

phlebotomist [flɪˈbɒtəmɪst] n phlébotomiste mf

phlebotomy [flɪˈbɒtəmɪ] n phlébotomie f

phlegm [flem] n **a** (= mucus) mucosité f
b (= equanimity) flegme m

phlegmatic [flegˈmætɪk] → SYN adj flegmatique

phlegmatically [flegˈmætɪkəlɪ] adv flegmatiquement, avec flegme

phlogiston [flɒˈdʒɪstɒn] n phlogistique m

phlox [flɒks] n, pl **phlox** or **phloxes** phlox m inv

phlyctaena, phlyctena (US) [flɪkˈtiːnə] n, pl **phlyct(a)enae** [flɪkˈtiːniː] phlyctène f

Phnom-Penh [ˈnɒmˈpen] n Phnom-Penh

...phobe [fəʊb] suf ...phobe ◆ **francophobe** (adj, n) francophobe mf

phobia [ˈfəʊbɪə] → SYN n phobie f ◆ **I've got a phobia about ...** j'ai la phobie de ...

...phobia [ˈfəʊbɪə] suf ...phobie f ◆ **anglophobia** anglophobie f

phobic [ˈfəʊbɪk] adj, n phobique mf

phocomelia [ˌfəʊkəʊˈmiːlɪə] n phocomélie f

phocomelic [ˌfəʊkəʊˈmiːlɪk] adj phocomèle mf

phocomely [fəʊˈkɒməlɪ] n ⇒ **phocomelia**

Phoebus [ˈfiːbəs] n (Myth) Phébus m

Phoenicia [fəˈnɪʃɪə] n (Antiq) Phénicie f

Phoenician [fəˈnɪʃɪən] (Antiq) **1** n Phénicien(ne) m(f)
2 adj phénicien
3 COMP ▷ **Phoenician juniper** n genévrier m de Phénicie

phoenix, phenix (US) [ˈfiːnɪks] n phénix m ◆ **like a phoenix from the ashes** comme le phénix qui renaît de ses cendres

phonation [fəʊˈneɪʃən] n (Ling) phonation f

phonatory [ˈfəʊnətərɪ] adj phonateur (-trice f), phonatoire

phone¹ [fəʊn] LANGUAGE IN USE 27 → SYN (abbrev of **telephone**)
1 n **a** (= telephone) téléphone m ◆ **on** or **over the phone** (gen) au téléphone ◆ **by phone** par téléphone ◆ **to be on the phone** (Brit) (= be a subscriber) avoir le téléphone ; (= be speaking) être au téléphone ◆ **I've got Jill on the phone** j'ai Jill au téléphone or au bout du fil*
b (Brit) **to give sb a phone*** (= phone call) passer un coup de fil* à qn
2 vt (also **phone up**) téléphoner à, appeler, passer un coup de fil à*
3 vi téléphoner
4 COMP ▷ **phone bill** n facture f de téléphone ▷ **phone book** n annuaire m (de téléphone) ▷ **phone booth** n **a** (in station, hotel etc) téléphone m public **b** (US: in street) cabine f téléphonique ▷ **phone box** n (Brit) cabine f téléphonique ▷ **phone call** n coup m de téléphone or de fil*, appel m téléphonique ◆ **to make a phone call** passer un coup de téléphone or de fil*, téléphoner ▷ **phone-in (programme)** n (Brit Rad, TV) émission où les auditeurs ou téléspectateurs sont invités à intervenir par téléphone pour donner leur avis ou pour parler de leurs problèmes ▷ **phone number** n numéro m de téléphone ▷ **phone tapping** n mise f sur écoutes téléphoniques

▶ **phone back**
1 vt sep (returning call) rappeler ; (calling again) rappeler, retéléphoner à
2 vi (= return call) rappeler ; (= call again) rappeler, retéléphoner

▶ **phone in**
1 vi téléphoner
2 vt [+ order] faire par téléphone ; [+ article] dicter au téléphone

phone² [fəʊn] n (Ling) phone m

phonecard [ˈfəʊnkɑːd] n (Brit Telec) télécarte® f

phoneme [ˈfəʊniːm] n phonème m

phonemic [fəʊˈniːmɪk] adj phonémique

phonemicist [fəʊˈniːmɪsɪst] n phonologue mf

phonemics [fəʊˈniːmɪks] n (NonC) phonémique f, phonématique f

phonetic [fəʊˈnetɪk] **1** adj phonétique
2 COMP ▷ **phonetic alphabet** n alphabet m phonétique ▷ **phonetic law** n loi f phonétique

phonetically [fəʊˈnetɪkəlɪ] adv spell, learn phonétiquement ◆ **phonetically speaking** phonétiquement parlant

phonetician [ˌfəʊnɪˈtɪʃən] n phonéticien(ne) m(f)

phonetics [fəʊˈnetɪks] **1** n (NonC = subject, study) phonétique f ◆ **articulatory/acoustic/auditory phonetics** phonétique f articulatoire/acoustique/auditoire
2 npl (= symbols) transcription f phonétique ◆ **the phonetics are wrong** la transcription phonétique est fausse
3 COMP teacher, student, exam, degree, textbook, laboratory de phonétique

phoney* [ˈfəʊnɪ] (esp US) **1** adj name faux (fausse f) ; jewels faux (fausse f), en toc ; emotion factice, simulé ; excuse, story, report bidon* inv, à la noix* ; person pas franc (franche f), poseur ◆ **this diamond is phoney** ce diamant est faux ◆ **apparently he was a phoney doctor** il paraît que c'était un charlatan or un médecin marron ◆ **a phoney company** une société bidon* ◆ **it sounds phoney** cela a l'air d'être de la frime* or de la blague*
2 n, pl **phoneys** (= person) charlatan m, poseur m, faux jeton* m ◆ **that diamond is a phoney** ce diamant est faux
3 COMP ▷ **the phoney war*** n (Brit Hist: in 1939) la drôle de guerre

phonic [ˈfɒnɪk] adj phonique

phono... [ˈfəʊnəʊ] pref phono...

phonograph † [ˈfəʊnəɡrɑːf] n électrophone m, phonographe † m

phonolite [ˈfəʊnəlaɪt] n phonolit(h)e m or f

phonological [ˌfəʊnəˈlɒdʒɪkəl] adj phonologique

phonologically [ˌfəʊnəˈlɒdʒɪklɪ] adv phonologiquement

phonologist [fəˈnɒlədʒɪst] n phonologue mf

phonology [fəˈnɒlədʒɪ] n phonologie f

phonon [ˈfəʊnɒn] n phonon m

phony* [ˈfəʊnɪ] ⇒ **phoney**

phooey* [ˈfuːɪ] excl (scorn) peuh !, pfft !

phormium [ˈfɔːmɪəm] n phormion m

phosgene [ˈfɒzdʒiːn] n phosgène m

phosphatase [ˈfɒsfəteɪs] n phosphatase f

phosphate [ˈfɒsfeɪt] n (Chem) phosphate m ◆ **phosphates** (Agr) phosphates mpl, engrais mpl phosphatés

phosphatidylcholine [ˌfɒsfətɪdaɪlˈkəʊliːn] n lécithine f

phosphatization [ˌfɒsfətaɪˈzeɪʃən] n phosphatation f

phosphatize [ˈfɒsfətaɪz] vt phosphater

phosphene [ˈfɒsfiːn] n phosphène m

phosphide [ˈfɒsfaɪd] n phosphure m

phosphine [ˈfɒsfiːn] n phosphine f

phosphite [ˈfɒsfaɪt] n phosphite m

phospholipid [ˌfɒsfəˈlɪpɪd] n (Physiol) phospholipide m

phosphoprotein [ˌfɒsfəˈprəʊtiːn] n phosphoprotéine f

phosphoresce [ˌfɒsfəˈres] vi être phosphorescent

phosphorescence [ˌfɒsfəˈresns] n phosphorescence f

phosphorescent [ˌfɒsfəˈresnt] adj phosphorescent

phosphoric [fɒsˈfɒrɪk] adj phosphorique

phosphorism [ˈfɒsfərɪzəm] n (Med) phosphorisme m

phosphorous [ˈfɒsfərəs] adj phosphoreux

phosphorus [ˈfɒsfərəs] n phosphore m

phosphorylation [ˌfɒsfɒrɪˈleɪʃən] n phosphorylation f

photo [ˈfəʊtəʊ] **1** n, pl **photos** (abbrev of **photograph**) photo f ; see also **photograph**
2 COMP ▷ **photo album** n album m de photos ▷ **photo booth** n photomaton ® m ▷ **photo finish** n (Sport) photo-finish m ▷ **photo-offset** n (Typ) offset m (*processus*) ▷ **photo opportunity** n séance f photo or de photos (*pour la presse*) ◆ **it is a great photo opportunity** il y a de bonnes photos à prendre ▷ **photo session** n séance f photo or de photos

photo... [ˈfəʊtəʊ] pref photo...

photobiology [ˌfəʊtəʊbaɪˈɒlədʒɪ] n photobiologie f

photocall [ˈfəʊtəʊkɔːl] n (Brit Press) séance f de photos pour la presse

photocathode [ˌfəʊtəʊˈkæθəʊd] n photocathode f

photocell [ˈfəʊtəʊsel] n photocellule f

photochemical [ˌfəʊtəʊˈkemɪkəl] adj photochimique

photochemistry [ˌfəʊtəʊˈkemɪstrɪ] n photochimie f

photochromic [ˌfəʊtəʊˈkrəʊmɪk] adj photochromique

photocompose [ˌfəʊtəʊkəmˈpəʊz] vt photocomposer

photocomposer [ˌfəʊtəʊkəmˈpəʊzəʳ] n photocomposeuse f

photocomposition [ˌfəʊtəʊkɒmpəˈzɪʃən] n photocomposition f

photoconductive [ˈfəʊtəʊkɒndʌktɪv] adj photoconducteur (-trice f)

photoconductivity [ˈfəʊtəʊkɒndʌkˈtɪvɪtɪ] n photoconductivité f

photocopier [ˈfəʊtəʊkɒpɪəʳ] n photocopieur m, photocopieuse f

photocopy [ˈfəʊtəʊkɒpɪ] **1** n photocopie f
2 vt photocopier

photodegradable [ˌfəʊtəʊdɪˈɡreɪdəbl] adj plastic photodégradable

photodiode [ˌfəʊtəʊˈdaɪəʊd] n photodiode f

photodisintegration [ˌfəʊtəʊdɪsˌɪntɪˈɡreɪʃən] n photodissociation f

photodisk [ˈfəʊtəʊdɪsk] n (Comput) photodisque m

photoelectric(al) [ˌfəʊtəʊɪˈlektrɪk(əl)] adj photo-électrique ◆ **photoelectric(al) cell** cellule f photo-électrique

photoelectricity [ˌfəʊtəʊɪlekˈtrɪsɪtɪ] n photoélectricité f

photoelectron [ˌfəʊtəʊɪˈlektrɒn] n photoélectron m

photoengrave [ˌfəʊtəʊɪnˈgreɪv] vt photograver

photoengraver [ˌfəʊtəʊɪnˈgreɪvəʳ] n photograveur m

photoengraving [ˌfəʊtəʊɪnˈgreɪvɪŋ] n photogravure f

Photofit ® [ˈfəʊtəʊfɪt] n (Brit: also **Photofit picture**) portrait-robot m

photoflash [ˈfəʊtəʊflæʃ] n flash m

photoflood [ˈfəʊtəʊflʌd] n projecteur m

photogelatin process [ˌfəʊtəʊˈdʒelətɪn] n phototypie f

photogenic [ˌfəʊtəˈdʒenɪk] adj photogénique

photogeology [ˌfəʊtəʊdʒɪˈɒlədʒɪ] n photogéologie f

photogrammetry [ˌfəʊtəʊˈgræmɪtrɪ] n photogrammétrie f

photograph [ˈfəʊtəgræf] → SYN **1** n photo f, photographie † f ♦ **to take a photograph of sb/sth** prendre une photo de qn/qch, prendre qn/qch en photo ♦ **he takes good photographs** il fait de bonnes photos ♦ **he takes a good photograph** * (= is photogenic) il est photogénique, il est bien en photo * ♦ **in or on the photograph** sur la photo ; → **aerial, colour**
2 vt photographier, prendre en photo
3 vi ♦ **to photograph well** être photogénique, être bien en photo *
4 COMP ▷ **photograph album** n album m de photos or de photographies †

photographer [fəˈtɒgrəfəʳ] n (also Press etc) photographe mf ♦ **press photographer** photographe mf de la presse, reporter m photographe ♦ **street photographer** photostoppeur m ♦ **he's a keen photographer** il est passionné de photo

photographic [ˌfəʊtəˈgræfɪk] → SYN **1** adj photographique ♦ **photographic library** photothèque f
2 COMP ▷ **photographic memory** n mémoire f photographique

photographically [ˌfəʊtəˈgræfɪkəlɪ] adv photographiquement

photography [fəˈtɒgrəfɪ] n (NonC) photographie f (NonC) ; → **colour, trick**

photogravure [ˌfəʊtəgrəˈvjʊəʳ] n photogravure f, héliogravure f

photojournalism [ˌfəʊtəʊˈdʒɜːnəlɪzəm] n photojournalisme m, photoreportage m

photojournalist [ˌfəʊtəʊˈdʒɜːnəlɪst] n photojournaliste mf, journaliste mf photographe

photokinesis [ˌfəʊtəʊkɪˈniːsɪs] n photokinésie f

photokinetic [ˌfəʊtəʊkɪˈnetɪk] adj photokinétique

photolitho [ˌfəʊtəʊˈlaɪθəʊ] n abbrev of **photolithography**

photolithograph [ˌfəʊtəʊˈlɪθəgrɑːf] n gravure f photolithographique

photolithography [ˌfəʊtəʊlɪˈθɒgrəfɪ] n photolithographie f

photoluminescence [ˈfəʊtəʊˌluːmɪˈnesns] n photoluminescence f

photolysis [fəʊˈtɒlɪsɪs] n photolyse f

photomachine [ˌfəʊtəʊməˈʃiːn] n photomaton ® m

photomap [ˈfəʊtəʊmæp] n photoplan m

photomechanical [ˌfəʊtəʊmɪˈkænɪkl] adj photomécanique

photometer [fəˈtɒmɪtəʳ] n photomètre m

photometric [ˌfəʊtəˈmetrɪk] adj photométrique

photometry [fəˈtɒmɪtrɪ] n photométrie f

photomicrograph [ˌfəʊtəʊˈmaɪkrəʊgrɑːf] (= picture) microphotographie f

photomicrography [ˌfəʊtəʊmaɪˈkrɒgrəfɪ] (= technique) microphotographie f

photomontage [ˌfəʊtəʊmɒnˈtɑːʒ] n photomontage m

photomultiplier [ˌfəʊtəʊˈmʌltɪplaɪəʳ] n photomultiplicateur m

photon [ˈfəʊtɒn] n photon m

photoperiodic [ˌfəʊtəʊˌpɪərɪˈɒdɪk] adj photopériodique

photoperiodism [ˌfəʊtəʊˈpɪərɪədɪzəm] n photopériodisme m

photophobia [ˌfəʊtəʊˈfəʊbɪə] n photophobie f

photophobic [ˌfəʊtəʊˈfəʊbɪk] adj (Med) photophobique

photophore [ˈfəʊtəʊfɔːʳ] n (Zool) photophore m

photorealism [ˌfəʊtəʊˈrɪəˌlɪzəm] n photoréalisme m

photoreceptor [ˌfəʊtəʊrɪˈseptəʳ] n (Bio) photorécepteur m

photoreconnaissance [ˌfəʊtəʊrɪˈkɒnɪsəns] n reconnaissance f photographique

photosensitive [ˌfəʊtəʊˈsensɪtɪv] adj photosensible

photosensitivity [ˌfəʊtəʊsensɪˈtɪvɪtɪ] n photosensibilité f

photosensitize [ˌfəʊtəʊˈsensɪˌtaɪz] vt photosensibiliser

photosensor [ˈfəʊtəʊˌsensəʳ] n dispositif m photosensible

photoset [ˈfəʊtəʊˌset] vt photocomposer

photosphere [ˈfəʊtəʊsfɪəʳ] n photosphère f

Photostat ® [ˈfəʊtəʊˌstæt] **1** n photostat m
2 vt photocopier

photosynthesis [ˌfəʊtəʊˈsɪnθɪsɪs] n photosynthèse f

photosynthesize [ˌfəʊtəʊˈsɪnθɪˌsaɪz] vt photosynthétiser

photosynthetic [ˌfəʊtəʊsɪnˈθetɪk] adj photosynthétique

phototaxis [ˌfəʊtəʊˈtæksɪs], **phototaxy** [ˌfəʊtəʊˈtæksɪ] n phototaxie f

phototelegram [ˌfəʊtəʊˈteleˌgræm] n phototélégramme m

phototelegraphy [ˌfəʊtəʊtɪˈlegrəfɪ] n phototélégraphie f

phototherapy [ˌfəʊtəʊˈθerəpɪ], **phototherapeutics** [ˌfəʊtəʊˌθerəˈpjuːtɪks] n (NonC) photothérapie f

phototransistor [ˌfəʊtəʊtrænˈzɪstəʳ] n phototransistor m

phototropic [ˌfəʊtəʊˈtrɒpɪk] adj phototropique

phototropism [ˌfəʊtəʊˈtrɒpɪzəm] n phototropisme m

phototype [ˈfəʊtəʊˌtaɪp] n (= process) phototypie f

phototypesetting [ˌfəʊtəʊˈtaɪpˌsetɪŋ] n (US Typ) photocomposition f

phototypography [ˌfəʊtəʊtaɪˈpɒgrəfɪ] n phototypographie f

photovoltaic [ˌfəʊtəʊvɒlˈteɪɪk] adj (Phys) photovoltaïque ♦ **photovoltaic cell** cellule f photovoltaïque, photopile f

phrasal [ˈfreɪzəl] **1** adj syntagmatique
2 COMP ▷ **phrasal verb** n verbe m à particule

phrase [freɪz] → SYN **1** n **a** (= saying) expression f ♦ **as the phrase is or goes** comme on dit, selon l'expression consacrée ♦ **to use Mrs Thatcher's phrase ...** comme dirait Mme Thatcher ... ♦ **in Marx's famous phrase ...** pour reprendre la célèbre formule de Marx ... ♦ **that's exactly the phrase I'm looking for** voilà exactement l'expression que je cherche ; → **set, turn**
b (Ling: gen) locution f ; (Gram) syntagme m ♦ **noun/verb phrase** syntagme m nominal/verbal
c (Mus) phrase f
2 vt **a** [+ thought] exprimer ; [+ letter] rédiger ♦ **a neatly phrased letter** une lettre bien tournée ♦ **can we phrase it differently?** peut-on exprimer or tourner cela différemment ? ♦ **she phrased her question carefully** elle a très soigneusement formulé sa question
b (Mus) phraser
3 COMP ▷ **phrase marker** n (Ling) marqueur m syntagmatique ▷ **phrase structure** n (Ling) structure f syntagmatique ◇ adj rule, grammar syntagmatique

phrasebook [ˈfreɪzbʊk] n guide m de conversation

phraseogram [ˈfreɪzɪəgræm] n sténogramme m

phraseology [ˌfreɪzɪˈɒlədʒɪ] → SYN n phraséologie f

phrasing [ˈfreɪzɪŋ] n **a** [of ideas] expression f ; [of text] rédaction f, phraséologie f ♦ **the phrasing is unfortunate** les termes sont mal choisis
b (Mus) phrasé m

phratry [ˈfreɪtrɪ] n phratrie f

phreatic [frɪˈætɪk] adj phréatique

phrenetic [frɪˈnetɪk] adj ⇒ **frenetic**

phrenic [ˈfrenɪk] adj (Anat) phrénique

phrenological [ˌfrenəˈlɒdʒɪkəl] adj phrénologique

phrenologist [frɪˈnɒlədʒɪst] n phrénologue mf, phrénologiste mf

phrenology [frɪˈnɒlədʒɪ] n phrénologie f

phthiriasis [θɪˈraɪəsɪs] n phtiriase f

phthisis [ˈθaɪsɪs] n phtisie f

phut * [fʌt] adv ♦ **to go phut** [machine, object] péter *, rendre l'âme * ; [scheme, plan] tomber à l'eau

phycology [faɪˈkɒlədʒɪ] n phycologie f

phyla [ˈfaɪlə] npl of **phylum**

phylactery [fɪˈlæktərɪ] n phylactère m

phylactic [fɪˈlæktɪk] adj phylactique

phyletic [faɪˈletɪk] adj phylogénique

phylloxera [ˌfɪlɒkˈsɪərə] n phylloxéra m

phylogenesis [ˌfaɪləˈdʒenɪsɪs] n phylogenèse f

phylogenetic [ˌfaɪləʊdʒɪˈnetɪk] adj phylogénique

phylogeny [faɪˈlɒdʒɪnɪ] n phylogenèse f, phylogénie f

phylum [ˈfaɪləm] n, pl **phyla** phylum m

physalis [faɪˈseɪlɪs] n (Bot) physalis m

physic †† [ˈfɪzɪk] n médicament m

physical [ˈfɪzɪkəl] → SYN **1** adj **a** (= of the body) physique ♦ **physical contact** contact m physique ♦ **physical cruelty** brutalité f, sévices mpl ♦ **it's a physical impossibility for him to get there on time** il lui est physiquement or matériellement impossible d'arriver là-bas à l'heure
b (= sexual) love, relationship physique ♦ **physical attraction** attirance f physique
c geography, properties physique ; world, universe, object matériel
d (* = tactile) person qui aime les contacts physiques
2 n (Med *) examen m médical, bilan m de santé, check-up * m inv ♦ **to go for a physical** aller passer une visite médicale
3 COMP ▷ **physical activity** n activité f physique ▷ **physical education** n (Scol) éducation f physique ▷ **physical examination** n examen m médical, bilan m de santé ▷ **physical exercise** n exercice m physique ▷ **physical fitness** n forme f physique ▷ **physical handicap** n handicap m physique ▷ **physical jerks** † * npl (Brit Scol) exercices mpl d'assouplissement, gymnastique f ▷ **physical sciences** n sciences fpl physiques ▷ **physical therapist** n (US Med) physiothérapeute mf, kinésithérapeute mf ▷ **physical therapy** n (US Med) physiothérapie f, kinésithérapie f ♦ **to have physical therapy** faire de la rééducation ▷ **physical training** † n (Scol) éducation f physique

physically [ˈfɪzɪkəlɪ] adv restrain de force ; violent, attractive, demanding, separate physiquement ; possible, impossible matériellement ♦ **to be physically fit** être en bonne forme physique ♦ **to be physically capable/incapable of (doing) sth** être physiquement capable/incapable de faire qch ♦ **to be physically sick** vomir ♦ **to feel physically sick** avoir envie de vomir ♦ **he is physically handicapped** or **disabled** or **challenged** c'est un handicapé physique, il a un handicap physique ♦ **to abuse sb physically** [+ partner] battre qn ; [+ child] maltraiter qn ♦ **she was abused physically but not sexually** elle a été brutalisée mais pas violée

physician [fɪˈzɪʃən] → SYN n médecin m

physicist [ˈfɪzɪsɪst] n physicien(ne) m(f) ♦ **experimental/theoretical physicist** physicien(ne) m(f) de physique expérimentale/théorique ; → **atomic**

physics ['fɪzɪks] n (NonC) physique f ✦ **experimental/theoretical physics** physique f expérimentale/théorique ; → **atomic, nuclear**

physio * ['fɪzɪəʊ] n (Brit) **a** abbrev of **physiotherapy** **b** abbrev of **physiotherapist**

physio... ['fɪzɪəʊ] pref physio...

physiognomy [ˌfɪzɪ'ɒnəmɪ] n (gen) physionomie f ; (* hum = face) bobine * f, bouille * f

physiological [ˌfɪzɪə'lɒdʒɪkəl] adj physiologique

physiologically [ˌfɪzɪə'lɒdʒɪkəlɪ] adv physiologiquement

physiologist [ˌfɪzɪ'ɒlədʒɪst] n physiologiste mf

physiology [ˌfɪzɪ'ɒlədʒɪ] n physiologie f

physiotherapist [ˌfɪzɪəʊ'θerəpɪst] n physiothérapeute mf, ≈ kinésithérapeute mf

physiotherapy [ˌfɪzɪəʊ'θerəpɪ] n physiothérapie f, ≈ kinésithérapie f

physique [fɪ'ziːk] → SYN n physique m ✦ **he has the physique of a footballer** il est bâti comme un footballeur ✦ **he has a fine/poor physique** il est bien/mal bâti

physostigmin [ˌfaɪsəʊ'stɪɡmɪn], **physostigmine** [ˌfaɪsəʊ'stɪɡmiːn] n ésérine f

physostomous [faɪ'sɒstəməs] adj ✦ **physostomous fish** physostome m

phytogenesis [ˌfaɪtəʊ'dʒenɪsɪs] n phytogenèse f

phytogeography [ˌfaɪtəʊdʒɪ'ɒɡrəfɪ] n phytogéographie f

phytohormone [ˌfaɪtəʊ'hɔːməʊn] n phytohormone f

phytology [faɪ'tɒlədʒɪ] n phytobiologie f

phytopathology [ˌfaɪtəʊpə'θɒlədʒɪ] n phytopathologie f

phytophagous [faɪ'tɒfəɡəs] adj phytophage

phytoplankton [ˌfaɪtə'plæŋktən] n phytoplancton m

phytosociology [ˌfaɪtəʊˌsəʊsɪ'ɒlədʒɪ] n phytosociologie f

phytotoxin [ˌfaɪtə'tɒksɪn] n phytotoxine f

phytotron ['faɪtəʊˌtrɒn] n phytotron m

PI [piː'aɪ] n (abbrev of **private investigator**) → **private**

pi[1] * [paɪ] adj (Brit pej) (abbrev of **pious**) person satisfait de soi, suffisant ; expression suffisant, béat ; (= sanctimonious) bigot

pi[2] [paɪ] n, pl **pis** (Math) pi m

pianism ['piːəˌnɪzəm] n qualités fpl pianistiques

pianissimo [pɪə'nɪsɪˌməʊ] adj, adv pianissimo

pianist ['pɪənɪst] n pianiste mf

pianistic [ˌpiːə'nɪstɪk] adj pianistique

piano ['pjɑːnəʊ] [1] n, pl **pianos** piano m ; → **baby, grand, upright**
[2] adv (Mus) piano
[3] COMP ✦ **piano-accordion** n accordéon m à clavier ▷ **piano concerto** n concerto m pour piano ▷ **piano duet** n morceau m pour quatre mains ▷ **piano lesson** leçon f de piano ▷ **piano music** n **I'd like some piano music** je voudrais de la musique pour piano ✦ **I love piano music** j'adore écouter de la musique pour piano, j'adore le piano ▷ **piano organ** n piano m mécanique ▷ **piano piece** n morceau m pour piano ▷ **piano roll** n (Mus) bande f perforée (de piano mécanique) ▷ **piano stool** n tabouret m de piano ▷ **piano teacher** n professeur m de piano ▷ **piano tuner** n accordeur m (de piano)

pianoforte [ˌpjɑːnəʊ'fɔːtɪ] n (frm) ⇒ **piano 1**

Pianola ® [pɪə'nəʊlə] n piano m mécanique, Pianola ® m

piassaba [ˌpiːə'sɑːbə], **piassava** [ˌpiːə'sɑːvə] n piassava m

piazza [pɪ'ætsə] n **a** (= square) place f, piazza f **b** (US) véranda f

pibroch ['piːbrɒx] n pibroch m

pica ['paɪkə] n (Typ) douze m, cicéro m

picador ['pɪkədɔːʳ] n picador m

Picardy ['pɪkədɪ] n Picardie f

picaresque [ˌpɪkə'resk] adj picaresque

picayune * [ˌpɪkə'juːn] adj (US) insignifiant, mesquin

piccalilli ['pɪkəˌlɪlɪ] n (espèce f de) pickles mpl

piccaninny ['pɪkəˌnɪnɪ] n négrillon(ne) m(f)

piccolo ['pɪkələʊ] n, pl **piccolos** piccolo m

pick [pɪk] → SYN [1] n **a** (= tool) pioche f, pic m ; (Climbing: also **ice pick**) piolet m ; [of mason] smille f ; [of miner] rivelaine f ; → **ice, toothpick**
b (= choice) choix m ✦ **to have one's pick of sth** avoir le choix de qch ✦ **she could have had her pick of any man in the room** aucun des hommes de l'assistance n'aurait pu lui résister, elle aurait pu jeter son dévolu sur n'importe quel homme dans l'assistance ✦ **children living closest to the school get first pick** * les enfants qui vivent le plus près de l'école sont prioritaires ✦ **squatters get first pick** * of all these empty flats les squatters ont la priorité pour choisir parmi tous ces appartements vides ✦ **to take one's pick** faire son choix ✦ **take your pick** choisissez, vous avez le choix
c (= best) meilleur ✦ **the pick of the bunch** * or **the pick of the crop** le meilleur de tous
[2] vt **a** (= choose) choisir ✦ **to pick sb to do sth** choisir qn pour faire qch ✦ **pick a card, any card** choisissez une carte ✦ **to pick (the) sides** (Sport) former ou sélectionner les équipes ✦ **she was picked for England** (Sport) elle a été sélectionnée pour être dans l'équipe d'Angleterre ✦ **he picked the winner** (Racing) il a pronostiqué le (cheval) gagnant ✦ **I'm not very good at picking the winner** (Racing) je ne suis pas très doué pour choisir le gagnant ✦ **they certainly picked a winner in Colin Smith** (fig) avec Colin Smith ils ont vraiment tiré le bon numéro
b ✦ **to pick one's way through/among** avancer avec précaution à travers/parmi ✦ **to pick a fight** (physical) chercher la bagarre * ✦ **to pick a fight** or **a quarrel with sb** chercher noise or querelle à qn
c (= pluck) [+ fruit, flower] cueillir ; [+ mushrooms] ramasser ✦ **"pick your own"** (at fruit farm) "cueillette à la ferme"
d (= pick at, fiddle with) [+ spot, scab] gratter, écorcher ✦ **to pick one's nose** se mettre les doigts dans le nez ✦ **to pick a splinter from one's hand** s'enlever une écharde de la main ✦ **to pick a bone** (with teeth) ronger un os ; [bird] nettoyer un os ; see also **bone** ✦ **to pick one's teeth** se curer les dents ✦ **you've picked a hole in your jersey** à force de tirer sur un fil tu as fait un trou à ton pull ✦ **to pick holes in an argument** relever les défauts or les failles d'un raisonnement ✦ **their lawyers picked holes in the evidence** leurs avocats ont relevé des failles dans le témoignage ✦ **to pick sb's brains** * faire appel aux lumières de qn ✦ **I need to pick your brains about something** * j'ai besoin de vos lumières à propos de quelque chose ✦ **to pick a lock** crocheter une serrure ✦ **to pick pockets** pratiquer le vol à la tire ✦ **I've had my pocket picked** on m'a fait les poches
[3] vi **a** (= choose) choisir ; (= be fussy) faire la fine bouche ✦ **to pick and choose** faire le (or la) difficile ✦ **I haven't got time to pick and choose** je n'ai pas le temps de faire la fine bouche ✦ **you can afford to pick and choose** tu peux te permettre de faire la fine bouche or de faire le difficile ✦ **you can pick and choose from the menu** vous pouvez choisir ce que vous voulez dans le menu ✦ **consumers can pick and choose from among the many telephone companies** les consommateurs peuvent choisir or ont le choix entre les nombreuses compagnies de téléphone
b (= poke, fiddle) **to pick at one's food** manger du bout des dents, chipoter * ✦ **the bird picked at the bread** l'oiseau picorait le pain ✦ **don't pick!** (at food) ne chipote pas ! ; (at spot, scab) ne gratte pas ! ✦ **don't pick at your spots!** ne gratte pas tes boutons !
[4] COMP ✦ **pick-and-mix** adj ⇒ **pick 'n' mix** ▷ **pick-me-up** * n remontant m ▷ **pick 'n' mix** * adj approach, selection, collection hétéroclite ; morality, politics qui réunit sélectivement des éléments hétéroclites

▶ **pick at** * vt fus (US) ⇒ **pick on a**

▶ **pick off** vt sep **a** [+ paint] gratter, enlever ; [+ flower, leaf] cueillir, enlever
b (= kill) **he picked off the sentry** il a visé soigneusement et a abattu la sentinelle ✦ **he picked off the three sentries** il a abattu les trois sentinelles l'une après l'autre ✦ **the lions pick off any stragglers** les lions éliminent les traînards ✦ **to pick o.s. off the floor** se relever

▶ **pick on** vt fus **a** (* = nag, harass) harceler, s'en prendre à * ✦ **he's always picking on Robert** il s'en prend toujours à Robert *, c'est toujours après Robert qu'il en a * ✦ **pick on someone your own size!** ne t'en prends pas à un plus petit que toi !
b (= choose) choisir ; (= single out) choisir, désigner ✦ **why did they pick on Venice for their holiday?** pourquoi ont-ils choisi Venise comme destination de vacances ? ✦ **the teacher picked on him to collect the books** le professeur le choisit or le désigna pour ramasser les livres ✦ **why pick on me? All the rest did the same** pourquoi t'en (or s'en) prendre à moi ? Les autres ont fait la même chose

▶ **pick out** vt sep **a** (= choose) choisir ✦ **pick out two or three you would like to keep** choisissez-en deux ou trois que vous aimeriez garder ✦ **she picked two apples out of the basket** elle choisit deux pommes dans le panier ✦ **he had already picked out his successor** il avait déjà choisi son successeur
b (= distinguish) repérer, distinguer ; (in identification parade) identifier ✦ **I couldn't pick out anyone I knew in the crowd** je ne pouvais repérer or distinguer personne de ma connaissance dans la foule ✦ **can you pick out the melody in this passage?** pouvez-vous repérer or distinguer la mélodie dans ce passage ? ✦ **can you pick me out in this photo?** pouvez-vous me reconnaître sur cette photo ? ✦ **to pick out a tune on the piano** (= play) retrouver un air au piano
c (= highlight) **to pick out a colour** rehausser or mettre en valeur une couleur ✦ **letters picked out in gold on a black background** caractères rehaussés d'or sur fond noir ✦ **the bright light picked out all her grey hairs** la lumière crue faisait ressortir tous ses cheveux gris

▶ **pick over** vt sep (= examine, sort through) [+ fruit, lentils, rice] trier ; [+ events, details, evidence] décortiquer ✦ **she was picking over the shirts in the sale** elle examinait les chemises en solde les unes après les autres ✦ **it's no good picking over the past** cela ne sert à rien de ressasser le passé

▶ **pick through** vt fus ⇒ **pick over**

▶ **pick up** [1] vi **a** (= improve) [conditions, programme, weather] s'améliorer ; [prices, wages] remonter ; [trade, business] reprendre ; [invalid] se rétablir, se remettre ✦ **business has picked up recently** les affaires ont repris récemment ✦ **his support has picked up recently** sa cote de popularité a remonté récemment ✦ **the market will pick up soon** (Comm, Fin) le marché va bientôt remonter ✦ **things are picking up a bit** * ça commence à aller mieux
b (= resume) continuer, reprendre ✦ **to pick up (from) where one had left off** reprendre là où on s'était arrêté ✦ **so, to pick up where I left off, ...** alors je reprends là où je m'étais arrêté ...
c **to pick up on** ✦ **to pick up on a point** (= develop) revenir sur un point ✦ **to pick sb up on sth** (= correct) reprendre qn sur qch
[2] vt sep **a** (= lift) [+ sth dropped, book, clothes etc] ramasser ✦ **to pick o.s. up** (after fall) se relever, se remettre debout ✦ **he picked up the child** (gen) il a pris l'enfant dans ses bras ; (after fall) il a relevé l'enfant ✦ **he picked up the phone and dialled a number** il a décroché (le téléphone) et a composé un numéro ✦ **pick up all your clothes before you go out!** ramasse tous tes vêtements avant de sortir ! ✦ **to pick up the pieces** (lit) ramasser les morceaux ; (fig) recoller les morceaux ✦ **she's trying to pick up the pieces of her career/her marriage** elle essaie de recoller les morceaux de sa carrière/de son couple ✦ **to pick up the threads of one's life** se reprendre en main
b (= collect) (passer) prendre ✦ **can you pick up my coat from the cleaners?** pourrais-tu (passer) prendre mon manteau chez le

pickaback / picture

teinturier ? ◆ **I'll pick up the books next week** je passerai prendre les livres la semaine prochaine

c [+ passenger, hitch-hiker] (in bus, car etc) prendre ; (in taxi) charger ◆ **I'll pick you up at 6 o'clock** je passerai vous prendre à 6 heures, je viendrai vous chercher à 6 heures

d [+ girl, boy] ramasser *, lever * ◆ **he picked up a girl at the cinema** il a ramassé une fille au cinéma

e (= buy, obtain) dénicher ◆ **she picked up a secondhand car for just $800** elle a déniché une voiture d'occasion pour seulement 800 dollars ◆ **it's a book you can pick up anywhere** c'est un livre que l'on peut trouver partout ◆ **to pick up a bargain in the sales** trouver une bonne affaire dans les soldes

f (= acquire, learn) [+ language, skill] apprendre ; [+ habit] prendre ◆ **he picked up French very quickly** il n'a pas mis longtemps à apprendre le français ◆ **I've picked up a bit of German** j'ai appris quelques mots d'allemand ◆ **you'll soon pick it up** tu t'y mettras rapidement, ça viendra vite ◆ **you'll soon pick it up again** tu t'y remettras rapidement, ça reviendra vite ◆ **to pick up an accent** prendre un accent ◆ **to pick up bad habits** prendre de mauvaises habitudes ◆ **I picked up a bit of news about him today** j'ai appris quelque chose sur lui aujourd'hui ◆ **see what you can pick up about their export scheme** essayez d'avoir des renseignements or des tuyaux * sur leur plan d'exportations ◆ **our agents have picked up something about it** nos agents ont appris or découvert quelque chose là-dessus ◆ **the papers picked up the story** les journaux se sont emparés de l'affaire

g (= detect) [security camera etc] [+ person, object, sound] détecter ; (Rad, Telec) [+ station, signal, programme, message] capter ◆ **the dogs immediately picked up the scent** les chiens ont tout de suite détecté l'odeur ◆ **the cameras picked him up as he left the hall** en sortant du hall il est entré dans le champ des caméras

h (= rescue) recueillir ; (from sea) recueillir, repêcher ◆ **the helicopter/lifeboat picked up ten survivors** l'hélicoptère/le canot de sauvetage a recueilli dix survivants

i (* = take in) [+ suspect] interpeller, cueillir * ◆ **they picked him up for questioning** on l'a interpellé pour l'interroger

j (= notice) [+ sb's error etc] relever, ne pas laisser passer ◆ **he picked up ten misprints** il a relevé or repéré dix fautes d'impression ◆ **he picked up every mistake** il n'a pas laissé passer une seule erreur

k (= reprimand) faire une remarque or une observation à, reprendre ◆ **she picked me up for this mistake** elle m'a repris sur cette erreur

l (= gain) **to pick up speed** [car, boat] prendre de la vitesse ◆ **he managed to pick up a few points in the later events** (Sport) il a réussi à gagner or rattraper quelques points dans les épreuves suivantes ◆ **he picked up a reputation as a womanizer** il s'est fait une réputation de coureur de jupons

3 vt fus * (= earn) gagner, toucher * ◆ **to pick up the bill** or **tab** (= pay) payer la note or l'addition

4 pickup → pickup

5 pick-me-up * n → pick

pickaback ['pɪkəbæk] ⇒ **piggyback 1, 2, 3a**

pickaninny ['pɪkə,nɪnɪ] n ⇒ **piccaninny**

pickaxe, pickax (US) ['pɪkæks] n pic m, pioche f

picker ['pɪkə'] n (gen in compounds) cueilleur m, -euse f ◆ **apple-picker** cueilleur m, -euse f de pommes ; → **cherry**

pickerel ['pɪkərəl] n, pl **pickerels** or **pickerel** (= small pike) brocheton m

picket ['pɪkɪt] → SYN **1** n **a** (Ind, Pol) (during strike) piquet m de grève ; (at civil demonstrations) piquet m (de manifestants)

b (Mil) (= group of soldiers) détachement m (de soldats) ; (= sentry) factionnaire m ◆ **fire picket** piquet m d'incendie

c (= stake) pieu m, piquet m

2 vt **a** (Ind, Pol) **to picket a factory** mettre un piquet de grève aux portes d'une usine ◆ **the demonstrators picketed the embassy** les manifestants ont formé un cordon devant l'ambassade

b [+ field] clôturer

3 vi [strikers] organiser un piquet de grève

4 COMP ▷ **picket duty** n (Ind) **to be on picket duty** faire partie d'un piquet de grève ▷ **picket fence** n palissade f ▷ **picket line** n piquet m de grève ◆ **to cross a picket line** traverser un piquet de grève

picketer ['pɪkɪtə'] n gréviste mf (participant à un piquet de grève)

picketing ['pɪkɪtɪŋ] n (NonC) piquets mpl de grève ◆ **there was no picketing** il n'y a pas eu de piquet de grève ; → **secondary**

picking ['pɪkɪŋ] **1** n [of object from group] choix m ; [of candidate, leader] choix m, sélection f ; [of fruit, vegetables] cueillette f ; [of lock] crochetage m ; (= careful choosing) triage m

2 pickings npl **a** (of food) restes mpl

b (fig = profits etc) **there are rich pickings to be had** ça pourrait rapporter gros ◆ **easy pickings for thieves** butin m facile pour des voleurs

pickle ['pɪkl] → SYN **1** n **a** (NonC: Culin) (= brine) saumure f ; (= wine, spices) marinade f ; (= vinegar) vinaigre m

b pickle(s) pickles mpl (petits légumes macérés dans du vinaigre)

c (* = awkward situation) **to be in a (pretty or fine) pickle** être dans de beaux draps, être dans le pétrin ◆ **I'm in rather a pickle** je suis plutôt dans le pétrin

2 vt (in brine) conserver dans de la saumure ; (in vinegar) conserver dans du vinaigre

3 COMP ▷ **pickling onions** npl petits oignons mpl

pickled ['pɪkld] adj **a** cucumber, herring, cabbage conservé or macéré dans du vinaigre

b (*= drunk) bourré *, ivre

picklock ['pɪklɒk] n **a** (= key) crochet m, rossignol m

b (= thief) crocheteur m

pickpocket ['pɪk,pɒkɪt] n pickpocket m, voleur m, -euse f à la tire

pickup ['pɪkʌp] **1** n **a** [of record-player] pick-up m inv, lecteur m

b (Aut = passenger) passager m, -ère f ramassé(e) en route ◆ **the bus made three pickups** l'autobus s'est arrêté trois fois pour prendre or laisser monter des passagers

c (*= casual lover) partenaire mf de rencontre

d (= collection) **to make a pickup** [truck driver] s'arrêter pour charger (des marchandises) ; [drug runner, spy] aller chercher de la marchandise ◆ **pickup point** (for people) point m de rendez-vous ; (for goods) point de collecte

e (NonC: Aut = acceleration) reprise(s) f(pl)

f (= recovery) (Med) rétablissement m ; (in trade etc) reprise f (d'activité)

g (*: also **pick-me-up**) remontant m

h ⇒ **pickup truck**

2 adj (Sport) game impromptu, improvisé ◆ **pickup side** équipe f de fortune

3 COMP ▷ **pickup truck, pickup van** n (Brit) camionnette f (découverte), pick-up m

Pickwick Papers ['pɪkwɪk] n (Literat) ◆ **The Pickwick Papers** Les Aventures de M. Pickwick

picky * ['pɪkɪ] adj difficile (à satisfaire)

picnic ['pɪknɪk] → SYN vb : pret, ptp **picnicked** **1** n pique-nique m ◆ **let's go on a picnic** allons pique-niquer ◆ **it's no picnic** * ce n'est pas une partie de plaisir, c'est pas de la tarte * ◆ **it's no picnic* bringing up children on your own** ce n'est pas une partie de plaisir d'élever seul des enfants

2 vi pique-niquer, faire un pique-nique

3 COMP ▷ **picnic basket** n panier m à pique-nique ▷ **picnic ham** n (US) = jambonneau m ▷ **picnic hamper** n ⇒ **picnic basket**

picnicker ['pɪknɪkə'] n pique-niqueur, -euse f

ANGLAIS-FRANÇAIS 704

pics * ['pɪks] npl (abbrev of **pictures**) **a** (= films) ciné * m

b (= photos) photos fpl

Pict [pɪkt] n Picte mf

Pictish ['pɪktɪʃ] adj picte

pictogram ['pɪktə,græm] n pictogramme m

pictograph ['pɪktəgrɑːf] n **a** (= record, chart etc) pictogramme m

b (Ling) (= symbol) idéogramme m ; (= writing) idéographie f

pictorial [pɪk'tɔːrɪəl] → SYN **1** adj magazine, calendar illustré ; record en images ; work pictural ; masterpiece pictural, de peinture

2 n illustré m

pictorially [pɪk'tɔːrɪəlɪ] adv en images, au moyen d'images, à l'aide d'images

picture ['pɪktʃə'] → SYN **1** n **a** (gen) image f ; (= illustration) image f, illustration f ; (= photograph) photo f ; (TV) image f ; (= painting) tableau m, peinture f ; (= portrait) portrait m ; (= engraving) gravure f ; (= reproduction) reproduction f ; (= drawing) dessin m ◆ **a picture by David Hockney** un tableau de David Hockney ◆ **a picture of David Hockney** un tableau de or représentant David Hockney, un portrait de David Hockney ◆ **a picture of David Hockney's** (= owned by him) un tableau appartenant à David Hockney ◆ **"The Picture of Dorian Gray"** (Literat) Le Portrait de Dorian Gray ◆ **pictures made by reflections in the water** images fpl produites par les reflets sur l'eau ◆ **we have the sound but no picture** (TV) nous avons le son mais pas l'image ◆ **to paint/draw a picture** faire un tableau/un dessin ◆ **to paint/draw a picture of sth** peindre/dessiner qch ◆ (Prov) **every picture tells a story** chaque image raconte une histoire ◆ (Prov) **a picture is worth a thousand words** une image en dit plus que de longs discours (Prov) ; → **pretty**

b (fig = description) (spoken) tableau m ; (= mental image) image f, représentation f ◆ **he gave us a picture of the scenes at the front line** il nous brossa or nous fit un tableau de la situation au front ◆ **"Pictures of an Exhibition"** (Mus) "Tableaux d'une exposition" ◆ **to paint a gloomy/optimistic picture of sth** brosser un sombre tableau/un tableau optimiste de qch ◆ **eye witness accounts painted a picture of anarchy** les récits des témoins oculaires (nous) ont donné l'image d'une situation anarchique ◆ **to form a picture of sth** se faire une idée de qch ◆ **I have a clear picture of him as he was when I saw him last** je le revois clairement or je me souviens très bien de lui tel qu'il était la dernière fois que je l'ai vu ◆ **I have no very clear picture of the room** je ne me représente pas très bien la pièce ◆ **these figures give the general picture** ces chiffres donnent un tableau général de la situation ◆ **(do you) get the picture?** tu vois le tableau ? *, tu piges ? * ◆ **OK, I get the picture** * ça va, j'ai compris or pigé * ◆ **to be/put sb/keep sb in the picture** mettre qn/tenir qn au courant ◆ **to be left out of the picture** être mis sur la touche or éliminé de la scène

c (fig phrases) **she was a picture in her new dress** elle était ravissante dans sa nouvelle robe ◆ **the garden is (like) a picture in June** le jardin est magnifique en juin ◆ **he is the** or **a picture of health/happiness** il respire la santé/le bonheur ◆ **he is** or **looks the picture of misery** c'est la tristesse incarnée ◆ **the other side of the picture** le revers de la médaille ◆ **his face was a picture!** * son expression en disait long !, si vous aviez vu sa tête ! * ◆ **we should look at the big picture** il faudrait que nous regardions la situation dans son ensemble

d (Cine) film m ◆ **they made a picture about it** on en a fait or tiré un film ◆ **to go to the pictures** † (esp Brit) aller au cinéma, aller voir un film ◆ **what's on at the pictures?** † (esp Brit) qu'est-ce qui passe or qu'est-ce qu'on donne au cinéma ? ; → **motion**

2 vt **a** (= imagine) s'imaginer, se représenter ◆ **I can just picture the consequences** je m'imagine très bien les conséquences ◆ **can you picture him as a father?** tu l'imagines père ? ◆ **I can't quite picture it somehow** j'ai du mal à imaginer ça ◆ **picture yourself as a father/lying on the beach** imaginez-vous dans le rôle de père/étendu sur la plage

b (= describe) dépeindre, décrire

ENGLISH-FRENCH

c (by drawing etc) représenter ◆ **the photo pictured her crossing the finishing line** la photo la représentait en train de franchir la ligne d'arrivée

3 COMP ▷ **picture book** n livre m d'images ▷ **picture card** n (Cards) figure f ▷ **picture desk** n (Brit Press) service m photo (d'un journal) ▷ **picture editor** n (Press) directeur m, -trice f du service photo (d'un journal) ▷ **picture frame** n cadre m ▷ **picture-framer** n encadreur m, -euse f ▷ **picture-framing** n encadrement m ▷ **picture gallery** n (public) musée m (de peinture); (private) galerie f (de peinture) ▷ **picture hat** n capeline f ▷ **picture house** † n cinéma m ▷ **picture-in-picture** n (NonC, TV, Comput) insertion f d'image ▷ **picture library** n photothèque f ▷ **picture palace** † n (Brit) cinéma m ▷ **picture postcard** n carte f postale (illustrée) ▷ **picture rail** n cimaise f ▷ **picture tube** n (TV) tube m cathodique ▷ **picture window** n fenêtre f panoramique ▷ **picture writing** n écriture f pictographique

picturegoer [ˈpɪktʃəˌɡəʊəʳ] n cinéphile mf, amateur m de cinéma

picturesque [ˌpɪktʃəˈresk] → SYN adj pittoresque

picturesquely [ˌpɪktʃəˈreskli] adv pittoresquement ◆ **a cliff picturesquely known as the Black Ladders** une falaise surnommée de façon pittoresque les Échelles Noires

picturesqueness [ˌpɪktʃəˈresknɪs] n pittoresque m

PID [ˌpiːaɪˈdiː] n (abbrev of **pelvic inflammatory disease**) salpingite f aiguë, pelvipéritonite f

piddle⁑ [ˈpɪdl] **1** vi faire pipi*
2 n ◆ **to do a piddle** faire un petit pipi*

piddling* [ˈpɪdlɪŋ] adj (= insignificant) insignifiant, futile*; (= small) négligeable, de rien

piddock [ˈpɪdək] n (Zool) pholade f

pidgin [ˈpɪdʒɪn] n **a** (NonC: also **pidgin English**) pidgin-english m
b (Ling* = improvised language) sabir m
c (fig pej = illiterate language) charabia m, jargon m ◆ **pidgin English/French** mauvais anglais m/français m
d *⇒ **pigeon 1b**

pidginization [ˌpɪdʒɪnaɪˈzeɪʃən] n (Ling) pidginisation f

pie [paɪ] **1** n (of fruit, fish, meat with gravy etc) tourte f; (with compact filling) pâté m en croûte ◆ **apple pie** tourte f aux pommes ◆ **rabbit/chicken pie** tourte f au lapin/au poulet ◆ **pork pie** pâté m en croûte ◆ **it's (all) pie in the sky*** ce sont des promesses en l'air or de belles promesses (iro) ◆ **they want a piece of the pie** (fig) ils veulent leur part du gâteau ◆ **Robert has a finger in the** or **that pie** (gen) il y a du Robert là-dessous, Robert y est pour quelque chose; (financially) Robert a des intérêts là-dedans or dans cette affaire ◆ **he's got a finger in every pie** il se mêle de tout, il est mêlé à tout ◆ **that's pie to him*** (US) pour lui, c'est du gâteau*; → **humble, mud**
2 COMP ▷ **pie chart** n (Math) graphique m circulaire, camembert* m ▷ **pie dish** n plat m allant au four, terrine f ▷ **pie-eyed**⁑ adj beurré⁑, rond* ▷ **pie plate** n moule m à tarte, tourtière f

piebald [ˈpaɪbɔːld] → SYN **1** adj horse pie inv
2 n cheval m or jument f pie

piece [piːs]
→ SYN

1 NOUN
2 COMPOUNDS
3 PHRASAL VERB

1 NOUN

a = bit, portion morceau m; [of cloth, chocolate, glass, paper] morceau m, bout m; [of bread, cake] morceau m, tranche f; [of wood] bout m, morceau m; (large) pièce f; [of ribbon, string] bout m; (= broken or detached part) morceau m, fragment m; (Comm, Ind = part) pièce f; (= item, section, also Chess) pièce f; (Draughts) pion m ◆ **a piece of silk/paper** etc un morceau de soie/de papier etc ◆ **a piece of land** (for agriculture) une pièce or parcelle de terre; (for building) un lotissement ◆ **a piece of meat** un morceau or une pièce de viande; (left over) un morceau or un bout de viande ◆ **I bought a nice piece of beef** j'ai acheté un beau morceau de bœuf ◆ **a sizeable piece of beef** une belle pièce de bœuf ◆ **I've got a piece of grit in my eye** j'ai une poussière or une escarbille dans l'œil ◆ **a piece of clothing** un vêtement ◆ **a piece of fabric** un morceau de tissu ◆ **a piece of fruit** (= whole fruit) un fruit; (= segment: of orange, grapefruit etc) un quartier de fruit ◆ **a piece of furniture** un meuble ◆ **a piece of software** un logiciel ◆ **a 30-piece tea set** un service à thé de 30 pièces ◆ **three pieces of luggage** trois bagages ◆ **how many pieces of luggage have you got?** qu'est-ce que vous avez comme bagages ? ◆ **piece by piece** morceau par morceau ◆ **there's a piece missing** (of jigsaw, game) il y a une pièce qui manque ◆ **to put** or **fit together the pieces of a mystery** résoudre un mystère en rassemblant les éléments

◆ **in one piece** ◆ **the vase is still in one piece** le vase ne s'est pas cassé or est intact ◆ **he had a nasty fall but he's still in one piece*** il a fait une mauvaise chute mais il est entier* or indemne ◆ **we got back in one piece*** nous sommes rentrés sains et saufs

◆ **(all) of a piece** ◆ **the back is (all) of a piece with the seat** le dossier et le siège sont d'un seul tenant ◆ **this latest volume is all of a piece with her earlier poetry** ce dernier volume est dans l'esprit de ses poèmes précédents

◆ **by the piece** (Comm) ◆ **sold by the piece** vendu à la pièce or au détail ◆ **paid by the piece** (Ind) payé à la pièce

◆ **in pieces** (= broken) en pièces, en morceaux; (= not yet assembled: furniture etc) en pièces détachées

◆ **to come/fall/go** etc **to pieces** ◆ **it comes** or **takes to pieces** c'est démontable ◆ **it just came to pieces** c'est parti en morceaux or en pièces détachées (hum) ◆ **the chair comes to pieces if you unscrew the screws** la chaise se démonte si on desserre les vis ◆ **to cut sth to pieces** couper qch en morceaux ◆ **it fell to pieces** c'est tombé en morceaux ◆ **to take sth to pieces** démonter qch, désassembler qch ◆ **to smash sth to pieces** briser qch en mille morceaux, mettre qch en miettes ◆ **the boat was smashed to pieces** le bateau vola en éclats ◆ **to go to pieces*** [person] (= collapse) s'effondrer; (emotionally) craquer*; [team etc] se désintégrer ◆ **his confidence is shot to pieces*** il a perdu toute confiance en lui ◆ **the economy is shot to pieces*** l'économie est ruinée ; → **pull, tear¹**

b with abstract nouns a piece of information un renseignement ◆ **a piece of advice** un conseil ◆ **a piece of news** une nouvelle ◆ **a piece of research** une recherche ◆ **a good piece of work** du bon travail ◆ **a nasty piece of work*** c'est un sale type* ◆ **it's a piece of folly** c'est de la folie ◆ **a piece of nonsense**, **une bêtise** ◆ **what a piece of nonsense!** quelle absurdité !, quelle bêtise ! ◆ **that was a piece of luck!** c'était un coup de chance ! ◆ **to give sb a piece of one's mind*** dire ses quatre vérités à qn, dire son fait à qn

c Mus = passage morceau m ◆ **a piano piece, a piece of piano music** un morceau pour piano ◆ **a piece by Grieg** un morceau de Grieg ◆ **ten-piece band** (instrument, player) orchestre m de dix exécutants

d = poem poème m, (pièce f de) vers mpl; (= passage, excerpt) passage m; (= article) article m ◆ **a piece of poetry** un poème, une poésie, une pièce de vers (liter) ◆ **a good piece of writing** un bon texte ◆ **read me a piece out of "Ivanhoe"** lisez-moi un passage ou un extrait d'"Ivanhoé" ◆ **there's a piece in the newspaper about ...** il y a un article dans le journal sur ...

e Mil (also **piece of artillery**) pièce f (d'artillerie)

f ⁑ = handgun calibre⁑ m, flingue* m ◆ **he was packing a piece** il avait un calibre⁑ or flingue*

g = coin pièce f ◆ **a 5-franc piece** une pièce de 5 francs ◆ **piece of eight** dollar m espagnol

h ⁑ = girl **she's a nice piece** c'est un beau brin de fille

2 COMPOUNDS

▷ **piece rate** n (Ind) tarif m à la pièce ▷ **piece to camera** n (TV, Cine) **to do a piece to camera** faire face à la caméra (pour s'adresser directement au public)

3 PHRASAL VERB

▶ **piece together** vt sep [+ broken object] rassembler; [+ jigsaw] assembler; (fig) [+ story] reconstituer; [+ facts] rassembler, faire concorder ◆ **I managed to piece together what had happened from what he said** à partir de ce qu'il a dit, j'ai réussi à reconstituer les événements

pièce de résistance [pjɛsdəreˈzistɑ̃s] → SYN n pièce f de résistance

piecemeal [ˈpiːsmiːl] → SYN **1** adv (= bit by bit) construct petit à petit, par morceaux; (= haphazardly) sans (véritable) plan d'ensemble, au coup par coup; tell, explain, recount par bribes ◆ **the railway system developed piecemeal** le système ferroviaire s'est développé sans plan d'ensemble or au coup par coup ◆ **he tossed the books piecemeal into the box** il jeta les livres en vrac dans la caisse
2 adj (= bit by bit) en plusieurs étapes; (= haphazard) au coup par coup; (= unstructured) décousu ◆ **technology developed in a rapid and piecemeal fashion** la technologie s'est développée rapidement et au coup par coup ◆ **the castle was built in piecemeal fashion** le château a été construit en plusieurs étapes, le château date de plusieurs époques ◆ **the structure of the company has evolved in a piecemeal way** la structure de la société a évolué par étapes ◆ **he gave me a piecemeal description of it** il m'en a fait une description fragmentaire or décousue ◆ **a piecemeal argument** une argumentation décousue

piecework [ˈpiːswɜːk] n travail m à la pièce ◆ **to be on piecework, to do piecework** travailler à la pièce

pieceworker [ˈpiːsˌwɜːkəʳ] n ouvrier m, -ière f payé(e) à la pièce

piecrust [ˈpaɪkrʌst] n croûte f de or pour pâté

pied [paɪd] **1** adj bariolé, bigarré; animal pie inv
2 COMP ▷ **pied flycatcher** n gobe-mouche m noir ▷ **the Pied Piper** n le joueur de flûte d'Hamelin ▷ **pied wagtail** n bergeronnette f grise, hochequeue m gris

pied-à-terre [ˌpjeɪdɑːˈtɛəʳ] n, pl **pieds-à-terre** [ˌpjeɪdɑːˈtɛəʳ] pied-à-terre m inv

Piedmont [ˈpiːdmɒnt] n **a** (Geog) le Piémont
b (Geol) piedmont piémont m ◆ **piedmont glacier** glacier m de piémont

Piedmontese [ˌpiːdmɒnˈtiːz] **1** adj (Geog) piémontais
2 n **a** (= person) Piémontais(e) m(f)
b (Ling) piémontais m

pier [pɪəʳ] → SYN **1** n **a** (with amusements etc) jetée f (promenade); (= landing stage) appontement m, embarcadère m; (= breakwater) brise-lames m; (in airport) jetée f d'embarquement (or de débarquement)
b (Archit) (= column) pilier m, colonne f; [of bridge] pile f; (= brickwork) pied-droit or piédroit m
2 COMP ▷ **pier glass** n (glace f de) trumeau m

pierce [pɪəs] → SYN vt **a** (= make hole in, go through) percer, transpercer ◆ **the arrow pierced his armour** la flèche perça son armure ◆ **the bullet pierced his arm** la balle lui transperça le bras ◆ **to have** or **get one's ears/nose etc pierced** se faire percer les oreilles/le nez etc ◆ **to have pierced ears** avoir les oreilles percées ◆ **pierced earrings**⁑, **earrings for pierced ears** boucles fpl d'oreilles pour oreilles percées
b [sound, light] percer; [cold, wind] transpercer ◆ **the words pierced his heart** (liter) ces paroles lui percèrent le cœur

piercing ['pɪəsɪŋ] → SYN **1** adj sound, voice aigu (-guë f), perçant ; look perçant ; cold, wind glacial, pénétrant ◆ **piercing blue eyes** yeux mpl bleus perçants
2 n (also **body piercing**) piercing m ◆ **to get a piercing (done)** se faire faire un piercing

piercingly ['pɪəsɪŋlɪ] adv scream d'une voix perçante ; look d'un œil perçant ◆ **piercingly blue eyes** yeux mpl bleus perçants

pierhead ['pɪəhed] n musoir m

pierrot ['pɪərəʊ] n pierrot m

pietism ['paɪɪtɪzəm] n piétisme m

pietist ['paɪɪtɪst] adj, n piétiste mf

piety ['paɪətɪ] → SYN **1** n piété f
2 pieties npl (gen pej) platitudes fpl pieuses

piezoelectric [paɪˌiːzəʊɪ'lektrɪk] adj piézo-électrique

piezoelectricity [paɪˌiːzəʊɪlek'trɪsɪtɪ] n piézo-électricité f

piezometer [ˌpaɪɪ'zɒmɪtər] n piézomètre m

piffle † * ['pɪfl] n balivernes fpl, fadaises fpl

piffling ['pɪflɪŋ] adj (= trivial) futile, frivole ; (= worthless) insignifiant

pig [pɪg] → SYN **1** n **a** cochon m, porc m ◆ **they were living like pigs** ils vivaient comme des porcs or dans une (vraie) porcherie ◆ **it was a pig** ‡ **to do** c'était vachement * difficile à faire ◆ **to buy a pig in a poke** acheter chat en poche ◆ **pigs might fly!** * ce n'est pas demain la veille ! *, quand les poules auront des dents ! ◆ **to be as happy as a pig in muck** * or **shit** (Brit) ‡‡ être dans son élément ◆ **he was as sick as a pig** * (Brit) il en était malade ◆ **to make a pig's ear** * **of sth** (Brit) cochonner qch ◆ **in a pig's eye!** * (US) jamais de la vie !, mon œil ! *; → **Guinea, sucking pig**
b (* pej = person) (mean) vache ‡‡ f ; (dirty) cochon(ne) * m(f) ; (greedy) goinfre m ◆ **to make a pig of o.s.** manger comme un goinfre, se goinfrer *
c (‡ pej = policeman) flicard * m, poulet * m ◆ **the pigs** la flicaille ‡‡
2 vi [sow] mettre bas, cochonner
3 vt ◆ **to pig o.s.** se goinfrer (on de) ◆ **to pig it** ‡ vivre comme un cochon * (or des cochons)
4 COMP ▷ **pig breeding** n élevage m porcin ▷ **pig farmer** n éleveur m, -euse f de porcs ▷ **pig-ignorant** ‡ adj d'une ignorance crasse ▷ **pig industry** n industrie f porcine ▷ **pig in the middle** n (= game) jeu où deux enfants se lancent un ballon tandis qu'un troisième, placé au milieu, essaie de l'intercepter ◆ **he's the pig in the middle** (fig) il est impliqué dans des disputes qui ne le concernent pas ▷ **pig iron** n saumon m de fonte ▷ **Pig Latin** n ≈ javanais * m ▷ **pig-swill** n pâtée f pour les porcs

▶ **pig out** * vi s'empiffrer * (on de)

pigeon ['pɪdʒən] → SYN **1** n **a** (also Culin) pigeon m ; → **carrier, clay, homing, woodpigeon**
b * affaire f ◆ **that's not my pigeon** ça n'est pas mes oignons *
2 COMP ▷ **pigeon-chested** adj à la poitrine bombée ▷ **pigeon fancier** n colombophile mf ▷ **pigeon house, pigeon loft** n pigeonnier m ▷ **pigeon post** n by pigeon post par pigeon voyageur ▷ **pigeon shooting** n tir m aux pigeons ▷ **pigeon-toed** adj to be pigeon-toed avoir or marcher les pieds tournés en dedans

pigeonhole ['pɪdʒɪnˌhəʊl] → SYN **1** n (in desk) case f, casier m ; (on wall etc) casier m, ranger
2 vt **a** (= store away) [+ papers] classer, ranger
b (= shelve) [+ project, problem] enterrer provisoirement ◆ **to pigeonhole a bill** (US Pol) enterrer un projet de loi
c (= classify) [+ person] étiqueter, cataloguer (as comme)

piggery ['pɪgərɪ] n porcherie f

piggish * ['pɪgɪʃ] adj (pej) (in manners) sale, grossier ; (= greedy) goinfre ; (= stubborn) têtu

piggy ['pɪgɪ] **1** n (baby talk) cochon m
2 adj eyes porcin, comme un cochon
3 COMP ▷ **piggy in the middle** n → **pig in the middle** ; → **pig**

piggyback ['pɪgɪˌbæk] **1** adv ride, be carried sur le dos ◆ **the space shuttle rides piggyback on the rocket** (fig) la navette spatiale est transportée sur le dos de la fusée
2 adj ride etc sur le dos
3 n **a** to give sb a piggyback porter qn sur son dos ◆ **give me a piggyback, Daddy!** fais-moi faire un tour (à dada) sur ton dos, Papa !
b (US Rail) ferroutage m
4 vt **a** (= carry on one's back) porter sur son dos
b (US Rail) ferrouter
c (fig) [+ plan etc] englober, couvrir
5 vi [plan, expenditure etc] être couvert, être pris en charge

piggybank ['pɪgɪbæŋk] n tirelire f (surtout en forme de cochon)

pigheaded [ˌpɪg'hedɪd] → SYN adj (pej) entêté, obstiné

pigheadedly [ˌpɪg'hedɪdlɪ] adv (pej) obstinément, avec entêtement

pigheadedness [ˌpɪg'hedɪdnɪs] n (pej) entêtement m, obstination f

piglet ['pɪglɪt] n porcelet m, petit cochon m

pigman ['pɪgmən] n, pl **-men** porcher m

pigmeat ['pɪgmiːt] n charcuterie f

pigment ['pɪgmənt] → SYN n pigment m

pigmentation [ˌpɪgmən'teɪʃən] n pigmentation f

pigmented [pɪg'mentɪd] adj pigmenté

pigmy ['pɪgmɪ] → **pygmy**

pignut [ˌpɪg'nʌt] n (Brit) conopode m (dénudé)

pigpen ['pɪgpen] n (US) porcherie f

pigskin ['pɪgskɪn] **1** n **a** (= leather) peau f de porc
b (US Ftbl) ballon m (de football américain)
2 COMP briefcase, gloves, book-binding etc en (peau de) porc

pigsty ['pɪgstaɪ] n (lit, fig) porcherie f ◆ **your room is like a pigsty!** ta chambre est une vraie porcherie !

pigtail ['pɪgteɪl] n [of hair] natte f ◆ **to have** or **wear one's hair in pigtails** porter des nattes

pike¹ [paɪk] n (= weapon) pique f

pike² [paɪk] n, pl **pike** or **pikes** (= fish) brochet m

pike³ [paɪk] n **a** ⇒ **turnpike**
b (US) **to come down the pike** faire son apparition

pikeman ['paɪkmən] n, pl **-men** (Hist) piquier m

pikeperch ['paɪkpɜːtʃ] n, pl **pikeperch** or **pikeperches** sandre m

piker ‡ ['paɪkər] n (US) (= small gambler) thunard ‡ m ; (= small speculator) boursicoteur m, -euse f ; (= stingy person) pingre mf ; (= contemptible person) minable mf

pikestaff ['paɪkstɑːf] n → **plain**

pilaf(f) ['pɪlæf] n pilaf m

pilaster [pɪ'læstər] n pilastre m

Pilate ['paɪlət] n Pilate m

pilau [pɪ'laʊ] **1** n pilaf m
2 COMP ▷ **pilau rice** n riz m pilaf

pilchard ['pɪltʃəd] n pilchard m, sardine f

pile¹ [paɪl] → SYN **1** n **a** (Constr etc) pieu m de fondation ; (in water) pilotis m ; [of bridge] pile f
b (= pointed stake) pieu m
2 vt [+ land] enfoncer des pieux or des pilotis dans
3 COMP ▷ **pile driver** n (Constr) sonnette f, hie f, mouton m ▷ **pile dwelling** n (Hist) maison f sur pilotis

pile² [paɪl] → SYN **1** n **a** (= neat stack) pile f ; (= heap) tas m ◆ **the linen was in a neat pile** le linge était rangé en une pile bien nette ◆ **his clothes lay in a pile** ses vêtements étaient en tas ◆ **the magazines were in an untidy pile** les magazines étaient entassés pêle-mêle ◆ **to make a pile of books, to put books in a pile** empiler des livres, mettre des livres en tas or en pile ◆ **to be at the top/bottom of the pile** (fig) être en haut/en bas de l'échelle ◆ **companies at the bottom of the financial pile** (fig) des entreprises ayant très peu de poids d'un point de vue financier
b (* = fortune) fortune f ◆ **to make one's pile** faire son beurre *, faire fortune ◆ **he made a pile on this deal** il a ramassé un joli paquet * avec cette affaire ◆ **piles of** [+ butter, honey] beaucoup de, des masses de * ; [+ cars, flowers] beaucoup de, un tas de * ◆ **to have/make a pile of** or **piles of money** avoir/faire beaucoup d'argent or un argent fou
c (Phys) pile f ; → **atomic**
d (liter or hum = imposing building) édifice m
2 piles npl (Med) hémorroïdes fpl
3 vt **a** (= stack up) empiler ◆ **he piled the plates onto the tray** il a empilé les assiettes sur le plateau ◆ **he piled the books (up)** one on top of the other il a empilé les livres les uns sur les autres ◆ **a table piled up** or **high with books** une table couverte de piles de livres
b (= pack in) **he piled the books into the box** il a empilé or entassé les livres dans la caisse ◆ **I piled the children into the car** * j'ai entassé les enfants dans la voiture ◆ **to pile coal on the fire, to pile the fire up with coal** rajouter du charbon dans le feu
4 vi * **we all piled into the car** nous nous sommes tous entassés or empilés * dans la voiture ◆ **we piled off the train** nous sommes descendus du train en nous bousculant ◆ **they piled through the door** ils sont entrés or sortis en se bousculant

▶ **pile in** * vi [people] s'entasser ◆ **the taxi arrived and we all piled in** le taxi est arrivé et nous nous sommes tous entassés dedans * ◆ **pile in!** entassez-vous * là-dedans !

▶ **pile off** * vi [people] descendre en désordre

▶ **pile on** * **1** vt sep ◆ **to pile it on** exagérer, en rajouter * ◆ **he does tend to pile it on** il faut toujours qu'il en rajoute (subj) ◆ **to pile on the pressure** mettre toute la gomme * ◆ **to pile on weight** or **the pounds** prendre kilo sur kilo, grossir
2 vi ◆ **the bus/train arrived and we all piled on** l'autobus/le train est arrivé et nous nous sommes tous entassés or empilés * dedans

▶ **pile out** * vi sortir en désordre or en se bousculant

▶ **pile up 1** vi **a** (= accumulate) [snow, leaves] s'amonceler ; [work, bills, debts, problems, reasons] s'accumuler ; [letters, papers, rubbish] s'entasser, s'accumuler ◆ **the evidence piled up against him** les preuves s'amoncelaient or s'accumulaient contre lui
b (* = crash) **ten cars piled up on the motorway** dix voitures se sont carambolées sur l'autoroute ◆ **the ship piled up on the rocks** le bateau s'est fracassé sur les rochers
2 vt sep **a** (lit) → **pile² 3a**
b [+ evidence, reasons, debts, losses] accumuler
c (* = crash) **he piled up the car/the motorbike last night** hier soir il a bousillé * la voiture/la moto
3 pileup n → **pileup**

pile³ [paɪl] n (Tex) poils mpl ◆ **the pile of a carpet** les poils mpl d'un tapis ◆ **a carpet with a deep pile** un tapis de haute laine

pileup ['paɪlʌp] → SYN n (Aut) carambolage m ◆ **there was a ten-car pileup on the motorway** dix voitures se sont carambolées sur l'autoroute

pilewort ['paɪlwɜːt] n (Bot) ficaire f

pilfer ['pɪlfər] → SYN **1** vt chaparder *
2 vi se livrer au chapardage *

pilferage ['pɪlfərɪdʒ] n chapardage * m, coulage m

pilferer ['pɪlfərər] n chapardeur * m, -euse * f

pilfering ['pɪlfərɪŋ] n chapardage * m

pilgrim ['pɪlgrɪm] → SYN **1** n pèlerin m ◆ **the pilgrims to Lourdes** les pèlerins de Lourdes ◆ "Pilgrim's Progress" "Le Voyage du Pèlerin"
2 COMP ▷ **the Pilgrim Fathers** npl (Hist) les (Pères mpl) pèlerins mpl

PILGRIM FATHERS

Les "Pères pèlerins" sont un groupe de puritains qui quittèrent l'Angleterre en 1620 pour fuir les persécutions religieuses. Ayant traversé l'Atlantique à bord du "Mayflower", ils fondèrent New Plymouth en Nouvelle-Angleterre, dans ce qui est aujourd'hui le Massachusetts, et inaugurèrent ainsi le processus de colonisation anglaise de l'Amérique. Ces Pères pèlerins sont considérés comme les fondateurs des États-Unis, et l'on commémore chaque année, le jour de "Thanksgiving", la réussite de leur première récolte.
→ THANKSGIVING

pilgrimage ['pɪlgrɪmɪdʒ] → SYN n pèlerinage m ♦ **to make** or **go on a pilgrimage** faire un pèlerinage

piling ['paɪlɪŋ] n (NonC), **pilings** ['paɪlɪŋz] npl (for bridge) piles fpl ; (for building) pilotis m

pill [pɪl] → SYN **1** n **a** (Med, fig) pilule f ♦ **to coat** or **sugar** or **sweeten the pill** (fig) dorer la pilule (for sb à qn) → **bitter**
b (also **Pill, contraceptive pill**) pilule f ♦ **to be on the pill** prendre la pilule ♦ **to come off the pill** arrêter (de prendre) la pilule
2 COMP ▷ **pill popper** * n personne qui se gave de pilules

pillage ['pɪlɪdʒ] → SYN **1** n pillage m, saccage m
2 vt piller, saccager, mettre à sac
3 vi se livrer au pillage or au saccage

pillager ['pɪlɪdʒəʳ] n pilleur m, -euse f

pillar ['pɪləʳ] → SYN **1** n **a** (Archit) pilier m, colonne f ; (Min, also Climbing) pilier m ♦ **the Pillars of Hercules** (Geog) les Colonnes fpl d'Hercule ♦ **a pillar of salt** (Bible) une statue de sel ♦ **a pillar of smoke** une colonne de fumée ♦ **a pillar of water** une trombe d'eau ♦ **he was sent from pillar to post** on se le renvoyait de l'un à l'autre ♦ **after giving up his job he went from pillar to post until ...** après avoir quitté son emploi il a erré à droite et à gauche jusqu'au jour où ...
b (fig = mainstay) pilier m ♦ **he was a pillar of the Church/the community** c'était un pilier de l'Église/de la communauté ♦ **he was a pillar of strength** il a vraiment été d'un grand soutien
2 COMP ▷ **pillar-box** n (Brit) boîte f aux or à lettres (publique) ♦ **pillar-box red** rouge vif m inv

pillbox ['pɪlbɒks] n (Med) boîte f à pilules ; (Mil) casemate f, blockhaus m inv ; (= hat) toque f

pillion ['pɪljən] **1** n [of motorcycle] siège m arrière, tansad m ; [of horse] selle f de derrière ♦ **pillion passenger** passager m, -ère f de derrière
2 adv ♦ **to ride pillion** (on horse) monter en croupe ; (on motorcycle) monter derrière

pillock * ['pɪlək] n (Brit) con * m

pillory ['pɪlərɪ] → SYN **1** n pilori m
2 vt (Hist, fig) mettre au pilori

pillow ['pɪləʊ] **1** n **a** oreiller m ♦ **a pillow of moss** un coussin de mousse
b (Tech: also **lace pillow**) carreau m (de dentellière)
2 vt [+ head] reposer ♦ **she pillowed her head in her arms** elle a reposé sa tête sur ses bras
3 COMP ▷ **pillow fight** n bataille f d'oreillers or de polochons * ▷ **pillow lace** n guipure f ▷ **pillow slip** n ⇒ **pillowcase**

pillowcase ['pɪləʊkeɪs] n taie f d'oreiller

pillowtalk ['pɪləʊtɔːk] n confidences fpl sur l'oreiller

pilocarpin [ˌpaɪləʊˈkɑːpɪn], **pilocarpine** [ˌpaɪləʊˈkɑːpaɪn] n pilocarpine f

pilose ['paɪləʊz] adj pileux

pilosity [paɪˈlɒsɪtɪ] n pilosité f

pilot ['paɪlət] → SYN **1** n **a** (Aviat, Naut) pilote m ♦ **airline/fighter pilot** pilote m de ligne/de chasse ; → **automatic**
b (Rad, TV: also **pilot episode**) épisode m pilote
2 vt (Aviat, Naut) piloter ♦ **she piloted the country through the difficult postwar period** elle a guidé or dirigé le pays à travers les difficultés de l'après-guerre ♦ **to pilot a bill through the House** (Parl) assurer le passage d'un projet de loi
3 COMP ▷ **pilot balloon** n (Met) ballon-sonde m ▷ **pilot boat** n bateau-pilote m ▷ **pilot film** n (TV) film-pilote m ▷ **pilot fish** n, pl **pilot fish** or **fishes** poisson m pilote ▷ **pilot house** n poste m de pilotage ▷ **pilot jacket** n blouson m d'aviateur ▷ **pilot light** n veilleuse f (de cuisinière, de chauffe-eau etc) ▷ **pilot officer** n sous-lieutenant m (de l'armée de l'air) ▷ **pilot production** n (Ind) présérie f ▷ **pilot scheme** n projet m pilote, projet m expérimental ▷ **pilot study** n étude f pilote ▷ **pilot whale** n (Zool) globicéphale m

Pils [pɪls, pɪlz] n bière f Pils

pimento [pɪˈmentəʊ] n, pl **pimentos** piment m

pi meson [ˌpaɪˈmesən] n (Phys) pion m

pimp [pɪmp] **1** n souteneur m, maquereau * m, marlou * m
2 vi être souteneur, faire le maquereau *

pimpernel ['pɪmpənel] n mouron m ; → **scarlet**

pimple ['pɪmpl] → SYN n bouton m (Med) ♦ **to come out in pimples** avoir une poussée de boutons

pimply ['pɪmplɪ] adj face, person boutonneux

PIN [pɪn] n (abbrev of **personal identification number**) ♦ **PIN (number)** code m confidentiel or personnel

pin [pɪn] → SYN **1** n **a** (Sewing: also for paper, hair, tie etc) épingle f ; (Brit: also **drawing pin**) punaise f ; (= badge) badge m ; (= lapel badge) pin m ; (also **hatpin**) épingle f à chapeau ♦ **(as) clean as a new pin** propre comme un sou neuf ♦ **the room was as neat as a new pin** la pièce était impeccable ♦ **you could have heard a pin drop** on aurait entendu voler une mouche ♦ **I've got pins and needles (in my foot)** j'ai des fourmis (au pied) ♦ **to be (sitting) on pins and needles** (US) être sur des charbons ardents ♦ **for two pins * I'd hand in my resignation** je suis à deux doigts de démissionner, il s'en faudrait d'un rien pour que je démissionne (subj) ; → **rolling, safety**
b (Tech) goupille f, goujon m ; [of hand grenade] goupille f ; [of pulley] essieu m ; (Elec) fiche f or broche f (de prise de courant) ; (Med: in limb) broche f ♦ **three-pin plug** (Elec) prise f à trois fiches or broches
c (Bowling) quille f ; (Golf) drapeau m de trou
2 **pins** * npl (= legs) guibol(l)es * fpl, quilles * fpl ♦ **he's not very steady on his pins** il ne tient pas sur ses guibolles *
3 vt **a** (= put pin in) [+ dress] épingler ; [+ papers] (together) attacher avec une épingle ; (to wall etc) fixer avec une punaise ♦ **he pinned the medal to his uniform** il a épinglé la médaille sur son uniforme ♦ **he pinned the calendar on** or **to the wall** il a fixé le calendrier au mur (avec une punaise)
b (= trap) clouer ♦ **to pin sb against a wall/tree** clouer qn contre un mur/arbre ♦ **to pin sb to the floor/ground** clouer qn au plancher/sol ♦ **his arms were pinned to his sides** il avait les bras collés au corps
c (fig = attach) **to pin (all) one's hopes on sth/sb** mettre tous ses espoirs dans qch/en qn ♦ **you can't pin it** or **the blame on me *** tu ne peux pas me mettre ça sur le dos ♦ **they tried to pin the crime on him *** ils ont essayé de lui mettre le crime sur le dos or de lui faire endosser le crime
d (Tech) cheviller, goupiller
e (US) **to pin a girl *** (as sign of love) offrir à une jeune fille son insigne de confrérie en gage d'affection
4 COMP ▷ **pin money *** n argent m de poche ▷ **pin oak** n chêne m de marais ▷ **pin table** n ⇒ **pinball machine** ; → **pinball**

▶ **pin back** vt sep retenir (avec une épingle) ♦ **pin back your ears! *** ouvre grand les oreilles ! ♦ **she had her ears pinned back *** listening for the baby's crying elle ouvrait grand les oreilles pour entendre le bébé pleurer ♦ **to pin sb's ears back *** (US) (= scold) passer un savon * à qn ; (= beat up) ficher une raclée à qn

▶ **pin down** vt sep **a** (= secure) attacher or fixer avec une épingle or une punaise
b (= trap) immobiliser, coincer ♦ **to be pinned down by a fallen tree** être immobilisé par or coincé sous un arbre tombé ♦ **the battalion had been pinned down by guerillas** le bataillon avait été bloqué par des guérilleros
c (fig) **to pin sb down to a promise** obliger qn à tenir sa promesse ♦ **I couldn't pin her down to a date** je n'ai pas réussi à lui faire fixer une date ♦ **see if you can pin him down to naming a price** essaie de lui faire dire un prix
d (= define) [+ problem] définir précisément, mettre le doigt sur ; [+ feeling, meaning, quality] définir précisément ; [+ facts] déterminer exactement

▶ **pin on** vt sep attacher avec une punaise or une épingle, épingler

▶ **pin together** vt sep épingler

▶ **pin up** **1** vt sep [+ notice] fixer (au mur) avec une punaise, punaiser, afficher ; [+ hem] épingler ; [+ hair] épingler, relever avec des épingles
2 **pinup** n, adj → **pinup**

pinaceous [paɪˈneɪʃəs] adj ♦ **pinaceous plant** abiétacée f, pinacée f

piña colada [ˌpiːnəkəˈlɑːdə] n pinacolada f

pinafore ['pɪnəfɔːʳ] n (= apron) tablier m ; (= overall) blouse f (de travail) ♦ **pinafore dress** robe f chasuble

pinaster [paɪˈnæstəʳ] n (Bot) pin m maritime

pinball ['pɪnbɔːl] n (= game) flipper m ♦ **pinball machine** flipper m, billard m électrique

pince-nez [ˌpæ̃ntsˈneɪ] n (pl inv) pince-nez m inv

pincer ['pɪnsəʳ] **1** n **a** [of crab] pince f
b (= tool) pincers tenailles fpl
2 COMP ▷ **pincer movement** n (fig, Mil) mouvement m de tenailles

pinch [pɪntʃ] → SYN **1** n **a** (= action) pincement m ; (= mark) pinçon m ♦ **to give sb a pinch (on the arm)** pincer qn (au bras) ♦ **we're feeling the pinch *** (of the latest tax increases) (à cause des dernières augmentations d'impôts) nous sommes juste or (financièrement) très serrés ♦ **if it comes to the pinch ...** si la situation devient critique ...
♦ **at a pinch, in a pinch** (US) à la limite, à la rigueur ♦ **it'll do at a pinch** cela fera l'affaire à la rigueur or faute de mieux
b (= small amount) [of salt] pincée f ; [of snuff] prise f ♦ **you have to take his remarks with a pinch of salt** il ne faut pas prendre ses remarques pour argent comptant or au pied de la lettre
2 vt **a** (= squeeze) pincer ; [shoes] serrer ♦ **she pinched me on the arm, she pinched my arm** elle m'a pincé le bras or au bras ♦ **I had to pinch myself** j'ai dû me pincer (pour m'assurer que je ne rêvais pas)
b (* = steal) piquer *, faucher * ♦ **I had my car pinched** on m'a fauché * or piqué * ma voiture ♦ **he pinched that idea from Shaw** il a chipé * or piqué * cette idée à Shaw ♦ **Robert pinched John's girlfriend** Robert a piqué * sa petite amie à John
c (* = arrest) pincer * ♦ **to get pinched** se faire pincer * ♦ **he got pinched for speeding** il s'est fait pincer * pour excès de vitesse
3 vi **a** [shoe] être étroit, serrer
b **to pinch and scrape** rogner sur tout, se serrer la ceinture *
4 COMP ▷ **pinch-hit** vi → **pinch-hit**

▶ **pinch back, pinch off** vt sep [+ bud] épincer, pincer

pinchbeck ['pɪntʃbek] **1** n **a** (= metal) chrysocale m, similor m
b (= sth sham) toc m
2 adj **a** (lit) en chrysocale, en similor
b (= sham) en toc, de pacotille

pinched [pɪntʃt] → SYN adj **a** (= drawn) **to look pinched** avoir les traits tirés ♦ **to look pinched with cold/with hunger** avoir l'air transi de froid/tenaillé par la faim
b **pinched for money/time** à court d'argent/de temps ♦ **pinched for space** à l'étroit

pinch-hit ['pɪntʃhɪt] vi (US Baseball) jouer en remplaçant ♦ **to pinch-hit for sb** (US fig) assurer le remplacement de qn au pied levé

pitch² / place

♦ this song is pitched too low cette chanson est dans un ton trop bas ♦ the prices of these cars are pitched extremely competitively le prix de ces voitures est très compétitif ♦ to pitch one's aspirations too high aspirer or viser trop haut, placer ses aspirations trop haut ♦ it is pitched in rather high-flown terms c'est exprimé en des termes assez ronflants ♦ the speech must be pitched at the right level for the audience le ton du discours doit être adapté au public ♦ you're pitching it a bit high! or strong! tu exagères un peu !, tu y vas un peu fort ! ♦ he pitched me a story about having lost his wallet * il m'a débité or m'a sorti * une histoire comme quoi il avait perdu son portefeuille

c (= set up) **to pitch a tent** dresser une tente ♦ **to pitch camp** établir un camp

d (Comm etc: * = promote, propose) [+ product] promouvoir, faire du battage pour ; [+ plan, idea] présenter ♦ she pitched the plan to business leaders elle a présenté le plan à des chefs d'entreprise

3 vi a (= fall) tomber ; (= be jerked) être projeté ; [ball] rebondir, tomber ♦ she slipped and pitched forward elle a glissé et est tombée le nez en avant or et a piqué du nez ♦ he pitched forward as the bus stopped il a été projeté en avant quand l'autobus s'est arrêté ♦ he pitched head first into the lake il est tombé la tête la première dans le lac ♦ to pitch off a horse tomber de cheval ♦ the aircraft pitched into the sea l'avion a plongé dans la mer ♦ he pitched over (backwards) il est tombé (à la renverse)

b (Naut) tanguer ♦ the ship pitched and tossed le navire tanguait

c (Baseball) lancer la balle ♦ he's in there pitching * (US) il est solide au poste

4 COMP ▷ **pitch-and-putt** n (Golf) pitch-and-putt m (jeu de golf limité à deux clubs) ▷ **pitch-and-toss** n sorte de jeu de pile ou face ▷ **pitch invasion** n (Brit Sport) invasion f du terrain ♦ **there was a pitch invasion** les spectateurs ont envahi le terrain ▷ **pitch pipe** n (Mus) diapason m (en forme de sifflet)

▶ **pitch in** vi s'atteler or s'attaquer au boulot *, s'y coller * ♦ they all pitched in to help him ils s'y sont tous mis or collés * pour l'aider ♦ come on, pitch in all of you! allez, mettez-vous-y or collez-vous-y * tous !

▶ **pitch into** * vt fus **a** (= attack) tomber sur ; (fig) (= criticize) [reviewer, critic, journalist] [+ author, work] éreinter ♦ the boss pitched into me le patron s'en est pris à moi or m'est tombé dessus *

b s'attaquer à ♦ they pitched into the work ils se sont attaqués or collés * au travail ♦ they pitched into the meal ils se sont attaqués au repas, ils y sont allés d'un bon coup de fourchette

▶ **pitch on** vt fus arrêter son choix sur

▶ **pitch out** vt sep (= get rid of) [+ person] expulser, éjecter *, vider * ; [+ thing] jeter, bazarder * ♦ the car overturned and the driver was pitched out la voiture a fait un tonneau et le conducteur a été éjecté

▶ **pitch upon** vt fus ⇒ **pitch on**

pitch² [pɪtʃ] **1** n (= tar) poix f, brai m ♦ **mineral pitch** asphalte m minéral, bitume m ♦ **as black as pitch** ⇒ **pitch-black**

2 vt brayer, enduire de poix or de brai

3 COMP ▷ **pitch-black** adj (gen) noir comme du charbon or comme de la suie ♦ **it's pitch-black outside** il fait noir comme dans un four dehors ▷ **pitch blackness** n noir m absolu or complet ▷ **pitch-dark** adj **it's pitch-dark** il fait noir comme dans un four ♦ **it's a pitch-dark night** il fait nuit noire ▷ **pitch darkness** n ⇒ **pitch blackness** ▷ **pitch pine** n (= wood) pitchpin m

pitchblende ['pɪtʃblend] n pechblende f

pitched [pɪtʃt] **1** adj ♦ **pitched battle** (Mil) bataille f rangée ; (fig) véritable bataille f

2 COMP ▷ **pitched roof** n toit m en pente

pitcher¹ ['pɪtʃər] **1** n (esp US) cruche f ; (bigger) broc m

2 COMP ▷ **pitcher plant** n sarracénie f

pitcher² ['pɪtʃər] n (Baseball) lanceur m

pitchfork ['pɪtʃfɔːk] **1** n fourche f (à foin)

2 vt **a** (Agr) fourcher, lancer avec une fourche

b * I was pitchforked into this j'ai dû faire cela du jour au lendemain ♦ he was pitchforked into the job il a été parachuté * à ce poste

pitchman * ['pɪtʃmən] n, pl **-men** (US) (= street seller) camelot m ; (TV) présentateur m de produits

piteous ['pɪtɪəs] → SYN adj (esp liter) pitoyable ♦ a piteous sight un spectacle pitoyable or à faire pitié

piteously ['pɪtɪəslɪ] adv say, complain d'un ton pitoyable, pitoyablement ; look at, weep d'un air pitoyable, pitoyablement ; howl, whine, meow d'une manière pitoyable, pitoyablement

pitfall ['pɪtfɔːl] → SYN n **a** (lit) trappe f, piège m

b (fig) piège m, embûche f ♦ the pitfalls of English les pièges de l'anglais ♦ there are many pitfalls ahead de nombreuses embûches nous (or les etc) guettent

pith [pɪθ] → SYN **1** n **a** [of bone, plant] moelle f ; [of orange] peau f blanche

b (fig) (= essence) essence f, moelle f (fig) ; (= force) force f, vigueur f ♦ the pith of the article le point capital or la thèse centrale de l'article

2 COMP ▷ **pith helmet** n casque m colonial

pithead ['pɪthed] n (Min) carreau m de mine

pithecanthropine [,pɪθɪ'kænθrəʊpaɪn] **1** adj pithécanthropien

2 n pithécanthrope m

pithecanthropus [,pɪθɪkæn'θrəʊpəs] n, pl **pithecanthropi** [,pɪθɪkæn'θrəʊpaɪ] pithécanthrope m

pithiness ['pɪθɪnɪs] n [of style] vigueur f, concision f

pithy ['pɪθɪ] → SYN adj (= forceful) nerveux, vigoureux ; (= terse) concis ; (= pointed) savoureux, piquant ♦ a pithy saying une remarque piquante

pitiable ['pɪtɪəbl] adj hovel pitoyable ; income misérable, de misère ; appearance piteux, minable ; attempt piteux ♦ a pitiable situation une situation pitoyable or navrante

pitiably ['pɪtɪəblɪ] adv ⇒ **pitifully**

pitiful ['pɪtɪfʊl] → SYN adj **a** (= touching) appearance, sight, person pitoyable

b (= deplorable) cowardice lamentable, déplorable ♦ his pitiful efforts to speak French ses lamentables efforts pour parler français

pitifully ['pɪtɪfəlɪ] adv say, complain, weep d'un ton pitoyable, pitoyablement ; look at d'un air pitoyable, pitoyablement ; howl, whine, meow d'une manière pitoyable, pitoyablement ♦ **pitifully thin/poor/inadequate** d'une maigreur/pauvreté/insuffisance affligeante ♦ **a pitifully bad play** une pièce lamentable ♦ **a pitifully small army** une armée si petite qu'elle fait (or faisait etc) pitié

pitiless ['pɪtɪlɪs] → SYN adj sans pitié, impitoyable

pitilessly ['pɪtɪlɪslɪ] adv impitoyablement, sans pitié

pitman ['pɪtmən] n, pl **-men** (Brit) mineur m

piton ['piːtɒn] n (Climbing) piton m

pitta ['pɪtə], **pitta bread** n pain m pitta

pittance ['pɪtəns] → SYN n (pej) (= sum) somme f dérisoire ; (= income) maigre revenu m ; (= wage) salaire m de misère ♦ she's living on a pittance elle n'a presque rien pour vivre ♦ they're offering a mere pittance ils offrent un salaire de misère

pitter-pat ['pɪtə'pæt] adv ⇒ **pitapat**

pitter-patter ['pɪtə'pætər] **1** adv ⇒ **pitapat**

2 n ⇒ **patter¹**

pituitary [pɪ'tjuːɪtərɪ] **1** adj pituitaire

2 COMP ▷ **pituitary gland** n glande f pituitaire, hypophyse f

pity ['pɪtɪ] LANGUAGE IN USE 14, 26.3 → SYN

1 n **a** (= mercy, compassion) pitié f ♦ **for pity's sake** par pitié, de grâce ♦ **to have pity on sb** avoir pitié de qn ♦ **have pity on him!** ayez pitié de lui ! ♦ **to take pity on sb** avoir pitié de qn, prendre qn en pitié ♦ **to feel pity for sb** avoir pitié de qn, s'apitoyer sur qn ♦ **to move sb to pity** exciter la compassion de qn, apitoyer qn ♦ **out of pity (for him)** par pitié (pour lui)

b (= misfortune) dommage m ♦ **it is a (great) pity** c'est (bien) dommage ♦ **it's a pity about the job** c'est dommage pour le travail ♦ **it would be a pity if he lost** or **were to lose this job** cela serait dommage qu'il perde or s'il perdait ce travail ♦ **it is a thousand pities that …** (liter) il est mille fois or extrêmement dommage que … (+ subj) ♦ **it's a pity (that) you can't come** il est or quel dommage que vous ne puissiez (pas) venir ♦ **it would be a pity to waste the opportunity** cela serait dommage de rater cette occasion ♦ **what a pity!** quel dommage ! ♦ **more's the pity!** c'est bien dommage ! ♦ **the pity of it is that …** le plus malheureux c'est que …

2 vt [+ person] plaindre ; [+ sb's fate, sb's situation] s'apitoyer sur ♦ **you don't deserve to be pitied** ! tu ne mérites pas que l'on te plaigne !

pitying ['pɪtɪɪŋ] adj **a** (= compassionate) compatissant, plein de pitié

b (= contemptuous) méprisant

pityingly ['pɪtɪɪŋlɪ] adv avec pitié

pityriasis [,pɪtɪ'raɪəsɪs] n pityriasis m

Pius ['paɪəs] n Pie m

pivot ['pɪvət] → SYN **1** n (Mil, Tech) pivot m ; (fig) centre m ♦ **their daughter was the pivot of their lives** leur vie tournait autour de leur fille ♦ **the pivot of his argument is that …** son argument repose sur l'idée que …

2 vt (= turn) faire pivoter ; (= mount on pivot) monter sur pivot

3 vi (Tech) pivoter, tourner ♦ **she pivoted round and round** elle tournoyait sans s'arrêter ♦ **he pivoted on his heel** il a tourné sur ses talons ♦ **his argument pivots on** or **around the fact that …** son argument repose sur le fait que …

4 COMP ▷ **pivot joint** n diarthrose f rotatoire

pivotal ['pɪvətl] **1** adj essentiel, central

2 **pivotals** npl (St Ex) valeurs fpl essentielles or clés

pix * [pɪks] npl (abbrev of **pictures**) (= films) ciné * m ; (= photos) photos fpl

pixel ['pɪksəl] n pixel m

pixelate ['pɪksəleɪt] vt (TV etc) pixéliser

pixie ['pɪksɪ] → SYN **1** n lutin m, fée f

2 COMP ▷ **pixie hat, pixie hood** n bonnet m pointu

pixil(l)ated * ['pɪkslɪeɪtɪd] adj farfelu

pizza ['piːtsə] **1** n pizza f

2 COMP ▷ **pizza base** n pizza f à garnir ▷ **pizza delivery service** n service m de livraison de pizzas (à domicile) ▷ **pizza oven** n four m à pizzas ▷ **pizza parlour** n pizzeria or pizzéria f

piz(z)azz * ['pɪzæz] n (gen) énergie f, vigueur f ; (US: in car) allure f ; (pej) (= garishness) tape-à-l'œil m

pizzeria [,piːtsə'riːə] n pizzeria or pizzéria f

pizzicato [,pɪtsɪ'kɑːtəʊ] adj, adv pizzicato

pizzle ['pɪzl] n († or dial or hum) verge f

pkt (abbrev of **packet**) paquet m

Pl. abbrev of **Place**

placard ['plækɑːd] → SYN **1** n (gen) affiche f, placard m ; (at demo etc) pancarte f

2 vt [+ wall] placarder ; [+ announcement] afficher

placate [plə'keɪt] → SYN vt calmer, apaiser

placating [plə'keɪtɪŋ], **placatory** [plə'keɪtərɪ] adj apaisant

place [pleɪs]

→ SYN

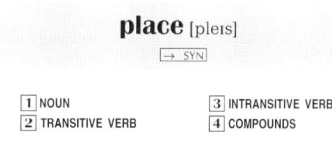

1 NOUN	3 INTRANSITIVE VERB
2 TRANSITIVE VERB	4 COMPOUNDS

1 NOUN

a gen endroit m ♦ **we came to a place where …** nous sommes arrivés à un endroit où … ♦ **this is no place for children** ce n'est pas un endroit pour les enfants ♦ **can't you put it a**

safer place? tu ne peux pas le mettre dans un endroit plus sûr ? ◆ can you find a place for this bag? pouvez-vous trouver un endroit où mettre ce sac ? ◆ this isn't a very nice place for a picnic ce n'est pas l'endroit idéal pour pique-niquer ◆ from place to place d'un endroit à l'autre BUT ◊ the time and place of the crime l'heure et le lieu du crime ◊ I can't be in two places at once ! * je ne peux pas être partout à la fois !, je n'ai pas le don d'ubiquité ! ◊ this is the place c'est ici ◊ any place will do n'importe où fera l'affaire ◊ to find/lose one's place in a book trouver/perdre sa page dans un livre

◆ to take place avoir lieu

◆ any/some/no place * (US) ◆ I couldn't find it any place je ne l'ai trouvé nulle part ◆ some place quelque part ◆ it must be some place in the house ça doit être quelque part dans la maison ◆ some place else quelque part ailleurs ◆ the kids * have no place to go les gosses * n'ont pas d'endroit ou n'ont nulle part où aller

◆ place of + noun (frm) ◆ place of birth/residence/work lieu m de naissance/de résidence/de travail ◆ place of refuge refuge m ◆ he is at his place of business il est sur son lieu de travail ◆ place of worship lieu m de culte ◆ place of articulation (Phon) lieu m or point m d'articulation

b = geographical location endroit m ◆ the train doesn't stop at that place any more le train ne s'arrête plus à cet endroit or ne s'y arrête plus BUT ◊ the train doesn't stop at many places le train ne fait pas beaucoup d'arrêts

A more specific word is often used to translate **place**:

◆ it's a small place (= village) c'est un village ◆ it's just a little country place ce n'est qu'un petit village de campagne ◆ Venice is a lovely place Venise est une très belle ville or un endroit charmant ◆ Brighton is a good place to live Brighton est une ville où il fait bon vivre ◆ we found some excellent places to eat nous avons trouvé d'excellents restaurants

Note adjective + **place** translated by adjective alone:

◆ the Atlantic coast is a fine place for yachting la côte atlantique est parfaite pour la voile ◆ the museum is a huge place le musée est immense ◆ it's a small place c'est tout petit

◆ to go places * (US = travel) voyager, voir du pays ◆ we like to go places at weekends le week-end, nous aimons faire un tour or bouger * ◆ he'll go places all right! (fig = make good) il ira loin ! ◆ he's going places il fait son chemin ◆ we're going places at last (= make progress) nous avançons enfin

c * = house we were at Anne's place nous étions chez Anne ◆ come over to our place passez à la maison ◆ your place or mine? on va chez moi ou chez toi ? ◆ he has a place in the country il a une maison de campagne ◆ his family is growing, he needs a bigger place sa famille s'agrandit, il lui faut quelque chose de plus grand ◆ the house is a vast great place la maison est immense ◆ his business is growing, he needs a bigger place son affaire s'agrandit, il lui faut quelque chose de plus grand or des locaux plus grands

d = seat, space place f ; (laid at table) couvert m ◆ a car park with 200 places un parking de 200 places ◆ keep a place for me gardez-moi une place ◆ go back to your places (Scol) retournez à or reprenez vos places ◆ to lay or set an extra place (at table) mettre un couvert supplémentaire

e = position place f ; [of star, planet] position f ◆ put the book back in its place remets le livre à sa place ◆ the key wasn't in its place la clé n'était pas à sa place ◆ a place for everything and everything in its place une place pour chaque chose et chaque chose à sa place ◆ (if I were) in your place ... (si j'étais) à votre place ... ◆ to keep/lose one's place in the queue garder/perdre sa place dans la queue ◆ to give place to ... céder la place à ... ◆ to go back or fall back into place se remettre en place ◆ to take the place of sb/sth prendre la place de qn/qch, remplacer qn/qch BUT ◊ to take or fill sb's place remplacer qn ◊ to fall or fit or click into place (= become clear) devenir clair ◆ the moment I changed jobs everything fell into place (= turned out well) il a suffit que je change de travail pour que tout s'arrange

f in competition, hierarchy Paul won the race with Robert in second place Paul a gagné la course et Robert est arrivé deuxième ◆ to back a horse for a place (Racing) jouer un cheval placé ◆ Sweden took second place in the championships la Suède s'est classée deuxième aux championnats ◆ he took second place in history/in the history exam il a été deuxième en histoire/à l'examen d'histoire ◆ my personal life has had to take second place to my career ma vie privée a dû passer après ma carrière ◆ the team was in third place l'équipe était en troisième position ◆ he has risen to second place in the opinion polls il occupe maintenant la deuxième place dans les sondages ◆ I know my place je sais rester à ma place ◆ people in high places les gens haut placés ◆ to put sb in his place remettre qn à sa place

g = job poste m, place f ◆ places for 500 workers des places fpl or des emplois mpl pour 500 ouvriers ◆ we have a place for a receptionist nous avons un poste de réceptionniste ◆ we will try to find a place for him on va essayer de lui trouver une place or un poste

h in school place f ◆ a few private schools give free places quelques écoles privées offrent des places gratuites ◆ I've got a place to do sociology (Univ) j'ai réussi à m'inscrire en sociologie ◆ he's got a place in the first team (in team) il a été admis dans l'équipe première

i = role it's not your place to criticize ce n'est pas à vous de critiquer, ce n'est pas votre rôle de critiquer

j = room, scope there is no place for racism in the Party le parti ne peut tolérer le racisme ◆ there is a place for this sort of counselling ce genre d'assistance aurait son utilité

k set structures

◆ all over the place * (= everywhere) partout ◆ I've looked for him all over the place je l'ai cherché partout ◆ his clothes were all over the place ses vêtements traînaient partout or étaient éparpillés un peu partout ◆ he was careful and diligent, I was all over the place (= confused) il était soigneux et appliqué, moi j'étais complètement désorganisé

◆ to be in place [object] être à sa place ; [measure, policy, elements] être en place ; [conditions] être rassemblé ; [law, legislation] être en vigueur

◆ in places (= here and there) par endroits ◆ the snow is very deep in places la neige est très profonde par endroits

◆ in place of à la place de, au lieu de ◆ Lewis came onto the field in place of Jenkins Lewis est entré sur le terrain à la place de Jenkins

◆ in the first place (= firstly) en premier lieu, premièrement ◆ in the first place, it will be much cheaper en premier lieu or premièrement, ça sera beaucoup moins cher ◆ he shouldn't have been there in the first place (= start with) et d'abord il n'aurait pas dû être là, il n'aurait même pas dû être là ◆ the Latvians never agreed to join the Soviet Union in the first place d'ailleurs, les Lettons n'ont jamais voulu être rattachés à l'Union soviétique ◆ we need to consider why so many people are in prison in the first place nous devons commencer par chercher à comprendre pourquoi tant de gens sont en prison ◆ what brought you here in the first place? qu'est-ce qui vous a amené ici ?

◆ in the second place en second lieu, deuxièmement ◆ in the second place, it's not worth the money en second lieu or deuxièmement, c'est trop cher

◆ out of place object, remark déplacé ◆ such remarks were out of place at a funeral de telles remarques étaient déplacées lors d'un enterrement ◆ dahlias look out of place in a formal garden les dahlias détonnent or ne vont pas bien dans un jardin à la française ◆ I feel rather out of place here je ne me sens pas à ma place ici

2 TRANSITIVE VERB

a = put mettre ◆ she placed a roll on each plate elle a mis or posé un petit pain sur chaque assiette ◆ to place an advertisement in the paper mettre or passer une annonce dans le journal ◆ events have placed the president in a difficult position les événements ont mis le président en mauvaise posture BUT ◊ to place confidence in sb/sth placer sa confiance en qn/qch ◊ to place a book with a publisher faire accepter un livre par un éditeur

◆ to be placed ◆ the picture is placed rather high up le tableau est un peu trop haut ◆ the house is well placed la maison est bien située ◆ the shop is awkwardly placed le magasin est mal situé or mal placé ◆ we are now well placed to ... nous sommes maintenant bien placés pour ... ◆ we are better placed than we were a month ago notre situation est meilleure qu'il y a un mois ◆ I am rather awkwardly placed at the moment je suis dans une position délicate en ce moment

b = rank (in exam) placer, classer ; (in race) placer ◆ he wasn't placed in the race il n'a pas été placé dans la course ◆ my horse wasn't placed mon cheval n'a pas été placé ◆ to be placed first/second se classer or se placer premier/second ◆ he places good health among his greatest assets il considère sa (bonne) santé comme l'un de ses meilleurs atouts BUT ◊ our team is well placed in the league notre équipe est en bonne position or est bien classée ◊ to place local interests above or before or over those of central government faire passer les intérêts locaux avant ceux du gouvernement central

c = classify classer ◆ the authorities have placed the drug in Class A les autorités ont classé cette drogue dans la catégorie A

d = make [+ order, contract] passer ; [+ bet] engager ◆ thousands of people placed bets with Ladbrokes des milliers de personnes ont engagé des paris chez Ladbrokes ◆ I'd like to place an overseas call je voudrais téléphoner à l'étranger

e = invest [+ money] placer, investir

f = find job for trouver une place or un emploi pour ◆ we have so far placed 28 people in permanent jobs jusqu'à présent nous avons réussi à trouver des emplois permanents à 28 personnes ◆ the agency is trying to place him with a building firm l'agence essaie de lui trouver une place or de le placer dans une entreprise de construction

g = find home for placer ◆ older children are difficult to place il est difficile de placer les enfants plus âgés

h = identify situer ◆ he looked familiar, but I couldn't immediately place him sa tête me disait quelque chose mais je n'arrivais pas à le situer

3 INTRANSITIVE VERB

US Racing être placé

4 COMPOUNDS

▷ **place card** n carte placée sur la table pour marquer la place des convives ▷ **place kick** n (Rugby) coup m de pied placé ▷ **place mat** n set m (de table) ▷ **place-name** n nom m de lieu ◆ **place-names** (as study, as group) toponymie f ▷ **place setting** n couvert m

placebo [pləˈsiːbəʊ] **1** n, pl **placebos** or **placeboes** (Med, fig) placebo m

2 COMP ▷ **placebo effect** n (Med, fig) effet m placebo

placeman [ˈpleɪsmən] n, pl **-men** (Brit: pej) fonctionnaire qui doit son poste à ses obédiences politiques et en tire profit

placement [ˈpleɪsmənt] **1** n (Fin) placement m, investissement m ; (Univ etc: during studies) stage m

2 COMP ▷ **placement office** n (US Univ) (for career guidance) centre m d'orientation ; (for

placenta [pləˈsentə] n, pl **placentas** or **placentae** [pləˈsentiː] placenta m

placental [pləˈsentl] adj placentaire

placer [ˈpleɪsəʳ] n (US Geol) sable m or gravier m aurifère

placid [ˈplæsɪd] → SYN adj person, smile placide, calme, serein ; waters tranquille, calme

placidity [pləˈsɪdɪtɪ] n placidité f, calme m, tranquillité f

placidly [ˈplæsɪdlɪ] adv avec placidité, placidement

placing [ˈpleɪsɪŋ] n [of money, funds] placement m, investissement m ; [of ball, players] position f

placings [ˈpleɪsɪŋz] npl (in competition) classement m

placket [ˈplækɪt] n double patte f

plagal [ˈpleɪɡəl] adj (Mus) plagal

plagiarism [ˈpleɪdʒərɪzəm] n plagiat m, démarquage m

plagiarist [ˈpleɪdʒərɪst] n plagiaire mf, démarqueur m, -euse f

plagiaristic [ˌpleɪdʒəˈrɪstɪk] adj de plagiaire

plagiarize [ˈpleɪdʒəraɪz] → SYN vt plagier, démarquer

plagioclase [ˈpleɪdʒɪəʊˌkleɪz] n plagioclase m

plague [pleɪɡ] → SYN ① n a (Med) peste f ◆ **to avoid sb/sth like the plague** fuir qn/qch comme la peste ; → **bubonic**
    b (= scourge) fléau m ; (= annoying person) plaie f ◆ **a plague of rats/locusts/ants** une invasion de rats/de sauterelles/de fourmis ◆ **we're suffering from a plague of car thefts at the moment** nous avons affaire à une vague de vols de voitures en ce moment ◆ **he's the plague of my life!** il m'empoisonne la vie ! ◆ **a plague on these statistics!** au diable ces statistiques !
    ② vt [person, fear etc] harceler ; (stronger) tourmenter ◆ **to plague sb with questions** harceler qn de questions ◆ **they plagued me to tell them ...** ils m'ont cassé les pieds* pour que je leur dise ... ◆ **my illness has plagued me for 12 years** cette maladie m'a empoisonné la vie or m'a tourmenté pendant 12 ans ◆ **to be plagued by injury/kidney trouble** souffrir de blessures à répétition/de problèmes de reins chroniques ◆ **to be plagued by bad luck** jouer de malchance ◆ **plagued by** or **with** [+ doubts, fears, remorse] rongé par ; [+ nightmares] hanté par ; [+ mosquitoes] tourmenté par
    ③ COMP ▷ **plague-ridden, plague-stricken** adj region, household frappé par la peste ; person pestiféré

plaguey †† * [ˈpleɪɡɪ] adj fâcheux, assommant

plaice [pleɪs] n, pl **plaice** or **plaices** carrelet m, plie f

plaid [plæd] ① n a (NonC: esp US = cloth, pattern) tissu m écossais
    b (over shoulder) plaid m
    ② adj (en tissu) écossais

plain [pleɪn] → SYN ① adj a (= obvious) clair, évident ◆ **the path is quite plain** la voie est clairement tracée ◆ **in plain view** à la vue de tous ◆ **the tower was in plain view** on voyait parfaitement la tour ◆ **it must be plain to everyone that ...** il doit être clair pour tout le monde que ..., il ne doit échapper à personne que ... ◆ **the facts are quite plain** les faits parlent d'eux-mêmes ◆ **it's as plain as a pikestaff** or **as the nose on your face*** c'est clair comme le jour or comme de l'eau de roche ◆ **it is plain from his comments that ...** ses remarques montrent clairement que ... ◆ **the reason for their success is plain to see** la raison de leur succès est évidente ◆ **a plain case of jealousy** un cas manifeste or évident de jalousie ◆ **I must make it plain that ...** vous devez bien comprendre que ... ◆ **he made his feelings plain** il ne cacha pas ce qu'il ressentait or pensait ◆ **he made it quite plain that he would never agree** il a bien fait comprendre qu'il n'accepterait jamais ◆ **to make sth plain to sb** faire comprendre qch à qn
    b (= unambiguous) clair, franc (franche f) ; statement, assessment clair ◆ **plain talk, plain speaking** (gen) propos mpl sans équivoque ◆ **I like plain speaking** j'aime le franc-parler or la franchise ◆ **to be a plain speaker** avoir son franc-parler ◆ **it's a plain statement of fact** ce sont les faits, ni plus ni moins ◆ **to use plain language** parler sans ambages ◆ **in plain words** or **in plain English, I think you made a mistake** je vous le dis or pour vous le dire carrément, je pense que vous vous êtes trompé ◆ **I explained it all in plain words** or **in plain English** j'ai tout expliqué très clairement ◆ **I gave him a plain answer** je lui ai répondu carrément or sans détours or sans ambages ◆ **the plain truth of the matter is (that) ...** à dire vrai ..., à la vérité ... ◆ **let me be quite plain with you** je serai franc avec vous ◆ **do I make myself plain?** est-ce que je me fais bien comprendre ?
    c (= sheer, utter) pur (et simple) ◆ **it's plain folly** c'est de la pure folie
    d (= simple, unadorned) dress, style, diet, food simple ; (= in one colour) fabric, suit, background, paper uni ; envelope ordinaire ◆ **plain white walls** murs mpl blancs unis ◆ **plain living** mode m de vie tout simple or sans luxe ◆ **I like good plain cooking** j'aime la cuisine simple ◆ **don't worry about "Mr Furness-Gibbon", just call me plain "Simon"** ne vous embêtez pas avec "Monsieur Furness-Gibbon", appelez-moi "Simon" tout court ◆ **plain stitch** (Knitting) (= one stitch) maille f à l'endroit ; (= technique) point m mousse ◆ **one plain, one purl** (Knitting) une maille à l'endroit, une maille à l'envers ◆ **a row of plain, a plain row** un rang à l'endroit ◆ **to send sth under plain cover** envoyer qch sous pli discret ◆ **plain flour** farine f (sans levure) ◆ **plain yoghurt** yaourt m nature ◆ **plain chocolate** chocolat m à croquer ◆ **it's plain sailing from now on** maintenant tout va marcher comme sur des roulettes
    e (= not pretty) quelconque, ordinaire (péj) ◆ **she's very plain** elle n'a rien d'une beauté, elle est tout à fait quelconque ◆ **she's rather a plain Jane*** ce n'est pas une beauté
    ② adv a (= clearly) **I can't put it plainer than this** je ne peux pas m'exprimer plus clairement que cela or en termes plus explicites
    b (* = simply) tout bonnement ◆ **she's just plain shy** elle est tout bonnement timide ◆ **it's (just) plain wrong** c'est tout simplement faux ◆ **(just) plain stupid** tout simplement idiot
    ③ n plaine f ◆ **the (Great) Plains** (US) les Prairies fpl, la Grande Prairie
    ④ COMP ▷ **plain clothes** npl **in plain clothes** en civil ◆ **plain-clothes** adj **a plain-clothes policeman** un policier en civil ◆ **plain-clothes officers** (Police) personnel m en civil ▷ **plain-spoken** → SYN adj qui a son franc-parler, qui appelle les choses par leur nom

plainchant [ˈpleɪntʃɑːnt] n plain-chant m

plainly [ˈpleɪnlɪ] adv a (= obviously) manifestement ◆ **there has plainly been a mistake** il y a manifestement erreur, il est clair qu'il y a erreur ◆ **plainly, these new techniques are a great improvement** à l'évidence, ces nouvelles techniques représentent un grand progrès
    b (= unambiguously, distinctly) speak, explain clairement ; see, hear distinctement ◆ **plainly visible** bien visible
    c (= simply) dressed, furnished simplement, sans recherche

plainness [ˈpleɪnnɪs] n a (= simplicity) [of food, décor, dress, language] simplicité f, sobriété f
    b (= lack of beauty) manque m de beauté

plainsman [ˈpleɪnzmən] n, pl **-men** habitant m de la plaine

plainsong [ˈpleɪnsɒŋ] n ⇒ **plainchant**

plaint [pleɪnt] n (liter) plainte f

plaintiff [ˈpleɪntɪf] n (Jur) demandeur m, -deresse f, plaignant(e) m(f)

plaintive [ˈpleɪntɪv] → SYN adj voice, cry, question, expression plaintif

plaintively [ˈpleɪntɪvlɪ] adv ask, say plaintivement, d'un ton plaintif ; howl, whine, meow plaintivement

plaintiveness [ˈpleɪntɪvnɪs] n ton m plaintif

plait [plæt] ① n (esp Brit) [of hair] natte f, tresse f ◆ **she wears her hair in plaits** elle porte des tresses
    ② vt (esp Brit) [+ hair, string] natter, tresser ; [+ basket, wicker] tresser ; [+ straw] ourdir

plan [plæn] LANGUAGE IN USE 8 → SYN
    ① n a (= drawing, map) [of building, estate, district etc] plan m ; → **seating**
    b (= project, intention) plan m, projet m ◆ **her plan for union reform** son plan or projet de réforme syndicale ◆ **plan of action** plan m d'action ◆ **plan of campaign** plan m de campagne ◆ **development plan** plan m or projet m de développement ◆ **to draw up a plan** dresser un plan ◆ **everything is going according to plan** tout se passe selon les prévisions or comme prévu ◆ **to make plans** faire des projets ◆ **to upset** or **spoil sb's plans** déranger les projets de qn ◆ **to change one's plans** changer d'idée, prendre d'autres dispositions ◆ **the best plan would be to leave tomorrow** le mieux serait de partir demain ◆ **the plan is to come back here after the show** notre idée est or nous prévoyons de revenir ici après le spectacle ◆ **what plans do you have for the holidays/for your retirement?** quels sont vos projets pour les vacances/pour votre retraite ? ◆ **I haven't any particular plans** je n'ai aucun projet précis ◆ **have you got any plans for tonight?** est-ce que vous avez prévu quelque chose pour ce soir ? ◆ **there are plans to modernize the building** on projette de moderniser l'immeuble ◆ **the government said they had no plans to increase taxes** le gouvernement a dit qu'il n'avait pas l'intention d'augmenter les impôts
    ② vt a [+ research, project, enterprise] (= devise and work out) élaborer, préparer ; (= devise and schedule) planifier ◆ **to plan the future of an industry** planifier l'avenir d'une industrie ; see also **planned** ; → **obsolescence**
    b (= make plans for) [+ house, estate, garden etc] concevoir, dresser les plans de ; [+ programme, holiday, journey, crime] préparer à l'avance, organiser ; [+ essay] faire le plan de ; (Mil) [+ campaign, attack] organiser ◆ **who planned the house/garden?** qui a dressé les plans de la maison/du jardin ? ◆ **a well-planned house** une maison bien conçue ◆ **to plan one's day** organiser sa journée ◆ **they planned the attack together** ils ont concerté l'attaque ◆ **he has got it all planned** il a tout prévu, il a pensé à tout ◆ **that wasn't planned** cela n'était pas prévu ◆ **we shall go on as planned** nous continuerons comme prévu ◆ **couples can now plan their families** les couples peuvent maintenant choisir quand avoir des enfants ; see also **planned**
    c (= intend) [+ visit, holiday] projeter ◆ **to plan to do sth, to plan on doing sth** projeter de or avoir l'intention de faire qch ◆ **how long do you plan to be away (for)?** combien de temps avez-vous l'intention de vous absenter or pensez-vous être absent ? ◆ **will you stay for a while? – I wasn't planning to** resterez-vous un peu ? – ce n'était pas dans mes intentions ◆ **she's planning a career in law** elle envisage une carrière de juriste
    ③ vi faire des projets ◆ **one has to plan months ahead** il faut s'y prendre des mois à l'avance ◆ **we are planning for the future/the holidays** etc nous faisons des projets or nous prenons nos dispositions pour l'avenir/les vacances etc ◆ **we didn't plan for** or **on such a large number of visitors** nous n'avions pas prévu un si grand nombre de visiteurs

▶ **plan on** vt fus a (= intend) **to plan on (taking) a trip** avoir l'intention de partir en voyage ◆ **I'm planning on a hot bath and an early night** j'ai l'intention de prendre un bain bien chaud et d'aller me coucher tôt ◆ **to plan on doing sth** avoir l'intention de faire qch, compter faire qch ◆ **she plans on staying in London** elle a l'intention de or elle compte rester à Londres
    b (= foresee, reckon with) prévoir ◆ **he hadn't planned on the bad weather** il n'avait pas prévu qu'il ferait mauvais temps ◆ **I hadn't planned on being paid for my help** je n'avais pas prévu d'être dédommagé, je n'escomptais pas être dédommagé

▶ **plan out** vt sep préparer or organiser dans tous les détails

planarian [pləˈnɛərɪən] n planaire f

planchette [plɑːnˈʃet] n planchette f *(spiritisme)*

plane[1] [pleɪn] → SYN [1] n (abbrev of **aeroplane** or **airplane**) avion m ◆ **by plane** par avion [2] COMP ▷ **plane crash** n accident m d'avion ▷ **plane journey** n voyage m en avion ▷ **plane ticket** n billet m d'avion

plane[2] [pleɪn] (Carpentry) [1] n rabot m [2] vt (also **plane down**) raboter

plane[3] [pleɪn] n (also **plane tree**) platane m

plane[4] [pleɪn] → SYN [1] n (Archit, Art, Math, fig) plan m ◆ **horizontal plane** plan m horizontal ◆ **the physical/spiritual plane** le plan physique/spirituel ◆ **a higher plane of consciousness** un niveau de conscience supérieur ◆ **the conversation was on a higher plane** le niveau de la conversation était plus élevé ◆ **he seems to exist on another plane altogether** il semble vivre dans un autre monde or univers [2] adj (gen, Math) plan ◆ **plane geometry** géométrie f plane

plane[5] [pleɪn] vi [bird, glider, boat] planer ; [car] faire de l'aquaplanage

▶ **plane down** vi [bird, glider] descendre en vol plané

planeload [ˈpleɪnləʊd] n ◆ **planeloads of tourists** ◆ **tourists by the planeload** des cargaisons fpl de touristes

planet [ˈplænɪt] n planète f ◆ **"The Planets"** (Mus) "Les Planètes"

planetarium [ˌplænɪˈtɛərɪəm] n, pl **planetariums** or **planetaria** [ˌplænɪˈtɛərɪə] planétarium m

planetary [ˈplænɪtərɪ] adj planétaire

planetology [ˌplænɪˈtɒlədʒɪ] n planétologie f

plangent [ˈplændʒənt] adj (liter) retentissant

planimeter [plæˈnɪmɪtər] n planimètre m

planisphere [ˈplænɪsfɪər] n [of world] planisphère m ; [of stars] planisphère m céleste

plank [plæŋk] [1] n planche f ; (fig: of policy, argument) article m, point m ◆ **to walk the plank** subir le supplice de la planche *(sur un bateau de pirates)* [2] vt (*: also **plank down**) déposer brusquement, planter

planking [ˈplæŋkɪŋ] n (NonC) planchéiage m ; (Naut) planches fpl, bordages mpl, revêtement m

plankton [ˈplæŋktən] n (NonC) plancton m

planned [ˈplænd] adj [a] (Econ, Pol, Ind, Comm = organized) planifié ◆ **planned economy** économie f planifiée ◆ **planned parenthood** planning m familial, contrôle m or régulation f des naissances ◆ **planned pregnancies** grossesses fpl programmées [b] (= premeditated) crime etc prémédité [c] (= proposed, intended) prévu

planner [ˈplænər] n [a] (also **town planner**) urbaniste mf [b] (Econ) planificateur m, -trice f

planning [ˈplænɪŋ] [1] n [a] (= organizing) planification f ◆ **forward planning** planification f à long terme ◆ **we must do some planning for the holidays** on va devoir organiser nos vacances ◆ **financial planning** (Comm, Admin) gestion f prévisionnelle des dépenses [b] (also **town** or **urban planning**) urbanisme m ; → **family, town** [2] COMP ▷ **planning board, planning committee** n (Econ, Ind) service m or bureau m de planification ; (in local government) ≈ service m de l'urbanisme ▷ **planning department** n service m de l'urbanisme ▷ **planning permission** n permis m de construire ▷ **planning stage** n **it's still at the planning stage** c'est encore à l'état d'ébauche

plano-concave [ˈpleɪnəʊ] adj lens plan-concave

plano-convex [ˈpleɪnəʊ] adj lens plan-convexe

plant [plɑːnt] → SYN [1] n [a] (Bot) plante f [b] (NonC: Ind, Tech) (= machinery, equipment) matériel m, biens mpl d'équipement ; (fixed) installation f ; (= equipment and buildings) bâtiments mpl et matériel ◆ **the heating plant** l'installation f de chauffage ◆ **he had to hire the plant to do it** il a dû louer le matériel or l'équipement pour le faire ◆ **heavy plant** engins mpl ◆ **"heavy plant crossing"** "sortie d'engins"
[c] (= factory) usine f, fabrique f ◆ **a steel plant** une aciérie ; → **nuclear**
[d] (Theat * = stooge) acolyte m, complice mf ; (= infiltrator, mole) taupe *f, agent m infiltré
[2] vt [a] [+ seeds, plants, bulbs] planter ; [+ field etc] planter (*with* en) ◆ **a field planted with wheat** un champ planté de or en blé
[b] (= place) [+ flag, stick etc] planter, enfoncer ; [+ bomb] poser ; [+ spy, informer] introduire ◆ **he planted his chair next to hers** il a planté sa chaise à côté de la sienne ◆ **to plant a kiss on sb's cheek** planter un baiser sur la joue de qn ◆ **he planted his fist in my guts** il m'a planté son poing dans le ventre ◆ **to plant o.s. in front of sb/sth** se planter devant qn/qch ◆ **to plant an idea in sb's mind** mettre une idée dans la tête de qn ◆ **to plant doubts in sb's mind** semer le doute dans l'esprit de qn ◆ **to plant drugs/evidence on sb** dissimuler de la drogue/des preuves sur qn (pour l'incriminer) ◆ **the drugs were planted!** quelqu'un a dissimulé la drogue dans mes (or ses etc) affaires !
[3] COMP ▷ **plant bargaining** n (Ind) négociations fpl au niveau de l'usine ▷ **plant breeder** n phytogénéticien(ne) m(f) ▷ **plant cost** n (Comm) frais mpl d'équipement ▷ **plant food** n engrais m ▷ **plant-hire firm** n (Ind, Tech) entreprise f de location de matériel industriel ▷ **the plant kingdom** n (Bot) le règne végétal ▷ **plant life** n flore f ▷ **plant louse** n puceron m ▷ **plant pot** n pot m de fleurs

▶ **plant down** vt sep planter, camper

▶ **plant out** vt sep [+ seedlings] repiquer

Plantagenet [plænˈtædʒɪnɪt] n Plantagenêt

plantain [ˈplæntɪn] n [a] (= plant) plantain m [b] (= fruit) banane f plantain

plantar [ˈplæntər] adj plantaire

plantation [plænˈteɪʃən] n (all senses) plantation f ◆ **coffee/rubber plantation** plantation f de café/de caoutchouc

planter [ˈplɑːntər] n (= person) planteur m ; (= machine) planteuse f ; (= plant pot) pot m ; (bigger, decorative) jardinière f ◆ **coffee/rubber planter** planteur m de café/de caoutchouc

plantigrade [ˈplæntɪgreɪd] adj, n plantigrade m

planting [ˈplɑːntɪŋ] n plantations fpl ◆ **autumn planting** les plantations d'automne

plaque [plæk] → SYN n [a] (= plate) plaque f [b] (NonC: on teeth) plaque f dentaire

plash [plæʃ] [1] n [of waves] clapotis m, clapotement m ; [of object falling into water] floc m [2] vi clapoter, faire floc or flac

plasm [ˈplæzəm] n protoplasme m

plasma [ˈplæzmə] n plasma m ; → **blood**

plasmapheresis [ˌplæzməˈferəsɪs] n plasmaphérèse f

plasmid [ˈplæzmɪd] n plasmide m

plaster [ˈplɑːstər] → SYN [1] n [a] (Constr) plâtre m [b] (Med: for broken bones) plâtre m ◆ **he had his leg in plaster** il avait la jambe dans le plâtre or la jambe plâtrée [c] (Brit Med: also **adhesive** or **sticking plaster**) sparadrap m ◆ **a (piece of) plaster** un pansement adhésif ; → **mustard** [2] vt [a] (Constr, Med) plâtrer [b] (fig = cover, stick) couvrir (*with* de) ◆ **plastered with** couvert de ◆ **to plaster a wall with posters, to plaster posters over a wall** couvrir or tapisser un mur d'affiches ◆ **the story was plastered** * **all over the front page/all over the newspapers** l'histoire s'étalait sur toute la première page/à la une de tous les journaux ◆ **his fringe was plastered to his forehead** sa frange était plaquée sur son front ◆ **to plaster one's face with make-up** se maquiller outrageusement [c] (*: bash up) tabasser *, battre comme plâtre * [3] COMP model, figure, moulding de or en plâtre ▷ **plaster cast** n (Med) plâtre m ; (Sculp) moule m (en plâtre) ▷ **plaster of Paris** n plâtre m à mouler ▷ **plaster work** n (NonC: Constr) plâtre(s) m(pl)

▶ **plaster down** vt ◆ **to plaster one's hair down** se plaquer les cheveux

▶ **plaster on** * vt sep [+ butter, hair cream, make-up etc] étaler or mettre une couche épaisse de

▶ **plaster over, plaster up** vt sep [+ crack, hole] boucher

plasterboard [ˈplɑːstəbɔːd] n (NonC) Placoplâtre ® m

plastered [ˈplɑːstəd] adj (* = drunk) beurré *, bourré * ◆ **to get plastered** se saouler (la gueule *)

plasterer [ˈplɑːstərər] n plâtrier m

plastering [ˈplɑːstərɪŋ] n (Constr) plâtrage m

plastic [ˈplæstɪk] → SYN [1] n [a] (= substance) plastique m, matière f plastique ◆ **plastics** matières fpl plastiques [b] (NonC: * = credit cards) cartes fpl de crédit [2] adj [a] (= made of plastic) toy, box, dish en (matière) plastique ; see also 3 [b] (*: fig, pej) food, coffee etc synthétique ◆ **actresses with plastic smiles** des actrices fpl aux sourires artificiels [c] (Art) plastique ; (= flexible) plastique, malléable [3] COMP ▷ **plastic bag** n sac m en plastique ▷ **plastic bomb** n bombe f au plastic ◆ **plastic bomb attack** attentat m au plastic, plasticage m ▷ **plastic bullet** n balle f de plastique ▷ **plastic explosive** n plastic m ▷ **plastic foam** n mousse f de plastique ▷ **plastic money** n carte(s) f(pl) de crédit ▷ **plastics industry** n industrie f (des) plastique(s) ▷ **plastic surgeon** n spécialiste mf de chirurgie esthétique ▷ **plastic surgery** n chirurgie f esthétique

plasticated [ˈplæstɪˌkeɪtɪd] adj (lit) plastifié ; (fig) synthétique, artificiel

Plasticine ® [ˈplæstɪsiːn] n (NonC) pâte f à modeler

plasticity [plæsˈtɪsɪtɪ] n plasticité f

plastid [ˈplæstɪd] n plaste m

Plate [pleɪt] n ◆ **the River Plate** le Rio de la Plata

plate [pleɪt] → SYN [1] n [a] (Culin) assiette f ; (= platter) plat m ; (in church) plateau m de quête ◆ **a plate of soup/sandwiches** une assiette de soupe/de sandwiches ◆ **to clean** or **to clear one's plate** nettoyer son assiette ◆ **to hand** or **give sth to sb on a plate** * (fig) apporter qch à qn sur un plateau ◆ **to have a lot** or **enough on one's plate** * (things to do) avoir déjà beaucoup à faire ; (problems) avoir déjà beaucoup de problèmes ◆ **he's got too much on his plate already** * (fig) il ne sait déjà plus où donner de la tête ; → **dinner, soup, tea** [b] (NonC) (gold dishes) orfèvrerie f, vaisselle f d'or ; (silver dishes) argenterie f, vaisselle f d'argent [c] (= flat metal) plaque f ; (= metal coating) placage m ; (= coated metal) plaqué m ◆ **it's not silver, it's only plate** ce n'est pas de l'argent massif, ce n'est que du plaqué [d] (on wall, door, in battery, armour) plaque f ; (Aut: also **pressure plate**) plateau m d'embrayage ; (Aut: also **number plate**) plaque f d'immatriculation, plaque f minéralogique ; → **clutch, hotplate, number** [e] (Geol : also **tectonic plate**) plaque f [f] (Phot) plaque f ; (Typ) cliché m ; (for engraving) planche f ; (= illustration: in book) planche f ◆ **full-page plate** (in book) gravure f hors-texte, planche f ; → **fashion** [g] (Dentistry: also **dental plate**) dentier m ; (Med: repairing fracture etc) broche f [h] (Racing = prize, race) coupe f [i] (Sci: for microscope) lamelle f [2] vt [a] (gen: with metal) plaquer ; (with gold) dorer ; (with silver) argenter ; (with nickel) nickeler ; → **armour** [b] [+ ship etc] blinder [3] COMP ▷ **plate armour** n (NonC) blindage m ▷ **plate glass** n (NonC) verre m à vitre ▷ **plate-glass window** n baie f vitrée ▷ **plate rack** n (for drying) égouttoir m ; (for storing) range-assiettes m inv ▷ **plate tectonics** n (NonC: Geol) tectonique f des plaques ▷ **plate warmer** n chauffe-assiette(s) m

plateau [ˈplætəʊ] → SYN [1] n, pl **plateaus** or **plateaux** [ˈplætəʊz] (Geog) plateau m ; (fig) palier m ◆ **to reach a plateau** atteindre un palier, se stabiliser [2] vi atteindre un palier, se stabiliser

plateful / play

plateful ['pleɪtfʊl] n assiettée f, assiette f

platelayer ['pleɪt,leɪəʳ] n (Brit Rail) poseur m de rails

platelet ['pleɪtlɪt] n plaquette f

platen ['plætən] n [of printing press] platine f ; [of typewriter] rouleau m

platform ['plætfɔːm] → SYN **1** n **a** (on oil rig, bus, scales, in scaffolding etc) plateforme f ; (for band, in hall) estrade f ; (at meeting etc) tribune f ; (Rail) quai m ◆ **platform (number) six** (Rail) quai m (numéro) six ◆ **he was on the platform at the last meeting** il était sur l'estrade ou il était à la tribune (d'honneur) lors de la dernière réunion ◆ **he campaigned on a socialist platform** il a adopté une plate-forme socialiste pour sa campagne électorale ◆ **they campaigned on a platform of national sovereignty** le thème principal de leur campagne électorale était la souveraineté de l'État ◆ **this gave him a platform for his views** cela lui a fourni une tribune pour exprimer ses opinions ◆ **the platform would not let me speak** (fig : = people on the platform) les orateurs de la tribune m'ont empêché de prendre la parole ; → **diving**
b platforms * (= shoes) ⇒ **platform shoes**
2 COMP ◆ **the platform party** n (at meeting) la tribune ▷ **platform scales** npl (balance f à) bascule f ▷ **platform shoes, platform soles** * npl chaussures fpl à semelles compensées ▷ **platform ticket** n (Brit Rail) billet m de quai

plating ['pleɪtɪŋ] n **a** (Metal) placage m ◆ **tin-/aluminium-/copper-plating** etc placage m (à l'étain/(à l')aluminium/(au) cuivre etc ; → **chromium, silver**
b (Naut, Mil) [of ship] bordé m ; [of armoured vehicle] blindage m ◆ **hull plating** bordé m ; → **armour**

platiniferous [,plætɪ'nɪfərəs] adj platinifère

platinization [,plætɪnaɪˈzeɪʃən] n platinage m

platinize ['plætɪnaɪz] vt platiner

platinum ['plætɪnəm] **1** n (NonC) platine m
2 COMP jewellery en or de platine ▷ **platinum-blond** adj hair blond platiné or platine ; person (aux cheveux) blond platiné or platine ▷ **platinum blond(e)** n blond(e) m(f) platiné(e) or platine ▷ **platinum disc** n (= award) disque m de platine

platitude ['plætɪtjuːd] → SYN n platitude f, lieu m commun

platitudinize [,plætɪ'tjuːdɪnaɪz] vi débiter des platitudes or des lieux communs

platitudinous [,plætɪ'tjuːdɪnəs] → SYN adj banal, d'une grande platitude, rebattu

Plato ['pleɪtəʊ] n Platon m

Platonic [plə'tɒnɪk] adj **a** philosophy platonicien
b platonic relationship, love platonique

Platonism ['pleɪtənɪzəm] n platonisme m

Platonist ['pleɪtənɪst] adj, n platonicien(ne) m(f)

platoon [plə'tuːn] → SYN **1** n (Mil) section f ; [of policemen, firemen etc] peloton m
2 COMP ▷ **platoon sergeant** n (US Mil) adjudant m

platter ['plætəʳ] → SYN n **a** (esp US = large dish) plat m ◆ **on a (silver) platter** (fig) sur un plateau (d'argent) ◆ **she was handed it on a platter** (fig) on le lui a offert or apporté sur un plateau
b (= meal, course) assiette f ◆ **seafood platter** assiette f de fruits de mer
c (US * = record) disque m

platypus ['plætɪpəs] n ornithorynque m

plaudits ['plɔːdɪts] npl applaudissements mpl, acclamations fpl, ovations fpl

plausibility [,plɔːzə'bɪlɪtɪ] n [of argument, excuse] plausibilité f ; [of person] crédibilité f ◆ **her plausibility as party leader** sa crédibilité en tant que chef du parti

plausible ['plɔːzəbl] → SYN adj argument, excuse plausible, vraisemblable ; person convaincant

plausibly ['plɔːzəblɪ] adv de façon plausible

Plautus ['plɔːtəs] n Plaute m

play [pleɪ]
→ SYN

1 NOUN
2 TRANSITIVE VERB
3 INTRANSITIVE VERB
4 COMPOUNDS
5 PHRASAL VERBS

1 NOUN

a gen, Sport, fig jeu m ◆ **there was some good play in the second half** on a assisté à du beau jeu pendant la deuxième mi-temps ◆ **that was a clever piece of play** c'était finement or astucieusement joué ◆ **play starts at 11 o'clock** le match commence à 11 heures ◆ **ball in play** ballon m or balle f en jeu ◆ **ball out of play** ballon m or balle f hors jeu ◆ **children learn through play** les enfants apprennent par le jeu or en jouant ◆ **to say sth in play** dire qch en plaisantant ◆ **the play of light on water** le jeu de la lumière sur l'eau

◆ **at play** (children, animals) en train de jouer ◆ **the different factors at play** les divers facteurs qui entrent en jeu

◆ **to bring sth into play** mettre qch en œuvre

◆ **to call sth into play** faire entrer qch en jeu

◆ **to come into play** entrer en jeu

◆ **to make a play for sb** faire des avances à qn

◆ **to make a play for sth** s'efforcer d'obtenir qch

b Tech, fig = movement jeu m ◆ **there's too much play in the clutch** il y a trop de jeu dans l'embrayage ◆ **to give full or free play to one's imagination/emotions** donner libre cours à son imagination/à ses sentiments ◆ **the play of different forces** le jeu des différentes forces ◆ **the free play of market forces** le libre jeu du marché ◆ **the play of ideas in the film is fascinating** l'interaction f des idées dans ce film est fascinante

c Theat pièce f (de théâtre) ◆ **the plays of Molière** les pièces fpl or le théâtre de Molière ◆ **radio play** pièce f radiophonique ◆ **television play** dramatique f ◆ **the play ends at 10.30** la pièce se termine à 22 h 30 ◆ **a play by Pinter, a Pinter play** une pièce de Pinter ◆ **to be in a play** [actor] jouer dans une pièce ◆ **the customs officers made (a) great play of examining our papers** (Brit) les douaniers ont examiné nos papiers en prenant un air important

2 TRANSITIVE VERB

a + game, sport jouer à ◆ **to play chess/bridge** jouer aux échecs/au bridge ◆ **to play football** jouer au football ◆ **will you play tennis with me?** voulez-vous faire une partie de tennis avec moi ? ◆ **to play a match against sb** disputer un match avec qn ◆ **the match will be played on Saturday** le match aura lieu samedi ◆ **what position does she play?** (in hockey, football etc) à quelle place joue-t-elle ? ◆ **to play centre-forward** etc jouer avant-centre etc ◆ **the boys were playing soldiers** les garçons jouaient aux soldats ◆ **the children were playing a game in the garden** les enfants jouaient dans le jardin ◆ **to play a game** (board game etc) jouer à un jeu ; (of tennis etc) faire une partie ; (fig : trickery) jouer (fig) ◆ **don't play games with me!** ne vous moquez pas de moi ! ◆ **to play the ball** (Ftbl) jouer le ballon ◆ **to play ball with sb** (fig) coopérer avec qn ◆ **he won't play ball** (fig) il refuse de jouer le jeu ◆ **England will be playing Smith (in the team)** (fig) l'Angleterre a sélectionné Smith (pour jouer dans l'équipe)

◆ **to play the game** (= play fair) (gen) jouer le jeu ; (in sports match, race etc) jouer selon les règles

◆ **to play the field** * papillonner ◆ **he gave up playing the field and married a year ago** il a cessé de papillonner et s'est marié il y a un an

b + opponent, opposing team jouer contre ◆ **England are playing Scotland on Saturday** l'Angleterre joue contre or rencontre l'Écosse samedi ◆ **I'll play you for the drinks** jouons la tournée

c = move [+ chess piece] jouer ◆ **he played the ball into the net** (Tennis) il a mis or envoyé la balle dans le filet

d Cards to play cards jouer aux cartes ◆ **to play a card** jouer une carte ◆ **to play hearts/trumps** jouer cœur/atout ◆ **he played a heart** il a joué (un) cœur ◆ **to play one's best/last card** (fig) jouer sa meilleure/dernière carte ◆ **to play one's cards well** or **right** bien jouer ◆ **he played his ace** (lit) il a joué son as ; (fig) il a joué sa carte maîtresse

e St Ex **to play the market** jouer à la Bourse

f Theat etc [+ part] jouer, interpréter ; [+ play] [actors] jouer ; [director, producer, theatre] présenter, donner ◆ **they played it as a comedy** ils en ont donné une interprétation comique, ils l'ont joué comme une comédie ◆ **let's play it for laughs** * jouons-le en farce ◆ **we played Brighton last week** nous avons joué à Brighton la semaine dernière ◆ **he played (the part of) Macbeth** il a joué (le rôle de) Macbeth ◆ **what (part) did you play in "Macbeth"?** quel rôle jouiez-vous or interprétiez-vous dans "Macbeth" ? ◆ **he played Macbeth as a well-meaning fool** il a fait de Macbeth un sot bien intentionné ◆ **to play one's part well** (lit, fig) bien jouer ◆ **he was only playing a part** il jouait la comédie ◆ **to play a part in sth** [person] prendre part à qch, contribuer à qch ; [quality, object] contribuer à qch ◆ **he played no part in it** il n'y était pour rien ◆ **to play the peacemaker/the devoted husband** jouer les conciliateurs/les maris dévoués ◆ **to play it cautious** ne prendre aucun risque ◆ **to play it cool** * garder son sang-froid, ne pas s'énerver ◆ **to play (it) safe** ne prendre aucun risque ◆ **we could have played it differently** nous aurions pu agir différemment

g Mus [+ instrument] jouer de ; [+ note, tune, concerto] jouer ; [+ record, CD] passer ◆ **to play the piano/the clarinet** jouer du piano/de la clarinette ◆ **they were playing Beethoven** ils jouaient du Beethoven

h = direct [+ hose, searchlight] diriger (on, onto sur) ◆ **they played the searchlights over the front of the building** ils ont promené les projecteurs sur la façade du bâtiment

3 INTRANSITIVE VERB

a gen, Cards, Sport etc jouer ; [lambs, puppies, kittens] s'ébattre, folâtrer ◆ **it's you** or **your turn to play** c'est votre tour (de jouer) ◆ **is Paul coming out to play?** est-ce que Paul vient jouer ? ◆ **what are you doing? — just playing** que faites-vous ? — rien, on joue or s'amuse ◆ **to play fair** (Sport etc) jouer franc jeu, jouer selon les règles ; (fig) jouer le jeu, être loyal ; → **fast, hard, dirty**

◆ **play** + preposition ◆ **England is playing against Scotland (in the semi-final)** l'Angleterre joue contre l'Écosse (en demi-finale) ◆ **to play at soldiers/chess/bridge** jouer aux soldats/aux échecs/au bridge ◆ **the little girl was playing at being a lady** la petite fille jouait à la dame ◆ **he just plays at being a soldier** (fig) il ne prend pas au sérieux son métier de soldat ◆ **they're playing at happy families for the sake of the children** (iro) ils jouent les familles unies pour les enfants ◆ **what's he playing at?** * à quoi il joue ? ◆ **what do you think you're playing at!** * qu'est-ce que tu fabriques * ? ◆ **to play for money/matches** jouer de l'argent/des allumettes ◆ **he plays for Manchester** il joue dans l'équipe de Manchester ◆ **to play for high stakes** (lit, fig) jouer gros (jeu) ◆ **to play for time** (lit, fig) essayer de gagner du temps ◆ **to play in defence/in goal** (Sport) jouer en défense/dans les buts ◆ **he played into the trees** (Golf = hit, shoot) il a envoyé sa balle dans les arbres ◆ **she played into the back of the net** (Ftbl) elle a envoyé le ballon au fond des filets ◆ **to play into sb's hands** (fig) faire le jeu de qn ◆ **to play to one's strengths** exploiter ses points forts ◆ **to play with** [+ object, pencil, toy] jouer avec ◆ **to play with o.s.** * (euph) se masturber ◆ **to play with fire/words** jouer avec le feu/les mots ◆ **how much time/money do we have to play with?** * combien de temps/d'argent avons-nous ? ◆ **it's not a question to be played with** ce n'est pas une question qui se traite à la légère ◆ **he's not a man to be played with** ce n'est pas un homme avec qui on plaisante ◆ **he's just**

playing with you il te fait marcher ◆ **to play with an idea** caresser une idée

b ⃞ light, fountain ⃞ jouer (*on* sur) ◆ **a smile played on** or **over his lips** un sourire s'ébauchait sur ses lèvres

c ⃞ Mus ⃞ [person, organ, orchestra] jouer ◆ **to play on the piano** jouer du piano ◆ **will you play for us?** (= perform) voulez-vous nous jouer quelque chose ?; (= accompany) voulez-vous nous accompagner ? ◆ **there was music playing** il y avait de la musique ◆ **a record was playing in the background** (as background music) un disque passait en fond sonore

d ⃞ Theat, Cine = act ⃞ jouer ◆ **he played in a film with Greta Garbo** il a joué dans un film avec Greta Garbo ◆ **we have played all over the South** nous avons joué partout dans le Sud ◆ **the film now playing at the Odeon** le film qui passe actuellement à l'Odéon ◆ **to play dead** (fig) faire le mort

4 ⃞ COMPOUNDS

▷ **play box** n coffre m à jouets ▷ **play-by-play** adj account etc (Sport) suivi ; (fig) circonstancié ▷ **play clothes** npl vêtements mpl qui ne craignent rien *(pour jouer)* ▷ **play-off** n (Sport) (after a tie) ≈ match m de barrage *(départageant des concurrents à égalité)*; (US) (for championship) match m de qualification (de coupe or de championnat) ▷ **play on words** n jeu m de mots, calembour m ▷ **play reading** n lecture f d'une pièce de théâtre

5 ⃞ PHRASAL VERBS

▶ **play about** vi a ⃞ [children etc] jouer, s'amuser

b ⃞ (= toy, fiddle) jouer, s'amuser (*with* avec) ◆ **he was playing about with the gun when it went off** il s'amusait or jouait avec le fusil quand le coup est parti ◆ **stop playing about with that watch** arrête de tripoter cette montre, laisse cette montre tranquille ◆ **he's just playing about with you** * il te fait marcher, il se moque de toi

▶ **play along** 1 ⃞ vi (fig) ◆ **to play along with sb** entrer dans le jeu de qn

2 ⃞ vt sep (fig) ◆ **to play sb along** tenir qn en haleine

▶ **play around** vi a ⃞ **to play around with an idea** retourner une idée dans sa tête

b ⃞ (* = sleep around) coucher à droite et à gauche

c ⃞ ⇒ play about

▶ **play back** vt sep [+ tape] réécouter, repasser

▶ **play down** vt sep (= minimize importance of) [+ decision, effect] minimiser ; [+ situation, attitude] dédramatiser ; [+ opinion, dissent] mettre une sourdine à ; [+ language] atténuer ; [+ policy] mettre en sourdine

▶ **play in** vt sep a ⃞ **to play o.s. in** (esp Cricket) s'habituer aux conditions de jeu ; (fig) s'acclimater

b ⃞ **the band played the procession in** le défilé entra au son de la fanfare

▶ **play off** vt sep a ⃞ [+ person] **to play off A against B** jouer A contre B (pour en tirer profit)

b ⃞ (Sport) **to play a match off** jouer la belle

▶ **play on** vt fus [+ sb's emotions, credulity, good nature] jouer sur, miser sur ◆ **to play on words** jouer sur les mots ◆ **the noise began to play on her nerves** le bruit commençait à l'agacer ou à lui taper sur les nerfs *

▶ **play out** vt sep a ⃞ **the band played the procession out** le cortège sortit au son de la fanfare

b ⃞ **to be played out** * [person] être éreinté * or vanné * ; [argument] être périmé, avoir fait son temps

c ⃞ [+ fantasies, roles, scenes] jouer

▶ **play over, play through** vt sep [+ piece of music] jouer

▶ **play up** 1 ⃞ vi a ⃞ (Sport) bien jouer ◆ **play up!** † allez-y !

b ⃞ (esp Brit * = give trouble) **the engine is playing up** le moteur fait des siennes or ne tourne pas rond ◆ **his rheumatism/his leg is playing**

up ses rhumatismes/sa jambe le tracasse(nt) ◆ **the children have been playing up all day** les enfants ont été insupportables or ont fait des leurs toute la journée

c ⃞ (= curry favour) **to play up to sb** * chercher à se faire bien voir de qn, faire de la lèche à qn*

2 ⃞ vt sep a ⃞ (esp Brit: (* = give trouble to) **his rheumatism/his leg is playing him up** ses rhumatismes/sa jambe le tracasse(nt) ◆ **that boy plays his father up** ce garçon en fait voir à son père

b ⃞ (= magnify importance of) insister sur (l'importance de)

▶ **play upon** vt fus ⇒ play on

playable ['pleɪəbl] adj jouable

playact ['pleɪækt] vi (lit) jouer la comédie, faire du théâtre ; (fig) jouer la comédie, faire du cinéma *

playacting ['pleɪˌæktɪŋ] n (fig) ◆ **it's only playacting** c'est de la comédie ou du cinéma *

playactor ['pleɪˌæktəʳ] n (fig) ◆ **he's a playactor** c'est un vrai comédien, il joue continuellement la comédie

playback ['pleɪbæk] n (Recording) enregistrement m ; (function) (touche f de or position f) lecture f

playbill ['pleɪbɪl] n affiche f (de théâtre) ◆ **Playbill** ® (US) (Theat) programme m

playboy ['pleɪbɔɪ] → SYN n playboy m

player ['pleɪəʳ] → SYN 1 ⃞ n a ⃞ (Sport) joueur m, -euse f ◆ **football player** joueur m, -euse f de football ◆ **he's a very good player** il joue très bien, c'est un excellent joueur

b ⃞ (Theat) acteur m, -trice f

c ⃞ (Mus) musicien(ne) m(f), exécutant(e) m(f) ◆ **flute player** joueur m, -euse f de flûte, flûtiste mf ◆ **he's a good player** c'est un bon musicien, il joue bien

d ⃞ (esp Comm = party involved) protagoniste mf ◆ **one of the main** or **major players in ...** un des principaux protagonistes de ...

2 ⃞ COMP ▷ **player piano** n piano m mécanique

playfellow † ['pleɪˌfeləʊ] n ⇒ playmate

playful ['pleɪfʊl] → SYN adj mood, tone, remark badin, enjoué ; person enjoué, taquin ; child, puppy, etc espiègle ◆ **he's only being playful** il fait ça pour s'amuser, c'est de l'espièglerie

playfully ['pleɪfəlɪ] adv nudge, tickle par jeu ; remark, say en plaisantant ; joke d'un ton taquin

playfulness ['pleɪfʊlnɪs] n (gen) caractère m badin or enjoué ; [of person] enjouement m ; [of child, puppy etc] espièglerie f

playgoer ['pleɪˌgəʊəʳ] n amateur m de théâtre ◆ **he is a regular playgoer** il va régulièrement au théâtre

playground ['pleɪgraʊnd] n cour f de récréation

playgroup ['pleɪgruːp] n ≈ garderie f

playhouse ['pleɪhaʊs] n a ⃞ (Theat) théâtre m

b ⃞ (for children) maison f (pliante)

playing ['pleɪɪŋ] 1 ⃞ n a ⃞ (Sport) jeu m ◆ **there was some good playing in the second half** il y a eu du beau jeu à la deuxième mi-temps

b ⃞ (Mus) interprétation f ◆ **the orchestra's playing of the symphony was uninspired** l'orchestre manquait d'inspiration dans l'interprétation de la symphonie ◆ **there was some fine playing in the violin concerto** il y a eu des passages bien joués dans le concerto pour violon

2 ⃞ COMP ▷ **playing card** n carte f à jouer ▷ **playing field** n terrain m de jeu or de sport

playlet ['pleɪlət] n courte pièce f (de théâtre)

playlist ['pleɪlɪst] n (Rad, Mus) playlist f

playmaker ['pleɪˌmeɪkəʳ] n (Ftbl) meneur m, -euse f de jeu

playmate ['pleɪmeɪt] → SYN n camarade mf de jeu, (petit) copain m, (petite) copine f

playpen ['pleɪpen] n parc m (pour bébés)

playroom ['pleɪrʊm] n salle f de jeux

playschool ['pleɪskuːl] n ⇒ playgroup

playsuit ['pleɪsuːt] n ensemble m short

plaything ['pleɪθɪŋ] → SYN n (lit, fig) jouet m

playtime ['pleɪtaɪm] n (Scol) récréation f

playwright ['pleɪraɪt] → SYN n dramaturge m, auteur m dramatique

plaza ['plɑːzə] n a ⃞ (= public square) place f, grand-place f

b ⃞ (US) (= motorway services) aire f de service *(sur une autoroute)*; (= toll) péage m (d'autoroute)

c ⃞ (US: for parking etc) aire f de stationnement

PLC, plc [piːelˈsiː] (Brit) (abbrev of **public limited company**) SARL f ◆ **Smith & Co. PLC** Smith et Cie SARL

plea [pliː] → SYN 1 ⃞ n a ⃞ (= entreaty) appel m (*for* à), supplication f ◆ **to make a plea for mercy** implorer la clémence

b ⃞ (= allegation) argument m (*that* selon lequel) ; (= answer, defence) défense f (*that* selon laquelle) ◆ **to put forward** or **make a plea of self-defence** plaider la légitime défense ◆ **to enter a plea of guilty/not guilty** plaider coupable/non coupable

c ⃞ (= excuse) excuse f ◆ **on the plea of ...** en alléguant ..., en invoquant ... ◆ **on the plea that ...** en alléguant or en invoquant que ...

2 ⃞ COMP ▷ **plea agreement, plea bargain** n (Jur) accord entre le procureur et l'avocat de la défense pour revoir à la baisse les chefs d'inculpation ▷ **plea-bargain** vi (Jur) négocier pour parvenir à un accord en vue de revoir à la baisse les chefs d'inculpation ▷ **plea bargaining** n (Jur) négociations entre le procureur et l'avocat de la défense visant à revoir à la baisse les chefs d'inculpation

pleached ['pliːtʃd] adj tree taillé

plead [pliːd] → SYN pret, ptp **pleaded** or (esp US and Scot) **pled** 1 ⃞ vi a ⃞ **to plead with sb to do sth** supplier or implorer qn de faire qch ◆ **he pleaded for help** il a imploré ou supplié qu'on l'aide (subj) ◆ **he pleaded with them for help** il a imploré leur aide ◆ **to plead for mercy** implorer la clémence ◆ **he pleaded for mercy for his brother** il a imploré la clémence pour son frère ◆ **to plead for a scheme/programme etc** plaider pour un projet/un programme etc

b ⃞ (Jur) plaider (*for* pour, en faveur de ; *against* contre) ◆ **to plead guilty/not guilty** plaider coupable/non coupable ◆ **how do you plead?** plaidez-vous coupable ou non coupable ?

2 ⃞ vt a ⃞ (Jur etc = argue) plaider ◆ **to plead sb's case, to plead sb's cause** (Jur, fig) plaider la cause de qn (Jur) (fig)

b ⃞ (= give as excuse) alléguer, invoquer ; (Jur) plaider ◆ **to plead ignorance** alléguer or invoquer son ignorance ◆ **he pleaded poverty as a reason for ...** il a invoqué la pauvreté pour expliquer ... ◆ **to plead insanity** (Jur) plaider la démence ◆ **she pleaded that it was an accident** elle a allégué qu'il s'agissait d'un accident ; → **fifth**

pleading ['pliːdɪŋ] 1 ⃞ n a ⃞ (NonC) prières fpl (*for sb* en faveur de qn), intercession f (liter)

b ⃞ (Jur) plaidoirie f, plaidoyer m ◆ **pleadings** conclusions fpl *(des parties)*

2 ⃞ adj implorant, suppliant

pleadingly ['pliːdɪŋlɪ] adv say d'un ton suppliant ; look at d'un air suppliant

pleasant ['pleznt] LANGUAGE IN USE 7.3 → SYN adj a ⃞ (= pleasing) house, town, surroundings, voice agréable ; smell, taste agréable, bon ; weather, summer agréable, beau (belle f) ; surprise agréable, bon ◆ **they had a pleasant time** ils se sont bien amusés ◆ **they spent a pleasant afternoon** ils ont passé un après-midi très agréable ◆ **it's very pleasant here** on est bien ici ◆ **Barcombe is a pleasant place** Barcombe est un endroit agréable ◆ **pleasant dreams!** fais de beaux rêves !

b ⃞ (= polite, genial) aimable ◆ **try and be a bit more pleasant to your sister** essaie d'être un peu plus aimable avec ta sœur ◆ **he was very pleasant to** or **with us** il s'est montré très aimable avec nous ◆ **he has a pleasant manner** il est (d'un abord) charmant

pleasantly ['plezntlɪ] adv behave, smile, answer aimablement ◆ **to be pleasantly surprised**

pleasantness / plenary ANGLAIS-FRANÇAIS 716

être agréablement surpris ◆ **the weather was pleasantly warm/cool** il faisait une chaleur/fraîcheur agréable

pleasantness [ˈplezntnɪs] n [of person, manner, welcome] amabilité f ; [of place, house] agrément m, attrait m, charme m

pleasantry [ˈplezntrɪ] [→ SYN] n **a** (= joke) plaisanterie f

b **pleasantries** (= polite remarks) civilités fpl, propos mpl aimables ◆ **to exchange pleasantries** échanger des civilités

please [pliːz] LANGUAGE IN USE 4, 21.1 [→ SYN]

1 adv s'il vous (or te) plaît ◆ **yes please** oui, merci ◆ **would you like some cheese? – yes please** voulez-vous du fromage ? – volontiers or oui, merci ◆ **please come in, come in please** entrez, je vous prie ◆ **please be seated** (frm) veuillez vous asseoir (frm) ◆ **please do not smoke** (on notice) prière de ne pas fumer ; (spoken) ne fumez pas s'il vous plaît, je vous prie de ne pas fumer ◆ **please let me know if I can help you** ne manquez pas de me faire savoir si je peux vous aider ◆ **may I smoke? – please do!** je peux fumer ? – faites donc or je vous en prie or mais bien sûr ! ◆ **shall I tell him? – please do!** je le lui dis ? – mais oui dites-le-lui or mais oui bien sûr or mais oui allez-y ! * ◆ **please!** (entreating) s'il vous plaît ! ; (protesting) (ah non !) je vous en prie or s'il vous plaît ! ◆ **please don't!** ne faites pas ça s'il vous plaît ! ◆ **please let him be all right** (in prayer) mon Dieu, faites qu'il ne lui soit rien arrivé

2 vi **a** (frm = think fit) **I shall do as I please** je ferai comme il me plaira or comme je veux ◆ **do as you please!** faites comme vous voulez or comme bon vous semble ! ◆ **as you please!** comme vous voulez !, à votre guise ! ◆ **you may take as many as you please** vous pouvez en prendre autant qu'il vous plaira ◆ **if you please** (= please) s'il vous plaît ◆ **he wanted £50 if you please!** (iro) il voulait 50 livres, rien que ça or s'il vous plaît !

b (= satisfy, give pleasure) plaire, faire plaisir ◆ **our aim is to please** (esp Comm) nous ne cherchons qu'à satisfaire ◆ **he is very anxious to please** il est très désireux de plaire ◆ **a gift that is sure to please** un cadeau qui ne peut que faire plaisir or que plaire

3 vt **a** (= give pleasure to) plaire à, faire plaisir à ; (= satisfy) satisfaire, contenter ◆ **the gift pleased him** le cadeau lui a plu or lui a fait plaisir ◆ **I did it just to please you** je ne l'ai fait que pour te faire plaisir ◆ **that will please him** ça va lui faire plaisir, il va être content ◆ **he is easily pleased/hard to please** il est facile/difficile à contenter or à satisfaire ◆ **there's no pleasing him** * il n'y a jamais moyen de le contenter or de le satisfaire ◆ **you can't please all (of) the people all (of) the time** on ne saurait contenter tout le monde ◆ **music that pleases the ear** musique f plaisante à l'oreille or qui flatte l'oreille ◆ **it pleased him to** or **he was pleased to refuse permission** (frm) il a trouvé bon de ne pas consentir

b **to please oneself** faire comme on veut ◆ **please yourself!** comme vous voulez !, à votre guise ! ◆ **you must please yourself whether you do it or not** c'est à vous de décider si vous voulez le faire ou non ◆ **they're coming today, please God** (liter) ils arrivent aujourd'hui, si Dieu le veut ◆ **please God he comes!** (liter) plaise à Dieu qu'il vienne !

pleased [pliːzd] [→ SYN] adj content, heureux (*with* de) ◆ **as pleased as Punch** * heureux comme un roi, aux anges ◆ **he looked very pleased at the news** la nouvelle a eu l'air de lui faire grand plaisir ◆ **he was pleased to hear that ...** il a été heureux or content d'apprendre que ... ◆ **pleased to meet you!** * enchanté ! ◆ **I am pleased that you can come** je suis heureux or content que vous puissiez venir ◆ **we are pleased to inform you that ...** (frm) nous avons le plaisir de or l'honneur de vous faire savoir que ... ◆ **to be pleased with o.s./sb/sth** (more frm) être content de soi/qn/qch ◆ **they were anything but pleased with the decision** la décision était loin de leur faire plaisir ; → **graciously**

pleasing [ˈpliːzɪŋ] [→ SYN] adj personality sympathique, aimable, plaisant ; sight, news, results, effect plaisant, qui fait plaisir ◆ **it was very pleasing to him** cela lui a fait grand plaisir

pleasingly [ˈpliːzɪŋlɪ] adv agréablement

pleasurable [ˈpleʒərəbl] adj (très) agréable

pleasurably [ˈpleʒərəblɪ] adv (with vb) avec plaisir ; (with adj) agréablement

pleasure [ˈpleʒəʳ] LANGUAGE IN USE 3.2, 7.2, 11.3, 20.2, 25.1 [→ SYN]

1 n **a** (NonC = enjoyment, satisfaction) plaisir m ◆ **to do sth for pleasure** faire qch pour le plaisir ◆ **sexual pleasure** plaisir m (sexuel) ◆ **toys which can give children hours of pleasure** des jouets avec lesquels les enfants peuvent s'amuser pendant des heures ◆ **has he gone to Paris on business or for pleasure?** est-il allé à Paris pour affaires ou pour son plaisir ? ◆ **to get pleasure from** or **out of doing sth** prendre plaisir à faire qch ◆ **he gets a lot of pleasure out of his hobby** son passe-temps lui apporte beaucoup de plaisir ◆ **I no longer get much pleasure from my work** mon travail ne me plaît plus vraiment ◆ **if it gives you any pleasure** si ça peut vous faire plaisir ◆ **it gave me much pleasure to hear that ...** (frm) cela m'a fait grand plaisir d'apprendre que ... ◆ **to take great pleasure in doing sth** prendre beaucoup de plaisir à faire qch ◆ **he finds** or **takes great pleasure in reading/music** il prend beaucoup de plaisir à lire/écouter de la musique ◆ **she takes pleasure in the simple things in life** elle apprécie les choses simples ◆ **they took great pleasure in his success** ils se sont réjouis de son succès ◆ **it takes all the pleasure out of it** ça vous gâche le plaisir ◆ **I take no pleasure in telling you this** ce n'est pas de gaieté de coeur que je vous le dis ◆ **to listen/read/remember** etc **with pleasure** écouter/lire/se rappeler etc avec plaisir

b (= source of enjoyment) plaisir m ◆ **one of my greatest pleasures** un de mes plus grands plaisirs, une de mes plus grandes joies ◆ **she has very few pleasures in life** elle a très peu de plaisirs dans la vie ◆ **it's her only real pleasure in life** c'est son seul véritable plaisir dans la vie ◆ **the film was a pleasure to watch** j'ai eu beaucoup de plaisir à regarder ce film ◆ **the book was a pleasure to read** c'était un plaisir que de lire ce livre ◆ **the children's singing was a pleasure to hear** c'était un plaisir que d'écouter les enfants chanter ◆ **it's always a pleasure talking to her** or **to talk to her, she's always a pleasure to talk to** c'est toujours un plaisir (que) de parler avec elle ◆ **it's a pleasure to work with him, he's a pleasure to work with** c'est un plaisir (que) de travailler avec lui

c (in polite phrases) **it's a pleasure!, my pleasure! *, the pleasure is mine!** je vous en prie ! ◆ **it's a pleasure to see you again!** quel plaisir de vous revoir ! ◆ **it has been a pleasure meeting you** or **to meet you** j'ai été enchanté de vous rencontrer ◆ **with pleasure** (= willingly) do, agree, help avec plaisir, volontiers ◆ **would you care to join us? – with pleasure!** voudriez-vous vous joindre à nous ? – avec plaisir or volontiers ! ◆ **would you mind helping me with this? – with pleasure!** pourriez-vous m'aider ? – avec plaisir or volontiers ! ◆ **may I have the pleasure?** (frm: at dance) voulez-vous m'accorder cette danse ? ◆ **may we have the pleasure of your company at dinner?** (frm) voulez-vous nous faire le plaisir de dîner avec nous ? ◆ **I don't think I've had the pleasure** (frm) je ne crois pas que nous nous soyions déjà rencontrés ◆ **I have pleasure in accepting ...** (frm) j'ai l'honneur d'accepter ... ◆ **it is my very great pleasure to introduce to you ...** (frm) j'ai l'honneur de vous présenter ... ◆ **Mrs Torrance requests the pleasure of Mr Simmonds's company at dinner** (frm) Mme Torrance prie M. Simmonds de lui faire l'honneur de venir dîner ◆ **Mr and Mrs Brewis request the pleasure of your company at the marriage of their daughter Katherine** (frm) M. et Mme Brewis sont heureux de vous faire part du mariage de leur fille Katherine et vous prient d'assister à la bénédiction nuptiale

d (NonC = will, desire) bon plaisir m, volonté f ◆ **at pleasure** à volonté ◆ **at your pleasure** à votre gré ◆ **at** or **during His** or **Her Majesty's pleasure** (Jur) aussi longtemps qu'il plaira à Sa Majesté ◆ **we await your pleasure** (Comm) nous sommes à votre entière disposition

2 vt [give sexual pleasure to] faire l'amour avec ◆ **to pleasure o.s.** se masturber

3 ◇ COMP ▷ **pleasure boat** n bateau m de plaisance ▷ **pleasure craft** npl bateaux mpl de plaisance ▷ **pleasure cruise** n croisière f ; (short) promenade f en mer or en bateau ▷ **pleasure-loving** adj qui aime le(s) plaisir(s) ▷ **the pleasure principle** n (Psych) le principe de plaisir ▷ **pleasure-seeker** n hédoniste mf ▷ **pleasure-seeking** adj hédoniste ▷ **pleasure steamer** n vapeur m de plaisance ▷ **pleasure trip** n excursion f

pleat [pliːt] 1 n pli m

2 vt plisser

pleb * [pleb] n (Brit pej) plébéien(ne) m(f), roturier m, -ière f ◆ **the plebs** le commun (des mortels)

plebe * [pliːb] n (US) élève mf de première année *(d'une école militaire ou navale)*

plebeian [plɪˈbiːən] [→ SYN] adj, n plébéien(ne) m(f)

plebiscite [ˈplebɪsɪt] n plébiscite m ◆ **to hold a plebiscite** faire un plébiscite

plectron [ˈplektrən], **plectrum** [ˈplektrəm] n, pl **plectrons** or **plectra** [ˈplektrə] plectre m

pled * [pled] vb (esp US and Scot) (pt, ptp of **plead**)

pledge [pledʒ] [→ SYN] 1 n **a** (= security, token: also in pawnshop) gage m ◆ **as a pledge of his love** en gage or témoignage de son amour

b (= promise) promesse f, engagement m ; (= agreement) pacte m ◆ **I give you this pledge** je vous fais cette promesse ◆ **he made a pledge of secrecy** il a promis de or il s'est engagé à garder le secret ◆ **to be under a pledge of secrecy** avoir promis de ne rien dire ◆ **it was told me under a pledge of secrecy** on me l'a raconté contre la promesse de ne rien en dire ◆ **the government did not honour its pledge to cut taxes** le gouvernement n'a pas honoré son engagement or n'a pas tenu sa promesse de réduire les impôts ◆ **an election pledge** une promesse électorale ◆ **a pledge on pay rises** un engagement concernant les augmentations de salaires ◆ **the countries signed a pledge to help each other** les pays ont signé un pacte d'aide mutuelle ◆ **to sign** or **take the pledge** faire vœu de tempérance

c (US Univ) (= promise) *promesse d'entrer dans une confrérie* ; (= student) *étudiant(e) qui accomplit une période d'essai avant d'entrer dans une confrérie*

d (= toast) toast m (*to* à)

2 COMP ▷ **Pledge of Allegiance** n (US) Serment m d'allégeance

3 vt **a** (= pawn) engager, mettre en gage

b (= promise) [+ one's help, support, allegiance] promettre ◆ **to pledge (o.s.) to do sth** (gen) promettre de faire qch, s'engager à faire qch ; (solemnly) faire vœu de faire qch ◆ **to pledge sb to secrecy** faire promettre le secret à qn ◆ **he is pledged to secrecy** il a promis de garder le secret ◆ **to pledge one's word (that ...)** donner sa parole (que ...) ◆ **they pledged that there would be no tax increases** ils ont promis qu'il n'y aurait pas d'augmentation des impôts

c (US Univ: into fraternity) coopter ◆ **to be pledged to a fraternity** *accomplir une période d'essai avant d'entrer dans une confrérie*

d (= toast) boire à la santé de

PLEDGE OF ALLEGIANCE

Le Serment d'allégeance (**Pledge of Allegiance**) date de 1892 ; il est prononcé chaque jour par les élèves des écoles primaires américaines, qui, debout devant le drapeau des États-Unis, la main sur le cœur, proclament : "Je jure allégeance au drapeau des États-Unis d'Amérique et à la république qu'il représente, une nation placée sous la protection de Dieu, indivisible et garantissant liberté et justice pour tous."

Pleiades [ˈplaɪədiːz] npl Pléiades fpl

Pleistocene [ˈplaɪstəsiːn] adj, n pléistocène m

plena [ˈpleːnə] npl of **plenum**

plenary [ˈpliːnərɪ] 1 adj power absolu ; assembly plénier ; (Rel) plénier ◆ **(in) plenary session** (en) séance plénière ◆ **plenary meeting** réunion f plénière, plenum m

2 n (also **plenary session**) séance f plénière, plenum m

plenipotentiary [ˌplenɪpəˈtenʃərɪ] adj, n plénipotentiaire mf ◆ **ambassador plenipotentiary** ambassadeur m plénipotentiaire

plenitude [ˈplenɪtjuːd] n (liter) plénitude f

plenteous [ˈplentɪəs], **plentiful** [ˈplentɪfʊl] adj harvest, food abondant ; meal, amount copieux ◆ **a plenteous supply of** une abondance or une profusion de

plentifully [ˈplentɪfəlɪ] adv abondamment

plenty [ˈplentɪ] → SYN ① n ⓐ (NonC = abundance) abondance f ◆ **it grows here in plenty** cela pousse en abondance or à foison ici ◆ **he had friends in plenty** il ne manquait pas d'amis ◆ **to live in plenty** vivre dans l'abondance ◆ **land of plenty** pays m de cocagne ; → **horn**
ⓑ **I've got plenty** j'en ai bien assez ◆ **I've got plenty to do** j'ai largement de quoi m'occuper ◆ **plenty of** (bien) assez de ◆ **he's got plenty of friends** il ne manque pas d'amis ◆ **he's got plenty of money** il n'est pas pauvre ◆ **ten is plenty** dix suffisent (largement or amplement) ◆ **that's plenty** ça suffit (amplement) ◆ **there's plenty to go on** (clues etc) nous avons toutes les données nécessaires pour le moment
② adj (⁎ or dial) ⇒ **plenty of 1b**
③ adv * assez ◆ **it's plenty big enough!** c'est bien assez grand ! ◆ **it sure rained plenty!** (US) qu'est-ce qu'il est tombé ! *

plenum [ˈpliːnəm] n, pl **plenums** or **plena** plenum m, réunion f plénière

pleonasm [ˈpliːənæzəm] n pléonasme m

pleonastic [ˌpliːəˈnæstɪk] adj pléonastique

plesiosaur(us) [ˈpliːsɪəsɔː(rəs)] n plésiosaure m

plethora [ˈpleθərə] → SYN n pléthore f, surabondance f (of de) ; (Med) pléthore f

plethoric [pleˈθɒrɪk] adj pléthorique

pleura [ˈplʊərə] n, pl **pleurae** [ˈplʊəriː] plèvre f

pleural [ˈplʊərəl] adj (Anat) pleural

pleurisy [ˈplʊərɪsɪ] n (NonC) pleurésie f ◆ **to have pleurisy** avoir une pleurésie

pleuritic [plʊəˈrɪtɪk] adj pleurétique

pleurocentesis [ˌplʊərəʊsenˈtiːsɪs] n thoracentèse f

pleurodynia [ˌplʊərəʊˈdaɪnɪə] n pleurodynie f

pleuropneumonia [ˌplʊərəʊnjuːˈməʊnɪə] n pleuropneumonie f

pleurotomy [plʊəˈrɒtəmɪ] n pleurotomie f

Plexiglas ® [ˈpleksɪɡlɑːs] n (US) plexiglas ® m

plexus [ˈpleksəs] n, pl **plexuses** or **plexus** plexus m ; → **solar**

pliability [ˌplaɪəˈbɪlɪtɪ] n ⓐ [of material] flexibilité f
ⓑ [of character, person] malléabilité f

pliable [ˈplaɪəbl] → SYN, **pliant** [ˈplaɪənt] adj material flexible ; character, person malléable

plié [ˈpliːeɪ] n (Dance) plié m

pliers [ˈplaɪəz] npl (also **pair of pliers**) pince(s) f(pl), tenaille(s) f(pl)

plight[1] [plaɪt] → SYN n situation f critique, état m critique ◆ **the country's economic plight** la crise or les difficultés fpl économique(s) du pays ◆ **in a sad** or **sorry plight** dans un triste état ◆ **what a dreadful plight (to be in)!** quelles circonstances désespérées !, quelle situation lamentable !

plight[2] †† [plaɪt] vt (liter) ◆ **to plight one's word** engager sa parole ◆ **to plight one's troth** (also hum) engager sa foi ≈, se fiancer

plimsoll [ˈplɪmsəl] ① n (Brit) (chaussure f de) tennis m
② COMP ▷ **Plimsoll line, Plimsoll mark** n (Naut) ligne f de flottaison en charge

plink [plɪŋk] (US) ① vi ⓐ (= sound) tinter
ⓑ (= shoot) canarder *
② vt ⓐ (= sound) faire tinter
ⓑ (= shoot at) canarder *

plinth [plɪnθ] n [of column, pedestal] plinthe f ; [of statue, record player] socle m

Pliny [ˈplɪnɪ] n Pline m

Pliocene [ˈplaɪəʊsiːn] adj, n pliocène m

PLO [ˌpiːelˈəʊ] n (abbrev of **Palestine Liberation Organization**) OLP f

plod [plɒd] → SYN ① vi ⓐ (= trudge : also **plod along**) avancer d'un pas lourd or pesant ◆ **to plod in/out** etc entrer/sortir etc d'un pas lourd or pesant
ⓑ * **he was plodding through his maths** il bûchait * ses maths ◆ **I'm plodding through his book** je lis son livre mais c'est laborieux ◆ **I've already plodded through 900 pages of this!** je me suis déjà tapé * 900 pages de ce pavé !
② vt ◆ **we plodded the streets for another hour** nous avons continué à errer dans la rue pendant une heure
③ n ⓐ (= trudge) **they went at a steady plod** ils marchaient pesamment, d'un pas égal ◆ **I heard the plod of his footsteps behind me** j'entendais son pas lourd derrière moi
ⓑ (⁎ = policeman) poulet * m ◆ **PC Plod, Policeman Plod** agent de police

▶ **plod along** vi → **plod 1a**

▶ **plod on** vi (lit) continuer or poursuivre son chemin ; (fig) persévérer or progresser (laborieusement)

plodder [ˈplɒdəʳ] n travailleur m, -euse f assidu(e), bûcheur * m, -euse * f

plodding [ˈplɒdɪŋ] adj step lourd, pesant ; student, worker bûcheur

plonk [plɒŋk] ① n (esp Brit) ⓐ (= sound) plouf m, floc m
ⓑ (* = cheap wine) vin m ordinaire, pinard * m
② adv (esp Brit) ◆ **it fell plonk in the middle of the table** * c'est tombé au beau milieu de la table
③ vt (esp Brit *: also **plonk down**) poser (bruyamment) ◆ **he plonked the book (down) on to the table** il a posé (bruyamment) or a flanqué * le livre sur la table ◆ **he plonked himself (down) into the chair** il s'est laissé tomber dans le fauteuil

plonker ⁎ [ˈplɒŋkəʳ] n (Brit) imbécile ⁎ mf, con ⁎ m

plop [plɒp] ① n ploc m, floc m
② adv ◆ **it went plop into the water** * c'est tombé dans l'eau (en faisant ploc or floc)
③ vi [stone] faire ploc or floc ; [single drop] faire floc ; [raindrops] faire flic flac ◆ **to plop down** * [person] s'asseoir lourdement, s'affaler
④ vt ◆ **to plop o.s. down** * person s'asseoir lourdement, s'affaler

plosive [ˈpləʊsɪv] (Ling) ① adj occlusif
② n consonne f occlusive

plot [plɒt] → SYN ① n ⓐ [of ground] (lot m de) terrain m, lotissement m ◆ **plot of grass** gazon m ◆ **building plot** terrain m à bâtir ◆ **the vegetable plot** le coin des légumes
ⓑ (= plan, conspiracy) complot m, conspiration f (against contre ; to do sth pour faire qch)
ⓒ (Literat, Theat) intrigue f, action f ◆ **the plot thickens** (fig) l'affaire or ça se corse ! ◆ **to lose the plot** * perdre l'objectif de vue
② vt ⓐ (= mark out : also **plot out** : Aviat, Naut etc) [+ course, route] déterminer ; [+ graph, curve, diagram] tracer point par point ; [+ progress, development] faire le graphique de ; [+ boundary, piece of land] relever ◆ **to plot one's position on the map** (Naut) pointer la carte
ⓑ [+ sb's death, ruin etc] comploter ◆ **to plot to do sth** comploter de faire qch
③ vi (= conspire) comploter, conspirer (against contre)

plotless [ˈplɒtlɪs] adj (pej) play, film etc sans intrigue

plotter[1] [ˈplɒtəʳ] n (= conspirator) conspirateur m, -trice f ; (against the government) conjuré(e) m(f)

plotter[2] [ˈplɒtəʳ] n (Comput etc) traceur m (de courbes)

plotting [ˈplɒtɪŋ] ① n (NonC) complots mpl, conspirations fpl
② COMP ▷ **plotting board, plotting table** n (Comput etc) table f traçante

plotzed ⁎ [plɒtst] adj (US = drunk) bourré ⁎, ivre

plough, plow (US) [plaʊ] → SYN ① n (Agr) charrue f ◆ **the field went under the plough** le champ a été labouré ◆ **the Plough** (Astron) la Grande Ourse, le Grand Chariot ; → **snowplough**
② vt (Agr) [+ field] labourer ; [+ furrow] creuser, tracer ◆ **to plough a lonely furrow** (fig) travailler dans son coin ◆ **she didn't want to plough the same furrow as her brother** elle ne voulait pas suivre la même voie que son frère ◆ **to plough money into sth** investir gros dans qch ◆ **we've ploughed millions into this project** nous avons investi des millions dans ce projet ◆ **to plough one's way** → **3b**
③ vi ⓐ (Agr) labourer
ⓑ (fig: also **plough one's** or **its way**) **to plough through the mud/snow** avancer péniblement dans la boue/la neige ◆ **the ship ploughed through the waves** le bateau fendait les flots ◆ **the lorry ploughed into the wall** le camion est allé se jeter contre le mur ◆ **the car ploughed through the fence** la voiture a défoncé la barrière ◆ **to plough through a book** lire laborieusement un livre ◆ **he was ploughing through his maths** il bûchait * ses maths
ⓒ (Brit † * = fail an exam) [candidate] se faire recaler *, être recalé *
④ COMP ▷ **plough horse** n cheval m de labour or de trait

▶ **plough back** ① vt sep [+ profits] réinvestir, reverser (into dans)
② **ploughing back** n → **ploughing**

▶ **plough in** vt sep ⓐ (also **plough under**) [+ crops, grass] recouvrir or enterrer en labourant
ⓑ [+ fertilizer] enfouir en labourant

▶ **plough up** vt sep ⓐ [+ field, bushes, path, right of way] labourer
ⓑ (fig = churn up) **the tanks ploughed up the field** les tanks ont labouré or défoncé le champ

ploughing [ˈplaʊɪŋ] n (NonC) labour m ; [of field etc] labourage m ◆ **the ploughing back of profits** le réinvestissement des bénéfices

ploughland [ˈplaʊlænd] n terre f de labour, terre f arable

ploughman [ˈplaʊmən] ① n, pl **-men** laboureur m
② COMP ▷ **ploughman's lunch** n (Brit Culin) assiette f de fromage et de pickles

ploughshare [ˈplaʊʃɛəʳ] n soc m (de charrue) ; → **sword**

plover [ˈplʌvəʳ] n pluvier m

plow [plaʊ] (US) ⇒ **plough**

ploy * [plɔɪ] n stratagème m, truc * m (to do sth pour faire qch)

PLP [ˌpiːelˈpiː] n (Brit) (abbrev of **Parliamentary Labour Party**) → **parliamentary**

PLR [ˌpiːelˈɑːʳ] (Brit Admin) (abbrev of **public lending right**) → **public**

pls (abbrev of **please**) SVP

pluck [plʌk] → SYN ① vt [+ fruit, flower] cueillir ; (Mus) [+ strings] pincer ; [+ guitar] pincer les cordes de ; (Culin) [+ bird] plumer ◆ **to pluck one's eyebrows** s'épiler les sourcils ◆ **it's an idea/example I plucked out of the air** c'est une idée/un exemple qui m'est venu(e) comme ça ◆ **she was plucked from obscurity** on l'a sortie de l'anonymat
② n ⓐ (NonC: * = courage) courage m, cran * m
ⓑ (NonC: Culin) fressure f
ⓒ (= tug) petit coup m

▶ **pluck at** vt fus ◆ **to pluck at sb's sleeve** tirer qn doucement par la manche

▶ **pluck off** vt sep [+ feathers] arracher ; [+ fluff etc] détacher, enlever

▶ **pluck out** vt sep (esp liter) arracher

▶ **pluck up** vt sep ⓐ [+ weed] arracher, extirper
ⓑ (= summon up) **to pluck up courage** prendre son courage à deux mains ◆ **he plucked up (the) courage to tell her** il a (enfin) trouvé le courage de or il s'est (enfin) décidé à le lui dire

pluckily * [ˈplʌkɪlɪ] adv courageusement, avec cran *

pluckiness * [ˈplʌkɪnɪs] n (NonC) courage m, cran * m

point / pointer

point [pɔɪnt]

→ SYN LANGUAGE IN USE 11.1, 26.1, 26.2, 26.3

1. NOUN
2. PLURAL NOUN
3. TRANSITIVE VERB
4. INTRANSITIVE VERB
5. COMPOUNDS
6. PHRASAL VERBS

1 NOUN

a = sharp end [of pencil, needle, knife, jaw] pointe f ◆ **a knife with a sharp point** un couteau très pointu ◆ **a star with five points** une étoile à cinq branches ◆ **a stag with ten points** un cerf (de) dix cors ◆ **to be** or **dance on points** (Ballet) faire les pointes ◆ **at the point of a gun** sous la menace d'un revolver ◆ **not to put too fine a point on it** (= frankly) pour être franc

b = dot (Geom, Typ) point m ; (Math: also **decimal point**) virgule f (décimale) ◆ **three point six** (3.6) trois virgule six (3,6) ◆ **eight-point type** caractères mpl en corps huit ◆ **point A** (Geom) le point A

c = on scale, in space, in time point m ◆ **the highest point in the district** le point culminant de la région ◆ **at that point in the road** à cet endroit de la route ◆ **at the point where the road forks** là où la route bifurque ◆ **he had reached a point where he began to doubt whether ...** il en était arrivé à se demander si ... ◆ **to reach a low point** [morale] être au plus bas ; [production, reputation] toucher le fond ◆ **this was the low point (of his career)** c'est à ce moment-là qu'il a touché le fond (dans sa carrière) ◆ **from that point onwards** à partir de ce moment ◆ **at this** or **that point** (in space) là, à cet endroit ; (in time) à ce moment-là ◆ **at this point in time** à ce stade ◆ **the train stops at Slough, and all points west** le train s'arrête à Slough et dans toutes les gares à l'ouest de Slough ◆ **the (thirty-two) points of the compass** les points mpl de la boussole ◆ **from all points (of the compass)** des quatre coins de l'horizon, de toutes parts, de tous côtés

◆ **point of** + noun ◆ **there was no point of contact between them** ils n'avaient aucun point commun ◆ **he was strict to the point of cruelty** il était sévère au point d'être cruel ◆ **on** or **at the point of death** à l'article de la mort ◆ **point of departure** point m de départ ◆ **point of entry (into a country)** point m d'arrivée (dans un pays) ◆ **he had reached the point of no return** il avait atteint le point de non-retour

◆ **the point of** + -ing ◆ **to be on the point of doing sth** être sur le point de faire qch ◆ **when it came to the point of paying, ...** quand il s'est agi de payer, ... ◆ **he had reached the point of resigning** il en était arrivé au point de donner sa démission

◆ **up to a point** jusqu'à un certain point, dans une certaine mesure

d = unit (in score, on scale) point m ; (on thermometer) degré m ◆ **on points** (Boxing) aux points ◆ **the cost-of-living index went up two points** l'indice du coût de la vie a augmenté de deux points ◆ **to rise** or **gain three points** (St Ex) augmenter de or gagner trois points

e = idea, question point m ◆ **on this point we are agreed** sur ce point or là-dessus nous sommes d'accord ◆ **on all points** en tous points ◆ **12-point plan** plan m en 12 points ◆ **the main points to remember** les principaux points à retenir ◆ **point by point** point par point ; see also 5 ◆ **you have a point there!** c'est juste!, il y a du vrai dans ce que vous dites! ◆ **to carry** or **gain** or **win one's point** avoir gain de cause ◆ **he made the point that ...** il fit remarquer que ... ◆ **he made a good point when he said that ...** il a mis le doigt dessus lorsqu'il a dit que ... ◆ **I'd like to make a point if I may** j'aurais une remarque à faire si vous le permettez ◆ **you've made your point!** (= had your say) vous avez dit ce que vous aviez à dire! ; (= convinced me) vous m'avez convaincu! ◆ **I take your point** je vois ce que vous voulez dire ◆ **point taken!** * d'accord(, je te le concède)!

◆ **point of** + noun ◆ **it's a point of detail** c'est un point de détail ◆ **it was a point of honour with him never to refuse** il se faisait un point d'honneur de ne jamais refuser, il mettait son point d'honneur à ne jamais refuser ◆ **point of interest/of no importance** point m

intéressant/sans importance ◆ **a point of law** un point de droit ◆ **on a point of principle** sur une question de principe ; → order

f = important part, main idea [of argument etc] objet m ; [of joke] astuce f ◆ **that's not the point** il ne s'agit pas de ça, là n'est pas la question ◆ **that is hardly the point, that is beside the point** cela n'a rien à voir ◆ **the whole point was to do it today** tout l'intérêt était justement de le faire aujourd'hui ◆ **that's the (whole) point!, that's just the point!** justement! ◆ **the point is that you had promised it for today!** le fait est que vous l'aviez promis pour aujourd'hui! ◆ **to come to the point** [person] en venir au fait ◆ **when it comes to the point, they don't value education** au fond, ils n'accordent pas beaucoup d'importance à l'éducation ◆ **we're getting off the point** nous nous éloignons du sujet ◆ **get** or **come to the point!** venez-en à l'essentiel!, cessez de tourner autour du pot!* ◆ **let's get back to the point** revenons à nos moutons* ◆ **to keep** or **stick to the point** ne pas s'éloigner du sujet

g = meaning, purpose ◆ **what was the point of his visit?** quel était le but or l'objet de sa visite? ◆ **there's some** or **a point in it** ça a une utilité ◆ **a long story that seemed to have no point at all** une longue histoire sans rime ni raison ◆ **the point of this story is that ...** la morale de l'histoire, c'est que ... ◆ **(very much) to the point** (très) pertinent ◆ **his remarks lack point** ses remarques ne sont pas très pertinentes ◆ **the news gave point to his arguments** cette nouvelle a souligné la pertinence de ses arguments ◆ **to get** or **see the point** comprendre ◆ **you get the point?** vous saisissez?* ◆ **to make a point of doing sth, to make it a point to do sth** ne pas manquer de faire qch

h = use ◆ **what's the point?** à quoi bon? ◆ **what's the point of** or **in waiting?** à quoi bon attendre? ◆ **there's no point in waiting** ça ne sert à rien d'attendre ◆ **there's little point in saying ...** ça ne sert pas à grand-chose de dire ... ◆ **I don't see any point in doing that** je ne vois aucun intérêt à faire cela

i = characteristic caractéristique f ◆ **good points** qualités fpl ◆ **bad points** défauts mpl ◆ **it is not his strong point** ce n'est pas son fort ◆ **he has his points** il a ses bons côtés ◆ **the points to look (out) for when buying a car** les choses fpl auxquelles il faut faire attention lorsqu'on achète une voiture

j Geog pointe f

k Aut vis f platinée

l Brit Elec : also **power point** prise f (de courant) (femelle)

2 points PLURAL NOUN

Brit Rail aiguillage m, aiguilles fpl

3 TRANSITIVE VERB

a = aim, direct [+ telescope, hosepipe] pointer, diriger (at sur) ◆ **to point a gun at sb** braquer un revolver sur qn ◆ **he pointed his stick towards the house** il a indiqué la maison avec sa canne ◆ **to point sb in the direction of** diriger qn vers ◆ **she pointed him in the right direction*** elle lui a montré le chemin ◆ **he pointed the boat towards the harbour** il a mis le cap sur le port ◆ **he pointed the car towards Paris** il a tourné en direction de Paris ◆ **he pointed his finger at me** il a pointé le doigt sur or vers moi

b = mark, show

◆ **to point the way** ◆ **the signs point the way to London** les panneaux indiquent la direction de Londres ◆ **it points the way to closer cooperation** cela montre la voie d'une plus grande coopération

c Constr [+ wall] jointoyer (with de)

d = punctuate ponctuer ; [+ Hebrew, Arabic etc] mettre les points-voyelles à ; [+ psalm] marquer de points

e + toes pointer

4 INTRANSITIVE VERB

a = person montrer or indiquer du doigt ◆ **it's rude to point** ce n'est pas poli de montrer du doigt ◆ **to point at** or **towards sth/sb** indiquer or désigner qch/qn du doigt ◆ **he pointed at the house with his stick** il montra or

indiqua la maison avec sa canne ◆ **I want to point to one or two facts** je veux attirer votre attention sur un ou deux faits ◆ **all the evidence points to him** or **to his guilt** tous les faits l'accusent ◆ **everything points to a brilliant career for him** tout indique qu'il aura une brillante carrière ◆ **it all points to the fact that ...** tout laisse à penser que ... ◆ **everything points to murder/suicide** tout laisse à penser qu'il s'agit d'un meurtre/d'un suicide ◆ **everything points that way** tout nous amène à cette conclusion

b = signpost indiquer la direction (towards de) ; [gun] être braqué (at sur) ; [vehicle etc] être dirigé, être tourné (towards vers) ◆ **the needle is pointing north** l'aiguille indique le nord ◆ **the little hand is pointing to four** la petite aiguille indique quatre heures ◆ **the car isn't pointing in the right direction** la voiture n'est pas tournée dans la bonne direction or dans le bon sens

c dancer faire des pointes

d dog tomber en arrêt

5 COMPOUNDS

▷ **point-blank** adj → point-blank ▷ **point-by-point** adj méthodique ▷ **point duty** n (Brit Police etc) **to be on point duty** diriger la circulation ▷ **point of reference** n point m de référence ▷ **point of sale** n point m de vente ▷ **point-of-sale** adj point-of-sale advertising publicité f sur le lieu de vente, PLV ◆ point-of-sale material matériel m PLV ◆ point-of-sale terminal terminal m point de vente ▷ **point of view** n point m de vue ◆ **from that/my point of view** de ce/mon point de vue ◆ **from the social point of view** du point de vue social ▷ **points decision** n (Boxing) décision f aux points ▷ **points failure** n panne f d'aiguillage ▷ **points system** n (gen) système m par points ; (Aut) permis m à points ▷ **points win** n victoire f aux points ▷ **point-to-point (race)** n (Racing) steeple-chase champêtre réservé à des cavaliers amateurs

6 PHRASAL VERBS

▶ **point out** vt sep **a** (= show) [+ person, object, place] montrer, indiquer, désigner

b (= mention) faire remarquer (that que) ◆ **to point sth out to sb** faire remarquer qch à qn, attirer l'attention de qn sur qch ◆ **he pointed out to me that I was wrong** il m'a fait remarquer que j'avais tort ◆ **I should point out that ...** je dois vous dire or signaler que ...

▶ **point up** vt sep mettre en évidence, souligner

point-blank ['pɔɪnt'blæŋk] → SYN

1 adj shot à bout portant ; (fig) refusal net, catégorique ; request de but en blanc, à brûle-pourpoint ◆ **at** or **from point-blank range** à bout portant

2 adv fire, shoot à bout portant ; (fig) refuse tout net, catégoriquement ; request, demand de but en blanc, à brûle-pourpoint

pointed ['pɔɪntɪd] → SYN adj

a knife, stick, pencil, roof, chin, nose, shoes pointu ; beard en pointe, pointu ; (Archit) window, arch en ogive ◆ **the pointed end** le bout pointu

b (fig) remark, question, look lourd de sous-entendus

pointedly ['pɔɪntɪdlɪ] adv

say d'un ton plein de sous-entendus ; behave, smile, ignore ostensiblement ◆ **she looked pointedly at me** elle m'a lancé un regard qui en disait long

pointer ['pɔɪntər] → SYN n

a (= stick) baguette f ; (on scale) (= indicator) index m ; (= needle) aiguille f ; (on screen = arrow) flèche f lumineuse

b (* = clue, indication) indice m (to de) ; (= piece of advice) conseil m, tuyau* m ◆ **he gave me some pointers on what to do** il m'a donné quelques conseils (pratiques) or tuyaux* sur la marche à suivre ◆ **here are a few pointers to help you make a choice** voici quelques indications pour vous aider à choisir ◆ **there is no pointer at present to the outcome** rien ne permet de présumer or de conjecturer l'issue pour le moment ◆ **they are looking for pointers on how the situation**

will develop ils cherchent des indices permettant d'établir comment la situation va évoluer ◆ **the elections should be a pointer to the public mood** les élections devraient permettre de prendre le pouls de l'opinion

c (= dog) chien m d'arrêt

pointillism ['pwæntɪlɪzəm] n pointillisme m

pointillist ['pwæntɪlɪst] adj, n pointilliste mf

pointing ['pɔɪntɪŋ] n (Constr) jointoiement m

pointless ['pɔɪntlɪs] → SYN adj attempt, task, suffering inutile, vain; murder, violence gratuit; explanation, joke, story sans rime ni raison, qui ne rime à rien ◆ **it is pointless to complain** il ne sert à rien or il est inutile de se plaindre ◆ **it is pointless for him to leave, it is pointless him leaving** ça ne servirait à rien or il est inutile qu'il parte ◆ **life seemed pointless to her** la vie lui paraissait dénuée de sens ◆ **a pointless exercise** * une perte de temps

pointlessly ['pɔɪntlɪslɪ] adv try, work, suffer inutilement, en vain; say, protest sans raison; kill gratuitement, sans raison; die pour rien ◆ **the film is pointlessly violent/obscure** la violence/complexité de ce film n'est pas justifiée

pointlessness ['pɔɪntlɪsnɪs] n [of activity, organization, sb's death] absurdité f; [of existence] futilité f ◆ **she stressed the pointlessness of protesting** elle a souligné à quel point il était inutile de protester

pointsman ['pɔɪntsmən] n, pl **-men** (Rail) aiguilleur m

pointy* ['pɔɪntɪ] **1** adj ears, hat, shoes pointu; beard en pointe, pointu

2 COMP ▷ **pointy-headed*** adj (US fig pej) **a pointy-headed intellectual** un intello* à lunettes ◆ **that pointy-headed professor** ce professeur Tournesol

poise [pɔɪz] → SYN **1** n (= balance) équilibre m; (= carriage) maintien m; [of head, body etc] port m; (fig) (= composure etc) calme m, sang-froid m; (= self-confidence) (calme) assurance f; (= grace) grâce f ◆ **a woman of great poise** une femme pleine de grâce et empreinte d'une tranquille assurance ◆ **he is young and lacks poise** il est jeune et manque d'assurance ◆ **to recover** or **regain one's poise** (lit, fig) retrouver son calme or son sang-froid

2 vt (= balance) mettre en équilibre; (= hold balanced) tenir en équilibre, maintenir en équilibre ◆ **to be poised** (= balanced) être en équilibre; (= held, hanging) être suspendu immobile; (= still) être immobile or suspendu (en l'air) ◆ **a waitress approached, pencil and pad poised** une serveuse s'est approchée, armée de son bloc et de son crayon ◆ **the swimmers stood** or **were poised at the edge of the pool** les nageurs étaient en position sur les plots de départ ◆ **the tiger was poised (ready) to spring** le tigre se tenait prêt à bondir ◆ **powerful military forces, poised for invasion** des forces armées puissantes, prêtes pour l'invasion ◆ **he was poised to become champion** il allait devenir champion ◆ **poised on the brink of success/ruin** au bord de la réussite/la ruine ◆ **to be poised between life and death** être entre la vie et la mort ◆ **the world was poised between peace and war** le monde oscillait entre la paix et la guerre

poison ['pɔɪzn] → SYN **1** n (lit, fig) poison m; [of snake] venin m ◆ **to take poison** s'empoisonner ◆ **to die of poison** mourir empoisonné ◆ **she's absolute poison†** c'est une vraie poison† ◆ **what's your poison?** * (hum: offering drink) à quoi tu carbures* ?; → **hate, rat**

2 vt [person] [+ person, food, well, arrow] empoisonner; [chemicals] [+ air, water, land] contaminer ◆ **to poison o.s.** s'empoisonner ◆ **a poisoned foot/finger** etc un pied/doigt etc infecté ◆ **the drugs are poisoning his system** les drogues l'intoxiquent ◆ **eggs poisoned with salmonella** des œufs contaminés par la salmonelle ◆ **it is poisoning their friendship** cela empoisonne leur amitié ◆ **an atmosphere poisoned by cruelty** une atmosphère empoisonnée par la cruauté ◆ **a poisoned chalice** (esp Brit fig) un cadeau empoisonné ◆ **to poison sb's mind** (= corrupt) corrompre

qn; (= instil doubts) faire douter qn ◆ **he poisoned her mind against her husband** il l'a montée contre son mari

3 COMP ▷ **poison fang** n crochet m venimeux (d'un serpent) ▷ **poison gas** n gaz m toxique or asphyxiant ▷ **poison gland** n glande f à venin ▷ **poison ivy** n (Bot) sumac m vénéneux ▷ **poison oak** n (NonC: Bot) sumac m vénéneux ▷ **poison-pen letter** n lettre f anonyme (de menace or d'insulte) ▷ **poison pill** n (Fin) pilule f empoisonnée (prix prohibitif visant à empêcher une société extérieure de lancer une OPA)

poisoner ['pɔɪznər] n empoisonneur m, -euse f (lit)

poisoning ['pɔɪznɪŋ] n (gen) empoisonnement m; (accidental) intoxication f ◆ **the cause of his death was poisoning** il est mort empoisonné ◆ **alcohol(ic) poisoning** empoisonnement m par l'alcool, éthylisme m ◆ **arsenic(al) poisoning** empoisonnement m à l'arsenic ◆ **mercury poisoning** intoxication f par le mercure, hydrargyrisme m; → **blood, food, lead², salmonella, self**

poisonous ['pɔɪznəs] → SYN adj snake venimeux; plant vénéneux; gas, fumes, substance, algae toxique; (fig) remark, allegation, comment, dispute pernicieux

Poisson distribution ['pwɑːsən] n distribution f or loi f de Poisson

poke¹ [pəʊk] n (†† or dial) sac m; → **pig**

poke² [pəʊk] → SYN **1** n **a** (= push) poussée f; (= jab) (petit) coup m (de canne, avec le doigt etc); (* = punch) coup m de poing ◆ **she gave him a little poke** elle lui a donné un petit coup ◆ **to give the fire a poke** tisonner le feu ◆ **to give sb a poke in the ribs** donner son doigt dans les côtes de qn ◆ **he gave the ground a poke with his stick** il a tapoté le sol de sa canne ◆ **it's better than a poke in the eye (with a sharp stick)** * c'est mieux que rien ◆ **to have a poke around** * (= rummage) farfouiller* ◆ **to take a poke at sb** * (= punch) donner un coup de poing à qn; (fig) s'en prendre à qn ◆ **a poke at sth** (fig) une pique contre qch

b* baise f*** ◆ **he'd like to give her a good poke** il aimerait bien la baiser***

2 vt **a** (= jab with finger, stick etc) pousser, donner un coup (de canne or avec le doigt) à; (* = punch) donner un coup de poing à; (= thrust) [+ stick, finger etc] enfoncer (into dans; through à travers); [+ rag etc] fourrer (into dans) ◆ **to poke the fire** tisonner le feu ◆ **he poked me with his umbrella** il m'a donné un petit coup avec la pointe de son parapluie ◆ **he poked his finger in her eye** il lui a mis le doigt dans l'œil ◆ **to poke a finger into sth** enfoncer le doigt dans qch ◆ **he poked the ground with his stick** il a tapoté le sol de sa canne ◆ **he poked me in the ribs** il m'a enfoncé son doigt dans les côtes ◆ **he poked me one in the stomach** * (US) il m'a envoyé son poing dans l'estomac ◆ **he poked his finger up his nose** il s'est fourré le doigt dans le nez ◆ **to poke one's head out of the window** passer la tête hors de or par la fenêtre ◆ **to poke a hole in sth (with one's finger/stick etc)** faire un trou dans qch or percer qch (avec le doigt/sa canne etc) ◆ **to poke holes in an argument** trouver des failles dans une argumentation; → **fun, nose**

b (Brit*** = have sex with) baiser***, tringler***

3 vi **a** (also **poke out**) [elbows, stomach, stick] sortir, dépasser (from, through de)

b (also **poke up**) dépasser

c (also **poke through**) dépasser

d ◆ **he poked at me with his finger** il m'a touché du bout du doigt ◆ **he poked at the suitcase with his stick** il poussa la valise avec sa canne ◆ **she poked at her food with a fork** elle jouait avec sa nourriture du bout de sa fourchette ◆ **to poke into sth** * (fig) fourrer son nez dans qch

▶ **poke about***, **poke around*** vi farfouiller*; (pej) fouiner ◆ **to poke about in a drawer** farfouiller* or fourrager dans un tiroir ◆ **I spent the morning poking about in antique shops** j'ai passé la matinée à farfouiller* dans les magasins d'antiquités ◆ **I found him poking about among your cupboards** je l'ai pris à fouiner dans vos placards

▶ **poke in** vt sep [+ head] passer (à l'intérieur); [+ stick etc] enfoncer; [+ rag] fourrer ◆ **to poke one's nose in*** (fig) fourrer son nez dans les affaires des autres, se mêler de ce qui ne vous regarde pas

▶ **poke out** **1** vi **a** ⇒ poke² 3a

b (= bulge) [stomach, chest, bottom] être protubérant or proéminent

2 vt sep **a** (= stick out) sortir ◆ **the tortoise poked its head out** la tortue a sorti la tête

b (= remove, dislodge) faire partir, déloger ◆ **he poked the ants out with a stick** il a délogé les fourmis avec un bâton ◆ **to poke sb's eyes out** crever les yeux à qn

poker¹ ['pəʊkər] **1** n (for fire etc) tisonnier m; → **stiff**

2 COMP ▷ **poker work** n (NonC) (= craft) pyrogravure f; (= objects) pyrogravures fpl

poker² ['pəʊkər] **1** n (Cards) poker m

2 COMP ▷ **poker dice** n **a** (= single dice) dé m de poker d'as **b** (NonC = game) poker m d'as ▷ **poker face** n visage m impassible ▷ **poker-faced** adj au visage impassible

pokey ['pəʊkɪ] **1** n (US*** = jail) trou* m, taule** f

2 adj ⇒ **poky**

poky ['pəʊkɪ] → SYN adj (pej) house, room exigu (-guë f) et sombre

pol* [pɒl] n (US) abbrev of **politician**

Polack*** ['pəʊlæk] n (pej) Polaque mf (pej), Polonais(e) m(f)

Poland ['pəʊlənd] n la Pologne

polar ['pəʊlər] → SYN **1** adj (Elec, Geog) polaire ◆ **polar explorers** explorateurs mpl polaires ◆ **they are polar opposites** ils sont aux antipodes l'un de l'autre

2 COMP ▷ **polar bear** n ours m blanc ▷ **Polar Circle** n cercle m polaire ▷ **polar distance** n distance f polaire ▷ **polar front** n front m polaire ▷ **polar lights** npl aurore f polaire or boréale

polarimeter [ˌpəʊləˈrɪmɪtər] n polarimètre m

polarimetric [ˌpəʊlərɪˈmetrɪk] adj (Phys) polarimétrique

polariscope [pəʊˈlærɪskəʊp] n polariscope m

polarity [pəʊˈlærɪtɪ] n polarité f

polarization [ˌpəʊləraɪˈzeɪʃən] n (lit, fig) polarisation f

polarize ['pəʊləraɪz] vt (lit, fig) polariser

Polaroid ® ['pəʊlərɔɪd] **1** adj Polaroïd ® inv

2 n (also **Polaroid camera**) (appareil m) Polaroïd ® m; (also **Polaroid print**) photo f Polaroïd ®, Polaroïd ® m; ◆ (also **Polaroid sunglasses**) **Polaroids** lunettes fpl de soleil (en) Polaroïd ®

polder ['pəʊldər] n polder m

Pole [pəʊl] n Polonais(e) m(f)

pole¹ [pəʊl] → SYN **1** n **a** (= rod) perche f; (fixed) poteau m, mât m; (also **flagpole, tent pole**: also in gymnastics, for climbing) mât m; (also **telegraph pole**) poteau m télégraphique; (also **curtain pole**) tringle f; (also **barber's pole**) enseigne f de coiffeur; (in fire station) perche f; (for vaulting, punting) perche f ◆ **to be up the pole** * (= mistaken) se gourer*, se planter*; (= mad) dérailler* (fig) ◆ **to send** or **drive sb up the pole** * (= mad) rendre qn dingue *; → **greasy, ski**

b (Ski) (= ski stick) bâton m; (marking run) piquet m

c (= archaic measure of length) ≃ 5,029 mètres; (= measure of area) ≃ 25,29 mètres carrés

2 vt [+ punt etc] faire avancer (à l'aide d'une perche)

3 COMP ▷ **pole jump** n (Sport) saut m à la perche ▷ **pole jumper** n sauteur m, -euse f à la perche, perchiste mf ▷ **pole jumping** n (NonC) saut m à la perche ▷ **pole position** n (Motor Racing) pole position f; (fig) pole position f, meilleure place f ◆ **in pole position** (Motor Racing) en pole position, à la meilleure place ▷ **pole vault** n ⇒ **pole jump** ▷ **pole-vault** vi sauter à la perche ▷ **pole-vaulter** n ⇒ **pole jumper** ▷ **pole-vaulting** n ⇒ **pole jumping**

pole² [pəʊl] → SYN **1** n (Elec, Geog) pôle m ◆ **North/South Pole** pôle m Nord/Sud ◆ **from pole to pole** d'un pôle à l'autre ◆ **negative/**

positive pole pôle m négatif/positif ◆ **they are poles apart** ils sont aux antipodes l'un de l'autre ◆ **at opposite poles of sth** aux deux pôles de qch

2 COMP ▷ **the Pole Star** n l'étoile f Polaire

poleaxe, poleax (US) ['pəʊlæks] 1 n (= weapon) hache f d'armes ; [of butcher etc] merlin m

2 vt [+ cattle etc] abattre, assommer ; (fig) [+ person] terrasser

polecat ['pəʊlkæt] n, pl **polecats** or **polecat** putois m ◆ **lazy as a polecat** fainéant

pol. econ. (abbrev of **political economy**) → **political**

polemic [pɒ'lemɪk] 1 adj polémique

2 n (= argument) ◆ **a polemic against sth** un réquisitoire contre qch ◆ **a polemic for sth** un plaidoyer pour qch

polemical [pɒ'lemɪkəl] adj polémique

polemicist [pɒ'lemɪsɪst] n polémiste mf

polemics [pɒ'lemɪks] n (NonC) arguments mpl

polenta [pəʊ'lentə] n polenta f

police [pə'liːs] → SYN 1 n (NonC) a (= organization) ≃ police f, gendarmerie f ◆ **the police** (collective) la police, les gendarmes mpl ◆ **to join the police** entrer dans la police, se faire policier or gendarme ◆ **he is in the police** il est dans or de la police ◆ **one hundred police** cent policiers mpl or gendarmes mpl ◆ **extra police were called in** on a fait venir des renforts de police ◆ **the police are looking for his car** la police recherche sa voiture ◆ **river/railway police** police f fluviale/des chemins de fer ; → **mounted, transport**

b (US Mil) corvée f (militaire) de rangement et de nettoyage

2 vt a (lit: with policemen) [+ place] maintenir l'ordre dans ◆ **the demonstration was heavily policed** d'importantes forces de police étaient présentes lors de la manifestation

b [vigilantes, volunteers] [+ district, road] faire la police dans ; (Mil) [+ frontier, territory] contrôler ; (fig) [+ agreements, controls, cease-fires] veiller à l'application de ; [+ prices etc] contrôler ◆ **the border is policed by UN patrols** la frontière est sous la surveillance des patrouilles de l'ONU

c (US = keep clean) nettoyer

3 COMP (gen) de la police ; leave, vehicle, members de la police or de la gendarmerie ; campaign, control, inquiry policier, de la police or de la gendarmerie ; sergeant, inspector etc de police ; harassment par la police ▷ **police academy** n école f de police ▷ **police car** n voiture f de police ▷ **police chief** n (Brit) ≃ préfet m (de police) ; (US) ≃ (commissaire m) divisionnaire m ▷ **Police Complaints Board** n ≃ Inspection f générale des services ▷ **police constable** n → **constable** ▷ **police court** n tribunal m de police ▷ **police custody** n → **custody** ▷ **police department** n (US) service m de police ▷ **police dog** n (Police) chien m policier ; (US = Alsatian) berger m allemand ▷ **police escort** n escorte f policière ▷ **the police force** n la police, les gendarmes mpl, les forces fpl de l'ordre ◆ **member of the police force** policier m ◆ **to join the police force** entrer dans la police ▷ **police headquarters** npl quartier m général de la police, siège m central ▷ **police intervention** n intervention f de la police ▷ **police marksman** n tireur m d'élite (de la police) ▷ **police office** n gendarmerie f *(bureaux)* ▷ **police officer** n policier m, fonctionnaire mf de la police ◆ **to become a police officer** entrer dans la police ▷ **police presence** n présence f policière ▷ **police protection** n protection f de la police ▷ **police record** n ◆ **to have a police record** avoir un casier judiciaire ◆ **he hasn't got a police record** il n'a pas de casier judiciaire, il a un casier judiciaire vierge ▷ **the police service** n la police ▷ **police state** n état m policier ▷ **police station** n poste m or commissariat m de police, gendarmerie f ▷ **police wagon** n (US) voiture f or fourgon m cellulaire ▷ **police work** n le métier de policier

policeman [pə'liːsmən] → SYN n, pl **-men** (in town) agent m de police, gardien m de la paix ; (in country) gendarme m ◆ **to become a policeman** entrer dans la police ◆ **I knew he was a policeman** je savais qu'il était dans la police

policewoman [pə'liːsˌwʊmən] n, pl **-women** femme f policier, femme f agent (de police)

policing [pə'liːsɪŋ] n maintien m de l'ordre

policy[1] ['pɒlɪsɪ] → SYN 1 n a (= aims, principles etc) (Pol) politique f ; [of newspaper, company, organization] politique f (générale) ; (= course of action) conduite f ◆ **complete frankness is the best policy** la franchise totale est la meilleure conduite à suivre or attitude à adopter ◆ **caution was the best policy** la prudence était la meilleure attitude à adopter ; → **honesty** ◆ **it's company policy** c'est la politique de l'entreprise or de la société ◆ **economic/foreign/social policy** (Pol) politique f étrangère/économique/sociale ◆ **to follow a policy of doing sth** avoir pour règle de faire qch ◆ **it is good/bad policy to ...** c'est une bonne/mauvaise politique que de ... ◆ **the government's policies** la politique du gouvernement ◆ **as a matter of policy** par principe ◆ **official policy** politique f officielle ◆ **it has always been our policy to deliver goods free** nous avons toujours eu pour règle de livrer les marchandises franco de port ◆ **it is our policy to use recycled paper** nous avons pour principe d'utiliser du papier recyclé ◆ **my policy has always been to wait and see** j'ai toujours eu pour principe de voir venir

b (NonC: † = prudence) (bonne) politique f ◆ **it would not be policy to refuse** il ne serait pas politique de refuser

2 COMP (gen) discussions etc de politique générale ▷ **policy committee** n comité m directeur ▷ **policy decision** n décision f de principe ▷ **policy document** n document m de politique générale ▷ **policy maker** n (within organization, firm etc) décisionnaire mf, décideur m ; (for political party etc) responsable mf politique ▷ **policy-making** n prise f de décisions ◇ adj process de décision ; body, role décisionnaire ▷ **policy matter** n question f de politique générale or de principe ▷ **policy paper** n ⇒ **policy document** ▷ **policy statement** n déclaration f de principe ◆ **to make a policy statement** faire une déclaration de principe ▷ **policy unit** n (Brit Pol) conseillers mpl politiques ▷ **policy wonk** * n (esp US Pol) conseiller m, -ère f politique

policy[2] ['pɒlɪsɪ] n (Insurance) police f (d'assurance) ◆ **to take out a policy** souscrire une (police d')assurance

policyholder ['pɒlɪsɪˌhəʊldə^r] n assuré(e) m(f)

polio ['pəʊlɪəʊ] n (abbrev of **poliomyelitis**) polio f

poliomyelitis ['pəʊlɪəʊmaɪə'laɪtɪs] n poliomyélite f

Polish ['pəʊlɪʃ] 1 adj (gen) polonais ; ambassador, embassy de Pologne ; teacher, dictionary de polonais

2 n (Ling) polonais m

polish ['pɒlɪʃ] → SYN 1 n a (= substance) (for shoes) cirage m, crème f (pour chaussures) ; (for floor, furniture) encaustique f, cire f ; (for nails) vernis m (à ongles) ◆ **metal polish** produit m d'entretien pour les métaux

b (= act) **to give sth a polish** faire briller qch ◆ **my shoes need a polish** mes chaussures ont besoin d'être cirées

c (= shine) poli m ◆ **high polish** lustre m ◆ **to put a polish on sth** faire briller qch ◆ **the candlesticks were losing their polish** les chandeliers perdaient de leur éclat

d (fig = refinement) [of person] raffinement m ; [of style, work, performance] perfection f, élégance f

2 vt (also **polish up**) [+ stones, glass] polir ; [+ shoes] cirer ; [+ floor, furniture] cirer, astiquer ; [+ car] astiquer, briquer ; [+ metal] fourbir, astiquer ; [+ leather] lustrer ; (fig) [+ person] parfaire l'éducation de ; [+ manners] affiner ; [+ style, language] polir, châtier ◆ **to polish (up) one's French** perfectionner or travailler son français ◆ **the style needs polishing** le style aurait besoin d'être plus soigné ; see also **polished**

► **polish off** * vt sep [+ food, drink] finir ; [+ work, correspondence] expédier ; [+ competitor, enemy] régler son compte à, en finir avec ◆ **he polished off the meal** il a tout mangé jusqu'à la dernière miette ◆ **he polished off his scotch** il a avalé son whisky d'un trait ◆ **he polished off all the scotch** il a sifflé * tout le whisky ◆ **she polished off the cheese** elle a englouti * tout le fromage

► **polish up** vt sep ⇒ **polish 2**

polished ['pɒlɪʃt] → SYN adj a (= shiny) surface poli, brillant ; floor, shoes ciré, brillant ; leather lustré ; silver, ornaments brillant, fourbi, astiqué ; stone, glass poli

b (fig = refined) person qui a de l'éducation or du savoir-vivre ; manners raffiné ; style poli, châtié ; performer accompli ; performance impeccable

polisher ['pɒlɪʃə^r] n (= person) polisseur m, -euse f ; (= machine) (gen) polissoir m ; (for floors) cireuse f ; (for pebbles etc) polisseuse f

Politburo ['pɒlɪtbjʊərəʊ] n Politburo m

polite [pə'laɪt] → SYN adj person, smile, request, refusal, applause poli ◆ **to be polite to sb** être poli avec qn ◆ **when I said it was not his best work I was being polite** en disant que ce n'est pas sa meilleure œuvre j'ai été poli ◆ **be polite about his car!** ne dis pas de mal de sa voiture ! ◆ **in polite society** dans la bonne société ◆ **it is polite to ask permission** il est poli de demander la permission ◆ **to make polite conversation** échanger des politesses

politely [pə'laɪtlɪ] adv poliment ◆ **what he politely called an "inaccuracy"** ce qu'il a appelé poliment une "inexactitude"

politeness [pə'laɪtnɪs] n politesse f ◆ **to do sth out of politeness** faire qch par politesse

politic ['pɒlɪtɪk] → SYN adj (frm) politique (liter) ◆ **he thought** or **deemed it politic to refuse** il a jugé politique de refuser ◆ **it would be politic to tell him before someone else does** il serait diplomatique de le lui dire avant que quelqu'un d'autre ne le fasse ; → **body**

political [pə'lɪtɪkəl] 1 adj a (Pol) politique ◆ **political analyst** or **commentator** politologue mf ; → **party**

b (fig = politicized) **he was always very political** il a toujours été très politisé ◆ **he's a political animal** il a la politique dans le sang

c (= expedient, tactical) **it was a political decision** c'était une décision tactique

2 COMP ▷ **political action committee** n (US) comité m de soutien *(d'un candidat)* ▷ **political asylum** n ◆ **to ask for political asylum** demander le droit d'asile (politique) ▷ **political convention** n (US) convention f politique ▷ **political correctness** n (esp pej) ◆ **our society's obsession with political correctness** l'obsession de notre société pour ce qui est politiquement correct ◆ **in this age of political correctness** * (pej) à l'heure de la pensée politiquement correcte, à l'heure du politiquement correct ; → POLITICALLY CORRECT ▷ **political economy** n économie f politique ▷ **political football** * n (pej) ◆ **the drug issue will continue to be a political football** la question de la drogue continuera à être une sorte de balle que tout le monde se renvoie dans le monde politique ◆ **he/this charter is being used as a political football** il/cette charte est le prétexte à des débats de politique politicienne ▷ **political geography** n géographie f politique ▷ **political prisoner** n prisonnier m politique ▷ **political science** n sciences fpl politiques ▷ **political scientist** n spécialiste mf des sciences politiques

politically [pə'lɪtɪkəlɪ] 1 adv d'un point de vue politique, politiquement ◆ **politically acceptable/expedient/sensitive** acceptable/opportun/délicat d'un point de vue politique, politiquement acceptable/opportun/délicat ◆ **politically stable** politiquement stable, stable d'un point de vue politique ◆ **politically motivated** ayant une motivation politique ◆ **politically aware** politisé ◆ **politically speaking** politiquement parlant

2 COMP ▷ **politically correct** adj politiquement correct ▷ **politically incorrect** adj qui n'est pas politiquement correct ◆ **his jokes are politically incorrect but very funny** ses plaisanteries ne sont pas politiquement correctes mais elles sont très drôles ▷ **politically-minded, politically-orientated** adj politisé

POLITICALLY CORRECT

Une personne politiquement correcte (**politically correct**, ou **PC**) évite d'employer certains termes, jugés dégradants ou insultants, pour désigner les membres de minorités ou de groupes défavorisés tels que les minorités ethniques, les femmes, les handicapés ou les homosexuels. Ainsi est-on passé successivement de "Negroes" (terme qu'utilisait Martin Luther King) à "coloured people", puis à "Black people" ; de même dira-t-on d'un aveugle qu'il est malvoyant ("he's visually impaired"). Les adeptes de ce mouvement d'origine américaine estiment ainsi remettre en question les présupposés idéologiques de la civilisation occidentale. Aujourd'hui, cependant, l'expression **politically correct** est souvent utilisée de façon péjorative par les opposants à ces idées libérales.

politician [ˌpɒlɪˈtɪʃən] → SYN n homme m politique, femme f politique

politicization [pəˌlɪtɪsaɪˈzeɪʃən] n politisation f

politicize [pəˈlɪtɪsaɪz] vt politiser

politicking [ˈpɒlɪtɪkɪŋ] n (pej) politique f politicienne

politico * [pəˈlɪtɪkəʊ] n, pl **politicos** (pej) (= politician) politicard m ◆ **he's a real politico** (= political person) il est très politisé

politico... [pəˈlɪtɪkəʊ] pref politico...

politics [ˈpɒlɪtɪks] [1] n (Pol) politique f ◆ **to go into politics** se lancer dans la or entrer en politique ◆ **to be in politics** faire de la politique ◆ **to study politics** étudier les sciences politiques ◆ **to talk politics** parler politique ◆ **foreign politics** la politique étrangère ◆ **to play politics (with education/the economy)** (pej) faire de la politique politicienne (pej) (en matière d'éducation/d'économie) ◆ **what they are doing is playing politics with people's lives** ils jouent avec la vie des gens à des fins politiques ; → **office, party, sexual** [2] npl (= political ideas) opinions fpl politiques ◆ **what are your/his politics?** quelles sont vos/ses opinions politiques ? ◆ **the influence of socialist ideas on his politics** l'influence des idées socialistes sur ses opinions politiques

polity [ˈpɒlɪtɪ] n (= system of government) régime m, administration f politique ; (= government organization) constitution f politique ; (= the State) État m

polje [ˈpɒʊljə] n poljé m

polka [ˈpɒlkə] [1] n, pl **polkas** polka f [2] COMP ▷ **polka dot** n pois m ▷ **polka-dot** adj **a polka-dot blouse** un chemisier à pois

poll [pəʊl] → SYN [1] n [a] (= vote in general: gen pl) vote m ; (= voting at election) scrutin m ; (= election) élection(s) f(pl) ; (= list of voters) liste f électorale ; (= voting place) bureau m de vote ; (= votes cast) voix fpl, suffrages mpl ◆ **the result of the polls** le résultat de l'élection or du scrutin ◆ **on the eve of the polls** à la veille de l'élection or du scrutin ◆ **to go to the polls** aller aux urnes, aller voter ◆ **a crushing defeat at the polls** une écrasante défaite aux élections ◆ **there was a 64% turnout at the polls** 64 % des inscrits ont voté, la participation électorale a été de (l'ordre de) 64 % ◆ **the conservatives' highest poll for ten years** le meilleur score des conservateurs en dix ans ◆ **he got 20% of the poll** il a obtenu 20 % des suffrages exprimés ◆ **he achieved a poll of 5,000 votes** il a obtenu 5 000 voix ; → **standing**
[b] (= opinion survey) sondage m ◆ **(public) opinion poll** sondage m d'opinion ◆ **to take** or **conduct a poll** effectuer un sondage (of auprès de) ◆ **to take a poll of 3,000 people** effectuer un sondage auprès de 3 000 personnes ◆ **a telephone poll** un sondage téléphonique ◆ **a poll of polls** une analyse de sondages ; → **Gallup**
[c] (†† = head) chef † m
[2] vt [a] (= vote) obtenir ; [+ people] sonder l'opinion de, interroger ◆ **they polled the students to find out whether ...** ils ont sondé l'opinion des étudiants pour savoir si... ◆ **40% of those polled supported the government** 40 % des personnes interrogées étaient favorables au gouvernement
[b] [+ cattle] décorner ; [+ tree] étêter, écimer
[3] vi ◆ **the nationalists polled well** les nationalistes ont obtenu un bon score
[4] COMP ▷ **poll taker** n (US) sondeur m ▷ **poll tax** n (gen) capitation f ; (Brit) (formerly) ≃ impôts mpl locaux

pollack [ˈpɒlək] n, pl **pollacks** or **pollack** lieu m jaune

pollard [ˈpɒləd] [1] n (= animal) animal m sans cornes ; (= tree) têtard m, arbre m étêté or écimé
[2] vt [+ animal] décorner ; [+ tree] étêter, écimer

pollen [ˈpɒlən] [1] n pollen m
[2] COMP ▷ **pollen count** n taux m de pollen

pollinate [ˈpɒlɪneɪt] vt féconder (avec du pollen)

pollination [ˌpɒlɪˈneɪʃən] n pollinisation f, fécondation f

pollinator [ˈpɒlɪneɪtər] n (Zool) pollinisateur m, -trice f

polling [ˈpəʊlɪŋ] [1] n élections fpl ◆ **polling is on Thursday** les élections ont lieu jeudi, on vote jeudi ◆ **the polling was extremely low** le taux de participation était extrêmement faible
[2] COMP ▷ **polling booth** n isoloir m ▷ **polling day** n jour m des élections ▷ **polling place** n (US) ⇒ **polling station** ▷ **polling station** n (Brit) bureau m de vote

polliwog [ˈpɒlɪwɒg] n (US Zool) têtard m

pollock [ˈpɒlək] n ⇒ **pollack**

pollster [ˈpəʊlstər] n sondeur m, enquêteur m, -euse f

pollutant [pəˈluːtənt] n polluant m

pollute [pəˈluːt] → SYN vt polluer ; (fig) contaminer ; (= corrupt) corrompre ; (= desecrate) profaner, polluer (liter) ◆ **the river was polluted with chemicals** la rivière était polluée par des produits chimiques

polluter [pəˈluːtər] n pollueur m, -euse f ◆ **the polluter pays** les pollueurs sont les payeurs

pollution [pəˈluːʃən] → SYN n [a] (lit, Chem etc) pollution f ◆ **air/atmospheric/marine pollution** pollution f de l'air/atmosphérique/marine
[b] (fig = impurity, corruption) souillure f (liter) ◆ **spiritual pollution** souillure f (liter) de l'esprit ; → **light¹, noise**

Pollux [ˈpɒləks] n [a] (Myth) Pollux m
[b] (Astron) Pollux f

Pollyanna [ˌpɒlɪˈænə] n optimiste m(f) béat(e)

pollywog [ˈpɒlɪwɒg] n ⇒ **polliwog**

polo [ˈpəʊləʊ] [1] n polo m ; → **water**
[2] COMP ▷ **polo-neck** n col m roulé ◇ adj (also **polo-necked**) à col roulé ▷ **polo shirt** n polo m, chemise f polo ▷ **polo stick** n maillet m (de polo)

polonaise [ˌpɒləˈneɪz] n (Mus, Dancing) polonaise f

polonium [pəˈləʊnɪəm] n polonium m

polony [pəˈləʊnɪ] n (Brit) sorte de saucisson

poltergeist [ˈpɔːltəgaɪst] n esprit m frappeur

poltroon † [pɒlˈtruːn] n poltron m

poly * [ˈpɒlɪ] [1] n (in Brit) abbrev of **polytechnic** ≃ IUT m
[2] COMP ▷ **poly bag** n (= polythene bag) sac m en plastique

poly... [ˈpɒlɪ] pref poly...

polyamide [ˌpɒlɪˈæmaɪd] n polyamide m

polyandrous [ˌpɒlɪˈændrəs] adj polyandre

polyandry [ˈpɒlɪændrɪ] n polyandrie f

polyanthus [ˌpɒlɪˈænθəs] n primevère f (multiflore)

polyarchy [ˈpɒlɪˌɑːkɪ] n polyarchie f

polyarthritis [ˌpɒlɪɑːˈθraɪtɪs] n polyarthrite f

polyatomic [ˌpɒlɪəˈtɒmɪk] adj polyatomique

polybasic [ˌpɒlɪˈbeɪsɪk] adj polybasique

polychlorinated biphenyl [ˌpɒlɪˈklɔːrɪneɪtɪd baɪˈfɛnəl] n polychlorobiphényle m

polychromatic [ˌpɒlɪkrəʊˈmætɪk] adj polychrome

polychromatism [ˌpɒlɪˈkrəʊməˌtɪzəm] n polychromie f

polychrome [ˈpɒlɪkrəʊm] [1] adj polychrome
[2] n (= statue) statue f polychrome ; (= picture) tableau m polychrome

polyclinic [ˌpɒlɪˈklɪnɪk] n polyclinique f

polycotton [ˌpɒlɪˈkɒtən] n polyester m et coton m

polycythaemia, polycythemia (US) [ˌpɒlɪsaɪˈθiːmɪə] n polyglobulie f

polyembryony [ˌpɒlɪˈembrɪənɪ] n polyembryonie f

polyester [ˌpɒlɪˈestər] [1] n polyester m
[2] COMP de or en polyester

polyethylene [ˌpɒlɪˈeθɪliːn] n polyéthylène m, polythène m

polygala [pəˈlɪgələ] n polygala m

polygamist [pɒˈlɪgəmɪst] n polygame mf

polygamous [pɒˈlɪgəməs] adj polygame

polygamy [pɒˈlɪgəmɪ] n polygamie f

polygenesis [ˌpɒlɪˈdʒenɪsɪs] n polygénisme m

polygenetic [ˌpɒlɪdʒɪˈnetɪk] adj polygénétique

polyglot [ˈpɒlɪglɒt] adj, n polyglotte mf

polygon [ˈpɒlɪgən] n polygone m

polygonal [pəˈlɪgənl] adj polygonal

polygonum [pəˈlɪgənəm] n (Bot) renouée f

polygraph [ˈpɒlɪgrɑːf] n détecteur m de mensonges

polyhedra [ˌpɒlɪˈhiːdrə] npl of **polyhedron**

polyhedral [ˌpɒlɪˈhiːdrəl] adj polyédrique

polyhedron [ˌpɒlɪˈhiːdrən] n, pl **polyhedrons** or **polyhedra** polyèdre m

polymath [ˈpɒlɪmæθ] n esprit m universel

polymer [ˈpɒlɪmər] n polymère m

polymeric [ˌpɒlɪˈmerɪk] adj polymère

polymerization [ˈpɒlɪmərɪˈzeɪʃən] n polymérisation f

polymerize [ˈpɒlɪməraɪz] vt polymériser

polymorphic [ˌpɒlɪˈmɔːfɪk] [1] adj polymorphe
[2] COMP ▷ **polymorphic function** n fonction f polymorphe

polymorphism [ˌpɒlɪˈmɔːfɪzəm] n polymorphisme m, polymorphie f

polymorphous [ˌpɒlɪˈmɔːfəs] adj polymorphe

Polynesia [ˌpɒlɪˈniːzɪə] n la Polynésie

Polynesian [ˌpɒlɪˈniːzɪən] [1] adj polynésien
[2] n [a] (= person) Polynésien(ne) m(f)
[b] (Ling) polynésien m

polyneuritis [ˌpɒlɪnjʊˈraɪtɪs] n polynévrite f

polynomial [ˌpɒlɪˈnəʊmɪəl] adj, n polynôme m

polyp [ˈpɒlɪp] n (Zool, Med) polype m

polypeptide [ˌpɒlɪˈpeptaɪd] n (Bio) polypeptide m

polypetalous [ˌpɒlɪˈpetələs] adj polypétale

polyphase [ˈpɒlɪfeɪz] adj polyphase

Polyphemus [ˌpɒlɪˈfiːməs] n Polyphème m

polyphone [ˈpɒlɪfəʊn] n (Ling) caractère m polyphone

polyphonic [ˌpɒlɪˈfɒnɪk] adj polyphonique

polyphony [pəˈlɪfənɪ] n polyphonie f

polypi [ˈpɒlɪpaɪ] npl of **polypus**

polyploid [ˈpɒlɪplɔɪd] adj polyploïde

polyploidy [ˈpɒlɪˌplɔɪdɪ] n polyploïdie f

polypropylene [ˌpɒlɪˈprɒpɪliːn] n polypropylène m

polyptych [ˈpɒlɪptɪk] n polyptyque m

polypus [ˈpɒlɪpəs] n, pl **polypi** (Med) polype m

polysaccharide [ˌpɒlɪˈsækəraɪd] n polysaccharide m

polysaccharose [ˌpɒlɪˈsækəˌrəʊz] n polyoside m, polysaccharide m

polysemic [ˌpɒlɪˈsiːmɪk] adj polysémique

polysemous [pɒˈlɪsəməs] adj polysémique

polysemy [pɒˈlɪsəmɪ] n polysémie f

polystyrene [ˌpɒlɪˈstaɪriːn] [1] n (esp Brit) polystyrène m ◆ **expanded polystyrene** polystyrène m expansé
[2] COMP ▷ **polystyrene cement** n colle f polystyrène ▷ **polystyrene chips** npl billes fpl (de) polystyrène

polysyllabic ['pɒlɪsɪ'læbɪk] adj polysyllabe, polysyllabique

polysyllable ['pɒlɪ,sɪləbl] n polysyllabe m, mot m polysyllabique

polysyndeton [,pɒlɪ'sɪndɪtən] n (Ling) polysyndète f

polysynthetic [,pɒlɪsɪn'θetɪk] adj (Ling) polysynthétique

polytechnic [,pɒlɪ'teknɪk] n (in Brit) ≃ IUT m, ≃ Institut m universitaire de technologie

polytheism ['pɒlɪθiːɪzəm] n polythéisme m

polytheistic [,pɒlɪθiː'ɪstɪk] adj polythéiste

polythene ['pɒlɪθiːn] (Brit) ① n polyéthylène m, polythène m
② COMP ▷ **polythene bag** n sachet m en plastique

polytonal [,pɒlɪ'təʊnəl] adj polytonal

polytonalism [,pɒlɪtəʊ'nælɪzəm], **polytonality** [,pɒlɪtəʊ'nælɪtɪ] n polytonalité f

polyunsaturate [,pɒlɪʌn'sætʃʊrɪt] n (acide m gras) polyinsaturé m

polyunsaturated [,pɒlɪʌn'sætʃʊ,reɪtɪd] adj polyinsaturé

polyurethane [,pɒlɪ'jʊərɪθeɪn] n polyuréthane m

polyuria [,pɒlɪ'jʊərɪə] n polyurie f

polyuric [,pɒlɪ'jʊərɪk] adj polyurique

polyvalent [pə'lɪvələnt] adj polyvalent

polyvinyl ['pɒlɪvaɪnl] ① n polyvinyle m
② COMP ▷ **polyvinyl resin** n résine f polyvinylique

pom [pɒm] ⇒ **pommy**

pomade [pə'maːd] ① n pommade f
② vt pommader

pomander [pəʊ'mændər] n (china) diffuseur m de parfum

pomegranate ['pɒmə,grænɪt] n (= fruit) grenade f ; (= tree) grenadier m

pomelo ['pɒmɪləʊ] n, pl **pomelos** poméIo m

Pomeranian [,pɒmə'reɪnɪən] n (= dog) loulou m (de Poméranie)

pomfret-cake ['pɒmfrɪt] n rouleau m de réglisse

pomiculture ['pɒmɪ,kʌltʃər] n pomiculture f

pommel ['pʌml] ① n pommeau m
② vt ⇒ **pummel**
③ COMP ▷ **pommel horse** n cheval m d'arçons

pommy ⁎ ['pɒmɪ] (Austral pej) ① n Anglais(e) m(f), rosbif ⁎ m (pej)
② adj anglais

pomologist [pə'mɒlədʒɪst] n pomologue mf

pomology [pɒ'mɒlədʒɪ] n pomologie f

pomp [pɒmp] → SYN n pompe f, faste m, apparat m ◆ **pomp and circumstance** grand apparat m, pompes fpl (liter) ◆ **with great pomp** en grande pompe

Pompadour ['pɒmpə,dʊər] n (US = hairstyle) banane f (coiffure)

Pompeii [pɒm'peɪɪ] n Pompéi

Pompey ['pɒmpɪ] n Pompée m

pompilid ['pɒmpɪlɪd] n pompile m

pompom ['pɒmpɒm] n a (= bobble) pompon m
b (Mil) canon-mitrailleuse m (de DCA)

pompon ['pɒmpɒn] ① n (= bobble) pompon m
② COMP ▷ **pompon dahlia** n (Bot) dahlia m pompon ▷ **pompon rose** n (Bot) rose f pompon

pomposity [pɒm'pɒsɪtɪ] n (pej) manières fpl pompeuses, air m or ton m pompeux, solennité f

pomposo [pɒm'pəʊsəʊ] adv (Mus) pomposo

pompous ['pɒmpəs] → SYN adj person pontifiant ; remark, speech, tone pompeux, pontifiant ; style pompeux, ampoulé

pompously ['pɒmpəslɪ] adv speak sur un ton pompeux ; write dans un style pompeux ; behave pompeusement

ponce ⁎ [pɒns] (Brit) ① n a (= pimp) maquereau ⁎ m, souteneur m
b (pej = homosexual) pédé ⁎ m
② vi faire le maquereau, être souteneur

▶ **ponce about** ⁎, **ponce around** ⁎ vi (pej) se pavaner

poncey ⁎ ['pɒnsɪ] adj (Brit pej) person affecté ; restaurant, school snob ; clothes de poseur

poncho ['pɒntʃəʊ] n, pl **ponchos** poncho m

poncy ⁎ ['pɒnsɪ] adj → **poncey**

pond [pɒnd] → SYN ① n étang m ; (stagnant) mare f ; (artificial) bassin m ◆ **the pond** ⁎ (= the Atlantic) l'océan m atlantique ◆ **across the pond** outre-atlantique ; → **big, millpond**
② COMP ▷ **pond scum** n algues fpl (à la surface d'une mare) ▷ **pond snail** n (Zool) limnée f

ponder ['pɒndər] ① vt considérer, peser, réfléchir à or sur ◆ **to ponder whether to resign** songer à démissionner
② vi méditer (over, on sur), réfléchir (over, on à, sur)

ponderable ['pɒndərəbl] adj pondérable

ponderous ['pɒndərəs] → SYN adj movement, object lourd, pesant ; style, joke lourd ; speech, tone, voice pesant et solennel

ponderously ['pɒndərəslɪ] adv move pesamment, lourdement ; write avec lourdeur ; say, speak d'un ton solennel et pesant

pondlife ['pɒndlaɪf] n (NonC) faune f et flore f des étangs

pondweed ['pɒndwiːd] n épi m d'eau, potamot m

pone [pəʊn] n (US) pain m de maïs

pong ⁎ [pɒŋ] (Brit) ① n mauvaise odeur f ; (stronger) puanteur f ◆ **what a pong in here!** ça (s)chlingue ⁎ ici !
② vi (s)chlinguer ⁎ ◆ **it pongs!** pouah !, ça (s)chlingue ! ⁎

pongy ⁎ ['pɒŋɪ] adj (Brit) puant, qui schlingue ⁎

pons Varolii [pɒnzvə'rəʊlɪaɪ] n pont m de Varole, protubérance f annulaire

pontiff ['pɒntɪf] n (Rel) (= dignitary) pontife m ; (= pope) souverain m pontife, pontife m romain

pontifical [pɒn'tɪfɪkəl] adj (Rel) pontifical ; (fig) pontifiant ◆ **pontifical high mass** messe f pontificale

pontificate [pɒn'tɪfɪkɪt] → SYN ① n (Rel) pontificat m
② [pɒn'tɪfɪkeɪt] vi (fig) pontifier (about au sujet de, sur)

pontil ['pɒntɪl] n pontil m

Pontius Pilate ['pɒntɪəs'paɪlət] n Ponce Pilate m

pontoon [pɒn'tuːn] ① n a (gen) ponton m ; (on aircraft) flotteur m
b (Brit Cards) vingt-et-un m
② COMP ▷ **pontoon bridge** n pont m flottant

pony ['pəʊnɪ] ① n poney m ; (Brit ⁎ = £25) 25 livres ; (US Scol ⁎ = crib) traduc ⁎ f, corrigé m (utilisé illicitement)
② COMP ▷ **pony express** n (US Hist) messageries fpl rapides par relais de cavaliers ▷ **pony trekking** n randonnée f équestre or à cheval

ponytail ['pəʊnɪteɪl] n queue f de cheval ◆ **to have** or **wear one's hair in a ponytail** avoir une queue de cheval

poo ⁎ [puː] (Brit) (baby talk) ① n caca ⁎ m (baby talk) ◆ **to do a poo** faire caca ⁎ (baby talk)
② vi faire caca ⁎ (baby talk)

pooch ⁎ [puːtʃ] n cabot ⁎ m, clebs ⁎ m

poodle ['puːdl] n caniche m ; (fig = servile person) chien m

poof [pʊf] ① n (Brit ⁎ pej) tante ⁎ f, tapette ⁎ f
② excl hop !

poofter ⁎ ['pʊftər] n (Brit pej) ⇒ **poof**

poofy ⁎ ['pʊfɪ] adj (Brit pej) efféminé, du genre tapette ⁎ ◆ **it's poofy** ça fait fille

pooh [puː] ① excl bah !, peuh !
② n ⇒ **poo**
③ vi ⇒ **poo**
④ COMP ▷ **pooh-pooh** → SYN vt to pooh-pooh sth faire fi de qch, dédaigner qch ▷ **pooh sticks** npl jeu qui consiste à jeter des bâtons dans une rivière depuis un pont, le gagnant étant celui dont le bâton réapparaît le premier de l'autre côté du pont

pool¹ [puːl] → SYN ① n a (= puddle) [of water, rain] flaque f (d'eau) ; [of spilt liquid] flaque f ; (larger) mare f ; (fig) [of light from lamp, spot, flood] rond m ; [of sunlight] flaque f ; [of shadow] zone f ◆ **lying in a pool of blood** étendu dans une mare de sang ◆ **in a pool of light** dans une flaque or un rond de lumière
b (= pond) (natural) étang m ; (artificial) bassin m, pièce f d'eau ; (in river) plan m d'eau ; (= water hole) point m d'eau ; (also **swimming pool**) piscine f ; → **paddle**
② COMP ▷ **pool attendant** n surveillant(e) m(f) de baignade, maître m nageur

pool² [puːl] → SYN ① n a (Cards etc = stake) poule f, cagnotte f ; (gen = common fund) cagnotte f
b (fig) (of things owned in common) fonds m commun ; (= reserve, source) [of ideas, experience, ability] réservoir m ; [of advisers, experts] équipe f ◆ **a pool of vehicles** un parc de voitures ◆ **typing pool** pool m de dactylos ◆ **pool of reporters** pool m de presse ◆ **a very good pool of players/talent** etc un très bon réservoir de joueurs/talents etc ◆ **genetic pool** pool m génétique
c (Econ = consortium) pool m ; (US = monopoly trust) trust m ◆ **the coal and steel pool** le pool charbon acier
d (= billiards) billard m américain ◆ **to shoot** or **play pool** jouer au billard américain
② **the pools** ⁎ npl (Brit) ⇒ **the football pools** ; → **football**
③ vt [+ money, resources, objects, knowledge, ideas] mettre en commun ; [+ efforts] unir ; [+ workers] rassembler
④ COMP ▷ **pool table** n billard m (table)

poolroom ['puːlrʊm] n (Billiards) (salle f de) billard m

poop¹ [puːp] ① n (Naut) poupe f
② COMP ▷ **poop deck** n dunette f

poop² ⁎ [puːp] ① n (esp US = excrement) crotte f
② COMP ▷ **poop scoop** n ramasse-crottes m inv

poop³ ⁎ [puːp] n (US = information) tuyau ⁎ m, bon renseignement m

pooped ⁎ [puːpt] adj (esp US = exhausted) pompé ⁎, crevé ⁎, à plat ⁎

pooper-scooper ⁎ ['puːpəˈskuːpər] n ramasse-crottes m inv

poor [pʊər] → SYN ① adj a (= not rich) person, family, nation pauvre ◆ **as poor as a churchmouse** pauvre comme Job ◆ **how poor is he really?** jusqu'à quel point est-il pauvre ? ◆ **to become poorer** s'appauvrir ◆ **he was a thousand pounds (the) poorer** il avait perdu mille livres ◆ **in poor circumstances** dans le besoin, dans la gêne ◆ **soil that is poor in zinc** (fig = lacking) un sol pauvre en zinc ; see also ③
b (= inferior) amount, sales, harvest, output maigre, médiocre ; work, worker, soldier, film, result, performance, food, summer médiocre, piètre (before n) ; pay maigre, faible ; effort, ventilation insuffisant ; light faible ; sight faible, mauvais ; soil pauvre, peu productif ; quality médiocre ; housing insalubre ; hygiene, sanitation, visibility, conditions, management mauvais ◆ **"poor"** (Scol etc: as mark) "faible", "médiocre" ◆ **to be poor at (doing) sth** ne pas être doué pour (faire) qch ◆ **clients who have had poor service** les clients qui ont eu à se plaindre de l'insuffisance du service ◆ **he had a very poor attendance record** il avait souvent été absent ◆ **he has a poor chance of survival** il a peu de chances de survivre ◆ **to be in poor health** ne pas être en bonne santé, être en mauvaise santé ◆ **to have poor hearing** être dur d'oreille ◆ **he has a poor memory** il a mauvaise mémoire ◆ **people with poor circulation** les gens qui ont une mauvaise circulation ◆ **she had a poor grasp of German** son allemand n'était pas très bon ◆ **he showed a poor grasp of the facts** il a manifesté un manque de compréhension des faits ◆ **to have a poor opinion of o.s.** avoir une mauvaise opinion de soi-même ◆ **a poor substitute (for sth)** un piètre substitut (de qch) ◆ **a poor imitation of sth** une pâle imitation de qch ◆ **this sparkling wine is just a poor relation of champagne** ce vin pétillant n'est qu'une pâle imitation de champagne ◆ **I'm a poor sailor** je n'ai pas le pied marin ◆ **he is a poor traveller** il supporte mal les voyages ◆ **he's a poor loser** il est mauvais perdant ; → **second¹, show**
c (= pitiable) pauvre ◆ **poor little thing!** pauvre petit(e) ! ◆ **she's all alone, poor woman**

elle est toute seule, la pauvre ◆ **poor chap, he was killed in an air crash** le pauvre, il est mort dans un accident d'avion ◆ **poor things** *, **they look cold** les pauvres, ils ont l'air d'avoir froid ◆ **you poor old thing!** * mon pauvre vieux!, ma pauvre vieille! ◆ **poor little rich girl** (iro) pauvre petite fille f riche

2 **the poor** npl les pauvres mpl

3 COMP ▷ **poor boy** n (US Culin) grand sandwich m mixte ▷ **poor cod** n (= fish) (petit) tacaud m ▷ **poor law** n (Hist) **the poor laws** les lois fpl sur l'assistance publique ▷ **poor-mouth** * vt (US) **to poor-mouth sb/sth** parler en termes désobligeants de qn/qch ▷ **poor-spirited** adj timoré, pusillanime ▷ **poor White** n (esp pej) petit Blanc m

poorbox ['pʊəbɒks] n (Rel) tronc m des pauvres

poorhouse ['pʊəhaʊs] n (Hist) hospice m (des pauvres)

poorly ['pʊəlɪ] → SYN **1** adj (esp Brit: *) souffrant, malade ◆ **the hospital described his condition as poorly** les médecins ont déclaré que son état était préoccupant

2 adv live, dress pauvrement; perform, eat, sell mal ◆ **poorly lit/paid/designed** etc mal éclairé/payé/conçu etc ◆ **to be poorly off** être pauvre

poorness ['pʊənɪs] n **a** (= poverty) pauvreté f

b (= poor quality) mauvaise qualité f, médiocrité f

poovy ‡ ['puːvɪ] adj ⇒ poofy

pop¹ [pɒp] → SYN **1** n **a** (= sound) [of cork etc] pan m; [of press stud etc] bruit m sec ◆ **to go pop** [cork] sauter; [balloon] éclater; [bulb, stud] faire un (petit) bruit sec

b (NonC * = drink) boisson f gazeuse ◆ **orange pop** orangeade f

c (= try) **to have** or **take a pop at (doing) sth** * s'essayer à (faire) qch

d (= criticize) **to have** or **take a pop at sb/sth** * s'en prendre à qn/qch

e (US) **the drinks go for a dollar a pop** * les boissons sont à un dollar chaque ou chacune

2 vt **a** [+ balloon] crever; [+ cork] faire sauter; [+ corn] faire éclater; [+ press stud] fermer ◆ **to pop one's cork** prendre son pied * ◆ **to pop one's clogs** (Brit hum) casser sa pipe *

b (* = put) mettre ◆ **to pop one's head round the door/out of the window** passer brusquement la tête par la porte/par la fenêtre ◆ **to pop one's head in** passer la tête par la porte (or par la fenêtre etc) ◆ **to pop sth into the oven** passer or mettre qch au four ◆ **he popped it into his mouth** il l'a fourré or l'a mis dans sa bouche ◆ **to pop pills** se bourrer de médicaments ◆ **could you pop this letter into the postbox?** tu peux mettre cette lettre à la boîte? ◆ **to pop the question** (= propose) faire sa demande (en mariage)

c († * = pawn) mettre au clou *

3 vi **a** [balloon] éclater; [cork, stud, buttons] sauter ◆ **my ears popped** mes oreilles se sont débouchées ◆ **his eyes popped** il a écarquillé les yeux, il a ouvert des yeux ronds or de grands yeux ◆ **his eyes were popping out of his head** les yeux lui sortaient de la tête, il avait les yeux exorbités ◆ **her eyes were popping with amazement** elle écarquillait les yeux (sous l'effet de la surprise), elle ouvrait des yeux comme des soucoupes

b (* = go) **I popped over** (or **round** or **across** or **out**) **to the grocer's** j'ai fait un saut à l'épicerie ◆ **he popped into a café** il est entré dans un café en vitesse ◆ **a letter popped through his letterbox** une lettre est tombée dans sa boîte aux lettres

4 COMP ▷ **pop quiz** n (US Scol) interrogation f (écrite) surprise ▷ **pop socks** npl (Brit) mi-bas mpl (fins) ▷ **pop-up book** n livre m animé ▷ **pop-up menu** n (Comput) menu m (qui s'affiche à l'écran sur commande) ▷ **pop-up toaster** n grille-pain m inv (à éjection automatique)

▶ **pop back** * vi revenir, retourner (en vitesse ou pour un instant)

▶ **pop in** * vi entrer en passant, ne faire que passer ◆ **I popped in to say hullo to them** je suis entré (en passant) leur dire bonjour

◆ **she kept popping in and out** elle n'a pas cessé d'entrer et de sortir

▶ **pop off** vi **a** (* = leave) partir ◆ **they popped off to Spain for a few days** ils sont partis passer quelques jours en Espagne, ils ont filé * pour quelques jours en Espagne

b (* = die) mourir (subitement), claquer *

c (US * = shout) donner de la gueule *

▶ **pop on** * vt sep **a** (= switch on) allumer, mettre en marche ◆ **to pop the kettle on** ≃ mettre de l'eau à chauffer

b [+ clothes, shirt etc] enfiler

▶ **pop out** vi [person] sortir; [head] émerger; [cork] sauter

▶ **pop round** * vi passer, faire un saut ◆ **pop round anytime** passe n'importe quand; see also pop 3b

▶ **pop up** vi (from water, above wall etc) surgir ◆ **he popped up unexpectedly in Tangier** * il a réapparu inopinément à Tanger

pop² [pɒp] (abbrev of **popular**) **1** n (musique f) pop m ◆ **to be top of the pops** ≃ être en tête du Top 50

2 COMP music, song, singer, concert, group pop inv ▷ **pop art** n pop art m ▷ **pop psychology** n psychologie f bon marché (pej) or de quatre sous ▷ **pop star** n pop star f

pop³ * [pɒp] n (esp US) papa m ◆ **yes pop(s)** (to old man) oui grand-père *, oui pépé *

popcorn ['pɒpkɔːn] n pop-corn m inv

pope¹ [pəʊp] → SYN **1** n pape m ◆ **Pope John Paul II** le pape Jean-Paul II ◆ **pope Joan** (Cards) le nain jaune

2 COMP ▷ **pope's nose** n (Culin) croupion m

pope² [pəʊp] n (= fish) grémille f

popemobile * ['pəʊpməbiːl] n voiture blindée utilisée par le pape lors de bains de foule

popery ['pəʊpərɪ] n (pej) papisme m (pej) ◆ **no popery!** à bas le pape!

popeyed [ˌpɒp'aɪd] adj aux yeux exorbités

popgun ['pɒpgʌn] n pistolet m à bouchon

popinjay † ['pɒpɪndʒeɪ] n fat m, freluquet m

popish ['pəʊpɪʃ] adj (pej) papiste (pej)

poplar ['pɒplə'] n peuplier m

poplin ['pɒplɪn] **1** n popeline f

2 COMP de or en popeline

popliteal [ˌpɒplɪ'tiːəl] adj (Anat) poplité

popmobility [ˌpɒpməʊ'bɪlɪtɪ] n aérobic f (en musique)

Popocatépetl [ˌpɒpə'kætəpetəl] n (Geog) Popocatépetl m

popover ['pɒpˌəʊvə'] n (US Culin) ≃ chausson m

poppa * ['pɒpə] n (US) papa m

poppadum ['pɒpədəm] n poppadum m

popper ['pɒpə'] n **a** (Brit * = press stud) pression f, bouton-pression m

b (Drugs *) popper m

poppet * ['pɒpɪt] n (Brit) ◆ **yes, (my) poppet** oui, mon petit chou ◆ **she's a (little) poppet** elle est à croquer, c'est un amour

poppy ['pɒpɪ] **1** n **a** (= flower) pavot m; (growing wild) coquelicot m

b (Brit: commemorative buttonhole) coquelicot m en papier (vendu le jour de l'Armistice)

2 adj (= colour) ponceau inv

3 COMP ▷ **Poppy Day** (Brit) n ≃ l'Armistice m ▷ **poppy seed** n graine f de pavot

---

POPPY DAY

Poppy Day, littéralement "la journée du coquelicot", désigne familièrement "Remembrance Day", c'est-à-dire la commémoration des armistices des deux guerres mondiales, fixée en Grande-Bretagne au deuxième dimanche de novembre. Dans les jours qui précèdent, des coquelicots de papier sont vendus dans la rue au profit des associations caritatives d'aide aux anciens combattants et à leurs familles. → LEGION

---

poppycock † * ['pɒpɪkɒk] n (NonC) balivernes fpl

Popsicle ® ['pɒpsɪkl] n (US) glace f à l'eau (à deux bâtonnets)

popsy † * ['pɒpsɪ] n (Brit) souris * f, fille f

populace ['pɒpjʊlɪs] → SYN n population f, populace f (pej)

popular ['pɒpjʊlə'] → SYN **1** adj **a** (= well-liked) person, decision, book, sport populaire; (= fashionable) style, model, place prisé (with de), en vogue; name en vogue; habit, practice populaire, courant ◆ **he's popular with his colleagues** ses collègues l'aiment beaucoup, il jouit d'une grande popularité auprès de ses collègues ◆ **he's popular with the girls** il a du succès or il a la cote * auprès des filles ◆ **I'm not very popular with the boss just now** * je ne suis pas très bien vu du patron or je n'ai pas la cote * auprès du patron en ce moment ◆ **computers are popular among the young** les ordinateurs jouissent d'une grande popularité auprès des jeunes ◆ **this is a very popular colour** (Comm) cette couleur se vend beaucoup ◆ **it is popular to be patriotic** le patriotisme est à la mode or en vogue ◆ **it is never popular to raise taxes** les augmentations d'impôts ne sont jamais populaires

b (= of, for, by the people) music, concert, myth, newspaper, art, appeal populaire; lecture, journal de vulgarisation; government, discontent populaire, du peuple ◆ **at popular prices** à la portée de toutes les bourses ◆ **by popular demand** or **request** à la demande générale ◆ **contrary to popular belief** or **opinion** contrairement aux idées reçues ◆ **popular opinion** (Pol) opinion f publique ◆ **popular support for the treaty** le soutien dont bénéficie le traité au sein de la population ◆ **popular vote** (Pol) vote m populaire

2 COMP ▷ **popular etymology** n (Ling) étymologie f populaire ▷ **popular front** n (Pol) front m populaire

popularist ['pɒpjʊlərɪst] adj populaire, qui s'adresse au peuple

popularity [ˌpɒpjʊ'lærɪtɪ] → SYN n popularité f (with auprès de; among parmi) ◆ **to gain (in)** or **grow in popularity** être de plus en plus populaire, acquérir une popularité de plus en plus grande ◆ **to decline in popularity** être de moins en moins populaire, perdre de sa popularité ◆ **it enjoyed a certain popularity** cela a joui d'une certaine popularité or faveur

popularization ['pɒpjʊləraɪ'zeɪʃən] n **a** (NonC) (= making prevalent) popularisation f; (= making accessible) vulgarisation f

b (= popularized work) ouvrage m de vulgarisation

popularize ['pɒpjʊləraɪz] → SYN vt (= make prevalent) [+ sport, music, fashion, product] populariser, rendre populaire; (= make accessible) [+ science, ideas] vulgariser

popularizer ['pɒpjʊləraɪzə'] n **a** [of sport, fashion] promoteur m, -trice f ◆ **Bruce Lee was a popularizer of martial arts** Bruce Lee a popularisé les arts martiaux

b [of science, ideas] vulgarisateur m, -trice f

popularly ['pɒpjʊləlɪ] → SYN adv ◆ **popularly known as ...** communément connu ou connu de tous sous le nom de ... ◆ **it is popularly supposed that ...** il est communément or généralement présumé que ..., on croit généralement que ... ◆ **he is popularly believed to be rich** il passe communément ou généralement pour être riche ◆ **it's far more common than is popularly imagined** c'est bien plus fréquent qu'on ne l'imagine généralement ◆ **popularly elected** démocratiquement élu

populate ['pɒpjʊleɪt] → SYN vt peupler ◆ **densely/sparsely populated** très/peu peuplé, à forte/faible densité de population ◆ **to be populated with** être peuplé de

population [ˌpɒpjʊ'leɪʃən] → SYN **1** n population f ◆ **a fall/rise in (the) population** une diminution/un accroissement de la population ◆ **the population of the town is 15,000** la population de la ville est de or la ville a une population de 15 000 habitants ◆ **a population of 15,000** une population de 15 000 habitants ◆ **the civilian population** la population civile ◆ **the working population** la population active

2 COMP increase de la population, démographique ▷ **population explosion** n explosion f démographique ▷ **population figures** npl (chiffres mpl de la) démogra-

populism ['pɒpjʊlɪzəm] n populisme m

populist ['pɒpjʊlɪst] adj, n populiste mf

populous ['pɒpjʊləs] → SYN adj populeux, très peuplé

porbeagle ['pɔːˌbiːgl] n (= shark) taupe f, lamie f

porcelain ['pɔːsəlɪn] 1 n (NonC = substance, objects) porcelaine f ◆ **a piece of porcelain** une porcelaine
2 COMP dish de or en porcelaine ; clay, glaze à porcelaine ▷ **porcelain ware** n (NonC) vaisselle f en or de porcelaine

porch [pɔːtʃ] n [of house, church] porche m ; [of hotel] marquise f ; (US : also **sun porch**) véranda f

porcine ['pɔːsaɪn] adj (frm) porcin, de porc

porcupine ['pɔːkjʊpaɪn] 1 n porc-épic m ; → **prickly**
2 COMP ▷ **porcupine fish** n, pl **porcupine fish** or **fishes** poisson-globe m

pore¹ [pɔːʳ] → SYN n (in skin) pore m ◆ **she oozes sexuality from every pore** la sensualité se dégage de toute sa personne

pore² [pɔːʳ] → SYN vi ◆ **to pore over** [+ book] être absorbé dans ; [+ letter, map] étudier de près ; [+ problem] méditer longuement ◆ **he was poring over the book** il était plongé dans or absorbé par le livre

pork [pɔːk] (Culin) 1 n porc m
2 COMP chop etc de porc ▷ **pork barrel** * (US Pol) n électoralisme m (travaux publics ou programme de recherche etc. entrepris à des fins électorales) ◊ adj project etc électoraliste ▷ **pork butcher** n ≈ charcutier m, -ière f ▷ **pork pie** n pâté m en croûte b * ⇒ **porky 2** ▷ **pork-pie hat** n (chapeau m en feutre m rond) ▷ **pork sausage** n saucisse f (de porc) ▷ **pork scratchings** npl amuse-gueules de couennes de porc frites

porker ['pɔːkəʳ] n porc à l'engrais, goret m

porky ['pɔːkɪ] 1 adj (*: pej) gras (grasse f) comme un porc, bouffi
2 n (*: = lie: also **porky pie**) bobard * m ◆ **to tell porkies** raconter des bobards *

porn [pɔːn] 1 n (NonC) (abbrev of **pornography**) porno * m
2 adj magazine, video porno * ; actor de porno * ◆ **porn shop** sex shop m ; → **hard, soft**

porno * ['pɔːnəʊ] adj magazine, video porno * ; actor de porno *

pornographer [pɔːˈnɒgrəfəʳ] n pornographe m

pornographic [ˌpɔːnəˈgræfɪk] → SYN adj pornographique

pornography [pɔːˈnɒgrəfɪ] → SYN n pornographie f

porosity [pɔːˈrɒsɪtɪ] n porosité f

porous ['pɔːrəs] → SYN adj poreux, perméable

porousness ['pɔːrəsnɪs] n porosité f

porphyria [pɔːˈfɪrɪə] n (Med) porphyrie f

porphyrin ['pɔːfɪrɪn] n porphyrine f

porphyroid ['pɔːfɪˌrɔɪd] adj porphyroïde

porphyry ['pɔːfɪrɪ] n porphyre m

porpoise ['pɔːpəs] n, pl **porpoise** or **porpoises** marsouin m

porridge ['pɒrɪdʒ] n a porridge m, bouillie f de flocons d'avoine ◆ **porridge oats** flocons mpl d'avoine
b (Brit *) taule * f ◆ **to do porridge** faire de la taule *

porringer † ['pɒrɪndʒəʳ] n bol m, écuelle f

port¹ [pɔːt] 1 n (= harbour, town) port m ◆ **port of call** (Naut) (port m d')escale f ◆ **I've only one more port of call** (fig) il ne me reste plus qu'une course à faire ◆ **port of dispatch** or (US) **shipment** port m d'expédition ◆ **port of embarkation** port m d'embarquement ◆ **port of entry** port m de débarquement or d'arrivée ◆ **naval/fishing port** port m militaire/de pêche ◆ **to come into port** entrer dans le port ◆ **they put into port at Dieppe** ils ont relâché dans le port de Dieppe ◆ **to make port** (Naut) arriver au port ◆ **to run into port** entrer au port ◆ **to leave port** appareiller, lever l'ancre ◆ **a port in a storm** (fig) (= person offering help) une main secourable ; (= refuge) un havre de paix ◆ **the yen is the safest port in the current economic storm** le yen est la monnaie la plus sûre dans la crise économique actuelle ◆ **any port in a storm** nécessité fait loi (Prov) ; → **seaport, trading**
2 COMP facilities, security portuaire, du port ▷ **port authorities** npl autorités fpl portuaires ▷ **port dues** npl droits mpl de port

port² [pɔːt] n a ⇒ **porthole**
b (Comput) port m, porte f (d'accès), point m d'accès

port³ [pɔːt] (Naut) 1 n (also **port side**) bâbord m ◆ **to port** à bâbord ◆ **land to port!** terre par bâbord ! ◆ **to put the rudder to port** mettre la barre à bâbord
2 adj guns, lights de bâbord
3 vt ◆ **to port the helm** mettre la barre à bâbord

port⁴ [pɔːt] n (= wine) porto m

portability [pɔːtəˈbɪlɪtɪ] n (esp Comput) portabilité f ; (of software) transférabilité f

portable ['pɔːtəbl] → SYN 1 adj (gen) portatif ; computer, telephone, television, software portable ◆ **a portable language** (Comput) un langage de programmation portable ◆ **portable pension** pension f transférable
2 n (= computer) portable m ; (= tape recorder) petit magnétophone m ; (= television) téléviseur m portable

portage ['pɔːtɪdʒ] n (= action, route) portage m ; (= cost) frais mpl de portage

Portakabin ® ['pɔːtəkæbɪn] n (gen) bâtiment m préfabriqué ; (= extension to office etc) petite annexe f préfabriquée ; (= works office etc) baraque f de chantier

portal ['pɔːtl] 1 n (also Comput) portail m ; (fig) porte f
2 COMP ▷ **portal vein** n veine f porte

Portaloo ® ['pɔːtəluː] n (Brit) toilettes fpl publiques provisoires

portcullis [pɔːtˈkʌlɪs] n herse f (de château fort)

portend [pɔːˈtend] → SYN vt présager, annoncer

portent ['pɔːtent] → SYN n (liter) a (= omen) prodige m, présage m ◆ **of evil portent** de mauvais présage
b (= significance) grande importance f ◆ **it's a day of portent** c'est un jour très important

portentous [pɔːˈtentəs] → SYN adj (liter) (= ominous) de mauvais augure ; (= marvellous) prodigieux ; (= grave) solennel ; (pej = pompous) pompeux, pontifiant

portentously [pɔːˈtentəslɪ] adv (liter) say, announce (pej = pompously) pompeusement ; (pej = ominously) solennellement ◆ **the sky was portentously dark** le ciel noir ne présageait rien de bon

porter ['pɔːtəʳ] → SYN 1 n a (for luggage: in station, hotel etc, on climb or expedition) porteur m
b (US Rail = attendant) employé(e) m(f) des wagons-lits
c (Brit = doorkeeper) [of private housing] concierge mf ; [of public building] portier m, gardien(ne) m(f) ; (Univ) appariteur m
d [of hospital] brancardier m, -ière f
e (= beer) porter m, bière f brune
2 COMP ▷ **porter's lodge** n loge f du or de la concierge (or du portier etc)

porterage ['pɔːtərɪdʒ] n (= act) portage m ; (= cost) frais mpl de portage

porterhouse ['pɔːtəhaʊs] n (also **porterhouse steak**) chateaubriand m

portfolio [pɔːtˈfəʊlɪəʊ] 1 n, pl **portfolios** a (Pol = object, post) portefeuille m ◆ **minister without portfolio** ministre m sans portefeuille
b [of shares] portefeuille m
c [of artist] portfolio m ; [of model] book m
d (Comm = range) gamme f
2 COMP ▷ **portfolio manager** n portefeuilliste mf

porthole ['pɔːthəʊl] n (Aviat, Naut) hublot m ; (Naut: for guns, cargo) sabord m

portico ['pɔːtɪkəʊ] n, pl **porticoes** or **porticos** portique m

portion ['pɔːʃən] → SYN 1 n (= part, percentage) portion f, partie f ; [of train, ticket etc] partie f ; (= share) portion f, (quote-)part f ; [of estate, inheritance etc] portion f, part f ; (of food = helping) portion f ;(† : also **marriage portion**) dot f ; (liter) (= fate) sort m, destin m
2 vt (also **portion out**) répartir (among, between entre)

portliness ['pɔːtlɪnɪs] n embonpoint m, corpulence f

portly ['pɔːtlɪ] adj corpulent

portmanteau [pɔːtˈmæntəʊ] 1 n, pl **portmanteaus** or **portmanteaux** [pɔːtˈmæntəʊz] grosse valise f (de cuir)
2 COMP ▷ **portmanteau word** n (Ling) mot-valise m

portrait ['pɔːtrɪt] → SYN 1 n (gen, Art) portrait m ◆ **to paint sb's portrait** peindre (le portrait de) qn ◆ "**A Portrait of the Artist as a Young Man**" (Literat) "Dedalus, portrait de l'artiste par lui-même"
2 COMP ▷ **portrait gallery** n galerie f de portraits ▷ **portrait lens** n (Phot) bonnette f ▷ **portrait mode** n (Comput) to output sth in portrait mode imprimer qch à la française or au format portrait ▷ **portrait painter** n portraitiste mf ▷ **portrait photographer** n photographe mf spécialisé(e) dans les portraits, portraitiste mf ▷ **portrait photography** n art m du portrait photographique ◆ **to do portrait photography** faire des portraits photographiques

portraitist ['pɔːtrɪtɪst] n portraitiste mf

portraiture ['pɔːtrɪtʃəʳ] n (NonC) (= art) art m du portrait ; (= portrait) portrait m ; (NonC) (collectively) portraits mpl

portray [pɔːˈtreɪ] → SYN vt [painter] peindre, faire le portrait de ; [painting] représenter ◆ **he portrayed him as an embittered man** [painter] il l'a peint sous les traits d'un homme aigri ; [writer, speaker, actor] il en a fait un homme aigri ◆ **the film portrayed him as a saint** le film le présentait comme un saint

portrayal [pɔːˈtreɪəl] → SYN n (in play, film, book) évocation f ; (by actor) [of character] interprétation f ◆ **the novel is a hilarious portrayal of Jewish life in the 1920s** ce roman dépeint or évoque d'une façon hilarante le monde juif des années 20

Portugal ['pɔːtjʊgəl] 1 n le Portugal
2 COMP ▷ **Portugal laurel** n (Bot) laurier m du Portugal

Portuguese [ˌpɔːtjʊˈgiːz] 1 adj (gen) portugais ; ambassador, embassy du Portugal ; teacher de portugais
2 n a (pl inv) Portugais(e) m(f)
b (Ling) portugais m
3 **the Portuguese** npl les Portugais mpl
4 COMP ▷ **Portuguese man-of-war** n, pl **Portuguese men-of-war** (Zool) galère f

POS [ˌpiːəʊˈes] n (abbrev of **point of sale**) PLV m

pose [pəʊz] → SYN 1 n (= body position) (gen, pej) pose f, attitude f ; (Art) pose f ; (fig) pose f ◆ **to strike a pose** (lit) poser (pour la galerie) ; (fig) se composer une attitude ◆ **it's probably just a pose** ce n'est sans doute qu'une attitude
2 vi (Art, Phot) poser (for pour ; as en) ; (pej) (= attitudinize) poser pour la galerie ◆ **to pose as a doctor** se faire passer pour un docteur ◆ **to pose nude** poser nu
3 vt a (= present) [+ problem, question] poser ; [+ difficulties] poser, comporter ; [+ threat, challenge] constituer, représenter ; (frm) [+ solution] présenter ◆ **the danger posed by nuclear weapons** le danger que constituent or représentent les armes nucléaires
b [+ artist's model] faire prendre une pose à ; [+ person] faire poser
4 COMP ▷ **posing pouch** n cache-sexe m (pour homme)

Poseidon [pɒˈsaɪdən] n Poséidon m

poser ['pəʊzəʳ] → SYN n a (pej = person) poseur m, -euse f (pej)
b (= problem, question) question f difficile ◆ **that's a bit of a poser!** c'est un véritable casse-tête or une sacrée colle ! * ◆ **how he did it remains a poser** nul ne sait comment il y est arrivé

poseur [pəʊˈzɜːʳ] n (pej) poseur m, -euse f (pej)

posh * [pɒʃ] 1 adj a (= distinguished) house, neighbourhood, hotel, car, clothes chic ; occasion select inv or sélect ◆ **a posh London restaurant** un restaurant londonien très chic ◆ **he was**

looking very posh il faisait très chic, il s'était mis sur son trente et un

b (pej) person, accent snob (f inv) ; house, neighbourhood, school, car huppé ◆ **posh people** les snob(s) mpl, les gens mpl de la haute* ◆ **my posh aunt** ma tante qui est très snob ◆ **a posh wedding** un mariage chic or en grand tralala*

2 adv (pej) ◆ **to talk posh*** parler comme les gens de la haute*

► **posh up*** vt sep [+ house, room] redonner un coup de jeune à* ◆ **to posh o.s. up** se pomponner, se bichonner ◆ **he was all poshed up** il était sur son trente et un, il était bien pomponné

posidrive ['pɒzɪˌdraɪv] adj ◆ **posidrive screw/screwdriver** vis f/tournevis m cruciforme

posit ['pɒzɪt] vt postuler, poser comme postulat

position [pə'zɪʃən] LANGUAGE IN USE 6.3, 12.3, 15.4, 19 → SYN

1 n **a** (= place, location) [of person, object] position f (also Geog, Math, Mil, Mus, Naut, Phys etc), place f ; [of house, shop, town] emplacement m, situation f ; [of gun] emplacement m ◆ **in(to) position** en place, en position ◆ **to push/slide sth into position** mettre qch en place en le poussant/le faisant glisser ◆ **to change the position of sth** changer qch de place ◆ **to take up (one's) position** prendre position or place ◆ **to get o.s. into position** se placer ◆ **to be in a good position** être bien placé ; see also **1d** ◆ **the enemy positions** (Mil etc) les positions fpl de l'ennemi ◆ **what position do you play (in)?** (Sport) à quelle place jouez-vous ? ◆ **to jockey** or **jostle** or **manoeuvre for position** (lit, fig) manœuvrer pour se placer avantageusement ◆ **"position closed"** (in post office, bank) "guichet fermé"

b (= attitude, angle: gen, Art, Ballet) position f ◆ **in a horizontal position** en position horizontale ◆ **in an uncomfortable position** dans une position incommode ◆ **to change (one's) position** changer de position ◆ **in a sitting position** en position assise

c (in class, league) position f, place f ; (socially) position f, condition f ; (= job) poste m, emploi m ◆ **top management positions** les postes mpl de cadre supérieur ◆ **he finished in third position** il est arrivé en troisième position or à la troisième place ◆ **his position in society** sa position dans la société ◆ **a man in his position should not ...** un homme dans sa position or de sa condition ne devrait pas ... ; see also **1d** ◆ **his position in (the) government** son poste or sa fonction dans le gouvernement ◆ **a high position in the Ministry** une haute fonction au ministère ◆ **a position of trust** un poste de confiance ◆ **he's in a position of power** il occupe un poste d'influence ◆ **he is using his position of power for personal gain** il utilise son pouvoir à des fins personnelles

d (fig = situation, circumstances) situation f, place f ◆ **what would you do in my position?** que feriez-vous à ma place ? ◆ **our position is desperate** notre situation est désespérée ◆ **the economic position** la situation économique ◆ **to be in a good/bad position** être dans une bonne/mauvaise situation ◆ **we are in the happy position of having good jobs** nous avons la chance d'avoir de bonnes situations ◆ **we were in an awkward position** nous étions dans une situation délicate ◆ **to be in a position to do sth** être en position or en mesure de faire qch ◆ **he's in a good/bad position to judge** il est bien/mal placé pour juger ◆ **he's in no position to decide** il n'est pas en position or en mesure de décider ◆ **she's in no position to criticize** elle est mal placée pour critiquer ◆ **put yourself in my position** mettez-vous à ma place ◆ **a man in his position cannot expect mercy** un homme dans sa situation ne peut s'attendre à la clémence ; see also **1c** ◆ **what's the position on deliveries/sales?** où en sont les livraisons/ventes ?

e (fig = point of view, opinion) position f, opinion f ◆ **you must make your position clear** vous devez dire franchement quelle est votre position ◆ **the Church's position on homosexuality** la position de l'Église face à or sur l'homosexualité ◆ **to take up a position on sth** prendre position sur qch ◆ **he took up the position that ...** il a adopté le point de vue selon lequel ...

2 vt **a** (= adjust angle of) [+ light, microscope, camera] positionner

b (= put in place) [+ gun, chair, camera] mettre en place, placer ; [+ house, school] situer, placer ; [+ guards, policemen] placer, poster ; [+ army, ship] mettre en position ; (Marketing) [+ product] positionner ◆ **he positioned each item with great care** il a très soigneusement disposé chaque article ◆ **to position o.s.** se mettre, se placer ◆ **the company is well positioned to sell a million cars this year** la société est bien placée pour vendre un million de voitures cette année

c (= find position of) déterminer la position de

positive ['pɒzɪtɪv] → SYN **1** adj **a** (= not negative: gen, Elec, Gram, Math, Phot, Typ) positif ; test, result, reaction positif ; (= affirmative: Ling etc) affirmatif ; (= constructive) suggestion positif, concret (-ète f) ; attitude, criticism positif ; response favorable, positif ◆ **to take positive action** prendre des mesures concrètes ◆ **we need some positive thinking** soyons positifs ◆ **he's very positive about it** il a une attitude très positive à ce sujet ◆ **she is a very positive person** c'est quelqu'un de très positif

b (= definite, indisputable) order, rule, instruction catégorique, formel ; fact indéniable, irréfutable ; change, increase, improvement réel, tangible ◆ **positive proof, proof positive** preuve f formelle ◆ **there is positive evidence that ...** il y a des preuves indéniables selon lesquelles ... ◆ **to make a positive identification** or **ID on a body** formellement identifier un corps ◆ **positive progress has been made** un réel progrès or un progrès tangible a été fait ◆ **he has made a positive contribution to the scheme** il a apporté une contribution effective au projet, il a contribué de manière effective au projet ◆ **it'll be a positive pleasure to get rid of him!** ce sera un vrai or un véritable plaisir (que) de se débarrasser de lui ! ◆ **your room is a positive disgrace** ta chambre est une véritable porcherie

c (= sure, certain) person sûr, certain (*about, on, of* de) ◆ **are you quite positive?** en êtes-vous bien sûr or certain ? ◆ **I'm absolutely positive I put it back** je suis absolument sûr de l'avoir remis à sa place ◆ **... he said in a positive tone of voice** ... dit-il d'un ton très assuré ◆ **I am positive that I can mend it** je suis sûr de pouvoir le réparer

2 n (Elec) pôle m positif ; (Gram) affirmatif m ; (Math) nombre m positif, quantité f positive ; (Phot) épreuve f positive, positif m ◆ **in the positive** (Ling) à l'affirmatif ◆ **he replied in the positive** il a répondu par l'affirmative ◆ **the positives far outweigh the negatives** les points positifs compensent largement les points négatifs

3 adv (Drugs, Sport) ◆ **to test positive** subir un contrôle positif, être positif ◆ **he tested positive for HIV** son test du sida était positif ◆ **to show positive** [test] se révéler positif ; [person] être positif ◆ **to think positive** être positif ◆ **think positive!** soyez positif !

4 COMP ▷ **positive discrimination** n (Brit) discrimination f positive ▷ **positive feedback** n (Elec) réaction f positive ; (= praise) réactions fpl positives ◆ **to give sb/get positive feedback (about sb/sth)** faire part à qn/recevoir des réactions positives (sur qn/qch) ▷ **positive organ** n (Mus) positif m ▷ **positive vetting** n enquête f de sécurité (*of sb* sur qn) ◆ **a policy of positive vetting** une politique d'enquêtes de sécurité

positively ['pɒzɪtɪvlɪ] → SYN adv **a** (= constructively, favourably) act, contribute de façon positive, positivement ◆ **to think positively** être positif ◆ **to respond positively** (in negotiations, to event etc) réagir favorablement ◆ **to respond positively to treatment/medication** [patient] bien réagir à un traitement/un médicament ◆ **to be positively disposed to sb/sth** être bien disposé envers qn/qch

b (= actively) **I didn't object, in fact I positively approved** je ne m'y suis pas opposé, j'étais même carrément d'accord ◆ **she never refused his advances, but she never positively invited them either** elle n'a jamais repoussé ses avances mais elle ne les a jamais encouragées non plus ◆ **she doesn't mind being photographed, in fact she positively loves it** cela ne la dérange pas qu'on la photographie, en fait, elle adore ça

c (= absolutely, literally) carrément ◆ **she's positively obsessed** c'est carrément une obsession chez elle ◆ **this is positively the worst thing that could happen** c'est vraiment la pire des choses qui pouvaient arriver ◆ **he was positively rude to me** il a été carrément grossier avec moi ◆ **this is positively the last time** cette fois, c'est vraiment la dernière ◆ **I positively forbid it!** je l'interdis formellement ! ◆ **she positively glowed with happiness** elle rayonnait littéralement de bonheur

d (= definitely) identify formellement ◆ **cholesterol has been positively associated with heart disease** le cholestérol a été formellement associé aux maladies cardiovasculaires

e **he tested positively for drugs/HIV, he was positively tested for drugs/HIV** son test antidopage/du sida était positif

f (Elec, Phys) **positively charged** chargé positivement, à charge positive

positivism ['pɒzɪtɪvɪzəm] n positivisme m

positivist ['pɒzɪtɪvɪst] adj, n positiviste mf

positron ['pɒzɪtrɒn] n positon m, positron m

positronium [ˌpɒzɪ'trəʊnɪəm] n positonium m, positronium m

posology [pə'sɒlədʒɪ] n posologie f

poss* [pɒs] adj possible ◆ **as soon as poss** dès que possible

posse ['pɒsɪ] n (gen, fig hum) petite troupe f, détachement m

possess [pə'zes] → SYN vt **a** (= own, have) [+ property, qualities] posséder, avoir ; [+ documents, money, proof] posséder, être en possession de ◆ **all I possess** tout ce que je possède ◆ **she was accused of possessing a firearm/drugs** (illegally) elle a été accusée de port d'armes prohibé/de détention illégale de stupéfiants ◆ **it possesses several advantages** cela présente plusieurs avantages ◆ **to possess o.s. of sth** s'emparer de qch ◆ **to be possessed of** (frm) posséder ◆ **to possess one's soul in patience** (liter) s'armer de patience

b [demon, rage] posséder ; (fig = obsess) posséder, obséder ◆ **he was possessed by the devil** il était possédé du démon ◆ **possessed with** or **by jealousy** obsédé or dévoré par la jalousie, en proie à la jalousie ◆ **I was possessed by an irrational fear** j'étais en proie à une peur irraisonnée ◆ **like one possessed** comme un(e) possédé(e) ◆ **like a man/woman possessed** comme un(e) possédé(e) ◆ **what can have possessed him to say that?** qu'est-ce qui lui a pris de dire ça ?*

possession [pə'zeʃən] → SYN **1** n **a** (NonC = act, state) possession f ; (Jur = occupancy) jouissance f ; (illegally) [of drugs] détention f illégale ◆ **illegal possession of a firearm** port m d'arme prohibé ◆ **in possession of** en possession de ◆ **to have possession of** (gen) posséder ; (Jur) avoir la jouissance de ◆ **to have sth in one's possession** avoir qch en sa possession ◆ **to get possession of sth** obtenir qch ; (by force) s'emparer de qch ; (improperly) s'approprier qch ◆ **to get possession of the ball** (Rugby) s'emparer du ballon ◆ **to come into possession of** entrer en possession de ◆ **to come into sb's possession** tomber en la possession de qn ◆ **he was in full possession of all his faculties** il était en pleine possession de ses facultés, il avait le plein usage de ses facultés ◆ **according to the information in my possession** selon les renseignements dont je dispose ◆ **to take possession of sth** prendre possession de qch ; (improperly) s'approprier qch ; (= confiscate) confisquer qch ◆ **to take possession** (Jur) prendre possession ◆ **to be in possession** (Jur) occuper les lieux ◆ **a house with vacant possession** (Jur etc) une maison avec jouissance immédiate ◆ (Prov) **possession is nine points** or **tenths of the law** ≃ (en fait de meubles) la possession vaut titre

b (= object) possession f, bien m ; (= territory) possession f ◆ **all his possessions** tous ses biens, tout ce qu'il possède ◆ **he had few possessions** il possédait très peu de choses

2 COMP ▷ **possession order** n (Brit Jur) *injonction autorisant le propriétaire d'un logement à en reprendre possession en expulsant les occupants*

possessive [pə'zesɪv] → SYN **1** adj **a** person, nature, attitude, love possessif ◆ **to be possessive about sth** ne pas vouloir partager qch ◆ **to**

be possessive towards or **with sb** être possessif avec or à l'égard de qn ◆ **his mother is terribly possessive** sa mère est très possessive, il a une mère abusive

b (Gram) possessif

2 n (Gram) ◆ **the possessive** le possessif ◆ **in the possessive** au possessif

3 COMP ▷ **possessive adjective** n adjectif m possessif ▷ **possessive pronoun** n pronom m possessif

possessively [pəˈzesɪvlɪ] adv d'une façon possessive

possessiveness [pəˈzesɪvnɪs] n (NonC) possessivité f

possessor [pəˈzesəʳ] n possesseur m ; (= owner) propriétaire mf ◆ **to be the possessor of** être possesseur de, posséder ◆ **he was the proud possessor of ...** il était l'heureux propriétaire de ...

posset¹ [ˈpɒsɪt] n *grog à base de lait*

posset² [ˈpɒsɪt] vi [baby] régurgiter du lait

possibility [ˌpɒsəˈbɪlɪtɪ] LANGUAGE IN USE 19.1, 26.3 → SYN n a (NonC) possibilité f ◆ **within the bounds of possibility** dans la limite du possible ◆ **not beyond the realms** or **bounds of possibility** pas impossible ◆ **if by any possibility ...** si par impossible ..., si par hasard ... ◆ **there is some possibility/not much possibility of success** il y a quelques chances/peu de chances que ça marche ◆ **there is no possibility of my leaving** il n'est pas possible que je parte

b (= possible event) possibilité f, éventualité f ◆ **to foresee all (the) possibilities** envisager toutes les possibilités or éventualités ◆ **there's a possibility that we might be wrong** il se peut or il est possible que nous nous trompions ◆ **it's a distinct possibility** c'est bien possible ◆ **we must allow for the possibility that he may refuse** nous devons nous préparer à or nous devons envisager l'éventualité de son refus ◆ **he is a possibility for the job** c'est un candidat possible

c (= promise, potential) perspectives fpl, potentiel m ◆ **the firm saw good possibilities for expansion** la compagnie entrevoyait de bonnes perspectives d'expansion ◆ **the scheme/the job has real possibilities** c'est un projet/un emploi qui ouvre toutes sortes de perspectives ◆ **she agreed that the project had possibilities** elle a admis que le projet avait un certain potentiel

possible [ˈpɒsəbl] LANGUAGE IN USE 12.2, 15.2, 15.3, 16.3, 26.3 → SYN

1 adj a possible ; event, reaction, victory, loss possible, éventuel ◆ **it's just possible** ce n'est pas impossible ◆ **it's not possible!** ce n'est pas possible !, pas possible ! * ◆ **it is possible that ...** il se peut que ... (+ subj), il est possible que ... (+ subj) ◆ **it's just possible that ...** il n'est pas impossible que ... (+ subj), il y a une chance que ... (+ subj) ◆ **it's possible to do so** il est possible de le faire, c'est faisable ◆ **it is possible for us to measure his progress** il nous est possible de mesurer ses progrès ◆ **to make sth possible** rendre qch possible ◆ **he made it possible for me to go to Spain** il a rendu possible mon voyage en Espagne ◆ **if (at all) possible** si possible ◆ **he visits her whenever possible** il va la voir aussi souvent que possible or chaque fois qu'il le peut ◆ **whenever** or **wherever possible, we try to find ...** dans la mesure du possible, nous essayons de trouver ... ◆ **at the worst possible time** au pire moment ◆ **he chose the worst possible job for a man with a heart condition** il a choisi le pire des emplois pour un cardiaque ◆ **the best possible result** le meilleur résultat possible ◆ **one possible result** un résultat possible or éventuel ◆ **what possible interest can you have in it?** qu'est-ce qui peut bien vous intéresser là-dedans ? ◆ **what possible motive could she have?** quels pouvaient bien être ses motifs ? ◆ **there is no possible excuse for his behaviour** sa conduite n'a aucune excuse or est tout à fait inexcusable

♦ **as ... as possible** ◆ **as far as possible** dans la mesure du possible ◆ **as much as possible** autant que possible ◆ **he did as much as possible** il a fait tout ce qu'il pouvait ◆ **as soon as possible** dès que possible, aussitôt que possible ◆ **as quickly as possible** le plus vite possible

b (= perhaps acceptable) candidate, successor possible, acceptable ◆ **a possible solution** une solution possible or à envisager ◆ **it is a possible solution to the problem** ce pourrait être une manière de résoudre le problème

2 n a **the art of the possible** l'art m du possible

b * **a list of possibles for the job** une liste de personnes susceptibles d'être retenues pour ce poste ◆ **he's a possible for the match on Saturday** c'est un joueur éventuel pour le match de samedi ◆ **the Possibles versus the Probables** (Sport) la sélection B contre la sélection A

possibly [ˈpɒsəblɪ] LANGUAGE IN USE 4 → SYN adv a (with can etc) **he did all he possibly could (to help them)** il a fait tout son possible (pour les aider) ◆ **I'll come if I possibly can** je ferai mon possible pour venir ◆ **I go as often as I possibly can** j'y vais aussi souvent que possible ◆ **I cannot possibly come** il m'est absolument impossible de venir ◆ **you can't possibly do that!** tu ne vas pas faire ça quand même ! ◆ **it can't possibly be true!** ce n'est pas possible !

b (= perhaps) peut-être ◆ **Belgian beer is possibly the finest in the world** la bière belge est peut-être la meilleure du monde ◆ **possibly they've left already** ils sont peut-être déjà partis, il se peut qu'ils soient déjà partis ◆ **was he lying? (very** or **quite) possibly** est-ce qu'il mentait ? c'est (tout à fait or très) possible ◆ **possibly not** peut-être pas, peut-être que non

possum * [ˈpɒsəm] n (US) (abbrev of **opossum**) opossum m ◆ **to play possum** * faire le mort

POST n (abbrev of **point-of-sale terminal**) → **point**

post¹ [pəʊst] → SYN 1 n (of wood, metal) poteau m ; (= stake) pieu m ; (for door etc: upright) montant m ; (also **goal post**) poteau m (de but) ◆ **starting/finishing** or **winning post** (Sport) poteau m de départ/d'arrivée ◆ **to be left at the post** manquer le départ, rester sur la touche ◆ **to be beaten at the post** (Sport, fig) être battu or coiffé sur le poteau ; → **deaf, gatepost, lamppost, pip³**

2 vt a (also **post up**) [+ notice, list] afficher

b (= announce) [+ results] annoncer ◆ **to be posted (as) missing** être porté disparu

c **to post a wall with advertisements** poser or coller des affiches publicitaires sur un mur

post² [pəʊst] LANGUAGE IN USE 19 → SYN

1 n a (Mil, gen) poste m ◆ **at one's post** à son poste ; → **forward, last¹**

b (esp Can, US: also **trading post**) comptoir m

c (= situation, job) poste m, situation f ; (in civil service, government etc) poste m ◆ **a post as a manager** un poste or une situation de directeur ◆ **his post as head of the ruling party** son poste de dirigeant du parti au pouvoir ◆ **to hold a post** occuper un poste

2 vt a (Mil = position) [+ sentry, guard] poster ◆ **they posted a man by the stairs** ils ont posté un homme près de l'escalier

b (esp Brit = send, assign) (Mil) poster (*to* à) ; (Admin, Comm) affecter, nommer (*to* à) ◆ **to post sb abroad/to Paris** envoyer qn à l'étranger/à Paris

c (US Jur) **to post bail** déposer une caution ◆ **to post the collateral required** fournir les garanties

3 COMP ▷ **post exchange** n (US Mil) magasin m de l'armée ▷ **post-holder** n détenteur m du poste

post³ [pəʊst] → SYN (esp Brit) 1 n a (NonC) poste f ; (= letters) courrier m ◆ **by post** par la poste ◆ **by return (of) post** par retour du courrier ◆ **by first-/second-class post** ≃ tarif accéléré/normal ◆ **winners will be notified by post** les gagnants seront avisés (personnellement) par courrier ◆ **your receipt is in the post** votre reçu est déjà posté ◆ **I'll put it in the post today** je le posterai aujourd'hui ◆ **it went first post this morning** c'est parti ce matin par le premier courrier ◆ **the letter might arrive in the second post** la lettre va peut-être arriver au deuxième courrier ◆ **to catch/miss the post** avoir/manquer la levée ◆ **drop it in the post on your way** mettez-le à la boîte en route ◆ **the post was lifted** or **collected at 8 o'clock** la levée a eu lieu à 8 heures ◆ **has the post been** or **come yet?** le courrier est-il arrivé ?, le facteur est-il passé ? ◆ **the post is late** le courrier a du retard ◆ **is there any post for me?** est-ce que j'ai du courrier ?, y a-t-il une lettre pour moi ? ◆ **you'll get these through the post** vous les recevrez par la poste ◆ **Minister/Ministry of Posts and Telecommunications** (Brit) ministre m/ministère m des Postes et (des) Télécommunications ; → **registered**

b (Hist = riders etc) poste f ; → **general**

2 vt a (= send) envoyer ; (Brit = put in mailbox) poster, mettre à la poste ◆ **to post a message** (Comput) mettre un message

b (Accounts: also **post up**) [+ transaction] inscrire ◆ **to post an entry to the ledger** passer une écriture dans le registre ◆ **to post (up) a ledger** tenir un registre à jour ◆ **to keep sb posted** tenir qn au courant

3 vi (Hist = travel by stages) voyager par la poste, prendre le courrier ; († † = hasten) courir la poste † †, faire diligence †

4 COMP ▷ **post and packing** n (= cost) frais mpl de port et d'emballage ▷ **post chaise** n (Hist) chaise f de poste ▷ **post-free** adj (en) port payé ▷ **post horn** n (Mus) cornet m de poste or de postillon ▷ **post house** n (Hist) relais m de poste ▷ **Post-it ® Post-it note ®** n Post-it ® m inv ▷ **post office** n → **post office** ▷ **post-paid** adj port payé

► **post on** vt sep [+ letter, parcel] faire suivre

► **post up** vt sep ⇒ **post³ 2b**

post... [pəʊst] pref post... ◆ **postglacial** postglaciaire ◆ **post-1950 (adj)** postérieur (-eure f) à (l'année) 1950, d'après 1950 ; (adv) après 1950 ; → **postdate, postimpressionism**

postage [ˈpəʊstɪdʒ] 1 n (NonC) tarifs mpl postaux or d'affranchissement ◆ **postage: £2** (in account etc) frais mpl de port : 2 livres ◆ **postage due 20p** surtaxe 20 pence

2 COMP ▷ **postage and packing** n (Comm) frais mpl de port et d'emballage ▷ **postage meter** n (US) machine f à affranchir (les lettres) ▷ **postage paid** adj port payé inv ▷ **postage rates** npl tarifs mpl postaux ▷ **postage stamp** n timbre-poste m ◆ **what she knows about children would fit on the back of a postage stamp** les enfants, elle n'y connaît rien

postal [ˈpəʊstəl] 1 adj code, zone postal ; application par la poste ◆ **postal charges, postal rates** tarifs mpl postaux ◆ **postal dispute** conflit m (des employés) des postes ◆ **postal district** district m postal ◆ **the postal services** les services mpl postaux ◆ **two-tier postal service** courrier m à deux vitesses ◆ **postal strike** grève f des employés des postes ◆ **postal worker** employé(e) m(f) des postes, postier m, -ière f

2 COMP ▷ **postal card** n (US) carte f postale ▷ **postal order** n (Brit) mandat m (postal) ◆ **a postal order for 100 francs** un mandat de 100 F ▷ **postal vote** n (= paper) bulletin m de vote par correspondance ; (= system) vote m par correspondance

postbag [ˈpəʊstbæg] n (Brit) sac m postal ◆ **we've had a good postbag * on this** nous avons reçu beaucoup de courrier à ce sujet

postbox [ˈpəʊstbɒks] n (esp Brit) boîte f à or aux lettres

postcard [ˈpəʊstkɑːd] n carte f postale

postcode [ˈpəʊstkəʊd] n (Brit) code m postal

postcoital [ˈpəʊstˈkɔɪtəl] adj (d')après l'amour

postdate [ˌpəʊstˈdeɪt] vt postdater

postdoctoral [pəʊstˈdɒktərəl] adj (Univ) research, studies post-doctoral ◆ **postdoctoral fellow** chercheur m qui a son doctorat ◆ **postdoctoral fellowship** poste m de chercheur (qui a son doctorat)

poster [ˈpəʊstəʳ] → SYN 1 n affiche f ; (decorative) poster m

2 COMP ▷ **poster paint** n gouache f

poste restante [ˌpəʊstˈrestɑːnt] n, adv (esp Brit) poste f restante

posterior [pɒsˈtɪərɪəʳ] 1 adj (frm) postérieur (-eure f) (*to* à)

2 n (* hum) derrière m, postérieur * m

posterity [pɒsˈterɪtɪ] → SYN n postérité f ◆ **to go down to** or **in posterity as sth/for sth** entrer dans la postérité en tant que qch/pour qch ◆ **for posterity** pour la postérité

postern [ˈpɒstən] n poterne f

postfeminist [ˌpəʊstˈfemɪnɪst] adj, n postféministe mf

postglacial [pəʊstˈɡleɪʃəl] adj postglaciaire

postgrad * [ˈpəʊstɡræd] n, adj abbrev of **postgraduate**

postgraduate [ˈpəʊstˈɡrædjʊɪt] **1** adj studies, course, grant, diploma ≃ de troisième cycle (universitaire)
2 n (also **postgraduate student**) étudiant(e) m(f) de troisième cycle

posthaste [ˌpəʊstˈheɪst] adv à toute allure

posthumous [ˈpɒstjʊməs] adj posthume

posthumously [ˈpɒstjʊməslɪ] adv à titre posthume

posthypnotic suggestion [ˌpəʊsthɪpˈnɒtɪk] n suggestion f posthypnotique

postiche [pɒsˈtiːʃ] n, adj postiche m

postie * [ˈpəʊstɪ] n (Austral, Brit dial) facteur m, -trice f

postil(l)ion [pəsˈtɪlɪən] n postillon m

postimpressionism [ˈpəʊstɪmˈpreʃənɪzəm] n postimpressionnisme m

postimpressionist [ˈpəʊstɪmˈpreʃənɪst] adj, n postimpressionniste mf

postindustrial [ˌpəʊstɪnˈdʌstrɪəl] adj post-industriel

posting [ˈpəʊstɪŋ] **1** n **a** (NonC = sending by post) expédition f or envoi m par la poste
b (Brit) (= assignment) mutation f; (Mil) affectation f ◆ I've been given an overseas posting to Japan j'ai été muté or affecté au Japon
c (Accounts = entry) passation f
2 COMP ▷ **posting error** n (Accounts) erreur f d'écriture

postlude [ˈpəʊstluːd] n (Mus) postlude m

postman [ˈpəʊstmən] **1** n, pl **-men** facteur m, préposé m (Admin)
2 COMP ▷ **postman's knock** n (= game) ≃ le mariage chinois

postmark [ˈpəʊstmɑːk] **1** n oblitération f, cachet m de la poste ◆ date as postmark le cachet de la poste faisant foi ; (on letter) pour la date, se référer au cachet de la poste ◆ letter with a French postmark lettre f oblitérée en France ◆ it is postmarked Paris ça porte le cachet de Paris
2 vt tamponner, timbrer

postmaster [ˈpəʊstˌmɑːstər] **1** n receveur m des postes
2 COMP ▷ **Postmaster General** n, pl **Postmasters General** (Brit) ministre m des Postes et Télécommunications

postmistress [ˈpəʊstˌmɪstrɪs] n receveuse f des postes

postmodern [ˌpəʊstˈmɒdən] adj postmoderne

postmodernism [ˌpəʊstˈmɒdənɪzəm] n postmodernisme m

postmodernist [ˌpəʊstˈmɒdənɪst] adj, n postmoderniste mf

post-mortem [ˌpəʊstˈmɔːtəm] **1** adj
◆ post-mortem examination autopsie f
2 n (Med, also fig) autopsie f ◆ to hold a post-mortem faire une autopsie ◆ to hold or carry out a post-mortem on (lit) faire l'autopsie de, autopsier ; (fig) disséquer, faire l'autopsie de

postnatal [ˌpəʊstˈneɪtl] **1** adj postnatal
2 COMP ▷ **postnatal depression** n dépression f post-partum, bébé blues * m
▷ **postnatal ward** n (service m) maternité f

post office [ˈpəʊstˌɒfɪs] n (= place) (bureau m de) poste f ; (= organization) administration f des postes, service m des postes ◆ he works in the post office il travaille à la poste ◆ the main post office la grande poste ◆ Post Office Box No. 24 boîte postale n° 24 ◆ Post Office Department (US) ministère m des Postes et Télécommunications ◆ he has £100 in post office savings or in the Post Office Savings Bank ≃ il a 100 livres sur son livret de caisse d'épargne (de la poste), ≃ il a 100 livres à la caisse d'épargne (de la poste) ◆ post office worker employé(e) m(f) des postes, postier m, -ière f ; → **general**

post-op * [ˈpəʊstɒp] adj post-opératoire

postoperative [ˌpəʊstˈɒprətɪv] adj post-opératoire

postpartum [ˌpəʊstˈpɑːtəm] (frm) **1** adj postnatal
2 COMP ▷ **postpartum depression** n dépression f post-partum

postpone [pəʊstˈpəʊn] → SYN vt remettre à plus tard, reporter (for de ; until à)

postponement [pəʊstˈpəʊnmənt] → SYN n report m

postposition [ˈpəʊstpəˈzɪʃən] n postposition f

postpositive [ˌpəʊstˈpɒzɪtɪv] **1** adj postpositif
2 n postposition f

postprandial [ˈpəʊstˈprændɪəl] adj (liter or hum) (d')après le repas

postproduction [ˌpəʊstprəˈdʌkʃən] **1** n travail m postérieur à la production
2 COMP cost etc qui suit la production

postscript [ˈpəʊsskrɪpt] → SYN n (to letter: abbr PS) post-scriptum m inv ; (to book) postface f ◆ to add sth as a postscript ajouter qch en post-scriptum ◆ I'd like to add a postscript to what you have said je voudrais ajouter un mot à ce que vous avez dit

poststructuralism [ˌpəʊstˈstrʌktʃərəlɪzəm] n poststructuralisme m

poststructuralist [ˌpəʊstˈstrʌktʃərəlɪst] adj, n poststructuraliste mf

postsynchronization [pəʊstˌsɪŋkrənaɪˈzeɪʃən] n postsynchronisation f

postsynchronize [pəʊstˈsɪŋkrəˌnaɪz] vt postsynchroniser

post-Tertiary [ˌpəʊstˈtɜːʃərɪ] adj (Geol) ◆ post-Tertiary period ère f posttertiaire

post-traumatic stress disorder [ˌpəʊsttrɔːˈmætɪkˈstresdɪsˈɔːdər] n névrose f (post)traumatique

postulant [ˈpɒstjʊlənt] n (Rel) postulant(e) m(f)

postulate [ˈpɒstjʊlɪt] → SYN **1** n postulat m
2 [ˈpɒstjʊleɪt] vt poser comme principe ; (Philos) postuler

postural [ˈpɒstjərəl] adj postural

posture [ˈpɒstʃər] → SYN **1** n posture f, position f ; (fig) attitude f, position f ◆ his posture is very poor or bad, he has poor posture il se tient très mal ◆ in the posture of à la manière de
2 vi (pej) poser, prendre des poses

posturing [ˈpɒstʃərɪŋ] n pose f, affectation f

postviral syndrome [ˌpəʊstˌvaɪərəlˈsɪndrəʊm] n séquelles fpl d'une infection virale

postvocalic [ˌpəʊstvəʊˈkælɪk] adj (Phon) postvocalique

postwar [ˌpəʊstˈwɔːr] adj event d'après-guerre ; government, structure d'après-guerre ◆ postwar credits (Brit Fin) crédits gouvernementaux résultant d'une réduction dans l'abattement fiscal pendant la seconde guerre mondiale ◆ the postwar period, the postwar years l'après-guerre m

postwoman [ˈpəʊstˌwʊmən] n, pl **-women** factrice f, préposée f (Admin)

posy [ˈpəʊzɪ] n petit bouquet m (de fleurs)

pot[1] [pɒt] **1** n **a** (for flowers, jam, dry goods etc) pot m ; († : for beer) chope f ; (= piece of pottery) poterie f ; (for cooking) marmite f, pot † m ; (= saucepan) casserole f ; (also **teapot**) théière f ; (also **coffeepot**) cafetière f ; (= potful) [of stew] marmite f, [of cream] pot ; (also **chamberpot**) pot m (de chambre), vase m de nuit ◆ jam pot pot m à confiture ◆ pot of jam pot m de confiture ◆ pots and pans casseroles fpl, batterie f de cuisine ◆ to wash the pots faire la vaisselle ◆ ... and one for the pot (making tea) ... et une cuillerée pour la théière ◆ (Prov) it's the pot calling the kettle black c'est la paille et la poutre ◆ he can just keep the pot boiling (fig) il arrive tout juste à faire bouillir la marmite, il arrive à peine à joindre les deux bouts ◆ keep the pot boiling! (in game etc) allez-y !, à votre tour ! ; → **flowerpot**
b (* fig) (= prize) coupe f ; (= large stomach) brioche * f, bedaine * f ; (esp US = kitty) cagnotte f ◆ to have pots of money * avoir un argent fou, rouler sur l'or ◆ to go/be to pot * aller/être à vau-l'eau
c (Billiards, Snooker) **what a pot!** quel coup !
◆ if he sinks this pot he's won s'il met cette boule, il a gagné ◆ to take a pot at sb *

(= criticize) chercher des crosses à qn * ◆ to take a pot at goal * (Ftbl) tirer au but
2 vt **a** [+ plant, jam etc] mettre en pot ; see also **potted**
b (Billiards, Snooker) mettre
c (* = shoot) [+ duck, pheasant] abattre, descendre *
3 vi **a** (= make pottery) faire de la poterie
b (= shoot) **to pot at sth** tirer qch, canarder qch
4 COMP ▷ **pot-bound** adj this plant is pot-bound cette plante est (trop) à l'étroit dans son pot ▷ **pot cheese** n (US) ≃ fromage m blanc (égoutté or maigre) ▷ **pot luck** n (fig) **to take pot luck** (gen) s'en remettre au hasard ; (at meal) manger à la fortune du pot ▷ **pot plant** n (Brit) ⇒ **potted plant** ; → **potted** ▷ **pot roast** n (Culin) rôti m braisé, rôti m à la cocotte ▷ **pot-roast** vt faire braiser, faire cuire à la cocotte ▷ **pot scourer, pot scrubber** n tampon m à récurer ▷ **pot still** n alambic m ▷ **potting compost** n terreau m ▷ **potting shed** n abri m de jardin ▷ **pot-trained** adj child propre

pot[2] * [pɒt] n (= cannabis) marijuana f, herbe f ; (= hashish) hasch * m

potability [ˌpəʊtəˈbɪlɪtɪ] n caractère m potable

potable [ˈpəʊtəbl] adj potable (lit)

potamology [ˌpɒtəˈmɒlədʒɪ] n potamologie f

potash [ˈpɒtæʃ] n (carbonate m de) potasse f

potassium [pəˈtæsɪəm] **1** n potassium m
2 COMP de potassium

potation [pəʊˈteɪʃən] n (gen pl: frm) libation f

potato [pəˈteɪtəʊ], pl **potatoes 1** n pomme f de terre ◆ is there any potato left? est-ce qu'il reste des pommes de terre ? ◆ it's small potatoes * (esp US) c'est de la petite bière * ; → **fry**[2], **hot, mash, sweet**
2 COMP field, salad, soup de pommes de terre ▷ **potato beetle** n doryphore m ▷ **potato blight** n maladie f des pommes de terre ▷ **potato bug** n ⇒ **potato beetle** ▷ **potato cake** n croquette f de pommes de terre ▷ **potato chips** npl (US) ⇒ **potato crisps** ▷ **potato crisps** npl (Brit) chips fpl ▷ **potato-masher** n presse-purée m inv ▷ **potato omelette** n omelette f aux pommes de terre or Parmentier ▷ **potato-peeler** n économe m, éplucheur-légumes m inv ▷ **potato topping** n **with a potato topping** recouvert de pommes de terre au gratin

potbellied [ˌpɒtˈbelɪd] adj (from overeating) ventru, bedonnant * ; (from malnutrition) au ventre ballonné ; vase, stove ventru, renflé

potbelly [ˌpɒtˈbelɪ] n (from overeating) gros ventre m, bedaine * f ; (from malnutrition) ventre m ballonné

potboiler [ˈpɒtˌbɔɪlər] n (fig pej) œuvre f alimentaire

poteen [pɒˈtiːn, pɒˈtʃiːn] n whisky m (illicite)

potency [ˈpəʊtənsɪ] n, pl **potencies** or **potences** [ˈpəʊtənsɪz] **a** [of remedy, drug, charm, argument] puissance f, force f ; [of drink] forte teneur f en alcool
b [of male] virilité f

potent [ˈpəʊtənt] → SYN adj **a** remedy, drug, charm puissant ; drink fort ; argument, reason convaincant
b male viril

potentate [ˈpəʊtənteɪt] n potentat m

potential [pəʊˈtenʃəl] → SYN **1** adj buyer, investor, market, energy, resources potentiel ; sales, uses possible, éventuel ; earnings éventuel ; success, danger, enemy potentiel, en puissance ; meaning, value virtuel ; (Gram) potentiel ◆ he is a potential prime minister c'est un premier ministre en puissance
2 n (NonC) **a** (Elec, Gram, Math, Phys etc) potentiel m ◆ military potential potentiel m militaire ◆ the destructive potential of conventional weapons le potentiel de destruction des armes conventionnelles
b (fig = promise, possibilities) possibilités fpl, potentiel m ◆ to have potential [person, company, business] être prometteur ; [scheme, plan, job] être prometteur, offrir toutes sortes de possibilités ; [building, land, area] offrir toutes sortes de possibilités ◆ to have management potential avoir les qualités requises pour devenir cadre supérieur ◆ area with potential as ... zone f convertible

potentiality / pour

or aménageable en ... ♦ **to have the potential to do sth** être tout à fait capable de faire qch ♦ **he's got potential as a footballer** il a de l'avenir en tant que footballeur ♦ **he's got potential in maths** (Scol) il a des aptitudes en maths ♦ **to have great potential** être très prometteur, promettre beaucoup ♦ **he hasn't yet realized his full potential** il n'a pas encore donné toute sa mesure ♦ **to have no potential for sth** ne pas avoir les capacités requises pour qch ♦ **our potential for increasing production** les possibilités que nous avons d'augmenter la production

potentiality [pəʊˌtenʃɪˈælɪti] n potentialité f ♦ **potentialities** ⇒ **potential 2b**

potentially [pəʊˈtenʃəli] adv dangerous, lethal, carcinogenic, serious potentiellement ♦ **potentially important/useful/lucrative** qui peut être or s'avérer important/utile/rentable ♦ **the sea level is rising, with potentially disastrous consequences** le niveau de la mer monte, ce qui pourrait avoir des conséquences désastreuses ♦ **it was a potentially violent confrontation** il s'agissait d'une confrontation qui pouvait prendre un tour violent or devenir violente ♦ **it's potentially a rich country** c'est un pays qui pourrait devenir riche ♦ **potentially, these problems are very serious** ces problèmes pourraient devenir très sérieux

potentiate [pəˈtenʃɪˌeɪt] vt potentialiser

potentilla [ˌpəʊtənˈtɪlə] n potentille f

potentiometer [pəˌtensɪˈɒmɪtəʳ] n potentiomètre m

potful [ˈpɒtfʊl] n [of rice, stew] casserole f ; [of jam] pot m

pothead†‡ [ˈpɒthed] n drogué(e) m(f) à la marijuana (or au hasch *)

pother * [ˈpɒðəʳ] n (NonC) (= fuss) agitation f ; (= noise) vacarme m, tapage m

potherbs [ˈpɒthɜːbz] npl herbes fpl potagères

pothole [ˈpɒthəʊl] n **a** (in road) nid-de-poule m **b** (under ground) caverne f ; (larger) grotte f

potholed [ˈpɒthəʊld] adj plein de nids-de-poule

potholer [ˈpɒtˌhəʊləʳ] n (Brit) spéléologue mf

potholing [ˈpɒtˌhəʊlɪŋ] n (Brit) spéléologie f, spéléo * f ♦ **to go potholing** faire de la spéléologie

pothook [ˈpɒthʊk] n (lit) crémaillère f ; (in handwriting) boucle f

pothunter * [ˈpɒtˌhʌntəʳ] n chasseur m acharné de trophées

potion [ˈpəʊʃən] → SYN n (= medicine) potion f ; (= magic drink) philtre m, breuvage m magique ♦ **love potion** philtre m (d'amour)

potlatch [ˈpɒtlætʃ] n (US) fête f où l'on échange des cadeaux

potometer [pəˈtɒmɪtəʳ] n potomètre m

potoroo [ˌpɒtəˈruː] n potorou m

potpie [ˈpɒtpaɪ] n (US) tourte f à la viande

potpourri [pəʊˈpʊri] n [of flowers] pot m pourri ; (fig, Literat, Mus) pot-pourri m

Potsdam [ˈpɒtsdæm] n Potsdam

potsherd [ˈpɒtʃɜːd] n (Archeol) tesson m (de poterie)

potshot [ˈpɒtʃɒt] n (with gun, missile) tir m au jugé ; (fig) (= criticism) attaque f, critique f ♦ **to take a potshot at sth** tirer sur qch au jugé

potted [ˈpɒtɪd] adj **a** (Culin) **potted meat** rillettes de viande ♦ **potted shrimps** crevettes conservées dans du beurre fondu ♦ **potted plant** plante f verte, plante f d'appartement **b** * (fig) **a potted version of Ivanhoe** un abrégé or une version abrégée d'"Ivanhoé" ♦ **he gave me a potted lesson in car maintenance** il m'a donné un cours rapide sur l'entretien des voitures

potter¹ [ˈpɒtəʳ] → SYN vi (esp Brit) mener sa petite vie tranquille, bricoler ♦ **to potter round the house** suivre son petit train-train * or faire des petits travaux dans la maison ♦ **to potter round the shops** faire les magasins sans se presser

▶ **potter about** vi suivre son petit train-train *, bricoler *

▶ **potter along** vi aller son petit bonhomme de chemin, poursuivre sa route sans se presser ♦ **we potter along** nous continuons notre train-train *

▶ **potter around** vi ⇒ **potter about**

potter² [ˈpɒtəʳ] **1** n potier m, -ière f **2** COMP ▷ **potter's clay**, **potter's earth** n argile f or terre f à or de potier ▷ **potter's field** n (US = cemetery) cimetière m des pauvres ▷ **potter's wheel** n tour m de potier

pottery [ˈpɒtəri] → SYN **1** n **a** (NonC) (= craft, occupation) poterie f ; (= objects) poteries fpl ; (glazed) faïencerie f (NonC) ; (= ceramics) céramiques fpl ♦ **a piece of pottery** une poterie ♦ **Etruscan pottery** poterie(s) f(pl) étrusque(s) **b** (= place) poterie f ♦ **the Potteries** (Brit Geog) la région des Poteries (dans le Staffordshire) **2** COMP jug, dish de or en terre ; (ceramic) de or en céramique ; (glazed) de or en faïence

potto [ˈpɒtəʊ] n, pl **pottos** (Zool) potto m

potty¹ * [ˈpɒti] **1** n pot m (de bébé) **2** COMP ▷ **potty-train** vt apprendre la propreté ▷ **potty-trained** adj propre ▷ **potty-training** n apprentissage m de la propreté

potty² * [ˈpɒti] adj (Brit) **a** person toqué *, dingue * ; idea farfelu ♦ **to be potty about sb/sth** être toqué * de qn/qch ♦ **to go potty** * perdre la boule * **b** (slightly pej) **a potty little house** une maison de rien du tout

pouch [paʊtʃ] → SYN n petit sac m ; (for money) bourse f ; (for ammunition) étui m ; (for cartridges) giberne f ; (for tobacco) blague f ; (US Diplomacy) valise f (diplomatique) ; [of kangaroo etc] poche f (ventrale) ; (under eye)-poche f

pouf(fe) [puːf] n **a** (= stool) pouf m **b** (Brit ‡) ⇒ **poof**

Poujadism [ˈpuːʒɑːdɪzəm] n poujadisme m

Poujadist [ˈpuːʒɑːdɪst] n poujadiste mf

poulard(e) [ˈpuːlɑːd] n (Culin) poularde f

poult [pəʊlt] (also **poult-de-soie**) n (= fabric) pou-de-soie m, poult-de-soie m

poulterer [ˈpəʊltərəʳ] n marchand(e) m(f) de volailles, volailler m, -ère f

poultice [ˈpəʊltɪs] **1** n cataplasme m ♦ **a bread/mustard poultice** un cataplasme de pain/moutarde **2** vt mettre un cataplasme à

poultry [ˈpəʊltri] **1** n (NonC) volaille f (NonC), volailles fpl **2** COMP ▷ **poultry dealer** n volailler m ▷ **poultry farm** n élevage m de volaille(s) ▷ **poultry farmer** n volailleur m, -euse f, aviculteur m, -trice f ▷ **poultry farming** n (NonC) élevage m de volaille(s), aviculture f

pounce [paʊns] → SYN **1** n bond m, attaque f subite **2** vi bondir, sauter ♦ **to pounce on** (also fig) [+ prey etc] bondir sur, sauter sur ; [+ book, small object] se précipiter sur ; (fig) [+ idea, suggestion] sauter sur

pouncet box [ˈpaʊnsɪt] n diffuseur m de parfum

pound¹ [paʊnd] **1** n **a** (= weight) livre f (= 453,6 grammes) ♦ **sold by the pound** vendu à la livre ♦ **$3 a pound** 3 dollars la livre ♦ **to demand one's pound of flesh** exiger son dû impitoyablement ; → IMPERIAL SYSTEM **b** (= money) livre f ♦ **pound sterling** livre f sterling ♦ **ten pounds sterling** dix livres fpl sterling ; → penny **2** COMP ▷ **pound cake** n quatre-quarts m inv ▷ **pound coin** n pièce f d'une livre ▷ **pound note** n billet m d'une livre ▷ **pound sign** n **a** (for sterling) symbole m de la livre sterling **b** (US = hash symbol) dièse f

pound² [paʊnd] → SYN **1** vt [+ drugs, spices, nuts, rice etc] piler ; [+ meat] attendrir ; [+ dough] pétrir vigoureusement ; [+ rocks] concasser ; [+ earth, paving slabs] pilonner ; [guns, bombs, shells] pilonner ♦ **to pound sth to a pulp** réduire or mettre qch en bouillie ♦ **to pound sth to a powder** pulvériser qch, réduire or mettre qch en poudre ♦ **the ship was pounded by huge waves** d'énormes vagues battaient contre le navire ♦ **to pound sth with one's fists** marteler qch à coups de poing ♦ **he was pounding the piano/typewriter** il tapait comme un sourd sur son piano/sa machine à écrire ♦ **to pound the beat** [policeman] faire sa ronde ; (fig = be ordinary policeman) être simple agent **2** vi **a** [heart] battre fort ; (with fear, excitement) battre la chamade ; [sea, waves] battre (on, against contre) ♦ **he pounded at** or **on the door** il martela la porte (à coups de poing), il frappa de grands coups à la porte ♦ **he pounded on the table** il donna de grands coups sur la table, il frappa du poing sur la table ♦ **the drums were pounding** les tambours battaient, on entendait battre le tambour **b** (= move heavily) **to pound in/out** etc (heavily) entrer/sortir etc à pas lourds ; (at a run) entrer/sortir etc en courant bruyamment ♦ **he was pounding up and down his room** il arpentait sa chambre à pas lourds

▶ **pound away** vi ♦ **he was pounding away at the piano/at** or **on the typewriter** il a tapé comme un sourd sur son piano/sa machine à écrire

▶ **pound down** vt sep [+ drugs, spices, nuts] piler ; [+ rocks] concasser ; [+ earth, paving slabs] pilonner ♦ **to pound sth down to a pulp** réduire or mettre qch en bouillie ♦ **to pound sth down to a powder** pulvériser qch, réduire or mettre qch en poudre

▶ **pound out** vt sep ♦ **to pound out a tune on the piano** marteler un air au piano ♦ **to pound out a letter on the typewriter** taper comme un sourd sur sa machine à écrire pour écrire une lettre

▶ **pound up** vt sep [+ drugs, spices, nuts] piler ; [+ rocks] concasser ; [+ earth, paving slabs] pilonner

pound³ [paʊnd] → SYN n (for dogs, cars) fourrière f

poundage [ˈpaʊndɪdʒ] n **a** (= tax/commission) impôt m/commission f de tant par livre (sterling ou de poids) **b** (= weight) poids m (en livres)

-pounder [ˈpaʊndəʳ] n (in compounds) ♦ **thirty-pounder** (= gun) pièce f or canon m de trente ♦ **seven-pounder** (= baby/fish) bébé m/poisson m de 3,2 kg

pounding [ˈpaʊndɪŋ] **1** adj heart (gen) battant à tout rompre ; (with fear, excitement) battant la chamade ; waves, surf d'une violence inouïe ♦ **he could hear the sound of pounding hooves/feet/drums/artillery** il entendait le martèlement des sabots/des talons/des tambours/de l'artillerie ♦ **with pounding heart** le cœur battant à tout rompre ♦ **a pounding headache** un violent mal de tête **2** n **a** [of heart, waves, surf] battement m ; [of feet, hooves, drums] martèlement m ; [of guns] pilonnage m, martèlement m **b** (esp Brit *) **to take a pounding** [person] en prendre pour son grade ♦ **the city took a real pounding in the war/in the storm** la guerre/la tempête a fait des ravages dans cette ville ♦ **the forwards often take a pounding in the scrum** les avants prennent souvent des coups dans la mêlée ♦ **Manchester United took a real pounding from Liverpool** Manchester United s'est fait battre à plate couture par Liverpool or a pris une déculottée * contre Liverpool ♦ **the Socialists took a terrible pounding in the last election** les socialistes se sont fait battre à plate couture lors des dernières élections ♦ **the Conservatives have been taking a pounding from the press** les conservateurs se sont fait éreinter par la presse

pour [pɔːʳ] → SYN **1** vt [+ liquid] verser ♦ **she poured him a cup of tea** elle lui a versé ou servi une tasse de thé ♦ **pour yourself some tea** prenez du thé, servez-vous ou versez-vous du thé ♦ **shall I pour the tea?** je sers le thé ? ♦ **he poured me a drink** il m'a versé ou servi à boire ♦ **she poured the salt into the salt cellar** elle a versé le sel dans la salière ♦ **she poured the water off the carrots** elle a vidé l'eau des carottes ♦ **to pour metal/wax into a mould** couler du métal/de la cire ♦ **to pour money into a scheme** investir énormément d'argent dans un projet ♦ **to pour scorn on sb/sth** dénigrer qn/qch ♦ **she looked as if she had been poured into her dress** * elle semblait moulée dans sa robe ♦ **to pour it on** * (US fig) mettre le paquet *, foncer * ; → oil **2** vi **a** [water, blood etc] couler à flots (from de) ♦ **water came pouring into the room** l'eau entra à flots dans la pièce ◆ **water was pouring down the walls** l'eau ruisselait le long des murs ◆ **smoke was pouring from the window** des nuages de fumée sortaient par la fenêtre ◆ **sunshine poured into the room** le soleil entrait à flots dans la pièce ◆ **the sweat poured off him** il ruisselait de sueur ◆ **goods are pouring out of the factories** les usines déversent des quantités de marchandises

b **it is pouring (with rain)** * il pleut à verse ◆ **it poured for four days** il n'a pas arrêté de pleuvoir à torrents pendant quatre jours ; → **rain**

c [people, cars, animals] affluer ◆ **to pour in/out** entrer/sortir en grand nombre or en masse ◆ **refugees poured into the country** les réfugiés affluaient dans le pays ◆ **cars poured off the ferry** un flot de voitures sortait du ferry ◆ **complaints came pouring in from all over the country** des plaintes affluaient de tout le pays

d [jug, teapot] verser ◆ **this teapot doesn't pour very well** cette théière ne verse pas très bien

e [person] servir ◆ **shall I pour?** je vous sers ?

f (US = act as hostess) jouer le rôle de maîtresse de maison

► **pour away** vt sep [+ dregs etc] vider

► **pour down** vi ◆ **the rain** or **it was pouring down** il pleuvait à verse or à flots or à torrents

► **pour forth** vt sep ⇒ **pour out 2b**

► **pour in** **1** vi [water, sunshine, rain] entrer (à flots) ; [people] affluer ; [cars, animals] arriver de toutes parts or en masse ◆ **complaints/letters poured in** il y a eu un déluge or une avalanche de réclamations/de lettres

2 vt sep [+ liquid] verser ◆ **they poured in capital** ils y ont investi d'énormes capitaux

► **pour off** vt sep [+ liquid] vider

► **pour out** **1** vi [water] sortir à flots ; [people, cars, animals] sortir en masse ◆ **the words came pouring out** ce fut une cascade or un flot de paroles

2 vt sep **a** [+ tea, coffee, drinks] verser, servir (*for sb* à qn) ; [+ dregs, unwanted liquid] vider ◆ **the factory pours out hundreds of cars a day** l'usine sort des centaines de voitures chaque jour

b (fig) [+ anger, emotion] donner libre cours à ; [+ troubles] épancher ; [+ complaint] déverser ◆ **to pour out one's heart to sb** s'épancher avec or auprès de qn ◆ **he poured out his story to me** il m'a raconté or sorti * toute son histoire

pouring [ˈpɔːrɪŋ] adj **a** (also **of pouring consistency** : sauce etc) liquide

b **(in) the pouring rain** (sous) la pluie torrentielle or battante

poussin [pusɛ̃] n (Culin) poussin m

pout[1] [paʊt] → SYN **1** n moue f ◆ **... she said with a pout** ... dit-elle en faisant la moue

2 vi faire la moue

3 vt ◆ **to pout one's lips** faire la moue ◆ **"no" she pouted** "non" dit-elle en faisant la moue

pout[2] [paʊt] n (= fish) tacaud m

poutassou [ˌpuːtəˈsuː] n (= fish) poutassou m

poverty [ˈpɒvətɪ] → SYN **1** n **a** (lit) pauvreté f ◆ **to live in poverty** vivre dans le besoin or dans la gêne ◆ **to live in extreme poverty** vivre dans une misère extrême

b (fig) [of ideas, information] déficit m ◆ **poverty of resources** insuffisance f de ressources

2 COMP ▷ **poverty level, poverty line** n **at/below/above poverty level** or **the poverty line** au-dessous or en dessous du/au-dessus du seuil de pauvreté ▷ **poverty-stricken** → SYN adj (lit) person, family dans le dénuement ; district miséreux, misérable ; conditions misérable ◆ **I'm poverty-stricken** (= hard up) je suis fauché * (comme les blés), je suis sans le sou ▷ **the poverty trap** n (Brit) *cercle vicieux auquel sont confrontés les bénéficiaires d'allocations de chômage ou d'insertion qui ne peuvent travailler, même de manière temporaire, sans perdre leurs droits*

POW [ˌpiːəʊˈdʌbljuː] (Mil) (abbrev of **prisoner of war**) → **prisoner**

pow ‡ [paʊ] excl bang *

powder [ˈpaʊdəʳ] → SYN **1** n **a** (= particles) poudre f ◆ **milk powder** (Culin) lait m en poudre ◆ **curry/chili powder** (Culin) poudre f de curry/de piment rouge, curry/piment rouge en poudre ◆ **in the form of a powder, in powder form** en poudre ◆ **to reduce sth to a powder** pulvériser qch, réduire qch en poudre ◆ **to keep one's powder dry** (fig) être paré ◆ **to take a powder** ‡ (US) prendre la poudre d'escampette *, décamper * ; → **baking, face, talc**

b (= fine snow) poudreuse f

2 vt **a** [+ chalk, rocks] réduire en poudre, pulvériser ; [+ milk, eggs] réduire en poudre ◆ **powdered milk** lait m en poudre

b [+ face, body] poudrer ; (Culin) [+ cake etc] saupoudrer (*with* de) ◆ **to powder one's nose** (lit) se mettre de la poudre ; (* euph) (aller) se refaire une beauté (euph) ◆ **trees powdered with snow** arbres mpl saupoudrés de neige

3 COMP ▷ **powder blue** n bleu m pastel inv ▷ **powder-blue** adj bleu pastel inv ◆ **powder-blue dress** robe f bleu pastel ▷ **powder burn** n brûlure f (superficielle) causée par la poudre ▷ **powder compact** n poudrier m ▷ **powdered sugar** n (US) sucre m glace ▷ **powder keg** n (lit) baril m de poudre ; (fig) poudrière f ◆ **the Prime Minister is sitting on a powder keg** le Premier ministre est sur une poudrière ▷ **powder magazine** n poudrière f ▷ **powder puff** n houppette f ; (big, fluffy) houppe f ▷ **powder room** n (euph) toilettes fpl (pour dames) ▷ **powder snow** n (neige f) poudreuse f

powdering [ˈpaʊdərɪŋ] n ◆ **a powdering of snow** une mince pellicule de neige ◆ **a powdering of sugar** un saupoudrage de sucre

powdery [ˈpaʊdərɪ] adj **a** (in consistency) substance, snow poudreux ; stone friable

b (= covered with powder) surface couvert de poudre

power [ˈpaʊəʳ] → SYN **1** n **a** (= ability, capacity) pouvoir m, capacité f ; (= faculty) faculté f ◆ **it is not (with)in my power to help you** il n'est pas en mon pouvoir de vous aider ◆ **he did everything** or **all in his power to help us** il a fait tout son possible or tout ce qui était en son pouvoir pour nous aider ◆ **it is quite beyond her power to save him** il n'est pas en son pouvoir de le sauver, elle est tout à fait impuissante à le sauver ◆ **the power of hearing/movement** la faculté d'entendre/de se mouvoir ◆ **he lost the power of speech** il a perdu (l'usage de) la parole ◆ **mental powers** facultés fpl mentales ◆ **the body's recuperative power** la puissance de récupération de l'organisme, la capacité régénératrice du corps ◆ **his powers of resistance** sa capacité de résistance ◆ **his powers of persuasion** son pouvoir or sa force de persuasion ◆ **his powers of imagination/concentration** sa faculté d'imagination/de concentration ◆ **earning power** (niveau m de) rémunération f ◆ **purchasing** or **spending power** pouvoir m d'achat ; see also **1c** ; → **height**

b (= force) [of person, blow, sun, explosion] puissance f, force f ; (Ling: of grammar) puissance f ◆ **the power of love/thought** la force de l'amour/de la pensée ◆ **sea/air power** puissance f navale/aérienne ◆ **more power to your elbow!** tous mes vœux de réussite !

c (= authority) pouvoir m (also Pol), autorité f ◆ **the power of the President/the police/the army** l'autorité f or le pouvoir du Président/de la police/de l'armée ◆ **student/pupil** etc **power** le pouvoir des étudiants/lycéens etc ◆ **he has the power to act** il a le pouvoir d'agir ◆ **they have no power in economic matters** ils n'ont aucune autorité en matière économique ◆ **that does not fall within my power(s), that is beyond** or **outside my power(s)** ceci n'est pas or ne relève pas de ma compétence ◆ **he exceeded his powers** il a outrepassé or excédé ses pouvoirs ◆ **at the height of his power** à l'apogée de son pouvoir ◆ **to have the power of life and death over sb** avoir droit de vie et de mort sur qn ◆ **to have power over sb** avoir autorité sur qn ◆ **to have sb in one's power** avoir qn en son pouvoir ◆ **to fall into sb's power** tomber sous l'emprise de qn ◆ **in power** (Pol) au pouvoir ◆ **Labour was in power at the time** le parti travailliste était alors au pouvoir ◆ **to come to power** accéder au pouvoir ; → **absolute, attorney, veto**

d (fig) **they are the real power in the government** ce sont eux qui détiennent le pouvoir réel dans le gouvernement ◆ **he is a power in the university** il est très influent à l'université ◆ **he is a power in the land** c'est un homme très puissant or très influent ◆ **the power behind the throne** l'éminence f grise, celui (or celle) qui tire les ficelles ◆ **the Church is no longer the power it was** l'Église n'a plus le pouvoir qu'elle avait ◆ **the powers that be** les autorités fpl constituées ; → **above, darkness, evil**

e (= nation) puissance f ◆ **the nuclear/world powers** les puissances fpl nucléaires/mondiales

f [of engine, telescope etc] puissance f ; (Elec, Phys, Tech etc) puissance f, force f ; (= energy) énergie f ; (= output) rendement m ; (= electricity) électricité f, courant m ◆ **nuclear power** l'énergie f nucléaire ◆ **they cut off the power** (Elec) ils ont coupé le courant ◆ **our consumption of power has risen** (Elec) notre consommation d'électricité a augmenté ◆ **a cheap source of power** une source d'énergie bon marché ◆ **a low-power microscope** un microscope de faible puissance ◆ **magnifying power** grossissement m ◆ **engines at half power** moteurs mpl à mi-régime ◆ **the ship returned to port under her own power** le navire est rentré au port par ses propres moyens ◆ **microwave on full power for a minute** faites chauffer au micro-ondes à puissance maximale pendant une minute ; → **horsepower, wind[1]**

g (= a lot of) ◆ **it did me a power of good** * ça m'a fait un bien immense, ça m'a rudement * fait du bien ◆ **he made a power of money** * il a gagné un argent fou

h (Math) puissance f ◆ **five to the power of three** cinq puissance trois ◆ **to the nth power** (à la) puissance n

2 vt faire marcher, faire fonctionner ◆ **powered by nuclear energy** qui marche or fonctionne à l'énergie nucléaire ◆ **powered by jet engines** propulsé par des moteurs à réaction

3 COMP saw, loom, lathe mécanique ; (Aut) brakes assisté ; (Ind) strike, dispute des travailleurs des centrales électriques ▷ **power amplifier** n amplificateur m de puissance ▷ **power-assisted** adj (Aut) assisté ▷ **power base** n (Pol) réseau m d'influence, support m politique ▷ **power broker** n (Pol) éminence f grise ▷ **power cable** n (Elec) câble m électrique ▷ **power cut** n (Brit Elec) coupure f de courant ▷ **power dive** n (Aviat) descente f en piqué ▷ **power dressing** n *tenue élégante, sobre et sévère adoptée par certaines femmes cadres* ▷ **power-driven** adj à moteur ; (Elec) électrique ▷ **power elite** n élite f au pouvoir ▷ **power failure** n (Elec) panne f de courant ▷ **power game** n (Brit) lutte f pour le pouvoir, jeu m de pouvoir ▷ **power hammer** n marteau-pilon m ▷ **power industry** n secteur m de l'énergie ▷ **power lifting** n (Sport) power-lifting m ▷ **power line** n (Elec) ligne f à haute tension ▷ **power lunch** n déjeuner m d'affaires ▷ **power pack** n (Elec) bloc m d'alimentation ▷ **power plant** n (= building) centrale f (électrique) ; (in vehicle etc) groupe m moteur ▷ **power play** n (Ice Hockey) attaque f en force ; (fig) (= attack) attaque f en force ; (= struggle) épreuve f de force ▷ **power point** n (Brit Elec) prise f de courant ▷ **power politics** n politique f de coercition ▷ **power sharing** n (Pol) le partage du pouvoir ▷ **power station** n (Elec) centrale f (électrique) ▷ **power steering** n (Aut) direction f assistée ▷ **power structure** n (Pol) (= way power is held) répartition f des pouvoirs ; (= those with power) détenteurs mpl du pouvoir ▷ **power struggle** n lutte f pour le pouvoir ▷ **power supply** n (Elec) alimentation f électrique ▷ **power surge** n (Elec) surtension f, survoltage m ▷ **power tool** n outil m électrique ▷ **power walking** n marche f sportive ▷ **power workers** npl (Ind) travailleurs mpl des centrales électriques

► **power down** vt sep [+ computer] éteindre

► **power up** vt sep [+ computer] allumer

powerboat [ˈpaʊəbəʊt] **1** n hors-bord m inv, (bateau m) offshore m

2 COMP ▷ **powerboat racing** n (course f) offshore m

-powered ['paʊəd] adj (in compounds) ◆ **nuclear-powered** qui marche or fonctionne à l'énergie nucléaire ; → **high**

powerful ['paʊəfʊl] → SYN adj engine, machine, computer puissant ; kick, blow fort, violent ; person, build, smell fort ; influence, effect profond ; description, portrayal, performance (très) fort ; argument convaincant ◆ **I find his argument very powerful** je trouve son argument très convaincant ◆ **he gave a powerful performance as Hamlet** il a interprété le rôle de Hamlet avec force ◆ **a powerful earthquake** un violent tremblement de terre ◆ **a powerful lot of** * un tas de *, beaucoup de

powerfully ['paʊəfəlɪ] → SYN adv hit, strike avec force ; affect fortement ; influence profondément ; erotic, evocative profondément ◆ **the room smelt powerfully of cats** une forte odeur de chat régnait dans la pièce ◆ **to write powerfully** écrire dans un style puissant or incisif ◆ **to argue powerfully (for new legislation)** avancer des arguments percutants (en faveur d'une nouvelle législation) ◆ **powerfully built** solidement charpenté, qui a une forte carrure ◆ **powerfully addictive** à fort effet d'accoutumance

powerhouse ['paʊəhaʊs] n **a** (lit) centrale f électrique

b (fig) personne f (or groupe m) très dynamique ◆ **a powerhouse of new ideas** une mine d'idées nouvelles

powerless ['paʊəlɪs] → SYN adj impuissant (against contre) ◆ **the government is powerless in the face of recession** le gouvernement est impuissant face à la récession ◆ **he is powerless to help you** il ne peut rien faire pour vous aider, il est impuissant à vous aider

powerlessly ['paʊəlɪslɪ] adv ◆ **I looked on powerlessly** j'ai assisté au spectacle, impuissant or sans pouvoir rien faire

powerlessness ['paʊəlɪsnɪs] n impuissance f

powwow ['paʊwaʊ] [1] n assemblée f (des Indiens d'Amérique) ; (* fig) tête-à-tête m inv

[2] vi (* fig) s'entretenir, palabrer (pej)

pox [pɒks] n (†: gen) variole f, petite vérole f ◆ **the pox** * (= syphilis) la vérole * ◆ **a pox on ...!** † maudit soit ... ! ; → **chickenpox, cowpox**

poxy * ['pɒksɪ] adj (Brit) merdique *

pozzuolana [ˌpɒtswəˈlɑːnə] n (Geol, Constr) pouzzolane f

pp[1] [ˌpiːˈpiː] (abbrev of **per procurationem**) (= by proxy) [1] prep p.p.

[2] vt ◆ **to pp a letter (for sb)** signer une lettre pour qn

pp[2] **a** (abbrev of **parcel post**) → **parcel**
b (abbrev of **post paid**) → **post**

PPE [ˌpiːˌpiːˈiː] (Univ) (abbrev of **philosophy, politics and economics**) philosophie, sciences politiques et économie fpl

ppm (abbrev of **parts per million**) → **part**

PPS [ˌpiːˌpiːˈes] n **a** (Brit Parl) (abbrev of **Parliamentary Private Secretary**) → **parliamentary**
b (abbrev of **post postscriptum**) PPS m

PQ (Can Post) abbrev of **Province of Quebec**

PR[1] [ˌpiːˈɑːʳ] n (abbrev of **public relations**) → **public**

PR[2] abbrev of **Puerto Rico**

PR[3] [ˌpiːˈɑːʳ] n (abbrev of **proportional representation**) RP f

Pr. abbrev of **Prince**

practicability [ˌpræktɪkəˈbɪlɪtɪ] → SYN n [of road, path] praticabilité f ; [of suggestion] praticabilité f, possibilité f de réalisation ◆ **to question the practicability of a scheme** mettre en doute la possibilité de réaliser un projet

practicable ['præktɪkəbl] → SYN adj scheme, solution, suggestion praticable, réalisable ; road praticable

practical ['præktɪkəl] → SYN [1] adj **a** (= concrete, not theoretical) suggestion concret (-ète f) ◆ **a practical way of ...** un moyen concret de ... ◆ **to be of no practical use** n'avoir aucun intérêt pratique ◆ **for (all) practical purposes** en pratique ◆ **to become practical** scheme, idea etc devenir réalisable

b (= down-to-earth) person pratique, pragmatique ◆ **to be practical** avoir le sens pratique or le sens des réalités

c (= functional, appropriate) clothes, shoes, gadget pratique

d (= near) **it's a practical certainty** c'est une quasi-certitude

[2] n (= exam) épreuve f pratique ; (= lesson) travaux mpl pratiques

[3] COMP ▷ **practical joke** n farce f ▷ **practical joker** n farceur m, -euse f ▷ **practical nurse** n (US) infirmier m, -ière f auxiliaire, aide-soignant(e) m(f)

practicality [ˌpræktɪˈkælɪtɪ] [1] n (NonC) [of person] sens m or esprit m pratique ; [of suggestion] aspect m pratique ◆ **I doubt the practicality of this scheme** je doute de la faisabilité de ce projet, je doute que ce projet soit réalisable (d'un point de vue pratique) ◆ **they are worried about the practicality of building the system** ils craignent que ce système ne soit pas réalisable sur le plan pratique

[2] **practicalities** npl détails mpl pratiques

practically ['præktɪklɪ] → SYN adv **a** (= almost) pratiquement

b (= from a practical point of view) pratiquement, d'un point de vue pratique ◆ **practically speaking** (= in practice) pour parler concrètement, en pratique

c (= in a practical way) say, ask, suggest avec pragmatisme ; help sur le plan or d'un point de vue pratique ◆ **let's think practically** soyons pratiques, faisons preuve de sens pratique ◆ **he's very practically minded, he thinks very practically** il a vraiment l'esprit or le sens pratique

practicalness ['præktɪkəlnɪs] n ⇒ **practicality 1**

practice ['præktɪs] → SYN [1] n **a** (= habits, usage) pratique f, usage m ◆ **to make a practice of doing sth, to make it a practice to do sth** avoir l'habitude or se faire une habitude de faire qch ◆ **it is not my practice to do so** il n'est pas dans mes habitudes de faire ainsi ◆ **it's common practice** c'est courant ◆ **as is common practice, as is the practice** comme il est d'usage ; → **restrictive, sharp**

b (= exercises) exercices mpl ; (= training) entraînement m ; (= experience) expérience f ; (= rehearsal) répétition f ◆ **I need more practice** je manque d'entraînement, je ne me suis pas assez exercé ◆ **he does six hours' piano practice a day** il s'exerce au piano six heures par jour, il fait six heures de piano par jour ◆ **she's had lots of practice** elle a de l'expérience ◆ **it takes years of practice** il faut de longues années d'expérience ◆ **out of practice** rouillé (fig) ◆ **with practice** avec de l'entraînement ◆ (Prov) **practice makes perfect** c'est en forgeant qu'on devient forgeron (Prov) ; → **target**

c (NonC: as opposed to theory) pratique f ◆ **in practice** dans la pratique ◆ **to put sth into practice** mettre qch en pratique

d (= profession: of law, medicine etc) exercice m ; (= business, clients) clientèle f, cabinet m ◆ **to go into practice** or **to set up in practice as a doctor/lawyer** s'installer or s'établir docteur/avocat ◆ **he is in practice in Valence** il exerce à Valence ◆ **he has a large practice** il a une nombreuse clientèle, il a un cabinet important ; → **general**

[2] vti (US) ⇒ **practise**

[3] COMP flight, run d'entraînement ▷ **practice exam** n examen m blanc ▷ **practice teacher** n (US Scol) professeur m stagiaire ; (in primary school) instituteur m, -trice f stagiaire ▷ **practice test** n ⇒ **practice exam**

practise, practice (US) ['præktɪs] → SYN [1] vt
a (= put into practice) [+ restraint, kindness, charity, technique, meditation, one's religion] pratiquer ; [+ method] employer, appliquer ◆ **to practise torture on sb** faire subir or infliger des tortures à qn ◆ **to practise cruelty on sb** faire preuve de cruauté envers or à l'égard de qn ◆ **to practise what one preaches** prêcher par l'exemple or d'exemple ◆ **to practise medicine/law** exercer la médecine or la profession de médecin/la profession d'avocat

b (= exercise in) [+ sport] s'entraîner à ; [+ violin etc] s'exercer à, travailler ; [+ song, chorus, recitation] travailler ◆ **she was practising her scales** elle faisait ses gammes ◆ **I need to practise my backhand** j'ai besoin de travailler mon revers ◆ **to practise doing sth** s'entraîner or s'exercer à faire qch ◆ **I'm going to practise my German on him** je vais m'exercer à parler allemand avec lui ; see also **practised**

[2] vi **a** (Mus) s'exercer ; (Sport) s'entraîner ; [beginner] faire des exercices ◆ **to practise on the piano** s'exercer au piano, travailler le piano ◆ **he practises for two hours every day** il fait deux heures d'entraînement or d'exercices par jour

b [doctor, lawyer] exercer ◆ **to practise as a doctor/lawyer** exercer la médecine or la profession de médecin/la profession d'avocat

practised, practiced (US) ['præktɪst] → SYN adj teacher, nurse, soldier expérimenté, chevronné ; eye, ear exercé ; movement expert ; performance accompli ◆ **she's practised at diagnosis** c'est une diagnosticienne expérimentée

practising, practicing (US) ['præktɪsɪŋ] adj doctor exerçant ; lawyer en exercice ; architect en activité ; Catholic, Buddhist pratiquant ◆ **a practising Christian** un (chrétien) pratiquant ◆ **he's a practising homosexual** c'est un homosexuel actif

practitioner [prækˈtɪʃənəʳ] n (of an art) praticien(ne) m(f) ; (Med: also **medical practitioner**) médecin m ; → **general**

praesidium [prɪˈsɪdɪəm] n présidium m

praetorian, pretorian (US) [prɪˈtɔːrɪən] [1] adj prétorien

[2] COMP ▷ **praetorian guard** n (Hist, fig) garde f prétorienne

pragmatic [prægˈmætɪk] → SYN adj (gen, Philos) pragmatique

pragmatical [prægˈmætɪkl] adj pragmatique

pragmatically [prægˈmætɪklɪ] adv avec pragmatisme, d'une manière pragmatique

pragmatics [prægˈmætɪks] n (NonC) pragmatique f

pragmatism ['prægmətɪzəm] n pragmatisme m

pragmatist ['prægmətɪst] adj, n pragmatiste mf

Prague [prɑːg] n Prague

prairie ['prɛərɪ] [1] n plaine f (herbeuse) ◆ **the prairie(s)** (US) la Grande Prairie, les Prairies fpl

[2] COMP ▷ **prairie chicken** n (US Zool) cupidon m (des prairies), tétras cupidon m ▷ **prairie cocktail** n (US) ⇒ **prairie oyster** ▷ **prairie dog** n chien m de prairie ▷ **prairie oyster** n (US) œuf m cru assaisonné et bu dans de l'alcool (remède contre la gueule de bois) ▷ **Prairie Provinces** npl (Can) Provinces fpl des Prairies ▷ **prairie schooner** n (US) grand chariot m bâché (des pionniers américains) ▷ **the Prairie State** n (US) l'Illinois m ▷ **prairie wolf** n (US) coyote m

praise [preɪz] → SYN [1] n éloge(s) m(pl), louange(s) f(pl) ◆ **in praise of** à la louange de ◆ **to speak** (or **write** etc) **in praise of sb/sth** faire l'éloge de qn/qch ◆ **it is beyond praise** c'est au-dessus de tout éloge ◆ **to be full of praise for sb/sth** ne pas tarir d'éloges sur qn/qch ◆ **to give praise** être élogieux ◆ **I have nothing but praise for what he has done** je ne peux que le louer de ce qu'il a fait ◆ **I have nothing but praise for him** je n'ai qu'à me louer or me féliciter de lui ◆ **all praise to him for speaking out!** il a dit ce qu'il pensait et je lui tire mon chapeau ! ◆ **he was loud** or **warm in his praise(s) of ...** il n'a pas tari d'éloges sur ..., il a chanté les louanges de ... ; → **sing**

b (Rel) **a hymn of praise** un cantique ◆ **praise be to God!** Dieu soit loué ! ◆ **praise be!** * Dieu merci !

[2] vt **a** (+ person, action, sb's courage etc) louer, faire l'éloge de ◆ **to praise sb for sth/for doing sth** louer qn de or pour qch/d'avoir fait qch ◆ **to praise sb to the skies** porter qn aux nues ◆ **to praise the virtues of sb/sth** vanter les mérites de qn/qch

b (Rel) louer, glorifier ◆ **praise God!** Dieu soit loué !

praiseworthily ['preɪzˌwɜːðɪlɪ] adv d'une manière louable or méritoire

praiseworthiness ['preɪzˌwɜːðɪnɪs] n mérite m

praiseworthy ['preɪzˌwɜːðɪ] → SYN adj person digne d'éloges ; cause, attempt digne d'éloges, louable, méritoire

Prakrit ['prɑːkrɪt] n prâkrit m

praline ['prɑːliːn] n (nutty) praline f ; (= almond) dragée f

pram [præm] n (Brit) voiture f d'enfant, landau m ◆ **pram park** emplacement m réservé aux voitures d'enfants

prance [prɑːns] → SYN vi [horse, child] caracoler ; [dancer] cabrioler ◆ **the horse was prancing about** le cheval caracolait ◆ **she was prancing * around** or **about with nothing on** elle se baladait * toute nue ◆ **to prance in/out** etc [horse] entrer/sortir etc en caracolant ; [person] (gaily) entrer/sortir etc allègrement ; (arrogantly) entrer/sortir etc en se pavanant

prang †* [præŋ] vt (Brit) (= crash) [+ plane, car] bousiller * ; [+ bomb] pilonner

prank [præŋk] → SYN n (= joke) farce f, niche f † ◆ **a childish prank** une gaminerie ◆ **schoolboy prank** farce f d'écolier ◆ **to play a prank on sb** faire une farce or une niche † à qn

prankster † ['præŋkstər] n farceur m, -euse f

prase [preɪz] n (Miner) prase m

praseodymium [ˌpreɪzɪəʊˈdɪmɪəm] n praséodyme m

prat * [præt] n (Brit) con *, conne * f

prate [preɪt] vi jaser, babiller (pej) ◆ **to prate on about sth** parler à n'en plus finir de qch

pratfall * ['prætfɔːl] n (US) chute f sur le derrière

pratincole ['prætɪnˌkəʊl] n glaréole f

prattle ['prætl] → SYN ① vi [one person] jaser, babiller (pej) ; [several people] papoter, jacasser ; [child] babiller, gazouiller ◆ **to prattle on about sth** parler à n'en plus finir de qch ◆ **he prattles on and on** c'est un vrai moulin à paroles
② n [of one person] bavardage m, babillage m (pej) ; [of several people] jacasserie f, papotage m ; [of child] babil m, babillage m

prau [praʊ] n prao m

prawn [prɔːn] ① n (esp Brit) crevette f rose, bouquet m ; → **Dublin**
② COMP ▷ **prawn cocktail** n cocktail m de crevettes ▷ **prawn cracker** n beignet m de crevettes

praxis ['præksɪs] n, pl **praxises** or **praxes** ['præksiːz] (gen) pratique f ; (Pol) praxis f

Praxiteles [prækˈsɪtɪˌliːz] n Praxitèle m

pray [preɪ] → SYN ① vi prier ◆ **they prayed to God to help them** ils prièrent Dieu de les secourir ◆ **he prayed to be released from his suffering** il pria le ciel de mettre fin à ses souffrances ◆ **to pray for sb/sb's soul** prier pour qn/l'âme de qn ◆ **he prayed for forgiveness** il pria Dieu de lui pardonner ◆ **to pray for rain** prier pour qu'il pleuve ◆ **to pray for guidance** demander conseil à Dieu ◆ **we're praying for fine weather** nous prions pour qu'il fasse beau ◆ **we're praying that he'll recover** nous espérons de tout coeur qu'il va se rétablir
② vt ▲ († , liter = request) prier (sb to do sth qn de faire qch)
ⓑ (Rel) prier (that pour que + subj) ◆ **they prayed God to help him** ils prièrent Dieu de lui venir en aide ◆ **pray God he'll recover** prions Dieu qu'il guérisse
③ adv †† ◆ **pray be seated** veuillez vous asseoir, asseyez-vous je vous en prie ◆ **what good is that, pray?** (iro) à quoi cela peut-il bien servir, je vous le demande ?

prayer [prɛər] → SYN ① n ▲ (Rel) prière f (also NonC) ◆ **to be at prayer** or **at one's prayers** être en prière ◆ **family prayers** prières fpl en famille ◆ **he was kneeling in prayer** il priait à genoux ◆ **to say one's prayers** faire sa prière ◆ **they said a prayer for him** ils ont fait or dit une prière pour lui, ils ont prié pour lui ◆ **prayers** (as service) office m ◆ **he will lead us in prayer, he will lead our prayers** il va diriger nos prières ◆ **he didn't have a prayer** * il n'avait pas la moindre chance ; → **common, evening, lord**
ⓑ (= desire, wish) vœu m, souhait m ◆ **my one prayer is that l/he will be able to ...** mon seul vœu or souhait est de pouvoir/qu'il puisse ...
② COMP ▷ **prayer beads** npl chapelet m ▷ **prayer book** n livre m de prières ◆ **the Prayer Book** le rituel de l'Église anglicane ▷ **prayer mat** n tapis m de prière ▷ **prayer meeting** n réunion f de prière ▷ **prayer rug** n tapis m de prière ▷ **prayer shawl** n (in Judaism) taleth m ▷ **prayer wheel** n moulin m à prières

praying ['preɪɪŋ] ① n (NonC) prière(s) f(pl)
② adj en prière
③ COMP ▷ **praying mantis** n mante f religieuse

pre... [priː] pref pré... ◆ **preglacial** préglaciaire ◆ **pre-1950** (adj) antérieur (-eure f) à (l'année) 1950, d'avant 1950 ; (adv) avant 1950 ; → **predate, pre-record**

preach [priːtʃ] → SYN ① vi (Rel) prêcher (also fig pej), évangéliser ; (in church) prêcher ◆ **to preach to sb** prêcher qn ◆ **to preach to or at sb** (fig pej) prêcher or sermonner qn ◆ **don't preach!** pas de morale, s'il te plaît ! ◆ **you're preaching to the converted** vous prêchez un converti ; → **practise**
② vt [+ religion, the Gospel, crusade, doctrine] prêcher ; (fig) [+ patience] préconiser, prôner ; [+ advantage] prôner ◆ **to preach a sermon** prêcher, faire un sermon ◆ **to preach that ...** proclamer que ... ◆ **they preached fasting and prayer** ils prêchaient le jeûne et la prière ◆ **he preached that the world would soon end** il annonçait que la fin du monde était proche

preacher ['priːtʃər] → SYN n prédicateur m ; (US = clergyman) pasteur m

preachify * ['priːtʃɪfaɪ] vi (pej) prêcher, faire la morale

preaching ['priːtʃɪŋ] n (NonC) prédication f, sermon m ; (fig pej) prêchi-prêcha * m inv (pej)

preachy * ['priːtʃɪ] adj (pej) prêcheur, sermonneur

preamble [priːˈæmbl] → SYN n préambule m ; (in book) préface f ◆ **without (any) preamble** sans préambule

preamplifier [ˌpriːˈæmplɪfaɪər] n préamplificateur m, préampli * m

prearrange [ˌpriːəˈreɪndʒ] vt arranger or organiser à l'avance

prebend ['prɛbənd] n prébende f

prebendary ['prɛbəndərɪ] n prébendier m

preboil ['priːˈbɔɪl] vt faire bouillir à l'avance

Precambrian [priːˈkæmbrɪən] ① adj précambrien
② n ◆ **the Precambrian** le Précambrien

precancerous [ˌpriːˈkænsərəs] adj précancéreux

precarious [prɪˈkɛərɪəs] → SYN adj (= uncertain) situation, existence précaire ; (= unsteady) ladder etc mal assuré, instable

precariously [prɪˈkɛərɪəslɪ] adv cling, hang, lean d'une manière précaire or instable ◆ **precariously perched** or **balanced** en équilibre précaire ◆ **to cling precariously to life** s'accrocher désespérément à la vie ◆ **to live precariously** (= in danger of poverty) vivre dans la précarité ; (= live for the moment) vivre au jour le jour

precariousness [prɪˈkɛərɪəsnɪs] n précarité f

precast ['priːˈkɑːst] ① adj (Theat, Cine) play, film dont les rôles sont distribués d'avance
② COMP ▷ **precast concrete** n béton m précontraint

precaution [prɪˈkɔːʃən] → SYN n précaution f (against contre) ◆ **as a precaution** par précaution ◆ **to take precautions** (also euph) prendre ses précautions ◆ **to take the precaution of doing sth** prendre la précaution de faire qch ◆ **fire precautions** mesures fpl de sécurité contre les incendies ◆ **safety** or **security precautions** mesures fpl de sécurité

precautionary [prɪˈkɔːʃənərɪ] adj de précaution, préventif ◆ **as a precautionary measure** par mesure de précaution ◆ **to take precautionary measures** prendre des mesures de précaution

precede [prɪˈsiːd] → SYN vt (in space, time) précéder ; (in rank) avoir la préséance sur ◆ **the week preceding his death** la semaine qui a précédé sa mort, la semaine avant sa mort

precedence ['prɛsɪdəns] → SYN n (in rank) préséance f ; (in importance) priorité f ◆ **to have** or **take precedence over sb** avoir la préséance or le pas sur qn ◆ **this question must take precedence over all others** ce problème a la priorité sur tous les autres, ce problème passe en priorité or est prioritaire ◆ **to give precedence to sth** donner or accorder la priorité à qch

precedent ['prɛsɪdənt] → SYN n précédent m ◆ **without precedent** sans précédent ◆ **to act as** or **form a precedent** constituer un précédent ◆ **to set** or **establish** or **create a precedent** créer un précédent ◆ **to break with precedent** rompre avec la tradition

preceding [prɪˈsiːdɪŋ] → SYN adj précédent ◆ **the preceding day** le jour précédent, la veille

precentor [prɪˈsɛntər] n premier chantre m, maître m de chapelle

precept ['priːsɛpt] → SYN n précepte m

preceptor [prɪˈsɛptər] n précepteur m, -trice f

precession [prɪˈsɛʃən] ① n précession f
② COMP ▷ **precession of the equinoxes** n (Astron) précession f des équinoxes

pre-Christian [priːˈkrɪstʃən] adj préchrétien

precinct ['priːsɪŋkt] → SYN ① n ▲ (round cathedral) enceinte f ; (= boundary) pourtour m ◆ **within the precincts of ...** (fig) dans les limites de ... ◆ **the precincts** (= neighbourhood) les alentours mpl, les environs mpl ; → **pedestrian, shopping**
ⓑ (US Police) circonscription f administrative ; (US Pol) circonscription f électorale, arrondissement m
② COMP ▷ **precinct captain** n (US) (Pol) responsable mf politique de quartier ; (Police) commissaire m (de police) de quartier ▷ **precinct cop** * n (US) flic * m de quartier ▷ **precinct police** n (US) police f de quartier ▷ **precinct station** n (US Police) poste m de police de quartier, commissariat m de quartier ▷ **precinct worker** n (US Pol) militant(e) politique à l'échelon du quartier

preciosity [ˌprɛsɪˈɒsɪtɪ] n préciosité f

precious ['prɛʃəs] → SYN ① adj ▲ person, moment précieux ; object, book, possession précieux, de valeur ; (* iro) chéri, cher ◆ **don't waste precious time arguing** ne perds pas un temps précieux à discuter ◆ **this book is very precious to me** ce livre a une très grande valeur pour moi, je tiens énormément à ce livre ◆ **the child is very precious to him** il tient énormément à cet enfant ◆ **your precious son** * (iro) ton fils chéri or adoré, ton cher fils ◆ **your precious car** (iro) ta voiture chérie, ta chère voiture ◆ **your precious career** (iro) ta chère carrière
ⓑ style, language précieux, affecté
② adv * ◆ **precious few, precious little** fort or bien peu
③ n ◆ **(my) precious!** † mon trésor !
④ COMP ▷ **precious metal** n métal m précieux ▷ **precious stone** n pierre f précieuse

precipice ['prɛsɪpɪs] → SYN n (gen) à-pic m inv ◆ **to fall over a precipice** tomber dans un précipice

precipitance [prɪˈsɪpɪtəns], **precipitancy** [prɪˈsɪpɪtənsɪ] n précipitation f

precipitant [prɪˈsɪpɪtənt] ① adj (frm) ⇒ **precipitate 4**
② n (Chem) précipitant m

precipitate [prɪˈsɪpɪteɪt] → SYN ① vt ▲ (frm) (= hasten) [+ event, crisis] hâter, précipiter ; (= hurl) [+ person] précipiter (into dans)
ⓑ (Chem) précipiter ; (Met) condenser
② vi (Chem) (se) précipiter ; (Met) se condenser
③ n (Chem) précipité m
④ [prɪˈsɪpɪtɪt] adj (frm) irréfléchi, hâtif

precipitately [prɪˈsɪpɪtɪtlɪ] adv (frm) précipitamment

precipitation [prɪˌsɪpɪˈteɪʃən] n précipitation f (also Chem, Met)

precipitous [prɪˈsɪpɪtəs] → SYN adj (frm) ▲ escarpé, abrupt, à pic
ⓑ ⇒ **precipitate 4**

precipitously [prɪˈsɪpɪtəslɪ] adv (frm) à pic, abruptement

precipitousness [prɪˈsɪpɪtəsnɪs] n ▲ (= steepness) escarpement m
ⓑ (= hastiness) précipitation f

précis ['preɪsiː] ① n, pl **précis** ['preɪsiːz] résumé m, précis m
② vt faire un résumé or précis de

precise [prɪˈsaɪs] → SYN adj **a** details, instructions, description précis ; measurement, meaning, account, nature, location précis, exact ◆ **be (more) precise!** soyez (plus) précis ! ◆ **there were eight to be precise** il y en avait huit pour être exact ou précis ◆ **the precise amount of energy they need** la quantité exacte d'énergie dont ils ont besoin ◆ **at that precise moment** à ce moment précis or même ◆ **I have to be up early, 4am to be precise** il faut que je me lève tôt, à 4 heures du matin pour être exact ou précis

b (= meticulous) movement précis ; person, manner méticuleux, minutieux ; (pej = over-precise) pointilleux, maniaque ◆ **in that precise voice of hers** de sa façon de parler si nette

precisely [prɪˈsaɪslɪ] LANGUAGE IN USE 26.3 → SYN adv explain, describe de façon précise ; measure, define avec précision ; speak, enunciate d'une voix très nette ◆ **10 o'clock precisely, precisely 10 o'clock** 10 heures précises ou sonnantes ◆ **precisely nine minutes** exactement or très précisément neuf minutes ◆ **hormones, or more precisely, progesterone** des hormones, ou plus précisément or exactement de la progestérone ◆ **precisely what does that mean?** qu'est-ce que cela veut dire exactement or au juste ? ◆ **he said precisely nothing** il n'a absolument rien dit ◆ **precisely!** précisément ! ◆ **I didn't feel the pain, precisely because I was so cold** justement, c'est parce que j'avais si froid que je ne sentais pas la douleur ◆ **that is precisely the problem** c'est bien là le problème

preciseness [prɪˈsaɪsnɪs] n ⇒ **precision 1**

precision [prɪˈsɪʒən] → SYN **1** n précision f ◆ **with deadly/military/clinical precision** avec une précision implacable/militaire/chirurgicale

2 COMP tool de précision ▷ **precision bombing** n bombardement m de précision ▷ **precision engineering** n mécanique f de précision ▷ **precision instrument** n instrument m de précision ▷ **precision-made** adj de haute précision

preclude [prɪˈkluːd] → SYN vt [+ doubt] écarter, dissiper ; [+ misunderstanding] prévenir ; [+ possibility] exclure ◆ **to be precluded from doing sth** être empêché de faire qch ◆ **to preclude sth happening** empêcher que qch n'arrive (subj) ◆ **that precludes his leaving** cela l'empêche de partir

precocious [prɪˈkəʊʃəs] → SYN adj (gen, pej) précoce ◆ **a precocious brat*** un petit prodige ◆ **at a precocious age** à un âge précoce

precociously [prɪˈkəʊʃəslɪ] adv ◆ **precociously mature** d'une maturité précoce ◆ **a precociously talented/brilliant player** un joueur au talent/génie précoce ◆ **"mummy, it's frankly horrifying", he said precociously** "franchement maman, c'est l'horreur" dit-il avec une précocité étonnante

precociousness [prɪˈkəʊʃəsnɪs], **precocity** [prəˈkɒsɪtɪ] n précocité f

precognition [ˌpriːkɒɡˈnɪʃən] n préconnaissance f

pre-Columbian [ˌpriːkəˈlʌmbɪən] adj (Hist) précolombien

precombustion [ˈpriːkəmˈbʌstʃən] n précombustion f

preconceived [ˈpriːkənˈsiːvd] adj ◆ **preconceived notion** or **idea** idée f préconçue

preconception [ˈpriːkənˈsepʃən] → SYN n idée f préconçue, préconception f

preconcerted [ˈpriːkənˈsɜːtɪd] adj arrêté or concerté d'avance or au préalable

precondition [ˈpriːkənˈdɪʃən] → SYN **1** n condition f nécessaire or requise, condition f sine qua non

2 vt conditionner (sb to do sth qn à faire qch)

precook [ˈpriːˈkʊk] vt faire cuire à l'avance

precooked [ˈpriːˈkʊkt] adj précuit

precool [ˈpriːˈkuːl] vt refroidir d'avance

precursor [prɪˈkɜːsəʳ] → SYN n (= person, thing) précurseur m ; (= event) annonce f, signe m avant-coureur

precursory [prɪˈkɜːsərɪ] → SYN adj remark préliminaire ; taste, glimpse annonciateur (-trice f)

predaceous, predacious [prɪˈdeɪʃəs] adj ⇒ **predatory**

predate [priːˈdeɪt] vt **a** (= put earlier date on) [+ cheque, document] antidater

b (= come before in time) [+ event] précéder, avoir lieu avant ; [+ document] être antérieur à, précéder

predator [ˈpredətəʳ] n prédateur m, rapace m

predatory [ˈpredətərɪ] → SYN adj animal, bird, insect de proie, prédateur (-trice f), rapace ; habits de prédateur(s) ; person rapace ; armies pillard ; look vorace, avide ◆ **predatory pricing** (Comm) politique f de prix déloyale

predecease [ˌpriːdɪˈsiːs] vt prédécéder

predecessor [ˈpriːdɪsesəʳ] → SYN n prédécesseur m

predella [prɪˈdelə] n, pl **predelle** [prɪˈdeliː] (= painting, sculpture) prédelle f

predestination [priːˌdestɪˈneɪʃən] → SYN n prédestination f

predestine [priːˈdestɪn] → SYN vt (also Rel) prédestiner (to à ; to do sth à faire qch)

predetermination [ˈpriːdɪˌtɜːmɪˈneɪʃən] n détermination f antérieure ; (Philos, Rel) prédétermination f

predetermine [ˈpriːdɪˈtɜːmɪn] vt déterminer or arrêter au préalable or d'avance ; (Philos, Rel) prédéterminer

predeterminer [ˌpriːdɪˈtɜːmɪnəʳ] n (Gram) prédéterminant m, préarticle m

predicable [ˈpredɪkəbl] adj, n (Philos) prédicable m

predicament [prɪˈdɪkəmənt] → SYN n situation f difficile or fâcheuse ◆ **I'm in a real predicament!** je suis dans une situation très difficile

predicant [ˈpredɪkənt] (Rel) **1** adj prêcheur **2** n prédicateur m

predicate [ˈpredɪkeɪt] → SYN **1** vt **a** (= affirm: gen, Philos) affirmer (that que)

b (= imply) [+ existence of sth etc] impliquer, supposer

c (= base) [+ statement, belief, argument] baser, fonder (on, upon sur) ◆ **this is predicated on the fact that …** ceci est fondé or basé sur le fait que …

2 [ˈpredɪkɪt] n (Gram) prédicat m ; (Philos) prédicat m, attribut m

3 [ˈpredɪkɪt] adj (Gram) prédicatif ; (Philos) attributif

predicative [prɪˈdɪkətɪv] adj (Gram) prédicatif

predicatively [prɪˈdɪkətɪvlɪ] adv (Gram) en tant que prédicat

predict [prɪˈdɪkt] → SYN vt prédire, prévoir (that que)

predictability [prɪˌdɪktəˈbɪlɪtɪ] n prévisibilité f

predictable [prɪˈdɪktəbl] → SYN adj behaviour prévisible ; person, book sans surprise ◆ **his reaction was predictable** sa réaction était prévisible

predictably [prɪˈdɪktəblɪ] adv behave, say, react d'une manière prévisible ◆ **his father was predictably furious, predictably, his father was furious** comme on pouvait s'y attendre or comme on pouvait le prévoir, son père était furieux

prediction [prɪˈdɪkʃən] → SYN n prédiction f

predictive [prɪˈdɪktɪv] adj prophétique

predictor [prɪˈdɪktəʳ] n indice m

predigested [ˌpriːdaɪˈdʒestɪd] adj prédigéré

predilection [ˌpriːdɪˈlekʃən] → SYN n prédilection f

predispose [ˈpriːdɪsˈpəʊz] → SYN vt prédisposer (to or towards sth à qch ; to do(ing) sth à faire qch) ◆ **she is predisposed to be critical** elle a tendance à être critique

predisposition [ˈpriːdɪspəˈzɪʃən] → SYN n prédisposition f (to à)

predominance [prɪˈdɒmɪnəns] → SYN n prédominance f

predominant [prɪˈdɒmɪnənt] → SYN adj prédominant

predominantly [prɪˈdɒmɪnəntlɪ] adv principalement, essentiellement ◆ **they are predominantly French** ce sont principalement or essentiellement des Français ◆ **acne is predominantly a teenage problem** l'acné est principalement or essentiellement un problème d'adolescent

predominate [prɪˈdɒmɪneɪt] → SYN vi prédominer (over sur), prévaloir

predominately [prɪˈdɒmɪneɪtlɪ] adv ⇒ **predominantly**

pre-eclampsia [ˌpriːɪˈklæmpsɪə] n (Med) prééclampsie f

preemie* [ˈpriːmɪ] n (US Med) prématuré(e) m(f)

pre-eminence [priːˈemɪnəns] → SYN n prééminence f

pre-eminent [priːˈemɪnənt] → SYN adj prééminent

pre-eminently [priːˈemɪnəntlɪ] → SYN adv avant tout, essentiellement

pre-empt [priːˈempt] → SYN vt **a** (= anticipate) [+ sb's decision, action] anticiper, devancer

b (= prevent) prévenir ◆ **you can pre-empt pain by taking a painkiller** vous pouvez prévenir la douleur en prenant un calmant

c [+ painting, land] acquérir par (droit de) préemption

pre-emption [priːˈempʃən] n (droit m de) préemption f

pre-emptive [priːˈemptɪv] adj right de préemption ; attack, strike préventif ◆ **pre-emptive bid** (Bridge) (demande f de) barrage m

preen [priːn] → SYN **1** vt [+ feathers, tail] lisser ◆ **the bird was preening itself** l'oiseau se lissait les plumes ◆ **she was preening herself in front of the mirror** elle se pomponnait complaisamment devant la glace ◆ **to preen o.s. on sth/on doing sth** (liter) s'enorgueillir de qch/de faire qch

2 vi [bird] se lisser les plumes ; [person] se pomponner

pre-establish [ˈpriːɪsˈtæblɪʃ] vt préétablir

pre-exist [ˈpriːɪɡˈzɪst] **1** vi préexister

2 vt préexister à

pre-existence [ˈpriːɪɡˈzɪstəns] n préexistence f

pre-existent [ˈpriːɪɡˈzɪstənt], **pre-existing** [ˈpriːɪɡˈzɪstɪŋ] adj préexistant

prefab* [ˈpriːfæb] n (abbrev of **prefabricated building**) préfabriqué m

prefabricate [ˌpriːˈfæbrɪkeɪt] vt préfabriquer

prefabrication [priːˌfæbrɪˈkeɪʃən] n préfabrication f

preface [ˈprefɪs] → SYN **1** n (to book) préface f, avant-propos m inv ; (to speech) introduction f, préambule m

2 vt [+ book] faire précéder (by de) ◆ **he prefaced this by saying …** en avant-propos il a dit …, il a commencé par dire … ◆ **he prefaced his speech with a quotation** il a commencé son discours par une citation ◆ **he prefaced his speech by saying …** en guise d'introduction à son discours, il a dit … ◆ **he had the irritating habit of prefacing his sentences with …** il avait la manie agaçante de commencer toutes ses phrases par …

prefaded [ˌpriːˈfeɪdɪd] adj jeans etc délavé

prefatory [ˈprefətərɪ] adj remarks préliminaire ; page liminaire

prefect [ˈpriːfekt] n (French Admin) préfet m ; (Brit Scol) élève des grandes classes chargé(e) de la discipline

prefecture [ˈpriːfektjʊəʳ] n préfecture f

prefer [prɪˈfɜːʳ] LANGUAGE IN USE 5.2, 7.4 → SYN vt **a** préférer ◆ **to prefer A to B** préférer A à B, aimer mieux A que B ◆ **I prefer bridge to chess** je préfère le bridge aux échecs ◆ **to prefer doing sth** or **to do sth** aimer mieux or préférer faire qch ◆ **children prefer watching television to reading books** les enfants préfèrent la télévision à la lecture ou aiment mieux regarder la télévision que lire ◆ **would you prefer me to drive?** préférerais-tu que je prenne le volant ? ◆ **I'd prefer that you didn't come to New York with me** je préférerais que tu ne viennes pas à New York avec moi, j'aimerais mieux que tu ne viennes pas à New York avec moi ◆ **I would prefer not to (do it)** je préférerais or j'aimerais mieux ne pas le faire ◆ **she preferred not to give her name** elle a préféré ne pas donner son nom ◆ **I much prefer Scotland** je préfère de beaucoup l'Écosse,

j'aime beaucoup mieux l'Écosse ✦ **preferred stock** (US Fin) ⇒ **preference shares** ; → **preference**
  b (Jur) [+ charge] porter ; [+ action] intenter ; [+ request] formuler ; [+ petition] adresser ; [+ argument, reason] présenter ✦ **to prefer a complaint against sb** déposer une plainte or porter plainte contre qn
  c (esp Rel = promote) élever (*to* à)

preferable ['prefərəbl] LANGUAGE IN USE 1.1 → SYN adj préférable (*to sth* à qch) ✦ **it is preferable to use vegetable oil for cooking** il est préférable de cuisiner à l'huile végétale ✦ **any death is preferable to being drowned** il n'y a pas pire mort que la noyade

preferably ['prefərəblɪ] → SYN adv de préférence

preference ['prefərəns] LANGUAGE IN USE 7.5 → SYN
  1 n (= liking) préférence f (*for* pour) ; (= priority: also Econ) priorité f (*over* sur), préférence f ✦ **what is your preference?** que préférez-vous ? ✦ **in preference to sth** de préférence à qch, plutôt que qch ✦ **in preference to doing sth** plutôt que de faire qch ✦ **to give A preference (over B)** accorder or donner la préférence à A (plutôt qu'à B) ✦ **I have no strong preference** je n'ai pas vraiment de préférence ✦ **by preference de** préférence ✦ **I live here out of** or **by preference** j'ai choisi de vivre ici
  2 COMP ▷ **preference shares** npl (Brit Fin) actions fpl privilégiées or de priorité ▷ **preference stock** ⇒ **preference shares**

preferential [,prefə'renʃəl] → SYN adj tariff, terms préférentiel ; treatment de faveur ; trade, ballot, voting préférentiel

preferentially [,prefə'renʃəlɪ] adv (= by preference) de préférence ✦ **no-one should be treated preferentially** personne ne devrait bénéficier d'un traitement préférentiel or de faveur

preferment [prɪ'fɜːmənt] → SYN n (esp Rel) avancement m, élévation f (*to* à)

prefiguration [,priːfɪgə'reɪʃən] n préfiguration f

prefigure [priː'fɪgər] vt (= foreshadow) préfigurer ; (= imagine) se figurer d'avance

prefix ['priːfɪks] **1** n [of word] préfixe m ; [of phone number] indicatif m
  2 vt préfixer

preflight ['priːflaɪt] adj d'avant le décollage

preform ['priː'fɔːm] vt préformer

preformation ['priːfɔː'meɪʃən] n préformation f

prefrontal [,priː'frʌntl] adj préfrontal

preggers †❋ ['pregəz] adj (Brit) ✦ **to be preggers** (= pregnant) attendre un gosse ❋

preglacial [,priː'gleɪsɪəl] adj (Geol) préglaciaire

pregnable ['pregnəbl] adj prenable

pregnancy ['pregnənsɪ] → SYN **1** n [of woman] grossesse f ; [of animal] gestation f ; see also **phantom, unwanted**
  2 COMP ▷ **pregnancy test** n test m de grossesse

pregnant ['pregnənt] → SYN adj woman enceinte ; animal pleine ; (fig) pause, silence lourd de sens ; idea fécond ✦ **to fall pregnant** tomber enceinte ✦ **three months pregnant** enceinte de trois mois ✦ **to be pregnant by sb** être enceinte de qn ✦ **while she was pregnant with Marie** alors qu'elle était enceinte de sa fille Marie ✦ **you can't be half pregnant** (hum) il y a des choses que l'on ne peut pas faire à moitié ✦ **pregnant with meaning** lourd de sens

preheat ['priː'hiːt] vt préchauffer ✦ **preheated oven** four m préchauffé ✦ **preheat the oven to ...** préchauffer le four à ...

prehensile [prɪ'hensaɪl] adj préhensile

prehensility [,priːhen'sɪlɪtɪ] n (capacité f de) préhension f

prehistorian [,priːhɪ'stɔːrɪən] n préhistorien(ne) m(f)

prehistoric ['priːhɪs'tɒrɪk] → SYN adj préhistorique

prehistory ['priː'hɪstərɪ] n préhistoire f

pre-ignition ['priːɪg'nɪʃən] n autoallumage m

pre-industrial [,priːɪn'dʌstrɪəl] adj préindustriel

prejudge ['priː'dʒʌdʒ] → SYN vt [+ question] préjuger de ; [+ person] juger d'avance

prejudice ['predʒʊdɪs] → SYN **1** n **a** préjugé m ; (NonC) préjugés mpl ✦ **racial prejudice** préjugés mpl raciaux ✦ **to have a prejudice against/in favour of sb/sth** avoir un préjugé contre/en faveur de qn/qch ✦ **he is quite without prejudice in this matter** il est sans parti pris dans cette affaire
  b (esp Jur = detriment) préjudice m ✦ **to the prejudice of** au préjudice de ✦ **without prejudice (to)** sans préjudice (de)
  2 vt **a** [+ person] prévenir (*against* contre ; *in favour of* en faveur de) see also **prejudiced**
  b (also Jur) [+ claim, chance] porter préjudice à

prejudiced ['predʒʊdɪst] → SYN adj person plein de préjugés ; idea, opinion préconçu, partial ✦ **he was even more prejudiced than Harold** il avait encore plus de préjugés qu'Harold ✦ **to be prejudiced against sb/sth** avoir un (or des) préjugé(s) contre qn/qch ✦ **to be racially prejudiced** avoir des préjugés raciaux

prejudicial [,predʒʊ'dɪʃəl] → SYN adj préjudiciable, nuisible (*to* à) ✦ **to be prejudicial to** nuire à

prejudicially [,predʒʊ'dɪʃəlɪ] adv de façon préjudiciable

prelacy ['prelsɪ] n (= office) prélature f ; (= prelates collectively) prélats mpl

prelapsarian [,priːlæp'seərɪən] adj (Rel) édénique

prelate ['prelɪt] n prélat m

pre-law [,priː'lɔː] n (US Univ: also **pre-law program**) enseignement m préparatoire aux études de droit

prelim ❋ ['priːlɪm] n (abbrev of **preliminary**) (Univ) examen m préliminaire ; (Sport) (épreuve f) éliminatoire f

preliminary [prɪ'lɪmɪnərɪ] → SYN **1** adj exam, inquiry, report, remark préliminaire ; stage premier, initial ✦ **preliminary estimate** (Constr etc) devis m estimatif ✦ **preliminary hearing** (Brit Jur) audience f préliminaire
  2 n préliminaire m ✦ **the preliminaries** les préliminaires mpl ✦ **as a preliminary** en guise de préliminaire, au préalable
  3 COMP ▷ **Preliminary Scholastic Aptitude Test** n (US Scol, Univ) test déterminant l'aptitude d'un candidat à présenter l'examen d'entrée à l'université

preliterate [priː'lɪtərɪt] adj society sans écriture

prelude ['preljuːd] → SYN **1** n (gen, Mus) prélude m (*to* de)
  2 vt préluder à

premarital ['priː'mærɪtl] adj avant le mariage ✦ **premarital contract** contrat m de mariage

premature ['premətʊər] → SYN **1** adj decision etc prématuré ; birth prématuré, avant terme ; senility, menopause, labour précoce ✦ **premature baby** (enfant mf) prématuré(e) m(f), enfant mf né(e) avant terme ✦ **you are a little premature** (fig) vous anticipez un peu
  2 COMP ▷ **premature ejaculation** n éjaculation f précoce

prematurely ['premətʊəlɪ] → SYN adv (gen) prématurément ; be born, give birth avant terme ✦ **his career was prematurely ended by an arm injury** une blessure au bras a prématurément mis fin à sa carrière ✦ **prematurely bald/menopausal** atteint(e) de calvitie/ménopause précoce ✦ **prematurely old** or **aged** prématurément vieilli ✦ **he's prematurely middle-aged** il a vieilli avant l'âge

pre-med ❋ [priː'med] **1** n **a** (Brit) abbrev of **premedication**
  b (US) ⇒ **pre-med program**
  2 adj (US) (abbrev of **premedical**) ✦ **pre-med program** enseignement m préparatoire aux études de médecine ✦ **pre-med student** étudiant(e) m(f) en année préparatoire de médecine

premedical [priː'medɪkəl] adj (US) course d'école préparatoire aux études de médecine ; student qui suit des cours préparatoires aux études de médecine

premedication [,priːmedɪ'keɪʃən] n prémédication f

premeditate [priː'medɪteɪt] vt préméditer

premeditation [priː,medɪ'teɪʃən] → SYN n préméditation f

premenstrual [priː'menstrʊəl] **1** adj prémenstruel
  2 COMP ▷ **premenstrual syndrome, premenstrual tension** n syndrome m prémenstruel

premier ['premɪər] → SYN **1** adj premier, primordial
  2 n (Pol) (= Prime Minister) Premier ministre m ; (= President) chef m de l'État
  3 COMP ▷ **Premier Division** n (Ftbl: in Scot) première division f d'Écosse ▷ **Premier League** n (Ftbl: in England and Wales) première division f d'Angleterre et du pays de Galles

premiere ['premɪɛər] (Cine, Theat) **1** n première f ✦ **the film has just received its London premiere** la première londonienne du film vient d'avoir lieu
  2 vt donner la première de ✦ **the film was premiered in Paris** la première du film a eu lieu à Paris
  3 vi ✦ **the movie premiered in May 1998** la première du film a eu lieu en mai 1998

premiership ['premɪəʃɪp] n (Pol) [of Prime Minister] fonction f de Premier ministre ; [of President] fonction f de chef d'État ; (Ftbl, Rugby) championnat m de première division ✦ **during his premiership** (of Prime Minister) sous son ministère, pendant qu'il était Premier ministre ; (of President) pendant qu'il était chef de l'État ✦ **he staked his claim for the premiership** il revendiquait le poste de Premier ministre or de chef d'État

premillennialism [,priːmɪ'lenɪəlɪzəm] n (Rel) millénarisme m

premise ['premɪs] **1** n (gen, Philos = hypothesis) prémisse f ✦ **on the premise that ...** en partant du principe que ..., si l'on pose en principe que ...
  2 premises npl (= property) locaux mpl, lieux mpl ✦ **business premises** locaux mpl commerciaux ✦ **on the premises** sur les lieux, sur place ✦ **off the premises** à l'extérieur, hors des lieux ✦ **to escort sb off the premises** escorter or accompagner qn dehors ✦ **get off the premises** videz or évacuez les lieux
  3 vt (frm) ✦ **to be premised on ...** être fondé or basé sur ...

premiss ['premɪs] → SYN n ⇒ **premise 1a**

premium ['priːmɪəm] → SYN **1** n **a** (gen, Comm, Fin, Insurance) prime f ; (Jur: paid on lease) reprise f ✦ **to be sold at a premium** (St Ex) être vendu à prime ✦ **to be at a premium** (Comm, fig) faire prime ✦ **to set** or **put** or **place a (high) premium on** [+ person] faire grand cas de ; [+ situation, event] donner beaucoup d'importance à
  b (US = gasoline) super(carburant) m
  2 adj goods, brand de qualité supérieure
  3 COMP ▷ **premium bond** n (Brit) obligation f à prime, bon m à lots ▷ **premium fuel** n (Brit) super(carburant) m ▷ **premium gasoline** n (US) → **premium fuel** ▷ **premium price** n prix m fort ▷ **premium-rate** adj (Brit Telec) facturé au tarif fort (*pour renseignements, téléphone rose, etc*)

premolar [priː'məʊlər] n prémolaire f

premonition [,premə'nɪʃən] → SYN n prémonition f, pressentiment m ✦ **to have a premonition that ...** avoir le pressentiment que ..., pressentir que ...

premonitory [prɪ'mɒnɪtərɪ] adj prémonitoire, précurseur

prenatal ['priː'neɪtl] adj prénatal

prenominal [priː'nɒmɪnl] adj (Gram) précédant le nom

prenuptial [,priː'nʌpʃəl] **1** adj prénuptial
  2 COMP ▷ **prenuptial agreement** n contrat m de mariage

preoccupation [priː,ɒkjʊ'peɪʃən] → SYN n préoccupation f ✦ **keeping warm was his main preoccupation** sa grande préoccupation or son souci majeur était de se protéger du froid ✦ **his preoccupation with money/with winning** son obsession f de l'argent/de gagner

preoccupy [priː'ɒkjʊpaɪ] vt [+ person, mind] préoccuper ✦ **to be preoccupied** être préoccupé (*by, with* de)

pre-op * ['priːˈɒp] n prémédication f, médication f préopératoire

preordain [ˌpriːɔːˈdeɪn] vt ordonner or régler d'avance ; (Philos, Rel) préordonner

preordained [ˌpriːɔːˈdeɪnd] adj prédestiné

prep * [prep] **1** n (abbrev of **preparation**) **a** (Scol) (= work) devoirs mpl, préparation f ; (= period) étude f (surveillée)
b (US Med) préparation f (d'un(e) malade)
2 vi (US) **a** **to prep for sth** se préparer pour qch
b (US Scol) entrer en classe préparatoire (pour l'université)
3 vt (US) ◆ **to prep o.s.** se préparer
4 COMP ▷ **prep school** n (Brit) ⇒ **preparatory school** ; → **preparatory**

prepack ['priːˈpæk], **prepackage** ['priːˈpækɪdʒ] vt (Comm) préconditionner

prepaid ['priːˈpeɪd] **1** vb (pt, ptp of **prepay**)
2 adj (gen) payé (d'avance) ◆ **carriage prepaid** (Comm) port payé ◆ **reply prepaid** réponse payée ◆ **prepaid expenses** (Fin etc) compte m de régularisation de l'actif ◆ **prepaid health care** (in US) médecine f prépayée

preparation [ˌprepəˈreɪʃən] → SYN n **a** (NonC = act) préparation f ; (Culin, Pharm etc = thing prepared) préparation f ◆ **preparations** préparatifs mpl ◆ **the country's preparations for war** les préparatifs mpl de guerre du pays ◆ **to make preparations for sth** prendre ses dispositions pour qch, faire les préparatifs de qch ◆ **to be in preparation** [book, film etc] être en préparation ◆ **in preparation for sth** en vue de ◆ **Latin is a good preparation for Greek** le latin prépare bien au grec, le latin est une bonne formation pour le grec
b (NonC: Scol) (= work) devoirs mpl, préparation f ; (= period) étude f

preparatory [prɪˈpærətərɪ] → SYN **1** adj work préparatoire ; measure, step préliminaire, préalable ◆ **preparatory to** avant, préalablement à, en vue de ◆ **preparatory to sth/to doing sth** en vue de qch/de faire qch, avant qch/de faire qch
2 COMP ▷ **preparatory school** n (Brit) école f primaire privée ; (US) école f secondaire privée

---

PREPARATORY SCHOOL

En Grande-Bretagne, une **preparatory school**, ou **prep school**, est une école primaire, généralement non mixte, qui prépare les élèves à entrer dans un établissement secondaire privé. L'uniforme y est obligatoire et la discipline relativement stricte.

Aux États-Unis, le terme désigne une école secondaire privée préparant les élèves aux études supérieures. Dans les deux cas, la clientèle de ces écoles est issue de milieux privilégiés. Le mot "preppy", utilisé comme substantif ou comme adjectif, désigne les élèves des **prep schools** américaines, ou leur style vestimentaire BCBG.

---

prepare [prɪˈpɛəʳ] → SYN **1** vt [+ plan, speech, lesson, work, medicine, sauce] préparer ; [+ meal, dish] préparer, apprêter ; [+ surprise] préparer, ménager (for sb à qn) ; [+ room, equipment] préparer (for pour) ◆ **to prepare sb for an exam/an operation** préparer qn à un examen/pour une opération ◆ **to prepare sb for a shock/for bad news** préparer qn à un choc/à une mauvaise nouvelle ◆ **prepare yourself for a shock!** prépare-toi à (recevoir) un choc !, tiens-toi bien ! ◆ **to prepare o.s. for** ⇒ **to prepare for 2** ◆ **to prepare the way/ground for sth** préparer la voie/le terrain pour qch ; see also **prepared**
2 vi ◆ **to prepare for** (= make arrangements) [+ journey, sb's arrival, event] faire des préparatifs pour, prendre ses dispositions pour ; (= prepare o.s. for) [+ storm, flood, meeting, discussion] se préparer pour ; [+ war] se préparer à ; [+ examination] préparer ◆ **to prepare to do sth** s'apprêter or se préparer à faire qch

prepared [prɪˈpɛəd] LANGUAGE IN USE 3.1, 11.3 → SYN adj person, army, country prêt ; statement, answer préparé à l'avance ; (Culin) sauce, soup tout prêt ◆ **be prepared!** soyez sur le qui-vive ! ◆ **be prepared for bad news** préparez-vous à une mauvaise nouvelle ◆ **I am prepared for anything** (= can cope with anything) j'ai tout prévu, je suis paré ; (= won't be surprised at anything) je m'attends à tout ◆ **to be prepared to do sth** être prêt or disposé à faire qch

preparedness [prɪˈpɛərɪdnɪs] → SYN n état m de préparation ◆ **state of preparedness** (Mil) état m d'alerte préventive ◆ **their preparedness to help countries affected by the famine** leur disposition f à aider les pays touchés par la famine

prepay [priːˈpeɪ] pret, ptp **prepaid** vt payer d'avance ; see also **prepaid**

prepayment [priːˈpeɪmənt] n paiement m d'avance

preponderance [prɪˈpɒndərəns] n (in numbers) supériorité f numérique ; (in influence) prépondérance f (over sur)

preponderant [prɪˈpɒndərənt] → SYN adj (in numbers) numériquement supérieur ; (in influence) prépondérant

preponderantly [prɪˈpɒndərəntlɪ] adv principalement, essentiellement

preponderate [prɪˈpɒndəreɪt] vi (in numbers) être en supériorité numérique (over par rapport à) ; (in influence) l'emporter (over sur)

preposition [ˌprepəˈzɪʃən] n préposition f

prepositional [ˌprepəˈzɪʃənl] adj phrase prépositif, prépositionnel ; use prépositionnel

prepositionally [ˌprepəˈzɪʃənəlɪ] adv prépositivement

prepossess [ˌpriːpəˈzes] vt (= preoccupy) préoccuper ; (= bias) prévenir, influencer ; (= impress favourably) impressionner favorablement

prepossessing [ˌpriːpəˈzesɪŋ] → SYN adj person, appearance avenant

preposterous [prɪˈpɒstərəs] → SYN adj ridicule, grotesque

preposterously [prɪˈpɒstərəslɪ] adv ridiculement

preposterousness [prɪˈpɒstərəsnɪs] n (NonC) ridicule m, grotesque m

preppie *, **preppy** * ['prepɪ] (US) **1** adj bon chic bon genre *, BCBG *
2 n élève mf d'une boîte * privée ; → PREPARATORY SCHOOL

preprandial [ˌpriːˈprændɪəl] adj (frm or hum) drink avant le repas

preprepared [ˌpriːprɪˈpɛəd] adj tout prêt

preproduction [ˌpriːprəˈdʌkʃən] **1** n travail m antérieur à la production
2 COMP ▷ **preproduction model** n prototype m ▷ **preproduction trial** n mise f à l'essai du prototype

preprogrammed [priːˈprəʊɡræmd] adj programmé à l'avance

prepubescent [ˌpriːpjuːˈbesənt] adj prépubère

prepuce ['priːpjuːs] n prépuce m

prequel ['priːkwəl] n film ou roman ayant pour thème des évènements antérieurs à ceux d'un film ou d'un roman déjà sorti, la jeunesse ou l'enfance d'un héros célèbre par exemple

Pre-Raphaelite ['priːˈræfəlaɪt] adj, n préraphaélite mf

pre-record [ˌpriːrɪˈkɔːd] vt [+ song, programme] enregistrer à l'avance ◆ **pre-recorded broadcast** émission f en différé ◆ **pre-recorded cassette** cassette f préenregistrée

prerelease showing [ˌpriːriːˈliːsˈʃəʊɪŋ] n (Cine) avant-première f

prerequisite ['priːˈrekwɪzɪt] → SYN **1** n **a** (gen) condition f préalable
b (US Univ) unité de valeur dont l'obtention est obligatoire pour pouvoir s'inscrire dans l'unité de valeur supérieure
2 adj nécessaire au préalable, préalablement nécessaire

prerogative [prɪˈrɒɡətɪv] → SYN n prérogative f ◆ **to exercise the Royal Prerogative** (Brit) faire acte de souverain

Pres. (abbrev of **president**) Pdt

presage ['presɪdʒ] (frm) **1** n (= omen) présage m ; (= foreboding) pressentiment m
2 vt présager, annoncer

presbyopia [ˌprezbɪˈəʊpɪə] n presbytie f

presbyopic [ˌprezbɪˈɒpɪk] adj (Med) presbyte

Presbyterian [ˌprezbɪˈtɪərɪən] adj, n presbytérien(ne) m(f)

Presbyterianism [ˌprezbɪˈtɪərɪənɪzəm] n presbytérianisme m

presbytery ['prezbɪtərɪ] n (= part of church) chœur m ; (= residence) presbytère m ; (= court) consistoire m

pre-school [ˌpriːˈskuːl] adj years, age préscolaire ; child d'âge préscolaire ◆ **pre-school education** enseignement m préscolaire ◆ **pre-school playgroup** ≃ garderie f

preschooler [ˈpriːskuːləʳ] n (US) enfant mf d'âge préscolaire

prescience ['presɪəns] n prescience f

prescient ['presɪənt] adj prescient

prescientific [ˌpriːsaɪənˈtɪfɪk] adj préscientifique

prescribe [prɪsˈkraɪb] → SYN vt (gen, Admin, Jur, Med) prescrire (sth for sb qch à qn) ◆ **the prescribed dose/form/punishment** la dose/le formulaire/la punition prescrit(e) ◆ **prescribed books** œuvres fpl (inscrites) au programme ◆ **this diet is prescribed in some cases** ce régime se prescrit dans certains cas ◆ **he prescribed complete rest** il a prescrit or ordonné le repos absolu ◆ **what do you prescribe?** (fig) que me conseillez-vous ?, que me recommandez-vous ?

prescription [prɪsˈkrɪpʃən] → SYN **1** n **a** (NonC: gen, Admin, Jur) prescription f
b (Med) ordonnance f ◆ **to make out** or **write out a prescription for sb** faire une ordonnance pour qn ◆ **to make up** or (US) **fill a prescription** exécuter une ordonnance ◆ **on prescription** sur ordonnance ◆ **he gets free prescriptions** les médicaments qu'on lui prescrit sont intégralement pris en charge
2 COMP medicine (= made according to prescription) prescrit ; (= available only on prescription) vendu sur ordonnance seulement ▷ **prescription charge** n (Brit) montant forfaitaire payé sur les médicaments, ≃ ticket m modérateur ▷ **prescription glasses, prescription spectacles** npl lunettes fpl de vue

---

PRESCRIPTION CHARGE

En Grande-Bretagne, les patients paient, à la façon du ticket modérateur en France, un montant forfaitaire sur tous les médicaments prescrits par un médecin : c'est la **prescription charge**, dont sont néanmoins exemptées certaines catégories de personnes : enfants, femmes enceintes, personnes âgées ou bénéficiaires de prestations sociales. → NHS

---

prescriptive [prɪsˈkrɪptɪv] adj (= giving precepts : gen, Gram) normatif ; (= legalized by custom) rights etc consacré par l'usage

prescriptivism [prɪsˈkrɪptɪˌvɪzəm] n (Ling) normativisme m

pre-select [ˌpriːsɪˈlekt] vt présélectionner

presell [ˌpriːˈsel] vt vendre à l'avance

pre-seminal [priːˈsemɪnəl] adj (Med) préséminal ◆ **pre-seminal fluid** liquide m préséminal

presence ['prezns] → SYN **1** n **a** présence f ◆ **I felt comfortable in her presence** je me sentais à l'aise en sa présence ◆ **in the presence of** en présence de ; (Jur) par-devant ◆ **your presence is requested at ...** vous êtes prié d'assister à ... ◆ **they were admitted to the royal presence** ils furent admis en présence du roi (or de la reine) ◆ **he certainly made his presence felt** * sa présence n'est vraiment pas passée inaperçue ◆ **a ghostly presence** une présence surnaturelle ◆ **this country will maintain a presence in North Africa** ce pays maintiendra une présence en Afrique du Nord ◆ **police presence** présence f policière ◆ **there was a heavy police presence at the match** il y avait une forte présence policière au match
b (= bearing etc) présence f ◆ **to lack presence** manquer de présence ◆ **he has a good stage presence** il a de la présence (sur scène) ◆ **a man of noble presence** (liter) un homme de belle prestance or de belle allure

[2] COMP ▷ **presence of mind** n présence f d'esprit ◆ **he showed amazing presence of mind** il a fait preuve d'une remarquable présence d'esprit

presenile dementia [priːˈsiːnaɪl] n démence f présénile

present [ˈpreznt] → SYN [1] adj [a] (= in attendance, in existence) présent ◆ **present at** présent à ◆ **to be present at sth** être présent à qch, assister à qch ◆ **my husband was present at the birth** mon mari a assisté à l'accouchement ◆ **present in** présent dans ◆ **who was present?** qui était là ? ◆ **is there a doctor present?** y a-t-il un docteur ici or dans l'assistance ? ◆ **those present** les personnes fpl présentes, l'assistance f ◆ **present company excepted** les personnes ici présentes exceptées, à l'exception des personnes ici présentes ◆ **all present and correct!** tous présents à l'appel !

[b] (= existing now) state, epoch, year, circumstances, techniques, residence, job présent (after n), actuel ; (= in question) présent (before n), en question ; (Gram) présent (after n) ◆ **her present husband** son mari actuel ◆ **the present writer believes that ...** l'auteur croit que ... ◆ **the present government** le gouvernement actuel ◆ **in the present day** aujourd'hui ; see also **5** ◆ **at the present moment** or **time** actuellement, à présent ; (more precisely) en ce moment même ◆ **the present month** le mois courant, ce mois-ci ◆ **in the present case** dans la présente affaire, dans le cas présent or qui nous intéresse or en question

[2] n [a] (also Gram) présent m ◆ **the present simple** le présent simple ◆ **the present continuous** le présent continu or progressif ◆ **(there's) no time like the present!** il ne faut jamais remettre au lendemain ce que l'on peut faire le jour même ! ◆ **up to the present** jusqu'à présent

♦ **at present** (= right now) actuellement, en ce moment ; (= for the time being) pour le moment ◆ **as things are at present** dans l'état actuel des choses

♦ **for the present** (= at the moment) pour le moment

♦ **in the present** (gen) dans le présent ; (Gram) au présent ◆ **to live in the present** (= not be hidebound) vivre dans le présent ; (= live from day to day) vivre au jour le jour

[b] (= gift) cadeau m ◆ **it's for a present** c'est pour offrir ◆ **she gave me the book as a present** elle m'a offert le livre (en cadeau) ◆ **to make sb a present of sth** (lit, fig) faire cadeau or don de qch à qn ; → **birthday, Christmas**

[c] (Jur) **by these presents** par les présentes

[3] [prɪˈzent] vt [a] **to present sb with sth, to present sth to sb** (= give as gift) offrir qch à qn, faire don or cadeau de qch à qn ; (= hand over) [+ prize, medal] remettre qch à qn ◆ **she presented him with a son** elle lui a donné un fils ◆ **we were presented with a fait accompli** nous nous sommes trouvés devant un fait accompli ◆ **to present arms** (Mil) présenter les armes ◆ **present arms!** présentez armes !

[b] [+ tickets, documents, credentials, one's compliments, apologies] présenter (*to* à) ; [+ plan, account, proposal, report, petition, information] présenter, soumettre (*to* à) ; [+ complaint] déposer ; [+ proof, evidence] apporter, fournir ; (Parl) [+ bill] introduire, présenter ; (Jur etc) [+ case] exposer ◆ **to present o.s. at the desk/for an interview** se présenter au bureau/à un entretien ◆ **to present a cheque (for payment)** encaisser or présenter un chèque ◆ **how is the data presented?** comment les données sont-elles présentées ? ◆ **his report presents the matter in another light** son rapport présente la question sous un autre jour, son rapport jette une lumière différente sur la question ◆ **to present o.s.** se présenter ◆ **how you present yourself is very important** la manière dont vous vous présentez est très importante

[c] (= constitute, offer) [+ problem] présenter, poser ; [+ difficulties, features] présenter ; [+ opportunity] donner ; [+ challenge] constituer ◆ **the bay presents a magnificent sight** la baie présente un spectacle splendide ◆ **the opportunity presented itself** l'occasion s'est présentée ◆ **to present the appearance of sth** avoir or donner (toute) l'apparence de qch ◆ **the patrol presented an easy target** la patrouille offrait or constituait une cible facile ◆ **the Committee presented an easy target for criticism** le comité était une cible facile pour les critiques

[d] [+ play, concert] donner ; [+ film, play, programme] donner, passer ; (= act as presenter of) présenter ◆ **we are proud to present ...** (Theat) nous sommes heureux de vous présenter ... ◆ **"presenting Glenda Jackson as Lady Macbeth"** "avec Glenda Jackson dans le rôle de Lady Macbeth"

[e] (frm = introduce) présenter (*sb to sb* qn à qn) ◆ **may I present Miss Smith?** permettez-moi de vous présenter Mademoiselle Smith ◆ **to be presented (at Court)** (Brit) être présenté à la Cour

[4] vi (Med) ◆ **he presented last month (here at the clinic)** [patient] il est venu nous consulter or il s'est présenté le mois passé (à la clinique) ◆ **she initially presented with headaches and insomnia** lorsqu'elle s'est présentée pour la première fois elle souffrait de maux de tête et d'insomnie ◆ **the patient presents with lesions to the abdomen** ce patient présente des lésions à l'abdomen ◆ **he presents as a chronic alcoholic** il présente tous les symptômes de l'alcoolisme chronique

[5] COMP ▷ **present-day** adj d'aujourd'hui, contemporain ▷ **present perfect** n (Gram) passé m composé

presentable [prɪˈzentəbl] → SYN adj person, appearance, room présentable ; clothes présentable, mettable ◆ **go and make yourself (look) presentable** va t'arranger un peu ◆ **I'm not very presentable** je ne suis guère présentable, je ne peux guère me montrer

presentably [prɪˈzentəblɪ] adv de manière présentable

presentation [ˌprezənˈteɪʃən] → SYN [1] n [a] (NonC = act or fact of presenting) [of plan, account, proposal, report, petition, evidence] présentation f, soumission f ; [of complaint] déposition f ; [of parliamentary bill] présentation f, introduction f ; [of cheque] encaissement m ; [of case] exposition f ◆ **on presentation of this ticket** sur présentation de ce billet

[b] (= packaging, way of presenting) présentation f ◆ **the subject matter is good but the presentation is poor** le fond est bon mais la présentation laisse à désirer ◆ **it's just a problem of presentation** c'est une question de présentation ◆ **his presentation of the play** (= the way he did it) sa mise en scène de la pièce ◆ **a theatrical presentation of "Danton's Death"** une représentation théâtrale de "La mort de Danton"

[c] (= introduction) présentation f (*to* à)

[d] (= ceremony) remise f du cadeau (or de la médaille etc), ≃ vin m d'honneur ◆ **who made the presentation?** qui a remis le cadeau (or la médaille etc) ? ◆ **to make a presentation of sth to sb** remettre qch à qn

[e] (Univ, Comm etc = lecture, talk) exposé m oral ◆ **a business presentation** une présentation commerciale

[2] COMP ▷ **presentation box, presentation case** n (Comm) coffret m de luxe ▷ **presentation copy** n [of book] (for inspection, review) spécimen m (gratuit), exemplaire m envoyé à titre gracieux ; (from author) exemplaire m offert en hommage

presentational [ˌprezənˈteɪʃənl] adj ◆ **for presentational reasons** pour des raisons de présentation

presenter [prɪˈzentəʳ] n (Brit Rad, TV) présentateur m, -trice f, speaker(ine) m(f)

presentiment [prɪˈzentɪmənt] → SYN n pressentiment m

presently [ˈprezntlɪ] → SYN adv [a] (Brit) (= in a moment) tout à l'heure ; (= some time later) peu de temps après, un peu plus tard

[b] (= currently) actuellement, à présent

presentment [prɪˈzentmənt] n [of note, bill of exchange etc] présentation f ; (Jur) déclaration f émanant du jury

preservation [ˌprezəˈveɪʃən] → SYN [1] n (= protection, safeguarding) sauvegarde f, préservation f ; (= continuance, maintenance) maintien m ◆ **in a good state of preservation** bien préservé, en bon état de conservation ◆ **the preservation of the monument is our first priority** notre priorité est de sauvegarder le monument ◆ **the preservation of peace in the Middle East** le maintien de la paix au Proche-Orient

[2] COMP ▷ **preservation order** n (Brit Admin) **to put a preservation order on a building** classer un édifice (monument historique) ▷ **preservation society** n (Archit) association f pour la sauvegarde et la conservation des sites et monuments

preservationist [ˌprezəˈveɪʃənɪst] n (esp US) défenseur m de l'environnement

preservative [prɪˈzɜːvətɪv] n (Culin) agent m de conservation, conservateur m

preserve [prɪˈzɜːv] → SYN [1] vt [a] (= keep, maintain) [+ building, traditions, manuscript, eyesight, position] conserver ; [+ leather, wood] entretenir ; [+ memory] conserver, garder ; [+ dignity, sense of humour, reputation] garder ; [+ peace] maintenir ; [+ silence] observer, garder ◆ **well-/badly-preserved** en bon/mauvais état de conservation ◆ **she is very well-preserved** (hum) elle est bien conservée ◆ **to preserve one's looks** conserver sa beauté ◆ **have you preserved the original?** avez-vous gardé or conservé l'original ?

[b] (from harm etc) préserver, garantir (*from* de), protéger (*from* contre) ◆ **may God preserve you!** † Dieu vous garde !, que Dieu vous protège ! ◆ **(heaven or the saints) preserve me from that!** † le ciel m'en préserve !

[c] (Culin) [+ fruit etc] conserver, mettre en conserve ◆ **preserved** en conserve ◆ **preserved food** (in bottles, cans) conserves fpl ; (frozen) produits mpl surgelés

[2] n [a] (Brit Culin) (= jam) confiture f ; (= chutney) condiment m à base de fruits

[b] (= bottled fruit/vegetables) fruits mpl/légumes mpl en conserve

[c] (Hunting) réserve f ◆ **game preserve** chasse f gardée or interdite

[d] (fig = prerogative) chasse f gardée ◆ **that's his preserve** c'est sa chasse gardée, c'est son domaine particulier

[3] COMP ▷ **preserving pan** n bassine f à confiture

preserver [prɪˈzɜːvəʳ] n (= person) sauveur m ; → **life**

preset [ˈpriːˈset] vt, pret, ptp **preset** programmer

preshrink [priːˈʃrɪŋk] vt rendre irrétrécissable

preshrunk [ˈpriːˈʃrʌŋk] adj irrétrécissable

preside [prɪˈzaɪd] → SYN [1] vi présider ◆ **to preside at** or **over a meeting** présider une réunion ◆ **the government is presiding over national decline** le gouvernement préside au déclin national

[2] COMP ▷ **presiding officer** n (Brit) président(e) m(f) du bureau de vote

presidency [ˈprezɪdənsɪ] n présidence f

president [ˈprezɪdənt] [1] n (Pol etc) président m ; (US Comm) président-directeur m général, PDG m ; (US Univ) président m (d'université) m

[2] COMP ▷ **president-elect** n *titre que porte le président des États-Unis nouvellement élu (en novembre) jusqu'à son investiture (en janvier de l'année suivante)* ▷ **President of the Board of Trade** n (Brit Parl) ≃ ministre m du Commerce ▷ **Presidents' Day** n (US) *jour férié le troisième lundi de février, en souvenir des présidents Lincoln et Washington*

presidential [ˌprezɪˈdenʃəl] adj [a] (gen) decision, suite etc présidentiel, du président ◆ **presidential elections** élection f présidentielle ◆ **his presidential hopes** l'espoir qu'il a de devenir président ◆ **1981 was a presidential year** il y a eu une élection présidentielle en 1981

[b] (= of one specific President) staff, envoy, representative du Président ◆ **presidential adviser** (US Pol) conseiller m personnel du Président

[c] (= reminiscent of a president) style, regime, politician présidentiel ◆ **the new Prime Minister is more presidential (in style) than his predecessors** le nouveau Premier ministre a un style plus présidentiel que ses prédécesseurs ◆ **a presidential-style campaign** une campagne à l'américaine

presidentially [ˌprezɪˈdenʃəlɪ] adv en tant que président

presidium [prɪˈsɪdɪəm] n ⇒ **praesidium**

pre-soak [ˈpriːˈsəʊk] vt faire tremper

press [pres] → SYN 1 n a (= apparatus) (for wine, olives, cheese etc) pressoir m ; (for gluing, moulding etc) presse f ◆ **cider press** pressoir m à cidre ◆ **hydraulic press** presse f hydraulique ◆ **racket press** presse-raquette m inv ◆ **trouser press** presse f à pantalon

b (Printing) (= machine: also **printing press**) presse f (typographique) ; (= place, publishing firm) imprimerie f ◆ **rotary press** presse f rotative ◆ **to set the presses rolling** mettre les presses en marche ◆ **to pass sth for press** (Publishing) donner le bon à tirer de qch ◆ **to go to press** [book etc] être mis sous presse ; [newspaper] aller à l'impression ◆ **correct at time of going to press** (Publishing) correct au moment de mettre sous presse

c (= reporting, journalists collectively) presse f ◆ **a free press** une presse libre ◆ **to get a good/bad press** avoir bonne/mauvaise presse ◆ **I saw it in the press** je l'ai lu dans la presse or dans les journaux ◆ **to advertise in the press** (Comm) faire de la publicité dans la presse or dans les journaux ; (privately) mettre une annonce dans les journaux ◆ **a member of the press** un(e) journaliste ◆ **the national press** la presse nationale ◆ **is (anyone from) the press present?** la presse est-elle représentée ? ◆ **the press reported that ...** la presse a relaté que ..., on a rapporté dans la presse que ...

d (= pressure: with hand, instrument) pression f ◆ **he gave his trousers a press** il a donné un coup de fer à son pantalon ; → **permanent**

e (Weight Lifting) développé m

f (Ir, Scot = cupboard) armoire f, placard m

g (= pressure of people) foule f, presse f (liter) ◆ **he lost his hat in the press to get out** il a perdu son chapeau dans la bousculade à la sortie

2 vt a (= push) [+ button, switch, accelerator] appuyer sur ; (= squeeze) [+ sb's hand etc] serrer, presser ◆ **he pressed his fingertips together** il a pressé les extrémités de ses doigts les unes contre les autres ◆ **he pressed his nose against the window** il a collé son nez à la fenêtre ◆ **to press the flesh** ⁑ (US) serrer une multitude de mains, prendre un bain de foule ◆ **he pressed her to him** il la serra or pressa contre lui ◆ **as the crowd moved back he found himself pressed (up) against a wall** au moment où la foule a reculé il s'est trouvé acculé or pressé contre un mur

b (= crush) [+ grapes, olives, lemons, flowers] presser

c (= iron) [+ clothes etc] repasser, donner un coup de fer à

d (= make by pressing) [+ object, machine part] mouler ; [+ record, disk] presser

e (= pressure) (in battle, game) presser, attaquer constamment ; [pursuer] talonner, serrer de près ; [creditor] poursuivre, harceler ◆ **to press sb to do sth** presser qn de or pousser qn à faire qch, insister pour que qn fasse qch ◆ **I am really pressed today** je suis débordé (de travail) aujourd'hui ◆ **to press sb for payment/an answer** presser qn de payer/de répondre ◆ **to be pressed for time/money** être à court de temps/d'argent, manquer de temps/d'argent ◆ **he didn't need much pressing** il ne s'est guère fait prier ◆ **to press a gift/money on sb** presser qn d'accepter or insister pour que qn accepte (subj) un cadeau/de l'argent, offrir avec insistance un cadeau/de l'argent à qn ◆ **to press one's suit** † (or hum) faire sa demande (en mariage) ; → **hard**

f (= press-gang: lit, Hist) enrôler de force ◆ **to press sb into doing sth** forcer qn à faire qch ◆ **we were all pressed into service** nous avons tous été obligés d'offrir nos services or de mettre la main à la pâte * ◆ **the church hall was pressed into service as a school** la salle paroissiale a été réquisitionnée pour servir d'école ◆ **buildings that were pressed into service to house the victims** des bâtiments qui ont été réquisitionnés pour accueillir les victimes

g (= pursue, press home) [+ attack] poursuivre ; [+ advantage] pousser ; [+ claim, demand] renouveler, insister sur ◆ **to press charges (against sb)** (Jur) porter plainte (contre qn) ◆ **I shan't press the point** je n'insisterai pas

h (Weight Lifting) soulever

3 vi a (= exert pressure: with hand etc) appuyer (*on* sur) ; [weight, burden] faire pression, peser (*on* sur) ; [debts, troubles] peser (*on sb* à qn) ◆ **time presses!** le temps presse !, l'heure tourne ! ◆ **to press for sth** faire pression pour obtenir qch, demander instamment qch ◆ **they are pressing to have the road diverted** ils font pression pour (obtenir) que la route soit déviée

b **he pressed through the crowd** il s'est frayé un chemin dans la foule ◆ **he pressed in/out** etc il est entré/sorti etc en jouant des coudes ◆ **they pressed in/out** etc ils sont entrés/sortis etc en masse ◆ **crowds pressed round him** une foule se pressait autour de lui

4 COMP campaign, card etc de presse ▷ **press agency** n agence f de presse ▷ **press agent** n agent m de publicité ▷ **the Press Association** n *agence de presse britannique* ▷ **press attaché** n attaché(e) m(f) de presse ▷ **press baron** n magnat m de la presse ▷ **press box** n tribune f de la presse ▷ **press briefing** n point m de presse ▷ **press button** n bouton(-poussoir) m ▷ **press call** n invitation f à une conférence de presse ▷ **press card** n carte f de presse ▷ **press clipping** n ⇒ **press cutting** ▷ **Press Complaints Commission** n (in Brit) *commission des plaintes contre la presse* ▷ **press conference** n conférence f de presse ▷ **press corps** n (esp US) la presse *(travaillant à un endroit donné)* ▷ **press cutting** n coupure f de presse or de journal ◆ **press cutting agency** argus m de la presse ▷ **press gallery** n (esp Parl) tribune f de la presse ▷ **press-gang** n (Hist) racoleurs mpl ◇ vt (fig) **to press-gang sb into doing sth** faire pression sur qn or forcer la main à qn pour qu'il fasse qch ▷ **press hold** n (Climbing) appui m ▷ **press kit** n dossier m de presse ▷ **press lord** n ⇒ **press baron** ▷ **press office** n service m de presse ▷ **press officer** n attaché(e) m(f) de presse ▷ **press photographer** n photographe mf de (la) presse, reporter m photographe ▷ **press release** n communiqué m de presse ▷ **press report** n reportage m ▷ **press run** n (US) tirage m (d'une revue etc) ▷ **press secretary** n (US) **the White House** etc **press secretary** le porte-parole de la Maison-Blanche etc ▷ **press stud** n (Brit) bouton-pression m, pression f ▷ **press-up** n (Brit Gym) traction f ◆ **to do press-ups** faire des tractions or des pompes * ▷ **press view** n (Cine) avant-première f

► **press ahead** vi ⇒ **press on**

► **press back** vt sep [+ crowd, enemy] refouler

► **press down** 1 vi appuyer (*on* sur)
2 vt sep [+ knob, button, switch] appuyer sur

► **press in** vt sep [+ panel etc] enfoncer

► **press on** vi (in work, journey etc) continuer ◆ **press on!** (= don't give up) persévérez !, n'abandonnez pas ! ◆ **(let's) press on regardless!** * continuons quand même ! ◆ **to press on with sth** continuer résolument (à faire) qch ◆ **they are pressing on with the nuclear agreement** ils continuent à tout faire pour que l'accord nucléaire se réalise

► **press out** vt sep [+ juice, liquid] exprimer

pressing [ˈpresɪŋ] → SYN 1 adj (= urgent) business, problem urgent ; danger, invitation pressant
2 n [of clothes] repassage m ◆ **to send sth for pressing** faire repasser qch

pressman [ˈpresmən] n, pl **-men** (Brit) journaliste m

pressmark [ˈpresmɑːk] n (Brit) cote f *(d'un livre de bibliothèque)*

pressroom [ˈpresrʊm] n (Typo) salle f des presses

pressure [ˈpreʃəʳ] → SYN 1 n a (gen, Met, Phys, Tech) pression f ◆ **the boilers were running at full pressure** la pression dans les chaudières était à son maximum ◆ **at high pressure** à haute pression ◆ **to exert** or **put pressure on sth** faire pression or exercer une pression sur qch, presser or appuyer sur qch ◆ **a pressure of 2kg to the square cm** une pression de 2 kg par cm^2 ◆ **atmospheric pressure** pression f atmosphérique ◆ **oil pressure** pression f d'huile ; (Aut: also **tyre pressure**) pression f (de gonflage) ◆ **water pressure** pression f de l'eau ; → **blood pressure**

b (fig) pression f ◆ **parental pressure** la pression des parents ◆ **to put pressure on sb (to do sth), to bring pressure to bear on sb (to do sth)** faire pression or exercer une pression sur qn (pour qu'il fasse qch) ◆ **they're putting the pressure on now** ils commencent à mettre la pression ◆ **we need pressure for change** il faut que les gens fassent pression pour que les choses changent ◆ **to use pressure to obtain a confession** user de contrainte pour obtenir une confession ◆ **the pressure(s) of these events/of life today** la tension créée par ces événements/par la vie d'aujourd'hui ◆ **pressure of work prevented him from going** le travail l'a empêché d'y aller, il n'a pas pu y aller parce qu'il avait trop de travail ◆ **the pressure(s) of meeting deadlines** la contrainte des délais à respecter

◆ **under pressure** ◆ **he was acting under pressure when he said ...** il agissait sous la contrainte or il n'agissait pas de son plein gré quand il a dit ... ◆ **under pressure from his staff** sous la pression de son personnel ◆ **to come under pressure** subir des pressions ◆ **the Prime Minister came under pressure to resign** on a fait pression sur le Premier ministre pour qu'il démissionne ◆ **he has been under a lot of pressure recently** il a été sous pression * ces derniers temps ◆ **I work badly under pressure** je travaille mal quand je suis sous pression * ◆ **I can't work well under such pressure** je n'arrive pas à bien travailler quand je suis sous pression * à ce point

2 vt ◆ **don't pressure me!** * ne me bouscule pas ! ◆ **to pressure sb to do sth** faire pression sur qn pour qu'il fasse qch ◆ **to pressure sb into doing sth** forcer qn à or contraindre qn à faire qch ◆ **to feel pressured into sth** or **to do sth** se sentir forcé de faire qch ◆ **do you feel pressured by your family to have a baby?** avez-vous le sentiment que votre famille fait pression sur vous pour que vous fassiez un enfant ? ◆ **don't feel pressured!** * ne te sens pas obligé !

3 COMP ▷ **pressure cabin** n (Aviat) cabine f pressurisée or sous pression ▷ **pressure-cook** vt cuire à la cocotte or à la cocotte-minute ® or en autocuiseur ▷ **pressure cooker** n autocuiseur m, cocotte-minute ® f ▷ **pressure-feed** n alimentation f par pression ▷ **pressure gauge** n manomètre m, jauge f de pression ▷ **pressure group** n (Pol etc) groupe m de pression ▷ **pressure point** n (Anat) point m de compression digitale d'une artère ▷ **pressure suit** n (Space etc) scaphandre m pressurisé

pressurization [ˌpreʃəraɪˈzeɪʃən] n pressurisation f, mise f en pression

pressurize [ˈpreʃəraɪz] 1 vt a [+ cabin, spacesuit] pressuriser
b (* fig) ⇒ **pressure 2**
2 COMP ▷ **pressurized cabin** n cabine f pressurisée or sous pression ▷ **pressurized water reactor** n réacteur m à eau sous pression

Prestel ® [ˈpresˌtel] n ≃ Télétel ® m

prestidigitation [ˈprestɪˌdɪdʒɪˈteɪʃən] n (frm) prestidigitation f

prestidigitator [ˌprestɪˈdɪdʒɪteɪtəʳ] n prestidigitateur m, -trice f

prestige [presˈtiːʒ] → SYN 1 n prestige m
2 adj car, production, politics etc de prestige ◆ **a high/low prestige job** un poste de/sans prestige

prestigious [presˈtɪdʒəs] adj prestigieux

prestissimo [preˈstɪsɪˌməʊ] adv prestissimo

presto [ˈprestəʊ] adv (Mus, gen) presto ◆ **hey presto!** le tour est joué ! ◆ **and hey presto! there he was** et abracadabra ! il était là

prestressed [ˈpriːˈstrest] adj précontraint ◆ **prestressed concrete** (béton m armé) précontraint m

presumable [prɪˈzjuːməbl] adj présumable

presumably [prɪˈzjuːməblɪ] → SYN adv sans doute

presume [prɪˈzjuːm] → SYN 1 vt a (= suppose) présumer (also Jur), supposer (*that* que) ; [+ sb's death] présumer ◆ **to be presumed dead** être présumé mort ◆ **every man is presumed (to be) innocent** tout homme est présumé (être) innocent ◆ **he is presumed to be living in Spain** on présume *or* suppose qu'il vit en Espagne ◆ **it may be presumed that ...** on peut présumer que ... ◆ **I presume so** je (le) présume, je (le) suppose ◆ **I presume not** je suppose que non ◆ **you are presuming rather a lot** vous faites pas mal de suppositions, vous présumez pas mal de choses

b (= take liberty) **to presume to do sth** se permettre de faire qch

2 vi (frm) ◆ **you presume too much!** vous êtes bien présomptueux ! ◆ **I hope I'm not presuming** je ne voudrais pas être impertinent ; (when asking a favour) je ne voudrais pas abuser de votre gentillesse ◆ **to presume (up)on** abuser de

presumption [prɪ'zʌmpʃən] → SYN n a (= supposition) présomption f, supposition f ◆ **the presumption is that ...** on présume que ..., on suppose que ... ◆ **there is a strong presumption that ...** tout porte à croire que ...

b (NonC: frm) présomption f ◆ **if you'll excuse my presumption** si vous me le permettez, si vous voulez bien pardonner mon audace

presumptive [prɪ'zʌmptɪv] adj heir présomptif ; (Jur) evidence par présomption

presumptuous [prɪ'zʌmptjʊəs] → SYN adj person, letter, question présomptueux, impertinent

presumptuously [prɪ'zʌmptjʊəslɪ] adv présomptueusement, avec présomption

presumptuousness [prɪ'zʌmptjʊəsnɪs] n (NonC) ⇒ **presumption b**

presuppose [ˌpriːsə'pəʊz] → SYN vt présupposer (*that* que)

presupposition [ˌpriːsʌpə'zɪʃən] → SYN n présupposition f

pre-tax [ˌpriː'tæks] adj, adv avant impôts

pre-teen [ˌpriː'tiːn] 1 adj préadolescent

2 n ◆ **the pre-teens** les 10 à 12 ans

pretence, pretense (US) [prɪ'tens] → SYN n a (= pretext) prétexte m, excuse f ; (= claim) prétention f ; (NonC) (= affectation) prétention f ◆ **he makes no pretence to learning** il n'a pas la prétention d'être savant ◆ **under** *or* **on the pretence of (doing) sth** sous prétexte *or* sous couleur de (faire) qch ; → **false**

b (= make-believe) **to make a pretence of doing sth** faire semblant *or* feindre de faire qch ◆ **he made a pretence of friendship** il a feint l'amitié ◆ **it's all (a) pretence** tout cela est pure comédie *or* une feinte ◆ **I'm tired of their pretence that all is well** je suis las de les voir faire comme si tout allait bien ◆ **his pretence of sympathy did not impress me** sa feinte sympathie m'a laissé froid, ses démonstrations de feinte sympathie m'ont laissé froid

pretend [prɪ'tend] → SYN 1 vt a (= feign) [+ ignorance, concern, illness] feindre, simuler ◆ **to pretend to do sth** faire semblant *or* faire mine de faire qch ◆ **he pretended to be ill** il a fait semblant *or* mine d'être malade ◆ **they pretended to be soldiers** (as subterfuge) ils se sont fait passer pour des soldats ◆ **let's pretend we're soldiers** (as game) jouons aux soldats ◆ **he pretended he/she was out** il a essayé de faire croire qu'il/qu'elle était sorti(e)

b (frm = claim) prétendre (*that* que) ◆ **I don't pretend to know everything about it** je ne prétends pas tout savoir là-dessus, je n'ai pas la prétention de tout savoir là-dessus

2 vi a (= feign) faire semblant ◆ **the children were playing at "let's pretend"** les enfants jouaient à faire semblant ◆ **he's not really ill, he's just pretending** il n'est pas malade, il fait semblant ◆ **I was only pretending!** (for fun) c'était pour rire !, je plaisantais ! ◆ **let's stop pretending!** assez joué la comédie ! ◆ **let's not pretend to each other** ne nous jouons pas la comédie, soyons francs l'un avec l'autre

b (frm = claim) **to pretend to learning/infallibility** avoir la prétention d'être *or* prétendre être érudit/infaillible

3 adj * money, house etc pour (de) rire * ◆ **it's only pretend!** c'est pour rire ! *

pretended [prɪ'tendɪd] → SYN adj (frm) prétendu, soi-disant inv

pretender [prɪ'tendəʳ] → SYN n prétendant(e) m(f) ◆ **a pretender to the throne (of ...)** un prétendant au trône (de ...) ◆ **the Old Pretender** (Brit Hist) le Prétendant *(Jacques François Édouard Stuart)* ◆ **the Young Pretender** le (Jeune) Prétendant *(Charles Édouard Stuart)*

pretense [prɪ'tens] n (US) ⇒ **pretence**

pretension [prɪ'tenʃən] → SYN n a (= claim: also pej) prétention f (*to sth* à qch) ◆ **this work has serious literary pretensions** cette œuvre peut à juste titre prétendre à *or* cette œuvre a droit à la reconnaissance littéraire ◆ **he has social pretensions** (pej) il a des prétentions sociales

b (NonC = pretentiousness) prétention f

pretentious [prɪ'tenʃəs] → SYN adj prétentieux

pretentiously [prɪ'tenʃəslɪ] adv prétentieusement

pretentiousness [prɪ'tenʃəsnɪs] n (NonC) prétention f

preterite ['pretərɪt] n prétérit m, passé m simple

pre-term [ˌpriː'tɜːm] 1 adj baby prématuré

2 adv prématurément, avant terme

preternatural [ˌpriːtə'nætʃrəl] adj surnaturel

preternaturally [ˌpriːtə'nætʃrəlɪ] adv (frm) surnaturellement

pretext ['priːtekst] → SYN n prétexte m ◆ **under** *or* **on the pretext of (doing) sth** sous prétexte de (faire) qch

pretorian [prɪ'tɔːrɪən] (US) ⇒ **praetorian**

pre-trial [ˌpriː'traɪəl] adj (Jur) avant procès

prettify ['prɪtɪfaɪ] vt [+ dress] enjoliver ; [+ house, garden] essayer d'embellir

prettily ['prɪtɪlɪ] adv arrange, decorate joliment ; smile, blush de façon charmante

prettiness ['prɪtɪnɪs] n [of person, place] charme m

pretty ['prɪtɪ] → SYN 1 adj a (= attractive) child, flower, music etc joli (before n) ◆ **as pretty as a picture** person joli comme un cœur, joli à croquer ; garden etc ravissant ◆ **she's not just a pretty face** * elle n'a pas seulement un joli minois, elle a d'autres atouts que son joli visage ◆ **it wasn't a pretty sight** ce n'était pas beau à voir ◆ **pretty Polly!** (to parrot) bonjour Jacquot !

b (iro = fine) joli, beau (belle f) ◆ **that's a pretty state of affairs!** c'est du joli ! ◆ **you've made a pretty mess of it!** vous avez fait là de la jolie besogne !

c (* = considerable) sum, price joli, coquet ◆ **it will cost a pretty penny** cela coûtera une jolie somme *or* une somme coquette *or* une somme rondelette

2 adv (* = fairly) assez ◆ **it's pretty cold** il fait assez froid, il ne fait pas chaud ◆ **how's it going? – pretty well!** ça va bien ? – pas mal ! ◆ **we've pretty well finished** nous avons presque *or* pratiquement fini ◆ **it's pretty much the same thing** c'est à peu près *or* pratiquement la même chose ◆ **pretty damn quick** ** illico (presto) * ◆ **you'd have to be pretty damn good** ** **to get a job like that** il faut être drôlement * *or* sacrément * bon pour trouver un travail comme celui-là ◆ **he's pretty nearly better** il est presque *or* pratiquement guéri ◆ **to have a pretty good** *or* **fair idea of sth** avoir sa petite idée sur qch ; → **sit**

3 COMP ▷ **pretty-pretty** * adj un peu trop joli

► **pretty up** * vt sep ⇒ **prettify**

pretzel ['pretsl] n bretzel m

prevail [prɪ'veɪl] → SYN vi a (= gain victory) prévaloir (*against* contre ; *over* sur), l'emporter, avoir l'avantage (*against* contre ; *over* sur) ◆ **let us hope that commonsense will prevail** espérons que le bon sens prévaudra *or* s'imposera

b [conditions, attitude, fashion] prédominer ; [style] être en vogue ◆ **the situation which now prevails** la situation actuelle

c (frm) **to prevail (up)on sb to do sth** décider qn à faire qch, persuader qn de faire qch ◆ **can I prevail (up)on you to lend me some money?** accepteriez-vous de me prêter de l'argent ?

prevailing [prɪ'veɪlɪŋ] → SYN adj a wind dominant

b (= widespread) belief, opinion, attitude courant, répandu

c (= current) conditions, situation, customs (today) actuel ; (at that time) à l'époque ; style, taste, prices (today) actuel, du jour ; (at that time) de l'époque, du jour ◆ **prevailing market rate** (Econ) cours m du marché

d (Jur) **the prevailing party** la partie gagnante

prevalence ['prevələns] → SYN n (= predominance, currency) [of illness] fréquence f ; [of belief, opinion, attitude] prédominance f, fréquence f ; [of conditions, situation, customs] caractère m généralisé ; [of fashion, style] popularité f, vogue f ◆ **I'm surprised by the prevalence of that idea** je suis surpris que cette idée soit si répandue

prevalent ['prevələnt] → SYN adj a (= widespread) belief, opinion, attitude courant, répandu ; illness répandu ◆ **that sort of thing is very prevalent** ce genre de chose se voit (*or* se fait) partout, ce genre de chose est très courant

b (= current) conditions, customs (today) actuel ; (at that time) à l'époque ; style, taste (today) actuel, du jour ; (at that time) de l'époque, du jour

prevaricate [prɪ'værɪkeɪt] → SYN vi équivoquer, biaiser, tergiverser

prevarication [prɪˌværɪ'keɪʃən] → SYN n faux-fuyant(s) m(pl)

prevaricator [prɪ'værɪkeɪtəʳ] n personne f qui tergiverse

prevent [prɪ'vent] → SYN vt empêcher (*sb from doing sth, sb's doing sth* qn de faire qch) ; [+ event, action] empêcher ; [+ illness] prévenir ; [+ accident, fire, war] empêcher, éviter ◆ **nothing could prevent him (from doing it)** rien ne pouvait l'en empêcher ◆ **I couldn't prevent his** *or* **him resigning** je n'ai pas pu l'empêcher de démissionner ◆ **I couldn't prevent myself from doing it** je n'ai pas pu m'empêcher de le faire ◆ **she couldn't prevent his death** elle n'a pu empêcher qu'il ne meure *or* l'empêcher de mourir ◆ **I couldn't prevent the door from closing** je n'ai pas pu empêcher la porte de se fermer *or* éviter que la porte ne se ferme (subj)

preventable [prɪ'ventəbl] adj évitable

preventative [prɪ'ventətɪv] adj préventif

prevention [prɪ'venʃən] → SYN n (NonC) prévention f ◆ (Prov) **prevention is better than cure** mieux vaut prévenir que guérir ◆ **Society for the Prevention of Cruelty to Animals** Société f protectrice des animaux ; → **accident, fire**

preventive [prɪ'ventɪv] → SYN 1 adj medicine, measures préventif ◆ **preventive detention** (Jur) (forte) peine f de prison

2 n (= measure) mesure f préventive (*against* contre) ; (= medicine) médicament m préventif (*against* contre)

preverbal [ˌpriː'vɜːbəl] adj préverbal

preview ['priːvjuː] n [of film, exhibition] avant-première f ; (= art exhibition) vernissage m ◆ **to give sb a preview of sth** (fig) donner à qn un aperçu de qch ◆ **for a preview of today's main events over now to Jack Smith** (Rad, TV) et maintenant pour un tour d'horizon des principaux événements de la journée je passe l'antenne à Jack Smith

previous ['priːvɪəs] → SYN 1 adj a (gen) (= immediately before) précédent ; (= sometime before) antérieur (-eure f) ◆ **have you made any previous applications?** avez-vous déjà fait des demandes ? ◆ **the car has had two previous owners** la voiture a déjà eu deux propriétaires, c'est une voiture de troisième main ◆ **the previous letter** la précédente lettre, la lettre précédente ◆ **a previous letter** une lettre précédente *or* antérieure ◆ **the previous week** la semaine précédente ◆ **the previous year** l'année f précédente ◆ **the previous day** la veille ◆ **the previous evening** la veille au soir ◆ **in a previous life** dans une vie antérieure ◆ **on previous occasions** précédemment, auparavant ◆ **I have a previous engagement** je suis déjà pris ◆ **to have no previous convictions** (Jur) avoir un casier judiciaire vierge ◆ **he has three previous convictions** (Jur) il a déjà eu trois condamnations ◆ **"no previous experience necessary"** (Comm) "débutants acceptés", "aucune expérience (préalable) exigée" ◆ **previous to** antérieur à

b (frm = hasty) prématuré ◆ **this seems somewhat previous** ceci semble quelque peu prématuré ◆ **you have been rather previous in inviting him** votre invitation est quelque peu prématurée, vous avez été bien pressé de l'inviter

2 adv a (= previously) **three months previous** * trois mois auparavant *or* plus tôt

b (frm) **previous to** ◆ **previous to (his) leaving he ...** avant de partir or avant son départ il ... ◆ **previous to his leaving we ...** avant son départ or avant qu'il ne parte nous ...

previously [ˈpriːvɪəslɪ] → SYN adv auparavant ◆ **three months previously** trois mois auparavant or plus tôt ◆ **previously unknown** jusque-là inconnu ◆ **previously unreleased** or **unpublished** jusque-là inédit

prewar [ˈpriːˈwɔːʳ] 1 adj d'avant-guerre

2 adv avant-guerre

prewarm [priːˈwɔːm] vt préchauffer

prewash [ˈpriːwɒʃ] n prélavage m

prex * [preks], **prexie** *, **prexy** * [ˈpreksɪ] n (US Univ) président m (d'université)

prey [preɪ] → SYN 1 n (lit, fig) proie f ◆ **bird of prey** oiseau m de proie, rapace m ◆ **to be a prey to** [+ nightmares, illnesses] être en proie à ◆ **to fall (a) prey to** devenir la proie de

2 vi ◆ **to prey on** [animal, etc] faire sa proie/sa victime de ; [person] s'attaquer continuellement à ; [fear, anxiety] ronger, miner ◆ **something is preying on her mind** il y a quelque chose qui la tourmente or la travaille *

prezzie * [ˈprezɪ] n (= present) cadeau m

Priam [ˈpraɪəm] n Priam m

priapic [praɪˈæpɪk] adj **a** (Myth) priapique

b (= phallic) phallique

priapism [ˈpraɪəpɪzəm] n (Med) priapisme m

Priapus [praɪˈeɪpəs] n (Myth) Priape m

price [praɪs] → SYN 1 n **a** (Comm etc) (= cost) prix m (also fig) ; (= estimate) devis m ; (St Ex) cours m ◆ **he got a good price (for it)** il (en) a obtenu un bon prix ◆ **he gave me a good price (on it)** il m'a fait un prix ◆ **a special price of $100 per night** un tarif spécial de 100 dollars la nuit ◆ **book your tickets in advance at the special price of £4** achetez vos billets à l'avance au tarif préférentiel de 4 livres ◆ **order any three videos for a special price of only £29.99** commandez trois cassettes vidéo au choix pour le prix promotionnel de 29,99 livres ◆ **we pay top prices for gold and silver** nous achetons l'or et l'argent au prix fort ◆ **what is the price of this book?** combien coûte or vaut ce livre ?, quel est le prix de ce livre ? ◆ **ask him for a price for putting in a new window** demandez-lui un devis or combien ça coûterait or quel est son prix pour poser une nouvelle fenêtre ◆ **that's my price, take it or leave it** c'est mon dernier prix, c'est à prendre ou à laisser ◆ **he'll do it for a price** il le fera si on y met le prix ◆ **to put a price on sth** fixer le prix de qch ; see also **1d** ◆ **the price is right** (fair price) c'est un prix correct ; (= right for me) le prix me convient ◆ **to go up** or **rise in price** augmenter ◆ **to drop** or **fall in price** baisser ◆ **their products range in price from $12 to $48** le prix de leurs articles va de 12 à 48 dollars ◆ **the price in dollars/sterling, the dollar/sterling price** le prix en dollars/livres sterling ◆ **to make a price** (St Ex) fixer un cours ◆ **market price** (St Ex) cours m du marché

b (fig) **every man has his price** tout homme peut être acheté ◆ **there's a price on his head, he has got a price on his head** sa tête a été mise à prix ◆ **to put a price on sb's head** mettre à prix la tête de qn ◆ **he paid a high** or **big price for his success** il a payé cher or chèrement son succès ◆ **it's a high** or **big price to pay for it** c'est le payer chèrement or cher, c'est consentir un grand sacrifice pour l'avoir ◆ **it's a small price to pay for it** c'est consentir un bien petit sacrifice pour l'avoir ; → **cheap, closing, reduced**

c **at any price** ◆ **I wouldn't buy it at any price** je ne l'achèterais à aucun prix ◆ **I wouldn't help him at any price!** je ne l'aiderais à aucun prix ! ◆ **they want peace at any price** ils veulent la paix coûte que coûte or à tout prix ◆ **will you do it? – not at any price!** vous allez le faire ? – pour rien au monde or pas question ! ◆ **you can get it but at a price!** vous pouvez l'avoir mais cela vous coûtera cher ! ◆ **he's famous now but at what a price!** il est célèbre maintenant mais à quel prix !

d (= value) prix m, valeur f ◆ **to put a price on a jewel/picture** évaluer un bijou/un tableau ◆ **you can't put a price on friendship/honesty** l'honnêteté/l'amitié n'a pas de prix ◆ **I cannot put a price on his friendship** son amitié n'a pas de prix (pour moi), je ne saurais dire combien j'apprécie son amitié ◆ **he sets** or **puts a high price on loyalty** il attache beaucoup de valeur or un grand prix à la loyauté, il fait très grand cas de la loyauté ◆ **what price * all his promises now?** (fig) que valent toutes ses promesses maintenant ? ◆ **beyond price, without price** (liter) qui n'a pas de prix, sans prix

e (Betting = odds) cote f ◆ **what price are they giving on Black Beauty?** quelle est la cote de Black Beauty ? ◆ **what price he'll change his mind?** * vous pariez combien qu'il va changer d'avis ?

2 vt (= fix price of) fixer le prix de ; (= mark price on) marquer le prix de ; (= ask price of) demander le prix de, s'informer du prix de ; (fig = estimate value of) évaluer ◆ **it is priced at £10** ça coûte 10 livres, ça se vend 10 livres ◆ **shares were priced at 50 pence** les actions étaient cotées 50 pence ◆ **tickets priced (at) £20** billets mpl vendus 20 livres ◆ **Japanese gas is priced high** (St Ex) le gaz japonais est coté très cher

3 COMP control, index des prix ; reduction, rise de(s) prix ▷ **price bracket** n ⇒ **price range** ▷ **Price Commission** † n (Brit) ≃ Direction f générale de la concurrence et de la consommation ▷ **price competitiveness** n compétitivité-prix f ▷ **price cut** n réduction f, rabais m ▷ **price cutting** n réduction(s) f(pl) de prix ▷ **price-dividend ratio** n (St Ex) rapport m cours-dividende ▷ **price-earnings ratio** n (St Ex) rapport m cours-bénéfices, taux m or coefficient m de capitalisation (des résultats) ▷ **price escalation** n flambée f des prix ◆ **price escalation clause** (Jur) clause f de révision des prix ▷ **price-fixing** n (by government) contrôle m des prix ; (pej: by firms) entente f (illicite) sur les prix ▷ **price freeze** n blocage m des prix ▷ **price inflation** n inflation f des coûts ▷ **price leadership** n (Comm) domination f en matière de prix ▷ **price limit** n **to put a price limit on sth** fixer le prix maximum de qch ◆ **my price limit is $400** je ne vais pas au-dessus de 400 dollars ▷ **price list** n tarif m, prix m courant ▷ **price maintenance** n (gen) vente f à prix imposé ; (of manufacturer) fixation f des prix ▷ **price range** n éventail m or gamme f de prix ◆ **within my price range** dans mes prix ◆ **in the medium price range** d'un prix modéré, dans les prix moyens ▷ **price-rigging** n (pej: by firms) entente f (illicite) sur les prix ▷ **price ring** n cartel m des prix ▷ **prices and incomes policy** n politique f des prix et des revenus ▷ **price-sensitive** adj information risquant d'influencer les prix ; market pouvant être influencé par les prix ▷ **prices index** n (Brit) indice m des prix ▷ **price support** n (US Econ) (politique f de) soutien m des prix ▷ **price tag** n (lit) étiquette f ; (fig = cost) prix m, coût m ◆ **it's got a heavy price tag** le prix est très élevé, ça coûte cher ◆ **what's the price tag on that house?** quel prix demandent-ils pour cette maison ? ▷ **price ticket** n étiquette f ▷ **price variation clause** n (Jur) clause f de révision des prix ▷ **price war** n guerre f des prix

► **price down** vt sep (Comm) (= reduce price of) réduire le prix de, solder ; (= mark lower price on) inscrire un prix réduit sur

► **price out** vt sep ◆ **to price one's goods out of the market** perdre un marché en voulant demander des prix trop élevés ◆ **Japanese products have priced ours out of the market** nos produits ne peuvent plus soutenir la concurrence des prix japonais ◆ **the French have priced us out of that market** les bas prix pratiqués par les Français nous ont chassés de ce marché ◆ **the workers are in danger of pricing themselves out of the market** les ouvriers risquent de devenir trop chers sur le marché de l'emploi

► **price up** vt sep (Comm) (= raise price of) augmenter ; (= mark higher price on) inscrire un prix plus élevé sur

-priced [praɪst] adj (in compounds) ◆ **high-priced** coûteux, cher ; → **low**[1]

priceless [ˈpraɪslɪs] → SYN adj **a** picture, jewel qui n'a pas de prix, inestimable ; friendship, contribution, gift inestimable, très précieux

b (* = amusing) impayable *

pricey * [ˈpraɪsɪ] adj cher, chérot * (m only)

pricing [ˈpraɪsɪŋ] n (= setting price) détermination f or fixation f des prix ; (for service) tarification f ; [of stock] évaluation f ◆ **pricing policy** or **strategy** politique f des prix

prick [prɪk] → SYN 1 n **a** (= act, sensation, mark) piqûre f ◆ **to give sth a prick** piquer qch ◆ **all you'll feel is a little prick** vous allez juste sentir une petite piqûre ◆ **the pricks of conscience** les aiguillons mpl de la conscience, le remords ; → **kick**

b (*‍*‍= penis) bite *‍*‍ or bitte *‍*‍ f

c (*‍*‍= person) con *‍*‍ m

2 vt **a** [person, thorn, pin, hypodermic] piquer ; [+ balloon, blister] crever ; [+ name on list etc] piquer, pointer ◆ **she pricked her finger with a pin** elle s'est piqué le doigt avec une épingle ◆ **she pricked herself on the thorns** elle s'est piquée avec les épines ◆ **to prick a hole in sth** faire un trou d'épingle (or d'aiguille etc) dans qch ◆ **his conscience was pricking him** il avait mauvaise conscience, il n'avait pas la conscience tranquille

b **to prick (up) one's ears** [animal] dresser les oreilles ; [person] (fig) dresser or tendre or prêter l'oreille

3 vi **a** [thorn etc] piquer ◆ **his conscience was pricking** il avait mauvaise conscience

b (= tingle) **my eyes are pricking** les yeux me cuisent ◆ **my toe is pricking** j'ai des fourmis dans l'orteil

4 COMP ▷ **prick-tease** *‍*‍ n (pej = woman) allumeuse * f ◇ vi [woman] faire l'allumeuse * ◇ vt allumer *

► **prick out** vt sep **a** (= plant) [+ seedlings] repiquer

b (with pin etc) [+ outline, design] piquer, tracer en piquant

► **prick up** 1 vi (lit) ◆ **the dog's ears pricked up** le chien a dressé l'oreille ◆ **his ears pricked up** (fig) il a dressé l'oreille

2 vt sep ⇒ **prick 2b**

pricking [ˈprɪkɪŋ] n picotement m, sensation f cuisante ◆ **prickings of conscience** remords m(pl)

prickle [ˈprɪkl] → SYN 1 n **a** (= spine) [of plant] épine f, piquant m ; [of hedgehog etc] piquant m

b (= pricking sensation: on skin etc) picotement m, sensation f cuisante

2 vt piquer

3 vi [skin, fingers etc] fourmiller, picoter

prickly [ˈprɪklɪ] → SYN 1 adj **a** (= spiky) plant épineux, hérissé ; animal hérissé, armé de piquants ◆ **his beard was prickly** sa barbe piquait ◆ **my arm feels prickly** j'ai des fourmis or des fourmillements dans le bras

b (fig) (= irritable) person ombrageux, irritable ; (= delicate) subject épineux, délicat ◆ **he is as prickly as a porcupine** c'est un vrai hérisson

2 COMP ▷ **prickly heat** n fièvre f miliaire ▷ **prickly pear** n (= fruit) figue f de Barbarie ; (= tree) figuier m de Barbarie

pricy * [ˈpraɪsɪ] adj coûteux, cher, chérot * m only

pride [praɪd] → SYN 1 n **a** (NonC) (= self-respect) fierté f, amour-propre m ; (= satisfaction) fierté f ; (pej = arrogance) orgueil m ◆ **his pride was hurt** il était blessé dans son orgueil or dans son amour-propre ◆ **he has too much pride to ask for help** il est trop fier pour demander de l'aide ◆ **she has no pride** elle n'a pas d'amour-propre ◆ **the sin of pride** le péché d'orgueil ◆ **false pride** vanité f ◆ (Prov) **pride comes** or **goes before a fall** l'orgueil précède la chute ◆ **her son's success is a great source of pride to her** elle s'enorgueillit or elle est très fière du succès de son fils ◆ **her pride in her family** la fierté qu'elle tire de sa famille ◆ **he spoke of them with pride** il parla d'eux avec fierté ◆ **to take** or **have (a) pride in** [+ children, achievements] être très fier de ; [+ house, car etc] prendre (grand) soin de ◆ **she takes a pride in her appearance** elle prend soin de sa personne ◆ **to take (a) pride in doing sth** mettre sa fierté à faire qch ◆ **to take** or **have pride of place** avoir la place d'honneur

b (= object of pride) fierté f ◆ **she is her father's pride and joy** elle est la fierté de son père

c (Zool = group) [of lions] troupe f

2 vt ◆ **to pride o.s. (up)on (doing) sth** être fier or s'enorgueillir de (faire) qch

prie-dieu [priːˈdjɜː] n prie-Dieu m inv

priest [priːst] → SYN **1** n (Christian, pagan) prêtre m ; (= parish priest) curé m ; → **assistant, high**
2 COMP ▷ **priest-ridden** adj (pej) dominé par le clergé, sous la tutelle des curés (pej) ▷ **priest's hole** n (Brit Hist) cachette utilisée par les prêtres catholiques (aux XVIᵉ et XVIIᵉ siècles)

priestess ['priːstɪs] n prêtresse f

priesthood ['priːstʊd] n (= function) prêtrise f, sacerdoce m ; (= priests collectively) clergé m ◆ **to enter the priesthood** se faire prêtre, entrer dans les ordres

priestly ['priːstlɪ] → SYN adj sacerdotal, de prêtre

prig [prɪg] → SYN n pharisien(ne) m(f) ◆ **what a prig she is!** ce qu'elle peut se prendre au sérieux ! ◆ **don't be such a prig!** ne fais pas le petit saint (or la petite sainte) !

priggish ['prɪgɪʃ] → SYN adj pharisaïque, suffisant, fat (m only)

priggishness ['prɪgɪʃnɪs] n (NonC) pharisaïsme m, suffisance f, fatuité f

prim [prɪm] → SYN adj **a** (pej) person (= prudish: also **prim and proper**) collet monté inv, guindé ; manner, smile, look, expression compassé, guindé, contraint ; dress, hat très correct, très convenable ; house, garden trop coquet or net or impeccable
b (= demure) très convenable, comme il faut

prima ballerina ['priːməˌbæləˈriːnə] n, pl **prima ballerina** or **prima ballerinas** danseuse f étoile

primacy ['praɪməsɪ] n (= supremacy) primauté f ; (Rel) primatie f

prima donna ['priːmə'dɒnə] → SYN n, pl **prima donna** or **prima donnas** (lit) prima donna f inv ◆ **she's a real prima donna** (fig) elle est capricieuse, elle joue les divas

primaeval [praɪˈmiːvəl] adj (Brit) ⇒ **primeval**

prima facie ['praɪməˈfeɪʃɪ] (frm) **1** adv à première vue, de prime abord
2 adj (Jur) recevable, bien fondé ; (gen) légitime (à première vue) ◆ **to have a prima facie case** (Jur) avoir une affaire recevable ; (gen) avoir raison à première vue ◆ **prima facie evidence** (Jur) commencement m de preuve ◆ **there are prima facie reasons why ...** on peut a priori raisonnablement expliquer pourquoi ...

primal ['praɪməl] adj **a** (= first in time, primeval) primitif, des premiers âges ◆ **primal scream** (Psych) cri m primal
b (= first in importance, primordial) principal, primordial

primarily ['praɪmərɪlɪ] → SYN adv (= chiefly) essentiellement, surtout

primary ['praɪmərɪ] → SYN **1** adj **a** (= first: Astron, Chem, Econ, Elec, Geol, Med etc) primaire
b (= basic) reason, cause principal ; concern, aim principal, premier (before n) ◆ **of primary importance** d'une importance primordiale, de la plus haute or de toute première importance ◆ **the primary meaning of a word** le sens premier d'un mot
2 n (= school) école f primaire ; (= colour) couleur f fondamentale ; (= feather) rémige f ; (Elec) enroulement m primaire
3 COMP ▷ **primary cause** n (Philos) cause f première ▷ **primary colour** n couleur f fondamentale ▷ **primary education** n enseignement m primaire ▷ **primary election** n (US Pol) élection f primaire ▷ **primary feather** n (Zool) rémige f ▷ **primary industries** npl (Econ) le secteur primaire ▷ **primary producer** n (Econ) producteur m du secteur primaire ▷ **primary producing country** n (Econ) pays m de production primaire ▷ **primary product** n (Econ) produit m primaire or de base ▷ **primary school** n (esp Brit) école f primaire ▷ **primary schoolteacher** n (esp Brit) instituteur m, -trice f ▷ **primary stress** n (Phon) accent m principal ▷ **primary teacher** n **primary schoolteacher** ▷ **primary tense** n (Gram) temps m primitif ▷ **primary winding** n (Elec) enroulement m primaire

primate ['praɪmɪt] n **a** (Rel) primat m
b ['praɪmeɪt] (Zool) primate m

primatology [ˌpraɪməˈtɒlədʒɪ] n primatologie f

prime [praɪm] → SYN **1** adj **a** (= principal) reason etc primordial, principal ; concern, aim principal, premier (before n) ◆ **a prime factor in ...** un facteur primordial or fondamental dans ... ; see also **4** ◆ **of prime importance** d'une importance primordiale, de la plus haute or de toute première importance
b (= excellent, superior) advantage de premier ordre ; (= best) meat de premier choix ◆ **in prime condition** animal, athlete en parfaite condition ; car en parfait état ◆ **prime cut** (Culin) morceau m de premier choix ◆ **a prime example of what to avoid** un excellent exemple de ce qu'il faut éviter ◆ **of prime quality** de première qualité ◆ **prime ribs** côtes fpl premières ◆ **prime time** (n) (Rad, TV) prime time m, heure(s) f(pl) de grande écoute ; (adj) programme, audience etc aux heures de grande écoute
c (Math) **7 is prime** 7 est un nombre premier
2 n **a** (= peak) **when the Renaissance was in its prime** quand la Renaissance était à son apogée, aux plus beaux jours de la Renaissance ◆ **in the prime of life, in one's prime** dans or à la fleur de l'âge ◆ **he is past his prime** il est sur le retour ◆ **this grapefruit is past its prime** * (hum) ce pamplemousse n'est plus de la première fraîcheur, ce pamplemousse a vu des jours meilleurs (hum)
b (Math : also **prime number**) nombre m premier
c (Rel) prime f
3 vt **a** [+ gun, pump] amorcer ◆ **to prime the pump** (fig) renflouer une entreprise or une affaire ◆ **to prime sb with drink** faire boire qn (tant et plus) ◆ **he was well primed (with drink)** il avait bu plus que de raison
b [+ surface for painting] apprêter
c (fig) [+ person] mettre au fait, mettre au courant ◆ **they primed him about what he should say** ils lui ont bien fait répéter ce qu'il avait à dire ◆ **he was primed to say that** ils lui ont fait la leçon pour qu'il dise cela ◆ **she came well primed for the interview** elle est arrivée à l'entrevue tout à fait préparée
4 COMP ▷ **prime bill** n (Econ, Fin) effet m de premier ordre ▷ **prime cost** n (Comm, Econ) prix m de revient, prix m coûtant ▷ **prime factor** n (Math) facteur m premier, diviseur m premier ▷ **prime meridian** n (Geog) premier méridien m ▷ **prime minister** n Premier ministre m ▷ **prime ministerial** adj du Premier ministre ▷ **prime ministership, prime ministry** n ministère m, fonctions fpl de Premier ministre ▷ **prime mover** n (Phys, Tech) force f motrice ; (Philos) premier moteur m, cause f première ; (fig = person) instigateur m, -trice f ▷ **prime number** n nombre m premier ▷ **prime rate** n (Econ, Fin) taux m préférentiel or de base

primer ['praɪmər] n **a** (= textbook) premier livre m, livre m élémentaire
b (= reading book) abécédaire m
c (= paint) apprêt m

primetime adj ◆ **primetime television programmes** mpl de télévision diffusés à une heure de grande écoute or en prime time ◆ **primetime slot** heure(s) f(pl) de grande écoute

primeval, primaeval (Brit) [praɪˈmiːvəl] → SYN adj primitif, primordial ◆ **primeval forest** forêt f vierge

primigravida [ˌpriːmɪˈgrævɪdə] n primigeste f

priming ['praɪmɪŋ] n **a** [of pump] amorçage m ; [of gun] amorce f
b (Painting) (= substance) couche f d'apprêt ; (= action) apprêt m

primipara [ˌpriːmɪˈpɑːrə] n primipare f

primitive ['prɪmɪtɪv] → SYN adj, n (all senses) primitif m

primitivism ['prɪmɪtɪˌvɪzəm] n primitivisme m

primly ['prɪmlɪ] adv **a** (= demurely) bien sagement ◆ **to be primly dressed** être habillé très comme il faut, être tiré à quatre épingles
b (pej = priggishly) say d'un ton guindé, d'un air bégueule ; behave d'une manière guindée

primness ['prɪmnɪs] n **a** (= demureness) [of person] façons fpl très correctes or très conve-
nables ; [of appearance, attire] aspect m très comme il faut or très convenable
b (= prudishness) [of person] façons fpl guindées or compassées, air m collet monté

primogeniture [ˌpraɪməʊˈdʒenɪtʃər] n (Jur etc) primogéniture f

primordial [praɪˈmɔːdɪəl] adj primordial

primp [prɪmp] **1** vi se pomponner, se bichonner
2 vt pomponner, bichonner

primrose ['prɪmrəʊz] **1** n (Bot) primevère f (jaune) ◆ **the primrose path** le chemin or la voie de la facilité
2 adj (also **primrose yellow**) jaune pâle inv, jaune primevère inv

primula ['prɪmjʊlə] n (Bot) primevère f (espèce)

Primus ® ['praɪməs] n (esp Brit : also **Primus stove**) réchaud m de camping (à pétrole), Primus ® m

prince [prɪns] → SYN **1** n **a** prince m (also fig) ◆ **Prince Charles** le prince Charles ◆ **the Prince of Wales** le prince de Galles ◆ **prince consort** prince m consort ◆ **prince regent** prince m régent ◆ **Prince Charming** (lit, fig) le prince charmant ◆ **the Prince of Darkness** le prince des ténèbres or des démons ◆ **the princes of this world** les princes mpl de la terre, les grands mpl de ce monde
b (US fig = fine man) chic type * m
2 COMP ▷ **Prince Edward Island** n l'île f du Prince-Édouard

princedom ['prɪnsdəm] n (= dignity, territory) principauté f

princeling ['prɪnslɪŋ] n principicule m

princely ['prɪnslɪ] → SYN adj (lit, fig) princier ◆ **the princely sum of ...** la somme rondelette de ..., la coquette somme de ...

princess [prɪnˈses] n princesse f ◆ **Princess Anne** la princesse Anne ◆ **Princess Royal** Princesse Royale (titre donné parfois à la fille aînée du monarque)

principal ['prɪnsɪpəl] → SYN **1** adj principal ◆ **principal boy** (Brit Theat) jeune héros m (rôle tenu par une actrice dans les spectacles de Noël) ◆ **principal clause** (Gram) (proposition f) principale f ◆ **principal parts of a verb** (Gram) temps mpl primitifs d'un verbe ◆ **principal horn/violin** (Mus) premier cor m/violon m ◆ **principal nursing officer** (Brit) ≃ surveillant(e) m(f) général(e) (dans un hôpital)
2 n **a** (Scol etc: gen) chef m d'établissement ; [of lycée] proviseur m ; [of college] principal(e) m(f)
b (in orchestra) chef m de pupitre ; (Theat) vedette f
c (Fin, Jur = person employing agent, lawyer etc) mandant m, commettant m ; (Jur = chief perpetrator of a crime) auteur m (d'un crime), principal m responsable ◆ **principal and agent** (Jur, Fin) commettant m et agent m
d (Fin = capital sum) principal m, capital m ◆ **principal and interest** principal m or capital m et intérêts mpl

principality [ˌprɪnsɪˈpælɪtɪ] n principauté f ◆ **the Principality** (= Wales) le pays de Galles

principally ['prɪnsɪpəlɪ] → SYN adv principalement

principle ['prɪnsɪpəl] → SYN n (all senses) principe m ◆ **to go back to first principles** repartir sur de bonnes bases ◆ **in principle** en principe ◆ **on principle, as a matter of principle** par principe ◆ **I make it a principle never to lend money, it's against my principles to lend money** j'ai pour principe de ne jamais prêter d'argent ◆ **that would be totally against my principles** cela irait à l'encontre de tous mes principes ◆ **for the principle of the thing** * pour le principe ◆ **he is a man of principle(s), he has high principles** c'est un homme qui a des principes ◆ **all these machines work on the same principle** toutes ces machines marchent sur or selon le même principe

principled ['prɪnsɪpld] adj person qui a des principes ; behaviour réglé par des principes

-principled ['prɪnsəpld] adj (in compounds) → **high, low¹**

prink [prɪŋk] ⇒ **primp**

print [prɪnt] → SYN **1** n **a** (= mark) [of hand, foot, tyre etc] empreinte f ; (= finger print) empreinte f (digitale) ◆ **a thumb/paw** etc **print** l'empreinte f d'un pouce/d'une patte etc ◆ **to take sb's prints** (Police etc) prendre les empreintes de qn ; → **fingerprint, footprint**

b (NonC: Typ) (= actual letters) caractères mpl ; (= printed material) texte m imprimé ◆ **in small/large print** en petits/gros caractères ◆ **read the small** or **fine print before you sign** lisez toutes les clauses avant de signer ◆ **the print is poor** les caractères ne sont pas nets ◆ **it was there in cold print!** c'était là noir sur blanc ! ◆ **out of print** book épuisé ◆ **in print** disponible (en librairie) ◆ **"books in print"** "livres en librairie", "catalogue courant" ◆ **he wants to see himself in print** il veut être publié ◆ **to rush into print** se hâter or s'empresser de publier ◆ **don't let that get into print** n'allez pas imprimer or publier cela

c (Art) (= etching, woodcut etc) estampe f, gravure f ; (= reproduction) tirage m ; (Phot) tirage m, épreuve f ; [of cinema film] copie f ; (Tex) (= material, design) imprimé m ; (= printed dress) robe f imprimée ◆ **to make a print from a negative** (Phot) faire un tirage à partir d'un négatif, tirer une épreuve d'un cliché ◆ **a cotton print** une cotonnade imprimée ; → **blueprint**

2 adj dress etc en (tissu) imprimé

3 vt **a** (Typ, Comput) imprimer ; (= publish) imprimer, publier ◆ **printed in England** imprimé en Angleterre ◆ **the book is being printed just now** le livre est sous presse or à l'impression en ce moment ◆ **100 copies were printed** cela a été tiré or imprimé à 100 exemplaires, on en a tiré 100 exemplaires ◆ **they didn't dare print it** ils n'ont pas osé l'imprimer or le publier ◆ **to print money** (lit) imprimer des billets ◆ **it's a licence to print money** (fig: Econ) c'est une affaire extrêmement rentable or qui rapporte gros * ; see also **printed**

b (Tex) imprimer ; (Phot) tirer

c (= write in block letters) écrire en capitales or en caractères d'imprimerie ◆ **print it in block capitals** écrivez-le en lettres majuscules

d **the mark of horses' hooves printed in the sand** la marque de sabots de chevaux imprimée sur le sable, la trace or les empreintes fpl de sabots de chevaux sur le sable

4 vi **a** [machine] imprimer ; [document] être imprimé ◆ **the book is printing now** le livre est à l'impression or sous presse en ce moment ◆ **"your document is printing"** (Comput) "l'impression de votre document est en cours" ◆ **"printing"** "impression en cours"

b (on form) **"please print"** "écrivez en capitales"

5 COMP ▷ **print journalism** n journalisme m de presse écrite ▷ **print media** n presse f écrite ▷ **print reporter** n (US) journaliste mf de la presse écrite ▷ **print run** n (Publishing) tirage m ▷ **print shop** n (Typ) imprimerie f ; (= art shop) boutique f d'art *(spécialisée dans la vente de reproductions, affiches etc)* ▷ **print unions** npl (Ind) syndicats mpl des typographes

► **print off** vt sep (Comput, Typ) tirer, imprimer ; (Phot) tirer

► **print out** (Comput) 1 vt sep imprimer

2 **printout** n → **printout**

printable [ˈprɪntəbl] adj (lit) imprimable ; (= publishable) publiable ◆ **what he said is just not printable** * (hum) ce qu'il a dit est franchement impubliable, il ne serait pas convenable de répéter ce qu'il a dit

printed [ˈprɪntɪd] adj imprimé ◆ **printed matter, printed papers** imprimés mpl ◆ **the printed word** tout ce qui est imprimé, la chose imprimée ◆ **printed circuit (board)** (Elec) circuit m imprimé

printer [ˈprɪntəʳ] 1 n **a** imprimeur m ; (= typographer) typographe mf, imprimeur m ◆ **the text has gone to the printer** le texte est chez l'imprimeur

b (Comput) imprimante f

c (Phot) tireuse f

2 COMP ▷ **printer's devil** n apprenti m imprimeur ▷ **printer's error** n faute f d'impression, coquille f ▷ **printer's ink** n encre f d'imprimerie ▷ **printer's mark** n marque f de l'imprimeur ▷ **printer's reader** n correcteur m, -trice f (d'épreuves)

printing [ˈprɪntɪŋ] 1 n (Press, Tex, Typ) impression f ; (Phot) tirage m ; (= block writing) écriture f en caractères d'imprimerie

2 COMP ▷ **printing frame** n (Phot) châssis-presse m ▷ **printing house** n imprimerie f ▷ **printing industry** n (secteur m de l')imprimerie f ▷ **printing ink** n encre f d'imprimerie ▷ **printing office** n imprimerie f ▷ **printing press** n presse f typographique ▷ **printing works** n imprimerie f *(atelier)*

printmaker [ˈprɪntˌmeɪkəʳ] n graveur m

printmaking [ˈprɪntˌmeɪkɪŋ] n (NonC) gravure f *(de planches de reproduction)*

printout [ˈprɪntaʊt] n (Comput) listage m, listing m, sortie f sur imprimante or papier ◆ **to do a printout of sth** imprimer qch

prion [ˈpraɪɒn] n prion m

prior [ˈpraɪəʳ] 1 adj précédent, antérieur (-eure f) ; consent préalable ◆ **prior to** antérieur à ◆ **without prior notice** sans préavis, sans avertissement préalable ◆ **to have a prior claim to sth** avoir droit à qch par priorité ◆ **prior restraint** (US Jur) interdiction f judiciaire

2 adv ◆ **prior to** antérieurement à, préalablement à, avant ◆ **prior to (his) leaving he ...** avant de partir or avant son départ, il ... ◆ **prior to his leaving we ...** avant son départ or avant qu'il ne parte, nous ...

3 n (Rel) prieur m

prioress [ˈpraɪərɪs] n prieure f

prioritize [praɪˈɒrɪtaɪz] 1 vt (= give priority to) donner la priorité à

2 vi (= establish priorities) établir la liste des priorités, identifier ses priorités

priority [praɪˈɒrɪtɪ] → SYN 1 n priorité f ◆ **to have** or **take priority (over)** avoir la priorité (sur) ◆ **housing must be given first** or **top priority** on doit donner la priorité absolue au logement ◆ **schools were low on the list of priorities** or **the priority list** les écoles venaient loin sur la liste des priorités or étaient loin de venir en priorité ◆ **you must get your priorities right** vous devez décider de ce qui compte le plus pour vous ◆ **to give sb (a) high/low priority** donner/ne pas donner la priorité à qn ◆ **it is a high/low priority** c'est/ce n'est pas une priorité

2 COMP ▷ **priority case** n affaire f prioritaire ▷ **priority share** n (St Ex) action f prioritaire

priory [ˈpraɪərɪ] → SYN n prieuré m

prise [praɪz] vt (Brit) ◆ **to prise open a box** ouvrir une boîte en faisant levier, forcer une boîte ◆ **to prise the lid off a box** forcer le couvercle d'une boîte ◆ **I prised him out of his chair** je l'ai enfin fait décoller * de sa chaise ◆ **to prise a secret out of sb** arracher un secret à qn

► **prise off** vt sep enlever en faisant levier

► **prise up** vt sep soulever en faisant levier

prism [ˈprɪzəm] n prisme m ◆ **through the prism of time/memory** à travers le prisme du temps/de la mémoire ; → **prune**[1]

prismatic [prɪzˈmætɪk] adj surface, shape, colour prismatique (also fig) ◆ **prismatic compass** boussole f topographique à prismes

prison [ˈprɪzn] → SYN 1 n (= place) prison f ; (= imprisonment) prison f, réclusion f ◆ **he is in prison** il est en prison, il fait de la prison ◆ **to put sb in prison** mettre qn en prison, emprisonner qn ◆ **to send sb to prison** condamner qn à la prison ◆ **to send sb to prison for five years** condamner qn à cinq ans de prison ◆ **he was in prison for five years** il a fait cinq ans de prison

2 COMP food, life, conditions dans la (or les) prison(s), pénitentiaire ; system carcéral, pénitentiaire ; organization, colony pénitentiaire ▷ **prison authorities** npl administration f pénitentiaire ▷ **prison camp** n camp m de prisonniers ▷ **prison farm** n *ferme dépendant d'une maison d'arrêt* ▷ **prison governor** n directeur m, -trice f de prison ▷ **prison guard** n (US) gardien(ne) m(f) or surveillant(e) m(f) (de prison) ▷ **prison officer** n gardien(ne) m(f) or surveillant(e) m(f) (de prison) ▷ **prison population** n population f carcérale ▷ **prison riot** n mutinerie f *(dans une prison)* ▷ **prison van** n voiture f cellulaire ▷ **prison visitor** n visiteur m, -euse f de prison ▷ **prison yard** n cour f or préau m de prison

prisoner [ˈprɪznəʳ] → SYN n (gen) prisonnier m, -ière f ; (in jail) détenu(e) m(f), prisonnier m, -ière f ◆ **prisoner of conscience** détenu(e) m(f) or prisonnier m, -ière f politique ◆ **prisoner of war** prisonnier m, -ière f de guerre ◆ **prisoner at the bar** (Jur) accusé(e) m(f), inculpé(e) m(f) ◆ **he was taken prisoner (by the enemy)** il a été fait prisonnier (par l'ennemi) ◆ **to hold sb prisoner** détenir qn, garder qn en captivité ◆ **to take no prisoners** (fig) ne pas faire de quartier

prissy * [ˈprɪsɪ] adj (= prudish) bégueule ; (= effeminate) efféminé ; (= fussy) pointilleux

pristine [ˈprɪstaɪn] adj **a** (= unspoiled) parfait, virginal ◆ **in pristine condition** en parfait état

b (= original) original, d'origine

prithee †† [ˈprɪðiː] excl je vous prie

privacy [ˈprɪvəsɪ] → SYN 1 n intimité f ◆ **in privacy** en toute intimité ◆ **in the privacy of your own home** dans l'intimité de votre foyer, tranquillement chez vous ◆ **his desire for privacy** son désir d'être seul, son désir de solitude ; [of public figure etc] son désir de préserver sa vie privée ◆ **lack of privacy** promiscuité f, impossibilité f de s'isoler ◆ **there is no privacy in these flats** impossible de s'isoler or on ne peut avoir aucune vie privée dans ces appartements ◆ **everyone needs some privacy** tout le monde a besoin de pouvoir s'isoler de temps en temps ; → **invasion**

2 COMP ▷ **Privacy Act** n (Jur) loi f sur la protection de la vie privée

private [ˈpraɪvɪt] → SYN 1 adj **a** (= not open to public) conversation, meeting, interview, party, land, property, road privé ; gardens privatif ; letter personnel ◆ **private agreement** (Jur) accord m à l'amiable ◆ **they have a private agreement to help each other** ils ont convenu (entre eux) de s'aider mutuellement, ils se sont entendus or se sont mis d'accord pour s'aider mutuellement ◆ **"private fishing"** "pêche réservée or gardée" ◆ **private performance** (Theat etc) représentation f à guichets or bureaux fermés ◆ **private room** (in hotel etc) salon m réservé ; see also **1b** ◆ **private showing** [of film] séance f privée ◆ **a private wedding** un mariage célébré dans l'intimité ◆ **this matter is strictly private** cette affaire est strictement confidentielle ◆ **I have private information that ...** je sais de source privée que ... ◆ **a private place** un coin retiré, un petit coin tranquille ◆ **it's not very private here** ce n'est pas très tranquille ici ◆ **let's go somewhere more private** allons dans un endroit plus tranquille ◆ **he's a very private person** (gen) c'est un homme très secret or qui ne se confie pas ; (public figure etc) il tient à préserver sa vie privée ◆ **"private"** (on door etc) "privé", "interdit au public" ; (on envelope) "personnel"

◆ **in private** ⇒ **privately a, b**

b (= personal, domestic) house, lesson, room particulier ; (= personal) car, bank account personnel ; plane, army privé ◆ **a private house** une maison particulière ◆ **a room with private bath(room)** une chambre avec salle de bain particulière ◆ **he has a private income, he has private means** il a une fortune personnelle ◆ **a private citizen** un simple citoyen ◆ **in his private capacity** à titre personnel ◆ **for (his) private use** pour son usage personnel ◆ **in (his) private life** dans sa vie privée, dans le privé ◆ **the private life of Henry VIII** la vie privée d'Henri VIII ◆ **it's a private matter** or **affair** c'est une affaire privée ◆ **it is my private opinion that ...** pour ma part je pense que ... ◆ **for private reasons** pour des raisons personnelles ◆ **in his private thoughts** dans ses pensées secrètes or intimes ◆ **private pupil** élève mf en leçons particulières ◆ **private tutor** (for full education) précepteur m, -trice f ; (for one subject) répétiteur m, -trice f ◆ **he's got a private teacher** or **tutor for maths** il prend des leçons particulières en maths, il a un répétiteur en maths ◆ **private tuition** leçons fpl particulières

c (= outside public sector) company, institution privé ; clinic, hospital, nursing home privé, non conventionné ◆ **private pension (scheme)** (plan m de) retraite f complémentaire ◆ **private health insurance** assurance f maladie privée ✦ **private patient** (Brit) patient(e) m(f) consultant en clientèle privée ✦ **his private patients** (Brit) sa clientèle privée ✦ **private treatment** ≃ traitement m non remboursé ✦ **to be in private practice** ≃ être médecin non conventionné

[d] (Mil) **private soldier** simple soldat m, soldat m de deuxième classe

[2] n (Mil) (simple) soldat m, soldat m de deuxième classe ✦ **Private Martin** le soldat Martin ✦ **Private Martin!** soldat Martin! ✦ **private first class** (US) ≃ caporal m

[3] **privates** * npl (euph) parties fpl intimes

[4] COMP ▷ **private branch exchange** n (Brit Telec) commutateur m privé ▷ **private detective** n détective m privé ▷ **private dick** * n ⇒ **private eye** ▷ **private enterprise** n (Econ) entreprise f privée ▷ **private eye** * n privé * m ▷ **private finance initiative** n (Brit) initiative f de financement privé ▷ **private hearing** n (Admin, Jur) audience f à huis clos ▷ **private hotel** n pension f de famille ▷ **private investigator** n ⇒ **private detective** ▷ **private joke** n plaisanterie f pour initiés ▷ **private member** n (Parl) simple député m ▷ **private member's bill** n (Parl) proposition f de loi (émanant d'un simple député) ▷ **private parts** * npl (euph) parties fpl intimes ▷ **private property** n propriété f privée ▷ **private prosecution** n (Jur) poursuites pénales engagées par la partie civile ▷ **private school** n école f privée, ≃ école f libre ▷ **private secretary** n secrétaire m particulier, secrétaire f particulière ▷ **the private sector** n (Econ, Ind) le secteur privé ▷ **private study** n (Brit Scol) étude f ▷ **private view, private viewing** n (Art etc) vernissage m

privateer [ˌpraɪvəˈtɪər] n (= man, ship) corsaire m

privately [ˈpraɪvɪtlɪ] adv [a] (= in private) en privé ✦ **may I speak to you privately?** puis-je vous parler en privé ou vous dire un mot seul à seul? ✦ **he told me privately that ...** il m'a dit en privé que ... ✦ **the committee sat privately** le comité s'est réuni en séance privée ou à huis clos

[b] (= secretly, internally) en or dans son (or mon etc) for intérieur, intérieurement ✦ **privately, he was against the scheme** dans son for intérieur or intérieurement, il était opposé au projet

[c] (= as private individual) write, apply, object à titre personnel or privé ✦ **I bought/sold my car privately, not through a garage** j'ai acheté/vendu ma voiture à un particulier, pas à un garage

[d] (= not through the state) **privately owned** privé ✦ **privately controlled** sous contrôle privé ✦ **she is having the operation privately** (private hospital) elle se fait opérer dans un hôpital privé; (private surgeon) elle se fait opérer par un chirurgien non conventionné ✦ **to be privately educated** faire (or avoir fait) ses études dans une école privée (or des écoles privées)

privation [praɪˈveɪʃən] n privation f

privative [ˈprɪvətɪv] adj, n (also Ling) privatif m

privatization [ˌpraɪvətaɪˈzeɪʃən] n (Econ) privatisation f

privatize [ˈpraɪvəˌtaɪz] vt (Econ) privatiser

privet [ˈprɪvɪt] [1] n troène m

[2] COMP ▷ **privet hedge** n haie f de troènes

privilege [ˈprɪvɪlɪdʒ] → SYN [1] n privilège m; (NonC: Parl etc) prérogative f, immunité f ✦ **to have the privilege of doing sth** avoir le privilège ou jouir du privilège de faire qch ✦ **I hate privilege** je déteste les privilèges

[2] vt [a] (= favour) privilégier

[b] **to be privileged to do sth** avoir le privilège de faire qch ✦ **I was privileged to meet him once** j'ai eu le privilège de le rencontrer une fois

privileged [ˈprɪvɪlɪdʒd] → SYN adj person, group, situation, position privilégié ✦ **a privileged few** quelques privilégiés mpl ✦ **the privileged few** les privilégiés mpl ✦ **privileged information** renseignements mpl confidentiels (obtenus dans l'exercice de ses fonctions); → **underprivileged**

privily †† [ˈprɪvɪlɪ] adv en secret

privy [ˈprɪvɪ] [1] adj († or Jur) privé, secret (-ète f) ✦ **privy to** au courant de, dans le secret de

[2] n † cabinets mpl, W.-C. mpl

[3] COMP ▷ **Privy Council** n (Brit) conseil privé du souverain britannique ▷ **Privy Councillor** n (Brit) membre du conseil privé du souverain britannique ▷ **Privy Purse** n cassette f royale ▷ **Privy Seal** n Petit Sceau m

prize¹ [praɪz] → SYN [1] n [a] (gen, Scol, fig) prix m; (in lottery) lot m ✦ **to win first prize** (Scol etc) remporter le premier prix (in de); (in lottery) gagner le gros lot ✦ **there's a prize for the best costume** il y a un prix pour le meilleur costume ✦ **no prizes for guessing ...** * vous n'aurez aucun mal à deviner ..., il n'est pas difficile de deviner ... ✦ **the Nobel Prize** le prix Nobel; → **cash**

[b] (Naut) prise f de navire (or de cargaison)

[2] adj [a] (= prize-winning) primé, qui a remporté un prix ✦ **a prize sheep** un mouton primé ✦ **he grows prize onions** il cultive des oignons pour les concours agricoles

[b] (fig = outstanding) **a prize example of official stupidity** un parfait exemple de la bêtise des milieux officiels ✦ **what a prize fool he'd been** * il s'était conduit comme un parfait imbécile

[3] vt attacher beaucoup de prix à, apprécier, priser ✦ **to prize sth very highly** attacher énormément de prix à qch ✦ **his most prized possession was his car** la chose à laquelle il attachait le plus de prix or il tenait le plus était sa voiture ✦ **gold is prized for its beauty/its electrical conductivity** l'or est recherché or (très) apprécié pour sa beauté/sa conductivité ✦ **lead soldiers are (greatly) prized by collectors** les soldats de plomb sont très appréciés des collectionneurs or très prisés par les collectionneurs

[4] COMP ▷ **prize day** n (Scol) (jour m de la) distribution f des prix ▷ **prize draw** n tombola f ▷ **prize fight** n (Boxing) combat m professionnel ▷ **prize fighter** n boxeur m professionnel ▷ **prize fighting** n boxe f professionnelle ▷ **prize-giving** n (Scol etc) distribution f des prix ▷ **prize list** n palmarès m, liste f des lauréats or des gagnants ▷ **prize money** n (NonC) (gen, Sport) prix m (en argent); (Naut) part f de prise ▷ **prize ring** n (Boxing) ring m (pour la boxe professionnelle)

prize² [praɪz] ⇒ **prise**

prizewinner [ˈpraɪzˌwɪnər] n (Scol, gen) lauréat(e) m(f); (in lottery) gagnant(e) m(f)

prizewinning [ˈpraɪzˌwɪnɪŋ] adj essay, novel, entry etc primé, lauréat; ticket gagnant

PRO n (abbrev of public relations officer) → **public**

pro¹ [prəʊ] [1] prep * pour ✦ **are you pro (or anti) the idea?** êtes-vous pour (ou contre) l'idée?

[2] adj * pour ✦ **he's very pro** il est tout à fait pour

[3] n [a] (= advantage) **the pros and the cons** le pour et le contre

[b] (= supporter) **the pros and the antis** les pour et les contre

pro² * [prəʊ] [1] n [a] (abbrev of **professional**) (Sport etc) pro mf ✦ **you can see he's a pro** (fig) on voit bien qu'on a affaire à un professionnel, on dirait qu'il a fait ça toute sa vie

[b] (= prostitute) professionnelle f

[2] COMP ▷ **pro-am** adj (Golf) (abbrev of **professional-amateur**) pro-am ✦ **pro-am tournament** tournoi m pro-am ✦ **pro-celeb** * adj ⇒ **pro-celebrity** ▷ **pro-celebrity** adj pro-celebrity tournament tournoi opposant des célébrités à des joueurs professionnels

pro- [prəʊ] pref [a] (= in favour of) pro ... ✦ **pro-French/European** profrançais/proeuropéen ✦ **pro-Europe** proeuropéen ✦ **he was pro-Hitler** il était hitlérien, il était partisan d'Hitler ✦ **they were pro-Moscow** ils étaient prosoviétiques

[b] (= acting for) pro ... pro-, vice-; → **proconsul**

proa [ˈprəʊə] n prao m

pro-abortion [ˌprəʊəˈbɔːʃən] adj en faveur de l'avortement

pro-abortionist [ˌprəʊəˈbɔːʃənɪst] n partisan(e) m(f) de l'avortement

proactive [ˌprəʊˈæktɪv] adj proactif

probabilism [ˈprɒbəbɪlɪzəm] n probabilisme m

probabilistic [ˌprɒbəbəˈlɪstɪk] adj probabiliste

probability [ˌprɒbəˈbɪlɪtɪ] → SYN n probabilité f ✦ **the probability of sth** (of an undesirable event) les risques mpl de qch; (of a desirable event) les chances fpl de qch ✦ **the probability of sth happening** la probabilité que qch arrive; (desirable event) les chances fpl que qch arrive ✦ **in all probability** selon toute probabilité ✦ **the probability is that ...** il est très probable que ... (+ indic), il y a de grandes chances pour que ... (+ subj) ✦ **there is little probability that ...** il est peu probable que ... (+ subj)

probable [ˈprɒbəbl] → SYN [1] adj [a] (= likely) reason, success, event, election probable ✦ **it is probable that he will succeed** il est probable qu'il réussira ✦ **it is not/hardly probable that ...** il est improbable/peu probable que ... (+ subj)

[b] (= credible) vraisemblable ✦ **his explanation did not sound very probable** son explication ne m'a pas paru très vraisemblable

[2] n ✦ **he is one of the probables** * **for the match** il y a de fortes chances qu'il fasse partie des joueurs sélectionnés pour le match; → **possible**

probably [ˈprɒbəblɪ] LANGUAGE IN USE 15.2, 16.2, 26.3 → SYN adv probablement ✦ **most probably** très probablement ✦ **probably not** probablement pas

proband [ˈprəʊbænd] n (esp US Med) probant m, proposant(e) m(f)

probate [ˈprəʊbɪt] (Jur) [1] n homologation f (d'un testament) ✦ **to value sth for probate** évaluer or expertiser qch pour l'homologation d'un testament ✦ **to grant/take out probate of a will** homologuer/faire homologuer un testament

[2] vt (US) [+ will] homologuer

[3] COMP ▷ **probate court** n tribunal m des successions

probation [prəˈbeɪʃən] → SYN [1] n [a] (Jur) ≃ mise f à l'épreuve; (for minors) mise f en liberté surveillée ✦ **to be on probation** ≃ être en sursis avec mise à l'épreuve or en liberté surveillée ✦ **to put sb on probation** mettre qn en sursis avec mise à l'épreuve or en liberté surveillée

[b] (= trial period) **he is on probation** [employee] il a été engagé à l'essai; (Rel) il est novice; (US Educ) il a été pris (or repris) à l'essai ✦ **a semester on probation** (US Educ) un semestre à l'essai, un semestre probatoire

[2] COMP ▷ **probation officer** n (Jur) contrôleur m judiciaire

probationary [prəˈbeɪʃnərɪ] adj (gen) d'essai; (Jur) de sursis, avec mise à l'épreuve; (Rel) de probation, de noviciat ✦ **probationary year** année f probatoire ✦ **for a probationary period** pendant une période d'essai ✦ **a probationary period of three months** une période probatoire de trois mois

probationer [prəˈbeɪʃnər] n (in business, factory etc) employé(e) m(f) engagé(e) à l'essai; (Brit Police) stagiaire mf; (Rel) novice mf; (Jur) ≃ condamné(e) m(f) sursitaire avec mise à l'épreuve; (= minor) ≃ délinquant(e) m(f) en liberté surveillée

probe [prəʊb] → SYN [1] n [a] (gen, Med, Dentistry, Space) sonde f; (Zool) trompe f ✦ **Venus probe** (Space) sonde f spatiale à destination de Vénus

[b] (fig = investigation) enquête f (into sur), investigation f (into de)

[2] vt [a] (lit = explore) [+ hole, crack] explorer, examiner; (Med) sonder; (Space) explorer ✦ **he probed the ground with his stick** il fouilla la terre de sa canne

[b] (fig = inquire into) [+ sb's subconscious] sonder; [+ past] explorer; [+ private life] chercher à découvrir; [+ causes, sb's death] chercher à éclaircir; [+ mystery] approfondir; [+ sb's activities] enquêter sur

[c] (= inquire) **why did you say that? probed Dennis** "pourquoi avez-vous dit cela?" s'enquit Dennis

[3] vi (gen, Med etc) faire un examen avec une sonde, faire un sondage; (fig = inquire) faire des recherches ✦ **to probe for sth** (gen, Med) chercher à localiser or à découvrir qch; (fig: by investigation) rechercher qch ✦ **the police should have probed more deeply** la police aurait dû pousser plus loin ses investigations ✦ **to probe into sth** ⇒ **to probe sth 2b**

probing ['prəʊbɪŋ] **1** adj **a** instrument pour sonder
b (fig) question, study pénétrant ; interrogation serré ; look inquisiteur (-trice f)
2 n (NonC) (gen, Med) sondage m ; (fig = investigations) investigations fpl (*into* de)

probity ['prəʊbɪtɪ] n probité f

problem ['prɒbləm] LANGUAGE IN USE 26.1 → SYN
1 n **a** (= difficulty) problème m ◆ **the housing problem** le problème or la crise du logement ◆ **he is a great problem to his mother** il pose de gros problèmes à sa mère ◆ **we've got problems with the car** nous avons des ennuis avec la voiture ◆ **he's got a drink problem** il boit, il est porté sur la boisson ◆ **it's not my problem** ça ne me concerne pas ◆ **that's YOUR problem!** ça c'est ton problème ! ◆ **that's no problem (to him)** ça ne (lui) pose pas de problème ◆ **no problem!** * pas de problème ! * ◆ **problem solved!** * (ça y est,) c'est réglé ! ◆ **what's the problem?** qu'est-ce qui ne va pas ?, quel est le problème ? ◆ **hey, what's your problem?** * t'as un problème ou quoi ? * ◆ **I had no problem in getting the money, it was no problem to get the money** je n'ai eu aucun mal à obtenir l'argent
b (* = objection) **I have no problem with that** j'y vois pas de problème * ◆ **my problem (with that) is that ...** ce qui me chiffonne or me gêne, c'est que ... ◆ **do you have a problem (with that)?** il y a quelque chose qui te gêne ?
c (Math etc = exercise) problème m
2 adj **a** (= causing problems) situation difficile ; family, group qui pose des problèmes ; child caractériel, difficile ◆ **problem cases** (Sociol) des cas mpl sociaux
b (Literat etc) novel, play à thèse
3 COMP ▷ **problem-free** adj sans problème ▷ **problem page** n (Press) courrier m du cœur ▷ **problem-solving** n résolution f de problèmes ◇ adj technique, abilities de résolution de problèmes

problematic(al) [,prɒblɪ'mætɪk(l)] adj problématique

problematics [,prɒblɪ'mætɪks] n (NonC) problématique f

proboscis [prəʊ'bɒsɪs] **1** n, pl **proboscises** or **probocides** [prəʊ'bɒsɪ,diːz] (Zool) trompe f ; (hum) (= nose) appendice m (hum)
2 COMP ▷ **proboscis monkey** n nasique m

procaine ['prəʊkeɪn] n procaïne f

procaryote [prəʊ'kærɪɒt] n procaryote m

procedural [prə'siːdjʊərəl] **1** adj (Admin, Insurance, Jur etc) de procédure
2 n (also **police procedural**) (= novel) (roman m) policier m ; (= film) film m policier

procedurally [prə'siːdjʊərəlɪ] adv du point de vue procédural or de la procédure

procedure [prə'siːdʒər] → SYN n procédure f ◆ **what is the procedure?** quelle est la procédure à suivre ?, comment doit-on procéder ? ◆ **the correct or normal procedure is to apply to ...** pour suivre la procédure normale il faut s'adresser à ... ◆ **order of procedure** (Admin, Jur etc) règles fpl de procédure

proceed [prə'siːd] → SYN **1** vi **a** (frm, lit = move along) avancer ◆ **he was proceeding along the road** il avançait sur la route ◆ **"proceed with caution"** (on foot) "avancer avec prudence" ; (in vehicle) "rouler au pas"
b (frm = go on) continuer ◆ **please proceed!** veuillez continuer or poursuivre ◆ **to proceed on one's way** poursuivre son chemin or sa route ◆ **they then proceeded to London** ils se sont ensuite rendus à Londres ◆ **let us proceed to the next item** passons à la question suivante ◆ **before we proceed any further** (lit, fig) avant d'aller plus loin
◆ **to proceed to do sth** se mettre à faire qch, entreprendre de faire qch ◆ **the police stopped the car and (then) proceeded to search it** les policiers arrêtèrent la voiture et entreprirent ensuite de la fouiller
◆ **to proceed with sth** ◆ **proceed with your work** continuez or poursuivez votre travail ◆ **they proceeded with their plan** ils ont donné suite à leur projet ◆ **they did not proceed with the charges against him** (Jur) ils ont abandonné les poursuites (engagées) contre lui

c (fig = act, operate) procéder, agir ◆ **you must proceed cautiously** il faut procéder or agir avec prudence ◆ **I am not sure how to proceed** je ne sais pas très bien comment procéder or m'y prendre ◆ **it is all proceeding according to plan** tout se passe comme prévu ◆ **the discussions are proceeding normally** les discussions se poursuivent normalement ◆ **everything is proceeding well** les choses suivent leur cours de manière satisfaisante ◆ **to proceed from the assumption or premise that ...** [person, idea] partir du principe que ...
d (= originate) **to proceed from** venir de, provenir de ; (fig) relever de
e (Jur) **to proceed against sb** engager des poursuites contre qn
2 vt continuer ◆ **"well" she proceeded** "eh bien" continua-t-elle
3 n → **proceeds**

proceeding [prə'siːdɪŋ] → SYN **1** n (= course of action) façon f or manière f d'agir or de procéder
2 **proceedings** npl **a** (= manoeuvres) opérations fpl ; (= ceremony) cérémonie f ; (= meeting) séance f, réunion f ; (= discussions) débats mpl ◆ **the proceedings begin at 7 o'clock** la réunion or la séance commencera à 19 heures ◆ **the secretary recorded the proceedings** le secrétaire a enregistré les débats
b (esp Jur = measures) mesures fpl ◆ **legal proceedings** procès m ◆ **to take proceedings** prendre des mesures (*in order to do sth* pour faire qch ; *against sb* contre qn) ◆ **to take (legal) proceedings against sb** (Jur) engager des poursuites contre qn, intenter un procès à qn ; → **commence, divorce, institute**
c (= records) compte m rendu, rapport m ◆ **it was published in the Society's proceedings** cela a été publié dans les actes de la Société ◆ **Proceedings of the Historical Society** (as title) Actes mpl de la Société d'histoire

proceeds ['prəʊsiːdz] → SYN npl montant m (des recettes) ◆ **proceeds of insurance** (Jur, Fin) indemnité f versée par la compagnie

process¹ ['prəʊses] → SYN **1** n **a** (Chem, Bio, Ling, Sociol etc) processus m ; (fig, Admin, Jur) procédure f ◆ **the process of digestion/growing up** etc le processus de la digestion/de la croissance etc ◆ **a natural/chemical process** un processus naturel/chimique ◆ **the thawing/preserving** etc **process** le processus de décongélation/de conservation etc ◆ **the legal/administrative process takes a year** la procédure juridique/administrative prend un an ◆ **the processes of the law** le processus de la justice ◆ **it's a slow or long process** (Chem etc) c'est un processus lent ; (fig) ça prend du temps ◆ **he supervised the whole process** il a supervisé l'opération du début à la fin
b **to be in the process of modernization/negotiation/construction** être en cours de modernisation/négociation/construction ◆ **to be in the process of moving/changing** être en train de déménager/changer ◆ **in the process of cleaning the picture, they discovered ...** au cours du nettoyage du tableau or pendant qu'ils nettoyaient le tableau ils ont découvert ... ◆ **she tried to help, and ruined everything in the process** elle a essayé d'aider mais, ce faisant ou du coup *, elle a tout gâché ◆ **he saved the girl, but injured himself in the process** il a sauvé la petite fille mais, ce faisant ou du coup *, il s'est blessé ◆ **in the process of time** avec le temps
c (= specific method) procédé m, méthode f ◆ **the Bessemer process** le procédé Bessemer ◆ **he has devised a process for controlling weeds** il a mis au point un procédé or une méthode pour venir à bout des mauvaises herbes ◆ **to work sth out by process of elimination** résoudre qch en procédant par élimination ; *see also* **elimination**
d (Jur) (= action) procès m ; (= summons) citation f à comparaître ◆ **to bring a process against sb** intenter un procès à qn ◆ **to serve a process on sb** signifier une citation à qn ; → **serve**
e (Anat, Bot, Zool) excroissance f, protubérance f
2 vt [+ raw materials, food] traiter, transformer ; [+ seeds, waste] traiter ; [+ film] développer ; [+ information, data] traiter ; (Comput) [+ tape] faire passer en machine ; [+ an application, papers, records] s'occuper de ◆ **your application will take six weeks to process** l'examen de votre candidature prendra six semaines ◆ **they process 10,000 forms per day** 10 000 formulaires passent chaque jour entre leurs mains ◆ **in order to process your order** (Comm) afin de donner suite à votre commande
3 COMP ▷ **process control** n (Ind) régulation f des processus industriels ▷ **process industry** n industrie f de transformation ▷ **process printing** n quadrichromie f ▷ **process-server** n (Jur) ≈ huissier m de justice

process² [prə'ses] vi (Brit = go in procession) défiler, avancer en cortège ; (Rel) aller en procession

processed ['prəʊsest] **1** adj food traité
2 COMP ▷ **processed cheese** n (for spreading) fromage m fondu ; (in slices) *fromage reconstitué en tranches* ▷ **processed peas** npl petits pois mpl en boîte

processing ['prəʊsesɪŋ] **1** n (NonC) [of food, radioactive waste, application, papers, records] traitement m ; [of raw materials] traitement m, transformation f ; (Phot) [of film etc] développement m ; → **data, food, word**
2 COMP ▷ **processing unit** n (Comput) unité f de traitement

procession [prə'seʃən] → SYN n [of people, cars] cortège m, défilé m ; (Rel) procession f ◆ **to walk in (a) procession** défiler, aller en cortège or en procession ; → **funeral**

processional [prə'seʃənl] (Rel) **1** adj processionnel
2 n hymne m processionnel

processor ['prəʊsesər] n **a** (Comput) processeur m ; → **data, word**
b ⇒ **food processor** ; → **food**

pro-choice [,prəʊ'tʃɔɪs] adj en faveur de l'avortement

pro-choicer * [,prəʊ'tʃɔɪsər] n partisan(e) m(f) de l'avortement

prochronism ['prəʊkrənɪzəm] n prochronisme m

proclaim [prə'kleɪm] → SYN vt **a** (= announce) proclamer, déclarer (*that* que) ; [+ holiday] instituer ; [+ one's independence, innocence] proclamer ; [+ war, one's love] déclarer ; [+ edict] promulguer ◆ **to proclaim sb king** proclamer qn roi ◆ **to proclaim a state of emergency** décréter l'état d'urgence, proclamer l'état d'urgence ◆ **to proclaim peace** annoncer le rétablissement de la paix
b (= reveal, demonstrate) démontrer, révéler ◆ **his tone proclaimed his confidence** le ton de sa voix démontrait or révélait sa confiance ◆ **their expressions proclaimed their guilt** la culpabilité se lisait sur leurs visages

proclamation [,prɒklə'meɪʃən] → SYN n proclamation f

proclitic [prəʊ'klɪtɪk] adj, n proclitique m

proclivity [prə'klɪvɪtɪ] n (frm) propension f, inclination f (*to sth* à qch ; *to do sth* à faire qch)

proconsul ['prəʊkɒnsəl] n proconsul m

procrastinate [prəʊ'kræstɪneɪt] → SYN vi atermoyer, tergiverser

procrastination [prəʊ,kræstɪ'neɪʃən] n (NonC) atermoiements mpl, tergiversations fpl

procrastinator [prəʊ,kræstɪ'neɪtər] n personne f qui remet tout au lendemain

procreate ['prəʊkrɪeɪt] **1** vi se reproduire
2 vt procréer, engendrer

procreation [,prəʊkrɪ'eɪʃən] n procréation f

procreative ['prəʊkrɪ,eɪtɪv] adj procréatif

procreator ['prəʊkrɪeɪtər] n procréateur m, -trice f

Procrustean [prəʊ'krʌstɪən] adj de Procuste

proctologist [prɒk'tɒlədʒɪst] n proctologue mf

proctology [prɒk'tɒlədʒɪ] n proctologie f

proctor ['prɒktər] n **a** (Jur etc) fondé m de pouvoir
b (Univ) (Oxford, Cambridge) responsable mf de la discipline ; (US = invigilator) surveillant(e) m(f) (à un examen)

procumbent [prəʊ'kʌmbənt] adj rampant

procurable [prəˈkjʊərəbl] adj que l'on peut se procurer ◆ **it is easily procurable** on peut se le procurer facilement

procuration [ˌprɒkjʊˈreɪʃən] n **a** (= act of procuring) obtention f, acquisition f
b (Jur = authority) procuration f
c (= crime) proxénétisme m

procurator [ˈprɒkjʊəreɪtəʳ] **1** n (Jur) fondé m de pouvoir
2 COMP ▷ **Procurator Fiscal** n (Scot Jur) ≈ procureur m (de la République)

procure [prəˈkjʊəʳ] → SYN **1** vt **a** (= obtain for o.s.) se procurer, obtenir ; [+ sb's release etc] obtenir ◆ **to procure sth for sb, to procure sb sth** procurer qch à qn, faire obtenir qch à qn ◆ **to procure sb's death** † faire assassiner qn
b (Jur) [+ prostitute etc] offrir les services de, procurer
2 vi (Jur) faire du proxénétisme

procurement [prəˈkjʊəmənt] **1** n (gen) obtention f ; (Comm, Admin, Ind) approvisionnement m ; (Mil) acquisition f de matériel militaire
2 COMP ▷ **procurement department** n (Comm, Ind) service m des achats or de l'approvisionnement

procurer [prəˈkjʊərəʳ] n (Jur) entremetteur m, proxénète m

procuress [prəˈkjʊərɪs] n (Jur) entremetteuse f, proxénète f

procuring [prəˈkjʊərɪŋ] n **a** [of goods, objects] obtention f
b (Jur) proxénétisme m

Prod * [prɒd], **Proddie** [ˈprɒdɪ] * n (Brit pej) protestant(e) m(f), parpaillot(e) * m(f)

prod [prɒd] → SYN **1** n (= push) poussée f ; (= jab) (petit) coup m (de canne, avec le doigt etc) ◆ **to give sb a prod** pousser qn doucement (du doigt or du pied or avec la pointe d'un bâton etc) ◆ **he needs a prod from time to time** (fig) il a besoin d'être poussé ou qu'on le secoue * (subj) un peu de temps en temps
2 vt pousser doucement ◆ **to prod sb** pousser qn doucement (du doigt or du pied or avec la pointe d'un bâton etc) ; (fig) pousser qn ◆ **she prodded the jellyfish with a stick** elle a poussé la méduse avec la pointe d'un bâton ◆ **to prod sb to do sth** or **into doing sth** pousser or inciter qn à faire qch ◆ **he needs prodding** il a besoin d'être poussé ou qu'on le secoue * (subj)
3 vi ◆ **to prod at sb/sth** ▷ **to prod sb/sth 2**

prodigal [ˈprɒdɪɡəl] → SYN adj prodigue (of de) ◆ **the prodigal (son)** (Bible) le fils prodigue ; (fig) l'enfant m prodigue

prodigality [ˌprɒdɪˈɡælɪtɪ] → SYN n prodigalité f

prodigally [ˈprɒdɪɡəlɪ] adv avec prodigalité

prodigious [prəˈdɪdʒəs] → SYN adj (frm) prodigieux, extraordinaire

prodigiously [prəˈdɪdʒəslɪ] adv (frm) prodigieusement

prodigy [ˈprɒdɪdʒɪ] → SYN n prodige m, merveille f ◆ **child prodigy, infant prodigy** enfant mf prodige ◆ **a prodigy of learning** un puits de science

prodromal [prəʊˈdrəʊməl], **prodromic** [prəʊˈdrɒmɪk] adj prodromique

prodrome [ˈprəʊdrəʊm] n (Med) prodrome m

produce [prəˈdjuːs] → SYN **1** vt **a** (= make, yield, manufacture) [+ milk, oil, coal, ore, crops] produire ; [+ cars, radios] produire, fabriquer ; [writer, artist, musician etc] produire ; (Fin) [+ interest, profit] rapporter ◆ [+ offspring] [animal] produire, donner naissance à ; [woman] donner naissance à ◆ **his shares produce a yield of 7%** (Fin) ses actions rapportent 7 % ◆ **that investment produces no return** cet investissement ne rapporte rien ◆ **Scotland produces whisky** l'Écosse produit du whisky or est un pays producteur de whisky ◆ **coal produces electricity** le charbon produit or donne de l'électricité ◆ **these magazines are produced by the same firm** ces revues sont éditées par la même maison ◆ **he produced a masterpiece** il a produit un chef-d'œuvre ◆ **well-produced** [+ book] bien présenté ; [+ goods] bien fait ; see also **1d** ◆ **he has produced a new single** il a sorti un nouveau single
b (= bring out, show) [+ gift, handkerchief, gun] sortir (from de) ; [+ ticket, documents etc] présenter ; [+ witness] produire ; [+ proof] fournir, apporter ◆ **he suddenly produced a large parcel** il a soudain sorti un gros paquet ◆ **I can't produce $100 just like that!** je ne peux pas trouver 100 dollars comme ça ! ◆ **he produced a sudden burst of energy** il a eu un sursaut d'énergie
c (= cause) [+ famine, deaths] causer, provoquer ; [+ dispute, bitterness] provoquer, causer ; [+ results] produire, donner ; [+ impression] faire, donner ; [+ pleasure, interest] susciter ; (Elec) [+ current] engendrer ; [+ spark] faire jaillir ◆ **it produced a burning sensation in my finger** cela a provoqué une sensation de brûlure dans mon doigt
d (Theat) mettre en scène ; (Cine) produire ; (Rad) [+ play] mettre en ondes ; [+ programme] réaliser ; (TV) [+ play, film] mettre en scène ; [+ programme] réaliser ◆ **well produced** bien monté
e (Geom) [+ line, plane] (= extend) prolonger, continuer
2 vi **a** [mine, oil well, factory] produire ; [land, trees, cows] produire, rendre
b (Theat) assurer la mise en scène ; (Cine) assurer la production (d'un film) ; (Rad, TV) assurer la réalisation d'une émission
3 [ˈprɒdjuːs] n (NonC = food) produits mpl (d'alimentation) ◆ **agricultural/garden/foreign produce** produits mpl agricoles/maraîchers/étrangers ◆ **"produce of France"** "produit français", "produit de France" ◆ **"produce of more than one country"** "produit de différents pays" ◆ **we eat mostly our own produce** nous mangeons surtout nos propres produits or ce que nous produisons nous-mêmes

producer [prəˈdjuːsəʳ] → SYN **1** n **a** (Agr, Ind etc) producteur m, -trice f
b (Theat, Cine, Mus) producteur m, -trice f ; (Rad, TV) réalisateur m, -trice f, metteur m en ondes
2 COMP ▷ **producer gas** n gaz m fourni par gazogène ▷ **producer goods** npl (Econ) biens mpl de production

-producing [prəˈdjuːsɪŋ] adj (in compounds) producteur (-trice f) de ... ◆ **oil-producing** producteur (-trice f) de pétrole ◆ **one of the coal-producing countries** un des pays producteurs de charbon

product [ˈprɒdʌkt] → SYN **1** n **a** (Comm, Ind etc) produit m ; (fig) produit m, résultat m ◆ **food products** produits mpl alimentaires, denrées fpl (alimentaires) ◆ **it is the product of his imagination** c'est le fruit de son imagination ◆ **she is the product of a broken home** elle est le résultat d'un foyer désuni ◆ **a public-school product** un (pur) produit des public schools ; → **finished, gross, waste**
b (Math) produit m
2 COMP ▷ **product acceptance** n mesure f du succès d'un produit auprès des consommateurs ▷ **product differentiation** n (Comm) différenciation f des produits ▷ **product liability** n responsabilité f du fabricant ▷ **product life cycle** n (Comm) cycle m de vie d'un produit ▷ **product line** n gamme f or ligne f de produits ▷ **product manager** n (Comm) chef m de produit ▷ **product placement** n (Cine, Comm) placement m de produit(s) ▷ **product range** n gamme f or ligne f de produits

production [prəˈdʌkʃən] → SYN **1** n **a** (NonC: Ind, Bio etc = manufacturing) production f ◆ **to put sth into production** entreprendre la production de qch ◆ **to take sth out of production** retirer qch de la production ◆ **the factory is in full production** l'usine tourne à plein rendement ◆ **car/oil etc production has risen recently** la production automobile/pétrolière etc a récemment augmenté ◆ **industrial/agricultural production fell by 1.7% last month** la production industrielle/agricole a baissé de 1,7 % le mois dernier ◆ **we hope to go into production soon** nous espérons commencer la production bientôt ◆ **the new model goes into production soon** on commencera bientôt la fabrication du nouveau modèle
b (NonC = act of showing) présentation f ◆ **on production of this ticket** sur présentation de ce billet
c (NonC = activity) (Theat) mise f en scène ; (Cine, Mus, Rad, TV) production f ◆ **film production** la production cinématographique ◆ **TV production** la production or création télévisuelle ◆ **he was writing plays for production at the Blackfriars Theatre** il écrivait des pièces pour les monter au "Blackfriars Theatre"
d (= work produced) (Theat, Mus) représentation f, mise f en scène ; (Cine, Rad, TV) production f ◆ **a theatrical** or **stage production** une pièce de théâtre ◆ **a new production of "Macbeth"** une nouvelle mise en scène de "Macbeth" ◆ **"Macbeth": a new production by ...** "Macbeth" : une nouvelle mise en scène de ... ◆ **the Theatre Royal's production of "Cats"** ran for three years "Cats" s'est joué pendant trois ans au "Theatre Royal"
2 COMP ▷ **production company** n (Cine, TV, Video) société f de production ▷ **production control** n contrôle m de la production ▷ **production costs** npl coûts mpl de production ▷ **production department** n (Publishing) service m fabrication ▷ **production line** n (Ind) chaîne f de fabrication ◆ **he works on the production line** il travaille à la chaîne ◆ **production line work** travail m à la chaîne ▷ **production manager** n directeur m de (la) production ▷ **production number** n (Theat, Cine) numéro m de production ▷ **production run** n (Ind) série f ▷ **production values** npl (Cine) a film with high production values un film à gros budget

productive [prəˈdʌktɪv] → SYN adj land, imagination fertile, fécond ; meeting, discussion, work fructueux, productif ; (Econ) employment, labour productif ; (Ling) productif ◆ **to be productive of sth** produire qch, engendrer qch, être générateur de qch ◆ **I've had a very productive day** j'ai eu une journée très fructueuse, j'ai bien travaillé aujourd'hui ◆ **productive life of an asset** (Fin) vie f utile d'un bien

productively [prəˈdʌktɪvlɪ] adv de manière fructueuse or productive

productivity [ˌprɒdʌkˈtɪvɪtɪ] → SYN **1** n (NonC: Econ, Ind) productivité f
2 COMP fall, increase de (la) productivité ▷ **productivity agreement** n (Brit) accord m de productivité ▷ **productivity bonus** n prime f à la productivité

proem [ˈprəʊem] n préface f

prof. [prɒf] **1** n (Univ) (abbrev of **professor**) professeur m ◆ **Prof. C. Smith** (on envelope) Monsieur C. Smith
2 adj abbrev of **professional**

profanation [ˌprɒfəˈneɪʃən] n profanation f

profanatory [prəˈfænətərɪ] adj profanateur (f -trice)

profane [prəˈfeɪn] → SYN **1** adj **a** (= secular, lay) music etc profane
b (pej = blasphemous) language etc impie, sacrilège ; → **sacred**
2 vt profaner

profanity [prəˈfænɪtɪ] → SYN n **a** (= oath) juron m, blasphème m ◆ **he uttered a torrent of profanities** il a proféré un torrent d'injures
b (NonC) [of language etc] caractère m profane

profess [prəˈfes] → SYN vt **a** (= claim, declare) déclarer (that que) ; [+ faith, religion] professer ; (publicly) professer, faire profession de ; [+ an opinion, respect, hatred] professer ◆ **to profess concern at sth** exprimer son inquiétude devant qch, se déclarer inquiet de qch ◆ **to profess ignorance of sth** déclarer ne rien savoir sur qch ◆ **to profess knowledge of sth** déclarer connaître qch ◆ **he professed himself satisfied** il s'est déclaré satisfait ◆ **he professes to know all about it** il déclare tout savoir sur ce sujet ◆ **I don't profess to be an expert** je ne prétends pas être expert en la matière
b (frm = have as one's profession) **to profess law/medicine** exercer la profession d'avocat/de médecin

professed [prəˈfest] → SYN adj atheist, communist etc déclaré ; (Rel) monk, nun profès (-esse f)

professedly [prəˈfesɪdlɪ] → SYN adv de son (or leur etc) propre aveu, d'après lui (or eux etc) ; (= allegedly) soi-disant, prétendument

profession [prəˈfeʃən] → SYN n **a** (= calling) profession f ; (= body of people) (membres mpl d'une) profession f ◆ **by profession** de son (mon etc) métier or état ◆ **the medical profession** (= calling) la profession de médecin, la

professional / **program**

médecine ; (= doctors collectively) le corps médical, les médecins mpl ◆ **the professions** les professions fpl libérales ◆ **the oldest profession** (euph) le plus vieux métier du monde ; → **learned**

  b (= declaration) profession f, déclaration f ◆ **profession of faith** profession f de foi ◆ **to make one's profession** (monk, nun) faire sa profession, prononcer ses vœux

professional [prəˈfeʃənl] → SYN **1** adj **a** skill, organization, training, etiquette professionnel ◆ **to be a professional person** (doctor, lawyer etc) exercer une profession libérale ; (other white-collar worker) avoir une situation ◆ **the professional classes** les (membres mpl des) professions fpl libérales ◆ **to take professional advice** (medical/legal) consulter un médecin/un avocat ; (on practical problem) consulter un professionnel or un homme de métier ◆ **it is not professional practice to do so** faire cela est contraire à l'usage professionnel

  b (= by profession) writer, politician professionnel, de profession ; footballer, tennis player professionnel ; diplomat, soldier de carrière ; (fig = of high standard) play, piece of work de haute qualité, excellent ◆ **professional football/tennis etc** football m/tennis m etc professionnel ◆ **to turn or go professional** (Sport) passer professionnel ◆ **to have a very professional attitude to one's work** prendre son travail très au sérieux ◆ **it is well up to professional standards** c'est d'un niveau de professionnel

  2 n (all senses) professionnel(le) m(f)

  3 COMP ▷ **professional army** n armée f de métier ▷ **professional foul** n (Ftbl) faute f délibérée ▷ **Professional Golfers' Association** n PGA f (association de golfeurs professionnels) ▷ **professional school** n (US) (Univ = faculty) faculté f de droit or de médecine ; (= business school) grande école f commerciale

professionalism [prəˈfeʃnəlɪzəm] n (of writer, actor etc) professionnalisme m ; (Sport) professionnalisme m ; (of play, piece of work) excellence f, haute qualité f

professionally [prəˈfeʃnəlɪ] adv **a** (= vocationally) professionnellement ◆ **he sings/dances etc professionally** il est chanteur/danseur etc professionnel ◆ **to be professionally qualified** avoir une qualification professionnelle ◆ **I know him only professionally** je n'ai que des rapports de travail avec lui ◆ **she is known professionally as Julia Wills** dans la profession or le métier, elle est connue sous le nom de Julia Wills ◆ **speaking professionally, I have to tell you that ...** d'un point de vue professionnel, je dois vous dire que ... ◆ **it was a difficult time both personally and professionally** ce fut une période difficile sur le plan aussi bien personnel que professionnel ◆ **the boat was professionally built** le bateau a été construit par des professionnels ◆ **the play was professionally produced** la mise en scène (de la pièce) était l'œuvre d'un professionnel

  b (= expertly) de manière professionnelle

  c (= according to professional standards) en professionnel(le), de manière professionnelle ◆ **he claims he acted professionally and responsibly throughout** il affirme qu'il s'est toujours comporté de manière professionnelle et responsable

professor [prəˈfesə^r] → SYN n **a** (Univ) professeur m (titulaire d'une chaire) ◆ **professor of French, French professor** professeur m (titulaire de la chaire) de français ◆ **good morning, Professor Smith** bonjour Monsieur Smith, bonjour Monsieur (le professeur) ◆ **Dear Professor Smith** (in letters) monsieur, Cher Monsieur (less frm) ; (if known to writer) Cher Professeur ◆ **Professor C. Smith** (on envelope) Monsieur C. Smith ; → **assistant**

  b (US ٭ iro) maestro m, maître m

professorial [ˌprɒfəˈsɔːrɪəl] adj professoral

professorship [prəˈfesəʃɪp] n chaire f (of de) ◆ **he has a professorship** il est titulaire d'une chaire

proffer [ˈprɒfə^r] vt [+ object, arm] offrir, tendre ; [+ a remark, suggestion] faire ; [+ one's thanks, apologies] offrir, présenter ◆ **to proffer one's hand to sb** tendre la main à qn

proficiency [prəˈfɪʃənsɪ] → SYN **1** n (grande) compétence f (in en) ◆ **Cambridge Certificate of Proficiency** diplôme d'anglais langue étrangère

  2 COMP ▷ **proficiency test** n test m de compétence

proficient [prəˈfɪʃənt] → SYN adj (très) compétent (in en)

profile [ˈprəʊfaɪl] → SYN **1** n **a** (of head, building, hill etc) profil m (also Archit) ◆ **in profile** de profil

  b (fig = description) [of person] profil m, portrait m ; [of situation etc] profil m, esquisse f ◆ **genetic profile** profil m génétique

  c (= graph or table) profil m

  d **to keep a low profile** essayer de ne pas (trop) se faire remarquer, adopter une attitude discrète ; see also **low¹** ◆ **to keep a high profile** (in media etc) garder la vedette ; (= be seen on streets etc) être très en vue or en évidence

  2 vt **a** (= show in profile) profiler (also Archit)

  b (gen) (= describe) [+ person] établir le profil de, dresser le portrait de ; [+ situation] établir le profil de, tracer une esquisse de ; (Police) [+ suspect] établir le profil psychologique de

profit [ˈprɒfɪt] → SYN **1** n (Comm) profit m, bénéfice m ; (fig) profit m, avantage m ◆ **profit and loss** profits mpl et pertes fpl ; see also **4** ◆ **gross/net profit** bénéfice m brut/net ◆ **to make** or **turn a profit** faire un bénéfice or des bénéfices ◆ **to make a profit of $100** faire un bénéfice de 100 dollars (on sth sur qch) ◆ **to sell sth at a profit** vendre qch à profit ◆ **to show** or **yield a profit** rapporter (un bénéfice) ◆ **there's not much profit in doing that** (lit, fig) on ne gagne pas grand-chose à faire cela ◆ **with profits policy** (Insurance) police f (d'assurance) avec participation aux bénéfices ◆ **with profit** (fig) avec profit, avec fruit ◆ **to turn sth to profit** (fig) mettre à profit qch, tirer parti de qch

  2 vi (fig) tirer un profit or un avantage ◆ **to profit by** or **from sth** tirer avantage or profit de qch, bien profiter de qch ◆ **I can't see how he hopes to profit (by it)** je ne vois pas ce qu'il espère en retirer or y gagner

  3 vt († or liter) profiter à ◆ **it will profit him nothing** cela ne lui profitera en rien

  4 COMP ▷ **profit and loss account** n (Accounts) compte m de profits et pertes, compte m de résultat ▷ **profit centre** n (Comm) centre m de profit ▷ **profit-making** adj rentable ◆ **a profit-making/non-profit-making organization** une organisation à but lucratif/non lucratif ▷ **profit margin** n marge f bénéficiaire ▷ **profit motive** n recherche f du profit ▷ **profit-seeking** adj à but lucratif ▷ **profit sharing** n (Ind) participation f or intéressement m aux bénéfices ▷ **profit-sharing scheme** n système m de participation or d'intéressement aux bénéfices ▷ **profit squeeze** n compression f des bénéfices ▷ **profit taking** n (St Ex) prise f de bénéfices

profitability [ˌprɒfɪtəˈbɪlɪtɪ] **1** n (lit, fig) rentabilité f

  2 COMP ▷ **profitability study** n (Comm) étude f de rentabilité

profitable [ˈprɒfɪtəbl] → SYN adj (Comm etc) deal, sale, investment rentable, lucratif ; company bénéficiaire, rentable ; (fig) scheme, agreement, contract rentable ; meeting, discussion, visit fructueux, payant (fig), profitable, fructueux ◆ **we don't stock them any more as they were not profitable** nous ne les stockons plus parce qu'ils n'étaient pas rentables ◆ **it was a very profitable half-hour** cela a été une demi-heure très fructueuse or profitable ◆ **you would find it profitable to read this** vous trouveriez la lecture de ceci utile or profitable

profitably [ˈprɒfɪtəblɪ] adv **a** (lit) sell à profit ◆ **the company is now trading profitably** cette société enregistre à présent des bénéfices, cette société est à présent bénéficiaire

  b (fig = usefully) utilement, de manière utile ◆ **the same technology could be profitably employed finding alternative sources of energy** on pourrait employer utilement cette même technologie pour trouver d'autres sources d'énergie ◆ **there was little I could profitably do** je ne pouvais pas faire grand-chose d'utile

ANGLAIS-FRANÇAIS   746

profiteer [ˌprɒfɪˈtɪə^r] → SYN **1** n profiteur m, mercanti m

  2 vi faire des bénéfices excessifs

profiteering [ˌprɒfɪˈtɪərɪŋ] n (pej) réalisation f de bénéfices excessifs

profiterole [prəˈfɪtərəʊl] n profiterole f

profitless [ˈprɒfɪtlɪs] adj (lit) company, factory qui n'est pas rentable ; shares qui ne rapporte rien ; year improductif ; (fig) infructueux

profitlessly [ˈprɒfɪtlɪslɪ] adv (lit) sans dégager de bénéfices ; (fig) d'une manière infructueuse

profligacy [ˈprɒflɪgəsɪ] n (frm) (= debauchery) débauche f, libertinage m ; (= extravagance) extrême prodigalité f

profligate [ˈprɒflɪgɪt] → SYN (frm) **1** adj (= debauched) person, behaviour débauché, libertin, dissolu ; life de débauche, de libertinage ; (= extravagant) extrêmement prodigue

  2 n débauché(e) m(f), libertin(e) m(f)

pro-form [ˈprəʊˌfɔːm] n (Ling) proforme f

pro forma [ˈprəʊˈfɔːmə] **1** adj pro forma inv

  2 n (also **pro forma invoice**) facture f pro forma ; (also **pro forma letter**) (formule f de) lettre f toute faite

  3 adv selon les règles

profound [prəˈfaʊnd] → SYN adj (all senses) profond

profoundly [prəˈfaʊndlɪ] → SYN adv different, moving, undemocratic etc profondément ; deaf totalement, complètement

profundity [prəˈfʌndɪtɪ] n **a** (NonC) profondeur f

  b (= profound remark) remarque f profonde

profuse [prəˈfjuːs] → SYN adj vegetation, bleeding abondant ; thanks, praise, apologies profus, multiple ◆ **profuse in ...** prodigue de ... ◆ **to be profuse in one's thanks/excuses** se confondre en remerciements/excuses

profusely [prəˈfjuːslɪ] adv bleed, sweat abondamment ; grow à profusion, en abondance ◆ **to apologize profusely** se confondre or se répandre en excuses ◆ **to thank sb profusely** remercier qn avec effusion

profusion [prəˈfjuːʒən] → SYN n profusion f, abondance f (of de) ◆ **in profusion** à profusion, à foison

prog. ٭ [prɒg] n (Brit TV etc) (abbrev of **programme**) émission f, programme m

progenitor [prəʊˈdʒenɪtə^r] n (lit) ancêtre m ; (fig) auteur m

progeny [ˈprɒdʒɪnɪ] → SYN n (= offspring) progéniture f ; (= descendants) lignée f, descendants mpl

progesterone [prəʊˈdʒestəˌrəʊn] n progestérone f

progestogen [prəʊˈdʒestədʒən] n (Med) progestatif m

proglottid [prəʊˈglɒtɪd], **proglottis** [prəʊˈglɒtɪs] n, pl **proglottides** [prəʊˈglɒtɪˌdiːz] proglottis m

prognathic [prɒgˈnæθɪk] adj ⇒ **prognathous**

prognathism [ˈprɒgnəˌθɪzəm] n prognathisme m

prognathous [prɒgˈneɪθəs] adj prognathe

prognosis [prɒgˈnəʊsɪs] n, pl **prognoses** [prɒgˈnəʊsiːz] pronostic m

prognostic [prɒgˈnɒstɪk] n (frm) présage m, signe m avant-coureur

prognosticate [prɒgˈnɒstɪkeɪt] **1** vt pronostiquer

  2 vi faire des pronostics

prognostication [prɒgˌnɒstɪˈkeɪʃən] n pronostic m

program [ˈprəʊgræm] **1** n **a** (Comput) programme m

  b (US) ⇒ **programme 1a**

  2 vi (Comput) établir un (or des) programme(s)

  3 vt **a** (Comput) programmer ◆ **to program sth to do sth** programmer qch de façon à faire sth

  b (US) ⇒ **programme 2a**

  4 COMP (Comput) specification, costs du or d'un programme

programmable, programable (US) ['prəʊɡræməbl] adj (Comput) programmable

programmatic [ˌprəʊɡrə'mætɪk] adj programmatique

programme (Brit), **program** (esp US) ['prəʊɡræm] [→ SYN] **1** n **a** (most senses) programme m; (Rad, TV = broadcast) émission f (on sur; about au sujet de); [of course] emploi m du temps; (= station) (Rad) poste m; (TV) chaîne f ♦ what's the programme for today? (during course etc) quel est l'emploi du temps aujourd'hui?; (fig) qu'est-ce qu'on fait aujourd'hui? ♦ in the programme for the day au programme de la journée ♦ what's on the programme? qu'est-ce qu'il y a au programme? ♦ details of the morning's programmes (Rad, TV) le programme de la matinée; → detoxi(fi)cation, request
b (Comput) ⇒ program
2 vt **a** [+ washing machine, video etc] programmer (to do sth pour faire qch); (fig) [+ person] conditionner ♦ our bodies are programmed to fight disease notre corps est programmé pour combattre la maladie ♦ we are genetically programmed for motherhood nous sommes génétiquement programmées pour être mères ♦ programmed learning enseignement m programmé
b (Comput) ⇒ program
3 COMP ▷ **programme editor** n (Rad, TV) éditorialiste mf ▷ **programme-maker** n (TV, Rad) réalisateur m, -trice f ▷ **programme music** n (NonC) musique f à programme ▷ **programme notes** npl (Mus, Theat) commentaires mpl sur le programme ▷ **programme planner** n (Rad, TV) programmateur m, -trice f ▷ **programme planning** n (Rad, TV) programmation f ▷ **programme seller** n (Theat) vendeur m, -euse f de programmes

programmer, programer (US) ['prəʊɡræmər] n (= person: also **computer programmer**) programmeur m, -euse f; (= device) programmateur m

programming ['prəʊɡræmɪŋ] **1** n **a** (also **computer programming**) programmation f
b (TV, Rad) programmation f
2 COMP error, language etc de programmation

progress ['prəʊɡres] [→ SYN] **1** n **a** (NonC: lit, fig) progrès m(pl) ♦ in the name of progress au nom du progrès ♦ you can't stop progress on n'arrête pas le progrès ♦ we made slow progress through the mud nous avons avancé lentement dans la boue ♦ progress was slow les choses n'avançaient pas vite ♦ we are making good progress in our search for a solution nos travaux pour trouver une solution progressent de manière satisfaisante ♦ we have made little/no progress nous n'avons guère fait de progrès/fait aucun progrès ♦ he is making progress [student etc] il fait des progrès, il est en progrès; [patient] son état (de santé) s'améliore ♦ the progress of events le cours des événements ♦ the meeting is in progress la réunion est en cours or a déjà commencé ♦ while the meeting was in progress pendant la réunion ♦ the work in progress les travaux en cours ♦ "silence: exam in progress" "silence: examen" ♦ to be in full progress battre son plein
b (†† = journey) voyage m; → pilgrim
2 [prə'ɡres] vi (lit, fig) aller, avancer (towards vers); [student etc] faire des progrès, progresser; [patient] aller mieux; [search, investigations, researches, studies etc] progresser, avancer ♦ she progressed to a senior position elle a accédé à un poste à responsabilités ♦ matters are progressing slowly les choses progressent lentement ♦ as the game progressed à mesure que la partie se déroulait ♦ while the discussions were progressing pendant que les discussions se déroulaient
3 vt (= advance) faire progresser
4 COMP ▷ **progress board** n tableau m de planning ▷ **progress chaser** n responsable mf du suivi (d'un projet) ▷ **progress chasing** n suivi m (d'un projet) ▷ **progress payment** n (Fin) acompte m (versé au prorata de l'avancement des travaux) ▷ **progress report** n (gen) compte m rendu (on de); (Med) bulletin m de santé; (Scol) bulletin m scolaire; (Admin) état m périodique, rapport m sur l'avancement des travaux ♦ to make a progress report on (gen) rendre compte de l'évolution de; (Scol: on pupil) rendre compte des progrès de; (Med: on patient) rendre compte de l'évolution de l'état de santé de; (Admin) dresser un état périodique de

progression [prə'ɡreʃən] [→ SYN] n (gen, Math) progression f ♦ by arithmetical/geometrical progression selon une progression arithmétique/géométrique ♦ it's a logical progression c'est une suite logique

progressive [prə'ɡresɪv] [→ SYN] **1** adj **a** movement, taxation, disease, improvement progressif; idea, party, person, outlook progressiste (also Pol); age de or du progrès ♦ in progressive stages par degrés, par étapes
b (Gram, Phon) progressif
2 n **a** (Pol etc) progressiste mf
b (Gram) temps m progressif
3 COMP ▷ **progressive education** n éducation f nouvelle

progressively [prə'ɡresɪvlɪ] adv progressivement ♦ to get or grow or become progressively harder/easier devenir de plus en plus difficile/facile ♦ the weather was getting progressively worse le temps allait en empirant ♦ his health is getting progressively better sa santé s'améliore de jour en jour

progressiveness [prə'ɡresɪvnɪs] n progressivité f

progressivism [prə'ɡresɪvɪzəm] n progressisme m

progressivity [ˌprəʊɡre'sɪvɪtɪ] n progressivité f

prohibit [prə'hɪbɪt] [→ SYN] **1** vt **a** (= forbid) interdire, défendre (sb from doing sth à qn de faire qch); (Admin, Jur etc) [+ weapons, drugs, swearing] prohiber ♦ smoking prohibited défense de fumer ♦ feeding the animals is prohibited il est interdit or défendu de donner à manger aux animaux ♦ pedestrians are prohibited from using this bridge il est interdit aux piétons d'utiliser ce pont, l'usage de ce pont est interdit aux piétons
b (= prevent) empêcher (sb from doing sth qn de faire qch) ♦ my health prohibits me from swimming mon état de santé m'interdit de nager, la natation m'est interdite pour des raisons de santé
2 COMP ▷ **prohibited substance** n substance f prohibée

prohibition [ˌprəʊɪ'bɪʃən] [→ SYN] **1** n **a** [of weapons, drugs, swearing etc] interdiction f, prohibition f ♦ there was a strict prohibition on speaking Welsh il était strictement interdit de parler gallois
b (US Hist) Prohibition la prohibition ♦ during Prohibition pendant la prohibition
2 COMP (US Hist: also **Prohibition**) laws, party prohibitionniste

prohibitionism [ˌprəʊɪ'bɪʃənɪzəm] n prohibitionnisme m

prohibitionist [ˌprəʊɪ'bɪʃənɪst] adj, n prohibitionniste mf

prohibitive [prə'hɪbɪtɪv] [→ SYN] adj price, tax, laws prohibitif

prohibitively [prə'hɪbɪtɪvlɪ] adv ♦ prohibitively expensive à un prix prohibitif ♦ internal flights are prohibitively expensive le prix des vols intérieurs est prohibitif

prohibitory [prə'hɪbɪtərɪ] adj prohibitif

project ['prɒdʒekt] [→ SYN] **1** n **a** (gen) projet m; (= plan, scheme) projet m (to do sth, for doing sth pour faire qch); (= undertaking) opération f, entreprise f; (Constr) grands travaux mpl ♦ they are studying the project for the new road ils étudient le projet de construction de la nouvelle route ♦ the whole project will cost 20 million l'opération or le projet coûtera 20 millions en tout
b (= study) étude f (on de); (Scol) dossier m (on sur); (Univ) mémoire m (on sur)
c (US: also **housing project**) cité f, lotissement m
2 [prə'dʒekt] vt **a** (gen, Psych, Math) projeter ♦ to project o.s. (Psych) se projeter ♦ he projected his feelings of guilt on his wife il projetait son sentiment de culpabilité sur sa femme ♦ she projected an image of innocence elle projetait or présentait l'image de l'innocence même ♦ in view of the projected contract étant donné le projet de contrat ♦ to project quantities/costs etc from sth prévoir la quantité/le coût etc à partir de qch
b (= propel) [+ object] propulser ♦ to project one's voice projeter sa voix
c (= cause to jut out) [+ part of building etc] projeter en avant
3 [prə'dʒekt] vi **a** (= jut out) faire saillie, saillir ♦ to project over sth surplomber qch ♦ to project into sth s'avancer (en saillie) dans qch
b (= show personality) how does he project? quelle image de lui-même présente-t-il or projette-t-il?
c [actor, singer, speaker] projeter sa (or leur etc) voix ♦ his voice projects very well sa voix porte vraiment bien
4 COMP budget de l'opération; staff travaillant sur le projet ▷ **project leader, project manager** n (gen) chef m de projet; (Constr) maître m d'œuvre

projectile [prə'dʒektaɪl] [→ SYN] n projectile m

projecting [prə'dʒektɪŋ] adj construction saillant, en saillie; tooth qui avance

projection [prə'dʒekʃən] [→ SYN] **1** n **a** (gen) projection f; [of rocket] propulsion f; (from opinion polls, sample votes etc) prévisions fpl par extrapolation, projections fpl
b (= overhang) saillie f, ressaut m
2 COMP ▷ **projection booth, projection room** n (Cine) cabine f de projection

projectionist [prə'dʒekʃənɪst] n projectionniste mf

projective [prə'dʒektɪv] adj projectif

projector [prə'dʒektər] n (Cine etc) projecteur m

prokaryote [prəʊ'kærɪɒt] n ⇒ procaryote

prolactin [prəʊ'læktɪn] n prolactine f

prolamine ['prəʊləˌmiːn] n prolamine f

prolapse ['prəʊlæps] (Med) **1** n (gen) descente f d'organe, ptose f, prolapsus m; [of womb] descente f de matrice or de l'utérus
2 vi descendre ♦ a prolapsed uterus un utérus prolabé, un prolapsus (de l'utérus)

prole * ['prəʊl] adj, n (esp Brit: pej) (abbrev of **proletarian**) prolo * m

prolegomenal [ˌprəʊle'ɡɒmɪnl] adj préliminaire

prolegomenon [ˌprəʊle'ɡɒmɪnən] n, pl **prolegomena** [ˌprəʊle'ɡɒmɪnə] prolégomènes mpl

prolepsis [prəʊ'lepsɪs] n, pl **prolepses** [prəʊ'lepsiːz] prolepse f

proleptic [prəʊ'leptɪk] adj (Gram) proleptique

proletarian [ˌprəʊlə'tɛərɪən] [→ SYN] **1** n prolétaire mf
2 adj class, party prolétarien; life, ways, mentality de prolétaire

proletarianize [ˌprəʊlə'tɛərɪənaɪz] vt prolétariser

proletariat [ˌprəʊlə'tɛərɪət] [→ SYN] n prolétariat m

pro-life [ˌprəʊ'laɪf] adj contre l'avortement ♦ the pro-life lobby les adversaires mpl de l'avortement

pro-lifer * [ˌprəʊ'laɪfər] n adversaire mf de l'avortement

proliferate [prə'lɪfəreɪt] vi proliférer

proliferation [prəˌlɪfə'reɪʃən] n (gen, Mil) prolifération f

proliferous [prə'lɪfərəs] adj prolifère

prolific [prə'lɪfɪk] [→ SYN] adj prolifique

prolifically [prə'lɪfɪkəlɪ] adv abondamment

prolix ['prəʊlɪks] adj (frm) prolixe

prolixity [prəʊ'lɪksɪtɪ] n (frm) prolixité f

PROLOG, Prolog ['prəʊlɒɡ] n (Comput) Prolog m

prologue ['prəʊlɒɡ] [→ SYN] n (Literat etc) prologue m (to de); (fig) prologue m (to à)

prolong [prə'lɒŋ] [→ SYN] vt prolonger ♦ I won't prolong the agony (fig) je vais abréger tes souffrances

prolongation [ˌprəʊlɒŋ'ɡeɪʃən] n (in space) prolongement m; (in time) prolongation f

prolonged [prə'lɒŋd] adj prolongé; period long ♦ prolonged leave of absence congé m prolongé or de longue durée ♦ prolonged sick leave congé m de longue maladie ♦ after a prolonged absence après une longue absence or une absence prolongée

PROM / prompter

PROM n (Comput) (abbrev of **Programmable Read Only Memory**) PROM f, mémoire f morte programmable

prom * [prɒm] n (abbrev of **promenade**) **a** (Brit: by sea) promenade f, front m de mer

b (Brit) **proms** série de concerts de musique classique

c (US) bal m d'étudiants (or de lycéens)

PROM

En Grande-Bretagne, les **proms** (pour "promenade concerts") sont des concerts de musique classique où une grande partie du public est debout. Les **proms** les plus célèbres sont les concerts organisés chaque été au Royal Albert Hall à Londres. Le dernier concert de la saison, appelé "Last Night of the **Proms**", est une grande manifestation mondaine, au cours de laquelle sont interprétés notamment des chants patriotiques.

Aux États-Unis, le **prom** est un grand bal organisé dans un lycée ou une université. Le "senior **prom**" des classes de terminale est une soirée particulièrement importante, à laquelle les élèves se rendent en tenue de soirée accompagnés de leur cavalier ou cavalière.

---

promenade [ˌprɒmɪˈnɑːd] → SYN ① n **a** (= walk) promenade f

b (= place) (by sea) promenade f, front m de mer ; (in park etc) avenue f ; (in theatre, hall etc) promenoir m

c (US) → prom c

② vi (frm = walk) se promener

③ vt (frm) [person] promener ; [+ avenue] se promener le long de

④ COMP ▷ **Promenade Concerts** npl → prom b ▷ **promenade deck** n (Naut) pont m promenade

promenader * [ˌprɒmɪˈnɑːdəʳ] n (Brit Mus) auditeur m, -trice f d'un promenade concert ; → promenade

Promethean [prəˈmiːθɪən] adj prométhéen

Prometheus [prəˈmiːθjuːs] n Prométhée m

promethium [prəˈmiːθɪəm] n prométhéum m

prominence [ˈprɒmɪnəns] → SYN n **a** (lit) [of ridge, structure, nose, feature] caractère m proéminent, proéminence f (frm) ; [of cheekbones] aspect m saillant ; [of pattern, markings] aspect m frappant ◆ **the prominence of his teeth** ses dents en avant

b (fig) importance f ◆ **to give prominence to sth** accorder de l'importance à qch ◆ **to come** or **rise (in)to prominence** [person] venir occuper le devant de la scène ; [phenomenon] prendre de l'importance ◆ **Gough shot to prominence last year** Gough a été propulsé sur le devant de la scène l'année dernière ◆ **to achieve national/international prominence** venir occuper le devant de la scène nationale/internationale ◆ **his sudden rise to prominence** sa célébrité soudaine ◆ **since the rise to prominence of the environmental movement** depuis que le mouvement écologique a pris de l'importance ◆ **to bring sb (in)to prominence** placer qn sur le devant de la scène ◆ **to bring sth (in)to prominence** attirer l'attention sur qch ◆ **to be in a position of prominence** (= clearly visible) être bien en évidence ; (= important) occuper une place importante ◆ **a position of prominence** (= important role) un poste important

c (frm = protuberance) proéminence f, relief m ; (Anat) protubérance f

prominent [ˈprɒmɪnənt] → SYN adj ridge, structure, nose proéminent ; cheekbones saillant ; tooth qui avance ; (fig = striking) pattern, markings frappant ; feature marquant ; (fig = outstanding) person important, bien en vue ◆ **he is a prominent member of ...** c'est un membre important de ... ◆ **she is prominent in London literary circles** elle est très en vue dans les cercles littéraires londoniens ◆ **he was very prominent in ..., he played a prominent part in ...** il a joué un rôle important dans ... ◆ **to put sth in a prominent position** mettre qch bien en valeur or en vue ◆ **he occupies a prominent position in ...** (fig) il occupe une position importante or en vue dans ...

prominently [ˈprɒmɪnəntlɪ] adv displayed, placed, set bien en évidence, bien en vue ◆ **the murder was prominently reported in the press** ce meurtre a fait l'objet de nombreux articles dans la presse ◆ **to figure** or **feature prominently (in sth)** occuper une place importante (dans qch) ◆ **his name figured** or **feature prominently in the case** on a beaucoup entendu parler de lui dans cette affaire, son nom revenait souvent dans cette affaire

promiscuity [ˌprɒmɪsˈkjuːɪtɪ] n **a** (pej: sexual) promiscuité f sexuelle

b (gen) promiscuité f

promiscuous [prəˈmɪskjʊəs] → SYN adj **a** (pej: in sexual matters) person de mœurs faciles or légères ; conduct immoral, très libre ◆ **he/she is very promiscuous** il/elle change sans arrêt de partenaire, il/elle couche avec n'importe qui

b (= disorderly, mixed) collection, heap confus

promiscuously [prəˈmɪskjʊəslɪ] adv **a** (pej) behave immoralement

b heap, collect confusément

promiscuousness [prəˈmɪskjʊəsnɪs] n ⇒ **promiscuity**

promise [ˈprɒmɪs] → SYN ① n **a** (= undertaking) promesse f ◆ **promise of marriage** promesse f de mariage ◆ **under (a** or **the) promise of** sous promesse de ◆ **to make sb a promise** faire une promesse à qn (to do sth de faire qch) ◆ **is that a promise?** c'est promis ? ◆ **to keep one's promise** tenir sa promesse ◆ **to hold sb to his promise** faire tenir sa promesse à qn, obliger qn à tenir sa promesse ◆ **promises, promises!** (dismissively) oh, on dit ça, on dit ça !

b (= hope, prospect) promesse(s) f(pl), espérance(s) f(pl) ◆ **a young man of great promise** un jeune homme très prometteur or qui donne de grandes espérances ◆ **he shows great promise** il donne de grandes espérances ◆ **it holds out a promise of peace** cela promet or fait espérer la paix

② vt **a** promettre (sth to sb qch à qn ; sb to do sth à qn de faire qch ; that que) ◆ **I promise you!** je vous le promets ! ◆ **"I will help you" she promised** "je vous aiderai" promit-elle ◆ **I can't promise anything** je ne peux rien (vous) promettre ◆ **to promise sb the earth** or **the moon** promettre monts et merveilles à qn, promettre la lune à qn ◆ **to promise o.s. (to do) sth** se promettre (de faire) qch

b (give outlook of) promettre, annoncer ◆ **they've promised us rain for tomorrow** on nous a promis or annoncé de la pluie pour demain ◆ **it promised to be another scorching day** une nouvelle journée très chaude s'annonçait, la journée promettait encore d'être très chaude ◆ **this promises to be difficult** ça promet d'être or ça s'annonce difficile

c (= assure) assurer ◆ **he did say so, I promise you** il l'a vraiment dit, je vous assure

③ vi **a** (= pledge) promettre ◆ **I promise!** je vous le promets ! ◆ **(will you) promise?** (c'est) promis ?, juré ? ◆ **I can't promise but I'll do my best** je ne (vous) promets rien mais je ferai de mon mieux

b (in outlook) **to promise well** [situation, event] être plein de promesses, être prometteur ; [crop, business] s'annoncer bien ; [first book] promettre, être prometteur ◆ **this doesn't promise well** ça n'est guère prometteur, ça ne s'annonce pas bien

promised [ˈprɒmɪst] adj promis ◆ **the Promised Land** la Terre promise

promising [ˈprɒmɪsɪŋ] → SYN adj **a** (= encouraging) situation, sign prometteur ; (Comm) market porteur ◆ **the future is promising** l'avenir s'annonce bien ◆ **that's promising** c'est prometteur ◆ (iro) **oh, c'est promet!** (iro) ◆ **it doesn't look very promising** ça ne semble guère prometteur, ça ne se présente or s'annonce pas bien

b (= full of promise) person prometteur ◆ **we have two promising candidates** nous avons deux candidats prometteurs ◆ **he is a promising pianist** c'est un pianiste d'avenir

promisingly [ˈprɒmɪsɪŋlɪ] adv d'une façon prometteuse ◆ **it began quite promisingly** tout s'annonçait bien, c'était bien parti ◆ **it's going quite promisingly** c'est prometteur, ça marche bien

promissory note [ˈprɒmɪsərɪˌnəʊt] n billet m à ordre

promo * [ˈprəʊməʊ] n, pl **promos a** (Comm = promotional material) matériel m promotionnel

b (US Comm) (abbrev of **promotion**) promotion f

promontory [ˈprɒmntrɪ] n promontoire m

promote [prəˈməʊt] → SYN vt **a** [+ person] promouvoir (to à) ◆ **to be promoted** être promu, monter en grade ◆ **he was promoted (to) colonel** or **to the rank of colonel** il a été promu (au grade de) colonel ◆ **they've been promoted to the first division** (Ftbl etc) ils sont montés en première division

b (= encourage, publicize) [+ plan, product, firm, campaign, cooperation] promouvoir ; [+ trade] promouvoir, encourager ; [+ cause, idea, language] défendre ; (Parl) [+ bill] présenter ◆ **the government's efforts to promote economic cooperation** les efforts du gouvernement pour promouvoir la coopération économique

promoter [prəˈməʊtəʳ] n [of sport] organisateur m, -trice f ; (Comm) [of product] promoteur m de vente ; [of business, company] fondateur m, -trice f

promotion [prəˈməʊʃən] → SYN ① n **a** (in job etc) promotion f, avancement m ◆ **to get promotion** être promu, avoir une promotion

b (Sport: to higher division) accession f, passage m ◆ **the promotion of Westerhill Wanderers to the first division** l'accession or le passage de l'équipe des Westerhill Wanderers en première division

c (Comm) promotion f

d (US Scol) passage m de classe

e (NonC = encouragement, publicity) [of plan, product, firm, campaign] promotion f ; [of cause, idea] défense f ; (Parl) [of bill] présentation f ◆ **their priority is the promotion of healthy eating habits/economic cooperation** ils ont pour priorité d'encourager les gens à se nourrir sainement/de promouvoir la coopération économique ◆ **she devoted her life to the promotion of the Breton language** elle a consacré sa vie à la défense de la langue bretonne

② COMP ▷ **promotion board** n comité m de promotion ▷ **promotion campaign** n campagne f publicitaire ▷ **promotion prospects** npl possibilités fpl de promotion or d'avancement ▷ **promotions director**, **promotions manager** n directeur m, -trice f des promotions

promotional [prəˈməʊʃənl] adj (Comm) promotionnel, publicitaire

prompt [prɒmpt] → SYN ① adj **a** (= speedy) action rapide, prompt ; delivery, reply, service rapide ◆ **prompt payment** paiement m rapide ; (Comm) paiement m dans les délais ◆ **they were prompt to offer their services** ils ont été prompts à offrir leurs services, ils ont offert leurs services sans tarder

b (= punctual) ponctuel, à l'heure

② adv ponctuellement ◆ **at 6 o'clock prompt** à 6 heures pile or tapantes or sonnantes ◆ **I want it on 6 May prompt** je le veux le 6 mai sans faute or au plus tard

③ vt **a** [+ person] pousser, inciter (to do sth à faire qch) ; [+ protest, reaction] provoquer, susciter ◆ **I felt prompted to protest** cela m'a incité à protester, je me suis senti obligé de protester ◆ **he was prompted by a desire to see justice done** il était animé or poussé par un désir de voir la justice triompher ◆ **it prompts the thought that ...** cela incite à penser que ..., cela vous fait penser que ... ◆ **to prompt a great deal of interest** susciter beaucoup d'intérêt ◆ **a feeling of regret prompted by the sight of ...** un sentiment de regret provoqué or suscité par la vue de ...

b (Theat) souffler à

④ n **a** (Theat) **to give sb a prompt** souffler une réplique à qn

b (Comput) (message m de) guidage m ◆ **at the prompt** à l'apparition du message de guidage

⑤ COMP ▷ **prompt box** n (Theat) trou m du souffleur ▷ **prompt side** n (Theat) (Brit) côté m cour ; (US) côté m jardin ◆ **off prompt side** (Brit) côté jardin ; (US) côté cour

prompter [ˈprɒmptəʳ] → SYN n (Theat) souffleur m, -euse f

prompting ['prɒmptɪŋ] → SYN n incitation f ◆ **he did it at my prompting** il l'a fait à mon instigation ◆ **he did it without (any) prompting** il l'a fait de son propre chef

promptitude ['prɒmptɪtjuːd] n (frm) **a** (= speed) promptitude f, empressement m (*in doing sth* à faire qch)
  b (= punctuality) ponctualité f

promptly ['prɒmptlɪ] → SYN adv **a** (= without delay) rapidement ◆ **to pay promptly** payer dans les délais
  b (= punctually) à l'heure ◆ **he arrived promptly at three** il est arrivé à trois heures précises
  c (= thereupon) aussitôt, aussi sec * ◆ **she sat down and promptly fell asleep** elle s'est assise et s'est aussitôt endormie

promptness ['prɒmptnɪs] → SYN n ⇒ **promptitude**

promulgate ['prɒməlɡeɪt] → SYN vt (frm) [+ law, decree, constitution] promulguer ; [+ idea, doctrine, creed] répandre, disséminer

promulgation [ˌprɒməl'ɡeɪʃən] n (frm) [of law, decree, constitution] promulgation f ; [of idea, doctrine, creed] diffusion f, dissémination f

pronation [prəʊ'neɪʃən] n (Physiol) pronation f

prone [prəʊn] → SYN adj **a** (= face down) (couché) sur le ventre, étendu face contre terre
  b (= liable) enclin, sujet (*to sth* à qch ; *to do sth* à faire qch)

proneness ['prəʊnnɪs] n tendance f, prédisposition f (*to sth* à qch ; *to do sth* à faire qch)

prong [prɒŋ] → SYN n **a** [of fork] dent f ; [of antler] pointe f
  b [of policy, strategy] front m

pronged [prɒŋd] adj à dents

-pronged [prɒŋd] adj (in compounds) ◆ **three-pronged** fork à trois dents ; (Mil etc) attack, advance sur trois fronts, triple

pronominal [prəʊ'nɒmɪnl] adj pronominal

pronominalize [prəʊ'nɒmɪnəlaɪz] vt (Ling) pronominaliser

pronoun ['prəʊnaʊn] n pronom m

pronounce [prə'naʊns] → SYN **1** vt **a** [+ letter, word] prononcer ◆ **how is it pronounced?** comment ça se prononce ? ◆ **the "k" in "knee" is not pronounced** on ne prononce pas le "k" dans "knee", le "k" dans "knee" est muet
  b déclarer, prononcer (*that* que) ◆ **to pronounce sentence** (Jur) prononcer la sentence ◆ **he pronounced that the letter was a forgery** il déclara (solennellement) que la lettre était un faux ◆ **they pronounced him unfit to drive** ils l'ont déclaré inapte à conduire ◆ **he was pronounced dead** ils l'ont déclaré mort ◆ **he pronounced himself in favour of the suggestion** il s'est prononcé or il s'est déclaré en faveur de la suggestion ◆ **"I'm not going!" she pronounced (to them)** "je n'y vais pas !" (leur) déclara-t-elle ◆ **"I now pronounce you man and wife"** "je vous déclare unis par les liens du mariage"
  2 vi se prononcer (*on* sur ; *for* en faveur de ; *against* contre) ; (Jur) prononcer (*for* en faveur de ; *against* contre), rendre un arrêt

pronounceable [prə'naʊnsəbl] adj prononçable

pronounced [prə'naʊnst] → SYN adj prononcé, marqué

pronouncement [prə'naʊnsmənt] → SYN n déclaration f

pronto * ['prɒntəʊ] adv illico *

pronunciation [prəˌnʌnsɪ'eɪʃən] → SYN n prononciation f

proof [pruːf] → SYN **1** n **a** (= evidence: gen, Jur, Math etc) preuve f ◆ **by way of proof** en guise de preuve, pour preuve ◆ **as (a) proof of, in proof of** pour preuve de ◆ **I've got proof that he did it** j'ai la preuve or je peux prouver qu'il l'a fait ◆ **it is proof that he is honest** c'est la preuve qu'il est honnête ◆ **he showed or gave proof of great courage** il a fait preuve or il a témoigné de beaucoup de courage ◆ **to be living proof of sth** être la preuve vivante de qch ◆ **to be living proof that ...** être la preuve vivante que ... ◆ **the burden of proof lies with the prosecution** (Jur) la charge de la preuve incombe au ministère public ; → **positive**

  b (= test) épreuve f ◆ **to put sth/sb to the proof** mettre qch/qn à l'épreuve, éprouver qch/qn ◆ (Prov) **the proof of the pudding is in the eating** c'est à l'usage que l'on peut juger de la qualité d'une chose
  c [of book, pamphlet, engraving, photograph] épreuve f ◆ **to read** or **correct the proofs** corriger les épreuves ◆ **to pass the proofs** donner le bon à tirer ; → **galley, page**[1]
  d (of alcohol) teneur f en alcool ◆ **this whisky is 70° proof** ≃ ce whisky titre 40° d'alcool ◆ **under/over proof** moins de/plus de la teneur normale or exigée en alcool
  2 adj ◆ **proof against** bullets, time, wear, erosion à l'épreuve de ; temptation, suggestion insensible à
  3 vt **a** [+ fabric, anorak, tent] imperméabiliser
  b (Typ etc) corriger les épreuves de
  4 COMP ▷ **proof of identity** n (NonC) papiers mpl or pièce(s) f(pl) d'identité ▷ **proof of postage** n justificatif m d'expédition ▷ **proof of purchase** n justificatif m d'achat ▷ **proof sheets** npl épreuves fpl ▷ **proof spirit** n (Brit) alcool m à 57°, (US) alcool m à 60° ▷ **proof stage** n **at proof stage** au stade des épreuves

...proof [pruːf] adj (in compounds) à l'épreuve de ; → **bulletproof, foolproof**

proofread ['pruːfriːd] vt corriger les épreuves de

proofreader ['pruːfˌriːdəʳ] n correcteur m, -trice f d'épreuves or d'imprimerie

proofreading ['pruːfˌriːdɪŋ] n correction f des épreuves

prop[1] [prɒp] → SYN **1** n **a** support m ; (for wall, in mine, tunnel etc) étai m ; (for clothes-line) perche f ; (for vines, hops etc) échalas m ; (for beans, peas) rame f ; (for seedlings) tuteur m ; (fig) soutien m, appui m (*to, for* de) ◆ **his presence was a great prop to her morale** elle trouvait beaucoup de réconfort dans sa présence, sa présence lui était d'un grand réconfort (moral) ◆ **do you ever use alcohol as a prop?** vous arrive-t-il de boire (de l'alcool) pour vous donner du courage ?
  b (Rugby) **prop (forward)** pilier m
  2 vt **a** (also **prop up**) (= lean) [+ ladder, cycle] appuyer (*against* contre) ; (= support, shore up) [+ tunnel, wall, building] étayer ; [+ clothes-line, lid] caler ; [+ vine, hops] échalasser ; [+ beans, peas] mettre une rame à ; [+ seedlings] mettre un tuteur à ; (fig) [+ régime] maintenir ; [+ business, company] soutenir, renflouer ; [+ organization] soutenir, patronner ; (Fin) [+ the pound] venir au secours de ◆ **to prop o.s. (up) against** se caler contre, s'adosser à
  b **he propped the door open with a book** il a maintenu la porte ouverte avec un livre

prop[2] [prɒp] n (Theat) (abbrev of **property**) accessoire m

prop[3] * [prɒp] **1** n (Aviat) ⇒ **propeller**
  2 COMP ▷ **prop shaft** * n ⇒ **propeller shaft** ; → **propeller**

prop. (Comm) abbrev of **proprietor**

propaganda [ˌprɒpə'ɡændə] → SYN **1** n propagande f
  2 COMP leaflet, campaign de propagande

propagandist [ˌprɒpə'ɡændɪst] adj, n propagandiste mf

propagandize [ˌprɒpə'ɡændaɪz] **1** vi faire de la propagande
  2 vt [+ doctrine] faire de la propagande pour ; [+ person] soumettre à la propagande, faire de la propagande à

propagate ['prɒpəɡeɪt] → SYN (llt, fig) **1** vt propager
  2 vi se propager

propagation [ˌprɒpə'ɡeɪʃən] → SYN n propagation f

propagator ['prɒpəɡeɪtəʳ] n (for plants) germoir m

propagule ['prɒpəɡjuːl], **propagulum** [prəʊ'pæɡjʊləm] n propagule f

propane ['prəʊpeɪn] n propane m

proparoxytone [ˌprəʊpə'rɒksɪtəʊn] adj, n proparoxyton m

propel [prə'pel] → SYN **1** vt **a** [+ vehicle, boat, machine] propulser, faire avancer
  b (= push) pousser ◆ **to propel sth/sb along** faire avancer qch/qn (en le poussant)
  ◆ **they propelled him into the room** ils l'ont poussé dans la pièce ; (more violently) ils l'ont propulsé dans la pièce
  2 COMP ▷ **propelling pencil** n (Brit) porte-mine m

propellant [prə'pelənt] n [of rocket] propergol m, combustible m (pour fusée) ; [of aerosol] propulseur m

propellent [prə'pelənt] **1** adj propulseur, propulsif
  2 n ⇒ **propellant**

propeller [prə'peləʳ] **1** n [of plane, ship] hélice f
  2 COMP ▷ **propeller shaft** n (Aut) arbre m de transmission ; (Aviat, Naut) arbre m d'hélice

propene ['prəʊpiːn] n (Chem) propène m

propensity [prə'pensɪtɪ] → SYN n propension f, tendance f (naturelle) (*to, towards, for* à ; *to do sth, for doing sth* à faire qch)

proper ['prɒpəʳ] → SYN **1** adj **a** (= suitable) convenable, adéquat ; (= correct) correct ; (= appropriate) approprié ◆ **you'll have to put the lid on the proper way** il faut que vous mettiez (subj) le couvercle comme il faut ◆ **you'll have to apply for it in the proper way** il faudra faire votre demande dans les règles ◆ **the proper dress for the occasion** la tenue de rigueur pour l'occasion ◆ **the proper spelling** l'orthographe f correcte ◆ **in the proper sense of the word** au sens propre du mot ◆ **if you had come at the proper time** si vous étiez venu à la bonne heure or à l'heure dite ◆ **the staff were not given proper training** le personnel n'a pas reçu une formation appropriée or adéquate ◆ **I regret not having had a proper education** je regrette de ne pas avoir eu une véritable éducation or suivi de véritables études ◆ **you must go through the proper channels** (Admin etc) vous devez passer par la filière officielle ◆ **the proper reply would have been "no"** la réponse qui aurait convenu c'est "non" ◆ **to make a proper job of sth** bien réussir qch (also iro) ◆ **to do the proper thing by sb** bien agir or agir honorablement envers qn ◆ **do as you think proper** faites ce qui vous semble bon, faites comme bon vous semblera ◆ **if you think it proper to do so** si vous jugez convenable d'agir ainsi ◆ **in a manner proper to his position** ainsi que l'exigeait sa position ◆ **the qualities which are proper to this substance** les qualités propres à or typiques de cette substance ; → **right**
  b (= authentic) véritable ; (after n) (= strictly speaking) proprement dit, même ◆ **he's not a proper electrician** ce n'est pas un véritable électricien ◆ **I've never had a proper job** je n'ai jamais eu un vrai or véritable travail ◆ **I'm not a proper Londoner** or **a Londoner proper** je ne suis pas à proprement parler londonien ◆ **outside Paris proper** en dehors de Paris même or de Paris proprement dit
  c (= seemly) person comme il faut *, convenable ; book, behaviour convenable, correct ◆ **it isn't proper to do that** cela ne se fait pas ◆ **I don't think it would be proper for me to comment** je ne pense pas qu'il serait convenable que je fasse des commentaires ; → **prim**
  d (* = real, total) **he's a proper fool** c'est un imbécile fini ◆ **I felt a proper idiot** je me suis senti vraiment idiot ◆ **he's a proper gentleman** c'est un monsieur très comme il faut *, c'est un vrai gentleman ◆ **he made a proper mess of it** il (en) a fait un beau gâchis ◆ **it's a proper mess in there!** c'est la pagaille complète * là-dedans !
  2 adv **a** * behave, talk comme il faut
  b (dial) vraiment, très ◆ **he did it proper quick** il l'a fait vraiment très vite ◆ **it's proper cruel!** qu'est-ce que c'est cruel ! ◆ **he's proper poorly** il n'est vraiment pas bien, il est vraiment malade
  3 n (Rel: also **Proper**) propre m
  4 COMP ▷ **proper fraction** n (Math) fraction f inférieure à l'unité ▷ **proper name, proper noun** n (Gram) nom m propre ▷ **proper psalm** n (Rel) psaume m du jour

properly ['prɒpəlɪ] LANGUAGE IN USE 26.3 adv **a** (= correctly) eat, behave, dress correctement ; (= in a seemly way) convenablement, comme il faut ◆ **he didn't do it properly** il ne l'a pas fait comme il le fallait ◆ **properly speaking** à proprement parler ◆ **he very properly refused** il a refusé à juste titre
  b (* = completely) vraiment, drôlement * ◆ **to be properly ashamed** avoir vraiment or

propertied ['prɒpətɪd] adj possédant

property ['prɒpətɪ] → SYN ① n a (NonC = possessions) propriété f, biens mpl ◆ **is this your property?** est-ce que cela vous appartient?, est-ce à vous? ◆ **it is the property of ...** cela appartient à ..., c'est la propriété de ... ◆ **personal property must not be left in the cloakroom** il ne faut pas laisser d'effets personnels dans le vestiaire ◆ **personal property** (Jur) biens mpl personnels or mobiliers ◆ **government/company property** propriété f du gouvernement/de l'entreprise ◆ **it is common property** (lit) c'est la propriété de tous, ce sont des biens communs ◆ **it is common property that ...** (fig) chacun sait que ..., il est de notoriété publique que ... ◆ **a man/woman of property** un homme/une femme qui a du bien or des biens ; → **lost, real**

b (NonC = estate) propriété f ; (= lands) terres fpl ; (= buildings) biens mpl immobiliers ◆ **he has or owns property in Ireland** il a des terres (or des biens immobiliers) en Irlande, il est propriétaire en Irlande ◆ **get off my property** décampez de ma propriété or de mes terres

c (= house etc) propriété f ◆ **a fine property with views over the lake** une belle propriété avec vue sur le lac

d (Chem, Phys etc = quality) propriété f ◆ **this plant has healing properties** cette plante a des propriétés or des vertus thérapeutiques

e (Theat) accessoire m

② COMP ▷ **property centre** n (Brit) ≃ agence f immobilière ▷ **property developer** n promoteur m immobilier ▷ **property insurance** n assurance f sur le capital immobilier ▷ **property law** n droit m immobilier ▷ **property man** n, pl **property men** (Theat) accessoiriste m ▷ **property market, property mart** n marché m immobilier ▷ **property mistress** n (Theat) accessoiriste f ▷ **property owner** n propriétaire m foncier ▷ **property settlement** n (US Jur) répartition f des biens (en cas de divorce) ▷ **property speculation** n spéculation f immobilière ▷ **property speculator** n spéculateur m immobilier ▷ **property tax** n impôt m foncier

prophecy ['prɒfɪsɪ] → SYN n prophétie f

prophesy ['prɒfɪsaɪ] → SYN ① vt prédire (that que) ; [+ event] prédire, prophétiser
② vi prophétiser, faire des prophéties

prophet ['prɒfɪt] → SYN n prophète m ◆ **the Prophet Samuel** etc le prophète Samuel etc ◆ **The Prophets** (Bible) les (livres des) Prophètes ◆ **The Prophet** (Islam) le Prophète ◆ **a prophet of doom** (fig) un prophète de malheur

prophetess ['prɒfɪtɪs] n prophétesse f

prophetic(al) [prə'fetɪk(l)] adj prophétique

prophetically [prə'fetɪkəlɪ] adv say, write prophétiquement ◆ **"sooner than you think", he commented prophetically** "plus tôt que tu ne le penses", dit-il prophétiquement

prophylactic [,prɒfɪ'læktɪk] ① adj prophylactique
② n prophylactique m ; (= contraceptive) préservatif m

prophylaxis [,prɒfɪ'læksɪs] n prophylaxie f

propinquity [prə'pɪŋkwɪtɪ] n (frm) (in time, space) proximité f ; (in relationship) parenté f proche, consanguinité f ; [of ideas etc] ressemblance f, affinité f

propitiate [prə'pɪʃɪeɪt] vt [+ person, the gods] se concilier

propitiation [prə,pɪʃɪ'eɪʃən] n propitiation f

propitiatory [prə'pɪʃɪətərɪ] adj propitiatoire

propitious [prə'pɪʃəs] → SYN adj propice, favorable (to à)

propitiously [prə'pɪʃəslɪ] adv d'une manière propice, favorablement

propjet ['prɒpdʒet] n (Aviat) (= engine) turbopropulseur m ; (= aircraft) avion m à turbopropulseur

propolis ['prɒpəlɪs] n propolis f

proponent [prə'pəʊnənt] n partisan(e) m(f), adepte mf (of de)

proportion [prə'pɔːʃən] → SYN ① n a proportion f ◆ **the proportion of men to women** la proportion or le pourcentage d'hommes par rapport aux femmes ◆ **he has no sense of proportion** il n'a pas le sens des proportions

◆ **in proportion** ◆ **add milk in proportion to the weight of flour** ajoutez du lait proportionnellement au poids de la farine ◆ **her weight is not in proportion to her height** son poids n'est pas proportionné à sa taille ◆ **contributions in proportion to one's earnings** contributions au prorata de or en proportion de ses revenus ◆ **in proportion to what she earns, what she gives is enormous** en proportion de ce qu'elle gagne, ce qu'elle donne est énorme ◆ **in due proportion** selon une proportion équitable or une juste proportion ◆ **to be in direct/inverse proportion to sth** être directement/inversement proportionnel à qch ◆ **to see sth in proportion** (fig) relativiser qch ◆ **let's get things in proportion** ne dramatisons pas ◆ **in proportion as ...** à mesure que ... ◆ **in proportion with ...** proportionnellement à ...

◆ **out of (all) proportion** hors de (toute) proportion ◆ **out of proportion to** hors de proportion avec, disproportionné à or avec ◆ **he's got it out of proportion** [artist] il n'a pas respecté les proportions, c'est mal proportionné ; (fig) il a exagéré, c'est hors de proportion

b (= part) part f, partie f ◆ **in equal proportions** à parts égales ◆ **a certain proportion of the staff** une certaine partie or un certain pourcentage du personnel ◆ **your proportion of the work** votre part du travail ◆ **what proportion is rented?** quel est le pourcentage de ce qui est loué ? ◆ **a high proportion of women** une proportion élevée de femmes

② **proportions** npl (= size) proportions fpl, dimensions fpl

③ vt proportionner (to à) ◆ **well-proportioned** bien proportionné

proportional [prə'pɔːʃənl] → SYN ① adj proportionnel, proportionné (to à)
② COMP ▷ **proportional representation** n (Pol) représentation f proportionnelle

proportionality [prə,pɔːʃə'nælɪtɪ] n (frm) proportionnalité f ◆ **there is a need for proportionality in sentencing** il faut que la peine soit proportionnée à la gravité du crime

proportionally [prə'pɔːʃnəlɪ] adv proportionnellement ◆ **men have proportionally larger feet than women** proportionnellement, les hommes ont les pieds plus grands que les femmes

proportionate ① [prə'pɔːʃənɪt] adj ⇒ proportional 1
② [prə'pɔːʃə,neɪt] vt ⇒ proportion 3

proportionately [prə'pɔːʃnɪtlɪ] adv ⇒ proportionally

proposal [prə'pəʊzl] → SYN ① n a (= offer) proposition f, offre f ; [of marriage] demande f en mariage, offre f de mariage

b (= plan) projet m, plan m (for sth de or pour qch ; to do sth pour faire qch) ; (= suggestion) proposition f, suggestion f (to do sth de faire sth) ◆ **proposals for the amendment of this treaty** (Jur) projet m tendant à la révision du présent traité

② COMP ▷ **proposal form** n (Insurance) proposition f de contrat d'assurance

propose [prə'pəʊz] → SYN ① vt a (= suggest) proposer, suggérer (sth to sb qch à qn ; doing sth de faire qch ; that que + subj) ; [+ measures, plan, motion, course, candidate] proposer ; [+ toast] porter ; [+ candidate] proposer ◆ **to propose sb's health** porter un toast à la santé de qn ◆ **to propose marriage to sb** faire sa demande à qn, demander qn en mariage ◆ **he proposed Smith as** or **for chairman** il a proposé Smith pour la présidence

b (= have in mind) **to propose to do sth** or **doing sth** se proposer or avoir l'intention de faire qch, penser or compter faire qch

② vi (= offer marriage) faire une demande en mariage (to sb à qn)

proposed [prə'pəʊzd] adj proposé ◆ **your proposed solution** la solution que vous avez proposée ◆ **a proposed nature reserve/housing scheme** un projet de réserve naturelle/de cité

proposer [prə'pəʊzər] n (Admin, Parl etc) auteur m de la proposition ; (for club membership etc) parrain m, marraine f

proposita [prə'pɒzɪtə] n, pl **propositae** [prə'pɒzɪtiː] (Med) proposante f

proposition [,prɒpə'zɪʃən] → SYN ① n a (gen, Comm, Math, Philos etc = statement, offer) proposition f

b (= affair, enterprise) **that's quite another proposition** or **a different proposition** ça c'est une tout autre affaire ◆ **the journey alone is quite a proposition** or **is a big proposition** le voyage n'est déjà pas une mince affaire or une partie de plaisir ◆ **it's a tough proposition** c'est ardu, ça présente de grandes difficultés ◆ **he's a tough proposition** * il est coriace, il n'est pas commode ; → **economic, paying**

c (pej: immoral) proposition f malhonnête

② vt faire des propositions (malhonnêtes) à

propositus [prə'pɒzɪtəs] n, pl **propositi** [prə'pɒzɪtaɪ] (Med) probant m, proposant(e) m(f)

propound [prə'paʊnd] → SYN vt (= put up) [+ theory, idea] avancer, proposer ; [+ problem, question] poser ; (= explain, develop) [+ programme] exposer

proprietary [prə'praɪətərɪ] ① adj a (Comm) article de marque déposée

b duties etc de propriétaire

c (= possessive, protective) behaviour, attitude possessif

② COMP ▷ **proprietary brand** n (produit m de) marque f déposée ▷ **proprietary colony** n (US Hist) colonie accordée par la Couronne à une personne en pleine propriété ▷ **proprietary medicine** n spécialité f pharmaceutique ▷ **proprietary name** n marque f déposée ▷ **proprietary rights** npl droit m de propriété

proprietor [prə'praɪətər] → SYN n propriétaire m

proprietorial [prə,praɪə'tɔːrɪəl] adj rights, duties de propriétaire ; behaviour, attitude possessif

proprietorship [prə'praɪətəʃɪp] n (= right) droit m de propriété ◆ **under his proprietorship** quand il en était (or sera) le propriétaire, lui (étant) propriétaire

proprietress [prə'praɪətrɪs], **proprietrix** [prə'praɪətrɪks] n propriétaire f

propriety [prə'praɪətɪ] → SYN n a (= decency) **proprieties** bienséances fpl, convenances fpl ◆ **to observe the proprieties** respecter or observer les bienséances or les convenances

b (NonC = appropriateness, correctness etc) [of phrase, expression] justesse f, correction f ◆ **propriety of behaviour** or **conduct** comportement m bienséant

proprioceptive [,prəʊprɪə'septɪv] adj proprioceptif

proprioceptor [,prəʊprɪə'septər] n propriocepteur m

proptosis [prɒp'təʊsɪs] n, pl **proptoses** [prɒp'təʊsiːz] (Med) proptase f ◆ **ocular proptosis** exophtalmie f

propulsion [prə'pʌlʃən] → SYN n propulsion f

propulsive [prə'pʌlsɪv] adj energy propulsif ; music, rhythm entraînant

propylaeum [,prɒpɪ'liːəm] n, pl **propylaea** [,prɒpɪ'liːə] propylée m

propylene ['prəʊpɪliːn] n (Chem) propylène m

pro rata ['prəʊ'rɑːtə] ① adv au prorata ◆ **salary £20,000 pro rata** salaire au prorata du temps de travail (20 000 livres pour un plein temps)
② adj proportionnel

prorate ['prəʊreɪt] vt (US) distribuer au prorata

prorogation [,prəʊrə'geɪʃən] n prorogation f

prorogue [prə'rəʊg] vt (esp Parl) proroger

prosaic [prəʊ'zeɪɪk] → SYN adj (= banal) prosaïque ; (liter), commun

prosaically [prəʊ'zeɪɪkəlɪ] adv prosaïquement (liter), communément ◆ **more prosaically known as ...** plus communément connu sous le nom de ...

Pros. Atty n (abbrev of **prosecuting attorney**) avocat m général

proscenium [prəʊˈsiːnɪəm] **1** n, pl **prosceniums** or **proscenia** [prəʊˈsiːnɪə] proscenium m, avant-scène f
2 COMP ▷ **proscenium arch** n (Theat) arc m de scène

prosciutto [prəʊˈʃuːtəʊ] n (Culin) jambon m de Parme

proscribe [prəʊˈskraɪb] → SYN vt proscrire

proscription [prəʊˈskrɪpʃən] n proscription f

prose [prəʊz] **1** n **a** (NonC: Literat) prose f ◆ **in prose** en prose
b (Scol, Univ: also **prose translation**) thème m
2 COMP poem, comedy en prose ▷ **prose writer** n prosateur m

prosecute [ˈprɒsɪkjuːt] → SYN **1** vt **a** (Jur) poursuivre (en justice), engager des poursuites (judiciaires) contre ◆ **he was prosecuted for speeding** il a été poursuivi pour excès de vitesse ; → **trespasser**
b (frm = carry on) [+ enquiry, research, war] poursuivre
2 vi **a** (= take legal action) engager des poursuites judiciaires ◆ **"we always prosecute"** "tout délit donnera lieu à des poursuites"
b [lawyer] **Mr Paul Lambotte, prosecuting, pointed out that ...** Me Paul Lambotte, représentant la partie plaignante, a fait remarquer que ... ; (in higher court) Me Paul Lambotte, représentant le ministère public or l'accusation, a fait remarquer que ... ; see also **prosecuting**

prosecuting [ˈprɒsɪkjuːtɪŋ] **1** adj (Jur) ◆ **to appear as prosecuting counsel** représenter le ministère public
2 COMP ▷ **prosecuting attorney** n avocat m général

prosecution [ˌprɒsɪˈkjuːʃən] n **a** (Jur = act of prosecuting) poursuites fpl (judiciaires) ◆ **to bring a prosecution against sb** engager des poursuites (judiciaires) contre qn ◆ **to take out a private prosecution (against sb)** engager des poursuites (contre qn) à titre privé ◆ **there have been seven prosecutions in the last three years** il y a eu sept actions en justice au cours des trois dernières années ; → **crown, director**
b (Jur = side) **the prosecution** (in civil case) la partie plaignante ; (in criminal case) l'accusation f ◆ **witness for the prosecution** témoin m à charge ◆ **to give evidence for the prosecution** être témoin à charge ◆ **to appear as counsel for the prosecution** (in civil case) représenter la partie plaignante ; (in criminal case) représenter le ministère public or l'accusation ◆ **Giles Harrison, for the prosecution, told the jury that ...** (in civil case) Giles Harrison, représentant la partie plaignante, a déclaré au jury que ... ; (in criminal case) Giles Harrison, représentant le ministère public or l'accusation, a déclaré au jury que ...
c (frm = furtherance) [of enquiry, research, war] poursuite f ◆ **in the prosecution of my duties** dans l'exercice de mes fonctions

prosecutor [ˈprɒsɪkjuːtəʳ] n plaignant m ; (also **public prosecutor**) procureur m (de la République), ministère m public

proselyte [ˈprɒsɪlaɪt] **1** n prosélyte mf
2 vti (US) ⇒ **proselytize**

proselytism [ˈprɒsɪlɪtɪzəm] n prosélytisme m

proselytize [ˈprɒsɪlɪtaɪz] **1** vi faire du prosélytisme
2 vt [+ person] convertir, faire un(e) prosélyte de

proselytizer [ˈprɒsɪlɪtaɪzəʳ] n personne qui fait du prosélytisme

Proserpina [prəʊˈsɜːpɪnə] n (Myth) Proserpine f

prosodic [prəˈsɒdɪk] adj prosodique ◆ **prosodic feature** (Phon) trait m prosodique

prosody [ˈprɒsədɪ] n prosodie f

prosopopoeia [ˌprɒsəpəˈpiːə] n (Rhetoric) prosopopée f

prospect [ˈprɒspekt] → SYN **1** n **a** (= view) vue f, perspective f (of, from de) ; (fig) (= outlook) perspective f ; (= future) (perspectives fpl d')avenir m ; (= hope) espoir m ◆ **this prospect cheered him up** cette perspective l'a réjoui ◆ **what are his prospects?** quelles sont ses perspectives d'avenir ? ◆ **he has good prospects** il a de l'avenir ◆ **he has no prospects** il n'a aucun avenir ◆ **the job has no prospects** c'est un emploi sans avenir ◆ **to improve one's career prospects** améliorer ses chances de promotion or d'avancement
◆ **in prospect** ◆ **to have sth in prospect** avoir qch en perspective or en vue ◆ **the events in prospect** les événements mpl en perspective
◆ **prospect for** ◆ **the prospects for the harvest are good/poor** la récolte s'annonce bien/mal ◆ **future prospects for the steel industry** les perspectives d'avenir de la sidérurgie
◆ **prospect of** ◆ **there is little prospect of his coming** il y a peu de chances or d'espoir (pour) qu'il vienne ◆ **he has little prospect of succeeding** il a peu de chances de réussir, il y a peu de chances qu'il réussisse ◆ **there is no prospect of that** rien ne laisse prévoir cela ◆ **there is every prospect of success/of succeeding** tout laisse prévoir le succès/qu'on réussira ◆ **to face the prospect of** faire face à la perspective de ◆ **"good prospects of promotion"** "réelles perspectives d'évolution" ◆ **the job offered the prospect of foreign travel** l'emploi offrait la possibilité de voyager à l'étranger
b (= likely person, thing: for marriage) parti m ◆ **he is a good prospect for the England team** c'est un bon espoir pour l'équipe anglaise ◆ **he seems quite a good prospect** il semble prometteur ◆ **this product is an exciting prospect for the European market** ce produit ouvre des perspectives passionnantes en ce qui concerne le marché européen ◆ **their offer/the deal seemed quite a good prospect** leur proposition/l'affaire semblait prometteuse
2 [prəˈspekt] vi prospecter ◆ **to prospect for gold** etc prospecter pour trouver de l'or etc, chercher de l'or etc
3 [prəˈspekt] vt [+ land, district] prospecter

prospecting [prəˈspektɪŋ] n (Min etc) prospection f

prospective [prəˈspektɪv] adj son-in-law, home, legislation futur (before n) ; journey en perspective ; customer éventuel, potentiel

prospector [prəˈspektəʳ] n prospecteur m, -trice f ◆ **gold prospector** chercheur m d'or

prospectus [prəˈspektəs] → SYN n brochure f, prospectus m

prosper [ˈprɒspəʳ] → SYN **1** vi [person] prospérer ; [company, enterprise] prospérer, réussir
2 vt († , liter) favoriser, faire prospérer

prosperity [prɒsˈperɪtɪ] → SYN n (NonC) prospérité f

prosperous [ˈprɒspərəs] → SYN adj person, city, business prospère, florissant ; period, years prospère ; undertaking prospère, qui réussit ; look, appearance prospère, de prospérité ; (liter) wind favorable

prosperously [ˈprɒspərəslɪ] adv de manière prospère or florissante

prostaglandin [ˌprɒstəˈglændɪn] n prostaglandine f

prostate [ˈprɒsteɪt] n (also **prostate gland**) prostate f ◆ **to have a prostate operation** se faire opérer de la prostate

prostatitis [ˌprɒstəˈtaɪtɪs] n prostatite f

prosthesis [prɒsˈθiːsɪs] n, pl **prostheses** [prɒsˈθiːsiːz] prosthèse or prothèse f

prosthetic [prɒsˈθetɪk] adj prosthétique or prothétique

prosthetics [prɒsˈθetɪks] n (NonC) prothèse f (science)

prosthodontics [ˌprɒsθəˈdɒntɪks] n prothèse f dentaire

prosthodontist [ˌprɒsθəˈdɒntɪst] n prothésiste mf dentaire

prostitute [ˈprɒstɪtjuːt] → SYN **1** n prostituée f ◆ **male prostitute** prostitué m
2 vt (lit, fig) prostituer ◆ **to prostitute o.s.** se prostituer

prostitution [ˌprɒstɪˈtjuːʃən] → SYN n (NonC) (lit) prostitution f ; (fig) perversion f

prostrate [ˈprɒstreɪt] → SYN **1** adj (lit) à plat ventre ; (in respect, submission) prosterné ; (in exhaustion) prostré ; (fig: nervously, mentally) prostré, accablé
2 [prɒsˈtreɪt] vt **a** **to prostrate o.s.** se prosterner
b (fig) accabler ◆ **the news prostrated him** la nouvelle l'a accablé or abattu ◆ **prostrated with grief/by the heat** accablé de chagrin/par la chaleur

prostration [prɒsˈtreɪʃən] n (= act) prosternation f, prosternement m ; (Rel) prostration f ; (fig = nervous exhaustion) prostration f ◆ **in a state of prostration** prostré

prostyle [ˈprəʊstaɪl] adj, n prostyle m

prosy [ˈprəʊzɪ] adj ennuyeux, insipide

prot * [prɒt] n (pej) abbrev of **Protestant**

protactinium [ˌprəʊtækˈtɪnɪəm] n protactinium m

protagonist [prəʊˈtægənɪst] → SYN n protagoniste mf

Protagoras [prəʊˈtægəræs] n Protagoras m

protamine [ˈprəʊtəmiːn] n protamine f

protean [ˈprəʊtɪən] → SYN adj changeant, inconstant

protease [ˈprəʊtɪeɪs] n protéase f

protect [prəˈtekt] → SYN **1** vt [+ person, property, country, plants] protéger (from de ; against contre) ; [+ interests, rights] sauvegarder ; (Econ) [+ industry] protéger ◆ **the tigress fought to protect her cubs** la tigresse s'est battue pour défendre ses petits ◆ **don't lie to protect your brother** ne cherche pas à protéger ton frère en mentant
2 COMP ▷ **protected species** n espèce f protégée

protection [prəˈtekʃən] → SYN **1** n **a** (also Econ, Ind) [of person, property, country, plants] protection f (from or against sth contre qch) ; [of interests, rights] sauvegarde f ◆ **he wore a helmet for protection against rock falls** il portait un casque pour se protéger des or contre les chutes de pierres ◆ **the grease offers** or **affords some protection against the cold** la graisse offre une certaine protection contre le froid
b (Insurance) garantie f (against sth contre qch), couverture f (against sth en cas de qch)
c (gen pl = safeguard) mesure f de protection ◆ **benefits and protections for employees** avantages mpl et garanties fpl ou mesures fpl de protection pour les employés
d (in protection racket) protection f ◆ **he pays 200 dollars a week (for** or **as) protection** il achète sa tranquillité 200 dollars par semaine ; see also **police**
e (= barrier contraception) protection f ◆ **they didn't use any protection** ils n'ont pas utilisé de protection
2 COMP ▷ **protection factor** n [of sun cream] indice m de protection ▷ **protection money** n ◆ **he pays 200 dollars a week protection money** il achète sa tranquillité 200 dollars par semaine ◆ **he pays protection money to Big Joe** il verse de l'argent à Big Joe pour qu'on le laisse (subj) en paix ▷ **protection racket** n racket m ◆ **he's running a protection racket** il est à la tête d'un racket, il extorque de l'argent par intimidation

protectionism [prəˈtekʃənɪzəm] n **a** (Econ) protectionnisme m
b (US) [of wildlife] protection f de l'environnement

protectionist [prəˈtekʃənɪst] **1** adj **a** (Econ) protectionniste
b (US: of wildlife) mesure etc pour la défense de l'environnement
2 n **a** (Econ) protectionniste mf
b (US: of wildlife) défenseur m de l'environnement

protective [prəˈtektɪv] → SYN adj layer, attitude, gesture protecteur (-trice f), de protection ; clothing, covering de protection ; (Econ) tariff, duty, system protecteur (-trice f) ◆ **protective colouring** or **coloration** (Zool) mimétisme m, homochromie f ◆ **protective custody** (Jur) détention f provisoire (comme mesure de protection)

protectively [prəˈtektɪvlɪ] adv ◆ **he put his arm protectively around Julie's shoulders** il a passé un bras protecteur autour des épaules de Julie ◆ **she stepped protectively in front of him** elle se mit devant lui pour le protéger ◆ **he crossed his forearms protectively over his face** il croisa les avant-bras sur son visage pour se protéger

protectiveness [prəˈtektɪvnɪs] n attitude f protectrice

protector [prəˈtektər] → SYN n (= person) protecteur m; (= object, device) dispositif m de protection ◆ **the (Lord) Protector** (Brit Hist) le Protecteur

protectorate [prəˈtektərɪt] n protectorat m (also Brit Hist)

protectress [prəˈtektrɪs] n protectrice f

protégé [ˈprəʊtɪˌʒeɪ, ˈprɒtɪˌʒeɪ] → SYN n protégé m

protégée [ˈprəʊtɪˌʒeɪ, ˈprɒtɪˌʒeɪ] n protégée f

protein [ˈprəʊtiːn] **1** n protéine f
2 COMP intake, deficiency de protéines; foods, diet riche en protéines ▷ **protein content** n teneur f en protéines

proteinuria [ˌprəʊtɪˈnjʊərɪə] n protéinurie f

pro tem [ˌprəʊˈtem], **pro tempore** † [ˌprəʊˈtempəri] **1** adv temporairement; (in jobs) par intérim ◆ **he's replacing the chairman pro tem** il remplace le président à titre temporaire
2 adj temporaire ◆ **on a pro tem basis** temporairement ◆ **the pro tem chairman** le président par intérim, le président intérimaire

proteolysis [ˌprəʊtɪˈɒlɪsɪs] n (Bio) protéolyse f

protest [ˈprəʊtest] LANGUAGE IN USE 14, 26.3 → SYN
1 n **a** (gen) protestation f (*against* contre; *about* à propos de); (= demonstration) manifestation f ◆ **to do sth under protest** faire qch en protestant or contre son gré ◆ **to make a protest** protester, élever une protestation (*against* contre) ◆ **in protest** en signe de protestation (*against* contre) ◆ **without protest** sans protester ◆ **to stage a protest** organiser une manifestation
b (Fin, Jur: in case of dishonour of a bill) protêt m
2 [prəˈtest] vt **a** (= declare, affirm) protester (*that* que); [+ loyalty] protester de ◆ "**I didn't do it**" **he protested** "ce n'est pas moi" protesta-t-il; see also **innocence**
b (US) protester contre
3 [prəˈtest] vi protester, élever une or des protestation(s) (*against* contre; *about* à propos de; *to sb* auprès de qn)
4 COMP (Pol etc) meeting de protestation ▷ **protest demonstration, protest march** n manifestation f ▷ **protest vote** n vote m de protestation

Protestant [ˈprɒtɪstənt] adj, n protestant(e) m(f) ◆ **Protestant ethic** morale f protestante

Protestantism [ˈprɒtɪstəntɪzəm] n protestantisme m

protestation [ˌprɒtesˈteɪʃən] → SYN n protestation f

protester [prəˈtestər] → SYN n protestataire mf; (on march, in demonstration) manifestant(e) m(f)

Proteus [ˈprəʊtɪəs] n (Myth) Protée m

prothalamion [ˌprəʊθəˈleɪmɪən] n, pl **prothalamia** [ˌprəʊθəˈleɪmɪə] (Literat) hyménée m

prothallium [prəʊˈθælɪəm], **prothallus** [prəʊˈθæləs] n, pl **prothallia** [prəʊˈθælɪə] or **prothalli** [prəʊˈθælaɪ] prothalle m

prothorax [prəʊˈθɔːræks] n, pl **prothoraxes** or **prothoraces** [prəʊθɔːˈræsiːz] prothorax m

prothrombin [prəʊˈθrɒmbɪn] n prothrombine f

protist [ˈprəʊtɪst] n protiste m

proto... [ˈprəʊtəʊ] pref proto...

protocol [ˈprəʊtəkɒl] → SYN n (also Comput) protocole m

protohistoric [ˌprəʊtəʊhɪˈstɒrɪk] adj protohistorique

protohistory [ˌprəʊtəʊˈhɪstərɪ] n protohistoire f

proton [ˈprəʊtɒn] n proton m

protonema [ˌprəʊtəˈniːmə] n, pl **protonemata** [ˌprəʊtəˈniːmətə] protonéma m

protoplasm [ˈprəʊtəʊˌplæzəm] n protoplasme m, protoplasma m

protostar [ˈprəʊtəʊˌstɑːr] n protoétoile f

prototype [ˈprəʊtəʊˌtaɪp] → SYN n prototype m ◆ **a prototype aircraft** le prototype d'un avion

prototypical [ˌprəʊtəʊˈtɪpɪkəl] adj par excellence ◆ **he's a prototypical socialist** c'est l'archétype du socialiste

protozoan, protozoon [ˌprəʊtəˈzəʊən] n, pl **protozoa** [ˌprəʊtəˈzəʊə] (Bio) protozoaire m

protract [prəˈtrækt] → SYN vt prolonger, faire durer

protracted [prəˈtræktɪd] → SYN adj prolongé, très long (longue f)

protractile [prəˈtræktaɪl] adj protractile

protraction [prəˈtrækʃən] n prolongation f

protractor [prəˈtræktər] n (Geom) rapporteur m

protrude [prəˈtruːd] → SYN **1** vi [stick, gutter, rock, shelf] dépasser, faire saillie; [teeth] avancer; [eyes] être globuleux
2 vt faire dépasser

protruding [prəˈtruːdɪŋ] adj teeth qui avance; eyes globuleux; chin saillant; shelf, rock en saillie

protrusion [prəˈtruːʒən] → SYN n saillie f, avancée f

protrusive [prəˈtruːsɪv] adj (frm) ⇒ **protruding**

protuberance [prəˈtjuːbərəns] → SYN n (frm) protubérance f

protuberant [prəˈtjuːbərənt] adj (frm) protubérant

proud [praʊd] → SYN adj **a** person fier (*of sb/sth* de qn/qch; *that* que + subj; *to do sth* de faire qch); (= arrogant) arrogant, orgueilleux ◆ **the proud father/owner** l'heureux père m/possesseur m ◆ **that's nothing to be proud of!** il n'y a pas de quoi être fier ! ◆ **I'm not very proud of myself** je ne suis pas très fier de moi ◆ **as proud as a peacock** fier comme Artaban; (pej) fier comme un paon ◆ **it was a proud day for us when ...** nous avons été remplis de fierté or très fiers le jour où ... ; → **possessor**
b **my proudest possession** ce dont je suis le plus fier ◆ **to do o.s. proud** * ne se priver de rien ◆ **to do sb proud** * (= entertain etc) se mettre en frais pour qn, recevoir qn comme un roi (or une reine); (= honour) faire beaucoup d'honneur à qn
c (frm = splendid) building, ship imposant, majestueux; stallion fier
d (Brit) **to stand proud of sth** † faire saillie sur qch

proudly [ˈpraʊdlɪ] adv fièrement

Proustian [ˈpruːstɪən] adj (Literat) proustien

provable [ˈpruːvəbl] adj démontrable, prouvable

prove [pruːv] LANGUAGE IN USE 26.1 → SYN
1 vt **a** (= give proof of) prouver (also Jur); (= show) prouver, démontrer ◆ **that proves his innocence** or **him innocent** or **that he is innocent** cela prouve son innocence or qu'il est innocent ◆ **you can't prove anything against me** vous n'avez aucune preuve contre moi ◆ **that proved that she did it** cela prouvait bien or c'était bien la preuve qu'elle l'avait fait ◆ **he proved that she did it** il a prouvé or démontré qu'elle l'avait (bien) fait ◆ **he managed to prove it against her** il a réussi à prouver qu'elle l'avait fait or qu'elle était coupable ◆ **he couldn't prove anything against her** il n'a rien pu prouver contre elle ◆ **the theory remains to be proved** il reste à prouver or démontrer cette théorie, cette théorie n'est pas encore prouvée ◆ **whether he was right remains to be proved** reste à prouver or encore faut-il prouver qu'il avait raison ◆ **he was proved right** il s'est avéré qu'il avait raison, les faits lui ont donné raison ◆ **it all goes to prove that ...** tout cela montre bien or prouve que ... ◆ **to prove one's point** prouver ce que l'on avance (or a avancé etc) ◆ **to prove a point** (= show one is right) montrer que l'on a raison; (= show one is capable) montrer qu'on en est capable ◆ **can you prove it?** pouvez-vous le prouver ? ◆ **that proves it!** c'est la preuve ! ◆ **he proved himself innocent** il a prouvé son innocence ◆ **he proved himself useful** il s'est révélé or montré utile; see also **proven**
b (= test) mettre à l'épreuve; [+ will] homologuer ◆ **to prove o.s.** faire ses preuves
c (Culin) [+ dough] laisser lever

d (Jur, Fin) **to prove a debt** produire une dette (à la faillite)
2 vi **a** [person] se révéler; [fact, object] s'avérer ◆ **he proved (to be) incapable of helping us** il s'est montré or révélé incapable de nous aider ◆ **the information proved (to be) correct** les renseignements se sont avérés or révélés justes ◆ **the money proved to be in his pocket** l'argent s'est trouvé être dans sa poche ◆ **it proved very useful** cela a été or (more frm) s'est révélé très utile ◆ **the car proved to be a success** la voiture a été une réussite ◆ **if it proves otherwise** s'il en est autrement or différemment
b (Culin) [dough] lever
3 COMP ▷ **proving ground** n terrain m d'essai, lieu m d'expérimentation

proven [ˈpruːvən, ˈprəʊvən] **1** vb (ptp of **prove**)
2 adj formula, method qui a fait ses preuves; abilities indubitable ◆ **a proven track record** une expérience confirmée ◆ **verdict of not proven** (Scot Jur) (ordonnance f de) non-lieu m *(en l'absence de charges suffisantes)* ◆ **the case was not proven** il y a eu ordonnance de non-lieu

provenance [ˈprɒvɪnəns] n provenance f

Provençal [ˌprɒvɑːnˈsɑːl] **1** adj provençal
2 n **a** Provençal(e) m(f)
b (Ling) provençal m

Provence [prɒˈvɑːns] n la Provence ◆ **in Provence** en Provence

provender † [ˈprɒvɪndər] n fourrage m, provende f

proverb [ˈprɒvɜːb] → SYN n proverbe m ◆ **(the Book of) Proverbs** (Bible) le livre des Proverbes

proverbial [prəˈvɜːbɪəl] → SYN adj proverbial ◆ **it's like the proverbial needle in a haystack** comme on dit, c'est chercher une aiguille dans une botte de foin

proverbially [prəˈvɜːbɪəlɪ] adv say proverbialement ◆ **prevention is proverbially better than cure** comme le dit le proverbe, mieux vaut prévenir que guérir ◆ **British food is proverbially bad** * la mauvaise qualité de la nourriture en Grande-Bretagne est proverbiale or bien connue

provide [prəˈvaɪd] → SYN **1** vt **a** (= supply) fournir (*sb with sth, sth for sb* qch à qn); (= equip) munir, pourvoir (*sb with sth* de qch), fournir (*sb with sth* qch à qn) ◆ **to provide o.s. with sth** se procurer qch ◆ **I will provide food for everyone** c'est moi qui fournirai la nourriture pour tout le monde ◆ **he provided the school with a new library** il a pourvu l'école d'une nouvelle bibliothèque ◆ **candidates must provide their own pencils** les candidats doivent apporter leurs crayons ◆ **can you provide a substitute?** pouvez-vous trouver un remplaçant ? ◆ **it provides accommodation for five families** on peut loger cinq familles ◆ **the field provides plenty of space for a car park** le champ offre suffisamment d'espace pour le stationnement des voitures ◆ **I am already provided with all I need** je suis déjà bien pourvu, j'ai déjà tout ce qu'il me faut ◆ **the car is provided with a radio** la voiture est équipée d'une radio
b [legislation, treaty etc] stipuler, prévoir (*that* que) ◆ **unless otherwise provided** sauf dispositions contraires
2 vi **a** (esp financially) **to provide for** (gen) pourvoir or subvenir aux besoins de; (family) entretenir; (in the future) assurer l'avenir de ◆ **I'll see you well provided for** je ferai le nécessaire pour que vous ne manquiez (subj) de rien ◆ **the Lord will provide** Dieu y pourvoira
b (= make arrangements) **to provide for sth** prévoir qch; [treaty, legislation] prévoir or stipuler qch ◆ **they hadn't provided for such a lot of spectators** le nombre de spectateurs les a pris au dépourvu ◆ **he had provided for any eventuality** il avait paré à toute éventualité ◆ **to provide against** se prémunir contre, prendre ses précautions contre

provided [prəˈvaɪdɪd] conj ◆ **provided (that)** à condition que (+ subj), à condition de (+ infin) ◆ **you can go provided it doesn't rain** tu peux y aller à condition qu'il ne pleuve pas ◆ **you can go provided you pass your exam** tu peux y aller à condition de réussir ton examen ◆ **provided you always keep it closed** à condition de le garder toujours bien fermé ◆ **provided always that ...** (Admin, Jur) sous réserve que ... (+ subj)

providence ['prɒvɪdəns] → SYN n **a** (Rel etc) providence f ◆ **Providence** la Providence
b († = foresight) prévoyance f, prudence f

provident ['prɒvɪdənt] → SYN adj person prévoyant, prudent; (Brit) fund, society de prévoyance

providential [ˌprɒvɪ'denʃəl] → SYN adj (frm) providentiel

providentially [ˌprɒvɪ'denʃəlɪ] adv (frm) providentiellement ◆ **providentially, he had brought a torch with him** par un heureux hasard, il avait apporté une lampe de poche

providently ['prɒvɪdəntlɪ] adv (frm) avec prévoyance, prudemment

provider [prə'vaɪdər] → SYN n pourvoyeur m, -euse f; (Comm) fournisseur m, -euse f ◆ **providers of care** (Social Work) dispensateurs mpl de soins ◆ **she is the family's sole provider** elle est seule à subvenir aux besoins de la famille

providing [prə'vaɪdɪŋ] → SYN conj ⇒ **provided**

province ['prɒvɪns] → SYN **1** n **a** province f
b (fig) domaine m, compétence f (esp Admin) ◆ **that is not my province, it is not within my province** cela n'est pas de mon ressort or ne relève pas de ma compétence ◆ **his particular province is housing** le logement est son domaine or sa spécialité
c (Rel) archevêché m
2 **the provinces** npl la province ◆ **in the provinces** en province

provincial [prə'vɪnʃəl] → SYN **1** adj (gen, also pej) provincial, de province ◆ **provincial branch** (Comm) branche f or agence f régionale
2 n provincial(e) m(f)

provincialism [prə'vɪnʃəlɪzəm] n (pej) provincialisme m

provirus ['prəʊˌvaɪrəs] n provirus m

provision [prə'vɪʒən] → SYN **1** n **a** (= supply) provision f ◆ **to lay in or get in a provision of coal** faire provision de charbon
b (NonC = supplying) [of food] fourniture f, approvisionnement m; [of equipment] fourniture f; [of housing, education] offre f ◆ **provision of food to the soldiers** approvisionnement m des soldats en nourriture ◆ **provision of capital** (Fin) apport m or fourniture f de capitaux ◆ **provision of services** prestation f de services ◆ **to make provision for** [+ one's family, dependents etc] pourvoir aux besoins de, assurer l'avenir de; [+ journey, siege, famine] prendre des dispositions or des précautions pour
c (Admin) (= funding) financement m (of, for de); (= funds) fonds mpl
d (Admin, Jur etc = stipulation) disposition f, clause f ◆ **according to the provisions of the treaty** selon les dispositions du traité ◆ **it falls within the provisions of this law** cela tombe sous le coup de cette loi, c'est un cas prévu par cette loi ◆ **provision to the contrary** clause f contraire ◆ **there is no provision for this in the rules, the rules make no provision for this** le règlement ne prévoit pas cela
2 **provisions** npl (= food etc) provisions fpl ◆ **to get provisions in** faire des provisions
3 vt approvisionner, ravitailler (with en)
4 COMP ▷ **provision merchant** n marchand m de comestibles

provisional [prə'vɪʒənl] → SYN **1** adj government provisoire; arrangement, agreement, acceptance à titre conditionnel; (Admin) appointment à titre provisoire; (Jur) provisionnel
2 n ◆ (Pol: in Ireland) **the Provisionals** (les membres mpl de) l'IRA f provisoire
3 COMP ▷ **provisional driving licence** n (Brit) permis m de conduire provisoire (obligatoire pour l'élève conducteur); → DRIVING LICENCE
▷ **the Provisional IRA** n l'IRA f provisoire

provisionally [prə'vɪʒnəlɪ] adv provisoirement

proviso [prə'vaɪzəʊ] → SYN n, pl **provisos** or **provisoes** stipulation f, condition f; (Jur) clause f restrictive, condition f formelle ◆ **with the proviso that ...** à condition que ... (+ subj)

provisory [prə'vaɪzərɪ] adj ⇒ **provisional 1**

provitamin [prəʊ'vɪtəmɪn] n provitamine f

Provo * ['prɒvəʊ] n (Pol: in Ireland) ◆ **the Provos** (les membres mpl de) l'IRA f provisoire

provocation [ˌprɒvə'keɪʃən] → SYN n provocation f ◆ **he gets angry at the least provocation** il s'emporte à la moindre provocation ◆ **under provocation** (Chem, Bio) en réponse à une provocation

provocative [prə'vɒkətɪv] → SYN adj **a** (= aggressive) gesture, remark provocant, provocateur (-trice f) ◆ **now you're trying to be provocative** là vous essayez de me (or le etc) provoquer, là vous me (or lui etc) cherchez querelle
b (= thought-provoking) book, title, talk qui force à réagir, qui ne laisse pas indifférent
c (= seductive) woman, movement, smile provocant

provocatively [prə'vɒkətɪvlɪ] adv (= challengingly, suggestively) say, ask, look, behave de manière provocante ◆ **provocatively entitled ...** portant le titre provocateur de ... ◆ **provocatively dressed** habillé de manière provocante

provoke [prə'vəʊk] → SYN vt **a** (= rouse) [+ person] provoquer; [+ war, dispute, revolt] provoquer, faire naître; [+ reply] provoquer, susciter ◆ **to provoke sb to do sth** or **into doing sth** inciter qn à faire qch ◆ **it provoked them to action** cela les a incités à agir
b (= provoke sb (to anger), to provoke sb's anger** provoquer qn

provoking [prə'vəʊkɪŋ] adj (= annoying) contrariant, agaçant; (= thought-provoking) provocateur (-trice f); → **thought**

provost ['prɒvəst] **1** n (Brit Univ) président m; (US Univ) ≈ doyen m; (Scot) maire m; (Rel) doyen m; → **lord**
2 COMP ▷ **provost court** n (Mil) tribunal m prévôtal ▷ **provost guard** n prévôté f ▷ **provost marshal** n prévôt m

prow [praʊ] → SYN n proue f

prowess ['praʊɪs] → SYN n prouesse f

prowl [praʊl] → SYN **1** vi (also **prowl about, prowl around**) rôder
2 n ◆ **to be on the prowl** rôder
3 COMP ▷ **prowl car** n (US Police) voiture f de police

prowler ['praʊlər] n rôdeur m, -euse f

prowling ['praʊlɪŋ] adj rôdeur; taxi en maraude

prox. (abbrev of **proximo**) (du mois) prochain

proximity [prɒk'sɪmɪtɪ] → SYN **1** n proximité f ◆ **in proximity to, in the proximity of** à proximité de ◆ **the shops are in close proximity** les magasins sont à deux pas
2 COMP ▷ **proximity fuse** n fusée f de proximité ▷ **proximity talks** pourparlers mpl de proximité or menés sur le terrain

proximo ['prɒksɪməʊ] adv (Comm) (du mois) prochain

proxy ['prɒksɪ] → SYN **1** n (= power) procuration f; (= person) fondé(e) m(f) de pouvoir, mandataire mf ◆ **by proxy** par procuration
2 COMP ▷ **proxy conflict** n (Mil euph) conflit m par personnes interposées ▷ **proxy vote** n vote m par procuration

Prozac ® ['prəʊzæk] n Prozac ® m

PRP [ˌpiːɑː'piː] n (abbrev of **performance-related pay**) → **performance**

PRS [ˌpiːɑː'res] n (abbrev of **Performing Rights Society**) ≈ SACEM f

prude [pruːd] → SYN n prude f, bégueule f ◆ **he's a prude** il est pudibond

prudence ['pruːdəns] → SYN n prudence f, circonspection f

prudent ['pruːdənt] → SYN adj prudent, circonspect ◆ **it would be prudent to leave** il serait prudent de partir

prudential [pruː'denʃəl] adj prudent, de prudence

prudently ['pruːdəntlɪ] adv prudemment, avec prudence

prudery ['pruːdərɪ] → SYN n pruderie f, pudibonderie f

prudish ['pruːdɪʃ] → SYN adj pudibond, bégueule *

prudishly ['pruːdɪʃlɪ] adv avec pruderie

prudishness ['pruːdɪʃnɪs] n ⇒ **prudery**

prune¹ [pruːn] n (= fruit) pruneau m; (* pej = person) repoussoir m ◆ **prunes and prisms** (fig) afféterie f, préciosité f

prune² [pruːn] → SYN vt (to promote growth) [+ tree, bush] tailler; (= thin out) élaguer, émonder; (fig: also **prune down**) [+ article, essay] élaguer, faire des coupures dans

▶ **prune away** vt sep [+ branches] élaguer; (fig) [+ paragraph, words] élaguer

prunella [pruː'nelə] n (Tex) prunelle f

pruning ['pruːnɪŋ] **1** n **a** (lit) [of tree, bush] (to promote growth) taille f; (to remove unwanted branches, dead wood etc) élagage m, émondage m
b (fig) [of article, essay] élagage m
2 COMP ▷ **pruning hook** n émondoir m, ébranchoir m ▷ **pruning knife** n, pl **pruning knives** serpette f ▷ **pruning shears** npl (= secateurs) cisailles fpl, coupe-branches m; (= hedge shears) taille-haies m, cisailles fpl à haies

prurience ['prʊərɪəns] n (frm) lascivité f, luxure f

prurient ['prʊərɪənt] adj (frm) lascif

pruriently ['prʊərɪəntlɪ] adv lascivement

prurigo [prʊə'raɪgəʊ] n (Med) prurigo m

pruritus [prʊə'raɪtəs] n (Med) prurit m

Prussia ['prʌʃə] n la Prusse

Prussian ['prʌʃən] **1** adj prussien ◆ **Prussian blue** bleu m de Prusse
2 n Prussien(ne) m(f)

prussic acid [ˌprʌsɪk'æsɪd] n acide m prussique

pry¹ [praɪ] → SYN vi mettre son nez dans les affaires des autres, s'occuper de ce qui ne vous regarde pas ◆ **I don't want to pry but ...** je ne veux pas être indiscret mais ... ◆ **stop prying!** occupez-vous de ce qui vous regarde! ◆ **to pry into sb's secrets** chercher à découvrir les secrets de qn

pry² [praɪ] vt (US) ⇒ **prise**

prying ['praɪɪŋ] → SYN adj fureteur, indiscret (-ète f) ◆ **to keep sth safe from prying eyes** mettre qch à l'abri des regards indiscrets

PS [piː'es] n **a** (abbrev of **postscript**) P.-S. or PS m
b (abbrev of **private secretary**) → **private**

psalm [sɑːm] → SYN n psaume m ◆ **(the Book of) Psalms** (Bible) le livre des Psaumes

psalmist ['sɑːmɪst] n psalmiste m

psalmody ['sælmədɪ] n psalmodie f

psalter ['sɔːltər] n psautier m

PSAT [ˌpiːeseɪ'tiː] n (US Scol, Univ) (abbrev of **Preliminary Scholastic Aptitude Test**) → **preliminary**

PSBR [ˌpiːesbiː'ɑːr] (Econ) (abbrev of **public sector borrowing requirement**) → **public**

psephologist [se'fɒlədʒɪst] n spécialiste mf des élections

psephology [sə'fɒlədʒɪ] n étude f des élections

pseud * [sjuːd] (Brit) **1** n bêcheur * m, -euse * f
2 adj qui manque de sincérité, artificiel

pseud(o)arthrosis [ˌsjuːd(əʊ)ɑː'θrəʊsɪs] n, pl **pseud(o)arthroses** [ˌsjuːd(əʊ)ɑː'θrəʊsiːz] pseudarthrose f

pseudo * ['sjuːdəʊ] adj insincère, faux (fausse f)

pseudo- ['sjuːdəʊ] pref pseudo- ◆ **pseudo-antique** pseudoantique ◆ **pseudo-autobiography** pseudoautobiographie f ◆ **pseudo-apologetically** sous couleur de s'excuser

pseudonym ['sjuːdənɪm] → SYN n pseudonyme m

pseudonymous [sjuː'dɒnɪməs] adj pseudonyme

pseudopodium [ˌsjuːdəʊ'pəʊdɪəm] n, pl **pseudopodia** [ˌsjuːdəʊ'pəʊdɪə] (Bio) pseudopode m

pshaw [pʃɔː] excl peuh!

psi¹ [piː'esaɪ] n (abbrev of **pounds per square inch**) ≈ kg/cm³

psi² [piː'esaɪ] n (NonC = psychic phenomena) phénomènes mpl parapsychiques or paranormaux

psittacosis [ˌpsɪtəˈkəʊsɪs] n psittacose f

psoriasis [spˈraɪəsɪs] n psoriasis m

psst [pst] excl psitt, pst, hep

PST [ˌpiːesˈtiː] (US) (abbrev of **Pacific Standard Time**) → **pacific**

PSV [ˌpiːesˈviː] n (Aut) (abbrev of **public service vehicle**) → **public**

psych * [saɪk] vt (abbrev of **psychoanalyse**) **a** (= guess, anticipate) [+ sb's reactions etc] deviner, prévoir
  b (= make uneasy: also **psych out**) intimider, déconcerter (volontairement) ◆ **that doesn't psych me (out)** ça ne me panique * pas
  c (= prepare psychologically: also **psych up**) préparer (mentalement) (for sth à or pour qch ; to do sth pour faire qch) ◆ **to get o.s. psyched up for sth** se préparer (mentalement) à qch ◆ **he was all psyched up to start, when ...** il était gonflé à bloc*, tout prêt à commencer, quand ...

▶ **psych out** * 1 vi (= break down) craquer *
  2 vt sep **a** (= cause to break down) faire craquer *
  b → **psych b**
  c (US = analyse, work out) piger*, comprendre (that que) ; [+ situation etc] analyser, comprendre ◆ **to psych sb out** voir clair dans le jeu de qn ◆ **I psyched it all out for myself** je m'y suis retrouvé tout seul

▶ **psych up** * vt sep → **psych c**

psyche [ˈsaɪkɪ] → SYN n psychisme m, psyché f

psychedelia [ˌsaɪkəˈdiːlɪə] n (NonC) (= objects) objets mpl psychédéliques ; (= atmosphere) univers m psychédélique

psychedelic [ˌsaɪkəˈdelɪk] adj psychédélique

psychiatric [ˌsaɪkɪˈætrɪk] adj hospital, treatment, medicine psychiatrique ; disease mental

psychiatrist [saɪˈkaɪətrɪst] → SYN n psychiatre mf

psychiatry [saɪˈkaɪətrɪ] n psychiatrie f

psychic [ˈsaɪkɪk] → SYN 1 adj **a** (= supernatural) phenomenon, powers etc parapsychologique ; person télépathe ◆ **psychic research** recherches fpl parapsychologiques ◆ **the psychic world** le monde du paranormal ◆ **I'm not psychic!** * je ne suis pas devin !
  b (Psych) psychique
  2 n médium m

psychical [ˈsaɪkɪkəl] adj ⇒ **psychic 1**

psycho * [ˈsaɪkəʊ] abbrev of **psychopath**, **psychopathic**, **psychotic**

psycho... [ˈsaɪkəʊ] pref psych(o)...

psychoactive [ˌsaɪkəʊˈæktɪv] adj (Med) psychotrope

psychoanalyse [ˌsaɪkəʊˈænəlaɪz] vt psychanalyser

psychoanalysis [ˌsaɪkəʊəˈnælɪsɪs] n psychanalyse f

psychoanalyst [ˌsaɪkəʊˈænəlɪst] n psychanalyste mf

psychoanalytic(al) [ˈsaɪkəʊˌænəˈlɪtɪk(əl)] adj psychanalytique

psychoanalyze [ˌsaɪkəʊˈænəlaɪz] vt psychanalyser

psychobabble * [ˈsaɪkəʊˌbæbəl] n (NonC) jargon m de psy *

psychobiology [ˌsaɪkəʊbaɪˈɒlədʒɪ] n psychobiologie f

psychodrama [ˈsaɪkəʊˌdrɑːmə] n psychodrame m

psychodramatic [ˌsaɪkəʊdrəˈmætɪk] adj psychodramatique

psychodynamic [ˌsaɪkəʊdaɪˈnæmɪk] 1 adj psychodynamique
  2 n (NonC) ◆ **psychodynamics** psychodynamisme m

psychogenesis [ˌsaɪkəʊˈdʒenɪsɪs] n psychogenèse f

psychogenetic [ˌsaɪkəʊdʒɪˈnetɪk] adj psychogénétique

psychogenic [ˌsaɪkəʊˈdʒenɪk] adj psychogène

psychokinesis [ˌsaɪkəʊkɪˈniːsɪs] n psychocinèse f, psychokinésie f

psychokinetic [ˌsaɪkəʊkɪˈnetɪk] adj psychocinétique

psycholinguist [ˌsaɪkəʊˈlɪŋgwɪst] n psycholinguiste mf

psycholinguistic [ˈsaɪkəʊlɪŋˈgwɪstɪk] 1 adj psycholinguistique
  2 n (NonC) ◆ **psycholinguistics** psycholinguistique f

psycholinguistics [ˌsaɪkəʊlɪŋˈgwɪstɪks] n (NonC) psycholinguistique f

psychological [ˌsaɪkəˈlɒdʒɪkəl] → SYN adj method, study, state, moment, warfare psychologique ◆ **it's only psychological** * c'est psychologique

psychologically [ˌsaɪkəˈlɒdʒɪkəlɪ] adv important, damaging, disturbed etc psychologiquement ◆ **psychologically, he's very strong** psychologiquement, il est très fort ◆ **to be psychologically prepared for sth** être psychologiquement prêt pour qch ◆ **psychologically speaking** d'un point de vue psychologique

psychologist [saɪˈkɒlədʒɪst] n psychologue mf ; → **child**, **industrial**

psychology [saɪˈkɒlədʒɪ] → SYN n psychologie f ◆ **the psychology of his opponent** la psychologie de son adversaire ; → **child**

psychometric [ˌsaɪkəʊˈmetrɪk] adj psychométrique

psychometrics [ˌsaɪkəʊˈmetrɪks] n (NonC) psychométrie f

psychometry [saɪˈkɒmɪtrɪ] n psychométrie f

psychomotor [ˌsaɪkəʊˈməʊtə^r] adj psychomoteur (-trice f)

psychoneurosis [ˌsaɪkəʊnjʊəˈrəʊsɪs] n, pl **psychoneuroses** [ˌsaɪkəʊnjʊəˈrəʊsiːz] psychonévrose f

psychoneurotic [ˌsaɪkəʊnjʊəˈrɒtɪk] adj psychonévrotique

psychopath [ˈsaɪkəʊpæθ] → SYN n psychopathe mf

psychopathic [ˌsaɪkəʊˈpæθɪk] adj person psychopathe ; condition psychopathique

psychopathological [ˌsaɪkəʊˌpæθəˈlɒdʒɪkəl] adj psychopathologique

psychopathology [ˌsaɪkəʊpəˈθɒlədʒɪ] n psychopathologie f

psychopathy [saɪˈkɒpəθɪ] n psychopathie f

psychopharmacological [ˈsaɪkəʊfɑːməkəˈlɒdʒɪkəl] adj psychopharmacologique

psychopharmacology [ˌsaɪkəʊfɑːməˈkɒlədʒɪ] n psychopharmacologie f

psychophysical [ˌsaɪkəʊˈfɪzɪkəl] adj psychophysique

psychophysics [ˌsaɪkəʊˈfɪzɪks] n (NonC) psychophysique f

psychophysiological [ˌsaɪkəʊˌfɪzɪəˈlɒdʒɪkəl] adj psychophysiologique

psychophysiology [ˌsaɪkəʊfɪzɪˈɒlədʒɪ] n psychophysiologie f

psychoses [saɪˈkəʊsiːz] npl of **psychosis**

psychosexual [ˌsaɪkəʊˈseksjʊəl] adj psychosexuel

psychosis [saɪˈkəʊsɪs] n, pl **psychoses** psychose f

psychosocial [ˌsaɪkəʊˈsəʊʃəl] adj psychosocial

psychosociological [ˌsaɪkəʊsəʊsɪəˈlɒdʒɪkl] adj psychosociologique

psychosociology [ˌsaɪkəʊsəʊsɪˈɒlədʒɪ] n psychosociologie f

psychosomatic [ˈsaɪkəʊsəʊˈmætɪk] adj psychosomatique

psychosurgery [ˈsaɪkəʊˈsɜːdʒərɪ] n psychochirurgie f

psychotechnological [ˌsaɪkəʊˌteknəˈlɒdʒɪkəl] adj psychotechnique

psychotechnologist [ˌsaɪkəʊtekˈnɒlədʒɪst] n psychotechnicien(ne) m(f)

psychotechnology [ˌsaɪkəʊtekˈnɒlədʒɪ] n psychotechnique f

psychotherapeutic [ˌsaɪkəʊθerəˈpjuːtɪk] adj psychothérapique

psychotherapist [ˌsaɪkəʊˈθerəpɪst] n psychothérapeute mf

psychotherapy [ˈsaɪkəʊˈθerəpɪ] n psychothérapie f

psychotic [saɪˈkɒtɪk] → SYN adj, n psychotique mf

psychotropic [ˌsaɪkəʊˈtrɒpɪk] drug psychotrope

PT † [ˌpiːˈtiː] n (Scol) (abbrev of **physical training**) → **physical**

pt abbrev of **part(s)**, **pint(s)**, **point(s)**

PTA [ˌpiːtiːˈeɪ] **a** (Scol) (abbrev of **Parent-Teacher Association**) → **parent**
  b (Brit) (abbrev of **Prevention of Terrorism Act**) loi antiterroriste

ptarmigan [ˈtɑːmɪgən] n, pl **ptarmigans** or **ptarmigan** lagopède m des Alpes

Pte (Mil) (abbrev of **Private**) Pte J. Smith (on envelope) le soldat J. Smith

pteridology [ˌterɪˈdɒlədʒɪ] n (Bot) étude f des ptéridophytes

pterodactyl [ˌterəʊˈdæktɪl] n ptérodactyle m

pteropod [ˈterəˌpɒd] n ptéropode m

pterosaur [ˈterəsɔː^r] n ptérosaurien m, ptérosaure m

pterygoid [ˈterɪˌgɔɪd] adj ptérygoïdien

PTO [ˌpiːtiːˈəʊ] (abbrev of **please turn over**) TSVP

Ptolemaic [ˌtɒləˈmeɪɪk] adj ptolémaïque

Ptolemy [ˈtɒləmɪ] n Ptolémée m

ptomaine [ˈtəʊmeɪn] n ptomaïne f ◆ **ptomaine poisoning** intoxication f alimentaire

ptosis [ˈtəʊsɪs] n, pl **ptoses** [ˈtəʊsiːz] ptose f

PTSD [ˌpiːtiːesˈdiː] abbrev of **post-traumatic stress disorder**

ptyalin [ˈtaɪəlɪn] n ptyaline f

pub [pʌb] → SYN (Brit) (abbrev of **public house**) 1 n ≈ café m ; (in British or Irish context) pub m
  2 COMP ▷ **pub-crawl** n, vi to go on a pub-crawl to go pub-crawling faire la tournée des bars or des bistrots* or des pubs ▷ **pub food**, **pub grub** * n cuisine f or nourriture f de bistrot * ▷ **pub lunch** n repas m de bistrot * ◆ **to go for a pub lunch** aller manger au bistrot *

PUB

Les **pubs** jouent un rôle essentiel dans la vie sociale britannique. Traditionnellement, l'accès au **pub** est interdit aux moins de 18 ans, mais certains établissements ont un espace réservé (ou une terrasse en jardin) pour les familles. En Angleterre et au pays de Galles, les **pubs** sont généralement ouverts de 11 heures à 23 heures alors qu'en Écosse et en Irlande, les horaires d'ouverture sont plus flexibles. Certains **pubs** appartiennent à des brasseries et ne vendent que leurs propres marques de bière ; d'autres, les "free houses", appartiennent à des propriétaires privés et offrent, de ce fait, un plus grand choix de bières.

---

pub. (abbrev of **published**) publié

pubertal [ˈpjuːbətəl] adj pubère

puberty [ˈpjuːbətɪ] → SYN n puberté f

pubes[1] [ˈpjuːbiːz] npl of **pubis**

pubes[2] * [pjuːbz] npl (= pubic hair) poils mpl du pubis, toison f

pubescence [pjuːˈbesəns] n pubescence f

pubescent [pjuːˈbesənt] adj pubescent

pubic [ˈpjuːbɪk] 1 adj region etc pubien
  2 COMP ▷ **pubic hair** n poils mpl pubiens or du pubis ▷ **pubic lice** npl morpions mpl

pubis [ˈpjuːbɪs] n, pl **pubes** pubis m

public [ˈpʌblɪk] → SYN 1 adj **a** (gen: Admin, Econ, Fin etc) public (-ique f) ; (= owned by the nation) enterprise etc nationalisé, étatisé ◆ **in the public domain** (copyright) dans le domaine public ◆ **to go public** (Fin) [company] s'introduire en Bourse ; see also **3**
  b (= of, for, by everyone) meeting, park, indignation public (-ique f) ◆ **"this is a public announcement: would passengers ..."** "votre attention s'il vous plaît : les passagers sont priés de ..." ◆ **to be in the public eye** être très en vue ◆ **to disappear from the public eye** disparaître des feux de l'actualité ◆ **he's a public figure** c'est quelqu'un qui est très en vue,

c'est une personnalité très connue ◆ **it is a matter of public interest** c'est une question d'intérêt public or général ◆ **he has the public interest at heart** il a à cœur l'intérêt or le bien public ◆ **a man in public life** un homme public ◆ **to go into public life** se consacrer aux affaires publiques ◆ **to be active in public life** prendre une part active aux affaires publiques ◆ **he's really a public nuisance** * c'est une calamité publique *, il empoisonne le monde * ◆ **there was a public protest against ...** il y a eu de nombreux mouvements de protestation contre ... ; see also **1c** ◆ **the house has two public rooms and three bedrooms** (Scot) la maison a cinq pièces dont trois chambres ◆ **she is a good public speaker** elle parle bien en public ◆ **public speakers know that ...** les personnes amenées à parler fréquemment en public savent que ... ; → **image**

c (= open to everyone, not secret) public (-ique f) ◆ **to make sth public** rendre qch public, publier qch, porter qch à la connaissance du public ◆ **the minister has gone public on the plan** le ministre a porté le projet à la connaissance du public ◆ **it was all quite public** cela n'avait rien de secret, c'était tout à fait officiel ◆ **he made a public protest** il a protesté publiquement ◆ **his public support of the strikers** son appui déclaré or ouvert aux grévistes ◆ **let's go over there, it's too public here** allons là-bas, c'est trop public ici

[2] n public m ◆ **the public's confidence in the government** la confiance des gens dans le gouvernement ◆ **the reading/sporting public** les amateurs mpl de lecture/de sport ◆ **the French/English public** les Français mpl/Anglais mpl ◆ **the American voting public** les électeurs mpl américains ◆ **the great British public** (hum) les sujets mpl de Sa (Gracieuse) Majesté ◆ **the house is open to the public** la maison est ouverte au public ◆ **he couldn't disappoint his public** (= audience) il ne pouvait pas décevoir son public ; → **general**

◆ **in public** en public

[3] COMP ▷ **public access television** n (US TV) chaînes fpl câblées non commerciales ▷ **public-address system** n (système m de) sonorisation f ▷ **public affairs** npl affaires fpl publiques ▷ **public analyst** n analyste mf d'État or officiel(le) ▷ **public assistance** † n (NonC) assistance f publique ▷ **public bar** n (Brit) bar m ▷ **public building** n édifice m public ▷ **public company** n société f anonyme par actions ▷ **public convenience** n (Brit Admin) toilettes fpl publiques ▷ **public corporation** n (Brit) entreprise f nationale ▷ **the public debt** n (Econ) la dette publique ▷ **public defender** n (US Jur) avocat m de l'assistance judiciaire ▷ **public enemy** n ennemi m public ◆ **public enemy number one** * (fig) ennemi m public numéro un ▷ **public examination** n (Scol etc) examen m national ▷ **public footpath** n (Brit Admin) passage m public pour piétons, sentier m public ▷ **public gallery** n (in parliament, courtroom) tribune f réservée au public ▷ **public health** n santé f or hygiène f publique ▷ **Public Health Service** n (US) ≃ Direction f des affaires sanitaires et sociales ▷ **public holiday** n jour m férié, fête f légale ▷ **public house** n (Brit) pub m ▷ **public housing** n (US) logements mpl sociaux, ≃ HLM fpl ▷ **public housing project** n (US) cité f HLM ▷ **public lavatory** n toilettes fpl publiques ▷ **public law** n droit m public ▷ **public lending right** n (Brit Admin) *droits dédommageant un auteur pour le prêt de ses ouvrages en bibliothèque* ▷ **public library** n bibliothèque f municipale ▷ **public limited company** n (Brit) ≃ société f à responsabilité limitée ▷ **public medicine** n (US) ⇒ **public health** ▷ **public money** n (Econ) deniers mpl publics ▷ **public opinion** n opinion f publique ▷ **public opinion poll** n sondage m d'opinion publique ▷ **public ownership** n (Econ) **under public ownership** nationalisé, étatisé ◆ **to take sth into public ownership** nationaliser qch, étatiser qch ▷ **public property** n (NonC = land etc) biens mpl publics, propriété f publique ◆ **to treat sb as public property** ne pas avoir d'égards pour la vie privée de qn ▷ **Public Prosecutor** n (Jur) ≃ procureur m (de la République), ≃ ministère m public ▷ **Public Prosecutor's Office** n (Jur) parquet m ▷ **the public purse** n (Econ) le trésor public ▷ **Public Record Office** n (Brit) ≃ Archives fpl nationales ▷ **public relations** npl relations fpl publiques ◆ **public relations officer** responsable mf de relations publiques ◆ **it's just a public relations exercise** il etc a fait ça uniquement dans le but de se faire bien voir ▷ **public school** n (Brit = private school) public school f, collège m secondaire privé ; (US = state school) école f secondaire publique ▷ **public schoolboy, public schoolgirl** n (Brit) élève mf d'une public school ▷ **the public sector** n (Econ) le secteur public ▷ **public sector borrowing** n emprunts mpl d'État ▷ **public sector borrowing requirement** n besoins mpl de financement du secteur public ▷ **public servant** n fonctionnaire mf ▷ **public service** n service m public ▷ **public service corporation** n (US) service m public non nationalisé ▷ **public service vehicle** n (Brit Admin) véhicule m de transport en commun ▷ **public speaking** n art m oratoire ▷ **public spending** n (NonC) dépenses fpl publiques ▷ **public spirit** n civisme m, sens m civique ▷ **public-spirited** [→ SYN] adj **to be public-spirited** faire preuve de civisme ▷ **public television** n (US) télévision f éducative (non commerciale) ▷ **public transport** n (NonC) transports mpl en commun, transports mpl publics ▷ **public utility** n service m public ▷ **public welfare** n assistance f publique ▷ **public works** npl travaux mpl publics

> **PUBLIC ACCESS TELEVISION**
>
> Aux États-Unis, **public access television** désigne les chaînes câblées non commerciales produites par des associations locales et autres institutions à but non lucratif. Le principe est de permettre aux communautés locales de s'exprimer et d'éviter que les chaînes câblées ne deviennent des monopoles. Selon la loi de 1984 sur la télévision câblée (Cable Act), une collectivité locale peut exiger du propriétaire d'une chaîne câblée qu'il lui réserve une **public access television** et mette à sa disposition le studio, le matériel d'enregistrement et le personnel technique nécessaires.

publican [ˈpʌblɪkən] n **a** (Brit = pub manager) patron(ne) m(f) de bistrot

b (Bible = taxman) publicain m

publication [ˌpʌblɪˈkeɪʃən] [→ SYN] [1] n **a** (NonC = act of publishing) [of book etc] publication f ; (Jur) [of banns] publication f ; [of decree] promulgation f, publication f ◆ **after the publication of the book** après la publication or la parution du livre ◆ **this is not for publication** ceci doit rester entre nous

b (= published work) publication f

[2] COMP ▷ **publication date** n date f de parution or de publication

publicist [ˈpʌblɪsɪst] n (Jur) spécialiste mf de droit public international ; (Press) journaliste mf ; (Advertising) (agent m) publicitaire m, agent m de publicité

publicity [pʌbˈlɪsɪtɪ] [→ SYN] [1] n (NonC) publicité f (*for* pour) ◆ **can you give us some publicity for the concert?** pouvez-vous nous faire de la publicité pour le concert ? ◆ **adverse publicity** contre-publicité f ◆ **I keep getting publicity about the society's meetings** je reçois tout le temps des circulaires concernant les réunions de la société ◆ **I've seen some of their publicity** j'ai vu des exemples de leur publicité

[2] COMP ▷ **publicity agency** n agence f publicitaire or de publicité ▷ **publicity agent** n (agent m) publicitaire m, agent m de publicité ▷ **publicity campaign** n campagne f d'information ; (= advertising) campagne f de publicité ▷ **publicity event** n opération f publicitaire ▷ **publicity-seeking** adj person qui cherche à se faire de la publicité ; operation publicitaire ▷ **publicity stunt** * n coup m de pub *

publicize [ˈpʌblɪsaɪz] [→ SYN] vt **a** (= make public) rendre public, publier ◆ **I don't publicize the fact, but ...** je ne le crie pas sur les toits, mais ... ◆ **well-publicized** dont on parle beaucoup (or dont on a beaucoup parlé etc) ; see also **b**

b (= advertise) faire de la publicité pour ◆ **well-publicized** annoncé à grand renfort de publicité

publicly [ˈpʌblɪklɪ] [1] adv **a** (= in public) publiquement, en public ◆ **to be publicly accountable** devoir répondre de ses actes devant l'opinion

b (Econ) **publicly-owned** d'État, du secteur public ◆ **publicly funded** financé par l'État

[2] COMP ▷ **publicly-quoted company** n société f anonyme cotée en Bourse

publish [ˈpʌblɪʃ] [→ SYN] vt **a** [+ news] publier, faire connaître ◆ **to publish the banns** (Jur, Rel) publier les bans

b [+ book] publier ; [+ periodical] faire paraître ; [+ author] éditer ◆ **to be published** [book, author] être publié ◆ **"to be published"** "à paraître" ◆ **"just published"** "vient de paraître" ◆ **"published monthly"** "paraît tous les mois"

publishable [ˈpʌblɪʃəbl] adj publiable

publisher [ˈpʌblɪʃəʳ] n éditeur m, -trice f

publishing [ˈpʌblɪʃɪŋ] [1] n [of book etc] publication f ◆ **he's** or **he works in publishing** il travaille dans l'édition

[2] COMP ▷ **publishing house** n maison f d'édition

puce [pjuːs] adj puce inv

puck[1] [pʌk] n (= elf) lutin m, farfadet m

puck[2] [pʌk] n (Ice Hockey) palet m

pucker [ˈpʌkəʳ] [1] vi (also **pucker up**) [face, feature, forehead] se plisser ; (Sewing) goder ◆ **she puckered up, waiting for his kiss** elle avança les lèvres, attendant son baiser

[2] vt **a** (Sewing) froncer

b (also **pucker up**) [+ lips] avancer ◆ **to pucker (up) one's brow** or **forehead** plisser son front

[3] n (Sewing) faux pli m

puckish [ˈpʌkɪʃ] adj (liter) de lutin, malicieux

pud ‡ [pʊd] n (Brit) abbrev of **pudding**

pudding [ˈpʊdɪŋ] [→ SYN] [1] n **a** (= cooked dessert) **steamed pudding** pudding m ◆ **apple pudding** dessert m aux pommes ◆ **rice pudding** riz m au lait ; → **milk, proof**

b (Brit = dessert course in meal) dessert m ◆ **what's for pudding?** qu'y a-t-il comme dessert ?

c (= cooked meat etc dish) **steak-and-kidney pudding** pain m de viande et de rognons à la vapeur

d (= cooked sausage) **black/white pudding** boudin m noir/blanc

e (* pej = fat person) patapouf * mf

[2] COMP ▷ **pudding basin** n (Brit) jatte f *(dans laquelle on fait cuire le pudding)* ▷ **pudding-face** ‡ n (fig pej) (face f de) lune * f ▷ **pudding-head** ‡ n (fig pej) empoté(e) * m(f), andouille * f ▷ **pudding rice** n (Culin) riz m à grains ronds

puddingstone [ˈpʊdɪŋstəʊn] n (Geol) poudingue m, conglomérat m

puddle [ˈpʌdl] [1] n flaque f

[2] vi former une flaque

pudenda [puːˈdendə] npl parties fpl génitales

pudgy [ˈpʌdʒɪ] adj ⇒ **podgy**

pueblo [ˈpwebləʊ] [1] n, pl **pueblos** (in US) *village indien du sud-ouest des États-Unis*

[2] COMP ▷ **the Pueblo Indians** npl les (Indiens mpl) Pueblos mpl

puerile [ˈpjʊəraɪl] [→ SYN] adj puéril (puérile f)

puerilism [ˈpjʊərɪˌlɪzəm] n puérilisme m

puerility [pjʊəˈrɪlɪtɪ] n puérilité f

puerperal [pju(ː)ˈɜːpərəl] adj puerpéral ◆ **puerperal fever** fièvre f puerpérale

Puerto Rican [ˈpwɜːtəʊˈriːkən] [1] adj portoricain

[2] n Portoricain(e) m(f)

Puerto Rico [ˈpwɜːtəʊˈriːkəʊ] n Porto Rico

puff [pʌf] [→ SYN] [1] n **a** [of air] bouffée f, souffle m ; (from mouth) souffle m ; [of wind, smoke] bouffée f ; (sound of engine) teuf-teuf m ◆ **he blew out the candles with one puff** il a éteint les bougies d'un seul souffle ◆ **our hopes vanished in a puff of smoke** nos espoirs se sont évanouis or s'en sont allés en fumée ◆ **to be out of puff** * être à bout de souffle, être essoufflé ◆ **to get one's puff * back** reprendre son souffle, reprendre

haleine ◆ **he took a puff at his pipe/cigarette** il a tiré une bouffée de sa pipe/cigarette ◆ **just time for a quick puff!** * juste le temps de griller une clope * or d'en griller une * !
b (also **powder puff**) houppe f ; (small) houppette f ; (in dress) bouillon m ; (= pastry) feuilleté m ◆ **jam puff** feuilleté m à la confiture
c (Press, Rad, TV * = advertisement) réclame f (NonC), boniment m (NonC) ; (= written article) papier m ◆ **a puff about his new book** un papier sur son nouveau livre
2 vi (= blow) souffler ; (= pant) haleter ; [wind] souffler ◆ **smoke was puffing from the ship's funnel** des bouffées de fumée sortaient de la cheminée du navire ◆ **he was puffing hard** or **puffing and panting** il soufflait comme un phoque or un bœuf ◆ **to puff (away) at** or **on one's pipe/cigarette** tirer des bouffées de sa pipe/cigarette ◆ **the doctor came puffing in** le docteur entra en haletant ◆ **to puff in/out** etc [train] entrer/sortir etc en envoyant des bouffées de fumée ; see also **puffed**
3 vt **a to puff (out) smoke** [person, chimney, engine, boat] envoyer des bouffées de fumée ◆ **stop puffing smoke into my face** arrête de m'envoyer ta fumée dans la figure ◆ **he puffed his pipe** il tirait des bouffées de sa pipe
b (also **puff out**) [+ sails etc] gonfler ◆ **to puff (out) one's cheeks** gonfler ses joues ◆ **to puff out one's chest** gonfler or bomber sa poitrine ◆ **the bird puffed out** or **up its feathers** l'oiseau a hérissé ses plumes ◆ **his eyes are puffed (up)** il a les yeux gonflés or bouffis
c (* = praise: also **puff up**) faire mousser *, faire du battage autour de
4 COMP ▷ **puff adder** n vipère f heurtante ▷ **puffed rice** n riz m soufflé ▷ **puffed sleeves** npl ⇒ **puff sleeves** ; → **puff** ▷ **puff paste** n (US) ⇒ **puff pastry** ▷ **puff pastry** n pâte f feuilletée ▷ **puff-puff** * n (baby talk = train) teuf-teuf * m (baby talk) ▷ **puff sleeves** npl manches fpl bouffantes

▶ **puff along** vi [person] se déplacer en haletant ; [steam train, ship] avancer en haletant

▶ **puff away** vi → **puff 2**

▶ **puff out** **1** vi [sails etc] se gonfler see also **puff 2**
2 vt sep → **puff 3a, 3b**

▶ **puff up** **1** vi [sails etc] se gonfler ; [eye, face] enfler
2 vt sep (= inflate) gonfler ◆ **to be puffed up (with pride)** (fig) être bouffi d'orgueil see also **puff 3b, 3c**

puffball ['pʌfbɔːl] n vesse-de-loup f

puffed * [pʌft] adj (= breathless: also **puffed out**) à bout de souffle

puffer ['pʌfər] n **a** (also **puffer fish**) poisson-globe m
b (* = train) train m à vapeur
c (Med * = inhaler) inhalateur m
d (* = smoker) fumeur m, -euse f

puffin ['pʌfɪn] n macareux m, perroquet m de mer

puffiness ['pʌfɪnɪs] n [of eye, face] gonflement m, bouffissure f

puffy ['pʌfɪ] → SYN adj eye, face gonflé, bouffi ; cloud cotonneux

pug [pʌg] **1** n (= dog) carlin m
2 COMP ▷ **pug nose** n nez m retroussé ▷ **pug-nosed** adj au nez retroussé

pugilism ['pjuːdʒɪlɪzəm] n boxe f

pugilist† ['pjuːdʒɪlɪst] → SYN n pugiliste m, boxeur m

pugilistic [ˌpjuːdʒɪ'lɪstɪk] adj pugilistique

pugnacious [pʌg'neɪʃəs] → SYN adj pugnace, querelleur

pugnaciously [pʌg'neɪʃəslɪ] adv avec pugnacité, d'un ton querelleur

pugnacity [pʌg'næsɪtɪ] n pugnacité f

puissance ['pwiːsɑːns] n (Showjumping) puissance f

puke* [pjuːk] **1** vi (also **puke up**) dégueuler *, dégobiller * ◆ **it makes you puke** (fig) c'est à faire vomir, c'est dégueulasse *
2 vt (also **puke up**) dégueuler *

3 n **a** (= vomit) dégueulis * m
b (US pej = person) salaud * m

▶ **puke up** * ⇒ **puke 1, 2**

pukka * ['pʌkə] adj (Brit) **a** (= genuine) vrai, véritable ; (= excellent) de premier ordre
b (= socially superior) snob inv

pulchritude ['pʌlkrɪtjuːd] n (liter or hum) vénusté f (liter)

pulchritudinous [ˌpʌlkrɪ'tjuːdɪnəs] adj (liter or hum) bien tourné †, beau (belle f)

puli ['pjuːlɪ] n (= dog) berger m hongrois

Pulitzer prize ['pʊlɪtsə,praɪz] n (US) prix m Pulitzer

PULITZER PRIZE

Aux États-Unis, les prix Pulitzer sont des récompenses prestigieuses décernées chaque année aux personnes jugées les plus méritantes dans les domaines du journalisme, de la littérature ou de la musique. Il existe treize catégories en journalisme (enquête, articles de fond, etc) et six en littérature. Ces prix ont été créés et financés par le journaliste et propriétaire de journaux Joseph Pulitzer (1847-1911).

---

pull [pʊl] → SYN **1** n **a** (= act, effect) traction f ; [of moon] attraction f ; (= attraction: magnetic, fig) (force f d')attraction f, magnétisme m ◆ **one more pull and we'll have it up** encore un coup et on l'aura ◆ **I felt a pull at my sleeve** j'ai senti quelqu'un qui tirait ma manche ◆ **to give sth a pull, to give a pull on** or **at sth** tirer (sur) qch ◆ **he's got pull** * (fig) il a le bras long ◆ **the pull of the current** la force du courant ◆ **the pull of family ties** (fig) la force des liens familiaux ◆ **the pull of the South/the sea** etc (fig) l'attraction f or l'appel m du Sud/de la mer etc ◆ **to be on the pull** * (fig) draguer * ◆ **to have a pull over sb** (fig) = have a hold over) avoir barre sur qn ◆ **it was a long pull to the shore** (Rowing) il a fallu ramer longtemps pour arriver jusqu'au rivage ◆ **it was a long (hard) pull up the hill** la montée était longue (et raide) pour arriver en haut de la colline ◆ **to have (some) pull with sb** avoir de l'influence auprès de qn ; → **leg**
b (= swig, puff: at bottle, glass, drink) gorgée f ◆ **he took a pull at the bottle** il a bu une gorgée à même la bouteille ◆ **he took a pull at his beer** il a bu une gorgée de bière ◆ **he took a long pull at his cigarette/pipe** il a tiré longuement sur sa cigarette/pipe
c (= handle) poignée f ; (= cord) cordon m ; → **bell¹**
d (Typ) épreuve f
e (Golf) coup m hooké
2 vt **a** (= draw) [+ cart, carriage, coach, caravan, curtains] tirer ◆ **she pulled her jacket around her shoulders** elle ramena sa veste autour de ses épaules ◆ **to pull a door open** ouvrir une porte (en la tirant) ◆ **he pulled the box over to the window** il a traîné la caisse jusqu'à la fenêtre ◆ **to pull a door shut** tirer une porte derrière soi ◆ **pull your chair closer to the table** approchez votre chaise de la table ◆ **he pulled her towards him** il l'attira vers lui ◆ **to pull sb clear of** [+ wreckage, rubble] dégager qn de ; [+ water, mud] retirer qn de
b (= tug) [+ bell, rope, thread] tirer ; [+ trigger] presser ; [+ oars] manier ◆ **to pull to pieces** or **to bits** (lit) [+ toy, box etc] mettre en pièces or en morceaux, démolir ; [+ daisy] effeuiller ; (* fig) [+ argument, scheme, play, film] démolir * ; * [+ person] éreinter ◆ **to pull sb's hair** tirer les cheveux à qn ◆ **pull the other one (it's got bells on)!** * à d'autres !, mon œil ! * ◆ **to pull a horse** (Racing) retenir un cheval ◆ **to pull one's punches** (Boxing, also fig) ménager son adversaire ◆ **he didn't pull any punches** il n'y est pas allé de main morte, il n'a pas pris de gants ◆ **to pull one's weight** (fig) faire sa part du travail, fournir sa part d'effort ; → **leg, string, wire**
c (= draw out) [+ tooth] arracher, extraire ; [+ cork, stopper] ôter, retirer ; [+ gun, knife] sortir ; [+ flowers] cueillir ; [+ weeds] arracher, extirper ; [+ beer] tirer ; (Culin) [+ chicken] vider ◆ **he pulled a gun on me** il a sorti un revolver et l'a braqué sur moi
◆ **he's pulling pints** * **somewhere in London** il

est barman quelque part à Londres ◆ **to pull trumps** * (Cards) faire tomber les atouts ◆ **to pull rank on sb** (fig) en imposer hiérarchiquement à qn
d (= strain, tear) [+ muscle, tendon, ligament] se déchirer
e (Typ) tirer
f (Golf etc) [+ ball] hooker ◆ **to pull a shot** hooker
g (* = cancel) [+ TV programme] annuler
h (* = make, do) faire, commettre ◆ **the gang pulled several bank raids/several burglaries last month** le gang a fait or commis plusieurs hold-up de banques/plusieurs cambriolages le mois dernier ◆ **to pull a trick on sb** jouer un mauvais tour à qn ; → **face, fast¹, long¹**
i (* fig = attract) [+ public] attirer ; [+ votes] ramasser
j (Brit * = get off with) lever *
3 vi **a** (= tug) tirer (at, on sur) ◆ **stop pulling!** arrêtez de tirer ! ◆ **he pulled at her sleeve** il lui tira la manche, il la tira par la manche ◆ **the car/the steering is pulling to the left** la voiture/la direction porte à gauche ◆ **the brakes pull to the left** quand on freine la voiture porte à gauche or est déportée sur la gauche ◆ **to pull for sb** * (fig) appuyer qn ; see also **3b**
b (= move) **the train pulled into/out of the station** le train est entré en gare/est sorti de la gare ◆ **he soon pulled clear of the traffic** il eut vite fait de laisser le gros de la circulation derrière lui ◆ **to pull sharply to the left** [car, driver] virer brusquement à gauche ; see also **3a** ◆ **the car isn't pulling very well** la voiture manque de reprises
c (= swig, puff) **he pulled at his beer** il a bu une gorgée de bière ◆ **to pull at a cigarette/pipe** etc tirer sur une cigarette/pipe etc
d (= row) ramer (for vers)
4 COMP ▷ **pull-back** n (Mil) repli m ▷ **pull-down** adj bed rabattable, escamotable ▷ **pull-down seat** strapontin m ▷ **pull-down menu** n (Comput) menu m déroulant ▷ **pull-in** n (Brit) (= lay-by) parking m ; (= café) café m de bord de route, routier m ▷ **pull-off** n (US) parking m ▷ **pull-on** adj **pull-on boots** bottes sans lacets ni fermeture éclair ▷ **pull-out** n, adj → **pull-out** ▷ **pull-ring, pull-tab** n (on can) anneau m, bague f ▷ **pull-up** n (by roadside) ⇒ **pull-in** (Gym) traction f (sur barre etc)

▶ **pull ahead** vi (in race, election etc) prendre la tête ◆ **he began to pull ahead of his pursuers** il a commencé à prendre de l'avance sur or à distancer ses poursuivants

▶ **pull along** vt sep [+ wheeled object etc] tirer derrière or après soi ◆ **to pull o.s. along** se traîner

▶ **pull apart** **1** vi ◆ **this box pulls apart** cette boîte est démontable or se démonte
2 vt sep **a** (= pull to pieces) démonter ; (= break) mettre en pièces or en morceaux ◆ **the police pulled the whole house apart looking for drugs** * la police a mis la maison sens dessus dessous en cherchant de la drogue ◆ **his parents' rows were pulling him apart** les disputes de ses parents le déchiraient ◆ **nationalism was threatening to pull the country apart** le nationalisme menaçait de déchirer le pays
b (= separate) [+ dogs, adversaries] séparer ; [+ sheets of paper etc] détacher, séparer
c (fig = criticize) [+ play, performance] éreinter ; [+ argument, suggestion] démolir

▶ **pull around** vt sep ⇒ **pull about**

▶ **pull away** **1** vi [vehicle, ship] démarrer ; [train] démarrer, s'ébranler ◆ **he pulled away from the kerb** il s'est éloigné du trottoir ◆ **he began to pull away from his pursuers** il a commencé à prendre de l'avance sur or à distancer ses poursuivants ◆ **she suddenly pulled away from him** elle se dégagea soudain de son étreinte
2 vt sep (= withdraw) retirer brusquement (from sb à qn) ; (= snatch) ôter, arracher (from sb à qn, des mains de qn) ◆ **he pulled the child away from the fire** il a éloigné or écarté l'enfant du feu

▶ **pull back** **1** vi (Mil, gen, fig = withdraw) se retirer

2 vt sep **a** (= withdraw) [+ object] retirer (*from* de) ; [+ person] tirer en arrière (*from* loin de) ; (Mil) retirer, ramener à or vers l'arrière ◆ **to pull back the curtains** ouvrir les rideaux

b [+ lever] tirer (sur)

▶ **pull down** vt sep **a** [+ blind] baisser, descendre ◆ **he pulled his opponent down (to the ground)** il a mis à terre son adversaire ◆ **he pulled his hat down over his eyes** il ramena or rabattit son chapeau sur ses yeux ◆ **pull your skirt down over your knees** ramène or tire ta jupe sur tes genoux ◆ **she slipped and pulled everything down off the shelf with her** elle a glissé et entraîné dans sa chute tout ce qui était sur l'étagère

b (= demolish) [+ building] démolir, abattre ; [+ tree] abattre ◆ **the whole street has been pulled down** la rue a été complètement démolie ◆ **to pull down the government** renverser le gouvernement

c (= weaken, reduce) affaiblir, abattre ◆ **that bout of flu pulled him down quite a lot** cette grippe l'a considérablement affaibli ◆ **his geography marks pulled him down** ses notes de géographie ont fait baisser sa moyenne

▶ **pull in** **1** vi (Aut etc) (= arrive) arriver ; (= enter) entrer ; (= stop) s'arrêter ◆ **when the train pulled in (at the station)** quand le train est entré en gare

2 vt sep **a** [+ rope, fishing line] ramener ◆ **to pull sb in** (into room, car) faire entrer qn, tirer qn à l'intérieur ; (into pool etc) faire piquer une tête dans l'eau à qn ◆ **pull your chair in (to the table)** rentre ta chaise (sous la table) ◆ **pull your stomach in!** rentre le ventre ! ◆ **the film is certainly pulling people in** il est certain que ce film attire les foules ; → **belt, horn**

b (* = pick up) **the police pulled him in for questioning** la police l'a appréhendé pour l'interroger

c (= restrain) [+ horse] retenir

d (* = earn) [person] gagner ; [business, shop etc] rapporter

3 pull-in n → **pull**

▶ **pull off** **1** vt sep **a** (= remove) [+ handle, lid, cloth] enlever, ôter ; [+ gloves, shoes, coat, hat] enlever, ôter

b (Aut) **he pulled the car off the road** or **onto the verge** il a arrêté la voiture sur le bord de la route

c (fig) [+ plan, aim] réaliser ; [+ deal] mener à bien, conclure ; [+ attack, hoax] réussir ◆ **he didn't manage to pull it off** il n'a pas réussi son coup

2 vi **a** (= start) [car, bus etc] démarrer, partir

b **to pull off the road** [vehicle, driver] quitter la route

3 pull-off n → **pull**

▶ **pull on** **1** vi ◆ **the cover pulls on** la housse s'enfile

2 vt sep [+ gloves, coat, cover] mettre, enfiler ; [+ shoes, hat] mettre

▶ **pull out** **1** vi **a** (= leave) [train] s'ébranler, démarrer ; [car, bus, ship] démarrer, partir

b (= withdraw) (lit, fig) se retirer (*of* de) ◆ **to pull out of a dive** (Aviat) se redresser ◆ **he pulled out of the deal at the last minute** il a tiré son épingle du jeu or il s'est retiré à la dernière minute

c (Aut) déboîter, sortir de la file ◆ **he pulled out to overtake the truck** il a déboîté pour doubler le camion

d **the drawers pull out easily** les tiroirs coulissent bien ◆ **the table pulls out to seat eight** avec la rallonge huit personnes peuvent s'asseoir à la table ◆ **the centre pages pull out** les pages du milieu sont détachables or se détachent

2 vt sep **a** [+ extract, remove] [+ nail, hair, page] arracher ; [+ splinter] enlever ; [+ cork, stopper] ôter, retirer ; [+ tooth] arracher, extraire ; [+ weeds] arracher, extirper ; [+ gun, knife, cigarette lighter] sortir ◆ **he pulled a rabbit out of his hat** il a sorti or tiré un lapin de son chapeau ◆ **to pull sb out of a room** faire sortir qn d'une pièce ◆ **they pulled him out of the wreckage alive** ils l'ont tiré or sorti vivant des débris ; → **finger, stop**

b (= withdraw) [+ troops, police etc] retirer (*of* de) ◆ **the union has pulled all the workers out on strike** tous les ouvriers ont répondu à la consigne de grève donnée par le syndicat

c (* fig = produce) [+ reason, argument] sortir * ◆ **he pulled out one last trick** (fig) il a usé d'un dernier stratagème

3 pull-out adj, n → **pull-out**

▶ **pull over** **1** vi (Aut) ◆ **he pulled over (to one side) to let the ambulance past** il s'est rangé or garé sur le côté pour laisser passer l'ambulance

2 vt sep **a** **he pulled the box over to the window** il a traîné la caisse jusqu'à la fenêtre ◆ **she pulled the chair over and stood on it** elle a tiré la chaise à elle pour grimper dessus ◆ **they pulled him over to the door** ils l'ont entraîné jusqu'à la porte

b (* = stop) [+ motorist, car] contraindre à s'arrêter

c **they climbed the wall and pulled him over** ils ont grimpé sur le mur et l'ont hissé de l'autre côté

d (= topple) **the vandals pulled the gatepost over** les vandales ont renversé or fait tomber le montant du portail ◆ **he pulled the bookcase over on top of himself** il a entraîné la bibliothèque dans sa chute

3 pullover n → **pullover**

▶ **pull round** **1** vi [unconscious person] revenir à soi, reprendre conscience ; [sick person] s'en sortir

2 vt sep **a** [+ chair etc] faire pivoter, tourner ◆ **he pulled me round to face him** il m'a fait me retourner pour me forcer à lui faire face

b [+ unconscious person] ramener à la conscience

▶ **pull through** **1** vi (from illness) s'en tirer, s'en sortir ; (from difficulties) s'en sortir, s'en tirer

2 vt sep [+ rope etc] (gen) faire passer ; (Climbing) rappeler

3 vt fus [+ illness] réchapper à ; [+ difficulties, crisis] se sortir de

▶ **pull together** **1** vi **a** (on rope etc) tirer ensemble or simultanément ; (on oars) ramer simultanément or à l'unisson

b (fig = cooperate) (s'entendre pour) faire un effort

2 vt sep **a** (= join) [+ rope ends etc] joindre ◆ **let me now pull together the threads of my argument** je vais maintenant faire la synthèse de mes arguments ◆ **data exists but it needs pulling together** les données existent mais il faut les rassembler

b * **to pull o.s. together** se reprendre, se ressaisir ◆ **pull yourself together!** ressaisis-toi !, reprends-toi !

▶ **pull up** **1** vi **a** (= stop) [vehicle] s'arrêter, stopper ; [athlete, horse] s'arrêter (net)

b (= draw level with) **he pulled up with the leaders** il a rattrapé or rejoint ceux qui menaient

2 vt sep **a** (= raise) [+ object] remonter ; (= haul up) hisser ; [+ stockings] remonter, tirer ; [+ chair] approcher ◆ **when the bucket was full he pulled it up** une fois le seau plein il l'a remonté ◆ **he leaned down from the wall and pulled the child up** il s'est penché du haut du mur et a hissé l'enfant jusqu'à lui ◆ **he pulled me up out of the armchair** il m'a tiré or fait sortir du fauteuil ◆ **your geography mark has pulled you up** votre note de géographie vous a remonté ; → **sock**[1]

b (= bring close) **pull up a chair!** prends une chaise !

c [+ tree etc] arracher, déraciner ; [+ weed] arracher, extirper ◆ **to pull up one's roots** se déraciner

d (= halt) [+ vehicle] arrêter, stopper ; [+ horse] arrêter ◆ **the chairman pulled the speaker up (short)** le président a coupé la parole à or a interrompu l'orateur ◆ **he pulled himself up (short)** il s'arrêta net or pile ◆ **the police pulled him up for speeding** la police l'a arrêté pour excès de vitesse ◆ **the headmaster pulled him up for using bad language** il a été repris or réprimandé par le directeur pour avoir été grossier

3 pull-up n → **pull**

▶ **pull about** vt sep **a** [+ wheeled object etc] tirer derrière soi

b (= handle roughly) [+ object] tirailler ; [+ person] malmener

pullet ['pʊlɪt] n jeune poule f, poulette f

pulley ['pʊlɪ] n **a** (= block) poulie f

b (Scot: for clothes-drying) séchoir m à linge (suspendu)

Pullman ® ['pʊlmən] n, pl **Pullmans** (Brit Rail: also **Pullman carriage**) pullman m, voiture-salon f, wagon-salon m ; (US = sleeper: also **Pullman car**) voiture-lit f, wagon-lit m ; (= train : also **Pullman train**) train m Pullman

pullorum disease [pʊ'lɔːrəm] n pullorose f

pull-out ['pʊlaʊt] **1** n **a** (in magazine etc) supplément m détachable

b [of troops] retrait m

2 adj magazine section détachable ; table leaf, shelf rétractable ◆ **pull-out bed** meuble-lit m

pullover ['pʊl,əʊvəʳ] n (esp Brit) pull m, pull-over m

pullulate ['pʌljʊleɪt] vi (frm) pulluler

pully * ['pʊlɪ] n (Brit) (abbrev of **pullover**) pull m

pulmonary ['pʌlmənərɪ] adj pulmonaire

pulp [pʌlp] → SYN **1** n **a** (= paste) pulpe f ; (= part of fruit) pulpe f, chair f ; (for paper) pâte f à papier, pulpe f (à papier) ◆ **to reduce** or **crush to a pulp** [+ wood] réduire en pâte or en pulpe ; [+ fruit] réduire en pulpe or en purée or en marmelade ◆ **his arm was crushed to a pulp** il a eu le bras complètement écrasé, il a eu le bras mis en bouillie or en marmelade * ◆ **to beat sb to a pulp** passer qn à tabac *, tabasser * qn ; → **pound**[2]

b (pej : literature) littérature f de gare ◆ **pulp fiction/novel** romans mpl/roman m de gare ◆ **pulp magazine** magazine m à sensation, torchon * m

2 vt [+ wood, linen] réduire en pâte or en pulpe ; [+ fruit] réduire en pulpe or en purée or en marmelade ; [+ book] mettre au pilon, pilonner ; [+ money, documents] détruire (*par broyage*)

3 COMP ▷ **pulp cavity** n (in tooth) cavité f pulpaire

pulpit ['pʊlpɪt] n chaire f (Rel)

pulpwood ['pʌlpwʊd] n bois m à pâte

pulpy ['pʌlpɪ] adj **a** (= soft) fruit charnu, pulpeux ; consistency pâteux ; (Bio) tissue pulpeux

b (* = trashy) novel, literature de gare (pej)

pulque ['pʊlkɪ] n (Culin) pulque m

pulsar ['pʌlsɑːʳ] n pulsar m

pulsate [pʌl'seɪt] vi [heart, vein] palpiter ; [blood] battre ; [music] vibrer ◆ **the pulsating rhythm of the drums** le battement rythmique des tambours

pulsating [pʌl'seɪtɪŋ] **1** adj heart, vein palpitant ; music vibrant ; (fig = exciting) palpitant

2 COMP ▷ **pulsating star** n (Astron) étoile f pulsante

pulsation [pʌl'seɪʃən] n [of heart] battement m, pulsation f ; (Elec, Phys) pulsation f

pulse[1] [pʌls] → SYN **1** n (Med) pouls m ; (Elec, Phys, Rad) vibration f ; [of radar] impulsion f ; (fig) [of drums etc] battement m rythmique ; [of emotion] frémissement m, palpitation f ◆ **to take sb's pulse** (also fig) prendre le pouls de qn ◆ **to have** or **keep one's finger on the pulse** être à l'écoute de ce qui se passe

2 vi [heart] battre fort ; [blood] battre ; [sound] vibrer ◆ **it sent the blood pulsing through his veins** cela lui fouetta le sang ◆ **the life pulsing in a great city** la vie qui palpite au cœur d'une grande ville

3 COMP ▷ **pulse rate** n (Med) pouls m

pulse[2] [pʌls] n (Bot) légume m à gousse ; (Culin : dried) légume m sec

pulsebeat ['pʌlsbiːt] n (Med, Mus) pulsation f

pulsejet ['pʌls,dʒet] n (Aviat) (= engine) pulsoréacteur m ; (= aircraft) avion m à pulsoréacteur

pulsimeter [pʌl'sɪmɪtəʳ] n (Med) sphygmodynamomètre m, sphygmographe m

pulverization [,pʌlvəraɪ'zeɪʃən] n pulvérisation f

pulverize ['pʌlvəraɪz] vt (lit, fig) pulvériser

pulverulence [pʌl'verʊləns] n pulvérulence f

pulverulent [pʌl'verʊlənt] adj pulvérulent

puma ['pjuːmə] n puma m

pumice ['pʌmɪs] n (also **pumice stone**) pierre f ponce

pummel ['pʌml] vt (in fight) bourrer or rouer de coups ; (in massage) pétrir

pummelling ['pʌməlɪŋ] n (in fight) volée f de coups ; (in massage) pétrissage m ◆ **to take a pummelling** (lit) se faire rouer de coups ; (Sport = be beaten) se faire battre à plate(s) couture(s) ; (= be criticized/attacked) se faire violemment critiquer/attaquer

pump¹ [pʌmp] → SYN ① n (all senses) pompe f ; → **parish, petrol, prime**
② vt **a to pump water into sth** pomper de l'eau dans qch ◆ **to pump water out of sth** pomper l'eau de qch ◆ **they pumped the remaining oil out of the ship** ils ont pompé le pétrole qui restait dans le navire ◆ **they pumped the tank dry** ils ont vidé or asséché le réservoir (à la pompe), ils ont pompé toute l'eau (or l'essence etc) du réservoir ◆ **to pump air into sth** gonfler qch ◆ **the water is pumped up to the house** l'eau est amenée jusqu'à la maison au moyen d'une pompe ◆ **the heart pumps the blood round the body** le cœur fait circuler le sang dans le corps ◆ **to pump oil through a pipe** faire passer or faire couler du pétrole dans un pipeline (à l'aide d'une pompe) ◆ **to pump sb's stomach** (Med) faire un lavage d'estomac à qn ◆ **to pump iron** * (Sport) faire de l'haltérophilie ◆ **to pump sb full of drugs** * bourrer qn de calmants * ◆ **to pump bullets into sb** * cribler qn de balles ; → **lead²** ◆ **they pumped money into the project** * ils ont injecté de l'argent dans le projet ◆ **he pumped facts into their heads** il leur bourrait* la tête de faits précis
b (* = question) **to pump sb for sth** essayer de soutirer qch à qn ◆ **they'll try to pump you (for information)** ils essayeront de vous faire parler or de vous tirer les vers* du nez
c [+ handle etc] lever et abaisser plusieurs fois or continuellement ; [+ accelerator, brake] pomper sur
③ vi [pump, machine, person] pomper ; [heart] battre fort ◆ **blood pumped from the artery** le sang coulait à flots de l'artère ◆ **the oil was pumping along the pipeline** le pétrole coulait dans le pipeline ◆ **the piston was pumping up and down** le piston montait et descendait régulièrement
④ COMP ▷ **pump-action** adj shotgun à pompe ▷ **pump attendant** n (Brit) pompiste mf ▷ **pump house, pumping station** n station f d'épuisement or de pompage ▷ **pump prices** npl a rise in pump prices [of petrol] une hausse (des prix) à la pompe ▷ **pump priming** n (Econ) mesures fpl de relance de l'économie ▷ **pump room** n buvette f (où l'on prend les eaux dans une station thermale) ▷ **pump-water** n eau f de la pompe

▶ **pump away** vi [heart] battre la chamade ◆ **he was pumping away on the lever** il faisait fonctionner or actionnait le levier

▶ **pump in** vt sep [+ water, oil, gas etc] refouler (à l'aide d'une pompe) ◆ **pump some more air in** donnez plus d'air

▶ **pump out** ① vi [blood, oil] couler à flots (of de)
② vt sep **a** [+ water, oil, gas etc] pomper, aspirer (à l'aide d'une pompe)
b (* = produce) pondre en masse* ◆ **this station pumps out pop music 24 hours a day** (TV, Rad) cette station balance* de la musique pop 24 heures par jour

▶ **pump up** vt sep [+ tyre, airbed] gonfler ; see also **pump 3a**

pump² [pʌmp] n (esp Brit = sports shoe) (chaussure f de) tennis m ; (= slip-on shoe) chaussure f sans lacet ; (= dancing shoe) escarpin m

pumpernickel ['pʌmpənɪkl] n pumpernickel m, pain m de seigle noir

pumpkin ['pʌmpkɪn] n citrouille f ; (bigger) potiron m ; [of Cinderella] citrouille f ◆ **pumpkin pie** tarte f à la citrouille

pumpkinseed ['pʌmpkɪnˌsiːd] n (= fish) perche f soleil, perche dorée

pun [pʌn] → SYN ① n calembour m, jeu m de mots
② vi faire un or des calembour(s), faire un or des jeu(x) de mots ◆ **"foot and mouth is a big problem, in fact it's a pig * of a problem"** he punned "la fièvre aphteuse est un problème très sérieux, c'est même vachement* sérieux" dit-il en voulant faire un jeu de mots

Punch [pʌntʃ] n Polichinelle m ◆ **Punch and Judy show** (théâtre m de) guignol m ; → **pleased**

punch¹ [pʌntʃ] → SYN ① n **a** (= blow) coup m de poing ◆ **to give sb a punch (on the nose)** donner un coup de poing (sur le nez) à qn ◆ **he's got a good punch** (Boxing) il a du punch ◆ **to ride with the punches** (esp US) encaisser * ; → **pack, pull, rabbit**
b (NonC = punchiness) punch* m ◆ **a phrase with more punch** une expression plus frappante or plus incisive ◆ **we need a presentation with some punch to it** il nous faut une présentation énergique or vigoureuse ◆ **a film with no punch to it** un film qui manque de punch*
c (= tool) (for tickets) poinçonneuse f ; (for holes in paper) perforateur m ; (for metalworking) poinçonneuse f, emporte-pièce m inv ; (for stamping design) étampe f ; (smaller) poinçon m ; (for driving in nails) chasse-clou m
② vt **a** (with fist) [+ person] donner un coup de poing à ; [+ ball, door] frapper d'un coup de poing ◆ **to punch sb's nose/face, to punch sb in the nose/face** donner un coup de poing sur le nez/dans la figure de qn ◆ **to punch sb in the stomach/in the kidneys/on the jaw** donner un coup de poing dans le ventre/les reins/la mâchoire à qn ◆ **to punch the air** lever le poing en signe de victoire ◆ **he punched his fist through the glass** il a passé son poing à travers la vitre, il a brisé la vitre d'un coup de poing ◆ **the goalkeeper punched the ball over the bar** d'un coup de poing le gardien de but a envoyé le ballon par-dessus la barre ◆ **he punched his way through** il s'est ouvert un chemin à (force de) coups de poing or en frappant à droite et à gauche
b (US) **to punch cattle** conduire le bétail (à l'aiguillon)
c (with tool) [+ paper] poinçonner, perforer ; [+ ticket] (by hand) (automatically) composter ; [+ computer cards] perforer ; [+ metal] poinçonner, découper à l'emporte-pièce ; [+ design] estamper ; [+ nails] enfoncer profondément (au chasse-clou) ◆ **to punch a hole in sth** faire un trou dans qch ◆ **to punch the time clock, to punch one's card** (Ind) pointer
d (with finger) [+ button] taper sur
③ vi frapper (dur), cogner ◆ **he punches well** (Boxing) il sait frapper
④ COMP ▷ **punch bag** n (Brit) (Sport) sac m de sable ; (fig) souffre-douleur m inv ◆ **to use sb as a punch bag** faire de qn son souffre-douleur, se servir de qn comme d'un punching-ball ▷ **punch card** n carte f perforée ◆ **punch card system** système m à cartes perforées ▷ **punch-drunk** adj (Boxing) abruti par les coups, groggy, sonné* ; (fig) abruti ▷ **punching bag** n (US) ⇒ **punch bag** ▷ **punching ball** n ⇒ **punchball** ▷ **punch line** n [of joke etc] chute f, conclusion f (comique) ; [of speech etc] mot m de la fin ▷ **punch operator** n (Comput) mécanographe mf ▷ **punch tape** n (Comput) bande f perforée ▷ **punch-up** * n bagarre f ◆ **to have a punch-up** (Brit) se bagarrer *

▶ **punch in** ① vi (Ind: on time clock) pointer (en arrivant)
② vt sep [+ door, lid etc] ouvrir d'un coup de poing ◆ **to punch sb's face** or **head in** * casser la gueule à qn *
b (= key in) [+ code number etc] taper

▶ **punch out** ① vi (Ind: on time clock) pointer (en partant)
② vt sep [+ hole] faire au poinçon or à la poinçonneuse ; [+ machine parts] découper à l'emporte-pièce ; [+ design] estamper

punch² [pʌntʃ] → SYN ① n (= drink) punch m
② COMP ▷ **punch bowl** n bol m à punch

punchball [ˈpʌntʃbɔːl] n **a** (Brit) punching-ball m
b (US) variante simplifiée du baseball, qui se joue sans batte

punchily * [ˈpʌntʃɪlɪ] adv de manière incisive

punchy * [ˈpʌntʃɪ] adj **a** (= forceful) person qui a du punch *, dynamique ; remark, reply incisif, mordant
b ⇒ **punch-drunk** ; → **punch¹**

punctilio [pʌŋkˈtɪlɪəʊ] → SYN n, pl **punctilios** (NonC: frm) (= formality) formalisme m ; (= point of etiquette) point m or détail m d'étiquette

punctilious [pʌŋkˈtɪlɪəs] → SYN adj scrupuleux

punctiliously [pʌŋkˈtɪlɪəslɪ] adv scrupuleusement

punctual [ˈpʌŋktjʊəl] → SYN adj person, train à l'heure ; payment ponctuel ◆ **he is always punctual** il est très ponctuel, il est toujours à l'heure ◆ **be punctual** soyez or arrivez à l'heure

punctuality [ˌpʌŋktjʊˈælɪtɪ] → SYN n [of person] ponctualité f, exactitude f ; [of train] exactitude f

punctually [ˈpʌŋktjʊəlɪ] adv ponctuellement

punctuate [ˈpʌŋktjʊeɪt] → SYN vt (lit, fig) ponctuer (with de)

punctuation [ˌpʌŋktjʊˈeɪʃən] n ponctuation f ◆ **punctuation mark** signe m de ponctuation

puncture [ˈpʌŋktʃəʳ] → SYN ① n (in tyre) crevaison f ; (in skin, paper, leather) piqûre f ; (Med) ponction f ◆ **I've got a puncture** (Aut etc) j'ai (un pneu) crevé ◆ **they had a puncture outside Limoges** ils ont crevé près de Limoges
② vt [+ tyre, balloon] crever ; [+ skin, leather, paper] piquer ; (Med) [+ abscess] percer, ouvrir ◆ **the bullet punctured his skull** la balle lui a transpercé le crâne ◆ **his pride had been punctured** sa fierté en avait pris un coup
③ vi [tyre etc] crever
④ COMP ▷ **puncture repair kit** n trousse f à outils pour crevaisons ▷ **puncture wound** n perforation f

pundit [ˈpʌndɪt] → SYN n expert m, pontife m

pungency [ˈpʌndʒənsɪ] n [of smell, taste] âcreté f ; [of sauce] goût m piquant or relevé ; [of remark, criticism] mordant m, causticité f

pungent [ˈpʌndʒənt] → SYN adj fumes, smoke âcre ; smell, taste âcre, piquant ; sauce piquant, relevé ; remark, criticism, satire mordant, caustique

pungently [ˈpʌndʒəntlɪ] adv remark d'un ton mordant or caustique ; criticize de façon mordante or caustique ◆ **pungently flavoured** (au goût) relevé

Punic [ˈpjuːnɪk] adj punique ◆ **the Punic Wars** (Hist) les guerres puniques

puniness [ˈpjuːnɪnɪs] n [of person, animal] chétivité f ; [of effort, excuse] faiblesse f

punish [ˈpʌnɪʃ] → SYN vt **a** [+ person] punir (for sth de qch ; for doing sth pour avoir fait qch) ; [+ theft, fault] punir ◆ **he was punished by having to clean it all up** pour le punir on lui a fait tout nettoyer, pour sa punition il a dû tout nettoyer
b (fig) [+ opponent in fight, boxer, opposing team] malmener ; [+ engine] fatiguer ◆ **the jockey really punished his horse** le jockey a vraiment forcé or fatigué son cheval

punishable [ˈpʌnɪʃəbl] → SYN adj offence punissable ◆ **punishable by death/imprisonment** passible de la peine de mort/d'une peine de prison

punishing [ˈpʌnɪʃɪŋ] → SYN ① n (= act) punition f ◆ **to take a punishing** (fig) [boxer, opponent, opposing team] se faire malmener
② adj speed, heat, game, work épuisant, exténuant

punishment [ˈpʌnɪʃmənt] → SYN ① n (gen) punition f ; (solemn) châtiment m ; (formal: against employee, student etc) sanctions fpl ◆ **as a punishment (for)** en punition (de) ◆ **he took his punishment bravely** il a subi sa punition sans se plaindre ◆ **to make the punishment fit the crime** adapter le châtiment au crime, proportionner la peine au délit ◆ **to take a lot of punishment** (fig) [boxer, opponent in fight] encaisser * ; [opposing team] se faire malmener ; → **capital, corporal²**
② COMP ▷ **punishment beating** n action f punitive

punitive [ˈpjuːnɪtɪv] → SYN ① adj expedition, measure punitif ◆ **a punitive bombing raid** un raid (aérien) de représailles

2 COMP ▷ **punitive damages** npl (Jur) dommages-intérêts mpl dissuasifs *(très élevés)* ▷ **punitive taxation** n (NonC) fiscalité f dissuasive

Punjab [pʌnˈdʒɑːb] n Pendjab m

Punjabi [pʌnˈdʒɑːbɪ] **1** adj pendjabi
2 n **a** (= person) Pendjabi mf
b (Ling) pendjabi m

punk [pʌŋk] **1** n **a** (= music) punk m
b (= musician, fan) punk mf
c (US * = ruffian) voyou m
2 adj **a** band, music, style punk inv ◆ **punk rock** punk rock m ◆ **punk rocker** punk mf
b (US * = ill) mal foutu *

punka(h) [ˈpʌŋkə] n panca m, panka m

punnet [ˈpʌnɪt] n (Brit) barquette f *(pour fraises etc)*

punster [ˈpʌnstər] n personne f qui fait des calembours

punt¹ [pʌnt] **1** n (= boat) bachot m or bateau m à fond plat
2 vt [+ boat] faire avancer à la perche ; [+ goods] transporter en bachot
3 vi ◆ **to go punting** faire un tour de rivière, aller se promener en bachot

punt² [pʌnt] (Ftbl, Rugby) **1** vt [+ ball] envoyer d'un coup de volée
2 n coup m de volée

punt³ [pʌnt] → SYN vi (Brit = bet) parier

punt⁴ [pʌnt] n livre f irlandaise

punter [ˈpʌntər] → SYN n **a** (Brit) (Racing) turfiste mf, parieur m, -euse f ; (in casino) joueur m, -euse f
b (* = customer) client(e) m(f) ; [of prostitute] micheton * m ; (St Ex) boursicoteur m, -euse f ◆ **the punter(s)** (Brit = customer, member of public) le public, la clientèle ◆ **your average punter** Monsieur Tout-le-monde

punty [ˈpʌntɪ] n pontil m

puny [ˈpjuːnɪ] → SYN adj person, animal chétif, malingre, frêle ; effort faible, piteux

pup [pʌp] → SYN **1** n **a** (= dog) chiot m, jeune chien(ne) m(f) ; (= seal) bébé m phoque, jeune phoque m ◆ **to sell sb a pup** * rouler * qn ◆ **to be sold a pup** * se faire rouler or avoir *
b († ≈ pej) (= frivolous youth) freluquet † m ; (= inexperienced youth) blanc-bec m
2 vi mettre bas
3 COMP ▷ **pup tent** n tente f à deux places

pupa [ˈpjuːpə] n, pl **pupae** [ˈpjuːpiː] chrysalide f, pupe f

pupal [ˈpjuːpl] adj (Zool) stade de pupe

pupate [pjuːˈpeɪt] vi devenir chrysalide or pupe

pupation [pjuːˈpeɪʃən] n pupation f, pupaison f

pupil¹ [ˈpjuːpl] → SYN **1** n (Scol etc) élève mf
2 COMP ▷ **pupil nurse** n (Brit) élève mf infirmier (-ière) *(qui suit une formation courte)* ▷ **pupil power** n pouvoir m des élèves ▷ **pupil teacher** n professeur m stagiaire

pupil² [ˈpjuːpl] n [of eye] pupille f

pupil(l)ary [ˈpjuːpɪlərɪ] adj (Anat, Jur) pupillaire

pupiparous [pjuːˈpɪpərəs] adj pupipare

puppet [ˈpʌpɪt] → SYN **1** n **a** (lit) marionnette f ; (= flat cutout) pantin m
b (fig = pawn) pantin m ◆ **he was like a puppet on a string** ce n'était qu'un pantin ; → **glove**
2 COMP theatre, play de marionnettes ; (fig, esp Pol) state, leader, cabinet fantoche ▷ **puppet show** n (spectacle m de) marionnettes fpl

puppeteer [pʌpɪˈtɪər] n montreur m, -euse f de marionnettes, marionnettiste mf

puppetry [ˈpʌpɪtrɪ] n art m des marionnettes

puppy [ˈpʌpɪ] **1** n ⇒ pup 1
2 COMP ▷ **puppy farm** n centre m d'élevage de chiots de race ▷ **puppy fat** * n rondeurs fpl d'adolescent(e) ▷ **puppy love** * n premier amour m (d'adolescent)

purblind [ˈpɜːblaɪnd] adj (liter) **a** (= blind) aveugle ; (= poorly sighted) qui voit très mal, qui a une vue très faible
b (fig = stupid) aveugle, borné, obtus

purchase [ˈpɜːtʃɪs] → SYN **1** n **a** (Comm etc) achat m ◆ **to make a purchase** faire un achat
b (= grip, hold) prise f ◆ **the wheels can't get enough purchase on this surface** les roues n'ont pas assez de prise sur cette surface ◆ **I can't get enough purchase on this rock** je n'arrive pas à trouver assez de prise sur ce rocher
2 vt acheter (*sth from sb* qch à qn ; *sth for sb* qch pour or à qn)
3 COMP ▷ **purchase ledger** n grand livre m des achats ▷ **purchase money, purchase price** n prix m d'achat ▷ **purchase order** n (Comm) ordre m d'achat ▷ **purchase tax** n (Brit) taxe f à l'achat

purchaser [ˈpɜːtʃɪsər] n acheteur m, -euse f

purchasing [ˈpɜːtʃɪsɪŋ] **1** n (Ind, Comm etc) achat m
2 COMP ▷ **purchasing department** n service m (des) achats ▷ **purchasing officer** n (Ind, Comm etc) responsable mf des achats ▷ **purchasing power** n pouvoir m d'achat

purdah [ˈpɜːdə] n (Rel) purdah m ◆ **to live in purdah** vivre cloîtré ◆ **the President is in purdah** le Président garde un profil bas

pure [pjʊər] → SYN **1** adj (gen) pur ◆ **as pure as the driven snow** innocent comme l'enfant qui vient de naître ◆ **pure in heart** (Bible) au cœur pur ◆ **pure science** science f pure ◆ **pure line** (Genetics) hérédité f pure ◆ **pure alcohol** alcool m absolu ◆ **a pure wool suit** un complet pure laine ◆ **pure and simple** pur et simple ◆ **it was pure hypocrisy** c'était de la pure hypocrisie or de l'hypocrisie pure
2 COMP ▷ **pure-hearted** adj (au cœur) pur ▷ **pure-minded** adj pur (d'esprit) ▷ **pure new wool** n laine f vierge ▷ **pure vowel** n (Phon) voyelle f pure

purebred [ˈpjʊəbred] **1** adj de race
2 n animal m de race ; (= horse) pur-sang m inv

purée [ˈpjʊəreɪ] n purée f ◆ **tomato purée** purée f de tomates

purely [ˈpjʊəlɪ] → SYN adv (with adj) purement ◆ **purely and simply** purement et simplement

pureness [ˈpjʊənɪs] n (NonC) pureté f

purgation [pɜːˈgeɪʃən] n (Rel) purgation f, purification f ; (Pol) purge f, épuration f ; (Med) purge f

purgative [ˈpɜːgətɪv] adj, n purgatif m

purgatory [ˈpɜːgətərɪ] n (lit, fig) purgatoire m ◆ **it was purgatory** (fig) c'était un vrai purgatoire or supplice ◆ **it was purgatory for me** j'étais au supplice

purge [pɜːdʒ] → SYN **1** n (= act) (gen, Med) purge f ; (Pol) purge f, épuration f ; (= medicament) purge f, purgatif m ◆ **the (political) purges which followed the revolution** les purges politiques qui ont or l'épuration politique qui a suivi la révolution ◆ **a purge of the dissidents** une purge des dissidents
2 vt **a** (gen) purger (*of* de) ; (Med) [+ person, body] purger ; (Pol) [+ state, nation, party] purger (*of* de) ; [+ traitors, bad elements] éliminer ; [+ sins] purger, expier
b (Jur) [+ person] disculper (*of* de) ; [+ accusation] se disculper de ◆ **to purge an offence** purger une peine ◆ **to purge one's contempt (of Congress)** (US) purger sa contumace

purification [ˌpjʊərɪfɪˈkeɪʃən] n **a** [of air, water, metal etc] épuration f
b (Rel etc) [of person] purification f

purifier [ˈpjʊərɪfaɪər] n épurateur m, purificateur m ◆ **air purifier** purificateur m d'air ; → **water**

purify [ˈpjʊərɪfaɪ] → SYN vt [+ substance] épurer, purifier ; [+ person] purifier

Purim [ˈpʊərɪm] n (Rel) Pourim

purism [ˈpjʊərɪzəm] n purisme m

purist [ˈpjʊərɪst] → SYN adj, n puriste mf

puristic [pjʊəˈrɪstɪk] adj puriste

puritan [ˈpjʊərɪtən] → SYN adj, n puritain(e) m(f)

puritanical [ˌpjʊərɪˈtænɪkəl] → SYN adj puritain, de puritain

puritanically [ˌpjʊərɪˈtænɪkəlɪ] adv de façon puritaine

puritanism [ˈpjʊərɪtənɪzəm] n puritanisme m

purity [ˈpjʊərɪtɪ] n pureté f

purl [pɜːl] (Knitting) **1** n (also **purl stitch**) (= one stitch) maille f à l'envers ◆ **a row of purl** un rang à l'envers ; → **plain**
2 adj à l'envers
3 vt tricoter à l'envers ; → **knit**

purlieus [ˈpɜːljuːz] npl (frm) alentours mpl, abords mpl, environs mpl

purlin(e) [ˈpɜːlɪn] n (Constr) panne f

purloin [pɜːˈlɔɪn] vt dérober

purple [ˈpɜːpl] **1** adj (bluish) violet ; (reddish) pourpre ; (lighter) mauve ◆ **to go purple (in the face)** devenir cramoisi or pourpre ◆ **purple passage** or **patch** (Literat) morceau m de bravoure
2 n (= colour) (bluish) violet m ; (reddish) pourpre m ◆ **the purple** (Rel) la pourpre
3 COMP ▷ **Purple Heart** n (US Mil) décoration attribuée aux blessés de guerre ▷ **purple heart** * n (Drugs) pilule f du bonheur *

purplish [ˈpɜːplɪʃ] adj violacé, qui tire sur le violet

purport [ˈpɜːpət] (frm) **1** n (= meaning) signification f
2 [pɜːˈpɔːt] vt ◆ **to purport to be sth/sb** [person] se présenter comme étant qch/qn, se faire passer pour qch/qn ◆ **to purport to be objective** [book, film, statement etc] se vouloir objectif ◆ **he purports to represent the views of the people** il prétend représenter l'opinion du (grand) public ◆ **a man purporting to come from the Ministry** un homme qui se prétend (or prétendait) envoyé par le ministère ◆ **a document purporting to come or be from the French embassy** un document censé émaner de l'ambassade de France ◆ **a book purporting to be written for children** un livre censé s'adresser aux enfants

purportedly [pɛːˈpɔːtədlɪ] adv (frm) soi-disant ◆ **purportedly written by ...** censé avoir été écrit par ..., qui aurait été écrit par ...

purpose [ˈpɜːpəs] LANGUAGE IN USE 18.4 → SYN
1 n **a** (= aim, intention) but m, objet m ◆ **what was the purpose of the meeting?** quel était le but or l'objet de cette réunion ? ◆ **what was the purpose of his visit?** quel était le but or l'objet de sa visite ?, dans quel but est-il venu ? ◆ **what is the purpose of this tool?** à quoi sert cet outil ? ◆ **a man with a purpose (in life)** un homme qui a un but or un objectif (dans la vie) ◆ **it's a film with a purpose** c'est un film à thèse or qui contient un message ◆ **it is adequate for the purpose** cela fait l'affaire ◆ **for the purpose of doing sth** dans le but or l'intention de faire qch, afin de faire qch ◆ **for this purpose** dans ce but, à cet effet, à cette fin ◆ **for my purposes** pour ce que je veux faire ◆ **for our purposes we may disregard this** en ce qui nous concerne, nous n'avons pas besoin de tenir compte de cela ◆ **for the purposes of the meeting** pour (les besoins de) cette réunion ◆ **for the purposes of this Act** (Jur) aux fins de la présente loi ◆ **my purpose in doing this is ...** la raison pour laquelle je fais ceci est ... ◆ **with the purpose of ...** dans le but or l'intention de ..., afin de ... ◆ **to good purpose** utilement, à profit ◆ **the money will be used to good purpose** l'argent sera bien or utilement employé ◆ **to no purpose** en vain, inutilement ◆ **to no purpose at all** en pure perte ; → **all, intent, practical, serve**
♦ **on purpose** exprès, délibérément ◆ **he did it on purpose** il l'a fait exprès or délibérément ◆ **he did it on purpose to annoy me** il l'a fait exprès pour me contrarier
♦ **to the purpose** à propos ◆ **not to the purpose** hors de propos
b (NonC = resolution) (sense of) purpose résolution f ◆ **he has no sense of purpose** il manque de résolution ◆ **his activities seem to lack purpose** il semble agir sans but précis ; → **infirm, strength**
2 vt (frm) ◆ **to purpose to do sth** se proposer de faire qch
3 COMP ▷ **purpose-built** adj spécialement construit or conçu

purposeful [ˈpɜːpəsfʊl] adj (= determined) person résolu, déterminé, qui sait ce qu'il veut ; gesture, look résolu, décidé ; (= intentional) act réfléchi, significatif

purposefully [ˈpɜːpəsfəlɪ] adv move, act dans un but précis, avec une intention bien arrêtée, délibérément

purposefulness ['pɜːpəsfʊlnɪs] n résolution f, détermination f, ténacité f

purposeless ['pɜːpəslɪs] → SYN adj person qui n'a pas de but, qui ne sait pas ce qu'il veut ; character indécis, irrésolu ; act sans but or objet (précis), inutile

purposely ['pɜːpəslɪ] → SYN adv exprès, à dessein, de propos délibéré ◆ **he made a purposely vague statement** il a fait exprès de faire une déclaration peu précise ◆ **the government's statement was purposely vague** la déclaration du gouvernement a été délibérément vague or a été vague à dessein

purposive ['pɜːpəsɪv] adj (frm) calculé

purpura ['pɜːpjʊrə] n (Med) purpura m

purpurin ['pɜːpjʊrɪn] n (Tech) purpurine f

purr [pɜː] **1** vi [cat] ronronner, faire ronron ; [person, engine, car] ronronner
2 vt roucouler ◆ "sit down, darling", she purred "assieds-toi, chéri", roucoula-t-elle
3 n [of cat] ronronnement m, ronron m ; [of engine, car] ronronnement m

purring ['pɜːrɪŋ] n ⇒ **purr** 3

purse [pɜːs] → SYN **1** n **a** (Brit) (for coins) porte-monnaie m inv, bourse f ; (= wallet) portefeuille m ◆ **it's beyond my purse** c'est trop cher pour moi or pour ma bourse, c'est au-delà de mes moyens ; → **public**
b (US = handbag) sac m à main
c (= prize: esp Sport) prix m, récompense f
2 vt ◆ **to purse (up) one's lips** faire la moue, pincer les lèvres
3 COMP ▷ **purse-proud** adj fier de sa fortune ▷ **purse seine** n (Fishing) filet m cernant ▷ **purse snatcher*** n (US) voleur m, -euse f à la tire ▷ **purse strings** npl (fig) **to hold/tighten the purse strings** tenir/serrer les cordons de la bourse

purser ['pɜːsə] n (Naut) commissaire m (du bord)

purslane ['pɜːslɪn] n (Bot) pourpier m

pursuance [pəˈsjuːəns] n (frm) exécution f ◆ **in pursuance of** dans l'exécution de

pursuant [pəˈsjuːənt] adj (frm) ◆ **pursuant to** (= following on) suivant ; (= in accordance with) conformément à

pursue [pəˈsjuː] → SYN vt **a** (= carry on) [+ studies, career, plan, theme, inquiry] poursuivre ; [+ profession] exercer ; [+ course of action] suivre ; [+ policy] mener ◆ **to pursue one's own interests** faire ce à quoi on s'intéresse ◆ **to pursue one's interest in art** s'adonner à sa passion pour l'art
b (= search for) [+ happiness] rechercher ; [+ success, fame, objective] poursuivre
c [+ matter] suivre, approfondir ◆ **to pursue the matter** approfondir la question ◆ **to pursue a case** (Jur) poursuivre une affaire
d (= chase after) [+ person, animal] poursuivre, pourchasser ; [+ vehicle] poursuivre ◆ **his eyes pursued me round the room** il me suivait du regard à travers la pièce ◆ **he is pursued by misfortune** (liter) la malchance le poursuit ◆ **he won't stop pursuing her** il n'arrête pas de la poursuivre de ses assiduités

pursuer [pəˈsjuːə] n poursuivant(e) m(f)

pursuit [pəˈsjuːt] → SYN **1** n **a** (= search) [of pleasure, happiness] recherche f, poursuite f ; [of excellence, wealth] poursuite f ; [of truth, peace, power] recherche f ◆ **in pursuit of** à la recherche de
b (= chase: also Cycling, Skating) poursuite f ◆ **(to go) in pursuit of sb/sth** (se mettre) à la poursuite de qn/qch ◆ **he escaped with two policemen in hot pursuit** il s'est enfui avec deux agents à ses trousses
c (= occupation) activité f ; (= pastime) passe-temps m inv ◆ **scientific pursuits** travaux mpl or recherches fpl scientifiques
2 COMP ▷ **pursuit plane** n chasseur m, avion m de chasse

purulence ['pjʊərələns] n purulence f

purulent ['pjʊərələnt] adj purulent

purvey [pəˈveɪ] vt (Comm etc) fournir (sth to sb qch à qn), approvisionner (sth to sb qn en qch)

purveyance [pəˈveɪəns] n (Comm etc) approvisionnement m, fourniture f de provisions

purveyor [pəˈveɪə] n (Comm etc) fournisseur m, -euse f, approvisionneur m, -euse f (of sth en qch ; to sb de qn)

purview ['pɜːvjuː] → SYN n (frm) [of act, bill] articles mpl ; [of the law] domaine m, limites fpl ; [of inquiry] champ m, limites fpl ; [of committee] capacité f, compétence f ; [of book, film] limites fpl, portée f

pus [pʌs] n pus m

push [pʊʃ]
→ SYN

1 NOUN
2 TRANSITIVE VERB
3 INTRANSITIVE VERB
4 COMPOUNDS
5 PHRASAL VERBS

1 NOUN

a = shove poussée f ◆ **to give sb/sth a push** pousser qn/qch ◆ **the car needs a push** il faut pousser la voiture ◆ **with one push** en poussant une seule fois ◆ **there was a great push as the crowd emerged** quand la foule est sortie, il y a eu une grande bousculade

b Brit * = dismissal **to give sb the push** [employer] virer qn* ; [boyfriend, girlfriend] plaquer qn* ◆ **he got the push** (from employer) il s'est fait virer* ; (from girlfriend) il s'est fait plaquer*

c Mil, Pol = advance poussée f, avance f ◆ **they made a push to the coast** ils ont fait une poussée or ils ont avancé jusqu'à la côte

d = effort gros effort m, coup m de collier ; (= campaign) campagne f ◆ **they made a push to get everything finished in time** ils ont fait un gros effort or ils ont donné un coup de collier pour tout terminer à temps ◆ **they were having a push on sales** or **a sales push** ils avaient organisé une campagne de promotion des ventes ◆ **we're having a push for more teachers** nous menons une campagne pour une augmentation du nombre d'enseignants ◆ **when it comes to the push*** au moment critique or crucial ◆ **when push comes to shove*** le moment venu

◆ **at a push*** à la rigueur

2 TRANSITIVE VERB

a lit [+ car, pram, barrow, door, person] pousser ; [+ knob, button] appuyer sur ; [+ stick, finger etc] enfoncer (into dans, between entre) ; [+ rag etc] fourrer (into dans) ◆ **don't push me!** ne (me) poussez pas !

◆ **to push** + preposition/adverb ◆ **to push sb in/out/up** etc faire entrer/sortir/monter etc qn en le poussant ◆ **to push sb against a wall** pousser qn contre un mur ◆ **bulldozers pushed the snow aside** des bulldozers déblayaient la neige ◆ **he pushed him down the stairs** il l'a poussé et l'a fait tomber dans l'escalier ◆ **to push sb into a room** pousser qn dans une pièce ◆ **he pushed the book into my hand** il m'a fourré* le livre dans la main ◆ **they pushed me off the pavement** ils m'ont poussé et m'ont forcé à descendre du trottoir ◆ **he pushed the cat off the table** il a poussé le chat et l'a forcé à descendre de la table ◆ **she pushed the books off the table** elle a poussé les livres et les a fait tomber de la table ◆ **they pushed the car off the cliff** ils ont poussé la voiture dans le précipice, ils ont poussé la voiture et l'ont fait tomber de la falaise ◆ **they pushed the car off the road** ils ont poussé la voiture sur le bas-côté ◆ **to push a door open** ouvrir une porte en la poussant, pousser une porte (pour l'ouvrir) ◆ **they pushed him out of the car** ils l'ont poussé hors de la voiture ◆ **to push sb/sth out of the way** écarter qn/qch en le poussant ◆ **it pushed the matter right out of my mind** cela m'a fait complètement oublier cette affaire ◆ **to push a door shut** fermer une porte en la poussant, pousser une porte (pour la fermer) ◆ **he pushed his head through the window** il a passé la tête par la fenêtre ◆ **to push one's way through a crowd** se frayer or s'ouvrir un chemin dans la foule ◆ **he pushed the bill through Parliament** il a réussi à faire voter le projet de loi ◆ **he pushed the thought to the back of his mind** il a repoussé or écarté cette pensée ◆ **he pushed the box under the table** il a poussé la boîte sous la table

to be pushing + age * ◆ **he must be pushing* 60** il ne doit pas avoir loin de 60 ans, il doit friser la soixantaine

b = press, advance [+ one's views] mettre en avant ; [+ claim] présenter avec insistance ; [+ plan, method, solution] essayer d'imposer ; [+ product] pousser la vente de ; [+ candidate etc] essayer de placer ; [+ business] développer en priorité

c = go too far with **that's pushing it a bit!*** (indignantly) c'est un peu fort ! ; (not much time etc) c'est un peu juste !

d = put pressure on pousser ; (= harass) importuner, harceler ◆ **don't push him too hard** or **too far** n'insistez pas trop, ne le poussez pas à bout ◆ **they pushed him to the limits of his endurance** on l'a poussé jusqu'à la limite de ses forces ◆ **to push sb to do sth** pousser qn à faire qch, insister pour que qn fasse qch ◆ **to push sb for payment/for an answer** presser qn de payer/de répondre ◆ **to push sb into doing sth** forcer or obliger qn à faire qch ◆ **I was pushed into it** on m'y a poussé or forcé ◆ **he was pushed into teaching** on l'a poussé à devenir professeur or à faire de l'enseignement ◆ **to push o.s. hard** exiger beaucoup de soi-même ◆ **he pushes himself too hard** il se surmène

◆ **to be pushed*** (= under pressure) ◆ **I'm really pushed today** je suis vraiment bousculé or débordé aujourd'hui ◆ **to be pushed for time/money** être à court de temps/d'argent, manquer de temps/d'argent ◆ **I'm rather pushed for space** je suis à l'étroit

e US Golf **to push the ball** couper or faire dévier la balle

3 INTRANSITIVE VERB

a = press pousser ; (on bell) appuyer (on sur) ◆ **you push and I'll pull** poussez et moi je vais tirer ◆ **"push"** (on door) "poussez" ; (on bell) "appuyez", "sonnez" ◆ **to push for better conditions/higher wages** etc (fig) faire pression pour obtenir de meilleures conditions/une augmentation de salaire etc

b = move **they pushed into/out of the room** ils sont entrés dans la pièce/sortis de la pièce en se frayant un passage ◆ **he pushed past me** il m'a dépassé en me bousculant ◆ **she pushed through the crowd** elle s'est frayé or ouvert un chemin dans la foule

c Mil **to push into enemy territory** (= advance) avancer en territoire ennemi

4 COMPOUNDS

▷ **push-bike*** n (Brit) vélo m ▷ **push-button** n → **push-button** ▷ **push-pull circuit** n (Elec) push-pull m inv ▷ **push rod** n (Aut) tige f de culbuteur ▷ **push-start** n, vt **to give a car a push-start** or **to push-start a car** faire démarrer une voiture en la poussant, pousser une voiture pour la faire démarrer ▷ **push-up** n (US Gym) traction f, pompe* f ◆ **to do push-ups** faire des tractions or des pompes*

5 PHRASAL VERBS

▶ **push about** vt sep ⇒ **push around**

▶ **push ahead** vi (= make progress) avancer à grands pas ◆ **to push ahead with** faire avancer à grands pas

▶ **push along** **1** vi **a** (* = leave) filer*, se sauver*
b (Aut etc) (= move quickly) rouler bon train
2 vt sep [+ person, cart, chair] pousser ; (= hasten) [+ work] activer, accélérer

▶ **push around** vt sep **a** [+ cart, toy] pousser de-ci de-là, pousser à droite et à gauche
b (* = bully) bousculer*

▶ **push aside** vt sep [+ person, chair] écarter (brusquement) ; [+ objection, suggestion] écarter, rejeter

▶ **push away** vt sep [+ person, chair, one's plate, sb's hand] repousser ; [+ gift] repousser, rejeter

▶ **push back** vt sep [+ cover, blankets, lock of hair] rejeter or repousser (en arrière) ; [+ curtains] repousser ; [+ person, crowd, enemy] repousser, faire reculer ; [+ desire, impulse] réprimer

push-down / put

▶ **push down** 1 vi appuyer (*on* sur)
2 vt sep **a** [+ switch, lever] abaisser ; [+ knob, button] appuyer sur ; [+ pin, stick] enfoncer ; (= knock over) [+ fence, barrier, person] renverser ◆ **he pushed the tile down off the roof** il a poussé la tuile et l'a fait tomber du toit, il a fait tomber la tuile du toit en la poussant ◆ **he pushed his clothes down into the suitcase** il a fourré ses vêtements dans la valise
b (= reduce) [+ prices, inflation, value] faire baisser

▶ **push forward** 1 vi avancer, se frayer or s'ouvrir un chemin
2 vt sep [+ person, box etc] pousser en avant, faire avancer ◆ **to push one's way forward** se frayer or s'ouvrir un chemin ◆ **he pushed himself forward** il s'est frayé or ouvert un chemin, (fig) il s'est mis en avant, il s'est fait valoir

▶ **push in** 1 vi s'introduire de force ; (fig = interfere) intervenir ◆ **he's always pushing in where he's not wanted** il se mêle toujours de or il intervient toujours dans ce qui ne le regarde pas
2 vt sep **a** [+ stick, pin, finger] enfoncer ; [+ rag] fourrer dedans ; [+ person] pousser dedans ; [+ knob, button] appuyer sur ◆ **they opened the door and pushed him in** ils ouvrirent la porte et le poussèrent à l'intérieur ◆ **they took him to the pond and pushed him in** ils l'ont amené à l'étang et l'ont poussé dedans
b (= break) [+ window, door, sides of box] enfoncer
c **to push one's way in** s'introduire de force

▶ **push off** 1 vi **a** (Naut) pousser au large
b (*** = leave) filer *, se sauver * ◆ **I must push off now** il faut que je file * (subj) or que je me sauve * (subj) ◆ **push off!** fichez le camp ! *, filez ! *
c **the top just pushes off** il suffit de pousser le haut pour l'enlever
2 vt sep → **push 2a**

▶ **push on** 1 vi (in journey) pousser (*to* jusqu'à), continuer son chemin ; (in work) continuer, persévérer ◆ **to push on with sth** continuer (à faire) qch
2 vt sep **a** [+ lid, cover] placer or (re)mettre en place (en pressant ou en appuyant)
b (fig = incite) pousser, inciter (*to do sth* à faire qch)

▶ **push out** 1 vi [roots, branches] pousser ; [shoots] pointer, sortir
2 vt sep **a** [+ person, object] pousser dehors ; [+ stopper] faire sortir (en poussant) ; (fig) [+ employee, office holder] évincer, se débarrasser de ◆ **to push the boat out** (lit) pousser au large ; (fig) faire la fête
b (Bot) [+ roots, shoots] produire
c (* = produce) [+ information, products etc] débiter
d **to push one's way out** se frayer ou s'ouvrir un chemin (à travers la foule)

▶ **push over** vt sep **a** (= pass) [+ object] pousser (*to sb* vers qn)
b (= cause to fall off) (over cliff, bridge etc) pousser, faire tomber
c (= cause to topple) [+ chair, vase, person] renverser, faire tomber
d **to push one's way over to sb** se frayer or s'ouvrir un chemin vers qn

▶ **push through** 1 vi se frayer or s'ouvrir un chemin
2 vt sep **a** [+ stick, hand etc] enfoncer, (faire) passer
b (fig) [+ deal, business] conclure à la hâte ; [+ decision] faire accepter à la hâte ; (Parl) [+ bill] réussir à faire voter
c **push one's way through** se frayer or s'ouvrir un chemin

▶ **push to** vt sep [+ door] fermer (en poussant), pousser pour fermer

▶ **push up** vt sep **a** [+ stick, hand, lever, switch] (re)lever ; [+ spectacles] relever ◆ **he's pushing up (the) daisies*** (hum = dead) il mange les pissenlits par la racine *
b (fig = increase) [+ numbers, taxes, sales, speed] augmenter ; [+ prices, demand, sb's temperature, blood pressure] faire monter ◆ **that pushes up the total to over 100** cela fait monter le total à plus de 100

▲▲▲

push-button ['pʊʃˌbʌtn] 1 n bouton m, poussoir m
2 adj machine etc à commande automatique ; telephone à touches ◆ **push-button controls** commande f automatique ◆ **push-button warfare** guerre f presse-bouton

pushcart ['pʊʃkɑːt] n charrette f à bras

pushchair ['pʊʃtʃɛəʳ] n (Brit) poussette f

pusher ['pʊʃəʳ] n **a** (pej) arriviste mf ; → **pen-pusher**
b (*: also **drug-pusher**) revendeur m, -euse f (de drogue), dealer * m

pushfulness* ['pʊʃfʊlnɪs], **pushiness*** ['pʊʃɪnɪs] n (pej) arrivisme m, excès m d'ambition ; [of manner] arrogance f

pushing ['pʊʃɪŋ] → SYN n **a** (lit) cohue f ◆ **pushing and shoving** bousculade f
b (fig = persuasion) persuasion f ◆ **he agreed to do it, after a lot of pushing** il a accepté (de le faire) après s'être fait beaucoup prier

Pushkin ['pʊʃkɪn] n Pouchkine m

pushover* ['pʊʃˌəʊvəʳ] n ◆ **it was a pushover** c'était la facilité même, c'était un jeu d'enfant ◆ **he's a pushover** il se laisse facilement faire ◆ **he's a pushover for blondes** il craque * dès qu'il voit une blonde

pushpin ['pʊʃpɪn] n épingle f (à tête de couleur)

pushy* ['pʊʃɪ] adj (pej) person arriviste, qui se fait valoir, qui se met trop en avant ; manner arrogant

pusillanimity [ˌpjuːsɪləˈnɪmɪtɪ] n pusillanimité f

pusillanimous [ˌpjuːsɪˈlænɪməs] adj pusillanime

pusillanimously [ˌpjuːsɪˈlænɪməslɪ] adv pusillanimement

puss* [pʊs] n (= cat) minet(te) m(f), minou m ◆ **puss, puss!** (to cat) minet, minet !, minou, minou ! ◆ **Puss in Boots** le Chat botté

pussy ['pʊsɪ] 1 n **a** (* = cat) minet(te) m(f), minou m, chat(te) m(f)
b (**** = female genitals) chatte *** f
c (NonC: **** = intercourse) baise *** f
2 COMP ▷ **pussy willow** n (Bot) saule m (blanc)

pussycat* ['pʊsɪkæt] n (= cat) minet(te) m(f), minou m ◆ **hi, pussycat!** (US = sweetheart) bonjour, mon chou * or mon ange ! ◆ **he's a real pussycat** (= harmless) il ne ferait pas de mal à une mouche *

pussyfoot* ['pʊsɪfʊt] vi marcher à pas de loup ; (fig) ne pas se mouiller *, ménager la chèvre et le chou

pussyfooting* ['pʊsɪˌfʊtɪŋ] 1 adj (fig) person qui a peur de se mouiller * ; attitude timoré
2 n (also **pussyfooting about** or **around**) tergiversations fpl

pustular ['pʌstjʊləʳ] adj (Med) pustuleux

pustulate ['pʌstjʊleɪt] (Med) 1 vi se couvrir de pustules
2 ['pʌstjʊlɪt] adj pustuleux

pustule ['pʌstjuːl] → SYN n pustule f

---

put [pʊt]
vb : pret, ptp **put**
LANGUAGE IN USE 26.2

1	TRANSITIVE VERB	3	NOUN
2	INTRANSITIVE VERB	4	COMPOUNDS
5	PHRASAL VERBS		

1 TRANSITIVE VERB

For set combinations consisting of **put** + noun, eg **put to use**, **put in danger/out of business/an end to**, **look up** the noun. For **put** + preposition/adverb combinations, see also phrasal verbs.

a = place mettre ◆ **put it in the drawer** mettez-le dans le tiroir ◆ **to put sth in one's pocket** mettre qch dans sa poche ◆ **he put her into a taxi** il l'a mise dans un taxi ◆ **put yourself in my place** mets-toi à ma place ◆ **I didn't know where to put myself!*** je ne savais plus où me mettre ! ◆ **to put an advertisement in the paper** mettre ou passer une annonce dans le journal ◆ **he put the shell to her ear** il a mis le coquillage contre son oreille, il a porté le coquillage à son oreille ◆ **rather than put him in hospital he cared for him at home** il a préféré s'occuper de lui à la maison plutôt que de le mettre à l'hôpital BUT ◑ **put the book in its proper place** remets le livre à sa place ◑ **to put a bullet into sb** tirer sur qn, coller une balle dans la peau de qn * ; (= give me your hand) ◑ **put it there !** tope là !, affaire conclue !

◆ **to put + on** ◆ **to put a button on a shirt** mettre or coudre un bouton à une chemise ◆ **to put sb on a diet** mettre qn au régime ◆ **he put some more coal on the fire** il a remis or rajouté du charbon sur le feu ◆ **he put me on the train** il m'a accompagné au train ◆ **to put one's signature on sth** apposer sa signature sur qch, signer qch ◆ **to put sb on a committee** nommer qn à un comité ; see also **put on**

◆ **to put + over** ◆ **he put his hand over his mouth** il a mis sa main devant la bouche ◆ **he put his hand over her mouth** il a plaqué sa main sur sa bouche ◆ **he put his rucksack over the fence** il a passé son sac à dos par-dessus la barrière ◆ **someone has been put over him at the office** il a maintenant un chef au bureau ; see also **put over**

◆ **to put one over on** or **across sb*** (= deceive) pigeonner * qn, embobiner * qn ◆ **he tried to put one over on** or **across me** il a essayé de me pigeonner * or de m'embobiner * ◆ **you'll never put one over on him** on ne la lui fait pas *

◆ **to put + round** ◆ **to put one's arms round sb** enlacer qn, prendre qn dans ses bras ◆ **he put his head round the door** il a passé la tête par la porte ; see also **put round**

◆ **to put + through** ◆ **he put his head through the window** il a mis son nez à la fenêtre ◆ **to put one's fist through a window** passer le poing à travers une vitre ◆ **to put one's pen through a word** rayer or barrer un mot ◆ **she put a bullet through his head** elle lui a tiré une balle dans la tête ; see also **put through**

b = set [+ clock, watch] mettre ◆ **to put a watch to the right time** mettre une montre à l'heure ◆ **I put him to work at once** je l'ai aussitôt mis au travail ◆ **they had to put four men on to this job** ils ont dû employer quatre hommes à ce travail ou pour faire ce travail ◆ **she put my brother against me** elle a monté mon frère contre moi

c = rank placer ◆ **I put Joyce above Lawrence** je place Joyce au-dessus de Lawrence ◆ **I wouldn't put him among the greatest poets** je ne le placerai or classerai pas parmi les plus grands poètes BUT ◑ **we should put happiness before** or **above money** on devrait faire passer le bonheur avant l'argent ◑ **he puts good health among his greatest blessings** il estime que sa santé est l'un de ses meilleurs atouts

d = express dire ◆ **how shall I put it?** comment dire ?, comment dirais-je ? ◆ **I don't quite know how to put it** je ne sais pas trop comment le dire ◆ **try putting it another way** essayez de le dire d'une autre façon ◆ **let me put it this way: she's not exactly diplomatic** disons qu'elle n'a pas beaucoup de tact ◆ **how will you put it to him?** comment vas-tu lui présenter la chose ?, comment vas-tu lui dire ? ◆ **as Shakespeare puts it** comme le dit Shakespeare BUT ◑ **as the president memorably put it** selon la célèbre formule du président ◑ **to put it bluntly** pour parler franc ◑ **as he would put it** pour employer sa formule ou son expression ◑ **put it so as not to offend her** présente la chose de façon à ne pas la blesser ◑ **some expressions are impossible to put into French** certaines expressions sont impossibles à traduire en français ◆ **to put into verse** mettre en vers

e = suggest **I put it to you that ...** n'est-il pas vrai que ... ? ◆ **it was put to me in no uncertain terms that I should resign** on m'a déclaré en termes très clairs que je devrais donner ma démission

f = submit, expound [+ case, problem] exposer, présenter ; [+ opinion, suggestion] présenter ; [+ proposal] soumettre ; [+ question] poser ◆ **he

put the arguments for and against the project il a présenté les arguments pour et contre le projet ◆ **he put his views very clearly** il a présenté or exposé très clairement sa position

g [= cause to be] mettre ◆ **to put sb in a good/bad mood** mettre qn de bonne/mauvaise humeur

h [= invest]

◆ **to put + into** ◆ **to put money into a company** placer or investir de l'argent dans une société ◆ **he put all his savings into the project** il a placé or mis toutes ses économies dans ce projet ◆ **he has put a lot into his marriage** il a fait beaucoup d'efforts pour que leur couple marche ◆ **I've put a lot of time and trouble into it** j'y ai consacré beaucoup de temps et d'efforts

i [= estimate]

◆ **to put + at** estimer, évaluer ◆ **they put the loss at $10,000** ils estiment or évaluent à 10 000 dollars la perte subie ◆ **the population was put at 50,000** on a évalué or estimé le nombre d'habitants à 50 000 ◆ **what would you put it at?** à combien l'estimez-vous or l'évaluez-vous ? [BUT] ◊ **I'd put her or her age at 50** je lui donnerais 50 ans

j [Sport] **to put the shot** or **the weight** lancer le poids

k [St Ex = offer to sell] [+ stock, security] se déclarer vendeur de

[2] INTRANSITIVE VERB

[Naut] ◆ **to put into port** mouiller, jeter l'ancre ◆ **the ship put into Southampton** le navire a mouillé or jeté l'ancre dans le port de Southampton ◆ **to put to sea** appareiller

[3] NOUN

[St Ex = premium] prime f pour livrer ◆ **put (option)** option f de vente, put m

[4] COMPOUNDS

▷ **put-down*** n humiliation f, remarque f humiliante ▷ **put-in** n (Rugby) introduction f ▷ **put-on*** n (= pretence) comédie f ; (= hoax) mystification f, farce f ◊ **adj** (= feigned) affecté, feint ▷ **put option** n → 3 ▷ **put-up job*** n coup m monté ▷ **put-upon*** adj **I feel put-upon** il trouve qu'on profite de moi, je me sens exploité ◆ **she is put-upon** on abuse de sa gentillesse ◆ **I won't be put-upon any more!** je ne vais plus me laisser faire ! or me laisser marcher sur les pieds ! ▷ **put-you-up** n (Brit) canapé-lit m, divan m

[5] PHRASAL VERBS

▶ **put about**

[1] vi (Naut) virer de bord

[2] vt sep **a** (esp Brit) [+ rumour] faire courir, faire circuler ◆ **he put it about that ...** il a fait courir or circuler le bruit que ...

b (Naut) **to put the ship about** virer de bord

c **to put o.s. about** * [ambitious person] se faire mousser*

▶ **put across** vt sep (= communicate) [+ ideas, intentions, desires] faire comprendre, communiquer (*to sb* à qn) ◆ **to put sth across to sb** faire comprendre qch à qn ◆ **the play puts the message across very well** la pièce arrive très bien à faire passer le message ◆ **he knows his stuff but he can't put it across** il connaît son sujet à fond mais il n'arrive pas à le faire comprendre aux autres ◆ **it all depends on how you put yourself across** tout dépend de la façon dont on se présente ◆ **she put the song across beautifully** elle a donné une très belle interprétation de cette chanson

▶ **put around** vt sep ⇒ put about 2a

▶ **put aside** vt sep **a** [+ object] mettre de côté ; (= keep, save) [+ food, money] mettre de côté, garder en réserve ◆ **he put aside the document to read later** il a mis le document de côté pour le lire plus tard ◆ **she put her book aside when I came in** elle a posé son livre quand je suis entré ◆ **I'll put one aside for you** (Comm) je vous en mettrai un de côté

b [+ differences, disagreement, feeling] mettre de côté

▶ **put away** vt sep **a** ⇒ put aside a

b ⇒ put aside b

c (= put in proper place) [+ clothes, toys, books] ranger ◆ **to put the car away** rentrer la voiture, mettre la voiture au garage ◆ **put that knife away!** (to person with weapon) pose or jette ce couteau !

d (Sport) [+ ball] mettre au fond des filets

e (* = confine) (in prison) enfermer, coffrer* ; (in mental hospital) enfermer

f (* = consume) [+ food] avaler ; [+ drink] siffler *

g (US = beat) battre

h ⇒ put down 2i

▶ **put back**

[1] vi (Naut) ◆ **to put back to port** rentrer au port ◆ **they put back to Dieppe** ils sont rentrés or retournés à Dieppe

[2] vt sep **a** (= replace) remettre (à sa place or en place) ◆ **put it back!** remets-le à sa place ! ◆ **put it back on the shelf** remettez-le sur l'étagère

b (= retard) [+ development, progress] retarder, freiner ; [+ clock] retarder ◆ **the disaster put the project back (by) ten years** ce désastre a retardé de dix ans la réalisation du projet ◆ **this will put us back ten years** cela nous fera perdre dix ans ; see also **clock**

c (= postpone) remettre (*to* à)

▶ **put by** vt sep ⇒ put aside a

▶ **put down**

[1] vi [aircraft, pilot] se poser, atterrir ; (on carrier) apponter

[2] vt sep **a** [+ parcel, book] poser ; [+ child] poser, mettre à terre (or sur un lit etc) ; [+ passenger] déposer, laisser ◆ **he put down a simple catch** (Cricket) il a relâché une balle pourtant facile ◆ **put it down!** pose ça ! ◆ **she put her book down and stood up** elle posa son livre et se leva ◆ **I simply couldn't put that book down** j'ai dévoré ce livre ; → **foot, root**

b [+ aircraft] poser

c [+ umbrella] fermer

d (= pay) [+ deposit] verser (*on* pour) ◆ **he put down £500 on the car** il a versé 500 livres d'arrhes pour la voiture

e [+ wine] mettre en cave

f (= suppress) [+ revolt, movement] réprimer, juguler

g * [+ person] (= criticize) critiquer ; (= denigrate) dénigrer ◆ **my boyfriend keeps putting me down** mon copain n'arrête pas de me critiquer ◆ **it's a way of putting down minorities** c'est un moyen de dénigrer les minorités ◆ **you must stop putting yourself down** arrête donc de te déprécier

h (= record) noter ◆ **to put sth down in writing** or **on paper** mettre qch par écrit ◆ **put it down on my account** (Comm) mettez-le sur mon compte ◆ **I've put you down as unemployed** j'ai mis que vous étiez chômeur ◆ **put me down for £10** je donnerai 10 livres ◆ **I'll put you down for the next vacancy** je vais inscrire votre nom pour la prochaine place disponible ; → **name**

i (Brit euph = have destroyed) [+ dog, cat] faire piquer ; [+ horse] faire abattre

▶ **put down as** vt sep (= consider, assess) considérer comme ◆ **he'll be put down as one of our best Prime Ministers** il passera à la postérité comme l'un de nos meilleurs premiers ministres ◆ **I had put him down as a complete fool** je l'avais catalogué comme un parfait imbécile, j'étais convaincu qu'il était complètement stupide ◆ **I would put her down as about forty** je lui donnerais la quarantaine

▶ **put down to** vt sep (= attribute) mettre sur le compte ◆ **I put it down to his inexperience** je mets ça sur le compte de son manque d'expérience ◆ **the accident must be put down to negligence** l'accident doit être imputé à la négligence

▶ **put forth** vt sep (liter) [+ leaves, roots, shoots] produire ; [+ idea, suggestion, theory, proposal] émettre ; [+ programme, plan] proposer ; [+ effort] fournir, déployer

▶ **put forward** vt sep **a** (= propose) [+ idea, suggestion, theory, proposal] émettre ; [+ argument] avancer, présenter ; [+ reason] donner ; [+ opinion] exprimer, émettre ; [+ plan] proposer ◆ **he put his name forward as a candidate** il s'est porté candidat ◆ **he put himself forward for the job** il s'est porté candidat au poste, il a posé sa candidature au poste ◆ **he put forward (the name of) Harry Green for the job** il a proposé Harry Green pour ce poste

b (= advance) [+ meeting, starting time, clock, schedule, programme] avancer (*by* de ; *to, until* à)

▶ **put in**

[1] vi (Naut) mouiller (*at* dans le port de)

[2] vt sep **a** (into box, drawer, room) mettre dans ; [+ seeds] semer ; [+ plant] planter ◆ **he put his head in at the window** il a passé la tête par la fenêtre ◆ **I've put the car in for repairs** j'ai donné la voiture à réparer ◆ **have you put in the camera?** (= pack) est-ce que tu as pris l'appareil photo ?

b (= insert) [+ word, paragraph] ajouter ; [+ remark] ajouter, glisser ; (= include) [+ information] inclure ◆ **have you put in why you are not going?** est-ce que vous avez expliqué pourquoi vous n'y allez pas ? ◆ **"but it's cold" he put in** "mais il fait froid" fit-il remarquer

c (= submit) **to put in a request for sth** faire une demande de qch ◆ **to put in a claim for damages** faire une demande d'indemnité ◆ **to put in a plea** (Jur) plaider ◆ **to put sb in for an exam** présenter qn à un examen ◆ **to put sb in for a scholarship** recommander qn pour une bourse ; → **put in for**

d (= install) [+ political party] élire ; [+ person] nommer ; [+ central heating, double glazing] faire installer

e (= spend) [+ time] passer ◆ **I've put in a lot of time on it** j'y ai passé or consacré beaucoup de temps ◆ **she puts in an hour a day at the piano** elle fait une heure de piano par jour

f (= work) travailler ◆ **they put in at least 40 hours a week** ils travaillent plus de 40 heures par semaines ◆ **can you put in a few hours at the weekend?** pourrais-tu travailler quelques heures ce week-end ?

▶ **put in for** vt fus [+ job] poser sa candidature à ; [+ promotion, transfer, divorce] faire une demande de, demander ; [+ rise] demander

▶ **put off**

[1] vi (Naut) appareiller (*from* de)

[2] vt sep **a** (= postpone) [+ departure, appointment, meeting] retarder, repousser ; [+ decision] remettre à plus tard, différer ; [+ visitor] décommander ◆ **to put sth off for ten days/until January** remettre qch de dix jours/jusqu'à janvier ◆ **he is putting off the evil day** or **hour when he'll finally give up smoking** (Brit) il repousse indéfiniment le moment où il devra s'arrêter de fumer ◆ **I'm sorry to have to put you off** je suis désolé d'avoir à vous décommander ◆ **he put off writing the letter** il a décidé d'écrire cette lettre plus tard

b (= discourage) dissuader ; (= repel) dégoûter ◆ **the failure may put them off trying again** il est possible que cet échec les dissuade d'essayer à nouveau ◆ **his eccentricities put them off** ses petites manies les ont dégoûtés ◆ **the divorce figures don't seem to put people off marriage** les statistiques de divorce ne semblent pas dégoûter les gens du mariage ◆ **the country's reputation may put off tourists** la réputation du pays pourrait dissuader les touristes de s'y rendre ◆ **it certainly put me off going to Greece** cela m'a certainement ôté l'envie d'aller en Grèce

c (= remove desire for) **his remarks put me off my food** ses remarques m'ont coupé l'appétit

d (= distract) **talking in the audience put him off** les bavardages de l'auditoire le déconcentraient ◆ **it put her off revising for her exams** cela l'a distraite de son travail de révision pour ses examens ; → **scent, stroke**

e (= fob off) **he put her off with vague promises** il la faisait patienter avec de vagues promesses ◆ **you're not going to put me off with flattery** tu n'arriveras pas à m'amadouer en me flattant

f [+ passenger] déposer, débarquer

g (= switch off) [+ light, gas, radio, TV, heater] éteindre ◆ **he put off the lights one by one** il a éteint les lumières une à une

▶ **put on** vt sep **a** [+ clothes, hat, glasses, lotion] mettre ; [+ jumper, trousers, gloves, socks] mettre, enfiler ◆ **to put on one's make-up** se maquiller

b (= increase) [+ speed] augmenter ◆ **to put on weight** prendre du poids, grossir ◆ **he put on 3 kilos** il a pris 3 kilos, il a grossi de 3 kilos ◆ **they put on another goal in the second half** ils ont marqué un autre but en deuxième mi-temps ◆ **the proposal could put 5p on a litre of petrol** cette proposition augmenterait le prix du litre d'essence de 5 pence

c (= assume) [+ air] prendre, se donner ; [+ accent] prendre ◆ **to put on an act, to put it on** (= pretend) faire semblant ◆ **she put on a show of enthusiasm** elle faisait semblant d'être enthousiaste ◆ **he's just putting it on** il fait semblant, c'est tout

d (= deceive) [+ person] faire marcher* ◆ **you're putting me on!** * tu me fais marcher !*

e (= organize) [+ concert, play, show] organiser ; [+ film] projeter ; [+ extra train, bus] mettre en service ◆ **the party put on a convincing display of unity** le parti a donné une image d'unité assez convaincante

f (Telec) **put me on to Mr Brown** passez-moi M. Brown ◆ **would you put on Mrs Smith?** pouvez-vous me passer Mme Smith ?

g (= start functioning) [+ light, gas, radio, TV, heater] allumer ; [+ tape, CD, music] mettre ◆ **to put the brakes on** freiner

h (= begin to cook, heat) **put the kettle on** mets de l'eau à chauffer ◆ **I'll just put the potatoes on** je vais juste mettre les pommes de terre à cuire

i (= advance) [+ clock] avancer (*by* de)

j [+ money, bet] parier sur, miser sur ◆ **he put £10 on Black Beauty** il a parié or misé 10 livres sur Black Beauty ◆ **I wouldn't put money on it!** je n'en mettrais pas ma main au feu !

▶ **put onto, put on to** vt sep ◆ **to put sb onto or on to sth** parler de qch à qn ◆ **Alice put us onto him** Alice nous a parlé de lui ◆ **a fellow journalist put me onto the story** c'est un collègue journaliste qui m'a mis sur l'affaire* ◆ **they put the police onto him** ils l'ont signalé à la police ◆ **can you put me onto a good dentist?** pourriez-vous m'indiquer un bon dentiste ? ◆ **Paul put us onto you** c'est Paul qui nous a dit de nous adresser à vous ◆ **what put you onto it?** qu'est-ce qui vous en a donné l'idée ?

▶ **put out**

1 vi (Naut) prendre le large ◆ **to put out to sea** prendre le large, quitter le port ◆ **to put out from Dieppe** quitter le port de Dieppe

2 vt sep **a** (= put outside) [+ rubbish] sortir, mettre dehors ; (= expel) [+ person] expulser (*of* de) ; [+ country, organization] exclure (*of* de) ◆ **he put the rug out to dry** il a mis le tapis à sécher dehors ◆ **he put the cat out for the night** il a fait sortir le chat or il a mis le chat dehors pour la nuit ◆ **to put sb's eyes out** crever les yeux à qn ◆ **to put sth out of one's head** or **mind** ne plus penser à qch

b (Naut) [+ boat] mettre à l'eau or à la mer

c (= stretch out, extend) [+ arm, leg] allonger, étendre ; [+ foot] avancer ; [+ tongue] tirer (*at sb* à qn) ; [+ leaves, shoots, roots] produire ◆ **to put one's hand** tendre la main ; [traffic policeman] tendre le bras ◆ **to put one's head out of the window** passer la tête par la fenêtre ◆ **the snail put out its horns** l'escargot a sorti ses cornes

d (= lay out in order) [+ cards, clothes] étaler ; [+ chessmen] disposer ; [+ best china] sortir

e (= extinguish) [+ light, flames, gas, cigarette] éteindre

f (= make unconscious) endormir

g (= annoy) contrarier (*about* par) ◆ **she looked very put out** elle avait l'air très contrariée ◆ **he was very put out at finding her there** il était très contrarié de la trouver là

h (= disconcert) déconcerter, dérouter (*by* par)

i (= inconvenience) déranger, gêner ◆ **I don't want to put you out** je ne voudrais pas vous déranger ◆ **don't put yourself out** ne vous dérangez pas ; (*iro*) surtout ne vous gênez pas ! ◆ **she really put herself out for us** elle s'est donné beaucoup de mal pour nous, elle s'est mise en quatre pour nous

j (= issue) [+ announcement, statement, report] publier ; [+ news] annoncer ; [+ appeal, warning] lancer ; [+ propaganda] faire ; [+ book, leaflet, edition] sortir, publier ; [+ album] sortir ◆ **the government will put out a statement about it** le gouvernement va faire une déclaration or va publier un communiqué à ce sujet

k (= broadcast) [+ programme] passer ; (= give out) [+ signal] émettre

l (= spend) dépenser

m **to put out to tender** [+ contract, service] mettre en adjudication

n (= exert) déployer, user de

o (= dislocate) [+ shoulder] se déboîter, se démettre ; [+ ankle, knee, back] se démettre

p (Sport = eliminate) [+ team, contestant] éliminer (*of* de) ; (Baseball) [+ ball] mettre hors jeu ◆ **a knee injury put him out of the first two games** une blessure au genou l'a empêché de jouer les deux premiers matchs

▶ **put over** vt sep ⇒ **put across**

▶ **put round** vt sep [+ rumour] faire courir, faire circuler

▶ **put through** vt sep **a** (= make, complete) [+ reform, change] instituer, instaurer ; [+ deal] conclure ; [+ plan] mener à bien ; [+ motion, amendment] voter ; → **pace¹**

b (Telec = connect) [+ call] passer ; [+ caller] brancher, mettre en communication ◆ **I'm putting you through now** vous êtes en ligne, je vous mets en communication ◆ **put me through to Mr Smith** passez-moi M. Smith

c (US) **to put sb through college** payer les études de qn

d (= make suffer) **to put sb through hell** mener la vie dure à qn ◆ **they really put him through it** * ils lui en ont fait voir de dures*, ils lui ont fait passer un mauvais quart d'heure ; → **put 1a**

▶ **put together** vt sep **a** (lit) mettre ensemble ◆ **don't put two hamsters together** ne mettez pas deux hamsters ensemble ◆ **don't put two hamsters together in one cage** ne mettez pas deux hamsters dans la même cage ◆ **he's worth more than the rest of the family put together** à lui tout seul il vaut plus que toute la famille réunie ◆ **it's more important than all the other factors put together** c'est plus important que tous les autres facteurs mis ensemble

b (= assemble) [+ table, bookcase] assembler, monter ; [+ book, story, account] composer ; [+ facts, what happened] reconstituer ; [+ team] monter, constituer ◆ **she put together an excellent meal** elle a improvisé un délicieux repas

c (= design, draw up) [+ agreement, plan, package] mettre au point

▶ **put up**

1 vi **a** (= stay) descendre (*at* dans) ◆ **to put up for the night at a hotel** passer la nuit dans un hôtel

b (Pol = offer o.s.) se porter candidat(e) (*for* à), se présenter candidat(e) (*for* à) ◆ **to put up for a constituency** (Parl) chercher à avoir l'investiture de son parti dans une circonscription électorale

2 vt sep **a** (= raise) [+ hand] lever ; [+ flag, sail] hisser ; [+ tent] monter ; [+ collar, car window] remonter ; [+ umbrella] ouvrir ; [+ notice] mettre, afficher (*on* sur) ; [+ picture] mettre, accrocher (*on* sur) ; [+ building] construire, ériger ; [+ fence, barrier] ériger, dresser ◆ **to put a ladder up against a wall** poser une échelle contre un mur ; see also **back, foot**

b (= increase) [+ numbers, taxes, sales] augmenter ; [+ prices] faire monter ; [+ demand] accroître ; [+ sb's temperature, blood pressure] faire monter ◆ **that puts up the total to over 1,000** cela fait monter le total à plus de 1 000

c (= offer) [+ proposal, case] présenter, soumettre ; [+ prayer] faire ; [+ resistance] opposer ◆ **to put sb up as a candidate for** proposer qn comme candidat à ◆ **to put up a struggle or a fight** se battre ◆ **he put up a real fight to keep you in your job** il s'est vraiment battu pour que tu conserves (subj) ton poste ◆ **the matter was put up to the board for a decision** l'affaire a été soumise au conseil d'administration qui prendra une décision ◆ **to put sth up for sale/auction** mettre qch en vente/aux enchères ◆ **to put a child up for adoption** faire adopter un enfant ◆ **he was put up by his local branch** il a été présenté comme candidat par sa section locale ◆ **they put him up for the chairmanship** on l'a présenté or proposé comme candidat à la présidence ◆ **I'll put you up for the club** je vous proposerai comme membre du club

d (= provide) [+ money, funds] fournir (*for* pour) ; [+ reward] offrir ◆ **to put up money for a project** financer un projet, fournir les fonds pour un projet ◆ **how much can you put up?** combien pouvez-vous mettre ?

e (= preserve) [+ fruit] mettre en bocaux

f (= lodge) loger, héberger

▶ **put up to** vt sep **a** (= incite) **to put sb up to doing sth** pousser or inciter qn à faire qch ◆ **someone must have put him up to it** quelqu'un a dû le pousser or l'inciter à le faire

b (= give information about) **to put sb up to sth** renseigner qn sur qch ◆ **he put her up to all the ways of avoiding tax** il l'a renseignée sur or lui a montré tous les moyens d'éviter de payer des impôts ◆ **a friend of mine put me up to it** c'est un ami qui m'en a donné l'idée

▶ **put up with** vt fus tolérer, supporter ◆ **he has a lot to put up with** il a beaucoup de problèmes, il n'a pas la vie facile ◆ **it is difficult to put up with** c'est difficile à supporter, c'est difficilement supportable

putative ['pju:tətɪv] → SYN adj (frm) putatif
putrefaction [ˌpju:trɪ'fækʃən] n putréfaction f
putrefy ['pju:trɪfaɪ] → SYN **1** vt putréfier **2** vi se putréfier
putrescence [pju:'tresns] n putrescence f
putrescent [pju:'tresnt] → SYN adj putrescent, en voie de putréfaction
putrid ['pju:trɪd] → SYN adj **a** (= rotting) putride, pourrissant
b (* = awful) dégoûtant, dégueulasse*
putsch [pʊtʃ] n putsch m, coup m d'État
putt [pʌt] (Golf) **1** n putt m, coup m roulé **2** vti putter
puttee ['pʌti:] n, pl **puttees** ['pʌti:z] bande f molletière
putter¹ ['pʌtər] n (Golf) putter m
putter² ['pʌtər] vi (US) ⇒ **potter¹**
putter³ ['pʌtər] vi [engine, car, boat etc] brouter
putting ['pʌtɪŋ] **1** n putting m
2 COMP ▷ **putting green** n (= part of golf course) green m
putty ['pʌtɪ] **1** n mastic m (*ciment*) ◆ **she's (like) putty in my hands** j'en fais ce que je veux
2 vt mastiquer
3 COMP ▷ **putty knife** n, pl **putty knives** couteau m de vitrier
putz [pʌts] n (US) **a** (* = person) couillon(ne)* m(f)
b (** = penis) bitte** f

puzzle ['pʌzl] → SYN **1** n **a** (= mystery) énigme f, mystère m ◆ **he's a real puzzle to me** c'est une énigme vivante pour moi ◆ **it's a puzzle to me how or that he got the job** je trouve curieux qu'il ait pu obtenir ce poste
b (= game) casse-tête m inv ; (= word game) rébus m ; (= crossword) mots mpl croisés ; (= jigsaw) puzzle m ; (= riddle) devinette f
2 vt rendre or laisser perplexe ◆ **that really puzzled him** ça l'a vraiment rendu or laissé perplexe ◆ **it puzzles me that ...** je trouve curieux que ... ◆ **to puzzle one's head about sth** se creuser la tête au sujet de qch ; see also **puzzled**
3 vi ◆ **to puzzle over** or **about** essayer de comprendre ◆ **I'm still puzzling over where he might have hidden it** j'en suis encore à me demander où il a bien pu le cacher
4 COMP ▷ **puzzle book** n livre m de jeux

▶ **puzzle out** vt sep [+ problem] résoudre ; [+ mystery] éclaircir, élucider ; [+ writing] déchiffrer ; [+ answer, solution] trouver, découvrir ; [+ sb's actions, attitude] comprendre

puzzled / pzazz

◆ **I'm trying to puzzle out why he did it** j'essaie de comprendre or découvrir pourquoi il l'a fait

puzzled ['pʌzld] → SYN adj perplexe ◆ **they were puzzled to find/see ...** ils n'en revenaient pas de trouver/voir ... ◆ **to be puzzled that ...** ne pas arriver à comprendre pourquoi ... ◆ **I am puzzled (to know) why** je n'arrive pas à comprendre pourquoi ◆ **he was puzzled about what to say** il ne savait pas trop quoi dire ; see also **puzzle**

puzzlement ['pʌzlmənt] → SYN n (NonC) perplexité f

puzzler ['pʌzlə^r] n (gen) énigme f ; (= problem) question f difficile, casse-tête m inv

puzzling ['pʌzlɪŋ] → SYN adj curieux

PVC [ˌpiːviːˈsiː] n (Tex) (abbrev of **polyvinyl chloride**) PVC m

PVS [ˌpiːviːˈes] n **a** abbrev of **postviral syndrome** **b** (abbrev of **persistent vegetative state**) → **persistent**

Pvt. (Mil) abbrev of **Private 2a**

PW [piːˈdʌbljuː] n **a** (US Mil) (abbrev of **prisoner of war**) → **prisoner** **b** (Brit) abbrev of **policewoman**

p.w. (abbrev of **per week**) par semaine

PWA [ˌpiːˌdʌbljuːˈeɪ] n (abbrev of **person with AIDS**) sidéen(ne) m(f)

PWR [piːˌdʌbljuːˈɑː^r] n (abbrev of **pressurized water reactor**) → **pressurize**

PX [piːˈeks] n (US Mil) (abbrev of **post exchange**) → **post**

pyaemia [paɪˈiːmɪə] n (Med) pyohémie f, pyémie f

pycnometer [pɪkˈnɒmɪtə^r] n pycnomètre m

pyelitis [ˌpaɪəˈlaɪtɪs] n pyélite f

pyelonephritis [ˌpaɪələʊnɪˈfraɪtɪs] n pyélonéphrite f

pygmy ['pɪgmɪ] → SYN 1 N Pygmée mf ; (fig) pygmée m
2 adj (also fig) pygmée (f inv)

pyjama [pɪˈdʒɑːmə] (Brit) 1 **pyjamas** npl pyjama m ◆ **a pair of pyjamas** un pyjama ◆ **in (one's) pyjamas** en pyjama
2 COMP jacket, trousers de pyjama ▷ **pyjama cricket** * n (Austral) cricket qui se joue le soir en tenues colorées

pylon ['paɪlən] n pylône m

pylori [paɪˈlɔːraɪ] npl of **pylorus**

pyloric [paɪˈlɔːrɪk] adj pylorique

pylorus [paɪˈlɔːrəs] n, pl **pylori** pylore m

pyoderma [ˌpaɪəˈdɜːmə] n pyodermite f

pyogenic [ˌpaɪəˈdʒenɪk] adj pyogène

Pyongyang ['pjɒŋˈjæŋ] n (Geog) Pyongyang

pyorrhea [paɪəˈrɪə] n pyorrhée f alvéolaire

pyracantha [ˌpaɪrəˈkænθə] n (Bot) pyracantha m, pyrachanthe m

pyramid ['pɪrəmɪd] 1 n pyramide f
2 vt (US Fin) ◆ **to pyramid winnings** spéculer en réinvestissant les bénéfices réalisés
3 COMP ▷ **pyramid selling** n vente f pyramidale

pyramidal [pɪˈræmɪdl] adj pyramidal

Pyramus ['pɪrəməs] n ◆ **Pyramus and Thisbe** Pyrame m et Thisbé f

pyre ['paɪə^r] n bûcher m funéraire

Pyrenean [pɪrəˈniːən] 1 adj pyrénéen, des Pyrénées
2 COMP ▷ **Pyrenean mountain dog** n chien m des Pyrénées

Pyrenees [pɪrəˈniːz] npl Pyrénées fpl

pyrethrum [paɪˈriːθrəm] n pyrèthre m

pyretic [paɪˈretɪk] adj pyrétique

Pyrex ® ['paɪreks] 1 n pyrex ® m
2 COMP dish en pyrex ®

pyrexia [paɪˈreksɪə] n pyrexie f

pyrexic [paɪˈreksɪk] adj pyrexique

pyridine ['pɪrɪˌdiːn] n pyridine f

pyridoxine [pɪrɪˈdɒksiːn] n pyridoxine f

pyrites [paɪˈraɪtiːz] n, pl **pyrites** pyrite f ◆ **iron pyrites** sulfure m de fer, fer m sulfuré

pyritic [paɪˈrɪtɪk] adj pyriteux

pyro... ['paɪərəʊ] pref pyro...

pyroelectricity [ˌpaɪrəʊɪlekˈtrɪsɪtɪ] n pyroélectricité f

pyrogallol [ˌpaɪrəʊˈgæloɪ] n pyrogallol m

pyrography [paɪˈrɒgrəfɪ] n (Art) pyrogravure f

pyrolysis [paɪˈrɒlɪsɪs] n pyrolyse f

pyromania [ˌpaɪrəʊˈmeɪnɪə] n pyromanie f

pyromaniac [ˌpaɪrəʊˈmeɪnɪæk] n pyromane mf, incendiaire mf

pyrometer [paɪˈrɒmɪtə^r] n pyromètre m

pyrometric [ˌpaɪrəˈmetrɪk] adj pyrométrique

pyrometry [paɪˈrɒmɪtrɪ] n pyrométrie f

pyrosis [paɪˈrəʊsɪs] n (Med) pyrosis m

pyrotechnic [ˌpaɪrəʊˈteknɪk] 1 adj pyrotechnique ◆ **pyrotechnic display** feu(x) m(pl) d'artifice
2 n (NonC: Phys) ◆ **pyrotechnics** pyrotechnie f ; (pl: fig hum) feux mpl d'artifice

pyrotechnist [ˌpaɪrəʊˈteknɪst] n artificier m, pyrotechnicien(ne) m(f)

pyrotechny [ˌpaɪrəʊˈteknɪ] n pyrotechnie f

pyroxene [paɪˈrɒksiːn] n pyroxène m

Pyrrhic ['pɪrɪk] adj ◆ **Pyrrhic victory** victoire f à la Pyrrhus

Pyrrhonism ['pɪrənɪzəm] n (Philos) pyrrhonisme m

Pyrrhonist ['pɪrənɪst] adj, n (Philos) pyrrhonien(ne) m(f)

Pyrrhus ['pɪrəs] n Pyrrhus m

pyrrole ['pɪrəʊl] n pyrrol m

Pythagoras [paɪˈθægərəs] 1 n Pythagore m
2 COMP ▷ **Pythagoras' theorem** n théorème m de Pythagore

Pythagorean [paɪˌθægəˈrɪən] adj (gen) pythagoricien ; number, letter pythagorique

python ['paɪθən] n python m

pyuria [paɪˈjʊərɪə] n pyurie f

pyx [pɪks] n (in church) ciboire m ; (for sick communions) pyxide f

pyxidium [pɪkˈsɪdɪəm] n, pl **pyxidia** [pɪkˈsɪdɪə] or **pyxides** ['pɪksɪˌdiːz] (Bot) pyxide f

pyxis ['pɪksɪs] n, pl **pyxia** ['pɪksɪə] ⇒ **pyxidium**

pzazz * [pəˈzæz] n (US) ⇒ **piz(z)azz**

Q¹, q [kjuː] **1** n (= letter) Q, q m ◆ **Q for Queen** ≃ Q comme Québec
2 COMP ▷ **Q factor** n (Phys) facteur m de qualité ▷ **Q fever** n fièvre f Q

Q² (abbrev of **Queen**) (Chess) D

q² (US) (abbrev of **quart**) ≃ l

Q and A ['kjuːəndˈeɪ] n (abbrev of **question and answer**) questions-réponses fpl

Qatar [kæˈtɑːʳ] **1** n **a** (= country) le Qatar
b (= inhabitant) Qatari(e) m(f)
2 adj qatari

Qatari [kæˈtɑːrɪ] **1** n Qatarien(ne) m(f)
2 adj qatarien

QB [kjuːˈbiː] n (Brit Jur) (abbrev of **Queen's Bench**) → **queen b**

QC [ˌkjuːˈsiː] n (Brit Jur) (abbrev of **Queen's Counsel**) → **counsel**

QE2 [ˌkjuːiːˈtuː] n (Brit Naut) (abbrev of **Queen Elizabeth II**) paquebot

QED [ˌkjuːiːˈdiː] (Math) (abbrev of **quod erat demonstrandum**) CQFD

QM [kjuːˈem] n (Mil) (abbrev of **quartermaster**) commissaire m

qt n abbrev of **quart(s)**

q.t. [kjuːˈtiː] n (abbrev of **quiet**) ◆ **on the q.t.** * en douce *, en cachette

Q-tip ® ['kjuːtɪp] n coton-tige ® m

qty n abbrev of **quantity**

qua [kweɪ] adv ◆ **the actor qua actor** l'acteur en tant que tel ◆ **religion qua religion** la religion en tant que telle

quack¹ [kwæk] **1** n coin-coin m inv (cri du canard)
2 vi faire coin-coin
3 COMP ▷ **quack-quack** n (baby talk) coin-coin m inv

quack² * [kwæk] → SYN **1** n (= imposter, bogus doctor) charlatan m ; (hum = doctor) toubib * m
2 adj ◆ **quack remedy** remède m de charlatan

quackery ['kwækərɪ] n (NonC) charlatanisme m

quad¹ [kwɒd] **1** n abbrev of **quadruplet**, **quadrangle**
2 COMP ▷ **quad bike** n moto f à quatre roues motrices

quad² * * [kwɒd] n ⇒ **quod**

quadr... pref ⇒ **quadri...**

Quadragesima [ˌkwɒdrəˈdʒesɪmə] n Quadragésime f

quadrangle ['kwɒdræŋgl] n **a** (Math) quadrilatère m
b (= courtyard) cour f

quadrangular [kwɒˈdræŋgjʊləʳ] adj quadrangulaire

quadrant ['kwɒdrənt] n [of circle] quadrant m, quart m de cercle

quadraphonic [ˌkwɒdrəˈfɒnɪk] adj quadriphonique, tétraphonique ◆ **in quadraphonic (sound)** en quadriphonie, en tétraphonie

quadraphonics [ˌkwɒdrəˈfɒnɪks] n (NonC) quadriphonie f, tétraphonie f

quadraphony [kwɒdˈrɒfənɪ] n ⇒ **quadraphonics**

quadraplegic [ˌkwɒdrəˈpliːdʒɪk] n, adj tétraplégique mf

quadrasonic [ˌkwɒdrəˈsɒnɪk] adj quadriphonique, tétraphonique

quadrasonics [ˌkwɒdrəˈsɒnɪks] n (NonC) quadriphonie f, tétraphonie f

quadrat ['kwɒdrət] n (Typo) cadrat m

quadrate ['kwɒdrɪt] n (= square) carré m ; (= cube) cube m

quadratic [kwɒˈdrætɪk] (Math) **1** adj quadratique
2 COMP ▷ **quadratic equation** n équation f quadratique or du second degré

quadrature ['kwɒdrətʃəʳ] n quadrature f

quadrennial [ˌkwɒˈdrenɪəl] adj quadriennal

quadri... ['kwɒdrɪ] pref quadri..., quadru...

quadric ['kwɒdrɪk] adj surface quadrique ; equation du second degré

quadriceps ['kwɒdrɪseps] n, pl **quadricepses** or **quadriceps** quadriceps m

quadrifid ['kwɒdrɪfɪd] adj (Bot) quadrifide

quadrilateral [ˌkwɒdrɪˈlætərəl] (Math) **1** adj quadrilatère, quadrilatéral
2 n quadrilatère m

quadrilingual [ˌkwɒdrɪˈlɪŋgwəl] adj quadrilingue

quadrille [kwəˈdrɪl] n (Dancing) quadrille m

quadrillion [kwɒˈdrɪljən] n (Brit) quatrillion m ; (US) ancien quatrillion m (10^{15})

quadrinomial [ˌkwɒdrɪˈnəʊmɪəl] n (Math) quadrinôme m, expression f algébrique à quatre termes

quadripartite [ˌkwɒdrɪˈpɑːtaɪt] adj quadriparti(-tie or -tite f)

quadriplegia [ˌkwɒdrɪˈpliːdʒɪə] n tétraplégie f, quadriplégie f

quadriplegic [ˌkwɒdrɪˈpliːdʒɪk] adj, n tétraplégique mf, quadriplégique mf

quadroon [kwɒˈdruːn] n quarteron(ne) m(f)

quadrophonic [ˌkwɒdrəˈfɒnɪk] adj ⇒ **quadraphonic**

quadrumanous [kwɒˈdruːmənəs] adj (Zool) quadrumane

quadruped ['kwɒdrʊped] adj, n quadrupède m

quadruple ['kwɒdrʊpl] **1** adj, n quadruple m
2 [kwɒˈdruːpl] vti quadrupler

quadruplet [kwɒˈdruːplɪt] n quadruplé(e) m(f)

quadruplicate [kwɒˈdruːplɪkɪt] **1** adj quadruple
2 n ◆ **in quadruplicate** en quatre exemplaires

quads * ['kwɒdz] npl quadriceps mpl

quaff [kwɒf] vt († † or hum) [+ glass] vider à longs traits ; [+ wine] lamper

quaffable ['kwɒfəbl] adj wine qui se laisse boire

quag [kwæg] n ⇒ **quagmire**

quagga ['kwægə] n, pl **quaggas** or **quagga** couagga m

quagmire ['kwægmaɪəʳ] → SYN n (lit, fig) bourbier m

quahaug, **quahog** ['kwɑːhɒg] n (US) clam m

quail¹ [kweɪl] → SYN vi [person] perdre courage, reculer (before devant) ◆ **his heart** or **spirit quailed** son courage l'a trahi

quail² [kweɪl] n, pl **quail** or **quails** (= bird) caille f

quaint [kweɪnt] → SYN adj **a** (= picturesque) place pittoresque ; person original ◆ **a quaint little village** un petit village pittoresque or qui a du cachet
b (= old-fashioned) custom, tradition, word, notion désuet (-ète f) ; (pej) vieillot ◆ **how quaint!** comme c'est curieux !

quaintly ['kweɪntlɪ] adv (= strangely) curieusement ◆ **quaintly old-fashioned** d'un charme désuet ◆ **a pub quaintly called** or **named "The Dew Drop"** un pub qui porte le nom désuet de "La Goutte de Rosée"

quaintness ['kweɪntnɪs] n **a** [of place, object] (= picturesqueness) pittoresque m ; (= old-fashionedness) charme m désuet, charme m vieillot
b (= peculiarity) [of custom, word, idea, question] côté m or aspect m curieux

quake [kweɪk] → SYN **1** vi [earth, person] trembler ◆ **I was quaking (in my boots *)** je tremblais comme une feuille ◆ **to quake with fear** trembler de peur
2 n (abbrev of **earthquake**) tremblement m de terre, séisme m
3 COMP ▷ **quaking grass** n brize f

Quaker ['kweɪkəʳ] **1** n quaker(esse) m(f)
2 COMP community, school de quakers ; person, family quaker (f inv) ; beliefs des quakers ▷ **Quaker meeting** n réunion f de quakers ▷ **Quaker meeting house** n église f de quakers

Quakerism ['kweɪkərɪzəm] n quakerisme m

qualification [ˌkwɒlɪfɪˈkeɪʃən] → SYN n **a** (= ability) compétence f (for en ; to do sth pour faire qch), aptitude f (for à), capacité f (to do sth pour faire qch) ◆ **I doubt his qualification to teach English** je doute qu'il ait les compétences requises or qu'il ait les capacités requises pour enseigner l'anglais ◆ **we have never questioned his qualification for the job** nous n'avons jamais mis en doute son aptitude à remplir le poste
b (= degree, diploma) diplôme m, titre m (in de) ◆ **his only qualification for the job was his experience in similar work** seule son expérience dans des domaines similaires le

quenchless ['kwentʃlɪs] adj (liter) inextinguible

quern [kwɜːn] n moulin m à bras (pour le grain)

querulous ['kwerʊləs] → SYN adj grincheux

querulously ['kwerʊləslɪ] adv d'un ton grincheux

query ['kwɪərɪ] → SYN ① n a (= question) question f; (= doubt) doute m ◆ readers' queries questions fpl des lecteurs ◆ this raises a query about the viability of the scheme cela met en question la viabilité de ce projet
  b (Gram = question mark) point m d'interrogation
  c (Comput) interrogation f
② vt a [+ statement, motive, evidence] mettre en doute or en question ◆ I query that! je me permets d'en douter! ◆ to query whether ... demander si ..., chercher à savoir si ...
  b (= write ? against) [+ part of text] marquer d'un point d'interrogation
③ COMP ▷ **query language** n (Comput) langage m d'interrogation

quest [kwest] → SYN (liter) ① n quête f (liter) (for de) ◆ **in quest of** en quête de
② vi ◆ **to quest for sth** être en quête de qch

questing ['kwestɪŋ] adj hand chercheur; look, voice interrogateur (-trice f)

question ['kwestʃən LANGUAGE IN USE 8.3, 9.3, 12, 16.1, 16.3, 26 → SYN
① n a question f (also Parl) ◆ **to ask sb a question, to put a question to sb, to put down a question for sb** (Parl) poser une question à qn ◆ **what a question to ask!** quelle question!, belle question! (iro) ◆ **(that's a) good question!** (prevaricating) (c'est une) bonne question! ◆ **indirect** or **oblique question** (Gram) interrogation f indirecte ◆ **to put sth to the question** soumettre qch au vote; → leading¹, pop¹, sixty
  b (NonC = doubt) doute m ◆ **there is no question about it** cela ne fait aucun doute ◆ **there's no question that this is better** une chose est sûre, ceci est mieux ◆ **to accept/obey without question** accepter/obéir sans poser de questions ◆ **her loyalty is beyond question** sa loyauté ne fait pas l'ombre d'un doute ◆ **she is without question one of the greatest writers of her generation** elle est sans conteste l'un des plus grands écrivains de sa génération; → bring
  c (= matter, subject) question f ◆ **that's the question!** là est la question!, c'est là (toute) la question! ◆ **that's not the question** là n'est pas la question, il ne s'agit pas de cela ◆ **that's another question altogether** ça c'est une tout autre affaire ◆ **there's some/no question of closing the shop** il est/il n'est pas question de fermer or qu'on ferme (subj) le magasin ◆ **there's no question of that** il n'en est pas question, c'est hors de question ◆ **the question is how many** la question c'est de savoir combien, il s'agit de savoir combien; (in concluding) reste à savoir combien ◆ **the question is to decide ...** il s'agit de décider ...; (in concluding) reste à décider ... ◆ **the German question** la question allemande, le problème allemand ◆ **it is a question of sincerity** c'est une question de sincérité ◆ **it's (all) a question of what you want to do eventually** tout dépend de ce que tu veux faire en fin de compte ◆ **it's an open question** la question reste posée or ouverte ◆ **it's an open question whether ...** il reste à savoir si ..., personne ne sait si ... ◆ **success is merely a question of time** le succès n'est qu'une affaire or qu'une question de temps; → burning, time

◆ **in question** en question ◆ **the person in question** la personne en question or dont il s'agit

◆ **out of the question** hors de question ◆ **that is out of the question** il n'en est pas question, c'est hors de question

◆ **to call sth into question** remettre qch en question

② vt a interroger, questionner (on sur; about au sujet de, à propos de); (Police) interroger ◆ **we questioned him closely to find out whether ...** nous l'avons soumis à un interrogatoire pour savoir si ... ◆ **I will not be questioned about it** je refuse d'être l'objet de questions à ce sujet
  b [+ motive, account, sb's honesty] mettre en doute or en question; [+ claim] contester ◆ **to question whether ...** douter que ... (+ subj)
③ COMP ▷ **question mark** n point m d'interrogation ◆ **there is a question mark over whether he meant to do it** on ne sait pas au juste s'il avait l'intention de le faire ◆ **a big question mark hangs over his future** l'incertitude plane sur son avenir ▷ **question tag** n fin f de phrase interrogative ▷ **question time** n (Brit Parl) questions fpl écrites ou orales (adressées par des parlementaires au gouvernement)

questionable ['kwestʃənəbl] → SYN adj quality, taste douteux; value douteux, discutable; statement, figures discutable; motive, behaviour, practice, deal suspect ◆ **it is questionable whether ...** il est douteux que ... (+ subj)

questioner ['kwestʃənəʳ] n personne f qui interroge ◆ **she looked at her questioner** elle regarda la personne qui l'interrogeait

questioning ['kwestʃənɪŋ] ① n interrogation f
② adj a (= curious) nature curieux ◆ **to have a questioning mind** être curieux de nature
  b (= querying) look, expression interrogateur (-trice).

questioningly ['kwestʃənɪŋlɪ] adv d'un air interrogateur

questionmaster ['kwestʃənˌmɑːstəʳ] n meneur m, -euse f de jeu; (Rad, TV) animateur m, -trice f

questionnaire [ˌkwestʃə'nɛəʳ] n questionnaire m

queue [kjuː] → SYN ① n a (Brit) [of people] queue f, file f (d'attente); [of cars] file f ◆ **to stand in a queue, to form a queue** faire la queue ◆ **go to the end of the queue!** prenez la queue! ◆ **he joined the theatre queue** il s'est joint aux personnes qui faisaient la queue au théâtre ◆ **ticket queue** queue f devant les guichets; → jump
  b (Comput) file f d'attente
② vi (Brit: also **queue up**) [people, cars] faire la queue (for pour) ◆ **we queued (up) for an hour** nous avons fait une heure de queue ◆ **people are queuing up to ...** (Brit fig) les gens se battent pour ...
③ COMP ▷ **queue-jump** vi (Brit) passer avant son tour, ne pas attendre son tour ▷ **queue-jumper** n (Brit) resquilleur m, -euse f (qui passe avant son tour) ▷ **queue-jumping** n (Brit) resquille f (pour passer avant son tour)

quibble ['kwɪbl] → SYN ① n chicane f, argutie f ◆ **that's just a quibble** c'est couper les cheveux en quatre *
② vi chicaner, ergoter (over sur)

quibbler ['kwɪbləʳ] n chicaneur m, -euse f, chicanier m, -ière f, ergoteur m, -euse f

quibbling ['kwɪblɪŋ] ① adj person ergoteur, chicaneur, chicanier; argument captieux, spécieux; objection spécieux
② n (NonC) chicanerie f

quiche [kiːʃ] n quiche f

quick [kwɪk] → SYN ① adj a (= rapid) pulse, train, movement, route, decision, method rapide; recovery, answer prompt ◆ **be quick!** dépêche-toi! ◆ **come here and be quick about it!** viens ici, et plus vite que ça! ◆ **try to be quicker next time** essaie de faire plus vite la prochaine fois ◆ **at a quick pace** d'un pas vif or rapide, d'un bon pas ◆ **quick march!** (Mil) en avant, marche! ◆ **I had a quick chat with her** or **a few quick words with her** j'ai échangé quelques mots (rapides) avec elle ◆ **going cheap for a quick sale** sacrifié pour vente rapide ◆ **we had a quick meal** nous avons mangé en vitesse or sur le pouce * ◆ **to have a quick one** (* = drink) prendre un pot * en vitesse; (*⁑* = sex) tirer un coup en vitesse *⁑* ◆ **it's quicker by train** c'est plus rapide or ça va plus vite par le train ◆ **he's a quick worker** il travaille vite; (* iro) il ne perd pas de temps; (* iro) il a vite en besogne (iro); → double-quick, draw
  b (= lively) mind vif; child vif, éveillé ◆ **he's too quick for me** il est trop rapide pour moi, il va trop vite pour moi ◆ **he has a quick eye for mistakes** il repère vite les fautes ◆ **to have a quick ear** avoir l'oreille fine ◆ **to have a quick wit** avoir la repartie facile or de la repartie; see also 4 ◆ **he was quick to see that ...** il a tout de suite vu or remarqué que ... ◆ **she was quick to point out that ...** elle n'a pas manqué de faire remarquer que ... ◆ **to be quick to take offence** être prompt à s'offenser, s'offenser pour un rien ◆ **to have a quick temper** s'emporter facilement, être soupe au lait *; see also 4 ◆ **to be quick to anger** (liter) avoir la tête chaude, être prompt à s'emporter ◆ **he is quick at figures** il calcule vite

② n a (Anat) vif m ◆ **to bite one's nails to the quick** se ronger les ongles jusqu'au sang ◆ **to cut** or **sting sb to the quick** piquer or blesser qn au vif
  b (††, liter) **the quick and the dead** les vivants mpl et les morts mpl

③ adv (= quickly) ◆ **quick, over here!** vite, par ici! ◆ **as quick as lightning** or **as a flash** avec la rapidité de l'éclair; for other phrases see quickly

④ COMP ▷ **quick-acting** adj drug etc qui agit rapidement ▷ **quick-assembly furniture** n (NonC) meubles mpl en kit ▷ **quick assets** npl (Fin) actif m disponible à court terme ▷ **quick-change artist** n (Theat) spécialiste mf des transformations rapides ▷ **quick-drying** adj paint, concrete qui sèche rapidement ▷ **quick-fire** adj a series of quick-fire questions un feu roulant de questions ◆ **to shoot quick-fire questions at sb** mitrailler qn de questions ▷ **quick-firing** adj (Mil) à tir rapide ▷ **quick fix** n (pej) solution f de fortune ◆ **there is no quick fix to the country's economic problems** il n'y a pas de solution miracle aux problèmes économiques du pays ▷ **quick-freeze** vt surgeler ▷ **quick money** n (NonC: Fin) capital m investi réalisable sur demande ▷ **quick-setting** adj cement à prise rapide; jelly qui prend facilement ▷ **quick-tempered** → SYN adj **to be quick-tempered** s'emporter facilement, être soupe au lait * inv ▷ **quick time** n (US Mil) marche f normale (120 pas/minute) ▷ **quick-witted** → SYN adj à l'esprit vif or délié; (in answering) qui a la repartie facile or de la repartie ▷ **quick-wittedly** adv avec vivacité ▷ **quick-wittedness** n vivacité f d'esprit

quicken ['kwɪkən] → SYN ① vt a (lit) accélérer, presser ◆ **to quicken the tempo** (Mus) presser l'allure or la cadence; → pace¹
  b (fig) [+ feelings, imagination] exciter, stimuler; [+ appetite] stimuler, aiguiser
② vi a [pace, movement] s'accélérer, devenir or se faire plus rapide
  b [hope] se ranimer
  c [foetus] remuer

quickie * ['kwɪkɪ] ① n chose f faite en vitesse or à la hâte; (= drink) pot * m pris en vitesse; (= question) question f rapide; (*⁑* = sex) coup m rapide *; (Cine) court-métrage m vite fait
② COMP ▷ **quickie divorce** n divorce m rapide

quicklime ['kwɪklaɪm] n chaux f vive

quickly ['kwɪklɪ] → SYN adv a (= with great speed) speak, work vite ◆ **quickly!** vite!, dépêchez-vous! ◆ **as quickly as possible** aussi vite que possible, au plus vite ◆ **as quickly as I can** aussi vite que je peux
  b (= in short time) die, embrace rapidement; (= without delay) arrive, answer, react sans tarder ◆ **the police were quickly on the scene** la police est arrivée rapidement or sans tarder sur les lieux

quickness ['kwɪknɪs] n vitesse f, rapidité f; [of intelligence, sight, gesture] vivacité f; [of mind] promptitude f, vivacité f; [of pulse] rapidité f; [of hearing] finesse f ◆ **quickness of temper** promptitude f à s'emporter ◆ **quickness of wit** vivacité f d'esprit

quicksand(s) ['kwɪksænd(z)] n(pl) sables mpl mouvants ◆ **to get stuck in quicksand(s)** s'enliser

quickset hedge ['kwɪkset'hedʒ] n haie f vive; (= hawthorn) haie f d'aubépine

quicksilver ['kwɪksɪlvəʳ] ① n vif-argent m, mercure m
② adj movements, changes brusque, subit

quickstep ['kwɪkstep] n (Dancing) fox-trot m

quickthorn ['kwɪkθɔːn] n aubépine f

quid¹ * [kwɪd] n (pl inv: Brit = pound) livre f (sterling) ◆ **to be quids in** (= to have money) être en fonds

quid² [kwɪd] n [of tobacco] chique f

quiddity ['kwɪdɪtɪ] n (Philos) quiddité f

quid pro quo ['kwɪdprəʊ'kwəʊ] n, pl **quid pro quos** ♦ **it's a quid pro quo (for)** c'est en contrepartie (de), c'est à titre de réciprocité (pour)

quiescence [kwaɪ'esns] n (frm) [of person] inactivité f ; [of plant] dormance f ; [of volcano] sommeil m

quiescent [kwɪ'esnt] → SYN adj (frm) person (= passive) passif ; (= quiet) tranquille ; symptoms, disease, problem latent ; volcano endormi ♦ **in a quiescent state** à l'état latent

quiet ['kwaɪət] → SYN **1** adj **a** (= not loud) voice bas (basse f) ; music doux (douce f) ; sound léger ♦ **she spoke in quiet tones** elle parlait doucement ♦ **... she said with a quiet laugh** ... dit-elle avec un petit rire ; see also **1e**
 b (= not noisy, not busy) street, room, village, neighbour tranquille ♦ **isn't it quiet!** quel calme ! ♦ **try to be a little quieter** essayez de ne pas faire autant de bruit ♦ **this town is too quiet for me** cette ville est trop endormie pour moi ♦ **business is quiet** les affaires sont calmes ♦ **the market was quiet** (St Ex) la Bourse était calme
 c (= silent) **to be quiet** [person] être silencieux ♦ **you're very quiet today** tu ne dis rien ou pas grand-chose aujourd'hui ♦ **be quiet!, keep quiet!** taisez-vous !, silence ! ♦ **to keep** or **stay quiet** garder le silence, ne pas piper mot ♦ **that book should keep him quiet for a while** avec ce livre, il devrait se tenir tranquille un moment ♦ **it was quiet as the grave** il y avait un silence de mort ♦ **to be quiet as a mouse** ne faire aucun bruit
 d (= placid) person calme ; child calme, doux (douce f) ; dog, horse docile ♦ **my daughter is a very quiet girl** ma fille est d'un tempérament très calme ♦ **quiet as a lamb** très calme
 e (= discreet) dinner intime ; funeral, ceremony dans l'intimité ; despair silencieux ; irony voilé, discret (-ète f) ; optimism, diplomacy discret (-ète f) ♦ **the wedding was very quiet** le mariage a été célébré dans l'intimité ♦ **they had a quiet laugh over it** ils en ont ri sous cape ♦ **... he said with a quiet smile** ... dit-il avec un petit sourire ♦ **with quiet humour** avec une pointe d'humour ♦ **he had a quiet dig at his brother** il a lancé une petite pique à son frère ♦ **to have a quiet word with sb** parler en particulier avec qn ♦ **to keep quiet about sth, to keep sth quiet** ne pas ébruiter qch ♦ **keep it quiet** gardez-le pour vous
 f (= untroubled) night paisible ; life paisible, tranquille ♦ **we had a quiet time on holiday** on a passé des vacances tranquilles or relax * ♦ **he went to sleep with a quiet mind** il s'endormit l'esprit tranquille ♦ **all quiet** (Mil or hum) rien à signaler, RAS * ♦ **all quiet on the western front** à l'ouest rien de nouveau
 g (= muted) colours, clothes sobre, discret (-ète f) ; decoration, style sobre
2 n (NonC) (= silence) silence m, tranquillité f ♦ **in the quiet of the night** dans le silence de la nuit ♦ **let's have complete quiet for a few minutes** faisons silence complet pendant quelques minutes
 b (= peace) calme m ♦ **an hour of blessed quiet** une heure de répit fort appréciée ♦ **there was a period of quiet after the fighting** il y a eu une accalmie après les combats ; → **peace**
 c * **on the quiet** en cachette, en douce * ♦ **to do sth on the quiet** faire qch en cachette or en dessous ♦ **she had a drink on the quiet** elle a pris un verre en douce * or en suisse ♦ **he told me on the quiet** il me l'a dit en confidence
3 vt (US) ⇒ **quieten**

▶ **quiet down** vi, vt sep ⇒ **quieten down**

quieten ['kwaɪətn] → SYN vt (esp Brit) [+ person, crowd, horse, suspicion] calmer, apaiser ; [+ fear] calmer, dissiper ; [+ pain] calmer ; [+ conscience] tranquilliser, apaiser

▶ **quieten down** **1** vi (= make less noise) se calmer ; (fig : after unruly youth) se ranger ♦ **their children have quietened down a lot** leurs enfants se sont beaucoup assagis or calmés
2 vt sep [+ person, dog, horse] calmer, apaiser

quietism ['kwaɪətɪzəm] n quiétisme m

quietist ['kwaɪətɪst] adj, n quiétiste mf

quietly ['kwaɪətlɪ] → SYN adv **a** (= not loudly) say, speak, sing doucement
 b (= silently) sans bruit
 c (= discreetly) discrètement ♦ **quietly dressed** habillé simplement or discrètement ♦ **I'm quietly confident about the future** je suis confiant en or dans l'avenir
 d (= without fuss) get married, be buried en toute simplicité ; read, sit tranquillement ♦ **she lives quietly in a cottage in Suffolk** elle mène une vie tranquille or paisible dans un cottage du Suffolk ♦ **he was made to resign quietly** on l'a forcé à démissionner sans faire de vagues
 e (Police = voluntarily) go de son plein gré ♦ **are you going to come quietly?** allez-vous nous suivre de votre plein gré ?

quietness ['kwaɪətnɪs] → SYN n (= silence) silence m ; (= stillness, peacefulness) calme m, tranquillité f ; (= gentleness) douceur f

quietude ['kwaɪətjuːd] n quiétude f

quietus [kwaɪ'iːtəs] n, pl **quietuses** (Jur) quittance f ; (fig) (= release) coup m de grâce (lit, fig) ; (= death) mort f

quiff [kwɪf] n (Brit: also **quiff of hair**) (on forehead) mèche f ; (on top of head) épi m ; (on baby's head) coque f

quill [kwɪl] n (= feather) penne f ; (= part of feather) tuyau m de plume ; (also **quill-pen**) plume f d'oie ; [of porcupine] piquant m

quillwort ['kwɪlˌwɜːt] n isoète m

quilt [kwɪlt] → SYN **1** n (= bed cover) édredon m (piqué), courtepointe f ; (= duvet : also **continental quilt**) couette f
2 vt [+ eiderdown, cover] matelasser, ouater et piquer ; [+ dressing gown] matelasser, ouatiner ; [+ furniture, bedhead] capitonner

quilted ['kwɪltɪd] adj jacket, dressing gown matelassé, ouatiné ; bedspread matelassé ; bedhead capitonné

quilting ['kwɪltɪŋ] n (NonC) (= process) ouatage m, capitonnage m ; (= material) ouate f, matelassé m, ouatine f, capitonnage m

quim *⁎*⁎ [kwɪm] n (Brit) chatte *⁎*⁎ f

quin [kwɪn] n (Brit) abbrev of **quintuplet**

quince [kwɪns] **1** n (= fruit) coing m ; (= tree) cognassier m
2 COMP jam de coings

quincentenary [ˌkwɪnsen'tiːnərɪ] n cinq-centième anniversaire m

quinidine ['kwɪnɪdiːn] n (Med) quinidine f

quinine [kwɪ'niːn] n quinine f

quinoline ['kwɪnəliːn] n (Chem) quinoléine f

Quinquagesima [ˌkwɪŋkwə'dʒesɪmə] n Quinquagésime f

quinquennia [kwɪŋ'kwenɪə] npl of **quinquennium**

quinquennial [kwɪŋ'kwenɪəl] adj quinquennal

quinquennium [kwɪŋ'kwenɪəm] n, pl **quinquennia** [kwɪŋ'kwenɪə] quinquennat m

quinsy ['kwɪnzɪ] n (Med ††) amygdalite f purulente

quint [kwɪnt] n (US) abbrev of **quintuplet**

quintal ['kwɪntl] n **a** (= 100kg) quintal m
 b (= 100lb) 100 livres fpl (= 45,36 kg)

quinte [kænt] n (Fencing) quinte f

quintessence [kwɪn'tesns] n quintessence f

quintessential [ˌkwɪntɪ'senʃəl] adj par excellence ♦ **he is the quintessential English composer** c'est le compositeur anglais par excellence ♦ **a quintessential example of sth** un parfait exemple de qch

quintessentially [ˌkwɪntɪ'senʃəlɪ] adv typiquement ♦ **the quintessentially English game of cricket** le cricket, ce sport si typiquement anglais

quintet(te) [kwɪn'tet] n quintette m

quintillion [kwɪn'tɪljən] n, pl **quintillions** or **quintillion** (Brit) quintillion m ; (US, Can) 10^{18}

quintuple ['kwɪntjʊpl] **1** adj, n quintuple m
2 [kwɪn'tjuːpl] vt quintupler

quintuplet [kwɪn'tjuːplɪt] n quintuplé(e) m(f)

quip [kwɪp] → SYN **1** n quolibet m
2 vi railler, lancer des pointes
3 vt ♦ **never on a Sunday she quipped** "jamais le dimanche" dit-elle avec esprit

quire ['kwaɪər] n **a** (Bookbinding = part of book) cahier m (d'un livre) (quatre feuilles) ♦ **book in quires** livre m en feuilles (détachées) or en cahiers
 b [of paper] ≈ main f (de papier)

quirk [kwɜːk] → SYN n **a** bizarrerie f, excentricité f ♦ **it's just one of his quirks** c'est encore une de ses excentricités ♦ **by a quirk of fate** par un caprice du destin ♦ **by some quirk of nature/of circumstance** par une bizarrerie de la nature/de(s) circonstance(s)
 b (= flourish) (Art, Mus) arabesque f ; (in signature) paraphe or parafe m ; (in handwriting) fioriture f

quirky ['kwɜːkɪ] adj humour, behaviour, style original, excentrique ; person excentrique

quirt [kwɜːt] (US) **1** n cravache f (tressée)
2 vt cravacher

quisling ['kwɪzlɪŋ] → SYN n collaborateur m, -trice f (pej), collabo * mf

quit [kwɪt] → SYN pret, ptp **quit** or **quitted** **1** vt **a** (= leave) [+ place, premises] quitter, s'en aller de ; [+ person] quitter, laisser ♦ **to quit school** (esp US) quitter l'école (or le collège etc) ♦ **to quit one's job** (esp US) quitter son emploi
 b (esp US = stop) **to quit doing sth** arrêter de faire qch ♦ **to quit hold** lâcher prise ♦ **to quit hold of sth** lâcher qch ♦ **to quit work** cesser le travail ♦ **quit fooling!** arrête de faire l'idiot !
 c (Comput) [+ file window] quitter
2 vi **a** (esp US) (= give up: in game) se rendre ; (= accept defeat) abandonner la partie, renoncer ; (= resign) démissionner ♦ **I quit!**, **j'arrête !**, j'abandonne ! ♦ **he quits too easily** il se laisse décourager or il abandonne la partie trop facilement
 b (= leave) **to give a tenant notice to quit** donner congé à un locataire
 c (Comput) sortir, quitter
3 adj ♦ **quit of** débarrassé de

quite [kwaɪt] → SYN adv **a** (= entirely) tout à fait ♦ **quite (so)!** (also iro) exactement ! ♦ **I quite agree with you** je suis entièrement or tout à fait de votre avis ♦ **he quite realizes that he must go** il se rend parfaitement compte qu'il doit partir ♦ **I quite understand** je comprends très bien ♦ **I quite believe it** je le crois volontiers or sans difficulté, je n'ai aucun mal à le croire ♦ **I don't quite know** je ne sais pas bien or trop ♦ **I don't quite see what he means** je ne vois pas tout à fait or pas trop ce qu'il veut dire ♦ **that's quite enough!** ça suffit comme ça ! ♦ **that's quite enough for me** j'en ai vraiment assez ♦ **it was quite something** c'était épatant * or formidable * ♦ **it wasn't quite what I wanted** ce n'était pas exactement ce que je voulais ♦ **not quite as many as last week** pas tout à fait autant que la semaine dernière ♦ **that's quite another matter** c'est une tout autre affaire ♦ **quite four days ago** il y a bien quatre jours ♦ **he was quite right** il avait bien raison or tout à fait raison ♦ **my watch is quite right** ma montre à l'heure exacte ♦ **quite new** tout (à fait) neuf ♦ **he was quite alone** il était tout seul ♦ **she was quite a beauty** c'était une véritable beauté ♦ **it is quite splendid** c'est vraiment splendide ! ; → **thing**
 b (= to some degree, moderately) plutôt, assez ♦ **it was quite dark for 6 o'clock** il faisait plutôt sombre pour 6 heures ♦ **quite a long time** assez longtemps ♦ **quite a** or **some time** un bon moment, un bon bout de temps * ♦ **quite a few people** un bon or assez grand nombre de gens ♦ **your essay was quite good** votre dissertation n'était pas mal inv or pas mauvaise du tout ♦ **he is quite a good singer** c'est un assez bon chanteur ♦ **I quite like this painting** j'aime assez ce tableau

quits * [kwɪts] adj ♦ **to be quits (with sb)** être quitte (envers qn) ♦ **to call it quits** s'en tenir là

quittance ['kwɪtəns] n (Fin etc) quittance f

quitter * ['kwɪtər] n (pej) velléitaire mf ♦ **he's no quitter** il n'est pas du genre à baisser les bras

quiver¹ ['kwɪvər] → SYN **1** vi [person] frémir, frissonner (with de) ; [voice] trembler, trembloter ; [leaves] frémir, frissonner ; [flame] vaciller ; [wings] battre, palpiter ; [lips] trembler, frémir ; [eyelids] battre ; [flesh, heart] frémir, palpiter ; [violin] frémir

2 n [of lips, voice, hand] tremblement m ◆ **a quiver of fear** un frisson de terreur

quiver² ['kwɪvəʳ] n (for arrows) carquois m

quivering ['kwɪvərɪŋ] adj tremblant

qui vive [kiː'viːv] n ◆ **on the qui vive** sur le qui-vive

Quixote ['kwɪksət] n ◆ **Don Quixote** don Quichotte m

quixotic [kwɪk'sɒtɪk] adj person, mission, quest, venture chimérique

quixotically [kwɪk'sɒtɪkəlɪ] adv ◆ **to behave quixotically** jouer les don Quichotte ◆ **he volunteered quixotically to go himself** chevaleresque, il offrit d'y aller lui-même

quixotism ['kwɪksətɪzəm], **quixotry** ['kwɪksətrɪ] n donquichottisme m

quiz [kwɪz] → SYN **1** n, pl **quizzes a** (Rad, TV) quiz m, jeu-concours m (radiophonique or télévisé) ; (in magazine etc) série f de questions ; (= puzzle) devinette f
  b (US Scol) interrogation f rapide (orale ou écrite)
2 vt **a** (gen) interroger, presser de questions (about au sujet de)
  b (US Scol) interroger rapidement
3 COMP ▷ **quiz kid** * n (US) enfant mf prodige ▷ **quiz programme** n jeu m (radiophonique or télévisé), quiz m

quizmaster ['kwɪzmɑːstəʳ] n meneur m, -euse f de jeu ; (Rad, TV) animateur m, -trice f

quizzical ['kwɪzɪkəl] adj smile, expression, look interrogateur (-trice f), interrogatif ◆ **she raised a quizzical eyebrow** elle a levé un sourcil interrogateur

quizzically ['kwɪzɪkəlɪ] adv look at d'un air interrogateur or interrogatif

quod * [kwɒd] n (Brit) taule * f ◆ **to be in quod** être en taule *

quoin [kwɔɪn] n (= angle) coin m or angle m d'un mur ; (= stone) pierre f d'angle

quoit [kɔɪt] n palet m ◆ **quoits** (= game) jeu m du palet ◆ **to play quoits** jouer au palet

quondam ['kwɒndæm] adj (liter) ancien (before n), d'autrefois

Quonset hut ® ['kwɒnsɪt'hʌt] n (US) baraque f or hutte f préfabriquée (en tôle, cylindrique)

quorate ['kwɔːreɪt] adj (Brit Admin) qui a le quorum, où le quorum est atteint

Quorn ® [kwɔːn] n substitut de viande à base de protéines végétales

quorum ['kwɔːrəm] n quorum m ◆ **to make a quorum** atteindre le quorum ◆ **we have not got a quorum** nous n'avons pas de quorum, le quorum n'est pas atteint

quota ['kwəʊtə] → SYN **1** n **a** (= share) quote-part f, part f
  b (= permitted amount) [of imports, immigrants] quota m, contingent m
2 COMP ▷ **quota system** n système m de quotas

quotable ['kwəʊtəbl] adj **a** (= which one may quote) que l'on peut (or puisse) citer ; (= worth quoting) digne d'être cité, bon à citer
  b (St Ex) securities cotable

quotation [kwəʊ'teɪʃən] → SYN **1** n **a** (= passage cited) citation f (from de)
  b (St Ex) cours m, cote f ; (Comm = estimate) devis m (estimatif)
2 COMP ▷ **quotation marks** npl guillemets mpl ◆ **in quotation marks** entre guillemets ◆ **to open/close the quotation marks** ouvrir/fermer les guillemets

quote [kwəʊt] → SYN **1** vt **a** [+ author, poem, fact, text] citer ; [+ words] rapporter, citer ; [+ reference number etc] rappeler ◆ **to quote Shelley** citer Shelley ◆ **to quote sb as an example** citer or donner qn en exemple ◆ **you can quote me on that** vous pouvez rapporter mes paroles ◆ **don't quote me on that** ne me citez pas ◆ **he was quoted as saying that …** il aurait dit que … ◆ **she said the text was, and I quote, "full of mistakes"**, she said the text was, quote, unquote, "full of mistakes" elle m'a dit que le texte était, je cite, "plein de fautes" ◆ **can you quote (me) a recent instance of this?** pouvez-vous (m')en citer un exemple récent ? ◆ **when ordering please quote this number** (Comm) pour toute commande prière de rappeler ce numéro
  b (Comm) [+ price] indiquer ; (St Ex) [+ price] coter (at à) ◆ **this was the best price he could quote us** c'est le meilleur prix qu'il a pu nous faire or proposer ◆ **she quoted me £500 for the job** elle m'a fait un devis de 500 livres pour ces travaux ◆ **quoted company** (St Ex) société f cotée en Bourse
2 vi **a** (Literat etc) faire des citations ◆ **to quote from the Bible** citer la Bible
  b (Comm) **to quote for a job** établir or faire un devis pour un travail
3 n **a** (= quotation) citation f (from de)
  b (= short statement: to journalist etc) déclaration f, commentaire m
  c (Comm: * = estimate) devis m
4 **quotes** * npl (Gram) guillemets mpl ◆ **in quotes** entre guillemets

quoth [kwəʊθ] defective vb († or hum) ◆ **… quoth he** … fit-il, … dit-il

quotidian [kwəʊ'tɪdɪən] adj (frm) quotidien

quotient ['kwəʊʃənt] n (esp Math) quotient m ; → **intelligence**

qv (abbrev of **quod vide**) q.v., voir ce mot

QWERTY, qwerty ['kwɜːtɪ] adj ◆ **QWERTY keyboard** clavier m QWERTY

R

R, r [ɑːʳ] n **a** (= letter) R, r m ◆ **the three R's** * *la lecture, l'écriture et l'arithmétique* ◆ **R for Robert, R for Roger** (US) ≃ R comme Robert **b** (US Cine) (abbrev of **Restricted**) interdit aux moins de 17 ans **c** (abbrev of **right**) droite f **d** (Geog) abbrev of **river** **e** (abbrev of **Réaumur**) R **f** (Brit) (abbrev of **Rex, Regina**) George R le roi Georges ◆ **Elizabeth R** la reine Élisabeth **g** (US) (abbrev of **Republican**) républicain

® (abbrev of **registered trademark**) ®

RA [ɑːrˈeɪ] n (Brit) (abbrev of **Royal Academy**) membre de l'Académie royale

RAAF [ˌɑːreɪeɪˈef] n abbrev of **Royal Australian Air Force**

Rabat [rəˈbɑːt] n Rabat

rabbet [ˈræbɪt] n feuillure f, rainure f

rabbi [ˈræbaɪ] n rabbin m ◆ **Rabbi Schulman** le rabbin Schulman ; → **chief**

rabbinate [ˈræbɪnɪt] n rabbinat m

Rabbinic [rəˈbɪnɪk] n (Ling = medieval Hebrew) hébreu m rabbinique

rabbinic(al) [rəˈbɪnɪk(əl)] adj rabbinique

rabbinism [ˈræbɪnɪzəm] n rabbinisme m

rabbit [ˈræbɪt] **1** n, pl **rabbit** or **rabbits** lapin m ◆ **doe rabbit** lapine f ◆ **wild rabbit** lapin m de garenne ◆ **rabbit food** * herbe f à lapins * ◆ **like a rabbit caught in the headlights** tétanisé ◆ **to pull a rabbit out of the** or **one's hat** (fig) sortir un lapin de son chapeau ; → **Welsh** **2** vi **a** (= shoot rabbits) **to go rabbiting** chasser le lapin **b** (Brit *: also **rabbit on, go rabbiting on**) ne pas cesser de parler ◆ **to rabbit on about sth** ne pas cesser de parler de qch, s'étendre à n'en plus finir sur qch **3** COMP ▷ **rabbit burrow, rabbit hole** n terrier m (de lapin) ▷ **rabbit fever** n tularémie f ▷ **rabbit food** * n herbe f à lapins * ▷ **rabbit hutch** n clapier m, cabane f ou cage f à lapins ▷ **rabbit punch** n (Boxing etc) coup m du lapin ▷ **rabbit warren** n (lit) garenne f ; (fig) (= streets, corridors) labyrinthe m

rabbitfish [ˈræbɪtfɪʃ] n chimère f

rabble [ˈræbl] → SYN **1** n (= disorderly crowd) cohue f ; **b** (pej = lower classes) **the rabble** la populace (pej) **2** COMP ▷ **rabble-rouser** n (pej) fomentateur m, -trice f de troubles, agitateur m, -trice f ▷ **rabble-rousing** (pej) n incitation f à la révolte ou à la violence ◇ adj qui incite à la révolte ou à la violence, qui cherche à soulever les masses

Rabelaisian [ˌræbəˈleɪziən] adj (Literat) rabelaisien

rabid [ˈræbɪd] → SYN adj **a** (Med) animal qui a la rage, enragé ; person atteint de la rage **b** (pej = fanatical) nationalist, extremism, hysteria fanatique ; hatred farouche, féroce

rabidly [ˈræbɪdlɪ] adv farouchement, fanatiquement

rabies [ˈreɪbiːz] **1** n rage f (Med) **2** COMP virus rabique, de la rage ; injection, precautions, laws contre la rage, antirabique

RAC [ˌɑːreɪˈsiː] n (Brit) (abbrev of **Royal Automobile Club**) société de dépannage

raccoon [rəˈkuːn] **1** n, pl **raccoon** or **raccoons** raton m laveur **2** COMP en (fourrure de) raton (laveur)

race¹ [reɪs] → SYN **1** n **a** (Sport, fig) course f ◆ **the 100 metres race** le 100 mètres, la course de 100 mètres ◆ **horse race** course f de chevaux ◆ **cycle race** course f cycliste ◆ **the races** (Racing) les courses fpl (de chevaux) ◆ **to ride a race** [jockey] monter dans une course ◆ **race against time** or **the clock** (lit, fig) course f contre la montre ◆ **the race for** or **to the White House** la course à la Maison-Blanche ◆ **the race to find a cure for cancer** la course pour trouver un traitement contre le cancer ; → **arm², long¹, relay** **b** (= swift current) (in sea) raz m ; (in stream) courant m fort ; → **mill** **c** (liter) [of sun, moon] cours m **2** vt **a** [+ person] faire la course avec ◆ **I'll race you to school!** le premier à l'école a gagné ! ◆ **he raced the train in his car** il faisait la course avec le train dans sa voiture **b** (= cause to speed) [+ car] lancer (à fond) ◆ **to race the engine** (Aut) emballer le moteur **c** (Sport) [+ horse, dog] faire courir ◆ **to race pigeons** faire des courses de pigeon ◆ **the champion races Ferraris** le champion court sur Ferrari **3** vi **a** (= compete) [racing driver, athlete, jockey etc] courir, faire la course ◆ **to race against sb** faire la course avec qn ◆ **we'll have to race against time** or **the clock** ça va être une course contre la montre ◆ **he races at Cheltenham every week** horse owner il fait courir un cheval (or des chevaux) à Cheltenham toutes les semaines **b** (= rush) [person] aller or courir à toute allure or à toute vitesse ◆ **to race in/out/across** etc entrer/sortir/traverser etc à toute allure ◆ **to race after sb** courir après qn, essayer de rattraper qn ◆ **to race for a taxi** courir pour avoir un taxi ◆ **to race for the door** se précipiter vers la porte ◆ **to race to the station** courir à la gare, foncer jusqu'à la gare ◆ **to race to the telephone** se précipiter vers le téléphone ◆ **to race along** filer (à toute allure) ◆ **he raced down the street** il a descendu la rue à toute vitesse ◆ **he raced through his work** il a fait son travail à toute vitesse **c** [engine] s'emballer ; [propeller] s'affoler ; [pulse] être très rapide ◆ **memories of the past raced through her mind** les souvenirs du passé se sont mis à défiler dans son esprit ◆ **thoughts raced around in her head** les pensées se bousculaient dans sa tête ◆ **my heart began to race with fear** mon cœur s'est mis à battre la chamade

 4 COMP ▷ **race card** n programme m (des courses) ▷ **race-fit** adj en forme (pour courir) ▷ **race-hate** adj attack, crime racial ◆ **race-hate campaign** campagne f d'incitation à la haine raciale ▷ **race meeting** n (Brit) courses fpl

race² [reɪs] → SYN **1** n (= species: lit, fig) race f ◆ **the human race** la race or l'espèce f humaine **2** COMP hatred, prejudice racial ▷ **race relations** npl relations fpl interraciales ; (Brit) ◆ **the Race Relations Board** commission pour les relations interraciales ; → QUANGO ▷ **race riot** n émeute(s) f(pl) raciale(s)

racecourse [ˈreɪskɔːs] n (esp Brit) champ m de courses, hippodrome m

racegoer [ˈreɪsɡəʊəʳ] n (Brit) turfiste mf

racehorse [ˈreɪshɔːs] n cheval m de course

raceme [ˈræsiːm] n racème m (rare), grappe f

racemic [rəˈsiːmɪk] adj racémique

racer [ˈreɪsəʳ] n (= person) coureur m, -euse f ; (= car, yacht) racer m ; (= horse) cheval m de course ; (= cycle) vélo m de course

racetrack [ˈreɪstræk] n (US) champ m de courses ; (Brit) piste f

raceway [ˈreɪsweɪ] n (US: for horses, cars) piste f

Rachel [ˈreɪtʃəl] n Rachel f

rachis [ˈreɪkɪs] n, pl **rachises** or **rachides** [ˈrækɪˌdiːz] (Anat, Orn) rachis m

rachitic [ræˈkɪtɪk] adj rachitique

rachitis [rəˈkaɪtɪs] n (Med) rachitisme m

Rachmanism [ˈrækmənɪzəm] n (Brit) intimidation de locataires par des propriétaires sans scrupule

racial [ˈreɪʃəl] → SYN adj harmony, identity, purity racial ; attack, prejudice, stereotype, violence racial, raciste ; inequality entre les races ◆ **racial discrimination** discrimination f raciale ◆ **racial harassment** harcèlement m raciste ◆ **racial minority** minorité f raciale ◆ **racial segregation** ségrégation f raciale ◆ **to vote along racial lines** voter selon des critères raciaux

racialism † [ˈreɪʃəlɪzəm] n (esp Brit) racisme m

racialist † [ˈreɪʃəlɪst] adj, n (esp Brit) raciste mf

racially [ˈreɪʃəlɪ] adv sensitive, diverse, divided, pure, superior d'un point de vue racial ◆ **a racially motivated attack** une agression raciste ◆ **to be racially prejudiced** avoir des préjugés raciaux ◆ **to be racially abused** être victime d'insultes racistes ◆ **the schools are racially segregated** les écoles pratiquent la ségrégation raciale ◆ **the schools were racially integrated** les écoles pratiquaient l'intégration raciale

racily [ˈreɪsɪlɪ] adv write (= in risqué style) lestement ; (= in lively style) avec verve

raciness [ˈreɪsɪnɪs] n [of story, style] caractère m leste ; [of joke] grivoiserie f

racing [ˈreɪsɪŋ] **1** n courses fpl ; (also **horse-racing**) courses fpl de chevaux, hippisme m ◆ **motor racing** course f automobile ◆ **I'm not a racing man** je ne suis pas amateur de

racism / radiosensitive

courses ◆ **the racing world** le monde des courses

2 COMP calendar, stables de(s) courses ▷ **racing bicycle** n bicyclette f de course ▷ **racing bike** n vélo m de course ▷ **racing car** n voiture f de course ▷ **racing certainty** n (Brit fig) certitude f absolue ▷ **racing colours** npl couleurs fpl d'une écurie *(portées par le jockey)* ▷ **racing cyclist** n coureur m, -euse f cycliste ▷ **racing driver** n coureur m, -euse f automobile, pilote m de courses ▷ **racing pigeon** n pigeon m voyageur de compétition ▷ **racing yacht** n racer m, yacht m de course

racism ['reɪsɪzəm] n racisme m

racist ['reɪsɪst] adj, n raciste mf

rack[1] [ræk] → SYN **1** n **a** (for bottles, documents) casier m; (for luggage) porte-bagages m inv; (for dishes) égouttoir m; (for hanging tools/ties etc) porte-outils/-cravates etc m; (for vegetables) bac(s) m(pl) à légumes; (for fodder, rifles, pipes) râtelier m ◆ **off the rack** (US) en confection, en prêt-à-porter; → **bicycle, hatrack, luggage, toast**

b (Hist = torture) chevalet m ◆ **to put sb on the rack** (lit) infliger ou faire subir à qn le supplice du chevalet; (fig) mettre qn au supplice

2 vt (Hist = torture) faire subir le supplice du chevalet à; (fig) [pain] torturer, tourmenter ◆ **racked by remorse** tenaillé par les remords ◆ **racked by doubt** assailli de doutes ◆ **to rack one's brains** se creuser la tête ou la cervelle *

3 COMP ▷ **rack and pinion** n (Tech) crémaillère f ▷ **rack (and pinion) railway** n chemin de fer à crémaillère ▷ **rack rent** n loyer m exorbitant

rack[2] [ræk] n ◆ **to go to rack and ruin** [building] tomber en ruine; [business, economy] aller à vau-l'eau; [person, country] aller à la ruine

racket[1] ['rækɪt] **1** n (Sport) raquette f

2 rackets npl (= game) jeu m de) paume f

3 COMP ▷ **racket press** n presse-raquette m inv, presse f

racket[2] ['rækɪt] → SYN **1** n **a** (= noise) [of people] tapage m, boucan * m; [of machine] vacarme m ◆ **to make a racket** [people] faire du tapage ou du boucan *; [machine] faire du vacarme

b (= organized crime) trafic m; (= dishonest scheme) escroquerie f ◆ **an extortion racket** un racket ◆ **the drugs/stolen car racket** le trafic de drogue/des voitures volées ◆ **he's in on the racket** * (fig) il est dans le coup * ◆ **what's your racket?** * (fig = job) qu'est-ce que vous faites dans la vie? ◆ **teaching isn't really my racket** * l'enseignement n'est pas vraiment mon truc *

2 vi † (= make a noise) faire du tapage ou du boucan *; (also **racket about, racket around** = lead a hectic social life) faire la bombe * ou la bringue *

racketeer [ˌrækɪ'tɪər] n racketter m, racketteur m ◆ **drugs racketeer** trafiquant m de drogue

racketeering [ˌrækɪ'tɪərɪŋ] n (NonC) racket m ◆ **drugs racketeering** trafic m de drogue

racking ['rækɪŋ] adj pain, sobs déchirant; cough convulsif

raconteur [ˌrækɒn'tɜːr] n conteur m, -euse f

racoon [rə'kuːn] ⇒ **raccoon**

racquet ['rækɪt] ⇒ **racket**[1]

racquetball ['rækɪtˌbɔːl] n (NonC) racket-ball m

racy ['reɪsɪ] → SYN adj **a** (= risqué) story, book, film, language leste

b (= lively) style of writing, speaking plein de verve

RADA ['rɑːdə] n (in Brit) (abbrev of **Royal Academy of Dramatic Art**) ≃ Conservatoire m d'art dramatique

radar ['reɪdɑːr] **1** n radar m ◆ **by radar** au radar

2 COMP antenna, echo, screen, station radar inv ▷ **radar astronomy** n radarastronomie f ▷ **radar beacon** n radiophare m pour radar ▷ **radar operator** n radariste mf ▷ **radar scanner** n (= antenna) antenne f radar inv ▷ **radar sensor** n détecteur m (radar inv) ▷ **radar trap** n (Aut Police) contrôle m radar inv ◆ **to get caught in a radar trap** se faire piéger par un radar

raddle ['rædl] **1** n ocre f rouge

2 vt [+ sheep] marquer (à l'ocre)

raddled ['rædld] adj face marqué, aux traits accusés, fripé; person au visage marqué, aux traits accusés

radial ['reɪdɪəl] **1** adj streets (also Med) radial; pattern en étoile

2 n (also **radial tyre**) pneu m à carcasse radiale

3 COMP ▷ **radial engine** n moteur m en étoile ▷ **radial-ply** adj (Aut) à carcasse radiale ▷ **radial road** n radiale f ▷ **radial tyre** n pneu m à carcasse radiale

radially ['reɪdɪəlɪ] adv arrange, extend en étoile

radian ['reɪdɪən] n (Math) radian m

radiance ['reɪdɪəns] → SYN , **radiancy** ['reɪdɪənsɪ] n [of sun, lights etc] éclat m; [of face, personality, beauty] éclat m, rayonnement m

radiant ['reɪdɪənt] → SYN **1** adj person, smile, beauty, sunshine radieux; optimism rayonnant; complexion, colour éclatant ◆ **radiant with joy/health** rayonnant de joie/de santé ◆ **to look radiant** être radieux

2 n (Phys) point m radiant; (Math) radian m; (Astron) (point m) radiant m

3 COMP ▷ **radiant energy** n (Phys) énergie f rayonnante ▷ **radiant heat** n (Phys) chaleur f radiante ou rayonnante ▷ **radiant heater** n radiateur m à foyer rayonnant ▷ **radiant heating** n chauffage m par rayonnement

radiantly ['reɪdɪəntlɪ] adv smile, say d'un air radieux; shine d'un vif éclat ◆ **to be radiantly happy** être rayonnant de bonheur ◆ **radiantly beautiful** à la beauté radieuse

radiata pine [ˌreɪdɪ'ɑːtə] n pin m de Monterey

radiate ['reɪdɪeɪt] → SYN **1** vi (= emit rays) irradier, rayonner (liter); (= emit heat) rayonner; (Phys) irradier; (fig) [lines, roads] rayonner *(from* de), partir du même centre

2 vt [+ heat] (Tech) émettre; (gen) répandre ◆ **to radiate happiness** être rayonnant ou rayonner de bonheur ◆ **he radiates enthusiasm** il respire l'enthousiasme

radiation [ˌreɪdɪ'eɪʃən] → SYN **1** n [of light] irradiation f; [of heat] rayonnement m; (= radioactivity) radiation f

2 COMP ▷ **radiation exposure** n irradiation f ▷ **radiation levels** npl niveaux mpl de radiation ▷ **radiation sickness** n mal m des rayons ▷ **radiation treatment** n (Med) radiothérapie f

radiator ['reɪdɪeɪtər] **1** n (also Aut) radiateur m

2 COMP ▷ **radiator cap** n (Aut) bouchon m de radiateur ▷ **radiator grill(e)** n (Aut) calandre f

radical ['rædɪkəl] → SYN adj, n (gen, Pol, Ling, Bot, Math) radical m

radicalism ['rædɪkəlɪzəm] n radicalisme m

radicalize ['rædɪkəlaɪz] vt radicaliser

radically ['rædɪkəlɪ] adv differ, change, affect, improve, reduce radicalement, de façon radicale ◆ **radically different** radicalement différent ◆ **there's something radically wrong with this approach** il y a quelque chose qui ne va pas du tout avec cette méthode

radicchio [rə'diːkɪəʊ] n, pl **radicchios** trévise f

radices ['reɪdɪsiːz] npl of **radix**

radicle ['rædɪkl] n (Bot) radicule f, radicelle f; (Chem) radical m

radii ['reɪdɪaɪ] npl of **radius**

radio ['reɪdɪəʊ] **1** n **a** (also **radio set**) radio f ◆ **on the radio** à la radio ◆ **he has got a radio** il a un poste de radio, il a une radio ◆ **to put the radio on/off** allumer/éteindre la radio ou le poste; → **transistor**

b (NonC: Telec) radio m ◆ **to send a message by radio** envoyer un (message) radio ◆ **they were communicating by radio** ils communiquaient par radio

2 vt [+ person] appeler ou joindre par radio; [+ information] communiquer par radio ◆ **to radio a message** envoyer un (message) radio

3 vi ◆ **to radio for help** appeler au secours par radio

4 COMP talk, programme de radio ▷ **radio alarm (clock)** n radio-réveil m ▷ **radio amateur** n radioamateur m ▷ **radio announcer** n speaker(ine) m(f) ▷ **radio astronomy** n radioastronomie f ▷ **radio beacon** n (Aviat, Naut) radiophare m, radiobalise f ▷ **radio beam** n faisceau m radio inv ▷ **radio broadcast** n émission f de radio ou radiophonique ▷ **radio buoy** n ⇒ **radio sono-buoy** ▷ **radio cab** n radio-taxi m ▷ **radio car** n voiture f radio inv ▷ **radio cassette (recorder)** n (esp Brit) radiocassette m ▷ **radio compass** n radiocompas m ▷ **radio contact** n radiocommunication f ▷ **radio control** n radiocommande f ▷ **radio-controlled** adj radiocommandé ▷ **radio direction finding** n radiogoniométrie f ▷ **radio engineer** n ingénieur m radio inv ▷ **radio frequency** n radiofréquence f ▷ **radio galaxy** n radiogalaxie f ▷ **radio ham** * n radioamateur m ▷ **radio link** n liaison f radio inv ▷ **radio mast** n mât m d'antenne, pylône m ▷ **radio operator** n opérateur m (radio inv), radio m ▷ **radio play** n pièce f radiophonique, audiodrame m ▷ **radio programme** n émission f de radio ou radiophonique ▷ **radio receiver** n récepteur m de radio ▷ **radio set** n poste m (de radio), radio f ▷ **radio silence** n silence m radio inv ◆ **to maintain radio silence** garder le silence radio ▷ **radio sono-buoy** n bouée f sonore ▷ **radio source, radio star** n radiosource f ▷ **radio station** n (= broadcasting organization) station f de radio; (= installation) poste m émetteur ▷ **radio taxi** n radio-taxi m ▷ **radio telescope** n radiotélescope m ▷ **radio valve** n valve f, tube m à vide ▷ **radio van** n (Rad, TV) studio m mobile (de radiodiffusion ou d'enregistrement) ▷ **radio wave** n onde f hertzienne

radioactive [ˌreɪdɪəʊ'æktɪv] **1** adj radioactif ◆ **radioactive waste** déchets mpl radioactifs

radioactivity [ˌreɪdɪəʊæk'tɪvɪtɪ] n radioactivité f

radiobiologist [ˌreɪdɪəʊbaɪ'ɒlədʒɪst] n radiobiologiste mf

radiobiology [ˌreɪdɪəʊbaɪ'ɒlədʒɪ] n radiobiologie f

radiocarbon [ˌreɪdɪəʊ'kɑːbən] **1** n radiocarbone m, carbone m

2 COMP ▷ **radiocarbon dating** n datation f au carbone 14

radiochemistry [ˌreɪdɪəʊ'kemɪstrɪ] n radiochimie f

radiocommunication [ˌreɪdɪəʊkəˌmjuːnɪ'keɪʃən] n contact(s) m(pl) radio inv

radioelement [ˌreɪdɪəʊ'elɪmənt] n radioélément m

radiogoniometer [ˌreɪdɪəʊˌgəʊnɪ'ɒmɪtər] n radiogoniomètre m

radiogoniometry [ˌreɪdɪəʊˌgəʊnɪ'ɒmɪtrɪ] n radiogoniométrie f

radiogram ['reɪdɪəʊgræm] n **a** († = message) radiogramme m, radio m

b (Brit = apparatus) combiné m *(avec radio et pick-up)*

radiograph ['reɪdɪəʊgrɑːf] n radio f, radiographie f

radiographer [ˌreɪdɪ'ɒgrəfər] n radiologue mf *(technicien)*

radiographic [ˌreɪdɪəʊ'græfɪk] adj radiographique

radiography [ˌreɪdɪ'ɒgrəfɪ] n radiographie f, radio f

radioisotope [ˌreɪdɪəʊ'aɪsətəʊp] n radio-isotope m

radiological [ˌreɪdɪə'lɒdʒɪkəl] adj radiologique

radiologist [ˌreɪdɪ'ɒlədʒɪst] n radiologue mf *(médecin)*

radiology [ˌreɪdɪ'ɒlədʒɪ] n radiologie f

radiolysis [ˌreɪdɪ'blɪsɪs] n radiolyse f

radiometer [ˌreɪdɪ'ɒmɪtər] n radiomètre m

radiometry [ˌreɪdɪ'ɒmɪtrɪ] n radiométrie f

radiopager [ˌreɪdɪəʊ'peɪdʒər] n bip * m, pager m

radiopaging [ˌreɪdɪəʊ'peɪdʒɪŋ] n (service m de) radiomessagerie f

radioscopic [ˌreɪdɪəʊ'skɒpɪk] adj radioscopique

radioscopy [ˌreɪdɪ'ɒskəpɪ] n radioscopie f

radiosensitive [ˌreɪdɪəʊ'sensɪtɪv] adj radiosensible

radiosensitivity [ˌreɪdɪəʊˌsensɪˈtɪvɪtɪ] n radiosensibilité f

radiosonde [ˈreɪdɪəʊˌsɒnd] n radiosonde f

radiotelegraph [ˌreɪdɪəʊˈtelɪɡrɑːf] n radiotélégramme m, radiogramme m

radiotelegraphy [ˌreɪdɪəʊtɪˈleɡrəfɪ] n radiotélégraphie f

radiotelephone [ˌreɪdɪəʊˈtelɪfəʊn] n radiotéléphone m

radiotelephony [ˌreɪdɪəʊtɪˈlefənɪ] n radiotéléphonie f

radiotherapist [ˌreɪdɪəʊˈθerəpɪst] n radiothérapeute mf

radiotherapy [ˌreɪdɪəʊˈθerəpɪ] n radiothérapie f ◆ **to have radiotherapy (treatment)** subir une radiothérapie

radish [ˈrædɪʃ] n radis m

radium [ˈreɪdɪəm] **1** n radium m
2 COMP ▷ **radium therapy, radium treatment** n (Med) radiumthérapie f, curiethérapie f

radius [ˈreɪdɪəs] n, pl **radiuses** or **radii** (Math, fig) rayon m; (Anat) radius m ◆ **within a 6km radius of Paris** dans un rayon de 6 km autour de Paris

radix [ˈreɪdɪks] n, pl **radixes** or **radices** (Math) base f; (Ling) radical m

radome [ˈreɪdəʊm] n radôme m

radon [ˈreɪdɒn] n (also **radon gas**) radon m

radula [ˈrædjʊlə] n, pl **radulae** [ˈrædjʊˌliː] radula f

RAF [ˌɑːreɪˈef] n (Brit) (abbrev of **Royal Air Force**) RAF f

raffia [ˈræfɪə] **1** n raphia m
2 COMP en raphia

raffish [ˈræfɪʃ] adj charm, appearance, air, behaviour canaille; person à l'air canaille; place louche ◆ **to cut a raffish figure** avoir l'air canaille

raffle [ˈræfl] → SYN **1** n tombola f
2 vt mettre en tombola
3 COMP ▷ **raffle ticket** n billet m de tombola

rafflesia [ræˈfliːzɪə] n (Bot) rafflésie f, rafflesia m

raft [rɑːft] n **a** (flat structure) radeau m; (logs) train m de flottage; → **life**
b (fig) **a raft of ...** un tas de ...

rafter [ˈrɑːftər] n (Archit) chevron m

rafting [ˈrɑːftɪŋ] n rafting m ◆ **to go rafting** faire du rafting

rag¹ [ræɡ] **1** n **a** lambeau m, loque f; (for wiping etc) chiffon m ◆ **to feel like a wet rag** * (emotionally) se sentir vidé or mou comme une chiffe; (physically) se sentir ramollo inv ◆ **rags** (for paper-making) chiffons mpl, peilles fpl; (= old clothes) guenilles fpl, haillons mpl ◆ **his clothes were in rags** ses vêtements étaient en lambeaux or tombaient en loques ◆ **to be (dressed) in rags** être vêtu de guenilles or de haillons, être déguenillé ◆ **in rags and tatters** tout en loques ◆ **to go from rags to riches** passer de la misère à la richesse ◆ **to lose one's rag** ⁑ se mettre en rogne *, se foutre en rogne ⁑; → **glad, red**
b (* pej = newspaper) torchon * m, feuille f de chou *
c (⁑ = sanitary towel) serviette f hygiénique ◆ **to be on the rag** avoir ses ragnagnas *
d (Mus) ragtime m
2 COMP ▷ **rag-and-bone man** n, pl **rag-and-bone men** (Brit) chiffonnier m ▷ **rag doll** n poupée f de chiffon ▷ **rag rug** n carpette f faite de chutes de tissu ▷ **the rag trade** * n la confection

rag² * [ræɡ] (Brit) **1** n (= joke) farce f, blague * f ◆ **for a rag** par plaisanterie, pour s'amuser, pour blaguer *
2 vt † (= tease) taquiner, mettre en boîte *; (= play trick on) faire une blague * à; (Scol) [+ teacher] chahuter
3 COMP ▷ **rag week** n (Univ) semaine où les étudiants organisent des attractions au profit d'œuvres de bienfaisance

raga [ˈrɑːɡə] n raga m inv

ragamuffin [ˈræɡəˌmʌfɪn] n (= urchin) galopin * m; (= ragged fellow) va-nu-pieds mf inv

ragbag [ˈræɡbæɡ] → SYN n **a** (lit) sac m à chiffons
b (Brit fig) **a ragbag of ...** un ramassis de ...

rage [reɪdʒ] → SYN **1** n rage f, fureur f; [of sea] furie f ◆ **to be in a rage** être furieux or en fureur or en rage ◆ **to put sb into a rage** mettre qn en rage or en fureur ◆ **to fly into a rage** entrer en fureur, se mettre en rage, sortir de ses gonds ◆ **fit of rage** accès m or crise f de fureur or rage ◆ **golf/parking/trolley rage** comportement m agressif sur un parcours de golf/dans un parking/dans un supermarché
◆ **to be (all) the rage** faire fureur
2 vi [person] être furieux (against contre), rager *; [battle, fire] faire rage; [sea] être démonté, être en furie; [storm] se déchaîner, faire rage; [wind] être déchaîné ◆ **the fire raged through the city** l'incendie s'est propagé dans la ville avec une violence inouïe

ragga [ˈræɡə] n (Mus) raga(muffin) m

ragged [ˈræɡɪd] → SYN **1** adj **a** (= in tatters) person déguenillé, en haillons; clothes en lambeaux, en loques; cuff effiloché
b (= uneven) edge, rock déchiqueté; hole aux bords déchiquetés or irréguliers; line, beard irrégulier; cloud effiloché ◆ **on the ragged edge** * (US = anxious) au bord de la crise de nerfs ◆ **to run sb ragged** * éreinter or épuiser qn ◆ **to run o.s. ragged** * s'épuiser
c (= disorganized) performance inégal ◆ **the orchestra sounded rather ragged in places** l'orchestre a donné une prestation assez inégale
2 COMP ▷ **ragged robin** n (Bot) fleur f de coucou

raggedly [ˈræɡɪdlɪ] adv **a** (= in rags) **raggedly dressed** déguenillé, en haillons
b (= unevenly) **they marched raggedly up and down** ils ont défilé en désordre ◆ **the orchestra played raggedly** la prestation de l'orchestre a été assez inégale

raggle-taggle [ˈræɡlˌtæɡl] adj gipsy dépenaillé; army, group disparate

ragi [ˈræɡɪ] n (Bot) éleusine f, ragi m

raging [ˈreɪdʒɪŋ] → SYN **1** adj pain atroce; storm, wind, torrent déchaîné; sea déchaîné, démonté; fire violent; inflation galopant; debate houleux; feminist, nationalist, nationalism fanatique ◆ **a raging inferno** un immense brasier ◆ **to be in a raging temper, to be raging mad** * être dans une colère noire ◆ **raging temperature** or **fever** fièvre f de cheval ◆ **he had a raging thirst** il mourait de soif ◆ **raging toothache** rage f de dents ◆ **a raging success** un succès prodigieux
2 n [of person] rage f, fureur f; [of elements] déchaînement m ◆ **the raging of the sea** la mer en furie

raglan [ˈræɡlən] adj, n raglan m inv

ragman [ˈræɡmæn] n, pl **-men** chiffonnier m

ragout [ræˈɡuː] n ragoût m

ragtag [ˈræɡtæɡ] n ◆ **ragtag and bobtail** racaille f, populace f

ragtime [ˈræɡtaɪm] n ragtime m

ragtop ⁑ [ˈræɡtɒp] n (US Aut) décapotable f

ragweed [ˈræɡwiːd] n ambroisie f

ragworm [ˈræɡwɜːm] n néréis m, néréide f

ragwort [ˈræɡwɜːt] n jacobée f

rah * [rɑː] (US) **1** excl hourra!, bravo!
2 COMP ▷ **rah-rah** * adj enthousiaste, exubérant

rai [raɪ] n raï m

raid [reɪd] → SYN **1** n (Mil) raid m, incursion f; (by police) descente f (de police); (with arrests) rafle f; (by bandits) razzia f; (Brit: by thieves) hold-up m inv; (Fin) raid m, tentative f de rachat ◆ **air raid** raid m (aérien), bombardement m aérien ◆ **bank raid** (Brit) hold-up m inv or braquage * m d'une banque
2 vt **a** (Mil) faire une incursion or un raid dans; (Aviat) bombarder, faire un raid sur; [police] faire une descente or une rafle dans; [bandits] razzier; (Brit) [thieves] faire un hold-up à, braquer *
b (hum) [+ orchard] marauder dans; (hum) [+ cashbox, piggybank] puiser dans; (hum) [+ larder, fridge] dévaliser, faire une descente dans *; (Fin) monter une OPA contre

raider [ˈreɪdər] → SYN n (= thief) braqueur * m; (= ship) navire m qui accomplit un raid, raider m; (= plane) bombardier m; (Fin) raider m

raiding [ˈreɪdɪŋ] **1** n (Mil) raids mpl; [of police] raids mpl, descentes fpl
2 COMP ▷ **raiding party** n groupe m d'attaque

rail¹ [reɪl] **1** n **a** (= bar) [of bridge, quay] garde-fou m; [of boat] bastingage m, rambarde f; [of balcony, terrace] balustrade f; (= handrail: on wall) main f courante; (= banister) rampe f; (for carpet, curtains, spotlights etc) tringle f ◆ **the horse was close to the rails** (Racing) le cheval tenait la corde ◆ **rails** (= fence) grille f, barrière f; → **altar, towel**
b (for train, tram) rail m ◆ **to travel by rail** voyager en train ◆ **to send by rail** envoyer par (le) train or par chemin de fer ◆ **to go off the rails** (lit) [train etc] dérailler; (fig) [person] (= err) s'écarter du droit chemin; (= be confused) être déboussolé * ◆ **to keep sb on the rails** maintenir qn sur le droit chemin; → **live**²
2 COMP ticket de train, de chemin de fer; journey en train, en chemin de fer; dispute des employés des chemins de fer ▷ **rail strike** n grève f des employés des chemins de fer ▷ **rail traffic** n trafic m ferroviaire ▷ **rail transport** n transport m ferroviaire

▶ **rail in** vt sep clôturer, entourer d'une clôture or d'une barrière

▶ **rail off** vt sep fermer au moyen d'une clôture or d'une barrière

rail² [reɪl] vi (frm) ◆ **to rail at** or **against sb** se répandre en injures contre qn

railcar [ˈreɪlkɑːʳ] n autorail m

railcard [ˈreɪlkɑːd] n carte f de chemin de fer ◆ **family railcard** ≃ carte f couple-famille ◆ **Senior Citizen railcard** carte f vermeil ◆ **student railcard** carte f de train tarif étudiant ◆ **young person's railcard** carte f de train tarif jeune

railhead [ˈreɪlhed] n tête f de ligne

railing [ˈreɪlɪŋ] → SYN **a** (= rail) [of bridge, quay] garde-fou m; [of balcony, terrace] balustrade f; (on stairs) rampe f; (on wall) main f courante
b (= part of fence) barreau m; (= fence: also **railings**) grille f

raillery [ˈreɪlərɪ] n taquinerie f, badinage m

railroad [ˈreɪlrəʊd] **1** n (US) ⇒ **railway 1a**
2 vt **a** (US) expédier par chemin de fer or par rail
b (* = force) **to railroad a bill** faire voter un projet de loi (après un débat sommaire) ◆ **to railroad sb into doing sth** forcer qn à faire qch sans qu'il ait le temps de réfléchir or de faire ouf *

railway [ˈreɪlweɪ] **1** n **a** (Brit) (= system) chemin m de fer; (= track) voie f ferrée; → **aerial, elevated, scenic, underground**
b (US: for trams etc) rails mpl
2 COMP bridge, ticket de chemin de fer ▷ **railway carriage** n voiture f, wagon m ▷ **railway engine** n locomotive f ▷ **railway guide** n indicateur m des chemins de fer ▷ **railway journey** n voyage m en train or en chemin de fer ▷ **railway line** n ligne f de chemin de fer; (= track) voie f ferrée ▷ **railway network** n réseau m ferroviaire ▷ **railway police** n police f des chemins de fer ▷ **railway porter** n porteur m ▷ **railway station** n gare f; (small) station f de chemin de fer ▷ **railway timetable** n horaire m des chemins de fer ▷ **railway workers** npl employés mpl des chemins de fer, cheminots mpl ▷ **railway yard** n dépôt m (d'une gare)

railwayman [ˈreɪlweɪmən] n, pl **-men** (Brit) cheminot m

railworkers [ˈreɪlwɜːkəz] npl employés mpl des chemins de fer, cheminots mpl

raiment [ˈreɪmənt] n (liter) vêtements mpl

rain [reɪn] → SYN **1** n **a** (Met) pluie f ◆ **it looks like rain** le temps est à la pluie ◆ **in the rain** sous la pluie ◆ **heavy/light rain** pluie f battante/fine ◆ **the rain's on** * (Scot) ça pleut * ◆ **(come) rain (hail) or shine** (lit) par tous les temps, qu'il pleuve ou qu'il vente;

rainbow / ram ANGLAIS-FRANÇAIS 774

(fig) quoi qu'il arrive ♦ **the rains** la saison des pluies ; → **right**

b (fig) [of arrows, blows, bullets] pluie f

2 vt [+ blows] faire pleuvoir

3 vi pleuvoir ♦ **it is raining** il pleut ♦ **it is raining heavily** il pleut à verse ♦ **it's raining cats and dogs** *, **it's raining buckets** * il pleut des cordes * ♦ **to rain on sb's parade** * mettre des bâtons dans les roues de qn ♦ (Prov) **it never rains but it pours** un malheur n'arrive jamais seul

4 COMP ▷ **rain belt** n zone f des pluies ▷ **rain check** * n (US) billet m pour un autre match (or pour un autre spectacle) ♦ **to give sb a rain check** (US fig) inviter qn une autre fois (à la place) ♦ **I'll take a rain check (on that)** (esp US fig) ça sera pour une autre fois ▷ **rain cloud** n nuage m chargé de pluie ▷ **rain dance** n danse f de la pluie ▷ **rain gauge** n pluviomètre m ▷ **rain hood** n capuche f en plastique ▷ **rain shadow** n région f sous le vent

▶ **rain down** vi [bullets, stones etc] pleuvoir

▶ **rain off, rain out** (US) vt sep ♦ **the match was rained off** or **out** le match a été annulé (or abandonné) à cause de la pluie

rainbow ['reɪnbəʊ] **1** n arc-en-ciel m ♦ **all colours of the rainbow** de toutes les couleurs de l'arc-en-ciel ♦ **to look for the pot** or **crock of gold at the end of the rainbow** poursuivre un rêve impossible

2 Rainbows npl (Brit = Brownies) fillettes scoutes

3 COMP ▷ **rainbow coalition** n (Pol) coalition f hétéroclite ▷ **rainbow trout** n truite f arc-en-ciel ▷ **rainbow wrasse** n girelle f

raincoat ['reɪnkəʊt] n imperméable m, imper * m

raindrop ['reɪndrɒp] n goutte f de pluie

rainfall ['reɪnfɔːl] n (= shower) chute f de pluie ; (= amount) pluviosité f, pluviométrie f

rainforest ['reɪnfɒrɪst] **1** n (also **tropical rainforest**) forêt f tropicale (humide)

2 COMP plant, species, conservation, destruction de la forêt tropicale (humide)

rainless ['reɪnlɪs] adj sec (sèche f), sans pluie

rainmaker ['reɪnmeɪkəʳ] n faiseur m, -euse f de pluie

rainmaking ['reɪnmeɪkɪŋ] adj ceremony etc destiné à faire venir la pluie

rainout ['reɪnaʊt] n (US Sport) match annulé pour cause de pluie

rainproof ['reɪnpruːf] **1** adj imperméable

2 vt imperméabiliser

rainstorm ['reɪnstɔːm] n pluie f torrentielle, trombes fpl d'eau

rainswept ['reɪnswept] adj place balayé par la pluie

rainwater ['reɪnwɔːtəʳ] n eau f de pluie

rainwear ['reɪnwɛəʳ] n (NonC: Comm) vêtements mpl de pluie

rainy ['reɪnɪ] → SYN adj place pluvieux ♦ **the rainy season** la saison des pluies ♦ **a rainy day** une journée pluvieuse or de pluie ♦ **to put something away** or **save something for a rainy day** garder une poire pour la soif

raise [reɪz] LANGUAGE IN USE 26.1 → SYN

1 vt **a** (= lift, cause to rise) [+ arm, leg, eyes] lever ; [+ object, weight] lever, soulever ; [+ dust] soulever ♦ **to raise a blind** (re)lever un store ♦ **to raise the curtain** (Theat) lever le rideau ♦ **to raise one's eyebrows** (lit) lever les sourcils ♦ **they raised their eyebrows when they heard ...** (in surprise) ils ont eu une expression perplexe or l'étonnement s'est lu sur leur visage quand ils ont entendu ... ♦ **that will make him raise his eyebrows** (fig) cela le fera tiquer ♦ **he didn't raise an eyebrow** il n'a pas sourcillé or tiqué ♦ **she raised a few eyebrows with her saucy jokes** elle a provoqué quelques froncements de sourcils avec ses plaisanteries grivoises ♦ **to raise one's hat to sb** donner un coup de chapeau à qn ; (fig) tirer son chapeau à qn * ♦ **to raise one's glass to sb** lever son verre à qn, boire à la santé de qn ♦ **to raise one's hand to sb** lever la main sur qn ♦ **to raise one's fist to sb** menacer qn du poing ♦ **to raise sb from the dead** ressusciter qn (d'entre les morts) ♦ **to raise one's voice**

(= speak louder) hausser la voix ; (= get angry) élever la voix, hausser le ton ♦ **don't raise your voice to me!** ne hausse pas le ton quand tu me parles ! ♦ **no voice was raised in protest** personne n'a élevé la voix pour protester ♦ **to raise sb's spirits** remonter le moral de qn ♦ **to raise sb's hopes** donner à espérer à qn ♦ **he raised the people to revolt** il souleva le peuple ♦ **to raise the roof** * (fig) faire un boucan monstre * ; (in protest) rouspéter ferme * ♦ **to raise the level of the ground** rehausser le niveau du sol ♦ **to raise a sunken ship** (Naut) renflouer un navire coulé ; → **tone**

b (= increase) [+ salary] augmenter, relever (Admin) ; [+ price] majorer, augmenter ; [+ standard, level] élever ; [+ age limit] reculer ; [+ temperature] faire monter ♦ **to raise the school-leaving age** prolonger la scolarité obligatoire

c (= build, erect) [+ monument] élever, ériger ; [+ building] édifier, bâtir

d (= produce) [+ spirit] évoquer ; [+ ghosts] faire apparaître ; [+ problems, difficulties] soulever, provoquer ; [+ doubts] faire naître ♦ **to raise a blister** provoquer une ampoule ♦ **to raise a laugh** provoquer le rire, faire rire ♦ **to raise a cheer** (oneself) crier "hourra" ; (in others) faire jaillir des hourras ♦ **to raise difficulties** soulever or faire des difficultés ♦ **to raise a smile** (oneself) ébaucher un sourire ; (in others) faire sourire, donner à sourire ♦ **to raise suspicion in sb's mind** faire naître des soupçons dans l'esprit de qn ♦ **to raise Cain** * or **hell** * (= make a noise) faire un éclat or du boucan * ; (= make a fuss) faire une scène de tous les diables *

e (= bring to notice) [+ question, issue] soulever ; [+ objection, protest] élever

f (= grow, breed) [+ animals, children, family] élever ; [+ corn, wheat] cultiver, faire pousser

g (= get together) [+ army, taxes] lever ; [+ money] se procurer ♦ **to raise funds for sth** (gen) réunir or rassembler or se procurer les fonds pour qch ; [professional fundraiser] collecter des fonds pour qch ; (Fin, Econ) mobiliser des fonds pour qch ♦ **to raise a loan** [government etc] lancer or émettre un emprunt ; [person] emprunter ♦ **to raise money on sth** emprunter de l'argent sur qch ♦ **I can't raise the $500 I need** je n'arrive pas à me procurer les 500 dollars dont j'ai besoin ; → **mortgage**

h (= end) [+ siege, embargo] lever

i (Cards) faire une mise supérieure à ; (Bridge) faire une annonce supérieure à ♦ **I'll raise you six/$10** je fais une relance or je relance de six/10 dollars ; → **bid**

j (= contact: on radio etc) contacter

2 n **a** (US, also Brit * = pay rise) augmentation f (de salaire)

b (Cards) relance f, mise f supérieure ; (Bridge) annonce f supérieure, enchère f

3 COMP ▷ **raising agent** n (Culin) poudre f à lever

▶ **raise up** vt sep lever, soulever ♦ **he raised himself up on his elbow** il s'est soulevé sur son coude

raiser ['reɪzəʳ] n **a** (Agr) éleveur m ♦ **cattle-/sheep-raiser** éleveur m de bétail/de moutons

b (in compounds) → **fire, fund**

raisin ['reɪzən] **1** n raisin m sec

2 COMP ▷ **raisin bread** n pain m aux raisins secs

raj [rɑːdʒ] n ♦ **the (British) Raj** l'empire m britannique des Indes

rajah ['rɑːdʒə] n raja(h) or radja(h) m

rake¹ [reɪk] → SYN **1** n (for gardener, croupier) râteau m ; (for grate) râble m, ringard m

2 vt **a** [+ garden, leaves] ratisser ; [+ hay] râteler ♦ **to rake a fire** tisonner un feu ♦ **to rake the stones off the lawn** enlever les cailloux de la pelouse (à l'aide d'un râteau) ♦ **to rake the dead leaves into a pile** ratisser les feuilles mortes et en faire un tas ♦ **to rake through one's memory** fouiller dans sa mémoire or dans ses souvenirs

b (= sweep) **his glance raked the crowd** il a parcouru la foule du regard ♦ **enemy searchlights raked the sea** les projecteurs ennemis balayaient la mer ♦ **the car was**

raked with bullets la voiture a été criblée de balles

3 vi ♦ (fig = search) **to rake among** or **through** fouiller dans ♦ **to rake through dustbins** faire les poubelles

4 COMP ▷ **rake-off** * n (pej) pourcentage m ♦ **he gets a rake-off on each sale** il prélève son pourcentage sur chaque vente

▶ **rake in** vt sep [+ money] amasser ♦ **he's just raking it in!** il remue le fric à la pelle ! *

▶ **rake out** vt sep ♦ **to rake out a fire** éteindre un feu en faisant tomber la braise

▶ **rake over** vt sep [+ flower bed] ratisser ; (fig) [+ memories, past] remuer ♦ **to rake over the coals** or **ashes** (esp Brit fig) remuer le passé

▶ **rake up** vt sep [+ fire] attiser ; [+ leaves] ramasser avec un râteau, ratisser ; (fig) [+ grievance] rappeler ♦ **to rake up the past** remuer le passé ♦ **to rake up sb's past** fouiller dans le passé de qn

rake² † [reɪk] → SYN n (= person) roué † m, débauché m, coureur m

rake³ [reɪk] **1** n (= slope) (Naut) [of mast] quête f ; (Theat) [of stage] pente f ; (Aut) [of seat] inclinaison f

2 vi (Naut) être incliné ; (Theat) être en pente

raked [reɪkt] adj stage en pente

raki ['rækɪ] n (Culin) raki m

rakish¹ ['reɪkɪʃ] → SYN adj **a** († = dissolute) person, appearance, moustache canaille ♦ **to look rakish** avoir l'air canaille

b (= jaunty) **worn at a rakish angle** porté de travers pour se donner un air désinvolte

rakish² ['reɪkɪʃ] adj (Naut) élancé, à la ligne élancée

rakishly ['reɪkɪʃlɪ] adv **a** († = dissolutely) behave en débauché

b (= jauntily) **a hat cocked rakishly over one eye** un chapeau porté de travers pour se donner un air désinvolte ♦ **he wore a rakishly-knotted cravat** sa façon de nouer son foulard lui donnait un air désinvolte

rale [rɑːl] n (Med) râle m

rallentando [ˌrælənˈtændəʊ] adv (Mus) rallentendo

ralline ['rælaɪn] adj ♦ **ralline birds** rallidés mpl

rally¹ ['rælɪ] → SYN **1** n **a** [of troops] rassemblement m, ralliement m ; [of people] rassemblement m ; (Pol) rassemblement m, meeting m ; (Aut) rallye m ; (Tennis) échange m ♦ **youth/peace rally** rassemblement m de la jeunesse/en faveur de la paix ♦ **electoral rally** meeting m de campagne électorale

b (in health) amélioration f, mieux m ; (St Ex) reprise f

2 vt [+ troops] rassembler, rallier ; [+ supporters] rallier ; [+ one's strength] retrouver, reprendre ♦ **hoping to rally opinion within the party** en espérant rallier à sa cause des membres du parti

3 vi [troops, people] se rallier ; [sick person] aller mieux, reprendre des forces or le dessus ♦ **to rally to a movement/to the support of sb** (fig) se rallier à un mouvement/à la cause de qn ♦ **to go rallying** (Aut) faire un or des rallye(s) ♦ **the market rallied** (St Ex) les cours ont repris

4 COMP ▷ **rally car** n voiture f de rallye ▷ **rally driver** n pilote m de rallye ▷ **rally driving** n rallye m ▷ **rallying call, rallying cry** n cri m de ralliement ▷ **rallying point** n point m de ralliement

▶ **rally round 1** vi (fig) venir en aide

2 vt fus ♦ **during her husband's illness everyone rallied round her** pendant la maladie de son mari tout le monde est venu lui apporter son soutien

rally² ['rælɪ] vt (= tease) taquiner, se moquer (gentiment) de

rallycross ['rælɪkrɒs] n (NonC) rallye-cross m

RAM [ræm] **1** n (Comput) (abbrev of **random access memory**) RAM f inv

2 COMP ▷ **RAM chip** n barrette f mémoire

ram [ræm] → SYN **1** n bélier m (also Astron) ; (Tech) hie f, dame f ; (for pile driver) mouton m ; (for water) bélier m hydraulique ; → **battering**

2 vt **a** (= push down) enfoncer (avec force) ; (= pack down) tasser (into dans) ♦ **he rammed**

a newspaper into the pipe il a enfoncé un journal dans le tuyau ♦ **he rammed the clothes into the case** il a entassé les vêtements dans la valise ♦ **to ram a charge home** (Mil, Min) refouler une charge ♦ **to ram home an argument** (fig) donner beaucoup de poids à un argument, corroborer un argument ♦ **to ram sth down sb's throat** rebattre les oreilles à qn de qch ♦ **to ram sth into sb's head** enfoncer qch dans la tête or dans le crâne de qn

b (= crash into) (Naut) heurter (de l'avant ou par l'étrave); (in battle) éperonner; (Aut) (deliberately or accidentally) [+ another vehicle] emboutir; [+ post, tree] percuter (contre)

3 COMP ▷ **ram raid** n casse-bélier * m, cambriolage éclair réalisé à l'aide d'une voiture lancée dans une vitrine ▷ **ram raider** n auteur m d'un casse-bélier * ▷ **ram raiding** n pillage de magasins avec une voiture-bélier

▶ **ram down** vt sep [+ earth] tasser; (Tech) damer; [+ piles] enfoncer ♦ **his hat rammed down over his ears** le chapeau enfoncé jusqu'aux oreilles

▶ **ram in** vt sep enfoncer

Rama ['rɑːmə] n (Rel) Rama m

Ramadan [ˌræməˈdɑːn] n ramadan m ♦ **in** or **at Ramadan** pendant le ramadan ♦ **to observe Ramadan** faire le ramadan

Raman effect ['rɑːmən] n effet m Raman

ramble ['ræmbl] → SYN **1** n randonnée f (pédestre) ♦ **to go for a ramble** faire une randonnée ♦ **to go on a ramble** partir en randonnée

2 vi **a** (= wander about) se promener au hasard; (also **go rambling**: = go on hike) partir en randonnée f (pédestre)

b (pej: in speech: also **ramble on**) parler pour ne rien dire; [old person] radoter ♦ **he rambled on for half an hour** il a discouru or n'a cessé de discourir pendant une demi-heure

rambler ['ræmblə^r] → SYN n **a** (Brit = hiker) randonneur m, -euse f, promeneur m, -euse f

b (also **rambler rose**) rosier m grimpant

rambling ['ræmblɪŋ] → SYN **1** adj **a** (= extensive) building construit de manière anarchique; garden vaste et chaotique; plant qui pousse en tous sens

b (pej = confused) conversation, story, speech, letter sans queue ni tête; person qui divague

2 n **a** (= incoherent speech) divagations fpl, radotages mpl

b (= walking in country) randonnée f (pédestre) ♦ **to go rambling** partir en randonnée

3 COMP ▷ **rambling club** n club m de randonnée ▷ **rambling rose** n (Bot) rosier m grimpant

Ramboesque * [ˌræmbəʊˈesk] adj digne de Rambo

rambunctious [rænˈbʌŋkʃəs] adj (US) ⇒ **rumbustious**

rambutan [ræmˈbuːtən] n (= fruit) ramboutan m

RAMC [ˌɑːreɪemˈsiː] n (Brit) (abbrev of **Royal Army Medical Corps**) service de santé de l'armée britannique

ramee, ramie ['ræmɪ] n (= shrub) ramie f

ramekin ['ræmɪkɪn] n ramequin m

Rameses ['ræmɪˌsiːz] n Ramsès m

ramification [ˌræmɪfɪˈkeɪʃən] → SYN n (= complexities, consequences) ramification f

ramify ['ræmɪfaɪ] **1** vt ramifier

2 vi se ramifier

ramjet ['ræmdʒet] n (Aviat) statoréacteur m

rammer ['ræmə^r] n (Tech) dame f, hie f; [of cannon] refouloir m

ramp [ræmp] → SYN n rampe f; (in road: for speed control) ralentisseur m; (in garage etc) pont m de graissage ♦ **(approach** or **boarding) ramp** (Aviat) passerelle f ♦ **hydraulic ramp** (in garage) pont m élévateur ♦ **"ramp"** (sign on road) "ralentisseur" ♦ **(uneven road surface)** "chaussée déformée"

rampage [ræmˈpeɪdʒ] → SYN **1** n ♦ **to be** or **go on the rampage** se déchaîner; (= looting etc) se livrer au saccage

2 vi (also **rampage about, rampage around**) se déchaîner

rampancy ['ræmpənsɪ] n [of plants] exubérance f; (fig) [of evil etc] déchaînement m

rampant ['ræmpənt] → SYN adj vegetation luxuriant ♦ **to be** or **run rampant** (gen) sévir; [person] avoir la bride sur le cou ♦ **a lion rampant** (Her) un lion rampant

rampart ['ræmpɑːt] → SYN n (lit, fig) rempart m

rampike ['ræmpaɪk] n (US) arbre m mort (debout)

rampion ['ræmpɪən] n (Bot, Culin) raiponce f

ramrod ['ræmrɒd] **1** n [of gun] baguette f; [of cannon] refouloir m

2 COMP ▷ **ramrod straight** adj raide or droit comme un piquet

Ramses ['ræmsiːz] n Ramsès m

ramshackle ['ræmʃækl] → SYN adj building délabré, branlant; table branlant; machine (tout) déglingué *; system délabré; alliance, coalition, collection fragile, précaire ♦ **a ramshackle old car** une vieille guimbarde

ramshorn snail ['ræmʃhɔːn] n planorbe f

ramsons ['ræmzənz] n sg (Bot) ail m des ours or des bois

RAN [ˌɑːreɪˈen] n abbrev of **Royal Australian Navy**

ran [ræn] vb (pt of **run**)

ranch [rɑːntʃ] **1** n ranch m

2 COMP ▷ **ranch hand** n ouvrier m agricole ▷ **ranch house, ranch-type house** n maison f style ranch; → HOUSE

rancher ['rɑːntʃə^r] n (US) (= owner) propriétaire mf de ranch; (= employee) cow-boy m

ranching ['rɑːntʃɪŋ] n (US) élevage m en ranch

rancid ['rænsɪd] → SYN adj rance ♦ **to go rancid** rancir, devenir rance ♦ **to taste rancid** avoir un goût de rance

rancidity [rænˈsɪdɪtɪ], **rancidness** ['rænsɪdnɪs] n rance m

rancor ['ræŋkə^r] n (US) ⇒ **rancour**

rancorous ['ræŋkərəs] adj (frm) person rancunier; argument plein de rancœur

rancour, rancor (US) ['ræŋkə^r] n rancœur f, rancune f

rand [rænd] n (pl inv = monetary unit) rand m

R & B [ˌɑːrənˈbiː] n (abbrev of **rhythm and blues**) → **rhythm**

R & D [ˌɑːrənˈdiː] n (abbrev of **research and development**) R&D f

randiness * ['rændɪnɪs] n côté m chaud lapin *

random ['rændəm] → SYN **1** adj selection, sampling aléatoire; attack, killings aveugle ♦ **random bullet** balle f perdue ♦ **random sample** échantillon m pris au hasard

♦ **at random** au hasard, à l'aveuglette (pej) ♦ **chosen at random** choisi au hasard ♦ **to walk about at random** se promener à l'aventure ♦ **to hit out at random** lancer des coups à l'aveuglette

2 COMP ▷ **random access** n (Comput) accès m sélectif or aléatoire ▷ **random access memory** n (Comput) mémoire f vive ▷ **random number** n nombre m aléatoire

randomization [ˌrændəmaɪˈzeɪʃən] n (Stat) randomisation f, hasardisation f

randomize ['rændəmaɪz] vt (Stat) randomiser

randomly ['rændəmlɪ] adv au hasard, à l'aveuglette (pej)

R & R [ˌɑːrəndˈɑː^r] n (US Mil) (abbrev of **rest and recreation**) permission f ♦ **for a bit of R & R** * pour se la couler douce *, pour se détendre

randy * ['rændɪ] adj (Brit) (= aroused) excité; (by nature) porté sur la chose ♦ **to make sb randy** exciter qn ♦ **to feel randy** être tout excité ♦ **he's a randy sod** * c'est un chaud lapin * ♦ **he's a randy old devil** c'est un vieux cochon *

ranee ['rɑːniː] n ⇒ **rani**

rang [ræŋ] vb (pt of **ring**²)

range [reɪndʒ] → SYN **1** n **a** [of mountains] chaîne f; (= row) rangée f, rang m

b (= scope, distance covered) [of telescope, gun, missile] portée f; [of plane, ship, mooncraft] rayon m d'action, autonomie f ♦ **at a range of ...** à une distance de ... ♦ **at long range** à longue portée ♦ **to find the range** (Mil) régler son tir ♦ **to be out of range** (lit, fig) être hors de portée ♦ **within (firing) range** à portée de tir ♦ **within my range** (fig) à ma portée ♦ **range of vision** champ m visuel; → **free, long**¹**, shooting**

c (= extent between limits) [of temperature] écarts mpl, variations fpl; [of prices, salaries] échelle f, éventail m; [of musical instrument, voice] étendue f, registre m

d (= selection) [of colours, feelings, speeds, goods, patterns] gamme f ♦ **there will be a wide range of subjects** il y aura un grand choix de sujets ♦ **a car/house at the lower end of the range** (Comm) une voiture/maison bas de gamme

e [of animal, plant] habitat m, région f

f (= domain, sphere) [of activity] champ m, rayon m; [of influence] sphère f; [of knowledge] étendue f ♦ **the range of his ideas is limited** le cercle de ses idées est restreint

g (US = grazing land) prairie f, (grand) pâturage m

h (also **shooting range**) (Mil) champ m de tir; (at fair) stand m (de tir); → **rifle**²

i (Surv) direction f, alignement m ♦ **in range with** dans l'alignement or le prolongement de

j (also **kitchen range**) cuisinière f (à l'ancienne)

2 vt **a** (= place in a row) [+ objects] ranger; [+ troops] aligner ♦ **books had been ranged on shelves on the walls** on avait rangé des livres sur des étagères, contre le mur ♦ **to range o.s. on the side of ...** (fig) se ranger du côté de ... ♦ **the prisoners were ranged along one wall of the cave** les prisonniers étaient alignés contre une paroi de la grotte ♦ **they ranged themselves along the pavement to see the procession** ils se sont postés le long du trottoir pour regarder le défilé ♦ **the boys ranged themselves in rows** les garçons se sont mis en rangs

b (= classify) ranger, classer (among parmi)

c (= roam over) parcourir ♦ **he ranged the whole country looking for ...** il a parcouru le pays à la recherche de ... ♦ **to range the seas** parcourir or sillonner les mers

d (= direct) [+ gun, telescope] braquer (on sur)

3 vi **a** (= extend) [discussion, quest] s'étendre (from ... to de ... à; over sur); [results, opinions] aller (from ... to de ... à), varier (from ... to entre ... et) ♦ **the search ranged over the whole country** les recherches se sont étendues sur tout le pays ♦ **the numbers range from 10 to 20** les numéros vont de 10 à 20 ♦ **the temperature ranges from 18º to 24º** or **between 18º and 24º** la température varie entre 18º et 24º ♦ **researches ranging over a wide field** (fig) recherches qui embrassent un large domaine

b (= roam) errer, vagabonder ♦ **to range over the area** parcourir la région ♦ **animals ranging across the savannah** des animaux qui parcourent la savane

c **to range over** [guns, missiles, shells] avoir une portée de, porter à

4 COMP ▷ **ranging-pole** n jalon m

rangefinder ['reɪndʒfaɪndə^r] n (Mil, Naut, Phot) télémètre m

rangeland ['reɪndʒlænd] n (US) prairie f

ranger ['reɪndʒə^r] **1** n **a** (also **forest ranger**) garde m forestier; → **park**

b (US = mounted patrolman) gendarme m à cheval ♦ **rangers** (US) gendarmerie f à cheval

2 COMP ▷ **Ranger (Guide)** n guide f aînée

Rangoon [ræŋˈguːn] n Rangoon

rangy ['reɪndʒɪ] adj grand et élancé, sans une once de graisse

rani ['rɑːniː] n rani f

rank¹ [ræŋk] → SYN **1** n **a** (= row) rang m; (Brit: also **taxi rank**) station f de taxis ♦ **the taxi at the head of the rank** le taxi en tête de file ♦ **to break ranks** [soldiers] rompre les rangs; (fig) [splinter group] faire bande à part ♦ **to serve in the ranks** servir dans les rangs ♦ **other ranks** (Brit Mil) les sous-officiers mpl et hommes mpl de troupe ♦ **the rank and file** (Mil) les hommes de troupe; (fig) la masse, le peuple ♦ **the rank and file of the party** (Pol) la base du parti ♦ **the rank and file workers** la base, les ouvriers mpl ♦ **to rise from the ranks** sortir du rang ♦ **to reduce to the ranks** casser ♦ **they were drawn from the ranks of the**

rank² / rashness · ANGLAIS-FRANÇAIS 776

unemployed on les avait tirés des rangs des chômeurs ; → **close²**
b (Mil = grade) grade m, rang m ◆ **to reach the rank of general** atteindre le grade de général ; → **pull**
c (= class, position) rang m (social) ◆ **people of all ranks** gens mpl de toutes conditions ◆ **a person of rank** une personne de haut rang ◆ **a singer of the first rank** un chanteur de (tout) premier ordre ◆ **a second-rank painter** un peintre de seconde zone or de deuxième ordre
d (Gram) rang m
e [of organ] rang m
2 vt **a** (= place) classer ◆ **I rank it as one of the best red wines** je le classe parmi les meilleurs vins rouges ◆ **I rank Beethoven among the great** je compte Beethoven parmi les grands ◆ **to be ranked high/low in class** (US Scol) avoir un bon/mauvais classement
b (US Mil) ⇒ **outrank**
3 vi compter ◆ **he ranks among my friends** il compte parmi mes amis ◆ **to rank above/below sb** être supérieur/inférieur à qn ◆ **to rank high among ...** occuper un rang élevé parmi ... ◆ **the British team only ranked tenth on the medals table** l'équipe britannique n'était que dixième au tableau des médaillés ◆ **the country ranks as one of the poorest in the world** ce pays compte parmi les plus pauvres du monde ◆ **it ranks with the best films of the decade** il se classe parmi les meilleurs films de la décennie ; see also **ranking**

rank² [ræŋk] → SYN **adj a** (= absolute) outsider, amateur parfait (before n) ; prejudice, treachery pur (before n) ; beginner pur, parfait ; injustice criant, flagrant ; insolence caractérisé
b (pej = pungent) smell, breath, dustbin, drains fétide ; room nauséabond
c (= luxuriant) vegetation, plants luxuriant ; weeds, grass touffu ◆ **the lawns were rank with weeds** les pelouses étaient envahies par les mauvaises herbes

ranker [ˈræŋkəʳ] n (Mil) (= soldier) simple soldat m ; (= officer) officier m sorti du rang

ranking [ˈræŋkɪŋ] **1** n classement m ◆ **he currently holds the number two ranking in world golf** il occupe actuellement la deuxième place au classement mondial de golf
2 rankings npl (Sport) classement m officiel
3 adj **a** (in hierarchy) (Mil, Admin) high-ranking de haut rang or grade ◆ low-ranking de rang or grade inférieur ◆ middle-ranking de rang or grade intermédiaire ◆ **the ranking officer** (Mil) l'officier m responsable or le plus haut en grade
b (esp US = prominent) renommé

rankle [ˈræŋkl] → SYN vi rester sur le cœur (with à) ◆ **it rankled with him** il l'avait sur le cœur, ça lui était resté sur le cœur

rankness [ˈræŋknɪs] n **a** (= smell) odeur f fétide ; (= taste) goût m rance
b [of plants etc] exubérance f, luxuriance f

rankshifted [ˈræŋkʃɪftɪd] adj (Gram) déplacé d'une catégorie à une autre

ransack [ˈrænsæk] → SYN vt (= pillage) [+ house, shop] saccager, piller ; [+ town, region] mettre à sac ; (= search) [+ room, luggage, drawer] fouiller (à fond), mettre tout sens dessus dessous dans ; [+ files, one's memory] fouiller dans (for pour trouver)

ransom [ˈrænsəm] → SYN **1** n (lit, fig) rançon f ◆ **to hold sb to ransom** mettre qn à rançon ; (fig) exercer un chantage sur qn ◆ **they are being held to ransom** (fig) ils ont le couteau sur la gorge ; → **king**
2 vt racheter

rant [rænt] → SYN **1** vi **a** (pej) [orator etc] déclamer (de façon exagérée)
b (also rant on) divaguer ◆ **to rant and rave** tempêter ◆ **to rant (and rave) at sb** tempêter or fulminer contre qn
2 n * (= polemic) diatribe f ◆ **she went into a long rant about her job** elle s'est lancée dans une longue diatribe sur son travail

ranting [ˈræntɪŋ] **1** n tirade(s) f(pl)
2 adj person qui vocifère ; style déclamatoire

ranunculaceous [rə,nʌŋkjʊˈleɪʃəs] adj ◆ **ranunculaceous plant** renonculacée f

ranunculus [rəˈnʌŋkjʊləs] n, pl **ranunculuses** or **ranunculi** [rəˈnʌŋkjʊlaɪ] renoncule f

rap [ræp] **1** n **a** (= noise) petit coup m sec ; (= blow) tape f ◆ **there was a rap at the door** on a frappé bruyamment à la porte ◆ **to give sb a rap on the knuckles** donner un coup sur les doigts à qn ; (fig = rebuke) taper sur les doigts de qn ◆ **I don't care a rap *** je m'en fiche * éperdument
b (esp US *) (= criminal charge) inculpation f ; (= prison sentence) condamnation f ◆ **to beat the rap** échapper à une condamnation ◆ **to hang a murder rap on sb** faire endosser un meurtre à qn ◆ **to take the rap *** (= blame) se faire taper sur les doigts * ◆ **to get the rap * for sth** (US) trinquer * or écoper * pour qch
c (Mus) rap m
d (US * = chat) causette * f, conversation f
2 vt [+ door] frapper bruyamment à ; [+ table] frapper sur ◆ **to rap sb's knuckles, to rap sb over the knuckles** taper sur les doigts de qn ◆ **to get one's knuckles rapped, to be rapped over the knuckles** (fig) se faire taper sur les doigts
3 vi **a** (= knock) frapper, donner un coup sec ; (fig = rebuke) blâmer, réprouver
b (esp US * = chat) tailler une bavette *, bavarder
c (Mus) rapper
4 COMP ▷ **rap artist** n rappeur m, -euse f ▷ **rap music** n musique f rap ▷ **rap session *** n (US = chat) discussion f à bâtons rompus ▷ **rap sheet** n (US = police record) casier m judiciaire

▶ **rap out** vt sep **a** (= say curtly) dire brusquement ; [+ oath] lâcher ; [+ order, retort] lancer
b (Spiritualism) [+ message] communiquer or annoncer au moyen de coups

rapacious [rəˈpeɪʃəs] → SYN adj rapace

rapaciously [rəˈpeɪʃəslɪ] adv avec rapacité or avidité

rapacity [rəˈpæsɪtɪ] → SYN n rapacité f, avidité f

rape¹ [reɪp] → SYN **1** n (also Jur) viol m ; († † = abduction) ravissement † m, rapt m
2 vt violer
3 COMP ▷ **rape crisis centre** n centre m d'aide aux victimes de viols

rape² [reɪp] **1** n (Agr, Bot) colza m
2 COMP ▷ **rape oil** n huile f de colza ▷ **rape seed** n graine f de colza

rape³ [reɪp] n (= grape pulp) marc m de raisin ; (= wine) râpé m

Raphael [ˈræfeɪəl] n Raphaël m

rapid [ˈræpɪd] → SYN **1** adj rapide
2 rapids npl (in river) rapides mpl ◆ **they ran the rapids** ils ont franchi les rapides
3 COMP ▷ **rapid deployment force** n (Mil) ⇒ **rapid reaction force** ▷ **rapid eye movement** n mouvements mpl oculaires rapides (pendant le sommeil paradoxal) ; → REM ▷ **rapid eye movement sleep** n sommeil m paradoxal ▷ **rapid fire** n (Mil) tir m rapide ◆ **a hail of rapid fire** une pluie or une grêle de balles ◆ **rapid fire of questions** feu m roulant de questions ▷ **rapid reaction force** n (Mil) force f d'intervention rapide ▷ **rapid transit (system)** n (US) métro m

rapidity [rəˈpɪdɪtɪ] → SYN n rapidité f

rapidly [ˈræpɪdlɪ] → SYN adv rapidement

rapier [ˈreɪpɪəʳ] **1** n rapière f
2 adj wit etc mordant
3 COMP ▷ **rapier thrust** n (lit) coup m de pointe ; (fig) remarque f mordante

rapine [ˈræpaɪn] n rapine f

rapist [ˈreɪpɪst] n (Jur) violeur m

rappel [ræˈpel] (US) **1** vi descendre en rappel
2 n (descente f en) rappel m

rapper [ˈræpəʳ] n (Mus) rappeur m, -euse f

rapping [ˈræpɪŋ] n (NonC) **a** (= noise) coups mpl secs et durs
b (Mus) rap m

rapport [ræˈpɔːʳ] → SYN n rapport m (with avec, between entre) ◆ **in rapport with** en harmonie avec

rapprochement [ræˈprɒʃmɑ̃ːŋ] n rapprochement m (fig)

rapscallion † [ræpˈskælɪən] n vaurien m, mauvais garnement m

rapt [ræpt] → SYN adj concentration, silence profond ; interest profond, intense ; person, expression captivé ◆ **rapt in contemplation/in thought** plongé dans la contemplation/dans ses pensées ◆ **rapt with wonder** émerveillé ◆ **rapt with attention** captivé ◆ **she listened with rapt attention** elle écoutait, captivée

raptly [ˈræptlɪ] adv avec ravissement

raptor [ˈræptəʳ] n (Orn) rapace m

rapture [ˈræptʃəʳ] → SYN n (= delight) ravissement m, enchantement m ◆ **to be in raptures over** or **about** [+ object] être ravi or enchanté de ; [+ person] être en extase devant ◆ **to go into raptures over** or **about sth/sb** s'extasier sur qch/qn

rapturous [ˈræptʃərəs] → SYN adj applause frénétique ; reception enthousiaste ; welcome enthousiaste, délirant ; (liter) exclamation de ravissement, d'extase

rapturously [ˈræptʃərəslɪ] adv greet, listen avec ravissement ; applaud avec frénésie

rara avis [ˌreərəˈeɪvɪs] n, pl **rarae aves** [ˈreərɪːˈeɪvɪːz] oiseau m rare

ra-ra skirt [ˈrɑːrɑːˌskɜːt] n jupe f à falbalas

rare [reəʳ] → SYN **1** adj **a** (= uncommon, infrequent) (gen) rare ; opportunity unique ◆ **on the rare occasions when he spoke** les rares fois où il a parlé ◆ **with rare exceptions** à de rares exceptions près ◆ **it is rare for her to come** il est rare qu'elle vienne ◆ **to grow rare(r)** [animals, plants] se raréfier ; [visits] s'espacer ◆ **a man who remembers birthdays is a rare bird indeed** un homme qui se souvient des anniversaires est un oiseau rare ◆ **to have a rare old time † *** (Brit) s'amuser comme un fou or une folle *
b (Culin) meat saignant ◆ **a very rare steak** un bifteck bleu ; → **medium**
c (= rarefied) atmosphere raréfié ◆ **to grow rare(r)** se raréfier
2 COMP ▷ **rare earth** n (Chem) terre f rare ▷ **rare gas** n (Chem) gaz m rare

rarebit [ˈreəbɪt] n → **Welsh**

rarefaction [ˌreərɪˈfækʃən] n raréfaction f

rarefied [ˈreərɪfaɪd] adj air, atmosphere raréfié ◆ **to become rarefied** se raréfier ◆ **the rarefied world of particle physics** le monde à part de la physique des particules

rarefy [ˈreərɪfaɪ] **1** vt raréfier
2 vi se raréfier

rarely [ˈreəlɪ] → SYN adv rarement

rareness [ˈreənɪs] n rareté f

raring * [ˈreərɪŋ] adj ◆ **to be raring to go** être très impatient de commencer, ronger son frein ◆ **to be raring to do sth** être très impatient or brûler de faire qch

rarity [ˈreərɪtɪ] → SYN **1** n (= scarcity) rareté f ; (= rare thing) chose f rare ◆ **the rarity of such attacks** la rareté de telles attaques ◆ **rain is a rarity here** la pluie est rare ici
2 COMP ▷ **rarity value** n ◆ **to have rarity value** avoir de la valeur de par sa rareté

rascal [ˈrɑːskəl] → SYN n **a** (= scamp) polisson(ne) m(f), fripon(ne) m(f)
b († = scoundrel) coquin m, vaurien m

rascally [ˈrɑːskəlɪ] adj ◆ **a rascally lawyer/merchant** un gredin d'avocat/de marchand ◆ **a rascally trick** un tour pendable

rash¹ [ræʃ] → SYN n **a** (Med: gen) rougeur f, éruption f ; (from food etc) (plaques fpl d')urticaire f ; (in measles etc) éruption f, taches fpl rouges ◆ **to come out** or **break out in a rash** avoir une éruption ; → **heat, nettlerash**
b [of strikes, attacks etc] éruption f

rash² [ræʃ] → SYN adj person imprudent ; action, behaviour, words, decision, promise imprudent, irréfléchi ◆ **don't be rash!** sois prudent ! ◆ **don't do anything rash!** ne commets pas d'imprudences ! ◆ **in a rash moment** dans un moment d'égarement ◆ **it was rash of him to do that** il s'est montré très imprudent en faisant cela

rasher [ˈræʃəʳ] n (Brit) (mince) tranche f (de bacon)

rashly [ˈræʃlɪ] adv behave, act, offer, promise imprudemment, sans réflechir

rashness [ˈræʃnɪs] → SYN n imprudence f

rasp [rɑːsp] 1 n (= tool) râpe f ; (= noise) grincement m

2 vt a (Tech) râper

b (= speak: also **rasp out**) dire or crier d'une voix râpeuse

3 vi grincer

raspatory ['rɑːspətərɪ] n rugine f

raspberry ['rɑːzbərɪ] 1 n (= fruit) framboise f ◆ **to blow a raspberry** * faire un bruit de dérision, faire pfft ◆ **to blow a raspberry at sth** * descendre qch en flammes * ◆ **to get a raspberry from** * se faire rabrouer or rembarrer par

2 COMP ice cream, tart (à la) framboise inv ; jam de framboise ▷ **raspberry bush, raspberry cane** n framboisier m

rasping ['rɑːspɪŋ] 1 adj sound de râpe ; voice râpeux ; breath haletant

2 n (= sound) grincement m

Rasputin [ræ'spjuːtɪn] n Raspoutine m

raspy [rɑːspɪ] adj ⇒ **rasping 1**

Rasta ['ræstə] n, adj (abbrev of **Rastafarian**) rasta mf inv

Rastafarian [,ræstə'fɛərɪən] n, adj rastafari mf inv

Rastafarianism [,ræstə'fɛərɪənɪzəm] n rastafarianisme m

raster ['ræstəʳ] n (TV) trame f

rat [ræt] 1 n (Zool) rat m ; (* pej = person) dégueulasse * m, salaud ‡ m ; (= informer) mouchard(e) m(f) ; (* = blackleg) jaune m ; (*: abandoning friends) lâcheur * m, -euse * f ◆ **he's a dirty rat** * c'est un salaud ‡ or une ordure ‡ ◆ **you rat!** * espèce de dégueulasse ! ‡, espèce de salaud ! ‡ ◆ **rats!** † * (Brit expressing irritation) zut alors ! * ◆ **the rats are leaving the sinking ship** (fig) les rats quittent le navire ; → **smell**

2 vi a **to go ratting** faire la chasse aux rats

b **to rat on sb** * (= inform on) donner qn, balancer qn * ; (= desert) lâcher qn *

3 COMP ▷ **rat-arsed** *‡ adj (Brit) bituré ‡ ◆ **to get rat-arsed** se biturer ‡ ▷ **rat-catcher** n chasseur m de rats ▷ **rat-catching** n chasse f aux rats ; (= extermination) dératisation f ▷ **rat fink** ‡ n (US) salaud ‡ m, vache * f ▷ **rat poison** n mort-aux-rats f inv ▷ **rat race** n foire f d'empoigne ▷ **rat run** * n (Brit fig) raccourci m ▷ **rat-running** n *passage par les zones d'habitation pour éviter les encombrements des routes à grande circulation* ▷ **rats' tails** * npl (pej) **her hair was in rats' tails** des mèches de cheveux pendaient dans son cou ▷ **rat-trap** n piège m à rats, ratière f

ratable ['reɪtəbl] ⇒ **rateable**

rat-a-tat ['rætə'tæt], **rat-a-tat-tat** ['rætə,tæt'tæt] n (at door) toc toc m ; (of gunfire) ta ta ta ta m ; (on drum) rantanplan m

ratatouille [,rætə'twiː] n ratatouille f

ratbag ‡ ['rætbæg] n peau f de vache *

ratchet ['rætʃɪt] 1 n (= mechanism) rochet m

2 COMP ▷ **ratchet effect** n (Econ) effet m de cliquet ▷ **ratchet wheel** n roue f à rochet

► **ratchet up** vi, vt sep (esp US) augmenter

rate[1] [reɪt] → SYN 1 n a (= ratio, proportion) taux m ; (= speed) vitesse f, rythme m ◆ **birth/death rate** taux m de natalité/mortalité ◆ **the failure/success rate for this exam is high** il y a un pourcentage élevé d'échecs/de réussites à cet examen ◆ **rate of consumption** taux m de consommation ◆ **rate of flow** [of electricity, water] débit m (moyen) ◆ **rate of climb** (Aviat) vitesse f ascensionnelle ◆ **at the rate of 100 litres an hour** à raison de 100 litres par heure ◆ **to pay sb at the rate of €10 per hour** payer qn à raison de 10 € de l'heure ◆ **at a rate of ...** (= speed) à une vitesse de ... ◆ **at a great rate, at a rate of knots** * à fond de train *, à toute allure ◆ **to go at a terrific rate** aller à un train d'enfer ◆ **the population is growing at an alarming rate** la population augmente à un rythme inquiétant ◆ **if you continue at this rate** si vous continuez à ce train-là or à ce rythme-là ◆ **at his rate of working, he'll never finish** au rythme auquel il travaille, il n'aura jamais terminé ◆ **at the rate you're going, you'll be dead before long** (fig) du train où vous allez, vous ne ferez pas de vieux os ◆ **at this rate, I'll never find a job** si ça continue comme ça, je ne trouverai jamais de travail ◆ **at any rate** en tout cas, de toute façon ◆ **at that rate** à ce compte-là, dans ce cas ; → **first-rate, pulse**[1]

b (Comm, Fin, Econ, Med) taux m ; (Fin) cours m ; (Telec, Post, Transport) tarif m ◆ **rate of exchange** taux m de change, cours m du change ◆ **rate of growth** (Econ) ◆ **growth rate** taux m de croissance ◆ **rate of interest/pay/taxation** taux m d'intérêt/de rémunération/d'imposition ◆ **postage/advertising rates** tarifs mpl postaux/de publicité ◆ **insurance rates** primes fpl d'assurance ◆ **there is a reduced rate for children** les enfants bénéficient d'un tarif réduit or d'une réduction ◆ **basic salary rate** traitement m de base ; → **basic**

2 **rates** npl (Brit Fin: formerly = municipal tax) impôts mpl locaux ◆ **rates and taxes** impôts mpl et contributions fpl ◆ **a penny on/off the rates** une augmentation/réduction d'un pour cent des impôts locaux ; → **water**

3 vt a (= estimate worth of, appraise) [+ object] évaluer (*at* à) ; (fig = consider) considérer (*as* comme) ◆ **to rate sb/sth highly** faire grand cas de qn/qch ◆ **how does he rate that film?** que pense-t-il de ce film ? ◆ **how do you rate yourself as an administrator?** comment vous évaluez-vous en tant qu'administrateur ? ◆ **I rate him amongst my best pupils** je le considère comme un de mes meilleurs élèves, je le compte parmi mes meilleurs élèves ◆ **I really rate him** * je le trouve vraiment très bon ◆ **I don't really rate him** * je ne le trouve pas très bon ◆ **I don't rate any of his family** * je n'ai pas une très haute opinion des membres de sa famille ◆ **how would you rate your chances of getting a job?** quelles sont vos chances de trouver un emploi, à votre avis ?

b (Local Govt: formerly) établir le montant des impôts locaux sur

c (= deserve) mériter ; (Scol) ◆ **I think he rates a pass (mark)** je pense qu'il mérite la moyenne

4 vi ◆ **he hardly rates as a strong leader** on ne le considère pas vraiment comme un chef qui a de la poigne ◆ **reading does not rate highly among children as a hobby** la lecture n'est pas un passe-temps très prisé des enfants

5 COMP ▷ **rate-cap** vt (Brit: formerly) fixer un plafond aux impôts locaux de ▷ **rate-capping** n (Brit: formerly) plafonnement m des impôts locaux ▷ **rate collector** n (Brit: formerly) receveur m municipal ▷ **rate of return** n (Fin) taux m de rendement ▷ **rate rebate** n (Brit: formerly) dégrèvement m (d'impôts locaux)

rate[2] [reɪt] vt (liter) ⇒ **berate**

rateable ['reɪtəbl] 1 adj property imposable

2 COMP ▷ **rateable value** n (Brit: formerly) loyer m matriciel (Admin), valeur f locative imposable

ratel ['reɪtl] n (Zool) ratel m

ratepayer ['reɪtpeɪəʳ] n (Brit: formerly) contribuable mf *(payant les impôts locaux)*

rather ['rɑːðəʳ] LANGUAGE IN USE 7.4 → SYN adv a (= for preference) plutôt ◆ **rather than wait, he went away** plutôt que d'attendre, il est parti ◆ **I would rather have the blue dress** je préférerais or j'aimerais mieux avoir la robe bleue ◆ **I would much rather ...** je préférerais beaucoup ... ◆ **I would rather be happy than rich** j'aimerais mieux être heureux que riche ◆ **I would rather wait here than go** je préférerais attendre ici plutôt que de partir ◆ **I would rather you came yourself** je préférerais que vous veniez (subj) vous-même ◆ **do you mind if I smoke? – I'd rather you didn't** est-ce que je peux fumer ? – j'aimerais mieux pas ◆ **I'd rather not** je préfère pas *, j'aime mieux pas * ◆ **I'd rather not go** j'aimerais mieux ne pas y aller ◆ **I'd rather die!** plutôt mourir ! ◆ **rather you than me** je ne t'envie pas, je n'irai pas te disputer la place *

b (= more accurately) plus exactement, plutôt ◆ **a car, or rather an old banger** une voiture, ou plus exactement or ou plutôt une vieille guimbarde ◆ **he isn't on holiday, but rather out of work** il n'est pas en vacances, mais bien plutôt au chômage

c (= to a considerable degree) plutôt ; (= to some extent) un peu ; (= somewhat) quelque peu ; (= fairly) assez ; (= slightly) légèrement ◆ **he's a rather clever person, he's rather a clever person** il est plutôt intelligent ◆ **he felt rather better** il se sentait un peu mieux ◆ **he looked rather silly** il a eu l'air plutôt stupide ◆ **it's rather more difficult than you think** c'est un peu plus difficile que vous ne croyez ◆ **Latin is rather too difficult for me** le latin est un peu trop difficile pour moi ◆ **it's rather a pity** c'est plutôt dommage ◆ **his book is rather good** son livre est plutôt bon ◆ **that costs rather a lot** cela coûte assez cher ◆ **I rather think he's wrong** je crois bien or j'ai l'impression qu'il a tort ◆ **rather!** † * (esp Brit) et comment ! *

ratifiable ['rætɪ,faɪəbl] adj ratifiable

ratification [,rætɪfɪ'keɪʃən] n ratification f

ratify ['rætɪfaɪ] → SYN vt ratifier

ratine [ræ'tiːn] n (Tex) ratine f

rating[1] ['reɪtɪŋ] → SYN 1 n a (= assessment) estimation f, évaluation f ◆ **the government's low rating in the opinion polls** la mauvaise cote or la faiblesse du gouvernement dans les sondages

b (Brit Fin = tax on property) montant m des impôts locaux

c (= placing) classement m

d (Brit Naut) (= classification) classe f ; (= sailor) marin m, matelot m ◆ **the ratings** les matelots et gradés mpl

2 **ratings** npl ◆ **the (audience** or **TV) ratings** l'indice m d'écoute, l'audimat ® m ◆ **to get good ratings** [programme] avoir un bon indice d'écoute ; [person] avoir la faveur du public ◆ **high/low ratings** forts/faibles indices mpl d'écoute ◆ **to boost ratings** faire grimper l'indice d'écoute or l'audimat ®

rating[2] ['reɪtɪŋ] n réprimande f, semonce f

ratio ['reɪʃɪəʊ] → SYN n proportion f, rapport m ◆ **in the ratio of 100 to 1** dans la proportion de 100 contre 1, dans le rapport de 100 contre or à 1 ◆ **inverse** or **indirect ratio** raison f inverse ◆ **in direct ratio to ...** en raison directe de ...

ratiocinate [rætɪ'ɒsɪneɪt] vi (frm) raisonner, ratiociner (pej)

ratiocination [,rætɪɒsɪ'neɪʃən] n (frm) raisonnement m, ratiocination f (pej)

ration ['ræʃən] → SYN 1 n (= allowance: of food, goods etc) ration f ◆ **it's off the ration** * ce n'est plus rationné ◆ **rations** (= food) vivres mpl ◆ **to put sb on short rations** réduire les rations de qn ; → **iron**

2 vt [+ goods, food, people] rationner ◆ **he was rationed to 1kg** sa ration était de 1 kg

3 COMP ▷ **ration book** n carnet m de rationnement ▷ **ration card** n carte f or ticket m de rationnement

► **ration out** vt sep [+ food etc] rationner

rational ['ræʃənl] → SYN adj person, argument, behaviour raisonnable, sensé ; creature, being doué de raison ; action, thinking, explanation, decision (also Math) rationnel, logique ; activity rationnel, conforme à la raison ; (Med = lucid) lucide ◆ **that wasn't very rational of him** il n'a pas agi de façon très logique or rationnelle

rationale [,ræʃə'nɑːl] → SYN n (= reasoning) raisonnement m ; (= statement) exposé m raisonné

rationalism ['ræʃnəlɪzəm] n rationalisme m

rationalist ['ræʃnəlɪst] adj, n rationaliste mf

rationalistic [,ræʃnə'lɪstɪk] adj rationaliste

rationality [,ræʃə'nælɪtɪ] n rationalité f

rationalization [,ræʃnəlaɪ'zeɪʃən] n rationalisation f

rationalize ['ræʃnəlaɪz] → SYN 1 vt a [+ event, conduct etc] (tenter de) trouver une explication logique à ; (Psych) justifier or motiver après coup

b (= organize efficiently) [+ industry, production, problems] rationaliser

c (Math) rendre rationnel

2 vi (Psych) chercher une justification après coup

rationally ['ræʃnəlɪ] adv think, behave, discuss, speak rationnellement, de façon rationnelle ◆ **rationally, it should be possible** logiquement, ça devrait être possible

rationing ['ræʃnɪŋ] n rationnement m ◆ **food rationing** rationnement m de l'alimentation

ratite ['rætaɪt] adj ◆ **ratite birds** ratites mpl

ratline ['rætlaɪn] n (Naut) enfléchure f

ratpack ['rætpæk] n (gen) jeunes loups mpl; (= journalists) paparazzi mpl

rattan [ræ'tæn] ◊ 1 n rotin m ◊ 2 COMP de or en rotin

rat-tat-tat ['rætə'tæt] n ⇒ **rat-a-tat**

ratted * ['rætɪd] adj (= drunk) soûl, bourré * ◆ **to get ratted** se bourrer la gueule *

ratter ['rætə'] n (= dog) ratier m

rattily ['rætɪlɪ] adv (Brit) en grognant

rattiness * ['rætɪnɪs] n (= bad temper) (in general) caractère m grincheux; (on one occasion) mauvaise humeur f

rattle ['rætl] → SYN ◊ 1 n ◊ a (= sound) [of vehicle] bruit m (de ferraille); [of chains, typewriter] cliquetis m; [of door] vibrations fpl; [of hailstones, machine gun] crépitement m; [of rattlesnake] sonnettes fpl; (Med: also **death rattle**) râle m
◊ b (baby's) (gen) hochet m; (strung on pram) boulier m (de bébé); [of sports fan] crécelle f
◊ 2 vi [box, container, object] faire du bruit; [articles in box] s'entrechoquer; [vehicle] faire un bruit de ferraille; [bullets, hailstones] crépiter; [machinery] cliqueter; [window] trembler ◆ **to rattle at the door** cogner à la porte ◆ **there is something rattling** il y a quelque chose qui cogne ◆ **to rattle along/away** etc [vehicle] rouler/partir etc dans un bruit de ferraille
◊ 3 vt ◊ a [+ box] agiter (avec bruit); [+ cans] faire s'entrechoquer; [+ dice] agiter, secouer; [+ keys] faire cliqueter ◆ **to rattle sb's cage** * enquiquiner * qn
◊ b (* = alarm) ◆ **to rattle** déconcerter, ébranler ◆ **to get rattled** perdre son sang-froid, paniquer * ◆ **don't get rattled!** pas de panique ! *

▶ **rattle around** vi (fig) ◆ **I hate to think of her rattling around on her own in that big house** ça me fait mal au cœur de l'imaginer perdue dans cette grande maison

▶ **rattle away** vi ⇒ **rattle on**

▶ **rattle down** vi [falling stones etc] dégringoler or tomber avec fracas

▶ **rattle off** vt sep [+ poem, speech, apology] débiter à toute allure

▶ **rattle on** vi parler sans arrêt (about sth de qch), jacasser

▶ **rattle through** vt fus faire (or écrire or lire etc) à toute vitesse ou au grand galop

rattlebrain * ['rætl,breɪn] n écervelé(e) m(f), tête f de linotte

rattler ['rætlə'] n (esp US = rattlesnake) serpent m à sonnette, crotale m

rattlesnake ['rætlsneɪk] n serpent m à sonnette, crotale m

rattletrap * ['rætltræp] n guimbarde f, tacot * m

rattling ['rætlɪŋ] ◊ 1 n ⇒ **rattle 1a**
◊ 2 adj ◊ a (= knocking) bruyant ◆ **I heard a rattling noise** [of chains, bottles] j'ai entendu un cliquetis; (= knocking sound) j'ai entendu quelque chose qui cognait
◊ b (= fast) **at a rattling pace** or **speed** * à toute or vive allure
◊ 3 adv (esp Brit) ◆ **rattling good** * sacrément * bon ◆ **a rattling good yarn** * un récit rondement mené

rattrap ['ræt,træp] n piège m à rats, ratière f

ratty * ['rætɪ] adj ◊ a (Brit = bad-tempered) grincheux ◆ **don't get ratty with me!** ne passe pas tes nerfs sur moi ! *
◊ b (US = shabby) person, coat miteux

raucous ['rɔːkəs] → SYN adj laughter gros (grosse f); song bruyant; party, evening bruyant, un peu trop animé; person, crowd braillard *, tapageur; bird cry rauque

raucously ['rɔːkəslɪ] adv laugh bruyamment ◆ **to shout raucously** brailler *

raucousness ['rɔːkəsnɪs] n [of sound] son m rauque

raunch * ['rɔːntʃ] n (US) [of story, film] ambiance f torride; [of song] paroles fpl torrides

raunchiness * ['rɔːntʃɪnɪs] n sensualité f

raunchy * ['rɔːntʃɪ] adj person, clothing sexy inv; story, film torride; song paillard, grivois

rauwolfia [rɔː'wolfɪə] n ◊ a (Bot) rauwolfia f
◊ b (Med) réserpine f

ravage ['rævɪdʒ] → SYN ◊ 1 vt (= ruin) ravager, dévaster; (= plunder) ravager, piller ◆ **body ravaged by disease** corps m ravagé par la maladie
◊ 2 **ravages** npl [of war etc] ravages mpl, dévastation f ◆ **the ravages of time** les ravages mpl du temps, l'outrage m des ans

rave [reɪv] → SYN ◊ 1 vi (= be delirious) délirer, divaguer; (= talk wildly) divaguer, déraisonner; (= speak furiously) s'emporter, tempêter (at, against contre); (= speak enthusiastically) s'extasier (about, over sur), parler avec enthousiasme (about, over de) ◆ **rant**
◊ 2 n (Brit = Acid House party) rave f
◊ 3 COMP ▷ **rave culture** n (NonC: Mus) culture f rave ▷ **rave notice** *, **rave review** * n critique f dithyrambique ▷ **rave-up** * n (Brit = wild party) ◆ **to have a rave-up** faire la foire * or la fête *

▶ **rave up** * ◊ 1 vt sep ◆ **to rave it up** faire la foire * or la fête *
◊ 2 **rave-up** * n ⇒ **rave**

ravel ['rævəl] ◊ 1 vt ◊ a (= entangle: lit, fig) emmêler, embrouiller, enchevêtrer
◊ b (= disentangle) ⇒ **ravel out 2**
◊ 2 vi (= become tangled) s'embrouiller, s'enchevêtrer; (= fray) s'effilocher

▶ **ravel out** ◊ 1 vi s'effilocher
◊ 2 vt sep [+ material] effilocher; [+ threads] démêler; [+ knitting] défaire; (fig) [+ difficulty] débrouiller; [+ plot] dénouer

raven ['reɪvn] ◊ 1 n corbeau m
◊ 2 COMP (in colour) noir comme (du) jais or comme l'ébène ▷ **raven-haired** adj aux cheveux de jais

ravening ['rævnɪŋ] adj vorace, rapace

Ravenna [rə'venə] n Ravenne

ravenous ['rævənəs] → SYN adj animal vorace; appetite vorace, féroce; hunger de loup ◆ **I'm ravenous** * j'ai une faim de loup

ravenously ['rævənəslɪ] adv eat voracement, avec voracité; look at d'un air vorace ◆ **to be ravenously hungry** * avoir une faim de loup

raver * ['reɪvə'] n (Brit) ◊ a (gen) noceur * m, -euse * f, fêtard(e) * m(f)
◊ b (= person attending a rave) raver * m

ravine [rə'viːn] n ravin m

raving ['reɪvɪŋ] → SYN ◊ 1 adj * ◆ **raving lunatic** fou m furieux, folle f furieuse ◆ **she's a raving beauty** elle est d'une beauté éblouissante; → **mad**
◊ 2 n ◆ **raving(s)** délire m, divagations fpl

ravioli [,rævɪ'əʊlɪ] n ravioli mpl

ravish ['rævɪʃ] vt ◊ a (liter = delight) ravir, transporter
◊ b († or liter) (= rape) violer; (= abduct) ravir

ravisher ['rævɪʃə'] n († or liter) ravisseur m

ravishing ['rævɪʃɪŋ] adj woman ravissant; man beau comme un dieu; sight, beauty enchanteur (-teresse f); smile ravageur ◆ **to be ravishing to look at** être un régal pour les yeux

ravishingly ['rævɪʃɪŋlɪ] adv ◆ **she is ravishingly beautiful** elle est d'une beauté éblouissante ◆ **the scenery is ravishingly beautiful** le paysage est magnifique ◆ **the film is ravishingly photographed** les prises de vue du film sont superbes

ravishment ['rævɪʃmənt] n ◊ a (liter = delight) enchantement m, ravissement m
◊ b († or liter) (= rape) viol m; (= abduction) ravissement † m, rapt m

raw [rɔː] → SYN ◊ 1 adj ◊ a (= uncooked) meat, fish, vegetables, egg cru
◊ b (= unprocessed) cotton, rubber, sugar, data, facts brut; cloth écru; alcohol, spirits pur; sewage non traité ◆ **raw colour** couleur f crue ◆ **raw edge** (Sewing) bord m coupé
◊ c (= basic) emotion, ambition, energy, talent à l'état brut
◊ d (open) hands, back, skin abîmé; wound, nerves à vif; throat très irrité ◆ **his wife's words touched a raw nerve** les paroles de sa femme ont touché la corde sensible
◊ e (= inexperienced) person sans expérience, inexpérimenté; troops non aguerri ◆ **a raw recruit** (Mil) un bleu
◊ f (= cold) night, day, climate glacial; wind âpre; air vif
◊ g (= frank) account sans complaisance; story sans fard
◊ h (= bawdy) humour cru, grossier
◊ i (* = unfair) **he got a raw deal** on ne lui a vraiment pas fait de cadeaux * ◆ **he's had a raw deal from life** il n'a pas été gâté par la vie *
◊ 2 n ◆ **to get sb on the raw** toucher or piquer qn au vif ◆ **life/nature in the raw** la vie/la nature telle qu'elle est ◆ **in the raw** * (= naked) nu, à poil *
◊ 3 COMP ▷ **raw material** n (Ind, fig) matière f première ▷ **raw score** n (US Scol) première approximation f de note ▷ **raw silk** n soie f grège

rawboned ['rɔːbəʊnd] adj person maigre, décharné; horse efflanqué

rawhide ['rɔːhaɪd] n (= whip) fouet m à lanières; (= material) cuir m brut ou vert

Rawlbolt ® ['rɔːlbəʊlt] n cheville d'ancrage en métal

Rawlplug ® ['rɔːlplʌg] n cheville en plastique

rawness ['rɔːnɪs] n ◊ a (= lack of experience) inexpérience f
◊ b (= primitive nature) **the rawness of the music** le caractère primitif de la musique
◊ c (on skin) écorchure f
◊ d [of climate] froid m humide ◆ **the rawness of the wind** l'âpreté f du vent

ray[1] [reɪ] → SYN ◊ 1 n [of light, heat, sun] rayon m; (fig) rayon m, lueur f ◆ **a ray of hope** une lueur d'espoir; → **cathode**, **death**, **X-ray**
◊ 2 COMP ▷ **ray flower** n (Bot) fleur f radiée ▷ **ray gun** n fusil m à rayons laser

ray[2] [reɪ] n (= fish) raie f; → **stingray**

ray[3] [reɪ] n (Mus) ré m

Raybans ® ['reɪbænz] npl Raybans ® fpl

rayless ['reɪləs] adj (Bot) non radié

rayon ['reɪɒn] ◊ 1 n (Tex) rayonne f, soie f artificielle
◊ 2 adj en rayonne

Ray's bream [reɪz] n (= fish) brème f de mer

raze [reɪz] → SYN vt raser ◆ **to raze to the ground** [+ town] raser; [+ building] raser, abattre à ras de terre

razor ['reɪzə'] ◊ 1 n rasoir m ◆ **electric razor** rasoir m électrique ◆ **on** or **at the razor's edge** (fig) sur le fil du rasoir ◆ **"The Razor's Edge"** (Literat, Cine) "Le Fil du rasoir"; → **safety**
◊ 2 COMP ▷ **razor blade** n lame f de rasoir ▷ **razor burn** n feu m du rasoir ▷ **razor clam** n (US) couteau m ▷ **razor cut** n (Hairdressing) coupe f au rasoir ▷ **razor-edged** adj knife etc tranchant comme un rasoir; (fig) wit acéré ▷ **razor-sharp** adj knife etc tranchant comme un rasoir; (fig) person, mind délié, vif; wit acéré ▷ **razor shell** n (Brit) couteau m ▷ **razor-slashing** n taillades fpl à coup de rasoir ▷ **razor wire** n fil m de fer barbelé acéré

razorbill ['reɪzəbɪl] n petit pingouin m

razz * [ræz] vt (US) mettre en boîte *

razzle * ['ræzl] ◊ 1 n ◆ **to go (out) on the razzle** (sortir) faire la bringue * or la nouba *
◊ 2 COMP ▷ **razzle-dazzle** * n tape-à-l'œil m inv

razzmatazz * ['ræzmə'tæz] n ◊ a (= glitter) tape-à-l'œil m inv
◊ b (= double talk) propos mpl trompeurs

RC [ɑːˈsiː] (Rel) (abbrev of **Roman Catholic**) → **Roman**

RCA [ɑːsiːˈeɪ] n (Brit) (abbrev of **Royal College of Art**) prestigieuse école de beaux-arts de Londres

RCAF [,ɑːsiːeɪˈef] n abbrev of **Royal Canadian Air Force**

RCMP [,ɑːsiːemˈpiː] n (abbrev of **Royal Canadian Mounted Police**) → **royal**

RCN [,ɑːsiːˈen] n abbrev of **Royal Canadian Navy**

Rd (in addresses) (abbrev of **Road**) (in town) Rue f; (esp outside town) Rte (de)

RDA [,ɑːdiːˈeɪ] n (abbrev of **recommended daily allowance** or **amount**) AQR mpl

RDC [ˌɑːdiːˈsiː] n (Brit Local Govt) (abbrev of **Rural District Council**) → **rural**

RE [ɑːrˈiː] n **a** (Brit Scol) (abbrev of **religious education**) → **religious**

b (Brit Mil) (abbrev of **Royal Engineers**) → **royal**

re[1] [reɪ] n (Mus) ré m

re[2] [riː] prep (Admin, Comm etc = referring to) concernant ; (Jur: also **in re**) en l'affaire de

re... [riː] pref (before consonant) re..., ré... ; (before vowel) r..., ré... ◆ **to redo** refaire ◆ **to reheat** réchauffer ◆ **to reopen** rouvrir ◆ **to re-elect** réélire

reach [riːtʃ] → SYN **1** n **a** (= accessibility) portée f, atteinte f ◆ **within reach** à portée ◆ **out of reach** hors de portée or d'atteinte ◆ **within sb's reach** à (la) portée de qn ◆ **out of sb's reach** hors de (la) portée de qn ◆ **within arm's reach** à portée de la main ◆ **cars are within everyone's reach nowadays** de nos jours les voitures sont à la portée de toutes les bourses or de tous ◆ **out of the children's reach** hors de (la) portée des enfants ◆ **I keep it within easy reach** or **within my reach** je le garde à portée de main or sous la main ◆ **within easy reach of the sea** à proximité de la mer, proche de la mer ◆ **beyond the reach of the law** à l'abri de la justice ◆ **this subject is beyond his reach** ce sujet le dépasse

b (esp Boxing) allonge f ◆ **he has a long reach** (gen) il peut allonger le bras loin ; (Boxing) il a une bonne allonge, il a de l'allonge

c (= length) [of beach, river] étendue f ; [of canal] bief m ◆ **further to the north, there are great reaches of forest** plus au nord, il y a de grandes étendues de forêt ◆ **the upper/lower reaches of the river** le cours supérieur/inférieur de la rivière

2 vt **a** (= get as far as) [+ place, age, goal, limit, perfection] atteindre ; [+ agreement, understanding] aboutir à, arriver à ; [+ conclusion] arriver à ; [+ compromise, decision] parvenir à ◆ **when we reached him he was dead** quand nous sommes arrivés auprès de lui, il était mort ◆ **to reach the terrace you have to cross the garden** pour accéder à la terrasse, il faut traverser le jardin ◆ **I hope this letter reaches him** j'espère que cette lettre lui parviendra ◆ **the news reached us too late** nous avons appris or reçu la nouvelle trop tard ◆ **to reach page 50** arriver or en être à la page 50 ◆ **not a sound reached our ears** aucun bruit ne parvenait à nos oreilles ◆ **he is tall enough to reach the top shelf** il est assez grand pour atteindre l'étagère d'en haut ◆ **he reaches her shoulder** il lui arrive à l'épaule ◆ **her dress reaches the floor** sa robe descend jusqu'à terre ◆ **the cancer has reached her liver** le cancer a atteint le foie ◆ **you can reach me at my hotel** vous pouvez me joindre à mon hôtel ◆ **we hope to reach a wider audience** nous espérons toucher un public plus large

b (= get and give) passer ◆ **reach me (over) that book** passez-moi ce livre ◆ **reach (over) the salt for Richard** passez le sel à Richard

c (US Jur = suborn) [+ witness] corrompre, suborner

3 vi **a** [territory etc] s'étendre ; [voice, sound] porter (*to* jusqu'à) → **far-**

b (= stretch out hand: also **reach across, reach out, reach over**) tendre le bras ◆ **to reach for sth** essayer de prendre qch, tendre le bras pour prendre qch ◆ **he reached into his pocket for his pencil** il mit la main dans sa poche pour prendre son crayon ◆ **to reach for the stars** viser haut ◆ **reach for the sky!** ⁑ (US) haut les mains !

4 COMP ▷ **reach-me-down** n **it is a reach-me-down from my sister** c'est un vêtement que ma sœur m'a passé

► **reach back** vi (fig) remonter (*to* à) ◆ **to reach back to Victorian times** remonter à l'époque victorienne

► **reach down** **1** vi [clothes, curtains etc] descendre (*to* jusqu'à)

2 vt sep (from hook) décrocher ; (from shelf) descendre ◆ **will you reach me down the book?** voulez-vous me descendre le livre ?, voulez-vous me passer le livre qui est là-haut ?

► **reach out** vt sep tendre ◆ **he reached out his hand for the cup** il a étendu le bras pour prendre la tasse

► **reach up** vi **a** lever le bras ◆ **he reached up to get the book from the shelf** il a levé le bras pour atteindre le livre sur le rayon

b monter ◆ **the flood water reached up to the windows** la crue (des eaux) est montée jusqu'aux fenêtres

reachable [ˈriːtʃəbl] adj place, object accessible ◆ **he is reachable** * **at ...** on peut le joindre à ...

react [riːˈækt] → SYN vi **a** (gen) réagir (*against* contre ; *on* sur ; *to* à)

b (Phys, Chem) réagir (*with* avec)

reactance [rɪˈæktəns] n réactance f

reactant [rɪˈæktənt] n réactant m

reaction [riːˈækʃən] LANGUAGE IN USE 6.1 → SYN

1 n (gen) réaction f ◆ **the driver's reactions** les réflexes du conducteur ◆ **what was his reaction to your suggestion?** comment a-t-il réagi or quelle a été sa réaction à votre proposition ? ◆ **this decision was a reaction against violence** cette décision a été une manière de riposter à la violence ◆ **to have quick/slow reactions** réagir vite/lentement ◆ **the reaction of an acid and** or **with a base** (Chem) la réaction d'un acide avec une base or entre un acide et une base ◆ **forces of reaction** (Pol) forces fpl de la réaction, forces fpl réactionnaires ; → **chain**

2 COMP ▷ **reaction engine** n moteur m à réaction ▷ **reaction time** n temps m de réaction ▷ **reaction turbine** n turbine f à réaction

reactionary [riːˈækʃənrɪ] → SYN adj, n réactionnaire mf

reactivate [riːˈæktɪveɪt] vt réactiver

reactivation [riːˌæktɪˈveɪʃən] n réactivation f

reactive [riːˈæktɪv] adj (gen, Chem, Phys) réactif ; (Psych) réactionnel

reactiveness [rɪˈæktɪvnɪs], **reactivity** [ˌriːækˈtɪvɪtɪ] n réactivité f

reactor [riːˈæktəʳ] n (Chem, Elec, Phys) réacteur m ; → **nuclear**

read [riːd] → SYN pret, ptp **read** [red] **1** vt **a** [+ book, letter etc] lire ; [+ music, bad handwriting] déchiffrer, lire ; [+ hieroglyphs] déchiffrer ; [+ proofs] corriger ◆ **to read sb sth, to read sth to sb** lire qch à qn ◆ **I read him to sleep** je lui ai fait la lecture jusqu'à ce qu'il s'endorme ◆ **I brought you something to read** je vous ai apporté de la lecture ◆ **to read sb's lips** lire sur les lèvres de qn ◆ **read my lips!** vous m'avez bien compris ? ◆ **to read the Riot Act** (Jur) ≃ faire les trois sommations ◆ **he read them the riot act** * (fig) il leur a remonté les bretelles * ◆ **to read sb a lesson** * faire la leçon à qn, sermonner qn ◆ **to take sth as read** (= as self-evident) considérer qch comme allant de soi ; (= as agreed) considérer qch comme convenu ◆ **they took the minutes as read** (Admin) ils sont passés à l'ordre du jour (sans revenir sur le procès-verbal de la dernière séance) ◆ **for "meet" read "met"** (in errata) au lieu de "meet" prière de lire "met" ◆ **read and approved** (Jur: on document) lu et approuvé ; → **well**[2]

b (= interpret) [+ dream] interpréter, expliquer ; (= understand) comprendre ◆ **to read sb's palm** lire les lignes de la main à qn ◆ **to read the tea leaves** or **the teacups** ≃ lire dans le marc de café ◆ **to read the wind** (US fig) flairer le vent ◆ **these words can be read in several ways** ces mots peuvent s'interpréter de plusieurs façons ◆ **to read between the lines** (fig) lire entre les lignes ◆ **to read something into a text** faire dire à un texte quelque chose qu'il ne dit pas, solliciter un texte ◆ **we mustn't read too much into this** nous ne devons pas y attacher trop d'importance ◆ **to read sb's thoughts** lire (dans) la pensée de qn ◆ **I can read him like a book** je sais or devine toujours ce qu'il pense ◆ **I read disappointment in his eyes** j'ai lu la déception dans ses yeux

c (esp Brit Univ = study) étudier, faire ◆ **to read medicine/law** faire (des études de) médecine/droit, faire sa médecine/son droit ◆ **he is reading English/geography** etc il fait de l'anglais/de la géographie etc

d [+ thermometer, barometer etc] lire ◆ **to read a meter** relever un compteur

e [instruments] marquer, indiquer ◆ **the thermometer reads 37°** le thermomètre indique (une température de) 37°

f (Telec) recevoir ◆ **do you read me?** est-ce que vous me recevez ? ; (fig) vous me comprenez ? ; → **loud**

g (Comput) lire

2 vi **a** lire ◆ **he can read and write** il sait lire et écrire ◆ **she reads well** elle lit bien, elle fait bien la lecture ; [learner, beginner] elle sait bien lire ◆ **he likes reading** il aime lire or bouquiner *, il aime la lecture ◆ **to read aloud** lire à haute voix ◆ **to read to oneself** lire ◆ **do you like being read to?** aimez-vous qu'on vous fasse la lecture ? ◆ **I read about it in the paper** je l'ai lu or je l'ai vu dans le journal ◆ **I've read about him** j'ai lu quelque chose à son sujet

b **the letter reads thus ...** voici ce que dit la lettre ..., voici comment la lettre est rédigée ... ◆ **the quotation reads as follows ...** voici les termes exacts de la citation ... ◆ **this book reads well/badly** ce livre se lit bien/mal ◆ **his article reads like an official report** le style de son article fait penser à celui d'un rapport officiel, son article a l'allure d'un rapport officiel

c (esp Univ = study) étudier, faire des études ◆ **to read for an examination** préparer un examen ; → **bar**[1]

3 n * lecture f ◆ **she enjoys a good read** elle aime bien la lecture, elle aime bouquiner * ◆ **it's a good read** ça se lit facilement, ça se laisse bien lire ◆ **to have a quiet/a little read** lire or bouquiner * tranquillement/un peu

4 COMP ▷ **read head** n (Comput) tête f de lecture ▷ **read-only** adj (Comput) file à lecture seule ▷ **read-only memory** n mémoire f morte ▷ **read-out** (Comput) n (on screen) affichage m ; (on paper) sortie f papier or sur imprimante ▷ **read-write head** n (Comput) tête f de lecture-écriture ▷ **read-write memory** n (Comput) mémoire f lecture-écriture ▷ **read-write window** n (Comput) fenêtre f d'inscription-lecture

► **read back** vt sep [+ one's notes etc] relire

► **read off** vt sep **a** [+ text] (without pause) lire d'un trait ; (at sight) lire à livre ouvert

b [+ instrument readings] relever

► **read on** vi continuer à lire, poursuivre sa lecture ◆ **"now read on"** "suite du feuilleton"

► **read out** **1** vt sep **a** [+ text] lire à haute voix ; [+ instrument readings] relever à haute voix

b (Comput) extraire de la mémoire, sortir

2 **read-out** n → **read**

► **read over** vt sep relire

► **read through** vt sep (rapidly) parcourir ; (thoroughly) lire en entier or d'un bout à l'autre

► **read up** vt sep étudier (à fond), potasser * ◆ **I must read up the Revolution** il faut que j'étudie (subj) or que je potasse * (subj) la Révolution

► **read up on** vt fus ⇒ **read up**

readability [ˌriːdəˈbɪlɪtɪ] n lisibilité f

readable [ˈriːdəbl] adj **a** (= interesting) book, account, style agréable à lire ◆ **it's very readable** ça se lit facilement

b (= legible) handwriting lisible ; see also **machine**

readdress [ˌriːəˈdres] vt [+ letter, parcel] réadresser ; (= forward) faire suivre

reader [ˈriːdəʳ] n **a** lecteur m, -trice f ◆ **publisher's reader** lecteur m, -trice f dans une maison d'édition ◆ **he's a great reader** il aime beaucoup lire, c'est un grand liseur ; → **lay**[4], **proofreader**

b (Brit Univ) ≃ chargé(e) m(f) d'enseignement ; (US Univ) directeur m, -trice f de thèse or d'études

c (= schoolbook: to teach reading) livre m de lecture ; (= anthology) recueil m de textes ◆ **first French reader** recueil m de textes français pour première année

d **(microfiche) reader** lecteur m (de microfiche)

readership [ˈriːdəʃɪp] n **a** [of newspaper, magazine] nombre m de lecteurs ◆ **this paper has a big readership/a readership of millions** ce journal a beaucoup de lecteurs/des millions de lecteurs b (Brit Univ) ≃ poste m (or fonctions fpl) de chargé(e) d'enseignement ; (US Univ) fonctions fpl (or responsabilités fpl) de directeur m, -trice f de thèse or d'études

readily ['redɪlɪ] → SYN adv a (= willingly) accept, agree volontiers, de bon cœur ; admit volontiers

b (= easily) understand facilement, aisément ◆ **readily accessible** place, data facilement accessible ◆ **to be readily apparent** se voir (facilement) ◆ **exotic vegetables are readily available these days** on trouve facilement des légumes exotiques de nos jours

readiness ['redɪnɪs] → SYN n a (= preparedness) **to be (kept) in readiness** être (tenu) prêt (*for* à, pour)

b (= willingness) empressement m, bonne volonté f ◆ **his readiness to help us** son empressement à nous aider, l'empressement qu'il a montré à nous aider

reading ['ri:dɪŋ] → SYN 1 n a (NonC) lecture f ; [of proofs] correction f ◆ **she likes reading** elle aime bien lire or la lecture ◆ **this book is** or **makes very interesting reading** ce livre est très intéressant (à lire) ◆ **I'd prefer some light reading** je préférerais qch de distrayant or de facile à lire

b (= recital) (séance f de) lecture f ; → **play, poetry**

c (= interpretation) interprétation f, explication f ◆ **my reading of the sentence** mon explication or interprétation de cette phrase ◆ **his reading of the part** (Cine, Theat) son interprétation du rôle

d (= variant) variante f, leçon f

e (Elec, Med, Phys etc: from instrument) **to take a reading** lire un instrument, relever les indications d'un instrument ◆ **the reading is ...** l'instrument indique ...

f (Parl) [of bill] discussion f, lecture f ◆ **the House gave the bill its first reading** la Chambre a examiné le projet de loi en première lecture ◆ **the third reading of the bill was debated** le projet de loi a été discuté en troisième lecture

g (NonC = knowledge) culture f, connaissances fpl ◆ **of wide reading** instruit, cultivé

2 COMP ▷ **reading age** n (Scol) **he has a reading age of eight** il a le niveau de lecture d'un enfant de huit ans ◆ **she has a low/advanced reading age** son niveau de lecture est bas/élevé pour son âge ◆ **child of reading age** enfant mf en âge de lire ▷ **reading book** n livre m de lecture ▷ **reading desk** n pupitre m ; (Rel) lutrin m ▷ **reading glass** n loupe f ▷ **reading glasses** npl lunettes fpl pour lire ▷ **reading knowledge** n **to have a reading knowledge of Spanish** savoir lire l'espagnol ▷ **reading lamp, reading light** n (gen) lampe f de travail or de bureau ; (in train, plane etc) liseuse f ▷ **reading list** n bibliographie f, (liste f d')ouvrages mpl recommandés ▷ **reading matter** n **I've got some reading matter** j'ai des choses à lire or de quoi lire ▷ **reading room** n salle f de lecture or de travail ▷ **reading speed** n vitesse f de lecture

readjust [,ri:ə'dʒʌst] 1 vt [+ position of sth, salary] rectifier ; [+ clothes] rajuster ; [+ strategy, approach] modifier ; [+ one's life] réorganiser ; [+ instrument] régler (de nouveau)

2 vi se réadapter (*to* à)

readjustment [,ri:ə'dʒʌstmənt] n réadaptation f ; [of salary] rajustement or réajustement m

readvertise [,ri:'ædvətaɪz] vt repasser une annonce pour

ready ['redɪ] → SYN 1 adj a (= prepared) person, thing prêt ; answer, excuse tout fait ◆ **to be ready to do sth** être prêt à or pour faire qch ◆ **are you ready to order?** (in restaurant) puis-je prendre votre commande ? ◆ **dinner is ready** le dîner est prêt ◆ **dinner's ready!** à table ! ◆ **your glasses will be ready (for you) in a fortnight** vos lunettes seront prêtes dans quinze jours ◆ **the doctor's ready for you now** le docteur est prêt à vous recevoir ◆ **everything is ready for his visit** tout est prêt pour sa visite ◆ **ready for a challenge** préparé à un défi ◆ **ready for an emergency** prêt à intervenir en cas d'urgence ◆ **the troops were ready for action** les troupes étaient prêtes à intervenir ◆ **ready for anything** prêt à tout ◆ **the contract will be ready for signing tomorrow** le contrat sera prêt pour la signature demain ◆ **"flight 211 is now ready for boarding"** "vol 211, embarquement immédiat" ◆ **the wine is ready for drinking** ce vin est bon à boire tout de suite ◆ **the crops are ready for harvesting** c'est le moment de faire la récolte ◆ **ready for use** prêt à l'emploi ◆ **I'm ready for him!** je l'attends de pied ferme ! ◆ **"now ready"** (Publishing) "vient de paraître" ◆ **ready, steady** (Brit) or **set** (US), **go!** (Sport) à vos marques ! prêts ? partez ! ◆ **ready and waiting** fin prêt ◆ **ready when you are** quand tu veux ◆ **to be ready with a joke/an excuse** avoir une plaisanterie/excuse toute prête or en réserve

♦ **get + ready** ◆ **to get (o.s.) ready (for sth)** se préparer (pour qch) ◆ **get ready for it!** tenez-vous prêt ! ; (before momentous news etc) tenez-vous bien ! ◆ **to get sb/sth ready (for sth/to do sth)** préparer qn/qch (pour qch/pour faire qch) ◆ **to get ready to do sth** s'apprêter à faire qch, se préparer à faire qch

♦ **make + ready** ◆ **to make ready (for sth/to do sth)** se préparer (pour qch/à faire qch) ◆ **to make sth ready** préparer qch

b (Comm) **we have the goods you ordered ready to hand** nous tenons à votre disposition les marchandises que vous avez commandées ◆ **ready money, ready cash** (argent m) liquide m ◆ **to pay in ready cash** payer en espèces ◆ **how much have you got in ready money** or **ready cash?** combien avez-vous en liquide ?

c (= willing) **ready to do sth** prêt à faire qch ◆ **he is always ready to help** il est toujours prêt à rendre service ◆ **I am quite ready to see him** je suis tout à fait disposé à le voir ◆ **I'm ready, willing and able to do the job** je suis prêt à faire ce travail ◆ **to be only too ready to do sth** n'être que trop disposé à faire qch

d (= needing) **I'm ready for bed** j'irais bien me coucher ◆ **I'm ready for a break** je ferais bien une pause ◆ **I'm ready for a drink** je prendrais bien un verre

e (= about to) **he was ready to hit her** il était sur le point de la frapper ◆ **he was ready to cry** il était au bord des larmes

f (= prompt) wit vif ; reply prompt ; solution, explanation tout fait ; market tout trouvé ; availability immédiat ◆ **don't be so ready to criticize** ne soyez pas si prompt à critiquer ◆ **to have a ready smile** sourire facilement ◆ **to have a ready tongue** avoir la langue déliée, avoir la parole facile ◆ **a ready supply of sth** une réserve de qch facilement accessible or à portée de main ◆ **to have a ready sale** [goods] se vendre facilement, être de vente courante

g (Naut) **ready about!** pare à virer !

2 n a (Mil) **to come to the ready** apprêter l'arme ◆ **at the ready** (Mil) prêt à faire feu ; (Naut) paré à faire feu ; (fig) fin prêt

b **the ready** * or **readies** * (= money) le fric *

3 COMP ▷ **ready-cooked** adj meal, dish cuisiné ▷ **ready-cut** adj shelves prédécoupé ▷ **ready-furnished** adj tout meublé ▷ **ready-made** adj curtains tout fait ; clothes de confection, prêt à porter ; solution, answer tout prêt ◆ **ready-made ideas** des idées banales or toutes faites ▷ **ready meal** n plat m cuisiné ▷ **ready-mix** n ready-mix for **cakes/pancakes** etc préparation f instantanée pour gâteaux/crêpes etc ◇ adj **she made a ready-mix cake** elle a fait un gâteau à partir d'une préparation or d'un sachet ▷ **ready-mixed** adj concrete prêt à l'emploi ▷ **ready-prepared** adj meal tout préparé ▷ **ready reckoner** n barème m ▷ **ready-to-eat, ready-to-serve** adj cuisiné ▷ **ready-to-wear** adj prêt à porter ◇ n prêt-à-porter m

reaffirm [,ri:ə'fɜ:m] vt réaffirmer

reafforest [,ri:ə'fɒrɪst] vt reboiser

reafforestation ['ri:ə,fɒrɪs'teɪʃən], **reforestation** (US) [,ri:fɒrɪs'teɪʃən] n reboisement m

reagent [ri:'eɪdʒənt] n (Chem) réactif m

real [rɪəl] → SYN 1 adj a (gen) vrai (before n) ; (as opposed to apparent) véritable, vrai (before n) ; (Philos, Math) réel ◆ **the danger was very real** le danger était très réel ◆ **she wanted to see the real Africa** elle voulait voir l'Afrique, la vraie ◆ **he is the real boss** c'est lui le véritable or vrai patron ◆ **my real home is in Paris** c'est à Paris que je me sens chez moi ◆ **to show real interest** se montrer vraiment intéressé ◆ **in real life** dans la réalité ◆ **in the real world** dans la réalité ◆ **in real terms** en termes réels ◆ **we have no real reason to suspect him** nous n'avons pas de véritable raison de le soupçonner ◆ **there was no real evidence that ...** il n'y avait pas de véritable preuve que ... ◆ **it came as no real surprise to him** ça n'a pas vraiment été une surprise pour lui ◆ **I'm in real trouble** j'ai de gros problèmes ◆ **I had real trouble getting them to leave** j'ai eu un mal fou à les faire partir ◆ **to make real money** * gagner des mille et des cents * ◆ **get real!** * sois réaliste !, faut pas rêver ! * ◆ **it's the real McCoy** * c'est du vrai de vrai *

♦ **for real** * pour de vrai * ◆ **is this guy for real?!** * il est incroyable, ce type * !

b (= not fake) jewels vrai (before n), véritable ; flowers vrai (before n), naturel ; silk naturel ; leather, gold véritable

♦ **the real thing** ◆ **it is a poor copy of the real thing** c'est une pâle copie de l'original ◆ **you're being recorded now – is this the real thing?** on vous enregistre – pour de bon ? ◆ **when you've tasted the real thing, this whisky ...** quand on a goûté du vrai whisky, celui-ci ... ◆ **climbing this hill isn't much when you've done the real thing** pour ceux qui ont fait de l'alpinisme, cette colline n'est rien du tout ◆ **this is love, the real thing** c'est l'amour avec un grand A ◆ **he's the real thing** (= real film star, lion-tamer etc) c'en est un vrai ; (* = he's great) il est super *

2 adv (esp US *) vraiment ◆ **real soon** très bientôt

3 n (Philos) ◆ **the real** le réel

4 COMP ▷ **real ale** n (Brit) bière f traditionnelle ▷ **real estate** n (US Jur) immobilier m ◆ **to work in real estate** or **the real estate business** travailler dans l'immobilier ▷ **real-estate agent** n (US) agent m immobilier ▷ **real-estate developer** n (US) promoteur m immobilier ▷ **real-estate office** n (US) agence f immobilière ▷ **real-estate register** n (US) cadastre m ▷ **Real Presence** n (Rel) présence f réelle ▷ **real property** n (US Jur) biens mpl immobiliers ▷ **real tennis** n jeu m de paume ▷ **real time** n (Comput) temps m réel ▷ **real-time computer** n ordinateur m exploité en temps réel ▷ **real-time processing** n (Comput) traitement m immédiat ▷ **real-time system** n (Comput) système m temps réel

realgar [rɪ'ælgəʳ] n réalgar m

realign [,ri:ə'laɪn] vt réaligner

realignment [,ri:ə'laɪnmənt] n réalignement m

realism ['rɪəlɪzəm] n réalisme m

realist ['rɪəlɪst] adj, n réaliste mf

realistic [rɪə'lɪstɪk] → SYN adj réaliste ◆ **we had no realistic chance of winning** nous n'avions aucune chance réelle de gagner ◆ **it is not realistic to expect that ...** nous ne pouvons pas raisonnablement espérer que ...

realistically [rɪə'lɪstɪkəlɪ] adv expect, hope for d'une façon réaliste ; think, depict d'une façon réaliste, avec réalisme ; possible d'un point de vue réaliste ◆ **they are realistically priced** leur prix est réaliste ◆ **realistically, he had little chance of winning** soyons réalistes, il avait peu de chances de gagner

reality [rɪ'ælɪtɪ] LANGUAGE IN USE 26.3 → SYN

1 n a réalité f ◆ **to bring sb back to reality** ramener qn à la réalité ◆ **the harsh reality of war** la dure réalité de la guerre ◆ **in reality** en réalité, en fait

b (= trueness to life) réalisme m

2 COMP ▷ **reality principle** n (Psych) principe m de réalité

realizable ['rɪəlaɪzəbl] adj réalisable

realization [,rɪəlaɪ'zeɪʃən] → SYN n a [of assets, hope, plan] réalisation f

b (= awareness) prise f de conscience ◆ **he was hit by the sudden realization that ...** il s'est subitement rendu compte que ...

realize ['rɪəlaɪz] → SYN vt a (= become aware of) se rendre compte de ; (= understand) comprendre ◆ **does he realize the problems?** se rend-il compte des problèmes ? ◆ **the committee realizes the gravity of the situation** le comité se rend compte de la gravité de la situation ◆ **he had not fully realized that his illness was so serious** il ne s'était pas vraiment rendu compte de la gravité de sa maladie ◆ **I realized it was raining** je me suis rendu compte qu'il pleuvait ◆ **I made her**

realize that I was right je lui ai bien fait comprendre que j'avais raison ◆ **this made me realize how lucky I'd been** c'est là que je me suis rendu compte de la chance que j'avais eue ◆ **I realize that ...** je me rends compte du fait que ... ◆ **yes, I realize that!** oui, je sais bien !, oui, je m'en rends bien compte ! ◆ **I realized how he had done it** j'ai compris comment or je me suis rendu compte de la façon dont il l'avait fait ◆ **I realized why ...** j'ai compris pourquoi ... ◆ **I realize it's too late, but ...** je sais bien qu'il est trop tard, mais ...

b [+ ambition, hope, plan] réaliser ◆ **to realize one's (full) potential** réaliser son plein potentiel ◆ **my worst fears were realized** mes pires craintes se sont réalisées

c (Fin) [+ assets] réaliser ; [+ price] atteindre ; [+ interest] rapporter ◆ **how much did your Rembrandt realize?, how much did you realize on your Rembrandt?** combien votre Rembrandt vous a-t-il rapporté ?

reallocate [riˈæləʊkeɪt] vt [+ money, tasks] réallouer, réaffecter ; [+ time] réallouer

reallocation [ˌriːæləˈkeɪʃən] n [of resources, land, time] réaffectation f

really [ˈrɪəlɪ] → SYN **1** adv vraiment, réellement ◆ **I really don't know what to think** je ne sais vraiment pas quoi penser ◆ **he really is an idiot** c'est un véritable imbécile, il est vraiment idiot ◆ **it won't really last** ça ne durera guère ◆ **I don't REALLY like ...** je ne peux vraiment pas dire que j'aime ..., je n'aime guère ... ◆ **you really MUST visit Paris** il faut absolument que vous visitiez (subj) Paris

2 excl (in doubt) vraiment ?, sans blague ! * ; (in surprise) c'est vrai ? ; (in protest: also **well really !**) vraiment !, ça alors ! ◆ **not really!** pas vraiment ! ; (in disbelief) pas possible !

realm [rɛlm] n (liter = kingdom) royaume m ; (fig) domaine m ◆ **in the realm of politics, in the political realm** dans le monde or le domaine de la politique ; → **coin**

realpolitik [reɪˈɑːlpɒlɪtiːk] n realpolitik f

realtor [ˈrɪəltəʳ] n (US) agent m immobilier

realty [ˈrɪəltɪ] n (Jur) biens mpl immobiliers or immeubles

ream¹ [riːm] n [of paper] ≃ rame f (de papier) ◆ **he always writes reams** * (fig) il écrit toujours des volumes or toute une tartine *

ream² [riːm] vt (Tech) fraiser

reamer [ˈriːməʳ] n (Tech) fraise f

reanimate [ˌriːˈænɪmeɪt] vt ranimer, raviver

reanimation [ˈriːˌænɪˈmeɪʃən] n (Med) réanimation f

reap [riːp] → SYN **1** vt (Agr) moissonner, faucher ; (fig) [+ profit] récolter, tirer ◆ **to reap the fruit of one's labours** recueillir le fruit de son labeur ◆ **to reap the benefits of one's kindness** être récompensé de sa bonté, récolter les fruits de sa bonté ◆ **to reap what one has sown** (fig) récolter ce qu'on a semé ◆ **they left him to reap the bitter harvest of his corruption** (liter) ils l'ont laissé payer le prix de sa corruption ; → **sow²**

2 vi moissonner, faire la moisson

reaper [ˈriːpəʳ] n (= person) moissonneur m, -euse f ; (= machine) moissonneuse f ◆ **reaper and binder** moissonneuse-lieuse f ◆ **the (Grim) Reaper** (liter = death) la Faucheuse

reaping [ˈriːpɪŋ] **1** n moisson f

2 COMP ▷ **reaping hook** n faucille f ▷ **reaping machine** n moissonneuse f

reappear [ˌriːəˈpɪəʳ] vi réapparaître, reparaître

reappearance [ˌriːəˈpɪərəns] n réapparition f

reappoint [ˌriːəˈpɔɪnt] vt renommer (**to** à)

reappointment [ˌriːəˈpɔɪntmənt] n renouvellement m de nomination (**to** à)

reapportion [ˌriːəˈpɔːʃən] **1** vt réassigner, répartir à nouveau ; (US Pol) redécouper, procéder à une révision du découpage électoral de

2 vi (US Pol) subir un redécoupage électoral

reapportionment [ˌriːəˈpɔːʃənmənt] n (US Pol) redécoupage m électoral

reappraisal [ˌriːəˈpreɪzəl] n [of situation, problem] réévaluation f, réexamen m ; [of author, film etc] réévaluation f

reappraise [ˌriːəˈpreɪz] vt réévaluer

rear¹ [rɪəʳ] → SYN **1** n **a** (= back part) arrière m, derrière m ; (* = buttocks) derrière * m ◆ **in** or **at the rear** à l'arrière ◆ **at the rear of ...** derrière ..., à l'arrière de ... ◆ **from the rear, he looks like Chaplin** (vu) de dos, il ressemble à Charlot ◆ **from the rear the car looks like ...** par l'arrière or vue de derrière la voiture ressemble à ...

b (Mil) arrière-garde f, arrières mpl ; [of squad] dernier rang m ; [of column] queue f ◆ **to attack an army in the rear** attaquer une armée à revers ◆ **to bring up the rear** (Mil, gen) fermer la marche

2 adj de derrière, arrière inv

3 COMP ▷ **rear admiral** n vice-amiral m ▷ **rear bumper** n pare-chocs m arrière inv ▷ **rear door** n [of house] porte f de derrière ; [of car] portière f arrière inv ▷ **rear-end** vt (US Aut) emboutir (l'arrière de) ▷ **rear-engined** adj car avec moteur m à l'arrière ▷ **rear gunner** n mitrailleur m arrière ▷ **rear-mounted** adj installé à l'arrière ▷ **rear projection** n (Cine) projection f par transparence ▷ **rear-view mirror** n [of car] rétroviseur m ▷ **rear wheel** n [of car] roue f arrière inv or de derrière ▷ **rear-wheel drive** n [of car] roues fpl arrière inv motrices ; (= car) traction f arrière ▷ **rear window** n [of car] vitre f arrière inv ◆ **"Rear Window"** (Cine) "Fenêtre sur cour"

rear² [rɪəʳ] → SYN **1** vt **a** [+ animal, family] élever ; [+ plant] faire pousser, cultiver

b **to rear one's head** relever or dresser la tête ◆ **the snake reared its head** le serpent s'est dressé ◆ **violence rears its ugly head again** la violence fait sa réapparition (dans toute son horreur), on voit poindre à nouveau l'horrible violence

c (= set up) [+ monument] dresser, ériger

2 vi (also **rear up**) [animal] se cabrer ; [mountain, snake] se dresser

rearguard [ˈrɪəgɑːd] **1** n (Mil) arrière-garde f

2 COMP ▷ **rearguard action** n (lit, fig) combat m d'arrière-garde ◆ **to fight a rearguard action** (fig) mener un combat d'arrière-garde

rearm [ˌriːˈɑːm] **1** vt réarmer

2 vi se réarmer

rearmament [ˌriːˈɑːməmənt] n réarmement m

rearmost [ˈrɪəməʊst] adj carriage dernier, de queue ; rank dernier

rearrange [ˌriːəˈreɪndʒ] vt réarranger

rearrangement [ˌriːəˈreɪndʒmənt] n réarrangement m, nouvel arrangement m

rearrest [ˌriːəˈrest] vt [+ escapee] reprendre ; [+ second offender] arrêter une nouvelle fois

rearward [ˈrɪəwəd] **1** n arrière m

2 adj part arrière inv ; position (situé) à l'arrière, de l'arrière ; movement en arrière

3 adv (also **rearwards**) vers l'arrière, par derrière

reason [ˈriːzn] LANGUAGE IN USE 17.1, 26.3 → SYN

1 n **a** (= cause, justification) (for behaviour) raison f, motif m ; (for event) raison f, cause f ◆ **reason for living** or **being** raison f d'être ◆ **the reasons are ...** les raisons en sont ... ◆ **the reason for my lateness/the reason why I am late is that ...** la raison de mon retard/ pour laquelle je suis en retard, c'est que ... ◆ **my reason for leaving, the reason for my leaving** la raison de mon départ or pour laquelle je pars (or suis parti etc) ◆ **I want to know the reason why** je veux savoir (le) pourquoi ◆ **and that's the reason why** et voilà pourquoi, et voilà la raison ◆ **for no apparent reason** sans raison apparente ◆ **I have (good** or **every) reason to believe that ...** j'ai (tout) lieu or j'ai de bonnes raisons de croire que ... ◆ **there is reason to believe that he is dead** il y a lieu de croire qu'il est mort ◆ **for the simple reason that ...** pour la simple or bonne raison que ... ◆ **for the very reason that ...** précisément parce que ... ◆ **for that very reason** pour cette raison, pour cela même ◆ **for no reason** sans raison, sans motif ◆ **for some reason (or another)** pour une raison ou pour une autre ◆ **for reasons best known to himself** pour des raisons qu'il est seul à connaître, pour des raisons connues de lui seul ◆ **all the more reason for doing it** or **to do it** raison de plus pour le faire ◆ **with reason** avec (juste) raison, à juste titre ◆ **by reason of** en raison de, à cause de ◆ **for personal/health** etc **reasons** pour des raisons personnelles/de santé etc

b (NonC = mental faculty) raison f ◆ **to lose one's reason** perdre la raison

c (NonC = common sense) raison f, bon sens m ◆ **to see reason** entendre raison ◆ **to make sb see reason** raisonner qn, faire entendre raison à qn ◆ **he listened to reason** il s'est rendu à la raison ◆ **he won't listen to reason** on ne peut pas lui faire entendre raison ◆ **that stands to reason** cela va sans dire, cela va de soi ◆ **it stands to reason that ...** il va sans dire que ... ◆ **I will do anything in** or **within reason** je ferai tout ce qu'il est raisonnablement possible de faire ; → **rhyme**

2 vi **a** (= think logically) raisonner

b (= argue) **to reason with sb** raisonner avec qn ◆ **one can't reason with her** il n'y a pas moyen de lui faire entendre raison

3 vt **a** (= work out) calculer (**that** que) ; (= argue) soutenir (**that** que) see also **reasoned**

b **to reason sb into a sensible decision** amener qn à prendre une décision intelligente en le raisonnant

▶ **reason out** vt sep [+ problem] résoudre (en raisonnant)

reasonable [ˈriːznəbl] → SYN adj **a** person, behaviour, decision, explanation, request, price, rate, offer raisonnable ◆ **to be reasonable about sth** être raisonnable à propos de qch ◆ **within a reasonable time** dans un délai raisonnable ◆ **it is reasonable to suppose that ...** on peut raisonnablement supposer que ...

b standard, results, essay honnête ; distance appréciable ◆ **there is a reasonable chance that ...** il y a des chances or de bonnes chances que ... (+ subj)

c (Jur) **reasonable doubt** doute m bien fondé ◆ **to prove guilt beyond (a) reasonable doubt** prouver la culpabilité de l'accusé avec quasi-certitude ◆ **to use reasonable force** (Jur) faire un usage modéré de la force ◆ **reasonable grounds for divorce** (esp Jur) des motifs mpl valables de divorcer

reasonableness [ˈriːznəblnɪs] n caractère m or nature f raisonnable

reasonably [ˈriːznəblɪ] adv **a** (= sensibly) behave d'une façon raisonnable ; say, expect raisonnablement ◆ **reasonably priced** à un prix raisonnable or acceptable ◆ **one can reasonably think that ...** il est raisonnable de penser que ...

b (= fairly) good, happy, easy, sure, safe assez, relativement ◆ **to be reasonably successful** réussir assez or relativement bien

reasoned [ˈriːznd] → SYN adj sensé

reasoning [ˈriːznɪŋ] → SYN **1** n raisonnement m, dialectique f

2 adj mind doué de raison

reassemble [ˌriːəˈsembl] **1** vt [+ people, troops] rassembler ; [+ tool, machine] remonter

2 vi se rassembler ◆ **school reassembles on 5 September** la rentrée des classes aura lieu le 5 septembre

reassembly [ˌriːəˈsemblɪ] n [of machine] remontage m

reassert [ˌriːəˈsɜːt] vt réaffirmer ◆ **to reassert o.s.** s'imposer à nouveau

reassess [ˌriːəˈses] vt [+ situation] réexaminer ; (for taxation) [+ person] réviser la cote de ; [+ damages] réévaluer

reassessment [ˌriːəˈsesmənt] n [of situation] réexamen m ; (for taxation) [of person] réévaluation f (fiscale) ; (Jur : damages) réévaluation f

reassurance [ˌriːəˈʃʊərəns] n **a** (emotional) réconfort m

b (factual) assurance f, garantie f ◆ **to seek reassurance that ...** chercher à obtenir l'assurance or la garantie que ...

reassure [ˌriːəˈʃʊəʳ] → SYN vt rassurer

reassuring [ˌriːəˈʃʊərɪŋ] adj rassurant ◆ **it is reassuring to know that ...** il est rassurant de savoir que ...

reassuringly [ˌriːəˈʃʊərɪŋli] adv say d'un ton rassurant ; smile, nod, look at d'une manière rassurante ◆ **reassuringly familiar** familier et rassurant ◆ **reassuringly simple** d'une simplicité rassurante

Réaumur scale [ˈreɪəˌmjʊəʳ] n (Phys) échelle f de Réaumur

reawaken [ˌriːəˈweɪkən] ① vt [+ person] réveiller de nouveau ; [+ interest] réveiller de nouveau, faire renaître
② vi se réveiller de nouveau

reawakening [ˌriːəˈweɪknɪŋ] n réveil m ; [of ideas, interest] renaissance f, réveil m

Reb* , **reb*** [rɛb] n (US) soldat m confédéré

rebarbative [rɪˈbɑːbətɪv] adj (frm) rébarbatif, rebutant

rebate [ˈriːbeɪt] n (= discount) rabais m, remise f ; (= money back) remboursement m ; (on tax, rates) dégrèvement m ; (on rent) réduction f ; → rate¹, rent¹, tax

rebec [ˈriːbɛk] n (Mus) rebec m

Rebecca [rɪˈbɛkə] n Rébecca f

rebel [ˈrɛbl] → SYN ① n (also fig) rebelle mf ◆ **"Rebel Without a Cause"** (Ciné) "La Fureur de vivre"
② adj rebelle
③ [rɪˈbɛl] vi a (gen: lit, fig) se rebeller, se révolter (against contre)
b (fig) **my feet rebelled** mes pieds n'en pouvaient plus ◆ **at the sight of all that food, his stomach rebelled** à la vue de toute cette nourriture, il a eu un haut le cœur

rebellion [rɪˈbɛljən] → SYN n rébellion f, révolte f ◆ **to rise in rebellion** se rebeller, se révolter

rebellious [rɪˈbɛljəs] → SYN adj (Mil, fig) rebelle

rebelliously [rɪˈbɛljəslɪ] adv say avec révolte ; act de manière rebelle

rebelliousness [rɪˈbɛljəsnɪs] n esprit m de rébellion

rebirth [ˌriːˈbɜːθ] → SYN n renaissance f

rebirthing [ˌriːˈbɜːθɪŋ] n rebirth m

reboot [ˌriːˈbuːt] vt (Comput) réinitialiser, réamorcer

rebore [ˌriːˈbɔːʳ] (Tech) ① vt réaléser
② [ˈriːbɔːʳ] n réalésage m ◆ **this engine needs a rebore** ce moteur a besoin d'être réalésé

reborn [ˌriːˈbɔːn] adj ◆ **to be reborn** [person] (= reincarnated) se réincarner (as sth en qch) ; (= redeemed, saved) renaître ; [city] renaître ; [hatred] se réveiller ; [racism, fascism] renaître, resurgir

rebound [rɪˈbaʊnd] → SYN ① vi a [ball] rebondir (against sur) ◆ **your violent methods will rebound (on or upon you)** (fig) vos méthodes violentes se retourneront contre vous
b (after setback) reprendre du poil de la bête *
② [ˈriːbaʊnd] n [of ball] rebond m ; [of bullet] ricochet m ; [of sales, economy] reprise f ; (in prices) remontée f (in de) ◆ **to hit a ball on the rebound** frapper une balle après le premier rebond ◆ **to be on the rebound from a setback** etc (fig) (= feeling effects) être sous le coup d'un échec (or d'une déception etc) ; (= recovering) reprendre du poil de la bête * après un échec (or une déception etc) ◆ **she married him on the rebound** * elle était encore sous le coup d'une déception (sentimentale) quand elle l'a épousé

rebroadcast [ˌriːˈbrɔːdkɑːst] ① n retransmission f
② vt retransmettre

rebuff [rɪˈbʌf] → SYN ① n rebuffade f ◆ **to meet with a rebuff** essuyer une rebuffade
② vt [+ person] repousser, rabrouer ; [+ offering, suggestion] repousser

rebuild [ˌriːˈbɪld] pret, ptp **rebuilt** vt rebâtir, reconstruire ; (Med) [+ sb's face, nose] refaire

rebuilding [ˌriːˈbɪldɪŋ] n (NonC) reconstruction f

rebuilt [ˌriːˈbɪlt] vb (pt, ptp of **rebuild**)

rebuke [rɪˈbjuːk] → SYN ① n reproche m, réprimande f
② vt réprimander, faire des reproches à ◆ **to rebuke sb for sth** reprocher qch à qn ◆ **to rebuke sb for having done** reprocher à qn d'avoir fait

rebukingly [rɪˈbjuːkɪŋli] adv sur un ton de reproche

rebus [ˈriːbəs] n, pl **rebuses** rébus m

rebut [rɪˈbʌt] vt réfuter

rebuttable [rɪˈbʌtəbl] adj réfutable

rebuttal [rɪˈbʌtl] n réfutation f

rec [rɛk] n (Brit) a (abbrev of **recreation ground**) terrain m de jeux
b (abbrev of **recreation room**) [of hospital, hotel] salle f de détente ; (US) [of house] salle f de jeux

recalcitrance [rɪˈkælsɪtrəns] n caractère m or esprit m récalcitrant

recalcitrant [rɪˈkælsɪtrənt] → SYN adj récalcitrant

recalculate [ˌriːˈkælkjʊleɪt] vt (gen) recalculer ; [+ risk, probability] réévaluer

recall [rɪˈkɔːl] LANGUAGE IN USE 5.3, 26.3 → SYN
① vt a (= summon back) [+ ambassador] rappeler ; (Sport) [+ player] rappeler, sélectionner de nouveau ; [+ library book] demander le retour de ; (Comm) [+ faulty products] (already sold) rappeler ; (in shop) retirer de la vente ; (Fin) [+ capital] faire rentrer ◆ **this music recalls the past** (fig) cette musique rappelle le passé ◆ **to recall sb to life** (lit, fig) rappeler qn à la vie ◆ **to recall Parliament** convoquer le Parlement (en session extraordinaire)
b (= remember) se rappeler (that que), se souvenir de ◆ **I cannot recall meeting him or whether I met him** je ne me rappelle pas l'avoir rencontré ◆ **I recall my mother telling me about it** je me souviens que or me rappelle que ma mère m'a parlé de ça ◆ **can you recall how you felt at the time?** vous rappelez-vous ce que or vous souvenez-vous de ce que vous ressentiez à l'époque ? ◆ **as I recall** si mes souvenirs sont bons, si je me souviens bien ◆ **as far as I can recall** (pour) autant que je m'en souvienne, (pour) autant que je me rappelle (subj) ◆ **as you may** or **might recall** comme vous vous en souvenez peut-être
② n rappel m (also Mil) ◆ **the company ordered the recall of more than 900,000 cars for safety repairs** la société a demandé que 900 000 voitures soient renvoyées en usine pour des réparations concernant la sécurité ◆ **this book is on recall** (in library) on a demandé le retour de ce livre ◆ **they are demanding the recall of parliament** ils demandent que le Parlement soit convoqué en session extraordinaire ◆ **lost beyond recall** (fig) perdu à tout jamais ◆ **to have total recall of an incident** se souvenir d'un incident dans ses moindres détails
③ COMP ▷ **recall slip** n [of library] fiche f de rappel

recant [rɪˈkænt] → SYN ① vt [+ statement] rétracter ; [+ religious belief] abjurer ◆ **to recant one's opinion** se déjuger, changer d'avis
② vi se rétracter ; (Rel) abjurer

recantation [ˌriːkænˈteɪʃən] n rétractation f, reniement m ; (Rel) abjuration f

recap¹* [ˈriːkæp] ① n abbrev of **recapitulation**
② vti [rɪˈkæp] (abbrev of **recapitulate**) ◆ **well, to recap, ...** eh bien, en résumé ...

recap² [ˈriːkæp] (US) ① n (= tyre) pneu m rechapé
② vt rechaper

recapitalization [ˌriːkæpɪtəlaɪˈzeɪʃən] n restructuration f financière or du capital

recapitalize [ˌriːˈkæpɪtəlaɪz] vt restructurer le capital de, changer la structure financière de

recapitulate [ˌriːkəˈpɪtjʊleɪt] → SYN ① vt [+ argument] récapituler, faire le résumé de ; [+ facts] récapituler
② vi récapituler, faire un résumé

recapitulation [ˈriːkəˌpɪtjʊˈleɪʃən] n récapitulation f

recapture [ˌriːˈkæptʃəʳ] ① vt [+ animal, prisoner] reprendre, capturer ; (esp Sport) [+ title] reconquérir ; [+ emotion, enthusiasm] retrouver ; [film, play, book] [+ atmosphere, period] recréer
② n [of town, territory] reprise f ; [of escapee] arrestation f, capture f ; [of escaped animal] capture f

recast [ˌriːˈkɑːst] ① vt a (Metal) refondre
b [+ play, film] changer la distribution (des rôles) de ; [+ actor] donner un nouveau rôle à
c (= rewrite) refondre, remanier
② n (Metal) refonte f

recce* [ˈrɛki] n (gen, Brit Mil) abbrev of **reconnaissance**, **reconnoitre**

recd (Comm) (abbrev of **received**) reçu

recede [rɪˈsiːd] → SYN ① vi a [tide] descendre ; (fig) [coast, person, threat, danger] s'éloigner ; [memories, fear] s'estomper ; [hopes of rescue] s'amenuiser ; [lights] s'évanouir (peu à peu) ◆ **the footsteps receded** les pas se sont éloignés, le bruit des pas s'est estompé ◆ **to recede into the distance** s'éloigner, disparaître dans le lointain ◆ **if untreated the gums recede** si les gencives ne sont pas traitées, les dents se déchaussent
b [chin, forehead] être fuyant ◆ **his hair(line) is receding** son front se dégarnit
c [price] baisser
d (frm) **to recede from** [+ opinion, promise] revenir sur
② COMP ▷ **receding chin** n menton m fuyant ▷ **receding forehead** n front m fuyant ▷ **receding hairline** n front m dégarni ◆ **he has a receding hairline** son front se dégarnit

receipt [rɪˈsiːt] → SYN ① n a (NonC: esp Comm) réception f ◆ **to acknowledge receipt of** accuser réception de ◆ **on receipt of** dès réception de ◆ **I am in receipt of ...** j'ai reçu ... ◆ **to pay on receipt** payer à la réception
b (= paper) (for payment) reçu m, récépissé m (for de) ; (for parcel, letter) accusé m de réception ; (for object purchased) ticket m de caisse ; (for services) reçu m ; (for taxi) fiche f, reçu m
② **receipts** npl (Comm, Fin = money taken) recette(s) f(pl) ◆ **tax receipts** recettes fpl fiscales, rentrées fpl de l'impôt
③ vt [+ bill] acquitter
④ COMP ▷ **receipt book** n livre m or carnet m de quittances, quittancier m

receivable [rɪˈsiːvəbl] ① adj recevable
② **receivables** npl (Fin) créances fpl (recouvrables)

receive [rɪˈsiːv] → SYN ① vt a (= get) [+ letter, present, punch] recevoir ; [+ money, salary] recevoir, toucher ; [+ refusal, setback] essuyer ; (Jur) [+ stolen goods] receler ; [+ medical care] recevoir ; [+ medical treatment] subir ◆ **to receive two years or two years' imprisonment** (Jur) être condamné à deux ans de prison ◆ **we received nothing but abuse** nous n'avons reçu que des insultes ◆ **we received your request yesterday** (Comm) votre demande nous est parvenue hier ◆ **received with thanks** (Comm) pour acquit
b (= welcome) recevoir, accueillir ◆ **to receive sb with open arms** recevoir qn à bras ouverts ◆ **his suggestion was well/not well received** sa suggestion a reçu un accueil favorable/défavorable ◆ **to be received into the Church** (Rel) être reçu dans l'Église
c (Rad, TV) [+ transmission] capter, recevoir ◆ **are you receiving me?** me recevez-vous ? ; → **loud**
② vi a (frm) recevoir ◆ **the countess receives on Mondays** Madame la comtesse reçoit le lundi
b (Jur) être coupable de recel

received [rɪˈsiːvd] ① adj opinion reçu ◆ **the received wisdom** l'opinion f la plus répandue
② COMP ▷ **Received Pronunciation** n (Ling) prononciation f standard (de l'anglais) ; → **ENGLISH**

receiver [rɪˈsiːvəʳ] ① n a receveur m, -euse f ; [of letter] destinataire mf ; [of goods] consignataire m, réceptionnaire mf ; (Jur) [of stolen property] receleur m, -euse f
b (Fin, Jur) ≈ administrateur m provisoire ◆ **official receiver** (in bankruptcy) syndic m de faillite, administrateur m judiciaire ◆ **to call in the (official) receiver** placer la société en règlement judiciaire ◆ **the company is now in the hands of the receiver** l'entreprise est maintenant sous administration judiciaire
c [of telephone] récepteur m, combiné m ◆ **to pick up** or **lift the receiver** décrocher ◆ **to put down** or **replace the receiver** raccrocher

d (= radio set) (poste m) récepteur m
2 COMP ▷ **receiver rest** n commutateur m

receivership [rɪˈsiːvəʃɪp] n (Fin) ♦ **in receivership** en liquidation judiciaire ♦ **the company has gone into receivership** la société a été placée en règlement judiciaire

receiving [rɪˈsiːvɪŋ] **1** adj récepteur (-trice f), de réception ♦ **he blew his top and I was on the receiving end** * il s'est mis dans une colère noire, et c'est moi qui ai écopé * or qui en ai fait les frais * ♦ **he was on the receiving end** * **of their abuse/hatred/violence** il a fait les frais * de leurs insultes/leur haine/leur violence ♦ **receiving set** (Rad) poste m récepteur
2 n [of stolen goods] recel m
3 COMP ▷ **receiving line** n (US) rangée de personnes accueillant les invités à une réception ▷ **receiving order** n (Brit Jur) ordonnance f de mise en règlement judiciaire ▷ **receiving set** n (Rad) poste récepteur m

recension [rɪˈsenʃən] n **a** (NonC) révision f
b (= text) texte m révisé

recent [ˈriːsnt] → SYN adj event, change, invention, survey, history, winner récent ; acquaintance de fraîche date, nouveau (nouvelle f) ♦ **a recent arrival** (= person) un nouveau venu, une nouvelle venue ♦ **his recent arrival** (= action) son arrivée récente ♦ **in recent years** ces dernières années ♦ **in the recent past** ces derniers temps ♦ **his most recent book** son tout dernier livre

recently [ˈriːsntlɪ] → SYN adv (= not long ago) récemment ; (= lately) dernièrement, récemment ♦ **as recently as ...** pas plus tard que ... ♦ **until (quite) recently** jusqu'à ces derniers temps, il y a peu de temps encore

recentness [ˈriːsntnɪs] n caractère m récent

receptacle [rɪˈseptəkl] → SYN n récipient m ; (fig) réceptacle m

reception [rɪˈsepʃən] → SYN **1** n **a** (NonC) réception f
b (= ceremony) réception f
c (= welcome) réception f, accueil m ♦ **to get a favourable reception** être bien accueilli or reçu ♦ **to give sb a warm/chilly reception** faire un accueil chaleureux/froid à qn
d (Rad, TV) réception f
e (Brit: in hotel) réception f ♦ **at reception** à la réception
2 COMP ♦ **reception area** n (gen) accueil m ; [of hotel] réception f ▷ **reception centre** n centre m d'accueil ▷ **reception class** n (Brit Scol) cours m préparatoire ▷ **reception clerk** n (Brit) réceptionniste mf ▷ **reception committee** n (lit, fig) comité m d'accueil ▷ **reception desk** n bureau m de réception ▷ **reception room** n (in public building) salle f de réception ; (in private house) pièce f commune, salon m

receptionist [rɪˈsepʃənɪst] n réceptionniste mf

receptive [rɪˈseptɪv] → SYN adj person, mood réceptif (*to sth* à qch) ♦ **receptive to new ideas** réceptif or ouvert aux nouvelles idées

receptiveness [rɪˈseptɪvnɪs], **receptivity** [ˌriːsepˈtɪvɪtɪ] n réceptivité f

receptor [rɪˈseptə^r] n (Physiol, Rad) récepteur m

recess [rɪˈses] → SYN **1** n **a** (= holidays) (Jur) vacances fpl (judiciaires) ; (Parl) vacances fpl (parlementaires) ♦ **in recess** (Parl) en vacances
b (= short break) (US Jur) suspension f d'audience ; (esp US Scol) récréation f ♦ **the court is in recess** (US Jur) l'audience est suspendue
c (= alcove) renfoncement m ; [of bed] alcôve f ; [of door, window] embrasure f ; [of statue] niche f
d (= secret place) recoin m ; (fig = depths) recoin m, repli m ♦ **in the recesses of his mind** dans les recoins de son esprit
2 vt (= make an alcove in) pratiquer un renfoncement dans ; (= put in alcove) [+ bed etc] mettre dans un renfoncement
3 vi (US Jur, Parl) suspendre les séances, être en vacances
4 COMP ▷ **recess appointment** n (US Pol) nomination effectuée par le chef de l'exécutif pendant les vacances parlementaires

recessed [ˈriːsesd] adj doorway, cupboard, shelves en retrait ; window en retrait, encastré ; lighting encastré

recession [rɪˈseʃən] → SYN n **a** (NonC) recul m, régression f
b (Econ) récession f

recessional [rɪˈseʃənl] (Rel) **1** n hymne m de sortie du clergé
2 adj de sortie

recessionary [rɪˈseʃənərɪ] adj de récession

recessive [rɪˈsesɪv] adj rétrograde ; (Genetics) récessif

recharge [ˈriːˈtʃɑːdʒ] **1** vt [+ battery, gun] recharger ♦ **to recharge one's batteries** (fig) recharger ses batteries * or ses accus *
2 vi [battery] se recharger

rechargeable [rɪˈtʃɑːdʒəbl] adj battery, torch rechargeable

recherché [rəˈʃeəfei] adj style recherché

recidivism [rɪˈsɪdɪvɪzəm] n récidive f

recidivist [rɪˈsɪdɪvɪst] adj, n récidiviste mf

recipe [ˈresɪpɪ] → SYN **1** n **a** (Culin, Pharm) recette f
b (fig) **recipe for happiness** secret m du bonheur ♦ **what is your recipe for success?** quelle est votre recette pour réussir ? ♦ **lifting restrictions would be a recipe for disaster/anarchy/chaos** la levée des restrictions, c'est le meilleur moyen de s'attirer de gros ennuis/de tomber dans l'anarchie/de tomber dans le chaos
2 COMP ▷ **recipe book** n livre m de cuisine or de recettes

recipient [rɪˈsɪpɪənt] n (gen) personne f qui reçoit (*a ou a reçu etc*) ; [of letter] destinataire mf ; [of cheque] bénéficiaire mf ; [of award, decoration] récipiendaire m ; (Jur) donataire mf ; (Med) [of donated organ] receveur m, -euse f

reciprocal [rɪˈsɪprəkəl] → SYN **1** adj (= mutual) agreement réciproque, mutuel ; action, arrangement, feeling réciproque ; (Math) réciproque, inverse ; (Gram) réciproque ♦ **reciprocal visits** des échanges mpl de visites
2 n (Math) réciproque f

reciprocally [rɪˈsɪprəkəlɪ] adv réciproquement, mutuellement ; (Math) inversement

reciprocate [rɪˈsɪprəkeɪt] → SYN **1** vt [+ smiles, wishes] rendre ; [+ help] donner or offrir en retour ; [+ kindness] retourner
b (Tech) donner un mouvement alternatif à
2 vi **a** **he insulted me and I reciprocated** il m'a injurié, et je lui ai rendu la pareille ♦ **he called me a fool and I reciprocated** il m'a traité d'imbécile et je lui ai retourné le compliment
b (Tech) avoir un mouvement alternatif or de va-et-vient
3 COMP ▷ **reciprocating device** n dispositif m de va-et-vient ▷ **reciprocating engine** n moteur m alternatif

reciprocation [rɪˌsɪprəˈkeɪʃən] n **a** [of help, kindness] échange m
b (Tech) alternance f, va-et-vient m inv

reciprocity [ˌresɪˈprɒsɪtɪ] n réciprocité f

recital [rɪˈsaɪtl] → SYN **1** n **a** (= account) récit m ; [of details] énumération f
b [of poetry] récitation f, récital m ; [of music] récital m
2 **recitals** npl (Jur: in contract) préambule m

recitation [ˌresɪˈteɪʃən] → SYN n récitation f ♦ **to give a poetry recitation** dire des vers

recitative [ˌresɪtəˈtiːv] n récitatif m

recite [rɪˈsaɪt] → SYN **1** vt **a** [+ poetry] réciter, déclamer
b [+ facts] exposer ; [+ details] énumérer
2 vi réciter, déclamer

reckless [ˈreklɪs] → SYN **1** adj person, behaviour (= heedless) insouciant ; (= rash) imprudent ; disregard irresponsable ♦ **with reckless abandon** avec une désinvolture imprudente ♦ **reckless of the consequences** insouciant des conséquences
2 COMP ▷ **reckless driver** n conducteur m, -trice f imprudent(e) ▷ **reckless driving** n conduite f imprudente ▷ **reckless endangerment** n (US Jur) mise en danger d'autrui par imprudence

recklessly [ˈreklɪslɪ] adv imprudemment

recklessness [ˈreklɪsnɪs] n [of person, behaviour] (= heedlessness) insouciance f ; (= rashness) imprudence f ; [of driving] imprudence f

reckon [ˈrekən] → SYN **1** vt **a** (= calculate) [+ time, numbers, points] compter ; [+ cost, surface] calculer
b (= judge) considérer, estimer ♦ **I reckon him among my friends** je le compte parmi or au nombre de mes amis ♦ **she is reckoned (to be) a beautiful woman** elle est considérée comme une femme très belle ♦ **I reckon to finish the book by Easter** je compte terminer le livre d'ici Pâques ♦ **the price is reckoned to be too high** on considère or estime le prix trop élevé ♦ **her chances of survival cannot now be reckoned good** à l'heure actuelle on estime qu'elle a de faibles chances de survivre ♦ **the number of victims was reckoned at around 300** on a estimé le nombre de victimes à environ 300 personnes
c (* = think) penser ♦ **what do you reckon one of these houses would cost?** d'après vous or à votre avis, combien coûte une maison comme celle-ci ? ♦ **I reckon we can start** je pense qu'on peut commencer ♦ **I reckon he must be about forty** je lui donnerais la quarantaine ♦ **about thirty, I reckon** une trentaine, à mon avis
2 vi **a** calculer, compter ♦ **reckoning from tomorrow** en comptant à partir de demain, à compter de demain
b (fig) **you can reckon on 30** tu peux compter sur 30 ♦ **I was reckoning on doing that tomorrow** j'avais prévu de faire or je pensais faire cela demain ♦ **I wasn't reckoning on having to do that** je ne m'attendais pas à devoir faire cela ♦ **they reckon to sell most of them abroad** ils comptent en vendre la majorité à l'étranger ♦ **you'll have to reckon with six more** il faudra compter avec six de plus ♦ **she had not reckoned on or with an objection from them** elle ne s'attendait pas à une objection de leur part ♦ **he's a person to be reckoned with** c'est une personne avec laquelle il faut compter ♦ **if you insult him you'll have to reckon with the whole family** si vous l'insultez, vous aurez affaire à toute la famille ♦ **he was reckoning without his secretary** il avait compté sans sa secrétaire ♦ **he reckoned without the fact that ...** il n'avait pas prévu que ..., il n'avait pas tenu compte du fait que ...

▶ **reckon in** vt sep prendre en compte

▶ **reckon up** vt sep (gen) calculer ; (= add) ajouter, additionner

reckoner [ˈrekənə^r] n → **ready**

reckoning [ˈrekənɪŋ] → SYN n **a** (Math etc) (= evaluation) compte m ; (= calculation) calcul m ♦ **to be out in one's reckoning** s'être trompé dans ses calculs
b (Comm) règlement m de compte(s) (lit) ; [of hotel] note f ; [of restaurant] addition f ♦ **the day of reckoning** (Rel) le jour du Jugement ♦ **the day of reckoning can't be far away** (fig) un de ces jours ça va lui (or nous etc) retomber dessus
c (= judgement) estimation f ♦ **to the best of my reckoning** (pour) autant que je puisse en juger ♦ **in your reckoning** d'après vous, à votre avis
d (Naut) estime f ; → **dead**

reclaim [rɪˈkleɪm] → SYN **1** vt [+ land] (gen) reconquérir ; (from forest, bush) défricher ; (from sea) assécher, gagner sur la mer ; (with manure etc) amender, bonifier ; [+ by-product] récupérer ; (= demand back) réclamer (*sth from sb* qch à qn) ; [+ language, term] récupérer ; [+ title] reprendre ; [+ tax] se faire rembourser ♦ **the land has been reclaimed from the sea** la terre a été gagnée sur la mer ♦ **a campaign to reclaim the night or streets** une campagne pour protester contre l'insécurité de la ville la nuit
2 n ♦ **past** or **beyond reclaim** perdu à tout jamais ♦ **he is beyond reclaim** il ne se corrigera jamais

reclaimable [rɪˈkleɪməbl] adj land amendable ; by-products récupérable

reclamation [ˌrekləˈmeɪʃən] n **a** (= conversion) [of land] (gen) mise en valeur ; (from sea) assèchement m ; (from marsh) assèchement m, assainissement m ; (from forest, bush) défrichement m ; [of marshland] assèchement m,

assainissement m ; [of desert] reconquête f ; [of mine] reconversion f
b (= recovery) récupération f

reclassification [ˌriːklæsɪfɪˈkeɪʃən] n reclassification f

reclassify [ˌriːˈklæsɪfaɪ] vt reclasser, reclassifier

reclinable [rɪˈklaɪnəbl] adj inclinable

recline [rɪˈklaɪn] → SYN **1** vt [+ head, arm] reposer, appuyer
2 vi [person] être allongé, être étendu ◆ **she was reclining in the armchair** elle était allongée or étendue sur le fauteuil ◆ **reclining in his bath** étendu or allongé dans son bain ◆ **the seat reclines** le siège est inclinable, le dossier (du siège) est réglable
3 COMP ▷ **reclining chair** n chaise f longue ▷ **reclining seat** n [of coach, plane, car] siège m inclinable or à dossier réglable

recluse [rɪˈkluːs] → SYN n reclus(e) m(f), solitaire mf

reclusion [rɪˈkluːʒən] n réclusion f, solitude f

reclusive [rɪˈkluːsɪv] adj reclus

recognition [ˌrekəɡˈnɪʃən] → SYN n **a** (gen, Pol = acknowledgement) reconnaissance f ◆ **in recognition of ...** en reconnaissance de ...
b (= fame etc) **he seeks recognition** il veut être reconnu ◆ **this brought him recognition at last** c'est ce qui lui a enfin permis d'être reconnu ◆ **his exploits have gained world-wide recognition** ses exploits ont été reconnus dans le monde entier ◆ **to receive no recognition** passer inaperçu
c (= identification) reconnaissance f ; (Aviat) identification f ◆ **he has changed beyond or out of all recognition** il est devenu méconnaissable ◆ **he has changed it beyond or out of all recognition** il l'a rendu méconnaissable ◆ **to improve beyond or out of (all) recognition** s'améliorer jusqu'à en être méconnaissable
d (Comput) reconnaissance f ◆ **speech recognition** reconnaissance f de la parole

recognizable [ˈrekəɡnaɪzəbl] adj reconnaissable ◆ **she was easily recognizable by her walk** elle était facilement reconnaissable à sa démarche ◆ **it was instantly recognizable to him** il l'a reconnu immédiatement ◆ **he was hardly recognizable as the boy who ...** c'est à peine si l'on reconnaissait en lui le garçon qui ...

recognizably [ˌrekəɡˈnaɪzəblɪ] adv ◆ **it is recognizably different/better** on voit que c'est différent/meilleur ◆ **he was recognizably a genius** on voyait bien que c'était un génie ◆ **it was recognizably a woman's face** on reconnaissait bien un visage de femme

recognizance [rɪˈkɒɡnɪzəns] n (esp US) (Jur) engagement m ; (= sum of money) caution f (personnelle) ◆ **to enter into recognizances (for sb)** se porter caution (pour qn) ◆ **bail in his own recognizance of £1,000** mise f en liberté sous caution personnelle de 1 000 livres

recognize [ˈrekəɡnaɪz] LANGUAGE IN USE 15.1, 26.3 → SYN vt **a** (gen) reconnaître (*by* à ; *as* comme étant ; *that* que)
b (US) [chairman of meeting] donner la parole à

recognized [ˈrekəɡnaɪzd] adj (gen) reconnu ; (Comm) attitré

recoil [rɪˈkɔɪl] → SYN **1** vi **a** [person] reculer, avoir un mouvement de recul (*from* devant) ◆ **to recoil in disgust** reculer de dégoût ◆ **to recoil from doing sth** reculer devant l'idée de faire qch, se refuser à faire qch
b [gun] reculer ; [spring] se détendre ; (fig) [actions etc] retomber (*on* sur)
2 n [of gun] recul m ; [of spring] détente f ; (fig) (from disgusting sight) dégoût m (*from* pour, *de*), horreur f (*from* de) ; (from idea) répugnance f (*from* pour)

recollect [ˌrekəˈlekt] → SYN **1** vt se rappeler, se souvenir de ◆ **to recollect o.s.** se recueillir
2 vi se souvenir ◆ **as far as I (can) recollect** autant que je m'en souvienne

recollection [ˌrekəˈlekʃən] → SYN n souvenir m ◆ **to the best of my recollection** autant que je m'en souvienne ◆ **his recollection of it is vague** il ne s'en souvient que vaguement ◆ **I have some recollection of it** j'en ai un vague souvenir ◆ **I have no recollection of it** je ne m'en souviens pas, je n'en ai aucun souvenir

recombinant DNA [riːˈkɒmbɪnənt] n ADN m recombinant

recombination [ˌriːkɒmbɪˈneɪʃən] n recombinaison f

recommence [ˌriːkəˈmens] vti recommencer (*doing sth* à faire qch)

recommend [ˌrekəˈmend] LANGUAGE IN USE 19.4 → SYN
1 vt **a** (= speak good of) recommander ◆ **to recommend sth/sb to sb** recommander qch/qn à qn ◆ **to recommend sb for a job** recommander qn pour un emploi ◆ **to come highly recommended** être vivement recommandé
b (= advise) recommander, conseiller (*sb to do sth* à qn de faire qch) ◆ **to recommend doing sth** recommander de faire qch ◆ **what do you recommend for a sore throat?** que recommandez-vous pour guérir un mal de gorge ? ◆ **he was recommended to accept** on lui a recommandé or conseillé d'accepter ◆ **I recommend that you should accept the offer** je vous conseille d'accepter la proposition ◆ **it is to be recommended** c'est à conseiller ◆ **it is not to be recommended** c'est à déconseiller
c (= make acceptable) **she has a lot to recommend her** elle a beaucoup de qualités en sa faveur, il y a beaucoup à dire en sa faveur ◆ **she has little to recommend her** elle n'a pas grand-chose pour elle ◆ **the apartment has little to recommend it** l'appartement est sans grand intérêt ◆ **this biography has much to recommend it** cette biographie est vraiment à recommander
d (frm = commit) [+ child, one's soul] recommander, confier (*to* à)
2 COMP ▷ **recommended daily allowance, recommended daily amount recommended daily intake** n apport m quotidien or journalier recommandé ▷ **recommended reading** n (NonC) ouvrages mpl recommandés ▷ **recommended retail price** n (Comm) prix m conseillé

recommendable [ˌrekəˈmendəbl] adj recommandable ◆ **it is not recommendable** c'est à déconseiller

recommendation [ˌrekəmenˈdeɪʃən] → SYN n recommandation f ◆ **on the recommendation of ...** sur la recommandation de ...

recommendatory [ˌrekəˈmendətərɪ] adj de recommandation

recommittal [ˌriːkəˈmɪtl] n (US Parl) renvoi m en commission (*d'un projet de loi*)

recompense [ˈrekəmpens] **1** n **a** (= reward) récompense f ◆ **in recompense for** en récompense de
b (Jur: for damage) dédommagement m, compensation f
2 vt **a** (= reward) récompenser (*for* de)
b (Jur etc = repay) [+ person] dédommager ; [+ damage, loss] compenser, réparer

recompose [ˌriːkəmˈpəʊz] vt **a** (= rewrite) recomposer
b (= calm) **to recompose o.s.** se ressaisir, retrouver son calme or son sang-froid

reconcilable [ˈrekənsaɪləbl] adj ideas, opinions conciliable, compatible (*with* avec)

reconcile [ˈrekənsaɪl] → SYN vt [+ person] réconcilier (*to* avec) ; [+ two facts or ideas] concilier (*with* avec, *and* et) ◆ **to reconcile a dispute** régler un litige ◆ **they were reconciled** ils se sont réconciliés ◆ **to reconcile o.s. to sth** se résigner à qch, se faire à qch ◆ **to reconcile sb to sth** faire accepter qch à qn

reconciliation [ˌrekənsɪlɪˈeɪʃən] → SYN n [of persons] réconciliation f ; [of opinions, principles] conciliation f

recondite [ˈrekɒndaɪt] → SYN adj (frm) abscons (frm)

reconditely [rɪˈkɒndaɪtlɪ] adv de façon abstruse or obscure

reconditeness [rɪˈkɒndaɪtnɪs] n caractère m abstrus or obscur

recondition [ˌriːkənˈdɪʃən] → SYN vt remettre à neuf or en état ◆ **reconditioned engine** (Aut) moteur m refait à neuf or entièrement révisé ◆ **reconditioned fridge/vacuum cleaner** réfrigérateur m/aspirateur m refait à neuf or remis en état

reconfigure [ˌriːkənˈfɪɡər] vt remanier, transformer

reconnaissance [rɪˈkɒnɪsəns] → SYN **1** n (Aviat, Mil) reconnaissance f
2 COMP ▷ **reconnaissance flight** n vol m de reconnaissance ▷ **reconnaissance patrol** n patrouille f de reconnaissance

reconnect [ˌriːkəˈnekt] **1** vt [+ electricity, gas, water] rétablir ; [+ phone] remettre en service ◆ **to reconnect sb with** or **to sb/sth** remettre qn en prise avec qn/qch
2 vi se remettre en prise (*with* avec)

reconnection fee [ˌriːkəˈnekʃənˌfiː] n (Elec, Telec etc) reprise f d'abonnement

reconnoitre, reconnoiter (US) [ˌrekəˈnɔɪtər] → SYN (Aviat, Mil) **1** vt [+ region] reconnaître
2 vi faire une reconnaissance

reconnoitring [ˌrekəˈnɔɪtərɪŋ] n (Aviat, Mil) reconnaissance f

reconquer [ˌriːˈkɒŋkər] vt reconquérir

reconquest [ˌriːˈkɒŋkwest] n reconquête f

reconsider [ˌriːkənˈsɪdər] → SYN **1** vt [+ decision, opinion] reconsidérer, réexaminer ; [+ judgement] réviser ◆ **won't you reconsider it?** est-ce que vous seriez prêt à reconsidérer la question ? ◆ **to reconsider whether to resign** reconsidérer la possibilité de démissionner
2 vi (gen) reconsidérer or réexaminer la question ; (= change one's mind) changer d'avis

reconsideration [ˈriːkənˌsɪdəˈreɪʃən] n remise f en cause, nouvel examen m

reconstitute [ˌriːˈkɒnstɪtjuːt] vt (gen) reconstituer ; (Culin) réhydrater

reconstitution [ˈriːkɒnstɪˈtjuːʃən] n reconstitution f

reconstruct [ˌriːkənˈstrʌkt] → SYN vt [+ building] reconstruire, rebâtir ; [+ crime] reconstituer ; [+ policy, system] reconstruire

reconstruction [ˌriːkənˈstrʌkʃən] n [of building, policy, system] reconstruction f ; [of crime] reconstitution f ◆ **the Reconstruction** (US Hist) la Reconstruction de l'Union (*après 1865*)

reconstructive surgery [ˌriːkənˈstrʌktɪvˈsɜːdʒərɪ] n chirurgie f réparatrice

reconvene [ˌriːkənˈviːn] **1** vt reconvoquer
2 vi [committee, jury etc] se réunir or s'assembler de nouveau ; [meeting] reprendre ◆ **we will reconvene at 10 o'clock** la réunion (or l'audience etc) reprendra à 10 heures

reconvict [ˌriːkənˈvɪkt] vt condamner de nouveau

reconviction [ˌriːkənˈvɪkʃən] n nouvelle condamnation f

record [rɪˈkɔːd] LANGUAGE IN USE 27.3 → SYN
1 vt **a** (= register) [+ facts, story] enregistrer ; [+ protest, disapproval] prendre acte de ; [+ event etc] (in journal, log) noter, consigner ; (= describe) décrire ◆ **to record the proceedings of a meeting** tenir le procès-verbal d'une assemblée ◆ **to record one's vote** (Parl) voter ◆ **his speech as recorded in the newspapers** ... son discours, tel que le rapportent les journaux ... ◆ **history/the author records that ...** l'histoire/l'auteur rapporte que ... ◆ **it's not recorded anywhere** ce n'est pas attesté ◆ **to record the population** recenser la population
b [instrument, thermometer] enregistrer, marquer
c [+ speech, music] enregistrer ◆ **to record sth on tape** enregistrer qch sur bande ◆ **to record sth on video** magnétoscoper qch ◆ **this is a recorded message** (Telec) ceci est or vous écoutez un message enregistré ; → **tape**
2 vi enregistrer ◆ **he is recording at 5 o'clock** il enregistre à 5 heures ◆ **his voice does not record well** sa voix ne se prête pas bien à l'enregistrement
3 [ˈrekɔːd] n **a** (= account, report) rapport m, récit m ; (of attendance) registre m ; (of act, decision) minute f ; (of evidence, meeting) procès-verbal m ; (= official report) rapport m officiel ; (Jur) enregistrement m ; (= historical

report) document m ◆ **the society's records** les actes mpl de la société ◆ **(public) records** archives fpl, annales fpl ◆ **to make** or **keep a record** noter, consigner ◆ **this statue is a record of a past civilization** cette statue est un témoin d'une civilisation passée ◆ **it is on record that ...** (fig) c'est un fait établi or il est établi que ... ◆ **there is no similar example on record** aucun exemple semblable n'est attesté ◆ **to go/be on record as saying that ...** déclarer/avoir déclaré publiquement que ... ◆ **to put on record** consigner, mentionner (par écrit) ◆ **the highest temperatures on record** les plus fortes températures enregistrées ◆ **there is no record of his having said it** il n'est noté or consigné nulle part qu'il l'ait dit ◆ **there is no record of it in history** l'histoire n'en fait pas mention ◆ **to put** or **set the record straight** mettre les choses au clair, dissiper toute confusion possible ◆ **just to put** or **set the record straight, let me point out that ...** pour qu'il n'y ait aucune confusion possible, disons bien que ... ◆ **for the record, they refuse ...** (fig) il faut noter or signaler qu'ils refusent ... ◆ **this is strictly off the record*** ceci est à titre (purement) confidentiel or officieux, ceci doit rester strictement entre nous ◆ **the interview was off the record*** l'interview n'était pas officielle ◆ **off the record*, he did come!** il est effectivement venu, mais que ceci reste entre nous or mais je ne vous ai rien dit ◆ **on the record, he admitted that ...** (Press etc) dans ses déclarations officielles, il a reconnu que ...

b (= case history) dossier m ; (= card) fiche f ◆ **service record** (Mil) états mpl de service ◆ **(police) record** (Jur) casier m judiciaire ◆ **record of previous convictions** dossier m du prévenu ◆ **he's got a clean record, he hasn't got a record*** (Jur, Police) il a un casier (judiciaire) vierge ◆ **he's got a long record** il a un casier judiciaire chargé ◆ **France's splendid record** les succès mpl glorieux de la France ◆ **his past record** sa conduite passée ◆ **his war record** son passé militaire ◆ **his attendance record is bad** (Scol) il a été souvent absent ◆ **to have a good record at school** avoir un bon dossier scolaire ◆ **this airline has a good safety record** cette compagnie aérienne a une bonne tradition de sécurité ◆ **he left a splendid record of achievements** il avait à son compte de magnifiques réussites ; → **police, track**

c (Comput) article m

d (= recording) [of voice etc] enregistrement m

e (Audio) disque m ◆ **to make** or **cut a record** graver un disque

f (Sport, fig) record m ◆ **to beat** or **break the record** battre le record ◆ **to hold the record** détenir le record ◆ **long-jump record** record m du saut en longueur ; → **world**

g [of seismograph etc] courbe f enregistrée

4 COMP amount, attendance, result record inv ▷ **record breaker** n (= person) (gen) nouveau champion or nouvelle championne en titre ; (Sport) nouveau recordman m, nouvelle recordwoman f ; (= achievement) performance f qui établit un nouveau record ▷ **record-breaking** adj qui bat tous les records ▷ **record cabinet** n casier m à disques, discothèque f (meuble) ▷ **record card** n fiche f ▷ **record company** n maison f de disques ▷ **record dealer** n disquaire mf ▷ **record deck** n platine f disques ▷ **record holder** n détenteur m, -trice f du record ▷ **record library** n discothèque f (collection) ▷ **record player** n tourne-disque m ▷ **record producer** n producteur m, -trice f de disques ▷ **record time** n to do sth in record time faire qch en un temps record ▷ **record token** n chèque-cadeau m (à échanger contre un disque), chèque-disque m

recorded [rɪˈkɔːdɪd] **1** adj **a** music, message enregistré ; programme préenregistré, transmis en différé

b (= noted) fact, occurrence attesté, noté ; crime signalé ; history écrit

2 COMP ▷ **recorded delivery** n (Brit Post) (= service) ≈ recommandé m (avec accusé de réception) ; (= letter, parcel) envoi m en recommandé ◆ **to send sth by recorded delivery** ≈ envoyer qch en recommandé

recorder [rɪˈkɔːdər] → SYN n **a** [of official facts] archiviste mf ; (= registrar) greffier m

b (Brit Jur) ≈ avocat m nommé à la fonction de juge ; (US Jur) ≈ juge m suppléant

c [of sounds] (= apparatus) appareil m enregistreur ; (= tape recorder) magnétophone m ; (= cassette recorder) magnétophone m à cassettes ; → **video**

d (= person) artiste mf qui enregistre

e (Mus) flûte f à bec ◆ **descant/treble/tenor/bass recorder** flûte f à bec soprano/alto/ténor/basse

recording [rɪˈkɔːdɪŋ] → SYN **1** n [of sound, facts] enregistrement m ◆ **"this programme is a recording"** (Rad) "ce programme a été enregistré"

2 adj artist qui enregistre ; apparatus enregistreur

3 COMP ▷ **the Recording Angel** n (Rel) l'ange qui tient le grand livre des bienfaits et des méfaits ▷ **recording equipment** n matériel m d'enregistrement ▷ **recording session** n séance f d'enregistrement ▷ **recording studio** n studio m d'enregistrement ▷ **recording tape** n bande f or ruban m magnétique ▷ **recording van** n (Rad, TV) car m de reportage

recount [rɪˈkaʊnt] → SYN vt (= relate) raconter, narrer ◆ **to recount how an accident happened** retracer les circonstances d'un accident

re-count [ˌriːˈkaʊnt] **1** vt recompter, compter de nouveau

2 [ˈriːkaʊnt] n [of votes] recomptage m or nouveau comptage m des voix

recoup [rɪˈkuːp] **1** vt **a** (= make good) [+ losses] récupérer ◆ **to recoup costs** [person] rentrer dans ses fonds, [earnings] couvrir les frais ; [course of action] permettre de couvrir les frais

b (= reimburse) dédommager (for de) ◆ **to recoup o.s.** se dédommager, se rattraper

c (Jur) déduire, défalquer

2 vi récupérer ses pertes

recoupable [rɪˈkuːpəbl] adj (Fin) recouvrable

recourse [rɪˈkɔːs] → SYN **1** n recours m (to à) ◆ **to have recourse to ...** avoir recours à ..., recourir à ...

2 vi ◆ **to recourse to sth** avoir recours à qch

recover [rɪˈkʌvər] → SYN **1** vt [+ sth lost, one's appetite, reason, balance] retrouver ; [+ sth lent] reprendre (from sb à qn), récupérer ; [+ lost territory] regagner, reconquérir ; [+ sth floating] repêcher ; [+ space capsule, wreck] récupérer ; (Ind etc) [+ materials] récupérer ; (Fin) [+ debt] recouvrer, récupérer ; [+ goods, property] rentrer en possession de ◆ **to recover one's breath** reprendre haleine or sa respiration ◆ **to recover one's strength** reprendre des forces ◆ **to recover consciousness** revenir à soi, reprendre connaissance ◆ **to recover one's sight/health** retrouver or recouvrer la vue/la santé ◆ **to recover land from the sea** conquérir du terrain sur la mer ◆ **to recover lost ground** (fig) se rattraper ◆ **to recover o.s.** or **one's composure** se ressaisir, se reprendre ◆ **to recover expenses** rentrer dans ses frais, récupérer ses débours ◆ **to recover one's losses** réparer ses pertes ◆ **to recover damages** (Jur) obtenir des dommages-intérêts

2 vi **a** (after shock, accident) se remettre (from de) ; (from illness) guérir, se rétablir (from de) ; (= regain consciousness) revenir à soi, reprendre connaissance ; (after error) se ressaisir ; [economy, currency] se rétablir, se redresser ; [stock market] reprendre, [shares] remonter ◆ **she has completely recovered** elle est tout à fait rétablie

b (Jur) obtenir gain de cause ◆ **right to recover** droit m de reprise

re-cover [ˌriːˈkʌvər] vt recouvrir

recoverable [rɪˈkʌvərəbl] adj goods, knowledge récupérable ; costs, debts recouvrable ; losses réparable

recovered [rɪˈkʌvəd] **1** adj (after illness) guéri, remis

2 COMP ▷ **recovered memory** n (Psych) (= thing remembered) souvenir d'une expérience traumatisante rappelé par psychothérapie ; (NonC) (= ability to remember) rappel d'expériences traumatisantes par psychothérapie

recovery [rɪˈkʌvərɪ] LANGUAGE IN USE 23.4 → SYN

1 n **a** (from illness) guérison f (from sth de qch) ; (from operation) rétablissement m ◆ **he is making a good recovery** (gen) il se remet bien ; (from illness) il est en bonne voie de guérison ; (from operation) il est en bonne voie de rétablissement ◆ **to make a full recovery** (from illness) guérir complètement ; (from operation) se remettre complètement ◆ **he made a good recovery from his stroke** il s'est bien remis de son attaque ◆ **best wishes for a speedy recovery** meilleurs vœux de prompt rétablissement ◆ **to be (well) on the road** or **way to recovery** être en (bonne) voie de guérison ◆ **to be in recovery** (from alcohol, drug addiction) être en cure de désintoxication ◆ **to be past recovery** sick person être dans un état désespéré, situation être sans remède, être irrémédiable ◆ **to make a recovery** (Sport) se ressaisir

b (Fin, Econ) [of economy, market] reprise f, redressement m ; [of shares] remontée f ◆ **a recovery in sales/in the housing market** une reprise des ventes/du marché de l'immobilier ◆ **to engineer the recovery of the economy** relancer l'économie ◆ **to be on the road to recovery** être sur la voie de la reprise

c (= retrieval) (gen) récupération f ; [of body] (from water) repêchage m ◆ **a reward for the recovery of the Turner painting** une récompense à la personne qui permettra de retrouver or récupérer le tableau de Turner

d (= regaining) [of memory, sight, health] recouvrement m ; [of consciousness, breath, strength] reprise f ; [of territory] reconquête f ◆ **to bring about the recovery of sb's equanimity/reason/appetite** faire retrouver à qn sa sérénité/sa raison/son appétit

e (Fin) [of expenses] remboursement m ; [of debt] recouvrement m ; [of losses] réparation f ; (Jur) [of damages] obtention f

2 COMP ▷ **recovery operation** n opération f de récupération (d'un vaisseau spatial etc) ▷ **recovery position** n (Med) position f latérale de sécurité ◆ **to put sb in the recovery position** mettre qn en position latérale de sécurité ▷ **recovery room** n (Med) salle f de réveil ▷ **recovery ship** n (Space, Naut) navire m de récupération ▷ **recovery team** n (Aviat, Naut) équipe f de sauvetage ▷ **recovery vehicle** n (Aut) dépanneuse f ▷ **recovery vessel** n (Space, Naut) ⇒ **recovery ship**

recreant [ˈrekrɪənt] adj, n (liter) lâche mf, traître(sse) m(f)

recreate [ˌriːkrɪˈeɪt] vt recréer

recreation [ˌrekrɪˈeɪʃən] → SYN **1** n **a** (NonC) récréation f, détente f ◆ **for recreation I go fishing** je vais à la pêche pour me détendre

b (Scol) récréation f, récré* f

2 COMP ▷ **recreation ground** n terrain m de jeux ▷ **recreation room** n [of school, hospital etc] salle f de récréation ; (US) [of home] salle f de jeux

recreational [ˌrekrɪˈeɪʃənəl] **1** adj (gen) pour les loisirs ◆ **recreational facilities** équipements mpl de loisirs

2 COMP ▷ **recreational drug** n drogue f euphorisante ▷ **recreational sex** n rapports mpl sexuels purement physiques ▷ **recreational therapist** n thérapeute qui soigne par le jeu ▷ **recreational therapy** n thérapie par le jeu ▷ **recreational vehicle** n (US) camping-car m, autocaravane f

recreative [ˈrekrɪˌeɪtɪv] adj récréatif, divertissant

recriminate [rɪˈkrɪmɪneɪt] vi récriminer (against contre)

recrimination [rɪˌkrɪmɪˈneɪʃən] → SYN n récrimination f

recriminatory [rɪˈkrɪmɪneɪtərɪ] adj argument récriminateur (-trice f), plein de récriminations ; shout de protestation ◆ **recriminatory remark** récrimination f

rec room* [ˈrekrʊm] n (US) (abbrev of **recreation room**) salle f de jeux

recrudesce [ˌriːkruːˈdes] vi (liter) être en recrudescence

recrudescence [ˌriːkruːˈdesns] n (liter) recrudescence f

recrudescent [ˌriːkruːˈdesnt] adj (liter) recrudescent

recruit [rɪˈkruːt] → SYN 1 n (Mil, fig) recrue f ♦ the party gained recruits from the middle classes le parti faisait des recrues dans la bourgeoisie ; → raw
 2 vt [+ member, soldier, staff] recruter ♦ the party was recruited from the middle classes le parti se recrutait dans la bourgeoisie ♦ he recruited me to help il m'a embauché* pour aider

recruitable [rɪˈkruːtəbl] adj qui peut être recruté

recruiting [rɪˈkruːtɪŋ] 1 n recrutement m
 2 COMP ▷ **recruiting office** n (Mil) bureau m de recrutement ▷ **recruiting officer** n (officier m) recruteur m

recruitment [rɪˈkruːtmənt] 1 n recrutement m
 2 COMP ▷ **recruitment agency** n agence f de recrutement ▷ **recruitment consultant** n conseil m en recrutement

recrystallization [ˌriːkrɪstəlaɪˈzeɪʃən] n recristallisation f

recrystallize [riːˈkrɪstəlaɪz] vti recristalliser

recta [ˈrektə] npl of rectum

rectal [ˈrektəl] adj rectal

rectally [ˈrektəlɪ] adv administrer par voie rectale

rectangle [ˈrekˌtæŋgl] n rectangle m

rectangular [rekˈtæŋgjʊləʳ] adj rectangulaire

rectifiable [ˈrektɪfaɪəbl] adj rectifiable

rectification [ˌrektɪfɪˈkeɪʃən] n (gen, Chem, Math) rectification f ; (Elec) redressement m

rectifier [ˈrektɪfaɪəʳ] n (Elec) redresseur m

rectify [ˈrektɪfaɪ] → SYN vt a [+ error] rectifier, corriger ♦ to rectify an omission réparer une négligence ou un oubli
 b (Chem, Math) rectifier
 c (Elec) redresser

rectilineal [ˌrektɪˈlɪnɪəl], **rectilinear** [ˌrektɪˈlɪnɪəʳ] adj rectiligne

rectitude [ˈrektɪtjuːd] → SYN n rectitude f

rectocele [ˈrektəʊsiːl] n rectocèle m

rector [ˈrektəʳ] n a (Rel) pasteur m *(anglican)*
 b (Scot Scol) proviseur m (de lycée) ; (Univ) ≈ recteur m

rectorship [ˈrektəʃɪp] n (Scot Scol) provisorat m ; (Univ) ≈ rectorat m

rectory [ˈrektərɪ] n presbytère m *(anglican)*

rectricial [rekˈtrɪʃəl] adj recteur

rectrix [ˈrektrɪks] n, pl **rectrices** [ˈrektrɪˌsiːz] rectrice f

rectum [ˈrektəm] n, pl **rectums** or **recta** rectum m

recumbent [rɪˈkʌmbənt] adj (liter) person allongé, étendu ♦ **recumbent figure** (Art) (gen) figure f couchée or allongée ; (on tomb) gisant m

recuperate [rɪˈkuːpəreɪt] → SYN 1 vi (Med) se rétablir, récupérer
 2 vt [+ object] récupérer ; [+ losses] réparer

recuperation [rɪˌkuːpəˈreɪʃən] n (Med) rétablissement m ; [of materials etc] récupération f

recuperative [rɪˈkuːpərətɪv] adj powers de récupération ; holiday, effect réparateur (-trice f)

recur [rɪˈkɜːʳ] → SYN vi a (= happen again) [error, event] se reproduire ; [idea, theme] se retrouver, revenir ; [illness, infection] réapparaître ; [opportunity, problem] se représenter
 b (= come to mind again) revenir à la mémoire *(to sb de qn)*
 c (Math) se reproduire périodiquement

recurrence [rɪˈkʌrəns] n [of problem, event, idea, theme] répétition f ; [of headache, symptom] réapparition f ; [of opportunity, problem] réapparition f, retour m ♦ **a recurrence of the illness** un nouvel accès de la maladie, une rechute ♦ let there be no recurrence of this que ceci ne se reproduise plus

recurrent [rɪˈkʌrənt] → SYN 1 adj a (= recurring) récurrent ♦ recurrent bouts of tonsillitis de fréquentes angines fpl ♦ recurrent bouts of malaria des crises fpl de paludisme intermittentes ♦ a recurrent feature un phénomène récurrent, une constante
 b (Anat) récurrent

 2 COMP ▷ **recurrent expenses** npl (gen) dépenses fpl courantes ; (Comm) frais mpl généraux

recurring [rɪˈkɜːrɪŋ] 1 adj a ⇒ recurrent a
 b (Math) 3.3333 recurring 3,3 à l'infini ♦ 0.2727 recurring 0,27 périodique
 2 COMP ▷ **recurring decimal** n fraction f décimale récurrente or périodique

recursion [rɪˈkɜːʃən] n (Math, Gram) récurrence f

recursive [rɪˈkɜːsɪv] adj (Gram) récursif

recursively [rɪˈkɜːsɪvlɪ] adv de façon récursive

recursiveness [rɪˈkɜːsɪvnɪs] n récursivité f

recusant [ˈrekjʊzənt] adj (Rel) réfractaire

recyclable [ˌriːˈsaɪkləbl] adj recyclable

recycle [ˌriːˈsaɪkl] → SYN 1 vt (gen) recycler ; [+ waste, water] retraiter ; (Ind) [+ revenue] réinvestir
 2 COMP ▷ **recycled paper** n papier m recyclé

recycling [ˌriːˈsaɪklɪŋ] 1 n recyclage m
 2 COMP ▷ **recycling plant** n (gen) usine f de recyclage ; (for large-scale or toxic waste) usine f de traitement des déchets ▷ **recycling scheme** n programme m de recyclage

red [red] → SYN 1 adj a (in colour) rouge ; hair roux (rousse f) ♦ red as a beetroot (Brit) or a beet (US) rouge comme une tomate ♦ to go as red as a beetroot (Brit) or a beet (US) (gen, from effort, sun, alcohol, embarrassment) devenir rouge comme une tomate or une pivoine ; (from anger) devenir rouge de colère ♦ he was rather red in the face (naturally) il était rougeaud, il avait le teint rouge ♦ her face was red (gen, from anger, effort, sun, heat, alcohol) elle avait le visage rouge ; (= ashamed, embarrassed) elle était rouge jusqu'aux oreilles ♦ was I red in the face!*, was my face red!*, did I have a red face!* j'étais rouge jusqu'aux oreilles ! ♦ he went red in the face son visage est devenu tout rouge ♦ red with anger rouge de colère ♦ to go or turn red with embarrassment rougir de confusion or d'embarras ♦ nature red in tooth and claw la nature impitoyable or sauvage ♦ to go into red ink* (US) [company] être dans le rouge ; [individual] se mettre à découvert ♦ to bleed red ink* [business, company] battre de l'aile ♦ it's like a red rag to a bull (Brit) c'est comme le rouge pour les taureaux ♦ that is like a red rag to him (Brit) il voit rouge quand on lui en parle (or quand on le lui montre etc) ♦ to see red voir rouge ♦ it's not worth a red cent* (US) ça ne vaut pas un rond* ♦ I didn't get a red cent! (US) je n'ai pas touché un centime or un rond !* ♦ (Prov) red sky at night, shepherd's delight, red sky in the morning, shepherd's warning ciel rouge le soir, signe de beau temps, ciel rouge le matin, signe de mauvais temps ; see also 3 ; → **blood, brick, man, paint**
 b (Pol * pej) rouge ♦ better red than dead plutôt rouge que mort
 2 n a (= colour, wine) rouge m
 b (Pol = person) rouge mf, communiste mf ♦ he sees reds under the bed il voit des communistes partout
 c (Billiards) bille f rouge ; (Roulette) rouge m
 d (fig) to be in the red* [individual] être à découvert ; [company] être en déficit ♦ to get out of the red ne plus être à découvert, combler le déficit ♦ to be £100 in the red avoir un découvert or un déficit de 100 livres
 e (US Hist = Indians) the Reds les Peaux-Rouges mpl
 f "The Red and the Black" (Literat) "Le Rouge et le Noir"
 3 COMP ▷ **red admiral (butterfly)** n vulcain m ▷ **red alert** n alerte f maximale or rouge ♦ to be on red alert (Mil) être en état d'alerte maximale ▷ **the Red Army** n l'Armée f rouge ▷ **Red Army Faction** n Fraction f armée rouge ▷ **red-backed shrike** n pie-grièche f écorcheur ▷ **red bandfish** n cépole f ▷ **red biddy** * n *vin rouge mélangé à de l'alcool à brûler* ▷ **red-blooded** adj vigoureux ▷ **red-breasted merganser** n harle m huppé ▷ **red-brick** adj en briques rouges ◊ n (Brit: also red-brick university) université f de fondation assez récente ▷ **the Red Brigades** (Pol) les Brigades fpl rouges ▷ **red cabbage** n chou m rouge ▷ **red cap** n (Brit Mil *) policier m militaire ; (US Rail) porteur m ▷ **red card** n (Ftbl) carton m rouge ♦ to be shown the red card (lit, fig) recevoir un carton rouge ▷ **red-card** vt to red-card sb donner un carton rouge à qn ▷ **red carpet** n (fig) to roll out the red carpet for sb dérouler le tapis rouge pour recevoir qn, recevoir qn en grande pompe ▷ **red-carpet treatment** n accueil m en grande pompe ▷ **red chalk** n (Art) sanguine f ▷ **Red China** n la Chine communiste ▷ **red corpuscle** n globule m rouge ▷ **Red Crescent** n Croissant-Rouge m ▷ **Red Cross (Society)** n Croix-Rouge f ▷ **red deer** n cerf m noble or élaphe ▷ **red duster*, red ensign** n (Naut) pavillon m de la marine marchande (britannique) ▷ **red dwarf** n (Astron) (étoile f) naine f rouge ▷ **red-eye** n (Phot) (effet m) yeux mpl rouges ; (US) mauvais whisky m ; (* = night flight: also red-eye flight) avion m or vol m de nuit ▷ **red-eyed** adj aux yeux rouges ▷ **red-faced** adj (lit) rougeaud, rubicond ; (fig) gêné, rouge de confusion ▷ **Red Flag** n drapeau m rouge ♦ "The Red Flag" *hymne du parti travailliste* ▷ **red flag** n (= danger signal) avertissement m ▷ **red giant** n (Astron) géante f rouge ▷ **red grouse** n grouse f, lagopède m d'Écosse ▷ **the Red Guard** n (in former USSR) la garde rouge ▷ **the Red Guards** npl (in China) les gardes mpl rouges ▷ **red gurnard** n rouget m grondin ▷ **red-haired** adj roux (rousse f) ▷ **red-handed** adj to be caught red-handed être pris en flagrant délit or la main dans le sac ▷ **red hat** n (Rel) chapeau m de cardinal ▷ **red-headed** adj ⇒ red-haired ▷ **red heat** n to raise iron to red heat chauffer le fer au rouge ▷ **red herring** n (lit) hareng m saur ♦ that's a red herring c'est pour brouiller les pistes, c'est une diversion ▷ **red-hot** adj (lit) chauffé au rouge, brûlant ; (fig = enthusiastic) ardent, enthousiaste ; (fig = up to the moment) news, information de dernière minute ; (fig = very popular) excellent ◊ n (US Culin *) hot-dog m ▷ **red-hot poker** n (Bot) tritoma m, kniphofia m ▷ **Red Indian** n Peau-Rouge mf ▷ **red kite** n (Orn) milan m royal ▷ **red lead** n minium m ▷ **red-legged partridge** n perdrix f rouge ▷ **red-letter day** n jour m mémorable, jour m à marquer d'une pierre blanche ▷ **red light** n (Aut) feu m rouge ♦ to go through the red light passer au rouge, griller* or brûler un feu rouge ▷ **red-light district** n quartier m chaud*, quartier m des prostituées ▷ **red man**, pl **red men** (US) Indien m *(aux USA)* ♦ it's the red man (Brit: at pedestrian crossing) c'est rouge (pour les piétons) ▷ **red meat** n viande f rouge ▷ **red mist** n he saw the red mist il a vu rouge * ▷ **red mullet** n rouget m barbet ▷ **red-necked grebe** n grèbe m jougris ▷ **Red Nose Day** n *journée durant laquelle on porte un nez rouge en plastique pour collecter de l'argent destiné aux œuvres charitables* ▷ **red oak** n chêne m rouge d'Amérique ▷ **red ochre** n (Miner) ocre f rouge ▷ **red pepper** n poivron m rouge ▷ **the Red Planet** n la Planète rouge ▷ **red rattle** n (Bot) pédiculaire f des marais ▷ **Red Riding Hood** n (also Little Red Riding Hood) le Petit Chaperon rouge ▷ **red salmon** n saumon m rouge ▷ **Red Sea** n (Geog) mer f Rouge ▷ **red sea bream** n daurade f (or dorade f) rose ▷ **red setter** n setter m irlandais ▷ **red shank** n chevalier m gambette ▷ **red shift** n (Astron) décalage m vers le rouge ▷ **red snapper** n vivaneau m ▷ **Red Square** n (in Moscow) la place Rouge ▷ **red squirrel** n écureuil m roux ▷ **red tape** n (fig) paperasserie f, bureaucratie f tatillonne ▷ **red wine** n vin m rouge

redact [rɪˈdækt] vt (frm) (= draw up) rédiger ; (= edit) éditer

redaction [rɪˈdækʃən] n (frm) (= version) rédaction f ; (= editing) édition f

redan [rɪˈdæn] n (Archit) redan m

redbreast [ˈredbrest] n rouge-gorge m

redcoat [ˈredkəʊt] n (Hist) soldat m anglais ; (Brit) (in holiday camp) animateur m, -trice f

redcurrant [ˌredˈkʌrənt] n groseille f (rouge)

redden [ˈredn] → SYN 1 vt rendre rouge, rougir
 2 vi [person] rougir ; [foliage] roussir, devenir roux

reddish ['redɪʃ] adj (gen) tirant sur le rouge, rougeâtre (pej); hair tirant sur le roux, roussâtre (pej) ◆ **reddish-brown** (gen) d'un brun rouge, brun-rougeâtre inv (pej); hair d'un brun roux, brun-roussâtre inv (pej)

redecorate [ˌriːˈdekəreɪt] **1** vt [+ room, house] (= repaint) repeindre; (= redesign) refaire la décoration de
2 vi (= repaint) refaire les peintures; (= redesign) refaire la décoration

redecoration [riːˌdekəˈreɪʃən] n remise f à neuf des peintures, remplacement m des papiers peints

redeem [rɪˈdiːm] → SYN vt (= buy back) racheter; (from pawn) dégager; (Fin) [+ debt] amortir, rembourser; [+ bill] honorer; [+ mortgage] purger; [+ insurance policy] encaisser; (Comm) [+ coupon, token] échanger (for contre); (US) [+ banknote] convertir en espèces; [+ promise] tenir; [+ obligation] s'acquitter de, satisfaire à; (Rel) [+ sinner] racheter, rédimer (frm); (= compensate for) [+ failing] racheter, compenser; [+ fault] réparer ◆ **to redeem o.s.** or **one's honour** se racheter ◆ **to redeem sb/sth from sth** sauver qn/qch de qch

redeemable [rɪˈdiːməbl] adj voucher échangeable (against sth contre qch); bond, bill remboursable; mortgage remboursable, amortissable; debt amortissable; insurance policy encaissable; (from pawn) qui peut être dégagé ◆ **the vouchers are redeemable on selected items** les bons sont à valoir sur l'achat de certains articles ◆ **the catalogue costs £5, redeemable against a first order** le catalogue coûte 5 livres, remboursées à la première commande

Redeemer [rɪˈdiːməʳ] n (Rel) Rédempteur m

redeeming [rɪˈdiːmɪŋ] adj ◆ **to have some redeeming features** avoir des qualités qui rachètent or compensent les défauts ◆ **I could not find a single redeeming feature in this book** je n'ai pas trouvé la moindre qualité à ce livre ◆ **a book with no redeeming qualities** un livre qu'aucune qualité ne vient sauver, un livre sans la moindre qualité pour racheter ses défauts ◆ **his one redeeming quality is ...** la seule chose qui peut le racheter est ...

redefine [ˌriːdɪˈfaɪn] vt (gen) redéfinir ◆ **to redefine the problem** modifier les données du problème

redemption [rɪˈdempʃən] → SYN **1** n **a** (= salvation) (gen) rédemption f, rachat m; (Rel) rédemption f ◆ **beyond** or **past redemption** person définitivement perdu (fig); object irréparable; situation irrémédiable
b (Fin) [of mortgage] remboursement m, purge f (SPEC); [of bond] remboursement m; [of debt] remboursement m, amortissement m; (from pawn) dégagement m
2 COMP ▷ **redemption value** n valeur f de remboursement ▷ **redemption yield** n (St Ex) rendement m actuariel brut

redemptive [rɪˈdemptɪv] adj rédempteur (-trice f)

redeploy [ˌriːdɪˈplɔɪ] vt [+ troops] redéployer; [+ workers, staff] (gen) redéployer; (to new location) réaffecter; (Econ) [+ sector etc] redéployer

redeployment [ˌriːdɪˈplɔɪmənt] n [of troops, weapons, resources, funds] redéploiement m ((in)to sth dans qch); [of workers, staff] (gen) redéploiement m (to sth dans qch); (to new location) réaffectation f

redesign [ˌriːdɪˈzaɪn] vt reconcevoir

redevelop [ˌriːdɪˈveləp] vt [+ area] rénover, réaménager

redevelopment [ˌriːdɪˈveləpmənt] **1** n [of area] rénovation f, réaménagement m
2 COMP ▷ **redevelopment area** n zone f de rénovation or de réaménagement

redhead ['redhed] n roux m, rousse f, rouquin(e) * m(f)

redia ['riːdɪə] n, pl **rediae** ['riːdɪˌiː] rédie f

redial [ˌriːˈdaɪəl] (Telec) **1** vt recomposer
2 vi recomposer le numéro
3 ['riːdaɪəl] COMP ▷ **redial button** n touche f bis ▷ **redial facility** n rappel m du dernier numéro composé

redid [ˌriːˈdɪd] vb (pt of **redo**)

redirect [ˌriːdaɪˈrekt] vt [+ letter, parcel] faire suivre, réexpédier; [+ funds, resources] réallouer; [+ traffic] dévier ◆ **to redirect one's energies** réorienter or rediriger son énergie (towards vers)

rediscover [ˌriːdɪsˈkʌvəʳ] vt redécouvrir

redistribute [ˌriːdɪsˈtrɪbjuːt] vt redistribuer

redistribution [ˌriːdɪstrɪˈbjuːʃən] n redistribution f

redistrict [ˌriːˈdɪstrɪkt] **1** vt (US Pol, Admin) soumettre à un redécoupage électoral (or administratif)
2 vi (US Pol, Admin) se soumettre à un redécoupage électoral (or administratif)

redistricting [ˌriːˈdɪstrɪktɪŋ] n (US Pol, Admin) redécoupage m électoral (or administratif)

redline ['redlaɪn] vt (US Fin) pratiquer une discrimination financière envers

redneck * ['rednek] n (esp US) rustre m, péquenaud(e) * m(f)

redness ['rednɪs] n rougeur f; [of hair] rousseur f

redo [ˌriːˈduː] pret **redid**, ptp **redone** vt refaire

redolence ['redəʊləns] n (liter) parfum m, odeur f agréable

redolent ['redəʊlənt] adj (liter) **a** (= evocative) **redolent of sth** évocateur (-trice f) de qch ◆ **to be redolent of sth** évoquer qch
b (= smelling) **to be redolent with sth** sentir qch ◆ **the air was redolent with the smell of freshly-baked bread** l'air embaumait le pain frais

redone [ˌriːˈdʌn] vb (ptp of **redo**)

redouble [ˌriːˈdʌbl] **1** vt **a** redoubler ◆ **to redouble one's efforts** redoubler ses efforts or d'efforts
b (Bridge) surcontrer
2 vi redoubler
3 n (Bridge) surcontre m

redoubt [rɪˈdaʊt] n (Mil) redoute f

redoubtable [rɪˈdaʊtəbl] adj redoutable, formidable

redound [rɪˈdaʊnd] vi (frm) contribuer (to à) ◆ **to redound upon** retomber sur ◆ **to redound to sb's credit** être (tout) à l'honneur de qn

redpoll ['redpɒl] n (Orn) sizerin m flammé

redraft [ˌriːˈdrɑːft] vt rédiger de nouveau

redraw [riːˈdrɔː] vt [+ map, border] remanier

redress [rɪˈdres] → SYN **1** vt [+ situation] redresser; [+ wrong, grievance] réparer ◆ **to redress the balance (between)** rétablir l'équilibre (entre)
2 n réparation f (for sth pour qch) ◆ **redress against sb** recours m contre qn ◆ **redress of grievances** réparation f ◆ **to have no redress** n'avoir aucun recours ◆ **to seek redress** exiger or demander réparation

redskin ['redskɪn] n Peau-Rouge mf

redstart ['redstɑːt] n (Orn) rouge-queue m

reduce [rɪˈdjuːs] → SYN **1** vt **a** (= lessen) réduire (to à; by de), diminuer; (= shorten) raccourcir; (= weaken) affaiblir; (= lower) abaisser; [+ drawing, plan] réduire; [+ expenses] réduire, restreindre; [+ price] baisser, diminuer; (Med) [+ swelling] résorber, résoudre; [+ temperature] faire descendre, abaisser; (Culin) [+ sauce] faire réduire; (Ind) [+ output] ralentir; (Mil etc: in rank) rétrograder, réduire à un grade inférieur ◆ **to reduce sb to the ranks** (Mil) casser qn ◆ **to reduce unemployment** réduire le chômage; (gradually) résorber le chômage ◆ **to reduce speed** (in car) diminuer la vitesse, ralentir ◆ **"reduce speed now"** "ralentir" ◆ **to reduce the age of retirement to 58** ramener l'âge de la retraite à 58 ans ◆ **to reduce a prisoner's sentence** (Jur) réduire la peine d'un prisonnier
b (Chem, Math, fig) réduire (to en, à) ◆ **to reduce sth to a powder/to pieces/to ashes** réduire qch en poudre/en morceaux/en cendres ◆ **to reduce an argument to its simplest form** réduire un raisonnement à sa plus simple expression, simplifier un raisonnement au maximum ◆ **it has been reduced to nothing** cela a été réduit à zéro ◆ **he's reduced to a skeleton** il n'est plus qu'un squelette ambulant ◆ **to reduce sb to silence/obedience/despair** réduire qn au silence/à l'obéissance/au désespoir ◆ **to reduce sb to begging/to slavery** réduire qn à la mendicité/en esclavage ◆ **to be reduced to begging** être réduit or contraint à mendier ◆ **to reduce sb to submission** soumettre qn ◆ **to reduce sb to tears** faire pleurer qn ◆ **to reduce sth to writing** (Admin, Jur) consigner qch par écrit
2 vi (esp US = slim) maigrir ◆ **to be reducing** être au régime
3 COMP ▷ **reducing agent** n (Chem) (agent m) réducteur m

reduced [rɪˈdjuːst] **1** adj (gen) réduit ◆ **to buy at a reduced price** [+ ticket] acheter à prix réduit; [+ goods] acheter au rabais or en solde ◆ **to be reduced** (Comm) être soldé or en solde ◆ **"reduced"** (on ticket) "prix réduit" ◆ **on a reduced scale** reproduce à échelle réduite; act, plan sur une plus petite échelle ◆ **in reduced circumstances** (frm) dans la gêne
2 COMP ▷ **reduced instruction set computer** n ordinateur m à jeu d'instructions réduit ▷ **reduced instruction set computing** n traitement m avec jeu d'instructions réduit

reducer [rɪˈdjuːsəʳ] n (= slimming device) appareil m d'amaigrissement; (Phot) réducteur m

reducible [rɪˈdjuːsəbl] adj réductible

reductase [rɪˈdʌkteɪz] n (Bio) réductase f

reductio ad absurdum [rɪˌdʌktɪəʊˌæd əbˈsɜːdəm] n réduction f à l'absurde

reduction [rɪˈdʌkʃən] n **a** réduction f; (in length) raccourcissement m; (in width) diminution f; [of expenses, staff] réduction f, compression f; [of prices, wages] diminution f, baisse f; [of temperature] baisse f; (Elec) [of voltage] diminution f; (Jur) [of sentence] réduction f, modération f; (Med) [of swelling] résorption f, résolution f; (Phot) réduction f; (Tech) démultiplication f ◆ **to make a reduction on an article** (Comm) faire une remise sur un article ◆ **to sell sth at a reduction** (Comm) vendre qch au rabais ◆ **reduction for cash** escompte m au comptant ◆ **reduction of taxes** dégrèvement m d'impôts ◆ **reduction of speed** ralentissement m ◆ **reduction in strength** (Mil etc) réduction f or diminution f des effectifs ◆ **reduction in rank** rétrogradation f
b (Culin) réduction f

reductionism [rɪˈdʌkʃəˌnɪzəm] n **a** (pej) approche f réductrice
b (Philos) réductionnisme m

reductionist [rɪˈdʌkʃənɪst] **1** adj **a** (pej) réducteur
b (Philos) réductionniste
2 n **a** (pej) personne f aux vues réductrices
b (Philos) réductionniste mf

reductive [rɪˈdʌktɪv] adj (pej = simplistic) réducteur (-trice f), simplificateur (-trice f)

redundance [rɪˈdʌndəns] n ⇒ **redundancy 1b, 1c**

redundancy [rɪˈdʌndənsɪ] **1** n **a** (Brit Ind) licenciement m (économique), mise f au or en chômage (pour raisons économiques) ◆ **it caused a lot of redundancies** cela a causé de nombreux licenciements or la mise au chômage de nombreux employés ◆ **he feared redundancy** il redoutait d'être licencié or mis au chômage ◆ **he went in the last round of redundancies** il a perdu son emploi lors de la dernière série de licenciements, il fait partie de la dernière charrette * ◆ **compulsory redundancy** licenciement m ◆ **voluntary redundancy** départ m volontaire
b (gen) excès m
c (Literat) redondance f
2 COMP ▷ **redundancy agreement** n départ m négocié ▷ **redundancy money, redundancy payment** n (Brit Ind) indemnité f de licenciement

redundant [rɪˈdʌndənt] → SYN adj **a** (Brit Ind) licencié or au or en chômage (pour raisons économiques) ◆ **to make sb redundant** licencier qn or mettre qn au chômage (pour raisons économiques)
b (= superfluous) object, example, detail superflu; word, term, information redondant; (Brit) person en surnombre

reduplicate [rɪˈdjuːplɪkeɪt] **1** vt redoubler; (Ling) redupliquer
2 [rɪˈdjuːplɪkɪt] adj redoublé, rédupliqué

reduplication [rɪˌdjuːplɪˈkeɪʃən] n redoublement m; (Ling) réduplication f

reduplicative [rɪˈdjuːplɪkətɪv] adj (Ling) réduplicatif

redwing [ˈrɛdwɪŋ] n (Orn) mauvis m

redwood [ˈrɛdwʊd] n (Bot) séquoia m

re-echo [riːˈɛkəʊ] **1** vi retentir, résonner (de nouveau or plusieurs fois)
2 vt répéter, renvoyer en écho

reed [riːd] **1** n (Bot) roseau m; (of wind instrument) anche f; (liter = pipe) chalumeau m, pipeau m ♦ **the reeds** (Mus) les instruments mpl à anche; → **broken**
2 COMP basket etc de or en roseau(x) ▷ **reed bed** n roselière f ▷ **reed bunting** n (Orn) bruant m des roseaux ▷ **reed instrument** n (Mus) instrument m à anche ▷ **reed mace** n (Bot) massette f ▷ **reed pipe** n (= wind instrument) pipeau m ▷ **reed stop** n (Mus) jeu m d'anches or à anches ▷ **reed warbler** n (rousserolle f) effarvatte f, rousserolle f des roseaux

reedling [ˈriːdlɪŋ] n (Orn) mésange f à moustaches

re-educate [ˌriːˈɛdjʊkeɪt] vt rééduquer

re-education [ˌriːˌɛdjʊˈkeɪʃən] n rééducation f

reedy [ˈriːdɪ] adj **a** (Bot) bank couvert de roseaux; pond envahi par les roseaux
b (pej = high-pitched) voice, sound, instrument aigu (-guë f)

reef¹ [riːf] n **a** récif m, écueil m; (fig) écueil m ♦ **coral reef** récif m de corail
b (Min) filon m

reef² [riːf] **1** n (Naut) ris m
2 vt (Naut) [+ sail] prendre un ris dans
3 COMP ▷ **reef knot** n nœud m plat

reefer [ˈriːfər] n **a** (= jacket) caban m
b (⚹ = joint) joint ⚹ m
c (US ⚹ = truck etc) camion m (or wagon m) frigorifique

reek [riːk] → SYN **1** n puanteur f, relent m
2 vi **a** (= smell) puer, empester ♦ **to reek of sth** puer or empester qch
b (Scot) [chimney] fumer

reel [riːl] → SYN **1** n **a** (of thread, tape etc) bobine f; (Fishing) moulinet m; [of film] (Cine) bande f; (Phot) bobine f, rouleau m; (for cable, hose) dévidoir m; (Tech) dévidoir m, touret m, bobine f; → **inertia**
b (= dance) reel m, quadrille m écossais
2 vt (Tech) [+ thread] bobiner
3 vi **a** (gen) chanceler; [drunkenly] tituber ♦ **he lost his balance and reeled back** il a perdu l'équilibre et il a reculé en chancelant or titubant ♦ **he went reeling down the street** il a descendu la rue en chancelant or titubant ♦ **the blow made him reel** le coup l'a fait chanceler, il a chancelé sous le coup ♦ **the punch sent him reeling to the floor** le coup de poing l'a envoyé valser par terre
b (fig) the street reeled before her eyes la rue a vacillé autour d'elle ♦ **my head is reeling** la tête me tourne ♦ **the news made him** or **his mind reel** la nouvelle l'a ébranlé ♦ **I reeled at the very thought** cette pensée m'a donné le vertige ♦ **I'm still reeling from the shock of it** je ne me suis pas encore remis du choc ♦ **to leave sb reeling** ébranler qn ♦ **the news left us reeling with disbelief** la nouvelle nous a ébranlés et nous a laissés incrédules ♦ **the news sent markets reeling** la nouvelle a (profondément) perturbé les marchés
4 COMP ▷ **reel holder** n porte-bobines m inv ▷ **reel-to-reel** adj à bobines

▶ **reel in** vt sep (Fishing, Naut) ramener, remonter

▶ **reel off** vt sep [+ verses, list] débiter; [+ thread] dévider

▶ **reel up** vt sep enrouler

re-elect [ˌriːɪˈlɛkt] vt réélire

re-election [ˌriːɪˈlɛkʃən] n (Pol) ♦ **to stand** (Brit) or **run for re-election** se représenter (aux élections)

re-embark [ˌriːɪmˈbɑːk] vti rembarquer

re-embarkation [ˌriːˌɛmbɑːˈkeɪʃən] n rembarquement m

re-emerge [ˌriːɪˈmɜːdʒ] vi [object, swimmer] resurgir; [facts] ressortir

re-employ [ˌriːɪmˈplɔɪ] vt réembaucher

re-enact [ˌriːɪˈnækt] vt **a** (Jur) remettre en vigueur
b [+ scene, crime] reconstituer, reproduire

re-enactment [ˌriːɪˈnæktmənt] n (Jur) [of law] remise f en vigueur; [of crime] reconstitution f

re-engage [ˌriːɪnˈɡeɪdʒ] vt [+ employee] rengager, réembaucher ♦ **to re-engage the clutch** (Aut) rengréner, rengrener

re-engagement [ˌriːɪnˈɡeɪdʒmənt] n **a** [of employee] rengagement m, réengagement m, réemploi m
b (Aut) [of clutch] rengrènement m

re-enlist [ˌriːɪnˈlɪst] **1** vi se rengager
2 vt rengager

re-enter [ˌriːˈɛntər] **1** vi **a** rentrer
b to re-enter for an exam se représenter à or se réinscrire pour un examen
2 vt rentrer dans ♦ **to re-enter the atmosphere** (Space) rentrer dans l'atmosphère

re-entry [ˌriːˈɛntrɪ] n **a** (gen, Space) rentrée f ♦ **her re-entry into politics** son retour à la politique
2 COMP ▷ **re-entry permit** n permis m de rentrée (dans un pays où l'on voyage avec un visa) ▷ **re-entry point** n (Space) point m de rentrée

re-erect [ˌriːɪˈrɛkt] vt [+ building, bridge] reconstruire; [+ scaffolding, toy] remonter

re-establish [ˌriːɪsˈtæblɪʃ] LANGUAGE IN USE 26.3 vt [+ relations, links, order, stability, monarchy, service] rétablir; [+ person] réhabiliter; [+ custom] restaurer ♦ **to re-establish itself** [species] se réimplanter ♦ **to re-establish o.s. as** [person] (after failure, setback) retrouver sa place (de) ♦ **the Conservatives are trying to re-establish themselves in Scotland** les conservateurs essaient de retrouver leur place or de regagner du terrain en Écosse

re-establishment [ˌriːɪsˈtæblɪʃmənt] n [of relations, links, order, stability, monarchy, service] rétablissement m; [of species] réintroduction f; [of refugees] réinstallation f

re-evaluate [ˌriːˈvæljʊeɪt] vt réévaluer

re-evaluation [ˌriːˌvæljʊˈeɪʃən] n réévaluation f

reeve¹ [riːv] n (Hist) premier magistrat m; (Can) président m du conseil municipal

reeve² [riːv] vt (Naut) [+ rope] passer dans un anneau ou une poulie, capeler; [+ shoal] passer au travers de

re-examination [ˌriːɪɡˌzæmɪˈneɪʃən] n nouvel examen m; (Jur: of witness) nouvel interrogatoire m

re-examine [ˌriːɪɡˈzæmɪn] vt examiner de nouveau; (Jur) [+ witness] interroger de nouveau

re-export [ˌriːɪkˈspɔːt] **1** vt réexporter
2 [ˌriːˈɛkspɔːt] n réexportation f

ref¹ (Comm) (abbrev of **with reference to**) → **reference**

ref² ⚹ [rɛf] n (Sport) (abbrev of **referee**) arbitre m

refection [rɪˈfɛkʃən] n (frm) (= light meal) collation f, repas m léger; (= refreshment) rafraîchissements mpl

refectory [rɪˈfɛktərɪ] **1** n réfectoire m
2 COMP ▷ **refectory table** n table f de réfectoire

refer [rɪˈfɜːr] → SYN **1** vt **a** (= pass) [+ matter, question, file] soumettre (to à) ♦ **the problem was referred to the UN** le problème a été soumis or renvoyé à l'ONU ♦ **the dispute was referred to arbitration** le litige a été soumis à l'arbitrage ♦ **it was referred to us for (a) decision** on nous a demandé de prendre une décision là-dessus ♦ **I have to refer it to my boss** je dois le soumettre à or en parler à mon patron ♦ **I referred him to the manager** je lui ai dit de s'adresser au gérant, je l'ai renvoyé au directeur ♦ **the doctor referred me to a specialist** le médecin m'a adressé à un spécialiste ♦ **the patient was referred for tests** on a renvoyé le patient subir des examens ♦ **to refer sb to the article on ...** renvoyer qn à l'article sur ..., prier qn de se reporter or se référer à l'article sur ... ♦ **"the reader is referred to page 10"** "prière de se reporter or se référer à la page 10" ♦ **to refer a cheque to drawer** (Banking) refuser d'honorer un chèque
b (Jur) [+ accused] déférer
c (Univ) [+ student] refuser ♦ **his thesis has been referred** on lui a demandé de revoir ou de reprendre sa thèse
d (liter, frm = attribute) attribuer (to à)
2 vi **a** (= allude) (directly) parler (to de), faire référence (to à); (indirectly) faire allusion (to à) ♦ **I am not referring to you** je ne parle pas de vous ♦ **we shall not refer to it again** nous n'en reparlerons pas, nous n'en parlerons plus ♦ **he never refers to that evening** il ne parle jamais de ce soir-là ♦ **what can he be referring to?** de quoi parle-t-il?, à quoi peut-il bien faire allusion? ♦ **he referred to her as his assistant** il l'a appelée son assistante ♦ **referring to your letter** (Comm) (comme) suite or en réponse à votre lettre ♦ **refer to drawer** (Banking) voir le tireur
b (= apply) s'appliquer (to à) ♦ **does that remark refer to me?** est-ce que cette remarque s'applique à moi? ♦ **this refers to you all** cela vous concerne tous
c (= consult) se reporter, se référer (to sth à qch) ♦ **to refer to one's notes** consulter ses notes, se reporter or se référer à ses notes ♦ **"please refer to section 3"** "prière de se reporter or se référer à la section 3" ♦ **you must refer to the original** vous devez vous reporter ou vous référer à l'original
3 COMP ▷ **referred pain** n (Med) douleur f irradiée

▶ **refer back** vt sep [+ decision] remettre (à plus tard), ajourner ♦ **to refer sth back to sb** consulter qn sur or au sujet de qch

referable [rɪˈfɜːrəbl] adj attribuable (to à)

referee [ˌrɛfəˈriː] → SYN **1** n **a** (Ftbl etc, also fig) arbitre m; (Tennis) juge-arbitre m
b (Brit: giving a reference) répondant(e) m(f) ♦ **to act as** or **be (a) referee for sb** fournir des références ou une attestation à qn ♦ **to give sb as a referee** donner qn en référence ♦ **may I use your name as a referee?** puis-je donner votre nom en référence?
2 vt (Sport, fig) arbitrer
3 vi (Sport, fig) servir d'arbitre, être arbitre

reference [ˈrɛfrəns] LANGUAGE IN USE 19.1 → SYN
1 n **a** (NonC) référence f (to à); [of question for judgement] renvoi m ♦ **outside the reference of** hors de la compétence de ♦ **keep these details for reference** gardez ces renseignements pour information; → **future, term**
b (= allusion) (direct) mention f (to de); (indirect) allusion f (to à) ♦ **a reference was made to his illness** on a fait allusion à or on a fait mention de sa maladie ♦ **in** or **with reference to** quant à, en ce qui concerne; (Comm) (comme) suite à ♦ **without reference to** sans tenir compte de, sans égard pour
c (= testimonial) reference(s) références fpl ♦ **to give sb a good reference** or **good references** fournir de bonnes références à qn ♦ **a banker's reference** des références bancaires ♦ **I've been asked for a reference for him** on m'a demandé de fournir des renseignements sur lui
d ⇒ **referee 1b**
e (in book, article = note redirecting reader) renvoi m, référence f; (on map) coordonnées fpl; (Comm: on letter) référence f ♦ **please quote this reference** prière de rappeler cette référence; → **cross**
f (= connection) rapport m (to avec) ♦ **this has no reference to ...** cela n'a aucun rapport avec ...
g (Ling) référence f
2 vt **a** [+ quotation] référencer; [+ book] fournir les références de
b (= refer to) faire référence à
3 COMP ▷ **reference book** n ouvrage m de référence ▷ **reference library** n bibliothèque f d'ouvrages de référence ▷ **reference mark** n renvoi m ▷ **reference number** n (Comm) numéro m de référence ▷ **reference point** n point m de référence ▷ **reference strip** n (Phot) bande f étalon

referendum [ˌrɛfəˈrɛndəm] → SYN n, pl **referendums** or **referenda** [ˌrɛfəˈrɛndə] référendum m ♦ **to hold a referendum** organiser un référendum ◆ **a referendum will be held** un référendum aura lieu

referent ['refərənt] n référent m

referential [ˌrefə'renʃəl] adj référentiel

referral [rɪ'fɜːrəl] n **a** (Med, Psych) (= act) orientation f d'un patient *(vers des services spécialisés)*; (= person) patient(e) m(f) *(orienté(e) vers des services spécialisés)* ◆ **ask your doctor for a referral to a dermatologist** demandez à votre médecin de vous envoyer chez un dermatologue ◆ **letter of referral** lettre par laquelle un médecin adresse un patient à un spécialiste
b (Jur) **the referral of the case to the Appeal Courts** le renvoi de l'affaire en appel ◆ **the referral of the case to the Director of Public Prosecutions** la soumission de l'affaire au procureur général
c (NonC: to higher authority) **he sanctioned the deal without referral** il a approuvé le marché sans en référer à une autorité supérieure

refill [ˌriː'fɪl] **1** vt [+ glass, bottle] remplir à nouveau; [+ pen, lighter] recharger
2 ['riːfɪl] n (gen) recharge f; (= cartridge) cartouche f; (for propelling pencil) mine f de rechange; (for notebook) feuilles fpl de rechange ◆ **would you like a refill *?** (for drink) encore un verre (or une tasse)?

refillable [riː'fɪləbl] adj bottle réutilisable; pen, lighter rechargeable

refinable [rɪ'faɪnəbl] adj oil qui peut être raffiné

refinance [ˌriː'faɪnæns] vt refinancer

refine [rɪ'faɪn] → SYN **1** vt **a** [+ ore] affiner; [+ oil] épurer; [+ crude oil, sugar] raffiner
b (= improve) [+ language] châtier; [+ manners] réformer; [+ theory, technique, process, taste] affiner; [+ model, engine] perfectionner; [+ essay etc] peaufiner *
2 vi ◆ **to refine upon sth** raffiner sur qch

refined [rɪ'faɪnd] → SYN adj **a** (= processed) food, ore traité; sugar, oil raffiné; flour bluté; metal affiné ◆ **refined products** (St Ex, Econ) produits mpl raffinés
b (= genteel) person, manners, taste raffiné
c (= sophisticated) model, engine perfectionné

refinement [rɪ'faɪnmənt] → SYN n **a** (NonC = refining) [of crude oil, sugar] raffinage m; [of ore] affinage m; [of oil] épuration f
b (NonC) [of person] raffinement m, délicatesse f; [of language, style] raffinement m
c (= improvement: in technique, machine etc) perfectionnement m *(in* de) ◆ **that is a refinement of cruelty** c'est un raffinement de cruauté

refiner [rɪ'faɪnər] n [of crude oil, sugar] raffineur m; [of metals] affineur m; [of oil] épureur m

refinery [rɪ'faɪnərɪ] n (for crude oil, sugar) raffinerie f; (for metals) affinerie f

refit [ˌriː'fɪt] **1** vt [+ ship etc] (also gen) remettre en état; [+ factory] équiper de nouveau, renouveler l'équipement de
2 vi [ship] être remis en état
3 ['riːfɪt] n [of ship] remise f en état; [of factory] nouvel équipement m
4 COMP ▷ **refit yard** n chantier m de réarmement

refitting [ˌriː'fɪtɪŋ], **refitment** [ˌriː'fɪtmənt] n ⇒ refit 3

reflag [riː'flæg] vt (Naut) changer le pavillon de

reflate [ˌriː'fleɪt] vt (Econ) relancer

reflation [riː'fleɪʃən] n (Econ) relance f

reflationary [riː'fleɪʃnərɪ] adj (Econ) de relance

reflect [rɪ'flekt] → SYN **1** vt **a** (= throw back) [+ heat, sound] renvoyer; [+ light, image] refléter; [mirror] réfléchir; [fig] (gen) refléter; [+ credit, discredit] faire rejaillir, faire retomber *(on* sur) ◆ **the moon is reflected in the lake** la lune se reflète dans le lac ◆ **I saw him reflected in the mirror** j'ai vu son image dans le miroir or réfléchie par le miroir ◆ **he saw himself reflected in the mirror** le miroir a réfléchi or lui a renvoyé son image ◆ **he basked** or **bathed in the reflected glory of his friend's success** il tirait gloire or fierté de la réussite de son ami ◆ **the many difficulties are reflected in his report** son rapport reflète les nombreuses difficultés ◆ **his music re**flects his love for her sa musique reflète son amour pour elle
b (= think) se dire *(that* que)
2 vi **a** (= meditate) réfléchir *(on* à), méditer *(on* sur)
b **to reflect off** être réfléchi par
3 COMP ▷ **reflecting prism** n prisme réflecteur ▷ **reflecting telescope** n télescope m à miroir

▶ **reflect (up)on** vt fus (= affect) [+ person] avoir des répercussions or des incidences sur la réputation de; [+ reputation] avoir des répercussions or des incidences sur ◆ **to reflect well/badly (up)on sb** faire honneur à/nuire à la réputation de qn

reflectance [rɪ'flektəns] n (Phys) réflectance f

reflectingly [rɪ'flektɪŋlɪ] adv ⇒ reflectively

reflection [rɪ'flekʃən] → SYN n **a** (NonC = reflecting) [of light, heat, sound] réflexion f
b (= image: in mirror etc) reflet m, image f ◆ **to see one's reflection in a mirror** voir son reflet dans un miroir ◆ **a pale reflection of former glory** un pâle reflet de la gloire passée
c (NonC = consideration) réflexion f ◆ **on reflection** (toute) réflexion faite, à la réflexion ◆ **on serious reflection** après mûre réflexion ◆ **he did it without sufficient reflection** il l'a fait sans avoir suffisamment réfléchi
d (= thoughts, comments) **reflections** réflexions fpl *(on, upon* sur)
e (= adverse criticism) critique f *(on* de), réflexion f désobligeante *(on* sur); (on sb's honour) atteinte f *(on* à) ◆ **this is a reflection on your motives** cela fait douter de vos motifs ◆ **this is no reflection on ...** cela ne porte pas atteinte à ...

reflective [rɪ'flektɪv] adj **a** (= pensive) person, expression (by nature) réfléchi; (on one occasion) pensif; powers de réflexion ◆ **to be in a reflective mood** être d'humeur pensive ◆ **it was a reflective occasion** ce fut une occasion propice à la méditation
b (= typical) **to be reflective of sth** refléter qch
c surface, material, clothing réfléchissant; light réfléchi
d (Gram) ⇒ reflexive a

reflectively [rɪ'flektɪvlɪ] adv look d'un air pensif; say d'un ton pensif

reflectiveness [rɪ'flektɪvnɪs] n caractère m réfléchi or pensif

reflectivity [ˌriːflek'tɪvɪtɪ] n réflectivité f

reflector [rɪ'flektər] n (gen) réflecteur m; [of car, bicycle] réflecteur m, cataphote ® m

reflex ['riːfleks] **1** adj (Physiol, Psych, fig) réflexe; (Math) angle rentrant; (Phys) réfléchi ◆ **reflex (camera)** (Phot) (appareil m) reflex m
2 n réflexe m; → **condition**

reflexion [rɪ'flekʃən] n ⇒ reflection

reflexive [rɪ'fleksɪv] **1** adj **a** (Gram) réfléchi
b (= reactive) **a reflexive movement** un réflexe
2 n (Gram) verbe m réfléchi
3 COMP ▷ **reflexive pronoun** n pronom m réfléchi ▷ **reflexive verb** n verbe m (pronominal) réfléchi

reflexively [rɪ'fleksɪvlɪ] adv **a** (Gram) à la forme réfléchie
b (= instinctively) move d'instinct

reflexologist [ˌriːfleks'ɒlədʒɪst] n réflexologiste mf

reflexology [ˌriːflek'sɒlədʒɪ] n réflexologie f

refloat [ˌriː'fləʊt] **1** vt [+ ship, business etc] renflouer, remettre à flot
2 vi être renfloué, être remis à flot

reflux ['riːflʌks] n reflux m

reforest [riː'fɒrɪst] vt reboiser

reforestation [ˌriːfɒrɪs'teɪʃən] (US) n ⇒ reafforestation

reform [rɪ'fɔːm] → SYN **1** n réforme f; → land
2 vt [+ law] réformer; [+ institution, service] réformer, faire des réformes dans; [+ conduct] corriger; [+ person] faire prendre de meilleures habitudes à ◆ **to reform spelling** faire une réforme de or réformer l'orthographe
3 vi [person] s'amender, se réformer †
4 COMP measures etc de réforme ▷ **Reform Judaism** n judaïsme m non orthodoxe ▷ **the Reform Laws** npl (Brit Hist) les lois fpl de réforme parlementaire ▷ **reform school** n (US) maison f de redressement

re-form [ˌriː'fɔːm] **1** vt **a** (= form again) reformer, rendre sa première forme à; (Mil) [+ ranks] reformer; [+ troops] rallier, remettre en rangs
b (= give new form to) donner une nouvelle forme à
2 vi se reformer; (Mil) se reformer, reprendre sa formation

reformable [rɪ'fɔːməbl] adj réformable

reformat [ˌriː'fɔːmæt] vt (Comput) reformater

reformation [ˌrefə'meɪʃən] n (NonC) [of church, spelling, conduct] réforme f; [of person] assagissement m, retour m à une vie plus sage ◆ **the Reformation** (Hist) la Réforme, la Réformation

reformative [rɪ'fɔːmətɪv] adj de réforme, réformateur (-trice f)

reformatory [rɪ'fɔːmətərɪ] n (Brit ††) maison f de correction or de redressement; (US Jur) centre m d'éducation surveillée

reformed [rɪ'fɔːmd] adj **a** alcoholic ancien (before n); criminal repenti; spelling réformé ◆ **he's a reformed character** il s'est rangé or assagi
b (Rel) church réformé; Jew non orthodoxe

reformer [rɪ'fɔːmər] n réformateur m, -trice f

reformism [rɪ'fɔːmɪzəm] n réformisme m

reformist [rɪ'fɔːmɪst] adj, n réformiste mf

reformulate [ˌriː'fɔːmjʊˌleɪt] vt reformuler

refract [rɪ'frækt] vt réfracter

refracting [rɪ'fræktɪŋ] **1** adj (Phys) réfringent
2 COMP ▷ **refracting angle** n angle m de réfringence ▷ **refracting telescope** n lunette f d'approche

refraction [rɪ'frækʃən] n réfraction f

refractive [rɪ'fræktɪv] **1** adj réfractif, réfringent
2 COMP ▷ **refractive index** n indice m de réfraction

refractometer [ˌriːfræk'tɒmɪtər] n réfractomètre m

refractometry [ˌriːfræk'tɒmɪtrɪ] n réfractométrie f

refractor [rɪ'fræktər] n **a** (Phys) milieu m réfringent, dispositif m de réfraction
b (= telescope) lunette f d'approche

refractory [rɪ'fræktərɪ] adj réfractaire

refrain¹ [rɪ'freɪn] → SYN vi se retenir, s'abstenir *(from doing sth* de faire qch) ◆ **he refrained from comment** il s'est abstenu de tout commentaire ◆ **they refrained from measures leading to ...** ils se sont abstenus de toute mesure menant à ... ◆ **please refrain from smoking** (on notice) prière de ne pas fumer; (spoken) ayez l'obligeance de ne pas fumer

refrain² [rɪ'freɪn] n (Mus, Poetry, fig) refrain m

refrangible [rɪ'frændʒəbl] adj réfrangible

refreeze [ˌriː'friːz] vt recongeler

refresh [rɪ'freʃ] → SYN vt [drink, bath] rafraîchir; [food] revigorer, redonner des forces à; [sleep, rest etc] délasser, détendre ◆ **to refresh o.s.** (with drink) se rafraîchir; (with food) se restaurer; (with sleep) se reposer, se délasser ◆ **to refresh one's memory** se rafraîchir la mémoire ◆ **to refresh one's memory about sth** se remettre qch en mémoire ◆ **let me refresh your memory!** je vais vous rafraîchir la mémoire!* ◆ **to feel refreshed** se sentir revigoré

refresher [rɪ'freʃər] **1** n **a** (= drink etc) boisson f etc pour se rafraîchir
b (Jur) honoraires mpl supplémentaires
2 COMP ▷ **refresher course** n stage m or cours m de recyclage

refreshing [rɪ'freʃɪŋ] → SYN adj honesty, idea, approach, drink, fruit, taste, bath rafraîchissant; change, sight, news agréable; sleep réparateur (-trice f) ◆ **it's refreshing to see that ...** ça fait du bien de voir que ..., c'est agréable de voir que ...

refreshingly [rɪ'freʃɪŋlɪ] adv différent agréablement ◆ **refreshingly honest/frank/new** d'une honnêteté/franchise/originalité qui fait plaisir à voir ◆ **refreshingly cool** d'une fraî-

refreshment / **regional**

cheur vivifiante ✦ **a refreshingly dry wine** un vin sec et agréable

refreshment [rɪˈfreʃmənt] → SYN ① n a [of mind, body] repos m, délassement m
b (= food, drink) **(light) refreshments** rafraîchissements mpl ✦ **refreshments** (= place) ⇒ **refreshment room**
② COMP ▷ **refreshment bar** n buvette f ▷ **refreshment room** n (Rail) buffet m ▷ **refreshment stall** n ⇒ **refreshment bar**

refried beans [ˌriːfraɪdˈbiːnz] npl *préparation mexicaine à base de haricots*

refrigerant [rɪˈfrɪdʒərənt] adj, n réfrigérant m ; (Med) fébrifuge m

refrigerate [rɪˈfrɪdʒəreɪt] → SYN vt réfrigérer ; (in cold room etc) frigorifier

refrigeration [rɪˌfrɪdʒəˈreɪʃən] ① n réfrigération f, frigorification f
② COMP ▷ **refrigeration engineer** n frigoriste mf

refrigerator [rɪˈfrɪdʒəreɪtəʳ] ① n (= cabinet) réfrigérateur m, frigidaire ® m, frigo * m ; (= room) chambre f frigorifique ; (= apparatus) condenseur m
② COMP truck etc frigorifique

refrigeratory [rɪˈfrɪdʒərətərɪ] adj, n (Chem) réfrigérant m

refringence [rɪˈfrɪndʒəns] n réfringence f

refringent [rɪˈfrɪndʒənt] adj réfringent

refuel [ˌriːˈfjʊəl] ① vi se ravitailler en carburant or en combustible
② vt ravitailler

refuelling, refueling (US) [ˌriːˈfjʊəlɪŋ] ① n ravitaillement m (en carburant or en combustible)
② COMP ▷ **refuelling stop** n (Aviat) escale f technique

refuge [ˈrefjuːdʒ] → SYN ① n (lit, fig) refuge m, abri m (from contre) ; (for climbers, pedestrians etc) refuge m ✦ **place of refuge** asile m ✦ **a refuge for battered women** un foyer pour femmes battues ✦ **to seek refuge** chercher refuge or asile ✦ **they sought refuge from the fighting in the city** ils ont cherché un refuge pour échapper aux combats dans la ville ✦ **to seek refuge in silence** chercher refuge dans le silence ✦ **to take refuge in** (lit, fig) se réfugier dans ✦ **he took refuge in alcohol and drugs** il se réfugia dans l'alcool et la drogue ✦ **she found refuge in a book** elle a trouvé refuge dans un livre ✦ **God is my refuge** Dieu est mon refuge

refugee [ˌrefjʊˈdʒiː] → SYN ① n réfugié(e) m(f)
② COMP ▷ **refugee camp** n camp m de réfugiés ▷ **refugee capital** n (Fin) capitaux mpl spéculatifs (étrangers) ▷ **refugee status** n statut m de réfugié

refulgence [rɪˈfʌldʒəns] n (liter) splendeur f, éclat m

refulgent [rɪˈfʌldʒənt] adj (liter) resplendissant, éclatant

refund [rɪˈfʌnd] → SYN ① vt a rembourser (to sb à qn) ✦ **to refund sb's expenses** rembourser qn de ses frais or dépenses ✦ **to refund postage** rembourser les frais de port
b (Fin) [+ excess payments] ristourner
② [ˈriːfʌnd] n remboursement m ; (Fin) ristourne f ✦ **tax refund** bonification f de trop-perçu ✦ **to get a refund** se faire rembourser

refundable [rɪˈfʌndəbl] adj remboursable

refurbish [ˌriːˈfɜːbɪʃ] → SYN vt [+ building] réaménager, remettre à neuf ; [+ furniture] remettre à neuf

refurbishment [ˌriːˈfɜːbɪʃmənt] n réaménagement m, remise f à neuf

refurnish [ˌriːˈfɜːnɪʃ] vt remeubler

refusal [rɪˈfjuːzəl] → SYN n refus m (to do sth de faire qch) ✦ **refusal of justice** (Jur) déni m de justice ✦ **to get a refusal, to meet with a refusal** se heurter à or essuyer un refus ✦ **to give a flat refusal** refuser net ✦ **three refusals** (Horseriding) trois refus ✦ **to give or offer sb first refusal of sth** accorder à qn l'option sur qch ✦ **to have (the) first refusal of sth** recevoir la première offre de qch, avoir le droit de préemption sur qch

refuse¹ [rɪˈfjuːz] LANGUAGE IN USE 8.3, 9.3, 12 → SYN
① vt (gen) refuser (sb sth qch à qn ; to do sth de faire qch), se refuser (to do sth à faire qch) ; [+ offer, invitation] refuser, décliner ; [+ request] rejeter, repousser ✦ **I absolutely refuse to do it** je me refuse catégoriquement à le faire ✦ **to be refused** essuyer un refus ✦ **to be refused sth** se voir refuser qch ✦ **they were refused permission to leave** on leur a refusé or ils se sont vu refuser la permission de partir ✦ **she refused him** elle l'a rejeté ✦ **she refused his proposal** elle a rejeté son offre ✦ **to refuse a fence** [horse] refuser l'obstacle
② vi refuser, opposer un refus ; [horse] refuser l'obstacle

refuse² [ˈrefjuːs] → SYN ① n détritus mpl, ordures fpl ; (= industrial or food waste) déchets mpl ✦ **household refuse** ordures fpl ménagères ✦ **garden refuse** détritus mpl de jardin
② COMP ▷ **refuse bin** n poubelle f, boîte f à ordures ▷ **refuse chute** n (at dump) dépotoir m ; (in building) vide-ordures m inv ▷ **refuse collection** n ramassage m or collecte f des ordures ▷ **refuse collector** n éboueur m ▷ **refuse destructor** n incinérateur m (d'ordures) ▷ **refuse disposal** n traitement m des ordures ménagères ▷ **refuse disposal service** n service m de voirie ▷ **refuse disposal unit** n broyeur m d'ordures ▷ **refuse dump** n (public) décharge f (publique), dépotoir m ; (in garden) monceau m de détritus ▷ **refuse lorry** n camion m des éboueurs

refus(e)nik [rɪˈfjuːznɪk] n (Pol) refuznik mf

refutable [rɪˈfjuːtəbl] adj réfutable

refutation [ˌrefjʊˈteɪʃən] n réfutation f

refute [rɪˈfjuːt] LANGUAGE IN USE 26.3 → SYN vt réfuter

reg. [redʒ] ① n (Brit *) (abbrev of **registration number**) → **registration**
② adj (abbrev of **registered**) ✦ **reg. no.** n°

-reg * [redʒ] adj, n (Brit) (abbrev of **-registration**) ✦ **P-reg (car)** *voiture dont l'immatriculation commence ou finit par un P (la lettre indiquant l'année de mise en circulation)*

regain [rɪˈgeɪn] → SYN vt [+ one's composure, balance, self-confidence] retrouver ; [+ sb's confidence] regagner, reconquérir ; [+ one's health, sight etc] recouvrer ; [+ title, initiative] reprendre ; [+ independence, territory] reconquérir ; (liter = arrive back at) [+ place] regagner ✦ **to regain one's strength** récupérer (ses forces), recouvrer ses forces ✦ **to regain consciousness** revenir à soi, reprendre connaissance ✦ **to regain lost time** regagner or rattraper le temps perdu ✦ **to regain one's footing** reprendre pied ✦ **to regain possession (of)** rentrer en possession (de)

regal [ˈriːgəl] adj suite, staircase, manner, bearing, gesture royal ; splendour, dignity majestueux ; disdain souverain

regale [rɪˈgeɪl] vt régaler (sb with sth qn de qch)

regalia [rɪˈgeɪlɪə] n [of monarch] prérogatives fpl royales ; (= insignia) insignes mpl royaux ; [of Freemasons etc] insignes mpl ✦ **she was in full regalia** (hum) elle était dans ses plus beaux atours or en grand tralala *

regally [ˈriːgəlɪ] adv (lit, fig) royalement

regard [rɪˈgɑːd] LANGUAGE IN USE 21.2 → SYN
① vt (= look at) observer ; (= consider) considérer (as comme) ✦ **to regard with favour/horror** regarder d'un œil favorable/avec horreur ✦ **we regard it as worth doing** à notre avis ça vaut la peine de le faire ✦ **we don't regard it as necessary** nous ne le considérons pas comme nécessaire ✦ **he regards himself as a ladykiller** il se prend pour un tombeur ✦ **I regard him highly** je le tiens en grande estime ✦ **without regarding his wishes** sans tenir compte de ses souhaits
♦ **as regards ...** pour or en ce qui concerne ..., pour ce qui regarde ...
② n a (= attention, concern) attention f, considération f ✦ **to pay regard to** or **to have regard for sb/sth** tenir compte de qn/qch ✦ **to have** or **show little regard for sb/sth** faire peu de cas de qn/qch ✦ **to have** or **show no regard for sb/sth** ne faire aucun cas de qn/qch ✦ **without regard to** or **for sb/sth** sans égard

---

ANGLAIS-FRANÇAIS 790

pour qn/qch ✦ **out of regard for sb/sth** par égard pour qn/qch ✦ **having regard to sb/sth** si l'on tient compte de qn/qch
♦ **in this** or **that regard** à cet égard, sous ce rapport
♦ **with** or **in regard to** (= concerning) pour or en ce qui concerne, quant à
b (NonC = esteem) respect m, estime f ✦ **to hold sb/sth in high regard** tenir qn/qch en haute estime ✦ **to hold sb/sth in low regard** tenir qn/qch en piètre estime ✦ **to have great regard for sb** avoir beaucoup d'estime pour qn
c (liter = look) regard m
③ **regards** npl (in messages) ✦ **give him my regards** transmettez-lui mon bon or meilleur souvenir ✦ **Paul sends his kind regards** Paul vous envoie son bon souvenir ✦ **(kindest) regards** (as letter-ending) meilleurs souvenirs

regardful [rɪˈgɑːdfʊl] adj ✦ **regardful of** feelings, duty attentif à ; interests soucieux de, soigneux de

regarding [rɪˈgɑːdɪŋ] → SYN prep (= with regard to) pour or en ce qui concerne, quant à ✦ **information regarding sb/sth** des informations concernant qn/qch or relatives à qn/qch

regardless [rɪˈgɑːdlɪs] → SYN ① adj ✦ **regardless of** sb's feelings, fate indifférent à ; future, danger insoucieux de ; sb's troubles inattentif à ✦ **regardless of the consequences** sans se soucier des conséquences ✦ **regardless of expense** or **cost** quel que soit le prix ✦ **regardless of rank** sans distinction de rang ✦ **regardless of what the law says** indépendamment de ce que dit la loi
② adv carry on quand même

regatta [rɪˈgætə] n (one event) régate f ; (regular event) régates fpl ✦ **to take part in a regatta** régater, prendre part à une régate

Regency [ˈriːdʒənsɪ] adj furniture, style style Regency inv *(anglaise)*

regency [ˈriːdʒənsɪ] n régence f

regenerate [rɪˈdʒenəreɪt] → SYN ① vt régénérer
② vi se régénérer
③ [rɪˈdʒenərɪt] adj (frm) régénéré

regeneration [rɪˌdʒenəˈreɪʃən] n régénération f

regenerative [rɪˈdʒenərətɪv] adj régénérateur (-trice f)

regent [ˈriːdʒənt] n régent(e) m(f) ; (US Univ) membre m du conseil d'université ✦ **prince regent** prince régent

reggae [ˈregeɪ] n reggae m

regicidal [ˌredʒɪˈsaɪdl] adj régicide

regicide [ˈredʒɪsaɪd] n (= person) régicide mf ; (= act) régicide m

régime, regime (US) [reɪˈʒiːm] n régime m

regimen [ˈredʒɪmen] n (Med: frm) régime m

regiment [ˈredʒɪmənt] → SYN ① n (Mil, fig) régiment m
② [ˈredʒɪment] vt (fig pej) imposer une discipline trop stricte à, enrégimenter

regimental [ˌredʒɪˈmentl] ① adj duties, insignia, car, tie régimentaire ; life, tradition, headquarters, commander du régiment ; system de régiments
② **regimentals** npl (Mil) uniforme m ✦ **in full regimentals** en grand uniforme, en grande tenue
③ COMP ▷ **regimental band** n fanfare f du régiment ▷ **regimental sergeant major** n ≃ adjudant-chef m

regimentation [ˌredʒɪmenˈteɪʃən] n (pej) discipline f excessive

regimented [ˈredʒɪmentɪd] adj (pej) people, way of life, institution, society enrégimenté ; appearance trop strict

region [ˈriːdʒən] → SYN ① n région f ✦ **the lower regions** (fig) les enfers mpl ✦ **in the region of 5kg/10 francs** environ or dans les 5 kg/10 F, aux alentours de 5 kg/10 F
② **the regions** npl (Brit) les provinces fpl ✦ **in the regions** en province

regional [ˈriːdʒənl] → SYN ① adj (gen) régional ✦ **on a regional basis** sur le plan régional

2 COMP ▷ **regional council** n (Scot) ≃ conseil m général ▷ **regional development** n (Admin, Ind) aménagement m régional

regionalism ['riːdʒənəlɪzəm] n régionalisme m

regionalist ['riːdʒənəlɪst] adj, n régionaliste mf

regionalization [,riːdʒənəlaɪ'zeɪʃən] n régionalisation f

regionally ['riːdʒənəlɪ] adv régionalement, sur le plan régional

register ['redʒɪstəʳ] → SYN 1 n a (gen) registre m ; (of members etc) liste f ; (Scol: also **attendance register**) registre m d'absences ◆ **electoral register** liste f électorale ◆ **register of births, marriages and deaths** registre m d'état civil

b (Tech = gauge of speed, numbers etc) compteur m, enregistreur m

c [of voice, organ etc] registre m

d (Ling) registre m ◆ **it's the wrong register** ce n'est pas le bon registre

e (Typ) registre m

f (US = air vent) registre m

g (US = cash register) caisse f (enregistreuse)

2 vt a (= record formally) [+ fact, figure] enregistrer ; [+ birth, death, marriage] déclarer ; [+ vehicle] (faire) immatriculer ◆ **to register a trademark** déposer une marque de fabrique ◆ **he registered his disapproval by refusing ...** il a manifesté sa désapprobation en refusant ... ◆ **to register a protest** protester ; see also **registered**

b (= take note of) [+ fact] enregistrer ; * (= realize) se rendre compte de, réaliser * ◆ **I registered the fact that he had gone** je me suis rendu compte or j'ai réalisé * qu'il était parti

c (= indicate) [machine] [+ speed, quantity] indiquer, marquer ; [+ rainfall] enregistrer ; [+ temperature] marquer ; [face, expression] [+ happiness, sorrow] exprimer, refléter ◆ **he registered** or **his face registered surprise** son visage or il a exprimé l'étonnement, il a paru étonné ◆ **he registered** or **his face registered no emotion** il n'a pas exprimé d'émotion, il n'a pas paru ému

d (Post) [+ letter] recommander ; (Rail) [+ luggage] (faire) enregistrer ◆ **to register one's luggage through to London** (faire) enregistrer ses bagages jusqu'à Londres ; see also **registered**

e (Tech) [+ parts] faire coïncider ; (Typ) mettre en registre

3 vi a (on electoral list etc) se faire inscrire, s'inscrire ; (in hotel) s'inscrire sur or signer le registre ◆ **to register with a doctor** se faire inscrire comme patient chez un médecin ◆ **to register with the police** se déclarer à la police ◆ **to register for military service** se faire recenser, se faire porter sur les tableaux de recensement ◆ **to register for a course/for French literature** s'inscrire à un cours/en littérature française

b (Tech) [two parts of machine] coïncider exactement ; (Typ) être en registre

c (* = be understood) être compris ◆ **it hasn't registered (with him)** cela ne lui est pas entré dans la tête, il n'a pas saisi ◆ **her death hadn't registered with him** il n'avait pas vraiment réalisé qu'elle était morte

4 COMP ▷ **register office** n (Brit) ⇒ **registry office** ; → **registry** ▷ **register ton** n (Naut) tonneau m de jauge

registered ['redʒɪstəd] 1 adj a (= listed) voter inscrit (sur les listes électorales) ; student inscrit ; drug addict inscrit *(pour une cure de désintoxication)* ; nursing home agréé ◆ **a registered childminder** une nourrice agréée ◆ **registered to vote** inscrit sur les listes électorales ◆ **to be registered (as) blind/disabled** ≃ être titulaire d'une carte de cécité/d'invalidité ◆ **a Greek-registered ship** un navire immatriculé en Grèce, un navire battant pavillon grec ◆ **a British-registered car** une voiture immatriculée en Grande-Bretagne ◆ **J-registered car** (Brit) *voiture dont l'immatriculation commence* ou *finit par un J (la lettre indiquant l'année de mise en circulation)* ; → **state**

b (Post) letter, mail recommandé ; (Rail) luggage enregistré

2 COMP ▷ **registered charity** n ≃ association f caritative reconnue d'utilité publique ▷ **registered company** n société f inscrite au registre du commerce ▷ **Registered General Nurse** n (Brit) ≃ infirmier m, -ière f diplômé(e) ▷ **registered name** n nom m déposé ▷ **registered nurse** n (US) ≃ infirmier m, -ière f diplômé(e) d'État ▷ **registered office** n siège m social ▷ **registered post** n by **registered post** par envoi recommandé ▷ **registered share** n (St Ex) action f nominative ▷ **registered shareholder** n (St Ex) ≃ actionnaire mf inscrit(e) ▷ **registered stocks** npl (St Ex) actions fpl or valeurs fpl nominatives, titres mpl nominatifs ▷ **registered trademark** n marque f déposée

registrar [,redʒɪ'strɑːʳ] 1 n a (Brit Admin) officier m de l'état civil ◆ **to be married by the registrar** se marier civilement or à la mairie

b (Univ) (Brit) secrétaire mf (général(e)) ; (US) chef m du service des inscriptions

c (Brit Med) chef m de clinique

d (Jur: in court) greffier m ◆ **(companies') registrar** (Fin) conservateur m (du registre des sociétés)

2 COMP ▷ **registrar's office** n bureau m de l'état civil

registration [,redʒɪ'streɪʃən] 1 n a (= listing) [of voters] inscription f ; [of dog] déclaration f ; [of trademark] dépôt m ; (Univ) inscription f ◆ **registration for VAT** assujettissement m à la TVA *(au-delà d'un certain chiffre d'affaires)* ◆ **J-registration car** (Brit) *voiture dont l'immatriculation commence ou finit par un J (la lettre indiquant l'année de mise en circulation)*

b (Post) [of letter] recommandation f ; (Rail) [of luggage] enregistrement m

c (Brit Scol: also **registration period**) appel m

2 COMP ▷ **registration document** n (Brit Aut) ≃ carte f grise ▷ **registration fee** n (Post) taxe f de recommandation ; (Rail: for luggage) frais mpl d'enregistrement ; (Univ) droits mpl d'inscription ▷ **registration number** n (Brit Aut) numéro m minéralogique or d'immatriculation ◆ **car (with) registration number R971 VBW** voiture f immatriculée R971 VBW ▷ **registration plate** n (Austral) plaque f d'immatriculation

registry ['redʒɪstrɪ] 1 n (= act) enregistrement m, inscription f ; (= office) (gen) bureau m de l'enregistrement ; (Brit Admin) bureau m de l'état civil ; (Naut) certificat m d'immatriculation ◆ **port of registry** (Naut) port m d'attache

2 COMP ▷ **registry office** n (Brit) bureau m d'état civil ◆ **to get married in a registry office** se marier civilement or à la mairie

regius professor ['riːdʒəsprə'fesəʳ] n (Brit Univ) professeur m *(titulaire d'une chaire de fondation royale)*

reglet ['reglɪt] n (= moulding) réglet m

regnal ['regnl] adj ◆ **regnal year** année f du règne

regnant ['regnənt] adj régnant ◆ **queen regnant** reine f régnante

regorge [rɪ'gɔːdʒ] 1 vt vomir, régurgiter

2 vi refluer

regress [rɪ'gres] → SYN 1 vi a (Bio, Psych, fig) régresser (*to* au stade de), rétrograder

b (= move backwards) retourner en arrière, reculer

2 ['riːgres] n ⇒ **regression**

regression [rɪ'greʃən] n (lit) retour m en arrière, recul m ; (Bio, Psych, fig) régression f

regressive [rɪ'gresɪv] 1 adj régressif

2 COMP ▷ **regressive tax** n impôt m dégressif, taxe f dégressive

regret [rɪ'gret] LANGUAGE IN USE 12.3, 14, 18.2, 20.4, 24.4, 25.1 → SYN

1 vt regretter (*doing sth, to do sth* de faire qch ; *that* que + subj) ; [+ mistake, words, event] regretter, être désolé or navré de ; [+ one's youth, lost opportunity] regretter ◆ **I regret what I said** je regrette ce que j'ai dit ◆ **I regret to say that ...** j'ai le regret de dire que ... ◆ **he is very ill, I regret to say** il est très malade, hélas or je regrette de le dire ◆ **we regret to hear that ...** nous sommes désolés d'apprendre que ... ◆ **we regret that it was not possible to ...** (gen) nous sommes désolés de n'avoir pu ... ; (Comm) nous sommes au regret de vous informer qu'il n'a pas été possible de ... ◆ **it is to be regretted that ...** il est regrettable que ... (+ subj) ◆ **you won't regret it!** vous ne le regretterez pas ! ◆ **the President regrets he cannot see you today** le Président est au regret or exprime ses regrets de ne pouvoir vous recevoir aujourd'hui ◆ **he is much regretted** on le regrette beaucoup

2 n regret m (*for* de) ◆ **much to my regret** à mon grand regret ◆ **I have no regrets** je ne regrette rien, je n'ai aucun regret ◆ **to do sth with regret** faire qch à regret or à contrecœur ◆ **to send (one's) regrets** envoyer ses excuses ◆ **please give her my regrets that I cannot come** dites-lui, s'il vous plaît, combien je regrette de ne pouvoir venir

regretful [rɪ'gretfʊl] adj plein de regret ◆ **to be regretful about sth** regretter qch

regretfully [rɪ'gretfəlɪ] adv a (= with regret) say, decide, decline à regret

b (= unfortunately) **regretfully, nationalism is flourishing again** malheureusement, le nationalisme est en pleine recrudescence

regrettable [rɪ'gretəbl] LANGUAGE IN USE 14, 26.3 → SYN adj regrettable, fâcheux ◆ **it is regrettable that ...** il est regrettable que ... (+ subj)

regrettably [rɪ'gretəblɪ] adv poor, ignorant, true malheureusement, tristement ◆ **regrettably few people came** il est regrettable que si peu de gens soient venus ◆ **regrettably, he refused** malheureusement, il a refusé

regroup [,riː'gruːp] 1 vt regrouper

2 vi se regrouper ; (fig) se ressaisir

regrouping [,riː'gruːpɪŋ] n regroupement m

regs * [regz] npl (abbrev of **regulations**) règlement m

Regt. abbrev of **Regiment**

regular ['regjʊləʳ] → SYN 1 adj a (gen) pulse, reminders, features, flight, order, meals régulier ◆ **on a regular basis** régulièrement ◆ **as regular as clockwork** person réglé comme une horloge ; occurrence très régulier ◆ **to be in** or **have regular contact with sb/sth** avoir des contacts réguliers avec qn/qch ◆ **to be in regular employment** avoir un emploi fixe ◆ **to take regular exercise** faire régulièrement de l'exercice ◆ **a regular feature of sth** un aspect courant de qch ◆ **to be a regular feature on the menu** figurer régulièrement au menu ◆ **to be regular in one's habits** être régulier dans ses habitudes ◆ **to keep regular hours** mener une vie réglée, avoir des horaires très réguliers ◆ **at regular intervals** à intervalles réguliers ◆ **to hold regular meetings** se réunir régulièrement ◆ **life took on a regular pattern** la vie a commencé à prendre un cours normal ◆ **to make regular payments** effectuer des versements réguliers ◆ **to have a regular place on the team** avoir régulièrement sa place dans l'équipe ◆ **to run regular advertisements in the press** faire paraître régulièrement des publicités dans la presse ◆ **to make regular trips to** se rendre régulièrement à ◆ **to be in regular use** être régulièrement utilisé

b (= even) surface uni

c (= habitual) reader assidu, fidèle (before n) ; listener fidèle (before n) ◆ **to be a regular listener to sth** écouter régulièrement qch ◆ **a regular customer/visitor** un(e) habitué(e) ◆ **to be a regular churchgoer** être pratiquant, aller régulièrement à l'église

d (esp US = customary) event habituel ; partner régulier ◆ **it's past his regular bedtime** on a dépassé l'heure à laquelle il va habituellement se coucher ◆ **the regular staff** le personnel permanent ◆ **our regular cleaning woman** notre femme de ménage habituelle ◆ **my regular dentist** mon dentiste habituel ◆ **my regular doctor** mon médecin traitant

e (esp US) (= ordinary) ordinaire ; (Comm) size normal ; price normal, courant ◆ **I'm just a regular guy** * (US) je ne suis qu'un type * comme un autre ◆ **he's a regular guy** * (US) c'est un chic type * ◆ **would you like regular, large, or extra-large?** normal, grand ou super * ? ◆ **regular fries** portion f de frites normale ◆ **he's an acupuncturist, not a regular doctor** ce n'est pas un médecin normal, c'est un acupuncteur ◆ **it is quite regular to apply in person** il est tout à fait courant de faire sa demande en personne

f (Mil) (= not conscripted) army, troops régulier ; officer de l'armée régulière ; (Police) officer de carrière ◆ **regular soldier** soldat m de métier

regularity / relapse

◆ **the regular police force** les forces fpl de police régulières *(par rapport aux forces auxiliaires et spéciales)*

g (* = real) véritable ◆ **this is turning into a regular epidemic** ça tourne à l'épidémie

h (Math, Gram, Rel) régulier

i * (in menstruation) **I'm quite regular** mes règles sont assez régulières ; (= not constipated) ◆ **to be regular** aller régulièrement à la selle ◆ **to keep sb regular** permettre à qn d'aller régulièrement à la selle ◆ **regular bowel movements** selles fpl régulières

2 n **a** (Mil) soldat m de métier ; (= police officer) policier m (de métier)

b (= habitual customer etc) habitué(e) m(f), bon(ne) client(e) m(f) ◆ **he's one of the regulars on that programme** (Rad, TV) il participe or prend part régulièrement à ce programme

c (Rel) régulier m, religieux m

d (US = gas) essence f (ordinaire), ordinaire m

3 COMP ▷ **regular gas(oline)** n → **regular 2d**

regularity [ˌregjʊˈlærɪtɪ] n régularité f

regularize [ˈregjʊləraɪz] vt régulariser

regularly [ˈregjʊləlɪ] adv régulièrement

regulate [ˈregjʊleɪt] → SYN vt **a** (= control systematically) [+ amount, flow] régler ; [+ expenditure] régler, calculer ◆ **to regulate one's life by sth** se régler sur qch ◆ **a well-regulated life** une vie bien réglée

b [+ machine] régler, ajuster

regulation [ˌregjʊˈleɪʃən] → SYN **1** n (= rule) règlement m ; (Admin) règlement m, arrêté m ◆ **against (the) regulations** contraire au règlement ; → **fire, safety**

2 COMP style, size réglementaire ▷ **regulation boots** npl (Mil) brodequins mpl d'ordonnance ▷ **regulation dress** n (Mil) tenue f réglementaire

regulative [ˈregjʊlətɪv] adj régulateur (-trice f)

regulator [ˈregjʊleɪtəʳ] n (= person) régulateur m, -trice f ; (= instrument) régulateur m ◆ **acidity regulator** correcteur m d'acidité

regulatory [ˌregjʊˈleɪtərɪ] adj body, authority, system, role, changes de réglementation ; control, framework réglementaire ◆ **regulatory reform** réforme f de la réglementation

Regulo ® [ˈregjʊləʊ] n ◆ **Regulo** (mark) 6 etc thermostat 6 etc

regurgitate [rɪˈgɜːdʒɪteɪt] **1** vt [animal, bird, person] régurgiter ; [drainpipe etc] dégorger

2 vi refluer

regurgitation [rɪˌgɜːdʒɪˈteɪʃən] n régurgitation f

rehab *ˈriːhæb] n (abbrev of **rehabilitation**) [of disabled, ill person] rééducation f ; [of alcoholic, drug user] (= drying-out) désintoxication f ; (to everyday life) réintégration f

rehabilitate [ˌriːəˈbɪlɪteɪt] → SYN vt [+ disabled, ill person] rééduquer ; [+ refugees] réadapter ; [+ demobilized troops] réintégrer (dans la vie civile) ; [+ ex-prisoner] réinsérer ; [+ drug user, alcoholic] réhabiliter ; [+ disgraced person, sb's memory] réhabiliter

rehabilitation [ˈriːəˌbɪlɪˈteɪʃən] **1** n [of disabled, ill person] (to everyday life) rééducation f ; (to work) réadaptation f ; [of ex-prisoner] réinsertion f ; [of refugee] réadaptation f ; [of drug user, alcoholic] réhabilitation f ; [of demobilized troops] réintégration f (dans la vie civile) ; [of area, building, disgraced person] réhabilitation f

2 COMP ▷ **rehabilitation centre** n (for disabled, ill person) centre m de réadaptation ; (for drug user, alcoholic) centre m de réhabilitation ; (for prisoner) centre m de réinsertion

rehash * [ˌriːˈhæʃ] **1** vt [+ literary material etc] remanier, réarranger

2 [ˈriːhæʃ] n réchauffé m, resucée * f

rehearsal [rɪˈhɜːsəl] → SYN n **a** (Theat) répétition f ; (fig) (= preparation) préparation f (for sth de qch) ◆ **this play is in rehearsal** on répète cette pièce ; → **dress**

b (NonC) [of facts etc] énumération f, récit m détaillé

rehearse [rɪˈhɜːs] → SYN vt (Theat) répéter ; (gen) [+ facts, grievances] énumérer ◆ **to rehearse what one is going to say** préparer ce qu'on va dire ◆ **well rehearsed** [+ play] répété avec soin ; [+ actor] qui a soigneusement répété son texte ; (fig) [+ intervention, protest] soigneusement étudié

reheat [ˌriːˈhiːt] vt réchauffer

reheel [riːˈhiːl] vt [+ shoe] remettre un talon à ; [+ sock] raccommoder (le talon de)

rehoboam [ˌriːəˈbəʊəm] n réhoboam m

rehouse [ˌriːˈhaʊz] vt reloger

Reichstag [ˈraɪkstɑːg] n (Hist) Reichstag m

reification [ˌriːɪfɪˈkeɪʃən] n réification f

reign [reɪn] → SYN **1** n (lit, fig) règne m ◆ **in the reign of** sous le règne de ◆ **the Reign of Terror** (Hist) la Terreur ◆ **reign of terror** (fig) régime m de terreur

2 vi (lit, fig) régner (*over* sur) ◆ **silence reigns** le silence règne ◆ **to reign supreme** [monarch] régner en or être le maître absolu ; [champion] être sans rival ; [justice, peace] régner en souverain(e)

reigning [ˈreɪnɪŋ] adj monarch régnant ; champion en titre ; (fig) attitude actuel, dominant

reimbursable [ˌriːɪmˈbɜːsəbl] adj remboursable

reimburse [ˌriːɪmˈbɜːs] vt rembourser (*sb for sth* qch à qn, qn de qch) ◆ **to reimburse sb (for) his expenses** rembourser qn de ses dépenses

reimbursement [ˌriːɪmˈbɜːsmənt] n remboursement m

reimpose [ˌriːɪmˈpəʊz] vt réimposer

rein [reɪn] → SYN n (often pl: lit, fig) rêne f ; [of horse in harness] guide f ◆ **reins** [of child] rênes fpl ◆ **to hold the reins (of power)** (lit, fig) tenir les rênes (du pouvoir) ◆ **to keep a rein on sb/sth** (lit, fig) tenir qn/qch en bride ◆ **to give (a) free rein to** [+ anger, passions, one's imagination] donner libre cours à ◆ **to give sb free rein (to do sth)** donner carte blanche à qn (pour faire qch)

▶ **rein back** **1** vt sep [+ horse] faire reculer

2 vi reculer

▶ **rein in** **1** vi (fig) ralentir

2 vt sep [+ horse] serrer la bride à, ramener au pas ; (fig) [+ passions] contenir, maîtriser

▶ **rein up** vi s'arrêter

reincarnate [ˌriːɪnˈkɑːneɪt] **1** vt réincarner

2 [ˌriːɪnˈkɑːnɪt] adj (frm) réincarné

reincarnation [ˌriːɪnkɑːˈneɪʃən] → SYN n réincarnation f

reindeer [ˈreɪndɪəʳ] n, pl **reindeer** or **reindeers** renne m

reinfect [ˌriːɪnˈfekt] vt réinfecter

reinfection [ˌriːɪnˈfekʃən] n réinfection f

reinforce [ˌriːɪnˈfɔːs] → SYN **1** vt renforcer ; [+ one's demands etc] appuyer

2 COMP ▷ **reinforced concrete** n béton m armé ▷ **reinforced plastic** n plastique m renforcé

reinforcement [ˌriːɪnˈfɔːsmənt] → SYN **1** n **a** (= action) renforcement m ; (= thing) renfort m

b (Mil = action) renforcement m ◆ **reinforcements** (also fig) renforts mpl

2 COMP troops, supplies de renfort

reinsert [ˌriːɪnˈsɜːt] vt réinsérer

reinstal(l) [ˌriːɪnˈstɔːl] vt réinstaller

reinstate [ˌriːɪnˈsteɪt] → SYN vt [+ employee] réintégrer, rétablir dans ses fonctions ; [+ text] rétablir (*in* dans)

reinstatement [ˌriːɪnˈsteɪtmənt] n réintégration f, rétablissement m

reinstitute [ˌriːˈɪnstɪtjuːt] vt rétablir

reinstitution [ˌriːɪnstɪˈtjuːʃən] n rétablissement m

reinsurance [ˌriːɪnˈʃʊərəns] **1** n réassurance f ; [of underwriter etc] (against possible losses) contre-assurance f

2 COMP ▷ **reinsurance pool** n consortium m de réassurance

reinsure [ˌriːɪnˈʃʊəʳ] vt [+ policy, contract] réassurer, contracter une contre-assurance sur ; [insurance company] réassurer ◆ **to reinsure o.s.** se réassurer, contracter une contre-assurance

reintegrate [ˌriːˈɪntɪgreɪt] vt réintégrer

reintegration [ˌriːɪntɪˈgreɪʃən] n réintégration f

reinterpret [ˌriːɪnˈtɜːprɪt] vt réinterpréter

reinterpretation [ˌriːɪnˌtɜːprɪˈteɪʃən] n réinterprétation f

reinvade [ˌriːɪnˈveɪd] vt réenvahir

reinvasion [ˌriːɪnˈveɪʒən] n nouvelle invasion f

reinvent [ˌriːɪnˈvent] vt **a** **to reinvent the wheel** réinventer la roue

b **to reinvent o.s.** faire peau neuve ◆ **to reinvent o.s. as sth** se métamorphoser en qch

reinvest [ˌriːɪnˈvest] vt (Fin) réinvestir

reinvestigate [ˌriːɪnˈvestɪgeɪt] vt rouvrir l'enquête sur

reinvestigation [ˌriːɪnˌvestɪˈgeɪʃən] n réouverture f de l'enquête, nouvelle enquête f (*of* sur)

reinvestment [ˌriːɪnˈvestmənt] n (Fin) nouveau placement m, nouvel investissement m

reinvigorate [ˌriːɪnˈvɪgəreɪt] vt revigorer

reissue [ˌriːˈɪʃjuː] **1** vt [+ book] donner une nouvelle édition de, rééditer ; [+ film] ressortir, redistribuer

2 n (= act) [of book] réédition f ; [of film] redistribution f ◆ **it is a reissue** [book] il a été réédité ; [film] il est ressorti

reiterate [riːˈɪtəreɪt] vt réitérer, répéter

reiteration [riːˌɪtəˈreɪʃən] n réitération f, répétition f

reiterative [riːˈɪtərətɪv] adj réitératif

reject [rɪˈdʒekt] LANGUAGE IN USE 12.1 → SYN

1 vt **a** (gen) rejeter, repousser ; [+ damaged goods etc] [customer, shopkeeper] refuser ; [maker, producer] mettre au rebut ; [+ suitor] repousser, éconduire ; [+ candidate, manuscript] refuser ; [+ offer, proposal, application] rejeter ; [+ plea, advances] repousser ; [+ possibility] rejeter, repousser ; [+ coins] [machine] refuser

b (Med) [body] [+ medication, transplant] rejeter

c (Comput) rejeter

2 [ˈriːdʒekt] n **a** (Comm) pièce f or article m de rebut ; → **export**

b (Comput) rejet m

3 [ˈriːdʒekt] COMP (Comm, Ind) goods de rebut ▷ **reject shop** n boutique f d'articles de second choix

rejection [rɪˈdʒekʃən] → SYN **1** n refus m, rejet m ; (Med) rejet m

2 COMP ▷ **rejection slip** n (Publishing) lettre f de refus

rejig * [ˌriːˈdʒɪg], **rejigger** * (US) [riːˈdʒɪgəʳ] vt réorganiser, réarranger

rejoice [rɪˈdʒɔɪs] → SYN **1** vt réjouir ◆ **it rejoiced his heart to see ...** (frm, liter) il s'est félicité du fond du cœur de voir ...

2 vi se réjouir (*at, over, in* de) ◆ **they rejoiced to see peace return to their country at last** ils se sont réjouis de voir enfin la paix revenir dans leur pays ◆ **he rejoices in the name of Marmaduke** (hum, iro) il a le privilège de s'appeler Marmaduke (iro)

rejoicing [rɪˈdʒɔɪsɪŋ] → SYN n **a** (NonC) réjouissance f, jubilation f

b **rejoicings** réjouissances fpl, fête f

rejoin[1] [rɪˈdʒɔɪn] **1** vt [+ person, army] rejoindre ◆ **to rejoin ship** (Naut) rallier le bord ◆ **they rejoined the motorway at junction 15** ils ont rejoint l'autoroute à l'entrée n° 15

2 vi se rejoindre

rejoin[2] [rɪˈdʒɔɪn] vi (= reply) répliquer, répondre

rejoinder [rɪˈdʒɔɪndəʳ] n réplique f, repartie f ; (Jur) réplique f, réponse f à une réplique

rejuvenate [rɪˈdʒuːvɪneɪt] vti rajeunir

rejuvenating [rɪˈdʒuːvɪneɪtɪŋ] adj rajeunissant

rejuvenation [rɪˌdʒuːvɪˈneɪʃən] n rajeunissement m

rekindle [ˌriːˈkɪndl] **1** vt [+ fire] rallumer, attiser ; (fig) [+ hope, enthusiasm, tensions, enmities] ranimer, raviver

2 vi se rallumer, se ranimer

relapse [rɪˈlæps] → SYN **1** n (Med, fig) rechute f ◆ **to have a relapse** avoir or faire une rechute, rechuter

2 vi (gen) retomber (*into* dans) ; [ill person] rechuter

Relate [rɪˈleɪt] n (Brit) *centre de consultation conjugale*

relate [rɪˈleɪt] → SYN 1 vt a (= recount) [+ story] raconter, relater ; [+ details] rapporter ◆ **strange to relate ...** chose curieuse (à dire) ...

b (= associate) établir un rapport entre, rapprocher ; [+ breeds] apparenter ; (to a category) rattacher, lier ◆ **it is often difficult to relate the cause to the effect** il est souvent difficile d'établir un rapport de cause à effet or d'établir un lien entre la cause et l'effet

2 vi a (= refer) se rapporter, toucher (*to* à)

b (Psych) **to relate to sb** (= form relationship) établir des rapports avec qn ; (= maintain relationship) entretenir des rapports avec qn ◆ **how do you relate to your parents?** quels rapports entretenez-vous avec vos parents ? ◆ **he doesn't relate to other people** il n'a pas le sens des contacts ◆ **women relate more to this than men** les femmes sentent mieux cela que les hommes ◆ **I can relate to that** * je comprends ça

related [rɪˈleɪtɪd] → SYN 1 adj a (in family) person parent ; animal, species, language apparenté (*to sth* à qch) ◆ **he is related to Jane** il est parent de Jane ◆ **she is related to us** elle est notre parente ◆ **they are related to each other** ils sont parents ◆ **he is related to the Royal family** c'est un parent de la famille royale ◆ **he is related by marriage to our great aunt/the Royal family** c'est un parent or il est parent par alliance de notre grand-tante/de la famille royale ◆ **they are closely/distantly related** ce sont de proches parents/des parents éloignés ◆ **two closely related species/languages** deux espèces/langues très proches

b (= connected) (Chem) apparenté ; (Philos) connexe ; (Mus) relatif ◆ **to be related to sth** être lié à qch ◆ **food allergies and related problems** les allergies alimentaires et les problèmes qui y sont liés ◆ **cookware, cutlery, and related products** les ustensiles de cuisine, les couverts et les produits du même ordre ◆ **geometry and other related subjects** la géométrie et les sujets connexes or qui s'y rattachent ◆ **another related issue which this film deals with is ...** ce film aborde aussi un problème apparenté, à savoir ... ◆ **the two events are not related** ces deux événements n'ont pas de rapport ◆ **two closely related questions** deux questions fort proches l'une de l'autre or étroitement liées ◆ **two distantly related questions** deux questions fort éloignées l'une de l'autre

2 **-related** adj (in compounds) qui est lié à ◆ **health-related problems** problèmes mpl liés à la santé ◆ **earnings-related pensions** retraites fpl ramenées au salaire

relating [rɪˈleɪtɪŋ] adj ◆ **relating to** concernant, relatif à

relation [rɪˈleɪʃən] → SYN n a (family = person) parent(e) m(f) ; (= kinship) parenté f ◆ **I've got some relations coming to dinner** j'ai de la famille à dîner ◆ **is he any relation to you?** est-il de vos parents ? ◆ **he is no relation (of mine** or **to me)** il n'est pas de ma famille, il n'y a aucun lien de parenté entre nous ◆ **what relation is she to you?** quelle est sa parenté avec vous ?

b (= relationship) rapport m, relation f ◆ **to bear a relation to** avoir rapport à ◆ **to bear no relation to** n'avoir aucun rapport avec, être sans rapport avec ◆ **in** or **with relation to** par rapport à, relativement à ◆ **relations** relations fpl, rapports mpl ; (= personal ties) rapports mpl ◆ **to have business relations with** être en rapports mpl or relations fpl d'affaires avec ◆ **diplomatic/friendly/international relations** relations fpl diplomatiques/d'amitié/internationales ◆ **relations are rather strained** les relations or les rapports sont assez tendu(e)s ◆ **sexual relations** rapports mpl (sexuels) ; → **public**

c (= telling) [of story] récit m, relation f ; [of details] rapport m

relational [rɪˈleɪʃənl] adj (gen, Ling) relationnel

relationship [rɪˈleɪʃənʃɪp] → SYN n a (= family ties) liens mpl de parenté ◆ **what is your relationship to him?** quels sont les liens de parenté entre vous ?, quels sont vos liens de parenté avec lui ?

b (= connection) rapport m ; (= relations) relations fpl, rapports mpl ; (= personal ties) rapports mpl ◆ **to see a relationship between two events** voir un rapport or un lien entre deux événements ◆ **to have a relationship with sb** (gen) avoir des relations or être en relations avec qn ; (sexual) avoir une liaison avec qn ◆ **he has a good relationship with his clients** il est en bons rapports avec ses clients ◆ **they have a good relationship** ils s'entendent bien ◆ **friendly/business relationship** relations fpl d'amitié/d'affaires ◆ **his relationship with his father was strained** ses rapports avec son père étaient tendus ◆ **the relationship between mother and child** les rapports entre la mère et l'enfant

relative [ˈrelətɪv] → SYN 1 adj a (= comparative) safety, peace, comfort, luxury, weakness relatif ◆ **with relative ease** avec une relative facilité ◆ **he is a relative newcomer** c'est plus ou moins un nouveau venu ◆ **her relative lack of experience** sa relative inexpérience ◆ **in relative terms** en termes relatifs ◆ **petrol consumption is relative to speed** la consommation d'essence est fonction de or relative à la vitesse ◆ **there is a shortage of labour relative to demand** il y a une pénurie de main d'œuvre par rapport à la demande ◆ **all human values are relative** toutes les valeurs humaines sont relatives ◆ **it's all relative** tout est relatif

b (= respective) importance, merits, strengths respectif

c (= relevant) **relative to sth** relatif à qch, qui se rapporte à qch ◆ **the documents relative to the problem** les documents relatifs au problème or qui se rapportent au problème

d (Gram, Mus) relatif

2 n a (= person) parent(e) m(f) ◆ **one of my relatives** un(e) parent(e) à moi, un membre de ma famille ◆ **all my relatives came** toute ma famille est venue

b (Gram) relatif m

3 COMP ▷ **relative aperture** n (Phot) ouverture f relative ▷ **relative atomic mass** n (Phys) masse f atomique relative ▷ **relative clause** n (Gram) (proposition f) relative f ▷ **relative conjunction** n (Gram) conjonction f de subordination ▷ **relative frequency** n (Math) fréquence f relative ▷ **relative major (key)** n (Mus) (ton m) majeur m relatif ▷ **relative minor (key)** n (Mus) (ton m) mineur m relatif ▷ **relative molecular mass** n (Phys) masse f moléculaire relative ▷ **relative pronoun** n (Gram) pronom m relatif

relatively [ˈrelətɪvlɪ] → SYN adv relativement ◆ **relatively speaking** comparativement

relativism [ˈrelətɪvɪzəm] n relativisme m

relativist [ˈrelətɪvɪst] adj, n relativiste mf

relativistic [ˌrelətɪˈvɪstɪk] adj relativiste

relativity [ˌreləˈtɪvɪtɪ] n (gen, Ling, Philos, Phys) relativité f ◆ **theory of relativity** théorie f de la relativité

relativization [ˌrelətɪvaɪˈzeɪʃən] n relativisation f

relativize [ˈrelətɪvaɪz] vt relativiser

relax [rɪˈlæks] → SYN 1 vt [+ hold, grip] relâcher, desserrer ; (Med) [+ bowels] relâcher ; [+ muscles] relâcher, décontracter ; [+ discipline, attention, effort] relâcher ; [+ restrictions] modérer ; [+ measures, tariffs] assouplir ; [+ person, one's mind] détendre, délasser ; see also **relaxed**

2 vi a (= rest) se détendre, se relaxer ◆ **let's just relax!** * (= calm down) restons calmes !, du calme !

b [hold, grip] se relâcher, se desserrer ; [muscles] se relâcher, se décontracter

relaxant [rɪˈlæksənt] n décontractant m ◆ **muscle relaxant** décontractant m musculaire

relaxation [ˌriːlækˈseɪʃən] → SYN n a (NonC) [of muscles, discipline, attention] relâchement m ; [of mind] détente f, relaxation f ; [of body] décontraction f, relaxation f ; [of restrictions, measures, tariffs] assouplissement m ◆ **measures of relaxation** (Jur) mesures fpl d'assouplissement

b (= recreation) détente f, délassement m ; (= rest) repos m ◆ **you need some relaxation after work** on a besoin d'une détente après le travail ◆ **books are her relaxation** pour se délasser or se détendre elle lit ◆ **the relaxations of the wealthy** les distractions fpl des riches

relaxed [rɪˈlækst] adj person, mood, discussion, attitude, approach, smile détendu, décontracté ; discipline, muscle relâché ◆ **to feel relaxed** se sentir détendu ◆ **I feel fairly relaxed about it** * (fig) je ne m'en fais pas pour ça

relaxin [rɪˈlæksɪn] n (Physiol) relaxine f

relaxing [rɪˈlæksɪŋ] adj weekend, holiday, place reposant ; atmosphere reposant, relaxant ; music, massage relaxant ; bath relaxant, délassant ◆ **to have a relaxing time** passer des moments reposants

relay [ˈriːleɪ] → SYN 1 n a [of horses, men etc] relais m ◆ **to work in relays** travailler par relais, se relayer

b (Rad, TV) émission f relayée

c (Sport) ⇒ **relay race**

d (Elec, Phys, Tech) relais m

2 vt (Elec, Rad, TV etc) [+ programme, information] relayer, retransmettre ; [+ signal, message] transmettre, retransmettre ◆ **to relay each other** se relayer

3 COMP ▷ **relay race** n course f de relais ▷ **relay runner** n (Sport) relayeur m, -euse f ▷ **relay station** n (Rad, TV) relais m

re-lay [ˌriːˈleɪ] vt, pret, ptp **re-laid** [+ carpet] reposer

release [rɪˈliːs] → SYN 1 n a (NonC) (from captivity, prison, custody, obligation, responsibility) libération f ; (from service) dispense f, exemption f ; (Comm: from customs, bond) congé m ◆ **on his release from prison he ...** dès sa sortie de prison, il ... ◆ **the release of the prisoners by the allied forces** la libération des prisonniers par les forces alliées ◆ **death was a happy release for him** pour lui la mort a été une délivrance

b (NonC: Comm) [of goods] mise f en vente ; [of news] autorisation f de publier ; [of film, record] sortie f ; [of book] parution f, sortie f ◆ **this film is now on general release** ce film n'est plus en exclusivité

c (Comm = sth just brought out) **new release** (= record, CD) nouvel album m ; (= film) nouveau film m ; (= book) nouveauté f ; (= video) nouvelle vidéo f ◆ **their latest release** leur dernier album (or film etc) ; → **press**

d (NonC) [of bomb] largage m ; (Phot etc) déclenchement m ; [of steam] échappement m

e (also **release switch/button**) touche f de déclenchement

2 vt a (= set free) [+ person] (from prison) libérer, relâcher (*from* de), élargir (Jur) ; (from hospital) autoriser à sortir (*from* de) ; (from chains) libérer (*from* de) ; (from rubble, wreckage) dégager (*from* de) ; (from obligation, debt) dégager, libérer (*from* de) ; (from promise, vow) relever (*from* de) ; [+ captive animal] relâcher ◆ **to release sb on bail** (Jur) mettre qn en liberté provisoire sous caution ◆ **death released him from pain** la mort mit fin à ses souffrances ◆ **his employer agreed to release him** son patron lui a permis de cesser son travail ◆ **can you release him for a few hours each week?** pouvez-vous le libérer quelques heures par semaine ?

b (= let go) [+ object, sb's hand, pigeon] lâcher ; [+ bomb] larguer, lâcher ; (Chem) [+ gas] dégager ; [+ anger] donner libre cours à ◆ **to release one's anger on sb** passer sa colère sur qn ◆ **to release one's hold** or **grip** lâcher prise ◆ **to release one's hold of** or **one's grip on sth** lâcher qch ◆ **humour is wonderful for releasing tension** l'humour est idéal pour libérer les tensions ◆ **massage helps to release the tension in your shoulders and neck** les massages aident à décrisper les épaules et le cou

c (= issue) [+ book, record] sortir, faire paraître ; [+ film] (faire) sortir ; [+ goods] mettre en vente ; (= publish, announce) [+ news] autoriser la publication de ; [+ details of sth] publier ◆ **to release a statement** publier un communiqué (*about* au sujet de)

d (Jur) [+ property] céder

e [+ spring, clasp, catch] faire jouer ; (Phot) [+ shutter] déclencher ; [+ handbrake] desserrer ◆ **to release the clutch** (Aut) débrayer

3 COMP switch, knob, catch etc de déclenchement or de sortie etc ▷ **release agent** n substance f antiadhésive ▷ **release date** n

[of film, record] date f de sortie ; [of book] date f de parution ; [of prisoner] date f de libération, date f de sortie ▷ **release print** n (Cine) copie f d'exploitation ▷ **release valve** n soupape f de sûreté

relegate ['relɪgeɪt] vt **a** (= demote) [+ person] reléguer ; (Sport) [+ team] reléguer (*to* à, en), déclasser ◆ **to be relegated** (Brit Ftbl) descendre en seconde etc division ◆ **to relegate old furniture to the attic** reléguer de vieux meubles au grenier

b (= hand over) [+ matter, question] renvoyer (*to* à), se décharger de (*to* sur)

relegation [,relɪ'geɪʃən] n relégation f (also Sport) ; [of matter, question] renvoi m (*to* à)

relent [rɪ'lent] → SYN vi s'adoucir, se laisser toucher, se laisser fléchir ; (= reverse one's decision) revenir sur une décision ; (fig) [weather] s'améliorer

relentless [rɪ'lentlɪs] → SYN adj search, pursuit, noise, demands, attacks, criticism incessant ; pressure, energy, determination, pace, growth implacable ; (iro) optimism, cheerfulness incorrigible ; person implacable, impitoyable ◆ **to be relentless in doing sth** or **in one's efforts to do sth** ne pas relâcher ses efforts pour faire qch ◆ **the relentless march of technology** l'avancée f inexorable de la technologie

relentlessly [rɪ'lentlɪslɪ] adv **a** (= tirelessly) fight, pursue avec acharnement ; advance, march inexorablement ◆ **the sun beat down relentlessly** le soleil était implacable

b (= unremittingly) cheerful, happy, grim incurablement, incorrigiblement

relentlessness [rɪ'lentlɪsnɪs] n implacabilité f

relet [,riː'let] vt relouer

relevance ['reləvəns], **relevancy** ['reləvənsɪ] n [of question, remark, argument] pertinence f, intérêt m ; [of fact, information] importance f, intérêt m ◆ **I don't see the relevance of your question/that remark (to the issue)** je ne vois pas l'intérêt de votre question/cette remarque ◆ **to be of particular relevance (to sb)** être particulièrement pertinent (pour qn) ◆ **a curriculum which is of relevance to all pupils** un programme qui intéresse tous les élèves ◆ **to have no relevance to sth** n'avoir aucun rapport avec qch ◆ **outdated concepts which have no relevance to the present day** des concepts démodés qui sont sans rapport avec la réalité d'aujourd'hui

relevant ['reləvənt] → SYN adj **a** (= pertinent) information, fact, question, remark, argument pertinent ; law, regulation applicable (*to* à) ◆ **that is not relevant** ce n'est pas pertinent ◆ **Molière's plays are still relevant today** les pièces de Molière sont toujours d'actualité ◆ **Ancient History may be fascinating but it's hardly relevant when it comes to finding a job** l'histoire ancienne est peut-être fascinante mais ne sert pas à grand-chose quand il s'agit de trouver du travail ◆ **to be relevant to sth** (gen) être en rapport avec qch ◆ **to be relevant to sb/sth** [law, regulation] être applicable à qn/qch, concerner qn/qch ◆ **the relevant year** (Jur, Fin) l'année f de référence

b (= in question, corresponding) document, page, information, course approprié ; time, place, day etc en question ; law, regulation approprié, applicable ; official, authority compétent

relevantly ['reləvəntlɪ] adv pertinemment

reliability [rɪ,laɪə'bɪlɪtɪ] n [of person, character] sérieux m ; [of memory, description] sûreté f, précision f ; [of device, machine] fiabilité f

reliable [rɪ'laɪəbl] → SYN adj person digne de confiance, sérieux ; account, report digne de foi, sérieux ; firm sérieux ; ally, source, information sûr ; machine, method, service, figures, guide, memory, description fiable ; evidence solide ◆ **he's very reliable** on peut compter sur lui

reliably [rɪ'laɪəblɪ] adv work, measure, date de manière fiable ◆ **I am reliably informed that ...** j'ai appris de source sûre que ...

reliance [rɪ'laɪəns] n (= trust) confiance f (*on* en) ; (= dependence) dépendance f (*on* de), besoin m (*on* de) ◆ **to place reliance on sb/in sth** avoir confiance en qn/en qch

reliant [rɪ'laɪənt] adj ◆ **to be reliant on sb (for sth)** être dépendant de qn (pour qch), dépendre de qn (pour qch) ◆ **to be reliant on sth** dépendre de qch ; → **self**

relic ['relɪk] → SYN n relique f (also Rel) ◆ **relics** (= human remains) dépouille f (mortelle) ; [of past] reliques fpl, vestiges mpl

relict †† ['relɪkt] n veuve f

relief [rɪ'liːf] → SYN **1** n **a** (from pain, anxiety) soulagement m ◆ **to bring relief (to sb)** apporter or procurer du soulagement (à qn) ◆ **I felt great relief when ...** j'ai éprouvé un grand or vif soulagement quand ... ◆ **he laughed with relief** il rit de soulagement ◆ **to my relief** à mon grand soulagement ◆ **that's a relief!** ouf ! je respire !, j'aime mieux ça ! ◆ **(to me) it was a relief to find it** j'ai été soulagé de le retrouver ◆ **it's a relief to get out of the office once in a while** ça fait du bien de sortir du bureau de temps en temps ; → **comic**

b (= assistance) secours m, aide f ◆ **to go to the relief of ...** aller au secours de ... ◆ **to come to the relief of ...** venir en aide à ... ◆ **to send relief to ...** envoyer des secours à ...

c (US Admin) aides fpl sociales ◆ **to be on** or **getting relief** bénéficier d'aides sociales

d (Mil) [of town] libération f ; [of guard] relève f

e (= substitute or extra workers) relève f

f (= exemption) (Jur) exonération f ; (fiscal) dégrèvement m

g (Art, Geog) relief m ◆ **high/low relief** haut-/bas-relief ◆ **to stand out in (bold** or **sharp** or **clear) relief against ...** se détacher sur ... ◆ **to bring** or **throw sth into relief** (lit, fig) mettre qch en relief, faire ressortir qch

2 COMP train, coach supplémentaire ; typist, clerk suppléant ▷ **relief agency** n organisation f humanitaire ▷ **relief fund** n caisse f de secours ▷ **relief map** n carte f en relief ▷ **relief organization** n [of refugees, earthquakes etc] organisation f humanitaire ▷ **relief road** n (Brit) itinéraire m de délestage ▷ **relief supplies** npl secours mpl ▷ **relief troops** npl relève f, troupes fpl de secours ▷ **relief valve** n soupape f de sûreté ▷ **relief work** n travail m humanitaire ▷ **relief worker** n représentant m d'un organisme humanitaire

relieve [rɪ'liːv] → SYN vt **a** [+ person] soulager ◆ **to feel/look relieved** se sentir/avoir l'air soulagé ◆ **he was relieved to learn that ...** il a été soulagé d'apprendre que ... ◆ **to be relieved at sth** être soulagé par qch ◆ **to be relieved that ...** être soulagé que ... (+ subj) ◆ **to relieve sb of a burden** soulager qn d'un fardeau ◆ **to relieve sb of a coat/suitcase** débarrasser qn d'un manteau/d'une valise ◆ **to relieve sb of a duty** décharger qn d'une obligation ◆ **to relieve sb of a post, to relieve sb of a command** (Mil) relever qn de ses fonctions ◆ **a thief has relieved me of my purse** (hum) un voleur m'a soulagé de or délesté de mon porte-monnaie

b (= mitigate) [+ anxiety, pain, stress, mental suffering] soulager ; [+ pressure] diminuer ; [+ fear, boredom] dissiper ; [+ poverty] remédier à, pallier ◆ **to relieve sb's mind** tranquilliser (l'esprit de) qn ◆ **to relieve one's feelings** (sorrow) s'épancher ; (anger) décharger sa colère or sa bile ◆ **to relieve the symptoms of sth** soulager les symptômes de qch ◆ **to relieve a situation** remédier à une situation ◆ **the black of her dress was relieved by a white collar** un col blanc égayait sa robe noire ◆ **the new road relieves peak-hour congestion** la nouvelle route facilite la circulation aux heures de pointe ◆ **the new road relieves congestion in the town centre** la nouvelle route décongestionne le centre-ville ◆ **to relieve congestion** (Med) décongestionner ◆ **to relieve o.s.** (euph) se soulager, faire ses besoins *

c (= help) secourir, venir en aide à

d (= take over from) relayer ◆ **Paul will relieve you at six** Paul vous relayera à six heures ◆ **to relieve the guard** (Mil) relever la garde

e (Mil) [+ town, fort, garrison] libérer

relievo [rɪ'liːvəʊ] n (Art) relief m

religion [rɪ'lɪdʒən] n (= belief) religion f ; (= form of worship) culte m ; (on form etc) confession f ◆ **the Christian religion** la religion chrétienne ◆ **this new religion already has many adherents** ce nouveau culte a déjà de nombreux adeptes ◆ **wars of religion** guerres fpl de religion ◆ **to make a religion of doing sth** se faire une obligation (absolue) de faire qch ◆ **it's against my religion (to do that)** (lit) c'est contraire à ma religion (de faire cela) ◆ **it's against my religion to clean windows** * (hum) je ne fais jamais les vitres, c'est contraire à ma religion (hum) ◆ **to enter religion** entrer en religion ◆ **her name in religion** son nom de religion ◆ **to get religion** * (hum) découvrir Dieu

religiose [rɪ'lɪdʒɪəʊs] adj dévot

religiosity [rɪ,lɪdʒɪ'ɒsɪtɪ] n (pej) religiosité f

religious [rɪ'lɪdʒəs] → SYN **1** adj beliefs, practice, order, service, music, book, leader religieux ; freedom religieux, de religion ; person religieux, croyant ; war de religion ◆ **a religious maniac** or **lunatic** * un fanatique religieux

2 n (pl inv) religieux m, -ieuse f

3 COMP ▷ **religious education** n (Scol) éducation f religieuse ▷ **religious instruction** n (Scol) instruction f religieuse ▷ **religious leader** n chef m religieux

religiously [rɪ'lɪdʒəslɪ] adv **a** (Rel) **a religiously diverse country** un pays qui présente une grande diversité religieuse ◆ **religiously minded people** gens mpl très religieux ◆ **religiously motivated** motivé par la religion

b (= conscientiously) scrupuleusement, religieusement

religiousness [rɪ'lɪdʒəsnɪs] n piété f, dévotion f

reline [,riː'laɪn] vt [+ coat, jacket] mettre une nouvelle doublure à, redoubler ◆ **to reline the brakes** (Aut) changer les garnitures de freins

relinquish [rɪ'lɪŋkwɪʃ] vt **a** (= give up) [+ hope, power] abandonner ; [+ plan, right] renoncer à (*to sb* en faveur de qn) ; [+ habit] renoncer à ; [+ post] quitter, abandonner ; [+ goods, property etc] se dessaisir de, abandonner

b (= let go) [+ object] lâcher ◆ **to relinquish one's hold on sth** lâcher qch

relinquishment [rɪ'lɪŋkwɪʃmənt] n abandon m (*of sth* de qch)

reliquary ['relɪkwərɪ] n reliquaire m

relish ['relɪʃ] → SYN **1** n **a** (= enjoyment) goût m (*for* pour) ◆ **to do sth with (great) relish, to take relish in doing sth** faire qch avec délectation ◆ **he ate with relish** il mangeait de bon appétit ◆ **he rubbed his hands with relish at the prospect of ...** il se frotta les mains de plaisir à la perspective de ...

b (Culin) (= flavour) goût m, saveur f ; (= pickle: for hamburger etc) achards mpl ; (= seasoning) condiment m, assaisonnement m ; (= trace: of spices etc) soupçon m ; (fig = charm) attrait m, charme m ◆ **it had lost all relish** (fig) cela avait perdu tout attrait

2 vt [+ food, wine] savourer ◆ **to relish doing sth** se délecter à faire qch, trouver du plaisir à faire qch ◆ **I don't relish the idea** or **prospect** or **thought of getting up at five** l'idée de me lever à cinq heures ne me sourit guère or ne me dit rien

relive [,riː'lɪv] vt revivre

reload [,riː'ləʊd] vt, vi recharger

relocate [,riːləʊ'keɪt] **1** vt (gen) installer ailleurs ; [+ company] réimplanter ; [+ worker] (in a new place) transférer, muter ; (in a new job) reconvertir

2 vi (= move house) déménager, s'installer ailleurs ; [company] se réimplanter ; [worker] (in a new place) changer de lieu de travail ; (in a new job) se reconvertir ◆ **to relocate to ...** déménager à ..., s'installer à ...

relocation [,riːləʊ'keɪʃən] **1** n (gen) déménagement m ; [of company] réimplantation f, déménagement m ; [of worker] (in a new place) transfert m, mutation f ; (in a new job) reconversion f ; [of household] déménagement m

2 COMP ▷ **relocation allowance** n prime f de relogement ▷ **relocation expenses** npl (paid to employee) frais mpl de déménagement

reluctance [rɪ'lʌktəns] → SYN n **a** répugnance f (*to do sth* à faire qch) ◆ **to do sth with reluctance** faire qch à regret or à contrecœur ◆ **to make a show of reluctance** se faire prier, se faire tirer l'oreille

b (Elec) réluctance f

reluctant [rɪ'lʌktənt] → SYN adj person, animal réticent (*to do sth* à faire qch) ; acceptance peu enthousiaste ; praise, consent, permission, response peu enthousiaste, donné à contrecœur ◆ **the reluctant soldier** le soldat malgré lui ◆ **to give one's reluctant approval to sth** donner son accord à qch avec réticence or à contrecœur ◆ **to take the**

reluctant decision to do sth prendre avec réticence or à contrecœur la décision de faire qch

reluctantly [rɪˈlʌktəntlɪ] adv à contrecœur

rely [rɪˈlaɪ] → SYN vi ◆ **to rely (up)on sb/sth** compter sur qn/qch ◆ **she relied on the trains being on time** elle comptait or tablait sur le fait que les trains seraient à l'heure ◆ **I rely on him for my income** je dépends de lui pour mes revenus ◆ **you can rely upon it** vous pouvez y compter ◆ **you can rely on me not to say anything about it** vous pouvez compter sur moi pour ne pas en parler, comptez sur ma discrétion ◆ **she is not to be relied upon** on ne peut pas compter sur elle ◆ **he relies increasingly on his assistants** il se repose de plus en plus sur ses assistants ◆ **you mustn't rely on other people for everything** il faut se prendre en charge ◆ **to rely on sth** (Jur) invoquer qch

REM [rem] n (abbrev of **rapid eye movement**) → **rapid**

remain [rɪˈmeɪn] → SYN vi **a** (= be left) rester ◆ **much remains to be done** il reste beaucoup à faire ◆ **nothing remains to be said** il ne reste plus rien à dire ◆ **nothing remains but to accept** il ne reste plus qu'à accepter ◆ **it remains to be seen whether ...** reste à savoir si ... ◆ **that remains to be seen** c'est ce que nous verrons, c'est ce qu'il reste à voir ◆ **the fact remains that he is wrong** il n'en est pas moins vrai or toujours est-il qu'il a tort ◆ **take 2 from 4, 2 remain** 4 moins 2, il reste 2

b (= stay) rester, demeurer ◆ **to remain faithful** demeurer or rester fidèle ◆ **remain seated** restez assis ◆ **to remain out/in** etc rester (en) dehors/(en) dedans etc ◆ **to remain up** rester levé ◆ **let the matter remain as it is** laissez l'affaire comme cela ◆ **it remains the same** ça ne change pas ◆ **to remain silent** garder le silence ◆ **it remains unsolved** ce n'est toujours pas résolu ◆ **if the weather remains fine** si le temps se maintient (au beau) ◆ **I remain, Yours faithfully ...** (in letters) je vous prie d'agréer or veuillez agréer l'expression de mes sentiments distingués ...

► **remain behind** vi rester

remainder [rɪˈmeɪndəʳ] → SYN **1** n **a** (= sth left over) reste m ; (= remaining people) autres mfpl ; (Math) reste m ; (Jur) usufruit m avec réversibilité ◆ **for the remainder of the week** pendant le reste or le restant de la semaine

b remainders (Comm) (= books etc) invendus mpl soldés, soldes mpl d'éditeur ; (= clothes, articles) fin(s) f(pl) de série

2 vt [+ books etc] solder

remaining [rɪˈmeɪnɪŋ] → SYN adj people, objects qui reste (or restait), restant ◆ **use up the remaining olives in the sauce** utiliser le reste des olives dans la sauce ◆ **she's one of his few remaining friends** elle fait partie des rares amis qui lui restent

remains [rɪˈmeɪnz] → SYN npl [of meal] restes mpl ; [of fortune, army] débris mpl ; [of building] vestiges mpl, ruines fpl ◆ **literary remains** œuvres fpl posthumes ◆ **his (mortal) remains** ses restes mpl, sa dépouille mortelle ◆ **human remains** restes mpl humains

remake [ˌriːˈmeɪk] **1** vt refaire ; (Cine) [+ film] faire un remake de

2 [ˈriːmeɪk] n (Cine) remake m

remand [rɪˈmɑːnd] **1** vt (gen, Jur) [+ case, accused person] déférer, renvoyer (*to* à) ◆ **to remand sb to a higher court** (Jur) renvoyer qn à une instance supérieure ◆ **to remand sb in custody** mettre qn en détention provisoire ◆ **to remand sb on bail** mettre qn en liberté sous caution ◆ **case remanded for a week** affaire f renvoyée à huitaine ; → **further**

2 n renvoi m (à une autre audience) ◆ **to be on remand** (= in custody) être en détention provisoire ; (= on bail) être en liberté provisoire

3 COMP ▷ **remand centre** n (Brit) centre m de détention provisoire ▷ **remand home** † n (Brit) ≃ maison f d'arrêt ▷ **remand prisoner** n personne f en détention provisoire ▷ **remand wing** n quartier m de détention provisoire

remanence [ˈremənəns] n rémanence f

remark [rɪˈmɑːk] → SYN **1** n **a** (= comment) remarque f ◆ **to make** or **pass the remark that ...** faire remarquer or observer que ... ◆ **I have a few remarks to make on that subject** j'ai quelques remarques à vous communiquer à ce sujet ◆ **to make** or **pass unkind remarks about sb/sth** faire des remarques désagréables sur qn/qch ◆ **remarks were made about your absence** votre absence a fait l'objet de remarques

b (NonC) **worthy of remark** digne d'attention, remarquable

2 vt **a** (= say) (faire) remarquer, (faire) observer ◆ **"it's raining" he remarked** "il pleut" observa-t-il

b (= notice) remarquer, observer

3 vi faire des remarques or des observations (*on* sur) ◆ **he remarked on it to me** il m'en a fait l'observation or la remarque

remarkable [rɪˈmɑːkəbl] → SYN adj remarquable (*for sth* par qch) ◆ **it is remarkable that ...** il est remarquable que ... (+ subj) ◆ **there's nothing remarkable about that** cela n'a rien de remarquable ◆ **it is remarkable how quickly children grow up** la vitesse à laquelle les enfants grandissent est incroyable, c'est incroyable ce que les enfants grandissent vite

remarkably [rɪˈmɑːkəblɪ] adv extrêmement ◆ **this has been a remarkably difficult year for him** cette année a été extrêmement difficile pour lui ◆ **remarkably, the factory had escaped the bombing** fait étonnant or par miracle, l'usine avait échappé aux bombardements

remarriage [ˌriːˈmærɪdʒ] n remariage m

remarry [ˌriːˈmærɪ] **1** vi se remarier

2 vt remarier

remaster [ˌriːˈmɑːstəʳ] vt [+ recording] remixer ; → **digitally**

rematch [ˈriːˌmætʃ] **1** n (gen) match m retour ; (Boxing) deuxième combat m

2 [ˌriːˈmætʃ] vt opposer à nouveau

remeasure [riːˈmeʒəʳ] vt remesurer

remediable [rɪˈmiːdɪəbl] adj remédiable

remedial [rɪˈmiːdɪəl] adj **a** (Med) treatment curatif ◆ **remedial exercises** gymnastique f corrective

b (Educ) class de rattrapage ◆ **remedial education** soutien m scolaire ◆ **remedial teaching** cours mpl de rattrapage or de soutien ◆ **remedial help** soutien m ◆ **remedial (course in) English** cours mpl de rattrapage or de soutien en anglais

c (= corrective) work de réparation ◆ **remedial action** or **measures** mesures fpl de redressement

remediless [ˈremədɪlɪs] adj sans remède

remedy [ˈremədɪ] → SYN **1** n (Med, fig) remède m (*for* contre or pour) ; (Jur) recours m ◆ **past** or **beyond remedy** sans remède ◆ **we must provide a remedy for injustice** nous devons trouver un remède à l'injustice ◆ **the remedy for boredom is work** le travail est le remède de or contre l'ennui ◆ **the remedy for despair** le remède contre le désespoir

2 vt (Med) remédier à ; (fig) remédier à, porter remède à ◆ **the situation cannot be remedied** la situation est sans remède

remember [rɪˈmembəʳ] → SYN **1** vt **a** (= recall) [+ person, date, occasion] se souvenir de, se rappeler ◆ **to remember that ...** se rappeler que ... ◆ **I remember doing it** je me rappelle l'avoir fait, je me souviens de l'avoir fait ◆ **I remembered to do it** j'ai pensé à le faire, je n'ai pas oublié de le faire ◆ **I remember when an egg cost one penny** je me souviens de l'époque où un œuf coûtait un penny ◆ **I cannot remember your name** je ne me rappelle plus votre nom, je ne me souviens pas de votre nom ◆ **don't you remember me?** (face to face) vous ne me reconnaissez pas ? ; (phone) vous ne vous souvenez pas de moi ? ◆ **I remember your face** je me souviens de votre visage, je vous reconnais ◆ **I don't remember a thing about it** je n'en ai pas le moindre souvenir, je ne me souviens de rien ◆ **I can never remember phone numbers** je n'ai aucune mémoire pour les or je ne me souviens jamais des numéros de téléphone ◆ **let us remember that ...** n'oublions pas que ... ◆ **a night/occasion to remember** une soirée/un moment mémorable or inoubliable ◆ **here's something to remember him by** voici un souvenir de lui ◆ **he is remembered as a fine violinist** il a laissé le souvenir d'un violoniste talentueux ◆ **she will be remembered by millions (for her honesty/for supporting this cause)** des millions de gens se souviendront d'elle (pour son honnêteté/pour son soutien à cette cause) ◆ **I can't remember the word at the moment** le mot m'échappe pour le moment ◆ **we can't always remember everything** on ne peut pas toujours songer à tout ◆ **remember where you are!** ressaisissez-vous ! ◆ **to remember o.s.** se reprendre ◆ **to remember sb in one's prayers** ne pas oublier qn dans ses prières ◆ **that's worth remembering** c'est bon à savoir

b (= commemorate) [+ the fallen, a battle] commémorer

c (= give good wishes to) rappeler (*to* au bon souvenir de) ◆ **remember me to your mother** rappelez-moi au bon souvenir de votre mère ◆ **he asked to be remembered to you** il vous envoie son meilleur souvenir

d (= give money or a present to) ne pas oublier ◆ **to remember sb in one's will** ne pas oublier qn dans son testament

2 vi se souvenir ◆ **I can't remember** je ne me souviens pas, je ne sais plus ◆ **as far as I remember** autant que je m'en souvienne ◆ **not as far as I remember** pas à ma connaissance, pas que je m'en souvienne ◆ **if I remember right(ly)** si j'ai bonne mémoire, si je m'en or me souviens bien ◆ **the last time we had a party, if you remember, it took us days to clear up** la dernière fois que nous avons organisé une soirée, je te rappelle qu'il nous a fallu des jours pour tout ranger ◆ **he was, you remember, a great man** il était, comme vous le savez, un grand homme

remembered [rɪˈmembəd] adj (liter) happiness etc inscrit dans la mémoire

remembrance [rɪˈmembrəns] n (= memory, thing remembered) souvenir m, mémoire f ; (= act of remembering, keepsake) souvenir m ◆ **Remembrance Day** (Brit) ◆ **Remembrance Sunday** ≃ (le jour de) l'Armistice m, ≃ le 11 Novembre ; → POPPY DAY ◆ **in remembrance of** en souvenir de ◆ **to the best of my remembrance** pour autant que je m'en souvienne ◆ **within the remembrance of man** de mémoire d'homme ◆ **to have no remembrance of sth** ne pas se souvenir de qch, n'avoir aucun souvenir de qch

remex [ˈriːmeks] n, pl **remiges** [ˈremɪdʒiːz] (Orn) rémige f

remigial [rɪˈmɪdʒɪəl] adj (Orn) ◆ **remigial feather** rémige f

remilitarization [riːˌmɪlɪtəraɪˈzeɪʃən] n remilitarisation f

remind [rɪˈmaɪnd] LANGUAGE IN USE 5.1 → SYN vt rappeler (*sb of sth* qch à qn ; *sb that* à qn que) ◆ **you are reminded that ...** nous vous rappelons que ... ◆ **to remind sb to do sth** faire penser à qn à faire qch ◆ **must I remind you (again)?** faut-il que je (vous) le redise or le rappelle (subj) encore une fois ? ◆ **she reminded him of his mother** elle lui rappelait sa mère ◆ **that reminds me!** à propos !, j'y pense !

reminder [rɪˈmaɪndəʳ] **1** n (= note, knot etc) mémento m, pense-bête m ◆ **as a reminder that ...** pour (vous or lui etc) rappeler que ... ◆ **his presence was a reminder of ...** sa présence rappelait ... ◆ **a gentle reminder** un rappel discret ◆ **give him a gentle reminder** rappelez-le-lui discrètement ◆ **(letter of) reminder** (Comm) lettre f de rappel

2 COMP ▷ **reminder advertising** n publicité f de rappel or de relance ▷ **reminder call** n (Telec) mémo appel m

reminisce [ˌremɪˈnɪs] vi évoquer or raconter ses souvenirs ◆ **to reminisce about sth** évoquer qch

reminiscence [ˌremɪˈnɪsəns] → SYN n réminiscence f

reminiscent [ˌremɪˈnɪsənt] → SYN adj **a** (= similar) **to be reminiscent of sth** rappeler qch, faire penser à qch

b (= nostalgic) person, mood, smile nostalgique

reminiscently [ˌremɪˈnɪsəntlɪ] adv ◆ **he smiled reminiscently** il sourit à ce souvenir ◆ **he talked reminiscently of the war** il évoquait des souvenirs de la guerre

remiss [rɪˈmɪs] → SYN adj (frm) négligent ◆ **he has been remiss in not finishing his work** il s'est rendu coupable de négligence en ne terminant pas son travail ◆ **that was very remiss of you** vous vous êtes montré très

remission [rɪˈmɪʃən] → SYN n (gen, Med, Rel) rémission f ; (Jur) remise f ✦ **the remission of sins** la rémission des péchés ✦ **he earned three years' remission (for good conduct)** (Brit Jur) on lui a accordé trois ans de remise de peine (pour bonne conduite) ✦ **remission from a debt** (Jur) remise f d'une dette ✦ **there can be no remission of registration fees** il ne peut y avoir de dispense or d'exemption des droits d'inscription ✦ **to be in remission** (Med) [disease, person] être en rémission ✦ **to go into remission** [disease, person] entrer en rémission

remissness [rɪˈmɪsnɪs] n négligence f, manque m de zèle

remit¹ [rɪˈmɪt] LANGUAGE IN USE 20.6 → SYN
[1] vt a (Rel) [+ sins] pardonner, remettre ; (Jur etc) [+ fee, debt, penalty] remettre ✦ **to have part of one's sentence remitted** bénéficier d'une remise de peine ✦ **to remit sb's sentence** faire bénéficier qn d'une remise de peine ✦ **the prisoner's sentence was remitted** on a remis la peine du détenu, le détenu a reçu une remise de peine
b (frm = send) [+ money] envoyer, verser
c (= lessen) relâcher, se relâcher de
d (= postpone) différer
e (Jur) renvoyer (à une instance inférieure)
[2] vi (= become less) diminuer ; [storm] se calmer ; [effort] se relâcher

remit² [ˈriːmɪt] → SYN n (Brit) attributions fpl

remittal [rɪˈmɪtl] n (Jur) renvoi m (à une instance inférieure)

remittance [rɪˈmɪtəns] → SYN [1] n a (of money) (gen) versement m ; (Banking, Econ, Fin) remise f de fonds ; (Comm etc = payment) paiement m, règlement m ✦ **enclose your remittance** joignez votre règlement
b (of documents) remise f
[2] COMP ▷ **remittance advice** n (Comm) avis de versement ▷ **remittance man** n, pl **remittance men** (US) résident étranger entretenu (par ses parents etc)

remittee [rɪmɪˈtiː] n destinataire mf (d'un envoi de fonds)

remittence [rɪˈmɪtəns] n (Med) rémission f, rémittence f

remittent [rɪˈmɪtənt] adj (Med) rémittent ; (fig) intermittent

remitter [rɪˈmɪtər] n a remetteur m, -euse f ; [of money] envoyeur m, -euse f ; (Comm) remettant m
b (Jur) renvoi m (à une instance inférieure)

remix [ˈriːmɪks] [1] n (Mus) remix m
[2] [ˌriːˈmɪks] vt (Mus) remixer

remnant [ˈremnənt] → SYN [1] n (= anything remaining) reste m, restant m ; (= piece) débris m, bout m ; [of custom, splendour] vestige m ; [of food, fortune] bribe f, débris m ; [of cloth] coupon m ✦ **remnants** (Comm) soldes mpl (de fins de série) ✦ **the remnant of the army** ce qui restait (or reste) de l'armée
[2] COMP ▷ **remnant day** n (Comm) jour m de soldes ▷ **remnant sale** n solde m (de coupons or d'invendus or de fins de série)

remodel [ˌriːˈmɒdl] vt (also Art, Tech) remodeler ; (fig) [+ society] réorganiser ; [+ constitution] remanier

remold [ˌriːˈməʊld] (US) ⇒ **remould**

remonstrance [rɪˈmɒnstrəns] n a (NonC) remontrance f
b (= protest) protestation f ; (= reproof) reproche m

remonstrant [rɪˈmɒnstrənt] [1] adj tone de remontrance, de protestation
[2] n protestataire mf

remonstrate [ˈremənstreɪt] → SYN [1] vi protester (against contre) ✦ **to remonstrate with sb about sth** faire des remontrances à qn au sujet de qch
[2] vt faire observer or remarquer (avec l'idée de reproche ou de contradiction) (that que)

remonstration [ˌremənˈstreɪʃən] n protestation f

remora [ˈremərə] n (= fish) rémora m

remorse [rɪˈmɔːs] → SYN n (NonC) remords m (at de ; for pour) ✦ **a feeling of remorse** un remords ✦ **without remorse** sans pitié

remorseful [rɪˈmɔːsfʊl] → SYN adj plein de remords ✦ **he was not remorseful (about or for)** il n'avait aucun remords (pour)

remorsefully [rɪˈmɔːsfəlɪ] adv avec remords ✦ **... he said remorsefully** ... dit-il, plein de remords

remorsefulness [rɪˈmɔːsfʊlnɪs] n (NonC) remords m

remorseless [rɪˈmɔːslɪs] → SYN adj a (= merciless) person sans pitié, impitoyable
b (= relentless) pressure implacable, impitoyable (in sth dans qch) ; ambition dévorant

remorselessly [rɪˈmɔːslɪslɪ] adv a (= mercilessly) tease, pursue sans pitié, impitoyablement ; (= relentlessly) implacablement, impitoyablement

remorselessness [rɪˈmɔːslɪsnɪs] n absence f or manque m de pitié or de remords

remortgage [ˌriːˈmɔːgɪdʒ] vt prendre une nouvelle hypothèque sur

remote [rɪˈməʊt] → SYN [1] adj a place (= distant) éloigné, lointain ; (= isolated) isolé ; relative, ancestor, descendant éloigné, lointain (before n) ✦ **in remote country districts** dans les régions rurales isolées ✦ **in a remote spot** dans un lieu isolé ✦ **in the remote past/future** dans un passé/avenir lointain ✦ **remote antiquity** la plus haute antiquité ✦ **a village remote from the world** un village à l'écart du monde ✦ **a house remote from a main road** une maison située loin or à l'écart des grands axes
b (= distanced) éloigné (from sth de qch) ✦ **what he said was rather remote from the subject in hand** ce qu'il a dit n'avait pas beaucoup de rapport avec le sujet ✦ **subjects that seem remote from our daily lives** des questions qui paraissent sans rapport avec notre vie quotidienne
c (= slight) hope mince (before n) ; resemblance, chance, possibility vague ; prospect lointain ; risk ténu ✦ **the odds of that happening are remote** il y a très peu de chances que cela se produise ✦ **I haven't the remotest idea** je n'en ai pas la moindre idée
d (= aloof) person distant
e (= remote-controlled) à distance ✦ **remote handset** télécommande f
[2] n (also **remote control**) télécommande f
[3] COMP ▷ **remote access** n (Comput) accès m à distance, téléconsultation f ▷ **remote control** n télécommande f ▷ **remote-controlled** adj télécommandé ▷ **remote job entry** n (Comput) télésoumission f de travaux ▷ **remote sensing** n télédétection f

remotely [rɪˈməʊtlɪ] adv a (= vaguely) her cooking is not even remotely edible sa cuisine est tout à fait immangeable ✦ **it isn't remotely possible that ...** il est absolument impossible que ... (+ subj) ✦ **he failed to say anything remotely interesting** il n'a rien dit d'un tant soit peu intéressant ✦ **I'm not remotely interested in art** l'art ne m'intéresse pas le moins du monde ✦ **it doesn't remotely resemble ...** cela ne ressemble en rien à ... ✦ **avoid saying anything remotely likely to upset him** évitez de dire quoi que ce soit qui puisse l'agacer ✦ **I've never seen anything remotely like it** jamais de ma vie je n'ai vu une chose pareille ✦ **the only person present even remotely connected with show business** la seule personne présente qui ait un rapport quelconque avec le monde du spectacle
b (= distantly) **to be remotely situated** être situé loin de tout, être isolé ✦ **we are remotely related** nous sommes (des) parents éloignés
c (= aloofly) say d'un ton distant ; behave d'un air distant
d (= from a distance) control, detonate à distance

remoteness [rɪˈməʊtnɪs] n a (in space) éloignement m, isolement m ; (in time) éloignement m
b (= aloofness) attitude f distante or réservée (from sb envers qn)

remould, remold (US) [ˌriːˈməʊld] [1] vt (Tech) remouler ; [+ tyre] rechaper ; (fig) [+ sb's character] corriger
[2] [ˈriːməʊld] n (= tyre) pneu m rechapé

remount [ˌriːˈmaʊnt] [1] vt a [+ horse] remonter sur ; [+ bicycle] enfourcher de nouveau ; [+ ladder] grimper de nouveau sur
b [+ picture] rentoiler ; [+ photo] faire un nouveau montage de
[2] vi remonter à cheval (or à bicyclette)

removable [rɪˈmuːvəbl] adj amovible, détachable ✦ **a sofa/cushion with a removable cover** un canapé/coussin déhoussable

removal [rɪˈmuːvəl] → SYN [1] n a (= taking away) enlèvement m ; (esp Brit) [of furniture, household] déménagement m ; [of abuse, evil] suppression f ; [of pain] soulagement m ; (from a job) (= demotion) déplacement m ; (= sacking) renvoi m, révocation f ; (Med) ablation f ✦ **stain removal** détachage m
b († : from house) déménagement m ✦ **after our removal** après notre déménagement ✦ **our removal to this house** notre emménagement m dans cette maison ✦ **our removal from London** notre déménagement de Londres
[2] COMP ▷ **removal expenses** npl (Brit) frais mpl de déménagement ▷ **removal man** n, pl **removal men** déménageur m ▷ **removal van** n (Brit) voiture f or camion m or fourgon m de déménagement

removalist [rɪˈmuːvəlɪst] n (Austral) déménageur m

remove [rɪˈmuːv] → SYN [1] vt [+ object] enlever (from de) ; [+ clothes] enlever, ôter ; [+ furniture, lid] enlever ; [+ stain, graffiti] enlever, faire partir ; [+ paragraph, word, item on list, threat, tax] supprimer ; [+ objection] réfuter ; [+ difficulty, problem] résoudre ; (lit, fig) [+ obstacle] écarter ; [+ doubt] chasser ; [+ suspicion, fear] dissiper ; [+ employee] destituer, révoquer ; [+ official] déplacer ; (Med) [+ lung, kidney] enlever ; [+ tumour] extirper, enlever ; [+ splint, bandage] enlever ✦ **he was removed to the cells** on l'a emmené en cellule ✦ **to remove sb to hospital** hospitaliser qn ✦ **to remove a child from school** retirer un enfant de l'école ✦ **remove the prisoner!** (Jur: in court) faites sortir l'accusé ! ✦ **he removed himself to another room** il s'est retiré dans une autre pièce ✦ **to remove sb's name** rayer qn, radier qn ✦ **to remove one's make-up** se démaquiller ✦ **make-up removing cream** lait m démaquillant ✦ **to remove unwanted hair from one's legs** s'épiler les jambes ✦ **to be far removed from sth** (fig) être loin de qch ✦ **cousin once/twice removed** cousin(e) m(f) au deuxième/troisième degré
[2] vi † déménager, changer de domicile ✦ **to remove to London** aller habiter à Londres, aller s'installer à Londres
[3] n a (in relationship) degré m de parenté
b (frm: fig) **to be only a few removes from ...** être tout proche de ... ✦ **this is but one remove from disaster** nous frisons (or ils frisent etc) la catastrophe ✦ **it's a far remove from ...** c'est loin d'être ...

remover [rɪˈmuːvər] n a (= removal man) déménageur m
b (= substance) (for varnish) dissolvant m ; (for stains) détachant m ✦ **paint remover** décapant m (pour peintures) ; → **cuticle, hair, make-up**

remunerate [rɪˈmjuːnəreɪt] vt rémunérer

remuneration [rɪˌmjuːnəˈreɪʃən] → SYN n rémunération f (for de)

remunerative [rɪˈmjuːnərətɪv] → SYN adj (frm) scheme, investment rémunérateur (-trice f), lucratif ; job, employment rémunéré

Renaissance [rɪˈneɪsɑːns] (Art, Hist) [1] n ✦ **the Renaissance** la Renaissance
[2] COMP art, scholar de la Renaissance ; style, palace Renaissance inv ▷ **Renaissance man** n, pl **Renaissance men** homme m aux talents multiples

renaissance [rɪˈneɪsɑːns] → SYN n renaissance f

renal [ˈriːnl] [1] adj rénal
[2] COMP ▷ **renal failure** n défaillance f or insuffisance f rénale

rename [ˌriːˈneɪm] vt [+ person, street, town] rebaptiser (fig) ; (Comput) [+ file] renommer

renascence [rɪˈnæsns] n ⇒ **renaissance**

renascent [rɪˈnæsnt] adj renaissant

rend [rend] pret, ptp **rent** vt (liter) [+ cloth] déchirer; [+ armour] fendre; (fig) déchirer, fendre ◆ **to rend sth from ...** (lit, fig) arracher qch à or de ... ◆ **a country rent by civil war** un pays déchiré par la guerre civile ◆ **a cry rent the silence** un cri déchira le silence ◆ **to rend sb's heart** fendre le cœur à qn

render [ˈrendəʳ] → SYN vt **a** (frm = give) [+ service, homage, judgement] rendre; [+ help] donner; [+ explanation] donner, fournir ◆ **render unto Caesar the things which are Caesar's** il faut rendre à César ce qui est à César ◆ **to render thanks to sb** remercier qn ◆ **to render thanks to God** rendre grâce à Dieu ◆ **to render assistance (to sb)** prêter assistance or secours (à qn) ◆ **to render an account of sth** rendre compte de qch ◆ **for services rendered** pour services rendus
b (Comm) [+ account] remettre, présenter
c [+ music] interpréter; [+ text] rendre, traduire (*into* en)
d (= make) rendre ◆ **his accident rendered him helpless** son accident l'a rendu complètement infirme ◆ **the blow rendered him unconscious** or **insensible** le coup lui a fait perdre connaissance
e (Culin) [+ fat] faire fondre
f (Constr) enduire (*with* de)

▶ **render down** vt sep [+ fat] faire fondre

▶ **render up** vt sep (liter) [+ fortress] rendre; [+ prisoner, treasure] livrer

rendering [ˈrendərɪŋ] n **a** [of music, poem] interprétation f; [of text] traduction f (*into* en)
b (Constr) enduit m

rendez-vous [ˈrɒndɪvuː] **1** n, pl **rendez-vous** [ˈrɒndɪvuːz] rendez-vous m ◆ **let's make a rendez-vous for next week** prenons rendez-vous pour la semaine prochaine
2 vi (= meet) se retrouver; (= assemble) se réunir ◆ **to rendez-vous with sb** rejoindre qn ◆ **they rendez-voused with the patrol at dawn** (Mil etc) ils ont rejoint la patrouille à l'aube

rendition [renˈdɪʃən] n ⇒ **rendering**

reneague [rɪˈniːg] vi ⇒ **renege**

renegade [ˈrenɪgeɪd] **1** n renégat(e) m(f)
2 adj forces, faction, person rebelle

renege [rɪˈneɪg] vi manquer à sa parole; (Cards) faire une renonce ◆ **to renege on a promise** manquer à sa promesse

renegotiate [ˌriːnɪˈgəʊʃɪeɪt] LANGUAGE IN USE 19.5 vt renégocier

renegotiation [ˌriːnɪgəʊʃɪˈeɪʃən] n (Pol) renégociation f

renegue [rɪˈneɪg] vi ⇒ **renege**

renew [rɪˈnjuː] → SYN vt [+ appointment, attack, contract, passport, promise, one's strength] renouveler; [+ lease] renouveler, reconduire; [+ supplies] remplacer, renouveler ◆ **to renew negotiations/discussions** reprendre des négociations/discussions ◆ **to renew one's subscription** renouveler son abonnement, se réabonner ◆ **to renew one's acquaintance with sb** renouer connaissance avec qn; see also **renewed**

renewable [rɪˈnjuːəbl] **1** adj contract, resources, energy renouvelable
2 **renewables** npl énergies fpl renouvelables

renewal [rɪˈnjuːəl] n **a** (= resumption) [of hostilities] reprise f; [of society] renouveau m; [of attack] renouvellement m; [of interest, strength] regain m
b (= improvement) [of city] rénovation f; [of district, area] rénovation f, réhabilitation f; → **urban**
c (= revalidating) [of licence, visa, passport, policy] renouvellement m; [of contract, lease] renouvellement m, reconduction f ◆ **renewal of subscription** réabonnement m
d (Rel) renouveau m

renewed [rɪˈnjuːd] adj ◆ **renewed interest/hope/enthusiasm** un regain d'intérêt/d'espoir/d'enthousiasme ◆ **with renewed vigour** avec une vitalité accrue ◆ **renewed fighting** une recrudescence des combats ◆ **he has come under renewed pressure to resign** on fait de nouveau pression sur lui pour qu'il démissionne ◆ **to make renewed efforts to do sth** renouveler ses efforts pour faire qch ◆ **to**

feel a renewed sense of well-being se sentir revivre

reniform [ˈrenɪfɔːm] adj (Bot) réniforme

renin [ˈriːnɪn] n (Bio) rénine f

renitence [rɪˈnaɪtns], **renitency** [rɪˈnaɪtnsɪ] n rénitence f

renitent [rɪˈnaɪtənt] adj rénitent

rennet [ˈrenɪt] n (for junket) présure f

renounce [rɪˈnaʊns] → SYN **1** vt [+ liberty, opinions, ideas, title] renoncer à; [+ religion] abjurer; [+ right] renoncer à, abandonner; [+ treaty] dénoncer; [+ friend] renier; [+ cause, party] renier, désavouer; [+ principles] répudier ◆ **to renounce the flesh** (Rel) renoncer à la or aux plaisirs de la chair
2 vi (Bridge) défausser

renouncement [rɪˈnaʊnsmənt] n ⇒ **renunciation**

renovate [ˈrenəʊveɪt] → SYN vt [+ clothes, house] remettre à neuf, rénover; [+ building, painting, statue] restaurer

renovation [ˌrenəʊˈveɪʃən] n **a** (NonC = doing up) [of house, flat] rénovation f, remise f à neuf; (= restoration) [of historic building, painting, statue] restauration f ◆ **to be in need of renovation** être en mauvais état
b (to building) **renovations** travaux mpl

renown [rɪˈnaʊn] n renommée f, renom m ◆ **a wine of renown** un vin renommé ◆ **a scholar of great** or **high renown** un érudit renommé or de renom

renowned [rɪˈnaʊnd] → SYN adj artist, scientist renommé (*for sth* pour qch), célèbre (*for sth* pour qch); expert, place réputé (*for sth* pour qch), célèbre (*for sth* pour qch) ◆ **internationally renowned writers** des écrivains de renommée internationale ◆ **garlic is renowned as an antiseptic** l'ail est réputé pour ses vertus antiseptiques

rent¹ [rent] → SYN **1** n [of house, room] loyer m; [of farm] fermage m; [of television etc] (prix m de) location f ◆ **for rent** (US) à louer ◆ **quarter's rent** terme m ◆ **(one week) late** or **behind with one's rent** en retard (d'une semaine) sur son loyer ◆ **to pay a high/low rent for sth** payer un gros/petit loyer pour qch
2 vt **a** (= take for rent) louer ◆ **we don't own it, we only rent it** nous ne sommes pas propriétaires, mais locataires seulement ◆ **rented accommodation/flat** etc logement m/appartement m etc en location ◆ **"rent-a-bike"** location de vélos
b (also **rent out**) louer, donner en location
3 COMP ▷ **rent-a-car** n (= firm) société f de location de voitures ▷ **rent-a-crowd*** n ▷ **rent-a-mob** ▷ **rent allowance** n (Brit) indemnité f or allocation f (de) logement ▷ **rent-a-mob*** n (Brit) (gen) agitateurs mpl professionnels; (= supporters: at meeting etc) claque f ▷ **rent book** n (for accommodation) carnet m de quittances de loyer ▷ **rent boy*** n jeune prostitué m ▷ **rent collector** n personne f chargée d'encaisser les loyers ▷ **rent control** n encadrement m des loyers ▷ **rent-controlled** adj à loyer plafonné ▷ **rent-free** adj exempt de loyer, gratuit ◇ adv sans payer de loyer ▷ **rent rebate** n réduction f de loyer ▷ **rent review** n (Brit Admin) réajustement m des loyers ▷ **rent strike** n grève f des loyers ◆ **to go on rent strike, to stage a rent strike** faire la grève des loyers

rent² [rent] → SYN **1** vb (pt, ptp of **rend**)
2 n (= tear) (in cloth) déchirure f, accroc m; (in rock) fissure f; (in clouds) déchirure f, trouée f; (in party etc) rupture f, scission f

rental [ˈrentl] **1** n **a** (esp Brit) **a** (= amount paid) [of house, land] (montant m du) loyer m; (esp for holiday accommodation) prix m de location; [of television etc] (prix m de) location f; [of telephone] abonnement m; (= income from rents) revenu m en loyers or fermages
b (= activity) location f ◆ **car/bike rental** location f de voitures/vélos
2 COMP ▷ **rental car** n voiture f de location ▷ **rental library** n (US) bibliothèque f de prêt (*payante*)

renumber [ˌriːˈnʌmbəʳ] vt numéroter de nouveau, renuméroter

renunciation [rɪˌnʌnsɪˈeɪʃən] → SYN n (frm) [of violence, religion, citizenship, title, right, claim] renonciation f (*of sth* à qch); [of wife, husband,

friend] reniement m (*of sb* de qn); [of cause, party] reniement m (*of sth* de qch), désaveu m (*of sth* de qch); [of treaty] dénonciation f (*of sth* de qch); [of principles] (also Jur) répudiation f (*of sth* de qch)

reoccupy [ˌriːˈɒkjʊpaɪ] vt réoccuper

reoccur [ˌriːəˈkɜːʳ] vi (= happen again) se reproduire

reoccurrence [ˌriːəˈkʌrəns] n répétition f

reopen [ˌriːˈəʊpən] **1** vt [+ box, door] rouvrir; [+ fight, battle, hostilities] reprendre; [+ debate, discussion] rouvrir ◆ **to reopen a case** (Jur) rouvrir une affaire
2 vi [school] reprendre; [shop, theatre etc] rouvrir; [wound] se rouvrir

reopening [ˌriːˈəʊpnɪŋ] n réouverture f

reorder [ˌriːˈɔːdəʳ] vt **a** [+ goods, supplies] commander de nouveau
b (= reorganize) reclasser, réorganiser

reorganization [ˈriːˌɔːgənaɪˈzeɪʃən] n réorganisation f

reorganize [ˌriːˈɔːgənaɪz] **1** vt réorganiser
2 vi se réorganiser

rep¹* [rep] n abbrev of **repertory 1b**

rep² [rep] n (Tex) reps m

rep³* [rep] n (abbrev of **representative**) **a** (Comm) représentant(e) m(f) (de commerce)
b (Admin, Pol = official) porte-parole m inv

Rep. (US Pol) **a** abbrev of **Representative**
b abbrev of **Republican**

repack [ˌriːˈpæk] vt [+ suitcase] refaire; [+ goods] réemballer

repackage [ˌriːˈpækɪdʒ] vt [+ product] reconditionner; [+ parcel] remballer; (fig) [+ proposal, scheme] reformuler

repaid [rɪˈpeɪd] vb (pt, ptp of **repay**)

repaint [ˌriːˈpeɪnt] vt repeindre

repair¹ [rɪˈpɛəʳ] → SYN **1** vt [+ tyre, shoes, chair] réparer; [+ clothes] réparer, raccommoder; [+ machine, watch] réparer, arranger; [+ roof, road] réparer, refaire; (Naut) [+ hull] radouber; (fig) [+ error, wrong] réparer, remédier à
2 n **a** (gen) réparation f; [of clothes] raccommodage m; [of shoes] ressemelage m; [of roof, road] réfection f; (Naut) [of hull] radoub m ◆ **to be under repair** être en réparation ◆ **to be beyond repair** être irréparable ◆ **damaged** or **broken beyond repair** irréparable ◆ **closed for repairs** fermé pour cause de travaux
b (NonC = condition) **to be in good/bad repair** être en bon/mauvais état ◆ **to keep sth in (good) repair** entretenir qch
3 COMP ▷ **repair kit** n trousse f de réparation ▷ **repair man** n, pl **repair men** réparateur m ▷ **repair outfit** n → **repair kit** ▷ **repair shop** n atelier m de réparations

repair² [rɪˈpɛəʳ] → SYN vi (liter) ◆ **to repair to** (= go) aller à, se rendre à; (= return) retourner à

repairable [rɪˈpɛərəbl] adj réparable

repairer [rɪˈpɛərəʳ] n réparateur m, -trice f; → **clock, shoe**

repaper [ˌriːˈpeɪpəʳ] vt retapisser, refaire les papiers peints de

reparable [ˈrepərəbl] adj réparable

reparation [ˌrepəˈreɪʃən] → SYN n réparation f ◆ **to make reparations for sth** (fig) réparer qch (*une injure etc*)

repartee [ˌrepɑːˈtiː] → SYN n (NonC) repartie or répartie f

repast [rɪˈpɑːst] n (liter) repas m, banquet m

repatriate [riːˈpætrɪeɪt] **1** vt rapatrier
2 n [riːˈpætrɪət] rapatrié(e) m(f)

repatriation [riːˌpætrɪˈeɪʃən] n rapatriement m

repay [rɪˈpeɪ] → SYN pret, ptp **repaid** vt **a** (= pay back) [+ money] rendre, rembourser; [+ person] rembourser; [+ debt, obligation] s'acquitter de ◆ **if you lend me the money, I'll repay you on Saturday** si tu me prêtes l'argent, je te le rendrai or je te rembourserai samedi ◆ **to repay sb's expenses** rembourser or indemniser qn de ses frais ◆ **how can I ever repay you?** (fig) comment pourrais-je jamais vous remercier? ◆ **and this is how they repay**

repayable / report

me! (fig) c'est comme ça qu'ils me remercient!
b (= give in return) récompenser ◆ **to repay sb's kindness** payer de retour la gentillesse de qn, récompenser qn de sa gentillesse ◆ **he repaid their kindness by stealing their camera** (iro) il les a remerciés de leur gentillesse en leur volant leur appareil photo, en guise de remerciement, il leur a volé leur appareil photo ◆ **to be repaid for one's efforts** être récompensé de ses efforts ◆ **it repays obstinacy** la persévérance paie ou est payante, cela vaut la peine de persévérer

repayable [rɪˈpeɪəbl] adj remboursable ◆ **the loan is repayable at any time** le créancier peut exiger le remboursement de cette dette à tout moment ◆ **repayable in ten monthly instalments** remboursable en dix mensualités ◆ **repayable over ten years** remboursable sur dix ans

repayment [riːˈpeɪmənt] **1** n [of money] remboursement m; [of effort] récompense f ◆ **repayments can be spread over three years** les remboursements peuvent s'échelonner sur trois ans
2 COMP ▷ **repayment mortgage** n (Brit) emprunt logement sans capital différé ▷ **repayment schedule** n (Fin) échéancier m de remboursement

repeal [rɪˈpiːl] → SYN **1** vt [+ law] abroger, annuler; [+ sentence] annuler; [+ decree] révoquer
2 n abrogation f, annulation f, révocation f

repeat [rɪˈpiːt] LANGUAGE IN USE 27.5 → SYN
1 vt (= say again) répéter; [+ demand, promise] réitérer; (Mus) reprendre; (= recite) [+ poem etc] réciter (par cœur); (= do again) [+ action, attack] répéter, renouveler; [+ pattern, motif] répéter, reproduire; (Comm) [+ order] renouveler ◆ **this offer will never be repeated** (Comm) (c'est une) offre unique ou exceptionnelle ◆ **you must not repeat what I tell you** il ne faut pas répéter ce que je vous dis ◆ **to repeat o.s.** se répéter ◆ **history has a habit of repeating itself** l'histoire a tendance à se répéter
2 vi **a** répéter ◆ **I repeat, it is impossible** je le répète, c'est impossible
b (Math) se reproduire périodiquement ◆ **0.054 repeating** 0,054 périodique
c **radishes repeat on me** * les radis me donnent des renvois *
3 n répétition f; (Mus) reprise f; (esp Brit Rad, TV) rediffusion f
4 adj business, customer ◆ **to get repeat business** réussir à fidéliser la clientèle ◆ **we give reductions to repeat customers** nous accordons des réductions à nos fidèles clients
5 COMP ▷ **repeat mark(s)** n(pl) (Mus) barre f de reprise, renvoi m ▷ **repeat offender** n (Jur) récidiviste mf ▷ **repeat order** n (Brit Comm) commande f renouvelée ▷ **repeat performance** n (Theat) deuxième représentation f ◆ **he gave a repeat performance** (fig) il a fait exactement la même chose; (pej) il a fait la même comédie ▷ **repeat prescription** n (Brit Med) renouvellement d'une ordonnance ▷ **repeat sign** n (Mus) ⇒ **repeat mark(s)**

repeated [rɪˈpiːtɪd] adj attacks, requests, warnings, criticism, efforts répété, renouvelé ◆ **after repeated attempts** après plusieurs tentatives ◆ **his plans have suffered repeated delays** ses projets ont subi une accumulation de retards

repeatedly [rɪˈpiːtɪdlɪ] → SYN adv à plusieurs reprises, sans cesse ◆ **he had been repeatedly kicked in the head** il avait reçu plusieurs coups de pied à la tête

repeater [rɪˈpiːtəʳ] **1** n **a** (= gun/watch/alarm clock) fusil m/montre f/réveil m à répétition
b (Math) fraction f périodique
c (US Scol) redoublant(e) m(f); (US Jur) récidiviste mf
2 COMP ▷ **repeater loan** n (Econ, Fin) prêt-relais m

repeating [rɪˈpiːtɪŋ] adj gun à répétition

repechage [ˌrepɪˈʃɑːʒ] n (Sport) repêchage m

repeg [ˌriːˈpeg] vt (Econ, Fin) ne plus faire flotter, redonner une parité fixe à

repel [rɪˈpel] → SYN **1** vt [+ enemy, sb's advances, magnetic pole] repousser; (fig = disgust) dégoûter, inspirer de la répulsion à ◆ **to be repelled by...** (fig) être dégoûté par..., éprouver de la répulsion pour...
2 vi [magnets, magnetic poles] se repousser

repellant [rɪˈpelənt] n ⇒ **repellent 2**

repellent [rɪˈpelənt] → SYN **1** adj (frm) person, animal, character, sight, smell repoussant, répugnant; view, opinion abject ◆ **to be repellent to sb** (lit, fig) dégoûter qn ◆ **I find him repellent** je le trouve répugnant, il me dégoûte; → **water**
2 n → **insect**

repent [rɪˈpent] → SYN **1** vi se repentir (of de)
2 vt se repentir de, regretter

repentance [rɪˈpentəns] → SYN n repentir m

repentant [rɪˈpentənt] → SYN adj person, expression repentant ◆ **to be repentant** (= repent) se repentir

repercussion [ˌriːpəˈkʌʃən] → SYN n [of sounds] répercussion f; [of shock] répercussion f, contrecoup m; (fig) répercussion f ◆ **to have repercussions on sth** se répercuter sur qch, avoir des répercussions sur qch ◆ **the repercussions of this defeat** le contrecoup or les répercussions de cet échec ◆ **there will be no repercussions** il n'y aura pas de répercussions ◆ **the repercussion on prices of the rise in costs** la répercussion sur les prix de la hausse du coût

repertoire [ˈrepətwɑːʳ] n (Theat, fig) répertoire m

repertory [ˈrepətərɪ] **1** n **a** (Theat, fig) ⇒ **repertoire**
b (also **repertory theatre**) théâtre m de répertoire ◆ **to act in repertory, to play repertory** faire partie d'une troupe de répertoire ◆ **he did three years in repertory** il a joué pendant trois ans dans un théâtre de répertoire
2 COMP ▷ **repertory company** n compagnie f or troupe f (de théâtre) de répertoire

repetition [ˌrepɪˈtɪʃən] → SYN n **a** (= recurrence) répétition f ◆ **I don't want a repetition of this!** que cela ne se reproduise pas! ◆ **he didn't want a repetition of the scene with his mother** il ne voulait pas que cette scène avec sa mère se reproduise
b (NonC = duplication) répétition f ◆ **to learn by repetition** apprendre en répétant

repetitious [ˌrepɪˈtɪʃəs] adj (frm) text, speech plein de répétitions or de redites; drumming, job répétitif

repetitive [rɪˈpetɪtɪv] → SYN **1** adj writing plein de redites; work, movements, rhythms répétitif
2 COMP ▷ **repetitive strain injury** n (Med) troubles mpl musculosquelettiques (dus à une activité répétée), lésion f de surmenage

repetitively [rɪˈpetɪtɪvlɪ] adv avec répétitivité, de façon répétitive

repetitiveness [rɪˈpetɪtɪvnɪs] n répétitivité f

rephrase [ˌriːˈfreɪz] vt reformuler ◆ **let me rephrase that, I'll rephrase that** je vais m'exprimer autrement

repine [rɪˈpaɪn] → SYN vi se plaindre, murmurer

replace [rɪˈpleɪs] → SYN vt **a** (= put back) remettre à sa place ◆ **to replace the receiver** (Telec) raccrocher
b (= take the place of) remplacer, tenir la place de
c (= provide substitute for) remplacer (by, with par)

replaceable [rɪˈpleɪsəbl] adj remplaçable

replacement [rɪˈpleɪsmənt] → SYN **1** n **a** (NonC = putting back) remise f en place, replacement m
b (NonC = substituting) remplacement m, substitution f
c (= person) remplaçant(e) m(f); (= product) produit m de remplacement
2 COMP ▷ **replacement cost** n coût m de remplacement ▷ **replacement engine** n (Aut) moteur m de rechange ◆ **to fit a replacement engine** faire l'échange standard du moteur ▷ **replacement part** n (Tech) pièce f de rechange

replan [ˌriːˈplæn] vt réorganiser

replant [ˌriːˈplɑːnt] vt replanter

replantation [ˌriːplænˈteɪʃən] n [of plant] replantation f

replay [ˈriːpleɪ] (esp Brit) (Sport) **1** n ◆ **the replay is on 15 October** le match sera rejoué le 15 octobre; → **action, instant**
2 [ˌriːˈpleɪ] vt [+ match] rejouer; [+ cassette, video] repasser

replenish [rɪˈplenɪʃ] → SYN vt remplir de nouveau (with de) ◆ **to replenish one's supplies of sth** se réapprovisionner en qch

replenishment [rɪˈplenɪʃmənt] n remplissage m ◆ **replenishment of supplies** réapprovisionnement m

replete [rɪˈpliːt] → SYN adj **a** (= full up) person rassasié, repu
b (= fully supplied) **replete with sth** rempli de qch, plein de qch

repletion [rɪˈpliːʃən] n satiété f

replica [ˈreplɪkə] n (gen) copie f exacte; [of painting] réplique f; [of document] fac-similé m

replicate [ˈreplɪkeɪt] **1** vt **a** (= reproduce) (gen) reproduire; (Bio) se reproduire par mitose ou méiose
b (= fold back) replier
2 [ˈreplɪkɪt] adj leaf etc replié

replication [ˌreplɪˈkeɪʃən] n (gen) reproduction f; (Bio) reproduction f par mitose

replumb [ˌriːˈplʌm] vt refaire la plomberie de

reply [rɪˈplaɪ] LANGUAGE IN USE 20.2, 21.1, 27 → SYN
1 n réponse f; (quick) réplique f; (Jur) réplique f ◆ **in reply (to)** en réponse (à) ◆ **he made no reply** (liter) il n'a pas répondu ◆ **there's no reply from Jean's extension** le poste de Jean ne répond pas
2 vti répondre; (quickly) répliquer
3 COMP ▷ **reply coupon** n (Post) coupon-réponse m ▷ **reply-paid** adj préaffranchi

repoint [ˌriːˈpɔɪnt] vt [+ building etc] rejointoyer

repointing [ˌriːˈpɔɪntɪŋ] n rejointoiement m

repo man * [ˈriːpəʊˌmæn], pl **repo men** n (US) ⇒ **repossession**

repopulate [ˌriːˈpɒpjʊleɪt] vt repeupler

report [rɪˈpɔːt] LANGUAGE IN USE 26.3 → SYN
1 n **a** (= account, statement) rapport m; [of speech] compte rendu m; [of debate, meeting] compte rendu m, procès-verbal m; (Press, Rad, TV) reportage m (on sur); (official) rapport m (d'enquête); (at regular intervals: on weather, sales, etc) bulletin m ◆ **monthly report** bulletin m mensuel ◆ **school report** (Brit) bulletin m scolaire ◆ **to make a report on...** faire un rapport sur...; (Press, Rad, TV) faire un reportage sur... ◆ **annual report** (Comm) rapport m annuel (de gestion) ◆ **chairman's report** rapport m présidentiel ◆ **law reports** (Jur) recueil m de jurisprudence or de droit ◆ **to make a report against...** (Jur) dresser un procès-verbal à...; → **progress, weather**
b (= rumour) rumeur f ◆ **there is a report that...** le bruit court que..., on dit que... ◆ **as report has it** selon les bruits qui courent, selon la rumeur publique ◆ **there are reports of rioting** il y aurait (or il y aurait eu) des émeutes ◆ **the reports of rioting have been proved** les rumeurs selon lesquelles il y aurait eu des émeutes se sont révélées fondées ◆ **I have heard a report that...** j'ai entendu dire que...
c († = repute) [of person] réputation f; [of product] renom m, renommée f ◆ **of good report** de bonne réputation, dont on dit du bien ◆ **to know sth only by report** ne savoir qch que par ouï-dire
d (= explosion) détonation f, explosion f ◆ **with a loud report** avec une forte détonation
2 vt **a** (= give account of) rapporter, rendre compte de; (= bring to notice esp of authorities) signaler; (Press, Rad, TV) rapporter ◆ **to report a speech** faire le compte rendu d'un discours ◆ **to report one's findings** [scientist etc] rendre compte de l'état de ses recherches; [commission] présenter ses conclusions ◆ **to report progress** rendre compte (des progrès) ◆ **only one paper reported his death** un seul journal a signalé or mentionné sa mort ◆ **the papers reported the crime as solved** les journaux ont présenté le crime comme résolu ◆ **our correspondent reports from Rome that...** notre correspon-

dant à Rome nous apprend que... ◆ **he is reported as having said ...** il aurait dit ... ◆ **it is reported that a prisoner has escaped, a prisoner is reported to have escaped** un détenu se serait évadé ◆ **to report a bill** (Parl) présenter un projet de loi ◆ **to move to report progress** (Parl) demander la clôture des débats

b (= announce) déclarer, annoncer ◆ **it is reported from the White House that ...** on annonce à la Maison-Blanche que ...

c (= notify authorities of) [+ accident, crime, suspect] signaler ; [+ criminal, culprit] dénoncer (often pej) ◆ **all accidents must be reported to the police** tous les accidents doivent être signalés à la police ◆ **to report a theft to the police** signaler un vol à la police ◆ **to report sb for bad behaviour** signaler qn pour mauvaise conduite ◆ **to report sb's bad behaviour** signaler la mauvaise conduite de qn ◆ **her colleague reported her to the boss out of jealousy** sa collègue l'a dénoncée au patron par jalousie

d (Mil, Naut) signaler ◆ **to report sb sick** signaler que qn est malade ◆ **reported missing** porté manquant or disparu ◆ **nothing to report** rien à signaler ◆ **to report one's position** signaler or donner sa position

3 vi **a** (= announce o.s. ready) se présenter ◆ **report to the director on Monday** présentez-vous chez le directeur lundi ◆ **to report for duty** se présenter au travail, prendre son service

b (Mil) **to report to one's unit** rallier son unité ◆ **to report sick** se faire porter malade

c (= give a report) rendre compte (*on* de), faire un rapport (*on* sur) ; (Press, Rad, TV) faire un reportage (*on* sur) ◆ **the committee is ready to report** le comité est prêt à faire son rapport ◆ **Michael Brown reports from Rome** (Rad, TV) de Rome, (le reportage de) Michael Brown

d (Admin: in hierarchy) **he reports to the sales manager** il est sous les ordres (directs) du directeur des ventes ◆ **who do you report to?** qui est votre supérieur hiérarchique ?

4 COMP ▷ **report card** n (Scol) bulletin m scolaire ▷ **reported speech** n (Gram) style m or discours m indirect ▷ **report stage** n (Brit Parl) examen d'un projet de loi avant la troisième lecture ◆ **the bill has reached the report stage** le projet de loi vient de passer en commission

▶ **report back** vi **a** (= return) (Mil etc) rentrer au quartier ◆ **you must report back at 6 o'clock** (gen) il faut que vous soyez de retour à 6 heures

b (= give report) donner or présenter son rapport (*to* à) ◆ **the committee was asked to investigate the complaint and report back to the assembly** le comité a été chargé d'examiner la plainte et de présenter son rapport à l'assemblée

reportage [ˌrepɔːˈtɑːʒ] n reportage m

reportedly [rɪˈpɔːtɪdlɪ] adv ◆ **he had reportedly seen her** il l'aurait vue ◆ **reportedly, several prisoners had escaped** plusieurs prisonniers se seraient échappés

reporter [rɪˈpɔːtəʳ] → SYN **1** n **a** (Press) journaliste mf ; (on the spot) reporter m ; (Rad, TV) reporter m ◆ **special reporter** envoyé(e) m(f) spécial(e)

b (Parl) (= stenographer) sténographe mf ; (Jur) greffier m

2 COMP ▷ **reporters' gallery** n (Jur, Parl) tribune f de la presse

reporting [rɪˈpɔːtɪŋ] **1** n (NonC: Press, Rad, TV) reportages mpl

2 COMP ▷ **reporting restrictions** npl (Jur) restrictions fpl imposées aux médias (lors de la couverture d'un procès)

repose [rɪˈpəʊz] → SYN **1** n (= rest) repos m ; (= sleep) sommeil m ; (= peace) repos m, tranquillité f ◆ **in repose** au repos

2 vt (frm) [+ confidence, trust] mettre, placer (*in* en) ◆ **to repose o.s.** (= rest) se reposer

3 vi **a** (= rest) se reposer ; [the dead] reposer

b (= be based) reposer, être fondé (*on* sur)

reposition [ˌriːpəˈzɪʃən] vt repositionner

repository [rɪˈpɒzɪtərɪ] n (gen, also Comm = warehouse) dépôt m, entrepôt m ; (fig) [of knowledge, experience, facts etc] mine f ; (= person) dépositaire mf (d'un secret etc)

repossess [ˌriːpəˈzes] vt reprendre possession de, rentrer en possession de

repossession [ˌriːpəˈzeʃən] **1** n reprise f de possession

2 COMP ▷ **repossession man** * n (US) récupérateur * m (huissier chargé de saisir un bien non payé) ▷ **repossession order** n (avis m de) saisie f

repot [ˌriːˈpɒt] vt rempoter

repoussé [rəˈpuːseɪ] **1** adj repoussé

2 n **a** (= design, surface) repoussé m

b (= technique) **repoussé work** repoussage m, repoussé m

repp [rep] n ⇒ rep²

reprehend [ˌreprɪˈhend] vt [+ person] réprimander ; [+ action, behaviour] blâmer, condamner

reprehensible [ˌreprɪˈhensɪbl] → SYN adj répréhensible

reprehensibly [ˌreprɪˈhensɪblɪ] adv de manière répréhensible

represent [ˌreprɪˈzent] → SYN vt **a** (= stand for, symbolize) représenter ◆ **a drawing representing prehistoric man** un dessin qui représente l'homme préhistorique ◆ **phonetic symbols represent sounds** les symboles phonétiques représentent des sons ◆ **he represents all that is best in his country's culture** il représente or personnifie le meilleur de la culture de son pays ◆ **£200 doesn't represent a good salary these days** 200 livres ne représentent or ne constituent plus un bon salaire de nos jours

b (= declare to be) [+ person, event] représenter ; [+ grievance, risk etc] présenter (*as* comme étant) ◆ **he represented me to be a fool** or **as a fool** il m'a représenté or dépeint comme un imbécile ◆ **I am not what you represent me to be** je ne suis pas tel que vous me décrivez or dépeignez ◆ **he represents himself as a doctor** il se fait passer pour un médecin ◆ **it is exactly as represented in the advertisement** cela est exactement conforme à la description de l'annonce (publicitaire)

c (= explain) exposer, représenter (liter) ; (= point out) faire remarquer, signaler ◆ **can you represent to him how much we need his help?** pouvez-vous lui faire comprendre à quel point nous avons besoin de son aide ?

d (= act or speak for) représenter (also Parl) ; (Jur) représenter (en justice), postuler pour ◆ **he represents Warrington in Parliament** il représente Warrington au Parlement, c'est le député de Warrington ◆ **the delegation represented the mining industry** la délégation représentait l'industrie minière ◆ **he represents their firm in London** il représente leur maison à Londres ◆ **to represent one's country** (esp Sport) représenter son pays ◆ **many countries were represented at the ceremony** de nombreux pays étaient représentés à la cérémonie ◆ **women artists were well/strongly represented at the exhibition** les femmes artistes étaient bien/fortement représentées à l'exposition ◆ **I represent Mr Thomas** je représente M. Thomas

e (Theat) [+ character] jouer (le rôle de) ; [+ part] jouer, interpréter

f (Jur: in contracts etc) déclarer

re-present [ˌriːprɪˈzent] vt présenter de nouveau

representation [ˌreprɪzenˈteɪʃən] → SYN n **a** (Theat, gen) représentation f ; [of role] interprétation f ◆ **proportional representation** (Parl) représentation f proportionnelle

b (= protest) **representations** protestation f officielle ◆ **the ambassador made representations to the government** l'ambassadeur a adressé une protestation officielle au gouvernement

representational [ˌreprɪzenˈteɪʃənl] adj (frm: Art) figuratif ; model, system représentatif

representative [ˌreprɪˈzentətɪv] → SYN **1** adj (also Govt) représentatif (*of sth* de qch)

2 n représentant(e) m(f) ; (esp Brit Comm) représentant m (de commerce) ; (US Pol) député m ; spokesperson) porte-parole m inv ; → **house**

repress [rɪˈpres] → SYN vt [+ revolt, sneeze, feelings, smile] réprimer ; (Psych) refouler

repressed [rɪˈprest] adj person, impulse refoulé ; feeling refoulé, réprimé

repression [rɪˈpreʃən] → SYN n **a** (political, social) répression f

b (Psych) (voluntary) répression f ; (involuntary) refoulement m

repressive [rɪˈpresɪv] → SYN adj regime, law, policy, measures, action répressif ; forces de répression

repressor [rɪˈpresəʳ] n répresseur m

reprice [ˌriːˈpraɪs] vt changer le prix de

reprieve [rɪˈpriːv] → SYN **1** n **a** (Jur) (lettres fpl de) grâce f, commutation f de la peine capitale ; (= delay) sursis m

b (fig = respite) répit m, sursis m ◆ **they won a reprieve for the house** ils ont obtenu un sursis pour la maison

2 vt (Jur) accorder une commutation de la peine capitale à ; (= delay) surseoir à l'exécution de ; (fig) accorder un répit à ◆ **the building has been reprieved for a while** le bâtiment bénéficie d'un sursis

reprimand [ˈreprɪmɑːnd] → SYN **1** n (from parents, teachers) réprimande f ; (from employer) blâme m

2 vt réprimander, blâmer

reprint [ˌriːˈprɪnt] **1** vt réimprimer ◆ **this book is being reprinted** ce livre est en réimpression

2 vi [book] être en réimpression

3 [ˈriːprɪnt] n réimpression f ◆ **cheap reprint** réédition f bon marché

reprisal [rɪˈpraɪzəl] → SYN n **reprisals** représailles fpl ◆ **to take reprisals** user de représailles ◆ **as a** or **in reprisal for ...** en représailles à ... ◆ **by way of reprisal** par représailles

reprise [rɪˈpriːz] n (Mus) reprise f

repro * [ˈriːprəʊ] **1** n abbrev of **reprographics**, **reprography**

2 COMP (abbrev of **reproduction**) ◆ **repro furniture** copie(s) f(pl) de meuble(s) ancien(s)

reproach [rɪˈprəʊtʃ] → SYN **1** n **a** (= rebuke) reproche m ◆ **to heap reproaches on sb** accabler qn de reproches ◆ **term of reproach** parole f de reproche

b (NonC = discredit) honte f, opprobre m ◆ **to be a reproach to ...** (fig) être la honte de ... ◆ **to bring reproach on ...** jeter le discrédit sur ..., discréditer ... ◆ **above** or **beyond reproach** sans reproche(s), irréprochable

2 vt faire des reproches à ◆ **to reproach sb for sth** reprocher qch à qn ◆ **to reproach sb for having done sth** reprocher à qn d'avoir fait qch ◆ **he has nothing to reproach himself with** il n'a rien à se reprocher

reproachful [rɪˈprəʊtʃfʊl] → SYN adj look, tone réprobateur (-trice f) ; remark lourd de reproches ; eyes chargé de réprobation ◆ **he was reproachful** il avait une attitude pleine de reproches

reproachfully [rɪˈprəʊtʃfəlɪ] adv say sur un ton réprobateur or de reproche ; look at, shake one's head d'un air réprobateur

reprobate [ˈreprəʊbeɪt] **1** adj, n (frm or hum) dépravé(e) m(f)

2 vt réprouver

reprobation [ˌreprəʊˈbeɪʃən] n réprobation f

reprocess [ˌriːˈprəʊses] vt retraiter

reprocessing [ˌriːˈprəʊsesɪŋ] n retraitement m ; → **nuclear**

reproduce [ˌriːprəˈdjuːs] → SYN **1** vt reproduire

2 vi se reproduire

reproducibility [ˌriːprəʊˌdjuːsɪˈbɪlɪtɪ] n reproductibilité f

reproducible [ˌriːprəˈdjuːsɪbl] adj reproductible

reproduction [ˌriːprəˈdʌkʃən] → SYN **1** n (gen, Art, Bio) reproduction f ◆ **sound reproduction** reproduction f sonore ◆ **this picture is a reproduction** ce tableau est une reproduction

2 COMP ▷ **reproduction furniture** n (NonC) copie(s) f(pl) de meuble(s) ancien(s)

reproductive [ˌriːprəˈdʌktɪv] adj reproducteur (-trice f)

reprographic [ˌriːprəˈɡræfɪk] adj de reprographie

reprographics [ˌriːprəˈgræfɪks], **reprography** [rɪˈprɒgrəfɪ] n reprographie f

reproof [rɪˈpruːf] → SYN n reproche m, réprimande f ◆ **a tone of reproof** un ton de reproche ◆ **in reproof** en signe de désapprobation

re-proof [ˌriːˈpruːf] vt [+ garment] réimperméabiliser

reproval [rɪˈpruːvəl] n reproche m, blâme m

reprove [rɪˈpruːv] → SYN vt [+ person] blâmer (for de), réprimander (for sur); [+ action] réprouver, condamner

reproving [rɪˈpruːvɪŋ] adj look, shake of one's head, tone réprobateur (-trice f); letter de reproche(s)

reprovingly [rɪˈpruːvɪŋlɪ] adv d'un air ou ton de reproche

reptant [ˈreptənt] adj (Bio) rampant

reptile [ˈreptaɪl] 1 n (lit, fig) reptile m
2 COMP ▷ **reptile house** n vivarium m

reptilian [repˈtɪlɪən] 1 adj (Zool, fig, pej) reptilien
2 n reptile m (also fig)

republic [rɪˈpʌblɪk] n république f ◆ **the Republic** (US) les États-Unis d'Amérique ◆ **a well-known figure in the republic of letters** un personnage bien connu dans la république des lettres

republican [rɪˈpʌblɪkən] 1 adj, n républicain(e) m(f)
2 COMP ▷ **Republican party** n (Pol) parti m républicain

republicanism [rɪˈpʌblɪkənɪzəm] n (gen) républicanisme m; (US) ◆ **Republicanism** politique f du parti républicain

republication [ˌriːpʌblɪˈkeɪʃən] n [of book] réédition f, republication f; [of law, banns] nouvelle publication f

republish [ˌriːˈpʌblɪʃ] vt [+ book] rééditer; [+ banns] publier de nouveau

repudiate [rɪˈpjuːdɪeɪt] → SYN vt [+ friend, ally] renier, désavouer; [+ accusation] répudier, repousser; [government etc] [+ debt, treaty, obligation] refuser de respecter ◆ **to repudiate one's wife** répudier sa femme

repudiation [rɪˌpjuːdɪˈeɪʃən] n [of violence, doctrine, remarks] condamnation f; [of charge, evidence] rejet m ◆ **repudiation of a treaty/a debt** refus m de respecter un traité/ d'honorer une dette

repugnance [rɪˈpʌgnəns] n répugnance f, aversion f (to pour) ◆ **he shows repugnance to accepting charity** il répugne à accepter la charité

repugnant [rɪˈpʌgnənt] → SYN adj répugnant ◆ **to be repugnant to sb** répugner à qn

repulse [rɪˈpʌls] 1 vt (Mil) repousser, refouler; (fig) [+ help, offer] repousser, rejeter
2 n (Mil) échec m; (fig) refus m, rebuffade f ◆ **to meet with** or **suffer a repulse** essuyer un refus ou une rebuffade

repulsion [rɪˈpʌlʃən] n (also Phys) répulsion f

repulsive [rɪˈpʌlsɪv] → SYN adj person, behaviour, sight, idea repoussant; (Phys) force répulsif ◆ **I found it repulsive to think that ...** il me répugnait de penser que ...

repulsively [rɪˈpʌlsɪvlɪ] adv ◆ **repulsively ugly/large** etc d'une laideur/grosseur etc repoussante

repulsiveness [rɪˈpʌlsɪvnɪs] n aspect m or caractère m repoussant

repurchase [ˌriːˈpɜːtʃɪs] 1 n rachat m
2 vt racheter

reputable [ˈrepjʊtəbl] → SYN adj person, company de bonne réputation; brand, product réputé

reputably [ˈrepjʊtəblɪ] adv ◆ **to be reputably employed (as)** gagner honorablement sa vie (comme) ◆ **reputably established in the business world** honorablement établi dans le monde des affaires

reputation [ˌrepjʊˈteɪʃən] → SYN n réputation f ◆ **to have a good/bad reputation** avoir (une) bonne/(une) mauvaise réputation ◆ **a good reputation as a singer** une bonne réputation de chanteur ◆ **to have a reputation for honesty** avoir la réputation d'être honnête, être réputé pour son honnêteté ◆ **to live up to one's reputation** soutenir sa réputation ◆ **she was by reputation a good organizer** elle avait la réputation d'être une bonne organisatrice ◆ **to know sb by reputation** connaître qn de réputation ◆ **your reputation has gone before you** votre réputation vous a précédé

repute [rɪˈpjuːt] → SYN n réputation f, renom m ◆ **to know sb by repute** connaître qn de réputation ◆ **to be of good repute** avoir (une) bonne réputation ◆ **a restaurant of repute** un restaurant réputé ou en renom ◆ **place of ill repute** endroit m mal famé ◆ **a house of ill repute** (euph = brothel) une maison close ◆ **to hold sb in high repute** avoir une très haute opinion de qn

reputed [rɪˈpjuːtɪd] → SYN adj a (= supposed) love affair, author soi-disant ◆ **he bought the painting for a reputed $2,000,000** on dit qu'il a acheté le tableau 2 millions de dollars ◆ **the buildings were reputed to be haunted** ces bâtiments étaient réputés hantés ◆ **the story's reputed to be true** l'histoire est réputée authentique ◆ **he is reputed to have worked miracles** à ce qu'on dit, il aurait fait des miracles
b (= esteemed) person, organization réputé
c (Jur) reputed father père m putatif

reputedly [rɪˈpjuːtɪdlɪ] → SYN adv à ce que l'on dit (+ cond) ◆ **events that reputedly took place thousands of years ago** des événements qui, d'après ce qu'on dit, auraient eu lieu il y a des milliers d'années

request [rɪˈkwest] LANGUAGE IN USE 4, 10.1, 20.2, 25.1 → SYN
1 n a demande f, requête f ◆ **at sb's request** sur ou à la demande de qn, à la requête de qn ◆ **by general** or **popular request** à la demande générale ◆ **on** or **by request** sur demande ◆ **to make a request for sth** faire une demande de qch ◆ **to make a request to sb for sth** demander qch à qn ◆ **to grant a request** accéder à une demande ou à une requête
b (Rad) disque m des auditeurs ou demandé par un auditeur ◆ **to play a request for sb** passer un disque à l'intention de qn
2 vt demander ◆ **to request sth from sb** demander qch à qn ◆ **to request sb to do sth** demander à qn de faire qch, prier qn de faire qch ◆ "**you are requested not to smoke**" "prière de ne pas fumer" ◆ **as requested in your letter of ...** comme vous (nous) l'avez demandé dans votre lettre du ... ◆ **herewith, as requested, my cheque for £50** ci-joint, comme vous l'avez demandé, un chèque de 50 livres ◆ **it's all I request of you** c'est tout ce que je vous demande
3 COMP ▷ **request programme** n (Rad) programme m composé par les auditeurs ▷ **request stop** n (Brit) [of bus] arrêt m facultatif

requiem [ˈrekwɪem] 1 n requiem m ◆ **Mozart's/Fauré's/Verdi's Requiem** Le requiem de Mozart/de Fauré/de Verdi
2 COMP ▷ **requiem mass** n messe f de requiem ▷ **requiem shark** n (requin m) carcharhinidé m

requiescat [ˌrekwɪˈeskæt] n (Rel) requiescat m

require [rɪˈkwaɪər] LANGUAGE IN USE 10.1, 20.2 → SYN vt a (= need) [person] avoir besoin de; [thing, action] demander, requérir ◆ **I have all I require** j'ai tout ce qu'il me faut ou tout ce dont j'ai besoin ◆ **the journey will require three hours** le voyage prendra ou demandera trois heures ◆ **it requires great care** cela demande ou requiert beaucoup de soin ◆ **this plant requires frequent watering** cette plante doit être arrosée souvent ◆ **if required** au besoin, si besoin est ◆ **when (it is) required** quand il le faut ◆ **what qualifications are required?** quels sont les diplômes nécessaires ou exigés ?
b (= demand) exiger; (= order) exiger, réclamer ◆ **to require sb to do sth** exiger de qn qu'il fasse qch ◆ **you are required to present yourself here tomorrow** vous êtes prié de vous présenter ici demain ◆ **to require sth of sb** exiger qch de qn ◆ **as required by law** comme la loi l'exige ◆ **we require two references** nous exigeons deux références

required [rɪˈkwaɪəd] → SYN 1 adj conditions, amount requis ◆ **by the required date** en temps voulu ◆ **to meet the required standards** [machine] être conforme aux normes; [student] avoir le niveau requis ◆ **in the required time** dans les délais prescrits
2 COMP ▷ **required course** n (US Scol) matière f obligatoire ▷ **required reading** n (Scol, Univ) ouvrage(s) m(pl) au programme ◆ **his latest article is required reading for all those interested in the subject** (fig) tous ceux qui sont intéressés par ce sujet doivent absolument lire son dernier article

requirement [rɪˈkwaɪəmənt] → SYN n a (= need) exigence f, besoin m ◆ **to meet sb's requirements** satisfaire aux exigences ou aux besoins de qn ◆ **there isn't enough to meet the requirement** il n'y en a pas assez pour satisfaire la demande
b (= condition) condition f requise ◆ **to fit the requirements** remplir les conditions
c (US Univ) cursus m obligatoire

requisite [ˈrekwɪzɪt] → SYN (frm) 1 n a (= thing required) chose f nécessaire ou requise (for pour) ◆ **all the requisites** tout ce qui est nécessaire
b **travel/toilet requisites** accessoires mpl de voyage/toilette
2 adj requis

requisition [ˌrekwɪˈzɪʃən] → SYN 1 n demande f; (gen Mil) réquisition f ◆ **to put in a requisition for ...** faire une demande de ... ◆ **to obtain sth by requisition** (Mil) réquisitionner qch
2 vt (gen) faire une demande de; (Mil) réquisitionner

requital [rɪˈkwaɪtl] n (= repayment) récompense f; (= revenge) revanche f

requite [rɪˈkwaɪt] vt a **requited love** amour m partagé
b (frm = repay) [+ person, action] récompenser, payer (for de)
c (frm = avenge) [+ action] venger; [+ person] se venger de

reran [ˌriːˈræn] vb (pt of rerun)

reread [ˌriːˈriːd] pret, ptp **reread** [ˈriːˈred] vt relire

rerecord [ˌriːrɪˈkɔːd] vt réenregistrer

reredos [ˈrɪədɒs] n retable m

reroof [ˌriːˈruːf] vt refaire la toiture de

reroute [ˌriːˈruːt] vt [+ train, coach] changer l'itinéraire de, dérouter ◆ **our train was rerouted through Leeds** on a fait faire à notre train un détour par Leeds, notre train a été dérouté sur Leeds

rerun [ˈriːrʌn] vb : pret **reran**, ptp **rerun** 1 n [of film, tape] reprise f; [of TV programme, series] rediffusion f ◆ **the opposition has demanded a rerun of the elections** l'opposition a demandé que l'on organise de nouvelles élections ◆ **a rerun of the contest is almost certain** on va très certainement devoir recommencer l'épreuve ◆ **the result could have been a rerun of 1931** le résultat aurait pu être la répétition de ce qui s'est passé en 1931
2 [ˌriːˈrʌn] vt [+ film, tape] passer de nouveau; [+ race] courir de nouveau ◆ **to rerun an election** organiser de nouvelles élections ◆ **to rerun a program** (Comput) réexécuter un programme

resale [ˌriːˈseɪl] 1 n (gen) revente f ◆ "**not for resale**" (on package etc) "échantillon gratuit"
2 COMP ▷ **resale price** n prix m à la revente ▷ **resale price maintenance** n prix m de vente imposé ▷ **resale value** n [of car] cote f ou prix m à l'Argus ◆ **what's the resale value?** (gen) ça se revend combien ? ; (car) elle est cotée combien à l'Argus ?

resat [ˌriːˈsæt] vb (pt, ptp of resit)

reschedule [ˌriːˈʃedjuːl, (US) ˌriːˈskedʒuːl] vt [+ meeting, visit] changer l'heure (ou la date) de; [+ train service etc] changer l'horaire de; [+ repayments, debt] rééchelonner; [+ plans, course] changer le programme de

rescind [rɪˈsɪnd] vt [+ judgement] rescinder, casser; [+ law] abroger; [+ act] révoquer; [+ contract] résilier, dissoudre; [+ decision, agreement] annuler

rescission [rɪˈsɪʒən] n [of law] abrogation f; [of agreement] annulation f; [of contract] résiliation f

rescript [ˈriːskrɪpt] n (Hist, Rel) rescrit m

rescriptions [rɪˈskrɪpʃənz] npl (St Ex) bons mpl du Trésor, emprunts mpl des collectivités publiques

rescue ['reskju:] → SYN **1** n (= help) secours mpl ; (= saving) sauvetage m ; (= freeing) délivrance f ◆ **rescue was difficult** le sauvetage a été difficile ◆ **rescue came too late** les secours sont arrivés trop tard ◆ **to go to sb's rescue** aller au secours or à la rescousse de qn ◆ **to come to sb's rescue** venir en aide à qn or à la rescousse de qn ◆ **to the rescue** à la rescousse ; → **air**
2 vt (= save) sauver, secourir ; (= free) délivrer (*from* de) ◆ **you rescued me from a difficult situation** vous m'avez tiré d'une situation difficile ◆ **the rescued were taken to hospital** les rescapés ont été emmenés à l'hôpital
3 COMP ▷ **rescue attempt** n tentative f or opération f de sauvetage ▷ **rescue operations** npl opérations fpl de sauvetage ▷ **rescue party** n (gen) équipe f de secours ; (Ski, Climbing) colonne f de secours ▷ **rescue services** npl services mpl de secours ▷ **rescue worker** n sauveteur m, secouriste mf

rescuer ['reskjuəʳ] n sauveteur m

reseal [ri:'si:l] vt [+ envelope, letter] recacheter ; [+ jar] refermer (hermétiquement)

resealable [,ri:'si:ləbl] adj container refermable

research [rɪ'sɜ:tʃ] → SYN **1** n recherche(s) f(pl) ◆ **a piece of research** un travail de recherche ◆ **to do research** faire des recherches or de la recherche ◆ **to carry out research into the effects of ...** faire des recherches sur les effets de ...
2 vi faire des recherches (*into, on* sur)
3 vt [+ article, book etc] faire des recherches pour or en vue de ◆ **well-researched** bien documenté
4 COMP ▷ **research and development** n (Ind etc) recherche f et développement m, recherche-développement f ▷ **research assistant, research associate** n (Univ) ≈ étudiant(e) m(f) en maîtrise *(ayant le statut de chercheur)* ▷ **research establishment** n centre m de recherches ▷ **research fellow** n (Univ) ≈ chercheur m, -euse f attaché(e) à l'université ; see also **researcher** ▷ **research fellowship** n (Univ) poste m de chercheur (-euse f) attaché(e) à l'université ▷ **research laboratory** n laboratoire m de recherches ▷ **research scientist** n chercheur m, -euse f ; see also **researcher** ▷ **research student** n (Univ) étudiant(e) m(f) qui fait de la recherche, étudiant(e) m(f) de doctorat *(ayant statut de chercheur)* ▷ **research work** n travail m de recherche, recherches fpl ▷ **research worker** n chercheur m, -euse f ; see also **researcher**

researcher [rɪ'sɜ:tʃəʳ] n chercheur m

reseat [,ri:'si:t] vt **a** [+ person] faire changer de place à ◆ **to reseat o.s.** se rasseoir
b [+ chair] rempailler, refaire le siège de ; [+ trousers] mettre un fond à

resect [rɪ'sekt] vt (Med) réséquer

resection [rɪ'sekʃən] n résection f

reseda ['resɪdə] n (Bot) réséda m

reselect [,ri:sɪ'lekt] vt (Pol) [party] accorder de nouveau son investiture à ◆ **to be reselected** [candidate] recevoir de nouveau l'investiture de son parti

reselection [,ri:sɪ'lekʃən] n (Pol) investiture f renouvelée

resell [,ri:'sel] pret, ptp **resold** vt revendre

resemblance [rɪ'zembləns] → SYN n ressemblance f ◆ **to bear a strong/faint resemblance (to)** avoir une grande/vague ressemblance (avec) ◆ **this bears no resemblance to the facts** ceci n'a aucune ressemblance avec les faits ◆ **there's not the slightest resemblance between them** il n'y a pas la moindre ressemblance entre eux, ils ne se ressemblent pas du tout

resemble [rɪ'zembl] LANGUAGE IN USE 5.1 → SYN vt [person] ressembler à ; [thing] ressembler à, être semblable à ◆ **they resemble each other** ils se ressemblent

resent [rɪ'zent] → SYN vt [+ sb's reply, look, attitude] être contrarié par ; (stronger) être indigné de ◆ **I resent that!** je proteste ! ◆ **I resent your tone** votre ton me déplaît fortement ◆ **he resented my promotion** il n'a jamais pu accepter or admettre ma promotion ◆ **he resented having lost his job/the fact that I married her** il n'acceptait pas la perte de son emploi/mon mariage avec elle, la perte de son emploi/mon mariage avec elle lui restait en travers de la gorge * ◆ **he really resented this** ça lui est resté en travers de la gorge * ◆ **he may resent my being here** il n'appréciera peut-être pas ma présence

resentful [rɪ'zentfʊl] → SYN adj person, reply, look plein de ressentiment ◆ **to be** or **feel resentful of** or **towards sb (for doing sth)** en vouloir à qn (d'avoir fait qch) ◆ **to be resentful of sb's success** mal accepter le succès de qn

resentfully [rɪ'zentfəlɪ] adv avec ressentiment

resentment [rɪ'zentmənt] → SYN n ressentiment m

reserpine ['resəpɪn] n (Med) réserpine f

reservation [,rezə'veɪʃən] LANGUAGE IN USE 26.3 → SYN
1 n **a** (= restriction) réserve f ; (Jur) réservation f ◆ **mental reservation** restriction f mentale ◆ **without reservation** sans réserve, sans arrière-pensée ◆ **with reservations** avec certaines réserves, sous réserve ◆ **to have reservations about ...** faire or émettre des réserves sur ...
b (= booking) réservation f ◆ **to make a reservation at the hotel/on the boat** réserver or retenir une chambre à l'hôtel/une place sur le bateau ◆ **to have a reservation** avoir une réservation
c (= area of land) réserve f ; (US) réserve f (indienne)
d (Brit) **(central) reservation** (on roadway) bande f médiane
e (Rel) **Reservation (of the Sacrament)** les Saintes Réserves fpl
2 COMP ▷ **reservation desk** n (in airport, hotels etc) comptoir m des réservations

reserve [rɪ'zɜ:v] → SYN **1** vt **a** (= keep) réserver, garder ◆ **to reserve one's strength** ménager or garder ses forces ; (Sport) se réserver ◆ **to reserve o.s. for ...** se réserver pour ... ◆ **to reserve the best wine for one's friends** réserver or garder le meilleur vin pour ses amis ◆ **to reserve judgement** réserver son jugement ◆ **to reserve the right to do sth** se réserver le droit de faire qch ◆ **to reserve a warm welcome for sb** ménager or réserver un accueil chaleureux à qn
b (= book in advance) [+ room, seat] réserver, retenir
2 n **a** (= sth stored) réserve f, stock m ◆ **to have great reserves of energy** avoir une grande réserve d'énergie ◆ **cash reserve** réserve f en devises ◆ **gold reserves** réserves fpl d'or or en or ◆ **world reserves of pyrites** réserves fpl mondiales de pyrite ◆ **to keep** or **hold in reserve** tenir en réserve
b (= restriction) réserve f, restriction f ◆ **without reserve** sans réserve, sans restriction ◆ **with all reserve** or **all proper reserves** sous toutes réserves
c (Brit: also **reserve price**) prix m minimum
d (= piece of land) réserve f ; → **game¹, nature**
e (NonC = attitude) réserve f, retenue f ◆ **he treated me with some reserve** il s'est tenu sur la réserve avec moi ◆ **to break through sb's reserve** amener qn à se départir de sa réserve or retenue
f (Mil) **the Reserve** la réserve ◆ **the reserves** la réserve, les réservistes mpl
g (Sport) **the reserves** l'équipe f B
3 COMP currency, fund de réserve ▷ **reserve bank** n (US) banque f de réserve ▷ **reserve currency** n (Fin) monnaie f de réserve ▷ **reserved list** n (Brit Mil) réserve f ▷ **reserved occupation** n (Brit) *profession donnant droit à l'exemption du service militaire* ▷ **reserve-grade** adj (Austral Sport) de réserve ▷ **reserve list** n (Mil) cadre m de réserve ▷ **reserve player** n (esp Brit Sport) remplaçant(e) m(f) ▷ **reserve price** n (Brit) prix m minimum ▷ **reserve tank** n (also **reserve petrol tank**) réservoir m (d'essence) de secours, nourrice f ▷ **reserve team** n (Brit) équipe f B

reserved [rɪ'zɜ:vd] → SYN adj person, behaviour, room, table, seat réservé ◆ **to be reserved about sth** se montrer réservé sur qch ; → **copyright, right**

reservedly [rɪ'zɜ:vɪdlɪ] adv avec réserve, avec retenue

reservist [rɪ'zɜ:vɪst] n (Mil) réserviste m

reservoir ['rezəvwɑ:ʳ] → SYN **1** n (lit, fig) réservoir m
2 COMP ▷ **reservoir rock** n roche-réservoir f

reset [,ri:'set] pret, ptp **reset** **1** vt **a** [+ precious stone] remonter
b [+ clock, watch] mettre à l'heure ◆ **to reset the alarm** remettre l'alarme
c (Comput) redémarrer
d (Med) [+ limb] remettre ◆ **to reset a broken bone** réduire une fracture
e (Typ) recomposer
2 COMP ▷ **reset button, reset switch** n (Comput) bouton m de redémarrage

resettle [,ri:'setl] **1** vt [+ refugees] établir (ailleurs), relocaliser ; [+ land] repeupler
2 vi s'établir (ailleurs)

resettlement [,ri:'setlmənt] **1** n [of land] repeuplement m ; [of people] déplacement m, relocalisation f
2 COMP ▷ **resettlement programme** n *programme visant à relocaliser une population dans une nouvelle région*

reshape [,ri:'ʃeɪp] vt [+ dough, clay] refaçonner, modeler de nouveau ; [+ text, policy, society, system] réorganiser

reshuffle [,ri:'ʃʌfl] **1** vt **a** [+ cards] battre de nouveau
b (fig) [+ cabinet, board of directors] remanier
2 n **a** (Cards) **to have a reshuffle** rebattre
b (in command etc) remaniement m ; (Pol) ◆ **Cabinet reshuffle** remaniement m ministériel

reside [rɪ'zaɪd] → SYN vi (lit, fig) résider ◆ **the power resides in** or **with the President** le pouvoir est entre les mains du Président

residence ['rezɪdəns] → SYN **1** n **a** (frm = house) résidence f, demeure f ◆ **the President's official residence** la résidence officielle du Président
b (US: also **university residence, residence hall**) résidence f (universitaire)
c (NonC = stay) séjour m, résidence f ◆ **to take up residence in the country** élire domicile or s'installer à la campagne ◆ **after five years' residence in Britain** après avoir résidé en Grande-Bretagne pendant cinq ans ◆ **place/country of residence** (Admin) lieu m/pays m de résidence
◆ **in residence** [monarch, governor etc] en résidence ◆ **the students are now in residence** les étudiants sont maintenant rentrés ◆ **there is always a doctor in residence** il y a toujours un médecin à demeure
2 COMP ▷ **residence hall** n (US Univ) résidence f universitaire ▷ **residence permit** n (Brit) permis m or carte f de séjour

residency ['rezɪdənsɪ] n (gen) résidence f officielle ; (US Med) internat m de deuxième et de troisième années ◆ **they've got a residency at Steve's Bar** (Mus = regular engagement) ils jouent régulièrement au Steve's Bar

resident ['rezɪdənt] → SYN **1** n **a** habitant(e) m(f) ; (in foreign country) résident(e) m(f) ; (in street) riverain(e) m(f) ; (in hostel) pensionnaire mf ◆ **"parking for residents only"** "parking privé" ◆ **"residents only"** "interdit sauf aux riverains"
b (US Med) interne mf de deuxième et de troisième années
2 adj **a** landlord occupant ; chaplain, tutor, caretaker à demeure ; doctor, dramatist, DJ attitré ◆ **to be resident abroad/in France** résider à l'étranger/en France ◆ **the resident population** la population fixe ◆ **our resident expert (on sth)** (hum) notre spécialiste (de qch)
b (Zool) animal non migrateur (-trice f)
3 COMP ▷ **resident head** n (US Univ) directeur m, -trice f d'une résidence universitaire ▷ **resident physician** n (Med) interne mf ▷ **residents' association** n association f de riverains ▷ **resident student** n (US Univ) *étudiant(e) d'une université d'État dont le domicile permanent est situé dans cet État*

residential [,rezɪ'denʃəl] **1** adj **a** (= not industrial) area d'habitation ◆ **residential accommodation** logements mpl
b (= live-in) post, job, course avec hébergement, résidentiel ; staff logé sur place
2 COMP ▷ **residential care** n **to be in residential care** être pris en charge en établissement spécialisé

residua [rɪˈzɪdjʊə] npl of **residuum**

residual [rɪˈzɪdjʊəl] **1** adj restant ; (Chem) résiduaire ; radiation, fault résiduel ◆ **the residual powers of the British sovereign** les pouvoirs qui restent au souverain britannique
2 n (Chem) résidu m ; (Math) reste m
3 residuals npl (= royalties) droits versés aux acteurs et à l'auteur à l'occasion d'une rediffusion d'un programme télévisé ou d'un film
4 COMP ▷ **residual current** n courant m résiduel ▷ **residual current device** n disjoncteur m différentiel ▷ **residual heat** n chaleur f résiduelle ▷ **residual income** n revenu m net ▷ **residual unemployment** n chômage m résiduel

residuary [rɪˈzɪdjʊərɪ] adj restant ; (Chem) résiduaire ◆ **residuary estate** n montant m net d'une succession ◆ **residuary legatee** (Jur) ≈ légataire mf universel(le)

residue [ˈrezɪdjuː] → SYN n reste(s) m(pl) ; (Chem) résidu m ; (Math) reste m ; (Jur) reliquat m

residuum [rɪˈzɪdjʊəm] n, pl **residua** résidu m, reste m

resign [rɪˈzaɪn] → SYN **1** vt **a** (= give up) se démettre de ; [+ one's job] démissionner de ; (= hand over) céder (to à) ◆ **he resigned the leadership to his colleague** il a cédé la direction à son collègue ◆ **to resign one's commission** (Mil etc) démissionner (se dit d'un officier)
b (= accept) **to resign o.s. to (doing) sth** se résigner à (faire) qch
2 vi démissionner, donner sa démission (from de)

resignation [ˌrezɪgˈneɪʃən] → SYN n **a** (from job) démission f ◆ **to tender one's resignation** donner sa démission
b (mental state) résignation f
c (NonC) [of a right] abandon m (of de), renonciation f (of à)

resigned [rɪˈzaɪnd] → SYN adj résigné ◆ **to be resigned to (doing) sth** s'être résigné à (faire) qch ◆ **to become resigned to (doing) sth** se résigner à (faire) qch

resignedly [rɪˈzaɪnɪdlɪ] adv say avec résignation, d'un ton résigné ; shrug, sigh avec résignation, d'un air résigné

resilience [rɪˈzɪlɪəns] n [of person, character] résistance f, faculté f de récupération ; [of rubber] élasticité f

resilient [rɪˈzɪlɪənt] → SYN adj object, material, currency, market résistant ◆ **he is very resilient** (physically) il a beaucoup de résistance, il récupère bien ; (mentally) il a du ressort, il ne se laisse pas abattre

resin [ˈrezɪn] n résine f

resinate [ˈrezɪˌneɪt] vt (= impregnate with resin) résiner

resiniferous [ˌrezɪˈnɪfərəs] adj résinifère

resinous [ˈrezɪnəs] adj résineux

resipiscence [ˌresɪˈpɪsns] n (liter) résipiscence f

resist [rɪˈzɪst] → SYN **1** vt [+ attack, arrest, person] résister à, s'opposer à ; [+ temptation] résister à ; [+ order] refuser d'obéir or d'obtempérer à ; [+ change] s'opposer à ◆ **I couldn't resist (eating) another cake** je n'ai pas pu résister à l'envie de or je n'ai pas pu m'empêcher de manger encore un gâteau ◆ **he resists any advice** il s'oppose à or il est rebelle à tout conseil
2 vi résister, offrir de la résistance

resistance [rɪˈzɪstəns] → SYN **1** n (gen, Elec, Med, Mil, Phys) résistance f ◆ **the Resistance** (Hist) la Résistance ◆ **to meet with resistance** se heurter à une résistance ◆ **to offer resistance to sth** résister à qch ◆ **to put up** or **offer stiff resistance to sth** opposer une vive résistance à qch ◆ **he offered no resistance** il n'opposa aucune résistance (to à) ◆ **his resistance was very low** (Med) il n'offrait presque plus de résistance ◆ **that's the line of least resistance** c'est la solution de facilité ◆ **to take the line of least resistance** choisir la solution de facilité ; → **passive**
2 COMP ▷ **resistance fighter** n résistant(e) m(f) ▷ **resistance movement** n mouvement de résistance m ▷ **resistance thermometer** n thermomètre m à résistance électrique

resistant [rɪˈzɪstənt] → SYN adj person hostile (to sth à qch) ; virus, plant, material résistant (to sth à qch) ◆ **resistant to penicillin** pénicillorésistant ; → **water**

-resistant [rɪˈzɪstənt] adj (in compounds) ◆ **disease-resistant** plant résistant aux maladies ◆ **fire-resistant** paint, cloth ignifugé ◆ **heat-resistant** résistant à la chaleur

resister [rɪˈzɪstəʳ] n réfractaire m

resistivity [ˌriːzɪsˈtɪvɪtɪ] n résistivité f

resistor [rɪˈzɪstəʳ] n (Elec) résistance f

resit [ˌriːˈsɪt] pret, ptp **resat** (Brit) **1** vt se représenter à, repasser
2 vi se présenter à la deuxième session
3 [ˈriːsɪt] n deuxième session f (d'un examen) ◆ **to have a resit in law** devoir se représenter en droit ◆ **to fail one's resits/one's resit in chemistry** échouer une deuxième fois à ses examens/à son examen de chimie

resite [ˌriːˈsaɪt] vt [+ factory] réimplanter, transférer

resize [ˌriːˈsaɪz] vt (Comput) [+ window] redimensionner

reskill [riːˈskɪl] **1** vi acquérir de nouvelles qualifications
2 vt donner de nouvelles qualifications à

resold [ˌriːˈsəʊld] vb (pt, ptp of **resell**)

resole [ˌriːˈsəʊl] vt ressemeler

resolute [ˈrezəluːt] → SYN adj person résolu, déterminé ; opposition résolu ; refusal ferme ; faith solide ◆ **to take resolute action** agir avec résolution or détermination ◆ **to be resolute in doing sth** faire qch avec résolution or détermination ◆ **to be resolute in one's opposition to sth** s'opposer résolument à qch ◆ **to remain resolute in the fight against sb/sth** continuer résolument à se battre contre qn/qch

resolutely [ˈrezəluːtlɪ] adv resist, oppose, stride, stare résolument ; refuse fermement ◆ **the Government remains resolutely committed to the fight against unemployment** le gouvernement poursuit résolument son combat contre le chômage

resoluteness [ˈrezəluːtnɪs] n résolution f, détermination f

resolution [ˌrezəˈluːʃən] → SYN n **a** (= decision) résolution f ◆ **to make a resolution to do sth** prendre la résolution de faire qch ◆ **good resolutions** bonnes résolutions fpl ; → **New Year**
b (Admin, Pol) résolution f ◆ **to make a resolution** prendre une résolution ◆ **to adopt/reject a resolution** adopter/rejeter une résolution
c (NonC = resoluteness) fermeté f, résolution f ◆ **to show resolution** faire preuve de fermeté, faire preuve de décision
d (NonC = solving) [of problem, puzzle] résolution f
e (NonC: Chem, Med, Mus, Phot) résolution f (into en)

resolvable [rɪˈzɒlvəbl] adj résoluble

resolve [rɪˈzɒlv] → SYN **1** vt **a** [+ problem, difficulty] résoudre ; [+ doubt] dissiper
b (= break up) résoudre, réduire (into en) ◆ **to resolve sth into its elements** ramener or réduire qch à ses éléments ◆ **water resolves itself into steam** l'eau se résout or se transforme en vapeur ◆ **the meeting resolved itself into a committee** l'assemblée se constitua en commission
c (Med, Mus) résoudre
2 vi **a** (= decide) résoudre, décider (to do sth de faire qch), se résoudre, se décider (to do sth à faire qch) ◆ **to resolve (up)on sth** se résoudre à qch ◆ **to resolve that ...** décider que ... ◆ **it has been resolved that ...** il a été décidé que ...
b (= break up) se résoudre (into en) ◆ **the question resolves into four points** la question se divise en quatre points
3 n (NonC = resoluteness) résolution f, fermeté f ◆ **to do sth with resolve** faire qch avec détermination
b (= decision) résolution f, décision f ◆ **to make a resolve to do sth** prendre la résolution de faire qch, résoudre de faire qch

resolved [rɪˈzɒlvd] adj résolu (to do sth à faire qch), décidé (to do sth à faire qch)

resonance [ˈrezənəns] n (gen, Mus, Phon, Phys) résonance f ; [of voice] résonance f, sonorité f

resonant [ˈrezənənt] adj **a** (= sonorous, echoing) voice, room sonore ; sound retentissant
b (= evocative) **to be resonant of sth** rappeler qch ◆ **it is a place resonant with memories for him** c'est un endroit qui éveille en lui une foule de souvenirs ◆ **it was a place resonant with memories of him** c'est un endroit qui évoquait des souvenirs de lui

resonate [ˈrezəneɪt] vi **a** [sound] résonner
b **the room resonated with the sound of laughter** la pièce résonnait de rires
c (fig) **that resonates with me** je suis tout à fait d'accord là-dessus

resonator [ˈrezəneɪtəʳ] n résonateur m

resorcinol [rɪˈzɔːsɪˌnɒl] n résorcinol m

resorption [rɪˈzɔːpʃən] n résorption f

resort [rɪˈzɔːt] → SYN **1** n **a** (= recourse) recours m ◆ **without resort to violence** sans recourir or avoir recours à la violence ◆ **as a last** or **final resort, in the last** or **final resort** en dernier ressort ◆ **it was/you were my last resort** c'était/tu étais mon dernier recours
b (= place) lieu m de séjour or de vacances ◆ **coastal resort** plage f ◆ **seaside/summer resort** station f balnéaire/estivale ◆ **winter sports resort** station f de sports d'hiver ◆ **a resort of thieves** (fig liter) un repaire de voleurs ; → **health, holiday**
2 vi ◆ **to resort to sth** avoir recours à qch, recourir à qch ◆ **to resort to sb** avoir recours à qn ◆ **to resort to doing sth** en venir à faire qch

resound [rɪˈzaʊnd] → SYN **1** vi retentir, résonner (with de) ◆ **his speech will resound throughout France/history** son discours retentira dans toute la France/à travers l'histoire
2 vt faire retentir or résonner

resounding [rɪˈzaʊndɪŋ] → SYN adj **a** (= loud) thud, crack, crash, laugh sonore ; voice sonore, tonitruant ◆ **resounding applause** un tonnerre d'applaudissements
b (= great) triumph, victory, success retentissant ; defeat écrasant ◆ **a resounding silence** un silence pesant ◆ **a resounding no** un non catégorique

resoundingly [rɪˈzaʊndɪŋlɪ] adv **a** (= loudly) fall, crash bruyamment
b (= convincingly) beat, defeat à plate(s) couture(s) ◆ **to be resoundingly successful** [plan] être couronné de succès ; [person] remporter un succès retentissant

resource [rɪˈsɔːs] → SYN **1** n **a** (= wealth, supplies etc) ressource f ◆ **financial/mineral/natural resources** ressources fpl pécuniaires/en minerais/naturelles ◆ **resources of men and materials** ressources fpl en hommes et en matériel ◆ **the total resources of a company** (Fin) l'ensemble des ressources d'une société ◆ **he has no resources against boredom** il ne sait pas lutter or se défendre contre l'ennui ◆ **left to his own resources** livré à ses propres ressources or à lui-même
b (Comput) ressources fpl
c (= resort) ressource f ◆ **you are my last resource** vous êtes ma dernière ressource or mon dernier espoir
2 COMP ▷ **resource centre** n (Scol, Univ etc) centre m de documentation

resourced [rɪˈsɔːst] adj (Brit) ◆ **well resourced** qui dispose de bonnes ressources ◆ **under-resourced** qui ne dispose pas des ressources nécessaires

resourceful [rɪˈsɔːsfʊl] → SYN adj person plein de ressources, ingénieux

resourcefully [rɪˈsɔːsfəlɪ] adv d'une manière ingénieuse

resourcefulness [rɪˈsɔːsfʊlnɪs] n (NonC) ingéniosité f ◆ **one's own inner resourcefulness** ses ressources fpl intérieures

resourcing [rɪˈsɔːsɪŋ] n (NonC = resources) ressources fpl

respect [rɪsˈpekt] → SYN **1** n **a** (NonC = esteem) respect m ◆ **to have respect for** [+ person] avoir du respect pour, respecter ; [+ the law, sb's intelligence] respecter ◆ **I have the greatest respect for him** j'ai infiniment de respect pour lui ◆ **to treat with respect** traiter avec respect ◆ **to be held in respect** être tenu en haute estime ◆ **he can command respect** il impose le respect, il sait se faire respecter

◆ **she has no respect for other people's feelings** elle n'a aucune considération or aucun respect pour les sentiments d'autrui ◆ **out of respect for ...** par respect or égard pour ... ◆ **with (due** or **the greatest) respect I still think that ...** sans vouloir vous contredire or sauf votre respect je crois toujours que ... ◆ **without respect of persons** (frm) sans acception de personne ◆ **without respect to the consequences** sans tenir compte or se soucier des conséquences, sans s'arrêter aux conséquences

b (= reference, aspect)

♦ **in ... respect(s)** ◆ **in some respects** à certains égards, sous certains rapports ◆ **in many respects** à bien des égards ◆ **in this respect** à cet égard, sous ce rapport ◆ **in one respect** d'un certain côté ◆ **in other respects** à d'autres égards ◆ **in what respect?** sous quel rapport ?, à quel égard ? ◆ **good in respect of content** bon sous le rapport du contenu or quant au contenu

♦ **with respect to ...** pour or en ce qui concerne ..., quant à ..., relativement à ...

c **respects** (= regards) respects mpl ; (man to woman) hommages mpl ◆ **to pay one's respects to sb** présenter ses respects à qn ◆ **give my respects to ...** présentez mes respects (or mes hommages) à ... ◆ **to pay one's last respects to sb** rendre un dernier hommage à qn

2 vt **a** [+ person, customs, sb's wishes, opinions, grief, the law] respecter ◆ **to respect o.s.** se respecter

b (frm) **as respects ...** quant à ..., en ce qui concerne ...

respectability [rɪˌspektəˈbɪlɪtɪ] n respectabilité f

respectable [rɪˈspektəbl] → SYN adj person, behaviour, motives, size, amount, piece of work respectable ; clothes convenable, comme il faut ◆ **young people from respectable homes** des jeunes gens venant de foyers respectables ◆ **he was outwardly respectable but ...** il avait l'apparence de la respectabilité mais ... ◆ **in respectable society** entre gens respectables ◆ **a respectable writer** un écrivain qui n'est pas sans talent ◆ **to finish a respectable second/third** finir honorablement deuxième/troisième ◆ **it is respectable to do sth** il est respectable de faire qch

respectably [rɪˈspektəblɪ] adv **a** (= decently) dress, behave convenablement, comme il faut ◆ **a respectably married man** un homme marié et respectable

b (= adequately) **he finished respectably in fourth place** il a fini honorablement à la quatrième place

respecter [rɪˈspektəʳ] n ◆ **death/the law is no respecter of persons** tout le monde est égal devant la mort/la loi ◆ **death is no respecter of wealth** les riches et les pauvres sont égaux devant la mort ◆ **he is no respecter of persons** il ne s'en laisse imposer par personne

respectful [rɪˈspektfʊl] adj respectueux (*of sth* de qch ; *to(wards) sb* envers qn, à l'égard de qn)

respectfully [rɪˈspektfəlɪ] adv speak, bow, listen respectueusement, avec respect ; stand, wait, ask, suggest respectueusement ; treat avec respect ◆ **I would respectfully disagree with Mr Brown** avec tout le respect que je lui dois, je suis en désaccord avec M. Brown ◆ **I remain respectfully yours** or **yours respectfully** (in letters) je vous prie d'agréer l'expression de mes sentiments respectueux ; (man to woman) je vous prie d'agréer l'expression de mes très respectueux hommages

respectfulness [rɪˈspektfʊlnɪs] n [of person] attitude f respectueuse ; [of tone, manner] caractère m respectueux

respecting [rɪˈspektɪŋ] prep concernant, relatif à

respective [rɪˈspektɪv] → SYN adj respectif

respectively [rɪˈspektɪvlɪ] adv respectivement

respirable [ˈrespɪrəbl] adj respirable

respiration [ˌrespɪˈreɪʃən] n (Bot, Med) respiration f

respirator [ˈrespəˌreɪtəʳ] n (Med) respirateur m ; (Mil) masque m à gaz

respiratory [ˈrespərətərɪ] **1** adj respiratoire

2 COMP ▷ **respiratory arrest** n arrêt m respiratoire ▷ **respiratory failure** n insuffisance f or défaillance f respiratoire ▷ **respiratory quotient** n (Bio) quotient m respiratoire ▷ **respiratory system** n système m respiratoire ▷ **respiratory tract** n appareil m respiratoire

respire [rɪˈspaɪəʳ] vti respirer

respite [ˈrespaɪt] → SYN n répit m, relâche m or f ; (Jur) sursis m ◆ **without (a) respite** sans répit, sans relâche

resplendence [rɪˈsplendəns] n splendeur f

resplendent [rɪˈsplendənt] adj resplendissant ◆ **to look resplendent** être resplendissant ◆ **resplendent in a silk dress** resplendissant dans sa robe de soie ◆ **to be resplendent with sth** resplendir de qch, être resplendissant de qch

resplendently [rɪˈsplendəntlɪ] adv splendidement

respond [rɪˈspɒnd] → SYN vi **a** (= reply) répondre (*to* à ; *with* par) ; (Rel) chanter les répons ◆ **to respond to a toast** répondre à un toast

b (= show reaction to) répondre (*to* à) ◆ **brakes that respond well** freins mpl qui répondent bien ◆ **car that responds well to controls** voiture f qui a de bonnes réactions or qui répond bien aux commandes ◆ **the patient responded to treatment** le malade a bien réagi au traitement ◆ **the illness responded to treatment** le traitement a agi sur la maladie

respondent [rɪˈspɒndənt] **1** n **a** (Jur) défendeur m, -deresse f

b (in opinion poll etc) personne f interrogée, sondé m

2 adj qui répond or réagit (*to* à)

response [rɪˈspɒns] → SYN **1** n **a** (lit, fig) réponse f ; (to treatment) réaction f ◆ **in response to** en réponse à ◆ **in response to the radio appeal, the sum of £10,000 was raised** à la suite de or en réponse à l'appel radiodiffusé, on a recueilli la somme de 10 000 livres ◆ **his only response was to nod** pour toute réponse, il a hoché la tête ◆ **we had hoped for a bigger response from the public** nous n'avons pas reçu du public la réponse escomptée ◆ **our opponents have made no response to our peace proposals** nos adversaires n'ont pas répondu à nos propositions de paix

b (Rel) répons m

2 COMP ▷ **response time** n [of machine, person, police, ambulance etc] temps m de réponse

responsibility [rɪˌspɒnsəˈbɪlɪtɪ] LANGUAGE IN USE 18.3 → SYN

1 n responsabilité f ◆ **to lay** or **put** or **place the responsibility for sth on sb** tenir qn pour responsable de qch, faire porter la responsabilité de qch à qn ◆ **the report placed responsibility for the accident on the company** le rapport a déclaré la société responsable de cet accident ◆ **to take responsibility for sth** prendre or assumer la responsabilité de qch ◆ **"the company takes no responsibility for objects left here"** ≃ la compagnie décline toute responsabilité pour les objets en dépôt ◆ **to take on the responsibility** accepter or assumer la responsabilité ◆ **the group which claimed responsibility for the attack** le groupe qui a revendiqué l'attentat ◆ **that's his responsibility** c'est à lui de s'en occuper ◆ **it's not my responsibility to do that** ce n'est pas à moi de faire ça ◆ **on my own responsibility** sous ma responsabilité ◆ **he wants a position with more responsibility** il cherche un poste offrant plus de responsabilités ◆ **he has too many responsibilities** il a trop de responsabilités ◆ **it is a big responsibility for him** c'est une lourde responsabilité pour lui

2 COMP ▷ **responsibility allowance, responsibility payment** n prime f de fonction

responsible [rɪˈspɒnsəbl] → SYN adj **a** (= trustworthy) person, attitude, organization responsable

b (= in charge) responsable (*to sb* devant qn ; *for sb* de qn) ◆ **responsible for sth** responsable de qch, chargé de qch ◆ **responsible for doing sth** chargé de faire qch ◆ **who is responsible here?** qui est le responsable ici ?

c (= the cause) **she is responsible for the success of the project** c'est à elle que l'on doit le succès du projet ◆ **he was responsible for improving standards of service** c'est grâce à lui que le service s'est amélioré ◆ **who is responsible for breaking the window?** qui a cassé la vitre ? ◆ **CFCs are responsible for destroying the ozone layer** les CFC sont responsables de la destruction de la couche d'ozone ◆ **I demand to know who is responsible for this!** j'exige de savoir qui est responsable or de connaître le responsable ! ◆ **to hold sb responsible for sth** tenir qn responsable de qch

d (= involving or demanding responsibility) **a responsible job** un travail à responsabilité(s)

responsibly [rɪˈspɒnsəblɪ] adv avec sérieux, de façon responsable

responsive [rɪˈspɒnsɪv] → SYN adj **a** (= receptive) audience, class, pupil réceptif ◆ **he wasn't very responsive when I spoke to him about it** quand je lui en ai parlé, il ne s'est pas montré très réceptif or il n'a pas beaucoup réagi

b (= ready to react) person sensible, réceptif ◆ **to be responsive to sb's needs** être sensible or réceptif aux besoins de qn ◆ **to be responsive to criticism** être sensible à la critique

c (Med) **to be responsive to antibiotics/treatment** réagir aux antibiotiques/au traitement

d (= easily controlled) machine, car, steering sensible

e (= answering) **to give a responsive smile/nod** faire un sourire/hocher la tête en guise de réponse

responsiveness [rɪˈspɒnsɪvnɪs] n (NonC = receptiveness) sensibilité f ◆ **the government's responsiveness to social pressures** l'aptitude f du gouvernement à réagir aux pressions sociales

responsory [rɪˈspɒnsərɪ] n (Rel) répons m

respray [ˌriːˈspreɪ] **1** vt [+ car] refaire la peinture de

2 [ˈriːspreɪ] n ◆ **the car needs a respray** il faut refaire la peinture de la voiture

rest [rest] → SYN **1** n **a** (gen = relaxation etc) repos m ◆ **a day of rest** un jour de repos ◆ **to need rest** avoir besoin de repos ◆ **to need a rest** avoir besoin de se reposer ◆ **to have a rest** se reposer ◆ **she took** or **had an hour's rest** elle s'est reposée pendant une heure ◆ **we had a couple of rests during the walk** pendant la promenade nous nous sommes arrêtés deux fois pour nous reposer ◆ **no rest for the wicked** pas de repos pour les braves ◆ **rest and recuperation** (US Mil = leave) permission f ◆ **take a rest!** reposez-vous ! ◆ **to have a good night's rest** passer une bonne nuit ◆ **to retire to rest** (liter) se retirer ◆ **at rest** au repos ◆ **to be at rest** (= peaceful) être tranquille or calme ; (= immobile) être au repos ; (euph = dead) reposer en paix ◆ **to lay to rest** (lit) porter en terre ◆ **to lay** or **put to rest** (fig) [+ idea, notion] enterrer ◆ **to set at rest** [+ fears, doubts] dissiper ◆ **to put** or **set sb's mind** or **heart at rest** tranquilliser qn, rassurer qn ◆ **you can set** or **put your mind at rest** tu peux être tranquille ◆ **to come to rest** [ball, car etc] s'arrêter, s'immobiliser ; [bird, insect] se poser ◆ **give it a rest!** * (= change the subject) change de disque ! * ; (= stop working) laisse tomber ! *

b (= support for instrument, back, arm etc) support m, appui m ; → **armrest, receiver**

c (= remainder) **the rest of the money** le reste or ce qui reste de l'argent, l'argent qui reste ◆ **the rest of the boys** les garçons qui restent, les autres garçons ◆ **I will take half of the money and you keep the rest** je prends la moitié de l'argent et tu gardes le reste or le restant ◆ **I will take this book and you keep the rest** je prends ce livre et tu gardes le reste ◆ **you go off and the rest of us will wait here** pars, nous (autres) nous attendrons ici ◆ **he was as drunk as the rest of them** il était aussi ivre que les autres ◆ **all the rest of the money** tout ce qui reste de l'argent, tout l'argent qui reste ◆ **all the rest of the books** tous les autres livres ◆ **and all the rest (of it)** * et tout ça *, et tout ce qui s'ensuit ◆ **for the rest** quant au reste

d (Mus) pause f ; (Poetry) césure f ◆ **crotchet** (Brit) or **quarter-note** (US) **rest** (Mus) soupir m

2 vi **a** (= repose) se reposer ; [the dead] reposer ◆ **she never rests** elle ne se repose jamais ◆ **you must rest for an hour** il faut vous reposer pendant une heure ◆ **he won't rest till he finds out the truth** (fig) il n'aura de cesse qu'il ne découvre (subj) la vérité ◆ **to rest easy** dormir sur ses deux oreilles ◆ **to rest on one's oars** (lit) lever les avirons or les rames ; (fig) prendre un repos bien mérité ◆ **to rest on one's laurels** se reposer or s'endormir sur ses lauriers ◆ **to be resting** (euph) [actor] se trouver sans engagement ◆ **may he rest in peace** qu'il repose en paix ◆ **to let a field rest** (Agr) laisser reposer un champ, laisser un champ en jachère ◆ **"the defence/prosecution rests"** (Jur) *formule utilisée par les avocats pour conclure leur plaidoyer ou réquisitoire*

b (= remain) rester, demeurer ◆ **rest assured that ...** soyez certain or assuré que ... ◆ **he refused to let the matter rest** il refusait d'en rester là ◆ **they agreed to let the matter rest** ils ont convenu d'en rester là ◆ **the matter must not rest there** l'affaire ne doit pas en rester là ◆ **and there the matter rests for the moment** l'affaire en est là pour le moment ◆ **the authority rests with him** c'est lui qui détient l'autorité ◆ **the decision rests with him, it rests with him to decide** la décision lui appartient, il lui appartient de décider ◆ **it doesn't rest with me** cela ne dépend pas de moi

c (= lean, be supported) [person] s'appuyer (*on* sur ; *against* contre) ; [ladder] être appuyé (*on* sur ; *against* contre) ; [roof etc] reposer (*on* sur) ; (fig) [argument, reputation, case] reposer (*on* sur) ; [eyes, gaze] se poser, s'arrêter (*on* sur) ◆ **her elbows were resting on the table** ses coudes reposaient sur la table ◆ **a heavy responsibility rests on him** (fig) il a une lourde responsabilité

3 vt **a** faire or laisser reposer, donner du repos à ◆ **to rest o.s.** se reposer ◆ **I am quite rested** je me sens tout à fait reposé ◆ **to rest the horses** laisser reposer les chevaux ◆ **God rest his soul!** que Dieu ait son âme !, paix à son âme !

b (Jur) **to rest one's case** conclure sa plaidoirie ◆ **I rest my case!** (hum) CQFD !

c (= lean) poser, appuyer (*on* sur ; *against* contre) ; (fig = base) [+ suspicions] fonder (*on* sur) ◆ **to rest one's hand on sb's shoulder** poser la main sur l'épaule de qn ◆ **to rest one's elbows on the table** poser les coudes sur la table ◆ **to rest a ladder against a wall** appuyer une échelle contre un mur

4 COMP ▷ **rest area** n (at roadside) aire f de repos ▷ **rest camp** n (Mil) cantonnement m ▷ **rest centre** n centre m d'accueil ▷ **rest cure** n cure f de repos ▷ **rest day** n jour m de repos ▷ **rest home, rest house** n maison f de repos ▷ **resting place** n [of the dead] dernière demeure f ▷ **rest room** n (US) toilettes fpl ▷ **rest stop** n (US Aut) (= place) aire f de repos ; (= break in journey) pause f *(pendant un trajet en voiture ou en bus)*

► **rest up** * vi se reposer

restart [ˌriːˈstɑːt] **1** vt [+ work, activity, race] reprendre, recommencer ; [+ engine] relancer, remettre en marche ; [+ machine] remettre en marche

2 vi reprendre, recommencer ; [engine, machine] se remettre en marche

3 n (of race, career) nouveau départ m

restate [ˌriːˈsteɪt] vt [+ argument, reasons] répéter ; [+ problem] énoncer de nouveau ; [+ theory, case, one's position] exposer de nouveau

restatement [ˌriːˈsteɪtmənt] n (gen) répétition f ; [of plan, theory] nouvel énoncé m ◆ **restatement of the law** (Jur) réexposé m du droit

restaurant [ˈrestərɔːŋ] **1** n restaurant m

2 COMP food, prices de restaurant ▷ **restaurant car** n (Brit Rail) wagon-restaurant m

restaurateur [ˌrestərəˈtɜːʳ] n restaurateur m, -trice f

restful [ˈrestfʊl] → SYN adj sleep (paisible et) réparateur (-trice f) ; atmosphere, lighting, colour, holiday reposant ; place paisible, tranquille

restfully [ˈrestfəlɪ] adv sleep paisiblement, tranquillement

restharrow [ˈrestˌhærəʊ] n (Bot) bugrane f, arrête-bœuf m

restitution [ˌrestɪˈtjuːʃən] n **a** (NonC) restitution f ◆ **to make restitution of sth** restituer qch ◆ **restitution of conjugal rights** (Jur) ordre m de réintégration du domicile conjugal

b (= reparation) réparation f

restive [ˈrestɪv] → SYN adj **a** (= restless) horse rétif ; person agité ◆ **to grow restive** [horse] devenir rétif ; [person] s'agiter

b (= discontented) group, crew agité, indocile ◆ **to grow restive** s'agiter, devenir difficile à contrôler

restiveness [ˈrestɪvnɪs] n agitation f ; [of horse] rétivité f, nature f rétive

restless [ˈrestlɪs] → SYN **1** adj **a** (= unsettled, fidgety) person, mind, attitude agité ; child agité, remuant ; curiosity insatiable ◆ **to grow restless** [person] s'agiter ◆ **to be restless (in one's sleep)** avoir un sommeil agité ◆ **to have or spend a restless night** avoir une nuit agitée

b (= discontented) group agité, indocile ◆ **to get** or **grow** or **become restless** s'agiter, devenir difficile à contrôler ◆ **the natives are restless** (hum) il y a de l'orage dans l'air, il y a de l'eau dans le gaz

c (liter = moving) wind impétueux (liter) ; sea agité

2 COMP ▷ **restless spirit** n (lit, fig) âme f errante

restlessly [ˈrestlɪslɪ] adv avec agitation, nerveusement ◆ **to walk restlessly up and down** faire nerveusement les cent pas, tourner comme un lion or un ours en cage

restlessness [ˈrestlɪsnɪs] → SYN n [of person] agitation f ; [of manner] agitation f, nervosité f ; [of crowd] impatience f

restock [ˌriːˈstɒk] vt [+ shop, freezer] réapprovisionner ; [+ pond, river] repeupler, empoissonner

restoration [ˌrestəˈreɪʃən] → SYN **1** n **a** (NonC = return) rétablissement m ; (Jur) [of property] restitution f ◆ **the Restoration** (Brit Hist) la Restauration *(de la monarchie en 1660)*

b [of text] rétablissement m ; [of monument, work of art] restauration f

2 COMP ▷ **Restoration comedy** n (Brit Theat) théâtre m de la Restauration anglaise

restorative [rɪˈstɔːrətɪv] adj, n fortifiant m, reconstituant m

restore [rɪˈstɔːʳ] → SYN vt **a** (= give or bring back) [+ sth lost, borrowed, stolen] rendre, restituer (*to* à) ; [+ sb's sight etc] rendre ; (Jur) [+ rights, law etc] rétablir ; [+ confidence] redonner (*to sb* à qn ; *in* dans) ; [+ order, calm] rétablir ◆ **to restore sb's health** rétablir la santé de qn, rendre la santé à qn ◆ **restored to health** rétabli, guéri ◆ **to restore sb to life** ramener qn à la vie ◆ **the brandy restored my strength** or **me** le cognac m'a redonné des forces ◆ **he was restored to them safe and sound** il leur a été rendu sain et sauf ◆ **to restore a monarch to the throne** restaurer un monarque ◆ **to restore sb to power** ramener qn au pouvoir

b (= repair) [+ building, painting, furniture etc] restaurer ; [+ leather goods] rénover ; [+ text] restituer, rétablir ◆ **to restore sth to its former condition** remettre qch en état

restorer [rɪˈstɔːrəʳ] n (Art etc) restaurateur m, -trice f ; → **hair**

restrain [rɪˈstreɪn] → SYN **1** vt **a** (= prevent: gen) retenir ◆ **I was going to do it but he restrained me** j'allais le faire mais il m'a retenu or m'en a empêché ◆ **to restrain sb from doing sth** empêcher qn de faire qch

b [+ dangerous person etc] (= overcome) maîtriser ; (= control) contenir

c (= control) [+ one's anger, feelings etc] réprimer, refréner ◆ **please restrain yourself!** je vous en prie dominez-vous !

d (= restrict) [+ trade etc] restreindre

2 COMP ▷ **restraining order** n (Jur) injonction f de ne pas faire, ordonnance f restrictive

restrained [rɪˈstreɪnd] → SYN adj person maître (maîtresse f) de soi ; tone, manner, response, reaction, performance, speech mesuré ; emotion contenu ; style, décor sobre ◆ **he was very restrained when he heard the news** quand il a appris la nouvelle, il est resté très maître de lui

restraint [rɪˈstreɪnt] → SYN **1** n **a** (= restriction) limitation f (*on sth* de qch), contrainte f ◆ **without restraint** sans contrainte

b (NonC = limiting) frein m, contrôle m ◆ **price restraint** contrôle m des prix ◆ **fiscal restraint** contrôle m de la fiscalité ; → **wage**

c (NonC = moderation) [of person, behaviour] modération f, mesure f ; [of style, speech] retenue f, mesure f ◆ **his restraint was admirable** il se maîtrisait admirablement ◆ **sexual restraint** modération f sexuelle ◆ **to exercise** or **show restraint** faire preuve de modération or de retenue ◆ **to show a lack of restraint** manquer de retenue ◆ **with/without restraint** say avec/sans retenue ; act avec/sans retenue or modération ; → **self**

d (= restraining device: in prison, hospital) entrave f ◆ **to be in restraints** être entravé or attaché ◆ **to put sb in restraints** or (frm) **under restraint** entraver qn, attacher qn

e (= safety device: in car etc) *dispositif de sécurité, p. ex. ceinture de sécurité, siège pour bébé* ◆ **head restraint** appuie-tête m

2 COMP ▷ **restraint of trade** n (Jur, Fin) atteinte f or entraves fpl à la liberté du commerce

restrict [rɪˈstrɪkt] → SYN vt restreindre, limiter (*to* à) ◆ **visiting is restricted to one hour per day** les visites sont limitées à une heure par jour ◆ **she is restricting herself to one glass of wine a day** elle se limite à un verre de vin par jour ◆ **to restrict sb's authority/freedom** restreindre or limiter l'autorité/la liberté de qn ◆ **access restricted to members of staff** accès réservé au personnel, accès interdit aux personnes étrangères à l'établissement

restricted [rɪˈstrɪktɪd] **1** adj **a** (= limited) visibility réduit ; number, choice, group, circulation restreint, limité ; space, range, viewpoint, horizon restreint ; access (= partial) limité ; (= forbidden to some people) réservé ◆ **on a restricted diet** au régime

b (= hindered) **to feel restricted** [person] (physically) se sentir à l'étroit ; (by clothes) se sentir engoncé ; (mentally) avoir l'impression d'étouffer

c (= classified) document, information confidentiel

2 COMP ▷ **restricted area** n (Admin, Mil = prohibited) zone f interdite ; (Brit Aut) zone f à vitesse limitée ◆ **within a restricted area** (= delimited) dans une zone restreinte or limitée ▷ **restricted code** n (Ling) code m restreint ▷ **restricted currency** n (Fin) devise f à convertibilité limitée

restriction [rɪˈstrɪkʃən] → SYN n restriction f, limitation f ◆ **to place restrictions on ...** imposer des restrictions à ... ◆ **speed restriction** (Aut) limitation f de vitesse ◆ **price restriction** (Comm) contrôle m de prix

restrictive [rɪˈstrɪktɪv] **1** adj **a** (= limiting) measures de restriction ; law, policy restrictif ; environment étouffant

b (= tight) clothing qui gêne le mouvement

2 COMP ▷ **restrictive clause** n (Gram) proposition f déterminative ▷ **restrictive practices** npl (Brit) (by trade unions) pratiques fpl syndicales restrictives ; (by manufacturers) atteintes fpl à la libre concurrence ▷ **restrictive relative clause** n proposition f déterminative

re-string [ˌriːˈstrɪŋ] pret, ptp **re-strung** [ˌriːˈstrʌŋ] vt [+ pearls, necklace] renfiler ; (Mus) [+ violin] remplacer les cordes de ; (Sport) [+ racket] recorder ; [+ bow] remplacer la corde de, remettre une corde à

restructure [riːˈstrʌktʃəʳ] **1** vt restructurer

2 vi se restructurer

restructuring [riːˈstrʌktʃərɪŋ] n restructuration f

restyle [ˌriːˈstaɪl] vt [+ product] donner un nouveau look * à ◆ **to have one's hair restyled** changer de coiffure ◆ **to restyle sb's hair** changer la coiffure de qn

resubmit [ˌriːsʌbˈmɪt] vt soumettre une nouvelle fois, resoumettre

result [rɪˈzʌlt] LANGUAGE IN USE 17, 26.3 → SYN

1 n résultat m ◆ **to demand results** exiger des résultats ◆ **to get results** or (Brit) **a result** * [person] obtenir de bons résultats, arriver à quelque chose * ; [action] donner de bons résultats, aboutir ◆ **as a result he failed** en conséquence il a échoué, résultat — il a échoué * ◆ **to be the result of sth** être la conséquence de qch, être dû à qch,

805 ENGLISH-FRENCH

résulter de qch ◆ **as a result of** (gen) à la suite de ; (= directly because of: esp Admin) par suite de ◆ **he died as a result of his injuries** il est décédé des suites de ses blessures ◆ **without result** sans résultat m
[2] vi résulter (*from* de) ◆ **it results that ...** il s'ensuit que ...

▶ **result in** vt fus [+ higher/lower level, increased efficiency, changes, loss] entraîner, conduire à ; [+ damage, injury, death] occasionner ; [+ failure] se solder par

resultant [rɪˈzʌltənt] [1] adj ◆ **victims of the war and the resultant famine** les victimes de la guerre et de la famine qui en a résulté or qui s'est ensuivie
[2] n (Math) résultante f

resume [rɪˈzjuːm] → SYN [1] vt a (= restart etc) [+ tale, account] reprendre ; [+ activity, discussions] reprendre, recommencer ; [+ relations] renouer ◆ **to resume work** reprendre le travail, se remettre au travail ◆ **to resume one's journey** reprendre la route, continuer son voyage ◆ **I resumed digging the garden** je me suis remis à bêcher le jardin ◆ **"well" he resumed** "eh bien" reprit-il ◆ **to resume one's seat** (frm) se rasseoir ◆ **to resume possession of sth** (frm) reprendre possession de qch
b (= sum up) résumer
[2] vi [classes, work etc] reprendre, recommencer

résumé [ˈreɪzjuːmeɪ] n résumé m ; (US) curriculum vitæ m inv

resumption [rɪˈzʌmpʃən] → SYN n reprise f ; [of diplomatic relations] rétablissement m

resurface [ˌriːˈsɜːfɪs] [1] vt [+ road] refaire la surface de
[2] vi [diver, submarine] remonter à la or en surface, faire surface ; (fig = reappear) refaire surface ◆ **she resurfaced * after a year of mourning** elle a recommencé à sortir après un an de deuil

resurgence [rɪˈsɜːdʒəns] n (gen) résurgence f ; (Econ) reprise f

resurgent [rɪˈsɜːdʒənt] adj nationalism, fundamentalism renaissant, qui connaît un nouvel essor ; (Econ) spending en nette augmentation

resurrect [ˌrezəˈrekt] → SYN vt (Rel) ressusciter ; (fig) [+ fashion, ideas] ressortir du placard ; [+ career, debate] reprendre ; (* hum) [+ dress, chair etc] remettre en service

resurrection [ˌrezəˈrekʃən] → SYN n (Rel, fig) résurrection f ◆ **"Resurrection"** (Mus) "La Résurrection"

resurrectionism [ˌrezəˈrekʃənɪzəm] n (Rel) croyance f en la résurrection

resurrectionist [ˌrezəˈrekʃənɪst] n (Rel) *personne qui croit en la résurrection*

resurvey [ˌriːsɜːˈveɪ] vt [+ house] refaire l'expertise de ; [+ site, land] refaire l'arpentage de ; [+ cost] réexaminer

resuscitate [rɪˈsʌsɪteɪt] → SYN vt (gen) faire revivre ; (Med) réanimer

resuscitation [rɪˌsʌsɪˈteɪʃən] n réanimation f

resuscitative [rɪˈsʌsɪteɪtɪv] adj technique, measure de réanimation

resuscitator [rɪˈsʌsɪteɪtə^r] n (Med) réanimateur m

retable [rɪˈteɪbl] n (Art) retable m

retail [ˈriːteɪl] [1] n (vente f au) détail m
[2] vt vendre au détail ; (fig) [+ gossip] colporter, répandre
[3] vi [goods] se vendre (au détail) (*at* à)
[4] adv ◆ **to buy/sell retail** acheter/vendre au détail
[5] COMP ▷ **retail banking** n (Fin) *opérations bancaires portant sur les comptes personnels* ▷ **retail business** n commerce m de détail ▷ **retail dealer** n détaillant(e) m(f) ▷ **retail outlet** n **they are looking for a retail outlet for ...** ils cherchent un débouché pour ... ◆ **50 retail outlets** 50 points mpl de vente ▷ **retail park** n (Brit) centre m commercial ▷ **retail price** n prix m de détail ◆ **retail price index** = indice m des prix de l'INSEE ▷ **retail shop** (Brit), **retail store** (US) n magasin m de détail, détaillant m ▷ **the retail trade** n (= traders) les détaillants mpl ; (= selling) la vente au détail

retailer [ˈriːteɪlə^r] n détaillant(e) m(f)

retain [rɪˈteɪn] → SYN [1] vt a (= keep) conserver, garder ; (= hold) retenir, maintenir ; [+ heat] conserver ◆ **retaining wall** mur m de soutènement ◆ **to retain control (of)** garder le contrôle (de) ◆ **retained earnings** (Fin) bénéfices mpl non distribués
b (= remember) garder en mémoire
c (= engage) [+ lawyer] retenir, engager ◆ **retaining fee** ⇒ **retainer** b
[2] COMP ▷ **retained earnings** n (Fin) bénéfices mpl non distribués

retainer [rɪˈteɪnə^r] → SYN n a (†, liter = servant) serviteur m
b (= fee) acompte m, avance f sur honoraires ; (to lawyer) provision f ; (= rent) caution f (*versée à titre de loyer réduit par un locataire lors de son absence*) ◆ **to be on a retainer** être sous contrat (*garantissant une disponibilité future*)

retake [ˈriːteɪk] vb : pret **retook**, ptp **retaken** [1] n
a (Cine) nouvelle prise f (de vues)
b (= exam) deuxième session f (*d'un examen*) ◆ **to fail one's (chemistry) retakes** échouer une deuxième fois à ses examens (de chimie)
[2] [ˌriːˈteɪk] vt a reprendre ; [+ prisoner] reprendre, rattraper
b (Cine) faire une nouvelle prise de
c [+ exam] se représenter à, repasser

retaliate [rɪˈtælɪeɪt] → SYN vi se venger (*against sb/sth* de qn/qch), user de représailles (*against sb* envers qn) ◆ **he retaliated by breaking a window** pour se venger il a brisé une fenêtre ◆ **he retaliated by pointing out that ...** il a riposté or rétorqué que ..., pour sa part il a fait observer que ... ◆ **to retaliate (up)on sb** rendre la pareille à qn, user de représailles envers qn

retaliation [rɪˌtælɪˈeɪʃən] → SYN n représailles fpl ◆ **in retaliation** par mesure de représailles ◆ **in retaliation for ...** pour venger ..., pour se venger de ... ◆ **policy of retaliation** politique f de représailles

retaliatory [rɪˈtælɪətərɪ] adj (frm) de représailles ◆ **retaliatory measures** (gen, Mil) (mesures fpl de) représailles fpl ; (Econ) mesures fpl de rétorsion

retard [rɪˈtɑːd] → SYN [1] vt retarder
[2] n retard m

retardant [rɪˈtɑːdənt] n (Chem) retardateur m

retarded [rɪˈtɑːdɪd] [1] adj (also **mentally retarded**) arriéré
[2] **the retarded** npl (also **the mentally retarded**) les attardés mpl (mentaux)
[3] COMP ▷ **retarded acceleration** n (Tech) accélération f négative ▷ **retarded ignition** n (Aut) retard m à l'allumage

retch [retʃ] [1] vi avoir des haut-le-cœur
[2] n haut-le-cœur m inv

retching [ˈretʃɪŋ] n haut-le-cœur m inv

retd abbrev of **retired**

retell [ˌriːˈtel] pret, ptp **retold** vt raconter encore une fois

retention [rɪˈtenʃən] n (NonC) (= keeping) maintien m ; (Med) rétention f ; (= memory) mémoire f

retentive [rɪˈtentɪv] adj ◆ **a retentive memory** or **mind** une mémoire fidèle ; → **anal, anally**

retentiveness [rɪˈtentɪvnɪs] n faculté f de retenir, mémoire f

rethink [ˌriːˈθɪŋk] pret, ptp **rethought** [ˌriːˈθɔːt] [1] vt repenser
[2] [ˈriːθɪŋk] n ◆ **we'll have to have a rethink** nous allons devoir y réfléchir encore un coup *

retiarius [ˌriːtɪˈɛərɪəs] n, pl **retiarii** [ˌriːtɪˈɛərɪaɪ] (Antiq) rétiaire m

reticence [ˈretɪsəns] → SYN n réticence f

reticent [ˈretɪsənt] → SYN adj réservé ◆ **reticent about sth** réticent à parler de qch

reticently [ˈretɪsəntlɪ] adv avec réticence, avec réserve

reticle [ˈretɪkl] n (Opt) réticule m

reticular [rɪˈtɪkjʊlə^r] adj réticulaire

reticulate [rɪˈtɪkjʊlɪt], **reticulated** [rɪˈtɪkjʊleɪtɪd] adj réticulé

reticule [ˈretɪkjuːl] n a ⇒ **reticle**
b (= handbag) réticule † m

resultant / retract

reticulum [rɪˈtɪkjʊləm] n, pl **reticula** [rɪˈtɪkjʊlə] réticulum m

retina [ˈretɪnə] n, pl **retinas** or **retinae** [ˈretɪniː] rétine f

retinal [ˈretɪnl] adj rétinien

retinitis [ˌretɪˈnaɪtɪs] n rétinite f

retinol [ˈretɪnɒl] n rétinol m

retinoscopy [ˌretɪˈnɒskəpɪ] n rétinoscopie f, skiascopie f

retinue [ˈretɪnjuː] n escorte f

retire [rɪˈtaɪə^r] → SYN [1] vi a (= withdraw) se retirer, partir ; (Mil) reculer, se replier ; [jury] se retirer ; (Sport) abandonner ◆ **to retire from the room** quitter la pièce ◆ **to retire to the lounge** se retirer au salon, passer au salon ◆ **to retire hurt** (Sport) abandonner à la suite d'une blessure ◆ **to retire into o.s.** rentrer en or se replier sur soi-même ◆ **to retire from the world/from public life** se retirer du monde/de la vie publique
b († = go to bed) (aller) se coucher
c (= give up one's work) prendre sa retraite ◆ **to retire from business** se retirer des affaires
[2] vt [+ worker, employee] mettre à la retraite ; (Fin) [+ bond] retirer de la circulation ◆ **to be compulsorily retired** être mis à la retraite d'office

retired [rɪˈtaɪəd] [1] adj a (= no longer working) à la retraite ◆ **a retired person** un(e) retraité(e)
b (= secluded) life, spot retiré
[2] COMP ▷ **retired list** n (Mil) état m des mises à la retraite ▷ **retired pay** n pension f de retraite

retiree [rɪˌtaɪəˈriː] n (US) retraité(e) m(f)

retirement [rɪˈtaɪəmənt] → SYN [1] n a (= stopping work) retraite f ◆ **retirement at 60** (mise f à la) retraite à 60 ans ◆ **to announce one's retirement** annoncer que l'on prend sa retraite ◆ **to come out of retirement** reprendre ses activités ou une occupation ou du service (*après avoir pris sa retraite*) ◆ **how will you spend your retirement?** qu'est-ce que vous ferez quand vous aurez pris votre retraite ? ; → **compulsory, early**
b (= seclusion) isolement m, solitude f ◆ **to live in retirement** vivre retiré du monde
c (Mil) retraite f, repli m ; (Sport) abandon m
[2] COMP ▷ **retirement age** n âge m de la retraite ▷ **retirement benefit** n prime f ou indemnité f de départ en retraite ▷ **retirement community** n (US) communauté f de retraités ▷ **retirement home** n (personal) maison f pour sa retraite ; (communal) maison f de retraite ▷ **retirement pay** n retraite f ▷ **retirement pension** n (pension f de) retraite f ; (Mil) solde f de retraite ▷ **retirement relief** n (Brit) *exonération, dont bénéficient les retraités, sur les plus-values en capital* ; see also **pension**

retiring [rɪˈtaɪərɪŋ] → SYN [1] adj a (= shy) person réservé
b (= outgoing) chairman, president sortant
c (= taking retirement) qui part en retraite
d **retiring room** cabinet m particulier
[2] COMP ▷ **retiring age** n âge m de la retraite

retitle [ˌriːˈtaɪtl] vt donner un nouveau titre à, rebaptiser

retold [ˌriːˈtəʊld] vb (pt, ptp of **retell**)

retook [ˌriːˈtʊk] vb (pt of **retake**)

retool [ˌriːˈtuːl] [1] vt [+ factory] rééquiper ; [+ machine] renouveler
[2] vi se rééquiper

retort [rɪˈtɔːt] [1] n a (= answer) réplique f, riposte f
b (Chem) cornue f
[2] vt répliquer (*that* que) ◆ **"not at all" he retorted** "pas du tout" répliqua-t-il

retouch [ˌriːˈtʌtʃ] vt (Art, Phot) retoucher

retrace [rɪˈtreɪs] vt [+ developments etc] (= research into) reconstituer ; (= give account of) retracer ◆ **to retrace one's path** or **steps** revenir sur ses pas, rebrousser chemin

retract [rɪˈtrækt] → SYN [1] vt a (= withdraw) [+ offer, evidence] retirer ; [+ statement] rétracter, revenir sur

retractable / return visit

b (= draw back) [+undercarriage, aerial] rentrer ; [+claws] rentrer, rétracter ; [+tentacles, snail's horns] rétracter

2 vi **a** (= withdraw statement etc) se rétracter

b (= draw back) se rétracter ; [undercarriage, blade, aerial] rentrer

retractable [rɪˈtræktəbl] adj undercarriage, aerial, roof escamotable ; blade rentrant ; claws, tentacles etc rétractile ; ball-point pen à pointe rétractable ◆ **retractable tape measure** mètre m ruban (à enrouleur)

retractile [rɪˈtræktaɪl] adj (Zool) rétractile

retractility [ˌriːtrækˈtɪlɪtɪ] n rétractilité f

retraction [rɪˈtrækʃən] n [of statement, offer] rétractation f ; [of claws etc] rétraction f ; [of undercarriage] escamotage m

retractive [rɪˈtræktɪv] adj rétractif

retractor [rɪˈtræktəʳ] n (Med) rétracteur m, écarteur m

retrain [ˌriːˈtreɪn] **1** vt recycler
2 vi se recycler

retraining [ˌriːˈtreɪnɪŋ] n recyclage m

retransmit [ˌriːtrænzˈmɪt] vt réexpédier ; (Phys, Rad, TV) retransmettre

retread [ˌriːˈtred] **1** vt [+tyre] rechaper
2 [ˈriːtred] n (= tyre) pneu m rechapé

retreat [rɪˈtriːt] → SYN **1** n **a** (also Mil) retraite f ◆ **the army is in retreat** l'armée bat en retraite ◆ **to sound the retreat** battre la retraite ◆ **to make** or **beat a hasty retreat** battre en retraite

b (St Ex: of currency) repli m ◆ **the pound went into retreat** la livre a cédé du terrain

c (= place: also Rel) retraite f ◆ **to go on a retreat** faire une retraite ◆ **a country retreat** un endroit (or une maison etc) tranquille à la campagne

2 vi (Mil) battre en retraite ; (= withdraw) se retirer (from de) ; [flood, glacier] reculer ; [chin, forehead] être fuyant ◆ **to retreat within o.s.** se replier sur soi-même ◆ **retreating** army, troops en retraite ◆ **to retreat from** (fig) [+promise, belief etc] abandonner, se défaire de

3 vt (Chess) ramener

retrench [rɪˈtrentʃ] → SYN **1** vi réduire ses dépenses
2 vt restreindre, réduire

retrenchment [rɪˈtrentʃmənt] → SYN n **a** (= cutting back) réduction f (des dépenses)
b (Mil) retranchement m

retrial [ˌriːˈtraɪəl] n (Jur) révision f de procès

retribution [ˌretrɪˈbjuːʃən] → SYN n châtiment m

retributive [rɪˈtrɪbjʊtɪv] adj (frm) punitif

retrievable [rɪˈtriːvəbl] adj object, material récupérable ; money recouvrable ; error, loss réparable ; (Comput) accessible

retrieval [rɪˈtriːvəl] n **a** (Comput) extraction f ◆ **data retrieval** extraction f de données ; see also **information**

b (= recovery) [of object] récupération f ; [of money] recouvrement m ; [of memories] rappel m

retrieve [rɪˈtriːv] → SYN **1** vt (= recover) [+object] récupérer (from de) ; [dog] rapporter ; (Fin) recouvrer ; (Comput) retrouver ; [+information] rechercher et extraire ; [+fortune, honour, position] rétablir ; (= set to rights) [+error] réparer ; [+situation] redresser, sauver ; (= rescue) sauver, tirer (from de) ◆ **we shall retrieve nothing from this disaster** (lit, fig) nous ne sauverons or récupérerons rien de ce désastre

2 vi [dog] rapporter

retriever [rɪˈtriːvəʳ] n retriever m, chien m d'arrêt

retro [ˈretrəʊ] adj fashion, music rétro inv

retro... [ˈretrəʊ] pref rétro...

retroact [ˈretrəʊækt] vi rétroagir

retroactive [ˌretrəʊˈæktɪv] adj (frm) pay rise, legislation rétroactif ◆ **retroactive to 1 October** avec effet rétroactif au 1er octobre ◆ **retroactive payment** (on salary) rappel m

retroactively [ˌretrəʊˈæktɪvlɪ] adv rétroactivement

retroengine [ˈretrəʊˌendʒɪn] n rétrofusée f

retrofire [ˈretrəʊfaɪəʳ] n (Aviat) mise f en action des rétrofusées

retrofit [ˈretrəʊfɪt] vt (Tech) [+machine, system] modifier les équipements de

retroflex(ed) [ˈretrəʊfleks(t)] adj (Ling) apical, rétroflexe

retroflexion [ˌretrəʊˈflekʃən] n (Med) rétroflexion f

retrograde [ˈretrəʊgreɪd] **1** adj (also Astron) rétrograde
2 vi rétrograder

retrogress [ˌretrəʊˈgres] vi rétrograder

retrogression [ˌretrəʊˈgreʃən] n régression f

retrogressive [ˌretrəʊˈgresɪv] adj rétrograde ; (Bio) régressif

retropack [ˈretrəʊpæk] n système m de rétrofusées

retrorocket [ˈretrəʊˌrɒkɪt] n rétrofusée f

retrospect [ˈretrəʊspekt] → SYN n examen m or coup m d'œil rétrospectif ◆ **in retrospect** rétrospectivement

retrospection [ˌretrəʊˈspekʃən] n examen m rétrospectif

retrospective [ˌretrəʊˈspektɪv] **1** adj survey, emotion rétrospectif ; pay rise, effect, legislation rétroactif ◆ **retrospective exhibition** (Art) rétrospective f
2 n (Art) rétrospective f

retrospectively [ˌretrəʊˈspektɪvlɪ] adv (gen) rétrospectivement ; (Admin, Jur) rétroactivement

retroussé [rəˈtruːseɪ] adj nose retroussé

retroversion [ˌretrəʊˈvɜːʃən] n (Med) rétroversion f

Retrovir® [ˈretrəʊvɪəʳ] n (Med) AZT f

retrovirus [ˈretrəʊˌvaɪərəs] n rétrovirus m

retry [ˌriːˈtraɪ] vt (Jur) juger de nouveau

retsina [retˈsiːnə] n retsina m

retune [ˌriːˈtjuːn] **1** vi (Rad) (= adjust tuning) rajuster le réglage ; (= change station/frequency) changer de station/fréquence ◆ **to retune to FM** passer sur FM

2 vt [+musical instrument] réaccorder ; [+engine] modifier le réglage de ; (Rad) [+set] régler

3 [ˈriːtjuːn] n [of engine] révision f

returf [ˌriːˈtɜːf] vt regazonner

return [rɪˈtɜːn] → SYN **1** vi (person, vehicle etc) (= come back) revenir ; (= go back) retourner ; [property] retourner, revenir (to à) ; [symptoms, doubts, fears] réapparaître ◆ **to return home** rentrer ◆ **have they returned?** sont-ils revenus or rentrés ? ◆ **his good spirits returned** sa bonne humeur est revenue ◆ **to return to one's work** se remettre à or reprendre son travail ◆ **to return to school** rentrer (en classe) ◆ **to return to a subject/an idea** revenir à un sujet/une idée ◆ **to return to what we were talking about, he ...** pour en revenir à la question, il ... ◆ **to return to one's bad habits** reprendre ses mauvaises habitudes

2 vt **a** (= give back) (gen) rendre ; [+sth borrowed, stolen, lost] rendre, restituer ; (= bring back) rapporter ; [+goods to shop] rendre, rapporter ; (= put back) remettre ; (= send back) renvoyer, retourner ; [+ball, sound, light] renvoyer ; [+compliment, salute, blow, visit] rendre ; [+sb's love] répondre à ◆ **to return money to sb** rembourser qn ◆ **he returned the $5 to him** il lui a remboursé les 5 dollars, il l'a remboursé des 5 dollars ◆ **to return a book to the library** rapporter or rendre un livre à la bibliothèque ◆ **to return a book to the shelf** remettre un livre sur le rayon ◆ **he returned it to his pocket** il l'a remis dans sa poche ◆ **"return to sender"** (on letter) "retour à l'envoyeur" ◆ **to return thanks** (liter) rendre grâce, remercier ◆ **to return the favour** renvoyer l'ascenseur * (fig), rendre la pareille ◆ **to return sb's favour** rendre service à qn (en retour) ◆ **I hope to return your kindness** j'espère pouvoir vous rendre service en retour ◆ **his love was not returned** elle n'a pas répondu à son amour ◆ **to return good for evil** rendre le bien pour le mal ◆ **to return like for like** rendre la pareille ◆ **to return hearts** (Bridge) rejouer du cœur, renvoyer cœur ◆ **to return the ball** (Tennis etc) renvoyer la balle ◆ **backhand well returned by ...** revers bien repris par ... ; → **fire**

b (= reply) répondre, répliquer

c (= declare) [+income, details] déclarer ◆ **to return a verdict** (Jur) rendre or prononcer un verdict ◆ **to return a verdict of guilty on sb** déclarer qn coupable ◆ **to return a verdict of murder** conclure au meurtre

d (Fin) [+profit, income] rapporter, donner

e (Parl) [+candidate] élire ◆ **he was returned by an overwhelming majority** il a été élu à or avec une très forte majorité

3 n **a** (= coming, going back) [of person, illness, seasons] retour m ◆ **on my return** à mon retour ◆ **my return home** mon retour ◆ **after their return to school** après la rentrée (des classes) ◆ **by return of post** par retour du courrier ◆ **a return to one's old habits** un retour à ses vieilles habitudes ◆ **many happy returns (of the day)!** bon anniversaire ! ; → **point**

b (= giving back) retour m ; (= sending back) renvoi m ; (= putting back) remise f en place ; [of sth lost, stolen, borrowed] restitution f ; [of money] remboursement m ; → **sale**

c (Brit: also **return ticket**) aller et retour m, aller-retour m ◆ **two returns to London** deux allers et retours pour Londres, deux allers-retours pour Londres

d (= recompense) récompense f (for de) ; (from land, business, mine) rendement m, rapport m ; (from investments, shares) rapport m ◆ **returns** (= profits) bénéfice m, profit m ; (= receipts) rentrées fpl, recettes fpl ◆ **small profits and quick returns** de bas prix et un gros chiffre d'affaires ◆ **return on capital** (Fin) rapport m de capital ◆ **return on investments** rentabilité f des investissements ◆ **to get a poor return for one's kindness** être mal récompensé or mal payé de sa gentillesse

◆ **in return** en retour ◆ **they want something in return** ils veulent quelque chose en retour ◆ **in return for** en récompense de, en échange de

e (= act of declaring) [of verdict] déclaration f ; [of election results] proclamation f ; (= report) rapport m, relevé m ; (= statistics) statistique f ◆ **official returns** statistiques fpl officielles ◆ **the population returns show that ...** le recensement montre que ... ◆ **the election returns** les résultats mpl de l'élection ◆ **tax return** (feuille f de) déclaration f de revenus or d'impôts

f (Parl) [of candidate] élection f

g (Sport) riposte f ; (Tennis) retour m ◆ **return of service** retour m de service

h (Comput etc) **return (key)** (touche f) "retour"

4 COMP ▷ **return fare** n (Brit) (prix m) aller-retour m, aller et retour m ▷ **return flight** n (Brit) (= journey back) vol m (de) retour ; (= two-way journey) vol m aller-retour ▷ **return half** n [of ticket] coupon m de retour ▷ **returning officer** n (Pol) président m du bureau de vote ▷ **return item** n (Fin) impayé m ▷ **return journey** n (Brit) (voyage m or trajet m de) retour ▷ **return match** n (Brit) revanche f, match m retour ▷ **return stroke** n (Tech) mouvement m de retour ▷ **return ticket** n (Brit) (billet m d')aller (et) retour m ▷ **return visit** n → **return visit**

returnable [rɪˈtɜːnəbl] adj bottle, container consigné ◆ **returnable deposit** caution f

returnee [rɪˌtɜːˈniː] n (Pol) personne qui retourne dans son pays après une longue absence

returner [rɪˈtɜːnəʳ] n (Ind) femme qui reprend le travail après avoir élevé ses enfants

return visit [rɪˈtɜːnˈvɪzɪt] n **a** (= repeat visit) deuxième or nouvelle visite f ; (for check-up) visite f de contrôle ◆ **to make** or **pay a return visit** (= go back) retourner ; (= come back) revenir ◆ **in 1979, the Pope made his first return visit to Poland** en 1979, le pape est retourné (or revenu) pour la première fois en Pologne ◆ **towards the end of his career he made a nostalgic return visit to Germany** vers la fin de sa carrière, il est retourné (or revenu) en Allemagne par nostalgie

b (= returning sb's visit: to person who has visited you) **it is hoped that a return visit by our German friends can be arranged** on espère que nos amis allemands pourront nous rendre visite à leur tour ◆ **the exchange went well and Moscow was invited to send an economist on a return visit** l'échange s'est bien passé et on a invité Moscou à envoyer à son tour un économiste

retype [ˌriːˈtaɪp] vt retaper (à la machine)

reunification [ˌriːjuːnɪfɪˈkeɪʃən] n réunification f ◆ **since German reunification** depuis la réunification allemande

reunify [ˌriːˈjuːnɪfaɪ] vt réunifier

reunion [rɪˈjuːnjən] n réunion f

Réunion [rɪˈjuːnjən] n ◆ **Réunion (Island)** (l'île f de) la Réunion

reunite [ˌriːjuːˈnaɪt] 1 vt réunir ◆ **they were reunited at last** ils se sont enfin retrouvés 2 vi se réunir

re-up * [ˌriːˈʌp] vi (US Mil) rempiler *, se réengager

re-usable [ˌriːˈjuːzəbl] adj réutilisable

re-use [ˌriːˈjuːz] vt réutiliser

rev [rev] 1 n (Aut) (abbrev of **revolution**) tour m ◆ **rev counter** compte-tours m inv ◆ **4,000 revs per minute** 4 000 tours minute
2 vt ⇒ **rev up 2a**
3 vi ⇒ **rev up 1a**

▶ **rev up** * 1 vi **a** [engine] s'emballer ; [driver] emballer le moteur
 b (= prepare) se préparer (*for* pour)
2 vt sep **a** [+ engine] emballer
 b (fig) [+ production] accélérer ◆ **to be revved up for sth** (= eager) être fin prêt pour qch

Rev. abbrev of **Reverend**

revaluate [ˌriːˈvæljʊeɪt] vt (US Fin) réévaluer

revaluation [ˌriːvæljuˈeɪʃən] n (Fin) réévaluation f

revalue [ˌriːˈvæljuː] vt (Fin) réévaluer

revamp * [ˌriːˈvæmp] vt [+ company, department] réorganiser ; [+ house, room, object] retaper *

revanchism [rɪˈvæntʃɪzəm] n revanchisme m

revanchist [rɪˈvæntʃɪst] n, adj revanchiste mf

revarnish [ˌriːˈvɑːnɪʃ] vt revernir

Revd abbrev of **Reverend**

reveal [rɪˈviːl] → SYN vt (gen) révéler ; (= make visible) [+ hidden object etc] découvrir, laisser voir ; (= make known) révéler (*that* que), [+ truth, facts] révéler, faire connaître ; [+ corruption] révéler, mettre à jour ◆ **I cannot reveal to you what he said** je ne peux pas vous révéler ce qu'il a dit ◆ **to reveal one's identity** se faire connaître, révéler son identité ◆ **he revealed himself as being ...** il s'est révélé comme étant ... ◆ **his condition revealed itself as (being) psychological in origin** ses problèmes se sont avérés avoir une cause psychologique ◆ **revealed religion** religion f révélée

revealing [rɪˈviːlɪŋ] adj **a** (= telling) insight, glimpse, book, comment révélateur (-trice f)
 b dress, blouse etc (gen) suggestif ; (= see-through) transparent ; (= low-cut) très décolleté

revealingly [rɪˈviːlɪŋlɪ] adv ◆ **revealingly, most of his clients are women** il est révélateur que la plupart de ses clients soient des femmes ◆ **he revealingly remarked that he'd never read the book in question** il a eu une remarque révélatrice lorsqu'il a dit qu'il n'avait jamais lu le livre en question

reveille [rɪˈvælɪ] n (Mil) réveil m ; → **sound¹**

revel [ˈrevl] → SYN 1 vi **a** (= make merry) s'amuser, se divertir ; (= carouse) faire la fête
 b (= delight) se délecter (*in sth* de qch) ◆ **to revel in doing sth** se délecter à faire qch, prendre grand plaisir à faire qch
2 **revels** npl (= entertainment) divertissements mpl ; (= carousing) festivités fpl

revelation [ˌrevəˈleɪʃən] → SYN n révélation f ◆ **his criminal activities were a complete revelation to me** j'ignorais tout de ses activités criminelles ◆ **(the Book of) Revelation** (Rel) l'Apocalypse f

revelatory [ˌrevəˈleɪtərɪ] adj révélateur (-trice f) ; → **self**

reveller, reveler (US) [ˈrevləʳ] → SYN n fêtard m, joyeux convive m ◆ **the revellers** les gens mpl de la fête, les fêtards mpl

revelry [ˈrevlrɪ] → SYN n (NonC) festivités fpl

revenge [rɪˈvendʒ] → SYN 1 n (lit) vengeance f ; (fig, Sport etc) revanche f ◆ **to take revenge on sb for sth** se venger de qch sur qn ◆ **to get one's revenge** se venger ◆ **to do sth out of** or **in revenge** faire qch par vengeance ◆ **in revenge he killed him** pour se venger il l'a tué
2 vt [+ insult, murder] venger ◆ **to revenge o.s., to be revenged** (gen) se venger (*on sb* de qn ; *on sb for sth* de qch sur qn) ; (in sport competition etc) prendre sa revanche (*on sb* sur qn ; *for sth* de qch)

revengeful [rɪˈvendʒfʊl] adj person vindicatif ; act vengeur (-geresse f)

revengefully [rɪˈvendʒfʊlɪ] adv vindicativement

revenger [rɪˈvendʒəʳ] n vengeur m, -geresse f

revenue [ˈrevənjuː] 1 n [of state] recettes fpl ; [of individual] revenu m ; → **inland**
2 COMP ▷ **revenue account** n (Comm) compte m de produits ▷ **revenue expenditure** n (Comm) dépenses fpl de fonctionnement, frais mpl d'exploitation ▷ **revenue man** † n, pl **revenue men** douanier m ▷ **revenue officer** n agent m or employé(e) m(f) des douanes ▷ **revenue sharing** n (US Econ) redistribution d'une partie des impôts fédéraux aux autorités locales ▷ **revenue stamp** n timbre m fiscal

reverb * [rɪˈvɜːb] n (NonC = effect) écho m

reverberate [rɪˈvɜːbəreɪt] → SYN 1 vi [sound] retentir, résonner, se répercuter ; [room] résonner (*with* de) ; (fig) [protests etc] se propager
2 vt [+ sound] renvoyer, répercuter ; [+ light] réverbérer, réfléchir ; [+ heat] réverbérer

reverberation [rɪˌvɜːbəˈreɪʃən] n [of sound] répercussion f ; [of room] résonance f ; (fig = effect) retentissements mpl ◆ **to send reverberations around the world** (fig) avoir des répercussions dans le monde entier

reverberator [rɪˈvɜːbəreɪtəʳ] n réflecteur m

revere [rɪˈvɪəʳ] → SYN vt révérer, vénérer

revered [rɪˈvɪəd] adj vénéré

reverence [ˈrevərəns] → SYN 1 n **a** (= respect) vénération f ◆ **to have reverence for sb, to hold sb in reverence** révérer qn ◆ **to show** or **pay reverence** to rendre hommage à
 b **your Reverence** ≈ mon (révérend) père
2 vt révérer

reverend [ˈrevərənd] 1 adj **a** (Rel) (Anglican) **the reverend gentleman** le révérend ◆ **the Reverend (Robert) Martin** (in titles) (Anglican) le révérend (Robert) Martin ; (Nonconformist) le pasteur (Robert) Martin ◆ **yes, Reverend** * (Anglican, Nonconformist) oui, mon révérend ◆ **the Most Reverend** le Révérendissime ◆ **the Very** or **Right Reverend Robert Martin** (Anglican) le très révérend Robert Martin ◆ **Reverend Mother** révérende mère f
 b († = venerable) vénérable
2 n (*: Protestant) pasteur m

reverent [ˈrevərənt] → SYN adj (frm) déférent

reverential [ˌrevəˈrenʃəl] adj (frm) tone, attitude, respect révérencieux

reverently [ˈrevərəntlɪ] adv (frm) say révérencieusement, avec déférence ; speak, look at avec déférence

reverie [ˈrevərɪ] n rêverie f ◆ **to be lost** or **sunk** or **deep in reverie** être perdu dans sa rêverie or dans ses pensées

revers [rɪˈvɪəʳ] n, pl **revers** [rɪˈvɪəz] revers m (d'un vêtement)

reversal [rɪˈvɜːsəl] n **a** (= turning upside down) (also fig) [of policy, roles, trend] renversement m ; (= switching over of two objects) interversion f ; [of opinion, view etc] revirement m ; (Jur) [of judgement] arrêt m d'annulation, réforme f
 b (= failure) revers m

reverse [rɪˈvɜːs] LANGUAGE IN USE 27.6 → SYN
1 adj process, situation, motion inverse ; effect inverse, contraire ◆ **in the reverse direction** en sens inverse ◆ **in reverse order** dans l'ordre inverse ◆ **reverse side** [of coin, medal] revers m ; [of sheet of paper] verso m ; [of cloth] envers m ; [of painting] dos m
2 n **a** (= opposite) contraire m ◆ **quite the reverse!** au contraire ! ◆ **it is quite the reverse** c'est tout le contraire ◆ **he is the reverse of polite** il est tout sauf poli ◆ **in reverse** (fig) dans l'ordre inverse ; see also **2d**
 b (= back) [of coin, medal] revers m ; [of sheet of paper] verso m ; [of cloth] envers m ; [of painting] dos m
 c (= setback, loss) revers m, échec m ; (= defeat) revers m, défaite f
 d (Aut) **in reverse** en marche arrière ◆ **to put a car in reverse** enclencher la marche arrière ◆ **to go into reverse** (fig) [process, one's fortunes etc] renverser la vapeur
3 vt **a** (= turn the other way round) renverser, retourner ; [+ garment] retourner ; [+ situation] renverser, changer complètement ; [+ photo] [+ result] inverser ◆ **to reverse the order of things** inverser l'ordre des choses ◆ **to reverse one's policy** faire volte-face (fig) ◆ **to reverse a procedure** procéder par ordre inverse ◆ **to reverse a trend** renverser une tendance ◆ **to reverse the charges** (Brit Telec) téléphoner en PCV ◆ **to reverse the position(s) of two objects** intervertir or inverser deux objets
 b (= cause to move backwards) [+ moving belt] renverser la direction or la marche de ; [+ typewriter ribbon] changer de sens ◆ **to reverse the engine** (Tech) faire machine arrière ◆ **to reverse one's car into the garage/down the hill** rentrer dans le garage/descendre la côte en marche arrière ◆ **he reversed the car into a tree** il a heurté un arbre en faisant une marche arrière ◆ **to reverse one's car across the road** faire une marche arrière en travers de la route
 c (Jur = annul) [+ decision, verdict] réformer, annuler ; [+ judgement] réformer, déjuger ; [+ sentence] révoquer, casser
4 vi (Brit) (= move backwards) [car] faire marche arrière ; [dancer] renverser ◆ **to reverse into the garage/out of the driveway/down the hill** (Aut) rentrer dans le garage/sortir de l'allée/descendre la côte en marche arrière ◆ **to reverse into a tree** heurter un arbre en faisant une marche arrière ◆ **to reverse across the road** faire une marche arrière en travers de la route
5 COMP ▷ **reverse-charge call** n (Brit Telec) (appel m or communication f en) PCV m ▷ **reverse discrimination** n (US) discrimination f en faveur des minorités ▷ **reverse gear** n (Aut) marche f arrière ▷ **reverse racism** n (US) racisme m à l'envers ▷ **reverse takeover** n (Fin) contre-OPA f ▷ **reverse turn** n (Aut) virage m en marche arrière ; (Dancing) renversement m ▷ **reverse video** n (Comput) vidéo f inverse ▷ **reversing light** n (Brit Aut) feu m de marche arrière, feu m de recul

▶ **reverse out** vt fus (Typ) passer du noir au blanc

reversibility [rɪˌvɜːsɪˈbɪlɪtɪ] n réversibilité f

reversible [rɪˈvɜːsəbl] adj process, effect, operation, coat, jacket réversible ; decision révocable

reversion [rɪˈvɜːʃən] n **a** (= return to former state) retour m (*to* à) ; (Bio) réversion f ◆ **reversion to type** (Bio) réversion f au type primitif
 b (Jur) réversion f, droit m de retour
 c (Phot) inversion f

reversionary [rɪˈvɜːʃnərɪ] 1 adj **a** (Jur) de réversion, réversible
 b (Bio) atavique, régressif
2 COMP ▷ **reversionary bonus** n (Fin) prime f réversible

revert [rɪˈvɜːt] → SYN vi **a** (= return) revenir (*to* à) ; (Jur) revenir, retourner (*to* à) ; [property] faire retour (*to* à) ◆ **he has reverted to smoking marijuana** il a recommencé à fumer de la marijuana ◆ **to revert to the question** pour en revenir à la question ◆ **to revert to type** (Bio) retourner or revenir au type primitif ◆ **he has reverted to type** (fig) le naturel a repris le dessus
 b (= become again) **fields reverting to woodland** des champs qui retournent à l'état de forêt

revet [rɪˈvet] vt (Constr) revêtir

revetment [rɪˈvetmənt] n (Constr) revêtement m

review [rɪˈvjuː] → SYN 1 n **a** [of situation, events, the past] examen m, bilan m ; [of wages, prices, contracts] révision f ; [of printed etc report] rapport m d'enquête ◆ **under review** salaries, policy en cours de révision ◆ **the agreement comes up for review** or **comes under review next year** l'accord doit être révisé l'année prochaine ◆ **I shall keep your case under review** je suivrai votre cas de très près ◆ **he**

reviewer / rhetic

gave a review of recent developments in photography il a passé en revue les progrès récents de la photographie
  b (Mil, Naut = inspection) revue f ◆ **to hold a review** passer une revue
  c (US Scol etc = revision) révision f
  d (= critical article) [of book, film, play etc] critique f, compte rendu m ◆ **review copy** [of book] exemplaire m de service de presse
  e (= magazine) revue f, périodique m
  2 vt **a** (= consider again) [+ one's life, the past] passer en revue ◆ **we shall review the situation next year** nous réexaminerons la situation l'année prochaine
  b [+ troops] passer en revue
  c (US Scol etc) revoir, réviser
  d [+ book, play, film] faire la critique de, donner or faire un compte rendu de
  3 COMP ▷ **review body** n commission f de révision ▷ **reviewing stand** n tribune f des officiels ▷ **review panel** n comité m de révision

reviewer [rɪˈvjuːəʳ] → SYN n critique mf ◆ **book/film etc reviewer** critique mf littéraire/de cinéma etc

revile [rɪˈvaɪl] **1** vt honnir (liter), vilipender
  2 vi proférer des injures (at, against contre)

revise [rɪˈvaɪz] → SYN **1** vt **a** (= change) [+ opinion, estimate] réviser, modifier ◆ **to revise sth upward(s)** réviser qch en hausse ◆ **to revise sth downward(s)** réviser qch à la baisse
  b (= update) [+ text, dictionary etc] réviser; (= correct) [+ proof] corriger, revoir ◆ **revised edition** édition f revue et corrigée ◆ **Revised Standard Version** [of Bible] traduction anglaise de la bible de 1953 ◆ **Revised Version** (Brit) [of Bible] traduction anglaise de la Bible de 1884
  c (Brit Scol) revoir, réviser
  2 vi (Brit Scol) réviser ◆ **to revise for exams** réviser or faire des révisions pour des examens ◆ **to start revising** commencer à réviser or (à faire) ses révisions
  3 n (Typ) (épreuve f de) mise f en pages, seconde épreuve f

reviser [rɪˈvaɪzəʳ] n [of text] réviseur m; [of proof] correcteur m, -trice f

revision [rɪˈvɪʒən] → SYN n révision f

revisionary [rɪˈvɪʒənərɪ] adj révisionnel

revisionism [rɪˈvɪʒənɪzəm] n révisionnisme m

revisionist [rɪˈvɪʒənɪst] adj, n révisionniste mf

revisit [ˌriːˈvɪzɪt] vt **a** (= study, discuss again) [+ issue] réexaminer; [+ author, one's past] revisiter; [+ book] relire; [+ film] revoir
  b [+ place] revisiter; [+ person] retourner voir

revitalize [ˌriːˈvaɪtəlaɪz] vt (gen) redonner de la vitalité à, revivifier (liter) ◆ **to revitalize the economy** relancer l'économie

revival [rɪˈvaɪvəl] → SYN n **a** (= bringing back) [of custom, ceremony] reprise f; (Jur) remise f en vigueur ◆ **the Revival of Learning** (Hist) la Renaissance
  b (Theat) [of play] reprise f; (Rel) [of faith] renouveau m, réveil m ◆ **revival meeting** réunion f pour le renouveau de la foi

revivalism [rɪˈvaɪvəlɪzəm] n (Rel) revivalisme m

revivalist [rɪˈvaɪvəlɪst] adj, n revivaliste mf

revive [rɪˈvaɪv] → SYN **1** vt **a** [+ person] (from fainting) ranimer; (from near death, esp Med) réanimer ◆ **a glass of brandy will revive you** un verre de cognac vous remontera or vous requinquera
  b [+ fire, feeling, pain, memory] ranimer, raviver; [+ conversation] ranimer; [+ hope, interest] faire renaître, raviver; [+ trade, business] relancer, réactiver; [+ fashion] remettre en vogue; [+ law] remettre en vigueur; [+ custom, usage] rétablir; [+ play] reprendre ◆ **to revive sb's courage** redonner du courage à qn ◆ **to revive sb's spirits** remonter le moral à qn
  2 vi [person] reprendre connaissance; [hope, feelings] renaître; [business, trade] reprendre

reviver [rɪˈvaɪvəʳ] n (= drink) remontant m

revivify [ˌriːˈvɪvɪfaɪ] vt revivifier (liter)

revocation [ˌrevəˈkeɪʃən] n [of order, promise, edict] révocation f; [of law, bill] abrogation f; [of licence] retrait m; [of decision] annulation f

revocatory [ˈrevəkətərɪ] adj révocatoire

revoke [rɪˈvəʊk] → SYN **1** vt [+ law] rapporter, abroger; [+ order, edict] révoquer; [+ promise] revenir sur, révoquer; [+ decision] revenir sur, annuler; [+ licence] retirer
  2 vi (Cards) faire une (fausse) renonce
  3 n (Cards) (fausse) renonce f

revolt [rɪˈvəʊlt] → SYN **1** n révolte f ◆ **to break out in revolt, to rise in revolt** se révolter, se soulever ◆ **to be in revolt (against)** se révolter or être révolté (contre); → **stir¹**
  2 vi **a** (= rebel) se révolter, se soulever (against contre)
  b (= be disgusted) se révolter (at contre), être dégoûté (at par)
  3 vt révolter, dégoûter ◆ **to be revolted by sth/sb** être révolté or dégoûté par qch/qn

revolting [rɪˈvəʊltɪŋ] → SYN adj **a** (= repulsive, disgusting) dégoûtant, répugnant
  b (* = unpleasant) weather, colour épouvantable; dress affreux

revoltingly [rɪˈvəʊltɪŋlɪ] adv ◆ **revoltingly dirty** d'une saleté révoltante or repoussante
◆ **revoltingly ugly** d'une laideur repoussante

revolution [ˌrevəˈluːʃən] → SYN n **a** (= turn) [of planet] révolution f; [of wheel] révolution f, tour m
  b (Pol etc = uprising) révolution f, coup m d'État; (fig) révolution f ◆ **the French Revolution** (Hist) la Révolution française ◆ **a revolution in farming methods** une révolution dans les méthodes d'exploitation agricole
◆ **Industrial/Agricultural Revolution** (Hist) Révolution f industrielle/agricole

revolutionarily [ˌrevəˈluːʃənərɪlɪ] adv révolutionnairement

revolutionary [ˌrevəˈluːʃənərɪ] → SYN adj, n (lit, fig) révolutionnaire mf

revolutionist [ˌrevəˈluːʃənɪst] adj, n révolution(n)ariste mf

revolutionize [ˌrevəˈluːʃənaɪz] vt révolutionner, transformer radicalement

revolve [rɪˈvɒlv] → SYN **1** vt (lit) faire tourner
◆ **to revolve a problem in one's mind** tourner et retourner un problème dans son esprit
  2 vi tourner ◆ **to revolve on an axis/around the sun** tourner sur un axe/autour du soleil
◆ **the discussion revolved around two topics** la discussion tournait autour de deux sujets
◆ **everything revolves around him** tout dépend de lui

revolver [rɪˈvɒlvəʳ] n revolver m

revolving [rɪˈvɒlvɪŋ] **1** adj chair, bookcase, stand pivotant; stage tournant; (Astron) en rotation, qui tourne; (Tech) rotatif, à rotation
◆ **revolving light** (gen) feu m tournant, feu m à éclats; (on police car etc) gyrophare m
  2 COMP ▷ **revolving credit** n (US) crédit m documentaire renouvelable ▷ **revolving door** n tambour m ◆ **the revolving door of senior executives** (fig) la valse * des cadres supérieurs ◆ **the revolving door between government and the private sector** les chassés-croisés mpl de personnel entre le service public et le secteur privé ◆ **the revolving door of the justice system** le cercle vicieux du système judiciaire ▷ **revolving presidency** n présidence f tournante

revue [rɪˈvjuː] n (Theat) (satirical) revue f; (spectacular) revue f, spectacle m de music-hall
◆ **revue artist** artiste mf de music-hall

revulsion [rɪˈvʌlʃən] → SYN n **a** (= disgust) écœurement m, répugnance f (at devant)
◆ **to look away in revulsion** détourner la tête avec dégoût
  b (= sudden change) revirement m; (= reaction) réaction f (against contre)

reward [rɪˈwɔːd] → SYN **1** n récompense f ◆ **as a reward for your honesty** en récompense de votre honnêteté ◆ **as (a) reward for helping me** pour vous (or le etc) récompenser de m'avoir aidé ◆ **1,000 francs' reward** 1 000 F de récompense ◆ **to offer a reward** offrir une récompense
  2 vt récompenser (for de); (with money) récompenser, rémunérer (for de) ◆ **"finder will be rewarded"** "récompense à qui rapportera l'objet" ◆ **to reward sb with a smile** remercier qn d'un sourire ◆ **to reward attention/investigation** (fig) mériter de l'attention/des recherches

rewarding [rɪˈwɔːdɪŋ] → SYN adj (financially) rémunérateur (-trice f); (mentally, morally) qui en vaut la peine ◆ **this is a very rewarding book** ce livre vaut la peine d'être lu ◆ **a rewarding film** un film qui vaut la peine d'être vu ◆ **bringing up a child is exhausting but rewarding** élever un enfant est une occupation exténuante mais qui a sa récompense

reweigh [ˌriːˈweɪ] vt repeser, peser de nouveau

rewind [ˌriːˈwaɪnd] pret, ptp **rewound** vt (Tex) rebobiner, rembobiner; [+ film, ribbon, tape] rembobiner; [+ watch] remonter

rewinding [ˌriːˈwaɪndɪŋ] n [of film, tape, video, thread] rembobinage m; [of clock, watch] remontage m

rewire [ˌriːˈwaɪəʳ] vt ◆ **to rewire a house** refaire l'installation électrique d'une maison ◆ **the house needs rewiring** l'installation électrique de la maison doit être refaite

reword [ˌriːˈwɜːd] vt [+ paragraph, question] reformuler; [+ idea] exprimer en d'autres termes

rework [ˌriːˈwɜːk] vt retravailler

rewound [ˌriːˈwaʊnd] vb (pt, ptp of **rewind**)

rewrap [ˌriːˈræp] vt réemballer

rewrite [ˌriːˈraɪt] pret **rewrote**, ptp **rewritten** **1** vt (gen) récrire; (= rework) remanier; (= copy) recopier
  2 n * remaniement m
  3 COMP ▷ **rewrite rule, rewriting rule** n (Gram) règle f de réécriture

rewriter [ˌriːˈraɪtəʳ] n (US Press) rewriter m, rédacteur-réviseur m

rewritten [ˌriːˈrɪtn] vb (ptp of **rewrite**)

rewrote [ˌriːˈrəʊt] vb (pt of **rewrite**)

Reye's syndrome [raɪz] n (Med) syndrome m de Reye

Reykjavik [ˈreɪkjəviːk] n Reykjavik

RF [ˌɑːˈref] (abbrev of **radio frequency**) radiofréquence f

RFC [ˌɑːrefˈsiː] (abbrev of **Rugby Football Club**) club m de rugby

RGN [ˌɑːdʒiːˈen] n (abbrev of **Registered General Nurse**) → **registered**

Rh **1** n (abbrev of **rhesus**) Rh
  2 COMP ▷ **Rh factor** n facteur m Rhésus ▷ **Rh-negative** adj rhésus négatif ▷ **Rh-positive** adj rhésus positif

rhabdomancer [ˈræbdəˌmænsəʳ] n rhabdomancien(ne) m(f)

rhabdomancy [ˈræbdəˌmænsɪ] n rhabdomancie f

rhabdomantist [ˈræbdəˌmæntɪst] n ⇒ **rhabdomancer**

rhachis [ˈreɪkɪs] n, pl **rhachises** or **rhachides** [ˈrækɪˌdiːz] (Anat, Orn) rachis m

Rhaetic [ˈriːtɪk] adj rhétien

rhapsodic [ræpˈsɒdɪk] adj (Mus) passage, style r(h)apsodique; (fig = lyrical) account, description, verse dithyrambique

rhapsodize [ˈræpsədaɪz] vi s'extasier (over, about sur)

rhapsody [ˈræpsədɪ] n (Mus) r(h)apsodie f; (fig) éloge m dithyrambique ◆ **she went into rhapsodies over or about her trip to Florence** elle a parlé de son voyage à Florence en termes dithyrambiques ◆ **"Rhapsody in Blue"** (Mus) "Rhapsodie en bleu"

rhea [ˈriːə] n nandou m ◆ **Rhea** (Myth) Rhéa

rheme [riːm] n rhème m

Rhenish [ˈrenɪʃ] adj wine du Rhin

rhenium [ˈriːnɪəm] n rhénium m

rheological [ˌriːəˈlɒdʒɪkəl] adj rhéologique

rheology [rɪˈɒlədʒɪ] n rhéologie f

rheometer [rɪˈɒmɪtəʳ] n rhéomètre m

rheostat [ˈriːəʊstæt] n rhéostat m

rhesus [ˈriːsəs] **1** n rhésus m
  2 COMP ▷ **rhesus baby** n enfant mf rhésus ▷ **rhesus factor** n facteur m Rhésus ▷ **rhesus monkey** n (singe m) rhésus m ▷ **rhesus negative** adj rhésus négatif ▷ **rhesus positive** adj rhésus positif

Rhetic [ˈriːtɪk] adj rhétien

rhetic [ˈriːtɪk] adj (Ling) rhétique

rhetoric ['retərɪk] → SYN n (also pej) rhétorique f ; (= art) art m oratoire

rhetorical [rɪ'tɒrɪkəl] → SYN adj (de) rhétorique ; style ampoulé (pej) ◆ **rhetorical question** question f pour la forme or l'effet

rhetorically [rɪ'tɒrɪkəlɪ] adv ask pour la forme ; speak, declaim en orateur

rhetorician [,retə'rɪʃən] n rhétoricien m, -ienne f, rhéteur m (also pej)

rheum [ru:m] n (Med) écoulement m

rheumatic [ru:'mætɪk] ▮1▮ n (= person) rhumatisant(e) m(f)
▮2▮ adj pain rhumatismal ; person rhumatisant, qui souffre de rhumatismes ; hands, fingers plein de rhumatismes
▮3▮ COMP ▷ **rheumatic fever** n rhumatisme m articulaire aigu

rheumaticky * [ru:'mætɪkɪ] adj person rhumatisant ; hands, fingers plein de rhumatismes ; pain rhumatismal

rheumatics * [ru:'mætɪks] npl rhumatismes mpl

rheumatism ['ru:mətɪzəm] n rhumatisme m

rheumatoid ['ru:mətɔɪd] adj ◆ **rheumatoid arthritis** polyarthrite f chronique évolutive, rhumatisme m chronique polyarticulaire

rheumatological [,ru:mətə'lɒdʒɪkəl] adj rhumatologique

rheumatologist [,ru:mə'tɒlədʒɪst] n rhumatologue mf

rheumatology [,ru:mə'tɒlədʒɪ] n rhumatologie f

rheumy ['ru:mɪ] adj (liter) eyes chassieux (frm)

rhinal ['raɪnl] adj (Med) nasal

Rhine [raɪn] n Rhin m

Rhineland ['raɪnlænd] n ◆ **the Rhineland** la Rhénanie

rhinencephalon [,raɪnen'sefəlɒn] n, pl **rhinencephalons** or **rhinencephala** [,raɪnen'sefələ] rhinencéphale m

rhinestone ['raɪnstəʊn] n diamant m fantaisie

rhinitis [raɪ'naɪtɪs] n (Med) rhinite f

rhino * ['raɪnəʊ] n, pl **rhino** or **rhinoes** abbrev of rhinoceros

rhinoceros [raɪ'nɒsərəs] n, pl **rhinoceros** or **rhinoceroses** rhinocéros m

rhinologist [raɪ'nɒlədʒɪst] n rhinologiste mf

rhinology [raɪ'nɒlədʒɪ] n rhinologie f

rhinoplastic [,raɪnəʊ'plæstɪk] adj rhinoplastique

rhinoplasty ['raɪnəʊ,plæstɪ] n rhinoplastie f

rhinoscope ['raɪnəʊ,skəʊp] n rhinoscope m

rhinoscopy [raɪ'nɒskəpɪ] n rhinoscopie f

rhizobium [raɪ'zəʊbɪəm] n, pl **rhizobia** [raɪ'zəʊbɪə] rhizobium m

rhizocarpous [,raɪzəʊ'kɑ:pəs] adj rhizocarpé

rhizoid ['raɪzɔɪd] n rhizoïde m

rhizome ['raɪzəʊm] n rhizome m

rhizosphere ['raɪzəʊ,sfɪər] n rhizosphère f

rhizotomy [raɪ'zɒtəmɪ] n rhizotomie f

rhodamine ['rəʊdə,mi:n] n rhodamine f

Rhode Island ['rəʊd'aɪlənd] ▮1▮ n le Rhode Island
▮2▮ COMP ▷ **Rhode Island Red** n (Orn) poule f Rhode-Island

Rhodes [rəʊdz] n (Geog) Rhodes f ◆ **in Rhodes** à Rhodes

Rhodesia [rəʊ'di:ʒə] n la Rhodésie

Rhodesian [rəʊ'di:ʒən] ▮1▮ adj rhodésien
▮2▮ n Rhodésien m, -ienne f
▮3▮ COMP ▷ **Rhodesian ridgeback** n (= dog) Rhodesian-ridgeback m

rhodic ['rəʊdɪk] adj rhodié

rhodinal ['rəʊdɪ,næl] n rhodinol m

rhodium ['rəʊdɪəm] n rhodium m

rhododendron [,rəʊdə'dendrən] n rhododendron m

rhodolite ['rɒdəlaɪt] n rhodolite f

rhodopsin [rəʊ'dɒpsɪn] n rhodopsine f

rhomb [rɒm] n ⇒ rhombus

rhombencephalon [,rɒmben'sefə,lɒn] n rhombencéphale m

rhombi ['rɒmbaɪ] npl of rhombus

rhombic ['rɒmbɪk] adj rhombique

rhombohedral [,rɒmbəʊ'hi:drəl] adj rhomboédrique

rhombohedron [,rɒmbəʊ'hi:drən] n, pl **rhombohedrons** or **rhombohedra** [,rɒmbəʊ'hi:drə] rhomboèdre m

rhomboid ['rɒmbɔɪd] ▮1▮ n rhomboïde m
▮2▮ adj rhomboïdal

rhombus ['rɒmbəs] n, pl **rhombuses** or **rhombi** losange m, rhombe m

rhoncus ['rɒŋkəs] n, pl **rhonchi** ['rɒŋkaɪ] rhoncus m

Rhône [rəʊn] n Rhône m

rhotacism ['rəʊtə,sɪzəm] n rhotacisme m

rhubarb ['ru:bɑ:b] ▮1▮ n ▮a▮ (Bot, Culin) rhubarbe f
▮b▮ (Theat) "rhubarb, rhubarb, rhubarb" ≃ brouhaha m (mot employé pour reconstituer un murmure de fond)
▮c▮ (US * = quarrel) prise f de bec, éclats mpl de voix
▮2▮ COMP jam de rhubarbe ; tart à la rhubarbe

rhumb [rʌm] (also rhumbline) n (Naut) rhumb m

rhyme [raɪm] → SYN ▮1▮ n ▮a▮ (= identical sound) rime f ◆ **for (the sake of) the rhyme** pour la rime ◆ **without rhyme or reason** sans rime ni raison ◆ **there seems to be neither rhyme nor reason to it** cela ne rime à rien, cela n'a ni rime ni raison
▮b▮ (= poetry) vers mpl ; (= a poem) poème m ◆ **in rhyme** en vers (rimés) ◆ **to put sth into rhyme** mettre qch en vers ; → nursery
▮2▮ vt faire rimer (with avec)
▮3▮ vi ▮a▮ [word] rimer (with avec)
▮b▮ (pej = write verse) faire de mauvais vers, rimailler (pej)
▮4▮ COMP ▷ **rhyme scheme** n agencement m des rimes

rhymed [raɪmd] adj rimé

rhymer ['raɪmər], **rhymester** ['raɪmstər] n (pej) rimailleur m, -euse f (pej)

rhyming ['raɪmɪŋ] ▮1▮ adj qui rime
▮2▮ COMP ▷ **rhyming couplet** n strophe composée de deux vers qui riment ▷ **rhyming dictionary** n dictionnaire m des rimes ▷ **rhyming game** n jeu m de rimes ▷ **rhyming slang** n argot des Cockneys

---

RHYMING SLANG

L'"argot rimé" est une forme d'argot utilisée par les Cockneys ; il consiste à remplacer un mot par une expression qui rime avec ce mot : par exemple, on dira "apples and pears" pour "stairs". Cette forme de langage est parfois difficile à comprendre, surtout lorsque la rime est supprimée ; ainsi, à la place de "butcher's hook" (pour "look"), les Cockneys vont simplement dire "butcher's", par exemple dans "let's take a butcher's" (jetons un coup d'œil). Certaines expressions de ce **rhyming slang** sont passées dans la langue courante et sont comprises par tous les Britanniques ; pour "use your head" (réfléchis un peu), on entendra ainsi "use your loaf", "loaf" étant une réduction de "loaf of bread" (pour "head").

---

rhyolite ['raɪəlaɪt] n rhyolit(h)e f

rhythm ['rɪðəm] → SYN ▮1▮ n rythme m ◆ **rhythm and blues** (Mus) rhythm and blues m
▮2▮ COMP ▷ **rhythm and blues** n (Mus) rhythm and blues m, combinaison de blues et de rock ▷ **rhythm guitar** n guitare f rythmique ▷ **rhythm method** n (of contraception) méthode f Ogino or des températures ▷ **rhythm section** n (Mus) section f rythmique

rhythmic(al) ['rɪðmɪk(əl)] adj movement, beat rythmique ; music rythmé, cadencé

rhythmically ['rɪðmɪkəlɪ] adv de façon rythmique, en rythme

rhythmicity [rɪð'mɪsɪtɪ] n rythmicité f

rhyton ['raɪtɒn] n, pl **rhyta** ['raɪtə] rhyton m

RI [ɑ:r'aɪ] n ▮a▮ (abbrev of religious instruction) → religious
▮b▮ abbrev of Rhode Island

ria [rɪə] n (Geog) ria f

rial [raɪəl] n rial m

rib [rɪb] ▮1▮ n ▮a▮ (Anat, Culin) côte f ◆ **true/false rib** vraie/fausse côte f ; → dig, floating, poke², stick
▮b▮ [of leaf, ceiling] nervure f ; [of ship] membre m, membrure f ; [of shell] strie f ; [of umbrella] baleine f ; [of knitting] côte f
▮2▮ vt (* = tease) taquiner, mettre en boîte *
▮3▮ COMP ▷ **rib cage** n cage f thoracique ▷ **rib roast** n (Culin) côte f de bœuf ▷ **rib-tickler** * n blague * f ▷ **rib-tickling** * adj tordant *

RIBA [ɑ:raɪbi:'eɪ] n (abbrev of Royal Institute of British Architects) association professionnelle des architectes britanniques

ribald ['rɪbəld] → SYN adj comment, joke grivois, égrillard ; laughter égrillard

ribaldry ['rɪbəldrɪ] n (NonC) grivoiserie f ; (= comments) grivoiseries fpl

riband † ['rɪbənd] ⇒ ribbon ; → blue

ribbed [rɪbd] adj cotton, sweater, socks à côtes ; shell strié ; ceiling à nervures

ribbing ['rɪbɪŋ] n ▮a▮ (NonC: Knitting) côtes fpl
▮b▮ (* = teasing) **to give sb a ribbing** taquiner qn ◆ **to get a ribbing** se faire taquiner

ribbon ['rɪbən] ▮1▮ n ▮a▮ [of dress, hair, typewriter, decoration] ruban m ◆ **velvet ribbon** ruban m de velours ; → bunch
▮b▮ **in ribbons** (= in tatters) en lambeaux ◆ **to tear sth to ribbons** (lit) mettre qch en lambeaux ; (fig) [+ play etc] éreinter qch
▮2▮ COMP ▷ **ribbon development** n (NonC) croissance f urbaine linéaire (le long des grands axes routiers)

ribbonfish ['rɪbənfɪʃ] n régalec m

riboflavin [,raɪbəʊ'fleɪvɪn] n riboflavine f

ribonuclease [,raɪbəʊ'nju:klɪ,eɪs] n ribonucléase f

ribonucleic ['raɪbəʊnju:'kli:ɪk] adj ◆ **ribonucleic acid** acide m ribonucléique

ribose [raɪbəʊz] n ribose m

ribosomal [,raɪbə'səʊməl] adj ribosomal

ribosome ['raɪbəsəʊm] n ribosome m

ribwort ['rɪbwɜ:t] n (Bot) plantain m lancéolé, herbe f à cinq côtes

rice [raɪs] ▮1▮ n riz m
▮2▮ COMP ▷ **rice bowl** n (= bowl) bol m à riz ; (= region) région f rizicole ▷ **rice growing** n riziculture f ▷ **rice-growing** adj rizicole, producteur (-trice f) de riz ▷ **rice paper** n papier m de riz ▷ **rice pudding** n riz m au lait ▷ **rice vinegar** n vinaigre m de riz ▷ **rice wine** n saké m

ricebird ['raɪsbɜ:d] n (Orn) goglu m

ricefield ['raɪsfi:ld] n rizière f

ricer ['raɪsər] n (US Culin) presse-purée m inv

rich [rɪtʃ] → SYN ▮1▮ adj ▮a▮ (gen) person, country, variety, life, soil, food, sound, colour riche ; smell riche, puissant ; tapestries riche, somptueux ; gift, clothes, banquet somptueux ; voice chaud, aux tonalités riches ; profit gros (grosse f) ; wine généreux ◆ **rich people** les riches mpl ◆ **rich and famous** riche et célèbre ◆ **to grow or get rich(er)** s'enrichir ◆ **to make sb rich** enrichir qn ◆ **to get rich quick** * (pen pej) s'enrichir rapidement ; see also **get** ◆ **to be (all) the richer for sth** gagner beaucoup à faire qch ◆ **rich in minerals/vitamins/detail/history** etc riche en minéraux/vitamines/détails/histoire etc ◆ **for richer, for poorer** (in marriage service) ≃ pour le meilleur et pour le pire ; → Croesus, picking
▮b▮ (= unreasonable) **that's rich!** * c'est un peu fort !, elle est bonne, celle-là !
▮c▮ († = funny) humour, tale savoureux
▮2▮ n **riches** richesse(s) f(pl)
▮3▮ **the rich** npl les riches mpl
▮4▮ COMP ▷ **rich tea biscuit** n ≃ petit-beurre m

-rich [rɪtʃ] adj (in compounds) ◆ **calcium-/protein-rich** riche en calcium/protéines ◆ **oil-rich** nation, region riche en pétrole

Richard ['rɪtʃəd] n Richard m ◆ **Richard (the) Lionheart** Richard m Cœur de Lion

richly [ˈrɪtʃlɪ] → SYN adv decorated, flavoured, scented, coloured richement ; dressed richement, somptueusement ; illustrated abondamment ; deserved largement ; rewarded généreusement ; satisfying profondément ♦ **to be richly endowed with courage/talent** avoir du courage/talent à revendre ♦ **richly patterned** à riches motifs ♦ **a richly rewarding experience** une expérience extrêmement enrichissante

richness [ˈrɪtʃnɪs] n [of person, life, culture, soil, voice, food, colour] richesse f ; [of tapestries] richesse f, somptuosité f ; [of gift, clothes, banquet] somptuosité f ♦ **richness in oil/vitamins** richesse f en pétrole/vitamines

Richter [ˈrɪxtəʳ] n ♦ **the Richter scale** l'échelle f de Richter

rick[1] [rɪk] n (Agr) meule f (de foin etc)

rick[2] [rɪk] ⇒ **wrick**

rickets [ˈrɪkɪts] n (NonC) rachitisme m ♦ **to have rickets** être rachitique

rickettsia [rɪˈketsɪə] n, pl **rickettsias** or **rickettsiae** [rɪˈketsɪˌiː] rickettsie f

rickettsial disease [rɪˈketsɪəl] n rickettsiose f

rickety [ˈrɪkɪtɪ] adj (Med) rachitique ; (fig) building, fence, stairs branlant ; furniture bancal ; vehicle bringuebalant

rickey [ˈrɪkɪ] n (US) *cocktail au citron vert*

rickrack [ˈrɪkræk] n (NonC: US) ganse f en zigzag

rickshaw [ˈrɪkʃɔː] n (pulled by man) pousse (-pousse) m inv ; (pulled by bicycle etc) rickshaw m

ricky-tick * [ˈrɪkɪtɪk] adj (US) démodé, vieillot

ricochet [ˈrɪkəʃeɪ] 1 n ricochet m

2 vi ricocher

ricotta [rɪˈkɒtə] n ricotte f

rictus [ˈrɪktəs] n, pl **rictus** or **rictuses** rictus m

rid [rɪd] → SYN pret, ptp **rid** or **ridded** vt (of pests, disease) débarrasser ; (of bandits etc) délivrer (*of* de) ♦ **to be rid of sb/sth** être débarrassé de qn/qch

♦ **to get rid of, to rid o.s. of** (frm) [+ spots, cold, cough, fleas, possessions, rubbish] se débarrasser de ; [+ habit, illusion, desire, tendency] perdre, se défaire de ; [+ fears, doubts] perdre ; [+ unwanted goods] se débarrasser de, se défaire de ; [+ boyfriend, girlfriend] laisser tomber *, se débarrasser de ♦ **to get rid of one's debts** liquider or régler ses dettes ♦ **the body gets rid of waste** l'organisme élimine les déchets

riddance [ˈrɪdəns] n débarras m ♦ **good riddance (to bad rubbish)!** * bon débarras ! *

ridden [ˈrɪdn] 1 vb (ptp of **ride**)

2 adj ♦ **ridden by** tourmenté or hanté par ♦ **ridden by fears** hanté par la peur ♦ **ridden by remorse** tourmenté par le remords

-ridden [ˌrɪdn] adj (in compounds) ♦ **disease-/guilt-/remorse-ridden** accablé par la maladie/la culpabilité/le remords ♦ **angst-/fear-ridden** tourmenté par l'angoisse/la peur ; → **debt, hag**

riddle[1] [ˈrɪdl] 1 n crible m, claie f

2 vt **a** [+ coal, soil etc] cribler, passer au crible ; [+ stove] agiter la grille de

b [+ person, target] cribler ♦ **riddled with holes/bullets** criblé de trous/balles ♦ **the council is riddled with corruption** la corruption règne au conseil ♦ **the committee is riddled with troublemakers** le comité grouille de provocateurs

riddle[2] [ˈrɪdl] → SYN n (= puzzle) énigme f, devinette f ; (= mystery) énigme f, mystère m ♦ **to speak** or **talk in riddles** parler par énigmes ♦ **to ask sb a riddle** poser une devinette à qn

ride [raɪd] → SYN vb : pret **rode**, ptp **ridden** 1 n

a (= outing) promenade f, tour m ; (= distance covered) trajet m ♦ **he gave the child a ride on his back** il a promené l'enfant sur son dos ♦ **to go for a ride in a car** faire un tour en voiture ♦ **he gave me a ride into town in his car** il m'a emmené en ville dans sa voiture ♦ **it's my first ride in a Rolls** c'est la première fois que je me promène or que je roule en Rolls ♦ **we went for a ride in a train** nous avons fait un voyage en train ♦ **can I have a ride on your bike?** est-ce que je peux emprunter ton vélo ? ♦ **to have a ride in a helicopter** faire un tour en hélicoptère ♦ **we got a ride in a taxi** nous avons pris un taxi ♦ **it was the taxi ride they liked best** c'est le tour en taxi qu'ils ont préféré ♦ **bike ride** tour m or promenade f à vélo ♦ **car ride** tour m en voiture ♦ **coach ride** tour m or excursion f en car ♦ **it's a short taxi ride to the airport** ce n'est pas loin en taxi jusqu'à l'aéroport ♦ **he has a long (car/bus) ride to work** il a un long trajet (en voiture/en autobus) jusqu'à son lieu de travail ♦ **it's only a short ride by bus/coach/train/car/taxi** il n'y en a pas pour longtemps or c'est tout près en bus/en car/en train/en voiture/en taxi ♦ **it's a 60p ride from the station** le trajet depuis la gare coûte 60 pence ♦ **three rides on the merry-go-round** trois tours de manège ♦ **to steal a ride** voyager sans billet or sans payer ♦ **I just came along for the ride** (fig) je suis venu pour voir ♦ **to take sb for a ride** (in car etc) emmener qn faire un tour ; (fig) (= make fool of) faire marcher qn *, mener qn en bateau * ; (= swindle) rouler qn *, posséder qn * ; (US * euph = kill) emmener qn faire un tour ; → **joyride, Valkyrie**

b (on horseback) promenade f or tour m à cheval ; (= long journey) chevauchée f ♦ **after a hard ride across country** après une chevauchée pénible à travers la campagne

c (at fairground) tour m ♦ **a ride on the roller-coaster** un tour de montagnes russes

d (* fig) **motherhood was no easy ride** la maternité n'était pas facile à assumer ♦ **he faces a rough ride from the media** il risque de se faire malmener par les médias ♦ **he was given a rough ride over his remarks about the homeless** on lui a fait payer ses remarques sur les SDF ♦ **the company has not had a smooth** or **an easy ride lately** tout n'a pas été rose pour l'entreprise ces derniers temps, l'entreprise a eu sa part d'ennuis ces derniers temps

e (= path for horses) allée f cavalière

f (Horse-riding = mount) **Castilian Queen is a difficult ride** Castilian Queen est difficile à monter

2 vi **a** (= ride a horse) monter à cheval, faire du cheval ♦ **can you ride?** savez-vous monter à cheval ? ♦ **she rides a lot** elle fait beaucoup d'équitation ♦ **he has ridden since childhood** il monte à cheval or il fait de l'équitation depuis son enfance ♦ **she learnt to ride on Oscar** elle a appris à monter (à cheval) sur Oscar ♦ **to go riding** faire du cheval, monter à cheval ♦ **to ride astride/sidesaddle** monter à califourchon/en amazone ♦ **he rides well** il est bon cavalier ♦ **the jockey was riding just under 65 kilos** (en tenue) le jockey pesait un peu moins de 65 kilos ; → **hound**

b (= go on horseback/by bicycle/by motorcycle) aller à cheval/à bicyclette/à or en moto ♦ **to ride down/away** etc descendre/s'éloigner etc à cheval (or à bicyclette or à or en moto etc) ♦ **he stopped then rode on** il s'est arrêté puis a repris sa route ♦ **they had ridden all day** ils avaient passé toute la journée à cheval or en selle ♦ **he rode to London** il est allé à Londres à cheval (or à bicyclette etc) ♦ **he was riding on a bicycle/camel** il était à bicyclette/à dos de chameau ♦ **the child was riding on his father's back** le père portait l'enfant sur son dos ♦ **he was riding on his mother's shoulders** sa mère le portait sur ses épaules ♦ **the witch was riding on a broomstick** la sorcière était à cheval or à califourchon sur un balai ♦ **they were riding on a bus/in a car/in a train** ils étaient en autobus/en voiture/en train ♦ **they rode in a bus to ...** ils sont allés en bus à ... ♦ **she rides to work on a bike** elle va au travail à bicyclette ♦ **the seagull rides on the wind** (fig liter) la mouette est portée par le vent ♦ **the moon was riding high in the sky** la lune voguait haut dans le ciel ♦ **he's riding high** (fig) il a le vent en poupe ♦ **he was riding high in public opinion** il avait la cote (auprès du public) ♦ **he was riding high on his latest success** tout baignait * pour lui après son dernier succès ♦ **we'll just have to let the matter** or **to let things ride for a while** nous allons devoir laisser l'affaire suivre son cours or laisser courir * pendant un certain temps ♦ **she had to let things ride** elle a dû laisser courir * ; → **anchor, fall, roughshod, punch[1], shank**

c **to ride well** [horse] être une bonne monture

d (Tech etc) (= overlap) chevaucher ; (= work out of place) travailler

3 vt **a** **to ride a horse** monter à cheval ♦ **have you ever ridden a horse?** êtes-vous déjà monté à cheval ? ♦ **I have never ridden Flash** je n'ai jamais monté Flash ♦ **he rode Cass at Newmarket** il montait Cass à Newmarket ♦ **he rode Buster into town** il a pris Buster pour aller en ville, il est allé en ville sur Buster ♦ **Jason will be ridden by J. Bean** Jason sera monté par J. Bean ♦ **who is riding Omar?** qui monte Omar ? ♦ **he rode his horse straight at me** il a dirigé son cheval droit sur moi ♦ **he rode his horse up the stairs** il a fait monter l'escalier à son cheval ♦ **he rode his horse away/back** etc il est parti/revenu etc à cheval ♦ **to ride two horses at the same time** (Brit fig) courir deux lièvres à la fois ♦ **he rides his pony to school** il va à l'école à dos de poney ♦ **have you ever ridden a donkey/camel?** êtes-vous déjà monté à dos d'âne/de chameau ? ♦ **he was riding a donkey** il était à dos d'âne ♦ **he was riding a motorbike** il était à or en moto ♦ **he rode his motorbike to the station** il est allé à la gare à or en moto ♦ **I have never ridden a bike/a motorbike** je ne suis jamais monté à vélo/à moto ♦ **can I ride your bike?** est-ce que je peux emprunter ton vélo ? ♦ **he was riding a bicycle** il était à bicyclette ♦ **he rode his cycle into town** il est allé en ville à bicyclette ♦ **he always rides a bicycle** il va partout à or il se déplace toujours à bicyclette ♦ **witches ride broomsticks** les sorcières chevauchent des balais ♦ **she was riding a broomstick** elle était à cheval or à califourchon sur un balai ♦ **they had ridden 10km** ils avaient fait 10 km à cheval (or à bicyclette or à or en moto etc) ♦ **they had ridden all the way** ils avaient fait tout le trajet à cheval (or à bicyclette etc) ♦ **he rode the country looking for ...** il a parcouru le pays à la recherche de ... ♦ **to ride sb on a rail** (US) expulser qn de la ville (*en l'emmenant à califourchon sur un poteau)* ♦ **the birds rode the wind** (fig) les oiseaux se laissaient porter par le vent ♦ **the ship rode the waves** (liter) le bateau voguait sur les vagues ♦ **he's riding (on) a wave of personal popularity** il jouit d'une excellente cote de popularité ; see also **ride on** ; → **herd, race[1]**

b (esp US * = nag etc) être toujours sur le dos de *, ne pas ficher la paix à * (*about* au sujet de) ♦ **don't ride him too hard** ne soyez pas trop dur avec lui

► **ride about, ride around** vi se déplacer or faire un tour (à cheval or à bicyclette or en voiture etc)

► **ride behind** vi (on same horse) monter en croupe ; (on motorcycle) monter derrière or en croupe ; (in car) être assis à l'arrière ; (different horse, motorcycle, car) être derrière

► **ride down** vt sep **a** (= trample) renverser, piétiner

b (= catch up with) rattraper

► **ride on** vt fus dépendre de ♦ **billions of dollars are riding on the outcome of the election** de l'issue des élections dépendent des milliards de dollars ♦ **his reputation's riding on the outcome of the trial** sa réputation dépend de l'issue du procès, c'est sa réputation qui est en jeu dans ce procès

► **ride out** 1 vi sortir (à cheval or à bicyclette etc)

2 vt sep (fig) surmonter ♦ **to ride out the storm** (Naut) étaler la tempête ; (fig) surmonter la crise ♦ **to ride out a difficult time** se tirer d'une or surmonter une mauvaise passe ♦ **the company managed to ride out the depression** la société a réussi à survivre à la dépression

► **ride up** vi **a** [horseman, cyclist etc] arriver

b [skirt, trousers] remonter ♦ **her underskirt had ridden up (a)round her hips** son jupon lui était remonté sur les hanches

rider [ˈraɪdəʳ] n **a** (= person) [of horse] cavalier m, -ière f ; [of racehorse] jockey m ; [of circus horse] écuyer m, -ère f ; [of bicycle] cycliste mf ; [of motorcycle] motocycliste mf ♦ **a good rider** un bon cavalier, une bonne cavalière ; → **dispatch, outrider**

b (= addition: to document) annexe f ; (to bill) clause f additionnelle ; (to insurance policy, jury's verdict) avenant m ◆ **the committee added a rider condemning ...** la commission ajouta une clause condamnant ...

riderless ['raɪdəlɪs] adj horse sans cavalier

ridge [rɪdʒ] **1** n **a** (= top of a line of hills or mountains) arête f, crête f ; (= extended top of a hill) faîte m ; (= ledge on hillside) corniche f ; (= chain of hills, mountains) chaîne f ; (in sea = reef) récif m

b (of roof, on nose) arête f ; (on sand) ride f ; (in ploughed land) billon m ; (on cliff, rock face) strie f ◆ **a ridge of high pressure** (Met) une ligne de hautes pressions ◆ **ridge and furrow (formation)** (Agr) crêtes fpl de labours ; → **alveolar**

2 vt [+ roof] enfaîter ; [+ earth] billonner ; [+ rock face] strier ; [+ sand] rider

3 COMP ▷ **ridge piece, ridge pole** n poutre f de faîte m, faîtage m ▷ **ridge tent** n tente f (à toit en arête) ▷ **ridge tile** n (tuile f) faîtière f, enfaîteau m ▷ **ridge way** n chemin m or route f de crête

ridicule ['rɪdɪkjuːl] → SYN **1** n raillerie f, ridicule m ◆ **to hold sb/sth up to ridicule** tourner qn/qch en ridicule or en dérision ◆ **to lay o.s. open to ridicule** s'exposer aux railleries ◆ **she's an object of ridicule** elle est un objet de risée

2 vt ridiculiser, tourner en ridicule or en dérision

ridiculous [rɪ'dɪkjʊləs] → SYN adj ridicule ◆ **she was made to look ridiculous** elle a été ridiculisée ◆ **to make o.s. (look) ridiculous** se rendre ridicule, se ridiculiser ◆ **to take things to ridiculous extremes** pousser les choses trop loin ◆ **to go to ridiculous lengths** trop en faire ◆ **to go to ridiculous lengths to do sth** se ridiculiser à force de faire qch ; → **sublime**

ridiculously [rɪ'dɪkjʊləslɪ] adv ridiculement ◆ **ridiculously, he blamed himself for the accident** il se sentait responsable de l'accident, ce qui est ridicule

ridiculousness [rɪ'dɪkjʊləsnɪs] n ridicule m

riding ['raɪdɪŋ] **1** n (also **horse-riding**) équitation f ; (= horsemanship) monte f

2 COMP ▷ **riding boots** npl bottes fpl de cheval ▷ **riding breeches** npl culotte f de cheval ▷ **riding crop** n ⇒ **riding whip** ▷ **riding habit** n habit m or tenue f d'amazone ▷ **riding jacket** n veste f de cheval or d'équitation ▷ **riding master** n professeur m d'équitation ▷ **riding school** n manège m, école f d'équitation ▷ **riding stable(s)** n(pl) centre m d'équitation, manège m ▷ **riding whip** n cravache f

riel ['riːəl] n riel m

riding lamp ['raɪdɪŋ,læmp], **riding light** ['raɪdɪŋ,laɪt] n (Naut) feu m de mouillage

Riemannian [riː'mænɪən] adj riemannien

Riemannian geometry n géométrie f riemannienne

riesling ['riːzlɪŋ] n riesling m

rifampicin [rɪ'fæmpɪsɪn], **rifampin** (US) [rɪ'fæmpɪn] n rifampicine f

rife [raɪf] adj ◆ **to be rife** [disease, racism, crime, corruption, unemployment] sévir ◆ **rumours are/speculation is rife (that)** les rumeurs/les spéculations vont bon train (comme quoi)

◆ **rife with** ◆ **a city rife with violence** une ville en proie à la violence, une ville où sévit la violence ◆ **the whole company is rife with corruption/jealousy** la corruption/jalousie sévit dans toute l'entreprise ◆ **the media is rife with rumours/speculation** les rumeurs/spéculations vont bon train dans les médias

riff [rɪf] n (Mus) riff m

riffle ['rɪfl] vt (also **riffle through**) [+ pages, papers] feuilleter rapidement, parcourir

riffraff ['rɪf,ræf] n racaille f

rifle¹ ['raɪfl] → SYN vt [+ town] piller ; [+ tomb] violer ; [+ drawer, till] vider ; [+ house] dévaliser, vider ◆ **to rifle sb's pockets** faire les poches à qn ◆ **she rifled through the papers** elle feuilletait rapidement les documents

rifle² ['raɪfl] **1** n (= gun) fusil m (rayé) ; (for hunting) carabine f de chasse ◆ **the Rifles** (Mil) ≃ les chasseurs mpl à pied, ≃ (le régiment de) l'infanterie f légère

2 COMP ▷ **rifle butt** n crosse f de fusil ▷ **rifle range** n (outdoor) champ m de tir ; (indoor) stand m de tir ◆ **within rifle range** à portée de fusil ▷ **rifle shot** n coup m de fusil ; (= marksman) tireur m ◆ **within rifle shot** à portée de fusil

rifleman ['raɪflmən] n, pl **-men** fusilier m

rift [rɪft] → SYN **1** n **a** (lit) fissure f ; (deeper) crevasse f ; (in clouds) trouée f

b (fig = disagreement) désaccord m ; (Pol) (in party) division f ; (in cabinet, group) division f, désaccord m ◆ **this caused a rift in their friendship** ceci a causé une faille dans leur amitié ◆ **the rift between them was widening** ils s'éloignaient de plus en plus l'un de l'autre

2 COMP ▷ **rift valley** n (Geol) graben m

rig [rɪg] → SYN **1** n **a** (Naut) gréement m

b (also **oil rig**) (on land) derrick m ; (at sea: also **floating rig**) plateforme f (pétrolière) flottante

c (* = outfit: also **rig out**) tenue f, accoutrement m (pej)

d (US = tractor-trailer) semi-remorque m

2 vt **a** (Naut) gréer

b (= fix dishonestly) [+ election, competition, game] truquer ; [+ prices] fixer illégalement ◆ **it was rigged** c'était un coup monté ◆ **to rig the market** (St Ex) manipuler le marché, provoquer une hausse (or une baisse) factice dans les cours

3 vi (Naut) être gréé

► **rig out** vt sep (= clothe) habiller (*with* de ; *as* en) ◆ **he rigged himself out as Dracula** il s'est déguisé en Dracula

► **rig up** vt [+ boat] gréer ; (with mast) mâter ; [+ equipment] monter, installer ; (fig) (= make hastily) faire avec des moyens de fortune or avec les moyens du bord ; (= arrange) arranger

rigadoon [,rɪgə'duːn] n (= dance, music) rigaudon m, rigodon m

rigger ['rɪgə^r] n **a** (Naut) gréeur m ; (Aviat) monteur-régleur m

b (St Ex) agioteur m, manipulateur m

rigging ['rɪgɪŋ] n **a** (Naut) (= ropes etc) gréement m ; (= action) gréage m

b (US = clothes) vêtements mpl, fringues* fpl

c (* = dishonest interference) [of election, competition] truquage m ; [of prices] fixation f illégale ; (St Ex) agiotage m manipulation f

right [raɪt]

→ SYN LANGUAGE IN USE 11, 13, 26.3

1 ADJECTIVE
2 ADVERB
3 NOUN
4 PLURAL NOUN
5 TRANSITIVE VERB
6 COMPOUNDS

1 ADJECTIVE

a [= morally good] bien inv ◆ **it isn't right to lie, lying isn't right** ce n'est pas bien de mentir ◆ **it's not right, leaving her like this** ce n'est pas bien de la laisser comme ça ◆ **I have always tried to do what was right** j'ai toujours essayé de bien agir ◆ **to do what is right by sb** agir pour le bien de qn ◆ **you were right to refuse** vous avez bien fait de or vous avez eu raison de refuser ◆ **he thought it right to warn me** il a cru or jugé bon de m'avertir ◆ **would it be right to tell him?** est-ce que ce serait une bonne chose de le lui dire ? ◆ **to do the right thing by sb** bien agir or agir honorablement envers qn

◆ **only right** ◆ **it seemed only right to give him the money** il ne semblait que juste de lui donner l'argent ◆ **it is only right for her to go** or **that she should go** il n'est que juste qu'elle y aille ◆ **it is only right to point out that ...** il faut néanmoins signaler que ... ◆ **that's only right and proper!** ce n'est que justice !, c'est bien le moins ! ◆ **it's only right and proper that ...** il n'est que juste que ... (+ subj)

b [= accurate] juste, exact ◆ **that's right** c'est juste, c'est exact ◆ **that can't be right!** ce n'est pas possible ! ◆ **is that right?** (checking) c'est bien ça ? ; (expressing surprise) vraiment ? ◆ **the right time** (by the clock) l'heure exacte or juste ; see also **1c** ◆ **is the clock right?** est-ce que la pendule est à l'heure ? ◆ **my guess was right** j'avais deviné juste

◆ **to be right** [person] avoir raison ◆ **you're quite right** vous avez parfaitement raison ◆ **how right you are!*** je suis entièrement d'accord avec vous !, et comment !*

◆ **to get sth right** ◆ **I got all the answers right** j'ai répondu juste à toutes les questions ◆ **to get one's sums right** ne pas se tromper dans ses calculs ◆ **to get one's facts right** ne pas se tromper ◆ **let's get it right this time!** cette fois-ci, il s'agit de ne pas nous tromper !

◆ **to put** or **set right** [+ error] corriger, rectifier ; [+ situation] redresser ; [+ clock] remettre à l'heure ; [+ sth broken] réparer, remettre en état ◆ **that can easily be put right** on peut (facilement) arranger ça ◆ **I tried to put things right after their quarrel** j'ai essayé d'arranger les choses après leur dispute ◆ **the plumber came and put things right** le plombier est venu et a fait les réparations nécessaires

◆ **to put** or **set sb right** (= correct) corriger qn ; (= disabuse) détromper qn ; (= cure) guérir qn ◆ **the medicine soon put** or **set him right** ce médicament l'a vite guéri ◆ **put me right if I'm wrong** corrigez-moi si je me trompe

c [= correct] bon (before n) ◆ **the right answer** la bonne réponse ◆ **it is just the right size** c'est la bonne taille ◆ **on the right road** (lit) sur le bon chemin ◆ **is this the right road for Lyons?** est-ce que c'est bien la route de Lyon or la bonne route pour Lyon ? ◆ **on the right road, on the right track** (fig) sur la bonne voie ◆ **to come at the right time** arriver au bon moment, bien tomber ◆ **to do sth at the right time** faire qch au bon moment ◆ **the right word** le mot juste ◆ **she is on the right side of forty** elle n'a pas encore quarante ans ◆ **to get on the right side of sb*** s'attirer les bonnes grâces de qn ◆ **to know the right people** avoir des relations ◆ **your assumption was right** tu avais vu juste

d [= best] meilleur (-eure f) ◆ **what's the right thing to do?** quelle est la meilleure chose à faire ? ◆ **I don't know what's the right thing to do** je ne sais pas ce qu'il faut faire or ce qu'il convient de faire ◆ **we will do what is right for the country** nous ferons ce qui est dans l'intérêt du pays ◆ **the right man for the job** l'homme de la situation, l'homme qu'il nous (or leur etc) faut

e [= necessary] **I haven't got the right papers with me** je n'ai pas les documents nécessaires sur moi ◆ **I didn't have the right books for the course** je n'avais pas les livres qu'il fallait pour ce cours

f [= proper] **to do sth the right way** faire qch comme il faut ◆ **that is the right way of looking at it** c'est bien ainsi qu'il faut aborder la question ◆ **she wasn't wearing the right clothes** (socially inappropriate) elle n'avait pas la tenue requise, elle n'était pas habillée comme il fallait ◆ **if you go hiking you must wear the right shoes** lorsque l'on fait de la randonnée, il faut porter des chaussures adaptées

g [= in proper state] person guéri, rétabli ; part of body guéri ◆ **David's ankle is still not right** la cheville de David n'est pas encore guérie ◆ **I don't feel quite right today** je ne me sens pas très bien or pas dans mon assiette aujourd'hui ◆ **the brakes aren't right** les freins ne fonctionnent pas bien, il y a quelque chose qui cloche dans les freins ◆ **to be in one's right mind** avoir toute sa raison ◆ **he's not right in the head*** il déraille* ◆ **to be as right as rain*** (Brit: after illness) se porter comme un charme ; → **all right**

h [= real : esp Brit] * **it's a right mess in there** c'est la pagaille* complète là-dedans ◆ **I felt a right fool** je me suis senti complètement idiot ◆ **she gave them a right telling off** elle les a enguirlandés* quelque chose de bien

i [agreeing, confirming etc] **right!, right you are!*** d'accord!, entendu! ◆ **right on!*** (approvingly) c'est ça ! ◆ **right, who's next?** bon, c'est à qui le tour ? ◆ **(oh) right!*** (= I see) ah, d'accord ! ◆ **she was the last to leave, right?** elle est partie la dernière, c'est bien ça ? ◆ **too right!** et comment !

◆ **right enough** ◆ **it was him right enough!** c'était bien lui, aucun doute là-dessus !

j [= opposite of left] droit ◆ **right hand** main f droite ◆ **on my right hand you see the bridge**

righteous / rimy

sur ma droite vous voyez le pont ◆ it's a case of the right hand not knowing what the left hand's doing il y a un manque total de communication et de coordination ; see also 6 ◆ I'd give my right arm to know the truth je donnerais n'importe quoi pour connaître la vérité

2 ADVERB

a = straight, directly droit ◆ right ahead of you droit devant vous ◆ right in front of you sous vos yeux ◆ the blow hit me right in the face j'ai reçu le coup en pleine figure ◆ right behind you (gen) juste derrière vous ◆ you'll have the wind right behind you vous aurez le vent dans le dos ◆ public opinion would be right behind them ils auraient l'opinion publique pour eux ◆ go right on continuez tout droit ◆ I'll be right back je reviens tout de suite

◆ **right away** (= immediately) tout de suite, sur-le-champ ; (= at the first attempt) du premier coup

◆ **right off** * du premier coup

b = exactly right then sur-le-champ ◆ I had to decide right then j'ai dû décider sur-le-champ ◆ right now (= at the moment) en ce moment ; (= at once) tout de suite ◆ right here ici même ◆ right in the middle au beau milieu, en plein milieu ◆ right at the start au tout début ◆ right from the start dès le début

c = completely, all the way tout ◆ right round the house tout autour de la maison ◆ to fall right to the bottom tomber tout au fond ◆ right (up) against the wall tout contre le mur ◆ right at the top of the mountain tout en haut de la montagne ◆ right at the back, right at the bottom tout au fond ◆ pierced right through transpercé or percé de part en part ◆ to turn right round se retourner, faire volte-face ◆ push it right in enfoncez-le complètement ◆ he's right up there (in race) il est en tête

d = correctly, well bien ◆ you haven't put the lid on right tu n'as pas bien mis le couvercle ◆ if I remember right si je me souviens bien ◆ to guess right deviner juste ◆ to answer right répondre correctement, bien répondre ◆ you did right to refuse vous avez bien fait or eu raison de refuser ◆ if everything goes right si tout va bien ◆ nothing goes right for them rien ne leur réussit ◆ if I get you right * si je vous comprends bien

e †, dial = very très ◆ she's doing right well elle va très bien

f = opposite of left à droite ◆ to look right regarder à droite ◆ the party has now moved right of centre le parti se situe maintenant à la droite du centre, c'est devenu un parti de centre droit ◆ eyes right! (Mil) tête droite ! ◆ right about turn! (Mil) demi-tour m (à droite) !

◆ **right and left** (= on every side) ◆ to be cheated right and left se faire avoir* par tout le monde ◆ to owe money right and left devoir de l'argent à tout le monde

◆ **right, left and centre** * (= everywhere) partout, de tous côtés

3 NOUN

a = moral bien m ◆ he doesn't know right from wrong il ne sait pas discerner le bien du mal ◆ to be in the right avoir raison, être dans le vrai ◆ to know the rights and wrongs of a question connaître les tenants et les aboutissants d'une question

b = entitlement droit m ◆ by right de droit ◆ to have a right to sth avoir droit à qch ◆ to have a or the right to do sth avoir le droit de faire qch ◆ he has no right to sit here il n'a pas le droit de s'asseoir ici ◆ what right have you to say that? de quel droit dites-vous cela ? ◆ by what right? de quel droit ? ◆ he has no right to the money il n'a pas droit à cet argent ◆ he is within his rights il est dans son droit ◆ I know my rights je connais mes droits ◆ to stand on or assert one's rights faire valoir ses droits ◆ I won't stand on my right to do so je ne ferai pas valoir mon droit à le faire ◆ women's rights les droits mpl de la femme or des femmes ◆ women's rights movement mouvement m pour les droits de la femme ◆ right of appeal (Jur) droit m d'appel ; see also 4

◆ **by rights** en toute justice

◆ **in one's own right** ◆ Taiwan wants membership in its own right Taïwan veut adhérer indépendamment ◆ she's a poet in her own right elle est elle-même poète

c = opposite of left droite f ◆ to drive on the right conduire à droite ◆ to keep to the right tenir la or sa droite, serrer à droite ◆ on my right à ma droite ◆ on or to the right of the church à droite de l'église ◆ by the right, march! (Mil) à droite, droite ! ◆ to take a right (US) tourner à droite ◆ the Right (Pol) la droite

d Boxing droite f

4 rights PLURAL NOUN

a Comm droits mpl ◆ manufacturing/publication rights droits mpl de fabrication/publication ◆ TV/film rights droits mpl d'adaptation pour la télévision/le cinéma ◆ "all rights reserved" "tous droits réservés" ◆ to have the (sole) rights of or to sth avoir les droits (exclusifs) de qch

b = proper state to put or set sth to rights mettre qch en ordre ◆ to put the world or things to rights refaire le monde

c to have sb bang or dead to rights * (= have evidence against sb) avoir coincé* qn ; (= understand sb well) avoir bien cerné qn

5 TRANSITIVE VERB

a = return to normal [+ car, ship] redresser ◆ the car righted itself la voiture s'est redressée (toute seule) ◆ the problem should right itself le problème devrait s'arranger tout seul or se résoudre de lui-même

b = make amends for [+ wrong] redresser ; [+ injustice] réparer

6 COMPOUNDS

▷ **right angle** n angle m droit ◆ to be at right angles (to) être perpendiculaire à ▷ **right-angled** adj à angle droit ▷ **right-angled triangle** n triangle m rectangle ▷ **right-hand** adj right-hand drive car voiture f avec (la) conduite à droite ◆ his right-hand man son bras droit (fig) ◆ the right-hand side le côté droit ▷ **right-handed** adj person droitier ; punch, throw du droit ; screw fileté à droite ; scissors, tin-opener etc pour droitiers ▷ **right-handedness** n fait m d'être droitier, dextralité f (SPÉC) ▷ **right-hander** n (Motor Racing) virage m à droite ; (Boxing) droite f ; (= person) droitier m, -ière f ▷ **right-ho** * excl ⇒ righto ▷ **Right Honourable** adj (Brit) le Très Honorable ▷ **right-minded** adj ⇒ right-thinking ▷ **right-of-centre** adj (Pol) (de) centre droit ▷ **right of way** n (across property) droit m de passage ; (Aut = priority) priorité f ◆ it's his right of way c'est lui qui a (la) priorité ◆ he has (the) right of way il a (la) priorité ▷ **right-oh** excl ⇒ righto ▷ **right-on** * adj vertueux ▷ **Right Reverend** adj (Brit Rel) monseigneur ▷ **rights issue** n (St Ex) émission f de droits de souscription ▷ **right-thinking** adj sensé ▷ **right-to-life** adj movement, group (gen) pour le droit à la vie ; (anti-abortion) antiavortement inv ▷ **right-to-lifer** n (US) adversaire mf de l'avortement ▷ **right triangle** n (US) ⇒ right-angled triangle ▷ **right whale** n (Zool) baleine f franche ▷ **right wing** n (Sport) ailier m droit ; (Pol) droite f ◆ the right wing of the party l'aile droite du parti ▷ **right-wing** adj (Pol) de droite ◆ to be right-wing être de droite ▷ **right-winger** n (Pol) homme m or femme f de droite ; (Sport) ailier m droit

righteous ['raɪtʃəs] → SYN **1** adj **a** (frm = virtuous) person, behaviour droit, vertueux

b (= self-righteous : esp pej) person, manner, tone, article moralisateur (-trice f) ; indignation, anger justifié ◆ stop being so righteous! cesse de faire la morale ! ; → self

2 the righteous npl (Bible) les justes mpl

righteously ['raɪtʃəsli] adv vertueusement

righteousness ['raɪtʃəsnɪs] → SYN n droiture f, vertu f

rightful ['raɪtfʊl] adj owner, heir, inheritance, position, claim légitime ◆ one day all minorities will take their rightful place in society un jour, toutes les minorités obtiendront la place qui leur revient dans la société ◆ **rightful claimant** ayant droit m

rightfully ['raɪtfəli] adv légitimement ◆ we demand only what is rightfully ours nous n'exigeons que ce qui nous appartient légitimement

rightism ['raɪtɪzəm] n droitisme m, opinions fpl de droite

rightist ['raɪtɪst] (Pol) **1** n homme m or femme f de droite
2 adj de droite

rightly ['raɪtli] LANGUAGE IN USE 13, 26.3 adv **a** (= correctly) bien, avec raison ◆ he rightly assumed that ... il supposait avec raison que ... ◆ she hoped she'd chosen rightly elle espérait qu'elle avait bien choisi or qu'elle avait fait le bon choix ◆ I don't rightly know * je ne sais pas très bien ◆ it shouldn't rightly do that cela ne devrait vraiment pas faire ça

b (= justifiably) à juste titre ◆ rightly or wrongly à tort ou à raison ◆ rightly so à juste titre

righto * [ˌraɪt'əʊ] excl (Brit) d'accord, OK

rightsizing ['raɪtsaɪzɪŋ] n [of company] dégraissage m des effectifs

rightward(s) ['raɪtwəd(z)] adj, adv à droite, vers la droite

righty ho * [ˌraɪti'həʊ] excl (Brit) ⇒ righto

rigid ['rɪdʒɪd] → SYN adj **a** (lit) material, structure rigide ; muscle raide ◆ **rigid with fear** paralysé par la peur ◆ **the burglary shook him rigid** * le cambriolage lui a flanqué une peur bleue * ◆ **rigid with rage** or **anger** blême de colère ◆ **to be bored rigid** * s'ennuyer à mourir ◆ **this kind of music bores me rigid** * ce genre de musique m'ennuie à mourir

b (= strict, inflexible) specifications, interpretation, principles, rule, discipline strict ; system, hierarchy, adherence, person, approach, attitude rigide ; control, censorship rigoureux

rigidity [rɪ'dʒɪdɪti] n **a** (lit) [of material, structure] rigidité f ; [of muscle] raideur f

b [of control, censorship, principles, rule, discipline] rigueur f ; [of specifications, interpretation, system, person, attitude] rigidité f

rigidly ['rɪdʒɪdli] adv **a** (= stiffly) stand, move, gesture avec raideur ◆ **rigidly constructed** construit de manière rigide ◆ **to stand rigidly to attention** être figé dans un garde-à-vous impeccable ◆ **to sit rigidly erect** or **upright** être assis droit comme un i

b (fig) enforce, control, disciplined, organized etc rigoureusement ◆ **to stick rigidly to sth** s'en tenir rigoureusement à qch ◆ **rigidly authoritarian/conformist/dogmatic** d'un autoritarisme/conformisme/dogmatisme rigide ◆ **nursing is still a rigidly hierarchical profession** la profession d'infirmière reste très hiérarchisée

rigmarole ['rɪgmərəʊl] n comédie f, cinéma m ◆ **to go through the whole** or **same rigmarole again** recommencer le même cinéma *

rigor ['rɪgə'] n (US) ⇒ rigour

rigor mortis ['rɪgə'mɔ:tɪs] n rigidité f cadavérique

rigorous ['rɪgərəs] → SYN adj examination, test, control, person rigoureux ◆ **he is rigorous about quality** il est très strict sur la qualité ◆ **to be rigorous in doing sth** faire qch rigoureusement

rigorously ['rɪgərəsli] adv enforce, control, observe, define, test rigoureusement

rigour, rigor (US) ['rɪgə'] → SYN n rigueur f

rile * [raɪl] vt agacer, mettre en boule *

Riley ['raɪli] n (Brit) ◆ **to live the life of Riley** * avoir or mener la belle vie

rill [rɪl] n (liter) ruisselet m

rim [rɪm] → SYN **1** n (gen) bord m ; [of wheel] jante f ; [of spectacles] monture f ◆ **a rim of dirt** or **a dirty rim around the bath** une trace sale sur le bord de la baignoire
2 vt border ; [+ wheel] janter, cercler

rimaye [rɪ'meɪ] n (Climbing) rimaye f

rime[1] † [raɪm] ⇒ **rhyme** "The Rime of the Ancient Mariner" (Literat) "Le vieux marin"

rime[2] [raɪm] n (liter) givre m

rimless ['rɪmlɪs] adj spectacles sans monture

rimy ['raɪmi] adj (liter) givré

rind [raɪnd] → SYN n (of orange, lemon) peau f, pelure f ; (= grated zest) zeste m ; (= peel) écorce f ; (= peelings) pelure f ; (of cheese) croûte f ; (of bacon) couenne f ◆ **melon rind** écorce f de melon

ring¹ [rɪŋ] → SYN **1** n **a** (gen) anneau m ; (on finger) anneau m ; (with stone) bague f ; [of bishop] anneau m ; (on bird's foot) bague f ; (for napkin) rond m ; (for swimmer) bouée f de natation ; (for invalid to sit on) rond m (pour malade) ; [of piston] segment m ; [of turbine] couronne f ◆ **diamond ring** bague f de diamant(s) ◆ **wedding ring** alliance f, anneau m de mariage ◆ **electric ring** (for cooking) plaque f ◆ **gas ring** brûleur m (de cuisinière à gaz) ◆ "The Ring of the Niebelungen" (Mus) "le Ring" ; → **earring, key, signet**

b (= circle) cercle m, rond m ; [of people] cercle m ; [of smoke] rond m ; (in water) rond m ; (in tree trunk) cercle m ; (= round sun, moon) auréole f, halo m ◆ **the rings of Saturn** les anneaux mpl de Saturne ◆ **to have rings round the eyes** avoir les yeux cernés or battus ◆ **to stand in a ring** se tenir en cercle ou en rond, former un cercle ◆ **to run rings round sb** * dominer qn de la tête et des épaules

c (= group) (gen, Pol) coterie f, clique f (pej) ; [of dealers] groupe m, cartel m ; [of gangsters] bande f, gang m ; [of spies] réseau m ◆ **there is a ring operating** (at auction) il y a un système d'enchères privées

d (= enclosure) (at circus) piste f ; (at exhibition) arène f, piste f ; (Racing) enceinte f des bookmakers ; (Boxing) ring m ◆ **the ring** (Boxing) la boxe, le ring

2 vt (= surround) entourer ; (with quoit, hoop) jeter un anneau sur ; (= circle) faire un cercle etc] entourer d'un cercle ; [+ bird, tree] baguer ; [+ bull] mettre un anneau au nez de

3 COMP ▷ **ring-a-ring-a-roses** n ronde enfantine ▷ **ring binder** n classeur m à anneaux ▷ **ring exercise** n (Gym) exercice m aux anneaux ▷ **ring-fence** vt [+ money] allouer ◆ **to ring-fence a local authority** obliger une municipalité à utiliser l'argent destiné à un usage particulier ▷ **ring finger** n annulaire m ▷ **ring ouzel** n merle m à plastron ▷ **ring-pull** n (Brit: on can) anneau m (d'ouverture), bague f ◆ **ring-pull can** boîte f avec anneau (d'ouverture) ▷ **ring road** n (Brit) rocade f ; (motorway-type) périphérique m ▷ **ring spanner** n clef f polygonale ▷ **ring-tailed** adj à queue zébrée

ring² [rɪŋ] LANGUAGE IN USE 27.2, 27.5 → SYN vb : pret **rang**, ptp **rung**

1 n **a** (= sound) son m ; [of bell] sonnerie f ; (lighter) tintement m ; [of electric bell] retentissement m ; [of coins] tintement m ◆ **there was a ring at the door** on a sonné à la porte ◆ **to hear a ring at the door** entendre sonner à la porte ◆ **give two rings for the maid** sonne deux coups ou deux fois pour (appeler) la bonne ◆ **his voice had an angry ring (to it)** il y avait un accent ou une note de colère dans sa voix ◆ **that has the ring of truth (to it)** ça sonne juste

b (esp Brit * = phone call) coup m de téléphone or de fil * ◆ **to give sb a ring** donner ou passer un coup de téléphone ou de fil * à qn

c **ring of bells** jeu m de cloches

2 vi **a** [bell] sonner, retentir ; (lightly) tinter ; [alarm clock, telephone] sonner ◆ **the bell rang** la cloche a sonné ou tinté, la sonnerie a retenti ◆ **the bell rang for dinner** la cloche a sonné le dîner ◆ **to ring for sb** sonner qn ◆ **to ring for sth** sonner pour demander qch ◆ **please ring for attention** prière de sonner ◆ **to ring for the lift** appeler l'ascenseur ◆ **to ring at the door** sonner à la porte ◆ **you rang, sir?** Monsieur a sonné ?

b (= telephone) téléphoner

c (= sound) [words] retentir, résonner ; [voice] vibrer ; [coin] sonner, tinter ; (= resound) résonner, retentir ; [ears] tinter, bourdonner ◆ **the room rang with their shouts** la pièce résonnait de leurs cris ◆ **the town rang with his praises** la ville entière chantait ses louanges ◆ **the news set the town ringing** toute la ville parlait de la nouvelle, dans toute la ville il n'était bruit que de la nouvelle † ◆ **his voice rang with emotion** sa voix vibrait d'émotion ◆ **his words still ring in my ears** ses mots retentissent encore à mes oreilles

◆ **to ring false/true** [coin] sonner faux/clair ◆ **that rings true** (fig) ça sonne juste ◆ **that doesn't ring true** ça ne sonne pas faux

3 vt **a** (= sound: gen) sonner ; [+ coin] faire sonner, faire tinter ◆ **to ring the doorbell** sonner (à la porte) ◆ **to ring the bell** (lit) sonner, donner un coup de sonnette ; (handbell) agiter la sonnette ; (* fig = succeed) décrocher la timbale *, réussir magnifiquement ◆ **they rang the church bells** (gen) ils ont fait sonner les cloches ; [bell ringers] ils ont sonné les cloches ◆ **his name rings a bell** * son nom me dit quelque chose ou me rappelle quelque chose ◆ **he/it rings my bell** * (US) il/ça me botte * ◆ **to ring the knell (of)** sonner le glas (de) ◆ **to ring the hours** sonner les heures ◆ **to ring the changes** [bells] carillonner (en variant l'ordre des cloches) ◆ **to do sth to ring the changes** faire qch pour changer ◆ **to ring the changes on an outfit/the menu** etc varier un ensemble/le menu etc

b (Telec: also **ring up**) téléphoner à, donner ou passer un coup de téléphone ou de fil * à

4 COMP ▷ **ring main** n (Elec) réseau m en boucle, canalisation f circulaire ▷ **ring-necked pheasant** n faisan m de Colchide

▶ **ring around** ⇒ **ring round**

▶ **ring back** vi, vt sep (Brit Telec) rappeler

▶ **ring down** vt sep (Theat) ◆ **to ring down the curtain** (faire) baisser le rideau ◆ **to ring down the curtain on sth** marquer la fin de qch

▶ **ring in**

1 vi (Brit = report by telephone) téléphoner un reportage

2 vt sep ◆ **to ring in the New Year** carillonner le Nouvel An

▶ **ring off** vi (Brit Telec) raccrocher

▶ **ring out** vi [bell] sonner, [electric bell] retentir ; [voice] résonner ; [shot] éclater, retentir

▶ **ring round** (Brit)

1 vi (Telec) donner des coups de téléphone

2 vt fus ◆ **I'll ring round my friends** je vais appeler (tous) mes amis

▶ **ring up** vt sep **a** (Brit Telec) donner un coup de téléphone ou de fil * à

b (Theat) **to ring up the curtain** frapper les trois coups, (sonner pour faire) lever le rideau ◆ **to ring up the curtain on a new career** etc marquer le début d'une nouvelle carrière etc

c (on cash register) [+ amount] enregistrer ; (fig) [+ profits, sales] réaliser

ringbolt ['rɪŋbəʊlt] n (Tech) piton m ; (Naut) anneau m (d'amarrage)

ringdove ['rɪŋdʌv] n ramier m

ringed plover [rɪŋd] n grand gravelot m

ringer ['rɪŋə'] n **a** (also **bell ringer**) sonneur m, carillonneur m

b (= lookalike) sosie m ◆ **he is a dead ringer** * **for the President** c'est le sosie du président

ringing ['rɪŋɪŋ] **1** adj bell qui sonne or tinte ; voice, tone sonore ; endorsement vibrant ; declaration retentissant ◆ **in ringing tones** avec des accents vibrants

2 n [of bell] sonnerie f, son m ; (lighter) tintement m ; [of electric bell] retentissement m ; [of telephone] sonnerie f ; (in ears) tintement m, bourdonnement m

3 COMP ▷ **ringing tone** n (Brit Telec) tonalité f d'appel

ringleader ['rɪŋliːdə'] n chef m, meneur m

ringlet ['rɪŋlɪt] n frisette f ; (long) anglaise f

ringmaster ['rɪŋmɑːstə'] n ◆ **the ringmaster** ≃ Monsieur Loyal

ringside ['rɪŋsaɪd] n ◆ **at the ringside** au premier rang ◆ **to have a ringside seat** (fig) être aux premières loges

ringway ['rɪŋweɪ] n ⇒ **ring road** ; → **ring¹**

ringworm ['rɪŋwɜːm] n teigne f

rink [rɪŋk] n (for ice-hockey, ice-skating) patinoire f ; (for roller-skating) skating m

rinky-dink * ['rɪŋkɪdɪŋk] adj (US) (old-fashioned; also small-time) ringard * ; (= poor quality) de camelote * ; (= broken down) déglingué *, démoli

rinse [rɪns] → SYN **1** n **a** (= act) rinçage m ◆ **give the cup a rinse** rincez la tasse, passez la tasse sous le robinet

b (for hair) rinçage m

2 vt **a** [+ clothes etc] rincer ◆ **to rinse one's hands** se passer les mains à l'eau ◆ **to rinse the soap off one's hands** se rincer les mains

b (= colour with a rinse) **to rinse one's hair** se faire un or des rinçage(s) ◆ **she rinsed her hair black** elle s'est fait un rinçage noir

▶ **rinse out** vt sep **a** [+ hair tint, colour, dirt] faire partir à l'eau

b [+ cup] rincer ◆ **to rinse out one's mouth** se rincer la bouche

Rio ['riːəʊ] n ◆ **Rio (de Janeiro)** Rio (de Janeiro) ◆ **Rio Grande** Rio Grande m

rioja [rɪˈɒxə] n rioja m

riot [ˈraɪət] → SYN **1** n **a** (= uprising) émeute f ; (Jur) actes mpl séditieux ◆ **the riots against the régime** les émeutes fpl contre le régime

b (fig) **a riot of colour(s)** une débauche de couleurs ◆ **a riot of reds and blues** une profusion de rouges et de bleus ◆ **a riot of flowers** une profusion de fleurs ◆ **he's a riot** * c'est un (type) rigolo * ◆ **she's a riot** * elle est rigolote * ◆ **the film is a riot** * (= funny) le film est tordant * ◆ **to run riot** [people, imagination] être déchaîné * ; [vegetation] pousser dans tous les sens

2 vi faire une émeute ; (Jur) se livrer à des actes séditieux

3 COMP ▷ **Riot Act** n (Hist) loi f contre les attroupements séditieux ; see also **read** ▷ **riot control** n (NonC) répression f des émeutes ▷ **riot-control** adj antiémeute ▷ **riot gear** n (NonC) tenue f antiémeute ▷ **the riot police** n les unités fpl antiémeute ▷ **riot shield** n bouclier m antiémeute ▷ **the Riot Squad** n la brigade antiémeute = the riot police

rioter ['raɪətə'] n émeutier m, -ière f ; (vandalizing) casseur m

rioting ['raɪətɪŋ] **1** n (NonC) émeutes fpl

2 adj mob, youths etc en émeute

riotous ['raɪətəs] → SYN adj **a** (= uproarious) party, evening très animé ; performance, comedy, welcome délirant * ◆ **they had a riotous time** * ils se sont amusés comme des fous * ◆ **she burst into riotous laughter** elle s'est mise à hurler de rire

b (= disorderly) behaviour séditieux ; crowd déchaîné ◆ **to engage in riotous living** mener une vie dissipée ou de débauche ◆ **riotous assembly** (Jur) attroupements mpl séditieux

riotously ['raɪətəslɪ] adv **a** behave, act (= noisily) de façon tapageuse ; (Jur) de façon séditieuse

b **it was riotously funny** * c'était tordant *

RIP [ɑːraɪˈpiː] (abbrev of **rest in peace**) R.I.P.

rip [rɪp] **1** n déchirure f

2 vt déchirer, fendre ◆ **to rip open a letter** ouvrir une lettre en hâte, fendre une enveloppe ◆ **to rip the buttons from a shirt** arracher les boutons d'une chemise

3 vi **a** [cloth] se déchirer, se fendre

b * **the fire/explosion ripped through the house** l'incendie a fait rage à travers la maison/l'explosion a soufflé la maison de part en part ◆ **the jet ripped through the sky** le jet a fendu le ciel ◆ **the car rips along** la voiture roule à toute vitesse ou roule à toute biture * ◆ **let her** or **it rip!** * [boat, car] appuie !, fonce ! * ◆ **to rip into sb** (= criticize, tell off) descendre qn en flammes *

◆ **to let rip** (gen) laisser courir * ; (in anger) éclater, exploser (de colère etc) ◆ **he let rip a string of oaths** il a lâché un chapelet de jurons ◆ **he let rip at me** il m'a passé un bon savon *

4 COMP ▷ **rip-off** * n → **rip-off** ▷ **rip-roaring** * adj ◆ **of une gaieté bruyante, exubérant ; success monstre *

▶ **rip off 1** vt sep **a** (lit) arracher (from de)

b (* = steal) [+ object, goods] voler ; (= defraud etc) [+ customer] arnaquer *, filouter * ; [+ employee] exploiter ◆ **they're ripping you off!** c'est du vol manifeste ou de l'arnaque * !

2 **rip-off** * * ⇒ **rip-off**

▶ **rip out** vt sep arracher

► **rip up** vt sep déchirer

riparian [raɪˈpɛərɪən] adj, n riverain(e) m(f)

ripcord [ˈrɪpkɔːd] n poignée f d'ouverture

ripe [raɪp] → SYN adj **a** (lit) fruit mûr ; cheese fait
b (fig = mature) age, judgement mûr ♦ **to live to a ripe old age** vivre vieux or jusqu'à un âge avancé ♦ **to live to the ripe old age of 88** atteindre l'âge respectable de 88 ans ♦ **wait until the time is ripe** attendez le moment opportun ♦ **the market is ripe for the picking** ce marché vous tend les bras* ♦ **the time is ripe to begin afresh** il est temps de tout reprendre à zéro ♦ **the time is ripe for revolution** le temps est venu de faire la révolution ♦ **conditions were ripe for an outbreak of cholera/a military uprising** toutes les conditions étaient réunies pour une épidémie de choléra/une insurrection armée
c (* = fetid) smell fétide ♦ **he smelled rather ripe** il ne sentait pas la rose
d (* = crude) language, humour égrillard ; → **overripe**

ripen [ˈraɪpən] → SYN **1** vt (faire) mûrir
2 vi mûrir ; [cheese] se faire

ripeness [ˈraɪpnɪs] n maturité f

ripieno [rɪˈpjenəʊ] n, pl **ripienos** or **ripieni** [rɪˈpjeniː] ripieno m

rip-off ‡ [ˈrɪpɒf] **1** n **a** (= swindle) escroquerie f ♦ **it's a rip-off!** c'est du vol or de l'arnaque*!
b (= copy) imitation f
2 COMP ▷ **rip-off artist** ‡ n escroc m

riposte [rɪˈpɒst] → SYN **1** n (Fencing: also fig) riposte f
2 vi riposter

ripper [ˈrɪpəʳ] n (= murderer) éventreur m ♦ **Jack the Ripper** Jack l'éventreur

ripping † ‡ [ˈrɪpɪŋ] adj (Brit) épatant*, sensationnel*

ripple [ˈrɪpl] **1** n **a** (= movement) [of water] ride f, ondulation f ; [of crops] ondulation f
b (= noise) [of waves] clapotis m ; [of voices] murmure(s) m(pl), gazouillement m ; [of laughter] cascade f
c (= ice-cream) **chocolate/raspberry ripple** *glace à la vanille marbrée de glace au chocolat/à la framboise*
2 vi [water] se rider ; [crops, hair] onduler ; [waves] clapoter
3 vt [+ water] rider ; [+ crops] faire onduler
4 COMP ▷ **ripple effect** n effet m de vague ▷ **ripple mark** n (Geol) ripple-mark f

ripsaw [ˈrɪpsɔː] n scie f à refendre

riptide [ˈrɪptaɪd] n contre-courant m, turbulence f

RISC [ˌɑːraɪesˈsiː] n (Comput) **a** (abbrev of **reduced instruction set computer**) → **reduced**
b (abbrev of **reduced instruction set computing**) → **reduced**

rise [raɪz] → SYN vb : pret **rose**, ptp **risen** **1** n **a** [of theatre curtain, sun] lever m ; (Mus) hausse f ; (= increase) (in temperature) élévation f, hausse f ; (in pressure) hausse f ; [of tide] flux m, flot m ; [of river] crue f ; (Brit: in wages) augmentation f, relèvement m (Admin) ; (in prices) hausse f, augmentation f ; (in bank rate) relèvement m ♦ **prices are on the rise** les prix sont en hausse ♦ **to ask for a rise** (Brit) [employee] demander une augmentation (de salaire) ♦ **there has been a rise in the number of people looking for work** le nombre des demandeurs d'emploi a augmenté ♦ **his meteoric rise** son ascension f fulgurante ♦ **her rise to power** son ascension f au pouvoir ♦ **his rise to fame took 20 years** il a mis 20 ans à parvenir à la gloire or à devenir célèbre ♦ **the rise of Bristol/the steel industry** l'essor m de Bristol/de l'industrie de l'acier ♦ **the rise of the working classes** l'ascension du prolétariat ♦ **the rise and fall of an empire** l'essor et la chute d'un empire, la grandeur et la décadence d'un empire ♦ **to get a rise out of sb***, **to take the rise out of sb*** (fig) se payer la tête de qn*
b (= small hill) éminence f, hauteur f ; (= slope) côte f, pente f
c (= origin) [of river] source f ♦ **the river has** or **takes its rise (in)** la rivière prend sa source or a son origine (dans)
♦ **to give rise to** [+ trouble] causer, provoquer ; [+ speculation, rumour] donner lieu à, engendrer ; [+ bitterness] occasionner, causer ; [+ fear, suspicions] donner naissance à, susciter ; [+ pleasure, interest] susciter ; [+ impression] faire, donner
2 vi **a** (= get up) (from sitting, lying) se lever, se mettre debout ; (from bed) se lever ; (after falling) se relever ♦ **he rises early/late** il se lève tôt/tard ♦ **rise and shine!** allez, lève-toi !, debout, là-dedans !* ♦ **he rose to go** il s'est levé pour partir ♦ **to rise to one's feet** se mettre debout, se lever ♦ **to rise on tiptoe** se mettre sur la pointe des pieds ♦ **to rise from (the) table** se lever de table ♦ **he rose from his chair** il s'est levé de sa chaise ♦ **he rose from his sickbed to go and see her** il a quitté son lit pour aller la voir ♦ **to rise from the dead** ressusciter (des morts) ♦ **the horse rose on its hind legs** le cheval s'est dressé (sur ses jambes de derrière) or s'est cabré
b (= go up, ascend) [smoke, mist] s'élever, monter ; [balloon] s'élever ; [aircraft, lift] monter ; [theatre curtain, sun, moon, wind, bread] se lever ; [dough] lever ; [hair] se dresser ; [ground] monter (en pente) ; [voice] monter, devenir plus aigu ; [sea] devenir houleux ; [water, river, tide, blood pressure, temperature, exchange rate] monter ; [barometer] remonter, être en hausse ; [hopes, anger] croître, grandir ; [prices] monter, augmenter ; [cost of living] augmenter, être en hausse ; [stocks, shares] monter, être en hausse ♦ **to rise to the surface** [swimmer, object, fish] remonter à la or en surface ♦ **the fish are rising well** les poissons mordent bien ♦ **the mountain rises to 3,000 metres** la montagne a une altitude de 3 000 mètres ♦ **the mountains rising before him** les montagnes qui se dressaient or s'élevaient devant lui ♦ **he won't rise to any of your taunts** il ne réagira à aucune de vos piques ♦ **his eyebrows rose at the sight of her** quand il l'a vue il a levé les sourcils (d'étonnement) ♦ **the idea/image rose in his mind** l'idée/l'image s'est présentée à son esprit ♦ **great cheers rose from the audience** de nombreux hourras s'élevèrent de la foule ♦ **to rise to the occasion** se montrer à la hauteur de la situation or des circonstances ♦ **I can't rise to £50** je ne peux pas aller jusqu'à 50 livres ♦ **to rise in price** augmenter (de prix) ♦ **to rise above a certain temperature/a certain level** dépasser une température donnée/un niveau donné ♦ **her spirits rose** son moral a remonté ♦ **the colour rose to her cheeks** ses joues se sont empourprées, le rouge lui est monté aux joues ; → **bait, challenge, gorge**
c (fig: in society, rank) s'élever ♦ **to rise in the world** réussir, faire son chemin dans le monde ♦ **to rise from nothing** partir de rien ♦ **to rise from the ranks** (Mil) sortir du rang ♦ **he rose to be President/a captain** il s'est élevé jusqu'à devenir Président/jusqu'au grade de capitaine ♦ **to rise to fame** connaître la célébrité
d (= adjourn) [assembly] clore la session ; [meeting] lever la séance ♦ **the House rose at 2am** (Parl) l'Assemblée a levé la séance à 2 heures du matin ♦ **Parliament will rise on Thursday next** les vacances parlementaires commenceront jeudi prochain
e (= originate) [river] prendre sa source or sa naissance (*in* dans)
f (= rebel: also **rise up**) se soulever, se révolter (*against* contre) ♦ **to rise (up) in revolt** se révolter (*against* contre) ♦ **they rose (up) in anger and assassinated the tyrant** emportés par la colère ils se sont soulevés et ont assassiné le tyran ♦ **a feeling of inadequacy rose (up) within him** un sentiment de médiocrité montait en lui

risen [ˈrɪzn] **1** vb (ptp of **rise**)
2 adj (Rel) ♦ **the risen Christ** or **Lord** le Christ ressuscité

riser [ˈraɪzəʳ] n **a** (= person) **to be an early riser** être lève-tôt inv or matinal ♦ **to be a late riser** être lève-tard inv
b [of stair] contremarche f

risibility [ˌrɪzɪˈbɪlɪtɪ] n (frm) caractère m drôle

risible [ˈrɪzɪbl] adj (frm) risible

rising [ˈraɪzɪŋ] **1** n **a** (= rebellion) soulèvement m, insurrection f
b (NonC) [of sun, star] lever m ; [of barometer] hausse f ; [of prices] augmentation f, hausse f ; [of river] crue f ; [of person from dead] résurrection f ; (Theat) [of curtain] lever m ; [of ground] élévation f ♦ **the rising and falling of the waves** le mouvement des vagues ♦ **the rising and falling of the boat on the water** le mouvement du bateau qui danse sur les flots
c [of Parliament, court] ajournement m, clôture f de séance
2 adj **a** sun levant ; barometer, prices, temperature en hausse ; tide montant ; wind qui se lève ; tone qui monte ; anger, fury croissant ; ground qui monte en pente ♦ **the rising sap** la sève ascendante or brute
b (fig) nouveau (nouvelle f) ♦ **a rising young doctor** un jeune médecin d'avenir ♦ **the rising generation** la nouvelle génération, les jeunes mpl ; see also **4**
3 adv * ♦ **she's rising six** elle va sur ses six ans ♦ **the rising fives** (Brit Scol) les enfants qui auront cinq ans dans l'année
4 COMP ▷ **rising damp** n humidité f (par capillarité) ▷ **rising star** n (lit, fig) étoile f montante

risk [rɪsk] LANGUAGE IN USE 2.3 → SYN
1 n **a** (= possible danger) risque m ♦ **to take** or **run risks** courir des risques ♦ **to take** or **run the risk of doing sth** courir le risque de faire qch ♦ **you're running the risk of being arrested** or **of arrest** vous risquez de vous faire arrêter ♦ **that's a risk you'll have to take** c'est un risque à courir ♦ **there's too much risk involved** c'est trop risqué ♦ **it's not worth the risk** ça ne vaut pas la peine de courir un tel risque ♦ **there is no risk of his coming** or **that he will come** il n'y a pas de risque qu'il vienne, il ne risque pas de venir ♦ **you do it at your own risk** vous le faites à vos risques et périls ♦ **goods sent at sender's risk** (Comm) envois mpl faits aux risques de l'expéditeur ♦ **at the risk of seeming stupid** au risque de or quitte à paraître stupide ♦ **at the risk of his life** au péril de sa vie ; → **occupational, owner**
♦ **at risk** person en danger ; plan, custom menacé ♦ **children at risk** l'enfance f en danger ♦ **some jobs are at risk** des emplois risquent d'être supprimés or sont menacés
b (Insurance) risque m ♦ **fire risk** risque m d'incendie ♦ **he is a bad accident risk** il présente des risques élevés d'accident ♦ **he is a bad risk** on court trop de risques avec lui ; → **security**
2 vt **a** [+ life, career, future, reputation, savings] risquer ♦ **you risk falling** vous risquez de tomber ♦ **he risked life and limb to rescue the drowning child** il a risqué sa vie pour sauver l'enfant qui se noyait ; → **neck**
b [+ battle, defeat, quarrel] s'exposer aux risques de ; [+ accident] risquer d'avoir, courir le risque de ; (= venture) [+ criticism, remark] risquer, hasarder ♦ **she won't risk coming today** elle ne se risquera pas à venir aujourd'hui ♦ **I'll risk it** je vais risquer or tenter le coup* ♦ **I can't risk it** je ne peux pas prendre un tel risque
3 COMP ▷ **risk capital** n capitaux mpl à risques ▷ **risk factor** n facteur m de risque ▷ **risk management** n gestion f des risques ▷ **risk-taking** n **he does not like risk-taking** il n'aime pas prendre de risques, il n'a pas le goût du risque

riskily [ˈrɪskɪlɪ] adv de manière risquée ♦ **riskily, he's decided to resign** il a décidé de démissionner, ce qui est risqué

riskiness [ˈrɪskɪnɪs] n (NonC) risques mpl, aléas mpl

risky [ˈrɪskɪ] → SYN adj enterprise, deed risqué ; joke, story risqué, osé ♦ **it's risky, it's a risky business** c'est risqué

risotto [rɪˈzɒtəʊ] n risotto m

risqué [ˈriːskeɪ] adj story, joke risqué, osé

rissole [ˈrɪsəʊl] n (Brit) rissole f

ritardando [ˌrɪtɑːˈdændəʊ] adv (Mus) ritardando

rite [raɪt] → SYN **1** n rite m ♦ **funeral rites** rites mpl funèbres ♦ **the Rite of Spring** (Mus) le Sacre du printemps ; → **last¹**
2 COMP ▷ **rite of passage** n rite m de passage ♦ **a rite(s)-of-passage novel** un roman d'initiation

ritenuto [ˌrɪtəˈnuːtəʊ] adv (Mus) ritenuto

ritual [ˈrɪtjʊəl] → SYN **1** adj rituel
2 n rituel m ♦ **he went through the ritual(s)** (fig) il a fait les gestes rituels, il s'est

conformé aux rites ◆ **he went through the ritual of apologizing** il a fait les excuses rituelles, il s'est excusé comme de coutume

ritualism ['rɪtjʊəlɪzəm] n ritualisme m

ritualist ['rɪtjʊəlɪst] adj, n ritualiste mf

ritualistic [ˌrɪtjʊə'lɪstɪk] adj ritualiste

ritualize ['rɪtjʊəlaɪz] vt ritualiser

ritually ['rɪtjʊəlɪ] adv rituellement

ritzy * ['rɪtsɪ] adj luxueux

rival ['raɪvəl] → SYN ① n rival(e) m(f)
② adj firm, enterprise rival, concurrent; attraction rival ◆ **two rival firms** deux entreprises rivales, deux concurrents
③ vt (gen) rivaliser avec (in de); (Comm) être en concurrence avec; (= equal) égaler (in en) ◆ **he can't rival her in intelligence** pour ce qui est de l'intelligence, elle le domine de la tête et des épaules ◆ **his achievements rival even yours** ses réussites sont presque égales aux vôtres

rivalry ['raɪvəlrɪ] → SYN n rivalité f (with avec; between entre)

rive [raɪv] pret **rived**, ptp **riven** ['rɪvən] (liter) ① vt fendre
② vi se fendre ◆ **riven by** fendu par; (fig) déchiré par

river ['rɪvər] ① n rivière f; (major) fleuve m (also fig); (Admin, Econ, Geog etc) cours m d'eau ◆ **down river** en aval ◆ **up river** en amont ◆ **the river Seine** (Brit) ◆ **the Seine river** (US) la Seine ◆ **rivers of blood** (fig) des fleuves mpl de sang; → **sell**
② COMP police, port, system fluvial ▷ **river basin** n bassin m fluvial ▷ **river blindness** n (Med) cécité f des rivières, onchocercose f ▷ **river fish** n poisson m d'eau douce or de rivière ▷ **river fishing** n (NonC) pêche f fluviale or en eau douce ▷ **river head** n source f (de rivière or de fleuve) ▷ **river horse** * n hippopotame m ▷ **river lamprey** n lamproie f de rivière ▷ **river-mouth** n bouche f d'une rivière (or d'un fleuve), embouchure f ▷ **river traffic** n (NonC) trafic m fluvial, navigation f fluviale

riverbank ['rɪvəbæŋk] n rive f, berge f

riverbed ['rɪvəbed] n lit m de rivière or de fleuve

riverboat ['rɪvəbəʊt] n embarcation f fluviale ◆ **a Mississippi riverboat** un bateau du Mississippi ◆ **by riverboat** en bateau

riverine ['rɪvəraɪn] adj fluvial; person riverain

riverside ['rɪvəsaɪd] ① n bord m de l'eau (or de la rivière or du fleuve), rive f ◆ **by the riverside** au bord de l'eau (or de la rivière etc) ◆ **along the riverside** le long de la rivière (or du fleuve)
② adj (situé) au bord de la rivière etc

rivet ['rɪvɪt] ① n rivet m
② vt (Tech) riveter, river ◆ **it riveted our attention** ça nous a fascinés ◆ **riveted with fear** rivé or cloué sur place par la peur
③ COMP ▷ **rivet joint** n rivetage m

riveter ['rɪvɪtər] n (= person) riveur m; (= machine) riveuse f

rivet(t)ing ['rɪvɪtɪŋ] ① n rivetage m
② adj (= fascinating) fascinant

Riviera [ˌrɪvɪ'ɛərə] n ◆ **the (French) Riviera** la Côte d'Azur ◆ **the Italian Riviera** la Riviera (italienne)

rivulet ['rɪvjʊlɪt] n (petit) ruisseau m

Riyadh [rɪ'ɑːd] n Riyad

riyal [rɪ'jɑːl] n riyal m

RL n (abbrev of **Rugby League**) → **rugby**

RM [ɑː'em] n (Brit Mil) (abbrev of **Royal Marines**) → **royal**

RMT [ˌɑːrem'tiː] n (Brit) (abbrev of **National Union of Rail, Maritime and Transport Workers**) syndicat

RN ⓐ (Brit Mil) (abbrev of **Royal Navy**) → **royal**
ⓑ (US) abbrev of **registered nurse**

RNA [ˌɑːren'eɪ] n (Med) (abbrev of **ribonucleic acid**) ARN m

RNAS (Brit) (abbrev of **Royal Naval Air Services**) aéronavale britannique

RNIB [ˌɑːrenaɪ'biː] n (abbrev of **Royal National Institute for the Blind**) association caritative pour les aveugles

RNLI [ˌɑːrene'laɪ] n (Brit) (abbrev of **Royal National Lifeboat Institution**) ≈ Société f nationale de sauvetage en mer

RNR (Brit Mil) (abbrev of **Royal Naval Reserve**) → **royal**

RNZAF abbrev of **Royal New Zealand Air Force**

RNZN abbrev of **Royal New Zealand Navy**

roach¹ [rəʊtʃ] n, pl **roach** or **roaches** (= fish) gardon m

roach² [rəʊtʃ] ① n ⓐ (esp US *) (abbrev of **cockroach**) cafard m, blatte f
ⓑ (for joint, cigarette) filtre m
② COMP ▷ **roach clip** n (US: for joint) pince métallique servant à tenir un joint

road [rəʊd] → SYN ① n ⓐ (gen) route f; (minor) chemin m; (in town) rue f; (fig) chemin m, voie f ◆ **trunk road** (route f) nationale f, grande route f ◆ **country road** route f de campagne, (route f) départementale f ◆ **"road up"** "attention travaux" ◆ **I prefer to travel by road** je préfère voyager en voiture ◆ **to take (to) the road** prendre la route, se mettre en route ◆ **is this the road to London or the London road?** c'est (bien) la route de Londres? ◆ **London Road** (in towns) rue f de Londres ◆ (Prov) **the road to hell is paved with good intentions** l'enfer est pavé de bonnes intentions (Prov) ◆ **somewhere along the road he changed his mind** (fig) il a changé d'avis à un moment donné or en cours de route ◆ **you're in my road** * vous me barrez le passage ◆ **(get) out of the road!** * dégagez! *, ôtez-vous de là! ◆ **any road** ‡ (dial) de toute façon ◆ **to have one for the road** prendre un dernier verre avant de partir, boire le coup de l'étrier ◆ **to take the high/low road** (US fig) se comporter de façon irréprochable/malhonnête → **arterial, end, hit, main, Rome**
◆ **across the road** ◆ **she lives across the road (from us)** elle habite en face de chez nous ◆ **just across the road is a bakery** il y a une boulangerie juste en face
◆ **off the road** ◆ **my car is off the road just now** ma voiture est au garage ◆ **the car went off the road** la voiture a quitté la route
◆ **on the road** ◆ **I hope to put my car back on the road soon** j'espère que ma voiture sera bientôt en état (de rouler) ◆ **my car is (back) on the road again** ma voiture est à nouveau en état de marche ◆ **this vehicle shouldn't be on the road** on ne devrait pas laisser circuler un véhicule dans cet état ◆ **a spot of petrol will get us on the road again** un peu d'essence va nous dépanner ◆ **he is a danger on the road** (au volant) c'est un danger public ◆ **to be on the road** [salesman, theatre company] être en tournée ◆ **we were on the road at 6 in the morning** nous étions sur la route à 6 heures du matin ◆ **we've been on the road since this morning** nous voyageons depuis ce matin ◆ **we were on the road to Paris** nous étions en route pour Paris ◆ **you're on the right road** vous êtes sur la bonne route; (fig) vous êtes sur la bonne voie ◆ **on the road to ruin/success** sur le chemin de la ruine/du succès ◆ **on-the-road price, price on the road** (Brit: car sales) prix m clés en mains
ⓑ (US) abbrev of **railroad**
② **roads** npl (Naut) rade f
③ COMP ▷ **road accident** n accident m de la route or de la circulation ▷ **road atlas** n recueil m de cartes routières ▷ **road bike** n vélo m de route ▷ **road book** n guide m routier ▷ **road bridge** n pont m routier ▷ **road construction** n construction f routière or de routes ▷ **road fund licence** n (Brit) vignette f (automobile) ▷ **road gang** n (US) équipe f de forçats (employés à construire une route) ▷ **road haulage** n transports mpl routiers ▷ **road haulier** n entrepreneur m de transports routiers ▷ **road hog** n chauffard * m ▷ **road hump** n ralentisseur m ▷ **road manager** n (Mus) organisateur m, -trice f de tournées ▷ **road map** n carte f routière ▷ **road metal** n empierrement m ▷ **road movie** n road movie m ▷ **road pricing** n (Brit) système de péage ▷ **road race** n course f sur route ▷ **road racer** n (Cycling) routier m, -ière f ▷ **road racing** n compétition f sur route

▷ **road rage** * n agressivité f au volant ▷ **road rider** n (Cycling) ⇒ **road racer** ▷ **road runner** n (US = bird) coucou m terrestre (du Sud-Ouest) ▷ **road safety** n sécurité f routière ▷ **road sense** n **he has no road sense** [driver] il n'a aucun sens de la conduite; [pedestrian] il ne fait jamais attention à la circulation ◆ **to teach a child road sense** apprendre à un enfant à faire attention à la circulation ▷ **road show** n (Theat) spectacle m en tournée; (Rad, TV) émission f itinérante ▷ **road sign** n panneau m indicateur or de signalisation ◆ **international road signs** signalisation f routière internationale ▷ **road stability** n (Aut) tenue f de route ▷ **road surveyor** n agent m des Ponts et Chaussées, agent m voyer ▷ **road sweeper** n (= person) balayeur m, -euse f; (= vehicle) balayeuse f ▷ **road tax** n (Brit) taxe f sur les véhicules à moteur ◆ **road tax disc** (Brit) vignette f (automobile) ▷ **road test** n essai m sur route ▷ **road-test** vt **they are road-testing the car tomorrow** ils vont faire les essais sur route demain ▷ **road traffic** n (NonC) circulation f routière ▷ **road traffic accident** n accident m de la route ▷ **road train** n (Austral) camion m (à plusieurs remorques) ▷ **road transport** n transports mpl routiers ▷ **road-trials** npl (= road test) essais mpl sur route; (= rally) épreuves fpl sur route ▷ **road-user** n (gen) usager m de la route ◆ **road-user charges** taxation f des usagers de la route

---

ROADS

Les Britanniques et les Américains n'utilisent pas les mêmes termes pour désigner les différents types de routes. En Grande-Bretagne, les routes nationales sont des "A-roads" ou "trunk roads", les routes secondaires des "B-roads". Dans la première catégorie, certaines sont des quatre voies séparées par un terre-plein central : elles portent alors le nom de "dual carriageways" (le terme américain équivalent est "divided highways"). Les autoroutes ("motorways") sont gratuites.

Aux États-Unis, le terme générique pour une autoroute est "superhighway", mais l'on distingue les "interstate highways", qui vont d'un État à l'autre - certaines étant gratuites ("freeways"), les autres payantes ("toll roads" ou "turnpikes") - et les "expressways", qui sont les autoroutes urbaines ou périurbaines.

---

roadbed ['rəʊdbed] n (US) [of railroad] ballast m; [of road] empierrement m

roadblock ['rəʊdblɒk] n barrage m routier

roadholding ['rəʊdhəʊldɪŋ] n tenue f de route

roadhouse ['rəʊdhaʊs] n (US) relais m routier

roadie * ['rəʊdɪ] n (Mus) roadie * m

roadkill ['rəʊdkɪl] n cadavre m d'animal (tué sur la route)

roadmaking ['rəʊdmeɪkɪŋ] n (NonC) construction f routière or des routes

roadman ['rəʊdmən] n, pl **-men** cantonnier m

roadmender ['rəʊdmendər] n ⇒ **roadman**

roadroller ['rəʊdrəʊlər] n rouleau m compresseur

roadside ['rəʊdsaɪd] ① n (gen) bord m de la route; (= verge) bas-côté m, accotement m ◆ **along** or **by the roadside** au bord de la route
② COMP inn (situé) au bord de la route ▷ **roadside repairs** npl (professional) dépannage m; (done alone) réparations fpl de fortune

roadstead ['rəʊdsted] n (Naut) rade f

roadster ['rəʊdstər] n (= car) roadster m; (= cycle) bicyclette f routière

roadway ['rəʊdweɪ] n chaussée f; (on bridge) tablier m

roadwork ['rəʊdwɜːk] ① n (NonC: Sport) jogging m sur route
② **roadworks** npl travaux mpl (d'entretien des routes) ◆ **"roadworks ahead"** "attention travaux"

roadworthiness ['rəʊdˌwɜːðɪnɪs] n (Aut) bon état m

roadworthy ['rəʊdwɜːðɪ] adj ◆ **a roadworthy car** une voiture conforme aux normes de sécurité

rollaway bed / romanticist

▶ **roll along** ① vi **a** [ball, vehicle] rouler
b (* = arrive) s'amener *, se pointer *
② vt sep [+ ball] faire rouler ; [+ car] pousser

▶ **roll around** vi → **roll about**

▶ **roll away** ① vi **a** [clouds, mist, vehicle] s'éloigner ; [ball] rouler au loin ◆ **the ball rolled away from me** le ballon a roulé loin de moi
② vt sep [+ trolley, table] pousser

▶ **roll back** ① vi [object] rouler en arrière ; [eyes] chavirer
② vt sep **a** [+ object] rouler en arrière ; [+ carpet] rouler ; [+ sheet] enlever (en roulant)
b (fig = bring back) ramener ◆ **if only we could roll back the years** si seulement nous pouvions ramener le temps passé
c (US fig = reduce) réduire
③ rollback * n → **rollback**

▶ **roll by** vi [vehicle, procession] passer ; [clouds] traverser le ciel, dériver dans le ciel ; [time, years] s'écouler, passer

▶ **roll down** ① vi [ball, person] rouler de haut en bas ; [tears] couler
② vt sep **a** [+ cart] descendre (en roulant)
b (= wind down) [+ car window] descendre, baisser
c [+ socks, sleeves] baisser ; [+ stockings] rouler

▶ **roll in** ① vi [waves] déferler ; * [letters, contributions, suggestions] affluer ; * [person] s'amener, se pointer * ◆ **he rolled in * half an hour late** il s'est amené * or pointé * avec une demi-heure de retard ◆ **the money keeps rolling in *** l'argent continue à affluer
② vt sep [+ barrel, trolley] faire entrer (en roulant)

▶ **roll off** vi **a** [vehicle, procession] s'ébranler, se mettre en marche
b (= fall off) dégringoler

▶ **roll on** ① vi [vehicle etc] continuer de rouler ; [time] s'écouler ◆ **roll on the holidays!** * (Brit) vivement les vacances ! ◆ **roll on Tuesday!** * (Brit) vivement mardi !
② vt sep [+ stockings] enfiler
③ roll-on n → **roll-on**
④ roll-on-roll-off (Brit) → **roll-on**

▶ **roll out** vt sep **a** [+ barrel, trolley] rouler or pousser dehors
b [+ sentence, verse] débiter
c [+ pastry] étendre or abaisser au rouleau ; [+ metal] laminer
d (= introduce) [+ system, offer] introduire

▶ **roll over** ① vi [person, animal] (once) se retourner (sur soi-même) ; (several times) (also **roll over and over**) se rouler
② vt sep [+ person, animal, object] retourner

▶ **roll past** vi → **roll by**

▶ **roll up** ① vi **a** [animal] se rouler (into en)
b (* = arrive) arriver, s'amener * ◆ **roll up and see the show!** (at fairground) approchez, venez voir le spectacle !
② vt sep [+ cloth, paper, map] rouler ◆ **to roll up one's sleeves** retrousser ses manches
③ roll-up * n → **roll**

rollaway bed ['rəʊləwəɪ'bed] n (US) lit m pliant (sur roulettes)

rollback ['rəʊlbæk] n (US) (gen) réduction f ; (Econ) baisse f forcée des prix (sur ordre du gouvernement)

rolled [rəʊld] ① adj **a** (also **rolled up**) carpet, newspaper, blanket, garment roulé, enroulé ; trousers, sleeves retroussé ; umbrella plié
b (Phon) roulé
② COMP ▷ **rolled gold** n plaqué m or ▷ **rolled-gold** adj bracelet (en) plaqué or ▷ **rolled oats** npl flocons mpl d'avoine ▷ **rolled-steel joist** n poutrelle f ▷ **rolled tobacco** n tabac m en carotte

roller ['rəʊlər] ① n **a** (gen) rouleau m ; (for pastry) rouleau m à pâtisserie ; (for roads) rouleau m compresseur ; (for lawn) rouleau m de jardin ; (for metal) laminoir m, cylindre m lamineur ; (in papermaking) (also Tex) calandre f
b (for painting and decorating) rouleau m (à peinture) ; (for inking) rouleau m (encreur)

c (for winding sth round) rouleau m ; [of blind] enrouleur m ; (for hair) bigoudi m, rouleau m à mise en plis ◆ **to put one's hair in rollers** se mettre des bigoudis
d (for moving things) rouleau m ; (= wheel) roulette f, galet m ◆ **table on rollers** table f à roulettes
e (part of harness) surfaix m
f (= wave) lame f de houle
g (Orn) rollier m d'Europe
② COMP ▷ **roller bandage** n bande f (roulée) ▷ **roller blade** = rollerblade ▷ **roller blind** n store m ▷ **roller coaster** n montagnes fpl russes ▷ **roller skate** n patin m à roulettes ▷ **roller-skate** vi faire du patin à roulettes ▷ **roller-skating** n patinage m à roulettes ▷ **roller towel** n rouleau m essuie-main(s)

rollerball ['rəʊləˌbɔːl] n stylo m à bille

rollerblade ['rəʊləbleɪd] ① n roller m
② vi faire du roller

rollerdrome ['rəʊləˌdrəʊm] n (US) piste f de patin à roulettes

rollick * ['rɒlɪk] vi (also **rollick about**) s'amuser bruyamment

rollicking * ['rɒlɪkɪŋ] → SYN ① adj person d'une gaieté exubérante, joyeux ; play, farce bouffon ; occasion (bruyant et) joyeux ◆ **to lead a rollicking life** mener joyeuse vie or une vie de patachon * ◆ **to have a rollicking time** s'amuser follement or comme des fous ◆ **it was a rollicking party** nous nous sommes amusés comme des petits fous à la soirée
② (= telling off) savon m ◆ **to give sb a (real) rollicking** passer un (sacré or bon) savon à qn * ◆ **to get a (real) rollicking** recevoir un (sacré or bon) savon *

rolling ['rəʊlɪŋ] ① adj **a** (= undulating) countryside, landscape vallonné ; hills, lawns onduleux
b (= pitching) ship qui roule ; sea houleux ◆ **rolling waves** (vagues fpl) déferlantes fpl
c (= swaying) gait, walk chaloupé
d (= ongoing) contract révisable ; programme constamment remis à jour ◆ **rolling news service** service m d'informations permanentes
② adv ◆ **to be rolling drunk** * être rond comme une queue de pelle *
③ COMP ▷ **rolling mill** n (= factory) laminerie f, usine f de laminage ; (= machine) laminoir m ▷ **rolling pin** n rouleau m à pâtisserie ▷ **rolling plan** n (Fin) plan m pluriannuel (révisable chaque année) ▷ **rolling stock** n (Rail) matériel m roulant ▷ **rolling stone** n (Prov) **a rolling stone gathers no moss** pierre qui roule n'amasse pas mousse (Prov) ◆ **he's a rolling stone** il mène une vie nomade ▷ **rolling targets** npl (US Econ) objectifs mpl économiques révisables

rollmop ['rəʊlmɒp] n (Brit: also **rollmop herring**) rollmops m

roll-on ['rəʊlɒn] ① n (= corset) gaine f
② adj deodorant etc à bille
③ COMP ▷ **roll-on-roll-off** n (manutention f par) roulage m ▷ **roll-on-roll-off ferry** n ferry m roulier or roll-on roll-off ▷ **roll-on-roll-off ship** n roulier m

rollover ['rəʊləʊvər] ① n **a** (NonC: Fin) [of loan, debt] refinancement m
b (Brit: in lottery) remise f en jeu du prix
② adj (Brit: in lottery) ◆ **it's a rollover week** le gros lot de la semaine précédente a été remis en jeu

Rolodex ® ['rəʊlədeks] n fichier m Rolodex ®

roly-poly ['rəʊlɪ'pəʊlɪ] → SYN ① adj * person, figure rondelet ; child potelé
② n **a** (Brit: also **roly-poly pudding**) (gâteau m) roulé m à la confiture
b (* = plump child) poupard m

ROM [rɒm] n (Comput) (abbrev of **Read-Only-Memory**) → **read**

Romagna ['rɒmanjə] n la Romagne

romaine [rəʊ'meɪn] n (US: also **romaine lettuce**) (laitue f) romaine f

Roman ['rəʊmən] ① n **a** (= person) Romain(e) m(f) ◆ **the Epistle to the Romans** (Bible) l'épître f aux Romains
b (Typ) romain m
② adj (Archit, Geog, Hist, Rel, Typ) romain ; → **holy**

③ COMP ▷ **the Roman alphabet** n l'alphabet m romain ▷ **Roman arch** n voûte f (en) plein cintre, arc m plein cintre ▷ **the Roman calendar** n le calendrier romain ▷ **Roman candle** n chandelle f romaine ▷ **Roman Catholic** adj, n catholique mf (romain) ▷ **the Roman Catholic Church** n l'Église f catholique (romaine) ▷ **Roman Catholicism** n catholicisme m ▷ **the Roman Empire** n l'Empire m romain ▷ **Roman law** n droit m romain ▷ **Roman letters** npl (Typ) caractères mpl romains ▷ **Roman nose** n nez m aquilin ▷ **Roman numeral** n chiffre m romain ▷ **the Roman Rite** n (Rel) le rite romain

romance [rəʊ'mæns] → SYN ① n **a** (= tale of chivalry) roman m ; (= love story/film) roman m/film m sentimental ; (Mus) romance f ; (= love affair) idylle f ; (= love) amour m ; (NonC = charm, attraction) charme m ◆ **it's quite a romance** c'est un vrai roman ◆ **it's pure romance** (fig = lies) c'est de la pure invention, c'est du roman ◆ **their romance lasted six months** leur idylle a duré six mois ◆ **he was her first romance** il était son premier amoureux or amour ◆ **they had a beautiful romance** ils ont vécu un beau roman (d'amour) ◆ **the romance of the sea/of foreign lands** la poésie de la mer/des pays étrangers ◆ **"The Romance of the Rose"** (Literat) "Le Roman de la rose"
b (Ling) Romance roman m
② adj (Ling) ◆ **Romance** roman
③ vi enjoliver, broder (fig)
④ vt (= woo) faire la cour à, courtiser

romancer [rəʊ'mænsər] n conteur m, -euse f ◆ **he's a romancer** (fig) il enjolive toujours tout

Romanesque [ˌrəʊmə'nesk] adj architecture roman

Romania [rəʊ'meɪnɪə] n la Roumanie

Romanian [rəʊ'meɪnɪən] ① adj (gen) roumain ; ambassador, embassy de Roumanie
② n **a** Roumain(e) m(f)
b (Ling) roumain m

Romanic [rəʊ'mænɪk] adj language roman

Romanism ['rəʊmənɪzəm] n (Rel) romanisme m

Romanization [ˌrəʊmənaɪ'zeɪʃən] n romanisation f

Romanize ['rəʊmənaɪz] vt (Hist) romaniser ; (Rel) convertir au catholicisme

Romans(c)h [rəʊ'mænʃ] n romanche m

romantic [rəʊ'mæntɪk] → SYN ① adj **a** (= amorous) relationship, interlude, assignation amoureux ; novel, film sentimental ; novelist, holiday, dinner romantique
b (= picturesque, glamorous) appearance, landscape, castle romantique ◆ **a romantic figure like Lawrence of Arabia** un personnage romantique comme Lawrence d'Arabie
c (= unrealistic) person romantique, sentimental ; idea, view, image romantique
d (Art, Literat, Mus) Romantic romantique
② n romantique mf, sentimental(e) m(f) ; (Art, Literat, Mus) romantique mf
③ COMP ▷ **romantic comedy** n (Cine, Theat) comédie f sentimentale ▷ **romantic fiction** n (NonC) les romans mpl roses ▷ **romantic lead** n (Cine, Theat) jeune premier m, -ière f ▷ **romantic love** n amour m romantique ▷ **the Romantic Movement** n (Art, Literat, Mus) le Mouvement romantique, le romantisme

romantically [rəʊ'mæntɪkəlɪ] adv **a** (= picturesquely, glamorously) **the castle is romantically sited on a cliff top** le château occupe une situation très romantique au sommet d'une falaise ◆ **romantically named ...** au nom romantique de ...
b (= amorously) behave, kiss amoureusement ◆ **romantically inclined** or **minded** romantique ◆ **to be romantically involved with sb** avoir une liaison avec qn ◆ **she has been romantically linked with the prince** on a parlé d'une idylle entre le prince et elle ◆ **romantically, things are looking up** sur le plan sentimental, les choses s'annoncent bien
c (= unrealistically) talk, describe sentimentalement

romanticism [rəʊ'mæntɪsɪzəm] n (Art, Literat, Mus) romantisme m

romanticist [rəʊ'mæntɪsɪst] n (Art, Literat, Mus) romantique mf

romanticize [rəʊˈmæntɪsaɪz] vti romancer

romanticized [rəʊˈmæntɪsaɪzd] adj idea, view, depiction très romantique

Romany [ˈrɒmənɪ] **1** n **a** Rom mf inv, tzigane or tsigane mf
  b (Ling) romani m
  2 adj person, society, culture, language rom inv, tzigane or tsigane ◆ **a Romany caravan** une roulotte de tziganes or tsiganes

Rome [rəʊm] n Rome ◆ (Prov) **when in Rome (do as the Romans do)** à Rome il faut vivre comme les Romains ◆ (Prov) **Rome wasn't built in a day** Paris or Rome ne s'est pas fait en un jour ◆ (Prov) **all roads lead to Rome** tous les chemins mènent à Rome ◆ **the Church of Rome** l'Église f (catholique) romaine ◆ **to go over to Rome** (Rel) se convertir au catholicisme

Romeo [ˈrəʊmɪəʊ] n Roméo m

Romish [ˈrəʊmɪʃ] adj (pej) catholique

romp [rɒmp] **1** n **a** (hum = sex) ébats mpl amoureux
  b (= energetic play) jeux mpl bruyants, ébats mpl ◆ **the play was just a romp** la pièce n'était (guère) qu'une farce
  2 vi [children, puppies] jouer bruyamment, s'ébattre ◆ **the horse romped home** le cheval est arrivé dans un fauteuil* ◆ **to romp through an exam** bien se débrouiller à un examen

rompers [ˈrɒmpəz] npl, **romper suit** [ˈrɒmpəsuːt] n barboteuse f

Romulus [ˈrɒmjʊləs] n ◆ **Romulus and Remus** Romulus m et Remus m

Roncesvalles [ˈrɒnsəvælz] n Roncevaux

rondeau [ˈrɒndəʊ] pl **rondeaux** [ˈrɒndəʊz], **rondel** [ˈrɒndl] n (Mus, Poetry) rondeau m

rondo [ˈrɒndəʊ] n (Mus) rondeau m

Roneo ® [ˈrəʊnɪəʊ] vt polycopier, ronéoter

roo* [ruː] n (Austral) kangourou m

rood [ruːd] **1** n **a** (Rel Archit) crucifix m
  b (Brit = measure) quart m d'arpent
  2 COMP ▷ **rood screen** n jubé m

roof [ruːf] **1** n **a** [of building, car] toit m (also Climbing); [of cave, tunnel] plafond m; (fig: of sky, branches) voûte f ◆ **the roof of the mouth** (Anat) la voûte du palais ◆ **without a roof over one's head** sans abri or toit ◆ **a room in the roof** une chambre sous les combles or sous les toits ◆ **I couldn't live under her roof** je ne pourrais pas vivre chez elle ◆ **to live under the same roof as sb** vivre sous le même toit que qn ◆ **under one roof** (gen) sous le même toit; (in shopping arcade, hypermarket etc) réuni(s) au même endroit ◆ **to go through or to hit the roof*** [person] exploser, piquer une crise*; [price, claim] crever le plafond; → **flat¹, raise, sunshine**
  2 vt [+ house] couvrir (d'un toit) ◆ **red-roofed** à toit rouge
  3 COMP ▷ **roof garden** n jardin m sur le toit ▷ **roof light** n plafonnier m ▷ **roof rack** n (esp Brit) galerie f ▷ **roof terrace** terrasse f sur le toit

▶ **roof in** vt sep couvrir d'un toit

▶ **roof over** vt sep recouvrir d'un toit

roofer [ˈruːfər] n couvreur m

roofing [ˈruːfɪŋ] **1** n **a** (on house) toiture f, couverture f
  b (= act) pose f de la toiture or de la couverture
  2 COMP ▷ **roofing felt** n couverture f bitumée or goudronnée

roofless [ˈruːflɪs] adj sans toit

rooftop [ˈruːftɒp] n toit m ◆ **to shout** or **proclaim sth from the rooftops** (fig) crier qch sur tous les toits (fig)

rook¹ [rʊk] → SYN **1** n (Orn) (corbeau m) freux m
  2 vt (⚜ = swindle) rouler (dans la farine)*, escroquer

rook² [rʊk] n (Chess) tour f

rookery [ˈrʊkərɪ] n colonie f de freux; [of seals, penguins] colonie f; (fig pej = overcrowded slum) taudis m surpeuplé

rookie* [ˈrʊkɪ] n (US esp Mil) bleu* m

room [rʊm] → SYN **1** n **a** (in house) pièce f; (large) salle f; (= bedroom) chambre f; (= office, study) bureau m; (in hotel) chambre f ◆ **rooms to let** chambres fpl à louer ◆ **room and board** pension f ◆ **his rooms** son appartement ◆ **come to my rooms for coffee** venez prendre le café chez moi ◆ **they live in rooms** ils habitent un meublé or un garni (pej); → **double, lecture, roof**
  b (NonC = space) place f ◆ **is there room?** y a-t-il de la place? ◆ **there is room for two people** il y a de la place pour deux personnes ◆ **there's no room** il n'y a pas de place ◆ **there's not enough** or **no room to swing a cat*** c'est grand comme un mouchoir de poche ◆ **to take up room/too much room** prendre de la place/trop de place ◆ **to make room for sb** faire une place pour qn ◆ **to make room for sth** faire de la place pour qch ◆ **there is still room for hope** il y a encore lieu d'espérer ◆ **there is little room for hope** il ne reste pas beaucoup d'espoir ◆ **there is no room for doubt** il n'y a pas de doute possible ◆ **there is room for improvement in your work** votre travail laisse à désirer
  2 vi (US) partager une chambre (**with** avec) ◆ **we roomed together for three years** nous avons partagé la même chambre pendant trois ans ◆ **to room with a landlady** louer une chambre meublée
  3 COMP ▷ **room clerk** n (US) réceptionniste mf ▷ **room divider** n meuble m de séparation ▷ **rooming house** n (US) immeuble m (avec chambres à louer) ◆ **he lives in a rooming house** il habite un meublé ▷ **rooming-in** n (in maternity wards) possibilité pour les accouchées de garder leur nouveau-né dans leur chambre ▷ **room rates** npl prix m des chambres ▷ **room service** n service m des chambres (d'hôtel), room-service m ◆ **ring for room service** appelez le garçon d'étage ▷ **room temperature** n température f ambiante ◆ **to bring a wine to room temperature** chambrer un vin ◆ **wine at room temperature** vin m chambré

-roomed [rʊmd] adj (in compounds) ◆ **a six-roomed house** une maison de six pièces ◆ **a two-roomed flat** un deux-pièces

roomer [ˈrʊmər] n (US) locataire mf

roomette [ruːˈmet] n (US Rail) compartiment m individuel de wagons-lits

roomful [ˈrʊmfʊl] n pleine salle f

roominess [ˈrʊmɪnɪs] n dimensions fpl spacieuses

roommate [ˈrʊmmeɪt] n camarade mf de chambre; (US: sharing lodgings) personne f avec laquelle on partage un appartement

roomy [ˈrʊmɪ] → SYN adj flat, car spacieux; bag grand; garment ample

roost [ruːst] **1** n perchoir m, juchoir m; → **rule**
  2 vi (= settle) se percher, se jucher; (= sleep) jucher ◆ **all her little schemes are coming home to roost** toutes ses petites combines vont lui retomber dessus or se retourner contre elle

rooster [ˈruːstər] n (esp US) coq m

root [ruːt] → SYN **1** n **a** (gen, Bot, Math etc) racine f; (fig) [of trouble] origine f, cause f ◆ **to pull up** or **out by the roots** déraciner, extirper ◆ **to take root** (lit, fig) prendre racine ◆ **to pull up one's roots** (fig) se déraciner ◆ **her roots are in France** elle est restée française de cœur or d'esprit ◆ **she has no roots** elle n'a pas de racines, c'est une déracinée ◆ **to put down roots in a country** s'enraciner dans un pays ◆ **root and branch** (fig) entièrement, radicalement ◆ **the root of the matter** la vraie raison ◆ **to get to the root of the problem** trouver la cause or aller au fond du problème ◆ **that is at the root of ...** cela est à l'origine de ... ◆ **what lies at the root of his attitude?** quelle est la raison fondamentale de son attitude? ; → **cube, grass, square**
  b (Ling) (gen) racine f; (Gram) [of verb] radical m; [of non-verb] base f
  c [of tooth] racine f; [of tongue] base f
  d (Mus) fondamentale f
  2 vt (Bot) enraciner ◆ **a deeply rooted belief** une croyance profondément enracinée ◆ **his beliefs are deeply rooted in his protestant upbringing** ses convictions viennent de son éducation protestante ◆ **to be** or **stand rooted to the spot** être cloué sur place
  3 vi **a** [plants etc] s'enraciner, prendre racine
  b [pigs] fouiller (avec le groin)
  4 COMP ◆ **root beer** n (US) boisson gazeuse à base d'extraits végétaux ▷ **root canal** n [of tooth] canal m dentaire ▷ **root-canal therapy, root-canal work** n (Dentistry) dévitalisation f, pulpectomie f ▷ **root cause** n cause f première ▷ **root crops** npl racines fpl comestibles ▷ **root ginger** n gingembre m frais ▷ **rooting compound** n (Agr) terreau m de couche ▷ **rooting reflex** n (Med) réflexe m de fouissement ▷ **root sign** n (Math) radical m ▷ **roots music** n (= world music) world music f; (= reggae) reggae m (des origines) ▷ **root treatment** n (Med) traitement m canalaire or d'un canal ▷ **root vegetable** n racine f (comestible) ▷ **root word** n (Ling) mot m souche inv

▶ **root about** vi fouiller (**among** dans; **for sth** pour trouver qch)

▶ **root among** vi fouiller dans

▶ **root around** vi ⇒ **root about**

▶ **root for*** vt fus [+ team] encourager, applaudir

▶ **root out** vt sep (fig) (= find) dénicher; (= remove) extirper

▶ **root through** vi ⇒ **root among**

▶ **root up** vt sep [+ plant] déraciner; [pigs] déterrer; (fig) extirper

rootless [ˈruːtlɪs] adj (lit, fig) sans racine(s)

rootlet [ˈruːtlət] n radicelle f

rootstock [ˈruːtstɒk] n (Bot) rhizome m

rope [rəʊp] → SYN **1** n **a** (gen) corde f; (Naut) cordage m; [of bell] cordon m ◆ **to give sb more rope** (fig) lâcher la bride à qn ◆ **give him enough rope and he'll hang himself** si on le laisse faire il se passera lui-même la corde au cou or il creusera sa propre tombe ◆ **the ropes** (Boxing etc) les cordes fpl ◆ **on the ropes** (Boxing) dans les cordes; (* fig) person sur le flanc*; business qui bat de l'aile ◆ **to know the ropes*** (fig) connaître toutes les ficelles* ◆ **to show sb the ropes*** mettre qn au courant ◆ **to learn the ropes*** se mettre au courant ◆ **to be at the end of one's rope** (US) (= annoyed, impatient) être à bout de nerfs; (= desperate) être sur le point de craquer ◆ **a rope of pearls** un collier de perles ◆ **a rope of onions** un chapelet d'oignons ◆ **a rope of hair** une torsade de cheveux; → **clothes, skipping, tightrope**
  b (Climbing) corde f; (people on rope) cordée f ◆ **a rope of climbers** une cordée d'alpinistes ◆ **to put on the rope** s'encorder ◆ **there were three of them on the rope** ils formaient une cordée de trois
  2 vt **a** [+ box, case] corder ◆ **to rope sb to a tree** lier qn à un arbre ◆ **to rope climbers (together)** encorder des alpinistes ◆ **roped party** (Climbing) cordée f
  b (US = catch) [+ cattle] prendre au lasso
  3 COMP ◆ **rope burn** n brûlure f (provoquée par une corde) ▷ **rope ladder** n échelle f de corde ▷ **rope-length** n (Climbing) longueur f de corde ▷ **rope maker** n cordier m ▷ **rope trick** n Indian rope trick tour de prestidigitation réalisé avec une corde ▷ **roping-off** n (Climbing) rappel m

▶ **rope in** vt sep [+ area] entourer de cordes, délimiter par une corde ◆ **to rope sb in*** (fig) enrôler qn, embringuer qn* ◆ **he got himself roped in*** **to help at the fête** il s'est laissé embringuer* pour aider à la fête ◆ **I don't want to get roped in*** **for anything** je ne veux pas me laisser embringuer*

▶ **rope off** vt sep (= section off) réserver par une corde; (= block off) interdire l'accès de

▶ **rope up** (Climbing) **1** vi s'encorder
  2 vt sep encorder ◆ **to be roped up** être encordé

ropedancer [ˈrəʊpdɑːnsər], **ropewalker** [ˈrəʊpwɔːkər] n funambule mf, danseur m, -euse f de corde

rop(e)y [ˈrəʊpɪ] adj **a** (Brit * = mediocre) pas terrible*
  b (Brit = ill) **to feel a bit rop(e)y*** être or se sentir patraque*
  c (= rope-like) muscles, arm, neck noueux

roundabout / royal

▶ **round upon** vt fus (in words) s'en prendre à ; (in actions) sauter sur, attaquer

roundabout ['raʊndəbaʊt] → SYN ▮1▮ adj route détourné, indirect ◆ **we came (by) a roundabout way** nous avons fait un détour ◆ **by roundabout means** par des moyens détournés ◆ **roundabout phrase** circonlocution f ◆ **what a roundabout way of doing things!** quelle façon contournée or compliquée de faire les choses !
▮2▮ n (Brit = merry-go-round) manège m ; (esp Brit = playground apparatus) tourniquet m ; (at road junction) rond-point m (à sens giratoire), (on traffic sign) sens m giratoire ; → **swing**

rounded ['raʊndɪd] adj **a** (= curved) shape, edge, hill arrondi ; face, breasts, hips, handwriting rond ; shoulders voûté ; spine courbé
b (= complete) education complet (-ète f) et équilibré ; film, book étoffé ; wine, tone rond ; flavour plein ; person, character équilibré ; character in book étoffé ◆ **a rounded picture of the situation** une description complète et impartiale de la situation
c (Culin) tablespoon gros (grosse f)
d (Phon) vowel arrondi

roundel ['raʊndl] n (= decoration) rond m ; (= symbol, logo) insigne m rond ; (on warplane) cocarde f

roundelay †† ['raʊndɪleɪ] n (Mus) rondeau m

rounder ['raʊndəʳ] n (US) fêtard * m, noceur * m

rounders ['raʊndəz] n (Brit) sorte de baseball

Roundhead ['raʊndhed] n (Brit Hist) Tête f ronde

roundhouse ['raʊndhaʊs] n (US Rail) rotonde f

roundly ['raʊndlɪ] adv condemn, criticize sans ambages ; reject catégoriquement, defeat à plate(s) couture(s)

roundness ['raʊndnɪs] n rondeur f

roundsman ['raʊndzmən] n, pl **-men** (Brit) livreur m ◆ **milk roundsman** laitier m

roundup ['raʊndʌp] n [of cattle, people] rassemblement m ; [of criminals, suspects] rafle f ; (= meeting) tour m d'horizon ; (= news summary) résumé m de l'actualité

roundworm ['raʊndwɜːm] n ascaride m

rouse [raʊz] → SYN ▮1▮ vt (= awaken) réveiller, éveiller ; (= stimulate) activer, éveiller ; [+ feeling] exciter, stimuler ; [+ admiration, interest] susciter ; [+ indignation] provoquer, soulever ; [+ suspicions] éveiller ◆ **rouse yourself!** secouez-vous ! * ◆ **to rouse the masses** soulever les masses ◆ **to rouse sb to action** inciter or pousser qn à agir ◆ **to rouse sb (to anger)** mettre qn en colère ◆ **he's a terrible man when he's roused** il est redoutable quand il est en colère
▮2▮ vi (= waken) se réveiller ; (= become active) sortir de sa torpeur

rousing ['raʊzɪŋ] → SYN adj cheers, applause, chorus, reception enthousiaste ; speech enthousiasmant ; music entraînant

roust [raʊst], **roust out** vt (US) (= evict) chasser ; (= call out) faire venir ◆ **to roust sb out of bed/his home** arracher qn de son lit/de sa maison

roustabout ['raʊstəbaʊt] n (US) débardeur m ; (Austral) manœuvre m

rout¹ [raʊt] → SYN ▮1▮ n **a** (Mil = defeat) déroute f, débâcle f ◆ **to put to rout** mettre en déroute
b (†† = revels) raout † m, fête f mondaine
c (Jur = mob) attroupement m illégal
▮2▮ vt (= defeat) mettre en déroute

rout² [raʊt] vi (= search: also **rout about**) fouiller

▶ **rout out** vt (= find) dénicher ; (= force out) déloger ◆ **to rout sb out of bed** tirer qn de son lit

route [ruːt] → SYN ▮1▮ n **a** (gen, also of train, plane, ship etc) itinéraire m ; (Climbing) itinéraire m, voie f ◆ **shipping/air routes** routes fpl maritimes/aériennes ◆ **all routes** (Aut) toutes directions ◆ **what route does the 39 bus take?** par où passe le 39 ?, quel est l'itinéraire du 39 ? ◆ **we're on a bus route** nous sommes sur une ligne d'autobus ◆ **the route to the coast goes through ...** pour aller à la côte on passe par ... ◆ **I know a good route to London** je connais un bon itinéraire pour aller à Londres ◆ **en route (for)** en route (pour) ; → **sea, trade**
b [often raʊt] (Mil) ordres mpl de marche, route f à suivre
c (US) [often raʊt] (= delivery round) tournée f ◆ **he has a paper route** il distribue des journaux
d (US) [often raʊt] Route 39 (in highway names) ≈ la nationale 39
▮2▮ vt (= plan route of) [+ train, coach, bus] fixer le parcours or l'itinéraire de ; [+ phone call] acheminer ◆ **to route a train through Leeds** faire passer un train par Leeds ◆ **my luggage was routed through Amsterdam** mes bagages ont été expédiés via Amsterdam ◆ **they've routed the buses by Leeds** le train passe maintenant par Leeds
▮3▮ COMP ▷ **route map** n (road map) carte f routière ; (for ramblers) topo * m ; (for trains etc) carte f du réseau ▷ **route march** n (Mil) marche f d'entraînement ▷ **route planner** n (= map) carte f routière ; (= road atlas) recueil m de cartes routières

routine [ruːˈtiːn] → SYN ▮1▮ n **a** routine f ◆ **daily routine** (gen) occupations fpl journalières, routine f quotidienne ; (pej) train-train m inv de la vie quotidienne ; (Mil, Naut) emploi m du temps ◆ **business** or **office routine** travail m courant du bureau ◆ **as a matter of routine** automatiquement, systématiquement
b (Theat) numéro m ◆ **dance routine** numéro m de danse ◆ **he gave me the old routine * about his wife not understanding him** il m'a ressorti la vieille rengaine du mari incompris, il m'a mis le disque * du mari incompris
▮2▮ adj **a** (= normal) work, matter, check, maintenance, flight de routine ; procedure, questions de routine, d'usage ◆ **it was quite routine** c'était de la simple routine ◆ **on a routine basis** de façon routinière ◆ **routine duties** obligations fpl courantes ◆ **to make routine inquiries** mener une enquête de routine
b (= predictable) report, problem, banter banal

routinely [ruːˈtiːnlɪ] adv couramment ◆ **to be routinely tested** [person] passer un examen de routine ; [blood] être systématiquement examiné

roux [ruː] n (Culin) roux m

rove [rəʊv] ▮1▮ vi errer, vagabonder ; [eyes] errer
▮2▮ vt [+ countryside] parcourir, errer dans or sur ; [+ streets] errer dans, aller au hasard dans
▮3▮ COMP ▷ **rove beetle** n (Zool) staphylin m

rover ['rəʊvəʳ] n vagabond(e) m(f)

roving ['rəʊvɪŋ] ▮1▮ adj reporter volant ; ambassador, musician itinérant ; gang errant ◆ **to have a roving commission to do sth** avoir carte blanche or toute latitude pour faire qch ◆ **to have a roving eye** être toujours à l'affût d'une aventure (amoureuse)
▮2▮ n vagabondage m

row¹ [rəʊ] → SYN ▮1▮ n [of objects, people] (beside one another) rang m, rangée f ; (behind one another) file f, ligne f ; [of seeds, plants] rayon m, rang m ; [of houses, trees, figures] rangée f ; [of cars] file f ; (Knitting) rang m ◆ **in the front row** au premier rang ◆ **the front/second/back row (of the scrum)** (Rugby) la première/deuxième/troisième ligne (de mêlée) ◆ **a hard** or **long** or **tough row to hoe** une rude besogne ◆ **they were sitting in a row** ils étaient assis en rang ◆ **four failures in a row** quatre échecs d'affilée or de suite ◆ **in rows** en rangs
▮2▮ COMP ▷ **row house** n (US) maison qui fait partie d'une rangée de maisons identiques et contiguës ; → **HOUSE**

row² [rəʊ] ▮1▮ vt [+ boat] faire avancer à la rame or à l'aviron ; [+ person, object] transporter en canot (to à) ◆ **to row sb across** faire traverser qn en canot ◆ **to row a race** faire une course d'aviron ; → **stroke**
▮2▮ vi (gen) ramer ; (Sport) faire de l'aviron ◆ **to row away/back** s'éloigner/revenir à la rame ◆ **he rowed across the Atlantic** il a traversé l'Atlantique à la rame or à l'aviron ◆ **to go rowing** (for pleasure) canoter, faire du canotage ; (Sport) faire de l'aviron
▮3▮ n promenade f en canot ◆ **to go for a row** canoter, faire un tour en canot ◆ **it will be a hard row upstream** ce sera dur de remonter la rivière à la rame or à l'aviron

row³ [raʊ] → SYN (esp Brit) ▮1▮ n (= noise) vacarme m, boucan * m ; (= quarrel) dispute f ◆ **to make a row** faire du vacarme or du boucan * ◆ **what a row!** quel vacarme or boucan * ! ◆ **to have a row with sb** se disputer avec qn, s'engueuler * avec qn ◆ **to give sb a row** passer un savon à qn *, sonner les cloches à qn * ◆ **to get (into) a row** se faire passer un savon * or sonner les cloches *
▮2▮ vi se disputer, s'engueuler * (with avec)

rowan ['raʊən] n (= tree) sorbier m des oiseleurs ; (= berry) sorbe f

rowboat ['rəʊbəʊt] n (US) canot m (à rames)

rowdily ['raʊdɪlɪ] adv ◆ **to behave rowdily** [children] chahuter ; [adults] faire du tapage

rowdiness ['raʊdɪnɪs] n tapage m, chahut m

rowdy ['raʊdɪ] → SYN ▮1▮ adj person, behaviour chahuteur ; party un peu trop animé ; demonstration bruyant ◆ **rowdy scenes in Parliament** scènes fpl de chahut au parlement ◆ **to be rowdy** [person] chahuter
▮2▮ n * bagarreur * m, voyou m ◆ **football rowdies** hooligans mpl (des matchs de football)

rowdyism ['raʊdɪɪzəm] n tapage m, chahut m

rowel ['raʊəl] n (= wheel) molette f

rower ['rəʊəʳ] n rameur m, -euse f ; (in navy) nageur m, -euse f

rowing ['rəʊɪŋ] ▮1▮ n (for pleasure) canotage m ; (Sport) aviron m ; (in navy) nage f
▮2▮ COMP ▷ **rowing boat** n (Brit) canot m (à rames) ▷ **rowing club** n club m d'aviron ▷ **rowing machine** n rameur m

rowlock ['rɒlək] n (esp Brit) dame f de nage, tolet m

royal ['rɔɪəl] → SYN ▮1▮ adj **a** (lit, fig) royal ◆ **the royal household** la maison royale ◆ **royal occasion** événement honoré de la présence d'un membre de la famille royale ◆ **the royal "we"** le pluriel de majesté ◆ **the royal road to freedom/success** la voie royale de la liberté/du succès ◆ **to give sb a (right) royal welcome** réserver à qn un accueil royal ◆ **he's a royal pain in the backside *** c'est le roi des enquiquineurs * ; → **prerogative, princess**
b paper de format grand raisin ◆ **royal octavo** in-huit raisin

---

ROYAL SHAKESPEARE COMPANY

La **Royal Shakespeare Company**, ou **RSC**, est une troupe de théâtre fondée en 1960 à Stratford-on-Avon, lieu de naissance de Shakespeare. Basée à Stratford et au Barbican à Londres, elle présente naturellement des pièces de Shakespeare mais aussi d'autres auteurs classiques ou contemporains. La **RSC** fait chaque année des tournées de six mois dans toute la Grande-Bretagne et elle a acquis une solide réputation internationale.

▮2▮ n * membre m de la famille royale ◆ **the royals** la famille royale
▮3▮ COMP ▷ **the Royal Academy (of Arts)** n (Brit) l'Académie f royale des Beaux-Arts ▷ **the Royal Air Force** n (Brit) la Royal Air Force ▷ **royal assent** n (Brit) sanction f royale (d'un projet de loi) ◆ **to receive** or **be given royal assent** être approuvé par le souverain ▷ **royal blue** n bleu roi m inv ▷ **royal-blue** adj bleu roi inv ▷ **the Royal Canadian Mounted Police** n la Gendarmerie royale canadienne ▷ **Royal Commission** n (Brit) commission f d'enquête parlementaire ▷ **royal correspondent** n correspondant(e) chargé(e) des affaires royales ▷ **the Royal Engineers** npl (Brit Mil) le génie (militaire britannique) ▷ **royal family** n famille f royale ▷ **royal flush** n (Cards) flush m royal ▷ **Royal Highness** n Your/His Royal Highness Votre/Son Altesse Royale ▷ **royal jelly** n gelée f royale ▷ **the Royal Mail** n (Brit) le service postal britannique ▷ **the Royal Marines** npl (Brit Mil) l'infanterie f de marine ◆ **a Royal Marine** un soldat de l'infanterie de marine ▷ **the Royal Mint** n (Brit) l'hôtel m des Monnaies ▷ **the Royal Naval Reserve** n (Brit Mil) le corps de réservistes de la marine ▷ **the Royal Navy** n (Brit Mil) la marine nationale ▷ **royal pardon** n grâce f royale ▷ **the Royal Shakespeare Company** n (Brit) troupe de théâtre spécialisée dans le répertoire shakes-

pearien ▷ **the Royal Society** n (Brit) ≃ l'Académie f des sciences ▷ **the Royal Society for the Prevention of Cruelty to Animals** n (Brit) → RSPCA ▷ **the Royal Ulster Constabulary** n (Brit Police) la police de l'Irlande du Nord ▷ **royal warrant** n (Brit) *autorisation que reçoit un commerçant de fournir la famille royale*

royalism [ˈrɔɪəlɪzəm] n royalisme m

royalist [ˈrɔɪəlɪst] adj, n royaliste mf

royally [ˈrɔɪəlɪ] adv **a** (= lavishly) entertain, treat royalement **b** (* = completely) **to get royally drunk** se soûler à mort * ♦ **to be royally pissed off (with sb)** ‡ en avoir sa claque * (de qn) ♦ **to have royally screwed up** ‡ avoir merdé en beauté *‡

royalty [ˈrɔɪəltɪ] n **a** (= position, dignity, rank) royauté f **b** (= royal person) membre m de la famille royale, (= royal persons) (membres mpl de) la famille royale ♦ **when speaking to royalty** quand on s'adresse à un membre de la famille royale **c** (also **royalties**) (from book) royalties fpl, droits mpl d'auteur; (from oil well, patent) royalties fpl

rozzer ‡ [ˈrɒzəʳ] n (Brit) flic * m, poulet * m

RP [ɑːˈpiː] n (Ling) (abbrev of **Received Pronunciation**) → received; → ENGLISH

RPI [ˌɑːpiːˈaɪ] n (Brit) (abbrev of **retail price index**) → retail

rpm [ˌɑːpiːˈem] n **a** (abbrev of **revolutions per minute**) tr/min **b** (Comm) (abbrev of **resale price maintenance**) → resale

RR (US) abbrev of **railroad**

RRP [ˌɑːrɑːˈpiː] n (Comm) (abbrev of **recommended retail price**) → recommend

RSA [ˌɑːresˈeɪ] n **a** (abbrev of **Royal Society of Arts**) *organisme habilité à conférer des diplômes* **b** (abbrev of **Royal Scottish Academy**) Académie f royale d'Écosse

RSC [ˌɑːresˈsiː] n (Brit) (abbrev of **Royal Shakespeare Company**) → royal

RSI [ˌɑːresˈaɪ] n (abbrev of **repetitive strain injury**) TMS mpl

RSJ [ˌɑːresˈdʒeɪ] n (Constr) (abbrev of **rolled-steel joist**) poutrelle f en I

RSM [ˌɑːresˈem] n (Mil) (abbrev of **Regimental Sergeant Major**) → regimental

RSPB [ˌɑːrespiːˈbiː] n (Brit) (abbrev of **Royal Society for the Protection of Birds**) *société britannique de protection des oiseaux*

RSPCA [ˌɑːrespiːsiːˈeɪ] n (Brit) (abbrev of **Royal Society for the Prevention of Cruelty to Animals**) ≃ SPA f

RSV n (abbrev of **Revised Standard Version**) → revise

RSVP [ˌɑːresviːˈpiː] n (abbrev of **please reply**) RSVP

RTA [ˌɑːtiːˈeɪ] n (abbrev of **road traffic accident**) → road

RTE [ɑːtiːˈiː] n (abbrev of **Radio Telefís Éireann**) *radio et télévision nationales irlandaises*

Rt Hon. (Brit Pol) (abbrev of **Right Honourable**) → right

Rt Rev. (abbrev of **Right Reverend**) → reverend

RU n (abbrev of **Rugby Union**) → rugby

RU486 n (Med) RU486 m

rub [rʌb] → SYN **1** n **a** (on thing) frottement m; (on person) friction f; (with duster etc) coup m de chiffon or de torchon ♦ **to give sth a rub** [+ furniture, shoes, silver] donner un coup de chiffon or de torchon à qch; [+ sore place, one's arms] frotter qch ♦ **to give sb a rub** frictionner qn **b** (= obstacle) **there's the rub!** c'est là la difficulté !, voilà le hic ! * ♦ **the rub is that ...** l'ennui or le hic *, c'est que ... ♦ **we didn't have the rub of the green** (esp Brit) nous n'avons pas été vernis * or pas eu de chance **c** (= massage cream) crème f de massage; (= massage oil) huile f de massage **2** vt frotter (= polish) astiquer, frotter; (Art) [+ brass, inscription] prendre un frottis de ♦ **rub yourself and you'll soon be dry** friction-ne-toi or frotte-toi, tu seras bientôt sec ♦ **to rub one's nose** se frotter le nez ♦ **to rub sb's nose in sth** (fig) ne jamais laisser oublier qch à qn ♦ **to rub one's hands (together)** se frotter les mains ♦ **to rub one's hands with glee** (esp Brit) se frotter les mains ♦ **to rub sth dry** sécher qch en le frottant ♦ **to rub a hole in sth** faire un trou dans qch à force de frotter ♦ **to rub sth through a sieve** passer qch au tamis ♦ **to rub lotion into the skin** faire pénétrer de la lotion dans la peau ♦ **to rub shoulders** (Brit) or **elbows** (US) **with all sorts of people** côtoyer toutes sortes de gens ♦ **to rub sb the wrong way** (US) prendre qn à rebrousse-poil; → **salt 3** vi [thing] frotter (*against* contre); [person, cat] se frotter (*against* contre) **4** COMP ▷ **rub-down** n **to give a horse a rub-down** bouchonner un cheval ♦ **to give sb a rub-down** faire une friction à qn, frictionner qn ▷ **rub-up** n **to give sth a rub-up** frotter or astiquer qch

▶ **rub along** * vi (Brit) faire or poursuivre son petit bonhomme de chemin ♦ **to rub along (together)** [two people] vivre or s'accorder tant bien que mal ♦ **he can rub along in French, he knows enough French to rub along with** il sait assez de français pour se tirer d'affaire tant bien que mal or pour se débrouiller

▶ **rub away** vt sep [+ mark] faire disparaître (en frottant), effacer ♦ **she rubbed her tears away** elle a essuyé ses larmes

▶ **rub down** **1** vt sep [+ horse] bouchonner; [+ person] frictionner (*with* avec); [+ wall, paintwork] (= clean) frotter, nettoyer du haut en bas; (= sandpaper) poncer, polir **2** rub-down n → rub

▶ **rub in** vt sep [+ oil, liniment] faire pénétrer en frottant; (fig) [+ idea] insister sur; [+ lesson] faire entrer (*to* à) ♦ **don't rub it in!** * (fig) pas besoin de me le rappeler ! ♦ **he's always rubbing in how rich he is** il ne vous laisse jamais oublier à quel point il est riche

▶ **rub off** **1** vi [mark] partir, s'en aller; [writing] s'effacer, disparaître ♦ **the blue will rub off on to your hands** tu vas avoir les mains toutes bleues ♦ **I hope some of his politeness will rub off on to his brother** * j'espère qu'il passera un peu de sa politesse à son frère, j'espère que sa politesse déteindra un peu sur son frère **2** vt sep [+ writing on blackboard] effacer; [+ dirt] enlever en frottant

▶ **rub on** vt sep [+ cream, polish etc] passer

▶ **rub out** **1** vi [mark, writing] s'effacer, s'en aller ♦ **that ink won't rub out** cette encre ne s'effacera pas **2** vt sep (= erase) effacer; (* = kill) descendre *, liquider *

▶ **rub up** **1** vi ♦ **to rub up against all sorts of people** côtoyer toutes sortes de gens **2** vt sep [+ vase, table] frotter, astiquer ♦ **to rub sb up the right way** savoir (comment) s'y prendre avec qn ♦ **to rub sb up the wrong way** prendre qn à rebrousse-poil ♦ **to rub up one's French** (* = revise) dérouiller * son français **3** rub-up n → rub

rubato [ruːˈbɑːtəʊ] n, adv rubato m

rubber¹ [ˈrʌbəʳ] **1** n **a** (= material: no pl) caoutchouc m ♦ **synthetic rubber** caoutchouc m synthétique ♦ **to burn rubber** (= start) démarrer sur les chapeaux de roue; (= pass) passer en trombe; → foam **b** (Brit = eraser) gomme f **c** (esp US ‡ = condom) préservatif m, capote f anglaise **2 rubbers** npl (= shoes) caoutchoucs mpl **3** adj de or en caoutchouc; see also 4 **4** COMP ▷ **rubber band** n élastique m ▷ **rubber boots** npl (US) bottes fpl de or en caoutchouc ▷ **rubber bullet** n balle f de or en caoutchouc ▷ **rubber cement** n dissolution f de caoutchouc ▷ **rubber cheque** * (Brit), **rubber check** * (US) n chèque m en bois * or sans provision ▷ **rubber gloves** npl gants mpl de or en caoutchouc ▷ **rubber plant** n caoutchouc m *(plante verte)* ▷ **rubber plantation** n plantation f d'hévéas ▷ **rubber ring** n (for swimming) bouée f (de natation); (for sitting on) rond m (pour malade) ▷ **rubber solution** n dissolution f ▷ **rubber stamp** n tampon m en caoutchouc ▷ **rubber-stamp** vt (lit) tamponner; (fig) approuver sans discussion ▷ **rubber tree** n arbre m à gomme, hévéa m ▷ **rubber-tyred** adj sur pneus

rubber² [ˈrʌbəʳ] n (Cards) rob m, robre m ♦ **to play a rubber** faire un robre or une partie ♦ **that's game and rubber** (Bridge) c'est la partie

rubberize [ˈrʌbəraɪz] vt caoutchouter

rubberized [ˈrʌbəraɪzd] adj caoutchouté

rubberneck † ‡ [ˈrʌbənek] (US) **1** n (= tourist) touriste mf; (= onlooker) badaud(e) m(f) **2** vi faire le badaud

rubbery [ˈrʌbərɪ] adj object, substance, skin, food caoutchouteux; lips lippu; legs en coton

rubbing [ˈrʌbɪŋ] **1** n (= action) frottement m, friction f; (Art) frottis m, reproduction f par frottage; → brass **2** COMP ▷ **rubbing alcohol** n (US) alcool m à 90°

rubbish [ˈrʌbɪʃ] → SYN **1** n **a** (= waste material) détritus mpl; (Brit = household rubbish) ordures fpl, immondices fpl; [of factory] déchets mpl; [of building site] décombres mpl; (pej = worthless things) camelote * f ♦ **household rubbish** ordures fpl ménagères ♦ **garden rubbish** détritus mpl de jardin ♦ **this shop sells a lot of rubbish** ce magasin ne vend que de la camelote * ♦ **it's just rubbish** ça ne vaut rien; see also 1b **b** (fig = nonsense) bêtises fpl ♦ **to talk rubbish** dire des bêtises or des inepties ♦ **(what a lot of) rubbish!** * n'importe quoi ! * ♦ **this book is rubbish** ce livre ne vaut strictement rien ♦ **that's just rubbish** ça ne veut rien dire, ça n'a aucun sens ♦ **it is rubbish to say that ...** c'est idiot de dire que ... **2** adj (* = useless) nul ♦ **I'm rubbish at golf** je suis nul en golf **3** vt (* = denigrate) débiner * **4** COMP ▷ **rubbish bin** n (Brit) poubelle f, boîte f à ordures ▷ **rubbish chute** n (at dump) dépotoir m; (in building) vide-ordures m inv ▷ **rubbish collection** n ramassage m or collecte f des ordures ▷ **rubbish dump**, **rubbish heap** n (public) décharge f publique, dépotoir m; (in garden) monceau m de détritus

rubbishy * [ˈrʌbɪʃɪ] adj esp Brit film, book, magazine nul, débile *; goods de mauvaise qualité, qui ne vaut rien ♦ **this is rubbishy stuff** ça ne vaut rien

rubble [ˈrʌbl] n [of ruined house, bomb site, demolition site] décombres mpl; (smaller pieces) gravats mpl; (in road-building) blocaille f, blocage m ♦ **the building was reduced to a heap of rubble** il ne restait du bâtiment qu'un tas de décombres

rube ‡ [ruːb] n (US) péquenaud * ‡ m

rubefacient [ˌruːbɪˈfeɪʃənt] adj rubéfiant

rubefaction [ˌruːbɪˈfækʃən] n rubéfaction f

rubefy [ˈruːbɪfaɪ] vt rubéfier

Rube Goldberg [ˈruːbˈɡəʊldbɜːɡ] n (US) ♦ **a Rube Goldberg machine** un engin bricolé avec les moyens du bord

rubella [ruːˈbelə] n rubéole f

rubellite [ruːˈbelaɪt] n (Miner) rubellite f

Rubenesque * [ˌruːbɪnˈesk], **Rubensesque** * [ˌruːbɪnˈzesk] adj (= plump) aux formes généreuses

rubescent [ruːˈbesnt] adj rubescent

Rubicon [ˈruːbɪkən] n Rubicon m ♦ **to cross the Rubicon** passer or franchir le Rubicon

rubicund [ˈruːbɪkənd] adj (liter) rubicond

rubidium [ruːˈbɪdɪəm] n rubidium m

rubiginous [ruːˈbɪdʒɪnəs] adj rubigineux

ruble [ˈruːbl] n (US) ⇒ **rouble**

rubric [ˈruːbrɪk] n rubrique f

ruby [ˈruːbɪ] **1** n rubis m; (= colour) couleur f rubis **2** COMP (= colour) wine (de couleur) rubis inv; lips vermeil; (= made of rubies) necklace, ring de rubis ▷ **ruby wedding** n noces fpl de rubis

RUC [ˌɑːjuːˈsiː] n (Brit Police) (abbrev of **Royal Ulster Constabulary**) → royal

ruche [ruːʃ] n ruche f

ruched [ruːʃt] adj ruché

ruck[1] [rʌk] n (Racing) peloton m ; (Rugby) mêlée f ouverte or spontanée ; (Brit = fight) bagarre f ◆ **the (common) ruck** (fig) les masses fpl, la foule, le peuple ◆ **to get out of the ruck** se distinguer du commun des mortels

ruck[2] [rʌk] n (= crease) faux pli m, godet m

▶ **ruck up** vi [skirt, blouse] remonter en faisant des plis

ruckle [ˈrʌkl] n ⇒ **ruck**[2]

rucksack [ˈrʌksæk] n (esp Brit) sac m à dos

ruckus * [ˈrʌkəs] n, pl **ruckuses** (US) grabuge * m

ruction * [ˈrʌkʃən] n (gen pl) (= rows) disputes fpl, grabuge * m ; (= riots) troubles mpl, bagarres fpl ◆ **there'll be ructions if you break that glass** si tu casses ce verre tu vas te faire sonner les cloches * or il va y avoir du grabuge f

rudbeckia [rʌdˈbekɪə] n rudbeckia m

rudd [rʌd] n (= fish) rotengle m

rudder [ˈrʌdəʳ] n (Aviat, Naut, fig) gouvernail m ◆ **vertical/horizontal rudder** (Aviat) gouvernail m de direction/de profondeur

rudderless [ˈrʌdəlɪs] adj boat sans gouvernail ; government, country à la dérive

ruddiness [ˈrʌdɪnɪs] n ◆ **the ruddiness of her complexion** son teint rose ; (pej) son teint rougeaud

ruddy [ˈrʌdɪ] → SYN ☐ adj a face rose ; (pej) rougeaud ; complexion rose ; (pej) rougeaud, coloré ; sky, glow rougeoyant ◆ **her face had a ruddy glow** elle avait les joues roses

  b (Brit ✝ * euph = bloody) satané * ◆ **he's a ruddy fool** c'est un imbécile fini ◆ **you're a ruddy nuisance** tu me casses vraiment les pieds * ◆ **what the ruddy hell are you doing?** mais qu'est-ce que tu fiches ? *

  ☐ adv (Brit ✝ * euph = bloody) bougrement ✝ * ◆ **how could you be so ruddy stupid?** comment as-tu pu être aussi bougrement ✝ * idiot ?

rude [ruːd] → SYN ☐ adj a (= impolite) person, behaviour, reply impoli (to sb avec qn ; about sth à propos de qch) ; remark impoli ◆ **he's always rude** c'est un grossier personnage ◆ **it's rude to stare/to speak with your mouth full** c'est mal élevé de dévisager les gens/de parler la bouche pleine

  b (= obscene) noise incongru ; joke grossier ; story scabreux ; song grivois ; gesture obscène

  c (= unexpected) shock brutal ◆ **to have** or **get a rude awakening** (fig) être brutalement rappelé à la réalité

  d (liter = primitive) shelter, table, implement rudimentaire

  e (= vigorous) health de fer ◆ **to be in rude health** avoir une santé de fer

  ☐ COMP ▷ **rude word** n gros mot m

rudely [ˈruːdlɪ] adv a (= impolitely) say impoliment ; push, interrupt impoliment, brutalement ◆ **before I was so rudely interrupted** avant qu'on ne m'interrompe aussi impoliment

  b (= unexpectedly) awaken en sursaut, brusquement ; shatter brutalement

  c (liter = primitively) carved, shaped grossièrement

rudeness [ˈruːdnɪs] n a (= impoliteness) [of person, behaviour, reply] impolitesse f ; [of remark] impolitesse f, grossièreté f

  b (obscenity) [of joke] grossièreté f ; [of story] côté m scabreux ; [of song] grivoiserie f ; [of gesture] obscénité f

  c (= unexpectedness) [of shock] brutalité f

ruderal [ˈruːdərəl] (Bot) ☐ n plante f rudérale
  ☐ adj rudéral

rudiment [ˈruːdɪmənt] n (Anat) rudiment m ◆ **rudiments** (fig) rudiments mpl, éléments mpl, notions fpl élémentaires

rudimentary [ˌruːdɪˈmentərɪ] → SYN adj rudimentaire ◆ **I've only got rudimentary French** je n'ai que quelques rudiments de français, mon français est rudimentaire

rue[1] [ruː] vt (liter) se repentir de, regretter amèrement ◆ **to rue the day (when)** maudire le jour (où)

rue[2] [ruː] n (Bot) rue f

rueful [ˈruːfʊl] → SYN adj contrit

ruefully [ˈruːfəlɪ] adv say, admit avec regret ; smile d'un air contrit

ruff[1] [rʌf] n a (Dress) collerette f ; (Hist) fraise f ; [of bird, animal] collier m, collerette f

  b (Orn) (= sandpiper) combattant m ; (= pigeon) pigeon m capucin

ruff[2] [rʌf] (Cards) ☐ n action f de couper (avec un atout)
  ☐ vti couper (avec un atout)

ruff[3] [rʌf] n (= fish) grémille f

ruffian [ˈrʌfɪən] → SYN n voyou m, brute f ◆ **you little ruffian!** petit polisson !

ruffianly [ˈrʌfɪənlɪ] adj person brutal ; behaviour de voyou, de brute ; looks, appearance de brigand, de voyou

ruffle [ˈrʌfl] → SYN ☐ n (on wrist) manchette f (en dentelle etc) ; (on chest) jabot m ; (round neck) fraise f ; (= ripple: on water) ride f, ondulation f

  ☐ vt a (= disturb) [+ hair, feathers] ébouriffer ; [+ surface, water] agiter, rider ; [+ one's clothes] déranger, froisser ◆ **the bird ruffled (up) its feathers** l'oiseau a hérissé ses plumes

  b (fig) (= upset) froisser ; (= annoy) contrarier, irriter ◆ **she wasn't at all ruffled** elle était restée parfaitement calme ◆ **to ruffle sb's feathers** froisser qn

Rufflette ® [ˈrʌflet] n (also **Rufflette tape**) galon m fronceur, ruflette ® f

rufous [ˈruːfəs] adj roux (f rousse)

rug [rʌg] ☐ n a (for floor) petit tapis m ; (bedside) descente f de lit, carpette f ; (fireside) carpette f ◆ **to pull the rug out from under sb's feet, to pull the rug from under sb** (fig) couper l'herbe sous le pied de qn

  b (esp Brit = blanket) couverture f ; (in tartan) plaid m ; → **travelling**

  c (* * = wig) moumoute * f, postiche m

  ☐ COMP ▷ **rug rat** n (esp US: = baby) morpion * m (pej), petit asticot * m

ruga [ˈruːgə] n, pl **rugae** [ˈruːdʒiː] (Anat) repli m ◆ **ruga of stomach** plissement m gastrique ◆ **rugae of vagina** crêtes fpl du vagin

rugby [ˈrʌgbɪ] ☐ n (also **rugby football**) rugby m
  ☐ COMP ▷ **rugby league** n (le) rugby à treize ▷ **rugby player** n rugbyman m, joueur m de rugby ▷ **rugby tackle** n plaquage m ◇ vt plaquer ▷ **rugby union** n (le) rugby à quinze

rugged [ˈrʌgɪd] → SYN adj a (= rough) terrain accidenté ; coastline, cliffs déchiqueté ; mountains aux contours déchiquetés ; landscape, beauty sauvage

  b (= masculine) man rude ; features rude, taillé à coups de serpe

  c (= tough) person, personality, character, manners rude ; individualism, independence, determination farouche ; resistance acharné ◆ **hill farmers are a rugged breed** les éleveurs des montagnes sont de solides gaillards

  d (= durable) machine, construction, clothing solide

ruggedness [ˈrʌgɪdnɪs] n [of landscape] aspect m sauvage ; [of character, features] rudesse f

rugger * [ˈrʌgəʳ] n (Brit) rugby m

rugosity [ruːˈgɒsɪtɪ] n rugosité f

Ruhr [ruəʳ] n Ruhr f

ruin [ˈruːɪn] → SYN ☐ n a (= destruction, cause of destruction) ruine f ◆ **the palace was going to ruin** or **falling into ruin** le palais tombait en ruine or menaçait ruine ◆ **he was on the brink of ruin**, **ruin stared him in the face** il était au bord de la ruine ◆ **the ruin of my hopes** la ruine or la faillite de mes espérances ◆ **drink was his ruin** l'alcool a été sa perte ◆ **it will be the ruin of him** ça sera sa ruine ◆ **you will be the ruin of me** tu seras ma perte or ma ruine ; → **rack**[2]

  b (gen pl = remains) ruine(s) f(pl) ◆ **in ruins** (lit, fig) en ruine ◆ **the castle is now a ruin** le château est maintenant une ruine

  ☐ vt [+ building, reputation, hopes, health, person] ruiner ; [+ clothes] abîmer ; [+ event, enjoyment] gâter ◆ **he's going to ruin himself** il va se ruiner

ruination [ˌruːɪˈneɪʃən] n ruine f, perte f ◆ **to be the ruination of** être la ruine de

ruined [ˈruːɪnd] adj building, city en ruine ; economy délabré, en ruine ; person (morally) perdu ; (financially) ruiné ; career ruiné

ruinous [ˈruːɪnəs] → SYN adj a (= expensive) cost exorbitant ; expense exorbitant, ruineux

  b (= disastrous) effects, consequences dévastateur (-trice f) ; war, policy désastreux ◆ **to be ruinous for sb/sth** entraîner la ruine de qn/qch, ruiner qn/qch

  c (liter = dilapidated) building délabré ◆ **to be in a ruinous state** être délabré

ruinously [ˈruːɪnəslɪ] adv ◆ **ruinously expensive** ruineux ◆ **ruinously high interest rates** des taux mpl d'intérêt ruineux or exorbitants

rule [ruːl] → SYN ☐ n a (= guiding principle) règle f ; (= regulation) règlement m ; (Gram) règle f ◆ **the rules of the game** la règle du jeu ◆ **school rules** règlement m intérieur de l'école (or du lycée etc) ◆ **it's against the rules** c'est contraire à la règle or au règlement ◆ **running is against the rules, it's against the rules to run** il est contraire à la règle or il n'est pas permis de courir ◆ **to play by the rules** (lit, fig) jouer suivant or selon les règles, respecter les règles (fig) ◆ **to bend** or **stretch the rules** faire une entorse au règlement ◆ **rules and regulations** statuts mpl ◆ **standing rule** règlement m ◆ **it's a rule that ...** il est de règle que ... (+ subj) ◆ **rule of the road** (Aut) règle f générale de la circulation ; (Naut) règles fpl générales du trafic maritime ◆ **to do sth by rule** faire qch selon les règles ◆ **the rule of three** (Math) la règle de trois ◆ **a rough rule of thumb is that it is best to ...** en règle générale il vaut mieux ... ◆ **by rule of thumb** à vue de nez ◆ **golden rule** règle f d'or ; → **exception, work**

  b (= custom) coutume f, habitude f ◆ **ties are the rule in this hotel** les cravates sont de règle dans cet hôtel ◆ **bad weather is the rule in winter** le mauvais temps est habituel or normal en hiver ◆ **he makes it a rule to get up early** il a pour règle de se lever tôt ◆ **to make tidiness a rule** faire de l'ordre une règle

  ◆ **as a (general) rule** en règle générale

  c (NonC = authority) autorité f, empire m ◆ **under British rule** sous l'autorité britannique ◆ **under a tyrant's rule** sous l'empire or la domination d'un tyran ◆ **majority rule, rule of the majority** (Pol etc) le gouvernement par la majorité ◆ **the rule of law** l'autorité f de la loi ; → **home**

  d (for measuring) règle f (graduée) ◆ **a foot rule** une règle d'un pied ◆ **folding rule** mètre m pliant ; → **slide**

  e (Rel) règle f

  ☐ vt a [+ country] gouverner ; (fig) [+ passions, emotion] maîtriser ; [+ person] dominer, mener ◆ **to rule the roost** faire la loi ◆ **he ruled the company for 30 years** il a dirigé la compagnie or il a été à la tête de la compagnie pendant 30 ans ◆ **to be ruled by jealousy** être mené or dominé par la jalousie ◆ **to rule one's passions** maîtriser ses passions ◆ **he is ruled by his wife** il est dominé par sa femme ◆ **if you would only be ruled by what I say ...** si seulement tu voulais consentir à écouter mes conseils ... ◆ **I won't be ruled by what he wants** je ne veux pas me plier à ses volontés

  b [judge, umpire etc] décider, déclarer (that que) ◆ **the judge ruled the defence out of order** (Jur) le juge a déclaré non recevables les paroles de l'avocat pour la défense ◆ **the judge ruled that the child should go to school** le juge a décidé que l'enfant irait à l'école

  c (= draw lines on) [+ paper] régler, rayer ; [+ line] tirer à la règle ◆ **ruled paper** papier m réglé or rayé

  ☐ vi a (= reign) régner (over sur) ◆ **United rule OK** (in graffiti) United vaincra

  b **the prices ruling in Paris** les cours pratiqués à Paris

  c (Jur) statuer (against contre ; in favour of en faveur de ; on sur)

  ☐ COMP ▷ **the rule book** n le règlement ◆ **to do sth by the rule book** (fig) faire qch dans les règles ◆ **to throw the rule book at sb** * remettre qn à sa place, rembarrer qn *

▶ **rule off** vt (Comm) [+ account] clore, arrêter ◆ **to rule off a column of figures** tirer une ligne sous une colonne de chiffres

▶ **rule out** vt sep [+ word, sentence] barrer, rayer ; (fig) [+ possibility, suggestion, date, person]

exclure, écarter ◆ **the age limit rules him out** il est exclu du fait de la limite d'âge ◆ **murder can't be ruled out** il est impossible d'écarter or d'exclure l'hypothèse d'un meurtre

ruler ['ruːlə^r] → SYN n **a** (= sovereign) souverain(e) m(f) ; (= political leader) chef m (d'État) ◆ **the country's rulers** les dirigeants mpl du pays
  b (for measuring) règle f

ruling ['ruːlɪŋ] → SYN 1 adj class, body dirigeant ; elite dirigeant, au pouvoir ; party au pouvoir ; principle souverain ; passion dominant ; price en vigueur
  2 n (Admin, Jur) décision f, jugement m ; [of judge] décision f ◆ **to give a ruling** rendre un jugement

rum¹ [rʌm] 1 n rhum m
  2 COMP ▷ **rum-running** n contrebande f d'alcool ▷ **rum toddy** n grog m

rum² †* [rʌm] adj (Brit) person, situation loufoque * ; idea loufoque *, biscornu *

Rumania [ruːˈmeɪnɪə] n la Roumanie

Rumanian [ruːˈmeɪnɪən] 1 adj roumain
  2 n **a** (= person) Roumain(e) m(f)
  b (Ling) roumain m

rumba ['rʌmbə] n rumba f

rumble ['rʌmbl] 1 n **a** (= noise) [of thunder, cannon] grondement m ; [of train, lorry] roulement m, grondement m ; [of pipe, stomach] gargouillement m, borborygme m
  b (⁕ = fight) bagarre f, baston * m or f
  2 vi [thunder, cannon] gronder ; [stomach, pipes] gargouiller ◆ **to rumble past** [vehicle] passer avec fracas
  3 vt **a** (Brit ⁕ = see through) [+ swindle] flairer, subodorer * ; [+ trick] piger * ; [+ person] voir venir ; (= find out) piger * (what/why etc ce que/pourquoi etc) ◆ **I soon rumbled him** or **his game** or **what he was up to!** j'ai tout de suite pigé sa combine !
  b (also **rumble out**) [+ comments, remarks] dire en grondant, grommeler
  4 COMP ▷ **rumble seat** n strapontin m ▷ **rumble strip** n (on road) bande f rugueuse

▶ **rumble on** vi (Brit) [argument, controversy] traîner en longueur

rumbling ['rʌmblɪŋ] n [of thunder] grondement m ; [of vehicle] roulement m, grondement m ; [of stomach, pipe] gargouillement m ◆ **rumblings of discontent** murmures mpl de mécontentement ◆ **tummy rumblings** * gargouillis mpl, borborygmes mpl

rumbustious [rʌmˈbʌstʃəs] adj (Brit) exubérant

rumbustiousness [rʌmˈbʌstʃəsnɪs] n exubérance f

rumen ['ruːmen] n, pl **rumens** or **rumina** ['ruːmɪnə] (Zool) rumen m, panse f

ruminant ['ruːmɪnənt] adj, n ruminant m

ruminate ['ruːmɪneɪt] → SYN 1 vi (lit, fig) ruminer ◆ **to ruminate over** or **about** or **on sth** (fig) ruminer qch, retourner qch dans sa tête
  2 vt ruminer

rumination [ˌruːmɪˈneɪʃən] n (lit, fig) rumination f

ruminative ['ruːmɪnətɪv] adj person pensif ; mood méditatif, pensif

ruminatively ['ruːmɪnətɪvlɪ] adv d'un air pensif, pensivement

rummage ['rʌmɪdʒ] 1 n **a** (= action) **to have a good rummage round** fouiller partout
  b (US = jumble) bric-à-brac m
  2 vi (also **rummage about, rummage around**) farfouiller *, fouiller (among, in dans ; for pour trouver)
  3 COMP ▷ **rummage sale** n (US) vente f de charité (de bric-à-brac)

rummy¹ * ['rʌmɪ] 1 adj ⇒ **rum**²
  2 n (US * = drunk) poivrot * m

rummy² ['rʌmɪ] n (Cards) rami m

rumour, rumor (US) ['ruːmə^r] → SYN 1 n rumeur f (that selon laquelle) ◆ **there is a disturbing rumour (to the effect) that ...** il court un bruit inquiétant selon lequel ... ◆ **all these nasty rumours** toutes ces rumeurs pernicieuses ◆ **rumour has it that ...** on dit que ..., le bruit court que ... ◆ **there is a rumour of war** le bruit court or on dit qu'il va y avoir la guerre
  2 vt ◆ **it is rumoured that ...** on dit que ..., le bruit court que ... ◆ **he is rumoured to be in London** il serait à Londres, le bruit court qu'il est à Londres ◆ **he is rumoured to be rich** on le dit riche
  3 COMP ▷ **rumour-monger** n colporteur m, -euse f de rumeurs ▷ **rumour-mongering** n (NonC) commérages mpl, colportage m de rumeurs

rump [rʌmp] 1 n **a** [of animal] croupe f ; [of fowl] croupion m ; (Culin) culotte f (de bœuf) ; * [of person] derrière m, postérieur * m
  b (esp Brit pej) [of group, organization] derniers vestiges mpl
  2 adj (Pol) ◆ **a rump party/opposition** etc un parti/une opposition etc croupion ◆ **rump Yugoslavia** ce qui reste de la Yougoslavie ◆ **the Rump Parliament** (Brit Hist) le Parlement croupion

rumple ['rʌmpl] vt [+ clothes, paper] froisser ; [+ hair] ébouriffer

rumpsteak ['rʌmpsteɪk] n rumsteck m

rumpus * ['rʌmpəs] 1 n, pl **rumpuses** chahut m ; (= noise) tapage m, boucan * m ; (= quarrel) prise f de bec * ◆ **to make** or **kick up a rumpus** faire du chahut or du boucan * ◆ **to have a rumpus with sb** se chamailler * avec qn, avoir une prise de bec * avec qn
  2 COMP ▷ **rumpus room** n (esp US) salle f de jeux

rumpy-pumpy * ['rʌmpɪ'pʌmpɪ] n (NonC) partie f de jambes en l'air *

rumrunner ['rʌmrʌnə^r] n (Hist) (= person) contrebandier m (d'alcool) ; (= ship) bateau m servant à la contrebande d'alcool

run [rʌn]
vb : pret **ran**, ptp **run**

1 NOUN	4 TRANSITIVE VERB
2 PLURAL NOUN	5 COMPOUNDS
3 INTRANSITIVE VERB	6 PHRASAL VERBS

1 NOUN

a = act of running action f de courir, course f ◆ **to go for a run** aller courir ◆ **to go for a 2-km run** faire 2 km de course à pied ◆ **at a run** en courant ◆ **to break into a run** se mettre à courir ◆ **to make a run for it** se sauver, filer * ◆ **I'll give them a (good) run for their money!** ils vont voir à qui ils ont affaire ! ◆ **he's had a good run** (on sb's death) il a bien profité de l'existence

b = outing tour m ◆ **to go for a run in the car** faire un tour en voiture ◆ **they went for a run in the country** ils ont fait un tour à la campagne ◆ **we had a pleasant run down** le voyage a été agréable

c = distance travelled trajet m ; (= route) ligne f ◆ **it's a 30-minute run** il y a une demi-heure de trajet ◆ **it's a 30-minute bus run** il y a une demi-heure de bus ◆ **it's a short car run** le trajet n'est pas long en voiture ◆ **the boat no longer does that run** le bateau ne fait plus cette traversée, ce service n'existe plus ◆ **the ferries on the Dover-Calais run** les ferrys sur la ligne Douvres-Calais ◆ **the ships on the China run** les paquebots qui font la Chine

d = series série f ; (Cards) séquence f ◆ **a run of misfortunes** une série de malheurs, une série noire ◆ **a run of bad luck** une période de malchance ◆ **she's having a run of luck** la chance lui sourit ◆ **a run on the red** (Roulette) une série à la rouge ◆ **the run of the cards** le hasard du jeu

e Theat, TV = period of performance **when the London run was over** une fois la saison à Londres or la série de représentations à Londres terminée ◆ **the play had a long run** la pièce a tenu longtemps l'affiche ◆ **her new series begins a run on BBC1** sa nouvelle série d'émissions va bientôt passer sur BBC1

f = great demand (Econ) ruée f ◆ **there was a run on the pound** il y a eu une ruée sur la livre ◆ **a run on shares** (St Ex) une ruée sur les actions ◆ **there was a run on the banks** les guichets (des banques) ont été assiégés ◆ **there has been a run on sugar** les gens se sont précipités (dans les magasins) pour acheter du sucre, il y a une ruée sur le sucre

g = use **they have the run of the garden** ils ont la jouissance du jardin ◆ **they gave us the run of the garden** ils nous ont donné la jouissance du jardin

h of tide flux m

i = trend [of market] tendance f ; [of events] tournure f ◆ **the decisive goal arrived, against the run of play** le but décisif a été marqué contre le cours du jeu ◆ **against the run of the polls, he was re-elected** contrairement à la tendance indiquée par les sondages, il a été réélu

j = type **he was outside the common run of lawyers** ce n'était pas un avocat ordinaire ◆ **he didn't fit the usual run of petty criminals** il n'avait pas le profil du petit malfaiteur ordinaire ◆ **the usual run of problems** les problèmes mpl habituels

k = track for sledging, skiing piste f ◆ **ski run** piste f de ski

l = animal enclosure enclos m

m in tights échelle f

n Mus roulade f

o Printing tirage m ◆ **a run of 5,000 copies** un tirage de 5 000 exemplaires

p Cricket course f ◆ **to make a run** marquer une course

q Mil = raid, mission raid m (aérien) ◆ **a bombing run** un bombardement

r US Pol = bid for leadership candidature f (for à)

s set structures
◆ **in the long run** à long terme ◆ **it will be more economical in the long run** ce sera plus économique à long terme ◆ **things will sort themselves out in the long run** les choses s'arrangeront avec le temps
◆ **in the short run** à court terme ◆ **the most effective policy in the short run** les mesures les plus efficaces à court terme ◆ **no improvement is likely in the short run** il y a peu de chances que la situation s'améliore à court terme or dans l'immédiat
◆ **on the run** ◆ **a criminal on the run (from the police)** un criminel recherché par la police ◆ **he is still on the run** il court toujours, il est toujours en cavale * ◆ **he was on the run for several months** il n'a été repris qu'au bout de plusieurs mois ◆ **to have the enemy on the run** mettre l'ennemi en fuite ◆ **to keep the enemy on the run** harceler l'ennemi ◆ **I knew I had him on the run** je savais que j'avais réussi à le mettre en mauvaise posture ◆ **she has so much to do she's always on the run** * elle a tant à faire qu'elle est toujours en train de courir

2 runs⁕ PLURAL NOUN
◆ **to have the runs** avoir la courante * or la chiasse⁕

3 INTRANSITIVE VERB

a gen courir ; (= hurry) courir, se précipiter ◆ **don't run across the road** ne traverse pas la rue en courant ◆ **he's trying to run before he can walk** (Brit) il essaie de brûler les étapes ◆ **to run behind sb** (fig) avoir du retard par rapport à qn ◆ **to run down/off** descendre/partir en courant ◆ **to run down a slope** dévaler une pente or descendre une pente en courant ◆ **to run for the bus** courir pour attraper le bus ◆ **he used to run for his school** il représentait son lycée dans les épreuves de course à pied ◆ **it runs in the family** [disease] c'est héréditaire ; [characteristic] c'est de famille ◆ **my thoughts ran on Jenny** je pensais à Jenny ◆ **she came running out** elle est sortie en courant ◆ **she ran over to her neighbour's** elle a couru or s'est précipitée chez son voisin ◆ **three men ran past him** trois hommes l'ont dépassé en courant ◆ **laughter ran round the room** le rire gagnait toute la salle ◆ **a rumour ran through the school** un bruit courait à l'école ◆ **this theme runs through the whole Romantic movement** c'est un thème récurrent chez les romantiques ◆ **all sorts of thoughts were running through my head** toutes sortes d'idées me venaient à l'esprit

runny / rustle

us a running commentary on what was happening (fig) elle nous a fait un commentaire détaillé de ce qui se passait ▷ **running costs** npl (esp Brit) [of business] frais mpl de fonctionnement or d'exploitation, dépenses fpl courantes ; [of machine] frais mpl d'entretien ◆ **the running costs of the car/the central heating are high** la voiture/le chauffage central revient cher ▷ **running fire** n (Mil) feu m roulant ▷ **running hand** n écriture f cursive ▷ **running head** n (Typ) ⇒ **running title** ▷ **running jump** n saut m avec élan ◆ **(go and) take a running jump!*** va te faire cuire un œuf!* ▷ **running kick** n coup m de pied donné en courant ▷ **running knot** n nœud m coulant ▷ **running mate** n (US Pol) candidat(e) m(f) à la vice-présidence ▷ **running order** n in running order en état de marche ▷ **running repairs** npl réparations fpl courantes ▷ **running shoe** n chaussure f de course ▷ **running stitch** n (Sewing) point m de devant ▷ **running tally** n ▷ **running total** ▷ **running time** n [of film] durée f ▷ **running title** n (Typ) titre m courant ▷ **running total** n cumul m, total m cumulé ◆ **to keep a running total (of sth)** tenir un compte régulier (de qch) ▷ **running track** n (Sport) piste f

runny* ['rʌnɪ] adj sauce, honey, consistency liquide ; omelette baveux ; eyes qui pleure ◆ **a runny egg** (boiled) un œuf à la coque ; (fried, poached) un œuf dont le jaune est crémeux ◆ **to have a runny nose** avoir le nez qui coule

runproof ['rʌnpruːf] adj tights indémaillable ; mascara waterproof

runt [rʌnt] n (= animal) avorton m ; (pej) (= person) nabot(e) m(f), avorton m ◆ **a little runt of a man** un bonhomme tout riquiqui*

runtish ['rʌntɪʃ] adj (pej) gringalet

runway ['rʌnweɪ] n (Aviat) piste f ; (Tech) chemin m or piste f de roulement

rupee [ruːˈpiː] n roupie f

rupture ['rʌptʃə'] → SYN 1 n (lit, fig) rupture f ; (Med * = hernia) hernie f
2 vt rompre ◆ **ruptured aneurism** (Med) rupture f d'anévrisme ◆ **to rupture o.s.** se donner une hernie
3 vi se rompre

rural ['rʊərəl] → SYN 1 adj area, village, school, life, economy, poverty rural ; setting, landscape rural, champêtre (liter) ; household paysan ; policeman, services, crime en milieu rural ; postmaster, housing en zone rurale ; accent campagnard ◆ **rural England** l'Angleterre f rurale ◆ **rural dean** (Brit Rel) doyen m rural ◆ **rural depopulation** exode m rural
2 COMP ▷ **rural development** n développement m rural ▷ **rural district council** n (Brit) conseil m municipal rural ▷ **rural planning** n aménagement m rural

ruse [ruːz] → SYN n ruse f, stratagème m

rush¹ [rʌʃ] → SYN 1 n a (= rapid movement) course f précipitée, ruée f ; [of crowd] ruée f ; (with jostling) bousculade f ; (Mil = attack) bond m, assaut m ◆ **he was caught in the rush for the door** il a été pris dans la ruée vers la porte ◆ **it got lost in the rush** ça s'est perdu dans la bousculade ◆ **to make a rush at sb** se précipiter sur ◆ **there was a rush for the empty seats** il y a eu une ruée vers les places libres, on s'est rué vers or sur les places libres ◆ **a gold rush** ruée f vers l'or ◆ **there's a rush on matches** (Comm) on se rue sur les allumettes ◆ **we have a rush on in the office just now** c'est le coup de feu en ce moment au bureau ◆ **the Christmas rush** (in shops) la bousculade dans les magasins avant Noël ◆ **we've had a rush of orders** on nous a submergés de commandes ◆ **a rush of warm air** une bouffée d'air tiède ◆ **there was a rush of water** l'eau a jailli ◆ **he had a rush of blood to the head** il a eu un coup de sang
b (= hurry) hâte f ◆ **the rush of city life** le rythme effréné de la vie urbaine ◆ **to be in a rush** être extrêmement pressé ◆ **I had a rush to get here in time** j'ai dû me dépêcher pour arriver à l'heure ◆ **I did it in a rush** je l'ai fait à toute vitesse or en quatrième vitesse* ◆ **what's all the rush?** pourquoi est-ce que c'est si pressé ? ◆ **is there any rush for this?** est-ce que c'est pressé ? or urgent ? ◆ **it all happened in a rush** tout est arrivé or tout s'est passé très vite
c (Cine) (projection f d')essai m
d (Drugs *) flash* m

e (US Univ: of fraternity etc) campagne f de recrutement
2 vi [person] se précipiter ; [car] foncer ◆ **the train went rushing into the tunnel** le train est entré à toute vitesse dans le tunnel ◆ **they rushed to help her** ils se sont précipités pour l'aider ◆ **I rushed to her side** je me suis précipité à ses côtés ◆ **they rushed to her defence** ils se sont précipités pour la défendre ◆ **I'm rushing to finish it** je me presse or je me dépêche pour le finir ◆ **to rush through** [+ book] lire à la hâte en diagonale ; [+ meal] prendre sur le pouce* ; [+ museum] visiter au pas de course ; [+ town] traverser à toute vitesse ; [+ work] expédier ◆ **to rush in/out/back** etc entrer/sortir/rentrer etc précipitamment or à toute vitesse ; see also **rush in**, **rush out** ◆ **to rush to the attack** se jeter or se ruer à l'attaque ◆ **to rush to conclusions** tirer des conclusions hâtives ◆ **the blood rushed to his face** le sang lui est monté au visage ◆ **memories rushed into his mind** des souvenirs lui affluèrent à l'esprit ◆ **he rushed into marriage** il s'est marié hâtivement or à la hâte ◆ **the wind rushed through the stable** le vent s'engouffrait dans l'écurie ◆ **a torrent of water rushed down the slope** un véritable torrent a dévalé la pente ; → **headlong**
3 vt a (= cause to move quickly) entraîner or pousser vivement ◆ **to rush sb to hospital** transporter qn d'urgence à l'hôpital ◆ **they rushed more troops to the front** ils ont envoyé or expédié d'urgence des troupes fraîches sur le front ◆ **they rushed him out of the room** ils l'ont fait sortir précipitamment or en toute hâte de la pièce ◆ **I don't want to rush you** je ne voudrais pas vous bousculer ◆ **don't rush me!** laissez-moi le temps de souffler ! ◆ **to rush sb off his feet** ne pas laisser à qn le temps de souffler ◆ **to rush sb into a decision** forcer or obliger qn à prendre une décision à la hâte ◆ **to rush sb into doing sth** forcer or obliger qn à faire qch à la hâte ◆ **they rushed the bill through Parliament** ils ont fait voter la loi à la hâte ; see also **rushed**
b (= take by storm: Mil) [+ town, position] prendre d'assaut ; [+ fence, barrier] franchir (sur son élan) ◆ **her admirers rushed the stage** ses admirateurs ont envahi la scène ◆ **the mob rushed the line of policemen** la foule s'est élancée contre le cordon de police
c (= do hurriedly) [+ job, task] dépêcher ; [+ order] exécuter d'urgence ◆ **"please rush me three tickets"** (Comm) "envoyez-moi de toute urgence trois billets"
d * (= charge) faire payer ; (= swindle) faire payer un prix exorbitant à, estamper* ◆ **how much were you rushed for it?** combien on te l'a fait payer ? ◆ **you really were rushed for that!** tu t'es vraiment fait estamper* pour ça !
e (US Univ: of fraternity etc) recruter
4 COMP ▷ **rush hour** n heures fpl de pointe or d'affluence ▷ **rush-hour traffic** n circulation f aux heures de pointe ▷ **rush job** n (gen) travail m urgent ◆ **that was a rush job** (= urgent) c'était urgent ; (pej) (= too rushed) c'était fait à la va-vite* ▷ **rush order** n (Comm) commande f pressée or urgente

▶ **rush about**, **rush around** vi courir çà et là

▶ **rush at** vt fus se jeter sur, se ruer sur ; [+ enemy] se ruer sur, fondre sur ◆ **don't rush at the job, take it slowly** ne fais pas ça trop vite, prends ton temps

▶ **rush down** vi [person] descendre précipitamment ; [stream] dévaler

▶ **rush in** vi (lit) entrer précipitamment or à toute vitesse ; (fig) se précipiter (to pour) see also **rush¹ 2**

▶ **rush out** 1 vi sortir précipitamment or à toute vitesse
2 vt sep (= produce quickly) [+ goods] sortir rapidement ◆ **we'll rush it out to you right away** (= deliver) nous vous le livrerons directement dans les plus brefs délais

▶ **rush through** vt sep (Comm) [+ order] exécuter d'urgence ; [+ goods, supplies] envoyer or faire parvenir de toute urgence ◆ **they rushed medical supplies through to him** on lui a fait parvenir des médicaments de toute urgence ; see also **rush¹ 2**

▶ **rush up** 1 vi (= arrive) accourir
2 vt sep [+ help, reinforcements] faire parvenir or (faire) envoyer d'urgence (to à)

rush² [rʌʃ] 1 n (Bot) jonc m ; (for chair) jonc m, paille f
2 COMP ▷ **rush light** n chandelle f à mèche de jonc ▷ **rush mat** n natte f de jonc ▷ **rush matting** n (NonC) natte f de jonc

rushed [rʌʃt] adj a (= hurried) meal expédié ; decision hâtif, précipité ; work fait à la va-vite
b (= busy) person débordé ◆ **to be rushed off one's feet** être (complètement) débordé ◆ **she was rushed off her feet trying to get everything ready** elle était complètement débordée avec tous les préparatifs

rusk [rʌsk] n (esp Brit) biscotte f

russet ['rʌsɪt] 1 n a (= colour) couleur f feuille-morte inv, brun roux inv
b (= apple) reinette f grise
2 adj brun roux inv

Russia ['rʌʃə] n la Russie

Russian ['rʌʃən] 1 adj (gen) russe ; ambassador, embassy de Russie ; teacher de russe
2 n a Russe mf
b (Ling) russe m
3 COMP ▷ **Russian doll** n poupée f russe or gigogne ▷ **Russian dressing** n (Culin) sauce f rouge relevée (pour la salade) ▷ **the Russian Federation** n la Fédération de Russie ▷ **Russian Orthodox** adj (Rel) orthodoxe russe ▷ **Russian Orthodox Church** n Église f orthodoxe russe ▷ **Russian roulette** n roulette f russe ▷ **Russian salad** n salade f russe

Russianize ['rʌʃənaɪz] vt russifier

Russkie*, **Russky*** [rʌskɪ] (esp US † pej or hum) 1 n Rus(s)kof* m inv, Popov* mf inv
2 adj russe

Russo- ['rʌsəʊ] pref russo- ◆ **Russo-Japanese** russo-japonais

Russophile ['rʌsəʊfaɪl] adj, n russophile mf

Russophobe ['rʌsəʊfəʊb] n russophobe mf

Russophobia [,rʌsəʊˈfəʊbɪə] n russophobie f

Russophobic [,rʌsəʊˈfəʊbɪk] adj russophobe

rust [rʌst] → SYN 1 n (on metal, also Bot) rouille f ; (= colour) couleur f rouille, roux m
2 vt (lit, fig) rouiller
3 vi (lit, fig) se rouiller
4 COMP ▷ **the Rust Belt** n (US) la région industrielle des États-Unis ◆ **the Rust Belt states** les États mpl industriels américains ▷ **rust bucket*** n (= car, boat) tas m de rouille* ▷ **rust-coloured** adj (couleur) rouille inv ▷ **rust-resistant** adj ⇒ **rustproof 1**

▶ **rust in** vi [screw] se rouiller dans son trou

▶ **rust up** vi se rouiller

rusted ['rʌstɪd] (esp US) adj rouillé

rustic ['rʌstɪk] → SYN 1 n campagnard(e) m(f), paysan(ne) m(f)
2 adj a (= rural) scene, charm, simplicity, appearance rustique, champêtre (liter) ; restaurant rustique ; novel pastoral
b (= roughly-made) furniture rustique ; wall grossier
c (pej: crude) frustre (pej), grossier (pej)

rusticate ['rʌstɪkeɪt] 1 vi habiter la campagne
2 vt (Brit Univ) exclure (temporairement)

rustication [,rʌstɪˈkeɪʃən] n (Tech) rusticage m

rusticity [rʌsˈtɪsɪtɪ] n rusticité f

rustiness ['rʌstɪnɪs] n rouillure f, rouille f

rustle ['rʌsl] → SYN 1 n [of leaves] bruissement m ; [of silk, skirt] bruissement m, froufrou m ; [of paper] froissement m
2 vi [leaves, wind] bruire ; [paper] produire un froissement or un bruissement ; [clothes, skirt] faire froufrou ◆ **she rustled into the room** elle est entrée en froufroutant dans la pièce ◆ **something rustled in the cupboard** il y a eu un froissement or un bruissement dans le placard

3 vt **a** [+ leaves] faire bruire; [+ paper] froisser; [+ programme] agiter avec un bruissement; [+ petticoat, skirt] faire froufrouter

b (esp US = steal) [+ cattle] voler

▶ **rustle up** * vt sep se débrouiller * pour trouver (or faire), préparer (à la hâte) ◆ **can you rustle me up a cup of coffee?** tu pourrais me donner un café en vitesse?

rustler ['rʌslə'] n **a** (esp US = cattle thief) voleur m de bétail

b (US * = energetic person) type * m énergique or expéditif

rustling ['rʌslɪŋ] n **a** (= cattle theft) vol m de bétail

b ⇒ rustle 1

rustproof ['rʌstpruːf] **1** adj metal, alloy inoxydable, qui ne rouille pas; paint, treatment antirouille inv, anticorrosion inv; bodywork traité contre la rouille or la corrosion

2 vt traiter contre la rouille or la corrosion

rustproofing ['rʌstpruːfɪŋ] n traitement m antirouille or anticorrosion

rusty ['rʌstɪ] → SYN adj **a** (lit, fig) rouillé ◆ **to go** or **get rusty** [metal] rouiller; [person] se rouiller

◆ **my English is pretty rusty** mon anglais est un peu rouillé ◆ **his rusty typing skills** ses notions de dactylographie, qui ne datent pas d'hier ◆ **your skills are a little rusty** vous avez un peu perdu la main ◆ **I'm very rusty on criminal law** il y a longtemps que je n'ai plus pratiqué le droit pénal

b (in colour: also **rusty brown**) brun roux inv

rut¹ [rʌt] (Zool) **1** n rut m

2 vi être en rut

3 COMP ▷ **rutting season** n saison f du rut

rut² [rʌt] → SYN **1** n (in track, path) ornière f; (fig) routine f, ornière f ◆ **to be (stuck) in** or **to get into a rut** (fig) [person] s'encroûter; [mind] devenir routinier ◆ **to get out of the rut** sortir de l'ornière

2 vt sillonner ◆ **rutted** road, path défoncé

rutabaga [ˌruːtəˈbeɪɡə] n (US) rutabaga m

Ruth [ruːθ] n Ruth f

ruthenium [ruːˈθiːnɪəm] n ruthénium m

ruthless ['ruːθlɪs] → SYN adj person impitoyable, sans pitié (in sth dans qch); treatment, determination, investigation, deed impitoyable ◆ **to be ruthless in doing sth** faire qch impitoyablement

ruthlessly ['ruːθlɪslɪ] adv suppress, crush impitoyablement, sans pitié ◆ **ruthlessly efficient** d'une efficacité redoutable ◆ **she was a ruthlessly ambitious woman** c'était une femme dont l'ambition n'épargnait rien ni personne

ruthlessness ['ruːθlɪsnɪs] n caractère m or nature f impitoyable

rutile ['ruːtaɪl] n rutile m

rutty ['rʌtɪ] adj plein d'ornières

RV [ɑːˈviː] n **a** (Bible) (abbrev of **Revised Version**) → revise

b (US) (abbrev of **recreational vehicle**) camping-car m ◆ **RV park** terrain m pour camping-cars

Rwanda [rʊˈændə] n le Rwanda

Rwandan [rʊˈændən] **1** adj rwandais

2 n Rwandais(e) m(f)

Ryder Cup ['raɪdə'] n (Golf) ◆ **the Ryder Cup** la Ryder Cup

rye [raɪ] **1** n **a** (= grain) seigle m

b (US) ⇒ rye whisky, rye bread

2 COMP ▷ **rye bread** n pain m de seigle
▷ **rye whisky** n whisky m (de seigle)

ryegrass ['raɪɡrɑːs] n ray-grass m inv

S

S, s [es] n **a** (= letter) S, s m ◆ **S for sugar** ≃ S comme Suzanne ◆ **S level** (Brit Scol) matière optionnelle aux examens de fin d'études secondaires
b (abbrev of **south**) S
c S (Rel) (abbrev of **Saint**) St(e)
d S (abbrev of **small**) (taille f) S m

SA [es'eɪ] n **a** (abbrev of **South Africa, South America, South Australia**) → **south**
b (abbrev of **Salvation Army**) Armée f du Salut

Saar [zɑːʳ] n (= river, region) ◆ **the Saar** la Sarre

sab * [sæb] n (Brit) activiste cherchant à saboter les chasses à courre

sabbatarian [ˌsæbə'tɛərɪən] **1** n (= Christian) partisan(e) m(f) de l'observance stricte du dimanche ; (= Jew) personne f qui observe le sabbat
2 adj (= Jewish Rel) de l'observance du sabbat

Sabbath ['sæbəθ] n (Jewish) sabbat m ; (Christian) repos m dominical ; († = Sunday) dimanche m ◆ **to keep** or **observe/break the Sabbath** observer/ne pas observer le sabbat ou le repos dominical ◆ **(witches') sabbath** sabbat m

sabbatical [sə'bætɪkəl] **1** n congé m sabbatique ◆ **to be on sabbatical** être en congé sabbatique ◆ **to take a sabbatical** prendre un congé sabbatique
2 COMP ▷ **sabbatical leave** n congé m sabbatique ▷ **sabbatical term** n trois mois mpl de congé sabbatique ▷ **sabbatical year** n (Univ) année f sabbatique

sabbing * ['sæbɪŋ] n (NonC: Brit: also **hunt-sabbing**) sabotage m des chasses à courre

saber ['seɪbəʳ] (US) ⇒ **sabre**

sable ['seɪbl] **1** n **a** (Zool) zibeline f, martre f
b (Her) sable m
2 COMP **a** fur de zibeline, de martre ; brush en poil de martre
b (liter = black) noir ▷ **sable antelope** n hippotragus m noir

sabot ['sæbəʊ] n (all wood) sabot m ; (leather etc upper) socque m

sabotage ['sæbətɑːʒ] → SYN **1** n (NonC) sabotage m ◆ **an act of sabotage** un sabotage
2 vt (lit, fig) saboter

saboteur [ˌsæbə'tɜːʳ] n saboteur m, -euse f

sabra ['sɑːbrə] n sabra mf

sabre, saber (US) ['seɪbəʳ] **1** n sabre m
2 COMP ▷ **sabre rattling** n (esp Pol) bruits mpl de sabre †, tentatives fpl d'intimidation ▷ **sabre-toothed tiger** n tigre m à dents de sabre

sac [sæk] n (Anat, Bio) sac m

saccharase ['sækəˌreɪs] n saccharase f

saccharate ['sækəˌreɪt] n saccharate m

saccharic [sæ'kærɪk] adj ◆ **saccharic acid** acide m saccharique

saccharification [sæˌkærɪfɪ'keɪʃən] n saccharification f

saccharimeter [ˌsækə'rɪmɪtəʳ] n saccharimètre m

saccharimetry [ˌsækə'rɪmətrɪ] n saccharimétrie f

saccharin ['sækərɪn] n (US) ⇒ **saccharine 2**

saccharine ['sækəriːn] **1** adj **a** (Culin) product à la saccharine ; pill, flavour de saccharine
b (= sentimental) story, ending mièvre ; ballad, melody sirupeux ; sweetness, smile mielleux ◆ **saccharine sentimentality** sensiblerie f, mièvrerie f
2 n saccharine f

saccharometer [ˌsækə'rɒmɪtəʳ] n glucomètre m, pèse-moût m

saccharose ['sækərəʊz] n saccharose m

saccule ['sækjuːl] n, pl **saccules** or **sacculi** ['sækjʊliː] saccule m

sacerdotal [ˌsæsə'dəʊtl] adj sacerdotal

sachet ['sæʃeɪ] n sachet m ; [of shampoo] berlingot m

sack¹ [sæk] → SYN **1** n **a** (= bag) sac m ◆ **coal sack** sac m à charbon ◆ **sack of coal** sac m de charbon ◆ **a sack(ful) of potatoes** un (plein) sac de pommes de terre ◆ **that dress makes her look like a sack of potatoes** dans cette robe elle ressemble à un sac de pommes de terre ◆ **she flopped down on to the sofa like a sack of potatoes** elle s'est affalée sur le canapé
b (* = dismissal) renvoi m ◆ **to give sb the sack** renvoyer qn, virer * qn ◆ **to get the sack** être renvoyé, se faire virer * ◆ **he got the sack for stealing** il s'est fait virer * parce qu'il avait volé
c (esp US * = bed) pieu * m, plumard * m ◆ **to hit the sack** aller se pieuter *
2 vt (* = dismiss) [+ employee] renvoyer, virer * ◆ **to sack sb for doing sth** virer * qn pour avoir fait qch
3 COMP ▷ **sack dress** n robe f sac ▷ **sack race** n course f en sac

▶ **sack out, sack up** * vi (US = go to bed) aller se pieuter *

sack² [sæk] → SYN (liter) **1** n (= plundering) sac m, pillage m
2 vt [+ town] mettre à sac, saccager, piller

sack³ [sæk] n (= wine) vin m blanc sec

sackbut ['sækbʌt] n (Mus) saquebute f

sackcloth ['sækklɒθ] n grosse toile f d'emballage, toile f à sac ◆ **sackcloth and ashes** (Rel) le sac et la cendre ◆ **to be in sackcloth and ashes** (fig) être contrit

sackful ['sækfʊl] n ◆ **a sackful of** un sac plein de ◆ **letters by the sackful** des lettres par sacs entiers, une avalanche de lettres

sacking¹ ['sækɪŋ] n **a** (NonC: Tex) grosse toile f d'emballage, toile f à sac
b (= dismissal: gen) renvoi m ◆ **large scale sackings** renvois mpl massifs, largage m

sacking² ['sækɪŋ] n (= plundering) sac m, pillage m

sackload ['sæklɒd] n ⇒ **sackful**

sacra ['sækrə] npl of **sacrum**

sacral ['seɪkrəl] adj (Anat) sacré

sacrament ['sækrəmənt] n sacrement m ◆ **to receive the sacraments** communier ; → **blessed**

sacramental [ˌsækrə'mentl] **1** adj sacramentel
2 n sacramental m

sacramentalism [ˌsækrə'mentəlɪzəm] n croyance en l'efficacité des sacrements

Sacramentarian [ˌsækrəmen'tɛərɪən] adj, n sacramentaire mf

Sacré Cœur ['sakre,kœʳ] n Sacré-Cœur m

sacred ['seɪkrɪd] → SYN **1** adj **a** (= holy) place, object, animal, symbol sacré (to pour)
b (= religious) art, music, rite sacré, religieux ◆ **sacred writings** livres mpl sacrés ◆ **sacred and profane love** l'amour m sacré et l'amour m profane
c (= sacrosanct) principle, duty, promise sacré (to pour) ◆ **sacred to the memory of sb** consacré à la mémoire de qn ◆ **is nothing sacred?** les gens ne respectent plus rien ! ◆ **to her nothing was sacred** elle ne respectait rien (ni personne)
2 COMP ▷ **sacred cow** n (lit, fig) vache f sacrée ▷ **the Sacred Heart** n le Sacré-Cœur ▷ **Sacred History** n l'Histoire f sainte ▷ **sacred mushroom** n champignon m hallucinogène

sacredness ['seɪkrɪdnɪs] n caractère m sacré

sacrifice ['sækrɪfaɪs] → SYN **1** n (all senses) sacrifice m ◆ **the sacrifice of the mass** (Rel) le saint sacrifice (de la messe) ◆ **to make great sacrifices** (fig) faire or consentir de grands sacrifices (for sb pour qn ; to do sth pour faire qch) → **self**
2 vt (all senses) sacrifier (to à) ◆ **to sacrifice o.s. for sb** se sacrifier pour qn ◆ **"cost £25: sacrifice for £5"** * (in small ads etc) "prix 25 livres : sacrifié à 5 livres"

sacrificial [ˌsækrɪ'fɪʃəl] **1** adj rite sacrificiel ; animal du sacrifice
2 COMP ▷ **sacrificial lamb** n (Bible) agneau m pascal ; (fig) bouc m émissaire ▷ **sacrificial victim** n (lit) victime f du sacrifice ; (fig) victime f expiatoire

sacrilege ['sækrɪlɪdʒ] → SYN n (lit, fig) sacrilège m

sacrilegious [ˌsækrɪ'lɪdʒəs] adj sacrilège ◆ **it would be sacrilegious to do such a thing** ce serait (un) sacrilège de faire une chose pareille

sacrilegiously [ˌsækrɪ'lɪdʒəslɪ] adv de façon sacrilège

sacrist(an) ['sækrɪst(ən)] n sacristain(e) m(f), sacristine f

sacristy ['sækrɪstɪ] n sacristie f

sacroiliac [ˌseɪkrəʊˈɪlɪæk] 1 adj sacro-iliaque
2 n articulation f sacro-iliaque

sacrosanct [ˈsækrəʊsæŋkt] adj sacro-saint

sacrum [ˈsækrəm] n, pl **sacra** sacrum m

SAD [sæd] n (abbrev of **seasonal affective disorder**) → **seasonal**

sad [sæd] LANGUAGE IN USE 24.4 → SYN
1 adj a (= unhappy) person, expression, eyes triste ; feeling de tristesse ♦ **to become sad** devenir triste, s'attrister ♦ **the more he thought about it, the sadder he became** plus il y pensait, plus ça le rendait triste ♦ **to make sb sad** attrister qn, rendre qn triste ♦ **it makes me sad to think that ...** ça me rend triste or ça m'attriste de penser que ... ♦ **he eventually departed a sadder and (a) wiser man** finalement il partit, mûri par la dure leçon de l'expérience ♦ **I'm sad that I/you won't be able to come** je suis désolé de ne pouvoir venir/que vous ne puissiez pas venir ♦ **I shall be sad to leave** je serai désolé de partir ♦ **he was sad to see her go** il était triste de la voir partir ♦ **(I'm) sad to say he died five years ago** malheureusement, il est mort il y a cinq ans
b (= saddening) story, news, situation, duty, occasion triste ; loss douloureux ♦ **it's a sad business** c'est une triste affaire ♦ **it's a sad state of affairs** c'est un triste état de choses ♦ **the sad fact** or **truth is that ...** la triste vérité est que ... ♦ **it's sad that they can't agree** c'est désolant qu'ils n'arrivent pas à se mettre d'accord ♦ **it's sad to see such expertise wasted** c'est désolant de voir ce talent gâché ♦ **sad to say, he died soon after** c'est triste à dire or malheureusement, il est mort peu après
c (* pej = pathetic) person minable *, pitoyable ♦ **that sad little man** ce pauvre type
2 COMP ▷ **sad bastard** ** n pauvre con ** m ▷ **sad case** * n **he's a real sad case** c'est vraiment un cas navrant ▷ **sad-eyed** adj aux yeux tristes ▷ **sad-faced** adj au visage triste ▷ **sad sack** * n (US) (gen) nullité f ; (= soldier) troufion m nullard *

sadden [ˈsædn] → SYN vt attrister, rendre triste, affliger

saddening [ˈsædnɪŋ] adj attristant, triste ♦ **it is saddening to think that ...** c'est triste de penser que ...

saddle [ˈsædl] → SYN 1 n a [of horse, cycle] selle f ♦ **in the saddle** (lit) en selle ♦ **he leapt into the saddle** il sauta en selle ♦ **when he was in the saddle** (fig) quand c'était lui qui tenait les rênes ; → **sidesaddle**
b [of hill] col m
c (Culin) **saddle of lamb** selle f d'agneau
2 vt a (also **saddle up**) [+ horse] seller
b (* fig) **to saddle sb with sth** [person] [+ job, debts, responsibility] refiler * qch à qn ♦ **I've been saddled with organizing the meeting** je me retrouve avec l'organisation de la réunion sur les bras ♦ **the war saddled the country with a huge debt** à cause de la guerre le pays s'est retrouvé lourdement endetté ♦ **we're saddled with it** nous voilà avec ça sur les bras ♦ **to saddle o.s. with sth** s'encombrer de qch
3 COMP ▷ **saddle-backed** adj horse ensellé ▷ **saddle horse** n cheval m de selle ▷ **saddle joint** n (Culin: of mutton or lamb) selle f ▷ **saddle roof** n toit m à deux versants ▷ **saddle shoes** npl (US) chaussures fpl basses bicolores ▷ **saddle soap** n cire f pour selles ▷ **saddle-sore** adj meurtri à force d'être en selle ▷ **saddle-stitched** adj cousu à longs points

saddlebag [ˈsædlbæg] n [of horse] sacoche f (de selle) ; [of cycle] sacoche f (de bicyclette)

saddlebill [ˈsædlˌbɪl] n jabiru m

saddlebow [ˈsædlbəʊ] n pommeau m de selle

saddlecloth [ˈsædlklɒθ] n tapis m de selle

saddler [ˈsædləʳ] n sellier m

saddlery [ˈsædlərɪ] n (= articles, business) sellerie f

saddletree [ˈsædlˌtriː] n arçon m

saddo * [ˈsædəʊ] n (= person) pauvre type m *

Sadducean [ˌsædjʊˈsiːən] adj, n sad(d)ucéen(ne) m(f)

Sadducee [ˈsædjʊsiː] n Sad(d)ucéen(ne) m(f)

sadism [ˈseɪdɪzəm] n sadisme m

sadist [ˈseɪdɪst] adj, n sadique mf

sadistic [səˈdɪstɪk] → SYN adj sadique

sadistically [səˈdɪstɪkəlɪ] adv sadiquement, avec sadisme

sadly [ˈsædlɪ] adv a (= sorrowfully) say, smile, look at, shake one's head tristement, avec tristesse
b (= woefully) familiar, evident, neglected tristement ; disappointed profondément ♦ **to be sadly lacking in sth** manquer cruellement de qch ♦ **to be sadly in need of sth** avoir bien besoin de qch ♦ **to be sadly mistaken** se tromper lourdement ♦ **he will be sadly missed** il sera regretté de tous
c (= unfortunately) malheureusement ♦ **sadly for sb/sth** malheureusement pour qn/qch ♦ **Jim, who sadly died in January ...** Jim, qui, à notre grande tristesse, est mort en janvier ...

sadness [ˈsædnɪs] → SYN n (NonC) tristesse f, mélancolie f

sadomasochism [ˌseɪdəʊˈmæsəkɪzəm] n sadomasochisme m

sadomasochist [ˌseɪdəʊˈmæsəkɪst] n sadomasochiste mf

sadomasochistic [ˌseɪdəʊmæsəˈkɪstɪk] adj sadomasochiste

s.a.e. [ˌeseɪˈiː] n (Brit) a (abbrev of **stamped addressed envelope**) → **stamp**
b (abbrev of **self-addressed envelope**) → **self**

safari [səˈfɑːrɪ] 1 n safari m ♦ **to be/go on (a) safari** faire/aller faire un safari
2 COMP ▷ **safari hat** n chapeau m de brousse ▷ **safari jacket** n saharienne f ▷ **safari park** n (Brit) réserve f d'animaux ▷ **safari shirt** n saharienne f ▷ **safari suit** n ensemble m saharien

safe [seɪf] → SYN 1 adj a (= not risky) substance, toy sans danger ; nuclear reactor sûr, sans danger ; place, vehicle sûr ; ladder, structure solide ♦ **in a safe place** en lieu sûr ♦ **a safe anchorage** un bon mouillage ♦ **the ice isn't safe** la glace n'est pas solide ♦ **he's a safe pair of hands** c'est quelqu'un de sûr ♦ **to be in safe hands** être en de bonnes mains ♦ **is that dog safe?** ce chien n'est pas méchant ? ♦ **that dog isn't safe with** or **around children** ce chien peut présenter un danger pour les enfants ♦ **he's safe in jail * for the moment** pour le moment on est tranquille, il est en prison ♦ **the safest thing (to do) would be to wait here** le plus sûr serait d'attendre ici ; → **house, play**
♦ **to make sth safe** ♦ **to make a bomb safe** désamorcer une bombe ♦ **to make a building safe** assurer la sécurité d'un bâtiment ♦ **to make a place safe for sb/sth** éliminer tous les dangers qu'un endroit pourrait présenter pour qn/qch ♦ **to make it safe, the element is electrically insulated** pour plus de sécurité, l'élément est isolé
♦ **safe to ...** ♦ **the water is safe to drink** on peut boire cette eau sans danger, l'eau est potable ♦ **this food is perfectly safe to eat** la consommation de cet aliment ne présente aucun danger ♦ **it is safe to say/assume that ...** on peut affirmer/supposer sans trop s'avancer que ... ♦ **is it safe to come out?** est-ce qu'on peut sortir sans danger ? ♦ **is it safe to use rat poison with children around?** n'est-ce pas dangereux d'utiliser de la mort-aux-rats là où il y a des enfants ? ♦ **they assured him that it was safe to return** ils lui ont assuré qu'il pouvait revenir en toute sécurité ♦ **it might be safer to wait** il serait peut-être plus prudent d'attendre ♦ **it's not safe to go out after dark** il est dangereux de sortir la nuit
b choice, job sûr ; method sans risque ; limit, level raisonnable ♦ **keep your alcohol consumption (to) within safe limits** buvez avec modération ♦ **a safe margin** une marge de sécurité ♦ **to keep a safe distance from sb/sth** or **between o.s. and sb/sth** (gen) se tenir à bonne distance de qn/qch ; (Aut) maintenir la distance de sécurité par rapport à qn/qch ♦ **to follow sb at a safe distance** suivre qn à une distance respectueuse ♦ **(just) to be on the safe side** * par précaution, pour plus de sûreté
c (= successful, problem-free) **to wish sb a safe journey** souhaiter bon voyage à qn ♦ **(have a) safe journey!** bon voyage ! ♦ **a safe landing** un atterrissage réussi ♦ **he wrote to acknowledge the safe arrival of the photographs** il a écrit pour dire que les photos étaient bien arrivées ♦ **to ensure the safe delivery of supplies** veiller à ce que les vivres arrivent (subj) à bon port ♦ **let us pray for the safe return of the troops** prions pour que nos troupes reviennent saines et sauves ♦ **to ensure the safe return of the hostages** faire en sorte que les otages soient libérés sains et saufs ♦ **a reward for the safe return of the stolen equipment** une récompense à qui rapportera en bon état l'équipement volé
d (= likely to be right) **it is a safe assumption that ...** on peut dire sans trop s'avancer que ... ♦ **this was a pretty safe guess** on ne s'avançait pas trop en supposant cela
♦ **a safe bet** un bon choix ♦ **the house wine is always a safe bet** choisir la cuvée du patron, c'est sans risque ♦ **it is a safe bet that ...** il y a toutes les chances pour que ... (+ subj) ♦ **it's a safe bet he'll win** il gagnera à coup sûr
e (= not in danger) person en sécurité ; (= no longer in danger) hors de danger ; object en sécurité ♦ **I don't feel very safe on this ladder** je ne me sens pas très en sécurité sur cette échelle ♦ **I won't feel safe until he is behind bars** je ne serai pas tranquille tant qu'il ne sera pas derrière les barreaux ♦ **I feel so safe here with you** je me sens tellement en sécurité ici auprès de toi ♦ **he's safe for re-election** il sera réélu à coup sûr ♦ **safe in the knowledge that ...** avec la certitude que ... ♦ **safe and sound** sain et sauf ♦ **a safe winner** (Sport) un gagnant certain or assuré ♦ **to be safe with sb** être en sécurité avec qn ♦ **I'll keep it safe for you** je vais vous le garder en lieu sûr ♦ **your reputation is safe** votre réputation ne craint rien ♦ **your secret is safe (with me)** je ne le répéterai pas, (avec moi) votre secret ne risque rien ♦ **no girl is safe with him** (fig) c'est un séducteur impénitent ♦ (Prov) **better safe than sorry** deux précautions valent mieux qu'une (Prov)
♦ **to be safe from sth** être à l'abri de qch ♦ **the town is now safe from attack** la ville est maintenant à l'abri de toute attaque ♦ **I'm safe from him now** il ne peut plus me nuire or me faire de mal maintenant ♦ **to be safe from being sued** ne pas risquer de procès ♦ **he's safe from harm** il n'est pas en danger ♦ **to keep sb safe from harm** protéger qn
2 n (for money, valuables) coffre-fort m ; → **meat**
3 COMP ▷ **safe area** n (Pol) zone f de sécurité ▷ **safe-blower** n perceur m de coffre-fort *(qui utilise des explosifs)* ▷ **safe-breaker** n perceur m de coffre-fort ▷ **safe-conduct** n (Mil etc) sauf-conduit m ▷ **safe-cracker** n ⇒ **safe-breaker** ▷ **safe deposit** n (= vault) chambre f forte, salle f des coffres ; (also **safe deposit box**) coffre(-fort) m *(à la banque)* ▷ **safe haven** n a (Mil, Pol) zone f de refuge
b (= refuge) (gen) abri m sûr ; (for terrorists, criminals) repaire m ; (for people in danger) refuge m ♦ **to provide safe haven for sb, to offer safe haven to sb** offrir un abri sûr or un repaire or un refuge à qn c (fig = escape) refuge m (*from* contre) ♦ **the idea of the family as a safe haven from the brutal outside world** la famille perçue comme un refuge contre la brutalité du monde extérieur ♦ **the district was once a safe haven from Manhattan's hustle and bustle** le quartier était autrefois à l'abri du tourbillon d'activité de Manhattan ▷ **safe house** n lieu m sûr ▷ **safe passage** n **to guarantee sb/sth (a) safe passage to/from a country** assurer la protection de qn/qch à son entrée dans un pays/à sa sortie d'un pays ▷ **the safe period** * n (Med) la période sans danger ▷ **safe seat** n siège m sûr ; (Brit Pol) **it was a safe Conservative seat** c'était un siège acquis au parti conservateur ; → MARGINAL SEAT ▷ **safe sex** n rapports mpl sexuels sans risque ; (specifically with condom) rapports mpl sexuels protégés

safeguard [ˈseɪfgɑːd] → SYN 1 vt sauvegarder, protéger (*against* contre)
2 n sauvegarde f, garantie f (*against* contre) ♦ **as a safeguard against** comme sauvegarde contre, pour éviter
3 COMP ▷ **safeguard clause** n (Jur) clause f de sauvegarde

safekeeping [ˌseɪfˈkiːpɪŋ] n ♦ **in safekeeping** sous bonne garde, en sécurité ♦ **I gave it to him for safekeeping, I put it in his safekeeping** je

safely / saint

le lui ai donné à garder ◆ **the key is in his safekeeping** on lui a confié la clé

safely ['seɪflɪ] → SYN adv **a** (= without risk) sans risque ou danger, en toute sécurité ◆ **you can walk about quite safely in the town centre** vous pouvez vous promener sans risque or sans danger dans le centre-ville ◆ **most food can safely be frozen for months** on peut congeler la plupart des aliments sans risque or sans danger pendant plusieurs mois ◆ **drive safely!** sois prudent ! ◆ **he was safely tucked up in bed** il était en sécurité or bien au chaud dans son lit

b (= without mishap) return, land sans encombre ; arrive bien, à bon port ◆ **give me a ring to let me know you've got home safely** passe-moi un coup de fil pour que je sache que tu es bien rentré ◆ **the consignment reached us safely** nous avons bien reçu les marchandises

c (= securely) shut, locked, stowed bien ◆ **to put sth away safely** ranger qch en lieu sûr

d (= well and truly) **now that the election is safely out of the way, the government can ...** maintenant que le gouvernement n'a plus à se soucier des élections, il peut ... ◆ **he's safely through to the semi-final** il est arrivé sans encombre en demi-finale

e (= confidently) **I think I can safely say that ...** je pense pouvoir dire sans trop m'avancer que ...

safeness ['seɪfnɪs] n (= freedom from danger) sécurité f ; [of construction, equipment] solidité f

safety ['seɪftɪ] → SYN [1] n **a** (= freedom from danger) sécurité f ◆ **safety first!** la sécurité d'abord ! ◆ **his safety must be our first consideration** sa sécurité doit être notre premier souci ◆ **for his (own) safety** pour sa (propre) sécurité ◆ **for safety's sake** pour plus de sûreté, par mesure de sécurité ◆ **to ensure sb's safety** veiller sur or assurer la sécurité de qn ◆ **the government must ensure the safety of nuclear power plants** le gouvernement doit garantir le salut dans les centrales nucléaires ◆ **he sought safety in flight** il chercha le salut dans la fuite ◆ **there is safety in numbers** plus on est nombreux, moins il y a de danger ◆ **in a place of safety** en lieu sûr ◆ **in safety** en sécurité ◆ **he reached safety at last** il fut enfin en sûreté or en sécurité ◆ **to play for safety** ne pas prendre de risques, jouer au plus sûr ; see also **2, road**

b [of construction, equipment] solidité f

[2] COMP ◆ **safety belt** n ceinture f de sécurité ▷ **safety blade** n lame f de rasoir ▷ **safety bolt** n verrou m de sûreté ▷ **safety catch** n cran m de sûreté ▷ **safety chain** n chaîne f de sûreté ▷ **safety curtain** n (Theat) rideau m de fer ▷ **safety-deposit box** n (US) coffre(-fort) m (à la banque) ▷ **safety device** n dispositif m de sécurité ▷ **safety factor** n coefficient m de sécurité ▷ **safety glass** n verre m securit ® or de sécurité ▷ **safety helmet** n casque m de protection ▷ **safety island** n (US Aut) refuge m ▷ **safety lamp** n lampe f de mineur ▷ **safety lock** n serrure f de sécurité ▷ **safety margin** n marge f de sécurité ▷ **safety match** n allumette f de sûreté or suédoise ▷ **safety measure** n mesure f de sécurité ◆ **as a safety measure** pour plus de sûreté, par mesure de sécurité ▷ **safety mechanism** n dispositif m de sécurité ▷ **safety net** n (lit) filet m (de protection) ; (fig) filet m de sécurité ▷ **safety officer** n responsable mf de la sécurité ▷ **safety pin** n (gen) épingle f de sûreté or de nourrice ; [of hand grenade] goupille f ▷ **safety precaution** n mesure f de sécurité ▷ **safety razor** n rasoir m mécanique or de sûreté ▷ **safety regulations** npl règles fpl de sécurité ▷ **safety screen** n écran m de sécurité ▷ **safety standards** npl normes fpl de sécurité ▷ **safety valve** n (lit, fig) soupape f de sûreté ▷ **safety zone** n (US Aut) refuge m (pour piétons)

safflower ['sæflaʊəʳ] n (= plant) carthame m ; (= dye) carthamine f

saffron ['sæfrən] [1] n safran m

[2] adj colour, robe safran inv ; flavour safrané, de safran

[3] COMP ▷ **saffron-coloured** adj safran inv ▷ **saffron powder** n safran m ▷ **saffron rice** n riz m safrané or au safran ▷ **saffron strands, saffron threads** npl pistils mpl de safran, stigmates mpl de safran ▷ **saffron yellow** adj jaune inv safran inv

safranine ['sæfrənɪn] n safranine f

sag [sæg] [1] vi (roof, chair) s'affaisser ; [beam, floorboard] s'arquer, fléchir ; [cheeks, breasts, hemline] pendre ; [rope] pendre au milieu, être détendu ; [gate] être affaissé ; [prices] fléchir, baisser

[2] n [of prices, sales, credibility] baisse f ; [of roof] affaissement m ◆ **the sag in the market** la contraction du marché

saga ['sɑːgə] n (Literat) saga f ; (= film, story) aventure f épique ; (= novel) roman-fleuve m ◆ **he told me the whole saga of what had happened** il m'a raconté tout ce qui était arrivé or toutes les péripéties en long et en large

sagacious [səˈgeɪʃəs] adj (frm) person, remark sagace ; choice judicieux

sagaciously [səˈgeɪʃəslɪ] adv (frm) avec sagacité

sagaciousness [səˈgeɪʃəsnɪs], **sagacity** [səˈgæsɪtɪ] n sagacité f

sage¹ [seɪdʒ] [1] n (Bot, Culin) sauge f ◆ **sage and onion stuffing** farce f à l'oignon et à la sauge

[2] COMP ▷ **sage green** n, adj vert m cendré inv

sage² [seɪdʒ] → SYN (liter) [1] adj person, advice sage ◆ **sage words of warning** une sage mise en garde

[2] n sage m

sagebrush ['seɪdʒbrʌʃ] n (US) armoise f ◆ **the Sagebrush State** le Nevada

sagely ['seɪdʒlɪ] adv **a** (= wisely) say avec sagesse ; (iro) (= importantly) avec componction ◆ **to nod sagely** opiner de la tête avec componction

sagging ['sægɪŋ] adj **a** (= drooping) armchair, ceiling affaissé ; beam arqué, fléchi ; rope détendu ; stomach qui s'affaisse ; breasts qui tombent, flasque ; cheeks, hemline pendant ; skin distendu

b (= flagging) morale, spirits défaillant ; stock market, dollar mou (molle f) ◆ **to bolster one's sagging popularity** soutenir sa popularité en baisse ◆ **the president's sagging ratings** la cote de popularité en baisse du président

saggy* ['sægɪ] adj mattress, sofa défoncé ; garment avachi ; bottom, breasts flasque

Sagittarian [ˌsædʒɪˈtɛərɪən] [1] n ◆ **to be (a) Sagittarian** être (du) Sagittaire

[2] adj person du Sagittaire ; character trait propre au Sagittaire

Sagittarius [ˌsædʒɪˈtɛərɪəs] n (Astron) le Sagittaire ◆ **I'm (a) Sagittarius** (Astrol) je suis (du) Sagittaire

sagittate ['sædʒɪteɪt] adj sagitté

sagittiform [səˈdʒɪtɪˌfɔːm] adj sagitté

sago ['seɪgəʊ] [1] n sagou m

[2] COMP ▷ **sago palm** n sagoutier m ▷ **sago pudding** n sagou m au lait

Sahara [səˈhɑːrə] n ◆ **the Sahara (Desert)** le (désert du) Sahara

Saharan [səˈhɑːrən] adj saharien, du Sahara

sahib ['sɑːhɪb] n (in India) sahib m ◆ **yes, sahib** oui, sahib ◆ **Smith Sahib** Monsieur Smith

said [sed] vb (pt, ptp of **say**)

saiga ['saɪgə] n (Zool) saïga m

Saigon [saɪˈgɒn] n Saigon

sail [seɪl] → SYN [1] n **a** [of boat] voile f ◆ **under sail** à la voile ◆ **to set sail** [boat] prendre la mer ; [person] partir en bateau ◆ **to set sail for** [boat] partir à destination de ◆ **he has set sail for America** il est parti pour l'Amérique (en bateau) ◆ **he set sail from Dover** il est parti de Douvres (en bateau) ; → **hoist, wind¹**

b (= trip) **to go for a sail** faire un tour en bateau or en mer ◆ **Spain is two days' sail from here** l'Espagne est à deux jours de mer

c [of windmill] aile f

[2] vi [boat] **the steamer sails at 6 o'clock** le vapeur prend la mer or part à 6 heures ◆ **the boat sailed up/down the river** le bateau remonta/descendit la rivière ◆ **the ship sailed into Cadiz** le bateau entra dans le port de Cadix ◆ **the ship sailed away into the distance** le bateau s'éloigna ◆ **to sail into harbour** entrer au port ◆ **the ship sailed out of Southampton/round the cape** le bateau a quitté le port de Southampton/a doublé le cap ◆ **to sail at 10 knots** filer 10 nœuds

b **he sails** or **goes sailing every weekend** il fait du bateau or de la voile tous les week-ends ◆ **to sail away/back** etc partir/revenir etc en bateau ◆ **we sail at 6 o'clock** nous partons à 6 heures, le bateau part à 6 heures ◆ **we sailed into Southampton** nous sommes entrés dans le port de Southampton ◆ **we sailed for Australia** nous sommes partis pour l'Australie (en bateau) ◆ **to sail round the world** faire le tour du monde en bateau ◆ **to sail into the wind** avancer contre le vent ◆ **to sail close to the wind** (Naut) naviguer au plus près ◆ **to sail close** or **near to the wind** (fig) (= take a risk) jouer un jeu dangereux ; (= nearly break law) friser l'illégalité ; (in jokes etc) friser la vulgarité ◆ **to sail under false colours** (fig) agir sous de faux prétextes

c (fig) [swan etc] glisser ◆ **clouds were sailing across the sky** des nuages glissaient or couraient dans le ciel ◆ **the pole vaulter sailed over the bar** le perchiste a facilement franchi la barre ◆ **she sailed into the room** * elle est entrée dans la pièce d'un pas nonchalant ◆ **the plate sailed past my head and hit the door** l'assiette est passée à côté de ma tête et a heurté la porte

[3] vt **a** (liter) **to sail the seas** parcourir les mers ◆ **he sailed the Atlantic last year** l'année dernière il a fait la traversée de or a traversé l'Atlantique (en bateau)

b [+ boat] (= manoeuvre) manœuvrer ◆ **she sailed her boat into the harbour** elle a manœuvré (son bateau) pour entrer dans le port ◆ **he sailed his boat round the cape** il a doublé le cap ◆ **he sails his own yacht** (= owns it) il a son propre yacht ; (= captains it) il barre or pilote son yacht lui-même

[4] COMP ▷ **sail maker** n voilier m (personne)

▶ **sail into** * vt fus **a** (= scold) voler dans les plumes à *

b **he sailed into the work** il a attaqué le travail avec entrain

▶ **sail through** * [1] vi réussir haut la main

[2] vt fus ◆ **to sail through one's degree/one's driving test** avoir sa licence/son permis de conduire haut la main

sailboard ['seɪlbɔːd] n planche f à voile

sailboarder ['seɪlˌbɔːdəʳ] n véliplanchiste mf

sailboarding ['seɪlˌbɔːdɪŋ] n planche f à voile ◆ **to go sailboarding** faire de la planche à voile

sailboat ['seɪlbəʊt] n (US) bateau m à voiles, voilier m

sailcloth ['seɪlklɒθ] n toile f à voile

sailfish ['seɪlfɪʃ] n (= game fish) porte-voile m ; (= basking shark) (requin m) pèlerin m

sailing ['seɪlɪŋ] [1] n **a** (NonC = activity, hobby) (dinghies etc) navigation f à voile ; (yachts) navigation f de plaisance ◆ **a day's sailing** une journée de voile or en mer ◆ **his hobby is sailing** son passe-temps favori est la voile ; → **plain**

b (= departure) départ m

[2] COMP ▷ **sailing boat** n (Brit) bateau m à voiles, voilier m ▷ **sailing date** n date f de départ (d'un bateau) ▷ **sailing dinghy** n canot m à voiles, dériveur m ▷ **sailing orders** npl instructions fpl de navigation ▷ **sailing ship** n grand voilier m, navire m à voiles

sailor ['seɪləʳ] → SYN [1] n (gen) marin m ; (before the mast) matelot m ◆ **to be a good/bad sailor** avoir/ne pas avoir le pied marin

[2] COMP ▷ **sailor hat** n chapeau m de marin ▷ **sailor suit** n costume m marin

sailplane ['seɪlpleɪn] n planeur m

sainfoin ['sænfɔɪn] n sainfoin m

saint [seɪnt] [1] n saint(e) m(f) ◆ **saint's day** fête f (de saint) ◆ **All Saints' (Day)** la Toussaint ◆ **he's no saint** * ce n'est pas un petit saint

[2] COMP ▷ **Saint Andrew's cross** n croix f de Saint-André ▷ **Saint Anthony's Cross** n tau m inv, croix f de Saint-Antoine ▷ **Saint Anthony's fire** n (Med) mal m des ardents, ergotisme m ▷ **Saint Bartholomew's Day Massacre** n (Hist) (massacre m de la) Saint-Barthélemy f ▷ **Saint Bernard** n (= dog)

saint-bernard m ▷ **Saint Bernard Pass** n (col m du) Saint-Bernard m ▷ **Saint Elmo's fire** n (Met) feu m Saint-Elme ▷ **Saint George's channel** n canal m Saint-Georges ▷ **Saint Gotthard pass** n col m du Saint-Gothard, Gothard m ▷ **Saint Helena** n (Geog) Sainte-Hélène f ◆ **on Saint Helena** à Sainte-Hélène ▷ **Saint John** n saint m Jean ▷ **Saint John's wort** n mille-pertuis m or millepertuis m inv ▷ **the Saint Lawrence** n le Saint-Laurent ◆ **the Saint Lawrence Seaway** la voie maritime du Saint-Laurent ▷ **saint-like** adj ⇒ **saintly** ▷ **Saint Lucia** n (Geog) Sainte-Lucie f ◆ **in Saint Lucia** à Sainte-Lucie ▷ **Saint Lucian** adj saint-lucien ◇ n Saint-Lucien(ne) m(f) ▷ **Saint Patrick's Day** n la Saint-Patrick ▷ **Saint Peter's Church** n (l'église f) Saint-Pierre ▷ **Saint Peter's fish** n saint-pierre m inv ▷ **Saint Pierre and Miquelon** n (Geog) Saint-Pierre-et-Miquelon ▷ **Saint Vincent and the Grenadines** n (Geog) Saint-Vincent-et-Grenadines ▷ **Saint Vitus' dance** n (Med) danse f de Saint-Guy

sainted ['seɪntɪd] adj († or hum) ◆ **your sainted father** votre saint homme de père ◆ **my sainted aunt!** * (esp Brit) sacrebleu ! *

sainthood ['seɪnthʊd] n sainteté f

saintliness ['seɪntlɪnɪs] n sainteté f

saintly ['seɪntlɪ] → SYN adj man, woman saint (before n) ; quality, behaviour, generosity etc digne d'un saint ; smile (false) angélique, de sainte nitouche ◆ **to be saintly** [person] être un(e) saint(e)

saintpaulia [sənt'pɔːlɪə] n saintpaulia m

saithe [seɪθ] (Brit) n lieu noir m, colin m

Saitic [seɪ'ɪtɪk] adj saïte

sake¹ [seɪk] → SYN n ◆ **for the sake of sb** pour l'amour de qn, par égard pour qn ◆ **for the sake of your career/my health** pour ta carrière/ma santé ◆ **for God's sake** pour l'amour de Dieu ◆ **for my sake** pour moi, par égard pour moi ◆ **for your own sake** pour ton bien ◆ **for their sake(s)** pour eux ◆ **do it for both our sakes** fais-le (par égard) pour nous deux ◆ **to eat for the sake of eating** manger pour (le plaisir de) manger ◆ **for old times' sake** en souvenir du passé ◆ **for argument's sake** à titre d'exemple ◆ **art for art's sake** l'art pour l'art ◆ **for the sake of peace** pour avoir la paix ; → **goodness, heaven, pity, safety**

sake², saké, saki¹ ['sɑːkɪ] n saké m

saker ['seɪkə'] n (Orn) sacre m

Sakhalin (Island) ['sækəliːn(ˌaɪlənd)] n (l'île f de) Sakhaline f

saki² ['sɑːkɪ] n saki m

sal [sæl] ① n sel m
② COMP ▷ **sal ammoniac** n sel m ammoniac ▷ **sal volatile** n sel m volatil

salaam [sə'lɑːm] ① n salutation f (à l'orientale)
② vi saluer (à l'orientale)
③ excl salam

salability [ˌseɪlə'bɪlɪtɪ] n (US) ⇒ **saleability**

salable ['seɪləbl] adj (US) ⇒ **saleable**

salacious [sə'leɪʃəs] adj (frm) salace, lubrique

salaciousness [sə'leɪʃəsnɪs] n salacité f

salad ['sæləd] ① n salade f ◆ **ham salad** jambon m accompagné de salade ◆ **tomato salad** salade f de tomates ; → **fruit, potato**
② COMP ▷ **salad bar** n buffet m de crudités ▷ **salad bowl** n saladier m ▷ **salad burnet** n pimprenelle f ▷ **salad cream** n (Brit) (sorte f de) mayonnaise f (en bouteille etc) ▷ **salad days** npl (fig) années fpl de jeunesse et d'inexpérience ▷ **salad dish** n ⇒ **salad bowl** ▷ **salad dressing** n (oil and vinegar) vinaigrette f ; (made with egg) mayonnaise f ▷ **salad oil** n huile f de table ▷ **salad servers** npl couverts mpl à salade ▷ **salad shaker** n panier m à salade ▷ **salad spinner** n essoreuse f à salade

salamander ['sælə,mændə'] n (Myth, Zool) salamandre f

salami [sə'lɑːmɪ] n salami m

salaried ['sælərɪd] adj employment, post salarié ◆ **a salaried employee** un(e) salarié(e)

salary ['sælərɪ] LANGUAGE IN USE 19.2 → SYN
① n (monthly, professional etc) traitement m, appointements mpl ; (= pay in general) salaire m ◆ **he couldn't do that on his salary** il ne pourrait pas faire ça avec ce qu'il gagne or avec son salaire
② COMP ▷ **salary bracket** n fourchette f des traitements ▷ **salary earner** n personne f qui touche un traitement ▷ **salary increase** n augmentation f de salaire ▷ **salary range** n éventail m des salaires ▷ **salary review** n révision f des salaires ▷ **salary scale** n échelle f des salaires

salaryman ['sælərɪmæn] n, pl **-men** employé m de bureau (surtout au Japon)

salchow ['sælkəʊ] n (Skating) salchow m

sale [seɪl] → SYN ① n ⓐ (= act) vente f ◆ **we made a quick sale** la vente a été vite conclue ◆ **he finds a ready sale for his vegetables** il n'a aucun mal à vendre ses légumes ◆ **his vegetables find a ready sale** ses légumes se vendent sans aucun mal ◆ **on sale or return, on a sale-or-return basis** avec possibilité de reprise des invendus, avec faculté de retour ◆ **sales are up/down** les ventes ont augmenté/baissé ◆ **she is in sales** elle est or travaille dans la vente ◆ **sale by auction** vente f publique, vente f aux enchères ; → **cash, quick**
♦ **for sale** à vendre ◆ **"not for sale"** "cet article n'est pas à vendre" ◆ **to put sth up for sale** mettre qch en vente ◆ **our house is up for sale** notre maison est à vendre or en vente
♦ **on sale** (Brit) en vente ◆ **on sale at all good chemists** en vente dans toutes les bonnes pharmacies ◆ **to go on sale** être mis en vente
ⓑ (= event: gen) vente f ; (also **auction sale**) vente f (aux enchères) ; (Comm: also **sales**) soldes mpl ◆ **the sales are on** c'est la saison des soldes ◆ **the sale begins** or **the sales begin next week** les soldes commencent la semaine prochaine ◆ **this shop is having a sale just now** il y a des soldes dans ce magasin en ce moment ◆ **to put sth in the sale** solder qch ◆ **in a sale** en solde ◆ **they are having a sale in aid of the blind** on organise une vente (de charité) en faveur des aveugles ; → **bring, clearance, jumble**
② COMP ▷ **sale of produce** n vente f de produits ▷ **sale of work** n vente f de charité ▷ **sale price** n prix m soldé ▷ **sales analysis** n analyse f des ventes ▷ **sales assistant** n (Brit) vendeur m, -euse f ▷ **sales campaign** n campagne f de vente ▷ **sales clerk** n (US) ⇒ **sales assistant** ▷ **sales conference** n réunion f de la force de vente ▷ **sales department** n service m des ventes ▷ **sales director** n directeur m, -trice f or chef m des ventes ▷ **sales drive** n campagne f de promotion des ventes ▷ **sales figures** npl chiffre m des ventes ▷ **sales force** n force f de vente ▷ **sales forecast** n prévisions fpl de vente(s) ▷ **sales leaflet** n argumentaire m ▷ **sales literature** n documentation f publicitaire ▷ **sales manager** n directeur m, -trice f commercial(e) ▷ **sales meeting** n réunion f du service commercial ▷ **sales office** n bureau m de vente ▷ **sales pitch** n baratin * m publicitaire, boniment m ▷ **sales planning** n planification f des ventes ▷ **sales promotion** n promotion f des ventes ▷ **sales receipt** n ticket m de caisse ▷ **sales rep** *, **sales representative** n représentant(e) m(f) (de commerce), VRP m ▷ **sales report** n bilan m commercial ▷ **sales revenue** n ventes fpl ▷ **sales resistance** n réaction f défavorable (à la publicité), résistance f de l'acheteur ▷ **sales slip** n (in shops) ticket m (de caisse) ▷ **sales talk** * n baratin * m publicitaire, boniment m ▷ **sales target** n objectif m de ventes ▷ **sales tax** n taxe f à l'achat ▷ **sale value** n valeur f marchande

saleability [ˌseɪlə'bɪlɪtɪ] n ◆ **establish the saleability of the property before you buy it** avant d'acheter la propriété, vérifiez si elle est facile à vendre

saleable, salable (US) ['seɪləbl] adj object vendable ; skill monnayable ; artist dont les œuvres sont vendables ◆ **a highly saleable commodity** un produit qui se vend très bien ◆ **small cars are more saleable than big ones at the moment** les petites voitures se vendent mieux que les grosses en ce moment

salep ['sæləp] n salep m

Salerno [sə'lɜːrnəʊ] n Salerne

saleroom ['seɪlrʊm] n (Brit) salle f des ventes

salesgirl ['seɪlzɡɜːl] n ⇒ **sales assistant**

salesman ['seɪlzmən] n, pl **-men** (in shop) vendeur m ; (= representative) représentant m (de commerce), VRP m ◆ **he's a good salesman** il sait vendre ; see also **door**

salesmanship ['seɪlzmənʃɪp] n art m de la vente

salesperson ['seɪlzpɜːsn] n vendeur m, -euse f

salesroom ['seɪlzrʊm] n (US) ⇒ **saleroom**

saleswoman ['seɪlzwʊmən] n, pl **-women** (in shop) vendeuse f ; (= representative) représentante f (de commerce), VRP m

Salian ['seɪlɪən] (Hist) ① adj salien
② n Franc m Salien, Franque f Salienne

salicin ['sælɪsɪn] n salicine f, salicoside m

Salic law ['sælɪk] n (Hist) loi f salique

salicornia [ˌsælɪ'kɔːnɪə] n salicorne f

salicylate [sə'lɪsɪleɪt] n salicylate m

salicylic acid [ˌsælɪ'sɪlɪk] n acide m salicylique

salient ['seɪlɪənt] → SYN adj, n saillant m

salientian [ˌseɪlɪ'enʃən] n anoure m

saliently ['seɪlɪəntlɪ] adv d'une manière frappante

salifiable [ˌsælɪ'faɪəbl] adj salifiable

salification [ˌsælɪfɪ'keɪʃən] n salification f

salify ['sælɪfaɪ] vt salifier

salina [sə'liːnə] n ⓐ (= marsh etc) (marais m) salant m, salin m, saline f ; (= saltworks) saline(s) f(pl), raffinerie f de sel
ⓑ (= mine) mine f de sel

saline ['seɪlaɪn] ① adj salin
② n ⓐ ⇒ **salina** n
ⓑ (Chem, Med = solution) solution f saline
③ COMP ▷ **saline drip** n perfusion f de sérum physiologique or isotonique ▷ **saline solution** n (Med, Chem: for contact lenses) solution f saline

salinity [sə'lɪnɪtɪ] n salinité f

salinometer [ˌsælɪ'nɒmɪtə'] n (Tech) halomètre m

saliva [sə'laɪvə] n salive f

salivary ['sælɪvərɪ] adj salivaire

salivate ['sælɪveɪt] vi saliver ◆ **to salivate over sth** (fig) se lécher les babines or saliver en pensant à qch

salivation [ˌsælɪ'veɪʃən] n salivation f

sallow¹ ['sæləʊ] → SYN adj complexion, face, skin cireux ; person au teint cireux

sallow² ['sæləʊ] n (Bot) saule m

sallowness ['sæləʊnɪs] n teint m jaunâtre

sally ['sælɪ] → SYN n ⓐ (Mil) sortie f
ⓑ (= flash of wit) saillie f, boutade f ◆ **to make a sally** dire une boutade

▶ **sally forth, sally out** vi sortir gaiement

Sally Army * [ˌsælɪ'ɑːmɪ] n (Brit) (abbrev of **Salvation Army**) → **salvation**

Salmanazar [ˌsælmə'næzər] n salmanazar m

salmon ['sæmən] ① n, pl **salmons** or **salmon** saumon m ; → **rock², smoke**
② COMP ▷ **salmon farm** n élevage m de saumons ▷ **salmon fishing** n pêche f au saumon ▷ **salmon ladder** n échelle f à saumons ▷ **salmon pink** n, adj (rose m) saumon m inv ▷ **salmon steak** n darne f de saumon ▷ **salmon trout** n truite f saumonée

salmonella [ˌsælmə'nelə] ① n, pl **salmonellae** [ˌsælmə'neliː] salmonelle f
② COMP ▷ **salmonella poisoning** n salmonellose f

salmonellosis [ˌsælməne'ləʊsɪs] n salmonellose f

salol ['sælɒl] n salol m

Salome [sə'ləʊmɪ] n Salomé f

salon ['sælɒn] n (in all senses) salon m ; → **beauty, hair**

saloon [sə'luːn] ① n ⓐ (= large room) salle f, salon m ; (on ship) salon m

salopettes / same

salopettes [ˌsæləˈpets] npl salopette f (de ski)

salpa [ˈsælpə] n, pl **salpas** or **salpae** [ˈsælpiː] salpe f

salpingectomy [ˌsælpɪnˈdʒektəmɪ] n salpingectomie f

salpingitis [ˌsælpɪnˈdʒaɪtɪs] n salpingite f

salpinx [ˈsælpɪŋks] n, pl **salpinges** [sælˈpɪndʒiːz] (= Fallopian tube) trompe f de Fallope ; (= Eustachian tube) trompe d'Eustache

salsa [ˈsɑːlsə] n **a** (Culin) sauce aux oignons, tomates et poivrons, spécialité portoricaine
b (Mus) salsa f

salsify [ˈsælsɪfɪ] n salsifis m

SALT [sɔːlt] **1** abbrev of **Strategic Arms Limitation Talks**
2 COMP ▷ **SALT negotiations** n négociations fpl SALT

salt [sɔːlt] → SYN **1** n (NonC: Chem, Culin) sel m ◆ **kitchen/table salt** sel m de cuisine/de table ◆ **there's too much salt in the potatoes** les pommes de terre sont trop salées ◆ **I don't like salt in my food** je n'aime pas manger salé ◆ **to rub salt in(to) the wound** (fig) retourner le couteau dans la plaie ◆ **he's not worth his salt** il ne vaut pas grand-chose ◆ **to take sth with a pinch or grain of salt** ne pas prendre qch au pied de la lettre ◆ **the salt of the earth** le sel de la terre ◆ **below the salt** † socialement inférieur ◆ **an old (sea) salt** un vieux loup de mer ; → **bath, smell**
2 adj **a** (= salty) taste salé ; air marin ◆ **to shed salt tears** (liter) verser des larmes amères
b (= salted) fish, meat, porridge salé
3 vt [+ meat, one's food] saler
4 COMP ▷ **salt beef** n bœuf m salé ▷ **salt box** n (US = house) maison à deux étages et à toit dissymétrique ▷ **salt flat** n salant m ▷ **salt-free** adj sans sel ▷ **salt lake** n lac m salé ▷ **salt lick** n (= block of salt) pierre f à lécher ; (= place) salant m ▷ **salt marsh** n marais m salant ▷ **salt mine** n mine f de sel ◆ **back to the salt mines!** * (fig hum) allez, il faut reprendre le collier ! * ▷ **salt pan** n puits m salant ▷ **salt pork** n porc m salé ▷ **salt shaker** n salière f ▷ **salt spoon** n cuiller f or cuillère f à sel ▷ **salt tax** n (Hist) gabelle f ▷ **salt water** n eau f salée

▶ **salt away** vt sep [+ meat] saler ; (fig) [+ money] mettre à gauche *

▶ **salt down** vt fus saler, conserver dans le sel

saltarello [ˌsæltəˈreləʊ] n, pl **saltarellos** or **saltarelli** [ˌsæltəˈrelɪ] saltarelle f

saltatorial [ˌsæltəˈtɔːrɪəl], **saltatory** [ˈsæltətərɪ] adj saltatoire

saltcellar [ˈsɔːltˌselər] n salière f

salted [ˈsɔːltɪd] adj salé

saltigrade [ˈsæltɪɡreɪd] adj saltigrade

saltine [sɔːlˈtiːn] n (US = cracker) petit biscuit m salé

saltiness [ˈsɔːltɪnɪs] n [of water] salinité f ; [of food] goût m salé

salting [ˈsɔːltɪŋ] n **a** (= act of putting salt on) salaison f
b (= place: esp Brit) (marais m) salant m

saltpetre, **saltpeter** (US) [ˈsɔːltˌpiːtər] n salpêtre m

saltwater [ˈsɔːltˌwɔːtər] adj fish de mer

saltworks [ˈsɔːltˌwɜːks] n (NonC) saline(s) f(pl)

saltwort [ˈsɔːltwɜːt] n salicorne f

salty [ˈsɔːltɪ] → SYN adj **a** (= containing salt) food, water, taste salé ; soil salin ; deposit de sel
b († = risqué) language, story salé

salubrious [səˈluːbrɪəs] → SYN adj (frm) (= healthy) place salubre ; climate sain ◆ **not a very salubrious district** (fig = desirable, pleasant) un quartier peu recommandable

salubrity [səˈluːbrɪtɪ] n salubrité f

saluki [səˈluːkɪ] n sloughi m

salutary [ˈsæljʊtərɪ] → SYN adj salutaire

salutation [ˌsæljʊˈteɪʃən] → SYN n salut m ; (exaggerated) salutation f ◆ **in salutation** pour saluer

salutatorian [səˌluːtəˈtɔːrɪən] n (US Scol) deuxième mf de la promotion (qui prononce un discours de fin d'année)

salute [səˈluːt] → SYN **1** n (with hand) salut m ; (with guns) salve f ◆ **military salute** salut m militaire ◆ **to give (sb) a salute** faire un salut (à qn) ◆ **to take the salute** passer les troupes en revue ◆ **to raise one's hand in salute** saluer de la main ; → **fire, gun**
2 vt (Mil etc) saluer (de la main) ; (fig = acclaim) saluer (as comme) ◆ **to salute the flag** saluer le drapeau ◆ **he saluted the historic achievement of the government** il a salué ce succès historique du gouvernement
3 vi (Mil etc) faire un salut

Salvador(i)an [ˌsælvəˈdɔːr(ɪ)ən] **1** adj salvadorien
2 n Salvadorien(ne) m(f)

salvage [ˈsælvɪdʒ] → SYN **1** n (NonC) **a** (= saving) [of ship, cargo] sauvetage m ; (for re-use) récupération f
b (= things saved from fire, wreck) objets mpl or biens mpl sauvés or récupérés ; (= things for re-use) objets mpl récupérables ◆ **to collect old newspapers for salvage** récupérer les vieux journaux
c (= payment) prime f or indemnité f de sauvetage
2 vt **a** (= save) sauver ; [+ pride, reputation] préserver ◆ **to salvage one's marriage** sauver son mariage ◆ **we'll have to salvage what we can from the situation** il nous faudra sauver ce que nous pourrons de la situation ◆ **she was lucky to (be able to) salvage her career** c'est tout juste si elle a pu sauver sa carrière
b [+ ship] sauver, effectuer le sauvetage de ; [+ material, cargo] sauver (from de)
c [+ objects for re-use] récupérer
3 COMP operation, work, company, vessel de sauvetage ▷ **salvage costs** npl frais mpl de récupération

salvageable [ˈsælvɪdʒəbl] adj qui peut être sauvé

salvation [sælˈveɪʃən] → SYN **1** n (Rel etc) salut m ; (economic) relèvement m ◆ **work has been his salvation** c'est le travail qui l'a sauvé, il a trouvé son salut dans le travail
2 COMP ▷ **Salvation Army** n Armée f du Salut ◆ **Salvation Army band** fanfare f de l'Armée du Salut

salvationist [sælˈveɪʃənɪst] n salutiste mf

salve[1] [sælv] **1** n (lit, fig) baume m
2 vt [+ pain] soulager, apaiser ◆ **to salve his conscience he …** pour soulager sa conscience, il …

salve[2] [sælv] vt (= salvage) sauver

salver [ˈsælvər] n plateau m (de métal)

salvia [ˈsælvɪə] n sauge f à fleurs rouges, salvia f

salvo[1] [ˈsælvəʊ] n, pl **salvos** or **salvoes** (Mil) salve f ; → **fire**

salvo[2] [ˈsælvəʊ] n, pl **salvos** (Jur) réserve f, réservation f

salvor [ˈsælvər] n sauveteur m (en mer)

Salzburg [ˈsæltsbɜːɡ] n Salzbourg f

SAM [sæm] n (Mil) (abbrev of **surface-to-air missile**) SAM m

Sam [sæm] **1** n (dim of **Samuel**) → **uncle**
2 COMP ▷ **Sam Browne (belt)** n (Mil) ceinturon m et baudrier m ; (for cyclist) bande f fluorescente

samara [səˈmɑːrə] n (Bot) samare f

Samaria [səˈmɛərɪə] n la Samarie

Samaritan [səˈmærɪtən] **1** n Samaritain(e) m(f) ◆ **the Good Samaritan** (Rel) le bon Samaritain ◆ **he was a good Samaritan** il faisait le bon Samaritain ◆ **Good Samaritan Laws** (US) lois mettant un sauveteur à l'abri des poursuites judiciaires qui pourraient être engagées par le blessé ◆ **the Samaritans** (= organization) ≈ SOS-Amitié
2 adj samaritain

samarium [səˈmɛərɪəm] n samarium m

samba [ˈsæmbə] n samba f

sambo*, * [ˈsæmbəʊ] n (pej) noiraud(e) *, * m(f), moricaud(e) *, * m(f) (pej)

same [seɪm] LANGUAGE IN USE 5.3, 7.5, 26.2 → SYN
1 adj même (as que) ◆ **to be the same age/shape** avoir le même âge/la même forme ◆ **the carpet was the same colour as the wall** la moquette était de la même couleur que le mur ◆ **we come from the same place** nous venons du même endroit ◆ **the same books as** or **that …** les mêmes livres que … ◆ **is that the same man (that) I saw yesterday?** est-ce bien l'homme que j'ai vu hier ? ◆ **the same woman that spoke to me** la femme qui m'a parlé ◆ **the same girl as I saw yesterday** la fille que j'ai vue hier ◆ **but in the same breath he said …** mais il a ajouté … ◆ **the same day** le même jour ◆ **the very same day** le jour même, exactement le même jour ◆ **the same day as last year** le même jour que l'année dernière ◆ **that same day** ce même jour ◆ **same difference!** * c'est du pareil au même ! *, c'est kif-kif ! * ◆ **it's the same old rubbish on TV tonight** il y a les bêtises habituelles à la télé ce soir ◆ **they turned out to be one and the same person** en fin de compte il s'agissait d'une seule et même personne ◆ **I'm still the same person I was before** je n'ai pas changé ◆ **for the same reason** pour la même raison ◆ **it comes to the same thing** cela revient au même ; → **one** ◆ **they both arrived at the same time** ils sont arrivés en même temps ◆ **don't all talk at the same time** ne parlez pas tous en même temps or à la fois ◆ **at the same time we must remember that …** il ne faut cependant pas oublier que … ◆ **at the very same time as …** au moment même or précis où … ◆ **we sat at the same table as usual** nous avons pris notre table habituelle ◆ **how are you? – same as usual!** * comment vas-tu ? — comme d'habitude ! ◆ **in the same way** de même ◆ **in the same way as** or **that …** de la même façon que … ; → **story, token, way**
2 pron **a** **the same** (gen) la même chose ; (specific reference) le or la même ; (Jur = aforementioned) le susdit, la susdite ◆ **it's the same as …** c'est la même chose que … ◆ **the film is the same as before** le film est le même qu'avant ◆ **the price is the same as last year** c'est le même prix que l'année dernière ◆ **she's much** or **about the same** (in health) son état est inchangé ◆ **we must all write the same** il faut que nous écrivions tous la même chose ◆ **do the same as your brother** fais comme ton frère ◆ **he left and I did the same** il est parti et j'ai fait de même or j'en ai fait autant ◆ **I'll do the same for you** je te le revaudrai ◆ **I would do the same again (**si c'était à refaire,) je recommencerais ◆ **don't do the same again!** ne recommence pas ! ◆ **(the) same again please** * (in bar etc) la même chose, s'il vous plaît, remettez-moi (or remettez-nous) ça * ◆ **I don't feel the same about it as I did** maintenant je vois la chose différemment ◆ **I still feel the same about you** mes sentiments à ton égard n'ont pas changé ◆ **it's not the same at all** ce n'est pas du tout la même chose, ce n'est pas du tout pareil ◆ **it's not the same as before** ce n'est plus pareil, ce n'est plus comme avant ◆ **it's the same everywhere** c'est partout pareil ◆ **and the same to you!** (good wishes) à vous aussi !, vous de même ! ; (as retort) je te souhaite la pareille ! ◆ **you idiot! – same to you!** * idiot ! — toi-même ! ◆ **same here!** * moi aussi ! ◆ **it's the same with us** (et) nous aussi !

◆ **all the same, just the same** ◆ **it's all** or **just the same to me** cela m'est égal ◆ **thanks all** or **just the same** merci tout de même or quand même ◆ * **all** or **just the same, he refused** il a refusé quand même or tout de même, n'empêche qu'il a refusé ◆ **things go on just the same** (= monotonously) rien ne change ; (= in spite of everything) rien n'a changé, la vie continue (quand même) ◆ **I'll leave now if it's all the same to you** je pars maintenant, si ça ne te dérange pas

b (Comm: frm) le or la même ◆ **"to repairing same, £20"** "réparation du même (or de la même), 20 livres"

3 COMP ▷ **same-day** adj (Comm) delivery, service etc (garanti) le jour même or dans la journée ▷ **same-sex** adj relationship, marriage homosexuel

sameness ['seɪmnɪs] → SYN n identité f, similitude f ; (= monotony) monotonie f, uniformité f

samey* ['seɪmɪ] adj (Brit) répétitif ♦ **her songs are very samey** ses chansons se ressemblent toutes

samizdat [ˌsæmɪz'dæt] n samizdat m ♦ **samizdat publication** samizdat m

Samoa [sə'məʊə] n le Samoa

Samoan [sə'məʊən] **1** adj samoan
2 n Samoan(e) m(f)

samosa [sə'məʊsə] n, pl **samosas** or **samosa** samosa m

samovar [ˌsæməʊ'vɑː^r] n samovar m

Samoyed [sə'mɔɪed] n (= dog) samoyède m

sampan ['sæmpæn] n sampan(g) m

samphire ['sæmfaɪə^r] n criste-marine f

sample ['sɑːmpl] → SYN **1** n (gen) échantillon m ; (Med) [of urine] échantillon m ; [of blood, tissue] prélèvement m ♦ **as a sample** à titre d'échantillon ♦ **to take a sample** prélever un échantillon, faire un prélèvement (also Geol) ♦ **to take a blood sample** faire une prise or un prélèvement de sang (from à) ♦ **to choose from samples** choisir sur échantillons ♦ **all the goods are up to sample** (Comm) toutes les marchandises sont d'aussi bonne qualité que les échantillons ♦ **free sample** (Comm) échantillon m gratuit ♦ **a sample of his poetry** un exemple de sa poésie ; → **random**
2 vt **a** [+ food, wine] goûter ; (fig) [+ lifestyle] goûter à
b (Mus) sampler
c [+ opinion] sonder ♦ **the newspaper has sampled public opinion on** ... le journal a fait un sondage sur ...
3 COMP bottle, cigarette, selection etc échantillon m ; line, sentence etc exemple m ▷ **sample book** n (Comm) catalogue m d'échantillons ▷ **sample section** n **a sample section of the population** un échantillon représentatif de la population ▷ **sample survey** n enquête f par sondage

sampler ['sɑːmplə^r] n (Sewing) échantillon m de broderie ; (Mus) sampler m, échantillonneur m

sampling ['sɑːmplɪŋ] n (gen) échantillonnage m ; (Mus) sampling m ♦ **sampling technique** (Comm etc) technique f d'échantillonnage

Samson ['sæmsn] n Samson m

Samuel ['sæmjʊəl] n Samuel m

samurai ['sæməˌraɪ] **1** n (pl inv) samouraï or samurai m
2 COMP ♦ **samurai bond** n (Fin) obligation f libellée en yens émise par des emprunteurs étrangers ▷ **samurai sword** n épée f de samouraï ▷ **samurai tradition** n tradition f samouraï ▷ **samurai warrior** n (guerrier m) samouraï m

San Andreas [ˌsænæn'dreɪəs] n ♦ **the San Andreas Fault** la faille de San Andreas

sanatorium [ˌsænə'tɔːrɪəm] n, pl **sanatoriums** or **sanatoria** [ˌsænə'tɔːrɪə] (Brit) sanatorium m ; (Scol) infirmerie f

Sancho Panza [ˌsæntʃəʊ'pænzə] n Sancho Pança m

sancta ['sæŋktə] npl of **sanctum**

sanctification [ˌsæŋktɪfɪ'keɪʃən] n sanctification f

sanctify ['sæŋktɪfaɪ] → SYN vt sanctifier

sanctimonious [ˌsæŋktɪ'məʊnɪəs] → SYN adj person, comment, speech etc moralisateur (-trice f)

sanctimoniously [ˌsæŋktɪ'məʊnɪəslɪ] adv d'une manière moralisatrice ; speak d'un ton moralisateur or prêcheur

sanctimoniousness [ˌsæŋktɪ'məʊnɪəsnɪs] n [of comment, speech etc] ton m moralisateur ; [of person] attitude f moralisatrice

sanction ['sæŋkʃən] → SYN **1** n **a** (NonC = authorization) sanction f, approbation f ♦ **he gave it his sanction** il a donné son approbation ♦ **with the sanction of sb** avec le consentement de qn
b (= enforcing measure) sanction f ♦ **to impose economic sanctions against** or **on** ... prendre des sanctions économiques contre ... ♦ **to lift the sanctions on** ... lever les sanctions contre ...
2 vt **a** [+ law, conduct] sanctionner, approuver ♦ **I will not sanction such a thing** je ne peux pas approuver or sanctionner une chose pareille ♦ **this expression has been sanctioned by usage** cette expression est consacrée par l'usage
b (= impose sanctions on) prendre des sanctions contre
3 COMP ▷ **sanctions-busting** n violation f de sanctions

sanctity ['sæŋktɪtɪ] → SYN n [of person, behaviour] sainteté f ; [of oath, place] caractère m sacré ; [of property, marriage] inviolabilité f ♦ **odour of sanctity** odeur f de sainteté

sanctuary ['sæŋktjʊərɪ] → SYN **1** n (= holy place) sanctuaire m ; (= refuge) asile m ; (for wildlife) réserve f ♦ **right of sanctuary** droit m d'asile ♦ **to seek sanctuary** chercher asile ♦ **to take sanctuary** trouver asile, se réfugier ; → **bird**
2 COMP ▷ **sanctuary lamp** n lampe f du saint sacrement

sanctum ['sæŋktəm] n, pl **sanctums** or **sancta a** (= holy place) sanctuaire m
b (* = sb's study etc) retraite f, tanière f ♦ **the (inner) sanctum** (hum) le saint des saints (hum)

sand [sænd] **1** n **a** sable m ♦ **a grain of sand** un grain de sable ♦ **this resort has miles and miles of golden sand(s)** cette station balnéaire a des kilomètres de plages de sable doré ♦ **to be built on sand** [plan, agreement] être un château de cartes, être voué à l'échec ♦ **the sands of time** les grains mpl du sablier ♦ **the sands (of time) are running out** les instants sont comptés ♦ **sands** [of beach] plage f (de sable) ; [of desert] désert m (de sable)
b (US * = courage) cran * m
2 vt **a** [+ path] sabler, couvrir de sable ; (against ice) sabler
b (also sand down) poncer
3 COMP ▷ **sand bar** n barre f (de rivière) ▷ **sand blind** adj (US) qui a mauvaise vue ▷ **sand castle** n château m de sable ▷ **sand crack** n (Vet) seime f ▷ **sand desert** n désert m de sable ▷ **sand dollar** n (US Zool) oursin m plat ▷ **sand dune** n dune f (de sable) ▷ **sand eel** n anguille f de sable, lançon m, équille f ▷ **sand flea** n (= beach flea) puce f de mer ; (tropical) chique f ▷ **sand goby** n (= fish) gobie m de sable ▷ **sand hopper** n (Zool) puce f de sable or de mer ▷ **sand lance** n (= fish) anguille f de sable, équille f, lançon m ▷ **sand martin** n hirondelle f de rivage ▷ **sand smelt** n (= fish) éperlan m bâtard, faux éperlan ▷ **sand trap** n (US Golf) bunker m ▷ **sand viper** n ammodyte f, anguille f des sables ▷ **sand yacht** n char m à voile ▷ **sand-yachting** n **to go sand-yachting** faire du char à voile

sandal ['sændl] n sandale f

sandal(wood) ['sændl(wʊd)] **1** n santal m
2 COMP box, perfume de santal

sandarac(h) ['sændəˌræk] n (= resin) sandaraque f

sandbag ['sændbæg] **1** n sac m de sable or de terre
2 vt **a** (* = stun) assommer
b [+ wall, door, dam] renforcer avec des sacs de sable or de terre

sandbank ['sændbæŋk] n banc m de sable

sandblast ['sændblɑːst] **1** n jet m de sable
2 vt décaper à la sableuse

sandblaster ['sændˌblɑːstə^r] n sableuse f

sandblasting ['sændˌblɑːstɪŋ] n décapage m à la sableuse ♦ **sandblasting machine** ⇒ **sandblaster**

sandbox ['sændbɒks] n bac m à sable ; (Rail) sablière f

sandboy ['sændbɔɪ] n ♦ **happy as a sandboy** heureux comme un poisson dans l'eau or comme un roi

sander ['sændə^r] n (= tool) ponceuse f

sanderling ['sændəlɪŋ] n (bécasseau m) sanderling m

sandfly ['sændflaɪ] n phlébotome m ; (= biting midge) simulie f

sandglass ['sændglɑːs] n sablier m

sandgrouse ['sændˌgraʊs] n ganga m, gélinotte f des Pyrénées

Sandhurst ['sændhɜːst] n (Brit) école militaire, ≈ Saint-Cyr

sanding ['sændɪŋ] n [of road] sablage m ; (= sandpapering) ponçage m au papier de verre

S & L [ˌesən'del] n (US Fin) (abbrev of **savings and loan association**) → **saving**

sandlot ['sændlɒt] (US) **1** n terrain m vague
2 n ▷ **sandlot baseball** n baseball m pratiqué dans les terrains vagues

S & M [ˌesən'em] **1** n abbrev of **sadomasochism**
2 adj (abbrev of **sadomasochistic**) sado-maso*, SM*

sandman ['sændmæn] n, pl **-men** (fig) marchand m de sable

sandpaper ['sændˌpeɪpə^r] **1** n papier m de verre
2 vt (also **sandpaper down**) poncer

sandpapering ['sændˌpeɪpərɪŋ] n ponçage m

sandpile ['sændpaɪl] n (US) tas m de sable

sandpiper ['sændˌpaɪpə^r] n (Orn) bécasseau m, chevalier m

sandpit ['sændpɪt] n (esp Brit) sablonnière f, carrière f de sable ; (for children) bac m à sable

sandshoes ['sændʃuːz] npl (rubber-soled) tennis mpl or fpl ; (rope-soled) espadrilles fpl

sandstone ['sændstəʊn] **1** n grès m
2 COMP ▷ **sandstone quarry** n carrière f de grès, grésière f

sandstorm ['sændstɔːm] n tempête f de sable

sandwich ['sænwɪdʒ] **1** n sandwich m ♦ **cheese sandwich** sandwich m au fromage ♦ **open sandwich** canapé m ♦ **he's the meat** or **filling in the sandwich*** (Brit) il est pris entre deux feux
2 vt (also **sandwich in**) [+ person, appointment] intercaler ♦ **to be sandwiched (between)** être pris en sandwich (entre)* ♦ **three pieces of wood, sandwiched together** trois couches de bois superposées
3 COMP ▷ **sandwich bar** n sandwicherie f ▷ **sandwich board** n panneau m publicitaire (porté par un homme-sandwich) ▷ **sandwich cake** n (Brit Culin) gâteau m fourré ▷ **sandwich course** n (Ind) stage m de formation (professionnelle) en alternance ▷ **sandwich loaf** n pain m de mie ▷ **sandwich man** n, pl **sandwich men** homme-sandwich m ▷ **Sandwich tern** n sterne f Caugek

sandworm ['sændwɜːm] n arénicole f

sandy ['sændɪ] **1** adj **a** (= covered with, containing sand) soil, ground sablonneux ; beach de sable ; water, deposit sableux
b (= light-brown) couleur (de) sable inv ; hair, moustache blond roux inv
2 COMP ▷ **sandy ray** n (= fish) raie f circulaire

sane [seɪn] → SYN adj **a** (Psych) person sain d'esprit ; behaviour sain
b (= sensible) system, policy, advice sensé ; person sensé, raisonnable

sanely ['seɪnlɪ] adv sainement, raisonnablement

Sanforized ® ['sænfəraɪzd] adj irrétrécissable, qui ne rétrécit pas au lavage

San Francisco [ˌsænfræn'sɪskəʊ] n San Francisco

sang [sæŋ] vb (pt of **sing**)

sangfroid ['sɑːŋ'frwɑː] n sang-froid m inv

sangria [sæŋ'griːə] n sangria f

sanguinary ['sæŋgwɪnərɪ] adj (frm) **a** (= bloody) battle, struggle sanglant ; violence sanguinaire
b (= bloodthirsty) person sanguinaire

sanguine ['sæŋgwɪn] → SYN adj **a** (frm = optimistic) person, view, temperament optimiste (about quant à) ♦ **of (a) sanguine disposition** d'un naturel optimiste, porté à l'optimisme
b (liter) complexion sanguin
c (Med Hist) person, temperament sanguin

sanguinely ['sæŋgwɪnlɪ] adv avec optimisme

sanguineous [sæŋ'gwɪnɪəs] adj sanguinolent

Sanhedrin ['sænɪdrɪn] n sanhédrin m

sanicle ['sænɪkəl] n sanicle f, sanicule f

sanies ['seɪnɪːz] n (Med) sanie f

sanitarium / satellite

sanitarium [ˌsænɪˈtɛərɪəm] n, pl **sanitariums** or **sanitaria** [ˌsænɪˈtɛərɪə] (esp US) ⇒ **sanatorium**

sanitary [ˈsænɪtərɪ] → SYN ① adj **a** (= hygienic) place hygiénique
  b (= to do with hygiene) conditions, system, services sanitaire ◆ **sanitary facilities** (installations fpl) sanitaires mpl ◆ **sanitary arrangements** dispositions fpl sanitaires
  ② COMP ▷ **sanitary engineer** n ingénieur m des services sanitaires ▷ **sanitary engineering** n génie m sanitaire ▷ **sanitary inspector** n inspecteur m, -trice f de la santé publique ▷ **sanitary napkin** n (US) ⇒ **sanitary towel** ▷ **sanitary protection** n (NonC) protections fpl périodiques ▷ **sanitary towel** n (Brit) serviette f hygiénique

sanitation [ˌsænɪˈteɪʃən] ① n (in house) installations fpl sanitaires, sanitaires mpl ; (in town) système m sanitaire ; (= science) hygiène f publique
  ② COMP ▷ **sanitation man** n, pl **sanitation men** (US) éboueur m (municipal)

sanitize [ˈsænɪtaɪz] vt (lit) assainir, désinfecter ; (fig) assainir, expurger

sanitized [ˈsænɪtaɪzd] adj (fig) account, view of events édulcoré, expurgé

sanity [ˈsænɪtɪ] → SYN n [of person] santé f mentale ; [of judgement, reasoning] rectitude f
  ◆ he was restored to sanity il retrouva sa santé mentale or sa raison ◆ **sanity demands that...** le bon sens exige que... (+ subj)
  ◆ **fortunately sanity prevailed** heureusement le bon sens l'emporta

sanjak [ˈsændʒæk] n sandjak m

sank [sæŋk] vb (pt of **sink¹**)

San Marinese [ˌsænˌmærɪˈniːz] ① adj san-marinais
  ② n San-Marinais(e) m(f)

San Marino [ˌsænməˈriːnəʊ] n Saint-Marin ◆ **in San Marino** à Saint-Marin

sanpro [ˈsænprəʊ] n (abbrev of **sanitary protection**) garnitures fpl périodiques

San Salvador [ˌsænˈsælvədɔːʳ] n San Salvador

sansevieria [ˌsænsɪˈvɪərɪə] n sansevière f

Sanskrit [ˈsænskrɪt] adj, n sanscrit m

Sanskritic [sænˈskrɪtɪk] adj (Ling) sanskrit m

Sanskritist [ˈsænskrɪtɪst] n sanskritiste mf

sans serif [sænˈsɛrɪf] n (Typo) antique f, linéale f, sans serif f

Santa * [ˈsæntə] n ⇒ **Santa Claus**

Santa Claus [ˌsæntəˈklɔːz] n le père Noël

Santiago [ˌsæntɪˈɑːɡəʊ] n (also **Santiago de Chile**) Santiago (du Chili) ; (also **Santiago de Compostela**) Saint-Jacques-de-Compostelle

santolina [ˌsæntəˈliːnə] n santoline f

santonin [ˈsæntənɪn] n santonine f

Saone [sɔːn] n Saône f

São Paulo [saʊˈpaʊləʊ] n São Paulo

sap¹ [sæp] → SYN n (Bot) sève f

sap² [sæp] → SYN ① n (Mil = trench) sape f
  ② vt [+ strength, confidence] saper, miner

sap³ * [sæp] → SYN n (= fool) cruche * f, andouille * f

sapele [səˈpiːlɪ] n (= tree, wood) sapelli m

saphead * [ˈsæphed] n (US) cruche * f, andouille * f

saphena [səˈfiːnə] n saphène f

sapid [ˈsæpɪd] adj sapide

sapless [ˈsæplɪs] adj plant sans sève, desséché

sapling [ˈsæplɪŋ] n jeune arbre m ; (fig liter) jeune homme m ◆ **saplings** boisage m

sapodilla [ˌsæpəˈdɪlə] n (= tree) sapotillier m ; (= plum) sapotille f

saponaceous [ˌsæpəʊˈneɪʃəs] adj saponacé

saponifiable [səˈpɒnɪˌfaɪəbl] adj saponifiable

saponification [səˌpɒnɪfɪˈkeɪʃən] n saponification f

saponify [səˈpɒnɪfaɪ] vt saponifier

saponin [ˈsæpənɪn] n saponine f

saponite [ˈsæpəˌnaɪt] n saponite f

sapper [ˈsæpəʳ] n (Brit Mil) soldat m du génie
  ◆ **the Sappers** * le génie

sapphic [ˈsæfɪk] adj saphique

sapphire [ˈsæfaɪəʳ] ① n (= jewel, gramophone needle) saphir m
  ② COMP **sapphire ring** de saphir(s) ; **sapphire sky** (also **sapphire blue**) de saphir

sapphism [ˈsæfɪzəm] n saphisme m

sappiness [ˈsæpɪnɪs] n abondance f de sève

sappy¹ [ˈsæpɪ] adj leaves plein de sève ; wood vert

sappy² * [ˈsæpɪ] adj (= foolish) cruche *

saprogenic [ˌsæprəʊˈdʒɛnɪk] adj saprogène

sapropel [ˈsæprəˌpɛl] n sapropèle m

saprophyte [ˈsæprəʊfaɪt] n saprophyte m

saprophytic [ˌsæprəʊˈfɪtɪk] adj saprophyte

saprozoic [ˌsæprəʊˈzəʊɪk] adj ◆ **saprozoic species** saprozoïte m

sapwood [ˈsæpwʊd] n aubier m

saraband [ˈsærəbænd] n sarabande f

Saracen [ˈsærəsn] ① adj sarrasin
  ② n Sarrasin(e) m(f)

Saragossa [ˌsærəˈɡɒsə] n Saragosse

Sarah [ˈsɛərə] n Sara(h) f

Saranwrap ® [səˈrænræp] n (US) film m alimentaire (transparent), Scellofrais ® m

Sarasvati [ˌsærəsˈvætiː] n Sarasvati f

Saratoga [ˌsærəˈtəʊɡə] ① n Saratoga
  ② COMP ◆ **Saratoga trunk** n (US) grosse malle f à couvercle bombé

sarcasm [ˈsɑːkæzəm] → SYN n (NonC) sarcasme m, raillerie f

sarcastic [sɑːˈkæstɪk] → SYN adj sarcastique

sarcastically [sɑːˈkæstɪkəlɪ] adv say d'un ton sarcastique

sarcocarp [ˈsɑːkəʊkɑːp] n sarcocarpe m

sarcoid [ˈsɑːkɔɪd] n sarcoïde f

sarcoma [sɑːˈkəʊmə] n, pl **sarcomas** or **sarcomata** [sɑːˈkəʊmətə] (Med) sarcome m

sarcomatosis [sɑːˌkəʊməˈtəʊsɪs] n sarcomatose f

sarcomere [ˈsɑːkəʊˌmɪəʳ] n sarcomère m

sarcophagus [sɑːˈkɒfəɡəs] n, pl **sarcophaguses** or **sarcophagi** [sɑːˈkɒfəɡaɪ] sarcophage m

sarcoplasm [ˈsɑːkəʊˌplæzəm] n sarcoplasme m

sard [sɑːd] n (Miner) sardoine f

sardine [sɑːˈdiːn] n, pl **sardine** or **sardines** sardine f ◆ **tinned** or (US) **canned sardines** sardines fpl en boîte or en conserve
  ◆ **packed like sardines** serrés comme des sardines

Sardinia [sɑːˈdɪnɪə] n la Sardaigne ◆ **in Sardinia** en Sardaigne

Sardinian [sɑːˈdɪnɪən] ① adj sarde
  ② n **a** (= person) Sarde mf
  b (Ling) sarde m

sardius [ˈsɑːdɪəs] n (type of chalcedony) sardoine f

sardonic [sɑːˈdɒnɪk] → SYN adj sardonique

sardonically [sɑːˈdɒnɪkəlɪ] adv smile d'un air sardonique, sardoniquement ; say d'un ton sardonique, sardoniquement ◆ **to laugh sardonically** avoir un rire sardonique

sardonyx [ˈsɑːdənɪks] n sardonyx f

Sargasso Sea [sɑːˈɡæsəʊˌsiː] n mer f des Sargasses

sarge * [sɑːdʒ] n (abbrev of **sergeant**) sergent m

sari [ˈsɑːrɪ] n sari m

Sark [sɑːk] n (île f de) Sercq

sarky * [ˈsɑːkɪ] adj sarcastique

sarmentose [sɑːˈmɛntəʊs] adj sarmenteux

sarnie * [ˈsɑːnɪ] n (Brit) sandwich m

sarong [səˈrɒŋ] n sarong m

saros [ˈsɛərɒs] n saros m

sarsaparilla [ˌsɑːsəpəˈrɪlə] n (= plant) salsepareille f ; (= drink) boisson f à la salsepareille

sartorial [sɑːˈtɔːrɪəl] adj (frm) elegance, habits, matters vestimentaire ◆ **sartorial art** art m du tailleur

sartorius [sɑːˈtɔːrɪəs] n, pl **sartorii** [sɑːˈtɔːrɪaɪ] (Anat) muscle m couturier

---

SAS [ˌɛsɛɪˈɛs] n (Brit Mil) (abbrev of **Special Air Service**) ≃ GIGN m

SASE [ˌɛsɛɪɛsˈiː] n (US) (abbrev of **self-addressed stamped envelope**) → **self**

sash¹ [sæʃ] n (on uniform) écharpe f ; (on dress etc) large ceinture f à nœud

sash² [sæʃ] ① n [of window] châssis m à guillotine
  ② COMP ▷ **sash cord** n corde f (d'une fenêtre à guillotine) ▷ **sash weight** n contrepoids m (de fenêtre à guillotine) ▷ **sash window** n fenêtre f à guillotine

sashay * [ˈsæʃeɪ] vi (= walk stylishly) évoluer d'un pas léger, glisser

sashimi [ˈsæʃɪmɪ] n sashimi m

Sask. abbrev of **Saskatchewan**

Saskatchewan [ˌsæsˈkætʃɪˌwən] n (= province) le Saskatchewan

sasquatch [ˈsæskwætʃ] n animal hypothétique des forêts du nord-ouest des États-Unis et du Canada

sass * [sæs] (US) ① n toupet * m, culot * m
  ② vt être insolent avec

sassafras [ˈsæsəfræs] n (= tree) sassafras m ; (= root) racine f de sassafras

Sassanian [sæˈseɪnɪən] adj sassanide

Sassanid [ˈsæsənɪd] n, pl **Sassanids** or **Sassanidae** [sæˈsænɪˌdiː] Sassanide mf

Sassenach [ˈsæsənæx] n (Scot: gen pej) nom donné aux Anglais par les Écossais, ≃ Angliche * mf

sassy * [ˈsæsɪ] adj (US) insolent, impertinent
  ◆ **don't be sassy with me** je n'aime pas qu'on (me) réponde

SAT [ˌɛsɛɪˈtiː] n (US Educ) (abbrev of **Scholastic Aptitude test**) examen m d'entrée à l'université

SAT

Aux États-Unis, les **SAT (Scholastic Aptitude Tests)** sont un examen national de fin d'enseignement secondaire, composé surtout de tests de logique permettant d'évaluer le raisonnement verbal et mathématique des élèves. La note maximale est de 1 600 points et la moyenne tourne généralement autour des 900. Les résultats obtenus à cet examen (**SAT scores**) sont adressés aux universités dans lesquelles le lycéen a fait une demande d'inscription, et celles-ci font leur sélection sur la base à la fois de ces notes et du dossier scolaire de l'élève. Il est possible de se présenter aux **SAT** autant de fois qu'on le désire.

---

sat [sæt] vb (pt, ptp of **sit**)

Sat. abbrev of **Saturday**

Satan [ˈseɪtn] → SYN n Satan m ; → **limb**

satanic [səˈtænɪk] → SYN ① adj **a** (Rel, Occultism) ritual, cult, forces satanique
  b (= evil) reputation démoniaque
  ② COMP ▷ **satanic abuse** n (NonC) sévices mpl sexuels associés à des rites sataniques

satanically [səˈtænɪkəlɪ] adv d'une manière satanique

Satanism [ˈseɪtənɪzəm] n satanisme m

Satanist [ˈseɪtənɪst] ① n sataniste mf
  ② adj ⇒ **satanic**

satay [ˈsæteɪ] ① n ◆ **chicken/pork satay** petite brochette de poulet/porc accompagnée d'une sauce aux cacahuètes
  ② COMP ▷ **satay sauce** n sauce f aux cacahuètes, sauce f satay

satchel [ˈsætʃəl] n cartable m

Satcom [ˈsætˌkɒm] n centre m de communications par satellite

sate [seɪt] vt ⇒ **satiate**

sated [ˈseɪtɪd] adj ⇒ **satiated**

sateen [sæˈtiːn] ① n satinette f
  ② COMP en satinette

satellite [ˈsætəlaɪt] → SYN ① n **a** (Astron, Space, Telec) satellite m ◆ **artificial satellite** satellite m artificiel ◆ **communications satellite** satellite m de télécommunications, satellite-relais m

b (Pol) satellite m
c (US = dormitory town) ville f satellite
2 vt (= transmit via satellite) transmettre par satellite
3 COMP town, country etc satellite ▷ **satellite broadcasting** n diffusion f par satellite ▷ **satellite dish** n antenne f parabolique ▷ **satellite link(-up)** n liaison f satellite ▷ **satellite nation** n (Pol) nation f satellite ▷ **satellite photograph** n photo f satellite ▷ **satellite telephone** n téléphone m (par) satellite ▷ **satellite television** n télévision f par satellite

satiable ['seɪʃəbl] adj appetite assouvissable

satiate ['seɪʃɪeɪt] → SYN vt (lit) assouvir, rassasier (with de); (fig) blaser (with par)

satiated ['seɪʃɪeɪtɪd] adj (with food) repu, rassasié; (with pleasures) comblé, blasé (pej)

satiation [,seɪʃɪ'eɪʃən] n (lit, fig) assouvissement m ◆ **to satiation (point)** (jusqu')à satiété

satiety [sə'taɪətɪ] n (frm) satiété f

satin ['sætɪn] **1** n satin m; → **silk**
2 COMP dress, slipper en or de satin; paper, finish satiné ▷ **satin-smooth** adj satin ▷ **satin stitch** n plumetis m

satinette [,sætɪ'net] **1** n satinette f
2 COMP en satinette

satinwood ['sætɪnwʊd] n bois m de citronnier

satire ['sætaɪə'] → SYN n satire f (on contre)

satiric(al) [sə'tɪrɪk(əl)] adj satirique

satirically [sə'tɪrɪkəlɪ] adv d'une manière satirique

satirist ['sætərɪst] n (= writer) écrivain m satirique; (= cartoonist) caricaturiste m; (in cabaret etc) ≃ chansonnier m ◆ **he's TV's greatest satirist** il n'a pas son pareil à la télévision pour la satire

satirize ['sætəraɪz] → SYN vt faire la satire de

satisfaction [,sætɪs'fækʃən] → SYN n **a** (NonC = pleasure) satisfaction f ◆ **to feel satisfaction/great satisfaction** éprouver de la satisfaction/une satisfaction profonde ◆ **his satisfaction at having completed his book** la satisfaction qu'il éprouvait d'avoir terminé son livre ◆ **he expressed his satisfaction at the results of the vote** il a exprimé sa satisfaction devant les résultats de l'élection ◆ **sexual satisfaction** satisfaction f sexuelle ◆ **it gave us great satisfaction to hear that ...** nous avons appris avec beaucoup de satisfaction que ... ◆ **to my (great) satisfaction he ...** à ma grande satisfaction il ... ◆ **to everybody's satisfaction** à la satisfaction de tous ◆ **has the repair been done to your satisfaction?** est-ce que vous êtes satisfait de la réparation? ◆ **his innocence has not been proved to my satisfaction** on n'a pas réussi à me convaincre de son innocence ◆ **she would not give him the satisfaction of seeing how annoyed she was** elle ne voulait pas lui faire le plaisir de lui montrer à quel point elle était contrariée; → **job**
b (NonC) [of demand, need] satisfaction f; [of wrong] réparation f, dédommagement m; [of appetite] assouvissement m; [of debt] règlement m, acquittement m ◆ **to give/obtain satisfaction** donner/obtenir satisfaction ◆ **I demand satisfaction** † je demande réparation
c (= satisfying experience etc) satisfaction f ◆ **one of her greatest satisfactions comes from her work with children** son travail avec les enfants lui apporte l'une de ses plus grandes satisfactions

satisfactorily [,sætɪs'fæktərɪlɪ] adv de manière satisfaisante

satisfactory [,sætɪs'fæktərɪ] → SYN adj satisfaisant ◆ **to bring sth to a satisfactory conclusion** mener qch à bon terme, conclure qch de manière satisfaisante ◆ **he's in a satisfactory condition** (Med) son état est satisfaisant ◆ **to make a satisfactory recovery** (Med) se rétablir ou se remettre de manière satisfaisante ◆ **we are sorry it was not satisfactory** (in commercial letters etc) nous regrettons que vous n'en soyez pas satisfait ou que cela ne vous ait pas donné (entière) satisfaction

satisficing behaviour ['sætɪsfaɪsɪŋ] n (Econ) tendance à favoriser des objectifs autres que les bénéfices, par exemple la part du marché ou le chiffre de ventes

satisfied ['sætɪsfaɪd] → SYN adj **a** (= content) person satisfait (with de; to do sth de faire qch) ◆ **in a satisfied voice** d'un ton satisfait ◆ **some people are never satisfied!** il y en a qui ne sont jamais contents! ◆ **I'll stay then: (are you) satisfied?** (angrily) alors je reste : tu es content? ◆ **you've made her cry: (are you) satisfied?** tu l'as fait pleurer : tu es content de toi or satisfait?
b (= convinced) person satisfait (with de), convaincu (with par) ◆ **I'm satisfied that her death was accidental** je suis convaincu que sa mort a été accidentelle ◆ **I'm satisfied that I'm right** je suis convaincu d'avoir raison; see also **satisfy**

satisfy ['sætɪsfaɪ] → SYN **1** vt **a** satisfaire, contenter ◆ **to satisfy the examiners** (in History) (Scol, Univ: frm) être reçu (en histoire or à l'examen d'histoire); see also **satisfied**
b [+ hunger, need, want, creditor] satisfaire; [+ condition] satisfaire, remplir; [+ objection] répondre à; [+ debt, obligation] s'acquitter de; (Comm) [+ demand] satisfaire à
c (= convince) convaincre, assurer (sb that qn que; of de) ◆ **to satisfy o.s. of sth** s'assurer de qch ◆ **I am satisfied that you have done your best** je suis convaincu or persuadé que vous avez fait de votre mieux
2 vi donner satisfaction

satisfying ['sætɪsfaɪɪŋ] → SYN adj life, relationship, work, career satisfaisant; task, experience gratifiant; food, meal substantiel

satisfyingly ['sætɪsfaɪɪŋlɪ] adv agréablement

satrap ['sætrəp] n satrape m

satrapy ['sætrəpɪ] n (Antiq) satrapie f

SATs [sæts] npl (Brit Scol) (abbrev of **standard assessment tasks**) examens scolaires nationaux

satsuma [,sæt'suːmə] n satsuma f

saturability [,sætʃərə'bɪlɪtɪ] n saturabilité f

saturable [,sætʃərəbl] adj saturable

saturate ['sætʃəreɪt] → SYN **1** vt saturer (with de) ◆ **to saturate the market** saturer le marché ◆ **my shoes are saturated** mes chaussures sont trempées
2 COMP ▷ **saturated fat** n graisse f saturée

saturation [,sætʃə'reɪʃən] **1** n saturation f
2 COMP ▷ **saturation bombing** n bombardement m intensif ▷ **saturation point** n point m de saturation ◆ **to reach saturation point** arriver à saturation

Saturday ['sætədɪ] n samedi m ◆ **on Saturday** samedi ◆ **on Saturdays** le samedi ◆ **next Saturday, Saturday next** samedi prochain or qui vient ◆ **last Saturday** samedi dernier ◆ **the first/last Saturday of the month** le premier/dernier samedi du mois ◆ **every Saturday** tous les samedis, chaque samedi ◆ **every other Saturday, every second Saturday** un samedi sur deux ◆ **it is Saturday today** nous sommes samedi aujourd'hui, on est samedi ◆ **Saturday 18 December** samedi 18 décembre ◆ **on Saturday 23 January** le samedi 23 janvier ◆ **the Saturday after next** samedi en huit ◆ **a week on Saturday, Saturday week** samedi en huit ◆ **a fortnight on Saturday, Saturday fortnight** samedi en quinze ◆ **a week/fortnight past on Saturday** il y a huit/quinze jours samedi dernier ◆ **the following Saturday** le samedi suivant ◆ **the Saturday before last** l'autre samedi ◆ **Saturday morning** samedi matin ◆ **Saturday afternoon** samedi après-midi ◆ **Saturday evening** samedi soir ◆ **Saturday night** samedi soir; (overnight) la nuit de samedi ◆ **Saturday closing** fermeture f le samedi ◆ **the Saturday edition** (Press) l'édition f de or du samedi ◆ **Saturday night special** * (US = gun) revolver m bon marché; → **holy**

Saturn ['sætən] n (Myth) Saturne m; (Astron) Saturne f

Saturnalia [,sætə'neɪlɪə] n, pl **Saturnalia** or **Saturnalias** saturnale(s) f(pl)

saturniid [sæt'tɜːnɪɪd] n saturnie f

saturnine ['sætənaɪn] adj (liter) man, face ténébreux; features sombre

saturnism ['sætənɪzəm] n saturnisme m

satyr ['sætər] n satyre m

satyriasis [,sætɪ'raɪəsɪs] n satyriasis m

sauce [sɔːs] → SYN **1** n **a** (Culin) sauce f ◆ (Prov) **what's sauce for the goose is sauce for the gander** ce qui est bon pour l'un l'est pour l'autre; → **apple, mint, tomato, white**
b († * = impudence) toupet * m ◆ **none of your sauce!** (to child) petit(e) impertinent(e)!; (to adult) assez d'impertinence!
c (US * = drink) **the sauce** l'alcool m ◆ **to hit the sauce, to be on the sauce** picoler *
2 COMP ▷ **sauce boat** n saucière f

saucepan ['sɔːspən] n casserole f; → **double**

saucer ['sɔːsər] n soucoupe f, sous-tasse f ◆ **saucer-eyed, with eyes like saucers** avec des yeux comme des soucoupes; → **flying**

saucily * ['sɔːsɪlɪ] adv behave, speak avec impertinence, impertinemment; dress avec coquetterie; look d'un air coquin

sauciness * ['sɔːsɪnɪs] → SYN n (= cheekiness) toupet * m, impertinence f; (= smartness) coquetterie f

saucy * ['sɔːsɪ] → SYN adj **a** (= cheeky) person impertinent (with avec); look coquin
b (esp Brit = suggestive) joke, humour grivois; postcard, photo osé; clothes suggestif

Saudi ['saʊdɪ] **1** adj (gen) saoudien; ambassador, embassy d'Arabie Saoudite; capital de l'Arabie Saoudite
2 n Saoudien(ne) m(f)
3 COMP ▷ **Saudi Arabia** n l'Arabie f Saoudite ▷ **Saudi Arabian** adj saoudien ◇ n Saoudien(ne) m(f)

sauerkraut ['saʊəkraʊt] n (NonC) choucroute f

Saul [sɔːl] n Saül m

sauna ['sɔːnə] n (also **sauna bath**) sauna m ◆ **at the sauna** au sauna ◆ **in the sauna** dans le sauna

saunter ['sɔːntər] → SYN **1** vi flâner ◆ **to saunter in/out/away** etc entrer/sortir/s'éloigner etc d'un pas nonchalant
2 n ◆ **to go for a saunter** * faire une petite promenade or une balade *

saurian ['sɔːrɪən] adj, n saurien m

saury ['sɔːrɪ] n (= fish) orphie f maquereau

sausage ['sɒsɪdʒ] **1** n **a** (pre-cooked) saucisson m ◆ **beef/pork sausage** saucisse f de bœuf/de porc ◆ **not a sausage** * (Brit) rien, des clous *; → **cocktail, garlic, liver 1**
2 COMP ▷ **sausage dog** * n teckel m, saucisson m à pattes * (hum) ▷ **sausage machine** n machine f à faire les saucisses ▷ **sausage meat** n chair f à saucisse ▷ **sausage roll** n (esp Brit) ≃ friand m

sauté ['səʊteɪ] **1** vt [+ potatoes, meat] faire sauter
2 adj ◆ **sauté potatoes** pommes fpl (de terre) sautées

savage ['sævɪdʒ] → SYN **1** adj **a** (= violent, harsh) person féroce, brutal; animal, attack, criticism, look féroce; blow brutal; temper sauvage
b (= drastic) **a savage pay cut** une très forte réduction de salaire ◆ **savage cuts in the education budget** des coupes fpl claires dans le budget de l'éducation
c († = primitive) tribe sauvage
2 n sauvage mf
3 vt † [dog etc] attaquer férocement; (fig) [critics etc] éreinter, attaquer violemment

savagely ['sævɪdʒlɪ] adv **a** (= violently, harshly) beat sauvagement; criticize violemment, férocement; say brutalement; funny férocement ◆ **savagely beautiful** d'une beauté sauvage ◆ **to attack sb/sth savagely** (lit) attaquer qn/qch sauvagement; (fig) attaquer qn/qch violemment
b (= drastically) **the film has been savagely cut or edited** ce film a été monstrueusement coupé ◆ **to cut staff/a budget savagely** faire des coupes claires dans un budget/parmi le personnel

savageness ['sævɪdʒnɪs], **savagery** ['sævɪdʒrɪ] n (= cruelty) sauvagerie f, brutalité f, férocité f; (= primitiveness) barbarie f

savanna(h) [sə'vænə] n savane f

savant ['sævənt] n érudit(e) m(f), homme m de science, lettré(e) m(f)

save[1] [seɪv] → SYN **1** vt **a** (= rescue) [+ person, animal, jewels, building, marriage] sauver (from de) ◆ **surgeons could not save his leg** les chirurgiens n'ont pas pu sauver sa jambe

save / **say**

♦ **a campaign to save the hospital** une campagne pour le maintien or la survie de l'hôpital ♦ **we must save the planet for future generations** il faut préserver or sauvegarder la planète pour les générations à venir ♦ **to save the situation** sauver la situation ♦ **save the whales/seals** (as slogan) sauvez les baleines/phoques ♦ **I couldn't do it to save my soul** je ne pourrais pas le faire, même si ma vie en dépendait ♦ **to save one's (own) skin** * or **neck** * or **hide** * sauver sa peau ♦ **to save one's (own) bacon** * (esp Brit) se tirer du pétrin ♦ **to save sb's bacon** or **neck** tirer qn d'affaire ♦ **to save sb's ass** ** or **butt** ** (US) sortir qn de la merde ** ♦ **to be saved by the bell** être sauvé par le gong ♦ **to save the day** sauver la mise ♦ **to save face** sauver la face ♦ **God save the Queen!** vive la reine! ; → **wreckage**

♦ **to save sb's life** sauver la vie à or de qn ♦ **thanks, you saved my life!** (fig) merci, tu m'as sauvé la vie! ♦ **I couldn't do it to save my life** je ne pourrais pas le faire, même si ma vie en dépendait ♦ **she can't cook to save her life** * elle est nulle * en cuisine ♦ **he can't sing to save his life** * il chante comme un pied *

♦ **to save ... from** (= protect, prevent) ♦ **to save sb from death/drowning** sauver qn de la mort/de la noyade ♦ **to save sb from falling** empêcher qn de tomber ♦ **to save sb from himself** protéger qn de or contre lui-même ♦ **to save a building from demolition** sauver un bâtiment de la démolition, empêcher la démolition d'un bâtiment

b (Rel) [+ sinner] sauver, délivrer ♦ **to save one's soul** sauver son âme

c (= store away: also **save up**) [+ money] mettre de côté ; [+ food] mettre de côté, garder ♦ **he has money saved** il a de l'argent de côté ♦ **I've saved you a piece of cake** je t'ai gardé un morceau de gâteau ♦ **to save o.s. (up) for sth** se réserver pour qch ♦ **he saved the last sweet for himself** il s'est gardé le dernier bonbon ♦ **I was saving the wine for later** je gardais le vin pour plus tard ♦ **to save sth till (the) last** garder qch pour la bonne bouche ♦ **to save the best for last** garder le meilleur pour la fin ♦ **to save (up) old newspapers for charity** garder les vieux journaux pour les bonnes œuvres ♦ **to save stamps/matchboxes** etc (= collect) collectionner les timbres/les boîtes d'allumettes etc ♦ **will you save me a place at your table?** me garderez-vous une place à votre table ?

d (= not spend, not use) [+ money, labour] économiser ; [+ time] (faire) gagner ; (= avoid) [+ difficulty etc] éviter (sb sth qch à qn) ♦ **you have saved me a lot of trouble** vous m'avez évité bien des ennuis ♦ **to save time let's assume that ...** pour aller plus vite or pour gagner du temps admettons que ... (+ subj) ♦ **this route will save you 10 miles** cet itinéraire vous fera gagner 16 kilomètres ♦ **going by plane will save you four hours (on the train journey)** vous gagnerez quatre heures en prenant l'avion (au lieu du train) ♦ **that will save my going** or **me from going** cela m'évitera d'y aller ♦ **think of all the money you'll save** pensez à tout l'argent que vous économiserez or à toutes les économies que vous ferez ♦ "**save 10p on this packet**" "10 pence d'économie sur ce paquet" ♦ **you save £1 if you buy three packets** en achetant trois paquets vous économisez une livre ♦ **to save petrol** faire des économies d'essence, économiser l'essence ♦ **industry must be encouraged to save energy** il faut encourager l'industrie à faire des économies d'énergie ♦ **he's saving his strength** or **himself for tomorrow's race** il se ménage pour la course de demain ♦ **to save o.s. for sb** (euph, hum) se réserver pour qn ♦ **save as you earn** (Brit) plan d'épargne par prélèvements mensuels, aux intérêts exonérés d'impôts ; → **penny, stitch**

e (Sport) **to save a goal/penalty** arrêter un but/penalty

f (Comput) sauvegarder

[2] **vi a** (also **save up**) mettre (de l'argent) de côté, faire des économies ♦ **to save for the holidays/for a new bike** mettre de l'argent de côté pour les vacances/pour (acheter) un nouveau vélo

♦ **to save on sth** économiser sur qch, faire des économies sur qch

b (Sport) faire une parade

[3] **n a** (Sport) parade f
b (Comput) sauvegarde f
[4] COMP ▷ **Save the Children Fund** n œuvre d'aide à l'enfance

▶ **save up** [1] vi ⇒ **save¹** 2a
[2] vt sep ⇒ **save¹** 1c

save² [seɪv] prep (liter) ♦ **save (for)** sauf, à l'exception de ♦ **save that ...** sauf que ..., à ceci près que ...

saveloy [ˈsævəlɔɪ] n cervelas m

saver [ˈseɪvəʳ] n épargnant(e) m(f)

Savile Row [ˈsævɪlˈrəʊ] [1] n (Brit) rue de Londres où se trouvent les plus grands tailleurs
[2] COMP ▷ **a Savile Row suit** n un costume de Savile Row

savin(e) [ˈsævɪn] n (Bot) sabine f

saving [ˈseɪvɪŋ] → SYN [1] n a (= rescue) sauvetage m ; → **face, life**
b (Rel) [of sinner] salut m
c [of time, money] économie f ; (Banking) épargne f ♦ **we must make savings** il faut économiser or faire des économies ♦ **this means a great saving of time/petrol** etc cela représente une grande économie de temps/d'essence etc ♦ **a saving of $12** une économie de 12 dollars ♦ **a considerable saving in time and money** une économie considérable de temps et d'argent ♦ **the government is trying to encourage saving** le gouvernement cherche à encourager l'épargne
d (Comput) sauvegarde f
[2] **savings** npl économies fpl ♦ **small savings** la petite épargne ♦ **to live on one's savings** vivre de ses économies ; → **national, post office**
[3] prep † sauf ♦ **saving your presence** sauf votre respect
[4] COMP ▷ **saving clause** n (Jur) clause f de sauvegarde ▷ **saving grace** n the film's/John's only saving grace is ... la seule chose qui rachète or sauve le film/John est ... ▷ **savings account** n (Brit) compte m d'épargne ; (US) compte m de dépôt ▷ **savings and loan association** n (US) ≈ société f de crédit immobilier ▷ **savings bank** n caisse f d'épargne ▷ **savings ratio** n ratio m épargne/revenus ▷ **savings stamp** n timbre-épargne m

saviour [ˈseɪvjəʳ] → SYN, **savior** (US) [ˈseɪvjəʳ] n sauveur m ♦ **the Saviour** (Rel) le Sauveur ♦ **Our Saviour** Notre Sauveur

Savi's warbler [ˈsævɪz] n locustelle f luscinioïde

savoir-faire [ˈsævwɑːˈfɛəʳ] → SYN n savoir-vivre m inv

savor etc [ˈseɪvəʳ] (US) ⇒ **savour**

savory [ˈseɪvərɪ] [1] n a (= herb) sarriette f
b (US) ⇒ **savoury 2**
[2] adj (US) ⇒ **savoury 1**

savour, savor (US) [ˈseɪvəʳ] → SYN [1] n (= flavour: lit, fig) saveur f
[2] vt [+ food, drink] savourer, déguster ; [+ triumph] savourer ♦ **to savour every moment** savourer chaque instant or chaque moment ♦ **to savour the delights of ...** goûter aux plaisirs de ... ♦ **he was savouring the excitement of the competition** il était pris par la fièvre de la compétition
[3] vi a (lit, liter) **to savour of sth** sentir qch
b (fig) **to savour of fascism/heresy** sentir le fascisme/l'hérésie, avoir des relents de fascisme/d'hérésie ♦ **she hated anything that savoured of the supernatural** elle détestait tout ce qui avait trait au surnaturel

savouriness, savoriness (US) [ˈseɪvərɪnɪs] n saveur f, succulence f

savourless, savorless (US) [ˈseɪvəlɪs] adj sans saveur, sans goût, insipide, fade

savoury, savory (US) [ˈseɪvərɪ] → SYN [1] adj a (Brit = not sweet) food, dish salé (par opposition à sucré) ♦ **a savoury pie** une tourte
b (= appetizing) smell appétissant ; taste savoureux
c (= respectable) **not a very savoury subject** un sujet peu appétissant or peu ragoûtant ♦ **some not very savoury episodes in her past** des épisodes pas très reluisants de son passé ♦ **the main square is none too savoury at night** la place principale est assez mal fréquentée la nuit ♦ **one of the book's less savoury characters** l'un des personnages les moins recommandables du roman
[2] n (Culin) mets m non sucré ; (on toast) canapé m chaud

Savoy [səˈvɔɪ] [1] n la Savoie
[2] adj savoyard ♦ **Savoy cabbage** (Brit) chou m frisé de Milan

Savoyard [səˈvɔɪɑːd] [1] n Savoyard(e) m(f)
[2] adj savoyard

savvy [ˈsævɪ] [1] n * jugeote * f, bon sens m
[2] vi a (= know) **no savvy** † * sais pas, moi *
b (* = understand) piger * , comprendre ♦ **I can take care of myself, savvy?** je me débrouille tout seul, tu piges ? *
[3] adj * calé *, futé

saw¹ [sɔː] vb : pret **sawed**, ptp **sawed** or **sawn** [1] n scie f ; → **circular**
[2] vt scier, débiter à la scie ♦ **to saw wood** * (US fig = sleep) roupiller * ; (= snore) ronfler ; see also **sawn**
[3] vi ♦ **to saw through a plank/the bars of a cell** scier une planche/les barreaux d'une cellule
[4] COMP ▷ **saw edge** n lame f dentée ▷ **saw-edged knife** n, pl **saw-edged knives** couteau-scie m ▷ **saw set** n tourne-à-gauche m ▷ **saw-wort** n serratule f, sarrette f

▶ **saw away** * vi (pej) ♦ **to saw away at the violin** racler du violon

▶ **saw off** [1] vt sep enlever à la scie
[2] **sawed-off** adj → **sawed**
[3] **sawn-off** adj → **sawn**

▶ **saw up** vt sep débiter à la scie

saw² [sɔː] → SYN n (= saying) dicton m

saw³ [sɔː] vb (pt of **see¹**)

sawbones † * [ˈsɔːbəʊnz] n (pej) chirurgien m, charcutier * m (pej)

sawbuck [ˈsɔːbʌk] n (US) (= sawhorse) chevalet m de scieur de bois ; * (= ten-dollar bill) billet m de dix dollars

sawdust [ˈsɔːdʌst] n (NonC) sciure f (de bois)

sawed [sɔːd] [1] vb (pt, ptp of **saw¹**)
[2] COMP ▷ **sawed-off** * adj (US pej = short) court sur pattes *, petit ▷ **sawed-off shotgun** n carabine f à canon scié

sawfish [ˈsɔːfɪʃ] n, pl **sawfish** or **sawfishes** poisson-scie m

sawfly [ˈsɔːflaɪ] n mouche f à scie, tenthrède f, sirex m

sawhorse [ˈsɔːhɔːs] n chevalet m de scieur de bois

sawmill [ˈsɔːmɪl] n scierie f

sawn [sɔːn] [1] vb (ptp of **saw¹**)
[2] adj scié ♦ **sawn timber** bois m de sciage
[3] COMP ▷ **sawn-off shotgun** n (Brit) carabine f à canon scié

sawyer [ˈsɔːjəʳ] n scieur m

sax * [sæks] n (abbrev of **saxophone**) saxo * m

saxatile [ˈsæksətaɪl] adj saxatile, saxicole

saxhorn [ˈsækshɔːn] n saxhorn m

saxicole [ˈsæksɪkəʊl], **saxicolous** [sækˈsɪkələs] adj saxatile, saxicole

saxifrage [ˈsæksɪfrɪdʒ] n saxifrage f

Saxon [ˈsæksn] [1] adj saxon
[2] n a (= person) Saxon(ne) m(f)
b (Ling) saxon m

Saxony [ˈsæksənɪ] n la Saxe

saxophone [ˈsæksəfəʊn] n saxophone m

saxophonist [ˌsækˈsɒfənɪst] n saxophoniste mf, saxo * m

say [seɪ] LANGUAGE IN USE 6.2, 26.1, 26.2 → SYN pret, ptp **said**
[1] vt a (= speak, utter, pronounce) dire (sth to sb qch à qn ; about au sujet de, à propos de) ; [+ lesson, poem] réciter ; [+ prayer] faire, dire ♦ **to say mass** (Rel) dire la messe ♦ **as I said yesterday** comme je l'ai dit hier ♦ **as I said in my letter/on the phone** comme je vous l'ai (or le lui ai etc) dit dans ma lettre/au téléphone ♦ **well said!** bien dit ! ♦ **something was said about it** on en a parlé, il en a été question ♦ **all of that can be said in two sentences** tout cela tient en deux phrases

◆ **say after me ...** répétez après moi ... ◆ **so saying, he sat down** sur ces mots or sur ce, il s'assit ◆ **to say one's piece** dire ce qu'on a à dire ◆ **it's easier** or **sooner said than done!** c'est plus facile à dire qu'à faire !, facile à dire ! ◆ **though I say it myself ..., though I says**‡ **it as shouldn't ...** ce n'est pas à moi de dire ça mais ... ; → **least, less, nothing, word**

◆ **not to say ...** ◆ **interesting, not to say encouraging** intéressant, pour ne pas dire encourageant ◆ **that's not to say that our relationship can't improve** cela ne veut pas dire que nos relations ne peuvent pas s'améliorer

◆ **to say sth again** redire qch ◆ **could you say that again?** pourriez-vous répéter (ce que vous venez de dire) ? ◆ **say again?** * pardon ? ◆ **you can say that again!** * c'est le cas de le dire !

◆ **... to say for oneself** ◆ **she hasn't much to say for herself** elle n'a jamais grand-chose à dire ◆ **he always has a lot to say for himself** il parle toujours beaucoup, il a toujours quelque chose à dire ◆ **what have you (got) to say for yourself?** * qu'est-ce que tu as comme excuse ?

◆ **to say yes/no** dire oui/non ◆ **he says yes to everything** il dit oui à tout ◆ **to say yes/no to an invitation** accepter/refuser une invitation ◆ **your father said no** (= said it wasn't/didn't etc) ton père a dit que non ; (= refused) ton père a dit non or a refusé ◆ **I invited him but he said no** je l'ai invité (à venir) mais il a refusé ◆ **he just can't say no** il ne sait pas dire non ◆ **I wouldn't say no!** je ne dirait pas non !

◆ **when all is said and done** tout compte fait, au bout du compte

b (direct speech) **"yes" she said** "oui" dit-elle ◆ **"10 o'clock" he said to himself** "10 heures" se dit-il

c (= state) dire ◆ **it says in the rules (that), the rules say (that)** il est dit dans le règlement (que) ◆ **it says on the radio there's going to be snow** la radio annonce de la neige ◆ **it says here that you need a password** c'est écrit ici qu'on a besoin d'un mot de passe ◆ **it is said that ...** on dit que ... ◆ **he is said to be seriously ill** on dit qu'il est gravement malade

d (= claim) dire, prétendre ◆ **he got home at 6 so he says** il est rentré à 6 heures à ce qu'il dit or prétend ◆ **that's what you say!, so you say!** (expressing doubt) c'est ce que vous dites !, c'est vous qui le dites !

e (giving instructions) dire ◆ **he said to wait here** il a dit d'attendre ici ◆ **he said I was to give you this** il m'a dit de vous donner ceci

f (expressing opinions, estimating) dire ◆ **what will people say?** qu'est-ce que les gens vont dire ? ◆ **he doesn't care what people say** il se moque du qu'en-dira-t-on ◆ **you might as well say the earth is flat!** autant dire que la terre est plate ! ◆ **I say he should do it** je suis d'avis qu'il le fasse ◆ **I can't say I'm fond of anchovies** je ne peux pas dire que j'aime (subj) les anchois ◆ **to see him you would say he was ill** à le voir on dirait qu'il est malade ◆ **what would you say is the population of Paris?** à votre avis or d'après vous, combien y a-t-il d'habitants à Paris ? ◆ **I would say she's intelligent** je dirais qu'elle est intelligente ◆ **I would say she was 50** je dirais qu'elle a 50 ans, je lui donnerais 50 ans ◆ **would you really say so?** (le pensez-vous) vraiment ? ◆ **I'll say this** or **I'll say one thing for him, he's clever** je dirai ceci en sa faveur, il est intelligent ◆ **say what you like** or **will (about him), he's not a bad guy** * tu peux dire ce que tu veux (de lui), ce n'est pas un mauvais bougre *

◆ **say + much/a lot** ◆ **that doesn't say much for him** ce n'est pas à son honneur ◆ **that doesn't say much for his intelligence** cela en dit long (iro) sur son intelligence ◆ **it says much** or **a lot for his courage that he stayed** le fait qu'il soit resté en dit long sur son courage ◆ **his clothes say a lot about him** ses vêtements en disent long sur lui or sa personnalité ◆ **that's saying a lot** * ce n'est pas peu dire ◆ **he's cleverer than his brother but that isn't saying much** or **a lot** * il est plus intelligent que son frère, mais ça ne veut rien dire

◆ **something to be said for ...** ◆ **there's something to be said for it** cela a du bon or des avantages ◆ **there's something to be said for being obstinate** cela peut avoir du bon or des avantages d'être têtu ◆ **he stuck to what he believes in and there's something to be said for that** il est resté fidèle à ses convictions et on ne peut pas lui en vouloir ◆ **there's something to be said for waiting** il y aurait peut-être intérêt à attendre, on ferait peut-être mieux d'attendre

g (= imagine) imaginer ◆ **say someone left you a fortune, what would you do with it?** imaginons que vous héritiez d'une fortune, qu'en feriez-vous ? ◆ **(let us) say for argument's sake that ...** mettons à titre d'exemple que ... ; see also **1f** ◆ **there's no saying what he'll do next** (il est) impossible de dire or on ne peut pas savoir ce qu'il va faire ensuite

h (= admit) dire, reconnaître ◆ **I must say (that) she's very pretty** je dois dire or reconnaître qu'elle est très jolie

i (proposals) **shall we say £5/Tuesday?** disons or mettons 5 livres/mardi ? ◆ **what do you say to a cup of tea?** que diriez-vous d'une tasse de thé ? ◆ **what would you say to a round of golf?** si on faisait une partie de golf ? ◆ **what do you say?** * qu'en dis-tu ?

j (= register) [dial, gauge etc] marquer, indiquer ◆ **my watch says 10 o'clock** ma montre marque or indique 10 heures ◆ **the thermometer says 30°** le thermomètre marque or indique 30°

k (emphatic) **you('ve) said it!** * tu l'as dit ! * ◆ **don't say it's broken!** * ne me dis pas que c'est cassé ! ◆ **enough said!** *, **'nuff said!** ‡ (ça) suffit !, assez parlé ! ◆ **say no more** (= I understand) ça va, j'ai compris ◆ **let's say no more about it!** n'en parlons plus ! ◆ **it goes without saying that ...** il va sans dire que ..., il va de soi que ... ◆ **is he right? – I should say he is** or **I should say so** (expressing certainty) est-ce qu'il a raison ? – et comment or pour avoir raison il a raison ! ; (expressing doubt) est-ce qu'il a raison ? – il me semble or je pense que oui ◆ **didn't I say so?** je l'avais bien dit, n'est-ce pas ? ◆ **and so say all of us!** * nous sommes tous d'accord là-dessus ◆ **I should say he is right!** il a bien raison, c'est moi qui vous le dis ! ; → **goodbye, nothing, thank**

2 vi dire ◆ **so to say** pour ainsi dire ◆ **that is to say** c'est-à-dire ◆ **it is (as) one** or **you might say a new method** c'est comme qui dirait * une nouvelle méthode ◆ **(I) say!** * dites donc ! ◆ **you don't say!** * (iro) sans blague ! * (iro), pas possible ! (iro) ◆ **say** *, **what time is it?** (US) dites, quelle heure est-il ? ◆ **if there were, say, 500 people** s'il y avait, mettons or disons, 500 personnes ◆ **says you!** ‡ (iro) que tu dis ! * ◆ **says who?** ‡ ah oui ? (iro) ◆ **as they say** comme on dit, comme dirait l'autre * ◆ **it seems rather rude, I must say** cela ne me paraît guère poli, je l'avoue ◆ **well, I must say!** (expressing indignation) ça alors ! * ◆ **I'll say!** † ça, c'est sûr ! ◆ **it's not for me to say** (= not my responsibility) ce n'est pas à moi de décider or de juger ; (= not my place) ce n'est pas à moi de le dire

3 n ◆ **to have a** or **one's say** (= say one's piece) dire ce qu'on a à dire ◆ **to have a say/no say in the matter** avoir/ne pas avoir voix au chapitre, avoir/ne pas avoir son mot à dire ◆ **let him have his say!** laissez-le s'exprimer ! ◆ **I will have my say!** je dirai ce que j'ai à dire ! ◆ **to have a say in selecting ...** avoir son mot à dire dans la sélection de ... ◆ **to have the final say** être celui qui décide or qui prend les décisions ◆ **to have a strong say in sth** jouer un rôle déterminant dans qch

4 COMP ▷ **say-so** * n ◆ **on your say-so** parce que vous le dites (or l'aviez dit etc) ◆ **on his say-so** parce qu'il le dit (or l'a dit etc), sur ses dires ◆ **it's his say-so** c'est lui qui décide, c'est à lui de dire

SAYE [ˌeseɪwaɪ'iː] (Brit) (abbrev of **Save As You Earn**) → **save**

saying ['seɪɪŋ] → SYN n dicton m ◆ **as the saying goes** comme dit le proverbe, comme on dit ◆ **sayings of the week** les mots mpl or les citations fpl de la semaine

SBA [esbiː'eɪ] n (US) (abbrev of **Small Business Administration**) *office national américain d'aide aux PME*

SBU [ˌesbiː'juː] n (abbrev of **strategic business unit**) → **strategic**

SC abbrev of **South Carolina**

s/c (abbrev of **self-contained**) → **self**

scab [skæb] **1** n **a** [of wound] croûte f, escarre f

b (* pej = strikebreaker) jaune m (pej), briseur m de grève

2 vi **a** (also **scab over**) se cicatriser, former une croûte

b (‡ pej = strikebreaker) refuser de faire grève, faire le jaune

scabbard ['skæbəd] **1** n [of dagger] gaine f ; [of sword] fourreau m

2 COMP ▷ **scabbard fish** n (poisson m) sabre m

scabby ['skæbɪ] adj **a** (= covered with scabs) knees, hands, skin couvert de croûtes

b (= having scabies) person, animal galeux, scabieux (Med)

c (Brit ‡ = despicable) person minable * ; behaviour dégueulasse ‡

scabies ['skeɪbiːz] n (NonC: Med) gale f

scabious[1] ['skeɪbɪəs] adj (Med) scabieux

scabious[2] ['skeɪbɪəs] n (Bot) scabieuse f

scabrous ['skeɪbrəs] adj **a** question, topic scabreux, risqué

b (Bot, Zool) rugueux

scad [skæd] n (= fish) saurel m, carangue f, chinchard m

scads * [skædz] npl ◆ **scads of** beaucoup de, plein * de

scaffold ['skæfəld] n **a** (= gallows) échafaud m

b (Constr) échafaudage m

scaffolding ['skæfəldɪŋ] n (NonC) (= structure) échafaudage m ; (= material) matériel m pour échafaudages

scag ‡ [skæg] n (Drugs) héro ‡ f

scalable ['skeɪləbl] adj (Comput) évolutif, modulable

scalar ['skeɪləʳ] (Math) **1** n grandeur f scalaire

2 adj scalaire

scalawag * ['skæləwæg] n (US) ⇒ **scallywag**

scald[1] [skɔːld] **1** vt [+ jar, teapot, tomatoes] échauder, ébouillanter ; (= sterilize) stériliser ◆ **to scald one's hand** s'ébouillanter la main ◆ **to scald o.s.** s'ébouillanter ◆ **to scald the milk** (Culin) chauffer le lait sans le faire bouillir ◆ **to run off** or **set off like a scalded cat** (Brit) filer comme un zèbre, prendre ses jambes à son cou

2 n brûlure f *(causée par un liquide bouillant)*

scald[2] [skɔːld] n (= poet) scalde m

scaldfish ['skɔːldfɪʃ] n arnoglosse m

scalding ['skɔːldɪŋ] **1** adj **a** (= hot) water, steam, coffee, sun, tears brûlant ; heat torride ◆ **a bath of scalding water** un bain brûlant ◆ **I have a scalding pain when urinating** j'ai une sensation de brûlure quand j'urine

b (= severe) criticism virulent

2 adv ◆ **scalding hot** water, coffee, sun brûlant ; weather terriblement chaud ◆ **it is scalding hot today** il fait terriblement chaud aujourd'hui, il fait une chaleur torride aujourd'hui

scale[1] [skeɪl] → SYN **1** n **a** [of thermometer, ruler] graduation f, échelle f (graduée) ; [of numbers] série f ; [of wages] barème m, échelle f ◆ **scale of charges** liste f des tarifs ◆ **social scale** échelle f sociale ; → **centigrade, Fahrenheit, sliding**

b [of map, drawing] échelle f ◆ **(drawn** or **true) to scale** à l'échelle ◆ **drawn to a scale of ...** rapporté à l'échelle de ... ◆ **on a scale of 1cm to 5km** à une échelle de 1 cm pour 5 km ◆ **this map is not to scale** les distances ne sont pas respectées sur cette carte

c (fig) (= scope) échelle f ; (= size etc) importance f ◆ **on a large scale** sur une grande échelle, en grand ◆ **on a small scale** sur une petite échelle, en petit ◆ **on a national scale** à l'échelle nationale, à l'échelon national ◆ **a disaster of** or **on this scale** une catastrophe de cette importance ◆ **the scale and intensity of the fighting** l'ampleur f et l'intensité f des combats ◆ **grand in scale** plans, programme à grande échelle, de grande envergure

d (Mus) gamme f ◆ **the scale of C** la gamme de do ◆ **to practise one's scales** faire ses gammes

2 vt **a** (= climb) [+ wall, mountain] escalader

b [+ map] dessiner à l'échelle

scale / scarcity

3 COMP ▷ **scale drawing** n dessin m à l'échelle ; **scale model** n modèle m réduit ; → **full-scale**

▶ **scale back** vt sep (US) ⇒ scale down

▶ **scale down** vt sep (gen) réduire ; [+ salary] (Scol) [+ marks] réduire proportionnellement ; [+ drawing] réduire l'échelle de ; [+ production] réduire, baisser

▶ **scale up** vt sep augmenter proportionnellement

scale² [skeɪl] 1 n → scales
2 vti peser
3 COMP ▷ **scale maker** n fabricant m de balances ▷ **scale pan** n plateau m de balance

scale³ [skeɪl] 1 n a [of fish, reptile, rust] écaille f ; [of skin] squame f ♦ **metal scale** écaille f métallique ♦ **the scales fell from his eyes** les écailles lui sont tombées des yeux
b (NonC) (of water pipes, kettle) tartre m, dépôt m calcaire ; (of teeth) tartre m
2 vt a [+ fish] écailler
b [+ teeth, kettle] détartrer

▶ **scale off** vi s'en aller en écailles, s'écailler

scalene ['skeɪliːn] adj (Anat, Math) scalène

scalenus [skəˈliːnəs] n, pl **scaleni** [skəˈliːnaɪ] (Anat) (muscle m) scalène m

scaler ['skeɪlə^r] n (= tool) écailleur m

scales [skeɪlz] npl (for weighing) (gen: in kitchen, shop) balance f ; (in bathroom) pèse-personne m inv, balance f ; (for babies) pèse-bébé m inv ; (for luggage, heavy goods) bascule f ; (for letters) pèse-lettre m inv ; (manual, with weight on a rod) balance f romaine ♦ **kitchen or household scales** balance f de ménage ♦ **pair of scales** balance f (à plateaux) ♦ **the Scales** (Astrol, Astron) la Balance ♦ **to turn the scales at 80 kilos** peser 80 kilos ♦ **to tip the scales (in sb's favour/against sb)** (fig) faire pencher la balance (en faveur/défaveur de qn) ; → **platform**

scallion ['skælɪən] n (gen) oignon m ; (US = shallot) échalote f ; (US = leek) poireau m

scallop ['skɒləp] 1 n a coquille f Saint-Jacques, pétoncle m
b (Sewing) **scallops** festons mpl
2 vt a **scalloped fish/lobster** coquille f de poisson/de homard
b [+ hem etc] festonner ♦ **scalloped edge** (Sewing) bordure f festonnée or à festons ; (Culin) ♦ **to scallop (the edges of) a pie** canneler le bord d'une tourte
3 COMP ▷ **scallop shell** n coquille f

scallywag * ['skælɪwæg] n a (= rascal) petit(e) polisson(ne) m(f)
b (US Hist pej) Sudiste républicain favorable à l'émancipation des Noirs et considéré comme traître par les autres Sudistes

scalp [skælp] 1 n cuir m chevelu ; (= trophy) scalp m
2 vt a [+ person] scalper
b (US *) [+ tickets] revendre (au marché noir)
3 vi (St Ex *) boursicoter

scalpel ['skælpəl] n (Med) scalpel m ; (for paper etc) cutter m

scalper * ['skælpə^r] n a (St Ex) spéculateur m sur la journée
b (= ticket tout) vendeur m, -euse f de billets à la sauvette

scaly ['skeɪlɪ] → SYN 1 adj a (= covered in scales) creature, body écailleux, couvert d'écailles
b (= peeling) skin qui pèle, qui se desquame (Med), squameux (Med) ; paint écaillé, qui s'écaille
c (= having limescale deposits) kettle, pipe entartré
2 COMP ▷ **scaly anteater** n pangolin m

scam * [skæm] 1 n arnaque * f, escroquerie f
2 vi faire de la gratte * or des bénefs *

scamp¹ ['skæmp] → SYN n (= child) polisson(ne) m(f), galopin * m ; (= adult) coquin(e) m(f)

scamp² [skæmp] vt [+ one's work etc] bâcler *

scamper ['skæmpə^r] → SYN 1 n galopade f ; [of mice] trottinement m
2 vi [children] galoper ; [mice] trottiner ♦ **to scamper in/out** etc [children] entrer/sortir etc en gambadant

▶ **scamper about** vi [children] gambader ; [mice] trottiner çà et là

▶ **scamper away, scamper off** vi [children, mice] s'enfuir, détaler *

scampi ['skæmpɪ] npl langoustines fpl (frites), scampi mpl

scan [skæn] → SYN 1 vt a (= examine closely) [+ horizon, sb's face] scruter ; [+ crowd] fouiller du regard ; [+ newspaper] lire attentivement (for sth pour y trouver qch)
b (= glance quickly over) [+ horizon] promener son regard sur ; [+ crowd] parcourir des yeux ; [+ newspaper] parcourir rapidement, feuilleter
c (Comput) scruter
d (TV, Radar) balayer ; (Med) [machine] balayer ; [person] faire une scanographie de
e (Poetry) scander
2 vi se scander ♦ **this line does not scan** ce vers est faux
3 n a (Rad, TV) balayage m
b (Med) (= scanning) scanographie f, tomodensitométrie f ; (= picture) scanographie f, scanner * m ♦ **(ultra-sound) scan** (Med) échographie f ♦ **to have a scan** passer un scanner *, passer une échographie

scandal ['skændl] → SYN 1 n a (= disgrace) scandale m ; (Jur) diffamation f ♦ **we can't afford another scandal** nous ne pouvons pas nous permettre d'être impliqués dans un nouveau scandale ♦ **to cause a scandal** causer un scandale ♦ **the Webb scandal** le scandale Webb ♦ **a financial scandal** un scandale financier ♦ **it's a (real) scandal** c'est scandaleux, c'est une honte ♦ **it's a scandal that ...** c'est un scandale ou une honte que ... (+ subj)
b (NonC = gossip) cancans mpl, ragots * mpl ♦ **there's a lot of scandal going around about him** il y a beaucoup de ragots * qui circulent sur son compte
2 COMP ▷ **scandal sheet** * n (pej) journal m à scandale

scandalize ['skændəlaɪz] → SYN vt scandaliser, indigner ♦ **to be scandalized by sth** se scandaliser de qch, s'indigner de qch ♦ **she was quite scandalized** elle était vraiment scandalisée or indignée

scandalmonger ['skændl,mʌŋgə^r] n mauvaise langue f, colporteur m, -euse f de ragots * ; (US Press) torchon * m

scandalous ['skændələs] → SYN adj scandaleux ♦ **it's scandalous that ...** c'est un scandale ou une honte que ... (+ subj), c'est scandaleux que ... (+ subj) ♦ **I think it's a scandalous price to charge (for)** je trouve scandaleux qu'on demande ce prix-là (pour)

scandalously ['skændələslɪ] adv behave de façon scandaleuse ; expensive, rich, poor scandaleusement

Scandinavia [,skændɪˈneɪvɪə] n la Scandinavie

Scandinavian [,skændɪˈneɪvɪən] 1 adj scandinave
2 n Scandinave mf

scandium ['skændɪəm] n scandium m

scanner ['skænə^r] n a (Med) (also **CAT scanner**) scanner m, tomodensitomètre m ; (also **ultra-sound scanner**) échographe m
b (Rad, Telec) scanner m
c (Radar) antenne f
d (Comput: also **optical scanner**) scanner or scanneur m

scanning ['skænɪŋ] 1 n (electronic) balayage m ; (Med) (by ultrasound) échographie f
2 COMP ▷ **scanning device** n (Telec) organe m explorateur ; (Med) dispositif m de scanographie ▷ **scanning electron microscope** n microscope m électronique à balayage

scansion ['skænʃən] n scansion f

scant [skænt] → SYN adj a (= insufficient) reward (bien) maigre ; information (bien or très) insuffisant ♦ **to pay scant attention to sth** ne guère prêter attention à qch ♦ **there is scant evidence of the success they talk about** il n'y a guère de preuves du succès dont ils parlent ♦ **to receive scant praise (from sb) (for sth)** recevoir des éloges parcimonieux (de qn) (pour qch) ♦ **to have scant regard for sth** peu se soucier de qch ♦ **to show scant respect for sth** ne pas manifester beaucoup de respect pour qch

b (= bare) **it measures a scant 2cm** ça fait à peine 2 cm ♦ **a scant two months later** à peine deux mois plus tard

scantily ['skæntɪlɪ] adv furnished chichement ♦ **scantily clad** or **dressed** en tenue légère ♦ **scantily clad in a light cotton blouse** légèrement vêtu d'un fin chemisier de coton ♦ **a scantily cut blouse** un chemisier très échancré

scantiness ['skæntɪnɪs] n (= insufficiency) insuffisance f

scanty ['skæntɪ] → SYN adj information maigre, sommaire ; evidence maigre ; news sommaire ; knowledge limité, sommaire ; swimsuit minuscule ; blouse échancré ♦ **a scanty income** de maigres revenus

scapegoat ['skeɪpgəʊt] → SYN 1 n bouc m émissaire
2 vt ♦ **to scapegoat sb** faire de qn un bouc émissaire

scapegrace ['skeɪpgreɪs] n coquin(e) m(f), vaurien(ne) m(f)

scapula ['skæpjʊlə] n, pl **scapulas** or **scapulae** ['skæpjʊliː] omoplate f

scapular ['skæpjʊlə^r] adj, n scapulaire m

scar¹ [skɑː^r] → SYN 1 n (= mark: lit, fig) cicatrice f ; (from knife wound, esp on face) balafre f ♦ **the quarrying left a scar on the hillside** l'exploitation de la carrière a laissé une cicatrice sur or a mutilé le flanc de la colline ♦ **emotional scars** cicatrices fpl psychologiques ♦ **the scars of war** les cicatrices fpl de la guerre ♦ **it left a deep scar on his mind** il en est resté profondément marqué
2 vt marquer d'une cicatrice ; (with knife) balafrer ♦ **he was scarred with many wounds** il portait les cicatrices de nombreuses blessures ♦ **face scarred by smallpox** visage grêlé par la petite vérole ♦ **war-scarred town** ville qui porte des cicatrices de la guerre ♦ **walls scarred by bullets** des murs portant des traces de balles ♦ **this is something that's going to scar him forever** (fig) c'est quelque chose qui va le marquer profondément ♦ **he was scarred by the death of her parents** elle avait été profondément marquée par la mort de ses parents
3 COMP ▷ **scar tissue** n (Med) tissus mpl cicatrisés

scar² [skɑː^r] n (= crag) rocher m escarpé

scarab ['skærəb] n (= beetle, gem) scarabée m

scarce [skɛəs] → SYN 1 adj food, water, money peu abondant, rare ; people, jobs rare, peu nombreux ; goods rare ; resources limité ♦ **to become** or **get scarce** commencer à manquer, se faire rare ♦ **to make o.s. scarce** * (= leave) s'éclipser *
2 adv† ⇒ scarcely

scarcely ['skɛəslɪ] → SYN adv a (= barely) à peine, guère ♦ **they could scarcely have imagined that ...** ils auraient à peine pu imaginer que ..., ils n'auraient guère pu imaginer que ... ♦ **the landscape has scarcely altered** le paysage n'a guère changé or n'a presque pas changé ♦ **I could scarcely believe it** je pouvais à peine le croire ♦ **I scarcely know what to say** je ne sais trop que dire ♦ **they were scarcely ever apart** ils étaient presque toujours ensemble ♦ **he was scarcely more than a boy** il sortait à peine or tout juste de l'enfance ♦ **it is scarcely surprising that ...** il n'est guère surprenant que ... ♦ **with scarcely a sound** pratiquement or presque sans faire de bruit ♦ **there was scarcely a ripple on the sea** il n'y avait pratiquement aucune ride sur la mer ♦ **there was scarcely a building left undamaged** il ne restait pratiquement aucun bâtiment intact ♦ **it could scarcely have been a less promising start** ça aurait difficilement pu commencer plus mal ♦ **the press is scarcely an advertisement for self-restraint** on ne peut guère dire que la presse soit un modèle de retenue
b (no sooner) à peine, tout juste ♦ **scarcely had the car stopped when the police surrounded it** à peine la voiture s'était-elle arrêtée que les policiers l'encerclèrent

scarceness ['skɛəsnɪs] n ⇒ scarcity

scarcity ['skɛəsɪtɪ] 1 n [of product, foodstuff etc] rareté f, pénurie f ; [of money] manque m ♦ **there is a scarcity of good artists today** il n'y a plus guère de bons artistes
2 COMP ▷ **scarcity value** n valeur f de rareté

scare [skɛəʳ] → SYN **1** n **a** (* = fright) to give sb a scare effrayer qn, faire peur à qn, donner la frousse à qn * ◆ what a scare he gave me! il m'a fait une de ces peurs or frousses!*

b (= rumour etc) bruit m alarmant or alarmiste ◆ to raise a scare semer la panique, faire courir des bruits alarmants ◆ the invasion scare les bruits mpl alarmistes d'invasion ◆ bomb/gas/typhoid etc scare alerte f à la bombe/au gaz/à la typhoïde etc ◆ food scare alerte f à l'intoxication alimentaire ◆ health scare alerte f aux risques sanitaires ◆ because of the war scare à cause des rumeurs de guerre

2 vt effrayer, faire peur à ◆ to scare sb stiff * or out of their wits * faire une peur bleue à qn, ficher la frousse * or la trouille * à qn ◆ to scare the life or wits out of sb * faire une peur bleue à qn, ficher la frousse * or la trouille * à qn ; see also scared ; → hell, shit

3 vi s'effrayer ◆ to scare easily avoir peur d'un rien

4 COMP headlines alarmistes ▷ **scare story** n rumeur f alarmiste ▷ **scare tactics** npl terrorisme m psychologique

▶ **scare away, scare off** vt sep ◆ the dog scared him away la peur du chien l'a fait fuir, il a fui par peur du chien ◆ the price scared him away (fig) le prix lui a fait peur

▶ **scare up** * vt sep (US) [+ food, money] arriver à trouver

scarecrow ['skɛəkrəʊ] n (lit, fig) épouvantail m

scared [skɛəd] → SYN adj effrayé ◆ he was terribly scared il était terrifié or épouvanté ◆ to be running scared * avoir la frousse * ◆ to be scared (of sb/sth) avoir peur (de qn/qch) ◆ to be scared of doing sth or to do sth avoir peur de faire qch ◆ too scared to move trop effrayé pour bouger ◆ to be scared that ... avoir peur que ... (+ subj) ◆ I'm scared that he'll try to find me j'ai peur qu'il n'essaie (subj) de me trouver ◆ to be scared to death * être mort de frousse * or trouille * ◆ he's scared to death of women * il a une peur bleue des femmes ◆ to be scared out of one's wits * avoir une peur bleue * → stiff

scaredy * ['skɛədɪ] n (baby talk) ◆ scaredy (cat) trouillard(e)* m(f), poule f mouillée *

scarehead * ['skɛəhɛd] n (US Press) manchette f à sensation

scaremonger ['skɛəˌmʌŋɡəʳ] n alarmiste mf, oiseau m de malheur

scaremongering ['skɛəˌmʌŋɡərɪŋ] n alarmisme m

scarf[1] [skɑːf] **1** n, pl **scarfs** or **scarves** écharpe f ; (square) foulard m

2 COMP ▷ **scarf-ring** n coulant m or anneau m pour foulard ; → headscarf

scarf[2] [skɑːf] vt (US: also **scarf down**) engloutir, s'enfiler *

Scarface [skɑːfeɪs] n le Balafré

scarification [ˌskɛərɪfɪˈkeɪʃən] n (Agr, Med) scarification f

scarify ['skɛərɪfaɪ] vt (Agr, Med) scarifier ; (fig) éreinter

scariose ['skɛərɪˌəʊs], **scarious** ['skɛərɪəs] adj scarieux

scarlatina [ˌskɑːləˈtiːnə] n scarlatine f

scarlet ['skɑːlɪt] **1** adj écarlate ◆ to go or blush scarlet (with shame/embarrassment) devenir écarlate or cramoisi (de honte/de gêne)

2 n écarlate f

3 COMP ▷ **scarlet fever** n scarlatine f ▷ **scarlet letter** n (US Hist) lettre f écarlate ◆ "The Scarlet Letter" (Literat) "La Lettre écarlate" ▷ **scarlet pimpernel** n mouron m ▷ **scarlet runner (bean)** n haricot m grimpant ▷ **scarlet woman** †, n, pl **scarlet women** (pej) femme f de mauvaise vie

scarp [skɑːp] n escarpement m

scarper * ['skɑːpəʳ] vi (Brit) ficher le camp *

SCART, Scart [skɑːt] adj, n (also **Scart socket**) (prise f) péritel f

scarves [skɑːvz] npl of **scarf**

scary * ['skɛərɪ] adj person, monster effrayant ; moment, feeling effrayant, angoissant ; experience effrayant, angoissant, qui fiche la frousse * ; movie qui donne le frisson or la chair de poule ◆ that's a scary thought c'est une idée qui fait peur

scat[1] * [skæt] excl allez ouste! *

scat[2] [skæt] n (Jazz) scat m (style d'improvisation vocale)

scathing ['skeɪðɪŋ] → SYN adj person, remark, criticism cinglant (about au sujet de) ◆ to give sb a scathing look jeter un regard plein de mépris à qn

scathingly ['skeɪðɪŋlɪ] adv say sur un ton cinglant ; write sur un ton cinglant, en termes cinglants ◆ to look scathingly at sb jeter un regard plein de mépris à qn

scatological [ˌskætəˈlɒdʒɪkəl] adj scatologique

scatology [skæˈtɒlədʒɪ] n scatologie f

scatter ['skætəʳ] → SYN **1** vt **a** (also **scatter about, scatter around**) [+ crumbs, papers, seeds] éparpiller ; [+ sand, salt, sawdust, nails] répandre ◆ to scatter sth to the four winds semer qch aux quatre vents ◆ to scatter cushions on a divan jeter des coussins çà et là sur un divan

b [+ clouds, crowd] disperser ; [+ enemy] mettre en déroute ; [+ light] diffuser ◆ my relatives are scattered all over the country ma famille est dispersée aux quatre coins du pays

2 vi [clouds, crowd] se disperser ◆ the robbers scattered at the approach of the police les voleurs se sont dispersés or enfuis dans toutes les directions à l'arrivée de la police

3 n (Math, Tech) dispersion f ◆ a scatter of houses des maisons dispersées or éparses ◆ a scatter of raindrops quelques gouttes de pluie éparses

4 COMP ▷ **scatter cushion** n petit coussin m ▷ **scatter diagram** n diagramme m de diffusion ▷ **scatter-gun** n fusil m de chasse ◊ adj (fig) approach tous azimuts * ▷ **scatter rugs** npl carpettes fpl

scatterbrain ['skætəbreɪn] → SYN n écervelé(e) m(f), hurluberlu *

scatterbrained ['skætəbreɪnd] adj écervelé, hurluberlu *

scattered ['skætəd] **1** adj **a** (= dispersed) books éparpillé ; buildings dispersé, éparpillé, épars ; trees dispersé, éparpillé ; population dispersé, disséminé, light diffus ; riots sporadique, intermittent ◆ scattered fighting combats mpl sporadiques or intermittents ◆ the village is very scattered les maisons du village sont très dispersées

b scattered with sth (= strewn with: gen) parsemé de qch ; [+ nails, flowers, corpses] jonché de qch

2 COMP ▷ **scattered showers** npl (Met) averses fpl intermittentes or éparses

scattering ['skætərɪŋ] → SYN n [of clouds, crowd] dispersion f ; [of light] diffusion f ◆ there was a scattering of people in the hall il y avait quelques personnes dispersées or çà et là dans la salle

scattershot ['skætəʃɒt] adj ◆ the money has been spent in (a) scattershot fashion l'argent a été dépensé à tort et à travers ◆ he fielded the committee's scattershot questions il a répondu aux questions du comité, qui partaient dans tous les sens

scattiness * ['skætɪnɪs] n (NonC: Brit) [of person] étourderie f

scatty * ['skætɪ] adj (Brit) **a** (= scatterbrained) person étourdi ◆ she's so scatty! quelle tête de linotte !

b (= distracted) to drive sb scatty rendre qn zinzin * inv

scaup [skɔːp] n (Orn) fuligule m milouinan

scavenge ['skævɪndʒ] **1** vt [+ streets] enlever les ordures de ; [+ object] récupérer

2 vi ◆ to scavenge in the dustbins (for sth) faire les poubelles (pour trouver qch) ◆ to scavenge for food fouiller dans les ordures pour trouver de la nourriture

scavenger ['skævɪndʒəʳ] **1** n **a** (Zool) charognard m

b (= street cleaner) éboueur m

c (= person: on rubbish dumps, in bins etc) pilleur m de poubelles

2 COMP ▷ **scavenger hunt** n chasse f au trésor, rallye m

SCE [ˌesiːˈiː] n (abbrev of **Scottish Certificate of Education**) examen de fin d'études secondaires en Écosse

scenario [sɪˈnɑːrɪəʊ] → SYN n **a** (Cine) scénario m

b (fig) (= sequence of events) scénario m ; (= plan of action) plan m d'action, stratégie f (for pour) ◆ best-/worst-case scenario (Mil, Pol etc) meilleure/pire hypothèse f ◆ in the worst-case scenario dans le pire des cas or la pire des hypothèses

scenarist [ˈsiːnərɪst] n scénariste mf

scene [siːn] → SYN **1** n **a** (Theat etc) (= part of play) scène f ; (= setting) scène f, décor m ◆ a bedroom scene une scène de lit (dans un film) ◆ the garden scene in "Richard II" la scène du jardin dans "Richard II" ◆ the balcony scene from "Romeo and Juliet" la scène du balcon de "Roméo et Juliette" ◆ outdoor or outside scene (Cine, TV) extérieur m ◆ scene from a film scène f or séquence f (tirée) d'un film ◆ the big scene in the film la grande scène du film ◆ it was his big scene c'était sa grande scène ◆ the scene is set in Paris la scène se passe à Paris, l'action se déroule à Paris ◆ the scene was set for their romance toutes les conditions étaient réunies pour leur idylle ◆ this set the scene for the discussion ceci a préparé le terrain pour les discussions ◆ now let our reporter set the scene for you notre reporter va maintenant vous mettre au courant de la situation

◆ behind the scenes (Theat, fig) dans les coulisses ◆ to work behind the scenes (fig) travailler dans l'ombre or dans les coulisses

b (= sight) spectacle m, tableau m ; (= view) vue f, (fig) scène f ; (= happening) incident m ◆ the hills make a lovely scene les collines offrent un très joli spectacle or tableau ◆ the scene spread out before you la vue or le panorama qui s'offre à vous ◆ picture the scene... imaginez la scène... ◆ scenes of violence scènes fpl de violence ◆ there were angry scenes at the meeting des incidents violents ont eu lieu au cours de la réunion ◆ it was a scene of utter destruction/chaos/horror c'était une scène de destruction totale/de chaos total/d'horreur totale ◆ it's a bad scene * (fig) c'est pas brillant *, la situation n'est pas brillante

c (= place) lieu(x) m(pl), endroit m ◆ the scene of the crime/accident le lieu du crime/de l'accident ◆ the town had once been the scene of a great battle la ville avait été jadis le théâtre d'une grande bataille ◆ scene of operations (Mil) théâtre m des opérations ◆ he needs a change of scene il a besoin de changer d'air or de décor ◆ they were soon on the scene ils furent vite sur les lieux ◆ to appear or come on the scene faire son apparition ◆ when I came on the scene quand je suis arrivé

d (* = fuss) scène f ◆ try not to make a scene about it tâche de ne pas en faire toute une histoire ◆ to have a scene with sb avoir une scène avec qn ; see also **1f** ◆ I hate scenes je déteste les scènes

e (= sphere of activity) scène f, monde m ◆ the political scene la scène politique ◆ the (gay) scene le milieu gay ◆ "non-scene" (in personal ad) "hors ghetto" ◆ the jazz/pop/rave scene le monde du jazz/de la pop/des raves ◆ the drug(s) scene in our big cities le milieu de la drogue dans nos grandes villes ◆ it's not my scene ⁎ ce n'est pas mon truc *

f (sexually) to have a scene * with sb avoir une liaison avec qn ; see also **1d**

2 COMP ▷ **scene change** n (Theat) changement m de décor(s) ▷ **scene dock** n (Theat) dépôt m or magasin m des décors ▷ **scene painter** n peintre m de décors ▷ **scene shift** n changement m de décor(s) ▷ **scene shifter** n machiniste mf

scenery ['siːnərɪ] → SYN n **a** paysage m, vue f ◆ the scenery is very beautiful le paysage est très beau, la vue est très belle ◆ mountain scenery paysage m de montagnes ◆ a change of scenery will do you good un changement d'air or de décor * vous fera du bien

b (Theat) décor(s) m(pl)

scenic ['siːnɪk] **1** adj pittoresque ◆ to take the scenic route (lit) prendre l'itinéraire touristique ; (fig hum) prendre le chemin des écoliers *

scenographer / scholastic

[2] COMP ▷ **scenic car** n (esp US Rail) voiture f panoramique ▷ **scenic design** n (Theat) (= sets) décors mpl ; (= profession) conception f de décors ▷ **scenic designer** n (Theat) décorateur m, -trice f de théâtre ▷ **scenic railway** n (= miniature railway) petit train m (d'agrément) ; (Brit = roller coaster) montagnes fpl russes, scenic railway m

scenographer [siːˈnɒɡrəfəʳ] n scénographe mf

scenographic(al) [ˌsiːnəʊˈɡræfɪk(əl)] adj scénographique

scenography [siːˈnɒɡrəfi] n scénographie f

scent [sent] → SYN [1] n a (= odour) parfum m, senteur f (liter)
  b (esp Brit = perfume) parfum m ◆ **to use scent** se parfumer
  c (= animal's track) fumet m ; (fig) piste f, voie f ◆ **to lose the scent** (Hunting, fig) perdre la piste ◆ **to throw** or **put sb off the scent** faire perdre la piste à qn ◆ **to put** or **throw dogs off the scent** dépister les chiens, brouiller or faire perdre la piste aux chiens ◆ **to be on the (right) scent** être sur la bonne piste or voie ◆ **he got the scent of something suspicious** il a flairé quelque chose de louche
  d (= sense of smell) [of person] odorat m ; [of animal] flair m
[2] vt a (= put scent on) [+ handkerchief, air] parfumer (with de) ◆ **the scented air** (fig) l'air m parfumé or odorant
  b (= smell) [+ game] flairer ; (fig) [+ danger, trouble] flairer, pressentir ◆ **to scent blood** (fig) deviner une faille chez son adversaire
[3] COMP ▷ **scent bottle** n (esp Brit) flacon m à parfum ▷ **scent spray** n (esp Brit) vaporisateur m (à parfum) ; (= aerosol) atomiseur m (à parfum)

scentless [ˈsentlɪs] adj inodore, sans odeur

scepter [ˈseptəʳ] n (US) ⇒ sceptre

sceptic, skeptic (US) [ˈskeptɪk] → SYN adj, n sceptique mf

sceptical, skeptical (US) [ˈskeptɪkəl] → SYN adj person, attitude sceptique (about, of sur) ◆ **to cast a sceptical eye on** or **over sth** porter un regard sceptique sur qch ◆ **I'm sceptical about it** cela me laisse sceptique ◆ **to be sceptical about doing sth** douter qu'il soit bon de faire qch ◆ **to be sceptical that** or **about whether ...** douter que ... (+ subj) ◆ **they are sceptical about how genuine his commitment is** ils ont des doutes sur la sincérité de son engagement

sceptically, skeptically (US) [ˈskeptɪkəli] adv ask d'un ton sceptique, avec scepticisme ; look d'un air sceptique, avec scepticisme ◆ **he raised his eyebrows sceptically** il haussa les sourcils d'un air sceptique

scepticism, skepticism (US) [ˈskeptɪsɪzəm] → SYN n scepticisme m

sceptre, scepter (US) [ˈseptəʳ] n sceptre m

SCF [ˌesiːˈef] n (abbrev of **Save the Children Fund**) œuvre d'aide à l'enfance

schedule [ˈʃedjuːl, (US) ˈskedʒuːl] → SYN [1] n a (= timetable) [of work, duties] programme m, planning m ; [of trains etc] horaire m ; [of events] calendrier m ◆ **production/building etc schedule** calendrier m or planning m pour la production/la construction etc ◆ **to make out a schedule** établir un programme or un plan or un horaire ◆ **our schedule does not include the Louvre** notre programme ne comprend pas le Louvre
  b (= forecasted timings) **to be ahead of schedule** (in work) avoir de l'avance sur son programme ; [train] avoir de l'avance ◆ **the train is behind schedule** le train a du retard ◆ **the preparations are behind schedule** il y a du retard dans les préparatifs ◆ **our work has fallen behind schedule** nous sommes en retard dans notre travail ◆ **the train is on schedule** le train est à l'heure ◆ **the preparations are on schedule** il n'y a pas de retard dans les préparatifs ◆ **the work is on schedule** les travaux avancent conformément aux prévisions or au calendrier ◆ **the ceremony will take place on schedule** la cérémonie aura lieu à l'heure prévue (or à la date prévue etc) ◆ **the ceremony went off according to schedule** la cérémonie s'est déroulée comme prévu ; (fig) ◆ **it all went (off) according to schedule** tout s'est passé comme prévu ◆ **to work to a very tight schedule** avoir un programme très serré
  c (= list) [of goods, contents] liste f, inventaire m ; [of prices] barème m, tarif m ◆ **schedule of charges** liste f or barème m des prix
  d (Jur: to contract) annexe f (to à)
[2] vt a (gen pass) [+ activity] établir le programme or l'horaire de ◆ **his scheduled speech** le discours qu'il doit (or devait etc) prononcer ◆ **his scheduled departure** son départ prévu ◆ **at the scheduled time/date** etc à l'heure/à la date etc prévue or indiquée ◆ **scheduled price** prix m tarifé ◆ **as scheduled** comme prévu ◆ **scheduled service** (train, bus etc) service régulier ◆ **scheduled flight** vol m régulier ◆ **this stop is not scheduled** cet arrêt n'est pas prévu ◆ **he is scheduled to leave at midday** son départ est fixé pour midi ◆ **you are scheduled to speak after him** d'après le programme vous parlez après lui ◆ **the talks are scheduled for this weekend** les pourparlers sont prévus or programmés pour ce week-end ◆ **the train is scheduled for 11 o'clock** or **to arrive at 11 o'clock** (selon l'horaire) le train doit arriver à 11 heures, le train arrive normalement à 11 heures ◆ **the government has scheduled elections for 5th January** le gouvernement a prévu des élections pour le 5 janvier, le gouvernement a fixé les élections au 5 janvier ◆ **scheduled territories** zone f sterling
  b [+ object] inscrire sur une liste ◆ **scheduled building** (Brit Admin, Archit) bâtiment m classé (comme monument historique)

scheelite [ˈʃiːlaɪt] n scheelite f

schema [ˈskiːmə] n, pl **schemata** [skiːˈmɑːtə] schéma m

schematic [skɪˈmætɪk] adj schématique

schematically [skɪˈmætɪkəli] adv schématiquement

schematization [ˌskiːmətaɪˈzeɪʃən] n schématisation f

schematize [ˈskiːmətaɪz] vt schématiser

scheme [skiːm] → SYN [1] n a (= plan) plan m ; (= project) projet m ; (= method) procédé m (for doing sth pour faire qch) ◆ **he's got a scheme for re-using plastic bottles** il a un plan or un projet ou un procédé pour réutiliser les bouteilles en plastique ◆ **a scheme of work** un plan de travail ◆ **profit-sharing scheme** système m de participation (aux bénéfices) ◆ **pension scheme** régime m de retraite ◆ **a scheme for greater productivity** un plan destiné à augmenter la productivité ◆ **man's place in the scheme of things** le rôle de l'homme dans l'ordre des choses ◆ **where does he stand in the scheme of things?** où se situe-t-il dans tout cela ? ◆ **where does he stand in the great** or **grand scheme of things?** (iro) quelle place occupe-t-il dans le grand ordre de l'univers ? ◆ **in my/your etc scheme of things** dans ma/votre etc vision des choses ◆ **the scheme for the new bridge** le projet pour le nouveau pont ◆ **it's some crazy scheme of his** c'est une de ses idées invraisemblables ◆ **it's not a bad scheme** * ça n'est pas une mauvaise idée ; → **supplementary**
  b (= plot) complot m, machination(s) f(pl) ; (= dishonest plan) procédé m malhonnête, combine * f ◆ **it's a scheme to get him out of the way** c'est un complot pour l'éliminer
  c (= arrangement) arrangement m, combinaison f ; → **colour, rhyme**
[2] vt combiner, machiner
[3] vi [group] comploter, conspirer ; [individual] intriguer (to do sth pour faire qch)

schemer [ˈskiːməʳ] n (pej) intrigant(e) m(f)

scheming [ˈskiːmɪŋ] → SYN [1] adj (pej) person intrigant
[2] n machinations fpl, intrigues fpl

scherzando [skɛəˈtsændəʊ] adv (Mus) scherzando

scherzo [ˈskɛːtsəʊ] n, pl **scherzos** or **scherzi** [ˈskɛːtsiː] scherzo m

Schick test [ʃɪk] n réaction f de Schick

schilling [ˈʃɪlɪŋ] n schilling m

schipperke [ˈʃɪpəki] n (= dog) schipperke m

schism [ˈsɪzəm] → SYN n schisme m

schismatic [sɪzˈmætɪk] adj, n schismatique mf

schist [ʃɪst] n schiste m cristallin

schistose [ˈʃɪstəʊz] adj schisteux

schistosome [ˈʃɪstəsəʊm] n schistosome m

schistosomiasis [ˌʃɪstəsəʊˈmaɪəsɪs] n schistosomiase f, bilharziose f

schizo * [ˈskɪtsəʊ] adj, n (abbrev of **schizophrenic**) schizo * mf

schizogenesis [ˌskɪtsəʊˈdʒenɪsɪs] n schizogenèse f

schizogony [skɪtˈsɒɡəni] n schizogonie f

schizoid [ˈskɪtsɔɪd] adj, n schizoïde mf

schizomycete [ˌskɪtsəʊmaɪˈsiːt] n schizomycète m

schizophrenia [ˌskɪtsəʊˈfriːnɪə] n schizophrénie f

schizophrenic [ˌskɪtsəʊˈfrenɪk] adj, n schizophrène mf

schizothymia [ˌskɪtsəʊˈθaɪmɪə] n schizothymie f, schizoïdie f

schlemiel *, **schlemihl** * [ʃləˈmiːl] n (US) pauvre bougre * m, minable mf

schlep(p) * [ʃlep] (US) [1] vi se traîner, crapahuter *
[2] vt trimballer *, (se) coltiner *

schlieren [ˈʃlɪərən] n (NonC: Phys, Geol) strie f

schlock * [ʃlɒk] [1] n pacotille f
[2] adj de pacotille

schlong * * [ʃlɒŋ] n (US) bite * * f

schmaltz * [ʃmɔːlts] n (NonC) sentimentalisme m excessif

schmaltzy * [ˈʃmɔːltsi] adj à la guimauve, à l'eau de rose

schmear * [ʃmɪəʳ] n (US) ◆ **the whole schmear** tout le bataclan *

Schmidt telescope [ʃmɪt] n chambre f photographique de Schmidt

schmo [ʃməʊ] n, pl **schmoes** (US) ballot * m, andouille * f

schmooze * [ʃmuːz] vi (US) (= gossip) jaser * ; (= bootlick) faire de la lèche * *

schmuck * [ʃmʌk] n (US) con * * m, connard * m, connasse * * f

schnapps [ʃnæps] n schnaps m

schnauzer [ˈʃnaʊtsəʳ] n (= dog) schnauzer m

schnitzel [ˈʃnɪtsəl] n (Culin) escalope f (de veau) ◆ **Wiener schnitzel** escalope f de veau panée

schnook [ʃnʊk] n (US) ballot * m, pauvre type * m

schnorkel [ˈʃnɔːkəl] n ⇒ **snorkel**

schnorrer * [ˈʃnɔːrəʳ] n (US) mendigot m, tapeur * m

schnozzle * [ˈʃnɒzl] n (US) gros pif * m, tarin * m

scholar [ˈskɒləʳ] → SYN [1] n a lettré(e) m(f), érudit(e) m(f) ◆ **a scholar and a gentleman** un homme cultivé et raffiné ◆ **a Dickens scholar** un(e) spécialiste de Dickens ◆ **I'm not much of a scholar** je ne suis pas bien savant or instruit
  b (= scholarship holder) boursier m, -ière f ; († = pupil) écolier m, -ière f
[2] COMP ▷ **scholar's tree** n sophora m (japonica)

scholarly [ˈskɒləli] → SYN adj person, publication, account érudit, savant ; approach érudit ; debate d'érudits ◆ **to have a scholarly interest in a subject** s'intéresser à un sujet en tant que spécialiste

scholarship [ˈskɒləʃɪp] → SYN [1] n a érudition f, savoir m
  b (= award) bourse f (d'études) ; (US Univ) bourse f (pour étudiant de licence) ◆ **to win a scholarship to Cambridge** obtenir une bourse pour Cambridge (par concours)
[2] COMP ▷ **scholarship holder** n boursier m, -ière f

scholastic [skəˈlæstɪk] → SYN [1] adj a (= educational) work, level scolaire ◆ **scholastic achievement** réussite f scolaire
  b (among scholars) debate, controversy parmi les érudits
[2] n (Philos) scolastique m
[3] COMP ▷ **scholastic aptitude test** n (US Educ) examen m d'entrée à l'université ; → **SAT** ▷ **scholastic philosophy** n philosophie f scolastique ▷ **the scholastic profession** n (gen) l'enseignement m ; (= teachers collectively) les enseignants mpl

scholasticism [skəˈlæstɪsɪzəm] n scolastique f

scholiast [ˈskəʊliæst] n scoliaste mf, scholiaste mf

scholium [ˈskəʊliəm] n, pl **scholia** [ˈskəʊliə] sc(h)olie f

school[1] [skuːl] → SYN [1] n [a] (gen) école f, établissement m scolaire ; (= primary school) école f ; (= secondary school) (gen) lycée m ; (up to 16 only) collège m ; [of dancing] école f, académie f ; [of music] école f, conservatoire m ; (US * = university) fac * f ◆ **school of motoring** auto-école f ◆ **to go to school** aller à l'école (or au collège or au lycée etc) ◆ **to leave school** quitter l'école etc ◆ **to send a child to school** (gen) envoyer un enfant à l'école ; (Admin) [local authority etc] scolariser un enfant ◆ **at** or **in school** à l'école etc ◆ **we were at school together** nous étions à la même école etc ◆ **he wasn't at school yesterday** il n'était pas à l'école etc ou en classe hier ◆ **she gave a talk to the school** (= pupils collectively) elle a fait un exposé à l'école (or au collège ou au lycée etc) ◆ **to go camping/sailing with the school** aller faire du camping/de la voile avec l'école etc ◆ **to go skiing with the school** ≈ partir en classe de neige ◆ **television for schools** télévision f scolaire ◆ **programmes** or **broadcasts for schools** émissions fpl éducatives ; → **boarding, high, old, summer**

[b] (= lessons) classe(s) f(pl) ; (gen secondary) cours mpl ◆ **school reopens in September** la rentrée scolaire or la rentrée des classes est en septembre ◆ **there's no school this morning** il n'y a pas classe ce matin, il n'y a pas (de) cours ce matin ◆ **we met every day after school** nous nous retrouvions tous les jours après l'école

[c] (Univ) faculté f ◆ **Schools** (at Oxford and Cambridge) (= building) salle d'examen ; (= finals) ≈ examens mpl de licence ◆ **he's at law/medical school** il fait son droit/sa médecine, il est en droit/médecine ◆ **I went to art/business school** je suis allé dans une école d'art/de commerce

[d] (= institute) institut m ; (= department) département m ◆ **School of Linguistics/African Studies** etc Institut m or Département m de Linguistique/d'Études africaines etc ◆ **school of education** (US) école f normale (primaire)

[e] (fig) école f ◆ **the hard school of poverty** la dure école de la pauvreté ◆ **the school of life** l'école f de la vie ◆ **he graduated from the school of hard knocks** il a été à rude école

[f] (Hist = scholasticism) **the schools** l'École f, la scolastique

[g] [of painting, philosophy etc] école f ◆ **the Dutch school** (Art) l'école f hollandaise ◆ **the Freudian school** l'école f freudienne ◆ **a school of thought** une école de pensée ◆ **an aristocrat/doctor** etc **of the old school** un aristocrate/un médecin etc de la vieille école ◆ **he's one of the old school** il est de la vieille école

[2] vt [+ animal] dresser ; [+ feelings, reactions] contrôler ; [+ voice etc] discipliner ◆ **to school o.s. to do sth** s'astreindre à faire qch

[3] COMP equipment, edition, television, doctor scolaire ▷ **school-age child** n, pl **school-age children** enfant mf d'âge scolaire ▷ **school attendance** n scolarisation f, scolarité f ▷ **school board** n (US Scol) commission f scolaire ▷ **school bus** n car m de ramassage scolaire ◆ **school bus service** service m de ramassage scolaire ▷ **school certificate** n (formerly) ≈ BEPC m ▷ **school council** n (Brit Scol) comité m des délégués de classe ▷ **school counsellor** n (US) conseiller m, -ère f général(e) d'éducation ▷ **school crossing patrol** n → **crossing** ▷ **school dinner** n ⇒ **school lunch** ▷ **school district** n (US) secteur m scolaire ▷ **school fees** npl frais mpl de scolarité ▷ **school fund** n fonds collectés grâce à diverses opérations organisées par les élèves d'une école ▷ **school holidays** npl vacances fpl scolaires ▷ **school hours** npl **during school hours** pendant les heures de cours or de classe ◆ **out of school hours** en dehors des heures de cours or de classe ▷ **school inspector** n (Brit Scol) (secondary) ≈ inspecteur m, -trice f d'académie ; (primary) ≈ inspecteur m, -trice f primaire ▷ **school leaver** n (Brit) jeune mf qui a terminé ses études secondaires ▷ **school-leaving age** n âge m de fin de scolarité ◆ **to raise the school-leaving age** prolonger la scolarité (to jusqu'à) ▷ **school librarian** n (books only) bibliothécaire mf scolaire ; (books and other resources) documentaliste mf scolaire ▷ **school life** n vie f scolaire ▷ **school lunch, school meal** n déjeuner m à la cantine (scolaire) ◆ **he hates school lunches** or **meals** il déteste manger à la cantine ▷ **school medical officer** n (Brit) médecin m scolaire ▷ **school outing** n (Brit) sortie f (éducative) scolaire ▷ **school phobia** n phobie f de l'école ▷ **school record** n dossier m scolaire ▷ **school report** n bulletin m (scolaire) ▷ **school run** n **to do the school run** emmener les enfants à l'école ▷ **schools inspector** n ⇒ **school inspector** ▷ **schools medical officer** n ⇒ **school medical officer** ▷ **school superintendent** n (US) inspecteur m, -trice f (responsable du bon fonctionnement des établissements scolaires) ▷ **school tie** n cravate f de l'école ; → **old** ▷ **school time** n **in school time** pendant les heures de cours or de classe ▷ **school trip** n ⇒ **school outing** ▷ **school uniform** n uniforme m scolaire ▷ **school year** n année f scolaire

school[2] [skuːl] n [of fish] banc m

schoolbag [ˈskuːlbæg] n cartable m

schoolbook [ˈskuːlbʊk] n livre m scolaire or de classe

schoolboy [ˈskuːlbɔɪ] [1] n (gen) élève m ; (at primary school) écolier m ; (at secondary school) lycéen m ; (up to age 16 only) collégien m ; see also **public**

[2] COMP ▷ **schoolboy crush** * n béguin * m (on pour) ▷ **schoolboy slang** n argot m des écoles or des lycées

schoolchild [ˈskuːltʃaɪld] n, pl **-children** (gen) élève mf ; (at primary school) écolier m, -ière f ; (at secondary school) lycéen(ne) m(f) ; (up to age 16 only) collégien(ne) m(f)

schooldays [ˈskuːldeɪz] npl années fpl de scolarité or d'école ◆ **during my schooldays** du temps où j'allais en classe

schooled [skuːld] adj ◆ **to be schooled in sth** avoir l'expérience de qch ◆ **to be well schooled in sth** être rompu à qch

schoolfellow [ˈskuːlfeləʊ], **schoolfriend** [ˈskuːlfrend] n camarade mf de classe

schoolgirl [ˈskuːlɡɜːl] [1] n (gen) élève f ; (at primary school) écolière f ; (at secondary school) lycéenne f ; (up to age 16 only) collégienne f

[2] COMP ▷ **schoolgirl complexion** n teint m de jeune fille ▷ **schoolgirl crush** * n béguin * m (on pour)

schoolhouse [ˈskuːlhaʊs] n (US) (= school building) école f ; (for head teacher) maison f du directeur

schooling [ˈskuːlɪŋ] → SYN n [a] (Scol) instruction f, études fpl ◆ **schooling is free** les études sont gratuites ◆ **compulsory schooling** scolarité f obligatoire ◆ **schooling is compulsory up to age 16** la scolarité est obligatoire jusqu'à 16 ans ◆ **he had very little formal schooling** il n'a pas fait une scolarité complète ◆ **he lost a year's schooling** il a perdu une année (d'école)

[b] [of horse] dressage m

schoolkid * [ˈskuːlkɪd] n écolier m, -ière f

Schoolman [ˈskuːlmən] n, pl **Schoolmen** [ˈskuːlmen] scolastique m

schoolmarm [ˈskuːlmɑːm] n (pej) institutrice f, maîtresse f d'école

schoolmarmish [ˈskuːlmɑːmɪʃ] adj (pej) ◆ **she is very schoolmarmish** elle fait or est très maîtresse d'école

schoolmaster [ˈskuːlˌmɑːstəʳ] n (primary) instituteur m ; (secondary) professeur m

schoolmate [ˈskuːlmeɪt] n ⇒ **schoolfellow**

Schoolmen [ˈskuːlmən] npl (Philos) scolastiques mpl

schoolmistress [ˈskuːlˌmɪstrɪs] n (primary) institutrice f ; (secondary) professeur m

schoolroom [ˈskuːlrʊm] n salle f de classe ◆ **in the schoolroom** dans (la salle de) classe, en classe

schoolteacher [ˈskuːlˌtiːtʃəʳ] → SYN n (primary) instituteur m, -trice f ; (secondary) professeur m

schoolteaching [ˈskuːlˌtiːtʃɪŋ] n enseignement m

schoolwork [ˈskuːlwɜːk] n travail m scolaire

schoolyard [ˈskuːljɑːd] n (esp US) cour f d'école

schooner [ˈskuːnəʳ] n [a] (Naut) schooner m, goélette f

[b] (Brit = sherry glass) grand verre m (à Xérès) ; (US = beer glass) demi m (de bière)

schottische [ʃɒˈtiːʃ] n (Mus) écossaise f

Schottky effect [ˈʃɒtkɪ] n effet m Schottky

schtick [ʃtɪk] n (US) numéro m (de comédien)

schuss [ʃʊs] n (Ski) schuss m

schwa [ʃwɑː] n (Phon) schwa m

sciatic [saɪˈætɪk] adj sciatique

sciatica [saɪˈætɪkə] n sciatique f

science [ˈsaɪəns] → SYN [1] n [a] science(s) f(pl) ◆ **we study science at school** nous étudions les sciences au lycée ◆ **gardening for him is quite a science** pour lui le jardinage est une véritable science ◆ **the Faculty of Science** (Univ) ◆ **the Science Faculty** la faculté des Sciences ◆ **Secretary (of State) for Science, Minister of Science** (Brit) ministre m de la Recherche scientifique ◆ **Department** or **Ministry of Science** ministère m de la Recherche scientifique ; → **applied, natural, social**

[b] († = knowledge) science † f ◆ **to blind sb with science** éblouir qn de sa science

[2] COMP equipment, subject scientifique ▷ **science fiction** n science-fiction f ◊ adj de science-fiction ▷ **science park** n parc m scientifique ▷ **science teacher** n professeur m de sciences

scientific [ˌsaɪənˈtɪfɪk] → SYN [1] adj [a] scientifique ◆ **on a scientific basis** sur des bases scientifiques, sur une base scientifique ◆ **the scientific community** la communauté scientifique ◆ **she received her scientific training in the US** elle a fait ses études de sciences aux États-Unis

[b] (= methodical) méthodique ◆ **to be scientific about sth** être méthodique par rapport à qch

[2] COMP ▷ **the scientific method** n la méthode scientifique ▷ **scientific officer** n (Brit Police) expert m (de la police)

scientifically [ˌsaɪənˈtɪfɪkəlɪ] adv [a] prove, explain scientifiquement ◆ **to be scientifically based** reposer sur des bases scientifiques ◆ **to be scientifically trained** avoir une formation scientifique ◆ **scientifically speaking** d'un point de vue scientifique

[b] (= methodically) search de manière méthodique ; plan de manière systématique

scientism [ˈsaɪəntɪzəm] n scientisme m

scientist [ˈsaɪəntɪst] n (as career) scientifique mf ; (= scientific scholar) savant m ◆ **my daughter is a scientist** ma fille est une scientifique ◆ **one of our leading scientists** l'un de nos plus grands savants ; → **Christian, social**

scientistic [ˌsaɪənˈtɪstɪk] adj scientiste

scientologist [ˌsaɪənˈtɒlədʒɪst] adj, n scientologue mf

scientology [ˌsaɪənˈtɒlədʒɪ] n scientologie f

sci-fi * [ˈsaɪfaɪ] (abbrev of **science-fiction**) [1] n science-fiction f, SF f

[2] adj de science-fiction, de SF

scilicet [ˈsɪlɪset] adv à savoir

scilla [ˈsɪlə] n (Bot) scille f

Scillies [ˈsɪlɪz] npl ◆ **the Scillies** ◆ **the Scilly Isles** les Sorlingues fpl, les îles fpl Scilly

scimitar [ˈsɪmɪtəʳ] n cimeterre m

scintigram [ˈsɪntɪɡræm] n scintigramme m

scintigraphy [sɪnˈtɪɡrəfɪ] n scintigraphie f

scintilla [sɪnˈtɪlə] n ◆ **not a scintilla of evidence** pas l'ombre d'une preuve, pas la moindre preuve ◆ **not a scintilla of (a) doubt** pas l'ombre d'un doute, pas la moindre doute

scintillate [ˈsɪntɪleɪt] → SYN vi [star, jewel] scintiller ; (fig) [person] briller, pétiller d'esprit

scintillating [ˈsɪntɪleɪtɪŋ] → SYN adj person, performance, wit brillant ; conversation brillant, spirituel ◆ **in scintillating form** dans une forme éblouissante

scintillation [ˌsɪntɪˈleɪʃən] [1] n [of star] scintillation f ; [of jewel] scintillement m

[2] COMP ▷ **scintillation counter** n compteur m à scintillation

scion ['saɪən] n (= person) descendant(e) m(f); (Bot) scion m

Scipio ['sɪpɪəʊ] n Scipion m

scirrhous ['sɪrəs] n squirreux

scirrhus ['sɪrəs] n, pl **scirrhuses** or **scirrhi** ['sɪraɪ] (Med) squirr(h)e m

scission ['sɪʃən] n scission f

scissor ['sɪzə^r] ① **scissors** npl ciseaux mpl ✦ a pair of scissors une paire de ciseaux; → kitchen, nail
② vt * couper avec des ciseaux
③ COMP ▷ **scissor bill** n bec m en ciseaux ▷ **scissor(s) jump** n (Sport) saut m en ciseaux ▷ **scissor(s) kick** n (Swimming) ciseaux mpl ▷ **scissors-and-paste job** n (lit) montage m; (*fig) compilation f

sciurine ['saɪjʊrɪn] adj ✦ sciurine rodent sciuridé m

sclera ['sklɪərə] n (Anat) sclérotique f

sclerenchyma [sklɪə'reŋkɪmə] n sclérenchyme m

scleriasis [sklɪ'raɪəsɪs] n sclérodermie f

scleroderma [,sklɪərəʊ'dɜ:mə] n sclérodermie f

scleroma [sklɪə'rəʊmə] n, pl **scleromata** [sklɪə'rəʊmətə] tissu m scléreux

scleroprotein [,sklɪərəʊ'prəʊti:n] n scléroprotéine f

sclerosis [sklɪ'rəʊsɪs] n, pl **scleroses** [sklɪ'rəʊsi:z] sclérose f; → multiple

sclerotic [sklɪ'rɒtɪk] adj sclérotique

sclerous ['sklɪərəs] adj scléreux

SCM [,esi:'em] n (Brit) (abbrev of State-Certified Midwife) → state

scoff[1] [skɒf] → SYN vi se moquer ✦ to scoff at sb/sth se moquer de qn/qch, mépriser qn/qch ✦ he was scoffed at by the whole town il a été l'objet de risée de toute la ville

scoff[2] * [skɒf] vti (esp Brit) bouffer *

scoffer ['skɒfə^r] n moqueur m, -euse f, railleur m, -euse f

scoffing ['skɒfɪŋ] ① adj remark, laugh moqueur, railleur
② n moqueries fpl, railleries fpl

scofflaw ['skɒflɔ:] n (US) personne f qui se moque des lois et des règlements

scold [skəʊld] → SYN ① vt réprimander (for doing sth pour avoir fait qch); [+ child] gronder (for doing sth pour avoir fait qch) ✦ he got scolded il s'est fait réprimander; [child] il s'est fait attraper or gronder
② vi grogner, rouspéter *
③ n (= woman) mégère f, chipie f

scolding ['skəʊldɪŋ] → SYN n gronderie f, réprimande f ✦ to get a scolding from sb se faire gronder or attraper par qn ✦ to give sb a scolding réprimander or gronder qn

scolex ['skəʊleks] n, pl **scoleces** [skəʊ'li:si:z] or **scolices** ['skɒlɪ,si:z] scolex m

scoliosis [,skɒlɪ'əʊsɪs] n scoliose f

scollop ['skɒləp] ⇒ scallop

scolopendrium [skɒlə'pendrɪəm] n scolopendre m

sconce [skɒns] n (on wall) applique f; (for carrying candle) bougeoir m

scone [skɒn] n scone m (petit pain au lait)

scoop [sku:p] → SYN ① n ⓐ (for flour, sugar) pelle f (à main); (for water) écope f; (for ice cream) cuiller f à glace; (for mashed potatoes) cuiller f à purée; [of bulldozer] lame f; [of dredger] benne f preneuse; (also **scoopful**) pelletée f
ⓑ (Press) scoop m, exclusivité f; (Comm) bénéfice m important ✦ **to make a scoop** (Comm) faire un gros bénéfice; (Press) publier une exclusivité, faire un scoop ✦ **it was a scoop for the "Globe"** (Press) le "Globe" l'a publié en exclusivité, cela a été un scoop pour le "Globe"
② vt (Comm) [+ market] s'emparer de; [+ competitor] devancer; [+ profit] ramasser; [+ prize, award] décrocher *; (Press) [+ story] publier en exclusivité ✦ **to scoop the pool** * tout rafler

▶ **scoop out** vt sep ✦ **to scoop water out of a boat** écoper un bateau ✦ **he scooped the sand out (of the bucket)** il a vidé le sable (du seau) ✦ **he scooped out a hollow in the soft earth** il a creusé un trou dans la terre molle

▶ **scoop up** vt sep [+ earth, sweets] ramasser; (with instrument) ramasser à la pelle ✦ **the eagle scooped up the rabbit** l'aigle a saisi le lapin dans ses serres ✦ **he scooped up the child and ran for his life** il a ramassé l'enfant en vitesse et s'est enfui à toutes jambes

scooper ['sku:pə^r] n évidoir m

scoot [sku:t] vi se sauver *, filer * ✦ **scoot!** fichez le camp! *, filez! * ✦ **to scoot in/out etc** entrer/sortir etc rapidement or en coup de vent

▶ **scoot away** *, **scoot off** * vi se sauver *, filer *

scooter ['sku:tə^r] n (also **motor scooter**) scooter m; (child's) trottinette f

scope [skəʊp] → SYN n ⓐ (= range) [of law, regulation] étendue f, portée f; [of undertaking] envergure f; [of powers, disaster] étendue f; [of changes] ampleur f ✦ **reforms of considerable scope** des réformes d'une portée considérable ✦ **a programme of considerable scope** un programme d'une envergure considérable ✦ **to extend the scope of one's activities** élargir le champ de ses activités, étendre son rayon d'action ✦ **limited in scope** d'une portée limitée ✦ **this project is more limited in scope** ce projet est de moins grand envergure or est moins ambitieux ✦ **to be broad in scope** [project] être de grande envergure; [research] être d'une portée considérable; [book] être ambitieux ✦ **his evaluation of the situation is very broad in scope** son évaluation de la situation porte sur de nombreux aspects ✦ **the service is comprehensive in scope** ce service est très complet
ⓑ (= possibility, potential: for activity, action etc) possibilité f, occasion f ✦ **he wants a job with more scope** (more varied) il voudrait un travail plus varié; (with more prospects) il voudrait un travail offrant davantage de perspectives d'évolution ✦ **his job gave him plenty of scope to show his ability** son travail lui a amplement permis de faire la preuve de ses compétences ✦ **there's not much scope for originality/creativity** ça ne laisse pas beaucoup de place à l'originalité/la créativité ✦ **there is scope for improvement** ça pourrait être mieux ✦ **there is scope for increasing our share of the market** il nous est possible d'augmenter notre part du marché ✦ **there is little scope for reducing our costs** il ne nous est pas vraiment possible de réduire nos coûts, nous n'avons pas beaucoup de marge de manœuvre pour réduire nos coûts ✦ **it gave him full scope to decide for himself** cela le laissait entièrement libre de or cela lui donnait carte blanche pour prendre les décisions lui-même ✦ **the subject is within/beyond the scope of this book** ce sujet entre dans le cadre/dépasse le cadre de ce livre ✦ **that is within the scope of the new regulations** ceci est prévu par le nouveau règlement
ⓒ (= competences, capabilities) compétences fpl ✦ **this work is within/beyond his scope** ce travail entre dans ses compétences/dépasse ses compétences

scopolamine [skə'pɒləmi:n] n scopolamine f

scorbutic [skɔ:'bju:tɪk] adj scorbutique

scorch [skɔ:tʃ] → SYN ① n (also **scorch mark**) brûlure f (légère) ✦ **there was a scorch on her dress** sa robe avait été roussie
② vt [+ linen] roussir, brûler (légèrement); [+ grass] [fire etc] brûler; [sun] dessécher, roussir
③ vi ⓐ [linen] brûler (légèrement)
ⓑ (Brit * = drive fast: also **scorch along**) [driver] conduire à un train d'enfer; [car] rouler à toute vitesse; [cyclist] pédaler à fond de train or comme un fou * (or une folle *)
④ COMP ▷ **scorched earth policy** n tactique f de la terre brûlée

scorcher * ['skɔ:tʃə^r] n journée f de canicule ✦ **today's going to be a scorcher** aujourd'hui ça va être la canicule ✦ **it was a (real) scorcher (of a day)** il faisait une chaleur caniculaire or une de ces chaleurs *

scorching * ['skɔ:tʃɪŋ] → SYN ① adj ⓐ (= hot) day de canicule; heat caniculaire; sand brûlant; sun de plomb ✦ **scorching weather** canicule f
ⓑ (= fast) **at a scorching pace** à une vitesse folle
② adv ✦ **scorching hot** food brûlant; liquid bouillant ✦ **scorching hot weather** canicule f ✦ **it was a scorching hot day** il faisait une chaleur caniculaire or une de ces chaleurs * ✦ **the sun is scorching hot** il fait un soleil de plomb

score [skɔ:^r] → SYN ① n ⓐ (= amount won etc) (Sport) score m; (Cards) marque f; (US Scol = mark) note f ✦ **to keep (the) score** (gen) compter or marquer les points; (Cards) tenir la marque; (Tennis) tenir le score ✦ **there's no score yet** (Ftbl) on n'a pas encore marqué (de but) ✦ **there was no score in the match between Leeds and York** Leeds et York ont fait match nul ✦ **what's the score?** (Sport) où en est le match?, on en est à combien?; (*fig) où en sont les choses? ✦ **to know the score** (fig) savoir de quoi il retourne; → half
ⓑ (= debt) compte m, dette f ✦ **to settle a score with sb** (fig) régler ses comptes avec qn ✦ **I've got a score or an old score to settle with him** j'ai un compte à régler avec lui
ⓒ (= subject, account) **on the score of ...** pour cause de ..., en raison de ... ✦ **on more scores than one** à plus d'un titre ✦ **on this or that score** à cet égard, à ce sujet ✦ **on what score?** à quel titre? ✦ **on several scores** à plusieurs titres
ⓓ (= mark, cut) (on metal, wood) rayure f; (deeper) entaille f; (on rock) strie f; (on skin, leather) (accidental) éraflure f; (deliberate) incision f
ⓔ [of film] musique f ✦ **who wrote the score?** qui est l'auteur de la musique or de la bande originale?
ⓕ (Mus) (= sheets of music) partition f ✦ **piano score** partition f de piano ✦ **to follow the score** suivre la partition; → vocal
ⓖ (= twenty) **a score** vingt ✦ **a score of people** une vingtaine de personnes ✦ **three score and ten** †† soixante-dix ✦ **scores of times** des dizaines de fois ✦ **there were scores of mistakes** il y avait un grand nombre de or des tas * de fautes
② vt ⓐ [+ goal, point] marquer ✦ **to score 70% (in an exam)** (Scol etc) avoir 70 sur 100 (à un examen) ✦ **he went five games without scoring a point** (Tennis) il n'a pas marqué un seul point pendant cinq jeux ✦ **they had 14 goals scored against them** leurs adversaires ont marqué 14 buts ✦ **to score a hit** (Fencing) toucher; (Shooting) viser juste; (Drugs ⁑) se procurer de la dope ✦ **to score a hit of crack/speed/smack** ⁑ se procurer sa dose de crack/de speed */d'héro * ✦ **to score a great success** or **a hit** (fig) remporter or se tailler un grand succès ✦ **he certainly scored a hit with her** * il lui a vraiment fait bonne impression ✦ **to score points** (fig) marquer des points ✦ **to score a point over** or **off sb** marquer un point aux dépens de qn, damer le pion à qn
ⓑ (= cut) [+ stick] entailler; [+ rock] strier; [+ ground] entamer; [+ wood, metal] rayer; [+ leather] [+ skin] (deliberately) inciser; (accidentally) érafler; (Culin) inciser ✦ **lines had been scored on the wall** des lignes avaient été tracées sur le mur
ⓒ (Mus) (= arrange) adapter (for pour); (= orchestrate) orchestrer (for pour); (= compose) composer ✦ **the film was scored by Michael Nyman** la musique or la bande originale du film a été composée par Michael Nyman ✦ **it is scored for piano and cello** c'est écrit pour piano et violoncelle
③ vi ⓐ (Sport) (= win points) marquer un or des point(s); (= score goal) marquer un but; (= keep the score) marquer les points ✦ **to score well in a test** avoir or obtenir un bon résultat à un test ✦ **they failed to score** (Ftbl) ils n'ont pas réussi à marquer (un but) ✦ **Barnes scored from a distance of twenty feet** (Ftbl) Barnes a marqué à sept mètres ✦ **that is where he scores** (fig) c'est là qu'il a le dessus or l'avantage ✦ **to score over** or **off sb** marquer un point aux dépens de qn, damer le pion à qn
ⓑ (⁑ = succeed) (gen) avoir du succès; (= get off with) lever *; (with woman) lever * une nana ⁑; (with man) lever * un mec ⁑; (in buying drugs) se procurer de la dope *
④ COMP ▷ **score draw** n (Brit Ftbl) match m nul (avec un minimum de un but)

► **score out, score through** vt sep rayer, barrer

► **score up** vt sep [+ points] marquer, faire ; [+ debt] porter en compte, inscrire ◆ **that remark will be scored up against you** on ne vous pardonnera pas cette réflexion

scoreboard ['skɔːbɔːd] n (gen) tableau m d'affichage (des scores) ; (Billiards) boulier m

scorecard ['skɔːkɑːd] n [of game] carte f or fiche f de score ; (Shooting) carton m ; (Golf) carte f de parcours ; (Cards) feuille f de marque

scorekeeper ['skɔːˌkiːpə^r] n (= person) marqueur m, -euse f

scoreless ['skɔːlɪs] adj (Sport) ◆ **the game was scoreless** ◆ **it was a scoreless game** aucun point n'a été marqué pendant le jeu ◆ **a scoreless draw** un match nul zéro à zéro

scoreline ['skɔːlaɪn] n (Sport) score m

scorer ['skɔːrə^r] n **a** (keeping score) marqueur m
b (also **goal scorer**) marqueur m (de but) ◆ **to be the top scorer** être le meilleur marqueur

scoresheet ['skɔːʃiːt] n (in games) feuille f de match ◆ **they're ahead on the scoresheet** (Ftbl) ils mènent à la marque

scoria ['skɔːrɪə] n, pl **scoriae** ['skɔːriːː] (Geol, Metal) scorie f

scoriaceous [ˌskɔːrɪ'eɪʃəs] adj scoriacé

scorification [ˌskɔːrɪfɪ'keɪʃən] n scorification f

scorify ['skɔːrɪfaɪ] vt scorifier

scoring ['skɔːrɪŋ] n (NonC) **a** (Sport) buts mpl ; (Cards) points mpl ◆ **all the scoring was in the second half** tous les buts ont été marqués pendant la deuxième mi-temps ◆ **to open the scoring** ouvrir la marque ◆ **"rules for scoring"** "comment marquer les points"
b (= cut) incision f, striage m ; (Culin) incision f
c (Mus) arrangement m

scorn [skɔːn] → SYN **1** n (NonC) mépris m, dédain m ◆ **to be filled with scorn (for)** n'avoir que du mépris or du dédain (pour) ◆ **to heap or pour scorn on sb/sth** traiter qn/qch avec mépris ◆ **my suggestion was greeted with scorn** ma proposition a été accueillie avec mépris or dédain ; → **laugh**
2 vt [+ person] mépriser ; [+ action] dédaigner, mépriser ; [+ advice] faire fi de ; [+ suggestion] rejeter, passer outre à ; [+ idea] dédaigner ◆ **he was scorned as ineffectual/naïve** on le méprisait parce qu'on le considérait comme incompétent/naïf ◆ **he was scorned as an amateur/a mercenary** on le méprisait parce qu'on le considérait comme un simple amateur/un mercenaire ◆ **he scorns telling lies** or **to tell a lie** (liter) il ne s'abaisserait pas à mentir

scornful ['skɔːnfʊl] → SYN adj méprisant, dédaigneux ◆ **to be scornful of sb/sth** mépriser qn/qch ◆ **to be scornful about sth** manifester son mépris or son dédain pour qch

scornfully ['skɔːnfəlɪ] → SYN adv avec mépris, avec dédain

Scorpio ['skɔːpɪəʊ] n (Astron) le Scorpion ◆ **I'm (a) Scorpio** (Astrol) je suis (du) Scorpion

scorpion ['skɔːpɪən] **1** n scorpion m ◆ **the Scorpion** (Astrol, Astron) le Scorpion
2 COMP ▷ **scorpion fish** n rascasse f ▷ **scorpion fly** n panorpe f

Scorpionic [ˌskɔːpɪ'ɒnɪk] n ◆ **to be a Scorpionic** être (du) Scorpion

Scot [skɒt] n Écossais(e) m(f) ◆ **the Scots** les Écossais mpl ; see also **Scots**

Scotch [skɒtʃ] **1** n (also **Scotch whisky**) whisky m, scotch m
2 the Scotch * npl les Écossais mpl
3 adj écossais
4 COMP ▷ **Scotch broth** n potage écossais à base de mouton, de légumes et d'orge ▷ **Scotch egg** n (esp Brit) œuf dur enrobé de chair à saucisse et pané ▷ **Scotch-Irish** adj irlando-écossais ▷ **Scotch mist** n bruine f, crachin m ▷ **Scotch pancake** n petite crêpe épaisse ▷ **Scotch pine** n pin m sylvestre ▷ **Scotch snap** n (Mus) mesure caractéristique de certaines danses écossaises ▷ **Scotch tape** ® n (US) scotch ® m, ruban m adhésif

▷ **Scotch terrier** n scotch-terrier m
▷ **Scotch woodcock** n (Culin) toast m aux œufs brouillés et aux anchois

scotch [skɒtʃ] vt [+ rumour] étouffer ; [+ plan, attempt] faire échouer ; [+ revolt, uprising] réprimer ; [+ claim] démentir

scoter ['skəʊtə^r] n (Orn) macreuse f

scot-free [skɒt'friː] adv ◆ **to get off scot-free** s'en tirer à bon compte

scotia ['skəʊʃə] n scotie f

Scotland ['skɒtlənd] n l'Écosse f ◆ **Secretary of State for Scotland** ministre m des Affaires écossaises ; → **yard²**

scotoma [skɒ'təʊmə] n, pl **scotomas** or **scotomata** [skɒ'təʊmətə] scotome m

scotopia [skə'təʊpɪə] n scotopie f

scotopic [skə'tɒpɪk] adj scotopique

Scots [skɒts] → SYN **1** n (Ling) écossais m
2 adj écossais
3 COMP ▷ **the Scots Guards** npl (Mil) la Garde écossaise ▷ **Scots law** n droit m écossais ▷ **Scots pine** n pin m sylvestre

Scotsman ['skɒtsmən] n, pl **-men** Écossais m

Scotswoman ['skɒtsˌwʊmən] n, pl **-women** Écossaise f

Scotticism ['skɒtɪsɪzəm] n expression f écossaise

Scottie ['skɒtɪ] n (abbrev of **Scotch terrier**) → **Scotch**

Scottish ['skɒtɪʃ] **1** adj écossais
2 COMP ▷ **Scottish country dancing** n danses fpl folkloriques écossaises ▷ **Scottish Nationalism** n nationalisme m écossais ▷ **Scottish Nationalist** n nationaliste mf écossais(e) ◊ adj de or des nationaliste(s) écossais ▷ **the Scottish National Party** n (Brit Pol) le Parti national écossais ▷ **the Scottish Office** n (Brit Pol) le ministère des Affaires écossaises ▷ **Scottish Secretary** n (Brit Pol) ministre m des Affaires écossaises ▷ **Scottish terrier** n scotch-terrier m

scoundrel ['skaʊndrəl] n fripouille f, vaurien m ; (stronger) crapule f ; (= child) coquin(e) m(f), (petit) chenapan m ◆ **you little scoundrel!** (espèce de) petit coquin or chenapan !

scoundrelly † ['skaʊndrəlɪ] adj de gredin, de vaurien

scour ['skaʊə^r] → SYN **1** vt **a** [+ pan, sink] récurer ; [+ metal] décaper ; [+ table, floor] frotter
b [+ channel] creuser, éroder
c (= search) fouiller ◆ **I scoured the newspaper for the article** j'ai cherché partout dans le journal pour trouver l'article ◆ **they scoured the neighbourhood in search of the murderer** ils ont fouillé le quartier pour trouver l'assassin ◆ **to scour the area/the woods/the countryside** battre le secteur/les bois/la campagne ◆ **I've scoured the house and I can't see my keys anywhere** j'ai fouillé la maison de fond en comble et je n'arrive pas à trouver mes clés
2 COMP ▷ **scouring pad** n tampon m à récurer ▷ **scouring powder** n poudre f à récurer

► **scour off** vt sep enlever en frottant

► **scour out** vt sep récurer

scourer ['skaʊərə^r] n (= powder) poudre f à récurer ; (= pad) tampon m à récurer

scourge [skɜːdʒ] → SYN **1** n (fig) fléau m ; (= whip) discipline f, fouet m
2 vt (fig) châtier, être un fléau pour ; (= whip) fouetter ◆ **to scourge o.s.** se flageller

scouse * [skaʊs] (Brit) **1** n **a** (= person) originaire mf de Liverpool
b (= dialect) dialecte m de Liverpool
2 adj de Liverpool

Scouser * ['skaʊsə^r] n (Brit) originaire mf de Liverpool ◆ **Janet's dad is a Scouser** le père de Janet est (originaire) de Liverpool

scout [skaʊt] → SYN **1** n **a** (Mil) éclaireur m ◆ **he's a good scout** † * c'est un chic type * ; → **talent**
b (gen Catholic) scout m ; (gen non-Catholic) éclaireur m ; → **cub**
c * **to have a scout round** reconnaître le terrain ◆ **have a scout round to see if he's** there allez jeter un coup d'œil pour voir s'il est là
d (also **talent scout**) (Sport) découvreur m, -euse f or dénicheur m, -euse f de futurs grands joueurs ; (Cine, Theat) découvreur m, -euse f or dénicheur m, -euse f de talents
e (Brit Univ) domestique mf
2 vi (Mil) aller en reconnaissance
3 vt explorer ◆ **to scout an area for sth** explorer un endroit pour trouver qch
4 COMP ▷ **scout camp** n camp m scout ▷ **scout car** n (Mil) voiture f de reconnaissance ▷ **scout movement** n mouvement m scout ▷ **scout uniform** n uniforme m de scout

► **scout about, scout around** vi (Mil) aller en reconnaissance ◆ **to scout about for sth** (fig) chercher qch, aller or être à la recherche de qch

Scouter ['skaʊtə^r] n chef m scout

scouting ['skaʊtɪŋ] n (NonC) **a** (= youth movement) scoutisme m
b (Mil) reconnaissance f

scoutmaster ['skaʊtˌmɑːstə^r] n chef m scout

scow [skaʊ] n chaland m

scowl [skaʊl] → SYN **1** n air m de mauvaise humeur, mine f renfrognée ◆ **... he said with a scowl** ... dit-il en se renfrognant or d'un air renfrogné
2 vi se renfrogner ◆ **to scowl at sb/sth** jeter un regard mauvais à qn/qch
3 vt ◆ **shut up! he scowled** "tais-toi !" dit-il en se renfrognant or l'œil mauvais

scowling ['skaʊlɪŋ] adj face, look renfrogné, maussade

SCR n (Brit Univ) (abbrev of **senior common room**) → **senior**

scrabble ['skræbl] **1** vi **a** (also **scrabble about, scrabble around**) **to scrabble in the ground for sth** gratter la terre pour trouver qch ◆ **she scrabbled (about** or **around) in the sand for the keys she had dropped** elle cherchait à tâtons dans le sable les clés qu'elle avait laissé tomber ◆ **he scrabbled (about** or **around) for a pen in the drawer** il a tâtonné dans le tiroir à la recherche d'un stylo
b (= scramble) **to scrabble to do sth** chercher à faire qch au plus vite ◆ **his mind scrabbled for alternatives** il se creusait la tête pour trouver au plus vite d'autres solutions
2 n (= game) ◆ **Scrabble ®** Scrabble ® m

scrag [skræg] **1** n (Brit Culin: also **scrag end**) collet m (de mouton)
2 vt * [+ person] tordre le cou à *

scragginess ['skrægɪnɪs] n (= scrawniness) maigreur f

scraggly * ['skræglɪ] adj (US) beard, hair en bataille ; plant difforme

scraggy ['skrægɪ] adj **a** (= scrawny) maigre
b (= unkempt, scanty) hair, beard, fur peu fourni et hérissé

scram * [skræm] vi ficher le camp * ◆ **scram!** fiche(-moi) le camp ! * ◆ **I'd better scram** je dois filer *

scramble ['skræmbl] → SYN **1** vi **a** (= clamber) **to scramble up/down** etc grimper/descendre etc tant bien que mal ◆ **he scrambled along the cliff** il a avancé avec difficulté le long de la falaise ◆ **they scrambled over the rocks/up the cliff** en s'aidant des pieds et des mains ils ont avancé sur les rochers/escaladé la falaise ◆ **he scrambled into/out of the car** il est monté dans/est descendu de la voiture à toute vitesse, il s'est précipité dans/hors de la voiture ◆ **he scrambled down off the wall** il a dégringolé du mur ◆ **he scrambled through the hedge** il s'est frayé tant bien que mal un passage à travers la haie ◆ **to scramble for** [+ coins, seats] se bousculer pour (avoir), se disputer ; [+ jobs etc] faire des pieds et des mains pour (avoir)
b (Brit Sport) **to go scrambling** faire du trial
c (Aviat) décoller sur alerte
2 vt (Culin, Telec) brouiller ; (TV) coder, crypter
3 n **a** ruée f ◆ **the scramble for seats** la ruée pour les places ◆ **there was a scramble for seats** (lit) on s'est rué sur les places, (fig) on s'est arraché les places

scrambler / **scree**

b (also **motorcycle scramble**) (réunion f de) trial m
[4] COMP ▷ **scrambled eggs** npl œufs mpl brouillés

scrambler ['skræmbləʳ] n **a** (Telec = device) brouilleur m ; (TV) brouilleur m, codeur m
b (Brit = motorcyclist) trialiste mf

scrambling ['skræmblɪŋ] n (Brit Sport) trial m

scrap[1] [skræp] [→ SYN] [1] n **a** (= small piece) [of paper, cloth, bread, string] (petit) bout m ; [of verse, writing] quelques lignes fpl ; [of conversation] bribe f ; [of news] fragment m ♦ **scraps** (= broken pieces) débris mpl ; (= food remnants) restes mpl ♦ **there isn't a scrap of evidence** il n'y a pas la moindre preuve ♦ **it wasn't a scrap of use** cela n'a servi absolument à rien ♦ **there wasn't a scrap of truth in it** il n'y avait pas un brin de vérité là-dedans ♦ **not a scrap** pas du tout
b (NonC = scrap iron) ferraille f ♦ **to collect scrap** récupérer de la ferraille ♦ **I put it out for scrap** je l'ai envoyé à la ferraille ♦ **to sell a car/ship for scrap** vendre une voiture/un bateau comme épave or à la casse ♦ **what is it worth as scrap?** qu'est-ce que cela vaudrait (vendu) comme épave or à la casse ?
[2] vt jeter, bazarder * ; [+ car, ship] envoyer à la ferraille or à la casse ; [+ equipment] mettre au rebut ; [+ project] abandonner, mettre au rancart * ♦ **let's scrap the idea** laissons tomber cette idée
[3] COMP ▷ **scrap car** n voiture f mise en épave or à la casse ▷ **scrap dealer** n marchand m de ferraille, ferrailleur m ▷ **scrap iron** n ferraille f ▷ **scrap merchant** n ⇒ **scrap dealer** ▷ **scrap metal** n ⇒ **scrap iron** ▷ **scrap paper** n (for scribbling on) (papier m de) brouillon m ; (= old newspapers etc) vieux papiers mpl ▷ **scrap value** n **its scrap value is £10** (vendu) à la casse cela vaut 10 livres

scrap[2] * [skræp] [1] n (= fight) bagarre f ♦ **to get into** or **have a scrap** se bagarrer * (**with** avec)
[2] vi se bagarrer *

scrapbook ['skræpbʊk] n album m (de coupures de journaux etc)

scrape [skreɪp] [→ SYN] [1] n **a** (= action) coup m de grattoir or de racloir ; (= sound) grattement m, raclement m ; (= mark) éraflure f, égratignure f ♦ **to give sth a scrape** gratter or racler qch ♦ **to give one's knee a scrape** s'érafler or s'égratigner le genou
b [of butter etc] fine couche f, lichette * f
c (* = trouble) **to get (o.s.) into a scrape** s'attirer des ennuis, se mettre dans un mauvais pas ♦ **he's always getting into scrapes** il lui arrive toujours des histoires * ♦ **to get (o.s.) out of a scrape** se tirer d'affaire or d'embarras ♦ **to get sb into a scrape** attirer des ennuis à qn, mettre qn dans un mauvais pas ♦ **to get sb out of a scrape** tirer qn d'affaire or d'embarras
[2] vt (= graze) érafler, égratigner ; (= just touch) frôler, effleurer ; (= clean: gen) gratter, racler ; [+ vegetables] gratter ♦ **to scrape (the skin off) one's knees** s'érafler les genoux ♦ **to scrape one's plate clean** tout manger, nettoyer or racler * son assiette ♦ **I scraped his bumper** (Aut) je lui ai frôlé or éraflé le pare-chocs ♦ **to scrape a living** vivoter ♦ **to scrape a violin** * racler du violon ♦ **to scrape the bottom** (Naut) talonner (le fond) ♦ **to scrape (the bottom of) the barrel** (fig) en être réduit aux raclures (fig) ; see also **scrape up**
[3] vi (= make scraping sound) racler, gratter ; (= rub) frotter (against contre) ♦ **to scrape along the wall** frôler le mur ♦ **the car scraped past the lamppost** la voiture a frôlé le réverbère ♦ **to scrape through the doorway** réussir de justesse à passer par la porte ♦ **he just scraped clear of a prison sentence** il a frisé la peine de prison, il a tout juste évité une peine de prison ♦ **to scrape through an exam** réussir un examen de justesse ♦ **he just scraped into university** il a été admis de justesse à l'université ♦ **to scrape and save** économiser sur tout ; → **bow**[2]

▶ **scrape along** vi ⇒ **scrape by**

▶ **scrape away** [1] vi ♦ **to scrape away** * **at the violin** racler du violon
[2] vt sep enlever en grattant or en raclant

▶ **scrape by** vi (financially) vivoter ♦ **she scraped by on £30 per week** elle vivotait avec 30 livres par semaine ♦ **I can just scrape by in Spanish** j'arrive tout juste à me faire comprendre en espagnol

▶ **scrape off** vt sep ⇒ **scrape away** 2

▶ **scrape out** vt sep [+ contents] enlever en grattant or en raclant ; [+ pan] nettoyer en raclant, récurer

▶ **scrape through** vi passer de justesse ; (fig = succeed) réussir de justesse

▶ **scrape together** vt sep **a** **to scrape two bits of metal together** frotter deux morceaux de métal l'un contre l'autre
b (fig) [+ objects] rassembler, ramasser ; [+ money] réunir or rassembler à grand-peine or en raclant les fonds de tiroirs *

▶ **scrape up** vt sep [+ earth, pebbles] ramasser, mettre en tas ; (fig) [+ money] réunir or rassembler à grand-peine or en raclant les fonds de tiroirs *

scraper ['skreɪpəʳ] n racloir m, grattoir m ; (at doorstep) décrottoir m, gratte-pieds m inv

scraperboard ['skreɪpəbɔːd] n carte f à gratter

scrapheap ['skræphiːp] n tas m de ferraille ♦ **to throw** or **toss sth on the scrapheap** (fig) mettre qch au rebut, bazarder qch * ♦ **to throw** or **toss sb on the scrapheap** * mettre qn au rancart * ♦ **only fit for the scrapheap** * bon à mettre au rancart * ♦ **to end up on the scrapheap** (fig) être mis au rebut

scrapie ['skreɪpɪ] n (Vet) tremblante f

scraping ['skreɪpɪŋ] [1] adj noise de grattement, de raclement
[2] n **a** [of butter] fine couche f, lichette * f ♦ **scrapings** [of food] restes mpl, [of dirt, paint] raclures fpl
b (= action) grattement m, raclement m ; → **bow**[2]

scrappy ['skræpɪ] [→ SYN] adj **a** (= disjointed) conversation, essay, film décousu ; education incomplet (-ète f) ; football match confus ♦ **a scrappy goal** un but marqué à la suite d'un cafouillage
b piece of paper en piteux état

scrapyard ['skræpjɑːd] n (esp Brit) dépôt m de ferraille ; (for cars) cimetière m de voitures, casse * f

scratch [skrætʃ] [→ SYN] [1] n **a** (= mark) (on skin) égratignure f, éraflure f ; (on paint) éraflure f ; (on glass, record) rayure f ♦ **they came out of it without a scratch** ils s'en sont sortis indemnes or sans une égratignure ♦ **it's only a scratch** ce n'est qu'une égratignure
b (= action) grattement m ; (by claw) coup m de griffe ; (by fingernail) coup m d'ongle ♦ **the cat gave her a scratch** le chat l'a griffée ♦ **to have a good scratch** * se gratter un bon coup *
c (= noise) grattement m, grincement m
d (set phrases)

♦ **from scratch** ♦ **to be on** or **start from scratch** (Sport) être scratch inv ♦ **to start from scratch** (fig) partir de zéro * ♦ **I studied Spanish from scratch** j'ai appris l'espagnol en partant de zéro ♦ **we'll have to start from scratch again** il nous faudra repartir de zéro *

♦ **up to scratch** ♦ **he didn't come up to scratch** il ne s'est pas montré à la hauteur ♦ **his work doesn't come up to scratch** son travail n'est pas à la hauteur or au niveau ♦ **to bring up to scratch** amener au niveau voulu ♦ **to keep sb up to scratch** maintenir qn au niveau voulu

[2] vt **a** (with nail, claw) griffer ; [+ varnish] érafler ; [+ record, glass] rayer ♦ **to scratch a hole in sth** creuser un trou en grattant qch ♦ **he scratched his hand on a nail** il s'est éraflé or écorché la main sur un clou ♦ **he scratched his name on the wood** il a gravé son nom dans le bois ♦ **it only scratched the surface** (fig) (gen) c'était très superficiel ; [report, lecture] ça n'a fait qu'effleurer la question, c'était très superficiel ♦ **we've only managed to scratch the surface of the problem** nous n'avons fait qu'effleurer or aborder le problème ♦ **to scratch a few lines** (= write) griffonner quelques mots
b (= to relieve itch) gratter ♦ **to scratch o.s.** se gratter ♦ **to scratch one's head** (lit, fig) se gratter la tête ♦ **you scratch my back and I'll scratch yours** un petit service en vaut un autre
c (= cancel) [+ meeting] annuler ; (Comput) effacer ; (Sport etc) [+ competitor, horse] scratcher ; [+ match, game] annuler ; (US Pol) [+ candidate] rayer de la liste ♦ **to scratch a ballot** (US Pol) modifier un bulletin de vote (en rayant un nom etc)

[3] vi (with nail, claw) griffer ; (= to relieve itch) se gratter ; [hen] gratter le sol ; [pen] gratter, grincer ♦ **the dog was scratching at the door** le chien grattait à la porte
b (Sport etc) [competitor] se faire scratcher ; [candidate] se désister

[4] COMP crew, team de fortune, improvisé ; vote par surprise ; golfer scratch inv, de handicap zéro ▷ **scratch and sniff** adj que l'on gratte pour sentir un parfum ▷ **scratch file** n (Comput) fichier m de travail or de manœuvre ▷ **scratch 'n' sniff** n ⇒ **scratch and sniff** ▷ **scratch pad** n (gen) bloc-notes m ; (Comput) mémoire f bloc-notes ▷ **scratch paper** n (US) ⇒ **scrap paper** ; → **scrap** ▷ **scratch race** n course f scratch ▷ **scratch score** n (Golf) scratch score m, score m ramené à zéro ▷ **scratch sheet** * n (US Racing) journal m des courses (hippiques) ▷ **scratch tape** n (Comput) bande f de travail or de manœuvre ▷ **scratch test** n (Med) cuti(-réaction) f, test m cutané

▶ **scratch out** vt sep **a** (from list) rayer, effacer
b [+ hole] creuser en grattant ♦ **to scratch sb's eyes out** arracher les yeux à qn

▶ **scratch together** vt sep (fig) [+ money] réussir à amasser (en raclant les fonds de tiroirs *)

▶ **scratch up** vt sep [+ bone] déterrer ; (fig) [+ money] ⇒ **scratch together**

scratchcard ['skrætʃkɑːd] n (Brit) carte f à gratter

scratchy ['skrætʃɪ] adj surface, material rêche, qui accroche ; pen qui grince, qui gratte ; handwriting en pattes de mouche ; record rayé, éraillé

scrawl [skrɔːl] [→ SYN] [1] n (gen) gribouillage m, griffonnage m ♦ **I can't read her scrawl** je ne peux pas déchiffrer son gribouillage ♦ **the word finished in a scrawl** le mot se terminait par un gribouillage ♦ **her letter was just a scrawl** sa lettre était griffonnée
b (= brief letter, note) mot m griffonné à la hâte
[2] vt gribouiller, griffonner ♦ **to scrawl a note to sb** griffonner un mot à qn ♦ **there were rude words scrawled all over the wall** il y avait des mots grossiers gribouillés sur tout le mur
[3] vi gribouiller

scrawny ['skrɔːnɪ] adj maigre

scream [skriːm] [→ SYN] [1] n **a** [of pain, fear] cri m aigu or perçant, hurlement m ; [of laughter] éclat m ♦ **to give a scream** pousser un cri
b * **it was a scream** c'était à se tordre *, c'était vraiment marrant * ♦ **he's a scream** il est désopilant or impayable *
[2] vi (also **scream out**) [person] crier ; (stronger) hurler ; [baby] crier, brailler ; [siren, brakes, wind] hurler ♦ **to scream with laughter** rire aux éclats or aux larmes ♦ **to scream with pain/with rage** hurler de douleur/de rage ♦ **to scream for help** crier à l'aide or au secours ♦ **to scream at sb** crier après qn
[3] vt (also **scream out**) (= abuse etc) hurler (at à) ♦ **"shut up" he screamed** "taisez-vous" hurla-t-il ♦ **to scream o.s. hoarse** s'enrouer à force de crier, s'égosiller
b [headlines, posters] annoncer en toutes lettres

▶ **scream down** vt sep ♦ **to scream the place down** crier comme un damné or sourd

▶ **scream out** [1] vi ⇒ **scream** 2
[2] vt sep ⇒ **scream** 3

screamer * ['skriːməʳ] n (US) **a** (= headline) énorme manchette f
b (= joke) histoire f désopilante ♦ **he's a screamer** il est désopilant or impayable *

screamingly * ['skriːmɪŋlɪ] adv ♦ **screamingly funny** à mourir de rire, tordant * ♦ **screamingly boring** à mourir d'ennui

scree ['skriː] n éboulis m (en montagne)

screech [skriːtʃ] **1** n (gen) cri m strident ; (from pain, fright, rage) hurlement m ; [of brakes] grincement m ; [of tyres] crissement m ; [of owl] cri m (rauque et perçant) ; [of siren] hurlement m ◆ **she gave a screech of laughter** elle est partie d'un rire perçant
2 vi [person] pousser des cris stridents, hurler ; [brakes] grincer ; [tyres] crisser ; [singer, owl] crier ; [siren] hurler
3 vt crier à tue-tête
4 COMP ▷ **screech owl** n chouette f effraie, chat-huant m

screed [skriːd] n **a** (= discourse) laïus* m, topo* m (about sur) ; (= letter) longue missive f (about sur) ◆ **to write screeds** * (= a lot) écrire des volumes or toute une tartine *
b (Constr) (= depth guide strip) guide m ; (= levelling device) règle f à araser le béton ; (NonC = surfacing material) matériau m de ragréage

screen [skriːn] → SYN **1** n **a** (in room) paravent m ; (for fire) écran m de cheminée ; (fig: of troops, trees) rideau m ; (= pretence) masque m ; → **safety, silk, smoke**
b (Cine, TV, Comput etc) écran m ◆ **to show sth on a screen** projeter qch ◆ **a 50-cm screen** (TV) un écran de 50 cm ◆ **the screen** (Cine) l'écran m, le cinéma ◆ **the big** or **large screen** (Cine) le grand écran ◆ **the small screen** (TV) le petit écran ◆ **to write for the screen** écrire des scénarios ◆ **stars of the screen** les vedettes fpl de l'écran ◆ **the violence children see on screen** la violence que les enfants voient à l'écran ◆ **they are married off screen as well as on** ils sont mari et femme à la scène or à l'écran comme à la ville ◆ **information can be accessed on screen** (Comput) on peut afficher les renseignements à l'écran ◆ **to work on screen** (Comput) travailler sur écran ; → **panoramic, television, wide**
c (= sieve) crible m, claie f
2 vt **a** (= hide) masquer, cacher ; (= protect) faire écran à, protéger ◆ **the trees screened the house** les arbres masquaient or cachaient la maison ◆ **to screen sth from sight** or **view** dérober or masquer qch aux regards ◆ **he screened the book with his hand** il a caché le livre de sa main ◆ **to screen sth from the wind/sun** protéger qch du vent/du soleil ◆ **to screen one's eyes** se protéger les yeux avec la main, faire écran de sa main pour se protéger les yeux ◆ **in order to screen our movements from the enemy** pour cacher or masquer nos mouvements à l'ennemi
b (Cine, TV) [+ film] projeter
c (= sieve) [+ coal] cribler
d (= check) [+ candidates] présélectionner ◆ **to screen sb (for a job)** passer au crible la candidature de qn ◆ **the candidates were carefully screened** les candidats ont été passés au crible ◆ **to screen sb for cancer** (Med) faire subir à qn un test de dépistage du cancer
e [+ phone call] filtrer
3 COMP ▷ **screen actor** n acteur m de cinéma, vedette f de l'écran ▷ **screen door** n porte f grillagée ▷ **screen dump** n (Comput) impression f d'écran ▷ **screen grid** n (Elec) grille-écran f ▷ **screen memory** n (Psych) souvenir-écran m ▷ **screen rights** npl droits mpl d'adaptation cinématographique ▷ **screen saver** n économiseur m d'écran ▷ **screen test** n bout m d'essai ◆ **to do a screen test** tourner un bout d'essai ▷ **screen wash** n (Brit Aut) liquide m lave-glace ▷ **screen washer** n (Brit Aut) lave-glace m ▷ **screen writer** n scénariste mf

▶ **screen off** vt sep ◆ **the kitchen was screened off from the rest of the room** la cuisine était séparée du reste de la pièce or était cachée (par un rideau or un paravent) ◆ **the nurses screened off his bed** les infirmiers ont mis un paravent autour de son lit ◆ **the trees screened off the house from the road** les arbres cachaient la maison de la route, les arbres faisaient écran entre la maison et la route ◆ **a cordon of police screened off the accident from the onlookers** les agents de police ont formé un cordon pour cacher l'accident aux badauds

screenful ['skriːnfʊl] n (Comput) écran m

screening ['skriːnɪŋ] **1** n **a** [of film] projection f
b [of coal] criblage m ; (fig) [of person] tri m, procédure f de sélection sur dossier ; (Med) [of person] examen m de dépistage (of sb pratiqué sur qn) ◆ **the screening of women for breast cancer** le dépistage du cancer du sein chez les femmes
2 COMP ▷ **screening room** n (Cine) salle f de projection ▷ **screening test** n (Med) test m de dépistage

screenplay ['skriːnpleɪ] n scénario m

screenwriting ['skriːnraɪtɪŋ] n écriture f de scénarios

screw [skruː] → SYN **1** n **a** vis f ; (= action) tour m de vis ◆ **a screw of tea/sweets/tobacco** etc † (Brit) un cornet de thé/de bonbons/de tabac etc ◆ **he's got a screw loose**✲ il lui manque une case ✲ ◆ **to put** or **tighten the screw(s) on sb** ✲, **to turn the screw on sb** ✲ augmenter la pression sur qn ; → **thumbscrew**
b (Aviat, Naut) hélice f ; → **airscrew, twin**
c (✲ = sex) **it was a good screw** on a bien baisé ✲ ◆ **she's a good screw** c'est un bon coup ✲
d (✲ = prison warder) maton(ne) ✲ m(f)
e (Brit † ✲ = income) salaire m ◆ **he gets a good screw** son boulot paie bien *
2 vt **a** visser (on sur ; to à), fixer avec une vis ◆ **to screw sth tight** visser qch à bloc
b (= twist) **to screw one's face into a smile** grimacer un sourire
c (= extort) [+ money] extorquer, soutirer (out of à) ; [+ information] arracher (out of à) ; (✲ = defraud) [+ person] arnaquer *, pigeonner *
d (✲ = have sex with) baiser ✲
e (✲: in exclamations) **screw you!** va te faire voir ✲ or foutre ✲! ◆ **screw the cost/the neighbours!** on se fout du prix/des voisins ! ✲
3 vi se visser
4 COMP ▷ **screw bolt** n boulon m à vis ▷ **screw joint** n joint m à vis ▷ **screw propeller** n hélice f à vis ▷ **screw thread** n filet m or filetage m de vis ▷ **screw top** n couvercle m à pas de vis ▷ **screw-top(ped)** adj avec couvercle à pas de vis ▷ **screw-up** ✲ n (fig = muddle) pagaille * f complète

▶ **screw around** vi **a** (✲ = waste time) glander ✲, glandouiller ✲
b (✲✲ sexually) baiser ✲ avec tout le monde, coucher à droite à gauche *

▶ **screw down 1** vi se visser
2 vt sep visser (à fond)

▶ **screw off 1** vi se dévisser
2 vt sep dévisser

▶ **screw on 1** vi se visser
2 vt sep visser, fixer avec des vis ; [+ lid] visser ◆ **he's got his head screwed on all right** * or **the right way** * il a la tête sur les épaules

▶ **screw round** vt sep tourner, visser ◆ **to screw one's head round** se dévisser la tête or le cou

▶ **screw together** vt sep [+ two parts] fixer avec une vis ◆ **to screw sth together** assembler qch avec des vis

▶ **screw up 1** vt sep **a** visser (à fond), resserrer (à fond)
b [+ paper] chiffonner, froisser ; [+ handkerchief] rouler, tortiller ◆ **to screw up one's eyes** plisser les yeux ◆ **to screw up one's face** faire la grimace ◆ **to screw up (one's) courage** prendre son courage à deux mains * (to do sth pour faire qch)
c (✲ = spoil) foutre en l'air ✲, bousiller ✲
d ✲ **to screw sb up** détraquer ✲ or perturber qn ◆ **he is screwed up** il est paumé *
2 vi merder ✲
3 screw-up ✲ n → **screw**

screwball ✲ ['skruːbɔːl] adj, n cinglé(e) * m(f), tordu(e) * m(f)

screwdriver ['skruːdraɪvər] n (= tool) tournevis m ; (= drink) vodka-orange f

screwed ✲ [skruːd] adj (Brit = drunk) paf * inv, bourré * ; see also **screw up**

screwy ✲ ['skruːɪ] adj person cinglé * ; idea, situation tordu *

scribble ['skrɪbl] → SYN **1** vi griffonner ◆ **he was scribbling in a notebook** il griffouillait sur un carnet ◆ **we were scribbling away furiously, trying to finish the exam** nous écrivions frénétiquement pour essayer de terminer l'épreuve ◆ **someone has scribbled all over the wall** quelqu'un a gribouillé sur le mur
2 vt griffonner, gribouiller ◆ **to scribble a note to sb** griffonner or gribouiller un mot à qn ◆ **there were comments scribbled all over the page** il y avait des commentaires griffonnés or gribouillés sur toute la page
3 n gribouillage m ◆ **I can't read her scribble** je ne peux pas déchiffrer son gribouillage ◆ **the word ended in a scribble** le mot se terminait par un gribouillage ◆ **her letter was just a scribble** sa lettre était griffonnée

▶ **scribble down** vt sep [+ notes] griffonner

▶ **scribble out** vt sep **a** (= erase) rayer, raturer
b [+ essay, draft] jeter sur le papier, ébaucher

scribbler ['skrɪblər] n (lit) gribouilleur m, -euse f ; (fig = bad author) plumitif m

scribbling ['skrɪblɪŋ] **1** n gribouillage m, gribouillis m
2 COMP ▷ **scribbling pad** n (Brit) bloc-notes m

scribe [skraɪb] → SYN n scribe m

scriber ['skraɪbər] n (Tech) traçoir m, traceret m

scrimmage ['skrɪmɪdʒ] n (gen, Sport) mêlée f

scrimp [skrɪmp] vi lésiner (on sur), être chiche (on de) ◆ **to scrimp and save** économiser sur tout

scrimshank ✲ ['skrɪmʃæŋk] (Brit Mil) **1** n ⇒ **scrimshanker**
2 vi ✲ tirer au flanc ✲

scrimshanker ✲ ['skrɪmʃæŋkər] n (Brit Mil) tire-au-flanc * mf inv

scrimshaw ['skrɪmʃɔː] n sculpture sur coquillages, ivoire, os (pratiquée autrefois par les marins)

scrip [skrɪp] n (Fin) titre m provisoire (d'action)

scripholder ['skrɪphəʊldər] n (Fin) détenteur m, -trice f de titres (provisoires)

script [skrɪpt] → SYN **1** n **a** (Cine) scénario m ; (Rad, Theat, TV) texte m
b (in exam) copie f ; (Jur) document m original
c (NonC) (= handwriting) script m, écriture f script ; (Typ) scriptes fpl ; → **italic**
2 vt [+ film] écrire le scénario de ◆ **scripted talk/discussion** etc (Rad, TV) conversation f/discussion f etc préparée d'avance

scriptural ['skrɪptʃərəl] adj biblique

Scripture ['skrɪptʃər] → SYN n (also **Holy Scripture(s)**) Écriture f sainte, Saintes Écritures fpl ◆ **Scripture (lesson)** (Scol) (cours m d')instruction f religieuse

scripture ['skrɪptʃər] n texte m sacré

scriptwriter ['skrɪpt,raɪtər] n (Cine, TV) scénariste mf

scrivener †† ['skrɪvnər] n (= scribe) scribe m ; (= notary) notaire m

scrod [skrɒd] n (US) jeune morue f or cabillaud m (spécialité du Massachusetts)

scrofula ['skrɒfjʊlə] n scrofule f

scrofulous ['skrɒfjʊləs] adj scrofuleux

scroll [skrəʊl] → SYN **1** n **a** [of parchment] rouleau m ; (= ancient book) manuscrit m ; → **dead**
b (Archit) volute f, spirale f ; (in writing) enjolivement m ; [of violin] volute f
2 vi (Comput) défiler
3 vt (Comput) ◆ **to scroll sth up/down** dérouler or faire défiler qch vers le haut/le bas
4 COMP ▷ **scroll bars** npl (Comput) barres fpl de défilement ▷ **scroll saw** n scie f à chantourner

scrolling ['skrəʊlɪŋ] n (Comput) défilement m

scrollwork ['skrəʊlwɜːk] n (Art) rouleau m, volute f

Scrooge [skruːdʒ] → SYN n harpagon m

scrotal ['skrəʊtl] adj scrotal

scrotum ['skrəʊtəm] n, pl **scrotums** or **scrota** ['skrəʊtə] scrotum m

scrounge * [skraʊndʒ] **1** vt [+ meal, clothes etc] réussir à se faire offrir (from or off sb par qn) ◆ **to scrounge money from sb** taper qn * ◆ **he scrounged £5 off him** il l'a tapé de 5

scrounger / **scuttlebutt**

livres ∗ ◆ **can I scrounge your pen?** je peux te piquer ∗ ton stylo ? ▸ ② vi ◆ **to scrounge on sb** vivre aux crochets de qn ◆ **he's always scrounging** c'est un parasite ; (for meals) c'est un pique-assiette ▸ ③ n ◆ **to be on the scrounge for sth** essayer d'emprunter qch ◆ **he's always on the scrounge** c'est un parasite

scrounger ∗ ['skraʊndʒəʳ] n parasite m, profiteur m, -euse f ; (for meals) pique-assiette mf inv

scroungy ∗∗ ['skraʊndʒɪ] adj (US = scruffy) dépenaillé ∗, débraillé

scrub¹ [skrʌb] → SYN ▸ ① n nettoyage m à la brosse, bon nettoyage m ◆ **to give sth a good scrub** bien nettoyer qch (à la brosse or avec une brosse) ◆ **give your face a scrub!** lave-toi bien la figure ! ◆ **it needs a scrub** cela a besoin d'être bien nettoyé ▸ ② vt ⓐ (+ floor) nettoyer or laver à la brosse ; (+ washing) frotter ; (+ pan) récurer ◆ **to scrub one's hands** se brosser les mains, bien se nettoyer les mains ◆ **she scrubbed the walls clean** elle a nettoyé les murs à fond ◆ **he scrubbed the walls with bleach** il a nettoyé les murs à fond avec de l'eau de Javel ◆ **to scrub o.s. (all over)** se frotter vigoureusement (tout le corps) ▸ ⓑ (∗ = cancel) (+ match etc) annuler ◆ **let's scrub that** laissons tomber ▸ ③ vi frotter ◆ **she's been on her knees scrubbing all day** elle a passé sa journée à genoux à frotter les planchers ◆ **to scrub at sth** récurer qch ◆ **he was scrubbing away at the oven** il récurait le four ◆ **let's scrub round it** ∗∗ (fig) laissons tomber ∗, n'en parlons plus ▸ ④ COMP ▷ **scrubbing brush** (Brit), **scrub brush** (US) n brosse f à récurer

▸ **scrub away** vt sep (+ dirt) enlever en frottant ; (+ stain) faire partir (en frottant)

▸ **scrub down** vt sep (+ room, walls) nettoyer à fond ◆ **to scrub o.s. down** faire une toilette en règle

▸ **scrub off** vt sep ⇒ **scrub away**

▸ **scrub out** vt sep (+ name) effacer ; (+ stain) faire partir ; (+ pan) récurer

▸ **scrub up** vi (surgeon etc) se brosser les mains avant d'opérer

scrub² [skrʌb] n (NonC = brushwood) broussailles fpl

scrubber¹ [skrʌbəʳ] n (also **pan-scrubber**) tampon m à récurer

scrubber² ∗∗ ['skrʌbəʳ] n pute ∗∗ f

scrubby ['skrʌbɪ] adj land broussailleux ; trees, grass rabougri

scrubland ['skrʌblænd] n (gen) brousse f ; (in Austral) scrub m

scrubwoman ['skrʌb,wʊmən] n, pl **-women** (US) femme f de ménage

scruff [skrʌf] n ⓐ **by the scruff of the neck** par la peau du cou ▸ ⓑ (∗ = untidy person) individu m débraillé or peu soigné

scruffily ['skrʌfɪlɪ] adv ◆ **scruffily dressed** débraillé, dépenaillé ∗

scruffiness ['skrʌfɪnɪs] n (of person) tenue f débraillée or dépenaillée ∗ ; (of clothes, building) miteux m

scruffy ['skrʌfɪ] → SYN adj person, appearance, clothes débraillé, dépenaillé ∗ ; building miteux ∗ ; hair en désordre

scrum [skrʌm] ▸ ① n ⓐ (Rugby) mêlée f ◆ **to put the ball into the scrum** introduire le ballon dans la or en mêlée ▸ ⓑ (∗ fig = pushing) bousculade f, mêlée f ◆ **the scrum of reporters** la bousculade or la mêlée des journalistes ◆ **she pushed through the scrum of photographers** elle s'est frayé un chemin à travers la mêlée des photographes ▸ ② COMP ▷ **scrum half** n demi m de mêlée

scrummage ['skrʌmɪdʒ] ▸ ① n ⇒ **scrum** ▸ ② vi (Rugby) jouer en mêlée ; (fig) se bousculer

scrump ∗ [skrʌmp] vt (Brit) (+ apples etc) chaparder

scrumptious ∗ ['skrʌmpʃəs] adj délicieux ◆ **it smells scrumptious** ça sent délicieusement bon

scrumpy ['skrʌmpɪ] n (Brit) cidre m fermier

scrunch [skrʌntʃ] ▸ ① vi ◆ **her feet scrunched on the gravel** ses pas crissaient sur le gravier ▸ ② vt (also **scrunch up** = crush) écraser ◆ **to scrunch sth into a ball** faire une boule de qch

scrunchie ['skrʌntʃɪ] n (for hair) chouchou m

scruple ['skru:pl] ▸ ① n scrupule m ◆ **moral/religious scruples** scrupules mpl moraux/religieux ◆ **to have scruples about sth** avoir des scrupules au sujet de qch ◆ **he has no scruples** il est sans scrupules, il est dénué de scrupules ◆ **to have no scruples about sth** n'avoir aucun scrupule au sujet de qch ◆ **to have no scruples about doing sth** n'avoir aucun scrupule à faire qch, ne pas avoir scrupule à faire qch ▸ ② vi (frm) ◆ **I did not scruple to accept his offer** je n'ai pas hésité à accepter or je n'ai pas eu scrupule (liter) à accepter son offre

scrupulous ['skru:pjʊləs] → SYN adj ⓐ (= honest) person, organization, honesty scrupuleux ◆ **it is not scrupulous to do that** ce n'est pas honnête de faire cela ▸ ⓑ (= meticulous) person, research, care scrupuleux, méticuleux ; attention scrupuleux ◆ **he was scrupulous about paying his debts** il payait scrupuleusement ses dettes ◆ **he is scrupulous about hygiene** il fait très attention aux questions d'hygiène ◆ **he spoke with the most scrupulous politeness** il s'exprimait avec une extrême politesse

scrupulously ['skru:pjʊləslɪ] adv ⓐ (= honestly) behave d'une manière scrupuleuse ◆ **scrupulously honest/fair** d'une honnêteté/équité scrupuleuse ▸ ⓑ (= meticulously) avoid soigneusement ◆ **scrupulously clean** d'une propreté irréprochable ◆ **to be scrupulously careful** faire preuve d'un soin méticuleux

scrupulousness ['skru:pjʊləsnɪs] n (NonC) (= honesty) scrupules mpl, esprit m scrupuleux ; (= exactitude) minutie f

scrutineer [,skru:tɪ'nɪəʳ] n (Brit) scrutateur m, -trice f

scrutinize ['skru:tɪnaɪz] → SYN vt (+ writing, document) scruter, examiner minutieusement ; (+ votes) pointer

scrutiny ['skru:tɪnɪ] → SYN n ⓐ (= act of scrutinizing) (of document, conduct) examen m minutieux or rigoureux ; (of votes) pointage m ▸ ⓑ (= watchful gaze) regard m insistant or scrutateur (frm) ◆ **to keep sb under close scrutiny** surveiller qn de près ◆ **under his scrutiny, she felt nervous** son regard insistant or scrutateur la mettait mal à l'aise

SCSI ['skʌzɪ] n (Comput) (abbrev of **small computer systems interface**) SCSI f

scuba ['sku:bə] ▸ ① n (abbrev of **self-contained underwater breathing apparatus**) scaphandre m autonome ▸ ② COMP ▷ **scuba dive** vi faire de la plongée sous-marine ▷ **scuba diver** n plongeur m, -euse f ▷ **scuba diving** n plongée f sous-marine (autonome)

scud [skʌd] vi (also **scud along**) (clouds, waves) courir (à toute allure) ; (boat) filer (vent arrière) ◆ **the clouds were scudding across the sky** les nuages couraient (à toute allure) dans le ciel

scuff [skʌf] ▸ ① vt (+ shoes, furniture) érafler ◆ **scuffed shoes** chaussures fpl éraflées ◆ **to scuff one's feet** traîner les pieds ▸ ② vi traîner les pieds ▸ ③ COMP ▷ **scuff marks** npl (on shoes) éraflures fpl, marques fpl d'usure

scuffle ['skʌfl] → SYN ▸ ① n bagarre f, échauffourée f, rixe f ▸ ② vi ⓐ se bagarrer ∗ (with avec) ▸ ⓑ (= shuffle) traîner les pieds ◆ **he scuffled down the road** il descendit la rue en traînant les pieds

scull [skʌl] ▸ ① n ⓐ (= one of a pair of oars) aviron m ; (= single oar for stern) godille f ▸ ⓑ (= boat) outrigger m ▸ ② vi (with two oars) ramer (en couple) ; (with single oar) godiller ◆ **to go sculling** faire de l'aviron ▸ ③ vt (with two oars) faire avancer à l'aviron ; (with single oar) faire avancer à la godille

sculler ['skʌləʳ] n godilleur m, -euse f

scullery ['skʌlərɪ] ▸ ① n (esp Brit) arrière-cuisine f ▸ ② COMP ▷ **scullery maid** n fille f de cuisine

sculpt [skʌlpt] ▸ ① vt sculpter (out of dans) ▸ ② vi sculpter, faire de la sculpture

sculptor ['skʌlptəʳ] n sculpteur m

sculptress ['skʌlptrɪs] n femme f sculpteur, sculpteur m ◆ **I met a sculptress** j'ai rencontré une femme sculpteur ◆ **she is a sculptress** elle est sculpteur

sculptural ['skʌlptʃərəl] adj sculptural

sculpture ['skʌlptʃəʳ] → SYN ▸ ① n sculpture f ◆ **a (piece of) sculpture** une sculpture ▸ ② vti sculpter

scum [skʌm] → SYN n ⓐ (gen) écume f ; (foamy) écume f, mousse f ; (dirty) couche f de saleté ; (on bath) crasse f ◆ **to remove the scum (from)** (= foam) écumer ; (= dirt) décrasser, nettoyer ▸ ⓑ (pej = people) rebut m, lie f ◆ **the scum of the earth** le rebut du genre humain ▸ ⓒ (∗∗ pej = person: also **scumbag**) salaud ∗∗ m, ordure ∗∗ f

scummy ['skʌmɪ] adj (lit) écumeux, couvert d'écume, mousseux ; (∗∗ pej) de salaud ∗∗

scunner ∗ ['skʌnəʳ] (Scot) ▸ ① n ◆ **what a scunner!** quelle barbe ! ∗ ◆ **to take a scunner to sb/sth** prendre qn/qch en grippe ▸ ② vi ◆ **to be scunnered** en avoir marre ∗∗

scupper ['skʌpəʳ] ▸ ① n (Naut) dalot or daleau m ▸ ② vt (Brit ∗) (+ plan, negotiations) faire capoter ∗ ; (+ effort) saboter ◆ **we're scuppered** nous sommes fichus ∗

scurf [skɜ:f] n (on scalp) pellicules fpl (du cuir chevelu) ; (on skin) peau f morte

scurfy ['skɜ:fɪ] adj scalp pelliculeux ; skin dartreux

scurrility [skʌ'rɪlɪtɪ] n ⓐ (= slander) caractère m calomnieux ▸ ⓑ (= obscenity) obscénité f

scurrilous ['skʌrɪləs] → SYN adj ⓐ (= defamatory) rumour, article calomnieux ▸ ⓑ (= obscene) obscène

scurrilously ['skʌrɪləslɪ] adv ⓐ (= slanderously) suggest, abuse calomnieusement ▸ ⓑ (= obscenely) **scurrilously funny jokes** des plaisanteries fpl obscènes

scurry ['skʌrɪ] → SYN ▸ ① n débandade f, sauve-qui-peut m inv ◆ **a scurry of footsteps** des pas précipités ▸ ② vi se précipiter, filer ∗ (à toute allure)

▸ **scurry away, scurry off** vi (person) détaler, se sauver (à toutes jambes) ; (animal) détaler

scurvy ['skɜ:vɪ] ▸ ① n scorbut m ▸ ② adj (†† or liter) bas (basse f), mesquin, vil (vile f) ▸ ③ COMP ▷ **scurvy grass** n cochléaria m, cochléaire f, herbe f au scorbut

scut [skʌt] n (of rabbit, deer) queue f

scutch [skʌtʃ] ▸ ① n écang m, teilleur m ▸ ② vt écanguer, teiller

scutcheon ['skʌtʃən] n ⇒ **escutcheon**

scutcher ['skʌtʃəʳ] n ⇒ **scutch 1**

scutellum [skju:'teləm] n, pl **scutella** [skju:'telə] scutellum m

scutiform ['skju:tɪ,fɔ:m] adj scutiforme

scuttle¹ ['skʌtl] → SYN n (for coal) seau m (à charbon)

scuttle² ['skʌtl] vi courir précipitamment ◆ **to scuttle in/out/through** etc entrer/sortir/traverser etc précipitamment

▸ **scuttle away, scuttle off** vi déguerpir, filer ∗

scuttle³ ['skʌtl] ▸ ① n ⓐ (Naut) écoutille f ▸ ⓑ (US: in ceiling etc) trappe f ▸ ② vt ⓐ (Naut) saborder ◆ **to scuttle one's own ship** se saborder ▸ ⓑ (fig) (+ hopes, plans) faire échouer

scuttlebutt ['skʌtlbʌt] n ⓐ (Naut = water cask) baril m d'eau douce

b (US fig = gossip) ragots mpl, commérages mpl

scutum ['skju:təm] n, pl **scuta** ['skju:tə] scutum m

scuzzy✱ ['skʌzɪ] adj (= dirty) dégueulasse✱ ; (= seedy) louche

Scylla ['sɪlə] n Scylla ◆ **to be between Scylla and Charybdis** tomber de Charybde en Scylla

scythe [saɪð] **1** n faux f
2 vt faucher

▶ **scythe down** vt sep [+ opponents, critics] descendre en flammes *

▶ **scythe through** vt fus [+ troops, army] décimer ; [+ building] pulvériser

SD abbrev of South Dakota

S. Dak. abbrev of South Dakota

SDI [ˌesdi:'aɪ] n (US Mil, Space) (abbrev of **Strategic Defense Initiative**) → **strategic**

SDLP [ˌesdi:el'pi:] n (Ir Pol) (abbrev of **Social Democratic and Labour Party**) → **social**

SDP [ˌesdi:'pi:] n (Brit Pol: formerly) (abbrev of **Social Democratic Party**) → **social**

SDRs [ˌesdi:'ɑ:z] npl (abbrev of **special drawing rights**) DTS mpl

SE (abbrev of **south-east**) S.-E.

sea [si:] → SYN **1** n **a** (not land) mer f ◆ **to swim in the sea** nager or se baigner dans la mer ◆ **on the sea** boat or en mer ; **to live by** or **beside the sea** au bord de la mer ◆ **by sea** par mer, en bateau ◆ **to be swept** or **carried out to sea** être emporté par la mer ◆ **to go to sea** [boat] prendre la mer ; [person] devenir or se faire marin ◆ **to put to sea** prendre la mer ◆ **look out to sea** regardez au or vers le large ◆ **over** or (liter) **beyond the sea(s)** outre-mer ◆ **from over** or (liter) **beyond the sea(s)** d'outre-mer ◆ **(out) at sea** (lit) en mer ◆ **I'm all at sea** * (= unable to understand, follow etc) je nage complètement * ; (= unable to get used to new situation) je suis complètement désorienté or déboussolé * ◆ **I'm all at sea over how to answer this question** je ne sais absolument pas comment répondre à cette question ◆ **he was all at sea in the discussion** il était complètement perdu dans la discussion ◆ **it left him all at sea** cela l'a complètement désorienté ; → **burial, call, follow, half, high**

b (= particular area) mer f ◆ **the Sea of Galilee** la mer de Galilée ; → **dead, red, seven**

c (NonC = state of the sea) (état m de la) mer f ◆ **what's the sea like?** (for sailing) comment est la mer ? ; (for swimming) est-ce que l'eau est bonne ? ◆ **a rough** or **heavy sea** une mer houleuse ◆ **a calm sea** une mer calme ◆ **to ship a sea** (Naut) embarquer un paquet de mer

d (fig) [of flowers, corn etc] mer f ; [of blood] mare f, mer f ; [of difficulties, troubles, doubts, confusion] océan m ◆ **a sea of faces** une multitude de visages

2 COMP **sea air** n air m marin or de la mer ▷ **sea anchor** n ancre f flottante ▷ **sea anemone** n anémone f de mer ▷ **sea bass** n bar m, loup m ▷ **sea bathing** n bains mpl de mer ▷ **sea battle** n bataille f navale ▷ **sea bed** n fond m de la mer ▷ **sea bindweed** n soldanelle f, chou m de mer ▷ **sea bird** n oiseau m de mer, oiseau m marin ▷ **sea biscuit** n biscuit m de mer ▷ **sea boot** n botte f de caoutchouc ▷ **sea bream** n dorade or daurade f ▷ **sea breeze** n brise f de mer or du large ▷ **sea buckthorn** n argousier m ▷ **sea calf** n veau m marin, phoque m ▷ **sea captain** n capitaine m (de la marine marchande) ▷ **sea change** n profond changement m ▷ **sea chest** n malle-cabine f ▷ **sea coast** n côte f ▷ **sea cow** n vache f marine ▷ **sea crossing** n traversée f (par mer) ▷ **sea cucumber** n concombre m de mer ▷ **sea defences** npl ouvrages mpl de défense (contre la mer) ▷ **sea dog** n (= fish) roussette f, chien m de mer ; (= seal) phoque m commun ◆ **(old) sea dog** (= sailor) (vieux) loup m de mer ▷ **sea eagle** n aigle m de mer ▷ **sea eel** n anguille f de mer ▷ **sea elephant** n éléphant m de mer ▷ **sea fight** n combat m naval ▷ **sea fish** n poisson m de mer ▷ **sea fish farming** n aquaculture f marine ▷ **sea floor** n fond m de la mer ▷ **sea front** n bord m de (la) mer, front m de mer ▷ **sea god** n dieu m marin ▷ **sea-green** n vert m glauque inv ◊ adj glauque ▷ **sea holly** n chardon m bleu

des dunes ▷ **sea horse** n hippocampe m ▷ **sea kale** n chou m marin, crambe m ▷ **sea lamprey** n lamproie f de mer ▷ **sea lane** n couloir m or voie f de navigation maritime ▷ **sea lavender** n statice m ▷ **sea legs** npl **to find** or **get one's sea legs** s'amariner, s'habituer à la mer ◆ **he's got his sea legs** il a retrouvé le pied marin ▷ **sea level** n niveau m de la mer ◆ **100 metres above/below sea level** 100 mètres au-dessus/au-dessous du niveau de la mer ▷ **sea lift** n (Mil etc) évacuation f par mer ▷ **sea lion** n otarie f ▷ **sea loch** n (Scot) bras m de mer ▷ **Sea Lord** n (Brit) ≈ amiral m ◆ **First Sea Lord** ≈ amiral m chef d'état-major de la Marine ▷ **sea mat** n bryozoaire m ▷ **sea mile** n mille m marin ▷ **sea otter** n loutre f de mer ▷ **sea perch** n perche f de mer ▷ **sea power** n puissance f navale ▷ **sea route** n route f maritime ▷ **sea rover** n (= ship) bateau m pirate ; (= person) pirate m ▷ **sea salt** n sel m de mer ▷ **Sea Scout** n scout m marin ▷ **sea serpent** n serpent m de mer ▷ **sea shanty** n chanson f de marins ▷ **sea shell** n coquillage m ▷ **sea snail** n (= fish) limace f de mer, liparis m ▷ **sea snake** n pélamide f, pélamyde f ▷ **sea transport** n transports mpl maritimes ▷ **sea trout** n truite f de mer ▷ **sea urchin** n oursin m ▷ **sea view** n (esp Brit) vue f sur la mer ▷ **sea wall** n digue f ▷ **sea water** n eau f de mer

Seabee ['si:ˌbi:] n (US Mil) militaire m du Génie maritime

seaboard ['si:bɔ:d] n littoral m, côte f

seaborne ['si:bɔ:n] adj goods transporté par mer ; trade maritime

SEAC ['si:æk] n (Brit Scol) (abbrev of **School Examination and Assessment Council**) comité national britannique de contrôle des examens au niveau secondaire

seafarer ['si:ˌfɛərə'] n marin m

seafaring ['si:ˌfɛərɪŋ] → SYN **1** n (also **seafaring life**) vie f de marin
2 COMP ▷ **seafaring man** n marin m

seafood ['si:fu:d] n fruits mpl de mer

seagirt ['si:gɜ:t] adj (liter) ceint par la mer

seagoing ['si:ˌgəʊɪŋ] adj (Naut) long-courrier ; theme, experience maritime ◆ **seagoing man** marin m ◆ **seagoing ship** (navire m) long-courrier m, navire m de mer

seagull ['si:gʌl] n mouette f

seal[1] [si:l] **1** n phoque m
2 vi ◆ **to go sealing** chasser le phoque
3 COMP ▷ **seal cull, seal culling** n massacre m des bébés phoques

seal[2] [si:l] → SYN **1** n **a** (= stamping device) sceau m, cachet m ; (on document) sceau m, cachet m ; (on envelope) cachet m ; (on package) plomb m ; (Jur: on door etc) scellé m ◆ **to be under seal** (frm) [document] être sous scellés ◆ **under seal of secrecy** sous le sceau du secret ◆ **under the seal of confession** dans le secret de la confession ◆ **seal of quality** (Comm) label m de qualité ◆ **given under my hand and seal** (Jur) signé et scellé par moi ◆ **to put** or **set one's seal to sth** apposer son sceau à qch ◆ **to set** or **give one's seal of approval to sth** donner son approbation à qch ◆ **this set the seal on their alliance** ceci a scellé leur alliance ; → **privy, self**

b (= ornamental seal) **Christmas seal** timbre m ornemental de Noël

c (= device for sealing: also Aut) joint m (d'étanchéité) ◆ **the seal is not very good** ce n'est pas très étanche

2 vt **a** (= put seal on) [+ document] sceller, apposer un sceau sur ; (= stick down) [+ envelope, packet] coller, fermer ; (= close with seal) [+ envelope] cacheter ; [+ package] plomber ; [+ jar] sceller, fermer hermétiquement ; [+ tin] souder ◆ **sealed orders** instructions fpl secrètes ◆ **my lips are sealed** (hum) mes lèvres sont scellées ◆ **to seal a steak** (Culin) saisir un bifteck ; → **hermetically**

b (= close off) [+ area] boucler ; [+ border] fermer

c (= decide) [+ fate] régler, décider (de) ; [+ bargain] conclure ◆ **this sealed his fate** cela a décidé (de) or a réglé son sort

3 COMP ▷ **sealed-beam headlight** n (Aut) bloc m optique ▷ **seal ring** n chevalière f

▶ **seal in** vt sep enfermer (hermétiquement) ◆ **our special process seals the flavour in** notre procédé spécial garde or conserve toute la saveur

▶ **seal off** vt sep (= close up) [+ door, room] condamner ; (= forbid entry to) [+ passage, road, room] interdire l'accès de ; (with troops, police etc) [+ area] boucler

▶ **seal up** vt sep [+ window, door, jar] fermer hermétiquement, sceller ; [+ tin] souder

sealant ['si:lənt] n (= device) joint m ; (= substance) enduit m étanche

sealer ['si:lə'] n (= person) chasseur m de phoques ; (= ship) navire m équipé pour la chasse au(x) phoque(s)

sealing[1] ['si:lɪŋ] n chasse f aux phoques

sealing[2] ['si:lɪŋ] **1** n [of document] scellage m ; [of letter] cachetage m ; [of package] plombage m
2 COMP ▷ **sealing wax** n cire f à cacheter

sealskin ['si:lskɪn] **1** n peau f de phoque
2 adj en peau de phoque

Sealyham terrier ['si:lɪəm] n terrier m de Sealyham

seam [si:m] → SYN **1** n **a** (in cloth, canvas) couture f ; (in plastic, rubber) couture f, joint m ; (in planks, metal) joint m ; (in welding) soudure f ◆ **to fall** or **come apart at the seams** [garment] se découdre ; [relationship] battre de l'aile ; [system, country] s'écrouler ◆ **to be bursting at the seams** * [suitcase, room] être plein à craquer

b (Min) filon m, veine f ; (Geol) couche f

c (on face) (= wrinkle) ride f ; (= scar) balafre f, couture f

2 vt faire une couture or un joint à

seaman ['si:mən] **1** n, pl **-men** (gen) marin m ; (US Navy) quartier-maître m de 2e classe ; → **able, ordinary**
2 COMP ▷ **seaman apprentice** n (US Navy) matelot m breveté ▷ **seaman recruit** n (US Navy) matelot m

seamanlike ['si:mənlaɪk] adj de bon marin

seamanship ['si:mənʃɪp] n habileté f dans la manœuvre, qualités fpl de marin

seamed [si:md] adj **a** stockings, tights à couture
b face sillonné de rides ◆ **a face seamed with wrinkles** un visage sillonné de rides ◆ **the cave was seamed with crevices** la paroi de la caverne était entaillée de fissures ◆ **grey rock seamed with white** de la roche grise veinée de blanc

seamen ['si:mən] npl of **seaman**

seaminess ['si:mɪnɪs] n sordidité f

seamless ['si:mlɪs] adj **a** stockings, bra, garment sans couture
b (= smooth) transition sans heurts, en douceur ; blend homogène ◆ **a seamless whole** un ensemble homogène

seamstress ['semstrɪs] n couturière f

seamy ['si:mɪ] adj event, details sordide ; district mal famé, louche ◆ **the seamy side of life** le côté sordide de la vie

séance ['seɪɑ:ns] n [of spiritualists] séance f de spiritisme ; [of committee etc] séance f, réunion f

seaplane ['si:pleɪn] **1** n hydravion m
2 COMP ▷ **seaplane base** n hydrobase f

seaport ['si:pɔ:t] n port m de mer

SEAQ ['si:æk] n (Fin) (abbrev of **Stock Exchange Automated Quotations**) SEAQ m

sear [sɪə'] **1** adj desséché, flétri
2 vt **a** (= wither) [+ flower, grain, leaves] flétrir ; (= burn) brûler ; (= cauterize) cautériser ; (= brand) marquer au fer rouge

b (Culin) griller

c (fig = make callous) [+ person, conscience, feelings] endurcir

▶ **sear through** vt fus [+ walls, metal] traverser, percer

search [sɜ:tʃ] → SYN **1** n **a** (for sth lost) recherche(s) f(pl) ◆ **in search of** à la recherche de ◆ **a search was made for the child** on a entrepris des recherches pour retrouver l'enfant ◆ **the search for the missing man** les recherches entreprises pour retrouver l'homme ◆ **to begin a search for** [+ person] partir à la recherche de ; [+ thing] se mettre à la recherche de ◆ **in my search I found an interesting book** au cours de mes recherches j'ai découvert un livre intéressant ; → **house**

b [of drawer, box, pocket, district] fouille f ; (Admin) [of luggage etc] visite f ; (Jur) [of building etc] perquisition f ◆ **the search did not reveal anything** la fouille n'a rien donné ◆ **his search of the drawer revealed nothing** il a fouillé le tiroir sans rien trouver or pour ne rien trouver ◆ **the thieves' search of the house** la fouille de la maison par les voleurs ◆ **house search** (Police) perquisition f à domicile, visite f domiciliaire ◆ **right of search** (Jur) droit m de visite ◆ **passengers must submit to a search** les passagers doivent se soumettre à une fouille

c (Comput) recherche f ◆ **search and replace** recherche f et remplacement m

2 vt **a** (= hunt through) [+ house, park, woods, district] fouiller ; (Jur) [+ house etc] perquisitionner ◆ **they searched the woods for the child** ils ont fouillé les bois or ils ont passé les bois au peigne fin à la recherche de l'enfant ◆ **we have searched the library for it** nous l'avons cherché partout dans la bibliothèque

b (= examine) [+ pocket, drawer, suitcase] fouiller (dans) (*for* pour essayer de retrouver) ; [+ luggage] (gen) fouiller ; (Customs, Police etc) visiter ; [+ suspect] fouiller ◆ **they searched him for a weapon** ils l'ont fouillé pour s'assurer qu'il n'avait pas d'arme ◆ **search me!** * je n'en sais rien !, je n'en ai pas la moindre idée !

c (= scan) [+ documents, records, photograph] examiner (en détail) (*for* pour trouver) ◆ **he searched her face for some sign of affection** il a cherché sur son visage un signe d'affection ◆ **to search one's conscience** sonder sa conscience ◆ **to search one's memory** chercher dans or fouiller dans ses souvenirs

d (Comput) [+ file] consulter ◆ **to search a file for sth** rechercher qch dans un fichier

3 vi **a** (gen) chercher ◆ **to search after** or **for sth** chercher or rechercher qch ◆ **to search through sth** fouiller qch, chercher dans qch ◆ **they searched through his belongings** ils ont fouillé ses affaires

b (Comput) **to search for** rechercher

4 COMP ▷ **search-and-destroy** adj (Mil) mission, operation de recherche et destruction ▷ **search engine** n (Comput) moteur m de recherche ▷ **search party** n équipe f de secours ▷ **search warrant** n (Jur) mandat m de perquisition

► **search about, search around** vi ◆ **to search about for sth** chercher qch un peu partout, fouiller un peu partout pour trouver qch

► **search out** vt sep chercher partout ; (and find) trouver

searcher ['sɜːtʃəʳ] n chercheur m, -euse f (*for, after* en quête de)

searching ['sɜːtʃɪŋ] → SYN adj look, glance, eyes scrutateur (-trice f), inquisiteur (-trice f) ; mind pénétrant ; question perspicace ; examination rigoureux ◆ **it was a searching test of his ability** cela a mis ses compétences à rude épreuve ; → **heart**

searchingly ['sɜːtʃɪŋlɪ] adv look d'un air inquisiteur

searchlight ['sɜːtʃlaɪt] n projecteur m

searing ['sɪərɪŋ] adj **a** (= intense) heat torride ; sun brûlant, de plomb ; light aveuglant ; pain fulgurant

b (= forceful) indictment, criticism, article virulent

seascape ['siːskeɪp] n (= view) paysage m marin ; (Art) marine f

seashore ['siːʃɔːʳ] n rivage m, bord m de (la) mer ◆ **by** or **on the seashore** au bord de la mer ◆ **children playing on the seashore** des enfants qui jouent sur la plage

seasick ['siːsɪk] adj ◆ **to be seasick** avoir le mal de mer ◆ **to feel seasick** avoir le mal de mer

seasickness ['siːsɪknɪs] → SYN n mal m de mer

seaside ['siːsaɪd] **1** n (NonC) bord m de la mer ◆ **at** or **beside** or **by the seaside** au bord de la mer, à la mer ◆ **we're going to the seaside** nous allons à la mer or au bord de la mer

2 COMP town au bord de la mer ; holiday à la mer ; hotel en bord de mer, au bord de la mer ▷ **seaside resort** n station f balnéaire

season ['siːzn] LANGUAGE IN USE 23.2 → SYN

1 n **a** (spring, summer etc) saison f ◆ **the dry season** la saison sèche ; → **monsoon, rainy**

b (Sport, Comm, Zool, Agr, Hunting etc) saison f ; (= period of activity, availability etc) époque f, saison f ; (also **social season**) saison f des réunions mondaines ◆ **it isn't the season for lily of the valley** ce n'est pas la saison du muguet ◆ **the hay fever season** la saison du rhume des foins ◆ **when does the new season begin?** (Sport) quand commence la nouvelle saison ? ◆ **his first season in the Celtic team** (Sport) sa première saison dans l'équipe du Celtic ◆ **the start of the season** (for tourism, hotels etc) le début de (la) saison ; (Shooting) l'ouverture de la chasse ; (social) le commencement de la saison (mondaine) ◆ **early in the season** (gen) en début de saison ; (very beginning) au début de la saison ◆ **late in the season** dans l'arrière-saison, tard dans la saison ◆ **the busy season** (for shops etc) la période de grande activité ; (for hotels etc) la pleine saison ◆ **the peak/high/low season** (Brit) la pleine/haute/basse saison ◆ **the hunting/fishing** etc **season** la saison de la chasse/de la pêche etc ◆ **the strawberry/sweetcorn season** la saison des fraises/du maïs ◆ **the football season** la saison de football ◆ **the tourist season** la saison touristique ◆ **the holiday season** la période or la saison des vacances ◆ **the Christmas season** la période de Noël or des fêtes ◆ **the season of goodwill** la trêve de Noël ◆ **"Season's greetings"** "Joyeux Noël et bonne année" ◆ **to be out of/in season** [food] ne pas être/être de saison ; (for hunting) être fermé/ouvert ; see also **1f** ◆ **are pheasants in season now?** les faisans sont-ils en saison ? ◆ **to go somewhere out of/in season** aller quelque part hors saison or en basse saison/en haute saison ◆ **strawberries out of/in season** fraises hors de/de saison ; → **breeding, festive, silly**

c (fig) moment m opportun ◆ **a word in season** un mot dit à propos or au moment opportun ◆ **in (season) and out of season** à tout bout de champ ◆ **in due season** en temps utile, au moment opportun

d (Theat) saison f (théâtrale) ◆ **he did a season at the Old Vic** il a joué à l'Old Vic pendant une saison ◆ **the film is here for a short season** le film sera projeté quelques semaines ◆ **for a season, Laurence Olivier in "Macbeth"** (on notice) pour quelques semaines, Laurence Olivier dans "Macbeth" ◆ **a Dustin Hoffman season, a season of Dustin Hoffman films** (TV) un cycle Dustin Hoffman

e ⇒ **season ticket**

f (Vet) [animals] (for mating) **to be out of/in season** [males] ne pas être/être en (période de) rut ; [females] ne pas être/être en chaleur

2 vt **a** [+ wood] faire sécher, dessécher ; [+ cask] abreuver ; see also **seasoned**

b (Culin) (with condiments) assaisonner ; (with spice) épicer, relever ◆ **a highly seasoned dish** un plat relevé ◆ **a speech seasoned with humour** un discours assaisonné or pimenté d'humour

3 COMP ▷ **season ticket** n (Rail, Theat etc) carte f d'abonnement ◆ **to take out a season ticket** prendre un abonnement, s'abonner (*for* à) ▷ **season ticket holder** n abonné(e) m(f)

seasonable ['siːznəbl] → SYN adj **a** weather de saison

b (frm = timely) advice, arrival opportun

seasonably ['siːznəblɪ] adv ◆ **seasonably warm** relativement chaud pour la saison, au-dessus des normales saisonnières

seasonal ['siːzənl] **1** adj work, migration saisonnier ; changes, fruit, vegetable de saison ◆ **the holiday business is seasonal** le tourisme est une industrie saisonnière

2 COMP ▷ **seasonal adjustment** n (Econ, Pol) correction f des variations saisonnières ◆ **after seasonal adjustments** en données corrigées des variations saisonnières, après correction des variations saisonnières ▷ **seasonal affective disorder** n dépression f saisonnière ▷ **seasonal worker** n (ouvrier m, -ière f) saisonnier m, -ière f

seasonally ['siːzənəlɪ] adv migrate de manière saisonnière ◆ **seasonally available fruit and vegetables** les fruits mpl et légumes mpl de saison ◆ **seasonally adjusted figures** données fpl corrigées des variations saisonnières ◆ **according to the seasonally adjusted figures** en données corrigées des variations saisonnières, après correction des variations saisonnières

seasoned ['siːznd] → SYN adj **a** (= experienced) professional, performer chevronné, expérimenté ; observer, traveller expérimenté ; troops aguerri ◆ **seasoned campaigner** (fig) vieux routier m ◆ **a seasoned campaigner for civil rights** un vétéran des campagnes pour les droits civils

b wood, timber séché ; see also **season**

seasoning ['siːznɪŋ] → SYN n assaisonnement m ◆ **to check the seasoning** vérifier l'assaisonnement ◆ **add seasoning** assaisonnez ◆ **there wasn't enough seasoning in the soup** la soupe n'était pas assez assaisonnée or était fade ◆ **with a seasoning of humour** avec un grain or une pointe d'humour

seat [siːt] → SYN **1** n **a** (= chair etc) (gen) siège m ; (in theatre, cinema) fauteuil m ; (in bus, train) banquette f ; (Aut) (individual) siège m ; (for several people) banquette f ; [of cycle] selle f ; → **back, driver, hot**

b (= place or right to sit) place f ◆ **to take a seat** s'asseoir ◆ **to take one's seat** prendre place ; see also **1d** ◆ **to keep one's seat** rester assis ◆ **to lose one's seat** perdre sa place ; see also **1d** ◆ **have a seat** asseyez-vous, prenez place ◆ **I'd like two seats for ...** (Cine, Theat) je voudrais deux places pour ... ◆ **keep a seat for me** gardez-moi une place ◆ **there are seats for 70 people** il y a 70 places assises ; → **book**

c (= part of chair) siège m ; [of trousers] fond m ; (* = buttocks) derrière m, postérieur * m ◆ **he was flying by the seat of his pants** (fig) il a dû faire appel à toute la présence d'esprit dont il était capable

d (Parl) siège m ◆ **to keep/lose one's seat** être/ne pas être réélu ◆ **to take one's seat in the Commons/in the Lords** (Brit) prendre son siège aux Communes/à la Chambre des lords, ≃ être validé comme député à l'Assemblée nationale/comme sénateur ◆ **the socialists won/lost ten seats** les socialistes ont gagné/perdu dix sièges ◆ **they won the seat from the Conservatives** ils ont pris le siège aux conservateurs ◆ **a majority of 50 seats** une majorité de 50 (députés etc) ; → **safe**

e (on company board, committee) siège m

f (= location, centre) [of government] siège m ; [of commerce] centre m ; (Med) [of infection] foyer m ◆ **seat of learning** siège m or haut lieu m du savoir ◆ **he has a (country) seat in the north** il a un manoir or un château dans le nord

g (Horse-riding) **to have a good seat** avoir une bonne assiette, bien se tenir en selle ◆ **to keep one's seat** rester en selle ◆ **to lose one's seat** être désarçonné, vider les étriers

2 vt **a** [+ child] (faire) asseoir ; (at table) [+ guest] placer ◆ **to seat o.s.** s'asseoir ◆ **please be seated** veuillez vous asseoir, asseyez-vous je vous prie ◆ **to remain seated** rester assis ◆ **the waiter seated him at my table** le garçon l'a placé à ma table ; → **deep**

b (= have or find room for) **we cannot seat them all** nous n'avons pas assez de sièges pour tout le monde ◆ **how many does the hall seat?** combien y a-t-il de places assises or à combien peut-on s'asseoir dans la salle ? ◆ **this car seats six in comfort** on tient confortablement à six dans cette voiture ◆ **this table seats eight** on peut tenir à huit à cette table, c'est une table pour huit personnes or couverts

c (also **reseat**) [+ chair] refaire le siège de ; [+ trousers] (re)mettre un fond à

3 vi (frm) ◆ **this skirt won't seat** cette jupe ne va pas se déformer à l'arrière

4 COMP ▷ **seat back** n dossier m (de chaise etc) ▷ **seat belt** n (Aut, Aviat) ceinture f de sécurité ▷ **seat cover** n housse f *(de siège)*

-seater ['siːtəʳ] adj, n (in compounds) ◆ **a two-seater** (Aut) une deux places ◆ **two-seater car/plane** voiture f/avion m biplace or à deux places ◆ **a 50-seater coach** un car de 50 places

seating ['si:tɪŋ] [→ SYN] [1] n (NonC) [a] (= act) répartition f or allocation f des places ◆ **is the seating (of the guests) all right?** est-ce qu'on a bien placé les invités ?
[b] (= seats) sièges mpl ; (as opposed to standing room) places fpl assises ◆ **seating for 600** 600 places assises
[2] COMP ▷ **seating accommodation** n nombre m de places assises ▷ **seating arrangements** npl **we must think about the seating arrangements** nous devons réfléchir à la manière dont nous allons placer les gens ◆ **what are the seating arrangements?** comment va-t-on placer les gens ? ▷ **seating capacity** n ⇒ **seating accommodation** ▷ **seating plan** n (at dinner) plan m de table

seatmates ['si:tmeɪts] npl (US) ◆ **we were seatmates** nous étions assis l'un(e) à côté de l'autre

SEATO ['si:təʊ] n (abbrev of **South East Asia Treaty Organisation**) OTASE f

seatwork ['si:twɜ:k] n (US Scol) travail m fait en classe

seaward ['si:wəd] [1] adj [a] (= towards the sea) side, face, end qui fait face à la mer, côté mer ; journey vers la mer
[b] (= from the sea) wind (venant) du large
[2] adv (also **seawards**) (= towards sea) vers la mer ; (= out to sea) vers le large

seaway ['si:weɪ] n route f maritime

seaweed ['si:wi:d] n algue(s) f(pl)

seaworthiness ['si:,wɜ:ðɪnɪs] n navigabilité f ; → **certificate**

seaworthy ['si:,wɜ:ðɪ] adj en état de naviguer

sebaceous [sɪ'beɪʃəs] adj sébacé

Sebastian [sɪ'bæstjən] n Sébastien m

seborrhoea [,sebə'rɪə] n séborrhée f

seborrhoeal, seborrheal (US) [,sebə'rɪəl] adj séborrhéique

seborrhoeic, seborrheic (US) [,sebə'ri:ɪk] adj séborrhéique

sebum ['si:bəm] n sébum m

SEC [,esi:'si:] n (US) (abbrev of **Securities and Exchange Commission**) ≃ COB f

sec * [sek] n abbrev of **second**

SECAM ['si:,kæm] (TV) (abbrev of **séquentiel à mémoire**) SECAM m

secant ['si:kənt] [1] n sécante f
[2] adj sécant

secateurs [,sekə'tɜ:z] npl (esp Brit: also **pair of secateurs**) sécateur m

secede [sɪ'si:d] [→ SYN] vi faire sécession, se séparer (*from* de)

secession [sɪ'seʃən] n sécession f, séparation f

secessionist [sɪ'seʃnɪst] adj, n sécessionniste mf

sech [ʃek] n (Math) sécante f hyperbolique

seclude [sɪ'klu:d] vt éloigner or isoler (du monde)

secluded [sɪ'klu:dɪd] [→ SYN] adj place, beach, house retiré, à l'écart ; valley, garden retiré ; life retiré (du monde) ; village isolé

seclusion [sɪ'klu:ʒən] [→ SYN] n solitude f ◆ **to live in seclusion** vivre en solitaire, vivre retiré du monde ◆ **he wrote his autobiography in the seclusion of his country house** il est allé se retirer dans sa maison de campagne pour écrire son autobiographie

second[1] ['sekənd] [→ SYN] [1] adj [a] (one of many) deuxième ; (one of two) second ◆ **a second chance** une seconde or autre chance ◆ **you may not get a second chance** l'occasion ne se représentera peut-être pas ◆ **Britain's second city** la deuxième ville de Grande-Bretagne ◆ **the second day I was there** le lendemain de mon arrivée ◆ **every second day** tous les deux jours, un jour sur deux ◆ **every second Thursday** un jeudi sur deux ◆ **on the second floor** (Brit) au deuxième (étage) ; (US) au premier (étage) ◆ **to hear** or **learn sth at second hand** (= indirectly) apprendre qch de seconde main ; see also **second-hand** ◆ **to be second in the queue** être le (or la) deuxième dans la queue ◆ **he was second in French** (Scol) il était deuxième en français ◆ **this is her second marriage** c'est la deuxième fois qu'elle se marie, c'est son second mariage ◆ **in the second place** deuxièmement, en second lieu ◆ **in the first place ... in the second place ...** d'abord ... ensuite ... ◆ **to be** or **lie in second place** être en deuxième position, occuper la deuxième place ◆ **to finish in second place** terminer deuxième ◆ **that's the second time you've asked me that** c'est la deuxième fois que vous me posez la question ◆ **a second time** une deuxième fois ◆ **for the** or **a second time** pour la deuxième fois ◆ **for the second and last time** pour la seconde et dernière fois ◆ **second time around** la deuxième fois ◆ **to be second to none** être sans pareil, être sans égal ◆ **San Francisco is second only to New York as the tourist capital of the States** San Francisco se place tout de suite après New York comme capitale touristique des États-Unis ; see also **2** ; → **helping, look, row**[1] ; for other phrases see **sixth**
[b] (= additional) car deuxième ◆ **to have a second home** avoir une résidence secondaire
[c] (in comparisons) second ◆ **there are fears of a second Chernobyl** on craint un second Tchernobyl ◆ **England is like a second home to him** l'Angleterre est une seconde patrie pour lui ◆ **she's like a second mother to me** elle est (comme) une deuxième mère pour moi ◆ **second self** autre soi-même m ◆ **my second self** un(e) autre moi-même
[d] (Mus) **second violin** second violon m ◆ **to play second violin** être second violon ◆ **she's singing second soprano in the concert** elle est seconde soprano pour ce concert
[e] (in titles) **Queen Elizabeth the Second** la reine Élisabeth II ◆ **Pope John Paul the Second** le pape Jean-Paul II ; for other phrases see **sixth**
[2] adv [a] (one of many) deuxième ; (one of two) second ◆ **to come second** (in poll, league table) arriver deuxième or second, arriver en deuxième or seconde position ◆ **to come** or **finish second** (in race, competition, election) arriver or terminer deuxième or second ◆ **he was placed second** il s'est classé deuxième or second ◆ **he arrived second** (at meeting, party etc) il a été le deuxième à arriver
[b] (= secondly) deuxièmement
[c] (+ superl adj) **the second tallest building in the world** le deuxième immeuble du monde par sa hauteur ◆ **the second largest shareholder** le deuxième actionnaire par ordre d'importance ◆ **the second most common question** la deuxième parmi les questions les plus souvent posées ; see also **second-best**
[3] n [a] deuxième mf, second(e) m(f) ◆ **he came a good** or **close second** il a été battu de justesse ◆ **he came a poor second** il est arrivé deuxième, loin derrière le vainqueur
[b] (Boxing) soigneur m ; (in duel) second m, témoin m ◆ **seconds out (of the ring)!** (Boxing) soigneurs hors du ring !
[c] (Brit Univ) ≃ licence f avec mention (assez) bien ◆ **he got an upper/a lower second** ≃ il a eu sa licence avec mention bien/assez bien ◆ **many students get a lower second** de nombreux étudiants sont reçus avec la mention assez bien
[d] (also **second gear**) seconde f ◆ **in second** en seconde
[e] (Mus = interval) seconde f
[4] **seconds** npl [a] (Comm = imperfect goods) articles mpl de second choix, articles mpl comportant un défaut
[b] (* = second helping) rab‡ m, rabiot * m ◆ **anyone for seconds?** * qui en reveut ?, qui veut du rab ?‡
[5] vt [a] [+ motion] appuyer ; [+ speaker] appuyer la motion de ◆ **I'll second that** (at meeting) j'appuie cette proposition or cette demande ; (gen) je suis d'accord or pour *
[b] [sɪ'kɒnd] (Brit Admin, Mil) affecter provisoirement (*to* à), détacher (*to* à)
[6] COMP ▷ **second-best** → **second-best** ▷ **second chamber** n (Parl) deuxième chambre f ; **the second chamber** (Brit) la Chambre haute, la Chambre des lords ▷ **second childhood** n **to be in one's second childhood** être retombé en enfance ▷ **second-class** → **second-class** ▷ **the second coming** n (Rel) le second avènement (du Christ) ▷ **second cousin** n petit(e) cousin(e) m(f) *(issu(e) de germains)* ▷ **Second Empire** n (Hist) second Empire m ▷ **second fiddle** n (fig) **to play second fiddle** jouer les seconds rôles (*to sb* à côté de qn) ▷ **second gear** n seconde f ▷ **second generation** adj immigrant, computer de (la) deuxième génération ▷ **second-guess** * vt (esp US) [+ sb's reaction] essayer d'anticiper ◆ **to second-guess sb** essayer de deviner ce que qn va faire ▷ **the second house** n (Theat) la deuxième or seconde représentation (de la journée) ▷ **second-in-command** n (Mil) commandant m en second ; (Naut) second m ; (gen) second m, adjoint m ◆ **to be second in command** être deuxième dans la hiérarchie ▷ **second language** n (in education system) première langue f (étrangère) ; (of individual) deuxième langue f ▷ **second lieutenant** n (Mil etc) sous-lieutenant m ▷ **second mate** n (Merchant Navy) commandant m en second ▷ **second mortgage** n hypothèque f de second rang ▷ **second name** n nom m de famille ▷ **second nature** n **it's second nature (to him)** c'est une seconde nature (chez lui) ◆ **it was second nature for him to help his friends** aider ses amis était chez lui une seconde nature ▷ **second officer** n ⇒ **second mate** ▷ **a second opinion** n (gen) un autre avis, l'avis m de quelqu'un d'autre ; (from doctor, lawyer, etc) un deuxième avis ◆ **I'd like a second opinion** j'aimerais avoir un autre avis or l'avis de quelqu'un d'autre ▷ **the second person** n (Gram) la deuxième personne ◆ **in the second person** à la deuxième personne ◆ **the second person singular/plural** la deuxième personne du singulier/du pluriel ▷ **second-rate** adj goods de qualité inférieure ; work médiocre ; writer de seconde zone ▷ **second-rater** * n médiocre mf, médiocrité f ▷ **second sight** n **to have second sight** avoir le don de double vue ▷ **second string** n (esp US Sport) (= player) remplaçant(e) m(f) ; (= team) équipe f de réserve ◆ **he has a second string to his bow** il a plus d'une corde à son arc ▷ **second teeth** npl seconde dentition f ▷ **second thought** n **without** or **with hardly a second thought** sans hésiter ◆ **not to give sb/sth a second thought** ne plus penser à qn/qch ◆ **he didn't give it a second thought** il l'a fait sans hésiter ◆ **on second thoughts** (Brit) or **thought** (US) réflexion faite, à la réflexion ◆ **to have second thoughts (about sth)** (= be doubtful) avoir des doutes (sur qch) ; (= change mind) changer d'avis (à propos de qch) ◆ **to have second thoughts about doing sth** (= be doubtful) se demander si l'on doit faire qch ; (= change mind) changer d'avis et décider de ne pas faire qch ▷ **second wind** n **to get one's second wind** trouver un or son second souffle ▷ **Second World War** n **the Second World War** la Deuxième Guerre mondiale

second[2] ['sekənd] [→ SYN] [1] n (in time) seconde f ◆ **it won't take a second** il y en a pour une seconde ◆ **at that very second** à cet instant précis ◆ **just a second!, half a second!** * un instant !, une seconde ! ◆ **I'm coming in half a second** j'arrive tout de suite or dans une seconde ◆ **I'll be with you in (just) a second** je suis à vous dans une seconde ; → **split**
[2] COMP ▷ **second hand** n trotteuse f

secondary ['sekəndərɪ] [→ SYN] [1] adj [a] (= less important) character, role, effect, source secondaire ◆ **of secondary importance** (d'une importance) secondaire ◆ **the cost is a secondary consideration** la question du coût est secondaire ◆ **my desire to have children was always secondary to my career** ma carrière a toujours primé sur mon désir d'avoir des enfants
[b] (Educ) education secondaire, du second degré ; schooling secondaire ; student, teacher du secondaire ◆ **after five years of secondary education** après cinq années d'enseignement secondaire, après cinq années dans le secondaire ◆ **subjects taught at secondary level** les matières fpl enseignées dans le secondaire
[2] n [a] (Univ etc = minor subject) matière f secondaire, sous-dominante f
[b] (also **secondary school**) (gen) établissement m d'enseignement secondaire ; (age 11 to 15) collège m (d'enseignement secondaire) ; (from age 15 to 18) lycée m
[c] (Med: also **secondary tumour**) tumeur f secondaire, métastase f
[3] COMP ▷ **secondary action** n (Pol) mouvement m de solidarité ▷ **secondary cancer** n (Med) métastase f du cancer ▷ **secondary cause** n (Philos) cause f seconde ▷ **secondary era** n (Geol) (ère f) secondaire m ▷ **secondary glazing** n survitrage m, double

second-best / **secure** — ANGLAIS-FRANÇAIS 852

vitrage m ▷ **secondary infection** n (Med) surinfection f ▷ **secondary modern (school)** n (Brit: formerly) établissement secondaire d'enseignement général et technique ▷ **secondary picketing** n (Pol) mise en place de piquets de grève autour d'établissements traitant avec une entreprise en grève ▷ **secondary product** n (Chem, Ind) sous-produit m ▷ **secondary road** n ≃ route f départementale, route f secondaire ▷ **secondary school** n ⇒ 2b ▷ **secondary sex(ual) characteristics** npl caractères mpl sexuels secondaires ▷ **secondary stress** n (Phon) accent m secondaire ▷ **secondary tumour** n ⇒ 2c

second-best ['sekənd'best] ① n ◆ it is the second-best (gen) c'est ce qu'il y a de mieux après ; (= poor substitute) c'est un pis-aller ◆ as a second-best faute de mieux, au pis-aller
② adj jacket etc de tous les jours ◆ his second-best novel de tous ses romans celui qui vient en second du point de vue de la qualité
③ adv ◆ to come off second-best perdre, se faire battre

second-class ['sekənd'klɑːs] → SYN ① adj (lit) de deuxième classe ; (Rail) ticket, compartiment de seconde (classe) ; hotel de seconde catégorie, de second ordre ; (pej) food, goods etc de qualité inférieure ◆ **second-class citizen** citoyen(ne) m(f) de deuxième ordre ◆ **second-class degree** (Univ) ⇒ **second**[1] 3c ◆ **second-class mail** (Brit) courrier m à tarif réduit ; (US) imprimés mpl périodiques ◆ **second-class stamp** (Brit) timbre m à tarif réduit ◆ a second-class return to London (Rail) un aller et retour en seconde (classe) pour Londres ◆ **second-class seat** (Rail) seconde f
② adv (Rail etc) ◆ to travel second-class voyager en seconde ◆ to send sth second-class envoyer qch en courrier ordinaire

seconder ['sekəndə'] n [of motion] personne f qui appuie une motion ; [of candidate] deuxième parrain m

secondhand ['sekənd'hænd] → SYN ① adj clothes, car d'occasion, de seconde main ; (fig) information, account de seconde main
② adv buy d'occasion ◆ to hear sth secondhand entendre dire qch, entendre qch de quelqu'un d'autre
③ COMP ▷ **secondhand bookseller** n bouquiniste mf ▷ **secondhand bookshop** n bouquiniste m, magasin m de livres d'occasion ▷ **secondhand dealer** n marchand(e) m(f) d'occasion ▷ **secondhand smoke** * n la fumée des cigarettes (des autres)

secondly ['sekəndlɪ] LANGUAGE IN USE 26.2 → SYN adv deuxièmement ◆ firstly ... secondly ... premièrement ... deuxièmement ... ; (Admin, Comm, Jur) primo ... secundo ...

secondment [sɪ'kɒndmənt] n (Brit) affectation f provisoire, détachement m ◆ on secondment (at home) en détachement, détaché (to à) ; (abroad) en mission (to à)

secrecy ['siːkrəsɪ] → SYN n (NonC) secret m ◆ in secrecy en secret, secrètement ◆ in strict secrecy en grand secret, dans le plus grand secret ◆ under pledge of secrecy sous le sceau du secret ◆ a veil of secrecy un voile de mystère ◆ there's no secrecy about it on n'en fait pas (un) mystère ◆ there was an air of secrecy about her elle avait un petit air mystérieux ◆ I rely on your secrecy je compte sur votre discrétion ◆ a country where secrecy reigns un pays qui a la manie du secret ; → **swear**

secret ['siːkrɪt] → SYN ① n a secret m ◆ to keep a secret garder un secret ◆ to keep sth a secret garder ou tenir qch secret ◆ to keep sth a secret from sb cacher qch à qn ◆ I told it you as a secret je vous l'ai dit en confidence ◆ to let sb into the secret mettre qn dans le secret ◆ to let sb into a secret révéler ou confier un secret à qn ◆ to be in (on) the secret être au courant ◆ there's no secret about it cela n'a rien de secret ◆ to have no secrets from sb ne pas avoir de secrets pour qn ◆ to make no secret of or about sth ne pas cacher qch ◆ he makes no secret of the fact that ... il ne cache pas que ... ◆ lovers' secret confidence f d'amoureux ◆ the fate of the horse remains a secret nul ne sait ce qu'il est advenu du cheval ◆ the secret of success le secret du succès ◆ the secret of being a good teacher is listening or is to listen to one's pupils le secret, pour être un bon professeur, c'est de savoir écouter ses élèves ◆ the secrets of nature les secrets mpl or les mystères mpl de la nature ; → **open**, **state**
◆ **in secret** en secret
② adj a (= clandestine) talks, plan, life, ingredient secret (-ète f) ◆ it's all highly secret tout cela est top secret ◆ **secret funds** caisse f noire ◆ to be sent on a secret mission être envoyé en mission secrète ◆ to keep sth secret tenir or garder qch secret ◆ to keep sth secret from sb cacher qch à qn ; → **top**[1]
b (= concealed) drawer, passage secret (-ète f) ; entrance secret (-ète f), dérobé
c (Pol) ballot, vote, voting, election à bulletin secret
d (= private) you've got a secret admirer! vous avez un admirateur ! ◆ I'm a secret admirer of her novels j'avoue que j'apprécie ses romans ◆ to be a secret drinker/drug user boire/se droguer en cachette
③ COMP ▷ **secret agent** n agent m secret ▷ **secret police** n police f secrète ▷ **the Secret Service** n (Brit) les services mpl secrets ; (US) les services mpl chargés de la protection du président ▷ **secret society** n société f secrète ▷ **secret weapon** n (lit, fig) arme f secrète

secretaire [ˌsekrɪ'tɛəʳ] n secrétaire m

secretarial [ˌsekrə'tɛərɪəl] ① adj course, work de secrétariat ; job de secrétaire ; skills en secrétariat ◆ his duties are mostly secretarial il fait essentiellement un travail de secrétaire, ses tâches sont avant tout administratives
② COMP ▷ **secretarial agency** n agence f de placement de secrétaires ▷ **secretarial college**, **secretarial school** n école f de secrétariat

secretariat [ˌsekrə'tɛərɪət] n secrétariat m

secretary ['sekrətrɪ] ① n a (in office, of club etc) secrétaire mf ; (also company secretary) secrétaire mf général(e) (d'une société) ; → **foreign**, **parliamentary**, **under**
b (= writing desk) secrétaire m
② COMP ▷ **secretary bird** n secrétaire m, serpentaire m ▷ **secretary-general** n, pl **secretaries-general** secrétaire mf général(e) ▷ **Secretary of State** n (Pol) (Brit) ministre m (of, for de) ; (US) secrétaire m d'État, ≃ ministre m des Affaires étrangères ▷ **Secretary of State for Scotland** n (Brit Pol) ministre m des Affaires écossaises ▷ **secretary to the board** n secrétaire mf (auprès) du comité de gestion

secrete [sɪ'kriːt] vt a (Anat, Bio, Med) sécréter
b (= hide) cacher

secretin [sɪ'kriːtɪn] n sécrétine f

secretion [sɪ'kriːʃən] n a (= process, fluid) sécrétion f
b (NonC = hiding) action f de cacher

secretive ['siːkrətɪv] → SYN adj person, behaviour, air secret (-ète f), cachottier ; organization impénétrable ◆ to be secretive about sth faire mystère de qch

secretively ['siːkrətɪvlɪ] adv smile d'une manière impénétrable ◆ she's been behaving very secretively lately elle est très renfermée ces derniers temps, on dirait qu'elle nous cache quelque chose ces derniers temps

secretiveness ['siːkrətɪvnɪs] n (NonC) réserve f, cachotteries fpl

secretly ['siːkrətlɪ] → SYN adv meet, marry, plan en secret ; film en cachette, secrètement ; hope, want secrètement ◆ she was secretly relieved en son for intérieur, elle était soulagée ◆ he was secretly pleased il était content, mais ne le montrait pas, en son for intérieur, il n'était pas mécontent

sect [sekt] → SYN n secte f

sectarian [sek'tɛərɪən] → SYN ① adj violence, killings motivé par le sectarisme ; motive, divisions, organization sectaire ◆ **sectarian school** école f confessionnelle
② n sectaire mf

sectarianism [sek'tɛərɪənɪzəm] n sectarisme m

section ['sekʃən] → SYN ① n a [of book, document, law, population, text] section f, partie f ; [of country] partie f ; [of road, pipeline] section f, tronçon m ; [of town] quartier m ; [of machine, furniture] élément m ; (Mil) groupe m (de combat) ◆ **the brass/string section** [of orchestra] les cuivres mpl/les cordes fpl ◆ **the financial section** (Press) la or les page(s) financière(s)
◆ **section two of the municipal by-laws** (Admin, Jur) l'article deux des arrêtés municipaux ◆ this bookcase comes in sections cette bibliothèque se vend par éléments ◆ there is a section of opinion which maintains ... il y a une partie ou une section de l'opinion publique qui maintient ...
b (Admin, Ind) section f ; (Comm) rayon m ; → **consular**
c (Rail) (= part of network) canton m (de voie ferrée) ; (US) (= extra train) train m supplémentaire, train-bis m ; (in sleeping car) compartiment-lits m
d (= cut) coupe f, section f ; (for microscope) coupe f, lamelle f ◆ **longitudinal/vertical section** coupe f longitudinale/verticale ; → **cross**
e (= act of cutting) section f, sectionnement m
② vt a (= divide) diviser
b [+ mentally ill person] interner
③ COMP ▷ **section hand** n (US Rail) cantonnier m (des chemins de fer), agent m de la voie ▷ **section mark** n paragraphe m (signe typographique)

▶ **section off** vt sep séparer

sectional ['sekʃənl] adj a (= factional) interests d'un groupe, particulier ; conflict interne
b (= made of several parts) bookcase, furniture modulaire
c (Archit) drawing en coupe

sectionalism ['sekʃənəlɪzəm] n défense f des intérêts d'un groupe

sector ['sektəʳ] → SYN ① n a secteur m ; (Mil) secteur m, zone f ; (Comput) secteur m ; (fig) secteur m, domaine m ◆ **private/public sector** secteur m privé/public
b (Geom) secteur m ; (= instrument) compas m (de proportions)
② vt sectoriser

sectoral ['sektərəl] adj (Econ) sectoriel(le)

sectorial [sek'tɔːrɪəl] adj sectoriel

secular ['sekjʊləʳ] → SYN adj society, education, school laïque ; life, priest, clergy séculier ; matter, music, writer profane

secularism ['sekjʊlərɪzəm] n (= policy) laïcité f ; (= doctrine) laïcisme m

secularist ['sekjʊlərɪst] n laïciste mf

secularization [ˌsekjʊləraɪ'zeɪʃən] n (NonC) [of society, education, art] sécularisation f, laïcisation f

secularize ['sekjʊləraɪz] vt [+ society, schools, education] séculariser

secund [sɪ'kʌnd] adj (Bot) unilatéral

secure [sɪ'kjʊəʳ] → SYN ① adj a (= stable) job, position sûr ; career, future assuré ; relationship solide ; environment sécurisant
b (= unworried) person tranquille, sans inquiétude ◆ to feel secure se sentir en sécurité or sécurisé ◆ to feel secure about sth ne pas avoir d'inquiétudes quant à qch ◆ to make sb feel secure sécuriser qn ◆ a child must be (emotionally) secure un enfant a besoin de sécurité affective, un enfant a besoin d'être sécurisé ◆ to be financially secure être à l'abri des soucis financiers ◆ secure in the knowledge that ... avec la certitude que ...
c (= impregnable) building, car, computer system protégé, à l'abri des effractions ; code inviolable ◆ I want to make my home secure against burglars je veux protéger ma maison des cambrioleurs ou contre les cambrioleurs
d door, window, base, knot, lock, rope solide ; structure, ladder stable ◆ to get a secure foothold in a market prendre solidement pied sur un marché ◆ to be on secure ground (fig) être en terrain connu
② vt a (= get) [+ object] se procurer, obtenir ; [+ staff, position] engager ; [+ agreement, deal, ceasefire, sb's freedom, support] obtenir ◆ to secure sth for sb, to secure sb sth obtenir qch pour qn ◆ I did everything possible to secure him the job j'ai fait tout ce que j'ai pu pour lui obtenir ce travail ◆ a win that secured them a place in the final une victoire qui leur a valu une place en finale ◆ to secure victory remporter la victoire
b (= fix) [+ rope] fixer, attacher ; [+ door, window] bien fermer ; [+ tile] fixer ; (= tie up)

[+ person, animal] attacher ◆ **to secure X to Y** fixer X à Y

c (= make safe: from danger) protéger (*against, from* contre) ; [+ debt, loan] garantir ; [+ future] assurer

d (Mil = capture) prendre (le contrôle de) ◆ **their troops have secured the bridge/the airport** leurs troupes ont pris le contrôle du pont/de l'aéroport or ont pris le pont/ l'aéroport

3 COMP ▷ **secure accommodation** n (Brit Jur) ≃ centre m d'éducation surveillée ▷ **secured creditor** n créancier m, -ière f garanti(e) ▷ **secure unit** n (Brit) (for young offenders) ≃ centre m d'éducation surveillée ; (for mental patients) *pavillon d'hôpital psychiatrique réservé aux malades dangereux*

securely [sɪ'kjʊəlɪ] adv **a** (= firmly) fasten, fix solidement, bien ; lock bien

b (= safely) **he remains securely in power** il est solidement installé au pouvoir ◆ **the strike was securely under the union's control** le syndicat avait la grève bien en main ◆ **securely established** solidement établi

Securicor ® [sɪ'kjʊərɪkɔːʳ] **1** n *société de surveillance et de convoi de fonds*

2 COMP ▷ **Securicor guard** n employé m du service de surveillance, convoyeur m de fonds

securitization [sɪ,kjʊərɪtaɪ'zeɪʃən] n (Fin) titrisation f

securitize [sɪ'kjʊərɪtaɪz] vt [+ loan] titriser

security [sɪ'kjʊərɪtɪ] → SYN **1** n **a** (= safety, confidence) sécurité f ◆ **in security** en sécurité ◆ **job security** (Admin, Ind) sécurité f de l'emploi ◆ **security of tenure** (in one's job) sécurité f totale de l'emploi ; (Jur: of tenant) bail m assuré ◆ **a child needs security** (Psych) un enfant a besoin de sécurité sur le plan affectif, un enfant a besoin d'être sécurisé

b (Ind, Pol etc: against spying, escape etc) sécurité f ◆ **security was very lax** les mesures de sécurité étaient très relâchées ◆ **maximum** or **top** or **high security wing** [of jail] quartier m de haute surveillance ; see also **maximum**

c (Fin: for loan) caution f, garantie f ◆ **loans without security** crédit m à découvert ◆ **up to £10,000 without security** jusqu'à 10 000 livres sans caution or sans garantie ◆ **to go** or **stand security for sb** se porter garant pour or de qn

2 **securities** npl (St Ex) valeurs fpl, titres mpl ◆ **government securities** fonds mpl d'État ◆ **securities fraud** fraudes fpl boursières

3 COMP ▷ **securities analyst** n analyste m financier ▷ **securities firm, securities house** n maison f de courtage ▷ **Securities and Investment Board** n (Brit St Ex) ≃ commission f des opérations de Bourse ▷ **securities market** n marché m des valeurs ▷ **security agreement** n accord m de sécurité ▷ **security blanket** n [of child] doudou* f ; (Psych) objet m transitionnel ; [of police] dispositif m de sécurité ◆ **he's my security blanket** c'est quelqu'un sur qui je peux compter ▷ **security camera** n caméra f de surveillance ▷ **security clearance** n *autorisation officielle accordée par les services de sécurité* ▷ **Security Council** n Conseil m de sécurité ▷ **security firm** n société f de surveillance ▷ **security forces** npl forces fpl de sécurité ▷ **security guard** n (gen) garde m chargé de la sécurité ; (transporting money) convoyeur m de fonds ▷ **security leak** n fuite f *(de documents, de secrets etc)* ▷ **security officer** n (Mil, Naut) officier m chargé de la sécurité ; (Comm, Ind) inspecteur m (chargé) de la sécurité ▷ **security police** n services mpl de la sûreté ▷ **security risk** n *personne susceptible de compromettre la sûreté de l'État, la sécurité d'une organisation etc* ◆ **that man is a security risk** cet homme constitue un risque or n'est pas sûr ▷ **security vetting** n enquête f de sécurité (*of sb* sur qn) ◆ **a policy of security vetting** une politique d'enquêtes de sécurité ▷ **security zone** n zone f de sécurité

sedan [sɪ'dæn] n **a** (also **sedan chair**) chaise f à porteurs

b (US = car) conduite f intérieure, berline f

sedate [sɪ'deɪt] → SYN **1** adj **a** person posé, calme ; behaviour calme, pondéré ; place, event tranquille, paisible ◆ **the sedate world of antique dealing** le monde tranquille du commerce des antiquités ◆ **at a sedate pace** or **speed** posément, sans se presser ◆ **in a sedate manner** posément

b (= conservative) dress, furnishings conventionnel

2 vt (Med) donner des sédatifs à, mettre sous sédation

sedately [sɪ'deɪtlɪ] adv **a** (= slowly) walk, drive posément, sans se presser

b (= conservatively) dressed, furnished de manière conventionnelle

sedateness [sɪ'deɪtnɪs] n [of person] calme m ; [of place, dancing] calme m, tranquillité f ; [of pace] lenteur f

sedation [sɪ'deɪʃən] n sédation f ◆ **under sedation** sous calmants ◆ **he's under mild/heavy sedation** on lui a administré une faible/ forte dose de calmants

sedative ['sedətɪv] → SYN adj, n calmant m, sédatif m

sedentary ['sedntrɪ] → SYN adj sédentaire

sedge [sedʒ] **1** n laîche f, carex m

2 COMP ▷ **sedge warbler** n phragmite m des joncs, rousserolle f

sediment ['sedɪmənt] → SYN n (Geol, Med) sédiment m ; (in boiler, liquids) dépôt m ; (in wine) dépôt m, lie f

sedimentary [,sedɪ'mentərɪ] adj sédimentaire

sedimentation [,sedɪmen'teɪʃən] **1** n sédimentation f

2 COMP ▷ **sedimentation tank** n bassin m de sédimentation

sedimentology [,sedɪmen'tɒlədʒɪ] n sédimentologie f

sedition [sə'dɪʃən] → SYN n sédition f

seditious [sə'dɪʃəs] → SYN adj séditieux

seduce [sɪ'djuːs] → SYN vt (gen, sexually) séduire ◆ **to seduce sb from sth** détourner qn de qch ◆ **to seduce sb into doing sth** entraîner qn à faire qch

seducer [sɪ'djuːsəʳ] n séducteur m, -trice f

seduction [sɪ'dʌkʃən] → SYN n séduction f

seductive [sɪ'dʌktɪv] → SYN adj person, voice, notion, argument, smile séduisant ; offer séduisant, alléchant ; message attrayant ; garment sexy* ◆ **the seductive charms of sth** les séductions fpl or les charmes mpl irrésistibles de qch

seductively [sɪ'dʌktɪvlɪ] adv **a** (= alluringly) smile, look at, dress de manière séduisante

b (= temptingly) **seductively simple** d'une simplicité exquise ◆ **a seductively domestic atmosphere** une ambiance cosy* ◆ **a seductively illustrated book** un livre avec de ravissantes illustrations

seductiveness [sɪ'dʌktɪvnɪs] n caractère m séduisant, séduction f

seductress [sɪ'dʌktrɪs] → SYN n séductrice f

sedulous ['sedjʊləs] adj assidu, persévérant, attentif

sedulously ['sedjʊləslɪ] adv assidûment, avec persévérance

sedum ['siːdəm] n (Bot) sedum m

see[1] [siː] LANGUAGE IN USE 26.3 → SYN pret **saw**, ptp **seen**

1 vt **a** (gen) voir ◆ **I can see him** je le vois ◆ **I saw him read/reading the letter** je l'ai vu lire/qui lisait la lettre ◆ **he was seen to read the letter** on l'a vu lire la lettre ◆ **she saw him knocked down** elle l'a vu se faire renverser ◆ **there was not a house to be seen** il n'y avait pas une seule maison en vue ◆ **there was no one at all** or **not a soul to be seen** il n'y avait pas âme qui vive, il n'y avait pas un chat* ◆ **to see sth with one's own eyes** voir qch de ses propres yeux ◆ **see page 10** voir (à la) page 10 ◆ **can you see your way without a torch?** est-ce que vous pouvez trouver votre chemin or est-ce que vous y voyez assez sans lampe de poche ? ◆ **I could see it** or **that one coming*** (fig) je le sentais venir, je m'y attendais

b (= understand, conceive) voir ◆ **I fail to see** or **I can't see how you're going to do it** je ne vois pas du tout or je ne vois vraiment pas comment vous allez le faire ◆ **the French see it differently** les Français voient la chose différemment ◆ **the way I see it, as I see it** à mon avis, selon moi ◆ **this is how** or **the way I see it** voici comment je vois la chose ◆ **do you see what I mean?** vous voyez ce que je veux dire ? ◆ **I see what you're getting at** je vois où vous voulez en venir ◆ **I don't see why** je ne vois pas pourquoi ◆ **I don't see why not** (granting permission) je n'y vois aucune objection ; (not understanding sb's refusal) je ne vois pas pourquoi ◆ **to see the joke** comprendre or saisir la plaisanterie

c (= notice, learn, discover) voir ◆ **I saw in the paper that he had died** j'ai vu or lu dans le journal qu'il était décédé ◆ **I see they've bought a new car** je vois qu'ils ont acheté une nouvelle voiture ◆ **see who's at the door** allez voir qui est à la porte ◆ **not until I see how many there are** pas avant de savoir or de voir combien il y en a ◆ **I'll see what I can do** je verrai or je vais voir ce que je peux faire ◆ **let's see what you're capable of** voyons (un peu) ce que vous savez faire

d (= have an opinion) trouver ◆ **I see nothing wrong in it** je n'y trouve rien à redire ◆ **I don't know what she sees in him** (what good qualities) je ne sais pas ce qu'elle lui trouve (de bien) ; (what attracts her) je ne sais pas ce qui l'attire en lui

e (= meet, speak to) voir ; [+ doctor, lawyer] voir, consulter ◆ **to go and** or **to see sb** aller voir qn ◆ **I'm seeing the doctor tomorrow** je vais chez le docteur or je vois le docteur demain ◆ **the manager wants to see you** le directeur veut vous voir, le directeur vous demande ◆ **I can't see you today** je ne peux pas vous voir aujourd'hui ◆ **I want to see you about my son** je voudrais vous voir or vous parler au sujet de mon fils ◆ **how nice to see you!** (greeting) ça me fait plaisir de vous voir ! ◆ **I'll see you in hell first!*** jamais de la vie !, il faudra que vous me passiez sur le corps d'abord !

f (= visit) [+ country, town] visiter ◆ **to see the sights** [of town] visiter la ville ; [of country] visiter le pays ◆ **to see the sights of Paris** visiter ce qu'il y a à voir à Paris ◆ **I want to see the world** je veux voyager

g (= have relationship with) (social) voir, fréquenter ; (romantic) sortir avec, fréquenter ◆ **they see a lot of him** ils le voient souvent ◆ **we've seen less of him lately** on l'a moins vu ces derniers temps ◆ **she's seeing John just now** elle sort avec John en ce moment

h (saying goodbye) **(it was) nice to see you!** ça m'a fait plaisir de vous voir ! ◆ **see you!*** à bientôt !* ◆ **see you later!*** à tout à l'heure ! ◆ **see you some time!*** à un de ces jours ! ◆ **see you soon!** à bientôt ! ◆ **see you (on) Sunday** à dimanche ◆ **see you next week** à la semaine prochaine

i (= experience, know) voir ◆ **1963 saw the assassination of John F. Kennedy** (l'année) 1963 a vu l'assassinat de John F. Kennedy ◆ **I've seen some things in my time but ...** j'en ai vu (des choses) dans ma vie mais ... ◆ **he saw service in Libya** (Mil) il a servi en Libye, il a fait la campagne de Libye ◆ **since she's started going round with that crowd she has certainly seen life** depuis qu'elle fait partie de cette bande elle en a vu des choses ◆ **I'm going to Australia because I want to see life** je pars en Australie parce que je veux voir or découvrir le monde ◆ **since becoming a social worker she's certainly seen life** depuis qu'elle est assistante sociale elle a pu se rendre compte de ce que c'est que la vie ◆ **he's not easily shocked, he's seen it all** il ne se choque pas facilement, il en a vu d'autres

j (= find) **can you see your way to helping us?** est-ce que vous trouveriez le moyen de nous aider ? ◆ **I can't see my way to doing that** je ne vois pas comment je pourrais le faire

k (= accompany, escort) (re)conduire, (r)accompagner ◆ **to see sb to the station** accompagner or conduire qn à la gare ◆ **to see sb home/to the door** reconduire or raccompagner qn jusque chez lui/jusqu'à la porte ◆ **to see the children to bed** coucher les enfants ◆ **he was so drunk we had to see him to bed** il était tellement ivre que nous avons dû l'aider à se coucher ; see also **see off, see out**

l (= allow to be) **I couldn't see her left alone** je ne pouvais pas supporter or permettre qu'on la laisse (subj) toute seule m (= ensure) s'assurer ◆ **see that he has all he needs** veillez à ce qu'il ne manque de rien ◆ **see that you have it ready for Monday** faites en sorte que ce soit prêt pour lundi ◆ **I'll see he gets the letter** je ferai le nécessaire pour que la lettre lui parvienne, je me charge de lui faire parvenir la lettre ◆ **I'll see you (all) right** * je veillerai à ce que vous n'y perdiez (subj) pas, vous n'en serez pas de votre poche * ; see also **see to**

n (= imagine) voir, (s')imaginer ◆ **I can't see him as Prime Minister** je ne le vois or ne l'imagine pas du tout en Premier ministre ◆ **I can't see myself doing that** je me vois mal or je m'imagine mal faire cela ◆ **I can't see myself being elected** je ne vois pas très bien comment je pourrais être élu ◆ **can you see him as a father?** est-ce que vous l'imaginez père de famille ? ◆ **I can't see myself as a father** je ne m'imagine pas dans le rôle de père ◆ **I can just see her!** je l'imagine tout à fait ! ◆ **I must be seeing things** * je dois avoir des visions * or des hallucinations

o (Poker etc) **(I'll) see you** je demande à vous voir, je vous vois

[2] vi a voir ◆ **to see in/out/through** etc voir à l'intérieur/à l'extérieur/à travers etc ◆ **let me see** (= show me) montre-moi, fais voir ; (at window etc) laisse-moi regarder ; see also **2d** ◆ **see for yourself** voyez vous-même ◆ **he couldn't see to read** il n'y voyait pas assez clair pour lire ◆ **I can hardly see without my glasses** je n'y vois pas grand-chose sans mes lunettes ◆ **cats can see in the dark** les chats voient clair la nuit ◆ **you can see for miles** on y voit à des kilomètres ; → **eye**

b (= find out) voir ◆ **I'll go and see** je vais (aller) voir ◆ **I'll go and see if dinner's ready** je vais (aller) voir si le dîner est prêt

c (= understand) voir, comprendre ◆ **as far as I can see** à ce que je vois ◆ **I see!** je vois !, ah bon ! ◆ **as you can see** comme vous pouvez (le) constater ◆ **so I see** c'est bien ce que je vois ◆ **now see here!** (in anger) non, mais dites donc ! * ◆ **... you see** (in explanations etc) ... voyez-vous, ... vous voyez ◆ **it's all over now, see?** ‡ c'est fini, compris ? * ◆ **she was bound to win, don't you see?** tu ne comprends pas qu'elle allait forcément gagner ?

d (= think, deliberate) voir ◆ **let me see, let's see** voyons (un peu) ◆ **let me see** or **let's see, what have I got to do?** voyons, qu'est-ce que j'ai à faire ? ◆ **I'll have to see (if)** je vais voir (si) ◆ **we'll soon see** nous le saurons bientôt ◆ **we'll soon see if ...** nous saurons bientôt si ... ◆ **can I go out? – we'll see** est-ce que je peux sortir ? – on verra

[3] COMP ▷ **see-through** adj garment transparent

► **see about** vt fus a (= deal with) s'occuper de ◆ **he came to see about buying the house** il est venu voir s'il pouvait acheter la maison ◆ **he came to see about the washing machine** il est venu au sujet de la machine à laver

b (= consider) **to see about sth** voir si qch est possible ◆ **can I go? – we'll see about it** est-ce que je peux y aller ? – on va voir or on verra (ça) ◆ **he said he wouldn't do it – we'll see about that!** il a dit qu'il ne le ferait pas – c'est ce qu'on va voir ! ◆ **we must see about (getting) a new television** il va falloir songer à s'acheter une nouvelle télévision

► **see after** vt fus s'occuper de

► **see in** vt sep [+ person] faire entrer ◆ **to see the New Year in** fêter la nouvelle année, faire le réveillon du nouvel an

► **see into** vt fus (= study, examine) s'enquérir de, examiner ◆ **we shall have to see into this** il va falloir examiner la question or se renseigner là-dessus

► **see off** vt sep a (= accompany) **I saw him off at the station/airport** etc je l'ai accompagné au train or à la gare/à l'avion or à l'aéroport etc ◆ **we'll come and see you off** on viendra vous dire au revoir

b (* fig = defeat) damer le pion à

► **see out** vt sep a [+ person] reconduire or raccompagner à la porte ◆ **I'll see myself out** pas la peine de me raccompagner ! * ◆ **he saw himself out** il est sorti sans qu'on le raccompagne (subj)

b **this coat will have to see the winter out** il faut que ce manteau lui (or me etc) fasse l'hiver ◆ **he was so ill we wondered whether he'd see the week out** il était si malade que nous nous demandions s'il passerait la semaine ◆ **I saw the third act out then left** je suis resté jusqu'à la fin du troisième acte puis je suis parti

► **see over** vt fus [+ house, factory, gardens] visiter

► **see through**

[1] vt fus [+ person] voir clair dans, deviner les intentions de ; [+ behaviour, promises] ne pas se laisser tromper or duper par ◆ **I saw through him at once** j'ai tout de suite vu clair dans son jeu or deviné ses intentions ◆ **she saw through his scheming** elle ne s'est pas laissé tromper or duper par ses machinations

[2] vt sep (never fus) [+ project, deal] mener à bonne fin ◆ **£50 should see you through** 50 livres devraient vous suffire ◆ **don't worry, I'll see you through** ne vous inquiétez pas, vous pouvez compter sur moi ◆ **she saw me through all the hard times** elle m'a aidé dans tous les moments difficiles

[3] **see-through** adj → **see¹**

► **see to** vt fus (= mend) réparer ; (= deal with) s'occuper de ◆ **to see to it that ...** veiller à ce que ... (+ subj) ◆ **I'll see to the car** je m'occuperai de la voiture ◆ **please see to it that ...** veillez s'il vous plaît à ce que ... (+ subj) ◆ **see to it that they are paid on time** veillez à ce qu'ils soient payés à temps ◆ **I'll see to it** j'y veillerai ◆ **the sweets didn't last long, the children saw to that!** les bonbons n'ont pas fait long feu, les enfants se sont chargés de les faire disparaître !

see² [siː] n [of bishop] siège m épiscopal, évêché m ; [of archbishop] archevêché m ; → **holy**

seed [siːd] → SYN [1] n a (Agr, Bot etc) graine f ; (collective n: for sowing) graines fpl, semence f ; (in apple, grape etc) pépin m ◆ **to run** or **go to seed** [plant] monter en graine ; [person] (= grow slovenly) se négliger, se laisser aller ; (= lose vigour) se décatir

b (fig = source, origin) germe m, semence f ◆ **the seeds of discontent** les germes mpl du mécontentement ◆ **to sow seeds of doubt in sb's mind** semer le doute dans l'esprit de qn

c (liter) (= sperm) semence f, sperme m ; (= offspring) progéniture f

d (Tennis etc: also **seeded player**) tête f de série ◆ **first** or **number one seed** tête f de série numéro un ◆ **number two seed** tête de série numéro deux ◆ **the top seeds** les premières têtes fpl de série

[2] vt a [+ lawn] ensemencer ; [+ raisin, grape] épépiner ◆ **to seed clouds** ensemencer les nuages

b (Tennis) **he was seeded third** il était (classé) troisième tête de série ; see also **1d**

[3] vi monter en graine

[4] COMP ▷ **seed box** n germoir m ▷ **seed corn** n blé m de semence ◆ **they are eating their seed corn** ils mangent leur blé en herbe ▷ **seeding machine** n semoir m ▷ **seed merchant** n grainetier m ▷ **seed money** n (Econ, Fin) capital m initial, mise f de fonds initiale ▷ **seed pearls** npl semence f de perles, très petites perles fpl ▷ **seed pod** n tégument m ▷ **seed potato** n pomme f de terre de semence ▷ **seed tray** n ⇒ **seed box**

seedbed [ˈsiːdbed] n semis m, couche f

seedcake [ˈsiːdkeɪk] n gâteau m au carvi

seedhead [ˈsiːdhed] n péricarpe m

seedily [ˈsiːdɪlɪ] adv dress minablement, de façon minable

seediness [ˈsiːdɪnɪs] n (= shabbiness) aspect m minable or miteux

seedless [ˈsiːdlɪs] adj sans pépins

seedling [ˈsiːdlɪŋ] n semis m, (jeune) plant m

seedsman [ˈsiːdzmən] n, pl **-men** ⇒ **seed merchant**

seedy [ˈsiːdɪ] → SYN adj a (= shabby) clothes râpé, miteux ; person, hotel minable, miteux

b (* = ill) **I'm feeling seedy** je suis or je me sens mal fichu *, je me sens patraque * ◆ **he looks rather seedy** il a l'air mal fichu *

seeing [ˈsiːɪŋ] LANGUAGE IN USE 26.3 → SYN

[1] n vue f, vision f ◆ (Prov) **seeing is believing** voir c'est croire

[2] conj ◆ **seeing that** or **as** * vu que, étant donné que

[3] COMP ▷ **Seeing Eye dog** n (US) chien m d'aveugle

seek [siːk] → SYN pret, ptp **sought** [1] vt a (= look for) [+ object, person, solution, death] chercher ; [+ fame, honours] rechercher ; [+ happiness, peace] chercher, rechercher ◆ **to seek one's fortune in Canada** chercher or tenter fortune au Canada ◆ **to seek work** chercher du travail ◆ **they sought shelter from the storm** ils ont cherché un abri or un refuge contre la tempête ◆ **we sought shelter in the embassy/under a big tree** nous nous sommes réfugiés à l'ambassade/sous un grand arbre ◆ **the reason is not far to seek** la raison n'est pas difficile à trouver, on n'a pas à chercher loin pour trouver la raison ◆ **candidates are urgently sought for the post of chef** (in advertisements) on recherche de toute urgence un chef de cuisine ◆ **American male, seeks attractive, intelligent female** Américain désire faire connaissance belle femme intelligente

b (= ask) demander (*from sb* à qn) ◆ **to seek advice/help from sb** demander conseil/de l'aide à qn ◆ **to seek (political) asylum** demander l'asile politique ◆ **to seek compensation for sth** demander à être indemnisé de qch ◆ **the prosecutors are seeking the death penalty** l'accusation réclame la peine de mort

c (frm = attempt) chercher (*to do sth* à faire qch) ◆ **they sought to kill him** ils ont cherché à le tuer

[2] vi ◆ **to seek for** or **after sth/sb** rechercher qch/qn ◆ **much sought after** très recherché, très demandé

► **seek out** vt sep [+ person] aller voir, (aller) s'adresser à ; [+ trouble etc] (re)chercher

seeker [ˈsiːkəʳ] n a (= person) chercheur m, -euse f ◆ **to be a seeker after** [+ truth, knowledge etc] être en quête de ; → **asylum, job, self**

b (Mil = device) autodirecteur m

seem [siːm] LANGUAGE IN USE 6.2, 15.2, 26.3 → SYN vi

a sembler, avoir l'air ◆ **he seems honest** il semble (être) honnête, il a l'air honnête ◆ **he seemed nice enough** il semblait or avait l'air plutôt gentil ◆ **further strikes seem unlikely** il semble peu probable qu'il y ait de nouvelles grèves ◆ **she makes it seem so simple!** avec elle tout paraît si simple ! ◆ **she seems to know you** elle semble vous connaître, elle a l'air de vous connaître ◆ **she seems not to want to leave** elle semble ne pas vouloir partir, elle n'a pas l'air de vouloir partir ◆ **we seem to have met before** il me semble or j'ai l'impression que nous nous sommes déjà rencontrés ◆ **I seem to have heard that before** il me semble avoir déjà entendu cela ◆ **I can't seem to do it** je n'arrive pas à le faire ◆ **I seemed to be floating** j'avais l'impression de planer ◆ **how did she seem to you?** comment l'as-tu trouvée ? ◆ **how does it seem to you?** qu'en penses-tu ? ◆ **it all seems like a dream** on croit rêver

b (impers vb) sembler, paraître ◆ **it seems that the** or **as if the government is going to fall** (= looks as if) il semble bien que le gouvernement va tomber ◆ **it seems that the government is going to fall** (= people say) il paraît que le gouvernement va tomber ◆ **I've checked and it seems she's right** j'ai vérifié et il semble qu'elle a raison or on dirait qu'elle a raison or elle semble avoir raison ◆ **it seems she's right for everybody says so** il semble bien qu'elle a raison puisque tout le monde est d'accord là-dessus ◆ **I've checked and it doesn't seem she's right** or **it seems she's not right** j'ai vérifié et il ne semble pas qu'elle ait raison ◆ **from what people say it doesn't seem she's right** d'après ce qu'on dit il ne semble pas qu'elle ait raison ◆ **does it seem that she is right?** est-ce qu'elle semble avoir raison ? ◆ **the heat was so terrible it seemed that the whole earth was ablaze** il faisait une chaleur si terrible qu'il semblait que la terre entière fût or était en feu ◆ **it seems to me that he refused** il me semble qu'il a refusé ◆ **it seems to me that we should leave at once** il me semble que nous devrions partir tout de suite ◆ **it does not seem to me that we can accept** il ne me semble pas que nous puissions accepter

does it seem to you as though it's going to rain? est-ce qu'il te semble qu'il va pleuvoir?, est-ce que tu crois qu'il va pleuvoir? ♦ **they're getting married next week, so it seems** ils se marient la semaine prochaine à ce qu'il paraît or semble-t-il ♦ **it seems not** il paraît que non ♦ **it seems that he died yesterday** il paraît qu'il est mort hier ♦ **he died yesterday it seems** il est mort hier paraît-il ♦ **I did what seemed best** j'ai fait ce que j'ai jugé bon ♦ **it seems ages since we last met** j'ai l'impression que ça fait des siècles* que nous ne nous sommes pas vus ♦ **there doesn't seem to be any wine left** on dirait qu'il ne reste plus de vin ♦ **there seems to be a mistake in this translation** il semble y avoir une erreur dans cette traduction ♦ **there seems to be a mistake, I'm the one who booked this room** il semble y avoir erreur, c'est moi qui ai retenu cette chambre

seeming ['siːmɪŋ] adj apparent, soi-disant inv

seemingly ['siːmɪŋlɪ] adv apparemment ♦ **there has seemingly been a rise in inflation** à ce qu'il paraît il y a eu une hausse de l'inflation ♦ **he's left then? — seemingly** il est donc parti? — (à ce qu'il) paraît or d'après ce qu'on dit

seemliness ['siːmlɪnɪs] n [of behaviour] bienséance f; [of dress] décence f

seemly ['siːmlɪ] → SYN adj behaviour convenable, bienséant; dress décent, correct

seen [siːn] vb (ptp of see¹)

seep [siːp] vi suinter, filtrer ♦ **water was seeping through the walls** l'eau suintait des murs or filtrait à travers les murs, les murs suintaient

▶ **seep away** vi s'écouler peu à peu or goutte à goutte

▶ **seep in** vi s'infiltrer

▶ **seep out** vi a [fluid] suinter
  b [information, news] filtrer

seepage ['siːpɪdʒ] n [of water, blood] suintement m; (from tank) fuite f, déperdition f

seer [sɪər] → SYN n (liter) voyant(e) m(f), prophète m, prophétesse f

seersucker ['sɪəˌsʌkər] n crépon m de coton

seesaw ['siːsɔː] → SYN ① n (jeu m de) bascule f
② adj (fig) en yoyo ®
③ vi (lit) jouer à la bascule; (fig) osciller
④ COMP ▷ **seesaw motion** n mouvement m de bascule, va-et-vient m inv

seethe [siːð] → SYN vi a [boiling liquid, sea] bouillonner
b (fig) **to seethe with anger/rage** bouillir de colère/rage ♦ **he was (positively) seething** * il était fumasse* or furibard* ♦ **a country seething with discontent** un pays où le mécontentement couve or fermente ♦ **resentment seethed in him** il était rongé par le ressentiment ♦ **the crowd seethed round the film star** la foule se pressait autour de la vedette ♦ **the streets were seething with people** les rues grouillaient de monde ♦ **a seething mass of people** une masse grouillante de gens, une foule grouillante

segment ['segmənt] → SYN ① n (gen, Anat, Geom, Ling, Zool) segment m; [of orange etc] quartier m, morceau m
② [seg'ment] vt segmenter, couper en segments
③ [seg'ment] vi se segmenter

segmental [ˌseg'mentl] adj (gen) segmentaire; (Ling) segmental

segmentation [ˌsegmən'teɪʃən] n segmentation f

segregate ['segrɪgeɪt] → SYN vt séparer, isoler (from de); (Pol) séparer ♦ **to segregate the sexes** séparer les sexes ♦ **they decided to segregate the contagious patients** ils ont décidé d'isoler les (malades) contagieux ♦ **the political prisoners were segregated from the others** les prisonniers politiques ont été séparés or isolés des autres

segregated ['segrɪgeɪtɪd] adj (Pol) school, club, bus où la ségrégation est appliquée ♦ **a segregated school system** un système d'enseignement où la ségrégation est appliquée

segregation [ˌsegrɪ'geɪʃən] → SYN n (Pol) ségrégation f; [of group, person, object] séparation f, isolement m (from de)

segregationist [ˌsegrɪ'geɪʃnɪst] ① n ségrégationniste mf
② adj riot, demonstration ségrégationniste; policy de ségrégation, ségrégationniste

segue ['segweɪ] ① vi ♦ **the band segued from These Foolish Things into Blue Moon** après "These Foolish Things" l'orchestre a enchaîné "Blue Moon" ♦ **the film attempts to segue (from tragedy) into comedy** le film essaie de passer subtilement (de la tragédie) à la comédie
② n (Mus) enchaînement m (from de; into à)

seguio [se'guɪdʒɪəʊ] n (= dog) seguio m

seguidilla [ˌsegɪ'dɪːljə] n séguedille f

seiche [seɪʃ] n (Geog) seiche f

seif dune [seɪf] n (Geog) sif m

seigniorage ['seɪnjərɪdʒ] n seigneuriage m

seigniorial [seɪ'njɔːrɪəl] adj seigneurial

Seine [seɪn] n Seine f

seine [seɪn] n seine f

seism ['saɪzəm] n séisme m

seismic ['saɪzmɪk] adj (lit) sismique; (fig) events, changes, effects, efforts cataclysmique ♦ **seismic shift** changement m radical

seismicity [saɪz'mɪsɪtɪ] n sismicité f

seismogram ['saɪzməgræm] n sismogramme m

seismograph ['saɪzməgrɑːf] n sismographe m

seismographic [ˌsaɪzmə'græfɪk] adj sismographique

seismography [saɪz'mɒgrəfɪ] n sismographie f

seismologic(al) [ˌsaɪzmə'lɒdʒɪk(əl)] adj sismologique

seismologist [saɪz'mɒlədʒɪst] n sismologue mf

seismology [saɪz'mɒlədʒɪ] n sismologie f

seize [siːz] → SYN ① vt a (= clutch, grab) saisir, attraper ♦ **she seized (hold of) his hand, she seized him by the hand** elle lui a saisi la main ♦ **he seized her by the hair** il l'a empoignée par les cheveux ♦ **to seize sb bodily** attraper qn à bras-le-corps ♦ **to seize the opportunity to do sth** saisir l'occasion or sauter sur l'occasion de faire qch ♦ **to seize the day** vivre dans l'instant ♦ **to be seized with rage** avoir un accès de rage ♦ **to be seized with fear** être saisi de peur ♦ **she was seized with the desire to see him** un désir soudain de le voir s'est emparé d'elle or l'a saisie ♦ **he was seized with a bout of coughing** il a été pris d'un accès de toux, il a eu un accès de toux; → **bull¹**
b (= get possession of by force) s'emparer de, se saisir de, (Mil) [+ territory] s'emparer de; [+ person, gun, ship] capturer, s'emparer de ♦ **to seize power** s'emparer du pouvoir
c (Jur) [+ person] arrêter, détenir; [+ property] saisir; [+ contraband] confisquer, saisir
② vi (Tech) se gripper

▶ **seize on** vt fus ⇒ **seize upon**

▶ **seize up** vi (Tech) se gripper; (Med) s'ankyloser; (fig) [traffic] se paralyser, s'immobiliser

▶ **seize upon** vt fus [+ opportunity, chance] saisir; [+ idea] se saisir de ♦ **his opponents seized upon these revelations** ses opposants se sont saisis de ces révélations

seizure ['siːʒər] → SYN n a (NonC) [of goods, gun, property] saisie f; [of city, ship] capture f; [of power, territory] prise f; [of criminal] capture f, arrestation f; (Jur) appréhension f (au corps); [of contraband] saisie f, confiscation f
b (Med) crise f, attaque f ♦ **to have a seizure** avoir une crise or une attaque

Sekhmet ['sekmet] n (Myth) Sekhmet f

selachian [sɪ'leɪkɪən] adj sélacien

selaginella [ˌselədʒɪ'nelə] n sélaginelle f

seldom ['seldəm] → SYN adv rarement, peu souvent ♦ **he seldom worked** il travaillait rarement, il ne travaillait pas souvent ♦ **seldom if ever** rarement pour ne pas dire jamais

select [sɪ'lekt] → SYN ① vt [+ team, candidate] sélectionner (from, among parmi); [+ gift, book, colour] choisir (from, among parmi) ♦ **to select a sample of** [+ rock] prélever un échantillon de; [+ colours, materials] choisir un échantillon de ♦ **selected poems** poèmes mpl choisis ♦ **selected works** œuvres fpl choisies ♦ **selected fruit** (Comm) fruits mpl sélectionnés or de premier choix
② adj audience choisi, d'élite; club fermé; restaurant chic inv, sélect ♦ **a select few** quelques privilégiés ♦ **a select group of friends** quelques amis choisis ♦ **they formed a small select group** ils formaient un petit groupe fermé
③ COMP ▷ **select committee** n (Brit Parl) commission f parlementaire (d'enquête)

selectee [sɪlek'tiː] n (US Mil) appelé m

selection [sɪ'lekʃən] → SYN ① n sélection f, choix m ♦ **to make a selection** faire une sélection or un choix ♦ **selections from ...** (Literat, Mus) morceaux mpl choisis de ...; → **natural**
② COMP ▷ **selection committee** n comité m de sélection

selective [sɪ'lektɪv] → SYN adj recruitment, classification, memory sélectif ♦ **one must be selective** il faut savoir faire un choix ♦ **selective breeding** élevage m à base de sélection ♦ **selective entry** (Brit) ♦ **selective admissions** (US) (Scol) sélection f ♦ **selective school** (Brit) école f (or lycée m or collège m) à recrutement sélectif ♦ **selective service** (US Mil) service m militaire obligatoire, conscription f ♦ **selective strike** (Ind) grève f ponctuelle or limitée

selectively [sɪ'lektɪvlɪ] adv [terrorists etc] ♦ **to strike selectively** se livrer à des actions ponctuelles

selectivity [ˌsɪlek'tɪvɪtɪ] n a [of procedure, system] sélectivité f; (Scol) sélection f
b (Elec, Rad) sélectivité f

selectman [sɪ'lektmən] n, pl **-men** (US) conseiller m municipal (en Nouvelle-Angleterre)

selector [sɪ'lektər] n (= person) sélectionneur m, -euse f; (Tech) sélecteur m

selenate ['selɪˌneɪt] n séléniate m

selenic acid [sɪ'liːnɪk] n acide m sélénique

selenious [sɪ'liːnɪəs] adj sélénieux

selenite ['selɪnaɪt] n sélénite f

selenium [sɪ'liːnɪəm] n sélénium m

selenographic [sɪˌliːnəʊ'græfɪk] adj sélénographique

selenography [ˌsiːlɪ'nɒgrəfɪ] n sélénographie f

selenologist [ˌsiːlɪ'nɒlədʒɪst] n sélénologue mf

selenology [ˌsiːlɪ'nɒlədʒɪ] n sélénologie f

self [self] ① n, pl **selves** a (gen, Philos, Psych) the self le moi inv ♦ **the cult of self** le culte du moi ♦ **the conscious self** le moi conscient ♦ **his better self** le meilleur de lui-même ♦ **her real self** son vrai moi ♦ **my former self** le moi or la personne que j'étais auparavant ♦ **she's her old self again** elle est redevenue complètement elle-même ♦ **he'll soon be his usual self again** il retrouvera bientôt sa santé (or sa gaieté etc) ♦ **she had no thought of self** elle ne pensait pas à elle-même or à son intérêt personnel ♦ (Prov) **to thine own self be true** demeure fidèle à toi-même; → **second¹**, **shadow**
b (Comm etc) moi-même etc ♦ **your good self** vous-même ♦ **your good selves** vous-mêmes ♦ **pay self** (on cheque) payez à l'ordre de moi-même
② COMP ▷ **self-abasement** n abaissement m de soi, avilissement m ▷ **self-absorbed** adj égocentrique ▷ **self-absorption** n égocentrisme m ▷ **self-abuse** † n masturbation f ▷ **self-accusation** n autoaccusation f ▷ **self-acting** adj automatique ▷ **self-addressed envelope** n enveloppe f à son nom et adresse ▷ **self-addressed stamped envelope** n enveloppe f affranchie à son nom et adresse ▷ **self-adhesive** adj autoadhésif ▷ **self-adjusting** adj à réglage automatique ▷ **self-administered** adj **self-administered medication** (Med) automédication f ♦ **self-administered injection** auto-injection f ▷ **self-advancement** n avancement m ▷ **self-advertisement** n **to indulge in self-advertisement** faire sa propre réclame ▷ **self-aggrandizement** n autoglorification f ▷ **self-analysis** n autoanalyse f ▷ **self-apparent** adj évident, qui va de soi ▷ **self-**

semiprecious [ˌsemɪˈpreʃəs] *adj* semi-précieux ◆ **semiprecious stone** pierre f semi-précieuse

semiprivate room [ˌsemɪpraɪvɪtˈruːm] *n* (US Med) chambre f d'hôpital à plusieurs lits

semiprofessional [ˌsemɪprəˈfeʃənl] *adj* semi-professionnel

semiquaver [ˈsemɪkweɪvəʳ] *n* (esp Brit Mus) double croche f

semiretired [ˌsemɪrɪˈtaɪəd] *adj* en semi-retraite

semirigid [ˌsemɪˈrɪdʒɪd] *adj* (Aviat) semi-rigide

semiskilled [ˌsemɪˈskɪld] *adj* work d'ouvrier spécialisé ◆ **semiskilled worker** ouvrier m, -ière f spécialisé(e), OS mf

semisolid [ˌsemɪˈsɒlɪd] *adj* semi-solide

semisubmersible [ˌsemɪsəbˈmɜːsəbl] ① *adj* semi-submersible
② *n* (also **semisubmersible rig**) plateforme f semi-submersible

Semite [ˈsiːmaɪt] *n* Sémite or sémite mf

Semitic [sɪˈmɪtɪk] *adj* language sémitique ; people sémite

Semitist [ˈsemɪtɪst] *n* sémitisant(e) m(f)

Semito-Hamitic [ˈsemɪtəʊhəˈmɪtɪk] *adj*, *n* (Ling) chamito-sémitique m

semitone [ˈsemɪtəʊn] *n* demi-ton m

semitrailer [ˌsemɪˈtreɪləʳ] *n* (Aut) semi-remorque f

semitropical [ˌsemɪˈtrɒpɪkəl] *adj* semi-tropical

semivowel [ˈsemɪvaʊəl] *n* semi-voyelle f, semi-consonne f

semiweekly [ˌsemɪˈwiːklɪ] *adj*, *n* (US Press) bihebdomadaire m

semolina [ˌseməˈliːnə] *n* semoule f ; (also **semolina pudding**) semoule f au lait

sempervivum [ˌsempəˈvaɪvəm] *n* sempervivum m inv, joubarbe f

sempiternal [ˌsempɪˈtɜːnl] *adj* (liter) éternel, perpétuel

semplice [ˈsemplɪtʃɪ] *adv* (Mus) semplice

sempre [ˈsemprɪ] *adv* (Mus) sempre

sempstress [ˈsempstrɪs] *n* ⇒ **seamstress**

Semtex ® [ˈsemteks] *n* Semtex ® m

SEN [ˌesiːˈen] *n* (Brit) (abbrev of **State-Enrolled Nurse**) → **state**

sen [sen] *n* sen m

Sen. (US) abbrev of **Senator**

sen. abbrev of **senior**

senate [ˈsenɪt] *n* **a** (Pol) sénat m ◆ **the Senate** (in US, Can, Austral) le Sénat
b (Univ) conseil m d'université

senator [ˈsenɪtəʳ] *n* sénateur m

senatorial [ˌsenəˈtɔːrɪəl] *adj* sénatorial

send [send] → SYN pret, ptp **sent** ① *vt* **a** (= dispatch) [+ thing] envoyer (*to sb* à qn) ◆ **I sent him a letter to say that ...** je lui ai envoyé une lettre pour lui dire que ... ◆ **I sent the letter to him yesterday** je lui ai envoyé la lettre hier ◆ **I wrote the letter but didn't send it (off)** j'ai écrit la lettre mais je ne l'ai pas envoyée ◆ **to send good wishes** adresser or envoyer ses bons vœux ◆ **Paul sends his best wishes** Paul vous (or nous etc) envoie ses bons vœux ◆ **send her my regards** faites-lui or transmettez-lui mes amitiés ◆ **this decision sends the wrong signal** or **message** (fig) cette décision risque d'être mal interprétée ◆ **to send help** envoyer des secours ◆ **to send word that ...** faire savoir que ..., faire dire que ... ◆ **I'll send a car (for you)** j'enverrai une voiture (vous chercher) ◆ **to send washing to the laundry** donner or envoyer du linge au blanchissage ◆ **God sent a plague to punish the Egyptians** Dieu envoya or infligea un fléau aux Égyptiens pour les punir ◆ **the rain has been sent to save our crops** cette pluie nous a été envoyée or donnée pour sauver nos récoltes ◆ **these things are sent to try us!** (hum) c'est le ciel qui nous envoie ces épreuves!
b (= cause to go) [+ person] envoyer ◆ **to send sb for sth** envoyer qn chercher qch ◆ **to send sb to do sth** envoyer qn faire qch ◆ **I sent him (along) to see her** je l'ai envoyé la voir ◆ **send him (along) to see me** dis-lui de venir me voir, envoie-le-moi ◆ **to send sb to bed** envoyer qn se coucher ◆ **to send sb home** renvoyer qn chez lui ; (to a different country) rapatrier qn ◆ **to send workers home** (Ind) mettre des employés en chômage technique ◆ **they sent him to school in London** ils l'ont mis en pension à Londres ◆ **I won't send you to school today** je ne t'envoie pas à l'école aujourd'hui ◆ **children are sent to school at the age of five** les enfants doivent aller à l'école à partir de cinq ans ◆ **some children are sent to school without breakfast** il y a des enfants qui vont à l'école sans avoir pris de petit déjeuner ◆ **he was sent to prison** on l'a envoyé en prison ◆ **the rain sent us indoors** la pluie nous a fait rentrer ◆ **they sent the dogs after the escaped prisoner** ils ont envoyé les chiens à la poursuite or à la recherche du prisonnier évadé ◆ **to send sb to sleep** (lit, fig) endormir qn ◆ **to send sb into fits of laughter** faire éclater qn de rire ◆ **to send sb packing** * or **about his business** * envoyer promener qn *, envoyer paître qn * ◆ **to send prices/shares etc soaring** faire monter les prix/les actions etc en flèche ; → **Coventry**
c (= propel, cause to move) [+ ball] envoyer, lancer ; [+ stone, arrow] lancer ◆ **to send an astronaut/a rocket into space** lancer or envoyer un astronaute/une fusée dans l'espace ◆ **he sent the ball over the trees** il a envoyé or lancé le ballon par-dessus les arbres ◆ **he screwed up the paper and sent it straight into the basket** il a froissé le papier et l'a envoyé or l'a lancé tout droit dans la corbeille ◆ **the explosion sent a cloud of smoke into the air** l'explosion a projeté un nuage de fumée (en l'air) ◆ **the news sent a thrill through her** la nouvelle l'a électrisée ◆ **the sight of the dog sent her running to her mother** en voyant le chien elle s'est précipitée vers sa mère ◆ **the blow sent him sprawling** le coup l'a envoyé par terre ◆ **he sent the plate flying** il a envoyé voler * l'assiette ◆ **to send sb flying** envoyer qn rouler à terre
d (= cause to become) rendre ◆ **the noise is sending me mad** le bruit me rend fou
e († ‡ = make ecstatic) emballer * ◆ **this music sends me** cette musique m'emballe * ◆ **he sends me** je le trouve sensationnel
② *vi* (frm, liter) ◆ **they sent to ask if ...** ils envoyèrent demander si ...
③ COMP ◆ **sending-off** *n* (Ftbl etc) expulsion f ▷ **send-off** → SYN ◆ **they were given a warm send-off** on leur a fait des adieux chaleureux ◆ **they gave him a big send-off** ils sont venus nombreux lui souhaiter bon voyage ▷ **send-up** * *n* (Brit) parodie f

▶ **send away** ① *vi* ◆ **to send away for sth** (= order by post) commander qch par correspondance ; (= order and receive) se faire envoyer qch
② *vt sep* **a** envoyer ; (= expel: from country, town) expulser ◆ **to send one's children away to school** mettre ses enfants en pension ◆ **to send a radio/car away to be fixed** donner une radio/une voiture à réparer
b (= dismiss) [+ person] congédier
c [+ parcel, letter, goods] envoyer ; (= post) envoyer (par la poste)

▶ **send back** *vt sep* [+ person, thing] renvoyer

▶ **send down** *vt sep* **a** (lit) [+ person] faire descendre, envoyer en bas
b [+ prices, sb's temperature, blood pressure] faire baisser
c (Brit Univ) renvoyer (de l'université)
d (* = jail) coffrer *, envoyer en prison

▶ **send for** *vt fus* **a** [+ doctor, police etc] faire venir, appeler ; (= send sb to get) faire appeler, envoyer chercher ◆ **to send for help** envoyer chercher de l'aide, se faire envoyer des secours
b (= order by post) commander par correspondance ; (= order and receive) se faire envoyer

▶ **send forth** *vt sep* (liter) [+ light] diffuser ; [+ leaf] produire ; [+ smell] répandre, exhaler ; [+ army] envoyer

▶ **send in** *vt sep* **a** [+ person] faire entrer ; [+ troops] envoyer
b [+ resignation] envoyer, donner ; [+ report, entry form] envoyer, soumettre ◆ **to send in an application** faire une demande ; (for job) poser sa candidature ◆ **to send in a request** envoyer or faire une demande ◆ **send your name and address if you wish to receive ...** envoyez vos nom et adresse si vous désirez recevoir ...

▶ **send off** ① *vi* ⇒ **send away 1**
② *vt sep* **a** [+ person] envoyer ◆ **I sent him off to think it over/get cleaned up** etc je l'ai envoyé méditer là-dessus/se débarbouiller etc ◆ **she sent the child off to the grocer's** elle a envoyé l'enfant chez l'épicier
b (= say goodbye to) dire au revoir à ◆ **there was a large crowd to send him off** une foule de gens était venue or étaient venus lui dire au revoir or lui souhaiter bon voyage
c [+ letter, parcel, goods] envoyer, expédier ; (= post) mettre à la poste
d (Ftbl etc) [+ player] expulser
③ **send-off** *n* ⇒ **send**

▶ **send on** *vt sep* (Brit) [+ letter] faire suivre ; [+ luggage] (in advance) expédier à l'avance ; (afterwards) faire suivre ; [+ object left behind] renvoyer

▶ **send out** ① *vi* ◆ **to send out for sth** (= order by phone) [+ pizza etc] commander qch par téléphone ; (= send sb to fetch) envoyer chercher qch
② *vt sep* **a** [+ person] faire sortir ◆ **she sent the children out to play** elle a envoyé les enfants jouer dehors ◆ **I sent her out for a breath of air** je l'ai envoyée prendre l'air ◆ **they were sent out for talking too loudly** on les a mis à la porte parce qu'ils parlaient trop fort
b (= post) [+ correspondence, leaflets] envoyer (par la poste)
c [+ scouts, messengers, emissary] envoyer
d (= emit) [+ smell] répandre, exhaler ; [+ heat] diffuser, répandre ; [+ light] diffuser, émettre ; [+ smoke] répandre ; [+ signal] (gen) émettre ; (Rad) diffuser
e (= put out) [+ shoots, roots] produire, donner

▶ **send round** *vt sep* **a** (= circulate) [+ document, bottle etc] faire circuler
b faire parvenir ◆ **I'll send it round to you as soon as it's ready** je vous le ferai parvenir or porter dès que cela sera prêt
c [+ person] envoyer ◆ **I sent him round to the grocer's** je l'ai envoyé chez l'épicier

▶ **send up** ① *vt sep* **a** [+ person, luggage] faire monter ; [+ aeroplane] envoyer ; [+ spacecraft, flare] lancer ; [+ smoke] envoyer ; [+ prices] faire monter en flèche
b (Brit * = make fun of) [+ person] mettre en boîte * ; (= imitate) [+ person, book] parodier
c [+ entry form] envoyer
d (= blow up) faire sauter *, faire exploser
e (* = jail) coffrer *, envoyer en prison
② **send-up** * *n* (Brit) ⇒ **send**

sender [ˈsendəʳ] *n* expéditeur m, -trice f, envoyeur m, -euse f ; → **return**

Seneca [ˈsenɪkə] *n* Sénèque m

Senegal [ˌsenɪˈɡɔːl] *n* le Sénégal

Senegalese [ˌsenɪɡəˈliːz] ① *adj* sénégalais
② *n* (pl inv) Sénégalais(e) m(f)

Senegambia [ˌsenəˈɡæmbɪə] *n* (Geog) Sénégambie f

senescence [sɪˈnesns] *n* sénescence f

senescent [sɪˈnesnt] *adj* sénescent

senile [ˈsiːnaɪl] → SYN ① *adj* sénile ◆ **he's going senile** il devient sénile, il est atteint de sénilité ; (pej) il devient gâteux ◆ **senile decay** dégénérescence f sénile
② COMP ▷ **senile dementia** *n* démence f sénile

senility [sɪˈnɪlɪtɪ] *n* sénilité f

senior [ˈsiːnɪəʳ] → SYN ① *adj* **a** (= older) aîné, plus âgé ◆ **he is three years senior to me, he is senior to me by three years** il est mon aîné de trois ans, il est plus âgé que moi de trois ans ◆ **(Mr) Smith Senior** (M.) Smith père ◆ **Mrs Smith Senior** Mme Smith mère
b (= of higher rank) employee de grade supérieur ; officier supérieur (-eure f) ; position, rank supérieur (-eure f), plus élevé ◆ **at senior level** (Sport) en senior ◆ **he is senior to me in the firm** (in rank) il est au-dessus de moi dans l'entreprise, son poste dans l'entreprise est plus élevé que le mien ; (in service) il a plus d'ancienneté que moi dans la maison ◆ **senior officer** (Mil) officier m supérieur ◆ **a**

senior official (Admin) un haut fonctionnaire ; (in private firm) un cadre supérieur or haut placé ◆ **senior CID officer** (Brit) officier m de police judiciaire haut placé ◆ **senior police officer** officier m de police haut placé

2 n a (in age) aîné(e) m(f) ◆ **he is my senior by three years, he is three years my senior** (in age) il est mon aîné de trois ans, il est plus âgé que moi de trois ans ; (in service) il a trois ans d'ancienneté de plus que moi

b (US Univ) étudiant(e) m(f) de licence ; (US Scol) élève mf de terminale ◆ **the seniors** (Brit Scol) les grand(e)s m(f)pl

3 COMP ▷ **senior aircraftman** n, pl **senior aircraftmen** (Brit Air Force) ≃ soldat m ▷ **senior aircraftwoman** n, pl **senior aircraftwomen** (Brit Air Force) ≃ soldat m ▷ **senior airman** n, pl **senior airmen** (US Air Force) caporal-chef m ▷ **senior chief petty officer** n (US Navy) premier maître m ▷ **senior citizen** n personne f du troisième âge ◆ **senior citizens' club** club m du troisième age ▷ **senior clerk** n premier commis m, commis m principal ▷ **senior common room** n (Brit Univ) salle f des professeurs ▷ **senior editor** n rédacteur m, -trice f en chef ▷ **senior executive** n cadre m supérieur ▷ **senior high school** n (US) ≃ lycée m ▷ **senior master** n (Brit Scol) professeur m principal ▷ **senior master sergeant** n (US Air Force) adjudant m ▷ **senior partner** n associé m principal ▷ **senior prom** n (US) bal m des classes de terminale ▷ **senior school** n (= oldest classes) grandes classes fpl ; (= secondary school) collège m d'enseignement secondaire ▷ **Senior Service** n (Brit) marine f (de guerre) ▷ **senior year** n (US Scol) (classe f) terminale f, dernière année f d'études (scolaires)

seniority [ˌsiːnɪˈɒrɪtɪ] → SYN n (in age) priorité f d'âge ; (in rank) séniorité f ; (in years of service) ancienneté f ◆ **promotion by seniority** avancement m à l'ancienneté

senna [ˈsenə] 1 n séné m

2 COMP ▷ **senna pod** n gousse f de séné

sensation [senˈseɪʃən] → SYN n a (= feeling) sensation f ◆ **to lose all sensation in one's arm** perdre toute sensation dans le bras ◆ **to have a dizzy sensation** avoir une sensation de vertige

b (= impression) sensation f ◆ **to have the sensation of doing sth** avoir la sensation de faire qch ◆ **I felt a sensation of being watched** j'avais l'impression or le sentiment que l'on m'observait

c (= excitement, success) sensation f ; (Press) sensation f ◆ **to create** or **cause a sensation** faire sensation ◆ **it was a sensation in Paris** cela a fait sensation à Paris ◆ **it's a sensation!** c'est sensationnel ! ◆ **the film that turned her into an overnight sensation** le film qui a fait d'elle une star du jour au lendemain

sensational [senˈseɪʃənl] → SYN adj a event qui fait sensation, sensationnel ; fashion qui fait sensation ◆ **sensational murder** meurtre m qui fait sensation

b film, novel, newspaper à sensation ◆ **he gave a sensational account of the accident** il a fait un récit dramatique de l'accident

c (* = marvellous) sensationnel *, formidable *

sensationalism [senˈseɪʃnəlɪzəm] n (NonC) a (Press etc) recherche f or exploitation f du sensationnel

b (Philos) sensualisme m

sensationalist [senˈseɪʃnəlɪst] 1 n colporteur m, -euse f de nouvelles à sensation ; (= writer) auteur m à sensation

2 adj à sensation ◆ **they described it in sensationalist terms** ils l'ont décrit en recherchant le sensationnel

sensationalize [senˈseɪʃnəlaɪz] vt dramatiser

sensationally [senˈseɪʃnəlɪ] adv ◆ **it was sensationally successful/popular** etc cela a connu un succès/une popularité etc inouï(e) or fantastique

sense [sens] → SYN 1 n a (= faculty) sens m ◆ **sense of hearing** ouïe f ◆ **sense of smell** odorat m ◆ **sense of sight** vue f ◆ **sense of taste** goût m ◆ **sense of touch** toucher m ; see also **1d** ; → **sixth**

b (= awareness) sens m, sentiment m ◆ **sense of colour** sens m de la couleur ◆ **sense of direction** sens m de l'orientation ◆ **sense of duty** sentiment m du devoir ◆ **sense of humour** sens m de l'humour ◆ **he has no sense of humour** il n'a pas le sens de l'humour ◆ **to lose all sense of time** perdre toute notion de l'heure ◆ **the sense of my own inadequacy** le sentiment de mon impuissance ◆ **to have no sense of shame** ne pas savoir ce que c'est que la honte ◆ **he has no sense of occasion** il n'a aucun sens de ce qui est opportun ◆ **well-chosen flowers can add to the sense of occasion at a wedding** pour un mariage, une judicieuse sélection de fleurs peut ajouter au caractère exceptionnel de l'occasion ; → **business, road, strong**

c (= sensation, impression) (physical) sensation f ; (mental) sentiment m ◆ **a sense of achievement** le sentiment d'avoir accompli quelque chose ◆ **a sense of warmth** une sensation de chaleur ◆ **a sense of guilt** un sentiment de culpabilité ◆ **we tried to get a sense of what was going on** on a essayé de comprendre ce qui se passait ◆ **there's no sense that they might have done it for the money** on n'a pas l'impression qu'ils ont fait ça pour l'argent

d (= sanity) **senses** raison f ◆ **to take leave of one's senses** perdre la tête or la raison ◆ **to come to one's senses** (= become reasonable) revenir à la raison ◆ **to bring sb to his senses** ramener qn à la raison ◆ **anyone in his senses would know ...** tout homme sensé or tout homme jouissant de sa raison saurait ... ◆ **no one in his senses would do that** il faudrait être fou pour faire ça

e (= wisdom, sound judgement: also **common-sense**) bon sens m, intelligence f ◆ **haven't you enough sense** or **the (good) sense to refuse?** n'avez-vous pas assez de bon sens pour refuser ? ◆ **there is some sense in what he says** il y a du bon sens dans ce qu'il dit ◆ **to have more sense than to do sth** avoir trop de bon sens pour faire qch, être trop sensé pour faire qch ◆ **you should have had more sense than to do it** vous auriez dû avoir assez de bon sens pour ne pas le faire

f (= reasonable quality) sens m ◆ **there's no sense in (doing) that** cela n'a pas de sens, cela ne rime à rien ◆ **what's the sense of** or **in (doing) that?** à quoi bon (faire) cela ? ◆ **to see sense** entendre raison ◆ **he won't see sense** il ne veut pas entendre raison ◆ **try to make him see sense** essaie de lui faire entendre raison ; → **sound², talk**

g (= meaning) [of word, phrase, writing, text etc] sens m (also Ling), signification f ◆ **in the literal/figurative sense** au sens propre/figuré ◆ **in every sense of the word** dans tous les sens du terme ◆ **alcoholism is not a disease in the usual sense of the word** l'alcoolisme n'est pas une maladie au sens habituel du terme

◆ **in a sense** dans un (certain) sens, dans une certaine mesure ◆ **in a very real sense** de fait

◆ **in no sense** en aucune manière ◆ **this is in no sense a criminal offence** ceci ne constitue en aucune manière un délit

◆ **to make sense** [words, speech etc] avoir du sens ◆ **it doesn't make sense** cela n'a pas de sens ◆ **what she did makes sense** ce qu'elle a fait est logique or se tient ◆ **what she did just doesn't make sense** ce qu'elle a fait n'est pas logique or ne tient pas debout * ◆ **why did she do it? – I don't know, it doesn't make sense** pourquoi est-ce qu'elle a fait ça ? – je n'en sais rien, ça n'a aucun sens or ça ne tient pas debout * ◆ **do you think it makes sense to start now?** pensez-vous que c'est une bonne idée de commencer maintenant ? ◆ **yes, that makes sense** oui, ça paraît raisonnable

◆ **to make sense of sth** arriver à comprendre qch, saisir la signification de qch

h (= opinion) **the general sense of the meeting** l'opinion générale or le sentiment de ceux présents ◆ **the sense of the Senate** (US Pol) la recommandation du Sénat

2 vt a (= become aware of, feel) [+ sb's uneasiness, grief, happiness etc] sentir (intuitivement) ; [+ trouble] pressentir ◆ **to sense danger** pressentir le danger ◆ **they sense victory** ils ont le sentiment qu'ils vont gagner ◆ **to sense somebody's presence** sentir une présence, se rendre compte d'une présence ◆ **I could sense his eyes on me** je sentais qu'il me regardait ◆ **I sensed his interest in what I was saying** j'ai senti que ce que je disais l'intéressait ◆ **to sense that one is unwelcome** sentir or deviner qu'on n'est pas le bienvenu ◆ **she can sense when her children are unhappy** elle le sent or devine quand ses enfants sont malheureux

b [machine, sensor device] [+ movement, heat, change] détecter ◆ **the camera senses when a film has reached the end** la caméra le détecte quand un film est arrivé au bout

3 COMP ▷ **sense organ** n organe m des sens or sensoriel

senseless [ˈsenslɪs] → SYN adj a (= stupid) person insensé ; action, idea stupide, qui ne tient pas debout ; (stronger) absurde, insensé ◆ **a senseless waste of energy resources** un gâchis insensé des ressources d'énergie ◆ **it was a senseless waste of human life** il (or elle etc) est mort(e) pour rien ◆ **what a senseless thing to do!** (or **to say!** etc) c'est d'une stupidité sans nom !, ça n'a pas le sens commun !

b (= unconscious) sans connaissance ◆ **to fall senseless (to the floor)** tomber sans connaissance ; → **knock**

senselessly [ˈsenslɪslɪ] adv stupidement, d'une façon insensée

senselessness [ˈsenslɪsnɪs] n [of person] manque m de bon sens ; [of action, idea] absurdité f ◆ **the absolute senselessness of war** l'absurdité f totale de la guerre

sensibility [ˌsensɪˈbɪlɪtɪ] → SYN n a (NonC) sensibilité f

b **sensibilities** susceptibilité f

sensible [ˈsensəbl] → SYN adj a (= wise, of sound judgement) person sensé, raisonnable ◆ **she's a sensible person** or **type** elle est très raisonnable or sensée ◆ **try to be sensible about it** sois raisonnable ◆ **that was sensible of you** tu as très bien fait, c'était la chose à faire

b (= reasonable, practicable) act, decision, choice sage, raisonnable ; clothes pratique, commode ; shoes pratique ◆ **the most sensible thing (to do) would be to see her** le plus sage or raisonnable serait de la voir

c (frm = perceptible) change, difference, rise in temperature appréciable

d (frm = aware) **I am sensible** † **of the honour you do me** je suis sensible à or conscient de l'honneur que vous me faites

sensibleness [ˈsensəblnɪs] n bon sens m, jugement m

sensibly [ˈsensəblɪ] adv a (= reasonably) act, decide raisonnablement, sagement, judicieusement ◆ **to be sensibly dressed** porter des vêtements pratiques

b (= perceptibly) sensiblement

sensitive [ˈsensɪtɪv] → SYN 1 adj a person (= emotionally aware, responsive) sensible ; (= easily hurt) sensible (*to* à) ; (= easily offended) facilement blessé (*to* par), susceptible ; (= easily influenced) impressionnable, influençable ◆ **she is sensitive about her nose** elle fait une fixation sur son nez ◆ **she's a sensitive soul** c'est quelqu'un de très sensible or émotif

b (= delicate) eyes, matter, skin, subject, topic délicat, sensible ; situation névralgique, délicat ; (Phot) film sensible (*to* à) ; (Phot) paper sensibilisé ◆ **public opinion is very sensitive to hints of corruption** l'opinion publique réagit vivement à tout soupçon de corruption ◆ **this is politically very sensitive** sur le plan politique ceci est très délicat ◆ **that is a very sensitive area** (= place) c'est un point chaud ; (fig = subject matter) c'est un domaine très délicat or sensible

c (= sore) tooth, skin, sore place sensible

d (affecting national security) document etc sensible

e (St Ex, Comm) market nerveux

2 adj (in compounds) ◆ **heat-/light-sensitive** sensible à la chaleur/la lumière

sensitively [ˈsensɪtɪvlɪ] adv avec sensibilité, d'une manière sensible

sensitiveness [ˈsensɪtɪvnɪs] n (= responsiveness) (physical, emotional) sensibilité f ; (to criticism) susceptibilité f

sensitivity [ˌsensɪˈtɪvɪtɪ] → SYN n a [of person, instrument, gauge, machine] sensibilité f ◆ **their sensitivity to this problem** leur sensibilisation à ce problème ◆ **sensitivity to pain** sensibilité à la douleur ◆ **if you experience any**

sensitivity, discontinue use (= soreness) en cas de réaction (allergique), cesser l'utilisation
  b (= delicacy) [of subject] caractère m délicat ; [of information] caractère m sensible ◆ **an issue of great sensitivity** un sujet très délicat

sensitization [ˌsensɪtaɪˈzeɪʃən] n (Bio, Bot) sensibilisation f

sensitize [ˈsensɪtaɪz] vt (gen, Phot) sensibiliser

sensitometer [ˌsensɪˈtɒmɪtəʳ] n (Phot) sensitographe m, sensitomètre m

sensitometry [ˌsensɪˈtɒmɪtrɪ] n sensitométrie f

sensor [ˈsensəʳ] n (Tech) détecteur m ◆ **heat sensor** palpeur m

sensorimotor [ˌsensərɪˈməʊtəʳ] adj (Anat, Psych) sensorimoteur (-trice f)

sensory [ˈsensərɪ] adj des sens ; (Physiol) organ, nerve sensoriel ◆ **sensory deprivation** privation f sensorielle

sensual [ˈsensjʊəl] → SYN adj sensuel

sensualism [ˈsensjʊəlɪzəm] n sensualité f ; (Philos) sensualisme m

sensualist [ˈsensjʊəlɪst] n personne f sensuelle, voluptueux m, -euse f ; (Philos) sensualiste mf

sensuality [ˌsensjʊˈælɪtɪ] → SYN n sensualité f

sensually [ˈsensjʊəlɪ] adv sensuellement

sensuous [ˈsensjʊəs] → SYN adj person, temperament, poetry, music voluptueux, sensuel

sensuously [ˈsensjʊəslɪ] adv avec volupté, voluptueusement

sensuousness [ˈsensjʊəsnɪs] n [of poetry, music] qualité f voluptueuse or sensuelle ; [of person, temperament] sensualité f

sent [sent] vb (pt, ptp of **send**)

sentence [ˈsentəns] → SYN **1** n **a** (Gram) phrase f
  b (Jur) (= judgement) condamnation f, sentence f ; (= punishment) peine f ◆ **to pass sentence on sb** (lit, fig) prononcer une condamnation or une sentence contre qn ◆ **sentence of death** arrêt m de mort, condamnation f à mort ◆ **he got a five-year sentence** il a été condamné à cinq ans de prison ◆ **a long sentence** une longue peine ◆ **a jail sentence** une peine f de prison ◆ **a heavy/light sentence** une peine sévère/légère ; → **commute, life, serve**
  2 vt prononcer une condamnation or une sentence contre ◆ **to sentence sb to death/to five years** condamner qn à mort/à cinq ans de prison
  3 COMP ▷ **sentence connector** n (Gram) connecteur m ▷ **sentence structure** n (Gram) structure f de la phrase ▷ **sentence substitute** n (Gram) prophrase f

sententious [senˈtenʃəs] → SYN adj sentencieux, pompeux

sententiously [senˈtenʃəslɪ] adv sentencieusement

sententiousness [senˈtenʃəsnɪs] n [of speech] ton m sentencieux ; [of person] caractère m sentencieux

sentient [ˈsenʃənt] adj sensible, doué de sensation

sentiment [ˈsentɪmənt] → SYN n **a** (NonC = feeling) sentiment m ◆ **public sentiment** le sentiment général ◆ **there is growing nationalist sentiment in the country** on observe dans le pays une montée du sentiment nationaliste ◆ **his actions were motivated by religious sentiment** ses actes ont été motivés par un sentiment religieux ◆ **anti-government sentiment was strong** il y avait un fort sentiment antigouvernemental
  b (= opinion, thought) sentiment m ◆ **what are your sentiments on this?** quels sont vos sentiments à ce sujet ? ◆ **what a marvellous sentiment!** quelle idée charmante ! ◆ **my sentiments exactly!** c'est exactement ce que je pense !
  c (= emotion) sentiment m ◆ **my sentiments towards your daughter** les sentiments que j'éprouve pour votre fille ou que m'inspire votre fille
  d (NonC = sentimentality) sentimentalité f, sensiblerie f (pej)

sentimental [ˌsentɪˈmentl] → SYN adj person, novel sentimental (also pej) ◆ **it's of sentimental value only** sa valeur est purement sentimentale ◆ **sentimental comedy** (Literat) comédie f larmoyante

sentimentalism [ˌsentɪˈmentəlɪzəm] n sentimentalisme m, sensiblerie f (pej)

sentimentalist [ˌsentɪˈmentəlɪst] n sentimental(e) m(f)

sentimentality [ˌsentɪmenˈtælɪtɪ] → SYN n sentimentalité f, sensiblerie f (pej)

sentimentalization [ˌsentɪˌmentəlaɪˈzeɪʃən] n ◆ **the sentimentalization of sth** une vision sentimentale de qch

sentimentalize [ˌsentɪˈmentəlaɪz] **1** vt rendre sentimental
  2 vi faire du sentiment *

sentimentally [ˌsentɪˈmentəlɪ] adv sentimentalement, d'une manière (or d'une voix etc) sentimentale

sentinel [ˈsentɪnl] n sentinelle f, factionnaire m

sentry [ˈsentrɪ] **1** n (Mil) sentinelle f, factionnaire m ; (fig) sentinelle f
  2 COMP ▷ **sentry box** n guérite f ▷ **sentry duty** n to be on sentry duty être en or de faction

senza [ˈsentsɑː] prep (Mus) senza

Seoul [səʊl] n Séoul

Sep. abbrev of **September**

sepal [ˈsepəl] n sépale m

sepaline [ˈsiːpəlaɪn], **sepaloid** [ˈsiːpəlɔɪd] adj sépaloïde

separable [ˈsepərəbl] → SYN adj séparable

separate [ˈseprət] → SYN **1** adj section, piece séparé, distinct ; treaty, peace séparé ; career, existence indépendant ; organization, unit distinct, indépendant ; entrance particulier ; occasion, day différent ; question, issue différent, autre ◆ **the children have separate rooms** les enfants ont chacun leur (propre) chambre ◆ **Paul and his wife sleep in separate beds/rooms** Paul et sa femme font lit/chambre à part ◆ **they live completely separate lives** ils mènent des vies complètement séparées ◆ **we want separate bills** (in restaurant etc) nous voudrions des additions séparées, nous voudrions chacun notre addition ◆ **the two houses though semi-detached are quite separate** les deux maisons bien que jumelées sont tout à fait indépendantes (l'une de l'autre) ◆ **I wrote it on a separate sheet** je l'ai écrit sur une feuille séparée or sur une feuille à part ◆ **take a separate sheet for each answer** prenez une nouvelle feuille pour chaque réponse ◆ **there will be separate discussions on this question** cette question sera discutée à part or séparément ◆ **there is a separate department for footwear** il y a un rayon séparé or spécial pour les chaussures ◆ **"with separate toilet"** "avec WC séparé" ◆ **keep the novels separate from the textbooks** ne mélangez pas les romans et les livres de classe
  2 separates npl (= clothes) vêtements mpl coordonnés
  3 [ˈsepəreɪt] vt séparer (from de) ; (= sort out) séparer, trier ; (= divide up) diviser ; [+ strands] dédoubler ; [+ milk] écrémer ◆ **to separate truth from error** distinguer le vrai du faux ◆ **only three points now separate the two teams** trois points seulement séparent maintenant les deux équipes ; → **separated, sheep, wheat**
  4 [ˈsepəreɪt] vi **a** [liquids] se séparer (from de) ; [metals etc] se séparer, se détacher (from de)
  b [people] se séparer, se quitter ; [fighters] rompre ; [married couple] se séparer ; [non-married couple] rompre
  5 COMP ▷ **separate opinion** n (US Jur) avis m divergeant de la minorité des juges ▷ **separate school** n (Can) école f or collège m privé(e)

▶ **separate out** vt sep séparer, trier

separated [ˈsepəreɪtɪd] adj couple, person séparé

separately [ˈseprətlɪ] → SYN adv **a** (= apart) séparément, à part
  b (= one by one) séparément, un par un, à la fois ◆ **these articles are sold separately** ces articles se vendent séparément

separateness [ˈseprətnɪs] n séparation f (from de) ◆ **feeling of separateness** sentiment m de séparation or d'être à part

separation [ˌsepəˈreɪʃən] → SYN **1** n séparation f ; [of ore] triage m ; (Pol, Rel) scission f, séparation f ; (after marriage) séparation f (from d'avec) ◆ **judicial separation** séparation f de corps
  2 COMP ▷ **separation allowance** n (Mil) allocation f militaire ; (Jur = alimony) pension f alimentaire

separatism [ˈsepərətɪzəm] n séparatisme m

separatist [ˈsepərətɪst] adj, n séparatiste mf

separator [ˈsepəreɪtəʳ] n (all senses) séparateur m

Sephardi [seˈfɑːdɪ] n, pl **Sephardim** [seˈfɑːdɪm] séfarade mf

Sephardic [seˈfɑːdɪk] adj séfarade

sepia [ˈsiːpjə] **1** n **a** (= colour) sépia f
  b (= fish) seiche f
  2 COMP ▷ **sepia drawing** n sépia f

sepiolite [ˈsiːpjəlaɪt] n sépiolite f

sepoy [ˈsiːpɔɪ] n cipaye m

seppuku [seˈpuːkuː] n seppuku m

sepsis [ˈsepsɪs] n (Med) septicité f, état m septique

Sept. abbrev of **September**

septa [ˈseptə] npl of **septum**

septal [ˈseptl] adj septal

September [sepˈtembəʳ] **1** n septembre m, mois m de septembre ◆ **the first of September** le premier septembre ◆ **the tenth of September** le dix septembre ◆ **on the tenth of September** le dix septembre ◆ **in September** en septembre ◆ **in the month of September** au mois de septembre ◆ **each or every September** tous les ans or chaque année en septembre ◆ **at the beginning of September** au début (du mois) de septembre, début septembre ◆ **in the middle of September, in mid September** au milieu (du mois) de septembre, à la mi-septembre ◆ **at the end of September** à la fin (du mois) de septembre, fin septembre ◆ **during September** pendant le mois de septembre ◆ **there are 30 days in September** il y a 30 jours au mois de septembre, septembre a 30 jours ◆ **September was cold** septembre a été froid, il a fait froid en septembre ◆ **early in September, in early September** au début de septembre ◆ **late in September, in late September** vers la fin de septembre ◆ **last/next September** septembre dernier/prochain
  2 COMP ▷ **September holidays** npl congés mpl (du mois) de septembre ▷ **September Massacre** n (Hist) massacres mpl de septembre ▷ **September rains** npl pluies fpl (du mois) de septembre ▷ **September weather** n it's September weather il fait un temps de septembre

Septembrist [sepˈtembrɪst] n septembriseur m

septenary [ˈseptɪnərɪ] **1** adj septennal
  2 n septénaire m

septennial [sepˈtenɪəl] adj septennal

septet [sepˈtet] n septuor m

septic [ˈseptɪk] → SYN **1** adj septique ; wound infecté ◆ **to go or become septic** s'infecter
  2 COMP ▷ **septic poisoning** n septicémie f ▷ **septic tank** n fosse f septique

septicaemia, septicemia (US) [ˌseptɪˈsiːmɪə] n septicémie f

septicaemic, septicemic (US) [ˌseptɪˈsiːmɪk] adj septicémique

septicity [sepˈtɪsɪtɪ] n septicité f

septime [ˈseptiːm] n septime f

septuagenarian [ˌseptjʊədʒɪˈnɛərɪən] adj, n septuagénaire mf

Septuagesima [ˌseptjʊəˈdʒesɪmə] n Septuagésime f

Septuagint [ˈseptjʊədʒɪnt] n version f des Septante

septum [ˈseptəm] n, pl **septa** (Anat, Bot) cloison f, septum m

septuplet [sepˈtʌplɪt] n septuplé(e) m(f)

sepulcher [ˈsepəlkəʳ] n (US) ⇒ **sepulchre**

sepulchral [sɪˈpʌlkrəl] adj sépulcral ; (fig = gloomy) funèbre, sépulcral

sepulchre, sepulcher (US) [ˈsepəlkəʳ] → SYN n sépulcre m, tombeau m ; (Rel) sépulcre m ; → **holy, white**

sequel [ˈsiːkwəl] → SYN n **a** (= consequence) suite f, conséquence f ; (to illness etc) séquelles fpl ◆ **it had a tragic sequel** cela a eu des suites or des conséquences tragiques
b [of book, film etc] suite f

sequela [sɪˈkwiːlə] n, pl **sequelae** [sɪˈkwiːliː] (Med) séquelle f

sequence [ˈsiːkwəns] → SYN **1** n **a** (= order) ordre m, suite f ◆ **in sequence** par ordre ◆ **out of sequence** dans le désordre, les uns à la suite des autres ◆ **in historical sequence** par ordre chronologique ◆ **logical sequence** ordre m or enchaînement m logique
b (= series) suite f, succession f ; (Cards) séquence f
c (film) sequence séquence f ◆ (dance) sequence numéro m (de danse)
d (Mus) séquence f
e (Comput) séquence f
f (Ling) (gen) suite f ◆ **sequence of tenses** (Gram) concordance f des temps
2 vt [+ genes, DNA] séquencer

sequencer [ˈsiːkwənsəʳ] n (Mus) séquenceur m

sequencing [ˈsiːkwənsɪŋ] n (Bio) séquençage m

sequential [sɪˈkwenʃəl] adj **a** (= in regular sequence) séquentiel
b (= following) qui suit ◆ **sequential upon** or **from ...** qui résulte de ...
c (Comput) séquentiel ◆ **sequential access/processing** accès m/traitement m séquentiel

sequester [sɪˈkwestəʳ] vt **a** (= isolate) isoler ; (= shut up) enfermer, séquestrer
b (Jur) [+ property] séquestrer

sequestered [sɪˈkwestəd] adj **a** life isolé, retiré ; spot retiré, peu fréquenté
b (Jur) property mis or placé sous séquestre

sequestrant [sɪˈkwestrənt] n (Chem) séquestrant m

sequestrate [sɪˈkwestreɪt] vt (Jur) **a** ⇒ **sequester b**
b (= confiscate) confisquer, saisir

sequestration [ˌsiːkwesˈtreɪʃən] n (Jur) **a** [of property] séquestration f, mise f sous séquestre
b (= confiscation) confiscation f, saisie f conservatoire

sequestrum [sɪˈkwestrəm] n, pl **sequestra** [sɪˈkwestrə] (Med) séquestre m

sequin [ˈsiːkwɪn] n paillette f

sequinned, sequined (US) [ˈsiːkwɪnd] adj pailleté, cousu de paillettes

sequoia [sɪˈkwɔɪə] n séquoia m

sera [ˈsɪərə] npl of **serum**

sérac [ˈseræk] n (Geog) sérac m

seraglio [seˈrɑːlɪəʊ] n sérail m

serape [səˈrɑːpɪ] n (US) poncho m, couverture f mexicaine

seraph [ˈserəf] n, pl **seraphs** or **seraphim** (Rel, liter etc) séraphin m

seraphic [səˈræfɪk] → SYN adj (lit, fig) séraphique

seraphim [ˈserəfɪm] npl of **seraph**

Serb [sɜːb] **1** adj serbe
2 n **a** Serbe mf
b (Ling) serbe m

Serbia [ˈsɜːbɪə] n la Serbie

Serbian [ˈsɜːbɪən] ⇒ **Serb**

Serbo-Croat [ˌsɜːbəʊˈkrəʊæt], **Serbo-Croatian** [ˌsɜːbəʊkrəʊˈeɪʃən] **1** adj serbo-croate
2 n **a** Serbo-Croate mf
b (Ling) serbo-croate m

SERC [ˌesiːɑːˈsiː] n (Brit) (abbrev of **Science and Engineering Research Council**) ≃ CNRS m

serdab [ˈsɜːdæb] n serdab m

sere [sɪəʳ] adj ⇒ **sear 1**

serenade [ˌserəˈneɪd] **1** n sérénade f
2 vt donner une sérénade à

serendipitous [ˌserənˈdɪpɪtəs] adj discovery etc heureux ◆ **his timing was serendipitous** il ne pouvait pas mieux tomber

serendipity [ˌserənˈdɪpɪtɪ] n (NonC: hum) hasard m heureux

serene [səˈriːn] → SYN adj person, smile, place, atmosphere serein, paisible ; face serein ; sky serein, clair ; sea, river calme ◆ **to become** or **grow serene** [person] devenir serein, se rasséréner ; [sky] redevenir serein ; [sea, river] redevenir calme ◆ **His Serene Highness** Son Altesse f Sérénissime

serenely [səˈriːnlɪ] adv smile avec sérénité, sereinement ; say d'un ton serein ◆ **serenely indifferent to the noise** suprêmement indifférent au bruit

serenity [sɪˈrenɪtɪ] → SYN n [of person, place, smile, lifestyle] sérénité f

serf [sɜːf] n serf m, serve f

serfdom [ˈsɜːfdəm] n servage m

serge [sɜːdʒ] **1** n serge f
2 COMP de serge ▷ **serge suit** n complet m en serge ◆ **blue serge suit** complet m en serge bleue

sergeant [ˈsɑːdʒənt] **1** n **a** (Brit Mil, Air Force) sergent m ◆ **yes, sergeant** oui, chef ; see also **2, colour, drill[2], flight[2]**
b (US Air Force) caporal-chef m
c (Police) ≃ brigadier m ; → **detective**
2 COMP ▷ **sergeant at arms** n huissier m d'armes ▷ **sergeant first class** n (US Mil) sergent-chef m ▷ **sergeant-major** n (Mil) (Brit) sergent-major m ; (US) adjudant-chef m ; → **company, regimental**

serial [ˈsɪərɪəl] **1** n **a** (Rad, TV) feuilleton m ; (in magazine etc: also **serial story**) roman-feuilleton m, feuilleton m ◆ **television/radio serial** feuilleton m à la télévision/à la radio, feuilleton m télévisé/radiophonique ◆ **13-part serial** feuilleton m en 13 épisodes
b (= publication, journal) publication f périodique, périodique m
2 adj **a** (Comput) disk, transmission, processing, programming etc série inv ; access séquentiel
b music sériel
3 COMP ▷ **serial killer** n meurtrier m tuant en série, tueur m en série ▷ **serial killings** npl meurtres mpl en série ▷ **serial monogamy** n série de liaisons monogamiques ▷ **serial number** n [of goods, car engine] numéro m de série ; [of soldier] (numéro m) matricule m ; [of cheque, banknote] numéro m ▷ **serial port** n (Comput) port m série ▷ **serial rights** npl droits mpl de reproduction en feuilleton ▷ **serial writer** n feuilletoniste mf

serialism [ˈsɪərɪəˌlɪzəm] n (Mus) sérialisme m

serialization [ˌsɪərɪəlaɪˈzeɪʃən] n (Press) publication f en feuilleton ; (Rad, TV) adaptation f en feuilleton

serialize [ˈsɪərɪəlaɪz] vt (Press) publier en feuilleton ; (Rad, TV) adapter en feuilleton ◆ **it was serialized in six parts** cela a été publié or adapté en six épisodes ◆ **it has been serialized in the papers** cela a paru or été publié en feuilleton dans les journaux

serially [ˈsɪərɪəlɪ] adv **a** number en série
b **to appear/be published serially** [story] paraître/être publié en feuilleton ; [magazine, journal] paraître/être publié en livraisons périodiques

seriatim [ˌsɪərɪˈeɪtɪm] adv (frm) successivement, point par point

sericeous [sɪˈrɪʃəs] adj (Bot) soyeux

sericin [ˈserɪsɪn] n séricine f

sericultural [ˌserɪˈkʌltʃərəl] adj séricicole

sericulture [ˌserɪˈkʌltʃəʳ] n sériciculture f

sericulturist [ˌserɪˈkʌltʃərɪst] n sériciculteur m, -trice f

series [ˈsɪərɪz] → SYN **1** n (pl inv) **a** (gen, Chem, Comm, Elec, Ling, Mus) série f ; (Math) série f, suite f ◆ **in series** (Elec) en série ◆ **series of stamps/coins** série f de timbres/de monnaies ◆ **series of colours** gamme f or échelle f de couleurs ◆ **a series of volumes on this subject** une série de volumes sur ce sujet ◆ **there has been a series of incidents** il y a eu une série or une suite or une succession d'incidents, il y a eu plusieurs incidents successifs ◆ **it will be one of a series of measures intended to ...** cette mesure entrera dans le cadre d'une série de mesures destinées à ...
b (Rad, TV) série f (d'émissions) collection f ; (= set of stamps) série f ◆ **this is the last in the present series** (Rad, TV) voilà la dernière émission de notre série ◆ **a new paperback series** (Publishing) une nouvelle collection de poche ; → **world**
2 COMP ▷ **series connection** n (Elec) montage m en série ▷ **series-wound** adj (Elec) en série

serif [ˈserɪf] n (Typ) empattement m

serigraph [ˈserɪɡrɑːf] n (= print) sérigraphie f

serigraphy [səˈrɪɡrəfɪ] n (= technique) sérigraphie f

serin [ˈserɪn] n (Orn) serin m

serine [ˈseriːn] n sérine f

serio-comic [ˌsɪərɪəʊˈkɒmɪk] adj mi-sérieux mi-comique

serious [ˈsɪərɪəs] → SYN **1** adj **a** (= in earnest, not frivolous) person, offer, suggestion, interest sérieux, sincère ; publication, conversation, discussion, occasion sérieux, important ; report, information, account sérieux, sûr ; literature, music respectable ; attitude, voice, smile, look plein de sérieux, grave ; tone sérieux, grave ; (= unsmiling) person sérieux, grave ; look grave, sévère ; (= thoughtful) sérieux ; pupil sérieux, appliqué ◆ **are you serious?** (parlez-vous) sérieusement ? ◆ **I'm quite serious** je suis sérieux, je parle sérieusement, je ne plaisante pas ◆ **to give serious thought to sth** (= ponder) bien réfléchir à qch ; (= intend) songer sérieusement à qch ◆ **to be serious about one's work** être sérieux dans son travail ◆ **the serious student of jazz will maintain that ...** quelqu'un qui s'intéresse sérieusement au jazz affirmera que ... ◆ **marriage is a serious business** le mariage est une affaire sérieuse ◆ **she earns serious money** * elle gagne un bon paquet * ◆ **serious wine** * vin m décent
b (= causing concern) illness, injury, mistake, situation grave, sérieux ; damage important, considérable ; threat sérieux ; loss grave, lourd ◆ **I have serious doubts about ...** je doute sérieusement de ..., j'ai de graves doutes sur ... ◆ **the patient's condition is serious** le patient est dans un état grave
2 COMP ▷ **Serious Fraud Office** n (Brit) service de la répression des fraudes majeures

seriously [ˈsɪərɪəslɪ] → SYN adv **a** (= in earnest) sérieusement, avec sérieux ; (= not jokingly) sérieusement, sans plaisanter ◆ **he said it all quite seriously** il l'a dit tout à fait sérieusement ◆ **yes, but seriously ...** oui, mais sérieusement ... ◆ **seriously now ...** sérieusement ..., toute plaisanterie (mise) à part ... ◆ **to take sth/sb seriously** prendre qch/qn au sérieux ◆ **to think seriously about sth** (= ponder) bien réfléchir à qch ; (= intend) songer sérieusement à qch
b (= dangerously) gravement, sérieusement ; ill gravement ; wounded grièvement ; worried sérieusement
c (= very) **to be seriously rich** * avoir beaucoup de fric *

seriousness [ˈsɪərɪəsnɪs] → SYN n **a** [of intention, offer, suggestion, interest] sérieux m, sincérité f ; [of publication, discussion, conversation, occasion] sérieux m, importance f ; [of report, information, account] caractère m sérieux or sûr ; [of attitude, character, voice, smile, tone, look] sérieux m
◆ **in all seriousness** sérieusement, en toute sincérité
b [of situation, illness, mistake, threat, loss, injury] gravité f ; [of damage] importance f, ampleur f

serjeant [ˈsɑːdʒənt] ⇒ **sergeant**

sermon [ˈsɜːmən] → SYN n (Rel) sermon m ; (fig pej) sermon m, laïus * m ◆ **the Sermon on the Mount** le Sermon sur la Montagne ◆ **to give sb a sermon** (fig pej) faire un sermon à qn

sermonize [ˈsɜːmənaɪz] (fig pej) **1** vt sermonner
2 vi prêcher, faire des sermons

sermonizing [ˈsɜːmənaɪzɪŋ] (fig pej) n propos mpl moralisateurs

seroconversion [ˌsɪərəʊkənˈvɜːʃən] n séroconversion f

serologic(al) [ˌsɪərəˈlɒdʒɪk(əl)] adj sérologique

serologist [sɪˈrɒlədʒɪst] n (Med) sérologiste mf

serology [sɪˈrɒlədʒɪ] n (Med) sérologie f

seropositive [ˌsɪərəʊˈpɒzɪtɪv] adj séropositif

serotherapy [ˌsɪərəʊˈθerəpɪ] n (Med) sérothérapie f

serotonin [ˌserəˈtəʊnɪn] n (Bio) sérotonine f

serous [ˈsɪərəs] adj séreux ◆ **serous fluid** (Anat) liquide m séreux, sérosité f ◆ **serous membrane** (membrane f) séreuse f

serpent [ˈsɜːpənt] n (lit, fig) serpent m ; → **sea**

serpentine [ˈsɜːpəntaɪn] 1 adj (liter) river, road sinueux, tortueux, qui serpente ; (= treacherous) perfide ; (Zool) de serpent
2 n (Miner) serpentine f, ophite m

serpiginous [sɜːˈpɪdʒɪnəs] adj serpigineux

serpigo [sɜːˈpaɪgəʊ] n (Med) affection f serpigineuse

SERPS [sɜːps] n (Brit) (abbrev of **state earnings-related pension scheme**) *assurance-vieillesse de la Sécurité sociale*

serpulid [ˈsɜːpjʊlɪd] n serpule f

serrate [seˈreɪt] vt denteler, découper en dents de scie

serrated [seˈreɪtɪd] adj edge, blade en dents de scie ◆ **serrated knife** couteau-scie m

serration [seˈreɪʃən] n dentelure f

serried [ˈserɪd] adj serré ◆ **in serried ranks** en rangs serrés

serriform [ˈserɪfɔːm] adj (Bio) en dents de scie

serrulate [ˈserʊleɪt] adj leaf dentelé

serum [ˈsɪərəm] 1 n, pl **serums** or **sera** sérum m ◆ **tetanus serum** sérum m antitétanique
2 COMP ▷ **serum albumin** n (Bio) sérumalbumine f

serval [ˈsɜːvl] n (Zool) serval m

servant [ˈsɜːvənt] → SYN 1 n (in household) domestique mf ; (= maid) bonne f ; (fig) serviteur m, servante f ◆ **to keep a servant** avoir un(e) domestique ◆ **a large staff of servants** une nombreuse domesticité ◆ **the servants' hall** l'office m or f ◆ **I'm not your servant** je ne suis pas votre domestique ◆ **the government is the servant of the people** le gouvernement est le serviteur or est au service du peuple ◆ **your obedient servant** † (in letters) ≃ veuillez agréer, Monsieur (or Madame etc), l'assurance de ma considération distinguée ; → **civil, humble, manservant, public**
2 COMP ▷ **servant girl** n servante f, bonne f

serve [sɜːv] → SYN 1 vt a (= work for) [+ master, employer, family] servir, être au service de ; [+ God, one's country] servir ◆ **he served his country well** il a bien servi son pays, il a bien mérité de la patrie (frm) ◆ **he has served the firm well** il a bien servi la compagnie, il a rendu de grands services à la compagnie ◆ **he has served our cause well** il a bien servi notre cause ◆ **to serve two masters** servir deux maîtres à la fois ◆ **if my memory serves me (right)** si j'ai bonne mémoire, si je me souviens bien ◆ **his knowledge of history served him well** ses connaissances en histoire lui ont bien servi ◆ **that excuse won't serve you when ...** cette excuse ne vous servira à rien quand ...
b (Rel) **to serve mass** servir la messe
c (= be used as) [object etc] servir (*as* de) ; (= be useful to) rendre service à, être utile à ◆ **it serves her as a table** ça lui sert de table ◆ **it's not very good but it will serve me** ça n'est pas parfait mais ça fera l'affaire ◆ **it will serve my** (or **your** etc) **purpose** or **needs** cela fera l'affaire ◆ **it serves its purpose** or **turn** cela fait l'affaire, cela suffit bien ◆ **it serves a variety of purposes** cela sert à divers usages ◆ **it serves no useful purpose** cela ne sert à rien (de spécial)
♦ **to serve sb right** ◆ **(it) serves him right** c'est bien fait pour lui, il ne l'a pas volé ◆ **(it) serves you right for being so stupid** cela t'apprendra à être si stupide ◆ **it would have served them right if they hadn't got any** ça aurait été bien fait pour eux s'ils n'en avaient pas reçu
d (in shop, restaurant) servir ◆ **to serve sb (with) sth** servir qch à qn ◆ **are you being served?** est-ce qu'on s'occupe de vous ? ◆ **dinner is served** le dîner est servi ; (as formal announcement) Madame est servie (or Monsieur est servi) ◆ **this fish should be served with mustard sauce** ce poisson se sert or se mange avec une sauce à la moutarde ◆ **"serves five"** (in recipe etc) "pour cinq personnes" ; see also **first, serving**
e (with transport, church services) desservir ; (with gas, electricity) alimenter ◆ **the bus serves six villages** le car dessert six villages ◆ **the power station serves a large district** la centrale alimente une zone étendue
f (= work out) **to serve one's apprenticeship** or **time (as)** faire son apprentissage (de) ◆ **to serve one's time** (Mil) faire son temps de service ; (Prison) faire son temps de prison ◆ **to serve time** faire de la prison ◆ **to serve (out) a prison sentence** purger une peine (de prison) ◆ **he has served over 25 years altogether** en tout il a fait plus de 25 ans de prison
g (Jur) **to serve legal process** signifier or notifier un acte judiciaire ◆ **to serve notice on sb (to the effect) that ...** notifier or signifier à qn que ... ◆ **to serve a summons on sb, to serve sb with a summons** remettre une assignation à qn ◆ **to serve a warrant on sb, to serve sb with a warrant** délivrer à qn un mandat ◆ **to serve a writ on sb, to serve sb with a writ** assigner qn
h (Tennis etc) servir
i [bull, stallion etc] servir
2 vi a [servant, waiter] servir ◆ **to serve at table** servir à table ◆ **is there anyone serving at this table?** est-ce que quelqu'un fait le service or s'occupe du service à cette table ?
b (= work, do duty) **to serve on a committee/jury** être membre d'un comité/d'un jury ◆ **he has served for two years as chairman of this society** cela fait deux ans qu'il exerce la fonction de président de cette société ; see also **serving**
c (Mil) servir ◆ **to serve in the army** servir dans l'armée ◆ **he served in Germany** il a servi en Allemagne ◆ **he served as a Sapper in the Engineers** il a servi comme simple soldat dans le génie ◆ **to serve under sb** servir sous (les ordres de) qn ◆ **he served with my brother** mon frère et lui ont été soldats ensemble
d (= be useful) servir (*for, as* de), être utile ◆ **that table is not exactly what I want but it will serve** cette table n'est pas exactement ce que je veux mais elle fera l'affaire ◆ **it serves to show/explain ...** cela sert à montrer/expliquer ...
e (Rel) servir
f (Tennis) servir, être au service
3 n (Tennis etc) service m ◆ **he has a strong serve** il a un service puissant ◆ **it's your serve** c'est à vous de servir

► **serve out** vt sep a [+ meal, soup] servir ; [+ rations, provisions] distribuer
b [+ term of office, contract] finir ; [+ prison sentence] purger ; see also **serve 1h**

► **serve up** vt sep servir, mettre sur la table

server [ˈsɜːvəʳ] n a (Comput) serveur m
b (= person) (Rel) servant m ; (Tennis etc) serveur m, -euse f
c (= tray) plateau m ; (= utensil) couvert m à servir ; → **salad**

servery [ˈsɜːvərɪ] n (Brit) office m

service [ˈsɜːvɪs] → SYN 1 n a (NonC = act of serving: gen, domestic, Mil etc) service m ◆ **service at sea** service m dans la marine ◆ **to see service (as)** (Mil) avoir du service or servir (comme) ◆ **this coat has seen** or **given good service** ce manteau a fait de l'usage ◆ **ten years' service** dix ans de service ◆ **on Her Majesty's service** au service de Sa Majesté ◆ **to be in service** [domestic servant] être domestique or en service ◆ **to be in sb's service** être au service de qn ◆ **at your service** à votre service or disposition ◆ **our company is always at your service** notre compagnie est toujours à votre service ◆ **to be of service to sb** être utile à qn, rendre service à qn ◆ **can I be of service?** est-ce que je peux vous aider ? ; (in shop) qu'y a-t-il pour votre service ? ◆ **to bring/come into service** mettre/entrer en service ◆ **this machine is out of service** cette machine est hors service ◆ **how long has this machine been in service?** depuis quand cette machine fonctionne-t-elle ? ◆ **the service is very poor** (in shop, hotel etc) le service est très mauvais ◆ **15% service included** (Brit: on bill) service 15 % compris ; → **active, military**
b (= department; system) service m ◆ **medical/public/social** etc **services** services mpl médicaux/publics/sociaux etc ◆ **customs service** service m des douanes ◆ **when I was in the Services** (Mil) quand j'étais dans l'armée (or la marine or l'aviation etc) ◆ **the Services were represented** (Mil) il y avait des représentants des forces armées ◆ **the train service to London is excellent** il y a d'excellentes liaisons ferroviaires avec Londres, Londres est très bien desservi par le train ◆ **do you know what the train service is (to London)?** connaissez-vous l'horaire des trains (pour Londres) ? ◆ **the number 4 bus service** la ligne (de bus numéro) 4 ; → **civil, health, postal**
c (= help etc rendered) service m ◆ **to do sb a service** rendre service à qn ◆ **for services rendered (to)** pour services rendus (à) ◆ **they dispensed with his services** ils se sont passés or privés de ses services ◆ **do you need the services of a lawyer?** avez-vous besoin (des services) d'un avocat ?
d (Rel) (gen) service m ; (Catholic) service m, office m ; (Protestant) service m, culte m ; → **evening, funeral**
e (= maintenance work) [of car etc] révision f ; [of household machine] service m après-vente ◆ **30,000-km service** (Aut) révision des 30 000 km ◆ **to put one's car in for service** donner sa voiture à réviser ; → **after**
f (= set of crockery) service m ◆ **coffee service** service m à café ; → **dinner, tea**
g (Tennis etc) service m
h **service of documents** (Jur) signification f or notification f d'actes ◆ **service of process** (Jur) signification f d'un acte judiciaire or d'une citation
2 **services** npl (on motorway) ⇒ **service station**
3 vt [+ car, washing machine] réviser ; (Fin) [+ debt] servir les intérêts de ; [+ organization, group] pourvoir aux besoins de, offrir ses services à ◆ **I put my car in to be serviced** j'ai donné ma voiture à réviser
4 COMP ▷ **service academy** n (US Mil) école f militaire ▷ **service agreement** n (Brit) contrat m de service après-vente ▷ **service area** n [of motorway] aire f de services ▷ **service break** n (Tennis) break m ▷ **service bus** n autobus m régulier ▷ **service centre** n service m après-vente ▷ **service charge** n service m ▷ **service department** n (= office etc) service m des réparations or d'entretien ; (= repair shop) atelier m de réparations ▷ **service dress** n (Brit Mil) tenue f de gala ▷ **service elevator** n (US) ⇒ **service lift** ▷ **service families** npl (Mil) familles fpl de militaires ▷ **service flat** n (Brit) appartement m avec service *(assuré par le personnel de l'immeuble)* ▷ **service game** n (Tennis) jeu m de service ▷ **service hatch** n passe-plat m ▷ **service industries** npl (Econ) services mpl, industries fpl de service ▷ **service lift** n (Brit) (for goods) monte-charge m inv ; (for personnel) ascenseur m de service ▷ **service line** n (Tennis) ligne f de service ▷ **service module** n (Space) module m de service ▷ **service provider** n prestataire m de services ▷ **service rifle** n (Mil) fusil m de guerre ▷ **service road** n (Brit) (= access road) voie f or chemin m d'accès ; (for works traffic) voie f de service ▷ **service sector** n (Econ) secteur m tertiaire ▷ **service station** n (Aut) station-service f ▷ **service tree** n (Bot) sorbier m ▷ **service tunnel** n tunnel m de service

serviceable [ˈsɜːvɪsəbl] → SYN adj a (= practical) fonctionnel ◆ **the furniture was plain but serviceable** les meubles étaient simples mais fonctionnels
b (= usable, operative) utilisable ◆ **an old but still serviceable washing machine** une vieille machine à laver encore utilisable or qui marche encore

serviceberry [ˈsɜːvɪsˌberɪ] n a (= bush) amélanchier m
b (= berry) baie f d'amélanchier

serviceman [ˈsɜːvɪsmən] n, pl **-men** (Mil) militaire m

servicewoman [ˈsɜːvɪsˌwʊmən] n, pl **-women** (Mil) femme f soldat

servicing [ˈsɜːvɪsɪŋ] n [of car] révision f ; [of washing machine etc] entretien m

serviette [ˌsɜːvɪˈet] (esp Brit) 1 n serviette f (de table)

2 COMP ▷ **serviette ring** n rond m de serviette

servile [ˈsɜːvaɪl] adj person, behaviour servile, obséquieux, rampant ; flattery etc servile

servility [sɜːˈvɪlɪtɪ] n servilité f

serving [ˈsɜːvɪŋ] 1 n a (= action) service m

b (= portion) portion f, part f

2 adj (in office) ◆ **the serving chairman** etc le président etc en exercice

3 COMP ▷ **serving dish** n plat m ▷ **serving hatch** n passe-plat m ▷ **serving spoon** n grande cuillère or cuiller f *(pour servir)*

servitude [ˈsɜːvɪtjuːd] n servitude f, asservissement m ; (= slavery) esclavage m ; → **penal**

servo [ˈsɜːvəʊ] n (abbrev of **servo-mechanism, servo-motor**) → **servo-**

servo- [ˈsɜːvəʊ] pref servo ... ◆ **servo-assisted** assisté ◆ **servo-control** servocommande f ◆ **servo-mechanism** servomécanisme m ◆ **servo-motor** servomoteur m

sesame [ˈsesəmɪ] 1 n sésame m ◆ **open Sesame!** Sésame ouvre-toi !

2 COMP ▷ **sesame oil** n huile f de sésame ▷ **sesame seeds** npl graines fpl de sésame

sesh * [seʃ] n (= session) séance f

sesquipedalian [ˌseskwɪpɪˈdeɪlɪən] adj polysyllabe

session [ˈseʃən] → SYN 1 n a (= sitting: gen, Admin, Jur, Parl etc) séance f ; (= lesson) cours m ◆ **a yoga session, a session of yoga** un cours or une séance de yoga ◆ **two afternoon sessions a week** deux séances (or cours) par semaine l'après-midi ◆ **the morning/afternoon session** (Brit Scol) les cours mpl du matin/de l'après-midi ◆ **a photo session** une séance de photos ◆ **I had a session with him yesterday** (working) nous avons travaillé ensemble hier ; (in discussion) nous avons eu une (longue) discussion hier ◆ **we're in for a long session** nous n'aurons pas fini de sitôt ; → **jam**[2], **recording**

b (NonC: Admin, Jur, Parl etc) séance f, session f ◆ **to be in session** siéger ◆ **this court is now in session** le tribunal est en session or en séance, l'audience est ouverte ◆ **to go into secret session** siéger en séance secrète or à huis clos ; → **quarter**

c (Scol, Univ) (= year) année f (universitaire or scolaire) ; (US = term) trimestre m (universitaire)

2 COMP ▷ **session musician** n (Mus) musicien(ne) m(f) de studio

set [set] → SYN vb : pret, ptp **set** 1 n a [of objects] jeu m, série f, assortiment m ; (= kit) trousse f ; [of sails, oars, keys, golf clubs, knives, spanners] jeu m ; [of ties, pens] jeu m, assortiment m ; [of chairs, saucepans, weights, numbers, stamps] série f ; [of books, ornaments, toy cars] collection f ; [of bracelets, magazines] collection f, série f ; [of dishes, plates, mugs] service m ; [of tyres] train m ; [of jewels] parure f ; [of theories] corps m, ensemble m ◆ **I need two more to make up the set** il m'en manque deux pour avoir le jeu complet or toute la série ◆ **in sets of three** par séries or jeux de trois ◆ **in sets** en jeux complets, en séries complètes ◆ **it makes a set with those over there** cela forme un ensemble avec les autres là-bas ◆ **a set of rooms** un appartement ◆ **a set of kitchen utensils** une batterie de cuisine ◆ **I bought her a set of hairclasps** je lui ai acheté des barrettes assorties ◆ **set of teeth** (natural) dentition f, denture f ; (false) dentier m ◆ **top/bottom set** [of false teeth] appareil m pour la mâchoire supérieure/inférieure ◆ **a set of dining-room furniture** un mobilier or un ensemble de salle à manger ◆ **he had a whole set of telephones on his desk** il avait toute une collection or batterie (hum) de téléphones sur son bureau ◆ **sewing set** trousse f de couture ◆ **painting set** boîte f de peinture ◆ **chess/draughts set** jeu m d'échecs/de dames ; → **tea**

b (Tennis) set m ◆ **set to Henman** set Henman

c (Math, Philos) ensemble m

d (Elec) appareil m ; (Rad, TV) poste m ; → **headset, transistor, wireless**

e (= group of people) groupe m, bande f (also pej) ; (larger) cercle m, monde m, milieu m ◆ **the golfing set** le monde du golf ◆ **the literary set** le monde des lettres, les milieux mpl littéraires ◆ **I'm not in their set, we're not in the same set** nous ne sommes pas du même monde or milieu, je n'appartiens pas à leur cercle ◆ **a set of thieves/gangsters** etc une bande de voleurs/gangsters etc ◆ **they're just a set of fools!** ce n'est qu'une bande d'imbéciles ! ; → **jet**[1]

f (Brit Scol) groupe m de niveau

g (= stage) (Cine) plateau m ; (Theat) scène f ; (= scenery) décor m ◆ **on (the) set** (Cine) sur le plateau ; (Theat) en scène

h (Mus = part of concert) set m, partie f

i (Hairdressing) mise f en plis ◆ **to have a set** se faire faire une mise en plis ; → **shampoo**

j (NonC = position, posture, direction etc) [of body] position f, attitude f ; [of head] port m ; [of shoulders] position f ; [of tide, wind] direction f ; [of opinion, sb's mind etc] tendance f

k (liter) **at set of sun** au coucher du soleil

l (Hunting) arrêt m ; → **dead**

m (Hort) plante f à repiquer ◆ **onion sets** oignons mpl à repiquer

2 adj a (= unchanging) rule, price, time fixe ; smile etc figé ; purpose, dogma fixe, (bien) déterminé ; opinion, idea (bien) arrêté ; lunch à prix fixe ◆ **set in one's ways** conservateur (-trice f), routinier, qui tient à ses habitudes ◆ **set in one's opinions** immuable dans ses convictions ◆ **the set meal, the set menu** (in restaurant) le menu ◆ **set expression, set phrase** expression f consacrée or toute faite, locution f figée (frm) ; → **stone**

b (Hort) **the fruit is set** les fruits ont (bien) noué ; → **fair**

c (= prearranged) time, date fixé, décidé d'avance ; (Scol etc) book, subject au programme ; speech, talk étudié, préparé d'avance ; prayer liturgique

d (= determined) résolu, déterminé ◆ **to be set (up)on sth** vouloir qch à tout prix, avoir jeté son dévolu sur qch ◆ **since you are so set on it** puisque vous y tenez tant ◆ **to be set on doing sth** être résolu à faire qch, vouloir à tout prix faire qch ◆ **to be (dead) set against sth** s'opposer (absolument or formellement) à qch

e (= ready) prêt ◆ **they're all set!** ils sont fin prêts ! ◆ **to be all set to do sth** être prêt à or pour faire qch ◆ **the scene is set for ...** (fig) tout est prêt pour ... ◆ **on your marks, get set, go!** (Sport) à vos marques, prêts, partez !

f (Rugby) **set scrum** mêlée f ordonnée

3 vt a (= place, put) [+ object] mettre, poser, placer ; [+ signature etc] apposer ; [+ sentry, guard] poster ◆ **set it on the table/beside the window/over there** mettez-le or posez-le or placez-le sur la table/près de la fenêtre/là-bas ◆ **the house is set on a hill** la maison est située sur une colline ◆ **his stories, set in the Paris of 1890, ...** ses histoires, situées or qui se passent or qui se déroulent dans le Paris de 1890, ... ◆ **he set the scheme before the committee** il a présenté le projet au comité ◆ **I set him above Wordsworth** je le place or mets au-dessus de Wordsworth, je le considère supérieur à Wordsworth ◆ **what value do you set on this?** (lit) à quelle valeur or à quel prix estimez-vous cela ? ; (fig) quelle valeur accordez-vous à cela ? ◆ **we must set the advantages against the disadvantages** il faut peser le pour et le contre, il faut mettre en balance les avantages et les inconvénients ; ; for other phrases see **fire, foot, heart, store**

b (= arrange, adjust) [+ clock] [+ mechanism] régler ; [+ alarm] mettre ; (on display) [+ specimen, butterfly etc] monter ; [+ hen] faire couver ; [+ plant] repiquer ; (Typ) [+ type, page] composer ; (Med) [+ arm, leg] (in plaster) plâtrer ; (with splint) mettre une attelle à ; [+ fracture] réduire ◆ **he sets his watch by the radio** il règle sa montre sur la radio ◆ **set your watch to the right time/to 2pm** mettez votre montre à l'heure/à 14 heures ◆ **have you set the alarm clock?** est-ce que tu as mis le réveil ? ◆ **I've set the alarm for six** or **to wake me at six** j'ai mis le réveil à or pour six heures ◆ **he set the controls to automatic** (Aviat) il a mis les commandes sur automatique ◆ **to set sb's hair** faire une mise en plis à qn ◆ **to have one's hair set** se faire faire une mise en plis ; ; for other phrases see **sail, table**

c (= fix, establish) [+ date, deadline, limit] fixer ◆ **let's set a time for the meeting** fixons l'heure de la réunion ◆ **I've set myself a time limit** je me suis fixé une limite (de temps) or un délai ◆ **he set a new record for the 100 metres** il a établi un nouveau record pour le 100 mètres ◆ **they set the pass mark at ten** on a fixé la moyenne à dix ; ; for other phrases see **agenda, course, fashion, pace**

d (= give, assign) [+ task, subject] donner ; [+ exam, test] composer or choisir les questions de ; [+ texts, books] mettre au programme ◆ **I set them a difficult translation** je leur ai donné une traduction difficile (à faire) ◆ **to set sb a problem** poser un problème à qn ◆ **Molière is not set this year** Molière n'est pas au programme cette année ◆ **I set him the task of clearing up** je l'ai chargé de ranger or du rangement ; ; for other phrases see **example**

e (Brit Scol) **to set pupils for** or **in maths** répartir les élèves en groupes de niveau en maths

f (= cause to be, do, begin etc) **to set a dog on sb** lâcher or lancer un chien contre qn ; see also **set upon** ◆ **they set the police on to him** ils l'ont signalé à la police ◆ **she set my brother against me** elle a monté mon frère contre moi ◆ **to set sth going** mettre qch en marche ◆ **the news set me thinking** la nouvelle m'a fait réfléchir or m'a donné à réfléchir ◆ **that set him wondering whether ...** cela l'a porté or poussé à se demander si ... ◆ **this set everyone laughing** cela a fait rire tout le monde, à cela tout le monde s'est mis à rire ◆ **to set sb to do sth** faire faire qch à qn, donner à qn la tâche de faire qch ◆ **I set him to work at once** je l'ai mis au travail aussitôt ◆ **they set him to work mending the fence** ils lui ont fait réparer la barrière ◆ **to set o.s. to do sth** entreprendre de faire qch

g [+ gem] sertir (*in* dans), monter (*in* sur) ◆ **to set sth with jewels** orner or incruster qch de pierres précieuses

h [+ jelly, jam] faire prendre ; [+ concrete] faire prendre, faire durcir ; [+ dye, colour] fixer

4 vi a [sun, moon] se coucher ◆ **the setting sun** le soleil couchant

b [broken bone, limb] se ressouder ; [jelly, jam] prendre ; [glue] durcir ; [concrete] prendre, durcir ; [fruit] nouer ; (fig) [character] se former, s'affermir ◆ **quick-setting cement** ciment m prompt or à prise rapide ◆ **his face set in a hostile expression** son visage s'est figé dans une expression hostile

c (= begin) se mettre, commencer (*to doing sth* à faire qch) ◆ **to set to work** se mettre au travail, s'y mettre * ◆ **to set to work mending** or **to mend the lawnmower** entreprendre de or se mettre à réparer la tondeuse à gazon

5 COMP ▷ **set-aside** n (EC) jachère f obligatoire ▷ **set designer** n (Theat) décorateur m, -trice f de théâtre ▷ **set-in sleeve** n manche f rapportée ▷ **set piece** n (= fireworks) pièce f (de feu) d'artifice ; (Art, Literat, Mus) morceau m traditionnel ; (in music competition etc) morceau m de concours ; (Sport) combinaison f calculée ▷ **set point** n (Tennis) balle f de set ▷ **set scrum** n (Rugby) mêlée f fermée or ordonnée ▷ **set square** n équerre f (à dessin) ▷ **set theory** n (Math) théorie f des ensembles ▷ **set-to** * n (= fight) bagarre f ; (= quarrel) prise f de bec * ◆ **to have a set-to with sb** se bagarrer avec qn *, avoir une prise de bec avec qn * ▷ **set-top box** n (TV) décodeur m

► **set about** 1 vt fus a (= begin) [+ task, essay] se mettre à ◆ **to set about doing sth** se mettre à faire qch, entreprendre de faire qch ◆ **I don't know how to set about it** je ne sais pas comment m'y prendre

b (= attack) attaquer ◆ **they set about each other** (blows) ils en sont venus aux coups or aux mains ; (words) ils ont commencé à s'injurier

2 vt sep [+ rumour etc] faire courir ◆ **he set it about that ...** il a fait courir le bruit que ...

► **set apart** vt sep [+ object etc] mettre de côté or à part ◆ **his eyes are set wide apart** il a les yeux très écartés ◆ **that sets him apart from the others** (fig) cela le distingue des autres

► **set aside** vt sep a (= keep, save) mettre de côté, garder en réserve

b **she set her book aside when I came in** elle a posé son livre quand je suis entré c (= reject, annul) [+ request, objection, proposal, petition] rejeter ; [+ decree, will] annuler ; (Jur) [+ judgement, verdict] casser

► **set back** [1] vt sep a (= replace) remettre ◆ **set it back on the shelf** remets-le sur l'étagère

b **the house was set back from the road** la maison était (construite) en retrait de la route

c (= retard) [+ development, progress] retarder ; [+ clock] retarder (*by* de) ◆ **the disaster set back the project by ten years** le désastre a retardé de dix ans la réalisation du projet

d (* = cost) coûter ◆ **that car must have set him back a packet** * or **a good deal** cette voiture a dû lui coûter les yeux de la tête ◆ **how much did all that set you back?** combien tu as casqué * pour tout ça ?

[2] **setback** n → **setback**

► **set by** vt sep ⇒ **set aside a**

► **set down** vt sep a (= put down) [+ object] poser, déposer ; [+ passenger] laisser, déposer

b (Aviat) [+ plane] poser

c (= record) noter, inscrire ; [+ rules, guidelines] établir, définir ◆ **the 1990 convention set down rules for the treatment of asylum seekers** la convention de 1990 a établi or défini des règles relatives au traitement des demandeurs d'asile ◆ **to set sth down in writing** or **on paper** coucher or mettre qch par écrit ◆ **set it down on** or **to my account** (Comm) mettez-le or portez-le sur mon compte

d (= attribute) attribuer (*sth to sth* qch à qch) ◆ **the accident must be set down to negligence** l'accident doit être imputé à la négligence ◆ **we set it all down to the fact that he was tired** nous avons expliqué tout cela par sa fatigue, nous avons attribué tout cela à sa fatigue

e (= assess, estimate) **I had already set him down as a liar** je le tenais déjà pour menteur

► **set forth** [1] vi ⇒ **set off 1**

[2] vt sep [+ idea, plan, opinion] faire connaître, exposer ; [+ conditions, rules] inclure

► **set in** [1] vi (= begin) [complications, difficulties] survenir, surgir ; [disease] se déclarer ◆ **a reaction set in after the war** une réaction s'est amorcée après la guerre ◆ **the rain will soon set in** il va bientôt commencer à pleuvoir ◆ **the rain has set in for the night** il va pleuvoir toute la nuit ◆ **the rain has really set in now!** la pluie a l'air bien installée !

[2] vt sep (Sewing) [+ sleeve] rapporter

[3] **set-in** adj → **set**

► **set off** [1] vi (= leave) se mettre en route, partir ◆ **to set off on a journey/an expedition** partir en voyage/en expédition ◆ **he set off on a long explanation** (fig) il s'est lancé dans une longue explication

[2] vt sep a [+ bomb] faire exploser ; [+ firework] faire partir ; [+ mechanism, alarm, rise in inflation] déclencher ◆ **to set sb off (laughing/crying** etc**)** faire rire/pleurer etc qn ◆ **her remark set him off and she couldn't get a word in edgeways** après sa remarque il s'est lancé et elle n'a pas pu placer un mot

b (= enhance) [+ hair, eyes, picture, furnishings] mettre en valeur, faire valoir ; [+ complexion, colour] rehausser, mettre en valeur

c (= balance etc) **to set off profits against losses** balancer les pertes et les profits, opposer les pertes aux profits ◆ **we must set off the expenses against the profits** il faut déduire les dépenses des bénéfices ◆ **the profit on hats will set off the loss on ties** le bénéfice sur les chapeaux compensera le déficit sur les cravates

► **set on** vt fus ⇒ **set upon**

► **set out** [1] vi a (= leave, depart) se mettre en route (*for* pour), partir (*for* pour ; *from* de ; *in search of* à la recherche de)

b (= intend, propose) **he set out to explain why it had happened** il a cherché à or s'est proposé d'expliquer pourquoi cela s'était produit ◆ **I didn't set out to prove you were wrong** il n'était pas dans mon intention de prouver or mon but n'était pas de prouver que vous aviez tort ◆ **I set out to convince him he should change his mind** j'ai entrepris de le persuader de changer d'avis ◆ **the book sets out to show that ...** ce livre a pour objet or but de montrer que ...

[2] vt sep [+ books, goods] exposer ; [+ chessmen etc on board] disposer ; (fig) [+ reasons, ideas] présenter, exposer ◆ **the conditions are set out in paragraph three** les modalités sont indiquées or prévues au paragraphe trois ◆ **it's very clearly set out here** c'est expliqué or exposé ici de façon très claire ◆ **the information is well set out on the page** l'information est bien présentée sur la page

► **set to** [1] vi (= start) commencer, se mettre (*to do sth* à faire qch) ; (= start work) s'y mettre * ◆ **they set to with their fists** ils en sont venus aux coups (de poing)

[2] **set-to** * n → **set**

► **set up** [1] vi (Comm etc) ◆ **to set up in business as a grocer** s'établir épicier ◆ **he set up in business in London** il a monté une affaire or une entreprise à Londres

[2] vt sep a (= place in position) [+ chairs, table, stall] placer, installer ; [+ tent] dresser ; [+ monument, statue] ériger, dresser ◆ **to set up type** (Typ) assembler les caractères, composer ◆ **to set up camp** établir un camp

b (= start, establish) [+ school, institution] fonder ; [+ business, company, fund] créer, lancer ; [+ tribunal, government, committee] constituer ; [+ fashion] lancer ; [+ record] établir ; [+ theory] avancer ◆ **to set up an inquiry** ouvrir une enquête ◆ **to set up house** or **home** s'installer ◆ **they've set up home in Toulon/Spain** ils se sont installés à Toulon/en Espagne ◆ **they set up house** or **home together** ils se sont mis en ménage ◆ **to set up shop** (Comm) ouvrir un commerce or un magasin, s'établir ; (fig) s'établir, s'installer ◆ **he set up shop as a grocer** il s'est établi épicier, il a ouvert une épicerie ◆ **he set up shop as a doctor** * (fig) il s'est installé comme médecin ◆ **to set sb up in business** établir or lancer qn dans les affaires ◆ **he's all set up now** il est bien établi or lancé maintenant ◆ **I've set it all up for you** je vous ai tout installé or préparé

c (= pose) **I've never set myself up as a scholar** je n'ai jamais prétendu être savant

d (after illness) rétablir, remettre sur pied

e (= equip) munir, approvisionner (*with* de)

f (* = falsely incriminate) monter un coup contre ◆ **I've been set up** je suis victime d'un coup monté

g (* = lure into a trap) piéger

[3] **setup** * n → **setup**

[4] **setting-up** n → **setting**

► **set upon** vt fus (= attack) (physically) attaquer, se jeter sur ; (verbally) attaquer

seta ['si:tə] n, pl **setae** ['si:ti:] (Zool) soie f

setaceous [sɪ'teɪʃəs] adj (Bot) sétacé

setback ['setbæk] → SYN n (= hitch) contretemps m ; (more serious) revers m, échec m ; (in health) rechute f

Seth [seθ] n (Rel) Seth m

setiferous [sɪ'tɪfərəs] adj (Zool) sétifère, sétigère

setose ['si:təʊs] adj (Zool) sétifère, sétigère

setscrew ['setskru:] n (Tech) vis f sans tête

sett [set] n a (in roadway etc) pavé m

b [of badger] terrier m

settee [se'ti:] [1] n canapé m

[2] COMP ▷ **settee bed** n canapé-lit m

setter ['setəʳ] n a (= dog) setter m, chien m d'arrêt

b (= person) [of gems] sertisseur m ; → **typesetter**

setting ['setɪŋ] → SYN [1] n a (= surroundings, background) cadre m

b [of jewel] monture f

c (Mus) [of poem etc] mise f en musique ◆ **setting for piano** arrangement m pour piano

d (NonC) [of sun, moon] coucher m ; (= act of placing) mise f ; [of machine etc] réglage m ; (Typ) composition f ; (Med) [of fracture] réduction f ; [of limb, bone] pose f d'un plâtre or d'une attelle (*of* à)

e (= hardening) [of jam] épaississement m ; [of cement] solidification f, durcissement m

f (Brit Scol) répartition f par groupes de niveaux

[2] COMP ▷ **setting lotion** n lotion f or fixateur m pour mise en plis ▷ **setting ring** n (Phot) bague f de réglage ▷ **setting-up** n [of institution, company etc] création f, lancement m ; (Typ) composition f ▷ **setting-up exercises** npl exercices mpl d'assouplissement

settle¹ ['setl] n banc m à haut dossier

settle² ['setl] → SYN [1] vt a (= install, make comfortable) [+ child, patient] installer ◆ **to settle a child for the night** installer un enfant pour la nuit ◆ **he settled his daughter in a flat** il a installé sa fille dans un appartement ◆ **she settled her head back against the head-rest** elle a reposé sa tête sur l'appui-tête ◆ **he settled himself into the chair** il s'est installé (confortablement) dans le fauteuil ◆ **he settled himself in the saddle** il s'est installé sur la selle ◆ **he is a difficult horse to settle** c'est un cheval nerveux ◆ **he settled his gaze** or **his eyes on my face** son regard se posa or s'arrêta sur mon visage ; see also **settled**

b (= sort out, resolve) [+ question, matter, argument, legal dispute, case] régler ; [+ problem] résoudre ; [+ one's affairs] régler, mettre en ordre ; (= fix, agree on) [+ conditions, terms, details, date] fixer ◆ **to settle one's difficulties** résoudre ses problèmes ◆ **they have settled their differences** ils ont réglé leurs différends ◆ **several points remain to be settled** il reste encore plusieurs points à régler ◆ **the result was settled in the first half** (Ftbl etc) la première mi-temps a décidé du résultat ◆ **that settles it** (= no more problem) comme ça le problème est réglé ; (= that's made my mind up) ça me décide ◆ **settle it among yourselves** réglez or arrangez ça entre vous ◆ **that's settled then?** alors c'est entendu ? ◆ **nothing is settled** on n'a encore rien décidé ◆ **I'll settle him!** * je vais lui régler son compte ! * ; see also **settled ;** → **score**

c (= pay) [+ debt] rembourser, s'acquitter de ; [+ bill, account] régler ; see also **account**

d (= calm, stabilize) [+ nerves] calmer ; [+ doubts] apaiser, dissiper ◆ **he sprinkled water on the floor to settle the dust** il a aspergé le sol d'eau pour empêcher la poussière de voler ◆ **to settle one's stomach** or **digestion** calmer or soulager les douleurs d'estomac

e (Jur = bequeath) **to settle sth on sb** faire don de qch à qn ; (in will) léguer qch à qn

f [+ land] (= colonize) coloniser ; (= inhabit) peupler ; see also **settled**

[2] vi a (= land, alight) [bird, insect] se poser (*on* sur)

b (= sink) [sediment, coffee grounds, tea leaves] se déposer ; [wall] se tasser ; [building] s'affaisser ◆ **contents of the packet may settle during transit** (Comm) le contenu du paquet peut se tasser pendant le transport

c (= become permanent) [snow] tenir ; [dust etc] retomber ; see also **2e** ◆ **to settle on sth** [dust, snow] couvrir qch ◆ **the wind settled in the east** le vent a définitivement tourné à l'est ◆ **the weather has settled** le temps s'est mis au beau fixe ◆ **the cold has settled on his chest** son rhume s'est transformé en bronchite ◆ **a feeling of calm/gloom settled on him** un sentiment de calme descendit sur lui/de tristesse s'abattit sur lui ◆ **an expression of sorrow settled on his face** une expression de tristesse apparut sur son visage ◆ **her eyes** or **gaze settled on him** son regard s'arrêta or se posa sur lui ; see also **settled**

d (= get comfortable) **to settle into an armchair** s'installer (confortablement) dans un fauteuil ◆ **to settle into one's new job** s'habituer or se faire à son nouvel emploi ◆ **to settle into a routine** adopter une routine ◆ **to settle into a habit** prendre une habitude or un pli ◆ **to settle to sth** se mettre (sérieusement) à qch, s'appliquer à qch ◆ **I can't settle to anything** je suis incapable de me concentrer ◆ **let your meal settle before you go swimming** attends d'avoir digéré avant de te baigner ◆ **things are settling into shape** cela commence à prendre tournure

e (= calm down) [emotions] s'apaiser ; [conditions] redevenir normal ; [situation] redevenir normal, s'arranger ◆ **when the dust has settled** (fig) quand les choses se seront tassées *

f (= go to live) s'installer, se fixer ; (as colonist) s'établir ◆ **he settled in London/in France** il s'est installé or fixé à Londres/en

France ◆ **the Dutch settled in South Africa** les Hollandais se sont établis en Afrique du Sud

g (= sort out, accept) **to settle with sb for the cost of the meal** régler qn pour le prix du repas, régler le prix du repas à qn ◆ **I'll settle for all of us** je vais régler la note (pour tout le monde) ◆ **to settle out of court** (Jur) arriver à un règlement à l'amiable ◆ **he settled for $200** il s'est contenté de 200 dollars, il a accepté 200 dollars ◆ **they settled on $200** ils se sont mis d'accord sur 200 dollars ◆ **will you settle for a draw?** accepteriez-vous un match nul ?

h (= choose, decide on) **to settle on sth** fixer son choix sur qch, opter or se décider pour qch

▶ **settle down** **1** vi [person] (in armchair etc) s'installer (*in* dans) ; (= take up one's residence etc) s'installer, se fixer ; (= become calmer) se calmer ; (after wild youth etc) se ranger, s'assagir ; [excitement, emotions] s'apaiser ; [situation, conditions] s'arranger, redevenir normal, se tasser * ◆ **he settled down to read the document** il s'est installé pour lire tranquillement le document ◆ **to settle down to work** se mettre (sérieusement) au travail ◆ **he has settled down in his new job** il s'est adapté or s'est fait à son nouvel emploi ◆ **to settle down at school** s'habituer or s'adapter à l'école ◆ **it's time he got married and settled down** il est temps qu'il se marie (subj) et qu'il ait une vie stable ◆ **he can't settle down anywhere** il n'arrive à se fixer nulle part ◆ **he took some time to settle down in Australia/to civilian life** il a mis du temps à s'habituer or à s'adapter à la vie en Australie/à la vie civile ◆ **when things have settled down again** quand les choses se seront calmées or se seront tassées *

2 vt sep installer ◆ **to settle o.s. down in an armchair** s'installer confortablement dans un fauteuil ◆ **he settled the child down on the settee** il a installé l'enfant sur le canapé

▶ **settle in** vi (= get things straight) s'installer ; (= get used to things) s'adapter ◆ **the house is finished and they're quite settled in** la maison est terminée et ils sont tout à fait installés ◆ **we took some time to settle in** nous avons mis du temps à nous adapter

▶ **settle up** **1** vi régler (la note) ◆ **to settle up with sb** (financially) régler qn ; (fig) régler son compte à qn * ◆ **let's settle up** faisons nos comptes ◆ **we'll settle up for the petrol later** nous ferons nos comptes pour l'essence plus tard

2 vt sep [+ bill] régler

settled ['setld] **1** vb (pret (ptp of settle²)

2 adj **a** weather stable ◆ **the weather is settled** le temps est stable

b land, area (= colonized) colonisé ; (= inhabited) habité, peuplé

c (= unchanging) social order, life, team établi ◆ **a man of settled habits** un homme aux habitudes régulières

d (= at ease: in new job, home etc) **I feel settled** j'ai fait mon trou *, je me sens bien ◆ **to get settled** s'installer

e question, matter réglé

settlement ['setlmənt] → SYN n **a** (NonC) [of question, argument, bill, debt] règlement m ; [of conditions, terms, details, date] décision f (*of* concernant) ; [of problem] solution f ◆ **in settlement of an account** pour or en règlement d'un compte

b (= agreement) accord m ◆ **to reach a settlement** arriver à or conclure un accord ◆ **the chances of a settlement** les chances d'un accord ; → **negotiate, wage**

c (Jur) donation f (*on sb* en faveur de qn) ; (= act of settling) constitution f ; (= income) rente f ; (= dowry) dot f ; → **marriage**

d (= colonization) colonisation f ; (= colony) colonie f ; (= village) village m, hameau m ; (= homestead) ferme f or habitation f (isolée) ; → **penal**

e (for social work: also **settlement house**) centre m d'œuvres sociales

f (Constr: of building etc) tassement m

settler ['setlər] → SYN n colon m, colonisateur m, -trice f

settlor ['setlər] n (Fin, Jur) constituant m

setup ['setʌp] → SYN **1** n **a** (= way sth is organised) **what's the setup?** comment est-ce que c'est organisé or que ça marche ? ◆ **it's an odd setup** c'est une drôle de situation ◆ **I don't like that setup at all** je n'aime pas l'allure de tout ça * ◆ **when did he join the setup?** quand est-ce qu'il est entré là-dedans ?

b * (= trick) coup m monté, machination f ; (= trap) piège m

2 COMP ▷ **setup file** n (Comput) fichier m de configuration

seven ['sevn] **1** adj sept inv

2 n sept m inv ; for phrases see **six**

3 pron sept ◆ **there are seven** il y en a sept

4 COMP ▷ **the seven deadly sins** npl (liter) les sept péchés mpl capitaux ▷ **seven-league boots** npl bottes fpl de sept lieues ▷ **the seven seas** npl toutes les mers fpl (du globe) ◆ **to sail the seven seas** parcourir les mers ▷ **the Seven Sisters** npl (Astron, Myth) les Pléiades fpl ; (US Univ) groupe de sept universités pour jeunes filles dans le nord-est des États-Unis ▷ **the seven wonders of the world** npl les sept merveilles fpl du monde ▷ **the seven-year itch** * n sentiment d'insatisfaction après sept ans de mariage

sevenfold ['sevn,fəʊld] **1** adj septuple
2 adv au septuple

seventeen [,sevn'ti:n] **1** adj dix-sept inv
2 n dix-sept m inv ; for phrases see **six**
3 pron dix-sept ◆ **there are seventeen** il y en a dix-sept

seventeenth [,sevn'ti:nθ] **1** adj dix-septième
2 n dix-septième mf ; (= fraction) dix-septième m ; for phrases see **sixth**

seventh ['sevnθ] **1** adj septième
2 n **a** septième mf ; (= fraction) septième m ; for phrases see **sixth**
b (Mus) septième f
3 COMP ▷ **Seventh Day Adventist** n adventiste mf du septième jour ; → **heaven**

seventieth ['sevntɪɪθ] **1** adj soixante-dixième, septantième (Belg, Helv)
2 n soixante-dixième mf ; (= fraction) soixante-dixième m ; for phrases see **sixth**

seventy ['sevntɪ] **1** adj soixante-dix inv, septante inv (Belg, Helv)
2 n soixante-dix m inv ◆ **he's in his seventies** il est septuagénaire, il a plus de soixante-dix ans ; for other phrases see **sixty**
3 pron soixante-dix ◆ **there are seventy** il y en a soixante-dix

sever ['sevər] **1** vt [+ rope etc] couper, trancher ; (fig) [+ relations] rompre, cesser ; [+ communications] interrompre ◆ **to sever one's connections with sb** cesser toutes relations avec qn ; (Comm) se dissocier de qn
2 vi [rope etc] se rompre

severability [,sevərə'bɪlɪtɪ] n (Jur) autonomie f des dispositions du contrat

several ['sevrəl] → SYN **1** adj **a** (in number) plusieurs ◆ **several times** plusieurs fois ◆ **several hundred people** plusieurs centaines de personnes

b (frm = separate) **they went their several ways** (lit) ils sont partis chacun de leur côté ; (fig) la vie les a séparés ◆ **their several occupations** leur diverses ou différentes occupations fpl ; → **joint**

2 pron plusieurs mfpl ◆ **several of them** plusieurs d'entre eux (or elles) ◆ **several of us saw the accident** plusieurs d'entre nous ont vu l'accident, nous sommes plusieurs à avoir vu l'accident ◆ **several of us passed the exam** nous sommes plusieurs à avoir été reçus à l'examen

severally ['sevrəlɪ] adv séparément, individuellement

severance ['sevərəns] **1** n séparation f (*from* de) ; [of relations] rupture f ; [of communications] interruption f
2 COMP ▷ **severance motion** n (US Jur) demande f de procès séparés (par des coaccusés) ▷ **severance package, severance pay** n indemnité f de licenciement

severe [sɪ'vɪər] → SYN adj **a** (= serious, intense) problem, consequences, damage, shortage, injury, illness, disability grave ; blow, defeat sévère ; loss sévère, lourd ; hardship, setback sérieux ;

competition serré, acharné ; pain vif (before n) ; migraine, pressure fort ; storm violent ; frost fort ; climate, winter rigoureux ; cold intense ◆ **a severe cold** un gros rhume

b (= strict) person, expression, penalty, measure sévère ◆ **it was a severe test of her patience** cela a mis sa patience à rude épreuve

c (= austere) clothes sévère ◆ **her style of dress was somewhat severe** elle s'habillait de façon un peu austère

severely [sɪ'vɪəlɪ] → SYN adv **a** damage, disrupt, injure, affect gravement ; strain, limit, hamper sérieusement ◆ **severely ill/depressed/disabled** gravement malade/déprimé/handicapé ◆ **he's severely subnormal** c'est un débile profond

b punish, reprimand, criticize, look sévèrement
c dress sévèrement

severity [sɪ'verɪtɪ] → SYN n (NonC) [of problem, crisis, recession, illness, injury] gravité f ; [of punishment, criticism, building, clothes, tone] sévérité f ; [of pain, storm] violence f ; [of winter] rigueur f

Seville [sə'vɪl] **1** n Séville
2 COMP ▷ **Seville orange** n (Brit) orange f amère, bigarade f ▷ **Seville orange tree** n (Brit) bigaradier m

sew [səʊ] pret **sewed**, ptp **sewn, sewed** **1** vt coudre ◆ **to sew a button on sth** coudre un bouton à qch ; (if button missing) recoudre un bouton à qch ◆ **to sew two pieces of material together** coudre deux morceaux de tissu ensemble
2 vi coudre, faire de la couture

▶ **sew on** vt sep [+ button etc] (gen) coudre ; (also **sew back on**) recoudre

▶ **sew up** vt sep [+ tear] recoudre ; [+ seam] faire ; [+ sack] fermer par une couture ; [+ wound] (re)coudre, suturer ◆ **to sew sth up in a sack** coudre qch dans un sac ◆ **we've got the contract all sewn up** * le contrat est dans le sac * or dans la poche * ◆ **the French market is pretty well sewn up** * le marché français est pratiquement verrouillé ◆ **they've got the match all sewn up** * ils ont le match dans leur poche * ◆ **it's all sewn up now** * l'affaire est dans le sac *

sewage ['sju:ɪdʒ] **1** n (NonC) eaux fpl d'égout or usées
2 COMP ▷ **sewage disposal** n évacuation f des eaux usées ▷ **sewage farm** n champ m d'épandage ▷ **sewage pipe** n égout m ▷ **sewage works** n ⇒ **sewage farm**

sewer ['sjʊər] **1** n égout m ; → **main**
2 COMP ▷ **sewer gas** n gaz m méphitique (d'égouts) ▷ **sewer rat** n rat m d'égout

sewerage ['sjʊərɪdʒ] n **a** (= disposal) évacuation f des vidanges ; (= system) (système m d'égouts mpl ; (= cost of service) frais mpl de vidange
b ⇒ **sewage**

sewing ['səʊɪŋ] **1** n (NonC) (= activity, skill) couture f ; (= piece of work) ouvrage m ◆ **I like sewing** j'aime coudre or la couture ◆ **she put her sewing down** elle a posé son ouvrage
2 COMP ▷ **sewing basket** n boîte f à couture ▷ **sewing bee** n (US) **they have a sewing bee on Thursdays** elles se réunissent pour coudre le jeudi ▷ **sewing cotton** n fil m de coton, fil m à coudre ▷ **sewing machine** n machine f à coudre ▷ **sewing silk** n fil m de soie

sewn [səʊn] vb (ptp of **sew**)

sex [seks] → SYN **1** n **a** sexe m ◆ **the gentle** or **weaker sex** († or hum) le sexe faible

b (NonC = sexual act) rapports mpl sexuels, relations fpl sexuelles ◆ **to have sex (with sb)** faire l'amour (avec qn), avoir des rapports (sexuels) avec qn ◆ **all he ever thinks about is sex** * ◆ **he's got sex on the brain** * il ne pense qu'au sexe or qu'à ça * ◆ **sex outside marriage** relations fpl (sexuelles) hors mariage

2 vt [+ chick etc] déterminer le sexe de
3 COMP education, instinct sexuel ▷ **sex act** n acte m sexuel ▷ **sex aid** n gadget m érotique ▷ **sex-and-shopping** adj (Brit) sex-and-shopping novel roman de gare, érotique et superficiel ▷ **sex appeal** n sex-appeal m ▷ **sex change (operation)** n (opération f de) changement m de sexe ◆ **to have** or **undergo**

sexagenarian / shaft

a **sex change (operation)** se faire opérer pour changer de sexe ▷ **sex chromosome** n (Bio) chromosome m sexuel, hétérochromosome m ▷ **sex clinic** n clinique f de sexologie ▷ **sex-crazy** * adj he is sex-crazy c'est un obsédé (sexuel) ▷ **sex discrimination** n discrimination f sexuelle ▷ **sex drive** n pulsion f sexuelle ▷ **sex fiend** n satyre * m ▷ **sex goddess** n bombe f sexuelle ▷ **sex hormone** n hormone f sexuelle ▷ **sex hygiene** (US) hygiène f sexuelle ▷ **the sex industry** n l'industrie f du sexe ▷ **sex kitten** * n minette f très sexy ▷ **sex life** n vie f sexuelle ▷ **sex-linked** adj (Bio) lié au sexe ▷ **sex-mad** * adj ⇒ **sex-crazy** ▷ **sex maniac** n obsédé(e) sexuel(le) m(f) ▷ **sex manual** n ouvrage m sur le sexe ▷ **sex object** n objet m sexuel ▷ **sex offender** n délinquant(e) sexuel(le) m(f) ▷ **sex organ** n organe m sexuel ▷ **sex partner** n partenaire mf sexuel(le) ▷ **sex pot** * n fille f ou femme f très sexy* ▷ **sex-ridden** adj person qui ramène tout au sexe ; book farci de sexe ▷ **sex scene** n (Cine, Theat) scène f érotique ▷ **sex shop** n sex-shop m, boutique f porno inv ▷ **sex show** n spectacle m érotique ▷ **sex-starved** * adj (sexuellement) frustré * ▷ **sex symbol** n sex-symbol m ▷ **sex therapist** n sexologue mf ▷ **sex therapy** n sexologie f ▷ **sex tourism** n tourisme m sexuel ▷ **sex urge** n ⇒ **sex drive** ▷ **sex worker** n travailleur (-euse m(f)) sexuel ((le))

sexagenarian [ˌseksədʒɪˈnɛərɪən] adj, n sexagénaire mf

Sexagesima [seksəˈdʒesɪmə] n Sexagésime f

sexed [sekst] adj **a** (Bio, Zool) sexué
b to be highly sexed avoir une forte libido

sexily [ˈseksɪlɪ] adv de façon sexy*

sexiness [ˈseksɪnɪs] n (NonC) [of person, voice, eyes] sex-appeal m ; (* fig) [of subject, issue] côté m excitant

sexism [ˈseksɪzəm] n sexisme m

sexist [ˈseksɪst] adj sexiste

sexless [ˈsekslɪs] adj person (also Bio) asexué ◆ a **sexless marriage** une vie conjugale sans rapports sexuels

sexologist [sekˈsɒlədʒɪst] n sexologue mf

sexology [sekˈsɒlədʒɪ] n sexologie f

sexploitation * [ˌseksplɔɪˈteɪʃən] n utilisation de l'image de la femme-objet dans la publicité etc.

sext [sekst] n sexte f

sextant [ˈsekstənt] n sextant m

sextet [seksˈtet] n (= players, composition) sextuor m

sexton [ˈsekstən] n sacristain m, bedeau m

sextuplet [seksˈtjuːplɪt] n sextuplé(e) m(f)

sexual [ˈseksjʊəl] → SYN 1 adj sexuel
2 COMP ▷ **sexual abuse** n sévices mpl sexuels, abus m sexuel ▷ **sexual equality** n égalité f des sexes ▷ **sexual harassment** n harcèlement m sexuel ▷ **sexual intercourse** n rapports mpl sexuels ▷ **sexual orientation** n orientation f sexuelle ▷ **sexual politics** n conventions définissant la place des individus dans la société en fonction de leur sexe ou de leurs préférences sexuelles ▷ **sexual services** npl commerce m sexuel tarifé ▷ **sexual stereotyping** n catégorisation f en stéréotypes sexuels

sexuality [ˌseksjʊˈælɪtɪ] → SYN n sexualité f

sexualize [ˈseksjʊəlaɪz] vt sexualiser

sexually [ˈseksjʊəlɪ] 1 adv a attractive, exciting, explicit, available, inadequate sexuellement ; threatening du point de vue sexuel ◆ to be **sexually abused** subir des sévices sexuels ◆ to be **sexually active** avoir une activité sexuelle ◆ **sexually aroused** excité sexuellement ◆ to be **sexually attracted to sb** avoir une attirance sexuelle pour qn ◆ **sexually harassed** soumis à un harcèlement sexuel
b (= by sex) segregated par le sexe
2 COMP ▷ **sexually transmitted disease** n maladie f sexuellement transmissible

sexy [ˈseksɪ] → SYN adj a (= sexually exciting) person, clothes sexy* inv ; voice séduisant ; image de séducteur (-trice f) ◆ **to look sexy** avoir l'air sexy* or séduisant

b (= interested in sex) to be or feel sexy avoir des envies ◆ to make sb feel sexy donner des envies à qn, exciter qn
c (* = exciting) subject, issue excitant

Seychelles [seɪˈʃel(z)] npl ◆ **the Seychelles** les Seychelles fpl

Seychellois [ˌseɪʃelˈwɑː] 1 adj seychellois
2 n Seychellois(e) m(f)

sez * [sez] ⇒ **says** ; → **say sez you!** (iro) que tu dis !* ◆ **sez who?** * ah oui ? (iro)

SF [esˈef] n (abbrev of **science fiction**) SF f

SFA [ˌeseˈfeɪ] (abbrev of **Scottish Football Association**) fédération f écossaise de football

SFO n (Brit) (abbrev of **Serious Fraud Office**) → **serious**

sforzando [sfɔːˈtsɑːndəʊ] adv (Mus) sforzando

sgd (abbrev of **signed**) → **sign** 2a

Sgt (abbrev of **Sergeant**) Sgt J. Smith (on envelopes) le Sergent J. Smith

sh [ʃ] excl chut

shabbily [ˈʃæbɪlɪ] adv a (= tattily) dressed pauvrement
b (= unfairly) behave mesquinement ; treat avec mesquinerie

shabbiness [ˈʃæbɪnɪs] n [of dress] aspect m élimé or râpé ; [of person] mise f pauvre ; [of behaviour, treatment] mesquinerie f, petitesse f

shabby [ˈʃæbɪ] → SYN 1 adj a (= tatty) person, clothes, district, house, furnishings miteux
b (= unfair) treatment, behaviour, compromise mesquin ◆ a **shabby trick** un vilain tour, une mesquinerie
2 COMP ▷ **shabby-genteel** adj pauvre mais digne ▷ **shabby-looking** adj de pauvre apparence

Shabuoth [ʃəˈvuːəs] n (Rel) Shavouoth

shack [ʃæk] n cabane f, hutte f

▶ **shack up** vi (= live) se mettre en ménage (with sb avec qn) ◆ to **shack up together** vivre ensemble ◆ he's **shacked up with that bird from Preston** il est à la colle avec la nana* de Preston

shackle [ˈʃækl] 1 **shackles** npl chaînes fpl, fers mpl ; (fig) chaînes fpl, entraves fpl
2 vt mettre aux fers, enchaîner ; (fig) entraver

shad [ʃæd] n, pl **shad** or **shads** alose f

shadberry [ˈʃædbərɪ] n baie f d'amélanchier

shadbush [ˈʃædbʊʃ] n amélanchier m

shaddock [ˈʃædək] n (= fruit) pomélo m

shade [ʃeɪd] → SYN 1 n a (NonC) ombre f ◆ **in the shade of a tree** à l'ombre or sous l'ombrage d'un arbre ◆ **40° in the shade** 40° à l'ombre ◆ **to put sb/sth in the shade** (fig) éclipser qn/qch
b [of colour] nuance f, ton m ; [of opinion] nuance f ◆ **several shades darker than that** plus sombre de plusieurs tons (que cela) ◆ **several shades of red** plusieurs nuances or tons de rouge ◆ **a new shade of lipstick** un nouveau ton or une nouvelle couleur de rouge à lèvres ◆ **a shade of meaning** une nuance
c (= hint, small amount) **a shade of vulgarity** un soupçon de vulgarité ◆ **there's not a shade of difference between them** il n'y a pas la moindre différence entre eux ◆ **a shade bigger** un tout petit peu or légèrement or un tantinet * plus grand ◆ **shades of Sartre!** voilà qui fait penser à Sartre !, ça rappelle Sartre !
d (= lampshade) abat-jour m inv ; (= eyeshade) visière f ; (US = blind) store m
e (liter = ghost) ombre f, fantôme m
2 **shades** * npl (= sunglasses) lunettes fpl de soleil
3 vt a [trees, parasol] donner de l'ombre à ; [person] [+ one's work etc] abriter du soleil or de la lumière ◆ **shaded place** endroit m ombragé or à l'ombre ◆ **he shaded his eyes with his hands** il s'abrita les yeux de la main ◆ **to shade a light** voiler une lampe
b (also **shade in**) [+ painting etc] ombrer, nuancer ; (by hatching) [+ outline, drawing etc] hachurer ; (= colour in) colorer (in en)
c [+ price] baisser or diminuer progressivement ◆ **prices shaded for quantities** tarif m dégressif pour commandes en gros ◆ **shaded charges tariff** tarif m dégressif
d (= narrowly win) gagner de justesse
4 vi (also **shade off**) a se dégrader (into jusqu'à), se fondre (into en) ◆ **the red shades (off) into pink** le rouge se fond en rose
b [prices] baisser

▶ **shade off** 1 vi ⇒ **shade** 4
2 vt sep [+ colours etc] estomper

shadiness [ˈʃeɪdɪnɪs] n (NonC) a (= shade) ombre f
b (fig) caractère m suspect or louche

shading [ˈʃeɪdɪŋ] n a (NonC) (in painting etc) ombres fpl, noirs mpl ; (= hatching) hachure(s) f(pl) ; (fig) nuance f
b (for plants) **to provide shading** faire de l'ombre

shadow [ˈʃædəʊ] → SYN 1 n a (= shade) ombre f ◆ **in the shadow of the tree** à l'ombre de l'arbre ◆ **in the shadow of the porch** dans l'ombre du porche ◆ **he was standing in (the) shadow** il se tenait dans l'ombre ◆ **I could see his shadow on the wall** je voyais son ombre (projetée) sur le mur ◆ **he's afraid or frightened or scared of his own shadow** il a peur de son ombre ◆ **to live in sb's shadow** vivre dans l'ombre de qn ◆ **to cast a shadow over sth** (lit) projeter une ombre sur qch ; (fig) assombrir qch ◆ **he's only a shadow of his former self** il n'est plus que l'ombre de lui-même ◆ **to have (dark) shadows under one's eyes** avoir les yeux cernés, avoir des cernes mpl sous les yeux
b (= darkness) **the shadows** l'obscurité f, les ténèbres fpl
c (= hint) **without a shadow of doubt** sans l'ombre d'un doute ◆ **not a shadow of truth** pas le moindre atome de vérité
d (fig = detective etc) personne f (or policier m or détective m etc) qui file quelqu'un ◆ **to put a shadow on sb** faire filer qn, faire prendre qn en filature
e (= inseparable companion) ombre f
2 vt (= follow) filer, prendre en filature
3 COMP ▷ **shadow-box** vi boxer dans le vide ▷ **shadow-boxing** n (Sport) boxe f dans le vide ; (fig) attaque f de pure forme, attaque f purement rituelle ▷ **shadow cabinet** n (Brit Parl) cabinet m fantôme ▷ **shadow Foreign Secretary** n (Brit Parl) he is (the) shadow Foreign Secretary il est le porte-parole de l'opposition pour les Affaires étrangères ▷ **shadow minister** n (Brit Pol) ministre m fantôme ▷ **shadow play** n spectacle m d'ombres chinoises

---

SHADOW CABINET

Dans le système parlementaire britannique, le "cabinet fantôme" (**Shadow Cabinet**) se compose des députés du principal parti d'opposition qui deviendraient ministres si leur parti était élu. Chaque ministre en fonction a donc un homologue dans l'opposition : au ministre de l'Intérieur (Home Secretary) ou des Finances (Chancellor) correspond donc un "**Shadow** Home Secretary" et un "**Shadow** Chancellor". Leur rôle est d'interroger le gouvernement sur sa politique dans leurs domaines de spécialité et d'être les porte-parole des opinions de leur parti.

---

shadowgraph [ˈʃædəʊgrɑːf] n (= silhouette) ombre f chinoise

shadowy [ˈʃædəʊɪ] → SYN adj a (= shady) place ombragé ; woods sombre, ombreux
b (= indistinct) figure, shape, outline, form confus, vague, indistinct ; idea, plan vague, indistinct
c (= mysterious) figure, group indéfini ◆ **the shadowy world of espionage** le monde mystérieux de l'espionnage

shady [ˈʃeɪdɪ] → SYN adj a (= shadowy) place ombragé ◆ **under a shady tree** à l'ombre d'un arbre
b (= dishonest) person, behaviour louche ; lawyer, deal véreux ◆ **to have a shady past** avoir un passé louche

shaft [ʃɑːft] → SYN 1 n a (= stem, handle) [of arrow, spear] hampe f ; [of tool, golf club] manche m ; [of feather] tuyau m ; [of column] fût m ; [of bone] diaphyse f ; (on cart, carriage, plough etc) brancard m; (Aut, Tech) arbre m; → **camshaft**

b (liter = arrow) flèche f ◆ **Cupid's shafts** les flèches fpl de Cupidon ◆ **shaft of light** rayon m or trait m de lumière ◆ **shaft of lightning** éclair m ◆ **shaft of sarcasm/wit** trait m de raillerie/d'esprit

c [of mine] puits m; [of lift, elevator] cage f; (for ventilation) puits m, cheminée f

2 vt (****** = have sex) baiser****** ◆ **we'll be shafted if that happens** (fig = defeat, ruin) si ça arrive, on sera baisés***** or niqués******

shag[1] [ʃæg] n (= tobacco) tabac m très fort

shag[2] [ʃæg] n (Orn) cormoran m huppé

shag[3] [ʃæg] **1** n (Brit) ◆ **to have a shag**** baiser******
2 vt (Brit****** = have sex with) baiser******
3 vi **a** (Brit****** = have sex) baiser******
b (US) **to shag off*** se tirer*****, foutre le camp*****

shag[4] * [ʃæg] vt (US = retrieve) [+ ball] récupérer

shag[5] [ʃæg] **1** n (= napped fabric) laine f à longues mèches
2 COMP ▷ **shag (pile) carpet** n moquette f à longues mèches ▷ **shag (pile) rug** n tapis m à longues mèches

shagged ** [ʃægd] adj ◆ **to be shagged (out)** être claqué* or crevé*

shaggy [ˈʃægɪ] → SYN **1** adj hair, beard hirsute; eyebrows, mane broussailleux; animal, fur à longs poils hirsutes; carpet, rug à longs poils
2 COMP ▷ **shaggy dog story** n histoire f sans queue ni tête

shagreen [ʃæˈgriːn] **1** n chagrin m (cuir)
2 COMP ▷ **shagreen ray** n (= fish) raie f chardon

Shah [ʃɑː] n schah or chah m

shake [ʃeɪk] → SYN vb : pret **shook**, ptp **shaken**
1 **a** (= movement) secousse f, ébranlement m; (= quiver) tremblement m ◆ **to give sth a shake** secouer qch ◆ **with a shake of his head** en refusant d'un hochement de tête, en hochant la tête en signe de refus ◆ **with a shake in his voice** la voix tremblante, d'une voix tremblante ◆ **to be all of a shake*** être tout tremblant ◆ **to have the shakes*** (from nerves) avoir la tremblote*; (from drink) trembler, être agité de tremblements ◆ **I'll be there in a shake*** j'arrive dans un instant or une seconde ◆ **in a brace** or **couple of shakes***, **in two shakes (of a lamb's tail)*** en un clin d'œil, en moins de deux* ◆ **he/it is no great shakes*** il/cela ne casse rien* ◆ **he's no great shakes*** **at swimming** or **as a swimmer** il n'est pas fameux or il ne casse rien* comme nageur

b (= drink) milk-shake m; → **handshake**, **milk**

2 vt **a** [+ duster, rug, person] secouer; [+ dice, bottle, medicine, cocktail] agiter; [+ house, windows etc] ébranler, faire trembler; (= brandish) [+ stick etc] brandir ◆ **"shake the bottle" "agiter avant emploi"** ◆ **to shake one's head** (in refusal) dire or faire non de la tête, hocher la tête en signe de refus; (at bad news) secouer la tête ◆ **he shook his finger at me** (playfully, warningly) il m'a fait signe du doigt; (threateningly) il m'a menacé du doigt ◆ **to shake one's fist/stick at sb** menacer qn du poing/de sa canne ◆ **to shake hands with sb**, **to shake sb's hand** serrer la main à qn ◆ **they shook hands** ils se sont serré la main ◆ **they shook hands on it** ils se sont serré la main en signe d'accord ◆ **shake a leg!*** (fig) remue-toi!, bouge-toi!* ◆ **to shake o.s. (or itself)** [person, animal] se secouer; (to remove sand, water etc) s'ébrouer ◆ **a man with more medals than you can shake a stick at*** un homme qui avait des tonnes* de médailles

b **to shake apples from a tree** secouer un arbre pour en faire tomber les pommes ◆ **he shook the sand out of his shoes** il a secoué ses chaussures pour en vider le sable ◆ **he shook two aspirins into his hand** il a fait tomber deux comprimés d'aspirine dans sa main ◆ **he shook pepper on to his steak** il a saupoudré son bifteck de poivre ◆ **he shook himself free** il s'est libéré d'une secousse ◆ **he shook (off) the dust of that country from his feet** (liter) il a décidé de ne plus remettre les pieds dans le pays

c (fig = weaken, impair) [+ confidence, belief, resolve] ébranler; [+ opinion] affecter;

[+ health] ébranler, compromettre; [+ reputation] nuire à, compromettre ◆ **even torture could not shake him** même la torture ne l'a pas fait céder

d (fig) (= amaze) stupéfier; (= disturb) secouer, bouleverser ◆ **this will shake you!** tu vas en être soufflé!*, ça va t'en boucher un coin!* ◆ **four days which shook the world** quatre jours qui ébranlèrent le monde ◆ **he needs to be shaken out of his smugness** il faudrait qu'il lui arrive (subj) quelque chose qui lui fasse perdre de sa suffisance; see also **shaken**

e (US *) → **shake off b**

3 vi **a** [person, hand, table] trembler; [building, windows, walls] trembler, être ébranlé; [leaves, grasses] trembler, être agité; [voice] trembler, trembloter ◆ **he was shaking with laughter, his sides were shaking** il se tordait (de rire) ◆ **to shake with cold** trembler de froid, grelotter ◆ **to shake with fear** trembler de peur ◆ **the walls shook at the sound** (fig) le bruit a fait trembler les murs; → **boot, shoe**

b (= shake hands) **they shook on the deal** ils ont scellé leur accord d'une poignée de main ◆ **let's shake on it!** tope là!, topez là!

4 COMP ▷ **shake-out** n (US Econ) tassement m ▷ **shake-up** n grande réorganisation f, grand remaniement m

▶ **shake down** **1** vi **a** (* = settle for sleep) se coucher, se pieuter***** ◆ **I can shake down anywhere** je peux pioncer***** or me pieuter***** n'importe où

b (= learn to work etc together) **they'll be a good team once they've shaken down** ils formeront une bonne équipe quand ils se seront habitués or faits les uns aux autres

c (= settle) [contents of packet etc] se tasser

2 vt sep **a** **to shake down apples from a tree** faire tomber des pommes en secouant l'arbre, secouer l'arbre pour en faire tomber les pommes ◆ **to shake down the contents of a packet** secouer un paquet pour en tasser le contenu

b (US) **to shake sb down for $50*** soutirer or faire cracher* 50 dollars à qn

c (US ** = frisk, search) [+ person] fouiller

3 shakedown n → **shakedown**

▶ **shake off** vt sep **a** **to shake off dust/sand/water from sth** secouer la poussière/le sable/l'eau de qch

b (fig = get rid of) [+ cold, cough] se débarrasser de; [+ yoke etc] se libérer de, s'affranchir de; [+ habit] se défaire de, perdre; [+ pursuer] se débarrasser de, semer*

▶ **shake out** **1** vt sep **a** [+ flag, sail] déployer; [+ blanket] bien secouer; [+ bag] vider en secouant ◆ **she picked up the bag and shook out its contents** elle a pris le sac et l'a vidé en le secouant ◆ **she shook 50p out of her bag** elle a secoué son sac et en a fait tomber 50 pence

b (Ind) dégraisser

2 shake-out n → **shake**

▶ **shake up** **1** vt sep **a** [+ pillow, cushion] secouer, taper; [+ bottle, medicine] agiter

b (fig = disturb) bouleverser, secouer ◆ **he was considerably shaken up by the news** il a été très secoué or il a été bouleversé par la nouvelle, la nouvelle lui a fait un coup*; see also **shook**

c (fig = rouse, stir) [+ person] secouer, secouer les puces à*; [+ firm, organization] réorganiser de fond en comble

2 shake-up n → **shake**

shakedown [ˈʃeɪkdaʊn] n (= bed) lit m de fortune; (US *) (= search) fouille f; (= extortion) extorsion f, chantage m

shaken [ˈʃeɪkn] adj (by being in accident) secoué; (by seeing accident) ébranlé ◆ **shaken but not stirred** martini préparé en secouant plutôt qu'en mélangeant; (hum) person secoué mais pas franchement ému

Shaker [ˈʃeɪkə^r] n, adj (Rel) Shaker mf

shaker [ˈʃeɪkə^r] n (for cocktails) shaker m; (for dice) cornet m; (for salad) panier m à salade; → **flour**

Shakespearean, **Shakespearian** [ʃeɪkˈspɪərɪən] adj shakespearien

shakily [ˈʃeɪkɪlɪ] adv stand up en chancelant; walk d'un pas mal assuré; speak d'une voix mal assurée; write d'une main tremblante

shakiness [ˈʃeɪkɪnɪs] n (NonC) [of hand] tremblement m; [of table, chair etc] manque m de stabilité or solidité; [of building] manque m de solidité; [of voice] chevrotement m; (fig) [of position] instabilité f; [of health] faiblesse f; [of knowledge] insuffisance f, faiblesse f

shako [ˈʃækəʊ] n, pl **shakos** or **shakoes** s(c)hako m

shaky [ˈʃeɪkɪ] → SYN adj **a** (= weak) person (from illness) chancelant; (from nerves) mal à l'aise

b (= trembling) person, legs (from fear, illness) flageolant, tremblant; (from age) tremblant; voice (from fear, illness) tremblant; (from age) chevrotant; (from nerves) mal assuré; hand tremblant; handwriting tremblé ◆ **her legs were shaky** elle flageolait sur ses jambes

c (= wobbly) table, building branlant, peu solide

d (= uncertain) start incertain; business, firm, deal à l'avenir incertain; argument boiteux; knowledge hésitant; health chancelant; prospects précaire ◆ **shaky finances** une situation financière incertaine ◆ **my Spanish is very shaky** mon espagnol est très hésitant ◆ **to get off to a shaky start** partir sur un mauvais pied

shale [ʃeɪl] **1** n argile f schisteuse, schiste m argileux
2 COMP ▷ **shale oil** n huile f de schiste

shall [ʃæl] modal aux vb, neg **shall not** often abbr to **shan't** see also **should** **a** (in 1st pers fut tense) **I shall** or **I'll arrive on Monday** j'arriverai lundi ◆ **we shall not** or **we shan't be there before 6 o'clock** nous n'y serons pas avant 6 heures ◆ **I'll come in a minute** je vais venir or je viens dans un instant

b (in 1st pers questions) **shall I open the door?** dois-je ouvrir la porte?, voulez-vous que j'ouvre (subj) la porte?, j'ouvre la porte?* ◆ **I'll buy three, shall I?** je vais en acheter trois, n'est-ce pas or d'accord*? ◆ **let's go in, shall we?** entrons, voulez-vous? ◆ **shall we ask him to come with us?** si on lui demandait de venir avec nous?

c (indicating command, guarantee etc) **it shall be done this way and no other** cela sera fait or doit être fait de cette façon et d'aucune autre ◆ **thou shalt not kill** (Bible) tu ne tueras point ◆ **you shall obey me** vous m'obéirez, vous devez m'obéir ◆ **you shan't have that job!** tu n'auras pas ce poste!

shallot [ʃəˈlɒt] n échalote f

shallow [ˈʃæləʊ] → SYN **1** adj **a** (= not deep) water, lake, grave, depression, container peu profond; soil mince; breathing superficiel ◆ **the shallow end of the bathing pool** le petit bain or bassin de la piscine

b (pej = superficial) person, mind, character, argument, novel, film superficiel; conversation futile

2 shallows npl bas-fond m, haut-fond m

3 COMP ▷ **shallow-minded** adj **to be shallow-minded** manquer de profondeur d'esprit

shallowly [ˈʃæləʊlɪ] adv breathe superficiellement

shallowness [ˈʃæləʊnɪs] n **a** (lit) manque m de profondeur

b (pej) [of person] esprit m superficiel; [of character] manque m de profondeur; [of conversation] futilité f; [of knowledge] caractère m superficiel

shalt †† [ʃælt] vb (2nd person sg of **shall**)

sham [ʃæm] → SYN **1** n (= pretence) comédie f, imposture f; (= person) imposteur m; (= jewellery, furniture) imitation f ◆ **this diamond is a sham** ce diamant est faux or du toc* ◆ **the election was a sham** l'élection n'était qu'une comédie ◆ **his promises were a sham** ses promesses n'étaient que du vent ◆ **the whole organization was a sham** l'organisation tout entière n'était qu'une imposture

2 adj jewellery, doctor, poet, title faux (fausse f); deal fictif; piety feint; illness feint, simulé; fight simulé ◆ **a sham marriage** un simulacre de mariage ◆ **a sham-Tudor house** une maison pseudo-Tudor ◆ **sham olde-worlde decor** décor m en faux ancien ◆ **sham Louis XVI** de l'imitation or du faux Louis XVI

shaman ['ʃæmən] n chaman m

shamanism ['ʃæmə͵nɪzəm] n chamanisme m

shamanist ['ʃæmənɪst] n (Rel) adepte mf du chamanisme

shamateur✱ ['ʃæmətəʳ] n (Sport) sportif m, -ive f prétendu(e) amateur *(qui se fait rémunérer)*

shamble ['ʃæmbl] vi marcher en traînant les pieds ◆ **to shamble in/out/away** etc entrer/ sortir/s'éloigner etc en traînant les pieds

shambles ['ʃæmblz] n (NonC) (gen = muddle) confusion f, désordre m; (stronger: after battle, disaster) scène f or spectacle m de dévastation ◆ **what a shambles!** quelle (belle) pagaille !✱ ◆ **his room was (in) a shambles** sa chambre était sens dessus dessous or tout en l'air ◆ **the match degenerated into a shambles** le match s'est terminé dans la pagaille✱ ◆ **your essay is a shambles** ✱ votre dissertation est un fouillis sans nom✱ ◆ **it's a bloody shambles**⁑ c'est complètement bordélique⁑

shambolic✱ [ʃæm'bɒlɪk] adj (Brit) bordélique⁑

shambolically✱ [ʃæm'bɒlɪkəlɪ] adv de façon bordélique⁑

shame [ʃeɪm] → SYN 1 a (NonC) (= feeling) honte f, confusion f; (= humiliation) honte f ◆ **to my eternal** or **lasting shame** à ma très grande honte ◆ **he hung his head in shame** il a baissé la tête de honte or de confusion ◆ **to bring shame (up)on sb** être or faire la honte de qn, déshonorer qn ◆ **to put sb/sth to shame** faire honte à qn/qch ◆ **shame on you!** quelle honte !, c'est honteux de votre part ! ◆ **the shame of it!** quelle honte !, c'est honteux ! ◆ **the shame of that defeat** la honte de cette défaite, cette défaite déshonorante ◆ **she has no sense of shame** elle ne sait pas ce que c'est que la honte, elle n'a aucune pudeur ◆ **he has lost all sense of shame** il a perdu toute honte, il a toute honte bue (liter); → **cry, crying**

 b (NonC = pity) dommage m ◆ **it is a shame** c'est dommage *(that* que + subj ; *to do sth* de faire qch) ◆ **it's a dreadful shame!** c'est tellement dommage ! ◆ **it would be a shame if he were to refuse** or **if he refused** il serait dommage qu'il refuse (subj) ◆ **what a shame!** (quel) dommage ! ◆ **what a shame he isn't here** (quel) dommage qu'il ne soit pas ici ◆ **nice legs, shame about the face!** jolies jambes, on ne peut pas en dire autant de son visage !

 2 vt (= bring disgrace on) couvrir de honte, faire la honte de; (= make ashamed) faire honte à ◆ **to shame sb into doing sth** obliger qn à faire qch en lui faisant honte, piquer l'amour-propre de qn pour qu'il fasse qch ◆ **to be shamed into doing sth** faire qch par amour-propre ou pour conserver son amour-propre

shamefaced ['ʃeɪmfeɪst] adj (= ashamed) honteux, penaud; (= confused) confus, timide ◆ **he was rather shamefaced about it** il en était tout honteux or penaud

shamefacedly ['ʃeɪmfeɪsɪdlɪ] adv d'un air penaud or honteux

shamefacedness ['ʃeɪmfeɪstnɪs] n (NonC) air m penaud or honteux

shameful ['ʃeɪmfʊl] → SYN adj behaviour, attitude, event, experience, secret honteux; record déplorable ◆ **there is nothing shameful about it** il n'y a pas de honte à cela ◆ **it is shameful that ...** c'est une honte que ... (+ subj) ◆ **it's shameful to do that** c'est une honte de faire cela

shamefully ['ʃeɪmfəlɪ] adv act, behave, treat de façon honteuse; bad, late scandaleusement ◆ **shamefully lazy/ignorant** si paresseux/ ignorant que c'en est une honte ◆ **the government have shamefully neglected this sector** le gouvernement a négligé ce secteur d'une façon scandaleuse

shameless ['ʃeɪmlɪs] → SYN adj a (= brazen) person, liar, behaviour, attempt éhonté; ◆ **shameless hussy** († or hum) petite effrontée f ◆ **to be quite shameless about (doing) sth** ne pas avoir du tout honte de faire) qch

 b (= immodest) person sans pudeur, impudique; act impudique

shamelessly ['ʃeɪmlɪslɪ] adv a (= brazenly) declare, lie, cheat, flirt sans vergogne, effrontément, sans la moindre gêne; steal sans vergogne ◆ **shamelessly sentimental/theatrical** d'une sentimentalité/théâtralité éhontée

 b (= immodestly) act, behave sans pudeur, de façon impudique

shamelessness ['ʃeɪmlɪsnɪs] n (NonC) [of person, behaviour] (= brazenness) effronterie f, impudence f; (= immodesty) impudeur f

shaming ['ʃeɪmɪŋ] adj mortifiant, humiliant ◆ **it's too shaming!** quelle humiliation !

shammy✱ ['ʃæmɪ] n (also **shammy leather**) peau f de chamois

shampoo [ʃæm'puː] 1 n (= product, process) shampooing or shampoing m ◆ **shampoo and set** shampooing m (et) mise f en plis ◆ **to give o.s. a shampoo** se faire un shampooing, se laver la tête; → **dry**

 2 vt [+ person] faire un shampooing à; [+ hair, carpet] shampouiner ◆ **to have one's hair shampooed and set** se faire faire un shampooing (et) mise f en plis

shamrock ['ʃæmrɒk] n trèfle m *(emblème national de l'Irlande)*

shamus⁑ ['ʃeɪməs] n (US) (= policeman) flic✱ m; (= detective) détective m privé

shandy ['ʃændɪ] n (Brit) panaché m

Shanghai ['ʃæŋ'haɪ] n Shanghai

shanghai ['ʃæŋ'haɪ] vt (Naut ††) embarquer de force comme membre d'équipage ◆ **to shanghai sb into doing sth**✱ contraindre qn à faire qch

Shangri-la ['ʃæŋrɪ'lɑː] n paradis m terrestre

shank [ʃæŋk] 1 n (Anat) jambe f; [of horse] canon m; (Culin) jarret m; (= handle) manche m

 2 COMP ▷ **Shanks's pony** n **to go** or **ride on Shanks's pony** aller à pied, prendre le train onze⁑

shanny ['ʃænɪ] n (= fish) blennie f pholis, mordocet m

shan't [ʃɑːnt] ⇒ **shall not**; → **shall**

shantung [ʃæn'tʌŋ] n shant(o)ung m

shanty¹ ['ʃæntɪ] n (= hut) baraque f, cabane f

shanty² ['ʃæntɪ] n (Brit: also **sea shanty**) chanson f de marins

shantytown ['ʃæntɪ͵taʊn] n bidonville m

SHAPE [ʃeɪp] n (abbrev of **Supreme Headquarters Allied Powers Europe**) SHAPE m *(quartier général des forces alliées de l'OTAN en Europe)*

shape [ʃeɪp] → SYN 1 a (= form, outline) forme f ◆ **what shape is the room?**, **what is the shape of the room?** quelle est la forme de la pièce ?, de quelle forme est la pièce ? ◆ **stamps of all shapes** des timbres de toutes formes ◆ **of all shapes and sizes** de toutes les formes et de toutes les tailles ◆ **children of all shapes and sizes** des enfants d'allures diverses ◆ **they come in all shapes and sizes** (lit) il y en a de toutes sortes et de toutes les tailles; (fig) il y en a une variété infinie ◆ **his nose is a funny shape** son nez a une drôle de forme ◆ **this hat has lost its shape** ce chapeau s'est déformé ◆ **it's like a mushroom in shape** cela a la forme d'un champignon, cela ressemble à un champignon ◆ **it's triangular in shape** c'est en forme de triangle, c'est triangulaire ◆ **in the shape of a cross** en forme de croix ◆ **a prince in the shape of a swan** un prince sous la forme d'un cygne ◆ **a monster in human shape** un monstre à figure humaine ◆ **I can't stand racism in any shape or form** je ne peux pas tolérer le racisme sous quelque forme que ce soit ◆ **to take the shape of sth** (lit, fig) prendre la forme de qch ◆ **the news reached him in the shape of a telegram from his brother** c'est par un télégramme de son frère qu'il a appris la nouvelle ◆ **perks in the shape of luncheon vouchers** des avantages sous la forme de chèques-restaurant ◆ **that's the shape of things to come** cela donne une idée de ce qui nous attend ◆ **who knows what shape the future will take?** qui sait comment se présentera l'avenir ? ◆ **to take shape** [dress, vase, project] prendre forme or tournure ◆ **to be in good shape** [person] être en (bonne) forme; [business etc] marcher bien ◆ **in poor shape** person, business mal en point ◆ **she's in really bad shape** elle ne va vraiment pas bien ◆ **he carved the wood into shape** il a façonné le bois ◆ **he beat the silver into shape** il a façonné l'argent ◆ **to be out of shape** (= misshapen) être déformé; (= unfit) ne pas être en forme, être en mauvaise forme ◆ **to knock** or **lick**✱ **into shape** (fig) [+ assistant] former, dresser✱; [+ soldier] entraîner, dresser✱; [+ statement] arranger qch, rendre qch présentable ◆ **he managed to knock** or **lick**✱ **the team into shape** il a réussi à mettre l'équipe au point ◆ **to get (o.s.) into shape** (re)trouver la forme ◆ **to keep o.s. in good shape** rester or se maintenir en forme ◆ **to get one's ideas into shape** formuler or préciser ses idées

 b (= human figure) forme f, figure f; (= silhouette) forme f, silhouette f; (= thing dimly seen) forme f vague or imprécise; (= ghost etc) fantôme m, apparition f ◆ **a shape loomed up out of the darkness** une forme imprécise surgit de l'obscurité

 c (for jellies etc) moule m; (in hat-making) forme f

 d (Culin) **rice shape** gâteau m de riz ◆ **meat shape** pain m de viande

 2 vt [+ clay] façonner, modeler; [+ stone, wood] façonner, tailler; (fig) [+ statement, explanation] formuler ◆ **he shaped the clay into a tree**, **he shaped a tree out of the clay** il a façonné un arbre dans l'argile ◆ **oddly shaped** d'une forme bizarre ◆ **a nicely shaped stone** une pierre d'une jolie forme ◆ **shaped canvas** (Phot) détourage m ◆ **shaped like a ball/a pole** en forme de boule/de piquet etc ◆ **to shape sb's ideas/character** modeler or former les idées/le caractère de qn ◆ **to shape sb's life** déterminer le destin de qn ◆ **to shape the course of events** influencer la marche des événements

 3 vi (fig) prendre forme or tournure; → **shape up**

▶ **shape up** vi a (= get on) progresser; (= progress) [project] prendre forme or tournure ◆ **our plans are shaping up well** nos projets prennent tournure or s'annoncent bien or sont en bonne voie ◆ **things are shaping up well** tout marche bien, on avance ◆ **how is he shaping up?** comment s'en sort-il ?✱, est-ce qu'il se fait ? ◆ **he is shaping up nicely as a goalkeeper** il est en train de devenir un bon gardien de but ◆ **shape up!**✱ secoue-toi un peu ! ◆ **shape up or ship out!**✱ rentre dans le rang ou fiche le camp !✱

 b (esp US = slim etc) retrouver la forme

-shaped ['ʃeɪpt] adj (in compounds) en forme de ◆ **heart-shaped** en forme de cœur; → **egg**

shapeless ['ʃeɪplɪs] → SYN adj dress, hat, cardigan informe, sans forme; mass, lump, bundle informe; person aux formes lourdes; book, plan, monologue sans aucune structure ◆ **to become shapeless** [clothes] se déformer, s'avachir

shapelessness ['ʃeɪplɪsnɪs] n absence f de forme

shapeliness ['ʃeɪplɪnɪs] n belles proportions fpl, beauté f (de forme), galbe m

shapely ['ʃeɪplɪ] adj woman bien proportionné; legs bien galbé; body harmonieux ◆ **her shapely figure** sa silhouette harmonieuse or bien proportionnée

shard [ʃɑːd] n tesson m (de poterie)

share [ʃɛəʳ] LANGUAGE IN USE 11.1, 12.1, 26.3 → SYN

 1 n a part f ◆ **here's your share** voici votre part, voici ce qui vous est dû ◆ **my share is $5** (receiving) ma (quote-)part s'élève a or j'ai droit à or je dois recevoir 5 dollars; (paying) ma (quote-)part s'élève à or je dois (payer) 5 dollars ◆ **his share of the inheritance** sa part or sa portion de l'héritage ◆ **his share of** or **in the profits** sa part des bénéfices ◆ **he will get a share of** or **in the profits** il aura part aux bénéfices ◆ **he has a share in the business** il est l'un des associés dans cette affaire ◆ **he has a half-share in the firm** il possède la moitié de l'entreprise ◆ **to have a share in doing sth** contribuer à faire qch ◆ **he had some share in it** il y était pour quelque chose ◆ **I had no share in that** je n'y étais pour rien ◆ **to have a share in sth** participer à qch ◆ **to pay one's share** payer sa (quote-) part ◆ **to bear one's share of the cost** partici-

per aux frais ◆ **he wants more than his share** il veut plus qu'il ne lui est dû, il tire la couverture à lui (fig) ◆ **he isn't doing his share** il ne fournit pas sa part d'efforts ◆ **he's had more than his (fair) share of misfortune** il a eu plus que sa part de malheurs ◆ **to take one's share of the blame** accepter sa part de responsabilité ◆ **he does his full share of work** il fournit toute sa (quote-)part de travail ◆ **they went shares in the cost of the holiday** ils ont payé les vacances à deux (or à trois etc), ils ont partagé le coût des vacances entre eux ; → **fair¹, lion**

b (St Ex) action f ◆ **he has 500 shares in an oil company** il a 500 actions d'une compagnie de pétrole ; → **ordinary, preference, qualifying**

c (Agr = ploughshare) soc m *(de charrue)*

2 vt **a** (gen) partager (+ room, prize) partager *(with sb* avec qn) ; [+ expenses, work] partager *(with sb* avec qn), participer à ; [+ profits] avoir part à ; [+ sorrow, joy] partager, prendre part à ; [+ responsibility, blame, credit] partager ◆ **they shared the money (between them)** ils se sont partagé l'argent ◆ **you can share Anne's book** (in school etc) tu peux suivre avec Anne ◆ **they share certain characteristics** ils ont certaines caractéristiques en commun ◆ **I do not share that view** je ne partage pas cette opinion ◆ **I share your hope that ...** j'espère avec or comme vous que ...

b (also **share out**) partager, répartir *(among, between* entre)

3 vi partager ◆ **share and share alike** à chacun sa part ◆ **to share in** [+ sorrow, joy] partager, prendre part à ; [+ responsibility] partager ; [+ profits] avoir part à ; [+ expenses, work] participer à, partager

4 COMP ▷ **share capital** n (Fin) capital m actions ; ▷ **share certificate** n (Fin) titre m or certificat m d'actions ▷ **shared facility** n (Comput) installation f commune ▷ **shared line** n (Telec) ligne f partagée ▷ **shared ownership** n (Brit) copropriété f ▷ **share index** n (St Ex) indice m de la Bourse ▷ **share issue** n (Fin) émission f d'actions ▷ **share option** n (St Ex) possibilité de prise de participation des employés dans leur entreprise ▷ **share-out** n partage m, distribution f ▷ **share premium** n (St Ex) prime f d'émission ▷ **share price** n (St Ex) cours m d'une action ▷ **share shop** n (Brit Fin) *guichet où sont vendues les actions émises lors de la privatisation des entreprises publiques*

▶ **share out**

1 vt sep **a** → **share 2b**

2 share-out n → **share**

sharecropper [ˈʃɛəˌkrɒpəʳ] n (esp US Agr) métayer m, -ère f

sharecropping [ˈʃɛəˌkrɒpɪŋ] n (esp US) métayage m

shareholder [ˈʃɛəˌhəʊldəʳ] n (Fin etc) actionnaire mf

shareholding [ˈʃɛəˌhəʊldɪŋ] n (Fin) actionnariat m

shareware [ˈʃɛəwɛəʳ] n (NonC: Comput) shareware m

sharia [ʃəˈriːə] n (Rel) charia f, sharia f

shark [ʃɑːk] n (= fish: gen) requin m ; (generic name) squale m ; (fig pej = sharp businessman) requin m ; (= swindler) escroc m, aigrefin m

sharkskin [ˈʃɑːkskɪn] n (Tex) peau f d'ange

sharksucker [ˈʃɑːkˌsʌkəʳ] n (= fish) rémora m

sharon [ˈʃærən] n (also **sharon fruit**) charon or sharon m

sharp [ʃɑːp] → SYN **1** adj **a** (= good for cutting) knife, razor, blade (bien) aiguisé or affûté ; piece of glass, tin, edge coupant ◆ **the sharp edge** [of knife] le (côté) tranchant

b (= pointed) pencil bien taillé ; needle, pin très pointu ; teeth, fingernails, beak, nose, chin pointu ; fang acéré ; point aigu, aigu (-guë f) ; corner aigu (-guë f) ; features anguleux ◆ **to be at the sharp end of sth** (fig) être en première ligne de or pour qch

c (= well-defined) contrast vif, net ; image, TV picture net ; distinction, difference net, marqué ; outline net, distinct ; division fort ◆ **to be in sharp contrast to sth** contraster vivement or nettement avec qch ◆ **to bring into sharp focus** (Phot) bien mettre au point ; [+ problem,

issue] faire ressortir nettement ; see also **relief**

d (= acute) person dégourdi, malin (-igne f) ; intelligence vif, pénétrant ; wit vif ; mind pénétrant ; awareness aigu (-guë f) ; eyesight perçant ; hearing fin ◆ **to have sharp ears** avoir l'oreille or l'ouïe fine ◆ **to have sharp eyes** ne pas avoir les yeux dans sa poche ◆ **he has a sharp eye for a bargain** il sait repérer or flairer une bonne affaire ◆ **to keep a sharp look-out for sb/sth** guetter qn/qch avec vigilance or d'un œil attentif ◆ **he's (as) sharp as a needle** or **razor** (= clever) il a l'esprit très vif ; (= missing nothing) rien ne lui échappe ◆ **his mind is (as) sharp as a razor** il a l'esprit très vif

e (= abrupt) rise, fall, decline, reduction, cut fort ; increase, drop brusque, soudain ; bend, corner serré ; angle aigu ; change brutal ◆ **the motorcycle made a sharp right turn** la moto a pris un virage serré à droite ◆ **he gave the handle a sharp turn** il a tourné la poignée brusquement

f (= intense) pain cuisant, vif ; sensation vif ; wind, cold vif, pénétrant ; frost fort ; blow sec (sèche f) ; cry perçant, aigu (-guë f)

g (= severe) criticism, attack mordant, incisif ; retort, words mordant, cinglant ; rebuke vif ; order, tone, voice cassant ◆ **to be a sharp reminder of sth** rappeler qch de façon brutale ◆ **to have a sharp tongue** (fig) avoir la langue acérée, être caustique

h (pej = unscrupulous) business practices déloyal ; see also **4**

i (* = stylish) person classe * inv ; suit chic inv ◆ **to be a sharp dresser** s'habiller très classe * inv

j (= acrid) smell, perfume piquant, âcre (pej) ; taste, sauce piquant, âpre (pej) ; cheese au goût prononcé

k (= brisk) pace vif ◆ **look** or **be sharp (about it)!** * (esp Brit) grouille-toi ! *

l (Mus) note trop haut ◆ **C sharp** do dièse ◆ **you were a little sharp** vous avez chanté (or joué) un peu trop haut

2 adv **a** (= abruptly) stop brusquement, net ◆ **to turn sharp left/right** prendre un virage serré à gauche/à droite

b (Mus) sing, play trop haut

c (= precisely) **at 8 (o'clock) sharp** à 8 heures précises or sonnantes or pile

3 n **a** (Mus) dièse m

b (Med = hypodermic) aiguille f

4 COMP ▷ **sharp-eared** adj (fig) qui a l'oreille or l'ouïe fine ▷ **sharp-eyed** adj qui a un œil de lynx, à qui rien n'échappe ▷ **sharp-faced, sharp-featured** adj aux traits anguleux ▷ **sharp practice** n pratique f déloyale ▷ **sharp-sighted** adj ▷ **sharp-eyed** ▷ **sharp-tempered** adj coléreux, soupe au lait * inv ▷ **sharp-tongued** adj caustique ▷ **sharp-witted** adj à l'esprit vif or prompt

sharpen [ˈʃɑːpən] → SYN **1** vt (also **sharpen up**)
a [+ blade, knife, razor, tool] affûter, aiguiser ; [+ scissors] aiguiser ; [+ pencil] tailler ◆ **the cat was sharpening its claws on the chair leg** le chat aiguisait ses griffes or se faisait les griffes sur le pied de la chaise

b (fig) [+ outline, picture, focus] rendre plus net ; [+ difference, contrast] rendre plus marqué ; [+ appetite] aiguiser ; [+ desire] exciter ; [+ pain] aggraver, aviver ; [+ feeling] aviver ; [+ intelligence] affiner, rendre plus fin ◆ **to sharpen one's wits** se dégourdir

c (esp Brit: Mus) diéser

2 vi [voice] devenir plus perçant ; [desire, pain] devenir plus vif, s'aviver

sharpener [ˈʃɑːpnəʳ] n (= knife sharpener) (on wall, on wheel etc) aiguisoir m à couteaux, affiloir m ; (long, gen with handle) fusil m à repasser les couteaux ; (= pencil sharpener) taille-crayons m inv

sharpening [ˈʃɑːpnɪŋ] n aiguisage m, affilage m, affûtage m

sharper [ˈʃɑːpəʳ] n escroc m, filou m, aigrefin m ; (= card sharper) tricheur m, -euse f *(professionnel(le))*

sharpie** [ˈʃɑːpɪ] n (US) (= alert person) petit(e) futé(e) m(f) ; (= crook) filou m, escroc m

sharpish [ˈʃɑːpɪʃ] **1** adj **a** (= good for cutting) knife, razor, blade assez aiguisé or affûté ; edge assez coupant

b (= pointed) pencil assez bien taillé ; teeth, fingernails, beak, nose, chin assez pointu ; point assez aigu (-guë f) ; features assez anguleux ; → **sharp**

2 adv (Brit * = quickly) en vitesse *

sharply [ˈʃɑːplɪ] adv **a** (= abruptly) fall, drop, increase, decline, change brusquement ; stop brusquement, net ; reduce nettement ◆ **prices have risen sharply** les prix ont monté en flèche ◆ **to turn sharply to the left** tourner tout de suite à gauche ◆ **to corner sharply** (in country) prendre un virage à la corde ; (in town) prendre un tournant serré

b (= clearly) show up, stand out, differ, divide nettement ◆ **sharply defined** image qui se détache nettement ◆ **sharply in focus** (Phot, fig) parfaitement net ◆ **a sharply focused strategy** une stratégie bien ciblée ◆ **to bring sharply into focus** (Phot) bien mettre au point ; [+ issue, differences] faire ressortir nettement ◆ **to contrast sharply with sth** contraster vivement avec qch

c (= severely) criticise, react vivement ; say, ask, comment, reply avec brusquerie ; look at sévèrement ◆ **a sharply worded attack** une attaque mordante or incisive ◆ **to speak sharply to sb about sth** parler à qn de qch en termes sévères

d (= acutely, alertly) say, ask vivement, avec intérêt ◆ **he looked at me sharply** il m'a regardé soudain avec intérêt

e (= distinctly) click, tap sèchement

f **sharply pointed** knife, scissors effilé, (très) pointu ; nose pointu

g (= quickly) rapidement

sharpness [ˈʃɑːpnɪs] n **a** [of razor, knife] tranchant m ; [of pencil, needle, nail] pointe f aiguë

b (fig) [of turn, bend] angle m brusque ; [of outline etc] netteté f ; [of pain] violence f, acuité f ; [of criticism, reproach, rebuke] sévérité f, tranchant m ; [of tone, voice] brusquerie f, aigreur f ; [of taste, smell] piquant m, âcreté f (pej) ; [of wind, cold] âpreté f ◆ **there's a sharpness in the air** il fait frais

sharpshooter [ˈʃɑːpˌʃuːtəʳ] n (esp US) tireur m d'élite

shat **[ʃæt] vb (pt, ptp of **shit**)

shatter [ˈʃætəʳ] → SYN **1** vt [+ window, door] fracasser *(against* contre) ; [+ health] ruiner, briser ; [+ self-confidence] briser ; [+ faith] détruire ; (fig) [+ hopes, chances] ruiner, détruire ; [+ career] briser ◆ **the sound shattered the glasses** le bruit a brisé les verres ◆ **to shatter sb's nerves** démolir les nerfs de qn ◆ **she was shattered by his death** sa mort l'a anéantie ; see also **shattered**

2 vi [glass, windscreen, cup] voler en éclats ; [box etc] se fracasser

shattered [ˈʃætəd] adj **a** (= grief-stricken) anéanti, consterné ; (= aghast, overwhelmed) bouleversé, complètement retourné

b (* = exhausted) éreinté *, claqué *

shattering [ˈʃætərɪŋ] adj **a** (= devastating) experience, news bouleversant ; blow, effect dévastateur (-trice f) ; defeat écrasant

b (Brit = exhausting) day, journey claquant *, tuant *

shatterproof glass [ˌʃætəpruːˈɡlɑːs] n verre m securit ® inv

shave [ʃeɪv] → SYN vb : pret **shaved**, ptp **shaved, shaven** **1** n ◆ **to give sb a shave** raser qn ◆ **to have** or **give o.s. a shave** se raser, se faire la barbe ◆ **to have a close** or **narrow shave** (fig) l'échapper belle, y échapper de justesse ◆ **that was a close** or **narrow shave!** il était moins une ! *, on l'a échappé belle ! ; → **aftershave**

2 vt [+ person, face, legs etc] raser ; [+ wood] raboter, planer ; (fig = brush against) raser, frôler ◆ **to shave the price of sth** faire un rabais sur le prix de qch

3 vi se raser

▶ **shave off** vt sep **a** **to shave off one's beard** se raser la barbe

b **the joiner shaved some of the wood off** le menuisier a enlevé un peu du bois au rabot ◆ **to shave off a few pounds** faire un rabais de quelques livres

shaven [ʃeɪvn] **1** vb †† (ptp of **shave**)

2 adj rasé ; → **clean**

shaver [ˈʃeɪvəʳ] **1** n **a** rasoir m électrique

b (young) shaver † * gosse * m, gamin m

Shavian / shell

2 COMP ▷ **shaver outlet** n (US) ⇒ **shaver point** ▷ **shaver point** n prise f pour rasoir électrique

Shavian ['ʃeɪvɪən] adj à la or de George Bernard Shaw

shaving ['ʃeɪvɪŋ] **1** n **a** (= piece of wood, metal etc) copeau m

b (NonC: with razor etc) rasage m ◆ **shaving is a nuisance** c'est embêtant * de se raser

2 COMP ▷ **shaving brush** n blaireau m ▷ **shaving cream** n crème f à raser ▷ **shaving foam** n mousse f à raser ▷ **shaving gel** n gel m à raser ▷ **shaving soap** n savon m à barbe ▷ **shaving stick** n bâton m de savon à barbe

Shavuot [ʃəˈvuːəs] n (Rel) Shavouoth

shawl [ʃɔːl] n châle m

shawm [ʃɔːm] n (Mus) chalemie f

she [ʃiː] **1** pers pron **a** (stressed, unstressed) elle ◆ **she has come** elle est venue ◆ **here she is** la voici ◆ **she is a doctor** elle est médecin, c'est un médecin ◆ **she is a small woman** elle est petite ◆ **it is she** c'est elle ; (frm) ◆ **if I were she** si j'étais elle, si j'étais à sa place ◆ **SHE didn't do it** ce n'est pas elle qui l'a fait ◆ **younger than she** plus jeune qu'elle ◆ **she's a fine boat/car** c'est un beau bateau/une belle voiture

b (+ rel pron) celle ◆ **she who** or **that can** ... celle qui peut ...

2 n * femelle f ◆ **it's a she** animal c'est une femelle ; baby c'est une fille

3 COMP (gen: with names of animals) femelle (after n) ▷ **she-bear** n ourse f ▷ **she-cat** n (fig) mégère f, furie f ▷ **she-devil** n (fig) démon m, furie f ▷ **she-goat** n chèvre f ; → **wolf**

s/he (abbrev of **he** or **she**) il ou elle

shea ['ʃɪə] n karité m

sheaf [ʃiːf] n, pl **sheaves** [of corn] gerbe f ; [of papers] liasse f ; [of arrows] faisceau m

shear [ʃɪər] vb : pret **sheared**, ptp **sheared** or **shorn** **1** n **shears** npl (Hort) cisaille(s) f(pl) ; (Sewing, gen) grands ciseaux mpl ◆ **a pair of shears** une paire de cisailles ; → **pruning**

2 vt [+ sheep] tondre ◆ **shorn of** (fig) dépouillé de

3 COMP ▷ **shear pin** n (Tech) boulon m or goujon m de cisaillement

▶ **shear off** **1** vi [branch etc] partir, se détacher

2 vt sep [+ wool] tondre ; [+ projecting part, nail] faire partir, arracher ; [+ branch] couper, élaguer ◆ **the ship had its bow shorn off in the collision** dans la collision l'avant du navire a été emporté

▶ **shear through** vt fus [+ paper, cloth] trancher ; [+ wood, metal] fendre ; (fig) [+ the waves, the crowd] fendre

shearer ['ʃɪərər] n (= person) tondeur m, -euse f ; (= machine) tondeuse f

shearing ['ʃɪərɪŋ] n (= process) tonte f ◆ **shearings** (= wool etc) tonte

sheath [ʃiːθ] **1** n, pl **sheaths** [ʃiːðz] **a** [of dagger] gaine f ; [of sword] fourreau m ; [of scissors etc] étui m ; [of electric cable, flex] gaine f ; (Bio) gaine f, enveloppe f ; [of Bot] enveloppe f ; (Brit = contraceptive) préservatif m

b (also **sheath dress**) fourreau m (robe)

2 COMP ▷ **sheath knife** n, pl **sheath knives** couteau m à gaine

sheathe [ʃiːð] vt **a** [+ sword, dagger] rengainer ; [+ cable] gainer ; [cat etc] [+ claws] rentrer

b (= cover) recouvrir, revêtir (with de)

sheave [ʃiːv] vt [+ corn] mettre en gerbes, gerber

sheaves [ʃiːvz] npl of **sheaf**

Sheba ['ʃiːbə] n Saba ◆ **the Queen of Sheba** la reine de Saba

shebang * [ʃəˈbæŋ] n ◆ **the whole shebang** toute l'affaire, tout le tremblement *

shebeen [ʃɪˈbiːn] n (Ir) débit m de boissons clandestin

shed¹ [ʃed] n **a** (gen) abri m ; (smallish) abri m, cabane f ; (bigger) remise f, resserre f ; (in garden, open-sided: Rail, Agr etc) hangar m ; (= lean-to) appentis m ◆ **bicycle shed** abri m à vélos,

remise f pour les vélos ◆ **garden shed** abri m de jardin, cabane f ; → **cowshed, toolshed**

b (= part of factory) atelier m

shed² [ʃed] → SYN pret, ptp **shed** vt **a** (= lose, get rid of) [+ petals, leaves, fur, horns] perdre ; [+ shell] dépouiller ; [truck] [+ load] déverser, perdre ; (Space) [+ rocket, section of craft] larguer, éjecter ; [+ tears] verser, répandre ; [+ coat etc] enlever, se dépouiller de (frm) ; [+ unwanted thing] se débarrasser de, se défaire de ; [+ assistant, employee] se défaire de, se séparer de ◆ **to shed hairs** [dog, cat] perdre ses poils ◆ **the snake sheds its skin** le serpent mue ◆ **to shed blood** (one's own) verser son sang ; (other people's) faire couler le sang, verser or répandre le sang ◆ **I'm trying to shed 5 kilos** j'essaie de perdre 5 kilos ◆ **to shed water** ne pas laisser pénétrer l'eau

b (= send out) [+ light] répandre, diffuser ; [+ warmth, happiness] répandre ◆ **to shed light on** (lit) éclairer ; (fig) [+ sb's motives etc] jeter de la lumière sur ; [+ problem] éclaircir ; [+ little-known subject] éclairer

she'd [ʃiːd] = **she had, she would** ; → **have, would**

sheen [ʃiːn] n (on silk) lustre m, luisant m ; (on hair) brillant m, éclat m ◆ **to take the sheen off sth** (lit) délustrer qch ; (fig) diminuer l'éclat de qch

sheep [ʃiːp] **1** n (pl inv) mouton m (animal) ; (= ewe) brebis f ◆ **they followed him like a lot of sheep** ils l'ont suivi comme des moutons, ils l'ont suivi comme les moutons de Panurge ◆ **to make sheep's eyes at sb** faire les yeux doux à qn ◆ **we must divide** or **separate the sheep from the goats** il ne faut pas mélanger les torchons et les serviettes * (fig) ; → **black, lost**

2 COMP ▷ **sheep-dip** n bain m parasiticide (pour moutons) ▷ **sheep farm** n ferme f d'élevage de moutons ▷ **sheep farmer** n éleveur m de moutons ▷ **sheep farming** n élevage m de moutons ▷ **sheep ked** n mélophage m ▷ **sheep tick** n mélophage m ▷ **sheep track** n piste f à moutons ▷ **sheep-worrying** n harcèlement m des moutons (par des chiens)

sheepdog ['ʃiːpdɒg] n chien m de berger ; → **trial**

sheepfold ['ʃiːpfəʊld] n parc m à moutons, bergerie f

sheepherder ['ʃiːpˌhɜːdər] n (US) berger m, gardien m de moutons

sheepish ['ʃiːpɪʃ] → SYN adj penaud (about sth de qch)

sheepishly ['ʃiːpɪʃlɪ] adv d'un air penaud

sheepishness ['ʃiːpɪʃnɪs] n timidité f, air m penaud

sheepshank ['ʃiːpʃæŋk] n (Naut) jambe f de chien

sheepshearer ['ʃiːpˌʃɪərər] n (= person) tondeur m, -euse f (de moutons) ; (= machine) tondeuse f (à moutons)

sheepshearing ['ʃiːpˌʃɪərɪŋ] n (NonC) tonte f (des moutons)

sheepskin ['ʃiːpskɪn] **1** n **a** peau f de mouton

b (US Univ * fig) peau f d'âne, diplôme m

2 COMP waistcoat etc en peau de mouton ▷ **sheepskin jacket** n canadienne f

sheer¹ [ʃɪər] → SYN **1** adj **a** (= utter) beauty, terror, boredom, stupidity, joy, delight (à l'état) pur ; waste, carelessness, survival pur et simple ; variety même (after n) ; impossibility, necessity absolu ◆ **by sheer accident** tout à fait par hasard ◆ **by sheer coincidence** par pure coïncidence ◆ **in sheer desperation** en désespoir de cause ◆ **by sheer force of will** par la seule force de la volonté ◆ **to succeed through sheer hard work** réussir grâce à or par son seul travail ◆ **by sheer luck** tout à fait par hasard ◆ **it was sheer luck I was there** c'était tout à fait par hasard que j'étais là ◆ **it's sheer madness** c'est de la folie pure ◆ **a sigh of sheer pleasure** un soupir de pur plaisir ◆ **the sheer pleasure of reading a good story** le simple plaisir de lire une bonne histoire ◆ **the sheer scale of the disaster/size of the job** l'importance même du désastre/du travail ◆ **the sheer strength of the animal** la force même de l'animal ◆ **delays are occurring because of the sheer volume of traffic** il y a des retards dus uniquement à la densité de la circulation

b (= fine) tights, stockings, fabric etc très fin

c (= smooth) make-up satiné

d (= vertical) cliff, rock à pic, abrupt ◆ **a sheer drop** un à-pic, un abrupt

2 adv à pic, abruptement

sheer² [ʃɪər] (Naut = swerve) **1** n embardée f

2 vi faire une embardée

▶ **sheer off** vi [ship] faire une embardée ; (gen) changer de direction

sheet [ʃiːt] → SYN **1** n **a** (on bed) drap m ; (= shroud) linceul m ; (= dust sheet) housse f ; (= tarpaulin) bâche f ; → **white**

b (= piece) [of plastic, rubber] morceau m ; [of paper, notepaper] feuille f ; [of iron, steel] tôle f ; [of glass, metal etc] feuille f, plaque f ◆ **a sheet of stamps** une planche de timbres ◆ **an odd** or **loose sheet** une feuille volante ◆ **order sheet** (Comm) bulletin m de commande ◆ **baking sheet** plaque f à gâteaux or de four ; → **balance**

c (= expanse) [of water, snow etc] étendue f ◆ **a sheet of ice** (large) une plaque or nappe de glace ; (thin film) une couche de glace ; (on road) une plaque de verglas ◆ **a sheet of flame** un rideau de flammes ◆ **sheets of rain** des trombes fpl d'eau ◆ **the rain came down in sheets** il pleuvait à seaux

d (= periodical) périodique m ; (= newspaper) journal m

e (Naut) écoute f ◆ **he's three sheets to** or **in the wind** †* (fig) il est gris † ; → **main**

2 COMP ▷ **sheet anchor** n (Naut) ancre f de veille ; (fig) ancre f de salut ▷ **sheet ice** n verglas m ▷ **sheet lightning** n (NonC) éclair m en nappe(s) ▷ **sheet metal** n (NonC: gen) tôle f ▷ **sheet metal (work)shop** n tôlerie f ▷ **sheet music** n (NonC) partitions fpl

▶ **sheet down** * vi (Brit) [rain] tomber à seaux ; [snow] tomber à gros flocons ◆ **it's sheeting down** (rain) il pleut à seaux ; (snow) il neige à gros flocons

sheeting ['ʃiːtɪŋ] n (NonC) feuilles fpl

Sheherazade [ʃəˌherəˈzɑːdə] n Schéhérazade f

sheik(h) [ʃeɪk] n **a** cheik m ; → **oil**

b (US fig) séducteur m, Roméo m

sheik(h)dom ['ʃeɪkdəm] n tribu ou territoire sous l'autorité d'un cheik

sheila * ['ʃiːlə] n (Austral) nana * f

shekel ['ʃekl] n (modern) shekel m ; (Hist: Bible etc) sicle m ; (US * fig = coin) pièce f de monnaie ◆ **shekels** * (fig) fric * m, sous * mpl ◆ **to be in the shekels** * (US fig) être en fonds, avoir du fric *

sheldrake ['ʃeldreɪk], **shelduck** ['ʃeldʌk] n tadorne m de Bellon

shelf [ʃelf] pl **shelves** **1** n **a** étagère f ; (in shop) rayon m ; (in oven) plaque f ◆ **a shelf of books** un rayon de livres ◆ **a set of shelves** une étagère, un rayonnage ◆ **there are more luxury goods on the shelves nowadays** (Comm) il y a plus d'articles de luxe sur les rayons or dans les magasins aujourd'hui ◆ **to buy sth off the shelf** acheter qch tout fait ; see also **off** ◆ **to leave sth on the shelf** (fig = postpone) laisser qch de côté or au placard * ◆ **to be (left) on the shelf** (fig) [woman] monter en graine (fig), être laissée pour compte ; → **bookshelf**

b (= edge) (in rock) rebord m, saillie f ; (underwater) écueil m ; → **continental**

2 COMP ▷ **shelf life** n (Comm) durée f de conservation en stock ◆ **most pop stars have a short shelf life** (hum) la plupart des stars de la pop ne durent pas longtemps ◆ **her relationships have limited shelf life** ses relations sont éphémères ▷ **shelf mark** n (in library) cote f

shell [ʃel] → SYN **1** n **a** [of egg, nut, oyster, snail] coquille f ; [of tortoise, lobster, crab] carapace f ; (on beach, in collection) coquillage m ; [of peas] cosse f ◆ **to come out of/go back into one's shell** (lit, fig) sortir de/rentrer dans sa coquille ◆ **"clam on the shell"** (US) ≈ dégustation de clams ; → **cockle**

b [of building] carcasse f ; [of ship] coque f ◆ **pastry shell** (Culin) fond m de tarte

c (Mil) obus m ; (US = cartridge) cartouche f

d (= racing boat) outrigger m

she'll / shift

2 vt **a** (+ peas) écosser ; (+ nut) décortiquer, écaler ; (+ oyster) écailler, retirer de sa coquille ; (+ crab, prawn, shrimp, lobster) décortiquer ; see also **shelled**
b (Mil) bombarder (d'obus)
3 COMP necklace, ornament etc de or en coquillages ▷ **shell company** n (Fin) société-écran f ▷ **shell game** n (US) (trick) tour m de passe-passe (pratiqué avec des coques de noix) ; (fig = fraud) escroquerie f ▷ **shell-like** *⁑ n (Brit = ear) oreille f ◆ **can I have a word in your shell-like?** je peux vous dire deux mots ? ▷ **shell shock** n (Med) psychose f traumatique (du soldat), commotion f (due aux combats) ▷ **shell-shocked** adj (lit) commotionné ; (fig) abasourdi ▷ **shell suit** n survêtement m

▶ **shell out** * **1** vi casquer *⁑, payer ◆ **to shell out for sth** payer qch, casquer *⁑ pour qch
2 vt sep cracher *⁑, aligner *

she'll [ʃiːl] ⇒ **she will** ; → **will**

shellac [ʃəˈlæk] **1** n (NonC) (gomme f) laque f
2 vt **a** (lit) laquer
b (US * = beat) battre à plates coutures

shellacking * [ʃəˈlækɪŋ] n (US) **a** (Sport = defeat) raclée f, déculottée f
b (= telling-off) **to get** or **take a shellacking (from)** se faire enguirlander (par)

shelled [ʃeld] adj nut, prawn décortiqué ; pea écossé

shellfire [ˈʃelfaɪəʳ] n (Mil) tirs mpl d'obus, pilonnage m à l'artillerie

shellfish [ˈʃelfɪʃ] **1** n, pl **shellfish** or **shellfishes** (= lobster, crab) crustacé m ; (= mollusc) coquillage m
2 npl (Culin) fruits mpl de mer

shelling [ˈʃelɪŋ] n (NonC: Mil) bombardement m (par obus), pilonnage m d'artillerie

shellproof [ˈʃelpruːf] adj (Mil) blindé

Shelter [ˈʃeltəʳ] n (Brit) organisation bénévole qui cherche à loger les sans-logis

shelter [ˈʃeltəʳ] → SYN **1** n **a** (NonC) abri m, couvert m ◆ **under the shelter of ...** à l'abri sous ... ◆ **to take shelter, to get under shelter** se mettre à l'abri or à couvert ◆ **to take shelter from/under** s'abriter de/sous ◆ **to seek/offer shelter** chercher/offrir un abri (from contre) ◆ **she gave him shelter for the night** elle lui a donné (un) asile pour la nuit ◆ **we must find shelter for the night** nous devons trouver un abri pour cette nuit ; (Brit) ▷ **Shelter** organisation bénévole d'aide aux SDF
b (= hut etc) (on mountain) abri m, refuge m ; (for sentry) guérite f ; (= bus shelter) Abribus ® m ; (= air-raid shelter) abri m
c (for homeless) asile m, refuge m
2 vt **a** (= protect) (from wind, rain, sun, shells etc) abriter (from de), protéger (from de, contre) ; (from blame etc) protéger (from de) ; (+ criminal etc) protéger ; (= hide) cacher ◆ **sheltered from the wind** à l'abri du vent ; see also **sheltered**
b (= give lodging to) recueillir, donner un asile or le couvert à ; (+ fugitive etc) donner asile à, recueillir
3 vi s'abriter (from de ; under sous), se mettre à l'abri or à couvert

sheltered [ˈʃeltəd] → SYN **1** adj **a** (= protected from weather) place, garden, harbour, waters abrité
b (= protected) life, upbringing, environment etc protégé
c (Brit = supervised) work, employment en milieu protégé
d (Econ) industry protégé (contre la concurrence étrangère)
2 COMP ▷ **sheltered accommodation, sheltered housing** n (NonC) (Brit) (for elderly) logement-foyer m ; (for disabled) foyer m d'hébergement pour handicapés ▷ **sheltered workshop** n (Brit) atelier m protégé

sheltie [ˈʃeltɪ] n **a** (= pony) shetland m
b berger m écossais

shelve [ʃelv] → SYN **1** vt **a** (fig = postpone) [+ plan, project, problem] mettre en sommeil or en suspens
b (lit) (= put on shelf) [+ book] mettre (or remettre) en place ; (= fit with shelves) [+ cupboard, wall] garnir de rayons or d'étagères
2 vi (= slope: also **shelve down**) descendre en pente douce

shelves [ʃelvz] npl of **shelf**

shelving [ˈʃelvɪŋ] n (NonC) rayonnage(s) m(pl), étagères fpl ; [of project etc] mise f en sommeil or en suspens

shemozzle * [ʃəˈmɒzl] n (Brit) bagarre * f, chamaillerie * f ◆ **there was quite a shemozzle!** ça a bardé !⁑

shenanigan(s) * [ʃəˈnænɪɡən(z)] n (NonC) (= trickery) manigances fpl, entourloupettes * fpl ; (= rowdy fun) chahut m

Sheol [ˈʃiːəʊl] n schéol m

shepherd [ˈʃepəd] → SYN **1** n **a** berger m ; (Rel) pasteur m ◆ **the Good Shepherd** (Rel) le bon Pasteur or Berger
b (also **shepherd dog**) chien m de berger
2 vt (+ sheep) garder, soigner ◆ **the dog shepherded the flock into the field** le chien a fait entrer le troupeau dans le pré ◆ **to shepherd sb in** faire entrer qn ◆ **to shepherd sb out** escorter qn jusqu'à la porte ◆ **he shepherded us round Paris** il nous a escortés or nous a guidés or nous a servi de guide dans Paris
3 COMP ▷ **shepherd boy** n jeune pâtre m (liter), jeune berger m ▷ **shepherd's check** n ⇒ **shepherd's plaid** ▷ **shepherd's crook** n houlette f ▷ **shepherd's pie** n (esp Brit Culin) ≈ hachis m Parmentier ▷ **shepherd's plaid** n plaid m noir et blanc ▷ **shepherd's purse** n (Bot) bourse-à-pasteur f

shepherdess [ˈʃepədɪs] n bergère f

sherbet [ˈʃɜːbət] n **a** (Brit) (= fruit juice) jus m de fruit glacé ; (fizzy) boisson f gazeuse ; (= powder) poudre f acidulée or de sorbet
b (US = water ice) sorbet m

sheria [ʃəˈriːə] n ⇒ **sharia**

sheriff [ˈʃerɪf] **1** n **a** (Brit Jur) shérif m
b (US) shérif m, ≈ capitaine m de gendarmerie
2 COMP ▷ **Sheriff Court** n (Scot) ≈ tribunal m de grande instance ; (US) ≈ tribunal m de police

Sherpa [ˈʃɜːpə] n, pl **Sherpas** or **Sherpa** sherpa m

sherry [ˈʃerɪ] **1** n xérès m, sherry m
2 COMP ▷ **sherry vinegar** n (Culin) vinaigre m de sherry

she's [ʃiːz] ⇒ **she is, she has** ; → **be, have**

Shetland [ˈʃetlənd] **1** n ◆ **the Shetlands** les îles fpl Shetland
2 adj (gen) people, customs, village des îles Shetland ; sweater en shetland
3 COMP ▷ **the Shetland Islands, the Shetland Isles** npl ⇒ **the Shetlands** ▷ **Shetland pony** n poney m des Shetland ▷ **Shetland pullover** n pull-over m en shetland ▷ **Shetland sheepdog** n berger m écossais ▷ **Shetland wool** n shetland m

Shetlander [ˈʃetləndəʳ] n Shetlandais(e) m(f)

shew †† [ʃəʊ] vti ⇒ **show**

SHF [ˌesˌeɪtʃˈef] n (abbrev of **superhigh frequency**) SHF

shhh [ʃ] excl chut !

Shiah [ˈʃiːə] **1** n **a** (= doctrine) chiisme m
b (= follower: also **Shiah Muslim**) chiite mf
2 adj chiite

shiatsu [ʃiːˈætsuː] n shiatsu m

shibboleth [ˈʃɪbəleθ] n (Bible) schibboleth m ; (fig) (= doctrine) doctrine f or principe m arbitraire ; (= password) mot m de passe ; (= characteristic) caractéristique f, signe m distinctif

shield [ʃiːld] → SYN **1** n (gen) bouclier m ; (not round) écu m ; (Her) écu m, blason m ; (on gun) bouclier m ; (on or around machine) écran m de protection, tôle f protectrice ; (against radiation) écran m ; (fig) (= safeguard) sauvegarde f, bouclier m (liter) (against contre) ; (= person) protecteur m, -trice f ◆ **thermal shield** (Space) bouclier m thermique ; ▷ **dress, windshield**
2 vt protéger (from de, contre) ; (+ fugitive, criminal) protéger, couvrir ; (Tech) (+ machine operator) protéger ; (+ gun, machine) fixer un écran de protection à ◆ **to shield one's eyes from the sun** se protéger les yeux du soleil ◆ **to shield sb with one's body** faire à qn un bouclier or un rempart de son corps
3 COMP ▷ **shield volcano** n (Geog) volcan m de type hawaïen, volcan-bouclier m

shift [ʃɪft] → SYN **1** n **a** (= change) changement m (in de), modification f (in de) ; (Ling) mutation f ; (= movement) [of cargo, load etc] déplacement m (in de) ◆ **there has been a shift in policy/attitude** la politique/l'attitude a changé ◆ **a sudden shift in policy/attitude** un retournement or un bouleversement de la politique/de l'attitude ◆ **shift of emphasis** changement m d'éclairage ◆ **a sudden shift in the wind** une saute de vent ; → **scene, vowel**
b (Ind etc) (= period of work) poste m, période f de travail d'une équipe ; (= people) poste m, équipe f (de relais) ◆ **he works shifts, he's on shifts** * il travaille par équipes, il fait un travail posté ◆ **they used to work a ten-hour shift in that factory** ils avaient des postes de dix heures dans cette usine ◆ **I work an eight-hour shift** je fais les trois-huit, je fais un poste de huit heures ◆ **this factory operates on three shifts per 24-hour period** dans cette usine ils font les trois-huit, dans cette usine trois équipes se relaient sur 24 heures ◆ **to be on day/night shift** être (au poste) de jour/de nuit ◆ **which shift do you prefer?** quel poste préférez-vous ? ◆ **the next shift were late in coming on** le poste suivant or l'équipe suivante était en retard pour prendre le relais ou la relève ◆ **they worked in shifts to release the injured man** ils se sont relayés pour (essayer de) libérer le blessé ; → **day, night**
c **to make shift with sth/sb** se contenter de or s'accommoder de or se débrouiller avec qch/qn ◆ **to make shift without sth/sb** se passer de qch/qn, se débrouiller * sans qch/qn ◆ **to make shift to do sth** se débrouiller * pour faire qch ◆ **as a last desperate shift he ...** en désespoir de cause il ...
d (Aut = gearshift) changement m de vitesse
e (= straight dress) robe f droite ; († = woman's slip) chemise f
f (Comput) décalage m
2 vt **a** (= move) [+ object, furniture] déplacer, changer de place ; [+ one's head, arm etc] bouger, remuer ; [+ chair, car etc] déplacer, changer de place ; (Theat) [+ scenery] changer ; [+ screw] débloquer, faire bouger ; [+ lid, top, cap] faire bouger ; [+ stain] enlever, faire disparaître ; [+ employee] (to another town) muter (to à) ; (to another job, department) affecter (to à) ; (fig) [+ blame, responsibility] rejeter (on, on to sur) ◆ **he shifted his chair nearer the fire** il a approché sa chaise du feu ◆ **to shift sth in/out/away** etc rentrer/sortir/écarter qch ◆ **we couldn't shift him (from his opinion)** nous n'avons pas réussi à le faire changer d'avis or à l'ébranler ◆ **I can't shift this cold** * je n'arrive pas à me débarrasser de ce rhume
b (= change, exchange) changer de ◆ **to shift position** (lit, fig) changer de position ◆ **to shift gears** (Aut) changer de vitesse, passer les vitesses ; → **ground**[1]
3 vi **a** (= go) aller ; (= move house) déménager ; (= change position, stir) [person, animal, planet etc] changer de place or de position, bouger ; [limb] remuer, bouger ; [wind] tourner ; [ballast, cargo, load] se déplacer ; [opinions, ideas] changer, se modifier ; [stain] s'en aller, disparaître ◆ **shift (over)** a minute to let me past * pousse-toi or bouge-toi * une minute pour me laisser passer ◆ **shift off the rug** * dégage * du tapis ◆ **can you shift down** or **up** or **along a little?** (on seat etc) pourriez-vous vous pousser un peu ? ◆ **he has shifted into another class** il a été transféré or il est passé dans une autre classe ◆ **the scene shifts to Paris** (Theat etc) la scène est maintenant à Paris ◆ **to shift into second (gear)** (Aut) passer la deuxième ◆ **he won't shift** il ne bougera pas ◆ **the government has not shifted from its original position** le gouvernement n'a pas modifié sa première position ◆ **he/that car certainly shifts** * (= go fast) il/cette voiture fonce ! ◆ **come on, shift!** * (= hurry) allez, remue-toi * or grouille-toi *⁑ !
b **to shift for o.s.** se débrouiller * tout seul
4 COMP ▷ **shift key** n [of typewriter] touche f de majuscule ▷ **shift lock** n (Typ) touche f de verrouillage des majuscules ▷ **shift register** n (Comput) registre m à décalage ▷ **shift work** n (Brit Ind etc) travail m posté or par relais or par roulement ◆ **to do shift work, to**

shifter / shirring

be on shift work travailler par équipes, faire un travail posté ▷ **shift worker** n travailleur m, -euse f posté(e)

▶ **shift about, shift around** ① vi **a** (= change job) changer souvent d'emploi ; (within same firm) être muté plusieurs fois
b (= fidget) bouger, remuer
② vt sep [+ furniture etc] déplacer, changer de place

▶ **shift back** ① vi (= withdraw) (se) reculer
② vt sep [+ chair etc] reculer

▶ **shift over** vi s'écarter, se pousser ✦ **shift over!** * pousse-toi !

shifter [ˈʃɪftəʳ] n (US Aut) (levier m de) changement m de vitesse

shiftily [ˈʃɪftɪlɪ] adv say d'un ton faux ; tell sournoisement ; look d'un air sournois

shiftiness [ˈʃɪftɪnɪs] n [of person, behaviour] sournoiserie f ; [of look, eyes] aspect m fuyant ; [of answer] caractère m évasif

shifting [ˈʃɪftɪŋ] ① adj winds, currents variable ; attitudes, pattern, colours changeant ; alliances, population, balance of power instable
② COMP ▷ **shifting cultivation** n culture f itinérante ▷ **shifting sands** npl (lit) sables mpl mouvants ; (fig) terrain m mouvant

shiftless [ˈʃɪftlɪs] adj (frm) apathique, indolent

shiftlessness [ˈʃɪftlɪsnɪs] n manque m de ressources

shiftstick [ˈʃɪftstɪk] n (US Aut = gear lever) (levier m de) changement m de vitesse

shifty * [ˈʃɪftɪ] → SYN ① adj person, behaviour sournois ; look, eyes fuyant ; answer évasif
② COMP ▷ **shifty-eyed** * adj aux yeux fuyants ▷ **shifty-looking** * adj à l'aspect fuyant

shigella [ʃɪˈgelə] n (Med) shigella f

shih-tzu [ˈʃiːˈtsuː] n (= dog) shih tzu m

shiitake mushroom [ʃiːˈtækɪˈmʌʃrəm] n champignon m shiitaké

Shiite, Shi'ite [ˈʃiːaɪt] (also **Shiite Muslim**) n, adj chiite mf

shiksa, shikse(h) [ˈʃɪksə] n (esp US: gen pej) jeune fille f goy

shill [ʃɪl] n (US: at fairground etc) compère m

shillelagh [ʃəˈleɪlə] n gourdin m irlandais

shilling [ˈʃɪlɪŋ] n (Brit) shilling m

shilly-shally [ˈʃɪlɪˌʃælɪ] ① vi hésiter ; (deliberately) tergiverser, atermoyer ✦ **stop shilly-shallying!** décide-toi enfin !
② n ⇒ **shilly-shallying**

shilly-shallying [ˈʃɪlɪˌʃælɪɪŋ] n (NonC) hésitations fpl, valse-hésitation f ; (deliberate) tergiversations fpl, atermoiements mpl

shim [ʃɪm] n (Tech) rondelle f (de calage)

shimmer [ˈʃɪməʳ] → SYN ① vi [satin, jewels] chatoyer ; [water, lake, heat haze, road surface] miroiter ✦ **the moonlight shimmered on the lake** le clair de lune faisait miroiter le lac
② n [of satin, jewels] chatoiement m ; [of water, lake] miroitement m

shimmering [ˈʃɪmərɪŋ], **shimmery** [ˈʃɪmərɪ] adj material, jewel chatoyant ; water, lake miroitant ✦ **the shimmering moonlight on the lake** le clair de lune qui faisait miroiter le lac

shimmy [ˈʃɪmɪ] ① n **a** (US Aut) shimmy m
b (= dance) shimmy m
② vi (US Aut) avoir du shimmy

shin [ʃɪn] ① n **a** tibia m
b (Brit Culin) **shin of beef** jarret m de bœuf
② vi ✦ **to shin up a tree** grimper à un arbre ✦ **to shin down a tree** descendre d'un arbre ✦ **to shin over a wall** escalader un mur
③ COMP ▷ **shin guard, shin pad** n protège-tibia m

shinbone [ˈʃɪnbəʊn] n tibia m

shindig * [ˈʃɪndɪg] n (= dance, party etc) fiesta f, soirée f joyeuse

shindy * [ˈʃɪndɪ] n **a** (= brawl) bagarre f ; (= row, commotion) tapage m, boucan * m ✦ **to kick up or make a shindy** faire du boucan *
b ⇒ **shindig**

shine [ʃaɪn] → SYN vb : pret, ptp **shone** ① n [of sun] éclat m ; [of metal] éclat m, brillant m ; [of shoes] brillant m ✦ **to give sth a shine** faire briller qch, faire reluire qch ✦ **to take the**

shine off [+ brass, shoes] rendre mat or terne (pej) ; [+ trouser seat] délustrer ; (fig) [+ success, news] diminuer l'attrait de, faire tomber à plat ; [+ sb else's achievement] éclipser ✦ **the shine on his trousers** son pantalon lustré ✦ **to take a shine to sb** * se toquer de qn * ;
→ **moonshine, rain**

② vi [sun, stars, lamp] briller ; [metal, shoes] briller, reluire ; (fig = excel) briller ✦ **the sun is shining** il fait (du) soleil, il y a du soleil, le soleil brille ✦ **the moon is shining** il y a clair de lune ✦ **to shine on sth** éclairer or illuminer qch ✦ **the light was shining in my eyes** j'avais la lumière dans les yeux ✦ **her face shone with happiness** son visage rayonnait de bonheur ✦ **her eyes shone with pleasure/envy** ses yeux brillaient de plaisir/luisaient d'envie ✦ **to shine at football/Spanish** (fig) briller or faire des étincelles * au football/en espagnol

③ vt **a** **shine your torch** or **the light over here** éclairez par ici ✦ **he shone his torch on the car** il a braqué sa lampe de poche sur la voiture, il a éclairé la voiture
b pret, ptp **shone** or **shined** [+ furniture, brass, shoes] astiquer, faire briller

▶ **shine down** vi [sun, moon, stars] briller

▶ **shine through** vi [light etc] passer, filtrer ; (fig) [courage etc] transparaître

▶ **shine up** vi (US) ✦ **to shine up to sb** * (to girl) faire du plat * à qn ; (to boss) faire de la lèche * à qn

shiner * [ˈʃaɪnəʳ] n (* = black eye) œil m au beurre noir *

shingle [ˈʃɪŋgl] ① n (NonC: on beach etc) galets mpl ; (on roof) bardeau m ; (coated in tar) shingle m ; (US * = signboard) petite enseigne f (de docteur, de notaire etc) ; († = hairstyle) coupe f à la garçonne
② vt † [+ hair] couper à la garçonne
③ COMP ▷ **shingle beach** n plage f de galets

shingles [ˈʃɪŋglz] n (NonC) zona m ✦ **to have shingles** avoir un zona

shingly [ˈʃɪŋglɪ] adj beach (couvert) de galets

shininess [ˈʃaɪnɪnɪs] n éclat m, brillant m

shining [ˈʃaɪnɪŋ] → SYN adj **a** (= gleaming) eyes, hair brillant ; face rayonnant ; furniture, floor, metal luisant
b (= outstanding) success, moment remarquable ✦ **she was a shining example to everyone** c'était un modèle pour tout le monde ✦ **shining light (in sth)** (fig) (person) lumière f (en qch) ; (thing) phare f (de qch) ; → **improve**

shinleaf [ˈʃɪnˌliːf] n pirole f

shinny [ˈʃɪnɪ] vi ⇒ **shin 2**

Shinto [ˈʃɪntəʊ] n shinto m

Shintoism [ˈʃɪntəʊɪzəm] n shintoïsme m

Shintoist [ˈʃɪntəʊɪst] adj, n shintoïste mf

shinty [ˈʃɪntɪ] n sorte de hockey sur gazon

shiny [ˈʃaɪnɪ] → SYN adj surface, hair, shoes, coin brillant ; car rutilant ; furniture, metal, fabric luisant ; nose qui brille (or brillait) ✦ **the company's shiny new offices** les nouveaux bureaux rutilants de la société

ship [ʃɪp] ① n (gen) bateau m ; (large) navire m ; (= vessel) vaisseau m, bâtiment m ✦ **His** (or **Her**) **Majesty's Ship Maria/Falcon** la Maria/le Falcon ✦ **the good ship Caradoc** (†, liter) la nef † Caradoc, le Caradoc ✦ **when my ship comes in** (fig) quand j'aurai fait fortune ✦ **he runs** or **keeps a tight ship** (fig) il ne plaisante pas sur l'organisation (or la discipline) ✦ **it was a case of "ships that pass in the night"** ce fut une rencontre sans lendemain ✦ **the ship of the desert** le vaisseau du désert, le chameau ; → **board, jump, warship**
② vt **a** (= transport) transporter ; (= send by ship) expédier (par bateau) ; (= send by any means) expédier ✦ **the goods were shipped on SS Wallisdown** (Comm) la marchandise a été expédiée à bord du Wallisdown
b (= put on board) [+ cargo] embarquer, charger ; [+ water] embarquer ✦ **to ship the oars** rentrer les avirons
③ COMP ▷ **ship canal** n canal m maritime or de navigation ▷ **ship chandler** n ⇒ **ship's chandler** ▷ **ship of the line** n (Hist) bâtiment m de ligne ▷ **ship's biscuit** n (NonC) biscuit m (de mer) ▷ **ship's boat** n chaloupe f ▷ **ship's boy** n mousse m ▷ **ship's chandler** n fournisseur m d'équipement pour bateaux, shipchandler m ▷ **ship's company** n équipage m, hommes mpl du bord ▷ **ship's manifest** n (Naut) manifeste m ▷ **ship's papers** n papiers mpl de bord or d'un navire ▷ **ship-to-shore radio** n liaison f radio avec la côte

▶ **ship off, ship out** ① vi s'embarquer (to pour)
② vt sep **a** (= send by ship) [+ goods, troops etc] envoyer (par bateau or par mer)
b (* = send) [+ goods, person] expédier *

shipboard [ˈʃɪpbɔːd] ① adj task à bord ; personnel de bord ✦ **a shipboard romance** une histoire d'amour le temps d'une croisière
② n ✦ **on shipboard** à bord

shipbuilder [ˈʃɪpˌbɪldəʳ] n constructeur m naval

shipbuilding [ˈʃɪpˌbɪldɪŋ] n construction f navale

shipload [ˈʃɪpləʊd] n (lit) charge f ; (fig) grande quantité f, masse * f ✦ **tourists were arriving by the shipload** les touristes arrivaient par bateaux entiers

shipmate [ˈʃɪpmeɪt] n camarade m de bord

shipment [ˈʃɪpmənt] n (= load) cargaison f ; (= act of shipping) expédition f (par bateau) ✦ **ready for shipment** (Comm) prêt à l'expédition

shipowner [ˈʃɪpˌəʊnəʳ] n armateur m

shipper [ˈʃɪpəʳ] n (organizing transport) chargeur m ; (transporter) expéditeur m, affréteur m

shipping [ˈʃɪpɪŋ] ① n (NonC) **a** (= ships collectively) navires mpl ; (= traffic) navigation f ✦ **attention all shipping!** (Rad) avis à la navigation ! ✦ **it was a danger to shipping** cela constituait un danger pour la navigation ✦ **the canal is closed to British shipping** le canal est fermé aux navires britanniques
b (= sending) expédition f ; (= act of loading) chargement m, embarquement m
c (= charges for transporting cargo) frais mpl de transport
② COMP ▷ **shipping agent** n agent m maritime ▷ **shipping clerk** n expéditionnaire mf ▷ **shipping company** n compagnie f de navigation ▷ **shipping department** n (Comm) service m des expéditions ▷ **shipping documents** npl (Comm) documents mpl d'expédition ▷ **shipping forecast** n météo f marine ▷ **shipping lane** n voie f de navigation ▷ **shipping line** n ⇒ **shipping company** ▷ **shipping losses** npl shipping losses during 1944 les pertes en navires au cours de l'année 1944

shipshape [ˈʃɪpʃeɪp] adj bien rangé, en ordre ✦ **all shipshape and Bristol fashion** arrangé d'une façon impeccable

shipworm [ˈʃɪpwɜːm] n taret m

shipwreck [ˈʃɪprek] ① n (= event) naufrage m ; (= wrecked ship) épave f
② vt (lit) faire sombrer ; (fig) ruiner, anéantir ✦ **to be shipwrecked** faire naufrage ✦ **shipwrecked on a desert island** [vessel] échoué sur une île déserte ; [person] naufragé sur une île déserte ✦ **a shipwrecked person** un(e) naufragé(e) ✦ **a shipwrecked sailor/vessel** un marin/vaisseau naufragé

shipwright [ˈʃɪpraɪt] n (= builder) constructeur m naval ; (= carpenter) charpentier m (de chantier naval)

shipyard [ˈʃɪpjɑːd] n chantier m naval

shire [ˈʃaɪəʳ] ① n (Brit) comté m
② COMP ▷ **shire horse** n shire m, cheval m de gros trait

shirk [ʃɜːk] → SYN ① vt [+ task, work] éviter de faire, s'arranger pour ne pas faire ; [+ obligation, duty] esquiver, se dérober à ; [+ difficulty, problem, issue] éluder, esquiver ✦ **to shirk doing sth** éviter de faire qch, s'arranger pour ne pas faire qch
② vi tirer au flanc *

shirker [ˈʃɜːkəʳ] → SYN n tire-au-flanc * mf inv

shirr [ʃɜːʳ] vt **a** (Sewing) froncer
b (US Culin) shirred eggs œufs mpl en cocotte or au four

shirring [ˈʃɜːrɪŋ] ① n fronces fpl
② COMP ▷ **shirring elastic** n (fil m) élastique m à froncer, ≈ Lastex ® m

shirt [ʃɜːt] **1** n (man's) chemise f ; (woman's) chemisier m ; (footballer's) maillot m ✦ **keep your shirt on!** ⁂ (fig) ne vous mettez pas en rogne * or en pétard ⁂ ✦ **to put one's shirt on sth** (Betting etc) jouer (toute) sa fortune or tout ce qu'on a sur qch ✦ **to lose one's shirt** (Betting etc) perdre (toute) sa fortune or tout ce qu'on a, y laisser sa chemise ; → **boil, nightshirt, stuff**
2 COMP ▷ **shirt front** n plastron m ▷ **shirt-lifter** ⁂ n (pej) pédé * m, pédale ⁂ f ▷ **shirt sleeves** npl **in (one's) shirt sleeves** en bras or manches de chemise ▷ **shirt-tail** n pan m de chemise ✦ **in (one's) shirt-tails** en chemise ▷ **shirt-tail cousin** * n (US) cousin(e) m(f) éloigné(e), cousin(e) m(f) à la mode de Bretagne

shirtdress [ˈʃɜːtdres] n robe f chemisier

shirting [ˈʃɜːtɪŋ] n (NonC) shirting m

shirtwaist [ˈʃɜːtweɪst] **1** n (US) (= blouse) chemisier m ; (= dress) robe f chemisier
2 COMP ▷ **shirtwaist(ed) dress** n ⇒ **shirtwaister**

shirtwaister [ˈʃɜːtˌweɪstəʳ] n robe f chemisier

shirty * [ˈʃɜːtɪ] adj (Brit) person, reply vache * ✦ **to get shirty (with sb) (about sth)** se mettre en rogne * (contre qn) (à propos de qch)

shish kebab [ˈʃiːʃkəˈbæb] n chiche-kebab m

shit ⁂ [ʃɪt] vb : pret, ptp **shat** **1** n **a** (lit, fig) (= excrement, rubbish) merde ⁂ f ; (= nonsense) conneries ⁂ fpl ✦ **shit!** merde ! ⁂ ✦ **no shit?** sans blague ? * ✦ **to be in the shit** être dans la merde ⁂ ✦ **in deep shit** dans la merde ⁂ jusqu'au cou ✦ **don't give me that shit!** arrête de déconner ! ⁂ ✦ **to have** or **take a shit** chier ⁂ ✦ **un coup** ✦ **to go for a shit** aller chier ⁂ ✦ **to have the shits** avoir la chiasse ⁂ ✦ **I don't give a shit!** j'en ai rien à branler ! ⁂, je m'en contrefous ⁂ (about sth) ✦ **to scare the shit out of sb** flanquer une de ces trouilles * à qn ✦ **to beat** or **kick** or **knock the shit out of sb** passer qn à tabac *, dérouiller qn ⁂ ✦ **then the shit really hit the fan** alors ça a bardé * or chié ⁂
b (= person) salaud ⁂ m
c (Drugs = resin) shit m
2 vi ⁂ ✦ **it's time to shit or get off the pot** (US) il est temps de s'y mettre ou bien de passer la main
3 vt **a** (lit, fig) **to shit o.s.** chier ⁂ dans son froc ✦ **to shit a brick** or **bricks** chier ⁂ or faire dans son froc
b (US = talk nonsense to) raconter des conneries ⁂ à ✦ **you're shitting me** tu déconnes ⁂
4 adj merdique ⁂, nul à chier ⁂
5 COMP ▷ **shit-hole** ⁂ n endroit m de merde ⁂ ▷ **shit-hot** ⁂ adj vachement bon ⁂ ▷ **shit-scared** ⁂ adj **to be shit-scared** avoir une trouille bleue ⁂ ▷ **shit-stirrer** ⁂ n fouteur m, -euse f de merde ⁂

shite ⁂ [ʃaɪt] n (Brit) merde ⁂ f

shitface ⁂ [ˈʃɪtfeɪs] n ⇒ **shithead**

shitfaced ⁂ [ˈʃɪtfeɪst] adj pété ⁂, cassé ⁂

shithead ⁂ [ˈʃɪthed] n connard ⁂ m, connasse ⁂ f

shithouse ⁂ [ˈʃɪthaʊs] n (= lavatory) chiottes ⁂ fpl ✦ **this shithouse of a country** ce pays de merde ⁂; → **built**

shitless ⁂ [ˈʃɪtlɪs] adj ✦ **to scare sb shitless** flanquer une de ces trouilles * à qn ✦ **to be scared shitless** avoir une peur bleue * ✦ **to bore sb shitless** casser les couilles à qn ⁂ ✦ **to be bored shitless** se faire chier ⁂

shitlist ⁂ [ˈʃɪtlɪst] n liste f noire

shitty ⁂ [ˈʃɪtɪ] adj person, mood, food dégueulasse ⁂ ; place, job merdique ⁂ ✦ **what a shitty thing to do/say!** c'est dégueulasse ⁂ de faire/dire ça !

shitwork ⁂ [ˈʃɪtwɜːk] n (NonC: US) boulot m merdique ⁂

shiv ⁂ [ʃɪv] n (= knife) surin ⁂ m, couteau m

shiver¹ [ˈʃɪvəʳ] **1** vi (with cold, fear) frissonner, trembler (with de) ; (with pleasure) frissonner, tressaillir (with de) ✦ **boot, shoe**
2 n (from cold) frisson m ; (from fear, pleasure) frisson m, tressaillement m ✦ **it sent shivers down his spine** cela lui a donné froid dans le dos ✦ **he gave a shiver** il a frissonné, il a eu un frisson ✦ **to give sb the shivers** donner le frisson à qn

shiver² [ˈʃɪvəʳ] → SYN **1** n (= fragment) éclat m, fragment m
2 vi (= shatter) voler en éclats, se fracasser
3 vt fracasser ✦ **shiver my timbers!** mille sabords !

shivery [ˈʃɪvərɪ] → SYN adj (from cold) frissonnant, grelottant ; (from emotion, fever) frissonnant, tremblant

Shoah [ˈʃəʊə] n (Hist) Shoah f

shoal¹ [ʃəʊl] n [of fish] banc m (de poissons) ✦ **they came in (their) shoals** (fig) ils sont venus en foule ✦ **shoals of applications** une avalanche de demandes

shoal² [ʃəʊl] n (= shallows) haut-fond m, bas-fond m ; (= sandbank) banc m de sable, écueil m

shock¹ [ʃɒk] → SYN **1** n **a** (= impact) [of collision etc] choc m, heurt m ; [of earthquake, explosion] secousse f
b (Elec) décharge f (électrique) ✦ **to get a shock** recevoir une décharge (électrique), prendre le jus * ✦ **she got a shock from the refrigerator, the refrigerator gave her a shock** elle a reçu une décharge en touchant le réfrigérateur
c (to sensibilities etc) choc m, coup m ; (= feeling, emotion) horreur f ✦ **he got such a shock when he heard that ...** cela lui a donné un tel choc or coup d'apprendre que ... ✦ **he hasn't yet got over the shock of her death** il ne s'est pas encore remis du choc que lui a causé sa mort ✦ **the shock killed him** le choc l'a tué ✦ **the shock of the election results** les résultats mpl stupéfiants des élections ✦ **their refusal came as a shock to me** leur refus m'a stupéfié or ébahi ✦ **it comes as a shock to hear that ...** il est stupéfiant d'apprendre que ... ✦ **you gave me a shock!** vous m'avez fait peur ! ✦ **I got such a shock!** j'en étais tout retourné ! * ✦ **shock horror!** * (hum) quelle horreur ! ; see also **4** ✦ **pale with shock** pâle de saisissement ✦ **my feeling is one of shock at the idea that ...** j'éprouve un sentiment d'horreur à l'idée que ..., je suis bouleversé à l'idée que ...
d (Med) commotion f, choc m ✦ **anaphylactic shock** choc m anaphylactique ✦ **to be suffering from shock** être en état de choc, être commotionné ✦ **in a state of shock** en état de choc, commotionné ; → **shell**
e (US Aut) **shocks** * amortisseurs mpl
2 adj defeat, victory, news, resignation, decision surprise
3 vt **a** (= take aback) secouer, retourner * ; (stronger) bouleverser ; (= disgust) dégoûter ; (= scandalize) choquer, scandaliser ✦ **to shock sb out of his complacency** déstabiliser qn ✦ **he's easily shocked** il se choque facilement or pour un rien
b (Culin) plonger dans de l'eau glacée
4 COMP tactics de choc ▷ **shock absorber** n (Aut) amortisseur m ▷ **shock-horror** * adj story, film d'épouvante ; headline sensationnel, à sensation ▷ **shock jock** * n (esp US) présentateur de radio qui cherche à provoquer de vives controverses en exprimant des opinions extrémistes ▷ **shock resistant** adj résistant aux chocs ▷ **shock therapy, shock treatment** n (Med) (traitement m par) électrochoc m ▷ **shock troops** npl troupes fpl de choc ▷ **shock wave** n (Phys) onde f de choc

shock² [ʃɒk] n ✦ **a shock of hair** une tignasse *

shockable [ˈʃɒkəbl] adj ✦ **she's not easily shockable** elle ne se choque pas facilement

shocked [ʃɒkt] adj **a** (= unpleasantly surprised) person, voice, expression, face abasourdi (at sth par qch) ; reaction choqué ✦ **a shocked silence** un silence consterné ✦ **to listen in shocked silence** écouter muet de stupéfaction ✦ **shocked to see/hear/learn sth** abasourdi de voir/d'entendre/d'apprendre qch
b (= scandalized) choqué
c (Med) commotionné

shocker * [ˈʃɒkəʳ] n **a** **he's a shocker** il est impossible or imbuvable * ✦ **his essay's a shocker** sa dissertation est une catastrophe ! ✦ **what a shocker of a day!** quel temps épouvantable or cochon * !
b (= cheap book) livre m à sensation

shockheaded [ˈʃɒkˌhedɪd] adj hirsute

shocking [ˈʃɒkɪŋ] → SYN **1** adj **a** (= scandalous) act, behaviour, book choquant, scandaleux ; sight choquant, atroce ; decision, waste of money scandaleux ; price scandaleux, exorbitant ; murder, cruelty odieux, atroce ; crime odieux, atroce, affreux ; news atroce, bouleversant ✦ **the film wasn't really shocking** le film n'avait rien de vraiment choquant ✦ **it may be shocking to the older generation** cela pourrait choquer les générations plus âgées ✦ **it is shocking to think that ...** il est scandaleux de penser que ... (+ subj) ✦ **it is shocking that ...** il est scandaleux que ... (+ subj) ✦ **the shocking truth** la terrible vérité
b (Brit * = dreadful) weather, results, cold, cough affreux, épouvantable ; quality, handwriting épouvantable ✦ **in a shocking state** dans un état épouvantable
2 COMP ▷ **shocking pink** adj, n rose m shocking inv

shockingly [ˈʃɒkɪŋlɪ] adv **a** (= disturbingly) effective, frank terriblement ✦ **shockingly, children are more likely to be killed in an accident in the home** chose terrible, un enfant a plus de chances d'être tué dans un accident domestique
b (* = badly) play, act de façon lamentable ; behave affreusement mal ; (= scandalously) scandaleusement, de façon choquante
c (Brit * = extremely) bad, unfair, expensive, difficult terriblement, affreusement

shockproof [ˈʃɒkpruːf] adj (Tech) antichoc inv ; (* fig) person difficile à choquer

shod [ʃɒd] vb (pt, ptp of **shoe**)

shoddily [ˈʃɒdɪlɪ] (pej) adv made, built mal ; behave, treat très mal

shoddiness [ˈʃɒdɪnɪs] n [of work, goods] mauvaise qualité f ; [of behaviour] bassesse f, mesquinerie f

shoddy [ˈʃɒdɪ] → SYN **1** adj (pej) workmanship, goods de mauvaise qualité ; service de mauvaise qualité, mauvais ; treatment indigne ; behaviour, attempt mesquin ; building miteux
2 n (= cloth) lirette f

shoe [ʃuː] vb : pret, ptp **shod** **1** n chaussure f, soulier m ; (= horseshoe) fer m (à cheval) ; (= brake shoe) sabot m (de frein) ✦ **to have one's shoes on/off** être chaussé/déchaussé ✦ **to put on one's shoes** mettre ses chaussures, se chausser ✦ **to take off one's shoes** enlever ses chaussures, se déchausser ✦ **to quake** or **shake** or **tremble** or **shiver in one's shoes** (fig) avoir une peur bleue ✦ **I wouldn't like to be in his shoes** (fig) je n'aimerais pas être à sa place ✦ **to step into** or **fill sb's shoes** (fig) succéder à qn ✦ **he's waiting for dead men's shoes** il attend que quelqu'un meure pour prendre sa place ✦ **you'll know where the shoe pinches when ...** (fig) vous vous trouverez serré or à court quand ... ✦ **that's another pair of shoes** (fig) c'est une autre paire de manches ✦ **that's where the shoe pinches** c'est là que le bât blesse ✦ **to drop the other shoe** (US fig) finir ce que l'on a commencé ✦ **if the shoe fits, wear it** (US) qui se sent morveux (qu'il) se mouche, il n'y a que la vérité qui blesse ; → **court**
2 vt [+ horse] ferrer ✦ **to be well/badly shod** [person] être bien/mal chaussé ✦ (Prov) **the cobbler's children are always the worst shod** ce sont les cordonniers qui sont les plus mal chaussés (Prov)
3 COMP ▷ **shoe cream** n crème f pour chaussures ▷ **shoe leather** n cuir m pour chaussures ✦ **I wore out a lot of shoe leather, it cost me a lot in shoe leather** ça m'est revenu cher en chaussures, j'ai dû faire des kilomètres à pied ▷ **shoe polish** n cirage m ▷ **shoe repairer** n cordonnier m ✦ **shoe repairer's (shop)** cordonnerie f ▷ **shoe repairing** n (NonC) cordonnerie f ▷ **shoe repairs** npl cordonnerie f ▷ **shoe size** n pointure f ✦ **what shoe size are you?** quelle est votre pointure ?, quelle pointure faites-vous ?

shoeblack † [ˈʃuːblæk] n cireur m, -euse f de chaussures

shoebox [ˈʃuːbɒks] n boîte f or carton m à chaussures

shoebrush [ˈʃuːbrʌʃ] n brosse f à chaussures

shoehorn [ˈʃuːhɔːn] **1** n chausse-pied m
2 vt ✦ **the cars are shoehorned into tiny spaces** les voitures sont casées dans des emplace-

shoelace / shop

ments minuscules ◆ **I was shoehorning myself into a skin-tight ball gown** j'enfilais non sans mal une robe de bal moulante

shoelace ['ʃuːleɪs] n lacet m (de chaussure) ◆ **you are not fit** or **worthy to tie his shoelaces** vous n'êtes pas digne de délier le cordon de ses souliers

shoemaker ['ʃuːmeɪkəʳ] → SYN [1] n (= cobbler) cordonnier m ; (= manufacturer) fabricant m de chaussures ; (= shoeshop owner) chausseur m
[2] COMP ▷ **shoemaker's shop** n cordonnerie f

shoeshine boy ['ʃuːʃaɪnbɔɪ] n cireur m de chaussures

shoeshop ['ʃuːʃɒp] n magasin m de chaussures

shoestring ['ʃuːstrɪŋ] [1] n (US: lit) ⇒ **shoelace** ◆ **to do sth on a shoestring** faire qch à peu de frais or avec peu d'argent ◆ **they're living on a shoestring** ils sont gênés, ils doivent se serrer la ceinture ◆
[2] COMP ▷ **shoestring budget** n budget m minime or infime

shoetree ['ʃuːtriː] n embauchoir m

shofar ['ʃəʊfɑːʳ] n, pl **shofars** or **shofroth** ['ʃəʊˌfrɒt] schofar m

shogun ['ʃəʊɡuːn] n (Hist) shogun m

shone [ʃɒn] vb (pt, ptp of **shine**)

shoo [ʃuː] [1] excl (to animals) pschtt ! ; (to person) ouste ! *
[2] vt (also **shoo away**, **shoo off**) chasser
[3] COMP ▷ **shoo-in** n (US) it's a shoo-in c'est du tout cuit *, c'est du gâteau * ◆ **the president looks a shoo-in for a second term** le président sera réélu à coup sûr

shook [ʃʊk] [1] vb (pt of **shake**)
[2] COMP ▷ **shook-up** * adj to be shook-up about sth être secoué par qch ◆ **a shook-up generation** une génération de paumés *

shoot [ʃuːt] → SYN vb : pret, ptp **shot** [1] n [a] (on branch etc) pousse f, rejeton m (Bio) ; (= seedling) pousse f
[b] (= chute) glissière f, déversoir m
[c] (= shooting party) partie f de chasse ; (= land) (terrain m de) chasse f ◆ **the whole (bang) shoot** ⁑ (fig) tout le tremblement *, tout le bataclan *
[d] (= photo assignment) séance f (de photos) ; (= filming session) séance f (de tournage)
[e] **shoot!** * zut ! *, mercredi ! *
[2] vt [a] [+ animal] (= hunt) chasser ; (= kill) abattre, tirer ; [+ injured horse etc] abattre ; [+ person] (= hit) atteindre d'un coup de feu ; (= wound) blesser par balle(s) ; (= kill) tuer par balle(s), abattre ; (= execute) fusiller ◆ **shoot him!** tire !, descends-le ! * ◆ **to be shot in the head** être atteint ou blessé ou tué d'une balle dans la tête ◆ **to be shot in the arm** recevoir une balle dans le bras, être atteint d'une balle au bras ◆ **he had been shot through the heart** il avait reçu une balle en plein cœur ◆ **to shoot sb dead** abattre qn ◆ **he was shot as a spy** il a été fusillé pour espionnage ◆ **people have been shot for less!** * (hum) on en a tué pour moins que ça ! ◆ **you'll get shot for that!** * (hum) tu vas te faire incendier pour ça ! ◆ **to shoot from the hip** (lit) tirer l'arme à la hanche ; (fig) (challenging sb) attaquer impulsivement ; (answering sb) riposter impulsivement ◆ **to shoot the lights** (Aut) griller ou brûler le feu rouge ◆ **to shoot o.s. in the foot** * (fig) se tirer une balle dans le pied (fig), agir contre son propre intérêt ◆ **it's a case of shoot the messenger** c'est se tromper de cible ◆ **it's like shooting fish in a barrel** * c'est un combat gagné d'avance
[b] (= fire) [+ gun] tirer un coup de (at sur) ; [+ arrow] décocher, tirer (at sur) ; [+ bullet] tirer (at sur) ; [+ rocket, missile] lancer (at sur) ◆ **the volcano shot lava high into the air** (fig) le volcan projetait de la lave dans les airs ◆ **they shot the coal into the cellar** ils ont déversé le charbon dans la cave ◆ **to shoot rubbish** déverser des ordures ◆ **to shoot a goal, to shoot the ball into the net** marquer un but ◆ **he shot the bolt** (fastened) il a mis ou poussé le verrou ; (opened) il a tiré le verrou ◆ **he has shot his bolt** (fig) il a joué sa dernière carte, il a brûlé ses dernières cartouches ◆ **to shoot the breeze** * (US fig)

bavarder ◆ **to shoot the bull** ⁑ (US fig) raconter des conneries ⁑ ◆ **to shoot a line** ⁑ (fig) faire de l'épate *, en mettre plein la vue * ◆ **to shoot a line about sth** ⁑ (Brit fig) raconter des histoires ou des bobards * à propos de qch ◆ **to shoot the works** * (US fig = spend all) claquer * tout son argent pour acheter qch ◆ **to shoot dice** jeter les dés ◆ **to shoot (for) the moon** viser (très) haut ; → **pool**²
[c] (= direct) [+ look, glance] décocher, lancer (at à) ; [sun] [+ ray of light] darder ◆ **he shot a smile at her** il lui a lancé ou décoché un sourire ◆ **to shoot questions at sb** bombarder or mitrailler qn de questions
[d] (Cine etc) [+ film, scene] tourner ; [+ subject of snapshot etc] prendre (en photo)
[e] [+ rapids] franchir, descendre ; [+ bridge] passer rapidement sous
[f] * (= send) envoyer, expédier ; (= give) donner ; (= throw) jeter, flanquer *
[g] (Drugs) **to shoot heroin** * se shooter * à l'héroïne
[3] vi [a] (with gun, bow) tirer (at sur) ; (Sport: at target) tirer (à la cible) ◆ **to go shooting** (Brit = hunt) chasser, aller à la chasse, tirer le gibier ◆ **to shoot to disable/kill** tirer pour blesser/tuer ◆ **to shoot on sight** tirer à vue ◆ **he can't shoot straight** il tire mal ou comme un pied * ◆ **they're both shooting for** or **at the same target** (fig) ils travaillent de concert
[b] (= move quickly) **to shoot in/out/past** etc [person, car, ball etc] entrer/sortir/passer etc en flèche ◆ **to shoot along** filer ◆ **he shot to the door** il s'est précipité vers la porte ◆ **to shoot to fame/stardom** devenir très vite célèbre/une star ◆ **the car shot out of a side street** la voiture a débouché à toute vitesse d'une rue transversale ◆ **he shot across the road** il a traversé la rue comme une flèche ◆ **the bullet shot past his ears** la balle lui a sifflé aux oreilles ◆ **the cat shot up the tree** le chat a grimpé à l'arbre à toute vitesse ◆ **the pain went shooting up his arm** la douleur au bras le lancinait, son bras s'élançait ◆ **he has shot ahead in the last few weeks** (in class etc) il a fait des progrès énormes depuis quelques semaines
[c] (Ftbl etc) shooter, tirer ◆ **to shoot at goal** shooter, faire un shoot ◆ **shoot!** ⁑ (fig: in conversation) vas-y !, dis ce que tu as à dire !, dis ! *
[d] (Bot) bourgeonner, pousser
[4] COMP ▷ **shoot-'em-up** * n (Cine) film m de violence ; (= video game) jeu m vidéo violent ▷ **shoot-out** n (= fight) fusillade f ; (Ftbl) épreuve f des tirs au but ▷ **shoot-the-chute** n (US) toboggan m (appareil de manutention) ▷ **shoot-to-disable** adj policy qui consiste à tirer dans le but de neutraliser l'adversaire ▷ **shoot-to-kill** adj policy qui consiste à tirer avec l'intention de tuer

▶ **shoot away** [1] vi [a] (Mil etc = fire) continuer à tirer, tirer sans arrêt
[b] (= move) partir comme une flèche, s'enfuir à toutes jambes
[2] vt sep ▷ **shoot off 2b**

▶ **shoot back** vi [a] (Mil etc) retourner le (or son etc) feu (at à)
[b] (= move) retourner or rentrer or revenir en flèche

▶ **shoot down** vt sep [a] [+ plane] abattre, descendre ◆ **he was shot down in flames** (Aviat) son avion s'est abattu en flammes ◆ **to shoot down in flames** (fig) [+ project] démolir ; [+ person] descendre en flammes *
[b] (= kill) [+ person] abattre, descendre *

▶ **shoot off** [1] vi ⇒ **shoot away 1b**
[2] vt sep [a] [+ gun] décharger, faire partir ◆ **he's always shooting his mouth off** ⁑ (fig) il faut toujours qu'il ouvre (subj) le bec * or sa grande gueule ⁑ ◆ **to shoot one's mouth off about sth** ⁑ raconter des histoires ou des bobards * au sujet de qch
[b] **he had a leg shot off** il a eu une jambe emportée par un éclat d'obus, un éclat d'obus lui a emporté la jambe

▶ **shoot out** [1] vi [person, car etc] sortir comme une flèche ; [flame, water] jaillir
[2] vt sep [a] **to shoot out one's tongue** [person] tirer la langue ; [snake] darder sa langue ◆ **he shot out his arm and grabbed my stick** il a

---

ANGLAIS-FRANÇAIS 874

avancé brusquement le bras et a attrapé ma canne ◆ **he was shot out of the car** il a été éjecté de la voiture
[b] **to shoot it out** avoir un règlement de compte (à coups de revolvers or de fusils), s'expliquer à coups de revolvers or de fusils
[3] shoot-out * n → **shoot**

▶ **shoot up** [1] vi [a] [flame, water] jaillir ; [rocket, price etc] monter en flèche
[b] (= grow quickly) [tree, plant] pousser vite ; [child] bien pousser *
[c] (Drugs *) se shooter *
[2] vt sep (*: with gun) flinguer ⁑, tirer sur
[3] shot up ⁑ adj → **shot 3**

shooter ['ʃuːtəʳ] n [a] (⁑ = gun) flingue * m
[b] (also **target shooter**) personne qui pratique le tir ; → **peashooter**, **sharpshooter**, **six**, **troubleshooter**

shooting ['ʃuːtɪŋ] [1] n [a] (NonC = shots) coups mpl de feu ; (continuous) fusillade f ◆ **I heard some shooting over there** j'ai entendu des coups de feu par là-bas ◆ **the shooting caused ten deaths** la fusillade a fait dix morts
[b] (= act) (murder) meurtre m or assassinat m (avec une arme à feu) ; (execution) fusillade f, exécution f ◆ **the shooting of a policeman in the main street** le meurtre d'un agent de police abattu dans la grand-rue
[c] (esp Brit = hunting) chasse f ◆ **rabbit shooting** la chasse au lapin ◆ **there's good shooting there** il y a une bonne chasse là-bas
[d] (Cine) [of film, scene] tournage m
[2] adj pain lancinant
[3] COMP ▷ **shooting brake** † n (Brit Aut) break m ▷ **shooting-down** n the shooting-down of the diplomat l'attentat m à l'arme à feu contre le diplomate ◆ **the shooting-down of the plane** (by the enemy) la perte or la destruction de l'avion (abattu par l'ennemi) ▷ **shooting gallery** n tir m, stand m (de tir) ▷ **shooting incident** n there were a few shooting incidents last night la nuit dernière il y a eu quelques échanges de coups de feu ▷ **shooting iron** † ⁑ n (US) flingue * m ▷ **shooting match** * n (Brit fig) **the whole shooting match** tout le bataclan *, tout le tremblement * ▷ **shooting party** n partie f de chasse ▷ **shooting range** n tir m, stand m (de tir) ◆ **within shooting range** à portée (de tir) ▷ **shooting script** n (Cine) découpage m ▷ **shooting spree** n **to go on a shooting spree** être pris d'un accès ou d'une crise de folie meurtrière ▷ **shooting star** n étoile f filante ▷ **shooting stick** n canne-siège f ▷ **shooting war** n lutte f armée

shop [ʃɒp] [1] n [a] (esp Brit Comm) magasin m ; (small) boutique f ◆ **wine shop** marchand m de vins ◆ **at the butcher's shop** à la boucherie, chez le boucher ◆ **"The Toy Shop"** "la Maison du Jouet" ◆ **mobile** or **travelling shop** épicerie f etc roulante ◆ **he's just gone (round) to the shops** il est juste sorti faire des courses ◆ **to set up shop** (Comm) ouvrir un commerce or un magasin, s'établir, s'installer ; (fig) s'établir, s'installer ◆ **to shut up shop** (lit, fig) fermer boutique ◆ **you've come to the wrong shop** * (fig) tu te trompes d'adresse * (fig) ◆ **to talk shop** (fig) parler boutique ou affaires or métier ◆ **all over the shop** * (fig) (= everywhere) partout ; (= in confusion) en désordre, bordélique * ; → **back**, **corner**, **grocer**
[b] (Brit = shopping) **to do one's weekly shop** faire ses courses de la semaine
[c] (= workshop) atelier m
[d] (= part of factory) atelier m ◆ **assembly shop** atelier m de montage ; → **closed**, **machine**
[2] vi ◆ **to shop at Harrods** faire ses courses ou ses achats chez Harrods ◆ **"shop at Brown's"** (sign) "achetez chez Brown" ◆ **to go shopping** (specific errands) faire les courses ; (leisurely browsing) faire les magasins, faire du shopping * ◆ **I was shopping for a winter coat** je cherchais un manteau d'hiver ◆ **she's shopping for a husband/a new sales director** elle cherche un mari/un nouveau directeur des ventes
[3] vt (esp Brit ⁑ = betray) vendre, donner *
[4] COMP (= bought in shop) cakes etc acheté dans le commerce ▷ **shop assistant** n (Brit) vendeur m, -euse f, employé(e) m(f) (de

875 ENGLISH-FRENCH

magasin) ▷ **the shop floor** n (Brit Ind, lit) l'atelier m ; (fig) (= workers) les ouvriers mpl ◆ **he works on the shop floor** c'est un ouvrier ▷ **shop front** n (Brit) devanture f ▷ **shop steward** n (Brit Ind) délégué(e) m(f) syndical(e) ▷ **shop talk** n (= jargon) jargon m (de métier) ◆ **I'm getting tired of shop talk** je commence à en avoir assez de parler affaires or boulot* ▷ **shop window** n vitrine f

▶ **shop around** vi (= go around shops) faire les magasins ; (= compare prices) comparer les prix ◆ **to shop around for sth** faire les magasins or comparer les prix avant d'acheter qch ◆ **it's worth shopping around before you decide on a university** ça vaut la peine de comparer or se renseigner avant de choisir une université

shopaholic* [ˌʃɒpəˈhɒlɪk] n accro mf du shopping*

shopfitter [ˈʃɒpˌfɪtəʳ] n (esp Brit) décorateur m de magasin

shopgirl [ˈʃɒpɡɜːl] n (Brit) vendeuse f

shophar [ˈʃəʊfɑːʳ] n, pl **shophars** or **shophroth** [ˈʃəʊˌfrɒt] ⇒ **shofar**

shopkeeper [ˈʃɒpˌkiːpəʳ] n commerçant(e) m(f), marchand(e) m(f) ◆ **small shopkeeper** petit commerçant m

shoplift [ˈʃɒplɪft] vti voler à l'étalage

shoplifter [ˈʃɒpˌlɪftəʳ] n voleur m, -euse f à l'étalage

shoplifting [ˈʃɒpˌlɪftɪŋ] n (NonC) vol m à l'étalage

shopper [ˈʃɒpəʳ] n **a** (= person) personne f qui fait ses courses ; (= customer) client(e) m(f)
b (= bag) sac m (à provisions), cabas m ; (on wheels) caddie ® m

shopping [ˈʃɒpɪŋ] **1** n (NonC) **a** courses fpl ◆ **to do the/some shopping** faire les/des courses ◆ **shopping is very tiring** faire les courses est très fatigant ◆ **"open Thursdays for late evening shopping"** "ouvert le jeudi en nocturne", "nocturne le jeudi" ; → **mall, window, shop**
b (= goods) achats mpl
2 COMP street, district commerçant ▷ **shopping bag** n sac m (à provisions), cabas m ▷ **shopping basket** n panier m (à provisions) ▷ **shopping cart** n (US) ⇒ **shopping trolley** ▷ **shopping centre, shopping complex** n centre m commercial ▷ **shopping list** n liste f (de) courses ◆ **a shopping list of requests/demands** une liste de requêtes/revendications ▷ **shopping mall** n centre m commercial ▷ **shopping plaza** n galerie f marchande ▷ **shopping precinct** n (Brit) zone f commerciale (piétonnière) ▷ **shopping spree** n to go on a shopping spree aller faire du shopping ▷ **shopping trip** n to go on a shopping trip partir faire les magasins or les boutiques ▷ **shopping trolley** n (Brit) caddie ® m

shopsoiled [ˈʃɒpsɔɪld] adj (Brit) qui a fait l'étalage or la vitrine, défraîchi

shopwalker † [ˈʃɒpˌwɔːkəʳ] n (Brit) chef m de rayon

shopworn [ˈʃɒpwɔːn] adj (US) ⇒ **shopsoiled**

shoran [ˈʃɔːræn] n (Aviat) shoran m

shore¹ [ʃɔːʳ] → SYN **1** n [of sea] rivage m, bord m ; [of lake] rive f, bord m ; (= coast) côte f, littoral m ; (= beach) plage f ◆ **these shores** (fig liter) ces rives ◆ **on shore** (esp Naut) à terre ◆ **to go on shore** (Naut) débarquer
2 COMP ▷ **shore bird** n (Orn) échassier m ▷ **shore leave** n (Naut) permission f à terre ▷ **shore lark** n (Orn) alouette f hausse-col ▷ **shore patrol** n (US Navy) détachement m de police militaire (de la Marine)

shore² [ʃɔːʳ] **1** n (for wall, tunnel) étai m, étançon m ; (for tree) étai m ; (for ship) accore m, étançon m
2 vt étayer, étançonner, accorer

▶ **shore up** vt sep **a** ⇒ **shore²** 2
b (fig) consolider

shoreline [ˈʃɔːlaɪn] n littoral m

shoreward(s) [ˈʃɔːwəd(z)] adj, adv (from sea) vers le rivage or la côte ; (from river, lake) vers la rive

shorn [ʃɔːn] vb (ptp of shear)

---

short [ʃɔːt]
→ SYN   LANGUAGE IN USE 26.2

1. ADJECTIVE
2. ADVERB
3. NOUN
4. PLURAL NOUN
5. TRANSITIVE VERB
6. INTRANSITIVE VERB
7. COMPOUNDS

---

1 ADJECTIVE

a size, distance court ; person (= not tall) petit, de petite taille ; step, walk petit ; visit, message, conversation court, bref ; programme court ◆ **the shortest route** le chemin le plus court ◆ **the shortest distance between two points** le plus court chemin d'un point à un autre ◆ **a short distance away, a short way off** à peu de distance, à une faible distance ◆ **he's got rather short legs** [person] il a les jambes plutôt courtes ; [dog etc] il est plutôt court sur pattes ◆ **these trousers are short in the leg** ce pantalon est court de jambes ◆ **short ski** (Ski) ski m court ; see also **7** ◆ **make the skirt shorter** raccourcis la jupe ◆ **the short answer is that he …** (fig) tout simplement il … ◆ **I'd like a short word** or **a few short words with you** j'aimerais vous dire un mot ◆ **short and to the point** bref et précis ◆ **that was short and sweet** (hum) ça n'a pas traîné (hum), ça a été du vite fait* ◆ **to have sb by the short hairs** ‡ or **short and curlies** ‡ tenir qn à la gorge or par les couilles** ‡ ◆ **he got the short end of the stick** c'est lui qui en a pâti ◆ **to win by a short head** (Racing) gagner d'une courte tête ; (fig) gagner de justesse ◆ **to make short work of sth** ne pas mettre beaucoup de temps à faire qch ◆ **to make short work of sb** envoyer promener qn* ; see also **7** ; → **shrift, story, term**

b period, time a short time or while ago il y a peu de temps ◆ **in a short time** or **while** dans peu de temps, bientôt ◆ **time is getting short** il ne reste plus beaucoup de temps ◆ **the days are getting shorter** les jours raccourcissent ◆ **one short year of happiness** une petite or brève année de bonheur ◆ **to take a short holiday** prendre quelques jours de vacances ◆ **shorter hours and better pay** (Ind) une réduction du temps de travail et une augmentation de salaire ◆ **they want a shorter working week** ils veulent réduire la durée du travail hebdomadaire ◆ **to be on short time, to work short time** (Ind) être au chômage partiel ; see also **7** ◆ **to put sb on short time** mettre qn au chômage partiel ; → **notice**

◆ **in short** en bref

c Ling vowel, syllable bref

d = abbreviated TV is short for television "TV" est l'abréviation de "television" ◆ **Fred is short for Frederick** Fred est le diminutif de Frederick ◆ **he's called Fred for short** son diminutif est Fred

e = lacking **I'm a bit short this month*** je suis un peu fauché* or à court ce mois-ci ◆ **petrol is short** or **in short supply at the moment** on manque d'essence en ce moment ◆ **to give sb short change** ne pas rendre la monnaie juste à qn, ne pas rendre assez à qn ; (deliberately) tricher en rendant la monnaie à qn ◆ **to give short weight** or **measure** ne pas donner le poids juste ; (deliberately) tricher sur le poids ; → **commons**

◆ **to be short of sth** (= lack) manquer de qch ◆ **to be short of sugar** être à court de sucre, manquer de sucre ◆ **we're short of three** il nous en manque trois ◆ **we're not short of volunteers** nous ne manquons pas de volontaires ; → **breath**

◆ **to be short on sth** manquer de qch ◆ **the report is short on details** le rapport manque de détails ◆ **he's long on muscle but a bit short on brains*** (hum) il a beaucoup de muscle mais pas tellement de cervelle

f = curt reply, manner brusque, sec (sèche f) ◆ **he was rather short with me** il m'a répondu (or parlé etc) assez sèchement or brusquement, il s'est montré assez sec or brusque à mon égard

g Fin bill à courte échéance ; loan à court terme ◆ **short sale** vente f à découvert

2 ADVERB

a **to take sb up short** couper la parole à qn ◆ **to be taken** or **caught short*** être pris d'un besoin pressant ; → **bring up, cut**

◆ **to fall short** ◆ **the ball fell short** le ballon n'est pas tombé assez loin ◆ **his work fell short of what we had expected** son travail n'a pas répondu à notre attente ◆ **the copy fell far short of the original** la copie était loin de valoir l'original ◆ **to fall short of perfection** ne pas atteindre la perfection

◆ **to stop short** ◆ **the car stopped short of the house** la voiture s'est arrêtée avant (d'arriver au niveau de) la maison ◆ **I'd stop short of murder** je n'irais pas jusqu'au meurtre

b = lacking **we're three short** il nous en manque trois ◆ **I'm £2 short** il me manque 2 livres ; → **sell**

◆ **to go short** ◆ **we never went short** nous n'avons jamais manqué du nécessaire ◆ **to go short of sth** (= lack sth) manquer de qch ; (= deprive o.s. of sth) se priver de qch

◆ **to run short** ◆ **supplies are running short** les provisions s'épuisent or commencent à manquer ◆ **to run short of sth** se trouver à court de qch, venir à manquer de qch

◆ **short of** (= less than) moins de, en dessous de ; (= except) sauf ; (= before) avant ◆ **£10 short of what they needed** 10 livres de moins que ce dont ils avaient besoin ◆ **it's well short of the truth** c'est bien en deçà de la vérité ◆ **a week short of their arrival/his birthday** etc une semaine avant leur arrivée/son anniversaire etc ◆ **not far short of £100** pas loin de 100 livres, presque 100 livres ◆ **we are £2,000 short of our target** il nous manque encore 2 000 livres pour atteindre notre objectif ◆ **he's one sandwich short of a picnic** or **several cards short of a full deck*** il lui manque une case*, il a une case vide* ◆ **he fell down 10 metres short of the winning post** il est tombé à 10 mètres du poteau d'arrivée ◆ **it's little short of suicide** c'est presque un suicide, peu s'en faut que ce ne soit un suicide ◆ **it's little short of folly** cela frise la folie ◆ **it's nothing short of robbery** c'est du vol ni plus ni moins ◆ **nothing short of a revolution will satisfy them** seule une révolution saura les satisfaire, il ne leur faudra rien moins qu'une révolution pour les satisfaire ◆ **I don't see what you can do short of asking him yourself** je ne vois pas ce que vous pouvez faire à moins de or si ce n'est lui demander vous-même ◆ **he did everything short of asking her to marry him** il a tout fait sauf or hormis lui demander de l'épouser

3 NOUN

a = short film court métrage m ; → **long¹**
b = short-circuit court-circuit m
c Brit (= drink) alcool m fort

4 shorts PLURAL NOUN

= garment (gen) short m ; [of footballer etc] culotte f ; (US = men's underwear) caleçon m ◆ **a pair of shorts** un short (ou une culotte etc)

5 TRANSITIVE VERB

Elec court-circuiter

6 INTRANSITIVE VERB

Elec se mettre en court-circuit

7 COMPOUNDS

▷ **short-acting** adj drug à effet rapide ▷ **short-arse**** n (Brit) demi-portion* f (pej) ◆ **to be a short-arse** être bas du cul ‡ ▷ **short back-and-sides** n coupe très courte derrière et sur les côtés ▷ **short-change** vt to short-change sb (lit: in shop etc) ne pas rendre assez à qn ; (fig) rouler* qn ▷ **short-circuit** n (Elec) court-circuit m ◊ vt (Elec, fig = bypass) court-circuiter ; (fig = cause to fail) faire capoter ◊ vi se mettre en court-circuit ▷ **short corner** n (Hockey) corner m ▷ **short covering** n (St Ex) rachat m pour couvrir un découvert ▷ **short cut** n (lit, fig) raccourci m ◆ **I took a short cut through the fields** j'ai pris un raccourci or j'ai coupé à travers

shortage / should ANGLAIS-FRANÇAIS 876

champs ◆ **you'll have to do it all with no short cuts** il faudra que tu fasses tout sans rien omettre ▷ **short-dated** adj (Fin) à courte échéance ▷ **short division** n (Math) division f simple ▷ **short-eared owl** n hibou m brachyote ▷ **short-haired** adj person aux cheveux courts ; animal à poil ras ▷ **short-handed** adj à court de personnel or de main-d'œuvre ▷ **short-haul** n [of truck] camionnage m à or sur courte distance ; [of plane] vol m à or sur courte distance ◇ adj à courte distance ▷ **short-life** adj (Brit Comm) food à durée de conservation limitée ; garment qui n'est pas fait pour durer ▷ **short-list** (Brit) n liste f de(s) candidats sélectionnés ◇ vt mettre sur la liste de(s) candidats sélectionnés, présélectionner ◆ **he was short-listed for the post of ...** il était parmi les candidats sélectionnés pour le poste de ... ▷ **short-lived** adj animal à la vie éphémère ; happiness de courte durée ▷ **short-order** adj (US) **short-order cook** cuisinier m, -ière f préparant des plats rapides ◆ **short-order service** service m de plats rapides ▷ **short pastry** n ⇒ **shortcrust pastry** ▷ **short-range** adj shot, gun de or à courte portée ; aircraft à court rayon d'action ; (fig) plan, weather forecast à court terme ▷ **short seller** n (St Ex) vendeur m à découvert ▷ **short sharp shock** n (Brit = punishment) sanction f sévère *(mais de courte durée)* ; (fig) électrochoc m ▷ **short sharp shock treatment** n (Brit) traitement m brutal *(visant à dissuader les jeunes délinquants de récidiver)* ▷ **short sight** n myopie f ▷ **short-sighted** adj (lit) myope ; (fig) person myope, qui manque de perspicacité ; policy, measure qui manque de vision ▷ **short-sightedly** adv peer d'un œil myope ; act sans prévoyance ▷ **short-sightedness** n (lit) myopie f ; (fig) [of person] myopie f intellectuelle, manque m de perspicacité ; [of policy, measure] manque m de vision ▷ **short ski method** n ski m évolutif ▷ **short-sleeved** adj à manches courtes ▷ **short-staffed** adj **to be short-staffed** manquer de personnel, souffrir d'une pénurie de personnel ▷ **short-stay** adj parking, visa de courte durée ; hospital ward pour séjours de courte durée ▷ **short-stay car park** n parc m de stationnement de courte durée ▷ **short story** n nouvelle f ▷ **short story writer** n nouvelliste mf ▷ **short-tempered** adj **to be short-tempered** (in general) être coléreux, s'emporter facilement ; (= in a bad temper) être de mauvaise humeur ▷ **short-term** adj parking etc de courte durée ; loan, planning, solution à court terme ◆ **short-term car park** ⇒ **short-stay car park** ▷ **short-termism** n (pej) vision f à court terme ▷ **short-time working** n (Ind) chômage m partiel ▷ **short ton** n tonne f américaine ▷ **short trousers** npl culottes fpl courtes *(de petit garçon)* ▷ **short-winded** adj qui manque de souffle, au souffle court

shortage ['ʃɔːtɪdʒ] [→ SYN] n [of corn, coal, energy, cash] manque m, pénurie f ; [of resources] manque m, insuffisance f ◆ **in times of shortage** en période de pénurie ◆ **there was no shortage of water** on ne manquait pas d'eau ◆ **owing to the shortage of staff** à cause du manque de personnel ◆ **the food shortage** la pénurie de vivres, la disette ◆ **the housing shortage** la crise du logement

shortbread ['ʃɔːtbred] n (Culin) sablé m

shortcake ['ʃɔːtkeɪk] n (US) ◆ **strawberry** etc **shortcake** tarte f sablée aux fraises etc

shortcoming ['ʃɔːt,kʌmɪŋ] [→ SYN] n défaut m

shortcrust pastry [,ʃɔːtkrʌst'peɪstrɪ] n (Culin) pâte f brisée

shorten ['ʃɔːtn] [→ SYN] [1] vt [+ skirt, rope] raccourcir ; [+ visit, holiday, journey] écourter ; [+ life] abréger ; [+ book, programme, letter] raccourcir, abréger ; [+ syllabus] alléger ; [+ distance, time] réduire

[2] vi [days etc] raccourcir ◆ **the odds are shortening** (lit) la cote baisse ; (fig) les chances augmentent

shortening ['ʃɔːtnɪŋ] n (NonC) **a** (= action) [of skirt, rope, days] raccourcissement m ; [of book, programme, letter] raccourcissement m, abrégement m ; [of life, visit, holiday, journey] abrégement m ; [of syllabus] allègement m ; [of distance, time] réduction f

b (esp US Culin) matière f grasse

shortfall ['ʃɔːtfɔːl] n (in payments, profits, savings) montant m insuffisant (*in* de) ; (in numbers) nombre m insuffisant (*in* de) ◆ **shortfall in earnings** manque m à gagner ◆ **there is a shortfall of £5,000** il manque 5 000 livres ◆ **the shortfall of £5,000** les 5 000 livres qui manquent ◆ **there is a shortfall of 200 in the registrations for this course** il manque 200 inscriptions à ce cours

shorthair ['ʃɔːthɛəʳ] [1] n (= cat) chat m à poil court

[2] adj à poil court

shorthand ['ʃɔːthænd] [1] n **a** (lit) sténographie f ◆ **to take sth down in shorthand** prendre qch en sténo, sténographier qch

b (fig) (= abbreviation) abréviation f ; (= code of behaviour, coded message) code m ◆ **"motivation essential": that's shorthand for "you'll be working 24 hours a day"** (hum) "motivation indispensable" : c'est une façon de dire que tu vas travailler 24 heures sur 24

[2] adj (fig = abbreviated) term, version, formula abrégé

[3] COMP ▷ **shorthand notebook** n carnet m de sténo ▷ **shorthand notes** npl notes fpl en or de sténo ▷ **shorthand typing** n sténodactylo f ▷ **shorthand typist** n sténodactylo mf ▷ **shorthand writer** n sténo(graphe) mf

shorthorn ['ʃɔːthɔːn] n (Zool) race f shorthorn *(race bovine)*

shortie ['ʃɔːtɪ] n ⇒ **shorty**

shortish ['ʃɔːtɪʃ] adj person assez petit ; hair, skirt plutôt court ; period assez bref

shortly ['ʃɔːtlɪ] adv **a** (= soon) go, visit bientôt ; (= in a few days) prochainement ◆ **details will be released shortly** des précisions seront communiquées prochainement ◆ **more of that shortly** nous reviendrons sur ce sujet d'ici peu ◆ **shortly before/after sth** peu avant/après qch ◆ **shortly after seven** peu après sept heures ◆ **shortly before half past two** peu avant deux heures et demie ◆ **shortly afterwards** peu (de temps) après

b (= curtly) say, speak sèchement, brusquement

c (= concisely) explain brièvement

shortness ['ʃɔːtnɪs] n **a** [of stick, skirt, hair, grass, arms] peu m or manque m de longueur ; [of person] petite taille f, petitesse f ; [of visit, message, conversation, programme] brièveté f, courte durée f ; [of vowel, syllable] brévité f ◆ **because of its shortness** parce que c'est (or c'était) si court

b (= curtness) brusquerie f, sécheresse f

shortsheet ['ʃɔːtʃiːt] vt (US) [+ bed] mettre en portefeuille

shortstop ['ʃɔːtstɒp] n (Baseball) bloqueur m

shortwave ['ʃɔːtweɪv] (Rad) [1] n ondes fpl courtes

[2] adj radio à ondes courtes ; transmission sur ondes courtes

shorty * ['ʃɔːtɪ] n courtaud(e) m(f), nabot(e) m(f) (pej) ◆ **hey shorty!** hé toi le or la petit(e) !

Shostakovich [,ʃɒstə'kəʊvɪtʃ] n Chostakovitch m

shot [ʃɒt] [→ SYN] [1] n **a** (from gun) coup m (de feu) ; (= bullet) balle f ; (NonC: also **lead shot**) plomb m ◆ **not a single shot was fired** pas un seul coup de feu n'a été tiré ◆ **to take** or **have** or **fire a shot at sb/sth** tirer sur qn/qch ◆ **good shot!** (c'était) bien visé ! ; see also **1c** ◆ **a shot across the bows** (lit, fig) un coup de semonce ◆ **at the first shot** du premier coup ◆ **the first shot killed him** la première balle l'a tué ◆ **I've got four shots left** il me reste quatre coups or balles ◆ **a round of five shots** une salve de cinq coups ◆ **he is a good/bad shot** il est bon/mauvais tireur ◆ **to make a shot in the dark** tenter le coup, deviner à tout hasard ◆ **that was just a shot in the dark** c'était dit à tout hasard ◆ **he was off like a shot** il est parti comme une flèche ◆ **he agreed like a shot** * il y a consenti sans hésiter or avec empressement ◆ **would you go? – like a shot!** * est-ce que tu irais ? – sans hésiter or et comment ! * ◆ **he's only got one shot (left) in his locker** c'est sa dernière chance or cartouche * ; → **crack, long¹, Parthian, parting**

b (Space) lancement m ; → **moon, space**

c (Sport) (Ftbl, Hockey) tir m ; (Golf, Tennis etc) coup m ; (= throw) lancer m ◆ **good shot!** bien joué ! ◆ **a shot at goal** un shoot, un tir au but ◆ **to put the shot** (Sport) lancer le poids ◆ **the biggest by a long shot** de loin le plus grand ◆ **to call the shots** * (fig) mener la barque

d (= attempt) essai m ; (= guess) hypothèse f ; (= turn to play) tour m ◆ **to have a shot at (doing) sth** essayer de faire qch ◆ **to give something one's best shot** * mettre le paquet *, faire de son mieux ◆ **have a shot at it!** (= try it) tentez le coup ! ; (= guess) devinez !, dites voir ! *

e (Phot) photo(graphie) f ; (Cine) prise f de vue(s), plan m

f (= injection) piqûre f (*against* contre) ◆ **a shot in the arm** (fig) un coup de fouet, un stimulant

g [of whisky etc] coup m ◆ **put a shot of gin in it** ajoute donc un peu or une goutte de gin

[2] adj **a** (= iridescent) silk changeant

b (= suffused) **black hair shot (through) with silver** des cheveux noirs striés d'argent ◆ **his work is shot through with humour** son œuvre est imprégnée d'humour

c (* = rid) **shot of sb/sth** débarrassé de qn/qch ◆ **to get shot of sb/sth** se débarrasser de qn/qch

d (* = destroyed: also **shot to pieces**) object, machine bousillé * ◆ **my nerves are totally shot** j'ai les nerfs en capilotade ◆ **her confidence was shot to pieces** sa confiance était totalement anéantie ◆ **to get/be shot of ...** se débarrasser/être débarrassé de ... ◆ **to be (all) shot up** ‡ (= exhausted) être exténué or sur les rotules ‡

[3] COMP ▷ **shot angle** n (Cine, Phot) angle m de prise de vue(s) ▷ **shot-blasting** n grenaillage m ▷ **shot put** n (Sport) lancer m du poids ▷ **shot putter** n lanceur m, -euse f de poids

shotgun ['ʃɒtgʌn] [1] n fusil m de chasse ◆ **to ride shotgun** (US) voyager comme passager, accompagner

[2] COMP ▷ **shotgun marriage, shotgun wedding** n (fig) régularisation f (précipitée), mariage m forcé

shotten ['ʃɒtn] adj fish guai(s)

should [ʃʊd] LANGUAGE IN USE 1.1, 2, 15.2 modal aux vb (cond of **shall**) neg **should not**, abbr **shouldn't**

a (indicating obligation, advisability, desirability) **I should go and see her** je devrais aller la voir, il faudrait que j'aille la voir ◆ **should I go too? – yes you should** devrais-je y aller aussi ? – oui vous devriez or ça vaudrait mieux ◆ **he thought he should tell you** il a pensé qu'il ferait bien de vous le dire or qu'il devrait vous le dire ◆ **you should know that we have spoken to him** (frm) il faut que vous sachiez que nous lui avons parlé ◆ **you should have been a teacher** vous auriez dû être professeur ◆ **shouldn't you go and see her?** est-ce que vous ne devriez pas aller la voir ?, est-ce que vous ne feriez pas bien d'aller la voir ? ◆ **everything is as it should be** tout est comme il se doit, tout est en ordre ◆ **... which is as it should be** ... comme il se doit ◆ **how should I know?** comment voulez-vous que je (le) sache ?

b (indicating probability) **he should win the race** il devrait gagner la course, il va probablement gagner la course ◆ **he should have got there by now I expect** je pense qu'il est arrivé, il a dû arriver à l'heure qu'il est ◆ **that should be Marie at the door now** ça doit être Marie (qui frappe or qui sonne) ◆ **this should do the trick** * ça devrait faire l'affaire ◆ **why should he suspect me?** pourquoi me soupçonnerait-il ?

c (often used to form cond tense in 1st pers) **I should** or **I'd go if he invited me** s'il m'invitait, j'irais ◆ **we should have come if we had known** si nous avions su, nous serions venus ◆ **will you come? – I should like to** est-ce que vous viendrez ? – j'aimerais bien ◆ **I shouldn't be surprised if he comes** or **came** or **were to come** ça ne m'étonnerait pas qu'il vienne ◆ **I should think there were about 40** (je pense qu')il devait y en avoir environ 40 ◆ **was it a good film? – I should think it was!** est-ce que c'était un bon film ? – je pense bien or et comment ! * ◆ **he's coming to apologize – I should think so too!** il vient présenter ses excuses – j'espère bien ! ◆ **I**

should hope not! il ne manquerait plus que ça ! * ◆ **I should say so!** et comment ! *

d (subj uses: frm) **it is necessary that he should be told** il faut qu'on le lui dise ◆ **lest he should change his mind** de crainte qu'il ne change (subj) d'avis ◆ **it is surprising that he should be so young** c'est étonnant qu'il soit si jeune ◆ **who should come in but Paul!** et devinez qui est entré ? Paul !

shoulder ['ʃəʊldəʳ] → SYN 1 n a (Anat, Culin, Dress etc) épaule f ◆ **to have broad shoulders** (lit) être large d'épaules or de carrure ; (fig) avoir les reins solides (fig) ◆ **the shoulders are too wide, it's too wide across the shoulders** c'est trop large d'épaules or de carrure ◆ **put my jacket round your shoulders** mets or jette ma veste sur tes épaules or sur ton dos ◆ **to cry** or **weep on sb's shoulder** (lit, fig) pleurer sur l'épaule de qn ◆ **she had her bag on** or **over one shoulder** elle portait son sac à l'épaule ◆ **they stood shoulder to shoulder** (lit) ils étaient coude à coude or côte à côte ; (fig) ils se serraient les coudes ◆ **all the responsibilities had fallen on his shoulders** toutes les responsabilités étaient retombées sur lui or sur ses épaules ◆ **to put** or **set one's shoulder to the wheel** s'atteler à la tâche ; → **cold, head, look, rub, straighten**

b [of road] accotement m, bas-côté m ; [of hill] contrefort m, épaulement m ; (Climbing) épaule f ; → **hard**

2 vt a [+ load, case] charger sur son épaule ; [+ child etc] hisser sur ses épaules ; (fig) [+ responsibility] endosser ; [+ task] se charger de ◆ **to shoulder arms** (Mil) porter l'arme ◆ **shoulder arms!** portez arme !

b **to shoulder sb aside** or **out of the way** écarter qn d'un coup d'épaule ◆ **to shoulder one's way through the crowd** se frayer un chemin à travers or dans la foule à coups d'épaules

3 COMP ▷ **shoulder bag** n sac m à bandoulière ▷ **shoulder blade** n omoplate f ◆ **it hit him between the shoulder blades** cela l'a atteint entre les épaules ▷ **shoulder charge** n (Ftbl, Rugby) charge f (d'un coup d'épaule) ▷ **shoulder-high** adj grass, hedge, wall à hauteur d'épaule ◆ **to carry sb shoulder-high** porter qn en triomphe ▷ **shoulder holster** n étui m de revolver *(porté à l'épaule)* ▷ **shoulder joint** n (Anat) articulation f de l'épaule ▷ **shoulder-length hair** n (NonC) cheveux mpl mi-longs or jusqu'aux épaules ▷ **shoulder pad** n épaulette f *(rembourrage d'épaules de vêtement)* ▷ **shoulder strap** n [of garment] bretelle f ; [of bag] bandoulière f ; (Mil) patte f d'épaule

shouldn't ['ʃʊdnt] ⇒ **should not** ; → **should**

should've ['ʃʊdv] ⇒ **should have** ; → **should**

shout [ʃaʊt] → SYN 1 n cri m ◆ **a shout of joy** un cri de joie ◆ **there were shouts of applause/protest/laughter** des acclamations/des protestations bruyantes/des éclats de rire ont retenti ◆ **he gave a shout of laughter** il a éclaté de rire ◆ **to give sb a shout** appeler qn ◆ **give me a shout next time you're in Blackpool** fais-moi signe la prochaine fois que tu passeras à Blackpool ◆ **shouts of "long live the queen" could be heard** on entendait crier "vive la reine" ◆ **it's my shout** ‡ (Brit = round of drinks) c'est ma tournée *

2 vt [+ order, slogan] crier ◆ **"no" he shouted** "non" cria-t-il ◆ **to shout o.s. hoarse** s'enrouer à force de crier ; → **head**

3 vi a crier, pousser des cris ◆ **stop shouting, I'm not deaf!** ne crie pas comme ça, je ne suis pas sourd ! ◆ **to shout for joy** crier de joie, pousser des cris de joie ◆ **to shout with laughter** éclater de rire ◆ **to shout for help** crier or appeler au secours ◆ **she shouted for Jane to come** elle a appelé Jane en criant or à grands cris ◆ **she shouted for someone to come and help her** elle a appelé pour qu'on vienne l'aider ◆ **he shouted to** or **at me to throw him the rope** il m'a crié de lui lancer la corde ◆ **it's nothing to shout about** * (fig) ça n'a rien d'extraordinaire, il n'y a pas de quoi en faire un plat *

b (= scold etc) **to shout at sb** engueuler ‡ qn, crier après * qn

► **shout after** vt fus [+ person] crier à

► **shout down** vt sep a (= boo, express disagreement) [+ speaker] huer ◆ **they shouted down the proposal** ils ont rejeté la proposition avec de hauts cris

b (= shout loudly) **to shout the place** or **house down** crier comme un damné or un sourd ◆ **I thought she was going to shout the place down** elle criait tellement que j'ai cru que tout allait s'écrouler

► **shout out** 1 vi (gen) pousser un cri ◆ **to shout out to sb** interpeller qn

2 vt sep [+ order] crier ; [+ slogan] crier, lancer

shouting ['ʃaʊtɪŋ] 1 n (NonC) cris mpl, clameur f ; (= noise of quarrelling) éclats mpl de voix ◆ **it's all over bar the shouting** (fig) l'important est fait (il ne reste plus que les détails)

2 COMP ▷ **shouting match** * n engueulade ‡ f

shove [ʃʌv] → SYN 1 n poussée f ◆ **to give sb/sth a shove** pousser qn/qch ◆ **give it a good shove** poussez-le un bon coup

2 vt a (= push) pousser ; (with effort) pousser avec peine or effort ; (= thrust) [+ stick, finger etc] enfoncer (*into* dans ; *between* entre) ; [+ rag] fourrer (*into* dans) ; (= jostle) bousculer ◆ **to shove sth in/out/down** etc faire entrer/sortir/descendre etc qch en le poussant ◆ **to shove sth/sb aside** pousser qch/qn de côté, écarter qch/qn (d'un geste) ◆ **to shove sth into a drawer/one's pocket** fourrer qch dans un tiroir/sa poche ◆ **stop shoving me!** arrêtez de me pousser or bousculer ! ◆ **to shove sb into a room** pousser qn dans une pièce ◆ **to shove sb against a wall** pousser or presser qn contre un mur ◆ **to shove sb off the pavement** pousser qn du trottoir ; (by jostling) obliger qn à descendre du trottoir (en le bousculant) ◆ **to shove sb/sth out of the way** écarter qn/qch en le poussant, pousser qn/qch pour l'écarter ◆ **he shoved the box under the table** (= moved) il a poussé or fourré la boîte sous la table ; (= hid) il a vite caché la boîte sous la table ◆ **they shoved the car off the road** ils ont poussé la voiture sur le bas-côté ◆ **she shoved the books off the table** elle a poussé or balayé les livres de dessus la table ◆ **he shoved his finger into my eye** il m'a mis le doigt dans l'œil ◆ **he shoved his head through the window** il a mis or passé la tête par la fenêtre ◆ **he shoved the book into my hand** il m'a fourré le livre dans la main ◆ **to shove a door open** ouvrir une porte en la poussant or d'une poussée, pousser une porte (pour l'ouvrir) ◆ **to shove one's way through the crowd** se frayer un chemin dans or à travers la foule, s'ouvrir un passage dans la foule en poussant

b (* = put) fourrer *, mettre

3 vi pousser ◆ **stop shoving!** arrêtez de pousser !, ne bousculez pas ! ◆ **he shoved (his way) past me** il m'a dépassé en me bousculant ◆ **two men shoved (their way) past** deux hommes sont passés en jouant des coudes or en bousculant les gens ◆ **he shoved (his way) through the crowd** il s'est frayé un chemin dans or à travers la foule

4 COMP ▷ **shove-ha'penny** n (Brit) jeu m de palet de table

► **shove about, shove around** vt sep (lit) [+ object] pousser çà et là or dans tous les sens ; [+ person] bousculer ; (* fig = treat high-handedly) en prendre à son aise avec

► **shove away** vt sep [+ person, object] repousser

► **shove back** vt sep (= push back) [+ person, chair] repousser ; (= replace) remettre (à sa place) ; (into pocket etc) fourrer de nouveau, remettre

► **shove down** * vt sep [+ object] poser ◆ **he shoved down a few notes before he forgot** il a griffonné or gribouillé quelques notes pour ne pas oublier

► **shove off** 1 vi (Naut) pousser au large ; (* = leave) ficher le camp *, filer *

2 vt sep [+ boat] pousser au large, déborder

► **shove on** * vt sep a [+ one's coat etc] enfiler ; [+ hat] enfoncer

b **shove on another record** mets donc un autre disque

► **shove out** vt sep [+ boat] pousser au large, déborder ; [+ person] mettre à la porte

► **shove over** 1 vi (* = move over) se pousser

2 vt sep a (= knock over) [+ chair etc] renverser ; [+ person] faire tomber (par terre)

b (over cliff etc) pousser

c **shove it over to me** * passe-le-moi

► **shove up** * vi ⇒ **shove over 1**

shovel ['ʃʌvl] → SYN 1 n pelle f ; (mechanical) pelleteuse f, pelle f mécanique

2 vt [+ coal, grain] pelleter ; (also **shovel out**) [+ snow, mud] enlever à la pelle ◆ **to shovel earth into a pile** pelleter la terre pour en faire un tas ◆ **he shovelled the food into his mouth** * il fourrait * or enfournait * la nourriture dans sa bouche

► **shovel up** vt sep [+ sth spilt etc] ramasser avec une pelle or à la pelle ; [+ snow] enlever à la pelle

shoveler ['ʃʌvələʳ] n (canard m) souchet m

shovelful ['ʃʌvlfʊl] n pelletée f

show [ʃəʊ] → SYN vb : pret **showed**, ptp **shown** or **showed** 1 n a [of hatred etc] manifestation f, démonstration f ; [of affection etc] démonstration f, témoignage m ; (= semblance) apparence f, semblant m ; (= ostentation) parade f ◆ **an impressive show of strength** un impressionnant étalage de force, une impressionnante démonstration de force ◆ **the dahlias make** or **are a splendid show** les dahlias sont splendides (à voir) or offrent un spectacle splendide ◆ **they make a great show of their wealth** ils font parade or étalage de leur richesse ◆ **with a show of emotion** en affectant l'émotion, en affectant d'être ému ◆ **they made a show of resistance** ils ont fait semblant de résister, ils ont offert un simulacre de résistance ◆ **to make a show of doing sth** faire semblant or mine de faire qch

♦ **(just) for show** pour l'effet

b (= exhibition) (Agr, Art, Tech etc) exposition f ; (Comm) foire f ; (= contest: Agr) concours m ◆ **flower show** floralies fpl ; (smaller) exposition f de fleurs ◆ **dress show** défilé m de couture ◆ **he's holding his first London show** [artist, sculptor etc] il expose à Londres pour la première fois ◆ **the Boat Show** le Salon de la Navigation ; → **dogshow, fashion, motor**

♦ **on show** exposé ◆ **there were some fine pieces on show** quelques beaux objets étaient exposés ◆ **to put sth on show** exposer qch

c (Theat etc) spectacle m ; (= variety show) show m ◆ **there are several good shows on in London** on donne plusieurs bons spectacles à Londres en ce moment ◆ **I often go to a show** je vais souvent au spectacle ◆ **the last show starts at 9** (Theat) la dernière représentation commence à 21 heures ; (Cine) la dernière séance commence à 21 heures ◆ **there is no show on Sundays** (Theat) il n'y a pas de représentation le dimanche ; (Cine) il n'y a pas de séance le dimanche ◆ **on with the show!** que la représentation commence (subj) or continue (subj) ! ◆ **the show must go on** (Theat, fig) il faut continuer malgré tout ◆ **let's get this show on the road** * (fig) il faut faire démarrer * tout ça, passons à l'action ◆ **this is Paul's show** * c'est Paul qui commande ici ◆ **to run the show** * tenir les rênes ◆ **he runs the whole show** * (fig) c'est lui qui commande or a tout en main ◆ **to give the show away** * vendre la mèche * ◆ **to put up a good show** (fig) faire bonne figure, bien se défendre * ◆ **to make a poor show** faire triste or piètre figure ◆ **it's a poor show** * c'est lamentable, il n'y a pas de quoi être fier ◆ **it's a poor show * that ...** il est malheureux que ... (+ subj) ◆ **good show!** * (esp Brit) bravo ! ; → **steal**

2 vt a (= display, make visible) montrer, faire voir ; [+ ticket, passport] montrer, présenter ; (= exhibit) [+ goods for sale, picture, dog] exposer ◆ **show it me!** faites voir !, montrez-le-moi ! ◆ **we're going to show (you) some slides** nous allons (vous) passer or projeter quelques diapositives ◆ **they show a film during the flight** on passe un film or il y a une projection de cinéma pendant le vol ◆ **what is showing at that cinema/at the Odeon?** qu'est-ce qu'on donne or qu'est-ce qui passe dans ce cinéma/à l'Odéon ? ◆ **the film was first shown in 1974** ce film est sorti en 1974 ◆ **it has been shown on television** c'est passé à la télévision ◆ **what can I show you?** (in shop) que puis-je vous montrer ?, que

showboat / shrewd

désirez-vous voir ? ✦ **as shown by the graph** comme le montre or l'indique le graphique ✦ **as shown in the illustration on page 4** voir l'illustration page 4 ✦ **there's nothing to show for it** (fig) on ne le dirait pas, ça ne se voit or ne se remarque pas ✦ **he has nothing to show for it** il n'en a rien tiré, ça ne lui a rien donné or apporté ✦ **he has nothing to show for all the effort he has put into it** les efforts qu'il y a consacrés n'ont rien donné ✦ **I ought to show myself** or **my face at Paul's party** il faudrait que je fasse acte de présence à la soirée de Paul ✦ **he daren't show himself** or **his face there again** il n'ose plus s'y montrer or montrer son nez là-bas ✦ **to show one's hand** or **cards** (fig) dévoiler ses intentions, abattre son jeu or ses cartes ✦ **to show a clean pair of heels** se sauver à toutes jambes ✦ **show a leg!** * (Brit) lève-toi !, debout ! ✦ **to show one's teeth** (lit, fig) montrer les dents ✦ **to show sb the door** (fig) mettre qn à la porte ✦ **to show the flag** (fig) être là pour le principe, faire acte de présence

b (= indicate) [dial, clock etc] indiquer, marquer ; (gen) montrer, indiquer ✦ **what time does your watch show?** quelle heure est-il à votre montre ? ✦ **to show a loss/profit** (Comm, Fin) indiquer une perte/un bénéfice ✦ **the figures show a rise over last year's sales** les chiffres montrent or indiquent que les ventes ont augmenté par rapport à l'année dernière ✦ **the roads are shown in red** les routes sont marquées en rouge

c (= demonstrate) montrer, faire voir ; (= reveal) montrer, laisser voir ; (= explain) montrer, expliquer ; (= prove) montrer, prouver ; [+ one's intelligence, kindness, courage, tact] montrer, faire preuve de ; [+ one's interest, enthusiasm, surprise, agreement] montrer, manifester ; [+ one's approval] montrer, indiquer ; [+ one's gratitude, respect] témoigner ✦ **to show loyalty** se montrer loyal (*to sb* envers qn) ✦ **that dress shows her bra** cette robe laisse voir son soutien-gorge ✦ **this skirt shows the dirt** cette jupe est salissante ✦ **it's showing signs of wear** cela porte des signes d'usure ✦ **he was showing signs of tiredness** il montrait des signes de fatigue ✦ **it showed signs of having been used** il était visible qu'on s'en était servi, manifestement on s'en était servi ✦ **to show fight** se montrer combatif ✦ **her choice of clothes shows good taste** sa façon de s'habiller témoigne de son bon goût ✦ **he showed that he was angry** il a manifesté or laissé voir sa colère ✦ **he's beginning to show his age** il commence à faire son âge ✦ **this shows great intelligence** cela révèle or dénote beaucoup d'intelligence ✦ **he showed himself (to be) a coward** il s'est montré or révélé lâche ✦ **to show sth to be true** démontrer la vérité de qch, montrer que qch est vrai ✦ **it all goes to show that ...** tout cela montre or prouve bien que ... ✦ **it only** or **just goes to show!** * tu m'en diras tant ! *, c'est bien ça la vie ! ✦ **I showed him that it was impossible** je lui ai prouvé or démontré que c'était impossible ✦ **he showed me how it works** il m'a montré or il m'a fait voir comment cela fonctionne ✦ **I'll show him!** * (fig) je lui apprendrai ! ✦ **to show sb the way** montrer or indiquer le chemin à qn ✦ **I'll show you the way** suivez-moi (je vais vous montrer le chemin) ; → **willing**

d (= guide, conduct) **to show sb into the room** faire entrer qn dans la pièce ✦ **to show sb to his seat** placer qn ✦ **to show sb to the door** reconduire qn jusqu'à la porte ✦ **to show sb over** or **round a house** faire visiter une maison à qn

[3] **vi a** (emotion) être visible ; [stain, scar] se voir ; [underskirt etc] dépasser ✦ **it doesn't show** cela ne se voit pas, on ne dirait pas ✦ **don't worry, it won't show** ne t'inquiète pas, ça ne se verra pas ✦ **his fear showed on his face** la peur se lisait sur son visage

b (esp US = arrive) ⇒ **show up 1b**

[4] COMP ▷ **show bill** n (Theat) affiche f de spectacle ▷ **show biz** n le monde du spectacle, le showbiz * ▷ **show business** n le monde du spectacle, le show business ▷ **show flat** n (Brit) appartement m témoin ▷ **show girl** n girl f ▷ **show home, show house** n (Brit) maison f témoin ▷ **show jumping** n (NonC) concours m hippique, jumping m ▷ **show-me attitude** * n (US) scepticisme m ▷ **the Show-Me State** n (US)

le Missouri ▷ **show-off** n frimeur m, -euse f, m'as-tu-vu(e) * m(f) pl inv ▷ **show of hands** n vote m à main levée ✦ **to vote by show of hands** voter à main levée ▷ **show-stopper** n **it was a show-stopper** * c'était le clou * du spectacle ▷ **show-stopping** * adj sensationnel * ▷ **show trial** n (Jur) procès pour l'exemple ▷ **show window** n (lit, fig) vitrine f

▶ **show about, show around** vt sep faire visiter les lieux mpl (or la ville or la maison etc) à

▶ **show in** vt sep [+ visitor etc] faire entrer

▶ **show off** [1] vi (gen) frimer *, poser (pour la galerie) ; [child] chercher à se rendre intéressant, faire l'intéressant ✦ **she's always showing off** c'est une frimeuse * or une poseuse ✦ **stop showing off** (gen) arrête de frimer * ; (showing off knowledge) arrête d'étaler ta science *

[2] vt sep **a** [+ sb's beauty, complexion etc] faire valoir, mettre en valeur

b (pej) [+ one's wealth, knowledge etc] faire étalage de, étaler ✦ **he wanted to show off his new car** il voulait faire admirer sa nouvelle voiture

[3] **show-off** n → **show**
[4] **showing-off** n → **showing**

▶ **show out** vt sep [+ visitor etc] accompagner or reconduire (jusqu'à la porte)

▶ **show round** vt sep ⇒ **show about, show around**

▶ **show through** vi (= be visible) se voir au travers

▶ **show up** [1] vi **a** (= stand out) [feature] ressortir ; [mistake] être visible or manifeste ; [stain] se voir (nettement) ✦ **the tower showed up clearly against the sky** la tour se détachait nettement sur le ciel

b (* = arrive, appear) se pointer *, s'amener *

[2] vt sep **a** [+ visitor etc] faire monter

b [+ fraud, impostor] démasquer, dénoncer ; [+ flaw, defect] faire ressortir

c (= embarrass) faire honte à (en public)

showboat [ˈʃəʊbəʊt] (US) [1] n (lit) bateau-théâtre m ; (* fig = person) m'as-tu-vu(e) * m(f) pl inv

[2] vi crâner *, en mettre plein la vue

showcase [ˈʃəʊkeɪs] [1] n (lit, fig) vitrine f

[2] vt présenter

[3] COMP ▷ **showcase project** n opération f de prestige

showdown [ˈʃəʊdaʊn] → SYN n épreuve f de force

shower [ˈʃaʊəʳ] → SYN [1] n **a** [of rain] averse f ; (fig) [of blows] volée f, grêle f ; [of sparks, stones, arrows] pluie f ; [of blessings] déluge m ; [of insults] torrent m, flot m

b douche f ✦ **to have** or **take a shower** prendre une douche ✦ **to send sb to the showers** * (US) (Sport) expulser qn ; (fig) mettre qn sur la touche (fig)

c (Brit * pej = people) bande f de crétins *

d (before wedding etc) **to give a shower for sb** organiser une soirée pour donner ses cadeaux à qn

[2] vt (fig) ✦ **to shower sb with gifts/praise, to shower gifts/praise on sb** combler qn de cadeaux/de louanges ✦ **to shower blows on sb** faire pleuvoir des coups sur qn ✦ **to shower abuse** or **insults on sb** accabler or couvrir qn d'injures ✦ **invitations were/advice was showered (up)on him** les invitations/les conseils pleuvaient (sur lui)

[3] vi **a** (= wash) se doucher, prendre une douche

b (= fall) **small stones/hailstones showered (down) on to the car** des petites pierres/grêlons pleuvaient sur la voiture ✦ **advice showered upon him** les conseils pleuvaient sur lui

[4] COMP ▷ **shower attachment** n douchette f à main, douchette f de lavabo ▷ **shower cap** n bonnet m de douche ▷ **shower cubicle** n cabine f de douche ▷ **shower curtain** n rideau m de douche ▷ **shower room** n [of house, flat] salle f d'eau ; [of gym] douches fpl ▷ **shower screen** n pare-douche m ▷ **shower stall** n ⇒ **shower cubicle** ▷ **shower unit** n bloc-douche m

showerproof [ˈʃaʊəpruːf] adj imperméable

showery [ˈʃaʊərɪ] adj weather, day pluvieux ✦ **showery rain** averses fpl ✦ **it will be showery** il y aura des averses

showground [ˈʃəʊɡraʊnd] n champ m de foire

showily [ˈʃəʊɪlɪ] adv de façon voyante or tape-à-l'œil *

showing [ˈʃəʊɪŋ] → SYN [1] n **a** [of pictures etc] exposition f ; [of film] projection f ✦ **the first showing is at 8pm** (Cine) la première séance est à 20 heures ✦ **another showing of this film** (Cine, TV) une nouvelle projection de ce film

b (= performance) performance f, prestation * f ✦ **on this showing he doesn't stand much chance** si c'est tout ce dont il est capable or à en juger d'après cette prestation, il n'a pas de grandes chances ✦ **he made a good showing** il s'en est bien tiré ✦ **he made a poor showing** il ne s'est vraiment pas distingué

c on his own showing de son propre aveu

[2] COMP ▷ **showing-off** n (NonC) frime f, pose f

showjumper [ˈʃəʊˌdʒʌmpəʳ] n (= rider) cavalier m, -ière f de concours hippique ; (= horse) cheval m (de saut) d'obstacles

showman [ˈʃəʊmən] → SYN n, pl **-men** (in fair, circus etc) forain m ✦ **he's a real showman** (fig) il a vraiment le sens de la mise en scène (fig)

showmanship [ˈʃəʊmənʃɪp] n art m or sens m de la mise en scène

shown [ʃəʊn] vb (ptp of **show**)

showpiece [ˈʃəʊpiːs] n **a** [of exhibition etc] trésor m, joyau m ✦ **this vase is a real showpiece** ce vase est une pièce remarquable

b (fig) **the new school is a showpiece** la nouvelle école est un modèle du genre

showplace [ˈʃəʊpleɪs] [1] n **a** (= tourist attraction) lieu m de grand intérêt touristique

b (fig) ⇒ **showpiece b**

[2] COMP ▷ **showplace home** n (US) maison f de rêve

showroom [ˈʃəʊrʊm] n magasin m or salle f d'exposition ✦ **in showroom condition** (Aut) à l'état m neuf

showtime [ˈʃəʊtaɪm] n ✦ **it's showtime!** le spectacle commence ! ✦ **ten minutes till showtime!** le spectacle commence dans dix minutes !

showy * [ˈʃəʊɪ] adj (pej) clothes, jewellery, décor voyant, tape-à-l'œil inv ; colour voyant, criard ; person, manner plein d'ostentation

shrank [ʃræŋk] vb (pt of **shrink**)

shrapnel [ˈʃræpnl] n (Mil) **a** obus m à balles, shrapnel m

b (NonC) éclats mpl d'obus

shred [ʃred] → SYN [1] n [of cloth, paper, skin, plastic sheeting] lambeau m ; (fig) [of truth] parcelle f, grain m ; [of common sense] grain m, once f ✦ **not a shred of evidence** pas la moindre or plus petite preuve ✦ **her dress hung in shreds** sa robe était en lambeaux ✦ **to tear** or **rip into shreds** mettre en lambeaux ✦ **without a shred of clothing on** nu comme un ver, complètement nu

[2] vt **a** [+ paper] (gen) mettre en lambeaux, déchiqueter ; (in shredder) détruire (par lacération), déchiqueter

b [+ carrots] râper ; [+ cabbage, lettuce] couper en lanières

shredder [ˈʃredəʳ] n **a** [of food processor] (disque m) râpeur m

b (also **paper** or **document shredder**) destructeur m (de documents), déchiqueteuse f ✦ **to put sth through the shredder** détruire qch, passer qch à la déchiqueteuse

shrew [ʃruː] n **a** (Zool) musaraigne f

b (= woman) mégère f ; → **taming**

shrewd [ʃruːd] → SYN adj person (= clear-sighted) perspicace ; (= cunning) astucieux ; plan astucieux, businessman, politician habile ; assessment, reasoning, investment, move judicieux ✦ **a shrewd judge of character** un fin psychologue ✦ **I can make a shrewd guess at what he wanted** je crois que je devine ce qu'il voulait ✦ **to have a shrewd suspicion that ...** être assez perspicace pour soupçonner que ...

shrewdly ['ʃruːdlɪ] → SYN **adv** look at d'un air perspicace ; say, ask, assess, suspect avec perspicacité ; realize, recognize, perceive, commend judicieusement ; reason habilement ; guess astucieusement

shrewdness ['ʃruːdnɪs] → SYN **n** [of person] perspicacité f, habileté f, sagacité f ; [of assessment] perspicacité f ; [of plan] astuce f

shrewish ['ʃruːɪʃ] **adj** (pej) woman acariâtre ; behaviour de mégère ◆ **a shrewish woman** une mégère

shriek [ʃriːk] → SYN **1 n** hurlement m, cri m perçant or aigu ◆ **to let out** or **give a shriek** pousser un hurlement or un cri ◆ **shrieks of laughter** de grands éclats mpl de rire ◆ **with shrieks of laughter** en riant à gorge déployée
2 vi hurler, crier (with de) ◆ **to shriek with laughter** rire à gorge déployée, se tordre de rire ◆ **the colour simply shrieks at you** (fig) cette couleur hurle or est vraiment criarde
3 vt hurler, crier ◆ **to shriek abuse at sb** hurler des injures à qn ◆ **"no" he shrieked** "non" hurla-t-il

shrift [ʃrɪft] **n** ◆ **to give sb short shrift** expédier qn sans ménagement, envoyer promener qn * ◆ **I got short shrift from him** il m'a traité sans ménagement, il m'a envoyé promener *

shrike [ʃraɪk] **n** pie-grièche f

shrill [ʃrɪl] → SYN **1 adj** (pej) **a** (= piercing) voice, cry strident, perçant ; laughter, music strident ; whistle strident, aigu (-guë f)
b (= vehement) demand outrancier ; protest violent
2 vi [whistle, telephone] retentir
3 vt ◆ **stop! she shrilled** "arrête !" cria-t-elle d'une voix perçante or stridente

shrillness ['ʃrɪlnɪs] **n** (NonC) ton m aigu or perçant

shrilly ['ʃrɪlɪ] **adv** (pej) **a** (= piercingly) say, sing d'une voix stridente or perçante ◆ **her voice sounded shrilly from the corridor** on entendait sa voix perçante dans le couloir ◆ **to whistle shrilly** émettre un sifflement strident or aigu
b (= vehemently) demand de façon outrancière ; protest, condemn violemment

shrimp [ʃrɪmp] **1 n** crevette f ◆ **he's just a little shrimp** (fig) il n'est pas plus haut que trois pommes
2 vi ◆ **to go shrimping** aller pêcher la crevette
3 COMP ▷ **shrimp cocktail** (Culin) cocktail m de crevettes ▷ **shrimp net** n crevettier m ▷ **shrimp sauce** n sauce f crevette

shrine [ʃraɪn] **n** (= place of worship) lieu m saint, lieu m de pèlerinage ; (= reliquary) châsse f ; (= tomb) tombeau m ; (fig) haut lieu m

shrink [ʃrɪŋk] → SYN pret **shrank**, ptp **shrunk** **1 vi a** (= get smaller) [clothes] rétrécir ; [area] se réduire ; [boundaries] se resserrer ; [piece of meat] réduire ; [body, person] se ratatiner, rapetisser ; [wood] se contracter ; [quantity, amount] diminuer ◆ **"will not shrink"** (on label) "irrétrécissable"
b (also **shrink away**, **shrink back**) reculer, se dérober (from sth devant qch ; from doing sth devant l'idée de faire qch) ◆ **she shrank (away** or **back) from him** elle a eu un mouvement de recul ◆ **he did not shrink from saying that** … il n'a pas craint de dire que …
2 vt [+ wool] (faire) rétrécir ; [+ metal] contracter
3 n (* = psychiatrist) psychiatre mf, psy * mf
4 COMP ▷ **shrink-wrap** n emballer sous film plastique ▷ **shrink-wrapped** adj emballé sous film plastique ▷ **shrink-wrapping** n emballage m sous film plastique

shrinkage ['ʃrɪŋkɪdʒ] **n** (NonC) [of clothes] rétrécissement m ; [of wood, market] contraction f ; [of industry] recul m ; [of quantity, amount] diminution f ; [of metal] retrait m ◆ **to allow for shrinkage** (in material) prévoir un rétrécissement

shrinking ['ʃrɪŋkɪŋ] **1 adj** craintif
2 COMP ▷ **shrinking violet** n sensitive f, personne f sensible et timide

shrive †† [ʃraɪv] pret **shrived** or **shrove**, ptp **shrived** or **shriven** vt confesser et absoudre

shrivel ['ʃrɪvl] → SYN (also **shrivel up**) **1 vi** [apple, body] se ratatiner ; [skin] se rider, se flétrir ; [leaf] se flétrir, se racornir ; [steak] se racornir, se ratatiner ◆ **her answer made him shrivel (up)** sa réponse lui a donné envie de rentrer sous terre
2 vt dessécher, flétrir

shriven ['ʃrɪvn] **vb** (ptp of **shrive**)

shroud [ʃraʊd] → SYN **1 n a** linceul m, suaire m (liter) ; (fig) [of mist] voile m, linceul m (liter) ; [of snow] linceul m (liter) ; [of mystery] voile m
b [of mast] hauban m ; [of parachute] suspentes fpl
c (Space: of rocket) coiffe f
2 vt [+ corpse] envelopper dans un linceul, ensevelir ◆ **shrouded in mist/snow** enseveli sous la brume/la neige, sous un linceul de brume/de neige (liter) ◆ **shrouded in mystery/secrecy** enveloppé de mystère/d'une atmosphère de secret

shrove [ʃrəʊv] **1 vb** (pt of **shrive**)
2 COMP ▷ **Shrove Tuesday** n (le) Mardi gras

Shrovetide ['ʃrəʊvtaɪd] **n** les jours mpl gras (les trois jours précédant le Carême)

shrub [ʃrʌb] **n** arbrisseau m ; (small) arbuste m ; → **flowering**

shrubbery ['ʃrʌbərɪ] **n** (massif m d')arbustes mpl

shrubby ['ʃrʌbɪ] **adj** arbustif ◆ **a shrubby tree** un arbuste

shrug [ʃrʌg] **1 n** haussement m d'épaules ◆ **to give a shrug of contempt** hausser les épaules (en signe) de mépris ◆ **… he said with a shrug** … dit-il en haussant les épaules or avec un haussement d'épaules
2 vti ◆ **to shrug (one's shoulders)** hausser les épaules

▸ **shrug off** vt sep [+ suggestion, warning] dédaigner, faire fi de ; [+ remark] ignorer, ne pas relever ; [+ infection, a cold] se débarrasser de

shrunk [ʃrʌŋk] **vb** (ptp of **shrink**)

shrunken ['ʃrʌŋkən] **adj** person, body ratatiné, rabougri ◆ **shrunken head** tête f réduite

shtick [ʃtɪk] **n** ⇒ **schtick**

shtoom ‡ [ʃtʊm] **adj** ◆ **to keep shtoom (about sth)** garder bouche cousue * (à propos de qch)

shuck [ʃʌk] (US) **1 n** (= pod) cosse f ; [of nut] écale f ; [of chestnut] bogue f ; [of corn] spathe f
2 excl ◆ **shucks!** * mince alors ! *, zut alors ! *
3 vt [+ bean] écosser ; [+ nut] écaler ; [+ chestnut] éplucher ; [+ corn] égrener ◆ **to shuck one's clothes** se désaper *

▸ **shuck off** * vt sep (US) [+ garment] enlever ◆ **to shuck off one's clothes** se désaper * ◆ **to shuck off one's jacket** tomber la veste *

shudder ['ʃʌdər] → SYN **1 n** (from cold) frisson m ; (from horror) frisson m, frémissement m ; [of vehicle, ship, engine] vibration f, trépidation f ◆ **to give a shudder** [person] frissonner, frémir ; [vehicle, ship] avoir une forte secousse, être ébranlé ◆ **it gives me the shudders** * ça me donne des frissons ◆ **he realized with a shudder that** … il a frissonné or frémi, comprenant que …
2 vi (from cold) frissonner ; (from horror) frémir, frissonner ; [engine, motor] vibrer, trépider ; [vehicle, ship] (on striking sth) avoir une forte secousse, être ébranlé ; (for mechanical reasons) vibrer, trépider ◆ **the old bus shuddered to a halt** le vieux bus s'arrêta dans un soubresaut ◆ **I shudder to think what might have happened** je frémis rien qu'à la pensée de ce qui aurait pu se produire ◆ **what will he do next? – I shudder to think!** qu'est-ce qu'il va encore faire ? — j'en frémis d'avance !

shuffle ['ʃʌfl] → SYN **1 n a** the shuffle of footsteps le bruit d'une démarche traînante
b (Cards) battage m ; (fig) réorganisation f ◆ **give the cards a good shuffle** bats bien les cartes ◆ **a cabinet (re)shuffle** (Parl) un remaniement ministériel ◆ **to get lost in the shuffle** (US) [person] passer inaperçu ; [fact, issue etc] être mis aux oubliettes or au placard
2 vt a ◆ **to shuffle one's feet** traîner les pieds
b [+ cards] battre ; [+ dominoes] mêler, brouiller ; [+ papers] remuer, déranger
3 vi a traîner les pieds ◆ **to shuffle in/out/along** etc entrer/sortir/avancer etc d'un pas traînant or en traînant les pieds
b (Cards) battre (les cartes)

▸ **shuffle off 1 vi** s'en aller or s'éloigner d'un pas traînant or en traînant les pieds
2 vt sep [+ garment] enlever maladroitement ; (fig) [+ responsibility] rejeter (on to sb sur qn), se dérober à ◆ **when I shuffle off this mortal coil** (Brit) quand je rendrai l'âme, quand je quitterai mon enveloppe charnelle

▸ **shuffle out of** vt fus (fig) [+ duty, responsibility] se dérober à

shuffleboard ['ʃʌflbɔːd] **n** jeu m de palets

shufti, shufty * ['ʃʌftɪ, 'ʃʊftɪ] **n** (Brit) ◆ **to have** or **take a shufti (at sth)** jeter un œil * or coup d'œil (à qch)

shun [ʃʌn] → SYN **vt** [+ place, temptation] fuir ; [+ person, publicity] fuir, éviter ; [+ work, obligation] éviter, esquiver ◆ **I shunned his company** j'ai fui sa présence ◆ **to shun doing sth** éviter de faire qch

shunt [ʃʌnt] **1 vt a** (Rail) (= direct) aiguiller ; (= divert) dériver, détourner ; (= move about) manœuvrer ; (= position) garer
b (* fig) [+ conversation, discussion] aiguiller, détourner (on to sur) ; [+ person] expédier * (to à) ◆ **they shunted the visitors to and fro between the factory and the offices** * ils ont fait faire la navette aux visiteurs entre l'usine et les bureaux ◆ **shunt that book over to me!** * passe-moi or file-moi ce bouquin ! *
c (Elec) shunter, dériver
2 vi (fig) ◆ **to shunt (to and fro)** * [person, object, document] faire la navette (between entre)
3 n (Rail) aiguillage m ; (* fig) collision f
4 COMP ▷ **shunt-wound** adj (Elec) en dérivation, dérivé

shunter ['ʃʌntər] **n** (Brit Rail) (= person) aiguilleur m (de train) ; (= engine) locomotive f de manœuvre

shunting ['ʃʌntɪŋ] (Rail) **1 n** manœuvres fpl d'aiguillage
2 COMP ▷ **shunting operation** n (Brit) opération f de triage ▷ **shunting yard** n voies fpl de garage et de triage

shush [ʃʊʃ] **1 excl** chut !
2 vt * faire chut à ; (= silence: also **shush up**) faire taire

shut [ʃʌt] → SYN pret, ptp **shut 1 vt** [+ eyes, door, factory, shop] fermer ; [+ drawer] (re)fermer, repousser ◆ **the shop is shut now** le magasin est fermé maintenant ◆ **the shop is shut on Sundays** le magasin ferme or est fermé le dimanche ◆ **we're shutting the office for two weeks in July** nous fermons le bureau pour deux semaines au mois de juillet ◆ **to shut one's finger in a drawer** se pincer or se prendre le doigt dans un tiroir ◆ **to shut sb in a room** enfermer qn dans une pièce ◆ **shut your mouth!** * ‡, boucle-la ! * ‡ ◆ **shut your face!** * ‡ ta gueule ! * ‡, la ferme ! * ‡ ; → **door, ear**², **eye, open, stable**²
2 vi [door, box, lid, drawer] se fermer, fermer ; [museum, theatre, shop] fermer ◆ **the door shut** la porte s'est (re)fermée ◆ **the door shuts badly** la porte ferme mal ◆ **the shop shuts on Sundays/at 6 o'clock** le magasin ferme le dimanche/à 18 heures
3 COMP ▷ **shut-eye** * ‡ n to get a bit of **shut-eye** or **some shut-eye** piquer un roupillon * ‡, dormir un peu * ▷ **shut-in** adj (esp US) enfermé, confiné ▷ **shut-out** n (Ind) lock-out m inv ; (US Sport) victoire f (remportée du fait que l'équipe adverse n'a marqué aucun point) ▷ **shut-out bid** n (Bridge) (annonce f de) barrage m

▸ **shut away** vt sep [+ person, animal] enfermer ; [+ valuables] mettre sous clé ◆ **he shuts himself away** il s'enferme chez lui, il vit en reclus

▸ **shut down 1 vi** [business, shop, theatre] fermer (définitivement), fermer ses portes
2 vt sep [+ lid] fermer, rabattre ; [+ business, shop, theatre] fermer (définitivement) ; [+ machine] arrêter
3 shutdown n → **shutdown**

▸ **shut in 1 vt sep** [+ person, animal] enfermer ; (= surround) entourer (with de) ◆ **to feel shut in** se sentir enfermé or emprisonné (fig)
2 shut-in adj → **shut**

shutdown / sickly

▶ **shut off** ① vt sep **a** (= stop, cut) [+ electricity, gas] couper, fermer ; [+ engine] couper ; [+ supplies] arrêter, couper

b (= isolate) [+ person] isoler, séparer (from de) ◆ **we're very shut off here** nous sommes coupés de tout ici or très isolés ici

② shutoff n → **shutoff**

▶ **shut out** ① vt sep **a** **he found that they had shut him out, he found himself shut out** il a trouvé qu'il était à la porte or qu'il ne pouvait pas entrer ◆ **don't shut me out, I haven't got a key** ne ferme pas la porte, je n'ai pas de clé ◆ **I shut the cat out at night** je laisse or mets le chat dehors pour la nuit ◆ **close the door and shut out the noise** ferme la porte pour qu'on n'entende pas le bruit ◆ **he shut them out of his will** il les a exclus de son testament ◆ **you can't shut him out of your life** tu ne peux pas l'exclure or le bannir de ta vie

b (= block) [+ view] boucher ; [+ memory] chasser de son esprit

c (US Sport) [+ opponent] bloquer

② shut-out n, adj → **shut**

▶ **shut to** ① vi [door] se (re)fermer
② vt sep (re)fermer

▶ **shut up** ① vi (* = be quiet) se taire ◆ **shut up!** tais-toi !, la ferme !٭ ◆ **better just shut up and get on with it** mieux vaut se taire or la boucler* et continuer

② vt sep **a** [+ factory, business, theatre, house] fermer ; → **shop**

b [+ person, animal] enfermer ; [+ valuables] mettre sous clé ◆ **to shut sb up in prison** emprisonner qn, mettre qn en prison

c (* = silence) faire taire, clouer le bec à *

shutdown ['ʃʌtdaʊn] n fermeture f

shutoff ['ʃʌtɒf] n (also **shutoff device**) interrupteur m automatique, dispositif m d'arrêt automatique

shutter ['ʃʌtəʳ] ① n volet m ; (Phot) obturateur m ◆ **to put up the shutters** mettre les volets ; (Comm) fermer (le magasin) ; (fig: permanently) fermer boutique, fermer définitivement

② COMP ▷ **shutter priority** n (Phot) priorité f à la vitesse ▷ **shutter release** n (Phot) déclencheur m d'obturateur ▷ **shutter speed** n vitesse f d'obturation

shuttered ['ʃʌtəd] adj house, window (= fitted with shutters) muni de volets ; (= with shutters closed) aux volets clos ◆ **the windows were shuttered** les fenêtres étaient munies de volets or avaient leurs volets fermés

shuttle ['ʃʌtl] → SYN ① n **a** [of loom, sewing machine] navette f

b (= plane, train etc) navette f ◆ **air shuttle** navette f aérienne ◆ **space shuttle** navette f spatiale

c (*: in badminton = shuttlecock) volant m

② vi [person, vehicle, boat, documents] faire la navette (between entre)

③ vt ◆ **to shuttle sb to and fro** envoyer qn à droite et à gauche ◆ **he was shuttled (back and forth) between the factory and the office** on l'a renvoyé de l'usine au bureau et vice versa, il a dû faire la navette entre l'usine et le bureau ◆ **the papers were shuttled (backwards and forwards) from one department to another** les documents ont été renvoyés d'un service à l'autre

④ COMP ▷ **shuttle bus** n navette f ▷ **shuttle diplomacy** n navettes fpl diplomatiques ▷ **shuttle movement** n (Tech) mouvement m alternatif ▷ **shuttle service** n (Aviat, Rail etc) (service m de) navettes fpl

shuttlecock ['ʃʌtlkɒk] n (in badminton) volant m

shy[1] [ʃaɪ] → SYN ① adj **a** (= nervous) person, smile, look timide ◆ **he's a shy person, he's shy of people** c'est un timide ◆ **to be shy with people** être timide avec les gens ◆ **don't be shy** ne sois pas timide, ne fais pas le (or la) timide ◆ **to make sb (feel) shy** intimider qn ◆ **she went all shy** * **when asked to give her opinion** elle a été tout intimidée quand on lui a demandé de donner son avis

b (= wary) **to be shy of sb/sth** avoir peur de qn/qch ◆ **he was so shy about his private life** il craignait tellement de parler de sa vie privée ◆ **to be shy of doing sth** avoir peur de faire qch ; → **bite, camera, fight, workshy**

c (Zool) animal, bird craintif ; → **gun**

d (esp US = short) **he is two days shy of his 95th birthday** il va avoir 95 ans dans deux jours ◆ **I'm $5 shy** il me manque 5 dollars ◆ **they are $65,000 shy of the $1 million that's needed** il leur manque 65 000 dollars pour avoir le million nécessaire

② vi [horse] broncher (at devant)

▶ **shy away** vi (fig) ◆ **to shy away from doing sth** répugner à faire sth, s'effaroucher à l'idée de faire qch

shy[2] [ʃaɪ] (Brit) ① vt (= throw) lancer, jeter

② n (lit) ◆ **to take** or **have a shy at sth** lancer un projectile (or une pierre etc) vers qch ◆ **"20p a shy"** "20 pence le coup" ◆ **to have a shy at doing sth** (fig = try) tenter de faire qch ; → **coconut**

shyly ['ʃaɪli] adv timidement

shyness ['ʃaɪnɪs] → SYN n (NonC) [of person] timidité f ; [of animal, bird] caractère m craintif

shyster * ['ʃaɪstəʳ] n (US) (gen) escroc m ; (= lawyer) avocat m véreux or marron

SI [es'aɪ] n (abbrev of **Système international (d'unités)**) SI m

si [siː] n (Mus) si m

sial ['saɪəl] n (Geol) sial m

sialagogic, sialogogic [ˌsaɪələ'gɒdʒɪk] adj sialagogue

sialagogue, sialogogue ['saɪələˌgɒg] n sialagogue m

Siam [saɪ'æm] n le Siam

Siamese [ˌsaɪə'miːz] ① adj (gen) siamois

② n **a** (pl inv) Siamois(e) m(f)

b (Ling) siamois m

③ COMP ▷ **Siamese cat** n chat m siamois ▷ **Siamese twins** npl (frères mpl) siamois mpl, (sœurs fpl) siamoises fpl

SIB [ˌesaɪ'biː] n (Brit) (abbrev of **Securities and Investments Board**) ≈ COB f

Siberia [saɪ'bɪərɪə] n la Sibérie

Siberian [saɪ'bɪərɪən] ① adj sibérien, de Sibérie

② n Sibérien(ne) m(f)

③ COMP ▷ **Siberian husky** n (= dog) husky m (sibérien)

sibilant ['sɪbɪlənt] ① adj (frm, also Phon) sifflant

② n (Phon) sifflante f

sibling ['sɪblɪŋ] ① n ◆ **siblings** enfants mfpl de mêmes parents, fratrie f ◆ **one of his siblings** l'un de ses frères et sœurs ◆ **Paul and Julie are siblings** Paul et Julie sont frère et sœur ◆ **she's my sibling** c'est ma sœur

② COMP ▷ **sibling rivalry** n rivalité f fraternelle

sibship ['sɪbʃɪp] n fratrie f

sibyl ['sɪbɪl] n sibylle f

sibylline ['sɪbɪlaɪn] adj sibyllin

sic [sɪk] adv sic

siccative ['sɪkətɪv] n siccatif m

Sicilian [sɪ'sɪlɪən] ① adj (gen) sicilien

② n **a** Sicilien(ne) m(f)

b (Ling) sicilien m

siciliano [ˌsiːtʃɪ'ljɑːnəʊ] n (Mus) sicilienne f

Sicily ['sɪsɪlɪ] n la Sicile ◆ **in Sicily** en Sicile

sick [sɪk] → SYN ① adj **a** (= ill) person malade ◆ **he's a sick man** il est (très) malade ◆ **to fall** or **take**† **sick** tomber malade ◆ **to be off sick** (= off work) être en congé maladie ; (= off school) être absent pour maladie ◆ **she's off sick with 'flu** elle n'est pas là or elle est absente, elle a la grippe ◆ **to go sick** se faire porter malade ◆ **to call in** or **phone in sick** téléphoner pour dire que l'on est malade ◆ **to be sick of a fever**† avoir la fièvre ; → **homesick**

b **to be sick** (= vomit) vomir ◆ **to be as sick as a dog*** être malade comme un chien ◆ **to make sb sick** faire vomir qn ◆ **to make o.s. sick** se faire vomir ; (= nauseous) ◆ **to feel sick** avoir mal au cœur, avoir envie de vomir ◆ **I get sick in planes** j'ai mal au cœur or je suis malade en avion, j'ai le mal de l'air ◆ **a sick feeling** (lit) un haut-le-cœur ; (fig) une (sensation d')angoisse ◆ **worried sick**, **sick with worry** fou or malade d'inquiétude ; → **airsick, car, seasick, travel**

c (= disgusted) **to make sb sick** rendre qn malade, écœurer qn ◆ **you make me sick!** tu m'écœures !, tu me dégoûtes ! ◆ **it's enough to make you sick** il y a de quoi vous écœurer or dégoûter ◆ **it makes me sick to my stomach** ça m'écœure, ça me fait gerber٭ ◆ **he felt sick about the whole business** toute l'affaire le rendait malade ◆ **it makes me sick to think that ...** ça me rend malade de penser que ... ◆ **he was really sick at failing the exam** * ça l'a vraiment rendu malade d'avoir échoué à l'examen ◆ **to be as sick as a parrot** en être malade * ◆ **to be sick at heart** (liter = unhappy) avoir la mort dans l'âme

d (= fed up) **to be sick of sb/sth/doing sth** en avoir assez or marre* de qn/qch/faire qch ◆ **to be sick of the sight of sb** en avoir assez or marre * de voir qn ◆ **to be/get sick and tired** * or **sick to death** * or **sick to the (back) teeth** * **of ...** en avoir/finir par en avoir par-dessus la tête * or ras le bol *

e (pej = offensive) person, mind, joke, humour, suggestion malsain ◆ **sick comedian** comique m porté sur l'humour malsain

f (US = inferior) **they made our team look sick** à côté d'eux, notre équipe avait l'air nulle or minable

② n (Brit * = vomit) vomi * m, vomissure f

③ **the sick** npl les malades mfpl

④ COMP ▷ **sick bag** n sac m vomitoire ▷ **sick bay** n infirmerie f ▷ **sick building syndrome** n syndrome m du bâtiment malsain ▷ **sick headache** n migraine f ▷ **sick leave** n on sick leave en congé m (de) maladie ▷ **sick list** n **to be on the sick list** (Admin) être porté malade ; (* = ill) être malade ▷ **sick-making** ٭ adj dégoûtant, gerbant ٭ ▷ **sick note** * n (for work) certificat m médical ; (for school) billet m d'excuse ▷ **sick-out** n (US Ind) mouvement de protestation où tous les travailleurs se font porter malade ▷ **sick pay** n indemnité f de maladie (versée par l'employeur)

▶ **sick up** * vt sep (Brit) dégueuler٭, vomir

sickbed ['sɪkbed] n lit m de malade

sicken ['sɪkn] → SYN ① vt rendre malade, donner mal au cœur à ; (fig) dégoûter, écœurer

② vi tomber malade ◆ **to sicken for sth** [person] couver qch ◆ **to sicken of ...** (fig) se lasser de ..., en avoir assez de ...

sickening ['sɪknɪŋ] → SYN adj **a** (= disgusting) sight, smell écœurant, qui soulève le cœur ; cruelty révoltant ; waste révoltant, dégoûtant ; crime ignoble, révoltant ◆ **a sickening feeling of failure** un écœurant sentiment d'échec ◆ **a sickening feeling of panic** une affreuse sensation de panique ◆ **a sickening feeling of foreboding** un horrible sentiment d'appréhension

b (* = annoying) person, behaviour, situation agaçant, énervant

c (= unpleasant) blow mauvais ; crunch sinistre ◆ **with a sickening thud** avec un bruit sourd et sinistre

sickeningly ['sɪknɪŋlɪ] adv familiar tristement ◆ **sickeningly violent/polite** d'une violence/ d'une politesse écœurante ◆ **it is sickeningly sweet** c'est si sucré que c'est écœurant ◆ **he made it all look sickeningly easy** avec lui, tout paraissait d'une facilité écœurante ◆ **he seems sickeningly happy** il semble si heureux que c'en est écœurant ◆ **he stood at the top of a sickeningly steep gully** il se tenait au sommet d'une ravine vertigineuse ◆ **the ship was rolling sickeningly** le roulis du bateau soulevait le cœur

sickie * ['sɪkɪ] n ◆ **he threw a sickie** il n'est pas venu au travail sous prétexte qu'il était malade

sickle ['sɪkl] ① n faucille f

② COMP ▷ **sickle-cell anaemia** n (Med) anémie f à hématies falciformes

sickliness ['sɪklɪnɪs] n [of person] état m maladif ; [of cake] goût m écœurant

sickly ['sɪklɪ] → SYN ① adj **a** (= unhealthy) person, face, complexion, pallor maladif ; business, company mal en point ; climate malsain, plant étiolé ◆ **she gave a sickly smile** elle eut un pâle sourire

b (Brit = nauseating) smell, colour, cake écœurant ; smile mielleux

2 adv ◆ **sickly green** d'un vert nauséeux ◆ **sickly yellow** cireux ◆ **sickly sweet** smell, taste douceâtre ; book mièvre ; person, expression mielleux

sickness ['sɪknɪs] → SYN 1 n (NonC) (= illness) maladie f ◆ **there's a lot of sickness in the village** il y a beaucoup de malades dans le village ◆ **there's sickness on board** il y a des malades à bord ◆ **bouts of sickness** (= vomiting) vomissements mpl ◆ **mountain sickness** mal m des montagnes ◆ **in sickness and in health** (in marriage service) ≃ pour le meilleur et pour le pire ; → **travel**

2 COMP ▷ **sickness benefit** n (Brit) (prestations fpl de l')assurance-maladie f ▷ **sickness insurance** n assurance-maladie f

sicko * ['sɪkəʊ] (esp US pej) 1 n taré(e) * m(f)

2 adj person taré * ; group de tarés *

sickroom ['sɪkrʊm] n (in school etc) infirmerie f ; (at home) chambre f de malade

side [saɪd] → SYN 1 n a [of person] côté m ◆ **wounded in the side** blessé au côté ◆ **to sleep on one's side** dormir sur le côté ◆ **to hold one's sides with laughter** se tenir les côtes → **split**

◆ **at/by one's side** ◆ **he had the telephone by his side** il avait le téléphone à côté de lui or à portée de la main ◆ **his assistant was at** or **by his side** son assistant était à ses côtés ◆ **she remained by his side through thick and thin** (fig) elle est restée à ses côtés or elle l'a soutenu à travers toutes leurs épreuves

◆ **side by side** (lit) côte à côte ; (fig: in agreement) en parfait accord (*with* avec)

b [of animal] flanc m ◆ **a side of bacon** (Culin) une flèche de lard ◆ **a side of beef/mutton** un quartier de bœuf/mouton

c (as opposed to top, bottom) [of box, house, car, triangle] côté m ; [of ship] flanc m, côté m ; [of mountain] (gen) versant m ; (= flank) flanc m ; (inside) [of cave, ditch, box] paroi f ◆ **the north side** [of mountain] le versant nord ◆ **vines growing on the side of the hill** des vignes qui poussent sur le flanc de la colline ◆ **by the side of the church** à côté de or tout près de l'église ◆ **set the box on its side** pose la caisse sur le côté ◆ **go round the side of the house** contournez la maison ◆ **you'll find him round the side of the house** tournez le coin de la maison et vous le verrez ◆ **she's (built) like the side of a house** * c'est un monument *, elle est colossale ; → **near, off**

d [of cube, record, coin] côté m, face f ; [of garment, cloth, slice of bread, sheet of paper, shape] côté m ; (fig) [of matter, problem etc] aspect m ; [of sb's character] facette f ◆ **the right side** [of garment, cloth] l'endroit m ◆ **the wrong side** [of garment, cloth] l'envers m ◆ **right/wrong side out** [of cloth] à l'endroit/l'envers ◆ **right/wrong side up** dans le bon/mauvais sens ◆ **"this side up"** (on box etc) "haut" ◆ **write on both sides of the paper** écrivez des deux côtés de la feuille, écrivez recto verso ◆ **I've written six sides** j'ai écrit six pages ◆ **the other side of the coin** or **picture** (fig) le revers de la médaille ◆ **they are two sides of the same coin** (fig) [issues] ce sont deux facettes d'un même problème ; [people] ils représentent deux facettes d'une même tendance ◆ **there are two sides to every quarrel** dans toute querelle il y a deux points de vue ◆ **look at it from his side (of it)** considère cela de son point de vue ◆ **now listen to my side of the story** maintenant écoute ma version des faits ◆ **he's got a nasty side * to him** or **to his nature** il a un côté méchant ; → **bright, flip, right**

e (= edge) [of road, lake, river] bord m ; [of wood, forest] lisière f ; [of field, estate] bord m, côté m ◆ **by the side of the road/lake** etc au bord de la route/du lac etc

f (= part away from centre) côté m ◆ **on the other side of the street/room** de l'autre côté de la rue/la pièce ◆ **he crossed to the other side of the room** il a traversé la pièce ◆ **he was on the wrong side of the road** il était du mauvais côté de la route ◆ **the east side of the town** la partie est or les quartiers est de la ville ◆ **he got out of the train on the wrong side** il est descendu du train à contre-voie ◆ **he is paralysed down one side of his face** il a un côté du visage paralysé ◆ **it's on this side of London** c'est dans cette partie de Londres ; (between here and London) c'est avant Londres, c'est entre ici et Londres ◆ **the science side of the college** la section sciences du collège ◆ **members on the other side of the House** (Brit Parl) (= the government) les députés mpl de la majorité ; (= the opposition) les députés mpl de l'opposition ◆ **he got out of bed on the wrong side, he got out of the wrong side of the bed** il s'est levé du pied gauche ◆ **he's on the wrong side of 50** il a passé la cinquantaine ◆ **he's on the right side of 50** il n'a pas encore 50 ans ◆ **this side of Christmas** avant Noël ◆ **he makes a bit (of money) on the side by doing ...** * il se fait un peu d'argent en plus or il arrondit ses fins de mois en faisant ... ◆ **a cousin on his mother's side** un cousin du côté de sa mère ◆ **my grandfather on my mother's side** mon grand-père maternel ◆ **on the other side** (TV) sur l'autre chaîne ◆ **it's on the heavy/big side** c'est plutôt lourd/grand ◆ **it's on the hot/chilly side** [weather] il fait plutôt chaud/froid ; → **safe, sunny**

◆ **from all sides, from every side** ◆ de tous côtés, de toutes parts

◆ **from side to side** ◆ **the boat rocked from side to side** le bateau se balançait ◆ **to sway** or **swing from side to side** balancer ◆ **he moved his jaw from side to side** il bougeait sa mâchoire d'un côté et de l'autre

◆ **on/to one side** ◆ **he moved to one side** il s'est écarté ◆ **to take sb on** or **to one side** prendre qn à part ◆ **to put sth to** or **on one side** mettre qch de côté ◆ **leaving that question to one side for the moment ...** laissant la question de côté pour le moment ...

g (= group, team, party) (gen) camp m ; (Sport) équipe f ; (Pol etc) parti m ◆ **he's on our side** il est dans notre camp or avec nous ◆ **God was on their side** Dieu était avec eux ◆ **to be on the side of the angels** avoir raison d'un point de vue moral ◆ **we have time on our side** nous avons le temps pour nous, le temps joue en notre faveur ◆ **whose side are you on?** dans quel camp êtes-vous ?, qui soutenez-vous ? ◆ **to get on the wrong side of sb** se faire mal voir de qn ◆ **there are faults on both sides** les deux camps ont des torts or sont fautifs ◆ **with a few concessions on the government side** avec quelques concessions de la part du gouvernement ◆ **to take sides (with sb)** prendre parti (pour qn) ◆ **to pick** or **choose sides** (= decide one's viewpoint) choisir son camp ; (for game etc) faire or tirer les équipes ◆ **they've picked** or **chosen the England side** (Sport) on a sélectionné l'équipe d'Angleterre ; → **change**

h (Brit * = conceit) **he's got no side, there's no side to him** c'est un homme très simple, ce n'est pas un crâneur * ◆ **to put on side** prendre des airs supérieurs, crâner *

2 COMP chapel, panel, elevation, seat latéral ▷ **side arms** npl armes fpl de poing ▷ **side deal** n **to do a side deal with sb** conclure une autre affaire avec qn *(en marge d'une première affaire)* ▷ **side dish** n plat m d'accompagnement ▷ **side door** n entrée f latérale, petite porte f ▷ **side drum** n tambour m plat, caisse f claire ▷ **side effect** n effet m secondaire ▷ **side entrance** n entrée f latérale ▷ **side face** adj, adv (Phot) de profil ▷ **side-foot** vt ball frapper de l'extérieur du pied ▷ **side glance** n regard m oblique or de côté ▷ **side-impact bars** npl ⇒ **side-impact protection** ▷ **side-impact protection** n (NonC: Aut) protections fpl latérales, renforts mpl latéraux ▷ **side issue** n question f secondaire, à-côté m ▷ **side judge** n (US Jur) juge m adjoint ▷ **side-on** adj collision, crash latéral ; view latéral, de côté ▷ **side order** n (Culin) garniture f ▷ **side plate** n petite assiette f *(que l'on place à la gauche de chaque convive)* ▷ **side road** n (Brit) petite route f, route f transversale ; (in town) petite rue f, rue f transversale ▷ **side salad** n salade f *(pour accompagner un plat)* ▷ **side show** n (at fair) attraction f ; (fig = minor point) détail m ▷ **side-slipping** n (Ski) dérapage m ▷ **side-splitting** * adj tordant *, gondolant * ▷ **side street** n petite rue f, rue f transversale ▷ **side stroke** n (Swimming) nage f indienne ▷ **side trim** n (Aut) moulure f latérale ▷ **side-valve engine** n (Tech) moteur m à soupape verticale ▷ **side view** n vue f latérale ▷ **side-wheeler** n (US) bateau m à aubes ▷ **side whiskers** npl favoris mpl

► **side against** vt fus ◆ **to side against sb** prendre parti contre qn

► **side with** vt fus ◆ **to side with sb** se ranger du côté de qn, prendre parti pour qn

sideband ['saɪdbænd] n (Rad) bande f latérale ◆ **upper/lower sideband** bande f latérale inférieure/supérieure

sideboard ['saɪdbɔːd] n buffet m

sideboards (Brit) ['saɪdbɔːdz], **sideburns** ['saɪdbɜːnz] npl pattes fpl, favoris mpl

sidecar ['saɪdkɑːʳ] n side-car m

-sided ['saɪdɪd] adj (in compounds) ◆ **three-sided** à trois côtés, trilatéral ◆ **many-sided** multilatéral ; → **one**

sidekick * ['saɪdkɪk] n (= assistant) acolyte m ; (= friend) copain * m, copine * f

sidelight ['saɪdlaɪt] n (Brit Aut) feu m de position, veilleuse f ◆ **it gives us a sidelight on ...** cela projette un éclairage particulier sur ..., cela révèle un côté or aspect inattendu de ...

sideline ['saɪdlaɪn] 1 n a (Sport) (ligne f de) touche f ◆ **on the sidelines** (Sport) sur la touche ; (fig) dans les coulisses ◆ **he stayed** or **stood on the sidelines** (fig) il n'a pas pris position, il n'est pas intervenu ◆ **to be relegated to the sidelines** être mis sur la touche

b activité f (or travail m etc) secondaire ◆ **he sells wood as a sideline** il a aussi un petit commerce de bois ◆ **it's just a sideline** (Comm) ce n'est pas notre spécialité

2 vt (Sport, fig) mettre sur la touche

sidelong ['saɪdlɒŋ] → SYN 1 adj oblique, de côté

2 adv de côté, en oblique

sidereal [saɪ'dɪərɪəl] adj sidéral

siderite ['saɪdəraɪt] n (Miner) sidérose f, sidérite f ; (Astron) sidérite f

siderolite ['saɪdərəlaɪt] n sidérolit(h)e f

siderophilin [ˌsɪdə'rɒfəlɪn] n transferrine f

siderosis [ˌsaɪdə'rəʊsɪs] n sidérose f

siderostat ['saɪdərəʊstæt] n sidérostat m

sidesaddle ['saɪdsædl] adv ◆ **to ride sidesaddle** monter en amazone

sideslip ['saɪdslɪp] (Aviat) 1 n glissade f or glissement m sur l'aile

2 vi glisser sur l'aile

sidesman ['saɪdzmæn] n, pl **-men** (Brit Rel) ≃ bedeau m

sidestep ['saɪdstep] → SYN 1 vt [+ blow] éviter, esquiver ; [+ question] éviter, éluder ; [+ rules etc] ne pas tenir compte de

2 vi (lit) faire un pas de côté ; (Ski) monter en escalier ; (fig) rester évasif ; (Boxing) esquiver

sidestepping ['saɪdstepɪŋ] n (Ski) montée f en escalier ; (Boxing) esquives fpl

sideswipe ['saɪdswaɪp] n (= blow) coup m oblique ; (fig) allusion f désobligeante

sidetable ['saɪdteɪbl] n desserte f

sidetrack ['saɪdtræk] → SYN vt [+ train] dériver, dérouter ; (fig) [+ person] faire s'écarter de son sujet ◆ **to get sidetracked** (fig) s'écarter de son sujet

sidewalk ['saɪdwɔːk] 1 n (US) trottoir m

2 COMP ▷ **sidewalk artist** n (US) ⇒ **pavement artist** ; → **pavement** ▷ **sidewalk café** n (US) ⇒ **pavement café** ; → **pavement**

sideways ['saɪdweɪz] → SYN 1 adv a (= to one side, side-on) glance, look de biais, de côté ; move latéralement ; walk en crabe ; stand de profil ; sit de côté ; fall sur le côté ◆ **to slide sideways** déraper ◆ **to turn sideways** se tourner ◆ **it goes in sideways** ça rentre de côté ◆ **sideways on** de côté ◆ **a car parked sideways on to the kerb** une voiture garée le long du trottoir ; see also **knock**

b (in career) **to move sideways** changer de poste au même niveau hiérarchique

2 adj a (= to one side) glance, look, movement de biais, de côté

b (in career) **sideways move** or **step** changement m de poste au même niveau hiérarchique ◆ **the Justice Minister's recent sideways move to Defence** la récente mutation du ministre de la Justice au ministère de la Défense

sidewinder ['saɪdˌwaɪndəʳ] n (Zool) crotale m, serpent m à sonnette

siding ['saɪdɪŋ] n a (Rail) voie f de garage or d'évitement ; → **goods**
b (US = wall covering) revêtement m extérieur

sidle ['saɪdl] vi ◆ **to sidle along** marcher de côté, avancer de biais ◆ **to sidle in/out** etc entrer/sortir etc furtivement ◆ **he sidled into the room** il s'est faufilé dans la pièce ◆ **he sidled up to me** il s'est glissé jusqu'à moi

Sidon ['saɪdən] n Sidon

SIDS n (Med) (abbrev of **sudden infant death syndrome**) MSN f

siege [siːdʒ] 1 n (Mil, fig) siège m ◆ **in a state of siege** en état de siège ◆ **to lay siege to a town** assiéger une ville ◆ **to be under siege** [town] être assiégé ; (fig: by questioning etc) être sur la sellette, être en butte à de nombreuses critiques ◆ **to raise** or **lift the siege** lever le siège (lit)
2 COMP ▷ **siege economy** n économie f de siège ▷ **siege mentality** n **to have a siege mentality** être toujours sur la défensive ▷ **siege warfare** n guerre f de siège

siemens ['siːmənz] n (Phys) siemens m

Siena, Sienna [sɪ'enə] n Sienne

Sienese [sɪə'niːz] adj siennois

sienna [sɪ'enə] n (= earth) terre f de Sienne or d'ombre ; (= colour) ocre m brun ; → **burnt**

sierra [sɪ'erə] n sierra f

Sierra Leone [sɪ'erəlɪ'əʊn] n la Sierra Leone

Sierra Leonean [sɪ'erəlɪ'əʊnɪən] 1 adj sierra-léonais
2 n Sierra-Léonais(e) m(f)

siesta [sɪ'estə] → SYN n sieste f ◆ **to have** or **take a siesta** faire une or la sieste

sieve [sɪv] → SYN 1 n (for coal, stones) crible m ; (for sugar, flour, sand, soil) tamis m ; (for wheat) van m ; (for liquids) passoire f ◆ **to rub** or **put through a sieve** (Culin) passer au tamis ◆ **he's got a head** or **memory** or **brain like a sieve** * il a la tête comme une passoire *
2 vt [+ fruit, vegetables] passer ; [+ sugar, flour, sand, soil] tamiser ; [+ coal, stones] passer au crible, cribler

sievert ['siːvət] n sievert m

sift [sɪft] → SYN 1 vt a [+ flour, sugar, sand] tamiser, passer au tamis ; [+ coal, stones] cribler, passer au crible ; [+ wheat] vanner ; (fig) [+ evidence] passer au crible ◆ **to sift flour on to sth** saupoudrer qch de farine (au moyen d'un tamis)
b (also **sift out**) (lit) séparer (à l'aide d'un crible) ; (fig) [+ facts, truth] dégager (*from* de)
2 vi (fig) ◆ **to sift through sth** passer qch en revue, examiner qch

sifter ['sɪftəʳ] n (for flour, sugar, sand) tamis m ; (for soil) cribleuse f, crible m

sigh [saɪ] → SYN 1 n soupir m ◆ **to heave** or **give a sigh** soupirer, pousser un soupir
2 vt ◆ **if only he had come she sighed** "si seulement il était venu" dit-elle dans un soupir or soupira-t-elle
3 vi soupirer, pousser un soupir ; [wind] gémir ◆ **he sighed with relief** il a poussé un soupir de soulagement ◆ **to sigh for sth** soupirer après or pour qch ; (for sth lost) regretter qch ◆ **to sigh over sth** se lamenter sur qch, regretter qch

sighing ['saɪɪŋ] n [of person] soupirs mpl ; [of wind] gémissements mpl

sight [saɪt] → SYN 1 n a (= faculty, range of vision) vue f ◆ **to have good/poor sight** avoir une bonne/mauvaise vue ◆ **to lose one's sight** perdre la vue ◆ **to get back** or **regain one's sight** recouvrer la vue ◆ **to catch sight of sb/sth** apercevoir qn/qch ◆ **to lose sight of sb/sth** perdre qn/qch de vue ◆ **to keep sight of sth** surveiller qch

◆ preposition + **sight** ◆ **to shoot on** or **at sight** tirer à vue ◆ **he translated it at sight** il l'a traduit à livre ouvert ◆ **he played the music at sight** il a déchiffré le morceau de musique ◆ **at the sight of ...** à la vue de ..., au spectacle de ... ◆ **to know sb by sight** connaître qn de vue ◆ **the train was still in sight** on voyait encore le train, le train était encore visible ◆ **the end is (with)in sight** la fin est en vue, on entrevoit la fin ◆ **we are within sight of a solution** nous entrevoyons une solution ◆ **we live within sight of the sea** de chez nous on voit or aperçoit la mer ◆ **to come into sight** apparaître ◆ **keep the luggage in sight** surveillez les bagages

b (= glimpse, act of seeing) **it was my first sight of Paris** c'était la première fois que je voyais Paris ◆ **I got my first sight of that document yesterday** j'ai vu ce document hier pour la première fois ◆ **their first sight of land came after 30 days at sea** la terre leur est apparue pour la première fois au bout de 30 jours en mer ◆ **the sight of the cathedral** la vue de la cathédrale ◆ **I can't bear** or **stand the sight of blood** je ne peux pas supporter la vue du sang ◆ **I can't bear** or **stand the sight of him, I hate the sight of him** je ne peux pas le voir (en peinture *) or le sentir * ◆ **to buy/accept sth sight unseen** (Comm) acheter/accepter qch sans l'avoir examiné ◆ **to find favour in sb's sight** (fig liter) trouver grâce aux yeux de qn ◆ **all men are equal in the sight of God** tous les hommes sont égaux devant Dieu ◆ **in the sight of the law** aux yeux de la loi, devant la loi ; → **heave, second¹, short**

◆ **at first sight** à première vue, au premier abord ◆ **love at first sight** le coup de foudre

◆ **out of sight** hors de vue ◆ **don't let the luggage out of your sight** ne perdez pas les bagages de vue ◆ **to keep out of sight** (vi) se cacher, ne pas se montrer ; (vt) cacher, ne pas montrer ◆ **it is out of sight** on ne le voit pas, ce n'est pas visible, ce n'est pas à portée de vue ◆ **he never lets it out of his sight** il le garde toujours sous les yeux ; (liter) ◆ **out of my sight!** hors de ma vue ! ◆ **keep out of his sight!** qu'il ne te voie pas ! ◆ (Prov) **out of sight out of mind** loin des yeux loin du cœur (Prov)

c (= spectacle) spectacle m (also pej) ◆ **the tulips are a wonderful sight** les tulipes sont magnifiques ◆ **it is a sight to see** or **a sight to be seen** cela vaut la peine d'être vu, il faut le voir ◆ **the Grand Canyon is one of the sights of the world** le Grand Canyon est l'un des plus beaux spectacles or paysages au monde ◆ **it's one of the sights of Paris** c'est l'une des attractions touristiques de Paris, c'est l'une des choses à voir à Paris ◆ **it's a sad sight** c'est triste (à voir), ça fait pitié ◆ **it's not a pretty sight** ça n'est pas beau à voir ◆ **it was a sight for sore eyes** (welcome) cela réchauffait le cœur ; (* pej) c'était à pleurer ◆ **his face was a sight!** (amazed etc) il faisait une de ces têtes ! * ; (after injury etc) il avait une tête à faire peur ! * ◆ **I must look a sight!** je dois avoir une de ces allures or l'air de Dieu sait quoi ! * ◆ **doesn't she look a sight in that hat!** elle a l'air d'un épouvantail avec ce chapeau ! ; → **see¹**

d (on gun) mire f ◆ **to take sight** viser ◆ **to have sth in one's sights** avoir qch dans sa ligne de mire ◆ **to have sb in one's sights** (fig) avoir qn dans le collimateur or dans sa ligne de mire ◆ **to set one's sights too high** (fig) viser trop haut (fig) ◆ **to set one's sights on sth** avoir des vues sur qch

e (phrases) **not by a long sight** loin de là, loin s'en faut ◆ **it's a (far** or **long) sight better than the other** * c'est infiniment mieux que l'autre ◆ **he's a sight too clever** * il est par or bien trop malin

2 vt a (= see) [+ land, person] apercevoir
b **to sight a gun** (= aim) prendre sa mire, viser ; (= adjust) régler le viseur d'un canon

3 COMP ▷ **sight draft** n (Comm, Fin) effet m à vue ▷ **sight gag** n gag m visuel ▷ **sight-read** vt (Mus) déchiffrer ▷ **sight-reader** n (Mus) déchiffreur m, -euse f ▷ **sight-reading** n déchiffrage m

sighted ['saɪtɪd] 1 adj qui voit ◆ **partially sighted** malvoyant
2 **the sighted** npl les voyants mpl (lit), ceux mpl qui voient

-sighted ['saɪtɪd] adj (in compounds) ◆ **weak-sighted** à la vue faible ; → **clear, short**

sighting ['saɪtɪŋ] n ◆ **numerous sightings of the monster have been reported** le monstre aurait été aperçu à plusieurs reprises ◆ **there have been a number of shark sightings at Blackpool** plusieurs personnes ont vu des requins au large de Blackpool

sightless ['saɪtlɪs] adj person aveugle ; (liter) eyes privé de la vue (liter)

sightline ['saɪtlaɪn] n champ m de vision

sightly ['saɪtlɪ] adj ◆ **it's not very sightly** ce n'est pas beau à voir

sightseeing ['saɪtsiːɪŋ] n tourisme m ◆ **to go sightseeing, to do some sightseeing** (gen) faire du tourisme ; (in town) visiter la ville

sightseer ['saɪtsiːəʳ] n touriste mf

sigmoid ['sɪgmɔɪd] 1 adj sigmoïde
2 COMP ▷ **sigmoid flexure** n (côlon m) sigmoïde m

sign [saɪn] → SYN 1 n a (with hand etc) signe m, geste m ◆ **he made a sign of recognition** il m'a (or lui a etc) fait signe qu'il me (or le etc) reconnaissait ◆ **they communicated by signs** ils communiquaient par signes ◆ **to make a sign to sb** faire signe à qn (*to do sth* de faire qch) ◆ **to make the sign of the Cross** faire le signe de la croix (*over sb/sth* sur qn/qch) ; (= cross o.s.) se signer ◆ **he made a rude sign** il a fait un geste grossier
b (= symbol: Astron, Ling, Math, Mus etc) signe m ◆ **this sign means "do not machine-wash"** ce symbole signifie : "ne pas laver en machine" ◆ **the signs of the zodiac** les signes mpl du zodiaque ◆ **born under the sign of Leo** (Astrol) né sous le signe du Lion ◆ **air/earth/fire/water sign** (Astrol) signe m d'air/de terre/de feu/d'eau ; → **minus**
c (= indication) signe m, indication f ; (Med) signe m ; (= trace) signe m, trace f ◆ **as a sign of ...** en signe de ... ◆ **it's a good/bad sign** c'est bon/mauvais signe ◆ **all the signs are that ...** tout laisse à penser or indique que ... ◆ **those clouds are a sign of rain** ces nuages annoncent la pluie or sont signe de pluie ◆ **violence is a sign of fear** la violence est signe de peur, la violence dénote or indique la peur ◆ **it's a sign of the times** c'est un signe des temps ◆ **it's a sure sign** c'est un signe infaillible ◆ **at the slightest sign of disagreement** au moindre signe de désaccord ◆ **there is no sign of his agreeing** rien ne laisse à penser or rien n'indique qu'il va accepter ◆ **he gave no sign of wishing to come with us** il ne donnait aucun signe de or il n'avait pas du tout l'air de vouloir venir avec nous ◆ **he gave no sign of having heard us** rien n'indiquait qu'il nous avait entendus ◆ **there was no sign of life** il n'y avait aucun signe de vie ◆ **he gave no sign of life** (lit, fig) il n'a pas donné signe de vie ◆ **there's no sign of him anywhere** on ne le trouve nulle part, il n'y a aucune trace de lui ◆ **there's no sign of it anywhere** c'est introuvable, je (or il etc) n'arrive pas à le (re)trouver ; → **show**
d (= notice) panneau m ; (on inn, shop) enseigne f ; (Aut = traffic warnings etc) panneau m (de signalisation) ; (Aut = directions on motorways etc) panneau m (indicateur) ; (= writing on signpost) direction f, indication f ◆ **I can't read the sign** (on road) je n'arrive pas à lire le panneau
2 vt a [+ letter, document, register, visitors' book] signer ◆ **to sign one's name** signer (son nom) ◆ **he signs himself John Smith** il signe "John Smith" ◆ **signed John Smith** (in letters) signé John Smith ◆ **signed and sealed** agreement conclu en bonne et due forme ; new law voté en bonne et due forme ◆ **it was signed, sealed and delivered by twelve noon** (fig) à midi, l'affaire était entièrement réglée ; → **pledge**
b (Ftbl etc) **to sign a player** engager un joueur
c [+ spoken language] traduire en langue des signes
3 vi a signer ◆ **you have to sign for the key** vous devez signer pour obtenir la clé ◆ **he signed for the parcel** il a signé le reçu pour le colis ◆ **Smith has signed for Celtic** (Ftbl) Smith a signé un contrat avec le Celtic ; → **dotted**
b **to sign to sb to do sth** faire signe à qn de faire qch
c (= use sign language) s'exprimer dans le langage des signes, signer
4 COMP ▷ **signed minor** n cofacteur m ▷ **sign language** n langage m des signes ◆ **to talk in sign language** parler or communiquer par signes ▷ **sign writer** n peintre mf d'enseignes

► **sign away** vt sep ◆ **to sign sth away** signer sa renonciation à qch, signer l'abandon de son droit sur qch ◆ **to sign one's life away** (fig) hypothéquer son avenir

► **sign in** 1 vi (in factory) pointer *(en arrivant)* ; (in hotel, club etc) signer le registre *(en arrivant)*

2 vt sep (at club) ◆ **to sign sb in** faire entrer qn en tant qu'invité (en signant le registre)

▶ **sign off** vi **a** (Rad, TV) terminer l'émission ◆ **this is Jacques Dupont signing off** ici Jacques Dupont qui vous dit au revoir

b (on leaving work) pointer en partant ; (Brit) (DSS) informer la sécurité sociale que l'on a retrouvé du travail

c (at end of letter) terminer sa lettre

▶ **sign on** **1** vi **a** (= enrol) (for course etc) s'inscrire ; (Ind etc: for job) se faire embaucher (as comme, en tant que) ; (Mil) s'engager (as comme, en tant que) ; (Brit) (at employment office) pointer au chômage, pointer à la sécurité sociale ◆ **I've signed on for German conversation** je me suis inscrit au cours de conversation allemande

b (on arrival at work) pointer en arrivant

2 vt sep [+ employee] embaucher ; (Mil) engager

▶ **sign out** **1** vt sep [+ library book, sports equipment etc] signer pour emprunter

2 vi (in hotel, club etc) signer le registre (en partant) ; (in office) pointer (en partant)

▶ **sign over** vt sep céder par écrit (to à)

▶ **sign up** **1** vi ⇒ sign on 1a

2 vt sep ⇒ sign on 2

signage ['saɪnɪdʒ] n signalisation f

signal ['sɪgnl] → SYN **1** n **a** (gen, Ling, Naut, Psych, Rail) signal m ◆ **at a prearranged signal** à un signal convenu ◆ **the signal for departure** le signal du départ ◆ **flag signals** (Naut) signaux mpl par pavillons ◆ **(traffic) signals** feux mpl de circulation ◆ **the signal is at red** (Rail) le signal est au rouge ◆ **I didn't see his signal** (Aut) je n'ai pas vu son clignotant ; → **distress, hand**

b (= electronic impulse, message: Rad, Telec, TV) signal m ◆ **I'm getting the engaged signal** ça sonne occupé or pas libre ◆ **send a signal to HQ to the effect that ...** envoyez un signal or message au QG pour dire que ... ◆ **the signal is very weak** (Rad, Telec, TV) le signal est très faible ◆ **station signal** (Rad, TV) indicatif m de l'émetteur ◆ **the Signals** (Mil) les Transmissions fpl

2 adj success, triumph éclatant, insigne (liter) ; failure notoire, insigne (liter) ; contribution remarquable, insigne (liter) ; importance capital

3 vt [+ message] communiquer par signaux ◆ **to signal sb on/through** etc faire signe à qn d'avancer/de passer etc ◆ **to signal a turn** (Aut) indiquer or signaler un changement de direction ◆ **to signal that ...** signaler que ...

4 vi (gen) faire des signaux ; (Aut) mettre son clignotant ◆ **to signal to sb** faire signe à qn (to do sth de faire qch)

5 COMP ▷ **signal book** n (Naut) code m international de signaux, livre m des signaux ▷ **signal box** n (Rail) cabine f d'aiguillage, poste m d'aiguillage or de signalisation ▷ **signal flag** n (Naut) pavillon m de signalisation ▷ **signal-to-noise ratio** n (Elec) rapport m signal/bruit, marge f de protection ▷ **signal tower** n (US Rail) poste m d'aiguillage

signalize ['sɪgnəlaɪz] vt (= mark, make notable) marquer ; (= point out) distinguer, signaler

signally ['sɪgnəlɪ] adv manifestement ◆ **a task they have signally failed to accomplish** une tâche qu'ils n'ont manifestement pas su accomplir ◆ **the present law has signally failed** la loi actuelle a manifestement échoué

signalman ['sɪgnəlmæn] n, pl **-men** (Rail) aiguilleur m ; (Naut) signaleur m, sémaphoriste m

signatory ['sɪgnətərɪ] **1** adj signataire

2 n signataire mf (to de)

signature ['sɪgnətʃəʳ] **1** n **a** signature f ◆ **to set** or **put one's signature to sth** apposer sa signature à qch

b (Mus = key signature) armature f

2 COMP ▷ **signature tune** n (esp Brit) indicatif m (musical)

signboard ['saɪnbɔːd] n (for advertisements) panneau m publicitaire

signer ['saɪnəʳ] n signataire mf

signet ['sɪgnɪt] **1** n sceau m, cachet m

2 COMP ▷ **signet ring** n chevalière f ; → **writer**

significance [sɪg'nɪfɪkəns] → SYN n (= meaning) signification f ; (= importance) [of event, speech] importance f, portée f ◆ **a look of deep significance** un regard lourd de sens ◆ **what he thinks is of no significance** peu importe ce qu'il pense

significant [sɪg'nɪfɪkənt] LANGUAGE IN USE 26.1 → SYN

1 adj **a** (= appreciable) number, amount, difference, factor, role, implications significatif ; event significatif, d'une grande portée ◆ **a significant number of people** un nombre significatif de personnes, un grand nombre de gens

b (= meaningful: gen) significatif ; look, sigh, tone lourd de sens ◆ **it is significant that ...** il est significatif que ... (+ subj) ◆ **statistically/politically/historically significant** statistiquement/politiquement/historiquement significatif

2 COMP ▷ **significant figure** n (Math) chiffre m significatif ▷ **significant other** n partenaire mf

significantly [sɪg'nɪfɪkəntlɪ] adv **a** (= appreciably) higher, lower, different, better, reduced considérablement ; contribute fortement ◆ **to change/improve/increase significantly** changer/s'améliorer/augmenter considérablement

b (= notably) **he was significantly absent** son absence a été remarquée ◆ **significantly, most applicants are men** il est significatif que la plupart des candidats soient des hommes ◆ **significantly, he refused** il est significatif qu'il ait refusé

c (= meaningfully) **to look at sb significantly** jeter à qn un regard lourd de sens ◆ **to smile significantly** avoir un sourire lourd de sens

signification [ˌsɪgnɪfɪ'keɪʃən] n signification f, sens m

signified ['sɪgnɪfaɪd] n (Ling) signifié m

signifier ['sɪgnɪfaɪəʳ] n (Ling) signifiant m

signify ['sɪgnɪfaɪ] → SYN **1** vt **a** (= mean) signifier, vouloir dire (that que) ; (= indicate) indiquer, dénoter ◆ **it signifies intelligence** cela indique or dénote de l'intelligence

b (= make known) signifier, indiquer (that que) ; [+ one's approval] signifier ; [+ one's opinion] faire connaître

2 vi avoir de l'importance ◆ **it does not signify** cela n'a aucune importance, cela importe peu

signing ['saɪnɪŋ] n **a** [of letter, contract, treaty etc] signature f

b (Sport) **Clarke, their recent signing from Liverpool** Clarke, leur récent transfert or transfuge de Liverpool

c (= sign language) langage m des signes

signpost ['saɪnpəʊst] **1** n poteau m indicateur

2 vt [+ direction, place] indiquer ◆ **Lewes is signposted at the crossroads** Lewes est indiqué au carrefour ◆ **the road is badly signposted** (= not indicated) la route est mal indiquée ; (= no signposts on it) la route est mal signalisée

signposting ['saɪnpəʊstɪŋ] n signalisation f (verticale)

sika ['siːkə] n (Zool) sika m

Sikh [siːk] **1** n Sikh mf

2 adj sikh

Sikhism ['siːkɪzəm] n sikhisme m

silage ['saɪlɪdʒ] n (= fodder) fourrage m ensilé or vert ; (= method) ensilage m

sild [sɪld] n (Culin) jeune hareng norvégien

silence ['saɪləns] → SYN **1** n silence m ◆ **the right to silence** le droit au silence ◆ **he called for silence** il a demandé or réclamé le silence ◆ **when he finished speaking, there was silence** quand il a eu fini de parler, le silence s'est installé ◆ **the silence was broken by a cry** un cri a rompu or déchiré le silence ◆ **they listened in silence** ils ont écouté en silence ◆ **a two minutes' silence** deux minutes de silence ◆ **your silence on this matter ...** le mutisme dont vous faites preuve à ce sujet ... ◆ **there is silence in official circles** dans les milieux autorisés on garde le silence ◆ **to pass sth over in silence** passer qch sous silence ◆ (Prov) **silence gives** or **means consent** qui ne dit mot consent (Prov) ◆ (Prov) **silence is golden** le silence est d'or (Prov) ; → **dead, radio, reduce**

2 vt **a** [+ person, critic, guns] (gen) faire taire ; (by force etc) réduire au silence ; [+ noise] étouffer ; [+ conscience] faire taire ◆ **to silence criticism** faire taire les critiques ◆ **to silence the opposition** faire taire l'opposition, réduire l'opposition au silence

b (= kill) **to silence sb** faire taire qn définitivement

silencer ['saɪlənsəʳ] n (on gun, Brit: on car) silencieux m

silent ['saɪlənt] → SYN **1** adj **a** (= making no noise) person, machine, place, prayer, demonstration, tribute silencieux ◆ **to be** or **keep silent** garder le silence, rester silencieux ◆ **to fall** or **become silent** se taire ◆ **be silent!** taisez-vous !, silence ! ◆ **silent tears rolled down his cheeks** des larmes coulaient en silence sur ses joues ◆ **to look at sb in silent contempt** dévisager qn en silence et avec mépris ◆ **she looked at me in silent admiration** elle me regarda, muette d'admiration ◆ **to watch in silent despair** observer avec un désespoir muet ◆ **to sit in silent contemplation of sth** rester assis à contempler qch en silence ◆ **his mouth was open in a silent scream** il avait la bouche ouverte pour crier mais aucun son n'en sortait ◆ **to make a silent protest** protester en silence ◆ **it was (as) silent as the grave** or **the tomb** il régnait un silence de mort ; see also **1b**

b (= saying nothing) **to be silent (on** or **about sth)** person, organization garder le silence (sur qch), rester muet (sur qch) ◆ **the law is silent on this point** la loi ne dit rien à ce sujet ◆ **to keep** or **remain** or **stay silent (on** or **about sth)** garder le silence (sur qch) ◆ **he was (as) silent as the grave** or **tomb** il était muet comme une tombe ; see also **1a** ◆ **you have the right to remain silent** (Police) vous avez le droit de garder le silence ◆ **to give sb the silent treatment** ne plus parler à qn

c (= taciturn) person taciturne ◆ **he's the strong, silent type** il est du genre géant taciturne

d (Cine) film, movie muet ◆ **the silent era** l'époque f du (cinéma) muet

e (Ling = not pronounced) letter muet ◆ **silent "h"** "h" muet

2 n (Cine) ◆ **the silents** (gen pl) les films mpl muets, le (cinéma) muet

3 COMP ▷ **silent killer** n maladie mortelle aux symptômes indécelables ▷ **the silent majority** n la majorité silencieuse ▷ **silent partner** n (US Comm) (associé m) commanditaire m ▷ **silent revolution** n révolution f silencieuse ▷ **the silent screen** (Cine) n le (cinéma) muet ▷ **silent witness** n témoin m muet

silently ['saɪləntlɪ] → SYN adv (= without speaking) en silence ; (= without making any noise) silencieusement

Silesia [saɪ'liːʃə] n la Silésie

Silesian [saɪ'liːʃən] **1** adj silésien

2 n Silésien(ne) m(f)

silex ['saɪleks] n silex m

silhouette [ˌsɪluː'et] → SYN **1** n (gen, Art) silhouette f ◆ **to see sth in silhouette** voir la silhouette de qch, voir qch en silhouette

2 vt ◆ **to be silhouetted against** se découper contre, se profiler sur, se silhouetter sur ◆ **silhouetted against** se découpant contre, se profilant sur, silhouetté sur

silica ['sɪlɪkə] **1** n silice f

2 COMP ▷ **silica gel** n gel m de silice

silicate ['sɪlɪkɪt] n silicate m

siliceous [sɪ'lɪʃəs] adj siliceux

silicic acid [sɪ'lɪsɪk] n acide m silicique

silicide ['sɪlɪˌsaɪd] n siliciure m

silicon ['sɪlɪkən] **1** n silicium m

2 COMP ▷ **silicon carbide** n carbure m de silicium ▷ **silicon chip** n puce f électronique ▷ **silicon-controlled rectifier** n redresseur m au silicium commandé, thyristor m (au silicium) ▷ **silicon dioxide** n dioxyde m de silicium, silice f ▷ **Silicon Valley** n Silicon Valley f

silicone ['sɪlɪkəʊn] n silicone f

silicosis [ˌsɪlɪ'kəʊsɪs] n silicose f

siliqua [sɪ'li:kwə], **silique** [sɪ'li:k] n, pl **siliquae** [sɪ'li:kwi:] or **siliques** silique f

silk [sɪlk] 1 n a (= material) soie f ; (= thread) (fil m de) soie f ◆ **they were all in their silks and satins** elles étaient toutes en grande toilette ◆ **the shelves were full of silks and satins** les rayonnages regorgeaient de soieries et de satins ; → **artificial, raw, sewing**

b (Brit Jur = barrister) avocat m de la couronne ◆ **to take silk** être nommé avocat de la couronne

2 adj de or en soie ◆ (Prov) **you can't make a silk purse out of a sow's ear** on ne peut pas arriver à un excellent résultat sans de bonnes bases

3 COMP ▷ **silk factory** n fabrique f de soie ▷ **silk finish** n **with a silk finish** cloth similisé, mercerisé ; paintwork satiné ▷ **silk hat** n haut-de-forme m ▷ **silk industry** n soierie f ▷ **silk manufacturer** n fabricant m en soierie ; (in Lyons) soyeux m ▷ **silk-screen printing** n (NonC) sérigraphie f ▷ **silk stocking** n bas m de soie ▷ **silk thread** n fil m de soie, soie f à coudre

silken ['sɪlkən] 1 adj a (= made of silk) ribbon, fabric de soie, en soie

b (= like silk) hair, eyelashes, skin soyeux ; voice suave ◆ **a silken sheen** un lustre soyeux

2 COMP ▷ **the Silken Ladder** n (Mus) l'Échelle f de soie

silkiness ['sɪlkɪnɪs] n qualité f or douceur f soyeuse, soyeux m

silkworm ['sɪlkwɜ:m] n ver m à soie ◆ **silkworm breeding** sériciculture f (Tech), élevage m des vers à soie

silky ['sɪlkɪ] → SYN adj hair, skin, fabric soyeux ; voice suave ◆ **a silky sheen** un lustre soyeux ◆ **silky smooth** or **soft** d'une douceur soyeuse

sill [sɪl] n [of window] rebord m, appui m ; [of door] seuil m ; (Aut) bas m de marche

silliness ['sɪlɪnɪs] n sottise f, stupidité f, niaiserie f

silly ['sɪlɪ] → SYN 1 adj a (= foolish) person bête, sot ; behaviour, mistake bête ; remark, idea, game ridicule ◆ **I hope he won't do anything silly** j'espère qu'il ne va pas faire de bêtises ◆ **don't be silly!** ne fais pas l'idiot(e) ! ◆ **to drink o.s. silly** * boire à en devenir idiot ◆ **you silly fool!** espèce d'idiot(e) ! ◆ **the silly idiot!** quel(le) imbécile ! ◆ **you're a silly little boy** tu es un gros bêta * ◆ **shut up, you silly old fool!** tais-toi, vieux fou ! ◆ **(if you) ask a silly question, (you) get a silly answer** à question idiote, réponse idiote ◆ **I'm sorry, it was a silly thing to say** excusez-moi, j'ai dit une bêtise ◆ **that was a silly thing to do** c'était bête de faire ça ◆ **it's the silliest thing I ever heard** c'est la plus grosse bêtise que j'aie jamais entendue ◆ **I used to worry about the silliest little things** je m'inquiétais des moindres vétilles ◆ **he was silly to resign** il a été bête de démissionner

b (= ridiculous) name, hat, price ridicule ◆ **I feel silly in this hat** je me sens ridicule avec ce chapeau ◆ **to make sb look silly** rendre qn ridicule

2 n * idiot(e) m(f) ◆ **you big silly!** espèce d'imbécile !

3 COMP ▷ **silly billy** * n gros bêta *, grosse bêtasse * ▷ **silly money** n sommes fpl ridiculement élevées ▷ **the silly season** n (Brit Press) la période creuse *(pour la presse)*

silo ['saɪləʊ] n (gen, Mil) silo m

silt [sɪlt] n (gen) limon m ; (= mud) vase f

► **silt up** 1 vi (with mud) s'envaser ; (with sand) s'ensabler

2 vt sep engorger

silting ['sɪltɪŋ] n envasement m, ensablement m

silty ['sɪltɪ] adj limoneux ; (= muddy) vaseux

Silurian [saɪ'lʊərɪən] adj, n (Geol) silurien m

Silvanus [sɪl'veɪnəs] n (Myth) sylvain m

silver ['sɪlvəʳ] → SYN 1 n (NonC) a (= metal) argent m ; (= silverware, cutlery etc) argenterie f

b (= money) argent m (monnayé), monnaie f *(en pièces d'argent ou de nickel)* ◆ **have you got any silver? – sorry, only notes and coppers** est-ce que vous avez de la monnaie ? – désolé, je n'ai que des billets ou alors de la petite monnaie or des pièces jaunes ◆ **£2 in silver** 2 livres en pièces d'argent

2 adj a (= made of silver) en argent ◆ **to be born with a silver spoon in one's mouth** naître avec une cuiller d'argent dans la bouche

b (in colour) argenté ; car gris métallisé inv ; → **cloud**

3 vt [+ mirror, fork] argenter

4 COMP ▷ **silver age** n âge m d'argent ▷ **silver birch** n bouleau m argenté ▷ **silver bream** n (= fish) brème f bordelière ▷ **silver bromide** n bromure m d'argent ▷ **silver chloride** n chlorure m d'argent ▷ **silver collection** n (at meeting etc) quête f ◆ **"there will be a silver collection"** "vous êtes priés de contribuer généreusement à la quête" ▷ **silver disc** n (Brit Mus) disque m d'argent ▷ **silver fir** n sapin m argenté ▷ **silver foil** n ⇒ **silver paper** ▷ **silver fox** n renard m argenté ▷ **silver gilt** n plaqué m argent ▷ **silver-grey** adj gris argenté inv ▷ **silver-haired** adj aux cheveux argentés ▷ **silver iodide** n iodure m d'argent ▷ **silver jubilee** n (fête f du) vingt-cinquième anniversaire m *(d'un événement)* ▷ **silver lining** n (fig) **to have a silver lining** avoir de bons côtés ◆ **to look for the silver lining** attendre une éclaircie ◆ **to look for the silver lining in sth** chercher le bon côté de qch ; → **cloud** ▷ **silver medal** n médaille f d'argent ▷ **silver medallist** n médaillé(e) m(f) d'argent ▷ **silver nitrate** n nitrate m d'argent ▷ **silver paper** n papier m d'argent ▷ **silver plate** n (NonC) (= solid silver articles) argenterie f ; (= electroplate) plaqué m argent ▷ **silver-plated** adj argenté, plaqué argent inv ▷ **silver plating** n argenture f ▷ **the silver screen** n (Cine) le grand écran ▷ **the Silver State** n (US) le Nevada ▷ **silver tongue** n (fig) **to have a silver tongue** être beau parleur ◆ **his silver tongue** ses belles paroles ▷ **silver-tongued** adj à la langue déliée, éloquent ▷ **silver wedding** n noces fpl d'argent

silverback ['sɪlvəbæk] n (= gorilla) dos m argenté

silverfish ['sɪlvəfɪʃ] n, pl **silverfish** poisson m d'argent, lépisme m

silverside ['sɪlvəsaɪd] n (Brit Culin) ≃ gîte m à la noix

silversmith ['sɪlvəsmɪθ] n orfèvre mf

silverware ['sɪlvəwɛəʳ] n argenterie f ; (* = trophies) trophées mpl

silverweed ['sɪlvəwi:d] n (Bot) potentille f ansérine

silvery ['sɪlvərɪ] adj colour, light, hair argenté ; sound, voice, laugh argentin ◆ **silvery grey/white** gris/blanc argenté inv

silviculture ['sɪlvɪˌkʌltʃəʳ] n sylviculture f

sima ['saɪmə] n (Geol) sima m

simian ['sɪmɪən] adj, n simien(ne) m(f)

similar ['sɪmɪləʳ] → SYN 1 adj semblable *(to sb/sth* à qn/qch) ; (= roughly similar) similaire *(to sb/sth* à qn/qch) ◆ **we have a similar house** notre maison est presque la même or presque pareille ◆ **your case is similar** votre cas est semblable or similaire ◆ **the two houses are so similar that ...** les deux maisons sont si semblables que or se ressemblent à tel point que ... ◆ **on a similar occasion** dans des circonstances semblables or similaires, en semblable occasion ◆ **in a similar situation** dans une situation semblable or similaire ◆ **in a similar way** à peu près de la même façon ◆ **everyone is of a similar age** tout le monde a à peu près le même âge ◆ **they all taste somewhat similar** ils ont tous à peu près le même goût ◆ **paint removers and similar products** les décapants et les produits similaires ◆ **he asked for 38 similar offences to be considered** il a demandé à ce que 38 délits similaires soient pris en considération ◆ **similar in appearance** d'aspect semblable ◆ **to be similar in design** être d'une conception similaire ◆ **the two houses are similar in size** les deux maisons sont de dimensions similaires or comparables ◆ **he is similar in character to his father** il a un peu le même caractère que son père ◆ **it is similar in colour** c'est à peu près de la même couleur ◆ **it is similar in colour to ruby** c'est d'une couleur semblable à celle du rubis ◆ **vehicles similar to the bicycle** véhicules mpl voisins de or apparentés à la bicyclette ◆ **the feeling is similar to being drunk** la sensation est semblable à celle de l'ivresse

2 COMP ▷ **similar triangles** npl (Geom) triangles mpl semblables

similarity [ˌsɪmɪ'lærɪtɪ] LANGUAGE IN USE 5.3 → SYN n ressemblance f *(to* avec ; *between* entre), similitude f *(between* entre), similarité f *(between* entre)

similarly ['sɪmɪləlɪ] → SYN adv treat, behave etc de la même façon, de façon similaire ; pleasant, unpleasant, angry etc tout aussi ◆ **they were similarly dressed** ils étaient habillés de façon similaire, leurs vêtements se ressemblaient ◆ **similarly, we don't agree with ...** de même, nous ne sommes pas d'accord avec ...

simile ['sɪmɪlɪ] n (Literat) comparaison f ◆ **style rich in simile** style m riche en comparaisons

similitude [sɪ'mɪlɪtju:d] n similitude f, ressemblance f ; (Literat etc) comparaison f

SIMM (chip) ['sɪm(tʃɪp)] (abbrev of **single in-line memory module**) n barrette f SIMM

simmer ['sɪməʳ] → SYN 1 n (= slight boil) faible ébullition f ◆ **the stew was just on the simmer** le ragoût cuisait à feu doux or mijotait

2 vi [water] frémir ; [vegetables] cuire à feu doux ; [soup, stew] mijoter, cuire à feu doux ; (fig) (with excitement) être en ébullition ; (with anticipation) être tout excité d'avance ; (with discontent) bouillir de mécontentement ; [revolt] couver ; [anger] couver, monter ◆ **he was simmering (with rage)** il bouillait (de rage)

3 vt [+ water, dye] faire cuire à petits bouillons ; [+ soup, stew] faire mijoter or cuire à feu doux ; [+ vegetables] faire cuire à feu doux

► **simmer down** * vi (fig) s'apaiser, se calmer ◆ **simmer down!** calme-toi !, un peu de calme !

simnel cake ['sɪmnlkeɪk] n (Brit) gâteau m aux raisins recouvert de pâte d'amandes *(généralement servi à Pâques)*

Simon ['saɪmən] n Simon m ◆ **Simon says ...** (= game) Jacques a dit ...

simoniacal [ˌsaɪmə'naɪəkəl] adj simoniaque

simonize ['saɪmənaɪz] vt lustrer, polir

simony ['saɪmənɪ] n simonie f

simper ['sɪmpəʳ] 1 n sourire m affecté ◆ **simpers** minauderie(s) f(pl)

2 vti minauder ◆ **"yes" she simpered** "oui" dit-elle en minaudant

simpering ['sɪmpərɪŋ] 1 n minauderies fpl, mignardises fpl

2 adj person minaudier ; smile affecté ◆ **to give sb a simpering smile** sourire à qn en minaudant

simperingly ['sɪmpərɪŋlɪ] adv d'une manière affectée, avec affectation

simple ['sɪmpl] → SYN 1 adj a (= uncomplicated) question, task, machine, food, person, substance, life form simple (after n) ◆ **it's as simple as ABC** c'est simple comme bonjour ◆ **a dangerously simple way of ...** une façon dangereusement simpliste de ... ◆ **a simple black dress** une robe noire toute simple ◆ **in simple English, in simple language** en termes simples, en langage clair ◆ **the simple life** la vie simple ◆ **she likes the simple life** elle aime vivre simplement or avec simplicité ◆ **the simple things in** or **of life** les choses simples de la vie ◆ **they're simple people** ce sont des gens simples ◆ **I'm a simple soul** je suis tout simple ◆ **in simple terms** en termes simples ◆ **to make simple(r)** simplifier ◆ **it's a simple matter to have the clock repaired** c'est très simple de faire réparer la pendule ; → **1b** ◆ **nothing could be simpler!** c'est tout ce qu'il y a de plus simple ! ◆ **it is simple to fix** c'est facile à réparer ◆ **the camcorder is simple to use** ce caméscope est simple à utiliser ◆ **the simple truth** la vérité pure ; → **pure**

b (= mere) simple (before n) ◆ **the simple fact that ...** le simple fait que ... ◆ **the simple fact is I haven't the time** je n'ai tout simplement pas le temps ◆ **the simple fact is he's a liar** c'est tout simplement un menteur ◆ **he's a simple labourer** c'est un simple manœuvre ◆ **it's a simple matter of money/practice** c'est une simple question d'argent/de pratique ◆ **it's a simple matter of buying another key** il s'agit tout simplement d'acheter une autre clef ; → **1a** ◆ **a simple phone call could win you a week's holiday in Florida** un simple appel et vous pourriez gagner une semaine de vacances en Floride ◆ **for the**

simple reason that ... pour la simple raison que ...
 c (*: mentally) person simplet
 2 COMP ▷ **simple division** n (Math) division f simple ▷ **simple equation** n (Math) équation f du premier degré ▷ **simple fraction** n (Math) fraction f simple ▷ **simple fracture** n (Med) fracture f simple ▷ **simple harmonic motion** n (Phys) oscillation sinusoïdale simple ▷ **simple-hearted** adj candide, franc (franche f), ouvert ▷ **simple interest** n (Fin) intérêts mpl simples ▷ **simple machine** n (Phys) machine f simple ▷ **simple majority** n majorité f simple ▷ **simple-minded** → SYN adj simplet, simple d'esprit, naïf (naïve f) ▷ **simple-mindedly** adv naïvement ▷ **simple-mindedness** n simplicité f d'esprit, naïveté f ▷ **simple sentence** n phrase f simple ▷ **Simple Simon** n nigaud m, naïf m ▷ **simple tense** n temps m simple ▷ **simple time** n (Mus) mesure f simple

simpleton ['sɪmpltən] → SYN n nigaud(e) m(f), niais(e) m(f)

simplicity [sɪm'plɪsɪtɪ] → SYN n simplicité f ◆ **it's simplicity itself** c'est la simplicité même, c'est tout ce qu'il y a de plus simple

simplifiable ['sɪmplɪfaɪəbl] adj simplifiable

simplification [ˌsɪmplɪfɪ'keɪʃən] n simplification f

simplify ['sɪmplɪfaɪ] → SYN vt simplifier

simplistic [sɪm'plɪstɪk] adj (pej) simpliste ◆ **it is simplistic to say that ...** il est simpliste de dire que ...

simplistically [sɪm'plɪstɪkəlɪ] adv de façon simpliste

Simplon Pass ['sɪmplɒnˌpɑːs] n col m du Simplon

simply ['sɪmplɪ] → SYN adv a (= merely) simplement ◆ **I simply said that ...** j'ai simplement dit que ... ◆ **she could simply refuse** elle pourrait refuser purement et simplement ◆ **he was known simply as Jay** on l'appelait simplement Jay ◆ **it simply isn't possible, it's simply impossible** c'est absolument ou tout simplement impossible ◆ **that's simply the way it is** c'est comme ça ◆ **it's simply a question of money** c'est simplement une question d'argent ◆ **they sacked her simply because she's pregnant** ils l'ont renvoyée simplement parce qu'elle était enceinte
 b (= absolutely) **you simply must come!** il faut absolument que vous veniez (subj)! ◆ **I simply can't believe it** je n'arrive vraiment pas à y croire ◆ **that is simply not true** c'est tout simplement faux ◆ **that is simply not good enough!** c'est lamentable! ◆ **he is quite simply the best** il est tout simplement le meilleur, il est le meilleur, cela ne fait aucun doute ◆ **it was quite simply the worst moment of my life** ce fut sans aucun doute le pire moment de ma vie
 c (= straightforwardly) speak simplement ◆ **very simply, he was short of money** il était tout simplement à court d'argent ◆ **to put it simply, we've got a problem** en deux mots, nous avons un problème
 d (= modestly) live, dress, furnish simplement, avec simplicité

simulacrum [ˌsɪmjʊ'leɪkrəm] n, pl **simulacra** [sɪmjʊ'leɪkrə] simulacre m

simulate ['sɪmjʊleɪt] 1 vt simuler; [+ emotion, illness] simuler, feindre
 2 COMP ▷ **simulated leather** n imitation f cuir

simulation [ˌsɪmjʊ'leɪʃən] n (gen, Comput) simulation f

simulator ['sɪmjʊleɪtəʳ] n (Aut, Space) simulateur m; (Aviat: also **flight simulator**) simulateur m de vol

simulcast ['sɪməlkɑːst] 1 vt diffuser simultanément à la radio et à la télévision
 2 n émission f radiotélévisée

simultaneity [ˌsɪməltə'niːɪtɪ] n simultanéité f

simultaneous [ˌsɪməl'teɪnɪəs] → SYN 1 adj simultané
 2 COMP ▷ **simultaneous broadcast** n émission f simultanée ▷ **simultaneous equations** npl (Math) système m d'équations simultanées ▷ **simultaneous translation** n traduction f simultanée

simultaneously [ˌsɪməl'teɪnɪəslɪ] → SYN adv simultanément ◆ **simultaneously with sb/sth** en même temps que qn/qch

sin [sɪn] → SYN 1 n péché m ◆ **sins of omission/commission** péchés mpl par omission/par action ◆ **a sin against (the law of) God** un manquement à la loi de Dieu ◆ **it's a sin to do that** (Rel) c'est un péché de faire cela; (hum) c'est une honte or un crime de faire cela ◆ **to live in sin** † (unmarried) vivre dans le péché (with sb avec qn) → **seven, ugly**
 2 vi pécher (against contre) ◆ **he was more sinned against than sinning** il était plus victime que coupable
 3 COMP ▷ **sin bin** n (US Ice Hockey etc) prison f ▷ **sin tax*** n (US) taxe f sur le tabac et les alcools

Sinai ['saɪneɪaɪ] n ◆ **(the) Sinai** le Sinaï ◆ **the Sinai Desert** le désert du Sinaï ◆ **Mount Sinai** le mont Sinaï

sinanthropus [sɪn'ænθrəpəs] n sinanthrope m

Sinbad ['sɪnbæd] n ◆ **Sinbad the Sailor** Sinbad le Marin

since [sɪns] LANGUAGE IN USE 17.1
 1 conj a (in time) depuis que ◆ **since I have been here** depuis que je suis ici ◆ **ever since I met him** depuis que or depuis le jour où je l'ai rencontré ◆ **it's a week since I saw him** cela fait une semaine que je ne l'ai (pas) vu, je ne l'ai pas vu depuis une semaine ◆ **it is a long time since I last saw you** il y a longtemps que je ne vous ai vu ◆ **it's ages since I saw you** cela fait des siècles qu'on ne s'est pas vus *
 b (= because) puisque ◆ **why don't you buy it, since you are so rich!** achète-le donc, puisque tu es si riche!
 2 adv depuis ◆ **he has not been here since** il n'est pas venu depuis ◆ **he has been my friend ever since** il est resté mon ami depuis (ce moment-là) ◆ **a short time since, not long since** il y a peu de temps ◆ **it's many years since** il y a bien des années de cela, cela fait bien des années
 3 prep depuis ◆ **since arriving** or **his arrival** depuis son arrivée, depuis qu'il est arrivé ◆ **I have been waiting since 10 o'clock** j'attends depuis 10 heures ◆ **since then** depuis (lors) ◆ **since when has he had a car?** depuis quand a-t-il une voiture? ◆ **since when?*** (iro) depuis quand?* ◆ **he left in June, since when we have not heard from him** il est parti en juin et nous sommes sans nouvelles depuis or et depuis lors nous sommes sans nouvelles ◆ **ever since 1900 France has attempted to ...** depuis 1900 la France tente de or a sans cesse tenté de ... ◆ **ever since then** or **that time she's never gone out alone** depuis ce temps-là elle ne sort plus jamais seule ◆ **how long is it since the accident?** il s'est passé combien de temps depuis l'accident?, l'accident remonte à quand?

sincere [sɪn'sɪəʳ] LANGUAGE IN USE 22, 23.6 → SYN adj sincère (about sth à propos de qch) ◆ **my sincere good wishes** mes vœux les plus sincères ◆ **it is my sincere belief that ...** je crois sincèrement que ... ◆ **to be sincere in one's desire to do sth** or **in wanting to do sth** désirer or vouloir sincèrement faire qch

sincerely [sɪn'sɪəlɪ] → SYN adv a (= genuinely) hope, believe, regret, say sincèrement ◆ **his sincerely held religious beliefs** les croyances religieuses auxquelles il est sincèrement attaché
 b (in letters) **Yours sincerely** (Brit), **Sincerely yours** (US) Veuillez agréer, Monsieur (or Madame etc), l'expression de mes salutations distinguées

sincerity [sɪn'serɪtɪ] → SYN n (of person, emotion) sincérité f ◆ **in all sincerity** en toute sincérité

sinciput [sɪn'sɪpɪtl] adj sincipital

sinciput [sɪnsɪˌpʌt] n, pl **sinciputs** or **sincipita** [sɪn'sɪpɪtə] sinciput m

sine [saɪn] 1 n (Math) sinus m
 2 COMP ▷ **sine curve** n (Math) sinusoïde f ▷ **sine wave** n (Phys) onde f sinusoïdale

sinecure ['saɪnɪkjʊəʳ] → SYN n sinécure f

sine qua non [ˌsaɪnɪkweɪ'nɒn] n condition f sine qua non

sinew ['sɪnjuː] n (Anat) tendon m ◆ **sinews** (= muscles) muscles mpl; (= strength) force(s) f(pl); (= energy) vigueur f, nerf m ◆ **money is the sinews of war** l'argent est le nerf de la guerre ◆ **a man of great moral sinew** un homme d'une grande force morale

sinewy ['sɪnjʊɪ] adj (= muscular) person musclé; body, arms nerveux; muscles bien dessiné; (Culin) meat tendineux; (= vigorous) music, performance vigoureux; writing, style nerveux

sinfonietta [ˌsɪnfən'jetə] n (= short symphony) sinfonietta f; (= small symphony orchestra) sinfonietta m

sinful ['sɪnfʊl] → SYN adj behaviour honteux, immoral; city, world plein de péchés, de perdition; act, waste, system honteux; thought, pleasure, desire coupable ◆ **a sinful act** un péché ◆ **he was taught that sex was sinful** on lui a appris que les rapports sexuels étaient un péché ◆ **her sinful past** son passé dissolu or de pécheresse (hum) ◆ **a fridge filled with sinful goodies** un réfrigérateur rempli de bonnes choses qui invitent au péché ◆ **it was sinful to ...** on considérait cela comme un péché de ...

sinfully ['sɪnfəlɪ] adv behave, think d'une façon coupable; waste scandaleusement

sinfulness ['sɪnfʊlnɪs] n (NonC) [of person] péchés mpl; [of deed] caractère m coupable or scandaleux

sing [sɪŋ] → SYN pret **sang**, ptp **sung** 1 vt [person, bird] chanter; (fig) [+ sb's beauty etc] chanter, célébrer ◆ **she sang the child to sleep** elle a chanté jusqu'à ce que l'enfant s'endorme ◆ **she was singing the child to sleep** elle chantait pour que l'enfant s'endorme ◆ **to sing mass** chanter la messe ◆ **sung mass** messe f chantée, grand-messe f ◆ **to sing another tune** (fig) déchanter, changer de ton ◆ **to sing sb's/sth's praises** chanter les louanges de qn/qch ◆ **to sing one's own praises** vanter ses propres mérites
 2 vi a [person, bird, violin] chanter; [ears] bourdonner, tinter; [wind, kettle] siffler ◆ **to sing like a lark** chanter comme un rossignol ◆ **to sing soprano** chanter soprano ◆ **to sing small*** se faire tout petit, filer doux* ◆ **they are singing from the same hymn sheet** or **song sheet** (Brit fig) ils ont le même discours
 b (US *) moucharder*, se mettre à table*
 3 COMP ▷ **sing-along** n ◆ **to have a sing-along** chanter tous en chœur

▶ **sing along** vi ◆ **he invited the audience to sing along** il a invité la salle à chanter en chœur avec lui ◆ **I like records that get people singing along** j'aime les disques qui incitent les gens à chanter en chœur ◆ **to sing along with** or **to a record/a song/the radio** accompagner un disque/une chanson/la radio de la voix ◆ **the audience was singing along to his latest hit** la salle chantait son dernier tube en chœur avec lui

▶ **sing out** vi chanter fort; (*fig) crier ◆ **if you want anything just sing out*** si vous voulez quoi que ce soit vous n'avez qu'à appeler (bien fort) ◆ **to sing out for sth*** réclamer qch à grands cris

▶ **sing up** vi chanter plus fort ◆ **sing up!** plus fort!

sing. (abbrev of **singular**) sing.

singable ['sɪŋəbl] adj chantable

Singapore [ˌsɪŋgə'pɔːʳ] n Singapour ◆ **in Singapore** à Singapour

Singaporean [ˌsɪŋgə'pɔːrɪən] 1 adj (gen) singapourien; ambassador, embassy de Singapour
 2 n Singapourien(ne) m(f)

singe [sɪndʒ] → SYN 1 vt brûler légèrement; [+ cloth, clothes] roussir; [+ poultry] flamber ◆ **to singe one's wings** (fig) se brûler les ailes or les doigts
 2 n (also **singe mark**) légère brûlure f; (= scorch mark on cloth) tache f de roussi, roussissure f

singer ['sɪŋəʳ] → SYN 1 n chanteur m, -euse f; → **opera**
 2 COMP ▷ **singer-songwriter** n auteur-compositeur m (de chansons)

Singhalese [ˌsɪŋgə'liːz] 1 adj cing(h)alais
 2 n a pl **Singhaleses** or **Singhalese** Cing(h)alais(e) m(f)
 b (Ling) cing(h)alais m

singing ['sɪŋɪŋ] 1 n (NonC) [of person, bird, violin] chant m; [of kettle, wind] sifflement m; (in ears) bourdonnement m, tintement m

2 COMP ▷ **singing lesson** n **to have singing lessons** prendre des cours de chant, apprendre le chant ▷ **singing teacher** n professeur m de chant ▷ **singing telegram** n *service qui consiste à envoyer des filles chanter des compliments à des gens dont c'est l'anniversaire* ▷ **singing voice** n **to have a good singing voice** avoir de la voix, avoir une belle voix

single ['sɪŋgl] → SYN 1 adj a (= just one) rose, shot seul ; survivor seul, unique ; market unique ◆ **in a single day** en un seul jour ◆ **a single diamond** un diamant monté seul ; (as ring) un solitaire ◆ **every single day** tous les jours sans exception ◆ **to drink sth in a single gulp** boire qch d'un seul coup or en une seule gorgée ◆ **I did not, for a single moment, doubt her sincerity** je n'ai pas douté un seul instant de sa sincérité ◆ **there isn't a single moment to lose** il n'y a pas une minute à perdre ◆ **not a single person had come** absolument personne n'était venu, pas une seule personne n'était venue ◆ **she didn't mention it to a single one of her friends** elle ne l'a mentionné à aucun des ses amis ◆ **if there is a single** or **one single objection to this proposal** s'il y a une seule or la moindre objection à cette proposition ◆ **I didn't see a single soul** je n'ai vu absolument personne, je n'ai pas vu âme qui vive ◆ **I couldn't think of a single thing to say** je ne savais absolument pas quoi dire

b (esp Econ = unique, not several) market unique ◆ a or **one single department should deal with all of these matters** un service unique or un même service devrait traiter toutes ces affaires

c (intensifying = individual) **the biggest single issue in the election campaign** le sujet principal de la campagne électorale ◆ **the single biggest producer of coal** le plus grand producteur de charbon ◆ **the single greatest problem** le plus grand problème ◆ **the single most important invention since the wheel** la plus grande invention depuis la roue

d (= not double or multiple) knot, flower, thickness, wardrobe simple ; garage pour une voiture ◆ **a single sheet** un drap pour un lit d'une personne ◆ **a single whisky/gin** un whisky/gin simple, une mesure normale de whisky/gin ◆ **to be in single figures** [number, score] être inférieur à dix ; [rate] être inférieur à 10 % ◆ **in single file** en file indienne ; see also **spacing**

e (= unmarried) person célibataire ; life de célibataire ◆ **she's a single woman** elle est célibataire, c'est une célibataire ◆ **single people** célibataires mpl ◆ **the single homeless** les gens mpl seuls et sans abri ◆ **"marital status?" – "single"** "situation familiale ?" – "célibataire"

f (Brit Rail etc) **single ticket** aller m simple ◆ **how much is the single fare to London?** combien coûte l'aller simple pour Londres ?

2 n a (Cricket = one run) **a single** une seule course, un seul point ◆ **three singles** trois fois une course or un point

b (Brit Rail etc = ticket) aller m (simple)

c (in cinema, theatre) **there are only singles left** il ne reste que des places séparées or isolées

d (= record) **a single** un 45 tours ◆ **his latest single** son dernier 45 tours

e (Brit = pound coin or note) billet m or pièce f d'une livre ; (US = dollar note) billet m d'un dollar

f (also **single room**) chambre f simple or d'une personne

g (drink = one measure) **make mine a single** donnez-moi un simple ◆ **double or single?** double ou simple ?

3 **singles** npl a (Tennis etc) simple m ◆ **ladies' singles** simple m dames

b (* = unmarried people) célibataires mpl ◆ **singles bar/club** bar m/club m de rencontres pour célibataires

4 COMP ▷ **single-acting** adj engine, pump à simple effet ▷ **single-barrelled** adj à un canon ▷ **single bed** n lit m d'une personne ▷ **single-breasted** adj jacket, coat droit ▷ **single-celled** adj unicellulaire ▷ **single combat** n **in single combat** en combat singulier ▷ **single cream** n (Brit) crème f fraîche liquide ▷ **single-crop farming** n monoculture f ▷ **single currency** n monnaie f unique ▷ **single-decker** (Brit) adj sans impériale ◇ n autobus m (or tramway m etc) sans impériale ▷ **single-density** adj → **density** ▷ **single-engined** adj monomoteur (-trice f) ▷ **single-entry book-keeping** n comptabilité f en partie simple ▷ **single European currency** n monnaie f unique européenne ▷ **the Single European Market** n (Pol) le marché unique européen ▷ **single-handed** adv tout seul, sans aucune aide ◇ adj achievement fait sans aucune aide ; (Naut) sailing, voyage, race en solitaire ◆ **to be single-handed** [person] n'avoir aucune aide, être tout seul ▷ **single-handedly** adv tout(e) seul(e), à lui etc tout seul ▷ **single honours** n (Brit Univ: also **single honours degree**) ≃ licence f préparée dans une seule matière ▷ **single lens reflex** n (also **single lens reflex camera**) reflex m (à un objectif) ▷ **single-line display** n (Comput) affichage m diligne ▷ **single malt** n (also **single malt whisky**) (whisky m) single malt m ▷ **single market** n (Pol) marché m unique ▷ **single-masted** adj à un mât ▷ **single-minded** → SYN adj person résolu, ferme ; attempt énergique, résolu ; determination tenace ◆ **to be single-minded about sth** concentrer tous ses efforts sur qch ◆ **to be single-minded in one's efforts to do sth** tout faire en vue de faire qch ▷ **single-mindedly** adv résolument ▷ **single-mindedness** n détermination f, ténacité f ▷ **single mother** n mère f célibataire ▷ **single parent** n père m or mère f célibataire ▷ **single-parent family** n famille f monoparentale ▷ **single-party** adj (Pol) state, government à parti unique ▷ **single room** n chambre f simple or individuelle ▷ **single-seater** n (also **single-seater aeroplane**) (avion m) monoplace m ▷ **single-sex** adj (Brit) school, education, class non mixte ▷ **single-sheet feed** n (Comput) alimentation f feuille à feuille ▷ **single-sided disk** n (Comput) disque m simple face ▷ **single status** n (Ind) égalité f, parité f ▷ **single-storey** adj de plain-pied ▷ **single supplement** n supplément m chambre individuelle ▷ **single track** n (Rail) voie f unique ▷ **single-track** adj (Rail) à voie unique ◆ **to have a single-track mind** (= one thing at a time) ne pouvoir se concentrer que sur une seule chose à la fois ; (= obsessive idea) n'avoir qu'une idée en tête ▷ **Single Transferable Vote** n (Pol) ≃ scrutin m de liste à représentation proportionnelle

► **single out** vt sep (= distinguish) distinguer ; (= pick out) choisir ◆ **I don't want to single anyone out** je ne veux pas faire de distinctions ◆ **he's singled out for all the nasty jobs** on le choisit pour toutes les corvées ◆ **to single o.s. out** se singulariser

singleness ['sɪŋglnɪs] n ◆ **singleness of purpose** persévérance f, ténacité f

singlet ['sɪŋglɪt] n (Brit) maillot m or tricot m de corps, débardeur m

singleton ['sɪŋgltən] n (Cards) singleton m

singly ['sɪŋglɪ] → SYN adv séparément

singsong ['sɪŋsɒŋ] 1 n (Brit) ◆ **to have a singsong** chanter en chœur

2 adj ◆ **singsong voice** voix f qui psalmodie ◆ **to repeat sth in a singsong voice** répéter qch d'une voix chantante

singular ['sɪŋgjʊlə^r] → SYN 1 adj a (Gram) noun, verb, form, ending au singulier

b (= exceptional, unusual) lack of success singulier ◆ **a woman of singular beauty** une femme d'une singulière beauté ◆ **his singular manner of dress** sa manière singulière de s'habiller

2 n (Gram) singulier m ◆ **in the singular** au singulier ◆ **in the masculine singular** au masculin singulier

singularity [ˌsɪŋgjʊ'lærɪtɪ] n singularité f

singularize ['sɪŋgjʊləraɪz] vt singulariser

singularly ['sɪŋgjʊləlɪ] adv singulièrement

sinh [ʃaɪn] n (Math) sinus m hyperbolique

Sinhalese [ˌsɪnə'liːz] ⇒ **Singhalese**

sinister ['sɪnɪstə^r] → SYN adj a (= ominous) sinistre

b (Her) sénestre, senestre

sinisterly ['sɪnɪstəlɪ] adv sinistrement

sink[1] [sɪŋk] → SYN pret **sank**, ptp **sunk** 1 vi a (= go under) [ship] couler, sombrer ; [person, object] couler ◆ **to sink to the bottom** couler or aller au fond ◆ **to sink like a stone** couler à pic ◆ **they left him to sink or swim** ils l'ont laissé s'en sortir * or s'en tirer * tout seul ◆ **it was sink or swim** il fallait bien s'en sortir * or s'en tirer * tout seul ◆ **sink or swim he'll have to manage by himself** il n'a qu'à se débrouiller comme il peut

b [ground] s'affaisser ; [foundation, building] s'affaisser, se tasser ; [level, river, fire] baisser ◆ **the land sinks towards the sea** le terrain descend en pente vers la mer ◆ **the sun was sinking** le soleil se couchait ◆ **the sun sank below the horizon** le soleil a disparu au-dessous de l'horizon ◆ **to sink out of sight** disparaître ◆ **to sink to one's knees** tomber à genoux ◆ **to sink to the ground** s'affaisser, s'écrouler ◆ **he sank into a chair** il s'est laissé tomber or s'est affaissé or s'est effondré dans un fauteuil ◆ **he sank into the mud up to his knees** il s'est enfoncé dans la boue jusqu'aux genoux ◆ **she let her head sink into the pillow** elle a laissé retomber sa tête sur l'oreiller ◆ **the water slowly sank into the ground** l'eau a pénétré or s'est infiltrée lentement dans le sol ◆ **he is sinking fast** (= dying) il décline or il baisse rapidement

c (fig) **to sink into a deep sleep** tomber or sombrer dans un profond sommeil ◆ **to sink into despondency** tomber dans le découragement, se laisser aller au découragement ◆ **to sink into insignificance/poverty/despair** sombrer dans l'insignifiance/la misère/le désespoir ◆ **he has sunk in my estimation** il a baissé dans mon estime ◆ **his voice sank** sa voix s'est faite plus basse ◆ **his voice sank to a whisper** il s'est mis à chuchoter, sa voix n'était plus qu'un murmure ◆ **his heart** or **his spirits sank** le découragement or l'accablement s'est emparé de lui, il en a eu un coup de cafard * ◆ **his heart sank at the thought** son cœur s'est serré à cette pensée ◆ **it's enough to make your heart sink** c'est à vous démoraliser or à vous donner le cafard *

d [prices, value, temperature, sales, numbers] chuter ◆ **the shares have sunk to three dollars** les actions ont chuté jusqu'à trois dollars ◆ **the pound has sunk to a new low** la livre est tombée plus bas que jamais or a atteint sa cote la plus basse

2 vt a [+ ship] couler, faire sombrer ; [+ object] immerger ; (fig) [+ theory] démolir ; [+ business, project] ruiner, couler ; [+ play, book] couler, démolir ; * [+ person] couler, ruiner la réputation de ◆ **they sank their differences** ils ont enterré or oublié or mis de côté leurs querelles ◆ **to be sunk in thought/depression/despair** être plongé dans ses pensées/la dépression/le désespoir ◆ **I'm sunk** * je suis fichu * or perdu

b [+ mine, well] creuser, forer ; [+ foundations] creuser ; [+ pipe] noyer ◆ **to sink a post 2 metres in the ground** enfoncer un pieu 2 mètres dans le sol ◆ **the dog sank his fangs into my leg** le chien a enfoncé or planté ses crocs dans ma jambe ◆ **he sank his teeth into the sandwich** il a mordu (à belles dents) dans le sandwich ◆ **he can sink a glass of beer in five seconds** * (Brit) il peut avaler or descendre * une bière en cinq secondes ◆ **to sink the ball** (Golf) faire entrer la balle dans le trou ◆ **to sink a lot of money in a project** (= invest) investir or placer beaucoup d'argent dans une entreprise ; (= lose) perdre or engloutir beaucoup d'argent dans une entreprise

► **sink back** vi [person] (se laisser) retomber ◆ **it sank back into the water** c'est retombé dans l'eau ◆ **he managed to sit up but soon sank back exhausted** il a réussi à s'asseoir mais s'est bientôt laissé retomber épuisé ◆ **he sank back into his chair** il s'est enfoncé dans son fauteuil

► **sink down** vi [building] s'enfoncer, s'affaisser ; [post] s'enfoncer ◆ **to sink down into a chair** s'enfoncer dans un fauteuil ◆ **to sink down on one's knees** tomber à genoux ◆ **he sank down (out of sight) behind the bush** il a disparu derrière le buisson

► **sink in** vi a [person, post etc] s'enfoncer ; [water, ointment etc] pénétrer

b (fig) [explanation] rentrer * ; [remark] faire son effet ◆ **when the facts sank in, he ...** quand il a eu pleinement compris les faits, il ... ◆ **as it hadn't really sunk in yet he ...** comme il ne réalisait pas encore, il ... ◆ **my explanation took a long time to sink in** mon explication a eu du mal à rentrer *, il a (or ils ont etc) mis longtemps à comprendre mon explication

sink² [sɪŋk] **1** n (in kitchen) évier m; (US: in bathroom) lavabo m ◆ **double sink** évier m à deux bacs ◆ **a sink of iniquity** un lieu de perdition or de débauche; → **kitchen**
2 COMP ▷ **sink unit** n bloc-évier m

sink³ [sɪŋk] adj school, estate défavorisé

sinker ['sɪŋkəʳ] n **a** (= lead) plomb m; → **hook**
b (US *) (= doughnut) beignet m

sinking ['sɪŋkɪŋ] **1** adj **a** (= foundering) **a sinking ship** (lit) un bateau qui sombre; (fig) organization, cause un navire en perdition (fig); see also **rat**
b **to have a sinking feeling that ...** (= dread) avoir le sentiment angoissant que ... ◆ **that sinking feeling** ce sentiment d'angoisse ◆ **with a sinking heart** la mort dans l'âme
c (Fin) **a sinking pound/dollar** une livre/un dollar en (forte) baisse
2 n ◆ **the sinking of a ship** (accidental) le naufrage d'un navire; (in battle) la destruction d'un navire
3 COMP ▷ **sinking fund** n (Fin) fonds mpl d'amortissement

sinless ['sɪnlɪs] adj sans péché, pur, innocent

sinner ['sɪnəʳ] → SYN n pécheur m, -eresse f

Sinn Féin [ˌʃɪn'feɪn] n Sinn Fein m

Sino- ['saɪnəʊ] pref sino- ◆ **Sino-Soviet** sino-soviétique

Sinologist [saɪ'nɒlədʒɪst] n sinologue mf

Sinology [saɪ'nɒlədʒɪ] n sinologie f

Sinophile ['saɪnəʊˌfaɪl] adj, n sinophile mf

Sinophobia [ˌsaɪnəʊ'fəʊbɪə] n sinophobie f

Sino-Soviet adj sino-soviétique

sinuosity [ˌsɪnjʊ'ɒsɪtɪ] n sinuosité f

sinuous ['sɪnjʊəs] adj shape, curve, road, roots sinueux; snake, dance, music, style ondulant; movement onduleux ◆ **with sinuous grace** avec une grâce ondoyante

sinus ['saɪnəs] n, pl **sinuses** sinus m inv ◆ **to have sinus trouble** avoir de la sinusite

sinusitis [ˌsaɪnə'saɪtɪs] n (NonC) sinusite f ◆ **to have sinusitis** avoir de la sinusite

sinusoid ['saɪnəsɔɪd] n (Physiol) sinusoïde m; (Math) sinusoïde f

Sioux [suː] **1** adj sioux inv ◆ **the Sioux State** (US) le Dakota du Nord
2 n **a** (pl inv) Sioux mf
b (Ling) sioux m

sip [sɪp] → SYN **1** n petite gorgée f ◆ **do you want a sip of rum?** voulez-vous une goutte de rhum? ◆ **he took a sip** il a bu une petite gorgée
2 vt (= drink a little at a time) boire à petites gorgées or à petits coups; (= take a sip) boire une petite gorgée de; (with enjoyment) siroter *
3 vi ◆ **he sipped at his whisky** (= drank a little at a time) il a bu son whisky à petites gorgées; (= took a sip) il a bu une petite gorgée de son whisky

siphon ['saɪfən] **1** n siphon m; → **soda**
2 vt siphonner

▸ **siphon off** vt sep (lit) siphonner; (fig) [+ people] mettre à part; [+ profits, funds] canaliser; (illegally) détourner

siphonal ['saɪfənəl], **siphonic** [saɪ'fɒnɪk] adj siphoïde

siphonophore ['saɪfənəfɔːʳ] n siphonophore m

sir [sɜːʳ] n monsieur m ◆ **yes sir** oui, Monsieur; (to officer in Army, Navy, Air Force) oui, mon commandant (or mon lieutenant etc); (to surgeon) oui docteur ◆ **yes/no sir!** * (emphatic) ça oui/non! ◆ **Dear Sir** (in letter) (Cher) Monsieur ◆ **Sir** (to newspaper editor) Monsieur (le Directeur) ◆ **my dear/good sir** (iro) mon cher/bon Monsieur ◆ **Sir John Smith** sir John Smith

sire ['saɪəʳ] **1** n (Zool) père m; († = father) père m; († = ancestor) aïeul m ◆ **yes sire** (to king) oui sire
2 vt engendrer

siree * [sɪ'riː] n (US: emphatic) ◆ **yes/no siree!** ça oui/non!

siren ['saɪərən] → SYN **1** n **a** (= device) sirène f
b (Myth) **the Sirens** les sirènes fpl
2 adj (liter) charms séducteur (-trice f); song de sirène, enchanteur (-teresse f)

sirenian [saɪ'riːnɪən] adj sirénien

sirloin ['sɜːlɔɪn] **1** n aloyau m
2 COMP ▷ **sirloin steak** n bifteck m dans l'aloyau or d'aloyau

sirocco [sɪ'rɒkəʊ] n sirocco m

sis * [sɪs] n (abbrev of **sister**) sœurette f, frangine * f

sisal ['saɪsəl] **1** n sisal m
2 COMP en or de sisal

siskin ['sɪskɪn] n tarin m (des aulnes)

sissy * ['sɪsɪ] (pej) **1** n (= coward) poule f mouillée ◆ **he's a bit of a sissy** (= effeminate) il est un peu efféminé
2 adj boy efféminé; voice, clothes, sport de fille ◆ **a sissy man** une chochotte * ◆ **Mummy's little sissy boy** le petit chéri à sa maman ◆ **poetry is sissy stuff** la poésie est un truc de filles ◆ **it's sissy doing** or **to do that** c'est un truc * de fille

sister ['sɪstəʳ] **1** n **a** sœur f ◆ **her younger sister** sa (sœur) cadette, sa petite sœur; → **half, stepsister**
b (Rel) religieuse f, (bonne) sœur f ◆ **yes sister** oui, ma sœur ◆ **Sister Mary Margaret** sœur Marie Marguerite ◆ **the Sisters of Charity** les sœurs de la Charité
c (Brit Med: also **senior sister**) infirmière f chef ◆ **yes sister** oui Madame (or Mademoiselle)
d (US) **listen sister!** * écoute ma vieille!
2 adj company, party frère (sœur f); publication, hotel, radio station jumeau (-elle f) ◆ **sister organization** organisation f sœur ◆ **sister country** pays m frère ◆ **sister ship** sistership m
3 COMP ▷ **sister-in-law** n, pl **sisters-in-law** belle-sœur f ▷ **sister school** n (US Univ) université pour femmes jumelée avec une université pour hommes

sisterhood ['sɪstəhʊd] n (= solidarity) solidarité f féminine; (Rel) communauté f (religieuse) ◆ **the sisterhood** (= group of women) la communauté (des femmes)

sisterly ['sɪstəlɪ] adj fraternel, de sœur

Sistine ['sɪstiːn] adj ◆ **the Sistine Chapel** la chapelle Sixtine

sistrum ['sɪstrəm] n, pl **sistra** ['sɪstrə] (Mus) sistre m

Sisyphean [ˌsɪsɪ'fiːən] adj ◆ **it's a Sisyphean task** c'est le tonneau des Danaïdes (fig)

Sisyphus ['sɪsɪfəs] n Sisyphe m

sit [sɪt] → SYN pret, ptp **sat** **1** vi **a** (also **sit down**) s'asseoir ◆ **to be sitting** être assis ◆ **sit!** (to dog) assis! ◆ **he was sitting at his desk/at table** il était (assis) à son bureau/à table ◆ **they spent the evening sitting at home** ils ont passé la soirée (tranquillement) à la maison ◆ **he just sits at home all day** il reste chez lui toute la journée à ne rien faire ◆ **he was sitting over his books all evening** il a passé toute la soirée dans ses livres ◆ **to sit through a lecture/play** assister à une conférence/à une pièce jusqu'au bout ◆ **don't just sit there, do something!** ne reste pas là à ne rien faire!, ne bouge pas! ◆ **to sit still** rester or se tenir tranquille, ne pas bouger ◆ **to sit straight** or **upright** se tenir droit ◆ **to sit for one's portrait** (Art, Phot) poser pour son portrait ◆ **she sat for Picasso** elle a posé pour Picasso ◆ **to sit on a committee/jury** être membre or faire partie d'un comité/jury ◆ **to sit for an exam** passer un examen, se présenter à un examen ◆ **he sat for Sandhurst** il s'est présenté au concours d'entrée de Sandhurst ◆ **he sits for Brighton** (Brit Parl) il est (le) député de Brighton ◆ **to be sitting pretty** * avoir le bon filon *, tenir le bon bout * ◆ **to sit at sb's feet** (fig: hum or liter) suivre l'enseignement de qn; → **tight**
b [bird, insect] se poser, se percher ◆ **to be sitting** être perché; (on eggs) couver ◆ **the hen is sitting on three eggs** la poule couve trois œufs
c [committee, assembly etc] être en séance, siéger ◆ **the committee is sitting now** le comité est en séance ◆ **the House sits from November to June** la Chambre siège de novembre à juin ◆ **the House sat for 16 hours** la Chambre a été en séance pendant 16 heures
d [dress, coat etc] tomber (on sb sur qn) ◆ **the jacket sits badly across the shoulders** la veste tombe mal aux épaules ◆ **this policy would sit well with their allies** cette politique serait bien vue de leurs alliés ◆ **it sat heavy on his conscience** (liter) cela lui pesait sur la conscience ◆ **how sits the wind?** (liter) d'où vient or souffle le vent?
2 vt **a** (also **sit down**) asseoir, installer; (invite to sit) faire asseoir ◆ **he sat the child (down) on his knee** il a assis or installé l'enfant sur ses genoux ◆ **they sat him (down) in a chair** (= placed him in it) ils l'ont assis or installé dans un fauteuil; (= invited him to sit) ils l'ont fait asseoir dans un fauteuil
b **to sit a horse well/badly** monter bien/mal, avoir une bonne/mauvaise assiette
c (esp Brit) [+ exam] passer, se présenter à
3 COMP ▷ **sit-down** * n he had a ten-minute sit-down il s'est assis dix minutes (pour se reposer) ◊ adj we had a sit-down lunch nous avons déjeuné à table ▷ **sit-down strike** grève f sur le tas ▷ **sit-in** n → **sit-in** ▷ **sit-up** n (Gym) redressement m assis

▸ **sit about, sit around** vi rester assis (à ne rien faire), traîner

▸ **sit back** vi ◆ **to sit back in an armchair** s'enfoncer or se carrer or se caler dans un fauteuil ◆ **to sit back on one's heels** s'asseoir sur les talons ◆ **just sit back and listen to this** installe-toi bien et écoute un peu (ceci) ◆ **he sat back and did nothing about it** (fig) il s'est abstenu de faire quoi que ce soit, il n'a pas levé le petit doigt ◆ **sit back and enjoy yourself** détends-toi et profite du moment ◆ **I can't just sit back and do nothing!** je ne peux quand même pas rester là à ne rien faire or à me croiser les bras! ◆ **the Government sat back and did nothing to help them** le gouvernement n'a pas fait le moindre geste pour les aider

▸ **sit by** vi rester sans rien faire ◆ **to sit (idly) by (while ...)** rester sans rien faire (pendant que ...)

▸ **sit down** **1** vi s'asseoir ◆ **to be sitting down** être assis ◆ **he sat down to a huge dinner** il s'est attablé devant un repas gigantesque ◆ **to take sth sitting down** * (fig) rester les bras croisés devant qch
2 vt sep ⇒ **sit 2a**
3 sit-down * n, adj → **sit**

▸ **sit in** **1** vi ◆ **she sat in all day waiting for him to come** elle est restée à la maison toute la journée à l'attendre, elle a passé la journée chez elle à l'attendre ◆ **to sit in on a discussion** assister à une discussion (sans y prendre part) ◆ **to sit in for sb** (fig = replace) remplacer qn
b (as protest) **the demonstrators sat in in the director's office** les manifestants ont occupé le bureau du directeur
2 sit-in n → **sit-in**

▸ **sit on** vt fus (fig) **a** (= keep to oneself) [+ news, facts, report] garder secret, garder le silence sur; (= not pass on) [+ file, document] garder (pour soi), accaparer ◆ **the committee sat on the proposals for weeks, then decided to ...** pendant des semaines, le comité ne s'est pas occupé des propositions, puis a décidé de ...
b (= silence) [+ person] faire taire, fermer or clouer le bec à * ◆ **he won't be sat on** il ne se laisse pas marcher sur les pieds
c (= reject) [+ idea, proposal] rejeter, repousser

▸ **sit out** **1** vi (= sit outside) (aller) s'asseoir dehors, se mettre or s'installer dehors
2 vt sep **a** to sit a lecture/play out rester jusqu'à la fin d'une conférence/d'une pièce, assister à une conférence/à une pièce jusqu'au bout
b **she sat out the waltz** elle n'a pas dansé la valse

▸ **sit up** **1** vi **a** (= sit upright) se redresser, s'asseoir bien droit ◆ **to be sitting up** être assis bien droit, se tenir droit ◆ **he was sitting up in bed** il était assis dans son lit ◆ **you can sit up now** vous pouvez vous

sitar / size ANGLAIS-FRANÇAIS 888

asseoir maintenant ◆ **to make sb sit up** (fig) secouer or étonner qn ◆ **to sit up (and take notice)** (fig : gen) se secouer, se réveiller ◆ **he began to sit up and take notice** (after illness) il a commencé à reprendre intérêt à la vie or à refaire surface

b (= stay up) rester debout, ne pas se coucher ◆ **to sit up late** se coucher tard, veiller tard ◆ **to sit up all night** ne pas se coucher de la nuit ◆ **don't sit up for me** couchez-vous sans m'attendre ◆ **the nurse sat up with him** l'infirmière est restée à son chevet or l'a veillé

2 vt sep [+ doll, child] asseoir, redresser

3 **sit-up** n → **sit**

► **sit upon** * vt fus ⇒ **sit on**

sitar [sɪˈtɑːʳ] n sitar m

sitarist [sɪˈtɑːrɪst] n sitariste mf

sitcom * [ˈsɪtkɒm] n (Rad, TV) (abbrev of **situation comedy**) sitcom f, comédie f de situation

site [saɪt] → SYN **1** n [of town, building] emplacement m ; (Archeol, Comput) site m ; (Constr) chantier m (de construction or de démolition etc) ; (Camping) (terrain m de) camping m ◆ **the site of the battle** le champ de bataille ; → **building, launching**

2 vt [+ town, building, gun] placer ◆ **they want to site the steelworks in that valley** on veut placer or construire l'aciérie dans cette vallée ◆ **the factory is very badly sited** l'usine est très mal située or placée

3 COMP ▷ **site measuring** n (Civil Engineering) métré m ▷ **Site of Special Scientific Interest** n (Brit) site m d'intérêt scientifique, ≃ réserve f naturelle

sit-in [ˈsɪtɪn] n [of demonstrators] sit-in m, manifestation f avec occupation de locaux ; [of workers] grève f sur le tas ◆ **the workers held a sit-in** les ouvriers ont organisé une grève sur le tas ◆ **the students held a sit-in in the university offices** les étudiants ont occupé les bureaux de l'université ◆ **the sit-in at the offices** l'occupation f des bureaux

siting [ˈsaɪtɪŋ] n ◆ **the siting of the new town there was a mistake** c'était une erreur de bâtir or placer la ville nouvelle à cet endroit ◆ **the siting of the new factories has given rise to many objections** le choix de l'emplacement pour les nouvelles usines a soulevé de nombreuses critiques

sitka spruce [ˈsɪtkə] n sapin m de Sitka

sitosterol [saɪˈtɒstəˌrɒl] n sitostérol m

sitter [ˈsɪtəʳ] n (Art) modèle m ; (= baby-sitter) baby-sitter mf ; (= hen) couveuse f ◆ **he missed a sitter** ⁑ (Sport) il a raté un coup enfantin ◆ **it's a sitter!** ⁑ tu ne peux pas (or il ne peut pas etc) le rater !

sitting [ˈsɪtɪŋ] → SYN **1** n [of committee, assembly etc] séance f ; (for portrait) séance f de pose ; (in canteen etc) service m ◆ **they served 200 people in one sitting/in two sittings** ils ont servi 200 personnes à la fois/en deux services ◆ **second sitting for lunch** deuxième service pour le déjeuner ◆ **at one** or **a single sitting** (= in one go) d'une seule traite

2 adj committee en séance ; official en exercice ; game bird posé, au repos

3 COMP ▷ **sitting and standing room** n places fpl debout et assises ▷ **sitting duck** * n (fig) cible f facile ▷ **sitting judge** n (Jur) juge m en exercice ▷ **sitting member** n (Brit Parl) député m en exercice ▷ **sitting room** n salon m ▷ **sitting target** n (lit, fig) cible f facile ▷ **sitting tenant** n (Brit) locataire mf en possession des lieux or en place

situate [ˈsɪtjʊeɪt] vt (= locate) [+ building, town] placer ; (= put into perspective) [+ problem, event] situer ◆ **the house is situated in the country** la maison se trouve or est située à la campagne ◆ **the shop is well situated** le magasin est bien situé or bien placé ◆ **we are rather badly situated as there is no bus service** nous sommes assez mal situés car il n'y a pas d'autobus ◆ **he is rather badly situated at the moment** (fig) il est dans une situation assez défavorable or en assez mauvaise posture en ce moment ; (financially) il est assez gêné or il a des ennuis d'argent en ce moment ◆ **I am well situated to appreciate the risks** je suis bien placé pour apprécier les risques ◆ **how are you situated for money?** ça va du point de vue argent ?, où en es-tu question argent ?

situation [ˌsɪtjʊˈeɪʃən] → SYN **1** n **a** (= location) [of town, building etc] situation f, emplacement m ◆ **the house has a fine situation** la maison est bien située

b (= circumstances) situation f (also Literat) ◆ **he was in a very difficult situation** il se trouvait dans une situation très difficile ◆ **they managed to save the situation** ils ont réussi à sauver or redresser la situation ◆ **the international situation** la situation internationale, la conjoncture internationale ◆ **they're in a waiting/discussion** etc **situation** ils sont en situation d'attente/de dialogue etc ◆ **in an exam situation, you must ...** à un examen, il faut ...

c (= job) situation f ◆ **"situations vacant/wanted"** "offres/demandes d'emploi"

2 COMP ▷ **situation comedy** n comédie f de situation

situational [ˌsɪtjʊˈeɪʃənl] adj situationnel

Situationism [sɪtjʊˈeɪʃəˌnɪzəm] n (Philos) situationnisme m

Situationist [sɪtjʊˈeɪʃəˌnɪst] adj, n (Philos) situationniste mf

sitz bath [sɪts] n bain m de siège

six [sɪks] **1** adj six inv ◆ **he is six (years old)** il a six ans ; see also **4** ◆ **he'll be six on Saturday** il aura six ans samedi ◆ **he lives in number six** il habite au (numéro) six ◆ **six times six** six fois six

2 n **a** six m inv ◆ **it is six o'clock** il est six heures ◆ **come at six** venez à six heures ◆ **it struck six** six heures ont sonné ◆ **they are sold in sixes** c'est vendu or cela se vend par (lots or paquets de) six ◆ **the children arrived in sixes** les enfants sont arrivés par groupes de six ◆ **he lives at six Churchill Street** il habite (au) six Churchill Street ◆ **the six of diamonds** (Cards) le six de carreaux ◆ **two sixes are twelve** deux fois six douze

b (fig phrases) **six of the best** * (Brit) six grands coups ◆ **to be (all) at sixes and sevens** [books, house etc] être en désordre or en pagaille *, être sens dessus dessous ; [person] être tout retourné * ◆ **to be six foot under** * (hum) manger les pissenlits par la racine * ◆ **it's six of one and half a dozen of the other** *, **it's six and half a dozen** * c'est blanc bonnet et bonnet blanc, c'est du pareil au même *

c (Cricket) **to hit a six** marquer six courses fpl or points mpl *(d'un seul coup)* ◆ **he hit three sixes** il a marqué trois fois six courses or points ; → **knock**

3 pron six ◆ **there were about six** il y en avait six environ or à peu près ◆ **six of the girls came** six des filles sont venues ◆ **there are six of us** nous sommes or on est * six ◆ **all six (of us) left** nous sommes partis tous les six ◆ **all six (of them) left** tous les six sont partis, ils sont partis tous les six

4 COMP ▷ **the Six Counties** npl (Brit) les six comtés mpl de l'Irlande du Nord ▷ **six-cylinder** (Aut) adj à six cylindres ◇ n (voiture f à) six cylindres f ▷ **six-eight time** n (Mus) mesure f à six-huit ▷ **six-footer** * n personne f qui mesure plus d'un mètre quatre-vingts ▷ **six-gilled shark** n (Zool) griset m ▷ **six-gun** * n ⇒ **six-shooter** ▷ **six-pack** n pack m de six ◆ **to have a six-pack stomach** * avoir des tablettes de chocolat * ▷ **six-seater** adj à six places ◇ n (= car etc) (voiture f etc à) six places f ; (= plane etc) (avion m etc à) six places m ▷ **six-shooter** * n six-coups m inv ▷ **six-sided** adj hexagonal ▷ **six-speed gearbox** n (Aut) boîte f (à) six vitesses ▷ **six-storey** n à six étages ▷ **six-yard box** n (Ftbl) surface f de but ▷ **six-year-old** adj child, horse de six ans ; house, car vieux (vieille f) de six ans ◇ n (= child) enfant mf (âgé(e)) de six ans ; (= horse) cheval m de six ans

sixer [ˈsɪksəʳ] n *chef ou cheftaine d'un groupe de six jeunes scouts*

sixfold [ˈsɪksfəʊld] **1** adj sextuple

2 adv au sextuple

sixish [ˈsɪksɪʃ] adj ◆ **he is sixish** il a dans les six ans, il a six ans environ ◆ **he came at sixish** il est venu vers (les) six heures

sixpence [ˈsɪkspəns] n (Brit) (= coin) (ancienne) pièce f de six pence ; (= value) six pence mpl

sixpenny [ˈsɪkspənɪ] adj à six pence

sixteen [ˈsɪksˈtiːn] **1** adj seize inv ◆ **she was sweet sixteen** c'était une fraîche jeune fille (de seize ans)

2 n seize m inv ; for phrases see **six**

3 pron seize ◆ **there are sixteen** il y en a seize

sixteenmo [sɪksˈtiːnməʊ] n, pl **sixteenmos** in-seize m

sixteenth [ˈsɪksˈtiːnθ] **1** adj seizième

2 n seizième mf ; (= fraction) seizième m

3 COMP ▷ **sixteenth note** n (US Mus) double croche f ; for phrases see **sixth**

sixth [sɪksθ] **1** adj sixième ◆ **to be sixth in an exam/in German** être sixième à un concours/en allemand ◆ **she was the sixth to arrive** elle est arrivée la sixième ◆ **Charles the Sixth** Charles six ◆ **the sixth of November, November the sixth** le six novembre

2 n sixième mf ; (= fraction) sixième m ; (Mus) sixte f ◆ **he wrote the letter on the sixth** il a écrit la lettre le six, sa lettre est du six ◆ **your letter of the sixth** votre lettre du six (courant) ◆ **the sixth** (Brit Scol) ⇒ **the sixth form**

3 adv **a** (in race, exam, competition) en sixième position or place ◆ **he came** or **was placed sixth** il s'est classé sixième

b ⇒ **sixthly**

4 COMP ▷ **sixth form** n (Brit Scol) ≃ classes fpl de première et terminale ◆ **to be in the sixth form** ≃ être en première or en terminale ▷ **sixth-form college** n *lycée n'ayant que des classes de première et de terminale* ▷ **sixth-former, sixth-form pupil** n ≃ élève mf de première or de terminale ▷ **the sixth grade** n (US Scol) ≃ le CM2 ▷ **sixth sense** n sixième sens m

sixthly [ˈsɪksθlɪ] adv sixièmement, en sixième lieu

sixtieth [ˈsɪkstɪɪθ] **1** adj soixantième

2 n soixantième mf ; (= fraction) soixantième m ; for phrases see **sixth**

sixty [ˈsɪkstɪ] **1** adj soixante inv ◆ **he is about sixty** il a une soixantaine d'années, il a dans les soixante ans ◆ **about sixty books** une soixantaine de livres

2 n soixante m inv ◆ **about sixty** une soixantaine, environ soixante ◆ **to be in one's sixties** avoir entre soixante et soixante-dix ans, être sexagénaire ◆ **he is in his early sixties** il a un peu plus de soixante ans ◆ **he is in his late sixties** il approche de soixante-dix ans ◆ **she's getting on** or **going on for sixty** elle approche de la soixantaine, elle va sur ses soixante ans ◆ **in the sixties** (= 1960s) dans les années soixante ◆ **in the early/late sixties** au début/vers la fin des années soixante ◆ **the temperature was in the sixties** ≃ il faisait entre quinze et vingt degrés ◆ **the numbers were in the sixties** le nombre s'élevait à plus de soixante ◆ **to do sixty** * (in car) faire du soixante milles (à l'heure), ≃ faire du cent (à l'heure) ; for other phrases see **six**

3 pron soixante ◆ **there are sixty** il y en a soixante

4 COMP ▷ **sixty-first** adj soixante et unième ◇ n soixante et unième mf ; (= fraction) soixante et unième m ◇ pron soixante et unième ▷ **sixty-four (thousand) dollar question** * n **that's the sixty-four (thousand) dollar question** c'est la question à mille francs ▷ **sixty-fourth note** n (US Mus) quadruple croche f ▷ **sixty-odd** * pron **there were sixty-odd** il y en avait soixante et quelques *, il y en avait une soixantaine ◆ **sixty-odd books** un peu plus de soixante livres, soixante et quelques livres ▷ **sixty-one** adj soixante et un(e) ◇ pron soixante et un ▷ **sixty-second** adj soixante-deuxième ◇ n soixante-deuxième mf ; (= fraction) soixante-deuxième m ▷ **sixty-two** adj soixante-deux inv ◇ n soixante-deux m inv ◇ pron soixante-deux ◆ **there are sixty-two** il y en a soixante-deux

sizable [ˈsaɪzəbl] adj ⇒ **sizeable**

sizably [ˈsaɪzəblɪ] adv ⇒ **sizeably**

size[1] [saɪz] **1** n (for plaster, paper) colle f ; (for cloth) apprêt m

2 vt encoller, apprêter

size[2] [saɪz] → SYN **1** n **a** [of person, animal, sb's head, hands] taille f ; [of room, building] grandeur f, dimensions fpl ; [of car, chair] dimensions fpl; [of egg, fruit, jewel] grosseur f; [of parcel] grosseur f, dimensions fpl; [of book, photograph, sheet of paper, envelope] taille f, dimensions fpl; (= format) format m; [of sum] montant m; [of estate, park, country] étendue f, superficie f; [of problem, difficulty, obstacle] ampleur f, étendue f; [of operation, campaign] ampleur f, envergure f ◆ the small/large size [of packet, tube etc] le petit/grand modèle ◆ the size of the town l'importance f de la ville ◆ a building of vast size un bâtiment de belles dimensions ◆ the size of the farm (building) les dimensions fpl de la ferme; (land) l'étendue f de la ferme ◆ the size of the fish you caught la taille du poisson que tu as attrapé ◆ the size of the sum involved was so large that ... la somme en question était d'une telle importance que ... ◆ sort them according to size triez-les selon la grosseur (or le format etc) ◆ to alter/cut/make sth to size transformer/couper/faire qch sur mesure ◆ it's the size of a brick c'est de la taille d'une brique ◆ it's the size of a walnut c'est de la grosseur d'une noix ◆ it's the size of a house/elephant c'est grand comme une maison/un éléphant ◆ a child of that size shouldn't be allowed to do that un enfant de cette taille ne devrait pas avoir le droit de faire ça ◆ he's about your size il est à peu près de la même taille que vous ◆ that's about the size of it! c'est à peu près ça!, quelque chose dans ce genre-là! ◆ he cut the wood to size il a coupé le bois à la dimension voulue ◆ they are all of a size * ils sont tous de la même grosseur (or de la même taille etc); → cut down, shape

b [of coat, skirt, dress, trousers etc] taille f; [of shoes, gloves] pointure f; [of shirt] encolure f ◆ what size are you?, what size do you take? (in dress etc) quelle taille faites-vous ? ; (in shoes, gloves) quelle pointure faites-vous ? ; (in shirts) vous faites combien d'encolure ? ; (in tour de cou ? ; (in hats) quel est votre tour de tête ? ◆ what size of collar or shirt? quelle encolure ? ◆ I take size 12 je prends du 12 or la taille 12 ◆ what size (of) shoes do you take? quelle pointure faites-vous ?, vous chaussez du combien ? ◆ I take size 5 (shoes) ≃ je chausse or je fais du 38 ◆ what size of waist are you? quel est votre tour de taille ? ◆ we are out of size 5 ≃ nous n'avons plus de 38 ◆ we haven't got your size nous n'avons pas votre taille (or pointure etc); → try ◆ "one size" "taille unique" ◆ I need a size smaller il me faut la taille (or la pointure etc) en-dessous ◆ it's two sizes too big for me c'est deux tailles (or pointures etc) au-dessus de ce qu'il me faut ◆ hip size tour m de hanches

[2] vt classer or trier selon la grosseur (or la dimension or la taille etc)

▶ **size up** vt sep [+ person] juger, jauger; [+ situation] mesurer ◆ **to size up the problem** mesurer l'étendue du problème ◆ **I can't quite size him up** (= don't know what he is worth) je n'arrive pas vraiment à le juger or à décider ce qu'il vaut ; (= don't know what he wants) je ne vois pas vraiment où il veut en venir

-size [saɪz] adj (in compounds) ⇒ **-sized**

sizeable ['saɪzəbl] adj amount, number, problem, operation, proportion assez important, assez considérable ; object, building, estate assez grand ; majority assez large, assez confortable

sizeably ['saɪzəblɪ] adv considérablement, de beaucoup

-sized [saɪzd] adj (in compounds) ⇒ size² ◆ **medium-sized** de taille (or grandeur or grosseur etc) moyenne ; → **life**

sizzle ['sɪzl] → SYN [1] vi grésiller
[2] n grésillement m

sizzler * ['sɪzlər] n journée f torride or caniculaire

sizzling ['sɪzlɪŋ] [1] adj fat, bacon grésillant ◆ **a sizzling noise** un grésillement
[2] adv sizzling hot brûlant ◆ **it was a sizzling hot day** * il faisait une chaleur torride or caniculaire ce jour-là

SJ [es'dʒeɪ] (abbrev of **Society of Jesus**) SJ

SJA [ˌesdʒeɪ'eɪ] n (Brit) (abbrev of **Saint John Ambulance**) association bénévole de secouristes

SK abbrev of **Saskatchewan**

ska [skɑː] n (Mus) ska m

skald [skɔːld] n scalde m

skate¹ [skeɪt] n, pl **skate** or **skates** (= fish) raie f

skate² [skeɪt] [1] n patin m ◆ **put** or **get your skates on!*** (fig) grouille-toi !*, magne-toi !*; → **ice-skate, roller-skate**
[2] vi patiner ◆ **to go skating** (ice) faire du patin or du patinage ; (roller) faire du patin à roulettes or du skating ◆ **he skated across the pond** il a traversé l'étang (en patinant or à patins) ◆ **it went skating across the room** cela a glissé à travers la pièce ; → **ice, roller**

▶ **skate around, skate over, skate round** vt fus [+ problem, difficulty, objection] esquiver autant que possible

skateboard ['skeɪtbɔːd] [1] n skateboard m, planche f à roulettes
[2] vi faire de la planche à roulettes

skateboarder ['skeɪtbɔːdər] n skateur m, -euse f

skateboarding ['skeɪtbɔːdɪŋ] n skateboard m, planche f à roulettes

skater ['skeɪtər] n (ice) patineur m, -euse f; (roller) personne f qui fait du skating or du patinage à roulettes

skating ['skeɪtɪŋ] [1] n (ice) patinage m ; (roller) skating m, patinage m à roulettes
[2] COMP champion, championship, display (ice) de patinage ; (roller) de skating, de patinage à roulettes ▷ **skating rink** n (ice) patinoire f ; (roller) skating m ▷ **skating turn** n (Ski) pas m du patineur

skean dhu ['skiːən'duː] n (Scot) poignard m (porté dans la chaussette)

skedaddle * [skɪ'dædl] vi (= run away) décamper *, déguerpir * ; (= flee in panic) fuir en catastrophe

skeet shooting ['skiːtʃuːtɪŋ] n skeet m, tir m au pigeon d'argile, ball-trap m

skein [skeɪn] n [of wool etc] écheveau m

skeletal ['skelɪtl] adj a (Anat) structure, development du squelette ; remains de squelette ◆ **skeletal structure** or **system** squelette m
b (= emaciated) person, body squelettique ; face émacié
c (= schematic) timetable schématique

skeleton ['skelɪtn] [1] n (Anat) squelette m ; [of building, ship, model etc] squelette m, charpente f ; [of plan, scheme, suggestion, novel etc] schéma m, grandes lignes fpl ◆ **he was a mere** or **a walking** or **a living skeleton** c'était un véritable cadavre ambulant ◆ **he was reduced to a skeleton** il n'était plus qu'un squelette, il était devenu (d'une maigreur) squelettique ◆ **the staff was reduced to a skeleton** le personnel était réduit au strict minimum ◆ **a skeleton in the cupboard** (Brit) or **closet** (US) un cadavre dans le placard * ◆ **the family skeleton** le secret de famille ; → **feast**
[2] COMP army, crew, staff squelettique, réduit au strict minimum ▷ **skeleton key** n passe m, passe-partout m inv ▷ **skeleton law** (Ind) loi-cadre f ▷ **skeleton map** n carte f schématique ▷ **skeleton outline** n [of drawing, map, plan] schéma m simplifié ; [of proposals, report] résumé m, grandes lignes fpl

skep [skep] n a (= beehive) ruche f
b (= basket) panier m

skeptic etc ['skeptɪk] (US) ⇒ **sceptic**

sketch [sketʃ] → SYN [1] n a (= drawing) (rough) croquis m ; (preliminary) esquisse f ; (fig) [of ideas, proposals etc] aperçu m ◆ **a rough sketch** (drawing) une ébauche ◆ **he gave me a (rough) sketch of what he planned to do** (fig) il m'a donné un aperçu de or il m'a dit en gros ce qu'il comptait faire
b (Theat) sketch m, saynète f
[2] vi (roughly) faire des croquis ; (= make preliminary drawing) faire des esquisses ◆ **to go sketching** aller or partir faire des croquis
[3] vt [+ view, castle, figure] (roughly) faire un croquis de, croquer ; (= make preliminary drawing) faire une esquisse de, esquisser ; [+ map] faire à main levée ; (fig) [+ ideas, proposals, novel, plan] ébaucher, esquisser
[4] COMP ▷ **sketch(ing) book** n carnet m à croquis or à dessins ▷ **sketching pad** n bloc m à dessins ▷ **sketch map** n carte f faite à main levée ▷ **sketch pad** n ⇒ **sketching pad**

▶ **sketch in** vt sep [+ detail in drawing] ajouter, dessiner ; (fig) [+ details] ajouter ; [+ facts] indiquer

▶ **sketch out** vt sep [+ plans, proposals, ideas] ébaucher, esquisser ◆ **to sketch out a picture of sth** (lit, fig) ébaucher qch, dessiner les grandes lignes de qch

sketchily ['sketʃɪlɪ] adv sommairement ◆ **the ideas are sketchily developed** les idées sont (sommairement) esquissées

sketchiness ['sketʃɪnɪs] n [of description] manque m de précision ; [of knowledge] superficialité f

sketchy ['sketʃɪ] → SYN adj details incomplet (-ète f), lacunaire ; account, report peu détaillé, sommaire ; piece of work peu détaillé ; knowledge rudimentaire, sommaire

skew [skjuː] [1] n ◆ **to be on the skew** être de travers or en biais or mal posé
[2] adj de travers
[3] adv hang de travers
[4] vi a (also **skew round**) obliquer ◆ **negotiations skewed off course** (fig) les négociations ont dévié de leur but initial
b (= squint) loucher
[5] COMP ▷ **skew-eyed** * adj qui louche, qui a un œil qui dit merde à l'autre * ▷ **skew-whiff** * adj (Brit) (on the) **skew-whiff** de travers, de guingois *, de traviole *

skewbald ['skjuːbɔːld] [1] adj pie inv
[2] n cheval m pie inv

skewed [skjuːd] adj a (= slanting) de travers
b (= distorted) conception, view, graph déformé ; statistics faussé

skewer ['skjʊər] [1] n (for roast etc) broche f ; (for kebabs) brochette f
[2] vt [+ chicken] embrocher ; [+ pieces of meat] mettre en brochette ; (fig) transpercer, embrocher *

ski [skiː] [1] n, pl **skis** or **ski** ski m, planche * f ; (Aviat) patin m ; → **water**
[2] vi faire du ski, skier ◆ **to go skiing** (as holiday) partir aux sports d'hiver ; (= go out skiing) (aller) faire du ski ◆ **I like skiing** j'aime le ski or faire du ski or skier ◆ **to ski down a slope** descendre une pente à or en skis
[3] COMP school, clothes de ski ▷ **ski binding** n fixation f de ski ▷ **ski boot** n chaussure f de ski ▷ **ski bunny** * n (US = girl) minette f de station de ski ▷ **ski instructor** n moniteur m, -trice f de ski ▷ **ski jump** n (= action) saut m à skis ; (= place) tremplin m (de ski) ▷ **ski-jumping** n saut m à skis ▷ **ski lift** n télésiège m, remonte-pente m inv ▷ **ski-mountaineering** n ski m de haute montagne ▷ **ski pants** npl fuseau m (de ski) ▷ **ski-pass** n forfait m skieur(s) ▷ **ski pole** n ⇒ **ski stick** ▷ **ski-rack** n [of car] porte-skis m ▷ **ski resort** n station f de ski or de sports d'hiver ▷ **ski run** n piste f de ski ▷ **ski slope** n pente f or piste f de ski ▷ **ski stick** n bâton m de ski ▷ **ski-suit** n combinaison f (de ski) ▷ **ski-touring** n ski m de randonnée, randonnée f à ski ▷ **ski tow** n téléski m, remonte-pente m inv ▷ **ski trousers** npl fuseau m (de ski) ▷ **ski wax** n fart m ▷ **ski-wear** n vêtements mpl de ski

skiable ['skiːəbl] adj skiable

skiascopy [skaɪ'æskəpɪ] n skiascopie f

skibob ['skiːbɒb] n ski-bob m, véloski m

skid [skɪd] [1] n a [of car etc] dérapage m ◆ **to get** or **go into a skid** déraper, faire un dérapage ◆ **to get out of a skid, to correct a skid** redresser or contrôler un dérapage
b (on wheel) cale f
c (under heavy object) (rollers, logs etc) traîneau m ◆ **to put the skids ** on or under (= cause to fail) [+ person] faire un croc-en-jambe à (fig) ; [+ plan etc] faire tomber à l'eau * ◆ **her marriage/career is on the skids** * son mariage/sa carrière bat de l'aile ◆ **to hit the skids** * (US) devenir clochard(e)
[2] vi (in car etc) déraper ; [person] déraper, glisser ◆ **the car skidded to a halt** or **stop** la voiture a dérapé et s'est immobilisée ◆ **I skidded into a tree** j'ai dérapé et percuté un arbre ◆ **he went skidding into the bookcase** il a glissé or dérapé et est allé se cogner contre la bibliothèque ◆ **the toy skidded**

slam to 1 vi se refermer en claquant 2 vt sep refermer en claquant

slammer ['slæməʳ] n (= prison) ♦ **the slammer** * la taule * f, la prison

slander ['slɑːndəʳ] → SYN 1 n calomnie f ; (Jur) diffamation f ♦ **it's a slander to suggest that ...** c'est de la calomnie que de suggérer que ... 2 vt calomnier, dire du mal de ; (Jur) diffamer

slanderer ['slɑːndərəʳ] n calomniateur m, -trice f ; (Jur) diffamateur m, -trice f

slanderous ['slɑːndərəs] → SYN adj calomnieux ; (Jur) diffamatoire

slanderously ['slɑːndərəslɪ] adv calomnieusement ; (Jur) de façon diffamatoire

slang [slæŋ] → SYN 1 n (NonC) argot m ♦ **in slang** en argot ♦ **in army/school slang** en argot militaire/d'écolier, dans l'argot des armées/des écoles ♦ **that word is slang** c'est un mot d'argot or argotique, c'est un argotisme ♦ **to talk slang** parler argot ♦ **he uses a lot of slang** il emploie beaucoup d'argot, il s'exprime dans une langue très verte ; → **rhyming** 2 adj phrase, word d'argot, argotique ♦ **a slang expression** un argotisme 3 vt * traiter de tous les noms 4 COMP ▷ **slanging match** * n (Brit) prise f de bec *

slangily * ['slæŋɪlɪ] adv ♦ **to talk slangily** parler argot, employer beaucoup d'argot

slangy * ['slæŋɪ] adj style, language, expression argotique ; person qui emploie beaucoup d'argot

slant [slɑːnt] → SYN 1 n a inclinaison f, aspect m penché ; (fig = point of view) point m de vue (on sur), angle m, perspective f ♦ **what's his slant on it?** quel est son point de vue sur la question ? ♦ **his mind has a curious slant** il a une curieuse tournure or forme d'esprit ♦ **to give/get a new slant** * **on sth** présenter/voir qch sous un angle or jour nouveau b (Typ: also **slant mark**) (barre f) oblique f 2 vi [line, handwriting] pencher, être incliné ; [light, sunbeam] passer obliquement 3 vt [+ line, handwriting] faire pencher, incliner ; (fig) [+ account, news] présenter avec parti pris ♦ **slanted eyes** yeux mpl bridés ♦ **a slanted report** un rapport orienté or tendancieux 4 COMP ▷ **slant-eyed** adj aux yeux bridés

slanting ['slɑːntɪŋ] → SYN adj line, rays, light, rain oblique ; roof, surface en pente, incliné ; handwriting penché, couché ; eyes bridé

slantwise ['slɑːntwaɪz] adv, adj obliquement, de biais

slanty * ['slɑːntɪ] adj ♦ **slanty-eyed** aux yeux bridés ♦ **slanty eyes** yeux mpl bridés

slap [slæp] → SYN 1 n claque f ; (on face) gifle f ; (on back) grande tape f ; (stronger) grande claque f ♦ **a slap on the bottom** une fessée ♦ **a slap in the face** (lit, fig) une gifle ♦ **a slap on the back** une grande tape or claque dans le dos ♦ **to give sb a slap** donner une gifle à qn ♦ **to give sb a slap on the wrist** (fig) réprimander qn ♦ **to get a slap on the wrist** se faire taper sur les doigts 2 adv ♦ **en plein, tout droit** ♦ **he ran slap into the wall** il est rentré en plein dans or tout droit dans le mur ♦ **slap in the middle** en plein or au beau milieu 3 vt a (= hit) [+ person] donner une tape à ; (stronger) donner une claque à ♦ **to slap sb on the back** donner une tape or une claque dans le dos à qn ♦ **to slap a child's bottom** donner une fessée à un enfant ♦ **to slap sb's face** or **sb in the face** gifler qn ♦ **to slap one's knees** or **thighs** (in amusement etc) se taper les cuisses b (= put) mettre brusquement, flanquer * ; (= apply) appliquer or mettre sans soin ♦ **he slapped the book on the table** il a flanqué * le livre sur la table ♦ **he slapped a coat of paint on the wall** il a flanqué * une couche de peinture sur le mur, il a donné un coup de pinceau au mur ♦ **he slapped £5 on to the price** * il a collé * 5 livres de plus sur le prix, il a gonflé son prix de 5 livres ♦ **she slapped some foundation on her face** * elle s'est collé * un peu de fond de teint sur le visage, elle s'est mis du fond de teint sur le visage à la va-vite 4 COMP ▷ **slap and tickle** * n (Brit) they were having a bit of the old slap and tickle ils étaient en train de se peloter * ▷ **slap-bang** * adv (Brit) slap-bang into the wall en plein or tout droit dans le mur ♦ **he ran slap-bang(-wallop) into his mother** il s'est cogné en plein contre sa mère ; (fig = met) il est tombé tout d'un coup sur sa mère, il s'est retrouvé tout d'un coup nez à nez avec sa mère ▷ **slap-happy** * adj (= carelessly cheerful) insouciant, décontracté *, relaxe * ; (US = punch-drunk) groggy, abruti par les coups ▷ **slap-up meal** * n (Brit) repas m fameux or extra *

▶ **slap around** vt sep donner des claques à ♦ **he slaps his wife around** il bat sa femme

▶ **slap down** vt sep [+ object] poser brusquement or violemment ♦ **to slap sb down** (fig) rembarrer *, envoyer qn sur les roses *

▶ **slap on** vt sep [+ paint etc] appliquer à la va-vite or n'importe comment ; (fig) [+ tax] flanquer *, imposer brusquement ♦ **to slap on make-up** se maquiller à la va-vite

slapdash * ['slæpdæʃ] → SYN 1 adj person négligent ; work bâclé * 2 adv à la va-vite, n'importe comment

slaphead * ['slæphed] n (pej or hum = bald person) ♦ **he's a slaphead** c'est un crâne d'œuf *, il est chauve comme un œuf *

slapper * ['slæpəʳ] n garce * f

slapstick ['slæpstɪk] n (also **slapstick comedy**) grosse farce f, comédie f bouffonne

slash [slæʃ] → SYN 1 n a (= cut: gen) entaille f, taillade f ; (on face) entaille f, balafre f ; (Sewing: in sleeve) crevé m b (Typ: also **slash mark**) (barre f) oblique f c **to go for a slash** * * (= urinate) aller pisser * * une jatte * * or un coup * * 2 vt a (with knife, sickle etc) entailler ; (several cuts) taillader ; [+ rope] couper net, trancher ; [+ face] balafrer ; (with whip, stick) cingler ; (Sewing) [+ sleeve] faire des crevés dans ♦ **slashed sleeves** manches fpl à crevés ♦ **to slash sb** taillader qn ♦ **his attacker slashed his face/his jacket** son assaillant lui a balafré le visage/a taillade sa veste ♦ **to slash one's wrists** s'ouvrir les veines b (fig) [+ prices] casser *, écraser * ; [+ costs, expenses] réduire radicalement ; [+ speech, text] couper or raccourcir radicalement ♦ **"prices slashed"** "prix cassés", "prix sacrifiés" c (* = condemn) [+ book, play] éreinter *, démolir * 3 vi ♦ **he slashed at me with his stick** il m'a flanqué * un or des coup(s) de bâton ♦ **he slashed at the grass with his stick** il cinglait l'herbe de sa canne 4 COMP ▷ **slash-and-burn** adj (Agr) slash-and-burn agriculture or farming culture f sur brûlis

slasher film * ['slæʃəfɪlm], **slasher movie** * ['slæʃəmuːvɪ] n film m d'horreur (particulièrement violent)

slashing ['slæʃɪŋ] → SYN adj (fig) criticism, attack cinglant, mordant

slat [slæt] n lame f ; (wooden) latte f ; [of blind] lamelle f

slate [sleɪt] → SYN 1 n (= substance, object: Constr, Scol etc) ardoise f ; (fig: Pol) liste f provisoire de candidats ♦ **they've got a full slate there** (Pol) ils ont des candidats dans toutes les circonscriptions ♦ **put it on the slate** * (Brit Comm) mettez-le sur mon compte, ajoutez ça à mon ardoise * ♦ **to start with a clean slate** repartir sur une bonne base ; → **wipe** 2 vt a [+ roof] ardoiser b (US Pol) [+ candidate] proposer c (Brit *) (= criticize) éreinter *, démolir * ; (= scold) attraper *, engueuler * * d (US) **to be slated** * **for sth** (= destined) être désigné pour qch 3 COMP deposits d'ardoise, ardoisier ; industry ardoisière, de l'ardoise ; roof en ardoise, d'ardoise ▷ **slate-blue** adj, n bleu ardoise m inv ▷ **slate-coloured** adj ardoise inv ▷ **slate-grey** adj, n gris ardoise m inv ▷ **slate quarry** n ardoisière f, carrière f d'ardoise

slater ['sleɪtəʳ] n (in quarry) ardoisier m ; [of roof] couvreur m

slatted ['slætɪd] adj à lames, (wooden) à lattes ; blind à lamelles

slattern ['slætən] n souillon f

slatternly ['slætənlɪ] adj woman, appearance négligé ; behaviour, habits de souillon

slaty ['sleɪtɪ] adj (in texture) ardoisier, semblable à l'ardoise ; (in colour) (couleur) ardoise inv

slaughter ['slɔːtəʳ] → SYN 1 n [of animals] abattage m ; [of people] massacre m ♦ **the slaughter on the roads** les hécatombes fpl sur la route ♦ **there was great slaughter** cela a été un carnage or un massacre 2 vt [+ animal] abattre ; [+ person] tuer sauvagement ; [+ people] massacrer ♦ **our team really slaughtered them** * (= beat) notre équipe les a écrasés or massacrés *

slaughterer ['slɔːtərəʳ] n [of animals] tueur m, assommeur m ; [of person] meurtrier m ; [of people] massacreur m

slaughterhouse ['slɔːtəhaʊs] → SYN n abattoir m

slaughterman ['slɔːtəmən] n, pl **slaughtermen** ['slɔːtəmen] tueur m (dans un abattoir)

Slav [slɑːv] adj, n slave mf

slave [sleɪv] → SYN 1 n (lit, fig) esclave mf ♦ **to be a slave to** (fig) être (l')esclave de ; → **white** 2 vi (also **slave away**) travailler comme un nègre, trimer ♦ **to slave (away) at sth/at doing sth** s'escrimer sur qch/à faire qch 3 COMP ▷ **slave cylinder** n (Tech) cylindre m secondaire ▷ **slave driver** n (lit) surveillant m d'esclaves ; (fig) négrier m, -ière f ▷ **slave labour** n (NonC) (= exploitation) exploitation f des esclaves ; (= work) travail m fait par les esclaves ; * (fig) travail m de forçat or de galérien ♦ **slave labour camp** camp m de travaux forcés ▷ **slave ship** n (vaisseau m) négrier m ▷ **slave trade** n commerce m des esclaves, traite f des Noirs ▷ **slave trader** n marchand m d'esclaves, négrier m ▷ **slave traffic** n trafic m d'esclaves

slaver[1] ['sleɪvəʳ] n (= person) marchand m d'esclaves, négrier m ; (= ship) (vaisseau m) négrier m

slaver[2] ['slævəʳ] (= dribble) 1 n bave f 2 vi baver ♦ **to slaver over sth** (fig) baver * devant qch

slavery ['sleɪvərɪ] → SYN n (lit, fig) esclavage m ♦ **housework is nothing but slavery** le ménage est un véritable esclavage or une perpétuelle corvée ; → **sell**

slavey * ['sleɪvɪ] n boniche * f

Slavic ['slɑːvɪk] adj, n slave m

slavish ['sleɪvɪʃ] → SYN adj imitation servile ; devotion béat ; remake sans aucune originalité ♦ **to be a slavish follower of sb/sth** suivre qn/qch aveuglément

slavishly ['sleɪvɪʃlɪ] adv follow servilement, aveuglément ; copy bêtement ♦ **their slavishly pro-American attitude** leur attitude aveuglement pro-américaine ♦ **the film is slavishly faithful to the novel** le film est trop proche du roman

Slavonia [sləˈvəʊnɪə] n Slavonie f

Slavonian [sləˈvəʊnɪən] 1 adj slavon 2 n a (= person) Slavon m b (Ling) slavon m 3 COMP ▷ **Slavonian grebe** n grèbe m esclavon

Slavonic [sləˈvɒnɪk] adj, n slave m

slavophile ['slævəʊˌfaɪl] n, adj slavophile mf

slaw [slɔː] n (esp US) ⇒ **coleslaw**

slay [sleɪ] → SYN pret **slew**, ptp **slain** vt (liter) tuer ♦ **he slays me!** * (fig) il me fait mourir or crever * de rire ! ; see also **slain**

slayer ['sleɪəʳ] n (liter) tueur m, -euse f

SLD [ɛsɛlˈdiː] n (Brit Pol) (abbrev of **Social and Liberal Democrats**) → **social**

sleaze * [sliːz] n a (Pol = corruption) corruption f b (= filth) sordidité f ♦ **that film is pure sleaze** ce film est complètement sordide

sleazebag * ['sliːzbæɡ], **sleazeball** * ['sliːzbɔːl] n ordure * f

sleaziness * ['sliːzɪnɪs] n aspect m sordide ; [of person] air m louche

sleazy * ['sli:zɪ] adj place, atmosphere, behaviour sordide ; person louche ; magazine cochon

sled [sled] n (US) ⇒ **sledge 1**

sledding ['sledɪŋ] n (US) ♦ **hard** or **tough sledding** * période f (or tâche f) difficile

sledge [sledʒ] **1** n traîneau m ; (child's) luge f **2** vi ♦ **to go sledging** faire de la luge, se promener en traîneau ♦ **to sledge down/across** etc descendre/traverser etc en luge or en traîneau

sledgehammer ['sledʒˌhæməʳ] n marteau m de forgeron ♦ **to strike sb/sth a sledgehammer blow** (fig) assener un coup violent or magistral à qn/qch

sledger ['sledʒəʳ] n lugeur m, -euse f

sleek [sli:k] → SYN adj hair, fur lustré, lisse et brillant ; cat au poil lustré ; person soigné ; car, boat, aircraft, furniture aux lignes pures

▶ **sleek down** vt sep ♦ **to sleek one's hair down** se lisser les cheveux

sleekly ['sli:klɪ] adv smile, reply doucereusement, avec onction

sleekness ['sli:knɪs] n [of person] allure f soignée ; [of car, plane] lignes fpl profilées ; [of structure, building] finesse f or pureté f (de lignes)

sleep [sli:p] → SYN vb : pret, ptp **slept** **1** n **a** sommeil m ♦ **to be in a deep** or **sound sleep** dormir profondément ♦ **to be in a very heavy sleep** dormir d'un sommeil de plomb ♦ **to talk in one's sleep** parler en dormant or dans son sommeil ♦ **to walk in one's sleep** marcher en dormant ♦ **to sleep the sleep of the just** dormir du sommeil du juste ♦ **overcome by sleep** ayant succombé au sommeil ♦ **to have a sleep, to get some sleep** dormir ; (for a short while) faire un somme ♦ **to get** or **go to sleep** s'endormir ♦ **my leg has gone to sleep** j'ai la jambe engourdie ♦ **I didn't get a wink of sleep** or **any sleep all night** je n'ai pas fermé l'œil de la nuit ♦ **she sang the child to sleep** elle a chanté jusqu'à ce que l'enfant s'endorme ♦ **to put** or **send sb to sleep** endormir qn ♦ **to put a cat to sleep** (euph = put down) faire piquer un chat ♦ **I need eight hours' sleep a night** il me faut (mes) huit heures de sommeil chaque nuit ♦ **a three-hour sleep** trois heures de sommeil ♦ **I haven't had enough sleep lately** je manque de sommeil ces temps-ci ♦ **I had a good sleep last night** j'ai bien dormi la nuit dernière ♦ **to have a good night's sleep** passer une bonne nuit ♦ **a sleep will do you good** cela vous fera du bien de dormir ♦ **let him have his sleep out** laisse-le dormir tant qu'il voudra ; → **beauty, lose**

b (* = matter in eyes) chassie f

2 vi **a** dormir ♦ **to sleep tight** or **like a log** or **like a top** dormir à poings fermés or comme une souche or comme un loir ♦ **sleep tight!** dors bien ! ♦ **to sleep heavily** dormir d'un sommeil de plomb ♦ **he was sleeping deeply** or **soundly** il dormait profondément, il était profondément endormi ♦ **to sleep soundly** (= without fear) dormir sur ses deux oreilles ♦ **to sleep lightly** (regularly) avoir le sommeil léger ; (on one occasion) dormir d'un sommeil léger ♦ **I didn't sleep a wink all night** je n'ai pas fermé l'œil de la nuit ♦ **to sleep the clock round** faire le tour du cadran ♦ **he was sleeping on his feet** (fig) il dormait debout

b (= spend night) coucher ♦ **he slept in the car** il a passé la nuit or dormi dans la voiture ♦ **he slept at his aunt's** il a couché chez sa tante ♦ **he sleeps on a hard mattress** il couche or dort sur un matelas dur

c (= have sex) **to sleep with sb** coucher * avec qn

3 vt ♦ **the house sleeps eight (people)** on peut loger or coucher huit personnes dans cette maison ♦ **this room will sleep four (people)** on peut coucher quatre personnes or coucher à quatre dans cette chambre ♦ **the hotel sleeps 500** l'hôtel peut loger or contenir 500 personnes ♦ **can you sleep us all?** pouvez-vous nous coucher tous ?

4 COMP ▷ **sleep-learning** n hypnopédie f

▶ **sleep around** * vi coucher * avec n'importe qui, coucher * à droite et à gauche

▶ **sleep away** vt sep ♦ **to sleep the morning away** passer la matinée à dormir, ne pas se réveiller de la matinée

▶ **sleep in** vi **a** (= lie late) faire la grasse matinée, dormir tard ; (= oversleep) ne pas se réveiller à temps, dormir trop tard
b [nurse, servant etc] être logé sur place

▶ **sleep off** vt sep ♦ **to sleep sth off** dormir pour faire passer qch, se remettre de qch en dormant ♦ **go to bed and sleep it off** va te coucher et cela te passera en dormant ♦ **to sleep off a hangover, to sleep it off** * dormir pour faire passer sa gueule de bois *, cuver son vin *

▶ **sleep on** **1** vi ♦ **he slept on till ten** il a dormi jusqu'à dix heures, il ne s'est pas réveillé avant dix heures ♦ **let him sleep on for another hour** laisse-le dormir encore une heure
2 vt fus ♦ **to sleep on a problem/a letter/a decision** attendre le lendemain pour résoudre un problème/répondre à une lettre/prendre une décision ♦ **let's sleep on it** nous verrons demain, la nuit porte conseil ♦ **I'll have to sleep on it** il faut que j'attende demain pour décider

▶ **sleep out** vi **a** (in open air) coucher à la belle étoile ; (in tent) coucher sous la tente
b [nurse, servant etc] ne pas être logé (sur place)

▶ **sleep over** vi passer la nuit, coucher

▶ **sleep through** **1** vi ♦ **I slept through till the afternoon** j'ai dormi comme une souche or sans me réveiller jusqu'à l'après-midi
2 vt fus ♦ **he slept through the storm** l'orage ne l'a pas réveillé ♦ **he slept through the alarm clock** il n'a pas entendu son réveil (sonner)

▶ **sleep together** vi (= have sex) coucher ensemble

sleeper ['sli:pəʳ] n **a** (= person) dormeur m, -euse f ; (fig = spy) espion(ne) m(f) en sommeil ♦ **to be a light/heavy sleeper** avoir le sommeil léger/lourd ♦ **that child is a good sleeper** cet enfant dort très bien or fait sa nuit sans se réveiller
b (Brit Rail) (on track) traverse f ; (= berth) couchette f ; (= rail car) voiture-lit f ; (= train) train-couchettes m ♦ **I took a sleeper to Marseilles** j'ai pris un train-couchettes pour aller à Marseille, je suis allé à Marseille en train-couchettes
c (esp Brit = earring) clou m (boucle d'oreille)
d (fig = sudden success) révélation f

sleepily ['sli:pɪlɪ] adv smile, blink etc d'un air endormi ; say, ask d'un ton endormi

sleepiness ['sli:pɪnɪs] → SYN n [of person] envie f de dormir, torpeur f ; [of town] somnolence f, torpeur f

sleeping ['sli:pɪŋ] **1** adj person, village endormi ♦ (Prov) **let sleeping dogs lie** il ne faut pas réveiller le chat qui dort (Prov) ♦ **to let sleeping dogs lie** ne pas réveiller le chat qui dort ♦ **(the) Sleeping Beauty** la Belle au bois dormant
2 COMP ▷ **sleeping accommodation** n (in house) place f pour dormir, lits mpl ; (on train) couchettes fpl ▷ **sleeping area** n (in house) chambres fpl à coucher ; (in studio flat) coin m à dormir ▷ **sleeping bag** n sac m de couchage ▷ **sleeping berth** n couchette f ▷ **sleeping car** n (Rail) wagon-lit m, voiture-lit f ▷ **sleeping draught** n soporifique m ▷ **sleeping partner** n (Brit Comm) (associé m) commanditaire m ▷ **sleeping pill** n somnifère m ▷ **sleeping policeman** n, pl **sleeping policemen** (Brit: in road) ralentisseur m, gendarme m couché ▷ **sleeping porch** n (US) chambre-véranda f ▷ **sleeping position** n position f pour dormir ▷ **sleeping problems** npl troubles mpl du sommeil ♦ **I have terrible sleeping problems** je dors très mal ▷ **sleeping quarters** npl chambres fpl (à coucher) ; (in barracks) chambrées fpl ; (= dormitory) dortoir m ▷ **sleeping sickness** n maladie f du sommeil ▷ **sleeping suit** n grenouillère f ▷ **sleeping tablet** n ⇒ **sleeping pill**

sleepless ['sli:plɪs] → SYN adj person qui ne dort pas, insomniaque ♦ **a sleepless baby can be very tiring** ça peut être très fatigant d'avoir un bébé qui ne dort pas ♦ **(to have) a sleepless night** (passer) une nuit blanche ♦ **he arrived exhausted after a sleepless journey** il est arrivé épuisé, n'ayant pas dormi de tout le trajet ♦ **he spent many sleepless hours worrying** il a passé de longues heures sans sommeil à se faire du souci

sleeplessly ['sli:plɪslɪ] adv sans pouvoir dormir

sleeplessness ['sli:plɪsnɪs] → SYN n insomnie f

sleepwalk ['sli:pwɔ:k] vi être somnambule

sleepwalker ['sli:pwɔ:kəʳ] → SYN n somnambule mf

sleepwalking ['sli:pwɔ:kɪŋ] → SYN n (NonC) somnambulisme m

sleepwear ['sli:pwɛəʳ] n (NonC ; Comm etc) vêtements mpl or lingerie f de nuit

sleepy ['sli:pɪ] → SYN adj **a** (= drowsy) person qui a sommeil ; voice, look endormi ♦ **to be** or **feel sleepy** avoir sommeil
b (= quiet) village, town somnolent

sleepyhead * ['sli:pɪhed] n endormi(e) m(f)

sleepyheaded * ['sli:pɪˈhedɪd] adj (à moitié) endormi

sleet [sli:t] **1** n neige f fondue
2 vi ♦ **it is sleeting** il tombe de la neige fondue

sleeve [sli:v] **1** n [of garment] manche f ; [of record] pochette f ; [of cylinder etc] chemise f ♦ **he's always got something up his sleeve** il a plus d'un tour dans son sac ♦ **he's bound to have something up his sleeve** il a certainement quelque chose en réserve, il garde certainement un atout caché ♦ **I don't know what he's got up his sleeve** je ne sais pas ce qu'il nous réserve (comme surprise) ♦ **I've got an idea up my sleeve** j'ai une petite idée en réserve or dans la tête ♦ **to have** or **wear one's heart on one's sleeve** laisser voir ses sentiments, être transparent ; → **laugh, shirt**
2 COMP ▷ **sleeve board** n jeannette f ▷ **sleeve note** n (Brit: on record sleeve) texte m (sur pochette de disque)

-sleeved [sli:vd] adj (in compounds) ♦ **long-sleeved** à manches longues

sleeveless ['sli:vlɪs] adj sans manches ♦ **sleeveless T-shirt** tee-shirt m sans manches

sleigh [sleɪ] **1** n traîneau m
2 vi aller en traîneau
3 COMP ▷ **sleigh bell** n grelot m or clochette f (de traîneau) ▷ **sleigh ride** n **to go for a sleigh ride** faire une promenade en traîneau

sleight [slaɪt] n ♦ **sleight of hand** (= skill) habileté f, dextérité f ; (= trick) tour m de passe-passe ♦ **by (a) sleight of hand** par un tour de passe-passe

slender ['slendəʳ] → SYN **1** adj **a** (lit) person, figure svelte, mince ; legs, arms, fingers, waist fin ; neck fin, gracieux ; column élancé
b (fig) hope, chance, margin faible ; income, means, resources maigre
2 COMP ▷ **slender-tailed meerkat** n suricate m

slenderize ['slendəraɪz] vt (US) amincir

slenderly ['slendəlɪ] adv ♦ **slenderly built** svelte, mince

slenderness ['slendənɪs] n **a** (lit) [of figure, person] sveltesse f, minceur f ; [of legs, arms, fingers, waist, neck] finesse f
b (fig) [of income, means, resources] maigreur f ♦ **the slenderness of the Conservative majority** la faible majorité des conservateurs ♦ **the slenderness of his chances of winning** le peu de chances qu'il a de gagner

slept [slept] vb (pt, ptp of **sleep**)

sleuth [slu:θ] → SYN **1** n (= dog: also **sleuth hound**) limier m ; (* = detective) limier m, détective m
2 vi (*: also **sleuth around**) fureter, fouiner *

slew[1] [slu:] vb (pt of **slay**)

slew[2] [slu:] (also **slew round**) **1** vi virer, pivoter ; (Naut) virer ; [car] déraper par l'arrière ; (right round) faire un tête-à-queue ♦ **the car slewed (round) to a stop** la voiture s'est arrêtée après un tête-à-queue
2 vt faire pivoter, faire virer ♦ **he slewed the car (round)** il a fait déraper la voiture par l'arrière ; (= right round) il a fait un tête-à-queue

slew[3] [slu:] n (esp US) ♦ **a slew of ...** un tas * de ..., un grand nombre de ...

slewed † * [sluːd] adj (Brit = drunk) paf* inv, soûl*

slice [slaɪs] → SYN **1** n **a** (of cake, bread, meat) tranche f; [of lemon, cucumber, sausage] rondelle f, tranche f ◆ **slice of bread and butter** tranche f de pain beurré, tartine f beurrée
  b (fig) (= part) partie f; (= share) part f ◆ **it took quite a slice of our profits** cela nous a pris une bonne partie de nos bénéfices ◆ **a large slice of the credit** une grande part du mérite ◆ **slice of life** tranche f de vie ◆ **slice of luck** coup m de chance
  c (= kitchen utensil) spatule f, truelle f
  d (Sport) balle f coupée, slice m
2 vt **a** [+ bread, cake, meat] couper (en tranches); [+ lemon, sausage, cucumber] couper (en rondelles); [+ rope etc] couper net, trancher ◆ **to slice sth thin** couper qch en tranches or rondelles fines ◆ **sliced bread** le pain en tranches ◆ **a sliced loaf** un pain en tranches ◆ **it's the best thing since sliced bread** on n'a pas vu mieux depuis l'invention du fil à couper le beurre
  b (Sport) [+ ball] couper, slicer
3 vi ◆ **this knife won't slice** ce couteau coupe très mal ◆ **this bread won't slice** ce pain se coupe très mal or est très difficile à couper

► **slice off** vt sep [+ piece of rope, finger etc] couper net ◆ **to slice off a piece of sausage** couper une rondelle de saucisson ◆ **to slice off a steak** couper or tailler un bifteck

► **slice through** vt fus [+ rope] couper net, trancher; (fig) [+ restrictions etc] (réussir à) passer au travers de, court-circuiter* ◆ **to slice through the air/the waves** fendre l'air/les flots

► **slice up** vt sep couper or débiter en tranches or en rondelles

slicer [ˈslaɪsəʳ] n (= knife) couteau m électrique; (= machine) trancheuse f

slick [slɪk] → SYN **1** adj **a** (= efficient, skilful) **the robbery was an extremely slick operation** le braquage a été rondement mené
  b (pej = superficial, glib) person qui a du bagout*; explanation trop prompt; excuse facile; style superficiel; manner doucereux, mielleux ◆ **he always has a slick answer** il a toujours réponse à tout
  c (= shiny, slippery) hair lissé; road, surface glissant ◆ **slick tyres** pneus mpl lisses
2 n (also **oil slick**) nappe f de pétrole; (on beach) marée f noire
3 vt ◆ **to slick (down) one's hair** (with comb etc) se lisser les cheveux; (with hair cream) mettre de la brillantine ◆ **slicked-back hair** cheveux mpl lissés en arrière

slicker [ˈslɪkəʳ] n (US) combinard(e)* m(f); → **city**

slickly [ˈslɪklɪ] adv élégamment, habilement

slickness [ˈslɪknɪs] n **a** (= efficiency, skill) habileté f
  b (pej = superficiality, glibness) caractère m superficiel
  c (= shininess, slipperiness) [of hair] brillant m; [of road] surface f glissante

slid [slɪd] (ptp of **slide**)

slide [slaɪd] → SYN vb : pret, ptp **slid 1** n **a** (= action) glissade f; (also **landslide**) glissement m (de terrain); (fig: in prices, temperature etc) baisse f, chute f (in de)
  b (in playground, pool etc) toboggan m; (= polished ice etc) glissoire f; (for logs etc) glissoir m
  c (Phot) diapositive f, diapo* f; [of microscope] porte-objet m ◆ **illustrated with slides** accompagné de diapositives ◆ **a film for slides** une pellicule à diapositives; → **colour, lantern**
  d (Tech = runner) coulisse f; (on trombone etc) coulisse f; (Mus: between notes) coulé m; (= hair slide) barrette f
2 vi **a** (= person, object) glisser; (on ice etc) [person] faire des glissades, glisser ◆ **to slide down the bannisters** descendre en glissant sur la rampe ◆ **to slide down a slope** descendre une pente en glissant, glisser le long d'une pente ◆ **the drawer slides in and out easily** le tiroir glisse bien, le tiroir s'ouvre et se ferme facilement ◆ **the top ought to slide gently into place** on devrait pouvoir mettre le haut en place en le faisant glisser doucement ◆ **the book slid off my knee** le livre a glissé de mes genoux ◆ **to let things slide** laisser les choses aller à la dérive ◆ **he let his studies slide** il a négligé ses études
  b (= move silently) se glisser ◆ **he slid into the room** il s'est glissé dans la pièce ◆ **to slide into bad habits** prendre insensiblement de mauvaises habitudes
3 vt faire glisser, glisser ◆ **he slid the chair across the room** il a fait glisser la chaise à travers la pièce ◆ **he slid the packing case into a corner** il a glissé la caisse dans un coin ◆ **he slid the photo into his pocket** il a glissé la photo dans sa poche ◆ **to slide the top (back) onto a box** remettre le couvercle sur une boîte en le faisant glisser ◆ **slide the drawer into place** remets le tiroir en place ◆ **he slid the gun out of the holster** il a sorti le revolver de l'étui
4 COMP ▷ **slide box** n (Phot) classeur m pour diapositives, boîte f à diapositives ▷ **slide changer** n (Phot) passe-vue m ▷ **slide fastener** n (Dress etc) fermeture f éclair ®, fermeture f à glissière ▷ **slide guitar** n slide guitar f ▷ **slide magazine** n (Phot) panier m ▷ **slide projector** n (Phot) projecteur m de diapositives ▷ **slide rule** n règle f à calcul ▷ **slide show** n projection f de diapositives

► **slide down** vi [person, animal, vehicle] descendre en glissant; [object] glisser

► **slide off** vi **a** [top, lid etc] s'enlever facilement or en glissant
  b (fig = leave quietly) [guest] s'en aller discrètement, s'éclipser*; [thief] s'éloigner furtivement

sliding [ˈslaɪdɪŋ] **1** adj movement glissant; part qui glisse, mobile; panel, door, seat coulissant ◆ **sliding roof** toit m ouvrant ◆ **sliding scale** (Admin, Comm, Ind etc) échelle f mobile ◆ **sliding time** (US) horaire m flexible
2 n glissement m

slight [slaɪt] → SYN **1** adj **a** (= minor) (gen) petit, léger (before n); error petit ◆ **to be at a slight angle** être légèrement incliné ◆ **it doesn't make the slightest bit of difference** (= is unimportant) cela n'a aucune importance; (= is useless) ça ne sert à rien ◆ **without the slightest hint of embarrassment/disappointment** sans manifester la moindre gêne/la moindre déception ◆ **I haven't the slightest idea** je n'en ai pas la moindre idée ◆ **I haven't the slightest idea (of) where he's gone/what to do** je n'ai pas la moindre idée de l'endroit où il est allé/de ce qu'il faut faire ◆ **nobody showed the slightest interest** personne n'a manifesté le moindre intérêt ◆ **not in the slightest** pas le moins du monde ◆ **he takes offence at the slightest thing** il se vexe pour un rien ◆ **just the slightest bit short** un tout petit peu trop court
  b (= slim) person, figure mince, menu ◆ **to be of slight build** être menu, avoir les attaches fines
  c (= inconsiderable) insignifiant ◆ **a book of very slight scholarship** un livre vraiment peu érudit ◆ **it is no slight accomplishment** c'est un exploit, et non des moindres
2 vt (= ignore) ignorer, manquer d'égards envers; (= offend) blesser, offenser ◆ **he felt (himself) slighted** il s'est senti blessé ou offensé
3 n (= insult) affront m ◆ **this is a slight on all of us** c'est un affront qui nous touche tous

slighting [ˈslaɪtɪŋ] adj offensant

slightingly [ˈslaɪtɪŋlɪ] adv d'une manière blessante

slightly [ˈslaɪtlɪ] → SYN adv **a** different, deaf, injured, damaged légèrement; expensive, more, less, better etc un peu; change, rise, fall, improve etc légèrement ◆ **slightly unfair** un peu injuste, pas très juste ◆ **slightly uneasy** pas très à l'aise ◆ **I know her slightly** je la connais un peu ◆ **ever so slightly*** un tout petit peu
  b **slightly built** person menu, aux attaches fines

slightness [ˈslaɪtnɪs] n (= slimness) minceur f; (= frailty) fragilité f; [of difference, increase etc] caractère m insignifiant or négligeable

slim [slɪm] → SYN **1** adj **a** person (= thin) mince, svelte
  b (fig) majority faible; chance, hope faible, mince ◆ **(the) chances are slim of England winning** or **that England will win** il y a peu de chances que l'Angleterre gagne (subj) ◆ **his chances of winning are slim, he has only a slim chance of winning** il a peu de chances de gagner, ses chances de gagner sont minces
2 vi maigrir; (= diet) suivre un régime amaigrissant ◆ **she's slimming** elle suit un régime (amaigrissant)
3 vt (also **slim down**) [diet etc] faire maigrir; [dress etc] amincir
4 n (East African name for AIDS) ◆ **Slim*** sida m

► **slim down 1** vi **a** [person] maigrir, perdre du poids
  b [business, company] réduire ses effectifs, dégraisser*
2 vt sep **a** ⇒ **slim 3**
  b (fig) slimmed down business, company allégé, dégraissé*

slime [slaɪm] n (= mud) vase f; (on riverbeds) limon m; (= sticky substance) dépôt m visqueux or gluant; (from snail) bave f

slimebag* [ˈslaɪmbæg], **slimeball*** [ˈslaɪmbɔːl] n (pej) ordure* f

sliminess [ˈslaɪmɪnɪs] n **a** [of substance, creature, surface] viscosité f
  b (fig) [of person] obséquiosité f

slimline [ˈslɪmlaɪn] adj drink light, hypocalorique; body, person mince, svelte; dishwasher, freezer etc mini inv

slimmer [ˈslɪməʳ] n personne f au régime ◆ **if you are a slimmer** si vous suivez un régime

slimming [ˈslɪmɪŋ] **1** n fait m de suivre un régime amaigrissant, amaigrissement m ◆ **slimming can be very tiring** un régime amaigrissant peut être très fatigant, ça peut être très fatigant d'être au régime
2 adj garment qui amincit; food amincissant
3 COMP ◆ **slimming aid** n (= food) (produit m) amincissant m

slimness [ˈslɪmnɪs] n **a** (lit = thinness) minceur f
  b (fig) **the slimness of their majority** leur faible majorité ◆ **the slimness of his chances** le peu de chances or les faibles chances qu'il a

slimy [ˈslaɪmɪ] → SYN adj **a** (lit) substance, creature, surface visqueux
  b (Brit fig) person mielleux, obséquieux ◆ **he's a slimy toad** c'est un lécheur ou un lèche-bottes*

sling [slɪŋ] → SYN vb : pret, ptp **slung 1** n **a** (= weapon) fronde f; (child's) lance-pierre(s) m inv ◆ **they were quite unable to cope with the slings and arrows of outrageous fortune** ils n'étaient pas à même de faire face à l'adversité
  b (= hoist) cordages mpl, courroies fpl; (for oil drums etc) courroie f; (Naut) (for loads, casks, boats) élingue f; (for mast) cravate f; (for rifle) bretelle f; (Med) écharpe f ◆ **to have one's arm in a sling** avoir le bras en écharpe
  c (Climbing) anneau m (de corde); (also **gear sling**) baudrier m
2 vt **a** (= throw) [+ objects, stones] lancer, jeter (at or to sb à qn; at sth sur qch); [+ insults, accusations] lancer (at sb à qn) ◆ **sling your hook!*** (Brit) fiche le camp!*
  b (= hang) [+ hammock etc] suspendre; [+ load etc] hisser; (Naut) élinguer ◆ **to sling across one's shoulder** [+ rifle] mettre en bandoulière or à la bretelle; [+ satchel] mettre en bandoulière; [+ load, coat] jeter par derrière l'épaule ◆ **with his rifle slung across his shoulder** avec son fusil en bandoulière or à la bretelle

► **sling away*** vt sep (= get rid of) bazarder*

► **sling out*** vt sep (= put out) [+ person] flanquer* à la porte or dehors; [+ object] bazarder*

► **sling over*** vt sep (= pass) balancer*, envoyer

► **sling up** vt sep suspendre

slingbacks [ˈslɪŋbæks] npl escarpins mpl à bride (arrière)

slingshot [ˈslɪŋʃɒt] n (US) lance-pierre(s) m inv

slink [slɪŋk] → SYN pret, ptp **slunk** vi ♦ **to slink away/out** etc s'en aller/sortir etc furtivement or sournoisement or honteusement

slinkily* ['slɪŋkɪlɪ] adv walk d'une démarche ondoyante or ondulante, avec un mouvement onduleux

slinking ['slɪŋkɪŋ] adj furtif

slinky* ['slɪŋkɪ] adj dress, skirt moulant, sinueux; figure ondoyant; walk ondoyant, ondulant

slip [slɪp] → SYN **1** n **a** (= slide) dérapage m; (= trip) faux pas m; (of earth) éboulement m; (fig = mistake) bévue f, erreur f; (= oversight) étourderie f, oubli m; (moral) écart m, faute f légère ♦ (Prov) **there's many a slip 'twixt cup and lip** il y a loin de la coupe aux lèvres (Prov) ♦ **slip of the tongue, slip of the pen** lapsus m ♦ **it was a slip of the tongue** c'était un lapsus, la langue lui a (or m'a etc) fourché ♦ **he made several slips** il a fait or commis plusieurs lapsus ♦ **to give sb the slip** fausser compagnie à qn
b (also **pillowslip**) taie f (d'oreiller); (= underskirt) combinaison f; → **gym**
c **the slips** (Naut) la cale; (Theat) les coulisses fpl; (Cricket) partie du terrain se trouvant diagonalement derrière le batteur ♦ **in the slips** (Naut) sur cale; (Theat) dans les coulisses
d (= plant-cutting) bouture f; (= paper: in filing system) fiche f ♦ **a slip of paper** (= small sheet) un bout or un morceau de papier; (= strip) une bande de papier ♦ **a (mere) slip of a boy/girl** un gamin/une gamine, un jeune homme/une jeune fille gracile
e (NonC: Pottery) engobe m
f (Aviat: also **sideslip**) glissade f or glissement m sur l'aile

2 vi **a** (= slide) [person, foot, hand, object] glisser ♦ **he slipped on the ice** il a glissé or dérapé sur la glace ♦ **my foot/hand slipped** mon pied/ma main a glissé ♦ **the clutch slipped** (Aut) l'embrayage a patiné ♦ **the knot has slipped** le nœud a glissé or coulissé ♦ **the fish slipped off the hook** le poisson s'est détaché de l'hameçon ♦ **the drawer slips in and out easily** le tiroir glisse bien, le tiroir s'ouvre et se ferme facilement ♦ **the top ought to slip gently into place** on devrait pouvoir mettre le haut en place en le faisant glisser doucement ♦ **the saw slipped and cut my hand** la scie a glissé or dérapé et m'a entaillé la main ♦ **the book slipped out of his hand/off the table** le livre lui a glissé des doigts/a glissé de la table ♦ **the beads slipped through my fingers** les perles m'ont glissé entre les doigts ♦ **money slips through her fingers** l'argent lui file entre les doigts ♦ **to let sth slip through one's fingers** laisser qch filer entre ses doigts ♦ **the thief slipped through their fingers** le voleur leur a filé entre les doigts ♦ **several errors had slipped into the report** plusieurs erreurs s'étaient glissées dans le rapport ♦ **to let an opportunity slip, to let slip an opportunity** laisser passer or laisser échapper une occasion ♦ **he let slip an oath** il a laissé échapper un juron ♦ **he let (it) slip that ...** il a laissé échapper que ... ♦ **he's slipping** (= getting old, less efficient) il baisse, il n'est plus ce qu'il était; (= making more mistakes) il ne fait plus assez attention, il ne se concentre plus assez; → **net¹**
b (= move quickly) [person] se glisser, passer; [vehicle] se faufiler, passer ♦ **he slipped into/out of the room** il s'est glissé or coulé dans/hors de la pièce ♦ **he slipped through the corridors** il s'est faufilé dans les couloirs ♦ **I'll just slip through the garden** je vais passer par le jardin ♦ **the motorbike slipped through the traffic** la motocyclette s'est faufilée à travers la circulation ♦ **he slipped over** or **across the border** il se faufila de l'autre côté de la frontière ♦ **to slip into bed** se glisser or se couler dans son lit ♦ **to slip into a dress** etc se glisser dans or enfiler (rapidement) une robe etc ♦ **to slip out of a dress** etc enlever (rapidement) une robe etc ♦ **he slipped easily into his new role** il s'est adapté or il s'est fait facilement à son nouveau rôle ♦ **to slip into bad habits** prendre insensiblement de mauvaises habitudes

3 vt **a** (= slide) glisser ♦ **to slip a coin to sb/into sb's hand** glisser une pièce à qn/dans la main de qn ♦ **he slipped the book back on the shelf** il a glissé or remis le livre à sa place sur l'étagère ♦ **he slipped the ring on her finger** il lui a glissé or passé la bague au doigt ♦ **he slipped the photo into his pocket** il a glissé la photo dans sa poche ♦ **to slip the top (back) onto a box** remettre le couvercle sur une boîte en le faisant glisser ♦ **slip the drawer (back) into place** remets le tiroir en place ♦ **he slipped the gun out of its holster** il a retiré or sorti le revolver de son étui ♦ **to slip the clutch** (Aut) faire patiner l'embrayage ♦ **a question on Proust was slipped into the exam** il y a eu or on a comporté une question inattendue sur Proust ♦ **to slip a stitch** (Knitting) glisser une maille

b (= escape from) échapper à; (Naut) [+ anchor, cable, moorings] filer ♦ **the dog slipped its collar** le chien s'est dégagé de son collier ♦ **he slipped the dog's leash** il a lâché le chien ♦ **that slipped his attention** or **his notice** cela lui a échappé ♦ **it slipped his notice that ...** il ne s'est pas aperçu que ..., il n'a pas remarqué que ..., il lui a échappé que ... ♦ **it slipped my memory** or **my mind** j'avais complètement oublié cela, cela m'était complètement sorti de la tête

4 COMP ▷ **slip-on** adj facile à mettre or à enfiler* ▷ **slip-ons, slip-on shoes** npl chaussures fpl sans lacets ▷ **slipped disc** n (Med) hernie f discale ▷ **slip road** n (Brit) (to motorway) bretelle f d'accès; (= bypass road) voie f de déviation ▷ **slip stitch** n (Knitting) maille f glissée ▷ **slip-up*** n bévue f, cafouillage* m ♦ **there has been a slip-up somewhere** quelqu'un a dû faire une gaffe*, quelque chose a cafouillé* ♦ **a slip-up in communication(s)** une défaillance or un cafouillage* dans les communications

▶ **slip along** vi faire un saut, passer ♦ **he has just slipped along to the shops** il a fait un saut jusqu'aux magasins ♦ **slip along to Mary's and ask her ...** fais un saut or passe chez Marie et demande-lui ...

▶ **slip away** vi [car, boat] s'éloigner doucement; [guest] partir discrètement, s'esquiver; [thief] filer*, s'esquiver ♦ **I slipped away for a few minutes** je me suis esquivé ou éclipsé* pour quelques minutes ♦ **her life was slipping away (from her)** la vie la quittait

▶ **slip back 1** vi [car, boat] revenir or retourner doucement; [guest] revenir or retourner discrètement; [thief, spy] revenir or retourner furtivement or subrepticement ♦ **I'll just slip back and get it** je retourne le chercher
2 vt sep → **slip 3a**

▶ **slip by** vi ⇒ **slip past**

▶ **slip down** vi **a** [object, car] glisser; [person] glisser et tomber ♦ **I'll just slip down and get it** je descends le chercher
b [food, drink] descendre* tout seul

▶ **slip in 1** vi [car, boat] entrer doucement; [person] entrer discrètement or sans se faire remarquer; [thief] entrer furtivement or subrepticement; [cat etc] entrer inaperçu ♦ **several errors have slipped in** plusieurs erreurs s'y sont glissées ♦ **I'll just slip in and tell him** je vais juste entrer le lui dire ♦ **I've only slipped in for a minute** je ne fais que passer, je ne fais qu'entrer et sortir
2 vt sep [+ object] glisser, placer; [+ part, drawer] glisser à sa place; [+ remark, comment] glisser, placer ♦ **to slip in the clutch** (Aut) embrayer

▶ **slip off 1** vi **a** ⇒ **slip away**
b [coat, lid, cover] glisser
2 vt sep [+ cover, ring, bracelet, glove, shoe] enlever; [+ garment] enlever, ôter

▶ **slip on 1** vt sep [+ garment] passer, enfiler*; [+ ring, bracelet, glove] mettre, enfiler; [+ shoe] mettre; [+ lid, cover] (re)mettre, placer
2 slip-on adj → **slip**

▶ **slip out 1** vi [guest] sortir discrètement, s'esquiver; [thief] sortir furtivement, filer* ♦ **I must just slip out for some cigarettes** il faut que je sorte un instant chercher des cigarettes ♦ **she slipped out to the shops** elle a fait un saut jusqu'aux magasins ♦ **the secret slipped out** le secret a été révélé par mégarde ♦ **the words slipped out before he realized it** les mots lui ont échappé avant même qu'il ne s'en rende compte
2 vt sep sortir doucement (or discrètement etc)

▶ **slip over 1** vi **a** ⇒ **slip along**
b (= fall) glisser et tomber
2 vt sep ♦ **to slip one over on sb*** rouler qn*
3 slipover n → **slipover**

▶ **slip past** vi [person, vehicle] passer, se faufiler ♦ **the years slipped past** les années passèrent

▶ **slip round** vi ⇒ **slip along**

▶ **slip through** vi [person, error] passer, s'introduire

▶ **slip up*** **1** vi (= make mistake) se ficher dedans*
2 slip-up n → **slip**

slipcase ['slɪpkeɪs] n (of book) coffret m

slipcover ['slɪpkʌvər] n (esp US) (on book) jaquette f; (on furniture) housse f

slipknot ['slɪpnɒt] n nœud m coulant

slipover* ['slɪpəʊvər] n pull-over m sans manches

slippage ['slɪpɪdʒ] n (Ind) [of output] dérapage m (in de); (in schedule) retard m

slipper ['slɪpər] **1** n pantoufle f; (warmer) chausson m; (= mule) mule f → **glass**
2 COMP ▷ **slipper bath** n baignoire f sabot

slippery ['slɪpərɪ] → SYN **1** adj **a** (lit) surface, road, soap, mud, shoes glissant ♦ **it's slippery underfoot** le sol est glissant ♦ **his fingers were slippery with blood/sweat** le sang/la sueur rendait ses doigts glissants ♦ **the roads were slippery with ice** les routes étaient verglacées ♦ **to be on the slippery slope** (fig) être sur la pente savonneuse
b (fig pej) person (= evasive) fuyant, insaisissable; (= unreliable) sur qui on ne peut pas compter ♦ **he's a slippery customer** il est retors
2 COMP ▷ **slippery elm** n (= tree) aulne m glutineux; (= bark) bois m d'aulne

slippy* ['slɪpɪ] adj glissant ♦ **look slippy (about it)!*** (Brit) grouille-toi!*

slipshod ['slɪpʃɒd] → SYN adj person (in dress etc) débraillé, négligé; (in work) négligent; work, style négligé, peu soigné

slipslop* ['slɪpslɒp] n (= liquor) lavasse* f, bibine* f; (= talk, writing) bêtises fpl

slipstream ['slɪpstriːm] n (Aviat) sillage m

slipware ['slɪpwεər] n (pottery) faïence f engobée

slipway ['slɪpweɪ] n (Naut) (for building, repairing) cale f (de construction); (for launching) cale f de lancement

slit [slɪt] → SYN vb : pret, ptp **slit** **1** n **a** (= opening) fente f; (= cut) incision f; (= tear) déchirure f ♦ **to make a slit in sth** fendre or inciser or déchirer qch ♦ **the skirt has a slit up the side** la jupe a une fente or est fendue sur le côté
b (*** = vagina) fente*** f
2 adj ♦ **to have slit eyes** (= slanting) avoir les yeux bridés ♦ **he looked at me through slit eyes** (concentrating) il m'a regardé en plissant les yeux
3 vt (= make an opening in) fendre; (= cut) inciser, faire une fente dans; (= tear) déchirer ♦ **to slit sb's throat** trancher la gorge à qn, égorger qn ♦ **to slit one's wrists** s'ouvrir les veines ♦ **to slit a letter open** ouvrir une lettre ♦ **to slit a sack open** éventrer or fendre un sac ♦ **a slit skirt** une jupe fendue
4 COMP ▷ **slit-eyed** adj (= with eyes nearly closed) aux yeux plissés; (= with slanting eyes) aux yeux bridés ▷ **slit trench** n (Mil) tranchée f (étroite)

slither ['slɪðər] → SYN vi [person, animal] glisser; [snake] onduler ♦ **he slithered about on the ice** il dérapait sur la glace, il essayait de se tenir en équilibre sur la glace ♦ **the car slithered (about) all over the place** la voiture dérapait dans tous les sens ♦ **he slithered down the slope/down the rope** il a dégringolé* la pente/le long de la corde ♦ **the snake slithered across the path** le serpent a traversé le sentier en ondulant

slithery ['slɪðərɪ] adj glissant

sliver / slow

sliver ['slɪvəʳ] n [of glass, wood] éclat m ; [of cheese, ham etc] lamelle f

slivovitz ['slɪvəʊvɪts] n (NonC) slivovitz m

Sloane Ranger * [ˌsləʊn'reɪndʒəʳ] n (Brit) ≃ personne f BCBG

slob * [slɒb] n rustaud(e) m(f), plouc *⁎ mf

▶ **slob out** * vi glander *

slobber ['slɒbəʳ] 1 vi [person, dog etc] baver ◆ **to slobber over sth** (lit) baver sur qch ; (fig pej) s'attendrir or s'extasier exagérément sur qch ◆ **to slobber over sb** [dog] couvrir qn de grands coups de langue ; (pej = kiss) [person] faire des mamours * à qn, donner une fricassée de museau à qn ⁎
2 n (NonC) bave f, salive f ; (fig pej) sensiblerie f, attendrissement m exagéré

slobbery ['slɒbərɪ] adj (pej) baveux

sloe [sləʊ] 1 n prunelle f ; (= bush) prunellier m
2 COMP ▷ **sloe-eyed** adj aux yeux de biche ▷ **sloe gin** n gin m à la prunelle

slog [slɒg] → SYN 1 n (= work) long travail m pénible, travail m de Romain * or de nègre * ; (= effort) gros effort m ◆ **the programme was one long slog** le programme exigeait un grand effort or représentait un travail de Romain * ◆ **it was a (hard) slog to pass the exam** il a fallu fournir un gros effort or travailler comme un nègre * pour réussir à l'examen ◆ **after a long slog he reached the top of the hill** après un gros effort il a atteint le sommet de la colline ◆ **he found it nothing but a slog** c'était une vraie corvée pour lui
2 vt [+ ball] donner un grand coup à ; [+ opponent] donner un gnon ⁎ à ◆ **we left them to slog it out** nous les avons laissés s'expliquer à coups de poing
3 vi a (= work etc) travailler très dur or comme un nègre * ◆ **he slogged (his way) through the book** il s'est forcé à lire le livre, il a poursuivi péniblement la lecture du livre
b (= walk etc) marcher d'un pas lourd, avancer avec obstination ◆ **he slogged up the hill** il a gravi la colline avec effort

▶ **slog along** vi marcher d'un pas lourd, avancer avec obstination ◆ **we slogged along for 10km** nous nous sommes traînés sur 10 km

▶ **slog away** vi travailler dur or comme un nègre * ◆ **to slog away at sth** trimer * sur qch

▶ **slog on** vi ⇒ **slog along**

slogan ['sləʊgən] → SYN n slogan m

sloganeering [ˌsləʊgə'nɪərɪŋ] n (NonC: pej) ◆ **politics should be about ideas, rather than sloganeering** en politique, il faut des idées, pas des slogans

slogger * ['slɒgəʳ] n (= hard worker) bourreau m de travail ; (Boxing) cogneur m

slo-mo * [ˌsləʊ'məʊ] n (abbrev of **slow-motion**) ralenti m ◆ **in slo-mo** au ralenti

sloop [slu:p] n sloop m

slop [slɒp] 1 vt [+ liquid] (= spill) renverser, répandre ; (= tip carelessly) répandre (on to sur ; into dans) ◆ **you've slopped paint all over the floor** tu as éclaboussé tout le plancher de peinture
2 vi (also **slop over**) [water, tea etc] déborder, se renverser (into dans ; on to sur) ; [bowl, bucket] déborder
3 **slops** npl (= dirty water) eaux fpl sales ; (in teacup etc) fond m de tasse ; (= liquid food) (for invalids etc) bouillon m, aliment m liquide ; (for pigs) pâtée f, soupe f
4 COMP ▷ **slop basin** n vide-tasses m inv ▷ **slop bucket**, **slop pail** n (in kitchen etc) poubelle f ; (in bedroom) seau m de toilette ; (on farm) seau m à pâtée ▷ **slopping out** n (NonC: Brit Prison) corvée f de tinettes

▶ **slop about**, **slop around** 1 vi a **the water was slopping about in the bucket** l'eau clapotait dans le seau ◆ **they were slopping about in the mud** ils pataugeaient dans la boue
b (fig) **she slops about in a dressing gown all day** * elle traîne or traînasse * toute la journée en robe de chambre

2 vt sep renverser or mettre un peu partout

▶ **slop out** vi (Brit Prison) faire la corvée de tinettes, vider les seaux hygiéniques

▶ **slop over** 1 vi ⇒ **slop 2**
2 vt sep renverser

slope [sləʊp] → SYN 1 n a [of roof, floor, ground, surface] inclinaison f, pente f ; [of handwriting etc] inclinaison f ◆ **roof with a slight/steep slope** toit m (qui descend) en pente douce/raide ◆ **road with a slope of 1 in 8** route f avec une pente de 12,5 % ◆ **rifle at the slope** (Mil) fusil m sur l'épaule
b (= rising ground, gentle hill) côte f, pente f ; (= mountainside) versant m, flanc m ◆ **slope up** montée f ◆ **slope down** descente f ◆ **the car got stuck on a slope** la voiture est restée en panne dans une côte ◆ **halfway up** or **down the slope** à mi-côte, à mi-pente ◆ **on the slopes of Mount Etna** sur les flancs de l'Etna ◆ **the southern slopes of the Himalayas** le versant sud de l'Himalaya ◆ **on the (ski) slopes** sur les pistes (de ski)
2 vi [ground, roof] être en pente, être incliné ; [handwriting] pencher ◆ **the garden slopes towards the river** le jardin descend en pente vers la rivière
3 vt incliner, pencher ◆ **to slope arms** (Mil) mettre l'arme sur l'épaule ◆ "**slope arms!**" "portez arme !"
4 COMP ▷ **sloped roman** n (Typ) romain m incliné

▶ **slope away**, **slope down** vi [ground] descendre en pente (to jusqu'à ; towards vers)

▶ **slope off** * vi se tirer ⁎, se barrer ⁎

▶ **slope up** vi [road, ground] monter

sloping ['sləʊpɪŋ] → SYN adj ground, roof en pente, incliné ; handwriting penché ; shoulders tombant

sloppily ['slɒpɪlɪ] adv (= carelessly) dress, work sans soin, n'importe comment ; eat, drink salement ; speak mal ◆ **sloppily acted/written** écrit/joué n'importe comment

sloppiness ['slɒpɪnɪs] n a (= carelessness) (gen) négligence f, manque m de soin ; (in thinking, logic) manque m de rigueur ◆ **the sloppiness of his work** son travail peu soigné ◆ **the sloppiness of their English** leur anglais très relâché
b (= sentimentality) sensiblerie f
c (= sloppy consistency) [of cement, paste, food etc] consistance f trop liquide

sloppy ['slɒpɪ] → SYN 1 adj a (= careless) work, handwriting, spelling négligé, peu soigné ; language relâché ; thinking, logic qui manque de rigueur ; appearance négligé, débraillé ◆ **his sloppy attitude** son je-m'en-foutisme * ◆ **their sloppy English** leur anglais m très relâché ◆ **to get sloppy** [person] se relâcher ◆ **to be a sloppy worker** travailler n'importe comment ◆ **to be a sloppy eater** manger salement
b (= sentimental) film, book, story à l'eau de rose ◆ **a big sloppy kiss** un gros baiser mouillé
c (gen pej) cement, paste, food trop liquide
d garment lâche, ample
2 COMP ▷ **sloppy Joe** n (= sweater) grand pull m ; (US = sandwich) hamburger m

slosh [slɒʃ] 1 vt a (Brit ⁎ = hit) flanquer * un coup or un gnon ⁎ à
b * (= spill) renverser, répandre ; (= apply lavishly) répandre (on to, over sur ; into dans) ◆ **to slosh paint on a wall** barbouiller un mur de peinture, flanquer * de la peinture sur un mur ◆ **he sloshed water over the floor** (deliberately) il a répandu de l'eau par terre ; (accidentally) il a renversé or fichu * de l'eau par terre
2 vi ◆ **water was sloshing everywhere** l'eau se répandait partout ◆ **to slosh through mud/water** patauger dans la boue/l'eau

▶ **slosh about** *, **slosh around** * 1 vi ⇒ **slop about 1a**
2 vt sep ⇒ **slop about 2**

sloshed ⁎ [slɒʃt] adj (esp Brit = drunk) beurré ⁎, rond ⁎ ◆ **to get sloshed** prendre une biture ⁎

slot [slɒt] → SYN 1 n a (= slit) fente f ; (= groove) rainure f ; (in door, for mail) ouverture f pour les lettres ◆ **to put a coin in the slot** mettre or introduire une pièce dans la fente
b (fig = space in schedule etc) (gen, also Rad, TV) créneau m, tranche f horaire ; (Scol etc: in timetable) heure f, plage f horaire ◆ **they are looking for something to fill the early-evening comedy slot** (Rad, TV etc) on cherche quelque chose pour la tranche comédie du début de soirée ◆ **who will fit this slot?** (= job etc) qui fera l'affaire pour ce créneau ?
2 vt ◆ **to slot a part into another part** emboîter or encastrer une pièce dans une autre pièce ◆ **to slot sth into a programme/timetable** insérer or faire rentrer qch dans une grille de programmes/d'horaires
3 vi ◆ **this part slots into that part** cette pièce-ci s'emboîte or s'encastre dans celle-là ◆ **the song will slot into the programme here** on peut insérer or faire figurer la chanson à ce moment-là du programme
4 COMP ▷ **slot car** n (US) petite voiture f (de circuit électrique) ▷ **slot machine** n (for tickets, cigarettes etc) distributeur m (automatique) ; (in fair etc) appareil m or machine f à sous ▷ **slot meter** n compteur m (de gaz etc) (à pièces) ▷ **slotted spoon** n écumoire f

▶ **slot in** 1 vi [piece, part] s'emboîter, s'encastrer ; (fig) [item on programme etc] s'insérer, figurer
2 vt sep [+ piece, part] emboîter, encastrer ; (fig) [+ item on programme] insérer, faire figurer

▶ **slot together** 1 vi [pieces, parts] s'emboîter or s'encastrer les un(e)s dans les autres
2 vt sep [+ pieces, parts] emboîter or encastrer les un(e)s dans les autres

sloth [sləʊθ] → SYN n a (NonC) paresse f
b (Zool) paresseux m

slothful ['sləʊθfʊl] → SYN adj (liter) paresseux

slothfully ['sləʊθfəlɪ] adv paresseusement

slouch [slaʊtʃ] → SYN 1 n a **to walk with a slouch** mal se tenir en marchant
b **he's no slouch** * il n'est pas empoté *
2 vi ◆ **he was slouching in a chair** il était affalé dans un fauteuil ◆ **she always slouches** elle ne se tient jamais droite, elle est toujours avachie ◆ **stop slouching!** redresse-toi !, tiens-toi droit ! ◆ **he slouched in/out** etc il entra/sortit etc en traînant les pieds, le dos voûté
3 COMP ▷ **slouch hat** n chapeau m (mou) à larges bords

▶ **slouch about**, **slouch around** vi traîner à ne rien faire

slough[1] [slaʊ] n (= swamp) bourbier m, marécage m ◆ **the Slough of Despond** (fig) l'abîme m du désespoir

slough[2] [slʌf] 1 n [of snake] dépouille f, mue f
2 vt ◆ (also **slough off**) **the snake sloughed (off) its skin** le serpent a mué

▶ **slough off** vt sep a ⇒ **slough**[2] **2**
b (fig) [+ habit etc] perdre, se débarrasser de

Slovak ['sləʊvæk] 1 adj slovaque
2 n a Slovaque mf
b (Ling) slovaque m
3 COMP ▷ **the Slovak Republic** n la République slovaque

Slovakia [sləʊ'vækɪə] n la Slovaquie

Slovakian [sləʊ'vækɪən] ⇒ **Slovak**

sloven ['slʌvn] n souillon f

Slovene ['sləʊvi:n] 1 adj slovène
2 n a Slovène mf
b (Ling) slovène m

Slovenia [sləʊ'vi:nɪə] n la Slovénie

Slovenian [sləʊ'vi:nɪən] ⇒ **Slovene**

slovenliness ['slʌvnlɪnɪs] n (= untidiness) aspect m négligé or débraillé ; (= carelessness) je-m'en-foutisme m *

slovenly ['slʌvnlɪ] → SYN adj person, appearance, work négligé ◆ **his slovenly attitude** son je-m'en-foutisme *

slow [sləʊ] → SYN 1 adj a (gen) lent ◆ **the slow movement of the symphony** le mouvement lent de la symphonie ◆ **after a slow start** après un départ laborieux ◆ **the pace of life there is slow** là-bas on vit au ralenti ◆ **it's**

slow but sure on (or ça) avance lentement mais sûrement ◆ **a slow train** (Brit = stopping-train) un (train) omnibus ◆ **at a slow speed** à petite vitesse ◆ **it's slow going** (lit, fig) cela n'avance pas vite ◆ **it's slow work** c'est un travail qui avance lentement ◆ **he's a slow learner** il n'apprend pas vite ◆ **to be slow of speech** (frm) parler lentement ◆ **to be slow to do sth** or **in doing sth** mettre du temps à faire qch ◆ **she was not slow to notice** or **in noticing** ... il ne lui a pas fallu longtemps pour remarquer ... ; → **mark², progress, uptake**
  b pitch, track, surface lourd
  c (euph = stupid) lent, qui a l'esprit lent ◆ **he's a bit slow** il a l'esprit un peu lent
  d (= boring) party, evening, play, film etc ennuyeux
  e (pej = slack, sluggish) market, trading, demand stagnant ; growth lent ◆ **business is slow** les affaires stagnent
  f watch, clock **my watch is slow** ma montre retarde ◆ **my watch is ten minutes slow** ma montre retarde de dix minutes
  g (Culin) **in a slow oven** à feu doux ◆ **over a slow heat** à feu doux
  h (Phot) film lent
  2 adv (= slowly) lentement ◆ **to go slower** ralentir ◆ **to go slow** (Ind) faire la grève perlée ; → **astern, dead**
  3 vt (also **slow down, slow up**) [+ person] (in walk) faire ralentir ; (in activity) ralentir, retarder ; [+ vehicle, machine] ralentir (la marche de) ; [+ traffic] ralentir ; [+ horse] ralentir l'allure or le pas de ; [+ progress, production, negotiations] ralentir, retarder ; [+ reaction] rendre moins rapide ◆ **his injury slowed him down** or **up** sa blessure l'a ralenti ◆ **all these interruptions have slowed us down** or **up** toutes ces interruptions nous ont retardés
  4 vi (also **slow down, slow off, slow up**) [driver, worker, walker, vehicle, machine, production, progress] ralentir ; [reactions] devenir plus lent or moins rapide ◆ **"slow"** (Aut) "ralentir" ◆ **a "slow" signal** (Aut) un panneau "attention, ralentir" ◆ **you must slow down or you will make yourself ill** (fig) il faut que vous travailliez moins, sinon vous allez tomber malade ◆ **since his retirement his life has slowed down** depuis qu'il a pris sa retraite il vit au ralenti
  5 COMP ▷ **slow-acting** adj à action lente ◆ **it is slow-acting** cela agit lentement ▷ **slow burn**⁕ n (US) **he did a slow burn** il a fini par péter les plombs⁕ ▷ **slow-burning** adj à combustion lente ◆ **it is slow-burning** cela brûle lentement ▷ **slow cooker** n (Culin) cocotte f électrique ▷ **slow handclap** n (Brit: by audience) applaudissements mpl rythmés (pour exprimer le mécontentement) ▷ **slow lane** n (Aut) (in France) voie f de droite ; (in Brit, Austral etc) voie f de gauche ; → **life** ▷ **slow match** n mèche f à combustion lente ▷ **slow motion** n (Cine etc) **in slow motion** au ralenti ◇ adj slow-motion film/shot etc (film m/prise f de vues etc au) ralenti m ▷ **slow-moving** adj person, animal lent, aux mouvements lents ; vehicle lent ; play lent, dont l'action est lente ▷ **slow puncture** n (Brit) pneu qui se dégonfle lentement ▷ **slow-speaking, slow-spoken** adj qui parle lentement ▷ **slow virus** n virus m lent ▷ **slow-witted** adj lourdaud, qui a l'esprit lent or lourd ▷ **slow worm** n (Zool) orvet m

▶ **slow down** 1 vt sep ⇒ slow 3
  2 vi ⇒ slow 4
  3 slowdown n → slowdown

▶ **slow off** vi ⇒ slow 4

▶ **slow up** 1 vt sep ⇒ slow 3
  2 vi ⇒ slow 4

slowcoach ['sləʊkəʊtʃ] n (Brit = dawdler) lambin(e)⁕ m(f)

slowdown ['sləʊdaʊn] n ralentissement m ; (US Ind) grève f perlée

slowly ['sləʊlɪ] → SYN adv (gen) lentement ; realize, start, increase peu à peu ◆ **slowly but surely** lentement mais sûrement

slowness ['sləʊnɪs] n [of person, vehicle, movement etc] lenteur f ; [of pitch, track] lourdeur f ; [of party, evening] manque m d'entrain or d'intérêt ; [of novel, plot, play] lenteur f, manque m de mouvement or d'action ; (= lack of energy etc) allure f posée ◆ **slowness (of mind)**

lenteur f or lourdeur f d'esprit ◆ **his slowness to act** or **in acting** la lenteur avec laquelle or le retard avec lequel il a agi

slowpoke⁕ ['sləʊpəʊk] n (US) ⇒ **slowcoach**

SLR [ˌesel'ɑː^r] n (Phot) (abbrev of **single lens reflex (camera)**) → **single**

slub [slʌb] vt (Tex) filer en gros

sludge [slʌdʒ] n (NonC) (= mud) boue f, vase f ; (= sediment) boue f, dépôt m ; (= sewage) vidanges fpl ; (= melting snow) neige f fondue

slug [slʌg] 1 n (Zool) limace f ; (= bullet) balle f ; (= blow) coup m ; (Min, Typ) lingot m ; (esp US = metal token) jeton m ; (US ⁕ = false coin) fausse pièce f ◆ **a slug of whisky**⁕ (US) un peu or un coup⁕ de whisky sec
  2 vt (⁕ = hit) frapper (comme une brute)

▶ **slug out**⁕ vt sep ◆ **to slug it out** se taper dessus⁕ (pour régler une question)

slugfest⁕ ['slʌgfest] n bagarre f, rixe f

sluggard ['slʌgəd] n paresseux m, -euse f, fainéant(e) m(f)

slugger ['slʌgə^r] n (Baseball) joueur m qui frappe fort

sluggish ['slʌgɪʃ] → SYN adj person, temperament mou (molle f), léthargique ; (= slow-moving) lent ; (= lazy) paresseux ; growth, reaction, movement, circulation, digestion lent ; liver paresseux ; market, business stagnant ◆ **the engine is sluggish** (Aut) le moteur manque de reprise or de nervosité ◆ **sales are sluggish** (Comm) les ventes ne vont pas fort

sluggishly ['slʌgɪʃlɪ] adv move lentement ; react, respond, flow mollement ; (Econ, Fin) trade, perform faiblement

sluggishness ['slʌgɪʃnɪs] → SYN n [of person] mollesse f, lenteur f ; [of engine] manque m de nervosité

sluice [sluːs] 1 n a (whole structure) écluse f ; (= gate: also **sluice gate, sluice valve**) vanne f or porte f d'écluse ; (= channel: also **sluiceway**) canal m (à vannes) ; (= water) éclusée f
  b **to give sth/o.s. a sluice (down)** laver qch/se laver à grande eau
  2 vt (also **sluice down**) laver à grande eau
  3 COMP ▷ **sluice gate, sluice valve** n vanne f or porte f d'écluse

sluiceway ['sluːsweɪ] n → sluice 1a

slum [slʌm] 1 n (= house) taudis m ◆ **the slums** les quartiers mpl pauvres ; (in suburb) la zone ; (= shanty towns) les bidonvilles mpl
  2 vi (⁕ = live cheaply: also **slum it** : esp Brit) vivre à la dure, manger de la vache enragée ⁕ ◆ **we don't see you often enough round here – I'm slumming (it) today!** (iro) on ne te voit pas souvent ici — aujourd'hui je m'encanaille !
  3 vt ◆ **to slum it** ⁕ → 2
  4 COMP ▷ **slum area** n quartier m pauvre ▷ **slum clearance** n aménagement m des quartiers insalubres ▷ **slum clearance area** n zone f de quartiers insalubres en voie d'aménagement ▷ **slum clearance campaign** n campagne f pour la démolition des taudis ▷ **slum-dweller** n habitant(e) m(f) de taudis ▷ **slum dwelling** n taudis m

slumber ['slʌmbə^r] → SYN 1 n (liter: also **slumbers**) sommeil m (paisible)
  2 vi dormir paisiblement
  3 COMP ▷ **slumber party** n (US) soirée entre adolescentes qui restent dormir chez l'une d'entre elles ▷ **slumber wear** n (NonC: Comm) vêtements mpl de nuit

slumb(e)rous ['slʌmb(ə)rəs] adj (liter) (= drowsy) somnolent ; (= soporific) assoupissant (liter)

slumgullion [slʌm'gʌljən] n (US) ragoût m

slumlord⁕ ['slʌmlɔːd] n (US pej) marchand ⁕ m de sommeil

slummy⁕ ['slʌmɪ] adj sordide

slump [slʌmp] → SYN 1 n (in numbers, popularity, morale etc) forte baisse f, baisse f soudaine (in de) ; (Econ) dépression f ; (St Ex) effondrement m (des cours) ; (Comm: in sales etc) baisse f soudaine (in de) ; (in prices) effondrement m (in de) ◆ **the 1929 slump** la crise (économique) de 1929

  2 vi a (popularity, morale, production, trade) baisser brutalement ; (prices, rates) s'effondrer ◆ **business has slumped** les affaires sont en baisse, c'est le marasme (économique)
  b (also **slump down**) s'effondrer, s'écrouler (into dans ; onto sur) ◆ **he lay slumped on the floor** il gisait effondré or écroulé par terre ◆ **he was slumped over the wheel** il était affaissé sur le volant
  c (= stoop) avoir le dos rond or voûté

▶ **slump back** vi [person] retomber en arrière

▶ **slump down** vi ⇒ slump 2b

▶ **slump forward** vi [person] tomber en avant

slung [slʌŋ] vb (pt, ptp of **sling**)

slunk [slʌŋk] vb (pt, ptp of **slink**)

slur [slɜː^r] → SYN 1 n a (= stigma) tache f (on sur), atteinte f (on à), insinuation f (on contre) ; (= insult) insulte f, affront m ◆ **to be a slur on sb's reputation** porter atteinte à être une tache sur la réputation de qn ◆ **that is a slur on him** cela porte atteinte à son intégrité ◆ **to cast a slur on sb** porter atteinte à la réputation de qn ◆ **it's no slur on him to say** ... ce n'est pas le calomnier que de dire ...
  b (Mus) liaison f
  2 vt (= join) [+ several sounds, words] lier à tort ; (Mus) lier ; (= enunciate indistinctly) [+ word etc] mal articuler, ne pas articuler ◆ **his speech was slurred, he slurred his words** il n'arrivait pas à articuler, il n'articulait pas
  3 vi [sounds etc] être or devenir indistinct

▶ **slur over** vt fus [+ incident, mistake, differences, discrepancies] passer sous silence, glisser sur

slurp [slɜːp] 1 vti boire à grand bruit
  2 n slurp m

slurry ['slʌrɪ] n boue f, pâte f

slush [slʌʃ] 1 n (NonC) (= snow) neige f fondue ; (= mud) gadoue f ; (fig = sentiment) sensiblerie f
  2 COMP ▷ **slush fund** n fonds mpl secrets, caisse f noire ▷ **the slush pile** ⁕ n (Publishing) les manuscrits mpl refusés

slushy ['slʌʃɪ] adj a snow fondu ; road, street couvert de neige fondue
  b (⁕ = sentimental) film, book, story à l'eau de rose ; song sentimental

slut [slʌt] → SYN n (pej) (dirty) souillon f ; (immoral) salope⁕ f, pute⁕ f

sluttish ['slʌtɪʃ] adj appearance sale, de souillon ; morals, behaviour de salope⁕ ◆ **a sluttish woman** une souillon

sly [slaɪ] → SYN 1 adj a (crafty, roguish) person, animal rusé ; plan astucieux ; smile, look entendu, narquois ; remark, reference, suggestion narquois ◆ **he's a sly dog** or **a sly (old) fox** ⁕ c'est une fine mouche ◆ **(as) sly as a fox** rusé comme un renard
  b (pej = underhand, cunning) person, trick sournois (pej)
  c (⁕ = secretive) **she gave me a sly kick under the table** elle m'a donné un coup de pied en douce⁕ sous la table ◆ **they were having a sly cigarette in the toilets** ils fumaient en douce⁕ dans les toilettes
  2 n ◆ **on the sly** en cachette, en douce⁕

slyboots ⁕ ['slaɪbuːts] n malin m, -igne f

slyly ['slaɪlɪ] adv a (= craftily, roguishly) say, smile, look, suggest d'un air entendu, d'un air narquois
  b (pej = cunningly) sournoisement (pej)

slyness ['slaɪnɪs] n a (= craftiness, roguishness) [of person, look] ruse f ◆ **the slyness of her smile/comment** son sourire/commentaire narquois
  b (pej = underhandedness, cunning) sournoiserie f (pej)

SM [es'em] n a (Brit Mil) abbrev of **sergeant-major**
  b (abbrev of **sadomasochism**) SM.

smack¹ [smæk] 1 vi (lit, fig) ◆ **to smack of sth** sentir qch
  2 n a (= small taste) léger or petit goût m ; (fig) soupçon m
  b (⁕ = heroin) héroïne f, (poudre f) blanche⁕ f

smack² [smæk] → SYN **1** n (= slap) tape f ; (stronger) claque f ; (on face) gifle f ; (= sound) bruit m sec, claquement m ; (* fig = kiss) gros baiser m (qui claque) ◆ **he gave the ball a good smack** il a donné un grand coup dans le ballon ◆ **it was a smack in the eye for them** * (esp Brit) (= snub) c'était une gifle pour eux ; (= setback) c'était un revers pour eux

2 vt [+ person] donner une tape à ; (stronger) donner une claque à ; (on face) gifler ◆ **to smack sb's face** gifler qn, donner une paire de gifles à qn ◆ **I'll smack your bottom!** je vais te donner la fessée !, tu vas avoir la fessée ! ◆ **he smacked the table (with his hand)** il a frappé sur la table (de la main) ◆ **to smack a kiss on sb's face** plaquer un baiser sur le visage de qn ◆ **to smack one's lips** se lécher les babines

3 adv * en plein ◆ **smack in the middle** en plein milieu ◆ **he kissed her smack on the lips** il l'a embrassée en plein sur la bouche ◆ **he ran smack into the tree** il est rentré en plein or tout droit dans l'arbre

smack³ [smæk] n (also **fishing smack**) smack m, sémaque m

smacker* ['smækəʳ] n (= kiss) gros baiser m, grosse bise* f ; (= blow) grand coup m (retentissant) ; (Brit = pound) livre f ; (US = dollar) dollar m

smackhead* ['smækhed] n héroïnomane mf, camé(e) m(f)*

smacking ['smækɪŋ] **1** n fessée f ◆ **to give sb a smacking** donner une or la fessée à qn
2 adj ◆ **a smacking kiss** un baiser sonore, un gros baiser

small [smɔːl] → SYN **1** adj **a** (gen) petit ; family, audience, population peu nombreux ; waist mince ; meal léger ◆ **the smallest possible number of books** le moins de livres possible ◆ **a small proportion of the business is international** une faible proportion des transactions commerciales sont internationales ◆ **"I'm sorry" he said in a small voice** "je suis désolé" dit-il d'une petite voix ◆ **he is a small eater** il mange très peu, il a un petit appétit ◆ **in small letters** en minuscules fpl ◆ **with a small "e"** avec un "e" minuscule ◆ **the smallest room**† (euph hum) le petit coin * ◆ **small shopkeeper/farmer/businessman** petit commerçant m/agriculteur m/entrepreneur m ◆ **to feel small** (fig) être dans ses petits souliers, se sentir honteux ◆ **to make sb feel small** humilier qn ◆ **to make sb look small** rabaisser qn devant tout le monde ◆ **it's a small world!** le monde est petit ! ◆ **to get** or **grow smaller** (= shrink) [income, difficulties, population, amount, supply] diminuer ; [object] rapetisser ◆ **mobile phones are getting smaller** les téléphones portables sont de plus en plus petits or compacts ◆ **to make sth smaller** [+ income, amount, supply] diminuer qch ; [+ organization] réduire qch ; [+ garment] reprendre qch ; see also **4** ; → **hour, print, way**

b (= young) child petit, jeune ◆ **I was very small at the time** j'étais tout petit or jeune à l'époque

c (frm = slight, scant) **a matter of small importance** une affaire de peu d'importance ◆ **it's small comfort to them to know that …** cela ne les consolera guère de savoir que … ◆ **to have small cause** or **reason to do sth** n'avoir guère de raison de faire qch ◆ **a matter of no small consequence** une affaire d'une grande importance ◆ **they paid small attention to his suggestion** ils ont prêté peu d'attention à sa suggestion ◆ **this is of small concern to them** cela ne les préoccupe guère ; → **wonder**

2 adv ◆ **to cut sth up small** [+ paper] couper qch en petits morceaux ; [+ meat] hacher qch menu

3 n **a** **the small of the back** le creux des reins

b (Brit: npl) **smalls** †* (= underwear) dessous mpl, sous-vêtements mpl

4 COMP ▷ **small ads** npl (Brit Press) petites annonces fpl ▷ **small-arms** npl (Mil) armes fpl portatives, armes fpl légères ▷ **small barbel** n (Zool) barbillon m, colinot or colineau m ▷ **small beer** n (Brit fig) **it's small beer** c'est de la petite bière ◆ **he's small beer** il ne compte pas beaucoup ▷ **small-bore** adj de petit calibre ▷ **small business** n (Econ) petite entreprise f ▷ **small change** n (NonC) petite or menue monnaie f ▷ **small circle** n (Math) petit cercle m ▷ **small claims court** n (Jur) tribunal m d'instance (s'occupant d'affaires mineures) ▷ **small end** n (Aut) pied m de bielle ▷ **small fry** n menu fretin m ; (= children) les gosses * mfpl ◆ **they're just small fry** c'est du menu fretin ▷ **small intestine** n (Anat) intestin m grêle ▷ **small-leaved lime** n (Bot) tilleul m à petites feuilles ▷ **small-minded** → SYN adj mesquin ▷ **small-mindedly** adv mesquinement ▷ **small-mindedness** n petitesse f d'esprit, mesquinerie f ▷ **small-mouth bass** n (Zool) achigan m à petite bouche ▷ **small potatoes** npl (esp US) ⇒ **small beer** ▷ **small-scale** adj peu important ; undertaking de peu d'importance, de peu d'envergure ; map à petite échelle ▷ **the small screen** n (TV) le petit écran ▷ **small-size(d)** adj petit ▷ **small talk** n (NonC) papotage m, menus propos mpl ◆ **he's got plenty of small talk** il a la conversation facile ▷ **small-time** adj peu important, de troisième ordre ◆ **a small-time crook** un escroc à la petite semaine ▷ **small-timer** n moins m que rien, individu m insignifiant ▷ **small town** n (US) petite ville f ▷ **small-town** adj (esp US pej) provincial ; → **print**

SMALL TOWN

Aux États-Unis, une ville de moins de 10 000 habitants est une "petite ville" (**small town**). Le terme "village", peu utilisé, évoque plutôt l'ancien continent ou les pays du tiers-monde. Les populations des petites villes sont généralement appréciées pour les valeurs qu'elles incarnent : gentillesse, honnêteté, politesse, rapports de bon voisinage et patriotisme. Cependant, on peut aussi parler des "**small-town attitudes**" dans un sens péjoratif pour désigner une tendance aux préjugés et une certaine étroitesse d'esprit.

---

smallholder ['smɔːlhəʊldəʳ] n (Brit Agr) ≈ petit agriculteur m

smallholding ['smɔːlhəʊldɪŋ] n (Brit Agr) ≈ petite ferme f

smallish ['smɔːlɪʃ] adj (in size) plutôt or assez petit ; (in importance) peu important ◆ **a smallish number of …** un nombre restreint de …

smallness ['smɔːlnɪs] n [of object] petitesse f ; [of sum of money] petitesse f, modicité f ; [of population] caractère m limité or peu nombreux

smallpox ['smɔːlpɒks] n variole f, petite vérole f

smalt [smɔːlt] n (= glass) smalt m ; (= pigment) (bleu m de) smalt m

smaltite ['smɔːltaɪt] n smaltite f

smarm* [smɑːm] vi (Brit) flatter, flagorner ◆ **to smarm over sb** lécher les bottes* à qn, passer de la pommade* à qn

smarminess* ['smɑːmɪnɪs] n [of person] côté m lèche-bottes *, obséquiosité f

smarmy* ['smɑːmɪ] adj (Brit) person lèche-bottes * inv, obséquieux * ; manner de lèche-bottes *

smart [smɑːt] → SYN **1** adj **a** (= not shabby) hotel, restaurant, club, neighbourhood, party, dinner chic inv ; person, clothes, appearance élégant ; house, car beau (belle f) ; garden, lawn soigné ◆ **you're looking very smart** tu es très élégant

b (= fashionable) à la mode, dernier cri inv ◆ **the smart set** le beau monde ◆ **the Paris/London smart set** le tout Paris/le tout Londres

c (esp US * = clever) person intelligent ; idea astucieux, malin (-igne f) ; deed, act intelligent, astucieux ◆ **that wasn't very smart (of you)** ce n'était pas très malin (de ta part) ◆ **he's too smart for me** il est trop malin pour moi ◆ **(that was) smart work!** (= clever) beau travail ! ; (= swift) ça n'a pas traîné !*

d (* pej = cheeky) culotté * ◆ **don't get smart with me!** ne la ramène pas !* ◆ **she's got a smart answer to everything** elle a toujours réponse à tout

e (= brisk) pace vif ◆ **give the nail a smart tap** tapez un bon coup sur le clou ◆ **look smart (about it)!** * grouille-toi !*, remue-toi !

2 vi **a** [cut, graze] brûler ; [iodine etc] piquer ◆ **my eyes were smarting** j'avais les yeux qui me piquaient ◆ **the smoke made his throat smart** la fumée lui irritait la gorge

b (fig) être piqué au vif ◆ **he was smarting under the insult** l'insulte l'avait piqué au vif ◆ **you'll smart for this!** il vous en cuira !, vous me le payerez !

3 npl (US) ◆ **smarts** * (= brains) jugeote * f

4 COMP ▷ **smart alec(k)** *, **smart ass** * (US) n (pej) (Monsieur or Madame or Mademoiselle) je-sais-tout * mf inv ▷ **smart-alecky** * adj bêcheur * ▷ **smart bomb** n bombe f intelligente ▷ **smart card** n carte f à mémoire or à puce ▷ **smart drug** n smart drug f, médicament m psychoénergétique ▷ **smart money** n réserve f d'argent (destinée à faire des investissements au moment opportun) ◆ **the smart money is on him winning** dans les milieux bien informés, on le donne gagnant

smartarse* ['smɑːtɑːs], **smartass*** (US) ['smɑːtæs] n bêcheur * m, -euse * f

smarten ['smɑːtn] vt ⇒ **smarten up 2**

▶ **smarten up** **1** vi **a** (= make o.s. tidy etc) [person] devenir plus élégant or soigné ; [town] devenir plus élégant or pimpant ◆ **you'd better smarten up for dinner** il faut que tu t'arranges (subj) (un peu) or que tu te fasses beau (belle f) pour le dîner

b (= speed up) [production, pace] s'accélérer

2 vt sep **a** (= tidy up) [+ person] rendre plus élégant or plus soigné ; [+ child] pomponner, bichonner ; [+ house, room, town] (bien) arranger, rendre élégant or pimpant ◆ **to smarten o.s. up** se faire beau (belle f) or élégant

b (= speed up) accélérer

smartly ['smɑːtlɪ] adv **a** (= elegantly) dress élégamment, avec beaucoup d'élégance ◆ **smartly dressed** or **turned out** élégamment vêtu ◆ **she wore a smartly tailored suit** elle portait un tailleur bien coupé

b (= briskly) move (gen) rapidement ; (person) vivement ; reply du tac au tac ◆ **to tap sth smartly** taper sur qch un bon coup

smartness ['smɑːtnɪs] n (NonC) [of person, clothes] chic m, élégance f ; (= cleverness) intelligence f ; (= skilfulness) habileté f ; (= quickness) rapidité f

smarty* ['smɑːtɪ] n (also **smarty-pants** *) bêcheur * m, -euse * f, (Monsieur or Madame or Mademoiselle) je-sais-tout * mf inv

smash [smæʃ] → SYN **1** n **a** (= sound) fracas m ; (= blow) coup m violent ; (Tennis etc) smash m ◆ **the smash as the car hit the lamppost** le choc quand la voiture a percuté le réverbère ◆ **the cup fell with a smash** la tasse s'est fracassée (en tombant) par terre ◆ **he fell and hit his head a nasty smash on the kerb** en tombant il s'est violemment cogné la tête contre le trottoir

b (also **smash-up** *) (= accident) accident m ; (Aut, Rail = collision) collision f, tamponnement m ; (very violent) télescopage m ◆ **car/rail smash** accident m de voiture/de chemin de fer

c (Econ, Fin = collapse) effondrement m (financier), débâcle f (financière) ; (St Ex) krach m ; (= bankruptcy) faillite f ; (= ruin) ruine f, débâcle f complète

d ⇒ **smash hit**

e whisky/brandy **smash** whisky m/cognac m glacé à la menthe

2 adv * ◆ **to run smash into a wall** heurter un mur de front or de plein fouet, rentrer en plein dans un mur ◆ **the cup fell smash to the ground** la tasse s'est fracassée par terre ◆ **to go smash** (Fin) faire faillite

3 vt **a** (= break) casser, briser ; (= shatter) fracasser ◆ **I've smashed my watch** j'ai cassé ma montre ◆ **the waves smashed the boat on the rocks** les vagues ont fracassé le bateau contre les rochers ◆ **to smash sth to pieces** or **to bits** briser qch en mille morceaux, mettre qch en miettes ◆ **when they smashed the atom** * quand on a désintégré or fissionné l'atome ◆ **to smash a door open** enfoncer une porte ◆ **he smashed the glass with the hammer, he smashed the hammer through the glass** il a fracassé la vitre avec le marteau ◆ **he smashed his fist into Paul's face** il a envoyé or balancé * son poing dans la figure de Paul ◆ **to smash the ball**

(Tennis) faire un smash, smasher ♦ he smashed the ball into the net il a envoyé son smash dans le filet

b (fig) [+ spy ring etc] briser, détruire ; [+ hopes] ruiner ; [+ enemy] écraser ; [+ opponent] battre à plate(s) couture(s), pulvériser* ♦ he smashed* the record in the high jump (Sport etc) il a pulvérisé* le record du saut en hauteur

4 vi **a** se briser (en mille morceaux), se fracasser ♦ the cup smashed against the wall la tasse s'est fracassée contre le mur ♦ the car smashed into the tree la voiture s'est écrasée contre l'arbre ♦ his fist smashed into my face il a envoyé or balancé* son poing sur ma figure, il m'a asséné son poing sur la figure

b (Fin) [person, firm] faire faillite

5 COMP ▷ **smash-and-grab** n (also **smash-and-grab raid**) cambriolage m (commis en brisant une devanture) ♦ there was a smash-and-grab (raid) at the jeweller's des bandits ont brisé la vitrine du bijoutier et raflé les bijoux ▷ **smash hit*** n it was a smash hit cela a fait un malheur*, cela a eu un succès foudroyant ♦ it was the smash hit of the year c'était le succès de l'année ▷ **smash-up*** n → 1b

▶ **smash down** vt sep [+ door, fence] fracasser

▶ **smash in** vt sep [+ door] enfoncer ♦ to smash sb's face or head in* casser la gueule à qn⁂

▶ **smash up** **1** vt sep [+ room, house, shop] tout casser dans, tout démolir dans ; [+ car] accidenter, bousiller* ♦ he was smashed up* in a car accident il a été grièvement blessé or sérieusement amoché⁂ dans un accident de voiture

2 smash-up* n → smash 1b

smashed [smæʃt] adj **a** (⁂ = drunk) pété⁂, bourré* ♦ to get smashed se soûler*

b (⁂ on drugs) défoncé⁂ ♦ to get smashed se défoncer⁂

c (= broken) vehicle bousillé* ; skull, limb, bone fracassé

smasher †⁂ ['smæʃəʳ] n (Brit) ♦ he's a smasher (in appearance) il est vachement⁂ beau ♦ she's a smasher elle est vachement⁂ jolie or bien roulée* ♦ to be a smasher (in character etc) être épatant* or vachement chouette* ♦ it's a smasher c'est épatant* or sensationnel*

smashing* ['smæʃɪŋ] adj (Brit) sensationnel, sensass † ♦ we had a smashing time on s'est amusé comme des fous*

smattering ['smætərɪŋ] → SYN n connaissances fpl vagues or superficielles ♦ a smattering of un petit nombre de ♦ he has a smattering of German il sait un peu l'allemand, il sait quelques mots d'allemand ♦ I've got a smattering of maths j'ai quelques connaissances vagues or quelques notions en maths

smear [smɪəʳ] → SYN **1** n **a** (= mark) trace f ; (longer) traînée f ; (= stain) (légère) tache f, salissure f ♦ a long smear of ink une traînée d'encre ♦ there is a smear on this page il y a une légère tache or une salissure sur cette page, cette page est tachée or salie

b (= defamation) diffamation f (on, against de) ♦ this smear on his honour/reputation cette atteinte à son honneur/sa réputation

c (Med) frottis m, prélèvement m ; → **cervical**

2 vt **a** (= wipe) to smear cream on one's hands, to smear one's hands with cream s'enduire les mains de crème ♦ he smeared his face with mud, he smeared mud on his face il s'est barbouillé le visage de boue ♦ his hands were smeared with ink il avait les mains barbouillées or tachées d'encre, il avait des traînées d'encre sur les mains ♦ you've smeared it all over the place tu en a mis partout ♦ he smeared butter on the slice of bread il a étalé du beurre sur la tranche de pain

b [+ page of print] maculer ; [+ wet paint] faire une trace or une marque sur ; [+ lettering] étaler (accidentellement)

c (fig) [+ reputation, integrity] salir, entacher ♦ to smear sb [story, report] salir or entacher la réputation de qn ; [person] calomnier qn

d (US ⁂ = defeat) battre à plates coutures

3 vi [ink, paint] se salir

4 COMP ▷ **smear campaign** n campagne f de diffamation ▷ **smear tactics** npl procédés mpl diffamatoires ▷ **smear test** n (Med) ⇒ **1c** ▷ **smear word** n it is a smear word c'est de la diffamation

smeary ['smɪərɪ] adj face barbouillé ; window couvert de taches or de traînées ; ink, paint sali

smectic ['smektɪk] adj (Chem) smectique

smegma ['smegmə] n (Physiol) smegma m

smell [smel] → SYN vb : pret, ptp **smelled** or **smelt**

1 n **a** (= sense of smell) odorat m ; [of animal] odorat m, flair m ; (= odour) odeur f ; (= bad smell) mauvaise odeur f ♦ he has a keen sense of smell il a l'odorat très développé, il a le nez très fin ♦ he has no sense of smell il n'a pas d'odorat ♦ the mixture has no smell le mélange est inodore or n'a pas d'odeur or ne sent rien ♦ a gas with no smell un gaz inodore or sans odeur ♦ it has a nice/nasty smell cela sent bon/mauvais ♦ what a smell in here! ce que ça sent mauvais ici ! ♦ there was a smell of burning in the room il y avait une odeur de brûlé dans la pièce, la pièce sentait le brûlé ♦ to have a smell at sth [person] sentir qch ; (more carefully) renifler qch ; [dog etc] flairer or renifler qch

2 vt sentir ; (= sniff at) sentir, renifler ♦ he could smell or he smelt something burning il sentait que quelque chose brûlait ♦ he smelt the meat to see if it was bad il a senti or reniflé la viande pour voir si elle était encore bonne ♦ the dog could smell or the dog smelt the bone le chien a flairé or éventé l'os ♦ the dog smelt the bone suspiciously le chien a flairé or reniflé l'os d'un air soupçonneux ♦ I smell a rat! il y a anguille sous roche !, il y quelque chose de louche là-dedans or là-dessous ! ♦ he smelled danger il a flairé or deviné le danger ♦ I (can) smell danger! je pressens un danger !

3 vi **a** since the accident he cannot smell depuis l'accident il n'a plus d'odorat ♦ to smell at sth [person] sentir or renifler qch ; [dog etc] renifler or flairer qch

b that mixture doesn't smell (at all) ce mélange ne sent rien or n'a pas (du tout) d'odeur ♦ this gas doesn't smell ce gaz est inodore ♦ these socks smell! ces chaussettes sentent mauvais ! ♦ this room smells! cette pièce sent mauvais or pue ! ♦ his breath smells il a mauvaise haleine ♦ that smells like chocolate ça sent le chocolat, on dirait du chocolat ♦ to smell of onions/burning etc sentir l'oignon/le brûlé etc ♦ to smell good or sweet sentir bon ♦ to smell bad sentir mauvais ♦ to smell foul empester ♦ it smells delicious! quelle odeur délicieuse ! ♦ it smells dreadful! ça pue ! ♦ the deal smells a bit* cette affaire semble plutôt louche or ne semble pas très catholique* ♦ that idea smells!⁂ (fig) cette idée ne vaut rien !, c'est une idée catastrophique ! ♦ I think he smells!⁂ (fig) je trouve que c'est un sale type !*

4 COMP ▷ **smelling salts** npl sels mpl

▶ **smell out** vt sep **a** (= discover) [dog etc] découvrir en flairant or en reniflant ; [person] [+ criminal, traitor] découvrir, dépister ; [+ treachery, plot] découvrir

b it's smelling the room out ça empeste la pièce

smelliness ['smelɪnɪs] n (NonC) mauvaise odeur f

smelly ['smelɪ] adj person, feet, armpits qui sent mauvais ; breath mauvais ; cheese qui sent fort ♦ it's rather smelly in here ça sent mauvais ici

smelt¹ [smelt] vb (pt, ptp of **smell**)

smelt² [smelt] n, pl **smelt** or **smelts** (= fish) éperlan m

smelt³ [smelt] vt [+ ore] fondre ; [+ metal] extraire par fusion

smelter ['smeltəʳ] n haut fourneau m

smelting ['smeltɪŋ] **1** n (= process) extraction f par fusion

2 COMP ▷ **smelting furnace** n haut-fourneau m ▷ **smelting works** n (pl inv) fonderie f

smew [smju:] n (Orn) harle m piette

smidgen*, **smidgin*** ['smɪdʒən] n ♦ a smidgen of (gen) un tout petit peu de ; [+ truth] un grain de, un brin de

smile [smaɪl] **1** n sourire m ♦ with a smile on his lips le sourire aux lèvres ♦ ... he said with a smile ...dit-il en souriant ♦ ... he said with a nasty smile ... dit-il en souriant méchamment or avec un mauvais sourire ♦ he had a happy smile on his face il avait un sourire heureux, il souriait d'un air heureux ♦ to give sb a smile faire or adresser un sourire à qn, sourire à qn ♦ she gave a little smile elle a eu un petit sourire ♦ to be all smiles être tout souriant or tout sourire ♦ take that smile off your face! arrête donc de sourire comme ça ! ♦ I'll wipe or knock the smile off his face! il verra s'il a encore envie de sourire !, je vais lui faire passer l'envie de sourire ! ; → **raise, wear, wreathe**

2 vi (at or to sb à qn) ♦ to smile to oneself sourire intérieurement ♦ to smile sadly avoir un sourire triste, sourire tristement or d'un air triste ♦ to keep smiling garder le sourire ♦ he smiled at my efforts il a souri de mes efforts ♦ fortune smiled (up)on him la fortune lui sourit

3 vt ♦ to smile a bitter smile avoir un sourire amer, sourire amèrement or avec amertume ♦ to smile one's thanks remercier d'un sourire

smiley ['smaɪlɪ] **1** adj (* = smiling, friendly) person, face souriant ; eyes rieur

2 n (Comput) emoticon m, smiley m ; (as badge) badge m de tête souriante

smiling ['smaɪlɪŋ] adj person, face, eyes, mouth souriant

smilingly ['smaɪlɪŋlɪ] adv en souriant, avec un sourire

smirch [smɜːtʃ] **1** vt (lit) salir, souiller ; (fig liter) ternir, entacher

2 n (lit, fig) tache f

smirk [smɜːk] → SYN **1** n (= self-satisfied smile) petit sourire m satisfait or suffisant ; (knowing) petit sourire m narquois ; (affected) petit sourire m affecté

2 vi sourire d'un air satisfait (or suffisant or narquois or affecté)

smite [smaɪt] pret **smote**, ptp **smitten** **1** vt († † liter) (= strike) frapper (d'un grand coup) ; (= punish) châtier (liter) ; (fig) [pain] déchirer ; [one's conscience] tourmenter ; [light] frapper ; → **smitten**

2 n coup m violent

smith [smɪθ] n (shoes horses) maréchal-ferrant m ; (forges iron) forgeron m ; → **goldsmith, silversmith**

smithereens [ˌsmɪðəˈriːnz] npl ♦ to smash sth to smithereens briser qch en mille morceaux, faire voler qch en éclats ♦ it lay in smithereens cela s'était brisé en mille morceaux, cela avait volé en éclats

Smithsonian Institution [smɪθˈsəʊnɪənˌɪnstɪˈtjuːʃən] n (US) ♦ the Smithsonian Institution la Smithsonian Institution

---

SMITHSONIAN INSTITUTION

La **Smithsonian Institution**, située dans la ville de Washington, est le plus grand musée du monde. Créé par le Congrès en 1846 grâce au don d'un scientifique anglais, James Smithson, ce complexe aujourd'hui financé par le Congrès réunit quatorze musées consacrés notamment à l'aviation et à l'espace, à l'histoire de l'Amérique, aux Indiens d'Amérique, aux beaux-arts. Riche de 100 millions de pièces, il est surnommé le grenier de la nation (the nation's attic). Il comporte également un zoo et un institut de recherche scientifique.

---

smithsonite ['smɪθsəˌnaɪt] n smithsonite f

smithy ['smɪðɪ] n forge f

smitten ['smɪtn] → SYN **1** vb (ptp of smite)

2 adj (= in love) amoureux ♦ he was really smitten with her il en était vraiment amoureux, il était fou d'elle ♦ to be smitten with or by [+ remorse, desire, urge] être pris de ; [+ terror, deafness] être frappé de ;* [+ sb's beauty] être enchanté de ; [+ idea] s'enthousiasmer pour

smock [smɒk] **1** n (= dress, peasant's garment etc) blouse f ; (= protective overall) blouse f, sarrau m ; (= maternity top) blouse f de grossesse ; (= maternity dress) robe f de grossesse

2 vt faire des smocks à

snazzily * ['snæzɪlɪ] adv ◆ **snazzily dressed** drôlement bien fringué * or sapé *

snazzy * ['snæzɪ] adj qui en jette *, chouette * ◆ **she's a snazzy dresser** elle est toujours bien sapée *

sneak [sniːk] → SYN vb : pret, ptp **sneaked** or US * **snuck** ① n (* = underhand person) faux jeton * m ; (Brit Scol = telltale) mouchard(e) * m(f), rapporteur * m, -euse * f
② adj attack, visit furtif, subreptice ◆ **sneak preview** (Cine) avant-première f ; (gen) avant-goût m ◆ **sneak thief** chapardeur * m, -euse * f
③ vi **a to sneak in/out** etc entrer/sortir etc furtivement ◆ **he sneaked into the house** il s'est faufilé or s'est glissé dans la maison ◆ **he sneaked up behind** or **on me** il s'est approché de moi sans faire de bruit ◆ **success can sneak up on you** le succès peut arriver sans crier gare
b (Brit Scol *) moucharder *, cafarder * (on sb qn)
④ vt **a I sneaked the letter onto his desk** j'ai glissé la lettre discrètement or furtivement or en douce * sur son bureau ◆ **he sneaked the envelope from the table** il a enlevé furtivement or subrepticement l'enveloppe de la table ◆ **to sneak a look at sth** lancer un coup d'œil furtif à qch, regarder qch à la dérobée ◆ **he was sneaking** * **a cigarette** il était en train de fumer en cachette
b (* = pilfer) faucher *, piquer *
⑤ COMP ▷ **sneak thief** n chapardeur * m, -euse * f

▶ **sneak away, sneak off** vi s'esquiver, s'éclipser *

sneaker ['sniːkər] n (esp US) tennis m, basket f

sneakily * ['sniːkɪlɪ] adv sournoisement

sneakiness * ['sniːkɪnɪs] n sournoiserie f

sneaking ['sniːkɪŋ] → SYN adj (= grudging) dislike, preference etc inavoué ◆ **I had a sneaking feeling that ...** je ne pouvais m'empêcher de penser que ... ◆ **to have a sneaking suspicion that ...** soupçonner que ... ◆ **I have a sneaking admiration/respect for him** je ne peux pas m'empêcher de l'admirer/de le respecter

sneaky * ['sniːkɪ] adj person, character, action sournois

sneer [snɪər] → SYN ① vi ricaner, sourire d'un air méprisant or sarcastique ◆ **to sneer at sb** se moquer de qn d'un air méprisant ◆ **to sneer at sth** tourner qch en ridicule
② n (= act) ricanement m ; (= remark) sarcasme m, raillerie f ◆ **... he said with a sneer** ... dit-il d'un air méprisant

sneerer ['snɪərər] n ricaneur m, -euse f

sneering ['snɪərɪŋ] ① adj person, contempt, remark sarcastique ; tone railleur
② n (NonC) raillerie(s) f(pl)

sneeringly ['snɪərɪŋlɪ] adv sarcastiquement

sneeze [sniːz] ① n éternuement m
② vi éternuer ◆ **it is not to be sneezed at** (fig) ce n'est pas à dédaigner, il ne faut pas cracher dessus * ◆ **when America sneezes, Britain catches cold** (Brit) quand l'Amérique éternue, la Grande-Bretagne s'enrhume
③ COMP ▷ **sneezing powder** n poudre f à éternuer

sneezewort ['sniːzwɜːt] n achillée f sternutatoire, herbe f à éternuer

snick [snɪk] ① n petite entaille f, encoche f
② vt [+ stick etc] faire une petite entaille or une encoche dans ; (Sport) [+ ball] juste toucher

snicker ['snɪkər] ① n **a** [of horse] petit hennissement m
b ⇒ snigger 1
② vi **a** [horse] hennir doucement
b ⇒ snigger 2

snide [snaɪd] adj narquois

sniff [snɪf] → SYN ① n **a** (from cold, crying etc) reniflement m ◆ **to give a sniff** renifler (une fois) ; (disdainfully) faire la grimace or la moue ◆ **... he said with a sniff** ... dit-il en reniflant ; (disdainfully) ... dit-il en faisant la grimace or la moue ◆ **I got a sniff of gas** j'ai senti l'odeur du gaz ◆ **to have** or **take a sniff at sth** [person] renifler qch ; (suspiciously) flairer qch ; [dog] renifler or flairer qch ◆ **one sniff of that is enough to kill you** il suffit de respirer cela une fois pour en mourir ◆ **I didn't get a sniff** * **of the whisky** (fig) je n'ai pas eu droit à une goutte de whisky
b (* = hint) **to get a sniff of sth** flairer qch ◆ **at the first sniff of danger** au moindre danger
② vi (from cold, crying) renifler ; (disdainfully) faire la grimace or la moue ◆ **to sniff at sth** [dog] renifler or flairer qch ; [person] renifler qch ; (fig) faire la grimace or la moue à qch ◆ **it's not to be sniffed at** ce n'est pas à dédaigner, il ne faut pas cracher dessus *
③ vt [dog etc] renifler, flairer ; [person] [+ food, bottle] renifler, sentir l'odeur de ; (suspiciously) flairer ; [+ air, perfume, aroma] humer ; [+ drug] aspirer ; [+ smelling salts] respirer ; (Pharm) [+ inhalant etc] aspirer ◆ **to sniff glue** respirer de la colle, sniffer *

▶ **sniff out** vt (= discover) flairer

sniffer dog ['snɪfədɒg] n chien m renifleur

sniffily * ['snɪfɪlɪ] adv dédaigneusement

sniffiness * ['snɪfɪnɪs] n morgue f

sniffle ['snɪfl] ① n (= sniff) reniflement m ; (= slight cold) petit rhume m de cerveau ◆ **... he said with a sniffle** ... dit-il en reniflant ◆ **to have a sniffle** or **the sniffles** * avoir un petit rhume, être légèrement enrhumé
② vi [person, dog] renifler ; (from catarrh etc) avoir le nez bouché, renifler

sniffy * ['snɪfɪ] adj (= disdainful) dédaigneux, méprisant ◆ **to be sniffy about sth** se montrer désagréable à propos de qch

snifter ['snɪftər] n **a** (Brit * = drink) petit (verre m d')alcool m ◆ **to have a snifter** prendre un petit verre, boire la goutte *
b (US = glass) verre m ballon

snigger ['snɪgər] → SYN ① n rire m en dessous ; (cynical) ricanement m
② vi pouffer de rire ; (cynically) ricaner ◆ **to snigger at** [+ remark, question] pouffer de rire or ricaner en entendant ; [+ sb's appearance etc] se moquer de ◆ **stop sniggering!** arrête de rire or de ricaner comme ça !

sniggering ['snɪgərɪŋ] ① n ricanements mpl
② adj qui n'arrête pas de pouffer de rire or de ricaner

snip [snɪp] → SYN ① n **a** (= cut) petit coup m (de ciseaux etc), petite entaille f ; (= small piece) petit bout m (d'étoffe etc), échantillon m
b (Brit * = bargain) bonne affaire f, (bonne) occasion f ; (Racing) gagnant m sûr
② vt couper (à petits coups de ciseaux etc)
③ vt ◆ **to snip at sth** donner des petits coups dans qch

▶ **snip off** vt sep couper or enlever or détacher (à coups de ciseaux etc)

snipe [snaɪp] ① n, pl **snipe** or **snipes** (Orn) bécassine f
② vi (= shoot) tirer (en restant caché), canarder * ◆ **to snipe at sb/sth** canarder * qn/qch ; (fig) (verbally) critiquer qn/qch par en dessous or sournoisement

sniper ['snaɪpər] n tireur m isolé, sniper m

snippet ['snɪpɪt] n [of cloth, paper] petit bout m ; [of conversation, news, information] fragment m, bribes fpl

snippy * ['snɪpɪ] adj (US) person, tone hargneux ◆ **to be in a snippy mood** être de mauvais poil *

snitch * ['snɪtʃ] ① vi moucharder * (on sb qn)
② vt chiper *, piquer *
③ n (= nose) pif * m ; (= telltale) mouchard(e) * m(f), rapporteur * m, -euse * f

snivel ['snɪvl] → SYN vi (= whine) pleurnicher, larmoyer ; (= sniff) renifler ; (= have a runny nose) avoir le nez qui coule, avoir la morve au nez (pej)

sniveler ['snɪvlər] n (US) ⇒ **sniveller**

sniveling ['snɪvlɪŋ] adj (US) ⇒ **snivelling**

sniveller ['snɪvlər] n pleurnicheur m, -euse f

snivelling ['snɪvlɪŋ] ① adj pleurnicheur, larmoyant
② n pleurnicherie(s) f(pl), reniflement(s) m(pl)

snob [snɒb] n snob mf ◆ **he's a terrible snob** il est terriblement snob ◆ **she's a musical/wine snob** c'est une snob en matière de musique/vin

snobbery ['snɒbərɪ] → SYN n snobisme m

snobbish ['snɒbɪʃ] → SYN adj snob inv ◆ **to be snobbish about sb/sth** faire preuve de snobisme à l'égard de qn/en matière de qch

snobbishness ['snɒbɪʃnɪs] n snobisme m

snobby * ['snɒbɪ] adj snob inv

SNOBOL ['snəʊbɒl] n (Comput) SNOBOL m

snog * [snɒg] (Brit) ① vi se bécoter *
② n ◆ **to have a snog** se bécoter *

snood [snuːd] n résille f

snook[1] [snuːk] n, pl **snook** or **snooks** (= fish) brochet m de mer

snook[2] [snuːk] n → **cock 2b**

snooker ['snuːkər] ① n (= game) snooker m ≃ jeu m de billard ; (= shot) snooker m
② vt (lit) faire un snooker à ; (US = hoodwink) tromper, avoir * ◆ **to be snookered** * (Brit = be in difficulty) être coincé *, être dans le pétrin *

snoop [snuːp] → SYN ① n **a to have a snoop around** jeter un coup d'œil discret ◆ **I had a snoop around the kitchen** j'ai fureté discrètement or sans être vu dans la cuisine
b ⇒ **snooper**
② vi se mêler des affaires des autres ◆ **to snoop (around)** rôder or fureter or fouiller en essayant de passer inaperçu ◆ **he's been snooping (around) here again** il est revenu fourrer son nez * par ici ◆ **to snoop on sb** surveiller qn, espionner qn ◆ **he was snooping into her private life** il fourrait son nez * dans or il se mêlait de sa vie privée

snooper ['snuːpər] → SYN n (pej) fouineur * m, -euse * f ◆ **all the snoopers from the Ministry** tous les espions du ministère, tous les enquêteurs du ministère qui fourrent leur nez * partout ◆ **he's a terrible snooper** il met son nez partout, c'est un terrible fouineur *

snoot [snuːt] n pif * m, nez m

snootily ['snuːtɪlɪ] adv avec supériorité or condescendance

snootiness * ['snuːtɪnɪs] n snobisme m

snooty * ['snuːtɪ] adj snob inv

snooze * [snuːz] ① n petit somme m, roupillon * m ◆ **afternoon snooze** sieste f ◆ **to have a snooze** ⇒ **snooze 2**
② vi piquer un roupillon *
③ COMP ▷ **snooze button** n bouton m d'arrêt momentané (d'un radio-réveil)

snore [snɔːr] ① n ronflement m (d'un dormeur)
② vi ronfler

snorer ['snɔːrər] n ronfleur m, -euse f

snoring ['snɔːrɪŋ] n (NonC) ronflement(s) m(pl)

snorkel ['snɔːkl] ① n [of submarine] schnorkel or schnorchel m ; [of swimmer] tuba m
② vi nager avec un masque et un tuba

snorkelling ['snɔːkəlɪŋ] n plongée f (avec un masque et un tuba)

snort[1] [snɔːt] ① n **a** [of person] grognement m ; [of horse etc] ébrouement m
b * ⇒ **snorter a**
c (Drugs *) sniff * m, prise f
② vi **a** [horse etc] s'ébrouer ; [person] (angrily, contemptuously) grogner, ronchonner ; (laughing) s'étrangler de rire
b (Drugs *) sniffer * de la drogue
③ vt **a** (say) (angrily etc) grogner, dire en grognant ; (laughing) dire en s'étranglant de rire
b (Drugs *) sniffer *

snorter * ['snɔːtər] n **a** (real) **snorter of a question/problem** une question/un problème vache * ◆ **a snorter of a game** un match formidable *
b (= drink) petit (verre m d')alcool m ◆ **to have a snorter** prendre un petit verre, boire la goutte *

snot * [snɒt] ① n **a** (NonC: in nose) morve f
b (* = snooty person) morveux * m, -euse * f
② COMP ▷ **snot rag** * n tire-jus * m

snotty * ['snɒtɪ] ① adj **a** (= covered in snot) nose qui coule ; face, child morveux ; handkerchief plein de morve
b (= snooty) snob inv
② n (= midshipman) midship m ≃ aspirant m

snout [snaʊt] n **a** (gen) museau m; [of pig] museau m, groin m; (*pej) [of person] pif* m
b (NonC: Police *) tabac m, perlot* m

snow [snəʊ] **1** n **a** neige f ◆ **hard/soft snow** neige f dure/molle ◆ **the eternal snows** les neiges fpl éternelles; → **fall, white**
b (fig: on TV screen) neige f
c (Culin) **apple etc snow** purée f de pommes etc *(aux blancs d'œufs battus en neige)*
d (Drugs * = cocaine) neige * f
2 vi neiger ◆ **it is snowing** il neige, il tombe de la neige
3 vt (US* = charm glibly) avoir qn au charme * ◆ **she snowed* him into believing that he would win** elle a réussi à lui faire croire qu'il allait gagner
4 COMP ▷ **snow bank** n talus m de neige, congère f ▷ **snow-blind** adj **to be snow-blind** souffrir de or être atteint de cécité des neiges ▷ **snow blindness** n cécité f des neiges ▷ **snow blower** n chasse-neige m inv à soufflerie, souffleuse f (Can) ▷ **snow-boot** n (Ski) après-ski m ▷ **snow buggy** n skidoo m, autoneige f ▷ **snow bunny*** n (US = girl) minette f de station de ski ▷ **snow bunting** n bruant m des neiges ▷ **snow cannon** n canon m à neige ▷ **snow cap** n couronne f or couverture f de neige ▷ **snow-capped** adj couronné de neige ▷ **snow-clad, snow-covered** adj (liter) enneigé, enfoui sous la neige ▷ **snow fence** n paravalanche m ▷ **snow goose** n, pl **snow geese** oie f des neiges ▷ **snow job*** n (US) it's a snow job c'est du baratin * ◆ **to give sb a snow job** baratiner * qn ▷ **snow leopard** n léopard m des neiges, once f ▷ **snow line** n les neiges éternelles ▷ **the Snow Queen** n (Myth) la Reine des neiges ▷ **snow report** n (Met) bulletin m d'enneigement ▷ **snow scooter** n motoneige f, scooter m des neiges, motoski m ▷ **snow tyre** n pneu-neige m, pneu m clouté ▷ **snow-white** adj blanc (blanche f) comme neige, d'une blancheur de neige ▷ **Snow White (and the Seven Dwarfs)** n Blanche-Neige f (et les sept nains)

▶ **snow in** vt (pass only) ◆ **to be snowed in** être bloqué par la neige

▶ **snow under** vt ◆ (fig: pass only) **he was snowed under with work** il était complètement submergé or débordé de travail, il avait tellement de travail qu'il ne savait pas où donner de la tête ◆ **to be snowed under with letters/offers** être submergé de lettres/d'offres, recevoir une avalanche de lettres/d'offres

▶ **snow up** vt (Brit) ◆ **to be snowed up** [road, village, farm, person] être bloqué par la neige

snowball ['snəʊbɔːl] **1** n boule f de neige ◆ **it hasn't got a snowball's chance in hell *** ça n'a pas l'ombre d'une chance ◆ **snowball(ing) effect** effet m boule de neige ◆ **snowball fight** bataille f de boules de neige
2 vt lancer des boules de neige à, bombarder de boules de neige
3 vi (lit) se lancer des or se bombarder de boules de neige; (fig) [project etc] faire boule de neige ◆ **snowballing costs** coûts mpl qui montent en flèche
4 COMP ▷ **snowball fight** n bataille f de boules de neige ▷ **snowball tree** n obier m, boule-de-neige f

snowbelt ['snəʊbelt] n (US) régions fpl neigeuses

snowberry ['snəʊbərɪ] n (= shrub) symphorine f

snowboard ['snəʊbɔːd] **1** n surf m des neiges
2 vi faire du surf sur neige

snowboarding ['snəʊbɔːdɪŋ] n surf m des neiges

snowbound ['snəʊbaʊnd] adj road, country complètement enneigé; village, house, person bloqué par la neige

snowcat ['snəʊkæt] n (Aut) autoneige f

Snowdon ['snəʊdən] n (Brit) le (mont) Snowdon

Snowdonia [snəʊ'dəʊnɪə] n le massif or le parc national du Snowdon

snowdrift ['snəʊdrɪft] n congère f, amoncellement m de neige

snowdrop ['snəʊdrɒp] n (Bot) perce-neige m inv

snowfall ['snəʊfɔːl] n chute f de neige

snowfield ['snəʊfiːld] n champ m de neige

snowflake ['snəʊfleɪk] n flocon m de neige

snowman ['snəʊmæn] n, pl **-men** bonhomme m de neige; → **abominable**

snowmobile ['snəʊməˌbiːl] n (US Aut) autoneige f, motoneige f

snowplough, snowplow (US) ['snəʊplaʊ] n (also Ski) chasse-neige m inv ◆ **snowplough (turn)** (Ski) stem m

snowshoe ['snəʊʃuː] n raquette f

snowslide ['snəʊslaɪd] n (US) avalanche f

snowstorm ['snəʊstɔːm] n tempête f de neige

snowsuit ['snəʊsuːt] n combinaison f de ski

snowy ['snəʊɪ] **1** adj **a** weather, climate, winter neigeux; valley, region, landscape, mountain, street enneigé; roof couvert de neige ◆ **a snowy day/morning** une journée/matinée de neige ◆ **it was very snowy yesterday** il a beaucoup neigé hier
b (in colour: also **snowy white**) linen, shirt blanc (blanche f) comme neige; hair, beard de neige
2 COMP ▷ **snowy mespil** n (Bot) amélanchier m *(laevis)* ▷ **snowy owl** n harfang m

SNP [esen'piː] n (Brit Pol) (abbrev of **Scottish National Party**) → **Scottish**

Snr (esp US) abbrev of **senior**

snub¹ [snʌb] → SYN **1** n rebuffade f
2 vt [+ person] snober; [+ offer] repousser, rejeter ◆ **to be snubbed** essuyer une rebuffade

snub² [snʌb] adj nose retroussé, camus (pej) ◆ **snub-nosed** au nez retroussé or camus (pej)

snuck* [snʌk] (US) vb (pt, ptp of **sneak**)

snuff¹ [snʌf] **1** n tabac m à priser ◆ **pinch of snuff** prise f ◆ **to take snuff** priser ◆ **his/his work isn't up to snuff**†* (Brit) il/son travail n'est pas à la hauteur ◆ **his lectures didn't come up to snuff**†* (Brit) ses cours ne valaient pas grand-chose
2 vti ⇒ **sniff 2, 3**

snuff² [snʌf] **1** vt [+ candle] moucher ◆ **to snuff it*** (Brit euph = die) claquer*, casser sa pipe*
2 COMP ▷ **snuff film, snuff movie** n film m porno sadique *(dont la scène principale est un meurtre filmé en direct)*

▶ **snuff out** **1** vi (* = die) mourir, casser sa pipe*
2 vt sep **a** [+ candle] moucher
b [+ interest, hopes, enthusiasm, sb's life] mettre fin à
c (* = kill) zigouiller*

snuffbox ['snʌfbɒks] n tabatière f

snuffer ['snʌfər] n (also **candle-snuffer**) éteignoir m ◆ **snuffers** mouchettes fpl

snuffle ['snʌfl] **1** n **a** ⇒ **sniffle 1**
b **to speak in a snuffle** parler du nez or d'une voix nasillarde, nasiller
2 vi **a** ⇒ **sniffle 2**
b parler (or chanter) d'une voix nasillarde, nasiller
3 vt dire or prononcer d'une voix nasillarde

snug [snʌg] → SYN **1** adj **a** (= cosy) house, bed, garment douillet ◆ **it's nice and snug here** on est bien ici ◆ **he was snug in bed** il était bien au chaud dans son lit ◆ **to be as snug as a bug in a rug *** être bien au chaud, être douillettement installé
b (= close-fitting) bien ajusté ◆ **it's a snug fit** [garment] ça va, mais juste; [object] cela rentre juste bien
2 n (Brit: in pub) petite arrière-salle f

snuggery ['snʌgərɪ] n (Brit) ⇒ **snug 2**

snuggle ['snʌgl] → SYN **1** vi se blottir, se pelotonner *(into sth* dans qch; *beside sb* contre qn)
2 vt [+ child etc] serrer or attirer contre soi

▶ **snuggle down** vi se blottir, se pelotonner *(beside sb* contre qn), se rouler en boule ◆ **snuggle down and go to sleep** installe-toi bien confortablement et dors

▶ **snuggle together** vi se serrer or se blottir l'un contre l'autre

▶ **snuggle up** vi se serrer, se blottir *(to sb* contre qn)

snugly ['snʌglɪ] adv **a** (= cosily) douillettement ◆ **snugly tucked in** bien au chaud sous ses couvertures
b (= tightly) **these trousers fit snugly** ce pantalon va juste bien ◆ **the washing machine fitted snugly into the space** la machine à laver s'encastrait parfaitement

---

SO [səʊ]
LANGUAGE IN USE 17.2, 26.3

1 ADVERB
2 CONJUNCTION
3 COMPOUNDS

---

1 ADVERB

a degree = to such an extent si, tellement, aussi ◆ **so easy/quickly** tellement facile/rapidement ◆ **is it really so tiring?** est-ce vraiment si or tellement fatigant?, est-ce vraiment aussi fatigant (que cela)? ◆ **do you really need so long?** vous faut-il vraiment si longtemps or tellement de temps or aussi longtemps (que cela)? ◆ **so early** si tôt, tellement tôt, d'aussi bonne heure
◆ **so ... (that)** si or tellement ... que ◆ **he was so clumsy (that) he broke the cup** il était si or tellement maladroit qu'il a cassé la tasse ◆ **the body was so decomposed that it was unidentifiable** le cadavre était tellement décomposé qu'il était impossible de l'identifier
◆ **so ... as to do sth** assez ... pour faire qch ◆ **he was so stupid as to tell her what he'd done** il a eu la stupidité de or il a été assez stupide pour lui raconter ce qu'il avait fait ◆ **would you be so kind as to open the door?** (frm) auriez-vous l'amabilité ou la gentillesse ou l'obligeance d'ouvrir la porte?
◆ **not so ... as** pas aussi ... que ◆ **he is not so clever as his brother** il n'est pas aussi or si intelligent que son frère ◆ **it's not so big as all that!** ce n'est pas si grand que ça! ◆ **it's not so big as I thought it would be** ce n'est pas aussi grand que je le pensais or que je l'imaginais ◆ **it's not nearly so difficult as you think** c'est loin d'être aussi difficile que vous le croyez ◆ **it's not so early as you think** il n'est pas si tôt que vous le croyez ◆ **he's not so good a teacher as his father** il n'est pas aussi bon professeur que son père, il ne vaut pas son père comme professeur ◆ **he's not so stupid as he looks** il n'est pas aussi or si stupide qu'il en a l'air ◆ **he was not so stupid as to say that to her** il n'a pas été bête au point de lui dire cela, il a eu l'intelligence de ne pas lui dire cela

b = very, to a great extent si, tellement ◆ **I'm so tired!** je suis si or tellement fatigué! ◆ **I'm so very tired!** je suis vraiment si or tellement fatigué! ◆ **there's so much to do** il y a tellement or tant (de choses) à faire ◆ **thanks so much***, **thanks ever so*** merci beaucoup or mille fois ◆ **it's not so very difficult!** cela n'est pas si difficile que ça! ◆ **Elizabeth, who so loved France ...** Elizabeth, qui aimait tant la France ...

c unspecified amount **how tall is he? – oh, about so tall** (accompanied by gesture) quelle taille fait-il? – oh, à peu près (grand) comme ça ◆ **so much per head** tant par tête ◆ **their skulls were crushed like so many eggshells** leurs crânes furent écrasés comme autant de coquilles d'œufs ◆ **his speech was so much nonsense** son discours était complètement stupide ◆ **how long will it take? – a week or so** combien de temps cela va-t-il prendre? – une semaine environ or à peu près ◆ **twenty or so** à peu près vingt, une vingtaine

d manner = thus, in this way ainsi, comme ceci or cela, de cette façon ◆ **you should stand (just or like) so** vous devriez vous tenir comme ceci, voici comment vous devriez vous tenir ◆ **as A is to B so C is to D** C est à D ce que A est à B ◆ **as he failed once so he will**

fail again il échouera comme il a déjà échoué ◆ **you don't believe me but it is so** vous ne me croyez pas mais il en est bien ainsi ◆ **so it was that ...** c'est ainsi que ... ◆ **so be it** (frm) soit ◆ **it so happened that ...** il s'est trouvé que ...

◆ **so (that)** (intention) pour (+ infin), afin de (+ infin), pour que (+ subj), afin que (+ subj); (result) si bien que (+ indic), de (telle) sorte que (+ indic) ◆ **I'm going early so (that) I'll get a ticket** j'y vais tôt pour obtenir or afin d'obtenir un billet ◆ **I brought it so (that) you could read it** je l'ai apporté pour que or afin que vous puissiez le lire ◆ **he arranged the timetable so (that) the afternoons were free** il a organisé l'emploi du temps de façon à laisser les après-midi libres or de (telle) sorte que les après-midi soient libres ◆ **he refused to move, so (that) the police had to carry him away** il a refusé de bouger, si bien que or de sorte que les agents ont dû l'emporter de force

◆ **so as to do** afin de faire, pour faire ◆ **he stood up so as to see better** il s'est levé pour mieux voir

◆ **so as not to do** ◆ **she put it down gently so as not to break it** elle l'a posé doucement pour ne pas le casser ◆ **he hurried so as not to be late** il s'est dépêché pour ne pas être or afin de ne pas être en retard

e used as substitute for phrase, word etc **so saying ...** ce disant ..., sur ces mots ... ◆ **so I believe** c'est ce que je crois, c'est ce qu'il me semble ◆ **is that so?** pas possible!, tiens! ◆ **that is so** c'est bien ça, c'est exact ◆ **if that is so ...** s'il en est ainsi ... ◆ **just so!, quite so!** exactement!, tout à fait! ◆ **I told you so yesterday** je vous l'ai dit hier ◆ **so it seems!** à ce qu'il paraît! ◆ **he certainly said so** c'est ce qu'il a dit, il a bien dit ça ◆ **please do so** faites-le, faites ainsi ◆ **I think so** je (le) crois, je (le) pense ◆ **I hope so** (answering sb) j'espère que oui; (agreeing with sb) je l'espère, j'espère bien ◆ **how so?** comment (ça se fait)? ◆ **why so?** pourquoi (donc)? ◆ **he said they would be there and so they were** il a dit qu'ils seraient là, et en effet ils y étaient ◆ **so do I!, so have I!, so am I!** etc moi aussi! ◆ **he's going to bed and so am I** il va se coucher et moi aussi or et je vais en faire autant ◆ **if you do that so will I** si tu fais ça, j'en ferai autant ◆ **I'm tired – so am I!** je suis fatigué – moi aussi! ◆ **he said he was French – so he did!** il a dit qu'il était français – c'est vrai or en effet! ◆ **it's raining – so it is!** il pleut – en effet or c'est vrai! ◆ **I want to see that film – so you shall!** je veux voir ce film – eh bien, tu le verras! ◆ **I didn't say that! – you did so!** je n'ai pas dit ça! – mais si, tu l'as dit! ◆ **so to speak, so to say** pour ainsi dire ◆ **and so forth, and so on (and so forth)** et ainsi de suite ◆ **so long!** tchao!*, salut!* ◆ **I'm not going, so there!** je n'y vais pas, voilà!

2 CONJUNCTION

a = therefore donc, par conséquent ◆ **he was late, so he missed the train** il est arrivé en retard, donc or par conséquent il a manqué le train ◆ **the roads are busy so be careful** il y a beaucoup de circulation, alors fais bien attention

b exclamatory **so there he is!** le voilà donc! ◆ **so you're selling it?** alors vous le vendez? ◆ **so he's come at last!** il est donc enfin arrivé! ◆ **and so you see ...** alors comme vous voyez ... ◆ **I'm going home – so?** je rentre – et alors? ◆ **so (what)?** * et alors?, et après?

3 COMPOUNDS

▷ **so-and-so** * n, pl **so-and-sos** ◆ Mr/Mrs So-and-so Monsieur/Madame Untel ◆ **then if so-and-so says ...** alors si quelqu'un or Machin Chouette* dit ... ◆ **he's an old so-and-so** c'est un vieux schnock* ◆ **if you ask him to do so-and-so** si vous lui demandez de faire quoi que ce soit ▷ **so-called** adj soi-disant inv, prétendu ▷ **so-so*** adj comme ci comme ça, couci-couça* ◆ **his work is only so-so** son travail n'est pas fameux*

s/o (Banking) (abbrev of **standing order**) → **standing**

soak [səʊk] → SYN 1 n a to give sth a (good) soak (bien) faire tremper qch, (bien) laisser tremper qch ◆ **the sheets are in soak** les draps sont en train de tremper

b (* = drunkard) soûlard* m, poivrot* m

2 vt a faire or laisser tremper (in dans) ◆ **to be/get soaked to the skin** être trempé/se faire tremper jusqu'aux os or comme une soupe* ◆ **to soak o.s. in the bath** faire trempette dans la baignoire ◆ **bread soaked in milk** pain m imbibé de lait or qui a trempé dans du lait ◆ **he soaked himself in the atmosphere of Paris** il s'est plongé dans l'atmosphère de Paris

b (* = take money from) (by overcharging) estamper*; (by taxation) faire payer de lourds impôts à ◆ **the government's policy is to soak the rich** la politique du gouvernement est de faire casquer* les riches

3 vi a tremper (in dans) ◆ **to put sth in to soak** faire tremper qch, mettre qch à tremper

b (* = drink) boire comme une éponge, avoir la dalle en pente*

4 COMP ▷ **soak test** n (Comput) rodage m

▶ **soak in** vi [liquid] pénétrer, être absorbé

▶ **soak out** 1 vi [stain etc] partir (au trempage)
2 vt sep [+ stains] faire partir en trempant

▶ **soak through** 1 vi [liquid] traverser, filtrer au travers
2 vt sep ◆ **to be soaked through** [person] être trempé (jusqu'aux os); [object, garment] être trempé

▶ **soak up** vt sep (lit, fig) absorber

soakaway ['səʊkəweɪ] n (Constr) fosse f d'assainissement, puits m absorbant

soaking ['səʊkɪŋ] → SYN 1 n trempage m ◆ **to get a soaking** se faire tremper (jusqu'aux os) ◆ **to give sth a soaking** faire or laisser tremper qch
2 adj (also **soaking wet**) person trempé (jusqu'aux os); object, garment trempé

soap [səʊp] 1 n a savon m; (* fig: also **soft soap**) flatterie(s) f(pl), flagornerie f (pej) ◆ **no soap!*** (US fig) rien à faire!, des clous!*; → **shaving, toilet**

b ⇒ **soap opera**

2 vt savonner

3 COMP ▷ **soap bubble** n bulle f de savon ▷ **soap opera** n (fig: Rad, TV) soap-opéra m, soap* m, feuilleton m mélo* or à l'eau de rose ▷ **soap powder** n lessive f (en poudre), poudre f à laver

▶ **soap down** vt sep savonner

soapberry ['səʊpˌberɪ] n (also **soapberry tree**) savonnier m

soapbox ['səʊpbɒks] 1 n a (lit) caisse f à savon; (fig: for speaker) tribune f improvisée

b (= go-cart) auto f sans moteur (pour enfants), caisse f à savon*

2 COMP ▷ **soapbox derby** n course f en descente d'autos sans moteur (pour enfants) ▷ **soapbox orator** n orateur m de carrefour, harangueur m, -euse f de foules ▷ **soapbox oratory** n harangue(s) f(pl) de démagogue

soapdish ['səʊpdɪʃ] n porte-savon m

soapflakes ['səʊpfleɪks] npl savon m en paillettes, paillettes fpl de savon

soapless ['səʊplɪs] adj detergent sans savon

soapstone ['səʊpstəʊn] n stéatite f

soapsuds ['səʊpsʌdz] npl (= lather) mousse f de savon; (= soapy water) eau f savonneuse

soapwort ['səʊpwɜːt] n saponaire f officinale, savonnière f

soapy ['səʊpɪ] adj a (lit) water, taste, smell savonneux; floor, object recouvert de savon; cloth, hands, face plein de savon

b (Brit *) = sentimental) mièvre

soar [sɔːr] → SYN vi (also **soar up**) [bird, aircraft] monter (en flèche); [ball etc] voler (over par-dessus); (fig) [tower, cathedral] s'élancer (vers le ciel); [voice, music] s'élever (above au-dessus de); [prices, costs, profits] monter en flèche; [ambitions, hopes] grandir démesurément; [spirits, morale] remonter en flèche; see also **send**

▶ **soar up** vi → **soar**

soaraway * ['sɔːrəweɪ] adj success, career etc fulgurant

soaring ['sɔːrɪŋ] 1 n [of bird] essor m; [of plane] envol m

2 adj a (= increasing) prices, costs, profits, unemployment qui monte en flèche; inflation galopant ◆ **Britain's soaring crime rate** la forte hausse de la criminalité en Grande-Bretagne

b (= tall) spire, skyscraper qui s'élance vers le ciel

sob [sɒb] → SYN 1 n sanglot m ◆ **... he said with a sob** ... dit-il en sanglotant

2 vi sangloter

3 vt ◆ **no she sobbed** "non" dit-elle en sanglotant ◆ **to sob o.s. to sleep** s'endormir à force de sangloter or en sanglotant

4 COMP ▷ **sob sister*** n (US) journaliste f qui se spécialise dans les histoires larmoyantes ▷ **sob story** n histoire f mélodramatique or larmoyante ◆ **the main item was a sob story about a puppy** (Press etc) l'article principal était une histoire à vous fendre le cœur concernant un chiot ◆ **he told us a sob story about his sister's illness** il a cherché à nous apitoyer or à nous avoir au sentiment * en nous parlant de la maladie de sa sœur ▷ **sob stuff** * n there's too much sob stuff in that film il y a trop de sensiblerie or de mélo* dans ce film ◆ **he gave us a lot of sob stuff** il nous a fait tout un baratin * larmoyant

▶ **sob out** vt sep [+ story] raconter en sanglotant ◆ **to sob one's heart out** pleurer à chaudes larmes or à gros sanglots

s.o.b. * [ˌesəʊˈbiː] n (US) (abbrev of **son of a bitch**) salaud* m, fils m de garce*

sobbing ['sɒbɪŋ] 1 n sanglots mpl

2 adj sanglotant

sober ['səʊbər] → SYN 1 adj a (= not drunk) pas ivre or soûl; (= sobered-up) dessoûlé * ◆ **I'm perfectly sober** je ne suis pas du tout soûl ◆ **he's stone cold sober, he's (as) sober as a judge*** il n'est pas du tout soûl ◆ **are you sober yet?** tu as dessoûlé?

b (= abstinent) sobre ◆ **she has been sober now for three years** cela fait maintenant trois ans qu'elle ne boit plus or qu'elle est sobre

c (= serious) person, attitude pondéré; expression grave; assessment, statement, judgement mesuré; fact, reality sans fard ◆ **upon sober reflection** après mûre réflexion

d (= plain) suit, tie, colour, style sobre

2 vt a (fig: also **sober up**) (= calm); (= deflate) dégriser

b (also **sober up** = stop being drunk) dessoûler*, désenivrer

3 COMP ▷ **sober-headed** adj person sérieux, posé; decision réfléchi, posé ▷ **sober-minded** adj sérieux, sensé ▷ **sober-sided** adj sérieux, grave, qui ne rit pas souvent

▶ **sober up** 1 vi dessoûler*, désenivrer

2 vt sep ⇒ **sober 2a, 2b**

sobering ['səʊbərɪŋ] adj (fig) experience qui fait réfléchir ◆ **a sobering reminder of sth** un brusque rappel à la réalité de qch ◆ **it is a sobering thought** cela fait réfléchir ◆ **it had a sobering effect on him** cela l'a fait réfléchir

soberly ['səʊbəlɪ] adv a (= seriously) speak, behave avec pondération

b (= plainly) dress sobrement, avec sobriété

soberness ['səʊbənɪs] n a (= seriousness) pondération f, sérieux m

b (= plainness) [of style, design] sobriété f

sobersides * ['səʊbəsaɪdz] n bonnet m de nuit (fig)

sobriety [səʊˈbraɪətɪ] n a ⇒ **soberness**

b (= abstinence) **the struggle for sobriety** la lutte constante pour rester sobre ◆ **she maintained her sobriety for seven years** elle a réussi à rester sobre pendant sept ans ◆ **his sobriety was in question** (frm or hum) on le soupçonnait d'avoir bu

sobriquet ['səʊbrɪkeɪ] n sobriquet m

soc. [sɒk] n abbrev of **society**

soccer ['sɒkər] 1 n football m, foot* m

2 COMP match, pitch, team de football, de foot * ▷ **soccer player** n footballeur m ▷ **soccer season** n saison f de football or de foot *

sociability [ˌsəʊʃə'bɪlɪtɪ] → SYN n sociabilité f

sociable ['səʊʃəbl] → SYN adj person, mood sociable ◆ **I'll have a drink just to be sociable** je vais prendre un verre juste pour vous faire plaisir (or lui etc) ◆ **I'm not feeling very sociable this evening** je n'ai pas envie de voir des gens ce soir

sociably ['səʊʃəblɪ] adv behave de façon sociable, aimablement ; invite, say amicalement

social ['səʊʃəl] → SYN **1** adj **a** class, status, problem, customs social ◆ **she's a social acquaintance** c'est une relation (personnelle) ◆ **social event** or **activity** activité f socioculturelle ◆ **we work together but we don't have a social relationship** nous travaillons ensemble mais nous ne nous voyons pas en dehors du travail ◆ **he has little social contact with his business colleagues** il a peu de contacts avec ses collègues en dehors du travail ◆ **this isn't a social visit** or **call** il ne s'agit pas d'une visite de courtoisie ◆ **she didn't regard him as her social equal** pour elle, il n'appartenait pas au même milieu social ◆ **social mobility** mobilité f sociale ◆ **upward social mobility** ascension f sociale ◆ **social research** recherches fpl en sciences sociales ◆ **social scale** échelle f sociale ; see also **3**

b (Zool, Anthropology) insect, animal social ◆ **man is a social animal** l'homme est un animal social or sociable ; see also **3**

2 n (petite) fête f

3 COMP ▷ **social administration** n gestion f sociale ▷ **Social and Liberal Democrats** n (Brit Pol) parti m social et libéral-démocrate ▷ **social anthropologist** n spécialiste mf de l'anthropologie sociale ▷ **social anthropology** n anthropologie f sociale ▷ **social benefits** npl prestations fpl sociales ▷ **Social Charter** n (Brit Pol) charte f sociale ▷ **social circle** n sphère f de la société ▷ **social climber** n (still climbing) arriviste mf ; (arrived) parvenu(e) m(f) ▷ **social climbing** n arrivisme m ▷ **social-climbing** adj wife arriviste ▷ **social club** n club m (de rencontres) ▷ **social column** n (Press) carnet m mondain, mondanités fpl ▷ **social conscience** n conscience f sociale ▷ **social contract** n contrat m social ▷ **Social Democracy** n social-démocratie f ▷ **Social Democrat** n social-démocrate mf ▷ **Social Democratic** adj social-démocrate ▷ **Social Democratic and Labour Party** n (Ir Pol) parti m social-démocrate et travailliste ▷ **Social Democratic Party** n (Brit Pol: formerly) parti m social-démocrate ▷ **social disease** n (gen) maladie f due à des facteurs socioéconomiques ; (venereal) maladie f honteuse ▷ **social drinker** n to be a social drinker boire seulement en compagnie ▷ **social drinking** n fait m de boire seulement en compagnie ▷ **social engineering** n manipulation f des structures sociales ▷ **social evening** n soirée f (entre amis) ▷ **social exclusion** n exclusion f sociale ▷ **social fund** n (Brit) ≃ fonds m de solidarité ▷ **social gathering** n réunion f entre amis ▷ **social history** n histoire f sociale ▷ **social housing** n (NonC: Brit) logements mpl sociaux ▷ **social insurance** n (US) sécurité f sociale ▷ **social life** n **to have an active social life** (= go out frequently) sortir beaucoup ; (= see people frequently) voir du monde ; (in high society) avoir une vie mondaine active ▷ **social misfit** n inadapté(e) m(f) social(e) ▷ **social order** n ordre m social ▷ **social realism** n réalisme m social **b** ⇒ **socialist realism** ; → **socialist** ▷ **the social register** n (US) ≃ le bottin ® mondain ▷ **social science** n sciences fpl humaines ▷ **Faculty of Social Science** (Univ) faculté f des sciences humaines ▷ **social scientist** n spécialiste mf des sciences humaines ▷ **social secretary** n [of organization] responsable mf des programmes de loisirs ; [of person] secrétaire mf particulier (-ière) ▷ **social security** n (gen) aide f sociale ; (also **social security benefits**) prestations fpl sociales ◆ **to be on social security** recevoir l'aide sociale ◆ **Department of Social Security** (Brit) ≃ Sécurité f sociale ▷ **Social Security Administration** n (US) service des pensions ▷ **social security card** n (US) ≃ carte f d'assuré social ▷ **social security number** n (US) numéro m de Sécurité sociale ▷ **social service** n ⇒ **social work** ▷ **social services** npl services mpl sociaux ◆ **Secretary of State for/Department of Social Services** ministre m/ministère m des Affaires sociales ▷ **social skills** npl savoir-vivre m inv ◆ **to have no social skills** ne pas savoir se comporter en société ◆ **poor social skills** manque m de savoir-vivre ◆ **to develop one's social skills** améliorer son comportement en société ▷ **social spending** n dépenses fpl d'aide sociale ▷ **social studies** npl sciences fpl sociales ▷ **social welfare** n sécurité f sociale ▷ **social work** n assistance f sociale ▷ **social worker** n assistant(e) m(f) social(e), travailleur m, -euse f social(e)

SOCIAL SECURITY NUMBER

Aux États-Unis, le numéro de Sécurité sociale, formé de neuf chiffres, est indispensable pour bénéficier des prestations sociales, mais il est également utilisé de plus en plus comme numéro d'identité à l'échelle nationale : il figure sur les carnets de chèques ; certains États l'utilisent comme numéro de permis de conduire et certaines universités comme numéro d'inscription des étudiants. Depuis 1987, tous les enfants se voient attribuer un **social security number**.

---

socialism ['səʊʃəlɪzəm] n socialisme m

socialist ['səʊʃəlɪst] **1** adj socialiste ◆ **the Socialist Republic of ...** la République socialiste de ...

2 n socialiste mf

3 COMP ▷ **Socialist International** n Internationale f socialiste ▷ **socialist realism** n réalisme m socialiste ▷ **Socialist Workers' Party** n (in Brit) parti d'extrême gauche

socialistic [ˌsəʊʃə'lɪstɪk] adj socialisant

socialite ['səʊʃəlaɪt] n mondain(e) m(f) ◆ **a Paris socialite** un membre du Tout-Paris

sociality [ˌsəʊʃɪ'ælɪtɪ] n socialité f, sociabilité f

socialization [ˌsəʊʃəlaɪ'zeɪʃən] n socialisation f (Pol)

socialize ['səʊʃəlaɪz] → SYN **1** vt (Pol, Psych) socialiser

2 vi (= be with people) fréquenter des gens ; (= make friends) se faire des amis ; (= chat) s'entretenir, bavarder (with sb avec qn)

socializing ['səʊʃəlaɪzɪŋ] n ◆ **he doesn't like socializing** il n'aime pas fréquenter les gens ◆ **there isn't much socializing on campus** on ne se fréquente pas beaucoup sur le campus

socially ['səʊʃəlɪ] adv **a** (= not professionally etc) meet, interact en société ◆ **I don't really mix with him socially** je ne le fréquente guère (en dehors du travail) ◆ **to know sb socially** fréquenter qn en dehors du travail

b disadvantaged, acceptable, conservative socialement ◆ **socially prominent** en vue dans la société ◆ **socially superior/inferior** d'un rang social supérieur/inférieur ◆ **to be socially aware** or **conscious** avoir conscience des problèmes sociaux ◆ **socially adept** qui sait se comporter en société ◆ **to be socially inadequate** être un(e) inadapté(e) social(e) ◆ **to be socially conditioned to do sth** être conditionné par son milieu social à faire qch

societal [sə'saɪətl] **1** adj sociétal

2 COMP ▷ **societal marketing** n marketing m social

society [sə'saɪətɪ] → SYN **1** n **a** (= social community) société f ◆ **to live in society** vivre en société ◆ **for the good of society** dans l'intérêt social or de la société or de la communauté ◆ **it is a danger to society** cela constitue un danger social, cela met la société en danger ◆ **modern industrial societies** les sociétés fpl industrielles modernes

b (NonC = high society) (haute) société f, grand monde m ◆ **polite society** la bonne société ◆ **the years she spent in society** ses années de vie mondaine

c (NonC = company, companionship) société f, compagnie f ◆ **in the society of ...** dans la société de ..., en compagnie de ... ◆ **I enjoy his society** je me plais en sa compagnie, j'apprécie sa compagnie

d (= organized group) société f, association f ; (= charitable society) œuvre f de charité, association f de bienfaisance ; (Scol, Univ etc) club m, association f ◆ **dramatic society** club m théâtral, association f théâtrale ◆ **learned society** société f savante ◆ **the Society of Friends** (Rel) la Société des Amis, les Quakers mpl ◆ **the Society of Jesus** (Rel) la Société de Jésus ; → **royal**

2 COMP correspondent, news, photographer, wedding mondain, de la haute société ▷ **society column** n (Press) chronique f mondaine, carnet m mondain ▷ **Society Islands** npl (Geog) îles fpl de la Société

socio... ['səʊsɪəʊ] pref socio... ◆ **sociocultural** socioculturel ◆ **socioeconomic** socioéconomique ◆ **sociopolitical** sociopolitique ; see also **sociological**

sociobiologist [ˌsəʊsɪəʊbaɪ'ɒlədʒɪst] n sociobiologiste mf

sociobiology [ˌsəʊsɪəʊbaɪ'ɒlədʒɪ] n sociobiologie f

sociocultural [ˌsəʊsɪəʊ'kʌltʃərəl] adj socioculturel

socioeconomic [ˌsəʊsɪəʊiːkə'nɒmɪk] adj socioéconomique ◆ **socioeconomic group** catégorie f socioprofessionnelle

sociolect ['səʊsɪəʊˌlekt] n (Ling) sociolecte m

sociolinguist [ˌsəʊsɪəʊ'lɪŋgwɪst] n sociolinguiste mf

sociolinguistic [ˌsəʊsɪəʊlɪŋ'gwɪstɪk] adj sociolinguistique

sociolinguistics [ˌsəʊsɪəʊlɪŋ'gwɪstɪks] n (NonC) sociolinguistique f

sociological [ˌsəʊsɪə'lɒdʒɪkəl] adj sociologique

sociologically [ˌsəʊsɪə'lɒdʒɪkəlɪ] adv important, significant sociologiquement

sociologist [ˌsəʊsɪ'ɒlədʒɪst] n sociologue mf

sociology [ˌsəʊsɪ'ɒlədʒɪ] n sociologie f

sociometric [ˌsəʊsɪəʊ'metrɪk] adj sociométrique

sociometrist [ˌsəʊsɪ'ɒmɪtrɪst] n sociométriste mf

sociometry [ˌsəʊsɪ'ɒmɪtrɪ] n sociométrie f

sociopath ['səʊsɪəʊˌpæθ] n inadapté(e) m(f) social(e)

sociopathic [ˌsəʊsɪəʊ'pæθɪk] adj socialement inadapté, sociopathe

sociopolitical [ˌsəʊsɪəʊpə'lɪtɪkəl] adj sociopolitique

sock¹ [sɒk] n **a** pl **socks** (= short stocking) chaussette f ; (shorter) socquette f ; (= inner sole) semelle f (intérieure) ; [of footballer etc] bas m ◆ **to pull one's socks up** * (Brit fig) se secouer *, faire un effort ◆ **put a sock in it!** ‡ la ferme ! *, ta gueule ! * ◆ **this will knock** or **blow your socks off!** * ça va t'en mettre plein la vue ! * ◆ **it knocks the socks off most science fiction films** * ça dame le pion à la plupart des films de science-fiction ◆ **to work one's socks off** * s'éreinter (au travail) ◆ **to dance/act one's socks off** * se défoncer * en dansant/jouant, danser/jouer en se donnant à fond

b (= windsock) manche f à air

sock² * [sɒk] **1** n (= slap) beigne * f ; (= punch) gnon * m ◆ **to give sb a sock on the jaw** flanquer un coup or son poing sur la gueule ‡ à qn

2 vt (= strike) flanquer une beigne ‡ or un gnon * à ◆ **sock him one!** cogne dessus ! *, fous-lui une beigne ! ‡ ◆ **sock it to me!** vas-y envoie ! * ◆ **sock it to them!** montre-leur un peu !

sockdolager * [sɒk'dɒlədʒə*] n (US) **a** (= decisive event) coup m décisif

b (= great person/thing) personne f/chose f fantastique

socket ['sɒkɪt] **1** n (gen) cavité f, trou m (où qch s'emboîte) ; [of hipbone] cavité f articulaire ; [of eye] orbite f ; [of tooth] alvéole f ; (Elec: for light bulb) douille f ; (Elec: also **wall socket**) prise f de courant, prise f femelle ; (Carpentry) mortaise f ; (in candlestick etc) trou m ◆ **to pull sb's arm out of its socket** désarticuler or démettre l'épaule à qn

2 COMP ▷ **socket joint** n (Tech) joint m à rotule ; (Anat) énarthrose f ▷ **socket set** n jeu d'outils à manche interchangeable ▷ **socket wrench** n (Tech) clé f à pipe or à douille

sockeye [ˈsɒkaɪ] n (= fish) saumon m du Pacifique

socko * [ˈsɒkəʊ] (US) adj fantastique, du tonnerre

Socrates [ˈsɒkrətiːz] n Socrate m

Socratic [sɒˈkrætɪk] adj socratique ◆ **Socratic irony** ironie f socratique ◆ **the Socratic method** la maïeutique

sod[1] [sɒd] n (NonC: = turf) gazon m ; (= piece of turf) motte f (de gazon) ◆ **the sod lies over him** (liter) il est mort et enterré

sod[2] *⁑ [sɒd] (Brit) [1] n con *⁑ m, couillon *⁑ m ; (pej) salaud ⁑ m, salopard ⁑ m ◆ **the poor sods who tried** les pauvres cons *⁑ or couillons *⁑ or bougres * qui l'ont essayé ◆ **poor little sod!** pauvre petit bonhomme ! ◆ **he's a real sod** c'est un salaud ⁑ or un salopard ⁑ ◆ **sod all** que dalle ⁑

[2] vt ◆ **sod it!** merde (alors) ! *⁑ ◆ **sod him!** il m'emmerde ! *⁑, qu'il aille se faire foutre ! *⁑

[3] COMP ▷ **Sod's Law** * n (Brit) loi f de l'emmerdement ⁑ maximum ◆ **that's Sod's Law** un emmerdement ⁑ n'arrive jamais seul

► **sod off** *⁑ vi foutre le camp ⁑ ◆ **sod off!** fous le camp ! ⁑, va te faire foutre ! *⁑

soda [ˈsəʊdə] [1] n **a** (Chem) soude f ; (also **washing soda, soda crystals**) soude f du commerce, cristaux mpl (de soude) ; → **baking, caustic**

b (also **soda water**) eau f de Seltz ◆ **whisky and soda** whisky m soda or à l'eau de Seltz ; → **club, ice**

c (US: also **soda pop**) boisson f gazeuse *(sucrée)*

[2] COMP ▷ **soda ash** n (Chem) soude f du commerce ▷ **soda biscuit** n (US) biscuit m sec à la levure chimique ▷ **soda bread** n pain m irlandais (au bicarbonate) ▷ **soda cracker** n (US) → **soda biscuit** ▷ **soda crystals** npl → **1a** ▷ **soda fountain** n (US) (= siphon) siphon m d'eau de Seltz ; (= place) buvette f ▷ **soda jerk(er)** n (US) serveur m, -euse f *(dans une buvette)* ▷ **soda pop** n (US) soda m ▷ **soda siphon** n siphon m (d'eau de Seltz) ▷ **soda water** n → **1b**

sodality [səʊˈdælɪtɪ] n camaraderie f ; (= association, also Rel) confrérie f

sodamide [ˈsəʊdəmaɪd] n amide m de sodium

sodden [ˈsɒdn] [→ SYN] adj ground détrempé ; clothes, paper trempé (*with* de) ◆ **sodden with drink, drink-sodden** abruti par l'alcool

sodding *⁑ [ˈsɒdɪŋ] (Brit) [1] adj ◆ **her sodding dog** son foutu chien ⁑, son putain de chien *⁑ ◆ **shut the sodding door!** ferme cette putain de porte ! *⁑ ◆ **it's a sodding disgrace!** c'est une honte, nom de Dieu ! ⁑ ◆ **sodding hell!** bordel de merde ! *⁑

[2] adv ◆ **it's sodding difficult** c'est foutrement ⁑ difficile ◆ **he's sodding crazy!** il déconne ⁑ complètement !

sodium [ˈsəʊdɪəm] [1] n sodium m

[2] COMP ▷ **sodium benzoate** n benzoate m de sodium ▷ **sodium bicarbonate** n bicarbonate m de soude ▷ **sodium carbonate** n carbonate m de sodium ▷ **sodium chloride** n chlorure m de sodium ▷ **sodium citrates** npl citrates mpl de sodium ▷ **sodium cyanide** n cyanure m de sodium ▷ **sodium-free** adj désodé ▷ **sodium glutamate** n glutamate m (de sodium) ▷ **sodium hydroxide** n soude f caustique ▷ **sodium light** n lampe f (à vapeur) de sodium ▷ **sodium metabisulphite** n métadisulfite m de sodium ▷ **sodium nitrate** n nitrate m de soude ▷ **sodium nitrite** n nitrite m de sodium ▷ **sodium sulphate** n sulfate m de soude ▷ **sodium thiosulphate** n (Chem) hyposulfite m de sodium ; (Pharm, Phot) thiosulfate m de sodium ▷ **sodium-vapor lamp** n (US) ⇒ **sodium light**

Sodom [ˈsɒdəm] n Sodome

sodomite [ˈsɒdəmaɪt] n sodomite m

sodomize [ˈsɒdəmaɪz] vt sodomiser

sodomy [ˈsɒdəmɪ] n sodomie f

sofa [ˈsəʊfə] [1] n sofa m, canapé m

[2] COMP ▷ **sofa bed** n canapé-lit m

soffit [ˈsɒfɪt] n (Constr) soffite m, sous-face f

Sofia [ˈsəʊfɪə] n Sofia

soft [sɒft] [→ SYN] [1] adj **a** (= not hard) ground, snow, butter, penis mou (molle f) ; fabric, skin, hand, breasts, body doux (douce f) ; food, bread, fruit, pencil, wood tendre ; bed, carpet, texture moelleux ; fur, hair, beard soyeux ; brush, toothbrush doux (douce f), souple ; leather souple ◆ **as soft as silk** or **velvet** doux comme (de) la soie ◆ **to get** or **become soft(er)** [ground, pitch] devenir mou ; [butter] se ramollir ; [leather] s'assouplir ; [skin] s'adoucir ◆ **to make soft(er)** [+ leather] assouplir ; [+ skin] adoucir ◆ **to go soft** [onions, biscuits] ramollir ; see also **4** ; → **roe**[2], **soap, solder**

b (= gentle, not intense) breeze, wind, kiss, light, colour doux (douce f) ; rain, touch, tap léger ; accent mélodieux ; lighting doux (douce f), tamisé

c (= quiet) sound, voice, laugh, music doux (douce f) ◆ **the music is too soft** la musique n'est pas assez forte, on n'entend pas assez la musique

d (in shape) outline, lines doux (douce f) ; pleat, fold souple

e (pej = unfit) person, body, muscles mou (molle f) ◆ **this sort of life makes you soft** ce genre de vie vous ramollit ◆ **to get** or **go soft** [body] s'avachir ; [muscles] se ramollir

f (= kind) person doux (douce f) ◆ **she had another, softer side to her** il y avait une autre facette, plus douce, de sa personnalité ◆ **to have a soft heart** avoir le cœur tendre

g (pej) (= lenient) person indulgent ; sentence léger ◆ **to get soft** [person] devenir trop indulgent or trop bon ◆ **to be (too) soft on sb** être trop indulgent envers qn ◆ **to be (too) soft on sth** [+ crime, drugs] être trop laxiste en matière de qch ◆ **to go soft (on sth)** devenir plus laxiste (en matière de qch) ◆ **to have a soft spot for sb/sth** avoir un faible pour qn/qch ◆ **to be a soft touch** * être une (bonne) poire *

h (= moderate) approach modéré ◆ **to take a soft line (on sth)** adopter une ligne modérée (en matière de qch) ◆ **the soft left** (Pol) la gauche modérée

i (* = easy) life, job pépère, peinard * ◆ **to take the soft option** choisir la solution de facilité

j (* = stupid) débile * ◆ **to be soft in the head** (= stupid) avoir le cerveau ramolli * ; (= mad) avoir perdu la boule * ; (= senile) être gâteux

k **to be soft on sb** † * (= attracted to) avoir le béguin † * pour qn

l water non calcaire, doux

m (Ling) consonant doux (douce f)

n (Econ, Fin, St Ex) prices, stocks, market mou (molle f), qui tend à la baisse ; economy amorphe ; currency faible ◆ **sales are soft** les ventes ne marchent pas très fort ◆ **soft loan** prêt m à taux bonifié

[2] adv **a** (liter = quietly) doucement

b (= stupidly) **don't talk soft!** * tu dis n'importe quoi !

[3] excl †† (= wait) un instant ! ; (= be quiet) silence !

[4] COMP ▷ **soft-boiled egg** n œuf m à la coque ▷ **soft-bound book** n livre m broché ; (= paperback) livre m de poche ▷ **soft brown sugar** n sucre m roux ▷ **soft centre** n (Brit) chocolat m fourré ▷ **soft-centred** adj (Brit) **a** chocolate, boiled sweet fourré **b** (fig pej) à l'eau de rose ▷ **soft cheese** n fromage m à pâte molle ▷ **soft coal** n houille f grasse ▷ **soft-coated wheaten terrier** n (= dog) terrier m irlandais à poil doux (couleur des blés) ▷ **soft commodities** npl biens mpl non durables ▷ **soft contact lens** n lentille f (de contact) souple ▷ **soft copy** n (Comput) visualisation f sur écran ▷ **soft-core** adj pornography soft * inv ▷ **soft-cover** adj → **softback** ▷ **soft currency** n (Fin) devise f faible ▷ **soft drinks** npl boissons fpl non alcoolisées ▷ **soft drugs** npl drogues fpl douces ▷ **soft focus** n (Phot) flou m artistique ▷ **soft-focus** adj (Phot) image, picture (artistiquement) flou ◆ **soft-focus filter** (Phot) filtre m pour flou artistique ◆ **soft-focus lens** (Phot) objectif m pour flou artistique ▷ **soft-footed** adj à la démarche légère, qui marche à pas feutrés or sans faire de bruit ▷ **soft fruit** n (Brit) baies fpl comestibles, ≃ fruits mpl rouges ▷ **soft furnishings** npl (Brit Comm) tissus mpl d'ameublement *(rideaux, tentures, housses etc)* ▷ **soft goods** npl (Brit Comm) textiles mpl, tissus mpl ▷ **soft hat** n chapeau m mou ▷ **soft-headed** * adj faible d'esprit, cinglé ⁑ ▷ **soft-hearted** [→ SYN] adj au cœur tendre, compatissant ▷ **soft ice-cream** n glace f à l'italienne ▷ **soft iron** n fer m doux ▷ **soft landing** n (Aviat, Space) atterrissage m en douceur ▷ **soft margarine** n pâte f à tartiner ▷ **soft palate** n (Anat) voile m du palais ▷ **soft pedal** n (Mus) pédale f douce ▷ **soft-pedal** vi (Mus) mettre la pédale douce ◇ vt (esp US fig) ne pas trop insister sur ▷ **soft pencil** n crayon m à mine grasse ▷ **soft porn** n soft porn m ▷ **soft sell** n (Comm) technique f (de vente) non agressive ◆ **he's a master of the soft sell** (fig) il est maître dans l'art de persuader les clients en douceur ▷ **soft-shelled** adj egg, mollusc à coquille molle ; crustacean, turtle à carapace molle ▷ **soft shoulder** n [road] accotement m non stabilisé ▷ **soft soap** n (lit) savon m vert ; (* fig pej = flattery) flatterie f ▷ **soft-soap** * vt (fig pej) caresser dans le sens du poil *, passer de la pommade à ▷ **soft-spoken** adj à la voix douce ▷ **soft steel** n acier m doux ▷ **soft target** n cible f facile ▷ **soft toilet paper** n papier m hygiénique doux ▷ **soft top** n (Aut) décapotable f ▷ **soft toy** n (jouet m en) peluche f ▷ **soft verge** n (Aut) accotement m non stabilisé ▷ **soft X-rays** npl rayons mpl X diffus

softback [ˈsɒftbæk] n livre m broché ; (= paperback) livre m de poche

softball [ˈsɒftbɔːl] n (US) *sorte de base-ball,* softball m

soften [ˈsɒfn] [→ SYN] [1] vt [+ butter, clay, ground, pitch] (r)amollir ; [+ collar, leather] assouplir ; [+ skin, colour, outline] adoucir ; [+ sound] adoucir, atténuer ; [+ lights, lighting] adoucir, tamiser ; [+ pain, anxiety] atténuer ; [+ sb's anger, reaction, effect, impression] adoucir, atténuer ; [+ resistance] amoindrir, réduire ◆ **to soften the blow** (fig) adoucir or amortir le choc

[2] vi [butter, clay, ground, pitch] devenir mou (molle f), se ramollir ; [collar, leather] s'assouplir ; [skin] s'adoucir ; [colour] s'adoucir, s'atténuer ; [sb's anger] s'atténuer ◆ **his heart softened at the sight of her** il s'attendrit en la voyant ◆ **his eyes softened as he looked at her** son regard s'est adouci à sa vue

► **soften up** [1] vi [butter, clay, ground, pitch] devenir mou, se ramollir ; [collar, leather] s'assouplir ; [skin] s'adoucir ; (= grow less stern) s'adoucir ◆ **we must not soften up towards** or **on these offenders** nous ne devons pas faire preuve d'indulgence envers ces délinquants

[2] vt sep **a** [+ butter, clay, pitch, ground] (r)amollir ; [+ collar, leather] assouplir ; [+ skin] adoucir

b [+ person] attendrir ; (*: by cajoling) [+ customer etc] bonimenter *, baratiner * ; (*: by bullying) intimider, malmener ; [+ resistance, opposition] réduire ; (Mil: by bombing etc) affaiblir par bombardement intensif

softener [ˈsɒfnə^r] n (also **water softener**) adoucisseur m ; (also **fabric softener**) produit m assouplissant

softening [ˈsɒfnɪŋ] n **a** [of leather] assouplissement m ; [of skin] adoucissement m

b (Med) **softening of the brain** ramollissement m cérébral

c (= moderating) [of attitude, position, policy] assouplissement m

d (Ling) [of consonant] adoucissement m

softie * [ˈsɒftɪ] n (too tender-hearted) tendre mf ; (no stamina etc) mauviette f, mollasson(ne) m(f) ; (= coward) poule f mouillée, dégonflé(e) * m(f) ◆ **you silly softie, stop crying!** ne pleure plus, grand(e) nigaud(e) !

softly [ˈsɒftlɪ] [1] adv **a** (= quietly) say, call, sing, whistle doucement ; swear à voix basse ; walk à pas feutrés ◆ **a softly spoken man** un homme à la voix douce ◆ **softly, softly, catchee monkey** * vas-y mollo ⁑

b (= gently) touch, tap légèrement ; kiss tendrement

c (= not brightly) shine, glow, gleam faiblement ◆ **softly lit** à la lumière tamisée

[2] COMP ▷ **softly-softly** adj précautionneux ◆ **he adopted a softly-softly approach** il a pris beaucoup de précautions

softness [ˈsɒftnɪs] n **a** [of ground, snow, butter] mollesse f ; [of fabric, skin, hand, breasts, body] douceur f ; [of bread, wood, fruit] tendreté f ; [of bed, carpet] moelleux m ; [of fur, hair, beard] soyeux m ; [of brush, toothbrush, leather] sou-

plesse f ✦ **the softness of its consistency** sa consistance moelleuse
b (= gentleness) [of breeze, wind, kiss] douceur f ; [of rain, touch, tap] légèreté f
c (= lack of brightness) [of light, lighting, colour] douceur f
d (= quietness) [of sound, accent, laugh, music] douceur f
e (in shape) [of outline, lines] douceur f ; [of pleat, fold] souplesse f
f (pej = unfitness) [of person, body, muscles] mollesse f
g (= leniency) [of person] indulgence f ; [of sentence] légèreté f
h (= moderation) [of approach, line] modération f
i (* = easiness) [of life, job] tranquillité f
j (* = stupidity) débilité f ✦ **softness in the head** (= stupidity, madness) débilité f ; (= senility) gâtisme m
k [of water] douceur f

software ['sɒft,wɛəʳ] (Comput) **1** n (NonC) software * m, logiciel m
2 COMP ▷ **software engineer** n ingénieur-conseil m en informatique, ingénieur m (en) logiciel ▷ **software engineering** n génie m logiciel ▷ **software house** n société f de services et de conseils en informatique, SSCI f ▷ **software library** n logithèque f ▷ **software package** n progiciel m

softwood ['sɒftwʊd] n bois m tendre

softy * ['sɒftɪ] n ⇒ softie

soggy ['sɒgɪ] adj clothes trempé ; ground détrempé ; vegetables, pasta trop cuit, ramolli ; bread pâteux, ramolli

soh [səʊ] n (Mus) sol m

soil¹ [sɔɪl] → SYN n sol m, terre f ✦ **rich/chalky soil** sol m or terre f riche/calcaire ✦ **cover it over with soil** recouvre-le de terre ✦ **a man of the soil** (liter) un terrien, un homme de la terre ✦ **my native soil** ma terre natale, mon pays natal ✦ **on French soil** sur le sol français, en territoire français

soil² [sɔɪl] → SYN **1** vt (lit) salir ; (fig) [+ reputation, honour] souiller (frm) ✦ **this dress is easily soiled** cette robe se salit vite or est salissante ✦ **soiled linen** linge m sale ✦ **soiled copy/item** (Comm) exemplaire m/article m défraîchi ✦ **she wouldn't dream of soiling her hands with work** elle ne s'abaisserait jamais à travailler ; → shopsoiled
2 vi [material, garment] se salir, être salissant
3 n (= excrement) excréments mpl, ordures fpl ; (= sewage) vidange f
4 COMP ▷ **soil-based** adj soil-based compost terreau m ▷ **soil pipe** n tuyau m d'écoulement ; (vertical) tuyau m de descente

soirée ['swɑːreɪ] n soirée f

sojourn ['sɒdʒɜːn] (liter) **1** n séjour m
2 vi séjourner, faire un séjour

solace ['sɒlɪs] → SYN (liter) **1** n consolation f, réconfort m ✦ **to be a solace to sb** être un réconfort pour qn
2 vt [+ person] consoler ; [+ pain] soulager, adoucir ✦ **to solace o.s.** se consoler

solanaceous [,sɒlə'neɪʃəs] adj ✦ **solanaceous plant** solanacée f

solanum [səʊ'leɪnəm] n solanacée f

solar ['səʊləʳ] **1** adj solaire
2 COMP ▷ **solar battery** n batterie f solaire, photopile f ▷ **solar calendar** n calendrier m solaire ▷ **solar cell** n pile f solaire, photopile f ▷ **solar collector** n capteur m solaire ; (Astron) ▷ **solar constant** n constante f solaire ▷ **solar eclipse** n éclipse f de soleil ▷ **solar flare** n facule f solaire ▷ **solar furnace** n four m solaire ▷ **solar heating** n chauffage m (à l'énergie) solaire ▷ **solar panel** n panneau m solaire ▷ **solar plexus** (Anat) plexus m solaire ▷ **solar power** n énergie f solaire ▷ **solar-powered** adj (à énergie) solaire ▷ **solar system** n système m solaire ▷ **solar wind** n vent m solaire ▷ **solar year** n année f solaire

solarium [səʊ'lɛərɪəm] n, pl **solariums** or **solaria** [səʊ'lɛərɪə] solarium m

solarization [,səʊlərəɪ'zeɪʃən] n (Phot) solarisation f

sold [səʊld] vb (pt, ptp of **sell**)

solder ['səʊldəʳ] **1** n soudure f ✦ **hard solder** brasure f ✦ **soft solder** claire soudure f
2 vt souder
3 COMP ▷ **soldering iron** n fer m à souder

solderer ['səʊldərəʳ] n soudeur m, -euse f

soldier ['səʊldʒəʳ] → SYN **1** n **a** soldat m (also fig), militaire m ✦ **woman soldier** femme f soldat ✦ **soldiers and civilians** (les) militaires mpl et (les) civils mpl ✦ **Montgomery was a great soldier** Montgomery était un grand homme de guerre or un grand soldat ✦ **he wants to be a soldier** il veut se faire soldat or être militaire de carrière ou entrer dans l'armée ✦ **to play (at) soldiers** (pej) jouer à la guerre ; [children] jouer aux soldats ✦ **soldier of fortune** soldat m de fortune, mercenaire m ✦ **old soldier** vétéran m ; → foot, private
b (Brit * = finger of bread or toast) mouillette f
2 vi servir dans l'armée, être soldat ✦ **he soldiered for ten years in the East** il a servi (dans l'armée) pendant dix ans en Orient ✦ **after six years' soldiering** après six ans de service dans l'armée ✦ **to be tired of soldiering** en avoir assez d'être soldat ou d'être dans l'armée
3 COMP ▷ **soldier ant** n (fourmi f) soldat m

▶ **soldier on** vi (Brit fig) persévérer (malgré tout)

soldierly ['səʊldʒəlɪ] adj values, bravery, discipline de soldat ; person à l'allure militaire

soldiery ['səʊldʒərɪ] n (collective) soldats mpl, militaires mpl

sole¹ [səʊl] n, pl **sole** or **soles** (= fish) sole f ; → Dover, lemon

sole² [səʊl] **1** n [of shoe, sock, stocking] semelle f ; [of foot] plante f ; → inner
2 vt ressemeler ✦ **to have one's shoes soled** faire ressemeler ses chaussures ✦ **crepe-/rubber-/leather-soled** avec semelles de crêpe/caoutchouc/cuir

sole³ [səʊl] → SYN **1** adj **a** (= only, single) unique, seul ✦ **for the sole purpose of ...** dans l'unique or le seul but de ... ✦ **the sole reason** la seule or l'unique raison ✦ **their sole surviving daughter** la seule de leurs filles qui soit encore en vie
b (= exclusive) right, possession exclusif ; responsibility entier ; heir universel ; owner unique ✦ **for the sole use of ...** à l'usage exclusif de ... ✦ **to have sole ownership of sth** être l'unique propriétaire de qch ✦ **sole supplier** (Comm) fournisseur m exclusif
2 COMP ▷ **sole agent** n (Comm) concessionnaire m (Jur), dépositaire mf exclusif(-ive) ✦ **sole agent for Australia/for Collins dictionaries** distributeur m exclusif en Australie/des dictionnaires Collins ▷ **sole beneficiary** n (Jur) légataire m universel ▷ **sole legatee** n (Jur) légataire mf universel(le) ▷ **sole stockholder** n unique actionnaire mf ▷ **sole trader** n (Comm) gérant m or propriétaire m unique

solecism ['sɒləsɪzəm] → SYN n (Ling) solécisme m ; (= social offence) manque m de savoir-vivre, faute f de goût

solei ['sɒlɪaɪ] npl of soleus

solely ['səʊllɪ] → SYN adv uniquement ✦ **to be solely responsible for sth** être seul(e) responsable de qch ✦ **I am solely to blame** je suis seul coupable, c'est entièrement de ma faute

solemn ['sɒləm] → SYN adj mood, occasion, promise, music, warning solennel ; silence plein de solennité or de gravité ; face, expression grave ; person grave, solennel ✦ **it is my solemn duty to inform you that ...** il est de mon devoir de vous informer que ... (frm)

solemnity [sə'lemnɪtɪ] → SYN n **a** (NonC = solemnness) [of person, tone, occasion, music] solennité f
b (= occasion) solennité f ✦ **the solemnities** les solemnités fpl

solemnization [,sɒləmnaɪ'zeɪʃən] n [of marriage] célébration f

solemnize ['sɒləmnaɪz] → SYN vt [+ marriage] célébrer ; [+ occasion, event] solenniser

solemnly ['sɒləmlɪ] adv swear, promise, utter solennellement ; say gravement, d'un ton solennel ; smile, nod, look at gravement

solenette ['səʊlənet] n (= fish) solenette f

solenoid ['səʊlənɔɪd] n (Elec) solénoïde m

soleus ['sɒlɪəs] n, pl **solei** muscle m soléaire

sol-fa ['sɒl'fɑː] n (also **tonic sol-fa**) solfège m

solfatara [,sɒlfə'tɑːrə] n (Geol) solfatare m

solfeggio [sɒl'fedʒɪəʊ] n, pl **solfeggios** or **solfeggi** [sɒl'fedʒiː] (Mus) (for voice) vocalises fpl ; (= solmization) solfège m

soli ['səʊliː] npl of solo

solicit [sə'lɪsɪt] → SYN **1** vt solliciter (sb for sth, sth from sb qch de qn) ; [+ vote] solliciter, briguer ; [+ alms] quémander
2 vi [prostitute] racoler

solicitation [sə,lɪsɪ'teɪʃən] n sollicitation f

soliciting [sə'lɪsɪtɪŋ] n racolage m

solicitor [sə'lɪsɪtəʳ] **1** n **a** (Jur) (Brit) (for sales, wills etc) ≈ notaire m ; (in divorce, police, court cases) ≈ avocat m ; → LAWYER (US) ≈ juriste m conseil or avocat m conseil attaché à une municipalité etc
b (US) (for contribution) solliciteur m, -euse f ; (for trade) courtier m, placier m
2 COMP ▷ **Solicitor General** n, pl **Solicitors General** (Brit) adjoint m du procureur général ; (US) adjoint m du ministre de la Justice

solicitous [sə'lɪsɪtəs] → SYN adj (frm) plein de sollicitude (of sb envers qn) ✦ **to be solicitous of sb's interests/wishes** se soucier des intérêts/désirs de qn

solicitously [sə'lɪsɪtəslɪ] adv (frm) avec sollicitude

solicitude [sə'lɪsɪtjuːd] → SYN n (frm) sollicitude f ✦ **to be all solicitude** être plein de sollicitude

solid ['sɒlɪd] → SYN **1** adj **a** (= not liquid or gas) solide ✦ **solid food** aliments mpl solides ✦ **to freeze solid** (gen) geler ; [water, lake, pond, pipes] geler ; [oil] se congeler ✦ **frozen solid** complètement gelé ✦ **to go** or **become solid** se solidifier ; see also 2
b (= not hollow or plated) tyre, ball, block plein ; layer, mass compact ; rock, oak, mahogany, gold, silver etc massif ✦ **the chain is made of solid gold** la chaîne est en or massif ✦ **the door is made of solid steel** la porte est tout en acier ✦ **cut in** or **out of (the) solid rock** taillé à même le roc or dans la masse ✦ **the garden was a solid mass of colour** le jardin resplendissait d'une profusion de couleurs ✦ **the square was solid with cars** * la place était complètement embouteillée ✦ **the room was solid with people** * la pièce était noire de monde ; see also 4
c (= continuous) row, line continu, ininterrompu ; rain ininterrompu ✦ **he was six foot six of solid muscle** c'était un homme de deux mètres tout en muscles ✦ **I waited a solid hour** j'ai attendu une heure entière ✦ **he slept 18 solid hours** il a dormi 18 heures d'affilée ✦ **they worked for two solid days** ils ont travaillé deux jours sans s'arrêter or sans relâche ✦ **it will take a solid day's work** cela exigera une journée entière de travail ✦ **a rug like this would take three solid weeks to make** un tapis comme celui-ci demande bien trois semaines de travail
d (= substantial, reliable) building, bridge, structure, grip, basis, relationship, majority, evidence, reasons solide ; meal consistant ; scholarship, piece of work, character, advice sérieux ; support indéfectible, ferme ; gains substantiel ; information sûr ✦ **a solid grounding in mathematics** des connaissances or des bases solides en mathématiques ✦ **a man of solid build** un homme solidement or bien bâti ✦ **a solid citizen** un bon citoyen ✦ **solid middle-class values** les bonnes valeurs fpl bourgeoises ✦ **the Solid South** (US Pol, Hist) États du sud des États-Unis qui, depuis la guerre de Sécession, votaient traditionnellement pour le parti démocrate ✦ **(as) solid as a rock** (lit) structure, substance dur comme la pierre ; (fig) person solide comme un roc ; relationship indestructible ; see also rock² ; → ground¹
e (US * = excellent) super *
2 adv ✦ **jammed solid** complètement bloqué or coincé ✦ **rusted solid** bloqué par la rouille, complètement rouillé ✦ **he was stuck solid in the mud** il était complètement enlisé dans la boue ✦ **packed solid (with people)** noir de monde ✦ **to be booked solid (for three weeks)** [hotel, venue, performer etc] être complet (pen-

solidarity / some

dant trois semaines) ◆ **he slept for 18 hours solid** il a dormi 18 heures d'affilée ◆ **they worked for two days solid** ils ont travaillé deux jours de suite sans s'arrêter or sans relâche

[3] n (gen, Chem, Math, Phys) solide m ◆ **solids** (= food) aliments mpl solides

[4] COMP ▷ **solid angle** n (Math) angle m solide ▷ **solid compound** n (Ling) mot m composé ▷ **solid figure** n (Math) solide m ▷ **solid fuel** n (= coal etc) combustible m solide ; (for rockets etc: also **solid propellant**) propergol m solide ▷ **solid-fuel heating** n chauffage m central au charbon or à combustibles solides ▷ **solid geometry** n (Math) géométrie f dans l'espace ▷ **solid propellant** n ⇒ **solid fuel** ▷ **solid-state** adj physics des solides ; electronic device à circuits intégrés ▷ **solid word** n (Ling) mot m simple

solidarity [ˌsɒlɪˈdærɪtɪ] → SYN n (NonC) solidarité f ◆ **solidarity strike** (Ind) grève f de solidarité

solidi [ˈsɒlɪˌdaɪ] npl of **solidus**

solidification [səˌlɪdɪfɪˈkeɪʃən] n [of liquid, gas] solidification f ; [of oil] congélation f

solidify [səˈlɪdɪfaɪ] → SYN [1] vt [+ liquid, gas] solidifier ; [+ oil] congeler
[2] vi se solidifier, se congeler

solidity [səˈlɪdɪtɪ] n solidité f

solidly [ˈsɒlɪdlɪ] adv **a** (= firmly) made, constructed solidement ◆ **solidly built** structure solidement construit ; person solidement or bien bâti ◆ **Russia was solidly under communist rule** le communisme exerçait fermement son emprise sur la Russie ◆ **the idea was solidly based on the best psychological theory** cette idée était solidement fondée sur la meilleure théorie psychologique
b (= continuously) sans arrêt
c vote massivement, en masse ◆ **to be solidly behind sb/sth** soutenir qn/qch sans réserve ◆ **a solidly middle-class area** un quartier tout ce qu'il y a de bourgeois ◆ **the district of Morningside is solidly Conservative** le quartier de Morningside est un bastion conservateur

solidus [ˈsɒlɪdəs] n, pl **solidi** (Typ) barre f oblique

solifluction, solifluxion [ˌsɒlɪˌflʌkʃən] n (Geol) solifluxion f

soliloquize [səˈlɪləkwaɪz] vi soliloquer, monologuer ◆ "perhaps" he soliloquized "peut-être" dit-il, se parlant à lui-même

soliloquy [səˈlɪləkwɪ] n soliloque m, monologue m

solipsism [ˈsəʊlɪpsɪzəm] n solipsisme m

solitaire [ˌsɒlɪˈtɛəʳ] n **a** (= stone, board game) solitaire m
b (US Cards) réussite f, patience f

solitariness [ˈsɒlɪtərɪnɪs] n [of life, task] solitude f

solitary [ˈsɒlɪtərɪ] → SYN [1] adj **a** (= lone, lonely) person, life, activity, childhood solitaire ; place solitaire, retiré ◆ **a solitary hour** une heure de solitude ◆ **a solitary journey** un voyage en solitaire ◆ **she ate a solitary dinner** elle a pris son dîner seule or en solitaire ◆ **in solitary splendour** dans un splendide isolement
b (= sole) seul, unique ◆ **one solitary tourist** un seul or unique touriste ◆ **with the solitary exception of ...** à la seule or l'unique exception de ... ◆ **not a solitary one** * pas un seul
[2] n * ⇒ **solitary confinement**
[3] COMP ▷ **solitary confinement** n (in) solitary confinement (Jur) (en) isolement m cellulaire

solitude [ˈsɒlɪtjuːd] → SYN n solitude f ◆ **in solitude** dans la solitude

solleret [ˌsɒləˈret] n (Hist Mil) soleret m

solmization [ˌsɒlmɪˈzeɪʃən] n (Mus) solmisation f

solo [ˈsəʊləʊ] pl **solos** or **soli** [1] n **a** (Mus) solo m ◆ **piano solo** solo m de piano
b (Cards: also **solo whist**) whist-solo m
[2] adv play, sing en solo ; fly en solo, en solitaire ◆ **to go solo** voler de ses propres ailes ◆ **he left the band to go solo** il a quitté le groupe pour entamer une carrière (en) solo

[3] adj instrument, album, artist solo inv ; performance en solo ; voice seul ; flight, crossing, journey en solitaire ◆ **a solo piece** or **passage** un solo ◆ **his solo career** sa carrière (en) solo

soloist [ˈsəʊləʊɪst] n soliste mf

Solomon [ˈsɒləmən] [1] n Salomon m ◆ **the judgement of Solomon** le jugement de Salomon ; → **song**
[2] COMP ▷ **the Solomon Islands** npl les îles fpl Salomon ▷ **Solomon's seal** n (Bot) sceau-de-salomon m

solon [ˈsəʊlən] n (US) législateur m

solstice [ˈsɒlstɪs] n solstice m ◆ **summer/winter solstice** solstice m d'été/d'hiver

solubility [ˌsɒljʊˈbɪlɪtɪ] n solubilité f

soluble [ˈsɒljʊbl] adj substance soluble ; problem résoluble, soluble ; → **water**

solus [ˈsəʊləs] (Advertising) [1] adj advertisement, site, position isolé
[2] n annonce f isolée

solution [səˈluːʃən] LANGUAGE IN USE 1.2 → SYN n **a** (to problem etc) solution f (to de)
b (Chem) (= act) solution f, dissolution f ; (= liquid) solution f ; (Pharm) solution f, soluté m ◆ **in solution** en solution ; → **rubber**[1]

Solutrean [səˈluːtrɪən] adj, n solutréen m

solvable [ˈsɒlvəbl] adj soluble, résoluble

salvation [sɒlˈveɪʃən] n (Chem) solvatation f

Solvay process [ˈsɒlveɪ] n (Chem) procédé m de Solvay

solve [sɒlv] → SYN vt [+ equation, difficulty, problem] résoudre ; [+ crossword puzzle] réussir ; [+ murder] élucider, trouver l'auteur de ; [+ mystery] élucider ◆ **to solve a riddle** trouver la solution d'une énigme or d'une devinette, trouver la clef d'une énigme ◆ **that question remains to be solved** cette question est encore en suspens

solvency [ˈsɒlvənsɪ] n solvabilité f

solvent [ˈsɒlvənt] [1] adj **a** (Fin) company, client solvable
b * person qui a une bonne situation
c (Chem) dissolvant
[2] n (Chem) solvant m, dissolvant m
[3] COMP ▷ **solvent abuse** n usage m de solvants

Solzhenitsyn [ˌsɒlʒəˈnɪtsɪn] n Soljenitsyne m

Som. abbrev of **Somerset**

soma [ˈsəʊmə] n, pl **somas** or **somata** (Physiol) soma m

Somali [səʊˈmɑːlɪ] [1] adj (gen) somalien, somali ; ambassador, embassy de Somalie
[2] n **a** Somali(e) m(f), Somalien(ne) m(f)
b (Ling) somali m
c (= cat) somali m

Somalia [səʊˈmɑːlɪə] n la Somalie

Somalian [səʊˈmɑːlɪən] (Geog) [1] adj somalien, somali
[2] n Somalien(ne) m(f), Somali(e) m(f)

Somaliland [səʊˈmɑːlɪlænd] n le Somaliland

somata [ˈsəʊmətə] npl of **soma**

somatic [səʊˈmætɪk] adj somatique

somatogenic [ˌsəʊmætəʊˈdʒenɪk] adj (Med) somatogène

somatostatin [ˌsəʊmətəʊˈstætɪn] n somatostatine f

somatotrophic [ˌsəʊmətəʊˈtrɒfɪk] adj somatotrope

somatotrophin [ˌsəʊmətəʊˈtrɒfɪn] n somatotrophine f, somatotropine f

somatotropic [ˌsəʊmətəʊˈtrɒpɪk] adj somatotrope

somatotropine [ˌsəʊmətəʊˈtrɒpɪn] n somatotrophine f, somatotropine f

sombre, somber (US) [ˈsɒmbəʳ] → SYN adj colour, clothes, mood, outlook, prediction, prospect sombre ; person, thoughts, expression, voice sombre, morne ; message, speech, news pessimiste ; day, weather morne, maussade ; atmosphere lugubre ◆ **on a sombre note** sur un ton pessimiste ◆ **to be in sombre mood** être d'humeur sombre ◆ **her face grew sombre** son visage s'assombrit

sombrely, somberly (US) [ˈsɒmbəlɪ] adv say d'un ton morne ; look, nod d'un air sombre ◆ **sombrely dressed** habillé de sombre

sombreness, somberness (US) [ˈsɒmbənɪs] n caractère m or aspect m sombre ; (= colour) couleur f sombre ; (= darkness) obscurité f

sombrero [sɒmˈbrɛərəʊ] n sombrero m

some [sʌm]

[1] ADJECTIVE
[2] PRONOUN
[3] ADVERB

[1] ADJECTIVE

a = a certain amount of, a little du, de la, de l' ◆ **some tea/ice cream/water** du thé/de la glace/de l'eau ◆ **have you got some money?** est-ce que tu as de l'argent ? ◆ **will you have some more meat?** voulez-vous encore de la viande or encore un peu de viande ?

b = a certain number of des ◆ **some cakes** des gâteaux ◆ **there are some children outside** il y a des enfants dehors ◆ **I haven't seen him for some years** cela fait des années que je ne l'ai pas vu

  Before an adjective **de** is often used without the article:

◆ **some wonderful memories** de merveilleux souvenirs ◆ **I found some small mistakes** j'ai trouvé de petites erreurs

c indefinite un, une ◆ **some woman was asking for her** il y avait une dame qui la demandait ◆ **give it to some child** donnez-le à un enfant ◆ **there must be some solution** il doit bien y avoir une solution ◆ **some other day** un autre jour ◆ **at some restaurant in London** dans un restaurant de Londres ◆ **some time last week** (un jour) la semaine dernière ◆ **in some way or (an)other** d'une façon ou d'une autre ◆ **some other time maybe!** une autre fois peut-être ! ◆ **some day** un de ces jours, un jour (ou l'autre) BUT ◆ **some more talented person** quelqu'un de plus doué ◆ **I read it in some book (or other)** je l'ai lu quelque part dans un livre

d = a certain if you are worried about **some aspect of your health** ... si un aspect quelconque de votre santé vous préoccupe ...

e as opposed to others **some children like school** certains enfants aiment l'école ◆ **some coffee is bitter** certains cafés sont amers ◆ **in some ways, he's right** dans un sens, il a raison ◆ **some people like spinach, others don't** certains aiment les épinards, d'autres pas, il y a des gens qui aiment les épinards et d'autres non ◆ **some people just don't care** il y a des gens qui ne s'en font pas ◆ **some people say that ...** il y a des gens qui disent que ..., on dit que ... ◆ **some people!** (in exasperation) il y en a qui exagèrent !, il y a des gens, je vous jure !

f = a considerable amount of **it took some courage to do that!** il a fallu du courage pour faire ça ! ◆ **he spoke at some length** il a parlé assez longuement ◆ **it's a matter of some importance** c'est une question assez importante ◆ **some distance away, a shepherd was shouting to his dog** au loin, un berger criait après son chien

g = a limited **this will give you some idea of ...** cela vous donnera une petite idée de ... ◆ **that's some consolation!** c'est quand même une consolation ! ◆ **surely there's some hope she will recover?** il doit quand même y avoir une chance qu'elle guérisse ? ◆ **the book was some help, but not much** le livre m'a aidé un peu mais pas beaucoup

h * : in exclamations (admiring) **that's some fish!** ça c'est ce qu'on appelle un poisson ! ◆ **she's some girl!** c'est une fille formidable ! * ◆ **that was some party!** ça a été une super fête ! * ◆ **you're some help!** (iro) tu parles d'une aide ! * ◆ **I'm trying to help! — some help!** j'essaie de t'aider ! — tu parles ! * ◆ **he says he's my friend — some friend!** il dit être mon ami — drôle d'ami ! *

[2] PRONOUN

a = as opposed to others certain(e)s m(f)pl ◆ **some cheered, others shouted questions** certains applaudissaient, d'autres posaient des questions en criant à tue-tête ◆ **some of my friends** certains de mes amis

Note the use of **d'entre** with personal pronouns:

◆ **some of them were late** certains d'entre eux étaient en retard ◆ **some of us knew him** certains d'entre nous le connaissaient

b [as opposed to all of them] quelques-un(e)s m(f)pl ◆ **I don't want them all, but I'd like some** je ne les veux pas tous mais j'en voudrais quelques-uns

Even if not expressed, **of them** must be translated in French, by **en**:

◆ **I've still got some (of them)** j'en ai encore quelques-uns ◆ **some (of them) have been sold** on en a vendu quelques-uns or un certain nombre

c [= a certain amount or number : when object of the verb] en ◆ **I've got some** j'en ai ◆ **have some!** prenez-en! ◆ **have some more** reprenez-en ◆ **give me some!** donnez-m'en! ◆ **if you find some tell me** si vous en trouvez dites-le-moi ◆ **do you need stamps? – it's okay, I've got some** est-ce que tu as besoin de timbres? — non, ça va, j'en ai

d [= a part] une partie ◆ **some (of it) has been eaten** on en a mangé une partie ◆ **put some of the sauce into a bowl** versez une partie de la sauce dans un bol [BUT] ◑ **have some of this cake** prenez un peu de gâteau ◑ **some of this essay is interesting** cette dissertation est intéressante par endroits, il y a des choses intéressantes dans cette dissertation ◑ **I agree with some of what you said** je suis d'accord avec certaines des choses que vous avez dites ◑ **some of what you say is true** il y a du vrai dans ce que vous dites

◆ **... and then some** * ◆ **it would cost twice that much and then some** ça coûterait deux fois plus et même davantage ◆ **they accomplished all their objectives, and then some** ils ont atteint tous leurs objectifs et les ont même dépassés

3 ADVERB

a [= about] environ ◆ **there were some twenty houses** il y avait environ vingt maisons, il y avait une vingtaine de maisons

b [esp US * = a bit] **you'll feel better when you've slept some** tu te sentiras mieux une fois que tu auras dormi un peu ◆ **I'll kill time by looking round some** en attendant, je vais faire un petit tour

c [* : emphatic] **that's going some!** c'est quelque chose! ◆ **Edinburgh-London in five hours, that's going some!** Édimbourg-Londres en cinq heures, c'est quelque chose!

...some [səm] n (in compounds) groupe m de... ◆ **threesome** groupe de trois personnes ◆ **we went in a threesome** nous y sommes allés à trois ; → **foursome**

somebody [ˈsʌmbədɪ] [→ SYN] pron **a** (= some unspecified person) quelqu'un ◆ **there is somebody at the door** il y a quelqu'un à la porte ◆ **there is somebody knocking at the door** on frappe à la porte ◆ **he was talking to somebody tall and dark** il parlait à quelqu'un de grand aux cheveux sombres ◆ **we need somebody really strong to do that** il nous faut quelqu'un de vraiment fort pour faire cela ◆ **ask somebody French** demande à un Français (quelconque) ◆ **they've got somebody French staying with them** ils ont un Français or quelqu'un de français chez eux en ce moment ◆ **somebody from the audience** quelqu'un dans l'auditoire or l'assemblée ◆ **somebody or other** quelqu'un, je ne sais qui ◆ **somebody up there loves me */hates me *** (hum) c'est/ce n'est pas mon jour de veine * ◆ **Mr Somebody-or-other** Monsieur Chose or Machin * ◆ **you must have seen somebody!** tu as bien dû voir quelqu'un!; → **else**

b (= important person) personnage m important ◆ **she thinks she's somebody** elle se prend pour quelqu'un, elle se croit quelqu'un ◆ **they think they are somebody** or **somebodies** ils se prennent pour or ils se croient des personnages importants

somehow [ˈsʌmhaʊ] [→ SYN] adv ◆ **somehow or other** (= in some way) d'une manière ou d'une autre ; (= for some reason) pour une raison ou pour une autre ◆ **it must be done somehow** il faut que ce soit fait d'une manière ou d'une autre ◆ **I managed it somehow** j'y suis arrivé je ne sais comment ◆ **we'll manage somehow** on se débrouillera * ◆ **somehow we must find $500** d'une manière ou d'une autre nous devons nous procurer 500 dollars, nous devons nous débrouiller * pour trouver 500 dollars ◆ **Taiwan is somehow different from the rest of China** Taïwan est différente, d'une certaine manière, du reste de la Chine ◆ **I somehow doubt it** je ne sais pas pourquoi, mais j'en doute ◆ **it seems odd somehow** je ne sais pas pourquoi mais ça semble bizarre ◆ **somehow he's never succeeded** pour une raison ou pour une autre or je ne sais pas pourquoi, il n'a jamais réussi

someone [ˈsʌmwʌn] pron ⇒ **somebody**

someplace [ˈsʌmpleɪs] adv (US) ⇒ **somewhere**

somersault [ˈsʌməsɔːlt] **1** n **a** (on ground, also accidental) culbute f ; (by child) galipette f ; (in air) saut m périlleux ; (by car) tonneau m ◆ **to turn a somersault** faire la culbute or un saut périlleux or un tonneau

b (fig = change of policy) volte-face f inv ◆ **to do a somersault** faire volte-face

2 vi [person] faire la culbute, faire un or des saut(s) périlleux ; [car] faire un or plusieurs tonneau(x)

something [ˈsʌmθɪŋ] **1** pron quelque chose m ◆ **something moved over there** il y a quelque chose qui a bougé là-bas ◆ **something must have happened to him** il a dû lui arriver quelque chose ◆ **something unusual** quelque chose d'inhabituel ◆ **there must be something wrong** il doit y avoir quelque chose qui ne va pas ◆ **did you say something?** pardon?, comment?, vous dites? ◆ **I want something to read** je veux quelque chose à lire ◆ **I need something to eat** j'ai besoin de manger quelque chose ◆ **would you like something to drink?** voulez-vous boire quelque chose? ◆ **give him something to drink** donnez-lui (quelque chose) à boire ◆ **he has something to live for at last** il a enfin une raison de vivre ◆ **you can't get something for nothing** on n'a rien pour rien ◆ **I'll have to tell him something or other** il faudra que je lui dise quelque chose or que je trouve (subj) quelque chose à lui dire ◆ **he whispered something or other in her ear** il lui a chuchoté quelque chose or on ne sait quoi à l'oreille ◆ **something of the kind** quelque chose dans ce genre-là ◆ **there's something about her** or **she's got something about her I don't like** il y a chez elle or en elle quelque chose que je n'aime pas ◆ **there's something in what you say** il y a du vrai dans ce que vous dites ◆ **something tells me that ...** j'ai l'impression que ... ◆ **here's something for your trouble** voici pour votre peine ◆ **give him something for himself** donnez-lui la pièce * or un petit quelque chose ◆ **you've got something there!** * là tu n'as pas tort!, c'est vrai ce que tu dis là! ◆ **do you want to make something (out) of it?** (challengingly) tu cherches la bagarre? * ◆ **that's (really) something!** *, **that really is something!** * c'est pas rien! *, ça se pose là! * ◆ **she has a certain something** * elle a un petit quelque chose, elle a un certain je ne sais quoi ◆ **that certain something** * **which makes all the difference** ce petit je ne sais quoi qui fait toute la différence ◆ **the 4-something** * **train** le train de 4 heures et quelques ◆ **it's sixty-something** c'est soixante et quelques ◆ **he's called Paul something** il s'appelle Paul Chose or Paul quelque chose ◆ **that has something to do with accountancy** ça a quelque chose à voir avec la comptabilité ◆ **he's got something to do with it** (= is involved) il a quelque chose à voir là-dedans (or avec ça) ; (= is responsible) il y est pour quelque chose ◆ **he is something to do with Brown and Co** il a quelque chose à voir avec Brown et Cie ◆ **he is something (or other) in aviation** il est quelque chose dans l'aéronautique ◆ **I hope to see something of you** j'espère vous voir un peu ◆ **it is really something to find good coffee nowadays** ça n'est pas rien * de trouver du bon café aujourd'hui ◆ **he scored 300 points, and that's something!** il a marqué 300 points et ça c'est quelque chose * or et ça n'est pas rien! * ◆ **that's always something** c'est toujours quelque chose, c'est toujours ça, c'est mieux que rien ◆ **he thinks he's something** * il se croit quelque chose, il se prend pour quelqu'un ; → **else**

◆ **or something** ou quelque chose dans ce genre-là, ou quelque chose comme ça ◆ **he's got flu or something** il a la grippe ou quelque chose comme ça or dans ce genre-là ◆ **do you think you're my boss or something?** tu te prends pour mon patron ou quoi? * ◆ **he fell off a wall or something** il est tombé d'un mur ou quelque chose dans ce genre-là *, je crois qu'il est tombé d'un mur

◆ **something of** ◆ **he is something of a miser** il est quelque peu or plutôt avare ◆ **he is something of a pianist** il est assez bon pianiste, il joue assez bien du piano, il est assez doué pour le piano ◆ **it was something of a failure** c'était plutôt un échec

2 adv **a** **he left something over £5,000** il a laissé plus de 5 000 livres, il a laissé dans les 5 000 livres et plus ◆ **something under £10** un peu moins de 10 livres ◆ **he won something like 10,000 francs** il a gagné quelque chose comme 10 000 F, il a gagné dans les 10 000 F ◆ **it's something like 10 o'clock** il est 10 heures environ, il est quelque chose comme 10 heures ◆ **it weighs something around 5 kilos** ça pèse 5 kilos environ, ça pèse dans les 5 kilos, ça fait quelque chose comme 5 kilos ◆ **there were something like 80 people there** 80 personnes environ étaient présentes, il y avait quelque chose comme 80 personnes ◆ **he talks something like his father** il parle un peu comme son père ◆ **now that's something like a claret!** voilà ce que j'appelle un bordeaux!, ça au moins c'est du bordeaux! ◆ **now that's something like it!** * ça au moins c'est bien or c'est vraiment pas mal! *

b (*: emphatic) **it was something dreadful!** c'était vraiment épouvantable! ◆ **the weather was something shocking!** comme mauvais temps ça se posait là! * ◆ **the dog was howling something awful** le chien hurlait que c'en était abominable *, le chien hurlait fallait voir comme *

-something [ˈsʌmθɪŋ] **1** adj (in compounds) ◆ **he's thirty-something** il a une trentaine d'années ◆ **thirty-something couples** les couples mpl d'une trentaine d'années

2 n (in compounds) ◆ **most American twenty-somethings do not vote** la plupart des Américains d'une vingtaine d'années ne votent pas

sometime [ˈsʌmtaɪm] **1** adv **a** (in past) **sometime last month** le mois dernier, au cours du mois dernier ◆ **sometime last May** au (cours du) mois de mai dernier ◆ **it was sometime last winter** c'était durant or pendant or au cours de l'hiver dernier (je ne sais pas or plus exactement quand) ◆ **it was sometime before 1950** c'était avant 1950 (je ne sais pas or plus exactement quand)

b (in future) un de ces jours, un jour ou l'autre ◆ **sometime soon** bientôt, avant peu ◆ **sometime before January** d'ici janvier ◆ **sometime next year** (dans le courant de) l'année prochaine ◆ **sometime after my birthday** après mon anniversaire ◆ **sometime or (an)other it will have to be done** il faudra (bien) le faire à un moment donné or tôt ou tard or un jour ou l'autre

2 adj **a** (= former) ancien (before n) ◆ **it's a sometime thing** * (US) cela appartient au passé

b (US = occasional) intermittent

sometimes [ˈsʌmtaɪmz] [→ SYN] adv quelquefois, parfois ◆ **Burma, sometimes known as Myanmar** la Birmanie, parfois appelée Myanmar ◆ **it is sometimes difficult to ...** il est parfois difficile de ..., il peut être difficile de ... ◆ **he sometimes forgets his glasses** il lui arrive d'oublier ses lunettes ◆ **you can be a real pain sometimes!** * qu'est-ce que tu peux être embêtant des fois! * ◆ **sometimes he agrees, sometimes not** tantôt il est d'accord et tantôt non

somewhat [ˈsʌmwɒt] adv (frm) quelque peu ; (with comparatives) un peu ◆ **somewhat surprising** quelque peu or relativement surpre-

somewhere / **sophistical**

nant ◆ **somewhat easier** un peu plus facile ◆ **it amused him somewhat** cela l'a quelque peu amusé ◆ **he greeted me somewhat brusquely** il m'a salué avec une certaine brusquerie ◆ **it was somewhat of a failure** c'était plutôt un échec, c'était plus ou moins un échec ◆ **more than somewhat** vraiment ◆ **I was more than somewhat annoyed** (hum) j'étais plus qu'irrité

somewhere ['sʌmwɛəʳ] adv quelque part ◆ **somewhere or other** quelque part, je ne sais où ◆ **somewhere in France** quelque part en France ◆ **somewhere near Paris** (quelque part) près de or dans les environs de Paris ◆ **somewhere about** or **around here** quelque part par ici, pas loin d'ici ◆ **somewhere around 10 million people** environ or à peu près 10 millions de personnes ◆ **somewhere else** ailleurs ◆ **let's go somewhere nice/cheap** (restaurant etc) allons dans un endroit agréable/bon marché ◆ **he's in the garden or somewhere** il est dans le jardin je crois ◆ **have you got somewhere to stay?** avez-vous un endroit où loger ? ◆ **now we're getting somewhere!** enfin nous faisons des progrès !

Somme [sɒm] n (= river) Somme f ◆ **the Battle of the Somme** la bataille de la Somme

somnambulism [sɒm'næmbjʊlɪzəm] n somnambulisme m

somnambulist [sɒm'næmbjʊlɪst] n somnambule mf

somnambulistic [sɒm,næmbjʊ'lɪstɪk] adj somnambulique

somniferous [sɒm'nɪfərəs] adj somnifère, soporifique

somnolence ['sɒmnələns] n somnolence f

somnolent ['sɒmnələnt] → SYN adj somnolent

son [sʌn] 1 n fils m ◆ **I've got three sons** j'ai trois fils or trois garçons ◆ **Son of God/Man** (Rel) Fils de Dieu/de l'Homme ◆ **his son and heir** son héritier ◆ **the sons of men** (liter) les hommes mpl ◆ **he is his father's son** (in looks) c'est tout le portrait de son père ; (in character) c'est bien le fils de son père ◆ **every mother's son of them** tous tant qu'ils sont (or étaient etc) ◆ **come here son!** * viens ici mon garçon or mon gars * or fiston ! * ; → **father**

2 COMP ▷ **son-in-law** n, pl **sons-in-law** gendre m, beau-fils m ▷ **son-of-a-bitch**** n, pl **sons-of-bitches** salaud** m, fils m de pute** ▷ **son-of-a-gun*** n, pl **sons-of-guns** (espèce de) vieille fripouille f or vieux coquin m

sonar ['səʊnɑːʳ] n sonar m

sonata [sə'nɑːtə] 1 n sonate f
2 COMP ▷ **sonata form** n forme f sonate

sonatina [,sɒnə'tiːnə] n sonatine f

sonde [sɒnd] n (Met, Space) sonde f

sone [səʊn] n sone f

song [sɒŋ] → SYN 1 n (gen) chanson f ; (more formal) chant m ; [of birds] chant m, ramage m ◆ **festival of French song** festival m de chant français or de la chanson française ◆ **to break** or **burst into song** se mettre à chanter (une chanson or un air), entonner une chanson or un air ◆ **give us a song** chantenous quelque chose ◆ **"the Song of Roland"** (Literat) "la Chanson de Roland" ◆ **it was going for a song** c'était à vendre pour presque rien or pour une bouchée de pain ◆ **what a song and dance * there was!** ça a fait une de ces histoires ! * ◆ **there's no need to make a song and dance * about it** il n'y a pas de quoi en faire toute une histoire * or tout un plat * ◆ **to give sb the same old song and dance *** (US = excuse) débiter les excuses habituelles à qn ◆ **to be on song** (Brit) être en pleine forme ; → **marching, singsong**

2 COMP ▷ **song cycle** n cycle m de chansons ▷ **song hit** n chanson f à succès, tube * m ▷ **Song of Solomon, the Song of Songs** n le cantique des cantiques ▷ **song sheet** n feuillet m de chanson ▷ **song thrush** n grive f musicienne ▷ **song without words** n romance f sans paroles ▷ **song writer** n (words) parolier m, -ière f, auteur m de chansons ; (music) compositeur m, -trice f de chansons ; (both) auteur-compositeur m

songbird ['sɒŋbɜːd] n oiseau m chanteur

songbook ['sɒŋbʊk] n recueil m de chansons

songfest ['sɒŋfɛst] n (US) festival m de chansons

songsmith ['sɒŋsmɪθ] n parolier m, -ière f

songster ['sɒŋstəʳ] n (= singer) chanteur m ; (= bird) oiseau m chanteur

songstress ['sɒŋstrɪs] n chanteuse f

sonic ['sɒnɪk] 1 adj speed sonique ; wave sonore
2 n (NonC) ◆ **sonics** l'acoustique f (dans le domaine transsonique)
3 COMP ▷ **sonic barrier** n mur m du son ▷ **sonic boom** n bang m inv (supersonique) ▷ **sonic depth-finder** n sonde f à ultra-sons ▷ **sonic mine** n mine f acoustique

sonnet ['sɒnɪt] n sonnet m

sonny * ['sʌnɪ] n mon (petit) gars *, fiston * m ◆ **sonny boy, sonny Jim** mon gars *, fiston *

sonobuoy ['sɒnəbɔɪ] n (Naut) bouée f acoustique

sonority [sə'nɒrɪtɪ] n sonorité f

sonorous ['sɒnərəs] adj voice sonore ; sound éclatant, retentissant ; language, rhetoric grandiloquent

sonorously ['sɒnərəslɪ] adv say d'une voix sonore

sonorousness ['sɒnərəsnɪs] n sonorité f

soon [suːn] → SYN adv a (= before long) bientôt ; (= quickly) vite ◆ **we shall soon be in Paris** nous serons bientôt à Paris, nous serons à Paris dans peu de temps or sous peu ◆ **you would soon get lost** vous seriez vite perdu ◆ **he soon changed his mind** il a vite changé d'avis, il n'a pas mis longtemps or il n'a pas tardé à changer d'avis ◆ **I'll soon finish that!** j'aurai bientôt terminé !, j'aurai vite or tôt fait ! ◆ **(I'll) see you soon!** à bientôt ! ◆ **very soon** très vite, très bientôt * ◆ **quite soon** dans assez peu de temps, assez vite ◆ **soon afterwards** peu après ◆ **quite soon afterwards** assez peu de temps après ◆ **all too soon it was over** ce ne fut que trop vite fini ◆ **all too soon it was time to go** malheureusement il a bientôt fallu partir ◆ **the holidays can't come soon enough!** vivement les vacances !

b (= early) tôt ◆ **why have you come so soon?** pourquoi êtes-vous venu si tôt ? ◆ **I expected you much sooner than this** je vous attendais bien plus tôt (que cela) or bien avant ◆ **I couldn't get here any sooner** je n'ai pas pu arriver plus tôt ◆ **how soon can you get here?** dans combien de temps au plus tôt peux-tu être ici ?, quel jour (or à quelle heure etc) peux-tu venir au plus tôt ? ◆ **how soon will it be ready?** dans combien de temps or quand est-ce que ce sera prêt ? ◆ **Friday is too soon** vendredi c'est trop tôt ◆ **we were none too soon** il était temps que nous arrivions (subj), nous sommes arrivés juste à temps ◆ **and none too soon at that!** et ce n'est pas trop tôt ! ◆ **must you leave so soon?** faut-il que vous partiez (subj) déjà or si tôt ?, quel dommage que vous deviez (subj) partir déjà or si tôt ! ◆ **so soon?** déjà ? ◆ **on Friday at the soonest** vendredi au plus tôt, pas avant vendredi ◆ **in five years or at his death, whichever is the sooner** dans cinq ans ou à sa mort, s'il meurt avant cinq ans ou si celle-ci survient avant ◆ **he could (just) as soon fly to the moon as pass that exam** il a autant de chances de réussir cet examen que d'aller sur la lune

c (set structures)

◆ **as soon as** ◆ **as soon as possible** dès que possible, aussitôt que possible ◆ **I'll do it as soon as I can** je le ferai dès que je le pourrai or aussitôt que je le pourrai or aussitôt que possible ◆ **let me know as soon as you've finished** prévenez-moi dès que or aussitôt que vous aurez fini ◆ **as soon as he spoke to her he knew...** aussitôt qu'il lui a parlé il a su... ◆ **as soon as 7 o'clock** dès 7 heures

◆ **no sooner...** ◆ **no sooner had he finished than his brother arrived** à peine avait-il fini que son frère est arrivé ◆ **no sooner said than done!** aussitôt dit aussitôt fait !

◆ **the sooner...** ◆ **the sooner we get started the sooner we'll be done** plus tôt nous commencerons plus tôt nous aurons fini, plus tôt commencé plus tôt fini ◆ **the sooner the better!** le plus tôt sera le mieux ! ; (iro) il serait grand temps !, ça ne serait pas trop tôt !

◆ **sooner or later** tôt ou tard

d (expressing preference) **I'd sooner you didn't tell him** je préférerais que vous ne le lui disiez (subj) pas ◆ **I'd as soon you...** j'aimerais autant que vous... (+ subj) ◆ **I would sooner stay here than go** je préférerais rester ici (plutôt) que d'y aller ◆ **I would just as soon stay here with you** j'aimerais tout autant rester ici avec vous, cela me ferait tout autant plaisir de rester ici avec vous ◆ **he would as soon die as betray his friends** il préférerait mourir plutôt que de trahir ses amis ◆ **will you go? – I'd sooner not** or **I'd as soon not!** est-ce que tu iras ? — je n'y tiens pas or je préférerais pas ! * ◆ **I'd sooner die!** plutôt mourir ! ◆ **what would you sooner do?** qu'est-ce que vous aimeriez mieux (faire) or vous préféreriez (faire) ? ◆ **sooner than have to speak to her, he left** plutôt que d'avoir à lui parler il est parti ◆ **she'd marry him as soon as not** elle l'épouserait volontiers, elle aimerait bien l'épouser ◆ **sooner you than me!** * je n'aimerais pas être à ta place, je te souhaite bien du plaisir ! * (iro)

sooner ['suːnəʳ] 1 adv (compar of **soon**)
2 n (US) pionnier m de la première heure (dans l'ouest des États-Unis)
3 COMP ▷ **the Sooner State** n (US) l'Oklahoma m

soot [sʊt] n (NonC) suie f

▶ **soot up** 1 vi s'encrasser
2 vt sep encrasser

sooth †† [suːθ] n ◆ **in sooth** en vérité

soothe [suːð] → SYN vt [+ person] calmer, apaiser ; [+ nerves, mind, pain] calmer ; [+ anger, anxieties] apaiser ; [+ sb's vanity] flatter ◆ **to soothe sb's fears** apaiser les craintes de qn, tranquilliser qn

soothing ['suːðɪŋ] → SYN adj bath, massage relaxant ; voice, words, music, manner apaisant ; drink calmant ; lotion, ointment adoucissant ; presence rassurant, réconfortant ◆ **the soothing effect of lavender oil/a glass of sherry** l'effet apaisant de l'huile de lavande/d'un verre de sherry

soothingly ['suːðɪŋlɪ] adv say, whisper d'un ton apaisant ◆ **soothingly familiar** familier et réconfortant ◆ **soothingly cool** frais et apaisant

soothsayer ['suːθseɪəʳ] → SYN n devin m, devineresse f

soothsaying ['suːθseɪɪŋ] n divination f

sooty ['sʊtɪ] adj object, surface couvert or noir de suie ; fumes, exhaust chargé de suie ; chimney, flue plein de suie ; flame fuligineux ; powder qui a l'aspect de la suie ◆ **sooty particles** particules fpl de suie ◆ **a sooty black colour** un noir charbonneux or fuligineux

SOP [,esəʊpiː] n (abbrev of **standard operating procedure**) → **standard**

sop [sɒp] n a (Culin) pain m trempé (dans du lait, du jus de viande etc), mouillette f ◆ **he can eat only sops** il ne peut rien manger de trop solide, il doit se nourrir d'aliments semi-liquides ◆ **it's just a sop to Cerberus** c'est simplement pour le (or les etc) ramener à de meilleures dispositions or pour l'amadouer (or les etc amadouer) ◆ **he gave the guard £10 as a sop** il a donné 10 livres au gardien pour s'acheter ses bons services or pour lui graisser la patte * ◆ **it's a sop to my conscience** c'est pour faire taire ma conscience ◆ **as a sop to his pride, I agreed** j'ai accepté pour flatter son amour-propre ◆ **he only said that as a sop to the unions** il a dit cela uniquement pour amadouer les syndicats

b (* = sissy) (man) poule f mouillée, lavette * f ; (woman) femme f très fleur bleue

▶ **sop up** vt sep [+ spilt liquid] [sponge, rag] absorber ; [person] éponger (with avec) ◆ **he sopped up the gravy with some bread** il a saucé son assiette avec un morceau de pain

Sophia [səʊ'faɪə] n Sophie f

sophism ['sɒfɪzəm] n ⇒ **sophistry**

sophist ['sɒfɪst] n sophiste mf ◆ **Sophists** (Hist Philos) sophistes mpl

sophistical [sə'fɪstɪkəl] adj sophistique, captieux

sophisticate [sə'fɪstɪkeɪt] n raffiné(e) m(f), élégant(e) m(f)

sophisticated [sə'fɪstɪkeɪtɪd] → SYN adj **a** (= complex, advanced) equipment, system, technique sophistiqué, (très) élaboré
b (= refined) person, tastes, lifestyle raffiné
c (= intelligent, subtle) person averti ; approach, analysis, understanding subtil ; play, film, book subtil, complexe

sophistication [sə,fɪstɪ'keɪʃən] → SYN n **a** (= complexity) [of equipment, system, technique] sophistication f
b (= refinement) [of person, tastes, lifestyle] raffinement m
c (= intelligence, subtlety) raffinement m ; [of approach, analysis, understanding] subtilité f ; [of film, novel] subtilité f, complexité f ◆ **the job demands a high level of political sophistication** cet emploi exige une grande subtilité politique or un grand sens politique

sophistry ['sɒfɪstrɪ] → SYN n (NonC) sophistique f ◆ **(piece of) sophistry** sophisme m ◆ **Sophistry** (Hist Philos) sophistique f

Sophocles ['sɒfəkli:z] n Sophocle m

sophomore ['sɒfəmɔ:ʳ] n (US) étudiant(e) m(f) de seconde année

sophomoric [,sɒfə'mɔ:rɪk] adj (US pej) aussi prétentieux qu'ignorant

soporific [,sɒpə'rɪfɪk] → SYN [1] adj **a** (= sedative) soporifique ◆ **too much wine can be soporific** trop de vin peut avoir un effet soporifique
b (* = boring) soporifique *
[2] n somnifère m

sopping * ['sɒpɪŋ] adj (also **sopping wet**) person trempé (jusqu'aux os) ; clothes à tordre

soppy * ['sɒpɪ] adj (Brit) **a** (= sentimental) person fleur bleue inv, sentimental ; film, book, story à l'eau de rose, sentimental ◆ **people who are soppy about cats** les gens qui sont gagas * avec les chats
b (= silly) person bébête * ; action bête ◆ **don't be so soppy!** ne sois pas si bête !
c († = feeble, weedy) mollasson * ◆ **he's a soppy git** c'est une mauviette or un mollasson *

sopranino [,sɒprə'ni:nəʊ] n, pl **sopraninos** (Mus) sopranino m

soprano [sə'prɑ:nəʊ] [1] n, pl **sopranos** or **soprani** [sə'prɑ:ni:] (= singer) soprano mf, soprane mf ; (= voice, part) soprano m ◆ **to sing soprano** avoir une voix de soprano ; → **boy**
[2] adj part, voice, repertoire de soprano ; aria pour soprano ; instrument soprano inv ◆ **the soprano saxophone** le saxophone soprano ◆ **the soprano clef** la clef d'ut dernière ligne

sorb [sɔ:b] n (= tree) sorbier m ; (= fruit) sorbe f

sorbefacient [,sɔ:bɪ'feɪʃənt] (Med) [1] adj qui facilite l'absorption
[2] n médicament m qui facilite l'absorption

sorbet ['sɔ:beɪ, 'sɔ:bɪt] n **a** (= water ice) sorbet m ◆ **lemon sorbet** sorbet m au citron
b (US) ⇒ **sherbet a**

sorbic ['sɔ:bɪk] adj ◆ **sorbic acid** acide m sorbique

sorbitol ['sɔ:bɪtɒl] n sorbitol m

sorcerer ['sɔ:sərəʳ] → SYN n sorcier m ◆ **the Sorcerer's Apprentice** (Mus etc) l'Apprenti sorcier m

sorceress ['sɔ:səres] n sorcière f

sorcery ['sɔ:sərɪ] → SYN n sorcellerie f

sordid ['sɔ:dɪd] → SYN adj conditions, surroundings, affair, episode, detail sordide ; motive, action sordide, honteux ; behaviour abject, honteux

sordidly ['sɔ:dɪdlɪ] adv sordidement

sordidness ['sɔ:dɪdnɪs] n [of conditions, surroundings] aspect m sordide ; (fig) [of behaviour, motive, method] bassesse f ; [of agreement, deal] caractère m honteux ; [of crime, greed, gains] caractère m sordide ; [of film, book] saleté f

sordino [sɔ:'di:nəʊ] n, pl **sordini** [sɔ:'di:ni:] (Mus) (= mute) sourdine f ; (= damper) étouffoir m ◆ **con/senza sordino** en/sans sourdine

sore [sɔ:ʳ] → SYN [1] adj **a** (= inflamed) irrité
b (= painful) douloureux ◆ **to have a sore throat** avoir mal à la gorge ◆ **I'm sore all over** j'ai mal partout ◆ **to have a sore head** (= headache) avoir mal à la tête ◆ **to stick out** or **stand out like a sore thumb** * (= be obvious) crever les yeux ; (= stand out visually) faire tache, détonner ◆ **a sore spot** (lit) une zone sensible ; (fig) un sujet délicat ◆ **it's a sore point (with him)** c'est un sujet qu'il vaut mieux éviter (avec lui) ; → **bear**[2], **sight**
c (esp US * = offended, resentful) vexé ◆ **I really feel sore about it** ça m'a vraiment vexé ◆ **to get sore** se vexer ◆ **don't get sore!** ne te vexe pas ! ◆ **to be** or **feel sore at** or **with sb** en vouloir à qn ◆ **to get sore at** or **with sb** s'emporter contre qn
d († or liter) **to be in sore need of sth** avoir grandement besoin de qch ◆ **to be sore at heart** être affligé or désolé
[2] adv ◆ **to be sore afraid** †† avoir grand-peur
[3] n (Med) plaie f ◆ **to open up old sores** rouvrir or raviver d'anciennes blessures (fig) ; → **running**

sorehead * ['sɔ:hed] n (US) râleur * m, -euse * f, rouspéteur * m, -euse * f

sorely ['sɔ:lɪ] adv (frm) wounded gravement, grièvement ; disappointed cruellement ◆ **sorely tempted** fortement tenté ◆ **modern equipment is sorely lacking** on manque cruellement de matériel moderne, le matériel moderne fait cruellement défaut ◆ **the house is sorely in need of a coat of paint** la maison a grand besoin d'un coup de pinceau ◆ **reform is sorely needed** on a grand besoin de réformes ◆ **to be sorely tested** or **tried** [person, patience] être mis à rude épreuve ◆ **she will be sorely missed** sa présence nous manquera énormément

soreness ['sɔ:nɪs] n **a** (Med etc = painfulness) endolorissement m
b (* fig) (= annoyance) contrariété f, irritation f ; (= bitterness) amertume f ; (= anger) colère f, rogne * f

sorghum ['sɔ:gəm] n sorgho m

sorites [sɒ'raɪti:z] n sorite m

soroptimist [sɒ'rɒptɪmɪst] n *membre d'une association internationale pour les femmes dans les professions libérales*

sorority [sə'rɒrɪtɪ] n (US Univ) association f d'étudiantes

SORORITY, FRATERNITY

Beaucoup d'universités américaines possèdent des associations d'étudiants très sélectives, appelées **sororities** pour les femmes et **fraternities** pour les hommes, qui organisent des soirées, récoltent des fonds pour des œuvres de bienfaisance et cherchent à se distinguer des autres fraternités du même type. Le nom de ces associations est souvent formé à partir de deux ou trois lettres de l'alphabet grec : par exemple, "Kappa Kappa Gamma **sorority**" ou "Sigma Chi **fraternity**".

sorption ['sɔ:pʃən] n (Chem, Phys) sorption f

sorrel ['sɒrəl] [1] n **a** (Bot) oseille f
b (= horse) alezan m clair ; (= colour) roux m, brun rouge m
[2] adj horse alezan inv

sorrow ['sɒrəʊ] LANGUAGE IN USE 24.4 → SYN
[1] n peine f, chagrin m ; (stronger) douleur f ◆ **his sorrow at the loss of his son** la peine or le chagrin or la douleur qu'il a éprouvé(e) à la mort de son fils ◆ **to my (great) sorrow** à mon grand chagrin, à ma grande douleur ◆ **this was a great sorrow to me** j'en ai eu beaucoup de peine or de chagrin ◆ **he was a great sorrow to her** il lui a causé beaucoup de peine or de chagrin ◆ **more in sorrow than in anger** avec plus de peine que de colère ◆ **the Man of Sorrows** (Rel) l'Homme m de douleur ; → **drown**
[2] vi ◆ **to sorrow over** [+ sb's death, loss] pleurer ; [+ news] déplorer, se lamenter de ◆ **she sat sorrowing by the fire** elle était assise au coin du feu toute à son chagrin

sorrowful ['sɒrəʊfʊl] → SYN adj triste

sorrowfully ['sɒrəʊfəlɪ] adv look, shake head tristement, d'un air triste ; say d'un ton triste

sorrowing ['sɒrəʊɪŋ] adj affligé

sorry ['sɒrɪ] LANGUAGE IN USE 12.1, 18.1, 18.2 → SYN adj **a** (= regretful) désolé ◆ **I was sorry to hear of your accident** j'étais désolé or très peiné or navré d'apprendre que vous avez eu un accident ◆ **I am sorry I cannot come** je regrette or je suis désolé de ne (pas) pouvoir venir ◆ **I am sorry she cannot come** je regrette or je suis désolé qu'elle ne puisse (pas) venir ◆ **I am sorry to have to tell you that ...** je regrette d'avoir à vous dire que ... ◆ **we are sorry to inform you ...** (frm) nous avons le regret de vous informer ... ◆ **he didn't pass, I'm sorry to say** il a échoué hélas or malheureusement ◆ **(I'm) sorry I am late, I'm sorry to be late** excusez-moi or je suis désolé d'être en retard ◆ **say you're sorry!** dis or demande pardon ! ◆ **sorry!, sorry about that!** * pardon !, excusez-moi !, je suis désolé ! ◆ **I'm very** or **terribly sorry** je suis vraiment désolé or navré ◆ **awfully sorry!, so sorry!** oh pardon !, excusez-moi !, je suis vraiment désolé ! ◆ **will you go? – I'm sorry I can't** est-ce que tu vas y aller ? – impossible hélas or (je suis) désolé mais je ne peux pas ◆ **can you do it? – no, sorry** est-ce que tu peux le faire ? – non, désolé or désolé, je ne peux pas or malheureusement pas ◆ **sorry?** (requesting repetition) pardon ? ◆ **I am sorry to disturb you** je suis désolé de vous déranger, excusez-moi de vous déranger ◆ **I am** or **feel sorry about all the noise yesterday** je regrette beaucoup qu'il y ait eu tellement de bruit hier ◆ **sorry about that vase!** excusez-moi pour ce vase ! ◆ **you'll be sorry for this!** vous le regretterez !, vous vous en repentirez !
b (= pitying) **to be** or **feel sorry for sb** plaindre qn ◆ **I feel so sorry for her since her husband died** elle me fait pitié depuis la mort de son mari ◆ **I'm sorry for you but you should have known better** je suis désolé pour vous or je vous plains mais vous auriez dû être plus raisonnable ◆ **if he can't do better than that then I'm sorry for him** (iro) s'il ne peut pas faire mieux, je regrette pour lui or je le plains ◆ **there's no need to feel** or **be sorry for him** il est inutile de le plaindre, il n'est pas à plaindre ◆ **to be** or **feel sorry for o.s.** se plaindre (de son sort), s'apitoyer sur soi-même or sur son propre sort ◆ **he looked very sorry for himself** il faisait piteuse mine
c (= woeful) condition triste ; excuse piètre ◆ **to be in a sorry plight** être dans une triste situation, être en fâcheuse posture ◆ **to be in a sorry state** être dans un triste état, être en piteux état ◆ **he was a sorry figure** il faisait triste or piteuse figure ◆ **a sorry sight** un triste spectacle, un spectacle désolant or affligeant ◆ **it was a sorry tale of mismanagement and inefficiency** c'était une lamentable or déplorable histoire de mauvaise gestion et d'inefficacité

sort [sɔ:t] → SYN [1] n **a** (= class, variety, kind, type) (gen) sorte f, genre m ; [of animal, plant] sorte f, espèce f ; (= make) [of car, machine, coffee etc] marque f ◆ **this sort of book** cette sorte or ce genre de livre ◆ **books of all sorts** des livres de toutes sortes or de tous genres ◆ **... and all sorts of things** ... et toutes sortes de choses encore, ... et j'en passe, ... et que sais-je ◆ **this sort of thing(s)** ce genre de chose(s) ◆ **what sort of flour do you want? – the sort you gave me last time** quelle sorte or quel genre de farine voulez-vous ? – la même que vous m'avez donnée (or le même que vous m'avez donné) la dernière fois ◆ **what sort do you want?** vous en (or le or la etc) voulez de quelle sorte ? ◆ **what sort of car is it?** quelle marque de voiture est-ce ? ◆ **what sort of man is he?** quel genre or type d'homme est-ce ? ◆ **what sort of dog is he?** qu'est-ce que c'est comme (race de) chien ? ◆ **he is not the sort of man to refuse** ce n'est pas le genre d'homme à refuser, il n'est pas homme à refuser ◆ **he's not that sort of person** ce n'est pas son genre ◆ **I'm not that sort of girl!** ce n'est pas mon genre !, mais pour qui me prenez-vous ? ◆ **that's the sort of person I am** c'est comme ça que je suis (fait) ◆ **what sort of people does he think we are?** (mais enfin) pour qui nous prend-il ? ◆ **what sort of a fool does he take me for?** (non mais *) il me prend pour un imbécile ! ◆ **what sort of behaviour is this?** qu'est-ce que c'est que cette façon de se conduire ? ◆ **what sort of an answer do you call that?** vous appelez ça une réponse ? ◆ **classical music is the sort she likes most** c'est la musique classique qu'elle préfère ◆ **and all that sort of thing** et autres choses du même genre, et tout ça * ◆ **you know the sort of thing I mean** vous voyez (à peu près) ce que je veux dire ◆ **I don't like that sort of talk/behaviour** je n'aime pas ce genre de conversation/de conduite ◆ **he's the sort that will cheat** il est du genre à tricher ◆ **I know his sort!** je connais les gens de son genre or espèce ! ◆ **your sort*** **never did any good** les gens de votre genre or espèce ne font rien de bien ◆ **they're not our sort*** ce ne sont pas des gens comme nous ◆ **it's my sort*** **of film** c'est le genre de film que j'aime or qui me plaît

b (in phrases) **something of the sort** quelque chose de ce genre(-là) or d'approchant ◆ **this is wrong – nothing of the sort!** c'est faux – pas le moins du monde ! ◆ **I shall do nothing of the sort!** je n'en ferai rien !, certainement pas ! ◆ **I will have nothing of the sort!** je ne tolérerai pas cela ! ◆ **it was beef of a sort** (pej) c'était quelque chose qui pouvait passer pour du bœuf ◆ **he is a painter of sorts** c'est un peintre si l'on peut dire ◆ **after a sort, in some sort** dans une certaine mesure, en quelque sorte ◆ **to be out of sorts** ne pas être dans son assiette ◆ (Prov) **it takes all sorts (to make a world)** il faut de tout pour faire un monde (Prov) ◆ **a good sort*** un brave garçon, un brave type*, une brave fille ◆ **he's the right sort*** c'est un type bien*

c a sort of une sorte or espèce de, un genre de ◆ **there was a sort of box in the middle of the room** il y avait une sorte or une espèce or un genre de boîte au milieu de la pièce, il y avait quelque chose qui ressemblait à une boîte au milieu de la pièce ◆ **there was a sort of tinkling sound** il y avait une sorte or une espèce de bruit de grelot, on entendait quelque chose qui ressemblait à un bruit de grelot ◆ **in a sort of way*** **I'm sorry** d'une certaine façon je le regrette ◆ **I had a sort of fear that ...** j'avais un peu peur que ... + ne (+ subj)

◆ **sort of*** ◆ **I sort of thought that he would come** j'avais un peu l'idée qu'il viendrait ◆ **he was sort of worried-looking** il avait un peu l'air inquiet, il avait l'air comme qui dirait inquiet ◆ **it's sort of blue** c'est plutôt bleu ◆ **aren't you pleased? – sort of!** tu n'es pas content ? – ben si !*

2 vt **a** (also **sort out**) (= classify) [+ documents, stamps] classer ; (= select those to keep) [+ documents, clothes, apples] trier, faire le tri de ; (= separate) séparer (*from* de) ◆ **he spent the morning sorting (out) his stamp collection** il a passé la matinée à classer or trier les timbres de sa collection ◆ **to sort things (out) into sizes** or **according to size** trier des objets selon leur taille ◆ **to sort out one's cards** or **one's hand** (Cards) arranger ses cartes, mettre de l'ordre dans ses cartes ◆ **to sort (out) the clothes into clean and dirty** séparer les vêtements sales des propres, mettre les vêtements sales à part ◆ **can you sort out the green ones and keep them aside?** pourriez-vous les trier et mettre les verts à part ?

b (Post) [+ letters etc] (Comput) [+ data, file] trier

c to get sth sorted* [+ problem, situation] régler qch

d (Scot* = mend) arranger ◆ **I've sorted your bike** j'ai arrangé ton vélo

3 COMP ▷ **sort code** n (Banking) code m guichet ▷ **sort-out*** n **to have a sort-out** faire du rangement ◆ **I've had a sort-out of all these old newspapers** j'ai trié tous ces vieux journaux

► **sort out** 1 vt sep **a** ⇒ **sort 2a**

b (fig) (= tidy) [+ papers, toys, clothes] ranger, mettre de l'ordre dans ; [+ ideas] mettre de l'ordre dans ; (= solve) [+ problem] régler, résoudre ; [+ difficulties] venir à bout de ; (= fix, arrange) arranger ◆ **I just can't sort the twins out*** **(one from the other)** je ne peux pas distinguer les jumeaux (l'un de l'autre) ◆ **can you sort this out for me?** est-ce que vous pourriez débrouiller ça pour moi ? ◆ **we've got it all sorted out now** nous avons réglé or résolu la question ◆ **we'll soon sort it out** nous aurons vite fait d'arranger ça or de régler ça ◆ **things will sort themselves out** les choses vont s'arranger d'elles-mêmes ◆ **he was so excited I couldn't sort out what had happened** il était tellement excité que je n'ai pas pu débrouiller or comprendre ce qui s'était passé ◆ **did you sort out with him when you had to be there?** est-ce que tu as décidé or fixé avec lui l'heure à laquelle tu dois y être ? ◆ **to sort o.s. out** se reprendre, résoudre ses problèmes ◆ **to sort sb out*** (Brit) (by punishing, threatening etc) régler son compte à qn* ; (= get out of difficulty etc) tirer qn d'affaire ; (after depression, illness etc) aider qn à reprendre pied (fig)

c (= explain) **to sort sth out for sb** expliquer qch à qn

2 **sort-out*** n → **sort**

sorted [ˈsɔːtɪd] adj **a** * (= arranged) arrangé ◆ **in a few months everything should be sorted** dans quelques mois tout devrait être arrangé

b (Drugs sl) **are you sorted?** tu as ce qu'il te faut ?

sorter [ˈsɔːtəʳ] n **a** (= person) trieur m, -euse f

b (= machine) (for letters) trieur m ; (for punched cards) trieuse f ; (for grain) trieur m ; (for wool, coke) trieur m, trieuse f

sortie [ˈsɔːtɪ] n (Aviat, Mil) sortie f ◆ **they made** or **flew 400 sorties** ils ont fait 400 sorties

sorting [ˈsɔːtɪŋ] 1 n (Comput, Post) tri m

2 COMP ▷ **sorting code** n (Banking) code m guichet, numéro m d'agence ▷ **sorting office** n (Post) bureau m or centre m de tri

SOS [ˌesəʊˈes] n (= signal) SOS m ; (fig) SOS m, appel m au secours (*for sth* pour demander qch)

sostenuto [ˌsɒstəˈnuːtəʊ] adv (Mus) sostenuto

sot [sɒt] n ivrogne m invétéré

soteriology [sɒˌtɪərɪˈɒlədʒɪ] n (Rel) sotériologie f

sottish [ˈsɒtɪʃ] adj abruti par l'alcool

sotto voce [ˈsɒtəʊˈvəʊtʃɪ] adv tout bas, à mi-voix ; (Mus) sotto voce

sou' [saʊ] adj (in compounds) (Naut) ⇒ **south**

soubrette [suːˈbret] n (Theat) soubrette f

soubriquet [ˈsuːbrɪkeɪ] n → **sobriquet**

souchong [ˈsuːˈʃɒŋ] n souchong m

Soudan [suːˈdɑːn] n ⇒ **Sudan**

Soudanese [ˌsuːdəˈniːz] ⇒ **Sudanese**

soufflé [ˈsuːfleɪ] 1 n soufflé m ◆ **cheese/fish soufflé** soufflé m au fromage/au poisson

2 COMP ▷ **soufflé dish** n moule m à soufflé ▷ **soufflé omelette** n omelette f soufflée

sough [saʊ] (liter) 1 n murmure m (du vent)

2 vi [wind] murmurer

sought [sɔːt] vb (pt, ptp of **seek**)

souk [suːk] n souk m

soul [səʊl] [→ SYN] 1 n **a** âme f ◆ **with all one's soul** de toute son âme, de tout son cœur ◆ **All Souls' Day** le jour des Morts ◆ **upon my soul!** †* grand Dieu ! ◆ **he cannot call his soul his own** il ne s'appartient pas, il est complètement dominé ◆ **he was the soul of the movement** (fig) c'était lui l'âme or l'animateur du mouvement ◆ **he is the soul of discretion** c'est la discrétion même or personnifiée ◆ **he has no soul** il est trop terre à terre, il a trop les pieds sur terre ◆ **it lacks soul** cela manque de sentiment ; → **bare, body, heart, sell**

b (= person) âme f, personne f ◆ **a village of 300 souls** un village de 300 âmes ◆ **the ship sank with 200 souls** le bateau a sombré avec 200 personnes à bord ◆ **the ship sank with all souls** le bateau a péri corps et biens ◆ **I didn't see a (single** or **living) soul** je n'ai pas vu âme qui vive ◆ **don't tell a soul** surtout n'en soufflez mot à personne ◆ **(you) poor soul!** mon (or ma) pauvre ! ◆ **(the) poor soul!** le (or la) pauvre ! ◆ **he's a good soul** il est bien brave* ◆ **she's a kind** or **kindly soul** elle est la gentillesse même ◆ **lend me your pen, there's a good soul*** sois gentil or sois un ange, prête-moi ton stylo ; → **simple**

c (US: esp of black Americans) soul m *(façon de ressentir des Noirs)*

d (US *) abbrev of **soul brother, soul food, soul music**

2 adj ◆ (US *: of black Americans) **soul brother/sister** frère m/sœur f de race *(terme employé par les Noirs entre eux)* ◆ **Soul City** Harlem ◆ **soul food** nourriture f soul *(nourriture traditionnelle des Noirs du sud des États-Unis)* ◆ **soul band** groupe m de (musique) soul ◆ **soul music** musique f soul

3 COMP ▷ **soul-baring** n déballage* m ◇ adj conversation, article etc à cœur ouvert ▷ **soul-destroying** adj (= boring) abrutissant ; (= depressing) démoralisant ▷ **soul mate*** n âme f sœur ▷ **soul-searching** n introspection f ◆ **after a lot of soul-searching** après un long examen de conscience ▷ **soul-stirring** adj très émouvant

soulful [ˈsəʊlfʊl] adj eyes, look expressif ; expression attendrissant ; person, music sentimental

soulfully [ˈsəʊlfəlɪ] adv sing, write de façon sentimentale or attendrissante ; look d'un air expressif or éloquent

soulless [ˈsəʊllɪs] adj place, building, music sans âme ; work abrutissant ; system inhumain ; eyes, look insensible, inexpressif ; existence vide

sound[1] [saʊnd] [→ SYN] 1 n (gen) son m ; [of sea, storm, breaking glass, car brakes etc] bruit m ; [of voice, bell, violins etc] son m ◆ **the speed of sound** la vitesse du son ◆ **to the sound(s) of the national anthem** au(x) son(s) de l'hymne national ◆ **there was not a sound to be heard** on n'entendait pas le moindre bruit ◆ **without (making) a sound** sans bruit, sans faire le moindre bruit ◆ **we heard the sound of voices** nous avons entendu un bruit de voix ◆ **he lives within the sound of the cathedral bells** depuis chez lui, on entend les cloches de la cathédrale ◆ **the Glenn Miller sound** la musique de Glenn Miller ◆ **I don't like the sound of it** (fig) (= it doesn't attract me) ça ne me dit rien, ça ne me plaît pas ; (= it's worrying) ça m'inquiète ◆ **I don't like the sound of his plans** ses projets ne me disent rien qui vaille ◆ **the news has a depressing sound** les nouvelles semblent déprimantes

2 vi **a** [bell, trumpet, voice] sonner, retentir ; [car horn, siren, signal, order] retentir ◆ **footsteps/a gun sounded a long way off** on a entendu un bruit de pas/un coup de canon dans le lointain ◆ **a note of warning sounds through his writing** un avertissement retentit dans ses écrits ◆ **it sounds better if you read it slowly** c'est mieux or ça sonne mieux si vous le lisez lentement

b (= suggest by sound) **that instrument sounds like a flute** le son de cet instrument ressemble à celui de la flûte, on dirait le son de la flûte ◆ **it sounds empty** (au son) on dirait que c'est vide ◆ **a language which sounded (to me) like Dutch** une langue qui aurait pu être or qui (me) semblait être du hollandais ◆ **he sounds (like an) Australian** à l'entendre parler on dirait un Australien ◆ **the train sounded a long way off, it sounded as if** or **as though the train were a long way off** le train semblait être encore bien loin ◆ **it sounded as if someone were coming in** on aurait dit que quelqu'un entrait ◆ **that sounds like Paul arriving** ça doit être Paul qui arrive ◆ **she sounds tired** elle semble fatiguée ◆ **you sound like your mother when you say things like that** quand tu parles comme ça, tu me rappelles ta mère or on croirait entendre ta mère ◆ **you sound terrible** (to sick person) (à t'entendre) tu sembles en triste état

c (fig = seem, appear) sembler (être) ◆ **that sounds like an excuse** cela a l'air d'une excuse, cela ressemble à une excuse ◆ **how does it sound to you?** qu'en penses-tu ? ◆ **it sounds like a good idea** ça a l'air d'(être) une bonne idée, ça semble être une bonne idée ◆ **it doesn't sound too good** cela n'annonce rien de bon, ce n'est pas très prometteur ◆ **it sounds as if she isn't coming** j'ai l'impression qu'elle ne viendra pas ◆ **you don't sound like the kind of person we need** (à en juger par ce que vous dites) vous ne semblez pas être le genre de personne qu'il nous faut

3 vt **a** [+ bell, alarm] sonner ; [+ trumpet, bugle] sonner de ; (Mil) [+ reveille, retreat] sonner ◆ **to sound the last post** (Mil) envoyer la sonnerie aux morts ◆ **to sound the** or **one's horn** [of car] klaxonner ◆ **to sound a (note of) warning** (fig) lancer un avertissement ◆ **to sound sb's praises** faire l'éloge de qn, chanter les louanges de qn

b (Ling) **to sound one's "t"s** faire sonner ses "t" ◆ **the "n" in "hymn" is not sounded** le "n" de "hymn" ne se prononce pas

c (= examine) [+ rails, train wheels] vérifier au marteau ◆ **to sound sb's chest** (Med) ausculter qn

4 COMP film, recording sonore ▷ **sound archives** npl phonothèque f ▷ **sound barrier** n mur m du son ◆ **to break the sound barrier** (Aviat) franchir le mur du son ▷ **sound bite**

n petite phrase f (prononcée par un homme politique pour être citée dans les médias) ◆ **to talk in sound bites** parler à coups de petites phrases ▷ **sound board** n ⇒ **sounding board** ; → **sounding**¹ ▷ **sound box** n (Mus) caisse f de résonance ▷ **sound card** n (Comput) carte f son ▷ **sound change** n (Phon) changement m phonétique ▷ **sound check** n (Mus) sound check m ▷ **sound effects** npl (Rad etc) bruitage m ▷ **sound effects man** n, pl **sound effects men** (Cine, TV, Rad) bruiteur m ▷ **sound engineer** n (Cine, Rad etc) ingénieur m du son ▷ **sound file** n (Comput) fichier m son ▷ **sound hole** n (Mus) ouïe f ▷ **sound law** n (Phon) loi f phonétique ▷ **sound library** n phonothèque f ▷ **sound pollution** n nuisance f due au bruit ▷ **sound-producing** adj (Phon) phonatoire ▷ **sound recordist** n preneur (-euse) m(f) de son ▷ **sound shift** n (Phon) mutation f phonétique ▷ **sound stage** n (Recording) salle f de tournage ▷ **sound system** n (Ling) système m de sons ; (= hi-fi) chaîne f hi-fi ; (for disco, concert) sonorisation f, sono* f ▷ **sound truck** n (US) camionnette f équipée d'un haut-parleur ▷ **sound wave** n (Phys) onde f sonore

▶ **sound off** vi **a** ‡ (= proclaim one's opinions) faire de grands laïus * (about sur) ; (= boast) se vanter (about de), la ramener‡ (about à propos de) ; (= grumble) rouspéter*, râler* (about à propos de) ◆ **to sound off at sb** engueuler‡ qn

b (US Mil = number off) se numéroter

sound² [saʊnd] → SYN **1** adj **a** (= healthy, robust) person en bonne santé, bien portant ; heart solide ; constitution, teeth, lungs, fruit, tree sain ; timber sain, solide ; structure, floor, bridge solide, en bon état ; (fig) firm, business, financial position sain, solide ; bank, organization solide ; investment sûr ◆ **the bullet struck his sound leg** la balle a atteint sa jambe valide ◆ **of sound mind** sain d'esprit ◆ **sound in body and mind** sain de corps et d'esprit ◆ **to be sound in wind and limb** avoir bon pied bon œil ◆ **to be as sound as a bell** être en parfait état ; → **safe**

b (= competent, judicious, sensible) judgement sain ; doctrine orthodoxe, solide ; argument, reasoning solide, valable ; decision, advice, opinion sensé ; case, training solide ; rule, policy, behaviour, tactics sensé, valable ; claim, title valable, sérieux ; statesman, player etc compétent ◆ **he is a sound worker** il sait travailler, il est compétent dans son travail ◆ **he is a sound socialist** c'est un bon socialiste, c'est un socialiste bon teint ◆ **he is sound enough on theory ...** il connaît très bien la théorie ... ◆ **he's a sound guy** * (= sensible) il est très sérieux or sensé ; (= we can trust him) c'est un type fiable * ◆ **sound sense** bon sens m, sens m pratique ◆ **that was a sound move** c'était une action judicieuse ou sensée

c (= thorough) defeat complet (-ète f), total ; sleep profond ◆ **a sound thrashing** une bonne or belle correction ◆ **he is a sound sleeper** il a un bon sommeil, il dort bien

2 adv ◆ **to be sound asleep** être profondément endormi, dormir à poings fermés ◆ **to sleep sound** bien dormir

sound³ [saʊnd] **1** n (Med = probe) sonde f

2 vt (gen, Med, Naut etc) sonder ; (fig: also **sound out**) [+ person] sonder (on, about sur) ◆ **to sound sb's opinions/feelings on sth** sonder qn sur ses opinions/ses sentiments à propos de qch

3 vi sonder

4 COMP ▷ **sound line** n ⇒ **sounding line** ; → **sounding**²

sound⁴ [saʊnd] n (Geog) détroit m, bras m de mer

soundalike * ['saʊndəlaɪk] n ◆ **he's an Elvis soundalike** il a la voix d'Elvis

sounding¹ ['saʊndɪŋ] **1** n **a** (of trumpet, bell etc) son m ◆ **the sounding of the retreat/the alarm** le signal de la retraite/de l'alerte

b (Med) auscultation f

2 COMP ▷ **sounding board** n (Mus) table f d'harmonie ; (behind rostrum etc) abat-voix m inv ◆ **he used the committee as a sounding board for his new idea** il a d'abord essayé sa nouvelle idée sur les membres du comité

sounding² ['saʊndɪŋ] **1** n (Aviat, Naut, Space etc = act) sondage m ◆ **soundings** (= measurement, data) sondages mpl ◆ **to take soundings** (lit, fig) faire des sondages

2 COMP ▷ **sounding line** n ligne f de sonde

-**sounding** ['saʊndɪŋ] adj (in compounds) qui sonne ◆ **foreign-sounding name** nom m à consonance étrangère ◆ **strange-/respectable-sounding** qui sonne étrange/respectable ou bien

soundless ['saʊndlɪs] adj silencieux

soundlessly ['saʊndlɪslɪ] adv move sans bruit, en silence ; laugh, cry en silence ; say sans émettre un son

soundly ['saʊndlɪ] adv **a** (= thoroughly) defeat à plate(s) couture(s) ; condemn sévèrement ◆ **to whip sb soundly** donner de bons coups de fouet à qn ◆ **he was soundly beaten or thrashed** (= defeated) il a été battu à plate(s) couture(s) ; (= punished) il a reçu une bonne ou belle correction

b (= deeply) asleep profondément ◆ **to sleep soundly** (lit) dormir profondément or à poings fermés ; (fig) dormir sur ses deux oreilles

c (= firmly) **soundly based** business, financial position sain, solide ; decision qui repose sur des bases solides

d (= strongly) constructed solidement

e (= safely) invest bien, judicieusement

f (= competently) organize, manage bien, de façon saine or sûre ; play correctement, bien, comme il faut

g (= sensibly, logically) advise, reason, argue judicieusement

soundness ['saʊndnɪs] n (NonC) **a** (= health) [of body, horse] santé f ; [of mind] équilibre m

b (= stability) [of company, economy] bonne santé f

c (= strength) [of structure] solidité f

d (= sensibleness, logicality) [of judgement] justesse f ; [of advice, proposal, argument, philosophy, policy] bon sens m

e (= deepness) [of sleep] profondeur f

soundpost ['saʊndpəʊst] n (Mus) âme f

soundproof ['saʊndpruːf] **1** vt insonoriser

2 adj insonorisé

soundproofing ['saʊndpruːfɪŋ] n insonorisation f

soundtrack ['saʊndtræk] n (Cine) bande f sonore

soup [suːp] **1** n **a** soupe f ; (thinner or sieved) potage m ; (very smooth) velouté m ◆ **clear soup** potage m clair ◆ **mushroom/tomato soup** velouté m de champignons/de tomate ◆ **onion soup** soupe f à l'oignon ◆ **vegetable soup** soupe f or potage m aux légumes ◆ **to be in the soup** * être dans le pétrin * or dans de beaux draps ; → **pea**

b (US ‡ = nitroglycerine) nitroglycérine f

2 COMP ▷ **soup cube** n potage m en cube ; (= stock cube) bouillon m Kub ® or en cube ▷ **soup kitchen** n soupe f populaire ▷ **soup plate** n assiette f creuse or à soupe ▷ **soup spoon** n cuiller f à soupe ▷ **soup tureen** n soupière f

▶ **soup up** * vt sep (Aut) [+ engine] gonfler * ◆ **he was driving a souped-up Mini ®** il conduisait une Mini ® au moteur gonflé * or poussé

soupçon ['suːpsɔ̃n] n [of garlic etc, malice] soupçon m, pointe f

soupy ['suːpɪ] adj liquid (= thick) épais (-aisse f) ; (= unclear) trouble ; fog, atmosphere épais (-aisse f), dense ; (* fig = sentimental) film, story, voice sirupeux

sour ['saʊər] → SYN **1** adj **a** (in taste, smell) fruit, wine, beer, cream, smell, taste aigre ; milk tourné, aigre ◆ **to go** or **turn sour** [milk] tourner ; [cream] devenir aigre ◆ **this milk tastes sour** ce lait a tourné

b (Agr) soil trop acide

c (= embittered) person, voice aigre ; face, expression, mood revêche ; comment acerbe ◆ **to give sb a sour look** lancer un regard mauvais à qn ◆ **to turn** or **go sour** [situation, relationship] mal tourner, tourner à l'aigre

2 vt (lit, fig) aigrir ; [+ milk] faire tourner

3 vi **a** (lit) s'aigrir ; [milk] tourner

b (fig) [person, character] s'aigrir ; [relations] se dégrader ; [situation] mal tourner, se dégrader

4 n ◆ **whisky etc sour** cocktail m de whisky etc au citron

5 COMP ▷ **sour cherry** n (= tree) griottier m ; (= fruit) griotte f ▷ **sour(ed) cream** n (for cooking) crème f fermentée ▷ **sour-faced** adj à la mine revêche or rébarbative ▷ **sour grapes** npl (fig) dépit m ◆ **it was clearly sour grapes on his part** c'était évidemment du dépit de sa part ◆ **it sounds like sour grapes** ça ressemble à du dépit ▷ **sour milk** n (for cooking) lait m fermenté

source [sɔːs] → SYN **1** n [of river] source f ; (fig) source f, origine f ◆ **sources** (Literat etc) sources fpl ◆ **a source of heat** une source de chaleur ◆ **a source of infection** (Med) un foyer d'infection ◆ **we have other sources of supply** nous avons d'autres sources d'approvisionnement, nous pouvons nous approvisionner ailleurs ◆ **what is the source of this information?** quelle est l'origine or la provenance de cette nouvelle ? ◆ **I have it from a reliable source that ...** je tiens de bonne source or de source sûre que ... ◆ **at source** à la source

2 vt (Comm = find supplier for) rechercher des fournisseurs de ◆ **to be sourced from** provenir de

3 COMP ▷ **source language** n (Ling) langue f de départ, langue f source ; (Comput) langage m source ▷ **source materials** npl (Literat etc) sources fpl ▷ **source program** n (Comput) programme m source

sourcing ['sɔːsɪŋ] n (Comm) approvisionnement m

sourdine [sʊəˈdiːn] n sourdine f

sourdough ['saʊədəʊ] n (US) levain m

sourish ['saʊərɪʃ] adj (lit, fig) aigrelet

sourly ['saʊəlɪ] adv **a** (= disagreeably) say, complain, think avec aigreur, aigrement ; look d'un air revêche

b **to smell sourly of sth** avoir une odeur aigre de qch

sourness ['saʊənɪs] n (NonC) [of fruit, flavour, milk, cream, wine, beer, person, comment] aigreur f ◆ **the sourness of her expression/mood/tone** son expression f/humeur f/ton m revêche

sourpuss * ['saʊəpʊs] n grincheux m, -euse f

sousaphone ['suːzəfəʊn] n sousaphone m

souse [saʊs] → SYN **1** vt **a** (= immerse) tremper (in dans) ; (= soak) faire or laisser tremper (in dans) ◆ **to souse sth with water** inonder qch d'eau ◆ **soused**‡ (fig = drunk) rond *, noir‡

b (Culin) mariner ◆ **soused herrings** harengs mpl marinés ; (rolled up) rollmops mpl

2 n **a** (Culin) marinade f (à base de vinaigre)

b (‡ = drunkard) poivrot * m, ivrogne mf

soused [saʊst] adj **a** (Culin) **soused herrings** harengs mpl marinés ; (rolled up) rollmops mpl

b (fig ‡ = drunk) rond *, noir‡

soutane [suːˈtæn] n (Rel) soutane f

souterrain ['suːtəreɪn] n (Archeol) souterrain m

south [saʊθ] **1** n sud m ◆ **to the south of** au sud de ◆ **in the south of Scotland** dans le sud de l'Écosse ◆ **house facing the south** maison f exposée au sud or au midi ◆ **to veer to the south, to go into the south** [wind] tourner au sud ◆ **the wind is in the south** le vent est au sud ◆ **the wind is (coming or blowing) from the south** le vent vient or souffle du sud ◆ **to live in the south** habiter dans le Sud ; (in France) habiter dans le Midi ◆ **the South of France** le sud de la France, le Midi ◆ **the South** (US Hist) le Sud, les États mpl du Sud ; → **deep**

2 adj sud inv, du or au sud ◆ **south wind** vent m du sud ◆ **south coast** côte f sud or méridionale ◆ **on the south side** du côté sud ◆ **room with a south aspect** pièce f exposée au sud or au midi ◆ **south transept/door** (Archit) transept m/portail m sud or méridional ◆ **in south Devon** dans le sud du Devon ◆ **in the South Atlantic** dans l'Atlantique Sud ; see also **4**

3 adv go vers le sud, en direction du sud ; be, lie au sud, dans le sud ◆ **south of the island** go, sail au sud de l'île ; be, lie dans le sud de l'île ◆ **the town lies south of the border** la ville est située au sud de la frontière ◆ **further south** plus au sud ◆ **we drove south for 100km** nous avons roulé pendant 100 km en direction du sud or du midi ◆ **go**

southbound / spacey

south till you get to Crewe allez en direction du sud jusqu'à Crewe ♦ to sail due south aller droit vers le sud ; (Naut) avoir le cap au sud ♦ south by south-west sud quart sud-ouest

[4] COMP ▷ **South Africa** n l'Afrique f du Sud ▷ **South African** adj sud-africain, d'Afrique du Sud ◊ n Sud-Africain(e) m(f) ▷ **South America** n l'Amérique f du Sud ▷ **South American** adj sud-américain, d'Amérique du Sud ◊ n Sud-Américain(e) m(f) ▷ **South Australia** n l'Australie-Méridionale f ▷ **South Carolina** n la Caroline du Sud ♦ in **South Carolina** en Caroline du Sud ▷ **South China Sea** n (Geog) mer f de Chine méridionale ▷ **South Dakota** n le Dakota du Sud ♦ in **South Dakota** dans le Dakota du Sud ▷ **south-east** n sud-est m ◊ adj (du or au) sud-est inv ◊ adv vers le sud-est ▷ **South-East Asia** n le Sud-Est asiatique, l'Asie f du Sud-Est ▷ **south-easter** n vent m du sud-est ▷ **south-easterly** adj wind, direction du sud-est ; situation au sud-est ◊ adv vers le sud-est ▷ **south-eastern** adj (du or au) sud-est ▷ **south-eastward(s)** adv vers le sud-est ▷ **south-facing** adj exposé au sud or au midi ▷ **South Georgia** n la Géorgie du Sud ▷ **South Moluccan** n Moluquien(e) m(f) du Sud ▷ **the South Pacific** n le Pacifique Sud ▷ **South Pole** n pôle m Sud ▷ **the South Sea Islands** npl l'Océanie f du Sud ▷ **the South Seas** npl les mers fpl du Sud ▷ **south-south-east** n sud-sud-est m ◊ adj (du or au) sud-sud-est inv ◊ adv vers le sud-sud-est ▷ **south-south-west** n sud-sud-ouest m ◊ adj (du or au) sud-sud-ouest inv ◊ adv vers le sud-sud-ouest ▷ **south-west** n sud-ouest m ◊ adj (du or au) sud-ouest inv ◊ adv vers le sud-ouest ▷ **South West Africa** n l'Afrique f du Sud-Ouest ▷ **south-wester** n vent m du sud-ouest, suroît m ▷ **south-westerly** adj wind, direction du sud-ouest ; situation au sud-ouest ◊ adv vers le sud-ouest ▷ **south-western** adj (du or au) sud-ouest inv ▷ **south-westward(s)** adv vers le sud-ouest ; → **Korea, Vietnam**

southbound ['saʊθbaʊnd] adj traffic, vehicles (se déplaçant) en direction du sud ; carriageway sud inv ♦ to be southbound on the M1 être sur la M1 en direction du sud

southerly ['sʌðəlɪ] [1] adj wind du sud ; situation au sud ♦ in a southerly direction vers le sud or le midi ♦ southerly latitudes latitudes fpl australes ♦ southerly aspect exposition f au sud or au midi
[2] adv vers le sud

southern ['sʌðən] [1] adj sud inv, du sud ♦ the southern coast la côte sud or méridionale ♦ house with a southern outlook maison f exposée au sud or au midi ♦ southern wall mur m exposé au sud or au midi ♦ southern hemisphere hémisphère m sud inv or austral ♦ Southern Africa Afrique f australe ♦ southern France le sud de la France, le Midi ♦ in southern Spain dans le sud de l'Espagne, en Espagne méridionale
[2] COMP ♦ **the Southern Cross** n la Croix-du-Sud ▷ **southern lights** npl (Geog) aurore f australe

southerner ['sʌðənər] n **a** homme m or femme f du Sud, habitant(e) m(f) du Sud ; (in France) Méridional(e) m(f) ♦ he is a southerner il vient du Sud ♦ the southerners les gens mpl du Sud
b (US Hist) sudiste mf

southernmost ['sʌðənməʊst] adj le plus au sud, à l'extrême sud

southing ['saʊðɪŋ] n (Naut) mouvement m vers le sud

southpaw ['saʊθpɔː] n (Sport) gaucher m

southward ['saʊθwəd] [1] adj au sud
[2] adv (also **southwards**) vers le sud

souvenir [ˌsuːvə'nɪər] → SYN n souvenir m (objet)

souvlakia [suː'vlækɪə] n souvlaki m

sou'wester [saʊ'westər] n (= hat) suroît m ; (= wind) ⇒ **south-wester** ; → **south**

sovereign ['sɒvrɪn] → SYN [1] n souverain(e) m(f) ; (Brit = coin) souverain m (ancienne pièce d'or qui valait 20 shillings)
[2] adj state, independence, body, law, powers souverain (after n) ; contempt, indifference souverain (before n) ♦ a sovereign remedy for or against sth † un remède souverain contre qch

sovereignty ['sɒvrəntɪ] → SYN n souveraineté f

soviet ['səʊvɪət] [1] n soviet m ♦ the Supreme Soviet le Soviet suprême ♦ the Soviets (= people) les Soviétiques mpl
[2] adj soviétique
[3] COMP ▷ **Soviet Russia** n la Russie soviétique ▷ **the Soviet Union** n l'Union f soviétique

sovietization † [ˌsəʊvɪətaɪ'zeɪʃən] n soviétisation f

sovietize ['səʊvɪətaɪz] vt soviétiser

Sovietologist [ˌsəʊvɪə'tɒlədʒɪst] n soviétologue m

sovkhoz [sɒf'kɒz] n (Pol) sovkhoze m

sow¹ [saʊ] [1] n (= pig) truie f
[2] COMP ▷ **sow thistle** n laiteron m

sow² [səʊ] → SYN pret **sowed**, ptp **sown** or **sowed**
[1] vt [+ seed, grass] semer ; [+ field] ensemencer (with en) ; (fig) [+ mines, pebbles, doubt, discord] semer ♦ (Prov) **sow the wind and reap the whirlwind** qui sème le vent récolte la tempête (Prov) ; → **seed, wild**
[2] vi semer

sowbelly ['saʊbelɪ] n (US) petit salé m

sower ['səʊər] n (= person) semeur m, -euse f ; (= machine) semoir m

sowing ['səʊɪŋ] [1] n **a** (= work) semailles fpl ; (= period, seeds) semailles fpl ; (= young plants) semis mpl
b (NonC = act) [of field] ensemencement m ♦ **the sowing of seeds** les semailles
[2] COMP ▷ **sowing machine** n semoir m

sown [səʊn] vb (ptp of **sow²**)

soy [sɔɪ] n **a** (also **soy sauce**) sauce f de soja
b (US) ⇒ **soya**

soya ['sɔɪə] [1] n (esp Brit: also **soya bean**) (= plant) soja or soya m ; (= bean) graine f de soja
[2] COMP ▷ **soya flour** n farine f de soja ▷ **soya sauce** n sauce f soja

soybean ['sɔɪbiːn] n (US) **soya bean** ; → **soya**

sozzled † * ['sɒzld] adj (Brit) paf * inv, noir *

SP [es'piː] n (Brit) (abbrev of **starting price**) **a** (Racing) cote f de départ
b (* = information) **what's the SP on him?** qu'est-ce qui se dit sur lui ? ♦ **to give sb the SP on sb/sth** donner des infos * à qn sur qn/qch

spa [spɑː] [1] n **a** (= town) station f thermale, ville f d'eau ; (= spring) source f minérale
b (US: also **health spa**) établissement m de cure de rajeunissement
[2] COMP ▷ **spa town** n station f thermale, ville f d'eaux

space [speɪs] → SYN [1] n **a** (NonC: gen, Astron, Phys) espace m ♦ **the rocket vanished into space** la fusée a disparu dans l'espace ♦ **he was staring into space** il regardait dans l'espace or dans le vide ; → **outer**
b (NonC = room) espace m, place f ♦ **to clear (a or some) space or make space for sb/sth** faire de la place pour qn/qch ♦ **to take up a lot of space** [car, books, piece of furniture] prendre une grande place or beaucoup de place, être encombrant ; [building] occuper un grand espace ♦ **the space occupied by a car/a building** l'encombrement m d'une voiture/ d'un bâtiment ♦ **there isn't enough space for it** il n'y a pas assez de place pour ça ♦ **I haven't enough space to turn the car** je n'ai pas assez de place pour or je n'ai pas la place de tourner la voiture ♦ **to buy space in a newspaper (for an advertisement)** acheter de l'espace (publicitaire) dans un journal
c (fig = freedom) **she needed a bit of space** elle avait besoin qu'on la laisse un peu tranquille ♦ **we give each other space** nous nous accordons or nous nous laissons à chacun une certaine liberté
d (= gap, empty area) espace m, place f (NonC) ; (Mus) interligne m ; (Typ: between two words etc) espace m, blanc m ; (Typ = blank type) espace m ♦ **in the spaces between the trees** (dans les espaces) entre les arbres ♦ **a space of 10 metres between the buildings** un espace or un écart or une distance de 10 mètres entre les bâtiments ♦ **leave a space for the name** laisse de la place or un espace or un blanc pour le nom ♦ **in the space provided** dans la partie (or la case) réservée à cet effet ♦ **in an enclosed space** dans un espace clos or fermé ♦ **I'm looking for a space to park the car in or a parking space** je cherche une place (pour me garer) ; → **blank, open**
e (= interval, period) espace m (de temps), intervalle m ♦ **after a space of ten minutes** après un intervalle de dix minutes ♦ **for the space of a month** pendant une durée or une période d'un mois ♦ **a space of five years** une période de cinq ans ♦ **in the space of three generations/one hour** en l'espace de trois générations/d'une heure ♦ **a short space of time** un court laps de temps or espace de temps ♦ **for a space** pendant un certain temps

[2] vt **a** (also **space out**) [+ chairs, words, visits, letters] espacer ; [+ payments] échelonner (over sur) ♦ **space the posts (out) evenly** espacez les poteaux régulièrement, plantez les poteaux à intervalles réguliers ♦ **you'll have to space them further out** or **further apart, you'll have to space them out more** il faudra laisser plus d'espace entre eux or les espacer davantage ♦ **to be single-/double-spaced** [text] avoir des interlignes mpl simples/doubles ♦ **to space type out to fill a line** espacer or répartir les caractères sur toute une ligne ♦ **the houses were well spaced (out)** les maisons étaient bien or largement espacées
b **to be spaced (out)** * être défoncé *

[3] COMP journey, programme, research, rocket spatial ▷ **the Space Age** n l'ère f spatiale ▷ **space-age** adj de l'ère spatiale, futuriste ▷ **space bar** n [of typewriter, keyboard] barre f d'espacement ▷ **space cadet** * n (esp US) allumé(e) * m(f) ▷ **space capsule** n capsule f spatiale ▷ **space fiction** n science-fiction f (sur le thème des voyages dans l'espace) ▷ **space-filler** n (Press) article m bouche-trou inv ▷ **space flight** n (= journey) voyage m spatial or dans l'espace ; (NonC) voyages mpl or vols mpl spatiaux ▷ **space heater** n radiateur m ▷ **space helmet** n casque m d'astronaute or de cosmonaute ▷ **Space Invaders** ® n Space Invaders mpl (jeu vidéo mettant en scène des envahisseurs extra-terrestres) ▷ **Space Invaders machine** Space Invaders m ▷ **space lab** n laboratoire m spatial ▷ **space opera** * n space opera m (film ou série de science-fiction sur le thème des voyages dans l'espace) ▷ **space plane** n ⇒ **space shuttle** ▷ **space platform** n ⇒ **space station** ▷ **space probe** n sonde f spatiale ▷ **the space race** n la course à l'espace ▷ **space-saving** adj qui économise or gagne de la place ▷ **space science** n spatiologie f ▷ **space scientist** n spécialiste mf en spatiologie, spatiologue mf ▷ **space shot** n (= launching) lancement m d'un engin spatial ; (= flight) vol m spatial ▷ **space shuttle** n navette f spatiale ▷ **space sickness** n mal m de l'espace ▷ **space station** n station f orbitale or spatiale ▷ **space-time** n espace-temps m ▷ **space-time continuum** n continuum m espace-temps ▷ **space travel** n voyages mpl spatiaux or interplanétaires or dans l'espace ▷ **space writer** n (Press) journaliste mf payé(e) à la ligne

spacecraft ['speɪskrɑːft] n engin m or vaisseau m spatial

spaceman ['speɪsmæn] → SYN n, pl **-men** (gen) spationaute m ; (American) astronaute m ; (Russian) cosmonaute m

spaceport ['speɪspɔːt] n base f de lancement (d'engins spatiaux)

spaceship ['speɪsʃɪp] n ⇒ **spacecraft**

spacesuit ['speɪssuːt] n combinaison f spatiale

spacewalk ['speɪswɔːk] [1] n marche f dans l'espace
[2] vi marcher dans l'espace

spacewalker ['speɪswɔːkər] n marcheur m, -euse f de l'espace

spacewoman ['speɪswʊmən] n, pl **-women** (gen) spationaute f ; (American) astronaute f ; (Russian) cosmonaute f

spacey * ['speɪsɪ] adj music planant * ; person qui plane *

spacing ['speɪsɪŋ] n (esp Typ) espacement m ; (between two objects) espacement m, écartement m ; (also **spacing out** : of payments, sentries) échelonnement m ◆ **to type sth in single/double spacing** (Typ) taper qch à simple/double interligne or avec un interligne simple/double

spacious ['speɪʃəs] → SYN adj room, house, car spacieux ; garden grand ; garment ample ◆ **spacious accommodation** logement m spacieux

spaciousness ['speɪʃəsnɪs] n grandes dimensions fpl, grandeur f

spade [speɪd] n **a** bêche f, pelle f ; (child's) pelle f ◆ **to call a spade a spade** appeler un chat un chat, ne pas avoir peur des mots

b (Cards) pique m ◆ **the six of spades** le six de pique ◆ **in spades*** (fig) par excellence ; for other phrases see **club**

c (**⁑** pej) nègre m, négresse f

spadeful ['speɪdfʊl] n pelletée f ◆ **by the spadeful** (fig) en grandes quantités

spadework ['speɪdwɜːk] → SYN n (NonC: fig) travail m préliminaire

spadix ['speɪdɪks] n, pl **spadices** [speɪ'daɪsiːz] (Bot) spadice m

spag bol* [ˌspæɡ'bɒl] n (Brit) spaghettis mpl bolognaise

spaghetti [spə'ɡetɪ] **1** n spaghettis mpl

2 COMP ▷ **spaghetti bolognese** n spaghettis mpl bolognaise ▷ **spaghetti junction** n échangeur m à niveaux multiples ▷ **spaghetti western*** n western-spaghetti* m, western m italien

Spain [speɪn] n l'Espagne f

spake †† [speɪk] vb (pt of **speak**)

spall [spɔːl] **1** n épaufrure f
2 vt épaufrer

spallation [spə'leɪʃən] n spallation f

Spam ® [spæm] n ≃ mortadelle f

spam [spæm] (Internet) **1** n spam m
2 vt spammer

spammer ['spæməʳ] n spammeu(r)m

span¹ [spæn] → SYN **1** n **a** [of hands, arms] envergure f ; [of girder] portée f ; [of bridge] travée f ; [of arch] portée f, ouverture f ; [of roof] portée f, travée f ; [of plane, bird] (also **wingspan**) envergure f ◆ **a bridge with three spans** un pont à trois travées ◆ **single-span bridge** pont à travée unique ◆ **the bridge has a span of 120 metres** le pont a une travée or une portée de 120 mètres

b (in time) espace m (de temps), durée f ◆ **the average span of life** la durée moyenne de vie ◆ **man's span is short** (liter) la vie humaine est brève ◆ **for a brief** or **short span (of time)** pendant un bref moment, pendant un court espace de temps ; → **life**

c († = measure) empan m

d (= yoke) [of oxen etc] paire f

2 vt **a** [bridge, rope, plank etc] [+ stream, ditch] enjamber ; [+ bridge-builder] jeter or construire un pont sur ◆ **Christianity spans almost 2,000 years** le christianisme embrasse presque 2 000 ans ◆ **his life spans almost the whole of the 18th century** sa vie s'étend sur or couvre presque tout le 18ᵉ siècle ◆ **his compositions span all types of music** ses compositions couvrent or embrassent tous les types de musique

b (= measure) mesurer à l'empan

3 COMP ▷ **span roof** n (Constr) toit m à double pente

span² †† [spæn] vb (pt of **spin**)

spandex ['spændeks] n (Tex) fibre f (synthétique) élastique

spandrel ['spændrəl] n (Archit) (next to wall) tympan m ; (between arches) pendentif m

spangle ['spæŋɡl] **1** n paillette f ◆ **dress with spangles on it** robe f pailletée or à paillettes
2 vt orner de paillettes ◆ **spangled with** (fig) paillette de ; → **star**

spangly* ['spæŋɡlɪ] adj à paillettes, pailleté

Spaniard ['spænjəd] n Espagnol(e) m(f)

spaniel ['spænjəl] n épagneul m

Spanish ['spænɪʃ] **1** adj (gen) espagnol ; ambassador, embassy, monarch d'Espagne ; teacher d'espagnol ◆ **the Spanish way of life** la vie espagnole, la façon de vivre des Espagnols ◆ **the Spanish people** les Espagnols mpl

2 n (Ling) espagnol m

3 the Spanish npl les Espagnols mpl

4 COMP ▷ **Spanish America** n l'Amérique f hispanique ▷ **Spanish-American** adj hispano-américain ▷ **the Spanish Armada** n (Hist) l'Invincible Armada f ▷ **Spanish chestnut** n châtaigne f, marron m ▷ **the Spanish Civil War** n la guerre civile espagnole, la guerre d'Espagne ▷ **Spanish fir** n (Bot) sapin m d'Espagne ▷ **Spanish fly** n (NonC) (poudre f de) cantharide f ▷ **Spanish guitar** n guitare f classique ▷ **the Spanish Main** la mer des Antilles or des Caraïbes ▷ **Spanish Morocco** n (Hist) Maroc m espagnol ▷ **Spanish moss** n (US) mousse f espagnole ▷ **Spanish omelette** n omelette f aux pommes de terre et aux légumes ▷ **Spanish onion** n oignon m d'Espagne ▷ **Spanish rice** n riz m à l'espagnole ▷ **Spanish Sahara** n (Hist) Sahara m espagnol

spank [spæŋk] → SYN **1** n ◆ **to give sb a spank** donner un coup or une claque à qn sur les fesses

2 vt (gen, for sexual pleasure) donner une fessée à

3 vi ◆ **to be** or **go spanking along** [horse, vehicle, ship] aller or filer à bonne allure

spanker ['spæŋkəʳ] n (Naut) brigantine f

spanking ['spæŋkɪŋ] **1** n fessée f ◆ **to give sb a spanking** donner une fessée à qn

2 adj * **a** (= excellent) super * ◆ **in spanking condition** en excellent état

b (= fast) pace fulgurant ◆ **to move at a spanking pace** [film, events] se dérouler à un rythme échevelé ◆ **to speed along at a spanking pace** [car] passer à toute berzingue*

c (= fresh) breeze fort, bon

3 adv †* ◆ **spanking new** flambant neuf ◆ **spanking white/clean** d'une blancheur/d'une propreté éclatante

spanner ['spænəʳ] **1** n (Brit) clé f (à écrous) ◆ **to put a spanner in the works** mettre des bâtons dans les roues

2 COMP ▷ **spanner wrench** n clé f à ergots

spar¹ [spɑːʳ] n (Geol) spath m

spar² [spɑːʳ] n (Naut) espar m

spar³ [spɑːʳ] → SYN **1** vi (Boxing) s'entraîner (à la boxe) (with sb avec qn) ; (rough and tumble) se bagarrer* amicalement (with sb avec qn) ; [two people] échanger des coups de poing pour rire ; (fig) (= argue) se disputer (with sb avec qn) ; [two people] se défier en paroles

2 COMP ▷ **sparring match** n (Boxing) combat m d'entraînement ; (fig) échange m verbal ▷ **sparring partner** n (Boxing) sparring-partner m, partenaire mf d'entraînement ; (fig) adversaire mf

spare [spɛəʳ] → SYN **1** adj **a** (= reserve) de réserve ; (= replacement) de rechange ; (= surplus) de or en trop ◆ **take a spare pen in case that one runs out** prends un stylo de rechange or de réserve au cas où celui-ci n'aurait plus d'encre ◆ **I've a spare pen if you want it** j'ai un autre stylo ou un stylo de or en trop, si tu veux ◆ **have you any spare cups?** (in case you need more) est-ce que tu as des tasses de réserve ? ; (which you're not using) est-ce que tu as des tasses de or en trop ? ◆ **take some spare clothes** prends des vêtements de rechange ◆ **there were no spare chairs** or **no chairs spare** il n'y avait pas de chaise libre ◆ **a spare bed** (gen) un lit de libre ; (for houseguests) un lit d'amis ◆ **spare cash** (small amount) argent m de reste ; (larger) argent m disponible ◆ **I'll lend you my spare key** je vais te prêter mon double (de clé) ◆ **I've got a spare ticket for the play** j'ai une place en plus pour la pièce de théâtre ◆ **there are two going spare*** il en reste deux ◆ **thousands of tickets are going spare*** il reste des milliers de billets ◆ **I felt like a spare prick**⁑**at a wedding** (hum) je me demandais ce que je foutais là⁑

b (= lean) person, body sec (sèche f)

c (austere) prose, style, design, room dépouillé ; music sobre ; diet, meal frugal

d (Brit⁑ = crazy) **to go spare** devenir dingue * ◆ **to drive sb spare** rendre qn dingue *

2 n (= part) pièce f de rechange, pièce f détachée ; (= tyre) pneu m de rechange ; (= wheel) roue f de secours

3 vt **a** (= do without) se passer de ◆ **we can't spare him just now** nous ne pouvons pas nous passer de lui en ce moment ◆ **can you spare it?** vous n'en avez pas besoin ? ◆ **can you spare £10?** est-ce que tu aurais 10 livres ? ◆ **can you spare me £5?** est-ce que tu peux me passer 5 livres ? ◆ **I can only spare a few minutes, I can't spare the time (to do it)** je n'ai pas le temps (de le faire), je n'ai pas une minute (à y consacrer) ◆ **I can only spare an hour for my piano practice** je peux seulement consacrer une heure à or je ne dispose que d'une heure pour mes exercices de piano ◆ **I can spare you five minutes** je peux vous accorder or consacrer cinq minutes ◆ **to spare a thought for** penser à, dédier une pensée à

◆ **to spare** ◆ **he had time to spare so he went to the pictures** il n'était pas pressé or il avait du temps devant lui, alors il est allé au cinéma ◆ **did you have a rush to get here? – no, I had time (and) to spare** est-ce que tu as dû te dépêcher pour arriver ? — non, j'ai eu plus de temps qu'il ne m'en fallait ◆ **I've only a few minutes to spare** je ne dispose que de quelques minutes, je n'ai que quelques minutes de libres or devant moi ◆ **there are three to spare** il en reste trois ◆ **I've got none** or **nothing to spare** j'ai juste ce qu'il me faut, je n'en ai pas trop ◆ **I've enough and to spare** j'en ai plus qu'il ne m'en faut ◆ **she had a metre to spare** elle en avait un mètre de trop or de plus que nécessaire ◆ **with two minutes to spare** avec deux minutes d'avance ◆ **we did it with $5 to spare** nous l'avons fait et il nous reste encore 5 dollars

b (= show mercy to) [+ person, sb's life, tree etc] épargner ◆ **he spared no one** (lit, fig) il n'a épargné personne ◆ **the plague spared no one** la peste n'a épargné personne ◆ **if I'm spared** †† si Dieu me prête vie ◆ **to spare sb's feelings** ménager (les sentiments de) qn ◆ **spare my blushes!** épargnez ma modestie !, ne me faites pas rougir !

c [+ suffering, grief etc] éviter, épargner (to sb à qn) ◆ **to spare sb embarrassment** épargner or éviter de l'embarras à qn ◆ **I wanted to spare him trouble** je voulais lui éviter de se déranger ◆ **you could have spared yourself the trouble** vous auriez pu vous épargner tout ce mal ◆ **I'll spare you the details** je vous fais grâce des détails

d (= refrain from using etc) [+ one's strength, efforts] ménager ◆ **we have spared no expense to make her stay a pleasant one** nous n'avons pas reculé devant la dépense pour que son séjour soit agréable ◆ **he spared no expense to modernize the house** il a dépensé sans compter pour moderniser la maison ◆ **no expense spared** peu importe le prix ◆ **he didn't spare himself, he spared no pains** il s'est donné beaucoup de mal, il n'a pas épargné sa peine ◆ **he could have spared his pains, he could have spared himself the trouble** il s'est donné du mal pour rien ◆ **spare your pains, it's too late now** pas la peine de te donner du mal, c'est trop tard maintenant ◆ (Prov) **spare the rod and spoil the child** qui aime bien châtie bien (Prov)

4 COMP ▷ **spare bedroom** n ⇒ **spare room** ▷ **spare part** n (Aut, Tech) pièce f de rechange, pièce f détachée ▷ **spare-part surgery*** n chirurgie f de transplantation ▷ **spare room** n chambre f d'amis ▷ **spare time** n temps m libre ◆ **to do sth in one's spare time** faire qch pendant son temps libre or ses moments de libre ▷ **spare-time** adj (fait) à temps perdu or pendant les moments de loisir ◆ **spare-time activities** (activités fpl de) loisirs mpl ▷ **spare tyre** n [of car] roue f de secours ; (* fig = fat) bourrelet m (de graisse) (à la taille) ◆ **to get a spare tyre** prendre de l'embonpoint ◆ **to get rid of one's spare tyre*** se débarrasser de son bourrelet (de graisse) ▷ **spare wheel** n [of car] roue f de secours

sparerib ['spɛərɪb] n (Culin) travers m (de porc)

sparing ['spɛərɪŋ] → SYN adj person économe ; use modéré ; amount limité, modéré ◆ **she was sparing with heat and light** elle faisait des économies de chauffage et d'électricité ◆ **I've not been sparing with the garlic** je n'ai pas lésiné sur l'ail ◆ **he was sparing with** or (frm) **of the wine** il a lésiné sur le vin ◆ **sparing of words** (frm) avare or chiche de

sparingly / speak

paroles ◆ **you must be more sparing of your strength** vous devez ménager vos forces ◆ **sparing in one's praise (for sb)** avare de ses louanges (à l'égard de qn) ◆ **to be sparing in one's use of sth** utiliser qch avec modération

sparingly ['speərɪŋlɪ] adv use, apply avec modération ; eat frugalement ; drink peu ; spend, praise avec parcimonie

spark [spɑːk] → SYN [1] n (Elec) étincelle f ; (fig) [of intelligence, wit, life] étincelle f ; [of commonsense, interest] lueur f ◆ **to make the sparks fly** (fig) (= start a row) mettre le feu aux poudres (fig) ; (= fight) se bagarrer un bon coup* ◆ **they'll strike sparks off each other** ils se stimuleront (l'un l'autre) ; → **bright**

[2] **sparks** npl (Brit = electrician) électricien m ; (= radio operator) radio m (de bord)

[3] vi jeter des étincelles

[4] vt (also **spark off**) [+ rebellion, complaints, quarrel] provoquer, déclencher ; [+ interest, enthusiasm] susciter, éveiller (in sb chez qn) ◆ **to spark a fire** provoquer un incendie

[5] COMP ▷ **spark erosion** n (Tech) étincelage m ▷ **spark gap** n (Elec) écartement m des électrodes ▷ **spark(ing) plug** n (Aut) bougie f

sparkle ['spɑːkl] → SYN [1] n (NonC) [of stars, dew, tinsel] scintillement m, étincellement m ; [of diamond] éclat m, feux mpl ; (in eye) étincelle f, éclair m ; (fig) vie f, éclat m

[2] vi [glass, drops of water, snow etc] étinceler, briller ; [surface of water, lake etc] scintiller, miroiter ; [diamond] étinceler, jeter des feux, scintiller ; [fabric] chatoyer ; [wine] pétiller ; [eyes] étinceler, pétiller (with de) ; [person] briller ; [conversation, play, book] étinceler, pétiller (with de), être brillant or étincelant

sparkler ['spɑːklə^r] n [a] (= firework) cierge m magique

[b] (* = sparkling wine) vin m pétillant

[c] (⁑ = diamond) diam ⁑ m

sparkling ['spɑːklɪŋ] [1] adj [a] (= bright) glass, diamond, snow, sand, sea, eyes étincelant (with sth de qch) ; day, sky radieux ; surface of water, lake scintillant, miroitant

[b] (= scintillating) person, conversation, script, performance, results brillant ◆ **he was in sparkling form** il était dans une forme éblouissante

[c] (= fizzy) wine mousseux ; water (naturally) gazeux naturel ; (artificially) gazéifié ◆ **sparkling cider** cidre m

[2] adv ◆ **sparkling clean** d'une propreté éclatante

sparkly* ['spɑːklɪ] adj brillant

sparky* ['spɑːkɪ] adj plein d'entrain

sparrow ['spærəʊ] n moineau m ; → **hedgesparrow**

sparrowgrass ['spærəʊgrɑːs] n (dial) asperge(s) f(pl)

sparrowhawk ['spærəʊhɔːk] n épervier m

sparse [spɑːs] adj population, hair, vegetation clairsemé ; traffic léger ; furniture rare ; dialogue entrecoupé de longs silences

sparsely ['spɑːslɪ] adv wooded, furnished peu ◆ **sparsely populated** peu peuplé

Sparta ['spɑːtə] n Sparte

Spartacist ['spɑːtəsɪst] n spartakiste mf

Spartacus ['spɑːtəkəs] n Spartacus m

Spartan ['spɑːtən] → SYN [1] n Spartiate mf

[2] adj [a] (= from Sparta) spartiate

[b] (= austere: also **spartan**) lifestyle, accommodation, conditions, diet spartiate

sparteine ['spɑːtɪˌiːn] n spartéine f

spasm ['spæzəm] → SYN n (Med) spasme m ; (fig) accès m (of de) ◆ **a spasm of coughing** un accès or une quinte de toux ◆ **to work in spasms** travailler par à-coups or par accès

spasmodic [spæz'mɒdɪk] → SYN adj [a] (= intermittent) work, movements, attempts, service intermittent, irrégulier ◆ **the team had only spasmodic success** l'équipe n'a connu que des succès intermittents ◆ **to mount spasmodic raids** lancer des raids répétés

[b] (Med) spasmodique

spasmodically [spæz'mɒdɪkəlɪ] adv [a] (= intermittently) continue, campaign de façon intermittente ; work, try par à-coups, de façon intermittente or irrégulière

[b] (Med) **to jerk spasmodically** [person, body, chest] être agité de spasmes irréguliers

spastic ['spæstɪk] [1] adj [a] († = handicapped) person handicapé moteur (handicapée motrice f)

[b] (Med) movement, paralysis spasmodique

[c] (pej = clumsy) movement convulsif

[2] n (Med †) handicapé(e) m(f) moteur (f inv)

[3] COMP ▷ **spastic colon** n colopathie f spasmodique

spasticity [spæs'tɪsɪtɪ] n (Med) paralysie f spasmodique

spat¹ [spæt] vb (pt, ptp of **spit¹**)

spat² [spæt] n (= gaiter) demi-guêtre f

spat³ [spæt] n (= oyster) naissain m

spat⁴* [spæt] (US = quarrel) [1] n prise f de bec *

[2] vi avoir une prise de bec *

spatchcock ['spætʃkɒk] vt (pej) entrelarder

spate [speɪt] → SYN n (Brit) [a] [of river] crue f

[b] (fig) [of letters, orders etc] avalanche f ; [of words, abuse] torrent m ; [of bombings etc] série f ◆ **in spate** en crue ◆ **to be in full spate** (= talking at length) être parti (dans son sujet) ◆ **to have a spate of work** être débordé or submergé de travail ◆ **a fresh spate of sabotage/attacks** une recrudescence d'actes de sabotage/d'attaques

spathic ['spæθɪk], **spathose** ['spæθəʊs] adj spathique

spatial ['speɪʃəl] (frm) [1] adj [a] (= physical) relationship, variation spatial ; constraints d'espace ◆ **spatial distribution of employment** répartition f or distribution f géographique de l'emploi

[b] (Psych) spatial awareness/ability/skills perception f spatiale

[2] COMP ▷ **spatial frequency** n (Elec) fréquence f spatiale

spatialization [ˌspeɪʃəlaɪˈzeɪʃən] n spatialisation f

spatiotemporal ['speɪʃɪəʊ'tempərəl] adj spatio-temporel

spatter ['spætə^r] [1] vt (accidentally) éclabousser (with de) ; (deliberately) asperger (with de) ◆ **to spatter mud on** or **over a dress** éclabousser de boue une robe

[2] vi (= splash) gicler (on sur) ; (= sound) crépiter (on sur)

[3] n (= mark) éclaboussure(s) f(pl) ; (= sound) crépitement m

-spattered ['spætəd] adj (in compounds) ◆ **the butcher's blood-spattered apron** le tablier éclaboussé de sang du boucher ◆ **mud-spattered car** voiture f éclaboussée de boue

spatula ['spætjʊlə] n (Culin) spatule f ; (Med) abaisse-langue m inv

spatulate ['spætjʊlɪt] adj (Anat, Bot) spatulé

spavin ['spævɪn] n éparvin m

spawn [spɔːn] [1] n [of fish, frog] frai m, œufs mpl ; [of mushroom] mycélium m ; (pej = person) progéniture f (iro)

[2] vt pondre ; (fig pej) engendrer, faire naître

[3] vi frayer ; (fig pej) se reproduire, se multiplier

spawning ['spɔːnɪŋ] [1] n (NonC) frai m

[2] COMP ▷ **spawning ground** n frayère f ▷ **spawning place** n frayère f

spay [speɪ] vt [+ animal] enlever les ovaires de

SPCA [ˌespiːsiːˈeɪ] (US) (abbrev **Society for the Prevention of Cruelty to Animals**) ≃ SPA f

SPCC [ˌespiːsiːˈsiː] n (US) (abbrev **Society for the Prevention of Cruelty to Children**) association pour la protection de l'enfance

speak [spiːk] → SYN pret **spoke**, ptp **spoken** [1] vi [a] (= talk) parler (to à ; of, about de) ; (= converse) parler, s'entretenir (with avec) ; (= be on speaking terms) parler, adresser la parole (to à) ; (fig) [gun, trumpet etc] retentir, se faire entendre ◆ **to speak in a whisper** chuchoter ◆ **speak normally, don't shout!** parle normalement, ne crie pas ! ◆ **to speak to o.s.** parler tout seul ◆ **I'll speak to him about it** je vais lui en parler, je vais lui en toucher un mot or deux mots ◆ **I don't know him to speak to** je ne le connais pas assez bien pour lui parler or pour lui adresser la parole ◆ **I'll never speak to him again** je ne lui adresserai plus jamais la parole ◆ **did you speak?** * pardon ?, tu m'as parlé ?, tu dis ? * ◆ **you**

have only to speak tu n'as qu'un mot à dire ◆ **speaking personally ...** pour ma part ..., personnellement ... ◆ **speaking as a member of the society I ...** en tant que membre de la société je ...

◆ **so to speak** pour ainsi dire

◆ adverb + **speaking** ◆ **biologically/philosophically speaking ...** biologiquement/philosophiquement parlant ...

[b] (Telec) **who's (that) speaking?** qui est à l'appareil ? ; (passing on call) c'est de la part de qui ? ◆ **(this is) Paul speaking** ici Paul, (c'est) Paul à l'appareil ◆ **speaking!** lui-même (or elle-même) !, c'est moi-même ! ; → **action, badly, roughly**

[c] (= make a speech) parler (on or about sth de qch) ; (= begin to speak) prendre la parole ◆ **to speak in public** parler en public ◆ **he rose to speak** il s'est levé pour prendre la parole or pour parler ◆ **Mr Latimer will speak next** ensuite c'est M. Latimer qui prendra la parole ◆ **the chairman asked him to speak** le président lui a donné la parole ◆ **Mr King will now speak on "The Incas"** M. King va maintenant (nous) parler des Incas ◆ **to speak in a debate** (proposer, seconder) faire un discours or prendre la parole au cours d'un débat ; (from floor of house) participer à un débat, intervenir dans un débat

[d] (phrases) **to speak for sb** (= be spokesman for) parler pour qn or au nom de qn ; (= give evidence for) parler or témoigner en faveur de qn ◆ **speaking for myself ...** personnellement ..., pour ma part ..., en ce qui me concerne ... ◆ **speak for yourself!** * parle pour toi ! * ◆ **let him speak for himself** laisse-le s'exprimer, laisse-le dire lui-même ce qu'il a à dire ◆ **it speaks for itself** c'est évident, c'est tout ce qu'il y a de plus clair ◆ **the facts speak for themselves** les faits parlent d'eux-mêmes or se passent de commentaires ◆ **I can speak for** or **to his honesty** je peux témoigner de or répondre de son honnêteté ◆ **it speaks to the chaos that was inside me** cela dit ou montre bien la confusion qui régnait en moi ◆ **that speaks well for his generosity** ceci montre bien or prouve bien qu'il est généreux ◆ **to speak of sth as sth** appeler qch qch ◆ **he always speaks well of her** il dit toujours du bien d'elle ◆ **he is very well spoken of** on dit beaucoup de bien de lui ◆ **everything spoke of wealth** tout indiquait or révélait or dénotait la richesse ◆ **everything spoke of fear/hatred** tout révélait or trahissait la peur/la haine ◆ **to speak to a motion** (Parl etc) soutenir une motion

◆ **speaking of ...** ◆ **speaking of holidays ...** à propos de vacances ..., puisqu'on parle de vacances ... ◆ **speaking of which ...** à propos ...

◆ **... to speak of** ◆ **he has no friends/money to speak of** il n'a pour ainsi dire pas d'amis/d'argent ◆ **nobody to speak of** pour ainsi dire personne ◆ **it's nothing to speak of** ce n'est pas grand-chose, cela ne vaut pas la peine qu'on en parle (subj), c'est trois fois rien *

◆ **spoken for** ◆ **that is already spoken for** c'est déjà réservé or retenu ◆ **she is already spoken for** elle est déjà prise

[2] vt [a] [+ language] parler ◆ **"English spoken"** "ici on parle anglais" ◆ **French is spoken all over the world** le français se parle dans le monde entier

[b] (liter) [+ a poem, one's lines, the truth] dire ◆ **I didn't speak a word** je n'ai rien dit ◆ **to speak one's mind** dire ce que l'on pense

[3] n (in compounds) langage m de ..., jargon m de ... ◆ **computerspeak** langage m or jargon m de l'informatique, langage m or jargon m des informaticiens

▶ **speak out** vi ⇒ **speak up b**

▶ **speak up** vi [a] (= talk loudly) parler fort or haut ; (= raise one's voice) parler plus fort or plus haut ◆ **speak up!** (parle) plus fort or plus haut ! ; (= don't mumble) parle plus clairement !

[b] (fig) parler franchement, ne pas mâcher ses mots ◆ **he's not afraid to speak up** il n'a pas peur de dire ce qu'il pense or de parler franchement, il ne mâche pas ses mots ◆ **I think you ought to speak up** je crois que vous devriez dire franchement ce que vous pensez ◆ **to speak up for sb** parler en

faveur de qn, défendre qn ◆ **to speak up against sth** s'élever contre qch

speakeasy * ['spi:ki:zɪ] n (US Hist) bar m clandestin *(pendant la prohibition)*

speaker ['spi:kəʳ] → SYN n **a** (gen) celui m (or celle f) qui parle ; (in dialogue, discussion) interlocuteur m, -trice f ; (in public) orateur m, -trice f ; (= lecturer) conférencier m, -ière f ◆ **he's a good/poor speaker** il parle bien/mal, c'est un bon/mauvais orateur or conférencier ◆ **the previous speaker** la personne qui a parlé la dernière, l'orateur or le conférencier précédent

b **Speaker (of the House)** (Brit) président(e) m(f) de la Chambre des communes ; (US) président(e) m(f) de la Chambre des représentants

c **French speaker** personne f qui parle français ; (as native or official language) francophone mf ◆ **he is not a Welsh speaker** il ne parle pas gallois ; → **native**

d (also **loudspeaker**) (for PA system, musical instruments) haut-parleur m, enceinte f ; [of hi-fi] baffle m, enceinte f

SPEAKER (OF THE HOUSE)

En Grande-Bretagne, le **Speaker** est le président de la Chambre des communes, qui veille au respect du règlement et au bon déroulement des séances. Élu au début de chaque législature, il n'appartient pas nécessairement au parti au pouvoir, mais il perd son droit de vote et se doit de rester impartial. Au début de chacune de leurs interventions, les députés s'adressent au président de l'assemblée par ces mots : "Mister/Madam **Speaker**".

Aux États-Unis le président de la Chambre des représentants est le **Speaker of the House** : il est le leader du parti majoritaire et joue le rôle de porte-parole de son parti. Politiquement, il vient en seconde position, après le vice-président des États-Unis, pour remplacer le président en cas de besoin.

speaking ['spi:kɪŋ] → SYN **1** adj (= talking) doll, machine parlant

2 n (= skill) art m de parler ; → **public**

3 COMP ▷ **the speaking clock** n (Brit) l'horloge f parlante ▷ **speaking part, speaking role** n (Cine, Theat) rôle m *(autre que de figuration)* ▷ **speaking terms** npl **they're on speaking terms again** ils se parlent à nouveau, ils s'adressent à nouveau la parole ◆ **they're not on speaking terms** ils ne s'adressent plus la parole, ils ne se parlent plus ◆ **she's on speaking terms with him again** elle lui parle à nouveau, elle lui adresse à nouveau la parole ▷ **speaking tube** n tuyau m acoustique ▷ **speaking voice** n **his speaking voice** le timbre de sa voix quand il parle ◆ **he has a pleasant speaking voice** il a une voix agréable (à entendre)

-speaking ['spi:kɪŋ] adj (in compounds) ◆ **English-speaking** country anglophone, de langue anglaise ; person anglophone, parlant anglais ◆ **slow-speaking** au débit lent, à la parole lente

spear [spɪəʳ] **1** n **a** [of warrior, hunter] lance f

b [of broccoli, asparagus] pointe f

2 vt transpercer d'un coup de lance ◆ **he speared a potato with his fork** il a piqué une pomme de terre avec sa fourchette

3 COMP ▷ **spear grass** n (Brit) chiendent m ▷ **spear gun** n fusil m sous-marin or à harpon

spearcarrier ['spɪəkærɪəʳ] n (Theat) (lit) soldat m ◆ **he started as a spearcarrier** (fig) il a débuté en jouant les hallebardiers, il a commencé par être figurant

spearfish ['spɪəfɪʃ] vi (US: also **go spearfishing**) pratiquer la pêche sous-marine

spearhead ['spɪəhed] → SYN **1** n (Mil, fig) fer m de lance

2 vt [+ attack, offensive] être le fer de lance de ; [+ campaign] mener

spearman ['spɪəmən] n, pl **spearmen** ['spɪəmen] (Antiq) hastaire m

spearmint ['spɪəmɪnt] **1** n (Bot) menthe f verte ; (= chewing gum) chewing-gum m (à la menthe)

2 COMP sweet à la menthe ; flavour de menthe

spearwort ['spɪəwɜ:t] n (Bot) ◆ **lesser/greater spearwort** petite/grande douve f

spec * [spek] **1** n (abbrev of **speculation**) ◆ **to buy sth on spec** risquer or tenter le coup * en achetant qch ◆ **I went along on spec** j'y suis allé à tout hasard

2 **specs** npl (abbrev of **specifications**) spécifications fpl, caractéristiques fpl (techniques)

special ['speʃəl] → SYN **1** adj **a** (= particular, exceptional) occasion, assignment, permission, arrangements, adviser, price, study, skill spécial ; purpose, use, equipment spécial, particulier ; day grand, exceptionnel ; event, situation, goods exceptionnel ; circumstances exceptionnel, extraordinaire ; powers, meeting extraordinaire ; case particulier, à part ; status, interest particulier ; effort, pleasure, attention (tout) particulier ; treatment de faveur ◆ **what is so special about it?** qu'est-ce que cela a de si exceptionnel or extraordinaire ? ◆ **is there anything special you would like?** as-tu envie de quelque chose de particulier or de spécial ? ◆ **to take special care** faire (tout) particulièrement attention ◆ **take special care of it** fais-y (tout) particulièrement attention, prends-en un soin tout particulier ◆ **by special command of ...** sur ordre spécial or exprès de ... ◆ **are you thinking of any special date?** est-ce que tu penses à une date particulière or en particulier ? ◆ **this is rather a special day for me** c'est une journée particulièrement importante pour moi ◆ **can I ask a special favour?** peux-tu me rendre un grand service ? ◆ **it's a special feature of the village** c'est une caractéristique or une particularité du village ◆ **in this one special instance** dans ce cas bien particulier ◆ **my special chair** mon fauteuil préféré, le fauteuil que je me réserve ◆ **what are you doing this weekend? – nothing special** que fais-tu ce week-end ? – rien de spécial or de particulier ◆ **there is nothing special about being a journalist** le fait d'être journaliste n'a rien d'extraordinaire ◆ **I've no special person in mind** je ne pense à personne en particulier ◆ **to have a special place in sb's heart** occuper une place à part dans le cœur de qn ◆ **he has a special place in our affections** nous sommes tout particulièrement attachés à lui ◆ **Britain had its own special problems** la Grande-Bretagne avait ses propres problèmes ◆ **I had no special reason for suspecting him** je n'avais aucune raison particulière de le soupçonner ◆ **why do you say that? – oh, no special reason** pourquoi as-tu dit ça ? – oh, j'ai dit ça sans raison particulière ◆ **with special responsibility for sth** (Pol) chargé du dossier de qch ◆ **I've cooked something special for dinner** j'ai préparé quelque chose de spécial pour le dîner ◆ **she is something special** elle n'est pas comme tout le monde ◆ **special to that country** particulier or propre à ce pays ◆ **as a special treat my grandfather would take me to the zoo** quand il voulait me gâter, mon grand-père m'emmenait au zoo ◆ **we had roast beef as a special treat** nous nous sommes offert un extra et avons mangé du rosbif ◆ **he has his own special way with the children** il a une façon toute particulière or bien à lui de s'y prendre avec les enfants

b (= dear) person **is there anyone special in your life?** y a-t-il quelqu'un dans votre vie ? ◆ **"professional woman seeks someone special to share her life with"** "femme exerçant profession libérale cherche âme sœur" ◆ **tender moments with a special person** moments de tendresse avec une personne qu'on aime ◆ **her special friend** son meilleur ami, un ami intime ◆ **you're extra special!** * tu es vraiment tout pour moi ! ◆ **she's very special to us** elle nous est très chère

2 n (= train) train m supplémentaire ; (= newspaper) édition f spéciale ; (= policeman) auxiliaire m de police ; (Rad, TV * = programme) émission f spéciale ◆ **the chef's special** la spécialité du chef or de la maison ◆ **today's special** (on menu) le plat du jour ◆ **this week's special** (on item in shop) l'affaire f de la semaine ; → **football**

3 COMP ▷ **special agent** n (= spy) agent m secret ▷ **Special Air Service** n (Brit Mil) ≃ Groupement m d'intervention de la gendarmerie nationale ▷ **Special Branch** n (Brit Police) les renseignements mpl généraux ▷ **special clearing** n (Fin) compensation f rapide ▷ **special constable** n (Brit) auxiliaire m de police ▷ **special correspondent** n (Press, Rad, TV) envoyé(e) m(f) spécial(e) ▷ **special delivery** n (Post) by **special delivery** en exprès ▷ **special-delivery letter** n (Post) lettre f exprès ▷ **special development area** n zone f d'aménagement concerté ▷ **special drawing rights** npl (Fin) droits mpl de tirage spéciaux ▷ **special edition** n [of book] édition f spéciale ; [of programme] diffusion f spéciale ; [of car] modèle m spécial ▷ **special education** n (Brit) ⇒ **special schooling** ▷ **special effects** npl (Cine etc) effets mpl spéciaux ▷ **special feature** n (Press) article m spécial ▷ **special handling** n (US Post) acheminement m rapide ▷ **special interest group** n (Pol etc) groupe m de pression ▷ **special jury** n (Jur) jury m spécial ▷ **special licence** n (Jur) (gen) dispense f spéciale ; (for marriage) dispense f de bans ▷ **special messenger** n **by special messenger** par messager spécial ▷ **special needs** npl (Educ, Admin) problèmes mpl de scolarité ◆ **children with special needs, special needs children** enfants mpl ayant des problèmes de scolarité ◆ **special needs teacher** enseignant(e) m(f) spécialisé(e) pour enfants ayant des problèmes de scolarité ▷ **special offer** n (Comm) promotion f, réclame f ▷ **Special Patrol Group** n (Brit Police) ≃ brigade f antiémeute ▷ **special pleading** n (Jur) *plaidoyer fondé sur les particularités du cas* ; (pej) plaidoyer m pro domo ▷ **special relationship** n (Pol) lien m privilégié (*with* avec) ▷ **special school** n (Brit) établissement m scolaire spécialisé ▷ **special schooling** n (Brit) enseignement m spécialisé *(pour handicapés mentaux)* ▷ **special school teacher** n (Brit) instituteur m, -trice f spécialisé(e) ▷ **special slalom** n (Ski) slalom m spécial ▷ **special student** n (US Univ) auditeur m, -trice f libre *(ne préparant pas de diplôme)* ▷ **special subject** n (Scol, Univ) option f ; (advanced) sujet m spécialisé

specialism ['speʃəlɪzəm] n **a** (= subject, skill) spécialité f

b (= specialization) spécialisation f

specialist ['speʃəlɪst] → SYN **1** n (gen, Med) spécialiste mf (*in* de) ◆ **an eye/heart specialist** (Med) un(e) ophtalmologue/cardiologue ◆ **you need a specialist to tell you that** (gen) seul un spécialiste or un expert peut vous dire cela

2 COMP knowledge, dictionary spécialisé, spécial ▷ **specialist teacher** n (primary) instituteur m, -trice f (spécialisé(e) dans une matière) ; (secondary) professeur m (spécialisé(e) dans une matière) ▷ **specialist work** n **it's specialist work** cela requiert un spécialiste or un professionnel, un amateur ne peut pas le faire

speciality [ˌspeʃɪ'ælɪtɪ] → SYN n spécialité f ◆ **to make a speciality of sth** se spécialiser dans qch ◆ **his speciality is Medieval English** c'est un spécialiste de l'anglais médiéval ◆ **it is a speciality of the village** c'est une spécialité du village ◆ **armchairs are this firm's speciality** cette firme se spécialise dans les fauteuils ◆ **the chef's speciality** la spécialité du chef or de la maison

specialization [ˌspeʃəlaɪ'zeɪʃən] n spécialisation f (*in* dans)

specialize ['speʃəlaɪz] vi [student, firm, chef etc] se spécialiser (*in* dans) ◆ **he specializes in making a fool of himself** (hum) il se fait un point de passer pour un imbécile

specialized ['speʃəlaɪzd] **1** adj knowledge, equipment spécial ; vocabulary, department, training spécialisé ; tools à usage spécial

2 COMP ▷ **specialized subject** n (Scol, Univ) option f ; (advanced) sujet m spécialisé

specially ['speʃəlɪ] adv **a** (= expressly) designed, made, built, adapted spécialement ; commissioned, prepared, selected, formulated (tout) spécialement ◆ **to be specially trained** avoir reçu une formation spéciale ◆ **specially written for children** écrit spécialement pour les enfants ◆ **I asked for it specially** je l'ai demandé exprès or tout spécialement

b (* = exceptionally) good, difficult particulièrement ; important spécialement, particulièrement

c (= in particular) think surtout, tout particulièrement ◆ **he is specially interested in Proust** il s'intéresse tout spécialement or tout

specialty ['speʃəltɪ] n (US) ⇒ **speciality**

speciation [ˌspiːʃɪ'eɪʃən] n (Bio) spéciation f

specie ['spiːʃiː] **1** n (Fin) espèces fpl (monnayées)
2 COMP ▷ **specie point** n (Fin) gold point m

species ['spiːʃiːz] → SYN n (pl inv: all senses) espèce f

specifiable [ˌspesɪ'faɪəbl] adj qui peut être spécifié

specific [spə'sɪfɪk] → SYN **1** adj person, description, instructions, meaning, reason, plan précis ; issue, charge, case précis, particulier ; area, conditions, group, need spécifique, particulier ◆ **he refused to be more specific** il a refusé d'être plus précis ◆ **he was very specific on that point** il s'est montré très explicite sur ce point ◆ **nothing very specific** rien de bien précis ◆ **specific to sb/sth** propre à qn/qch
2 n **a** (Med) (remède m) spécifique m (for de, contre) ; (fig) remède m spécifique
b (pl) **let's get down to specifics** (= details etc) entrons dans les détails, prenons des exemples précis
3 COMP ▷ **specific gravity** n (Phys) densité f ▷ **specific heat** n (Phys) chaleur f massique or spécifique ▷ **specific name** n (Bio) nom m d'espèce

-specific [spə'sɪfɪk] adj (in compounds) ◆ **most predators are species-specific** la plupart des prédateurs sont spécifiques à certaines espèces ◆ **most societies impose gender-specific clothing** la plupart des sociétés imposent des habitudes vestimentaires propres à chaque sexe

specifically [spə'sɪfɪkəlɪ] adv **a** (= especially) design tout spécialement, expressément ; aim at, relate to tout spécialement ; intend, plan expressément, particulièrement
b (= in particular) en particulier ◆ **more specifically** plus particulièrement
c (= explicitly) mention, refer to, authorize, warn, recommend expressément ◆ **to state sth specifically** préciser qch ◆ **I told you quite specifically** je vous l'avais bien précisé or spécifié ◆ **he specifically asked us not to mention the fact** il nous a bien spécifié de ne pas mentionner ce fait, il nous a expressément demandé de ne pas mentionner ce fait
d (= uniquely) **specifically medical/socialist/political** spécifiquement médical/socialiste/politique

specification [ˌspesɪfɪ'keɪʃən] → SYN n **a** (NonC = act of specifying) spécification f, précision f
b (= item in contract etc) stipulation f, prescription f ◆ **this specification was not complied with** cette stipulation ou cette prescription n'a pas été respectée ◆ **specifications** (for building, machine etc) spécifications fpl, caractéristiques fpl (techniques) ; (in contract etc) cahier m des charges ; → **outline**

specificity [ˌspesɪ'fɪsɪtɪ] n spécificité f

specify ['spesɪfaɪ] → SYN vt spécifier, préciser ◆ **unless otherwise specified** sauf indication contraire ◆ **not elsewhere specified** non dénommé ailleurs ◆ **at a specified time** à un moment précis, à une heure précise

specimen ['spesɪmɪn] → SYN **1** n [of rock, species, style] spécimen m ; [of blood, tissue] prélèvement m ; [of urine] échantillon m ; (fig = example) spécimen m, exemple m (of de) ◆ **that trout is a fine specimen** cette truite est un magnifique spécimen or est magnifique ◆ **an odd specimen** * (fig) (man or woman) un drôle d'échantillon d'humanité ; (man) un drôle de type * ; (woman) une drôle de bonne femme * ◆ **you're a pretty poor specimen** * tu es un (or une) pas grand-chose *
2 COMP ▷ **specimen copy** n spécimen m ▷ **specimen page** n page f spécimen ▷ **specimen signature** n spécimen m de signature

speciosity [ˌspiːʃɪ'ɒsɪtɪ] n caractère m spécieux

specious ['spiːʃəs] → SYN adj (frm) logic, argument, theory, rhetoric spécieux

speciousness ['spiːʃəsnɪs] n (NonC: frm) [of logic, argument, theory, rhetoric] caractère m spécieux

speck [spek] → SYN **1** n [of dust, soot] grain m ; [of dirt, mud, ink] toute petite tache f ; (on fruit, leaves, skin) tache f, tavelure f ; (= tiny amount) [of sugar, butter] tout petit peu m ; [of truth etc] grain m, atome m ◆ **it has got black specks all over it** c'est entièrement couvert de toutes petites taches noires ◆ **I've got a speck in my eye** j'ai une poussière or une escarbille dans l'œil ◆ **just a speck on the horizon/in the sky** rien qu'un point noir à l'horizon/dans le ciel ◆ **cream? — just a speck** *, **thanks de la crème ? — rien qu'un tout petit peu, merci
2 vt tacheter, moucheter ; [+ fruit] tacheter, taveler

speckle ['spekl] **1** n tacheture f, moucheture f
2 vt tacheter, moucheter

speckled ['spekld] → SYN adj egg tacheté, moucheté (with sth de qch) ◆ **speckled with (patches of) brown and white** tacheté or moucheté de brun et de blanc ◆ **the sky was speckled with stars** le ciel était constellé d'étoiles ◆ **the beach was speckled with people** il y avait des gens éparpillés sur la plage

specs * [speks] npl **a** abbrev of **spectacles**
b → **spec**

spectacle ['spektəkl] → SYN **1** n (= sight) (gen, pej) spectacle m ; (Cine/Theat etc) superproduction f, film m/revue f etc à grand spectacle ◆ **the coronation was a great spectacle** le couronnement a été un spectacle somptueux ◆ **to make a spectacle of o.s.** (pej) se donner en spectacle
2 COMP ▷ **spectacle case** n (Brit) étui m à lunettes

spectacled ['spektəkld] adj (also Zool) à lunettes

spectacles ['spektəkəlz] npl (Brit) ◆ **(pair of) spectacles** lunettes fpl

spectacular [spek'tækjʊləʳ] → SYN **1** adj (gen) spectaculaire ; sight impressionnant ; failure, collapse retentissant
2 n (Cine/Theat) superproduction f, film m/revue f à grand spectacle

spectacularly [spek'tækjʊləlɪ] adv good, bad, beautiful, handsome extraordinairement ; crash, increase, grow, fail de manière spectaculaire ◆ **to prove spectacularly successful** connaître un succès spectaculaire ◆ **her spectacularly successful career** sa spectaculaire réussite professionnelle ◆ **everything went spectacularly wrong** tout s'est extraordinairement mal passé ◆ **in spectacularly bad taste** d'un extraordinaire mauvais goût ◆ **they beat us spectacularly easily** ils nous ont battus avec une facilité spectaculaire

spectate [spek'teɪt] vi être présent en tant que spectateur (or spectatrice)

spectator [spek'teɪtəʳ] → SYN **1** n spectateur m, -trice f ◆ **the spectators** les spectateurs mpl, le public, l'assistance f
2 COMP ▷ **spectator sport** n ◆ **I don't like spectator sports** je n'aime pas le sport en tant que spectacle ◆ **rugby, the most exciting of spectator sports** le rugby, sport qui passionne le plus le public ◆ **this tends to be rather a spectator sport** c'est un sport qui attire plus de spectateurs que de joueurs

specter ['spektəʳ] n (US) ⇒ **spectre**

spectra ['spektrə] npl of **spectrum**

spectral ['spektrəl] adj **a** (liter = ghostly) spectral (liter)
b (Phys) spectral

spectre, specter (US) ['spektəʳ] n spectre m, fantôme m

spectrogram ['spektrəʊgræm] n spectrogramme m

spectrograph ['spektrəʊgrɑːf] n spectrographe m

spectrographic [ˌspektrəʊ'græfɪk] adj (Phys) spectrographique

spectrography [spek'trɒgrəfɪ] n (Phys) spectrographie f

spectroheliograph [ˌspektrəʊ'hiːlɪəˌgrɑːf] n spectrohéliographe m

spectrometer [spek'trɒmɪtəʳ] n (Phys) spectromètre m

spectrometry [spek'trɒmɪtrɪ] n (Phys) spectrométrie f

spectrophotometer [ˌspektrəʊfəʊ'tɒmɪtəʳ] n (Phys) spectrophotomètre m

spectrophotometric [ˌspektrəʊˌfəʊtə'metrɪk] adj (Phys) spectrophotométrique

spectrophotometry [ˌspektrəʊfəʊ'tɒmɪtrɪ] n (Phys) spectrophotométrie f

spectroscope ['spektrəʊskəʊp] n spectroscope m

spectroscopic ['spektrəskɒpɪk] adj spectroscopique

spectroscopy [spek'trɒskəpɪ] n spectroscopie f

spectrum ['spektrəm] **1** n, pl **spectra** (Phys) spectre m ; (fig) [of ideas, opinions] gamme f (fig) ◆ **the political spectrum** l'éventail m politique
2 COMP analysis, colours spectral

specula ['spekjʊlə] npl of **speculum**

speculate ['spekjʊleɪt] → SYN vi **a** (Philos) spéculer (about, on sur) ; (gen = ponder) s'interroger (about, on sur ; whether pour savoir si) ◆ **he was speculating about going** il se demandait s'il devait y aller ou non
b (Fin) spéculer ; (St Ex) spéculer or jouer à la Bourse

speculation [ˌspekjʊ'leɪʃən] → SYN n **a** (NonC) (Philos) spéculation f ; (gen = guessing) conjecture(s) f(pl), supposition(s) f(pl) (about sur) ◆ **it is the subject of much speculation** cela donne lieu à bien des conjectures ◆ **it is pure speculation** ce n'est qu'une supposition ◆ **after all the speculation about ...** après toutes ces conjectures or suppositions sur ...
b (gen, Fin, St Ex) spéculation f (in, on sur) ◆ **he bought it as a speculation** il a spéculé en achetant cela ◆ **it proved a good speculation** ce fut une spéculation réussie or une bonne affaire ◆ **that picture he bought was a good speculation** il a fait une bonne affaire en achetant ce tableau, il a eu du nez en achetant ce tableau

speculative ['spekjʊlətɪv] → SYN adj **a** (= hypothetical: also Fin, Comm) theory, idea, venture, activity, investment spéculatif ; story basé sur des suppositions ; builder, developer qui spécule ◆ **speculative investors** spéculateurs mpl
b (= inquiring) look scrutateur (-trice f) (liter), inquisiteur (-trice f)

speculatively ['spekjʊlətɪvlɪ] adv **a** (= hypothetically) suggested, mentioned de façon spéculative
b (= inquiringly) look at, say avec curiosité
c (Fin) dans un but spéculatif

speculator ['spekjʊleɪtəʳ] n spéculateur m, -trice f

speculum ['spekjʊləm] n, pl **speculums** or **specula** [of telescope] miroir m ; (Med) spéculum m

sped [sped] vb (pt, ptp of **speed**)

speech [spiːtʃ] → SYN **1** n **a** (NonC) (= faculty) parole f ; (= enunciation) articulation f, élocution f ; (= manner of speaking) façon f de parler, langage m ; (as opposed to writing) parole f ; (= language) [of district, group] parler m, langage m ◆ **to lose the power of speech** perdre (l'usage de) la parole ◆ **his speech was very indistinct** il parlait or articulait très indistinctement ◆ **he expresses himself better in speech than in writing** il s'exprime mieux oralement que par écrit ◆ **the speech of the playground is different from that of the classroom** le langage or le parler des enfants qui jouent diffère de celui des enfants en classe ◆ **his speech betrays his origins** son langage or sa façon de s'exprimer trahit ses origines ◆ (Prov) **speech is silver but silence is golden** la parole est d'argent mais le silence est d'or (Prov) ◆ **free speech, freedom of speech** liberté f de parole or d'expression ; → **figure, part**
b (= formal address) discours m (on sur) ; (short, less formal) speech * m, allocution f ◆ **to make a speech** faire un discours ◆ **speech, speech!** un discours ! ; → **king, maiden, queen**
c (Ling) (= utterances) parole f ; (= spoken language) langage m parlé ◆ **direct/indirect speech** (Gram) discours m direct/indirect
2 COMP ▷ **speech act** n (Ling) acte m de parole ▷ **speech bubble** n (in comic, cartoon) bulle f ▷ **speech clinic** n centre m d'orthophonie ▷ **speech community** n (Ling) communauté f linguistique ▷ **speech day** n (Brit Scol) distribution f des prix ▷ **speech defect** n troubles mpl du langage ▷ **speech difficulty** n défaut m d'élocution ▷ **speech disorder** n ⇒ **speech defect** ▷ **speech from**

the throne n (Britain and Commonwealth) discours m du Trône *(discours du monarque pour l'ouverture de la saison parlementaire)* ▷ **speech impediment** n ⇒ **speech difficulty** ▷ **speech maker** n orateur m, -trice f ▷ **speech making** n (NonC: slightly pej) discours mpl, beaux discours mpl (pej) ▷ **speech organ** n (Anat) organe m de la parole ▷ **speech recognition** n (Comput) reconnaissance f de la parole ▷ **speech sound** n (Ling) phonème m ▷ **speech synthesis** n (Comput) synthèse f vocale ▷ **speech synthesizer** n (Comput) synthétiseur m de parole ▷ **speech therapist** n orthophoniste mf, phoniatre mf ▷ **speech therapy** n orthophonie f, phoniatrie f ▷ **speech training** n leçons fpl d'élocution ▷ **speech writer** n **her speech writer** la personne qui écrit ses discours

speechify ['spi:tʃɪfaɪ] vi (pej) faire des laïus, laïusser

speechifying ['spi:tʃɪfaɪɪŋ] n (pej) laïus* mpl, beaux discours mpl

speechless ['spi:tʃlɪs] → SYN adj person muet ◆ **I'm speechless!** * je suis sans voix ! ◆ **I was so happy I was speechless** j'étais si heureux que j'en suis resté muet or sans voix ◆ **to leave sb speechless** laisser qn sans voix ◆ **she was left speechless** elle en est restée sans voix ◆ **she stared at him in speechless disbelief/horror** elle le fixa, muette d'incrédulité/d'horreur ◆ **speechless with astonishment/fear/rage/shock** muet d'étonnement/de peur/de rage/de stupeur

speed [spi:d] → SYN vb : pret, ptp **sped** or **speeded** 1 n a (= rate of movement) vitesse f ; (= rapidity) rapidité f ; (= promptness) promptitude f ◆ **the speed of light/sound** la vitesse de la lumière/du son ◆ **his reading speed is low** il lit lentement ◆ **shorthand/typing speeds** nombre m de mots-minute en sténo/en dactylo ◆ **a secretary with good speeds** une secrétaire qui a une bonne vitesse (de frappe et de sténo) ◆ **what speed were you going at** or **doing?** (in car etc) quelle vitesse faisiez-vous ?, à quelle vitesse rouliez-vous ? ◆ **at a speed of 80km/h** à une vitesse de 80 km/h ◆ **at a great speed** à toute vitesse ◆ **at top speed** go, run, move, drive à toute vitesse or allure ; do sth très vite, en quatrième vitesse* ◆ **with all possible speed** le plus vite possible ◆ **with such speed** si vite ◆ **to pick up** or **gather speed** prendre de la vitesse ◆ **to be up to speed** (= functioning properly) être opérationnel ◆ **to bring up to speed** [+ student] mettre au niveau ; → **airspeed, cruise, full, high**

b (Aut, Tech = gear) vitesse f ◆ **four forward speeds** quatre vitesses avant ◆ **a three-speed gear** une boîte à trois vitesses

c (NonC: Phot) [of film] rapidité f ; (= width of aperture) degré m d'obturation ; (= length of exposure) durée f d'exposition

d (* = drug) speed* m, amphétamines fpl

e **good speed!** †† Dieu vous garde ! †

2 vt, pret, ptp **sped** or **speeded** (liter) [+ arrow etc] lancer, décocher ◆ **to speed sb on his way** souhaiter bon voyage à qn ◆ **to speed the parting guest** précipiter or brusquer le départ de l'invité ◆ **God speed you!** †† Dieu vous garde ! †

3 vi a pret, ptp **sped** (= move fast) [person, vehicle, horse, boat, plane etc] **to speed along** aller à toute vitesse or à toute allure, filer comme un éclair ◆ **the arrow sped from his bow** (liter) la flèche jaillit de son arc

b pret, ptp **speeded** (in car etc = go too fast) conduire trop vite, excéder la limitation de vitesse ◆ **you're speeding!** tu vas trop vite !, tu fais un or des excès de vitesse !

4 COMP ▷ **speed bump** n ralentisseur m ▷ **speed camera** n (Brit Police) cinémomètre m ▷ **speed chess** n blitz m ▷ **speed cop** * n (Brit) motard* m *(policier)* ▷ **speed limit** n **there's no speed limit** il n'y a pas de limitation de vitesse ◆ **the speed limit is 80km/h** la vitesse est limitée à 80 km/h ◆ **to keep within the speed limit** respecter la limitation de vitesse ◆ **to go over the speed limit** dépasser la limitation de vitesse ▷ **speed merchant** * n mordu(e)* m(f) de vitesse ▷ **speed reading** n lecture f rapide ▷ **speed restriction** n limitation f de vitesse ▷ **speed skating** n (Sport) patinage m de vitesse ▷ **speed trap** n (on road) contrôle m de vitesse ▷ **speed-up** n accélération f ; (Ind: of production) amélioration f de rendement ▷ **speed zone** n (US) zone f à vitesse limitée

► **speed along** 1 vi, pret, ptp **sped along** [person, vehicle] aller à toute allure or à toute vitesse, filer comme l'éclair

2 vt sep, pret, ptp **speeded along** [+ work, production] activer

► **speed up** pret, ptp **speeded up** 1 vi (gen) aller plus vite ; [walker/worker/singer/pianist/train etc] marcher/travailler/chanter/jouer/rouler etc plus vite ; [car] accélérer ; [engine, machine etc] tourner plus vite ◆ **do speed up!** plus vite !, active ! *

2 vt sep [+ machine] faire tourner plus vite ; [+ service, work, delivery] activer, accélérer ; [+ production] accélérer, augmenter ; [+ person] faire aller or faire travailler plus vite, presser ; [+ film] accélérer ◆ **to speed things up** activer les choses

3 **speed-up** n → **speed**

speedball ['spi:dbɔ:l] n a (= game) speedball m

b (* = drug) mélange m de cocaïne et d'héroïne

speedboat ['spi:dbəʊt] n vedette f ; (with outboard motor) hors-bord m inv

speeder ['spi:dəʳ] n (= fast driver) fou m, folle f de la vitesse ; (convicted) automobiliste mf coupable d'excès de vitesse

speedily ['spi:dɪlɪ] adv react, move, deal with, finish, work rapidement ; reply, return rapidement, promptement ◆ **as speedily as possible** aussi rapidement or vite que possible

speediness ['spi:dɪnɪs] n [of service, decision, reply, recovery] rapidité f, promptitude f

speeding ['spi:dɪŋ] 1 n (in car etc) excès m de vitesse

2 COMP ▷ **speeding conviction** n condamnation f pour excès de vitesse ▷ **speeding fine** n amende f pour excès de vitesse ▷ **speeding ticket** n P.-V. m pour excès de vitesse

speedo * ['spi:dəʊ] n (Brit) compteur m (de vitesse)

speedometer [spɪ'dɒmɪtəʳ] n [of car etc] compteur m (de vitesse), indicateur m de vitesse

speedster * ['spi:dstəʳ] n fou m, folle f de la route (pej), mordu(e)* m(f) de la vitesse

speedwalk ['spi:dwɔ:k] n (US) tapis m roulant

speedway ['spi:dweɪ] 1 n (Sport = racetrack) piste f de vitesse pour motos ; (US = road) voie f express ; (NonC: Sport: also **speedway racing**) course(s) f(pl) de motos

2 COMP ▷ **speedway racing** n (NonC: Sport) course(s) f(pl) de motos

speedwell ['spi:dwel] n (Bot) véronique f

speedy ['spi:dɪ] LANGUAGE IN USE 23.4 → SYN adj action, movement, process, solution, decision, service, car rapide ; response, reply rapide, prompt ◆ **to bring sth to a speedy conclusion** mener rapidement qch à terme ◆ **there is little prospect of a speedy end to the recession** il est peu probable que la récession touche à sa fin ◆ **we wish her a speedy recovery** nous lui souhaitons un prompt rétablissement

speiss [spaɪs] n speiss m

speleological [,spi:lɪə'lɒdʒɪkəl] adj spéléologique

speleologist [,spi:lɪ'ɒlədʒɪst] n spéléologue mf

speleology [,spi:lɪ'ɒlədʒɪ] n spéléologie f

spell¹ [spel] → SYN n (= magic power) charme m (also fig), sortilège m ; (= magic words) formule f magique, incantation f ◆ **an evil spell** un maléfice ◆ **to put** or **cast** or **lay a spell on** or **over sb, to put sb under a spell** jeter un sort à qn, ensorceler qn, envoûter qn ; (fig) ensorceler qn, envoûter qn ◆ **under a spell** ensorcelé, envoûté, sous le charme ◆ **under the spell of sb/sth, under sb's/sth's spell** (fig) ensorcelé or envoûté par qn/qch ◆ **to break the spell** (lit, fig) rompre le charme ◆ **the spell of the East** le charme or les sortilèges mpl de l'Orient

spell² [spel] → SYN 1 n a (= period of work, turn) tour m ◆ **we each took a spell at the wheel** nous nous sommes relayés au volant, nous avons conduit chacun à notre tour ◆ **spell of duty** tour m de service

b (= brief period) (courte) période f ◆ **cold/sunny spells** (Met) périodes fpl de froid/ensoleillées ◆ **for/after a spell** pendant/après un certain temps ◆ **for a short spell** pendant un petit moment ◆ **he has done a spell in prison** il a été en prison pendant un certain temps, il a fait de la prison ◆ **he's going through a bad spell** il traverse une mauvaise période, il est dans une mauvaise passe ◆ **to have a dizzy** or **giddy spell** avoir un vertige

c (Scot, Austral = short rest) petite sieste f

2 vt relayer ◆ **to spell sb at the wheel/at the oars** relayer qn au volant/aux avirons

spell³ [spel] → SYN pret, ptp **spelt** or **spelled** 1 vt a (in writing) écrire, orthographier ; (aloud) épeler ◆ **how do you spell it?** comment est-ce que cela s'écrit ?, comment écrit-on cela ? ◆ **can you spell it for me?** pouvez-vous me l'épeler ? ◆ **he spelt "address" with one "d"** il a écrit "address" avec un seul "d"

b [letters] former, donner ; (fig = mean) signifier, représenter ; (= entail) mener à ◆ **d-o-g spells "dog"** d-o-g forment or donnent or font (le mot) "dog" ◆ **that would spell ruin for him** cela signifierait or représenterait or serait la ruine pour lui ◆ **effort spells success** l'effort mène au succès

2 vi épeler ◆ **to learn to spell** apprendre à épeler, apprendre l'orthographe ◆ **he can't spell, he spells badly** il fait des fautes d'orthographe, il ne sait pas l'orthographe, il a une mauvaise orthographe

3 COMP ▷ **spell-check** (Comput) n vérificateur m or correcteur m orthographique ◇ vt effectuer la vérification orthographique de ▷ **spell-checker** n (Comput) vérificateur m or correcteur m orthographique

► **spell out** vt sep a (= read letter by letter) épeler ; (= decipher) déchiffrer

b (fig) [+ consequences, alternatives] expliquer bien clairement (*for sb* à qn) ◆ **let me spell it out for you** laissez-moi vous expliquer bien clairement, laissez-moi mettre les points sur les i ◆ **do I have to spell it out for you?** faut-il que je mette les points sur les i ?

spellbinder ['spelbaɪndəʳ] n (= speaker) orateur m, -trice f fascinant(e), ensorceleur m, -euse f ◆ **that film was a spellbinder** ce film était ensorcelant or était envoûtant or vous tenait en haleine

spellbinding ['spelbaɪndɪŋ] adj ensorcelant, envoûtant

spellbound ['spelbaʊnd] → SYN adj (lit, fig) ensorcelé, envoûté ◆ **to hold sb spellbound** (fig) (with a story) tenir qn sous le charme ; (with one's charm) subjuguer qn, fasciner qn

speller ['speləʳ] n a **to be a good/bad speller** [person] savoir/ne pas savoir l'orthographe

b (= book) livre m d'orthographe

spelling ['spelɪŋ] → SYN 1 n orthographe f ◆ **reformed spelling** nouvelle orthographe f

2 COMP test, practice d'orthographe ▷ **spelling bee** n concours m d'orthographe ▷ **spelling book** n livre m d'orthographe ▷ **spelling checker** n (Comput) vérificateur m d'orthographe ▷ **spelling error, spelling mistake** n faute f d'orthographe ▷ **spelling pronunciation** n prononciation f orthographique

spelt¹ [spelt] vb (esp Brit) (pt, ptp of **spell³**)

spelt² [spelt] n (Bot) épeautre m

spelter ['speltəʳ] n (Metal) zinc m commercial or de première fusion

spelunker [spɪ'lʌŋkəʳ] n (US) spéléologue mf

spelunking [spɪ'lʌŋkɪŋ] n (US) spéléologie f

spend [spend] → SYN pret, ptp **spent** 1 vt a [+ money] dépenser ◆ **he spends a lot (of money) on food/bus fares/clothes** etc il dépense beaucoup en nourriture/tickets d'autobus/vêtements etc ◆ **he spends a lot (of money) on his house/car/girlfriend** il dépense beaucoup or il fait de grosses dépenses pour sa maison/sa voiture/sa petite amie ◆ **he spent a fortune on having the roof repaired** il a dépensé une somme folle or une fortune pour faire réparer le toit ◆ **without spending a penny** or **a ha'penny** sans dépenser un sou, sans bourse délier ◆ **to spend a penny** * (Brit fig euph) aller au petit coin* ; see also **money**

b (= pass) [+ holiday, evening, one's life] passer ; (= devote) [+ labour, care] consacrer (*on sth* à qch ; *doing sth, in doing sth* à faire qch) ;

spender / spillage

[+ time, afternoon] passer ♦ **to spend time on sth** passer du temps sur qch, consacrer du temps à qch ♦ **to spend time (in) doing sth** passer or consacrer or employer du temps à faire qch ♦ **he spends his time reading** il passe son temps à lire, il consacre son temps à la lecture ♦ **I spent two hours on that letter** j'ai passé deux heures sur cette lettre, cette lettre m'a pris deux heures ♦ **he spent a lot of effort (in) getting it just right** il a fait beaucoup d'efforts pour que ce soit juste comme il faut

c (= consume, exhaust) [+ ammunition, provisions] épuiser ♦ **to be spent** [hatred, enthusiasm] être tombé ♦ **her fury was now spent** sa fureur était maintenant apaisée ♦ **the storm had spent its fury** (liter) la tempête s'était calmée ; see also **spent**

2 vi dépenser

spender ['spendə^r] n ♦ **to be a big spender** dépenser beaucoup

spending ['spendɪŋ] **1** n (NonC) dépenses fpl ♦ **government spending** dépenses fpl publiques

2 COMP ▷ **spending money** n (NonC) argent m de poche ▷ **spending power** n pouvoir m d'achat ▷ **spending spree** n ♦ **to go on a spending spree** faire des folies

spendthrift ['spendθrɪft] → SYN **1** n dépensier m, -ière f, panier m percé*

2 adj habits, attitude etc de prodigalité ♦ **he's a spendthrift** il est très dépensier, il jette l'argent par les fenêtres

spent [spent] → SYN **1** vb (pt, ptp of **spend**)

2 adj **a** (= burnt out) cartridge, match utilisé ; fuel, fuel rod, uranium épuisé ♦ **to be a spent force** (fig) ne plus avoir d'influence, ne plus avoir l'influence que l'on avait

b (liter = exhausted) person recru (liter) ♦ **they collapsed, their energy spent** ils se sont effondrés, à bout de forces

3 COMP ▷ **spent fuel** n (also **spent nuclear fuel**) combustibles mpl irradiés

speos ['spi:ɒs] n spéos m

sperm [spɜ:m] **1** n (pl inv) (single) spermatozoïde m ; (= semen) sperme m

2 COMP ▷ **sperm bank** n banque f de sperme ▷ **sperm count** n nombre m de spermatozoïdes ▷ **sperm oil** n huile f de baleine ▷ **sperm whale** n cachalot m

spermaceti [,spɜ:məˈsetɪ] n spermaceti m, blanc m de baleine

spermatic [spɜ:ˈmætɪk] adj (Anat) spermatique

spermatid ['spɜ:mətɪd] n spermatide f

spermatium [spɜ:ˈmeɪtɪəm] n, pl **spermatia** [spɜ:ˈmeɪtɪə] spermatie f

spermatocyte ['spɜ:mətəʊsaɪt] n (Bio) spermatocyte m

spermatogenesis [,spɜ:mətəʊˈdʒenɪsɪs] n (Bio) spermatogenèse f

spermatogenetic [,spɜ:mətəʊdʒɪˈnetɪk] adj (Bio) spermatogénétique

spermatogonium [,spɜ:mətəˈɡəʊnɪəm] n, pl **spermatogonia** [,spɜ:mətəˈɡəʊnɪə] (Bio) spermatogonie f

spermatophyte ['spɜ:mətəʊfaɪt] n (Bot) sperma(to)phyte m

spermatophytic [,spɜ:mətəʊˈfɪtɪk] adj (Bot) ♦ **spermatophytic plant** sperma(to)phyte m

spermatozoon [,spɜ:mətəʊˈzəʊɒn] n, pl **spermatozoa** [,spɜ:mətəʊˈzəʊə] spermatozoïde m

spermicidal [,spɜ:mɪˈsaɪdl] adj spermicide

spermicide ['spɜ:mɪsaɪd] n spermicide m

spermophile ['spɜ:məʊfaɪl] n spermophile m

spew [spju:] vt **a** (‡: also **spew up**) dégueuler‡, vomir ♦ **it makes me spew** ça (me) donne envie de dégueuler‡ or vomir, c'est dégueulasse‡

b (fig: also **spew forth, spew out**) [+ fire, lava, curses] vomir

SPF [,espi:ˈef] n (abbrev of **sun protection factor**) → **sun**

SPG [,espi:ˈdʒi:] n (Brit Police) (abbrev of **Special Patrol Group**) → **special**

sphagnum ['sfæɡnəm] n (also **sphagnum moss**) sphaigne f

sphalerite ['sfælərɪt] n (Miner) blende f

sphene [sfi:n] n (Miner) sphène m

sphenoid ['sfi:nɔɪd] **1** adj (Anat) sphénoïdal

2 COMP ▷ **sphenoid bone** n (os m) sphénoïde m

sphere [sfɪə^r] → SYN n (gen, Astron, Math etc) sphère f ; (fig) sphère f, domaine m ♦ **the music of the spheres** la musique des sphères célestes ♦ **sphere of interest/influence** sphère f d'intérêt/d'influence ♦ **the sphere of poetry** le domaine de la poésie ♦ **in the social sphere** dans le domaine social ♦ **distinguished in many spheres** renommé dans de nombreux domaines ♦ **that is outside my sphere** cela n'entre pas dans mes compétences ♦ **within a limited sphere** dans un cadre or domaine restreint

spherical ['sferɪkəl] → SYN **1** adj sphérique

2 COMP (Phys) ▷ **spherical aberration** n aberration f de sphéricité

sphericity [sfɪˈrɪsɪtɪ] n sphéricité f

spheroid ['sfɪərɔɪd] **1** n sphéroïde m

2 adj sphéroïdal

spherometer [sfɪəˈrɒmɪtə^r] n (Phys) sphéromètre m

spherule ['sferu:l] n sphérule f

spherulite ['sferʊlaɪt] n (Miner) sphérolite m

sphincter ['sfɪŋktə^r] n sphincter m

sphincteral ['sfɪŋktərəl] adj sphinctérien

sphinx [sfɪŋks] **1** n, pl **sphinxes** sphinx m ♦ **the Sphinx** le Sphinx

2 COMP ▷ **sphinx moth** n (US Zool) sphinx m

sphygmogram ['sfɪɡməʊɡræm] n (Med) sphygmogramme m

sphygmograph ['sfɪɡməʊɡrɑ:f] n (Med) sphygmographe m

sphygmographic [,sfɪɡməʊˈɡræfɪk] adj (Med) sphygmographique

sphygmography [sfɪɡˈmɒɡrəfɪ] n (Med) sphygmographie f

sphygmomanometer [,sfɪɡməʊməˈnɒmɪtə^r] n (Med) sphygmomanomètre m, tensiomètre m

spic *‡* [spɪk] n (US pej) ⇒ **spick**

spicate ['spaɪkeɪt] adj (Bot) en épi

spiccato [spɪˈkɑ:təʊ] adv (Mus) spiccato

spice [spaɪs] → SYN **1** n **a** (Culin) épice f ♦ **mixed spice(s)** épices fpl mélangées ♦ **there's too much spice in it** c'est trop épicé

b (fig) piquant m, sel m ♦ **the papers like a story with a bit of spice to it** les journaux aiment les nouvelles qui ont du piquant or qui ne manquent pas de sel ♦ **a spice of irony/humour** une pointe d'ironie/d'humour ♦ **the spice of adventure** le piment de l'aventure

2 vt (Culin) épicer, relever (with de) ; (fig) relever, pimenter (with de)

3 COMP ▷ **Spice Islands** npl (Geog) **the Spice Islands** les Moluques fpl ▷ **spice rack** n casier m or étagère f à épices ▷ **the Spice Route** la Route des épices

spiciness ['spaɪsɪnɪs] n (NonC) [of food] goût m épicé or relevé ; [of story] piquant m

spick *‡* [spɪk] n (US pej) Latino mf

spick-and-span ['spɪkənˈspæn] adj room, object impeccable, reluisant de propreté, nickel* ; person qui a l'air de sortir d'une boîte

spicule ['spɪkju:l] n (Astron) spicule m

spiculum ['spɪkjʊləm] n, pl **spicula** ['spɪkjʊlə] (Bio) spicule m

spicy ['spaɪsɪ] adj **a** (Culin) food, flavour, smell épicé

b (= racy) story croustillant, épicé ; detail piquant, croustillant ; language salé

spider ['spaɪdə^r] **1** n **a** (Zool) araignée f

b (for luggage) pieuvre f (à bagages)

c (US = fry-pan) poêle f (à trépied)

2 COMP ▷ **spider crab** n araignée f de mer ▷ **spider-hunting wasp** n pompile m ▷ **spider monkey** n (Zool) atèle m, singe-araignée m ▷ **spider plant** n chlorophytum m, parachute m ▷ **spider's web** n toile f d'araignée f

spiderman ['spaɪdəmæn] n, pl **-men** (Constr) ouvrier travaillant en hauteur, sur un échafaudage, un toit etc

spiderweb ['spaɪdəweb] n (US) ⇒ **spider's web** ; → **spider**

spidery ['spaɪdərɪ] adj writing en pattes de mouche ; shape en forme d'araignée

spiegeleisen ['spi:ɡəl,aɪzn] n spiegel m

spiel* [spi:l] n laïus* m inv, baratin* m ; (Advertising etc) boniment(s)* m(pl), baratin* m

▶ **spiel off*** vt sep (US) débiter, réciter à toute allure

spiffing † ['spɪfɪŋ] adj (Brit) épatant*

spigot ['spɪɡət] n **a** (= plug for barrel) fausset m

b (Brit = part of tap) clé f (d'un robinet) ; (US = faucet) robinet m

spik *‡* [spɪk] n (US pej) ⇒ **spick**

spike [spaɪk] → SYN **1** n **a** (= sharp point) (wooden, metal) pointe f ; (on railing) pointe f de fer, (fer m de) lance f ; (on shoe) pointe f ; (for letters, bills etc) pique-notes m inv ; (= nail) gros clou m à large tête, (= tool) pointe f, (of antler) dague f ; (Bot) épi m ; (on graph) pointe f, haut m

b (Sport = shoes) **spikes*** chaussures fpl à pointes

c (Climbing) **rocky spike** becquet m

d (Volleyball) smash m

2 vt **a** (= pierce) transpercer ; (= put spikes on) garnir de pointes ou de clous ; (fig = frustrate) [+ plan, hope] contrarier ♦ **spiked shoes** (Sport) chaussures fpl à pointes ♦ **to spike sb's guns** (fig) mettre des bâtons dans les roues à qn

b * [+ drink] corser (with de) ♦ **spiked coffee** café m arrosé d'alcool

c (Press = suppress) [+ article, story, quote] supprimer

d **spiked hair** cheveux mpl en pétard

3 vi (Volleyball) smasher

4 COMP ▷ **spike heels** npl (US) talons mpl aiguilles ▷ **spike lavender** n (Bot) (lavande f) aspic m

spikelet ['spaɪklɪt] n (Bot) épillet m

spikenard ['spaɪknɑ:d] n (NonC) nard m (indien)

spiky ['spaɪkɪ] adj **a** (= pointed) shape, flower, leaf pointu ; hair hérissé

b (= covered with spikes) cactus, leaf couvert d'épines

c (Brit * = irritable) person irascible, irritable

spill¹ [spɪl] → SYN vb : pret, ptp **spilt** or **spilled** **1** n **a** (= act of spilling) fait m de renverser, renversement m ; ⇒ **oil**

b (from horse, cycle) chute f, culbute f ; (Aut) accident m ♦ **to have a spill** faire une chute or une culbute, avoir un accident

2 vt [+ water, sand, salt] renverser, répandre ; [+ rider, passenger] jeter à terre ♦ **she spilt the salt** elle a renversé le sel ♦ **she spilt wine all over the table** elle a renversé or répandu du vin sur toute la table ♦ **you're spilling water from that jug** tu laisses tomber de l'eau de cette cruche ♦ **to spill blood** verser or faire couler le sang ♦ **to spill the beans*** (gen) vendre la mèche (about à propos de) ; (under interrogation) se mettre à table‡, parler ♦ **to spill one's guts‡** (= talk) (gen) raconter sa vie ; (under interrogation) se mettre à table‡, parler ♦ **to spill (wind from) a sail** (Naut) étouffer une voile

3 vi [liquid, salt etc] se répandre ♦ **the light was spilling under the door** un filet de lumière passait sous la porte

▶ **spill out** **1** vi se répandre ; (fig) [people etc] sortir en masse ♦ **the crowd spilled out into the streets** la foule s'est déversée dans la rue

2 vt sep [+ contents, sand, liquid] répandre ; (fig) [+ story, truth, details] révéler, raconter (précipitamment)

▶ **spill over** **1** vi [liquids] déborder, se répandre ; (fig) [population] déborder, se déverser (into dans) ♦ **these problems spilled over into his private life** ces problèmes ont gagné sa vie privée

2 **spillover** n → **spillover, overspill**

spill² [spɪl] n (for lighting with) longue allumette f (de papier etc)

spillage ['spɪlɪdʒ] n [of oil, toxic waste, chemicals] déversement m accidentel ♦ **he swerved to**

spillikins ['spɪlɪkɪnz] n (Brit) (jeu m de) jonchets mpl, mikado m

spillover ['spɪləʊvəʳ] n (= quantity spilt) quantité f renversée ; (fig) (= excess part) excédent m ; (Econ = effect) retombées fpl, effet m d'entraînement

spillway ['spɪlweɪ] n (US) déversoir m

spilt [spɪlt] vb (esp Brit) (pt, ptp of **spill**¹)

spin [spɪn] → SYN vb : pret **spun** or **span**, ptp **spun**
  [1] n a (= turning motion) tournoiement m ; (Aviat) (chute f en) vrille f ◆ **to give a wheel a spin** faire tourner une roue ◆ **long/short spin** (on washing machine) essorage m complet/léger ◆ **to put (a) spin on a ball** (Sport) donner de l'effet à une balle ◆ **to go into a spin** (Aviat) tomber en vrille or en vrillant ◆ **to pull or get out of a spin** (Aviat) se sortir d'une (chute en) vrille ◆ **to get into a spin** (fig) [person] s'affoler, perdre la tête, paniquer * ◆ **everything was in such a spin** c'était la pagaille * complète ◆ **to give sth a spin** * (fig = try out) essayer qch ; → **flat**¹
  b (* = ride) petit tour m, balade * f ◆ **to go for a spin** faire un petit tour or une balade * (en voiture or à bicyclette etc)
  c **to put a new/different spin on sth** * présenter qch sous un nouvel angle/un angle différent
  [2] vt a [+ wool, yarn, fibres, glass] filer (*into* en, *pour* en faire) ; [+ thread etc] fabriquer, produire ; [spider, silkworm] filer, tisser ◆ **to spin a yarn** or **story** inventer or raconter une histoire ◆ **spun glass** verre m filé ◆ **hair like spun gold** des cheveux ressemblant à de l'or filé ◆ **spun silk** schappe m or f ◆ **spun yarn** (Naut) bitord m ; → **fine**²
  b [+ wheel, nut, revolving stand etc] faire tourner ; [+ top] lancer, fouetter ; (Sport) [+ ball] donner de l'effet à ◆ **to spin a coin** jouer à pile ou face ◆ **he's just spinning his wheels** * (US) il loupe * tout ce qu'il tente
  c (Brit) ⇒ **spin-dry**
  [3] vi a [spinner etc] filer ; [spider] filer or tisser sa toile
  b (also **spin round**) [suspended object, top, dancer] tourner, tournoyer ; [planet, spacecraft] tourner (sur soi-même) ; [machinery wheel] tourner ; [car wheel] patiner ; [aircraft] vriller, tomber en vrillant ; (Sport) [ball] tournoyer ◆ **to spin round and round** continuer à tourner (or tournoyer etc) ◆ **to send sth/sb spinning** envoyer rouler qch/qn ◆ **the disc went spinning away over the trees** le disque s'envola en tournoyant par-dessus les arbres ◆ **he spun round as he heard me come in** il s'est retourné vivement or sur ses talons en m'entendant entrer ◆ **my head is spinning (round)** j'ai la tête qui tourne ◆ **the room was spinning (round)** la chambre tournait (autour de moi or lui etc)
  c (= move quickly) **to spin** or **go spinning along** [vehicle] rouler à toute vitesse, filer (à toute allure)
  d (Fishing) **to spin for trout** etc pêcher la truite etc à la cuiller
  [4] COMP ▷ **spin doctor** * n (Pol) spécialiste en communication chargé de l'image d'un parti politique ▷ **spin-dry** vt essorer (à la machine) ▷ **spin-dryer** n (Brit) essoreuse f ▷ **spin-drying** n (NonC) essorage m à la machine ▷ **spin-off** n → **spin-off**

▶ **spin off** [1] vi ◆ **to spin off from** (= arise as result of) résulter de
  [2] spin-off n → **spin-off**

▶ **spin out** vt sep [+ story, explanation] faire durer, délayer ; [+ visit, money, food] faire durer

▶ **spin round** [1] vi → spin 3b
  [2] vt sep [+ wheel, nut, revolving stand] faire tourner ; [+ person] faire pivoter ; [+ dancing partner] faire tourner or tournoyer

spina bifida ['spaɪnə'bɪfɪdə] n spina-bifida m

spinach ['spɪnɪdʒ] n (= plant) épinard m ; (Culin) épinards mpl

spinal ['spaɪnl] [1] adj (Anat) injury à la colonne vertébrale ; surgery, disorder, deformity, tumour, problem de la colonne vertébrale ; nerve, muscle spinal ; ligament, disc vertébral ◆ **a very painful spinal condition** une affection de la colonne vertébrale très douloureuse
  [2] COMP ▷ **spinal anaesthesia** n rachianesthésie f ▷ **spinal anaesthetic** n **to give sb a spinal anaesthetic** faire une rachianesthésie à qn ▷ **spinal column** n colonne f vertébrale ▷ **spinal cord** n moelle f épinière ▷ **spinal fluid** n liquide m rachidien ▷ **spinal meningitis** n méningite f cérébrospinale

spindle ['spɪndl] [1] n a (Spinning) fuseau m ; (on machine) broche f
  b (Tech) [of pump] axe m ; [of lathe] arbre m ; [of valve] tige f
  [2] COMP ▷ **spindle-legged** *, **spindle-shanked** * adj qui a de longues échasses * (fig) ▷ **spindle-shanks** * n ⇒ **spindlelegs** ▷ **spindle tree** n (Bot) fusain m

spindlelegs * ['spɪndllegz] n (= person) grand échalas * m

spindly ['spɪndlɪ] adj grêle

spindrift ['spɪndrɪft] n (= spray from sea) embrun(s) m(pl), poudrin m

spine [spaɪn] → SYN [1] n a (Anat) (= backbone) colonne f vertébrale, épine f dorsale ; [of fish] épine f ; (= spike) [of hedgehog] piquant m, épine f ; (Bot) épine f, piquant m ; [of book] dos m ; [of hill etc] crête f
  b (US fig = courage) courage m, résolution f
  [2] COMP ▷ **spine-chiller** n roman m or film m etc à vous glacer le sang ▷ **spine-chilling** → SYN adj à vous glacer le sang ▷ **spine-tingling** adj (= frightening) à vous glacer le sang ; (= moving) prenant

spinel [spɪˈnel] n (Miner) spinelle m

spineless ['spaɪnlɪs] → SYN adj a (= cowardly) person sans caractère, mou (molle f) ; attitude mou (molle f) ◆ **he's spineless** il manque de caractère
  b (Zool) invertébré

spinelessly ['spaɪnlɪslɪ] adv (fig) lâchement, mollement

spinet [spɪˈnet] n (Mus) épinette f

spinnaker ['spɪnəkəʳ] n spinnaker m, spi m

spinner ['spɪnəʳ] n (= person) fileur m, -euse f ; (Fishing) cuiller f ; (= spin-dryer) essoreuse f ; (= revolving display stand) tourniquet m ◆ **he sent down a spinner** (Baseball, Cricket) il a donné de l'effet à la balle ; → **money**

spinneret [ˌspɪnəˈret] n (Tex, Zool) filière f

spinney ['spɪnɪ] n (Brit) bosquet m, petit bois m

spinning ['spɪnɪŋ] [1] n (by hand) filage m ; (by machine) filature f ; (Fishing) pêche f à la cuiller
  [2] COMP ▷ **spinning jenny** n jenny f ▷ **spinning machine** n machine f or métier m à filer ▷ **spinning mill** n filature f ▷ **spinning top** n toupie f ▷ **spinning wheel** n rouet m

spin-off ['spɪnɒf] n (gen) profit m or avantage m inattendu ; (Ind, Tech etc) sous-produit m, application f secondaire ◆ **spin-off effect** (Fin) retombées fpl, effet m d'entraînement ◆ **this TV series is a spin-off from the famous film** ce feuilleton télévisé est tiré or issu du célèbre film

Spinoza [spɪˈnəʊzə] n Spinoza m

Spinozism [spɪˈnəʊzɪzəm] n spinozisme, spinosisme m

spinster ['spɪnstəʳ] n (gen, Admin) célibataire f ; (pej) vieille fille f ◆ **she is a spinster** elle est célibataire, elle n'est pas mariée

spinsterhood † ['spɪnstəhʊd] n célibat m (pour une femme) ◆ **a last attempt to avoid spinsterhood** une dernière tentative pour éviter de rester vieille fille (pej) or pour éviter le célibat ◆ **a life of spinsterhood** une vie de vieille fille (pej)

spiny ['spaɪnɪ] [1] adj épineux
  [2] COMP ▷ **spiny anteater** n échidné m ▷ **spiny lobster** n langouste f

spiracle ['spaɪərəkl] n (= air hole) orifice m d'aération ; [of whale etc] évent m ; [of insect etc] stigmate m ; (Geol) cassure f

spiraea, **spirea** (US) [spaɪˈrɪə] n spirée f

spiral ['spaɪərəl] → SYN [1] adj pattern, movement, dive en spirale ; spring en spirale, à boudin ; curve, shell en spirale, spiroïdal ; nebula spiral ; (Aviat) en vrille
  [2] n spirale f ◆ **in a spiral** en spirale ◆ **the wage-price spiral** la montée inexorable des salaires et des prix ◆ **the inflationary spiral** la spirale inflationniste
  [3] vi [staircase, smoke] monter en spirale ; [ball, missile etc] tourner en spirale ; [plane] vriller ; (fig) [prices] monter en flèche ; [prices and wages] former une spirale
  [4] COMP ▷ **spiral galaxy** n galaxie f spirale ▷ **spiral notebook** n carnet m à spirale ▷ **spiral staircase**, **spiral stairway** n escalier m en colimaçon

▶ **spiral down** vi [plane] descendre en vrille

▶ **spiral up** vi [plane] monter en vrille ; [staircase, smoke, missile] monter en spirale ; [prices] monter en flèche

spirally ['spaɪərəlɪ] adv en spirale, en hélice

spirant ['spaɪərənt] n (Phon) spirante f

spire ['spaɪəʳ] n (Archit) flèche f, aiguille f ; [of tree, mountain] cime f ; [of grass, plant] brin m, pousse f

spirillum [spaɪˈrɪləm] n, pl **spirilla** [spaɪˈrɪlə] (Bio) spirille m

spirit ['spɪrɪt] → SYN [1] n a (= soul) esprit m, âme f ◆ **the life of the spirit** la vie de l'esprit, la vie spirituelle ◆ **he was there in spirit** il était présent en esprit or de cœur ◆ **the spirit is willing but the flesh is weak** l'esprit est prompt mais la chair est faible ◆ **God is pure spirit** Dieu est un pur esprit ; → **holy**, **move**
  b (= supernatural being) esprit m ; (Spiritualism) esprit m ◆ **evil spirit** esprit m malin or du mal
  c (= person) esprit m, âme f ◆ **one of the greatest spirits of his day** un des plus grands esprits de son temps ◆ **the courageous spirit who ...** l'esprit courageux or l'âme courageuse qui ... ◆ **a few restless spirits** quelques mécontents ◆ **the leading spirit in the party** l'âme m du parti ; → **kindred**, **moving**
  d (= attitude etc) esprit m, disposition f ; [of proposal, regulations etc] esprit m ◆ **he's got the right spirit** il a la disposition or l'attitude qu'il faut ◆ **in a spirit of forgiveness** dans un esprit or une intention de pardon ◆ **he has great fighting spirit** il ne se laisse jamais abattre ◆ **you must take it in the spirit in which it was meant** prenez-le dans l'esprit où c'était dit or voulu ◆ **to take sth in the right/wrong spirit** prendre qch en bonne/mauvaise part or du bon/mauvais côté ◆ **you must enter into the spirit of the thing** il faut y participer de bon cœur ◆ **in a spirit of revenge** par esprit de vengeance ◆ **in a spirit of mischief** etc par espièglerie etc ◆ **the spirit, not the letter of the law** l'esprit m et non la lettre de la loi ◆ **the film is certainly in the spirit of the book** le film est certainement conforme à l'esprit du livre ◆ **the spirit of the age** or **the times** l'esprit m des temps or de l'époque ◆ **that's the spirit!** c'est ça !, voilà comment il faut réagir !, voilà l'attitude à prendre ! ; → **community**, **public**, **team**
  e (= courage) courage m, cran * m ; (= energy) énergie f ; (= vitality) entrain m ◆ **man of spirit** homme m énergique or de caractère ◆ **he replied with spirit** il a répondu courageusement or énergiquement or avec fougue ◆ **he sang/played with spirit** il a chanté/joué avec fougue or brio
  f (Chem) alcool m ◆ **preserved in spirit(s)** conservé dans de l'alcool ◆ **spirit(s) of ammonia** sel m ammoniaque ◆ **spirit(s) of salt** esprit-de-sel m ◆ **spirit(s) of turpentine** (essence f de) térébenthine f ◆ **spirits** (= drink) spiritueux mpl, alcool m ◆ **raw spirits** alcool m pur ; → **methylated spirit(s)**, **surgical**
  [2] **spirits** npl (= frame of mind) humeur f, état m d'esprit ; (= morale) moral m ◆ **in good spirits** de bonne humeur ◆ **in high spirits** enjoué ◆ **in poor** or **low spirits**, **out of spirits** déprimé, qui n'a pas le moral ◆ **depression can alternate with high spirits** des périodes de dépression peuvent alterner avec des moments d'exaltation ◆ **to keep one's spirits up** ne pas se laisser abattre, garder le moral ◆ **my spirits rose** j'ai repris courage ◆ **to raise sb's spirits** remonter le moral à qn
  [3] vt ◆ **he was spirited out of the castle** on l'a fait sortir du château comme par enchantement or magie ◆ **the documents were**

spirited / splint

mysteriously spirited off his desk les documents ont été mystérieusement escamotés or subtilisés de son bureau

[4] COMP lamp, stove, varnish à alcool ; (Spiritualism) help, world des esprits ▷ **spirit gum** n colle f gomme ▷ **spirit level** n niveau m à bulle

▶ **spirit away, spirit off** vt sep [+ person] faire disparaître comme par enchantement ; [+ object, document etc] escamoter, subtiliser

spirited ['spɪrɪtɪd] → SYN adj person plein d'entrain ; horse fougueux ; reply, speech plein de verve, fougueux ; defence plein de verve ; attempt, attack courageux ; conversation animé ; music pleine d'allant ◆ **to put up** or **make a spirited defence of sth** défendre qch avec vigueur ◆ **he gave a spirited performance** (Mus, Theat, Cine, Sport) il a joué avec brio ; → **free, high, low¹, mean³, public**

spiritless ['spɪrɪtlɪs] adj person sans entrain, sans énergie, sans vie ; acceptance, agreement veule, lâche

spiritual ['spɪrɪtjʊəl] → SYN [1] adj (gen) spirituel ; person d'une grande spiritualité ◆ **his spiritual home** sa patrie d'adoption (fig) or spirituelle ◆ **the lords spiritual** (Brit) les lords mpl spirituels (évêques siégeant à la Chambre des pairs)

[2] n chant m religieux ; (also **Negro spiritual**) (negro-)spiritual m

[3] COMP ▷ **spiritual adviser** n (Rel) conseiller m, -ère f spirituel(le), directeur m, -trice f de conscience

spiritualism ['spɪrɪtjʊəlɪzəm] n (Rel) spiritisme m ; (Philos) spiritualisme m

spiritualist ['spɪrɪtjʊəlɪst] adj, n (Rel) spirite mf ; (Philos) spiritualiste mf

spirituality [,spɪrɪtjʊ'ælɪtɪ] n [a] (NonC) spiritualité f, qualité f spirituelle

[b] (Rel) **spiritualities** biens mpl et bénéfices mpl ecclésiastiques

spiritualization [,spɪrɪtjʊəlaɪ'zeɪʃən] n spiritualisation f

spiritualize ['spɪrɪtjʊə,laɪz] vt spiritualiser

spiritually ['spɪrɪtjʊəlɪ] adv spirituellement

spirituous ['spɪrɪtjʊəs] adj spiritueux, alcoolique ◆ **spirituous liquor** spiritueux mpl

spirochaete, spirochete (US) ['spaɪrəʊ,kiːt] n (Bio) spirochète m

spirochaetosis, spirochetosis (US) [,spaɪrəʊkɪ'təʊsɪs] n spirochétose f

spirochete ['spaɪrəʊ,kiːt] n (US) ⇒ **spirochaete**

spirochetosis [,spaɪrəʊkɪ'təʊsɪs] n (US) ⇒ **spirochaetosis**

spirograph ['spaɪrəgrɑːf] n (Med) spiromètre m

spirogyra [,spaɪrə'dʒaɪrə] n (Bot) spirogyre f

spiroid ['spaɪrɔɪd] adj spiroïdal

spirometer [spaɪ'rɒmɪtəʳ] n spiromètre m

spirt¹ [spɜːt] ⇒ **spurt**

spit¹ [spɪt] → SYN vb : pret, ptp **spat** [1] n (= spittle) crachat m ; (= saliva) [of person] salive f ; [of animal] bave f ; (Bot) écume f printanière, crachat m de coucou ; (= action) crachement m ◆ **spit and polish** (esp Mil) briquage m, astiquage m ◆ **there was just a spit of rain** il tombait quelques gouttes de pluie ◆ **a spit and sawdust pub** * (Brit) il pub miteux ◆ **he's the dead** or **very spit** * **of his uncle** c'est le portrait craché * de son oncle, son oncle et lui se ressemblent comme deux gouttes d'eau

[2] vt [+ blood, curses, flames etc] cracher ◆ **to spit (out) the dummy** * (Austral fig) bouder comme un gamin *

[3] vi [person, cat etc] cracher (at sb sur qn) ; [fire, fat] crépiter ◆ **she spat in his face** elle lui a craché à la figure ◆ **it was spitting (with rain)** (Brit) il tombait quelques gouttes de pluie ◆ **to spit in the wind** * (fig) pisser dans un violon * ◆ **to spit in sb's eye** (fig) faire face à qn

▶ **spit out** vt sep [+ pip, pill] (re)cracher ; [+ tooth, curses, information] cracher ◆ **spit it out!** * (= say it) allons, accouche * or vide ton sac ! *

▶ **spit up** vt sep [+ blood etc] cracher

spit² [spɪt] [1] n (Culin) broche f ; (Geog) pointe f or langue f (de terre)

[2] vt embrocher

spit³ [spɪt] n (Hort) ◆ **to dig sth two spits deep** creuser qch à une profondeur de deux fers de bêche

spite [spaɪt] → SYN [1] n [a] (NonC) (= ill feeling) rancune f, dépit m ◆ **out of pure spite** par pure rancune or malveillance ◆ **to have a spite against sb** * avoir une dent contre qn, en vouloir à qn

[b] **in spite of** malgré, en dépit de ◆ **in spite of it** malgré cela, en dépit de cela ◆ **in spite of the fact that he has seen me** bien qu'il m'ait vu, malgré qu'il m'ait vu ◆ **in spite of everyone** envers et contre tous

[2] vt vexer, contrarier

spiteful ['spaɪtfʊl] → SYN adj person méchant, malveillant ; behaviour, story malveillant ; tongue venimeux ◆ **a spiteful remark** or **comment** une méchanceté, une remarque malveillante

spitefully ['spaɪtfəlɪ] adv méchamment

spitefulness ['spaɪtfʊlnɪs] n méchanceté f, malveillance f

spitfire ['spɪtfaɪəʳ] n ◆ **to be a spitfire** [person] s'emporter pour un rien, être soupe au lait

spitroast ['spɪtrəʊst] vt faire rôtir à la broche

spitroasted ['spɪtrəʊstɪd] adj (rôti) à la broche

spitting ['spɪtɪŋ] n ◆ **spitting prohibited** "défense de cracher" ◆ **within spitting distance** * (fig) à deux pas (of de) → **image**

spittle ['spɪtl] n (ejected) crachat m ; (dribbled) [of person] salive f ; [of animal] bave f

spittoon [spɪ'tuːn] n crachoir m

spitz [spɪts] n loulou m (chien) ◆ **Finnish/German spitz** spitz m finlandais/allemand

spiv * [spɪv] n (Brit) chevalier m d'industrie

splanchnic ['splæŋknɪk] adj (Anat) splanchnique

splash [splæʃ] → SYN [1] n [a] (= act) éclaboussement m ; (= sound) floc m, plouf m ; (= series of sounds) clapotement m ; (= mark) éclaboussure f, tache f ; (fig) [of colour] tache f ◆ **he dived in with a splash** il a plongé dans un grand éclaboussement or en faisant une grande gerbe ◆ **it made a great splash as it hit the water** c'est tombé dans l'eau avec un gros plouf or en faisant une grande gerbe ◆ **to make a splash** * (fig) faire sensation, faire du bruit ◆ **a great splash of publicity** (fig) un grand étalage de or une débauche de publicité

[b] (in drinks etc) **a splash of** (= small amount) (gen) un petit peu de ; [+ soda water] une giclée de

[2] adv ◆ **it went splash into the stream** c'est tombé dans l'eau (en faisant floc ou plouf)

[3] vt [a] (gen) éclabousser (sth over sb/sth qch sur qn/qch ; sb/sth with sth qn/qch de qch) ◆ **to splash milk on the floor** renverser du lait par terre ◆ **he splashed paint on the floor** il a fait des éclaboussures de peinture par terre ◆ **don't splash me!** (in swimming etc) ne m'éclabousse pas ! ◆ **to splash one's way through a stream** traverser un ruisseau en éclaboussant or en pataugeant ◆ **splashed with red/colour/light** avec des taches de rouge/de couleur/de lumière

[b] (= apply hastily) **to splash o.s. with water, to splash water on o.s.** s'asperger d'eau ◆ **he splashed paint on the wall** il a barbouillé le mur de peinture

[c] (fig) [+ headlines] mettre en manchette ◆ **the news was splashed across the front page** (Press) la nouvelle a été mise en manchette, la nouvelle a fait cinq colonnes à la une

[4] vi [a] [liquid, mud etc] faire des éclaboussures ◆ **the milk splashed on** or **over the tablecloth** le lait a éclaboussé la nappe ◆ **tears splashed on to her book** les larmes s'écrasaient sur son livre

[b] [person, animal] barboter, patauger ◆ **to splash across a stream** traverser un ruisseau en éclaboussant or en pataugeant ◆ **the dog splashed through the mud** le chien pataugeait dans la boue ◆ **to splash into the water** [person] plonger dans l'eau dans un grand éclaboussement or en faisant une grande gerbe ; [stone etc] tomber dans l'eau avec un gros plouf or plouf

[5] COMP ▷ **splash guard** n [of car etc] garde-boue m inv

▶ **splash about** [1] vi [person, animal] barboter, patauger (in dans)

[2] vt sep [+ ink, mud] faire répandre des éclaboussures de ; (fig) [+ money] faire étalage de

▶ **splash down** [1] vi [spacecraft] amerrir

[2] **splashdown** n → **splashdown**

▶ **splash out** * (Brit) [1] vi (= spend money) faire une folie

[2] vt sep [+ money] claquer *, dépenser

▶ **splash up** [1] vi gicler (on sb sur qn)

[2] vt sep faire gicler

splashback ['splæʃbæk] n revêtement m (au dessus d'un évier etc.)

splashboard ['splæʃbɔːd] n [of car etc] garde-boue m inv

splashdown ['splæʃdaʊn] n (Space) amerrissage m

splashy * ['splæʃɪ] adj (US) tape-à-l'œil inv

splat [splæt] [1] n ◆ **with a splat** avec un flac or floc

[2] excl flac !, floc !

splatter ['splætəʳ] ⇒ **spatter**

splatterpunk ['splætəpʌŋk] n style littéraire punk (romans d'épouvante)

splay [spleɪ] [1] vt [+ window frame] ébraser ; [+ end of pipe etc] évaser ; [+ feet, legs] tourner en dehors

[2] vi (also **splay out**) [window frame] s'ébraser ; [end of pipe etc] se tourner en dehors

splayfeet ['spleɪfiːt] npl pieds mpl tournés en dehors

splayfooted [,spleɪ'fʊtɪd] adj person aux pieds plats ; horse panard

spleen [spliːn] → SYN n (Anat) rate f ; (fig = bad temper) mauvaise humeur f, humeur f noire ; († † = melancholy) spleen m ◆ **to vent one's spleen on ...** décharger sa bile sur ...

splendid ['splendɪd] → SYN adj view, collection, building, painting, performance magnifique, splendide ; idea magnifique ; book (in content) merveilleux ; (in appearance) splendide ; meal merveilleux ; example superbe ; person (= excellent) excellent ; (= imposing) magnifique ; player, teacher excellent ◆ **splendid!** formidable ! ◆ **to do a splendid job** faire un travail formidable ◆ **splendid isolation** splendide isolement m

splendidly ['splendɪdlɪ] adv play, sing magnifiquement, à merveille ; dressed, carved, restored, appointed magnifiquement, superbement ; get along, come along à merveille, merveilleusement ◆ **splendidly named** merveilleusement nommé ◆ **splendidly arrogant/vulgar/ugly** merveilleusement arrogant/vulgaire/laid ◆ **you did splendidly** tu as été magnifique ◆ **everything is going splendidly** tout se passe à merveille

splendiferous † * [splen'dɪfərəs] adj (Brit hum) mirobolant *, mirifique † (also hum)

splendour, splendor (US) ['splendəʳ] → SYN n splendeur f, magnificence f, éclat m

splenectomy [splɪ'nektəmɪ] n splénectomie f

splenetic [splɪ'netɪk] adj [a] (frm = bad-tempered) hargneux, atrabilaire †

[b] († † = melancholy) porté au spleen

splenic ['splenɪk] adj splénique

splenius ['spliːnɪəs] n, pl **splenii** ['spliːnɪaɪ] (Anat) splénius m

splenomegaly [,spliːnəʊ'megəlɪ] n (Med) splénomégalie f

splice [splaɪs] → SYN [1] vt [+ rope, cable] épisser ; [+ film, tape] coller ; [+ timbers] enter, abouter ◆ **to splice the mainbrace** (Naut) distribuer une ration de rhum ; (* fig = have a drink) boire un coup * ◆ **to get spliced** * (fig) convoler

[2] n (in rope) épissure f ; (in film) collure f ; (in wood) enture f

splicer ['splaɪsəʳ] n (for film) colleuse f (à bandes adhésives)

spliff * [splɪf] n (Drugs) pétard * m, joint * m

splint [splɪnt] n (Med) éclisse f, attelle f ◆ **to put sb's arm in splints** éclisser le bras de qn ◆ **she had her leg in splints** elle avait la jambe éclissée

splinter ['splɪntəʳ] → SYN 1 n [of glass, shell, wood] éclat m ; [of bone] esquille f ; (in one's finger etc) écharde f
2 vt [+ wood] fendre en éclats ; [+ glass, bone] briser en éclats ; (fig) [+ party] scinder, fragmenter
3 vi [wood] se fendre en éclats ; [glass, bone] se briser en éclats ; (fig) [party] se scinder, se fragmenter
4 COMP ▷ **splinter group** n groupe m dissident or scissionniste, faction f dissidente

splinterproof glass ['splɪntəpruːf'glɑːs] n verre m sécurit ® inv

split [splɪt] → SYN vb : pret, ptp **split** 1 n a (in garment, fabric, canvas) (at seam) fente f ; (= tear) déchirure f ; (in wood, rock) crevasse f, fente f ; (in earth's surface) fissure f ; (in skin) fissure f, déchirure f ; (from cold) gerçure f, crevasse f ; (fig = quarrel) rupture f ; (Pol) scission f, schisme m ◆ **there was a three-way split in the committee** le comité s'est trouvé divisé en trois clans
b (= share) **I want my split** * je veux ma part (du gâteau *) ◆ **they did a four-way split of the profits** ils ont partagé les bénéfices en quatre
c (= small bottle) **soda/lemonade split** petite bouteille f d'eau gazeuse/de limonade ◆ **jam/cream split** (= cake) gâteau m fourré à la confiture/à la crème ◆ **banana split** (= ice cream etc) banana split m inv
2 **splits** npl ◆ **to do the splits** faire le grand écart
3 vt a (= cleave) [+ wood, pole] fendre ; [+ slate, diamond] cliver ; [+ stones] fendre, casser ; [+ fabric, garment] déchirer ; [+ seam] fendre ; [lightning, frost, explosion, blow] fendre ; (fig) [+ party] diviser, créer une scission or un schisme dans ◆ **to split the atom** fissionner l'atome ◆ **to split sth open** ouvrir qch en le coupant en deux or en fendant ◆ **he split his head open as he fell** il s'est fendu le crâne en tombant ◆ **the sea had split the ship in two** la mer avait brisé le bateau en deux ◆ **he split it in two** il l'a fendu (en deux) ◆ **he split it into three** il l'a coupé en trois ◆ **split the loaf lengthwise** fendez le pain dans le sens de la longueur ◆ **to split hairs** couper les cheveux en quatre, chercher la petite bête, chinoiser ◆ **to split an infinitive** (Gram) *intercaler un adverbe entre to et le verbe* ◆ **to split one's sides (laughing** or **with laughter)** se tordre de rire ◆ **this decision split the radical movement** cette décision a divisé le mouvement radical, cette décision a provoqué une scission or un schisme dans le mouvement radical ◆ **it split the party down the middle** cela a littéralement divisé le parti en deux ◆ **the voters were split down the middle** l'électorat était divisé or coupé en deux
b (= divide, share) [+ work, profits, booty, bill] (se) partager, (se) répartir ◆ **let's split a bottle of wine** si on prenait une bouteille de vin à deux (or trois etc) ? ◆ **they split the money three ways** ils ont divisé l'argent en trois ◆ **to split the difference** (lit) partager la différence ; (fig) couper la poire en deux ◆ **they split the work/the inheritance** ils se sont partagé le travail/l'héritage
4 vi a [wood, pole, seam] se fendre ; [stones] se fendre, se casser ; [fabric, garment] se déchirer ; (fig) [party, Church, government] se diviser, se désunir ◆ **to split open** se fendre ◆ **my head is splitting** j'ai atrocement mal à la tête ◆ **the party split over nationalization** le parti s'est divisé sur la question des nationalisations, il y a eu une scission or un schisme dans le parti à propos de la question des nationalisations
b (= divide: also **split up**) [cells] se diviser ; [people, party etc] se diviser, se séparer ◆ **the crowd split into smaller groups** la foule s'est divisée or séparée en petits groupes ◆ **Latin split into the Romance languages** le latin s'est divisé or ramifié en langues romanes
c (Brit * = tell tales, inform) vendre la mèche * ◆ **to split on sb** donner qn, vendre qn, cafarder qn *
d (‡ = depart) filer *, mettre les bouts ‡
5 COMP ▷ **split cane** n osier m ◇ adj en osier ▷ **split decision** n (Boxing etc) décision f majoritaire ▷ **split ends** npl (in hair) fourches fpl ▷ **split infinitive** n (Gram) *infinitif où un adverbe est intercalé entre to et le verbe* ▷ **split-level cooker** n cuisinière f à éléments de cuisson séparés ▷ **split-level house** n maison f à deux niveaux ▷ **split-new** adj tout neuf (neuve f) ▷ **split-off** n séparation f, scission f (*from* de) ▷ **split peas** npl pois mpl cassés ▷ **split-pea soup** n soupe f de pois cassés ▷ **split personality** n double personnalité f ▷ **split pin** n (Brit) goupille f fendue ▷ **split ring** n bague f fendue ▷ **split screen** n (Cine, TV, Comput) écran m divisé ▷ **split-screen facility** n (Comput) écran m divisible en fenêtres, fonction f écran divisé ▷ **split second** n fraction f de seconde ◆ **in a split second** en un rien de temps ▷ **split-second timing** n [of military operation etc] précision f à la seconde près ; [of actor, comedian] sens m du moment ▷ **split shift** n *horaire de travail en deux tranches séparées par une longue pause* ▷ **split-site** adj school etc dont les locaux ne sont pas regroupés ▷ **split ticket** n (US Pol) **to vote a split ticket** voter pour une liste avec panachage ▷ **split-up** n [of engaged couple, friends] rupture f ; [of married couple] séparation f ; [of political party] scission f

► **split off** 1 vi [piece of wood, branch etc] se détacher (en se fendant) (*from* de) ; (fig) [group, department, company etc] se séparer (*from* de) ◆ **a small group of children split off and wandered away** un petit groupe d'enfants s'est séparé des autres et est parti de son côté
2 vt sep [+ branch, splinter, piece] enlever (en fendant or en cassant) (*from* de) ; (fig) [+ company, group, department] séparer (*from* de)
3 **split-off** n → **split**

► **split up** 1 vi [ship] se briser ; [boulder, block of wood etc] se fendre ; (fig) [meeting, crowd] se disperser ; [party, movement] se diviser, se scinder ; [friends] rompre, se brouiller ; [married couple] se séparer ; [engaged couple] rompre
2 vt sep [+ wood, stones] fendre (*into* en) ; [+ money, work] partager, répartir (*among* entre), diviser (*into* en) ; [+ compound] diviser (*into* en) ; [+ party, group, organization] diviser, scinder (*into* en) ; [+ meeting] mettre fin à ; [+ crowd] disperser ; [+ friends] séparer ◆ **to split up a book into six chapters** diviser un livre en six chapitres ◆ **we must split the work up amongst us** nous devons nous partager or nous répartir le travail ◆ **you'll have to split up those two boys if you want them to do any work** il faut que vous sépariez (subj) ces deux garçons si vous voulez qu'ils travaillent (subj)
3 **split-up** n → **split**

splitting ['splɪtɪŋ] 1 n [of nation, organization] division f ; [of roles] partage m ◆ **the splitting of an infinitive** (Gram) *l'insertion d'un adverbe entre to et le verbe* ◆ **the splitting of the atom** la fission de l'atome ; → **hair**
2 adj ◆ **to have a splitting headache** avoir un mal de tête atroce ; → **ear¹**, **side**

splodge [splɒdʒ], **splotch** [splɒtʃ] 1 n [of ink, paint, colour, dirt, mud] éclaboussure f, tache f ◆ **strawberries with a great splodge of cream** des fraises avec un monceau de crème
2 vt [+ windows, dress etc] éclabousser, barbouiller (*with* de) ; [+ mud, ink etc] faire des taches or des éclaboussures de (*on* sur)
3 vi [mud etc] gicler (*on* sur)

splurge * [splɜːdʒ] 1 n (= ostentation) tralala * m ; (= spending spree) folles dépenses fpl, folie f ◆ **the wedding reception was** or **made a great splurge** la réception de mariage était à grand tralala * ◆ **she went on a** or **had a splurge and bought a Rolls** elle a fait une vraie folie et s'est payé * une Rolls
2 vi (also **splurge out**) faire une or des folie(s) (*on* en achetant)
3 vt dépenser (en un seul coup) (*on sth* pour qch), engloutir (*on sth* dans qch)

splutter ['splʌtəʳ] 1 n [of person] (= spitting) crachotement m ; (= stuttering) bredouillement m, bafouillage * m ; [of engine] bafouillage * m ; [of fire, frying pan, fat, candle] crépitement m
2 vi [person] (= spit) crachoter, postillonner ; (= stutter) bredouiller, bafouiller * ; [pen] cracher ; [engine] bafouiller *, tousser ; [fire, frying pan, fat, candle] crépiter ◆ **he spluttered indignantly** il a bredouillé or bafouillé * d'indignation
3 vt (also **splutter out**) [+ words, excuse] bredouiller, bafouiller *

spoil [spɔɪl] → SYN vb : pret, ptp **spoiled** or **spoilt**
1 n a (gen pl) **spoil(s)** (= booty) butin m ; (fig: after business deal etc) bénéfices mpl, profits mpl ; (US Pol) poste m or avantage m reçu en récompense de services politiques rendus ◆ **the spoils of war** le butin or les dépouilles fpl de la guerre ◆ **he wants his share of the spoils** (fig) il veut sa part du gâteau *
b (NonC: from excavations etc) déblais mpl
2 vt a (= damage) abîmer ◆ **to spoil one's eyes** s'abîmer la vue ◆ **fruit spoiled by insects** des fruits abîmés par les insectes ◆ **the drought has really spoilt the garden** la sécheresse a vraiment fait des dégâts dans le jardin ◆ **to spoil a ballot paper** rendre un bulletin de vote nul
b (= detract from) [+ view, style, effect] gâter ; [+ holiday, occasion, pleasure] gâter, gâcher ◆ **these weeds quite spoil the garden** ces mauvaises herbes enlaidissent or défigurent le jardin ◆ **his peace of mind was spoilt by money worries** sa tranquillité était empoisonnée par des soucis d'argent ◆ **to spoil one's appetite** s'enlever or se couper l'appétit ◆ **if you eat that now you'll spoil your lunch** si tu manges ça maintenant tu n'auras plus d'appétit pour le déjeuner ◆ **don't spoil your life by doing that** ne gâche pas ta vie en faisant cela ◆ **if you tell me the ending you'll spoil the film for me** si vous me racontez la fin vous me gâcherez tout l'intérêt du film ◆ **she spoilt the meal by overcooking the meat** elle a gâté le repas en faisant trop cuire la viande ◆ **she spoilt the meal by telling him the bad news** elle a gâché le repas en lui racontant la triste nouvelle ◆ **the weather spoiled our holiday** le temps nous a gâté or gâché nos vacances ◆ (Prov) **to spoil the ship for a ha'p'orth of tar** tout gâcher en faisant des économies de bout de chandelle ; → **fun**
c (= pamper) [+ child, one's spouse, dog etc] gâter ◆ **to spoil o.s.** se gâter soi-même, se faire plaisir ◆ **to spoil sb rotten** ‡ pourrir qn ; → **spare**
3 vi a [food] s'abîmer ; (in ship's hold, warehouse, shop) s'avarier
b **to be spoiling for a fight** brûler de se battre, chercher la bagarre *
4 COMP ▷ **spoils system** n (US Pol) système m des dépouilles *(consistant à distribuer des postes administratifs à des partisans après une victoire électorale)*

spoilage ['spɔɪlɪdʒ] n (NonC) (= process) détérioration f ; (= thing, amount spoilt) déchet(s) m(pl)

spoiled [spɔɪld] ⇒ **spoilt**

spoiler ['spɔɪləʳ] n (Aut) becquet m ; (Aviat) aérofrein m ; (= person) empêcheur m de danser en rond ◆ **a rival publisher brought out a spoiler** (Press) un éditeur concurrent leur a coupé l'herbe sous le pied

spoilsport ['spɔɪlspɔːt] → SYN n trouble-fête mf inv, rabat-joie m inv ◆ **don't be such a spoilsport!** ne joue pas les trouble-fête or les rabat-joie !

spoilt [spɔɪlt] 1 vb (pt, ptp of **spoil**)
2 adj a (= indulged) child gâté ◆ **to be spoilt for choice** avoir l'embarras du choix
b (= invalid) ballot paper nul
c (= rotten) food abîmé

spoke¹ [spəʊk] n [of wheel] rayon m ; [of ladder] barreau m, échelon m ◆ **to put a spoke in sb's wheel** (Brit) mettre des bâtons dans les roues à qn

spoke² [spəʊk] vb (pt of **speak**)

spoken ['spəʊkən] → SYN 1 vb (ptp of **speak**)
2 adj dialogue, recitative parlé ◆ **a robot capable of understanding spoken commands** un robot capable de comprendre la commande vocale ◆ **the spoken language** la langue parlée ◆ **the spoken word** l'oral m, la langue parlée ◆ **spoken English** l'anglais m parlé ; → **well²**

spokeshave ['spəʊkʃeɪv] n (Tech) vastringue f

spokesman ['spəʊksmən] n, pl **-men** porte-parole m inv (*of*, *for* de)

spokesperson ['spəʊks,pɜːsən] n porte-parole m inv

spokeswoman ['spəʊks,wʊmən] n, pl **-women** porte-parole m inv (femme)

Spoleto [spəʊ'letəʊ] n Spolète

spoliation / sportswear

spoliation [ˌspəʊlɪˈeɪʃən] n (esp Naut) pillage m, spoliation f

spondaic [spɒnˈdeɪɪk] adj spondaïque

spondee [ˈspɒndiː] n spondée m

spondulicks※, **spondulix**※ [spɒnˈduːlɪks] npl († or hum) pépètes†※ fpl

spondylitis [ˌspɒndɪˈlaɪtɪs] n (Med) spondylite f

sponge [spʌndʒ] **1** n a (Zool, gen) éponge f ◆ **to give sth a sponge** donner un coup d'éponge à or sur qch ◆ **to throw in** or **up the sponge** * (fig) s'avouer vaincu, abandonner la partie
b (Culin: also **sponge cake**) gâteau m or biscuit m de Savoie
2 vt a [+ face, person, carpet] éponger, essuyer or nettoyer à l'éponge; [+ wound] éponger; [+ liquid] éponger, étancher
b (* = cadge) [+ meal] se faire payer * (from or off sb par qn) ◆ **to sponge money from sb** taper* qn ◆ **he sponged £10 off his father** il a tapé* son père de 10 livres
3 vi (* = cadge) ◆ **to sponge on sb** vivre aux crochets de qn ◆ **he's always sponging** c'est un parasite; (for meals) c'est un pique-assiette
4 COMP ▷ **sponge bag** n (Brit) trousse f de toilette ▷ **sponge bath** n toilette f à l'éponge ▷ **sponge cake** n (Culin) → **1b** ▷ **sponge-down** n [of person] toilette f à l'éponge; [of walls] coup m d'éponge ▷ **sponge finger** n (Culin) boudoir m ▷ **sponge mop** n balai m éponge ▷ **sponge pudding** n (Culin) ≈ pudding m (sorte de gâteau de Savoie) ▷ **sponge rubber** n caoutchouc m mousse ®

▶ **sponge down 1** vt sep [+ person] laver à l'éponge; [+ horse] éponger; [+ walls etc] nettoyer or laver or essuyer à l'éponge ◆ **to sponge o.s. down** se laver à l'éponge, s'éponger
2 sponge-down n → **sponge**

▶ **sponge out** vt sep [+ wound] éponger; [+ stain, writing] effacer à l'éponge

▶ **sponge up** vt sep [+ liquid] éponger, étancher

sponger* [ˈspʌndʒəʳ] n (pej) parasite m; (for meals) pique-assiette mf inv

sponginess [ˈspʌndʒɪnɪs] n spongiosité f

spongy [ˈspʌndʒɪ] → SYN adj spongieux

sponsor [ˈspɒnsəʳ] → SYN **1** n (gen) [of appeal, proposal, announcement etc] personne f qui accorde son patronage, membre m d'un comité de patronage; (Fin: for loan etc) répondant(e) m(f), caution f; (for commercial enterprise) promoteur m, parrain m; (Rel = godparent) parrain m, marraine f; (for club membership) parrain m, marraine f; (Rad, TV = advertiser) personne f or organisme m qui assure le patronage; [of concert, event] personne f or organisme m qui accorde son parrainage; [of sports event] sponsor m; (individual: for fund-raising event) donateur m, -trice f (à l'occasion d'une sponsored walk etc); (US) [of club] animateur m, -trice f ◆ **to be sb's sponsor, to stand sponsor to sb, to act as sponsor for sb** (Fin) être le (or la) répondant(e) de qn, se porter caution pour qn
2 vt [+ appeal, proposal, announcement] patronner, présenter; (Fin) [+ borrower] se porter caution pour; [+ commercial enterprise] être le promoteur de, parrainer; (Rel) être le parrain (or la marraine) de; [+ club member, concert, event] parrainer; (Rad, TV) [+ programme] patronner; [+ sporting event] sponsoriser, être le(s) sponsor(s) de; [+ fund-raising walker, swimmer etc] s'engager à rémunérer (en fonction de sa performance) ◆ **spon-**

SPONSORED

Les "**sponsored** events" sont un moyen souvent employé pour récolter des dons en faveur d'une œuvre de bienfaisance. Ils consistent à prendre part à un événement sportif (course à pied, course cycliste, saut en parachute) après avoir demandé à sa famille, ses amis ou ses collègues de s'engager à faire un don si on finit la course. Pour une "**sponsored walk**", on promet généralement de donner une certaine somme par kilomètre parcouru.

---

sored walk (in fund-raising) marche entreprise pour récolter des dons en faveur d'une œuvre de bienfaisance

-sponsored [ˈspɒnsəd] adj (in compounds) ◆ **government-sponsored** à l'initiative du gouvernement

sponsorship [ˈspɒnsəʃɪp] n (Rad, TV) commande f publicitaire; [of appeal, announcement] patronage m; (Sport) sponsoring m; (Comm) mécénat m d'entreprise; [of loan] cautionnement m; [of child, member] parrainage m

spontaneity [ˌspɒntəˈneɪɪtɪ] n spontanéité f

spontaneous [spɒnˈteɪnɪəs] → SYN **1** adj spontané
2 COMP ▷ **spontaneous abortion** n avortement m spontané ▷ **spontaneous combustion** n combustion f spontanée ▷ **spontaneous generation** n génération f spontanée ▷ **spontaneous miscarriage** n avortement m spontané ▷ **spontaneous remission** n rémission f spontanée

spontaneously [spɒnˈteɪnɪəslɪ] → SYN adv behave, abort, combust spontanément; arise spontanément, soudainement ◆ **to miscarry spontaneously** avoir un avortement spontané ◆ **to be spontaneously warm/friendly** se montrer spontanément chaleureux/amical

spoof* [spuːf] **1** n (= hoax) blague f *, canular m; (= parody) parodie f, satire f (on de)
2 adj ◆ **a spoof horror film/documentary** une parodie de film d'épouvante/de documentaire ◆ **a spoof announcement** une déclaration bidon *
3 vt [+ reader, listener etc] faire marcher; (= parody) [+ book etc] parodier

spook [spuːk] **1** n a (* hum = ghost) apparition f, revenant m
b (US ※ = secret agent) barbouze * f
2 vt (US) a (= haunt) [+ person, house] hanter
b (= frighten) effrayer, faire peur à

spooky* [ˈspuːkɪ] adj person, place, atmosphere, music sinistre; film qui fait froid dans le dos, qui donne la chair de poule; feeling à vous faire froid dans le dos, à vous donner la chair de poule ◆ **to bear a spooky resemblance to sb/sth** ressembler d'une manière étrange à qn/qch

spool [spuːl] n [of camera, film, tape, thread, typewriter ribbon] bobine f; [of fishing reel] tambour m; [of sewing machine, weaving machine] canette f; [of wire] rouleau m

spoon [spuːn] **1** n cuillère or cuiller f; (= spoonful) cuillerée f, cuiller f; (Golf) spoon m, bois m trois; ▷ **dessertspoon**, **silver**
2 vt ◆ **to spoon sth into a plate/out of a bowl etc** verser qch dans une assiette/enlever qch d'un bol etc avec une cuiller
3 vi († * fig) flirter
4 COMP ▷ **spoon-feed** vt (lit) **to spoon-feed sb** nourrir qn à la cuiller ◆ **he needs to be spoon-fed all the time** (fig) il faut toujours qu'on lui mâche (subj) le travail

▶ **spoon off** vt sep [+ fat, cream etc] enlever avec une cuiller

▶ **spoon out** vt sep (= take out) verser avec une cuiller; (= serve out) servir avec une cuiller

▶ **spoon up** vt sep [+ food, soup] manger avec une cuiller; [+ spillage] ramasser avec une cuiller

spoonbill [ˈspuːnbɪl] n spatule f

spoonerism [ˈspuːnərɪzəm] n contrepèterie f

spoonful [ˈspuːnfʊl] n cuillerée f, cuiller f

spoor [spʊəʳ] n (NonC) [of animal] foulées fpl, trace f, piste f

sporadic [spəˈrædɪk] → SYN adj sporadique
◆ **sporadic fighting** combats mpl sporadiques, échauffourées fpl

sporadically [spəˈrædɪkəlɪ] adv sporadiquement

sporangium [spəˈrændʒɪəm] n, pl **sporangia** [spəˈrændʒɪə] (Bot) sporange m

spore [spɔːʳ] **1** n spore f
2 COMP ▷ **spore case** n (Bot) sporange m

sporogonium [ˌspɔːrəʊˈgəʊnɪəm] n, pl **sporogonia** [ˌspɔːrəʊˈgəʊnɪə] (Bot) sporogone m

---

ANGLAIS-FRANÇAIS 924

sporophyll [ˈspɔːrəʊfɪl] n (Bot) sporophylle f

sporophyte [ˈspɔːrəʊfaɪt] n (Bot) sporophyte m

sporozoan [ˌspɔːrəˈzəʊən] n (Zool) sporozoaire m

sporran [ˈspɒrən] n (Scot) escarcelle f en peau (portée avec le kilt)

sport [spɔːt] → SYN **1** n a sport m ◆ **he is good at sport** il est doué pour le sport, il est très sportif ◆ **he is good at several sports** il est doué pour plusieurs sports ◆ **outdoor/indoor sports** sports mpl de plein air/d'intérieur ◆ **sports (meeting)** réunion f sportive ◆ **school sports** réunion f or compétition f sportive scolaire; → **field**
b † (NonC = fun, amusement) divertissement m, amusement m; (fig liter = plaything) jouet m ◆ **it was great sport** c'était très divertissant or amusant ◆ **in sport** pour rire, pour s'amuser ◆ **we had (some) good sport** (gen) nous nous sommes bien divertis or amusés; (Hunting/Fishing) nous avons fait bonne chasse/bonne pêche ◆ **to make sport of sb** (liter) se moquer de qn, tourner qn en ridicule; → **spoilsport**
c (* = person) (good) sport chic * or brave type * m, chic * or brave fille f ◆ **be a sport!** sois chic! * ◆ **come on, sport!** (Austral) allez, mon vieux * or mon pote ※!
d (Bio, Zool) variété f anormale
2 vi (liter) folâtrer, batifoler
3 vt [+ tie, hat, beard, buttonhole] arborer, exhiber; [+ black eye] exhiber
4 COMP ▷ **sport coat**, **sport jacket** n (US) ⇒ **sports jacket**; → **sports**

sportiness [ˈspɔːtɪnɪs] n (lit, fig) caractère m sportif

sporting [ˈspɔːtɪŋ] → SYN **1** adj a (Sport) event, activity, organization, career, prowess sportif ◆ **a sporting injury** une blessure or un traumatisme du sport ◆ **the sporting world** le monde du sport ◆ **sporting goods** articles mpl de sport
b (= fair) gesture généreux; person chic * inv ◆ **that's very sporting of you** c'est très chic * de votre part ◆ **to have a sporting chance (of winning)** avoir de bonnes chances (de gagner) ◆ **to give sb a sporting chance (of winning)** donner à qn une chance (de gagner)
2 COMP ▷ **sporting gun** n fusil m de chasse ▷ **sporting house**† n (US euph) maison f de passe

sportingly [ˈspɔːtɪŋlɪ] adv très sportivement

sportive [ˈspɔːtɪv] adj folâtre, badin

sports [spɔːts] **1** adj programme, reporting, newspaper etc de sport, sportif; commentator, reporter, news, editor, club sportif; clothes sport inv
2 COMP ▷ **sports bra** n soutien-gorge m de sport ▷ **sports car** n voiture f de sport ▷ **sports coat** n ⇒ **sports jacket** ▷ **sports day** n (Brit Scol) réunion f or compétition f sportive scolaire ▷ **sports desk** n (Press) rédaction f sportive ▷ **sports enthusiast** n ⇒ **sports fan** ▷ **sports equipment** n (NonC) équipement m sportif, matériel m de sport ▷ **sports fan*** n fanatique mf de sport ▷ **sports ground** n terrain m de sport, stade m ▷ **sports hall** n salle f omnisports ▷ **sports injuries clinic** n clinique f du sport ▷ **sports injury** n blessure f sportive, traumatisme m du sport ▷ **sports jacket** n veste f sport inv ▷ **sports medicine** n médecine f sportive ▷ **sports page** n (Press) page f sportive or des sports ▷ **sports shop** n magasin m de sports

sportscast [ˈspɔːtskɑːst] n (US Rad, TV) émission f sportive

sportscaster [ˈspɔːtskɑːstəʳ] n (US Rad, TV) reporter m sportif

sportsman [ˈspɔːtsmən] n, pl **-men** sportif m ◆ **he's a real sportsman** (fig) il est beau joueur, il est très sport inv

sportsmanlike [ˈspɔːtsmənlaɪk] adj (lit, fig) sportif, chic * inv

sportsmanship [ˈspɔːtsmənʃɪp] n (lit, fig) sportivité f, esprit m sportif

sportsperson [ˈspɔːtspɜːsən] n sportif m, -ive f

sportswear [ˈspɔːtswɛəʳ] n (NonC) vêtements mpl de sport

sportswoman ['spɔːtswʊmən] n, pl **-women** sportive f

sportswriter ['spɔːtsraɪtəʳ] n rédacteur m sportif

sporty * ['spɔːtɪ] adj a (= fast) car de sport
  b (Sport) person sportif
  c (Fashion) clothes sport inv

sporulate ['spɒrjʊleɪt] vi sporuler

sporulation [ˌspɒrjʊ'leɪʃən] n sporulation f

sporule ['spɒruːl] n (Bot) sporule f

spot [spɒt] → SYN **1** n **a** [of blood, ink, paint] (= mark, dot) tache f ; (= splash) éclaboussure f ; (on fruit) tache f, taveleure f ; (= polka dot) pois m ; (on dice, domino) point m ; [of leopard etc] tache f, moucheture f ; (fig: on reputation etc) tache f, souillure f (on sur) ♦ **a spot of dirt** une tache, une salissure ♦ **a spot of red** une tache or un point rouge ♦ **a dress with red spots** une robe à pois rouges ♦ **spots of rain** (Brit) quelques gouttes fpl de pluie ♦ **to have spots before one's eyes or the eyes** voir des mouches volantes devant les yeux ♦ **the ten spot of spades** (Cards) le dix de pique ♦ **a five/ten spot** * (US = money) un billet de cinq/dix dollars ♦ **without a spot or stain** (fig liter) sans la moindre tache ou souillure ; → **beauty, knock, sunspot**
  b (= pimple) bouton m ; (freckle-type) tache f (de son) ♦ **he came out in spots** il a eu une éruption de boutons ♦ **these spots are measles** ce sont des taches de rougeole
  c (esp Brit = small amount) **a spot of** un peu de ; [+ whisky, coffee etc] une goutte de ; [+ irony, jealousy] une pointe de ; [+ truth, commonsense] un grain de ♦ **he did a spot of work** il a travaillé un peu ♦ **brandy? – just a spot of cognac?** – juste une goutte ou un soupçon ♦ **there's been a spot of trouble** il y a eu un petit incident ou un petit problème ♦ **how about a spot of lunch?** * et si on déjeunait ?, et si on mangeait un morceau ? ♦ **we had a spot of lunch** nous avons mangé un morceau ; → **bother**
  d (= place) endroit m ♦ **show me the spot on the map** montrez-moi l'endroit sur la carte ♦ **a good spot for a picnic** un bon endroit or coin pour un pique-nique ♦ **it's a lovely spot!** c'est un endroit ou un coin ravissant ! ♦ **there's a tender spot on my arm** j'ai un point sensible au bras ♦ **the spot in the story where ...** l'endroit ou le moment dans l'histoire où ... ♦ **to be in a (bad or tight) spot** * être dans le pétrin*, être dans de beaux draps* ; → **high, hit, soft**
  ♦ **on the spot** ♦ **the police were on the spot in two minutes** la police est arrivée sur les lieux en deux minutes ♦ **it's easy if you're on the spot** c'est facile si vous êtes sur place or si vous êtes là ♦ **leave it to the man on the spot to decide** laissez décider la personne qui est sur place ♦ **our man on the spot** (Press) notre envoyé spécial ♦ **an on-the-spot broadcast/report** une émission/un reportage sur place ♦ **an on-the-spot enquiry** une enquête sur le terrain ♦ **an on-the-spot fine** une amende payable sur-le-champ or avec paiement immédiat ♦ **he was fined on the spot** on lui a infligé une amende sur-le-champ ♦ **he decided on the spot** il s'est décidé sur le coup or sur-le-champ or tout de suite ♦ **he was killed on the spot** il a été tué sur le coup ♦ **to put sb on the spot** mettre qn en difficulté or dans l'embarras
  e (Rad, Theat, TV: *: in show) numéro m ; (Rad, TV: also **spot ad** or **advertisement**) spot m, message m publicitaire ♦ **a solo spot in cabaret** un numéro individuel dans une revue ♦ **he got a spot in the Late Show** il a fait un numéro dans le Late Show ♦ **Glo-Kleen had a spot (ad *) before the news** Glo-Kleen a fait passer un spot ou un message publicitaire avant les informations ♦ **there was a spot (announcement) about the referendum** il y a eu une brève annonce au sujet du référendum
  f (*: also **nightspot**) boîte f de nuit
  g ⇒ **spotlight 1**
  h (Billiards, Snooker) mouche f

2 vt **a** (= speckle, stain) tacher (with de) ♦ **a tie spotted with fruit stains** une cravate portant des taches de fruit ; see also **spotted**
  b (= recognize, notice) [+ person, object, vehicle] apercevoir, repérer * ; [+ mistake] trouver, repérer ; [+ bargain, winner, sb's ability] déceler, découvrir ♦ **can you spot any bad apples in this tray?** est-ce que tu vois or tu trouves des pommes gâtées sur cette claie ?

3 vi **a** [material, garment etc] se tacher, se salir
  b **it is spotting (with rain)** il commence à pleuvoir, il tombe quelques gouttes de pluie
  c (Mil etc = act as spotter) observer

4 COMP transaction, goods, price payé comptant ; count, test intermittent, fait à l'improviste ▷ **spot ad** *, **spot advertisement spot announcement** n → **1f** ▷ **spot cash** n (NonC) argent m comptant or liquide ▷ **spot check** n contrôle m inopiné or impromptu ▷ **spot-check** vt contrôler or vérifier de façon impromptue ▷ **spot fine** n amende f à régler immédiatement ▷ **spot market** n marché m au comptant ▷ **spot meter** n (Phot) posemètre m partiel ▷ **spot-on** * adj (Brit) (= right) **what he said was spot-on** ce qu'il a dit était en plein dans le mille * ♦ **he guessed spot-on** il a mis en plein dans le mille * ♦ **your new jacket is spot-on** (= very good) ta nouvelle veste est super * ▷ **spot rate** n (Fin) cours m du disponible ▷ **spot remover** n détachant m ▷ **spot survey** n sondage m ▷ **spot-weld** vt souder par points

spotless ['spɒtlɪs] → SYN **1** adj **a** (= clean) room, street, beach, clothes impeccable ♦ **she keeps the house spotless** elle entretient impeccablement la maison
  b (= flawless) reputation, image sans tache
2 adv * ⇒ **spotlessly**

spotlessly ['spɒtlɪslɪ] adv ♦ **spotlessly clean** impeccable, reluisant de propreté

spotlessness ['spɒtlɪsnɪs] n propreté f (impeccable or immaculée)

spotlight ['spɒtlaɪt] **1** n (Theat = beam) rayon m or feu m de projecteur ; (Theat = lamp) projecteur m, spot m ; (in home) spot m ; (Aut) phare m auxiliaire ♦ **in the spotlight** (Theat) sous le feu du or des projecteur(s) ; (fig) en vedette, sous le feu des projecteurs ♦ **the spotlight was on him** (fig) il était en vedette ; (in the public eye) les feux de l'actualité étaient braqués sur lui ♦ **to turn the spotlight on sb/sth** (Theat, fig) ⇒ **to spotlight sb/sth 2**
2 vt (Theat) diriger les projecteurs sur ; (fig) [+ sb's success, achievements] mettre en vedette ; [+ changes, differences, a fact] mettre en lumière

spotlit ['spɒtlɪt] adj illuminé

spotted ['spɒtɪd] → SYN **1** adj **a** (= patterned) handkerchief, tie, dress, crockery à pois ; animal tacheté ♦ **blue eggs spotted with brown** œufs mpl bleus tachetés de marron ♦ **a yellow tie spotted with grey** une cravate jaune à pois gris
  b (= blemished) **spotted with paint** taché de peinture ♦ **spotted with stains** couvert de taches ♦ **spotted with nasty green mould** couvert d'horribles taches de moisissure verte
2 COMP ▷ **spotted dick** n (Brit Culin) pudding aux raisins de Corinthe ▷ **spotted fever** n fièvre f éruptive ▷ **spotted flycatcher** n (Orn) gobe-mouches m gris ▷ **spotted ray** (= fish) raie f douce

spotter ['spɒtəʳ] **1** n **a** (Brit) train/plane spotter (as hobby) passionné(e) m(f) de trains/d'avions
  b (Mil etc) (for enemy aircraft) guetteur m ; (during firing) observateur m
  c (US Comm *) surveillant(e) m(f) du personnel
2 COMP ▷ **spotter plane** n avion m d'observation

spotting ['spɒtɪŋ] n **a** repérage m ; (Brit) ♦ **train/plane spotting** passe-temps consistant à identifier le plus grand nombre possible de trains/d'avions
  b (Med) traces fpl (de sang)

spotty ['spɒtɪ] adj **a** person, face, skin boutonneux
  b (esp US = patchy) support irrégulier, inégal ; bus service irrégulier ; knowledge inégal
  c (* = patterned) handkerchief, shirt, crockery à pois
  d (= dirty) garment taché

spousal [spaʊzəl] adj (esp US) duties, violence conjugal ; consent du conjoint

spouse [spaʊz] → SYN n (frm or hum) époux m, épouse f ; (Jur) conjoint(e) m(f)

spout [spaʊt] → SYN **1** n [of teapot, jug, can] bec m ; (for tap) brise-jet m inv ; [of gutter, pump etc] dégorgeoir m ; [of pipe] orifice m ; [of fountain] jet m, ajutage m ; (= stream of liquid) jet m, colonne f ♦ **to be up the spout** * (Brit) plans, timetable etc être fichu * or foutu * ; person (= in trouble) être dans un mauvais cas, être dans de beaux draps ; (= pregnant) être en cloque * ♦ **that's another £50 (gone) up the spout** * voilà encore 50 livres de foutues en l'air * or de parties en fumée ; → **waterspout**
2 vi **a** (liquid) jaillir, sortir en jet (from, out of de) ; (whale) lancer un jet d'eau, souffler
  b (* fig pej = harangue) pérorer, laïusser * (about sur)
3 vt (also **spout out**) **a** (+ liquid) faire jaillir, laisser échapper un jet de ; (+ smoke, lava) lancer or émettre un jet de, vomir
  b (* fig = recite) débiter, déclamer ♦ **he can spout columns of statistics** il peut débiter or dévider des colonnes entières de statistiques

sprain [spreɪn] **1** n entorse f ; (less serious) foulure f
2 vt [+ muscle, ligament] fouler, étirer ♦ **to sprain one's ankle** se faire or se donner une entorse à la cheville ; (less serious) se fouler la cheville ♦ **to have a sprained ankle** s'être fait une entorse à la cheville ; (less serious) s'être foulé la cheville

sprang [spræŋ] vb (pt of **spring**)

sprat [spræt] n sprat m ♦ **it was a sprat to catch a mackerel** c'était un appât

sprawl [sprɔːl] → SYN **1** vi (also **sprawl out**) (= fall) tomber, s'étaler ; (= lie) être affalé or vautré ; [handwriting] s'étaler (dans tous les sens) ; [plant] ramper, s'étendre (over sur) ; [town] s'étaler (over dans) ♦ **he was sprawling or lay sprawled in an armchair** il était affalé or vautré dans un fauteuil ♦ **to send sb sprawling** faire tomber qn de tout son long or les quatre fers en l'air, envoyer qn rouler par terre
2 n (position) attitude f affalée ; [of building, town] étendue f ♦ **an ugly sprawl of buildings down the valley** d'affreux bâtiments qui s'étalent dans la vallée ♦ **London's suburban sprawl** l'étalement m or l'extension f de la banlieue londonienne ♦ **the seemingly endless sprawl of suburbs** l'étendue f apparemment infinie des banlieues, les banlieues fpl tentaculaires

sprawling ['sprɔːlɪŋ] adj person, position, body affalé ; house allongé et informe ; city tentaculaire ; novel, handwriting qui part (or partait) dans tous les sens

spray[1] [spreɪ] → SYN **1** n **a** (gen) (nuage m de) gouttelettes fpl ; (from sea) embruns mpl ; (from hosepipe) pluie f ; (from atomizer) spray m ; (from aerosol) pulvérisation f ♦ **wet with the spray from the fountain** aspergé par le jet de la fontaine
  b (= container) (= aerosol) bombe f, aérosol m ; (for scent etc) atomiseur m, spray m ; (refillable) vaporisateur m ; (for lotion) brumisateur m ; (larger: for garden etc) pulvérisateur m ♦ **insecticide spray** (= aerosol) bombe f (d')insecticide ; (contents) insecticide m (en bombe) ; → **hair**
  c (also **spray attachment, spray nozzle**) pomme f, ajutage m
2 vt **a** [+ roses, garden, crops] faire des pulvérisations sur ; [+ room] faire des pulvérisations dans ; [+ hair] vaporiser (with de) ; (= spray-paint) [+ car] peindre à la bombe ♦ **to spray the lawn with weedkiller** pulvériser du désherbant sur la pelouse ♦ **they sprayed the oil slick with detergent** ils ont répandu du détergent sur la nappe de pétrole ♦ **to spray sth/sb with bullets** arroser qch/qn de balles, envoyer une grêle de balles sur qch/qn
  b [+ water] vaporiser, pulvériser (on sur) ; [+ scent] vaporiser ; [+ insecticide, paint] pulvériser ♦ **they sprayed foam on the flames** ils ont projeté de la neige carbonique sur les flammes
3 vi **a** **it sprayed everywhere** ça a tout arrosé ♦ **it sprayed all over the carpet** ça a arrosé tout le tapis
  b (= spray insecticide) pulvériser des insecticides

[4] COMP deodorant, insecticide etc (présenté) en bombe ▷ **spray can** n bombe f ▷ **spray gun** n pistolet m *(à peinture etc)* ▷ **spraying machine** n (Agr) pulvérisateur m ▷ **spray-on** adj (lit) en aérosol, en bombe ; (* hum) jeans, dress etc hypermoulant* ▷ **spray-paint** n peinture f en bombe ◇ vt peindre à la bombe

► **spray out** vi [liquid] jaillir (*on to, over* sur) ◆ **water sprayed out all over them** ils ont été complètement aspergés or arrosés d'eau

spray² [spreɪ] [→ SYN] n [of flowers] gerbe f ; [of greenery] branche f ; (= brooch) aigrette f

sprayer ['spreɪəʳ] n **a** ⇒ **spray¹ 1b**

b (= aircraft: also **crop-sprayer**) avion-pulvérisateur m

spread [spred] [→ SYN] vb : pret, ptp **spread** [1] n **a** (NonC) [of fire, disease, infection] propagation f, progression f ; [of nuclear weapons] prolifération f ; [of idea, knowledge] diffusion f, propagation f ◆ **to stop the spread of a disease** empêcher une maladie de s'étendre, arrêter la propagation d'une maladie ◆ **the spread of education** le progrès de l'éducation ◆ **the spread of risk** (Insurance) la division des risques

b (= extent, expanse) [of wings] envergure f ; [of arch] ouverture f, portée f ; [of bridge] travée f ; [of marks, prices, ages] gamme f, échelle f ; [of wealth] répartition f, distribution f ◆ **a spread of canvas** or **of sail** (Naut) un grand déploiement de voiles ◆ **he's got middle-age(d) spread** il a pris de l'embonpoint avec l'âge

c (= cover) (for table) dessus m or tapis m de table ; (for meals) nappe f ; (= bedspread) dessus-de-lit m inv, couvre-lit m

d (Culin) pâte f (à tartiner) ◆ **cheese spread** fromage m à tartiner

e (* fig = meal) festin m ◆ **what a lovely spread!** c'est un vrai festin !, comme c'est appétissant !

f (Cards) séquence f

g (Press, Typ) (= two pages) double page f ; (across columns) deux (or trois etc) colonnes fpl

[2] adj (Ling) vowel non arrondi ; lips étiré

[3] vt **a** (also **spread out**) [+ cloth, sheet, map] étendre, étaler (*on sth* sur qch) ; [+ carpet, rug] étendre, dérouler ; [+ wings, bird's tail, banner, sails] déployer ; [+ net] étendre, déployer ; [+ fingers, toes, arms, legs] écarter ; [+ fan] ouvrir ◆ **the peacock spread its tail** le paon a fait la roue ◆ **to spread one's wings** (fig) élargir ses horizons ◆ **to spread o.s.** (lit: also **spread o.s. out**) s'étaler, prendre plus de place ; (= speak at length) s'étendre, s'attarder (*on* sur) ; (= extend one's activities) s'étendre

b [+ bread] tartiner (*with* de) ; [+ butter, jam, glue] étaler (*on* sur) ; [+ face cream] étendre (*on* sur) ◆ **spread both surfaces with glue, spread glue on both surfaces** étalez de la colle sur les deux surfaces, enduisez de colle les deux surfaces ◆ **to spread butter on a slice of bread, to spread a slice of bread with butter** tartiner de beurre une tranche de pain, beurrer une tartine

c (= distribute) [+ sand etc] répandre (*on, over* sur) ; [+ fertilizer] épandre, étendre (*over, on* sur) ; (also **spread out**) [+ objects, cards] [+ goods] étaler (*on* sur) ; [+ soldiers, sentries] disposer, échelonner (*along* le long de) ◆ **he spread sawdust on the floor** il a répandu de la sciure sur le sol, il a couvert le sol de sciure ◆ **he spread his books (out) on the table** il a étalé ses livres sur la table ◆ **there were policemen spread (out) all over the hillside** il y avait des agents de police éparpillés or dispersés sur toute la colline ◆ **the wind spread the flames** le vent a propagé les flammes

d (= diffuse) [+ disease, infection] propager ; [+ germs] disséminer ; [+ wealth] distribuer ; [+ rumours] faire courir ; [+ news] faire circuler, communiquer ; [+ knowledge] répandre, diffuser ; [+ panic, fear, indignation] répandre, semer ; (in time: also **spread out**) [+ payment, studies] échelonner, étaler (*over* sur) ◆ **his visits were spread (out) over three years** ses visites se sont échelonnées or étalées sur une période de trois ans ◆ **he spread his degree (out) over five years** il a échelonné ses études de licence sur cinq ans ◆ **his research was spread over many aspects of the subject** ses recherches embrassaient or recouvraient de nombreux aspects du sujet ◆ **our resources are spread very thinly** nous n'avons plus aucune marge dans l'emploi de nos ressources ◆ **the new regulations spread the tax burden more evenly** les nouveaux règlements répartissent la charge fiscale plus uniformément ◆ **to spread o.s. too thin** trop disperser ses efforts ◆ **to spread the word** (= propagate ideas) prêcher la bonne parole ◆ **to spread the word about sth** (= announce) annoncer qch

[4] vi **a** (= widen, extend further) [river, stain] s'élargir, s'étaler ; [flood, oil slick, weeds, fire, infection, disease] gagner du terrain, s'étendre ; [water] se répandre ; [pain] s'étendre ; [panic, indignation] se propager ; [news, rumour, knowledge] se propager, se répandre ◆ **to spread into** or **over sth** [river, flood, water, oil slick] se répandre dans or sur qch ; [fire, pain] se communiquer à qch, atteindre qch ; [weeds, panic] envahir qch ; [disease] atteindre qch, contaminer qch ; [news, education] atteindre qch, se répandre dans or sur qch ◆ **under the spreading chestnut tree** sous les branches étendues du marronnier

b (= stretch, reach: also **spread out**) [lake, plain, oil slick, fire] s'étendre (*over* sur) ◆ **the desert spreads over 500 square miles** le désert s'étend sur or recouvre 500 miles carrés ◆ **his studies spread (out) over four years** ses études se sont étendues sur quatre ans

c [butter, paste etc] s'étaler

[5] COMP ▷ **spread eagle** n (Her) aigle f éployée ▷ **spread-eagle** adj (US) chauvin *(employé à propos d'un Américain)* ◇ vt **to spread-eagle sb** envoyer qn rouler par terre ◆ **to be** or **lie spread-eagled** être étendu bras et jambes écartés, être vautré

► **spread out** [1] vi **a** [people, animals] se disperser, s'éparpiller ◆ **spread out!** dispersez-vous !

b (= open out) [fan] s'ouvrir ; [wings] se déployer ; [valley] s'élargir

c ⇒ **spread 4b**

[2] vt sep ◆ **the valley lay spread out before him** la vallée s'étendait à ses pieds ◆ **he was spread out on the floor** il était étendu de tout son long par terre see also **spread 3a, 3c, 3d**

spreader ['spredəʳ] n (for butter) couteau m à tartiner ; (for glue) couteau m à palette ; (Agr: for fertilizer) épandeur m, épandeuse f

spreadsheet ['spredʃiːt] n (Comput) (= chart) tableau m ; (= software) tableur m

spree [spriː] [→ SYN] n fête f ◆ **to go on** or **have a spree** faire la fête or la noce* ; → **buying, crime, drinking, spending, shooting, shopping**

sprig [sprɪg] n brin m

sprightliness ['spraɪtlɪnɪs] n (NonC) (physical) vivacité f, vitalité f ; (mental) vivacité f

sprightly ['spraɪtlɪ] [→ SYN] adj (= physically) alerte ; (= mentally) alerte, vif

spring [sprɪŋ] [→ SYN] vb : pret **sprang**, ptp **sprung** [1] n **a** (= leap) bond m, saut m ◆ **in** or **with** or **at one spring** d'un bond, d'un saut ◆ **to give a spring** bondir, sauter

b (for chair, mattress, watch: also Tech) ressort m ◆ **the springs** [of car] la suspension ; → **hairspring, mainspring**

c (NonC = resilience) [of mattress] élasticité f ; [of bow, elastic band] détente f ◆ **he had a spring in his step** il marchait d'un pas élastique or souple

d [of water] source f ◆ **hot spring** source f chaude

e (fig) **springs** (= cause, motive) mobile m, motif m, cause f ; (= origin) source f, origine f

f (= season) printemps m ◆ **in (the) spring** au printemps ◆ **spring is in the air** on sent venir le printemps

[2] vi **a** (= leap) bondir, sauter ◆ **to spring in/out/across** etc entrer/sortir/traverser etc d'un bond ◆ **to spring at sth/sb** bondir or sauter or se jeter sur qch/qn ◆ **to spring to one's feet** se lever d'un bond

b (fig) **to spring to attention** bondir au garde-à-vous ◆ **to spring to sb's help** bondir or se précipiter à l'aide de qn ◆ **to spring to the rescue** se précipiter pour porter secours ◆ **he sprang into action** il est passé à l'action ◆ **they sprang into the public eye** ils ont tout à coup attiré l'attention du public ◆ **to spring into existence** apparaître du jour au lendemain ◆ **to spring into view** apparaître soudain, surgir ◆ **to spring to mind** venir or se présenter à l'esprit ◆ **tears sprang to her eyes** les larmes lui sont venues aux yeux, les larmes lui sont montées aux yeux ◆ **a denial sprang to his lips** une dénégation lui est venue or montée aux lèvres ◆ **his hand sprang to his gun** il a saisi or attrapé son pistolet ◆ **the door sprang open** la porte s'est brusquement ouverte ◆ **where did you spring from?** d'où est-ce que tu sors ? ◆ **hope springs eternal** l'espoir fait vivre

c (= originate from) provenir, découler (*from* de) ◆ **the oak sprang from a tiny acorn** le chêne est sorti d'un tout petit gland ◆ **all his actions spring from the desire to ...** toutes ses actions proviennent or découlent de son désir de ... ◆ **it sprang from his inability to cope with the situation** c'est venu or né de son incapacité à faire face à la situation

d [timbers etc] (= warp) jouer, se gondoler ; (= split) se fendre

[3] vt **a** [+ trap, lock] faire jouer ; [+ mine] faire sauter ◆ **to spring a surprise on sb** (fig) surprendre qn ◆ **to spring a question on sb** poser une question à qn à brûle-pourpoint or de but en blanc ◆ **to spring a piece of news on sb** annoncer une nouvelle à qn de but en blanc ◆ **he sprang the suggestion on me suddenly** il me l'a suggéré de but en blanc or à l'improviste ◆ **he sprang it on me** il m'a pris de court or au dépourvu

b (= put springs in) [+ mattress] pourvoir de ressorts ; [+ car] suspendre ◆ **well-sprung** car bien suspendu

c (Hunting) [+ game] lever ; (‡ fig) [+ prisoner] aider à se faire la belle‡ ◆ **he was sprung‡ from Dartmoor** on l'a aidé à se cavaler‡ de Dartmoor

d (= leap over) [+ ditch, fence etc] sauter, franchir d'un bond

e [+ timbers, mast] (= warp) gondoler, faire jouer ; (= split) fendre ; → **leak**

[4] COMP weather, day, flowers printanier, de printemps ; mattress à ressorts ▷ **spring balance** n balance f à ressort ▷ **spring binder** n (= file) classeur m à ressort ▷ **spring binding** n [of file] reliure f à ressort ▷ **spring chicken** n (Culin) poussin m ◆ **he/she is no spring chicken** il/elle n'est pas de toute première jeunesse ▷ **spring-clean** n (NonC: also **spring-cleaning**) grand nettoyage m (de printemps) ◇ vt nettoyer de fond en comble ▷ **spring fever** n fièvre f printanière ▷ **spring greens** npl (Brit) choux mpl précoces ▷ **spring-like** adj printanier, de printemps ▷ **spring-loaded** adj tendu par un ressort ▷ **spring lock** n serrure f à fermeture automatique ▷ **spring onion** n (Brit) ciboule f ▷ **spring roll** n (Culin) rouleau m de printemps ▷ **spring snow** n (Ski) neige f de printemps ▷ **spring tide** n (gen) grande marée f ; (at equinox) marée f d'équinoxe (de printemps) ▷ **spring water** n eau f de source

► **spring up** vi [person] se lever d'un bond or précipitamment ; [flowers, weeds] surgir de terre ; [corn] lever brusquement ; [new buildings, settlements] pousser comme des champignons ; [wind, storm] se lever brusquement ; [rumour] naître, s'élever ; [doubt, fear] naître, jaillir ; [friendship, alliance] naître, s'établir ; [problem, obstacle, difficulty] se présenter, surgir

springboard ['sprɪŋbɔːd] n (lit, fig) tremplin m

springbok ['sprɪŋbɒk] n, pl **springbok** or **springboks** springbok m

springe [sprɪndʒ] n collet m

springer spaniel ['sprɪŋəʳ] n (= dog) springer m, épagneul m springer ◆ **English springer spaniel** (épagneul) springer m anglais, English springer

springiness ['sprɪŋɪnɪs] n [of rubber, mattress] élasticité f ; [of ground, turf, step, hair] souplesse f ; [of plank] flexibilité f ; [of carpet] moelleux m

springtide ['sprɪŋtaɪd] n (liter) ⇒ **springtime**

springtime ['sprɪŋtaɪm] n printemps m

springy ['sprɪŋɪ] adj rubber, mattress, texture élastique, souple ; carpet moelleux ; plank flexible, qui fait ressort ; ground, turf, step souple ; step alerte, souple ; hair frisé

sprinkle ['sprɪŋkl] → SYN vt ◆ **to sprinkle sth with water**, **to sprinkle water on sth** asperger qch d'eau ◆ **to sprinkle water on the garden** arroser légèrement le jardin ◆ **a rose sprinkled with dew** une rose couverte de rosée ◆ **to sprinkle sand on or over sth**, **to sprinkle sth with sand** répandre une légère couche de sable sur qch, couvrir qch d'une légère couche de sable ◆ **to sprinkle sand/grit on the roadway** sabler/cendrer la route ◆ **to sprinkle sugar over a cake**, **to sprinkle a cake with sugar** (Culin) saupoudrer un gâteau de sucre ◆ **lawn sprinkled with daisies** pelouse parsemée or émaillée (liter) de pâquerettes ◆ **they are sprinkled about here and there** ils sont éparpillés or disséminés ici et là

sprinkler ['sprɪŋklə^r] 1 n (for lawn) arroseur m; (for sugar etc) saupoudreuse f; (larger) saupoudroir m; (in ceiling: for fire-fighting) diffuseur m (d'extincteur automatique d'incendie), sprinkler m
2 COMP ▷ **sprinkler system** n (for lawn) combiné m d'arrosage; (for fire-fighting) installation f d'extinction automatique d'incendie

sprinkling ['sprɪŋklɪŋ] → SYN n a (= act) (with water) (gen, Rel) aspersion f; (on garden, road, street) arrosage m; (with sugar) saupoudrage m ◆ **to give sth a sprinkling of (water)** (gen) asperger qch (d'eau); [+ garden, road, street] arroser qch ◆ **to give sth a sprinkling (of sugar)** saupoudrer qch (de sucre)
b (= quantity) [of sand, snow] mince couche f ◆ **top off with a sprinkling of icing sugar/grated Parmesan** terminer en saupoudrant de sucre glace/parmesan râpé ◆ **a sprinkling of water** quelques gouttes fpl d'eau ◆ **a sprinkling of freckles** quelques taches fpl de rousseur ◆ **a sprinkling of sightseers** quelques rares touristes mpl ◆ **a sprinkling of women ministers** un petit nombre de femmes ministres ◆ **a sprinkling of literary allusions in the text** des allusions littéraires émaillant le texte

sprint [sprɪnt] → SYN 1 n (Sport) sprint m ◆ **to make a sprint for the bus** piquer * un sprint or foncer pour attraper l'autobus
2 vi (Sport) sprinter; (gen) foncer, piquer * un sprint ◆ **to sprint down the street** descendre la rue à toutes jambes

sprinter ['sprɪntə^r] n (Sport) sprinter m, sprinteur m, -euse f

sprit [sprɪt] n (Naut) livarde f, balestron m

sprite [spraɪt] → SYN n lutin m, farfadet m; (Comput = icon in game) joueur m, lutin m

spritz [sprɪts] n 1 n (= fizz) ◆ **it has a slight spritz** c'est légèrement pétillant
2 vt (= spray) vaporiser (with de) ◆ **I spritzed myself with water** je me suis aspergé d'eau

spritzer ['sprɪtsə^r] n boisson à base de vin blanc et d'eau gazeuse

sprocket ['sprɒkɪt] 1 n pignon m
2 COMP ▷ **sprocket wheel** n pignon m (d'engrenage)

sprog ⁑ [sprɒg] n (Brit) a (= child) morpion * m, -ionne * f (pej)
b (Mil) bleu m

sprout [spraʊt] → SYN 1 n (Bot) (on plant, branch etc) pousse f; (from bulbs, seeds) germe m ◆ **(Brussels) sprout** choux m de Bruxelles
2 vi [bulbs, onions etc] germer, pousser
b (also **sprout up** = grow quickly) [plants, crops, weeds] bien pousser; [child] grandir or pousser vite
c (also **sprout up** = appear) [mushrooms etc] pousser; [weeds] surgir de terre; [new buildings] surgir de terre, pousser comme des champignons
3 vt ◆ **to sprout new leaves** pousser or produire de nouvelles feuilles ◆ **to sprout shoots** [potatoes, bulbs] germer ◆ **the wet weather has sprouted the barley** le temps humide a fait germer l'orge ◆ **the deer has sprouted horns** les cornes du cerf ont poussé, le cerf a mis ses bois ◆ **Paul has sprouted** * **a moustache** Paul s'est laissé pousser la moustache

spruce¹ [spruːs] n (also **spruce tree**) épicéa m ◆ **white/black spruce** (Can) épinette f blanche/noire

spruce² [spruːs] → SYN adj person pimpant, soigné, tiré à quatre épingles; garment net, impeccable; house coquet, pimpant

▶ **spruce up** vt sep [+ child] faire beau; [+ house] bien astiquer ◆ **all spruced up** person tiré à quatre épingles, sur son trente et un; house bien astiqué, reluisant de propreté ◆ **to spruce o.s. up** se faire tout beau (toute belle f)

sprucely ['spruːslɪ] adv ◆ **sprucely dressed** tiré à quatre épingles, sur son trente et un

spruceness ['spruːsnɪs] n [of person] mise f soignée; [of house] aspect m coquet

sprue [spruː] n (= channel) rigole f d'alimentation; (= plastic) carotte f; (= metal) jet m de fonte

sprung [sprʌŋ] 1 vb (ptp of **spring**)
2 adj seat, mattress à ressorts
3 COMP ▷ **sprung rhythm** n (Literat) en poésie anglaise, type de rythme imitant celui de la langue parlée

spry [spraɪ] → SYN adj alerte, plein d'entrain

SPUC [ˌespiːjuːˈsiː] n (Brit) (abbrev of **Society for the Protection of the Unborn Child**) association anti-avortement

spud [spʌd] 1 n (= tool) sarcloir m; (* = potato) patate * f
2 COMP ▷ **spud-bashing** ⁑ n (Mil) corvée f de patates *

spume [spjuːm] n (liter) écume f

spumescence [spjuːˈmesns] n spumosité f

spumescent [spjuːˈmesnt] adj spumescent

spun [spʌn] vb (pt, ptp of **spin**)

spunk [spʌŋk] n a (NonC ⁑ = courage) cran * m, courage m
b (Brit ⁑ ⁑ = semen) foutre ⁑ ⁑ m

spunky ⁑ ['spʌŋkɪ] adj plein de cran *

spur [spɜː^r] → SYN 1 n a [of horse, fighting cock, mountain, masonry] éperon m; [of bone] saillie f; (fig) aiguillon m ◆ **to dig in one's spurs** enfoncer ses éperons, éperonner son cheval ◆ **to win** or **gain** or **earn one's spurs** (Brit) (Hist) gagner ses éperons; (fig) faire ses preuves ◆ **on the spur of the moment** sous l'impulsion du moment, sur un coup de tête ◆ **the spur of hunger** l'aiguillon m de la faim ◆ **it will be a spur to further efforts** cela nous (or les etc) poussera à faire des efforts supplémentaires
b (Rail: also **spur track**) (= siding) voie f latérale, voie f de garage; (= branch) voie f de desserte, embranchement m
c (on motorway etc) embranchement m
2 vt (also **spur on**) [+ horse] éperonner; (fig) éperonner, aiguillonner ◆ **he spurred his horse on** (= applied spurs once) il a éperonné son cheval, il a donné de l'éperon à son cheval; (= sped on) il a piqué des deux ◆ **spurred on by ambition** éperonné or aiguillonné par l'ambition ◆ **to spur sb (on) to do sth** pousser or encourager or inciter qn à faire qch ◆ **this spurred him (on) to greater efforts** ceci l'a encouragé à redoubler d'efforts
3 COMP ▷ **spur gear** n ⇒ **spur wheel** ▷ **spur-of-the-moment** adj fait sur l'impulsion du moment ▷ **spur wheel** n roue f à dents droites

spurdog ['spɜːdɒg] n (= fish) aiguillat m

spurge [spɜːdʒ] 1 n euphorbe f
2 COMP ▷ **spurge laurel** n daphné m

spurious ['spjʊərɪəs] → SYN adj (gen) faux (fausse f); document, writings faux (fausse f), apocryphe; claim fallacieux; interest, affection, desire simulé, feint

spuriously ['spjʊərɪəslɪ] adv faussement

spurn [spɜːn] → SYN vt [+ help, offer] repousser, rejeter; [+ lover] éconduire

spurr(e)y ['spʌrɪ] n spergule f

spurt [spɜːt] → SYN 1 n [of water, flame] jaillissement m, jet m; [of anger, enthusiasm, energy] sursaut m, regain m; (= burst of speed) accélération f; (fig: at work etc) effort m soudain, coup m de collier ◆ **final spurt** (Racing) emballage m, rush m ◆ **to put on a spurt** (Sport) démarrer, sprinter; (in running for bus) piquer * un sprint, foncer; (fig: in work) donner un coup de collier, faire un soudain effort ◆ **in spurts** (= sporadically) par à-coups
2 vi (also **spurt out**, **spurt up**) [water, blood] jaillir, gicler (from de); [flame] jaillir (from de)
b [runner] piquer * un sprint, foncer; (Sport) démarrer, sprinter
3 vt (also **spurt out**) [+ flame, lava] lancer, vomir; [+ water] laisser jaillir, projeter

sputa ['spjuːtə] npl of **sputum**

sputnik ['spʊtnɪk] n spoutnik m

sputter ['spʌtə^r] vi (= progress unevenly) piétiner ◆ **the economy is already sputtering** l'économie piétine déjà ◆ **the battle sputtered to a halt** la bataille s'est enlisée et a pris fin; see also **splutter** 2, 3

sputum ['spjuːtəm] n, pl **sputa** crachat m, expectorations fpl

spy [spaɪ] → SYN 1 n (gen, Ind, Pol) espion(ne) m(f) ◆ **police spy** indicateur m, -trice f de police
2 vi (gen) espionner, épier; (Ind, Pol) faire de l'espionnage ◆ **to spy for a country** faire de l'espionnage au service or pour le compte d'un pays ◆ **to spy on sb** espionner qn ◆ **to spy on sth** épier qch ◆ **stop spying on me!** arrête de m'espionner or de me surveiller ! ◆ **to spy into sth** chercher à découvrir qch subrepticement
3 vt (= catch sight of) apercevoir ◆ **I spied him coming** je l'ai vu qui arrivait or s'approchait ◆ **I spy, with my little eye, something beginning with A** je vois quelque chose qui commence par A, essaie de deviner (jeu d'enfant)
4 COMP film, story etc d'espionnage ▷ **spy-in-the-sky** * n satellite-espion m ▷ **spy plane** n avion-espion m ▷ **spy ring** n réseau m d'espionnage ▷ **spy satellite** n satellite-espion m

▶ **spy out** vt sep reconnaître ◆ **to spy out the land** (lit, fig) reconnaître le terrain

spycatcher ['spaɪkætʃə^r] n (Brit) chasseur m d'espions

spyglass ['spaɪglɑːs] n lunette f d'approche

spyhole ['spaɪhəʊl] n judas m

spying ['spaɪɪŋ] → SYN n (NonC) espionnage m

spymaster ['spaɪmɑːstə^r] n chef m des services secrets

Sq abbrev of **Square**

sq. (abbrev of **square**) carré ◆ **4sq. m** 4 m²

Sqn Ldr n (Brit Mil) (abbrev of **squadron leader**) Cdt

squab [skwɒb] n, pl **squabs** or **squab** a (Orn) pigeonneau m
b (Brit Aut) assise f

squabble ['skwɒbl] → SYN 1 n chamaillerie * f, prise f de bec *
2 vi se chamailler *, se disputer (over sth à propos de qch)

squabbler * ['skwɒblə^r] n chamailleur * m, -euse * f

squabbling ['skwɒblɪŋ] n (NonC) chamaillerie(s) * f(pl)

squacco ['skwækəʊ] n crabier m

squad [skwɒd] → SYN 1 n [of soldiers, policemen, workmen, prisoners] escouade f, groupe m; (Sport) équipe f ◆ **the England squad** (Sport) l'équipe f d'Angleterre; → **firing**, **flying**
2 COMP ▷ **squad car** n (esp US Police) voiture f de police

squaddie, **squaddy** * ['skwɒdɪ] n (Brit = private soldier) deuxième classe m inv

squadron ['skwɒdrən] 1 n (Mil) escadron m; (Aviat, Naut) escadrille f
2 COMP ▷ **squadron leader** n (Brit Aviat) commandant m

squalene ['skweɪliːn] n (Bio) squalène m

squalid ['skwɒlɪd] → SYN adj place, conditions, love affair, experience sordide; motive bas (basse f), ignoble ◆ **it was a squalid business** c'était une affaire sordide

squall [skwɔːl] 1 n a (Met) rafale f or bourrasque f (de pluie); (at sea) grain m ◆ **there are squalls ahead** (fig) il y a de l'orage dans l'air, il va y avoir du grabuge *
b (= cry) hurlement m, braillement m
2 vi [baby] hurler, brailler

squalling ['skwɔːlɪŋ] adj criard, braillard *

squally ['skwɔːlɪ] adj wind qui souffle en rafales; weather à bourrasques, à rafales; day entrecoupé de bourrasques

squalor ['skwɒlər] → SYN n (NonC) conditions fpl sordides, misère f noire ◆ **to live in squalor** vivre dans des conditions sordides ou dans la misère noire ; (pej) vivre comme un cochon (or des cochons)*

squama ['skweɪmə] n, pl **squamae** ['skweɪmiː] (Zool) écaille f

squamate ['skweɪmeɪt] adj squamé

squamose ['skweɪməʊs], **squamous** ['skweɪməs] adj squameux

squamulose ['skwæmjʊˌləʊs] adj squamifère

squander ['skwɒndər] → SYN vt [+ time, money, talents] gaspiller ; [+ fortune, inheritance] dissiper, dilapider ; [+ opportunity, chances] laisser filer, laisser passer

square [skwɛər] 1 n a (= shape: gen, Geom, Mil) carré m ; [of chessboard, crossword, graph paper] case f ; (= square piece) [of fabric, chocolate, toffee] carré m ; [of cake] part f (carrée) ; (= window pane) carreau m ◆ **to fold paper into a square** plier une feuille de papier en carré ◆ **divide the page into squares** divisez la page en carrés, quadrillez la page ◆ **linoleum with black and white squares on it** du linoléum en damier noir et blanc or à carreaux noirs et blancs ◆ **the troops were drawn up in a square** les troupes avaient formé le carré ◆ **form (yourselves into) a square** placez-vous en carré, formez un carré ◆ **to start again from square one*** repartir à zéro*, repartir de la case départ ◆ **now we're back to square one*** nous nous retrouvons à la case départ*, nous repartons à zéro*

b (in town) place f ; (with gardens) square m ; (esp US = block of houses) pâté m de maisons ; (Mil: also **barrack square**) cour f (de caserne) ◆ **the town square** la (grand-)place

c (= drawing instrument) équerre f ◆ **out of square** qui n'est pas d'équerre ◆ **to cut sth on the square** équarrir qch ◆ **to be on the square*** (fig) [offer, deal] être honnête or régulier* ; [person] jouer franc jeu, jouer cartes sur table ; → **set, T**

d (Math) carré m ◆ **four is the square of two** quatre est le carré de deux

e (* pej = conventional person) **he's a real square** il est vraiment ringard* ◆ **don't be such a square!** ne sois pas si ringard !*

2 adj a (in shape) object, shape, hole, face, jaw, shoulders carré ◆ **a square corner** un coin à angle droit ◆ **of square build** trapu, ramassé ◆ **to be a square peg in a round hole*** ne pas être dans son élément

b **square with** or **to sth** (= parallel) parallèle à qch ; (= at right angles) à angle droit avec qch, perpendiculaire à qch

c (Math) **6 square metres** 6 mètres carrés ◆ **6 metres square** (de) 6 mètres sur 6 ◆ **a 25-cm square baking dish** un moule de 25 centimètres sur 25 ◆ **square measure** n (Math) unité f de surface

d (Fin) accounts, books, figures en ordre ◆ **to get one's accounts square** mettre ses comptes en ordre, balancer ses comptes ◆ **to get square with sb** (financially) régler ses comptes avec qn ; (fig = get even with) rendre la pareille à qn

e (= not indebted) **to be (all) square (with sb)*** être quitte (envers qn)

f (Sport) **to be all square** être à égalité

g (= honest) dealings honnête ◆ **a square deal** un arrangement équitable or honnête ◆ **to get a square deal** être traité équitablement ◆ **to give sb a square deal** agir honnêtement avec qn ◆ **to be square with sb** être honnête avec qn ; → **fair¹**

h (* pej = conventional) person, habit, attitude ringard* ◆ **be there or be square!** (hum) tous les gens branchés* y seront

i (= unequivocal) refusal, denial net, catégorique

j (Cricket) à angle droit ◆ **to be square of the wicket** être placé perpendiculairement au guichet

3 adv a (= squarely) **to hit** or **catch sb square on the forehead/on the jaw** atteindre qn en plein front/en pleine mâchoire ◆ **to hit sb square in the chest** frapper qn en pleine poitrine ◆ **a huge wave hit the ship square on** une énorme lame a frappé le bateau de plein fouet ◆ **to kiss sb square on the mouth** embrasser qn à la bouche ◆ **square in the middle** en plein milieu ◆ **to be square in**

the middle of sth (fig) être au beau milieu de qch ◆ **to look sb square in the face** regarder qn bien en face ◆ **to stand square** être bien campé sur ses jambes ◆ **the bomb landed square on target** la bombe est tombée en plein sur l'objectif ; → **fair¹**

b (= parallel) **square to** or **with sth** parallèlement à qch ◆ **he turned to face me square on** il s'est tourné pour être juste en face de moi ◆ **to stand square on to the camera** se tenir bien en face de la caméra

c (= at right angles) **to cut sth square** équarrir qch, couper qch au carré or à angle droit ◆ **square to** or **with sth** à angle droit avec qch, d'équerre avec qch ◆ **the ship ran square across our bows** le navire nous a complètement coupé la route

4 vt a (= make square) [+ figure, shape] rendre carré, carrer ; [+ stone, timber] équarrir, carrer ; [+ corner] couper au carré or à angle droit ◆ **to square one's shoulders** redresser les épaules ◆ **to try to square the circle** (fig) chercher à faire la quadrature du cercle

b (= settle, sort out) [+ books, accounts] mettre en ordre, balancer ; [+ debts] acquitter, régler ; [+ creditors] régler, payer ; (= reconcile) concilier, faire cadrer (with avec) ◆ **to square one's account with sb** régler ses comptes avec qn ◆ **to square o.s. with sb** régler ses comptes avec qn ◆ **I can't square that with what he told me yesterday** ça ne cadre pas avec ce qu'il m'a dit hier ◆ **he managed to square it with his conscience** il s'est arrangé avec sa conscience ◆ **can you square* it with the boss?** est-ce que vous pouvez arranger ça avec le patron ? ◆ **I can square* him** (= get him to agree) je m'occupe de lui, je me charge de lui

c (Math) [+ number] élever au carré ◆ **four squared is sixteen** quatre au carré fait seize

5 vi cadrer, correspondre ◆ **that doesn't square with the facts** cela ne cadre pas avec les faits, cela ne correspond pas aux faits ◆ **that squares!** ça cadre !, ça colle !*

6 COMP ▷ **square-bashing*** n (Brit Mil) exercice m ▷ **square bracket** n (Typ) crochet m ▷ **square-built** adj trapu ▷ **square-cut** adj coupé à angle droit, équarri ▷ **square dance** n ≈ quadrille m ▷ **square-dancing** n (NonC) quadrille m ▷ **square-faced** adj au visage carré ▷ **square-jawed** adj à la mâchoire carrée ▷ **square knot** n (US) nœud m plat ▷ **square leg** n (Cricket) position du joueur de champ lorsqu'il est placé à angle droit avec le batteur ▷ **square meal** n repas m substantiel ▷ **the Square Mile** n (in London) la City ▷ **square number** n (Math) carré m ▷ **square-rigged** adj (Naut) gréé (en) carré ▷ **square rigger** n (Naut) navire m gréé en carré ▷ **square root** n racine f carrée ▷ **square-shouldered** adj aux épaules carrées, carré d'épaules ▷ **square-toed** adj shoes à bout carré

▶ **square off** 1 vi (in quarrel) se faire face ; (in fist fight) se mettre en garde (to sb devant qn)

2 vt sep [+ paper, plan] diviser en carrés, quadriller ; [+ wood, edges] équarrir

▶ **square up** 1 vi [boxers, fighters] se mettre en garde (to sb devant qn) ◆ **to square up to a problem** (fig) faire face à un problème

b (= pay debts) régler ses comptes (with sb avec qn)

2 vt sep a (= make square) [+ paper] couper au carré or à angle droit ; [+ wood] équarrir

b [+ account, debts] régler, payer ◆ **I'll square things up* for you** ne vous en faites pas, je vais arranger ça

squarely ['skwɛəlɪ] adv a (= completely) complètement ◆ **responsibility rests squarely with the President** la responsabilité incombe complètement au président ◆ **to lay** or **place the blame for sth squarely on sb** rejeter complètement la responsabilité de qch sur qn

b (= directly) **to look at sb squarely** regarder qn droit dans les yeux ◆ **to look sb squarely in the eye** regarder qn dans le blanc des yeux ◆ **a film that looks squarely at social problems** un film qui traite sans détour des problèmes sociaux ◆ **to face one's guilt squarely** assumer sa culpabilité sans détour ◆ **she faced her mother squarely** elle s'est campée devant sa mère d'un air résolu ◆ **a film aimed squarely at family audiences** un

film visant directement un public familial ◆ **to hit sb squarely in the stomach** frapper qn en plein dans le ventre ◆ **set squarely in the middle of the wall** placé en plein milieu du mur

c (= honestly) deal with honnêtement ; → **fairly**

squash¹ [skwɒʃ] → SYN 1 n a (Brit) **lemon/orange squash** citronnade f/orangeade f (concentrée)

b (Sport) squash m

c (= crowd) cohue f, foule f ; (= crush) cohue f, bousculade f ◆ **we all got in, but it was a squash** on est tous entrés mais on était serrés ◆ **a great squash of people** une cohue, une foule ◆ **I lost him in the squash at the exit** je l'ai perdu dans la cohue or dans la bousculade à la sortie

2 vt [+ fruit, beetle, hat, box] écraser ; (fig) [+ argument] réfuter ; (= snub) [+ person] rabrouer ◆ **to squash flat** [+ fruit, beetle] écrabouiller* ; [+ hat, box] aplatir ◆ **he squashed his nose against the window** il a écrasé son nez contre la vitre ◆ **you're squashing me!** tu m'écrases ! ◆ **she squashed the shoes into the suitcase** elle a réussi à caser* les chaussures dans la valise ◆ **can you squash two more people in the car?** est-ce que tu peux faire tenir or caser* deux personnes de plus dans la voiture ?

3 vi a [people] **they squashed into the elevator** ils se sont serrés or entassés dans l'ascenseur ◆ **they squashed through the gate** ils ont franchi le portail en se bousculant

b [fruit, parcel etc] s'écraser ◆ **will it squash?** est-ce que cela risque de s'écraser ?

4 COMP ▷ **squash court** n (Sport) court m de squash ▷ **squash player** n joueur m, -euse f de squash ▷ **squash racket** n raquette f de squash

▶ **squash in** 1 vi [people] s'empiler, s'entasser ◆ **when the car arrived they all squashed in** quand la voiture est arrivée ils se sont tous empilés or entassés dedans ◆ **can I squash in?** est-ce que je peux me trouver une petite place ?

2 vt sep (into box, suitcase etc) réussir à faire rentrer

▶ **squash together** 1 vi [people] se serrer (les uns contre les autres)

2 vt sep [+ objects] serrer, tasser ◆ **we were all squashed together** nous étions très serrés or entassés

▶ **squash up** 1 vi [people] se serrer, se pousser ◆ **can't you squash up a bit?** pourriez-vous vous serrer or vous pousser un peu ?

2 vt sep [+ object] écraser ; [+ paper] chiffonner en boule

squash² [skwɒʃ] n, pl **squashes** or **squash** (= gourd) gourde f ; (US = marrow) courge f

squashy* ['skwɒʃɪ] adj fruit, sofa mou (molle f)

squat¹ [skwɒt] 1 adj person trapu, courtaud ; building ramassé, trapu ; armchair, jug, teapot trapu ; glass court

2 vi a (also **squat down**) [person] s'accroupir, s'asseoir sur ses talons ; [animal] se tapir, se ramasser ◆ **to be squatting (down)** [person] être accroupi, être assis sur ses talons ; [animal] être tapi or ramassé

b [squatters] squatter ◆ **to squat in a house** squatter or squattériser une maison

3 n (= act of squatting, place) squat m

4 COMP ▷ **squat thrust** n (Gym) saut m de main

squat²* [skwɒt] n (US: also **diddly-squat**) ◆ **you don't know squat (about that)** t'y connais que dalle* ◆ **that doesn't mean squat (to me)** (pour moi,) ça veut dire que dalle*

squatter ['skwɒtər] 1 n squatter m

2 COMP ▷ **squatter's rights** n droit m de propriété par occupation du terrain

squatting ['skwɒtɪŋ] n squat m, squattage m

squaw [skwɔː] n squaw f, femme f peau-rouge

squawk [skwɔːk] → SYN 1 vi [hen, parrot] pousser un or des gloussement(s) ; [baby] brailler ; [person] pousser un or des cri(s) rauque(s) ; (* fig = complain) râler*, gueuler*

2 n gloussement m, braillement m, cri m rauque

squeak [skwiːk] → SYN **1** n [of hinge, wheel, pen, chalk] grincement m; [of shoes] craquement m; [of mouse, doll] petit cri m aigu, vagissement m; [of person] petit cri m aigu, glapissement m ✦ **to let out** or **give a squeak of fright/surprise** etc pousser un petit cri or glapir de peur/de surprise etc ✦ **not a squeak** *, **mind!** (= be quiet) pas de bruit, hein! ; (= keep it secret) pas un mot !, motus et bouche cousue ! * ✦ **I don't want another squeak out of you** je ne veux plus t'entendre ; → **narrow**

2 vi **a** (= make sound) [hinge, wheel, chair, gate, pen, chalk] grincer; [shoe] craquer; [mouse, doll] vagir, pousser un or des petit(s) cri(s); [person] glapir

b (in exam, election) **to squeak through** être accepté de justesse

3 vt ✦ **no she squeaked** "non" glapit-elle

squeaker ['skwiːkəʳ] n (in toy etc) sifflet m

squeaky ['skwiːkɪ] **1** adj hinge, gate, wheel, chair grinçant ; pen qui crisse ; toy qui grince ; shoes qui craque ; voice aigu (-guë f)

2 COMP ▷ **squeaky-clean** * adj (lit) (= very clean) hair tout propre ; office, home ultrapropre ; (= above reproach) person blanc comme neige ; reputation, image irréprochable ; company à la réputation irréprochable

squeal [skwiːl] → SYN **1** n [of person, animal] cri m aigu or perçant ; [of brakes] grincement m, hurlement m ; [of tyres] crissement m ✦ **to let out** or **give a squeal of pain** pousser un cri de douleur ✦ ... he said with a squeal of laughter ... dit-il avec un rire aigu

2 vi **a** [person, animal] pousser un or des cri(s) (aigu(s) or perçant(s)) ; [brakes] grincer, hurler ; [tyres] crisser ✦ **he squealed like a (stuck) pig** il criait comme un cochon qu'on égorge ✦ **she tickled the child and he squealed** elle a chatouillé l'enfant et il a poussé un petit cri

b (* = inform) vendre la mèche * ✦ **to squeal on sb** balancer * or donner * qn ✦ **somebody squealed to the police** quelqu'un les (or nous etc) a balancés * or donnés * à la police

3 vt ✦ **help he squealed** "au secours" cria-t-il (d'une voix perçante)

squeamish ['skwiːmɪʃ] → SYN adj facilement dégoûté (*about sth* par qch) ✦ **I'm not squeamish about blood** je ne suis pas facilement dégoûté par la vue du sang ✦ **don't be so squeamish!** ne fais pas le délicat !

squeamishness ['skwiːmɪʃnɪs] n (NonC) délicatesse f exagérée

squeegee [ˌskwiː'dʒiː] **1** n (for windows) raclette f (à bord de caoutchouc) ; (= mop) balai-éponge m

2 COMP ▷ **squeegee merchant** * n (Brit) laveur m de pare-brise

squeeze [skwiːz] → SYN **1** n **a** (= act, pressure) pression f, compression f ; (NonC: in crowd) cohue f, bousculade f ✦ **to give sb a squeeze** ⇒ **to squeeze sth 2a** ✦ **he gave her a big squeeze** il l'a serrée très fort dans ses bras ✦ **a squeeze of lemon** quelques gouttes fpl de citron ✦ **a squeeze of toothpaste** un peu de dentifrice ✦ **it was a real squeeze in the bus** on était serrés comme des sardines * or on était affreusement tassés dans l'autobus ✦ **it was a (tight) squeeze to get through** il y avait à peine la place de passer ✦ **to put the squeeze on sb** *$* presser qn, harceler qn

b (Econ: also **credit squeeze**) restrictions fpl de crédit

c (Bridge) squeeze m (*in* à)

d (* = romantic partner) (petit) copain m, (petite) copine f

2 vt **a** (= press) [+ handle, tube, plastic bottle, lemon, sponge] presser ; [+ cloth] tordre ; [+ doll, teddy bear] appuyer sur ; [+ sb's hand, arm] serrer ✦ **he squeezed his finger in the door** il s'est pris or pincé le doigt dans la porte ✦ **she squeezed another sweater into the case** elle a réussi à faire rentrer * un autre chandail dans la valise ✦ **to squeeze one's eyes shut** fermer les yeux en serrant fort ✦ **he squeezed his victim dry** * il a saigné sa victime à blanc

b (= extract: also **squeeze out**) [+ water, juice, toothpaste] exprimer (*from, out of* de)

c (* fig) [+ information] soutirer, arracher ; [+ names, contribution] arracher ; [+ money] soutirer, extorquer (*out of* à) ✦ **you won't squeeze a penny out of me** tu ne me feras pas lâcher * un sou ✦ **the government hopes to squeeze more money out of the taxpayers** le gouvernement espère pressurer encore les contribuables

d (Fin) [+ wages, prices] bloquer, geler

3 vi ✦ **he squeezed past me** il s'est glissé devant moi en me poussant un peu ✦ **he managed to squeeze into the bus** il a réussi à se glisser or à s'introduire dans l'autobus en poussant ✦ **they all squeezed into the car** ils se sont entassés or empilés dans la voiture ✦ **can you squeeze underneath the fence?** est-ce que tu peux te glisser sous la barrière ? ✦ **he squeezed through the crowd** il a réussi à se faufiler à travers la foule ✦ **she squeezed through the window** elle s'est glissée par la fenêtre ✦ **the car squeezed into the empty space** il y avait juste assez de place pour se garer

4 COMP ▷ **squeeze bottle** n (US) flacon m en plastique déformable ▷ **squeeze-box** * n (= accordion) accordéon m ; (= concertina) concertina m

▶ **squeeze in** **1** vi [person] trouver une petite place ; [car etc] rentrer tout juste, avoir juste la place ✦ **can I squeeze in?** est-ce qu'il y a une petite place pour moi ?

2 vt sep [+ object into box] (* fig) [+ item on programme etc] réussir à faire rentrer, trouver une petite place pour ✦ **can you squeeze two more people in?** est-ce que vous avez de la place pour deux autres personnes ?, est-ce que vous pouvez prendre deux autres personnes ? ✦ **I can squeeze you in** * **tomorrow at nine** je peux vous prendre (en vitesse) or vous caser * demain à neuf heures

▶ **squeeze past** vi [person] passer en se faufilant or en poussant ; [car] se faufiler, se glisser

▶ **squeeze through** vi [person] se faufiler, se frayer un chemin ; [car] se faufiler, se glisser (*between* entre)

▶ **squeeze up** * vi [person] se serrer, se pousser

squeezer ['skwiːzəʳ] n presse-fruits m inv ✦ **lemon squeezer** presse-citron m inv

squelch [skweltʃ] **1** n **a** bruit m de succion or de pataugeage ✦ **I heard the squelch of his footsteps in the mud** je l'ai entendu patauger dans la boue ✦ **the tomato fell with a squelch** la tomate s'est écrasée par terre avec un bruit mat

b (*$* fig = crushing retort) réplique f qui coupe le sifflet *

2 vi [mud etc] faire un bruit de succion ✦ **to squelch in/out** etc [person] entrer/sortir etc en pataugeant ✦ **to squelch (one's way) through the mud** avancer en pataugeant dans la boue ✦ **the water squelched in his boots** l'eau faisait flic flac * dans ses bottes

3 vt (= crush underfoot) piétiner, écraser

squib [skwɪb] n pétard m ; → **damp**

squid [skwɪd] n, pl squid or squids calmar m, encornet m

squidgy * ['skwɪdʒɪ] adj (Brit) visqueux

squiffy † * ['skwɪfɪ] adj (Brit) éméché * ✦ **to get squiffy** se noircir † *

squiggle ['skwɪgl] **1** n (= scrawl) gribouillis m ; (= wriggle) tortillement m

2 vi (in writing etc) gribouiller, faire des gribouillis ; [worm etc] se tortiller

squiggly ['skwɪglɪ] adj ondulé

squill [skwɪl] n (Bot) scille f

squillion * ['skwɪlɪən] n (Brit) myriade f ✦ **squillions of pounds** des millions et des millions de livres ✦ **a squillion reasons** une myriade de raisons

squinch [skwɪntʃ] (US) **1** vt [+ eyes] plisser ✦ **he squinched his eyes at the sunlight** il a plissé les yeux à cause du soleil, le soleil lui a fait plisser les yeux

2 vi plisser les yeux

squint [skwɪnt] **1** n **a** (Med) strabisme m ✦ **to have a squint** loucher, être atteint de strabisme

b (= sidelong look) regard m de côté ; (* = quick glance) coup m d'œil ✦ **to have** or **take a squint at sth** * (obliquely) regarder qch du coin de l'œil, lorgner qch ; (quickly) jeter un coup d'œil à qch ✦ **let's have a squint!** * donne voir!, montre voir! * ✦ **have a squint** * **at this** jette un coup d'œil là-dessus, zieute *$* ça

2 vi **a** (Med) loucher

b (= screw up eyes) **he squinted in the sunlight** il a plissé les yeux à cause du soleil, le soleil lui a fait plisser les yeux

c (= take a look) jeter un coup d'œil ✦ **he squinted down the tube** il a jeté un coup d'œil dans le tube ✦ **to squint at sth** (obliquely) regarder qch du coin de l'œil, lorgner qch ; (quickly) jeter un coup d'œil à qch ✦ **he squinted at me quizzically** il m'a interrogé du regard

3 COMP ▷ **squint-eyed** adj qui louche

squirarchy ['skwaɪərɑːkɪ] n ⇒ **squirearchy**

squire ['skwaɪəʳ] → SYN **1** n (= landowner) propriétaire m terrien = châtelain m ; (Hist = knight's attendant) écuyer m ✦ **the squire told us** ... le châtelain nous a dit ... ✦ **the squire of Barcombe** le seigneur † or le châtelain de Barcombe ✦ **yes squire!** *$* (Brit) oui chef or patron ! *

2 vt [+ lady] escorter, servir de cavalier à ✦ **she was squired by** ... elle était escortée par ...

squirearchy ['skwaɪərɑːkɪ] n (NonC) hobereaux mpl, propriétaires mpl terriens

squirm [skwɜːm] → SYN **1** vi **a** [worm etc] se tortiller ✦ **to squirm through a window** [person] passer par une fenêtre en faisant des contorsions

b (fig) [person] (from embarrassment) ne pas savoir où se mettre, être au supplice ; (from distaste) avoir un haut-le-corps ✦ **spiders make me squirm** j'ai un haut-le-corps quand je vois une araignée ✦ **her poetry makes me squirm** ses poèmes me mettent mal à l'aise

squirrel ['skwɪrəl] **1** n, pl squirrels or squirrel écureuil m ✦ **red squirrel** écureuil m ✦ **grey squirrel** écureuil m gris

2 COMP coat etc en petit-gris ▷ **squirrel monkey** n saïmiri m

▶ **squirrel away** vt sep [+ nuts etc] amasser

squirt [skwɜːt] **1** n **a** [of water] jet m ; [of detergent] giclée f ; [of scent] quelques gouttes fpl

b (* pej = person) petit morveux * m, petite morveuse * f

2 vt [+ water] faire jaillir, faire gicler (*at, on, onto* sur ; *into* dans) ; [+ detergent] verser une giclée de ; [+ oil] injecter ; [+ scent] faire tomber quelques gouttes de ✦ **he squirted the insecticide onto the roses** il a pulvérisé de l'insecticide sur les roses ✦ **to squirt sb with water** asperger or arroser qn d'eau ✦ **to squirt scent on sb, to squirt sb with scent** asperger qn de parfum

3 vi [liquid] jaillir, gicler ✦ **the water squirted into my eye** j'ai reçu une giclée d'eau dans l'œil ✦ **water squirted out of the broken pipe** l'eau jaillissait du tuyau cassé

4 COMP ▷ **squirt gun** n (US) pistolet m à eau ▷ **squirting cucumber** n cornichon m sauvage, ecballium m (SPÉC)

squirter ['skwɜːtəʳ] n poire f (en caoutchouc)

squish * [skwɪʃ] **1** vt écrabouiller *

2 vi ✦ **to squish out of** or **between** sortir par les interstices de

squishy * ['skwɪʃɪ] adj fruit mollasson ; ground, texture spongieux

squit *$* [skwɪt] n (pej: = person) petit morveux * m, petite morveuse * f

Sr (abbrev of **Senior**) Sr

SRC [ˌesɑː'siː] n (Brit) **a** (abbrev of **Science Research Council**) ≃ CNRS m

b (abbrev of **students' representative council**) comité d'étudiants

Sri Lanka [ˌsriː'læŋkə] n le Sri Lanka

Sri Lankan [ˌsriː'læŋkən] **1** adj (gen) sri-lankais ; ambassador, embassy du Sri Lanka

2 n Sri-Lankais(e) m(f)

SRN [ˌesɑː'ren] n (Brit) (abbrev of **State-Registered Nurse**) → **state**

SS ['es'es] n **a** (abbrev of **steamship**) navire de la marine marchande britannique ✦ **SS Charminster** le Charminster

b (abbrev of **Saints**) St(e)s m(f)pl

c (= Nazi) SS m inv

SSA / stage

SSA [,eses'eɪ] n (US) (abbrev of Social Security Administration) → social

SSSI [,eseses'aɪ] n (Brit) (abbrev of Site of Special Scientific Interest) → site

St ① n a (abbrev of Street) rue f ◆ Churchill St rue Churchill
b (abbrev of Saint) St(e) ◆ St Peter saint Pierre ◆ St Anne sainte Anne
② COMP ▷ St John Ambulance n (Brit) association f bénévole de secouristes ▷ St Lawrence n (Geog = river) Saint-Laurent m ▷ St Lawrence Seaway n (Geog) voie f maritime du Saint-Laurent

st abbrev of stone(s)

stab [stæb] → SYN ① n a (with dagger/knife etc) coup m (de poignard/de couteau etc) ◆ a stab in the back (fig) un coup bas or déloyal ◆ a stab of pain un élancement ◆ a stab of remorse/grief un remords/une douleur lancinant(e)
b (* = attempt) to have or make a stab at (doing) sth s'essayer à (faire) qch ◆ I'll have a stab at it je vais tenter le coup
② vt (with knife etc) (= kill) tuer d'un coup de or à coups de couteau etc ; (= wound) blesser d'un coup de or à coups de couteau etc ; (= kill or wound with dagger) poignarder ◆ to stab sb with a knife frapper qn d'un coup de couteau, donner un coup de couteau à qn ◆ to stab sb to death tuer qn d'un coup de or à coups de couteau etc ◆ he was stabbed through the heart il a reçu un coup de couteau etc dans le cœur ◆ to stab sb in the back (lit, fig) poignarder qn dans le dos ◆ he stabbed his penknife into the desk il a planté son canif dans le bureau ◆ he stabbed the pencil through the map il a transpercé la carte d'un coup de crayon
③ vi ◆ he stabbed at the book with his finger il a frappé le livre du doigt
④ COMP ▷ stab-wound n coup m de poignard (or couteau etc) ; (= mark) trace f de coup de poignard (or couteau etc) ◆ to die of stab-wounds mourir poignardé

Stabat Mater ['stɑːbæt'mɑːtəʳ] n (Mus, Rel) Stabat Mater

stabbing ['stæbɪŋ] ① n agression f (à coups de couteau etc) ◆ there was another stabbing last night la nuit dernière une autre personne a été attaquée à coups de couteau etc
② adj gesture comme pour frapper ; sensation lancinant ◆ stabbing pain douleur f lancinante, élancement m

stabile ['steɪbaɪl] n (Art) stabile m

stability [stə'bɪlɪtɪ] → SYN n (NonC: gen) stabilité f ; [of marriage] solidité f

stabilization [,steɪbəlaɪ'zeɪʃən] n stabilisation f

stabilize ['steɪbəlaɪz] vt stabiliser

stabilizer ['steɪbəlaɪzəʳ] ① n (Aut, Naut, Aviat) stabilisateur m ; (in food) stabilisant m
② **stabilizers** npl (Brit) [of bicycle] stabilisateurs mpl
③ COMP ◆ stabilizer bar n (US Aut) barre f antiroulis, stabilisateur m

stable¹ ['steɪbl] → SYN adj (gen) stable ; marriage solide ; (Med) stationnaire, stable ◆ to be in a stable relationship avoir une relation stable ◆ he is not a very stable character il est plutôt instable ◆ to be in a serious but stable condition (Med) être dans un état grave mais stationnaire or stable ◆ sterling has remained stable against the franc la livre sterling est restée stable par rapport au franc

stable² ['steɪbl] ① n (= building) écurie f ; (also racing stable) écurie f (de courses) ◆ (riding) stable(s) centre m d'équitation, manège m ◆ another bestseller from the HarperCollins stable un nouveau best-seller qui sort de chez HarperCollins
② vt [+ horse] mettre dans une or à l'écurie
③ COMP ▷ stable-boy n garçon m or valet m d'écurie ▷ stable companion n (Brit) ⇒ stablemate ▷ stable door n (Prov) to shut or close the stable door after the horse has bolted or has gone prendre des précautions après coup ▷ stable fly n stomoxe m ▷ stable girl n valet m d'écurie ▷ stable lad n (Brit) lad m

stablemate ['steɪblmeɪt] n (= horse) compagnon m de stalle ; (fig = person) camarade mf d'études (or de travail etc)

staccato [stə'kɑːtəʊ] ① adv (Mus) staccato
② adj (Mus) notes piqué ; passage joué en staccato ; gunfire, voice, style saccadé

stack [stæk] → SYN ① n a (Agr) meule f ; [of rifles] faisceau m ; [of wood, books, papers] tas m, pile f ; (US) [of tickets] carnet m ◆ stacks * of un tas * de, plein * de ◆ I've got stacks * or a stack * of things to do j'ai des tas * de choses or plein * de choses à faire ◆ to have stacks * of money rouler sur l'or, être bourré de fric * ◆ we've got stacks * of time on a tout le temps ; → haystack
b (= group of chimneys) souche f de cheminée ; (on factory, boat etc) tuyau m de cheminée f
c (in library, bookshop) stacks rayons mpl, rayonnages mpl
d (Comput) pile f
② vt a (Agr) mettre en meule ; (also stack up) [+ books, wood] empiler, entasser ; [+ dishes] empiler ◆ the table was stacked with books la table était couverte de piles de livres ◆ she's well-stacked *‡ (hum) il y a du monde au balcon *
b [+ supermarket shelves] remplir ◆ she stacked the shelf with books (gen) elle a entassé des livres sur le rayon
c (= hold waiting) [+ incoming calls, applications etc] mettre en attente ; (Aviat) [+ aircraft] mettre en attente (à différentes altitudes)
d * (pej) to stack a jury composer un jury favorable ◆ he had stacked the committee with his own supporters il avait noyauté le comité en y plaçant ses partisans ◆ to stack the cards or (US) the deck tricher (en battant les cartes) ◆ the cards or odds are stacked against me tout joue contre moi

▶ **stack up** ① vi (US = measure, compare) se comparer (with, against à)
② vt sep (gen) empiler, entasser ; [+ wheat, barrels] gerber see also stack 2a

stadholder ['stæd,həʊldəʳ] n stathouder m

stadholderate ['stæd,həʊldə,rət], **stadholdership** ['stæd,həʊldəʃɪp] n stathoudérat m

stadia¹ ['steɪdɪə] (ptp of stadium)

stadia² ['steɪdɪə] n (= instrument) stadia m

stadium ['steɪdɪəm] n, pl stadiums or stadia ['steɪdɪə] stade m (sportif)

stadtholder ['stæd,həʊldəʳ] n ⇒ stadholder

stadtholderate ['stæd,həʊldə,rət], **stadtholdership** ['stæd,həʊldəʃɪp] n ⇒ stadholderate

staff¹ [stɑːf] → SYN ① n, pl staffs (= work force) (Comm, Ind) personnel m ; (Scol, Univ) personnel m enseignant, professeurs mpl ; (= servants) domestiques mfpl ; (Mil) état-major m ◆ a large staff un personnel etc nombreux ◆ to be on the staff faire partie du personnel ◆ we have 30 typists on the staff notre personnel comprend 30 dactylos ◆ 15 staff (gen) 15 employés ; (teachers) 15 professeurs or enseignants ◆ he's left our staff il nous a quittés, il est parti, il ne fait plus partie de notre personnel ◆ he joined our staff in 1984 il est entré chez nous en 1984, il a commencé à travailler chez nous en 1984 ◆ he's staff il fait partie du personnel ; → chief, editorial
② vt [+ school, hospital etc] pourvoir en personnel ◆ it is staffed mainly by immigrants le personnel se compose surtout d'immigrants ◆ the hotel is well-staffed l'hôtel est pourvu d'un personnel nombreux ; → overstaffed, short, understaffed
③ COMP ▷ staff association n association f du personnel, ≃ comité m d'entreprise ▷ staff canteen n (in firm etc) restaurant m d'entreprise, cantine f (des employés) ▷ staff college n (Mil) école f supérieure de guerre ▷ staff corporal n (Brit) ≃ adjudant m ▷ staff discount n remise f pour le personnel ▷ staff meeting n (Scol, Univ) conseil m des professeurs ▷ staff nurse n (Med) infirmier m, -ière f ▷ staff officer n (Mil) officier m d'état-major ▷ staff sergeant n (Brit, US Army) ≃ sergent-chef m ; (US Air Force) sergent m ▷ staff-student ratio n ⇒ staffing ratio ; ▷ staffing ▷ staff training n formation f du personnel

staff² [stɑːf] → SYN n, pl staves or staffs (liter = rod, pole) bâton m ; (longer) perche f ; (= walking stick) bâton m ; (shepherd's) houlette f ; (= weapon) bâton m, gourdin m ; (= symbol of authority) bâton m de commandement ; (Rel) crosse f, bâton m pastoral ; (also flagstaff) mât m ; †† [of spear, lance etc] hampe f ; (fig = support) soutien m ◆ a staff for my old age (fig) mon bâton de vieillesse ◆ bread is the staff of life le pain est l'aliment vital ou le soutien de la vie

staff³ [stɑːf] n, pl staves (Mus) portée f

staffed ['stɑːft] adj (permanently) où il y a du personnel en permanence

staffer ['stɑːfəʳ] n (esp US) (in journalism) membre m de la rédaction ; (in organization) membre m du personnel

staffing ['stɑːfɪŋ] ① n dotation f en personnel
② COMP problems etc de personnel ▷ **staffing officer** n (Can) agent m de dotation ▷ **staffing ratio** n (Scol etc) taux m d'encadrement ◆ the staffing ratio is good/bad le taux d'encadrement est élevé/faible

Staffordshire bull terrier ['stæfədʃəʳ] n (= dog) bull-terrier m or terrier m bull du Staffordshire

staffroom ['stɑːfrʊm] n (Scol, Univ) salle f des professeurs

Staffs abbrev of Staffordshire

stag [stæg] ① n a (= deer) cerf m ; (= other animal) mâle m
b (Brit St Ex) loup m
② adj a (= men only) event, evening entre hommes ◆ stag night or party (gen = men-only party) soirée f entre hommes ; (before wedding) enterrement m de la vie de garçon ◆ he's having a stag night or party il enterre sa vie de garçon ◆ the stag line (US) le coin des hommes seuls (dans une soirée)
b (US * = pornographic) film porno * inv ◆ stag show spectacle m porno
③ COMP ▷ **stag beetle** n cerf-volant m (Zool), lucane m ▷ **stag hunt(ing)** n chasse f au cerf

stage [steɪdʒ] → SYN ① n a (Theat = place) scène f ◆ the stage (= profession) le théâtre ◆ on (the) stage sur scène ◆ to come on stage entrer en scène ◆ to go on the stage monter sur la scène ; (as career) monter sur les planches, commencer à faire du théâtre ◆ on the stage as in real life à la scène comme à la ville ◆ she has appeared on the stage elle a fait du théâtre ◆ to write for the stage écrire des pièces de théâtre ◆ the book was adapted for the stage le livre a été adapté pour le théâtre or porté à la scène ◆ his play never reached the stage sa pièce n'a jamais été jouée ◆ to set the stage for sth (fig) préparer le terrain pour qch ◆ the stage is set for a memorable match tout annonce un match mémorable ◆ to hold the stage être le point de mire ◆ it was the stage of a violent confrontation cela a été le cadre or le théâtre de violents affrontements ; → downstage
b (= platform: in hall etc) estrade f ; (Constr = scaffolding) échafaudage m ; (also landing stage) débarcadère m ; [of microscope] platine f
c (= point, section) [of journey] étape f ; [of road, pipeline] section f ; [of rocket] étage m ; [of operation] étape f, phase f ; [of process, disease] stade m, phase f ◆ a four-stage rocket une fusée à quatre étages ◆ the second stage fell away le deuxième étage s'est détaché ◆ a critical stage une phase ou un stade critique ◆ the first stage of his career le premier échelon de sa carrière ◆ in stages par étapes, par degrés ◆ by stages travel par étapes ◆ in or by easy stages travel par petites étapes ; study par degrés ◆ stage by stage étape par étape ◆ the reform was carried out in stages la réforme a été appliquée en plusieurs étapes or temps ◆ in the early stages au début ◆ at an early stage in its history vers le début de son histoire ◆ at this stage in the negotiations à ce point or à ce stade des négociations ◆ what stage is your project at? à quel stade or où en est votre projet ? ◆ it has reached the stage of being translated c'en est au stade de la traduction ◆ we have reached a stage where ... nous (en) sommes arrivés à un point or à un stade où ... ◆ the child has reached the talking stage l'enfant en est au stade où il commence à parler ◆ he's going through a difficult stage il passe par une période difficile ◆ it's just a stage in his development ce n'est qu'une phase ou un stade dans son développement ; → fare
d (also stagecoach) diligence f

stagecoach / stalk

2 vt (Theat) monter, mettre en scène ◆ **they staged an accident/a reconciliation** (= organize) ils ont organisé un accident/une réconciliation ; (= feign) ils ont monté un accident/ fait semblant de se réconcilier ◆ **they staged a demonstration** (= organize) ils ont organisé une manifestation ; (= carry out) ils ont manifesté ◆ **to stage a strike** (= organize) organiser une grève ; (= go on strike) faire la grève ◆ **that was no accident, it was staged** ce n'était pas un accident, c'était un coup monté

3 COMP ▷ **stage designer** n décorateur m, -trice f de théâtre ▷ **stage direction** n (= instruction) indication f scénique ; (NonC) (= art, activity) (art m de la) mise f en scène ▷ **stage director** n metteur m en scène ▷ **stage door** n entrée f des artistes ▷ **stage effect** n effet m scénique ▷ **stage fright** n trac * m ▷ **stage left** n côté m cour ▷ **stage-manage** vt [+ play, production] s'occuper de la régie de ; (fig) [+ event, confrontation etc] mettre en scène, orchestrer ▷ **stage manager** n (Theat) régisseur m ▷ **stage name** n nom m de scène ▷ **stage play** n (Theat) pièce f de théâtre ▷ **stage production** n production f théâtrale ▷ **stage race** n (Sport) course f par étapes ▷ **stage right** n côté m jardin ▷ **stage set** n (Theat) décor m ▷ **stage show** n spectacle m ▷ **stage production** n ▷ **stage-struck** adj **to be stage-struck** brûler d'envie de faire du théâtre ▷ **stage whisper** n (fig) aparté m ◆ **in a stage whisper** en aparté

stagecoach ['steɪdʒkəʊtʃ] n diligence f ◆ "Stagecoach" (Cine) "La Chevauchée fantastique"

stagecraft ['steɪdʒkrɑːft] n (NonC: Theat) technique f de la scène

stagehand ['steɪdʒhænd] n machiniste m

stager ['steɪdʒəʳ] n ◆ **old stager** vétéran m, vieux routier m

stagey ['steɪdʒɪ] adj ⇒ **stagy**

stagflation [stæg'fleɪʃən] n (Econ) stagflation f

stagger ['stæɡəʳ] → SYN **1** vi chanceler, tituber ◆ **he staggered to the door** il est allé à la porte d'un pas chancelant or titubant ◆ **to stagger along/in/out** etc avancer/entrer/sortir etc en chancelant or titubant ◆ **he was staggering about** il se déplaçait en chancelant or titubant, il vacillait sur ses jambes

2 vt **a** (= amaze) stupéfier, renverser ; (= horrify) atterrer ◆ **this will stagger you** tu vas trouver cela stupéfiant or renversant ◆ **I was staggered to learn that ...** (= amazed) j'ai été absolument stupéfait d'apprendre que ... ; (= horrified) j'ai été atterré d'apprendre que ...

b [+ spokes, objects] espacer ; [+ visits, payments] échelonner ; [+ holidays] étaler ◆ **they work staggered hours** leurs heures de travail sont étalées or échelonnées ◆ **staggered start** (Sport) départ m décalé

3 n allure f chancelante or titubante

4 **staggers** npl (Vet) vertigo m

staggering ['stæɡərɪŋ] **1** adj **a** (= astounding) number, amount, losses, success, news stupéfiant, ahurissant ; increase stupéfiant

b (= powerful) (lit) **staggering blow** coup m de massue ◆ **to be a staggering blow (to sb/sth)** (fig) être un coup de massue (pour qn/qch)

2 n **a** (= action) démarche f chancelante or titubante

b [of hours, visits etc] échelonnement m ; [of holidays] étalement m

staggeringly ['stæɡərɪŋlɪ] adv difficult extraordinairement ◆ **staggeringly beautiful** d'une beauté stupéfiante ◆ **the team's staggeringly bad performance** la prestation extrêmement décevante de l'équipe ◆ **staggeringly high prices** des prix exorbitants

staghound ['stæɡhaʊnd] n espèce de fox-hound

staging ['steɪdʒɪŋ] **1** n **a** (= scaffolding) (plateforme f d')échafaudage m

b (Theat: of play) mise f en scène

c (Space) largage m (d'un étage de fusée)

2 COMP ▷ **staging post** n (Mil, also gen) relais m, point m de ravitaillement

stagnancy ['stæɡnənsɪ] n stagnation f

stagnant ['stæɡnənt] → SYN adj water stagnant ; pond à l'eau stagnante ; air confiné ; mind inactif ; economy, market, business, output, society stagnant ◆ **stagnant growth** stagnation f

stagnate [stæɡ'neɪt] → SYN vi [water] être stagnant, croupir ; (fig) [business] stagner, être dans le marasme ; [person] stagner, croupir ; [mind] être inactif

stagnation [stæɡ'neɪʃən] n stagnation f

stagy ['steɪdʒɪ] adj (pej) appearance, diction, mannerisms théâtral ; person cabotin

staid [steɪd] → SYN adj (pej) person, appearance collet monté inv ; behaviour, place, community sclérosé ; image guindé ; car, suit très ordinaire

staidness ['steɪdnɪs] n (pej) [of person, appearance] aspect m collet monté ; [of institution, community] sclérose f ; [of place, behaviour] caractère m sclérosé ; [of image] caractère m guindé ; [of car, suit] caractère m très ordinaire

stain [steɪn] → SYN **1** n **a** (lit, fig = mark) tache f (on sur) ◆ **blood/grease stain** tache f de sang/graisse ◆ **without a stain on his character** sans une tache à sa réputation

b (= colouring) colorant m ◆ **wood stain** couleur f pour bois

2 vt (= mark, soil) tacher ; (fig) [+ reputation] ternir, entacher ; [+ career] porter atteinte à, nuire à ◆ **stained with blood** taché de sang

b (= colour) [+ wood] teinter, teindre ; [+ glass] colorer

3 vi ◆ **this material will stain** ce tissu se tache facilement or est très salissant

4 COMP ▷ **stained glass** n (= substance) verre m coloré ; (= windows collectively) vitraux mpl ▷ **stained-glass window** n vitrail m, verrière f ▷ **stain remover** n détachant m ▷ **stain resistant** adj antitaches

-stained [steɪnd] adj (in compounds) ◆ **grease-stained** taché de graisse ◆ **nicotine-stained** taché par la nicotine or le tabac ◆ **oil-stained** taché d'huile ; see also **bloodstained, tear²**

stainless ['steɪnlɪs] **1** adj sans tache, pur

2 COMP ▷ **stainless steel** n acier m inoxydable, inox m

stair [stɛəʳ] **1** n (= step) marche f ; (also **stairs, flight of stairs**) escalier m ◆ **to pass sb on the stair(s)** rencontrer qn dans l'escalier ◆ **below stairs** à l'office

2 COMP carpet d'escalier ▷ **stair rod** n tringle f d'escalier

staircase ['stɛəkeɪs] n escalier m ; → **moving, spiral**

stairway ['stɛəweɪ] n escalier m

stairwell ['stɛəwel] n cage f d'escalier

stake [steɪk] → SYN **1** n **a** (for fence, tree) pieu m, poteau m ; (as boundary mark) piquet m, jalon m ; (for plant) tuteur m ; (Hist) bûcher m ◆ **to die** or **be burnt at the stake** mourir sur le bûcher ◆ **I would go to the stake to defend their rights** (Brit) je serais prêt à mourir pour défendre leurs droits ◆ **to pull up stakes *** (US) déménager

b (Betting) enjeu m ; (fig = share) intérêt m ◆ **stakes** (= horse-race) course f de chevaux ◆ **the Newmarket stakes** (Racing) le Prix de Newmarket ◆ **to play for high stakes** (lit, fig) jouer gros jeu ◆ **to raise the stakes** (fig) faire monter les enchères ◆ **to have a stake in sth** avoir des intérêts dans qch ◆ **he has got a stake in the success of the firm** il est intéressé matériellement or financièrement au succès de l'entreprise ◆ **Britain has a big stake in North Sea oil** la Grande-Bretagne a de gros investissements or a engagé de gros capitaux dans le pétrole de la mer du Nord

◆ **at stake** ◆ **the issue at stake** ce dont il s'agit, ce qui est en jeu, ce qui se joue ici ◆ **our future is at stake** notre avenir est en jeu, il s'agit de or il y va de notre avenir ◆ **there is a lot at stake** l'enjeu est considérable, il y a gros à perdre ◆ **there is a lot at stake for him** il a gros à perdre ◆ **he has got a lot at stake** il joue gros jeu, il risque gros, il a misé gros

2 vt **a** [+ territory, area] marquer or délimiter (avec des piquets etc) ; [+ path, line] marquer, jalonner ; [+ claim] établir ◆ **to stake one's claim to sth** revendiquer qch, établir son droit à qch

b (also **stake up**) [+ fence] soutenir à l'aide de poteaux or de pieux ; [+ plants] mettre un tuteur à, soutenir à l'aide d'un tuteur

c (= bet) [+ money, jewels etc] jouer, miser (on sur) ; [+ one's reputation, life] risquer, jouer (on sur) ◆ **he staked everything** or **his all on the committee's decision** il a joué le tout pour le tout or il a joué son va-tout sur la décision du comité ◆ **I'd stake my life on it** j'en mettrais ma tête à couper

d (= back financially) [+ show, project, person] financer, soutenir financièrement

▶ **stake out** **1** vt sep **a** [+ piece of land] marquer or délimiter (avec des piquets etc) ; [+ path, line] marquer, jalonner ; (fig) [+ section of work, responsibilities etc] s'approprier, se réserver ◆ **to stake out a position as ...** (fig) se tailler une position de ...

b (Police) [+ person, house] mettre or garder sous surveillance, surveiller

2 **stakeout** n → **stakeout**

stakeholder ['steɪkhəʊldəʳ] n (Betting) dépositaire mf d'enjeux

stakeout ['steɪkaʊt] n (Police) surveillance f ◆ **to be on a stakeout** effectuer une surveillance

Stakhanovism [stæ'kænəvɪzəm] n (Hist) stakhanovisme m

Stakhanovite [stæ'kænəvaɪt] adj, n (Hist) stakhanoviste mf

stalactite ['stæləktaɪt] n stalactite f

stalag ['stælæɡ] n (Hist) stalag m

stalagmite ['stæləɡmaɪt] n stalagmite f

stale [steɪl] → SYN **1** adj **a** (= not fresh) food qui n'est plus frais (fraîche f) ; bread, cake rassis (rassie f) ; biscuit vieux (vieille f) ; cheese desséché, pain, perfume éventé ; air confiné ; breath, sweat, urine fétide ◆ **to smell of stale cigarette smoke** sentir le tabac froid ◆ **to go stale** [bread, cake] rassir ; [biscuit] s'abîmer ; [beer] s'éventer ◆ **to smell stale** [room] sentir le renfermé

b person qui a perdu tout enthousiasme, las (lasse f) ; idea, joke éculé ; news dépassé ◆ **to become stale** [person] perdre tout enthousiasme ; [relationship] s'étioler ; [situation] stagner

c (Fin) **stale cheque** chèque m prescrit

2 vi (liter) [pleasures etc] perdre de sa (or leur) fraîcheur or nouveauté

stalemate ['steɪlmeɪt] **1** n (Chess) pat m ; (fig) impasse f ◆ **the discussions have reached stalemate** les discussions sont dans l'impasse ◆ **the stalemate is complete** c'est l'impasse totale ◆ **to break the stalemate** sortir de l'impasse

2 vt (Chess) faire pat inv ; (fig) [+ project] contrecarrer ; [+ adversary] paralyser, neutraliser

stalemated ['steɪlmeɪtɪd] adj discussions au point mort (on sth en ce qui concerne qch), dans l'impasse (on sth en ce qui concerne qch) ; project au point mort

staleness ['steɪlnɪs] n (NonC) **a** (= lack of freshness) [of food] manque m de fraîcheur ; [of air] mauvaise qualité f ; [of breath, sweat, urine] mauvaise odeur f

b [of person] manque m d'enthousiasme ; [of news, situation] manque m de fraîcheur ; [of relationship] étiolement m

Stalin ['stɑːlɪn] n Staline m

Stalinism ['stɑːlɪnɪzəm] n stalinisme m

Stalinist ['stɑːlɪnɪst] **1** n stalinien(ne) m(f)

2 adj stalinien

stalk¹ [stɔːk] → SYN **1** n [of plant] tige f ; [of fruit] queue f ; [of cabbage] trognon m ; (Zool) pédoncule m ◆ **his eyes were out on stalks *** il ouvrait des yeux ronds, il écarquillait les yeux

2 COMP ▷ **stalk-eyed** adj (Zool) aux yeux pédonculés

stalk² [stɔːk] → SYN **1** vt **a** [+ game, prey] traquer ; [+ victim] suivre partout ; [+ suspect] filer

b **to stalk the streets/town** etc [fear, disease, death] régner dans les rues/la ville etc

2 vi ◆ **to stalk in/out/off** etc entrer/sortir/ partir etc d'un air digne or avec raideur ◆ **he stalked in haughtily/angrily/indignantly** il est entré d'un air arrogant/furieux/indigné

3 COMP ▷ **stalking-horse** n (fig) prétexte m ◆ **I've no intention of standing as a stalking-horse candidate** (Pol) je n'ai aucunement l'intention de me présenter comme candidat bidon *

stalker ['stɔːkər] n ◆ **she complained of being followed by a stalker** elle s'est plainte d'un désaxé qui la suit partout

stalking ['stɔːkɪŋ] n (Jur) traque f (forme de harcèlement sexuel pathologique consistant à suivre partout sa victime)

stall [stɔːl] **1** n **a** (in stable, cowshed) stalle f ◆ **(starting) stalls** (Racing) stalles fpl de départ **b** (in market, street, at fair) éventaire m, boutique f (en plein air) ; (in exhibition) stand m ◆ **newspaper/flower stall** kiosque m à journaux/de fleuriste ◆ **bookstall** petite librairie f ◆ **coffee stall** buvette f ◆ **to set out one's stall** (fig) définir ses objectifs ◆ **to set out one's stall to achieve sth** faire en sorte d'arriver à qch
c (Brit Theat) [fauteuil m d']orchestre m ◆ **the stalls** l'orchestre m
d (in showers etc) cabine f ; (in church) stalle f ; → **choir**
e (US: in car park) place f, emplacement m
f (= finger stall) doigtier m
g (Aut) fait m de caler ◆ **in a stall** (US fig) au point mort
2 vi **a** [car, engine, driver] caler ; [aircraft] être en perte de vitesse, décrocher
b (fig) **to stall (for time)** essayer de gagner du temps, atermoyer ◆ **he managed to stall until ...** il a réussi à trouver des faux-fuyants jusqu'à ce que ... ◆ **stop stalling!** cesse de te dérober !
3 vt **a** (Aut) [+ engine, car] caler ; (Aviat) causer une perte de vitesse or un décrochage à ◆ **to be stalled** [car] avoir calé ; (fig) [project etc] être au point mort
b [+ person] tenir à distance ◆ **I managed to stall him until ...** j'ai réussi à le tenir à distance or à gagner du temps jusqu'à ce que ... ◆ **try to stall him for a while** essaie de gagner du temps
4 COMP ▷ **stall-fed** adj (Agr) engraissé à l'étable

stallholder ['stɔːlhəʊldər] n marchand(e) m(f) (à l'étal) ; (at fair) forain(e) m(f) ; (at exhibition) exposant(e) m(f)

stallion ['stæljən] n étalon m (cheval)

stalwart ['stɔːlwət] → SYN **1** adj **a** (= dependable) person loyal ; supporter, ally inconditionnel ; work exemplaire
b (= sturdy) person vigoureux, robuste
2 n brave homme m (or femme f) ; [of party etc] fidèle mf, pilier m

stamen ['steɪmen] n, pl **stamens** or **stamina** ['stæmɪnə] (Bot) étamine f

stamina ['stæmɪnə] → SYN n (NonC) (physical) résistance f, endurance f ; (intellectual) vigueur f ; (moral) résistance f, endurance f ◆ **he's got stamina** il est résistant, il a de l'endurance ; see also **stamen**

staminal ['stæmɪnəl] adj staminal

staminate ['stæmɪnɪt] adj staminifère

stammer ['stæmər] → SYN **1** n bégaiement m, balbutiement m ; (Med) bégaiement m ◆ **to have a stammer** bégayer, être bègue
2 vi bégayer, balbutier ; (Med) bégayer, être bègue
3 vt (also **stammer out**) [+ name, facts] bégayer, balbutier ◆ **to stammer (out) a reply** bégayer or balbutier une réponse, répondre en bégayant or balbutiant ◆ **"n-not t-too m-much"** he stammered "p-pas t-trop" bégaya-t-il

stammerer ['stæmərər] n bègue mf

stammering ['stæmərɪŋ] **1** n (NonC) bégaiement m, balbutiement m ; (Med) bégaiement m
2 adj person (from fear, excitement) bégayant, balbutiant ; (Med) bègue ; answer bégayant, hésitant

stammeringly ['stæmərɪŋlɪ] adv en bégayant, en balbutiant

stamp [stæmp] → SYN **1** n **a** timbre m ; (= postage stamp) timbre(-poste) m ; (= fiscal stamp, revenue stamp) timbre m (fiscal) ; (= savings stamp) timbre(-épargne) m ; (= trading stamp) timbre(-prime) m ◆ **(National) Insurance stamp** cotisation f à la Sécurité sociale ◆ **to put** or **stick a stamp on a letter** coller un timbre sur une lettre, timbrer une lettre ◆ **used/unused stamp** timbre m oblitéré/non oblitéré
b (= implement) (for metal) étampe f, poinçon m ; (= rubber stamp) timbre m, tampon m ; (= date stamp) timbre dateur m
c (= mark, impression) (on document) cachet m ; (on metal) empreinte f, poinçon m ; (Comm = trademark) estampille f ◆ **look at the date stamp** regardez la date sur le cachet ◆ **here's his address stamp** voici le cachet indiquant son adresse ◆ **it's got a receipt stamp on it** il y a un cachet accusant paiement ◆ **he gave the project his stamp of approval** il a approuvé le projet ◆ **the stamp of genius/truth** la marque or le sceau du génie/de la vérité ◆ **men of his stamp** des hommes de sa trempe or de son envergure ou de son acabit (pej)
d [of foot] (from cold) battement m de pied ; (from rage) trépignement m ◆ **with a stamp (of his foot)** en tapant du pied
2 vt **a** **to stamp one's foot** taper du pied ◆ **to stamp one's feet** (in rage) trépigner ; (in dance) frapper du pied ; (to keep warm) battre la semelle ◆ **he stamped the peg into the ground** il a tapé du pied sur le piquet pour l'enfoncer en terre
b (= stick a stamp on) [+ letter, parcel] timbrer, affranchir ; [+ savings book, insurance card] timbrer, apposer un or des timbre(s) sur ; (= put fiscal stamp on) timbrer ◆ **this letter is not sufficiently stamped** cette lettre n'est pas suffisamment affranchie
c (= mark with stamp) tamponner, timbrer ; [+ passport, document] viser ; [+ metal] estamper, poinçonner ◆ **to stamp a visa on a passport** apposer un visa sur un passeport ◆ **to stamp the date on a form, to stamp a form with the date** apposer la date sur un formulaire (avec un timbre dateur) ◆ **he stamped a design on the metal** il a estampillé le métal d'un motif ◆ **to stamp sth on one's memory** graver qch dans sa mémoire ◆ **his accent stamps him as (a) Belgian** son accent montre bien or indique bien qu'il est belge ◆ **to stamp o.s. on sth** laisser sa marque or son empreinte sur qch ; → **die²**
3 vi **a** taper du pied, trépigner ; [horse] piaffer ◆ **he stamped on my foot** il a fait exprès de me marcher sur le pied ◆ **he stamped on the burning wood** il a piétiné les tisons, il a éteint les tisons du pied ◆ **to stamp on a suggestion** rejeter une suggestion
b (angrily) **to stamp in/out** etc entrer/sortir etc en tapant du pied ◆ **to stamp about** or **around** (angrily) taper du pied ; (to keep warm) battre la semelle
4 COMP ▷ **Stamp Act** n (Hist) loi f sur le timbre ▷ **stamp album** n album m de timbres(-poste) ▷ **stamp-book** n carnet m de timbres(-poste) ▷ **stamp collecting** n (NonC) philatélie f ▷ **stamp collection** n collection f de timbres(-poste) ▷ **stamp collector** n collectionneur m, -euse f de timbres(-poste), philatéliste mf ▷ **stamp dealer** n marchand(e) m(f) de timbres (-poste) ▷ **stamp duty** n droit m de timbre ▷ **stamped addressed envelope** n (Brit) enveloppe f affranchie à son nom et adresse ◆ **I enclose a stamped addressed envelope (for your reply)** veuillez trouver ci-joint une enveloppe affranchie pour la réponse ▷ **stamping ground** * n (fig) lieu m favori, royaume m ▷ **stamp machine** n distributeur m (automatique) de timbres (-poste)

▶ **stamp down** vt sep [+ peg etc] enfoncer du pied ; (fig) [+ rebellion] écraser, étouffer ; [+ protests] refouler

▶ **stamp out** vt sep **a** [+ fire] piétiner, éteindre en piétinant ; [+ cigarette] écraser sous le pied ; (fig) [+ rebellion] enrayer, juguler ; [+ custom, belief, tendency] déraciner, détruire
b [+ coin etc] frapper ; [+ design] découper à l'emporte-pièce
c [+ rhythm] marquer en frappant du pied

stampede [stæmˈpiːd] → SYN **1** n (aimless) [of animals] débandade f, fuite f précipitée ; [of people] sauve-qui-peut m inv ; [of retreating troops] débâcle f, déroute f ; (fig: with purpose = rush) ruée f ◆ **there was a stampede for the door** ils se sont précipités or rués vers la porte ◆ **he got knocked down in the stampede for seats** il a été renversé dans la ruée vers les sièges
2 vi [animals, people] s'enfuir en désordre or à la débandade (from de), fuir en désordre or à la débandade (towards vers) ; (fig = rush) se ruer (for sth pour obtenir qch) ◆ **to stampede for the door** se ruer vers la porte
3 vt [+ animals, people] jeter la panique parmi ◆ **they stampeded him into agreeing** il a accepté parce qu'ils ne lui ont pas laissé le temps de la réflexion ◆ **we mustn't let ourselves be stampeded** il faut que nous prenions (subj) le temps de réfléchir

stance [stæns] → SYN n (lit, fig) position f ; (Climbing) relais m ; (bus) stance m ◆ **to take up a stance** (lit) prendre place or position ; (fig) prendre position (on sur ; against contre)

stanch [stɑːntʃ] vt ⇒ **staunch¹**

stanchion ['stɑːnʃən] n (as support) étançon m, étai m ; (for cattle) montant m

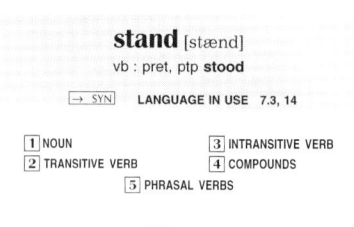

stand [stænd]
vb : pret, ptp **stood**

→ SYN   LANGUAGE IN USE 7.3, 14

1 NOUN	**3** INTRANSITIVE VERB
2 TRANSITIVE VERB	**4** COMPOUNDS
	5 PHRASAL VERBS

1 NOUN

a = position : lit, fig position f ◆ **to take (up) one's stand** (lit) prendre place or position ; (fig) prendre position (on sur, against contre) ◆ **he took (up) his stand beside me** il s'est placé or mis à côté de moi, il a pris position à côté de moi ◆ **I admired the firm stand he took on that point** j'ai admiré sa fermeté sur cette question ◆ **I make my stand upon these principles** je me base sur ces principes ◆ **to make** or **take a stand against sth** (fig = fight) lutter contre qch ◆ **we must take a stand against racism** nous devons lutter contre le racisme ◆ **they turned and made a stand** (Mil) ils ont fait volte-face et se sont défendus ◆ **the stand of the Australians at Tobruk** (Mil) la résistance des Australiens à Tobrouk ◆ **Custer's last stand** le dernier combat de Custer

b also taxi stand station f (de taxis)

c Comm : for displaying goods étal m, étalage m ; (also **newspaper stand**) kiosque m à journaux ; (= market stall) étal m (étals pl), éventaire m ; (at exhibition, funfair, trade fair) stand m

d = seating area tribune f ◆ **I've got a ticket for the stand(s)** j'ai une tribune, j'ai un billet de tribune(s)

e = witness stand barre f ◆ **to take the stand** venir à la barre

f = holder, support (for plant, bust etc) guéridon m ; (for lamp) pied m (de lampe) ; (= hat stand) porte-chapeaux m inv ; (= coat stand) portemanteau m ; (= music stand) pupitre m à musique

g of trees bouquet m, bosquet m ◆ **a stand of grass** une étendue d'herbe

h Cricket **the stand between Gooch and Hussein** le nombre de points que Gooch et Hussein ont marqué

i ⇒ **standstill**

2 TRANSITIVE VERB

a = place [+ object] mettre ◆ **stand the plant in a sunny spot** mettez cette plante dans un endroit ensoleillé ◆ **he stood the child on the chair** il a mis l'enfant debout sur la chaise ◆ **to stand sth (up) against a wall** mettre qch debout contre le mur ◆ **to stand sth on its end** mettre qch debout

b = tolerate [+ heat, pain, criticism, insolence, attitude] supporter ◆ **I can't stand it any longer** (pain etc) je ne peux plus le supporter ; (boredom etc) j'en ai assez, j'en ai par-dessus la tête ✱ ◆ **I can't stand (the sight of) her** je ne peux pas la supporter or la sentir ✱ or la voir ✱ ◆ **she can't stand being laughed at** elle ne supporte pas qu'on se moque (subj) d'elle ◆ **I can't stand gin/Wagner/wet weather** je déteste le gin/Wagner/la pluie

c = withstand [+ pressure, metal] supporter, résister à ◆ **she stood the journey quite well** elle a bien supporté le voyage ◆ **these shoes won't stand much wear** ces chaussures ne vont pas faire beaucoup d'usage ◆ **it won't stand close examination** cela ne résistera pas à un examen approfondi ◆ **that doll won't stand much more of that treatment** cette poupée ne va pas faire long feu à ce rythme-là

d [* = pay for] payer, offrir ◆ **to stand sb a drink** offrir un verre à qn, payer un pot à qn * ◆ **he stood the next round of drinks** il a payé la tournée suivante ◆ **to stand sb a meal** inviter qn au restaurant ◆ **to stand the cost of sth** payer qch ◆ **they agreed to stand the cost of my course** ils ont accepté de payer mon stage

3 INTRANSITIVE VERB

a [= be upright : also **stand up**] [person, animal] être or se tenir debout ◆ **he is too weak to stand** il est trop faible pour se tenir debout or tenir sur ses jambes ◆ **my niece has just learnt to stand** ça ne fait pas longtemps que ma nièce sait se tenir debout ◆ **we had to stand as far as Calais** nous avons dû rester debout or voyager debout jusqu'à Calais ◆ **you must stand (up)** or **stay standing (up) till the music stops** vous devez rester debout jusqu'à ce que la musique s'arrête (subj) ◆ **stand (up) straight!** tiens-toi droit ! ◆ **we couldn't get the tent to stand (up)** nous n'arrivions pas à monter la tente or à faire tenir la tente debout ◆ **the post must stand upright** le poteau doit être bien droit ◆ **the house is still standing** la maison est encore debout or est toujours là ◆ **not much still stands of the walls** il ne reste plus grand-chose des murs ◆ **not a stone was left standing in the old town** la vieille ville a été complètement détruite

◆ **to stand or fall** ◆ **the project will stand or fall by ...** le succès du projet repose sur ... ◆ **I stand or fall by this** il en va de ma réputation

b [= rise : also **stand up**] se lever ◆ **all stand!** levez-vous s'il vous plaît ! ◆ **to stand (up) and be counted** (fig) déclarer ouvertement sa position

c [= stay, stand still] rester (debout) ◆ **we stood talking for an hour** nous sommes restés debout à bavarder pendant une heure ◆ **don't just stand there, do something!** ne reste pas là à ne rien faire or les bras ballants ! ◆ **stand over there till I'm ready** mets-toi or reste là-bas jusqu'à ce que je sois prêt ◆ **I left him standing on the bridge** je l'ai laissé sur le pont ◆ **they stood patiently in the rain** ils attendaient patiemment sous la pluie ◆ **he left the others standing** (fig) il dépassait les autres de la tête et des épaules (fig) ◆ **stand and deliver!** la bourse ou la vie !

d [= be positioned, be] [person] être, se tenir ; [object, vehicle, tree] être, se trouver ; [town, building] se trouver ◆ **he stood there ready to shoot** il était or se tenait là, prêt à tirer ◆ **the man standing over there** cet homme là-bas ◆ **I like to know where I stand** (fig) j'aime savoir où j'en suis ◆ **where do you stand with him?** où en êtes-vous avec lui ? ◆ **as things stand at the moment** dans l'état actuel des choses ◆ **how do things stand between them?** comment ça va entre eux ? ◆ **how do things** or **matters stand?** où en sont les choses ?

◆ **to stand** + preposition ◆ **three chairs stood against the wall** il y avait trois chaises contre le mur ◆ **nothing stands between you and success** rien ne s'oppose à votre réussite ◆ **this is all that stands between him and ruin** sans cela il aurait déjà fait faillite ◆ **he stood in the doorway** il était debout dans l'embrasure de la porte ◆ **they stood in a circle around the grave** ils se tenaient en cercle autour de la tombe ◆ **tears stood in her eyes** elle avait les larmes aux yeux ◆ **the village stands in the valley** le village se trouve or est (situé) dans la vallée ◆ **the house stands in its own grounds** la maison est entourée d'un parc ◆ **a lamp stood in the middle of the table** il y avait une lampe au milieu de la table ◆ **where do you stand on this question?** quelle est votre position sur cette question ? ◆ **beads of perspiration stood on his brow** des gouttes de sueur perlaient sur son front ◆ **he was standing over the stove, stirring a sauce** il était penché au-dessus du fourneau, occupé à remuer une sauce ◆ **she looked up to see Faith standing over her** elle leva les yeux et vit que Faith se tenait près d'elle ; see also **5**

◆ **to stand in the way** ◆ **to stand in sb's way** bloquer or barrer le passage à qn ; (fig) se mettre en travers du chemin de qn ◆ **I won't stand in your way** je ne me mettrai pas en travers de votre chemin, je ne vous ferai pas obstacle ◆ **nothing now stands in our way** maintenant la voie est libre ◆ **his age stands in his way** son âge est un handicap ◆ **to stand in the way of sth** faire obstacle à qch ◆ **to stand in the way of progress** faire obstacle au progrès

◆ **to stand to do sth** ◆ **to stand to lose** risquer de perdre ◆ **the managers stand to gain millions if the company is sold** les directeurs devraient gagner des millions si l'entreprise est vendue ◆ **he stands to make a fortune on it** ça va sans doute lui rapporter une fortune

◆ **to stand** + past participle/adjective/adverb ◆ **the car stood abandoned by the roadside** la voiture était abandonnée au bord de la route ◆ **to stand accused of murder** être accusé de meurtre ◆ **he stands alone in this matter** personne ne partage son avis sur cette question ◆ **this stands alone** c'est unique en son genre ◆ **to stand clear** s'écarter, se tenir à distance ◆ **stand clear of the doors!** ≃ attention, fermeture des portes ! ◆ **to stand convicted of manslaughter** être condamné pour homicide ◆ **I stand corrected** je reconnais mon erreur ◆ **to stand opposed to sth** être opposé à qch, s'opposer à qch ◆ **they were standing ready to leave** ils se tenaient prêts à partir ◆ **the record stands unbeaten** le record n'a pas encore été battu ◆ **to stand well with sb** être bien vu de qn

e [= tread] marcher ◆ **you're standing on my foot** tu me marches sur le pied ◆ **he stood on the beetle** il a marché sur or écrasé le scarabée ◆ **to stand on the brakes** piler *

f [= measure] [person] faire, mesurer ; [building, tree] faire ◆ **he stands over six feet in his socks** il mesure or fait plus de 1 mètre 80 sans chaussures ◆ **the tree stands 30 metres high** l'arbre fait 30 mètres de haut

g [= be mounted, based] [statue etc] reposer (*on* sur) ; [argument, case] reposer, être basé (*on* sur) ◆ **the lamp stands on an alabaster base** la lampe a un pied d'albâtre

h [= be at the moment, have reached] **to stand at** [thermometer, clock] indiquer ; [price, value] s'élever à ; [score] être de ◆ **you must accept the offer as it stands** cette offre n'est pas négociable ◆ **the record stood at four minutes for several years** pendant plusieurs années le record a été de quatre minutes ◆ **sales stand at 5% up on last year** les ventes sont en hausse de 5 % par rapport à l'année dernière ◆ **to have £500 standing to one's account** (Banking) avoir 500 livres sur son compte ◆ **the amount standing to your account** le solde de votre compte, la somme que vous avez sur votre compte

i [= remain undisturbed, unchanged] [liquid, mixture, dough] reposer ; [tea, coffee] infuser ◆ **the offer/agreement still stands** l'offre/l'accord tient toujours ◆ **the objection still stands** l'objection demeure ◆ **they agreed to let the regulation stand** ils ont décidé de ne rien changer au règlement

j [Brit Parl = be candidate] se présenter, être candidat ◆ **he stood for Neath** il s'est présenté or il était candidat à Neath ◆ **to stand against sb in an election** se présenter contre qn à des élections ◆ **to stand for election** se présenter or être candidat aux élections ◆ **to stand for re-election** se représenter ◆ **he stood for the council but wasn't elected** il était candidat au poste de conseiller municipal mais n'a pas été élu

k [Naut] **to stand (out) to sea** (= move) mettre le cap sur le large ; (= stay) être or rester au large

4 COMPOUNDS

▷ **stand-alone** adj system autonome, indépendant ▷ **stand-by** n → **stand-by** ▷ **stand-in** n remplaçant(e) m(f) ; (Cine) doublure f ▷ **stand-off** n **a** (= pause : in negotiations etc) temps m d'arrêt **b** (= stalemate) impasse f **c** (= counterbalancing situation) contrepartie f ▷ **stand-off half** n (Rugby) demi m d'ouverture ▷ **stand-offish** adj → **stand-offish** ▷ **stand-to** n (Mil) alerte f ▷ **stand-up** adj → **stand-up**

5 PHRASAL VERBS

► **stand about, stand around** vi rester là ◆ **don't stand about doing nothing!** ne reste pas là à ne rien faire ! ◆ **they were standing about wondering what to do** ils restaient là à se demander ce qu'ils pourraient bien faire ◆ **they kept us standing about for hours** ils nous ont fait attendre debout pendant des heures

► **stand aside** vi s'écarter, se pousser ◆ **he stood aside to let me pass** il s'est écarté pour me laisser passer ◆ **stand aside!** écartez-vous ! ◆ **to stand aside in favour of sb** laisser la voie libre à qn, ne pas faire obstacle à qn ◆ **to stand aside from something** (fig) rester en dehors de qch, ne pas se mêler de qch

► **stand back** vi (= move back) reculer, s'écarter ; (fig) prendre du recul ◆ **you must stand back and get the problem into perspective** il faut que vous preniez (subj) **du recul pour voir le problème dans son ensemble** ◆ **the farm stands back from the road** la ferme est en retrait de la route

► **stand by**

1 vi **a** (pej = be onlooker) rester là (à ne rien faire) ◆ **how could you stand (idly) by while they attacked him?** comment avez-vous pu rester sans rien faire alors qu'ils l'attaquaient ? ◆ **we will not stand (idly) by and let democracy be undermined** nous n'allons pas laisser attaquer la démocratie sans rien faire

b (= be ready for action) [troops] être en état d'alerte ; [person, ship, vehicle] être or **se tenir prêt** ; (= be at hand) attendre or **être sur place** ◆ **stand by for takeoff** (Aviat) paré pour le décollage ◆ **stand by for further revelations** apprêtez-vous à entendre d'autres révélations

2 vt fus **a** (= support) [+ friend] ne pas abandonner ; [+ colleague, spouse] soutenir, épauler ◆ **she stood by her husband** elle a soutenu son mari

b (= keep to) [+ promise] tenir ; [+ sb else's decision] respecter, se conformer à ; [+ one's own decision] s'en tenir à ◆ **I stand by what I have said** je m'en tiens à ce que j'ai dit

► **stand down**

1 vi (= resign) [official, chairman] se démettre de ses fonctions, démissionner ; (= withdraw) [candidate] se désister ; (Jur) [witness] quitter la barre ◆ **he stood down as chairman last January** il a démissionné de ses fonctions or **de son poste de président en janvier dernier** ◆ **he stood down in favour of his brother** il s'est désisté en faveur de son frère

2 vt fus (= withdraw) [+ troops] donner l'ordre de se retirer ◆ **to be made to stand down** être contraint de démissionner

► **stand for** vt fus **a** (= represent) représenter ◆ **what does UNO stand for?** qu'est-ce que l'abréviation UNO veut dire or **signifie ?** ◆ **I dislike all he stands for** je déteste tout ce qu'il représente or incarne

b (= support) promouvoir ◆ **our party stands for equality of opportunity** notre parti milite pour l'égalité des chances ; see also **stand 3j**

c (= tolerate) supporter, tolérer ◆ **I won't stand for it!** je ne le tolérerai pas !

► **stand in** vi ◆ **to stand in for sb** remplacer qn ◆ **I offered to stand in when he was called away** j'ai proposé de le remplacer quand il a dû s'absenter

► **stand off**

1 vi **a** (= move away) s'écarter ; (= keep one's distance) se tenir à l'écart (*from* de), garder ses distances (*from* par rapport à) ; (= remain uninvolved) ne pas intervenir

b (= reach stalemate) aboutir à une impasse

2 vt sep (Brit) [+ workers] mettre temporairement au chômage

► **stand out** vi **a** (= project) [ledge, buttress] avancer (*from* sur), faire saillie ; [vein] saillir (*on* sur)

b (= be conspicuous, clear) ressortir, se détacher ◆ **to stand out against the sky** ressortir or se détacher sur le ciel ◆ **the yellow stands out against the dark background** le jaune

standard / stapes

ressort sur le fond sombre ◆ **his red hair stood out in the crowd** ses cheveux roux le faisaient remarquer dans la foule ◆ **that stands out a mile!*** cela saute aux yeux!, cela crève les yeux!

c (= be outstanding) se distinguer ◆ **he stands out from all the other students** il se distingue de tous les autres étudiants ◆ **he stands out above all the rest** il surpasse tout le monde

d (= remain firm) tenir bon, tenir ferme ◆ **how long can you stand out?** combien de temps peux-tu tenir? ◆ **to stand out for sth** revendiquer qch ◆ **to stand out against** [+ attack, domination, attacker] résister à; [+ demand, change, proposal] s'élever contre

▶ **stand over**

[1] vi [items for discussion] ◆ **these questions can stand over until ...** ces questions peuvent attendre jusqu'à ce que ...

[2] vt fus [+ person] surveiller, être derrière le dos de ◆ **I hate people standing over me while I work** je déteste avoir toujours quelqu'un derrière or sur le dos quand je travaille ◆ **he would never have done it if I hadn't stood over him** il ne l'aurait jamais fait si je n'avais pas été constamment derrière lui ◆ **stop standing over him!** laisse-le donc un peu tranquille!

▶ **stand to** (Mil) vi être en état d'alerte

▶ **stand up**

[1] vi **a** (= rise) se lever, se mettre debout; (= be standing) [person] être debout; [tent, structure] tenir debout ◆ **she had nothing but the clothes she was standing up in** elle ne possédait que les vêtements qu'elle avait sur le dos ◆ **to stand up and be counted** (fig) déclarer ouvertement sa position

b (= resist challenge) tenir debout ◆ **they made accusations that did not stand up** les accusations qu'ils avaient faites ne tenaient pas debout ◆ **that argument won't stand up in court** cet argument va être facilement réfuté par la partie adverse

[2] vt sep **a** (= place upright) mettre ◆ **to stand sth up against a wall** mettre or appuyer qch contre un mur ◆ **the soup was so thick you could stand a spoon up in it** la soupe était si épaisse qu'on pouvait y faire tenir une cuiller debout

b (* = fail to meet) [+ friend] faire faux bond à; [+ boyfriend, girlfriend] poser un lapin à*

▶ **stand up for** vt fus [+ person, principle, belief] défendre ◆ **you must stand up for what you think is right** vous devez défendre ce qui vous semble juste ◆ **stand up for me if he asks you what you think** prenez ma défense or soutenez-moi s'il vous demande votre avis ◆ **to stand up for o.s.** savoir se défendre

▶ **stand up to** vt fus [+ opponent, bully, superior] affronter; [+ person in argument] tenir tête à; [+ use, conditions] résister à ◆ **it won't stand up to that sort of treatment** cela ne résistera pas à ce genre de traitement ◆ **the report won't stand up to close examination** ce rapport ne résiste pas à l'analyse

standard ['stændəd] → SYN [1] n **a** (= flag) étendard m; (Naut) pavillon m

b (= norm) norme f; (= criterion) critère m; (for weights and measures) étalon m; (for silver) titre m; (fig: intellectual etc) niveau m (voulu) ◆ **monetary standard** titre m de monnaie ◆ **the metre is the standard of length** le mètre est l'unité de longueur ◆ **to be** or **come up to standard** (fig) [person] être à la hauteur; [thing] être de la qualité voulue, être conforme à la norme ◆ **I'll never come up to his standard** je n'arriverai jamais à l'égaler ◆ **judging by that standard** selon ce critère ◆ **you are applying a double standard** vous avez deux poids, deux mesures ◆ **his standards are high** il recherche l'excellence, il ne se contente pas de l'à-peu-près ◆ **he has set us a high standard** (morally, artistically) il a établi un modèle difficile à surpasser ◆ **the exam sets a high standard** cet examen exige un niveau élevé ◆ **the standard of the exam was low** le niveau de l'examen était bas ◆ **to have high moral standards** avoir un sens moral très développé ◆ **high/low standard of living** niveau m de vie élevé/bas ◆ **to be first-year university standard** être du niveau de première année d'université ◆ **their standard of culture** leur niveau de culture ◆ **I couldn't accept their standards** je ne pouvais pas accepter leur échelle de valeurs; → **gold**

c (= support) support m; (for lamp, street light) pied m; (= actual streetlight) réverbère m; (= water/gas pipe) tuyau m vertical d'eau/de gaz; (= tree, shrub) arbre m de haute tige; → **lamp**

d (Mus) (= jazz tune) standard m; (= pop tune) classique m

[2] adj **a** (= regular) size, height normal, standard inv; amount, charge, procedure normal; measure, weight étalon inv; model, design, feature standard inv; product ordinaire ◆ **a standard car** une voiture de série ◆ **it's standard equipment on all their cars** c'est monté en série sur toutes leurs voitures ◆ **he's below standard height for the police** il n'a pas la taille requise pour être agent de police ◆ **standard operating procedure** procédure f à suivre ◆ **standard practice** pratique f courante ◆ **the standard rate of income tax** le taux d'imposition ordinaire pour l'impôt sur le revenu

b (Ling = orthodox) spelling, pronunciation, grammar, usage correct

c (= recommended) text, book de base, classique

d shrub de haute tige

[3] COMP ▷ **standard bearer** n (lit) porte-étendard m, porte-drapeau m; (fig) porte-drapeau m; (Elec) ▷ **standard cell** n pile f étalon ▷ **standard class** n (Rail) seconde classe f ▷ **standard clause** n (Jur) clause-type f ▷ **standard deviation** n (Stat) écart m type ▷ **Standard English** n anglais m correct; → ENGLISH ▷ **standard error** n (Stat) erreur f type ▷ **standard gauge** n (Rail) écartement m normal ▷ **standard-gauge** adj (Rail) à écartement normal ▷ **Standard Grade** n (Scot Scol) ≈ épreuve f du brevet des collèges ▷ **standard issue** n to be **standard issue** (Mil) être standard inv; (gen) être la norme ▷ **standard-issue** adj (Mil) réglementaire; (gen) standard inv ▷ **standard lamp** n (Brit) lampadaire m ▷ **standard rose** n rosier m à haute tige ▷ **standard time** n heure f légale

standardization [ˌstændədaɪ'zeɪʃən] n (NonC: gen) standardisation f; [of product, terminology] normalisation f

standardize ['stændədaɪz] → SYN vt (gen) standardiser; [+ product, terminology] normaliser ◆ **standardized test** (US Scol) test de connaissances commun à tous les établissements

stand-by ['stændbaɪ] [1] n (= person) remplaçant(e) m(f); (US Theat = understudy) doublure f; (= car/battery/boots) voiture f/pile f/bottes fpl de réserve or de secours ◆ **if you are called away you must have a stand-by** si vous vous absentez, vous devez avoir un remplaçant or quelqu'un qui puisse vous remplacer en cas de besoin ◆ **aspirin is a useful stand-by** l'aspirine est toujours bonne à avoir or peut toujours être utile ◆ **lemon is a useful stand-by if you have no vinegar** le citron peut être utilisé à la place du vinaigre le cas échéant ◆ **to be on stand-by** [troops] être sur pied d'intervention; [plane] se tenir prêt à décoller; [doctor] être de garde ◆ **to be on 24-hour stand-by** (Mil) être prêt à intervenir 24 heures sur 24 ◆ **to put on stand-by** mettre sur pied d'intervention

[2] adj car, battery etc de réserve; generator, plan de secours ◆ **stand-by ticket** (Aviat) billet m sans garantie ◆ **stand-by passenger** (passager m, -ère f en) stand-by mf inv ◆ **stand-by credit** (Jur, Fin) crédit m d'appoint or stand-by ◆ **stand-by loan** prêt m conditionnel or stand-by

standee* [stæn'diː] n (US) (at match etc) spectateur m, -trice f debout; (on bus etc) voyageur m, -euse f debout

standing ['stændɪŋ] → SYN [1] adj **a** (= upright) passenger debout inv; statue en pied; corn, crop sur pied

b (= permanent) invitation permanent; rule fixe; grievance, reproach constant, de longue date ◆ **it's a standing joke** c'est un sujet de plaisanterie continuel ◆ **it's a standing joke that he wears a wig** on dit qu'il porte une perruque, c'est un sujet de plaisanterie continuel

[2] n **a** (= position, importance etc) [of person] rang m; (= social status) standing m; (= reputation) réputation f; [of restaurant, business] réputation f, standing m; [of newspaper] réputation f ◆ **social standing** rang m or position f social(e), standing m ◆ **professional standing** réputation f professionnelle ◆ **what's his financial standing?** quelle est sa situation financière? ◆ **his standing in public opinion polls** sa cote de popularité ◆ **what's his standing?** quelle est sa réputation?, que pense-t-on de lui? ◆ **firms of that standing** des compagnies aussi réputées ◆ **a man of (high** or **some** or **good) standing** un homme considéré or estimé ◆ **he has no standing in this matter** il n'a aucune autorité or son opinion ne compte pas or il n'a pas voix au chapitre dans cette affaire

b (= duration) durée f ◆ **of ten years' standing** friendship qui dure depuis dix ans; agreement, contract qui existe depuis dix ans; doctor, teacher qui a dix ans de métier ◆ **of long standing** de longue date ◆ **friends of long standing** des amis de longue date ◆ **he has 30 years' standing in the firm** il a 30 ans d'ancienneté dans l'entreprise, il travaille dans l'entreprise depuis 30 ans; → **long**[1]

c (US Sport) **the standing** le classement

d (US Aut) "**no standing**" "stationnement interdit"

[3] COMP ▷ **standing army** n armée f de métier ▷ **standing charge** n (frais mpl d')abonnement m ▷ **standing committee** n comité m permanent ▷ **standing expenses** npl frais mpl généraux ▷ **standing jump** n (Sport) saut m à pieds joints ▷ **standing order** n (Banking) virement m automatique; (Admin, Parl) règlement m intérieur; (Comm) commande f permanente ◆ **to place a standing order for a newspaper** passer une commande permanente pour un journal ◆ **standing orders** (Mil) règlement m ▷ **standing ovation** n ovation f ◆ **to get a standing ovation** se faire ovationner ◆ **to give sb a standing ovation** se lever pour ovationner qn ▷ **standing room** n (NonC) (in bus, theatre) places fpl debout ◆ "**standing room only**" (= seats all taken) "il n'y a plus de places assises"; (= no seats provided) "places debout seulement" ▷ **standing start** n (Sport) départ m debout; (Aut) départ m arrêté ▷ **standing stone** n pierre f levée ▷ **standing wave** n (Phys) onde f stationnaire

stand-offish [ˌstænd'ɒfɪʃ] adj (pej) distant

stand-offishly [ˌstænd'ɒfɪʃlɪ] adv (pej) d'une manière distante

stand-offishness [ˌstænd'ɒfɪʃnɪs] n (pej) froideur f, réserve f

standpat* ['stændpæt] adj (US esp Pol) immobiliste

standpipe ['stændpaɪp] n colonne f d'alimentation

standpoint ['stændpɔɪnt] → SYN n (lit, fig) point m de vue

standstill ['stændstɪl] n arrêt m ◆ **to come to a standstill** [person, car] s'immobiliser; [production] s'arrêter; [discussions] aboutir à une impasse ◆ **to bring to a standstill** [+ car] arrêter; [+ production] paralyser; [+ discussion] aboutir ◆ **to be at a standstill** [person, car] être immobile; [production] être interrompu; [discussion] être au point mort ◆ **trade is at a standstill** les affaires sont au point mort

stand-up ['stændʌp] [1] adj collar droit; meal (pris) debout ◆ **stand-up comedian** or **comic** comique m (qui se produit en solo) ◆ **stand-up fight** (physical) une bagarre violente; (= argument) une discussion violente

[2] n * (= comedian) comique mf (qui se produit seul sur scène); (NonC) (= stand-up comedy) one man show(s) m(pl) comique(s)

stank [stæŋk] vb (pt of stink)

Stanley ® ['stænlɪ] n ◆ **Stanley knife** cutter m

stannic ['stænɪk] adj stannique

stanniferous [stə'nɪfərəs] adj stannifère

stannous ['stænəs] adj stanneux

stanza ['stænzə] n (Poetry) strophe f; (in song) couplet m

stapes ['steɪpiːz] n, pl **stapes** or **stapedes** [stæ'piːdiːz] étrier m

staphylococcus [ˌstæfɪləˈkɒkəs] n, pl **staphylococci** [ˌstæfɪləˈkɒkaɪ] staphylocoque m

staple[1] [ˈsteɪpl] [1] adj product, food, industry de base; crop principal ◆ **staple commodity** article m de première nécessité ◆ **staple diet** nourriture f de base ◆ **their staple meals of fish and rice** leurs repas à base de poisson et de riz
[2] n [a] (Econ) (= chief commodity) produit m or article m de base; (= raw material) matière f première
[b] (= chief item) (Comm: held in stock) produit m or article m de base; (gen: of conversation etc) élément m or sujet m principal; (in diet etc) aliment m or denrée f de base
[c] (Tex = fibre) fibre f

staple[2] [ˈsteɪpl] [1] n (for papers) agrafe f; (Tech) crampon m, cavalier m
[2] vt (also **staple together**) [+ papers] agrafer; [+ wood, stones] cramponner ◆ **to staple sth on to sth** agrafer qch à qch
[3] COMP ▷ **staple gun** n agrafeuse f d'artisan or d'atelier

stapler [ˈsteɪplər] n agrafeuse f

star [stɑːr] → SYN [1] n [a] (Astron) étoile f, astre m; (Typ etc = asterisk) astérisque m; (Scol: for merit) bon point m ◆ **morning/evening star** étoile f du matin/du soir ◆ **the Stars and Stripes** (US) la Bannière étoilée ◆ **the Stars and Bars** (US Hist) le drapeau des États confédérés ◆ **Star of David** étoile f de David ◆ **the star of Bethlehem** l'étoile f de Bethléem; see also **4** ◆ **to have stars in one's eyes** être naïvement plein d'espoir ◆ **to see stars** (fig) voir trente-six chandelles ◆ **he was born under a lucky/an unlucky star** il est né sous une bonne/une mauvaise étoile ◆ **you can thank your (lucky) stars*** **that ...** tu peux remercier le ciel de ce que ... ◆ **the stars** (= horoscope) l'horoscope m ◆ **it was written in his stars that he would do it** il était écrit qu'il le ferait ◆ **three-/five-star hotel** hôtel m trois/cinq étoiles; see also **five**; → **four, guiding, pole**[2]**, shooting, two**
[b] (Cine, Sport etc = person) vedette f; (= actress) vedette f, star f ◆ **the film made him into a star** le film en a fait une vedette or l'a rendu célèbre; → **all, film**
[2] vt [a] (= decorate with stars) étoiler ◆ **lawn starred with daisies** pelouse f parsemée or émaillée (liter) de pâquerettes
[b] (= put asterisk against) marquer d'un astérisque
[c] (Cine, Theat) avoir pour vedette ◆ **the film stars John Wayne** John Wayne est la vedette du film ◆ **starring Mel Gibson as ...** avec Mel Gibson dans le rôle de ...
[3] vi (Cine, Theat) être la vedette; (fig) briller ◆ **to star in a film** être la vedette d'un film ◆ **he starred as Hamlet** c'est lui qui a joué le rôle de Hamlet
[4] COMP ▷ **star anise** n anis m étoilé ▷ **starchamber** n (fig) arbitraire f ▷ **star connection** n (Elec) couplage m en étoile ▷ **starcrossed** adj maudit par le sort ▷ **star fruit** n carambole f ▷ **star grass** n (Bot) herbe f étoilée ▷ **star-of-Bethlehem** n (Bot) ornithogale m, dame-d'onze-heures f ▷ **star part** n (Cine, Theat) premier rôle m ▷ **star prize** n premier prix ▷ **starring role, star role** n (Cine, Theat) premier rôle m ▷ **star route** n (US Post) liaison f postale ▷ **star shell** n (Mil) fusée f éclairante ▷ **star sign** n signe m zodiacal or du zodiaque ▷ **star-spangled** adj parsemé d'étoiles, étoilé ◆ **the Star-Spangled Banner** (US flag, anthem) la Bannière étoilée ▷ **star-studded** adj sky parsemé d'étoiles; cast prestigieux; play à la distribution prestigieuse ▷ **star system** n [a] (Astron) système m stellaire [b] (Cine) **the star system** le star-système or star-system ▷ **the star turn** n (Theat: fig) la vedette ▷ **Star Wars** n (gen, Cine, US Mil *) la guerre des étoiles ◆ **the "Star Wars"*** **plan** or **program** (US Mil) le projet or le programme "Star Wars" or "Guerre des étoiles"

starboard [ˈstɑːbəd] (Naut) [1] n tribord m ◆ **to starboard** à tribord ◆ **land to starboard!** terre par tribord!
[2] adj wing, engine, guns, lights de tribord ◆ **on the starboard beam** par le travers tribord ◆ **starboard bow** tribord m avant ◆ **on the starboard bow** par tribord avant ◆ **starboard side** tribord m ◆ **on the starboard side** à tribord; → **watch**[2]
[3] vt ◆ **to starboard the helm** mettre la barre à tribord

starburst [ˈstɑːbɜːst] n (liter) étoile f

starch [stɑːtʃ] [1] n [a] (in food) amidon m, fécule f; (for stiffening) amidon m ◆ **he was told to cut out all starch(es)** on lui a dit de supprimer tous les féculents ◆ **it took the starch out of him*** (US) cela l'a mis à plat, cela lui a ôté toute son énergie
[b] (pej = formal manner) raideur f, manières fpl apprêtées or empesées
[2] vt [+ collar] amidonner, empeser
[3] COMP ▷ **starch-reduced** adj bread de régime; diet pauvre en féculents

starchiness [ˈstɑːtʃɪnɪs] n [of food] féculence f

starchy [ˈstɑːtʃɪ] adj [a] food féculent ◆ **starchy foods** féculents mpl
[b] (pej = formal) person, attitude guindé

stardom [ˈstɑːdəm] n (NonC: Cine, Sport, Theat etc) vedettariat m, célébrité f ◆ **to rise to stardom, to achieve stardom** devenir une vedette or une star

stardust [ˈstɑːdʌst] n (fig) la vie en rose

stare [stɛər] → SYN [1] n regard m (fixe) ◆ **cold/curious/vacant stare** (long) regard m froid/curieux/vague
[2] vi ◆ **to stare at sb** dévisager qn, fixer qn du regard, regarder qn fixement ◆ **to stare at sth** regarder qch fixement, fixer qch du regard ◆ **to stare at sb/sth in surprise** regarder qn/qch avec surprise or d'un air surpris, écarquiller les yeux devant qn/qch ◆ **they all stared in astonishment** ils ont tous regardé d'un air ébahi or en écarquillant les yeux ◆ **he stared at me stonily** il m'a regardé d'un air dur ◆ **what are you staring at?** qu'est-ce que tu regardes comme ça? ◆ **it's rude to stare** il est mal élevé de regarder les gens fixement ◆ **to stare into space** regarder dans le vide or dans l'espace, avoir le regard perdu dans le vague
[3] vt ◆ **to stare sb in the face** dévisager qn, fixer qn du regard, regarder qn dans le blanc des yeux ◆ **where are my gloves? – here, they're staring you in the face!** où sont mes gants? – ils sont sous ton nez or tu as le nez dessus! ◆ **they're certainly in love, that stares you in the face** ils sont vraiment amoureux, cela crève les yeux ◆ **ruin stared him in the face, he was staring ruin in the face** il était au bord de la ruine ◆ **the truth stared him in the face** la vérité lui crevait les yeux or lui sautait aux yeux

▶ **stare out** vt sep faire baisser les yeux à

starfish [ˈstɑːfɪʃ] n (pl inv) étoile f de mer

stargazer [ˈstɑːɡeɪzər] n [a] (= astronomer) astronome mf; (= astrologer) astrologue mf
[b] (= fish) uranoscope m

stargazing [ˈstɑːɡeɪzɪŋ] n contemplation f des étoiles; (= predictions) prédictions fpl astrologiques; (fig = dreaming) rêverie f, rêvasserie f (pej)

staring [ˈstɛərɪŋ] adj crowd curieux ◆ **his staring eyes** son regard fixe; (in surprise) son regard étonné or ébahi; (in fear) son regard effrayé

stark [stɑːk] → SYN [1] adj [a] (= austere) landscape, beauty, building, décor, colour austère; cliff désolé, morne
[b] (= harsh) choice difficile; warning, reminder sévère; reality dur ◆ **those are the stark facts of the matter** voilà les faits bruts or tels qu'ils sont ◆ **the stark fact is that ...** le fait est que ...
[c] (= absolute) terror pur ◆ **in stark contrast** tout à l'opposé ◆ **to be in stark contrast to sb/sth** contraster vivement avec qn/qch
[2] adv ◆ **stark naked** tout nu

starkers* [ˈstɑːkəz] adj (Brit) à poil *

starkly [ˈstɑːklɪ] adv [a] (= austerely) furnished de façon austère ◆ **starkly beautiful** d'une beauté sauvage
[b] (= clearly) illustrate, outline crûment; stand out âprement; different carrément; apparent nettement ◆ **to contrast starkly with sth** contraster de façon frappante avec qch ◆ **to be starkly exposed** être exposé sans ambages

starkness [ˈstɑːknɪs] n (NonC) [a] (= austerity) [of landscape, beauty, building, décor, colour] austérité f; [of desert] désolation f
[b] (= harshness) [of choice] difficulté f; [of warning, reminder] sévérité f; [of facts] caractère m brut; [of reality] dureté f
[c] (= absoluteness) **the starkness of the contrast between ...** le contraste absolu entre ...

starless [ˈstɑːlɪs] adj sans étoiles

starlet [ˈstɑːlɪt] n (Cine) starlette f

starlight [ˈstɑːlaɪt] n ◆ **by starlight** à la lumière des étoiles

starling [ˈstɑːlɪŋ] n étourneau m, sansonnet m

starlit [ˈstɑːlɪt] adj night, sky étoilé; countryside, scene illuminé par les étoiles

starry [ˈstɑːrɪ] [1] adj sky, night étoilé
[2] COMP ▷ **starry-eyed** adj person (= idealistic) idéaliste; (= innocent) innocent, ingénu; (from wonder) éberlué; (from love) éperdument amoureux, ébloui ◆ **in starry-eyed wonder** le regard plein d'émerveillement, complètement ébloui ▷ **starry ray** n (= fish) raie f étoilée

starstruck [ˈstɑːstrʌk] adj ébloui (devant une célébrité)

START [stɑːt] n (abbrev of **Strategic Arms Reduction Talks**) (traité m) START m

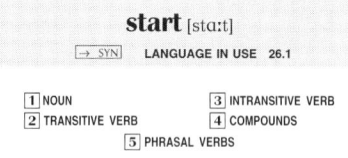

LANGUAGE IN USE 26.1

[1] NOUN [3] INTRANSITIVE VERB
[2] TRANSITIVE VERB [4] COMPOUNDS
[5] PHRASAL VERBS

[1] NOUN

[a] = beginning [of speech, book, film, career etc] commencement m, début m; [of negotiations] ouverture f, amorce f; (Sport) [of race etc] départ m; (= starting line) (point m de) départ m ◆ **the start of the academic year** la rentrée universitaire et scolaire ◆ **that was the start of all the trouble** c'est là que tous les ennuis ont commencé ◆ **at the start** au commencement, au début ◆ **from the start** dès le début, dès le commencement ◆ **for a start** d'abord, pour commencer ◆ **from start to finish** du début à la fin ◆ **to get off to a good** or **brisk** or **fast start** bien commencer, bien démarrer ◆ **to get a good start in life** bien débuter dans la vie ◆ **they gave their son a good start in life** ils ont fait ce qu'il fallait pour que leur fils débute (subj) bien dans la vie ◆ **that was a good start to his career** cela a été un bon début or un début prometteur pour sa carrière ◆ **to get off to a bad** or **slow start** (lit, fig) mal démarrer, mal commencer ◆ **it's off to a good/bad start** c'est bien/mal parti ◆ **to be lined up for the start** (Sport) être sur la ligne de départ ◆ **the whistle blew for the start of the race** le coup de sifflet a annoncé le départ de la course ◆ **wait for the start** attendez le signal du départ
◆ **to make a start** commencer ◆ **to make a start on sth** commencer qch, se mettre à qch ◆ **to make an early start** commencer de bonne heure; (in journey) partir de bonne heure ◆ **to make a fresh start** recommencer (à zéro *)

[b] = advantage (Sport) avance f; (fig) avantage m ◆ **will you give me a start?** est-ce que vous voulez bien me donner une avance? ◆ **to give sb 10 metres' start** or **a 10-metre start** donner 10 mètres d'avance à qn ◆ **that gave him a start over the others in the class** cela lui a donné un avantage sur les autres élèves de sa classe, cela l'a avantagé par rapport aux autres élèves de sa classe

[c] = sudden movement sursaut m, tressaillement m ◆ **to wake with a start** se réveiller en sursaut ◆ **to give a start** sursauter, tressaillir ◆ **to give sb a start** faire sursauter or tressaillir qn ◆ **you gave me such a start!** ce que vous m'avez fait peur!

[2] TRANSITIVE VERB

[a] = begin commencer (to do sth, doing sth à faire qch, de faire qch), se mettre (to do sth, doing sth à faire qch); [+ work] commencer, se mettre à; [+ task] entreprendre;

[+ song] commencer (à chanter), entonner ; [+ attack] déclencher ; [+ bottle] entamer, déboucher ◆ **to start a cheque book/a new page** commencer or prendre un nouveau carnet de chèques/une nouvelle page ◆ **to start a journey** partir en voyage ◆ **he started the day with a glass of milk** il a bu un verre de lait pour bien commencer la journée ◆ **to start the day right** bien commencer la journée, se lever du pied droit ◆ **to start life as ...** débuter dans la vie comme ... ◆ **that doesn't (even) start to compare with ...** cela est loin d'être comparable à ..., cela n'a rien de comparable avec ... ◆ **it soon started to rain** il n'a pas tardé à pleuvoir ◆ **I'd started to think you weren't coming** je commençais à croire que tu ne viendrais pas ◆ **to start again** or **afresh** recommencer (*to do sth* à faire qch), recommencer à zéro* ◆ **don't start that again!** tu ne vas pas recommencer ! ◆ **"it's late" he started** "il est tard" commença-t-il

◆ **to get started** commencer, démarrer ◆ **to get started on (doing) sth** commencer (à faire) qch ◆ **let's get started!** allons-y !, on s'y met !* ◆ **once I get started I work very quickly** une fois lancé je travaille très vite ◆ **just to get started, they ...** rien que pour mettre l'affaire en route or rien que pour démarrer, ils ...

b = originate, initiate : also **start off, start up** [+ discussion] commencer, ouvrir ; [+ conversation] amorcer, engager ; [+ quarrel, argument, dispute] déclencher, faire naître ; [+ reform, movement, series of events] déclencher ; [+ fashion] lancer ; [+ phenomenon, institution] donner naissance à ; [+ custom, policy] inaugurer ; [+ war] causer ; [+ rumour] donner naissance à, faire naître ◆ **to start (up) a fire** (in grate etc) allumer un feu, faire du feu ; (accidentally) mettre le feu, provoquer un incendie ◆ **you'll start a fire if you go on doing that!** tu vas mettre le feu à la maison or tu vas provoquer un incendie si tu fais ça ! ◆ **she has started a baby** * elle est enceinte

c = cause to start (also **start up**) [+ engine, vehicle] mettre en marche, démarrer ; [+ clock] mettre en marche ; (also **start off**) [+ race] donner le signal du départ de ◆ **he started the ball rolling by saying ...** pour commencer, il a dit ... ◆ **he blew the whistle to start the runners (off)** il a sifflé pour donner le signal du départ ◆ **he started the new clerk (off) in the sales department** il a d'abord mis or affecté le nouvel employé au service des ventes ◆ **they started her (off) as a typist** d'abord or pour commencer ils l'ont employée comme dactylo ◆ **to start sb (off** or **out) on a career** lancer or établir qn dans une carrière ◆ **if you start him (off) on that subject ...** si tu le lances sur ce sujet ... ◆ **that started him (off) sneezing/remembering** etc alors il s'est mis à éternuer/à se souvenir etc ◆ **to start a hare** (lit, fig) lever un lièvre

◆ **to get sth started** [+ engine, vehicle] mettre qch en marche, faire démarrer qch ; [+ clock] mettre qch en marche ; [+ project] faire démarrer qch

◆ **to get sb started** (gen) mettre qn en selle ; [+ film star, pop star etc] lancer qn ◆ **to get sb started on (doing) sth** faire commencer qch à qn

3 INTRANSITIVE VERB

a = begin : also **start off, start out, start up** [person] commencer, s'y mettre ; [speech, programme, meeting, ceremony] commencer ◆ **let's start!** commençons !, allons-y !, on s'y met !* ◆ **we must start at once** il faut commencer or nous y mettre immédiatement ◆ **well, to start at the beginning** eh bien, pour commencer par le commencement ◆ **it's starting (off) rather well/badly** cela s'annonce plutôt bien/mal ◆ **to start (off) well in life** bien débuter dans la vie ◆ **to start (out** or **up) in business** se lancer dans les affaires ◆ **to start again** or **afresh** recommencer (à zéro*) ◆ **classes start on Monday** les cours commencent or reprennent lundi ◆ **the classes start (up) again soon** les cours reprennent bientôt, c'est bientôt la rentrée ◆ **starting from Monday** à partir de lundi ◆ **to start (off) by doing sth** commencer par faire qch ◆ **start by putting everything away** commence par tout ranger ◆ **start on a new page** prenez une nouvelle page ◆ **he started (off) in the sales department/as a secretary** il a débuté dans le service des ventes/comme secrétaire ◆ **he started (off** or **out) as a Marxist** il a commencé par être marxiste, au début or au départ il a été marxiste ◆ **don't start!** * (= start complaining etc) ne commence pas !

◆ **to start with** commencer par ◆ **to start with sth** commencer or débuter par qch ◆ **start with me!** commencez par moi ! ◆ **to start with, there were only three of them, but later ...** (tout) d'abord ils n'étaient que trois, mais plus tard ... ◆ **to start with, this is untrue** pour commencer or d'abord, c'est faux ◆ **we only had 100 francs to start with** nous n'avions que 100 F pour commencer or au début ◆ **he started (off) with the intention of writing a thesis** au début son intention était d'écrire or il avait l'intention d'écrire une thèse

b = broach **to start on a book** commencer un livre ◆ **to start on a course of study** commencer or entreprendre un programme d'études ◆ **they had started on a new bottle** ils avaient débouché or entamé une nouvelle bouteille ◆ **I started on the job last week** (employment) j'ai commencé à travailler la semaine dernière ; (task) je m'y suis mis la semaine dernière ; see also **start on**

c = originate, initiate : also **start up** [music, noise, guns] commencer, retentir ; [fire] commencer, prendre ; [river] prendre sa source ; [road] partir (*at* de) ; [political party, movement, custom] commencer, naître ◆ **that's when the trouble starts** c'est alors or là que les ennuis commencent ◆ **it all started when he refused to pay** toute cette histoire a commencé or tout a commencé quand il a refusé de payer

d = leave : also **start off, start out** [person] partir, se mettre en route ; [ship] partir ; [train] démarrer, se mettre en marche ◆ **to start (off** or **out) from London/for Paris/on a journey** partir de Londres/pour Paris/en voyage ◆ **ten horses started and only three finished** (Sport) dix chevaux ont pris le départ mais trois seulement ont fini la course ◆ **he started (off) along the corridor** il s'est engagé dans le couloir ◆ **he started (off) down the street** il a commencé à descendre la rue

e = get going : also **start up** [car, engine, machine] démarrer, se mettre en route ; [clock] se mettre à marcher ◆ **my car won't start** ma voiture ne veut pas démarrer ◆

f = jump nervously [person] sursauter, tressaillir ; [animal] tressaillir, avoir un soubresaut ◆ **to start to one's feet** sauter sur ses pieds, se lever brusquement ◆ **he started forward** il a fait un mouvement brusque en avant ◆ **his eyes were starting out of his head** (fig) les yeux lui sortaient de la tête ◆ **tears started to her eyes** les larmes lui sont montées aux yeux

g [timbers] jouer

4 COMPOUNDS

▷ **starting block** n (Athletics) starting-block m, bloc m de départ ◆ **to be fast/slow off the starting blocks** (fig) être rapide/lent à démarrer ▷ **starting gate** n (Racing) starting-gate m ▷ **starting grid** n (Motor Racing) grille f de départ ▷ **starting handle** n (Brit Aut) manivelle f ▷ **starting line** n (Sport) ligne f de départ ▷ **starting pistol** n pistolet m de starter ▷ **starting point** n point m de départ ▷ **starting post** n (Sport) ligne f de départ ▷ **starting price** n (St Ex) prix m initial ; (Racing) cote f de départ ▷ **starting salary** n salaire m d'embauche ▷ **starting stalls** npl (Racing) stalles fpl de départ ▷ **start-up** n [of machine] démarrage m, mise f en route ; [of business] lancement m, mise f en route ; (= company) start-up m, jeune pousse f ▷ **start-up costs** n frais mpl de lancement or de démarrage ▷ **start-up money** n capital m initial ▷ **Start-Up scheme** n (Brit) programme d'aide aux chômeurs pour la création d'entreprises

5 PHRASAL VERBS

▶ **start back** vi **a** (= return) prendre le chemin du retour, repartir

b (= recoil) [person, horse etc] reculer soudainement, faire un bond en arrière

▶ **start in** vi s'y mettre, s'y coller * ◆ **start in!** allez-y !

▶ **start off**
1 vi → start 3a, 3d
2 vt sep → start 2b, 2c

▶ **start on** * vt fus (= pick on) s'en prendre à ; see also **start 3b**

▶ **start out** vi → start 3a, 3d

▶ **start over**
1 vi (esp US) repartir à zéro
2 vt recommencer

▶ **start up**
1 vi → start 3a, 3c, 3e
2 vt sep → start 2b, 3c

starter ['stɑːtəʳ] 1 n **a** (Sport) (= official) starter m ; (= horse) partant m ◆ **to be under starter's orders** [runner] être à ses marques ; [horse] être sous les ordres (du starter) ; (fig) être sur or dans les starting-blocks ◆ **to be a slow starter** (fig) être lent au départ or à démarrer ◆ **the child was a late starter** (Scol etc) cet enfant a mis du temps à se développer ; → **nonstarter**

b (Aut) démarreur m ; (on machine etc) bouton m de démarrage ; (also **starter motor**) démarreur m

c (Brit: in meal) hors-d'œuvre m inv ◆ **for starters** * (= food) comme hors-d'œuvre ; (fig = for a start) pour commencer, d'abord

2 COMP ▷ **starter flat** n (Brit) appartement idéal pour une personne souhaitant accéder à la propriété ▷ **starter home** n (Brit) logement idéal pour une personne souhaitant accéder à la propriété ▷ **starter pack** n (Comm) kit m de base ▷ **starter set** n [of crockery] service m de table de base

startle ['stɑːtl] → SYN vt [sound, sb's arrival] faire sursauter or tressaillir, [news, telegram] alarmer ◆ **it startled him out of his sleep** cela l'a réveillé en sursaut ◆ **to startle sb out of his wits** donner un (drôle * de) choc à qn ◆ **you startled me!** tu m'as fait sursauter !, tu m'as fait peur !

startled ['stɑːtld] adj animal effarouché ; person très surpris ; expression de saisissement ◆ **in a startled voice** d'une voix qui montrait sa surprise ◆ **he gave her a startled look** il lui lança un regard interloqué ◆ **she was startled to see him** elle fut très surprise de le voir

startling ['stɑːtlɪŋ] → SYN adj success, conclusion, results, evidence, news surprenant ; contrast saisissant

startlingly ['stɑːtlɪŋli] adv different, similar étonnamment ◆ **startlingly original** d'une originalité surprenante ◆ **startlingly beautiful/modern** d'une beauté/modernité saisissante ◆ **his startlingly blue eyes** ses yeux d'un bleu saisissant

starvation [stɑːˈveɪʃən] 1 n (NonC) inanition f ◆ **they are threatened with starvation** ils risquent de mourir d'inanition or de faim, la famine les menace

2 COMP rations, wages de famine ▷ **starvation diet** n **to be on a starvation diet** (lit) être sérieusement or dangereusement sous-alimenté ; (fig) suivre un régime draconien ▷ **starvation level** n **to be living at starvation level** ⇒ **to be on a starvation diet**

starve [stɑːv] 1 vt **a** affamer ◆ **to starve sb to death** laisser qn mourir de faim ◆ **to starve o.s. to death** se laisser mourir de faim ◆ **she starved herself to feed her children** elle s'est privée de nourriture pour donner à manger à ses enfants ◆ **you don't have to starve yourself in order to slim** tu peux maigrir sans te laisser mourir de faim ◆ **to starve sb into submission** soumettre qn par la faim ◆ **to starve a town into surrender** (Mil) amener une ville à se rendre par la famine

b (= deprive) priver (*sb of sth* qn de qch) ◆ **starved of affection** privé d'affection ◆ **engine starved of petrol** moteur m à sec

2 vi manquer de nourriture, être affamé ◆ **to starve (to death)** mourir de faim ; (deliberately) se laisser mourir de faim ; see also **starving**

▶ **starve out** vt sep [+ person, animal] obliger à sortir en affamant

starveling ['stɑːvlɪŋ] n (= person) affamé(e) m(f)

starving ['stɑːvɪŋ] → SYN adj (lit) affamé, famélique ♦ **I'm starving** * (fig) je meurs de faim, j'ai une faim de loup

stash * [stæʃ] **1** vt (also **stash away**) (= hide) cacher, planquer*; (= save up, store away) mettre à gauche *, mettre de côté ♦ **he had $500 stashed away** (= saved up) il avait mis 500 dollars de côté; (= in safe place) il avait 500 dollars en lieu sûr

2 n (= place) planque* f, cachette f ♦ **a stash of jewellery/drugs** des bijoux cachés/des drogues cachées ♦ **a stash of money** un magot, un bas de laine

stasis ['steɪsɪs] n (Med, Literat) stase f

state [steɪt] → SYN **1** n **a** (= condition) état m ♦ **state of alert/emergency/siege/war** état m d'alerte/d'urgence/de siège/de guerre ♦ **the state of the art** l'état m actuel de la technique or des connaissances; see also **3** ♦ **in your state of health/mind** dans votre état de santé/d'esprit ♦ **he was in an odd state of mind** il était d'une humeur étrange ♦ **you're in no state to reply** vous n'êtes pas en état de répondre ♦ **I'd like to know the state of my account** (in bank) j'aimerais connaître la position de mon compte ♦ **what's the state of play?** (fig) où en est-on? ♦ **in a good/bad state of repair** bien/mal entretenu ♦ **to be in a good/bad state** [chair, car, house] être en bon/mauvais état; [person, relationship, marriage] aller bien/mal ♦ **you should have seen the state the car was in** vous auriez dû voir l'état de la voiture ♦ **it wasn't in a (fit) state to be used** c'était hors d'état de servir, c'était inutilisable ♦ **he's not in a (fit) state to drive** il est hors d'état or il n'est pas en état de conduire ♦ **what a state you're in!** vous êtes dans un bel état! ♦ **he got into a terrible state about it** ça l'a mis dans tous ses états ♦ **don't get into such a state!** * ne vous affolez pas!; → **affair, declare**

b (Pol) État m ♦ **the State** l'État m ♦ **the States** * les États-Unis mpl ♦ **the State of Virginia** l'État m de Virginie ♦ **the affairs of state** les affaires fpl de l'État ♦ **a state within a state** un État dans l'État; → **evidence, minister, police, secretary**

c (US = State Department) **State** le Département d'État

d (= rank) rang m ♦ **every state of life** tous les rangs sociaux

e (NonC = pomp) pompe f, apparat m ♦ **the robes of state** les costumes mpl d'apparat ♦ **in state** en grande pompe, en grand apparat ♦ **to live in state** mener grand train; → **lie**[1]

2 vt déclarer, affirmer (that que); [+ one's views, the facts] exposer; [+ time, place] fixer, spécifier; [+ conditions] poser, formuler; [+ theory, restrictions] formuler; [+ problem] énoncer, poser ♦ **I also wish to state that ...** je voudrais ajouter que ... ♦ **it is stated in the records that ...** il est écrit or mentionné dans les archives que ... ♦ **I have seen it stated that ...** j'ai lu quelque part que ... ♦ **as stated above** ainsi qu'il est dit plus haut ♦ **state your name and address** déclinez vos nom, prénoms et adresse; (written) inscrivez vos nom, prénoms et adresse ♦ **cheques must state the sum clearly** les chèques doivent indiquer la somme clairement ♦ **he was asked to state his case** on lui a demandé de présenter ses arguments ♦ **to state the case for the prosecution** (Jur) présenter le dossier de l'accusation

3 COMP business, documents, secret d'État; security, intervention de l'État; medicine étatisé; (US: also **State**) law, policy, prison, university de l'État ▷ **state apartments** npl appartements mpl officiels ▷ **state banquet** n banquet m de gala ▷ **State Capitol** n (US) Capitole m ▷ **state-certified midwife** n (Brit Med) sage-femme f diplômée d'État ▷ **state coach** n (Brit) carrosse m d'apparat (de cérémonie officielle) ▷ **state control** n contrôle m de l'État ♦ **under state control** ⇒ **state-controlled** ▷ **state-controlled** adj étatisé ▷ **State Department** n (US) Département m d'État, ≃ ministère m des Affaires étrangères ▷ **state education** n (Brit) enseignement m public ▷ **state-enrolled nurse** n (Brit) infirmier m, -ière f auxiliaire, aide-soignant(e) mf ▷ **state funeral** n funérailles fpl nationales ▷ **state highway patrol** n (US) police f de la route ▷ **State legislature** n (US Jur) législature f de l'État ▷ **State line** n

(US) frontière f entre les États ▷ **state-maintained** adj (Brit Scol) public ▷ **state militia** n (US) milice f (formée de volontaires d'un État) ▷ **state-of-the-art** adj (fig = up-to-date) computer, video dernier cri ♦ **it's state-of-the-art** c'est ce qui se fait de mieux, c'est le dernier cri ▷ **State of the Union Address** n (US Pol) discours m sur l'état de l'Union ▷ **state-owned** adj étatisé ▷ **State police** n (NonC: US) police f de l'État ♦ **Michigan State police** la police de l'État du Michigan ▷ **state-registered nurse** n (Brit: formerly) infirmier m, -ière f diplômé(e) d'État ▷ **State Representative** n membre m de la Chambre des représentants d'un État ▷ **State rights** npl (US) ⇒ **State's rights** ▷ **state-run** adj d'état ▷ **State's attorney** n (US) procureur m ▷ **state school** n (Brit) école f publique ▷ **state sector** n (Econ etc) secteur m public ▷ **State Senator** n (US Pol) membre m du Sénat d'un État ▷ **State's evidence** n (US Jur) **to turn state's evidence** témoigner contre ses complices (en échange d'une remise de peine) ▷ **state socialism** n (NonC: Pol Econ) socialisme m d'État ▷ **State's rights** npl (US) droits mpl des États ▷ **state-subsidised** adj subventionné par l'État ▷ **state-trading countries** npl (Econ) pays mpl à commerce d'État ▷ **state trooper** n (US) ≃ gendarme m ▷ **State university** n (US) université f d'État ▷ **state visit** n to go on or make a state visit to a country se rendre en visite officielle or faire un voyage officiel dans un pays ▷ **state-wide** adj, adv (US) d'un bout à l'autre de l'État

---

STATE OF THE UNION ADDRESS

Le discours sur l'état de l'Union est l'allocution que prononce le président des États-Unis devant le Congrès le 3 janvier de chaque année, au début de la session parlementaire. Dans cette intervention, diffusée à la radio et à la télévision, le président dresse un bilan de son action, expose ses projets et donne au Congrès des "informations sur l'état de l'Union", comme le demande la Constitution.

STATE'S RIGHTS

Le dixième amendement de la Constitution américaine accorde aux États un certain nombre de droits (**State's rights**) sur toutes les questions qui ne relèvent pas des prérogatives du gouvernement fédéral : enseignement, fiscalité, lois et réglementations diverses. Cependant, l'interprétation de ce texte a provoqué de nombreuses controverses : les États du Sud l'ont utilisé pour justifier la sécession avant la guerre civile, puis pour s'opposer à l'intégration raciale dans les années 50. La question du degré d'autonomie dont disposent les États par rapport au pouvoir fédéral reste un sujet politiquement sensible.

---

statecraft ['steɪtkrɑːft] n (NonC) habileté f politique

stated ['steɪtɪd] adj date, sum fixé; interval fixe; limit prescrit ♦ **on stated days** à jours fixes ♦ **at the stated time, at the time stated** à l'heure dite

statehood ['steɪthʊd] n (NonC) ♦ **to achieve statehood** devenir un État

statehouse ['steɪthaʊs] n (US) siège m de la législature d'un État

stateless ['steɪtlɪs] adj apatride ♦ **stateless person** apatride mf

statelet ['steɪtlɪt] n (Pol) mini-État m

stateliness ['steɪtlɪnɪs] n majesté f, caractère m imposant

stately ['steɪtlɪ] → SYN **1** adj person plein de dignité; building, pace majestueux ♦ **to make stately progress** progresser majestueusement

2 COMP ▷ **stately home** n (Brit) manoir m ancestral (ouvert au public)

statement ['steɪtmənt] → SYN **1** n **a** (NonC) [of one's views, the facts] exposition f, formulation f; [of time, place] spécification f; [of theory, restrictions, conditions] formulation f; [of problem] énonciation f

b (written, verbal) déclaration f; (Jur) déposition f ♦ **official statement** communiqué m officiel ♦ **to make a statement** (gen, Press) faire une déclaration; (Jur) faire une déposition, déposer ♦ **statement of attainment** (Brit Scol) objectifs scolaires individualisés ♦ **statement of grounds** (Jur) exposé m des motifs

c (Fin) [of accounts etc] (= bill) relevé m; (Comm = bill) facture f; (also **bank statement**) relevé m de compte

d (Ling) assertion f

2 vt (Social Work) ♦ **to statement a child** évaluer les besoins spécifiques d'un enfant en difficulté

stater ['steɪtər] n statère m

stateroom ['steɪtrʊm] n (Brit) [of palace] grande salle f de réception; [of ship, train] cabine f de luxe

stateside * ['steɪtsaɪd] adj (US) aux États-Unis, ≃ chez nous

statesman ['steɪtsmən] n, pl **-men** homme m d'État ♦ **he is a real statesman** (fig) il est extrêmement diplomate; → **elder**[1]

statesmanlike ['steɪtsmənlaɪk] adj diplomatique

statesmanship ['steɪtsmənʃɪp] n (NonC) habileté f politique, diplomatie f

statesmen ['steɪtsmən] npl of **statesman**

stateswoman ['steɪtswʊmən] n, pl **stateswomen** ['steɪtswɪmɪn] femme f d'État

static ['stætɪk] → SYN **1** adj **a** (= stationary) statique ♦ **a series of static images** une série d'images fixes or statiques

b (= unchanging) immuable ♦ **the static quality of their lives** leur vie immuable; (St Ex) ♦ **static market** marché stagnant

c (= fixed) population, output stationnaire

2 n (NonC) **a** statics statique f

b (Elec, Rad, TV etc) parasites mpl ♦ **he gave me a lot of static about ...** (US) il m'a passé un savon * à propos de ...

3 COMP ▷ **static electricity** n électricité f statique

statice ['stætɪsɪ] n (Bot) statice m

station ['steɪʃən] → SYN **1** n **a** (= place) poste m, station f; (= fire station) caserne f de pompiers; (= lifeboat station) centre m or poste m (de secours en mer); (Mil) poste m (militaire); (Police) poste m or commissariat m (de police), gendarmerie f; (Elec = power station) centrale f (électrique); (Rad) station f de radio, poste m émetteur; (in Australia = sheep/cattle ranch) élevage m (de moutons/de bétail), ranch m ♦ **naval station** station f navale ♦ **foreign stations** (Rad) stations fpl étrangères ♦ **calling all stations** (Telec) appel m à tous les émetteurs ♦ **the Stations of the Cross** (Rel) les stations fpl de la Croix, le chemin de (la) Croix; → **frontier, petrol, pump**[1], **service**

b (Rail) gare f; [of underground] station f ♦ **bus or coach station** gare f routière ♦ **the train came into the station** le train est entré en gare; (in underground) la rame est entrée dans la station; → **change**

c (= position) poste m (also Mil), position f ♦ **to take up one's station** prendre position, se placer ♦ **from my station by the window** de la fenêtre où je m'étais posté ou où je me trouvais

d (= rank) condition f, rang m ♦ **one's station in life** son rang or sa situation social(e), sa place dans la société ♦ **to get ideas above one's station** avoir des idées de grandeur ♦ **to marry beneath one's station** † faire une mésalliance, se mésallier ♦ **to marry above one's station** se marier au-dessus de sa condition

e (US Telec) poste m ♦ **give me station 101** je voudrais le poste 101

2 vt [+ people] placer; [+ guards, observers, look-out, troops, ship] poster; [+ tanks, guns] placer, installer ♦ **to station o.s.** se placer, se poster ♦ **to be stationed at** [troops, regiment] être en or tenir garnison à; [ships, sailors] être en station à

3 COMP (Rail) staff, bookstall etc de (la) gare ▷ **station break** n (US Rad, TV) page f de publicité ▷ **station house** n (US) (for police) commissariat m; (for firefighters) caserne f de pompiers ▷ **station master** n (Rail) chef m

stationary ['steɪʃənərɪ] → SYN **1** adj **a** (= motionless) vehicle à l'arrêt ; person, ship stationnaire, immobile ; target immobile
 b (= fixed) crane fixe
 2 COMP ▷ **stationary bicycle** n bicyclette f fixe ▷ **stationary orbit** n (Astron) orbite f géostationnaire ▷ **stationary point** n (Astron) station f ▷ **stationary wave** n (Phys) onde f stationnaire

stationer ['steɪʃənə] n papetier m, -ière f ◆ **stationer's (shop)** papeterie f

stationery ['steɪʃənərɪ] **1** n (NonC) papeterie f, papier m et petits articles mpl de bureau ; (= writing paper) papier m à lettres
 2 COMP ▷ **stationery cupboard** n armoire f à fournitures ▷ **Stationery Office** n (Brit) His (or Her) Majesty's Stationery Office ≈ l'Imprimerie f nationale *(fournit aussi de la papeterie à l'administration et publie une gamme étendue d'ouvrages et de brochures didactiques)*

statism ['steɪtɪzəm] n (Pol) étatisme m

statist ['steɪtɪst] adj (Pol) étatiste mf

statistic [stə'tɪstɪk] **1** n statistique f, chiffre m ◆ **a set of statistics** une statistique ◆ **these statistics are not reliable** on ne peut pas se fier à ces chiffres or à ces statistiques ◆ **statistics suggest that ...** la statistique or les statistiques suggère(nt) que ... ◆ **(vital) statistics** (hum: woman's) mensurations fpl ; → **statistics**
 2 adj ⇨ **statistical**

statistical [stə'tɪstɪkəl] **1** adj analysis, evidence, data, probability, table, significance statistique ; error of statistiques ; expert en statistique(s)
 2 COMP ▷ **statistical mechanics** n (NonC: Phys) mécanique f statistique

statistically [stə'tɪstɪkəlɪ] adv statistiquement

statistician [stætɪs'tɪʃən] n statisticien(ne) m(f)

statistics [stə'tɪstɪks] n (NonC) statistique f

stative ['steɪtɪv] adj (Ling) ◆ **stative verb** verbe m d'état

stator ['steɪtə] n stator m

statoscope ['stætəskəʊp] n (Aviat) statoscope m

stats [stæts] npl (abbrev of **statistics**) stats * fpl

statuary ['stætjʊərɪ] **1** adj statuaire
 2 n (= art) statuaire f ; (= statues collectively) statues fpl

statue ['stætjuː] n statue f ◆ **the Statue of Liberty** la statue de la Liberté

statuesque [,stætjʊ'esk] adj sculptural

statuette [,stætjʊ'et] n statuette f

stature ['stætʃə] n stature f, taille f ; (fig) [of person] envergure f, stature f ; (fig) [of institution] envergure f ◆ **to be of small stature, to be small in** or **of stature** être petit or fluet ◆ **of short stature** court de stature or de taille ◆ **he is a writer of some stature** c'est un écrivain d'une certaine envergure or d'une certaine stature ◆ **his stature as a painter increased when ...** il a pris de l'envergure en tant que peintre quand ... ◆ **moral/intellectual stature** envergure f sur le plan moral/intellectuel

status ['steɪtəs] → SYN **1** n, pl **statuses** **a** (= economic or social position) situation f, position f ; (Admin, Jur) statut m ◆ **social status** standing m ◆ **civil status** état m civil ◆ **what is his (official) status?** quel est son titre officiel ?, quelle est sa position officielle ? ◆ **the economic status of the country** la situation or position économique du pays ◆ **the financial status of the company** l'état financier de la compagnie ◆ **the status of the black population** la condition sociale or (Admin) le statut de la population noire ◆ **his status as an assistant director** son standing de directeur adjoint
 b (= prestige) [of person] prestige m, standing m ; [of job, post] prestige m ◆ **it is the status more than the salary that appeals to him** c'est le prestige plus que le salaire qui a de l'attrait pour lui ◆ **he hasn't got enough status for the job** il ne fait pas le poids * pour le poste
 2 COMP ▷ **status report** n (gen, Mil etc) **to make a status report on ...** faire le point sur ...
▷ **status symbol** n (gen) signe m extérieur de (la) réussite ; (marking financial success) signe m extérieur de richesse

status quo ['steɪtəs'kwəʊ] n statu quo m inv

statute ['stætjuːt] **1** n (Jur etc) loi f ◆ **by statute** selon la loi ◆ **the statute of limitations is seven years** (US Jur) au bout de sept ans il y a prescription
 2 COMP ▷ **statute book** n (esp Brit) ≈ code m ◆ **to be on the statute book** figurer dans les textes de loi, ≈ être dans le code ▷ **statute law** n droit m écrit ▷ **statute mile** n mille m (anglais), mile m

statutorily ['stætjʊtərəlɪ] adv légalement

statutory ['stætjʊtərɪ] **1** adj **a** (= legal) duty, powers, provision, right, control légal ; offence prévu or défini par la loi ◆ **to have statutory effect** faire force de loi ◆ **statutory deduction** (Ind) prélèvement m obligatoire
 b (pej = token) woman etc de service (pej) ◆ **I was the statutory pensioner on the committee** j'étais le retraité-alibi or le retraité de service au comité
 2 COMP ▷ **statutory body** n organisme m de droit public ▷ **statutory change** n (US Jur) modification f législative ▷ **statutory corporation** n société f d'État ▷ **statutory holiday** n jour m férié ◆ **Monday is a statutory holiday** lundi est (un jour) férié ▷ **statutory maternity pay** n (Brit) allocation f minimum de maternité ▷ **statutory meeting** n assemblée f statutaire ▷ **statutory rape** n (Jur) détournement m de mineur

staunch[1] ['stɔːntʃ] vt [+ flow] contenir, arrêter ; [+ blood] étancher ; [+ wound] étancher le sang de

staunch[2] ['stɔːntʃ] adj supporter, defender, Republican, Protestant ardent ; friend loyal ; ally sûr ; support fidèle

staunchly ['stɔːntʃlɪ] adv oppose fermement ; defend, support vigoureusement ; conservative, Protestant résolument

staunchness ['stɔːntʃnɪs] n dévouement m, loyauté f

stave [steɪv] vb : pret, ptp **stove** or **staved** n [of barrel etc] douve f ; (Mus) portée f ; (Poetry) stance f, strophe f

▶ **stave in** vt sep défoncer, enfoncer

▶ **stave off** vt sep [+ danger] écarter, conjurer ; [+ threat] dissiper, conjurer ; [+ ruin, disaster, defeat] éviter, conjurer ; [+ hunger] tromper ; [+ attack] parer ◆ **in an attempt to stave off the time when ...** en essayant de retarder le moment où ...

staves [steɪvz] npl of **staff**[2], **staff**[3]

stavesacre ['steɪvz,eɪkə] n (= plant) staphisaigre f

stay[1] [steɪ] → SYN **1** n **a** séjour m ◆ **he is in Rome for a short stay** il est à Rome pour une courte visite or un bref séjour ◆ **a stay in hospital** un séjour à l'hôpital ◆ **will it be a long stay?** est-ce qu'il restera (or vous resterez etc) longtemps ?
 b (Jur) suspension f ◆ **stay of execution** sursis m à l'exécution (d'un jugement) ◆ **to put a stay on proceedings** surseoir aux poursuites
 2 vt **a** (= check) arrêter ; [+ disease, epidemic] enrayer ; [+ hunger] tromper ; (= delay) retarder ; (Jur) [+ judgement] surseoir à, différer ; [+ proceedings] suspendre ; [+ decision] ajourner, remettre ◆ **to stay one's hand** se retenir
 b (= last out) [+ race] terminer, aller jusqu'au bout de ; [+ distance] tenir ◆ **to stay the course** (Sport) aller jusqu'au bout ; (fig) tenir bon, tenir le coup *
 3 vi **a** (= remain) rester, demeurer ◆ **stay there!** restez là ! ◆ **here I am and here I stay** j'y suis j'y reste ◆ **to stay still, to stay put** * ne pas bouger ◆ **to stay for** or **to dinner** rester (à) dîner ◆ **to stay faithful** rester or demeurer fidèle ◆ **stay tuned!** (Rad) restez à l'écoute !, ne quittez pas l'écoute ! ◆ **to stay ahead of the others** garder son avance sur les autres ◆ **it is here to stay** c'est bien établi ◆ **he is here to stay** il est là pour de bon ◆ **things can't be allowed to stay that way** on ne peut pas laisser les choses comme ça ◆ **if the weather stays fine** si le temps se maintient (au beau) ◆ **he stayed (for) the whole week** il est resté toute la semaine ◆ **he stayed a year in Paris** il est resté un an à Paris, il a séjourné un an à Paris ◆ **to stay with a company** [customers, employees] rester fidèle à une entreprise ◆ **to stay off school/work** ne pas aller à l'école/au travail ◆ **to stay off drugs/alcohol** ne plus prendre de drogue/d'alcool
 b (on visit) **has she come to stay?** est-ce qu'elle est venue avec l'intention de rester ? ◆ **she came to stay (for) a few weeks** elle est venue passer quelques semaines ◆ **I'm staying with my aunt** je loge chez ma tante ◆ **to stay in a hotel** être à l'hôtel ◆ **where do you stay when you go to London?** où logez-vous quand vous allez à Londres ? ◆ **he was staying in Paris when he fell ill** il séjournait à Paris quand il est tombé malade
 c (Scot = live permanently) habiter
 d (= persevere) tenir ◆ **to stay to the finish** tenir jusqu'à la fin d'arrivée ◆ **to stay with a scheme** * ne pas abandonner un projet ◆ **stay with it!** * tenez bon !
 e (liter = pause) s'arrêter
 4 COMP ▷ **stay-at-home** n, adj casanier m, -ière f, pantouflard(e) * m(f) ▷ **staying power** n résistance f, endurance f ◆ **he hasn't a lot of staying power** il se décourage facilement

▶ **stay away** vi ◆ **he stayed away for three years** il n'est pas rentré avant trois ans ◆ **he stayed away from the meeting** il n'est pas allé (or venu) à la réunion, il s'est abstenu d'aller à la réunion ◆ **to stay away from school** ne pas aller à l'école, manquer l'école

▶ **stay behind** vi rester en arrière ◆ **you'll stay behind after school!** tu resteras après la classe !

▶ **stay down** vi **a** rester en bas ; (bending) rester baissé ; (lying down) rester couché ; (under water) rester sous l'eau ; (fig Scol) redoubler
 b (food etc) **nothing he eats will stay down** il n'assimile rien or il ne garde rien de ce qu'il mange

▶ **stay in** vi **a** [person] (at home) rester à la maison, ne pas sortir ; (Scol) être en retenue
 b [nail, screw, tooth filling] tenir

▶ **stay out** vi **a** [person] (away from home) ne pas rentrer ; (= outside) rester dehors ◆ **get out and stay out!** sortez et ne revenez pas ! ◆ **he always stays out late on Fridays** il rentre toujours tard le vendredi ◆ **he stayed out all night** il n'est pas rentré de la nuit ◆ **don't stay out after 9 o'clock** rentrez avant 9 heures
 b (Ind: on strike) rester en grève
 c (fig) **to stay out of** [+ argument] ne pas se mêler de ; [+ prison] éviter ◆ **to stay out of trouble** se tenir tranquille ◆ **you stay out of this!** mêlez-vous de vos (propres) affaires !

▶ **stay over** vi s'arrêter (un or plusieurs jour(s)), faire une halte ◆ **can you stay over till Thursday?** est-ce que vous pouvez rester jusqu'à jeudi ?

▶ **stay up** vi **a** [person] rester debout, ne pas se coucher ◆ **don't stay up for me** ne m'attendez pas pour aller vous coucher ◆ **you can stay up to watch the programme** vous pouvez voir l'émission avant de vous coucher ◆ **we always stay up late on Saturdays** nous veillons or nous nous couchons toujours tard le samedi
 b (= not fall) [trousers, fence etc] tenir ◆ **this zip won't stay up** cette fermeture éclair ® ne veut pas rester fermée

stay[2] [steɪ] **1** n (for pole, flagstaff etc: Naut) étai m, hauban m ; (for wall) étai m, étançon m ; (fig) soutien m, support m
 2 **stays** † npl (= corsets) corset m
 3 vt (also **stay up**: Naut) haubaner, étayer

stayer ['steɪə] n (= horse) stayer m, cheval m qui a du fond ; (= runner) coureur m, -euse f qui a du fond or de la résistance physique ◆ **he's a stayer** (Sport) il a du fond, il est capable d'un effort prolongé ; (fig) il n'abandonne pas facilement, il va jusqu'au bout de ce qu'il entreprend

STD [,estiː'diː] **a** (Brit Telec) (abbrev of **subscriber trunk dialling**) automatique m ◆ **to phone STD** téléphoner par l'automatique ◆ **STD code** indicatif m de zone

b (abbrev of **sexually transmitted disease**) MST f ◆ **STD clinic** ≃ service m de (dermato-)vénérologie

stead ['sted] n ◆ **in my/his** etc **stead** à ma/sa etc place ◆ **to stand sb in good stead** rendre grand service à qn, être très utile à qn

steadfast ['stedfəst] → SYN (liter) adj **a** (= unshakable) person, refusal, belief inébranlable ; loyalty, support inébranlable, indéfectible ; intention, desire ferme ; gaze ferme, résolu ◆ **steadfast in adversity/danger** inébranlable au milieu des infortunes/du danger ◆ **to be steadfast in one's belief that ...** rester fermement persuadé que ... ◆ **to be steadfast in one's praise of sb/sth** ne pas tarir d'éloges sur qn/qch ◆ **to be steadfast in one's opposition to sth** rester fermement opposé à qch
b (= loyal) person constant, loyal ◆ **steadfast in love** constant en amour

steadfastly ['stedfəstlɪ] adv refuse, reject, deny, maintain inébranlablement ◆ **steadfastly loyal** d'une loyauté inébranlable ◆ **to remain steadfastly at one's post** rester ferme à son poste

steadfastness ['stedfəstnɪs] n fermeté f, résolution f (liter) ◆ **steadfastness of purpose** ténacité f

Steadicam ® ['stedɪkæm] n (TV) Steadycam ® m

steadily ['stedɪlɪ] adv **a** (= continuously) increase, worsen, improve, work régulièrement ; breathe, beat avec régularité ; advance, rain, sob sans interruption ◆ **a steadily increasing number of people** un nombre toujours croissant de personnes ◆ **the poor are steadily getting poorer** les pauvres deviennent de plus en plus pauvres or toujours plus pauvres ◆ **the engine ran steadily** le moteur tournait sans à-coups
b look at (= without flinching) sans détourner les yeux ; (= intimidatingly) droit dans les yeux, avec insistance ; reply (= calmly) fermement, avec fermeté
c (= firmly) walk d'un pas ferme ; hold, grasp d'une main ferme

steadiness ['stedɪnɪs] n (NonC) **a** (= regularity) [of progress, supply, pace, breath, beat, demand] régularité f ; [of prices, sales, market, economy] stabilité f
b (= composure) [of voice] fermeté f ◆ **the steadiness of her look or gaze** (= unflinching) son regard qui ne cillait pas ; (= intimidating) l'insistance de son regard ◆ **the steadiness of his game** la régularité de son jeu ◆ **steadiness of nerve** sang-froid m ◆ **steadiness of purpose** détermination f inébranlable
c (= firmness) [of chair, table, ladder, boat] stabilité f ; [of hand] (in drawing) sûreté f ; (in holding) fermeté f ; gait fermeté f
d (= dependability) [of person] sérieux m

steady ['stedɪ] → SYN **1** adj **a** (= regular) supply, rain, breathing, beat, demand, income régulier ; prices, sales, market stable ; temperature, wind constant ◆ **to make steady progress** progresser régulièrement, faire des progrès constants ◆ **there was a steady downpour for three hours** il n'a pas cessé de pleuvoir pendant trois heures ◆ **at a steady pace** à une allure régulière ◆ **a steady stream** or **flow of sth** un flux régulier de qch ◆ **we were doing a steady 60km/h** nous roulions à une vitesse régulière or constante de 60 km/h ◆ **to hold** or **keep sth steady** [+ prices, demand] stabiliser qch ; see also **1c** ◆ **a steady job** un emploi stable ◆ **steady boyfriend** petit ami m attitré ◆ **steady girlfriend** petite amie f attitrée ◆ **to have a steady relationship with sb** avoir une relation stable avec qn
b (= composed) voice ferme ; nerves solide ; look, gaze (= unflinching) calme ; (= intimidating) soutenu, insistant ◆ **to look at sb with a steady gaze, to give sb a steady look** (= unflinching) regarder qn sans détourner les yeux ; (= intimidating) regarder qn droit dans les yeux or avec insistance ◆ **he plays a very steady game** il a un jeu très régulier
c (= firm) chair, table stable, solide ; boat stable ; hand (in drawing) sûr ; (in holding) ferme ◆ **to hold** or **keep sth steady** maintenir fermement qch ; see also **1a** ◆ **to hold steady** se maintenir ◆ **to be steady** (**on one's feet**) être solide sur ses jambes ◆ **the car is not very steady on corners** la voiture ne tient pas très bien la route dans les tournants
d (= dependable) person sérieux

2 excl **a** (Brit: also **steady on !**) (= be careful) doucement ! ; (= calm down) du calme ! ; → **ready**
b (Naut) **steady as she goes!, keep her steady!** comme ça droit !
3 adv † ◆ **they've been going steady for six months** ils sortent ensemble depuis six mois ◆ **to go steady with sb** sortir avec qn
4 n ⁎ (male) copain * m ; (female) copine * f
5 vt [+ wobbling object] assujettir ; [+ chair, table] (with hand) maintenir ; (= wedge) caler ; [+ nervous person, horse] calmer ◆ **to steady o.s.** se remettre d'aplomb ◆ **to steady one's nerves** se calmer (les nerfs) ◆ **to have a steadying effect on sb** (= make less nervous) calmer qn ; (= make less wild) assagir qn, mettre du plomb dans la cervelle de qn *
6 vi (also **steady up**) (= regain balance) se remettre d'aplomb ; (= grow less nervous) se calmer ; (= grow less wild) se ranger, s'assagir ; [prices, market] se stabiliser
7 COMP ▷ **steady-state theory** n (Phys) théorie f de la création continue

steak [steɪk] **1** n (= beef) bifteck m, steak m ; (of other meat) tranche f ; (of fish) tranche f, darne f ; → **fillet, frying, rumpsteak, stew 3**
2 COMP ▷ **steak and kidney pie** n tourte f à la viande de bœuf et aux rognons ▷ **steak and kidney pudding** n pudding m à la viande de bœuf et aux rognons ▷ **steak house** n ⇒ **steakhouse** ▷ **steak knife** n, pl **steak knives** couteau m à viande or à steak ▷ **steak tartare** n steak m tartare

steakhouse ['steɪkhaʊs] n ≃ grill-room m

steal [stiːl] → SYN pret **stole**, ptp **stolen** **1** vt [+ object, property] voler, dérober (liter) (from sb à qn) ; (fig) [+ kiss] voler (from sb à qn) ◆ **he stole a book from the library** il a volé un livre à la bibliothèque ◆ **he stole money from the till/drawer** etc il a volé de l'argent dans la caisse/dans le tiroir etc ◆ **to steal the credit for sth** s'attribuer tout le mérite de qch ◆ **to steal a glance at ...** jeter un coup d'œil furtif à ..., lancer un regard furtif à ... ◆ **to steal a march on sb** * gagner or prendre qn de vitesse ◆ **to steal the show from sb** (Theat, also fig) ravir la vedette à qn ◆ **he stole the show** (fig) il n'y en a eu que pour lui, il n'y a eu d'yeux que pour lui ◆ **to steal sb's thunder** éclipser qn en lui coupant l'herbe sous le pied ◆ **Labour have stolen the Tories' clothes** (Brit) les travaillistes se sont appropriés les idées des conservateurs
2 vi **a** voler ◆ **thou shalt not steal** (Bible) tu ne voleras point
b (= move silently) **to steal up/down/out** etc monter/descendre/sortir etc à pas furtifs or feutrés or de loup ◆ **he stole into the room** il s'est glissé or faufilé dans la pièce ◆ **a smile stole across her lips** un sourire erra sur ses lèvres ◆ **a tear stole down her cheek** une larme furtive glissa sur sa joue ◆ **the light was stealing through the shutters** la lumière filtrait à travers les volets
3 n (US = theft) vol m ◆ **it's a steal** * (fig = bargain) c'est une bonne affaire

▶ **steal away** **1** vi s'esquiver
2 vt sep [+ child etc] prendre, enlever (from sb à qn) ; [+ sb's husband] voler, prendre (from sb à qn) ; [+ sb's affections] détourner

stealing ['stiːlɪŋ] → SYN n (NonC) vol m ◆ **stealing is wrong** c'est mal de voler

stealth [stelθ] → SYN **1** n ◆ **by stealth** furtivement, à la dérobée
2 COMP ▷ **Stealth bomber** n (Aviat) bombardier m furtif ▷ **Stealth plane** n (Aviat) avion m furtif

stealthily ['stelθɪlɪ] adv move, remove, exchange furtivement, à la dérobée ; creep, enter, leave furtivement, à pas furtifs

stealthiness ['stelθɪnɪs] n caractère m furtif, manière f furtive

stealthy ['stelθɪ] → SYN adj furtif

steam [stiːm] **1** n (NonC) vapeur f ; (= condensation: on window etc) buée f ◆ **it works by steam** ça marche or fonctionne à la vapeur ◆ **full steam ahead!** (Naut) en avant toute ! ◆ **the building project is going full steam ahead** le projet de construction va de l'avant à plein régime ◆ **to get up** or **pick up steam** [train, ship] prendre de la vitesse ; [driver etc] faire monter la pression ; (fig) [worker, programme, project] démarrer vraiment * (fig) ◆ **when she gets up** or **picks up steam she can ...** quand elle s'y met or quand elle est lancée elle peut ... ◆ **to run out of steam** [speaker, worker] s'essouffler ; [programme, project] tourner court, s'essouffler ◆ **the strike is running out of steam** le mouvement de grève commence à s'essouffler ◆ **under one's own steam** par ses propres moyens ◆ **to let off** or **blow off steam** * (= energy) se défouler * ; (= anger) épancher sa bile
2 vt (for cleaning, disinfecting purposes) passer à la vapeur ; (Culin) cuire à la vapeur ◆ **to steam open an envelope** décacheter une enveloppe à la vapeur ◆ **to steam off a stamp** décoller un timbre à la vapeur
3 vi **a** [kettle, liquid, horse, wet clothes] fumer
b **to steam along/away** etc [steamship, train] avancer/partir etc ; (* fig) [person, car] avancer/partir etc à toute vapeur * ◆ **they were steaming along at 12 knots** ils filaient 12 nœuds ◆ **the ship steamed up the river** le vapeur remontait la rivière ◆ **the train steamed out of the station** le train est sorti de la gare dans un nuage de fumée ◆ **to steam ahead** [steamship] avancer ; [person] avancer à toute vapeur * ; (* fig = make great progress) faire des progrès à pas de géant
4 COMP boiler, iron, turbine à vapeur ; bath de vapeur ▷ **steam-driven** adj à vapeur ▷ **steamed pudding** n pudding m cuit à la vapeur ▷ **steamed up** * adj (fig) **to get steamed up** se mettre dans tous ses états (about sth à propos de qch) ◆ **don't get so steamed up about it!** ne te mets pas dans tous tes états pour ça ! ▷ **steam engine** n (Rail) locomotive f à vapeur ▷ **steam heat** n chaleur f fournie par la vapeur ▷ **steam iron** n fer m (à repasser) à vapeur ▷ **steam jacket** n (Tech) chemise f or enveloppe f à vapeur ▷ **steam organ** n orgue m à vapeur ▷ **steam point** n (Phys) point m d'ébullition (de l'eau) ▷ **steam radio** n TSF * f ▷ **steam reforming** n (Tech) steam-reforming m, reformage m à la vapeur ▷ **steam room** n hammam m ▷ **steam shovel** n (US) excavateur m

▶ **steam up** **1** vi [window, mirror] se couvrir de buée ; [bathroom] se remplir de buée
2 vt sep embuer
3 **steamed up** * adj → **steam**

steamboat ['stiːmbəʊt] n (bateau m à) vapeur m

steamer ['stiːmə'] n **a** (Naut) (bateau m à) vapeur m ; (= liner) paquebot m
b (= saucepan) cuit-vapeur m inv

steaming ['stiːmɪŋ] adj **a** (also **steaming hot**) fumant
b (* = angry) person fumasse * ; letter furibond *
c (Scot ⁎ = drunk) bourré *

steamroller ['stiːmrəʊlə'] **1** n rouleau m compresseur
2 vt (fig) [+ opposition etc] écraser, briser ; [+ obstacles] aplanir ◆ **to steamroller a bill through Parliament** faire approuver un projet de loi au Parlement sans tenir compte de l'opposition
3 COMP ▷ **steamroller tactics** npl technique f du rouleau compresseur

steamship ['stiːmʃɪp] **1** n paquebot m
2 COMP ▷ **steamship company** n ligne f de paquebots

steamy ['stiːmɪ] adj **a** (= humid) room, city, air plein de vapeur ; window embué
b (* = erotic) affair, film, novel torride

stearate ['stɪəreɪt] n stéarate m

stearic acid [stɪ'ærɪk] n (Chem) acide m stéarique

stearin(e) ['stɪərɪn] n (Chem) stéarine f

steatite ['stɪətaɪt] n (Miner) stéatite f, craie f de Briançon

steatolysis [ˌstɪə'tɒlɪsɪs] n (Physiol) stéatolyse f

steatopygia [ˌstɪətəʊ'pɪdʒɪə] n (Med) stéatopygie f

steatopygic [ˌstɪətəʊ'pɪdʒɪk], **steatopygous** [ˌstɪə'tɒpɪɡəs] adj stéatopyge

steed [stiːd] n (liter) coursier m (liter)

steel [stiːl] **1** n **a** (NonC) acier m ◆ **to be made of steel** (fig) avoir une volonté de fer ◆ **nerves of steel** nerfs mpl d'acier ; → **stainless**

b (= sharpener) aiguisoir m, fusil m ; (for striking sparks) briquet † m, fusil † m ; (liter = sword, dagger) fer m ; → **cold**

2 vt (fig) ◆ **to steel o.s.** or **one's heart to do sth** s'armer de courage pour faire qch ◆ **to steel o.s. against sth** se cuirasser contre qch

3 COMP (= made of steel) knife, tool en acier ; (Ind) manufacture de l'acier ; (gen, also of steel production) sidérurgique ; dispute, strike des sidérurgistes, des (ouvriers) métallurgistes ; (St Ex) shares, prices de l'acier ▷ **steel band** n steel band m ▷ **steel blue** n bleu acier m ◇ adj bleu acier inv ▷ **steel-clad** adj bardé de fer ▷ **steel engraving** n gravure f sur acier ▷ **steel grey** adj gris acier inv, gris métallisé inv ▷ **steel guitar** n steel-guitar f, guitare f à cordes métalliques ▷ **steel helmet** n casque m ▷ **steel industry** n sidérurgie f, industrie f sidérurgique ▷ **steel maker**, **steel manufacturer** n métallurgiste m, aciériste m ▷ **steel mill** n ⇒ **steelworks** ▷ **steel-plated** adj revêtu d'acier ▷ **steel tape** n (Carpentry) mètre m à ruban métallique ▷ **steel wool** n (NonC) (for floors) paille f de fer ; (for saucepans) tampon m métallique

steelworker [ˈstiːlˌwɜːkər] n (ouvrier m, -ière f) sidérurgiste mf, (ouvrier m, -ière f) métallurgiste mf

steelworks [ˈstiːlwɜːks] n aciérie f

steely [ˈstiːlɪ] **1** adj **a** sky (= blue) bleu acier inv ; (= grey) gris acier inv, colour acier inv

b (= grim) person, smile dur et menaçant ; look, stare d'acier ; determination inébranlable ; refusal, attitude inébranlable, inflexible ◆ **his look of steely concentration** son regard d'intense concentration

c (= like steel) material, substance dur comme l'acier ; appearance de l'acier

2 COMP ▷ **steely blue** adj bleu acier inv ▷ **steely-eyed** adj au regard d'acier ▷ **steely grey** adj gris acier inv, gris métallisé inv ▷ **steely-hearted** adj au cœur de pierre

steelyard [ˈstiːljɑːd] n balance f romaine

steenbok [ˈstiːnˌbɒk] n, pl **steenbok** or **steenboks** steinbock m

steep¹ [stiːp] → SYN adj **a** slope, incline, road, street, stairs raide ; hill, bank escarpé ; cliff abrupt ; roof en pente ; descent rapide ; ascent, climb rude ; dive à la verticale ◆ **a steep path** un raidillon, un sentier raide

b (= great) rise, fall fort

c (* = expensive) price, fees élevé, raide * ; bill salé *

d (Brit * = unreasonable) that's or **it's a bit steep** c'est un peu raide * or fort * ◆ **it's a bit steep to expect us to do that!** c'est un peu raide * or fort * de s'attendre à ce qu'on fasse ça !

steep² [stiːp] **1** vt (in water, dye etc) tremper (in dans) ; [+ washing] faire tremper, mettre à tremper ; (Culin) macérer, mariner (in dans) ◆ **steeped in ignorance/vice** croupissant dans l'ignorance/le vice ◆ **steeped in prejudice** imbu de préjugés ◆ **a town steeped in history** une ville imprégnée d'histoire ◆ **a scholar steeped in the classics** un érudit imprégné des auteurs classiques

2 vi [clothes etc] tremper ; (Culin) macérer, mariner

steepen [ˈstiːpən] vi (lit) [slope, ground] devenir plus raide ; (fig) [slump, decline] s'accentuer

steeple [ˈstiːpl] n clocher m, flèche f

steeplechase [ˈstiːpltʃeɪs] n steeple(-chase) m

steeplechaser [ˈstiːpltʃeɪsər] n (= horse) coureur m, -euse f de steeple

steeplechasing [ˈstiːpltʃeɪsɪŋ] n steeple(-chase) m

steeplejack [ˈstiːpldʒæk] n réparateur m de hautes cheminées et de clochers

steeply [ˈstiːplɪ] adv **a** (= precipitously) rise, climb, fall, drop en pente raide ◆ **to bank steeply** faire un virage serré sur l'aile ◆ **the lawn slopes steeply down to the river** la pelouse descend en pente raide vers la rivière ◆ **steeply sloping roof/land** toit m/terrain m en pente raide ◆ **steeply terraced vineyards** des vignobles en terrasses escarpées

b (= greatly) **to rise/fall steeply** [prices, costs, profits] monter en flèche/baisser fortement

steepness [ˈstiːpnɪs] n [of road etc] pente f (raide) ; [of slope] abrupt m

steer¹ [stɪər] n (= ox) bœuf m ; (esp US: castrated) bouvillon m

steer² [stɪər] → SYN **1** vt **a** (= handle controls of) [+ ship] gouverner ; [+ boat] barrer

b (= move, direct) [+ ship, car] diriger (towards vers) ; (fig) [+ person] guider ; [+ conversation] diriger ◆ **to steer a** or **one's course to** (Naut) faire route vers or sur ◆ **to steer one's way through a crowd** se frayer un passage à travers une foule ◆ **he steered her over to the bar** il l'a guidée vers le bar ◆ **he steered me into a good job** c'est lui qui m'a permis de trouver un bon boulot *

2 vi (Naut) tenir le gouvernail or la barre, gouverner ◆ **to steer by the stars** se guider sur les étoiles ◆ **he steered for the lighthouse** il a fait route vers or il a mis le cap sur le phare ◆ **steer due north!** cap au nord ! ◆ **this car/boat doesn't steer well** cette voiture n'a pas une bonne direction/ce bateau gouverne mal ◆ **to steer clear of sth** (Naut) passer au large de qch ; (Aut) passer à l'écart de qch ◆ **to steer clear of sb/sth** (fig) éviter qn/qch

3 n (US * = tip) tuyau * m, conseil m ◆ **a bum steer** un tuyau qui ne vaut rien

steerage [ˈstɪərɪdʒ] (Naut) **1** n entrepont m

2 adv dans l'entrepont, en troisième classe

steerageway [ˈstɪərɪdʒweɪ] n erre f

steering [ˈstɪərɪŋ] **1** n (NonC) (Aut) (= action) conduite f ; (= mechanism) direction f ; (Naut) conduite f, pilotage m

2 COMP ▷ **steering arm** n (Aut) bras m de direction ▷ **steering column** n (Aut) colonne f de direction ▷ **steering committee** n (Admin etc) comité m de pilotage ▷ **steering gear** n (Aut) boîte f de direction ; (Naut) servomoteur m de barre or de gouvernail ; (Aviat) direction f ▷ **steering lock** n (when driving) rayon m de braquage ; (= anti-theft device) antivol m de direction ▷ **steering system** n (Aut) direction f ▷ **steering wheel** n volant m ; (Naut) barre f à roue

steersman [ˈstɪəzmən] n, pl **-men** (Naut) timonier m, homme m de barre

stegosaurus [ˌstɛɡəˈsɔːrəs] n (Paleontology) stégosaure m

steinbok [ˈstaɪnˌbɒk] n, pl **steinbok** or **steinboks** ⇒ **steenbok**

stele [ˈstiːlɪ] n, pl **steles** or **stelae** [ˈstiːliː] (Archit) stèle f

stellar [ˈstɛlər] **1** adj **a** (Astron) stellaire

b (Cine, Theat etc) person, cast brillant ; talent, quality, reputation sublime

c (= superb) profits, education excellent

2 COMP ▷ **stellar evolution** n (Astron) évolution f stellaire

stellate [ˈstɛlɪt] adj (Bot, Zool) étoilé

stellular [ˈstɛljʊlər] adj (with stars) étoilé

stem¹ [stɛm] → SYN **1** vt **a** (= stop) [+ flow] contenir, endiguer ; [+ flood, river] contenir, endiguer ; [+ course of disease] enrayer, juguler ; [+ attack] juguler, stopper ◆ **to stem the course of events** endiguer la marche des évènements ◆ **to stem the tide** or **flow of ...** (fig) endiguer (le flot de) ...

b [+ ski] ramener or écarter en chasse-neige

2 COMP ▷ **stem parallel** n (Ski) stem(m) m parallèle ▷ **stem turn** n (Ski) (virage m en) stem(m) m

stem² [stɛm] LANGUAGE IN USE 17.1 → SYN

1 n **a** [of flower, plant] tige f ; [of tree] tronc m ; [of fruit, leaf] queue f ; [of glass] pied m ; [of tobacco pipe] tuyau m ; [of feather] tige f, tuyau m ; (in handwriting, Printing: of letter) hampe f ; (Mus: of note) queue f ; (Ling: of word) radical m

b (Naut) (= timber) étrave f ; (= part of ship) avant m, proue f ◆ **from stem to stern** de bout en bout

2 vi ◆ **to stem from ...** provenir de ..., découler de ..., dériver de ...

3 COMP ▷ **stem cell** n (Bio) cellule f souche ▷ **stem ginger** n gingembre m confit ▷ **stem-winder** n montre f à remontoir

stemma [ˈstɛmə] n (= ocellus) stemmate m

-stemmed [stɛmd] adj (in compounds) ◆ **short-/thick-stemmed** pipe à tuyau court/épais ◆ **thin-/green-stemmed** plant à tige fine/verte ◆ **slim-/thick-stemmed** glass au pied fin/épais

stench [stɛntʃ] n puanteur f, odeur f nauséabonde or fétide

stencil [ˈstɛnsl] **1** n (of metal, cardboard) pochoir m ; (of paper) poncif m ; (in typing etc) stencil m ; (= decoration) peinture f or décoration f au pochoir ◆ **to cut a stencil** (Typing) préparer un stencil

2 vt [+ lettering, name] peindre or marquer au pochoir ; (in typing etc) [+ document] polycopier, tirer au stencil

Sten gun [ˈstɛnɡʌn] n (Brit Hist) mitraillette f légère

steno * [ˈstɛnəʊ] n (US) ⇒ **stenographer, stenography**

stenographer [stɛˈnɒɡrəfər] n sténographe mf

stenography [stɛˈnɒɡrəfɪ] n (US) sténographie f

stenosis [stɪˈnəʊsɪs] n, pl **stenoses** [stɪˈnəʊsiːz] (Med) sténose f

stentorian [stɛnˈtɔːrɪən] adj (liter) voice, tones de stentor ; shout puissant

step [stɛp] → SYN **1** n **a** (= movement, sound, track) pas m ◆ **to take a step back/forward** faire un pas en arrière/en avant ◆ **with slow steps** à pas lents ◆ **at every step** (lit, fig) à chaque pas ◆ **step by step** (lit) pas à pas ; (fig) petit à petit ; see also **4** ◆ **he didn't move a step** il n'a pas bougé d'un pas ◆ **we heard steps in the lounge** nous avons entendu des pas or un bruit de pas dans le salon ◆ **we followed his steps in the snow** nous avons suivi (la trace de) ses pas dans la neige ◆ **to follow in sb's steps** (fig) marcher sur les pas or suivre les brisées de qn ◆ **it's a good step * or quite a step * to the village** (fig = distance) il y a un bon bout de chemin or ça fait une bonne trotte * d'ici au village ◆ **every step of the way** (fig) complain etc continuellement, constamment ; argue, object point par point ◆ **I'll fight this decision every step of the way** je combattrai cette décision jusqu'au bout ◆ **to be** or **stay one step ahead of sb** avoir une longueur d'avance sur qn ; → **retrace, watch²**

b (fig) pas m (towards vers) ; (= measure) disposition f, mesure f ◆ **it is a great step for the nation to take** c'est pour la nation un grand pas à faire or à franchir ◆ **the first steps in one's career** les premiers pas or les débuts mpl de sa carrière ◆ **it's a step up in his career** c'est une promotion pour lui ◆ **to take steps (to do)** prendre des dispositions or des mesures (pour faire) ◆ **to take legal steps** avoir recours à la justice, engager des poursuites (to do sth pour faire qch) ◆ **what's the next step?** qu'est-ce qu'il faut faire maintenant or ensuite ? ◆ **the first step is to decide ...** la première chose à faire est de décider ... ; → **false**

c (NonC: in marching, dancing) pas m ◆ **a waltz step** un pas de valse ◆ **to keep (in) step** (in marching) marcher au pas ; (in dance) danser en mesure ◆ **to keep step with sb** (lit, fig) ne pas se laisser distancer par qn ◆ **to fall into step** se mettre au pas ◆ **to get out of step** rompre le pas ◆ **to be in step with** (fig) [+ person] agir conformément à, être au diapason de ; [+ regulations] être conforme à ◆ **to be/march etc out of step** ne pas être/marcher etc au pas ◆ **to break step** (Mil) rompre le pas ◆ **to be out of step with** (fig) [+ person] être déphasé par rapport à ; [+ regulations] ne pas être conforme à ◆ **the unions and their leaders are out of step** il y a déphasage entre les syndicats et leurs dirigeants

d (= stair) marche f (also Climbing) ; (= doorstep) pas m de la porte, seuil m ; (on bus etc) marchepied m ◆ **(flight of) steps** (indoors) escalier m ; (outdoors) perron m, escalier m ◆ **(pair of) steps** (Brit) escabeau m ◆ **mind the step** attention à la marche

e (also **step aerobics**) step m

2 vt **a** (= place at intervals) échelonner

b (Naut) [+ mast] arborer, mettre dans son emplanture

941 ENGLISH-FRENCH

③ vi ◆ **step this way** venez par ici ◆ **to step off sth** descendre de qch, quitter qch ◆ **he stepped into the car/onto the pavement** il est monté dans la voiture/sur le trottoir ◆ **he stepped into his slippers/trousers** il a mis ses pantoufles/son pantalon ◆ **to step into sb's boots** (Brit) succéder à qn ◆ **to step on sth** marcher sur qch ◆ **to step on the brakes** donner un coup de frein ◆ **to step on the gas** * (US Aut) appuyer sur le champignon * ◆ **step on it!** * dépêche-toi !, grouille-toi ! * ◆ **to step out of line** (gen) sortir des rangs ; (morally) s'écarter du droit chemin ◆ **to step over sth** enjamber qch ; → **shoe**

④ COMP ▷ **step aerobics** n (NonC: Sport) step m ▷ **step-by-step** adj instructions point par point ▷ **step-parent** n beau-père m/belle-mère f ◆ **step-parents** beaux-parents mpl ▷ **stepped-up** adj campaign, efforts intensifié ; production, sales augmenté, accru ▷ **stepping stone** n (lit) pierre f de gué ; (fig) marchepied m

▶ **step aside** vi (lit) faire un pas de côté ; (= give up position) s'effacer

▶ **step back** vi (lit) faire un pas en arrière, reculer ◆ **we stepped back into Shakespeare's time** nous nous sommes retrouvés à l'époque de Shakespeare

▶ **step down** vi (lit) descendre (from de) ; (fig) se retirer, se désister (in favour of sb en faveur de qn)

▶ **step forward** vi faire un pas en avant ; (= show o.s., make o.s. known) s'avancer, se faire connaître ; (= volunteer) se présenter

▶ **step in** vi entrer ; (fig) intervenir, s'interposer

▶ **step inside** vi entrer

▶ **step out** ① vi (= go outside) sortir ; (= hurry) allonger le pas ; (US * fig) faire la bombe *
② vt sep (= measure) [+ distance] mesurer en comptant les pas

▶ **step up** ① vi ◆ **to step up to sb/sth** s'approcher de qn/qch
② vt sep [+ production, sales] augmenter, accroître ; [+ campaign] intensifier ; [+ attempts, efforts] intensifier, multiplier ; (Elec) [+ current] augmenter
③ **stepped-up** adj → **step**

stepbrother ['step,brʌðəʳ] n demi-frère m

stepchild ['steptʃaɪld] n beau-fils m, belle-fille f

stepchildren ['step,tʃɪldrən] npl beaux-enfants mpl

stepdaughter ['step,dɔːtəʳ] n belle-fille f

stepfather ['step,fɑːðəʳ] n beau-père m

stephanotis [,stefə'nəʊtɪs] n (Bot) stephanotis m

Stephen ['stiːvn] n Étienne m, Stéphane m

stepladder ['step,lædəʳ] n escabeau m

stepmother ['step,mʌðəʳ] n belle-mère f

steppe [step] n steppe f

stepper ['stepəʳ] n steppeur m

Step Reebok ® [,step'riːbɒk] n step m

stepsister ['step,sɪstəʳ] n demi-sœur f

stepson ['stepsʌn] n beau-fils m

steradian [stə'reɪdɪən] n (Math = unit, angle) stéradian m

stercoricolous [,stɜːkə'rɪkələs] adj stercoraire, scatophile

stere [stɪəʳ] n (= unit) stère m

stereo ['stɪərɪəʊ] ① n a (abbrev of **stereophonic**) (= system) stéréo f, stéréophonie f ; (= record player/radio etc) chaîne f/radio f etc stéréophonique or stéréo inv ; (= record/tape etc) disque m/bande f magnétique etc stéréophonique or stéréo ◆ **recorded in stereo** enregistré en stéréo(phonie)
b abbrev of **stereoscope, stereotype** etc
② COMP record player, cassette recorder, tape etc stéréophonique, stéréo inv ; broadcast, recording en stéréophonie ◆ **stereo effect** n effet m stéréo(phonique) ▷ **stereo sound** n son m stéréo ▷ **stereo system** n chaîne f hi-fi

stereo... ['stɪərɪəʊ] pref stéréo...

stereochemistry [,stɪərɪəʊ'kemɪstrɪ] n stéréochimie f

stereognosis [,sterɪɒg'nəʊsɪs] n stéréognosie f

stereogram ['stɪərɪəgræm], **stereograph** ['stɪərɪəgrɑːf] n stéréogramme m

stereography [,sterɪ'ɒgrəfɪ] n (= drawing) stéréographie f

stereoisomer [,stɪərɪəʊ'aɪsəməʳ] n (Chem) stéréo-isomère m

stereoisomerism [,stɪərɪəʊaɪ'sɒmərɪzəm] n (Chem) stéréo-isomérie f

stereometric [,sterɪə'metrɪk] adj stéréométrique

stereometry [,sterɪ'ɒmɪtrɪ] n stéréométrie f

stereophonic [,sterɪə'fɒnɪk] adj stéréophonique

stereophony [,sterɪ'ɒfənɪ] n stéréophonie f

stereoscope ['stɪərɪəskəʊp] n stéréoscope m

stereoscopic [,sterɪəs'kɒpɪk] adj stéréoscopique

stereoscopy [,sterɪ'ɒskəpɪ] n stéréoscopie f

stereospecific [,stɪərɪəʊspɪ'sɪfɪk] adj (Chem) stéréospécifique

stereotomy [,sterɪ'ɒtəmɪ] n stéréotomie f

stereotype ['stɪərɪətaɪp] → SYN ① n a (fig) stéréotype m
b (Typ) cliché m ; (= process) clichage m
② vt a (fig) stéréotyper
b (Printing) clicher

stereotyped ['stɪərɪətaɪpt] adj (Typ, fig) stéréotypé

stereotyper ['sterɪə,taɪpəʳ], **stereotypist** ['sterɪə,taɪpɪst] n clicheur m, -euse f

stereotypical [,stɪərɪə'tɪpɪkl] adj stéréotypé

stereotypy ['stɪərɪə,taɪpɪ] n (Typ) clichage m, stéréotypie f

stereovision [,stɪərɪə'vɪʒən] n vision f stéréoscopique

steric ['sterɪk], **sterical** ['sterɪkəl] adj stérique

sterile ['steraɪl] → SYN adj (all senses) stérile

sterilely ['steraɪllɪ] adv stérilement

sterility [ste'rɪlɪtɪ] n stérilité f

sterilization [,sterɪlaɪ'zeɪʃən] n stérilisation f

sterilize ['sterɪlaɪz] → SYN vt stériliser

sterilizer ['sterɪlaɪzəʳ] n stérilisateur m

sterlet ['stɜːlɪt] n sterlet m

sterling ['stɜːlɪŋ] → SYN ① n (NonC) a (Econ) livres fpl sterling inv
b (also **sterling silver**) argent m fin or de bon aloi
② adj a (Metal) gold, silver fin, de bon aloi
b (also **sterling silver**) bracelet d'argent fin or de bon aloi
c (esp Brit = excellent) qualities, work, service, efforts remarquable ; advice excellent ◆ **a man of sterling worth** un homme de très grande valeur
d (Fin) **pound sterling** livre f sterling inv
③ COMP ▷ **the sterling area, the sterling bloc** n la zone sterling

stern¹ [stɜːn] → SYN n (Naut) arrière m, poupe f ; * [of horse etc] croupe f ; * [of person] derrière m, postérieur * m ◆ **stern foremost** (Naut) par l'arrière, en marche arrière ; → **stem**²

stern² [stɜːn] → SYN adj person, look, measure, rebuke, test sévère ; task rude ; opposition, resistance farouche ; warning sévère, sérieux ◆ **to be made of sterner stuff** être d'une autre trempe

sterna ['stɜːnə] npl of **sternum**

sternly ['stɜːnlɪ] adv a (= severely) say, rebuke sévèrement ; look at d'un air sévère ; warn sur un ton comminatoire ◆ **to deal sternly with sb/sth** se montrer sévère à l'égard de qn/qch ◆ **a sternly worded statement** une déclaration au ton comminatoire ◆ **a sternly factual account** un récit rigoureux basé sur les faits
b (= firmly) forbid strictement ; oppose farouchement ; resist avec opiniâtreté

sternness ['stɜːnnɪs] n [of person, look, speech, measure, reprimand, test] sévérité f ; [of task] difficulté f ; [of opposition, resistance] fermeté f

Sterno ® [stɜːnəʊ] (US) ① n ≈ méta ® m
② COMP ▷ **Sterno can** n récipient pour tablette de méta

stepbrother / stick

sternpost ['stɜːnpəʊst] n (Naut) étambot m

sternum ['stɜːnəm] n, pl **sternums** or **sterna** sternum m

sternutation [,stɜːnjʊ'teɪʃən] n sternutation f

sternutative [stɜː'njuːtətɪv], **sternutatory** [stɜː'njuːtətərɪ] adj sternutatoire

sternway ['stɜːn,weɪ] n (Naut) acculée f

steroid ['stɪərɔɪd] n stéroïde m

sterol ['sterɒl] n (Bio) stérol m

stertorous ['stɜːtərəs] adj (frm) breathing stertoreux

stet [stet] ① impers vb (Typ) bon, à maintenir
② vt maintenir

stethoscope ['steθəskəʊp] n stéthoscope m

Stetson ® ['stetsən] n Stetson ® m

stevedore ['stiːvɪdɔːʳ] n arrimeur m, débardeur m, docker m

Steven ['stiːvn] n Étienne m

Stevenson screen ['stiːvənsən] n (Met) abri m météorologique

stew [stjuː] ① n (meat) ragoût m ; (rabbit, hare) civet m ◆ **to be/get in a stew** * (= trouble) être/se mettre dans le pétrin * ; (= worry) être/se mettre dans tous ses états ; → **Irish**
② vt [+ meat] (faire) cuire en ragoût, faire en daube ; [+ rabbit, hare] cuire en civet ; [+ fruit] faire cuire ◆ **stewed fruit** (gen) fruits mpl cuits ◆ **stewed apples/rhubarb** etc (mushy) compote f de pommes/de rhubarbe etc ◆ **stewed tea** thé m trop infusé ◆ **to be stewed** * (fig = drunk) être pinté *
③ vi [meat] cuire en ragoût or à l'étouffée ; [fruit] cuire ; [tea] devenir trop infusé ◆ **to let sb stew in his own juice** laisser qn cuire or mijoter dans son jus
④ COMP ▷ **stewing steak** n bœuf m à braiser

steward ['stjuːəd] n (on ship, plane) steward m ; (on estate etc) intendant m, régisseur m ; (in club, college) intendant m, économe m ; (at meeting) membre m du service d'ordre ; (at dance) organisateur m ◆ **the stewards** (at meeting etc) le service d'ordre ; → **shop**

stewardess ['stjʊədes] n hôtesse f

stewardship ['stjʊədʃɪp] n (= duties) intendance f ◆ **under his stewardship** (in club, college) quand il était intendant or économe ; (on estate) quand il était intendant or régisseur

stewpan ['stjuːpæn], **stewpot** ['stjuːpɒt] n cocotte f

stg (Fin) abbrev of **sterling**

stibine ['stɪbaɪn] n (Chem) stibine f

stibnite ['stɪbnaɪt] n (Miner) stibine f

stichomythia [,stɪkəʊ'mɪθɪə], **stichomythy** [stɪ'kɒmɪθɪ] n stichomythie f

stick [stɪk]
vb : pret, ptp **stuck**
→ SYN

① NOUN   ④ INTRANSITIVE VERB
② PLURAL NOUN   ⑤ COMPOUNDS
③ TRANSITIVE VERB   ⑥ PHRASAL VERBS

① NOUN

a = length of wood bâton m ; (= twig) petite branche f, brindille f ; (= walking stick) canne f ; (= stake: for peas, flowers etc) bâton m, tuteur m ; (taller) rame f ; (for lollipop etc) bâton m ; (Mil, Mus) baguette f ; (Aviat = joystick) manche m à balai ; (Hockey, Lacrosse) crosse f ; (Ice Hockey) stick m ◆ **a few sticks of furniture** quelques pauvres meubles ◆ **every stick of furniture** chaque meuble ◆ **to carry a big stick** (fig) avoir le bras long ◆ **to use** or **wield the big stick** manier la trique ; (Pol) faire de l'autoritarisme ◆ **the policy of the big stick** la politique du bâton ◆ **to find a stick to beat sb with** (fig) profiter de l'occasion pour s'en prendre à qn ◆ **to get (hold of) the wrong end of the stick** mal comprendre ◆ **to get on the stick** * (US fig) s'y coller *, s'y mettre

b of chalk, charcoal, sealing wax, candy bâton m, morceau m ; [of chewing gum] tablette f, palette f (Can) ; [of celery] branche f ; [of rhubarb] tige f ◆ **a stick of bombs** un chapelet de bombes ◆ **a stick of parachutists** un groupe de saut

c esp Brit * = criticism critiques fpl désobligeantes ◆ **to give sb a lot of stick** éreinter qn (*for, over* à propos de) ◆ **to take** or **get a lot of stick** se faire éreinter (*for, over* à propos de)

d Brit * = person **he is a dull** or **dry old stick** il est rasoir * ◆ **he's a funny old stick** c'est un numéro *

e Drugs * stick m

2 **sticks** PLURAL NOUN

a = firewood petit bois m

b Sport = hurdles haies fpl

c pej = backwoods **(out) in the sticks** * en pleine cambrousse *

d **one summer they upped sticks and left for Canada** * un été, ils ont tout plaqué * et sont partis au Canada

3 TRANSITIVE VERB

a = thrust, stab [+ pin, needle, fork] piquer, planter (*into* dans) ; [+ knife, dagger, bayonet] plonger, planter (*into* dans) ; [+ spade, rod] planter, enfoncer (*into* dans) ◆ **to stick a pin through sth** transpercer qch avec une épingle ◆ **I stuck the needle into my finger** je me suis piqué le doigt avec l'aiguille ◆ **we found this place by sticking a pin in the map** nous avons trouvé ce coin en plantant une épingle au hasard sur la carte ◆ **a board stuck with drawing pins/nails** un panneau couvert de punaises/hérissé de clous ◆ **to stick a pig** égorger un cochon ◆ **to squeal like a stuck pig** brailler comme un cochon qu'on égorge

b * = put mettre ; (inside sth) mettre, fourrer * ◆ **he stuck it on the shelf/under the table** il l'a mis sur l'étagère/sous la table ◆ **to stick sth into a drawer** mettre or fourrer * qch dans un tiroir ◆ **to stick one's hands in one's pockets** mettre or fourrer * ses mains dans ses poches ◆ **he stuck his finger into the hole** il a mis or fourré * son doigt dans le trou ◆ **he stuck the lid on the box** il a mis le couvercle sur la boîte ◆ **he stuck his head through the window/round the door** il a passé la tête par la fenêtre/dans l'embrasure de la porte ◆ **to stick one's hat on one's head** mettre son chapeau sur sa tête ◆ **I'll have to stick a button on that shirt** il faudra que je mette un bouton à cette chemise ◆ **he had stuck £30 on the price** il avait majoré le prix de 30 livres ◆ **to stick an advertisement in the paper** mettre or passer une annonce dans le journal ◆ **they stuck him on the committee** ils l'ont mis or collé * au comité ◆ **you know where you can stick that!** **, **stick it up your ass!** ** tu sais où tu peux te le mettre ? ** ◆ **she told him to stick his job** ** elle lui a dit d'aller se faire voir ** avec son boulot *

c with glue etc coller ◆ **to stick a poster on the wall/a door** coller une affiche au mur/sur une porte ◆ **to stick a stamp on a letter** coller un timbre sur une lettre ◆ **"stick no bills"** "défense d'afficher" ◆ **it was stuck fast** c'était bien collé or indécollable ◆ **he tried to stick the murder on his brother** ** il a essayé de mettre le meurtre sur le dos de son frère ◆ **you can't stick that on me!** ** vous ne pouvez pas me mettre ça sur le dos ! ◆ **he stuck me with the bill** il m'a laissé régler la note ◆ **he stuck** ** **me (for) £10 for that old book** il m'a fait payer or il m'a pris 10 livres pour ce vieux bouquin *

◆ **to be stuck** [key, lock, door, drawer, gears, valve, lid] être coincé, être bloqué ; [vehicle, wheels] être coincé, être bloqué ; (in mud) être embourbé ; (in sand) être enlisé ; [machine, lift] être bloqué, être en panne ◆ **to be stuck in the lift** être coincé or bloqué dans l'ascenseur ◆ **the train was stuck at the station** le train était bloqué or immobilisé en gare ◆ **the car was stuck between two trucks** la voiture était bloquée or coincée entre deux camions ◆ **I was stuck in a corner and had to listen to him all evening** j'étais bloqué dans un coin et j'ai dû l'écouter toute la soirée ◆ **he was stuck in town all summer** il a été obligé de rester en ville tout l'été ◆ **I'm stuck at home all day** je suis cloué à la maison toute la journée ◆ **we're stuck here for the night** nous allons être obligés de passer la nuit ici ◆ **he's really stuck * on her** il est vraiment entiché d'elle ◆ **to be stuck for an answer** ne pas savoir que répondre ◆ **I'm stuck** * (in crossword puzzle, guessing game, essay etc) je sèche * ◆ **I'll help you if you're stuck** * je t'aiderai si tu n'y arrives pas ◆ **I'm stuck for £10** * il me manque 10 livres ◆ **he's not stuck for money** * ce n'est pas l'argent qui lui manque ◆ **I was stuck * with the job of organizing it all** je me suis retrouvé avec toute l'organisation sur les bras * or à devoir tout organiser ◆ **I was stuck * with the bill** c'est moi qui ai dû casquer * ◆ **I was stuck * with him all evening** je l'ai eu sur le dos or sur les bras toute la soirée

◆ **to get stuck** ◆ **to get stuck in the mud** s'embourber, s'enliser dans la boue ◆ **to get stuck in the sand** s'enliser dans le sable ◆ **a bone got stuck in my throat** une arête s'est mise en travers de ma gorge

d esp Brit = tolerate [+ sb's presence, mannerisms etc] supporter ◆ **I can't stick it any longer** j'en ai marre, j'en ai ras le bol ** ◆ **I wonder how he sticks it at all** je me demande comment il peut tenir le coup ◆ **I can't stick her** * je ne peux pas la blairer **

4 INTRANSITIVE VERB

a = embed itself etc [needle, spear] se planter, s'enfoncer (*into* dans) ◆ **he had a knife sticking in(to) his back** il avait un couteau planté dans le dos

b = adhere [glue, paste] tenir ; [stamp, label] être collé, tenir (*to* à) ; (fig) [habit, name etc] rester ◆ **the paper stuck to the table** le papier est resté collé à la table ◆ **the eggs have stuck to the pan** les œufs ont attaché (à la poêle) ◆ **it sticks to your ribs** * [food] ça tient au corps or à l'estomac ◆ **the nickname stuck (to him)** le surnom lui est resté ◆ **to make a charge stick** prouver la culpabilité de quelqu'un

c = remain, stay rester ◆ **to stick close to sb** rester aux côtés de qn, ne pas quitter qn

◆ **to stick to sb/sth** ◆ **she stuck to him all through the holiday** elle ne l'a pas lâché d'une semelle pendant toutes les vacances ◆ **to stick to sb like a limpet** or **a leech** se cramponner à qn ◆ **they stuck to the fox's trail** ils sont restés sur les traces du renard ◆ **to stick to one's word** or **promise** tenir parole ◆ **to stick to one's principles** rester fidèle à ses principes ◆ **to stick to one's post** rester à son poste ◆ **to stick to one's guns** * camper sur ses positions ◆ **he stuck to his story** il a maintenu ce qu'il avait dit ◆ **decide what you're going to say then stick to it** décidez ce que vous allez dire et tenez-vous-y ◆ **to stick to the facts** s'en tenir aux faits ◆ **stick to the point!** ne vous éloignez pas or ne sortez pas du sujet ! ◆ **to stick to one's knitting** * (fig) se cantonner dans ce que l'on sait faire

◆ **to stick to/by sb** ◆ **to stick to** or **by sb through thick and thin** rester fidèle à qn envers et contre tout ◆ **will you stick by me?** est-ce que vous me soutiendrez ?

◆ **to stick to/at/in sth** ◆ **to stick to** or **at a job** rester dans un emploi ◆ **I'll stick in the job for a bit longer** pour le moment je garde ce boulot * or je vais rester où je suis ◆ **stick at it!** persévère !, tiens bon !

◆ **to stick with sb/sth** [+ person] (= stay beside) rester avec, ne pas quitter ; [+ person, brand] (= stay loyal) rester fidèle à ; [+ activity, sport] s'en tenir à ◆ **stick with him!** * ne le perdez pas de vue !

d = get jammed etc [wheels, vehicle] se coincer, se bloquer ; (= get stuck in mud) s'embourber ; (= get stuck in sand) s'enliser ; [key, lock, door, drawer, gears, valve, lid] se coincer, se bloquer ; [machine, lift] se bloquer, tomber en panne ◆ **the car stuck in the mud** la voiture s'est embourbée ◆ **a bone stuck in my throat** une arête s'est mise en travers de ma gorge ◆ **that sticks in my throat** or **gizzard** * (fig) je n'arrive pas à le digérer * ◆ **the word "please" seems to stick in her throat** on dirait qu'elle n'arrive pas à dire "s'il te plaît" ◆ **the bidding stuck at £100** les enchères se sont arrêtées à 100 livres ◆ **I got halfway through and stuck there** je suis resté coincé à mi-chemin ◆ **he stuck halfway through the second verse** il s'est arrêté or il a eu un trou au milieu de la deuxième strophe ◆ **it may stick for a few weeks, but it'll sell in the end** (house for sale) ça risque de traîner quelques semaines, mais ça finira par se vendre ; → **fast**[1]

e = balk reculer, regimber (*at, on* devant) ◆ **he will stick at nothing to get what he wants** il ne recule devant rien pour obtenir ce qu'il veut ◆ **they may stick on** or **at that clause** il se peut qu'ils regimbent (subj) devant cette clause

f = extend, protrude **the nail was sticking through the plank** le clou dépassait or sortait de la planche ◆ **the rod was sticking into the next garden** la barre dépassait dans le jardin d'à côté ◆ **a narrow finger of land sticking into enemy territory** une étroite bande de terre s'enfonçant en territoire ennemi

g Cards **(I) stick!, I'm sticking** (je suis) servi

5 COMPOUNDS

▷ **stick figure** n bonhomme m ▷ **sticking plaster** n sparadrap m ▷ **sticking point** n (fig) point m de friction ▷ **stick insect** n phasme m ◆ **she's like a stick insect** elle est maigre comme un clou ▷ **stick-in-the-mud** * adj, n sclérosé(e) m(f), encroûté(e) m(f) ▷ **stick-on** adj adhésif ▷ **stick shift** n (US Aut) levier m de vitesses ▷ **stick-to-itiveness** * n (US) ténacité f, persévérance f ▷ **stick-up** * n braquage * m, hold-up m

6 PHRASAL VERBS

► **stick around** * vi rester dans les parages ; (= be kept waiting) attendre, poireauter * ◆ **stick around for a few minutes** restez dans les parages un moment ◆ **I was tired of sticking around doing nothing** j'en avais assez de poireauter * sans rien faire

► **stick away** vt sep cacher, planquer ** ◆ **he stuck it away behind the bookcase** il l'a caché or planqué ** derrière la bibliothèque

► **stick back** vt sep a (= replace) remettre (*into* dans, *on to* sur)

b (with glue etc) recoller

► **stick down** 1 vi [envelope etc] (se) coller

2 vt sep a [+ envelope etc] coller

b (* = put down) poser, mettre ◆ **he stuck it down on the table** il l'a posé or mis sur la table

c * [+ notes, details] noter en vitesse ◆ **he stuck down a few dates before he forgot** avant d'oublier il a rapidement noté quelques dates

► **stick in** 1 vi * (= make an effort) s'y mettre sérieusement ; (= persevere) persévérer ◆ **you'll have to stick in if you want to succeed** vous devrez vous y mettre sérieusement si vous voulez réussir ◆ **he stuck in at his maths** il a fait un gros effort en maths

2 vt sep a (= put in) [+ needle, pin, fork] piquer ; (forcefully) planter ; [+ dagger, knife, bayonet, spade] planter, enfoncer ; [+ photo in album etc] coller ◆ **he stuck in a few quotations** * il a collé * quelques citations par-ci par-là ◆ **try to stick in a word about our book** essaie de glisser un mot sur notre livre

b (fig) **to get stuck in** * s'y mettre sérieusement

► **stick on** 1 vi [label, stamp etc] rester collé

2 vt sep a [+ label] coller ; [+ stamp] mettre, coller

b (* = put on) [+ hat, coat, lid] mettre ◆ **stick on another CD** mets un autre CD ◆ **to stick it on** ** (= put the price up) augmenter le prix

► **stick out** 1 vi a (= protrude) [shirttails] dépasser, sortir ; [rod etc] dépasser ; [balcony etc] faire saillie ◆ **his ears stick out** il a les oreilles décollées ◆ **his teeth stick out** il a les dents en avant ◆ **I could see his legs sticking out from under the car** je voyais ses jambes qui sortaient de sous la voiture ◆ **to stick out beyond sth** dépasser qch ◆ **it sticks out a mile** * ça crève les yeux (*that* que)

b (= persevere etc) tenir (bon) ◆ **can you stick out a little longer?** est-ce que vous pouvez tenir un peu plus longtemps ? ◆ **to stick out for more money** tenir bon dans ses revendications pour une augmentation de salaire

2 vt sep a [+ rod etc] faire dépasser ; [+ one's arm, head] sortir (*of* de) ◆ **to stick one's chest out** bomber la poitrine ◆ **to stick one's tongue out** tirer la langue

b (* = tolerate) supporter ◆ **to stick it out** tenir le coup

▶ **stick through** ① vi (= protrude) dépasser ② vt sep [+ pen, rod, one's finger etc] passer à travers

▶ **stick together** ① vi **a** [labels, pages, objects] être collés ensemble ◆ **the pieces won't stick together** les morceaux ne veulent pas rester collés or se coller ensemble

b (= stay together) rester ensemble; (fig) se serrer le coudes ◆ **stick together till you get through the park** restez ensemble jusqu'à la sortie or ne vous séparez pas avant la sortie du parc ◆ **we must all stick together!** nous devons nous serrer les coudes! ② vt sep coller (ensemble)

▶ **stick up** ① vi **a** **there was a rock sticking up out of the water** il y avait un rocher qui sortait or émergeait de l'eau ◆ **his head was sticking up above the crowd** sa tête était visible au-dessus de la foule ◆ **your hair is sticking up** vos cheveux rebiquent *

b * **to stick up for sb** prendre la défense or le parti de qn ◆ **to stick up for o.s.** défendre ses intérêts, ne pas se laisser faire ◆ **to stick up for one's rights** défendre ses droits, ne pas se laisser faire

② vt sep **a** [+ notice etc] afficher

b **to stick up one's hand** lever la main ◆ **stick 'em up!** * haut les mains! ◆ **to stick sb up** ⁑ dévaliser qn (sous la menace d'un revolver) ◆ **they stuck up the bank** ⁑ ils ont braqué ⁑ la banque

▶ **stick with** vt fus → stick 4c

stickball ['stɪkbɔːl] n (US) sorte de base-ball

sticker ['stɪkəʳ] ① n **a** (= label) autocollant m ◆ **a ban the bomb sticker** un autocollant antinucléaire; → **billsticker**

b (fig) **he's a sticker** * il n'abandonne pas facilement, il n'est pas du genre à baisser les bras *

② COMP ▷ **sticker price** n (US: in car sales) prix m clés en mains

stickiness ['stɪkɪnɪs] n (NonC) **a** (Brit) **the label has lost its stickiness** (= gumminess) l'étiquette ne colle plus

b [of substance, toffee, dough, clay] consistance f collante; [of object, paste] consistance f collante or poisseuse; [of paint, syrup] consistance f poisseuse; [of road, surface] caractère m gluant

c (Sport) [of ground] lourdeur f

d (= sweatiness, mugginess) [of hands, heat] moiteur f; [of weather, climate, day] chaleur f humide, moiteur f

e (* = difficulty) [of situation, problem, moment, conversation] difficulté f

stickleback ['stɪklbæk] n épinoche f

stickler ['stɪkləʳ] n ◆ **to be a stickler for** [+ discipline, obedience, correct clothing, good manners] insister sur, tenir rigoureusement à; [+ etiquette] être à cheval sur; [+ grammar, spelling] être rigoriste en matière de; [+ figures, facts] être pointilleux sur le chapitre de, insister sur ◆ **to be a stickler for detail** être tatillon

stickpin ['stɪkpɪn] n (US) épingle f de cravate

stickweed ['stɪkwiːd] n (US) jacobée f

stickwork ['stɪkwɜːk] n (NonC) ◆ **his stickwork is very good** [of hockey player etc] il manie bien la crosse or le stick; [of drummer] il manie bien les baguettes

sticky ['stɪkɪ] → SYN ① adj **a** (Brit = gummed) label adhésif ◆ **to be sticky on both sides** avoir deux faces adhésives

b (= clinging) substance, toffee, dough, clay collant; object, fingers collant, poisseux; paste collant, gluant; syrup poisseux; road, surface gluant; blood, paint, oil visqueux ◆ **a sticky mark** une tache collante ◆ **to have sticky eyes** avoir des yeux chassieux ◆ **to have sticky fingers** * (euph) être clepto(mane) *

c (Sport) ground lourd ◆ **to find the going sticky** (Racing) trouver le terrain lourd

d (= sweaty, muggy) person, palms, heat moite; weather, climate, day chaud et humide ◆ **his shirt was wet and sticky at the back** sa chemise pleine de sueur lui collait au dos ◆ **to feel hot and sticky** [person] transpirer ◆ **it was hot and sticky** l'atmosphère était moite

e (* = difficult) situation, problem, moment délicat, difficile; conversation pénible ◆ **to go through a sticky patch, to be** or **to bat on a sticky wicket** (Brit) être dans le pétrin * ◆ **to have a sticky time** passer un mauvais quart d'heure

f (Brit = violent) **to come to** or **meet a sticky end** * mal finir

g (Brit = unhelpful) **to be sticky about doing sth** * faire des histoires * pour faire qch

② COMP ▷ **sticky-fingered** *, **sticky-handed** * adj (fig = dishonest) clepto(mane) * ▷ **sticky tape** n (Brit) ruban m adhésif, scotch ® m

stiff [stɪf] → SYN ① adj **a** (= rigid, hard to move) card, paper rigide; material raide; collar, brush, door, drawer, lock dur

b (Culin) mixture, paste ferme ◆ **whisk the egg whites until stiff** battre les blancs en neige ferme

c (Physiol) person (gen) raide; (from exercise) courbaturé; limb, muscle raide; corpse raide, rigide; joint ankylosé; finger engourdi; movement difficile ◆ **to have a stiff neck** avoir un torticolis; see also ③ ◆ **to have a stiff back** avoir des courbatures dans le dos ◆ **you'll be** or **feel stiff tomorrow** vous aurez des courbatures demain ◆ **my back felt very stiff** j'avais très mal au dos, j'avais des courbatures dans le dos ◆ **stiff with cold** frigorifié * ◆ **to go stiff with terror** être paralysé par la peur ◆ **her face was stiff with tension** elle avait les traits crispés ◆ **(as) stiff as a board** or **as a poker** raide comme un piquet ◆ **to keep a stiff upper lip** rester impassible, garder son flegme

d * **to be bored stiff** s'ennuyer à mourir ◆ **to bore sb stiff** raser * qn ◆ **to be frozen stiff** être frigorifié * ◆ **to be scared stiff** être mort de trouille * ◆ **to scare sb stiff** ficher la trouille * à qn ◆ **worried stiff** mort d'inquiétude

e (= severe) penalty, sentence, fine, warning sévère; competition rude; challenge sérieux; opposition, resistance tenace; test, exam difficile; climb raide, pénible

f (= formal) person guindé; smile contraint; bow raide ◆ **to give a stiff bow** s'incliner avec raideur ◆ **stiff and formal** person, manner, letter, atmosphere guindé

g (= high) price élevé; price rise fort; bill salé *

h (= strong) whisky bien tassé ◆ **I could use a stiff drink** j'ai besoin d'un (petit) remontant

i (Met) breeze, wind fort

② n **a** (⁑ = corpse) macchabée ⁑ m

b (= fool) **big stiff** ⁑ gros balourd m or bêta m

c (US *) (= tramp) vagabond m; (= laborer: also **working stiff**) ouvrier m

③ COMP ▷ **stiff arm** n (US) **to give sb the stiff arm** écarter qn (d'un geste) du bras ▷ **stiff-arm** vt (US) **to stiff-arm sb** écarter qn (d'un geste) du bras ▷ **stiff-necked** adj (fig) opiniâtre, entêté

stiffen ['stɪfn] → SYN (also **stiffen up**) ① vt **a** [+ card, fabric] raidir, renforcer; (= starch) empeser

b [+ dough, paste] donner de la consistance à

c [+ limb] raidir; [+ joint] ankyloser

d (fig) [+ morale, resistance etc] affermir

② vi **a** [card, fabric] devenir raide or rigide

b [dough, paste] prendre de la consistance, devenir ferme

c [leg] se raidir; [joint] s'ankyloser; [door, lock] devenir dur ◆ **he stiffened when he heard the noise** il s'est raidi quand il a entendu le bruit

d [breeze] augmenter d'intensité, fraîchir

e (fig) [resistance] devenir opiniâtre; [morale] s'affermir

stiffener ['stɪfənəʳ] n **a** (= starch etc) amidon m

b (= plastic strip: in collar etc) baleine f

stiffening ['stɪfənɪŋ] n (= cloth) toile f (pour raidir les revers etc)

stiffly ['stɪflɪ] adv move, say, smile, greet avec raideur ◆ **to stand stiffly** se tenir raide ◆ **stiffly starched** très amidonné ◆ **stiffly sprung** bien suspendu ◆ **stiffly beaten** or **whipped** egg white battu en neige ferme; cream fouetté en chantilly ferme

stiffness ['stɪfnɪs] n (NonC) **a** (= lack of suppleness) [of person, knees, back etc] raideur f; [of joints] raideur f, ankylose f ◆ **stiffness in** or **of the neck** torticolis m ◆ **the stiffness you feel after exercise** les courbatures fpl dues au sport

b (= formality) [of manner] raideur f

c (= rigidity) [of card, paper] rigidité f; [of material] raideur f; [of collar, brush] dureté f

d (= difficulty of operating) [of door, drawer, lock] résistance f

e (= severity) [of penalty, sentence, fine, warning] sévérité f; [of competition] âpreté f; [of challenge] sérieux m; [of opposition, resistance] ténacité f; [of climb] caractère m ardu, difficulté f; [of test, exam] difficulté f

f (Culin) [of mixture, paste] fermeté f

g [of breeze, wind] âpreté f

stifle ['staɪfl] → SYN ① vt [+ person] étouffer, suffoquer; [+ fire] étouffer; [+ sobs] réprimer, étouffer; [+ anger] [+ smile, desire] réprimer ◆ **to stifle a yawn/sneeze** réprimer une envie de bâiller/d'éternuer

② vi étouffer, suffoquer

③ n (Anat) [of horse etc] grasset m

stifling ['staɪflɪŋ] adj heat, atmosphere étouffant, suffocant; situation, place étouffant; smoke, fumes suffocant ◆ **it's stifling today/in here** on étouffe aujourd'hui/ici

stigma ['stɪgmə] n, pl **stigmas** or **stigmata** [stɪg'mɑːtə] stigmate m ◆ **the stigmata** (Rel) les stigmates mpl

stigmatic [stɪg'mætɪk] adj, n (Rel) stigmatisé(e) m(f)

stigmatism ['stɪgmətɪzəm] n (Opt) stigmatisme m

stigmatization [ˌstɪgmətaɪ'zeɪʃən] n stigmatisation f

stigmatize ['stɪgmətaɪz] vt (all senses) stigmatiser

stilbene ['stɪlbiːn] n (Chem) stilbène m

stilboestrol, stilbestrol (US) [stɪl'biːstrəl] n (Bio) stilbœstrol m

stile [staɪl] n **a** (= steps over fence, wall) échalier m; (= turnstile) tourniquet m (porte)

b (Constr etc = upright) montant m

stiletto [stɪ'letəʊ] n, pl **stilettos** or **stilettoes** (= weapon) stylet m; (also **stiletto heel**) talon m aiguille

still[1] [stɪl] adv **a** (= up to this time) encore, toujours ◆ **he was still wearing his coat** il n'avait pas encore or toujours pas enlevé son manteau ◆ **she still lives in London** elle vit toujours à Londres ◆ **he's still as stubborn as ever** il est toujours aussi entêté ◆ **I can still remember it** je m'en souviens encore ◆ **he still hasn't arrived** il n'est toujours pas arrivé ◆ **I still don't understand** je ne comprends toujours pas ◆ **you could still change your mind** vous pouvez encore changer d'avis, il est encore temps de changer d'avis

b (stating what remains) encore ◆ **I've still got three left** il m'en reste encore trois ◆ **there's still time** il y a or on a encore le temps ◆ **the details have still to be worked out** il reste encore à régler les détails ◆ **there are further redundancies still to come** il y aura encore d'autres licenciements ◆ **there are many things still to do** il y a encore beaucoup de choses à faire ◆ **there are many questions still to be answered** il reste encore beaucoup de questions sans réponse ◆ **there are ten weeks still to go** il reste encore dix semaines ◆ **still to come, the financial news...** dans quelques instants, les informations financières...

c (= nonetheless) quand même, tout de même ◆ **he's still your brother** c'est quand même or tout de même ton frère ◆ **I didn't win; still, it's been good experience** je n'ai pas gagné, mais ça a quand même or tout de même été une bonne expérience ◆ **still and all** * tout compte fait

d (= however) **I've got to find the money from somewhere; still, that's my problem** il faut que je trouve l'argent quelque part, mais ça, c'est mon problème ◆ **I missed the bus; still, that's life** j'ai raté le bus, mais c'est la vie!

e (in comparisons = even) encore ◆ **he was still more determined after the debate** il était encore plus résolu après le débat ◆ **living standards have fallen still further** les niveaux de vie sont tombés encore plus bas ◆ **more**

serious still or still more serious is the problem of ethnic unrest il y a le problème autrement plus sérieux des troubles ethniques

f (= yet) encore ◆ **there is still another reason** il y a encore une autre raison

still² [stɪl] → SYN **1** adj **a** (= motionless) person, hands, air, water immobile

b (= calm) place, night, day calme ◆ **all was still** tout était calme ◆ **the still waters of the lake** les eaux calmes du lac ◆ (Prov) **still waters run deep** il n'est pire eau que l'eau qui dort (Prov) ◆ **a still, small voice** une petite voix insistante

c (Brit = not fizzy) drink, orange non gazeux ; water plat

d (= silent) **be still!** †† paix ! ††

2 adv ◆ **hold still!** (gen) ne bouge pas ! ; (= don't fidget) reste tranquille ! ◆ **to keep or stay or stand still** [person] (gen) ne pas bouger ; (= not fidget) rester tranquille ◆ **to sit still** [person] (gen) rester assis sans bouger ; (= not fidget) rester tranquillement assis ◆ **time stood still** le temps s'est arrêté ◆ **her heart stood still** son cœur a cessé de battre

3 n **a** (liter) silence m, calme m ◆ **in the still of the night** dans le silence de la nuit

b (Cine) ⇒ **still photograph**

4 vt [+ anger, fear] calmer ; [+ person] apaiser, tranquilliser ; (= silence) faire taire

5 COMP ▷ **still life** n, pl **still lifes** (Art) nature f morte ▷ **still photograph** n (Cine) photo f de film

still³ [stɪl] **1** n (= apparatus) alambic m ; (= place) distillerie f

2 vt distiller

stillbirth ['stɪlbɜːθ] n (= birth) mort f à la naissance ; (= child) enfant m(f) mort-né(e)

stillborn ['stɪlbɔːn] adj mort-né (mort-née f)

stillness ['stɪlnɪs] n [of person, hands, air, water] immobilité f ; (= calm) [of place, night, day] calme m ◆ **an eerie stillness** un calme inquiétant

Stillson wrench ® ['stɪlsən] n clé f Stillson or modèle suédois

stilt [stɪlt] n échasse f ; (Archit) pilotis m

stilted ['stɪltɪd] → SYN adj person, conversation, language, manner guindé ◆ **the actors' stilted performances** le manque de naturel des acteurs

stimulant ['stɪmjʊlənt] → SYN **1** adj stimulant

2 n (lit, fig) stimulant m ◆ **to be a stimulant to ...** (fig) stimuler ...

stimulate ['stɪmjʊleɪt] → SYN vt (gen, Physiol) stimuler ◆ **to stimulate sb to/to do sth** inciter or pousser qn à qch/à faire qch

stimulating ['stɪmjʊleɪtɪŋ] → SYN adj (gen) stimulant ; (sexually) excitant

stimulation [ˌstɪmjʊ'leɪʃən] n (= stimulus) stimulant m ; (= state) stimulation f

stimulative ['stɪmjʊlətɪv] adj stimulant

stimulus ['stɪmjʊləs] → SYN n, pl **stimuli** ['stɪmjʊlaɪ] (Physiol) stimulus m ; (fig) stimulant m ◆ **to be a stimulus to or for** (fig) [+ exports, efforts, imagination] stimuler ◆ **it gave trade a new stimulus** cela a donné une nouvelle impulsion or un coup de fouet au commerce ◆ **under the stimulus of ...** stimulé par ...

stimy ['staɪmɪ] ⇒ **stymie**

sting [stɪŋ] → SYN vb : pret, ptp **stung 1** n **a** [of insect] dard m, aiguillon m ◆ **but there's a sting in the tail** mais il y a une mauvaise surprise à la fin ◆ **it's had its sting removed** (of plan, draft, legislation etc) on l'a rendu inopérant ◆ **to take the sting out of** [+ words] adoucir ; [+ situation] désamorcer

b (= pain, wound, mark) [of insect, nettle etc] piqûre f ; [of iodine etc] brûlure f ; [of whip] douleur f cuisante ; (fig) [of attack] mordant m, vigueur f ; [of criticism, remark] causticité f, mordant m ◆ **I felt the sting of the rain on my face** la pluie me cinglait le visage ◆ **the sting of salt water in the cut** la brûlure de l'eau salée dans la plaie

c (esp US *⁎* = confidence trick) arnaque * f, coup m monté

2 vt **a** [insect, nettle] piquer ; [iodine, ointment] brûler ; [rain, hail, whip] cingler, fouetter ; (fig) [remark, criticism] piquer au vif, blesser ◆ **stung by remorse** bourrelé de remords ◆ **my remark stung him into action** ma remarque (l'a piqué au vif et) l'a poussé à agir ◆ **he was stung into replying brusquely** piqué or blessé, il répondit brusquement ; → **quick**

b *⁎* avoir *, estamper * ◆ **he stung me for £10 for that meal** il m'a eu * or estampé * en me faisant payer ce repas 10 livres, il a eu le toupet * de me faire payer ce repas 10 livres ◆ **I've been stung!** je me suis fait avoir or estamper ! *

3 vi [insect, nettle] piquer ; [iodine, ointment] brûler ; [blow, slap, whip] provoquer une sensation cuisante ; [remark, criticism] être cuisant ◆ **that stings!** ça pique !, ça brûle !

b [eyes] cuire, piquer ; [cut, skin] cuire, brûler ◆ **the smoke made his eyes sting** la fumée lui picotait les yeux

stinger ['stɪŋər] n **a** (= cocktail) cocktail à base de crème de menthe

b (US) [of insect] piqûre f

c (US * = remark) pique f, pointe f

stingily ['stɪndʒɪlɪ] adv praise chichement ; spend avec avarice ; serve en lésinant

stinginess ['stɪndʒɪnɪs] n [of person] ladrerie f, avarice f ; [of portion] insuffisance f

stinging ['stɪŋɪŋ] **1** adj blow, slap, pain cuisant ; sensation cuisante, de piqûre ; rain, wind, comment, attack, criticism cinglant

2 n (= sensation) sensation f cuisante

3 COMP ▷ **stinging nettle** n ortie f

stingray ['stɪŋreɪ] n pastenague f

stingy ['stɪndʒɪ] adj person radin * ; portion, amount misérable, mesquin ◆ **to be stingy with** [+ food, wine] lésiner sur ; [+ praise] être chiche de ◆ **stingy with money** avare (de ses sous)

stink [stɪŋk] vb : pret **stank**, ptp **stunk 1** n **a** puanteur f, odeur f infecte ◆ **what a stink!** ce que ça pue ! ◆ **there's a stink of corruption** cela pue la corruption, cela sent la corruption à plein nez

b (* fig = row, trouble) esclandre m, grabuge * m ◆ **there was a dreadful stink about the broken windows** il y a eu du grabuge * à propos des carreaux cassés ◆ **to kick up or cause or make a stink** faire toute une scène, râler * ◆ **to kick up a stink about sth** causer un esclandre à propos de qch, faire du grabuge * à cause de qch

2 vi ◆ puer, empester ◆ **it stinks of fish** cela pue or empeste le poisson ◆ **it stinks in here!** cela pue or empeste ici ! ◆ **it stinks to high heaven** * cela empeste, ça fouette * ◆ **it stinks of corruption** cela pue la corruption, cela sent la corruption à plein nez ◆ **the whole business stinks** c'est une sale affaire ◆ **they're stinking with money** *⁎* ils sont bourrés de fric *

b (*⁎* = be very bad) [person, thing] être dégueulasse *⁎*

3 vt [+ room etc] empester

4 COMP ▷ **stink-bomb** n boule f puante ▷ **stink-horn** n satyre m puant

▶ **stink out** vt sep [+ fox etc] enfumer ; [+ room] empester

stinker *⁎* ['stɪŋkər] n (pej) (= person) salaud *⁎* m, salope *⁎* f ; (= angry letter) lettre f d'engueulade *⁎* ◆ **to be a stinker** [person] être salaud (or salope) *⁎* ; [problem, question] être un casse-tête

stinking ['stɪŋkɪŋ] **1** adj **a** (= smelly) person, lavatory, rubbish puant

b (* = horrible) sale * (before n) ◆ **take your stinking hands off me!** retire tes sales pattes ! *, bas les pattes ! * ◆ **this stinking little town** cette sale * petite ville ◆ **what a stinking thing to do!** quelle vacherie ! * ◆ **a stinking letter** une lettre de réclamation virulente

c (Brit = bad) **a stinking cold** * un sale rhume, un rhume carabiné * ◆ **a stinking hangover** une gueule de bois carabinée *

2 adv ◆ **stinking rich** * bourré de fric *, plein aux as *

3 COMP ▷ **stinking goosefoot** n (Bot) vulvaire f

stinko *⁎* ['stɪŋkəʊ] adj soûl, bourré *

stinkpot *⁎* ['stɪŋkpɒt] n salaud *⁎* m, salope *⁎* f

stinkweed ['stɪŋkwiːd] n diplotaxis m

stinky * ['stɪŋkɪ] adj puant

stint [stɪnt] → SYN **1** n **a** ration f de travail, besogne f assignée ◆ **to do one's stint** (= daily work) faire son travail quotidien ; (= do one's share) faire sa part de travail ◆ **he does a stint in the gym/at the typewriter every day** il passe un certain temps chaque jour au gymnase/à la machine ◆ **I've done my stint at the wheel** j'ai pris mon tour au volant ◆ **I've finished my stint for today** j'ai fini ce que j'avais à faire aujourd'hui

b **without stint** spend sans compter ; give, lend généreusement, avec largesse

2 vt [+ food] lésiner sur ; [+ compliments] être chiche de ◆ **to stint sb of sth** mesurer qch à qn ◆ **he stinted himself in order to feed the children** il s'est privé afin de nourrir les enfants ◆ **he didn't stint himself** il ne s'est privé de rien

3 vi ◆ **to stint on** [+ food] lésiner sur ; [+ compliments] être chiche de ◆ **to stint on money** être avare or ladre

stipe [staɪp] n (Bot) [of mushroom] stipe m, pédicule m ; [of seaweed] stipe m

stipel ['staɪpl] n (Bot) stipule f (secondaire)

stipend ['staɪpend] n (esp Rel) traitement m

stipendiary [staɪ'pendɪərɪ] **1** adj services, official rémunéré ; priest qui reçoit un traitement

2 n personne qui reçoit une rémunération ou un traitement fixe ; (Brit Jur: also **stipendiary magistrate**) juge m au tribunal de police

stipitate ['stɪpɪˌteɪt] adj stipité

stipple ['stɪpl] vt pointiller

stipulate ['stɪpjʊleɪt] → SYN **1** vt stipuler (that que) ; [+ price] stipuler, convenir expressément de ; [+ quantity] stipuler, prescrire

2 vi ◆ **to stipulate for sth** stipuler qch, spécifier qch, convenir expressément de qch

stipulation [ˌstɪpjʊ'leɪʃən] → SYN n stipulation f ◆ **on the stipulation that ...** à la condition expresse que ... (+ fut or subj)

stipule ['stɪpjuːl] n (Bot) stipule f

stir¹ [stɜːr] → SYN **1** n **a** **to give sth a stir** remuer or tourner qch

b (fig) agitation f, sensation f ◆ **there was a great stir in Parliament about ...** il y a eu beaucoup d'agitation au Parlement à propos de ... ◆ **it caused or made quite a stir** cela a fait une certaine sensation, cela a eu un grand retentissement, cela a fait du bruit

2 vt **a** [+ tea, soup] remuer, tourner ; [+ mixture] tourner ; [+ fire] tisonner ◆ **he stirred sugar into his tea** il a remué or tourné son thé après y avoir mis du sucre ◆ **she stirred milk into the mixture** elle a ajouté du lait au mélange

b (= move) remuer ; (quickly) agiter ◆ **the wind stirred the leaves** le vent a agité or remué or fait trembler les feuilles ◆ **nothing could stir him from his chair** rien ne pouvait le tirer de son fauteuil ◆ **to stir o.s.** * se secouer, se bouger *⁎* ◆ **to stir one's stumps** * se grouiller *

c (fig) [+ curiosity, passions] exciter ; [+ emotions] éveiller ; [+ imagination] stimuler, exciter ; [+ person] émouvoir, exalter ◆ **to stir sb to do sth** inciter qn à faire qch ◆ **to stir a people to revolt** inciter un peuple à la révolte ◆ **to stir sb to pity** émouvoir la compassion de qn ◆ **it stirred his heart** cela lui a remué le cœur ◆ **to stir sb's blood** réveiller l'enthousiasme de qn ◆ **it was a song to stir the blood** c'était une chanson enthousiasmante

3 vi [person] remuer, bouger ; [leaves, curtains etc] remuer, trembler ; [feelings] être excité ◆ **I will not stir from here** je ne bougerai pas d'ici ◆ **he hasn't stirred from the spot** il n'a pas quitté l'endroit ◆ **he wouldn't stir an inch** (lit) il ne voulait pas bouger d'un centimètre ; (fig) il ne voulait pas faire la moindre concession ◆ **to stir in one's sleep** bouger en dormant or dans son sommeil ◆ **nobody is stirring yet** personne n'est encore levé, tout le monde dort encore ◆ **nothing was stirring in the forest** rien ne bougeait dans la forêt ◆ **the curtains stirred in the breeze** la brise a agité les rideaux ◆ **anger stirred within her** la colère est montée en elle

b (* fig = try to cause trouble) essayer de mettre la pagaille * or de causer des problèmes

945 ENGLISH-FRENCH

stir / stoich(e)iometric

4 COMP ▷ **stir-fry** vt faire sauter (en remuant) ◊ adj vegetables sauté ◊ n (= dish) légumes (et/ou viande) sautés

▶ **stir in** vt sep [+ milk etc] ajouter en tournant

▶ **stir round** vt sep (Culin etc) tourner

▶ **stir up** vt sep [+ soup etc] tourner, remuer ; [+ fire] tisonner ; (fig) [+ curiosity, attention, anger] exciter ; [+ imagination] exciter, stimuler ; [+ memories, the past] réveiller ; [+ revolt] susciter ; [+ hatred] attiser ; [+ mob] ameuter ; [+ opposition, discord] fomenter ; [+ trouble] provoquer ; [+ person] secouer ◆ **to stir sb up to sth/to do sth** pousser or inciter qn à qch/à faire qch

stir[2] ⁑ [stɜːʳ] (esp US) 1 n (= prison) taule⁑ or tôle⁑ f ◆ **in stir** en taule⁑, au bloc⁑

2 COMP ▷ **stir-crazy**⁑ adj rendu dingue⁑ par la réclusion

stirrer⁑ ['stɜːrəʳ] n (= troublemaker) fauteur m de troubles, fouteur m, -euse f de merde⁑

stirring ['stɜːrɪŋ] [→ SYN] 1 adj speech vibrant ; tale passionnant ; music entraînant ; performance enthousiasmant ; victory grisant

2 n (= first sign) [of discontent, revolt] frémissement m ; [of love] frisson m ◆ **a stirring of interest** un début d'intérêt

stirrup ['stɪrəp] 1 n a [of rider] étrier m ◆ **to put one's feet in the stirrups** chausser les étriers

b (US Climbing) escarpolette f, étrier m

c (Med) stirrups étriers mpl

2 COMP ▷ **stirrup bone** n (Anat) étrier m ▷ **stirrup cup** n coup m de l'étrier ▷ **stirrup leather** n étrivière f ▷ **stirrup pump** n pompe f à main portative ▷ **stirrup strap** n ⇒ **stirrup leather**

stitch [stɪtʃ] 1 n (Sewing) point m ; (Knitting) maille f ; (Surg) point m de suture ; (= sharp pain) point m de côté ◆ **she put a few stitches in the tear** elle a fait un point à la déchirure ◆ **to drop a stitch** (Knitting) sauter or laisser échapper une maille ◆ **to put stitches in a wound** suturer or recoudre une plaie ◆ **he had ten stitches** on lui a fait dix points de suture ◆ **to get one's stitches out** se faire retirer ses fils (de suture) ◆ (Prov) **a stitch in time saves nine** un point à temps en vaut cent ◆ **he hadn't a stitch (of clothing) on**⁑ il était nu comme un ver ◆ **he hadn't a dry stitch on him** il n'avait pas un fil de sec sur le dos ◆ **to be in stitches**⁑ se tenir les côtes, se tordre de rire ◆ **her stories had us in stitches**⁑ ses anecdotes nous ont fait rire aux larmes ; → **cable**

2 vt [+ seam, hem, garment] (gen) coudre ; (on machine) piquer ; [+ book] brocher ; (Med) suturer ; → **hand, machine**

3 vi coudre

4 COMP ▷ **stitch-up**⁑ n (Brit) coup m monté

▶ **stitch down** vt sep rabattre

▶ **stitch on** vt sep [+ pocket, button] coudre ; (= mend) recoudre

▶ **stitch up** vt sep a (Sewing) coudre ; (= mend) recoudre ; (Med) suturer

b (⁑ = arrange, finalize) [+ agreement] (réussir à) conclure

c (⁑ fig = frame) monter un coup contre ◆ **I was stitched up** j'ai été victime d'un coup monté

stitching ['stɪtʃɪŋ] n couture f, points mpl

stitchwort ['stɪtʃwɜːt] n (Bot) stellaire f

stoat [stəʊt] n hermine f

stochastic [stɒˈkæstɪk] adj (Math) stochastique

stock [stɒk] [→ SYN] 1 n a (= supply) [of cotton, sugar, books, goods] réserve f, provision f, stock m (Comm) ; [of money] réserve f ◆ **in stock** (Comm) en stock, en magasin ◆ **out of stock** épuisé ◆ **the shop has a large stock of** le magasin est bien approvisionné ◆ **coal stocks are low** les réserves or les stocks de charbon sont réduit(e)s ◆ **stock of plays** (Theat) répertoire m ◆ **I've got a stock of cigarettes** j'ai une provision or un stock⁑ de cigarettes ◆ **to get in or lay in a stock of** s'approvisionner en, faire provision de ◆ **it adds to our stock of facts** cela complète les données en notre possession ◆ **a great stock of learning** un grand fonds d'érudition ◆ **the linguistic or word stock** (Ling) le fonds lexical ◆ **to take stock** (Comm) faire l'inventaire ; (fig) faire le point ◆ **to take stock of** [+ situation, prospects etc] faire le point de ; [+ person] jauger ; → **dead, surplus**

b (Agr = animals and equipment) cheptel m (vif et mort) ; (Agr: also **livestock**) cheptel m vif, bétail m ; (Rail) matériel m roulant ; (Ind = raw material) matière f première ; (for papermaking) pâte f à papier ; → **fatstock, livestock, rolling**

c (Fin) valeurs fpl, titres mpl ; (= company shares) actions fpl ◆ **stocks and shares** valeurs fpl (mobilières), titres mpl ◆ **railway stock(s)** actions fpl des chemins de fer ◆ **to put stock in sth** (fig) faire cas de qch ◆ **his stock has risen** (fig) sa cote a remonté ; → **preference, registered**

d (= tree trunk) tronc m ; (= tree stump) souche f ; (Hort: for grafting) porte-greffe m, ente f ; → **laughing**

e (= base, stem) [of anvil] billot m ; [of plough] fût m ; [of rifle] fût m et crosse f ; [of plane] fût m, bois m ; [of whip] manche m ; [of fishing rod] gaule f ; [of anchor] jas m ; → **lock**[1]

f (= descent, lineage) origine f, souche f ◆ **of good Scottish stock** de bonne souche écossaise ◆ **he comes of farming stock** il vient d'une famille d'agriculteurs, il est d'origine or de souche paysanne

g (Cards) talon m

h (Culin) bouillon m ◆ **chicken stock** bouillon m de poulet

i (= flower) giroflée f, matthiole f

j (Hist) **the stocks** le pilori

k **to be on the stocks** [ship] être sur cale ; (fig) [book, piece of work, scheme] être en chantier

l (= tie) cravate f foulard

2 adj a (Comm) goods, model courant, de série ◆ **stock line** article m suivi ◆ **stock size** taille f courante or normalisée ◆ **she is not stock size** elle n'est pas une taille courante

b (Theat) play du répertoire ◆ **stock character** personnage m type

c (= standard, hackneyed) argument, joke, excuse, comment, response classique ◆ **stock phrase** cliché m, expression f toute faite

d (for breeding) destiné à la reproduction ◆ **stock mare** jument f poulinière

3 vt a (= supply) [+ shop, larder, cupboard] approvisionner (with en) ; [+ library/farm] monter en livres/en bétail ; [+ river, lake] peupler (with de), empoissonner ◆ **well-stocked** shop etc bien approvisionné ; library, farm bien fourni or pourvu

b (Comm = hold in stock) [+ milk, hats, tools etc] avoir, vendre

4 COMP ▷ **stock book** n livre d'inventaire(s) ▷ **stock car** n (Rail) wagon m à bestiaux ; (Aut Sport) stock-car m ▷ **stock car racing** n (Aut Sport) course f de stock-cars ▷ **stock certificate** n (Fin) titre m ▷ **stock code** n (Comm) numéro m de stock ▷ **stock company** n (Fin) société f par actions, société f anonyme ; see also **joint** (US Theat) compagnie f or troupe f (de théâtre) de répertoire ▷ **stock control** n (Comm) ⇒ **stock management** ▷ **stock controller** n (Comm) responsable mf de la gestion des stocks ▷ **stock cube** n (Culin) bouillon m Kub ® ▷ **stock dividend** n dividende m sous forme d'actions ▷ **stock exchange** n Bourse f (des valeurs) ◆ **on the stock exchange** à la Bourse ▷ **stock farm** n ferme f d'élevage ▷ **stock farming** n (Agr) élevage m (du bétail) ▷ **stock-in-trade** n (= goods) marchandises fpl en magasin or en stock ; (= tools, materials, also fig: of comedian, writer etc) outils mpl du métier ▷ **stock level** n (Comm) niveau m de stock ▷ **stock list** n (Fin) cours m de la Bourse ; (Comm) liste f des marchandises en stock, inventaire m commercial ▷ **stock management** n gestion f des stocks ▷ **stock market** n Bourse f, marché m financier ▷ **stock market closing report** n compte m rendu des cours de clôture ▷ **stock option** n (Fin) stock-option m ▷ **stock-still** adj **to stand** or **be stock-still** rester planté comme un piquet ; (in fear, amazement) rester cloué sur place ▷ **stock-take** pret **stock-took**, ptp **stock-taken** vi (Comm) faire l'inventaire ▷ **stock turnover** n (Comm) rotation f des stocks

▶ **stock up** 1 vi s'approvisionner (with, on en, de ; for pour), faire ses provisions (with, on de ; for pour)

2 vt sep [+ shop, larder, cupboard, freezer] garnir ; [+ library] accroître le stock de livres de ; [+ farm] accroître le cheptel de ; [+ river, lake] aleviner, empoissonner

stockade [stɒˈkeɪd] 1 n a (= fencing, enclosure) palissade f

b (US: for military prisoners) salle f de police (d'une caserne), bloc⁑ m

2 vt palanquer

stockbreeder ['stɒkˌbriːdəʳ] n éleveur m, -euse f

stockbreeding ['stɒkˌbriːdɪŋ] n élevage m

stockbroker ['stɒkbrəʊkəʳ] 1 n agent m de change

2 COMP **the stockbroker belt** n (Brit) la banlieue résidentielle ▷ **stockbroker Tudor** n (Brit) style Tudor des banlieues résidentielles

stockbroking ['stɒkbrəʊkɪŋ] n commerce m des valeurs en Bourse, transactions fpl boursières

stockdove ['stɒkdʌv] n (Orn) pigeon m colombin

stockfish ['stɒkfɪʃ] n stockfisch m inv

stockholder ['stɒkhəʊldəʳ] n (US) actionnaire mf

stockholding ['stɒkhəʊldɪŋ] n a (Comm) stockage m

b (Fin) actions fpl

Stockholm ['stɒkhəʊm] n Stockholm

stockily ['stɒkɪlɪ] adv ◆ **stockily built** trapu, râblé

stockiness ['stɒkɪnɪs] n aspect m trapu or râblé

stockinet(te) [ˌstɒkɪˈnet] n (= fabric) jersey m ; (= knitting stitch) (point m de) jersey m

stocking ['stɒkɪŋ] 1 n bas m ; → **Christmas, nylon**

2 COMP ▷ **stocking cap** n bonnet m de laine ▷ **stocking feet** npl **in one's stocking feet** sans chaussures ▷ **stocking-filler** n tout petit cadeau m de Noël ▷ **stocking mask** n bas m (d'un bandit masqué) ▷ **stocking stitch** n (Knitting) (point m de) jersey m

stockinged feet ['stɒkɪŋd] npl ◆ **in one's stockinged feet** sans chaussures

stockist ['stɒkɪst] n (Brit) revendeur m

stockjobber ['stɒkdʒɒbəʳ] n (Brit) intermédiaire qui traite directement avec l'agent de change ; (US) (often pej) agent m de change, agioteur m

stockman ['stɒkmən] n, pl **-men** gardien m de bestiaux

stockpile ['stɒkpaɪl] 1 vt [+ food etc] stocker, faire or constituer des stocks de ; [+ weapons] amasser, accumuler

2 vi faire des stocks

3 n stock m, réserve f

stockpiling ['stɒkpaɪlɪŋ] n (NonC) stockage m, constitution f de stocks

stockpot ['stɒkpɒt] n (Culin) marmite f de bouillon

stockroom ['stɒkrʊm] n magasin m, réserve f, resserre f

stocktaking ['stɒkteɪkɪŋ] n (Brit Comm = action) inventaire m ◆ **to do stocktaking** (Comm) faire l'inventaire ; (fig) faire le point

stocky ['stɒkɪ] [→ SYN] adj a (= thickset) man trapu, râblé ◆ **his stocky build** sa forte carrure

b (Hort) plant, growth dense

stockyard ['stɒkjɑːd] n parc m à bestiaux

stodge⁑ [stɒdʒ] n (NonC Brit) a (= food) aliment m bourratif, étouffe-chrétien⁑ m inv

b (in book etc) littérature f indigeste

stodgy ['stɒdʒɪ] [→ SYN] adj a (Culin) food, meal, pudding bourratif ; cake pâteux, lourd

b (⁑ = dull) person rasant⁑, barbant⁑ ; writing, book indigeste

stogie, stogy ['stəʊgɪ] n (US) cigare m

stoic ['stəʊɪk] 1 n stoïque mf ◆ **Stoic** (Philos) stoïcien m

2 adj a (= uncomplaining) person, acceptance stoïque ◆ **to be stoic about sth** accepter qch stoïquement

b (Philos) **Stoic** stoïcien

stoical ['stəʊɪkəl] [→ SYN] adj stoïque

stoically ['stəʊɪkəlɪ] adv stoïquement

stoich(e)iometric [ˌstɔɪkɪəˈmetrɪk] adj stœchiométrique

stoichiometry [ˌstɔɪkɪˈɒmɪtrɪ] n (Chem) stœchiométrie f

stoicism [ˈstəʊɪsɪzəm] → SYN n stoïcisme m

stoke [stəʊk] vt (also **stoke up**) [+ fire] garnir, entretenir; [+ furnace] alimenter; [+ engine, boiler] chauffer

▸ **stoke up** ① vi (furnace) alimenter la chaudière; (open fire) entretenir le feu; (* fig = eat) se garnir or se remplir la panse *
② vt sep ⇒ **stoke**

stokehole [ˈstəʊkhəʊl] n (Naut) chaufferie f; [of boiler, furnace] porte f de chauffe

stoker [ˈstəʊkər] n (Naut, Rail etc) chauffeur m

STOL [stɒl] (Aviat) (abbrev of **short take-off and landing**) ADAC m

stole[1] [stəʊl] n (Dress) étole f, écharpe f; (Rel) étole f

stole[2] [stəʊl] vb (pt of **steal**)

stolen [ˈstəʊlən] vb (ptp of **steal**)

stolid [ˈstɒlɪd] → SYN adj person, manner, expression, face impassible

stolidity [stɒˈlɪdɪtɪ] n flegme m, impassibilité f

stolidly [ˈstɒlɪdlɪ] adv say, stare, ignore, stand, sit impassiblement ◆ **to be stolidly British** (in one's attitudes) être d'un flegme tout britannique (dans ses attitudes)

stolidness [ˈstɒlɪdnɪs] n ⇒ **stolidity**

stolon [ˈstəʊlən] n stolon m

stoloniferous [ˌstəʊləˈnɪfərəs] adj stolonifère f

stoma [ˈstəʊmə] n, pl **stomata** [ˈstəʊmətə] (Bot, Bio) stomate m

stomach [ˈstʌmək] → SYN ① n (Anat) estomac m; (= belly) ventre m ◆ **he was lying on his stomach** il était couché or allongé sur le ventre, il était à plat ventre ◆ **to have a pain in one's stomach** avoir mal à l'estomac or au ventre ◆ **I have no stomach for this journey** je n'ai aucune envie de faire ce voyage ◆ **an army marches on its stomach** une armée ne se bat pas le ventre creux; → **empty, full**
② vt [+ food] digérer; (fig) [+ behaviour, sb's jokes] supporter, encaisser *, ◆ **he couldn't stomach this** il n'a pas pu l'encaisser *
③ COMP disease de l'estomac; ulcer à l'estomac ▷ **stomach ache** n mal m de ventre ◆ **I have (a) stomach ache** j'ai mal au ventre ▷ **stomach pump** n pompe f stomacale ▷ **stomach trouble** n (NonC) ennuis mpl gastriques

stomachic [stəˈmækɪk] adj stomachique

stomatitis [ˌstəʊməˈtaɪtɪs] n (Med) stomatite f

stomatologist [ˌstəʊməˈtɒlədʒɪst] n stomatologiste mf, stomatologue mf

stomatology [ˌstəʊməˈtɒlədʒɪ] n stomatologie f

stomatoplasty [ˈstɒmətəˌplæstɪ] n stomatoplastie f

stomp [stɒmp] ① vi ◆ **to stomp in/out etc** entrer/sortir etc d'un pas lourd et bruyant ◆ **we could hear him stomping about** on entendait le bruit lourd de ses pas
② vt (esp US) ◆ **to stomp one's feet** (in rage) trépigner; (in dance) frapper du pied
③ n ⓐ [of feet] martèlement m
ⓑ (= dance) swing m

stone [stəʊn] ① n ⓐ (= substance, gem: single piece) pierre f; (= pebble) caillou m; (on beach etc) galet m; (commemorative) stèle f (commémorative); (= gravestone) pierre f tombale, stèle f ◆ **(made) of stone** de pierre ◆ **within a stone's throw (of)** à deux pas (de) ◆ **to leave no stone unturned** remuer ciel et terre (to do sth pour faire qch) ◆ **to turn to stone, to change into stone** (vt) pétrifier, changer en pierre; (vi) se pétrifier ◆ **it isn't set or cast or carved in stone** cela n'a rien d'immuable; → **paving, precious, rolling, stand, tombstone**
ⓑ (esp Brit: in fruit) noyau m
ⓒ (Med) calcul m ◆ **to have a stone in the kidney** avoir un calcul rénal ◆ **to have a stone removed from one's kidney** se faire enlever un calcul rénal; → **gallstone**
ⓓ (pl gen inv: Brit = weight) ≈ 14 livres, ≈ 6,348 kg; → **IMPERIAL SYSTEM**
② vt ⓐ [+ person, object] lancer or jeter des pierres sur, bombarder de pierres ◆ **to stone sb to death** lapider qn, tuer qn à coups de pierre ◆ **stone the crows!** * (Brit) vingt dieux!
ⓑ [+ date, olive] dénoyauter

③ COMP building, wall en pierre ▷ **Stone Age** n l'âge m de (la) pierre ▷ **stone bass** n (= fish) cernier m ▷ **stone-blind** adj complètement aveugle ▷ **stone-broke** * adj (US) ⇒ **stony-broke**; → **stony** ▷ **stone circle** n (Brit) cromlech m ▷ **stone-cold** adj complètement froid ◆ **stone-cold sober** * pas du tout ivre ▷ **stone-dead** adj raide mort ▷ **stone-deaf** adj sourd comme un pot ▷ **stone fruit** n fruit m à noyau ▷ **stone-ground** adj flour, wheat meulé à la pierre ▷ **stone marten** n (Zool) fouine f

stonebreaker [ˈstəʊnˌbreɪkər] n (= person) casseur m de pierres; (= machine) casse-pierre(s) m, concasseur m

stonechat [ˈstəʊntʃæt] n (Orn) traquet m (pâtre)

stonecrop [ˈstəʊnkrɒp] n (Bot) orpin m

stonecutter [ˈstəʊnˌkʌtər] n (= person) tailleur m de pierre(s); (= machine) sciotte f, scie f (de carrier)

stoned[*] [stəʊnd] adj (on drugs) défoncé * (on sth à qch); (= drunk) complètement beurré * or bourré *, ◆ **to get stoned** (on drugs) se défoncer *; (on alcohol) se beurrer *, se bourrer *

stonemason [ˈstəʊnˌmeɪsən] n tailleur m de pierre(s)

stonewall [ˈstəʊnwɔːl] vi (Cricket) jouer très prudemment; (fig) donner des réponses évasives

stoneware [ˈstəʊnwεər] n (NonC) pots mpl de grès

stonewashed [ˈstəʊnwɒʃt] adj jeans délavé

stonework [ˈstəʊnwɜːk] n (NonC) maçonnerie f

stonily [ˈstəʊnɪlɪ] adv avec froideur, froidement; stare, look d'un œil froid

stonking[*] [ˈstɒŋkɪŋ] adj (= fantastic) génial *

stony [ˈstəʊnɪ] ① adj ⓐ (= containing stones, stone-like) soil, path, floor, tiles pierreux; beach de galets; → **fall**
ⓑ (= made of stone) outcrop, cliff rocheux
ⓒ (= unsympathetic) person dur, insensible; look, stare, expression dur; face de marbre; silence glacial
② COMP ▷ **stony-broke** * adj (Brit) fauché comme les blés * ▷ **stony-faced** adj au visage impassible ▷ **stony-hearted** adj impitoyable, au cœur de pierre

stood [stʊd] vb (pt, ptp of **stand**)

stooge [stuːdʒ] n (Theat) comparse mf, faire-valoir m; (gen: pej) laquais m

▸ **stooge about**[*], **stooge around**[*] vi rôder, errer

stook [stuːk] ① n moyette f
② vi moyetter

stool [stuːl] ① n ⓐ tabouret m; (folding) pliant m; (= footstool) tabouret m, marchepied † m ◆ **to fall between two stools** se retrouver le bec dans l'eau *; → **music, piano**
ⓑ (fig) [of window] rebord m; (Med) selle f; (Bot) pied m (de plante), plante f mère
② COMP ▷ **stool pigeon** * n indicateur m, -trice f, mouchard(e) m(f); (in prison) mouton m

stoolie[*], **stooly**[*] [ˈstuːlɪ] n (US) ⇒ **stool pigeon**; → **stool**

stoop[1] [stuːp] → SYN ① n ⓐ **to have or walk with a stoop** avoir le dos voûté or rond
ⓑ [of bird of prey] attaque f plongeante
② vi ⓐ (= have a stoop) avoir le dos voûté or rond, être voûté
ⓑ (also **stoop down**) se pencher, se baisser; (fig) s'abaisser (to sth jusqu'à qch; to do sth, to doing sth jusqu'à faire qch) ◆ **he would stoop to anything** il est prêt à toutes les bassesses
ⓒ (bird of prey) plonger

stoop[2] [stuːp] n (US) véranda f

stooping [ˈstuːpɪŋ] adj person, back voûté; shoulders tombant; position, posture courbé

stop [stɒp] → SYN ① n ⓐ (= halt) arrêt m (also Ski); (= short stay) halte f ◆ **we had a stop of a few days in Arles** nous avons fait une halte de quelques jours à Arles ◆ **we had a stop for coffee** nous avons fait une pause-café ◆ **they stopped for six hours without a stop** ils ont travaillé six heures d'affilée or sans s'arrêter ◆ **a five-minute stop, five minutes' stop** cinq minutes d'arrêt ◆ **to be at a stop** [vehicle] être à l'arrêt; [traffic] être bloqué; [work, progress, production] s'être arrêté, avoir cessé ◆ **to come to a stop** [traffic, vehicle] s'arrêter; [work, progress, production] cesser ◆ **to bring to a stop** [+ traffic, vehicle] arrêter; [+ work, progress, production] arrêter, faire cesser ◆ **to make a stop** [bus, train] s'arrêter; [plane, ship] faire escale ◆ **to put a stop to sth** mettre fin à qch, mettre un terme à qch ◆ **I'll put a stop to all that!** je vais mettre un terme or le holà à tout ça!
ⓑ (= stopping place) [of bus, train] arrêt m; [of plane, ship] escale f; → **bus, request**
ⓒ [of organ] jeu m ◆ **to pull out all the stops** (fig) faire un suprême effort, remuer ciel et terre (to do sth pour faire qch)
ⓓ (Punctuation) point m; (in telegrams) stop m; see also **full**
ⓔ (= device) (on drawer, window) taquet m; (= door stop) butoir m de porte; (on typewriter: also **margin stop**) margeur m; (Tech) mentonnet m
ⓕ (Phon) (consonne f) occlusive f
ⓖ (Phot) diaphragme m
② vt ⓐ (= block) [+ hole, pipe] boucher, obturer; (accidentally) boucher, bloquer; [+ leak] boucher, colmater; [+ jar, bottle] boucher; [+ tooth] plomber ◆ **to stop one's ears** se boucher les oreilles ◆ **to stop one's ears to sth** (fig) rester sourd à qch ◆ **to stop a gap** (lit) boucher un trou; (fig) combler une lacune; see also **stopgap** ◆ **to stop the way** barrer le chemin
ⓑ (= halt) [+ person, vehicle, ball, machine, process] arrêter; [+ traffic] arrêter, interrompre; [+ progress] interrompre; [+ light] empêcher de passer; [+ pain, worry, enjoyment] mettre fin à; (fig, Sport etc = beat) battre ◆ **he stopped the show with his marvellous medley of old hits** il a fait un tabac * avec son merveilleux pot-pourri de vieilles chansons à succès ◆ **to stop sb short** (lit) arrêter qn net or brusquement; (= interrupt) interrompre qn ◆ **to stop sb (dead) in his tracks** (lit) arrêter qn net or brusquement; (fig) couper qn dans son élan ◆ **to stop sth (dead) in its tracks** (fig) interrompre qch ◆ **to stop a bullet** * il a reçu une balle ◆ **the walls stop some of the noise** les murs étouffent or absorbent une partie du bruit
ⓒ (= cease) arrêter, cesser (doing sth de faire qch) ◆ **stop it!** assez!, ça suffit! ◆ **stop that noise!** assez de bruit! ◆ **to stop work** arrêter or cesser de travailler, cesser le travail
ⓓ (= interrupt) [+ activity, building, production] interrompre, arrêter; (= suspend) suspendre; (Boxing) [+ fight] suspendre; [+ allowance, leave, privileges] supprimer; [+ wages] retenir; [+ gas, electricity, water supply] couper ◆ **rain stopped play** la pluie a interrompu or arrêté la partie ◆ **they stopped £15 out of his wages** ils ont retenu 15 livres sur son salaire ◆ **to stop one's subscription** résilier son abonnement ◆ **to stop (payment on) a cheque** faire opposition au paiement d'un chèque ◆ **to stop payment** [bank] suspendre ses paiements ◆ **he stopped the milk for a week** il a fait interrompre or il a annulé la livraison du lait pendant une semaine
ⓔ (= prevent) empêcher (sb's doing sth, sb from doing sth qn de faire qch; sth happening, sth from happening que qch n'arrive (subj)) ◆ **there's nothing to stop you** rien ne vous en empêche ◆ **he stopped the house (from) being sold** il a empêché que la maison (ne) soit vendue or la vente de la maison
ⓕ (Mus) [+ string] presser; [+ hole of trumpet etc] boucher, mettre le doigt sur
③ vi ⓐ [person, vehicle, machine, clock, sb's heart] s'arrêter ◆ **to stop to do sth** s'arrêter pour faire qch ◆ **stop thief!** au voleur! ◆ **you can stop now** (in work etc) vous pouvez (vous) arrêter maintenant ◆ **we'll stop here for today** (in lesson etc) nous nous arrêterons or nous nous en tiendrons là pour aujourd'hui ◆ **he stopped (dead) in his tracks** il s'est arrêté net or pile * ◆ **he stopped in mid sentence** il s'est arrêté au beau milieu d'une phrase ◆ **stop and think** réfléchissez bien ◆ **stop and consider if** or **whether...** réfléchissez si... ◆ **he never knows where to stop** il ne sait pas s'arrêter ◆ **he will stop at nothing** il est prêt à tout, il ne recule devant rien (to do sth pour qch); → **dead, shortstop**

b [supplies, production, process, music] s'arrêter, cesser ; [attack, pain, worry, enjoyment, custom] cesser ; [allowance, privileges] être supprimé ; [play, programme, concert] finir, se terminer ; [conversation, discussion, struggle] cesser, se terminer

c * (= remain) rester ; (= live temporarily) loger ◆ **stop where you are!** restez là où vous êtes ! ◆ **I'm stopping with my aunt** je loge chez ma tante

4 COMP button, lever, signal d'arrêt ; (Phot) bath, solution d'arrêt ▷ **stop-and-go** n (US) → stop-go ▷ **stop consonant** n (Phon) (consonne f) occlusive f ▷ **stop-go** n → stop-go ▷ **stop-off** n arrêt m, courte halte f ▷ **stop order** n (St Ex) ordre m stop ▷ **stop-press** n (Brit Press) (= news) nouvelles fpl de dernière heure ; (as heading) dernière heure ▷ **stop sign** n (Aut) (panneau m) stop m

▶ **stop away** * vi ◆ **he stopped away for three years** il est resté trois ans sans revenir or trois ans absent ◆ **he stopped away from the meeting** il n'est pas allé à la réunion

▶ **stop behind** * vi rester en arrière or à la fin

▶ **stop by** * vi s'arrêter en passant

▶ **stop down** * vi (bending) rester baissé ; (lying down) rester couché ; (under water) rester sous l'eau

▶ **stop in** * vi **a** (at home) rester à la maison or chez soi, ne pas sortir
b ⇒ **stop by**

▶ **stop off** **1** vi s'arrêter ; (on journey) s'arrêter, faire une halte ◆ **let's stop off and get a pizza** arrêtons-nous pour acheter une pizza
2 stop-off n → stop

▶ **stop out** * vi rester dehors, ne pas rentrer ◆ **he always stops out late on Fridays** il rentre toujours tard le vendredi

▶ **stop over** vi s'arrêter (un or plusieurs jour(s)), faire une halte
2 stopover n → stopover

▶ **stop up** **1** vi (Brit *) ne pas se coucher, rester debout ◆ **don't stop up for me** ne m'attendez pas pour aller vous coucher
2 vt sep [+ hole, pipe, jar, bottle] boucher ◆ **my nose is stopped up** j'ai le nez bouché

stopcock ['stɒpkɒk] n robinet m d'arrêt

stopgap ['stɒpgæp] → SYN **1** n bouche-trou m
2 adj measure, solution provisoire

stop-go [stɒp'gəʊ] **1** n (gen, Econ) ◆ **a period of stop-go** une période d'activité intense suivie de relâchement, une période de "stop and go"
2 COMP ▷ **stop-go policy** n politique f en dents de scie

stoplight ['stɒplaɪt] n (US) (= traffic light) feu m rouge ; (= brake light) feu m de stop

stopover ['stɒpəʊvəʳ] n halte f

stoppage ['stɒpɪdʒ] → SYN **1** n **a** (in traffic, work) arrêt m, interruption f ; (Sport) arrêt m de jeu ; (= strike) arrêt m de travail, grève f ; [of leave, wages, payment] suspension f ; [of amount deducted] retenue f
b (= blockage) obstruction f, engorgement m ; (Med) occlusion f
2 COMP ▷ **stoppage time** n (Sport) arrêts mpl de jeu ◆ **to play stoppage time** jouer les arrêts de jeu

stopper ['stɒpəʳ] **1** n [of bottle, jar] bouchon m ; [of bath, basin] bouchon m, bonde f ◆ **to take the stopper out of a bottle** déboucher une bouteille ◆ **to put the stopper into a bottle** boucher une bouteille ◆ **to put a stopper on sth** * mettre un terme or le holà à qch ; → **conversation**
2 vt boucher

stopping ['stɒpɪŋ] **1** n **a** (NonC = halting) [of activity, progress, vehicle, process] arrêt m ; [of cheque] opposition f au paiement ; [of match, game, payment] suspension f ; [of allowance, leave, privileges] suppression f ; [of wages] retenue f (of sur)
b (NonC = blocking) [of hole, pipe] obturation f, bouchage m ; [of leak] colmatage m, bouchage m ; (Mus) → **double**
c [of tooth] plombage m

2 COMP ▷ **stopping place** n (= lay-by etc) endroit m où s'arrêter ◆ **we were looking for a stopping place** nous cherchions un endroit où nous arrêter ▷ **stopping train** n (train m) omnibus m

stopwatch ['stɒpwɒtʃ] n chronomètre m

storage ['stɔːrɪdʒ] **1** n **a** (NonC) [of goods, fuel] entreposage m, emmagasinage m ; [of furniture] entreposage m ; [of food, wine] rangement m, conservation f ; [of radioactive waste] stockage m ; [of heat, electricity] accumulation f ; [of documents] conservation f ◆ **to put in(to) storage** entreposer, emmagasiner ; [+ furniture] mettre au garde-meuble ; → **cold**
b (Comput) (= state) mémoire f ; (= action) mise f en mémoire
2 COMP problems d'entreposage, d'emmagasinage ; charges de magasinage ▷ **storage battery** n accumulateur m, accu * m ▷ **storage capacity** n (gen, Comput) capacité f de stockage ▷ **storage device** n (Comput) unité f de stockage, mémoire f ▷ **storage heater** (also **electric storage heater**) n radiateur m électrique à accumulation, accumulateur m de chaleur ▷ **storage space** n (in house) espace m de rangement ; (in firm etc) espace m de stockage ▷ **storage tank** n (for oil etc) réservoir m de stockage ; (for rainwater) citerne f ▷ **storage unit** n (= furniture) meuble m de rangement

storax ['stɔːræks] n styrax m

store [stɔːʳ] → SYN **1** n **a** (= supply, stock, accumulation) provision f, réserve f, stock m (Comm) ; [of learning, information] fonds m ◆ **to get in** or **lay in a store of sth** faire provision de qch ◆ **to keep a store of sth** avoir une provision de qch ◆ **to set great store/little store by sth** faire grand cas/peu de cas de qch, attacher du prix/peu de prix à qch
b stores (= supplies) provisions fpl ◆ **to take on** or **lay in stores** s'approvisionner, faire des provisions
c (Brit = depot, warehouse) entrepôt m ; (= furniture store) garde-meuble m ; (in office, factory etc: also **stores**) réserve f ; (larger) service m des approvisionnements ◆ **ammunition store** dépôt m de munitions ◆ **to put in(to) store** [+ goods] entreposer ; [+ furniture] mettre au garde-meuble ◆ **I am keeping this in store for winter** je garde cela en réserve pour l'hiver ◆ **I've got a surprise in store for you** j'ai une surprise en réserve pour vous, je vous réserve une surprise ◆ **what does the future hold** or **have in store for him?, what is** or **lies in store for him?** que lui réserve l'avenir ?
d (esp US = shop) magasin m, commerce m ; (large) grand magasin m ; (small) boutique f ◆ **book store** magasin m de livres, librairie f ; → **chain, department, general**

2 vt **a** (= keep in reserve, collect: also **store up**) [+ food, fuel, goods] mettre en réserve ; [+ documents] conserver ; [+ electricity, heat] accumuler, emmagasiner ; (fig) (in one's mind) [+ facts, information] noter or enregistrer dans sa mémoire ◆ **this cellar can store enough coal for the winter** cette cave peut contenir assez de charbon pour passer l'hiver
b (= place in store: also **store away**) [+ food, fuel, goods] emmagasiner, entreposer ; [+ furniture] mettre au garde-meuble ; [+ crops] mettre en grange, engranger ; (Comput) mettre en réserve ◆ **he stored the information (away)** (in filing system etc) il a rangé les renseignements ; (in his mind) il a noté les renseignements ◆ **I've got the camping things stored (away) till we need them** j'ai rangé or mis de côté les affaires de camping en attendant que nous en ayons besoin ◆ **where do you store your wine?** où est-ce que vous entreposez ou conservez votre vin ?
c (Comput) mémoriser

3 vi ◆ **these apples store well/badly** ces pommes se conservent bien/mal

4 COMP (gen: esp US) item, line de série ; (US: also **store-bought**) clothes de confection or de série ; cake du commerce ▷ **store card** n (Comm) carte f privative ▷ **store detective** n vigile m en civil (dans un grand magasin)

▶ **store away** vt sep → store 2b

▶ **store up** vt sep → store 2a

storefront ['stɔːfrʌnt] n (US) devanture f

storehouse ['stɔːhaʊs] n entrepôt m ; (fig: of information etc) mine f

storekeeper ['stɔːˌkiːpəʳ] n magasinier m ; (esp US = shopkeeper) commerçant(e) m(f)

storeroom ['stɔːrʊm] n réserve f, magasin m

storey, story (US) ['stɔːrɪ] n étage m ◆ **on the 3rd** or (US) **4th storey** au troisième (étage) ◆ **a four-storey(ed)** or (US) **four-storied building** un bâtiment de quatre étages

-storeyed, -storied (US) ['stɔːrɪd] adj (in compounds) → storey

stork [stɔːk] n cigogne f

storm [stɔːm] → SYN **1** n **a** tempête f ; (= thunderstorm) orage m ; (on Beaufort scale) tempête f ◆ **storm of rain/snow** tempête f de pluie/de neige ◆ **magnetic storm** orage m magnétique ◆ **it was a storm in a teacup** (Brit) c'était une tempête dans un verre d'eau ; → **dust, hailstorm, sandstorm**
b (fig) [of arrows, missiles] pluie f, grêle f ; [of insults, abuse] torrent m ; [of cheers, protests, applause, indignation] tempête f ◆ **there was a political storm** les passions politiques se sont déchaînées ◆ **his speech caused** or **raised quite a storm** son discours a provoqué une véritable tempête or un ouragan ◆ **to bring a storm about one's ears** soulever un tollé (général) ◆ **a period of storm and stress** une période très orageuse or très tourmentée
c (Mil) **to take by storm** prendre or emporter d'assaut ◆ **the play took London by storm** la pièce a obtenu un succès foudroyant or fulgurant à Londres ◆ **he took her by storm** il a eu un succès foudroyant or fulgurant auprès d'elle, elle a eu le coup de foudre pour lui

2 vt (Mil) prendre or emporter d'assaut ◆ **angry ratepayers stormed the town hall** les contribuables en colère ont pris d'assaut or ont envahi la mairie

3 vi [wind] souffler en tempête, faire rage ; [rain] tomber à torrents, faire rage ; (fig) [person] fulminer ◆ **to storm at sb** tempêter or fulminer contre qn ◆ **to storm (one's way) in/out** etc entrer/sortir etc comme un ouragan

4 COMP signal, warning de tempête ▷ **storm belt** n zone f des tempêtes ▷ **storm cellar** n (US) abri m contre les tempêtes or cyclones ▷ **storm centre** n centre m de dépression, œil m du cyclone ; (fig) centre m de l'agitation ▷ **storm cloud** n nuage m orageux ; (fig) nuage m noir or menaçant ◆ **the storm clouds are gathering** (fig) l'avenir est sombre ▷ **storm cone** n cône m de tempête ▷ **storm damage** n dégâts mpl occasionnés par la tempête ▷ **storm door** n double porte f (à l'extérieur) ▷ **storm drain** n collecteur m d'eaux pluviales ▷ **storm force** n ◆ **to reach storm force** [wind] atteindre force 10 ▷ **storm-force** adj wind de force 10 ▷ **storm insurance** n assurance f contre les tempêtes ▷ **storm lantern** n lampe-tempête f, lanterne-tempête f ▷ **storm-lashed** adj battu par l'orage ou la tempête ▷ **storm petrel** n (Orn, fig) ⇒ **stormy petrel** ; → **stormy** ▷ **storm sewer** n collecteur m d'eaux pluviales ▷ **storm-tossed** adj ballotté or battu par la tempête ▷ **storm trooper** n (Mil) (gen) membre m d'une troupe d'assaut ; (= Nazi) membre m des sections d'assaut nazies ▷ **storm troops** npl troupes fpl d'assaut ▷ **storm water** n eau(x) f(pl) pluviale(s) ▷ **storm window** n double fenêtre f (à l'extérieur)

stormbound ['stɔːmbaʊnd] adj bloqué par la tempête

storming ['stɔːmɪŋ] **1** n (= attack, invasion) assaut m ◆ **the storming of the Bastille** la prise de la Bastille
2 adj (* = impressive) spectaculaire, impressionnant

stormproof ['stɔːmpruːf] adj à l'épreuve de la tempête

stormy ['stɔːmɪ] → SYN **1** adj **a** weather, night, skies orageux ; seas, waters démonté ◆ **on a stormy night** par une nuit d'orage
b (fig) [= turbulent] meeting, scene, relationship orageux, houleux ; period tumultueux ; career mouvementé ; temperament, person violent, emporté ◆ **stormy waters** période f tumultueuse ◆ **the bill had a stormy passage through Parliament** l'adoption du projet de loi au Parlement a donné lieu à des débats houleux

story¹ ['stɔːrɪ] → SYN ① n a (= account) histoire f ◆ it's a long story c'est toute une histoire, c'est une longue histoire ◆ that's only part of the story mais ce n'est pas tout ◆ you're not telling me the whole or full story, you're only telling me part of the story tu ne me dis pas tout, tu me caches quelque chose ◆ according to your story d'après ce que vous dites, selon vous ◆ I've heard his story j'ai entendu sa version des faits ◆ a different story (fig) une autre histoire ◆ but that's another story mais ça c'est une autre histoire ◆ it's quite another story or a very different story c'est une tout autre histoire ◆ it's the same old story c'est toujours la même histoire or la même chanson * ◆ these scars tell their own story ces cicatrices parlent d'elles-mêmes or en disent long ◆ that's the story of my life! (hum) ça m'arrive tout le temps !

b (= tale) histoire f, conte m ; (= legend) histoire f, légende f ; (Literat) histoire f, récit m ; (short) nouvelle f ; (= anecdote, joke) histoire f, anecdote f ◆ there's an interesting story attached to that on raconte une histoire intéressante à ce sujet ◆ or so the story goes ou du moins c'est ce que l'on raconte, d'après les on-dit ◆ he writes stories il écrit des histoires or des nouvelles ◆ she told the children a story elle a raconté une histoire aux enfants ◆ do you know the story about ...? connaissez-vous l'histoire de ... ? ◆ what a story this house could tell! que de choses cette maison pourrait nous (or vous etc) raconter ! ; → bedtime, fairy, short

c (= plot) [of film] scénario m ; [of book] intrigue f ; [of play] intrigue f, action f ◆ the story of the film is taken from his book le scénario du film est tiré de son roman ◆ he did the story for the film il a écrit le scénario du film

d (Press, Rad, TV) (= event etc) affaire f ; (= article) article m ◆ they devoted two pages to the story of ... ils ont consacré deux pages à l'affaire de ... ◆ did you read the story on ...? avez-vous lu l'article sur ... ? ◆ I don't know if there's a story in it je ne sais pas s'il y a matière à un article ◆ he was sent to cover the story of the refugees on l'a envoyé faire un reportage sur les réfugiés

e (* fig) histoire f ◆ to tell stories raconter des histoires

② COMP ◆ **story line** n [of film] scénario m ; [of book] intrigue f ; [of play] intrigue f, action f ▷ **story-writer** n nouvelliste mf

story² ['stɔːrɪ] n (US) ⇒ storey

storyboard ['stɔːrɪbɔːd] n (Cine, TV) storyboard m

storybook ['stɔːrɪbʊk] ① n livre m de contes or d'histoires

② adj (fig) situation, love affair romanesque ◆ a meeting with a storybook ending une rencontre qui se termine comme dans les romans

storyteller ['stɔːrɪtelə'] n conteur m, -euse f ; (* = fibber) menteur m, -euse f

storytelling ['stɔːrɪtelɪŋ] n (NonC) ◆ they pass on their tradition through storytelling leurs traditions se transmettent à travers les contes

stoup [stuːp] n (Rel) bénitier m ; (†† = tankard) pichet m

stout [staʊt] → SYN ① adj a (= fat) person corpulent, gros (grosse f) ◆ to get or grow stout prendre de l'embonpoint

b (= sturdy) legs solide, robuste ; stick, door, rope, shoes solide ; horse vigoureux ; branch gros (grosse f)

c (= resolute) soldier, defence, resistance, opposition, heart vaillant ; support résolu ◆ he is a stout fellow † c'est un brave type *

② n (= beer) stout m or f, bière f brune

③ COMP ▷ **stout-hearted** adj vaillant, intrépide

stoutly ['staʊtlɪ] (liter) adv a (= resolutely) fight, defend, resist vaillamment ; deny vigoureusement ; believe, maintain dur comme fer

b **stoutly built** hut solidement bâti

stoutness ['staʊtnɪs] n (NonC) a (= fatness) [of person] corpulence f, embonpoint m

b (= sturdiness) [of horse, branch] vigueur f ; [of stick, door, rope, shoes] solidité f

c (= resoluteness) [of defence, resistance, opposition] vaillance f ; [of support] détermination f ◆ the stoutness of his resolve sa résolution inébranlable ◆ stoutness of heart vaillance f

stove¹ [stəʊv] ① n a (= heater) poêle m ; → wood

b (= cooker) (solid fuel) fourneau m ; (gas, electric) cuisinière f ; (small) réchaud m

c (Ind, Tech) four m, étuve f

② COMP ▷ **stove enamel** n (Tech) vernis m or laque f à cuire

stove² [stəʊv] vb (pt, ptp of stave)

stovepipe ['stəʊvpaɪp] n (lit, also fig = hat) tuyau m de poêle

stovies ['stəʊvɪz] npl (Scot Culin) ragoût de pommes de terre aux oignons

stow [stəʊ] vt ranger, mettre ; (out of sight: also stow away) faire disparaître, cacher ; (Naut) [+ cargo] arrimer ; (also stow away) [+ ropes, tarpaulins etc] ranger ◆ where can I stow this? où puis-je déposer ceci ? ◆ stow it! * la ferme !*, ferme-la !*

▶ **stow away** ① vi s'embarquer clandestinement ◆ he stowed away to Australia il s'est embarqué clandestinement pour l'Australie

② vt sep (= put away) ranger ; (= put in its place) ranger, placer ; (= put out of sight) faire disparaître, cacher ; (* fig) [+ meal, food] enfourner * see also stow

③ stowaway n → stowaway

stowage ['stəʊɪdʒ] n (Naut) (= action) arrimage m ; (= space) espace m utile ; (= costs) frais mpl d'arrimage

stowaway ['stəʊəweɪ] n passager m clandestin, passagère f clandestine

STP [ˌestiːˈpiː] n abbrev of **standard temperature and pressure**

str. n (Brit) (abbrev of **street**) r

strabismal [strəˈbɪzməl], **strabismic(al)** [strəˈbɪzmɪk(əl)] adj strabique

strabismus [strəˈbɪzməs] n strabisme m

strabotomy [strəˈbɒtəmɪ] n strabotomie f

straddle ['strædl] ① vt [+ horse, cycle] enfourcher ; [+ chair] se mettre à califourchon or à cheval sur ; [+ fence, ditch] enjamber ◆ to be straddling sth être à califourchon or à cheval sur qch ◆ the village straddles the border le village est à cheval sur la frontière ◆ the enemy positions straddled the river l'ennemi avait pris position des deux côtés de la rivière ◆ to straddle a target (Mil: gunnery) encadrer un objectif ◆ to straddle an issue (US) nager entre deux eaux, ménager la chèvre et le chou

② vi être à califourchon ; (US * fig) nager entre deux eaux, ménager la chèvre et le chou ◆ **straddling legs** jambes fpl écartées

strafe [strɑːf] vt (Mil etc) (with machine guns) mitrailler au sol ; (with shellfire, bombs) bombarder, marmiter

strafing ['strɑːfɪŋ] n (Mil, Aviat) mitraillage m au sol

straggle ['strægl] → SYN vi a [vines, plants] pousser tout en longueur, pousser au hasard ; [hair] être or retomber en désordre ; [houses, trees] être épars or disséminés ; [village] s'étendre en longueur ◆ the branches straggled along the wall les branches tortueuses grimpaient le long du mur ◆ the village straggles for miles along the road les maisons du village s'égrènent or le village s'étire sur des kilomètres le long de la route ◆ her hair was straggling over her face ses cheveux rebelles or des mèches folles retombaient en désordre sur son visage

b **to straggle in/out** etc [people, cars, planes] entrer/sortir etc petit à petit

▶ **straggle away**, **straggle off** vi se débander or se disperser petit à petit

straggler ['stræglə'] n (person) traînard(e) m(f) (also Mil) ; (= plane etc) avion m etc isolé (qui traîne derrière les autres) ; (Bot) branche f gourmande, gourmand m

straggling ['stræglɪŋ], **straggly** ['stræglɪ] adj qui pousse en longueur ; plant (qui pousse) tout en longueur ; village tout en longueur ◆ **straggling hair** cheveux mpl fins rebelles or en désordre or décoiffés ◆ a straggling row of houses un rang de maisons disséminées ◆ a long straggling line une longue ligne irrégulière

straight [streɪt] → SYN ① adj a (= not curved) road, edge, stick, nose, skirt, trousers droit ; posture bien droit ; course, route en ligne droite ; chair à dossier droit ; hair raide ◆ a straight line (gen) une ligne droite ; (Math) une droite ◆ to walk in a straight line marcher en ligne droite ◆ on a straight course en ligne droite ◆ to have a straight back avoir le dos droit ◆ to keep one's back straight se tenir droit ◆ to play (with) a straight bat (Cricket) jouer avec la batte verticale ; (Brit fig) (= prevaricate) être sur la défensive ; († = act decently) jouer franc jeu

b (= not askew) picture, rug, tablecloth, tie, hat, hem droit ◆ the picture isn't straight le tableau n'est pas droit or est de travers ◆ to put or set straight [+ picture, hat, tie] redresser, remettre droit ; [+ rug, tablecloth] remettre droit

c (= frank) person, answer, question franc (franche f) (with sb avec qn) ; dealing loyal, régulier ; denial, refusal net, catégorique ◆ to be straight about sth exprimer franchement qch ◆ let's be straight about this soyons francs, ne nous leurrons pas ◆ straight talk(ing), straight speaking franc-parler m ◆ it's time for some straight talking soyons francs ◆ to play a straight game jouer franc jeu ◆ straight tip (Racing, St Ex etc) tuyau * m sûr

d (= unambiguous) clair ◆ say nothing, is that straight? tu ne dis rien, c'est clair ? ◆ have you got that straight? est-ce bien clair ? ◆ let's get this straight entendons-nous bien sur ce point ◆ let's get that straight right now mettons cela au clair tout de suite ◆ to get things straight in one's mind mettre les choses au clair dans son esprit ◆ to put sth straight mettre qch au clair ◆ to put or set sb straight (about sth) éclairer qn (sur qch) ◆ to keep sb straight (about sth) empêcher qn de se tromper (sur qch) ◆ to put or set o.s. straight with sb faire en sorte de ne pas être en reste avec qn ; → record

e (= tidy) house, room, books, affairs, accounts en ordre ◆ to put or set or get sth straight [+ house, room, books] mettre qch en ordre, mettre de l'ordre dans qch ; [+ affairs, accounts] mettre de l'ordre dans qch

f (= pure, simple) it was a straight choice between A and B il n'y avait que deux solutions, A ou B ◆ the election was a straight fight between the Tories and Labour l'élection a mis aux prises conservateurs et travaillistes ◆ her latest novel is straight autobiography son dernier roman est de l'autobiographie pure ◆ to get straight As (US) obtenir les notes les plus élevées ◆ a straight A student (US) un étudiant qui obtient les notes les plus élevées partout

g (= consecutive) victories, defeats, games, months consécutif ◆ to win ten straight victories remporter dix victoires d'affilée or consécutives ◆ for five straight days pendant cinq jours d'affilée or consécutifs ◆ in straight sets (Tennis) en deux/trois sets (pour les matchs en trois/cinq sets) ◆ to win/lose in straight sets gagner/perdre tous les sets

h (* = not owed or owing money) quitte ◆ if I give you £5, then we'll be straight si je te donne cinq livres, nous serons quittes

i (= unmixed) whisky, vodka sec (sèche f), sans eau

j (Theat) (= mainstream) theatre traditionnel ; (= non-comic) play, role, actor sérieux

k (= unsmiling) to keep a straight face garder son sérieux ◆ to say sth with a straight face dire qch sans sourire or avec un grand sérieux ; see also 4

l (Geom) angle plat

m (* = conventional) person conventionnel, conformiste

n (* = heterosexual) hétéro *

o (* = not criminal) person honnête, régulier ◆ I've been straight for three years (not on drugs) ça fait trois ans que je n'ai pas pris de drogue

② n a **the straight** [of racecourse, railway line, river etc] la ligne droite ◆ now we're in the straight (fig) nous sommes maintenant dans la dernière ligne droite

b **to cut sth on the straight** couper qch (de) droit fil ◆ **out of the straight** de travers, en biais

c **to follow** or **keep to the straight and narrow** rester dans le droit chemin ◆ **to keep sb on the straight and narrow** faire suivre le droit chemin à qn

d (* = heterosexual) hétéro * mf

3 adv **a** (= in a straight line) walk droit ; grow (bien) droit ; fly en ligne droite ; shoot juste ◆ **straight above us** juste au-dessus de nous ◆ **straight across from the house** juste en face de la maison ◆ **to go straight ahead** aller tout droit ◆ **he looked straight ahead** il a regardé droit devant lui ◆ **he came straight at me** il s'est dirigé droit sur moi ◆ **to look straight at sb** regarder qn droit dans les yeux ◆ **to hold o.s. straight** se tenir droit ◆ **to look sb straight in the face/the eye** regarder qn bien en face/droit dans les yeux ◆ **to go straight on** aller tout droit ◆ **to sit straight** s'asseoir bien droit ◆ **to sit up straight** se redresser ◆ **to stand straight** se tenir droit ◆ **to stand up straight** se redresser ◆ **the bullet went straight through his chest** la balle lui a traversé la poitrine de part en part ◆ **to go straight towards sb/sth** se diriger droit vers qn/qch ◆ **the cork shot straight up in the air** le bouchon est parti droit en l'air

b (= level) **to hang straight** [picture] être bien droit

c (= directly) **straight after this** tout de suite après ◆ **to come straight back** (= without detour) revenir directement ; (= immediately) revenir tout de suite ◆ **straight from the horse's mouth** de source sûre ◆ **to go straight home** (= without detour) rentrer directement chez soi ; (= immediately) rentrer chez soi tout de suite ◆ **he went straight to London** (= without detour) il est allé directement or tout droit à Londres ; (= immediately) il s'est immédiatement rendu à Londres ◆ **to go straight to bed** aller tout de suite se coucher ◆ **I may as well come straight to the point** autant que j'en vienne droit au fait ◆ **give it to me** or **tell me straight** * dis-le-moi carrément ◆ **I let him have it straight from the shoulder** * (= told him) je le lui ai dit carrément

◆ **straight away** tout de suite, sur-le-champ

◆ **straight off** (= immediately) tout de suite, sur-le-champ ; (= without hesitation) sans hésiter ; (= without beating about the bush) sans ambages, sans mâcher ses mots

◆ **straight out** (= without hesitation) sans hésiter ; (= without beating about the bush) sans ambages, sans mâcher ses mots ◆ **to tell sb sth straight out** dire franchement qch à qn

◆ **straight up** * (Brit) (= really) ◆ **straight up, I got fifty quid for it** sans blaguer *, j'en ai tiré cinquante livres ◆ **I got fifty quid for it – straight up?** j'en ai tiré cinquante livres – sans blague ? *

d (= neat) **to drink one's whisky straight** boire son whisky sec or sans eau

e (= clearly) **he couldn't think straight** il avait le cerveau brouillé, il n'avait plus les idées claires ◆ **I couldn't see straight** je n'y voyais plus clair

f **to go straight** * (= reform) revenir dans le droit chemin

g (= consecutively) **for five days straight** pendant cinq jours d'affilée or consécutifs

h (Theat) **he played the role straight** il a joué le rôle avec mesure

4 COMP ▷ **straight-acting** * adj to be straight-acting avoir un look hétéro * ▷ **straight-cut tobacco** n tabac m coupé dans la longueur de la feuille ▷ **straight-faced** adv en gardant son sérieux, d'un air impassible ◇ adj qui garde son sérieux, impassible ▷ **straight flush** n (Cards) quinte f flush ▷ **straight-laced** adj ⇒ **strait-laced ;** → **strait** ▷ **straight-line** adj depreciation constant ▷ **straight man** n, pl **straight men** (Theat) comparse m, faire-valoir m ▷ **straight-out** * adj answer, denial, refusal net, catégorique ; supporter, enthusiast, communist pur jus * ; liar, thief fieffé (before n) ▷ **straight razor** n (US) rasoir m à main or de coiffeur ▷ **straight ticket** n (US Pol) **to vote a straight ticket** choisir une liste sans panachage

straightedge [ˈstreɪtedʒ] n règle f large et plate ; (in carpentry) limande f

straighten [ˈstreɪtn] ⇒ SYN **1** vt [+ wire, nail] redresser, défausser ; [+ hair] décrêper ; [+ road] refaire en éliminant les tournants ; [+ tie, hat] ajuster ; [+ picture] redresser, remettre d'aplomb ; [+ room] mettre de l'ordre dans, mettre en ordre ; [+ papers] ranger ◆ **to straighten one's back** or **shoulders** se redresser, se tenir droit ◆ **to straighten the hem of a skirt** arrondir une jupe

2 vi (also **straighten out**) [road etc] devenir droit ; (also **straighten out, straighten up**) [growing plant etc] pousser droit ; (also **straighten up**) [person] se redresser

► **straighten out** **1** vi → **straighten 2**

2 vt sep [+ wire, nail] redresser, défausser ; [+ road] refaire en éliminant les tournants ; (fig) [+ situation] débrouiller ; [+ problem] résoudre ; [+ one's ideas] mettre de l'ordre dans, débrouiller ◆ **he managed to straighten things out** * il a réussi à arranger les choses ◆ **I'm trying to straighten out how much I owe him** * j'essaie de trouver combien je lui dois ◆ **to straighten sb out** ⁑ remettre qn dans la bonne voie ◆ **I'll soon straighten him out!** ⁑ je vais aller le remettre à sa place !, je vais lui apprendre !

► **straighten up** **1** vi **a** → **straighten 2**

b (= tidy up) mettre de l'ordre, ranger

2 vt sep [+ room, books, papers] ranger, mettre de l'ordre dans

straightforward [ˌstreɪtˈfɔːwəd] ⇒ SYN adj (= frank) honnête, franc (franche f) ; (= plain-spoken) franc (franche f), direct ; (= simple) simple ◆ **it's very straightforward** c'est tout ce qu'il y a de plus simple ◆ **it was straightforward racism** c'était du racisme pur et simple or du racisme à l'état pur

straightforwardly [ˌstreɪtˈfɔːwədlɪ] adv answer franchement, sans détour ; behave avec droiture, honnêtement ◆ **everything went quite straightforwardly** il n'y a pas eu de problèmes, tout s'est bien passé

straightforwardness [ˌstreɪtˈfɔːwədnɪs] n (= frankness) honnêteté f, franchise f ; (= plain-spokenness) franchise f ; (= simplicity) simplicité f

straightjacket [ˈstreɪtdʒækɪt] n ⇒ **straitjacket**

straightness [ˈstreɪtnɪs] n **a** (= frankness) franchise f ; (= honesty) rectitude f

b (* = heterosexual attitudes) attitudes fpl hétéro *

straightway †† [ˈstreɪtweɪ] adv incontinent, sur-le-champ

strain¹ [streɪn] ⇒ SYN **1** n **a** (Tech etc) tension f, pression f ◆ **the strain on the rope** la tension de la corde, la force exercée sur la corde ◆ **it broke under the strain** cela s'est rompu sous la tension ◆ **that puts a great strain on the beam** cela exerce une forte pression sur la poutre ◆ **to take the strain off sth** diminuer la pression sur qch ◆ **it put a great strain on their friendship** cela a mis leur amitié à rude épreuve ◆ **it was a strain on the economy/their resources/his purse** cela grevait l'économie/leurs ressources/son budget ◆ **to stand the strain** [rope, beam] supporter la tension (or le poids etc) ; [person] tenir le coup * ; → **breaking**

b (physical) effort m (physique) ; (= overwork) surmenage m ; (= tiredness) fatigue f ◆ **the strain(s) of city life** la tension de la vie urbaine ◆ **the strain of six hours at the wheel** la fatigue nerveuse que représentent six heures passées au volant ◆ **listening for three hours is a strain** écouter pendant trois heures demande un grand effort ◆ **all the strain and struggle of bringing up the family** toutes les tensions et les soucis qui sont le lot d'un parent qui élève ses enfants ◆ **the strain of climbing the stairs** l'effort requis pour monter l'escalier ◆ **he has been under a great deal of strain** ses nerfs ont été mis à rude épreuve ◆ **the situation put a great strain on him** or **put him under a great strain** la situation l'a épuisé or l'a beaucoup fatigué nerveusement ; → **stress**

c (Med = sprain) entorse f, foulure f ; → **eye-strain**

d **strains** (Mus) accords mpl, accents mpl ; (Poetry) accents mpl, chant m ◆ **to the strains of the "London March"** aux accents de la "Marche londonienne"

2 vt **a** [+ rope, beam] tendre fortement or excessivement ; (Med) [+ muscle] froisser ; [+ arm, ankle] fouler ; (fig) [+ friendship, relationship, marriage] mettre à rude épreuve ; [+ resources, savings, budget, the economy] grever ; [+ meaning] forcer ; [+ word] forcer le sens de ; [+ sb's patience] mettre à l'épreuve ; [+ one's authority] outrepasser, excéder ◆ **to strain one's back** (Med) se donner un tour de reins ◆ **to strain one's heart** se fatiguer le cœur ◆ **to strain one's shoulder** se froisser un muscle dans l'épaule ◆ **to strain one's voice** (action) forcer sa voix ; (result) se casser la voix ◆ **to strain one's eyes** s'abîmer or se fatiguer les yeux ◆ **he strained his eyes to make out what it was** il a plissé les yeux pour mieux distinguer ce que c'était ◆ **to strain one's ears to hear sth** tendre l'oreille pour entendre qch ◆ **to strain every nerve to do sth** fournir un effort intense pour faire qch ◆ **to strain o.s.** (= damage muscle etc) se froisser un muscle ; (= overtire o.s.) se surmener ◆ **don't strain yourself!** (iro) surtout ne te fatigue pas !

b (†† or liter) **to strain sb to o.s.** or **to one's heart** serrer qn contre son cœur, étreindre qn

c (= filter) [+ liquid] passer, filtrer ; [+ soup, gravy] passer ; [+ vegetables] (faire) égoutter

3 vi ◆ **to strain to do sth** (physically) peiner pour faire qch, fournir un gros effort pour faire qch ; (mentally) s'efforcer de faire qch ◆ **to strain at sth** (pushing/pulling) pousser/tirer qch de toutes ses forces ; (fig = jib at) renâcler à qch ◆ **to strain at the leash** [dog] tirer fort sur sa laisse ◆ (Prov) **to strain at a gnat (and swallow a camel)** faire une histoire pour une vétille et passer sur une énormité ◆ **to strain after sth** (fig) faire un grand effort pour obtenir qch ◆ **to strain under a weight** ployer sous un poids

► **strain off** vt sep [+ liquid] vider

strain² [streɪn] ⇒ SYN n (= breed, lineage) race f, lignée f ; [of animal etc] race f ; [of virus] souche f ; (= tendency, streak) tendance f ◆ **there is a strain of madness in the family** il y a dans la famille des tendances à or une prédisposition à la folie ◆ **there was a lot more in the same strain** il y en avait encore beaucoup du même genre ◆ **he continued in this strain** il a continué sur ce ton or dans ce sens

strained [streɪnd] ⇒ SYN adj **a** (= tense) person, voice, relations, atmosphere, silence tendu

b (= unnatural) smile contraint ; laugh, jollity, politeness forcé ; manner emprunté ; style affecté

c (Physiol) (= damaged) muscle froissé ; arm, ankle foulé ; eyes fatigué ; voice (= overtaxed) forcé ; (= injured) cassé ◆ **he has a strained shoulder/back** il s'est froissé un muscle dans l'épaule/le dos

d (Culin) baby food en purée ; vegetables égoutté ; liquid, soup, gravy passé

strainer [ˈstreɪnəʳ] n (Culin) passoire f ; (Tech) épurateur m

strait [streɪt] **1** n **a** (Geog: also **straits**) détroit m ◆ **the Strait of Gibraltar** le détroit de Gibraltar ◆ **the Straits of Dover** le Pas de Calais ◆ **the Strait of Hormuz** le détroit d'Hormuz or d'Ormuz

b (fig) **straits** situation f difficile ◆ **to be in financial straits** avoir des ennuis d'argent ; → **dire**

2 adj (††: esp Biblical) étroit

3 COMP ▷ **strait-laced** ⇒ SYN adj collet monté inv

straitened [ˈstreɪtnd] adj (frm) times de gêne ◆ **in straitened circumstances** dans la gêne ◆ **the more straitened economic circumstances of the 1990s** la situation économique plus difficile des années 1990

straitjacket [ˈstreɪtdʒækɪt] n camisole f de force

stramonium [strəˈməʊnɪəm] n (Med) stramoine f, stramonium m

strand¹ [strænd] **1** n (liter: = shore) grève f

2 vt [+ ship] échouer ; (also **to leave stranded**) [+ person] laisser en rade * or en plan * ◆ **they were (left) stranded without passports or money** ils se sont retrouvés en rade * or coincés sans passeport ni argent ◆ **he took the car and left me stranded** il a pris la voiture et m'a laissé en plan * or en rade *

strand² [strænd] ⇒ SYN n [of thread, wire] brin m ; [of rope] toron m ; [of fibrous substance] fibre f ; [of pearls] rang m ; (fig: in narrative etc) fil m,

strange [streɪndʒ] → SYN **a** adj **a** (= peculiar) person, behaviour, feeling, fact, event, place, situation étrange ◆ there's something strange about him il a quelque chose de bizarre ◆ the strange thing is that ... ce qu'il y a d'étrange, c'est que ... ◆ it feels strange (to do sth) ça fait bizarre (de faire qch), ça paraît étrange (de faire qch) ◆ it is strange that ... c'est étrange que ... (+ subj) ◆ it is strange to do sth c'est étrange de faire qch ◆ to seem strange to sb paraître étrange à qn ◆ strange as it may seem ... aussi étrange que cela puisse paraître ... ◆ strange to say I have never met her chose étrange, je ne l'ai jamais rencontrée, ce qu'il y a d'étrange, c'est que je ne l'ai jamais rencontrée ; → **bedfellow, truth**

b (= unfamiliar) country, city, house, language inconnu (*to sb* à qn) ◆ a strange man un inconnu ◆ there were several strange people there il y avait plusieurs personnes que je ne connaissais pas (or qu'il ne connaissait pas*) ◆ don't talk to any strange men n'adresse pas la parole à des inconnus ◆ never get in a strange car ne monte jamais dans la voiture d'un inconnu ◆ a strange car was parked in front of my house une voiture inconnue était garée devant chez moi ◆ I awoke in a strange bed je me suis réveillé dans un lit qui n'était pas le mien

c (= unaccustomed) work, activity inhabituel ◆ you'll feel rather strange at first vous vous sentirez un peu dépaysé pour commencer

d (= unwell) to feel strange [person] se sentir mal, ne pas se sentir bien

strangely ['streɪndʒlɪ] adv act, behave de façon étrange, bizarrement ; familiar, quiet étrangement ◆ strangely named au nom étrange ◆ to be strangely reminiscent of sb/sth rappeler étrangement qn/qch ◆ strangely (enough), I have never met her chose étrange, je ne l'ai jamais rencontrée

strangeness ['streɪndʒnɪs] n étrangeté f, bizarrerie f

stranger ['streɪndʒə'] → SYN **1** n (unknown) inconnu(e) m(f) ; (from another place) étranger m, -ère f ◆ he is a perfect stranger (to me) il m'est totalement inconnu ◆ I'm a stranger here je ne suis pas d'ici ◆ I am a stranger to Paris je ne connais pas Paris ◆ a stranger to politics un novice en matière de politique ◆ he was no stranger to misfortune (liter) il connaissait bien le malheur, il avait l'habitude du malheur ◆ you're quite a stranger! vous vous faites or vous devenez rare !, on ne vous voit plus ! ◆ hello stranger! tiens, un revenant !

2 COMP ▷ **Strangers' Gallery** n (Brit Parl) tribune f réservée au public

strangle ['stræŋgl] → SYN vt étrangler ; (fig) [+ free speech] étrangler, museler ; [+ protests] étouffer ◆ strangled person, voice, cry, laugh étranglé ; sneeze, sob étouffé

strangled ['stræŋgld] adj person, voice, cry, laugh étranglé ; sneeze, sob étouffé, réprimé

stranglehold ['stræŋglhəʊld] n (lit, fig) ◆ to have a stranglehold on sb tenir qn à la gorge ◆ a stranglehold on the market (Econ, Comm etc) une domination or un quasi-monopole du marché

strangler ['stræŋglə'] n étrangleur m, -euse f

strangles ['stræŋglz] n (NonC: Vet) gourme f

strangling ['stræŋglɪŋ] n (lit) strangulation f, étranglement m ; (fig) étranglement m ◆ there have been several stranglings in Boston plusieurs personnes ont été étranglées à Boston

strangulate ['stræŋgjʊleɪt] vt (Med) étrangler

strangulation [ˌstræŋgjʊ'leɪʃən] n (NonC) strangulation f

strangury ['stræŋgjʊrɪ] n (Med) strangurie f

strap [stræp] → SYN **1** n (of leather) (thin) lanière f, (broader) sangle f ; (of cloth) bande f ; (on shoe, also Climbing) lanière f ; (on harness etc) sangle f, courroie f ; (on suitcase, around book) sangle f, lanière f ; (on garment) bretelle f ; (on shoulder bag, camera etc) bandoulière f ; (= watch strap) bracelet m ; (for razor) cuir m ; (in bus, tube) poignée f de cuir ; (Scol Hist) lanière f de cuir ; (Tech) lien m ◆ to give sb the strap (Scol Hist) administrer une correction à qn (avec une lanière de cuir) ◆ to get the strap recevoir une correction (avec une lanière de cuir)

2 vt **a** (= tie) attacher (*sth to sth* qch à qch)

b (also strap up) [+ sb's ribs etc] bander or maintenir avec une sangle ; [+ suitcase, books] attacher avec une sangle or une courroie

c [+ child etc] administrer une correction à

3 COMP ▷ **strap-hang** vi voyager debout (*dans les transports en commun*) ▷ **strap-hanger** n (standing) voyageur m, -euse f debout inv (*dans les transports en commun*) ; (US) (public transport user) usager m des transports en commun ▷ **strap work** n (Archit) tresses fpl

▸ **strap down** vt sep attacher avec une sangle or une courroie

▸ **strap in** vt sep [+ object] attacher avec une sangle or une courroie ; [+ child in car, pram etc] attacher avec une ceinture de sécurité or un harnais ◆ he isn't properly strapped in il est mal attaché, sa ceinture de sécurité or son harnais est mal mis(e)

▸ **strap on** vt sep [+ object] attacher ; [+ watch] mettre, attacher

▸ **strap up** vt sep ⇒ **strap 2b**

strapless ['stræplɪs] adj dress, bra sans bretelles

strapline ['stræplaɪn] n (Press = headline) gros titre m

strappado [strə'pɑːdəʊ] n, pl **strappadoes** (= torture) estrapade f

strapped* [stræpt] adj ◆ to be financially strapped, to be strapped for funds or for cash être à court (d'argent)

strapper* ['stræpə'] n gaillard(e) m(f)

strapping ['stræpɪŋ] **1** adj bien bâti, costaud * ◆ a strapping fellow un solide gaillard

2 n (NonC) **a** (for cargo) courroies fpl, sangles fpl

b (Med) bardages mpl

Strasbourg ['stræzbɜːg] n Strasbourg

strass [stræs] n strass m

strata ['strɑːtə] npl of stratum

stratagem ['strætɪdʒəm] → SYN n stratagème m

strategic [strə'tiːdʒɪk] → SYN **1** adj stratégique ◆ to put sth in a strategic position (Mil) mettre qch à un endroit stratégique

2 COMP ▷ **Strategic Air Command** n (US Aviat) l'aviation f militaire stratégique (américaine) ▷ **strategic business unit** n domaine m d'activité stratégique ▷ **Strategic Defense Initiative** n (US Mil, Space) Initiative f de défense stratégique

strategical [strə'tiːdʒɪkəl] adj stratégique

strategically [strə'tiːdʒɪkəlɪ] adv **a** strategically placed [town, room] stratégiquement situé ; object stratégiquement placé

b (esp Mil) important, sensitive du point de vue stratégique ◆ strategically, speed is vital in a desert campaign la vitesse est un élément stratégique fondamental lors d'une campagne dans le désert ◆ strategically, a merger would make sense du point de vue stratégique, une fusion serait souhaitable

strategics [strə'tiːdʒɪks] n (NonC: Mil) stratégie f

strategist ['strætɪdʒɪst] n stratège m

strategy ['strætɪdʒɪ] → SYN n stratégie f

straticulate [strə'tɪkjʊlɪt] adj (Geol) stratifié

stratification [ˌstrætɪfɪ'keɪʃən] n stratification f

stratificational [ˌstrætɪfɪ'keɪʃənl] adj (Ling) stratificationnel

stratify ['strætɪfaɪ] vti stratifier

stratigraphic(al) [ˌstrætɪ'græfɪk(əl)] adj (Geol) stratigraphique

stratigraphy [strə'tɪgrəfɪ] n (Geol, Archeol) stratigraphie f

stratocruiser ['strætəʊˌkruːzə'] n avion m stratosphérique

stratocumulus [ˌstrætəʊ'kjuːmjʊləs] n, pl **stratocumuli** [ˌstrætəʊ'kjuːmjʊlaɪ] (Met) stratocumulus m

stratopause ['strætəpɔːz] n (Met) stratopause f

stratosphere ['strætəsfɪə'] n stratosphère f ◆ this would send oil prices into the stratosphere cela ferait exploser le prix du pétrole

stratospheric [ˌstrætəʊs'ferɪk] adj stratosphérique

stratum ['strɑːtəm] n, pl **stratums** or **strata** (Geol) strate f, couche f ; (fig) couche f

stratus ['streɪtəs] n, pl **strati** ['streɪtaɪ] (Met) stratus m

straw [strɔː] **1** n paille f ◆ to drink sth through a straw boire qch avec une paille ◆ to draw straws tirer à la courte paille ◆ to draw the short straw (lit) tirer la paille la plus courte ; (fig) tirer le mauvais numéro ◆ man of straw (fig) homme m de paille ◆ to clutch or catch or grasp at straws se raccrocher désespérément à un semblant d'espoir ◆ it's a straw in the wind c'est une indication des choses à venir ◆ when he refused, it was the last straw quand il a refusé, ça a été la goutte d'eau qui fait déborder le vase ◆ that's the last straw or the straw that breaks the camel's back! ça c'est le comble ! ◆ I don't care a straw * je m'en fiche *, j'en ai rien à cirer *

2 COMP (= made of straw: gen) de or en paille ; roof de paille, de chaume ▷ **straw boss** n (US) sous-chef m ▷ **straw-coloured** adj paille inv ▷ **straw hat** n chapeau m de paille ▷ **straw man** n, pl **straw men** (fig) homme m de paille ▷ **straw mat** n paillasson m ▷ **straw mattress** n paillasse f ▷ **straw poll** n sondage m d'opinion ▷ **straw-poll elections** npl (US Pol) élection-pilote f, élection-témoin f ▷ **straw vote** n (esp US) ⇒ **straw poll**

strawberry ['strɔːbərɪ] **1** n (= fruit) fraise f ; (= plant) fraisier m ◆ wild strawberry fraise f des bois, fraise f sauvage

2 COMP jam de fraises ; ice cream à la fraise ; tart aux fraises ▷ **strawberry bed** n fraiseraie f, fraisière f ▷ **strawberry blonde** adj blond vénitien inv ◇ n femme f or fille f etc aux cheveux blond vénitien ▷ **strawberry mark** n (Anat) tache f de vin, envie f ▷ **strawberry roan** n cheval m rouan, jument f rouanne ▷ **strawberry tree** n (Bot) arbousier m, arbre m aux fraises

strawboard ['strɔːbɔːd] n carton-paille m

stray [streɪ] → SYN **1** n **a** (= dog, cat, etc) animal m errant or perdu ; (= sheep, cow etc) animal m égaré ; (= child) enfant mf perdu(e) or abandonné(e) ◆ this dog is a stray c'est un chien perdu or errant ; → **waif**

b (Rad) strays parasites mpl, friture f

2 adj **a** (= lost) dog, cat errant ; cow, sheep égaré ; child perdu, abandonné

b (= random) bullet perdu ; shot, fact, plane, taxi isolé ; thought vagabond ; hairs, bits of food épars ◆ he picked a stray hair off her shoulder il a enlevé un cheveu de son épaule ◆ stray strands of hair fell across her forehead des mèches folles lui tombaient sur le front ◆ a few stray houses quelques maisons éparses ◆ a few stray cars quelques rares voitures ◆ a stray red sock had got into the white wash une chaussette rouge s'était égarée dans le linge blanc

3 vi (also stray away) [person, animal] s'égarer ; [thoughts] vagabonder, errer ◆ to stray (away) from (lit, fig) [+ place, plan, subject] s'écarter de ; [+ course, route] dévier de ◆ they strayed into enemy territory ils se sont égarés or ont fait fausse route et se sont retrouvés en territoire ennemi ◆ his thoughts strayed to the coming holidays il se prit à penser aux vacances prochaines

streak [striːk] → SYN **1** n **a** (= line, band) raie f, bande f ; [of ore, mineral] veine f ; [of light] rai m, filet m ; [of blood, paint] filet m ◆ his hair had streaks of grey in it ses cheveux commençaient à grisonner ◆ he had (blond) streaks put in his hair il s'est fait faire des mèches (blondes) ◆ a streak of cloud across the sky une traînée nuageuse dans le ciel ◆ a streak of lightning un éclair ◆ he went past like a streak (of lightning) il est passé comme un éclair

b (fig = tendency) tendance(s) f(pl), propension f ◆ he has a jealous streak or a streak of jealousy il a des tendances or une propension à la jalousie ◆ she has a streak of Irish blood elle a du sang irlandais dans les veines ◆ a lucky streak, a streak of luck une période de chance ◆ an unlucky streak, a streak of bad luck une période de malchance ◆ a winning streak (Sport) une suite or une série de victoires ; (Gambling) une bonne passe ◆ **to be on a winning streak** (Sport) accumuler les victoires ; (Gambling) être dans une bonne passe

2 vt zébrer, strier (*with* de) ◆ **a mirror streaked with dirt** un miroir zébré de longues traînées sales ◆ **sky streaked with red** ciel m strié or zébré de bandes rouges ◆ **cheeks streaked with tear-marks** joues fpl sillonnées de larmes ◆ **clothes streaked with mud/paint** vêtements mpl maculés de longues traînées de boue/de peinture ◆ **his hair was streaked with grey** ses cheveux commençaient à grisonner ◆ **she's got streaked hair, she's had her hair streaked** elle s'est fait faire des mèches ◆ **rock streaked with quartz** roche f veinée de quartz ◆ **meat streaked with fat** viande f persillée

3 vi a (= rush) **to streak in/out/past** etc entrer/sortir/passer etc comme un éclair

b (* = dash naked) *courir tout nu en public*

4 COMP ▷ **streaked gurnard** n (= fish) rouget m camard

streaker * ['striːkəʳ] n streaker m, -euse f

streaky ['striːkɪ] 1 adj glass, window, mirror plein de traînées ; pattern, sky strié, zébré ◆ **the first coat of paint looked rather streaky** la première couche de peinture avait l'air plutôt irrégulière ◆ **he had streaky fair hair** il avait les cheveux blonds avec des mèches

2 COMP ▷ **streaky bacon** n (Brit) bacon m entrelardé

stream [striːm] → SYN 1 n a (= brook) ruisseau m

b (= current) courant m ◆ **to go with the stream** (lit, fig) suivre le courant ◆ **to go against the stream** (lit, fig) aller contre le courant or à contre-courant ; → **downstream, upstream**

c (= flow) [of water] flot m, jet m ; [of lava] flot m, torrent m ; [of blood, light, oaths, excuses, cars, trucks] flot m ; [of tears] torrent m, ruisseau m ; [of curses] flot m, torrent m ; [of cold air etc] courant m ◆ **a thin stream of water** un mince filet d'eau ◆ **the water flowed out in a steady stream** l'eau s'écoulait régulièrement ◆ **to be on stream** [oil] être en service ◆ **to come on stream** être mis en service ◆ **to bring the oil on stream** mettre le pipeline en service ◆ **streams of people were coming out** des flots de gens sortaient, les gens sortaient à flots ◆ **the stream of consciousness** (Literat, Psych) la vie mouvante et insaisissable de la conscience, le "stream of consciousness"

d (Brit Scol) groupe m de niveau ◆ **divided into five streams** (Brit Scol) réparti en cinq groupes de niveau ◆ **the top/middle/bottom stream** la section forte/moyenne/faible

2 vi a [water, tears, oil, milk] ruisseler ; [blood] ruisseler, dégouliner ◆ **to stream with blood/tears** etc ruisseler de sang/de larmes etc ◆ **the fumes made his eyes stream** les émanations l'ont fait pleurer à chaudes larmes ◆ **cold air/sunlight streamed through the window** l'air froid/le soleil entra à flots par la fenêtre

b (in wind etc: also **stream out**) flotter au vent

c **to stream in/out/past** etc [people, cars etc] entrer/sortir/passer etc à flots

3 vt a **to stream blood/water** etc ruisseler de sang/d'eau etc

b (Scol) [+ pupils] répartir par niveau ◆ **to stream French** or **the French classes** répartir les élèves par niveaux en français

streamer ['striːməʳ] n (of paper) serpentin m ; (= banner) banderole f ; (Astron) flèche f lumineuse ; (Press) manchette f

streaming ['striːmɪŋ] 1 n (Scol) répartition f des élèves par niveaux

2 adj (Brit) ◆ **to have a streaming cold** avoir un gros rhume ◆ **to have a streaming nose** avoir le nez qui n'arrête pas de couler ◆ **to have streaming eyes** avoir les yeux qui pleurent

streamline ['striːmlaɪn] vt a (Aut, Aviat) donner un profil aérodynamique à

b (fig) [+ organization, system, process] rationaliser

streamlined ['striːmlaɪnd] → SYN adj a (Aviat) aeroplane, shape, body aérodynamique ; (Aut) car, shape, body caréné, profilé ; (Zool) shape, body (in air) aérodynamique ; (in water) hydrodynamique

b (= reduced) organization, system, process rationalisé

c (= uncluttered) room, appearance dépouillé ◆ **a streamlined new kitchen** une nouvelle cuisine aux lignes dépouillées

d (= slim) silhouette svelte

streamlining ['striːmlaɪnɪŋ] n (fig) [of organization, system, process] rationalisation f, dégraissage m

street [striːt] → SYN 1 n a rue f ◆ **I saw him in the street** je l'ai vu dans la rue ◆ **to take to the streets** [demonstrators, protesters] descendre dans la rue ◆ **to turn** or **put sb (out) into the street** mettre qn à la rue ◆ **to be out on the street(s)** (= homeless) être à la rue, être SDF ◆ **a woman of the streets** † une prostituée ◆ **she is on the streets** *, **she works the streets** * elle fait le trottoir

b (fig) **that's right up my street** * (Brit) c'est tout à fait dans mes cordes ◆ **he is not in the same street as you** * (Brit) il ne vous arrive pas à la cheville ◆ **to be streets ahead of sb** * (Brit) dépasser qn de loin ◆ **they're streets apart** * un monde or tout les sépare ◆ **streets better** * (Brit) beaucoup mieux ; → **back, high, man, queer, walk**

2 COMP noises etc de la rue ; singer etc des rues ▷ **street accident** n accident m de la circulation ▷ **street arab** † n gamin(e) m(f) des rues ▷ **street cleaner** n (= person) balayeur m ; (= machine) balayeuse f ▷ **street cred** *, **street credibility** n **to have street cred** or **credibility** être branché * ◆ **this will do wonders for your street cred** or **credibility** c'est excellent pour ton image de marque ▷ **street directory** n ⇒ **street guide** ▷ **street door** n porte f donnant sur la rue, porte f d'entrée ▷ **street fighting** n (NonC: Mil) combats mpl de rue ▷ **street furniture** n mobilier m urbain ▷ **street guide** n plan m de la ville, répertoire m des rues ▷ **street hawker** n colporteur m ▷ **street level** n **at street level** au rez-de-chaussée ▷ **street lighting** n (NonC) éclairage m des rues or de la voie publique ▷ **street map** n plan m de la ville, répertoire m des rues ▷ **street market** n marché m en plein air or à ciel ouvert ▷ **street musician** n musicien m, -ienne f des rues ▷ **street name** n nom m de rue ▷ **street party** n (Brit) fête f de rue ▷ **street person** n SDF mf ▷ **street photographer** n photostoppeur m, -euse f ▷ **street plan** n plan m de la ville ▷ **street price** n (US St Ex) cours m après Bourse or hors Bourse ▷ **street seller** n marchand m ambulant ▷ **street smart** * adj (US = shrewd) futé, dégourdi ▷ **street sweeper** n (= person) balayeur m ; (= machine) balayeuse f ▷ **street theatre** n (NonC) théâtre m de rue ▷ **street trader** n marchand(e) m(f) ambulant(e) ▷ **street trading** n (NonC) vente f ambulante ▷ **street urchin** n gamin(e) m(f) des rues ▷ **street value** n [of drugs] valeur f à la revente ▷ **street vendor** n marchand m ambulant

streetcar ['striːtkɑːʳ] n (US) tramway m

streetlamp ['striːtlæmp], **streetlight** ['striːtlaɪt] n réverbère m

streetwalker ['striːt,wɔːkəʳ] n prostituée f

streetwise ['striːtwaɪz] adj (lit) child conscient des dangers de la rue ; (fig) worker, policeman futé, dégourdi

strelitzia [stre'lɪtsɪə] n (Bot) strélitzia m

strength [streŋθ] → SYN n (NonC) a [of person, animal, hand, voice, magnet, lens] force f, puissance f ; (= health) forces fpl, robustesse f ; [of enemy, team, nation, one's position] force f ; [of building, wall, wood] solidité f ; [of shoes, material] solidité f, robustesse f ; [of wind] force f ; [of current] intensité f ; [of character, accent, emotion, influence, attraction] force f ; [of belief, opinion] force f, fermeté f ; [of arguments, reasons] force f, solidité f ; [of protests] force f, vigueur f ; [of claim, case] solidité f ; [of tea, coffee, cigarette] force f ; [of sauce] goût m relevé ; [of drink] teneur f en alcool ; [of solution] titre m ◆ **he hadn't the strength to lift it** il n'avait pas la force de le soulever ◆ **with all my/his/our strength** de toutes mes/ses/nos forces ◆ **his strength failed him** ses forces l'ont abandonné ◆ **give me strength!** * Dieu qu'il faut être patient ! ◆ **to get one's strength back** reprendre des forces, recouvrer ses forces ◆ **to go from strength to strength** devenir de plus en plus fort ◆ **strength of character** force de caractère ◆ **strength of purpose** résolution f, détermination f ◆ **he has great strength of purpose** il est très résolu or déterminé ◆ **strength of will** volonté f, fermeté f ◆ **the strength of the pound** la solidité de la livre ◆ **the pound has gained in strength** la livre s'est consolidée ◆ **to be bargaining from strength** être en position de force pour négocier ◆ **on the strength of ...** (fig) en vertu de ... ; → **show, tensile**

b (Mil, Naut) effectif(s) m(pl) ◆ **fighting strength** effectif(s) m(pl) mobilisable(s) ◆ **they are below** or **under strength** leur effectif n'est pas au complet ◆ **to bring up to strength** compléter l'effectif de ◆ **his friends were there in strength** ses amis étaient là en grand nombre ◆ **to be on the strength** (Mil) figurer sur les contrôles ; (gen) faire partie du personnel

strengthen ['streŋθən] → SYN 1 vt [+ muscle, limb] fortifier, rendre fort ; [+ eyesight] améliorer ; [+ person] fortifier, remonter, tonifier ; (morally) fortifier, tonifier, enhardir ; [+ enemy, nation, team, one's position, protest, case] renforcer ; (Fin) [+ the pound, stock market] consolider ; [+ building, table] consolider, renforcer ; [+ wall] étayer ; [+ fabric, material] renforcer ; [+ affection, emotion, effect] augmenter, renforcer ; [+ opinion, belief] confirmer, renforcer

2 vi [muscle, limb] devenir fort or vigoureux, se fortifier ; [wind] augmenter, redoubler ; [desire, influence, characteristic] augmenter ; [prices] se raffermir

strengthening ['streŋθənɪŋ] 1 n [of nation, team, one's position, case, building, material] renforcement m ; [of currency, stock market] consolidation f ; [of affection] augmentation f

2 adj ◆ **strengthening exercises** exercices mpl de raffermissement ◆ **a strengthening economy** une économie en croissance ◆ **to have a strengthening effect on sth** consolider qch

strenuous ['strenjʊəs] → SYN adj exercise, life, holiday, game, march, campaign épuisant ; activity, work, job ardu ; efforts, attempts, opposition, resistance, attack acharné ; objection, protest, denial vigoureux ◆ **it was all too strenuous for me** tout cela était trop ardu pour moi ◆ **I'd like to do something less strenuous** j'aimerais faire quelque chose de moins pénible ◆ **he mustn't do anything strenuous** (Med) il ne faut pas qu'il se fatigue (subj)

strenuously ['strenjʊəslɪ] adv exercise, deny, oppose, object, protest vigoureusement ; resist, try avec acharnement

strenuousness ['strenjʊəsnɪs] n (degré m d')effort m requis (*of* par)

strepitoso [,strepɪ'təʊsəʊ] adv (Mus) strepitoso

strep throat * [,strep'θrəʊt] n (NonC: Med) angine f (streptococcique)

streptococcal [,streptəʊ'kɒkl], **streptococcic** [,streptəʊ'kɒksɪk] adj streptococcique

streptococcus [,streptəʊ'kɒkəs] n, pl **streptococci** [,streptəʊ'kɒkaɪ] streptocoque m

streptomycin [,streptəʊ'maɪsɪn] n streptomycine f

streptothricin [,streptəʊ'θraɪsɪn] n (Med) streptothricine f

stress [stres] LANGUAGE IN USE 26.3 → SYN

1 n a (= pressure etc) pression f, stress m ; (Med) stress m ; (also **mental stress, nervous stress**) tension f (nerveuse) ◆ **in times of stress** à des moments or à une période de grande tension ◆ **the stresses and strains of modern life** toutes les pressions et les tensions de la vie moderne, les agressions de la vie moderne ◆ **to be under stress** [person] être stressé ; [relationship] être tendu ◆ **this put him under great stress** ceci l'a considérablement stressé ◆ **he reacts well under stress** il réagit bien dans des conditions difficiles

b (= emphasis) insistance f ◆ **to lay stress on** insister sur

c (Ling, Poetry) (NonC: gen) accentuation f ; (= accent: on syllable) accent m ; (= accented syllable) syllabe f accentuée ; (Mus) accent m ◆ **the stress is on the first syllable** (Ling) l'accent tombe sur la première syllabe ; → **primary, secondary**

d (Tech, Mechanics, Constr) effort m, contrainte f ; (on rope, cable) charge f ◆ **the stress acting on a metal** l'effort qui agit sur

stressed / **stridden** ANGLAIS-FRANÇAIS 952

un métal ◆ **the stress produced in the metal** le travail du métal ◆ **to be in stress** [beam, metal] travailler ◆ **the stress to which a beam is subjected** la charge qu'on fait subir à une poutre ◆ **a stress of 500 kilos per square millimetre** une charge de 500 kilos par millimètre carré ; → **tensile**

2 vt **a** (= emphasize) [+ good manners, one's innocence etc] insister sur ; [+ fact, detail] faire ressortir, souligner ◆ **I stress that these classes are optional** je souligne que *or* j'insiste sur le fait que ses cours sont facultatifs

b (Ling, Mus, Poetry) accentuer

c (Tech: natural process) fatiguer, faire travailler ; (Tech: industrial process) [+ metal] mettre sous tension

3 COMP ▷ **stress fracture** n (Med) fracture f de marche ▷ **stress mark** n (Ling) accent m ▷ **stress quotient** n **this job has a high stress quotient** ce travail provoque une grande tension nerveuse ▷ **stress-related** adj illness causé par le stress

stressed [strest] adj **a** (= tense) person stressé ◆ **what are you getting so stressed out * about?** pourquoi es-tu si stressé ? *, il n'y a pas de quoi stresser *

b (Ling, Poetry) accentué

c (Phys) soumis à une contrainte

stressful ['stresfʊl] adj situation, environment, life, day, job stressant ; event stressant, éprouvant

stretch [stretʃ] → SYN 1 n **a** (= act, gesture) étirement m ; (= distance, span: of wing etc) envergure f ◆ **with a stretch of his arm** en étendant le bras ◆ **to give a rope a stretch** étirer une corde ◆ **to give shoes a stretch** élargir des chaussures ◆ **there's not much stretch left in this elastic** cet élastique a beaucoup perdu de son élasticité ◆ **there's a lot of stretch in this material** ce tissu donne *or* prête à l'usage ◆ **to be at full stretch** [arms, rope etc] être complètement tendu ; (fig) [engine etc] tourner à plein régime ; [factory] tourner à plein régime *or* rendement ; [person] donner son plein ◆ **by a stretch of the imagination** en faisant un effort d'imagination ◆ **by no** *or* **not by any stretch of the imagination can one say that ...** même en faisant un gros effort d'imagination, on ne peut pas dire que ... ◆ **not by a long stretch!** loin de là !

b (= period of time) période f ◆ **for a long stretch of time** (pendant) longtemps ◆ **for hours at a stretch** des heures durant ◆ **he read it all in one stretch** il l'a lu d'une (seule) traite ◆ **to do a stretch** * faire de la prison *or* de la taule ‡ ◆ **he's done a ten-year stretch** * il a fait dix ans de taule ‡, il a tiré * dix ans

c (= area) étendue f ; (= part) partie f, bout m ◆ **vast stretches of sand/snow** de vastes étendues de sable/de neige ◆ **there's a straight stretch (of road) after you pass the lake** la route est toute droite *or* il y a un bout tout droit une fois que vous avez dépassé le lac ◆ **a magnificent stretch of country** une campagne magnifique ◆ **in that stretch of the river** dans cette partie de la rivière ◆ **for a long stretch the road runs between steep hills** sur des kilomètres la route serpente entre des collines escarpées ◆ **to go into the final stretch** (Racing, Running, also fig) entrer dans la dernière ligne droite ; → **home**

d (Naut) bordée f (courue sous les mêmes amures)

2 adj garment, fabric, cushion-cover extensible

3 vt **a** (= make longer, wider etc) [+ rope, spring] tendre ; [+ elastic] étirer ; [+ shoe, glove, hat] élargir ; (Med) [+ muscle, tendon] distendre ; (fig) [+ law, rules] tourner ; [+ meaning] forcer ; [+ one's principles] adapter ; [+ one's authority] outrepasser, excéder ◆ **(if you were) to stretch a point you could say that ...** on pourrait peut-être aller jusqu'à dire que ... ◆ **you could stretch a point and allow him to ...** vous pourriez faire une petite concession et lui permettre de ... ◆ **to stretch the truth** forcer la vérité, exagérer ◆ **to stretch one's imagination** faire un effort d'imagination

b (= extend: also **stretch out**) [+ wing] déployer ; [+ rope, net, canopy] tendre (*between* entre ; *above* au-dessus de) ; [+ rug] étendre, étaler ; [+ linen] étendre ◆ **to stretch o.s.** (after sleep etc) s'étirer ; see also **3d** ◆ **he had to stretch his neck to see** il a dû tendre le cou pour voir ◆ **he stretched (out) his arm to grasp the handle** il tendit *or* allongea le bras pour saisir la poignée ◆ **he stretched his arms and yawned** il s'étira et bâilla ◆ **he stretched his leg to ease the cramp** il a étendu *or* allongé la jambe pour atténuer la crampe ◆ **I'm just going to stretch my legs** * (= go for a walk) je vais juste me dégourdir les jambes ◆ **the blow stretched him (out) cold** le coup l'a mis K.-O. * ◆ **to be fully stretched** [rope etc] être complètement tendu ◆ **to stretch one's wings** déployer ses ailes, prendre son envol, élargir ses horizons ; see also **3c, 3d**

c (fig) [+ resources, supplies, funds, income] (= make them last) faire durer, tirer le maximum de ; (= put demands on them) mettre à rude épreuve ◆ **to be fully stretched** [engine] tourner à plein régime ; [factory] tourner à plein régime *or* rendement ◆ **our supplies/resources** etc **are fully stretched** nos provisions/ressources etc sont utilisées au maximum, nos provisions/ressources etc ne sont pas élastiques ◆ **we're very stretched at the moment** on tourne à plein en ce moment ; see also **3b, 3d**

d (fig) [+ athlete, student etc] pousser, exiger le maximum de ◆ **the work he is doing does not stretch him enough** le travail qu'il fait n'exige pas assez de lui ◆ **to be fully stretched** travailler à la limite de ses possibilités ◆ **to stretch sb to the limits** pousser qn au maximum ◆ **to stretch o.s. too far** vouloir en faire trop ; see also **3b, 3c**

4 vi **a** [person, animal] s'étirer ◆ **he stretched lazily** il s'est étiré paresseusement ◆ **he stretched across me to get the book** il a tendu le bras devant moi pour prendre le livre

b (= lengthen) s'allonger ; (= widen) s'élargir ; [elastic] s'étirer, se tendre ; [fabric, jersey, gloves, shoes] prêter, donner

c (= extend, reach, spread out: also often **stretch out**) [rope etc] s'étendre, aller ; [forest, plain, procession, sb's authority, influence] s'étendre ◆ **the rope won't stretch to that post** la corde ne va pas jusqu'à ce poteau ◆ **how far will it stretch?** jusqu'où ça va ? ◆ **my money won't stretch** * **to a new car** je n'ai pas les moyens de m'acheter une nouvelle voiture ◆ **the festivities stretched (out) into January** les festivités se sont prolongées pendant une partie du mois de janvier ◆ **a life of misery stretched (out) before her** une vie de misère s'étendait *or* s'étalait devant elle

5 COMP ▷ **stretch limo** * n limousine f extralongue ▷ **stretch mark** n vergeture f

▸ **stretch across** vi ◆ **he stretched across and touched her cheek** il a tendu la main et touché sa joue

▸ **stretch down** vi ◆ **she stretched down and picked up the book** elle a tendu la main et ramassé le livre, elle a allongé le bras pour ramasser le livre

▸ **stretch out** 1 vi [person, arm etc] s'étendre, s'allonger ; [countryside etc] s'étendre ◆ **he stretched (himself) out on the bed** il s'est étendu *or* allongé sur le lit see also **stretch 4c**

2 vt sep **a** (= reach) [+ arm, hand, foot] tendre, allonger ; (= extend) [+ leg etc] allonger, étendre ; [+ wing] déployer ; [+ net, canopy, rope] tendre ; [+ rug] étendre, étaler ; [+ linen] étendre ; (= lengthen) [+ meeting, discussion] prolonger ; [+ story, explanation] allonger

b ⇒ **stretch 3b**

▸ **stretch over** vi ⇒ **stretch across**

▸ **stretch up** vi ◆ **he stretched up to reach the shelf** il s'est étiré pour atteindre l'étagère

stretcher ['stretʃəʳ] 1 n **a** (Med) brancard m, civière f

b (= device) (for gloves) ouvre-gants m inv ; (for shoes) forme f ; (for fabric) cadre m ; (for artist's canvas) cadre m, châssis m ; (on umbrella) baleine f

c (Constr = brick) panneresse f, carreau m ; (= crosspiece in framework) traverse f ; (= crossbar in chair, bed etc) barreau m, bâton m ; (= cross-plank in canoe etc) barre f de pieds

2 vt porter sur un brancard *or* une civière ◆ **the goalkeeper was stretchered off** le gardien de but a été emmené sur un brancard *or* une civière

3 COMP ▷ **stretcher-bearer** n (Med) brancardier m ▷ **stretcher case** n malade mf *or* blessé(e) m(f) qui ne peut pas marcher ▷ **stretcher party** n équipe f de brancardiers

stretchy ['stretʃɪ] adj extensible

stretto ['stretəʊ] n, pl **strettos** *or* **stretti** ['streti:] [of fugue] strette f

strew [stru:] pret **strewed**, ptp **strewed** *or* **strewn** vt [+ straw, sand, sawdust] répandre, éparpiller (*on, over* sur) ; [+ flowers, objects] éparpiller, semer (*on, over* sur) ; [+ wreckage etc] éparpiller, disséminer (*over* sur) ; [+ ground, floor] joncher, parsemer (*with* de) ; [+ room, table] joncher (also fig)

strewth ‡ [stru:θ] excl ça alors ! *, bon sang ! *

stria ['straɪə] n, pl **striae** ['straɪi:] (Geol, Bio, Anat, Archit) strie f

striate [straɪ'eɪt] vt strier

striation [straɪ'eɪʃən] n (= arrangement) striation f

stricken ['strɪkən] 1 vb (rare) (ptp of **strike**)

2 adj **a** area, city, vehicle (by famine, drought, earthquake, eruption etc) sinistré ; (by war, famine) dévasté ; ship en détresse ; industry, firm gravement touché ; economy dévasté ◆ **to be stricken by famine/drought** être frappé par la famine/la sécheresse

b (= wounded) person, animal gravement blessé ◆ **stricken with grief** accablé de douleur ◆ **stricken with** *or* **by panic** saisi de panique ◆ **to be stricken with** *or* **by polio/cancer** être atteint de polio/d'un cancer ◆ **I was stricken with** *or* **by guilt** j'ai été pris d'un sentiment de culpabilité

c (= afflicted) person, look, expression affligé ; see also **strike**

-stricken ['strɪkən] adj (in compounds) frappé de, atteint de, accablé de ◆ **plague-stricken** touché par de la peste ; → **grief**

strict [strɪkt] → SYN 1 adj **a** (= severe, inflexible: gen) strict ; person strict, sévère ; curfew, control, hygiene rigoureux ; order formel ; secrecy absolu ◆ **security was strict for the President's visit** de strictes mesures de sécurité avaient été mises en place pour la visite du Président ◆ **to be under strict orders (not) to do sth** avoir reçu l'ordre formel de (ne pas) faire qch ◆ **to reveal/treat sth in strict confidence** révéler/traiter qch de façon strictement confidentielle ◆ **"write in strict confidence to Paul Jackson"** "écrire à Paul Jackson : discrétion assurée" ◆ **this is in the strictest confidence** c'est strictement confidentiel

b (= precise, absolute) meaning, truth strict ◆ **in the strict sense (of the word)** au sens strict (du mot), stricto sensu ◆ **in strict order of precedence** suivant strictement l'ordre de préséance ◆ **a strict time limit** un délai impératif

2 COMP ▷ **strict liability** n (Jur) responsabilité f inconditionnelle

strictly ['strɪktlɪ] LANGUAGE IN USE 26.3 adv **a** (= sternly, severely) treat, bring up d'une manière stricte

b controlled, enforced, observed, adhered to rigoureusement ◆ **strictly confidential/personal/limited** strictement confidentiel/privé/limité ◆ **strictly prohibited** *or* **forbidden** (gen) formellement interdit ◆ **"smoking strictly prohibited"** "défense absolue de fumer" ◆ **strictly between us** *or* **ourselves** *or* **you and me** strictement entre nous ◆ **this is strictly business** c'est strictement professionnel ◆ **our relationship is strictly professional** notre relation est strictement professionnelle ◆ **that's not strictly true** ce n'est pas tout à fait vrai ◆ **it's not strictly necessary** ce n'est pas absolument nécessaire ◆ **you should avoid medication unless strictly necessary** évitez de prendre des médicaments si ce n'est pas indispensable ◆ **fox-hunting is strictly for the rich** la chasse au renard est réservée aux riches ◆ **this car park is strictly for the use of residents** ce parking est exclusivement *or* strictement réservé aux résidents ◆ **strictly speaking** à proprement parler ◆ **that's strictly for the birds!** * ça c'est bon pour les imbéciles ! *

strictness ['strɪktnɪs] n sévérité f

stricture ['strɪktʃəʳ] n (= criticism) critique f (hostile) (*on* de) ; (= restriction) restriction f (*on* de) ; (Med) sténose f, rétrécissement m

stridden ['strɪdn] vb (ptp of **stride**)

stride [straɪd] vb : pret **strode**, ptp **stridden** 1 n grand pas m, enjambée f ; [of runner] foulée f ◆ **with giant strides** à pas de géant ◆ **in** or **with a few strides he had caught up with the others** il avait rattrapé les autres en quelques enjambées or foulées ◆ **to make great strides (in French/in one's studies)** faire de grands progrès (en français/dans ses études) ◆ **to get into one's stride, to hit one's stride** trouver son rythme (de croisière) ◆ **to take sth in one's stride** (Brit) ◆ **to take sth in stride** (US) accepter qch sans sourciller or sans se laisser démonter ◆ **he took it in his stride** (Brit) ◆ **he took it in stride** (US) il a continué sans se décontenancer, il ne s'est pas laissé démonter ◆ **to put sb off their stride** faire perdre sa concentration à qn, déboussoler* qn ◆ **to be caught off stride** (US) être pris au dépourvu

2 vi marcher à grands pas or à grandes enjambées ◆ **to stride along/in/away** etc avancer/entrer/s'éloigner etc à grands pas or à grandes enjambées ◆ **he was striding up and down the room** il arpentait la pièce

3 vt a [+ deck, yard, streets] arpenter

b † ⇒ **bestride**

stridency ['straɪdənsɪ] n a [of tone, rhetoric etc] véhémence f

b [of sound, voice] stridence f

strident ['straɪdənt] → SYN adj a (gen pej = vociferous) critic, criticism acharné, véhément ; tone, rhetoric, feminist véhément ◆ **there were strident calls for his resignation/for him to resign** on a demandé à grands cris sa démission/qu'il démissionne

b sound, voice strident (also Phon)

stridently ['straɪdəntlɪ] adv a (= noisily) hoot, sound, whistle d'une façon stridente

b (= vociferously) demand, declare à grands cris ◆ **stridently anti-American** farouchement anti-américain

stridor ['straɪdɔːʳ] n (Med) stridor m

stridulant ['strɪdjʊlənt], **stridulous** ['strɪdjʊləs] adj (gen) stridulant ; (Med) striduleux

stridulate ['strɪdjʊleɪt] vi striduler

stridulation [ˌstrɪdjʊ'leɪʃən] n stridulation f

strife [straɪf] → SYN 1 n (NonC) conflit m, dissensions fpl ; (less serious) querelles fpl ◆ **a party crippled by internal strife** (Pol) un parti paralysé par des dissensions or des querelles intestines ◆ **industrial strife** conflits mpl sociaux ◆ **domestic strife** querelles fpl de ménage, dissensions fpl domestiques ◆ **to cease from strife** (liter) déposer les armes

2 COMP ▷ **strife-ridden, strife-torn** adj country déchiré par les conflits ; party déchiré par les dissensions

strigil ['strɪdʒɪl] n strigile m

strike [straɪk] LANGUAGE IN USE 15.2 → SYN vb : pret **struck**, ptp **struck**, (**rare**) stricken

1 n a (= act) coup m (frappé) ; (Aviat, Mil) raid m (aérien) ◆ **first strike weapon** (Mil) arme f de première frappe

b (Ind) grève f (*of, by* de) ◆ **the coal strike** la grève des mineurs ◆ **the electricity/gas strike** la grève (des employés) de l'électricité/du gaz ◆ **the transport/hospital strike** la grève des transports/des hôpitaux ◆ **the Ford strike** la grève chez Ford ◆ **to be (out) on strike** être en grève, faire grève (*for* pour obtenir ; *against* pour protester contre) ◆ **to call a strike** lancer un ordre de grève ◆ **to go on strike, to come out on strike** se mettre en grève, faire grève ; → **general, hunger, rail[1], steel, sympathy**

c (Min, Miner etc = discovery) découverte f ◆ **to make a strike** découvrir un gisement ◆ **a lucky strike** (fig) un coup de chance

d (Fishing: by angler) ferrage m ; (Fishing: by fish) touche f, mordage m ; (Baseball, Bowling) strike m ◆ **you have two strikes against you** (US fig) tu es mal parti*, ça se présente mal pour toi ◆ **the building/government has three strikes against it** (US) les jours du bâtiment/du gouvernement sont comptés ◆ **three strikes and you're out** (US Jur) *principe selon lequel une troisième récidive entraîne une condamnation à perpétuité*

e [of clock] sonnerie f des heures

2 vt a (= hit) [+ person] frapper, donner un or des coup(s) à ; [+ ball] toucher, frapper ; [+ nail, table] frapper sur, taper sur ; (Mus) [+ string] toucher, pincer ; [snake] mordre, piquer ◆ **to strike sth with one's fist, to strike one's fist on sth** frapper du poing or donner un coup de poing sur qch ◆ **to strike sth with a hammer** frapper or taper or cogner sur qch avec un marteau ◆ **he struck me (a blow) on the chin** il m'a frappé au menton, il m'a donné un coup de poing au menton ◆ **to strike the first blow** donner le premier coup, frapper le premier (or la première) ◆ **to strike a blow for freedom** rompre une lance pour la liberté ◆ **he struck his rival a shrewd blow by buying the land** il a porté à son rival un coup subtil en achetant la terre ◆ **he struck the knife from his assailant's hand** d'un coup de poing il a fait tomber le couteau de la main de son assaillant ◆ **the pain struck him as he bent down** la douleur l'a saisi quand il s'est baissé ◆ **disease struck the city** la maladie a frappé la ville or s'est abattue sur la ville ◆ **to be stricken by** or **with remorse** être pris de remords ◆ **the city was struck** or **stricken by fear** la ville a été prise de peur, la peur s'est emparée de la ville ◆ **to strike fear into sb** or **sb's heart** remplir (le cœur de) qn d'effroi ◆ **it struck terror and dismay into the whole population** cela a terrorisé la population tout entière ; → **heap**

b (= knock against) [person, one's shoulder etc, spade] cogner contre, heurter ; [car etc] heurter, rentrer dans* ; (Naut) [+ rocks, the bottom] toucher, heurter ; (fig) [lightning, light] frapper ◆ **he struck his head on** or **against the table as he fell** sa tête a heurté la table quand il est tombé, il s'est cogné la tête à or contre la table en tombant ◆ **the stone struck him on the head** la pierre l'a frappé or l'a heurté à la tête ◆ **he was struck by two bullets** il a reçu deux balles ◆ **to be struck by lightning** être frappé par la foudre, être foudroyé ◆ **a piercing cry struck his ear** un cri perçant lui a frappé l'oreille or les oreilles ◆ **the horrible sight that struck his eyes** le spectacle horrible qui lui a frappé les yeux or le regard or la vue

c (= find, discover) [+ gold] découvrir, trouver ; (fig) [+ hotel, road] tomber sur, trouver ; (fig) [+ difficulty, obstacle] rencontrer ◆ **to strike gold** (fig) trouver le filon* ◆ **to strike oil** (Miner) trouver du pétrole ; (fig) trouver le filon* ◆ **to strike it rich** (fig) faire fortune ; → **patch**

d (= make, produce etc) [+ coin, medal] frapper ; [+ sparks, fire] faire jaillir (*from* de) ; [+ match] frotter, gratter ; (fig) [+ agreement, truce] arriver à, conclure ◆ **to strike a light** allumer une allumette (or un briquet etc) ◆ **to strike roots** (Bot) prendre racine ◆ **to strike cuttings** (Hort) faire prendre racine à des boutures ◆ **to strike an average** établir une moyenne ◆ **to strike a balance** trouver un équilibre, trouver le juste milieu ◆ **to strike a bargain** conclure un marché ◆ **to strike an attitude** poser ; → **pose**

e [+ chord, note] sonner, faire entendre ; [clock] sonner ◆ **to strike a false note** sonner faux ◆ **to strike a note of warning** donner or sonner l'alarme ◆ **the clock struck three** la pendule a sonné trois heures ◆ **it has just struck six** six heures viennent juste de sonner ◆ **to strike four bells** (Naut) piquer quatre

f (= take down) [+ tent] démonter, plier ; [+ sail] amener ; [+ camp] lever ; [+ flag] baisser, amener ◆ **to strike the set** (Theat) démonter le décor

g (= delete) [+ name] rayer (*from* de) ; [+ person] (from list) rayer ; (from professional register) radier (*from* de) ◆ **the judge ordered the remark to be struck** or **stricken from the record** le juge a ordonné que la remarque soit rayée du procès-verbal

h (= cause to be or become) rendre (subitement) ◆ **to strike sb dumb** (lit, fig) rendre qn muet ◆ **to be struck dumb** (lit) être frappé de mutisme ; (fig) rester muet, être sidéré* ◆ **to strike sb dead** porter un coup mortel à qn ◆ **strike me pink!** ‡ (fig) j'en suis soufflé !*

i (= make impression on) sembler, paraître (*sb* à qn) ◆ **I was struck by his intelligence** j'ai été frappé par son intelligence ◆ **I wasn't very struck* with him** il ne m'a pas fait très bonne impression ◆ **to be struck on sb** ‡ (= impressed by) être très impressionné par qn ; (= in love with) être toqué* de qn ◆ **I'm not very struck on French films** ‡ je ne suis pas (un) fana* des films français ◆ **the funny side of it struck me later** le côté drôle de la chose m'est apparu or m'a frappé plus tard ◆ **that strikes me as a good idea** cela me semble or paraît une bonne idée ◆ **an idea suddenly struck him** soudain il a eu une idée, une idée lui est venue soudain à l'esprit ◆ **it strikes me that** or **strikes me* he is lying** j'ai l'impression qu'il ment, à mon avis il ment ◆ **how did he strike you?** quelle impression or quel effet vous a-t-il fait ? ◆ **how did the film strike you?** qu'avez-vous pensé du film ?

j (Fishing) [angler] ferrer ◆ **the fish struck the bait** le poisson a mordu à l'appât

3 vi a (= hit) frapper ; (= attack) (Mil) attaquer ; [snake] mordre, piquer ; [tiger] sauter sur sa proie ; (fig) [disease etc] frapper ; [panic] s'emparer des esprits ◆ **to strike home** (lit, fig) frapper or toucher juste, faire mouche ◆ **to strike lucky** (esp Brit fig) avoir de la chance ◆ **he struck at his attacker** il porta un coup à son assaillant ◆ **we must strike at the root of this evil** nous devons attaquer or couper ce mal dans sa racine ◆ **it strikes at the root of our parliamentary system** cela porte atteinte aux fondements mêmes de notre système parlementaire ◆ **his speech strikes at the heart of the problem** son discours porte sur le fond même du problème ◆ **his foot struck against** or **on a rock** son pied a buté contre or heurté un rocher ◆ **when the ship struck** quand le bateau a touché ◆ **the sun was striking through the mist** le soleil perçait la brume ◆ **the chill struck through to his very bones** le froid a pénétré jusqu'à la moelle de ses os ; → **iron**

b [match] s'allumer

c [clock] sonner ◆ **has 6 o'clock struck?** est-ce que 6 heures ont sonné ?

d (Ind = go on strike) faire grève (*for* pour obtenir ; *against* pour protester contre)

e (= turn, move, go) aller, prendre ◆ **strike left on leaving the forest** prenez à gauche en sortant de la forêt ◆ **to strike uphill** se mettre à grimper la côte

f (Hort = take root) prendre racine ; (Fishing = seize bait) mordre

4 COMP (Ind) committee, fund de grève ▷ **strike force** n (gen: of police etc) brigade f d'intervention ; (Mil) force f de frappe ▷ **strike fund** n (Ind) caisse f syndicale de grève ▷ **strike leader** n (Ind) leader m de la grève ▷ **strike pay** n (Ind) salaire m de gréviste

► **strike back** vi (Mil, gen) rendre les coups (*at sb* à qn), se venger (*at sb* de qn), user de représailles (*at sb* à l'égard de qn)

► **strike down** vt sep a abattre ; (fig) [esp disease] terrasser

b (US = abolish) [+ law] abolir

► **strike in** vi (fig = interrupt) interrompre

► **strike off**

1 vi (= change direction) prendre, aller ◆ **he struck off across the fields** il a pris or il s'en est allé à travers champs

2 vt sep a [+ sb's head] trancher, couper ; [+ branch] couper

b (= score out, delete: from list) rayer ◆ **to be struck off** [doctor etc] être radié

c (Typ) tirer

► **strike on** vt fus [+ idea] avoir ; [+ solution] tomber sur, trouver

► **strike out**

1 vi a (= hit out) se débattre ◆ **he struck out wildly** il s'est débattu furieusement ◆ **he struck out at his attackers** il lança une volée de coups dans la direction de ses attaquants

b (= set off) **to strike out for the shore** [swimmer] se mettre à nager vers le rivage ; [rower] se mettre à ramer vers le rivage ◆ **he left the firm and struck out on his own** il a quitté l'entreprise et s'est mis à son compte

2 vt sep (= delete) [+ word, question] rayer

► **strike through** vt sep ⇒ **strike out 2**

► **strike up**

1 vi [band etc] commencer à jouer ; [music] commencer

2 vt sep (Mus) [band] se mettre à jouer ; [singers] se mettre à chanter ◆ **strike up the band!** faites jouer l'orchestre ! ◆ **to strike up an acquaintance** faire or lier connaissance (*with sb* avec qn) ◆ **to strike up a friendship** lier amitié (*with sb* avec qn)

► **strike upon** vt fus ⇒ **strike on**

strikebound ['straɪkbaʊnd] adj bloqué par une (or la) grève

strikebreaker ['straɪkˌbreɪkəʳ] n (Ind) briseur m de grève

strikebreaking ['straɪkˌbreɪkɪŋ] n ◆ he was accused of strikebreaking on l'a accusé d'être un briseur de grève

striker ['straɪkəʳ] n **a** (Ind) gréviste mf
 b (= clapper) frappeur m; (on clock) marteau m; (on gun) percuteur m
 c (Ftbl) buteur m

striking ['straɪkɪŋ] → SYN **1** adj **a** (= impressive, outstanding) feature, contrast, similarity, difference frappant, saisissant ◆ **to be in striking contrast to sth** offrir un contraste frappant or saisissant avec qch ◆ **to bear a striking resemblance to sb** ressembler à qn de manière frappante, présenter une ressemblance frappante avec qn ◆ **his/her striking good looks** sa beauté saisissante, sa grande beauté ◆ **she was a striking redhead** c'était une superbe rousse
 b to be within striking distance (of sth) être à proximité (de qch) ◆ **he had come within striking distance of a medal/the presidency** une médaille/la présidence était maintenant à sa portée ◆ **to be within striking distance of doing sth** être bien placé pour faire qch
 c a **striking clock** une horloge qui sonne les heures, une horloge à carillon ◆ **the striking mechanism** le carillon
 d (Mil) force, power de frappe
 e (= on strike) workers en grève, grévistes
 2 n **a** [of coins] frappe f
 b [of clock] carillon m
 3 COMP ▷ **striking circle** n (Hockey) cercle m d'envoi

strikingly ['straɪkɪŋlɪ] adv **a** de façon frappante, de façon saisissante ◆ **strikingly different (from sth)** différent à tous points de vue (de qch) ◆ **strikingly beautiful** d'une beauté saisissante, d'une grande beauté ◆ **strikingly modern/bold** d'une modernité/audace saisissante, extrêmement moderne/audacieux ◆ **to be strikingly similar to sb/sth** ressembler à qn/qch de façon frappante or saisissante ◆ **to be strikingly evident** sauter aux yeux, crever les yeux
 b to contrast strikingly with sth offrir un contraste frappant or saisissant avec qch ◆ **to differ strikingly (from sth)** différer à tous points de vue (de qch) ◆ **strikingly, inflation is now higher than ever** ce qui est frappant, c'est que l'inflation n'a jamais été aussi forte

Strimmer ® ['strɪməʳ] n (small) coupe-bordure m; (heavy-duty) débroussailleuse f

string [strɪŋ] → SYN vb : pret, ptp **strung** **1** n **a** (= cord) ficelle f; [of violin, piano, bow, racket etc] corde f; [of puppet] ficelle f, fil m; [of apron, bonnet, anorak] cordon m; (Bot: on bean etc) fil(s) m(pl) ◆ **a piece of string** un bout de ficelle ◆ **he has got her on a string** il la tient, il la mène par le bout du nez ◆ **to have more than one string to one's bow** avoir plus d'une corde à son arc ◆ **his first string** sa première ressource ◆ **his second string** sa deuxième ressource, la solution de rechange ◆ **the strings** (Mus) les cordes fpl, les instruments mpl à cordes ◆ **he had to pull strings to get the job** il a dû user de son influence or se faire pistonner or faire jouer le piston pour obtenir le poste ◆ **to pull strings for sb** exercer son influence pour aider qn, pistonner qn ◆ **he's the one who pulls the strings** (= has control) c'est lui qui tire les ficelles ◆ **there are no strings attached** cela ne vous (or nous etc) engage à rien ◆ **with no strings attached** sans condition(s) ◆ **with strings (attached)** assorti de conditions; → **apron, heartstrings**
 b [of beads, pearls] rang m; [of onions] chapelet m; [of garlic] chaîne f; (fig) [of people, vehicles] file f; [of racehorses] écurie f; [of curses, lies, insults, excuses] kyrielle f, chapelet m
 c (Ling) séquence f
 d (Comput) chaîne f ◆ **a numeric/character string** une chaîne numérique/de caractères
 e (Sport) équipe f (provisoire)
 2 vt **a** [+ violin etc] monter; [+ bow] garnir d'une corde; [+ racket] corder; → **highly**
 b [+ beads, pearls] enfiler; [+ rope] tendre (across en travers de; between entre) ◆ **they strung lights in the trees** ils ont suspendu or attaché des (guirlandes de) lampions dans les arbres
 c [+ beans] enlever les fils de
 3 COMP (Mus) orchestra, quartet à cordes; serenade, piece pour cordes ▷ **string bag** n filet m à provisions ▷ **string bean** n (= vegetable) haricot m vert; (US * = tall thin person) asperge * f, grande perche f ▷ **string correspondent** n (US Press) correspondant(e) m(f) local(e) à temps partiel ▷ **string(ed) instrument** n (Mus) instrument m à cordes ▷ **string player** n (Mus) musicien(ne) m(f) qui joue d'un instrument à cordes ▷ **string-puller** n he's a string-puller il n'hésite pas à se faire pistonner ou à faire jouer ses relations ▷ **string-pulling** n piston m ▷ **string tie** n cravate-lacet f ▷ **string vest** n tricot m de corps à grosses mailles

▶ **string along** * **1** vi suivre ◆ **to string along with sb** (= accompany) accompagner qn; (fig = agree with) se ranger à l'avis de qn
 2 vt sep (pej) faire marcher, bercer de fausses espérances

▶ **string out** **1** vi [people, things] se déployer (along le long de) ◆ **string out a bit more!** espacez-vous un peu plus !
 2 vt sep **a** [+ lanterns, washing etc] suspendre; [+ guards, posts] échelonner ◆ **to be strung out along the road** [people, things] être déployé le long de la route
 b (fig) **to be strung out** * (= debilitated) être à plat; (= disturbed) être perturbé; (Drugs = addicted) être accro *; (Drugs = under influence) être défoncé *; (Drugs: with withdrawal symptoms) être en manque

▶ **string together** vt sep [+ words, sentences] enchaîner ◆ **he can barely string a sentence or two words together** il a du mal à aligner deux phrases

▶ **string up** vt sep **a** [+ lantern, onions, nets] suspendre (au moyen d'une corde)
 b (fig) **he had strung himself up to do it** il avait aiguisé toutes ses facultés en vue de le faire ◆ **to be strung up (about sth)** être très tendu or nerveux (à la pensée de qch)
 c (* = hang, lynch) pendre

stringboard ['strɪŋbɔːd] n (Constr) limon m

stringed [strɪŋd] adj → **string 3**

-stringed [strɪŋd] adj (in compounds) ◆ **four-stringed** à quatre cordes

stringency ['strɪndʒənsɪ] n (= strictness) [of control, regulations, test] rigueur f; [of reforms] caractère m draconien ◆ **thanks to the stringency of the security** grâce aux strictes mesures de sécurité ◆ **financial or economic stringency** austérité f

stringent ['strɪndʒənt] → SYN adj **a** (= strict) control, regulations, standards, test rigoureux; reforms draconien ◆ **the meeting took place amid stringent security** de strictes mesures de sécurité ont été mises en place pour cette réunion
 b (= compelling) reasons, arguments solide; necessity impérieux

stringently ['strɪndʒəntlɪ] adv rigoureusement

stringer ['strɪŋəʳ] n (= journalist) correspondant(e) m(f) local(e) à temps partiel

stringpiece ['strɪŋpiːs] n (Constr) longrine f, sablière f

stringy ['strɪŋɪ] adj beans, celery, meat filandreux; molasses, cooked cheese filant, qui file; plant, seaweed tout en longueur; (fig) person filiforme

strip [strɪp] → SYN **1** n **a** [of metal, wood, paper, grass] bande f; [of fabric] bande f, bandelette f; [of ground] bande f, langue f; [of water, sea] bras m ◆ **a strip of garden** un petit jardin tout en longueur ◆ **to tear sb off a strip** *, **to tear a strip off sb** * sonner les cloches à qn *
 b (Aviat: also **landing strip**) piste f d'atterrissage
 c (also **comic strip**) ⇒ **strip cartoon**
 d (Brit Ftbl etc = clothes) tenue f ◆ **the England strip** la tenue de l'équipe (de football) d'Angleterre
 e * ⇒ **striptease**
 2 vt **a** (= remove everything from) [+ person] déshabiller, dévêtir; (also **strip down**) [+ room, house] démeubler, vider; [+ thieves] dévaliser, vider; [+ car, engine, gun] démonter complètement; (Tech) [+ nut, screw, gears] arracher le filet de; [wind, people, birds] [+ branches, bushes] dépouiller, dégarnir; (= take paint etc off) [+ furniture, door] décaper ◆ **to strip sb naked** or **to the skin** déshabiller or dévêtir qn complètement ◆ **to strip a bed (down)** défaire un lit complètement ◆ **to strip (down) the walls** enlever or arracher le papier peint
 b (= remove) [+ old covers, wallpaper, decorations, ornaments] enlever; [+ old paint] décaper, enlever ◆ **to strip the bark from the tree** dépouiller un arbre de son écorce
 c (= deprive etc) [+ person, object] dépouiller (of de) ◆ **to strip a tree of its bark** dépouiller un arbre de son écorce ◆ **to strip a room of all its pictures** enlever tous les tableaux dans une pièce ◆ **to strip sb of his titles/honours** dépouiller qn de ses titres/honneurs ◆ **to strip a company of its assets** (Fin) cannibaliser * une compagnie; see also **asset**
 3 vi se déshabiller, se dévêtir; [striptease artist] faire du striptease ◆ **to strip naked** or **to the skin** se mettre nu ◆ **to strip to the waist** se déshabiller or se dévêtir jusqu'à la ceinture, se mettre torse nu ◆ **to strip to one's underwear** se déshabiller en ne gardant que ses sous-vêtements ◆ **to be stripped to the waist** être nu jusqu'à la ceinture, être torse nu
 4 COMP ▷ **strip cartoon** n (Brit) bande f dessinée ▷ **strip club** n boîte f de striptease ▷ **strip cropping** n (Agr) cultures alternées selon les courbes de niveaux ▷ **strip joint** n (US) ⇒ **strip club** ▷ **strip light** n (tube m au) néon m ▷ **strip lighting** n (Brit) éclairage m au néon or fluorescent ▷ **strip mine** n (US) mine f à ciel ouvert ▷ **strip mining** n (US) extraction f à ciel ouvert ▷ **stripped pine** n pin m décapé ◆ **stripped pine furniture** vieux meubles en pin décapé ▷ **strip poker** n strip-poker m ▷ **strip-search** n fouille f corporelle ◊ vt he was strip-searched at the airport on l'a fait se déshabiller et soumis à une fouille corporelle à l'aéroport ▷ **strip show** n striptease m ▷ **strip-wash** n (grande) toilette f ◊ vt faire la (grande) toilette de

▶ **strip away** vt sep [+ paint, varnish] décaper; [+ layer of dirt, turf, bark] retirer; (fig) [+ pretence, hypocrisy, artifice] exposer ◆ **chemicals that strip away the skin's protective outer layer** des produits qui attaquent la couche protectrice de l'épiderme ◆ **to strip away sb's dignity** priver qn de sa dignité

▶ **strip down** **1** vi ⇒ **strip off 1**
 2 vt sep (Tech etc) [+ machine, engine, gun] démonter complètement see also **strip 2a**

▶ **strip off** **1** vi se déshabiller or se dévêtir complètement, se mettre nu
 2 vt sep [+ buttons, ornaments] enlever, ôter (from de); [+ paper] enlever, arracher (from de); [+ leaves] faire tomber (from de); [+ berries] prendre (from de)

stripe [straɪp] n **a** (of one colour: also Zool) raie f, rayure f ◆ **stripes** (pattern) rayures fpl ◆ **yellow with a white stripe** jaune rayé de blanc; → **pinstripe, star**
 b (Mil) galon m ◆ **to get one's stripes** gagner ses galons ◆ **to lose one's stripes** être dégradé
 c † (= lash) coup m de fouet; (= weal) marque f (d'un coup de fouet)

striped [straɪpt] adj garment, wallpaper, fabric rayé, à rayures; animal, insect rayé ◆ **a pair of striped trousers** (broad stripes) un pantalon rayé; (pinstripes) un pantalon à fines rayures ◆ **striped with red** rayé de rouge ◆ **striped muscle** (Anat) muscle strié

stripey * ['straɪpɪ] adj ⇒ **stripy**

stripling ['strɪplɪŋ] → SYN n adolescent m, tout jeune homme m, gringalet m (pej)

strippagram ['strɪpəgræm] n message envoyé à l'occasion d'une célébration par l'intermédiaire d'une personne qui fait un striptease; cette personne

stripper ['strɪpəʳ] n **a** (also **paint-stripper**) décapant m
 b (= striptease artist) strip-teaseuse f ◆ **male stripper** strip-teaseur m

striptease ['strɪpti:z] n striptease m, effeuillage m ◆ **striptease artist** strip-teaseuse f, effeuilleuse * f

stripteaser ['strɪpti:zəʳ] n strip-teaseuse f, effeuilleuse * f

stripy * ['straɪpɪ] adj garment, wallpaper, fabric rayé, à rayures ; animal, insect rayé

strive [straɪv] → SYN pret **strove,** ptp **striven** ['strɪvn] vi a (= try hard) s'efforcer (*to do sth* de faire qch), faire son possible (*to do sth* pour faire qch), s'évertuer (*to do sth* à faire qch) ◆ **to strive after** or **for sth** s'efforcer de or faire son possible pour or s'évertuer à obtenir qch
b (liter = struggle, fight) lutter, se battre (*against, with* contre)

striving ['straɪvɪŋ] n efforts mpl (*for* pour obtenir)

strobe [strəʊb] 1 adj lights stroboscopique
2 n a (also **strobe light, strobe lighting**) lumière f stroboscopique
b ⇒ **stroboscope**

strobile ['strəʊbaɪl] n (Bot) strobile m

strobilus ['strəʊbɪləs] n, pl **strobiluses** or **strobili** ['strəʊbɪlaɪ] (Bot) strobile m

stroboscope ['strəʊbəskəʊp] n stroboscope m

stroboscopic [,strəʊbə'skɒpɪk] adj (Phys) stroboscopique

strode [strəʊd] vb (pt of **stride**)

stroke [strəʊk] → SYN 1 n a (= movement, blow: gen, Billiards, Cricket, Golf, Tennis etc) coup m ; (Swimming = movement) mouvement m des bras *(pour nager)*; (Rowing, Swimming = style) nage f ; (Rowing = movement) coup m de rame or d'aviron ◆ **he gave the cat a stroke** il a fait une caresse au chat ◆ **with a stroke of his axe** d'un coup de hache ◆ **with a stroke of the pen** d'un trait de plume ◆ **stroke of lightning** coup m de foudre ◆ **good stroke!** (Golf, Tennis etc) bien joué ! ◆ **to row at 38 strokes to the minute** ramer or nager à une cadence de 38 coups d'aviron minute ◆ **to set the stroke** (Rowing, fig) donner la cadence ◆ **to put sb off his stroke** (Sport) faire perdre le rythme à qn ; (fig) faire perdre tous ses moyens à qn ◆ **he swam the pool with powerful strokes** il a traversé le bassin d'une manière puissante ; → **backstroke, breast**
b (fig) **at a (single) stroke, at one stroke** d'un (seul) coup ◆ **it was a tremendous stroke to get the committee's agreement** cela a été un coup de maître que d'obtenir l'accord du comité ◆ **he hasn't done a stroke (of work)** il n'a rien fait du tout, il n'en a pas fichu une rame * ◆ **stroke of diplomacy** chef-d'œuvre m de diplomatie ◆ **stroke of genius** trait m de génie ◆ **stroke of luck** coup m de chance or de veine ; → **master**
c (= mark) [of pen, pencil] trait m ; [of brush] touche f ; (Typ = oblique) barre f ◆ **thick strokes of the brush** des touches fpl épaisses ◆ **5 stroke 6** (Typ) 5 barre 6 ; → **brush**
d [of bell, clock] coup m ◆ **on the stroke of ten** sur le coup de dix heures, à dix heures sonnantes ◆ **at the third stroke it will be 9.25 precisely** (speaking clock) au troisième top, il sera exactement 9h25 ◆ **in the stroke of time** juste à temps
e (Med) attaque f (d'apoplexie) ◆ **to have a stroke** avoir une attaque (d'apoplexie) ; → **heatstroke, sunstroke**
f (Tech: of piston) course f ◆ **a two-/four-stroke engine** un moteur à deux/quatre temps ; see also **two**
g (Rowing = person) chef m de nage ◆ **to row stroke** être chef de nage, donner la nage
2 vt a [+ cat, sb's hand, one's chin] caresser ; [+ sb's hair] caresser, passer la main dans ◆ **to stroke sb (up) the wrong way** (fig) prendre qn à rebrousse-poil or à contre-poil
b (Rowing) **to stroke a boat** être chef de nage, donner la nage
c (= draw line through: also **stroke out**) biffer
d (Sport) [+ ball] frapper
3 vi (Rowing) être chef de nage, donner la nage
4 COMP ▷ **stroke play** n (NonC: Golf) *comptage des points au coup par coup* ▷ **stroke-play tournament** n (Golf) stroke-play m

► **stroke down** vt sep [+ cat's fur] caresser ; [+ hair] lisser ◆ **to stroke sb down** (fig) apaiser or amadouer qn

► **stroke out** vt sep ⇒ **stroke 2c**

► **stroke up** vt sep → **stroke 2a**

stroll [strəʊl] → SYN 1 n petite promenade f ◆ **to have** or **take a stroll, to go for a stroll** aller faire un tour
2 vi se promener nonchalamment, flâner ◆ **to stroll in/out/away** etc entrer/sortir/s'éloigner etc sans se presser or nonchalamment ◆ **to stroll up and down the street** descendre et remonter la rue en flânant or sans se presser or nonchalamment ◆ **to stroll around** flâner

stroller ['strəʊləʳ] n a (= person) promeneur m, -euse f, flâneur m, -euse f
b (esp US = push chair) poussette f ; (folding) poussette-canne f

strolling ['strəʊlɪŋ] adj player, minstrel ambulant

stroma ['strəʊmə] n, pl **stromata** ['strəʊmətə] stroma m

Strombolian [strɒm'bəʊlɪən] adj strombolien

strong [strɒŋ] → SYN 1 adj a (= powerful) fort (also Mil, Pol, Sport etc) ; (= healthy) robuste ; heart robuste, solide ; nerves solide ; eyesight très bon ; leg vigoureux ; arm, limb fort, vigoureux ; voice, accent fort ; magnet puissant ; wind fort ; (Elec) current intense ; lens, spectacles fort, puissant ; (= solid, robust) building, wall solide ; table, shoes, bolt, nail solide, robuste ; glue fort ; fabric, material solide, résistant ◆ **to be (as) strong as an ox** or **a horse** or **a bull** (= powerful) être fort comme un bœuf or comme un Turc ; (= healthy) avoir une santé de fer ◆ **do you feel strong?** est-ce que vous avez des forces ?, est-ce que vous vous sentez en forme ? ◆ **when you are strong again** (in health) quand vous aurez repris des forces, quand vous aurez retrouvé vos forces ◆ **she has never been very strong** elle a toujours eu une petite santé ◆ **you need a strong stomach for that job** (fig) il faut avoir l'estomac solide or bien accroché * pour faire ce travail ; → **constitution**
b (fig: morally) fort, courageux ; character, personality fort, puissant ; characteristic marqué, frappant ; accent fort, marqué ; emotion, desire, interest vif ; reasons, argument, evidence solide, sérieux ; (St Ex) market ferme ; (Econ) the pound, dollar solide ; candidate, contender sérieux, qui a des chances de gagner ; letter bien senti ; protest vigoureux, vif ; measures, steps énergique ; influence, attraction fort, profond ; (Mus) beat fort ◆ **you must be strong** (in courage etc) soyez courageux, vous devez faire preuve de courage ◆ **he's a very strong person** (mentally etc) c'est un homme bien trempé or un homme qui a du ressort ◆ **we are in a strong position to make them obey** nous sommes bien placés pour les faire obéir ◆ **his strong suit** (Cards) sa couleur forte ; (fig: also **his strong point**) son fort ◆ **to be strong in maths** être fort en maths ◆ **to be strong on * ...** (= good at) être bon en ... ; (emphasizing) mettre l'accent sur ... ◆ **in strong terms** en termes non équivoques ◆ **there are strong indications that ...** tout semble indiquer que ... ◆ **a strong effect** beaucoup d'effet ◆ **I had a strong sense of ...** je ressentais vivement ... ◆ **I've a strong feeling that ...** j'ai bien l'impression que ... ◆ **he's got strong feelings on this matter** cette affaire lui tient à cœur ◆ **it is my strong opinion** or **belief that ...** je suis fermement convaincu or persuadé que ... ◆ **a strong socialist** un socialiste fervent ◆ **strong supporters of ...** d'ardents partisans de ..., des fervents de ... ◆ **I am a strong believer in ...** je crois fermement à or profondément à ... ; → **case**[1]
c (= intense, pungent) coffee, cheese, wine, cigarette fort ; (pej) butter rance ; sauce, taste fort, relevé ; solution concentré ; light fort, vif ◆ **it has a strong smell** ça sent fort
d (in numbers) **an army 500 strong** une armée (forte) de 500 hommes ◆ **they were 100 strong** ils étaient au nombre de 100
e (Ling) verb, form fort
2 adv ◆ **to be going strong** [person] être toujours solide ; [car etc] marcher toujours bien ; [relationship etc] aller bien ; [firm, business] aller bien, être florissant ◆ **that's pitching it** or **coming it** or **going it a bit strong** * il pousse (or vous poussez etc) un peu *, il y va (or vous y allez etc) un peu fort ◆ **to come on strong** * (gen = be overbearing) insister lourdement ; (sexually) faire du rentre-dedans * ; (US = make progress) progresser fortement
3 COMP ▷ **strong-arm** adj → **strong-arm** ▷ **strong breeze** n (on Beaufort scale) vent m frais ▷ **strong drink** n (NonC) alcool m, boisson f alcoolisée ▷ **strong gale** n (on Beaufort scale) fort coup m de vent ▷ **strong interaction** n (Phys) interaction f forte ▷ **strong-minded** → SYN adj → **strong-minded** ▷ **strong-willed** adj résolu ◆ **to be strong-willed** avoir de la volonté

strong-arm * ['strɒŋa:m] 1 adj method, treatment brutal ◆ **strong-arm man** gros bras m (fig) ◆ **strong-arm tactics** la manière forte
2 vt faire violence à ◆ **to strong-arm sb into doing sth** forcer la main à qn pour qu'il fasse qch

strongbox ['strɒŋbɒks] n coffre-fort m

stronghold ['strɒŋhəʊld] → SYN n (Mil) forteresse f, fort m ; (fig) bastion m

strongly ['strɒŋlɪ] adv a influence, hint, accentuate, remind, indicate, imply fortement ; attract, recommend, advise, interest, desire fortement, vivement ; criticize, protest vivement ; deny, condemn, protest, defend vigoureusement ; fight, attack énergiquement ; support, oppose fermement ; feel, sense, believe profondément ◆ **to argue strongly for** or **in favour of sth** plaider vigoureusement or avec force pour qch ◆ **to argue strongly against sth** s'élever avec véhémence contre qch ◆ **to argue strongly that ...** soutenir fermement que ... ◆ **to taste strongly of sth** avoir un goût prononcé de qch ◆ **to smell strongly of sth** avoir une forte odeur de qch ◆ **the kitchen smelled strongly of smoke** il y avait une forte odeur de fumée dans la cuisine ◆ **fish features strongly in the Japanese diet** le poisson occupe une place importante dans l'alimentation des Japonais ◆ **if you feel strongly about this problem, write to us** si ce problème vous tient à cœur, écrivez-nous ◆ **I feel very strongly that ...** je suis convaincu que ...
b **strongly recommended** vivement recommandé ◆ **you are strongly recommended** or **advised to leave the country** nous vous recommandons vivement de quitter le pays ◆ **strongly held views** or **opinions** opinions fpl très arrêtées ◆ **to be strongly critical of sb/sth** critiquer vivement qn/qch ◆ **to be strongly in favour of sth** être très favorable à qch ◆ **to be strongly against** or **opposed to sth** s'opposer fermement à qch ◆ **strongly anti-American/nationalist** farouchement anti-américain/nationaliste ◆ **a strongly worded letter** une lettre virulente ◆ **his accent was strongly northern** il avait un très net or fort accent du nord ◆ **strongly built** person costaud * ◆ **strongly constructed** or **made** or **built** solide

strongman ['strɒŋmæn] n, pl **-men** (in circus etc) hercule m ; (fig, Comm, Pol etc) homme m fort

strong-minded [,strɒŋ'maɪndɪd] → SYN adj résolu, qui a beaucoup de volonté, qui sait ce qu'il veut

strong-mindedly [,strɒŋ'maɪndɪdlɪ] adv avec une persévérance tenace, avec ténacité

strong-mindedness [,strɒŋ'maɪndɪdnɪs] n volonté f, force f de caractère

strongroom ['strɒŋrʊm] n (gen) chambre f forte ; (in bank) chambre f forte, salle f des coffres

strongyl ['strɒndʒəl], **strongyle** ['strɒndʒɪl] n strongyle m

strongyloidiasis [,strɒndʒɪlɔɪ'daɪəsɪs], **strongyloidosis** [,strɒndʒɪlɔɪ'dəʊsɪs] n strongylose f

strontium ['strɒntɪəm] 1 n strontium m ◆ **strontium 90** strontium m 90, strontium m radioactif
2 COMP ▷ **strontium unit** n (Phys) picocurie f par gramme de calcium, unité f de strontium

strop [strɒp] 1 n cuir m (à rasoir)
2 vt [+ razor] repasser sur le cuir

strophanthin [strəʊ'fænθɪn] n (Med) strophantine f

strophe ['strəʊfɪ] n strophe f

stroppily ‡ ['strɒpɪlɪ] adv (Brit) say d'un ton sec

stroppy / studious

stroppy ☆ ['strɒpɪ] adj (Brit) buté et râleur* ◆ **to get stroppy** se mettre à râler* ◆ **to get stroppy with sb** se mettre en rogne contre qn*

strove [strəʊv] vb (pt of **strive**)

struck [strʌk] vb (pt, ptp of **strike**)

structural ['strʌktʃərəl] ① adj **a** (also Econ = relating to structure) change, problem, reform etc structurel ◆ **structural complexity** complexité f de structure ◆ **structural unemployment** chômage m structurel
b (Ling, Psych = relating to structuralism) structural ◆ **structural psychology/linguistics** psychologie f/linguistique f structurale
c (Archit, Constr, Aviat, Naut) (= load-bearing) repair, alteration, failure, integrity, weakness, alteration, damage, fault au niveau de la structure ◆ **structural defect** (in building) vice f de construction ◆ **the house was in good structural condition** la structure de la maison était saine
② COMP ▷ **structural engineer** n ingénieur m en génie civil ▷ **structural engineering** n génie m civil ▷ **structural inspection** n ⇒ **structural survey** ▷ **structural steel** n acier m (de construction) ▷ **structural survey** n (Archit, Constr) expertise f détaillée

structuralism ['strʌktʃərəlɪzəm] n structuralisme m

structuralist ['strʌktʃərəlɪst] adj, n structuraliste mf

structurally ['strʌktʃərəlɪ] adv ◆ **the building is structurally sound/unsound** la structure du bâtiment est saine/peu saine ◆ **structurally, the film is quite complex** structurellement, c'est un film assez complexe

structure ['strʌktʃəʳ] → SYN ① n **a** (Anat, Bot, Chem, Geol, Ling, Math, Philos, Phys, Psych etc) structure f; (Literat, Poetry) structure f, composition f ◆ **social/administrative structure** structure f sociale/administrative
b (Constr) [of building etc] structure f; (the building, bridge etc itself) construction f, édifice m
② vt structurer

structured ['strʌktʃəd] adj structuré ◆ **structured activity** (Educ) activité f structurée ◆ **structured interview** sondage auquel on ne répond que par oui, non ou ne sais pas

strudel ['struːdəl] n (Culin) strudel m

struggle ['strʌgl] → SYN ① n (lit, fig) lutte f (for pour; against contre; with avec; to do sth pour faire qch); (= fight) bagarre f ◆ **to put up a struggle** résister (also fig), se débattre ◆ **he lost his glasses in the struggle** il a perdu ses lunettes dans la bagarre ◆ **they surrendered without a struggle** (Mil) ils n'ont opposé aucune résistance ◆ **you won't succeed without a struggle** vous ne réussirez pas sans vous battre, il faudra vous battre si vous voulez réussir ◆ **her struggle to feed her children** la lutte quotidienne pour nourrir ses enfants ◆ **the struggle to find somewhere to live** les difficultés qu'on a à trouver ou le mal qu'il faut se donner pour trouver un logement ◆ **I had a struggle to persuade him** j'ai eu beaucoup de mal à le persuader, je ne l'ai persuadé qu'au prix de grands efforts ◆ **it was a struggle but we made it** cela nous a demandé beaucoup d'efforts mais nous y sommes arrivés
② vi **a** (gen) lutter (against contre; for pour); (= fight) se battre; (= thrash around) se débattre, se démener; (fig = try hard) se décarcasser* (to do sth pour faire qch), s'efforcer (to do sth de faire qch) ◆ **he was struggling with the thief** il était aux prises ou se battait avec le voleur ◆ **he struggled fiercely as they put on the handcuffs** il a résisté avec acharnement quand on lui a passé les menottes ◆ **he struggled to get free from the ropes** il s'est débattu ou démené pour se dégager des cordes ◆ **they were struggling for power** ils se disputaient le pouvoir ◆ **he was struggling to make ends meet** il avait beaucoup de mal à joindre les deux bouts, il tirait le diable par la queue ◆ **he is struggling to finish it before tomorrow** il se démène ou il se décarcasse* pour le terminer avant demain
b (= move with difficulty) **to struggle in/out** etc entrer/sortir etc avec peine ou à grand-peine ◆ **he struggled up the cliff** il s'est hissé péniblement or à grand-peine jusqu'au sommet de la falaise ◆ **he struggled through the tiny window** il s'est contorsionné pour passer par la minuscule fenêtre ◆ **to struggle through the crowd** se frayer péniblement un chemin or tant bien que mal un chemin à travers la foule ◆ **he struggled to his feet** il s'est levé péniblement ou à grand-peine ◆ **he struggled into a jersey** il a enfilé tant bien que mal un pull-over

▶ **struggle along** vi (lit) avancer avec peine or à grand-peine; (fig: financially) subsister or se débrouiller tant bien que mal

▶ **struggle back** vi (= return) revenir (or retourner) avec peine or à grand-peine ◆ **to struggle back to solvency** s'efforcer de redevenir solvable

▶ **struggle on** vi **a** ⇒ **struggle along**
b (= continue the struggle) continuer de lutter, poursuivre la lutte (against contre)

▶ **struggle through** vi (fig) venir à bout de ses peines, s'en sortir

struggling ['strʌglɪŋ] adj artist etc qui tire le diable par la queue

strum [strʌm] ① vt **a** [+ piano] tapoter de; [+ guitar, banjo etc] gratter de, racler (de)
b (also **strum out**) [+ tune] (on piano) tapoter; (on guitar etc) racler
② vi ◆ **to strum on** ⇒ **1a**
③ n (also **strumming**) [of guitar etc] raclement m

struma ['struːmə] n, pl **strumae** ['struːmiː] (Med) goitre m

strumpet †† ['strʌmpɪt] n catin f

strung [strʌŋ] vb (pt, ptp of **string**) see also **highly**, **string up**

strut¹ [strʌt] → SYN vi (also **strut about**, **strut around**) se pavaner ◆ **to strut in/out/along** etc entrer/sortir/avancer etc en se pavanant or en se rengorgeant or d'un air important ◆ **to strut one's stuff*** frimer*

strut² [strʌt] n (= support) étai m, support m; (for wall, trench, mine) étrésillon m; (more solid) étançon m; (Carpentry) contrefiche f; (between uprights) lierne f, traverse f, entretoise f; (Constr: in roof) jambe f de force

strychnine ['strɪkniːn] n strychnine f

stub [stʌb] → SYN ① n [of tree, plant] souche f, chicot m; [of pencil, broken stick] bout m, morceau m; [of cigarette, cigar] bout m, mégot m; [of tail] moignon m; [of cheque, ticket] talon m
② vt ◆ **to stub one's toe/one's foot** se cogner le doigt de pied/le pied (against contre)
③ n **stub axle** n (Aut) essieu m à chapes fermées ▷ **stub end** n [of pencil etc] bout m (de crayon etc)

▶ **stub out** vt sep [+ cigar, cigarette] écraser

stubble ['stʌbl] n (NonC) (Agr) chaume m, éteule f; (on chin) barbe f de plusieurs jours ◆ **field of stubble** chaume m, éteule f

stubbly ['stʌblɪ] adj field couvert de chaume; chin, face mal rasé; beard de plusieurs jours; hair court et raide, en brosse

stubborn ['stʌbən] → SYN adj **a** person têtu, entêté; animal rétif; opposition, campaign, resistance opiniâtre, acharné; denial, refusal, defiance, insistence, determination opiniâtre ◆ **his stubborn attitude** son entêtement ◆ **she has a stubborn streak** elle a un côté têtu ou entêté; → **mule**¹
b stain rebelle, récalcitrant; cold, fever etc rebelle, persistant; problem persistant, tenace

stubbornly ['stʌbənlɪ] adv obstinément ◆ **he stubbornly refused** il a refusé obstinément ◆ **he was stubbornly determined** sa détermination était inébranlable ◆ **interest rates have remained stubbornly high** les taux d'intérêt sont restés élevés

stubbornness ['stʌbənnɪs] n [of person] entêtement m; [of animal] caractère m rétif; [of opposition, campaign, resistance] opiniâtreté f, acharnement m; [of denial, refusal, defiance, insistence] obstination f, opiniâtreté f

stubby ['stʌbɪ] adj person courtaud; finger boudiné; pencil, crayon gros et court ◆ **a dog with stubby legs** un chien court sur pattes

---

ANGLAIS-FRANÇAIS 956

stucco ['stʌkəʊ] ① n, pl **stuccoes** or **stuccos** stuc m
② vt stuquer
③ COMP de or en stuc, stuqué

stuccowork ['stʌkəʊwɜːk] n stuc m

stuck [stʌk] → SYN ① vb (pt, ptp of **stick**)
② COMP ▷ **stuck-up*** adj bêcheur*

stud¹ [stʌd] → SYN ① n (= knob, nail) clou m à grosse tête; (on door, shield etc) clou m décoratif; (on boots) clou m à souliers, caboche f; (on football boots) crampon m; (on tyre, roadway) clou m; (Aut = cat's-eye) clou m à catadioptre; (also **collar stud**) bouton m de col; (in chain) étai m; (Constr) montant m; (Tech = double-headed screw) goujon m; (= pivot screw) tourillon m
② vt [+ boots, shield, door] clouter ◆ **studded tyre** (Aut) pneu m clouté ou à clous ◆ **studded with** (fig) parsemé de, émaillé de ◆ **sky studded with stars** ciel m constellé, ciel m parsemé or semé or piqueté ou criblé d'étoiles

stud² [stʌd] ① n **a** (also **racing stud**) écurie f (de courses); (also **stud farm**) haras m ◆ **to be at stud**, **to have been put (out) to stud** être au haras
b (* = young man) jeune mec* m; (promiscuous) tombeur* m
② COMP ▷ **stud farm** n haras m ▷ **stud fee** n prix m de la saillie ▷ **stud mare** n (jument f) poulinière f ▷ **stud poker** n (Cards) variété de poker

studbook ['stʌdbʊk] n stud-book m

studdingsail ['stʌdɪŋseɪl] n (Naut) bonnette f

student ['stjuːdənt] → SYN ① n (Univ) étudiant(e) m(f); (esp US Scol) élève mf, lycéen(ne) m(f) ◆ **medical student** étudiant(e) m(f) en médecine ◆ **student's book** livre m de l'élève ◆ **he is a student of bird life** il étudie la vie des oiseaux ◆ **he is a keen student** il est très studieux
② COMP (Univ) life étudiant, estudiantin; (Univ) residence, restaurant universitaire; (Univ) power, unrest étudiant; attitudes, opinions (Univ) des étudiants; (Scol) des élèves, des lycéens ▷ **student card** n carte f d'étudiant(e) ▷ **the student community** n les étudiants mpl ▷ **student council** n (Scol) comité m des délégués de classe ▷ **student councillor** n (Scol, Univ) délégué(e) m(f) de classe ▷ **student driver** n (US) jeune conducteur m, -trice f ▷ **student file** n (US Scol) dossier m scolaire ▷ **student grant** n bourse f ▷ **student ID card** n (US Scol) carte f d'étudiant ▷ **student lamp** n (US) lampe f de bureau (orientable) ▷ **student loan** n prêt m étudiant (accordé par l'État) ▷ **student nurse** n (Med) élève mf infirmier (-ière) ▷ **student participation** n (Univ) participation f des étudiants; (Scol) participation f (en classe) ▷ **students' union** n ⇒ **Student Union** ▷ **student teacher** n professeur m stagiaire; (in primary school) instituteur m, -trice f stagiaire ▷ **student teaching** n stage m pédagogique ▷ **Student Union** n (Univ) (= association) association f d'étudiants; (= building) locaux d'une association d'étudiants

studentship ['stjuːdəntʃɪp] n bourse f (d'études)

studhorse ['stʌdhɔːs] n étalon m

studied ['stʌdɪd] → SYN adj **a** indifference, casualness, politeness, calm affecté, étudié; elegance recherché; insult délibéré, voulu ◆ **to maintain a studied silence** garder délibérément le silence ◆ **to maintain a studied neutrality** rester délibérément neutre
b (pej = affected) pose, style affecté

studio ['stjuːdɪəʊ] → SYN ① n [of artist, photographer, musician etc] studio m, atelier m; (Cine, Rad, Recording, TV etc) studio m; → **mobile**, **recording**
② COMP ▷ **studio apartment** n (US) studio m (logement) ▷ **studio audience** n (Rad, TV) public m (invité à une émission) ▷ **studio couch** n divan m ▷ **studio flat** n (Brit) studio m (logement) ▷ **studio portrait** n (Phot) portrait m photographique

studious ['stjuːdɪəs] → SYN adj **a** person studieux, appliqué
b (= deliberate, careful) insult, avoidance délibéré, voulu; politeness, calm affecté, étudié

studiously ['stjuːdɪəslɪ] adv (= deliberately, carefully) avoid, ignore soigneusement ◆ **studiously polite/ambiguous** d'une politesse/ambiguïté affectée or étudiée

studiousness ['stjuːdɪəsnɪs] n application f (à l'étude), amour m de l'étude

study ['stʌdɪ] LANGUAGE IN USE 26.1 → SYN
[1] n [a] (gen, Art, Mus, Phot, Sociol etc) étude f ◆ **to make a study of sth** faire une étude de qch, étudier qch ◆ **it is a study of women in industry** c'est une étude sur les femmes dans l'industrie ◆ **his studies showed that ...** ses recherches ont montré que ... ◆ **it is a study in social justice** (fig = model, ideal) c'est un modèle de justice sociale ◆ **his face was a study** (fig hum) il fallait voir son visage, son visage était un poème* ; → **brown**
[b] (NonC) étude f ; (Scol) études fpl ◆ **he spends all his time in study** il consacre tout son temps à l'étude or à ses études, il passe tout son temps à étudier
[c] (= room) bureau m, cabinet m de travail
[2] vt [+ nature, an author, text] étudier ; (Scol, Univ) [+ maths etc] faire des études de, étudier ; [+ project, proposal, map, ground] étudier, examiner soigneusement ; [+ person, sb's face, reactions] observer attentivement ; [+ stars] observer ; see also **studied**
[3] vi (gen) étudier ; (Scol, Univ etc) étudier, faire ses études ◆ **to study hard** travailler dur ◆ **to study under sb** travailler sous la direction de qn ; [painter, composer] être l'élève de qn ◆ **to study for an exam** préparer un examen ◆ **he is studying to be a doctor/a pharmacist** il fait des études de médecine/de pharmacie ◆ **he is studying to be a teacher** il fait des études pour entrer dans l'enseignement or pour devenir professeur
[4] COMP visit, hour d'étude ; group de travail ▷ **study hall** n (US Scol) (gen) permanence f ; (in boarding school) (salle f d')étude f ▷ **study hall teacher** n (US Scol) surveillant(e) m(f) d'étude ▷ **study period** n (Brit) (heure f de) permanence f, (heure f d')étude f surveillée ▷ **study room** n (Scol) permanence f ; (in boarding school) (salle f d')étude f ▷ **study tour** n voyage m d'études

stuff [stʌf] → SYN [1] n (NonC) [a] (*: gen) chose f, truc* m ◆ **look at that stuff** regarde ça, regarde ce truc* ◆ **it's dangerous stuff** c'est dangereux ◆ **radioactive waste is dangerous stuff** les déchets radioactifs sont (des trucs) vraiment dangereux ◆ **what's this stuff in this jar?** qu'est-ce que c'est que ça or que ce truc* dans ce pot ? ◆ **his new book is good stuff** son nouveau livre est bien ◆ **there's some good stuff in what he writes** il y a de bonnes choses dans ce qu'il écrit ◆ **his painting is poor stuff** sa peinture ne vaut pas grand-chose ◆ **Joyce? I can't read his stuff at all** Joyce ? je ne supporte pas du tout (ses livres) ◆ **I can't listen to his stuff at all** je ne supporte pas sa musique ◆ **all that stuff about how he wants to help us** (pej) toutes ces promesses en l'air comme quoi il veut nous aider ◆ **that's the stuff (to give them** or **to give the troops)!** bravo !, c'est ça ! ◆ **stuff and nonsense!**‡ balivernes ! ◆ **he knows his stuff** il connaît son sujet or son métier ◆ **do your stuff!** vas-y !, à toi ! ◆ **he did his stuff very well** il s'en est bien sorti ◆ **she's a nice bit of stuff**‡ elle est canon‡ or bien roulée‡ ; → **greenstuff, hot, stern²**
[b] (= miscellaneous objects) trucs mpl ; (jumbled up) fatras m ; (= possessions) affaires fpl, fourbi* m ; (= tools etc) [of workman] attirail* m ◆ **he brought back a lot of stuff from China** il a rapporté des tas de choses de Chine ◆ **put your stuff away** range tes affaires
[c] (= fabric, cloth) étoffe f ◆ **it is the (very) stuff of life/politics** etc c'est l'essence même de la vie/la politique etc ◆ **he is the stuff that heroes are made from, he is the stuff of heroes** (liter) il a l'étoffe d'un héros
[d] (Drugs *: gen) came‡ f
[2] vt [a] (= fill, pack) [+ cushion, quilt, chair, toy, mattress] rembourrer (with avec) ; (Taxidermy) [+ animal] empailler ; [+ sack, box, pockets] bourrer, remplir (with de) ; (Culin) [+ chicken, tomato] farcir (with avec) ; (= stop up) [+ hole] boucher (with avec) ; (= cram, thrust) [+ objects, clothes, books] fourrer (in, into dans) ◆ **to stuff one's ears** se boucher les oreilles ◆ **to stuff one's fingers into one's ears** fourrer ses doigts dans ses oreilles ◆ **he stuffed the papers down the drain** il a fourré or enfoncé les papiers dans le tuyau ◆ **he stuffed some money into my hand** il m'a fourré de l'argent dans la main ◆ **he is a stuffed shirt*** c'est un grand ponte* suffisant ◆ **stuffed toy** jouet m de peluche ◆ **to stuff o.s. with food, to stuff food into one's mouth** se gaver or se bourrer de nourriture ◆ **he was stuffing himself*** il s'empiffrait ◆ **they stuffed him with morphine*** ils l'ont bourré de morphine ◆ **to stuff one's head with useless facts** se farcir or se bourrer la tête or la mémoire de connaissances inutiles ◆ **he's stuffing your head with silly ideas*** il te bourre le crâne or il te farcit la cervelle d'idées niaises ◆ **the museum is stuffed with interesting things*** le musée est bourré de choses intéressantes ◆ **to stuff a ballot box** (US Pol) mettre des bulletins de vote truqués dans une urne ◆ **get stuffed!**‡ (Brit) va te faire cuire un œuf !‡, va te faire foutre !*‡ ◆ **stuff him!**‡ qu'il aille se faire voir‡ or foutre*‡ ! ◆ **stuff the council tax/decency!**‡ j'en ai rien à foutre*‡ des impôts locaux/des convenances !
[b] (* = put) mettre ◆ **stuff your books on the table** mets or fous‡ tes livres sur la table ◆ **(you know where) you can stuff that!**‡ tu sais où tu peux te le mettre !‡
[c] (‡ = defeat, ruin) baiser*‡ ◆ **we'll be stuffed if that happens** si ça arrive, on sera baisés*‡ or niqués*‡
[d] (*‡ = have sex with) baiser*‡
[3] vi (* = guzzle) se gaver, se gorger
[4] COMP † dress etc en laine, en lainage

▶ **stuff away*** vt sep [+ food] enfourner*, engloutir

▶ **stuff up** vt sep [+ hole] boucher ◆ **my nose is stuffed up***, **I'm stuffed up*** j'ai le nez bouché

stuffily* ['stʌfɪlɪ] adv say etc d'un ton désapprobateur

stuffiness ['stʌfɪnɪs] n (in room) manque m d'air ; [of person] pruderie f, esprit m étriqué or vieux jeu inv

stuffing ['stʌfɪŋ] → SYN [1] n (NonC) (= padding material) [of quilt, cushion, mattress] bourre f, rembourrage m ; [of toy, chair] rembourrage m ; (Taxidermy) paille f ; (Culin) farce f ◆ **he's got no stuffing** (fig) c'est une chiffe molle ◆ **to knock the stuffing out of sb*** (= demoralize) démoraliser qn ; (= take down a peg) remettre qn à sa place
[2] COMP ▷ **stuffing box** n (Tech) presse-étoupe m inv

stuffy ['stʌfɪ] → SYN adj [a] (= airless) room mal aéré ; atmosphere étouffant ◆ **it's stuffy in here** on manque d'air ici ◆ **the room was stuffy after the meeting** on manquait d'air dans la salle après la réunion
[b] (= stick-in-the-mud) vieux jeu inv ; (= snobby) guindé ◆ **golf has a rather stuffy image in England** le golf a une image assez vieux jeu et guindée en Angleterre ◆ **Delphine's father is a nice man, but rather stuffy** le père de Delphine est un homme gentil, mais il est un peu collet monté
[c] (= congested) nose, sinuses bouché

stultify ['stʌltɪfaɪ] vt [+ person] abrutir, déshumaniser ; [+ sb's efforts, action] rendre vain ; [+ argument, reasoning, claim] enlever toute valeur à

stultifying ['stʌltɪfaɪɪŋ] adj work, system, regime abrutissant ; atmosphere, effect débilitant

stumble ['stʌmbl] → SYN [1] n [a] (in walking) faux pas m, trébuchement m ; [of horse] faux pas m
[b] **he recited it without a stumble** il l'a récité sans trébucher or se reprendre une seule fois
[2] vi [a] trébucher (over sur, contre), faire un faux pas ; [horse] broncher ◆ **he stumbled against the table** il a trébuché or fait un faux pas et a heurté la table ◆ **to stumble in/out/along** etc entrer/sortir/avancer etc en trébuchant
[b] (in speech) trébucher (at, over sur) ◆ **he stumbled through the speech** il a prononcé le discours d'une voix hésitante or trébuchante
[3] COMP ▷ **stumbling block** n pierre f d'achoppement

▶ **stumble across, stumble (up)on** vt fus (fig) tomber sur

stumblebum‡ ['stʌmblˌbʌm] n (US) empoté(e)* m(f), abruti(e)* m(f)

stump [stʌmp] → SYN [1] n [a] [of tree] souche f, chicot m ; [of limb, tail] moignon m ; [of tooth] chicot m ; [of cigar] bout m, mégot* m ; [of pencil, chalk, sealing wax, crayon etc] bout m (qui reste de qch) ◆ **to find o.s. up a stump*** (US) ne savoir que répondre, être perplexe
[b] (Cricket) piquet m
[c] (US Pol) estrade f (d'un orateur politique) ◆ **to be** or **go on the stump** faire campagne, faire une tournée de discours
[d] **stumps**‡ (= legs) guiboles‡ fpl ; → **stir¹**
[2] vt [a] (* = puzzle, nonplus) coller*, faire sécher* ◆ **to be stumped by a problem** buter sur un problème ◆ **to be stumped by a question** sécher* sur une question ◆ **that's got me stumped, I'm stumped** (during quiz, crossword etc) je sèche*
[b] (Cricket) éliminer
[c] (US Pol) **to stump a state** faire une tournée électorale dans un état
[3] vi [a] **to stump in/out/along** etc (heavily) entrer/sortir/avancer etc à pas lourds ; (limping) entrer/sortir/avancer etc clopin-clopant*
[b] (US Pol *) faire une tournée électorale

▶ **stump up*** (Brit) [1] vi casquer‡
[2] vt sep cracher*, y aller de

stumpy ['stʌmpɪ] adj person, leg, tail courtaud ; object, plant court et épais (-aisse f)

stun [stʌn] [1] vt étourdir, assommer ; (fig = amaze) abasourdir, stupéfier
[2] COMP ▷ **stun grenade** n grenade f incapacitante or paralysante ▷ **stun gun** n pistolet m hypodermique

stung [stʌŋ] vb (pt, ptp of **sting**)

stunk [stʌŋk] vb (ptp of **stink**)

stunned [stʌnd] adj [a] (lit) assommé
[b] (fig = flabbergasted) abasourdi, stupéfait (by sth de qch) ◆ **in stunned silence** muet de stupeur ◆ **there was a stunned silence** tout le monde s'est tu, abasourdi or stupéfait ◆ **the news was received in stunned disbelief** la nouvelle a été accueillie par un sentiment de stupéfaction incrédule

stunner‡ ['stʌnəʳ] n (= girl/dress/car etc) fille f/robe f/voiture f etc fantastique* or sensationnelle*

stunning ['stʌnɪŋ] → SYN adj [a] (* = fantastic, impressive: gen) remarquable, (très) étonnant ; woman superbe ◆ **a stunning blonde** une superbe blonde ◆ **a stunning success** un formidable succès ◆ **you look stunning** tu es superbe
[b] **he gave me a stunning blow on the jaw** il m'a envoyé un coup à la mâchoire qui m'a assommé
[c] (= amazing, overwhelming) success, news, defeat stupéfiant ◆ **news of his death came as a stunning blow** la nouvelle de sa mort a été un coup terrible ◆ **it was a stunning blow to the government's credibility** ça a porté un coup terrible à la crédibilité du gouvernement

stunningly ['stʌnɪŋlɪ] adv simple, original etc remarquablement ◆ **stunningly beautiful** d'une beauté extraordinaire or incroyable

stunsail, stuns'l ['stʌnsl] n (Naut) bonnette f

stunt¹ [stʌnt] → SYN [1] n (= feat) tour m de force, exploit m (destiné à attirer l'attention du public) ; [of stuntman] cascade f ; (Aviat) acrobatie f ; [of students] canular* m ; (also **publicity stunt**) truc* m publicitaire ◆ **don't ever pull a stunt like that again*** ne recommence plus jamais un truc* pareil ◆ **it's a stunt to get your money** c'est un truc* or c'est un coup monté pour avoir votre argent ◆ **that was a good stunt** c'était un truc* ingénieux or une combine‡ ingénieuse
[2] vi [pilot etc] faire des acrobaties ; (Cine) faire le cascadeur
[3] COMP ▷ **stunt double** n cascadeur m, -euse f, doublure f ▷ **stunt flier** n (Aviat) aviateur m qui fait de l'acrobatie, aviateur m de haute voltige ▷ **stunt flying** n acrobatie f aérienne, haute voltige f ▷ **stunt kite** n cerf-volant m pilotable

stunt² [stʌnt] vt (+ growth) retarder, arrêter; [+ person, plant] retarder la croissance or le développement de

stunted ['stʌntɪd] → SYN adj person rachitique, chétif; plant rabougri; growth, development retardé

stuntedness ['stʌntɪdnɪs] n chétivité f

stuntman ['stʌntmæn] n, pl **-men** (Cine, TV) cascadeur m

stuntwoman ['stʌntˌwʊmən] n, pl **-women** (Cine, TV) cascadeuse f

stupefacient [ˌstjuːpɪˈfeɪʃɪənt] adj, n (Med) stupéfiant m

stupefaction [ˌstjuːpɪˈfækʃən] → SYN n stupéfaction f, stupeur f

stupefy ['stjuːpɪfaɪ] → SYN vt [blow] étourdir; [drink, drugs, lack of sleep] abrutir; (fig = astound) stupéfier, abasourdir

stupefying ['stjuːpɪfaɪɪŋ] adj **a** (frm = stultifying) abrutissant
  b (* = boring) mortel *
  c (* = stupendous) stupéfiant

stupendous [stjuːˈpendəs] → SYN adj **a** (= amazing, impressive: gen) extraordinaire, remarquable; sum, quantity prodigieux; vulgarity, ignorance incroyable
  b (* fig = wonderful) sensationnel *, formidable

stupendously [stjuːˈpendəslɪ] adv good extraordinairement; rich prodigieusement ◆ **stupendously vulgar/thick** * etc incroyablement or prodigieusement vulgaire/stupide etc, d'une vulgarité/stupidité etc incroyable or prodigieuse

stupid ['stjuːpɪd] → SYN adj **a** (= unintelligent) person, question, idea, mistake stupide, idiot, bête ◆ **to make sb look stupid** ridiculiser qn ◆ **it was stupid of me to refuse, I refused, which was stupid of me** j'ai eu la bêtise de refuser, j'ai été assez bête pour refuser ◆ **how stupid of me! que je suis bête!** ◆ **to do something stupid** faire une bêtise ◆ **what a stupid thing to do!** c'était vraiment idiot or bête (de faire ça)! ◆ **that hat looks really stupid (on you)** tu as l'air vraiment idiot avec ce chapeau ◆ **don't be stupid!** ne sois pas bête! ◆ **to act stupid** * faire l'imbécile; → bore²
  b (*: expressing annoyance) **I hate this stupid machine!** je déteste cette maudite or fichue * machine! ◆ **it was just a stupid quarrel/misunderstanding** ce n'était qu'une querelle/un malentendu stupide ◆ **you can keep your stupid presents, I don't want them!** tu peux garder tes cadeaux débiles *, je n'en veux pas ◆ **even just stupid things like missing a bus get me depressed** un rien me déprime, même des bêtises comme manquer le bus ◆ **you stupid idiot!** espèce d'idiot(e)! * ◆ **you stupid moron*/bastard*!** espèce d'idiot/de con*! ◆ **that stupid bitch!*** cette espèce de conne!*
  c († = insensible, dazed: from blow, drink etc) abruti, hébété ◆ **to knock sb stupid** assommer qn ◆ **to knock o.s. stupid** s'assommer ◆ **to laugh o.s. stupid** * rire comme un bossu or comme une baleine * ◆ **to drink o.s. stupid** * s'abrutir d'alcool

stupidity [stjuːˈpɪdɪtɪ] → SYN n stupidité f, sottise f, bêtise f

stupidly ['stjuːpɪdlɪ] adv **a** (= foolishly) behave stupidement, bêtement ◆ **stupidly, I told him your name, I stupidly told him your name** j'ai eu la bêtise de or j'ai été assez bête pour lui dire votre nom ◆ **stupidly generous/zealous** d'une générosité/d'un zèle stupide
  b (= absently, as if stunned) smile, say d'un air hébété or stupide † ◆ **"but ... she's dead!" he said stupidly** "mais ... elle est morte!" dit-il d'un air hébété or stupide †

stupidness ['stjuːpɪdnɪs] n ⇒ **stupidity**

stupor ['stjuːpər] n stupeur f ◆ **to be in a drunken stupor** être ivre mort

sturdily ['stɜːdɪlɪ] adv **a** **sturdily built** person de constitution robuste; furniture, structure, vehicle, equipment solide, robuste; building [de construction] solide
  b (= stoically) say d'un air résolu or déterminé ◆ **sturdily independent** résolument indépendant

sturdiness ['stɜːdɪnɪs] n **a** [of furniture, structure, vehicle, equipment] solidité f; [of building] construction f solide; [of resistance, defence, refusal] robustesse f, vigueur f
  b [of resistance, defence, refusal] caractère m énergique

sturdy ['stɜːdɪ] → SYN adj **a** person, plant robuste, vigoureux; object, structure, body solide
  b (fig) resistance, defence, refusal énergique, vigoureux ◆ **sturdy common sense** solide bon sens m

sturgeon ['stɜːdʒən] n (pl inv) esturgeon m

stutter ['stʌtər] → SYN **1** n bégaiement m ◆ **to have a stutter** bégayer
  2 vi bégayer ◆ **to stutter on/along** (fig) progresser difficilement
  3 vt (also **stutter out**) bégayer, dire en bégayant

stutterer ['stʌtərər] n bègue mf

stuttering ['stʌtərɪŋ] **1** n (NonC) bégaiement m
  2 adj **a** (= stammering) voice bégayant, qui bégaie
  b (fig = jerky) hésitant ◆ **a stuttering start** un début hésitant

Stuttgart ['stʊtɡɑːt] n Stuttgart

STV [ˌestiːˈviː] n (Pol) (abbrev of **Single Transferable Vote**) → **single**

sty¹ [staɪ] n [of pigs] porcherie f

sty², **stye** [staɪ] n (Med) orgelet m, compère-loriot m

Stygian ['stɪdʒɪən] adj (fig) sombre or noir comme le Styx, ténébreux ◆ **Stygian darkness** ténèbres fpl impénétrables, nuit f noire

style [staɪl] → SYN **1** n **a** (gen, Art, Literat, Mus, Sport, Typ etc) style m ◆ **in the style of Mozart** dans le style or à la manière de Mozart ◆ **building in the Renaissance style** édifice m (de) style Renaissance ◆ **style of life** or **living style** m de vie ◆ **he won in fine style** il l'a emporté haut la main ◆ **I like his style of writing** j'aime sa manière d'écrire or son style ◆ **I don't like his style** (fig) je n'aime pas son genre ◆ **that house is not my style** * ce n'est pas mon genre de maison ◆ **that's the style!** * bravo!; → **cramp¹**
  b (Dress etc) (gen) mode f; (specific) modèle m; (Hairdressing) coiffure f ◆ **in the latest style** (adv) à la dernière mode; (adj) du dernier cri ◆ **these coats are made in two styles** ces manteaux sont disponibles en deux modèles ◆ **the four styles are all the same price** les quatre modèles sont tous au même prix ◆ **I want something in that style** je voudrais quelque chose dans ce genre-là ou dans ce goût-là
  c (NonC = distinction, elegance) [of person] allure f, chic m; [of building, car, film, book] style m, cachet m ◆ **that writer lacks style** cet écrivain manque de style or d'élégance, le style de cet écrivain manque de tenue
  ◆ **in style** ◆ **to live in style** mener grand train, vivre sur un grand pied ◆ **he does things in style** il fait bien les choses ◆ **they got married in style** ils se sont mariés en grande pompe ◆ **he certainly travels in style** quand il voyage il fait bien les choses, il voyage dans les règles de l'art
  d (= sort, type) genre m ◆ **just the style of book/car I like** justement le genre de livre/de voiture que j'aime
  e (= form of address) titre m
  2 vt **a** (= call, designate) appeler ◆ **he styles himself "Doctor"** il se fait appeler "Docteur" ◆ **the headmaster is styled "rector"** le directeur a le titre de "recteur"; → **self**
  b (= design etc) [+ dress, car, boat] créer, dessiner ◆ **to style sb's hair** créer une nouvelle coiffure pour qn ◆ **to have one's hair styled** se faire coiffer ◆ **it is styled for comfort not elegance** c'est un modèle conçu en fonction du confort et non de l'élégance
  c (Typ) [+ manuscript] préparer (selon le style de l'éditeur)
  3 COMP ▷ **style book** n (Typ) manuel m des règles typographiques ▷ **style sheet** n (Comput) feuille f de style

-style [staɪl] adj (in compounds) ◆ **western-style democracy** démocratie f de style occidental ◆ **to dress 1920s-style** s'habiller dans le style des années 20

stylet ['staɪlɪt] n (Med, Zool) stylet m

styli ['staɪlaɪ] npl of **stylus**

styling ['staɪlɪŋ] **1** n (NonC) [of dress] forme f, ligne f, façon f; [of car] ligne f; (Hairdressing) coupe f
  2 COMP mousse, gel, lotion coiffant, structurant ▷ **styling brush** n brosse f ronde

stylish ['staɪlɪʃ] → SYN adj person, car, clothes élégant, chic inv; district, resort, bar, hotel etc chic inv; film, book qui a du style; performer, performance de grande classe

stylishly ['staɪlɪʃlɪ] adv dress élégamment; write avec style; designed, decorated avec élégance ◆ **stylishly dressed** élégamment vêtu, habillé avec élégance ◆ **she wore a stylishly-cut black suit** elle portait un tailleur noir d'une coupe élégante

stylishness ['staɪlɪʃnɪs] n [of person, car, clothes] élégance f, chic m

stylist ['staɪlɪst] n (Literat) styliste mf; (Dress etc) modéliste mf; (Hairdressing) coiffeur m, -euse f, artiste mf (capillaire)

stylistic [staɪˈlɪstɪk] adj (Ling, Literat, Mus, Art, Cine etc) stylistique ◆ **a stylistic device** un procédé stylistique or de style

stylistically [staɪˈlɪstɪkəlɪ] adv d'un point de vue stylistique ◆ **stylistically, he owes much to Hemingway** d'un point de vue stylistique, il doit beaucoup à Hemingway

stylistics [staɪˈlɪstɪks] n (NonC) stylistique f

stylite ['staɪlaɪt] n stylite m

stylization [ˌstaɪlaɪˈzeɪʃən] n stylisation f

stylize ['staɪlaɪz] vt styliser

stylobate ['staɪləˌbeɪt] n stylobate m

stylograph ['staɪləɡrɑːf] n stylographe m

styloid ['staɪlɔɪd] adj (Anat) styloïde

stylus ['staɪləs] n, pl **styluses** or **styli** (= tool) style m; [of record player] saphir m

stymie ['staɪmɪ] **1** n (Golf) trou m barré
  2 vt (Golf) barrer le trou à; (* fig) coincer * ◆ **I'm stymied** * je suis coincé *, je suis dans une impasse

styptic ['stɪptɪk] **1** adj styptique ◆ **styptic pencil** crayon m hémostatique
  2 n styptique m

styrax ['staɪræks] n (= tree) styrax m

styrene ['staɪriːn] n (Chem) styrène m

Styrofoam ® ['staɪrəˌfəʊm] **1** n (US) polystyrène m expansé
  2 COMP cup en polystyrène

Styx [stɪks] n Styx m

suasion ['sweɪʒən] n (also **moral suasion**) pression f morale

suave [swɑːv] adj (esp pej) person mielleux, doucereux; manner doucereux, onctueux; voice, smile mielleux

suavely ['swɑːvlɪ] adv say d'un ton mielleux or doucereux ◆ **to smile suavely** avoir un sourire mielleux

suavity ['swɑːvɪtɪ] n (NonC) manières fpl doucereuses or onctueuses (pej)

sub * [sʌb] abbrev of **subaltern**, **subedit**, **subeditor**, **sub-lieutenant**, **submarine**, **subscription**, **substitute**

sub... [sʌb] pref sub..., sous-; → **subculture**

subacute [ˌsʌbəˈkjuːt] adj (Med) subaigu (-guë f)

subagent [sʌbˈeɪdʒənt] n sous-agent m

subalpine [sʌbˈælpaɪn] adj subalpin

subaltern [ˈsʌbltən] **1** n (Brit Mil) officier d'un rang inférieur à celui de capitaine
  2 adj subalterne

subantarctic [ˌsʌbæntˈɑːktɪk] adj subantarctique

subaqua [ˌsʌbˈækwə] adj ◆ **subaqua club** club m de plongée

subaqueous [sʌbˈeɪkwɪəs] adj subaquatique, aquatique

subarctic [sʌbˈɑːktɪk] adj subarctique; (fig) presque arctique

subassembly [ˌsʌbəˈsemblɪ] n sous-assemblée f

subatomic [ˌsʌbəˈtɒmɪk] adj subatomique

sub-basement ['sʌbˌbeɪsmənt] n second sous-sol m

sub-branch ['sʌb'brɑːntʃ] n sous-embranchement m

subcalibre, subcaliber (US) [sʌb'kælɪbəʳ] adj projectile sous-calibré

subcategory [,sʌb,kætəgərɪ] n sous-catégorie f

subclass [,sʌb'klɑːs] n sous-classe f

subclavian [sʌb'kleɪvɪən] adj sous-clavier

subcommittee ['sʌbkə,mɪtɪ] n sous-comité m ; (larger) sous-commission f ◆ **the Housing Subcommittee** la sous-commission du logement

subcompact [,sʌb'kɒmpækt] n (US Aut) petite voiture f

subconscious [,sʌb'kɒnʃəs] [→ SYN] adj, n subconscient m

subconsciously [,sʌb'kɒnʃəslɪ] adv **a** (= without realizing) inconsciemment
b (Psych) au niveau du subconscient, de manière subconsciente

subcontinent [,sʌb'kɒntɪnənt] n sous-continent m ◆ **the (Indian) Subcontinent** le sous-continent indien

subcontract [,sʌb'kɒntrækt] **1** n sous-traité m
2 [,sʌbkən'trækt] vt sous-traiter

subcontracting [,sʌbkɒn'træktɪŋ] **1** n sous-traitance f
2 adj firm qui sous-traite

subcontractor [,sʌbkən'træktəʳ] n sous-entrepreneur m, sous-traitant m

subcritical [sʌb'krɪtɪkl] adj (Nucl Phys) sous-critique

subculture ['sʌb,kʌltʃəʳ] n (Sociol) subculture f ; (Bacteriology) culture f repiquée

subcutaneous ['sʌbkju'teɪnɪəs] adj sous-cutané

subcutaneously [,sʌbkju'teɪnɪəslɪ] adv en sous-cutané

subdeacon [,sʌb'diːkən] n sous-diacre m

subdeb * ['sʌbdeb], **subdebutante** ['sʌb,debjuːtɑːnt] n (US) jeune fille f qui n'a pas encore fait son entrée dans le monde

subdiaconate [,sʌbdaɪ'ækənɪt] n sous-diaconat m

subdistrict ['sʌb,dɪstrɪkt] n subdivision f d'un quartier

subdivide [,sʌbdɪ'vaɪd] **1** vt subdiviser (into en)
2 vi se subdiviser

subdivision ['sʌbdɪ,vɪʒən] n subdivision f

subdivisional [,sʌbdɪ'vɪʒənl] adj subdivisionnaire

subdominant [,sʌb'dɒmɪnənt] n (Ecol) (espèce f) sous-dominante f ; (Mus) sous-dominante f

subduction [səb'dʌkʃən] n (Geol) subduction f

subdue [səb'djuː] [→ SYN] vt (+ people, country) subjuguer, assujettir, soumettre ; (+ feelings, passions, desire) contenir, refréner, maîtriser ; (+ light, colour) adoucir, atténuer ; (+ voice) baisser ; (+ pain) atténuer, amortir

subdued [səb'djuːd] [→ SYN] adj **a** (= morose) person, mood, atmosphere sombre ; voice qui manque d'entrain ◆ **she was very subdued** elle avait perdu son entrain
b (= restrained, unobtrusive) reaction, response prudent
c (= quiet, dim) colour doux (douce f) ; light, lighting tamisé, voilé ; voice bas (basse f) ; conversation, discussion à voix basse

subedit [,sʌb'edɪt] vt (Brit Press, Typ) corriger, mettre au point, préparer pour l'impression

subeditor [,sʌb'edɪtəʳ] n (Brit Press, Typ) secrétaire mf de (la) rédaction

sub-entry ['sʌb,entrɪ] n (Accounts) sous-entrée f

subequatorial [,sʌb,ekwə'tɔːrɪəl] adj (Geog) subéquatorial

suberin ['sjuːbərɪn] n subérine f

suberose ['sjuːbərəʊs] adj (Bot) subéreux

subfamily ['sʌb,fæmɪlɪ] n sous-famille f

subfield ['sʌbfiːld] n (Math) subdivision f

sub-frame ['sʌbfreɪm] n (Aut) faux-châssis m

subfusc ['sʌbfʌsk] n toge f et mortier noirs

subgenus [,sʌb,dʒiːnəs] n, pl **subgenuses** or **subgenera** [,sʌb'dʒenərə] (Bio) sous-genre m

subgroup ['sʌbgruːp] n sous-groupe m

subhead(ing) ['sʌb,hed(ɪŋ)] n sous-titre m

subhuman [,sʌb'hjuːmən] **1** adj conditions inhumain ◆ **to treat/portray foreigners as subhuman** traiter/dépeindre les étrangers comme des sous-hommes
2 n sous-homme m

subito ['suːbɪtəʊ] adv (Mus) subito

subjacent [,sʌb'dʒeɪsənt] adj (= underlying) sousjacent, subjacent (liter)

subject ['sʌbdʒɪkt] [→ SYN] **1** n **a** (esp Brit = citizen etc) sujet(te) m(f) ◆ **the king and his subjects** le roi et ses sujets ◆ **British subject** sujet m britannique ◆ **he is a French subject** (in France) il est de nationalité française ; (elsewhere) c'est un ressortissant français
b (Med, Phot, Psych etc = person) sujet m ◆ **he's a good subject for treatment by hypnosis** c'est un sujet qui répond bien au traitement par l'hypnose ◆ **he's a good subject for research into hypnosis** c'est un bon sujet pour une étude sur l'hypnose
c (= matter, topic: gen, Art, Literat, Mus etc) sujet m (of, for de) ; (Scol, Univ) matière f, discipline f ◆ **to get off the subject** sortir du sujet ◆ **that's off the subject** c'est hors du sujet ou à côté du sujet ◆ **let's get back to the subject** revenons à nos moutons ◆ **on the subject of ...** au sujet de ..., sur le sujet de ... ◆ **while we're on the subject of ...** pendant que nous parlons de ..., à propos de ... ◆ **let's change the subject** changeons de sujet ◆ **his best subject** (Scol, Univ) sa matière ou sa discipline forte ; → **drop**
d (= reason, occasion) sujet m, motif m (of, for de) ◆ **it is not a subject for rejoicing** il n'y a pas lieu de se réjouir
e (Gram, Logic, Philos) sujet m
2 adj **a** (frm = subservient) people, tribes, state asservi, soumis ◆ **the police are subject to the law, like the rest of us** la police doit obéir à la loi, comme nous tous
b subject to (= prone to) sujet à ◆ **the area is subject to drought** la région est sujette à la sécheresse ◆ **he is subject to back pain** il est sujet au mal de dos ou à des maux de dos ◆ **subject to French rule** sous (la) domination française ◆ **your gift will be subject to VAT** votre cadeau sera soumis à la TVA
c (= depending on) subject to the approval of the committee sous réserve de l'accord du comité ◆ **you may leave the country subject to producing the necessary documents** vous pouvez quitter le territoire à condition de fournir les documents nécessaires ◆ **the building is being sold subject to certain conditions** le bâtiment est à vendre sous certaines conditions ◆ **my offer is subject to the following conditions** mon offre est soumise aux conditions suivantes ◆ **the decision is subject to approval/confirmation (by the minister)** cette décision doit être approuvée/confirmée (par le ministre) ◆ **they have authority to decide, subject to the minister's approval** ils ont le pouvoir de décision, sous réserve de l'approbation du ministre ◆ "**subject to availability**" holiday, concert, flight "dans la limite des places disponibles" ; free gift "dans la limite des stocks disponibles" ◆ "**prices are subject to alteration**" "ces prix sont sujets à modifications" ◆ **subject to prior sale** sauf vente (antérieure)
3 [səb'dʒekt] vt (= subdue) (+ country) soumettre, assujettir (liter) ◆ **to subject sb to sth** soumettre qn à qch, faire subir qch à qn ◆ **to subject sth to heat/cold** exposer qch à la chaleur/au froid ◆ **he was subjected to much criticism** il a été en butte à de nombreuses critiques, il a fait l'objet de nombreuses critiques, il a été très critiqué ◆ **to subject o.s. to criticism** s'exposer à la critique
4 COMP ▷ **subject heading** n rubrique f ▷ **subject index** n (in book) index m thématique ; (in library) fichier m par matières ▷ **subject matter** n (= theme) sujet m ; (= content) contenu m ▷ **subject pronoun** n (Gram) pronom m sujet

subjection [səb'dʒekʃən] n sujétion f, soumission f ◆ **to hold** or **keep in subjection** maintenir dans la sujétion or sous son joug ◆ **to bring into subjection** soumettre, assujettir (liter) ◆ **they were living in a state of complete subjection** ils vivaient dans la sujétion ou dans la soumission ou dans les chaînes

subjective [səb'dʒektɪv] [→ SYN] **1** adj **a** subjectif
b (Gram) case, pronoun sujet
2 n (Gram) nominatif m

subjectively [səb'dʒektɪvlɪ] adv subjectivement

subjectivism [səb'dʒektɪvɪzəm] n subjectivisme m

subjectivity [,səbdʒek'tɪvɪtɪ] n subjectivité f

subjoin [,sʌb'dʒɔɪn] vt adjoindre, ajouter

sub judice [,sʌb'dʒuːdɪsɪ] adj (Jur) ◆ **the matter is sub judice** l'affaire est en instance or devant les tribunaux

subjugate ['sʌbdʒʊgeɪt] vt (+ people, country) subjuguer, soumettre, assujettir ; (+ animal, feelings) dompter

subjugation [,sʌbdʒʊ'geɪʃən] n subjugation f, assujettissement m

subjunctive [səb'dʒʌŋktɪv] adj, n subjonctif m ◆ **in the subjunctive (mood)** au (mode) subjonctif

subkingdom ['sʌb,kɪŋdəm] n (Bot, Zool etc) embranchement m

sublease ['sʌbliːs] **1** n sous-location f
2 vti sous-louer (to à ; from à)

sublessee [,sʌble'siː] n sous-locataire mf

sublessor [,sʌble'sɔːʳ] n locataire mf principal(e)

sublet [sʌb'let] vb : pret, ptp **sublet 1** n sous-location f
2 vti sous-louer (to à)

sub-librarian [,sʌblaɪ'brɛərɪən] n bibliothécaire mf adjoint(e)

sub-lieutenant [,sʌblef'tenənt] n (Brit Naut) enseigne m de vaisseau (de première classe)

sublimate ['sʌblɪmeɪt] **1** vt (all senses) sublimer
2 ['sʌblɪmɪt] adj, n (Chem) sublimé m

sublimation [,sʌblɪ'meɪʃən] n sublimation f

sublime [sə'blaɪm] [→ SYN] **1** adj **a** being, beauty, painting, scenery, music sublime ; moment divin
b (* = delightful) dinner, hat, person divin, sensationnel *
c indifference, disregard suprême (before n) ; souverain (before n) ; innocence suprême (before n) ; incompetence prodigieux
2 n sublime m ◆ **from the sublime to the ridiculous** du sublime au grotesque

sublimely [sə'blaɪmlɪ] adv **a** sublimely beautiful d'une beauté sublime
b (* = delightfully) dance, sing etc divinement
c indifferent, ignorant souverainement, au plus haut point ◆ **the government seems sublimely unaware of the danger** le gouvernement semble totalement inconscient du danger

subliminal [,sʌb'lɪmɪnl] **1** adj subliminal
2 COMP ▷ **subliminal advertising** n publicité f subliminale ▷ **subliminal image** n image f subliminale ▷ **subliminal message** n message m subliminal

subliminally [,sʌb'lɪmɪnəlɪ] adv evoke, influence etc de manière subliminale

sublimity [sə'blɪmɪtɪ] n sublimité f

sublingual [,sʌb'lɪŋgwəl] adj sublingual

sublunary [,sʌb'luːnərɪ] adj sublunaire

submachine gun [,sʌbmə'ʃiːngʌn] n mitraillette f

submarine [,sʌbmə'riːn] **1** n **a** (Naut) sous-marin m
b (US *: also **submarine sandwich, sub sandwich**) gros sandwich m mixte
2 adj sous-marin
3 COMP ▷ **submarine chaser** n chasseur m de sous-marins ▷ **submarine pen** n abri m pour sous-marins

submariner [,sʌb'mærɪnəʳ] n sous-marinier m

submaxillary [,sʌb'mæksɪlərɪ] adj sous-maxillaire

submediant [,sʌb'miːdɪənt] n (Mus) sus-dominante f

sub-menu ['sʌbmenjuː] n (Comput) sous-menu m

submerge [səb'mɜːdʒ] [→ SYN] **1** vt (flood, tide, sea) submerger ; (= plunge) inonder, submerger ◆ **to submerge sth in sth** immerger qch dans qch ◆ **to submerge o.s. in sth** (fig) se plonger totalement dans qch
2 vi (submarine, diver etc) s'immerger

submerged / substantialist

submerged [səb'mɜːdʒd] adj submergé ◆ **submerged in work** (fig) submergé or débordé de travail

submergence [səb'mɜːdʒəns] n submersion f

submersible [səb'mɜːsəbl] adj, n submersible m

submersion [səb'mɜːʃən] n **a** (in liquid) submersion f
  b total submersion in an interesting hobby can be very relaxing se plonger totalement dans un hobby intéressant peut apporter une grande détente

submission [səb'mɪʃən] → SYN n **a** (= submissiveness) soumission f (to à) ◆ she nodded her head in submission elle a incliné la tête d'un air soumis ◆ **to starve/beat sb into submission** soumettre qn en le privant de nourriture/en le battant
  b (Wrestling) abandon m
  c (NonC = handing in) [of documents, sample, application, report] dépôt m; [of thesis] remise f (au rapporteur)
  d (= proposal) proposition f
  e (Jur) submissions conclusions fpl (d'une partie) ◆ **to file submissions with a court** déposer des conclusions auprès d'un tribunal
  f (frm = assertion) it is my submission that ... ma thèse est que ... ◆ **in my/our submission** selon ma/notre thèse

submissive [səb'mɪsɪv] → SYN adj person, behaviour, attitude soumis, docile ◆ **children were expected to be submissive to their elders** on attendait des enfants qu'ils se soumettent à leurs aînés

submissively [səb'mɪsɪvlɪ] adv docilement

submissiveness [səb'mɪsɪvnɪs] n soumission f, docilité f

submit [səb'mɪt] → SYN **1** vt **a** to submit o.s. to sb/sth se soumettre à qn/qch
  b (= put forward) [+ documents, sample, proposal, report, evidence] soumettre (to à), présenter (to à) ◆ **to submit that ...** suggérer que ... ◆ **I submit that ...** ma thèse est que ...
  2 vi (Mil) se soumettre (to à); (fig) se soumettre, se plier (to à)

submultiple [sʌb'mʌltɪpl] n (Math) sous-multiple m

subnormal [,sʌb'nɔːməl] **1** adj **a** (also **mentally subnormal**) person attardé, arriéré
  b weight, height, temperature etc inférieur (-eure f) à la normale
  2 the subnormal npl ◆ **the mentally/educationally subnormal** les attardés mpl or retardés mpl (sur le plan intellectuel/éducatif)

subnuclear [sʌb'njuːklɪər] adj (Phys) subnucléaire

suboffice ['sʌb,ɒfɪs] n (Comm) succursale f

suborbital [,sʌb'ɔːbɪtəl] adj (Space) sous-orbital

sub-order ['sʌbɔːdər] n sous-ordre m

subordinate [sə'bɔːdnɪt] → SYN **1** adj **a** officer, role, position subalterne (to à)
  b (Gram) subordonné
  2 n subordonné(e) m(f), subalterne mf
  3 [sə'bɔːdɪneɪt] vt subordonner (to à)
  4 COMP ▷ **subordinating conjunction** n (Gram) subordonnant m, conjonction f de subordination

subordination [sə,bɔːdɪ'neɪʃən] → SYN n subordination f

suborn [sə'bɔːn] vt suborner

subornation [,sʌbɔː'neɪʃən] n subornation f

suboxide [sʌb'ɒksaɪd] n (Chem) hypoxyde m, sous-oxyde m

subparagraph ['sʌb,pærəgrɑːf] n sous-paragraphe m

subplot ['sʌb,plɒt] n (Literat) intrigue f secondaire

subpoena [sə'piːnə] (Jur) **1** n citation f, assignation f (pour le témoin)
  2 vt citer or assigner (à comparaître)

subpopulation ['sʌb,pɒpjʊ'leɪʃən] n sous-population f

sub-postmaster [,sʌb'pəʊstmɑːstər] n (Brit) receveur m des postes

sub-postmistress [,sʌb'pəʊstmɪstrɪs] n (Brit) receveuse f des postes

sub-post office [,sʌb'pəʊstɒfɪs] n agence f postale

subregion [,sʌb,riːdʒən] n sous-région f

subrogate ['sʌbrəgɪt] adj subrogé ◆ **subrogate language** (Ling) langage m subrogé

subrogation [,sʌbrə'geɪʃən] n (Jur) subrogation f

sub rosa [,sʌb'rəʊzə] adv en confidence, sous le sceau du secret

subroutine [,sʌbruː,tiːn] n (Comput) sous-programme m

sub-Saharan [sʌbsə'hɑːrən] **1** adj (Geog) subsaharien (-ne f)
  2 COMP ▷ **sub-Saharan Africa** n Afrique f subsaharienne or noire

subscapular [,sʌb'skæpjʊlər] adj sous-scapulaire

subscribe [səb'skraɪb] LANGUAGE IN USE 11.2 → SYN
  1 vt **a** (+ money) donner, verser (to à)
  b (+ one's signature, name) apposer (to au bas de); (+ document) signer ◆ **he subscribes himself John Smith** il signe John Smith
  2 vi ◆ **to subscribe to** (+ book, new publication, fund) souscrire à; (+ newspaper) (= become a subscriber) s'abonner à; (= be a subscriber) être abonné à; (+ charity) verser une somme d'argent à, apporter une contribution à; (fig) (+ opinion, project, proposal) souscrire à ◆ **I don't subscribe to the idea that money should be given to ...** je ne suis pas partisan de donner de l'argent à ... ◆ **to subscribe for shares** souscrire à des actions

subscriber [səb'skraɪbər] **1** n (to fund, new publication etc) souscripteur m, -trice f (to de); (to newspaper, also Telec) abonné(e) m(f) (to de); (to opinion, idea) adepte mf, partisan m (to de)
  2 COMP ▷ **subscriber trunk dialling** n (Brit Telec) automatique m

subscript ['sʌb,skrɪpt] (Typ) **1** adj inférieur (-eure f)
  2 n indice m

subscription [səb'skrɪpʃən] → SYN **1** n (to fund, charity) souscription f; (to club) cotisation f; (to newspaper) abonnement m ◆ **to pay one's subscription** (to club) payer or verser sa cotisation; (to newspaper) payer or régler son abonnement ◆ **to take out a subscription to ...** (Press) s'abonner à ...
  2 COMP ▷ **subscription rate** n (Press) tarif m d'abonnement

subsection [,sʌb,sekʃən] n (Jur etc) subdivision f, article m

subsequent [,sʌbsɪkwənt] → SYN **1** adj (= later in past) postérieur (-eure f), ultérieur (-eure f); (= in future) à venir
  2 adv (frm) ◆ **subsequent to this** par la suite ◆ **subsequent to his arrival** à la suite de son arrivée ◆ **events that occurred subsequent to March 1995** les événements postérieurs à mars 1995

subsequently ['sʌbsɪkwəntlɪ] → SYN adv par la suite, ultérieurement

subseries ['sʌb,sɪərɪz] n sous-série f

subserve [səb'sɜːv] vt (frm) favoriser

subservience [səb'sɜːvɪəns] n **a** (= submission) [of person, nation] asservissement m (to sb/sth à qn/qch)
  b (pej = servility) [of person, manner, behaviour] servilité f (pej) (to sb envers qn)
  c (frm = secondary role) rôle m accessoire or secondaire (to sb/sth par rapport à qn/qch)

subservient [səb'sɜːvɪənt] adj **a** (= submissive) person, nation asservi, soumis ◆ **subservient to** soumis à
  b (pej = servile) person, manner, behaviour servile (pej)
  c (frm = secondary) accessoire, secondaire (to sb/sth par rapport à qn/qch)

subserviently [səb'sɜːvɪəntlɪ] adv (pej) obséquieusement

subset ['sʌb,set] n sous-ensemble m

subshrub ['sʌb,ʃrʌb] n sous-arbrisseau m

subside [səb'saɪd] → SYN vi (land, pavement, foundations, building) s'affaisser, se tasser; [flood, river] baisser, décroître; [wind, anger, excitement] tomber, se calmer; [threat] s'éloigner; [person] (into armchair etc) s'affaisser, s'écrouler (into dans; on to sur)

subsidence ['sʌbsɪdns, səb'saɪdəns] → SYN n (of land, pavement, foundations, building) affaissement m ◆ "**road liable to subsidence**" "chaussée instable" ◆ **the crack in the wall is caused by subsidence** la faille dans le mur est due à l'affaissement du terrain

subsidiarity [,səbsɪdɪ'ærɪtɪ] n subsidiarité f

subsidiary [səb'sɪdɪərɪ] → SYN **1** adj **a** role secondaire, accessoire; motive, reason, aim subsidiaire (to par rapport à); (Theat, Literat) character secondaire; advantage, income accessoire
  b (Univ) subject, course optionnel ◆ **to do subsidiary Latin** étudier le latin en option
  c (Fin, Comm) subsidiary company/bank filiale f (d'une société/d'une banque)
  2 n (Fin) filiale f

subsidization [,sʌbsɪdaɪ'zeɪʃən] n subventionnement m

subsidize [,sʌbsɪdaɪz] → SYN vt subventionner ◆ **heavily subsidized** agriculture, housing fortement subventionné

subsidizer ['sʌbsɪdaɪzər] n source f de subventions, subventionneur m, -euse f

subsidy ['sʌbsɪdɪ] → SYN n subvention f ◆ **government or state subsidy** subvention f de l'État ◆ **there is a subsidy on butter** l'État subventionne les producteurs or la production de beurre

subsist [səb'sɪst] → SYN vi subsister ◆ **to subsist on bread/$100 a week** vivre de pain/avec 100 dollars par semaine

subsistence [səb'sɪstəns] → SYN **1** n **a** existence f, subsistance f ◆ **means of subsistence** moyens mpl d'existence or de subsistance
  b (also **subsistence allowance**, **subsistence benefit**) frais mpl or indemnité f de subsistance
  2 COMP ▷ **subsistence crops** npl cultures fpl vivrières de base ▷ **subsistence economy** n économie f de subsistance ▷ **subsistence farmer** n agriculteur m qui produit le minimum vital ▷ **subsistence farming** n agriculture f de subsistance ▷ **subsistence level** n minimum m vital ◆ **to live at subsistence level** avoir tout juste de quoi vivre ▷ **subsistence wage** n salaire m tout juste suffisant pour vivre, salaire m de subsistance

subsoil ['sʌb,sɔɪl] n (Agr, Geol) sous-sol m

subsonic [,sʌb'sɒnɪk] adj plane, speed etc subsonique

subspecies ['sʌb,spiːʃiːz] n (pl inv) sous-espèce f

substance ['sʌbstəns] → SYN **1** n (= matter, material, essential meaning, gist) substance f (also Chem, Philos, Phys, Rel etc); (= solid quality) solidité f; (= consistency) consistance f; (= wealth etc) biens mpl, fortune f ◆ **that is the substance of his speech** voilà la substance or l'essentiel de son discours ◆ **I agree with the substance of his proposals** je suis d'accord sur l'essentiel de ses propositions ◆ **the meal had not much substance (to it)** le repas n'était pas très substantiel ◆ **to lack substance** [film, book, essay] manquer d'étoffe; [argument] être plutôt mince; [accusation, claim, allegation] être sans grand fondement ◆ **in substance** en substance ◆ **a man of substance** † (= rich) un homme riche or cossu ◆ **the substance of the case** (Jur) le fond de l'affaire; → sum
  2 COMP ▷ **substance abuse** n abus m de substances toxiques

substandard [,sʌb'stændəd] adj **a** (= low-quality) goods, service, materials de qualité inférieure; work médiocre
  b (= below a certain standard) housing, conditions, abattoir etc non conforme aux normes
  c (Ling) incorrect

substantial [səb'stænʃəl] → SYN adj **a** (= considerable, sizeable) important, considérable; business gros (grosse f); house grand ◆ **to be in substantial agreement** être d'accord sur l'essentiel or dans l'ensemble
  b (= durable) object, structure solide
  c (= sustaining) meal substantiel
  d (= convincing) proof convaincant, solide; objection fondé; argument de poids
  e (frm = real, tangible) substantiel

substantialism [səb'stænʃə,lɪzəm] n substantialisme m

substantialist [səb'stænʃə,lɪst] n substantialiste mf

substantially [səbˈstænʃəlɪ] → SYN adv **a** (= considerably) considérablement ◆ **substantially bigger/higher** etc beaucoup plus grand/plus haut etc ◆ **substantially more refugees** beaucoup plus de réfugiés ◆ **substantially different** fondamentalement différent

b (= to a large extent) correct, true, the same en grande partie ◆ **this is substantially true** c'est en grande partie vrai ◆ **to remain substantially unchanged** rester inchangé dans l'ensemble ◆ **it is substantially the same book** c'est en grande partie le même livre

c **substantially constructed** solidement construit

substantiate [səbˈstænʃɪeɪt] → SYN vt fournir des preuves à l'appui de, justifier ◆ **he could not substantiate it** il n'a pas pu fournir de preuves

substantiation [səbˌstænʃɪˈeɪʃən] n preuve f, justification f

substantival [ˌsʌbstənˈtaɪvəl] adj (Gram) substantif, à valeur de substantif

substantive [ˈsʌbstəntɪv] **1** n (Gram) substantif m
2 adj **a** (frm = substantial) important
b (Gram) substantif

substantivization [ˌsʌbstəntɪvaɪˈzeɪʃən] n (Gram) substantivation f

substantivize [ˌsʌbstəntɪˌvaɪz] vt (Gram) substantiver

substation [ˈsʌbˌsteɪʃən] n sous-station f

substitutable [ˌsʌbstɪˈtjuːtəbl] adj remplaçable

substitute [ˈsʌbstɪtjuːt] → SYN **1** n (= person: gen, Sport) remplaçant(e) m(f), suppléant(e) m(f) (*for* de) ; (= thing) produit m de substitution or de remplacement (*for* de) ; (Gram) terme m suppléant ◆ **you must find a substitute (for yourself)** vous devez vous trouver un remplaçant, il faut vous faire remplacer ◆ **substitutes for rubber, rubber substitutes** succédanés mpl or ersatz m inv de caoutchouc ◆ **"beware of substitutes"** (Comm) "se méfier des contrefaçons" ◆ **there is no substitute for wool** rien ne peut remplacer la laine ◆ **a correspondence course is no/a poor substitute for personal tuition** les cours par correspondance ne remplacent pas/remplacent mal les cours particuliers ; → **turpentine**
2 adj (Sport) (à titre de) remplaçant ◆ **substitute coffee** ersatz m inv or succédané m de café
3 vt substituer (*A for B* A à B), remplacer (*A for B* B par A)
4 vi ◆ **to substitute for sb** remplacer ou suppléer qn
5 COMP ▷ **substitute teacher** n (US Educ) suppléant(e) m(f), remplaçant(e) m(f)

substitution [ˌsʌbstɪˈtjuːʃən] → SYN n substitution f (also Chem, Ling, Math etc), remplacement m ◆ **substitution of x for y** substitution de x à y, remplacement de y par x ◆ **to make a substitution** (Sport) remplacer un joueur

substitutive [ˈsʌbstɪˌtjuːtɪv] adj substitutif

substrata [ˈsʌbˌstrɑːtə] npl of **substratum**

substrate [ˈsʌbstreɪt] n (Chem) substrat m

substratum [ˈsʌbˌstrɑːtəm] n, pl **substrata** [ˈsʌbˌstrɑːtə] (gen, Geol, Ling, Sociol etc) substrat m ; (Agr) sous-sol m ; (fig) fond m

substructure [ˈsʌbˌstrʌktʃər] n infrastructure f

subsume [səbˈsjuːm] vt subsumer ◆ **to subsume X under the heading** or **within the group of Y** subsumer X dans la catégorie Y

subsystem [ˈsʌbˌsɪstəm] n sous-système m

subtangent [sʌbˈtændʒənt] n sous-tangente f

subteen [ˌsʌbˈtiːn] n (esp US) préadolescent(e) m(f)

subtemperate [ˌsʌbˈtempərɪt] adj subtempéré

subtenancy [ˌsʌbˈtenənsɪ] n sous-location f

subtenant [ˌsʌbˈtenənt] n sous-locataire mf

subtend [səbˈtend] vt sous-tendre

subterfuge [ˈsʌbtəfjuːdʒ] → SYN n subterfuge m

subterranean [ˌsʌbtəˈreɪnɪən] adj (lit, fig) souterrain

subtext [ˈsʌbtekst] n sujet m sous-jacent

subtilize [ˈsʌtɪlaɪz] vti subtiliser

subtitle [ˈsʌbˌtaɪtl] (Ciné) **1** n sous-titre m
2 vt sous-titrer

subtitled [ˈsʌbˌtaɪtld] adj sous-titré

subtitling [ˈsʌbˌtaɪtlɪŋ] n sous-titrage m

subtle [ˈsʌtl] → SYN adj (gen) subtil (subtile f) ; mind, humour, irony, joke subtil (subtile f), fin ; perfume, flavour subtil (subtile f), délicat ; pressure, implication, suggestion, reminder, rebuke discret (-ète f) ; plan ingénieux ; flaw léger ◆ **a subtle form of racism** une forme insidieuse de racisme ◆ **the subtle message of the film is that ...** le message implicite ou en filigrane de ce film est que ...

subtleness [ˈsʌtlnɪs] n ⇒ **subtlety** a

subtlety [ˈsʌtltɪ] → SYN n **a** (NonC: gen) subtilité f ; [of mind, humour, irony, joke] subtilité f, finesse f ; [of perfume, flavour] subtilité f, délicatesse f ; [of pressure, implication, suggestion, reminder, rebuke] discrétion f ; [of plan] ingéniosité f
b (= detail) subtilité f

subtly [ˈsʌtlɪ] adv imply, suggest, remind, rebuke discrètement ; change, enhance de façon subtile ◆ **subtly flavoured** au goût subtil or délicat ◆ **subtly coloured** aux couleurs subtiles ◆ **subtly spicy** délicatement épicé ◆ **subtly erotic** d'un érotisme subtil

subtonic [ˌsʌbˈtɒnɪk] n sous-tonique f

subtopic [ˌsʌbˈtɒpɪk] n sous-thème m, subdivision f d'un thème

subtotal [ˈsʌbˌtəʊtl] n total m partiel

subtract [səbˈtrækt] → SYN vt soustraire, retrancher, déduire (*from* de)

subtraction [səbˈtrækʃən] n soustraction f

subtractive [səbˈtræktɪv] adj (Math) soustractif

subtropical [ˌsʌbˈtrɒpɪkəl] adj subtropical

subtropics [ˌsʌbˈtrɒpɪks] npl régions fpl subtropicales

subulate [ˈsuːbjəlɪt] adj subulé

suburb [ˈsʌbɜːb] n faubourg m ◆ **the suburbs** la banlieue ◆ **in the suburbs** en banlieue ◆ **the outer suburbs** la grande banlieue ◆ **it is now a suburb of London** c'est maintenant un faubourg de Londres, ça fait désormais partie de la banlieue de Londres

suburban [səˈbɜːbən] adj **a** house, street, community, train de banlieue ◆ **a suburban area** une banlieue, une zone suburbaine (frm) ◆ **suburban development** or **growth** développement m suburbain ◆ **suburban sprawl** (NonC: pej) (= phenomenon) développement anarchique des banlieues ; (= particular suburb) banlieue f tentaculaire
b (pej) attitude, values, accent banlieusard (pej) ◆ **his suburban lifestyle** sa vie étriquée (pej) de banlieusard

suburbanite [səˈbɜːbənaɪt] n habitant(e) m(f) de la banlieue, banlieusard(e) m(f) (pej)

suburbanize [səˈbɜːbənaɪz] vt donner le caractère ou les caractéristiques de la banlieue à, transformer en banlieue

suburbia [səˈbɜːbɪə] n (NonC) la banlieue

suburbicarian [səˌbɜːbɪˈkɛərɪən] adj suburbicaire

subvention [səbˈvenʃən] n subvention f

subversion [səbˈvɜːʃən] n (Pol) subversion f

subversive [səbˈvɜːsɪv] → SYN **1** adj (lit, fig) subversif
2 n élément m subversif

subversively [səbˈvɜːsɪvlɪ] adv de façon subversive, subversivement

subversiveness [səbˈvɜːsɪvnɪs] n caractère m subversif

subvert [səbˈvɜːt] → SYN vt [+ the law, tradition] bouleverser, renverser ; (= corrupt) [+ person] corrompre

subway [ˈsʌbweɪ] n (= underpass: esp Brit) passage m souterrain ; (= railway: esp US) métro m ◆ **by subway** en métro

sub-zero [ˌsʌbˈzɪərəʊ] adj temperature au-dessous de zéro

succedaneum [ˌsʌksɪˈdeɪnɪəm] n, pl **succedanea** [ˌsʌksɪˈdeɪnɪə] succédané m

succeed [səkˈsiːd] → SYN **1** vi **a** (= be successful) réussir (*in sth* dans qch) ; (= prosper) réussir, avoir du succès ; [plan, attempt] réussir ◆ **to succeed in doing sth** réussir ou parvenir ou arriver à faire qch ◆ **he succeeds in all he does** tout lui réussit, il réussit tout ce qu'il entreprend ◆ (Prov) **nothing succeeds like success** un succès en entraîne un autre ◆ **to succeed in business/as a politician** réussir or avoir du succès en affaires/en tant qu'homme politique ◆ **to succeed in life/one's career** réussir dans la vie/sa carrière

b (= follow) succéder (*to* à) ◆ **he succeeded (to the throne) in 1911** il a succédé (à la couronne) en 1911 ◆ **there succeeded a period of peace** il y eut ensuite une période de paix

2 vt [person] succéder à, prendre la suite de ; [event, storm, season etc] succéder à, suivre ◆ **he succeeded his father as leader of the party** il a succédé à or pris la suite de son père à la direction du parti ◆ **he was succeeded by his son** son fils lui a succédé ◆ **as year succeeded year** comme les années passaient, comme les années se succédaient

succeeding [səkˈsiːdɪŋ] → SYN adj (in past) suivant ; (in future) à venir ◆ **each succeeding year brought ...** chaque année qui passait apportait ... ◆ **many Armenians left their homeland in succeeding years** beaucoup d'Arméniens ont quitté leur patrie pendant les années qui ont suivi ◆ **each succeeding year will bring ...** chacune des années à venir apportera ... ◆ **this issue will need serious consideration in succeeding weeks** il faudra sérieusement réfléchir à ce problème pendant les semaines à venir ◆ **my sight gets worse with each succeeding year** ma vue baisse d'année en année ◆ **she returns to this idea in the succeeding chapters** elle reprend cette idée dans les chapitres suivants

success [səkˈses] LANGUAGE IN USE 23.5, 23.6 → SYN
1 n [of plan, venture, attempt, person] succès m, réussite f ◆ **success in an exam** le succès or la réussite à un examen ◆ **his success in doing sth** le fait qu'il ait réussi à faire qch ◆ **his success in his attempts** la réussite qui a couronné ses efforts ◆ **without success** sans succès, en vain ◆ **to meet with success** avoir or obtenir or remporter du succès ◆ **to have great success** faire fureur, avoir un succès fou ◆ **to make a success of sth** (project, enterprise) faire réussir qch, mener qch à bien ; (job, meal, dish) réussir qch ◆ **we wish you every success** nous vous souhaitons très bonne chance ◆ **congratulations on your success** je vous félicite de votre succès, (toutes mes) félicitations pour votre succès ◆ **congratulations on your success in obtaining ...** je vous félicite d'avoir réussi à obtenir ... ◆ **he was a success at last** il avait enfin réussi, il était enfin arrivé, il avait enfin du succès ◆ **he was a great success at the dinner/as Hamlet/as a writer/in business** il a eu beaucoup de succès au dîner/dans le rôle de Hamlet/en tant qu'écrivain/en affaires ◆ **it was a success** [holiday, meal, evening, attack] c'était une réussite, c'était réussi ; [play, book, record] ça a été couronné de succès ◆ **the hotel was a great success** on a été très content de l'hôtel ; → **rate¹**, **succeed**
2 COMP ▷ **success story** n (histoire f d'une) réussite f

successful [səkˈsesfʊl] → SYN adj **a** plan, attempt, venture, treatment, policy couronné de succès ; campaign, deal, effort, mission, meeting fructueux, couronné de succès ; candidate in exam reçu, admis ; election candidate victorieux ; application retenu ; marriage heureux ◆ **there have been only three successful prosecutions so far** jusqu'ici, seules trois actions en justice ont abouti ◆ **to be successful** (= succeed) réussir, être couronné de succès ◆ **the tests were successful** les tests ont produit de bons résultats ◆ **the strike proved very successful** la grève a été couronnée de succès ◆ **(up)on** or **after successful completion of** [+ course] après avoir été reçu à l'issue de ; [+ deal] après avoir conclu ◆ **her application was successful** sa candidature a été retenue ◆ **to be (very) successful in** or **at doing sth** (très bien) réussir à faire qch ◆ **to be successful in one's efforts** voir ses efforts aboutir ◆ **to be successful in sth** (attempt, mission, exam) réussir qch ◆ **unfortunately your application has not been successful** nous avons le regret de vous faire savoir que votre candidature n'a pas été retenue ◆ **let us hope that the government will be successful in its efforts to obtain ratification** espérons que les efforts du gouvernement pour obtenir la ratification aboutiront or seront fructueux ◆ **to reach a successful conclusion** or **outcome** aboutir ◆ **this option offers the best chance of a successful outcome** ce choix offre la meilleure chance de réussite ◆ **the show had a successful run on Broadway** ce spectacle a eu une bonne saison or a eu beaucoup de succès à Broadway

b (= prosperous, popular etc) businessman, business, company prospère ; doctor, surgeon, lawyer, barrister, academic réputé ; writer, painter, book, film à succès ; career brillant ◆ **she has a successful career as a novelist/journalist** elle mène une brillante carrière de romancière/journaliste ; → **bidder**

successfully [sək'sesfəlɪ] → SYN adv avec succès ◆ **a certificate showing you successfully completed the course** un certificat indiquant que vous avez été reçu à l'issue de ce stage

succession [sək'seʃən] → SYN n **a** [of victories, disasters, delays, kings] succession f, série f ◆ **the succession of days and nights** la succession or l'alternance f des jours et des nuits

◆ **in succession** (= one after the other) successivement, l'un(e) après l'autre ; (= by turns) successivement, tour à tour, alternativement ; (= on each occasion) successivement, progressivement ◆ **four times in succession** quatre fois de suite ◆ **for ten years in succession** pendant dix années consécutives or dix ans de suite ◆ **in close** or **rapid succession** walk à la file ; happen coup sur coup

b (NonC) (= act of succeeding: to title, throne, office, post) succession f (*to* à) ; (Jur = heirs collectively) héritiers mpl ◆ **he is second in succession (to the throne)** il occupe la deuxième place dans l'ordre de succession (à la couronne) ◆ **in succession to his father** à la suite de son père

successive [sək'sesɪv] → SYN adj successif ◆ **on three successive occasions** trois fois de suite ◆ **on four successive days** pendant quatre jours consécutifs or de suite ◆ **for the third successive year/time** pour la troisième année/fois consécutive ◆ **with each successive failure** à chaque nouvel échec

successively [sək'sesɪvlɪ] adv successivement ◆ **successively higher levels of unemployment** des taux de chômage de plus en plus élevés

successor [sək'sesəʳ] n (= person, thing) successeur m (*to, of* de) ◆ **the successor to the throne** l'héritier m, -ière f de la couronne ◆ **successor in title** (Jur) ayant droit m, ayant cause m

succinct [sək'sɪŋkt] → SYN adj account, instructions etc concis, succinct ; person concis

succinctly [sək'sɪŋktlɪ] adv succinctement

succinctness [sək'sɪŋktnɪs] n concision f

succinic acid [sʌk'sɪnɪk] n (Bio) acide m succinique

succor ['sʌkəʳ] (US) ⇒ **succour**

succotash ['sʌkətæʃ] n (US Culin) *plat de maïs en grain et de fèves de Lima*

Succoth ['sʊkəʊt] n (Rel) Soukkoth m

succour, succor (US) ['sʌkəʳ] → SYN (liter) [1] n (NonC) secours m, aide f

[2] vt secourir, soulager, venir à l'aide de

succubus ['sʌkjʊbəs] n, pl **succubi** ['sʌkjʊˌbaɪ] succube m

succulence ['sʌkjʊləns] n succulence f

succulent ['sʌkjʊlənt] → SYN [1] adj (also Bot) succulent

[2] n (Bot) plante f grasse ◆ **succulents** plantes fpl grasses, cactées fpl

succumb [sə'kʌm] → SYN vi (to temptation etc) succomber (*to* à) ; (= die) mourir (*to* de), succomber

such [sʌtʃ] [1] adj **a** (= of that sort) tel, pareil ◆ **such a book** un tel livre, un livre pareil, un pareil livre, un livre de cette sorte ◆ **such books** de tels livres, des livres pareils, de pareils livres, des livres de cette sorte ◆ **such people** de telles gens, des gens pareils, de pareilles gens ◆ **we had such a case last year** nous avons eu un cas semblable l'année dernière ◆ **in such cases** en pareil cas ◆ **did you ever hear of such a thing?** avez-vous jamais entendu une chose pareille ? ◆ **Robert was such a one** Robert était comme ça ◆ **such was my reply** telle a été ma réponse, c'est ce que j'ai répondu ◆ **such is not the case** ce n'est pas le cas ici ◆ **it was such weather!** quel temps il a fait !, il a fait un de ces temps ! ◆ **... or some such (thing)** ... ou une chose de ce genre ◆ **until such time** jusqu'à ce moment-là ◆ **it is not such as to cause concern** cela ne doit pas être une raison d'inquiétude ◆ **his health was such as to alarm his wife** son état de santé était de nature à alarmer sa femme ◆ **you can take my car, such as it is** vous pouvez prendre ma voiture pour ce qu'elle vaut

◆ **no such ...** ◆ **there's no such thing!** ça n'existe pas ! ; see also **1b** ◆ **there is no such thing in France** il n'y a rien de tel en France ◆ **there are no such things as unicorns** les licornes n'existent pas ◆ **I said no such thing!** je n'ai jamais dit cela !, je n'ai rien dit de la sorte ! ◆ **no such thing!** pas du tout ! ◆ **no such book exists** un tel livre n'existe pas

◆ **such as** (= like, for example) tel que, comme ◆ **a friend such as Paul** un ami tel que or comme Paul ◆ **a book such as this** un livre tel que or comme celui-ci ◆ **animals such as cats** les animaux tels que or comme les chats ◆ **such as?** * quoi, par exemple ?

◆ **such ... as** ◆ **such writers as Molière and Corneille** des écrivains tels (que) or comme Molière et Corneille ◆ **only such a fool as Martin would do that** il fallait un idiot comme Martin or quelqu'un d'aussi bête que Martin pour faire cela ◆ **such a book as this** un livre tel que celui-ci ◆ **he's not such a fool as you think** il n'est pas aussi or si bête que vous croyez ◆ **I'm not such a fool as to believe that!** je ne suis pas assez bête pour croire ça ! ◆ **have you such a thing as a penknife?** auriez-vous un canif par hasard ? ◆ **it caused such scenes of grief as are rarely seen** cela a provoqué des scènes de douleur telles qu'on or comme on en voit peu ◆ **such people as knew him** les gens qui le connaissaient ◆ **such books as I have** le peu de livres or les quelques livres que je possède ◆ **until such time as ...** jusqu'à ce que ... (+ subj), en attendant que ... (+ subj)

b (= so much) tellement, tant ◆ **embarrassed by such praise** embarrassé par tant or tellement de compliments ◆ **he was in such pain** il souffrait tellement ◆ **don't be in such a rush** ne soyez pas si pressé ◆ **we had such a surprise!** quelle surprise nous avons eue !, nous avons eu une de ces surprises !, nous avons été drôlement surpris ! * ◆ **there was such a noise that ...** il y avait tellement or tant de bruit que ... ◆ **his rage was such that ..., such was his rage that ...** il était tellement or si furieux que ...

[2] adv **a** (= so very) si, tellement ◆ **he gave us such good coffee** il nous a offert un si bon café ◆ **such big boxes** de si grandes boîtes ◆ **such a lovely present** un si joli cadeau ◆ **it was such a long time ago!** il y a si or tellement longtemps de ça ! ◆ **he bought such an expensive car that ...** il a acheté une voiture si or tellement chère que ...

b (in comparisons) aussi ◆ **I haven't had such good coffee for years** ça fait des années que je n'ai pas bu un aussi bon café ◆ **such lovely children as his** des enfants aussi gentils que les siens

[3] pron ceux mpl, celles fpl ◆ **such as wish to go** ceux qui veulent partir ◆ **all such** tous ceux ◆ **I'll give you such as I have** je vous donnerai ceux que j'ai or le peu que j'ai ◆ **I know of no such** je n'en connais point

◆ **as such** (= in that capacity) à ce titre, comme tel(le), en tant que tel(le) ; (= in itself) en soi ◆ **the soldier, as such, deserves respect** tout soldat, comme tel, mérite le respect ◆ **the work as such is boring, but the pay is good** le travail en soi est ennuyeux, mais le salaire est bon ◆ **and as such he was promoted** et en tant que tel il a obtenu de l'avancement ◆ **he was a genius but not recognized as such** c'était un génie mais il n'était pas reconnu pour tel or considéré comme tel ◆ **there are no houses as such** il n'y a pas de maisons à proprement parler

◆ **... and such(like)** * ◆ **teachers and doctors and such(like)** les professeurs et les docteurs et autres (gens de la sorte) ◆ **rabbits and hares and such(like)** les lapins, les lièvres et autres animaux de ce genre or de la sorte ◆ **shoes and gloves and such(like)** les souliers, les gants et autres choses de ce genre or de la sorte

[4] COMP ▷ **such-and-such** adj tel (et or ou tel) ◆ **Mr Such-and-such** * Monsieur Untel ◆ **in such-and-such a street** dans telle (et or ou telle) rue

suchlike * ['sʌtʃlaɪk] [1] adj de la sorte, de ce genre

[2] pron see also **such 3**

suck [sʌk] [1] vt [+ fruit, pencil] sucer ; [+ juice, poison] sucer (*from* de) ; (through straw) [+ drink] aspirer (*through* avec) ; [+ sweet] sucer, suçoter ; [baby breast, bottle] téter ; [leech] sucer ; [pump, machine] aspirer (*from* de) ◆ **to suck one's thumb** sucer son pouce ◆ **child sucking its mother's breast** enfant qui tète sa mère ◆ **to suck dry** [+ orange etc] sucer tout le jus de ; (fig) [+ person] (of money) sucer jusqu'au dernier sou ; (of energy) sucer jusqu'à la moelle ◆ **to be sucked into a situation** être entraîné dans une situation ◆ **suck it and see** * il faut se lancer * (pour savoir si ça marchera) ; → **teach**

[2] vi **a** [baby] téter

b to suck at [+ fruit, pencil, pipe] sucer ; [+ sweet] sucer, suçoter

c (esp US ‡) **it sucks!** (= be very bad) c'est un tas de conneries ! ‡

[3] n **a to have a suck at sth** ◆ **to give sth a suck** sucer qch

b (at breast) tétée f ◆ **to give suck to ...** (liter) allaiter ..., donner le sein à ...

[4] COMP ▷ **sucking-pig** n cochon m de lait

► **suck down** vt sep [sea, mud, sands] engloutir

► **suck in** [1] vi ‡ ◆ **to suck in with sb** (fig) faire de la lèche à qn ‡, lécher les bottes de qn

[2] vt sep [sea, mud, sands] engloutir ; [porous surface] absorber ; [pump, machine] aspirer ; (fig) [+ knowledge, facts] absorber, assimiler

► **suck off** ** vt sep tailler une pipe à **

► **suck out** vt sep [person] sucer, faire sortir en suçant (*of, from* de) ; [machine] refouler à l'extérieur (*of, from* de)

► **suck up** [1] vi ‡ ◆ **to suck up to sb** (fig) faire de la lèche à qn ‡, lécher les bottes * de qn

[2] vt sep [person] aspirer, sucer ; [pump, machine] aspirer ; [porous surface] absorber

sucker ['sʌkəʳ] → SYN [1] n **a** (on machine) ventouse f ; (= plunger) piston m ; (Bot) surgeon m, drageon m ; [of leech, octopus] ventouse f ; [of insect] suçoir m ◆ **to put out suckers** (Agr) drageonner, bouturer

b (‡ = person) poire * f, gogo * m ◆ **to be a sucker for sth** ne pouvoir résister à qch ◆ **never give a sucker an even break** * (US) ne donne jamais une chance à un imbécile ◆ **to play sb for a sucker** mener qn en bateau *, rouler * qn

[2] vt (US ‡ = swindle) embobiner * ◆ **to get suckered out of 500 dollars** se faire refaire de 500 dollars

[3] COMP ▷ **sucker punch** * n (fig) coup m bas

suckle ['sʌkl] [1] vt [+ child] allaiter, donner le sein à ; [+ young animal] allaiter

[2] vi téter

suckling ['sʌklɪŋ] [1] n (= act) allaitement m ; (= child) nourrisson m, enfant mf à la mamelle

[2] COMP ▷ **suckling pig** n cochon m de lait

sucrase ['sju:kreɪz] n sucrase f, invertase f

sucrose ['su:krəʊz] n saccharose m

suction ['sʌkʃən] [1] n succion f ◆ **it works by suction** cela marche par succion ◆ **to adhere by suction (on)** faire ventouse (sur)

[2] vt [+ liquid] aspirer

[3] COMP apparatus, device de succion ▷ **suction cup** n ventouse f ▷ **suction disc** n ventouse f ▷ **suction pad** n ventouse f ▷ **suction pump** n pompe f aspirante ▷ **suction valve** n clapet m d'aspiration

Sudan [sʊ'dɑ:n] n ◆ **(the) Sudan** le Soudan

Sudanese [ˌsu:də'ni:z] [1] adj soudanais

[2] n (pl inv) (= person) Soudanais(e) m(f)

sudatory ['sju:dətərɪ] adj (Physiol) sudatoire

sudden ['sʌdn] → SYN [1] adj (gen) soudain ; death subit, soudain ; attack, marriage imprévu, inattendu ; inspiration subit ◆ **it's all so sudden!** on s'y attendait tellement peu !, c'est arrivé tellement vite ! ◆ **all of a sudden** soudain, tout à coup

2 COMP ▷ **sudden death** n (Brit Ftbl, Golf: also **sudden death play-off**) mort f subite ; (US Sport: also **sudden death overtime**) *prolongation où les ex aequo sont départagés dès le premier point marqué* ▷ **sudden infant death syndrome** n (Med) mort f subite du nourrisson

suddenly ['sʌdnlɪ] → SYN adv soudain, tout à coup ◆ **to die suddenly** mourir subitement ◆ **suddenly, the door opened** soudain or tout à coup, la porte s'est ouverte

suddenness ['sʌdnnɪs] n (gen) caractère m soudain, soudaineté f ; [of death, inspiration] caractère m subit ; [of attack, marriage] caractère m imprévu or inattendu

sudor ['sju:dɔ:ʳ] n (SPÉC) sueur f

sudoral ['sju:dərəl] adj sudoral

sudorific [,sju:də'rɪfɪk] adj (Med) sudorifique

suds [sʌdz] npl a (also **soapsuds**) (= lather) mousse f de savon ; (= soapy water) eau f savonneuse

b (US ✱ = beer) bière f

sudsy ['sʌdzɪ] adj savonneux

sue [su:] → SYN 1 vt (Jur) poursuivre en justice, intenter un procès à (*for sth* pour obtenir qch ; *over, about* au sujet de) ◆ **to sue sb for damages** poursuivre qn en dommages-intérêts ◆ **to sue sb for libel** intenter un procès en diffamation à qn ◆ **to be sued for damages/libel** être poursuivi en dommages-intérêts/en diffamation ◆ **to sue sb for divorce** entamer une procédure de divorce contre qn

2 vi a (Jur) intenter un procès, engager des poursuites ◆ **to sue for divorce** entamer une procédure de divorce

b (liter) **to sue for peace/pardon** solliciter la paix/le pardon

suede [sweɪd] 1 n daim m, cuir m suédé ◆ **imitation suede** suédine f

2 COMP shoes, handbag, coat, skirt de daim ; gloves de suède ; leather suédé

suet [sʊɪt] n (Culin) graisse f de rognon ◆ **suet pudding** *gâteau sucré ou salé à base de farine et de graisse de bœuf*

Suetonius [swi:'təʊnɪəs] n Suétone m

Suez ['su:ɪz] n ◆ **Suez Canal** canal m de Suez ◆ **Gulf of Suez** golfe m de Suez ◆ **before/after Suez** (Brit Hist) avant/après l'affaire de Suez

suffer ['sʌfəʳ] → SYN 1 vt a (= undergo) (gen) subir ; [+ hardship, bereavement, martyrdom, torture] souffrir, subir ; [+ punishment, change in circumstances, loss] subir ; [+ damage, setback] essuyer, subir ; [+ pain, headaches, hunger] souffrir de ◆ **he suffered a lot of pain** il a beaucoup souffert ◆ **to suffer the consequences** subir les conséquences ◆ **to suffer death** (liter) mourir ◆ **her popularity suffered a decline** sa popularité a souffert or a décliné

b (= allow) [+ opposition, sb's rudeness, refusal etc] tolérer, permettre ◆ **I can't suffer it a moment longer** je ne peux plus le souffrir or le tolérer, c'est intolérable, c'est insupportable ◆ **he doesn't suffer fools gladly** il n'a aucune patience pour les imbéciles ◆ **to suffer sb to do** (liter) souffrir que qn fasse

2 vi a [person] souffrir ◆ **to suffer in silence** souffrir en silence ◆ **to suffer for one's sins** expier ses péchés ◆ **he suffered for it later** il en a souffert les conséquences or il en a pâti plus tard ◆ **you'll suffer for this** il vous en cuira, vous me le paierez ◆ **I'll make him suffer for it!** il me le paiera !

◆ **to suffer from** [+ rheumatism, heart trouble, the cold, hunger] souffrir de ; [+ deafness] être atteint de ; [+ a cold, influenza, frostbite, pimples, bad memory] avoir ◆ **he suffers from a limp/stammer** etc il boite/bégaie etc ◆ **he was suffering from shock** il était commotionné ◆ **to suffer from the effects of** [+ fall, illness] se ressentir de, souffrir des suites de ; [+ alcohol, drug] subir le contrecoup de ◆ **to be suffering from having done** souffrir or se ressentir d'avoir fait ◆ **the child was suffering from its environment** l'enfant subissait les conséquences fâcheuses de son milieu or était la victime de son milieu ◆ **she suffers from lack of friends** son problème c'est qu'elle n'a pas d'amis ◆ **the house is suffering from neglect** la maison se ressent d'avoir été négligée or du manque d'entretien ◆ **his style suffers from overelaboration** son style souffre or a le défaut d'être trop élaboré ; → **delusion**

b (= be injured, impaired) [limb] souffrir, être blessé ; [eyesight, hearing, speech] souffrir, se détériorer ; [health, reputation, plans, sales, wages] souffrir, pâtir ; [car, town, house] souffrir, être endommagé ; [business] souffrir, péricliter ◆ **your health will suffer** votre santé en souffrira or en pâtira ◆ **the regiment suffered badly** le régiment a essuyé de grosses pertes

sufferance ['sʌfərəns] n tolérance f, souffrance f (Jur) ◆ **on sufferance** par tolérance

sufferer ['sʌfərəʳ] n (from illness) malade mf ; (from misfortune) victime f ; (from accident) accidenté(e) m(f), victime f ◆ **sufferer from diabetes/AIDS/asthma** etc, **diabetes/AIDS/asthma** etc **sufferer** diabétique mf/sidéen(ne) m(f)/asthmatique mf etc ◆ **my fellow sufferers at the concert** (hum) mes compagnons mpl d'infortune au concert

suffering ['sʌfərɪŋ] → SYN 1 n souffrance(s) f(pl) ◆ **"after much suffering patiently borne"** "après de longues souffrances patiemment endurées" ◆ **her suffering was great** elle a beaucoup souffert

2 adj souffrant, qui souffre

suffice [sə'faɪs] → SYN (frm) 1 vi suffire, être suffisant ◆ **suffice it to say ...** qu'il (me) suffise de dire ..., je me contenterai de dire ...

2 vt suffire à, satisfaire

sufficiency [sə'fɪʃənsɪ] n, pl **sufficiencies** (frm) quantité f suffisante ◆ **a sufficiency of coal** une quantité suffisante de charbon, suffisamment de charbon, du charbon en quantité suffisante or en suffisance ; → **self**

sufficient [sə'fɪʃənt] → SYN adj number, quantity, cause, condition suffisant ◆ **sufficient time/money/evidence** suffisamment de temps/d'argent/de preuves ◆ **to be sufficient** être suffisant (*for* pour), suffire (*for* à) ◆ **I've got sufficient** j'en ai suffisamment ◆ **to have sufficient to eat** avoir suffisamment à manger ◆ **he earns sufficient to live on** il gagne de quoi vivre ◆ **one song was sufficient to show he couldn't sing** une chanson a suffi à or pour démontrer qu'il ne savait pas chanter ◆ (Prov) **sufficient unto the day (is the evil thereof)** à chaque jour suffit sa peine (Prov) ; → **self**

sufficiently [sə'fɪʃəntlɪ] adv suffisamment ◆ **a sufficiently large number/quantity** un nombre/une quantité suffisant(e) ◆ **he is sufficiently clever to do that** il est suffisamment intelligent pour faire ça

suffix ['sʌfɪks] 1 n [of word] suffixe m ◆ **these ships were all numbered with the suffix LBK** ces bateaux avaient tous un numéro suivi des trois lettres LBK

2 [sʌ'fɪks] vt suffixer (*to* à)

suffixal ['sʌfɪksl] adj (Gram) suffixal

suffocate ['sʌfəkeɪt] → SYN 1 vi suffoquer, étouffer ; (fig: with anger, indignation, surprise) suffoquer (*with* de)

2 vt suffoquer, étouffer ; (fig) [anger, indignation, surprise] suffoquer ◆ **he felt suffocated in that small town atmosphere** il étouffait dans cette atmosphère de petite ville

suffocating ['sʌfəkeɪtɪŋ] adj a heat, atmosphere étouffant, suffocant ; fumes asphyxiant, suffocant ; smell suffocant ◆ **it's suffocating in here** on étouffe ici ◆ **the room was suffocating** l'atmosphère de la pièce était étouffante or suffocante

b (fig) atmosphere, regime, relationship, life étouffant ; respectability oppressant

suffocation [,sʌfə'keɪʃən] n suffocation f, étouffement m ; (Med) asphyxie f ◆ **to die from suffocation** mourir asphyxié

Suffolk punch ['sʌfək] n (= horse) Suffolk m

suffragan ['sʌfrəgən] 1 adj suffragant

2 n ◆ **suffragan (bishop)** (évêque m) suffragant m

suffrage ['sʌfrɪdʒ] n a (= franchise) droit m de suffrage or de vote ◆ **universal suffrage** suffrage m universel ◆ **elected by universal suffrage** élu au suffrage universel

b (frm = vote) suffrage m, vote m

suffragette [,sʌfrə'dʒet] n suffragette f ◆ **the Suffragette Movement** (Hist) le Mouvement des Suffragettes

suffragist ['sʌfrədʒɪst] n partisan(e) m(f) du droit de vote pour les femmes

suffuse [sə'fju:z] → SYN vt [light] baigner, se répandre sur ; [emotion] envahir ◆ **the room was suffused with light** la pièce baignait dans une lumière douce ◆ **suffused with red** rougi, empourpré

suffusion [sə'fju:ʒən] n (Med) suffusion f

Sufi ['su:fɪ] n (Rel) soufi m

Sufic ['su:fɪk] adj (Rel) soufi, soufite

Sufism ['su:fɪzəm] n (Rel) soufisme m

sugar ['ʃʊgəʳ] 1 n (NonC) sucre m ◆ **come here sugar!** ✱ viens ici chéri(e) or mon petit lapin en sucre ! ◆ **sugar!** ✱ (euph) mercredi ! ✱ ; → **icing**

2 vt [+ food, drink] sucrer ; → **pill**

3 COMP ▷ **sugar almond** n ⇒ **sugared almond** ▷ **sugar basin** n (Brit) sucrier m ▷ **sugar beet** n betterave f sucrière or à sucre ▷ **sugar bowl** n ⇒ **sugar basin** ▷ **sugar candy** n (Culin) sucre m candi ▷ **sugar cane** n canne f à sucre ▷ **sugar-coat** vt [+ pill] dragéifier ; (fig) édulcorer ▷ **sugar-coated** adj (lit) dragéifié ; (fig = falsely pleasant) doucereux, mielleux ▷ **sugar cube** n morceau m de sucre ▷ **sugar daddy** ✱ n vieux protecteur m ▷ **sugar diabetes** † ✱ n diabète m sucré ▷ **sugar-free** adj sans sucre ▷ **sugar loaf** n pain m de sucre ▷ **sugar lump** n ⇒ **sugar cube** ▷ **sugar maple** n (Can, US) érable m à sucre ▷ **sugar pea** n (pois m) mange-tout m inv ▷ **sugar plantation** n plantation f de canne à sucre ▷ **sugar refinery** n raffinerie f de sucre ▷ **sugar shaker** n saupoudreuse f, sucrier m verseur ▷ **sugar tongs** npl pince f à sucre

sugared ['ʃʊgəd] 1 adj food, drink sucré ; flowers etc en sucre

2 COMP ▷ **sugared almond** n dragée f

sugarless ['ʃʊgəlɪs] adj sans sucre

sugarplum ['ʃʊgəplʌm] n bonbon m, dragée f

sugary ['ʃʊgərɪ] adj a food, drink, taste sucré

b (fig pej) film, music, lyrics sirupeux ; person, voice, smile doucereux, mielleux

suggest [sə'dʒest] LANGUAGE IN USE 1, 2.2 → SYN vt

a (= propose) suggérer, proposer (*sth to sb* qch à qn) ; (pej = hint) insinuer (*sth to sb* qch à qn) ◆ **I suggest that we go to the museum** je suggère or je propose qu'on aille au musée ◆ **he suggested that they (should) go to London** il leur a suggéré or proposé d'aller à Londres ◆ **an idea suggested itself (to me)** une idée m'est venue à l'esprit ◆ **what are you trying to suggest?** que voulez-vous dire par là ?, qu'insinuez-vous ? (pej) ◆ **I suggest to you that ...** (esp Jur) mon opinion est que ...

b (= imply) [facts, data, sb's actions] suggérer (*that* que) ; (= evoke) suggérer, faire penser à ◆ **what does that smell suggest to you?** à quoi cette odeur vous fait-elle penser ?, qu'est-ce que cette odeur vous suggère ? ◆ **the coins suggest a Roman settlement** les monnaies suggèrent l'existence d'un camp romain ◆ **it doesn't exactly suggest a careful man** on ne peut pas dire que cela dénote un homme soigneux

suggestibility [sə,dʒestɪ'bɪlɪtɪ] n suggestibilité f

suggestible [sə'dʒestɪbl] adj influençable ; (Psych) suggestible

suggestion [sə'dʒestʃən] LANGUAGE IN USE 1.1 → SYN

1 n a (gen) suggestion f ; (= proposal) suggestion f, proposition f ; (= insinuation) allusion f, insinuation f ◆ **to make or offer a suggestion** faire une suggestion or une proposition ◆ **if I may make a suggestion** si je peux me permettre de faire une suggestion ◆ **have you any suggestions?** avez-vous quelque chose à suggérer ? ◆ **my suggestion is that ...** je suggère or je propose que ... ◆ **there is no suggestion of corruption** il ne saurait être question de corruption, rien n'autorise à penser qu'il y ait eu corruption

b (NonC: Psych etc) suggestion f ◆ **the power of suggestion** la force de suggestion

c (= trace) soupçon m, pointe f

2 COMP ▷ **suggestion(s) box** n boîte f à idées

suggestive [sə'dʒestɪv] → SYN adj a (sexually) remark, look, pose, clothing suggestif
b (= reminiscent) **to be suggestive of sth** suggérer qch

suggestively [sə'dʒestɪvlɪ] adv move, dance de façon suggestive; say d'un ton suggestif ◆ **to wink suggestively** faire un clin d'œil suggestif

suggestiveness [sə'dʒestɪvnɪs] n (pej) caractère m suggestif, suggestivité f

suicidal [,sʊɪ'saɪdl] adj a person, feelings, tendencies suicidaire ◆ **he was not the suicidal type** il n'était pas du genre suicidaire or à se suicider ◆ **I feel absolutely suicidal** j'ai vraiment envie de me tuer
b (fig = ruinous) act, decision, carelessness suicidaire ◆ **it would be absolutely suicidal (to do that)!** ce serait complètement suicidaire or un véritable suicide (de faire ça)!

suicide ['sʊɪsaɪd] 1 n (= act: lit, fig) suicide m; (= person) suicidé(e) m(f) ◆ **there were two attempted suicides** il y a eu deux tentatives fpl de suicide, deux personnes ont tenté de se suicider ◆ **such an act was political suicide** un tel acte représentait un véritable suicide politique, il (or elle etc) se suicidait politiquement en faisant cela ◆ **it would be suicide to do so** le faire équivaudrait à un suicide, ce serait se suicider que de le faire; → **attempt, commit**
2 COMP attack etc suicide inv ▷ **suicide attempt, suicide bid** n tentative f de suicide ▷ **suicide bomber** n auteur m d'un (or de l')attentat-suicide, tueur-kamikaze m ▷ **suicide note** n lettre f de suicide ▷ **suicide pact** n pacte m suicidaire

suint ['su:ɪnt] n (Vet) suint m

suit [su:t] LANGUAGE IN USE 4, 7.4, 11.3, 19.2 → SYN
1 n a (tailored garment) (for man) costume m, complet m; (for woman) tailleur m; (non-tailored, also for children) ensemble m; [of racing driver, astronaut] combinaison f ◆ **suit of clothes** tenue f ◆ **suit of armour** armure f complète ◆ **a suit of sails** (Naut) un jeu de voiles ◆ **the men in (grey) suits** (Brit) les décideurs mpl; → **lounge, trouser**
b (frm = request) requête f, pétition f; (liter: for marriage) demande f en mariage; → **press**
c (Jur) poursuite f, procès m, action f en justice ◆ **to bring a suit** intenter un procès (*against sb* à qn), engager des poursuites (*against sb* contre qn) ◆ **criminal suit** action f criminelle; → **file², lawsuit, party**
d (Cards) couleur f ◆ **long** or **strong suit** couleur f longue; (fig) fort m ◆ **short suit** couleur f courte; → **follow**
e (* = business executive) cadre sup * m
2 vt a (= be convenient, satisfactory for) [arrangements, date, price, climate, food, occupation] convenir à ◆ **it doesn't suit me to leave now** cela ne m'arrange pas de partir maintenant ◆ **I'll do it when it suits me** je le ferai quand ça m'arrangera ◆ **such a step suited him perfectly** or **just suited his book** * une telle mesure lui convenait parfaitement or l'arrangeait parfaitement ◆ **suit yourself!** * c'est comme vous voudrez!, faites comme vous voudrez or voulez! ◆ **suits me!** * ça me va!, ça me botte! ✱ ◆ **it suits me here** je suis bien ici ◆ **that suits me down to the ground** * ça me va tout à fait
b (= be appropriate to) convenir à, aller à ◆ **the job doesn't suit him** l'emploi ne lui convient pas, ce n'est pas un travail fait pour lui ◆ **such behaviour hardly suits you** une telle conduite ne vous va guère or n'est guère digne de vous ◆ **the part suited him perfectly** (Theat) le rôle lui allait comme un gant or était fait pour lui ◆ **he is not suited to teaching** il n'est pas fait pour l'enseignement ◆ **the hall was not suited to such a meeting** la salle n'était pas faite pour or ne se prêtait guère à une telle réunion ◆ **it suits their needs** cela leur convient ◆ **they are well suited (to one another)** ils sont faits l'un pour l'autre, ils sont très bien assortis
c [garment, colour, hairstyle] aller à ◆ **it suits her beautifully** cela lui va à merveille
d (= adapt) adapter, approprier (*sth to sth* qch à qch) ◆ **to suit the action to the word** joindre le geste à la parole
3 vi faire l'affaire, convenir ◆ **will tomorrow suit?** est-ce que demain vous conviendrait or ferait l'affaire?

suitability [,su:tə'bɪlɪtɪ] → SYN n [of action, remark, example, choice] à-propos m, pertinence f; [of time, accommodation, clothes] caractère m approprié ◆ **I have doubts about his suitability (as captain of England)** je doute qu'il possède (subj) les qualités requises (pour être capitaine de l'équipe d'Angleterre) ◆ **his suitability (for the position) is not in doubt** le fait qu'il possède les qualités requises (pour ce poste) n'est pas mis en doute

suitable ['su:təbl] → SYN adj place, time, action, clothes approprié (*for* à); remark, reply, example, choice approprié (*for* à), pertinent; behaviour convenable (*for* pour); climate, job qui convient (*for* à); food, colour qui convient (*for* à), approprié (*for* à); size qui va (*for* à); donor, epitaph approprié (*for* à) ◆ **it's not suitable** (gen) ça ne convient pas ◆ **an especially suitable form of exercise** une forme d'exercice particulièrement indiquée or appropriée ◆ **he is not at all a suitable person** ce n'est pas du tout quelqu'un comme lui qu'il faut ◆ **I can't find anything suitable** je ne trouve or je ne vois rien qui convienne or qui fasse l'affaire ◆ **a suitable caption for the illustration** une légende qui aille avec or qui convienne à l'illustration ◆ **the most suitable man for the job** l'homme le plus apte à occuper ce poste, l'homme le plus indiqué pour ce poste ◆ **these products are suitable for all skin types** ces produits conviennent à tous les types de peau ◆ **these flats are not suitable for families** ces appartements ne conviennent pas aux familles or ne sont pas vraiment appropriés pour les familles ◆ **the 25th is the most suitable for me** c'est le 25 qui m'arrange or me convient le mieux ◆ **the film isn't suitable for children** ce n'est pas un film pour les enfants

suitably ['su:təblɪ] adv reply, thank, apologize comme il convient, comme il se doit; behave convenablement, comme il faut; equipped comme il faut ◆ **I'm not suitably dressed for gardening** je ne suis pas habillé comme il faut pour jardiner ◆ **to be suitably qualified** posséder les compétences requises or qu'il faut ◆ **he was suitably impressed when I told him that ...** il a été assez impressionné quand je lui ai dit que ...

suitcase ['su:tkeɪs] n valise f ◆ **to live out of a suitcase** vivre sans jamais vraiment défaire ses bagages

suite [swi:t] → SYN n a (= furniture) mobilier m; (= rooms: in hotel etc) appartement m, suite f ◆ **a dining-room suite** un mobilier or un ensemble de salle à manger, une salle à manger; → **bedroom, bridal**
b (Mus) suite f
c (= retainers) suite f, escorte f

suiting ['su:tɪŋ] n (NonC: Tex) tissu m pour complet

suitor ['su:tə^r] → SYN n soupirant m, prétendant m; (Jur) plaideur m, -euse f; (Comm) acquéreur m potentiel, repreneur m potentiel

Sukkoth ['sʊkəʊθ] n (Rel) Soukkoth m

Sulawesi [,su:lə'weɪsɪ] n Sulawesi, les Célèbes fpl

sulcation [sɜl'keɪʃən] n sulcature f

sulcus ['sʌlkəs] n, pl **sulci** ['sʌlsaɪ] scissure f

Suleiman [,su:lɪ'mɑ:n] n ◆ **Suleiman the Magnificent** Soliman or Suleyman le Magnifique

sulfa ['sʌlfə] n (US) ⇒ **sulpha**

sulfate ['sʌlfeɪt] n (US) ⇒ **sulphate**

sulfide ['sʌlfaɪd] n (US) ⇒ **sulphide**

sulfite ['sʌlfaɪt] n (US) ⇒ **sulphite**

sulfonamide [sʌl'fɒnəmaɪd] n (US) ⇒ **sulphonamide**

sulfur ['sʌlfə^r] n (US) ⇒ **sulphur**

sulfureous [sʌl'fjʊərɪəs] adj (US) ⇒ **sulphureous**

sulfuric [sʌl'fjʊərɪk] adj (US) ⇒ **sulphuric**

sulfurous ['sʌlfərəs] adj (US) ⇒ **sulphurous**

sulk [sʌlk] → SYN 1 n bouderie f, maussaderie f ◆ **to be in a sulk, to have (a fit of) the sulks** bouder, faire la tête
2 vi bouder, faire la tête

sulkily ['sʌlkɪlɪ] adv behave, look, say d'un air boudeur

sulkiness ['sʌlkɪnɪs] n (= state) bouderie f; (= temperament) caractère m boudeur or maussade

sulky ['sʌlkɪ] → SYN adj person, voice, expression, silence boudeur ◆ **to be** or **look sulky (about sth)** faire la tête (à propos de qch)

sullen ['sʌlən] → SYN adj person, look, comment, silence, sky maussade; clouds menaçant

sullenly ['sʌlənlɪ] adv say, reply d'un ton maussade; look, stare d'un air maussade or renfrogné; promise, agree de mauvaise grâce ◆ **the sullenly resentful expression on her face** son air or son visage maussade et irrité ◆ **to be sullenly silent** être enfermé dans un silence maussade

sullenness ['sʌlənnɪs] n [of person] humeur f maussade, maussaderie f; [of attitude, voice, silence] maussaderie f ◆ **the sullenness of the sky/clouds** l'aspect menaçant du ciel/des nuages

sully ['sʌlɪ] vt (liter) souiller ◆ **to sully one's hands with sth/by doing sth** se salir les mains avec qch/en faisant qch

sulpha ['sʌlfə] n ◆ **sulpha drug** sulfamide m

sulphadiazine [,sʌlfə'daɪəzi:n] n (Chem) sulfadiazine f

sulphate ['sʌlfeɪt] n sulfate m ◆ **copper sulphate** sulfate m de cuivre

sulphide ['sʌlfaɪd] n sulfure m

sulphite ['sʌlfaɪt] n (Chem) sulfite m

sulphonamide [sʌl'fɒnəmaɪd] n sulfamide m

sulphone ['sʌlfəʊn] n sulfone m

sulphonmethane [,sʌlfɒn'mi:θeɪn] n (Med) sulfoneméthane m, sulfonalone f

sulphur ['sʌlfə^r] 1 n soufre m
2 adj (colour: also **sulphur yellow**) jaune soufre inv
3 COMP ▷ **sulphur bath** n bain m sulfureux ▷ **sulphur dioxide** n anhydride m sulfureux ▷ **sulphur spring** n source f sulfureuse

sulphurate ['sʌlfjʊreɪt] vt (Chem, Agr) sulfurer

sulphuration [,sʌlfjʊ'reɪʃən] n (Chem) sulfuration f; (Agr) sulfurage m

sulphureous [sʌl'fjʊərɪəs] adj sulfureux; (in colour) couleur m de soufre, soufré

sulphuret ['sʌlfjʊ,ret] vt sulfurer

sulphuric [sʌl'fjʊərɪk] 1 adj sulfurique
2 COMP ▷ **sulphuric acid** n acide m sulfurique

sulphurization [,sʌlfjʊraɪ'zeɪʃən] n (Chem) sulfuration f; (Agr) sulfurage m

sulphurize ['sʌlfjʊraɪz] vt (Chem, Agr) sulfurer

sulphurous ['sʌlfərəs] adj sulfureux

sultan ['sʌltən] n sultan m

sultana [sʌl'tɑ:nə] 1 n a (esp Brit = fruit) raisin m de Smyrne
b (= woman) sultane f
2 COMP ▷ **sultana cake** n (esp Brit) cake m (aux raisins de Smyrne)

sultanate ['sʌltənɪt] n sultanat m

sultriness ['sʌltrɪnɪs] n (= heat) chaleur f étouffante; [of weather] lourdeur f

sultry ['sʌltrɪ] → SYN adj a (= hot) day étouffant; weather, air lourd; heat lourd, suffocant; atmosphere étouffant, pesant ◆ **it was hot and sultry** il faisait chaud et lourd
b (fig = sensual) person, voice, look, smile sensuel

sum [sʌm] LANGUAGE IN USE 20.6 → SYN
1 n (= total after addition) somme f, total m (*of* de); (= amount of money) somme f (d'argent); (Math = problem) calcul m, opération f; (specifically adding) addition f ◆ **sums** (Scol = arithmetic) le calcul ◆ **to do a sum in one's head** faire un calcul mental or de tête ◆ **he is good at sums** il est bon en calcul ◆ **the sum of its parts** la somme de ses composants or parties ◆ **the sum of our experience** la somme de notre expérience ◆ **the sum and substance of what he said** les grandes lignes de ce qu'il a dit ◆ **in sum** en somme, somme f toute; → **lump¹, round**
2 COMP ▷ **summing-up** n récapitulation f, résumé m (also Jur) ▷ **sum total** n (= amount) somme f totale; (= money) montant m (global) ◆ **the sum total of all this was that he ...** le résultat de tout cela a été qu'il ...

sum up

▶ **sum up**

1 vi récapituler, faire un or le résumé; (Jur) résumer ◆ **to sum up, let me say that ...** en résumé or pour récapituler je voudrais dire que ...

2 vt sep **a** (= summarize) [+ speech, facts, arguments] résumer, récapituler; [+ book etc] résumer ◆ **that sums up all I felt** cela résume tout ce que je ressentais

b (= assess) [+ person] jauger, se faire une idée de; [+ situation] apprécier d'un coup d'œil

3 summing-up n → **sum**

sumac(h) ['suːmæk] n sumac m

Sumatra [sʊˈmɑːtrə] n Sumatra

Sumatran [sʊˈmɑːtrən] **1** adj de Sumatra

2 n habitant(e) m(f) or natif m, -ive f de Sumatra

summa cum laude [ˌsʊməkʊmˈlaʊdeɪ] adv (US Univ) ◆ **to graduate summa cum laude** ≈ obtenir son diplôme avec mention très honorable

summarily [ˈsʌmərɪlɪ] → SYN adv sommairement

summarize [ˈsʌməraɪz] → SYN **1** vt [+ book, text, speech] résumer; [+ facts, arguments] résumer, récapituler

2 vi faire un résumé

summary [ˈsʌmərɪ] → SYN **1** n **a** (NonC) résumé m, récapitulation f ◆ **in summary** en résumé

b (= printed matter, list etc) sommaire m, résumé m; (Fin) [of accounts] relevé m ◆ **here is a summary of the news** (Rad, TV) voici les nouvelles fpl en bref

2 adj sommaire

summat * [ˈsʌmət] n (dial) ⇒ **something**

summation [sʌˈmeɪʃən] n (= addition) addition f; (= summing-up) récapitulation f, résumé m (also Jur)

summative assessment [ˈsʌmətɪv] n (Brit Scol) évaluation globale (d'un élève)

summer [ˈsʌməʳ] **1** n été m ◆ **in (the) summer** en été ◆ **in the summer of 1997** pendant l'été (de) 1997 ◆ **a girl of 17 summers** (liter) une jeune fille de 17 printemps; → **high, Indian**

2 vi passer l'été

3 COMP weather, heat, season, activities d'été, estival; day, residence d'été ▷ **summer camp** n (US Scol) colonie f de vacances ▷ **summer clothes** npl vêtements mpl d'été, tenue f estivale or d'été ▷ **summer holidays** npl grandes vacances fpl ▷ **summer house** n maison f de vacances; (in country) maison f de campagne; see also summerhouse ▷ **summer lightning** n éclair m de chaleur ▷ **summer pudding** n (Culin) dessert à base de pain et de compote de baies rouges ▷ **summer resort** n station f estivale ▷ **summer school** n université f d'été ▷ **summer solstice** n solstice m d'été ▷ **summer squash** n (US) courgette f ▷ **summer time** n (Brit: by clock) heure f d'été ▷ **summer visitor** n estivant(e) m(f)

summerhouse [ˈsʌməhaʊs] n pavillon m d'été

summertime [ˈsʌmətaɪm] n (= season) été m

summery [ˈsʌmərɪ] adj clothes d'été, estival; colours, food d'été ◆ **the summery weather** le temps estival

summit [ˈsʌmɪt] → SYN **1** n **a** [of mountain] sommet m, cime f

b (fig) [of power, honours, glory] sommet m; [of ambition] summum m

c (Pol) sommet m ◆ **at summit level** au plus haut niveau

2 COMP (Pol) talks au sommet ▷ **summit conference** n (conférence f au) sommet m ▷ **summit meeting** n rencontre f au sommet

summital [ˈsʌmɪtl] adj sommital

summitry * [ˈsʌmɪtrɪ] n (esp US Pol) tactique f de la rencontre au sommet

summon [ˈsʌmən] → SYN vt [+ servant, police] appeler, faire venir; (to meeting) convoquer (to à); [monarch, president, prime minister] mander (to à); (Jur) citer, assigner (as comme); [+ help, reinforcements] requérir ◆ **the Queen summoned Parliament** la reine a convoqué le Parlement ◆ **to summon sb to do sth** sommer qn de faire qch ◆ **to summon sb to appear** (Jur) citer qn à comparaître, assigner qn ◆ **they summoned the town to surrender** (Mil) ils ont sommé la ville de or ils ont mis la ville en demeure de se rendre ◆ **I was summoned to his presence** j'ai été requis de paraître devant lui, il m'a mandé auprès de lui ◆ **to summon sb in/down** etc (Admin etc) sommer qn d'entrer/de descendre etc

▶ **summon up** vt sep [+ one's energy, strength] rassembler, faire appel à; [+ interest, enthusiasm] faire appel à ◆ **to summon up (one's) courage** faire appel à or rassembler tout son courage, s'armer de courage, prendre son courage à deux mains (to do sth pour faire qch) ◆ **he summoned up the courage to fight back** il a trouvé le courage de riposter

summons [ˈsʌmənz] **1** n, pl **summonses** sommation f (also Mil), injonction f; (Jur) citation f, assignation f ◆ **to take out a summons against sb** (Jur) faire assigner qn ◆ **he got a summons for drunken driving** il a reçu une citation à comparaître or une assignation pour conduite en état d'ivresse ◆ **they sent him a summons to surrender** (Mil) ils lui ont fait parvenir une sommation de se rendre; → **issue, serve**

2 vt (Jur) citer, assigner (à comparaître) (for sth pour qch)

sumo [ˈsuːməʊ] **1** n sumo m

2 COMP ▷ **sumo wrestler** n sumotori m, lutteur m de sumo ▷ **sumo wrestling** n (NonC) sumo m

sump [sʌmp] **1** n (Tech) puisard m (pour eaux-vannes etc); (Brit Aut) carter m; (= deep cave) fosse f

2 COMP ▷ **sump oil** n (Aut) huile f de carter

sumptuary [ˈsʌmptjʊərɪ] adj (frm) somptuaire ◆ **sumptuary law** (Hist) loi f somptuaire

sumptuous [ˈsʌmptjʊəs] → SYN adj somptueux

sumptuously [ˈsʌmptjʊəslɪ] adv somptueusement

sumptuousness [ˈsʌmptjʊəsnɪs] n somptuosité f

sun [sʌn] → SYN **1** n soleil m ◆ **the sun is shining** il fait (du) soleil, le soleil brille ◆ **in the sun** au soleil ◆ **right in the sun** en plein soleil ◆ **a place in the sun** (lit) un endroit ensoleillé or au soleil; (fig) une place au soleil ◆ **this room certainly catches the sun** cette pièce reçoit beaucoup de soleil ◆ **to catch the sun** (= get a tan) prendre des bonnes couleurs; (= get sunburned) prendre un coup de soleil ◆ **in the July sun** au soleil de juillet ◆ **come out of the sun** ne restez pas au soleil ◆ **the sun is in my eyes** j'ai le soleil dans les yeux ◆ **he rose with the sun** il se levait avec le soleil ◆ **everything under the sun** tout ce qu'il est possible d'imaginer ◆ **nothing under the sun** rien au monde ◆ **there's no prettier place under the sun** il n'est pas de plus joli coin au monde or sur la terre ◆ **no reason under the sun** pas la moindre raison ◆ **there is nothing new under the sun** il n'y a rien de nouveau sous le soleil; → **midnight**

2 vt ◆ **to sun o.s.** [lizard, cat] se chauffer au soleil; [person] prendre un bain de soleil, lézarder au soleil

3 COMP ▷ **sun bonnet** n capeline f ▷ **sun-cured** adj (Culin) séché au soleil ▷ **sun dance** n danse f du soleil (rituel du solstice chez les Indiens d'Amérique) ▷ **sun deck** n [of house, hotel etc] véranda f; (Naut) pont m supérieur ▷ **sun-drenched** adj inondé de soleil ▷ **sun dress** n robe f bain de soleil ▷ **sun-filled** adj ensoleillé, rempli de soleil ▷ **sun-god** n dieu m soleil or Soleil ▷ **sun helmet** n casque m colonial ▷ **the Sun King** (Hist) le Roi-Soleil ▷ **sun-kissed** adj baigné de soleil ▷ **sun lamp** n lampe f à bronzer or à ultraviolets ▷ **sun lotion** n ⇒ **suntan lotion**; → **suntan** ▷ **sun lounge** n véranda f; (in health institution etc) solarium m ▷ **sun-lounger** n chaise f longue (pour bronzer) ▷ **sun oil** n ⇒ **suntan oil**; → **suntan** ▷ **sun porch** n petite véranda f ▷ **sun-shield** n (Aut) pare-soleil m inv ▷ **sun umbrella** n parasol m ▷ **sun visor** n (for eyes, on cap) visière f; (Aut) pare-soleil m inv ▷ **sun-worship** n (Rel) culte m du soleil ▷ **sun-worshipper** n (Rel) adorateur m, -trice f du soleil; (gen) adepte mf or fanatique mf du bronzage

Sun. abbrev of Sunday

sunbaked [ˈsʌnbeɪkt] adj brûlé par le soleil

sunbath [ˈsʌnbɑːθ] n bain m de soleil

sunbathe [ˈsʌnbeɪð] vi prendre un bain or des bains de soleil, se (faire) bronzer

sunbather [ˈsʌnbeɪðəʳ] n personne f qui prend un bain de soleil

sunbathing [ˈsʌnbeɪðɪŋ] n bains mpl de soleil

sunbeam [ˈsʌnbiːm] n rayon m de soleil

sunbed [ˈsʌnbed] n (with sunray lamp) lit m solaire; (for outdoors) lit m pliant

Sunbelt [ˈsʌnbelt] n (US) ◆ **the Sunbelt** les États du sud des États-Unis

---

SUNBELT

La "région du soleil" désigne les États du sud des États-Unis (de la Caroline du Nord à la Californie), caractérisés par un climat chaud et ensoleillé et qui connaissent, depuis quelque temps, un fort développement économique dû notamment aux mouvements migratoires en provenance du nord du pays. Les États du nord, par opposition, sont parfois appelés "Frostbelt" (région du gel) ou "Rustbelt" (région de la rouille) à cause de leurs vieilles infrastructures industrielles.

---

sunbird [ˈsʌnbɜːd] n soui-manga m

sunblind [ˈsʌnblaɪnd] n store m

sunblock [ˈsʌnblɒk] n écran m (solaire) total

sunburn [ˈsʌnbɜːn] n coup m de soleil

sunburned [ˈsʌnbɜːnd], **sunburnt** [ˈsʌnbɜːnt] adj (= tanned) bronzé, hâlé; (painfully) brûlé par le soleil ◆ **to get sunburned** (= tan) (se faire) bronzer; (painfully) prendre un coup de soleil

sunburst [ˈsʌnbɜːst] **1** n rayon m de soleil (entre les nuages)

2 COMP ▷ **sunburst clock** n horloge f en forme de soleil

sundae [ˈsʌndeɪ] n sundae m, coupe f glacée Chantilly

Sunday [ˈsʌndɪ] **1** n **a** dimanche m; → **Easter, month, palm²**; for other phrases see Saturday

b **the Sundays** * (= Sunday papers) les journaux mpl du dimanche

2 COMP clothes, paper du dimanche; walk, rest, peace dominical ▷ **Sunday best** n in one's Sunday best tout endimanché, en habits du dimanche ▷ **Sunday driver** n (pej) chauffeur m du dimanche ▷ **Sunday-go-to-meeting** * adj (US) clothes du dimanche ▷ **Sunday motorist** n (pej) ⇒ **Sunday driver** ▷ **Sunday observance** n observance f du repos dominical ▷ **Sunday opening** n (Comm) ouverture f des magasins le dimanche, commerce m dominical ▷ **Sunday papers** npl journaux mpl du dimanche ▷ **Sunday school** n école f du dimanche, ≈ catéchisme m ▷ **Sunday school teacher** n catéchiste mf (qui s'occupe de l'école du dimanche) ▷ **Sunday supplement** n (Press) supplément m dominical or du dimanche ▷ **Sunday trading** n (Comm) ⇒ **Sunday opening Sunday trading laws** réglementation f du commerce dominical

---

SUNDAY PAPERS

Les journaux du dimanche occupent une place essentielle parmi les activités dominicales des Britanniques, qui en achètent souvent plusieurs. Il s'agit soit de journaux paraissant uniquement le dimanche ("Observer" et "News of the World", par exemple), soit d'éditions du dimanche de quotidiens ("Sunday Times", "Sunday Telegraph", "Independent on Sunday", "Sunday Express", etc.). Un **Sunday paper** contient généralement des rubriques très variées sur les arts, les sports, les voyages ou les affaires, et s'accompagne d'un supplément magazine en couleurs.

Aux États-Unis, le plus grand journal du dimanche est l'édition dominicale du "New York Times", mais les Américains préfèrent généralement la presse locale à la presse nationale.

---

sunder [ˈsʌndəʳ] (liter) **1** vt fractionner, scinder

2 n ◆ **in sunder** (= apart) écartés; (= in pieces) en morceaux

sundew ['sʌndju:] n (Bot) rossolis m

sundial ['sʌndaɪəl] n cadran m solaire

sundog ['sʌn‚dɒg] n (= parhelion) parhélie m

sundown ['sʌndaʊn] n (US) ⇒ sunset

sundowner * ['sʌndaʊnəʳ] n (Austral = tramp) chemineau m, clochard m ; (Brit = drink) boisson alcoolisée prise en début de soirée

sundried [‚sʌn'draɪd] adj séché au soleil

sundry ['sʌndrɪ] → SYN **1** adj divers ◆ **all and sundry** tout le monde
2 sundries npl articles mpl divers

sunfast ['sʌnfɑ:st] adj (US) qui ne passe pas or qui résiste au soleil

sunfish ['sʌnfɪʃ] n (pl inv: Zool) poisson m lune

sunflower ['sʌn‚flaʊəʳ] **1** n (Bot) tournesol m, soleil m ◆ **the Sunflower State** (US) le Kansas
2 COMP ▷ **sunflower oil** n (Culin) huile f de tournesol ▷ **sunflower seeds** npl (Culin) graines fpl de tournesol

sung [sʌŋ] vb (ptp of sing)

sunglasses ['sʌn‚glɑ:sɪz] npl lunettes fpl de soleil

sunhat ['sʌnhæt] n chapeau m de soleil or de plage

sunk [sʌŋk] **1** vb (ptp of sink¹)
2 COMP ▷ **sunk costs** npl (Ind) frais mpl or coûts mpl fixes

sunken ['sʌŋkən] → SYN adj ship, treasure englouti ; rock submergé ; garden, road en contrebas ; bath encastré ; eyes enfoncé ; cheeks creux

sunless ['sʌnlɪs] → SYN adj sans soleil

sunlight ['sʌnlaɪt] n (lumière f du) soleil m ◆ **in the sunlight** au soleil, à la lumière du soleil

sunlit ['sʌnlɪt] adj ensoleillé

Sunna ['sʌnə] n sunna f

Sunni ['sʌnɪ] **1** n (= religion) sunnisme m ; (= person) sunnite mf
2 adj sunnite

sunny ['sʌnɪ] → SYN **1** adj **a** (= bright) climate, room, morning ensoleillé ; side (of street, building etc) exposé au soleil, ensoleillé ◆ **it's sunny today** il y a du soleil aujourd'hui ◆ **the outlook is sunny** on prévoit du soleil, on peut s'attendre à un temps ensoleillé ◆ **sunny intervals, sunny periods** (Brit Met) éclaircies fpl
b (= cheerful) smile rayonnant, radieux ; person épanoui ; personality enjoué ◆ **to have a sunny disposition** avoir un naturel enjoué ◆ **to be in a sunny mood** être d'humeur enjouée ◆ **the sunny side of life** les bons côtés de la vie
2 COMP ▷ **sunny side up** adj (US Culin) eggs sunny side up œufs mpl sur le plat (frits sans avoir été retournés)

sunray lamp ['sʌnreɪ‚læmp] n (Med) ⇒ sun lamp ; → sun

sunray treatment ['sʌnreɪ‚tri:tmənt] n héliothérapie f

sunrise ['sʌnraɪz] → SYN **1** n lever m de soleil ◆ **at sunrise** au lever du jour
2 COMP ▷ **sunrise industry** n industrie f en pleine expansion

sunroof ['sʌnru:f] n (Aut) toit m ouvrant

sunscreen ['sʌnskri:n] n écran m solaire

sunseeker ['sʌnsi:kəʳ] n amateur m de soleil

sunset ['sʌnset] → SYN **1** n coucher m de soleil ◆ **at sunset** à la tombée de la nuit or du jour
2 COMP ▷ **sunset clause** n (US Jur) clause f de révision ▷ **sunset industry** n industrie f en déclin ▷ **sunset law** n (US) loi stipulant que le vote approuvant la création d'un organisme gouvernemental doit être périodiquement reconduit pour que l'organisme continue d'exister

sunshade ['sʌnʃeɪd] n (for eyes) visière f ; (for table, on pram) parasol m ; (in car) pare-soleil m inv ; (= parasol) ombrelle f

sunshine ['sʌnʃaɪn] **1** n (NonC) (lumière f du) soleil m ◆ **in the sunshine** au soleil ◆ **five hours of sunshine** (Met) cinq heures d'ensoleillement ◆ **a ray of sunshine** (fig) (= person, event) un rayon de soleil ◆ **he's a real ray of sunshine today** (iro) il est gracieux comme une porte de prison aujourd'hui ◆ **hallo sunshine!** * bonjour mon rayon de soleil !
2 COMP ▷ **sunshine law** n (US) loi imposant la publicité des débats pour les décisions administratives ▷ **sunshine roof** n (Aut) toit m ouvrant ▷ **the Sunshine State** n (US) la Floride

sunspecs * ['sʌnspeks] npl ⇒ sunglasses

sunspot ['sʌnspɒt] n tache f solaire

sunstroke ['sʌnstrəʊk] n (NonC: Med) insolation f ◆ **to get sunstroke** attraper une insolation

sunsuit ['sʌnsu:t] n bain m de soleil

suntan ['sʌntæn] **1** n bronzage m ◆ **to get a suntan** se (faire) bronzer
2 COMP ▷ **suntan lotion** n lotion f or lait m solaire ▷ **suntan oil** n huile f solaire

suntanned ['sʌntænd] adj bronzé

suntrap ['sʌntræp] n coin m très ensoleillé

sunup ['sʌnʌp] n (US) ⇒ sunrise

sup [sʌp] **1** vi souper (on, off de)
2 vt (also **sup up**) boire or avaler à petites gorgées
3 n petite gorgée f

super ['su:pəʳ] **1** adj (esp Brit *) merveilleux, sensationnel *
2 n **a** (Police) * abbrev of superintendent
b (Cine) * abbrev of supernumerary
c (US = gasoline) super(carburant) m
3 COMP ▷ **Super Bowl** n (US Ftbl) Super Bowl m (championnat de football américain) ▷ **super-class** n superclasse f ▷ **super-duper** * adj formid * inv, sensass * inv ▷ **Super Tuesday** n (US Pol) super-mardi m (second mardi du mois de mars, date-clé des élections primaires)

super... ['su:pəʳ] pref super... ◆ **super-salesman** super-vendeur m ; see also **superannuate**

superable ['su:pərəbl] adj surmontable

superabundance [‚su:pərə'bʌndəns] n surabondance f

superabundant [‚su:pərə'bʌndənt] adj surabondant

superannuate [‚su:pə'rænjʊeɪt] vt mettre à la retraite ◆ **superannuated** retraité, à la or en retraite ; (fig) suranné, démodé

superannuated [‚su:pə'rænjʊeɪtɪd] adj retraité, à la or en retraite ; (fig) suranné, démodé

superannuation [‚su:pə‚rænjʊ'eɪʃən] **1** n (= act) (mise à la) retraite f ; (= pension) pension f de retraite ; (Brit: also **superannuation contribution**) versements mpl or cotisations fpl pour la pension
2 COMP ▷ **superannuation fund** n (Brit) caisse f de retraite

superb [su:'pɜ:b] → SYN adj view, weather, day superbe ; quality, opportunity merveilleux, exceptionnel ◆ **in superb condition** en excellent état

superblock ['su:pəblɒk] n (US) zone urbaine aménagée en quartier piétonnier

superbly [su:'pɜ:blɪ] adv superbement ◆ **they have done superbly well** ils ont superbement bien réussi ◆ **he is superbly fit** il est dans une forme (physique) éblouissante

superbug ['su:pəbʌg] n bactérie résistant aux antibiotiques

supercargo ['su:pə‚kɑ:gəʊ] n (Naut) subrécargue m

supercharged ['su:pətʃɑ:dʒd] adj surcomprimé

supercharger ['su:pə‚tʃɑ:dʒəʳ] n compresseur m

superciliary [‚su:pə'sɪlɪərɪ] adj (Anat) sourcilier

supercilious [‚su:pə'sɪlɪəs] → SYN adj person hautain, dédaigneux ; smile dédaigneux

superciliously [‚su:pə'sɪlɪəslɪ] adv look at dédaigneusement, d'un air hautain ; say dédaigneusement, d'un ton hautain

superciliousness [‚su:pə'sɪlɪəsnɪs] n hauteur f, arrogance f

supercomputer [‚su:pəkəm'pju:təʳ] n supercalculateur m, superordinateur m

superconductive [‚su:pəkən'dʌktɪv] adj supraconducteur

superconductivity ['su:pə‚kɒndʌk'tɪvɪtɪ] n supraconductivité f

superconductor [‚su:pəkən'dʌktəʳ] n supraconducteur m

supercool [‚su:pə'ku:l] vt (Chem) sous-refroidir

supercover ['su:pə‚kʌvəʳ] n (Insurance) garantie f totale, couverture f complète

superdense theory ['su:pədens] n (Astron) théorie f du big-bang

superego [‚su:pər'i:gəʊ] n surmoi m

supereminent [‚su:pər'emɪnənt] adj suréminent

supererogation ['su:pər‚erə'geɪʃən] n surérogation f

supererogatory [‚su:pərɪ'rɒgətərɪ] adj surérogatoire

superette ['su:pəret] n (US) petit supermarché m, supérette f

superfamily ['su:pə‚fæmɪlɪ] n superfamille f

superfecundation ['su:pə‚fi:kən'deɪʃən] n (Physiol) superfécondation f

superfetation [‚su:pəfi:'teɪʃən] n (Bio) superfétation f

superficial [‚su:pə'fɪʃəl] → SYN adj superficiel

superficiality ['su:pə‚fɪʃɪ'ælɪtɪ] → SYN n caractère m superficiel, manque m de profondeur

superficially [‚su:pə'fɪʃəlɪ] → SYN adv discuss, examine superficiellement ; attractive en apparence

superficies [‚su:pə'fɪʃi:z] n (pl inv) superficie f

superfine [‚su:pə'faɪn] adj goods, quality extrafin, superfin, surfin ; (pej) distinction trop ténu, bien mince

superfluid [‚su:pə'flu:ɪd] n (Phys) superfluide m

superfluidity [‚su:pəflu'ɪdɪtɪ] n superfluidité f

superfluity [‚su:pə'flʊɪtɪ] n **a** surabondance f (of de)
b ⇒ superfluousness

superfluous [sʊ'pɜ:flʊəs] → SYN adj goods, explanation superflu ◆ **it is superfluous to say that ...** inutile de dire que ... ◆ **he felt rather superfluous** * il se sentait de trop

superfluously [sʊ'pɜ:flʊəslɪ] adv d'une manière superflue

superfluousness [sʊ'pɜ:flʊəsnɪs] n caractère m superflu

supergiant [‚su:pə'dʒaɪənt] n (Astron) supergéante f

superglue ['su:pəglu:] n colle f extra-forte

supergrass * ['su:pəgrɑ:s] n (Brit) super-indicateur m de police

supergroup ['su:pəgru:p] n (Mus) supergroupe m

superheat [‚su:pə'hi:t] vt surchauffer

superheater [‚su:pə'hi:təʳ] n surchauffeur m

superhero ['su:pə‚hɪərəʊ] n super-héros m

superheterodyne receiver [‚su:pə'hetərədaɪn] n (Rad) (récepteur m) superhétérodyne m

superhigh frequency ['su:pəhaɪ] n ondes fpl centimétriques, SHF f

superhighway ['su:pə‚haɪweɪ] n (US) voie f express (à plusieurs files) ; → ROADS → **information**

superhuman [‚su:pə'hju:mən] → SYN **1** adj surhumain
2 n surhomme m

superhumanity [‚su:pəhju:'mænɪtɪ] n surhumanité f

superimpose [‚su:pərɪm'pəʊz] vt superposer (on à) ◆ **superimposed** (Cine, Phot, Typ) en surimpression

superimposed [‚su:pərɪm'pəʊzd] adj (Cine, Phot, Typ) en surimpression

superintend [‚su:pərɪn'tend] → SYN vt [+ work, shop, department] diriger ; [+ exam] surveiller ; [+ production] contrôler ; [+ vote-counting] présider à

superintendence [‚su:pərɪn'tendəns] → SYN n (NonC) [of activity] contrôle m ; [of child, prisoner] surveillance f ◆ **under the superintendence of sb** sous la surveillance de qn

superintendent [‚su:pərɪn'tendənt] → SYN n **a** [of institution, orphanage] directeur m, -trice f ; [of department] chef m
b (Brit: also **police superintendent**, **superintendent of police**) ≃ commissaire m (de police)

Superior [suˈpɪərɪəʳ] adj ♦ Lake Superior le lac Supérieur

superior [suˈpɪərɪəʳ] LANGUAGE IN USE 5.2 → SYN
1 adj **a** (= better) supérieur (-eure f) (to à) ♦ superior in number to ... supérieur en nombre à ..., numériquement supérieur à ... ♦ in superior numbers en plus grand nombre, plus nombreux ♦ the vastly superior numbers of the enemy les effectifs largement supérieurs de l'ennemi
b (= high-quality) product, goods de qualité supérieure ♦ a very superior model un modèle très supérieur
c (pej = supercilious) person hautain, dédaigneux ; air, smile supérieur (-eure f), de supériorité ♦ to feel superior se sentir supérieur
d (in hierarchy) supérieur (to à) ♦ his superior officer l'officier qui lui était supérieur ; → mother
e (Anat) limb supérieur (-eure f)
f (Typ) letter, number en exposant, supérieur (-eure f)
2 n supérieur(e) m(f)
3 COMP ▷ **superior court** n (US Jur) juridiction intermédiaire

superiority [suˌpɪərɪˈɒrɪtɪ] → SYN **1** n supériorité f (to, over par rapport à)
2 COMP ▷ **superiority complex** n complexe m de supériorité

superjacent [ˌsuːpəˈdʒeɪsənt] adj sus-jacent

superlative [suˈpɜːlətɪv] → SYN **1** adj **a** (= excellent) artist, quality, achievement exceptionnel, extraordinaire
b (Gram) superlatif
2 n (Gram) superlatif m ♦ in the superlative au superlatif ♦ he tends to talk in superlatives il a tendance à exagérer

superlatively [suˈpɜːlətɪvlɪ] adv play, perform de façon extraordinaire ; rich, well extraordinairement

superman [ˈsuːpəmæn] n, pl **-men** surhomme m ♦ Superman (on TV etc) Superman m

supermarket [ˈsuːpəˌmɑːkɪt] n supermarché m

supermen [ˈsuːpəmen] npl of superman

supermodel [ˈsuːpəˌmɒdl] n top model m

supernal [suːˈpɜːnəl] adj (liter) céleste, divin

supernatural [ˌsuːpəˈnætʃərəl] → SYN **1** adj surnaturel
2 n surnaturel m

supernormal [ˌsuːpəˈnɔːməl] adj au-dessus de la normale

supernova [ˌsuːpəˈnəʊvə] n, pl **supernovae** [ˌsuːpəˈnəʊviː] (Astron) supernova f

supernumerary [ˌsuːpəˈnjuːmərərɪ] **1** adj (Admin, Bio etc) surnuméraire ; (= superfluous) superflu
2 n (Admin etc) surnuméraire mf ; (Cine) figurant(e) m(f)

superorder [ˈsuːpɔːdəʳ] n superordre m

superordinate [ˌsuːpəˈrɔːdənɪt] **1** adj dominant, supérieur
2 n (Ling) terme m générique

superphosphate [ˌsuːpəˈfɒsfeɪt] n superphosphate m

superpose [ˌsuːpəˈpəʊz] vt (also Geom) superposer (on à)

superposition [ˌsuːpəpəˈzɪʃən] n superposition f

superpower [ˈsuːpəˌpaʊəʳ] n (Pol) superpuissance f, supergrand m

supersaturated [ˌsuːpəˈsætʃəreɪtɪd] adj (Chem) sursaturé

supersaturation [ˌsuːpəˌsætʃəˈreɪʃən] n sursaturation f

superscript [ˈsuːpəˌskrɪpt] (Typ) **1** adj supérieur (-eure f)
2 n (= number) chiffre m supérieur ; (= letter) lettre f supérieure

superscription [ˌsuːpəˈskrɪpʃən] n suscription f

supersede [ˌsuːpəˈsiːd] vt [+ belief, object, order] remplacer ; [+ person] supplanter, prendre la place de ♦ this edition supersedes previous ones cette édition remplace et annule les précédentes ♦ superseded idea/method idée f/méthode f périmée

supersensitive [ˌsuːpəˈsensɪtɪv] adj hypersensible

supersonic [ˌsuːpəˈsɒnɪk] adj aircraft, vehicle, speed supersonique ; flight, travel en avion supersonique

supersonically [ˌsuːpəˈsɒnɪkəlɪ] adv en supersonique

superstar [ˈsuːpəˌstɑːʳ] n (Cine, Theat) superstar f ; (Sport) superchampion(ne) m(f)

superstate [ˈsuːpəsteɪt] n (pej) super-État m

superstition [ˌsuːpəˈstɪʃən] n superstition f

superstitious [ˌsuːpəˈstɪʃəs] adj superstitieux ♦ to be superstitious about walking under ladders éviter de passer sous les échelles par superstition

superstitiously [ˌsuːpəˈstɪʃəslɪ] adv superstitieusement

superstore [ˈsuːpəstɔːʳ] n (esp Brit) hypermarché m

superstratum [ˌsuːpəˈstrɑːtəm] n, pl **superstratums** or **superstrata** [ˌsuːpəˈstrɑːtə] (Ling) superstrat m

superstructure [ˈsuːpəˌstrʌktʃəʳ] n superstructure f

supertanker [ˈsuːpəˌtæŋkəʳ] n pétrolier m géant, supertanker m

supertax [ˈsuːpətæks] n tranche f supérieure de l'impôt sur le revenu

supervene [ˌsuːpəˈviːn] vi survenir

supervention [ˌsuːpəˈvenʃən] n apparition f, manifestation f

supervise [ˈsuːpəvaɪz] → SYN **1** vt [+ person, worker] surveiller, avoir l'œil sur ; [+ organization, department] diriger ; [+ work] surveiller, diriger, superviser ; [+ exam] surveiller ; (Univ) [+ research] diriger
2 vi exercer la surveillance, surveiller

supervision [ˌsuːpəˈvɪʒən] → SYN **1** n (= watch) surveillance f ; (= monitoring) contrôle m ; (= management) direction f ♦ under the supervision of ... (esp Comm) sous la surveillance or direction de ... ♦ to keep sth under strict supervision exercer une surveillance ou un contrôle sévère sur qch
2 COMP ▷ **supervision order** n (Brit Jur) ordonnance f de surveillance

supervisor [ˈsuːpəvaɪzəʳ] → SYN n (gen) surveillant(e) m(f) ; (Comm) chef m de rayon ; (at exam) surveillant(e) m(f) ; (Univ) directeur m, -trice f or patron m de thèse

supervisory [ˈsuːpəvaɪzərɪ] → SYN adj post, role, powers, body de surveillance ♦ supervisory staff personnel m chargé de la surveillance ♦ in a supervisory capacity à titre de surveillant(e)

superwoman [ˈsuːpəˌwʊmən] n, pl **-women** superwoman f

supination [ˌsuːpɪˈneɪʃən] n supination f

supinator [ˈsuːpɪˌneɪtəʳ] n (Anat) supinateur m

supine [ˈsuːpaɪn] adj (liter) **a** (lit = prostrate: also lying supine, also in a supine position) allongé sur le dos
b (pej = passive) person, attitude mollasse (pej)

supper [ˈsʌpəʳ] **1** n (= main evening meal) dîner m ; (after theatre etc) souper m ; (= snack) collation f ♦ to have supper dîner (or souper etc) ♦ we made him sing for his supper (fig) nous l'avons aidé etc, mais c'était donnant donnant ; → lord
2 COMP ▷ **supper club** n (US) petit restaurant nocturne, avec danse et éventuellement spectacle

suppertime [ˈsʌpətaɪm] n l'heure f du dîner (or du souper etc) ♦ at suppertime au dîner (or souper etc)

supplant [səˈplɑːnt] → SYN vt [+ person] supplanter, évincer ; [+ object] supplanter, remplacer

supple [ˈsʌpl] → SYN adj (lit, fig) souple ♦ to become suppler s'assouplir

supplement [ˈsʌplɪmənt] → SYN **1** n (also Press) supplément m (to à) ♦ colour
2 [ˈsʌplɪment] vt [+ income] augmenter, arrondir (by doing sth en faisant qch) ; [+ book, information, one's knowledge] ajouter à, compléter

supplemental [ˌsʌplɪˈmentəl] adj (esp US) supplémentaire

supplementary [ˌsʌplɪˈmentərɪ] → SYN **1** adj (gen, Geom, Mus) supplémentaire ; food, vitamins complémentaire ♦ you may need supplementary iron vous pourriez avoir besoin d'un complément de fer ♦ supplementary to en plus de
2 COMP ▷ **supplementary benefit** n (NonC: Brit Admin: formerly) allocation f supplémentaire ▷ **supplementary question** n (Brit Parl) question f orale ▷ **supplementary scheme** n (Jur) régime m complémentaire

suppleness [ˈsʌplnɪs] n souplesse f

suppletion [səˈpliːʃən] n (Ling) suppléance f

suppletive [səˈpliːtɪv] adj (Ling) supplétif

suppliant [ˈsʌplɪənt] → SYN , **supplicant** [ˈsʌplɪkənt] adj, n suppliant(e) m(f)

supplicate [ˈsʌplɪkeɪt] **1** vt supplier, implorer (sb to do sth qn de faire qch) ; [+ mercy etc] implorer (from sb de qn)
2 vi ♦ to supplicate for sth implorer qch

supplication [ˌsʌplɪˈkeɪʃən] → SYN n supplication f ; (written) supplique f ♦ to kneel in supplication supplier à genoux

supplier [səˈplaɪəʳ] n (Comm) fournisseur m

supply[1] [səˈplaɪ] **1** n **a** (= amount, stock) provision f, réserve f ♦ a good supply of coal une bonne provision or réserve de charbon ♦ to get or lay in a supply of ... faire des provisions de ..., s'approvisionner de ... ♦ to get in a fresh supply of sth renouveler sa provision or sa réserve de qch ♦ supplies (gen) provisions fpl, réserves fpl ; (= food) vivres mpl ; (Mil) subsistances fpl, approvisionnements mpl ♦ electrical supplies matériel m électrique ♦ office supplies fournitures fpl or matériel m de bureau
b (NonC) (= act of supplying) [of fuel etc] alimentation f ; [of equipment, books etc] fourniture f ♦ the supply of fuel to the engine l'alimentation du moteur en combustible ♦ the electricity/gas supply l'alimentation en électricité/gaz ♦ supply and demand (Econ) l'offre f et la demande ♦ Ministry of Supply (Brit) ≈ services mpl de l'Intendance ; → short, water
c (person = temporary substitute) remplaçant(e) m(f), suppléant(e) m(f) ♦ to teach or be on supply faire des suppléances or des remplacements
d (Parl) supplies crédits mpl
2 vt **a** (= provide, furnish) [+ tools, books, goods] fournir, procurer (to sb à qn) ; (Comm) fournir, approvisionner ; (= equip) [+ person, city] fournir, approvisionner (with sth en or de qch) ; (Mil: with provisions) ravitailler, approvisionner ♦ we supply most of the local schools (Comm) nous fournissons or approvisionnons la plupart des écoles locales ♦ to supply from stock (Comm) livrer sur stock ♦ sheep supply wool les moutons donnent de la laine ♦ we supply the tools for the job nous fournissons or nous procurons les outils nécessaires pour faire le travail ♦ to supply electricity/gas/water to the town alimenter la ville en électricité/gaz/eau ♦ to supply sb with food nourrir or alimenter qn ♦ they kept us supplied with milk grâce à eux nous n'avons jamais manqué de lait ♦ the car was supplied with a radio la voiture était munie or pourvue d'une radio ♦ a battery is not supplied with the torch une pile n'est pas livrée avec la torche ♦ to supply sb with information/details fournir des renseignements/des détails à qn
b (= make good) [+ need, deficiency] suppléer à, remédier à ; [+ sb's needs] subvenir à ; [+ loss] réparer, compenser
3 COMP train, wagon, truck, convoy de ravitaillement, ravitailleur ; pharmacist etc intérimaire ▷ **supply line** n voie f de ravitaillement ▷ **supply management** n (Econ) régulation f de l'offre ▷ **supply ship** n navire m ravitailleur ▷ **supply-side economics** npl (Econ) théorie f de l'offre ▷ **supply teacher** n (Brit) suppléant(e) m(f)

supply[2] [ˈsʌplɪ] → SYN adv move, bend avec souplesse, souplement

support [səˈpɔːt] LANGUAGE IN USE 11.2, 13, 26.2 → SYN
1 n **a** (NonC: lit, fig) appui m, soutien m ; (financial) aide f (financière) ♦ he couldn't stand without support il ne pouvait pas se soutenir (sur ses jambes) ♦ he leaned on me

for support il s'est appuyé sur moi ◆ to give support to sb/sth soutenir qn/qch ◆ this bra gives good support ce soutien-gorge maintient bien la poitrine ◆ he depends on his father for (financial) support il dépend financièrement de son père ◆ he has no visible means of support (financial) il n'a pas de moyens d'existence connus ◆ what means of support has he got? quelles sont ses ressources ? ◆ he looked to his friends for support (fig) il a cherché un soutien ou un appui auprès de ses amis ◆ he needs all the support he can get il a bien besoin de tout l'appui qu'on pourra lui donner ◆ he got a lot of support from his friends ses amis l'ont vraiment soutenu or appuyé ◆ the proposal got no support personne n'a parlé en faveur de la proposition ◆ he spoke in support of the motion il a parlé en faveur de la motion ◆ in support of his theory/claim à l'appui de sa théorie/revendication ◆ have I your support in this? est-ce que je peux compter sur votre appui or soutien en la matière ? ◆ to give or lend one's support to ... prêter son appui à ... ◆ that lends support to his theory ceci corrobore or vient corroborer sa théorie ◆ they demonstrated in support of the prisoners ils ont manifesté en faveur des prisonniers, ils ont fait une manifestation de soutien aux prisonniers ◆ a collection in support of the accident victims une quête au profit des victimes de l'accident ◆ they stopped work in support ils ont cessé le travail par solidarité ; → moral

b (= object) (gen) appui m ; (Constr, Tech) support m, soutien m ; (fig: moral, financial etc) soutien m ; (US Econ = subsidy) subvention f ◆ use the stool as a support for your foot prenez le tabouret comme appui pour votre pied ◆ he is the sole (financial) support of his family il est le seul soutien (financier) de sa famille ◆ he has been a great support to me il a été pour moi un soutien précieux

2 vt **a** (= hold up) [pillar, beam] supporter, soutenir ; [bridge] porter ; [person, neck] soutenir ◆ the elements necessary to support life les éléments nécessaires à l'entretien de la vie, les éléments vitaux

b (= uphold) [+ motion, theory, cause, party, candidate] (passively) être pour ; (actively) soutenir ; [+ sb's application, action, protest] soutenir, appuyer ; [+ team] être supporter de, supporter* ◆ with only his courage to support him avec son seul courage comme soutien, n'ayant de soutien que son courage ◆ his friends supported him in his refusal to obey ses amis l'ont soutenu or l'ont appuyé ou ont pris son parti lorsqu'il a refusé d'obéir ◆ the socialists will support it les socialistes seront or voteront pour ◆ I cannot support what you are doing je ne peux pas approuver ce que vous faites ◆ supported by a cast of thousands (Cine, Theat) avec le concours de milliers d'acteurs et figurants ◆ the proofs that support my case les preuves à l'appui de ma cause ◆ a subsidy to support the price of beef (Econ) une subvention pour maintenir le prix du bœuf ◆ he supports Celtic (Ftbl) c'est un supporter du Celtic, il supporte* le Celtic

c (financially) subvenir aux besoins de ◆ she has a husband and three children to support elle doit subvenir aux besoins de son mari et de ses trois enfants ◆ to support o.s. (gen) subvenir à ses propres besoins ; (= earn one's living) gagner sa vie ◆ the school is supported by money from ... l'école reçoit une aide financière de ...

d (= endure) supporter, tolérer

3 COMP (Mil etc) troops, convoy, vessel de soutien ▷ **support act** n (Mus) groupe m (or chanteur m, -euse f) de première partie (d'un concert) ▷ **support band** n (Mus) groupe m de première partie (d'un concert) ▷ **support buying** n (Comm) achats mpl de soutien ▷ **support group** n groupe m d'entraide ▷ **support hose** n (pl inv) bas mpl (or collants mpl) de contention or antifatigue ▷ **support mechanism** n mécanisme m de soutien ▷ **support price** n (Econ) prix m de soutien ▷ **support stockings** npl bas mpl de contention or antifatigue

supportable [sə'pɔːtəbl] adj supportable, tolérable

supporter [sə'pɔːtər] → SYN n **a** (Constr, Tech) soutien m, support m ; (Her) tenant m

b (= person) [of party] sympathisant(e) m(f) ; [of theory, cause, opinion] partisan m ◆ she's a supporter of ... elle soutient ..., elle est pour ... ; (Sport) supporter m ◆ **football supporters** supporters mpl de football

supporting [sə'pɔːtɪŋ] **1** adj **a** (= corroborating) document de confirmation ◆ **supporting evidence** preuves fpl à l'appui

b (Cine, Theat) role, part second (before noun) ◆ **supporting actor** (acteur m qui a un) second rôle m ◆ **she won an Oscar for Best Supporting Actress** elle a reçu l'Oscar du meilleur second rôle féminin ◆ **the supporting cast** les seconds rôles mpl ◆ **to be in the supporting cast** avoir un second rôle

c (Constr) wall de soutènement, porteur ; → **self**

2 COMP ▷ **supporting film** n (Cine) film m qui passe en première partie

supportive [sə'pɔːtɪv] adj role de soutien ; relationship d'un grand soutien or secours ◆ **she has a very supportive family** sa famille lui est d'un grand soutien ◆ **to provide a supportive environment for sb** créer autour de qn un environnement favorable ◆ **my father was very supportive of the idea** mon père soutenait tout à fait cette idée

supportively [sə'pɔːtɪvlɪ] adv act, behave de façon très positive

supportiveness [sə'pɔːtɪvnɪs] n soutien m, aide f

suppose [sə'pəʊz] LANGUAGE IN USE 6.2, 26.3 → SYN

1 vt **a** (= imagine) supposer (that que + subj), (= assume, postulate) supposer (that que + indic) ◆ **suppose he doesn't come?** – he will – yes but just suppose! et s'il ne vient pas ? – il viendra – oui, mais à supposer qu'il ne vienne pas ou oui, mais au cas où il ne viendrait pas ? ◆ **if we suppose that the two are identical** si nous supposons que les deux sont identiques ◆ **suppose A equals B** (Math) soit A égale B ◆ **suppose ABC a triangle** soit un triangle ABC

b (= believe) croire ; (= think) penser (that que) ◆ **what do you suppose he wants?** à votre avis que peut-il bien vouloir ? ◆ **I went in, and who do you suppose was there?** je suis entré et devine qui se trouvait là ? ◆ **he is (generally) supposed to be rich, it is (generally) supposed that he is rich** il passe pour être riche, on dit qu'il est riche ◆ **I never supposed him (to be) a hero** je ne l'ai jamais pensé or imaginé qu'il fût un héros ◆ **I don't suppose he'll agree, I suppose he won't agree** cela m'étonnerait qu'il soit d'accord, je ne pense pas qu'il sera d'accord, je suppose qu'il ne sera pas d'accord ◆ **I suppose so** probablement, je suppose que oui ◆ **I don't suppose so, I suppose not** je ne (le) pense pas ou crois pas, probablement pas ◆ **do you suppose we could get together for dinner some evening?** accepteriez-vous de dîner avec moi un soir ?, pensez-vous que nous pourrions dîner ensemble un soir ? ◆ **wouldn't you suppose he'd be sorry?** n'auriez-vous pas pensé qu'il le regretterait ?

◆ **to be supposed to do sth** être censé faire qch ◆ **she was supposed to telephone this morning** elle était censée or elle devait téléphoner ce matin ◆ **he isn't supposed to know** il n'est pas censé le savoir ◆ **you're not supposed to do that** il ne vous est pas permis de faire cela ◆ **what's that supposed to mean?** qu'est-ce que tu veux dire par là ?

c (in suggestions) **suppose we go for a walk?** et si nous allions nous promener ? ◆ **suppose I tell him myself?** et si c'était moi qui le lui disais ?

◆ **supposing ...** (hypothesis) si (+ indic), à supposer que (+ subj), supposé que (+ subj) ◆ **supposing he can't do it?** et s'il ne peut pas le faire ?, et à supposer or et supposé qu'il ne puisse le faire ? ◆ **even supposing that ...** à supposer même que ... (+ subj) ◆ **always supposing that ...** en supposant que ... (+ subj), en admettant que ... (+ subj)

d (= presuppose) supposer ◆ **that supposes unlimited resources** cela suppose des ressources illimitées

2 vi ◆ **you'll come, I suppose?** vous viendrez, j'imagine ou je suppose ? ◆ **don't spend your time supposing, do something!** ne passe pas ton temps à faire des suppositions, fais quelque chose !

supposed [sə'pəʊzd] → SYN adj **a** (= so-called) prétendu, soi-disant inv ◆ **the supposed benefits of an expensive education** les prétendus avantages d'une éducation coûteuse

b (= presumed) supposé ; see also **suppose**

supposedly [sə'pəʊzɪdlɪ] → SYN adv soi-disant ◆ **he had supposedly gone to France** il était soi-disant allé en France ◆ **supposedly safe chemicals** des produits chimiques soi-disant sans danger ◆ **did he go? – supposedly!** est-ce qu'il y est allé ? — soi-disant ! ◆ **supposedly, his last words were ...** ses dernières paroles auraient été ...

supposing [sə'pəʊzɪŋ] conj → **suppose 1e**

supposition [ˌsʌpə'zɪʃən] → SYN n supposition f, hypothèse f ◆ **that is pure supposition** c'est une pure supposition ◆ **on the supposition that ...** à supposer que ... (+ subj), dans la supposition que ... (+ subj) ◆ **on this supposition** dans cette hypothèse

suppositional [ˌsʌpə'zɪʃənəl], **suppositious** [ˌsʌpə'zɪʃəs] adj hypothétique

supposititious [səˌpɒzɪ'tɪʃəs] adj supposé, faux (fausse f), apocryphe

suppository [sə'pɒzɪtərɪ] n suppositoire m

suppress [sə'pres] → SYN vt [+ abuse, crime] supprimer, mettre fin à ; [+ revolt] réprimer, étouffer ; [+ one's feelings] réprimer, refouler ; [+ yawn] réprimer ; [+ scandal, facts, truth] étouffer ; [+ newspaper, publication] interdire ; [+ evidence] faire disparaître, supprimer ; (Psych) refouler ; (Med) [+ symptoms] supprimer ; (Elec, Rad etc) antiparasiter ; (* = silence) [+ heckler etc] faire taire ◆ **to suppress a cough/sneeze** se retenir de or réprimer une envie de tousser/d'éternuer etc

suppressant [sə'presnt] n ◆ **appetite suppressant** anorexigène m

suppression [sə'preʃən] → SYN n **a** [of document, evidence, information, human rights] suppression f ; [of revolt, protest, movement] répression f ; [of democracy] étouffement m ◆ **the suppression of dissidents/minorities** la répression des dissidents/minorités

b (Psych) [of emotion] refoulement m

c (Med) inhibition f

d (Elec, Rad etc) antiparasitage m

suppressive [sə'presɪv] adj répressif

suppressor [sə'presər] n (Elec etc) dispositif m antiparasite

suppurate ['sʌpjʊəreɪt] vi suppurer

suppuration [ˌsʌpjʊə'reɪʃən] n suppuration f

supra... ['suːprə] pref supra..., sur...

supraliminal [ˌsuːprə'lɪmɪnl] adj (Physiol) supraliminaire

supramaxillary [ˌsuːprəmæk'sɪlərɪ] adj susmaxillaire

supranational [ˌsuːprə'næʃənl] adj supranational

supranationalism [ˌsuːprə'næʃnəlɪzəm] n (Pol) supranationalisme m

supraorbital [ˌsuːprə'ɔːbɪtl] adj (Anat) sus-orbitaire

suprarenal [ˌsuːprə'riːnl] adj surrénal

suprasegmental [ˌsuːprəseg'mentl] adj (Ling) suprasegmental

supremacism [sʊ'preməsɪzəm] n croyance en la suprématie d'un groupe ou d'une race

supremacist [sʊ'preməsɪst] n personne f qui croit en la suprématie d'un groupe (or d'une race etc), suprémaciste mf

supremacy [sʊ'preməsɪ] → SYN n suprématie f (over sur) → **white**

Suprematism [sʊ'premətɪzəm] n (Art) suprématisme m

Suprematist [sʊ'premətɪst] adj, n suprématiste mf

supreme [sʊ'priːm] → SYN adj (all senses) suprême ◆ **the Supreme Being** (Rel) l'Être m suprême ◆ **Supreme Commander** (Mil) commandant m en chef or suprême, généralissime m ◆ **Supreme Court** (Can Jur, US Jur) Cour f suprême ◆ **to make the supreme sacrifice** faire le sacrifice de sa vie ; → **reign, soviet**

supremely [sʊ'priːmlɪ] adv suprêmement

supremo [sʊ'priːməʊ] n (Brit) grand chef m

Supt. (Brit Police) abbrev of **Superintendent**

sura ['sʊərə] n sourate f

surat [sju:'ræt] n surah m

surbasement [sɜ:'beɪsmənt] n (Archit) surbaissement m

surcharge ['sɜ:tʃɑ:dʒ] 1 n (= extra payment, extra load, also Elec, Post = overprinting) surcharge f ; (= extra tax) surtaxe f ◆ **import surcharge** surtaxe f à l'importation

2 vt surcharger, surtaxer

surcingle ['sɜ:,sɪŋgəl] n (= girth) surfaix m

surcoat ['sɜ:,kəʊt] n surcot m

surculose ['sɜ:kjʊləʊs] adj (Bot) drageonné

surd [sɜ:d] 1 adj (Math) irrationnel ; (Ling) sourd

2 n (Math) quantité f or nombre m irrationnel(le) ; (Ling) sourde f

sure [ʃʊəʳ] LANGUAGE IN USE 6.2, 15.1, 16.1 → SYN

1 adj a (= reliable, safe etc) aim, shot, marksman, judgement, method, friend, footing sûr ; solution, remedy sûr, infaillible ; facts sûr, indubitable ; success assuré, certain

b (= definite, indisputable) sûr, certain ◆ **it is sure that he will come, he is sure to come** il est certain qu'il viendra, il viendra, c'est sûr ◆ **it is not sure that he will come, he is not sure to come** il n'est pas sûr or certain qu'il vienne ◆ **it's not sure yet** ça n'a encore rien de sûr ◆ **it's sure to rain** il va pleuvoir à coup sûr or c'est sûr et certain * ◆ **be sure to tell me, be sure and tell me** ne manquez pas de me le dire ◆ **you're sure of a good meal** un bon repas vous est assuré ◆ **he's sure of success** il est sûr or certain de réussir ◆ **you can't be sure of him** vous ne pouvez pas être sûr de lui ◆ **I want to be sure of seeing him** je veux être sûr or certain de le voir ◆ **nothing is sure in this life** dans cette vie on n'est sûr de rien ◆ **sure thing!** * oui bien sûr !, d'accord ! ◆ **he is, to be sure, rather tactless** il manque de tact, c'est certain ◆ **well, to be sure!** * bien, ça alors !

◆ **to make sure** ◆ **to make sure of a seat** s'assurer (d')une place ◆ **to make sure of one's facts** vérifier or s'assurer de ce qu'on avance ◆ **better get a ticket beforehand and make sure** il vaut mieux prendre un billet à l'avance pour plus de sûreté or pour être sûr * ◆ **make sure you've locked the door** vérifie que tu as bien fermé la porte à clé ◆ **to make sure to do sth** ne pas oublier de faire qch ◆ **did you lock it? – I think so but I'd better make sure** l'avez-vous fermé à clé ? – je crois, mais je vais vérifier or m'en assurer ◆ **I've made sure of having enough coffee for everyone** j'ai veillé à ce qu'il y ait assez de café pour tout le monde ◆ **just to make sure** pour plus de sûreté

◆ **for sure** ◆ **he'll leave for sure** il partira sans aucun doute ◆ **and that's for sure** * ça ne fait aucun doute ◆ **I'll find out for sure** je me renseignerai pour savoir exactement ce qu'il en est ◆ **do you know for sure?** êtes-vous absolument sûr or certain ? ◆ **I'll do it next week for sure** je le ferai la semaine prochaine sans faute

c (= positive, convinced) sûr (*of* de), certain ◆ **I'm** or **I feel sure I've seen him** je suis sûr or certain de l'avoir vu ◆ **I'm sure he'll help us** je suis sûr qu'il nous aidera ◆ **I'm not sure** je ne suis pas sûr or certain (*that* que + subj) ◆ **I'm not sure how/why/when** etc je ne sais pas très bien comment/pourquoi/quand etc ◆ **I'm not sure (if) he can** je ne suis pas sûr or certain qu'il puisse ◆ **I'm sure I didn't mean to** je ne l'ai vraiment pas fait exprès ◆ **he says he did it but I'm not so sure (about that)** il dit que c'est lui qui l'a fait mais je n'en suis pas si sûr (que ça) ◆ **I'm going alone! – I'm not so sure about that** or **don't be so sure about that!** j'irai seul ! – ne le dis pas si vite ! ◆ **to be/feel sure of o.s.** être/se sentir sûr de soi

2 adv a (esp US * = certainly) **he can sure play** il joue vachement * bien ◆ **he was sure drunk, he sure was drunk** il était complètement soûl ◆ **will you do it? – sure!** le ferez-vous ? – bien sûr ! ◆ **it's hot today – it sure is!** il fait chaud aujourd'hui – ça, c'est vrai ! ◆ **are you leaving now? – I sure am!** tu pars maintenant ? – ouais ! *

b (set phrases)

◆ **sure enough** (confirming) effectivement, en effet ; (promising) assurément, sans aucun doute ◆ **sure enough, he did come** comme je l'avais (or on l'avait etc) bien prévu, il est venu ◆ **and sure enough he did arrive** et effectivement or en effet il est arrivé ◆ **sure enough** *, **I'll be there** j'y serai sans faute ◆ **it's petrol, sure enough** c'est effectivement or bien de l'essence, c'est de l'essence en effet ◆ **sure enough!** assurément ! ◆ **he sure enough made a hash of that** * (US) pour sûr qu'il a tout gâché *

◆ **as sure as** aussi sûr que ◆ **as sure as my name's Smith** aussi sûr que je m'appelle Smith ◆ **as sure as fate, as sure as anything, as sure as guns** *, **as sure as eggs is eggs** * aussi sûr que deux et deux font quatre

3 COMP ▷ **sure-enough** * adj (US = real, actual) réel ▷ **sure-fire** * adj certain, infaillible ▷ **sure-footed** adj (lit) au pied sûr ◆ **to be sure-footed** (fig = skilful) faire preuve de doigté ▷ **sure-footedly** adv d'un pied sûr

surely ['ʃʊəlɪ] → SYN adv a (expressing confidence: assuredly) sûrement, certainement ; (expressing incredulity) tout de même ◆ **surely we've met before?** je suis sûr que nous nous sommes déjà rencontrés ! ◆ **surely he didn't say that!** il n'a pas pu dire ça, tout de même ! ◆ **there is surely some mistake** il doit sûrement or certainement y avoir quelque erreur ◆ **surely you can do something to help?** il doit bien y avoir quelque chose que vous puissiez faire pour aider ◆ **surely you didn't believe him?** vous ne l'avez pas cru, j'espère ◆ **surely to God** ‡ or **to goodness** *, **you know that!** mais bon sang tu devrais bien le savoir ! * ◆ **it must rain soon, surely** il va bien pleuvoir, tout de même ◆ **that's surely not true** ça ne peut pas être vrai, ça m'étonnerait que ce soit vrai ◆ **surely not!** pas possible ! ◆ **surely!** (US = with pleasure) bien volontiers !

b (= inevitably) sûrement, à coup sûr ◆ **justice will surely prevail** la justice prévaudra sûrement

c advance, move (= safely) sûrement ; (= confidently) avec assurance ; → **slowly**

sureness ['ʃʊənɪs] n (= certainty) certitude f ; (= sure-footedness) sûreté f ; (= self-assurance) assurance f, sûreté f de soi ; [of judgement, method, footing, grip] sûreté f ; [of aim, shot] justesse f, précision f ◆ **the sureness of his touch** sa sûreté de main

surety ['ʃʊərətɪ] n a (Jur) (= money) caution f ; (= person) caution f, garant(e) m(f) ◆ **to go** or **stand surety for sb** se porter caution pour qn ◆ **in his own surety of £1,000** après avoir donné une sûreté personnelle de 1 000 livres

b †† certitude f ◆ **of a surety** certainement

surf [sɜ:f] 1 n (NonC) (= waves) vagues fpl déferlantes, ressac m ; (= foam) écume f ; (= spray) embrun m

2 vi (also **go surfing**) surfer, faire du surf

3 vt [+ waves] surfer sur ◆ **to surf the Net** * surfer sur Internet, surfer sur le net

4 COMP ▷ **surf boat** n surf-boat m

surface ['sɜ:fɪs] → SYN 1 n a [of earth, sea, liquid, object etc] surface f ◆ **under the surface** [of sea, lake etc] sous l'eau ◆ **to come** or **rise to the surface** remonter à la surface ; (fig) faire surface, se faire jour ◆ **to break surface** [submarine] faire surface ; [diver] réapparaître ◆ **on the surface** (Naut) en surface ; (Min: also **at the surface**) au jour, à la surface ; (fig) à première vue, au premier abord ◆ **on the surface of the table** sur la surface de la table ◆ **his faults are all on the surface** il a des défauts mais il a bon fond ◆ **I can't get below the surface with him** je n'arrive pas à le connaître vraiment or à aller au-delà des apparences avec lui ◆ **prejudices just below** or **beneath the surface** préjugés prêts à faire surface or à se faire jour ◆ **the road surface is icy** la chaussée est verglacée ◆ **social unrest, never far below the surface ...** les troubles sociaux, toujours prêts à éclater ...

b (Math) (= area) surface f ; (= side: of solid) côté m, face f

2 adj a tension superficiel (also fig) ; (Naut) vessel etc de surface ; (Min) work au jour, à la surface ◆ **it's only a surface reaction** ce n'est qu'une réaction superficielle

b (Phon, Gram) de surface

3 vt a [+ road] revêtir (*with* de) ; [+ paper] calandrer, glacer

b (Naut) [+ submarine, object, wreck] amener à la surface

4 vi [swimmer, diver, whale] revenir or remonter à la surface ; [submarine] faire surface ; (fig = emerge) [news, feeling etc] faire surface, se faire jour ; (* fig) (after absence) réapparaître ; (after hard work) faire surface

5 COMP ▷ **surface-active** adj (Chem) tensioactif ▷ **surface area** n (Math etc) surface f, superficie f ▷ **surface grammar** n grammaire f de surface ▷ **surface mail** n (Post) courrier m par voie de terre ; (by sea) courrier m maritime ◆ **by surface mail** par voie de terre ; (by sea) par voie maritime ▷ **surface noise** n (on record player) grésillements mpl ▷ **surface structure** n structure f de surface ▷ **surface-to-air** adj (Mil) sol-air inv ▷ **surface-to-surface** adj (Mil) sol-sol inv ▷ **surface workers** npl (Min) personnel m qui travaille au jour or à la surface

surfactant [sɜ:'fæktənt] n (Chem) tensioactif m

surfboard ['sɜ:fbɔ:d] 1 n planche f de surf

2 vi surfer

surfboarder ['sɜ:f,bɔ:dəʳ] n ⇒ **surfer**

surfboarding ['sɜ:f,bɔ:dɪŋ] n ⇒ **surfing**

surfcasting ['sɜ:f,kɑ:stɪŋ] n (US Sport) pêche f au lancer en mer *(depuis le rivage)*

surfeit ['sɜ:fɪt] → SYN 1 n excès m (*of* de) ; (NonC = satiety) satiété f ◆ **to have a surfeit of ...** avoir une indigestion de ... (fig) ◆ **there is a surfeit of ...** il y a par trop de ...

2 vt ◆ **to be surfeited with pleasure** être repu de plaisir

surfer ['sɜ:fəʳ] n surfeur m, -euse f ; (*: on Internet) internaute mf

surfing ['sɜ:fɪŋ] n surf m ; → **surf 2**

surfride ['sɜ:fraɪd] vi surfer

surfrider ['sɜ:f,raɪdəʳ] n ⇒ **surfer**

surfriding ['sɜ:f,raɪdɪŋ] n ⇒ **surfing**

surge [sɜ:dʒ] → SYN 1 n (gen) mouvement m puissant ; [of rage, fear, enthusiasm] vague f, montée f ; (Elec) saute f de courant ; (fig: in sales etc) afflux m ◆ **the surge of the sea** la houle ◆ **he felt a surge of anger** il a senti la colère monter en lui ◆ **there was a surge of sympathy for him** il y a eu un vif mouvement or une vague de sympathie pour lui ◆ **the surge of people around the car** la foule qui se pressait autour de la voiture ◆ **he was carried along by the surge of the crowd** il était porté par le mouvement de la foule

2 vi a [waves] s'enfler ; [flood, river] déferler ◆ **the sea surged against the rocks** la houle battait or heurtait les rochers ◆ **the surging sea** la mer houleuse ◆ **the ship surged at anchor** le bateau amarré était soulevé par la houle ◆ **the power surged suddenly** (Elec) il y a eu une brusque surtension de courant ◆ **the blood surged to his cheeks** le sang lui est monté or lui a reflué au visage ◆ **anger surged (up) within him** la colère monta en lui

b [crowd, vehicles etc] déferler ◆ **to surge in/out** etc entrer/sortir etc à flots ◆ **they surged round the car** ils se pressaient autour de la voiture ◆ **they surged forward** ils se sont lancés en avant ◆ **a surging mass of demonstrators** une foule déferlante de manifestants

surgeon ['sɜ:dʒən] 1 n chirurgien m ◆ **she is a surgeon** elle est chirurgien ◆ **a woman surgeon** une femme chirurgien ; → **dental, house, veterinary**

2 COMP ▷ **surgeon general** n, pl **surgeons general** (Mil) médecin m général ; (US Admin) ministre m de la Santé

surgery ['sɜ:dʒərɪ] 1 n a (NonC = skill, study, operation) chirurgie f ◆ **it is a fine piece of surgery** le chirurgien a fait du beau travail ◆ **to have surgery** se faire opérer ; → **plastic**

b (Brit = consulting room) cabinet m (de consultation) ; (Brit = interview) consultation f ◆ **come to the surgery tomorrow** venez à mon cabinet demain, venez à la consultation demain ◆ **when is his surgery?** à quelle heure sont ses consultations ?, à quelle heure consulte-t-il ? ◆ **during his surgery** pendant ses heures de consultation ◆ **there is an afternoon surgery** il consulte l'après-midi

2 COMP ▷ **surgery hours** npl heures fpl de consultation

surgical ['sɜ:dʒɪkəl] 1 adj operation, intervention, treatment chirurgical ; instruments chirurgical, de chirurgie

surgically / surveyor

[2] COMP ▷ **surgical appliance** n appareil m orthopédique ▷ **surgical boot** n chaussure f orthopédique ▷ **surgical cotton** n coton m hydrophile ▷ **surgical dressing** n pansement m or compresse f or gaze f opératoire ▷ **surgical spirit** n (Brit) alcool m à 90 (degrés) ▷ **surgical strike** n (Mil) frappe f chirurgicale

surgically ['sɜːdʒɪkəlɪ] adv chirurgicalement

suricate ['sjʊərɪˌkeɪt] n suricate m

Surinam [ˌsʊərɪ'næm] n le Surinam

Surinamese [ˌsʊərɪnæ'miːz] [1] adj surinamais [2] n Surinamais(e) m(f)

surjection [sɜː'dʒekʃən] n surjection f

surjective [sɜː'dʒektɪv] adj surjectif

surliness ['sɜːlɪnɪs] n caractère m or air m revêche or maussade or renfrogné

surly ['sɜːlɪ] → SYN adj revêche, maussade, renfrogné, bourru

surmise ['sɜːmaɪz] → SYN [1] n conjecture f, hypothèse f ♦ **it was nothing but surmise** c'était entièrement conjectural
[2] [sɜː'maɪz] vt conjecturer, présumer (*from sth* d'après qch) ♦ **to surmise that ...** (= infer) conjecturer que ..., présumer que ... ; (= suggest) émettre l'hypothèse que ... ♦ **I surmised as much** je m'en doutais

surmount [sɜː'maʊnt] → SYN vt **a** (Archit etc) surmonter ♦ **surmounted by a statue** surmonté d'une statue
b (= overcome) [+ obstacle, difficulties, problems] surmonter, venir à bout de

surmountable [sɜː'maʊntəbl] adj surmontable

surmullet [sɜː'mʌlɪt] n (US) surmulet m

surname ['sɜːneɪm] [1] n nom m de famille ♦ **name and surname** nom et prénoms
[2] vt ♦ **surnamed Jones** nommé or dénommé Jones, dont le nom de famille est Jones

surpass [sɜː'pɑːs] LANGUAGE IN USE 5.2 → SYN vt [+ person] surpasser (*in* en) ; [+ hopes, expectations] dépasser ♦ **to surpass o.s.** (also iro) se surpasser (also iro)

surpassing [sɜː'pɑːsɪŋ] → SYN adj incomparable, sans pareil

surplice ['sɜːplɪs] n surplis m

surpliced ['sɜːplɪst] adj en surplis

surplus ['sɜːpləs] → SYN [1] n, pl **surpluses** (Comm, Econ, gen) surplus m, excédent m ; (Fin) boni m, excédent m ♦ **a tea surplus** un surplus or un excédent de thé
[2] adj (gen) food, boxes etc en surplus ; (Comm, Econ) en surplus, excédentaire ; (Fin) de boni, excédentaire ♦ **it is surplus to (our) requirements** cela excède nos besoins ♦ **surplus copies** [of book, document etc] exemplaires mpl de passe ♦ **surplus stock** surplus mpl, stocks mpl excédentaires ♦ **American surplus wheat** excédent m or surplus m de blé américain ♦ **his surplus energy** son surcroît d'énergie
[3] COMP ▷ **surplus store** n magasin m de surplus

surprise [sə'praɪz] LANGUAGE IN USE 16.2 → SYN
[1] n (NonC) (= emotion) surprise f, étonnement m ; (= event etc) surprise f ♦ **much to my surprise, to my great surprise** à ma grande surprise, à mon grand étonnement ♦ **he stopped in surprise** il s'est arrêté sous l'effet de la surprise, étonné il s'est arrêté ♦ **to take by surprise** [+ person] surprendre, prendre au dépourvu ; (Mil) [+ fort, town] prendre par surprise ♦ **a look of surprise** un regard surpris or traduisant la surprise ♦ **imagine my surprise when ...** imaginez quel a été mon étonnement or quelle a été ma surprise quand ... ♦ **what a surprise!** quelle surprise! ♦ **surprise, surprise!** (when surprising sb) surprise! ; (iro) comme par hasard (iro) ♦ **to give sb a surprise** faire une surprise à qn, surprendre qn ♦ **it was a lovely/nasty surprise for him** cela a été pour lui une agréable/mauvaise surprise ♦ **to have a surprise** être surpris, avoir une surprise ♦ **it came as a surprise (to me) to learn that ...** j'ai eu la surprise d'apprendre que ...
[2] adj defeat, gift, visit, decision inattendu, inopiné ♦ **surprise attack** attaque f par surprise, attaque f brusquée
[3] vt **a** (= astonish) surprendre, étonner ♦ **he was surprised to hear that ...** il a été surpris or étonné d'apprendre que ..., cela l'a surpris or étonné d'apprendre que ... ♦ **I shouldn't be surprised if it snowed** cela ne m'étonnerait pas qu'il neige (subj) ♦ **don't be surprised if he refuses** ne soyez pas étonné or surpris s'il refuse, ne vous étonnez pas s'il refuse ♦ **it's nothing to be surprised at** cela n'a rien d'étonnant, ce n'est pas or guère étonnant ♦ **I'm surprised at or by his ignorance** son ignorance me surprend ♦ **I'm surprised at you!** je ne m'attendais pas à cela de vous!, cela me surprend de votre part! ♦ **it surprised me that he agreed** j'ai été étonné or surpris qu'il accepte (subj), je ne m'attendais pas à ce qu'il accepte (subj) ♦ **go on, surprise me!** (iro) allez, étonne-moi! ♦ **he surprised me into agreeing to do it** j'ai été tellement surpris que j'ai accepté de le faire ; *see also* **surprised**
b (= catch unawares) [+ army, sentry] surprendre, attaquer par surprise ; [+ thief] surprendre, prendre sur le fait ; (gen) surprendre

surprised [sə'praɪzd] → SYN adj surpris, étonné ♦ **you'd be surprised how many people ...** si tu savais combien de gens ... ♦ **he'll surely be on time – you'd be surprised!** il sera sûrement à l'heure — n'y compte pas! ; *see also* **surprise**

surprising [sə'praɪzɪŋ] LANGUAGE IN USE 16.2 → SYN adj surprenant, étonnant ♦ **it is surprising that ...** il est surprenant or étonnant que ... (+ subj)

surprisingly [sə'praɪzɪŋlɪ] adv big, sad etc étonnamment, étrangement ♦ **you look surprisingly cheerful for someone who ...** vous m'avez l'air de bien bonne humeur pour quelqu'un qui ... ♦ **surprisingly enough, ...** chose étonnante, ... ♦ **not surprisingly he didn't come** comme on pouvait s'y attendre il n'est pas venu, il n'est pas venu, ce qui n'a rien d'étonnant

surreal [sə'rɪəl] adj surréaliste (fig)

surrealism [sə'rɪəlɪzəm] n surréalisme m

surrealist [sə'rɪəlɪst] adj, n surréaliste mf

surrealistic [səˌrɪə'lɪstɪk] adj surréaliste

surrender [sə'rendər] → SYN [1] vi (Mil) se rendre (*to* à), capituler (*to* devant) ♦ **to surrender to the police** se livrer à la police, se constituer prisonnier ♦ **to surrender to despair** s'abandonner ou se livrer au désespoir
[2] vt **a** (Mil) [+ town, hill] livrer (*to* à)
b [+ firearms] rendre (*to* à) ; [+ stolen property, documents, photos] remettre (*to* à) ; [+ insurance policy] racheter ; [+ lease] céder ; [+ one's rights, claims, powers, liberty] renoncer à, abdiquer ; [+ hopes] abandonner ♦ **to surrender o.s. to despair/to the delights of sth** s'abandonner or se livrer au désespoir/aux plaisirs de qch
[3] n **a** (Mil etc) reddition f (*to* à), capitulation f (*to* devant) ♦ **no surrender!** on ne se rend pas! ; → **unconditional**
b (= giving up) [of firearms, stolen property, documents] remise f (*to* à) ; [of insurance policy] rachat m ; [of one's rights, claims, powers, liberty] renonciation f (*of* à), abdication f (*of* de ; *to* en faveur de) ; [of hopes] abandon m ; [of lease] cession f ; (= return) restitution f (*of* de ; *to* à)
[4] COMP ▷ **surrender value** n (Insurance) valeur f de rachat

surreptitious [ˌsʌrəp'tɪʃəs] → SYN adj entry, removal subreptice, clandestin ; movement, gesture furtif

surreptitiously [ˌsʌrəp'tɪʃəslɪ] adv enter, remove subrepticement, clandestinement ; move furtivement, sournoisement (pej)

surrogacy ['sʌrəgəsɪ] n (in childbearing) maternité f de substitution

surrogate ['sʌrəgɪt] [1] n **a** (gen: frm) substitut m, représentant m
b (Psych) substitut m
c (Brit: also **surrogate bishop**) évêque auxiliaire à qui l'on délègue le pouvoir d'autoriser les mariages sans publication de bans
d (US = judge) juge chargé de l'homologation de testaments etc
[2] adj pleasure etc de remplacement
[3] ['sʌrəgeɪt] vi (be a surrogate mother) être mère porteuse ou de substitution

ANGLAIS-FRANÇAIS 970

[4] COMP ▷ **surrogate mother** n (Genetics) mère f porteuse, mère f de substitution ; (Psych) substitut m maternel ▷ **surrogate motherhood** n maternité f de substitution

surround [sə'raʊnd] → SYN [1] vt entourer ; (totally) cerner, encercler ♦ **surrounded by** entouré de ♦ **you are surrounded** (Mil, Police etc) vous êtes cerné or encerclé ♦ **to surround o.s. with friends/allies** s'entourer d'amis/d'alliés
[2] n bordure f, encadrement m ; [of fireplace] entourage m ; (Brit: on floor: *also* **surrounds**) bordure f (entre le tapis et le mur)
[3] **surrounds** npl (frm = surroundings) cadre m
[4] COMP ▷ **surround sound** n (Cine) son m surround

surrounding [sə'raʊndɪŋ] → SYN [1] adj streets, countryside, villages alentour inv, environnant ♦ **Liège and the surrounding area** Liège et ses alentours or environs ♦ **the surrounding tissue is healthy** (Med) les tissus autour sont sains
[2] **surroundings** npl (= surrounding country) alentours mpl, environs mpl ; (= setting) cadre m, décor m ♦ **the surroundings of Glasgow are picturesque** les alentours or les environs de Glasgow sont pittoresques ♦ **he found himself in surroundings strange to him** il s'est retrouvé dans un cadre or décor qu'il ne connaissait pas ♦ **animals in their natural surroundings** des animaux dans leur cadre naturel

surtax ['sɜːtæks] n (gen) surtaxe f ; (= income tax) tranche f supérieure de l'impôt sur le revenu ♦ **to pay surtax** être dans les tranches supérieures d'imposition

surtitles ['sɜːtaɪtlz] npl surtitres mpl

surveillance [sɜː'veɪləns] → SYN n surveillance f ♦ **to keep sb under surveillance** surveiller qn ♦ **under constant surveillance** sous surveillance continue

survey ['sɜːveɪ] → SYN [1] n **a** (= comprehensive view) [of countryside, prospects, development etc] vue f générale or d'ensemble (*of* de) ♦ **he gave a general survey of the situation** il a fait un tour d'horizon de la situation, il a passé la situation en revue
b (= investigation, study) [of reasons, prices, situation, sales, trends] enquête f (*of* sur), étude f (*of* de) ♦ **to carry out** or **make a survey of** enquêter sur, faire une étude de ♦ **survey of public opinion** sondage m d'opinion
c (Surv: of land, coast etc) (= act) levé m ; (= report) levé m ; → **aerial**, **ordnance**
d (Brit: in housebuying) (= act) expertise f ; (= report) (rapport m d')expertise f
[2] [sɜː'veɪ] vt **a** (= look around at) [+ countryside, view, crowd] embrasser du regard ; [+ prospects, trends] passer en revue ♦ **he surveyed the scene with amusement** il regardait la scène d'un œil amusé
b (= examine, study) [+ ground before battle etc] inspecter ; [+ developments, needs, prospects] enquêter sur, faire une étude de ♦ **the Prime Minister surveyed the situation** le Premier ministre a fait un tour d'horizon de la situation or a passé en revue la situation ♦ **the book surveys the history of the motorcar** le livre passe en revue or étudie dans les grandes lignes l'histoire de l'automobile
c (Surv) [+ site, land] faire le levé de ; (Brit) [+ house, building] inspecter, examiner ; [+ country, coast] faire le levé topographique de ; [+ seas] faire le levé hydrographique de
[3] COMP ▷ **survey course** n (US Univ) cours m d'initiation ▷ **survey fee** n frais mpl d'expertise ▷ **survey ship** n navire m de recherche hydrographique

surveying [sɜː'veɪɪŋ] [1] n **a** (NonC = action) [of site, land] levé m ; [of house] expertise f ; [of country, coast] levé m topographique ; [of seas] levé m hydrographique
b (= science, occupation) [of site, land] arpentage m ; [of house] expertise f ; [of country, coast] topographie f ; [of seas] topographie f marine, hydrographie f
[2] COMP instrument d'arpentage ; studies de topographie

surveyor [sɜː'veɪər] n (Brit) [of property, buildings etc] expert m ; [of land, site] (arpenteur m) géomètre m ; [of country, coastline] topographe mf ; [of seas] hydrographe mf ; → **quantity**

survival [sə'vaɪvəl] **1** n (= act) survie f (also Jur, Rel) ; (= relic) [of custom, beliefs etc] survivance f, vestige m ◆ **the survival of the fittest** (lit : in evolution) la lutte pour la vie ; (fig) la loi du plus fort
2 COMP ▷ **survival bag** n ≃ couverture f de survie ▷ **survival course** n cours m de survie ▷ **survival kit** n trousse f de survie

survivalist [sə'vaɪvəlɪst] n *écologiste extrême vivant en autarcie pour pouvoir survivre à une éventuelle catastrophe planétaire*

survive [sə'vaɪv] → SYN **1** vi [person] survivre (*on* avec) ; [house, jewellery, book, custom] survivre, subsister ◆ **he survived to tell the tale** il a survécu et a pu raconter ce qui s'était passé ◆ **to survive to fight another day** s'en sortir sans trop de dommages ◆ **only three volumes survive** il ne reste or il ne subsiste plus que trois tomes ◆ **you'll survive!** (iro) vous n'en mourrez pas ! ◆ **they don't eat/earn enough to survive on** il ne mangent/gagnent pas assez pour survivre
2 vt [+ person] survivre à ; [+ injury, disease] réchapper de ; [+ fire, accident, experience, invasion] survivre à, réchapper de ◆ **he is survived by a wife and two sons** sa femme et deux fils lui survivent

surviving [sə'vaɪvɪŋ] adj spouse, children survivant ◆ **surviving company** (Fin after merger) société f absorbante

survivor [sə'vaɪvə^r] n survivant(e) m(f) ; [of accident] survivant(e) m(f), rescapé(e) m(f) ; (fig) [of regime, earlier time] rescapé(e) m(f) ; [of abuse] ancienne victime f ◆ **he's a real survivor!** il surmonte toutes les crises !

sus * [sʌs] (Brit) **1** n (abbrev of **suspicion**) ◆ **sus law** loi f autorisant à interpeller des suspects à discrétion
2 vt ⇒ **suss**

Susan ['suːzn] n Suzanne f

susceptibility [səˌseptə'bɪlɪtɪ] → SYN n (= sensitiveness) émotivité f, sensibilité f ; (= touchiness) susceptibilité f ; (Med) prédisposition f (*to* à) ◆ **his susceptibility to hypnosis** la facilité avec laquelle on l'hypnotise ◆ **his susceptibilities** ses cordes fpl sensibles

susceptible [sə'septəbl] → SYN adj **a** (Med, Bot: to disease) prédisposé (*to* à) ; (= impressionable) émotif ; (= touchy) susceptible ; (= able to be affected) ◆ **susceptible to sb's influence** sensible à l'influence de qn ◆ **susceptible to flattery/to (the) cold** sensible à la flatterie/au froid ◆ **susceptible to advertising** influencée par la publicité
b (frm = capable) **susceptible of** or **to change/measurement/resolution** susceptible d'être modifié/mesuré/résolu

sushi ['suːʃɪ] **1** n (NonC) sushi m
2 COMP ▷ **sushi bar** n petit restaurant m de sushi ▷ **sushi restaurant** n restaurant m de sushi

suspect ['sʌspekt] → SYN **1** n suspect(e) m(f) ◆ **the usual suspects** (fig) les suspects mpl habituels
2 adj suspect
3 [səs'pekt] vt **a** soupçonner (*that* que) ; [+ person] soupçonner, suspecter (pej) (*of doing sth* de faire or d'avoir fait qch) ; [+ ambush, swindle] flairer, soupçonner ◆ **I suspect him of being the author** [of book etc] je le soupçonne d'en être l'auteur ; [of anonymous letter] je le soupçonne or je le suspecte d'en être l'auteur ◆ **he suspects nothing** il ne se doute de rien
b (= think likely) soupçonner, avoir dans l'idée, avoir le sentiment (*that* que) ◆ **I suspect he knows who did it** je soupçonne or j'ai dans l'idée or j'ai le sentiment qu'il sait qui est le coupable ◆ **I suspected as much** je m'en doutais ◆ **he'll come, I suspect** il viendra, j'imagine
c (= have doubts about) douter de ◆ **I suspect the truth of what he says** je doute de la vérité de ce qu'il dit

suspend [səs'pend] → SYN **1** vt **a** (= hang) suspendre (*from* à) ◆ **to be suspended in sth** [particles etc] être en suspension dans qch ◆ **a column of smoke hung suspended in the still air** une colonne de fumée flottait dans l'air immobile
b (= stop temporarily, defer etc) [+ publication] suspendre, surseoir ; [+ decision, payment, regulation, meetings, discussions] suspendre ; [+ licence, permission] retirer provisoirement ; [+ bus service] interrompre provisoirement ◆ **to suspend judgement** suspendre son jugement
c [+ employee, office holder, officer etc] suspendre (*from* de) ; (Scol, Univ) exclure temporairement
2 COMP ▷ **suspended animation** n (fig hum) **to be in a state of suspended animation** ne donner aucun signe de vie ▷ **suspended sentence** n (Jur) condamnation f avec sursis ◆ **he received a suspended sentence of six months in jail** il a été condamné à six mois de prison avec sursis

suspender [səs'pendə^r] **1** n (Brit) (for stockings) jarretelle f ; (for socks) fixe-chaussette m
2 suspenders npl (US = braces) bretelles fpl
3 COMP ▷ **suspender belt** n (Brit) porte-jarretelles m inv

suspense [səs'pens] → SYN **1** n (NonC) incertitude f, attente f ; (in book, film, play) suspense m ◆ **we waited in great suspense** nous avons attendu haletants ◆ **to keep sb in suspense** tenir qn en suspens, laisser qn dans l'incertitude ; [film] tenir qn en suspens or en haleine ◆ **to put sb out of (his) suspense** mettre fin à l'incertitude or à l'attente de qn ◆ **the suspense is killing me!** * ce suspense me tue ! (also iro)
b (Admin, Jur) **to be** or **remain in suspense** être (laissé) or rester en suspens
2 COMP ▷ **suspense account** n (Accounts) compte m d'ordre

suspenseful [səs'pensfʊl] adj plein de suspense

suspension [səs'penʃən] → SYN **1** n **a** (NonC) (= interruption) [of decision, payment, constitution, talks] suspension f ; [of licence, permission] retrait m provisoire ; [of programme, service] interruption f provisoire ; [of democracy] abandon m provisoire ◆ **suspension of disbelief** (Literat) acceptation f des invraisemblances
b (= debarment) [of employee, official, player] suspension f ; [of pupil, student] renvoi m or exclusion f temporaire
c (Jur) [of sentence] sursis m
d (Aut) suspension f
e (Chem, Phys) suspension f (*of* de) ◆ **in suspension** en suspension
2 COMP ▷ **suspension bridge** n pont m suspendu ▷ **suspension file** n dossier m suspendu (*dans un tiroir*) ▷ **suspension points** npl (Typ) points mpl de suspension

suspensory [səs'pensərɪ] adj ligament suspenseur (m only) ; bandage de soutien

suspicion [səs'pɪʃən] → SYN n **a** (NonC) soupçon(s) m(pl) ◆ **an atmosphere laden with suspicion** une atmosphère chargée de soupçons ◆ **above** or **beyond suspicion** au-dessus or à l'abri de tout soupçon ◆ **under suspicion** considéré comme suspect ◆ **he was regarded with suspicion** on s'est montré soupçonneux à son égard ◆ **to arrest sb on suspicion** (Jur) arrêter qn sur des présomptions ◆ **on suspicion of murder** sur présomption de meurtre ◆ **I had a suspicion that he wouldn't come back** je soupçonnais or quelque chose me disait or j'avais le sentiment qu'il ne reviendrait pas ◆ **I had no suspicion that ...** je ne me doutais pas du tout que ... ◆ **I had (my) suspicions about that letter** j'avais mes doutes quant à cette lettre ◆ **I have my suspicions about it** j'ai des doutes là-dessus, cela me semble suspect ◆ **he was right in his suspicion that ...** il avait raison de soupçonner que ..., c'est à juste titre qu'il soupçonnait que ...
b (fig = trace, touch) soupçon m

suspicious [səs'pɪʃəs] → SYN adj **a** (= distrustful) person, attitude, look méfiant, soupçonneux ◆ **you've got a suspicious mind!** tu es très méfiant or soupçonneux ! ◆ **suspicious minds might think that ...** des esprits soupçonneux pourraient croire que ... ◆ **to be suspicious of sb/sth** se méfier de qn/qch ◆ **to be suspicious about sb/sth** avoir des soupçons sur qn/qch ◆ **to be suspicious that ...** soupçonner que ... ◆ **to become** or **grow suspicious** commencer à se méfier
b (= causing suspicion: also **suspicious-looking**) person, object, action, death suspect ◆ **in suspicious circumstances** dans des circonstances suspectes

suspiciously [səs'pɪʃəslɪ] adv **a** (= with suspicion) examine, glance, ask avec méfiance
b (= causing suspicion) behave, act de manière suspecte ◆ **suspiciously similar** d'une ressemblance suspecte ◆ **suspiciously high/low prices** des prix étrangement élevés/bas ◆ **it looks suspiciously like measles** ça a tout l'air d'être la rougeole ◆ **it sounds suspiciously as though he ...** il y a tout lieu de soupçonner qu'il ... ◆ **he arrived suspiciously early** c'est louche qu'il soit arrivé si tôt

suspiciousness [səs'pɪʃəsnɪs] n (NonC) **a** (feeling suspicion) caractère m soupçonneux or méfiant
b (causing suspicion) caractère m suspect

suss * [sʌs] vt (Brit) ◆ **to suss (out)** [+ situation, plan] piger * ◆ **I can't suss him out** je n'arrive pas à le cerner ◆ **he'll suss you (out) straight away** il va tout de suite comprendre ton jeu ◆ **I've sussed it out, I've got it sussed** j'ai pigé *

sussed * [sʌst] adj (Brit) person branché *

Sussex spaniel ['sʌsɪks] n (= dog) épagneul m du Sussex

sustain [səs'teɪn] → SYN vt **a** [+ weight, beam etc] supporter ; [+ body] nourrir, sustenter † ; [+ life] maintenir ; (Mus) [+ note] tenir, soutenir ; [+ effort, role] soutenir ; [+ pretence] poursuivre, prolonger ; [+ assertion, theory] soutenir, maintenir ; [+ charge] donner des preuves à l'appui de ◆ **that food won't sustain you for long** ce n'est pas cette nourriture qui va vous donner beaucoup de forces ◆ **objection sustained** (Jur) ≃ (objection f) accordée ◆ **the court sustained his claim** or **sustained him in his claim** (Jur) le tribunal a fait droit à sa revendication ; see also **sustained**
b (= suffer) [+ attack] subir ; [+ loss] éprouver, essuyer ; [+ damage] subir, souffrir ; [+ injury] recevoir ◆ **he sustained concussion** il a été commotionné

sustainable [səs'teɪnəbəl] adj **a** (Econ) rate, growth viable ; energy, source, forest, development durable ; resource renouvelable
b argument tenable

sustained [səs'teɪnd] adj effort, attack soutenu, prolongé ; applause prolongé ◆ **sustained growth** (Econ) expansion f soutenue

sustaining [səs'teɪnɪŋ] **1** adj food consistant, substantiel
2 COMP ▷ **sustaining pedal** n (Mus) pédale f forte ▷ **sustaining program** n (US Rad, TV) émission f non sponsorisée

sustenance ['sʌstɪnəns] → SYN n (NonC) **a** (= nourishing quality) valeur f nutritive ; (= food and drink) alimentation f, nourriture f ◆ **there's not much sustenance in melon** le melon n'est pas très nourrissant or nutritif, le melon n'a pas beaucoup de valeur nutritive ◆ **they depend for sustenance on ..., they get their sustenance from ...** ils se nourrissent de ... ◆ **roots and berries were** or **provided their only sustenance** les racines et les baies étaient leur seule nourriture, pour toute nourriture ils avaient des racines et des baies
b (= means of livelihood) moyens mpl de subsistance

sutra ['suːtrə] n soutra m, sûtra m

suttee [sʌ'tiː] n (= widow) (veuve f) sati f inv ; (= rite) sati m

sutural ['suːtʃərəl] adj sutural

suture ['suːtʃə^r] n suture f

suzerain ['suːzəˌreɪn] n suzerain(e) m(f)

suzerainty ['suːzərəntɪ] n suzeraineté f

svelte [svelt] adj svelte

Svengali [sven'gɑːlɪ] n *homme aux pouvoirs malfaisants*

SVGA [ˌesviːdʒiː'eɪ] n (Comput) (abbrev of **super video graphics array**) super-VGA m

SVQ [ˌesviː'kjuː] n (abbrev of **Scottish Vocational Qualification**) *qualification professionnelle* ; → NVQ

SW a (Rad) (abbrev of **short wave**) OC fpl
b (abbrev of **south-west**) S.-O.

swab [swɒb] **1** n (= mop, cloth) serpillière f ; (Naut) faubert m ; (for gun-cleaning) écouvillon m ; (Med = cotton wool etc) tampon m ; (Med = specimen) prélèvement m ◆ **to take a swab of sb's throat** (Med) faire un prélèvement dans la gorge de qn

swaddle / swear

swaddle ['swɒdl] **1** vt (in bandages) emmailloter (*in* de); (in blankets etc) emmitoufler * (*in* dans); [+ baby] emmailloter, langer
2 COMP ▷ **swaddling bands**, **swaddling clothes** npl (liter) maillot m, lange m

swaddy *✱ † ['swɒdɪ] n (Mil) deuxième pompe *✱ m

swag [swæg] n **a** (*✱ = loot) butin m
b (Austral) bal(l)uchon * m

swagger ['swægə^r] ⇒ SYN **1** n air m fanfaron; (= gait) démarche f assurée ◆ **to walk with a swagger** marcher en plastronnant or d'un air important
2 vi **a** (also **swagger about**, **swagger along**) plastronner, parader ◆ **to swagger in/out** etc entrer/sortir etc d'un air fanfaron or en plastronnant
b (= boast) se vanter (*about* de)
3 COMP ▷ **swagger coat** n manteau m trois quarts ▷ **swagger stick** n (Mil) badine f, jonc m

swaggering ['swægərɪŋ] **1** adj gait assuré; person fanfaron, qui plastronne; look, gesture fanfaron
2 n **a** (= strutting) airs mpl plastronnants; (= boasting) fanfaronnades fpl

swagman * ['swægmæn] n, pl **-men** (Austral) ouvrier m agricole itinérant

Swahili [swɑː'hiːlɪ] **1** adj swahili, souahéli
2 n, pl **Swahili** or **Swahilis** (Ling) swahili m, souahéli m
3 npl (= people) Swahilis mpl, Souahélis mpl

swain [sweɪn] n († or liter) amant † m, soupirant † m

SWALK [swɔːlk] (abbrev of **sealed with a loving kiss**) doux baisers (*message au dos d'une enveloppe*)

swallow¹ ['swɒləʊ] **1** n (Orn) hirondelle f
◆ (Prov) **one swallow doesn't make a summer** une hirondelle ne fait pas le printemps (Prov)
2 COMP ▷ **swallow dive** n (Brit) saut m de l'ange ▷ **swallow-tailed coat** n (habit m à) queue f de pie

swallow² ['swɒləʊ] ⇒ SYN **1** n (= act) avalement m; (= amount) gorgée f ◆ **at** or **with one swallow** drink d'un trait, d'un seul coup; food d'un seul coup
2 vi avaler ◆ **he swallowed hard** (with emotion) sa gorge se serra
3 vt **a** [+ food, drink, pill] avaler; [+ oyster] gober
b (fig) [+ story] avaler, gober; [+ insult] avaler, encaisser *; [+ one's anger, pride] ravaler ◆ **that's a bit hard to swallow** c'est plutôt dur à avaler ◆ **they swallowed it whole** ils ont tout avalé or gobé

▶ **swallow down** vt sep avaler

▶ **swallow up** vt sep (fig) engloutir ◆ **the ground seemed to swallow them up** le sol semblait les engloutir ◆ **he was swallowed up in the crowd** il s'est perdu or il a disparu dans la foule ◆ **the mist swallowed them up** la brume les a enveloppés ◆ **taxes swallow up half your income** les impôts engloutissent or engouffrent la moitié de vos revenus

swallowtail (butterfly) ['swɒləʊteɪl('bʌtəflaɪ)] n machaon m

swallowwort ['swɒləʊˌwɜːt] n (= greater celandine) chélidoine f

swam [swæm] vb (pt of **swim**)

swami ['swɑːmɪ] n, pl **swamies** or **swamis** pandit m

swamp [swɒmp] ⇒ SYN **1** n marais m, marécage m
2 vt (= flood) inonder; [+ boat] emplir d'eau; (= sink) submerger; (fig) submerger (*with* de) ◆ **he was swamped with requests/letters** il était submergé de requêtes/lettres ◆ **I'm absolutely swamped*** (**with work**) je suis débordé (de travail) ◆ **towards the end of the game they swamped us** (Ftbl etc) vers la fin de la partie ils ont fait le jeu

3 COMP ▷ **swamp buggy** n (US) voiture f amphibie ▷ **swamp fever** n paludisme m, malaria f

swampland ['swɒmplænd] n (NonC) marécages mpl

swampy ['swɒmpɪ] ⇒ SYN adj marécageux

swan [swɒn] **1** n cygne m ◆ **the Swan of Avon** le cygne de l'Avon (*Shakespeare*)
2 vi (Brit) ◆ **he swanned off to London before the end of term** il est parti à Londres sans s'en faire * or il est tranquillement parti à Londres avant la fin du trimestre ◆ **he's swanning around in Paris somewhere** il se balade * quelque part dans Paris sans s'en faire *
3 COMP ▷ **swan dive** n (US) saut m de l'ange ▷ **Swan Lake** n (Ballet) le Lac des Cygnes ▷ **swan-necked** adj woman au cou de cygne; tool an col de cygne ▷ **swan song** n (fig) chant m du cygne ▷ **swan-upping** n (Brit) recensement annuel des cygnes de la Tamise

swank * [swæŋk] **1** n **a** (NonC) esbroufe * f ◆ **out of swank** pour épater *, pour faire de l'esbroufe *
b († = person) esbroufeur * m, -euse * f
2 vi faire de l'esbroufe *, chercher à épater * or à en mettre plein la vue * ◆ **to swank about sth** se vanter de qch

swanky * ['swæŋkɪ] adj huppé *

swannery ['swɒnərɪ] n colonie f de cygnes

Swann's Way [swɒnz] n (Literat) Du côté de chez Swann

swansdown ['swɒnzdaʊn] n (NonC) (= feathers) (duvet m de) cygne m; (Tex) molleton m

swap * [swɒp] **1** n troc m, échange m ◆ **it's a fair swap** ça se vaut ◆ **swaps** (stamps etc) doubles mpl
2 vt échanger, troquer (*A for B* A contre B); [+ stamps, stories] échanger (*with sb* avec qn) ◆ **Paul and Martin have swapped hats** Paul et Martin ont échangé leurs chapeaux ◆ **let's swap places** changeons de place (l'un avec l'autre) ◆ **I'll swap you!** tu veux échanger avec moi?; → **wife**
3 vi échanger
4 COMP ▷ **swap meet** n (US Comm) rassemblement où l'on vend ou troque divers objets usagés ▷ **swap shop** n (Brit) lieu ou rassemblement où l'on troque divers objets usagés

▶ **swap over**, **swap round** vt sep, vi changer de place

SWAPO ['swɑːpəʊ] n (abbrev of **South-West Africa People's Organization**) SWAPO f

sward †† [swɔːd] n gazon m, pelouse f

swarf [swɔːf] n ébarbures fpl

swarm¹ [swɔːm] ⇒ SYN **1** n [of bees, flying insects] essaim m; [of ants, crawling insects] fourmillement m, grouillement m; [of people] nuée f, essaim m ◆ **in a swarm**, **in swarms** (fig) en masse
2 vi **a** [bees] essaimer
b [crawling insects] grouiller ◆ **to swarm in/out** etc [people] entrer/sortir etc en masse ◆ **they swarmed round** or **over** or **through the palace** ils ont envahi le palais en masse ◆ **the children swarmed round his car** les enfants s'agglutinaient autour de sa voiture
c (lit, fig) [ground, town, streets] fourmiller, grouiller (*with* de)

swarm² [swɔːm] vt (also **swarm up**) [+ tree, pole] grimper à toute vitesse à (*en s'aidant des pieds et des mains*)

swarthiness ['swɔːðɪnɪs] n teint m basané or bistré

swarthy ['swɔːðɪ] ⇒ SYN adj person à la peau basanée, au teint basané; complexion basané

swashbuckler ['swɒʃˌbʌklə^r] n fier-à-bras m

swashbuckling ['swɒʃˌbʌklɪŋ] ⇒ SYN adj person truculent; film, role de cape et d'épée

swastika ['swɒstɪkə] ⇒ SYN n svastika or swastika m; (Nazi) croix f gammée

SWAT [swɒt] (abbrev of **Special Weapons and Tactics**) SWAT team ≃ GIGN m (*groupe d'intervention de la gendarmerie nationale*)

swat [swɒt] **1** vt [+ fly, mosquito] écraser; (* = slap) [+ table etc] donner un coup sur, taper sur

2 n **a** **to give a fly a swat**, **to take a swat at a fly** donner un coup de tapette à une mouche
b (also **fly swat**) tapette f

swatch [swɒtʃ] n échantillon m (de tissu)

swath [swɔːθ] n, pl **swaths** [swɔːðz] ⇒ **swathe 2**

swathe [sweɪð] ⇒ SYN **1** vt (= bind) emmailloter (*in* de); (= wrap) envelopper (*in* dans) ◆ **swathed in bandages** emmailloté de bandages ◆ **swathed in blankets** enveloppé or emmitouflé * dans des couvertures
2 n (Agr) andain m ◆ **to cut corn in swathes** couper le blé en javelles ◆ **to cut a swathe through** (fig) disease, epidemic décimer; recession, cutbacks ravager

swatter ['swɒtə^r] n (also **fly swatter**) tapette f

sway [sweɪ] ⇒ SYN **1** n (NonC) **a** (= motion) [of rope, hanging object, trees] balancement m, oscillation f; [of boat] balancement m, oscillations fpl; [of tower block, bridge] mouvement m oscillatoire, oscillation f
b (liter) emprise f, empire m (*over* sur), domination f (*over* de) ◆ **to hold sway over** avoir de l'emprise or de l'empire sur, tenir sous son emprise or son empire or sa domination ◆ **to fall under the sway of** tomber sous l'emprise de

2 vi [tree, rope, hanging object, boat] se balancer, osciller; [tower block, bridge] osciller; [train] tanguer; [person] tanguer, osciller; (fig) (= vacillate) osciller, balancer (liter) (*between* entre) ◆ **he stood swaying** (*about* or **from side to side** or **backwards and forwards**) il oscillait (sur ses jambes or de droite à gauche or d'arrière en avant), il tanguait ◆ **to sway in/out** etc (from drink, injury) entrer/sortir etc en tanguant; (regally) entrer/sortir etc majestueusement ◆ **he swayed towards leniency** il a penché pour la clémence

3 vt **a** [+ hanging object] balancer, faire osciller; [+ hips] rouler, balancer; [wind] balancer, agiter; [waves] balancer, ballotter
b (= influence) influencer, avoir une action déterminante sur ◆ **these factors finally swayed the committee** ces facteurs ont finalement influencé le choix or la décision du comité ◆ **I allowed myself to be swayed** je me suis laissé influencer ◆ **his speech swayed the crowd** son discours a eu une action déterminante sur la foule

4 COMP ▷ **sway-back** n ensellure f, lordose f ▷ **sway-backed** adj ensellé

Swazi ['swɑːzɪ] **1** adj swazi
2 n Swazi(e) m(f)

Swaziland ['swɑːzɪˌlænd] n le Swaziland

swear [swɛə^r] ⇒ SYN pret **swore**, ptp **sworn** **1** vt **a** jurer (*on sth* sur qch; *that* que; *to do sth* de faire qch); [+ fidelity, allegiance] jurer ◆ **I swear it!** je le jure! ◆ **to swear an oath** (solemnly) prêter serment; (= curse) lâcher or pousser un juron ◆ **to swear (an oath) to do sth** faire (le) serment or jurer de faire qch ◆ **to swear a charge against sb** (Jur) accuser qn sous serment ◆ **I could have sworn he touched it** j'aurais juré qu'il l'avait touché ◆ **I swear he said so!** il l'a dit, je vous le jure !, je vous jure qu'il l'a dit ! ◆ **I swear I've never enjoyed myself more** ma parole, je ne me suis jamais autant amusé; see also **oath**, **sworn**; → **black**
b [+ witness, jury] faire prêter serment à ◆ **to swear sb to secrecy** faire jurer le secret à qn

2 vi **a** (= take solemn oath etc) jurer ◆ **do you so swear?** – **I swear** (Jur) ≃ dites je le jure – je le jure ◆ **he swore on the Bible** il a juré sur la Bible ◆ **I swear by all I hold sacred** je jure sur ce que j'ai de plus sacré ◆ **to swear to the truth of sth** jurer que qch est vrai ◆ **would you swear to having seen him?** est-ce que vous jureriez que vous l'avez vu ? ◆ **I think he did but I couldn't** or **wouldn't swear to it** il me semble qu'il l'a fait mais je n'en jurerais pas ◆ **to swear blind** (Brit) or **up and down** (US) **that ...** jurer ses grands dieux que ...
b (= curse) jurer, pester (*at* contre, après); (= blaspheme) jurer, blasphémer ◆ **don't swear!** ne jure pas !, ne sois pas grossier ! ◆ **to swear like a trooper** jurer comme un charretier ◆ **it's enough to make you swear *** il y a de quoi vous faire râler *

▶ **swear by** vt fus (fig) ◆ **he swears by vitamin C tablets** il ne jure que par les vitamines C ◆ **I swear by whisky as a cure for flu** pour moi il n'y a rien de tel que le whisky pour guérir la grippe

▶ **swear in** vt sep [+ jury, witness, president etc] assermenter, faire prêter serment à

▶ **swear off** vt fus [+ alcohol, tobacco] jurer de renoncer à ◆ **he has sworn off stealing** il a juré de ne plus voler

▶ **swear out** vt sep ◆ (US Jur) **to swear out a warrant for sb's arrest** obtenir un mandat d'arrêt contre qn en l'accusant sous serment

swearword ['swɛəwɜːd] n gros mot m, juron m

sweat [swɛt] → SYN 1 n a sueur f, transpiration f ; (fig: on walls etc) humidité f, suintement m ; (= state) sueur(s) f(pl) ◆ **by the sweat of his brow** à la sueur de son front ◆ **to be dripping** or **covered with sweat** ruisseler de sueur, être en nage ◆ **to work up** or **get up a sweat**, **to break sweat** se mettre à transpirer ◆ **to be in a sweat** (lit) être en sueur, être couvert de sueur ; (* fig) avoir des sueurs froides ◆ **he was in a great sweat about it** ça lui donnait des sueurs froides ; → **cold**

 b (* = piece of work etc) corvée f ◆ **it was an awful sweat** on a eu un mal de chien, on en a bavé * ; * **no sweat!** * * pas de problème !

 c **an old sweat** * un vétéran, un vieux routier

 2 vi [person, animal] suer (with, from de), être en sueur ; [walls] suer, suinter ; [cheese etc] suer ◆ **he was sweating profusely** il suait à grosses gouttes ◆ **to sweat like a bull** or **a pig** suer comme un bœuf ◆ **he was sweating over his essay** * il suait or transpirait sur sa dissertation

 3 vt a [+ person, animal] faire suer or transpirer ; (fig) [+ workers] exploiter

 b **to sweat blood** * (= work hard) suer sang et eau (over sth sur qch) ; (= be anxious) avoir des sueurs froides ◆ **he was sweating blood over** or **about the exam** * l'examen lui donnait des sueurs froides ◆ **don't sweat it!** * (US fig) calme-toi !, relaxe ! *

 4 COMP ▷ **sweated goods** npl marchandises produites par une main-d'œuvre exploitée ▷ **sweated labour** n main-d'œuvre exploitée ▷ **sweat gland** n glande f sudoripare ▷ **sweat lodge** n sorte de sauna à usage religieux dans certaines tribus amérindiennes ▷ **sweat pants** npl (US) jogging m ▷ **sweat-stained** adj taché or maculé de sueur

▶ **sweat off** vt sep ◆ **I've sweated off half a kilo** j'ai perdu un demi-kilo à force de transpirer

▶ **sweat out** vt sep [+ cold etc] guérir en transpirant ◆ **you'll just have to sweat it out** * (fig) il faudra t'armer de patience ◆ **they left him to sweat it out** * ils n'ont rien fait pour l'aider

sweatband ['swɛtbænd] n (in hat) cuir m intérieur ; (Sport) bandeau m

sweater ['swɛtər] 1 n tricot m, pull-over m, pull * m

 2 COMP ▷ **sweater girl** n fille f bien roulée *

sweating ['swɛtɪŋ] n [of person, animal] transpiration f ; (Med) sudation f ; [of wall] suintement m

sweats * [swɛts] npl (esp US) (tenue f de) jogging m

sweatshirt ['swɛtʃɜːt] n sweat-shirt m

sweatshop ['swɛtʃɒp] n atelier où la main-d'œuvre est exploitée

sweatsuit ['swɛtsuːt] n (US) survêtement m, survêt * m

sweaty ['swɛtɪ] → SYN adj person, body (= sweating) en sueur ; (= sticky) collant de sueur ; hand, skin moite (de sueur) ; hair, clothes collant de sueur ; smell de sueur ; place où l'on sue ◆ **I've got sweaty feet** je transpire or sue des pieds ◆ **to get sweaty** [person] se mettre en sueur

Swede [swiːd] n Suédois(e) m(f)

swede [swiːd] n (esp Brit) rutabaga m

Sweden ['swiːdən] n la Suède

Swedenborgian [ˌswiːdənˈbɔːdʒɪən] adj swedenborgien

Swedish ['swiːdɪʃ] 1 adj (gen) suédois ; ambassador, embassy, monarch de Suède

 2 n (Ling) suédois m

 3 **the Swedish** npl les Suédois mpl

 4 COMP ▷ **Swedish gymnastics** npl gymnastique f suédoise ▷ **Swedish massage** n massage m suédois ▷ **Swedish mile** n mile m suédois (= 10 km) ▷ **Swedish movements** npl ⇒ **Swedish gymnastics**

sweep [swiːp] → SYN vb : pret, ptp **swept** 1 n a (with broom etc) coup m de balai ◆ **to give a room a sweep (out)** donner un coup de balai à or balayer une pièce ; → **clean**

 b (also **chimney sweep**) ramoneur m ; → **black**

 c (= movement) [of arm] grand geste m ; [of sword] grand coup m ; [of scythe] mouvement m circulaire ; [of net] coup m ; [of lighthouse beam, radar beam] trajectoire f ; [of tide] progression f irrésistible ; (fig) [of progress, events] marche f ◆ **in** or **with one sweep** d'un seul coup ◆ **with a sweep of his arm** d'un geste large ◆ **to make a sweep of the horizon** (with binoculars) parcourir l'horizon ; [lighthouse beam] balayer l'horizon ◆ **to make a sweep for mines** draguer des mines ◆ **the police made a sweep of the district** la police a ratissé le quartier

 d (= range) [of telescope, gun, lighthouse, radar] champ m ◆ **with a sweep of 180°** avec un champ de 180°

 e (= curve, line) [of coastline, hills, road, river] grande courbe f ; (Archit) courbure f, voussure f ; [of curtains, long skirt] drapé m ◆ **a wide sweep of meadowland** une vaste étendue de prairie ◆ **the graceful sweep of her lines** (Aut, Aviat, Naut etc) sa ligne aérodynamique or son galbe plein(e) de grâce

 f * abbrev of **sweepstake**

 2 vt a [+ room, floor, street] balayer ; [+ chimney] ramoner ; (Naut) [+ river, channel] draguer ; (fig) [waves, machine-gun, bullets, searchlights, skirts] balayer ◆ **to sweep a room clean** donner un bon coup de balai dans une pièce ◆ **to sweep sth clean of mines** (Naut) déminer qch ◆ **he swept the horizon with his binoculars** il a parcouru l'horizon avec ses jumelles ◆ **his eyes/his glance swept the room** il a parcouru la pièce des yeux/du regard ◆ **their fleet swept the seas in search of ...** leur flotte a sillonné or parcouru les mers à la recherche de ... ◆ **a wave of panic swept the city** un vent de panique a soufflé sur la ville ; → **broom**

 b [+ dust, snow etc] balayer ; (Naut) [+ mines] draguer, enlever ◆ **he swept the rubbish off the pavement** il a enlevé les ordures du trottoir d'un coup de balai ◆ **she swept the snow into a heap** elle a balayé la neige et en a fait un tas ◆ **to sweep sth under the carpet** or **rug** (fig) tirer le rideau sur qch ◆ **to sweep sth off the table on to the floor** faire tomber qch de la table par terre d'un geste large ◆ **to sweep one's hair off one's face** écarter ses cheveux de son visage ◆ **to sweep sth into a bag** faire glisser qch d'un geste large dans un sac ◆ **to sweep everything before one** (fig) remporter un succès total, réussir sur toute la ligne ◆ **the army swept the enemy before them** l'armée a balayé l'ennemi devant elle ◆ **to sweep the board** remporter un succès complet, tout rafler * ◆ **the socialists swept the board at the election** les socialistes ont remporté l'élection haut la main ◆ **he swept the obstacles from his path** il a balayé or écarté les obstacles qui se trouvaient sur son chemin ◆ **the crowd swept him into the square** la foule l'a emporté or entraîné sur la place, il a été pris dans le mouvement de la foule et il s'est retrouvé sur la place ◆ **the wave swept him overboard** la vague l'a jeté par-dessus bord ◆ **the wind swept the caravan over the cliff** le vent a emporté la caravane et l'a précipitée du haut de la falaise ◆ **the current swept the boat downstream** le courant a emporté le bateau ◆ **to be swept off one's feet** (by wind, flood etc) être emporté (by par) ; (fig) être enthousiasmé or emballé * (by par) ◆ **the water swept him off his feet** le courant lui a fait perdre pied ◆ **he swept her off her feet** (fig) elle a eu le coup de foudre pour lui ◆ **this election swept the socialists into office** or **power** cette élection a porté les socialistes au pouvoir avec une forte majorité

 3 vi a (= pass swiftly) **to sweep in/out/along** etc [person, vehicle, convoy] entrer/sortir/avancer etc rapidement ◆ **the car swept round the corner** la voiture a pris le virage comme un bolide ◆ **the planes went sweeping across the sky** les avions sillonnaient le ciel ◆ **the rain swept across the plain** la pluie a balayé la plaine ◆ **panic swept through the city** la panique s'est emparée de la ville ◆ **plague swept through the country** la peste a ravagé le pays

 b (= move impressively) **to sweep in/out/along** etc [person, procession] entrer/sortir/avancer etc majestueusement ◆ **she came sweeping into the room** elle a fait une entrée majestueuse dans la pièce ◆ **to sweep into office** (fig : Pol) être porté au pouvoir ◆ **the royal car swept down the avenue** la voiture royale a descendu l'avenue d'une manière imposante ◆ **the motorway sweeps across the hills** l'autoroute s'élance à travers les collines ◆ **the forests sweep down to the sea** les forêts descendent en pente douce jusqu'au bord de la mer ◆ **the bay sweeps away to the south** la baie décrit une courbe majestueuse vers le sud ◆ **the Alps sweep down to the coast** les Alpes descendent majestueusement vers la côte

 4 COMP ▷ **sweep hand** n [of clock etc] trotteuse f

▶ **sweep along** 1 vi → **sweep 3a, 3b**

 2 vt sep [crowd, flood, current, gale] emporter, entraîner ; [+ leaves] balayer

▶ **sweep aside** vt sep [+ object, person] repousser, écarter ; [+ suggestion, objection] repousser, rejeter ; [+ difficulty, obstacle] écarter

▶ **sweep away** 1 vi (= leave) (rapidly) s'éloigner rapidement ; (impressively) s'éloigner majestueusement or d'une manière imposante see also **sweep 3b**

 2 vt sep [+ dust, snow, rubbish] balayer ; [crowd, flood, current, gale] entraîner ◆ **they swept him away to lunch** ils l'ont entraîné pour aller déjeuner

▶ **sweep down** 1 vi → **sweep 3b**

 2 vt sep [+ walls etc] nettoyer avec un balai ; [flood, gale etc] emporter ◆ **the river swept the logs down to the sea** les bûches ont flotté sur la rivière jusqu'à la mer

▶ **sweep off** ⇒ **sweep away**

▶ **sweep out** 1 vi → **sweep 3a, 3b**

 2 vt sep [+ room, dust, rubbish] balayer

▶ **sweep up** 1 vi a (with broom etc) **to sweep up after sb** balayer les débris or les saletés de qn ◆ **to sweep up after a party** balayer quand les invités sont partis

 b **he swept up to me** (angrily) il s'est approché de moi avec furie or majestueusement ; (impressively) il s'est approché de moi majestueusement ◆ **the car swept up to the house** (rapidly) la voiture a remonté rapidement l'allée jusqu'à la maison ; (impressively) la voiture a remonté l'allée jusqu'à la maison d'une manière imposante

 2 vt sep [+ snow, leaves, dust etc] balayer ◆ **she swept up the letters and took them away** elle a ramassé les lettres d'un geste brusque et les a emportées

sweepback ['swiːpbæk] n [of aircraft wing etc] flèche f

sweeper ['swiːpər] n a (= worker) balayeur m

 b (= machine) balayeuse f ; (also **carpet sweeper**) balai m mécanique ; (= vacuum cleaner) aspirateur m

 c (Ftbl) libéro m

sweeping ['swiːpɪŋ] → SYN 1 adj a gesture, movement grand ; curve large ; glance circulaire ; coastline qui décrit une courbe majestueuse ; lawn qui descend en pente majestueuse ; staircase qui descend majestueusement ; bow profond ; skirts qui balaie le sol

 b (= large-scale) change, reorganization radical ; reduction, cuts, powers considérable ◆ **sweeping gains/losses** (Pol: at election) progression f/recul m considérable or très net(te)

 c (= decisive) victory écrasant

 d (pej = indiscriminate) **sweeping statement/generalization** déclaration f/généralisation f à l'emporte-pièce ◆ **that's pretty sweeping!** c'est beaucoup dire !

sweepstake / swim

② **sweepings** npl balayures fpl, ordures fpl ; (fig) [of society etc] rebut m

sweepstake ['swiːpsteɪk] n sweepstake m

sweet [swiːt] → SYN ① adj **a** (= not savoury) taste, food, drink sucré ; smell doux (douce f), suave ; apple, orange doux (douce f), sucré ◆ **to taste sweet** être sucré ◆ **to smell sweet** avoir une odeur suave ◆ **I love sweet things** j'adore le sucré or les sucreries fpl ; → **sickly, sweet-and-sour**

b (= not dry) cider, wine doux (douce f) ; → **medium**

c (= kind) person, face, smile doux (douce f) ◆ **she has such a sweet nature** elle est d'une nature si douce ◆ **she is a very sweet person** elle est vraiment très gentille ◆ **you're such a sweet guy!** t'es vraiment un chic type ! * ◆ **that was very sweet of her** c'était très gentil de sa part ◆ **how sweet of you to think of me!** comme c'est gentil de votre part d'avoir pensé à moi ! ◆ **to be sweet to sb** être gentil avec qn ◆ **to keep sb sweet** * chercher à être dans les petits papiers de qn * ◆ **(as) sweet as pie** (Brit) person gentil comme tout ; situation qui marche parfaitement ◆ **Sweet Jesus!** ‡, → **Fanny**

d (= cute) child, dog, house, hat mignon ◆ **a sweet old lady** une adorable vieille dame ; → **sixteen**

e (= pleasant) sound, voice, music harmonieux, mélodieux ◆ **revenge is sweet!** la vengeance est douce ! ◆ **the sweet taste of victory/revenge** le goût exquis de la victoire/vengeance ◆ **the sweet smell of success** la douceur de la gloire, l'ivresse du succès ◆ **the news was sweet music to my ears** cette nouvelle a été douce à mes oreilles ◆ **sweet dreams!** fais de beaux rêves ! ◆ **to whisper sweet nothings in sb's ear** conter fleurette à qn ; see also **bittersweet**

f (= pure) air, breath frais (fraîche f) ; water pur ◆ **to smell sweet** [air] être pur ; [breath] être frais

g (iro) **he carried on in his own sweet way** il a continué comme il l'entendait ◆ **he'll do it in his own sweet time** il le fera quand bon lui semblera ◆ **she went her own sweet way** elle a fait comme il lui plaisait ◆ **to please one's own sweet self** n'en faire qu'à sa tête ◆ **at his own sweet will** à son gré

h (* = attracted) **to be sweet on sb** avoir le béguin * pour qn

② n (esp Brit = candy) bonbon m ; (Brit = dessert) dessert m ◆ **the sweets of success/solitude etc** les délices fpl de la réussite/de la solitude etc ◆ **come here, (my) sweet** * viens ici, mon ange

③ COMP ▷ **sweet alyssum** n (Bot) corbeille f d'argent ▷ **sweet-and-sour** adj aigre-doux (aigre-douce f) ▷ **sweet chestnut** n châtaigne f, marron m ▷ **sweet cicely** n (Bot, Culin) cerfeuil m musqué ▷ **sweet clover** n mélilot m ▷ **sweet herbs** npl fines herbes fpl ▷ **sweet-natured** adj d'un naturel doux ▷ **sweet pea** n pois m de senteur ▷ **sweet pepper** n piment m doux, poivron m (vert or rouge) ▷ **sweet potato** n patate f douce ▷ **sweet-scented, sweet-smelling** adj agréablement parfumé, odoriférant ▷ **sweet spot** n (Sport) point m de frappe idéal ▷ **sweet talk** n flagorneries fpl ▷ **sweet-talk** vt flagorner ▷ **sweet-tempered** adj ⇒ **sweet-natured** ▷ **sweet tooth** n **to have a sweet tooth** avoir un faible pour les sucreries ▷ **sweet-toothed** adj friand de sucreries ▷ **sweet trolley** n (Brit) chariot m des desserts ▷ **sweet william** n **a** (Bot) œillet m de poète **b** (= fish) taupe f

sweetbread ['swiːtbred] n ris m de veau or d'agneau

sweetbriar, sweetbrier ['swiːtbraɪər] n églantier m odorant

sweetcorn ['swiːtkɔːn] n maïs m

sweeten ['swiːtn] → SYN ① vt **a** [+ coffee, sauce etc] sucrer ; [+ air] purifier ; [+ room] assainir

b (fig) [+ person, sb's temper, task] adoucir

c (*: also **sweeten up**) (= give incentive to) amadouer ; (= bribe) graisser la patte à * ; → **pill**

② vi [person, sb's temper] s'adoucir

sweetener ['swiːtnər] n **a** (for coffee, food) édulcorant m

b (* fig) (= incentive) carotte * f ; (= bribe) pot-de-vin m ; (= compensation) quelque chose m pour faire passer la pilule *, lot m de consolation

sweetening ['swiːtnɪŋ] n (NonC = substance) édulcorant m

sweetheart ['swiːthɑːt] → SYN n petit(e) ami(e) m(f), bien-aimé(e) † m(f) ◆ **yes sweetheart** oui chéri(e) or mon ange or mon cœur

sweetie * ['swiːtɪ] n **a** (= person: also **sweetie-pie** *) **he's/she's a sweetie** il/elle est chou *, c'est un ange ◆ **yes sweetie** oui mon chou * or mon ange

b (esp Scot = candy) bonbon m

sweetish ['swiːtɪʃ] adj au goût sucré, douceâtre (pej)

sweetly ['swiːtlɪ] adv **a** (= kindly) smile, say, answer gentiment

b (= pleasantly) sing, play mélodieusement

c (= efficiently) **the engine is running sweetly** le moteur marche sans à-coups ◆ **he hit the ball sweetly** il a frappé la balle avec un timing parfait

d sweetly scented agréablement parfumé, odoriférant

sweetmeat ['swiːtmiːt] n sucrerie f, confiserie f

sweetness ['swiːtnɪs] n (to taste) goût m sucré ; (in smell) odeur f suave ; (to hearing) son m mélodieux or harmonieux ; [of person, nature, character, expression] douceur f ◆ **to be all sweetness and light** être tout douceur

sweetshop ['swiːtʃɒp] n (Brit) confiserie f (souvent avec papeterie, journaux et tabac)

swell [swel] → SYN vb : pret **swelled**, ptp **swollen** or **swelled** ① n **a** [of sea] houle f ◆ **heavy swell** forte houle f ; → **groundswell**

b (Mus) crescendo m inv (et diminuendo m inv) ; (on organ) boîte f expressive

c († * = stylish person) personne f huppée *, gandin m (pej) ◆ **the swells** les gens mpl huppés *, le gratin *

② adj * **a** (esp US † = stylish, showy) clothes, house, car, restaurant chic inv ; relatives, friends huppé *

b (US = wonderful) super * inv ◆ **I had a swell time** je me suis super * bien amusé

③ vi **a** (also **swell up**) [balloon, tyre, air bed] (se) gonfler ; [sails] se gonfler ; [ankle, arm, eye, face] enfler ; [wood] gonfler ◆ **to swell (up) with pride** se gonfler d'orgueil ◆ **to swell (up) with rage/indignation** bouillir de rage/d'indignation

b (= increase) [river] grossir ; [sound, music, voice] s'enfler ; [numbers, population, membership] grossir, augmenter ◆ **the numbers soon swelled to 500** le nombre a vite atteint 500 ◆ **the little group soon swelled into a crowd** le petit groupe est vite devenu une foule ◆ **the murmuring swelled to a roar** le murmure s'enfla pour devenir un rugissement

④ vt [+ sail] gonfler ; [+ sound] enfler ; [+ river, lake] grossir ; [+ number] grossir, augmenter ◆ **this swelled the membership/population to 1,500** ceci a porté à 1 500 le nombre des membres/le total de la population ◆ **a population swollen by refugees** une population grossie par les réfugiés ◆ **a river swollen by rain** une rivière grossie par les pluies, une rivière en crue ◆ **a fifth edition swollen by a mass of new material** une cinquième édition augmentée d'une quantité de matière nouvelle ◆ **to be swollen with pride** être gonflé or bouffi d'orgueil ◆ **to be swollen with rage** bouillir de rage ; see also **swollen**

⑤ COMP ▷ **swell box** n (Mus) boîte f expressive

▶ **swell out** ① vi [sails etc] se gonfler
② vt sep gonfler

▶ **swell up** vi ⇒ **swell 3a**

swellhead * ['swelhed] n (US) bêcheur * m, -euse * f

swellheaded * [ˌswel'hedɪd] adj bêcheur *

swellheadedness * [ˌswel'hedɪdnɪs] n vanité f, suffisance f

swelling ['swelɪŋ] → SYN ① n **a** (= bulge, lump) (gen) grosseur f ; (on tyre) hernie f ; (Med) bosse f, grosseur f

b (NonC: Med) [of limb, foot, finger, face, jaw] enflure f ; [of eye, stomach, breasts, tissue, organ] gonflement m ◆ **it's to reduce the swelling** c'est pour faire désenfler

c (NonC) [of balloon, tyre, sails, wood] gonflement m ; [of population] accroissement m

② adj sound, chorus, voices, ankle, eye qui enfle ; sail gonflé

swelter ['sweltər] vi étouffer de chaleur

sweltering ['sweltərɪŋ] adj weather étouffant ; heat étouffant, accablant ; day, afternoon torride ◆ **it's sweltering** on étouffe (de chaleur)

swept [swept] vb (pt, ptp of **sweep**)

sweptback [ˌswept'bæk] adj (Aviat) en flèche ; hair rejeté en arrière

sweptwing aircraft [ˌsweptwɪŋ'ɛəkrɑːft] n avion m à ailes en flèche

swerve [swɜːv] → SYN ① vi [boxer, fighter] faire un écart ; [ball] dévier ; [vehicle, ship] faire une embardée ; [driver] donner un coup de volant ; (fig) dévier (from de) ◆ **the car swerved away from the lorry on to the verge** la voiture a fait une embardée pour éviter le camion et est montée sur l'accotement ◆ **he swerved round the bollard** il a viré sur les chapeaux de roues autour de la borne lumineuse

② vt [+ ball] faire dévier ; [+ vehicle] faire faire une embardée à

③ n [of vehicle, ship] embardée f ; [of boxer, fighter] écart m

swift [swɪft] → SYN ① adj rapide ◆ **the river is swift at this point** le courant (de la rivière) est rapide à cet endroit ◆ **to wish sb a swift recovery** souhaiter à qn un prompt rétablissement ◆ **they were swift to act/respond/obey** ils ont été prompts à agir/réagir/obéir ◆ **to be swift of foot** courir vite

② n (Orn) martinet m

③ COMP ▷ **swift-flowing** adj river au courant rapide ; current rapide ▷ **swift-footed** adj (liter) au pied léger

swiftly ['swɪftlɪ] → SYN adv move, react, walk, spread, become rapidement, vite ◆ **a swiftly flowing river** une rivière au courant rapide ◆ **the company has moved** or **acted swiftly to deny the rumours** l'entreprise a réagi promptement pour démentir les rumeurs

swiftness ['swɪftnɪs] → SYN n rapidité f

swig * [swɪg] ① n lampée * f ; (larger) coup m ◆ **to take a swig at a bottle** boire un coup à même la bouteille
② vt lamper *

▶ **swig down** * vt sep avaler d'un trait

swill [swɪl] → SYN ① n **a** (NonC) (for pigs etc) pâtée f ; (= garbage, slops) eaux fpl grasses

b to give sth a swill (out or **down)** ⇒ **to swill sth (out** or **down) 2a**

② vt **a** (also **swill out, swill down**) [+ floor] laver à grande eau ; [+ glass] rincer

b (also **swill around**) [+ liquid] remuer

c (* = drink) boire avidement, boire à grands traits

③ vi [liquid] remuer

swim [swɪm] vb : pret **swam**, ptp **swum** ① n ◆ **to go for a swim** ◆ **to have** or **take a swim** (in sea, lake, river) aller nager or se baigner ; (in swimming baths) aller à la piscine ◆ **it's time for our swim** c'est l'heure de la baignade ◆ **after a 2km swim** après avoir fait 2 km à la nage ◆ **Channel swim** traversée f de la Manche à la nage ◆ **it's a long swim** voilà une bonne or longue distance à parcourir à la nage ◆ **I had a lovely swim** ça m'a fait du bien de nager comme ça ◆ **to be in the swim (of things)** être dans le mouvement

② vi **a** (person) nager ; (as sport) faire de la natation ; [fish, animal] nager ◆ **to go swimming** (in sea, lake, river) aller nager or se baigner ; (in swimming baths) aller à la piscine ◆ **to swim away/back etc** [person] s'éloigner/revenir etc à la nage ; [fish] s'éloigner/revenir etc à la nage ◆ **to swim across a river** traverser une rivière à la nage ◆ **he swam under the boat** il est passé sous le bateau (à la nage) ◆ **to swim under water** nager sous l'eau ◆ **he had to swim for it** son seul recours a été de se sauver à la nage or de se jeter à l'eau et de nager ◆ **to swim against the current** nager contre le courant ◆ **to swim against the tide** (fig) nager à contre-courant ◆ **to swim with the tide** (fig) suivre le courant

b (fig) **the meat was swimming in gravy** la viande nageait or baignait dans la sauce

swimmer / swirl

◆ her eyes were swimming (with tears) ses yeux étaient noyés or baignés de larmes ◆ the bathroom was swimming la salle de bains était inondée ◆ the room was swimming round or swimming before his eyes la pièce semblait tourner autour de lui ◆ his head was swimming la tête lui tournait

3 vt [+ race] nager ; [+ lake, river] traverser à la nage ◆ it was first swum in 1900 la première traversée à la nage a eu lieu en 1900 ◆ he can swim 10km il peut faire 10 km à la nage ◆ he can swim two lengths il peut nager or faire deux longueurs ◆ before he had swum ten strokes avant qu'il ait pu faire or nager dix brasses ◆ I can't swim a stroke je suis incapable de faire une brasse ◆ can you swim the crawl? savez-vous nager or faire le crawl?

4 COMP ▷ **swim bladder** n (Zool) vessie f natatoire

swimmer ['swɪmə^r] n nageur m, -euse f

swimming ['swɪmɪŋ] **1** n (gen) nage f ; (Sport, Scol) natation f

2 COMP ▷ **swimming bath(s)** n(pl) (Brit) piscine f ▷ **swimming cap** n bonnet m de bain ▷ **swimming costume** n (Brit) maillot m (de bain) une pièce ▷ **swimming crab** n étrille f ▷ **swimming gala** n compétition f de natation ▷ **swimming instructor** n maître nageur ▷ **swimming pool** n piscine f ▷ **swimming ring** n bouée f ▷ **swimming suit** n maillot m (de bain) ▷ **swimming trunks** npl maillot m or caleçon m or slip m de bain

swimmingly † * ['swɪmɪŋlɪ] adv à merveille ◆ they got on swimmingly ils se sont entendus à merveille ◆ everything went swimmingly tout a marché comme sur des roulettes

swimsuit ['swɪmsuːt] n maillot m (de bain)

swimwear ['swɪmwɛə^r] n (NonC) maillots mpl de bain

swindle ['swɪndl] → SYN **1** n escroquerie f ◆ it's a swindle c'est du vol, nous nous sommes fait estamper * or rouler *

2 vt escroquer ◆ to swindle sb out of his money, to swindle sb's money out of him escroquer de l'argent à qn

swindler ['swɪndlə^r] → SYN n escroc m

swine [swaɪn] **1** n (pl inv) (Zool) pourceau m, porc m ; (* fig = person) salaud * m ◆ you swine! * espèce de salaud ! *

2 COMP ▷ **swine fever** n (Vet) peste f porcine

swineherd †† ['swaɪnhɜːd] n porcher m, -ère f

swing [swɪŋ] → SYN vb : pret, ptp **swung** **1** n **a** (= movement) balancement m ; [of pendulum] (= movement) mouvement m de va-et-vient, oscillations fpl ; (= arc, distance) arc m ; [of instrument pointer, needle] oscillations fpl ; (Boxing, Golf) swing m ◆ the swing of the boom sent him overboard le retour de la bôme l'a jeté par-dessus bord ◆ he gave the starting handle a swing il a donné un tour de manivelle ◆ the golfer took a swing at the ball le joueur de golf a essayé de frapper or a frappé la balle avec un swing ◆ to take a swing at sb * décocher or lancer un coup de poing à qn ◆ the swing of the pendulum brought him back to power le mouvement du pendule l'a ramené au pouvoir ◆ the socialists need a swing of 5% to win the election (Pol) il faudrait aux socialistes un revirement d'opinion en leur faveur de l'ordre de 5 % pour qu'ils remportent (subj) l'élection ◆ a swing to the left (Pol) un revirement en faveur de la gauche ◆ the swings of the market (St Ex) les fluctuations fpl or les hauts et les bas mpl du marché

b (= rhythm) [of dance etc] rythme m ; [of jazz music] swing m ◆ to walk with a swing in one's step marcher d'un pas rythmé ◆ music/poetry with a swing to it or that goes with a swing musique f/poésie f rythmée or entraînante ◆ to go with a swing (fig) [evening, party] marcher du tonnerre * ; [business, shop] très bien marcher ◆ to be in full swing [party, election, campaign] battre son plein ; [business] être en plein rendement, gazer * ◆ to get into the swing of [+ new job, married life etc] s'habituer or se faire à ◆ to get into the swing of things se mettre dans le bain

c (= scope, freedom) they gave him full swing in the matter ils lui ont donné carte blanche en la matière ◆ he was given full swing to make decisions on l'a laissé entièrement libre de prendre des décisions ◆ he gave his imagination full swing il a donné libre cours à son imagination

d (= seat for swinging) balançoire f ◆ to have a swing se balancer, faire de la balançoire ◆ to give a child a swing pousser un enfant qui se balance ◆ what you gain on the swings you lose on the roundabouts *, (it's) swings and roundabouts * ce qu'on gagne d'un côté on le perd de l'autre

e (also swing music) swing m

2 vi **a** (= hang, oscillate) [arms, legs] se balancer, être ballant ; [object on rope, hammock] se balancer ; [pendulum] osciller ; (on a swing) se balancer ; (= pivot: also swing round) tourner, pivoter ; [person] se retourner, virevolter ◆ he was left swinging by his hands il s'est retrouvé seul suspendu par les mains ◆ to swing to and fro se balancer ◆ the load swung (round) through the air as the crane turned comme la grue pivotait la charge a décrit une courbe dans l'air ◆ the ship was swinging at anchor le bateau se balançait sur son ancre ◆ he swung across on the rope agrippé à la corde il s'est élancé et a et est passé de l'autre côté ◆ the monkey swung from branch to branch le singe se balançait de branche en branche ◆ he swung up the rope ladder il a grimpé prestement à l'échelle de corde ◆ he swung (up) into the saddle il a sauté en selle ◆ the door swung open/shut la porte s'est ouverte/s'est refermée ◆ he swung (round) on his heel il a virevolté

b (= move rhythmically) to swing along/away etc avancer/s'éloigner etc d'un pas rythmé or allègre ◆ the regiment went swinging past the king le régiment a défilé au pas cadencé devant le roi ◆ to swing into action [army] se mettre en branle ; (fig) passer à l'action ◆ music that really swings musique f qui swingue

c (= change direction: also swing round) [plane, vehicle] virer ◆ the convoy swung (round) into the square le convoi a viré pour aller sur la place ◆ the river swings north here ici la rivière décrit une courbe ou oblique vers le nord ◆ the country has swung to the right (Pol) le pays a viré ou effectué un virage à droite ◆ to swing both ways * (fig) marcher à la voile et à vapeur *

d to swing at a ball frapper or essayer de frapper une balle avec un swing ◆ to swing at sb décocher ou lancer un coup de poing à qn ◆ he swung at me with the axe il a brandi la hache pour me frapper

e (* = be hanged) être pendu ◆ he'll swing for it on lui mettra la corde au cou pour cela ◆ I'd swing for him je le tuerais si je le tenais

f (* = be fashionable) être branché *, être dans le vent ◆ the party was really swinging la surprise-partie était du tonnerre * or à tout casser *

3 vt **a** (= move to and fro) [+ one's arms, legs, umbrella, hammock] balancer ; [+ object on rope] balancer, faire osciller ; [+ pendulum] faire osciller ; [+ child on swing] pousser ; (= brandish) brandir ◆ he swung his sword above his head il a fait un moulinet avec l'épée au-dessus de sa tête ◆ he swung his axe at the tree il a brandi sa hache pour frapper l'arbre ◆ he swung his racket at the ball il a ramené sa raquette pour frapper la balle ◆ he swung the box (up) on to the roof of the car il a envoyé la boîte sur le toit de la voiture ◆ he swung the case (up) on to his shoulders il a balancé la valise sur ses épaules ◆ he swung himself across the stream/over the wall etc il s'est élancé et a franchi le ruisseau/et a sauté par-dessus le mur etc ◆ to swing o.s. (up) into the saddle sauter en selle ◆ to swing one's hips rouler or balancer les hanches, se déhancher ◆ to swing the lead * (Brit fig) tirer au flanc * ; → room

b (= turn: also often swing round) [+ propeller] lancer ; [+ starting handle] tourner ◆ to swing a door open/shut ouvrir/fermer une porte ◆ he swung the ship (round) through 180° il a viré de 180°, il a fait virer (le bateau) de 180° ◆ he swung the car round the corner il a viré au coin

c (= influence) [+ election, decision] influencer ; [+ voters] faire changer d'opinion ◆ his speech swung the decision against us son discours a provoqué un revirement et la décision est allée contre nous ◆ he managed to swing the deal * il a réussi à emporter l'affaire ◆ to swing it on sb * tirer une carotte à qn *, pigeonner qn *

d (Mus) [+ a tune, the classics etc] jouer de manière rythmée

4 COMP ▷ **swing band** n (Mus) orchestre m de swing ▷ **swing-bin** n (Brit) poubelle f à couvercle pivotant ▷ **swing bridge** n pont m tournant ▷ **swing door** n porte f battante ▷ **swing music** n swing 1e ▷ **swing shift** n (US Ind) (= period) période f du soir (pour un travail posté) ; (= workers) équipe f du soir ▷ **swing vote** n (esp US) vote m décisif ◆ the Black community will be the swing vote in the election l'issue de ces élections dépendra du vote noir ▷ **swing voter** n (esp US) électeur dont le vote est décisif pour l'issue d'une élection ▷ **swing-wing** adj (Aviat) à géométrie variable

▶ **swing round** **1** vi [person] se retourner, virevolter ; [crane etc] tourner, pivoter ; [ship, plane, convoy, procession] virer ; [car, truck] virer ; (after collision etc) faire un tête-à-queue ; (fig) [voters] virer de bord ; [opinions] connaître un revirement see also swing 3a, 3c

2 vt sep [+ object on rope etc] faire tourner ; [+ sword, axe] brandir, faire des moulinets avec ; [+ crane etc] faire pivoter ; [+ car, ship, plane, convoy, procession] faire tourner or virer see also swing 3b

▶ **swing to** vi [door] se refermer

swingeing ['swɪndʒɪŋ] adj (Brit) attack violent ; increase considérable ; fine, tax fort ; defeat, majority écrasant ◆ swingeing cuts des coupes fpl sombres

swinger * ['swɪŋə^r] n ◆ he's a swinger (= with it) il est branché * or dans le vent ; (going to parties) c'est un noceur * ; (sexually) il couche à droite et à gauche

swinging ['swɪŋɪŋ] → SYN **1** adj **a** (= swaying, rocking) rope, weight, pendulum, legs, hammock qui se balance ; door, shutter qui bat ◆ a swinging weight on the end of a cord un poids se balançant or qui se balance au bout d'une corde ◆ the bar was full of swinging fists dans le bar, les coups volaient

b (= syncopated) music, rhythm entraînant, qui swingue ▶

c (* = modern, fashionable) dans le vent

d (* = lively, exciting) party etc animé ◆ swinging London le "Swinging London" ◆ the Swinging Sixties les sixties, les années soixante

2 COMP ▷ **swinging door** n (US) ⇒ swing door ; → swing ▷ **swinging single** * n (US) célibataire qui a de nombreuses aventures sexuelles

swingometer [swɪŋˈɒmɪtə^r] n (at election) indicateur m de tendances

swinish * ['swaɪnɪʃ] adj dégueulasse *

swipe [swaɪp] **1** n (at ball etc) grand coup m ; (= slap) baffe * f ◆ to take a swipe at (lit) ⇒ to swipe at 3 ◆ to take a swipe at sb (fig) s'en prendre à or attaquer qn (de façon détournée)

2 vt **a** (* = hit) [+ ball] frapper à toute volée ; [+ person] gifler à toute volée

b (* = steal: often hum) piquer * (sth from sb qch à qn)

c [+ card] you pay by swiping a credit card on paie avec une carte magnétique

3 vi ◆ to swipe at * [+ ball etc] frapper or essayer de frapper à toute volée ; [+ person] flanquer * une baffe * à

4 COMP ▷ **swipe card** n carte f magnétique

swirl [swɜːl] → SYN **1** n (in river, sea) tourbillon m, remous m ; [of dust, sand] tourbillon m ; [of smoke] tourbillon m, (fig) [of cream, ice cream etc] volute f ; [of lace, ribbons etc] tourbillon m ◆ the swirl of the dancers' skirts le tourbillon or le tournoiement des jupes des danseuses

2 vi [water, river, sea] tourbillonner, faire des remous or des tourbillons ; [dust, sand, smoke, skirts] tourbillonner, tournoyer

3 vt ◆ to swirl sth along/away [river] entraîner/emporter qch en tourbillonnant ◆ he swirled his partner round the room il a fait tournoyer or tourbillonner sa partenaire autour de la salle

swish / swordsman

swish [swɪʃ] **1** n [of whip] sifflement m ; [of water, person in long grass] bruissement m ; [of grass in wind] frémissement m, bruissement m ; [of tyres in rain] glissement m ; [of skirts] bruissement m, froufrou m

2 vt [+ whip, cane] faire siffler

b (⁑ = beat, cane) administrer or donner des coups de trique à

3 vi [cane, whip] siffler, cingler l'air ; [water] bruire ; [long grass] frémir, bruire ; [skirts] bruire, froufrouter

4 adj **a** (Brit * = grand) hotel, house etc chic inv ; (pej) rupin⁑

b (US * = effeminate) efféminé

swishy⁑ ['swɪʃɪ] adj **a** (Brit = smart) chic inv ; (pej) rupin⁑

b (US * = effeminate) efféminé

Swiss [swɪs] **1** n (pl inv) Suisse m, Suisse(sse) f

2 the Swiss npl les Suisses mpl

3 adj (gen) suisse ; ambassador, embassy de Suisse

4 COMP ▷ **Swiss chard** n bette f ▷ **Swiss cheese** n gruyère ou emmenthal ◆ her argument has more holes than Swiss cheese (esp US hum) son argument ne tient pas debout ▷ **Swiss cheese plant** n monstera f ▷ **Swiss-French** adj (= from French-speaking Switzerland) suisse romand ◇ n (= language) français m de Suisse, suisse m romand ▷ **Swiss-German** adj (= from German-speaking Switzerland) suisse allemand ◇ n (= person) Suisse mf allemand(e) ; (= language) suisse m allemand ▷ **the Swiss Guards** npl la garde suisse, les suisses mpl ▷ **Swiss roll** n (Brit Culin) gâteau m roulé ▷ **Swiss steak** n (US Culin) steak fariné et braisé aux tomates et aux oignons

switch [swɪtʃ] → SYN **1** n **a** (Elec) (gen) bouton m électrique, commande f (esp Tech) ; (for lights) interrupteur m, commutateur m ; [of car] (also **ignition switch**) contact m ◆ **the switch was on/off** (Elec) le bouton était sur la position ouvert/fermé, c'était allumé/éteint

b (Rail = points) aiguille f, aiguillage m

c (= transfer) [of opinion] (gen) changement m ; (radical) revirement m, retournement m ; [of allegiance] changement m ; [of funds] transfert m (from de ; to en faveur de) ◆ **his switch to Labour** son revirement en faveur des travaillistes ◆ **the switch to hearts/clubs** (Bridge: in bidding) (le) changement de couleur et) le passage à cœur/trèfle ◆ **the switch of the 8.30 from platform four** le changement de voie du train de 8 h 30 attendu au quai numéro quatre ◆ **the switch of the aircraft from Heathrow to Gatwick because of fog** le détournement sur Gatwick à cause du brouillard de l'avion attendu à Heathrow

d (= stick) baguette f ; (= cane) canne f ; (= riding crop) cravache f ; (= whip) fouet m

e [of hair] postiche m

2 vt **a** (= transfer) [+ one's support, allegiance, attention] reporter (from de ; to sur) ◆ **to switch production to another factory** (Ind) transférer la production dans une autre usine ◆ **to switch production to another model** (Ind) (cesser de produire l'ancien modèle et) se mettre à produire un nouveau modèle ◆ **to switch the conversation to another subject** détourner la conversation, changer de sujet de conversation

b (= exchange) échanger (A for B A contre B ; sth with sb qch avec qn) ; (also **switch over, switch round**) [+ two objects, letters in word, figures in column] intervertir, permuter ; (= rearrange: also **switch round**) [+ books, objects] changer de place ◆ **we had to switch taxis when the first broke down** nous avons dû changer de taxi quand le premier est tombé en panne ◆ **to switch plans** changer de projet ◆ **we have switched all the furniture round** nous avons changé tous les meubles de place

c (Rail) aiguiller (to sur)

d (= change) **to switch the oven to "low"** mettre le four sur "doux" ◆ **to switch the radio/TV to another programme** changer de station/de chaîne ; see also **switch back, switch on**

e **to switch the grass with one's cane** cingler l'herbe avec sa canne ◆ **the cow switched her tail** la vache fouettait de sa queue ◆ **he switched it out of my hand** il me l'a arraché de la main

3 vi **a** (= transfer: also **switch over**) **Paul switched (over) to Conservative** Paul a voté conservateur cette fois ◆ **we switched (over) to oil central heating** nous avons changé et) nous avons maintenant fait installer le chauffage central au mazout ◆ **many have switched (over) to teaching** beaucoup se sont recyclés dans l'enseignement

b [tail] battre l'air

4 COMP ▷ **switch-car** n (for gangster: in escape etc) voiture-relais f ▷ **switch hit** vi (Baseball) frapper la balle indifféremment de la main droite ou de la main gauche ▷ **switch-hitter** n (Baseball) batteur m ambidextre ; (US⁑ = bisexual) bisexuel(le) m(f)

▶ **switch back** **1** vi (to original plan, product, allegiance) revenir, retourner (to à) ◆ **to switch back to the other programme** (Rad, TV) remettre l'autre émission

2 vt sep ◆ **to switch the oven back to low** remettre le four sur "doux" ◆ **to switch the light back on** rallumer ◆ **to switch the heater/oven back on** rallumer le radiateur/le four

3 switchback n, adj → switchback

▶ **switch off** **1** vi (Elec) éteindre ; (Rad, TV) éteindre or fermer le poste ; (= lose interest, unwind) décrocher* ◆ **when the conversation is boring, he just switches off*** (fig) quand la conversation m'ennuie, il décroche*

b **to switch off automatically** [heater, oven etc] s'éteindre tout seul or automatiquement

2 vt sep [+ electricity, gas] éteindre, fermer ; [+ radio, television, heater] éteindre ; [+ alarm clock, burglar alarm] arrêter ◆ **to switch off the light** éteindre (la lumière) ◆ **he switched the programme off** (Rad, TV) il a éteint (le poste) ◆ **to switch off the engine** [of car] couper or arrêter le moteur ◆ **the oven switches itself off** le four s'éteint automatiquement ◆ **he seems to be switched off*** most of the time (fig) il semble être à côté de ses pompes* la plupart du temps

▶ **switch on** **1** vi (Elec) allumer ; (Rad, TV) allumer le poste

b **to switch on automatically** [heater, oven etc] s'allumer tout seul or automatiquement

2 vt sep [+ gas, electricity] allumer ; [+ water supply] ouvrir ; [+ radio, television, heater] allumer, mettre en marche ; [+ engine, machine] mettre en marche ◆ **to switch on the light** allumer (la lumière) ◆ **his music switches me on**⁑ sa musique me branche* ◆ **to be switched on**⁑ (fig) (= up-to-date) être branché*, être dans le vent or à la page ; (by drugs) planer* ; (sexually) être excité

▶ **switch over** **1** vi **a** ⇒ switch 3a

b (TV, Rad) changer de chaîne/de station ◆ **to switch over to the other programme** mettre l'autre chaîne/station

2 vt sep **a** → switch 2b

b (TV, Rad) **to switch the programme over** changer de chaîne/de station

3 switchover n → switchover

▶ **switch round** **1** vi [two people] changer de place (l'un avec l'autre)

2 vt sep → switch 3b

switchback ['swɪtʃbæk] **1** n (Brit = road: also at fair) montagnes fpl russes

2 adj (= up and down) tout en montées et descentes ; (= zigzag) en épingles à cheveux

switchblade ['swɪtʃbleɪd] n (US: also **switchblade knife**) couteau m à cran d'arrêt

switchboard ['swɪtʃbɔːd] **1** n (Elec) tableau m de distribution ; (Telec) standard m

2 COMP ▷ **switchboard operator** n (Telec) standardiste mf

switcheroo⁑ [ˌswɪtʃəˈruː] n (esp US) volte-face f inv, revirement m ◆ **to pull a switcheroo** faire volte-face, effectuer un revirement

switchgear ['swɪtʃɡɪəʳ] n (NonC: Elec) appareillage m de commutation

switchman ['swɪtʃmən] n, pl **-men** (Rail) aiguilleur m

switchover ['swɪtʃəʊvəʳ] n ◆ **the switchover from A to B** le passage de A à B ◆ **the switchover to the metric system** l'adoption f du système métrique

switchyard ['swɪtʃjɑːd] n (US Rail) gare f de triage

Swithin ['swɪðɪn] n Swithin or Swithun m ◆ **St Swithin's Day** (jour m de) la Saint-Swithin (15 juillet : pluie de Saint-Swithin, pluie pour longtemps)

Switzerland ['swɪtsələnd] n la Suisse ◆ **French-/German-/Italian-speaking Switzerland** la Suisse romande/allemande/italienne

swivel ['swɪvl] **1** n pivot m, tourillon m

2 vt (also **swivel round**) faire pivoter, faire tourner

3 vi [object] pivoter, tourner

4 COMP seat, mounting etc pivotant, tournant ▷ **swivel chair** n fauteuil m pivotant

▶ **swivel round** **1** vi pivoter

2 vt sep → swivel 2

swizz⁑ [swɪz] n (Brit = swindle) escroquerie f ◆ **what a swizz!** (= disappointment) on est eu !*, on s'est fait avoir !*

swizzle ['swɪzl] **1** n (Brit ⁑) ⇒ swizz

2 COMP ▷ **swizzle stick** n fouet m

swollen ['swəʊlən] → SYN **1** vb (ptp of swell)

2 adj limb, foot, finger, face, jaw enflé ; eye, breasts, tissue, organ gonflé ; stomach ballonné ; river, lake, stream en crue ; population accru ◆ **swollen with blood/pus** etc plein de sang/pus etc ◆ **eyes swollen with tears** or **weeping** yeux gonflés de larmes ◆ **the river was swollen with rain** la rivière était grossie par les crues ◆ **the capital is swollen with refugees** la capitale est envahie par les réfugiés ◆ **to have swollen glands** avoir (une inflammation) des ganglions ◆ **to get a swollen head** (Brit fig) attraper la grosse tête ⁑ ; see also **swell**

3 COMP ▷ **swollen-headed*** adj ⇒ **swollen-headed** ▷ **swollen-headedness*** n vanité f, suffisance f

swoon [swuːn] **1** vi († or hum = faint) se pâmer † (also hum) ; (fig) se pâmer d'admiration (over sb/sth devant qn/qch)

2 n († or hum) pâmoison f ◆ **in a swoon** en pâmoison

swoop [swuːp] → SYN **1** n [of bird, plane] descente f en piqué ; (= attack) attaque f en piqué (on sur) ; [of police etc] descente f, rafle f (on dans) ◆ **at** or **in one (fell) swoop** d'un seul coup

2 vi (also **swoop down**) [bird] fondre, piquer ; [aircraft] descendre en piqué, piquer ; [police etc] faire une descente ◆ **the plane swooped (down) low over the village** l'avion est descendu en piqué au-dessus du village ◆ **the eagle swooped (down) on the rabbit** l'aigle a fondu or s'est abattu sur le lapin ◆ **the soldiers swooped (down) on the terrorists** les soldats ont fondu sur les terroristes

swoosh [swuːʃ] **1** n [of water] bruissement m ; [of stick etc through air] sifflement m ; [of tyres in rain] glissement m

2 vi [water] bruire ◆ **he went swooshing through the mud** il est passé avec un bruit de boue qui gicle or en faisant gicler bruyamment la boue

swop [swɒp] ⇒ swap

sword [sɔːd] → SYN **1** n épée f ◆ **to wear a sword** porter l'épée ◆ **to put sb to the sword** passer qn au fil de l'épée ◆ **to put up one's sword** rengainer son épée, remettre son épée au fourreau ◆ **to cross swords with sb** (lit, fig) croiser le fer avec qn ◆ **those that live by the sword die by the sword** quiconque se servira de l'épée périra par l'épée ◆ **to turn** or **beat one's swords into ploughshares** forger des socs de ses épées

2 COMP scar, wound d'épée ▷ **sword and sorcery** n (Literat, Cine etc) genre m de romans, films ou jeux électroniques mêlant barbarie et sorcellerie dans un cadre moyenâgeux ▷ **sword arm** n bras m droit ▷ **sword dance** n danse f du sabre ▷ **sword-point** n at sword-point à la pointe de l'épée ▷ **sword-swallower** n avaleur m de sabres

swordfish ['sɔːdfɪʃ] n (pl inv) poisson-épée m, espadon m

swordplay ['sɔːdpleɪ] n ◆ **there was a lot of swordplay in the film** il y avait beaucoup de duels or ça ferraillait dur* dans le film

swordsman ['sɔːdzmən] n, pl **-men** épéiste m ◆ **to be a good swordsman** être une fine lame

swordsmanship ['sɔːdzmənʃɪp] n (habileté f dans le) maniement m de l'épée

swordstick ['sɔːdstɪk] n canne f à épée

swordswoman ['sɔːdzwʊmən] n, pl **swordswomen** ['sɔːdzwɪmɪn] épéiste f

swordtail ['sɔːdˌteɪl] n xiphophore m, porteglaive m

swore [swɔːʳ] vb (pt of **swear**)

sworn [swɔːn] ⓵ vb (ptp of **swear**)
⓶ adj evidence, statement donné sous serment ; enemy juré ; ally, friend à la vie et à la mort

swot * [swɒt] (Brit) ⓵ n (pej) bûcheur m, -euse f
⓶ vt bûcher *, potasser *
⓷ vi bûcher *, potasser * ◆ **to swot for an exam** bachoter ◆ **to swot at maths** bûcher * or potasser * ses maths
▶ **swot up** * vi, vt sep ◆ **to swot up (on) sth** potasser * qch

swotting * ['swɒtɪŋ] n bachotage m ◆ **to do some swotting** bosser *⁑, bachoter

swum [swʌm] vb (ptp of **swim**)

swung [swʌŋ] ⓵ vb (pt, ptp of **swing**)
⓶ COMP ▷ **swung dash** n (Typo) tilde m

sybarite ['sɪbəraɪt] n sybarite mf

sybaritic [ˌsɪbəˈrɪtɪk] adj sybarite

sybaritism ['sɪbərɪtɪzəm] n sybaritisme m

sycamore ['sɪkəmɔːʳ] n sycomore m, faux platane m

syconium [saɪˈkəʊnɪəm] n, pl **syconia** [saɪˈkəʊnɪə] (Bot) sycone m

sycophancy ['sɪkəfənsɪ] n flagornerie f

sycophant ['sɪkəfənt] n flagorneur m, -euse f

sycophantic [ˌsɪkəˈfæntɪk] adj person servile, flagorneur ; behaviour, laughter obséquieux

sycosis [saɪˈkəʊsɪs] n sycosis m

Sydenham's chorea ['sɪdnəmz] n chorée f de Sydenham

Sydney ['sɪdnɪ] n Sydney

syenite ['saɪənaɪt] n syénite f

syllabary ['sɪləbərɪ] n syllabaire m

syllabi ['sɪləˌbaɪ] npl of **syllabus**

syllabic [sɪˈlæbɪk] adj syllabique

syllabification [sɪˌlæbɪfɪˈkeɪʃən] n syllabation f

syllabify [sɪˈlæbɪfaɪ] vt décomposer en syllabes

syllabism ['sɪləbɪzəm] n (Ling) syllabisme m

syllable ['sɪləbl] n syllabe f ◆ **to explain sth in words of one syllable** expliquer qch en petit nègre

syllabub ['sɪləbʌb] n ≃ sabayon m

syllabus ['sɪləbəs] → SYN n, pl **syllabuses** or **syllabi** (Scol, Univ) programme m ◆ **on the syllabus** au programme

syllepsis [sɪˈlepsɪs] n, pl **syllepses** [sɪˈlepsiːz] (Gram) syllepse f

syllogism ['sɪlədʒɪzəm] n syllogisme m

syllogistic [ˌsɪləˈdʒɪstɪk] adj syllogistique

syllogize ['sɪlədʒaɪz] vi raisonner par syllogismes

sylph [sɪlf] n sylphe m ; (fig = woman) sylphide f

sylphlike ['sɪlflaɪk] adj woman gracile, qui a une taille de sylphide ; figure de sylphide

sylva ['sɪlvə] n, pl **sylvas** or **silvae** ['sɪlviː] (Geog) sylve f

sylvan ['sɪlvən] adj (liter) sylvestre

sylvanite ['sɪlvənaɪt] n sylvanite f

Sylvanus [sɪlˈveɪnəs] n (Myth) sylvain m

Sylvester [sɪlˈvestəʳ] n Sylvestre m

Sylvia ['sɪlvɪə] n Sylvie f

sylviculture ['sɪlvɪkʌltʃəʳ] n sylviculture f

sylvine ['sɪlviːn], **sylvite** ['sɪlvaɪt] n sylvinite f

symbiont ['sɪmbɪɒnt] n symbiote m, symbion m

symbiosis [ˌsɪmbɪˈəʊsɪs] n (also fig) symbiose f ◆ **to live in symbiosis with** vivre en symbiose avec

symbiotic [ˌsɪmbɪˈɒtɪk] adj (lit, fig) symbiotique

symbol ['sɪmbəl] → SYN n symbole m

symbolic(al) [sɪmˈbɒlɪk(əl)] adj symbolique ◆ **symbolic logic** logique f formelle

symbolical [sɪmˈbɒlɪkəl] adj symbolique

symbolically [sɪmˈbɒlɪkəlɪ] adv symboliquement ◆ **symbolically important** important sur le plan symbolique

symbolism ['sɪmbəlɪzəm] n symbolisme m

symbolist ['sɪmbəlɪst] adj, n symboliste mf

symbolization [ˌsɪmbəlaɪˈzeɪʃən] n symbolisation f

symbolize ['sɪmbəlaɪz] → SYN vt symboliser

symmetric(al) [sɪˈmetrɪk(əl)] adj (gen, Geom, Math) symétrique

symmetrically [sɪˈmetrɪkəlɪ] adv symétriquement, avec symétrie

symmetry ['sɪmɪtrɪ] → SYN n symétrie f

sympathectomy [ˌsɪmpəˈθektəmɪ] n sympathicectomie f, sympathectomie f

sympathetic [ˌsɪmpəˈθetɪk] → SYN adj **a** (= showing concern) person, smile compatissant ◆ **to be a sympathetic listener** écouter avec compassion ◆ **they were sympathetic but could not help** ils ont compati mais n'ont rien pu faire pour aider ◆ **to be/feel sympathetic towards sb** montrer/ressentir de la compassion pour qn
b (= kind) person bien disposé, bienveillant ; response favorable
c (Literat, Theat, Cine = likeable) character sympathique
d (Anat, Physiol) sympathique ◆ **the sympathetic nervous system** le système nerveux sympathique

sympathetically [ˌsɪmpəˈθetɪkəlɪ] → SYN adv **a** (= compassionately) avec compassion
b (= kindly, favourably) listen, consider, portray avec bienveillance ◆ **to be sympathetically disposed** or **inclined to sb/sth** être favorablement disposé envers qn/qch ◆ **the house has been sympathetically restored** la maison a été restaurée en respectant son caractère d'origine
c (Anat, Physiol) par sympathie

sympathize ['sɪmpəθaɪz] → SYN vi compatir ◆ **I do sympathize with you!** je compatis !, comme je vous comprends ! ◆ **her cousin called to sympathize** sa cousine est venue témoigner sa sympathie ◆ **I sympathize with you in your grief** je m'associe or je compatis à votre douleur ◆ **I sympathize with you** or **what you feel** or **what you say** je comprends votre point de vue

sympathizer ['sɪmpəθaɪzəʳ] → SYN n **a** (in adversity) personne f qui compatit ◆ **he was surrounded by sympathizers** il était entouré de personnes qui lui témoignaient leur sympathie
b (fig: esp Pol) sympathisant(e) m(f) (with de)

sympatholytic [ˌsɪmpəθəʊˈlɪtɪk] adj sympath(ic)olytique

sympathomimetic [ˌsɪmpəθəʊmɪˈmetɪk] adj sympathomimétique

sympathy ['sɪmpəθɪ] LANGUAGE IN USE 24.4 → SYN
⓵ n **a** (= pity) compassion f ◆ **to feel sympathy for** éprouver or avoir de la compassion pour ◆ **to show one's sympathy for sb** témoigner sa sympathie à or pour qn ◆ **please accept my (deepest) sympathy** or **sympathies** veuillez agréer mes condoléances
b (= fellow feeling) solidarité f (for avec) ◆ **the sympathies of the crowd were with him** il avait le soutien de la foule, la foule était pour lui ◆ **I have no sympathy with lazy people** je n'ai aucune indulgence pour les gens qui sont paresseux ◆ **he is in sympathy with the workers** il est du côté des ouvriers ◆ **I am in sympathy with your proposals but ...** je suis en accord avec or je ne désapprouve pas vos propositions mais ... ◆ **to come out** or **strike in sympathy with sb** faire grève en solidarité avec qn
⓶ COMP ▷ **sympathy strike** n grève f de solidarité

symphonic [sɪmˈfɒnɪk] ⓵ adj music, work, piece symphonique ◆ **a symphonic composer** un compositeur de musique symphonique
⓶ COMP ▷ **symphonic poem** n poème m symphonique

symphonist ['sɪmfənɪst] n (Mus) symphoniste mf

symphony ['sɪmfənɪ] ⓵ n symphonie f
⓶ COMP concert, orchestra symphonique ▷ **symphony writer** n symphoniste mf

symphysis ['sɪmfɪsɪs] n, pl **symphyses** ['sɪmfɪˌsiːz] symphyse f

sympodium [sɪmˈpəʊdɪəm] n, pl **sympodia** [sɪmˈpəʊdɪə] sympode m

symposium [sɪmˈpəʊzɪəm] n, pl **symposiums** or **symposia** [sɪmˈpəʊzɪə] (all senses) symposium m

symptom ['sɪmptəm] → SYN n (Med, fig) symptôme m, indice m

symptomatic [ˌsɪmptəˈmætɪk] → SYN adj symptomatique (of sth de qch)

symptomatology [ˌsɪmptəməˈtɒlədʒɪ] n symptomatologie f

synaesthesia, synesthesia (US) [ˌsɪnəsˈθiːzɪə] n (NonC) synesthésie f

synagogue ['sɪnəgɒg] n synagogue f

synal(o)epha [ˌsɪnəˈliːfə] n (Gram) synalèphe f

synapse ['saɪnæps] n synapse f

synapsis [sɪˈnæpsɪs] n, pl **synapses** [sɪˈnæpsiːz] synapse f

synaptic [sɪˈnæptɪk] adj synaptique

synarchy ['sɪnɑːkɪ] n (Pol) synarchie f

synarthrosis [ˌsɪnɑːˈθrəʊsɪs] n, pl **synarthroses** [ˌsɪnɑːˈθrəʊsiːz] synarthrose f

sync * [sɪŋk] n (abbrev of **synchronization**) ◆ **in sync** bien synchronisé, en harmonie ◆ **they are in sync** (fig: of people) ils sont en harmonie, le courant passe ◆ **out of sync** mal synchronisé, déphasé

syncarp ['sɪnkɑːp] n syncarpe m

synchro * ['sɪŋkrəʊ] (Aut) (abbrev of **synchromesh**)
⓵ n synchroniseur m
⓶ COMP ▷ **synchro gearbox** n boîte f de vitesses synchronisées

synchrocyclotron [ˌsɪŋkrəʊˈsaɪklətrɒn] n synchrocyclotron m

synchromesh [ˌsɪŋkrəʊˈmeʃ] (Aut) ⓵ n synchroniseur m
⓶ COMP ▷ **synchromesh gearbox** n boîte f de vitesses synchronisées

synchronic [sɪŋˈkrɒnɪk] adj (gen) synchrone ; (Ling) synchronique

synchronicity [ˌsɪŋkrəˈnɪsɪtɪ] n synchronisme m

synchronism ['sɪŋkrənɪzəm] n synchronisme m

synchronization [ˌsɪŋkrənaɪˈzeɪʃən] n synchronisation f

synchronize ['sɪŋkrənaɪz] ⓵ vt synchroniser
⓶ vi [events] se passer or avoir lieu simultanément ; [footsteps etc] être synchronisés ◆ **to synchronize with sth** être synchrone avec qch, se produire en même temps que qch
⓷ COMP ▷ **synchronized swimming** n (Sport) natation f synchronisée

synchronous ['sɪŋkrənəs] adj synchrone

synchrotron ['sɪŋkrətrɒn] n (Phys) synchrotron m

synclinal [sɪŋˈklaɪnl] adj synclinal

syncline ['sɪŋklaɪn] n synclinal m

Syncom ['sɪnkɒm] n (Aviat) Syncom m

syncopal ['sɪŋkəpl] adj syncopal

syncopate ['sɪŋkəpeɪt] vt syncoper

syncopation [ˌsɪŋkəˈpeɪʃən] n (Mus) syncope f

syncope ['sɪŋkəpɪ] n (Ling, Med) syncope f

syncretic [sɪŋˈkretɪk] adj syncrétique

syncretism ['sɪŋkrɪtɪzəm] n syncrétisme m

syncretist ['sɪŋkrɪtɪst] n syncrétiste mf

syncytium [sɪnˈsɪtɪəm] n, pl **syncytia** [sɪnˈsɪtɪə] syncytium m

syndactyl [sɪnˈdæktɪl] adj syndactyle

syndactylism [sɪnˈdæktɪlɪzəm] n syndactylie f

syndic ['sɪndɪk] n (= government official) administrateur m, syndic m ; (Brit Univ) membre m d'un comité administratif

syndicalism ['sɪndɪkəlɪzəm] n syndicalisme m

syndicalist ['sɪndɪkəlɪst] adj, n syndicaliste mf

syndicate ['sɪndɪkɪt] ⓵ n **a** (Comm etc) syndicat m, coopérative f

syndrome / systolic   ANGLAIS-FRANÇAIS 978

b [of criminals] gang m, association f de malfaiteurs

c (US Press) *agence spécialisée dans la vente par abonnements d'articles, de reportages etc*

2 ['sɪndɪkeɪt] vt **a** (Press: esp US) [+ article etc] vendre or publier par l'intermédiaire d'un syndicat de distribution ; (Rad, TV) [+ programme] distribuer sous licence ◆ **syndicated columnist** (Press) journaliste mf d'agence

b (Fin) **to syndicate a loan** former un consortium de prêt ◆ **syndicated loan** prêt m consortial

c [+ workers] syndiquer

syndrome ['sɪndrəʊm] n (lit, fig) syndrome m

synecdoche [sɪ'nekdəkɪ] n synecdoque f

synecology [ˌsɪnɪ'kɒlədʒɪ] n synécologie f

syneresis [sɪ'nɪərɪsɪs] n (Chem, Ling) synérèse f

synergism ['sɪnədʒɪsəm] n synergie f

synergist ['sɪnədʒɪst] n (Med) médicament m synergique

synergy ['sɪnədʒɪ] n synergie f

synesthesia [ˌsɪnəs'θiːzɪə] n (US) ⇒ synaesthesia

syngamy ['sɪŋgəmɪ] n syngamie f

synod ['sɪnəd] n synode m

synodal ['sɪnɒdl] adj synodal

synonym ['sɪnənɪm] n synonyme m

synonymous [sɪ'nɒnɪməs] adj (lit, fig) synonyme (*with sth* de qch)

synonymy [sɪ'nɒnəmɪ] n synonymie f

synopsis [sɪ'nɒpsɪs] n, pl **synopses** [sɪ'nɒpsiːz] résumé m, précis m ; (Cine, Theat) synopsis m or f

synoptic [sɪ'nɒptɪk] adj synoptique

synovia [saɪ'nəʊvɪə] n synovie f

synovial [saɪ'nəʊvɪəl] adj synovial

synovitis [ˌsaɪnəʊ'vaɪtɪs] n synovite f

syntactic(al) [sɪn'tæktɪk(əl)] adj syntaxique

syntactics [sɪn'tæktɪks] n (NonC) syntactique f

syntagm ['sɪntæm] pl **syntagms syntagma** [sɪn'tægmə] pl **syntagmata** [sɪn'tægmətə] n syntagme m

syntagmatic [ˌsɪntæg'mætɪk] adj syntagmatique

syntax ['sɪntæks] n syntaxe f ◆ **syntax error** (Comput) erreur f de syntaxe

synth * [sɪnθ] n (Mus) synthé * m

synthesis ['sɪnθəsɪs] → SYN **1** n, pl **syntheses** ['sɪnθəsiːz] synthèse f
2 COMP ▷ **synthesis gas** n (Chem) gaz m synthétique

synthesize ['sɪnθəsaɪz] vt (= combine) synthétiser ; (= produce) produire synthétiquement or par une synthèse, faire la synthèse de

synthesizer ['sɪnθəsaɪzə'] n synthétiseur m ; → **speech, voice**

synthetic [sɪn'θetɪk] → SYN **1** adj **a** (= manmade) material, chemical, drug, fibre synthétique
b (pej = false) person, behaviour, emotion, taste artificiel
2 (gen) produit m synthétique ◆ **synthetics** (Tex) fibres fpl synthétiques

syntonic [sɪn'tɒnɪk] adj syntone

syphilis ['sɪfɪlɪs] n syphilis f

syphilitic [ˌsɪfɪ'lɪtɪk] adj, n syphilitique mf

syphon ['saɪfən] ⇒ **siphon**

Syria ['sɪrɪə] n la Syrie

Syriac ['sɪrɪæk] adj, n syriaque m

Syrian ['sɪrɪən] **1** adj (gen) syrien ; ambassador, embassy de Syrie
2 n Syrien(ne) m(f)

syringa [sɪ'rɪŋgə] n (= mock orange) seringa(t) m ; (= lilac) syringa m

syringe [sɪ'rɪndʒ] **1** n seringue f
2 vt seringuer

syringomyelia [səˌrɪŋgəʊmaɪ'iːlɪə] n syringomyélie f

syrinx ['sɪrɪŋks] n, pl **syrinxes** or **syringes** [sɪ'rɪndʒiːz] (Zool) syrinx m or f

syrup ['sɪrəp] n (also Med) sirop m ; (also **golden syrup**) mélasse f raffinée

syrupy ['sɪrəpɪ] adj (lit, fig) sirupeux

systaltic [sɪ'stæltɪk] adj systolique, systaltique

system ['sɪstəm] → SYN **1** n **a** (= structured whole) système m ◆ **a political/economic/ social system** un système politique/économique/social ◆ **nervous system** système m nerveux ◆ **digestive system** appareil m digestif ◆ **the railway system** le réseau de chemin de fer ◆ **the Social Security system** le régime de la Sécurité sociale ◆ **new teaching systems** nouveaux systèmes mpl d'enseignement ◆ **the Bell system** (Comm) la compagnie or le réseau Bell ◆ **the St. Lawrence system** [of rivers] le système fluvial or le réseau hydrographique du Saint-Laurent ◆ **the urban system** (Geog) la trame urbaine ◆ **it's all systems go** * ça turbine (un max) ⁑ ; → **feudal**
b (= the body) organisme m ◆ **her system will reject it** son organisme le rejettera ◆ **it was a shock to his system** cela a été une secousse pour son organisme, cela a ébranlé son organisme ◆ **to get sth out of one's system** * (fig gen) trouver un exutoire à qch ◆ **let him get it out of his system** * (anger) laisse-le décharger sa bile ; (hobby, passion) laisse-le faire — ça lui passera ◆ **he can't get her out of his system** * il n'arrive pas à l'oublier
c (= established order) **the system** le système ◆ **to get round** or **beat** or **buck the system** trouver le joint (fig) ◆ **down with the system!** à bas le système !
d (Comput) système m ; → **operating**
e (NonC = order) méthode f (NonC) ◆ **to lack system** manquer de méthode
2 COMP ▷ **system building** n (Constr) construction f à l'aide de modules préfabriqués ▷ **system disk** n (Comput) disque m système ▷ **system operator** n (Comput) opérateur m du système, serveur m ▷ **systems analysis** n analyse f fonctionnelle ▷ **systems analyst** n analyste mf en système ▷ **systems desk** n pupitre m ▷ **systems engineer** n ingénieur m système ▷ **systems engineering** n ingénierie f de système ▷ **systems programmer** n programmeur m d'étude ▷ **systems software** n logiciel m de base or d'exploitation

systematic [ˌsɪstə'mætɪk] → SYN adj (gen) systématique ; person méthodique

systematically [ˌsɪstə'mætɪkəlɪ] adv systématiquement

systematics [ˌsɪstə'mætɪks] n (NonC) systématique f, taxinomie f

systematist ['sɪstɪmətɪst] n systématicien(ne) m(f)

systematization [ˌsɪstəmətaɪ'zeɪʃən] n systématisation f

systematize ['sɪstəmətaɪz] vt systématiser

systemic [sɪ'stemɪk] adj **a** (gen) du système ; (Anat) du système, de l'organisme ; insecticide systémique ◆ **systemic circulation** circulation f générale ◆ **systemic infection** infection f généralisée
b (Ling) systémique

systole ['sɪstəlɪ] n systole f

systolic [sɪ'stɒlɪk] adj systolique

T

T, t [tiː] **1** n (= letter) T, t m ◆ **T for Tommy** ≃ T comme Thérèse ◆ **that's it to a T** * c'est exactement cela ◆ **he'd got everything down to a T** * il avait pensé à tout ◆ **it fits him to a T** * ça lui va comme un gant; → **dot**
2 COMP ▷ **T-bar** n (Ski: also **T-bar lift**) téléski m à archets ▷ **T-bone** n (Culin: also **T-bone steak**) steak m avec un os en T ▷ **T-cell** n lymphocyte m T ▷ **T-junction** n intersection f en T ▷ **T-shaped** adj en forme de T, en équerre ▷ **T-shirt** n T-shirt or tee-shirt m ▷ **T-square** n équerre f en T ▷ **T-stop** n (Phot) diaphragme m

TA [tiːˈeɪ] n **a** (Brit Mil) (abbrev of **Territorial Army**) → **territorial**
b (US Univ) (abbrev of **teaching assistant**) → **teaching**

ta * [tɑː] excl (Brit) merci!

tab [tæb] n **a** (= part of garment) patte f; (= loop on garment etc) attache f; (= label) étiquette f; (on shoelace) ferret m; (= marker: on file etc) onglet m ◆ **to keep tabs or a tab on** * [+ person] avoir or tenir à l'œil *; [+ thing] garder un œil sur *
b (esp US *= café check) addition f, note f ◆ **to pick up the tab** * (lit, fig) payer la note or l'addition
c (Comput) (abbrev of **tabulator**) **tab key** touche f de tabulation
d (Drugs *) pilule f, comprimé m
e abbrev of **tablet a**

tabard [ˈtæbəd] n tabard m

Tabasco ® [təˈbæskəʊ] n Tabasco ® m

tabbouleh [ˈtæbuːleɪ] n (Culin) taboulé m

tabby [ˈtæbɪ] n (also **tabby cat**) chat(te) m(f) tigré(e) or moucheté(e)

TABDT [ˌtiːeɪbiːdiːˈtiː] n (abbrev of **typhoid A and B, diphtheria and tetanus**) TABDT

tabernacle [ˈtæbənækl] n tabernacle m ◆ **the Tabernacle** (Rel) le tabernacle

tabes dorsalis [ˌteɪbiːzdɔːˈsɑːlɪs] n tabès m

tabla [ˈtʌblə] n tabla m

tablature [ˈtæblətʃəʳ] n (Mus) tablature f

table [ˈteɪbl] → SYN **1** n **a** (= furniture, food on it) table f; (= people at table) tablée f, table f ◆ **ironing/bridge/garden table** table f à repasser/de bridge/de jardin ◆ **at table** à table ◆ **to sit down to table** se mettre à table ◆ **to lay or set the table** mettre la table or le couvert ◆ **to clear the table** débarrasser la table, desservir ◆ **the whole table laughed** toute la tablée or la table a ri ◆ **to lay sth on the table** (Parl) remettre or ajourner qch ◆ **the bill lies on the table** (Parl) la discussion du projet de loi a été ajournée ◆ **to put sth on the table** (fig) (Brit = propose) avancer qch, mettre qch sur la table; (US = postpone) ajourner or remettre qch ◆ **he slipped me £5 under the table** * (fig) il m'a passé 5 livres de la main à la main ◆ **he was nearly under the table** (fig) un peu plus et il roulait sous la table * ◆ **to turn the tables** (fig) renverser les rôles, retourner la situation (on sb aux dépens de qn)
b [of facts, statistics] table f (also Math); [of prices, fares, names] liste f; (Sport: also **league table**) classement m ◆ **table of contents** table f des matières ◆ **the two-times table** (Math) la table de (multiplication par) deux ◆ **we are in fifth place in the table** (Sport) nous sommes classés cinquièmes, nous sommes cinquièmes au classement; → **log²**
c (Geog) ⇒ **tableland**
d (Rel) **the Tables of the Law** les Tables fpl de la Loi
2 vt **a** (Brit Admin, Parl = present) [+ motion etc] présenter, soumettre
b (US Admin, Parl = postpone) [+ motion etc] ajourner ◆ **to table a bill** reporter la discussion d'un projet de loi
c (= tabulate) dresser une liste or une table de; [+ results] classifier
3 COMP wine, grapes, knife, lamp de table ▷ **Table Bay** n (Geog) la baie de la Table ▷ **table dancing** n numéro m de strip-tease sur commande ▷ **table d'hôte** adj à prix fixe ◇ n, pl **tables d'hôte** table f d'hôte, repas m à prix fixe ▷ **table football** n baby-foot m ▷ **table leg** n pied m de table ▷ **table licence** n licence autorisant un restaurant à servir des boissons alcoolisées uniquement avec les repas ▷ **table linen** n linge m de table ▷ **table manners** npl **he has good table manners** il sait se tenir à table ▷ **Table Mountain** n (Geog) la montagne de la Table ▷ **table napkin** n serviette f (de table) ▷ **table runner** n chemin m de table ▷ **table salt** n sel m fin ▷ **table talk** n (NonC) menus propos mpl ▷ **table tennis** n ping-pong m, tennis m de table ◇ comp de ping-pong ▷ **table-tennis player** n joueur m, -euse f de ping-pong, pongiste mf ▷ **table turning** n (NonC) spiritisme m, tables fpl tournantes

tableau [ˈtæbləʊ] → SYN n, pl **tableaux** or **tableaus** [ˈtæbləʊz] (Theat) tableau m vivant; (fig) tableau m

tablecloth [ˈteɪblklɒθ] n nappe f

tableland [ˈteɪblænd] n (Geog) (haut) plateau m

tablemat [ˈteɪblmæt] n (made of cloth) set m de table; (heat-resistant) dessous-de-plat m inv

tablespoon [ˈteɪblspuːn] n cuiller f de service; (= measurement: also **tablespoonful**) cuillerée f à soupe, ≃ 15 ml

tablet [ˈtæblɪt] n **a** (Pharm) comprimé m, cachet m; (for sucking) pastille f
b (= stone: inscribed) plaque f (commémorative); (Hist: of wax, slate etc) tablette f
c [of chocolate] tablette f ◆ **tablet of soap** savonnette f
d (Comput) tablette f

tabletop [ˈteɪbltɒp] n dessus m de table

tableware [ˈteɪblwɛəʳ] n (NonC) vaisselle f

tabloid [ˈtæblɔɪd] **1** n (Press: also **tabloid newspaper**) tabloïd(e) m, quotidien m populaire
2 adj (also **in tabloid form**) en raccourci, condensé

TABLOIDS, BROADSHEETS

Il existe deux formats de journaux en Grande-Bretagne : le grand format du type "Le Figaro" en France (**broadsheet**), qui caractérise la presse de qualité ("Times", "Guardian", "Independent", "Daily Telegraph") et les tabloïdes qui se distinguent par leurs gros titres accrocheurs, leurs articles courts, leurs nombreuses photographies, leurs opinions tranchées et leur goût pour les histoires à scandale. Parmi les titres représentatifs de cette presse à sensation, on peut citer le "Sun", le "Daily Mirror", le "Daily Express" et le "Daily Mail".

Aux États-Unis, le principal quotidien **broadsheet** est l'édition nationale du "New York Times". Les tabloïdes américains les plus connus comprennent le "New York Daily News" et le "Chicago Sun-Times".

---

taboo [təˈbuː] → SYN **1** adj, n (Rel, fig) tabou m
2 vt proscrire, interdire

tabor [ˈteɪbəʳ] n tambourin m

tabu [təˈbuː] ⇒ **taboo**

tabular [ˈtæbjʊləʳ] adj tabulaire

tabula rasa [ˌtæbjʊləˈrɑːsə] n, pl **tabulae rasae** [ˈtæbjʊliːˈrɑːsiː] (Philos) table f rase, tabula rasa f ◆ **the child is not a tabula rasa** l'enfant n'est pas un être sans histoire

tabulate [ˈtæbjʊleɪt] → SYN vt [+ facts, figures] mettre sous forme de table; [+ results] classifier; (Typo) mettre en colonnes

tabulation [ˌtæbjʊˈleɪʃən] n **a** (NonC = act) [of information, results] disposition f or présentation f en tableaux
b (= table) tableau m

tabulator [ˈtæbjʊleɪtəʳ] n [of typewriter] tabulateur m

tache * [tæʃ] n (Brit) moustache f, bacchantes * fpl

tacheometer [ˌtækɪˈɒmɪtəʳ] n tachéomètre m

tacheometry [ˌtækɪˈɒmɪtrɪ] n tachéométrie f

tachina fly [ˈtækɪnə] n tachine f or m

tachisme [ˈtɑːʃɪzəm] n (Art) tachisme m

tachistoscope [tæˈkɪstəˌskəʊp] n tachistoscope m

tachograph [ˈtækəɡrɑːf] n (Brit) tachygraphe m

tachometer [tæˈkɒmɪtəʳ] n tachymètre m

tachycardia [ˌtækɪˈkɑːdɪə] n tachycardie f

tachycardiac [ˌtækɪˈkɑːdɪæk] adj tachycardique

tachymeter [tæˈkɪmɪtəʳ] n tachéomètre m

tachyon / tailor

tachyon ['tækɪˌɒn] n tachyon m

tachyphylaxis [ˌtækɪfɪ'læksɪs] n tachyphylaxie f

tacit ['tæsɪt] → SYN adj approval, agreement, admission, understanding tacite ; knowledge implicite

tacitly ['tæsɪtlɪ] adv tacitement

taciturn ['tæsɪtɜːn] → SYN adj taciturne

taciturnity [ˌtæsɪ'tɜːnɪtɪ] n taciturnité f

taciturnly ['tæsɪtɜːnlɪ] adv taciturnement, silencieusement

Tacitus ['tæsɪtəs] n Tacite m

tack [tæk] → SYN **1** n **a** (for wood, linoleum, carpet) broquette f ; (for upholstery) semence f ; (US: also **thumbtack**) punaise f ; → **brass**
b (Sewing) point m de bâti
c (Naut) bord m, bordée f ♦ **to make a tack** faire or courir or tirer un bord or une bordée ♦ **to be on a port/starboard tack** être bâbord/tribord amures ♦ **to change tack** (fig) changer de cap ♦ **to be on the right/wrong tack** être sur la bonne/mauvaise voie ♦ **to try another tack** essayer une autre tactique
d (NonC: for horse) sellerie f (articles)
e (NonC: * = rubbishy things) objets mpl kitsch
2 vt **a** (also **tack down**) [+ wood, lino, carpet] clouer
b (Sewing) faufiler, bâtir
3 vi (Naut = make a tack) faire or courir or tirer un bord or une bordée ♦ **they tacked back to the harbour** ils sont rentrés au port en louvoyant

▶ **tack down** vt sep (Sewing) maintenir en place au point de bâti ; see also **tack 2a**

▶ **tack on** vt sep **a** (Sewing) bâtir, appliquer au point de bâti
b (fig) ajouter (après coup) (to à)

tackiness ['tækɪnɪs] n (NonC) **a** (* = bad taste) [of person, place, film, clothes, remark] vulgarité f
b (= stickiness) [of glue, paint, surface] viscosité f

tacking ['tækɪŋ] (Sewing) **1** n bâtissage m, faufilure f ♦ **to take out the tacking from sth** défaufiler qch
2 COMP ▷ **tacking stitch** n point m de bâti

tackle ['tækl] **LANGUAGE IN USE 26.2** → SYN
1 n **a** (NonC) (Naut = ropes, pulleys) appareil m de levage ; (gen = gear, equipment) équipement m ♦ **fishing tackle** matériel m de pêche
b (Ftbl, Hockey, Rugby etc = action) tacle m ; (US Ftbl = player) plaqueur m
2 vt **a** (physically: Ftbl, Hockey, Rugby etc) tac(k)ler ; [+ thief, intruder] saisir à bras-le-corps
b (verbally) **I'll tackle him about it at once** je vais lui en parler or lui en dire deux mots tout de suite ♦ **I tackled him about what he had done** je l'ai questionné sur ce qu'il avait fait
c [+ task] s'attaquer à ; [+ problem, question, subject] aborder, s'attaquer à ; * [+ meal, food] attaquer ♦ **he tackled Hebrew on his own** il s'est mis à l'hébreu tout seul

tackler ['tæklə'] n (Sport) tacleur m, -euse f

tackroom ['tækrʊm] n sellerie f

tacky ['tækɪ] adj **a** (* = tasteless) person, place, film, clothes, remark vulgaire
b (= sticky) glue qui commence à prendre ; paint, varnish pas tout à fait sec ; surface poisseux, collant

taco [tɑːkəʊ], n, pl **tacos** taco m

tact [tækt] n (NonC) tact m, délicatesse f

tactful ['tæktfʊl] → SYN adj person, remark, behaviour plein de tact ; silence diplomatique ; hint, inquiry, reference discret (-ète f) ♦ **that wasn't a very tactful question** cette question n'était pas très diplomatique ♦ **to be tactful (with sb/about sth)** faire preuve de tact (envers qn/à propos de qch) ♦ **she was too tactful to say what she thought** elle avait trop de tact pour dire ce qu'elle pensait

tactfully ['tæktfəlɪ] adv avec tact ♦ **as he so tactfully puts it ...** comme il le dit avec tant de tact ...

tactfulness ['tæktfʊlnɪs] n ⇒ **tact**

tactic ['tæktɪk] → SYN n (Mil, fig) tactique f
♦ **tactics** (NonC: Mil) la tactique

tactical ['tæktɪkəl] → SYN **1** adj (Mil, fig) tactique ♦ **a tactical plan** une stratégie ♦ **to play a brilliant tactical game** (Sport) jouer avec une habileté tactique hors pair
2 COMP ▷ **tactical voting** n (Brit) vote m utile

tactically ['tæktɪkəlɪ] adv (Mil, fig) important, disastrous d'un or du point de vue tactique, sur le plan tactique ; use tactiquement ♦ **to vote tactically** voter utile

tactician [tæk'tɪʃən] → SYN n (Mil, fig) tacticien m

tactile ['tæktaɪl] adj **a** (= physical) person qui a le sens tactile développé
b (= pleasant to touch) fabric agréable au toucher ♦ **the tactile quality of textiles** le toucher des textiles
c (through touch) sense, experience tactile

tactless ['tæktlɪs] → SYN adj person peu délicat, qui manque de tact ; hint grossier ; inquiry, reference indiscret (-ète f) ; answer qui manque de tact, peu diplomatique (fig) ; suggestion peu délicat

tactlessly ['tæktlɪslɪ] adv behave de façon peu délicate, sans tact or délicatesse ; say de façon peu délicate

tactlessness ['tæktlɪsnɪs] n manque m de tact

tad* [tæd] n ♦ **a tad big/small** etc un chouïa * grand/petit etc

tadpole ['tædpəʊl] n têtard m

Tadzhik [tɑː'dʒɪk] **1** adj tadjik
2 n **a** Tadjik(e) m(f)
b (Ling) tadjik m

Tadzhikistan [tɑːˌdʒɪkɪ'stɑːn] n le Tadjikistan

tae kwon do ['taɪ'kwɒn'dəʊ] n taekwondo m

taenia ['tiːnɪə] n (= worm) ténia m

taffeta ['tæfɪtə] n (NonC) taffetas m

taffrail ['tæfreɪl] n (Naut) couronnement m ; (= rail) lisse f de couronnement

Taffy* ['tæfɪ] n (also **Taffy Jones**) sobriquet donné à un Gallois

taffy ['tæfɪ] n (US) bonbon m au caramel ; (Can) tire f d'érable

tafia ['tæfɪə] n (Culin) tafia m

tag [tæg] **1** n **a** [of shoelace, cord etc] ferret m ; (on garment etc) patte f, marque f ; (= label: also fig) étiquette f ; (= marker: on file etc) onglet m ; (= surveillance device) bracelet-émetteur m de surveillance électronique ♦ **all uniforms must have name tags** chaque uniforme doit être marqué au nom de son propriétaire ; → **price**
b (= quotation) citation f ; (= cliché) cliché m, lieu m commun ; (= catchword) slogan m ♦ **tag (question)** (Ling) question-tag f
c (NonC = game) (jeu m du) chat m
d (Comput) balise f
e (worn by offender) plaque d'identité électronique portée par les personnes en liberté surveillée
2 vt **a** [+ garment] marquer ; [+ bag, box, file] étiqueter ; (US * fig) [+ car] mettre un papillon * ; [+ driver] mettre une contravention à
b (* = follow) suivre ; [detective] filer
c (= describe) [+ person] appeler, étiqueter
d (Comput) baliser
e [+ offender] doter d'une plaque d'identité électronique à des fins de surveillance
3 COMP ▷ **tag day** n (US) journée f de vente d'insignes (pour une œuvre) ▷ **tag end** n [of speech, performance, programme etc] fin f ; [of goods for sale] restes mpl ▷ **tag line** n [of play] dernière réplique f ; [of poem] dernier vers m

▶ **tag along** vi suivre le mouvement * ♦ **she left and the children tagged along behind her** elle est partie et les enfants l'ont suivie ♦ **the others came tagging along behind** les autres traînaient derrière or étaient à la traîne derrière ♦ **she usually tags along (with us)** la plupart du temps elle vient avec nous

▶ **tag on*** **1** vi ♦ **to tag on to sb** coller aux talons de qn * ♦ **he came tagging on behind** il traînait derrière
2 vt sep (fig) ajouter (après coup) (to à)

▶ **tag out** vt sep (Baseball) mettre hors jeu

Tagalog [tə'gɑːlɒg] n (Ling) tagal m, tagalog m

tagboard ['tægbɔːd] n (US) carton m (pour étiquettes)

tagging ['tægɪŋ] n (also **electronic tagging**: in penal system) étiquetage m électronique

tagliatelle [ˌtæljə'telɪ, ˌtæglɪə'telɪ] n (NonC) tagliatelles fpl

tagmeme ['tægmiːm] n (Ling) tagmème m

tagmemics [tæg'miːmɪks] n (Ling: NonC) tagmémique f

Tagus ['teɪgəs] n Tage m

tahini [tə'hiːnɪ] n (NonC) crème f de sésame

Tahiti [tə'hiːtɪ] n Tahiti f ♦ **in Tahiti** à Tahiti

Tahitian [tə'hiːʃən] **1** adj tahitien
2 n **a** Tahitien(ne) m(f)
b (Ling) tahitien m

t'ai chi (ch'uan) ['taɪdʒiː('tʃwɑːn)] n tai-chi(-chuan) m

taiga ['taɪgɑː] n (Geog) taïga f

tail [teɪl] → SYN **1** n **a** [of animal, aircraft, comet, kite, procession, hair] queue f ; [of shirt] pan m ; [of coat] basque f ; [of ski] talon m ♦ **with his tail between his legs** (lit, fig) la queue entre les jambes ♦ **to keep one's tail up** (fig) ne pas se laisser abattre ♦ **he was right on my tail** (= following me) il me suivait de très près ♦ **it is a case of the tail wagging the dog** c'est une petite minorité qui se fait obéir ♦ **to turn tail (and run)** prendre ses jambes à son cou ; → **sting**
b [of coin] pile f ♦ **tails I win!** pile je gagne !
c (* hum = buttocks) postérieur * m ♦ **a piece of tail** *** (US) une fille baisable ***
d **to put a tail on sb** * [detective etc] faire filer qn
2 **tails** * npl (Dress) queue f de pie
3 vt **a** * [+ suspect etc] suivre, filer
b (= cut tail of animal) couper la queue à ; → **top**[1]
4 vi **to tail after sb** suivre qn tant bien que mal
5 COMP ▷ **tail assembly** n (Aviat) dérive f ▷ **tail coat** n queue f de pie ▷ **tail end** n [of piece of meat, roll of cloth etc] bout m ; [of procession] queue f ; [of storm, debate, lecture] toutes dernières minutes fpl, fin f ▷ **tail feather** n plume f rectrice ▷ **tail lamp, tail light** n (Aut, Rail etc) feu m arrière inv ▷ **tail-off** n diminution f or baisse f graduelle ▷ **tail rotor** n (Aviat) rotor m anticouple, fenestron m ▷ **tail section** n [of aeroplane] arrière m ▷ **tail skid** n (Aviat) béquille f de queue ▷ **tail unit** n (Aviat) empennage m

▶ **tail away** vi [sounds] se taire (peu à peu) ; [attendance, interest, numbers] diminuer, baisser (petit à petit) ; [novel] se terminer en queue de poisson

▶ **tail back** **1** vi ♦ **the traffic tailed back to the bridge** le bouchon or la retenue remontait jusqu'au pont
2 tailback n → **tailback**

▶ **tail off** **1** vi ⇒ **tail away**
2 tail-off n → **tail**

tailback ['teɪlbæk] n (Brit Aut) bouchon m

tailboard ['teɪlbɔːd] n (Aut etc) hayon m

-tailed [teɪld] adj (in compounds) ♦ **long-tailed** à la queue longue

tailgate ['teɪlgeɪt] n (Aut) hayon m (arrière) ♦ **to tailgate sb** coller au train * de qn

tailhopping ['teɪlhɒpɪŋ] n (Ski) ruade f

tailor ['teɪlə'] → SYN **1** n tailleur m
2 vt [+ garment] façonner ; (fig) [+ speech, book, product, service] adapter (to, to suit à ; for pour) ♦ **a tailored skirt** une jupe ajustée ♦ **the software can be tailored to meet your requirements** le logiciel peut être adapté à vos besoins
3 COMP ▷ **tailor-made** adj garment fait sur mesure ♦ **the building is tailor-made for this purpose** le bâtiment est conçu spécialement pour cet usage ♦ **a lesson tailor-made for that class** une leçon conçue or préparée spécialement pour cette classe ♦ **the job was tailor-made for him** le poste était fait pour lui ▷ **tailor-make** vt the therapist will tailor-make the session for you le psychanalyste adaptera la séance à vos besoins ♦ **we can tailor-make your entire holiday** nous pouvons vous organiser tout un voyage à

▷ **tailor's chalk** n craie f de tailleur ▷ **tailor's dummy** n mannequin m ; (fig pej) fantoche m

tailorbird ['teɪləbɜːd] n fauvette f couturière

tailoring ['teɪlərɪŋ] n (fig) [of product, service] personnalisation f, adaptation f (to à)

tailpiece ['teɪlpiːs] n (to speech) ajout m ; (to document, book) appendice m ; (to letter) post-scriptum m ; (Typ) cul-de-lampe m ; [of violin] cordier m

tailpipe ['teɪlpaɪp] n (US Aut) tuyau m d'échappement

tailplane ['teɪlpleɪn] n (Aviat) stabilisateur m

tailrace ['teɪlreɪs] n (Tech) canal m de fuite

tailspin ['teɪlspɪn] [1] n (Aviat) vrille f ; [of prices] chute f verticale ✦ **to be in a tailspin** (Aviat) vriller
[2] vi tomber en chute libre

tailwind ['teɪlwɪnd] n vent m arrière inv

taint [teɪnt] → SYN [1] vt [+ meat, food] gâter ; [+ water] infecter, polluer ; [+ air, atmosphere] vicier, infecter, polluer ; (fig liter) [+ sb's reputation] souiller (liter)
[2] n (NonC) infection f, souillure f ; (= decay) corruption f, décomposition f ; (of insanity, sin, heresy) tare f (fig), souillure f (fig liter)

tainted ['teɪntɪd] adj **a** (= tarnished) money sale ; evidence entaché de suspicion ; reputation terni, sali ; action, motive impur ✦ **the system is tainted with corruption** le système est entaché de corruption
b (= contaminated) food (gen) abîmé, gâté ; (with chemicals) pollué ; meat avarié ; blood contaminé ; water, air, atmosphere pollué ; breath chargé ; drug frelaté

Taipei, T'ai-pei [taɪ'peɪ] n Taipei

Taiwan ['taɪ'wɑːn] n Taïwan ✦ **in Taiwan** à Taïwan

Taiwanese [ˌtaɪwə'niːz] [1] adj taïwanais
[2] n (pl inv) Taïwanais(e) m(f)

Tajikistan [tɑːˌdʒiːkɪstɑːn] n le Tadjikistan

---

take [teɪk]
vb : pret **took**, ptp **taken**

→ SYN

[1] NOUN
[2] TRANSITIVE VERB
[3] INTRANSITIVE VERB
[4] COMPOUNDS
[5] PHRASAL VERBS

---

[1] NOUN

a Cine, Phot prise f de vue(s) ; (Recording) enregistrement m
b Fishing, Hunting prise f
c US Comm = takings recette f ✦ **to be on the take** ※ (fig) se servir dans la caisse
d esp US ＊ = share part f, montant m perçu ✦ **the taxman's take is nearly 50%** la ponction fiscale s'élève à près de 50 %
e ＊ = view point m de vue

---

[2] TRANSITIVE VERB

a gen prendre ; (= seize) prendre, saisir ✦ **to take sb's hand** prendre la main de qn ✦ **he took me by the arm, he took my arm** il m'a pris (par) le bras ✦ **he took her in his arms** il l'a prise dans ses bras ✦ **to take sb by the throat** prendre or saisir qn à la gorge ✦ **I take a (size) 12 in dresses** je mets or fais du 42 ✦ **I take a (size) 5 in shoes** je chausse du 38 ✦ **the policeman took his name and address** l'agent a pris or relevé ses nom et adresse ✦ **he takes "The Times"** il lit le "Times" ✦ **he took the cathedral from the square** (Phot) il a pris la cathédrale vue de la place ✦ **he takes a good photo** ＊ (Phot) il est très photogénique ✦ **to take a ticket for a concert** prendre un billet or une place pour un concert ✦ **I'll take that one** je prends or prendrai celui-là ✦ **to take a wife** † prendre femme † ✦ **take your partners for a waltz** invitez vos partenaires et en avant pour la valse ✦ **to take sth (up)on o.s.** prendre qch sur soi ✦ **to take it (up)on o.s. to do sth** prendre sur soi or sous son bonnet de faire qch

b = extract prendre (from sth dans qch), tirer (from sth de qch) ; (= remove) prendre, enlever, ôter (from sb à qn) ; (without permission) prendre ✦ **to take sth from one's pocket** prendre qch dans or tirer qch de sa poche ✦ **to take sth from a drawer** prendre qch dans un tiroir ✦ **he takes his examples from real life** il tire ses exemples de la réalité ✦ **I took these statistics from a government report** j'ai tiré ces statistiques d'un rapport gouvernemental

c Math etc = subtract soustraire, ôter (from de) ✦ **he took 10 francs off the price** il a fait un rabais or une remise de 10 F sur le prix

d = capture (Mil) [+ city, district, hill] prendre, s'emparer de ; (gen) [+ suspect, wanted man] prendre, capturer ; [+ fish etc] prendre, attraper ; (sexually) [+ woman] prendre ; (Chess) prendre ; [+ prize] obtenir, remporter ; [+ degree] avoir, obtenir ✦ **to take a trick** (Cards) faire une levée ✦ **my ace took his king** j'ai pris son roi avec mon as ✦ **the grocer takes about £500 per day** (Brit) l'épicier fait à peu près 500 livres de recette par jour, l'épicier vend pour à peu près 500 livres de marchandises par jour ; → **fancy, prisoner, surprise**

e = ingest, consume [+ food, drink] prendre ✦ **he takes sugar in his tea** il prend du sucre dans son thé ✦ **to take tea** † **with sb** prendre le thé avec qn ✦ **to take drugs** (= medicines) prendre des médicaments ; (= narcotics) se droguer ✦ **to take morphine** prendre de la morphine ✦ **"not to be taken (internally)"** (Med) "à usage externe" ✦ **he took no food for four days** il n'a rien mangé or pris pendant quatre jours

f = occupy [+ chair, seat] prendre, s'asseoir sur ; (= rent) [+ house, flat etc] prendre, louer ✦ **to take one's seat** s'asseoir ✦ **is this seat taken?** cette place est-elle prise or occupée ?

g = go by [+ bus, train, plane, taxi] prendre ; [+ road] prendre, suivre ✦ **take the first on the left** prenez la première à gauche

h = negotiate [+ bend] prendre ; [+ hill] grimper ; [+ fence] sauter ✦ **he took that corner too fast** il a pris ce virage trop vite

i Scol, Univ (= sit) [+ exam, test] passer, se présenter à ; (= study) [+ subject] prendre, faire ✦ **what are you taking next year?** qu'est-ce que tu prends or fais l'an prochain (comme matière) ?

j esp Brit = teach [+ class, students] faire cours à ✦ **the teacher who took us for economics** le professeur qui nous faisait cours en économie or qui nous enseignait l'économie

k = tolerate [+ behaviour, remark etc] accepter ; [+ alcohol, garlic] supporter ✦ **he won't take that reply from you** il n'acceptera jamais une telle réponse venant de vous ✦ **I'll take no nonsense!** on ne me raconte pas d'histoires ! ✦ **I'm not taking any!** ※ je ne marche pas ! ✦ **I can't take it any more** je n'en peux plus ✦ **we can take it!** on ne se laissera pas abattre !, on (l')encaissera ! ✦ **I can't take alcohol** je ne supporte pas l'alcool

l = have as capacity contenir, avoir une capacité de ✦ **the bus takes 60 passengers** l'autobus a une capacité de 60 places ✦ **the hall will take 200 people** la salle contient jusqu'à 200 personnes ✦ **the bridge will take 10 tons** le pont supporte un poids maximal de 10 tonnes

m = receive, accept [+ gift, payment] prendre, accepter ; [+ a bet] accepter ; [+ news] prendre, supporter ✦ **he won't take less than $50 for it** il en demande au moins 50 dollars ✦ **take it from me!** croyez-moi !, croyez-moi sur parole ! ✦ **(you can) take it or leave it** c'est à prendre ou à laisser ✦ **whisky? I can take it or leave it** ＊ le whisky ? j'aime ça mais sans plus ✦ **she took his death quite well** elle s'est montrée très calme en apprenant sa mort ✦ **she took his death very badly** elle a été très affectée par sa mort ✦ **I wonder how she'll take it** je me demande comment elle prendra cela ✦ **you must take us as you find us** vous devez nous prendre comme nous sommes ✦ **to take things as they come** prendre les choses comme elles viennent ＊ ✦ **you must take things as they are** il faut prendre les choses comme elles sont ＊ ✦ **will you take it from here?** (handing over task etc) pouvez-vous prendre la suite or la relève ? ✦ **take five/ten!** ＊ (esp US = have a break) repos !

n = assume supposer, imaginer ✦ **I take it that ...** je suppose or j'imagine que ... ✦ **how old do you take him to be?** quel âge lui donnez-vous ? ✦ **what do you take me for?** pour qui me prenez-vous ? ✦ **do you take me for a fool?** vous me prenez pour un imbécile ? ✦ **I took you for a burglar** je vous ai pris pour un cambrioleur ✦ **I took him to be foreign** je le croyais étranger ✦ **to take A for B** prendre A pour B, confondre A et B

o = consider prendre ✦ **now take Ireland** prenons par exemple l'Irlande ✦ **take the case of ...** prenons or prenez le cas de ... ✦ **taking one thing with another ...** tout bien considéré ...

p = require prendre, demander ; (Gram) être suivi de ✦ **it takes time** cela prend or demande du temps ✦ **the journey takes five days** le voyage prend or demande cinq jours ✦ **it took me two hours to do it, I took two hours to do it** j'ai mis deux heures (à or pour le faire) ✦ **take your time!** prenez votre temps ! ✦ **it won't take long** cela ne prendra pas longtemps ✦ **that takes a lot of courage** cela demande beaucoup de courage ✦ **it takes a brave man to do that** il faut être courageux pour faire cela ✦ **it takes some doing** ＊ ce n'est pas évident ✦ **it takes some believing** ＊ c'est à peine croyable ✦ **it took three policemen to hold him down** il a fallu trois agents pour le tenir ✦ (Prov) **it takes two to make a quarrel** il faut être au moins deux pour se battre ✦ **he's got what it takes!** ＊ il est à la hauteur ✦ **he's got what it takes to do the job** il a toutes les qualités requises pour ce travail

q = carry [+ child, object] porter, apporter, emporter ; [+ one's gloves, umbrella] prendre, emporter (avec soi) ; (= lead) emmener, conduire ; (= accompany) accompagner ✦ **he took her some flowers** il lui a apporté des fleurs ✦ **take his suitcase upstairs** montez sa valise ✦ **he takes home £200 a week** il gagne 200 livres net par semaine ✦ **he took her to the cinema** il l'a emmenée au cinéma ✦ **I'll take you to dinner** je vous emmènerai dîner ✦ **they took him over the factory** ils lui ont fait visiter l'usine ✦ **to take sb to hospital** transporter qn à l'hôpital ✦ **he took me home in his car** il m'a ramené or raccompagné dans sa voiture ✦ **this road will take you to Paris** cette route vous mènera à Paris ✦ **this bus will take you to the town hall** cet autobus vous conduira à la mairie ✦ **£20 won't take you far these days** de nos jours on ne va pas loin avec 20 livres ✦ **what took you to Lille?** qu'est-ce qui vous a fait aller à Lille ?

r = refer **to take a matter to sb** soumettre une affaire à qn, en référer à qn ✦ **I took it to him for advice** je lui ai soumis le problème pour qu'il me conseille

---

[3] INTRANSITIVE VERB

[fire, vaccination, plant cutting etc] prendre

---

[4] COMPOUNDS

▷ **take-home pay** n salaire m net ▷ **take-up** n (Brit) souscription f

---

[5] PHRASAL VERBS

▶ **take aback** vt sep → **aback**

▶ **take after** vt fus ressembler à, tenir de ✦ **she takes after her mother** elle ressemble à or tient de sa mère

▶ **take against** vt fus prendre en grippe

▶ **take along** vt sep [+ person] emmener ; [+ camera etc] emporter, prendre

▶ **take apart** [1] vi (toy, machine) se démonter
[2] vt sep [+ machine, engine, toy] démonter, désassembler ; (＊ fig = criticize harshly) [+ plan, suggestion] démanteler, démolir ＊ ✦ **I'll take him apart** ＊ **if I get hold of him!** si je l'attrape je l'étripe or ça va être sa fête ! ＊

▶ **take aside** vt sep [+ person] prendre à part, emmener à l'écart

▶ **take away** [1] vi ✦ **it takes away from its value** cela diminue or déprécie sa valeur ✦ **that doesn't take away from his merit** cela n'enlève rien à son mérite
[2] vt sep **a** (= carry or lead away) [+ object] emporter ; [+ person] emmener ✦ **"not to be taken away"** (on book etc) "à consulter sur place"

takeaway / tale ANGLAIS-FRANÇAIS 982

b (= remove) [+ object] prendre, retirer, enlever (*from sb* à qn, *from sth* de qch) ; [+ sb's child, wife, sweetheart] enlever (*from sb* à qn) ◆ **she took her children away from the school** elle a retiré ses enfants de l'école

c (Math) soustraire, ôter (*from* de) ◆ **if you take three away from six ...** six moins trois ...

► **take back** vt sep **a** (= accept back) [+ gift, one's wife, husband] reprendre ◆ **to take back a** or **one's promise** reprendre sa parole ◆ **she took back all she had said about him** elle a retiré tout ce qu'elle avait dit à son sujet ◆ **I take it all back!** je n'ai rien dit !

b (= return) [+ book, goods] rapporter (*to* à) ; (= accompany) [+ person] raccompagner, reconduire (*to* à)

c (= recall, evoke) **it takes me back to my childhood** cela me rappelle mon enfance

► **take down** vt sep **a** [+ object from shelf etc] descendre (*from, off* de) ; [+ trousers] baisser ; [+ picture] décrocher, descendre ; [+ poster] décoller ; → **peg**

b (= dismantle) [+ scaffolding, tent] démonter ; [+ building] démolir

c (= write etc) [+ notes, letter] prendre ; [+ address, details] prendre, noter, inscrire

d (in courtroom) **take him down!** qu'on emmène le prisonnier !

► **take from** vt fus ⇒ **take away from** → **take away**

► **take in** vt sep **a** (into building) [+ garden furniture, harvest] rentrer ; [+ person] faire entrer

b (into one's home) [+ lodgers] prendre ; [+ friend] recevoir ; [+ homeless person, stray dog] recueillir

c **she takes in sewing** elle fait or prend de la couture à domicile

d (= make smaller) [+ skirt, dress, waistband] reprendre ◆ **to take in the slack on a rope** (Climbing) avaler le mou d'une corde

e (= include, cover) couvrir, inclure, englober, embrasser ◆ **we cannot take in all the cases** nous ne pouvons pas couvrir or inclure tous les cas ◆ **this takes in all possibilities** ceci englobe or embrasse toutes les possibilités ◆ **we took in Venice on the way home** (fig) nous avons visité Venise sur le chemin du retour ◆ **to take in a movie** aller au cinéma

f (= grasp, understand) saisir, comprendre ◆ **that child takes everything in** rien n'échappe à cet enfant ◆ **the children were taking it all in** les enfants étaient tout oreilles ◆ **she couldn't take in his death at first** dans les premiers temps elle ne pouvait pas se faire à l'idée de sa mort ◆ **he hadn't fully taken in that she was dead** il n'avait pas (vraiment) réalisé qu'elle était morte ◆ **he took in the situation at a glance** il a apprécié la situation en un clin d'œil

g (* = cheat, deceive) avoir *, rouler * ◆ **I've been taken in** je me suis laissé avoir *, j'ai été roulé * ◆ **he's easily taken in** il se fait facilement avoir * ◆ **to be taken in by appearances** se laisser prendre aux or tromper par les apparences ◆ **I was taken in by his disguise** je me suis laissé prendre à son déguisement

► **take off** [1] vi [person] partir (*for* pour) ; [aircraft, career, scheme] décoller ◆ **the plane took off for Berlin** l'avion s'est envolé pour Berlin

[2] vt sep **a** (= remove) [+ garment] enlever, ôter, retirer ; [+ buttons, price tag, lid] enlever ; [+ telephone receiver] décrocher ; [+ item on menu, train, bus] supprimer ◆ **they had to take his leg off** (= amputate) on a dû l'amputer d'une jambe ◆ **he took £5 off** (= lowered price) il a baissé le prix de or il a fait un rabais de 5 livres, il a rabattu 5 livres sur le prix ◆ **I'll take something off the price for you** je vais vous faire un rabais or une remise (sur le prix) ◆ **her new hairstyle takes five years off her** * sa nouvelle coiffure la rajeunit de cinq ans

b (= lead etc away) [+ person, car] emmener ◆ **he took her off to lunch** il l'a emmenée déjeuner ◆ **to take sb off to jail** emmener qn en prison ◆ **he was taken off to hospital** on l'a transporté à l'hôpital ◆ **after the wreck a boat took the crew off** une embarcation est venue sauver l'équipage du navire naufragé ◆ **to take o.s. off** s'en aller

c (Brit = imitate) imiter, pasticher

► **take on** [1] vi **a** [idea, fashion etc] prendre, marcher *

b (Brit * = be upset) s'en faire *

[2] vt sep **a** (= accept etc) [+ work, responsibility] prendre, accepter, se charger de ; [+ bet] accepter ; [challenger in game/fight] accepter de jouer/de se battre contre ◆ **I'll take you on!** (Betting) chiche ! ; (Sport) je te parie que je te bats ! ◆ **he has taken on more than he bargained for** il n'avait pas compté prendre une si lourde responsabilité ◆ **to agree to take a job on** (employment) accepter un poste ; (task) accepter de se charger d'un travail

b [+ employee] prendre, embaucher ; [+ cargo, passenger] embarquer, prendre ; [+ form, qualities] prendre, revêtir

c (= contend with) [+ enemy] s'attaquer à ◆ **he took on the whole committee** (= challenge etc) il s'est attaqué or s'en est pris au comité tout entier

► **take out** vt sep **a** (= lead or carry outside) [+ chair etc] sortir ; [+ prisoner] faire sortir ◆ **they took us out to see the sights** ils nous ont emmenés visiter la ville ◆ **he took her out to lunch/the theatre** il l'a emmenée déjeuner/au théâtre ◆ **he has often taken her out** il l'a souvent sortie ◆ **I'm going to take the children/dog out** je vais sortir les enfants/le chien

b (from pocket, drawer) prendre (*from, of* dans) ; (= remove) sortir, retirer, enlever, ôter (*from, of* de) ; [+ tooth] arracher ; [+ appendix, tonsils] enlever ; [+ stain] ôter, enlever (*from* de) ◆ **take your hands out of your pockets** sors or enlève or retire tes mains de tes poches ◆ **that will take you out of yourself a bit** (fig) cela vous changera les idées ◆ **that sort of work certainly takes it out of you** * c'est vraiment un travail épuisant ◆ **when he got the sack he took it out on the dog** * quand il a été licencié, il s'est défoulé * sur le chien ◆ **don't take it out on me!** * ce n'est pas la peine de t'en prendre à moi ! ◆ **don't take your bad temper out on me** * ne passe pas ta mauvaise humeur sur moi

c [+ insurance policy] souscrire à, prendre ; [+ patent] prendre ; [+ licence] se procurer

d (Mil *) [+ target] descendre *, bousiller *

► **take over** [1] vi [dictator, army, political party] prendre le pouvoir ◆ **to take over from sb** prendre la relève or le relais de qn ◆ **let him take over** cédez-lui la place

[2] vt sep **a** (= escort or carry across) **he took me over to the island in his boat** il m'a transporté jusqu'à l'île dans son bateau ◆ **will you take me over to the other side?** voulez-vous me faire traverser ?

b (= assume responsibility for) [+ business, shop] reprendre ; [+ sb's debts] prendre à sa charge ◆ **he took over the shop from his father** il a pris la suite de son père dans le magasin ◆ **he took over the job from Paul** il a succédé à Paul (à ce poste) ◆ **I took over his duties** je l'ai remplacé dans ses fonctions ◆ **he took over the leadership of the party when Smith resigned** il a remplacé Smith à la tête du parti après la démission de celui-ci

c (Fin) [+ another company] absorber, racheter ◆ **the tourists have taken over Venice** les touristes ont envahi Venise

► **take to** vt fus **a** (= conceive liking for) [+ person] se prendre d'amitié pour, se prendre de sympathie pour, sympathiser avec ; [+ game, action, study] prendre goût à, mordre à * ◆ **I didn't take to the idea** l'idée ne m'a rien dit ◆ **they took to each other at once** ils se sont plu immédiatement ◆ **I didn't take to him** il ne m'a pas beaucoup plu

b (= start, adopt) [+ habit] prendre ; [+ hobby] se mettre à ◆ **to take to drink/drugs** se mettre à boire/à se droguer ◆ **she took to telling everyone ...** elle s'est mise à dire à tout le monde ...

c (= go to) **to take to one's bed** s'aliter ◆ **to take to the woods** [walker] aller dans la forêt ; [hunted man] aller se réfugier or se cacher dans la forêt ◆ **to take to the boats** (Naut) abandonner or évacuer le navire ; → **heel**[1]

► **take up** [1] vi ◆ **to take up with sb** se lier avec qn, se prendre d'amitié pour qn

[2] vt sep **a** (= lead or carry upstairs, uphill etc) [+ person] faire monter ; [+ object] monter

b (= lift) [+ object from ground] ramasser, prendre ; [+ carpet] enlever ; [+ roadway, pavement] dépaver ; [+ dress, hem, skirt] raccourcir ; [+ passenger] prendre ; (fig: after interruption) [+ one's work, book] reprendre, se remettre à, continuer ; [+ conversation, discussion, story] reprendre (le fil de) ◆ **she took up the story where she had left off** elle a repris l'histoire là où elle s'était arrêtée ; → **cudgel**

c (= occupy) [+ space] occuper, tenir, prendre ; [+ time] prendre, demander ; [+ attention] occuper, absorber ◆ **he is very taken up** il est très pris ◆ **he is quite taken up with her** il ne pense plus qu'à elle ◆ **he is completely taken up with his plan** il est tout entier à son projet ◆ **it takes up too much room** cela prend or occupe trop de place ◆ **it takes up all my free time** cela (me) prend tout mon temps libre

d (= absorb) [+ liquids] absorber

e (= raise question of) [+ subject] aborder ◆ **I'll take that up with him** je lui en parlerai ◆ **I would like to take you up on something you said earlier** je voudrais revenir sur quelque chose que vous avez dit précédemment

f (= start, accept) [+ hobby, subject, sport, language] se mettre à ; [+ career] embrasser ; [+ method] adopter, retenir ; [+ challenge] relever ; [+ shares] souscrire à ; [+ person] (as friend) adopter ; (as protégé) prendre en main ◆ **to take up one's new post** entrer en fonction ◆ **I'll take you up on your promise** je mettrai votre parole à l'épreuve ◆ **I'd like to take you up on your offer of free tickets** je voudrais accepter votre offre de places gratuites ◆ **I'll take you up on that some day** je m'en souviendrai à l'occasion, un jour je vous prendrai au mot

takeaway ['teɪkəweɪ] [1] n (Brit = food shop) magasin m de plats à emporter

[2] COMP ▷ **takeaway food** n plats mpl préparés (à emporter) ▷ **takeaway meal** n repas m à emporter

takedown * ['teɪkdaʊn] adj toy, weapon démontable

taken ['teɪkən] [1] vb (ptp of **take**)

[2] adj **a** seat, place pris, occupé

b **to be very taken with sb/sth** être très impressionné par qn/qch ◆ **I'm not very taken with him** il ne m'a pas fait une grosse impression ◆ **I'm quite taken with** or **by that idea** cette idée me plaît énormément

takeoff ['teɪkɒf] [→ SYN] n (Aviat) décollage m ; (Gym, Ski) envol m ; (fig: Econ etc) démarrage m ; (= imitation) imitation f, pastiche m

takeout ['teɪkaʊt] n **a** (US) ⇒ **takeaway**

b (Bridge: also **takeout (bid)**) réponse f de faiblesse

takeover ['teɪkəʊvəʳ] [1] n (Pol) prise f du pouvoir ; (Fin) rachat m

[2] COMP ▷ **takeover bid** n offre f publique d'achat, OPA f

taker ['teɪkəʳ] n ◆ **takers of snuff** les gens qui prisent ◆ **drug-takers** les drogués mpl ◆ **at $50 he found no takers** il n'a pas trouvé d'acheteurs or trouvé preneur pour 50 dollars ◆ **this suggestion found no takers** cette suggestion n'a été relevée par personne

taking ['teɪkɪŋ] [→ SYN] [1] adj person, manners séduisant ; child mignon

[2] n **a** **it is yours for the taking** tu n'as qu'à (te donner la peine de) le prendre

b (Mil = capture) prise f

c (Brit Jur) **taking and driving away a vehicle** vol m de véhicule

[3] **takings** npl (Brit Comm) recette f

talc [tælk], **talcum (powder)** ['tælkəm(paʊdəʳ)] n talc m

tale [teɪl] [→ SYN] n (= story) conte m, histoire f ; (= legend) histoire f, légende f ; (= account) récit m, histoire f (pej) ◆ **"Tales of King Arthur"** (Literat) "La Légende du Roi Arthur" ◆ **"A Tale of Two Cities"** (Literat) "Un Conte de deux villes" ◆ **"Tales of the Grotesque and Arabesque"** (Literat) "Histoires extraordinaires" ◆ **he told us the tale of his adventures** il nous a fait le récit de ses aventures ◆ **I've heard that tale before** j'ai déjà entendu cette histoire-là quelque part ◆ **I've been hearing tales about you** on m'a dit or raconté des choses sur vous ◆ **to tell tales** (= inform on sb) rapporter, cafarder * ; (= to lie) mentir, raconter des histoires * ◆ **to tell tales out of school** (fig) raconter ce qu'on devrait taire ◆ **he lived to tell the tale** il y a survécu ; → **fairy, old, tell, woe**

talebearer ['teılbɛərəʳ] n rapporteur m, -euse f, mouchard(e) m(f)

talebearing ['teılbɛərıŋ] n rapportage m, cafardage * m

talent ['tælənt] SYN 1 n a (= gift) don m, talent m ; (NonC) talent m ◆ **to have a talent for drawing** être doué pour le dessin, avoir un don or du talent pour le dessin ◆ **a writer of great talent** un écrivain de grand talent or très talentueux ◆ **he encourages young talent** il encourage les jeunes talents ◆ **he is looking for talent amongst the schoolboy players** il cherche de futurs grands joueurs parmi les lycéens

b (= attractive people) **there's not much talent** ‡ **here tonight** il n'y a pas grand-chose comme petits lots ‡ ici ce soir

c (= coin) talent m

2 COMP ▷ **talent competition** n ⇒ **talent show** ▷ **talent contest** n *concours musical ayant pour but de détecter les jeunes talents* ▷ **talent scout** n (Cine, Theat) découvreur m, -euse f or dénicheur m, -euse f de vedettes ; (Sport) dénicheur m, -euse f de futurs grands joueurs ▷ **talent show** n concours m d'amateurs ▷ **talent spotter** n ⇒ **talent scout**

talented ['tæləntıd] SYN adj talentueux, doué

taletelling ['teıltelıŋ] n ⇒ **talebearing**

tali ['teılaı] npl of **talus**

Taliban ['tælıbæn] 1 n Taliban m

2 adj taliban

talipot ['tælı,pɒt] n (also **talipot palm**) tallipot m

talisman ['tælızmən] n, pl **talismans** talisman m

talk [tɔ:k] SYN 1 n a conversation f, discussion f ; (more formal) entretien m ; (= chat) causerie f ◆ **during his talk with the Prime Minister** pendant son entretien avec le Premier ministre ◆ **talks** (esp Pol) discussions fpl ◆ **peace talks** pourparlers mpl de paix ◆ **the Geneva talks on disarmament** la conférence de Genève sur le désarmement ◆ **I enjoyed our (little) talk** notre causerie or notre petite conversation m'a été très agréable ◆ **we've had several talks about this** nous en avons parlé or discuté plusieurs fois ◆ **I must have a talk with him** (gen) il faut que je lui parle (subj) ; (warning, threatening etc) j'ai à lui parler ◆ **we must have a talk some time** il faudra que nous nous rencontrions (subj) un jour pour discuter or causer

b (= informal lecture) exposé m (*on* sur) ; (less academic or technical) causerie f (*on* sur) ◆ **to give a talk** faire un exposé, donner une causerie (*on* sur) ◆ **Mr Jones has come to give us a talk on ...** M. Jones est venu nous parler de ... ◆ **to give a talk on the radio** parler à la radio

c (NonC) propos mpl ; (= gossip) bavardage(s) m(pl) ; (pej) racontars mpl ◆ **the talk was all about the wedding** les propos tournaient autour du mariage ◆ **you should hear the talk!** si tu savais ce qu'on raconte ! ◆ **there is (some) talk of his returning** (= it is being discussed) il est question qu'il revienne ; (= it is being rumoured) on dit qu'il va peut-être revenir, le bruit court qu'il va revenir ◆ **there was no talk of his resigning** il n'a pas été question qu'il démissionne (subj) ◆ **it's common talk that ...** on dit partout que ..., tout le monde dit que ... ◆ **it's just talk** ce ne sont que des on-dit or des racontars or des bavardages ◆ **there has been a lot of talk about her** il a beaucoup été question d'elle ; (pej) on a raconté beaucoup d'histoires sur elle ◆ **I've heard a lot of talk about the new factory** j'ai beaucoup entendu parler de la nouvelle usine ◆ **all that talk about what he was going to do!** toutes ces vaines paroles sur ce qu'il allait faire ! ◆ **he's all talk** (pej) c'est un grand vantard or hâbleur ◆ **it was all (big) talk** (pej) tout ça c'était du vent * ◆ **she's/it's the talk of the town** on ne parle que d'elle/de cela ; → **baby, idle, small**

2 vi a (= speak) parler (*about, of* de) ; (= chatter) bavarder, causer ◆ **he can't talk yet** il ne parle pas encore ◆ **after days of torture he finally talked** après plusieurs jours de torture, il a enfin parlé ◆ **I'll make you talk!** (avec moi) tu vas parler ! ◆ **now you're talking!** * voilà qui devient intéressant ! ◆ **it's easy** or **all right for him to talk!** il peut parler ! ◆ **look who's talking!** *, **YOU can talk!** * (iro) tu peux parler ! *, tu es mal placé pour faire ce genre de remarque ! ◆ **to talk through one's hat** * or **through a hole in one's head** *, **to talk out of one's arse** *‡ (Brit) débloquer ‡, dire des conneries ‡ ◆ **he was just talking for the sake of talking** il parlait pour ne rien dire ◆ **he talks too much** (too chatty) il parle trop ; (indiscreet) il ne sait pas se taire ◆ **he can talk under water** (Austral) c'est un moulin à paroles ◆ **don't talk to me like that!** ne me parle pas sur ce ton ! ◆ **do what he tells you because he knows what he's talking about** fais ce qu'il te demande parce qu'il sait ce qu'il dit ◆ **he knows what he's talking about when he's on the subject of cars** il s'y connaît quand il parle (de) voitures ◆ **he doesn't know what he's talking about** il ne sait pas ce qu'il dit ◆ **I'm not talking about you** ce n'est pas de toi que je parle, il ne s'agit pas de toi ◆ **he was talking of** or **about going to Greece** il parlait d'aller en Grèce ◆ **it's not as if we're talking about ...** ce n'est pas comme s'il s'agissait de ... ◆ **you're talking about a million dollars** ça coûterait un million de dollars ◆ **they talked of** or **about nothing except ...** ils ne parlaient que de ... ◆ **the marriage was much talked of in the town** toute la ville parlait du mariage ◆ **his much talked-of holiday never happened** ses fameuses vacances ne sont jamais arrivées ◆ **I'm not talking to him any more** je ne lui adresse plus la parole, je ne lui cause plus * ◆ **talking of films, have you seen ...?** en parlant de or à propos de films, avez-vous vu ... ? ◆ **talk about a stroke of luck!** * ça tombe (or tombait etc) à pic ! * ; → **big, tough**

b (= converse) parler (*to* à ; *with* avec), discuter (*to, with* avec) ; (more formally) s'entretenir (*to, with* avec) ; (= chat) causer (*to, with* avec) ; (= gossip) parler, causer (*about* de), jaser (pej) (*about* sur) ◆ **who were you talking to?** à qui parlais-tu ? ◆ **I saw them talking (to each other)** je les ai vus en conversation l'un avec l'autre ◆ **to talk to o.s.** se parler tout seul ◆ **I'll talk to you about that tomorrow** je t'en parlerai demain ; (threateningly) j'aurai deux mots à te dire là-dessus demain ◆ **it's no use talking to you** je perds mon temps avec toi ◆ **we were just talking of** or **about you** justement nous parlions de toi ◆ **the Foreign Ministers talked about the crisis in China** les ministres des Affaires étrangères se sont entretenus de la crise chinoise ◆ **I have talked with him several times** j'ai eu plusieurs conversations avec lui ◆ **try to keep him talking** essaie de le faire parler aussi longtemps que possible ◆ **to get o.s. talked about** faire parler de soi ; → **nineteen**

3 vt a [+ a language, slang] parler ◆ **to talk business/politics** parler affaires/politique ◆ **to talk nonsense** or **rubbish** * or **tripe** ‡ dire n'importe quoi or des conneries ‡ ◆ **he's talking sense** c'est la voix de la raison qui parle, ce qu'il dit est le bon sens même ◆ **talk sense!** ne dis pas n'importe quoi ! ◆ **we're talking big money/serious crime here** * il s'agit de grosses sommes d'argent/de crimes graves * ; → **hind², shop, turkey**

b **to talk sb into doing sth** amener qn à or persuader qn de faire qch (*à force de paroles*) ◆ **I managed to talk him out of doing it** je suis arrivé à le dissuader de le faire (en lui parlant) ◆ **she talked him into a better mood** elle l'a remis de meilleure humeur en lui parlant ◆ **he talked himself into the job** il a si bien parlé qu'on lui a offert le poste ◆ **to talk sb through sth** bien expliquer qch à qn

4 COMP ▷ **talk radio** n (NonC) *radio qui donne la priorité aux interviews et aux débats* ▷ **talk show** n (Rad) débat m (radiodiffusé) ; (TV) débat m (télévisé), talk-show m

► **talk away** vi parler or discuter sans s'arrêter, ne pas arrêter de parler ◆ **we talked away for hours** nous avons passé des heures à parler or discuter ◆ **she was talking away about her plans when suddenly ...** elle était partie à parler de ses projets quand soudain ...

► **talk back** vi répondre (insolemment) (*to sb* à qn)

► **talk down** 1 vi ◆ **to talk down to sb** parler à qn comme à un enfant

2 vt sep a (= silence) **they talked him down** leurs flots de paroles l'ont réduit au silence

b (Aviat) [+ pilot, aircraft] aider à atterrir par radio-contrôle

c [+ suicidal person] persuader de ne pas sauter

d (= speak ill of) dénigrer

e (esp Brit: in negotiations) **to talk sb down** marchander avec qn (pour qu'il baisse son prix) ◆ **to talk wages down** obtenir une baisse des salaires

► **talk on** vi parler or discuter sans s'arrêter, ne pas arrêter de parler ◆ **she talked on and on about it** elle en a parlé pendant des heures et des heures

► **talk out** vt sep a (= discuss thoroughly) **to talk it/things out** mettre les choses au clair

b (Parl) **to talk out a bill** prolonger la discussion d'un projet de loi jusqu'à ce qu'il soit trop tard pour le voter

c **to talk o.s. out** parler jusqu'à l'épuisement

► **talk over** vt sep a [+ question, problem] discuter (de), débattre ◆ **let's talk it over** discutons-en entre nous ◆ **I must talk it over with my wife first** je dois d'abord en parler à ma femme

b ⇒ **talk round 1**

► **talk round** 1 vt sep (Brit) ◆ **to talk sb round** amener qn à changer d'avis, gagner qn à son avis, convaincre or persuader qn

2 vt fus [+ problem, subject] tourner autour de ◆ **they talked round it all evening** ils ont tourné autour du pot toute la soirée

► **talk up** 1 vi (US = speak frankly) ne pas mâcher ses mots

2 vt fus [+ project, book] pousser, vanter ◆ **to talk sb up** (esp Brit: in negotiations) marchander avec qn pour qu'il offre davantage ◆ **to talk the price up** obtenir plus d'argent

talkathon ['tɔ:kəθɒn] n (US) débat-marathon m

talkative ['tɔ:kətıv] SYN adj bavard

talkativeness ['tɔ:kətıvnıs] n volubilité f, loquacité f (liter)

talker ['tɔ:kəʳ] SYN n ◆ **he's a great talker** c'est un grand bavard, il a la langue bien pendue * ◆ **he's a terrible talker** (talks too much) c'est un vrai moulin à paroles

talkie * ['tɔ:kı] n (Cine) film m parlant ◆ **the talkies** le cinéma parlant ; → **walkie-talkie**

talking ['tɔ:kıŋ] 1 n bavardage m ◆ **he did all the talking** il a fait tous les frais de la conversation ◆ **that's enough talking!** assez de bavardages !, assez bavardé ! ◆ **no talking!** défense de parler !, silence (s'il vous plaît) !

2 adj doll, parrot, film parlant

3 COMP ▷ **talking book** n lecture f enregistrée d'un livre ▷ **talking head** n (TV) présentateur m, -trice f ▷ **talking point** n sujet m de discussion or de conversation ▷ **talking shop** * n (Brit) parlot(t)e f ▷ **talking-to** * n engueulade ‡ f ◆ **to give sb a (good) talking-to** * passer un savon à qn *

tall [tɔ:l] SYN 1 adj a (in height) building, tree, window haut ◆ **a tall person** une personne de grande taille ◆ **a tall man** un homme grand ◆ **a tall woman/girl** une grande femme/fille ◆ **a tall boy** un grand garçon ◆ **a tall glass** un grand verre ◆ **how tall is this building/that tree?** quelle est la hauteur de ce bâtiment/cet arbre ? ◆ **how tall are you?** combien mesurez-vous ? ◆ **he hadn't realized how tall she was** il ne s'était pas rendu compte qu'elle était aussi grande ◆ **he is six feet tall** ≈ il mesure 1 mètre 80 ◆ **a six-foot-tall man** ≈ un homme d'un mètre 80 or mesurant 1 mètre 80 ◆ **tall and slim** élancé ◆ **he is taller than his brother** il est plus grand que son frère ◆ **she's 5cm taller than me, she's taller than me by 5cm** elle mesure 5 cm de plus que moi ◆ **she is taller than me by a head** elle me dépasse d'une tête ◆ **she wears high heels to make herself look taller** elle porte des talons hauts pour se grandir or pour avoir l'air plus grande ◆ **to get** or **grow taller** grandir

b that's a tall order! * (= difficult) c'est beaucoup demander !

2 adv ◆ **he stands six feet tall** ≃ il mesure bien 1 mètre 80 ◆ **to stand tall** (US fig) garder la tête haute ◆ **to walk tall** marcher la tête haute

3 COMP ▷ **tall ship** n grand voilier m ▷ **tall story, tall tale** n histoire f à dormir debout

tallboy ['tɔːlbɔɪ] n (Brit) commode f

tallness ['tɔːlnɪs] n [of person] grande taille f ; [of building etc] hauteur f

tallow ['tæləʊ] **1** n suif m
2 n ▷ **tallow candle** n chandelle f

tally ['tælɪ] → SYN **1** n (Hist = stick) taille f (latte de bois) ; (= count) compte m ◆ **to keep a tally of** (= count) tenir le compte de ; (= mark off on list) pointer

2 vi s'accorder (with avec), correspondre (with à)

3 vt (also **tally up** = count) compter

tallyho [,tælɪ'həʊ] excl, n taïaut m

Talmud ['tælmʊd] n (Rel) Talmud m

Talmudic [tæl'mʊdɪk] adj (Rel) talmudique

talon ['tælən] n **a** [of eagle etc] serre f ; [of tiger etc, person] griffe f
b (Archit, Cards) talon m

talus ['teɪləs] n, pl **tali** astragale m

Tamagotchi ® [,tæmə'gɒtʃɪ] n Tamagotchi ® m

tamale [tə'mɑːlɪ] n (Culin) tamale m

tamandu ['tæmən,duː], **tamandua** [,tæmən'duːə] n tamandua m

tamarillo [,tæmə'rɪləʊ] n, pl **tamarillos** (Bot, Culin) tomate f en arbre

tamarin ['tæmərɪn] n tamarin m (Zool)

tamarind ['tæmərɪnd] n (= fruit) tamarin m ; (= tree) tamarinier m

tamarisk ['tæmərɪsk] n tamaris m

tambac ['tæmbæk] n tombac m

tambour ['tæm,bʊər] n (Archit, Mus) tambour m ; (Sewing) métier m or tambour m à broder

tambourine [,tæmbə'riːn] n tambour m de basque, tambourin m

tambourinist [,tæmbə'riːnɪst] n joueur m, -euse f de tambourin, tambourineur m, -euse f

Tamburlaine ['tæmbəleɪn] n Tamerlan m

tame [teɪm] → SYN **1** adj **a** (= not wild) animal, bird apprivoisé ◆ **to become tame(r)** s'apprivoiser ◆ **let's ask our tame American** * (hum) demandons à notre Américain de service
b (pej = compliant) follower docile
c (pej = unexciting) party, match, book insipide, fade ; place insipide ◆ **to be tame stuff** être insipide

2 vt [+ bird, wild animal] apprivoiser ; [+ esp lion, tiger] dompter ; (fig) [+ passion] maîtriser ; [+ person] mater, soumettre

tamely ['teɪmlɪ] adv agree, accept, surrender docilement ◆ **the story ends tamely** le dénouement est plat

tamer ['teɪmər] n dresseur m, -euse f ◆ **liontamer** dompteur m, -euse f (de lions), belluaire m

Tamerlane ['tæməleɪn] n Tamerlan m

Tamil ['tæmɪl] **1** n **a** Tamoul(e) or Tamil(e) m(f)
b (Ling) tamoul or tamil m
2 adj tamoul or tamil

taming ['teɪmɪŋ] n (NonC: gen) apprivoisement m ; [of circus animals] dressage m, domptage m ◆ "**The Taming of the Shrew**" "La Mégère apprivoisée"

Tammany ['tæmənɪ] n (US Hist) organisation démocrate de New York

tammy * ['tæmɪ], **tam o'shanter** [,tæmə'ʃæntər] n béret m écossais

tamp [tæmp] vt [+ earth] damer, tasser ; [+ tobacco] tasser ◆ **to tamp a drill hole** (in blasting) bourrer un trou de mine à l'argile ou au sable

Tampax ® ['tæmpæks] n Tampax ® m

tamper ['tæmpər] → SYN **1** vi ◆ **to tamper with** [+ machinery, car, brakes, safe etc] toucher à (sans permission) ; [+ lock] essayer de crocheter ; [+ document, text] altérer, fausser, falsifier ; [+ accounts] falsifier, fausser, trafiquer ; (Jur) [+ evidence] falsifier ; (US) [+ jury] soudoyer ; [+ sb's papers, possessions] toucher à, mettre le nez dans *

2 COMP ▷ **tamper-proof** adj bottle avec fermeture de sécurité ; envelope indécachetable ; ID card infalsifiable

tampon ['tæmpɒn] n tampon m

tan [tæn] **1** n (also **suntan**) bronzage m, hâle m ◆ **she's got a lovely tan** elle a un beau bronzage, elle est bien bronzée ◆ **to get a tan** bronzer

2 adj brun clair

3 vt **a** [+ skins] tanner ◆ **to tan sb** *, **to tan sb's hide (for him)** * tanner le cuir à qn *
b [sun] [+ sunbather, holiday-maker] bronzer ; [+ sailor, farmer etc] hâler ◆ **to get tanned** bronzer

4 vi bronzer

tanager ['tænədʒər] n tangara m

tandem ['tændəm] **1** n **a** (= bicycle) tandem m
b (= in collaboration) **to do sth in tandem** faire qch en tandem ◆ **to work in tandem with sb** travailler en collaboration or en tandem * avec qn
c (= simultaneously) **to happen in tandem** arriver simultanément ◆ **the two systems will run in tandem** les deux systèmes seront appliqués simultanément ◆ **in tandem with sth** parallèlement à qch

2 adv ◆ **to ride tandem** rouler en tandem

tandoori [tæn'dʊərɪ] (Culin) adj, n tandoori or tandouri m inv

tang [tæŋ] n **a** (= taste) saveur f forte (et piquante) ; (= smell) senteur f or odeur f forte (et piquante) ◆ **the salt tang of the sea air** l'odeur caractéristique de la marée
b [of file, knife] soie f

tanga ['tæŋgə] n (= briefs) tanga m

Tanganyika [,tæŋgə'njiːkə] n le Tanganyika ◆ **Lake Tanganyika** le lac Tanganyika

tangent ['tændʒənt] n (Math) tangente f ◆ **to go off** or **fly off at a tangent** (fig) partir dans une digression

tangential [tæn'dʒenʃəl] **1** adj **a** (= unconnected) remark, issue sans rapport
b (Geom) line, curve tangent (to à)
c (Phys) force tangentiel

2 COMP ▷ **tangential point** n point m de tangence

tangentially [tæn'dʒenʃəlɪ] adv **a** (= indirectly) relate to, touch on indirectement
b (Geom) tangentiellement

tangerine [,tændʒə'riːn] **1** n (also **tangerine orange**) mandarine f
2 adj colour, skirt mandarine inv ; flavour de mandarine

tangibility [,tændʒɪ'bɪlɪtɪ] n tangibilité f

tangible ['tændʒəbl] → SYN adj object, evidence, proof tangible ; results, benefits tangible, palpable ; assets réel ◆ **tangible net worth** (Fin) valeur f nette réelle

tangibly ['tændʒəblɪ] adv demonstrate, improve de manière tangible

Tangier [tæn'dʒɪər] n Tanger

tangle ['tæŋgl] → SYN **1** n [of wool, string, rope] enchevêtrement m ; (Climbing: in rope) nœud m ; [of creepers, bushes, weeds] fouillis m, enchevêtrement m ; (fig = muddle) confusion f ◆ **to get into a tangle** [string, rope, wool] s'entortiller, s'enchevêtrer ; [hair] s'emmêler ; (fig) [person, accounts] s'embrouiller ; [traffic] se bloquer ◆ **he got into a tangle when he tried to explain** il s'est embrouillé dans ses explications ◆ **I'm in a tangle with the accounts** je suis empêtré dans les comptes ◆ **the whole affair was a hopeless tangle** toute cette histoire était affreusement confuse or était affreusement embrouillée

2 vt **a** (also **tangle up** = lit) enchevêtrer, embrouiller, emmêler ◆ **his tie got tangled up in the machine** sa cravate s'est entortillée dans la machine ◆ **to get tangled (up)** (gen) ⇒ **to get into a tangle 1**

3 vi **a** (= become tangled) ⇒ **to get into a tangle** (lit senses) → **1**
b * ◆ **tangle with sb** se frotter à qn, se colleter avec qn * ◆ **they tangled over whose fault it was** ils se sont colletés * sur la question de savoir qui était responsable

tangled [tæŋgld] adj string, rope, wool embrouillé, enchevêtré, entortillé ; hair emmêlé, enchevêtré ; (fig = complicated) situation, negotiations embrouillé ◆ **a tangled web of lies** un inextricable tissu de mensonges ; see also **tangle**

tango ['tæŋgəʊ] **1** n, pl **tangos** tango m
2 vi danser le tango ◆ **it takes two to tango** il faut être deux

tangy ['tæŋɪ] adj piquant

tank [tæŋk] **1** n **a** (= container) (for storage) réservoir m, cuve f ; (for rainwater) citerne f ; (for gas) réservoir m ; [of car] (also **petrol tank**) réservoir m (à essence) ; (for transporting) réservoir m, cuve f ; (esp oil) tank m ; (for fermenting, processing etc) cuve f (also Phot) ; (for fish) aquarium m ; → **fuel, septic**
b (Mil) char m (d'assaut or de combat), tank m

2 COMP (Mil) commander de char d'assaut or de combat ; brigade de chars d'assaut or de combat ▷ **tank car** n (US Rail) wagonciterne m ▷ **tank engine** n locomotive-tender f, locomotive f à tender ▷ **tank top** n pull-over m sans manches ▷ **tank town** * n (US fig) petite ville f (perdue), trou * m (fig) ▷ **tank trap** n (Mil) fossé m antichar ▷ **tank truck** n (US) camionciterne m ▷ **tank wagon** n (Rail) wagonciterne m

▶ **tank along** * vi (esp on road) foncer *, aller à toute allure *

▶ **tank up** **1** vi (Aut *) faire le plein ; (Brit *‡ fig = drink a lot) se soûler la gueule *‡
2 vt sep * [+ car etc] remplir d'essence ◆ **to be tanked up** *‡ (Brit fig) être bituré *‡ ◆ **to get tanked up** *‡ (Brit fig) se soûler la gueule *‡

tankard ['tæŋkəd] n chope f, pot m à bière

tanker ['tæŋkər] n (= truck) camion-citerne m ; (= ship) pétrolier m, tanker m ; (= aircraft) avion m ravitailleur ; (Rail) wagon-citerne m

tankful ['tæŋkfʊl] n ◆ **a tankful of petrol** un réservoir (plein) d'essence ◆ **a tankful of water** une citerne (pleine) d'eau

tanned [tænd] adj sunbather, holiday-maker bronzé ; (= weatherbeaten) sailor, farmer hâlé

tanner[1] ['tænər] n tanneur m

tanner[2] † * ['tænər] n (Brit) (ancienne) pièce f de six pence

tannery ['tænərɪ] n tannerie f (établissement)

tannic ['tænɪk] **1** adj tannique
2 COMP ▷ **tannic acid** n ⇒ **tannin**

tannin ['tænɪn] n tan(n)in m

tanning ['tænɪŋ] n **a** (also **suntanning**) bronzage m
b [of hides] tannage m
c (*‡ fig = beating) raclée * f

Tannoy ® ['tænɔɪ] (Brit) **1** n système m de haut-parleurs ◆ **on** or **over the Tannoy** par haut-parleur

2 vt [+ message] annoncer par hautparleur

tansy ['tænzɪ] n tanaisie f

tantalize ['tæntəlaɪz] → SYN vt mettre au supplice (fig), tourmenter (par de faux espoirs)

tantalizing ['tæntəlaɪzɪŋ] adj glimpse terriblement attrayant ; possibility terriblement excitant ; offer, smell terriblement alléchant

tantalizingly ['tæntəlaɪzɪŋlɪ] adv d'une façon cruellement tentante ◆ **tantalizingly slowly** avec une lenteur désespérante

tantalum ['tæntələm] n tantale m

Tantalus ['tæntələs] n Tantale m

tantamount ['tæntəmaʊnt] → SYN adj ◆ **to be tantamount to sth** être équivalent à qch ◆ **it's tantamount to failure** cela équivaut à un échec

Tantric ['tæntrɪk] adj tantrique

Tantrism ['tæntrɪzəm] n (Rel) tantrisme m

tantrum ['tæntrəm] → SYN n (also **temper tantrum**) crise f de colère ◆ **to have** or **throw a tantrum** piquer une colère

Tanzania [,tænzə'nɪə] n la Tanzanie ◆ **United Republic of Tanzania** République f unie de Tanzanie

Tanzanian [,tænzə'nɪən] **1** adj tanzanien
2 n Tanzanien(ne) m(f)

Tao [taʊ] n Tao m

Taoiseach [ˈtiːʃæx] n (Ir Pol) Premier ministre m *(de la République d'Irlande)*

Taoism [ˈtaʊɪzəm] n taoïsme m

Taoist [ˈtaʊɪst] adj, n taoïste mf

Taoistic [ˌtaʊˈɪstɪk] adj (Rel) taoïste

tap¹ [tæp] → SYN ① n ⓐ (Brit: for water, gas etc) robinet m ; (Brit = tap on barrel etc) cannelle f, robinet m ; (= plug for barrel) bonde f ♦ **the hot/cold tap** le robinet d'eau chaude/froide
♦ **on tap** ♦ **ale on tap** bière f (à la) pression ♦ **there are funds/resources on tap** il y a des fonds/des ressources disponibles ♦ **a wealth of information on tap** une mine d'informations à votre disposition or facilement accessibles ♦ **he has £3 million on tap** il dispose de 3 millions de livres
ⓑ (Telec) écoute f téléphonique
ⓒ (also **screw tap**: Tech) taraud m
② vt ⓐ [+ telephone, telephone line] mettre or placer sur écoute ♦ **to tap sb's phone** mettre qn sur écoute ♦ **my phone is being tapped** mon téléphone est sur écoute
ⓑ (fig) [+ resources, supplies] exploiter, utiliser ♦ **to tap sb for money** * taper qn ♦ **they tapped her for a loan** * ils ont réussi à lui emprunter de l'argent ♦ **to tap sb for £10** * taper * qn de 10 livres ♦ **to tap sb for information** soutirer des informations à qn
ⓒ [+ cask, barrel] percer, mettre en perce ; [+ pine] gemmer ; [+ other tree] inciser ; (Elec) [+ current] capter ; [+ wire] brancher ♦ **to tap the rubber from a tree** saigner un arbre pour recueillir le latex
③ COMP ▷ **tap swirl** n brise-jet m ▷ **tap water** n eau f du robinet

▶ **tap into** vt fus (= gain access to) [+ system, network] accéder à ; (= exploit) [+ fear, enthusiasm] exploiter

tap² [tæp] → SYN ① n ⓐ petit coup m, petite tape f ♦ **there was a tap at the door** on a frappé doucement or légèrement à la porte
ⓑ (NonC: also **tap-dancing**) claquettes fpl
② **taps** npl (Mil = end of the day) (sonnerie f de) l'extinction f des feux ; (at funeral) sonnerie f aux morts
③ vi taper (doucement) ; (repeatedly) tapoter ♦ **to tap on** or **at the door** frapper doucement à la porte
④ vt taper (doucement) ; (repeatedly) tapoter ♦ **she tapped the child on the cheek** elle a tapoté la joue de l'enfant ♦ **he tapped me on the shoulder** il m'a tapé sur l'épaule ♦ **to tap in a nail** enfoncer un clou à petits coups ♦ **to tap one's foot** taper du pied ♦ **he was tapping an annoying rhythm on his glass** il tapotait sur son verre d'une manière agaçante ♦ **he tapped his fingers on the steering wheel** il tapotait (sur) le volant
⑤ COMP ▷ **tap dance** n claquettes fpl ▷ **tap-dance** vi faire des claquettes ▷ **tap-dancer** n danseur m, -euse f de claquettes ▷ **tap-dancing** n → 1b

▶ **tap out** vt sep ⓐ [+ one's pipe] débourrer
ⓑ [+ signal, code] pianoter ♦ **to tap out a message in Morse** transmettre un message en morse

tapas [ˈtæpəs] ① npl (Culin) tapas fpl
② COMP ▷ **tapas bar** n bar m à tapas

tape [teɪp] → SYN ① n ⓐ (gen: of cloth, paper, metal) ruban m, bande f ; (for parcels, documents) bolduc m ; (also **sticky tape**) scotch ® m, ruban m adhésif ; (Med) sparadrap m ♦ **the message was coming through on the tape** le message nous parvenait sur la bande (perforée) ; → **paper, punch¹, red**
ⓑ (Recording, Comput) (= actual tape) bande f magnétique ; (= audio cassette) cassette f (audio inv) ; (= video cassette) cassette f vidéo inv, vidéocassette f ♦ **the tape is stuck** la bande est coincée ♦ **I'm going to buy a tape** je vais acheter une cassette ; (also **video tape**) je vais acheter une cassette vidéo or une vidéocassette ♦ **bring your tapes** apporte tes cassettes ♦ **to get sth down on tape** enregistrer qch ♦ **to make a tape of a song** enregistrer une chanson
ⓒ (Sport) fil m (d'arrivée) ; (at opening ceremonies) ruban m
ⓓ (also **tape measure**) mètre m à ruban ; (esp Sewing) centimètre m
ⓔ (Sewing) (decorative) ruban m, ganse f ; (for binding) extrafort m
② vt ⓐ (also **tape up**) [+ parcel etc] attacher avec du ruban or du bolduc ; (with sticky tape) scotcher*, coller avec du scotch ® or du ruban adhésif ♦ **she taped the label on the parcel** elle a scotché l'étiquette sur le colis ♦ **to tape sb's mouth** bâillonner qn avec du sparadrap ♦ **they taped her legs and her feet** ils lui ont attaché les jambes et les pieds avec du sparadrap ♦ **he taped up the hole in the radiator** il a bouché le trou du radiateur avec du scotch ® or du ruban adhésif
ⓑ (Brit fig) **I've got him taped** * je sais ce qu'il vaut ♦ **I've got it all taped** * je sais parfaitement de quoi il retourne ♦ **they had the game/situation taped** * ils avaient le jeu/la situation bien en main ♦ **he's got the job taped** * il sait exactement ce qu'il y a à faire
ⓒ (= record) [+ song, message] enregistrer (sur bande or au magnétophone) ; [+ video material] enregistrer ♦ **taped lesson** (Scol etc) leçon f enregistrée sur bande
③ COMP ▷ **tape deck** n platine f de magnétophone ▷ **tape drive** n (Comput) dérouleur m de bande magnétique ▷ **tape head** n ▷ **tape head** n tête f de lecture-enregistrement ▷ **tape machine** n (Brit = tape recorder) magnétophone m ▷ **tape measure** n mètre m à ruban ; (esp Sewing) centimètre m ▷ **tape-record** vt enregistrer (sur bande) ▷ **tape recorder** n magnétophone m ▷ **tape recording** n enregistrement m (sur bande)

▶ **tape over** (Recording) ① vt fus effacer (en enregistrant autre chose)
② vt sep ♦ **to tape sth over sth** enregistrer qch sur qch

taper [ˈteɪpər] → SYN ① n (for lighting) bougie f fine *(pour allumer les cierges, bougies etc)* ; (Rel = narrow candle) cierge m
② vt [+ column, table leg, trouser leg, aircraft wing] fuseler ; [+ stick, end of belt] tailler en pointe, effiler ; [+ hair] effiler ; [+ structure, shape] terminer en pointe
③ vi [column, table leg, trouser leg] finir en fuseau ; [stick, end of belt] s'effiler ; [hair] être effilé ; [structure, outline] se terminer en pointe, s'effiler

▶ **taper off** ① vi [sound] se taire peu à peu ; [storm] aller en diminuant ; [conversation] tomber ♦ **the end tapers off to a point** le bout se termine en pointe ♦ **immigration is expected to taper off** on s'attend à ce que l'immigration diminue progressivement ♦ **the snow has tapered off** la neige a presque cessé de tomber ♦ **the president's popularity is tapering off** la popularité du président est en baisse
② vt sep (lit) finir en pointe ; (fig) réduire progressivement

tapered [ˈteɪpəd] adj column, table leg fuselé, en fuseau ; fingers fuselé ; trouser leg en fuseau ; stick pointu ; hair effilé ; structure, outline en pointe

tapering [ˈteɪpərɪŋ] adj column, fingers fuselé ; see also **tapered**

tapestried [ˈtæpɪstrɪd] adj orné de tapisseries

tapestry [ˈtæpɪstrɪ] n tapisserie f ♦ **the Bayeux Tapestry** la tapisserie de Bayeux ♦ **it's all part of life's rich tapestry** tout cela forme la trame complexe de l'existence, c'est la vie

tapeworm [ˈteɪpwɜːm] n ténia m, ver m solitaire

tapioca [ˌtæpɪˈəʊkə] n tapioca m

tapir [ˈteɪpər] n tapir m

tappet [ˈtæpɪt] n (Tech) poussoir m (de soupape)

tapping¹ [ˈtæpɪŋ] n (NonC) ⓐ [of pine] gemmage m ; [of other trees] incision f ; [of electric current] captage m
ⓑ (Telec) **phone tapping** écoutes fpl téléphoniques

tapping² [ˈtæpɪŋ] n (NonC = noise, act) tapotement m ♦ **tapping sound** tapotement m

taproom [ˈtæprʊm] n (Brit) salle f (de bistro(t))

taproot [ˈtæpruːt] n (Bot) pivot m, racine f pivotante

tar¹ [tɑːʳ] ① n (NonC) goudron m ; (on roads) goudron m, bitume m
② vt [+ fence etc] goudronner ; [+ road] goudronner, bitumer ♦ **tarred felt** (= roofing) couverture f bitumée or goudronnée ♦ **to tar and feather sb** passer qn au goudron et à la plume ♦ **they're all tarred with the same brush** ils sont tous à mettre dans le même sac *

tar² †* [tɑːʳ] n (= sailor) mathurin † m ; → **jack**

taramasalata [ˌtærəməsəˈlɑːtə] n tarama m

tarantella [ˌtærənˈtelə] n tarentelle f

tarantism [ˈtærəntɪzəm] n (Med) tarentisme m, tarentulisme m

Taranto [təˈræntəʊ] n Tarente

tarantula [təˈræntjʊlə] n, pl **tarantulas** or **tarantulae** [təˈræntjʊliː] tarentule f

tarboosh, tarbush [tɑːˈbuːʃ] n tarbouch(e) m

tardily [ˈtɑːdɪlɪ] adv tardivement

tardiness [ˈtɑːdɪnɪs] n (NonC) (= slowness) lenteur f, manque m d'empressement (*in doing sth* à faire qch) ; (= unpunctuality) manque m de ponctualité ♦ **please excuse my tardiness in replying** pardonnez-moi d'avoir mis si longtemps à vous répondre

tardy [ˈtɑːdɪ] ① adj (= late) response tardif ; (= slow) progress lent ♦ **to be tardy in doing sth** faire qch avec du retard
② COMP ▷ **tardy slip** n (US Scol) billet m de retard

tare¹ [tɛəʳ] n ♦ **tares** †† (= weeds) ivraie f

tare² [tɛəʳ] n (Comm = weight) tare f

target [ˈtɑːgɪt] → SYN ① n (Mil, Sport: for shooting practice, Mil: in attack or mock attack) cible f ; (fig = objective) objectif m ♦ **an easy target** une cible facile ♦ **he was an obvious target for his enemies** il constituait une cible évidente pour ses ennemis ♦ **she was the target of a violent attack** elle a été victime d'une violente agression ♦ **the target of much criticism** la cible or l'objet m de nombreuses critiques ♦ **they set themselves a target of $1,000** ils se sont fixé 1 000 dollars comme objectif or un objectif de 1 000 dollars ♦ **the targets for production** les objectifs de production ♦ **"on-target earnings £30,000"** "salaire jusqu'à £30 000 selon résultats" ♦ **our target is young people under 20** notre cible or le public ciblé, ce sont les jeunes de moins de 20 ans ♦ **the government met its target for reducing unemployment** le gouvernement a réussi à réduire le chômage conformément à ses objectifs
♦ **off target** ♦ **they were at least 12km off target** (gen) ils s'étaient écartés de 12 bons kilomètres de leur destination ; (Mil: on bombing raid) ils étaient à 12 bons kilomètres de leur objectif ♦ **they're (way) off target in terms of price** il se sont (complètement) trompés de cible en ce qui concerne le prix ♦ **you're way off target** (= criticising wrong person etc) tu te trompes de cible ♦ **they were off target today** (Ftbl) ils manquaient de précision aujourd'hui
♦ **on target** ♦ **to be** (dead or right) **on target** [rocket, missile, bombs etc] suivre (exactement) la trajectoire prévue ; [remark, criticism] mettre (en plein) dans le mille ; (in timing etc) être dans les temps ; (Comm) [sales] correspondre (exactement) aux objectifs ; [forecast] tomber juste ♦ **we're on target for sales of £10 million this year** nos ventes devraient correspondre aux objectifs de 10 millions de livres cette année ♦ **the project is on target for completion** le projet devrait être fini dans les temps ♦ **dead on target!** pile !
② vt ⓐ (Mil etc) [+ enemy troops] prendre pour cible, viser ; [+ missile, weapon] pointer, diriger (*on* sur)
ⓑ (Comm, TV, Cine = aim at) [+ market, audience etc] cibler, prendre pour cible
ⓒ (= direct, send) [+ aid, benefits etc] affecter
③ COMP date, amount etc fixé, prévu ▷ **target area** n (Mil) environs mpl de la cible ▷ **target audience** n (Rad, TV) cible f ▷ **target group** n groupe m cible inv ▷ **target language** n langue f cible inv, langue f d'arrivée ▷ **target market** n (Comm) (marché m) cible f ▷ **target practice** n (Mil, Sport) exercices mpl de tir (à la cible) ▷ **target price** n prix m indicatif or d'objectif ▷ **target vehicle** n (Space) vaisseau m cible inv

targetable [ˈtɑːgɪtəbl] adj warhead dirigeable

teacake / tearful

▷ **tea kettle** n (US) bouilloire f ▷ **tea lady** n (Brit) dame qui prépare le thé pour les employés d'une entreprise ▷ **tea leaf** n, pl **tea leaves** feuille f de thé ; → read ▷ **tea party** n thé m (réception) ▷ **tea-plant** n arbre m à thé ▷ **tea plate** n petite assiette f ▷ **tea rose** n rose-thé f ▷ **tea service, tea set** n service m à thé ▷ **tea strainer** n passe-thé m inv ▷ **tea table** n (esp Brit) they sat at the tea table ils étaient assis autour de la table mise pour le thé ◆ the subject was raised at the tea table on en a discuté pendant le thé ◆ to set the tea table mettre la table pour le thé ▷ **tea-things** npl where are the tea-things? où est le service à thé ? ◆ to wash up the tea-things faire la vaisselle après le thé ▷ **tea towel** n (Brit) torchon m (à vaisselle) ▷ **tea tray** n plateau m (à thé) ▷ **tea trolley** n (Brit) table f roulante ▷ **tea urn** n fontaine f à thé ▷ **tea wagon** n (US) ⇒ tea trolley

teacake ['tiːkeɪk] n (Brit) petit pain m brioché

teacart ['tiːkɑːt] n (US) ⇒ tea trolley ; ⇒ tea

teach [tiːtʃ] → SYN pret, ptp **taught** 1 vt (gen) apprendre (sb sth, sth to sb qch à qn) ; (Scol, Univ etc) enseigner (sb sth, sth to sb qch à qn) ◆ to teach sb (how) to do sth apprendre à qn à faire qch ◆ I'll teach you what to do je t'apprendrai ce qu'il faut faire ◆ he teaches French il enseigne le français ◆ he taught her French il lui a appris or enseigné le français ◆ to teach school (US) être professeur ◆ to teach o.s. (to do) sth apprendre (à faire) qch tout seul ◆ I'll teach you a lesson! je vais t'apprendre ! ◆ that will teach him a lesson! cela lui servira de leçon ! ◆ they could teach us a thing or two about family values ils auraient beaucoup à nous apprendre sur les valeurs familiales ◆ she could teach you a trick or two! elle pourrait t'en remontrer ! ◆ that will teach you to mind your own business! ça t'apprendra à te mêler de tes affaires ! ◆ I'll teach you (not) to speak to me like that! je vais t'apprendre à me parler sur ce ton ! ◆ you can't teach him anything about cars il n'a rien à apprendre de personne en matière de voitures ◆ don't (try to) teach your grandmother to suck eggs!* on n'apprend pas à un vieux singe à faire des grimaces ! (Prov) ◆ (Prov) you can't teach an old dog new tricks ce n'est pas à son (or mon etc) âge qu'on apprend de nouveaux trucs 2 vi enseigner ◆ he always wanted to teach il a toujours eu le désir d'enseigner ◆ he had been teaching all morning il avait fait cours or fait la classe toute la matinée 3 COMP ▷ **teach-in** n séminaire m (sur un thème)

teachability [ˌtiːtʃəˈbɪlɪtɪ] n (esp US) aptitude f à apprendre

teachable ['tiːtʃəbl] adj (esp US) child scolarisable ; subject, skill enseignable, susceptible d'être enseigné

teacher ['tiːtʃər] → SYN 1 n (in secondary school: also private tutor) professeur m ; (in primary school) professeur m des écoles, instituteur m, -trice f ; (in special school, prison) éducateur m, -trice f ; (gen = member of teaching profession) enseignant(e) m(f) ◆ she is a maths teacher elle est professeur de maths ◆ teacher's (hand)book livre m du maître ◆ the teachers accepted the government's offer (collectively) les enseignants ont or le corps enseignant a accepté l'offre du gouvernement ◆ the teachers' strike/dispute la grève/le conflit des enseignants ; see also 2 2 COMP ▷ **teacher certification** n (US) habilitation f à enseigner ▷ **teacher education** n (US) formation f pédagogique (des enseignants) ▷ **teacher evaluation** n (US Scol, Univ) appréciations fpl sur les professeurs (par les étudiants ou par l'administration) ▷ **teacher-pupil ratio** n taux m d'encadrement ◆ a high/low teacher-pupil ratio un fort/faible taux d'encadrement ▷ **teacher's aide** n (US) assistant(e) m(f) du professeur (or de l'instituteur) ▷ **teachers' certificate** n (US) ⇒ teacher training certificate ▷ **teachers' college** n (US) ⇒ teacher training college ▷ **teacher's pet** n chouchou(te)* m(f) (du professeur) ▷ **teachers' training** n ⇒ teacher training ▷ **teachers' training certificate** n ⇒ teacher training certificate ▷ **teachers' training college** n ⇒ teacher training college ▷ **teacher training** n (Brit) formation f pédagogique (des enseignants) ▷ **teacher training certificate** n (for primary schools) ≈ Certificat m d'aptitude au professorat des écoles, ≈ CAPE m ; (for secondary schools) ≈ Certificat m d'aptitude au professorat de l'enseignement du second degré, ≈ CAPES m ; (for secondary technical schools) ≈ Certificat m d'aptitude au professorat de l'enseignement technique, ≈ CAPET m ▷ **teacher training college** n ≈ Institut m universitaire de formation des maîtres, ≈ IUFM m

teaching ['tiːtʃɪŋ] 1 n a (NonC = act, profession) enseignement m ◆ he's got 16 hours teaching a week il a 16 heures de cours par semaine ◆ to go into teaching entrer dans l'enseignement ◆ Teaching of English as a Foreign Language (Educ) (enseignement m de l')anglais m langue étrangère ◆ Teaching of English as a Second Language (Educ) enseignement m de l'anglais langue seconde ◆ Teaching of English as a Second or Other Language (Educ) enseignement m de l'anglais langue seconde ou autre ; → TEFL; TESL; TESOL; ELT → team b (also **teachings**) [of philosopher, sage etc] enseignements mpl (liter) (on, about sur) 2 COMP ▷ **teaching aid** n outil m pédagogique ▷ **teaching aids** npl matériel m pédagogique ▷ **teaching assistant** n (US Univ) étudiant(e) m(f) chargé(e) de travaux dirigés ▷ **teaching certificate** n ⇒ teacher training certificate ; → teacher ▷ **teaching equipment** n ⇒ teaching aids ▷ **teaching hospital** n centre m hospitalier universitaire, CHU m ▷ **teaching job, teaching position teaching post** n poste m d'enseignant ▷ **teaching practice** n (Brit) stage m de formation des enseignants ▷ **the teaching profession** n (= activity) l'enseignement m ; (in secondary schools only) le professorat ; (teachers collectively) les corps enseignant, les enseignants mpl ▷ **teaching staff** n personnel m enseignant, enseignants mpl, équipe f pédagogique

teacup ['tiːkʌp] n tasse f à thé ; → read, storm

teacupful ['tiːkʌpfʊl] n tasse f

teahouse ['tiːhaʊs] n maison f de thé

teak [tiːk] n teck or tek m

teal [tiːl] n, pl **teal** or **teals** sarcelle f

team [tiːm] → SYN 1 n (Sport, gen) équipe f ; [of horses, oxen] attelage m ◆ football team équipe f de football ◆ our research team notre équipe de chercheurs 2 vt (also **team up**) [+ actor, worker] mettre en collaboration (with avec) ; [+ clothes, accessories] associer (with avec) 3 COMP ▷ **team captain** n capitaine m ▷ **team games** npl jeux mpl d'équipe ▷ **team leader** n chef m d'équipe ▷ **team-mate** n coéquipier m, -ière f ▷ **team member** n (Sport) équipier m, -ière f ▷ **team spirit** n (NonC) esprit m d'équipe ▷ **team teaching** n (NonC) enseignement m en équipe

▶ **team up** 1 vi [people] faire équipe (with avec ; to do sth pour faire qch) ; [colours] s'harmoniser (with avec) ; [clothes, accessories, furnishings etc] s'associer (with avec) ◆ he teamed up with them to get ... il s'est allié à eux pour obtenir ...
2 vt sep → team 2

teamster ['tiːmstər] n (US) routier m or camionneur m syndiqué

teamwork ['tiːmwɜːk] n (NonC) travail m d'équipe

teapot ['tiːpɒt] n théière f

tear¹ [tɛər] → SYN vb : pret **tore**, ptp **torn** 1 n déchirure f, accroc m ◆ to make a tear in sth déchirer qch ◆ it has a tear in it c'est déchiré, il y a un accroc dedans 2 vt a (= rip) [+ cloth, garment] déchirer, faire un trou or un accroc à ; [+ flesh, paper] déchirer ◆ to tear a hole in ... faire une déchirure or un accroc à ..., faire un trou dans ... ◆ he tore it along the dotted line il l'a déchiré en suivant le pointillé ◆ to tear to pieces or to shreds or to bits* [+ paper] déchirer en petits morceaux ; [+ garment] mettre en pièces or lambeaux ; [+ prey] mettre en pièces ; (fig) [+ play, performance] éreinter ; [+ argument, suggestion] descendre en flammes * ◆ to tear sth loose arracher qch ◆ to tear (o.s.) loose se libérer ◆ to tear open [+ envelope] déchirer ; [+ letter] déchirer l'enveloppe de ; [+ parcel] ouvrir en déchirant l'emballage ◆ clothes torn to rags vêtements mis en lambeaux ◆ I tore my hand on a nail je me suis ouvert la main sur un clou ◆ to tear a muscle/ligament (Med) se déchirer un muscle/un ligament ◆ that's torn it!* voilà qui flanque tout par terre !*
b (fig) to be torn by war/remorse etc être déchiré par la guerre/le remords etc ◆ to be torn between two things/people être tiraillé par or balancer entre deux choses/personnes ◆ I'm very much torn j'hésite beaucoup (entre les deux)
c (= snatch) arracher (from sb à qn ; out of or off or from sth de qch) ◆ he tore it out of her hand il le lui a arraché des mains ◆ he was torn from his seat il a été arraché de son siège
3 vi a [cloth, paper etc] se déchirer
b he tore at the wrapping paper il a déchiré l'emballage (impatiemment) ◆ he tore at the earth with his bare hands il a griffé la terre de ses mains nues
c (= rush) to tear out/down etc sortir/descendre etc à toute allure or à toute vitesse ◆ he tore up the stairs il a monté l'escalier quatre à quatre ◆ to tear along the road [person] filer à toute allure le long de la route ; [car] rouler à toute allure le long de la route ◆ they tore after him ils se sont lancés or précipités à sa poursuite ◆ to tear into sb* (= attack verbally) s'en prendre violemment à qn ; (= scold) passer un savon à qn*
4 COMP ▷ **tear-off** adj amovible ◆ **tear-off calendar** éphéméride f ▷ **tear sheet** n feuillet m détachable

▶ **tear apart** vt sep déchirer, ; (fig = divide) déchirer ◆ his love for Julie is tearing him apart son amour pour Julie le déchire

▶ **tear away** 1 vi [person] partir comme un bolide ; [car] démarrer en trombe
2 vt sep (lit, fig) arracher (from sb à qn ; from sth de qch) ◆ I couldn't tear myself away from it/him je n'arrivais pas à m'en arracher/à m'arracher à lui
3 **tearaway** n → tearaway

▶ **tear down** vt sep [+ poster, flag] arracher (from de) ; [+ building] démolir

▶ **tear off** 1 vi ⇒ tear away 1
2 vt sep a [+ label, wrapping] arracher (from de) ; [+ perforated page, calendar leaf] détacher (from de) → strip
b (= remove) [+ one's clothes] enlever à la hâte ; [+ sb's clothes] arracher
c (* = write hurriedly) [+ letter etc] bâcler*, torcher*
3 **tear-off** adj → tear¹

▶ **tear out** 1 vi → tear¹ 3c
2 vt sep arracher (from de) ; [+ cheque] [+ ticket] détacher (from de) ◆ to tear sb's eyes out arracher les yeux à qn ◆ to tear one's hair out s'arracher les cheveux

▶ **tear up** vt sep a [+ paper etc] déchirer, mettre en morceaux or en pièces ; (fig) [+ contract] déchirer (fig) ; [+ offer] reprendre
b [+ stake, weed, shrub] arracher ; [+ tree] déraciner

tear² [tɪər] → SYN 1 n larme f ◆ in tears en larmes ◆ there were tears in her eyes elle avait les larmes aux yeux ◆ she had tears of joy in her eyes elle pleurait de joie ◆ near or close to tears au bord des larmes ◆ to burst or dissolve into tears fondre en larmes ◆ the memory/thought brought tears to his eyes à ce souvenir/cette pensée il avait les larmes aux yeux ◆ the film/book/experience brought tears to his eyes ce film/ce livre/cette expérience lui a fait venir les larmes aux yeux ◆ it will end in tears! ça va finir mal ! ◆ tears of blood (fig) larmes de sang ; → shed² 2 COMP ▷ **tear bomb** n grenade f lacrymogène ▷ **tear duct** n canal m lacrymal ▷ **tear gas** n gaz m lacrymogène ▷ **tearjerker*** n the film/book etc was a real tearjerker c'était un film/roman etc tout à fait du genre à faire pleurer dans les chaumières ▷ **tear-stained** adj baigné de larmes

tearaway ['tɛərəweɪ] n (Brit) casse-cou m

teardrop ['tɪədrɒp] n larme f

tearful ['tɪəfʊl] → SYN adj face plein de larmes ; eyes, look plein de larmes, larmoyant ; farewell larmoyant ; reunion ému ; plea, story

tearfully ['tɪəfəlɪ] adv say en pleurant ; admit les larmes aux yeux

tearfulness ['tɪəfʊlnɪs] n tendance f à pleurer pour un rien

tearing ['tɛərɪŋ] **1** n déchirement m
2 adj **a** a tearing noise or sound un bruit de déchirement
b (Brit *) to be in a tearing hurry être terriblement pressé ◆ to do sth in a tearing hurry faire qch à toute vitesse

tearless ['tɪəlɪs] adj sans larmes

tearlessly ['tɪəlɪslɪ] adv sans larmes, sans pleurer

tearoom ['tɪərʊm] n salon m de thé

tease [tiːz] → SYN **1** n (= person) (gen) taquin(e) m(f) ; (sexual) allumeur m, -euse f
2 vt **a** (playfully) taquiner ; (cruelly) tourmenter ; (sexually) allumer ◆ she teased him that he had big feet elle le taquina à propos de ses grands pieds
b (Tech) [+ cloth] peigner ; [+ wool] carder

▶ **tease out** vt sep **a** [+ tangle of wool, knots, matted hair] débrouiller or démêler (patiemment) ◆ to tease something out of sb tirer les vers du nez à qn
b [+ meaning, sense] trouver

teasel ['tiːzl] n (Bot) cardère f ; (Tech) carde f

teaser ['tiːzə'] n **a** (= person) (gen) taquin(e) m(f) ; (sexual) allumeur m, -euse f
b (= problem) problème m (difficile) ; (= tricky question) colle * f

teashop ['tiːʃɒp] n (Brit) salon m de thé

teasing ['tiːzɪŋ] **1** n (NonC) taquineries fpl
2 adj taquin

teasingly ['tiːzɪŋlɪ] adv **a** say, ask, hint d'un ton taquin, pour me (or le etc) taquiner ◆ he looked at me teasingly il m'a regardé d'un air taquin
b (sexually) de façon aguichante ◆ teasingly erotic sexy * et provocant

Teasmade ® **Teasmaid** ® ['tiːzmeɪd] n machine à faire le thé

teaspoon ['tiːspuːn] n petite cuiller f, cuiller f à thé or à café

teaspoonful ['tiːspuːnfʊl] n cuillerée f à café

teat [tiːt] n [of animal] tétine f, tette f ; [of cow] trayon m ; [of woman] mamelon m, bout m de sein ; (Brit) [of baby's bottle] tétine f ; (= dummy) tétine f ; (Tech) téton m

teatime ['tiːtaɪm] n (esp Brit) l'heure f du thé

teazel, teazle ['tiːzl] n ⇒ teasel

TEC [ˌtiːiːˈsiː] n (Brit) (abbrev of Training and Enterprise Council) → training

tech * [tek] n **a** (Brit) (abbrev of technical college) ≃ CET m
b (abbrev of technology) → high

techie * ['tekɪ] n (= technician) technicien(ne) m(f) ; (= technologist) technologue mf ; (= technophile) crack * m en technologie

technetium [tekˈniːtɪəm] n technétium m

technical ['teknɪkəl] **1** adj technique ◆ technical ability or skill compétence f technique ◆ technical problems des problèmes mpl techniques or d'ordre technique ◆ for technical reasons pour des raisons techniques or d'ordre technique ◆ technical language langue f or langage m technique ◆ it's just a technical point (gen) c'est un point de détail ◆ a judgement quashed on a technical point (Jur) un arrêt cassé pour vice de forme ◆ this constitutes a technical plea of not guilty (Jur) cela équivaut (théoriquement) à plaider non coupable
2 COMP ▷ **technical college** n (Brit) collège m (d'enseignement) technique ▷ **technical drawing** n (NonC) dessin m industriel ▷ **technical institute** n (US) ≃ IUT m, ≃ institut m universitaire de technologie ▷ **technical knock-out** n (Boxing) K.-O. m technique ▷ **technical offence** n (Jur) quasi-délit m ▷ **technical school** n ⇒ **technical institute** ▷ **technical sergeant** n (US Air Force) sergent-chef m ▷ **technical support** soutien m technique

technicality [ˌteknɪˈkælɪtɪ] n **a** (NonC) technicité f
b (= detail) détail m technique ; (= word) terme m technique ; (= difficulty) difficulté f technique ; (= fault) ennui m technique ◆ I don't understand all the technicalities certains détails techniques m'échappent
c (= formality) formalité f ◆ she told him victory was just a technicality elle lui a dit que la victoire n'était qu'une simple formalité
d (Jur) he got off on a technicality il a été acquitté sur un point de procédure

technically ['teknɪkəlɪ] adv **a** (= technologically) superior, feasible, perfect, advanced sur le plan technique, techniquement ◆ technically, it's a very risky project sur le plan technique or techniquement, c'est un projet très risqué
b (= in technical language: also **technically speaking**) en termes techniques ◆ fats are technically known as lipids le terme technique pour désigner les graisses est "lipides" ◆ he spoke very technically il s'est exprimé d'une manière très technique
c (= in technique) a technically proficient performance/film une performance/un film d'un bon niveau technique ◆ technically demanding music une musique qui exige une bonne technique ◆ technically, this is a very accomplished album techniquement, c'est un excellent album
d (= strictly) illegal, correct théoriquement, en théorie ◆ this was technically correct, but highly ambiguous c'était théoriquement correct, mais extrêmement ambigu ◆ you are technically correct vous avez raison en théorie ◆ technically, they aren't eligible for a grant en principe, ils n'ont pas droit à une bourse ◆ technically (speaking) you're right, but ... en théorie vous avez raison, mais ...

technician [tekˈnɪʃən] n technicien(ne) m(f)

Technicolor ® ['teknɪˌkʌlə'] **1** n technicolor ® m ◆ in Technicolor en technicolor ®
2 adj **a** film en technicolor ® ◆ the Technicolor process le technicolor ®
b technicolour (Brit), technicolor (US) (* = colourful) description, dream en technicolor ®

technique [tekˈniːk] → SYN n technique f ◆ he's got good technique sa technique est bonne

techno ['teknəʊ] (Mus) **1** n techno f
2 adj techno inv

techno... ['teknəʊ] pref techno...

technocracy [tekˈnɒkrəsɪ] n technocratie f

technocrat ['teknəʊkræt] n technocrate mf

technocratic [ˌteknəˈkrætɪk] adj technocratique

technofear [ˈteknəʊfɪə'] n technophobie f

technological [ˌteknəˈlɒdʒɪkəl] adj technologique

technologically [ˌteknəˈlɒdʒɪklɪ] adv advanced, sophisticated, backward technologiquement, sur le plan technologique ; possible, feasible technologiquement ◆ technologically oriented axé sur la technologie ◆ technologically, these cars are nothing new sur le plan technologique, ces voitures n'ont rien de nouveau ◆ technologically speaking technologiquement parlant, du point de vue technologique

technologist [tekˈnɒlədʒɪst] n technologue mf

technology [tekˈnɒlədʒɪ] n technologie f ◆ Minister/Ministry of Technology (Brit) ministre m/ministère m des Affaires technologiques ◆ new technology les nouvelles technologies fpl ◆ space/military technology technologie f de l'espace/militaire ◆ computer technology technologie f informatique ◆ communication technology technologie(s) f(pl) de communication ; → high

technophobe [ˈteknəʊfəʊb] n technophobe mf

technophobic [ˌteknəʊˈfəʊbɪk] adj technophobe

technostructure [ˈteknəʊˌstrʌktʃə'] n technostructure f

techy ['tetʃɪ] adj ⇒ **tetchy**

tectonic [tekˈtɒnɪk] adj tectonique

tectonics [tekˈtɒnɪks] n (NonC) tectonique f

tectrix ['tektrɪks] n, pl **tectrices** ['tektrɪˌsiːz] tectrice f

Ted [ted] n **a** (dim of Edward or Theodore) Ted m
b * ⇒ **teddy boy** ; → **teddy**

ted [ted] vt faner

tedder ['tedə'] n (= machine) faneuse f ; (= person) faneur m, -euse f

teddy ['tedɪ] **1** n **a** Teddy (dim of Edward or Theodore) Teddy m
b (= underwear) teddy m
c (also **teddy bear**) nounours m (baby talk), ours m en peluche
2 COMP ▷ **teddy boy** † n (Brit) ≃ blouson m noir

Te Deum [ˌteɪˈdeɪəm] n Te Deum m inv

tedious ['tiːdɪəs] → SYN adj task, work, process fastidieux ; account, description, film fastidieux, ennuyeux ; life, hours, journey, behaviour assommant ◆ such lists are tedious to read ces listes sont assommantes à lire

tediously ['tiːdɪəslɪ] adv ◆ tediously boring profondément ennuyeux ◆ tediously repetitive/juvenile tellement répétitif/puéril que c'en est lassant ◆ a tediously winding road une route aux lacets qui n'en finissent pas ◆ tediously long long et ennuyeux

tediousness ['tiːdɪəsnɪs], **tedium** ['tiːdɪəm] n (NonC) ennui m, caractère m assommant

tee[1] [tiː] → T

tee[2] [tiː] (Golf) **1** n tee m
2 vt [+ ball] placer sur le tee

▶ **tee off** **1** vi partir du tee
2 vt sep (US *) (= annoy) embêter *, casser les pieds à * ; (fig = begin) démarrer *

▶ **tee up** vi placer la balle sur le tee

tee-hee ['tiːˈhiː] vb : pret, ptp **tee-heed** **1** excl hi-hi !
2 n (petit) ricanement m
3 vi ricaner

teem [tiːm] → SYN vi **a** [crowds, insects] grouiller, fourmiller ; [fish, snakes etc] grouiller ◆ to teem with [river, street etc] grouiller de, fourmiller de ◆ his brain teems with ideas il déborde d'idées
b it was teeming (with rain), the rain was teeming down il pleuvait à verse or à seaux

teeming ['tiːmɪŋ] → SYN adj **a** city, streets grouillant de monde ; crowd, hordes, insects grouillant ; river grouillant de poissons
b **teeming rain** pluie f battante or torrentielle

teen * [tiːn] (abbrev of **teenage**) adj movie, magazine pour ados * ; fashion, mother, father ado * f inv ; pregnancy chez les ados * ; crime juvénile ; violence des ados * ; audience d'ados * ◆ **teen boys** ados * mpl ◆ **teen girls** ados * fpl ◆ **teen years** adolescence f ; → **teens**

teenage ['tiːneɪdʒ] adj mother adolescent ; pregnancy chez les adolescents ; suicide d'adolescent(s) ; idol, heart-throb, culture des adolescents ; magazine, fashion pour adolescents ◆ to have a teenage crush on sb avoir une tocade d'adolescent pour qn ◆ **teenage boy** adolescent m ◆ **teenage girl** adolescente f ◆ **teenage years** adolescence f ; → **teens**

teenaged ['tiːneɪdʒd] adj adolescent ◆ a teenaged boy/girl un adolescent/une adolescente

teenager ['tiːnˌeɪdʒə'] → SYN n adolescent(e) m(f)

teens [tiːnz] npl adolescence f ◆ he is still in his teens il est encore adolescent ◆ he is just out of his teens il a à peine vingt ans ◆ he is in his early/late teens il a un peu plus de treize ans/un peu moins de vingt ans

teensy(-weensy) * ['tiːnzɪ(wiːnzɪ)] adj ⇒ **teeny** 1

teeny * ['tiːnɪ] **1** adj (also **teeny-weeny** *) minuscule, tout petit ◆ a teeny bit embarrassing/jealous un petit peu gênant/jaloux ◆ to be a teeny bit hungover avoir un petit peu la gueule de bois
2 n (also **teeny-bopper** *) préado * mf

teepee ['tiːpiː] n ⇒ **tepee**

tee-shirt ['tiːʃɜːt] n tee-shirt or T-shirt m

teeter ['tiːtəʳ] **1** vi [person] chanceler ; [pile] vaciller ◆ **to teeter on the edge** or **brink of** (fig) être prêt à tomber dans
2 COMP ▷ **teeter totter** n (US) jeu de bascule

teeth [tiːθ] npl of tooth

teethe [tiːð] vi faire or percer ses dents

teething ['tiːðɪŋ] **1** n poussée f des dents
2 COMP ▷ **teething ring** n anneau m (de bébé qui perce ses dents) ▷ **teething troubles** npl (Brit fig) difficultés fpl initiales

teetotal ['tiːˈtəʊtl] adj person qui ne boit jamais d'alcool ; league antialcoolique

teetotaler ['tiːˈtəʊtləʳ] n (US) ⇒ **teetotaller**

teetotalism [tiːˈtəʊtəlɪzəm] n abstention f de toute boisson alcoolique

teetotaller, teetotaler (US) ['tiːˈtəʊtləʳ] → SYN n personne f qui ne boit jamais d'alcool

TEFL ['tefl] n (Educ) (abbrev of **Teaching of English as a Foreign Language**) → **teaching**

TEFL, TESL, TESOL, ELT

Les sigles **TEFL** (Teaching of English as a Foreign Language) et **EFL** (English as a Foreign Language) renvoient à l'enseignement de l'anglais langue étrangère dans les pays non anglophones.

Le **TESL** (Teaching of English as a Second Language) concerne l'enseignement de l'anglais langue seconde, c'est-à-dire aux personnes qui vivent dans un pays anglophone mais dont la langue maternelle n'est pas l'anglais. Cet enseignement cherche à prendre en compte l'origine culturelle de l'apprenant ainsi que sa langue maternelle.

TESOL (Teaching of English as a Second or Other Language - enseignement de l'anglais langue seconde ou autre) est le terme américain pour **TEFL** et **TESL**.

ELT (English Language Teaching) est le terme général qui désigne l'enseignement de l'anglais en tant que langue étrangère ou langue seconde.

Teflon ® ['teflɒn] **1** n téflon ® m
2 adj (* fig = able to avoid blame) ◆ **he was the so-called Teflon President** on le surnommait "le président Téflon"

tegument ['tegjʊmənt] n tégument m

te-hee ['tiːˈhiː] ⇒ **tee-hee**

Teheran [tɛəˈrɑːn] n Téhéran

tel. (abbrev of **telephone (number)**) tél

telaesthesia, telesthesia (US) [ˌtelɪsˈθiːzɪə] n télesthésie f

Tel Aviv [ˌtelæˈviːv] n Tel-Aviv

tele... ['telɪ] pref télé...

telebanking ['telɪˌbæŋkɪŋ] n télébanque f

telecamera ['telɪˌkæmərə] n caméra f de télévision, télécaméra f

telecast ['telɪkɑːst] (US) **1** n émission f de télévision
2 vt diffuser

telecom ['telɪkɒm] n (abbrev of **telecommunications**) télécommunications fpl, télécoms * fpl

telecommunication ['telɪkəˌmjuːnɪˈkeɪʃən] **1** n (gen pl) télécommunications fpl ; → post³
2 COMP ▷ **telecommunications satellite** n satellite m de télécommunication

telecommute ['telɪkəˌmjuːt] vi télétravailler

telecommuter * ['telɪkəˌmjuːtəʳ] n télétravailleur m, -euse f

telecommuting * ['telɪkəˌmjuːtɪŋ] n télétravail m

telecoms ['telɪkɒmz] n ⇒ **telecom**

teleconference ['telɪkɒnfərəns] n téléconférence f

teleconferencing ['telɪkɒnfərənsɪŋ] n téléconférence(s) f(pl)

Telecopier ® ['telɪˌkɒpɪəʳ] n télécopieur m

telecopy ['telɪˌkɒpɪ] n télécopie f

telefacsimile [ˌtelɪfækˈsɪmɪlɪ] n télécopie f

telefax ['telɪfæks] n télécopie f

telefilm ['telɪfɪlm] n téléfilm m, film m pour la télévision

telegenic [ˌtelɪˈdʒenɪk] adj télégénique

telegram ['telɪɡræm] → SYN n télégramme m ; (Diplomacy, Press) dépêche f, câble m ◆ **I was ordered by telegram to leave at once** je reçus un télégramme m'ordonnant de partir immédiatement

telegraph ['telɪɡrɑːf] → SYN **1** n télégraphe m
2 vi télégraphier ◆ **I'll telegraph when I arrive** j'enverrai un télégramme lorsque je serai arrivé
3 vt [+ message] télégraphier ; (fig) [+ intentions, plans] dévoiler
4 COMP message, wires télégraphique ▷ **telegraph pole, telegraph post** n poteau m télégraphique

telegrapher [tɪˈleɡrəfəʳ] n télégraphiste mf

telegraphese [ˌtelɪɡrɑːˈfiːz] n (NonC) style m télégraphique

telegraphic [ˌtelɪˈɡræfɪk] adj (Telec) télégraphique ; (= concise) writing, notes en style télégraphique ◆ **in telegraphic style, with telegraphic brevity** en style télégraphique

telegraphically [ˌtelɪˈɡræfɪkəlɪ] adv en style télégraphique

telegraphist [tɪˈleɡrəfɪst] n télégraphiste mf

telegraphy [tɪˈleɡrəfɪ] n télégraphie f

telekinesis [ˌtelɪkɪˈniːsɪs] n (NonC) télékinésie f

telekinetic [ˌtelɪkɪˈnetɪk] adj télékinétique

Telemachus [təˈleməkəs] n Télémaque m

telemark ['telɪmɑːk] n (Ski) télémark m

telemarketing ['telɪmɑːkɪtɪŋ] n (Comm) télémarketing m

telematic [ˌtelɪˈmætɪk] adj télématique

telematics [ˌtelɪˈmætɪks] n (NonC) télématique f

telemeeting ['telɪˌmiːtɪŋ] n téléréunion f

Telemessage ® ['telɪˌmesɪdʒ] n (Brit) télémessage m

telemeter [tɪˈlemɪtəʳ] n télémètre m

telemetric [ˌtelɪˈmetrɪk] adj télémétrique

telemetry [tɪˈlemɪtrɪ] n télémétrie f

telencephalon [ˌtelenˈsefəlɒn] n télencéphale m

teleological [ˌtelɪəˈlɒdʒɪkl] adj (Philos) téléologique

teleology [ˌtelɪˈɒlədʒɪ] n téléologie f

teleost ['telɪɒst] n téléostéen m

telepath ['telɪpæθ] n télépathe mf

telepathic [ˌtelɪˈpæθɪk] adj person télépathe ; ability, message télépathique

telepathically [ˌtelɪˈpæθɪkəlɪ] adv par télépathie

telepathist [tɪˈlepəθɪst] n télépathe mf

telepathy [tɪˈlepəθɪ] → SYN n télépathie f

telephone ['telɪfəʊn] → SYN **1** n téléphone m ◆ **by telephone** par téléphone ◆ **on the telephone au téléphone** ◆ **to be on the telephone** (= speaking) être au téléphone ; (= be a subscriber) avoir le téléphone (chez soi)
2 vt [+ person] téléphoner à, appeler (au téléphone) ; [+ message, telegram] téléphoner (to à) ◆ **telephone 772 3200 for more information** pour de plus amples renseignements, appelez le 772 3200
3 vi téléphoner
4 COMP ▷ **telephone answering machine** n répondeur m (téléphonique) ▷ **telephone banking** n (NonC) services mpl bancaires par téléphone ▷ **telephone book** n ⇒ **telephone directory** ▷ **telephone booth** n (US) ⇒ **telephone box** ▷ **telephone box** n (Brit) cabine f téléphonique ▷ **telephone call** n coup m de téléphone *, appel m téléphonique ▷ **telephone directory** n annuaire m (du téléphone) ▷ **telephone exchange** n central m téléphonique ▷ **telephone kiosk** n ⇒ **telephone box** ▷ **telephone line** n ligne f téléphonique ▷ **telephone message** n message m téléphonique ▷ **telephone number** n numéro m de téléphone ▷ **telephone numbers** * npl (fig = large sums) des mille et des cents * mpl ▷ **telephone operator** n standardiste mf, téléphoniste mf ▷ **telephone sales** n ⇒ **telesales** ▷ **telephone service** n service m des téléphones

▷ **telephone sex** n (NonC) = téléphone m rose ◆ **telephone sex line** (ligne f de) téléphone m rose ▷ **telephone subscriber** n abonné(e) m(f) au téléphone ▷ **telephone-tapping** n mise f sur écoute (téléphonique) ▷ **telephone wires** npl fils mpl téléphoniques

telephonic [ˌtelɪˈfɒnɪk] adj téléphonique

telephonist [tɪˈlefənɪst] n (esp Brit) téléphoniste mf

telephony [tɪˈlefənɪ] n téléphonie f

telephoto [ˌtelɪˈfəʊtəʊ] adj ◆ **telephoto lens** téléobjectif m

telephotograph [ˌtelɪˈfəʊtəɡræf] n téléphotographie f

telephotography [ˌtelɪfəˈtɒɡrəfɪ] n (NonC) téléphotographie f

teleport ['telɪpɔːt] vt téléporter

teleportation [ˌtelɪpɔːˈteɪʃən] n télékinésie f

teleprint ['telɪprɪnt] vt (Brit) transmettre par téléscripteur

teleprinter [ˌtelɪˈprɪntəʳ] n (Brit) téléscripteur m, Télétype ® m

teleprocessing [ˌtelɪˈprəʊsesɪŋ] n (Comput) télétraitement m, télégestion f

Teleprompter ® ['telɪˌprɒmptəʳ] n (US, Can) prompteur m, téléprompteur m

telesales ['telɪseɪlz] **1** npl vente f par téléphone, télévente f
2 COMP ▷ **telesales department** n service m des ventes par téléphone ▷ **telesales staff** n vendeurs mpl, -euses fpl par téléphone, télévendeurs m, -euses fpl

telescope ['telɪskəʊp] → SYN **1** n (reflecting) télescope m ; (refracting) lunette f d'approche, longue-vue f ; (Astron) lunette f astronomique, télescope m
2 vi [railway carriages etc] se télescoper ; [umbrella] se plier ◆ **parts made to telescope** pièces fpl qui s'emboîtent
3 vt **a** [+ cane] replier
b [+ report, ideas] condenser

telescopic [ˌtelɪˈskɒpɪk] **1** adj télescopique
2 COMP ▷ **telescopic damper** n (Aut) amortisseur m télescopique ▷ **telescopic lens** n téléobjectif m ▷ **telescopic sight** n lunette f, collimateur m ▷ **telescopic umbrella** n parapluie m pliant or télescopique

teleshopping ['telɪʃɒpɪŋ] n (NonC) téléachat m

telesthesia [ˌtelɪsˈθiːzɪə] n (US) ⇒ **telaesthesia**

teletex ['telɪteks] n Télétex ® m

Teletext ® ['telɪtekst] n télétexte ® m, vidéotex ® m diffusé

telethon ['teləθɒn] n (TV) téléthon m

Teletype ® ['telɪtaɪp] **1** vt transmettre par Télétype ®
2 n Télétype ® m

teletypewriter [ˌtelɪˈtaɪpraɪtəʳ] n (US) téléscripteur m, Télétype ® m

televangelism [ˌtelɪˈvændʒəlɪzəm] n (NonC: esp US) prédication f à la télévision

televangelist [ˌtelɪˈvændʒəlɪst] n (esp US) télévangéliste mf

teleview ['telɪvjuː] vi (US) regarder la télévision

televiewer ['telɪˌvjuːəʳ] n téléspectateur m, -trice f

televiewing ['telɪˌvjuːɪŋ] n (NonC: watching TV) la télévision ◆ **this evening's televiewing contains ...** le programme de (la) télévision pour ce soir comprend ...

televise ['telɪvaɪz] vt téléviser

television ['telɪˌvɪʒən] → SYN **1** n télévision f ; (also television set) (poste m de) télévision f, téléviseur m ◆ **on television** à la télévision ◆ **black-and-white television** télévision f noir et blanc ◆ **colour television** télévision f (en) couleur
2 COMP actor, camera, studio de télévision ; report, news, serial télévisé ; film, script pour la télévision ▷ **television broadcast** n émission f de télévision ▷ **television cabinet** n meuble-télévision m ▷ **television company** n société f or chaîne f de télévision ▷ **television film** n téléfilm m ▷ **television licence** n (Brit) certificat m de redevance télévision ◆ **to pay one's television**

licence payer sa redevance télévision ▷ **television lounge** n (in hotel etc) salle f de télévision ▷ **television programme** n émission f de télévision ▷ **television rights** npl droits mpl d'antenne ▷ **television room** n ⇒ **television lounge** ▷ **television screen** n écran m de télévision or de téléviseur ◆ **on the television screen** sur le petit écran ▷ **television set** n télévision f, téléviseur m, poste m (de télévision) ▷ **television tube** n tube m cathodique

televisual [ˌtelɪˈvɪʒjʊəl] adj (Brit) télévisuel

telework [ˈtelɪwɜːk] vi télétravailler

teleworker [ˈtelɪwɜːkəʳ] n télétravailleur m, -euse f

teleworking [ˈtelɪwɜːkɪŋ] n télétravail m

telex [ˈteleks] [1] n télex m

[2] vt télexer, envoyer par télex

[3] COMP ▷ **telex operator** n télexiste mf

tell [tel] [→ SYN] pret, ptp **told** [1] vt [a] (gen) dire (*that* que) ◆ **tell me your name** dites-moi votre nom ◆ **I told him how pleased I was** je lui ai dit combien or à quel point j'étais content ◆ **I told him what/where/how/why** je lui ai dit ce que/où/comment/pourquoi ◆ **I told him the way to London, I told him how to get to London** je lui ai expliqué comment aller à Londres ◆ **he told himself it was only a game** il s'est dit que ce n'était qu'un jeu ◆ **I am glad to tell you that ...** je suis heureux de pouvoir vous dire que ... ◆ **to tell sb sth again** répéter or redire qch à qn ◆ **something tells me he won't be pleased** quelque chose me dit qu'il ne sera pas content ◆ **how many times do I have to tell you?** combien de fois faudra-t-il que je te le répète ? ◆ **let me tell you that you are quite mistaken** permettez-moi de vous dire que vous vous trompez lourdement ◆ **I won't go, I tell you!** puisque je te dis que je n'irai pas ! ◆ **I can't tell you how grateful I am** je ne saurais vous dire à quel point je suis reconnaissant ◆ **I can't tell you how glad I was to leave that place** vous ne pouvez pas savoir à quel point j'étais content de quitter cet endroit ◆ **don't tell me you've lost it!** tu ne vas pas me dire que or ne me dis pas que tu l'as perdu ! ◆ **I told you so!** je te l'avais bien dit ! ◆ **... or so I've been told** ... ou du moins c'est ce qu'on m'a dit ◆ **I could tell you a thing or two about him** je pourrais vous en dire long sur lui ◆ **I('ll) tell you what*, let's go for a swim!** tiens, si on allait se baigner ! ◆ **you're telling me!*** à qui le dis-tu ! ◆ **you tell me!** je n'en sais rien !, qu'est-ce que j'en sais ! *

[b] (= relate) dire, raconter ; [+ story, adventure] raconter (*to* à) ; [+ a lie, the truth] dire ; (= divulge) [+ secret] dire, révéler ; [+ sb's age] révéler ; [+ the future] prédire ◆ **to tell it like it is*** ne pas mâcher ses mots ◆ **can you tell the time?, can you tell time?** (US) sais-tu lire l'heure ? ◆ **can you tell me the time?** peux-tu me dire l'heure (qu'il est) ? ◆ **clocks tell the time** les horloges indiquent l'heure ◆ **that tells me all I need to know** maintenant je sais tout ce qu'il me faut savoir ◆ **it tells its own tale** or **story** ça dit bien ce que ça veut dire ◆ **the lack of evidence tells a tale** or **story** le manque de preuve est très révélateur ◆ **tell me another!*** à d'autres ! * ◆ **his actions tell us a lot about his motives** ses actes nous en disent long sur ses motifs ◆ **she was telling him about it** elle lui en parlait, elle était en train de le lui raconter ◆ **tell me about it** (lit) raconte-moi ça ; (* iro) ne m'en parle pas ◆ **I told him about what had happened** je lui ai dit or raconté ce qui était arrivé ◆ **"by J. Smith, as told to W. Jones"** = par J. Smith, propos recueillis par W. Jones ; → **fortune, picture, tale, truth**

[c] (= know) **how can I tell what he will do?** comment puis-je savoir ce qu'il va faire ? ◆ **there's no telling what he might do/how long the talks could last** impossible de dire or savoir ce qu'il pourrait faire/combien de temps les pourparlers vont durer ◆ **it was impossible to tell where the bullet had entered** il était impossible de dire or savoir par où la balle était entrée ◆ **I couldn't tell if he had been in a fight or had just fallen** il (m')était impossible de dire or de savoir s'il s'était battu ou s'il était simplement tombé, je n'aurais pas pu dire s'il s'était battu ou s'il était simplement tombé ◆ **I couldn't tell how it was done** je ne pourrais pas dire comment ça a été fait ◆ **no one can tell what he'll say** personne ne peut savoir ce qu'il dira ◆ **you can tell he's clever by the way he talks** on voit bien qu'il est intelligent à la façon dont il parle ◆ **you can tell he's joking** on voit bien qu'il plaisante ◆ **you can't tell much from his letter** sa lettre n'en dit pas très long

[d] (= distinguish) distinguer, voir ; (= know) savoir ◆ **to tell right from wrong** distinguer le bien du mal ◆ **I can't tell them apart** je ne peux les distinguer (l'un de l'autre) ◆ **I can't tell the difference** je ne vois pas la différence (*between* entre)

[e] (= command) dire, ordonner (*sb to do sth* à qn de faire qch) ◆ **do as you are told** fais ce qu'on te dit ◆ **I told him not to do it** je lui ai dit de ne pas le faire, je lui ai défendu de le faire

[f] († † = count) compter, dénombrer ◆ **to tell one's beads** dire or réciter son chapelet ; → **all**

[2] vi [a] parler (*of, about* de) ; (fig) ◆ **the ruins told of a long-lost civilization** les ruines témoignaient d'une civilisation depuis longtemps disparue ◆ **his face told of his sorrow** sa douleur se lisait sur son visage ◆ **(only) time can tell** qui vivra verra

[b] (= know) savoir ◆ **how can I tell?** comment le saurais-je ? ◆ **I can't tell** je n'en sais rien ◆ **who can tell?** qui sait ? ◆ **you never can tell** on ne sait jamais ◆ **you can't tell from his letter** on ne peut pas savoir d'après sa lettre ◆ **as** or **so far as one can tell** pour autant que l'on sache

[c] (= be talebearer) **I won't tell!** je ne le répéterai à personne ! ◆ **to tell on sb*** rapporter or cafarder* contre qn ◆ **don't tell on us!*** ne nous dénonce pas !

[d] (= have an effect) se faire sentir (*on sb/sth* sur qn/qch) ◆ **his influence must tell** son influence ne peut que se faire sentir ◆ **his age is beginning to tell** il commence à accuser son âge ◆ **the pressures of her job are beginning to tell on her** elle commence à accuser le stress de son travail ◆ **their age and inexperience told against them** leur âge et leur manque d'expérience militaient contre eux

► **tell off** [1] vt sep [a] (* = reprimand) gronder, attraper* (*sb for sth* qn pour qch ; *for doing sth* pour avoir fait qch) ◆ **to be told off** se faire attraper*

[b] † (= select etc) [+ person] affecter (*for sth* à qch), désigner (*to do sth* pour faire qch) ; (= check off) dénombrer

[2] **telling-off*** n → **telling**

teller [ˈteləʳ] n (US, Scot Banking) caissier m, -ière f ; [of votes] scrutateur m, -trice f ◆ **teller vote** (US Pol) vote m à bulletin secret *(dans une assemblée)* ; → **storyteller**

telling [ˈtelɪŋ] [→ SYN] [1] adj [a] (= revealing) comment, detail, figures, evidence révélateur (-trice f), éloquent

[b] (= effective) speech, argument, blow efficace ◆ **with telling effect** avec efficacité

[2] n (NonC) [of story etc] récit m ◆ **it lost nothing in the telling** c'était tout aussi bien quand on l'entendait raconter ◆ **this story grows in the telling** cette histoire s'enjolive chaque fois qu'on la raconte

[3] COMP ▷ **telling-off*** n engueulade* f ◆ **to get/give a good telling-off** recevoir/passer un bon savon* (*from* de ; *to* à)

telltale [ˈtelteɪl] [1] n rapporteur m, -euse f, mouchard(e) m(f)

[2] adj mark, sign etc révélateur (-trice f), éloquent

telluric acid [teˈlʊərɪk] n acide m tellurique

telluride [ˈteljʊˌraɪd] n tellurure m

tellurium [teˈlʊərɪəm] n tellure m

tellurometer [ˌteljʊˈrɒmɪtəʳ] n telluromètre m

tellurous [ˈteljʊrəs] adj tellureux

telly* [ˈtelɪ] n (Brit) (abbrev of **television**) télé* f ◆ **on the telly** à la télé*

telophase [ˈteləˌfeɪz] n télophase f

telson [ˈtelsən] n telson m

Temazepam ® [tɪˈmæzɪpæm] n, pl **Temazepam** or **Temazepams** *tranquillisant délivré sur ordonnance*

temerity [tɪˈmerɪtɪ] n (NonC) audace f, témérité f ◆ **to have the temerity to do sth** avoir l'audace de faire qch

temp* [temp] (abbrev of **temporary**) [1] n intérimaire mf, secrétaire mf etc qui fait de l'intérim

[2] vi faire de l'intérim, travailler comme intérimaire

temper [ˈtempəʳ] [→ SYN] [1] n [a] (NonC = nature, disposition) tempérament m, caractère m ; (NonC = mood) humeur f ; (= fit of bad temper) (accès m or crise f de) colère f ◆ **he has a very even temper** il est d'humeur très égale ◆ **he has a good temper** il a bon caractère ◆ **tempers became frayed** tout le monde commençait à perdre patience ◆ **tempers are running high** les esprits sont échauffés ◆ **to have a hot** or **quick temper** être soupe au lait ◆ **to have a nasty** or **foul** or **vile temper** avoir un sale caractère, avoir un caractère de cochon* ◆ **to have a short temper** être coléreux or soupe au lait inv ◆ **his short temper had become notorious** son caractère or tempérament coléreux était devenu célèbre ◆ **he had a temper and could be nasty** il était soupe au lait et pouvait être méchant ◆ **I hope he can control his temper** j'espère qu'il sait se contrôler or se maîtriser ◆ **to be in a temper** être en colère (*with sb* contre qn ; *over* or *about sth* à propos de qch) ◆ **to be in a good/bad temper** être de bonne/mauvaise humeur ◆ **he was in a foul temper** il était d'une humeur massacrante ◆ **he was not in the best of tempers** il n'était pas vraiment de très bonne humeur ◆ **to keep one's temper** garder son calme, se maîtriser ◆ **to lose one's temper** se mettre en colère ◆ **to put sb into a temper** mettre qn en colère ◆ **temper, temper!** du calme !, on se calme ! ◆ **in a fit of temper** dans un accès de colère ◆ **he flew into a temper** il a explosé or éclaté ; → **tantrum**

[b] [of metal] trempe f

[2] vt [+ metal] tremper ; (fig) [+ effects, rigours, passions] tempérer (*with* par)

tempera [ˈtempərə] n (NonC: Art) détrempe f

temperament [ˈtempərəmənt] [→ SYN] n (NonC) [a] (= nature) tempérament m, nature f ◆ **the artistic temperament** le tempérament artiste ◆ **his impulsive temperament got him into trouble** son tempérament impulsif or sa nature impulsive lui a posé des problèmes

[b] (= moodiness, difficult temperament) humeur f (changeante) ◆ **an outburst of temperament** une saute d'humeur ◆ **she was given to fits of temperament** elle avait tendance à avoir des sautes d'humeur

temperamental [ˌtempərəˈmentl] [→ SYN] adj [a] (= unpredictable) person, behaviour fantasque ; horse, machine capricieux ◆ **a temperamental outburst** une saute d'humeur

[b] (= innate) differences de tempérament ; inclinations, qualities, aversion naturel

temperamentally [ˌtempərəˈmentəlɪ] adv [a] (= unpredictably) behave capricieusement

[b] (= by nature) **temperamentally suited to a job** fait pour un travail du point de vue du caractère ◆ **temperamentally, we were not at all compatible** du point de vue du tempérament or pour ce qui est du tempérament, nous n'étions pas du tout compatibles

temperance [ˈtempərəns] [→ SYN] [1] n (NonC) modération f ; (in drinking) tempérance f

[2] COMP movement, league antialcoolique ; hotel où l'on ne sert pas de boissons alcoolisées

temperate [ˈtempərɪt] [→ SYN] [1] adj [a] (Geog, Met) region, climate tempéré ; forest, plant, animal de zone tempérée

[b] (= restrained) person (gen) modéré ; (with alcohol) qui fait preuve de tempérance ; lifestyle, reaction, discussion modéré ; attitude modéré, mesuré ; character, nature mesuré

[2] COMP ▷ **the Temperate Zone** n la zone tempérée

temperature [ˈtemprɪtʃəʳ] [1] n température f ◆ **a rise/fall in temperature** une hausse/baisse de la température ◆ **at a temperature of ...** à une température de ... ◆ **to have a** or **be running a temperature** avoir de la température or de la fièvre ◆ **her temperature is a little up/down** sa température a un peu augmenté/baissé ◆ **he was running a high temperature** il avait une forte fièvre ◆ **to take sb's temperature** prendre la température de qn ◆ **the bombing has raised the political temperature** cet attentat à la bombe a fait monter la tension politique ; → **high**

-tempered / **tenderness** ANGLAIS-FRANÇAIS 992

2 COMP change etc de température ▷ **temperature chart** n (Med) feuille f de température ▷ **temperature gauge** n indicateur m de température

-tempered ['tempəd] adj (in compounds) ◆ **even-tempered** d'humeur égale ; → **bad**, **good**

tempest ['tempɪst] → SYN n (liter) tempête f, orage m ; (fig) tempête f ◆ **it was a tempest in a teapot** (US) c'était une tempête dans un verre d'eau ◆ **"The Tempest"** (Literat) "La Tempête"

tempestuous [tem'pestjʊəs] → SYN adj **a** (= turbulent) relationship, meeting orageux ; period, time orageux, agité ; marriage, career tumultueux ; person impétueux, fougueux
b (liter) weather, wind, night de tempête ; sea houleux ; waves violent

tempestuously [tem'pestjʊəslɪ] adv (fig) avec violence ◆ **the sea crashed tempestuously against the cliffs** les vagues se fracassaient contre les falaises

tempestuousness [tem'pestjʊəsnɪs] n [of person] fougue f ; [of relationship] côté m orageux

tempi ['tempiː] (Mus) npl of tempo

temping ['tempɪŋ] n intérim m

Templar ['templər] n ⇒ **Knight Templar** ; → **knight**

template ['templɪt] n **a** (= pattern: woodwork, patchwork etc) gabarit m ; (fig = model) modèle m (for sth à la base de qch)
b (Constr = beam) traverse f
c (Comput) patron m

temple[1] ['templ] → SYN n (Rel) temple m ◆ **the Temple** (Brit Jur) ≈ le Palais (de Justice)

temple[2] ['templ] n (Anat) tempe f

templet ['templɪt] n ⇒ **template**

tempo ['tempəʊ] n, pl **tempos** or (Mus) **tempi** (Mus, fig) tempo m

temporal ['tempərəl] **1** adj **a** (= relating to time: also Gram, Rel) temporel
b (Anat) temporal
2 COMP ▷ **temporal bone** n (os m) temporal m

temporarily ['tempərərɪlɪ] → SYN adv (gen) temporairement, provisoirement ; (shorter time) pendant un moment

temporary ['tempərərɪ] → SYN adj job, resident, residence, staff temporaire ; accommodation, building, solution, injunction provisoire ; relief, improvement, problem passager ; licence, powers à titre temporaire ◆ **temporary road surface** revêtement m provisoire

temporization [ˌtempəraɪˈzeɪʃən] n temporisation f

temporize ['tempəraɪz] **1** vi **a** temporiser, chercher à gagner du temps ◆ **to temporize between two people** faire accepter un compromis à deux personnes
b (pej = bend with circumstances) faire de l'opportunisme
2 vt ◆ **not exactly, sir, temporized Sloan** "pas exactement monsieur" dit Sloan pour gagner du temps

temporizer ['tempəraɪzər] n temporisateur m, -trice f

tempt [tempt] → SYN vt **a** tenter, séduire ◆ **to tempt sb to do sth** donner à qn l'envie de faire qch ◆ **try and tempt her to eat a little** tâchez de la persuader de manger un peu ◆ **may I tempt you to a little more wine?** puis-je vous offrir un petit peu plus de vin ? ◆ **I'm very tempted** c'est très tentant ◆ **I am very tempted to accept** je suis très tenté d'accepter ◆ **he was tempted into doing it** il n'a pas pu résister à la tentation de le faire ◆ **don't tempt me!** (hum) n'essaie pas de me tenter ! ; → **sorely**
b († : Bible = test) tenter, induire en tentation ◆ **to tempt Providence** or **fate** (common usage) tenter le sort

temptation [tempˈteɪʃən] → SYN n tentation f ◆ **to put temptation in sb's way** exposer qn à la tentation ◆ **lead us not into temptation** ne nous laissez pas succomber à la tentation ◆ **there is a great temptation to assume …** il est très tentant de supposer … ◆ **there is no temptation to do so** on n'est nullement tenté de le faire ◆ **she resisted the temptation to buy it** elle a résisté à la tentation de l'acheter ◆ **the many temptations to which you will be exposed** les nombreuses tentations auxquelles vous serez exposé

tempter ['temptər] n tentateur m

tempting ['temptɪŋ] → SYN adj offer, proposition target tentant ; food, smell appétissant ◆ **it is tempting to say that …** on est tenté de dire que …

temptingly ['temptɪŋlɪ] adv (with vb) d'une manière tentante ◆ **prices are still temptingly low** (with adj) les prix sont toujours bas et cela donne envie d'acheter ◆ **the sea was temptingly near** la mer était tout près et c'était bien tentant

temptress ['temptrɪs] n tentatrice f

tempura [temˈpʊərə] n (NonC) tempura f

ten [ten] **1** adj dix inv ◆ **about ten books** une dizaine de livres ◆ **the Ten Commandments** les dix commandements mpl
2 n dix m inv ◆ **tens of thousands of …** des milliers (et des milliers) de … ◆ **hundreds, tens and units** les centaines, les dizaines et les unités ◆ **to count in tens** compter par dizaines ◆ **ten to one he won't come** je parie qu'il ne viendra pas ◆ **they're ten a penny** * il y en a tant qu'on en veut, il y en a à la pelle * ◆ **to drive with one's hands at ten to two** (Aut) conduire avec les mains à dix heures dix ; see also **number** ; for other phrases see **six**
3 pron dix ◆ **there were ten** il y en avait dix ◆ **there were about ten** il y en avait une dizaine
4 COMP ▷ **ten-cent store** n (US) bazar m ▷ **ten-gallon hat** n (US) ≈ chapeau m de cow-boy ▷ **ten-metre line** n (Rugby) ligne f de dix mètres

tenability [ˌtenəˈbɪlɪtɪ] n caractère m défendable

tenable ['tenəbl] → SYN adj **a** (= defensible) argument, view, position défendable ◆ **it's just not tenable** ça ne peut vraiment pas se défendre
b **the position of chairman is tenable for a maximum of three years** la présidence ne peut être occupée que pendant trois ans au maximum

tenacious [tɪˈneɪʃəs] → SYN adj **a** (= determined) person tenace ; defence, resistance opiniâtre
b (= persistent) belief, illness, condition tenace, obstiné
c (= firm) grip, hold solide, ferme
d (= retentive) memory indéfectible

tenaciously [tɪˈneɪʃəslɪ] adv cling to, hang on, fight avec ténacité ; survive obstinément

tenacity [tɪˈnæsɪtɪ] → SYN n (NonC) ténacité f

tenaculum [tɪˈnækjʊləm] n, pl **tenacula** [tɪˈnækjʊlə] érigne f

tenancy ['tenənsɪ] → SYN **1** n location f ◆ **during my tenancy of the house** pendant que j'étais locataire de la maison ◆ **to take on the tenancy of a house** prendre une maison en location ◆ **to give up the tenancy of a house** résilier un contrat de location ◆ **the new law relating to tenancies** la nouvelle loi relative aux locations
2 COMP ▷ **tenancy agreement** n contrat m de location

tenant ['tenənt] → SYN **1** n locataire mf
2 vt [+ property] habiter comme locataire
3 COMP ▷ **tenant farmer** n métayer m ▷ **tenant in common** n (Jur) indivisaire mf

tenantry ['tenəntrɪ] n (NonC: collective) (ensemble m des) tenanciers mpl (d'un domaine)

tench [tentʃ] n (pl inv) tanche f

tend[1] [tend] → SYN vt [+ sheep, shop] garder ; [+ invalid] soigner ; [+ machine] surveiller ; [+ garden] entretenir ; [+ piece of land to grow food] travailler, cultiver

▶ **tend to** vt fus (= take care of) s'occuper de ; see also **tend**[2]

tend[2] [tend] → SYN vi [person, thing] avoir tendance (to do sth à faire qch) ◆ **to tend towards** avoir des tendances à, incliner à or vers ◆ **he tends to be lazy** il a tendance à être paresseux, il est enclin à la paresse ◆ **he tends to(wards) fascism** il a des tendances fascistes, il incline au or vers le fascisme ◆ **that tends to be the case with such people** c'est en général le cas avec des gens de cette sorte ◆ **I tend to think that …** j'incline or j'ai tendance à penser que … ◆ **it**

is a grey tending to blue c'est un gris tirant sur le bleu

tendency ['tendənsɪ] → SYN n tendance f ◆ **to have a tendency to do sth** avoir tendance à faire qch ◆ **there is a tendency for prices to rise** les prix ont tendance à or tendent à augmenter ◆ **a strong upward tendency** (St Ex) une forte tendance à la hausse ◆ **the present tendency to(wards) socialism** les tendances socialistes actuelles

tendentious [tenˈdenʃəs] adj tendancieux

tendentiously [tenˈdenʃəslɪ] adv tendancieusement

tendentiousness [tenˈdenʃəsnɪs] n caractère m tendancieux

tender[1] ['tendər] → SYN n (Rail) tender m ; (= boat) (for passengers) embarcation f ; (for supplies) ravitailleur m

tender[2] ['tendər] **1** vt (= proffer) [+ object] tendre, offrir ; [+ money, thanks, apologies] offrir ◆ **to tender one's resignation** donner sa démission (to sb à qn) ◆ **"please tender exact change"** "prière de faire l'appoint"
2 vi (Comm) faire une soumission (for sth pour qch)
3 n **a** (Comm) soumission f (à un appel d'offres) ◆ **to make** or **put in a tender for sth** répondre or soumissionner à un appel d'offres pour qch ◆ **to invite tenders for sth, to put sth out to tender** lancer un appel d'offres pour qch, mettre qch en adjudication ◆ **they won the tender to build the bridge** ils ont obtenu le marché pour construire le pont
b (Fin) legal tender cours m légal ◆ **to be legal tender** avoir cours ◆ **East German currency is no longer legal tender** les devises est-allemandes n'ont plus cours
4 COMP ▷ **tender offer** n (US St Ex) offre f publique d'achat, OPA f

tender[3] ['tendər] **1** adj **a** (gen) person, expression, kiss, voice, word, thoughts, plant, food tendre ; body, skin délicat ; gesture tendre, plein de tendresse ; moment de tendresse ◆ **he gave her a tender smile** il lui a souri tendrement ◆ **they were locked in a tender embrace** ils étaient tendrement enlacés ◆ **to bid sb a tender farewell** dire tendrement adieu à qn ◆ **cook the meat until tender** faites cuire la viande jusqu'à ce qu'elle soit tendre ◆ **to leave sb/sth to the tender mercies of sb** (iro) abandonner qn/qch aux bons soins de qn
b (= young) at the tender age of seven à l'âge tendre de sept ans ◆ **she left home at a very tender age** elle a quitté la maison très jeune ◆ **he was a hardened criminal by the tender age of 16** c'était un criminel endurci dès l'âge de 16 ans ◆ **a child of tender age** or **years** un enfant dans l'âge tendre ◆ **in spite of his tender years** malgré son jeune âge
c (= sore) skin, bruise sensible ◆ **tender to the touch** sensible au toucher
d (= difficult) subject délicat
2 COMP ▷ **tender-hearted** adj sensible, compatissant ◆ **to be tender-hearted** être un cœur tendre ▷ **tender-heartedness** n (NonC) compassion f, sensibilité f ▷ **tender loving care** n what he needs is some tender loving care ce dont il a besoin, c'est d'être dorloté

tenderer ['tendərər] n soumissionnaire mf

tenderfoot ['tendəfʊt] n, pl **tenderfoots** novice mf, nouveau m, nouvelle f

tendering ['tendərɪŋ] n (NonC: Comm) soumissions fpl

tenderization [ˌtendəraɪˈzeɪʃən] n (Culin) attendrissement m

tenderize ['tendəraɪz] vt (Culin) attendrir

tenderizer ['tendəraɪzər] n (Culin) (= mallet) attendrisseur m ; (= spices) épices pour attendrir la viande

tenderloin ['tendəlɔɪn] n (= meat) filet m ; (US fig) quartier m louche (où la police est corrompue)

tenderly ['tendəlɪ] adv kiss tendrement ; touch, say avec tendresse

tenderness ['tendənɪs] → SYN n (NonC) **a** (gen) tendresse f ; [of skin] délicatesse f ; [of meat etc] tendreté f
b (= soreness) [of arm, bruise etc] sensibilité f
c (= emotion) tendresse f (towards envers)

tendon ['tendən] n tendon m

tendril ['tendrɪl] n (Bot) vrille f

tenebrous ['tenɪbrəs] adj (liter) ténébreux

tenement ['tenɪmənt] n (= apartment) appartement m, logement m ; (also **tenement house** or **building**) immeuble m

Tenerife [ˌtenəˈriːf] n Tenerife

tenesmus [tɪˈnezməs] n ténesme m, épreintes fpl

tenet ['tenət] n principe m, doctrine f

tenfold ['tenfəʊld] **1** adj décuple
2 adv au décuple ◆ **to increase tenfold** décupler

Tenn. abbrev of **Tennessee**

tenner * ['tenər] n (Brit) (billet m de) dix livres ; (US) (billet m de) dix dollars

Tennessee [ˌtenɪˈsiː] n le Tennessee ◆ **in Tennessee** dans le Tennessee

tennis ['tenɪs] **1** n (NonC) tennis m ◆ **a game of tennis** une partie de tennis
2 COMP player, racket, club de tennis ▷ **tennis ball** n balle f de tennis ▷ **tennis camp** n (US) **to go to tennis camp** faire un stage de tennis ▷ **tennis court** n (court m or terrain m de) tennis m inv ▷ **tennis elbow** n (Med) synovite f du coude ▷ **tennis shoe** n (chaussure f de) tennis m

tenon ['tenən] **1** n tenon m
2 COMP ▷ **tenon saw** n scie f à tenons

tenor ['tenər] **1** n **a** (= general sense) [of speech, discussion] teneur f, substance f ; (= course) [of one's life, events, developments] cours m
b (= exact wording) teneur f
c (Mus) ténor m
2 adj (Mus) voice, part de ténor ; aria pour ténor ; recorder, saxophone ténor inv
3 COMP ▷ **the tenor clef** n la clef d'ut quatrième ligne

tenorite [ˈtenəraɪt] n ténorite f

tenosynovitis [ˌtenəʊˌsaɪnəʊˈvaɪtɪs] n ténosynovite f

tenotomy [təˈnɒtəmɪ] n ténotomie f

tenpin ['tenpɪn] **1** n quille f ◆ **tenpins** (US) ⇒ **tenpin bowling**
2 COMP ▷ **tenpin bowling** n (Brit) bowling m (à dix quilles)

tenrec ['tenrek] n tenrec m

tense¹ [tens] n (Gram) temps m ◆ **in the present tense** au temps présent

tense² [tens] → SYN **1** adj person, voice, expression, muscles, rope, situation tendu ; time, period de tension ; (Ling) vowel tendu ◆ **to become tense** [person] se crisper ◆ **things were getting rather tense** l'atmosphère devenait plutôt tendue ◆ **to make sb tense** rendre qn nerveux ◆ **in a voice tense with emotion** d'une voix voilée par l'émotion ◆ **they were tense with fear/anticipation** ils étaient crispés de peur/par l'attente
2 vt [+ muscles] contracter ◆ **to tense o.s.** se contracter
3 vi [muscles, person, animal] se contracter

▶ **tense up 1** vi se crisper
2 vt **you're all tensed up** tu es tout tendu

tensely ['tenslɪ] adv say d'une voix tendue ◆ **they waited/watched tensely** ils attendaient/observaient, tendus

tenseness ['tensnɪs] n (NonC: lit, fig) tension f

tensile ['tensaɪl] **1** adj material extensible, élastique
2 COMP ▷ **tensile load** n force f de traction ▷ **tensile strength** n résistance f à la traction ▷ **tensile stress** n contrainte f de traction ; → **high**

tensiometer [ˌtensɪˈɒmɪtər] n tensiomètre m

tension ['tenʃən] → SYN **1** n (NonC) tension f
2 COMP ▷ **tension headache** n (Med) mal m de tête (dû à la tension nerveuse)

tensor ['tensər] n (Anat, Math) tenseur m

tent [tent] **1** n tente f
2 vi camper
3 COMP ▷ **tent peg** n (Brit) piquet m de tente ▷ **tent pole, tent stake** n montant m de tente ▷ **tent trailer** n caravane f pliante

tentacle ['tentəkl] n (also fig) tentacule m

tentative ['tentətɪv] → SYN adj (= provisional) agreement, measure, plan, date, enquiry, conclusion provisoire ; (= hesitant) gesture, step, knock hésitant ; smile, attempt, suggestion timide ◆ **a tentative offer** (to buy etc) une offre provisoire ; (of help etc) une offre timide

tentatively ['tentətɪvlɪ] adv (= provisionally) agreed, scheduled, planned, titled provisoirement ; (= hesitantly) smile, say, knock, wave timidement ; touch avec hésitation

tented ['tentɪd] **1** adj **a** (= containing tents) field couvert de tentes ; camp de tentes
b (= draped) room, ceiling à tentures *(partant du centre du plafond)*
2 COMP ▷ **tented arch** n (Archit) ogive f

tenterhooks ['tentəhʊks] npl ◆ **to be/keep sb on tenterhooks** être/tenir qn sur des charbons ardents or au supplice

tenth [tenθ] **1** adj dixième
2 n dixième mf ; (= fraction) dixième m ◆ **nine-tenths of the book** les neuf dixièmes du livre ◆ **nine-tenths of the time** la majeure partie du temps ; for other phrases see **sixth**

tenuity [teˈnjuːtɪ] n (NonC) ténuité f

tenuous ['tenjʊəs] adj link, connection, distinction ténu ; relationship subtil ; evidence mince ; existence précaire ; position, alliance fragile ; lead faible ◆ **to have a tenuous grasp of sth** avoir une vague idée or de vagues notions de qch ◆ **to have a tenuous hold on sb/sth** n'avoir que peu d'emprise sur qn/qch

tenuously ['tenjʊəslɪ] adv de manière ténue

tenure ['tenjʊər] **1** n (Univ) fait m d'être titulaire ; (feudal) tenure f ; [of land, property] bail m ◆ **to have tenure** [employee] être titulaire ◆ **to get tenure** être titularisé ◆ **the system of tenure** le système des emplois or postes permanents ◆ **the tenure is for two years** la période de jouissance est de deux ans ◆ **during his tenure of office** pendant qu'il était en fonction ; → **security**
2 COMP ▷ **tenure track position** n (US Univ) poste m avec possibilité de titularisation

tenured ['tenjʊəd] adj professor etc titulaire ◆ **he has a tenured position** il est titulaire de son poste

tenuto [tɪˈnjuːtəʊ] adv tenuto

teocalli [ˌtiːəʊˈkælɪ] n, pl **teocallis** téocalli m

tepal ['tiːpl] n tépale m

tepee ['tiːpiː] n tipi m

tepid ['tepɪd] → SYN adj **a** (lit) water, coffee tiède
b (fig) response réservé, sans enthousiasme ; support réservé, mitigé ; applause sans conviction

tepidity [teˈpɪdɪtɪ] n (NonC) tiédeur f

tepidly ['tepɪdlɪ] adv (fig) agree, respond sans grand enthousiasme

tepidness ['tepɪdnɪs] n (NonC) ⇒ **tepidity**

tequila [tɪkiːlə] n tequila f

Ter (Brit) ⇒ **Terr**

teratogen ['terətədʒən] n tératogène m

teratogenic [ˌterətəˈdʒenɪk] adj tératogène

teratologist [ˌterəˈtɒlədʒɪst] n tératologue mf

teratology [ˌterəˈtɒlədʒɪ] n tératologie f

teratoma [ˌterəˈtəʊmə] n, pl **teratomata** [ˌterəˈtəʊmətə] or **teratomas** tératome m

terbium ['tɜːbɪəm] n terbium m

tercel ['tɜːsl] n (Falconry) tiercelet m

tercentenary [ˌtɜːsenˈtiːnərɪ] adj, n tricentenaire m

tercet ['tɜːsɪt] n (Poetry) tercet m ; (Mus) triolet m

terebinth ['terɪbɪnθ] n térébinthe m

terebrate ['terɪbreɪt] adj (Zool) térébrant

terephthalic [ˌterefˈθælɪk] adj ◆ **terephthalic acid** acide m téréphtalique

Teresa [təˈriːzə] n Thérèse f

term [tɜːm] → SYN **1** n **a** (gen, Admin, Fin, Jur, Med) (= limit) terme m ; (= period) période f, terme m (Jur) ◆ **to put** or **set a term to sth** mettre or fixer un terme à qch ◆ **at term** (Fin, Med) à terme ◆ **in the long term** à long terme ; see also **long-term** ◆ **in the medium term** à moyen terme ; see also **medium** ◆ **in the short term** à court terme, dans l'immédiat ; see also **short** ◆ **during his term of office** pendant la période où il exerçait ses fonctions ◆ **elected for a three-year term** élu pour une durée or période de trois ans ◆ **term of imprisonment** peine f de prison
b (Scol, Univ) trimestre m ; (Jur) session f ◆ **the autumn/spring/summer term** (Scol, Univ) le premier/second or deuxième/troisième trimestre ◆ **in (the) term, during (the) term** pendant le trimestre ◆ **out of (the) term** pendant les vacances (scolaires or universitaires)
c (Math, Philos) terme m

◆ **in terms of** ◆ **A expressed in terms of B** A exprimé en fonction de B ◆ **in terms of production we are doing well** (fig) sur le plan de la production nous avons de quoi être satisfaits ◆ **he sees art in terms of human relationships** pour lui l'art est fonction des relations humaines ◆ **to look at sth in terms of the effect it will have/of how it …** considérer qch sous l'angle de l'effet que cela aura/de la façon dont cela … ◆ **we must think in terms of …** il faut penser à … ; (= consider the possibility of) il faut envisager (la possibilité de) … ◆ **price in terms of dollars** prix m exprimé en dollars

d (= conditions) **terms** (gen) conditions fpl ; [of contracts etc] termes mpl ; (Comm etc) prix m(pl), tarif m ◆ **you can name your own terms** vous êtes libre de stipuler vos conditions ◆ **on what terms?** à quelles conditions ? ◆ **not on any terms** à aucun prix, à aucune condition ◆ **they accepted him on his own terms** ils l'ont accepté sans concessions de sa part ◆ **to compete on equal** or **the same terms** rivaliser dans les mêmes conditions or sur un pied d'égalité ◆ **to compete on unequal** or **unfair terms** ne pas rivaliser dans les mêmes conditions, ne pas bénéficier des mêmes avantages ◆ **to lay down** or **dictate terms to sb** imposer des conditions à qn ◆ **under the terms of the contract** d'après les termes du contrat ◆ **terms and conditions** (Jur) modalités fpl ◆ **terms of surrender** conditions fpl or termes mpl de la reddition ◆ **it is not within our terms of reference** cela n'entre pas dans les termes de notre mandat ◆ **terms of sale** conditions fpl de vente ◆ **terms of payment** conditions fpl or modalités fpl de paiement ◆ **credit terms** conditions fpl de crédit ◆ **we offer it on easy terms** (Comm) nous offrons des facilités de paiement ◆ **our terms for full board** notre tarif pension complète ◆ **"inclusive terms: £20"** "20 livres tout compris"

e (relationship) **to be on good/bad terms with sb** être en bons/mauvais termes or rapports avec qn ◆ **they are on the best of terms** ils sont au mieux, ils sont en excellents termes ◆ **they're on fairly friendly terms** ils ont des rapports assez amicaux or des relations assez amicales ; → **equal, nod, speaking**

◆ **to come to terms with** [+ person] arriver à un accord avec ; [+ problem, situation] accepter

f (= word) terme m ; (= expression) expression f ◆ **technical/colloquial term** terme m technique/familier ◆ **in plain** or **simple terms** en termes simples or clairs ◆ **he spoke of her in glowing terms** il a parlé d'elle en termes très chaleureux ; → **uncertain**
2 vt appeler, nommer ◆ **what we term happiness** ce que nous nommons or appelons le bonheur ◆ **it was termed a compromise** ce fut qualifié de compromis
3 COMP exams etc trimestriel ▷ **term insurance** n assurance f vie temporaire ▷ **term paper** n (US Univ) dissertation f trimestrielle

termagant ['tɜːməgənt] n harpie f, mégère f

terminal ['tɜːmɪnl] → SYN **1** adj **a** (Med) (= incurable) patient, illness, cancer en phase terminale ; (= final) stage terminal ◆ **terminal care** soins mpl aux malades en phase terminale ◆ **terminal ward** salle f des malades en phase terminale
b (= insoluble) problem, crisis, situation sans issue ◆ **to be in terminal decline** or **decay** être à bout de souffle
c (= last) stage final
d (* = utter) boredom mortel ; stupidity, workaholic incurable
e (Bot, Anat, Ling) terminal
f (= termly) trimestriel
2 n **a** (also **air terminal**) aérogare f ; (for trains, coaches, buses) (gare f) terminus m inv ;

terminally / test

(Underground = terminus) (gare f) terminus m inv ; (Underground: at beginning of line) tête f de ligne ◆ **container terminal** terminal m de containers ◆ **oil terminal** terminal m pétrolier

b (Elec) borne f

c (Comput) terminal m ◆ **dumb/intelligent terminal** terminal m passif/intelligent

[3] COMP ▷ **terminal bonus** n (Fin) bonus payé à échéance d'une police d'assurance ▷ **terminal point, terminal station** n (Rail) terminus m ▷ **terminal velocity** n (Phys, Aviat) vitesse f finale

terminally ['tɜːmɪnlɪ] adv **a** (= incurably) **terminally ill** condamné, en phase terminale ◆ **the terminally ill** les malades mpl en phase terminale

b (* = utterly) définitivement ◆ **a terminally boring film** un film à mourir d'ennui

terminate ['tɜːmɪneɪt] → SYN [1] vt terminer, mettre fin à, mettre un terme à ; [+ contract] résilier, dénoncer

[2] vi se terminer, finir (in en, par)

termination [ˌtɜːmɪˈneɪʃən] → SYN n fin f, conclusion f ; [of contract] résiliation f, dénonciation f ; (Gram) terminaison f ◆ **termination of employment** licenciement m, résiliation f du contrat de travail ◆ **termination (of pregnancy)** interruption f de grossesse

termini ['tɜːmɪniː] npl of terminus

terminological [ˌtɜːmɪnəˈlɒdʒɪkəl] adj terminologique

terminologist [ˌtɜːmɪˈnɒlədʒɪst] n terminologue mf

terminology [ˌtɜːmɪˈnɒlədʒɪ] → SYN n terminologie f

terminus ['tɜːmɪnəs] → SYN n, pl **terminuses** or **termini** terminus m inv

termite ['tɜːmaɪt] n termite m, fourmi f blanche

termly ['tɜːmlɪ] adj trimestriel

termtime ['tɜːmtaɪm] [1] n (durée f du) trimestre m ◆ **in termtime, during termtime** pendant le trimestre ◆ **out of termtime** pendant les vacances (scolaires or universitaires)

[2] COMP ▷ **termtime employment** n (US Univ) emploi m pour étudiant (rémunéré par l'université)

tern [tɜːn] n hirondelle f de mer, sterne f

ternary ['tɜːnərɪ] adj ternaire

Terpsichore [tɜːpˈsɪkərɪ] n Terpsichore f

Terpsichorean [ˌtɜːpsɪkəˈrɪən] adj art de la danse

Terr (Brit) abbrev of Terrace

terrace ['terəs] [1] n (Agr, Geol etc) terrasse f ; (= raised bank) terre-plein m ; (= patio, veranda, balcony, roof) terrasse f ; (Brit = row of houses) rangée f de maisons (attenantes les unes aux autres) ◆ **the terraces** (Brit Sport) les gradins mpl ; → HOUSE

[2] vt [+ hillside] arranger en terrasses ◆ **terraced**, hillside en terrasses ; (Brit) house en mitoyenneté

[3] COMP ▷ **terrace cultivation** n culture f en terrasses ▷ **terrace house** n (Brit) maison f en mitoyenneté ; → HOUSE

terraced ['terɪst] adj garden, hillside en terrasses ; (Brit) house en mitoyenneté

terracing ['terəsɪŋ] n **a** (Brit Sport) gradins mpl

b (Agr) (système m de) terrasses fpl

terracotta ['terəˈkɒtə] [1] n terre f cuite

[2] COMP (= made of terracotta) en terre cuite ; (= colour) ocre brun inv

terra firma ['terəˈfɜːmə] n terre f ferme

terrain [teˈreɪn] n terrain m (sol)

terrapin ['terəpɪn] n tortue f d'eau douce

terrarium [təˈreərɪəm] n (for plants) petite serre f ; (for animals) terrarium m

terrazzo [teˈrætsəʊ] n sol m de mosaïque

terrestrial [tɪˈrestrɪəl] adj **a** life, event, animal, plant terrestre

b (esp Brit TV) television, channel hertzien

terrible ['terəbl] → SYN adj disease, consequences, mistake, time, weather, food terrible ; heat terrible, atroce ; disappointment, cold terrible, affreux ; experience, act, pain, injury atroce ; damage, poverty effroyable ◆ **her French is terrible** son français est atroce ◆ **to feel terrible** (= guilty) s'en vouloir beaucoup ; (= ill) se sentir mal ◆ **to look terrible** (= ill) avoir très mauvaise mine ; (= untidy) ne pas être beau à voir ◆ **he sounded terrible** (= ill etc) (à l'entendre or à sa voix) il avait l'air d'aller très mal ◆ **I've got a terrible memory** j'ai très mauvaise mémoire ◆ **he was having terrible trouble with his homework** il avait un mal fou * à faire ses devoirs ◆ **to be a terrible bore** être terriblement ennuyeux ◆ **I've been a terrible fool** j'ai été le dernier des imbéciles ◆ **you're going to get in the most terrible muddle** * tu vas te retrouver dans une mélasse * effroyable ◆ **it would be a terrible pity if ...** ce serait extrêmement dommage si ... ◆ **it's a terrible shame (that)** c'est vraiment dommage (que (+ subj))

terribly ['terəblɪ] → SYN adv (= very) important, upset, hard extrêmement ; difficult, disappointed terriblement ; sorry vraiment ; behave de manière lamentable ; play, sing terriblement mal ◆ **I'm not terribly good with money** je ne suis pas très doué pour les questions d'argent ◆ **it isn't a terribly good film** ce n'est pas un très bon film ◆ **he doesn't always come across terribly well** il ne passe pas toujours très bien la rampe * ◆ **to suffer terribly** souffrir terriblement ◆ **I missed him terribly** il me manquait terriblement

terricolous [teˈrɪkələs] adj terricole

terrier ['terɪə'] n **a** terrier m

b (Brit Mil) **the terriers** * la territoriale *, les territoriaux mpl

terrific [təˈrɪfɪk] → SYN adj **a** (* = excellent) person, idea, story, news super * inv ◆ **to do a terrific job** faire un super bon boulot * ◆ **to look terrific** être super * ◆ **to have a terrific time** s'amuser comme un fou ou une folle ◆ **terrific!** super !

b (= very great) speed fou (folle f), fantastique ; amount énorme ; explosion formidable ; pain atroce ; strain, pressure, disappointment terrible ; noise, cold épouvantable ; heat épouvantable, effroyable

terrifically * [təˈrɪfɪkəlɪ] adv **a** (= extremely) terriblement ◆ **to do terrifically well** s'en tirer formidablement bien

b (= very well) treat, sing, play formidablement bien

terrify ['terɪfaɪ] → SYN vt terrifier ◆ **to terrify sb out of his wits** rendre qn fou de terreur ◆ **to be terrified of ...** avoir une peur folle de ...

terrifying ['terɪfaɪɪŋ] adj terrifiant

terrifyingly ['terɪfaɪɪŋlɪ] adv high, fragile terriblement ; shake, wobble de façon terrifiante

terrine [teˈriːn] n terrine f

territorial [ˌterɪˈtɔːrɪəl] [1] adj (Mil, Pol, Zool) territorial ◆ **a territorial animal** un animal au comportement territorial

[2] n **a** (Brit Mil) **Territorial** territorial m ◆ **the Territorials** l'armée f territoriale, la territoriale *, les territoriaux mpl

[3] COMP ▷ **the Territorial Army** n (Brit) l'armée f territoriale ▷ **territorial waters** npl eaux fpl territoriales

---

TERRITORIAL ARMY

L'armée territoriale (**Territorial Army** ou **TA**) est une organisation britannique de réservistes volontaires. Elle se compose de civils qui reçoivent un entraînement militaire pendant leur temps libre et qui forment un corps d'armée de renfort en cas de guerre ou de crise grave. Ces volontaires sont rémunérés pour leurs services.

---

territoriality [ˌterɪtɔːrɪˈælɪtɪ] n (Jur, Zool) territorialité f

territory ['terɪtərɪ] → SYN n (lit) (= land) territoire m ; (fig = area of knowledge, competence etc) secteur m, terrain m ◆ **the occupied territories** les territoires mpl occupés ◆ **that's his territory** (fig) c'est un secteur qu'il connaît bien, il est sur son terrain ◆ **such problems have become familiar territory** ce genre de problème fait désormais partie du paysage quotidien ◆ **the familiar territory of sex, power and guilt** le domaine familier du sexe, du pouvoir et du sentiment de culpabilité ◆ **we are definitely in uncharted territory** (lit, fig) nous sommes en terrain ou en territoire totalement inconnu ◆ **that comes or goes with the territory** ça fait partie du boulot *, ce sont les risques du métier

terror ['terə'] → SYN [1] n **a** (NonC) (= fear) terreur f, épouvante f ◆ **they were living in terror** ils vivaient dans la terreur ◆ **they fled in terror** épouvantés, ils se sont enfuis ◆ **he went** or **was in terror of his life** il craignait fort pour sa vie ◆ **to go** or **live in terror of sb/sth** vivre dans la terreur de qn/qch ◆ **I have a terror of flying** monter en avion me terrifie ◆ **to hold no terrors for sb** ne pas faire peur du tout à qn ; → reign

b (Pol) terreur f

c (= person) terreur * f ◆ **he was the terror of the younger boys** il était la terreur des plus petits * ◆ **he's a terror on the roads** * c'est un danger public sur les routes ◆ **that child is a (real** or **little** or **holy) terror** * cet enfant est une vraie (petite) terreur *

[2] COMP ▷ **terror-stricken, terror-struck** adj épouvanté

terrorism ['terərɪzəm] n (NonC) terrorisme m ◆ **an act of terrorism** un acte de terrorisme

terrorist ['terərɪst] [1] n terroriste mf

[2] COMP attack, group, activities terroriste ; act de terrorisme ▷ **terrorist bombing** n attentat m à la bombe

terrorize ['terəraɪz] → SYN vt terroriser

terry ['terɪ] n (also **terry cloth, terry towelling**) tissu m éponge

terse [tɜːs] → SYN adj laconique, brusque (pej)

tersely ['tɜːslɪ] adv laconiquement, avec brusquerie (pej)

terseness ['tɜːsnɪs] n laconisme m, brusquerie f (pej)

tertiary ['tɜːʃərɪ] [1] adj **a** (= third) effect, source tertiaire ◆ **tertiary industries** entreprises fpl du tertiaire

b (Educ) institution, level d'enseignement supérieur

c (Geol) **Tertiary** tertiaire

[2] n (Geol) tertiaire m ; (Rel) tertiaire mf

[3] COMP ▷ **tertiary college** n (Brit Scol) établissement accueillant des élèves de terminale et dispensant une formation professionnelle ▷ **tertiary education** n enseignement m supérieur ▷ **the Tertiary period** n le tertiaire ▷ **the tertiary sector** n (Ind) le (secteur) tertiaire

Terylene ® ['terəliːn] (Brit) [1] n tergal ® m

[2] COMP en tergal ®

terza rima ['teətsəˈriːmə] n, pl **terze rime** ['teətseˈriːmeɪ] (Literat) terza rima f

TESL [tesl] n (abbrev of **Teaching of English as a Second Language**) → **teaching** ; → TEFL ; TESL ; TESOL ; ELT

tesla ['teslə] [1] n tesla m

[2] COMP ▷ **tesla coil** n transformateur m de Tesla

TESOL ['tiːsɒl] n (abbrev of **Teaching of English as a Second or Other Language**) → **teaching** ; → TEFL ; TESL ; TESOL ; ELT

Tessa ['tesə] n (abbrev of **Tax Exempt Special Savings Account**) compte de dépôt dont les intérêts sont exonérés d'impôts à condition que le capital reste bloqué

tessellated ['tesɪleɪtɪd] adj en mosaïque

tessellation [ˌtesɪˈleɪʃən] n (NonC) mosaïque f

tessitura [ˌtesɪˈtʊərə] n tessiture f

test [test] → SYN [1] n **a** (gen, Ind, Tech etc) essai m ◆ **the aircraft has been grounded for tests** l'avion a été retiré de la circulation pour (être soumis à) des essais or des vérifications ◆ **to run a test on a machine** tester or contrôler une machine ◆ **nuclear tests** essais mpl nucléaires

b (Med) (on blood, urine) analyse f ; (on organ) examen m ; (Pharm, Chem) analyse f, test m ◆ **urine test** analyse f d'urine ◆ **to do a test for sugar** faire une analyse pour déterminer la présence ou le taux de glucose ◆ **hearing test** examen m de l'ouïe ◆ **they did a test for diphtheria** ils ont fait une analyse pour voir s'il s'agissait de la diphtérie ◆ **he sent a specimen to the laboratory for tests** (Med) il a envoyé un échantillon au laboratoire pour analyses ◆ **they did tests on the water to see whether ...** ils ont analysé l'eau pour voir si ... ◆ **the Wasserman test** (Med) la réaction Wasserman

c (of physical or mental quality, also Psych) **they are trying to devise a test to find suitable security staff** ils essaient de concevoir un test permettant de sélectionner le personnel de gardiennage ◆ **it's a test of his strength** cela teste ses forces ◆ **a test of strength** (fig) une épreuve de force ◆ **a test of his powers to survive in ...** une épreuve permettant d'établir s'il pourrait survivre dans ... ◆ **it wasn't a fair test of her linguistic abilities** cela n'a pas permis d'évaluer correctement ses aptitudes linguistiques ◆ **if we apply the test of visual appeal** si nous utilisons le critère de l'attrait visuel ; → **acid, endurance, intelligence**

d (Scol, Univ) (written) devoir m or exercice m de contrôle, interrogation f écrite ; (oral) interrogation f orale ◆ **practical test** épreuve f pratique ◆ **to pass the test** (fig) bien se tirer de l'épreuve

e (also **driving test**) (examen m du) permis m de conduire ◆ **my test is on Wednesday** je passe mon permis mercredi ◆ **to pass/fail one's test** être reçu/échouer au permis (de conduire)

f (NonC) **to put to the test** mettre à l'essai or à l'épreuve ◆ **to stand the test** [person] se montrer à la hauteur* ; [machine, vehicle] résister aux épreuves ◆ **it has stood the test of time** cela a (bien) résisté au passage du temps

g (Sport) ⇒ **test match**

2 vt [+ machine, weapon, tool] essayer ; [+ vehicle] essayer, mettre à l'essai ; [+ aircraft] essayer, faire faire un vol d'essai à ; (Comm) [+ goods] vérifier ; (Chem) [+ metal, liquid] analyser ; (Med) [+ blood, urine] faire une (or des) analyse(s) de ; [+ new drug etc] expérimenter ; (Psych) [+ person, animal] tester ; (gen) [+ person] mettre à l'épreuve ; [+ sight, hearing] examiner ; [+ intelligence] mettre à l'épreuve, mesurer ; [+ sb's reactions] mesurer ; [+ patience, nerves] éprouver, mettre à l'épreuve ◆ **they tested the material for resistance to heat** ils ont soumis le matériau à des essais destinés à vérifier sa résistance à la chaleur ◆ **these conditions test a car's tyres/strength** ces conditions mettent à l'épreuve les pneus/la résistance d'une voiture ◆ **to test metal for impurities** analyser un métal pour déterminer la proportion d'impuretés qu'il contient ◆ **to test the water** [chemist etc] analyser l'eau ; (for swimming, bathing baby) tâter (la température de) l'eau, voir si l'eau est bonne ; (fig: Pol etc) prendre la température d'une assemblée (or d'un groupe etc), se faire une idée de la situation ◆ **they tested him for diabetes** (Med) ils l'ont soumis à des analyses pour établir s'il avait le diabète ◆ **they tested the child for hearing difficulties** ils ont fait passer à l'enfant un examen de l'ouïe ◆ **to test a drug on sb** expérimenter un médicament sur qn ◆ **to test sb for drugs/alcohol** faire subir un contrôle de dopage/un alcootest ® à qn ◆ **they tested the children in geography** ils ont fait subir aux enfants une interrogation or un exercice de contrôle en géographie ◆ **they tested him for the job** ils lui ont fait passer des tests d'aptitude pour le poste

3 vi ◆ **to test for sugar** faire une recherche de sucre ◆ **he tested positive for drugs** son contrôle de dopage était positif ◆ **he tested positive for steroids** les tests or les contrôles ont révélé chez lui la présence de stéroïdes ◆ **they were testing for a gas leak** ils faisaient des essais pour découvrir une fuite de gaz ◆ **"testing, testing"** (Telec etc) ≃ un, deux, trois

4 COMP shot etc d'essai ; district, experiment, year test inv ▷ **test ban treaty** n (Nucl Phys, Pol) traité m d'interdiction d'essais nucléaires ▷ **test-bed** n banc m d'essai ▷ **test bore** n [of oil] sondage m de prospection ▷ **test card** n (Brit TV) mire f ▷ **test case** n (Jur) précédent m, affaire f qui fait jurisprudence ◆ **the strike is a test case** c'est une grève-test ▷ **test cricket** n (NonC) internationaux mpl de cricket ▷ **test data** n (Comput) données fpl de test ▷ **test-drill** vi [of oil company] se livrer à des forages d'essai ▷ **test drive** n [of car] essai m sur route ◆ **to take a car for a test drive** essayer une voiture ▷ **test-drive** vt (by prospective buyer) essayer ; (by manufacturer) mettre au banc d'essai, faire faire un essai sur route à ▷ **test film** n (Cine) bout m d'essai ▷ **test flight** n (Aviat) vol m d'essai ▷ **test-fly** vt faire faire un vol d'essai à ▷ **test gauge** n bande f étalon ▷ **test-market** vt commercialiser à titre expérimental ▷ **test match** n (Cricket, Rugby) match m international ▷ **test paper** n (Scol) interrogation f écrite ; (Chem) (papier m) réactif m ▷ **test pattern** n (US TV) ⇒ **test card** ▷ **test piece** n (Mus) morceau m imposé ▷ **test pilot** n (Aviat) pilote m d'essai ▷ **test run** n (lit) essai m ; (fig) période f d'essai ▷ **test strip** n bande f d'essai ▷ **test tube** n éprouvette f ▷ **test-tube baby** n bébé-éprouvette m

▶ **test out** vt sep (+ machine, weapon, tool) essayer ; [+ vehicle] essayer, mettre à l'essai ; [+ aircraft] essayer, faire faire un vol d'essai à

testable ['testəbl] adj testable

testament ['testəmənt] → SYN **1** n (all senses) testament m ◆ **the Old/New Testament** l'Ancien/le Nouveau Testament ◆ **her survival is a testament to her courage** sa survie témoigne de son courage

testamentary [ˌtestəˈmentərɪ] adj testamentaire

testator [tesˈteɪtəʳ] n testateur m

testatrix [tesˈteɪtrɪks] n testatrice f

tester[1] ['testəʳ] n (= person) contrôleur m, -euse f ; (= machine) appareil m de contrôle

tester[2] ['testəʳ] n (over bed) baldaquin m, ciel m de lit

testes ['testiːz] npl of **testis**

testicle ['testɪkl] n testicule m

testicular [tesˈtɪkjʊləʳ] adj testiculaire

testification [ˌtestɪfɪˈkeɪʃən] n déclaration f or affirmation f solennelle

testify ['testɪfaɪ] → SYN **1** vt (Jur) témoigner, déclarer or affirmer sous serment (that que) ◆ **as he will testify** (gen) comme il en fera foi

2 vi (Jur) porter témoignage, faire une déclaration sous serment ◆ **to testify against/in favour of sb** déposer contre/en faveur de qn ◆ **to testify to sth** (Jur) attester qch ; (gen) témoigner de qch

testily ['testɪlɪ] adv say avec irritation, d'un ton irrité

testimonial [ˌtestɪˈməʊnɪəl] → SYN n (= character reference) lettre f de recommandation ; (= gift) témoignage m d'estime *(offert à qn par ses collègues etc)* ; (Sport: also **testimonial match**) match en l'honneur d'un joueur ◆ **as a testimonial to our gratitude** en témoignage de notre reconnaissance

testimony ['testɪmənɪ] → SYN n (Jur) témoignage m, déposition f ; (= statement) déclaration f, attestation f ◆ **in testimony whereof** (frm) en foi de quoi

testiness ['testɪnɪs] n irritabilité f

testing ['testɪŋ] **1** n [of vehicle, machine etc] mise f à l'essai ; (Chem, Pharm) analyse f ; [of new drug] expérimentation f ; [of person] (gen) mise f à l'épreuve ; (Psych) test(s) m(pl) ; [of sight, hearing] examen m ; [of intelligence, patience etc] mise f à l'épreuve ; [of sb's reactions] mesure f, évaluation f ◆ **nuclear testing** essais mpl nucléaires

2 adj (= difficult, trying) éprouvant ◆ **it is a testing time for us all** c'est une période éprouvante pour nous tous

3 COMP ▷ **testing bench** n banc m d'essai ▷ **testing ground** n (lit, fig) banc m d'essai

testis ['testɪs] n, pl **testes** testicule m

testosterone [teˈstɒstərəʊn] n testostérone f

testy ['testɪ] adj irritable, grincheux

tetanus ['tetənəs] **1** n tétanos m

2 COMP symptom tétanique ; epidemic de tétanos ; vaccine, injection antitétanique

tetchily ['tetʃɪlɪ] adv say avec irritation, d'un ton irrité

tetchiness ['tetʃɪnɪs] n (NonC: Brit) irritabilité f

tetchy ['tetʃɪ] adj (Brit) person, mood irritable, grincheux ; comment grincheux ; voice irrité

tête-à-tête [ˈteɪtɑːˈteɪt] **1** adv en tête à tête, seul à seul

2 n, pl **tête-à-tête** or **tête-à-têtes** tête-à-tête m inv

tether ['teðəʳ] **1** n longe f ◆ **to be at the end of or to have reached the end of one's tether** (= annoyed, impatient) être à bout (de patience or de nerfs) ; (= desperate) être au bout du rouleau

2 vt (also **tether up**) [+ animal] attacher *(to à)*

tetherball ['teðəbɔːl] (US) n *jeu consistant à frapper une balle attachée à un poteau par une corde afin de l'enrouler autour de ce poteau*

tetrachloride [ˌtetrəˈklɔːraɪd] n tétrachlorure m

tetrachord ['tetrəkɔːd] n (Mus) tétracorde m

tetracycline [ˌtetrəˈsaɪklɪn] n tétracycline f

tetrad ['tetræd] n tétrade f

tetradactyl [ˌtetrəˈdæktɪl], **tetradactylous** [ˌtetrəˈdæktɪləs] adj tétradactyle

tetragon ['tetrəgən] n quadrilatère m

tetrahedral [ˌtetrəˈhiːdrəl] adj (Math) tétraédrique

tetrahedron [ˌtetrəˈhiːdrən] n, pl **tetrahedrons** or **tetrahedra** [ˌtetrəˈhiːdrə] tétraèdre m

tetralogy [teˈtrælədʒɪ] n tétralogie f

tetrameter [teˈtræmɪtəʳ] n tétramètre m

tetraplegia [ˌtetrəˈpliːdʒɪə] n tétraplégie f

tetraplegic [ˌtetrəˈpliːdʒɪk] adj, n tétraplégique mf

tetraploid ['tetrəˌplɔɪd] adj, n tétraploïde m

tetrapterous [teˈtræptərəs] adj tétraptère

tetrastich ['tetrəstɪk] n (Literat) quatrain m

tetravalent [ˌtetrəˈveɪlənt] adj tétravalent

tetrode ['tetrəʊd] n tétrode f

Teutates [tjʊˈteɪtɪːz] n (Antiq) Teutatès m

Teutonic [tjʊˈtɒnɪk] adj teutonique ◆ **Teutonic Order, Teutonic Knights** (Hist) (ordre m des) chevaliers mpl Teutoniques

Tex. abbrev of **Texas**

Texan ['teksən] **1** adj texan

2 n Texan(e) m(f)

Texas ['teksəs] n le Texas ◆ **in Texas** au Texas

Tex-Mex [ˌteksˈmeks] adj tex-mex

text [tekst] → SYN **1** n (gen, also Comput) texte m

2 COMP ▷ **text editor** n (Comput) éditeur m de texte(s)

textbook ['tekstbʊk] **1** n manuel m scolaire, livre m scolaire

2 adj (fig) ◆ **a textbook case** or **example of ...** un exemple classique or typique de ... ◆ **a textbook landing/dive** etc un atterrissage/plongeon etc modèle

textile ['tekstaɪl] adj, n textile m ◆ **textiles** or **the textile industry** (l'industrie f) textile m

textual ['tekstjʊəl] **1** adj (gen) textuel ; error, differences dans le texte

2 COMP ▷ **textual criticism** n critique f or analyse f de texte

textually ['tekstjʊəlɪ] adv textuellement, mot à mot

texture ['tekstʃəʳ] → SYN **1** n [of cloth] texture f ; [of minerals, soil] texture f, structure f, contexture f ; [of skin, wood, paper, silk] grain m ; (fig) structure f, contexture f

2 COMP ▷ **texture modifier** n agent m de texture

textured ['tekstʃəd] **1** adj paint granité ◆ **beautifully textured** de texture f, d'un beau grain ◆ **rough-/smooth-textured** d'une texture grossière/fine, d'un grain grossier/fin

2 COMP ▷ **textured vegetable protein** n fibre f végétale protéique

TGIF [ˌtiːdʒiːaɪˈef] (hum) (abbrev of **Thank God it's Friday**) Dieu merci c'est vendredi

TGWU [ˌtiːdʒiːdʌbljuːˈjuː] n (Brit) (abbrev of **Transport and General Workers' Union**) syndicat

Thai [taɪ] **1** adj (gen) thaïlandais ; ambassador, embassy, monarch de Thaïlande

2 n **a** Thaïlandais(e) m(f)

b (Ling) thaï m

Thailand ['taɪlænd] n la Thaïlande

thalamus ['θæləməs] n, pl **thalami** ['θæləmaɪ] thalamus m

thalassemia [θæləˈsiːmɪə] n thalassémie f

thalidomide / that

thalidomide [θəˈlɪdəʊmaɪd] **1** n thalidomide f ◆ **2** COMP ▷ **thalidomide baby** n (petite) victime f de la thalidomide

thallium [ˈθælɪəm] n thallium m

Thames [temz] n Tamise f ◆ **he'll never set the Thames on fire** il n'a pas inventé la poudre or le fil à couper le beurre

than [ðæn], (weak form) [ðən] conj **a** que ◆ **I have more than you** j'en ai plus que toi ◆ **he is taller than his sister** il est plus grand que sa sœur ◆ **he has more brains than sense** il a plus d'intelligence que de bon sens ◆ **more unhappy than angry** plus malheureux que fâché ◆ **you'd be better going by car than by bus** tu ferais mieux d'y aller en voiture plutôt qu'en autobus ◆ **I'd do anything rather than admit it** je ferais tout plutôt que d'avouer cela ◆ **no sooner did he arrive than he started to complain** il n'était pas plus tôt arrivé or il était à peine arrivé qu'il a commencé à se plaindre ◆ **it was a better play than we expected** la pièce était meilleure que nous ne l'avions prévu
b (with numerals) de ◆ **more/less than 20** plus/moins de 20 ◆ **less than half** moins de la moitié ◆ **more than once** plus d'une fois

thanatology [θænəˈtɒlədʒɪ] n thanatologie f

Thanatos [ˈθænətɒs] n (Myth, Psych) Thanatos m

thank [θæŋk] LANGUAGE IN USE 17.1, 20.3, 21.1, 22, 25 → SYN
1 vt remercier, dire merci à (*sb for sth* qn de or pour qch ; *for doing sth* de faire qch, d'avoir fait qch) ◆ **I cannot thank you enough** je ne saurais assez vous remercier ◆ **do thank him for me** remerciez-le bien de ma part ◆ **thank goodness***, **thank heaven(s)***, **thank God*** Dieu merci ◆ **thank goodness you've done it!*** Dieu merci tu l'as fait ! ◆ **you've got him to thank for that** (fig) c'est à lui que tu dois cela ◆ **he's only got himself to thank** il ne peut s'en prendre qu'à lui-même ◆ **he won't thank you for that!** ne t'attends pas à ce qu'il te remercie or te félicite ! ◆ **I'll thank you to mind your own business!** je vous prierai de vous mêler de ce qui vous regarde !
◆ **thank you** merci ◆ **to say thank you** dire merci ◆ **thank you very much** merci bien (also iro), merci beaucoup ◆ **thank you for the book/for helping us** merci pour le livre/de nous avoir aidés ◆ **no thank you** (non) merci ◆ **without so much as a thank you** sans même dire merci
2 thanks npl **a** remerciements mpl ◆ **with thanks** avec tous mes (or nos) remerciements ◆ **with my warmest or best thanks** avec mes remerciements les plus sincères ◆ **give him my thanks** transmettez-lui mes remerciements, remerciez-le de ma part ◆ **to give thanks to God** rendre grâces à Dieu ◆ **thanks be to God!** Dieu soit loué ! ◆ **that's all the thanks I get!** c'est comme ça qu'on me remercie !
◆ **thanks to ...** grâce à ... ◆ **thanks to you/your brother/his help** etc grâce à toi/ton frère/ son aide etc ◆ **no thanks to you!** ce n'est pas grâce à toi !
b (= thank you) **thanks!*** merci ! ◆ **no thanks** non merci ◆ **thanks very much!***, **thanks a lot!*** merci bien (also iro), merci beaucoup, merci mille fois ◆ **thanks a million*** merci mille fois ◆ **many thanks for all you've done** merci mille fois pour ce que vous avez fait ◆ **many thanks for helping us** merci mille fois de nous avoir aidés ◆ **thanks for nothing!*** je te remercie ! (iro)
3 COMP ▷ **thank(s) offering** n action f de grâce(s) (*don*) ▷ **thank-you** n and now a special thank-you to John et maintenant je voudrais remercier tout particulièrement John ▷ **thank-you card** carte f de remerciement

thankful [ˈθæŋkfʊl] → SYN adj reconnaissant (*to sb* à qn ; *for sth* de qch) ◆ **I've got so much to be thankful for** je n'ai pas à me plaindre de la vie ◆ **we were thankful for your umbrella!** nous avons vraiment béni votre parapluie ! ◆ **to be thankful for small mercies** s'estimer heureux ◆ **to be thankful to sb for doing sth** être reconnaissant à qn d'avoir fait qch ◆ **I was thankful that he hadn't seen me** j'ai été bien content qu'il ne m'ait pas vu ◆ **let's just be thankful he didn't find out** estimons-nous heureux qu'il ne l'ait pas découvert ◆ **to be thankful to be alive** être content d'être en vie ◆ **he was thankful to sit down** il était content de (pouvoir) s'asseoir ◆ **for what we are about to receive may the Lord make us truly thankful** (before eating) rendons grâce à Dieu pour le repas que nous allons partager

thankfully [ˈθæŋkfʊlɪ] adv **a** (= fortunately) heureusement ◆ **thankfully, someone had called the police** heureusement, quelqu'un avait appelé la police
b (= gratefully) say, accept avec gratitude

thankfulness [ˈθæŋkfʊlnɪs] n (NonC) gratitude f, reconnaissance f

thankless [ˈθæŋklɪs] → SYN adj ingrat

thanksgiving [ˈθæŋksˌgɪvɪŋ] n action f de grâce(s) ◆ **Thanksgiving Day** (Can, US) Thanksgiving m

> **THANKSGIVING**
>
> Les festivités de **Thanksgiving** se tiennent chaque année le quatrième jeudi de novembre, en commémoration de la fête organisée par les Pères pèlerins à l'occasion de leur première récolte sur le sol américain en 1621. C'est l'occasion pour beaucoup d'Américains de se rendre dans leur famille et de manger de la dinde et de la tarte à la citrouille. → PILGRIM FATHERS

that [ðæt], (weak form) [ðət]
pl **those**

1 DEMONSTRATIVE ADJECTIVE **3** RELATIVE PRONOUN
2 DEMONSTRATIVE PRONOUN **4** CONJUNCTION
5 ADVERB

1 DEMONSTRATIVE ADJECTIVE

a unstressed ce, cet (before vowel and mute h of masc nouns), cette f, ces mfpl ◆ **that noise** ce bruit ◆ **that man** cet homme ◆ **that idea** cette idée ◆ **those books** ces livres ◆ **those houses** ces maisons ◆ **what about that $20 I lent you?** et ces 20 dollars que je t'ai prêtés ?
b stressed, or as opposed to this, these ce ... -là, cet ... -là, cette ... -là, ces ... -là ◆ **I mean THAT book** c'est de ce livre-là que je parle ◆ **I like that photo better than this one** je préfère cette photo-là à celle-ci ◆ **but (on) that Saturday** ... mais ce samedi-là ... BUT ◗ **at least everyone agreed on THAT point** au moins tout le monde était d'accord là-dessus

◆ **that one** celui-là m, celle-là f, ceux-là mpl, celles-là fpl ◆ **which video do you want? – that one** quelle vidéo veux-tu ? — celle-là ◆ **of all his records, I like that one best** de tous ses disques, c'est celui-là que je préfère ◆ **the only blankets we have are those ones there** les seules couvertures que nous ayons sont celles-là BUT ◗ **there's little to choose between this model and that one** il n'y a pas grande différence entre ce modèle-ci et l'autre

◆ **that much** ◆ **I can't carry that much** je ne peux pas porter tout ça ◆ **he was at least that much taller than me** il me dépassait de ça au moins

2 DEMONSTRATIVE PRONOUN

a singular = that thing, event, statement, person etc cela, ça, ce

> ça is commoner, and less formal than cela ;
> ce is used only as the subject of être :

◆ **what's that?** qu'est-ce que c'est que ça ? ◆ **do you like that?** vous aimez ça or cela ? ◆ **that's enough!** ça suffit ! ◆ **after that** après ça, après cela ◆ **that's fine!** c'est parfait ! ◆ **that's what they've been told** c'est ce qu'on leur a dit ◆ **she's not as stupid as (all) that** elle n'est pas si bête que ça ◆ **that is (to say)** ... c'est-à-dire ... ◆ **who's that?** (gen) qui est-ce ? ; (on phone) qui est à l'appareil ? ◆ **is that you Paul?** c'est toi Paul ? ◆ **that's the boy I told you about** c'est le garçon dont je t'ai parlé BUT ◗ **did he go? – that he did!** † y est-il allé ? — pour sûr ! †

◆ **that which** (= what) ce qui (subject of clause), ce que (object of clause) ◆ **too much time is spent worrying about that which may never happen** on passe trop de temps à s'inquiéter de ce qui peut très bien ne jamais arriver ◆ **this is the opposite of that which they claim to have done** c'est le contraire de ce qu'ils disent avoir fait

b = that one, those ones celui-là m, celle-là f, ceux-là mpl, celles-là fpl ◆ **not that, the other bottle!** pas celle-là, l'autre bouteille ! ◆ **a recession like that** une récession comme celle-là ◆ **a recession like that of 1973-74** une récession comme celle de 1973-74 ◆ **those over there** ceux-là (or celles-là) là-bas BUT ◗ **are those our seats?** est-ce que ce sont nos places ? ◗ **those are nice sandals** elles sont belles, ces sandalettes-là

◆ **that which** (= the one which) celui qui m, celle qui f ◆ **the true cost often differs from that which is first projected** le coût réel est souvent différent de celui qui était prévu à l'origine

◆ **those which** (= the ones which) ceux qui mpl, celles qui fpl ◆ **those which are here** ceux qui sont ici

◆ **those who** (= the ones who) ceux qui mpl, celles qui fpl ◆ **those who came** ceux qui sont venus BUT ◗ **there are those who say** certains disent, il y a des gens qui disent

c set structures
◆ **at that** ◆ **let's leave it at that** restons-en là ◆ **he's only a teacher and a poor one at that** ce n'est qu'un professeur et encore assez piètre ◆ **and there were six of them at that!** et en plus ils étaient six !
◆ **by that** ◆ **what do you mean by that?** qu'est-ce que vous voulez dire par là ?
◆ **that's it** (= the job's finished) ça y est ; (= that's what I mean) c'est ça ; (= that's all) c'est tout ; (= I've had enough) ça suffit
◆ **that's just it** justement ◆ **sorry, I wasn't thinking – that's just it, you never think!** désolé, je ne faisais pas attention — justement, tu ne fais jamais attention !
◆ **and that's that!** ◆ **you're not going and that's that!** tu n'y vas pas, un point c'est tout !
◆ **so that's that** alors c'est ça ◆ **so that's that then, you're leaving?** alors c'est ça, tu t'en vas ? BUT ◗ **and so that was that** et les choses en sont restées là
◆ **with that** sur ce ◆ **with that she burst into tears** en disant cela, elle a éclaté en sanglots

3 RELATIVE PRONOUN

a qui (subject of clause), que (object of clause) ◆ **the man that came to see you** l'homme qui est venu vous voir ◆ **the letter that I sent yesterday** la lettre que j'ai envoyée hier ◆ **the girl that he met on holiday and later married** la fille qu'il a rencontrée en vacances et (qu'il) a épousée par la suite BUT ◗ **and Martin, idiot that he is, didn't tell me** et Martin, cet imbécile, ne me l'a pas dit ◗ **fool that I am!** idiot que je suis !

b that ... + preposition lequel m, laquelle f, lesquels mpl, lesquelles fpl ◆ **the pen that she was writing with** le stylo avec lequel elle écrivait ◆ **the box that you put it in** la boîte dans laquelle vous l'avez mis

> à + lequel, lesquels and lesquelles combine to give auquel, auxquels and auxquelles :

◆ **the problem that we are faced with** le problème auquel nous sommes confrontés

> When that + preposition refers to people, preposition + qui can also be used :

◆ **the man that she was dancing with** l'homme avec lequel or avec qui elle dansait ◆ **the children that I spoke to** les enfants auxquels or à qui j'ai parlé ;

> dont is used when the French verb takes de :

◆ **the girl/the book that I told you about** la jeune fille/le livre dont je vous ai parlé ◆ **the only thing that he has a recollection of** la seule chose dont il se souvienne or souvient

c = when où ◆ **the evening that we went to the opera** le soir où nous sommes allés à l'opéra ◆ **during the years that he'd been abroad** pendant les années où il était à l'étranger ◆ **the summer that it was so hot** l'été où il a fait si chaud

[4] CONJUNCTION

[a] = que ◆ **he said that he had seen her** il a dit qu'il l'avait vue ◆ **he was speaking so softly that I could hardly hear him** il parlait si bas que je l'entendais à peine ◆ **it is natural that he should refuse** il est normal qu'il refuse (subj) ◆ **that he should behave like this is incredible** c'est incroyable qu'il se conduise ainsi ◆ **that it should come to this!** (liter) quelle tristesse d'en arriver là ! ◆ **I didn't respond: oh that I had!** (liter) je n'ai pas répondu : que ne l'ai-je fait ! (liter)

> **que** cannot be omitted in a second clause if it has a different subject:

◆ **he said that he was very busy and his secretary would deal with it** il a dit qu'il était très occupé et que sa secrétaire s'en occuperait

◆ **in that** en ce sens que, dans la mesure où ◆ **it's an attractive investment in that it is tax-free** c'est un investissement intéressant en ce sens qu'il or dans la mesure où il est exonéré d'impôts

◆ **not that** non (pas) que ◆ **not that I want to do it** non (pas) que je veuille le faire

[b] liter, frm = so that pour que (+ subj), afin que (+ subj) ◆ **those who fought and died that we might live** ceux qui se sont battus et (qui) sont morts pour que or afin que nous puissions vivre ; see also **so**

[5] ADVERB

[a] = so ◆ **it's not that expensive/important/funny/bad** ce n'est pas si cher/important/drôle/mal (que ça) ◆ **I couldn't go that far** je ne pourrais pas aller si loin BUT ○ **it's that high** (gesturing) ça fait ça de haut or en hauteur, c'est haut comme ça

[b] ＊ = so very tellement ◆ **it was that cold!** il faisait tellement froid or un de ces froids ＊ ! ◆ **when I found it I was that relieved!** lorsque je l'ai trouvé, je me suis senti tellement soulagé !

---

thatch [θætʃ] [1] n (NonC) chaume m ◆ **his thatch of hair** ＊ sa crinière ◆ **a thatch of red/curly hair** une crinière rousse/frisée
[2] vt [+ roof] couvrir de chaume ; [+ cottage] couvrir en chaume

thatched [θætʃt] adj ◆ **thatched roof** toit m de chaume ◆ **thatched cottage** chaumière f

thatcher [ˈθætʃər] n couvreur m (de toits de chaume)

Thatcherism [ˈθætʃərɪzəm] n thatchérisme m

Thatcherite [ˈθætʃəraɪt] [1] n thatchériste mf
[2] adj thatchériste

thatching [ˈθætʃɪŋ] n (NonC) [a] (= craft) couverture f de toits de chaume
[b] (= material) chaume m

thaumaturge [ˈθɔːmətɜːdʒ] n thaumaturge m

thaumaturgy [ˈθɔːməˌtɜːdʒɪ] n thaumaturgie f

thaw [θɔː] → SYN [1] n (Met) dégel m ; (fig: Pol etc) détente f ◆ **economic etc thaw** (fig: Econ) assouplissement m des restrictions concernant la vie économique etc
[2] vt (also **thaw out**) [+ ice] faire dégeler, faire fondre ; [+ snow] faire fondre ; [+ frozen food] décongeler, dégeler
[3] vi (also **thaw out**) [ice] fondre, dégeler ; [snow] fondre ; [frozen food] décongeler, dégeler ◆ **it's thawing** (Met) il dégèle ◆ **he began to thaw** ＊ (= get warmer) il a commencé à se dégeler ＊ or à se réchauffer ; (= grow friendlier) il a commencé à se dégeler ＊ or à se dérider

ThD [ˌtiːeɪtʃˈdiː] n (abbrev of **Doctor of Theology**) doctorat m en théologie

the [ðiː] (weak form) [ðə] [1] def art [a] le, la, l' (before vowel or mute h), les ◆ **of the, from the** du, de la, de l', des ◆ **to the, at the** au, à la, à l', aux ◆ **the prettiest** le plus joli, la plus jolie, les plus joli(e)s ◆ **the poor** les pauvres mpl
[b] (neuter) **the good and the beautiful** le bien et le beau ◆ **translated from the German** traduit de l'allemand ◆ **it is the unusual that is**

---

frightening c'est ce qui est inhabituel qui fait peur

[c] (with musical instruments) **to play the piano** jouer du piano

[d] (with sg noun denoting whole class) **the aeroplane is an invention of our century** l'avion est une invention de notre siècle

[e] (distributive use) **50p the kilo** 50 pence le kilo ◆ **two dollars to the pound** deux dollars la livre ◆ **paid by the hour** payé à l'heure ◆ **30 miles to the gallon** ≈ 9,3 litres au 100 (km)

[f] (with names etc) **Charles the First/Second/Third** Charles premier/deux/trois ◆ **the Browns** les Brown ◆ **the Bourbons** les Bourbons

[g] (stressed) **THE Professor Smith** le célèbre professeur Smith ◆ **he's THE surgeon here** c'est lui le grand chirurgien ici ◆ **it's THE restaurant in this part of town** c'est le meilleur restaurant du quartier ◆ **he's THE man for the job** c'est le candidat idéal pour ce poste ◆ **it was THE colour last year** c'était la couleur à la mode l'an dernier ◆ **it's THE book just now** c'est le livre à lire en ce moment

[h] (other special uses) **he's got the measles** ＊ il a la rougeole ◆ **well, how's the leg?** ＊ eh bien, et cette jambe ? ＊ ; → **cheek, sense**

[2] adv ◆ **the more he works the more he earns** plus il travaille plus il gagne d'argent ◆ **it will be all the more difficult** cela sera d'autant plus difficile ◆ **it makes me all the more proud** je n'en suis que plus fier ◆ **he was none the worse for it** il ne s'en est pas trouvé plus mal pour ça ; → **better¹, soon**

theatre, theater (US) [ˈθɪətər] [1] n [a] (= place) théâtre m, salle f de spectacle ; (= drama) théâtre m ◆ **I like the theatre** j'aime le théâtre ◆ **to go to the theatre** aller au théâtre or au spectacle ◆ **it makes good theatre** c'est du bon théâtre ◆ **theatre of the absurd** théâtre m de l'absurde
[b] (= large room) salle f de conférences ◆ **lecture theatre** (Univ etc) amphithéâtre m, amphi ＊ m
[c] (Med: also **operating theatre**) salle f d'opération ◆ **he is in (the) theatre** [patient] il est sur la table d'opération ; [surgeon] il est en salle d'opération
[d] (Mil etc) théâtre m ◆ **theatre of operations/war** théâtre m des opérations/des hostilités
[2] COMP (Theat) programme, ticket de théâtre ; visit au théâtre ; management du théâtre ; (Med) staff, nurse de la salle d'opération ; job, work dans la salle d'opération ▷ **theatre company** n (Theat) troupe f de théâtre ▷ **theatre-in-the-round** n, pl **theatres-in-the-round** théâtre m en rond ▷ **theatre lover** n amateur m de théâtre ▷ **theatre workshop** n atelier m de théâtre

theatregoer [ˈθɪətəˌɡəʊər] n habitué(e) m(f) du théâtre

theatreland [ˈθɪətələnd] n ◆ **London's theatreland** le Londres des théâtres

theatrical [θɪˈætrɪkəl] → SYN [1] adj [a] (= dramatic) production de théâtre, dramatique ; world du théâtre ; performance, tradition théâtral ◆ **a theatrical family** une famille d'acteurs
[b] (US = cinematic) **films for theatrical release** les films qui vont sortir sur les écrans or dans les salles
[c] (pej = melodramatic) person, manner, gesture théâtral ◆ **there was something very theatrical about him** il avait un côté très théâtral
[2] **theatricals** npl théâtre m (amateur) ◆ **he does a lot of (amateur) theatricals** il fait beaucoup de théâtre amateur ◆ **what were all those theatricals about?** (fig pej) pourquoi toute cette comédie ?
[3] COMP ▷ **theatrical agent** n agent m artistique (d'un acteur) ▷ **theatrical company** n troupe f de théâtre ▷ **theatrical producer** n producteur m, -trice f de théâtre

theatricality [θɪˌætrɪˈkælɪtɪ] n (fig pej) théâtralité f

theatrically [θɪˈætrɪkəlɪ] adv [a] (= dramatically) du point de vue théâtral
[b] (= in theatres) feature sur scène ; (US) (= in cinemas) release, open dans les salles
[c] (pej = melodramatically) théâtralement

---

thebaine [ˈθiːbəˌiːn] n thébaïne f

Theban [ˈθiːbən] [1] adj thébain
[2] n Thébain(e) m(f)

Thebes [θiːbz] n Thèbes

thee †† [ðiː] pron (liter, dial) te ; (before vowel) t' ; (stressed) (after prep) toi

theft [θeft] → SYN n vol m

theine [ˈθiːiːn] n théine f

their [ðɛər] poss adj leur f inv ◆ **they've broken their legs** ils se sont cassé la jambe ◆ **THEIR house** (stressed) leur maison à eux (or à elles)
[b] (singular usage) son, sa, ses ◆ **somebody rang – did you ask them their name?** quelqu'un a téléphoné — est-ce que tu lui as demandé son nom ?

theirs [ðɛəz] poss pron [a] le leur, la leur, les leurs ◆ **this car is theirs** cette voiture est à eux (or à elles) or leur appartient or est la leur ◆ **this music is theirs** cette musique est d'eux ◆ **your house is better than theirs** votre maison est mieux que la leur ◆ **the house became theirs** la maison est devenue la leur ◆ **it is not theirs to decide** (frm) il ne leur appartient pas de décider ◆ **theirs is a specialized department** leur section est une section spécialisée
◆ **... of theirs** ◆ **a friend of theirs** un de leurs amis, un ami à eux (or à elles) ＊ ◆ **I think it's one of theirs** je crois que c'est un(e) des leurs ◆ **it's no fault of theirs** ce n'est pas de leur faute ◆ **that car of theirs** (pej) leur fichue ＊ voiture ◆ **that stupid son of theirs** leur idiot de fils ◆ **no advice of theirs could prevent him ...** aucun conseil de leur part ne pouvait l'empêcher de ...
[b] (singular usage) le sien, la sienne, les sien(ne)s ◆ **if anyone takes one that isn't theirs** si jamais quelqu'un en prend un qui n'est pas à lui

theism [ˈθiːɪzəm] n théisme m

theist [ˈθiːɪst] adj, n théiste mf

theistic(al) [θiːˈɪstɪk(əl)] adj théiste

them [ðem] (weak form) [ðəm] [1] pers pron pl [a] (direct) (unstressed) les ; (stressed) eux mpl, elles fpl ◆ **I have seen them** je les ai vu(e)s ◆ **I know her but I don't know them** je la connais, elle, mais eux (or elles) je ne les connais pas ◆ **if I were them** si j'étais à leur place, si j'étais eux (or elles) ◆ **it's them!** ce sont eux (or elles) !, les voilà !
[b] (indirect) leur ◆ **I gave them the book** je leur ai donné le livre ◆ **I'm speaking to them** je leur parle
[c] (after prep etc) eux, elles ◆ **I'm thinking of them** je pense à eux (or elles) ◆ **as for them** quant à eux (or elles) ◆ **younger than them** plus jeune qu'eux (or elles) ◆ **they took it with them** ils (or elles) l'ont emporté (avec eux or elles)
[d] (phrases) **both of them** tous (or toutes) les deux ◆ **several of them** plusieurs d'entre eux (or elles) ◆ **give me a few of them** donnez-m'en quelques-un(e)s ◆ **every one of them was lost** ils furent tous perdus, elles furent toutes perdues ◆ **I don't like either of them** je ne les aime ni l'un(e) ni l'autre ◆ **none of them would do it** aucun d'entre eux (or aucune d'entre elles) n'a voulu le faire ◆ **it was very good of them** c'était très gentil de leur part ◆ **he's one of them** ＊ (fig pej) je (or tu) vois le genre ! ＊
[2] pers pron sg ◆ 1 le, la, lui ◆ **somebody rang – did you ask them their name?** quelqu'un a téléphoné — est-ce que tu lui as demandé son nom ? ◆ **if anyone asks why I took it, I'll tell them ...** si jamais quelqu'un me demande pourquoi je l'ai pris, je lui dirai ... ◆ **if anyone arrives early ask them to wait** si quelqu'un arrive tôt, fais-le attendre

thematic [θɪˈmætɪk] adj thématique

theme [θiːm] → SYN [1] n [a] thème m, sujet m
[b] (Mus) thème m, motif m
[c] (Ling) thème m
[d] (US Scol = essay) rédaction f
[2] COMP ▷ **theme park** n parc m à thème ▷ **theme pub** n (Brit) bar m à décor thématique ▷ **theme song** n chanson de la bande originale ; (US = signature tune) indicatif m (musical) ; (fig) refrain m (habituel), leitmotiv m ▷ **theme tune** n air de la bande originale

themed [θiːmd] adj (esp Brit) restaurant, bar, party à thème

themself * [ðəmˈself] pers pron sg (reflexive: direct and indirect) se ; (emphatic) lui-même m, elle-même f ; (after prep) lui m, elle f ◆ **somebody who could not defend themself** quelqu'un qui ne pouvait pas se défendre ◆ **somebody who doesn't care about themself** quelqu'un qui ne prend pas soin de sa propre personne

themselves [ðəmˈselvz] pers pron pl (reflexive: direct and indirect) se ; (emphatic) eux-mêmes mpl, elles-mêmes fpl ; (after prep) eux, elles ◆ **they've hurt themselves** ils se sont blessés, elles se sont blessées ◆ **they said to themselves** ils (or elles) se sont dit ◆ **they saw it themselves** ils l'ont vu eux-mêmes ◆ **they were talking amongst themselves** ils discutaient entre eux ◆ **these computers can reprogram themselves** ces ordinateurs peuvent se reprogrammer automatiquement ◆ **anyone staying here will have to cook for themselves** les gens qui logent ici doivent faire leur propre cuisine

◆ **(all) by themselves** tout seuls, toutes seules

then [ðen] **1** adv **a** (= at that time) alors, à l'époque ◆ **we had two dogs then** nous avions alors deux chiens, nous avions deux chiens à l'époque ◆ **I'm going to London and I'll see him then** je vais à Londres et je le verrai à ce moment-là ◆ **then and there, there and then** sur-le-champ, séance tenante

b (after prep) **from then on(wards)** dès lors, à partir de cette époque(-là) or ce moment (-là) ◆ **before then** avant (cela) ◆ **by then I knew ...** à ce moment-là, je savais déjà ... ◆ **I'll have it finished by then** je l'aurai fini d'ici là ◆ **since then** depuis ce moment-là or cette époque-là or ce temps-là ◆ **between now and then** d'ici là ◆ **(up) until then** jusque-là, jusqu'alors

c (= next, afterwards) puis, ensuite ◆ **he went first to London then to Paris** il est allé d'abord à Londres, puis or et ensuite à Paris ◆ **and then what?** et puis après ? ◆ **now this then that** tantôt ceci, tantôt cela

d (= in that case) alors, donc ◆ **then it must be in the sitting room** alors ça doit être au salon ◆ **if you don't want that then what do you want?** si vous ne voulez pas de ça, alors que voulez-vous donc ? ◆ **but then that means that ...** mais c'est donc que ... ◆ **someone had already warned you then?** on vous avait donc déjà prévenu ? ◆ **now then what's the matter?** alors qu'est-ce qu'il y a ?

e (= furthermore, and also) et puis, d'ailleurs ◆ **(and) then there's my aunt** et puis il y a ma tante ◆ **... and then it's none of my business ...** et d'ailleurs or et puis cela ne me regarde pas ◆ **... and then again** or **but then he might not want to go ...** remarquez, il est possible qu'il ne veuille pas y aller ◆ **... and then again** or **but then he has always tried to help us ...** et pourtant, il faut dire qu'il a toujours essayé de nous aider

2 adj (before n) d'alors, de l'époque ◆ **the then Prime Minister** le Premier ministre d'alors or de l'époque

thence [ðens] adv (frm, liter) **a** (= from there) de là, de ce lieu-là ◆ **an idea which influenced Plato, and thence the future of Western thought** une idée qui a influencé Platon, et, partant, l'avenir de la pensée occidentale ◆ **from thence** de ce lieu

b (= from that time) dès lors, depuis lors ◆ **three weeks thence** trois semaines plus tard

c (= therefore) par conséquent, pour cette raison

thenceforth [ˌðensˈfɔːθ], **thenceforward** [ˈðensfɔːwəd] adv (frm) dès lors

theobromine [ˌθiːəʊˈbrəʊmiːn] n théobromine f

theocracy [θiˈɒkrəsi] n théocratie f

theocratic [ˌθiːəˈkrætɪk] adj théocratique

theodolite [θiˈɒdəlaɪt] n théodolite m

theologian [ˌθiːəˈləʊdʒɪən] n théologien(ne) m(f)

theological [ˌθiːəˈlɒdʒɪkəl] → SYN **1** adj debate, issue, text théologique ; training théologique, en théologie ; student en théologie

2 COMP ▷ **theological college** n séminaire m, école f de théologie

theologically [ˌθiːəˈlɒdʒɪkəli] adv théologiquement

theology [θiˈɒlədʒi] n théologie f ; → **liberation**

theomania [ˌθiːəˈmeɪnɪə] n théomanie f

theophany [θiˈɒfəni] n (Rel) théophanie f

theorbo [θiˈɔːbəʊ] n théorbe m

theorem [ˈθɪərəm] → SYN n théorème m

theorematic [ˌθɪərəˈmætɪk], **theoremic** [ˌθɪəˈremɪk] adj théorématique

theoretical [ˌθɪəˈretɪkəl] **1** adj (also **theoretic**) théorique

2 COMP ▷ **theoretical physicist** n spécialiste mf de physique théorique ▷ **theoretical physics** n physique f théorique

theoretically [ˌθɪəˈretɪkəli] adv **a** (= in theory) possible théoriquement ◆ **he could theoretically face the death penalty** il encourt théoriquement la peine de mort ◆ **I was, theoretically, a fully-qualified lawyer** j'étais, en théorie, un avocat diplômé

b (= as theory) absurd, interesting, ambitious sur le plan théorique ; analyse, justify théoriquement ◆ **theoretically, his ideas are revolutionary** sur le plan théorique, ses idées sont révolutionnaires

theoretician [ˌθɪərəˈtɪʃən], **theorist** [ˈθɪərɪst] n théoricien(ne) m(f)

theorization [ˌθɪəraɪˈzeɪʃən] n théorisation f

theorize [ˈθɪəraɪz] **1** vi [scientist, psychologist etc] élaborer une (or des) théorie(s) (about sur) ◆ **it's no good just theorizing about it** ce n'est pas la peine de faire des grandes théories là-dessus *

2 vt ◆ **to theorize that ...** émettre l'hypothèse que ...

theory [ˈθɪəri] → SYN n théorie f ◆ **in theory** en théorie

theosophical [ˌθɪəˈsɒfɪkəl] adj théosophique

theosophist [θiˈɒsəfɪst] n théosophe mf

theosophy [θiˈɒsəfi] n théosophie f

Thera [ˈθɪərə] n Santorin f

therapeutic [ˌθerəˈpjuːtɪk] → SYN **1** adj (Med) thérapeutique ◆ **I find chopping vegetables very therapeutic** ça me détend de couper des légumes

2 COMP ▷ **therapeutic community** n communauté f thérapeutique ▷ **therapeutic touch** n forme de thérapeutique manuelle

therapeutical [ˌθerəˈpjuːtɪkəl] adj thérapeutique

therapeutically [ˌθerəˈpjuːtɪkəli] adv thérapeutiquement

therapeutics [ˌθerəˈpjuːtɪks] n (NonC) thérapeutique f

therapist [ˈθerəpɪst] n (gen) thérapeute mf ; → **occupational**

therapy [ˈθerəpi] → SYN n (gen, also Psych) thérapie f ◆ **to be in therapy** (Psych) suivre une thérapie ◆ **it's good therapy** (fig) c'est très thérapeutique

there [ðeəʳ] **1** adv **a** (place) y (before vb), là ◆ **we shall soon be there** nous y serons bientôt, nous serons bientôt là, nous serons bientôt arrivés ◆ **put it there** posez-le là ◆ **when we left there** quand nous en sommes partis, quand nous sommes partis de là ◆ **on there** là-dessus ◆ **in there** là-dedans ◆ **back** or **down** or **over there** là-bas ◆ **he lives round there** il habite par là ; (further away) il habite par là-bas ◆ **somewhere round there** quelque part par là ◆ **here and there** çà et là, par-ci par-là ◆ **from there** de là ◆ **they went there and back in two hours** ils ont fait l'aller et retour en deux heures ◆ **to be there for sb** * (= supportive) être là pour qn ◆ **I've been there (myself)** * (= I've experienced it) j'ai connu ça (moi-même) ; → **here**

b (phrases)

◆ **there is, there are** il y a, il est (liter) ◆ **once upon a time there was a princess** il y avait or il était une fois une princesse ◆ **there will be dancing later** plus tard on dansera ◆ **there is a page missing** il y a une page qui manque ◆ **there are three apples left** il reste trois pommes, il y a encore trois pommes ◆ **there's none left** il n'y en a plus ◆ **there's no denying it** c'est indéniable

◆ **there comes, there came** ◆ **there comes a time when ...** il vient un moment où ...

◆ **there came a knock on the door** on frappa à la porte ◆ **there came a point when I began to feel tired** à un moment donné, j'ai commencé à être fatigué

c (= in existence) **this road isn't meant to be there!** cette route ne devrait pas exister or être là ! ◆ **if the technology is there, someone will use it** si la technologie existe, quelqu'un l'utilisera

d (other uses) **there's my brother!** voilà mon frère ! ◆ **there are the others!** voilà les autres ! ◆ **there he is!** le voilà ! ◆ **there you are** (= I've found you) (ah) vous voilà ! ; (offering sth) voilà ! ◆ **that man there saw it all** cet homme-là a tout vu ◆ **hey you there!** hé or ho toi, là-bas ! * ◆ **hurry up there!** eh ! dépêchez-vous ! ◆ **there's my mother calling me** il y a or voilà ma mère qui m'appelle ◆ **there's the problem** là est or c'est or voilà le problème ◆ **I disagree with you there** là je ne suis pas d'accord avec vous ◆ **you've got me there!** alors là, ça me dépasse ! * ◆ **but there again, he should have known better** mais là encore, il aurait dû se méfier ◆ **you press this switch and there you are!** tu appuies sur ce bouton et ça y est ! ◆ **there you are, I told you that would happen** tu vois, je t'avais bien dit que ça allait arriver ◆ **there they go!** les voilà qui partent ! ◆ **I had hoped to finish early, but there you go** j'espérais finir tôt mais tant pis ◆ **there you go again** *, complaining about ... ça y est, tu recommences à te plaindre de ... ◆ **there he goes again!** * ça y est, il recommence ! ◆ **he's all there** * c'est un malin, il n'est pas idiot ◆ **he's not all there** * (gen) il est un peu demeuré ; [old person] il n'a plus toute sa tête

2 excl ◆ **there, what did I tell you?** alors, qu'est-ce que je t'avais dit ? ◆ **there, there, don't cry!** allons, allons, ne pleure pas ! ◆ **there, drink this** allez or tenez, buvez ceci ◆ **there now, that didn't hurt, did it?** voyons, voyons or eh bien, ça n'a pas fait si mal que ça, si ?

thereabouts [ˌðeərəˈbaʊts] adv (place) par là, près de là, dans le voisinage ; (degree etc) à peu près, environ ◆ **£5 or thereabouts** environ cinq livres, dans les cinq livres

thereafter [ˌðeərˈɑːftəʳ] adv (frm) par la suite

thereat [ˌðeərˈæt] adv (frm) (place) là ; (time) là-dessus

thereby [ˌðeəˈbaɪ] adv de cette façon, de ce fait, par ce moyen ◆ **thereby hangs a tale!** (hum) c'est toute une histoire !

therefore [ˈðeəfɔːʳ] → SYN conj donc, par conséquent, pour cette raison

therefrom [ˌðeəˈfrɒm] adv (frm) de là

therein [ˌðeərˈɪn] adv (frm) (= in that regard) à cet égard, en cela ; (= inside) (là-)dedans

thereof [ˌðeərˈɒv] adv (frm) de cela, en ◆ **he ate thereof** il en mangea

thereon [ˌðeərˈɒn] adv (frm) (là-)dessus

there's [ðeəz] ⇒ **there is, there has** ; → **be, have**

thereto [ˌðeəˈtuː] adv (frm) y

theretofore [ˌðeətuˈfɔː] adv (frm) jusque-là

thereunder [ˌðeərˈʌndəʳ] adv (frm) (là) en-dessous

thereupon [ˌðeərəˈpɒn] adv (= then) sur ce ; (frm = on that subject) là-dessus, à ce sujet

therewith [ˌðeəˈwɪð] adv (frm) (= with that) avec cela, en outre ; (= at once) sur ce

therianthropic [ˌθɪərɪənˈθrɒpɪk] adj (Myth) mi-homme, mi-bête

therm [θɜːm] n = 1,055 × 10^8 joules ; (formerly) thermie f

thermal [ˈθɜːməl] **1** adj **a** (Elec, Phys) thermique

b (Geol, Med) spring, spa, treatment thermal

c underwear, socks en Thermolactyl ® ◆ **a thermal t-shirt** un T-shirt en Thermolactyl ®

2 n (Met) courant m ascendant (d'origine thermique), ascendance f thermique

3 COMP ▷ **thermal barrier** n barrière f thermique ▷ **thermal baths** npl thermes mpl ▷ **thermal blanket** n (for person) couverture f de survie ▷ **thermal breeder** n réacteur m thermique ▷ **thermal conductivity** n conductivité f thermique ▷ **thermal efficiency** n rendement m thermique ▷ **ther-**

mal expansion n dilatation f thermique
▷ **thermal imager** n imageur m thermique
▷ **thermal imaging** n thermographie f
▷ **thermal imaging equipment** n matériel m or appareils mpl de thermographie ▷ **thermal imaging system** n système m de thermographie or d'imagerie thermique
▷ **thermal paper** n papier m thermosensible ▷ **thermal power** n énergie f thermique
▷ **thermal power station** n centrale f thermique ▷ **thermal reactor** n réacteur m thermique ▷ **thermal shock** n choc m thermique ▷ **thermal unit** n (also **British thermal unit**) unité de quantité de chaleur (= 252 calories)

thermic ['θɜːmɪk] adj ⇒ **thermal 1a**

thermionic [ˌθɜːmɪ'ɒnɪk] adj effect, emission thermoïonique ◆ **thermionic valve, thermionic tube** (US) tube m électronique

thermionics [ˌθɜːmɪ'ɒnɪks] n thermoïonique f

thermistor [θɜː'mɪstər] n thermistor m, thermisteur m

Thermit ® ['θɜːmɪt], **Thermite** ® ['θɜːmaɪt] **1** n thermite f
2 COMP ▷ **thermite process** n aluminothermie f

thermo... ['θɜːməʊ] pref therm(o)...

thermochemical [ˌθɜːməʊ'kemɪkəl] adj thermochimique

thermochemistry [ˌθɜːməʊ'kemɪstrɪ] n thermochimie f

thermocline ['θɜːməʊklaɪn] n (Geog) thermocline f

thermocouple [ˌθɜːməʊ'kʌpl] n thermocouple m

thermodynamic [ˌθɜːməʊdaɪ'næmɪk] adj thermodynamique

thermodynamics [ˌθɜːməʊdaɪ'næmɪks] n (NonC) thermodynamique f

thermoelectric [ˌθɜːməʊɪ'lektrɪk] **1** adj thermoélectrique
2 COMP ▷ **thermoelectric couple** n thermocouple m

thermoelectricity [ˌθɜːməʊɪlek'trɪsɪtɪ] n thermoélectricité f

thermoelectron [ˌθɜːməʊ'ɪlektrɒn] n électron m thermique

thermogenesis [ˌθɜːməʊ'dʒenɪsɪs] n thermogenèse f

thermogram ['θɜːməʊɡræm] n thermogramme m

thermograph ['θɜːməʊɡrɑːf] n thermographe m

thermography [θɜː'mɒɡrəfɪ] n thermographie f

thermoluminescence [ˌθɜːməʊluːmɪ'nesns] n thermoluminescence f

thermolysis [θɜː'mɒlɪsɪs] n (Physiol, Chem) thermolyse f

thermometer [θə'mɒmɪtər] n thermomètre m

thermometry [θə'mɒmɪtrɪ] n thermométrie f

thermonuclear [ˌθɜːməʊ'njuːklɪər] adj weapon, war, reaction thermonucléaire ◆ **thermonuclear strike** attaque f nucléaire

thermopile ['θɜːməʊpaɪl] n pile f thermoélectrique

thermoplastic ['θɜːməʊ'plæstɪk] n thermoplastique m

thermoplasticity [ˌθɜːməʊplæ'stɪsɪtɪ] n (NonC) thermoplasticité f

Thermopylae [θə'mɒpɪliː] n les Thermopyles fpl

thermoregulation [ˌθɜːməʊreɡjʊ'leɪʃən] n thermorégulation f

Thermos ® ['θɜːməs] **1** n thermos ® m or f inv
2 COMP ▷ **Thermos flask** n bouteille f thermos ®

thermoscope ['θɜːməskəʊp] n thermoscope m

thermosetting [ˌθɜːməʊ'setɪŋ] adj thermodurcissable

thermosiphon [ˌθɜːməʊ'saɪfən] n thermosiphon m

thermostat ['θɜːməstæt] n thermostat m

thermostatic [ˌθɜːmə'stætɪk] adj thermostatique

thermotherapy [ˌθɜːməʊ'θerəpɪ] n thermothérapie f

thesaurus [θɪ'sɔːrəs] n, pl **thesauruses** or **thesauri** [θɪ'sɔːraɪ] (gen) trésor m (fig) ; (= lexicon) dictionnaire m synonymique ; (Comput) thesaurus m

these [ðiːz] dem adj, pron (pl of **this**)

theses ['θiːsiːz] npl of **thesis**

Theseus ['θiːsɪəs] n Thésée m

thesis ['θiːsɪs] → SYN n, pl **theses** ['θiːsiːz] thèse f

Thespian ['θespɪən] **1** adj (liter or hum) dramatique, de Thespis ◆ **his Thespian talents** son talent de comédien
2 n (liter or hum = actor) comédien(ne) m(f)

Thessalonians [ˌθesə'ləʊnɪənz] npl Thessaloniciens mpl

Thessaly ['θesəlɪ] n (Geog) Thessalie f

Thetis ['θiːtɪs] n (Myth) Thétis f

they [ðeɪ] pers pron pl **a** ils mpl, elles fpl ; (stressed) eux mpl, elles fpl ◆ **they have gone** ils sont partis, elles sont parties ◆ **there they are!** les voilà ! ◆ **they are teachers** ce sont des professeurs ◆ **THEY know nothing about it** eux, ils n'en savent rien
b (= people in general) on ◆ **they say that ...** on dit que ...
c (singular usage) il m, elle f ; (stressed) lui m, elle f ◆ **somebody called but they didn't give their name** quelqu'un a appelé, mais il or elle n'a pas donné son nom

they'd [ðeɪd] ⇒ they had, they would ; → **have, would**

they'll [ðeɪl] ⇒ they will ; → **will**

they're [ðɛər] ⇒ they are ; → **be**

they've [ðeɪv] ⇒ they have ; → **have**

thiamine ['θaɪəmiːn] n thiamine f

thick [θɪk] → SYN **1** adj **a** (= fat, heavy, dense) slice, layer, wall, hair, moustache, smoke, sauce, waist épais (-aisse f) ; pile, lenses, coat gros (grosse f) ; lips, nose, wool, string, line, book épais (-aisse f), gros (grosse f) ; neck épais (-aisse f), large ; soup, cream, gravy épais (-aisse f), consistant ; beard, forest, vegetation, foliage épais (-aisse f), touffu ; fog épais (-aisse f), dense ; darkness, crowd dense ; hedge (bien) fourni, touffu ; honey dur ◆ **to be 5cm thick** avoir 5 cm d'épaisseur ◆ **a 7cm thick door, a door 7cm thick** une porte de 7 cm d'épaisseur, une porte épaisse de 7 cm ◆ **how thick is it?** quelle est son épaisseur ? ◆ **to become thick(er)** [sauce, cream] épaissir ; [waist] (s')épaissir ; [fog, smoke, darkness, vegetation, crowd] s'épaissir ◆ **thick snow was falling** la neige tombait à gros flocons ◆ **he trudged through the thick snow** il avançait péniblement dans l'épaisse couche de neige ◆ **the leaves were thick on the ground** le sol était recouvert d'une épaisse couche de feuilles ◆ **antique shops are thick on the ground around here** * il y a pléthore de magasins d'antiquités par ici ◆ **the air is very thick in here** ça sent le renfermé ici ◆ **to give someone a thick ear** * (Brit) tirer les oreilles à qn * ; → **skin**
b **thick with** ◆ **to be thick with dust** être couvert d'une épaisse couche de poussière ◆ **the streets are thick with people** les rues sont noires de monde ◆ **the streets are thick with traffic** la circulation est dense dans les rues ◆ **the water is thick with weeds** l'eau est envahie par les mauvaises herbes ◆ **thick with smoke** [air, atmosphere, room] enfumé ◆ **the air is thick with the smell of burning wood** l'air est imprégné d'une odeur de bois brûlé ◆ **the air is thick with rumours** la rumeur enfle ◆ **the air was thick with talk of his possible resignation** on parlait partout de son éventuelle démission
c (Brit * = stupid) person bête ◆ **to get sth into one's thick head** se mettre qch dans le crâne * ◆ **as thick as two (short) planks** or **as a brick** bête comme ses pieds * ◆ **as thick as pigshit** ⁑ con comme un balai ⁑ or comme la lune ⁑
d (= unclear) voice pâteux ◆ **a voice thick with emotion** une voix chargée d'émotion ◆ **I woke up with a thick head** (from alcohol) je me suis réveillé avec la gueule de bois * ; (from fatigue) je me suis réveillé avec le cerveau embrumé
e (= strong) accent fort

f (Brit †* = unfair) it's or that's a bit thick ça, c'est un peu fort * or un peu raide *
g (* = friendly) **to be thick with sb** être copain (copine f) avec qn ◆ **they are very thick** ils sont comme cul et chemise * ◆ **to be (as) thick as thieves** (pej) s'entendre comme larrons en foire
2 adv cut en tranches épaisses ; spread en couche épaisse ◆ **the fumes hung thick over the pitch** il y avait une fumée épaisse au-dessus du terrain ◆ **the snow still lies thick on the mountains** il y a encore une épaisse couche de neige sur les montagnes ◆ **blows/arrows fell thick and fast** les coups/flèches pleuvaient (de partout) ◆ **the jokes came thick and fast** il y a eu une avalanche de plaisanteries ◆ **redundancies are coming thick and fast** il y a des licenciements à la pelle ◆ **the goals came thick and fast** les buts arrivaient à la pelle ◆ **to lay it on thick** * forcer un peu la dose *
3 n [of finger, leg etc] partie f charnue ◆ **in the thick of the crowd** au cœur de la foule ◆ **in the thick of the fight** au cœur de la mêlée ◆ **they were in the thick of it** ils étaient en plein dedans ◆ **through thick and thin** à travers toutes les épreuves, contre vents et marées
4 COMP ▷ **thick-knit** adj gros (grosse f), en grosse laine ◇ n gros chandail m, chandail m en grosse laine ▷ **thick-lipped** adj aux lèvres charnues, lippu ▷ **thick-skinned** → SYN adj orange à la peau épaisse ; (fig) person peu sensible ◆ **he's very thick-skinned** c'est un dur, rien ne le touche ▷ **thick-skulled** *, **thick-witted** * adj ⇒ **thickheaded** ▷ **thick-wittedly** * adv bêtement

thicken ['θɪkən] → SYN **1** vt [+ sauce] épaissir, lier
2 vi [branch, waist etc] s'épaissir ; [crowd] grossir ; [sauce etc] épaissir ; (fig) [mystery] s'épaissir ; → **plot**

thickener ['θɪkənər] n épaississant m

thicket ['θɪkɪt] n fourré m, hallier m ; (fig) [of ideas, regulations] maquis m

thickhead * ['θɪkhed] n andouille * f

thickheaded * [θɪk'hedɪd] adj bête, obtus, borné

thickie ⁑ ['θɪkɪ] ⇒ **thicko**

thickly ['θɪklɪ] adv **a** (= densely) wooded, sown, planted, populated densément ◆ **to grow thickly** [hair, fruit] pousser en abondance ◆ **the snow fell thickly** la neige tombait dru
b (= deeply) spread, roll out en couche épaisse ◆ **thickly spread with butter** couvert d'une épaisse couche de beurre ◆ **to sprinkle sth thickly with flour** saupoudrer qch d'une épaisse couche de farine ◆ **to sprinkle sth thickly with basil** saupoudrer généreusement qch de basilic ◆ **dust/snow lay thickly everywhere** il y avait une épaisse couche de poussière/de neige partout ◆ **thickly covered with** or **in dust** couvert d'une épaisse couche de poussière ◆ **thickly encrusted with mud** incrusté d'une épaisse couche de boue ◆ **thickly carpeted** couvert d'une épaisse moquette ◆ **the apples with which the grass was thickly strewn** les pommes qui jonchaient l'herbe
c (= coarsely) slice en tranches épaisses
d (= unclearly) say d'une voix pâteuse

thickness ['θɪknɪs] n **a** (NonC) [of slice, layer, wall] épaisseur f ; [of lips, nose, wool, line] épaisseur f, grosseur f ; [of fog, forest] épaisseur f, densité f ; [of hair] épaisseur f, abondance f
b (= layer) épaisseur f ◆ **three thicknesses of material** trois épaisseurs de tissu

thicko ⁑ ['θɪkəʊ] n idiot(e) m(f), crétin(e) * m(f)

thickset [θɪk'set] → SYN adj (and small) trapu, râblé ; (and tall) bien bâti, costaud *

thicky ⁑ ['θɪkɪ] n ⇒ **thicko**

thief [θiːf] → SYN **1** n, pl **thieves** voleur m, -euse f ◆ (Prov) **set a thief to catch a thief** à voleur voleur et demi ◆ (Prov) **stop thief!** au voleur ! ◆ **to come/leave like a thief in the night** arriver/partir en douce * ; → **honour, thick**
2 COMP ▷ **thieves' cant** n argot m du milieu ▷ **thieves' kitchen** n repaire m de brigands

thieve [θiːv] → SYN vti voler

thievery ['θiːvərɪ] n (NonC) vol m

thieves [θiːvz] npl of **thief**

thieving [ˈθiːvɪŋ] [1] adj **a** * **those thieving kids** ces petits voleurs ◆ **keep your thieving hands off!** enlève tes sales pattes de voleur de là ! *

b (Mus) **the Thieving Magpie** la Pie voleuse

[2] n (NonC) vol m

thievish † [ˈθiːvɪʃ] adj voleur, de voleur

thigh [θaɪ] [1] n cuisse f

[2] COMP ▷ **thigh boots** npl cuissardes fpl

thighbone [ˈθaɪbəʊn] n fémur m

thimble [ˈθɪmbl] n dé m (à coudre)

thimbleful [ˈθɪmblfʊl] n (fig) doigt m, goutte f

thin [θɪn] → SYN [1] adj **a** (= lean, not thick) person, face, legs, arms, animal maigre ; lips, waist, nose, layer, slice, strip, sheet mince ; line, thread, wire fin ; cloth, garment fin, léger ; book, mattress, wall peu épais (-aisse f), mince ◆ **thin string** petite ficelle ◆ **a thin stroke** (with pen) un trait mince or fin, un délié ◆ **to get thin(ner)** [person] maigrir ◆ **as thin as a rake** [person] maigre comme un clou ◆ **it's the thin end of the wedge** c'est s'engager sur une pente savonneuse ◆ **to be (skating** or **treading) on thin ice** (fig) être sur un terrain glissant ; → **line[1], skin, wear**

b (= runny) liquid, oil fluide, léger ; soup, sauce, gravy clair, clairet (pej) ; paint peu épais (-aisse f), liquide ; cream, honey, mud liquide ◆ **to make thinner** [+ soup, sauce] éclaircir, délayer

c (= not dense) smoke, fog, cloud léger ; air, atmosphere raréfié ◆ **to become thinner** smoke etc se dissiper ; air se raréfier ◆ **to disappear** or **vanish into thin air** se volatiliser, disparaître (d'un seul coup) sans laisser de traces ◆ **to appear out of thin air** apparaître comme par magie ◆ **to produce** or **conjure sth out of thin air** faire apparaître qch comme par magie

d (= sparse) crowd épars ; hair, beard, eyebrows, hedge clairsemé ◆ **to become thinner** [crowd, plants, trees, hair] s'éclaircir ◆ **to be thin on the ground** * (esp Brit) être rare ◆ **good news has been thin on the ground** * **lately** les bonnes nouvelles se font rares ces derniers temps ◆ **to be thin on top** * (= balding) être dégarni * ◆ **to be getting thin on top** * (= balding) se dégarnir *

e (= feeble) excuse, argument, evidence, plot peu convaincant ; script médiocre ; smile, majority faible ◆ **his disguise was rather thin** son déguisement a été facilement percé à jour

f voice grêle, fluet ; sound aigu (-guë f)

g (Fin) profit maigre ◆ **trading was thin today** le marché était peu actif aujourd'hui ◆ **to have a thin time (of it)** * passer par une période de vaches maigres

[2] adv spread en couche fine or mince ; cut en tranches fines or minces

[3] vt [+ paint] étendre, délayer ; [+ sauce] allonger, délayer ; [+ trees] éclaircir ; [+ hair] désépaissir

[4] vi [fog, crowd] se disperser, s'éclaircir ; [numbers] se réduire, s'amenuiser ◆ **his hair is thinning, he's thinning on top** * il perd ses cheveux, il se dégarnit *

[5] COMP ▷ **thin-lipped** adj aux lèvres minces or fines ; (with rage etc) les lèvres pincées ▷ **thin-skinned** → SYN adj orange à la peau fine ; (fig) person susceptible

► **thin down** [1] vi [person] maigrir

[2] vt sep [+ paint] étendre, délayer ; [+ sauce] allonger

► **thin out** [1] vi [crowd, fog] se disperser, s'éclaircir

[2] vt sep [+ seedlings, trees] éclaircir ; [+ numbers, population] réduire ; [+ crowd] disperser ; [+ workforce] réduire, dégraisser

thine [ðaɪn] (†† or liter) [1] poss pron le tien, la tienne, les tiens, les tiennes

[2] poss adj ton, ta, tes

thing [θɪŋ] → SYN n **a** (gen) chose f ; (= object) chose f, objet m ◆ **surrounded by beautiful things** entouré de belles choses or de beaux objets ◆ **thing of beauty** bel objet m, belle chose f ◆ **such things as money, fame ...** des choses comme l'argent, la gloire ... ◆ **he's interested in ideas rather than things** ce qui l'intéresse ce sont les idées et non pas les objets ◆ **things of the mind appeal to him** il est attiré par les choses de l'esprit ◆ **the thing he loves most is his car** ce qu'il aime le plus au monde c'est sa voiture ◆ **what's that thing?** qu'est-ce que c'est que cette chose-là or ce machin-là * or ce truc-là * ? ◆ **the good things in life** les plaisirs mpl de la vie ◆ **he thinks the right things** il pense comme il faut ◆ **she likes sweet things** elle aime les sucreries fpl ◆ **you've been hearing things!** tu as dû entendre des voix !

b (= belongings) **things** affaires fpl ◆ **have you put away your things?** as-tu rangé tes affaires ? ◆ **to take off one's things** se débarrasser de son manteau etc ◆ **do take your things off!** débarrassez-vous (donc) ! ◆ **have you got your swimming things?** as-tu tes affaires de bain ? ◆ **have you got any swimming things?** as-tu ce qu'il faut pour aller te baigner ? ◆ **where are the first-aid things?** où est la trousse de secours ?

c (= affair, item, circumstance) chose f ◆ **I've two things still to do** j'ai encore deux choses à faire ◆ **the things she said!** les choses qu'elle a pu dire ! ◆ **the next thing to do is ...** ce qu'il y a à faire maintenant c'est ... ◆ **the best thing would be to refuse** le mieux serait de refuser ◆ **that's a fine** or **nice thing to do!** (iro) c'est vraiment la chose à faire ! ◆ **what sort of (a) thing is that to say to anyone?** ça n'est pas une chose à dire (aux gens) ◆ **the last thing on the agenda** le dernier point à l'ordre du jour ◆ **you take the thing too seriously** tu prends la chose trop au sérieux ◆ **you worry about things too much** tu te fais trop de soucis ◆ **I must think things over** il faut que j'y réfléchisse ◆ **how are things with you?** et vous, comment ça va ? ◆ **how's things?** * comment va ? ◆ **as things are** dans l'état actuel des choses ◆ **things are going from bad to worse** les choses vont de mal en pis ◆ **since that's how things are** puisque c'est comme ça, puisqu'il en est ainsi ◆ **I believe in honesty in all things** je crois à l'honnêteté en toutes circonstances ◆ **to expect great things of sb/sth** attendre beaucoup de qn/qch ◆ **they were talking of one thing and another** ils parlaient de choses et d'autres ◆ **taking one thing with another** à tout prendre, somme toute ◆ **the thing is to know when he's likely to arrive** ce qu'il faut c'est savoir or la question est de savoir à quel moment il devrait en principe arriver ◆ **the thing is this: ...** voilà de quoi il s'agit : ... ◆ **the thing is, she'd already seen him** ce qu'il y a, c'est qu'elle l'avait déjà vu, mais elle l'avait déjà vu ◆ **it's a strange thing, but ...** c'est drôle, mais ... ◆ **it is one thing to use a computer, quite another to know how it works** utiliser un ordinateur est une chose, en connaître le fonctionnement en est une autre ◆ **for one thing, it doesn't make sense** d'abord or en premier lieu, ça n'a pas de sens ◆ **and (for) another thing, I'd already spoken to him** et en plus, je lui avais déjà parlé ◆ **it's a good thing I came** heureusement que je suis venu ◆ **he's on to a good thing** * il a trouvé le filon * ◆ **it's the usual thing, he hadn't checked the petrol** c'est le truc * or le coup * classique, il avait oublié de vérifier l'essence ◆ **that was a near** or **close thing** (of accident) vous l'avez (or il l'a etc) échappé belle ; (of result of race, competition etc) il s'en est fallu de peu ◆ **it's just one of those things** ce sont des choses qui arrivent ◆ **it's just one (damn) thing after another** * les embêtements se succèdent ◆ **I didn't understand a thing of what he was saying** je n'ai pas compris un mot de ce qu'il disait ◆ **I hadn't done a thing about it** je n'avais strictement rien fait ◆ **he knows a thing or two** il s'y connaît ◆ **he's in London doing his own thing** * il est à Londres et fait ce qui lui plaît or chante * ◆ **she's gone off to do her own thing** * elle est partie chercher sa voie or faire ce qui lui plaît ◆ **she's got a thing about spiders** * elle a horreur des araignées, elle a la phobie des araignées ◆ **he's got a thing about blondes** * il a un faible pour les blondes ◆ **he made a great thing of my refusal** * quand j'ai refusé il en a fait toute une histoire or tout un plat * ◆ **don't make a thing of it!** * n'en fais pas tout un plat ! *, ne monte pas ça en épingle ! ◆ **he had a thing** * **with her two years ago** il a eu une liaison avec elle il y a deux ans ◆ **he's got a thing** * **for her** il en pince pour elle * ◆ **Mr Thing** * **rang up** Monsieur Chose * or Monsieur Machin * a téléphoné ; → **equal, first, such**

d (= person, animal) créature f ◆ **(you) poor little thing!** pauvre petit(e) ! ◆ **poor thing, he's very ill** le pauvre, il est très malade ◆ **she's a spiteful thing** c'est une rosse * ◆ **you horrid thing!** * chameau ! * ◆ **I say, old thing** † * dis donc (mon) vieux

e (= best, most suitable etc thing) **that's just the thing for me** c'est tout à fait or justement ce qu'il me faut ◆ **just the thing!, the very thing!** (of object) voilà tout à fait or justement ce qu'il me (or nous etc) faut ! ; (of idea, plan) c'est l'idéal ! ◆ **homeopathy is the thing nowadays** l'homéopathie c'est la grande mode aujourd'hui ◆ **it's the in thing** * c'est le truc * à la mode ◆ **that's not the thing to do** cela ne se fait pas ◆ **it's quite the thing nowadays** ça se fait beaucoup aujourd'hui ◆ **I don't feel quite the thing** * **today** je ne suis pas dans mon assiette aujourd'hui ◆ **he looks quite the thing** * **in those trousers** il est très bien or chic avec ce pantalon ◆ **this is the latest thing in computer games** c'est le dernier cri en matière de jeux électroniques

thingumabob * [ˈθɪŋəmɪbɒb], **thingumajig** * [ˈθɪŋəmɪdʒɪɡ], **thingummy(jig)** * [ˈθɪŋəmɪ(dʒɪɡ)], **thingy** * [ˈθɪŋɪ] n (= object) machin * m, truc * m, bidule * m ; (= person) Machin(e) * m(f), trucmuche * mf

think [θɪŋk] LANGUAGE IN USE 2.2, 6, 8, 24.4, 26.2, 26.3

→ SYN vb : pret, ptp **thought**

[1] n * ◆ **I'll have a think about it** j'y penserai ◆ **to have a good think about sth** bien réfléchir à qch ◆ **you'd better have another think about it** tu ferais bien d'y repenser ◆ **he's got another think coming!** il se fait des illusions !, il faudra qu'il y repense (subj) !

[2] vi **a** (gen) réfléchir, penser ◆ **think carefully** réfléchissez bien ◆ **think twice before agreeing** réfléchissez-y à deux fois avant de donner votre accord ◆ **think again!** (= reflect on it) repensez-y ! ; (= have another guess) ce n'est pas ça, recommence ! ◆ **let me think** que je réfléchisse *, laissez-moi réfléchir ◆ **I think, therefore I am** je pense, donc je suis ◆ **to think ahead** prévoir, anticiper ◆ **to think aloud** penser tout haut ◆ **to think big** * avoir de grandes idées, voir les choses en grand ◆ **I don't think!** * (iro) ça m'étonnerait !

b (= have in one's thoughts) penser ; (= devote thought to) réfléchir (*of, about* à) ◆ **I was thinking about** or **of you yesterday** je pensais à vous hier ◆ **I think of you always** je pense toujours à toi ◆ **what are you thinking about?** à quoi pensez-vous ? ◆ **I'm thinking of** or **about resigning** je pense à donner ma démission ◆ **he was thinking of** or **about suicide** il pensait au suicide ◆ **think of a number** pense à un chiffre ◆ **you can't think of everything** on ne peut pas penser à tout ◆ **he's always thinking of** or **about money, he thinks of** or **about nothing but money** il ne pense qu'à l'argent ◆ **it's not worth thinking about** ça ne vaut pas la peine d'y penser ◆ **(you) think about it!, think on it!** († or liter) pensez-y !, songez-y ! ◆ **and to think of him going there alone!** quand on pense qu'il y est allé tout seul !, (et) dire qu'il y est allé tout seul ! ◆ **I'll think about it** j'y penserai, je vais y réfléchir ◆ **I'll have to think about it** il faudra que j'y réfléchisse or pense (subj) ◆ **that's worth thinking about** cela mérite réflexion ◆ **you've given us so much to think about** vous nous avez tellement donné matière à réfléchir ◆ **come to think of it, when you think about it** en y réfléchissant (bien) ◆ **I've got too many things to think of** or **about just now** j'ai trop de choses en tête en ce moment ◆ **what else is there to think about?** c'est ce qu'il y a de plus important or intéressant ◆ **there's so much to think about** il y a tant de choses à prendre en considération ◆ **what were you thinking of** or **about!** où avais-tu la tête ? ◆ **I wouldn't think of such a thing!** ça ne me viendrait jamais à l'idée ! ◆ **would you think of letting him go alone?** vous le laisseriez partir seul, vous ? ◆ **sorry, I wasn't thinking** pardon, je n'ai pas réfléchi ◆ **I didn't think to ask** or **of asking if you ...** je n'ai pas eu l'idée de demander si tu ...

c (= remember, take into account) penser (*of* à) ◆ **he thinks of nobody but himself** il ne pense qu'à lui ◆ **he's got his children to think of** or **about** il faut qu'il pense (subj) à ses enfants ◆ **think of the cost of it!** rends-toi compte de la dépense ! ◆ **to think of** or **about sb's feelings** considérer les sentiments de qn ◆ **that makes me think of the day when ...** cela me fait penser au or me rappelle le jour où ... ◆ **I can't think of her name** je n'arrive pas à me rappeler son nom ◆ **I couldn't think of the right word** le mot juste ne me venait pas

d (= imagine) **to think (of)** imaginer ◆ **think what might have happened** imagine ce qui aurait pu arriver ◆ **just think!** imagine un peu ! ◆ **(just) think, we could go to Spain** rends-toi compte, nous pourrions aller en Espagne ◆ **think of me in a bikini!** imagine-moi en bikini ®! ◆ **think of her as a teacher** considère-la comme un professeur

e (= devise etc) **to think of** avoir l'idée de ◆ **I was the one who thought of inviting him** c'est moi qui ai eu l'idée de l'inviter ◆ **what will he think of next?** qu'est-ce qu'il va encore inventer ? ◆ **he has just thought of a clever solution** il vient de trouver une solution astucieuse ◆ **think of a number** pense à un chiffre

f (= have as opinion) penser (*of* de) ◆ **to think well** or **highly** or **a lot of sb/sth** penser le plus grand bien de qn/qch, avoir une haute opinion de qn/qch ◆ **he is very well thought of in France** il est très respecté en France ◆ **I don't think much of him** je n'ai pas une haute opinion de lui ◆ **I don't think much of that idea** cette idée ne me dit pas grand-chose ◆ **to think better of doing sth** décider à la réflexion de ne pas faire qch ◆ **he thought (the) better of it** il a changé d'avis ◆ **to think the best/the worst of sb** avoir une très haute/très mauvaise opinion de qn ◆ **to think nothing of doing sth** (= do as a matter of course) trouver tout naturel de faire qch ; (= do unscrupulously) n'avoir aucun scrupule à faire qch ◆ **think nothing of it!** mais je vous en prie !, mais pas du tout ! ◆ **you wouldn't think like that if you'd lived there** tu ne verrais pas les choses de cette façon si tu y avais vécu ; → **fit**[1]

3 vt **a** (= be of opinion, believe) penser, croire ◆ **I think so/not** je pense or crois que oui/non ◆ **what do you think?** qu'est-ce que tu (en) penses ? ◆ **I don't know what to think** je ne sais (pas) qu'en penser ◆ **I think it will rain** je pense or crois qu'il va pleuvoir ◆ **I don't think he came** je ne pense or crois pas qu'il soit venu ◆ **I don't think he will come** je ne pense pas qu'il vienne or qu'il viendra ◆ **what do you think I should do?** que pen-ses-tu or crois-tu que je doive faire ? ◆ **I thought so** or **as much!** je m'y attendais !, je m'en doutais ! ◆ **I hardly think it likely that ...** cela m'étonnerait beaucoup que ... (+ subj) ◆ **she's pretty, don't you think?** elle est jolie, tu ne trouves pas ? ◆ **what do you think of him?** comment le trouves-tu ? ◆ **I can guess what you are thinking** je devine ta pensée ◆ **who do you think you are?** pour qui te prends-tu ? ◆ **I never thought he'd look like that** je n'aurais jamais cru qu'il ressemblerait à ça ◆ **you must think me very rude** vous devez me trouver très impoli ◆ **he thinks he is intelligent, he thinks himself intelligent** il se croit or se trouve intelligent ◆ **they are thought to be rich** ils passent pour être riches ◆ **I didn't think to see you here** je ne m'attendais pas à vous voir ici ; see also **3d** ◆ **he thinks money the whole time*** il ne s'intéresse qu'à l'argent ; → **world**

b (= conceive, imagine) (s')imaginer ◆ **think what we could do with that house!** imagine ce que nous pourrions faire de cette maison ! ◆ **I can't think what he means!** je ne vois vraiment pas ce qu'il veut dire ! ◆ **you would think he'd have known that already** on aurait pu penser qu'il le savait déjà ◆ **anyone would think he owns the place!** il se prend pour le maître des lieux celui-là ! ◆ **who would have thought it!** qui l'aurait dit ! ◆ **I'd have thought she'd be more upset** j'aurais pensé qu'elle aurait été plus contrariée ◆ **to think that she's only ten!** et dire qu'elle n'a que dix ans !, quand on pense qu'elle n'a que dix ans !

c (= reflect) penser à ◆ **just think what you're doing!** pense un peu à ce que tu fais ! ◆ **we must think how we can do it** il faut réfléchir à la façon dont nous allons pouvoir le faire ◆ **I was thinking (to myself) how ill he looked** je me disais qu'il avait l'air bien malade

d (= remember) **did you think to bring it?** tu n'as pas oublié de l'apporter ? ◆ **I didn't think to let him know** il ne m'est pas venu à l'idée or je n'ai pas eu l'idée de le mettre au courant

4 COMP ▷ **think-piece** n (Press) article m de fond ▷ **think tank*** n groupe m or cellule f de réflexion

► **think back** vi repenser (*to* à), essayer de se souvenir or se rappeler (*to* de) ◆ **he thought back, and replied ...** il a fait un effort de mémoire, et a répliqué ...

► **think out** vt sep [+ problem, proposition] réfléchir sérieusement à, étudier ; [+ plan] élaborer, préparer ; [+ answer, move] réfléchir sérieusement à, préparer ◆ **that needs thinking out** il faut y réfléchir à fond ◆ **well-thought-out** bien conçu

► **think over** vt sep [+ offer, suggestion] (bien) réfléchir à, peser ◆ **think things over carefully first** pèse bien le pour et le contre auparavant ◆ **I'll have to think it over** il va falloir que j'y réfléchisse

► **think through** vt sep [+ plan, proposal] examiner en détail or par le menu, considérer dans tous ses détails

► **think up** vt sep [+ plan, scheme, improvement] avoir l'idée de ; [+ answer, solution] trouver ; [+ excuse] inventer ◆ **who thought up that idea?** qui a eu cette idée ? ◆ **what will he think up next?** qu'est-ce qu'il va encore bien pouvoir inventer ?

thinkable [ˈθɪŋkəbl] adj ◆ **it's not thinkable that ...** il n'est pas pensable or concevable or imaginable que ... (+ subj)

thinker [ˈθɪŋkəʳ] → SYN n penseur m, -euse f

thinking [ˈθɪŋkɪŋ] → SYN **1** adj being, creature, mind rationnel ; machine pensant ◆ **to any thinking person, this ...** pour toute personne douée de raison, ceci ... ◆ **the thinking man** l'intellectuel m ◆ **the thinking woman's sex symbol** le sex-symbol de l'intellectuelle ◆ **the thinking man's crumpet**‡ la pin-up pour intellectuel ◆ **the thinking woman's crumpet**‡ le mâle pour intellectuelle

2 n (= act) pensée f, réflexion f ; (= thoughts collectively) opinions fpl (*on, about* sur) ◆ **I'll have to do some (hard) thinking about it** il va falloir que j'y réfléchisse sérieusement ◆ **current thinking on this** les opinions actuelles là-dessus ◆ **to my way of thinking** à mon avis ◆ **that may be his way of thinking, but ...** c'est peut-être comme ça qu'il voit les choses, mais ... ; → **wishful**

3 COMP ▷ **thinking cap** n **to put on one's thinking cap*** cogiter* ▷ **thinking pattern** n modèle m de pensée ▷ **the thinking process** n le processus de pensée ▷ **thinking time** n **to give sb some thinking time** donner à qn un peu de temps pour réfléchir, laisser à qn un délai de réflexion

thinly [ˈθɪnlɪ] adv **a** slice, cut en tranches fines or minces

b spread, roll out en couche fine or mince ◆ **toast thinly spread with butter** du pain grillé sur lequel on a étalé une fine or mince couche de beurre

c **to be thinly populated** avoir une population éparse or clairsemée ◆ **thinly wooded** peu boisé ◆ **thinly scattered** épars ◆ **the meeting was thinly attended** la réunion n'a pas attiré grand monde ◆ **thinly spread resources** des ressources disséminées ◆ **a criticism thinly disguised as a compliment** une critique à peine déguisée en compliment ◆ **a thinly veiled accusation** une accusation à peine voilée ◆ **a thinly veiled attempt** une tentative mal dissimulée

d **to sow seeds thinly** faire un semis clair ◆ **to smile thinly** avoir un faible sourire

thinner [ˈθɪnəʳ] **1** n (for paint etc) diluant m

2 adj (compar of **thin**)

thinness [ˈθɪnnɪs] n (NonC) **a** (= leanness, lack of thickness) [of person, legs, arms, face, animal] maigreur f ; [of waist, fingers, nose, layer, slice, strip, paper] minceur f ; [of wall, book, clothes] minceur f ; [of thread, wire] finesse f ; [of cloth, garment] finesse f, légèreté f

b (= runniness) [of liquid, oil] légèreté f, fluidité f ; [of soup, gravy, sauce, paint] manque m d'épaisseur ; [of cream, honey, mud] consistance f liquide

c [of smoke, fog, cloud] légèreté f ◆ **the thinness of the air** or **atmosphere** le manque d'oxygène

d (= sparseness) [of hair, beard, eyebrows, hedge] aspect m clairsemé ◆ **disappointed by the thinness of the crowd** déçu qu'il y ait si peu de monde

e (= feebleness) [of excuse, evidence, plot, plans, smile, majority] faiblesse f ; [of script] médiocrité f

f [of voice] timbre m grêle or fluet ; [of sound] timbre m aigu

g (Fin) [of profits, margins] maigreur f

thioalcohol [ˌθaɪəʊˈælkəˌhɒl] n thioalcool m

thiol [ˈθaɪɒl] n thiol m

thiosulphate [ˌθaɪəʊˈsʌlfeɪt] n thiosulfate m

thiosulphuric [ˌθaɪəʊsʌlˈfjʊərɪk] adj ◆ **thiosulphuric acid** acide m thiosulfurique

third [θɜːd] **1** adj troisième ◆ **in the presence of a third person** en présence d'une tierce personne or d'un tiers ◆ **in the third person** (Gram) à la troisième personne ◆ **(it's/it was) third time lucky!** la troisième fois sera/a été la bonne ! ◆ **the third finger** le majeur, le médius ◆ **to be a third wheel** (US) tenir la chandelle ◆ **the third way** (Pol) la troisième voie ; see also **5** ; for other phrases see **sixth**

2 n **a** troisième mf ; (= fraction) tiers m ; (Mus) tierce f ; for phrases see **sixth**

b (Univ = degree) ≃ licence f sans mention

c (Aut: also **third gear**) troisième vitesse f ◆ **in third** en troisième

3 **thirds** npl (Comm) articles mpl de troisième choix or de qualité inférieure

4 adv **a** (in race, exam, competition) en troisième place or position ◆ **he came** or **was placed third** il s'est classé troisième

b (Rail) **to travel third** voyager en troisième

c ⇒ **thirdly**

5 COMP ▷ **Third Age** n troisième âge m ▷ **third-class** adj → **third-class** ▷ **third degree** n **to give sb the third degree*** (= torture) passer qn à tabac‡ ; (= question closely) cuisiner‡ qn ▷ **third-degree burns** npl (Med) brûlures fpl du troisième degré ▷ **the third estate** n le tiers état ▷ **Third International** n (Hist) IIIe Internationale f ▷ **Third Market** n (St Ex) troisième marché m de Londres ▷ **Third Order** n tiers ordre m ▷ **third party** n (Jur) tierce personne f, tiers m ◆ **third party (indemnity) insurance** (assurance f) responsabilité f civile ▷ **third party, fire and theft** n (Insurance) assurance f au tiers, vol et incendie ▷ **third-rate** → SYN adj de très médiocre qualité ▷ **Third World** n tiers-monde m ◇ adj poverty etc du tiers-monde

third-class [ˈθɜːdˈklɑːs] **1** adj (lit) de troisième classe ; hotel de troisième catégorie, de troisième ordre ; (Rail) ticket, compartment de troisième (classe) ; (fig pej) meal, goods de qualité très inférieure ◆ **third-class seat** (Rail) troisième f ◆ **third-class degree** (Univ) → **2**

2 n (Univ: also **third-class degree**) ≃ licence f sans mention

3 adv **a** (Rail †) **to travel third-class** voyager en troisième

b (US Post) tarif m imprimés

thirdly [ˈθɜːdlɪ] LANGUAGE IN USE 26.2 adv troisièmement, en troisième lieu

thirst [θɜːst] → SYN **1** n (lit, fig) soif f (*for* de) ◆ **I've got a real thirst on (me)*** j'ai la pépie*

2 vi (lit, fig: liter) avoir soif (*for* de) ◆ **thirsting for revenge** assoiffé de vengeance ◆ **thirsting for blood** altéré or assoiffé de sang

thirstily [ˈθɜːstɪlɪ] adv (lit, fig) avidement

thirsty [ˈθɜːstɪ] → SYN adj **a** person, animal, plant qui a soif, assoiffé (liter) ; land qui manque d'eau ;* car qui consomme beaucoup, gourmand* ◆ **to be** or **feel thirsty** avoir soif ◆ **to make sb thirsty** donner soif à qn ◆ **it's thirsty work!** ça donne soif !

b (liter = eager) **to be thirsty for sth** avoir soif de qch, être assoiffé de qch ◆ **to be thirsty for sb's blood** vouloir la peau de qn

thirteen [θɜːˈtiːn] **1** adj treize inv

2 n treize m inv ; for phrases see **six**

3 pron treize ◆ **there are thirteen** il y en a treize

thirteenth [ˈθɜːtiːnθ] **1** adj treizième

2 n treizième mf ; (= fraction) treizième m ; for phrases see **sixth**

thirtieth [ˈθɜːtɪɪθ] **1** adj trentième

2 n trentième mf ; (= fraction) trentième m ; for phrases see **sixth**

thirty ['θɜːtɪ] 1 adj trente inv ◆ **about thirty books** une trentaine de livres ◆ **thirty pieces of silver** (fig) les trente deniers de Judas, l'argent de la trahison
2 n trente m inv ◆ **about thirty** une trentaine ; for other phrases see **sixty**
3 pron trente ◆ **there are thirty** il y en a trente
4 COMP ▷ **thirty-second note** n (US Mus) triple croche f ▷ **Thirty-Share Index** n (Brit) *indice des principales valeurs industrielles* ▷ **thirty-twomo** n, pl **thirty-twomos** (Typ) in-trente-deux m inv ▷ **the Thirty Years' War** n (Hist) la guerre de Trente Ans

this [ðɪs] 1 dem adj, pl **these** a ce, cet (before vowel and mute h), cette f, ces pl ◆ **who is this man?** qui est cet homme ? ◆ **whose are these books?** à qui sont ces livres ? ◆ **these photos you asked for** les photos que vous avez réclamées ◆ **this week** cette semaine ◆ **this time last week** la semaine dernière à pareille heure ◆ **this time next year** l'année prochaine à la même époque ◆ **this coming week** la semaine prochaine or qui vient ◆ **it all happened this past half-hour** tout est arrivé dans la demi-heure qui vient de s'écouler ◆ **I've been waiting this past half-hour** voilà une demi-heure que j'attends, j'attends depuis une demi-heure ◆ **how's this hand of yours?** et votre main, comment va-t-elle ? ◆ **this journalist (fellow) you were going out with** * ce journaliste, là, avec qui tu sortais * ◆ **this journalist came up to me in the street** * il y a un journaliste qui est venu vers moi dans la rue
b (stressed, or as opposed to that, those) ce or cet or cette or ces ...-ci ◆ **I mean THIS book** c'est de ce livre-ci que je parle ◆ **I like this photo better than that one** je préfère cette photo-ci à celle-là ◆ **this chair (over) here** cette chaise-ci ◆ **the leaf was blowing this way and that** la feuille tournoyait de-ci de-là ◆ **she ran that way and this** elle courait dans tous les sens
2 dem pron, pl **these** a ceci, ce ◆ **what is this?** qu'est-ce que c'est (que ceci) ? ◆ **whose is this?** à qui appartient ceci ? ◆ **who's this?** (gen) qui est-ce ? ; (on phone) qui est à l'appareil ? ◆ **this is it** (gen) c'est cela ; (agreeing) exactement, tout à fait ; (before action) cette fois, ça y est ◆ **this is my son** (in introduction) je vous présente mon fils ; (in photo etc) c'est mon fils ◆ **this is the boy I told you about** c'est or voici le garçon dont je t'ai parlé ◆ **this is Glenys Knowles** (on phone) ici Glenys Knowles, Glenys Knowles à l'appareil ◆ **this is Tuesday** nous sommes mardi ◆ **but this is May** mais nous sommes en mai ◆ **this is what he showed me** voici ce qu'il m'a montré ◆ **this is where we live** c'est ici que nous habitons ◆ **I didn't want you to leave like this!** je ne voulais pas que tu partes comme ça ! ◆ **it was like this ...** voici comment les choses se sont passées ... ◆ **do it like this** faites-le comme ceci ◆ **after this things got better** après ceci les choses se sont arrangées ◆ **before this I'd never noticed him** je ne l'avais jamais remarqué auparavant ◆ **it ought to have been done before this** cela devrait être déjà fait ◆ **we were talking of this and that** nous bavardions de choses et d'autres ◆ **at this she burst into tears** sur ce, elle éclata en sanglots ◆ **with this he left us** sur ces mots il nous a quittés ◆ **what's all this I hear about your new job?** qu'est-ce que j'apprends, vous avez un nouvel emploi ? ◆ **they'll be demanding this, that and the next thing** * ils vont exiger toutes sortes de choses
b (this one) celui-ci m, celle-ci f, ceux-ci mpl, celles-ci fpl ◆ **I prefer that to this** je préfère celui-là à celui-ci (or celle-là à celle-ci) ◆ **how much is this?** combien coûte celui-ci (or celle-ci) ? ◆ **these over here** ceux-ci (or celles-ci) ◆ **not these!** pas ceux-ci (or celles-ci) !
3 adv ◆ **it was this long** c'était aussi long que ça ◆ **he had come this far** il était venu jusqu'ici ; (in discussions etc) il avait fait tant de progrès ; → **much**

thistle ['θɪsl] n chardon m

thistledown ['θɪsldaʊn] n duvet m de chardon

thistly ['θɪslɪ] adj ground couvert de chardons

thither †† ['ðɪðəʳ] adv y (before vb), là ; → **hither**

thitherto [ðɪðə'tuː] adv jusqu'alors

thixotropic [,θɪksə'trɒpɪk] adj thixotrope

tho(') * [ðəʊ] abbrev of **though**

thole[1] [θəʊl] n (Naut) tolet m

thole[2] †† [θəʊl] vt (dial) supporter

tholos ['θəʊlɒs] n, pl **tholoi** ['θəʊlɔɪ] tholos f

Thomas ['tɒməs] n Thomas m ; → **doubt**

Thomism ['təʊmɪzəm] n (Philos) thomisme m

Thomist ['təʊmɪst] n (Philos) thomiste mf

thong [θɒŋ] n [of whip] lanière f, longe f ; (on garment) lanière f, courroie f

Thor [θɔːʳ] n (Myth) T(h)or m

thoracentesis [,θɔːrəsen'tiːsɪs], **thoracocentesis** [,θɔːrəkəʊsen'tiːsɪs] n thoracentèse f

thoraces ['θɔːrə,siːz] npl of **thorax**

thoracic [θɔː'ræsɪk] 1 adj muscle, vertebrae, area thoracique ◆ **thoracic spine** vertèbres fpl dorsales ◆ **thoracic surgeon** spécialiste mf de chirurgie thoracique
2 COMP ▷ **thoracic duct** n canal m thoracique

thorax ['θɔːræks] n, pl **thoraxes** or **thoraces** thorax m

thorite ['θɔːraɪt] n thorite f

thorium ['θɔːrɪəm] n thorium m

thorn [θɔːn] → SYN 1 n (= spike) épine f ; (NonC: also **hawthorn**) aubépine f ◆ **to be a thorn in sb's side** or **flesh** être une source d'irritation constante pour qn ◆ **that was the thorn in his flesh** c'était sa bête noire ; → **rose**[2]
2 COMP ▷ **thorn apple** n stramoine f, pomme f épineuse ▷ **thorn bush** n buisson m épineux

thornback ['θɔːnbæk] n (= fish: also **thornback ray**) raie f bouclée

thornless ['θɔːnlɪs] adj sans épines, inerme (Bot)

thorny ['θɔːnɪ] → SYN adj (lit, fig) épineux

thoron ['θɔːrɒn] n (Chem) thoron m

thorough ['θʌrə] → SYN adj a (= careful) person, worker qui fait les choses à fond ; work, investigation, preparation, analysis, training approfondi ; review complet (-ète f) ; consideration ample ◆ **a thorough grounding in English** des bases solides en anglais ◆ **to do a thorough job** faire un travail à fond ◆ **to give sth a thorough cleaning/wash** etc nettoyer/laver etc qch à fond ◆ **to be thorough in doing sth** faire qch à fond
b (= deep) knowledge approfondi ; understanding profond
c (= complete) **to make a thorough nuisance of o.s.** être totalement insupportable ◆ **to give sb a thorough walloping** donner une bonne raclée à qn ◆ **it's a thorough disgrace** c'est vraiment une honte

thoroughbred ['θʌrəbred] → SYN 1 adj horse pur-sang inv ; other animal de race
2 n (= horse) (cheval m) pur-sang m inv ; (= other animal) bête f de race ◆ **he's a real thoroughbred** (fig = person) il est vraiment racé, il a vraiment de la classe

thoroughfare ['θʌrəfɛəʳ] → SYN n (= street) rue f ; (= public highway) voie f publique ◆ **"no thoroughfare"** "passage interdit"

thoroughgoing ['θʌrə,gəʊɪŋ] adj examination, revision complet (-ète f) ; believer convaincu ; hooligan vrai (before n) ; rogue, scoundrel fieffé

thoroughly ['θʌrəlɪ] → SYN adv a (= carefully) examine, wash, mix bien ; ◆ **thoroughly clean** tout propre, tout à fait propre ◆ **to research sth thoroughly** faire des recherches approfondies sur qch ◆ **to investigate sb/sth thoroughly** faire une enquête approfondie sur qn/qch
b (= completely) modern, enjoyable, convinced tout à fait, on ne peut plus ; miserable, unpleasant absolument ; discredited complètement ; deserve, understand tout à fait ◆ **he's a thoroughly nasty piece of work** il est tout ce qu'il y a de plus odieux ◆ **it was thoroughly boring** c'était on ne peut plus ennuyeux ◆ **I thoroughly agree** je suis tout à fait d'accord ◆ **I thoroughly enjoyed myself** j'ai passé d'excellents moments ◆ **we thoroughly enjoyed our meal** nous avons fait un excellent repas

thoroughness ['θʌrənɪs] n (NonC) [of worker] minutie f ; [of knowledge] profondeur f ◆ **the thoroughness of his work/research** la minutie qu'il apporte à son travail/sa recherche

those [ðəʊz] dem adj, dem pron (pl of **that**)

thou[1] † [ðaʊ] pers pron (liter) tu ; (stressed) toi

thou[2] * [θaʊ] n, pl **thou** or **thous** abbrev of **thousand, thousandth**

though [ðəʊ] LANGUAGE IN USE 26.3 → SYN
1 conj a (= despite the fact that) bien que (+ subj), quoique (+ subj) ◆ **though it's raining** bien qu'il pleuve, malgré la pluie ◆ **though poor they were honest** ils étaient honnêtes bien que or quoique or encore que pauvres
b (= even if) **(even) though I shan't be there I'll think of you** je ne serai pas là mais je n'en penserai pas moins à toi ◆ **strange though it may seem** si or pour étrange que cela puisse paraître ◆ **I will do it though I (should) die in the attempt** (frm) je le ferai, dussé-je y laisser la vie ◆ **what though they are poor** (liter) malgré or nonobstant (liter) leur misère
c **as though** comme si ◆ **it looks as though ...** il semble que ... (+ subj) ; see also **as**
2 adv pourtant, cependant ◆ **it's not easy though** ce n'est pourtant pas facile, pourtant ce n'est pas facile ◆ **did he though!** * ah bon !, tiens tiens !

thought [θɔːt] LANGUAGE IN USE 1.1 → SYN
1 vb (pt, ptp of **think**)
2 n a (NonC) (gen) pensée f ; (= reflection) pensée f, réflexion f ; (= daydreaming) rêverie f ; (= thoughtfulness) considération f ◆ **to be lost** or **deep in thought** être perdu dans ses pensées ◆ **after much thought** après mûre réflexion ◆ **he acted without thought** il a agi sans réfléchir ◆ **without thought for** or **of himself he ...** sans considérer son propre intérêt il ... ◆ **he was full of thought for my welfare** il se préoccupait beaucoup de mon bien-être ◆ **you must take thought for the future** il faut penser à l'avenir ◆ **he took** or **had no thought for his own safety** il n'avait aucun égard pour sa propre sécurité ◆ **to give thought to sth** bien réfléchir à qch, mûrement réfléchir sur qch ◆ **I didn't give it a moment's thought** je n'y ai pas pensé une seule seconde ◆ **I gave it no more thought, I didn't give it another thought** je n'y ai plus pensé ◆ **don't give it another thought** n'y pensez plus ◆ **further thought needs to be given to these problems** ceci nécessite une réflexion plus approfondie sur les problèmes
b (= idea) pensée f, idée f ; (= opinion) opinion f, avis m ; (= intention) intention f, idée f ◆ **it's a happy thought** voilà une idée qui fait plaisir ◆ **to think evil thoughts** avoir de mauvaises pensées ◆ **what a thought!** * imagine un peu ! ◆ **what a horrifying thought!** * quel cauchemar ! ◆ **what a frightening thought!** * c'est effrayant ! * ◆ **what a lovely thought!** * (= good idea) comme ça serait bien ! ; (= how thoughtful) comme c'est gentil ! ◆ **what a brilliant thought!** * c'est une idée géniale ! ◆ **that's a thought!** * tiens, mais c'est une idée ! ◆ **it's only a thought** ce n'est qu'une idée ◆ **one last** or **final thought** une dernière chose ◆ **the mere thought of it frightens me** rien que d'y penser or rien qu'à y penser j'ai peur ◆ **he hasn't a thought in his head** il n'a rien dans la tête ◆ **my thoughts were elsewhere** j'avais l'esprit ailleurs ◆ **he keeps his thoughts to himself** il garde ses pensées pour lui, il ne laisse rien deviner or paraître de ses pensées ◆ **the Thoughts of Chairman Mao** les pensées du président Mao ◆ **contemporary/scientific thought on the subject** les opinions des contemporains/des scientifiques sur la question ◆ **the thought of Nietzsche** la pensée de Nietzsche ◆ **my first thought was to ring you** ma première réaction a été de te téléphoner ◆ **my first thought was that you'd left** j'ai d'abord pensé que tu étais parti ◆ **I had thoughts** or **some thought of going to Paris** j'avais vaguement l'idée or l'intention d'aller à Paris ◆ **he gave up all thought(s) of marrying her** il a renoncé à toute idée de l'épouser ◆ **his one thought is to win the prize** sa seule pensée or idée est de remporter le prix ◆ **it's the thought that counts** c'est l'intention qui compte ◆ **to read sb's thoughts** lire (dans) la pensée de qn ◆ **we keep you in our thoughts** nous pensons (bien) à vous ; → **collect**[2], **penny, second**[1]

c (adv phrase) **a thought** un peu, un tout petit peu ◆ **it is a thought too large** c'est un (tout petit) peu trop grand

3 COMP ▷ **thought police** n police f de la pensée ▷ **thought process** n mécanisme m de pensée ▷ **thought-provoking** adj qui pousse à la réflexion, stimulant ▷ **thought-read** vi lire (dans) la pensée de qn ▷ **thought-reader** n liseur m, -euse f de pensées ◆ **he's a thought-reader** (fig) il lit dans la pensée des gens ◆ **I'm not a thought-reader** je ne suis pas devin ▷ **thought reading** n divination f par télépathie ▷ **thought transference** n transmission f de pensée

thoughtful ['θɔːtfʊl] → SYN adj **a** (= reflective) person (by nature) sérieux, réfléchi ; (on one occasion) pensif ; mood, face, eyes pensif ; expression, look pensif, méditatif ; silence méditatif ; remark, research sérieux, réfléchi ; book, article, approach sérieux ; design judicieux

b (= considerate) person prévenant, attentionné ; act, gesture, remark plein de délicatesse ; invitation, gift gentil ◆ **how thoughtful of you!** comme c'est gentil à vous or de votre part ! ◆ **it was thoughtful of him to invite me** c'était gentil à lui or de sa part de m'inviter ◆ **to be thoughtful of others** être plein d'égards pour autrui

thoughtfully ['θɔːtfəlɪ] adv **a** (= reflectively) say, look at, nod pensivement

b (= considerately) **he thoughtfully booked tickets for us as well** il a eu la prévenance de louer des places pour nous aussi

c (= intelligently) designed, constructed, positioned judicieusement

thoughtfulness ['θɔːtfʊlnɪs] n (NonC) **a** (= reflectiveness) [of person] (by nature) sérieux m ; (on one occasion) air m pensif ; [of book, article] sérieux m

b (= considerateness) prévenance f

thoughtless ['θɔːtlɪs] → SYN adj **a** (= inconsiderate) person qui manque d'égards or de considération ; act, behaviour, remark maladroit ◆ **how thoughtless of you!** tu manques vraiment d'égards or de considération ! ◆ **it was thoughtless of her (to tell him)** ce n'était pas très délicat or c'était maladroit de sa part (de le lui dire)

b (= unthinking) **to be thoughtless of the future** ne pas penser à l'avenir

thoughtlessly ['θɔːtlɪslɪ] adv **a** (= inconsiderately) act, forget inconsidérément

b (= unthinkingly) speak maladroitement, de façon irréfléchie ; embark upon sans réfléchir

thoughtlessness ['θɔːtlɪsnɪs] n (NonC) (= carelessness) étourderie f, légèreté f ; (= lack of consideration) manque m de prévenance or d'égards

thousand ['θaʊzənd] **1** adj mille inv ◆ **a thousand men** mille hommes ◆ **about a thousand men** un millier d'hommes ◆ **a thousand years** mille ans, un millénaire ◆ **a thousand thanks!** mille fois merci ! ◆ **two thousand pounds** deux mille livres ◆ **I've got a thousand and one things to do** j'ai mille et une choses à faire

2 n mille m inv ◆ **a thousand, one thousand** mille ◆ **a or one thousand and one** mille (et) un ◆ **a thousand and two** mille deux ◆ **five thousand** cinq mille ◆ **about a thousand (people), a thousand odd (people)** un millier (de personnes) ◆ **sold by the thousand** (Comm) vendu par mille ◆ **thousands of people** des milliers de gens ◆ **they came in their thousands** ils sont venus par milliers

3 COMP ▷ **Thousand Island dressing** n sauce salade à base de mayonnaise, de ketchup, de cornichons hachés etc.

thousandfold ['θaʊzəndfəʊld] **1** adj multiplié par mille

2 adv mille fois autant

thousandth ['θaʊzənθ] **1** adj millième

2 n millième mf ; (= fraction) millième m

Thrace [θreɪs] n la Thrace

thraldom ['θrɔːldəm] n (NonC: liter) servitude f, esclavage m

thrall [θrɔːl] n (liter: lit, fig) (= person) esclave mf ; (= state) servitude f, esclavage m ◆ **to be in thrall to ...** (fig) être esclave de ...

thrash [θræʃ] → SYN **1** vt **a** (= beat) rouer de coups, rosser ; (as punishment) donner une bonne correction à ; (*: Sport etc) battre à plate(s) couture(s) ◆ **they nearly thrashed the life out of him, they thrashed him to within an inch of his life** ils ont failli le tuer à force de coups

b (= move wildly) **the bird thrashed its wings (about)** l'oiseau battait or fouettait l'air de ses ailes ◆ **he thrashed his arms/legs (about)** il battait des bras/des jambes

c (Agr) ⇒ **thresh**

2 vi battre violemment (against contre)

3 n **a** (Brit ⁑ = party) sauterie * f

b (Mus: also **thrash metal**) thrash m

▶ **thrash about, thrash around** **1** vi (= struggle) se débattre ◆ **he thrashed about with his stick** il battait l'air de sa canne

2 vt sep [+ one's legs, arms] battre de ; [+ stick] agiter see also **thrash 1b**

▶ **thrash out** * vt sep [+ problem, difficulty] (= discuss) débattre de ; (= solve) résoudre ◆ **they managed to thrash it out** ils ont réussi à résoudre le problème

thrashing ['θræʃɪŋ] → SYN n correction f, rossée * f ; (*: Sport etc) correction f (fig), dérouillée ⁑ f ◆ **to give sb a good thrashing** rouer qn de coups ; (as punishment, also Sport) donner une bonne correction à qn

thread [θred] → SYN **1** n **a** (gen, also Sewing etc) fil m ◆ **nylon thread** fil m de nylon ® ◆ **to hang by a thread** (fig) ne tenir qu'à un fil ◆ **the ceasefire is hanging by a thread** le cessez-le-feu ne tient qu'à un fil ◆ **to lose the thread (of what one is saying)** perdre le fil de son discours ◆ **to pick up** or **take up the thread again** (fig) retrouver le fil ◆ **to pick up the threads of one's career** reprendre le cours de sa carrière ◆ **a thread of light** un (mince) rayon de lumière

b [of screw] pas m, filetage m ◆ **screw with left-hand thread** vis f filetée à gauche

2 threads npl (US = clothes) fringues ⁑ fpl

3 vt [+ needle, beads] enfiler ◆ **to thread sth through a needle/over a hook/into a hole** faire passer qch à travers le chas d'une aiguille/par un crochet/par un trou ◆ **to thread a film on to a projector** monter un film sur un projecteur ◆ **he threaded his way through the crowd** il s'est faufilé à travers la foule ◆ **the car threaded its way through the narrow streets** la voiture s'est faufilée dans les petites rues étroites

4 vi **a** ⇒ **to thread one's way 3**

b [needle, beads] s'enfiler ; [tape, film] passer

5 COMP ▷ **thread mark** n filigrane m

threadbare ['θredbɛəʳ] → SYN adj rug, clothes râpé, élimé ; room défraîchi ; (fig) joke, argument, excuse usé, rebattu

threadlike ['θredlaɪk] adj filiforme

threadworm ['θredwɜːm] n (Med) oxyure m

threat [θret] → SYN n (lit, fig) menace f ◆ **to make a threat against sb** proférer une menace à l'égard de qn ; **under (the) threat of ... menacé de ...** ◆ **it is a grave threat to civilization** cela constitue une sérieuse menace pour la civilisation, cela menace sérieusement la civilisation

threaten ['θretn] → SYN **1** vt menacer (sb with sth qn de qch ; to do sth de faire qch) ◆ **to threaten violence** proférer des menaces de violence ◆ **a species threatened with extinction, a threatened species** une espèce en voie de disparition ◆ **they threatened that they would leave** ils ont menacé de partir ◆ **it is threatening to rain** la pluie menace

2 vi [storm, war, danger] menacer

threatening ['θretnɪŋ] → SYN **1** adj person, voice, manner, place, weather, clouds, sky menaçant ; gesture, tone, words menaçant, de menace ; phone call, letter de menace ◆ **to find sb threatening** se sentir menacé par qn

2 COMP ▷ **threatening behaviour** n (Jur) tentative f d'intimidation

threateningly ['θretnɪŋlɪ] adv say d'un ton menaçant or de menace ; gesticulate d'une manière menaçante ◆ **threateningly close** dangereusement près

three [θriː] **1** adj trois inv

2 n trois m inv ◆ **the Big Three** (Pol) les trois Grands mpl ◆ **let's play (the) best of three** (Sport) jouons au meilleur des trois manches ◆ **they were playing (the) best of three** ils jouaient deux parties et la belle ; → **two** ; for other phrases see **six**

3 pron trois ◆ **there are three** il y en a trois

4 COMP ▷ **3-D** n ⇒ **three-D** ▷ **three-act play** n pièce f en trois actes ▷ **three-card monte** n (US) ⇒ **three-card trick** ▷ **three-card trick** n bonneteau m ▷ **three-cornered** adj triangulaire ▷ **three-cornered hat** n tricorne m ▷ **three-D** n (abbrev of **three dimensions, three-dimensional**) (in) three-D picture en relief, en trois dimensions ▷ **three-day event** n (Horse-riding) concours m complet ▷ **three-day eventer** n (Horse-riding) cavalier m, -ière f de concours complet ▷ **three-day eventing** n (Horse-riding) concours m complet ▷ **three-dimensional** adj object à trois dimensions, tridimensionnel ; picture en relief ; film en trois dimensions ▷ **three-fourths** n (US) ⇒ **three-quarters** ▷ **three-four time** n (Mus) mesure f à trois temps ▷ **three-legged** adj table à trois pieds ; animal à trois pattes ▷ **three-legged race** n (Sport) course où les concurrents sont attachés deux par deux par la jambe ▷ **three-line** adj → **whip** ▷ **three-martini lunch** * n (US fig = expense-account lunch) déjeuner m d'affaires (qui passe dans les notes de frais) ▷ **three-phase** adj (Elec) triphasé ▷ **three-piece suit** n (costume m) trois-pièces m ▷ **three-piece suite** n salon composé d'un canapé et de deux fauteuils ▷ **three-pin plug** n → **pin 1b** ▷ **three-ply** adj wool à trois fils ▷ **three-point landing** n (Aviat) atterrissage m trois points ▷ **three-point turn** n (Aut) demi-tour m en trois manœuvres ▷ **three-quarter** adj portrait de trois-quarts ; sleeve trois-quarts inv ◇ n (Rugby) trois-quarts m inv ▷ **three-quarters** n trois quarts mpl ◇ adv ◆ **the money is three-quarters gone** les trois quarts de l'argent ont été dépensés ◆ **three-quarters full/empty** aux trois quarts plein/vide ▷ **three-ring circus** n (lit) cirque m à trois pistes ; (US * fig) véritable cirque * m ▷ **the three Rs** n la lecture, l'écriture et l'arithmétique ▷ **three-sided** adj object à trois côtés, à trois faces ; discussion à trois ▷ **three-way** adj split, division en trois ; discussion à trois ▷ **three-wheeler** n (= car) voiture f à trois roues ; (= tricycle) tricycle m

---

THREE Rs

Les **three Rs** (les trois "R") sont la lecture, l'écriture et l'arithmétique, considérées comme les trois composantes essentielles de l'enseignement. L'expression vient de l'orthographe fantaisiste "reading, riting and rithmetic" pour "reading, writing and arithmetic".

---

threefold ['θriːfəʊld] **1** adj triple

2 adv ◆ **to increase threefold** tripler

threepence ['θrepəns] n (Brit) trois anciens pence mpl

threepenny ['θrepnɪ] (Brit) **1** adj à trois pence ◆ **the Threepenny Opera** (Mus) l'Opéra m de quat'sous

2 n (also **threepenny bit** or **piece**) ancienne pièce f de trois pence

threescore [θriːˈskɔːʳ] **1** adj, n († or liter) soixante m

2 COMP ▷ **threescore and ten** adj, n († or liter) soixante-dix m

threesome ['θriːsəm] → SYN n (= people) groupe m de trois, trio m ; (= game) partie f à trois ◆ **we went in a threesome** nous y sommes allés à trois

threnodic [θrɪˈnɒdɪk] adj poem de lamentation ; tone éploré

threnody ['θrenədɪ] n (lit) mélopée f ; (fig) lamentations fpl

threonine ['θriːəniːn] n théonine f

thresh [θreʃ] vt (Agr) battre

thresher ['θreʃəʳ] n **a** (= person) batteur m, -euse f (en grange) ; (= machine) batteuse f

b (= shark) renard m de mer

threshing ['θreʃɪŋ] (Agr) **1** n battage m

2 COMP ▷ **threshing machine** n batteuse f

threshold ['θreʃhəʊld] → SYN **1** n seuil m, pas m de la porte ◆ **to cross the threshold**

franchir le seuil ◆ **on the threshold of ...** (fig) au bord or au seuil de ... ◆ **above the threshold of consciousness** (Psych) supraliminaire ◆ **below the threshold of consciousness** subliminaire ◆ **to have a high/low pain threshold** avoir un seuil de tolérance à la douleur élevé/peu élevé

[2] COMP ▷ **threshold agreement** n accord m d'indexation des salaires sur les prix ▷ **threshold policy** n ⇒ **threshold wage policy** ▷ **threshold price** n prix m de seuil ▷ **threshold wage policy** n politique f d'indexation des salaires sur les prix

threw [θruː] vb (pt of **throw**)

thrice [θraɪs] adv trois fois

thrift [θrɪft] → SYN [1] n (NonC) économie f
[2] COMP ▷ **thrift shop** n (US) petite boutique d'articles d'occasion gérée au profit d'œuvres charitables

thriftily [ˈθrɪftɪlɪ] adv en se montrant économe

thriftiness [ˈθrɪftɪnɪs] n ⇒ **thrift**

thriftless [ˈθrɪftlɪs] adj imprévoyant, dépensier

thriftlessness [ˈθrɪftlɪsnɪs] n (NonC) imprévoyance f

thrifty [ˈθrɪftɪ] → SYN adj économe

thrill [θrɪl] LANGUAGE IN USE 7.5 → SYN
[1] n frisson m ◆ **a thrill of joy** un frisson de joie ◆ **with a thrill of joy he ...** en frissonnant or avec un frisson de joie, il ... ◆ **what a thrill!** quelle émotion ! ◆ **she felt a thrill as his hand touched hers** un frisson l'a parcourue quand il lui a touché la main ◆ **it gave me a big thrill** ça m'a vraiment fait quelque chose !* ◆ **to get a thrill out of doing sth** se procurer des sensations fortes en faisant qch ◆ **the film was packed with** or **full of thrills** c'était un film à sensations ◆ **the thrill of the chase** l'excitation f de la poursuite
[2] vt [+ person, audience, crowd] électriser, transporter ◆ **his glance thrilled her** son regard l'a enivrée ◆ **I was thrilled (to bits)!*** j'étais aux anges !* ◆ **I was thrilled to meet him** ça m'a vraiment fait plaisir or fait quelque chose* de le rencontrer
[3] vi tressaillir or frissonner (de joie) ◆ **to thrill to the music of the guitar** être transporté en écoutant de la guitare

thriller [ˈθrɪləʳ] n (= novel) roman m à suspense ; (= play) pièce f à suspense ; (= film) film m à suspense

thrilling [ˈθrɪlɪŋ] → SYN adj match, climax, experience palpitant ; news saisissant

thrips [θrɪps] n, pl inv thrips m

thrive [θraɪv] pret **throve** or **thrived**, ptp **thrived** or **thriven** [ˈθrɪvn] vi a [baby] se développer bien ; [person, animal] être florissant de santé ; [plant] pousser or venir bien ; [business, industry] prospérer ; [businessman] prospérer, réussir ◆ **children thrive on milk** le lait est excellent pour les enfants
b (fig = enjoy) **he thrives on hard work** le travail lui réussit

thriving [ˈθraɪvɪŋ] → SYN adj person, animal en plein épanouissement ; plant qui prospère (or prospérait) ; business, industry, economy, community, businessman prospère, florissant

throat [θrəʊt] n (external) gorge f ; (internal) gorge f, gosier m ◆ **to take sb by the throat** prendre qn à la gorge ◆ **I have a sore throat** j'ai mal à la gorge, j'ai une angine ◆ **he had a fishbone stuck in his throat** il avait une arête de poisson dans le gosier ◆ **that sticks in my throat** (fig) il n'arrive pas à accepter or avaler* ça ◆ **to thrust** or **ram** or **force** or **shove* sth down sb's throat** (fig) imposer qch à qn ◆ **they are always at each other's throat(s)** ils sont toujours à se battre ; → **clear, cut, frog¹, jump**

throatlash [ˈθrəʊtlæʃ], **throatlatch** [ˈθrəʊtlætʃ] n sous-gorge f

throaty [ˈθrəʊtɪ] adj a (= husky) voice, laugh rauque
b (Med) cough guttural ◆ **I'm feeling a bit throaty*** (Brit) j'ai mal à la gorge

throb [θrɒb] → SYN [1] n [of heart] pulsation f, battement m ; [of engine] vibration f ; [of drums, music] rythme m (fort) ; [of pain] élancement m ◆ **a throb of emotion** un frisson d'émotion
[2] vi [heart] palpiter ; [voice, engine] vibrer ; [drums] battre (en rythme) ; [pain] lanciner

◆ **a town throbbing with life** une ville vibrante d'animation ◆ **the wound throbbed** la blessure me (or lui etc) causait des élancements ◆ **my head/arm is throbbing** j'ai des élancements dans la tête/dans le bras ◆ **we could hear the music throbbing in the distance** nous entendions au loin le rythme marqué or les flonflons mpl de la musique

throes [θrəʊz] npl ◆ **in the throes of death** dans les affres de la mort, à l'agonie ◆ **in the throes of war/disease/a crisis** etc en proie à la guerre/la maladie/une crise etc ◆ **in the throes of an argument/quarrel/debate** au cœur d'une discussion/d'une dispute/d'un débat ◆ **while he was in the throes of (writing) his book** pendant qu'il était aux prises avec la rédaction de son livre ◆ **while we were in the throes of deciding what to do** pendant que nous débattions de ce qu'il fallait faire

thrombin [ˈθrɒmbɪn] n thrombine f

thrombocyte [ˈθrɒmbəsaɪt] n thrombocyte m

thrombocytic [ˌθrɒmbəˈsɪtɪk] adj thrombocytaire

thromboembolism [ˌθrɒmbəʊˈembəlɪzəm] n thrombo-embolie f

thrombokinase [ˌθrɒmbəʊˈkaɪneɪs] n thrombokinase f

thrombosed [ˈθrɒmbəʊzd] adj thrombosé

thrombosis [θrɒmˈbəʊsɪs] n, pl **thromboses** [θrɒmˈbəʊsiːz] thrombose f

thrombotic [θrɒmˈbɒtɪk] adj thrombotique

thrombus [ˈθrɒmbəs] n, pl **thrombi** [ˈθrɒmbaɪ] thrombus m

throne [θrəʊn] [1] n (all senses) trône m ◆ **to come to the throne** monter sur le trône ◆ **on the throne** sur le trône ; → **power**
[2] COMP ▷ **throne room** n salle f du trône

throng [θrɒŋ] → SYN [1] n foule f, multitude f
[2] vi affluer, se presser (towards vers ; round autour de ; to see pour voir)
[3] vt ◆ **people thronged the streets** la foule se pressait dans les rues ◆ **to be thronged (with people)** [streets, town, shops] être grouillant de monde ; [room, bus, train] être bondé or comble

thronging [ˈθrɒŋɪŋ] adj crowd, masses grouillant, pullulant

throstle [ˈθrɒsl] n (liter: = bird) grive f musicienne

throttle [ˈθrɒtl] → SYN [1] n (Aut, Tech: also **throttle valve**) papillon m des gaz ; (Aut = accelerator) accélérateur m ◆ **to give an engine full throttle** accélérer à fond ◆ **at full throttle** à pleins gaz ◆ **to open the throttle** accélérer, mettre les gaz ◆ **to close the throttle** réduire l'arrivée des gaz
[2] vt [+ person] étrangler, serrer la gorge de ; (fig) étrangler (fig)

▶ **throttle back, throttle down** [1] vi mettre le moteur au ralenti
[2] vt sep [+ engine] mettre au ralenti

through [θruː] → SYN

When **through** is an element in a phrasal verb, eg **break through**, **fall through**, **sleep through**, look up the verb.

[1] adv a (place, time, process) **the nail went (right) through** le clou est passé à travers ◆ **just go through** passez donc ◆ **to let sb through** laisser passer qn ◆ **you can get a train right through to London** on peut attraper un train direct pour Londres ◆ **did you stay all** or **right through?** es-tu resté jusqu'à la fin ? ◆ **we're staying through till Tuesday** nous restons jusqu'à mardi ◆ **he slept all night through** il ne s'est pas réveillé de la nuit ◆ **I know it through and through** je le connais par cœur ◆ **read it (right) through to the end, read it right through** lis-le en entier or jusqu'au bout ; see also **read through** ; → **soak through, wet**

◆ **through and through** ◆ **he's a liar through and through** il ment comme il respire ◆ **he's a Scot through and through** il est écossais jusqu'au bout des ongles

b (Brit Telec) **to put sb through to sb** passer qn à qn ◆ **I'll put you through to her** je vous la passe ◆ **you're through now** vous avez votre correspondant ◆ **you're through to him** il est en ligne

c (* = finished) **I'm through** ça y est (j'ai fini)* ◆ **are you through?** ça y est (tu as fini) ?* ◆ **I'm not through with you yet** je n'en ai pas encore fini or terminé avec vous ◆ **are you through with that book?** ce livre, c'est fini ?, tu n'as plus besoin de ce livre ? ◆ **I'm through with football!** le football, (c'est) fini !* ◆ **he told me he was through with drugs** il m'a dit que la drogue, pour lui, c'était fini ◆ **I'm through with you!** (gen) j'en ai marre* de toi ! ; (in relationship) c'est fini entre nous ! ◆ **he told me we were through** (in relationship) il m'a dit qu'on allait casser* or que c'était fini entre nous

[2] prep a (place, object) à travers ◆ **a stream flows through the garden** un ruisseau traverse le jardin or coule à travers le jardin ◆ **the stream flows through it** le ruisseau le traverse or coule à travers ◆ **water poured through the roof** le toit laissait passer des torrents d'eau ◆ **to go through a forest** traverser une forêt ◆ **to get through a hedge** passer au travers d'une haie ◆ **they went through the train, looking for ...** ils ont fait tout le train, pour trouver ... ◆ **he went through the red light** il a grillé le feu rouge ◆ **to hammer a nail through a plank** enfoncer un clou à travers une planche ◆ **he was shot through the head** on lui a tiré une balle dans la tête ◆ **to look through a window/telescope** regarder par une fenêtre/dans un télescope ◆ **go and look through it** (of hole, window etc) va voir ce qu'il y a de l'autre côté ◆ **I can hear them through the wall** je les entends de l'autre côté du mur ◆ **he has really been through it*** il en a vu de dures* ◆ **I'm half-way through the book** j'en suis à la moitié du livre ◆ **to speak through one's nose** parler du nez ; → **get through, go through, see through**

b (time) pendant, durant ◆ **all** or **right through his life, all his life through** pendant toute sa vie, sa vie durant ◆ **he won't live through the night** il ne passera pas la nuit ◆ **(from) Monday through Friday** (US) de lundi (jusqu')à vendredi ◆ **he stayed through July** il est resté pendant tout le mois de juillet or jusqu'à la fin de juillet ◆ **he lives there through the week** il habite là pendant la semaine

c (indicating means, agency) par, par l'entremise or l'intermédiaire de, grâce à, à cause de ◆ **to send through the post** envoyer par la poste ◆ **it was through him that I got the job** c'est grâce à lui or par son entremise que j'ai eu le poste ◆ **it was all through him that I lost the job** c'est à cause de lui que j'ai perdu le poste ◆ **I heard it through my sister** je l'ai appris par ma sœur ◆ **through his own efforts** par ses propres efforts ◆ **it happened through no fault of mine** ce n'est absolument pas de ma faute si c'est arrivé ◆ **absent through illness** absent pour cause de maladie ◆ **to act through fear** agir par peur or sous le coup de la peur ◆ **he was exhausted through having walked all the way** il était épuisé d'avoir fait tout le chemin à pied ◆ **through not knowing the way he ...** parce qu'il ne connaissait pas le chemin il ...

[3] adj carriage, train, ticket direct ◆ **through portion** [of train] rame f directe
[4] COMP ▷ **through street** n (US) rue f prioritaire ▷ **through traffic** n (on road sign) through traffic ≈ toutes directions ◆ **all through traffic has been diverted** toute la circulation a été détournée ▷ **through way** n no through way "impasse"

throughout [θruːˈaʊt] → SYN [1] prep a (place) partout dans ◆ **throughout the world** partout dans le monde, dans le monde entier ◆ **at schools throughout France** dans les écoles de toute la France
b (time) pendant, durant ◆ **throughout his life** durant toute sa vie, sa vie durant ◆ **throughout his career/his story** tout au long de sa carrière/son récit
[2] adv (= everywhere) partout ; (= the whole time) tout le temps

throughput [ˈθruːpʊt] n (Comput) débit m ; (Ind) capacité f de production

throughway [ˈθruːweɪ] n (US) voie f rapide or express

throve [θrəʊv] vb (pt of **thrive**)

throw [θrəʊ] → SYN vb : pret **threw**, ptp **thrown**
[1] n [of javelin, discus] jet m ; (Wrestling) mise f à terre ; (Ftbl: also **throw-in**) remise f en jeu ♦ **give him a throw** laisse-lui la balle/le ballon etc ♦ **it was a good throw** (Sport) c'était un bon jet ♦ **with one throw of the ball he ...** avec un seul coup il ... ♦ **you lose a throw** (in table games) vous perdez un tour ♦ **50p a throw** (at fair etc) 50 pence la partie ♦ **it costs 10 dollars a throw** * (fig) ça coûte 10 dollars à chaque fois ; → **stone**

[2] vt [a] (= cast) [+ object, stone] lancer, jeter (to, at à) ; [+ ball, javelin, discus, hammer] lancer ; [+ dice] jeter ♦ **he threw the ball 50 metres** il a lancé la balle à 50 mètres ♦ **he threw it across the room** il l'a jeté ou lancé à l'autre bout de la pièce ♦ **to throw a six** (at dice) avoir un six ♦ **to throw one's hat** or **cap into the ring** (fig) se porter candidat, entrer en lice

♦ **throw at** ♦ **he threw a towel at her** il lui a jeté or envoyé une serviette à la tête ♦ **they were throwing stones at the cat** ils jetaient ou lançaient des pierres au chat ♦ **to throw a question at sb** poser une question à qn à brûle-pourpoint ♦ **to throw the book at sb** * (in accusing, reprimanding) accabler qn de reproches ; (in punishing, sentencing) donner or coller * le maximum à qn ♦ **she really threw herself at him** * elle s'est vraiment jetée à sa tête or dans ses bras

[b] (= hurl violently) [explosion, car crash] projeter ; (in fight, wrestling) envoyer au sol (or au tapis) ; [+ horse rider] démonter, désarçonner ♦ **the force of the explosion threw him into the air/across the room** la force de l'explosion l'a projeté en l'air/à l'autre bout de la pièce ♦ **he was thrown clear (of the car)** il a été projeté hors de la voiture ♦ **to throw o.s. to the ground/at sb's feet/into sb's arms** se jeter à terre/aux pieds de qn/dans les bras de qn ♦ **to throw o.s. on sb's mercy** s'en remettre à la merci de qn

♦ **to throw o.s. into sth** (fig) ♦ **he threw himself into the job** il s'est mis ou attelé à la tâche avec enthousiasme ♦ **he threw himself into the task of clearing up** il y est allé de tout son courage pour mettre de l'ordre

[c] (= direct) [+ light, shadow, glance] jeter ; [+ slides, pictures] projeter ; [+ kiss] envoyer (to à) ; [+ punch] lancer (at à) ♦ **to throw one's voice** jouer les ventriloques ; → **light**[1]

[d] (= put suddenly, hurriedly) jeter (into dans ; over sur) ♦ **to throw sb into jail** jeter qn en prison ♦ **to throw a bridge over a river** jeter un pont sur une rivière ♦ **to throw into confusion** [+ situation, mind] semer la confusion dans l'esprit de ; [+ meeting, group] semer la confusion dans ♦ **it throws the emphasis on ...** cela met l'accent sur ... ♦ **to throw open** [+ door, window] ouvrir tout grand ; [+ house, gardens] ouvrir au public ; [+ race, competition etc] ouvrir à tout le monde ♦ **to throw a party** * organiser une petite fête (for sb en l'honneur de qn) → **blame, doubt, fit**[2]**, relief**

[e] [+ switch] actionner
[f] [+ pottery] tourner ; [+ silk] tordre
[g] (* = disconcert) déconcerter ♦ **I was quite thrown when he ...** j'en suis resté baba * quand il ...
[h] (Sport * = deliberately lose) [+ match, race] perdre volontairement

[3] COMP ▷ **throw-in** n (Ftbl) remise f en jeu ▷ **throw-off** n (Handball) engagement m ▷ **throw-out** n (Handball) renvoi m de but

▶ **throw about**, **throw around** vt sep [+ litter, confetti] éparpiller ♦ **don't throw it about or it might break** ne t'amuse pas à le lancer, ça peut se casser ♦ **they were throwing a ball about** ils jouaient à la balle ♦ **to be thrown about** (in boat, bus etc) être ballotté ♦ **to throw one's money about** dépenser (son argent) sans compter ♦ **to throw one's weight about** (fig) faire l'important ♦ **to throw o.s. about** se débattre

▶ **throw aside** vt sep (lit) jeter de côté ; (fig) rejeter, repousser

▶ **throw away** [1] vt sep [a] [+ rubbish, cigarette end] jeter ; (fig) [+ one's life, happiness, health] gâcher ; [+ talents] gaspiller, gâcher ; [+ sb's affection] perdre ; [+ money, time] gaspiller, perdre ; [+ chance] gâcher, laisser passer ♦ **to throw o.s. away** gaspiller ses dons (on sb avec qn)

[b] (esp Theat) [+ line, remark] (= say casually) laisser tomber ; (= lose effect of) perdre tout l'effet de

[2] **throwaway** adj, n → **throwaway**

▶ **throw back** [1] vt sep [a] (= return) [+ ball etc] renvoyer (to à) ; [+ fish] rejeter ; (fig) [+ image] renvoyer, réfléchir ♦ **my offer of friendship was thrown back in my face** je lui ai offert mon amitié et il l'a refusée

[b] [+ head, hair] rejeter en arrière ; [+ shoulders] redresser ♦ **to throw o.s. back** se (re)jeter en arrière

[c] [+ enemy] repousser ♦ **to be thrown back upon sth** (fig) être obligé de se rabattre sur qch

[2] **throwback** n → **throwback**

▶ **throw down** vt sep [+ object] jeter ; [+ weapons] déposer ♦ **to throw o.s. down** se jeter à terre ♦ **to throw down a challenge** lancer or jeter un défi ♦ **it's really throwing it down** * (= raining) il pleut à seaux, il tombe des cordes

▶ **throw in** [1] vi (US) ♦ **to throw in with sb** rallier qn

[2] vt sep [a] [+ object into box etc] jeter ; (Ftbl) [+ ball] remettre en jeu ; [+ one's cards] jeter (sur la table) ♦ **to throw in one's hand** or **the sponge** or **the towel** * (fig) jeter l'éponge ; → **lot**[2]

[b] (fig) [+ remark, question] interposer ♦ **he threw in a reference to it** il l'a mentionné en passant

[c] (fig) (= as extra) en plus ; (= included) compris ♦ **with £5 thrown in** avec 5 livres en plus or par-dessus le marché ♦ **with meals thrown in** (= included) (les) repas compris ♦ **if you buy a washing machine they throw in a packet of soap powder** si vous achetez une machine à laver ils vous donnent un paquet de lessive en prime ♦ **we had a cruise of the Greek Islands with a day in Athens thrown in** nous avons fait une croisière autour des îles grecques avec en prime un arrêt d'un jour à Athènes

[3] **throw-in** n → **throw**

▶ **throw off** vt sep [a] (= get rid of) [+ burden, yoke] se libérer de ; [+ clothes] enlever or quitter or ôter (en hâte), se débarrasser brusquement de ; [+ disguise] jeter ; [+ pursuers, dogs] perdre, semer * ; [+ habit, tendency, cold, infection] se débarrasser de ♦ **it threw the police off the trail** cela a dépisté la police

[b] * [+ poem, composition] faire ou écrire au pied levé

▶ **throw on** vt sep [+ coal, sticks] ajouter ; [+ clothes] enfiler ou passer à la hâte ♦ **she threw on some lipstick** * elle s'est vite mis ou passé un peu de rouge à lèvres

▶ **throw out** vt sep [a] jeter dehors ; [+ rubbish, old clothes etc] jeter, mettre au rebut ; [+ person], (lit) mettre à la porte, expulser ; (fig: from army, school etc) expulser, renvoyer ; [+ suggestion] rejeter, repousser ; (Parl) [+ bill] repousser ♦ **to throw out one's chest** bomber la poitrine

[b] (= say) [+ suggestion, hint, idea, remark] laisser tomber ; [+ challenge] jeter, lancer

[c] (= make wrong) [+ calculation, prediction, accounts, budget] fausser

[d] (= disconcert) [+ person] désorienter, déconcerter

▶ **throw over** vt sep [+ plan, intention] abandonner, laisser tomber * ; [+ friend, boyfriend etc] laisser tomber *, plaquer * (for sb else pour qn d'autre)

▶ **throw together** vt sep [a] (pej = make hastily) [+ furniture, machine] faire à la six-quatre-deux * ; [+ essay] torcher * ♦ **he threw a few things together and left at once** il a rassemblé quelques affaires ou jeté quelques affaires dans un sac et il est parti sur-le-champ

[b] (fig: by chance) [+ people] réunir (par hasard) ♦ **they had been thrown together, fate had thrown them together** le hasard les avait réunis

▶ **throw up** [1] vi (* = vomit) vomir

[2] vt sep [a] (into air) [+ ball etc] jeter or lancer en l'air ♦ **he threw the ball up** il a jeté la balle en l'air ♦ **he threw the book up to me** il m'a jeté or lancé le livre ♦ **he threw up his hands in despair** il a levé les bras de désespoir

[b] (esp Brit = produce, bring to light etc) produire ♦ **the meeting threw up several good ideas** la réunion a produit quelques bonnes idées, quelques bonnes idées sont sorties de la réunion

[c] (= reproach) **to throw sth up to sb** jeter qch à la figure ou au visage de qn, reprocher qch à qn

[d] (* = vomit) vomir

[e] [+ job, task, studies] lâcher, abandonner ; [+ opportunity] laisser passer

throwaway ['θrəʊəweɪ] [1] adj bottle non consigné ; packaging perdu ; remark, line qui n'a l'air de rien

[2] n (esp US) leaflet etc prospectus m, imprimé m ♦ **the throwaway society** la société d'hyperconsommation ou du tout-jetable *

throwback ['θrəʊbæk] n [of characteristic, custom etc] ♦ **it's a throwback to ...** ça nous (or les etc) ramène à ...

thrower ['θrəʊə'] n lanceur m, -euse f ; → **discus**

throwing ['θrəʊɪŋ] n (Sport) ♦ **hammer/javelin throwing** le lancer du marteau/du javelot

thrown [θrəʊn] vb (ptp of **throw**)

thru [θruː] (US) ⇒ **through**

thrum [θrʌm] vti ⇒ **strum**

thrupenny * ['θrʌpnɪ] adj, n (Brit) ⇒ **threepenny**

thruppence * ['θrʌpəns] n (Brit) ⇒ **threepence**

thrush[1] [θrʌʃ] n (Orn) grive f

thrush[2] [θrʌʃ] n (Med) muguet m ; (Vet) échauffement m de la fourchette

thrust [θrʌst] → SYN vb : pret, ptp **thrust** [1] n [a] (= push) poussée f (also Mil) ; (= stab: with knife, dagger, stick etc) coup m ; (with sword) botte f ; (fig = remark) pointe f ♦ **that was a thrust at you** (fig) ça c'était une pointe dirigée contre vous, c'est vous qui étiez visé ; → **cut**

[b] (NonC) [of propeller, jet engine, rocket] poussée f ; (Archit, Tech) poussée f ; (* fig = drive, energy) dynamisme m, initiative f ♦ **the main thrust of his speech** l'idée maîtresse de son discours

[2] vt [a] pousser brusquement or violemment ; [+ finger, stick] enfoncer ; [+ dagger] plonger, enfoncer (into dans ; between entre) ; [+ rag etc] fourrer (into dans) ♦ **he thrust the box under the table** il a poussé la boîte sous la table ♦ **he thrust his finger into my eye** il m'a mis le doigt dans l'œil ♦ **he thrust the letter at me** il m'a brusquement mis la lettre sous le nez ♦ **to thrust one's hands into one's pockets** enfoncer les mains dans ses poches ♦ **he had a knife thrust into his belt** il avait un couteau glissé dans sa ceinture ♦ **he thrust his head through the window** il a mis ou passé la tête par la fenêtre ♦ **he thrust the book into my hand** il m'a mis le livre dans la main ♦ **to thrust one's way** → **3a**

[b] (fig) [+ job, responsibility] imposer (upon sb à qn) ; [+ honour] conférer (on à) ♦ **some have greatness thrust upon them** certains deviennent des grands hommes sans l'avoir cherché ♦ **I had the job thrust (up)on me** on m'a imposé ce travail ♦ **to thrust o.s. (up)on sb** imposer sa présence à qn

[3] vi [a] (also **thrust one's way**) **to thrust in/out etc** entrer/sortir etc en se frayant un passage ♦ **he thrust past me** il m'a bousculé pour passer ♦ **to thrust through a crowd** se frayer un passage dans la foule

[b] (Fencing) allonger une botte

[4] COMP ▷ **thrust fault** n faille f inverse or chevauchante

▶ **thrust aside** vt sep [+ object, person] écarter brusquement, pousser brusquement à l'écart ; (fig) [+ objection, suggestion] écarter or rejeter violemment

▶ **thrust forward** vt sep [+ object, person] pousser en avant (brusquement) ♦ **to thrust o.s. forward** s'avancer brusquement, se frayer or s'ouvrir un chemin ; (fig) se mettre en avant, se faire valoir

▶ **thrust in** [1] vi (lit: also **thrust one's way in**) s'introduire de force ; (fig = interfere) intervenir

2 vt sep [+ stick, pin, finger] enfoncer ; [+ rag] fourrer dedans* ; [+ person] pousser (violemment) à l'intérieur or dedans

▶ **thrust out** vt sep **a** (= extend) [+ hand] tendre brusquement ; [+ legs] allonger brusquement ; [+ jaw, chin] projeter en avant

b (= push outside) [+ object, person] pousser dehors ◆ he opened the window and thrust his head out il a ouvert la fenêtre et passé la tête dehors

▶ **thrust up** vi [plants etc] pousser vigoureusement

thruster ['θrʌstə'] n **a** (pej) **to be a thruster** se mettre trop en avant, être arriviste
b (= rocket) (micro)propulseur m

thrusting ['θrʌstɪŋ] adj dynamique, entreprenant ; (pej) qui se fait valoir, qui se met trop en avant

thruway ['θruːweɪ] n (US) voie f rapide or express

Thu n abbrev of **Thursday**

Thucydides [θuːˈsɪdɪdiːz] n Thucydide m

thud [θʌd] → SYN **1** n bruit m sourd, son m mat ◆ I heard the thud of gunfire j'entendais gronder sourdement les canons
2 vi faire un bruit sourd, rendre un son mat (on, against en heurtant) ; [guns] gronder sourdement ; (= fall) tomber avec un bruit sourd ◆ to thud in/out etc [person] entrer/sortir etc d'un pas lourd

thug [θʌg] → SYN n voyou m, gangster m ; (at demonstrations) casseur m ; (term of abuse) brute f

thuggery ['θʌgərɪ] n (NonC) brutalité f, violence f

thuggish ['θʌgɪʃ] adj de voyou(s)

thuja ['θuːjə] n thuya m

Thule ['θjuːlɪ] n (also **ultima Thule**) Thulé

thulium ['θjuːlɪəm] n thulium m

thumb [θʌm] → SYN **1** n pouce m ◆ **to be under sb's thumb** être sous la coupe de qn ◆ **she's got him under her thumb** elle le mène par le bout du nez ◆ **to be all (fingers and) thumbs** être très maladroit ◆ **his fingers are all thumbs** il est très maladroit (de ses mains) ◆ he gave me the thumbs up (sign) * (all going well) il a levé le pouce pour dire que tout allait bien or en signe de victoire ; (to wish me luck) il a levé le pouce en signe d'encouragement ◆ he gave me the thumbs down sign * il m'a fait signe que ça n'allait pas (or que ça n'avait pas bien marché) ◆ they gave my proposal the thumbs down * ils ont rejeté ma proposition ; → **finger, rule, twiddle**

2 vt **a** [+ book, magazine] feuilleter ◆ well thumbed tout écorné (par l'usage) ◆ **to thumb one's nose** faire un pied de nez (at sb à qn)
b * (gen) **to thumb a lift** or **a ride** faire du stop * or de l'auto-stop ◆ he thumbed a lift to Paris il est allé à Paris en stop * or en auto-stop ◆ I managed at last to thumb a lift je suis enfin arrivé à arrêter or à avoir une voiture

3 COMP ▷ **thumb index** n répertoire m à onglets ◆ **with thumb index** à onglets ▷ **thumb print** n empreinte f du pouce

▶ **thumb through** vt fus [+ book] feuilleter ; [+ card index] consulter rapidement

thumbnail ['θʌmneɪl] **1** n ongle m du pouce
2 adj ◆ **thumbnail sketch** esquisse f

thumbnut ['θʌmnʌt] n papillon m, écrou m à ailettes

thumbscrew ['θʌmskruː] n (Tech) vis f à oreilles ◆ **thumbscrews** (Hist: torture) poucettes fpl

thumbstall ['θʌmstɔːl] n poucier m

thumbtack ['θʌmtæk] n (US) punaise f

thump [θʌmp] → SYN **1** n (= blow: with fist/stick etc) (grand) coup m de poing/de canne etc ; (= sound) bruit m lourd et sourd ◆ **to fall with a thump** tomber lourdement ◆ **to give sb a thump** assener un coup à qn
2 vt (gen) taper sur ; [+ door] cogner à, taper à ◆ I could have thumped him! * (esp Brit) je l'aurais giflé or bouffé *!
3 vi cogner, frapper (on sur ; at à) ; [heart] battre fort ; (with fear) battre la chamade ◆ he was thumping on the piano il tapait (comme un sourd) sur le piano, il jouait comme un forcené
b **to thump in/out** etc [person] entrer/sortir etc d'un pas lourd

▶ **thump out** vt sep ◆ **to thump out a tune on the piano** marteler un air au piano

thumping * ['θʌmpɪŋ] (Brit) **1** adj majority, defeat écrasant ; losses énorme ◆ **a thumping headache** un mal de tête carabiné *
2 adv ◆ **thumping great** lorry gigantesque ; lie énorme ◆ **her novel is a thumping good read** son roman est vraiment génial *

thunder ['θʌndə'] → SYN **1** n (NonC) tonnerre m ; [of applause] tonnerre m, tempête f ; [of hooves] retentissement m, fracas m ; [of passing vehicles, trains] fracas m, bruit m de tonnerre ◆ **there's thunder about** le temps est à l'orage ◆ **there's thunder in the air** il y a de l'orage dans l'air ◆ **I could hear the thunder of the guns** j'entendais tonner les canons ◆ **with a face like thunder** le regard noir (de colère) ; → **black, peal, steal**
2 vi (Met) tonner ; [guns] tonner ; [hooves] retentir ◆ **the train thundered past** le train est passé dans un grondement de tonnerre ◆ **to thunder against sth/sb** (liter, fig = be vehement) tonner or fulminer contre qch/qn
3 vt (also **thunder out**) [+ threat, order] proférer d'une voix tonitruante ◆ **"no!" he thundered** "non !" tonna-t-il ◆ **the crowd thundered their approval** la foule a exprimé son approbation dans un tonnerre d'applaudissements et de cris
4 COMP ▷ **thunder sheet** n (= theatre prop) tonnerre m

thunderbolt ['θʌndəbəʊlt] n coup m de foudre ; (fig) coup m de tonnerre

thunderclap ['θʌndəklæp] n coup m de tonnerre

thundercloud ['θʌndəklaʊd] n nuage m orageux ; (fig) nuage m noir

thunderer ['θʌndərə'] n ◆ **the Thunderer** le dieu de la Foudre et du Tonnerre, Jupiter m tonnant

thunderhead ['θʌndəhed] n (esp US Met) tête f de cumulonimbus

thundering ['θʌndərɪŋ] **1** adv (Brit † *) ◆ **a thundering great lie** un énorme mensonge ◆ **this novel is a thundering good read** ce roman est vraiment génial *
2 adj **a** (= loud) waterfall rugissant ; voice tonitruant, tonnant ◆ **thundering applause** un tonnerre d'applaudissements
b (= forceful) question, attack, article vibrant
c (Brit † * = great) **to make a thundering nuisance of o.s.** être bougrement † * empoisonnant ◆ **in a thundering rage** or **fury** dans une colère noire ◆ **in a thundering temper** d'une humeur massacrante ◆ **it was a thundering success** ça a eu un succès monstre *

thunderous ['θʌndərəs] → SYN adj **a** (= loud) ovation, noise tonitruant ; voice tonitruant, tonnant ◆ **to thunderous acclaim** or **applause** dans un tonnerre d'applaudissements
b (= forceful) speech, attack vibrant
c (= angry) his face was thunderous, he had a thunderous look or expression on his face il était blême de rage

thunderstorm ['θʌndəstɔːm] n orage m

thunderstruck ['θʌndəstrʌk] → SYN adj (fig) abasourdi, ahuri, stupéfié

thundery ['θʌndərɪ] adj weather (= stormy) orageux ; (= threatening) menaçant ◆ **thundery rain** pluies fpl d'orage ◆ **thundery showers** averses fpl orageuses

Thur abbrev of **Thursday**

thurible ['θjʊərɪbl] n encensoir m

thurifer ['θjʊərɪfə'] n thuriféraire m

Thurs. abbrev of **Thursday**

Thursday ['θɜːzdɪ] n jeudi m ; → **Maundy Thursday** ; for other phrases see **Saturday**

thus [ðʌs] LANGUAGE IN USE 26.3 → SYN adv (= consequently) par conséquent ; (= in this way) ainsi ◆ **thus far** (= up to here or now) jusqu'ici ; (= up to there or then) jusque-là

thusly ['ðʌslɪ] adv (frm) ainsi

thwack [θwæk] **1** n (= blow) grand coup m ; (with hand) claque f, gifle f ; (= sound) claquement m, coup m sec
2 vt frapper vigoureusement, donner un coup sec à ; (= slap) donner une claque à

thwart[1] ['θwɔːt] → SYN vt [+ plan] contrecarrer, contrarier ; [+ person] contrecarrer or contrarier les projets de ◆ **to be thwarted at every turn** voir tous ses plans contrariés l'un après l'autre

thwart[2] ['θwɔːt] n (Naut) banc m de nage

thy [ðaɪ] poss adj (††, liter, dial) ton, ta, tes

thylacine ['θaɪləsaɪn] n thylacine m

thyme [taɪm] n thym m ◆ **wild thyme** serpolet m

thymic ['θaɪmɪk] adj thymique

thymine ['θaɪmiːn] n thymine f

thymol ['θaɪmɒl] n thymol m

thymus ['θaɪməs] n, pl **thymuses** or **thymi** ['θaɪmaɪ] thymus m

thyratron ['θaɪrətrɒn] n thyratron m

thyristor [θaɪˈrɪstə'] n thyristor m

thyroid ['θaɪrɔɪd] **1** n (also **thyroid gland**) thyroïde f
2 adj disorder, hormone, problem, disease thyroïdien ; cartilage thyroïde

thyroidectomy [ˌθaɪrɔɪˈdektəmɪ] n thyroïdectomie f

thyroiditis [ˌθaɪrɔɪˈdaɪtɪs] n thyroïdite f

thyrotropin [ˌθaɪrəʊˈtrəʊpɪn] n thyrotrop(h)ine f

thyroxin(e) [θaɪˈrɒksɪn] n thyroxine f

thyself [ðaɪˈself] pers pron (††, liter, dial) (reflexive) te ; (emphatic) toi-même

ti [tiː] n (Mus) si m

tiara [tɪˈɑːrə] n [of lady] diadème m ; [of Pope] tiare f

Tiber ['taɪbə'] n Tibre m

Tiberias [taɪˈbɪərɪæs] n ◆ **Lake Tiberias** le lac de Tibériade

Tiberius [taɪˈbɪərɪəs] n Tibère m

Tibet [tɪˈbet] n le Tibet

Tibetan [tɪˈbetən] **1** adj tibétain
2 n **a** Tibétain(e) m(f)
b (Ling) tibétain m
3 COMP ▷ **Tibetan spaniel** n (= dog) épagneul m tibétain ▷ **Tibetan terrier** n (= dog) terrier m tibétain

tibia ['tɪbɪə] n, pl **tibias** or **tibiae** ['tɪbɪiː] tibia m

tic [tɪk] **1** n tic m (nerveux)
2 COMP ▷ **tic-tac-toe** n (US) ≃ (jeu m de) morpion m

tich * [tɪtʃ] n (Brit) → **titch**

tichy * ['tɪtʃɪ] adj (Brit) → **titchy**

tick[1] [tɪk] → SYN **1** n **a** [of clock] tic-tac m
b (Brit * = instant) instant m ◆ **just a tick!, half a tick!** une seconde !, un instant ! ◆ **in a tick, in a couple of ticks** (= quickly) en moins de deux *, en un clin d'œil ◆ **it won't take a tick** or **two ticks** c'est l'affaire d'un instant, il y en a pour une seconde ◆ **I shan't be a tick** j'en ai pour une seconde
c (esp Brit = mark) coche f ◆ **to put** or **mark a tick against sth** cocher qch
2 vt (Brit) [+ name, item, answer] cocher ; (Scol = mark right) marquer juste ◆ **please tick where appropriate** (on form etc) cochez la case correspondante
3 vi [clock, bomb etc] faire tic-tac, tictaquer ◆ **I don't understand what makes him tick** * est un mystère pour moi ◆ **I wonder what makes him tick** * je me demande comment il fonctionne
4 COMP ▷ **tick-over** n (Brit Aut) ralenti m ▷ **tick-tack-toe** n (US) ≃ (jeu m de) morpion m

▶ **tick away** **1** vi [clock] continuer son tic-tac ; [taximeter] tourner ; [time] s'écouler
2 vt sep ◆ **the clock ticked the hours away** la pendule marquait les heures

▶ **tick by** vi [time] s'écouler

▶ **tick off** **1** vt sep **a** (Brit) (lit) [+ name, item] cocher ; (fig = enumerate) [+ reasons, factors etc] énumérer ◆ **to tick sth off on one's fingers** énumérer qch sur ses doigts

b (Brit * = reprimand) attraper, passer un savon à *
c (US * = annoy) embêter *, casser les pieds à *
2 ticking-off * n → ticking²

▶ **tick over** vi (Brit) [engine] tourner au ralenti ; [taximeter] tourner ; [business etc] aller or marcher doucement

tick² [tɪk] n (= parasite) tique f

tick³ * [tɪk] → SYN n (Brit = credit) crédit m ✦ **on tick** à crédit ✦ **to give sb tick** faire crédit à qn

tick⁴ [tɪk] n (NonC = cloth) toile f (à matelas) ; (= cover) housse f (pour matelas)

ticker ['tɪkəʳ] **1** n **a** (esp US) téléscripteur m, téléimprimeur m
b ‡ (= watch) tocante * f ; (= heart) cœur m, palpitant ‡ m
2 COMP ▷ **ticker tape** n (NonC) bande f de téléscripteur or téléimprimeur ; (US: at parades etc) ≃ serpentin m ✦ **to get a ticker tape welcome** (US) être accueilli par une pluie de serpentins

ticket ['tɪkɪt] → SYN **1** n **a** (Aviat, Cine, Rail, Theat etc: for lottery, raffle) billet m ; (for bus, tube) ticket m ; (Comm = label) étiquette f ; (= counterfoil) talon m ; (from cash register) ticket m, reçu m ; (for cloakroom) ticket m, numéro m ; (for left luggage) bulletin m ; (for library) carte f ; (from pawnshop) reconnaissance f (du mont-de-piété) ✦ **to buy a ticket** prendre un billet ✦ **coach ticket** billet m de car ✦ **admission by ticket only** entrée réservée aux personnes munies d'un billet ✦ **that's (just) the ticket!** * c'est ça !, c'est parfait ! ; → **return, season**
b (* : for fine) P.-V. m, papillon m ✦ **I found a ticket on the windscreen** j'ai trouvé un papillon sur le pare-brise ✦ **to get a ticket for parking** attraper un P.-V. pour stationnement illégal ✦ **to give sb a ticket for parking** mettre un P.-V. à qn pour stationnement illégal
c (= certificate) [of pilot] brevet m ✦ **to get one's ticket** [ship's captain] passer capitaine
d (US Pol = list) liste f (électorale) ✦ **he is running on the Democratic ticket** il se présente sur la liste des démocrates ; → **straight**
2 vt **a** [+ goods] étiqueter
b (US) [+ traveller] donner un billet à ✦ **passengers ticketed on these flights** voyageurs en possession de billets pour ces vols
c (US = fine) mettre un P.-V. à
3 COMP ▷ **ticket agency** n (Theat) agence f de spectacles ; (Rail etc) agence f de voyages ▷ **ticket agent** n billettiste mf ▷ **ticket barrier** n (Brit Rail) portillon m (d'accès) ▷ **ticket collector** n contrôleur m, -euse f ▷ **ticket holder** n personne f munie d'un billet ▷ **ticket inspector** n ⇒ **ticket collector** ▷ **ticket machine** n distributeur m de titres de transport ▷ **ticket office** n bureau m de vente des billets, guichet m ▷ **ticket of leave** † n (Brit Jur) libération f conditionnelle ▷ **ticket tout** n → **tout 1**

ticking¹ ['tɪkɪŋ] n (NonC: Tex) toile f (à matelas)

ticking² ['tɪkɪŋ] **1** n [of clock] tic-tac m
2 COMP ▷ **ticking-off** * n (Brit) **to give sb a ticking-off** passer un savon à qn *, engueuler qn ✦ **to get a ticking-off** recevoir un bon savon *, se faire engueuler

tickle ['tɪkl] **1** vt (lit) [+ person, dog] chatouiller, faire des chatouilles * à ; (= please) [+ sb's vanity, palate etc] chatouiller ; (* = delight) [+ person] plaire à, faire plaisir à ; (* = amuse) amuser, faire rire ✦ **to tickle sb's ribs, to tickle sb in the ribs** chatouiller qn ✦ **to be tickled to death** *, **to be tickled pink** * être aux anges ; → **fancy**
2 vi chatouiller
3 n chatouillement m, chatouilles * fpl ✦ **he gave the child a tickle** il a chatouillé l'enfant, il a fait des chatouilles * à l'enfant ✦ **to have a tickle in one's throat** avoir un chatouillement dans la gorge ; → **slap**

tickler * ['tɪkləʳ] n (Brit) (= question, problem) colle * f ; (= situation) situation f délicate or épineuse

tickling ['tɪklɪŋ] **1** n chatouillement m, chatouille(s) * f(pl)
2 adj sensation de chatouillement ; blanket qui chatouille ; cough d'irritation

ticklish ['tɪklɪʃ] → SYN , **tickly** ['tɪklɪ] adj **a** sensation de chatouillement ; blanket qui chatouille ; cough d'irritation ✦ **to be ticklish** [person] être chatouilleux
b (= touchy) person, sb's pride chatouilleux ; (= difficult) situation, problem, task épineux, délicat

ticktack ['tɪktæk] **1** n (Racing) langage m gestuel (des bookmakers)
2 COMP ▷ **ticktack man** n, pl **ticktack men** (Brit) aide m de bookmaker

ticktock [tɪk'tɒk] n [of clock] tic-tac m

ticky-tacky * ['tɪkɪˌtækɪ] (US) **1** adj building moche *
2 n (NonC) (= building material) matériaux mpl de mauvaise qualité ; (= goods) pacotille f, camelote f

tidal ['taɪdl] **1** adj forces, effects, waters, conditions, atlas des marées ; river, estuary qui a des marées
2 COMP ▷ **tidal barrage** n barrage m coupant l'estuaire ▷ **tidal basin** n bassin m de marée ▷ **tidal energy**, **tidal power** n énergie f marémotrice, houille f bleue ▷ **tidal power station** n usine f marémotrice ▷ **tidal wave** n (lit) raz-de-marée m inv ; (fig) [of people] raz-de-marée m inv ; (fig) [of enthusiasm, protest, emotion] immense vague f

tidbit ['tɪdbɪt] n (esp US) ⇒ **titbit**

tiddler * ['tɪdləʳ] n (Brit) (= stickleback) épinoche f ; (= tiny fish) petit poisson m ; (= small person) demi-portion * f ; (= small child) mioche * mf ✦ **30 years ago the company was a mere tiddler** il y a 30 ans, cette entreprise n'était qu'un poids plume

tiddly * ['tɪdlɪ] adj (Brit) **a** (= drunk) pompette *, éméché * ✦ **to get tiddly** s'enivrer
b (= small) minuscule

tiddlywinks ['tɪdlɪwɪŋks] n jeu m de puce

tide [taɪd] → SYN **1** n marée f ✦ **at high/low tide** à marée haute/basse ✦ **the tide is on the turn** la mer est étale ✦ **the tide turns at 3 o'clock** la marée commence à monter (or à descendre) à 3 heures ✦ **the tide has turned** (fig) la chance a tourné ✦ **to go with the tide** (fig) suivre le courant ✦ **to go against the tide** (fig) aller à contre-courant ✦ **the tide of events** le cours or la marche des événements ✦ **the rising tide of public impatience** l'exaspération grandissante et généralisée du public ; → **time**
2 vt ✦ **to tide sb over a difficulty** dépanner qn lors d'une difficulté, tirer qn d'embarras provisoirement ✦ **it tided him over till payday** ça lui a permis de tenir or ça l'a dépanné en attendant d'être payé
3 COMP ▷ **tide table** n horaire m des marées

▶ **tide over** vt sep ✦ **to tide sb over** permettre à qn de tenir, dépanner qn

...tide [taɪd] n (in compounds) saison f ✦ **Easter-tide** (la saison de) Pâques m ; → **Whitsun(tide)**

tideland ['taɪdlænd] n laisse f

tideless ['taɪdlɪs] adj sans marées

tideline ['taɪdlaɪn], **tidemark** ['taɪdmɑːk] n laisse f de haute mer, ligne f de (la) marée haute ; (esp Brit hum: on neck, in bath) ligne f de crasse

tidewater ['taɪdwɔːtəʳ] n (Brit) (eaux fpl de) marée f ; (US) côte f

tideway ['taɪdweɪ] n (= channel) chenal m de marée ; (= tidal part of river) section f (d'un cours d'eau) soumise à l'influence des marées ; (= current) flux m

tidily ['taɪdɪlɪ] adv arrange, fold soigneusement, avec soin ; write proprement ✦ **she is always tidily dressed** elle est toujours correctement vêtue or toujours mise avec soin ✦ **try to dress more tidily** tâche de t'habiller plus correctement ou d'apporter plus de soin à ta tenue

tidiness ['taɪdɪnɪs] n (NonC) [of room, drawer, desk, books] ordre m ; [of handwriting, schoolwork] propreté f ✦ **what I like about him is his tidiness** ce que j'aime chez lui, c'est son sens de l'ordre ✦ **the tidiness of his appearance** sa tenue soignée

tidings ['taɪdɪŋz] → SYN npl (liter) nouvelle(s) f(pl)

tidy ['taɪdɪ] → SYN **1** adj **a** (= neat) house, room, drawer, desk bien rangé ; garden bien entretenu ; clothes, hair net, soigné ; appearance, schoolwork soigné ; handwriting, pile, stack net ; person (in appearance) soigné ; (in character) ordonné ✦ **to keep one's room tidy** avoir une chambre bien rangée, toujours bien ranger sa chambre ✦ **try to make your writing tidier** tâche d'écrire plus proprement ✦ **to look tidy** [person] avoir une apparence soignée ; [room] être bien rangé ✦ **to make o.s. tidy** remettre de l'ordre dans sa toilette ✦ **to have a tidy mind** avoir l'esprit méthodique
b (* = sizeable) sum, amount coquet *, joli * ; profit joli * ; income, speed bon ✦ **it cost a tidy bit** or **a tidy penny** ça a coûté une jolie * or coquette * somme ✦ **it took a tidy bit of his salary** ça lui a pris une bonne partie de son salaire
2 n vide-poches m inv
3 vt (also **tidy up**) [+ drawer, cupboard, books, clothes] ranger, mettre de l'ordre dans ; [+ desk] ranger, mettre de l'ordre sur ✦ **to tidy o.s. up** [+ woman] se refaire une beauté ✦ **to tidy (up) one's hair** arranger sa coiffure, remettre de l'ordre dans sa coiffure
4 COMP ▷ **tidy-out** *, **tidy-up** * n **to have a tidy-out** or **tidy-up** faire du rangement ✦ **to give sth a (good) tidy-out** or **tidy-up** ranger qch à fond

▶ **tidy away** vt sep (Brit) ranger

▶ **tidy out** **1** vt sep [+ cupboard, drawer] vider pour y mettre de l'ordre
2 tidy-out * n → **tidy**

▶ **tidy up** **1** vi (= tidy room etc) (tout) ranger ; (= tidy o.s.) s'arranger
2 vt sep ⇒ **tidy 3**
3 tidy-up * n → **tidy**

tie [taɪ] → SYN **1** n **a** (= cord etc) [of garment, curtain] attache f ; [of shoe] lacet m, cordon m ; (fig = bond, link) lien m (= restriction) entrave f ✦ **the ties of blood** (fig) les liens mpl du sang ✦ **family ties** (= links) liens mpl de famille or de parenté ; (= responsibilities) attaches fpl familiales ✦ **she finds the children a great tie** avec les enfants elle n'est pas libre ; → **old**
b (= necktie) cravate f ; → **black, white**
c (esp Sport) (= draw) égalité f (de points) ; (= drawn match) match m nul ; (= drawn race/competition) course f/concours m dont les vainqueurs sont ex æquo ✦ **the match ended in a tie, the result (of the match) was a tie** les deux équipes ont fait match nul ✦ **there was a tie for second place** (Scol, Sport etc) il y avait deux ex æquo en seconde position ✦ **the election ended in a tie** les candidats ont obtenu le même nombre de voix
d (Sport = match) match m de championnat ; → **cup**
e (Mus) liaison f
f (Archit) tirant m, entrait m
g (US Rail) traverse f
2 vt **a** (= fasten) attacher (to à) ; [+ shoelace, necktie, rope] attacher, nouer ; [+ parcel] attacher, ficeler ; [+ ribbon] nouer, faire un nœud à ; [+ shoes] lacer ✦ **to tie sb's hands** (lit) attacher or lier les mains de qn ; (fig) lier les mains de or à qn ✦ **his hands are tied** (lit, fig) il a les mains liées ✦ **to be tied hand and foot** (lit, fig) avoir pieds et poings liés ✦ **to tie sth in a bow**, **to tie a bow in sth** faire un nœud avec qch ✦ **to tie a knot in sth** faire un nœud à qch ✦ **to get tied in knots** [rope etc] faire des nœuds ✦ **to get tied in knots** *, **to tie o.s. in knots** * s'embrouiller ✦ **to tie sb in knots** * embrouiller qn ✦ **to tie the knot** * (= get married) se marier ; → **apron**
b (= link) lier (to à) ; (= restrict) restreindre, limiter ; (Mus) lier ✦ **the house is tied to her husband's job** la maison est liée au travail de son mari ✦ **I'm tied to the house/my desk all day** je suis retenu or cloué à la maison/mon bureau toute la journée ✦ **are we tied to this plan?** sommes-nous obligés de nous en tenir à ce projet ?
3 vi **a** [shoelace, necktie, rope] se nouer
b (= draw) (Sport etc) faire match nul ; (in competition) être ex æquo ; (in election) obtenir le même nombre de voix ✦ **we tied (with them) four-all** (Sport) nous avons fait match nul quatre partout ✦ **they tied for first place** (in race, exam, competition) ils ont été premiers ex æquo
4 COMP ▷ **tie beam** n (Constr) entrait m ▷ **tie-break** n (Tennis) tie-break m ; (in quiz/

tieback / tightness ANGLAIS-FRANÇAIS 1008

game) question f/épreuve f subsidiaire ▷ **tie clasp, tie clip** n fixe-cravate m ▷ **tie-clip microphone** n micro-cravate m ▷ **tie-dye** vt nouer-lier-teindre *(méthode consistant à isoler certaines parties du tissu en le nouant ou en le liant)* ▷ **tie-in** n (= link) lien m, rapport m (*with* avec) ; (US Comm = sale) vente f jumelée or par lots ; (US Comm = article) lot m ◇ adj sale jumelé ▷ **tie line** n (Telec) ligne f privée ▷ **tie-on** adj label à œillet ▷ **tie-rod** n (Archit, Aut) tirant m ▷ **tie-tack** n (US) épingle f de cravate ▷ **tie-up** n (= connection) lien m (*with* avec ; *between* entre) ; (Fin = merger) fusion f (*with* avec ; *between* entre) ; (Comm = joint venture between two companies) accord m, entente f, association f, lien m (*with* avec ; *between* entre) ; (US = stoppage) interruption f, arrêt m ; (= traffic) embouteillage m

► **tie back** [1] vt sep [+ curtains] retenir par une embrasse, attacher sur les côtés ; [+ hair] nouer (en arrière)
[2] **tieback** n → **tieback**

► **tie down** vt sep [+ object, person, animal] attacher ◆ **he didn't want to be tied down** (fig) il ne voulait pas perdre sa liberté ◆ **to tie sb down to a promise** obliger qn à tenir sa promesse ◆ **can you tie him down to these conditions?** pouvez-vous l'astreindre à ces conditions ? ◆ **we can't tie him down to a date/a price** nous n'arrivons pas à lui faire fixer une date/un prix ◆ **I shan't tie you down to 6 o'clock** il n'est pas nécessaire que ce soit à 6 heures ◆ **I don't want to tie myself down to going** je ne veux pas m'engager à y aller or me trouver contraint d'y aller

► **tie in** [1] vi **a** (= be linked) être lié (*with* à) ◆ **it all ties in with what they plan to do** tout est lié à ce qu'ils projettent de faire ◆ **this fact must tie in somewhere** ce fait doit bien avoir un rapport quelque part
b (= be consistent) correspondre (*with* à), concorder, cadrer (*with* avec) ◆ **it doesn't tie in with what I was told** ça ne correspond pas à or ça ne cadre pas avec or ça ne concorde pas avec ce que l'on m'a dit
[2] vt sep ◆ **I'm trying to tie that in with what he said** j'essaie de voir la liaison or le rapport entre ça et ce qu'il a dit ◆ **can you tie the visit in with your trip to London?** pouvez-vous combiner la visite et or avec votre voyage à Londres ?
[3] **tie-in** n → **tie**

► **tie on** [1] vt sep [+ label etc] attacher (avec une ficelle) ◆ **to tie one on**** (fig = get drunk) se cuiter**, se soûler*
[2] **tie-on** adj → **tie**

► **tie together** vt sep [+ objects, people] attacher ensemble

► **tie up** [1] vi (Naut) accoster
[2] vt sep **a** (= bind) [+ parcel] ficeler ; [+ prisoner] attacher, ligoter ; (= tether) [+ boat, horse] attacher (*to* à) ◆ **there are a lot of loose ends to tie up** (fig) il y a encore beaucoup de points de détail à régler ◆ **to get (o.s.) all tied up*** (fig = muddled) s'embrouiller, s'emmêler les pinceaux*
b [+ capital, money] immobiliser
c (fig = conclude) [+ business deal] conclure ◆ **it's all tied up now** tout est réglé maintenant, c'est une chose réglée maintenant, nous avons (or il a etc) tout réglé
d (* = occupy) **he is tied up all tomorrow** il est pris or occupé toute la journée de demain ◆ **he is tied up with the manager** il est occupé avec le directeur ◆ **we are tied up for months to come** nous avons un emploi du temps très chargé pour les mois qui viennent ◆ **he's rather tied up with a girl in Dover** une jeune fille de Douvres l'accapare en ce moment
e (= link) **this company is tied up with an American firm** cette compagnie a des liens avec or est liée à une firme américaine ◆ **his illness is tied up*** **with the fact that his wife has left him** sa maladie est liée au fait que sa femme l'a quitté
f (US = obstruct, hinder) [+ traffic] obstruer, entraver ; [+ production, sales] arrêter momentanément ; [+ project, programme] entraver ◆ **to get tied up** [traffic] se bloquer ; [production, sales] s'arrêter ; [project, programme] être suspendu
[3] **tie-up** n → **tie**

tieback ['taɪbæk] n (= cord, rope for curtain) embrasse f ; (= curtain itself) rideau m bonne femme

tiebreaker ['taɪbreɪkəʳ] n ⇒ **tie-break** ; → **tie**

tied [taɪd] adj **a** (pt of **tie**)
b (Sport = equal) **to be tied** être à égalité or ex aequo
c (Mus) note lié
d (Brit) **tied cottage** logement m de fonction *(d'ouvrier agricole etc)* ◆ **it's a tied house** [pub] ce pub ne vend qu'une marque de bière
e (Fin) loan conditionnel
f (= restricted) **she is very tied by the children** elle est très prise par ses enfants ; see also **tie up**

tiepin ['taɪpɪn] n épingle f de cravate

tier [tɪəʳ] [→ SYN] [1] n (in stadium, amphitheatre) gradin m ; (= level) niveau m ; (= part of cake) étage m ◆ **grand tier** (Theat) balcon m ◆ **upper tier** (Theat) seconde galerie f ◆ **to arrange in tiers** (gen) étager, disposer par étages ; [+ seating] disposer en gradins ◆ **to rise in tiers** s'étager ◆ **a three-tier system** un système à trois niveaux
[2] vt [+ seats] disposer en gradins ◆ **tiered seating** places fpl assises en gradins or en amphithéâtre ◆ **three-tiered cake** ≈ pièce f montée à trois étages ◆ **a tiered skirt/dress** une jupe/robe à volants

tiercel ['tɪəsəl] n (Falconry) tiercelet m

Tierra del Fuego [tɪˌerədelˈfweɪgəʊ] n la Terre de Feu

tiff [tɪf] n prise f de bec*

tiffany ['tɪfənɪ] n gaze f, mousseline f

tiffin † ['tɪfɪn] n (Brit) repas m de midi

tig [tɪg] n ⇒ **tag 1c**

tiger ['taɪgəʳ] [1] n tigre m (also fig) ◆ **she fought like a tiger** elle s'est battue comme une tigresse ◆ **he has a tiger by the tail** il a déclenché quelque chose dont il n'est plus maître
[2] COMP ▷ **tiger cat** n chat-tigre m ▷ **tiger economy** n (also **Asian tiger economy**) tigre m asiatique ▷ **tiger lily** n lis m tigré ▷ **tiger moth** n écaille f *(papillon)* ▷ **tiger's-eye** n œil m de tigre ▷ **tiger shark** n requin-tigre m

tigereye ['taɪgəraɪ] n ⇒ **tiger's-eye** ; → **tiger**

tight [taɪt] [→ SYN] [1] adj **a** (= close-fitting) clothes serré ; shoes, belt qui serre ◆ **too tight** clothes, shoes, belt trop juste or serré ◆ **it should be fairly tight over the hips** cela se porte relativement ajusté sur les hanches ; see also **skintight**
b (= taut) rope raide, tendu ; skin tendu ; knot, weave, knitting serré ◆ **to pull tight** [+ knot] serrer ; [+ string] tirer sur ◆ **to stretch tight** [+ fabric, sheet] tendre, tirer sur ; [+ skin] étirer ◆ **as tight as a drum** tendu comme un tambour ◆ **to keep a tight rein on sth** surveiller qch de près ◆ **to keep a tight rein on sb** (= watch closely) surveiller qn de près ; (= be firm with) tenir la bride haute or serrée à qn ◆ **to keep a tight rein on o.s.** se contenir
c (= firm, fixed) screw, nut, bolt, lid serré ; tap, drawer dur ; grip solide ◆ **screw the lid firmly on the jar to ensure a tight seal** vissez bien le couvercle pour que le bocal soit fermé hermétiquement ◆ **to keep a tight lid on** (fig) [+ emotions] contenir ; [+ story] mettre sous le boisseau ◆ **he clasped me to his chest in a tight embrace** il m'a serré (fort) contre lui ◆ **to have** or **keep a tight hold of sth** (lit) serrer fort qch ◆ **to keep a tight hold of sb** (lit) bien tenir qn ◆ **to have a tight grip on sth** (fig) avoir qch bien en main ◆ **to keep a tight grip on sth** (fig) surveiller qch de près ; → **airtight, skintight, watertight**
d (= tense, constricted) voice, face tendu ; lips, throat serré ; mouth aux lèvres serrées ; smile pincé ; muscle tendu, contracté ; stomach noué ◆ **his mouth was set in a tight line** il avait les lèvres serrées ◆ **there was a tight feeling in his chest** (from cold, infection) il avait les bronches prises ; (from emotion) il avait la gorge serrée ◆ **it was a tight squeeze in the lift** on était affreusement serrés dans l'ascenseur
e (= compact) group compact ◆ **to curl up in a tight ball** se recroqueviller complètement ◆ **tight curls** boucles fpl serrées ; (= close-knit) ◆ **a tight federation of states** une fédération d'États solidaires ◆ **a small, tight knot of people** un petit groupe étroitement lié
f (= strict) schedule, budget serré ; restrictions, control strict, rigoureux ; security strict ◆ **it'll be a bit tight, but we should make it in time** ce sera un peu juste mais je crois que nous arriverons à temps ◆ **financially things are a bit tight** nous sommes un peu justes*
g (= sharp) bend, turn serré
h (= close-fought) competition serré ; match disputé
i (= in short supply) **to be tight** [money, space] manquer ; [resources] être limité ; [credit] être (res)serré ◆ **things were tight** l'argent manquait
j (* = difficult) situation difficile ◆ **to be in a tight corner** or **spot** être dans le pétrin*
k (* = drunk) soûl* ◆ **to get tight** se soûler*
l (* = stingy) radin* ◆ **to be tight with one's money** être près de ses sous*
m (Mus *) band bien synchro*
[2] adv hold, grasp bien, solidement ; squeeze très fort ; shut, fasten, tie, screw bien ; seal hermétiquement ◆ **don't fasten** or **tie it too tight** ne le serrez pas trop (fort) ◆ **to pack sth tight** bien emballer or empaqueter qch ◆ **packed tight (with sth)** plein à craquer (de qch) ◆ **sit tight!** ne bouge pas ! ◆ **sleep tight!** dors bien ! ◆ **hold tight!** accroche-toi ! ◆ **she held tight to Bernard's hand** elle s'est accrochée à la main de Bernard ◆ **to hold tight** (fig = wait) s'accrocher ◆ **all we can do is hold tight and hope things get better** la seule chose que nous puissions faire c'est nous accrocher et espérer que les choses s'améliorent ◆ **she held tight to her assertion** elle a maintenu ce qu'elle disait
[3] **tights** npl (esp Brit) collant(s) m(pl)
[4] COMP ▷ **tight-arsed**** (Brit), **tight-assed**** (US) adj person, behaviour coincé* ▷ **tight end** n (US Ftbl) ailier m ▷ **tight-fisted** adj avare, radin*, pingre ▷ **tight-fitting** adj garment ajusté, collant ; lid, stopper qui ferme bien ▷ **tight-knit** adj (fig) community très uni ▷ **tight-lipped** adj **to maintain a tight-lipped silence, to be very tight-lipped** ne pas desserrer les lèvres or les dents (*about sth* au sujet de qch) ◆ **he stood there tight-lipped** (from anger etc) il se tenait là avec un air pincé ◆ **in tight-lipped disapproval** d'un air désapprobateur

tighten ['taɪtn] [→ SYN] [1] vt (also **tighten up**) [+ rope] tendre ; [+ coat, skirt, trousers] ajuster, rétrécir ; [+ screw, wheel, grasp, embrace] resserrer ; [+ legislation, restrictions, regulations, control] renforcer ; (Econ) [+ credit] resserrer ◆ **to tighten one's belt** (lit, fig) se serrer la ceinture
[2] vi (also **tighten up**) [rope] se tendre, se raidir ; [screw, wheel] se resserrer ; [restrictions, regulations] être renforcé

► **tighten up** [1] vi **a** ⇒ **tighten 2**
b (fig) **to tighten up on security/immigration** devenir plus strict or sévère en matière de sécurité/d'immigration ◆ **the police are tightening up on shoplifters** la police renforce la lutte contre les voleurs à l'étalage
[2] vt sep → **tighten 1**

tightening ['taɪtnɪŋ] n [of muscles] contraction f ; [of screw, wheel, grasp, embrace] resserrement m ; [of security, control, legislation, restrictions, regulations] renforcement m ; [of sanctions, system] durcissement m ◆ **the tightening of his grip on her hand** la pression plus forte qu'il a exercée sur sa main ◆ **tightening of credit** (Econ) resserrement m du crédit

tightly ['taɪtlɪ] adv **a** (= firmly) close, bind, wrap bien ◆ **to hold a rope tightly** bien tenir une corde ◆ **to hold sb's hand tightly** serrer la main de qn ◆ **to hold sb tightly** serrer qn contre soi ◆ **to hold a letter tightly** serrer une lettre dans sa main ◆ **with tightly-closed eyes** les paupières serrées ◆ **tightly fitting** clothing moulant ◆ **tightly stretched** (= tautly) (très) tendu ◆ **tightly packed (with sth)** (= densely) bus, room, shelf plein à craquer (de qch) ◆ **the tightly packed crowds** les gens serrés comme des sardines*
b (= rigorously) **to be tightly controlled** faire l'objet d'un contrôle rigoureux ◆ **tightly knit** community très uni

tightness ['taɪtnɪs] n [of dress, trousers] étroitesse f ; [of screw, lid, drawer] dureté f ; [of restrictions, control] rigueur f, sévérité f ◆ **he**

felt a tightness in his chest il sentait sa gorge se serrer

tightrope ['taɪtrəʊp] **1** n corde f raide, fil m ◆ **to be on** or **walking a tightrope** (fig) être or marcher sur la corde raide

2 COMP ▷ **tightrope walker** n funambule mf

tightwad⁎ ['taɪtwɒd] n (US) radin(e)⁎ m(f), grippe-sou m

tiglon ['tɪglɒn], **tigon** ['taɪgən] n tigron m, tiglon m

tigress ['taɪgrɪs] n tigresse f

Tigris ['taɪgrɪs] n Tigre m

tikka ['tiːkə] n ◆ **chicken/lamb tikka** poulet m/mouton m tikka

tilde ['tɪldə] n tilde m

tile [taɪl] **1** n (on roof) tuile f ; (on floor, wall, fireplace) carreau m ◆ **to be out on the tiles**⁎, **to spend** or **have a night on the tiles**⁎ (Brit) faire la noce⁎ or la bombe⁎ ◆ **he's got a tile loose**⁎⁎ il lui manque une case⁎

2 vt [+ roof] couvrir de tuiles ; [+ floor, wall, fireplace] carreler ◆ **tiled** roof en tuiles ; floor, room etc carrelé

tiled [taɪld] adj roof en tuiles ; floor, room etc carrelé

tiler ['taɪləʳ] n [of roof] couvreur m ; [of floor, wall] carreleur m, -euse f

tiling ['taɪlɪŋ] n **a** (= tiles collectively) [of roof] tuiles fpl ; [of floor, wall] carrelage m, carreaux mpl

b (= activity, skill) [of roof] pose f des tuiles ; [of floor etc] carrelage m

till¹ [tɪl] ⇒ **until**

till² [tɪl] → SYN n caisse f (enregistreuse) ; (old-fashioned type) tiroir-caisse m ; (= takings) caisse f ◆ **pay at the till** payez à la caisse ◆ **to be** or **get caught** or **found with one's hand** or **fingers in the till** (fig) être pris sur le fait or en flagrant délit

till³ [tɪl] → SYN vt (Agr) labourer

tillable ['tɪləbl] adj arable

tillage ['tɪlɪdʒ] n (= activity) labour m, labourage m ; (= land) labour m, guéret m

tillandsia [tɪ'lændzɪə] n tillandsie f, tillandsia m

tiller¹ ['tɪləʳ] n (Agr) laboureur m

tiller² ['tɪləʳ] n (Naut) barre f (du gouvernail)

tilt [tɪlt] → SYN **1 a** (= tip, slope) inclinaison f ◆ **it has a tilt to it, it's on a** or **the tilt** c'est incliné, ça penche

b (Hist) (= contest) joute f ; (= thrust) coup m de lance ◆ **to have a tilt at ...** (fig) décocher des pointes à ... ◆ **(at) full tilt** à toute vitesse, à fond de train

c (fig = inclination) nouvelle orientation f (towards sth vers qch)

2 vt (also **tilt over**) [+ object, one's head] pencher, incliner ; [+ backrest] incliner ◆ **to tilt one's hat over one's eyes** rabattre son chapeau sur les yeux ◆ **to tilt one's chair (back)** se balancer sur sa chaise

3 vi **a** (gen) s'incliner ; (also **tilt over**) pencher, être incliné

b (Hist) jouter (at contre) → **windmill**

4 COMP ◆ **tilt hammer** n martinet m ▷ **tilting train** n train m pendulaire ▷ **tilt-top table** n table f à plateau inclinable

tilted ['tɪltɪd] adj penché, incliné

tilth [tɪlθ] n (= soil) couche f arable ; (= tilling) labourage m

timbal ['tɪmbəl] n (Mus) timbale f

timbale [tæm'bɑːl] n (= food, container) timbale f

timber ['tɪmbəʳ] → SYN **1 a** (NonC) (= wood) bois m d'œuvre, bois m de construction ; (= trees collectively) arbres mpl, bois m ◆ **timber!** attention (à l'arbre qui tombe)!, gare ! ◆ **land under timber** futaie f, terre f boisée (pour l'abattage)

b (= beam) madrier m, poutre f ; (Naut) membrure f

2 vt [+ tunnel etc] boiser ◆ **timbered** house en bois ; land, hillside boisé ; → **half**

3 COMP fence etc en bois ▷ **timber-framed** adj à charpente de bois ▷ **timber line** n limite f de la forêt ▷ **timber merchant** n (Brit) marchand m de bois, négociant m en bois ▷ **timber wolf** n loup m gris

timbered ['tɪmbəd] adj house en bois ; land, hillside boisé ; → **half-timbered**

timbering ['tɪmbərɪŋ] n (NonC) boisage m

timberland ['tɪmbəlænd] n (NonC) exploitation f forestière

timberyard ['tɪmbəjɑːd] n (Brit) dépôt m de bois

timbre ['tæmbrə, 'tɪmbəʳ] n (gen, also Phon) timbre m

timbrel ['tɪmbrəl] n tambourin m

Timbuktu [ˌtɪmbʌk'tuː] n (lit, fig) Tombouctou m

---

time [taɪm]

→ SYN

1 NOUN
2 TRANSITIVE VERB
3 COMPOUNDS

1 NOUN

For **a long time** see **long**. For **at the same time** see **same**.

a gen temps m ◆ **time and space** le temps et l'espace ◆ **time flies** le temps passe vite or file ◆ **time will show if ...** l'avenir dira si ..., on saura avec le temps si ... ◆ **in time, with time, as time goes** (or **went**) **by** avec le temps, à la longue ◆ **I've enough time** or **I have the time to go there** j'ai le temps d'y aller ◆ **we've got plenty of time, we've all the time in the world** nous avons tout notre temps ◆ **have you got time to wait for me?** est-ce que tu as le temps de m'attendre ? ◆ **he spent all/half his time reading** il passait tout son temps/la moitié de son temps à lire ◆ **we mustn't lose any time** il ne faut pas perdre de temps ◆ **I had to stand for part** or **some of the time** j'ai dû rester debout une partie du temps ◆ **it works okay some of the time** ça marche parfois or quelquefois ◆ **he spends the best part of his time in London** il passe la plus grande partie de son temps or le plus clair de son temps à Londres ◆ **half the time**⁎ **she's drunk** la moitié du temps elle est ivre ◆ **at this point in time** à l'heure qu'il est, en ce moment ◆ **from time out of mind** de temps immémorial ◆ **my time is my own** mon temps m'appartient ◆ **free time, time off** temps libre ◆ **he'll tell you in his own good time** il vous le dira quand bon lui semblera ◆ **in your own time** en prenant votre temps ◆ **he was working against time to finish it** il travaillait d'arrache-pied pour le terminer à temps ◆ **it is only a matter** or **question of time** ce n'est qu'une question de temps ◆ **time will tell** l'avenir le dira ◆ (Prov) **time is money** le temps c'est de l'argent ◆ (Prov) **there's a time and a place for everything** il y a un temps pour tout ◆ (Prov) **time and tide wait for no man** on ne peut pas arrêter le temps

◆ **all the time** (= always) tout le temps ; (= all along) depuis le début ◆ **I have to be on my guard all the time** je dois tout le temps être sur mes gardes ◆ **the letter was in my pocket all the time** la lettre était dans ma poche depuis le début ◆ **all the time he knew who had done it** il savait depuis le début qui avait fait le coup

◆ **number + at a time** ◆ **three at a time** trois par trois, trois à la fois ; (stairs, steps) trois à trois ◆ **one at a time** un par un

◆ **at times** de temps en temps, parfois

◆ **for all time** pour toujours

◆ **for the time being** pour l'instant

◆ **in good time** (= with time to spare) en avance ◆ **he arrived in good time for the start of the match** il est arrivé en avance pour le début du match ◆ **let me know in good time** prévenez-moi suffisamment à l'avance ◆ **all in good time!** chaque chose en son temps !

◆ **to make time to do sth** trouver le temps de faire qch ◆ **however busy you are, you must make time to relax** même si vous êtes très pris, il est important que vous trouviez le temps de vous détendre

◆ **to take time** ◆ **it takes time to change people's ideas** ça prend du temps de changer les idées des gens ◆ **things take time to change** les choses ne changent pas du jour au lendemain ◆ **it took me a lot of time to prepare this** j'ai mis beaucoup de temps à préparer ça ◆ **take your time** prenez votre temps ◆ **take your time over it!** mettez-y le temps qu'il faudra ! ◆ **it took me all my time to convince her** j'ai eu toutes les peines du monde à la convaincre

◆ **to take time out to do sth** (gen) trouver le temps de faire qch ; (during studies) interrompre ses études pour faire qch ◆ **some women managers can't afford to take time out to have a baby** certaines femmes cadres ne peuvent se permettre d'interrompre leur carrière pour avoir un enfant

◆ **to find/have etc time for** ◆ **I can't find time for the garden** je n'arrive pas à trouver le temps de m'occuper du jardin ◆ **I've no time for that sort of thing** (lit) je n'ai pas le temps de faire ce genre de choses ; (fig) je ne supporte pas ce genre de choses ◆ **I've no time for people like him** je ne supporte pas les types⁎ comme lui ◆ **I've got a lot of time**⁎ **for him** je trouve que c'est un type très bien⁎ ◆ **it didn't leave him much time for sleeping** ça ne lui a guère laissé le temps de dormir

b = period, length of time) **for a time** pendant un (certain) temps ◆ **what a (long) time you've been!** vous y avez mis le temps !, il vous en a fallu du temps ! ◆ **he did it in half the time it took you** il l'a fait deux fois plus vite or en deux fois moins de temps que vous ◆ **he is coming in two weeks' time** il vient dans deux semaines ◆ **within the agreed time** (frm) dans les délais convenus ◆ **to buy sth on time** (US) acheter qch à tempérament ◆ **what time did he do it in?** (Sport) il a fait quel temps ? ◆ **the winner's time was 12 seconds** le temps du gagnant était de 12 secondes ◆ **to make time** (US = hurry) se dépêcher ◆ **he's making time with her**⁎ (US) il la drague⁎

◆ **a short time** peu de temps ◆ **a short time later** peu (de temps) après ◆ **for a short time we thought that ...** pendant un moment nous avons pensé que ... ◆ **in a short time all the flowers had gone** peu de temps après toutes les fleurs étaient fanées

◆ **in no time** ◆ **in no time at all** ◆ **in next to no time, in less than no time** en un rien de temps, en moins de deux⁎

◆ **some time** ◆ **I waited for some time** j'ai attendu assez longtemps or pas mal de temps⁎ ◆ **I waited for some considerable time** j'ai attendu très longtemps ◆ **after some little time** au bout d'un certain temps ◆ **some time ago** il y a déjà un certain temps ◆ **that was some time ago** ça fait longtemps de cela ◆ **it won't be ready for some time (yet)** ce ne sera pas prêt avant un certain temps ◆ **some time before the war** quelque temps avant la guerre ◆ **some time next year/in 2003** dans le courant de l'année prochaine/de l'année 2003

c = period worked) **to work full time** travailler à plein temps or à temps plein ; see also **full** ◆ **we get paid time and a half on Saturdays** le samedi, nous sommes payés une fois et demie le tarif normal ◆ **Sunday working is paid at double time** les heures du dimanche sont payées double ◆ **in the firm's time, in company time** pendant les heures de service ◆ **in** or (US) **on one's own time** après les heures de service

d = day, era) temps m ◆ **in Gladstone's time** du temps de Gladstone ◆ **time was when one could ...** il fut un temps où l'on pouvait ... ◆ **in my time it was all different** de mon temps c'était complètement différent ◆ **he is ahead of** or **in advance of** or **before his time, he was born before his time** il est en avance sur son temps ◆ **to keep up with** or **move with the times** [person] vivre avec son temps ; [company, institution] (savoir) évoluer ◆ **to be behind the times** être vieux jeu ⁎ inv ◆ **I've seen some strange things in my time** j'ai vu des choses étranges dans ma vie ◆ **that was before my time** (= before I was born) je n'étais pas encore né, c'était avant ma naissance ; (= before I came here) je n'étais pas encore là ◆ **to die before one's time** mourir avant l'âge ◆ **in time(s) of peace** en temps de paix ◆ **in medieval times** à l'époque médiévale ◆ **times are hard** les temps sont durs ◆ **those were tough times** la vie n'était pas facile en ce temps-là ◆ **the times we live in** l'époque où nous vivons ◆ **it was a difficult time for all of us** cela a été une période difficile pour nous tous

timekeeper / timidly ANGLAIS-FRANÇAIS 1010

e [= experience] **they lived through some terrible times in the war** ils ont connu des moments terribles pendant la guerre ◆ **to have a poor** or **rough** or **bad** or **thin** or **tough * time (of it)** en voir de dures * ◆ **what great times we've had!** c'était le bon temps ! ◆ **to have a good time (of it)** bien s'amuser ◆ **to have the time of one's life** s'amuser follement *

f [by clock] heure f ◆ **what is the time?, what time is it?** quelle heure est-il ? ◆ **what time do you make it?, what do you make the time?** quelle heure avez-vous ? ◆ **what time is he arriving?** à quelle heure est-ce qu'il arrive ? ◆ **have you got the right time?** est-ce que vous avez l'heure exacte or juste ? ◆ **the time is 4.30** il est 4 heures et demie ◆ **your time is up** (in exam, prison visit etc) c'est l'heure ; (in game) votre temps est écoulé ◆ **it sent the president a clear message: your time is up** (fig) pour le Président, le message était clair : vos jours sont comptés ◆ **he looked at the time** il a regardé l'heure ◆ **that watch keeps good time** cette montre est toujours à l'heure ◆ **at this time of (the) night** à cette heure de la nuit ◆ **at any time of the day or night** à n'importe quelle heure du jour ou de la nuit ◆ **at any time during school hours** pendant les heures d'ouverture de l'école ◆ **open at all times** ouvert à toute heure ◆ **time gentlemen please!** (Brit : in pub) on ferme ! ◆ **it's midnight by Eastern time** (US) il est minuit, heure de la côte est ◆ **it was 6 o'clock Paris time** il était 6 heures, heure de Paris ◆ **it's time for lunch** c'est l'heure du déjeuner ◆ **it's time to go** c'est l'heure de partir, il est temps de partir ◆ **it's time I was going, it's time for me to go** il est temps que j'y aille ◆ **it's (about) time somebody taught him a lesson** il est grand temps que quelqu'un lui donne (subj) une leçon ◆ **time!** (Tennis) reprise !

◆ preposition + **time** ◆ **ahead of time** en avance ◆ **(and) about time too!** ce n'est pas trop tôt ! ◆ **not before time!** (Brit) ce n'est pas trop tôt ! ◆ **behind time** en retard ◆ **just in time (for sth/to do sth)** juste à temps (pour qch/pour faire qch) ◆ **on time** à l'heure ◆ **the trains are on time** or **up to time, the trains are running to time** les trains sont à l'heure

◆ **the time of day** ◆ **to pass the time of day** bavarder un peu, échanger quelques mots (*with sb* avec qn) ◆ **I wouldn't give him the time of day** je ne lui adresserais pas la parole

g [= moment, point of time] moment m ◆ **there are times when I could hit him** il y a des moments où je pourrais le gifler ◆ **when the time comes** quand le moment viendra ◆ **when the time is right** quand le moment sera venu ◆ **his time is drawing near** or **approaching** son heure or sa fin est proche ◆ **his time has come** son heure est venue ◆ **to choose one's time** choisir son moment ◆ **come (at) any time** venez quand vous voudrez ◆ **he may come (at) any time** il peut arriver d'un moment à l'autre ◆ **it may happen any time now** cela peut arriver d'un moment à l'autre ◆ **at the** or **that time** à ce moment-là ◆ **at this time** en ce moment ◆ **at the present time** en ce moment, actuellement ◆ **at this particular time** à ce moment précis ◆ **at (any) one time** à un moment donné ◆ **at all times** à tous moments ◆ **I could hit him at times** il y a des moments où je pourrais le gifler ◆ **I have at no time said that** je n'ai jamais dit cela ◆ **at times** par moments ◆ **he came at a very inconvenient time** il est arrivé au mauvais moment, il a mal choisi son moment ◆ **(in) between times** entre-temps ◆ **by the time I had finished, it was dark** le temps que je termine (subj) il faisait nuit ◆ **by this** or **that time she was exhausted** elle était alors épuisée ◆ **you must be cold by this time** vous devez avoir froid maintenant ◆ **by this time next year** l'année prochaine à la même époque ◆ **this is no** or **not the time for quarrelling** ce n'est pas le moment de se disputer ◆ **from time to time** de temps en temps ◆ **from that time** or **this time on he ...** à partir de ce moment il ... ◆ **from this time on I shall do what you tell me** désormais or dorénavant je ferai ce que tu me diras ◆ **some times ... at other times** des fois ... des fois ◆ **at this time of year** à cette époque de l'année ◆ **this time tomorrow** demain à cette heure-ci ◆ **this time last year** l'année dernière à cette époque-ci ◆ **this time last week** il y a exactement une semaine ◆ **now's the time to do it** c'est le moment de le faire ◆ **the time has come for us to leave** il est temps que nous partions (subj) ◆ **the time has come to decide ...** il est temps de décider ... ◆ **now's your** or **the time to tell him** c'est maintenant que vous devriez le lui dire

h [= occasion] fois f ◆ **this time** cette fois ◆ **(the) next time you come** la prochaine fois que vous viendrez ◆ **every** or **each time** chaque fois ◆ **several times** plusieurs fois ◆ **at various times in the past** plusieurs fois déjà ◆ **at other times** en d'autres occasions ◆ **time after time, times without number, time and (time) again** maintes et maintes fois ◆ **(the) last time** la dernière fois ◆ **the previous time, the time before** la fois d'avant ◆ **come back some other time** revenez une autre fois ◆ **the times I've told him that!** je le lui ai dit je ne sais combien de fois ! ◆ **the times I've wished that ...** combien de fois n'ai-je souhaité que ... ◆ **some time or other I'll do it** je le ferai un jour ou l'autre ◆ **I remember the time when he told me about it** je me rappelle le jour où il me l'a dit ◆ **it costs £3 a time to do a load of washing** ça coûte trois livres pour faire une lessive ◆ **one at a time** un(e) par un(e) ◆ **for weeks at a time** pendant des semaines entières

i [multiplying] fois f ◆ **two times three is six** deux fois trois (font) six ◆ **ten times as big as ..., ten times the size of ...** dix fois plus grand que ◆ **it's worth ten times as much** ça vaut dix fois plus ; → **times**

j [Mus etc] mesure f ◆ **in time** en mesure (*to, with* avec) ◆ **in time to the music** en mesure avec la musique ◆ **to be out of time** ne pas être en mesure (*with* avec) ◆ **to keep time** rester en mesure

2 TRANSITIVE VERB

a [= choose time of] [+ visit] choisir le moment de ◆ **it was timed to begin at ...** le commencement était prévu pour ... ◆ **you timed that perfectly!** c'est tombé à point nommé !, vous ne pouviez pas mieux choisir votre moment ! ◆ **well-timed** remark, entrance tout à fait opportun, qui tombe à point nommé ; stroke exécuté avec un bon timing ◆ **the invasion was carefully timed** l'invasion a été soigneusement minutée ◆ **they are timing the bomb alerts to cause maximum disruption** ils font en sorte que ces alertes à la bombe provoquent le maximum de perturbations

b [= count time of] [+ race, runner, worker etc] chronométrer ; [+ programme, ceremony, piece of work] minuter ◆ **to time sb over 1,000 metres** chronométrer (le temps de) qn sur 1 000 mètres ◆ **time how long it takes you** notez le temps qu'il vous faut pour le faire ◆ **to time an egg** minuter la cuisson d'un œuf

3 COMPOUNDS

▷ **time and motion study** n (Ind) étude f des cadences ▷ **time bomb** n bombe f à retardement ▷ **time capsule** n capsule f témoin (*devant servir de document historique*) ▷ **time card** n (Ind) carte f de pointage ▷ **time check** n (Rad) rappel m de l'heure ▷ **time clock** n (Ind etc) (= machine itself) pointeuse f ▷ **time-consuming** adj qui prend beaucoup de temps ▷ **time delay** n délai m ▷ **time-delay** adj mechanism, safe à délai d'ouverture ▷ **time deposit** n (US Fin) dépôt m à terme ▷ **time difference** n décalage m horaire ▷ **time discount** n (US Comm) remise f pour paiement anticipé ▷ **time draft** n (US Fin) effet m à terme ▷ **time-expired** adj (Comm) périmé ▷ **time exposure** n (Phot) temps m de pose ▷ **time-filler** n façon f de tuer le temps ▷ **time frame** n délais mpl ▷ **time fuse** n détonateur m à retardement ▷ **time-honoured** adj consacré (par l'usage) ▷ **time-lag** n (between events) décalage m, retard m ; (between countries) décalage m horaire ▷ **time-lapse photography** n (Cine) accéléré m ▷ **time limit** n (= restricted period) limite f de temps ; (for abortion) délai m légal ; (Jur) délai m de forclusion ; (= deadline) date f limite ◆ **to put** or **set a time limit on sth** fixer une limite de temps or un délai pour qch ◆ **within the time limit** dans les délais (impartis) ◆ **without a time limit** sans limitation de temps ▷ **time loan** n (US Fin) emprunt m à terme ▷ **time lock** n fermeture f commandée par une minuterie ▷ **time machine** n (Sci Fi) machine f à remonter le temps ▷ **time-out** n (esp US) (Sport) temps m mort ; (Chess) temps m de repos ▷ **time-saver** n **it is a great time-saver** ça fait gagner beaucoup de temps ▷ **time-saving** adj qui fait gagner du temps ◇ n économie f or gain m de temps ▷ **time-served** adj tradesman qui a fait ses preuves, expérimenté ▷ **time-serving** adj (pej) opportuniste ◇ n opportunisme m ▷ **time-share** vt (Comput) utiliser or exploiter en temps partagé ; [+ holiday home] avoir en multipropriété ◇ n maison f [or appartement m] en multipropriété ▷ **time-sharing** n (Comput) (exploitation f or travail m en) temps m partagé ; [of holiday home] multipropriété f ▷ **time sheet** n (Ind etc) feuille f de présence ▷ **time signal** n (Rad) signal m horaire ▷ **time signature** n (Mus) indication f de la mesure ▷ **time slice** n (Comput) tranche f de temps ▷ **time slot** n (Rad, TV) tranche f or plage f or créneau m horaire ▷ **time span** n période f de temps ▷ **time study** n ⇒ **time and motion study** ▷ **time switch** n [of electrical apparatus] minuteur m ; (for lighting) minuterie f ▷ **time travel** n (Sci Fi) voyage m dans le temps ▷ **time trial** n (Motor Racing, Cycling) course f contre la montre, contre-la-montre m inv ▷ **time value** n (Mus) valeur f ▷ **time warp** n distorsion f spatiotemporelle ◆ **it's like going into** or **living in a time warp** on a l'impression d'avoir fait un bond en arrière (or en avant) dans le temps or d'avoir fait un bond dans le passé (or le futur) ▷ **time-waster** n (pej) **to be a time-waster** [person] faire perdre du temps ; [activity] être une perte de temps ◆ **"no time wasters"** (in advert) "pas sérieux s'abstenir" ▷ **time-wasting** adj qui fait perdre du temps ◇ n perte f de temps ▷ **time zone** n fuseau m horaire

timekeeper ['taɪmkiːpəʳ] n (= watch) montre f ; (= stopwatch) chronomètre m ; (Sport = official) chronométreur m, -euse f officiel(le) ◆ **to be a good timekeeper** [person] être toujours à l'heure

timekeeping ['taɪmkiːpɪŋ] n (Sport) chronométrage m ◆ **I'm trying to improve my timekeeping** (at work) j'essaie d'être plus ponctuel

timeless ['taɪmlɪs] → SYN adj quality, appeal intemporel ; beauty intemporel, éternel

timeliness ['taɪmlɪnɪs] n (NonC) à-propos m, opportunité f

timely ['taɪmlɪ] → SYN adj reminder, arrival opportun ; intervention opportun, qui tombe à point nommé ; event, warning qui tombe à point nommé

timepiece ['taɪmpiːs] n (= watch) montre f ; (= clock) horloge f

timer ['taɪməʳ] n (Culin etc) minuteur m ; (with sand in it) sablier m ; (on machine, electrical device etc) minuteur m ; (Aut) distributeur m d'allumage ; → **old**

times * [taɪmz] vt (= multiply) multiplier

timescale ['taɪmskeɪl] n durée f, période f ◆ **our timescale for this project is 10 to 15 years** nous nous situons dans une perspective de 10 à 15 ans

timeserver ['taɪmsɜːvəʳ] n (pej) opportuniste mf

timetable ['taɪmteɪbl] → SYN 1 n (Rail etc) (indicateur m) horaire m ; (Scol) emploi m du temps ; (Ftbl: also **fixtures timetable**) calendrier m des rencontres
2 vt (Brit) [+ visit, course] établir un emploi du temps pour

timeworn ['taɪmwɔːn] adj stones etc usé par le temps ; idea rebattu

timid ['tɪmɪd] → SYN adj (= shy) timide ; (= unadventurous) timoré, craintif ; (= cowardly) peureux

timidity [tɪ'mɪdɪtɪ] n (NonC) (= shyness) timidité f ; (= unadventurousness) caractère m timoré or craintif ; (= cowardice) caractère m peureux

timidly ['tɪmɪdlɪ] adv (= shyly) timidement ; (= unadventurously) craintivement ; (= in cowardly way) peureusement

timidness ['tɪmɪdnɪs] n ⇒ **timidity**

timing ['taɪmɪŋ] **1** n **a** (of musician etc) sens m du rythme ◆ **a good comedian depends on his (sense of) timing** un bon comédien doit minuter très précisément son débit ◆ **the actors' timing was excellent throughout the play** le minutage des acteurs était excellent tout au long de la pièce ◆ **timing is very important in formation flying** la synchronisation est capitale dans les vols en formation ◆ **the timing of the demonstration** la date et l'heure de la manifestation ◆ **he arrived just when we were sitting down to the table: I had to admire his timing** il est arrivé au moment précis où l'on se mettait à table : il ne pouvait pas tomber plus mal
b (Aut) réglage m de l'allumage ◆ **to set the timing** régler l'allumage
c (Ind, Sport) chronométrage m
2 COMP ▷ **timing device, timing mechanism** n [of bomb etc] mouvement m d'horlogerie ; [of electrical apparatus] minuteur m

Timor ['tiːmɔːʳ, 'taɪmɔːʳ] n Timor ◆ **in Timor** à Timor

timorous ['tɪmərəs] → SYN adj person timoré, craintif ; reform frileux, timide ; speech timoré

timorously ['tɪmərəslɪ] adv craintivement

Timothy ['tɪməθɪ] n Timothée m

timothy ['tɪməθɪ] n (Bot) fléole f des prés

timpani ['tɪmpənɪ] npl timbales fpl

timpanist ['tɪmpənɪst] n timbalier m

tin [tɪn] **1** n **a** (NonC) étain m ; (= tin plate) fer-blanc m
b (esp Brit = can) boîte f *(en fer-blanc)* ◆ **tin of salmon** boîte f de saumon
c (for storage) boîte f (de fer) ◆ **cake tin** boîte f à gâteaux
d (Brit Culin) (= mould: for cakes etc) moule m ; (= dish: for meat etc) plat m ◆ **cake tin** moule à gâteau ◆ **meat** or **roasting tin** plat m à rôtir
2 vt **a** (= put in tins) [+ food etc] mettre en boîte(s) or en conserve ; see also **tinned**
b (= coat with tin) étamer
3 COMP (= made of tin) en étain, d'étain ; (= made of tin plate) en or de fer-blanc ▷ **tin can** n boîte f (en fer-blanc) ▷ **tin ear** * n (Mus) **he has a tin ear** il n'a pas d'oreille ▷ **tin god** n (fig) (little) tin god idole f de pacotille ▷ **tin hat** n casque m ▷ **tin lizzie** * n (= car) vieille guimbarde * f ▷ **tin mine** n mine f d'étain ▷ **tin-opener** n (Brit) ouvre-boîte m ▷ **Tin Pan Alley** n (Mus, fig) le monde du showbiz ▷ **tin plate** n (NonC) fer-blanc m ▷ **tin soldier** n soldat m de plomb ▷ **tin whistle** n flûtiau m

tinamou ['tɪnəˌmuː] n tinamou m

tincal ['tɪŋkəl] n tincal m

tinctorial [tɪŋk'tɔːrɪəl] adj tinctorial

tincture ['tɪŋktʃəʳ] **1** n (Pharm) teinture f ; (fig) nuance f, teinte f ◆ **tincture of iodine** teinture f d'iode
2 vt (lit, fig) teinter *(with* de)

tinder ['tɪndəʳ] n (NonC) [in tinderbox) amadou m ; (= small sticks) petit bois m (NonC) ◆ **as dry as tinder** sec (sèche f) comme de l'amadou

tinderbox ['tɪndəbɒks] n briquet m (à amadou) ; (fig: esp Pol) poudrière f

tine [taɪn] n [of fork] dent f, fourchon m ; [of antler] andouiller m

tinea ['tɪnɪə] n teigne f

tinfoil ['tɪnfɔɪl] n (NonC) papier m (d')aluminium, papier m alu *

ting [tɪŋ] **1** n tintement m
2 vi tinter
3 vt faire tinter
4 COMP ▷ **ting-a-ling** n [of telephone, doorbell] dring m ; [of handbell, tiny bells] drelin m

tinge [tɪndʒ] → SYN **1** n teinte f, nuance f
2 vt teinter *(with* de) ◆ **our happiness was tinged with regret** notre bonheur était mêlé de regret

tingle ['tɪŋgl] → SYN **1** vi (= prickle) picoter, fourmiller ; (fig = thrill) vibrer, frissonner ◆ **her face was tingling** le visage lui picotait or lui cuisait ◆ **her cheeks were tingling with cold** le froid lui piquait or lui brûlait des joues ◆ **my fingers are tingling** j'ai des picotements or des fourmis dans les doigts ◆ **the toothpaste makes my tongue tingle** le dentifrice me pique la langue ◆ **he was tingling with impatience** il brûlait d'impatience
2 n (= sensation) picotement m, fourmillement m ; (= thrill) frisson m ◆ **to have a tingle in one's ears** (= sound) avoir les oreilles qui tintent

tingling ['tɪŋglɪŋ] **1** n (NonC) ⇒ **tingle 2**
2 adj sensation, effect de picotement, de fourmillement ◆ **to have tingling fingers** avoir des picotements or des fourmillements dans les doigts

tingly ['tɪŋglɪ] adj sensation de picotement, de fourmillement ◆ **my arm is** or **feels tingly** j'ai des fourmis or des fourmillements dans le bras

tinker ['tɪŋkəʳ] → SYN **1** n **a** (esp Brit: gen) romanichel(le) m(f) (often pej) ; (specifically mending things) rétameur m (ambulant) ; († = child) polisson(ne) m(f) ◆ **it's not worth a tinker's cuss** or **tinker's damn** ça ne vaut pas tripette * or un clou * ◆ **I don't care** or **give a tinker's cuss** or **tinker's damn** (fig) je m'en fiche *, je m'en soucie comme de l'an quarante ◆ **tinker, tailor, soldier, sailor ...** comptine enfantine
b **to have a tinker (with)** * bricoler *
2 vi (also **tinker about**) bricoler, s'occuper à des bricoles ◆ **she was tinkering (about) with the car** elle bricolait la voiture ◆ **stop tinkering with that watch!** arrête de tripoter * cette montre !
b (fig) **to tinker with** [+ contract, wording, report etc] (= change) faire des retouches à, remanier ; (dishonestly) tripatouiller *

tinkle ['tɪŋkl] **1** vi tinter
2 vt faire tinter
3 n **a** tintement m ◆ **to give sb a tinkle** * (Brit Telec) passer un coup de fil à qn *
b (* baby talk = passing water) pipi * m

tinkling ['tɪŋklɪŋ] **1** n (NonC) tintement m
2 adj bell qui tinte ; stream qui clapote, qui gazouille

tinned [tɪnd] adj (Brit) fruit, tomatoes, salmon en boîte, en conserve ◆ **tinned goods** or **food** conserves fpl

tinnitus [tɪ'naɪtəs] n acouphène m

tinny ['tɪnɪ] adj (pej) sound, taste métallique ◆ **tinny piano** casserole * f, mauvais piano m ◆ **it's such a tinny car** quelle camelote *, cette voiture

tinpot * ['tɪnpɒt] adj (esp Brit) car, bike qui ne vaut pas grand-chose, en fer-blanc ; dictator, government fantoche, de pacotille ◆ **a tinpot little town** un petit bled *

tinsel ['tɪnsəl] n **a** (NonC) guirlandes fpl de Noël (argentées)
b (fig pej) clinquant m

Tinseltown * ['tɪnsəltaʊn] n Hollywood

tinsmith ['tɪnsmɪθ] n ferblantier m

tint [tɪnt] → SYN **1** n teinte f, nuance f ; (for hair) shampooing m colorant ◆ **a greenish tint, a tint of green** une touche de vert ; → **flesh**
2 vt teinter *(with* de) ◆ **to tint one's hair** se faire un shampooing colorant

Tintin ['tɪntɪn] n (Literat) Tintin m

tintinnabulation [ˌtɪntɪˌnæbjʊ'leɪʃən] n tintinnabulement m

Tintoretto [ˌtɪntə'retəʊ] n le Tintoret

tintype ['tɪntaɪp] n (= process) ferrotypie f

tinware ['tɪnwɛəʳ] n (NonC) ferblanterie f

tinworks ['tɪnwɜːks] n sg or pl (= mine) mine f d'étain ; (= foundry) fonderie f d'étain

tiny ['taɪnɪ] → SYN adj object tout petit, minuscule ; person, child, minority tout petit ◆ **a tiny little man/baby** un tout petit bonhomme/bébé ◆ **a tiny amount of sth** un tout petit peu de qch

tip¹ [tɪp] → SYN **1** n (= end) [of stick, pencil, ruler, wing, finger, nose] bout m ; [of sword, knife, asparagus] pointe f ; [of iceberg, mountain] pointe f, cime f ; [of ski] pointe f, spatule f ; [of tongue] pointe f ; (also Phon), bout m ; (metal etc end piece) [of shoe] bout m, pointe f ; [of cigarette] bout m ; [of filter tip] bout m (filtre) ; [of umbrella, cane] embout m ; [of billiard cue] procédé m ◆ **from tip to toe** de la tête aux pieds ◆ **he stood on the tips of his toes** il s'est dressé sur la pointe des pieds ◆ **he touched it with the tip of his toe** il l'a touché du bout de l'orteil ◆ **I've got it on** or **it's on the tip of my tongue** je l'ai sur le bout de la langue ◆ **it was on the tip of my tongue to tell her what I thought of her** j'étais à deux doigts de lui dire ce que je pensais d'elle ◆ **it's just the tip of the iceberg** ce n'est que la partie visible de l'iceberg, ça n'est rien comparé au reste ; → **fingertip, wing**
2 vt (= put tip on) mettre un embout à ; (= cover tip of) recouvrir le bout de ◆ **tipped cigarettes** (Brit) cigarettes fpl (à bout) filtre inv ◆ **tipped with steel, steel-tipped** ferré, qui a un embout d'acier

tip² [tɪp] → SYN **1** n **a** (= money) pourboire m ◆ **the tip is included** (in restaurant) le service est compris
b (= hint, information) suggestion f, tuyau * m ; (= advice) conseil m ; (Racing) tuyau * m ◆ **"tips for the handyman"** "les trucs du bricoleur" ◆ **that horse is a hot tip for the 3.30** ce cheval a une première chance dans la course de 15 h 30 ◆ **take my tip** suivez mon conseil
c (= tap) tape f, petit coup m
2 vt **a** (= reward) donner un pourboire à ◆ **he tipped the waiter 5 francs** il a donné 5 F de pourboire au serveur
b (Racing, gen) pronostiquer ◆ **to tip the winner** pronostiquer le cheval gagnant ◆ **he tipped Blue Streak for the 3.30** il a pronostiqué la victoire de Blue Streak dans la course de 15 h 30 ◆ **to tip sb the wink** * **about sth** filer un tuyau * à qn sur qch ◆ **they are tipped to win the next election** (Brit fig) on pronostique qu'ils vont remporter les prochaines élections ◆ **Paul was tipped for the job** (Brit) on avait pronostiqué que Paul serait nommé
c (= tap, touch) toucher (légèrement), effleurer ◆ **to tip one's hat to sb** mettre or porter la main à son chapeau pour saluer qn
3 COMP ▷ **tip-off** n **to give sb a tip-off** (gen) prévenir qn, donner or filer un tuyau * à qn ; (Police) donner * qn

▶ **tip off 1** vt sep (gen) donner or filer un tuyau * à *(about sth* sur qch) ; [+ police] prévenir or avertir *(par une dénonciation)* ◆ **the police were tipped off to be outside** quelqu'un avait prévenu la police pour qu'elle se trouve à l'extérieur
2 tip-off n ⇒ **tip²**

tip³ [tɪp] → SYN **1** n (Brit) (for rubbish) décharge f, dépotoir m ; (for coal) terril m ; (* fig = untidy place) (véritable) dépotoir m
2 vt (= incline, tilt) pencher, incliner ; (= overturn) faire basculer, renverser ; (= pour, empty) [+ liquid] verser *(into* dans ; *out of* de) ; [+ load, sand, rubbish] déverser, déposer ; [+ clothes, books etc] déverser *(into* dans ; *out of* de) ◆ **he tipped the water out of the bucket** il a vidé le seau ◆ **to tip sb off his chair** renverser or faire basculer qn de sa chaise ◆ **they tipped him into the water** ils l'ont fait basculer or tomber dans l'eau ◆ **the car overturned and they were tipped into the roadway** la voiture s'est retournée et ils se sont retrouvés sur la chaussée ◆ **to tip the scales at 90kg** peser 90 kg ◆ **to tip the scales** or **balance** (fig) faire pencher la balance *(in sb's favour* en faveur de qn ; *against sb* contre qn) ◆ **to tip one's hand** or **one's mitt** * (US) dévoiler son jeu (involontairement)
3 vi **a** (= incline) pencher, être incliné ; (= overturn) se renverser, basculer ◆ **"no tipping", "tipping prohibited"** (Brit) "défense de déposer des ordures"
b **it's tipping with rain** * il pleut des cordes
4 COMP ▷ **tip-cart** n tombereau m ▷ **tip-up seat** n (in theatre etc) siège m rabattable, strapontin m ; (in taxi, underground etc) strapontin m ▷ **tip-up truck** n camion m à benne (basculante)

▶ **tip back, tip backward(s)** **1** vi [chair] se rabattre en arrière ; [person] se pencher en arrière, basculer (en arrière)
2 vt sep [+ chair] rabattre or faire basculer (en arrière)

▶ **tip down** * vti sep (= raining) ◆ **it's tipping (it) down** il pleut des cordes

▶ **tip forward(s)** **1** vi [chair] se rabattre en avant ; [person] se pencher en avant

toecap / tomography

mettre au pas, se plier ◆ **to toe the party line** (Pol) ne pas s'écarter de or suivre la ligne du parti

[3] COMP ▷ **toe clip** n (Cycling) cale-pied m inv ▷ **toe-curling** * adj (= embarrassing) très embarrassant ▷ **toe-piece** n (Ski) butée f

toecap ['təʊkæp] n ◆ **reinforced toecap** bout m renforcé (de chaussure)

-toed [təʊd] adj (in compounds) ◆ **three-toed** à trois orteils

TOEFL ['təʊfəl] n (abbrev of Test of English as a Foreign Language) examen d'anglais pour les étudiants étrangers voulant étudier dans des universités anglo-saxonnes

toehold ['təʊhəʊld] n (lit) prise f (pour le pied) ◆ **to have a toehold in ...** (fig) avoir un pied dans ...

toenail ['təʊneɪl] n ongle m de l'orteil or du pied

toerag ['təʊræg] n (Brit) sale con(ne) * m(f)

toff ‡ * [tɒf] n (Brit) aristo * mf, dandy * m

toffee ['tɒfɪ] [1] n caramel m (au beurre) ◆ **he can't do it for toffee** * il n'est pas fichu * de le faire

[2] COMP ▷ **toffee-apple** n pomme f caramélisée ▷ **toffee-nosed** * adj (Brit pej) bêcheur *, qui fait du chiqué *

tofu ['təʊˌfuː, 'tɒˌfuː] n tofu m, fromage m de soja

tog * [tɒg] (Brit) [1] vt ◆ **to tog up** or **out** nipper *, fringuer * ◆ **to be all togged up** or **out** (in one's best clothes) être bien fringué * or sapé *

[2] n (Brit Measure) indice d'isolation thermique d'une couette ou d'une couverture

[3] **togs** npl fringues * fpl

toga ['təʊgə] n toge f

together [tə'ɡeðəʳ] → SYN

When **together** is an element in a phrasal verb, eg **bring together**, **get together**, **sleep together**, look up the verb.

[1] adv **a** ensemble ◆ **I've seen them together** je les ai vus ensemble ◆ **we're in this together** nous sommes logés à la même enseigne ◆ **they were both in it together** (fig pej) ils avaient partie liée tous les deux ◆ **you must keep together** vous devez rester ensemble, vous ne devez pas vous séparer ◆ **tie the ropes together** nouez les cordes ◆ **if you look at the reports together** si vous considérez les rapports conjointement ◆ **they belong together** [objects] ils vont ensemble ◆ **crime and poverty go together** [people] le crime et la pauvreté vont de pair, ils sont faits l'un pour l'autre ; → **bang**, **gather**, **live**

◆ **together with** ◆ **together with what you bought yesterday that makes ...** avec ce que vous avez acheté hier ça fait ... ◆ **(taken) together with the previous figures, these show that ...** ces chiffres, considérés conjointement avec les précédents, indiquent que ... ◆ **he, together with his colleagues, accepted ...** lui, ainsi que ses collègues, a accepté ...

b (= simultaneously) en même temps, simultanément ; sing, play, recite à l'unisson ◆ **the shots were fired together** les coups de feu ont été tirés simultanément en même temps ◆ **they both stood up together** ils se sont tous les deux levés en même temps ◆ **don't all speak together** ne parlez pas tous à la fois ◆ **all together now!** (shouting, singing) tous en chœur maintenant ! ; (pulling) (oh !) hisse ! ◆ **you're not together** (Mus) vous n'êtes pas à l'unisson

c (= continuously) **for days/weeks together** (pendant) des jours entiers/des semaines entières ◆ **for five weeks together** (pendant) cinq semaines de suite or d'affilée

d (* fig) **to get it together, to get one's act together** s'organiser ◆ **let's get it together** il faut qu'on s'organise, il faut qu'on essaie d'y voir plus clair ◆ **she's got it together** c'est quelqu'un d'équilibré

[2] adj (* = well adjusted) person équilibré ◆ **a together person** quelqu'un d'équilibré

togetherness [tə'ɡeðənɪs] n (NonC) (= unity) unité f ; (= friendliness) camaraderie f

toggle ['tɒgl] [1] n (Naut) cabillot m ; (on garment) bouton m de duffle-coat

[2] COMP ▷ **toggle joint** n (Tech) genouillère f ▷ **toggle key** n (Comput) touche f à bascule ▷ **toggle switch** n (Elec) interrupteur m à bascule

Togo ['təʊgəʊ] n le Togo

toil¹ [tɔɪl] → SYN [1] n (NonC) (dur) travail m, labeur m (liter)

[2] vi **a** (= work hard: also **toil away**) travailler dur (at, over à ; to do sth pour faire qch), peiner (at, over sur ; to do sth pour faire qch)

b (= move with difficulty) **to toil along/up** etc [person, animal, vehicle] avancer/monter etc péniblement or avec peine

toil² [tɔɪl] n (fig liter = snare, net) ◆ **toils** rets mpl ◆ **in the toils of ...** dans les rets de ...

toilet ['tɔɪlɪt] → SYN [1] n **a** (= lavatory) toilettes fpl, W.-C. mpl ◆ **"Toilets"** "Toilettes" ◆ **to go to the toilet** aller aux toilettes or aux W.-C. ◆ **to put sth down the toilet** jeter qch dans la cuvette des cabinets

b (= dressing etc, dress) toilette f

[2] COMP ▷ **toilet bag** n trousse f de toilette ▷ **toilet bowl** n cuvette f (des cabinets) ▷ **toilet case** n ⇒ **toilet bag** ▷ **toilet humour** n (pej) humour m scatologique ▷ **toilet paper** n papier m hygiénique ▷ **toilet requisites** npl (Comm) articles mpl de toilette ▷ **toilet roll** n rouleau m de papier hygiénique ▷ **toilet seat** n siège m or lunette f des cabinets or W.-C. or toilettes ▷ **toilet set** n nécessaire m de toilette ▷ **toilet soap** n savonnette f, savon m de toilette ▷ **toilet table** n table f de toilette ▷ **toilet tissue** n ⇒ **toilet paper** ▷ **toilet-train** vt **to toilet-train a child** apprendre à un enfant à être propre ▷ **toilet training** n apprentissage m de la propreté ▷ **toilet water** n eau f de toilette

toiletries ['tɔɪlɪtrɪz] npl articles mpl de toilette

toilette [twaː'let] n ⇒ **toilet 1b**

toilsome ['tɔɪlsəm] adj (liter) pénible, épuisant

tokamak ['tɒkəˌmæk] n tokamak m

Tokay [təʊ'keɪ] n (= wine) tokay m

toke * [təʊk] n (Drugs) bouffée f

token ['təʊkən] LANGUAGE IN USE 26.2 → SYN

[1] n **a** (= sign, symbol) marque f, témoignage m, gage m ; (= keepsake) souvenir m ; (= metal disc: for travel, telephone etc) jeton m ; (= voucher, coupon) bon m, coupon m ; (also **gift token**) bon-cadeau m ◆ **milk token** bon m de lait ◆ **as a token of, in token of** en témoignage de, en gage de ◆ **by the same token** de même ; → **book**, **record**

b (Ling) occurrence f

[2] adj payment, wage, strike, resistance, military presence symbolique ; attempt, effort, appearance pour la forme ; (pej) woman etc de service ◆ **a token gesture** un geste symbolique ◆ **I was the token pensioner on the committee** j'étais la retraite alibi or la retraite de service au comité ◆ **she said she's not just a token woman** elle a dit qu'elle n'était pas simplement une femme alibi

[3] COMP ▷ **token vote** n (Parl) vote m de crédits (dont le montant n'est pas définitivement fixé)

tokenism ['təʊkənɪzəm] n politique f de pure forme

tokenistic ['təʊkənɪstɪk] adj symbolique, de pure forme

Tokharian [tɒ'kɑːrɪən] adj, n ⇒ **Tocharian**

Tokyo ['təʊkjəʊ] n Tokyo

tolbutamide [tɒl'bjuːtəˌmaɪd] n tolbutamide m

told [təʊld] vb (pt, ptp of **tell**)

Toledo [tɒ'leɪdəʊ] n Tolède

tolerable ['tɒlərəbl] → SYN adj **a** (= bearable) tolérable, supportable

b (= adequate) assez bon ◆ **the food is tolerable** on y mange passablement, on n'y mange pas trop mal

tolerably ['tɒlərəblɪ] adv good, comfortable, happy relativement ◆ **tolerably well** relativement bien ◆ **he plays tolerably (well)** il joue passablement, il joue relativement bien

tolerance ['tɒlərəns] → SYN n (gen) tolérance f, indulgence f ; (Med, Tech) tolérance f

tolerant ['tɒlərənt] → SYN adj **a** (= sympathetic) person, society, attitude tolérant (of sb/sth à l'égard de qn/qch)

b (Phys, Med) **tolerant of heat** résistant à la chaleur ◆ **tolerant to light/a toxin** résistant à la lumière/à une toxine ◆ **to be tolerant to a drug** tolérer un médicament

tolerantly ['tɒlərəntlɪ] adv smile avec indulgence ; listen patiemment

tolerate ['tɒləreɪt] LANGUAGE IN USE 10.4 → SYN vt [+ heat, pain] supporter ; [+ insolence, injustice] tolérer, supporter ; (Med, Tech) tolérer

toleration [ˌtɒlə'reɪʃən] → SYN n (NonC) tolérance f

toll¹ [təʊl] → SYN [1] n (= tax, charge) péage m ◆ **the war took a heavy toll of** or **among the young men** la guerre a fait beaucoup de victimes parmi les jeunes, les jeunes ont payé un fort tribut à la guerre ◆ **it took (a) great toll of his strength** cela a sérieusement ébranlé or sapé ses forces ◆ **it took a toll of his savings** cela a fait un gros trou dans ses économies ◆ **we must reduce the accident toll on the roads** il nous faut réduire le nombre des victimes de la route ◆ **the death toll** le bilan des victimes ◆ **the toll of dead and injured has risen** le nombre des morts et des blessés a augmenté

[2] COMP ▷ **toll bridge** n pont m à péage ▷ **toll call** n (US Telec) appel m longue distance ▷ **toll charge** n péage m ▷ **toll-free** adv (US Telec) sans payer la communication ◇ adj gratuit ◆ **toll-free number** ≃ numéro m vert ® ▷ **toll road** n route f à péage ; → **ROADS**

toll² [təʊl] → SYN [1] vi [bell] sonner ◆ **for whom the bell tolls** pour qui sonne le glas

[2] vt [+ bell, the hour] sonner ; [+ sb's death] sonner le glas pour

tollbar ['təʊlbɑːʳ] n barrière f de péage

tollbooth ['təʊlbuːð] n poste m de péage

tolley ['tɒlɪ] n (= marble) calot m

tollgate ['təʊlgeɪt] n ⇒ **tollbar**

tollhouse ['təʊlhaʊs] n maison f de péagiste

tollkeeper ['təʊlkiːpəʳ] n péagiste mf

tollway ['təʊlweɪ] n ⇒ **toll road** ; → **toll**¹

Tolstoy ['tɒlstɔɪ] n Tolstoï m

toluene ['tɒljʊiːn] n toluène m

Tom [tɒm] [1] n **a** (dim of Thomas) Thomas m ◆ **(any) Tom, Dick or Harry** n'importe qui, le premier venu ; → **peep**¹

b (US * pej: also **Uncle Tom**) Oncle Tom m, bon nègre m

[2] COMP ▷ **Tom Thumb** n Tom-Pouce m ; (in French tale) le Petit Poucet

tom [tɒm] [1] n matou m

[2] COMP ▷ **tom cat** n (= cat) matou ; (US * = man) coureur m de jupons, cavaleur * m

tomahawk ['tɒməhɔːk] n tomahawk m, hache f de guerre

tomato [tə'mɑːtəʊ] (US) [tə'meɪtəʊ] [1] n, pl **tomatoes** (= fruit, plant) tomate f

[2] COMP ▷ **tomato juice** n jus m de tomate ▷ **tomato ketchup** n ketchup m ▷ **tomato paste** n ⇒ **tomato purée** ▷ **tomato plant** n tomate f ▷ **tomato purée** n purée f de tomates ▷ **tomato sauce** n sauce f tomate ▷ **tomato soup** n soupe f de tomates

tomb [tuːm] → SYN n tombeau m, tombe f

tombac, tombak ['tɒmbæk] n (NonC) tombac m, laiton m

tombola [tɒm'bəʊlə] n (Brit) tombola f

tombolo ['tɒmbəˌləʊ] n tombolo m

tomboy ['tɒmbɔɪ] n garçon m manqué

tomboyish ['tɒmbɔɪʃ] adj de garçon manqué

tomboyishness ['tɒmbɔɪʃnɪs] n (NonC) manières fpl de garçon manqué

tombstone ['tuːmstəʊn] → SYN n pierre f tombale, tombe f

tome [təʊm] → SYN n tome m, gros volume m

tomentose [tə'mentəʊs] adj tomenteux

tomfool ['tɒm'fuːl] adj absurde, idiot

tomfoolery [tɒm'fuːlərɪ] → SYN n (NonC) niaiserie(s) f(pl), âneries fpl

Tommy ['tɒmɪ] [1] n (dim of Thomas) Thomas m ; (Brit Mil * : also **tommy**) tommy * m, soldat m britannique

[2] COMP ▷ **Tommy gun** n mitraillette f

tommyrot ‡ * ['tɒmɪrɒt] n (NonC) bêtises fpl, âneries fpl

tomography [tə'mɒgrəfɪ] n tomographie f

tomorrow [tə'mɒrəʊ] **1** adv demain ◆ **all (day) tomorrow** toute la journée (de) demain ◆ **late tomorrow** tard demain ◆ **early tomorrow** demain de bonne heure ◆ **tomorrow lunchtime** demain à midi ◆ **I met her a week ago tomorrow** ça fera une semaine demain que je l'ai rencontrée ◆ **he'll have been here a week tomorrow** demain cela fera huit jours qu'il est là ◆ **see you tomorrow** à demain ◆ **what day will it be tomorrow?** quel jour sera-t-on or serons-nous demain? ◆ **what date will it be tomorrow?** on sera le combien demain?; → **today**

2 n **a** demain m ◆ **what day tomorrow be?** quel jour serons-nous demain? ◆ **tomorrow will be Saturday** demain ce sera samedi ◆ **what date will tomorrow be?** quelle est la date de demain? ◆ **tomorrow will be the 5th** demain ce sera le 5 ◆ **I hope tomorrow will be dry** j'espère qu'il ne pleuvra pas demain ◆ **tomorrow will be a better day for you** demain les choses iront mieux pour vous ◆ **tomorrow never comes** demain n'arrive jamais ◆ **tomorrow is another day!** ça ira peut-être mieux demain! ◆ **tomorrow's paper** le journal de demain

b (= the future) **the writers of tomorrow** les écrivains mpl de demain or de l'avenir ◆ **like or as if there was no tomorrow** spend, drive sans se soucier du lendemain; eat, drink comme si c'était la dernière fois ◆ **brighter tomorrows** des lendemains qui chantent

3 COMP ▷ **tomorrow afternoon** adv demain après-midi ▷ **tomorrow evening** adv demain soir ▷ **tomorrow morning** adv demain matin ▷ **tomorrow week** * adv (Brit) demain en huit

tompot blenny ['tɒmpɒt] n (= fish) blennie f gatto rugine

tomtit ['tɒmtɪt] n mésange f

tomtom ['tɒmtɒm] n tam-tam m

ton [tʌn] **1** n **a** (= weight) tonne f (Brit = 1016,06 kg ; Can, US etc = 907,20 kg) ◆ **metric ton** tonne f (= 1 000 kg) ◆ **a seven-ton truck** un camion de sept tonnes ◆ **it weighs a ton, it's a ton weight** (fig) ça pèse une tonne ◆ **tons of** * (fig) beaucoup de, des tas de *

b (Naut) (also **register ton**) tonneau m (= 2,83 m³); (also **displacement ton**) tonne f ◆ **a 60,000-ton steamer** un paquebot de 60 000 tonnes

c (*‡ = hundred) **a ton cent** ◆ **to do a ton (up)** (Aut etc) faire du cent soixante à l'heure

2 COMP ▷ **ton-up boys** †‡ npl (Brit = motorcyclists) motards ‡ mpl, fous mpl de la moto

tonal ['təʊnl] **1** adj **a** (= vocal) range, contrast tonal ◆ **tonal quality** tonalité f

b (in colour) range, contrast de tons

2 COMP ▷ **tonal music** n musique f tonale ▷ **tonal value** n (Phot) tonalité f

tonality [təʊ'nælɪtɪ] n tonalité f

tondo ['tɒndəʊ] n, pl **tondi** ['tɒndiː] tondo m

tone [təʊn] LANGUAGE IN USE 27.3 → SYN

1 n **a** (in sound: also Ling, Mus) ton m ; (Telec: also of radio, record player etc) tonalité f ; [of answering machine] signal m sonore, bip m (sonore) ; [of musical instrument] sonorité f ◆ **to speak in low tones** or **in a low tone** parler à voix basse or doucement ◆ **to speak in angry tones, to speak in an angry tone (of voice)** parler sur le ton de la colère ◆ **don't speak to me in that tone (of voice)!** ne me parlez pas sur ce ton! ◆ **in friendly tones, in a friendly tone** sur un ton amical ◆ **after the tone** (on answering machine) après le bip or le signal sonore ◆ **rising/falling tone** (Ling) ton m montant/descendant ; → **dialling, engaged**

b (in colour) ton m ◆ **two-tone** en deux tons

c (= general character) ton m ◆ **what was the tone of his letter?** quel était le ton de sa lettre? ◆ **we were impressed by the whole tone of the school** nous avons été impressionnés par la tenue générale de l'école ◆ **the tone of the market** (Fin) la tenue du marché ◆ **to raise/lower the tone of sth** hausser/rabaisser le niveau de qch

d (NonC = class, elegance) classe f ◆ **it gives the restaurant tone, it adds tone to the restaurant** cela donne de la classe au restaurant

e (Med, Physiol: of muscles etc) tonus m, tonicité f

2 vi [colour] s'harmoniser (with avec)

3 COMP ▷ **tone arm** n [of record player] bras m de lecture ▷ **tone colour** n (Mus) timbre m ▷ **tone control (knob)** n [of record player etc] bouton m de tonalité ▷ **tone-deaf** adj **to be tone-deaf** ne pas avoir d'oreille ▷ **tone deafness** n manque m d'oreille ▷ **tone language** n (Ling) langue f à tons ▷ **tone poem** n poème m symphonique ▷ **tone row, tone series** n (Mus) série f (de notes)

▶ **tone down** vt sep [+ colour] adoucir ; [+ sound] baisser ; (fig) [+ criticism, effect] atténuer, adoucir ; [+ language] atténuer, modérer ; [+ policy] modérer, mettre en sourdine

▶ **tone in** vi s'harmoniser (with avec)

▶ **tone up** vt sep [+ muscles, the system] tonifier

-toned [təʊnd] adj (in compounds) ◆ **flesh-toned** couleur chair inv ◆ **high-toned** style, book etc prétentieux ◆ **sepia-toned** couleur sépia inv ◆ **warm-toned** colour, skin au tons chauds

toneless ['təʊnlɪs] adj voice blanc (blanche f), sans timbre

tonelessly ['təʊnlɪslɪ] adv d'une voix blanche or sans timbre

toneme ['təʊniːm] n (Ling) tonème m

toner ['təʊnəʳ] n **a** (for photocopier, printer) encre f, toner m

b (for skin) (lotion f) tonique m

Tonga ['tɒŋə] n Tonga, les Tonga fpl

tongs [tɒŋz] npl (also **pair of tongs**) pinces fpl ; (for coal) pincettes fpl ; (for sugar) pince f (à sucre) ; (also **curling tongs**) fer m (à friser) ; → **hammer**

tongue [tʌŋ] → SYN **1** n **a** (Anat, Culin) langue f ; [of shoe] languette f ; [of bell] battant m ; (fig: of flame, land, also on tool, machine etc) langue f ◆ **to put out** or **stick out one's tongue** tirer la langue (at sb à qn) ◆ **his tongue was hanging out** [dog, person] il tirait la langue ◆ **to give tongue** [hounds] donner de la voix ◆ **to lose/find one's tongue** perdre/retrouver sa langue ◆ **with his tongue in his cheek, tongue in cheek** ironiquement, en plaisantant ◆ **he held his tongue about it** il a tenu sa langue ◆ **hold your tongue!** taisez-vous! ◆ **I'm going to let him feel** or **give him the rough side of my tongue** † je vais lui dire ma façon de penser ◆ **keep a civil tongue in your head!** tâchez d'être plus poli! ◆ **I can't get my tongue round it** je n'arrive pas à le prononcer correctement ◆ **tongues of fire** (Bible) langues de feu ; → **cat, loosen, slip, tip¹, wag¹**

b (= language) langue f ◆ **to speak in tongues** (Rel) parler de nouvelles langues ; → **mother**

2 vt (Mus) [+ note] attaquer en coup de langue

3 COMP ▷ **tongue-and-groove** n → **tongue-and-groove** ▷ **tongue depressor** n (Med) abaisse-langue m ▷ **tongue-in-cheek** adj remark etc ironique ; see also 1 ▷ **tongue-lash**‡ vt engueuler‡ ▷ **tongue-lashing**‡ n **to give sb a tongue-lashing** sonner les cloches à qn* ◆ **to get a tongue-lashing** se faire remonter les bretelles* ▷ **tongue-tied** → SYN adj (fig) muet (te f); [of bell] battant m ◆ **tongue-tied from shyness** rendu muet par la timidité, trop timide pour parler ▷ **tongue twister** n phrase f (or nom m etc) très difficile à prononcer

tongue-and-groove [ˌtʌŋənˈgruːv] **1** n (also **tongue-and-groove boarding** or **strips**) planches fpl à rainure et languette ◆ **tongue-and-groove joint** assemblage m à rainure et languette

2 vt [+ wall] revêtir de planches à rainure et languette

-tongued [tʌŋd] adj (in compounds) qui a la langue ... ◆ **sharp-tongued** qui a la langue acérée

tonguing ['tʌŋɪŋ] n (Mus) (technique f du) coup m de langue

tonic ['tɒnɪk] → SYN **1** adj **a** (= reviving) bath, properties, drink tonifiant ; effect tonique

b (Mus, Ling) tonique

2 n **a** (Med) tonique m, fortifiant m ◆ **you need a tonic** (lit, fig) il vous faut un bon tonique ◆ **it was a real tonic to see him** cela m'a vraiment remonté le moral de le voir

b (also **tonic water, Indian tonic**) ≈ Schweppes ® m ◆ **gin and tonic** gin-tonic m

c (Mus) tonique f

3 COMP ▷ **tonic sol-fa** n (Mus) solfège m ▷ **tonic water** n (also **Indian tonic water**) tonic m, ≈ Schweppes ® m ; → **2b** ▷ **tonic wine** n vin m tonique

tonicity [tɒ'nɪsɪtɪ] n tonicité f

tonight [tə'naɪt] adv, n (before bed) ce soir ; (during sleep) cette nuit

tonka bean ['tɒŋkə] n (= tree) tonka m, coumarou m ; (= seed) (fève f) tonka m

tonnage ['tʌnɪdʒ] n (Naut: all senses) tonnage m

tonne [tʌn] n tonne f

tonneau ['tʌnəʊ] n, pl **tonneaus** or **tonneaux** ['tʌnəʊz] (Aut: also **tonneau cover**) bâche f (de voiture de sport)

-tonner ['tʌnəʳ] n (in compounds) ◆ **a ten-tonner** (= truck) un (camion de) dix tonnes

tonometer [təʊ'nɒmɪtəʳ] n (Mus) diapason m de Scheibler ; (Med) tonomètre m

tonometric [ˌtəʊnə'metrɪk] adj tonométrique

tonometry [tə'nɒmɪtrɪ] n tonométrie f

tonsil ['tɒnsl] n amygdale f ◆ **to have one's tonsils out** or **removed** être opéré des amygdales

tonsillectomy [ˌtɒnsɪ'lektəmɪ] n amygdalectomie f

tonsillitis [ˌtɒnsɪ'laɪtɪs] n (NonC) angine f, amygdalite f ◆ **he's got tonsillitis** il a une angine, il a une amygdalite (frm)

tonsorial [tɒn'sɔːrɪəl] adj (hum) de barbier

tonsure ['tɒnʃəʳ] **1** n tonsure f

2 vt tonsurer

tontine [tɒn'tiːn] n tontine f

Tony ['təʊnɪ] n (dim of **Anthony**) Antoine m

b (Theat: pl **Tonys** or **Tonies;** also **Tony award**) Tony m (oscar du théâtre décerné à Broadway)

tony * ['təʊnɪ] adj (US) chic inv

too [tuː] → SYN adv **a** (= excessively) trop, par trop (liter) ◆ **it's too hard for me** c'est trop difficile pour moi ◆ **it's too hard for me to explain** c'est trop difficile pour que je puisse vous l'expliquer ◆ **that case is too heavy to carry** cette valise est trop lourde à porter ◆ **it's too heavy for me to carry** c'est trop lourd à porter pour moi ◆ **he's too mean to pay for it** il est trop pingre pour le payer ◆ **that's too kind of you!** vous êtes vraiment trop aimable! ◆ **I'm not too sure about that** je n'en suis pas très certain ◆ **too true!, I'll tell you it's true!** que oui !*, et comment !* ◆ **it's just too-too!**‡ en voilà un chichi !* ; → **good, many, much, none**

b (= also) aussi ; (= moreover) en plus, par-dessus le marché, de plus ◆ **I went too** j'y suis allé aussi ◆ **you too can own a car like this** vous aussi vous pouvez être le propriétaire d'une voiture comme celle-ci ◆ **he can swim too** lui aussi sait nager ◆ **they asked for a discount too!** et en plus or et par-dessus le marché ils ont demandé un rabais ! ◆ **and then, there's the question of ...** et puis il y a également la question de ...

took [tʊk] vb (pt of **take**)

tool [tuːl] → SYN **1** n (gen, Tech) outil m (de travail) ; (fig = book etc) outil m, instrument m ◆ **set of tools** panoplie f d'outils ◆ **garden tools** outils mpl or ustensiles mpl de jardinage ◆ **these are the tools of my trade** (lit, fig) voilà les outils de mon métier ◆ **he was merely a tool of the revolutionary party** il n'était que l'outil or l'instrument du parti révolutionnaire ◆ **a tool in the hands of ...** (fig) un instrument dans les mains de ... ; → **down¹, machine, workman**

2 vt (gen) travailler, ouvrager ; [+ silver] ciseler ; [+ leather] repousser

3 vi (Aut) ◆ **to tool along/past** * rouler/passer tranquillement or pépère ‡

4 COMP ▷ **tool maker** n (Ind) outilleur m ▷ **tool making** n (Ind) montage m et réglage m des machines-outils

▶ **tool up** **1** vt sep (Ind) équiper, outiller

2 vi [factory etc] s'équiper, s'outiller ; (fig) se préparer

toolbag ['tuːlbæg] n trousse f à outils

toolbox ['tuːlbɒks] n boîte f à outils

toolcase ['tuːlkeɪs] n (= bag) trousse f à outils ; (= box) caisse f à outils

toolchest ['tuːltʃest] n coffre m à outils

tooled / top

tooled [tuːld] adj (gen) ouvragé ; silver ciselé ; leather repoussé ; book cover en cuir repoussé

toolhouse ['tuːlhaʊs] n ⇒ **toolshed**

tooling ['tuːlɪŋ] n (on book-cover etc) repoussé m ; (on silver) ciselure f

toolkit ['tuːlkɪt] n trousse f à outils ; (Comput) valise f

toolroom ['tuːlruːm] n (Ind) atelier m d'outillage

toolshed ['tuːlʃed] n cabane f à outils

toot [tuːt] **1** n [of car horn] coup m de klaxon ® ; [of whistle] coup m de sifflet ; [of trumpet, flute] note f (brève)
2 vi [car horn] klaxonner ; (on whistle) donner un coup de sifflet ; (on trumpet, flute) jouer une note
3 vt (Aut) ◆ **to toot the horn** klaxonner

tooth [tuːθ] **1** n, pl **teeth** [of person, animal, comb, saw etc] dent f ◆ **front tooth** dent f de devant ◆ **back tooth** molaire f ◆ **to have a tooth out** or (esp US) **pulled** se faire arracher une dent ◆ **selling a car these days is like pulling teeth** (US) c'est pratiquement impossible de vendre une voiture en ce moment ◆ **to have a tooth capped** se faire poser une couronne ◆ **to cut a tooth** [child] percer une dent ◆ **he is cutting teeth** il fait ses dents ◆ **to cut one's teeth on sth** (fig) se faire les dents sur qch ◆ **to mutter sth between one's teeth** or **between clenched teeth** grommeler qch entre ses dents ◆ **to set** or **grit one's teeth** serrer les dents ◆ **to bare** or **show one's teeth** (lit, fig) montrer les dents ◆ **in the teeth of the wind** contre le vent ◆ **in the teeth of the opposition** en dépit de or malgré l'opposition ◆ **tooth and nail** avec acharnement, farouchement ◆ **to get one's teeth into sth** (fig) se mettre à fond à qch, se mettre à faire qch pour de bon ◆ **there's nothing you can get your teeth into** food etc ce n'est pas très substantiel ; (fig) il n'y a là rien de substantiel or solide ◆ **the legislation has no teeth** la législation est impuissante ◆ **to give a law teeth** renforcer le pouvoir d'une loi ◆ **to cast** or **throw sth in sb's teeth** jeter qch à la tête de qn, reprocher qch à qn ◆ **to be fed up** or **sick to the (back) teeth of sth*** en avoir marre* or ras le bol* de qch ; → **chatter, edge, long¹**
2 COMP ▷ **tooth decay** n (NonC) carie f dentaire ▷ **the Tooth Fairy** n ≃ la petite souris ▷ **tooth mug** n verre m à dents ▷ **tooth powder** n poudre f dentifrice

toothache ['tuːθeɪk] n mal m or rage f de dents ◆ **to have toothache** avoir mal aux dents

toothbrush ['tuːθbrʌʃ] **1** n brosse f à dents
2 COMP ▷ **toothbrush moustache** n moustache f en brosse

toothcomb ['tuːθkəʊm] n (also **fine toothcomb**) → **fine²**

toothed [tuːθt] adj wheel, leaf denté

-toothed [tuːθt] adj (in compounds) ◆ **big-toothed** aux grandes dents

toothily ['tuːθɪlɪ] adv smile, grin de toutes ses dents

toothless ['tuːθlɪs] adj a (= without teeth) person, smile, grin édenté ; mouth, gums sans dents
b (fig = powerless) organization sans pouvoir, sans influence ; law, agreement, treaty qui n'a pas de poids ◆ **a toothless tiger** un tigre de papier

toothpaste ['tuːθpeɪst] n (pâte f) dentifrice m

toothpick ['tuːθpɪk] n cure-dent m

toothsome ['tuːθsəm] adj savoureux, succulent

toothwort ['tuːθwɜːt] n dentaire f

toothy ['tuːθɪ] **1** adj person à grandes dents ◆ **to be toothy** avoir de grandes dents ◆ **he flashed me a toothy grin** or **smile** il m'a gratifié d'un sourire tout en dents
2 COMP ▷ **toothy-peg*** n (= baby talk) quenotte* f

tootle ['tuːtl] **1** n [of trumpet, flute, car-horn] notes fpl (brèves) ; (= tune) petit air m
2 vi a (= toot: Aut) klaxonner, corner ; (Mus) jouer un petit air
b (Aut) **to tootle along/past** etc* rouler/passer etc gaiement or sans s'en faire*
3 vt [+ trumpet, flute etc] jouer un peu de

toots* ['tʊts] n ma belle*

tootsie‡, **tootsy*** ['tʊtsɪ] n a (= toe) doigt m de pied ; (= foot) peton* m, pied m
b (= girl) jolie nana‡ f ◆ **hi tootsie!** salut ma belle ! *

top¹ [tɒp]

→ SYN

1 NOUN	4 ADJECTIVE
2 PLURAL NOUN	5 TRANSITIVE VERB
3 ADVERB	6 COMPOUNDS
	7 PHRASAL VERBS

1 NOUN

a = highest point [of mountain] sommet m, cime f ; [of tree] faîte m, cime f ; [of hill, head] sommet m, haut m ; [of ladder, stairs, page, wall, cupboard] haut m ; [of wave] crête f ; [of box, container] dessus m ; [of list, table, classification] tête f ; (= surface) surface f ◆ **it's near the top of the pile** c'est vers le haut de la pile ◆ **to come** or **rise** or **float to the top** remonter à la surface, surnager ◆ **the top of the milk** la crème du lait ◆ **six lines from the top of page seven** sixième ligne à partir du haut de la page sept ◆ **from top to toe, from the top of his head to the tip of his toes** (fig) de la tête aux pieds ◆ **he's talking off the top of his head*** il dit n'importe quoi ◆ **I'm saying that off the top of my head*** je dis ça sans savoir exactement ◆ **the top of the morning to you!** (Ir) je vous souhaite bien le bonjour! ◆ **in top** (Brit Aut) ⇒ **in top gear** ; → **6** ◆ **to get to** or **reach the top, to make it to the top** (indicating status) (gen) réussir, aller loin ; (in hierarchy etc) arriver en haut de l'échelle ◆ **it's top of the pops this week** c'est en tête du hit-parade or numéro un au hit-parade cette semaine ◆ **the men at the top** les dirigeants mpl, les responsables mpl, ceux qui sont au pouvoir ◆ **the men at the top don't care about it** en haut lieu ils ne s'en soucient guère

◆ **at the top of** [+ hill, mountain] au sommet de ; [+ stairs, ladder, building, page] en haut de ; [+ list, division, league] en tête de ; [+ street etc] en haut de, au bout de ; [+ garden] au fond de ; [+ profession, career] au faîte de ◆ **he was sitting at the top of the table** il était assis en tête de la table or à la place d'honneur ◆ **it's at the top of the pile** c'est en haut or au sommet de la pile ◆ **at the top of the pile*** or **heap*** (fig) en haut de l'échelle ◆ **to be at the top of the class** (Scol) être premier de la classe

◆ **on (the) top (of)** ◆ **on top of it** ◆ **on (the) top dessus** ◆ **it's the one on (the) top** c'est celui du dessus ◆ **take the plate on the top** prends l'assiette du dessus ◆ **he came out on top** (fig) il a eu le dessus ◆ **there was a thick layer of cream on top of the cake** il y avait une épaisse couche de crème sur le gâteau ◆ **to live on top of each other** vivre les uns sur les autres ◆ **in such a small flat the children are always on top of us** dans un appartement si petit, les enfants sont toujours dans nos jambes ◆ **to be on top of the world** être aux anges ◆ **to be on top of one's form** être au sommet de sa forme ◆ **he's on top of things now*** il s'en sort très bien or il domine bien la situation maintenant ; (after breakdown, bereavement) il a repris le dessus maintenant ◆ **things are getting on top of her*** elle est dépassée par les événements, elle ne sait plus où donner de la tête ◆ **the lorry was right on top of the car in front** le camion touchait presque la voiture de devant ◆ **by the time I saw the car, it was practically on top of me** quand j'ai vu la voiture elle était pratiquement sur moi ◆ **he's bought another car on top of the one he's got already** il a acheté une autre voiture en plus de celle qu'il a déjà ◆ **then on top of all that he refused to help us** et puis par-dessus le marché il a refusé de nous aider

◆ **from top to bottom** redecorate complètement, du sol au plafond ; clean de fond en comble ; cover entièrement ; divide, split [+ political party] profondément ; search a person de la tête aux pieds ; search a house de fond en comble ◆ **the system is rotten from top to bottom** le système tout entier est pourri

◆ **over the top** ◆ **to go over the top** (Mil) monter à l'assaut ◆ **to be over the top*** (esp Brit : indicating exaggeration) [film, book] dépasser la mesure ; [person] en faire trop*, exagérer ; [act, opinion] être excessif

b = upper part, section [of car etc] toit m ; [of bus] étage m supérieur, impériale f ; [of turnip, carrot, radish] fanes fpl ◆ **"top"** (on box etc) "haut" ◆ **seats on top** (on bus) places fpl à l'étage supérieur ◆ **we saw London from the top of a bus** nous avons vu Londres du haut d'un bus ◆ **let's go up on top** (in bus) allons en haut ; (in ship) allons sur le pont ◆ **the table top is made of oak** le plateau de la table est en chêne ◆ **the top of the table is scratched** le dessus de la table est rayé ◆ **he hasn't got much up top*** (= he is bald) il a le crâne déplumé* ◆ **she hasn't got much up top*** (= she is stupid) ce n'est pas une lumière* ; (= she is flat-chested) elle est plate comme une limande* or une planche à repasser

c of garment, pyjamas, bikini haut m ◆ **I want a top to go with this skirt** je voudrais un haut qui aille avec cette jupe

d = cap, lid [of box] couvercle m ; [of bottle, tube] bouchon m ; [of pen] capuchon m

2 tops* PLURAL NOUN

◆ **he's (the) tops** il est champion*

3 tops* ADVERB

= max à tout casser*

4 ADJECTIVE

a = highest shelf, drawer du haut ; floor, storey dernier ◆ **the top coat** [of paint] la dernière couche ◆ **the top corridor of the main building** le corridor du haut dans le bâtiment principal ◆ **at the top end of the scale** en haut de l'échelle ◆ **a car at the top end of the range** une voiture haut de gamme ◆ **the top layer of skin** la couche supérieure de la peau ◆ **the top note** (Mus) la note la plus haute ◆ **the top step** la dernière marche (en haut)

b in rank etc **top management** cadres mpl supérieurs ◆ **the top men in the party** les dirigeants mpl du parti ◆ **in the top class** (Scol) (secondary school) ≃ en terminale ; (primary) ≃ en cours moyen deuxième année ; (= top stream) dans le premier groupe

c = best, leading **he was the top student in English** (= the best) c'était le meilleur étudiant en anglais ◆ **he was a top student in English** (= one of the best) c'était l'un des meilleurs étudiants en anglais ◆ **top executives** (= leading) cadres mpl supérieurs ◆ **he was Italy's top scorer in the World Cup** c'était le meilleur buteur de l'équipe d'Italie pendant la coupe du monde ◆ **one of the top pianists** un des plus grands pianistes ◆ **a top job, one of the top jobs** un des postes les plus prestigieux ◆ **he was** or **came top in maths** (Scol) il a été premier en maths ◆ **the top mark** (Scol) la meilleure note ◆ **top marks for efficiency** (fig) vingt sur vingt pour l'efficacité

d = farthest **the top end of the garden** le fond du jardin ◆ **the top end of the field** l'autre bout m du champ ◆ **the top right-hand corner** le coin en haut à droite

e = maximum **the vehicle's top speed** la vitesse maximale du véhicule ◆ **at top speed** à toute vitesse ◆ **a matter of top priority** une question absolument prioritaire ◆ **top prices** prix mpl élevés ◆ **we pay top price(s) for old clocks** nous offrons les meilleurs prix pour les vieilles horloges

5 TRANSITIVE VERB

a = remove top from [+ tree] étêter, écimer ; [+ plant] écimer ; [+ radish, carrot etc] couper or enlever les fanes de ◆ **to top and tail beans** (Brit) ébouter les haricots

b ‡ = behead [+ person] couper le cou à *

c ‡ = kill [+ person] buter‡ ◆ **to top o.s.** se flinguer‡

d = form top of surmonter ◆ **topped by a dome** surmonté d'un dôme

e = exceed dépasser ◆ **we have topped last year's sales figures** nous avons dépassé les chiffres des ventes de l'année dernière ◆ **the fish topped 10kg** le poisson pesait or faisait plus de 10 kg ◆ **to top sb in height** dépasser qn en hauteur ◆ **the event that topped it was ...** l'événement qui a éclipsé cela était ... ◆ **amazing! I'm sure nobody can top that** incroyable ! je suis sûr que personne ne peut faire mieux ◆ **and to top it**

all ... et pour couronner le tout ... ◆ **that tops the lot!** * c'est le bouquet ! *
f ⸨= pass top of⸩ [+ hill] franchir le sommet de ; [+ ridge] franchir
g ⸨= be at top of⸩ [+ pile] être au sommet de ; [+ list] être en tête de or à la tête de ◆ **to top the bill** (Theat) être en tête d'affiche, tenir la vedette

6 COMPOUNDS

▷ **top banana** * n (US) (gen) gros bonnet * m, grosse légume * f ; (Theat) comique m principal ▷ **top boots** npl bottes fpl à revers ▷ **top brass** * n (fig) huiles * fpl ▷ **top-class** adj de première classe ▷ **top copy** n original m ▷ **top dog** * n (esp US) **he's top dog around here** c'est lui qui commande ici ou qui fait la pluie et le beau temps ici ▷ **top dollar** * n (esp US) **to pay top dollar for sth** payer qch au prix fort ▷ **top-down** adj approach, management directif ▷ **top drawer** n **he's out of the top drawer** il fait partie du gratin ▷ **top-drawer** * adj (socially) de la haute *, de haute volée ; (in quality, achievement) de tout premier rang ▷ **top-dress** vt (Agr) fertiliser ▷ **top dressing** n fumure f en surface ▷ **top gear** n (Brit Aut) **in top gear** (four-speed box) en quatrième ; (five-speed box) en cinquième ▷ **top hand** * n (US) collaborateur m de premier plan ▷ **top hat** n (chapeau m) haut-de-forme m ▷ **top-hatted** adj en (chapeau) haut-de-forme ▷ **top-heavy** adj structure etc trop lourd du haut, déséquilibré ; (fig) business, administration où l'encadrement est trop lourd ▷ **top-hole** † * adj (Brit) épatant † *, bath † * ▷ **top-level** adj meeting, talks, discussion au plus haut niveau ; decision pris au plus haut niveau or au sommet ▷ **top-liner** * n (Brit Theat) (artiste m en) tête f d'affiche ▷ **top-loader, top-loading washing machine** n lave-linge m à chargement par le haut ▷ **top-of-the-line, top-of-the-range** adj haut de gamme inv ▷ **top-ranked** adj player, team du plus haut niveau ▷ **top-ranking** adj (très) haut placé ▷ **top-secret** adj ultrasecret (-ète f), top secret (-ète f) ▷ **top-security wing** n [of prison] quartier m de haute sécurité ▷ **top-shelf** adj (Brit) magazine, material de charme ▷ **top-shell** n troche f ▷ **the top ten** npl (Mus) les dix premiers mpl du Top ▷ **the top thirty** npl le Top 30 ▷ **top-up** n (Brit) **can I give you a top-up?** je vous en ressers ? ◆ **the battery/oil needs a top-up** (Aut) il faut remettre de l'eau dans la batterie/remettre de l'huile ◇ adj **top-up loan** prêt m complémentaire

7 PHRASAL VERBS

▶ **top off** 1 vi (= reach peak) [sales, production etc] atteindre son (or leur) niveau le plus élevé
2 vt sep terminer, compléter ◆ **we topped off the meal with a glass of cognac** nous avons terminé le repas par un verre de cognac

▶ **top out** vi (Constr) terminer le gros œuvre ; (Comm) [rate, price, cost] plafonner, atteindre son niveau le plus élevé

▶ **top up** (Brit) 1 vi [driver etc] ◆ **to top up with oil** remettre or rajouter de l'huile
2 vt sep [+ cup, glass] remplir (à nouveau) ; [+ car battery] remettre de l'eau dans ◆ **I've topped up the petrol in your tank** j'ai rajouté or remis de l'essence dans votre réservoir ◆ **I've topped up your coffee** je vous ai remis du café ◆ **her parents top up her grant** ses parents lui donnent de l'argent en complément de sa bourse ◆ **can I top you up?** * je vous en remets ?

▲▼▲▼▲▼▲▼▲▼▲▼▲▼▲▼▲▼▲▼▲▼▲▼

top² [tɒp] n (= toy) toupie f ; → **sleep, spinning**

topaz ['təʊpæz] n topaze f

topcoat ['tɒpkəʊt] n **a** [of paint] dernière couche f
b (Dress) pardessus m, manteau m

tope¹ † ['təʊp] vi (= drink) picoler *

tope² [təʊp] n (= fish) hâ m, milandre m, chien m de mer

topee ['təʊpiː] n casque m colonial

toper † ['təʊpəʳ] n grand buveur m

topflight * [tɒp'flaɪt] adj de premier ordre, excellent

tophus ['təʊfəs] n, pl **tophi** ['təʊfaɪ] (Med) tophus m

topiarist ['təʊpɪərɪst] n personne pratiquant l'art topiaire

topiary ['təʊpɪərɪ] 1 n (NonC) art m topiaire, topiaire f
2 ▷ **topiary garden** n jardin m d'arbres taillés architecturalement

topic ['tɒpɪk] → SYN 1 n [of essay, speech] sujet m ; (for discussion) sujet m de discussion, thème m ; (esp Brit Scol = project) dossier m ; (Ling) thème m
2 COMP ▷ **topic sentence** n (US Gram) phrase f d'introduction

topical ['tɒpɪkəl] → SYN adj issue, theme d'actualité ; humour, joke axé sur l'actualité ◆ **a topical reference** une allusion à l'actualité

topicality [ˌtɒpɪ'kælɪtɪ] n (NonC) actualité f

topknot ['tɒpnɒt] n [of hair] toupet m, houppe f ; [of ribbons etc] coque f ; [of bird's feathers] aigrette f ; (= fish) targeur m

topless ['tɒplɪs] 1 adj woman, dancer, model aux seins nus ; beach où l'on peut avoir les seins nus ; sunbathing, dancing seins nus ◆ **photographs showing her topless** des photographies la montrant seins nus
2 adv sunbathe, pose, dance (les) seins nus ◆ **to go topless** se mettre seins nus, faire du topless *
3 COMP ▷ **topless bar** n bar m topless * ▷ **topless swimsuit** n monokini m

topmast ['tɒpmɑːst] n (Naut) mât m de hune

topmost ['tɒpməʊst] → SYN adj le plus haut

topnotch * [tɒp'nɒtʃ] adj ⇒ **topflight**

topographer [tə'pɒgrəfəʳ] n topographe mf

topographic(al) [ˌtɒpə'græfɪk(l)] adj topographique

topography [tə'pɒgrəfɪ] n topographie f

topologic(al) [ˌtɒpə'lɒdʒɪk(əl)] adj topologique

topological [ˌtɒpə'lɒdʒɪkəl] adj topologique

topology [tə'pɒlədʒɪ] n topologie f

topometry [tə'pɒmətrɪ] n topométrie f

toponym ['tɒpənɪm] n toponyme m

toponymic [ˌtɒpə'nɪmɪk] adj toponymique

toponymy [tə'pɒnɪmɪ] n toponymie f

topper * ['tɒpəʳ] n **a** (= hat) (chapeau m) haut-de-forme m
b (US) **the topper was that ...** le comble or le plus fort, c'est que ...

topping ['tɒpɪŋ] 1 adj (Brit † *) du tonnerre † *
2 n (for pizza) garniture f ◆ **chocolate/orange topping** (NonC) crème f au chocolat/à l'orange (dont on nappe un dessert) ◆ **dessert with a topping of whipped cream** dessert m nappé de crème fouettée

topple ['tɒpl] → SYN 1 vi (= lose balance) [person] basculer, perdre l'équilibre ; [pile] basculer ; (= fall: also **topple over, topple down**) [person] tomber ; [pile etc] s'effondrer, se renverser ; [empire, dictator, government] tomber ◆ **to topple over a cliff** tomber du haut d'une falaise
2 vt sep [+ object] faire tomber, renverser ; [+ government, ruler] renverser, faire tomber

TOPS [tɒps] n (Brit) (abbrev of **Training Opportunities Scheme**) programme de recyclage professionnel

topsail ['tɒpseɪl] n (Naut) hunier m

topscore ['tɒpskɔːʳ] vi (Cricket) marquer le plus de points

topside ['tɒpsaɪd] 1 n (Brit Culin) gîte m (à la noix) ; (Naut) accastillage m
2 adj (US *) official etc haut placé, de haut niveau
3 adv ◆ **to go topside** monter sur le pont supérieur

topsider * ['tɒpsaɪdəʳ] n (US) huile * f, personnage m haut placé

topsoil ['tɒpsɔɪl] n (Agr) couche f arable

topspin ['tɒpspɪn] n (Tennis) lift m

topstitch ['tɒpstɪtʃ] 1 n surpiqûre f
2 vt surpiquer

topsy-turvy ['tɒpsɪ'tɜːvɪ] → SYN adj, adv sens dessus dessous, à l'envers ◆ **to turn everything topsy-turvy** tout mettre sens dessus dessous, tout bouleverser or chambouler * ◆ **everything is topsy-turvy** tout est sens dessus dessous ; (fig) c'est le monde à l'envers or renversé

toque [təʊk] n toque f

tor [tɔːʳ] n butte f (rocheuse)

Torah ['tɔːrə] n Torah f, Thora f

torc [tɔːk] n (Archeol) torque m

torch [tɔːtʃ] 1 n (flaming) torche f, flambeau m (also fig) ; (Brit: electric) lampe f de poche, lampe f or torche f électrique ◆ **the house went up like a torch** la maison s'est mise à flamber comme du bois sec ◆ **to carry the torch of or for democracy/progress** porter le flambeau de la démocratie/du progrès ◆ **to hand on the torch** passer or transmettre le flambeau ◆ **he still carries a torch for her** * il en pince toujours pour elle * ; → **Olympic**
2 vt ◆ **to torch sth** mettre le feu à qch
3 COMP ▷ **torch singer** n (US) chanteur m, -euse f réaliste ▷ **torch song** n chanson f d'amour mélancolique

torchbearer ['tɔːtʃbɛərəʳ] n porteur m, -euse f de flambeau or de torche

torchlight ['tɔːtʃlaɪt] n ◆ **by torchlight** à la lueur des flambeaux (or d'une lampe de poche) ◆ **torchlight procession** retraite f aux flambeaux

tore [tɔːʳ] vb (pt of **tear¹**)

toreador ['tɒrɪədɔːʳ] n toréador m

torero [tə'rɛərəʊ] n torero m

torii ['tɔːriː] n, pl inv torii m inv

torment ['tɔːment] → SYN 1 n tourment m (liter), supplice m ◆ **to be in torment** être au supplice ◆ **the torments of jealousy** les affres fpl de la jalousie ◆ **to suffer torments** souffrir le martyre
2 [tɔː'ment] vt [+ person] tourmenter ; [+ animal] martyriser ◆ **to torment o.s.** (fig) se tourmenter, se torturer ◆ **tormented by jealousy** torturé or rongé par la jalousie

tormentil ['tɔːməntɪl] n (Bot) tormentille f

tormentor [tɔː'mentəʳ] n persécuteur m, -trice f ; (stronger) bourreau m

torn [tɔːn] → SYN vb (ptp of **tear¹**)

tornado [tɔː'neɪdəʊ] → SYN n, pl **tornados** or **tornadoes** tornade f

Toronto [tə'rɒntəʊ] n Toronto

torpedo [tɔː'piːdəʊ] 1 n, pl **torpedoes** (= weapon, fish) torpille f
2 vt (lit, fig) torpiller
3 COMP ▷ **torpedo attack** n **to make a torpedo attack** attaquer à la torpille ▷ **torpedo boat** n torpilleur m, vedette f lance-torpilles ▷ **torpedo tube** n (tube m) lance-torpilles inv

torpid ['tɔːpɪd] adj person apathique, torpide (liter) ; film très lent ; book au développement très lent ; (Zool) animal dans un état de torpeur ◆ **he has a rather torpid intellect** intellectuellement, il n'est pas très vif

torpidity [tɔː'pɪdɪtɪ], **torpor** ['tɔːpəʳ] n torpeur f, engourdissement m

torque [tɔːk] 1 n (Phys) force f de torsion ; (Mechanics) couple m ; (Hist = collar) torque m
2 COMP ▷ **torque converter** n (Aut) convertisseur m de couple ▷ **torque spanner**, **torque wrench** n clef f dynamométrique

torr [tɔːʳ] n, pl inv (Phys) torr m

torrefaction [ˌtɒrɪ'fækʃən] n torréfaction f

torrefy ['tɒrɪfaɪ] vt torréfier

torrent ['tɒrənt] → SYN n (lit, fig) torrent m ◆ **the rain was coming down in torrents** il pleuvait à torrents

torrential [tɒ'renʃəl] adj torrentiel

Torricellian tube [ˌtɒrɪ'seljən] n tube m de Torricelli

torrid ['tɒrɪd] 1 adj **a** (= hot) climate, heat, sun torride
b (= passionate) love affair, romance torride, passionné ; passion torride, ardent ◆ **torrid love scenes** des scènes érotiques torrides
2 COMP ▷ **the Torrid Zone** n (Geog) la zone intertropicale

torsi ['tɔ:sɪ] npl of **torso**

torsion ['tɔ:ʃən] ① n torsion f
② COMP ▷ **torsion balance** n balance f de torsion ▷ **torsion bar** n barre f de torsion

torso ['tɔ:səʊ] n, pl **torsos** or (**rare**) **torsi** (Anat) torse m; (Sculp) buste m

tort [tɔ:t] ① n (Jur) acte m délictuel or quasi délictuel
② COMP ▷ **torts lawyer** n (US Jur) avocat spécialisé en droit civil

torticollis [ˌtɔ:tɪ'kɒlɪs] n torticolis m

tortie* ['tɔ:tɪ] adj (= colour) écaille inv

tortilla [tɔ:'ti:ə] ① n tortilla f
② COMP ▷ **tortilla chip** n chip de maïs épicée

tortoise ['tɔ:təs] n tortue f

tortoiseshell ['tɔ:təsʃel] ① n écaille f (de tortue)
② COMP ornament, comb en or d'écaille; spectacles à monture d'écaille ▷ **tortoiseshell butterfly** n papillon m grande tortue ▷ **tortoiseshell cat** n chat m écaille et blanc

tortuosity [ˌtɔ:tjʊ'ɒsɪtɪ] n tortuosité f

tortuous ['tɔ:tjʊəs] → SYN adj road, process, negotiations, history, methods, argument tortueux; language, essay, logic contourné, alambiqué; style, sentence tarabiscoté

torture ['tɔ:tʃəʳ] → SYN ① n torture f, supplice m ◆ **to put sb to (the) torture** torturer qn, faire subir des tortures à qn ◆ **it was sheer torture!** (fig) c'était un vrai supplice!
② vt (lit) torturer; (fig) torturer, mettre à la torture or au supplice; [+ senses etc] mettre au supplice; [+ language] écorcher; [+ meaning] dénaturer; [+ tune] massacrer ◆ **to torture o.s.** (fig) se torturer ◆ **tortured by doubt** torturé or tenaillé par le doute
③ COMP ▷ **torture chamber** n chambre f de torture

torturer ['tɔ:tʃərəʳ] n tortionnaire m, bourreau m

torturous ['tɔ:tʃərəs] adj atroce, abominable

torus ['tɔ:rəs] n tore m

Tory ['tɔ:rɪ] (Pol) ① n tory m, conservateur m, -trice f
② adj party, person, policy tory inv, conservateur (-trice f)

Toryism ['tɔ:rɪɪzəm] n (Pol) torysme m

tosa ['təʊsə] n (= dog) tosa m, chien m de combat japonais

tosh* [tɒʃ] n (Brit: NonC) bêtises fpl, blagues fpl ◆ **tosh!** allons (donc)!

toss [tɒs] → SYN ① n a (= throw) lancement m; (by bull) coup m de cornes ◆ **to take a toss** (from horse) faire une chute, être désarçonné ◆ **with a toss of his head** d'un mouvement brusque de la tête ◆ **I don't give a toss*** (Brit) je m'en contrefous*, j'en ai rien à branler**(about de)
b [of coin] coup m de pile ou face; (Sport: at start of match) tirage m au sort ◆ **they decided it by the toss of a coin** ils l'ont décidé à pile ou face ◆ **to win/lose the toss** (gen) gagner/perdre à pile ou face; (Sport) gagner/perdre au tirage au sort; → **argue**
② vt [+ ball, object] lancer, jeter (**to** à); (Brit) [+ pancake] faire sauter; [+ salad] retourner, remuer; [+ head, mane] rejeter en arrière; [bull] projeter en l'air; [horse] désarçonner, démonter ◆ **to toss sb in a blanket** faire sauter qn dans une couverture ◆ **toss in butter** (Culin) ajoutez un morceau de beurre et remuez ◆ **they tossed a coin to decide who should stay** ils ont joué à pile ou face pour décider qui resterait ◆ **I'll toss you for it** on le joue à pile ou face ◆ **the sea tossed the boat against the rocks** la mer a projeté ou envoyé le bateau sur les rochers ◆ **the boat was tossed by the waves** le bateau était agité or ballotté par les vagues; → **caber**
③ vi a (also **toss about**, **toss around**) [person] s'agiter; [plumes, trees] se balancer; [boat] tanguer ◆ **he was tossing (about or around) in his sleep** il s'agitait dans son sommeil, son sommeil était agité ◆ **he was tossing and turning all night** il n'a pas arrêté de se tourner et se retourner toute la nuit
b (also **toss up**) jouer à pile ou face ◆ **let's toss (up) for it** on le joue à pile ou face ◆ **they tossed (up) to see who would stay** ils ont joué à pile ou face pour savoir qui resterait
④ COMP ▷ **toss-up** n [of coin] coup m de pile ou face ◆ **it was a toss-up between the theatre and the cinema** le théâtre ou le cinéma, ça nous (or leur etc) était égal or c'était kif-kif* ◆ **it's a toss-up whether I go or stay** que je parte ou que je reste (subj), c'est un peu à pile ou face

▶ **toss about**, **toss around** ① vi → **toss 3a**
② vt sep [+ boat etc] ballotter, faire tanguer; [+ plumes, branches] agiter

▶ **toss aside** vt sep [+ object] jeter de côté; (fig) [+ person, helper] repousser; [+ suggestion, offer] rejeter, repousser; [+ scheme] rejeter

▶ **toss away** vt sep jeter

▶ **toss back** vt sep [+ ball, object] renvoyer; [+ hair, mane] rejeter en arrière ◆ **they were tossing ideas back and forth** ils échangeaient toutes sortes d'idées

▶ **toss off** ① vi (**= masturbate**) se branler**
② vt sep a [+ drink] lamper, avaler d'un coup; [+ essay, letter, poem] écrire au pied levé, torcher (pej)
b (**= masturbate**) branler**, faire une branlette à** ◆ **to toss o.s. off** se branler**

▶ **toss out** vt sep [+ rubbish] jeter; [+ person] mettre à la porte, jeter dehors

▶ **toss over** vt sep lancer ◆ **toss it over!** envoie!, lance!

▶ **toss up** ① vi → **toss 3b**
② vt sep [+ object] lancer, jeter (**into the air** en l'air)
③ **toss-up** n → **toss**

tosser** ['tɒsəʳ] n (Brit) branleur** m

tosspot ['tɒspɒt] n a ** ⇒ **tosser**
b (†† * = drunkard) riboteur ††** m, -euse ††** f

tot¹ [tɒt] → SYN n a (= child: also **tiny tot**) tout(e) petit(e) m(f), bambin m
b (esp Brit = drink) **a tot of whisky** un petit verre de whisky ◆ **just a tot** juste une goutte or une larme

tot²* [tɒt] → SYN (esp Brit) ① vt (also **tot up**) additionner, faire le total de
② vi ◆ **it tots up to £25** ça fait 25 livres en tout, ça se monte or ça s'élève à 25 livres ◆ **I'm just totting up** je fais le total

total ['təʊtl] → SYN ① adj amount, number, war, ban, eclipse, silence total; lack total, complet (-ète f); failure complet (-ète f); effect, policy global ◆ **a total cost of over $3,000** un coût total de plus de 3 000 dollars ◆ **a total population of 650,000** une population totale de 650 000 habitants ◆ **the total losses/sales/debts** le total des pertes/ventes/dettes ◆ **it was a total loss** on a tout perdu ◆ **her commitment to the job was total** elle s'investissait complètement dans son travail ◆ **to get on in business you need total commitment** pour réussir en affaires, il faut s'engager à fond ◆ **to be in total ignorance of sth** être dans l'ignorance la plus complète de qch, ignorer complètement qch ◆ **they were in total disagreement** ils étaient en désaccord total ◆ **a total stranger** un parfait inconnu ◆ **total abstinence** abstinence f totale
② n a (montant m) total m ◆ **it comes to a total of £30**, **the total comes to £30** le total s'élève à 30 livres, cela fait 30 livres au total; → **grand**, **sum**
b **in total** au total
③ vt a (= add: also **total up**) [+ figures, expenses] totaliser, faire le total
b (= amount to) s'élever à ◆ **that totals £50** cela fait 50 livres (en tout), cela s'élève à 50 livres ◆ **the class totalled 40** il y avait 40 élèves en tout dans la classe
c (esp US * = wreck) [+ car] bousiller*, démolir
④ COMP ▷ **total allergy syndrome** n allergie f généralisée ▷ **total heat** n enthalpie f ▷ **total recall** n (Psych) remémoration f totale ◆ **to have total recall** se souvenir de tout ◆ **to have total recall of sth** se souvenir clairement de qch; → **abstainer**

totalitarian [ˌtəʊtælɪ'tɛərɪən] → SYN adj, n totalitaire mf

totalitarianism [ˌtəʊtælɪ'tɛərɪənɪzəm] n totalitarisme m

totality [təʊ'tælɪtɪ] n totalité f

totalizator ['təʊtəlaɪzeɪtəʳ] n a (= adding etc machine) (appareil m) totalisateur m, machine f totalisatrice
b (esp Brit Betting) pari m mutuel

totalize ['təʊtəlaɪz] vt totaliser, additionner

totalizer ['təʊtəlaɪzəʳ] n ⇒ **totalizator**

totally ['təʊtəlɪ] → SYN adv convinced, innocent, unacceptable, different, opposed, unheard of totalement; ignore totalement, complètement ◆ **to destroy sth totally** détruire qch totalement or complètement

tote¹ [təʊt] ① n abbrev of **totalizator** b
② vt (US) ◆ **to tote up** additionner
③ COMP ▷ **tote board** n (Racing) tableau m totalisateur

tote² [təʊt] ① vt (* = carry) [+ gun, object] porter ◆ **I toted it around all day** je l'ai trimballé* toute la journée
② COMP ▷ **tote bag** n (sac m) fourre-tout * m inv

totem ['təʊtəm] n totem m ◆ **totem pole** mât m totémique

totemic [təʊ'temɪk] adj totémique

totemism ['təʊtəmɪzəm] n totémisme m

totipotency [təʊ'tɪpətənsɪ] n totipotence f

totipotent [təʊ'tɪpətənt] adj totipotent

totter ['tɒtəʳ] → SYN vi [person] (from weakness) chanceler; (from tiredness, drunkenness) tituber; [object, column, chimney stack] chanceler, vaciller; (fig) [government] chanceler ◆ **to totter in/out** etc entrer/sortir etc en titubant or d'un pas chancelant

tottering ['tɒtərɪŋ], **tottery** ['tɒtərɪ] adj chancelant

totty* ['tɒtɪ] n (NonC: Brit) gonzesses* fpl ◆ **a nice piece of totty** une belle gonzesse*

toucan ['tu:kən] n toucan m

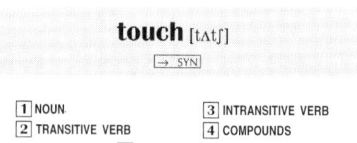

① NOUN   ③ INTRANSITIVE VERB
② TRANSITIVE VERB   ④ COMPOUNDS
⑤ PHRASAL VERBS

① NOUN

a **= sense of touch** toucher m ◆ **Braille is read by touch** le braille se lit au toucher ◆ **soft to the touch** doux au toucher ◆ **the cold touch of marble** la froideur du marbre

b **= act of touching** contact m, toucher m; [of instrumentalist, typist] toucher m; [of artist] touche f ◆ **the slightest touch might break it** le moindre contact pourrait le casser ◆ **I felt a touch on my arm** j'ai senti qu'on me touchait le bras ◆ **at the touch of her hand**, **he ...** au contact de sa main, il ... ◆ **with the touch of a finger** d'une simple pression du doigt ◆ **at the touch of a button** or **switch** en appuyant sur un bouton ◆ **she felt the touch of the wind on her cheek** elle sentait la caresse du vent sur sa joue ◆ **he altered it with a touch of the brush/pen** il l'a modifié d'un coup de pinceau/d'un trait de plume ◆ **to have a light touch** [pianist] avoir un toucher léger; [writer, actor] faire preuve de finesse ◆ **you've got the right touch with him** vous savez vous y prendre avec lui

c **fig = characteristic** **it has the touch of genius** cela porte le sceau du génie ◆ **he lacks the human** or **personal touch** il est trop impersonnel or froid, il manque de chaleur humaine ◆ **it's the human** or **personal touch that makes his speeches so successful** c'est la note personnelle qui fait que ses discours ont tant de succès ◆ **that's the Gordon touch** c'est typique de Gordon, c'est du Gordon tout craché*

d **= detail** détail m ◆ **small touches, such as flowers, can transform a room** de petits détails, par exemple des fleurs, peuvent transformer une pièce ◆ **to put the final** or **finishing touch(es) to sth**, **to give sth the final** or **finishing touch(es)** (lit, fig) mettre la dernière main à qch

e **= small amount** **it's a touch (too) expensive** c'est un petit peu (trop) cher, c'est un poil* trop cher

habitants d'une localité ▷ **town planner** n (Brit) urbaniste mf ▷ **town planning** n (Brit) urbanisme m

townee *, **townie** * [taʊ'niː] n (pej) pur citadin m ; (Univ) citadin m

townhall clock ['taʊnhɔːl] n (Bot) herbe f musquée

townscape ['taʊnskeɪp] n paysage m or panorama m urbain

townsfolk ['taʊnzfəʊk] n ⇒ townspeople

township ['taʊnʃɪp] n commune f, municipalité f ; (in South Africa) township m or f

townsman ['taʊnzmən] n, pl **-men** citadin m, habitant m de la ville (or des villes) ◆ **my fellow townsmen** mes concitoyens mpl

townspeople ['taʊnzpiːpl] npl citadins mpl, habitants mpl de la ville (or des villes)

townswoman ['taʊnzwʊmən] n, pl **-women** citadine f, habitante f de la ville (or des villes)

towpath ['təʊpɑːθ] n chemin m de halage

towrope ['təʊrəʊp] n câble m de remorquage

toxaemia, toxemia (US) [tɒk'siːmɪə] n toxémie f

toxic ['tɒksɪk] → SYN ① adj toxique (*to sb/sth* pour qn/qch) ② COMP ▷ **toxic shock syndrome** n syndrome m du choc toxique ▷ **toxic waste** n déchets mpl toxiques

toxicity [tɒk'sɪsɪtɪ] n toxicité f

toxicological [ˌtɒksɪkə'lɒdʒɪkəl] adj toxicologique

toxicologist [ˌtɒksɪ'kɒlədʒɪst] n toxicologue mf

toxicology [ˌtɒksɪ'kɒlədʒɪ] n toxicologie f

toxicosis [ˌtɒksɪ'kəʊsɪs] n, pl **toxicoses** [ˌtɒksɪ'kəʊsiːz] toxicose f

toxin ['tɒksɪn] n toxine f

toxocariasis [ˌtɒksəkə'raɪəsɪs] n toxocarose f

toxophily [tɒk'sɒfɪlɪ] n (frm) archerie f

toxoplasma [ˌtɒksəʊ'plæzmə] n toxoplasme m

toxoplasmosis [ˌtɒksəʊplæz'məʊsɪs] n toxoplasmose f

toy [tɔɪ] → SYN ① n jouet m ② vi ◆ **to toy with** [+ object, pen, sb's affections] jouer avec ; [+ idea, scheme] caresser ◆ **to toy with one's food** manger du bout des dents, chipoter, picorer ③ COMP house, truck, stove, railway miniature ; trumpet d'enfant ▷ **toy boy** * n (Brit fig) gigolo * m ▷ **toy car** n petite voiture f ▷ **toy dog** n (fig) petit chien m d'appartement ▷ **toy maker** n fabricant m de jouets ▷ **toy poodle** n caniche m nain ▷ **toy soldier** n petit soldat m ▷ **toy train** n petit train m ; (electric) train m électrique

toybox ['tɔɪbɒks], **toychest** ['tɔɪtʃest] n coffre m à jouets

toyshop ['tɔɪʃɒp] n magasin m de jouets

toytown ['tɔɪtaʊn] adj (esp Brit pej) politics, revolutionary etc de pacotille ◆ **toytown money** monnaie f de singe

tpi [tiːpiː'aɪ] n (Comput) (abbrev of **tracks per inch**) pistes fpl par pouce

trace¹ [treɪs] → SYN ① n ⓐ (gen) trace f ◆ **there were traces of the cave having been lived in** il y avait des traces d'habitation dans la grotte ◆ **the police could find no trace of the thief** la police n'a trouvé aucune trace du voleur ◆ **traces of an ancient civilization** trace or les vestiges mpl d'une ancienne civilisation ◆ **there is no trace of it now** il n'en reste plus trace maintenant ◆ **we have lost all trace of them** nous avons complètement perdu leur trace ◆ **traces of arsenic in the stomach** traces d'arsenic dans l'estomac ◆ **to vanish/sink without (a) trace** disparaître/sombrer sans laisser de traces ◆ **without a trace of ill-feeling** sans la moindre rancune ⓑ (US = trail) piste f ② vt ⓐ (= draw) [+ curve, line etc] tracer ; (with tracing paper etc) décalquer ⓑ (= follow trail of) suivre la trace de ; (and locate) [+ person] retrouver, dépister ; [+ object] retrouver ◆ **ask the police to help you trace him** demandez à la police de vous aider à le retrouver ◆ **they traced him as far as Paris but then lost him** ils ont pu suivre sa trace jusqu'à Paris mais l'ont perdu par la suite ◆ **I can't trace your file at all** je ne trouve pas (de) trace de votre dossier ◆ **I can't trace his having been in touch with us** je n'ai aucune indication or mention du fait qu'il nous ait contactés ③ COMP ▷ **trace element, trace mineral** n oligoélément m

▶ **trace back** ① vi (esp US) ◆ **this traces back to the loss of ...** ceci est imputable à la perte de ...

② vt sep ◆ **to trace back one's ancestry or descent** or **family to ...** faire remonter sa famille à ..., établir que sa famille remonte à ... ◆ **they traced the murder weapon back to a shop in Leeds** ils ont réussi à établir que l'arme du crime provenait d'un magasin de Leeds ◆ **we traced him back to Paris, then the trail ended** (en remontant la filière) nous avons retrouvé sa trace à Paris mais là, la piste s'est perdue ◆ **this may be traced back to the loss of ...** ceci peut être attribué à or est attribuable or imputable à la perte de ...

▶ **trace out** vt sep tracer

trace² [treɪs] n [of harness] trait m ; → **kick**

traceable ['treɪsəbl] adj ◆ **it is traceable** on peut le retrouver

tracer ['treɪsə^r] n (= person) traceur m, -euse f ; (= instrument) roulette f, traçoir m ; (Biochem) traceur m ; (also **tracer bullet**) balle f traçante ; (also **tracer shell**) obus m traçant

tracery ['treɪsərɪ] n (NonC: Archit) réseau m *(de fenêtre ajourée)* ; [of veins on leaves] nervures fpl ; [of frost on window etc] dentelles fpl

trachea [trə'kɪə] n, pl **tracheas** or **tracheae** [trə'kiːiː] trachée f

tracheitis [ˌtreɪkɪ'aɪtɪs] n (Med) trachéite f

tracheotomy [ˌtrækɪ'ɒtəmɪ] n trachéotomie f

trachoma [trə'kəʊmə] n trachome m

trachomatous [trə'kɒmətəs] adj trachomateux

tracing ['treɪsɪŋ] ① n (NonC) (= process) calquage m ; (= result) calque m
② COMP ▷ **tracing paper** n papier m inv calque, papier m à décalquer

track [træk] → SYN ① n ⓐ (= mark, trail, also Climbing) trace f, [of animal, person] trace f, piste f ; [of tyres, wheels] trace f ; [of boat] sillage m ; (= route) trajectoire f ◆ **a track of muddy footprints across the floor** des traces de pas boueuses sur le plancher ◆ **to cover (up)** or **hide one's tracks** (lit, fig) couvrir sa marche, brouiller les pistes ◆ **to change track** changer de cap ; → **inside, stop**
• **in + track(s)** ◆ **the hurricane destroyed everything in its track** l'ouragan a tout détruit sur son passage ◆ **to follow in sb's tracks** (lit) suivre qn à la trace ; (fig) suivre les traces de qn, marcher sur les traces de qn
• **off + track** ◆ **to be off the track** faire fausse route ◆ **you're way off the track!** vous êtes tout à fait à côté !, vous n'y êtes pas du tout ! ◆ **to put** or **throw sb off the track** désorienter qn
• **on + track(s)** ◆ **to be on sb's track(s)** être sur la piste de qn ◆ **he had the police on his track(s)** la police était sur sa piste ◆ **they got on to his track very quickly** ils ont très vite trouvé sa piste ◆ **to be on track** (fig) être sur la bonne voie ◆ **to get the economy back on track** remettre l'économie sur les rails ◆ **to be on the right track** être sur la bonne voie ◆ **to put sb on the right track** mettre qn dans la bonne voie ◆ **to be on the wrong track** faire fausse route
• **to keep track of** [+ spacecraft etc] suivre ; [+ events] suivre la marche or le fil de ; [+ developments, situation] suivre, rester au courant de ◆ **they kept track of him till they reached the wood** ils ont suivi sa trace jusqu'au bois ◆ **I kept track of her until she got married** je suis resté en contact avec elle or au courant de ce qu'elle faisait jusqu'à son mariage ◆ **keep track of the time** n'oubliez pas l'heure
• **to lose track of** [+ spacecraft etc] perdre ; [+ developments, situation] ne plus suivre, ne plus être au courant de ; [+ events] perdre le fil de ◆ **I've lost track of what he's doing** je ne suis plus au courant de ce qu'il fait ◆ **they lost track of him in the woods** ils ont perdu sa trace une fois arrivés au bois ◆ **I lost track of her after the war** j'ai perdu tout contact avec elle or je l'ai perdue de vue après la guerre ◆ **don't lose track of him** (lit) ne perdez pas sa trace ; (fig) ne le perdez pas de vue ◆ **I've lost track of those books** je ne sais plus or j'ai oublié où sont ces livres ◆ **to lose all track of time** perdre la notion du temps ◆ **I've lost track of what he is saying** j'ai perdu le fil de ce qu'il dit, je ne sais plus ce qu'il dit
• **to make tracks** * (= leave) se sauver * ◆ **we must be making tracks** * il faut qu'on se sauve * (subj) ◆ **he made tracks for the hotel** * il a filé à l'hôtel
ⓑ (= path) chemin m, sentier m ◆ **sheep track** piste f à moutons ◆ **mule track** chemin m or sentier m muletier ; → **beaten, cart, dirt**
ⓒ (Rail) voie f (ferrée), rails mpl ◆ **to leave the track(s)** quitter les rails, dérailler ◆ **to cross the track** traverser la voie ◆ **single-track line** ligne f à voie unique ◆ **to change tracks** changer de voie ◆ **to live on the wrong side of the tracks** (esp US) vivre dans les quartiers pauvres ; → **one**
ⓓ (Sport) piste f ◆ **motor-racing track** autodrome m ◆ **dog-racing track** cynodrome m ; → **racetrack**
ⓔ (NonC) athlétisme m
ⓕ [of electronic tape, CD, computer disk] piste f ; [of long-playing record] plage f ; (= piece of music) morceau m ◆ **four-track tape** bande f à quatre pistes ; → **soundtrack**
ⓖ (Aut) (= tyre tread) chape f ; (= space between wheels) écartement m ; (also **caterpillar track**) chenille f
ⓗ (US Scol) groupe m de niveau ◆ **divided into five tracks** répartis en cinq groupes de niveau ◆ **the top/middle/bottom track** la section forte/moyenne/faible
② **tracks** * npl (Drugs) marques fpl de piqûres
③ vt [+ animal, person, vehicle] suivre la trace de ; [+ hurricane, rocket, spacecraft, comet] suivre la trajectoire de ◆ **to track dirt over the floor** laisser des traces sales sur le plancher
④ vi [camera] faire un travelling
⑤ COMP ▷ **track and field athletes** npl athlètes mfpl ▷ **track and field athletics** n athlétisme m ▷ **track athletics** n (Sport) athlétisme m sur piste ▷ **track event** n (Sport) épreuve f sur piste ▷ **tracking device** n dispositif m de pistage ▷ **tracking shot** n (Cine) travelling m ▷ **tracking station** n (Space) station f d'observation (de satellites) ▷ **track lighting** n rampe f de spots ▷ **track maintenance** n (Rail) entretien m de la voie ▷ **track meet** n (US Sport) réunion f sportive sur piste ▷ **track race** n (Sport) course f sur piste ▷ **track racing** n (Sport) courses fpl sur piste ▷ **track record** n (fig) to have a good track record avoir fait ses preuves ◆ **to have a poor track record** avoir eu de mauvais résultats ▷ **track rod** n (Brit) barre f de connexion ▷ **track shoe** n chaussure f de course ▷ **track shot** n (Cine) travelling m ▷ **track system** n (US Scol) système m de répartition des élèves par niveaux

▶ **track down** vt sep [+ animal, wanted man] traquer et capturer ; [+ lost object, lost person, reference, quotation] (finir par) retrouver or localiser

trackball ['trækbɔːl] n (Comput) boule f roulante

tracked [trækt] adj vehicle à chenilles

tracker ['trækə^r] ① n (Hunting) traqueur m ; (gen) poursuivant(e) m(f)
② COMP ▷ **tracker dog** n chien m policier *(dressé pour retrouver les gens)*

tracklayer ['trækleɪə^r] n (US Rail) ⇒ trackman

trackless ['træklɪs] adj forest, desert sans chemins ; vehicle sans chenilles

trackman ['trækmən] n, pl **-men** (US Rail) responsable m de l'entretien des voies

trackpad ['trækpæd] n trackpad m

tracksuit ['træksuːt] n (Brit) survêtement m

trackwalker ['trækwɔːkə^r] n (US Rail) ⇒ trackman

tract¹ [trækt] → SYN ① n ⓐ [of land, water] étendue f ; [of coal etc] gisement m ; (US = housing estate) lotissement m ◆ **vast tracts of wilderness** de vastes zones fpl or étendues désertiques

b (Anat) **digestive tract** appareil m or système m digestif

2 COMP ▷ **tract house** n (US) pavillon m *(dans un lotissement)*

tract² [trækt] → SYN n (= pamphlet) tract m ; (Rel) traité m

tractable ['træktəbl] → SYN adj person accommodant, souple ; animal docile ; material malléable ; problem soluble

Tractarian [træk'tɛərɪən] adj, n (Rel) tractarien m, -ienne f

Tractarianism [træk'tɛərɪənɪzəm] n (Rel) tractarianisme m

traction ['trækʃən] → SYN **1** n (NonC: all senses) traction f ◆ **electric/steam traction** (Tech) traction f électrique/à vapeur

2 COMP ▷ **traction engine** n locomobile f

tractive ['træktɪv] adj de traction

tractor ['træktəʳ] **1** n tracteur m

2 COMP ▷ **tractor drive** n (Comput) dispositif m d'entraînement à picots ▷ **tractor driver** n conducteur m, -trice f de tracteur ▷ **tractor-trailer** n (US) semi-remorque m

trad * [træd] adj (esp Brit Mus) abbrev of **traditional**

tradable ['treɪdəbl] adj (esp US Econ, Fin) commercialisable

trade [treɪd] → SYN **1** n **a** (NonC = commerce) commerce m, affaires fpl ; (illegal) trafic m ◆ **overseas trade** (Econ) commerce m extérieur ◆ **it's good for trade** ça fait marcher le commerce ◆ **the fur trade** l'industrie f de la fourrure ◆ **the wool trade, the trade in wool** le commerce de la laine ◆ **he's in the wool trade** il est négociant en laine ◆ **the drug trade, the trade in drugs** le marché de la drogue ◆ **they do a lot of trade with ...** ils font beaucoup d'affaires avec ... ◆ **trade has been good** or **brisk** les affaires ont été bonnes, le commerce a bien marché ◆ **to do a good** or **brisk** or **roaring trade** vendre beaucoup (*in* de) ◆ **Board of Trade** (Brit) ◆ **Department of Trade** (US) ministère m du Commerce ◆ **Secretary (of State) for Trade and Industry** (Brit) ministre m (du Commerce et) de l'Industrie ◆ **President of the Board of Trade, Minister of Trade** ministre m du Commerce ◆ **Department of Trade and Industry** (Brit) ≃ ministère m (du Commerce et) de l'Industrie ; → **rag¹**, **tourist**

b (= job, skill) métier m ◆ **she wants him to learn a trade** elle veut qu'il apprenne un métier ◆ **he is a butcher by** or **to** * **trade** il est boucher de son métier or de son état ◆ **he's a doctor by trade** il est médecin de son état ◆ **to put sb to a trade** † mettre qn en apprentissage ◆ **he's in the trade** (lit, fig) il est du métier ◆ **as we say in the trade** comme on dit dans le jargon du métier, pour employer un terme technique ◆ **known in the trade as ...** que les gens du métier appellent ... ◆ **special discounts for the trade** remises spéciales pour les membres de la profession ; → **stock, tool, trick**

c ⇒ **trade wind 4**

d (esp US = swap) échange m ◆ **to do a trade with sb for sth** faire l'échange de qch avec qn

2 vi **a** [firm, country, businessman] faire le commerce (*in* de), commercer, avoir or entretenir des relations commerciales (*with* avec) ◆ **he trades as a wool merchant** il est négociant en laine ◆ **to trade (up)on sb's kindness** abuser de la gentillesse de qn

b (US: of private individual) faire ses achats (*with* chez, à), être client(e) (*with* chez)

c (St Ex) [currency, commodity] **to be trading at** se négocier à ; → **cease**

d (= exchange) échanger, troquer (*with sb* avec qn)

3 vt (= exchange) ◆ **to trade A for B** échanger or troquer A contre B ◆ **I traded my penknife with him for his marbles** je lui ai donné mon canif en échange de ses billes

4 COMP (gen) exchanges, visits commercial ; (Publishing) press, publications professionnel, spécialisé ▷ **trade agreement** n accord m commercial ▷ **trade association** n association f commerciale ▷ **trade balance** n balance f commerciale ▷ **trade barriers** npl barrières fpl douanières ▷ **trade bill** n effet m de commerce ▷ **trade cycle** n (Econ) cycle m économique ▷ **trade deficit** n déficit m commercial, déficit m extérieur ▷ **Trade Descriptions Act** n (Brit) *loi protégeant les consommateurs contre la publicité et les appellations mensongères* ▷ **trade discount** n remise f au détaillant ▷ **trade dispute** n (in industry) conflit m social ; (between countries or companies) conflit m commercial ▷ **trade fair** n foire(-exposition) f commerciale ▷ **trade figures** npl (Econ) résultats mpl (financiers) ▷ **trade gap** n déficit m commercial or de la balance commerciale ▷ **trade-in** n (Comm) reprise f ◆ **he took my old machine as a trade-in** il m'a repris ma vieille machine ◆ **trade-in allowance** reprise f ◆ **trade-in price** prix m à la reprise ◆ **trade-in value** valeur f à la reprise ▷ **trade journal** n revue f professionnelle ▷ **trade mission** n mission f commerciale ▷ **trade name** n (= product name) nom m de marque ; (= company name) raison f sociale ▷ **trade-off** n (= exchange) échange m (*between* entre) ; (balancing) compromis m, concessions fpl mutuelles ▷ **trade paper** n ⇒ **trade journal** ▷ **trade plate** n (Aut) ≃ plaque f d'immatriculation provisoire ▷ **trade price** n prix m de gros ▷ **trade reference** n (Comm) référence f commerciale ▷ **trade returns** npl (Econ) ⇒ **trade figures** ▷ **trade route** n route f commerciale ▷ **trade school** n collège m technique ▷ **Trades Council** n (Brit) *regroupement régional de syndicats* ▷ **trade secret** n (Comm, Ind, also fig) secret m de fabrication ▷ **trade surplus** n excédent m commercial ▷ **trade talks** npl (Pol etc) négociations fpl commerciales ▷ **trades union** n ⇒ **trade union** ▷ **the Trades Union Congress** n (Brit) la confédération des syndicats britanniques ▷ **trades unionism** n ⇒ **trade unionism** ▷ **trades unionist** n ⇒ **trade unionist** ▷ **trade union** n syndicat m ◆ **trade(s) union membership** adhésion f à un syndicat ; (= number of members) nombre m de syndiqués ▷ **trade unionism** n syndicalisme m ▷ **trade unionist** n syndicaliste mf ▷ **trade war** n guerre f commerciale ▷ **trade wind** n (Geog) (vent m) alizé m

► **trade down** vi ◆ **to trade down to a smaller house/car** vendre sa maison/voiture pour en acheter une moins chère

► **trade in** vt sep [+ car, television etc] faire reprendre ◆ **I've traded it in for a new one** je l'ai fait reprendre quand j'en ai acheté un nouveau

► **trade off** **1** vt sep **a** (= balance) **to trade off A against B** accepter que A compense B

b (= exchange) **to trade off one thing against** or **for another** échanger or troquer une chose contre une autre

2 **trade-off** n → **trade**

► **trade up** vi ◆ **to trade up to a bigger house/car** vendre sa maison/voiture pour en acheter une plus chère

trademark ['treɪdmɑːk] **1** n marque f (de fabrique)

2 vt [+ product, goods] apposer une marque sur ; [+ symbol, word] déposer ◆ **registered trademark** marque f déposée

trader ['treɪdəʳ] → SYN n **a** commerçant(e) m(f), marchand(e) m(f) ; (bigger) négociant(e) m(f) ; (also **street trader**) vendeur m, -euse f de rue ; (US St Ex) contrepartiste mf ◆ **wool trader** négociant m en laine ; → **slave**

b (= ship) navire m marchand or de la marine marchande

tradescantia [,trædəs'kæntɪə] n tradescantia m

tradesman ['treɪdzmən] → SYN **1** n, pl **-men** commerçant m ; (= skilled worker) ouvrier m qualifié

2 COMP ▷ **tradesman's entrance, tradesmen's entrance** n entrée f de service or des fournisseurs

tradespeople ['treɪdzpiːpl] npl commerçants mpl

tradeswoman ['treɪdzwʊmən] n, pl **-women** commerçante f ; (= skilled worker) ouvrière f qualifiée

trading ['treɪdɪŋ] **1** n (NonC) (in shops, business) commerce m, affaires fpl ; (on larger scale) commerce m, négoce m ; (between countries) commerce m, échanges mpl (commerciaux) ; (St Ex) transactions fpl, opérations fpl ◆ **trading was brisk yesterday** (St Ex) l'activité f a été soutenue hier

2 COMP port, centre de commerce ▷ **trading account** n (Fin) compte m d'exploitation ▷ **trading capital** n capital m engagé, capital m de roulement ▷ **trading company** n société f d'import-export ▷ **trading estate** n (Brit) zone f artisanale et commerciale ▷ **trading nation** n nation f commerçante ▷ **trading partner** n partenaire mf commercial(e) ▷ **trading post** n (esp Can, US) comptoir m (commercial) ▷ **trading profits** npl (Fin, Ind) **trading profits for last year** bénéfices mpl réalisés pour l'exercice de l'année écoulée ▷ **trading stamp** n timbre-prime m ▷ **trading standards** npl normes fpl de conformité ▷ **trading standards office** n ≃ Direction f de la consommation et de la répression des fraudes

tradition [trə'dɪʃən] → SYN n tradition f ◆ **according to tradition** selon la tradition ◆ **it's in the (best) tradition of ...** c'est dans la (plus pure) tradition de ... ◆ **tradition has it that ...** la tradition veut que ... ◆ **it is a tradition that ...** il est de tradition que ... (+ subj) ◆ **the tradition that ...** la tradition selon laquelle or qui veut que ... ◆ **to break with tradition** rompre avec la tradition ◆ **by tradition** selon la tradition, traditionnellement

traditional [trə'dɪʃənl] → SYN **1** adj traditionnel ◆ **it is traditional (for sb) to do sth** il est de tradition (pour qn) de faire qch ◆ **to be traditional in one's approach to sth** avoir une approche traditionnelle de qch or une attitude traditionnelle face à qch ◆ **the clothes which are traditional to his country** les vêtements traditionnels de son pays

2 COMP ▷ **traditional medicine** n médecine f traditionnelle

traditionalism [trə'dɪʃnəlɪzəm] n traditionalisme m

traditionalist [trə'dɪʃnəlɪst] adj, n traditionaliste mf

traditionally [trə'dɪʃnəlɪ] adv (gen) traditionnellement ◆ **traditionally made** à l'ancienne

traditor ['trædɪtəʳ] n, pl **traditors** or **traditores** [,trædɪ'tɔːriːz] traditeur m

traduce [trə'djuːs] vt (frm) calomnier, diffamer

Trafalgar [trə'fælgəʳ] n ◆ **Battle of Trafalgar** bataille f de Trafalgar

traffic ['træfɪk] → SYN vb : pret, ptp **trafficked** **1** n (NonC) **a** (Aut) circulation f ; (Aviat, Naut, Rail, Telec) trafic m ◆ **road traffic** circulation f routière ◆ **rail traffic** trafic m ferroviaire ◆ **holiday traffic** (Aut) circulation f des grands départs (or des grands retours), rush m des vacances ◆ **the traffic is heavy/light** il y a beaucoup de/très peu de circulation ◆ **the build-up** or **backlog of traffic extends to the bridge** le bouchon s'étire jusqu'au pont ◆ **traffic out of/into Paris** la circulation dans le sens Paris-province/province-Paris ◆ **traffic coming into London should avoid Putney Bridge** il est recommandé aux automobilistes se rendant à Londres d'éviter Putney Bridge ◆ **traffic in and out of Heathrow Airport** le trafic à destination et en provenance de l'aéroport de Heathrow ◆ **traffic in** or **using the Channel** (Naut) trafic or navigation f en Manche ; → **tourist**

b (= trade) commerce m (*in* de) ; (pej) trafic m (*in* de) ◆ **the drug traffic** le trafic de la drogue or des stupéfiants

2 vi ◆ **to traffic in sth** faire le commerce or le trafic (pej) de qch

3 COMP ▷ **traffic calming** n *mesures de ralentissement de la circulation en ville* ▷ **traffic circle** n (US) rond-point m, carrefour m giratoire ▷ **traffic control** n (Aut) prévention f routière ; (Aviat, Naut, Rail) contrôle m du trafic ▷ **traffic controller** n (Aviat) contrôleur m, -euse f de la navigation aérienne, aiguilleur m du ciel ▷ **traffic control tower** n (Aviat) tour f de contrôle ▷ **traffic cop** * n (esp US) ⇒ **traffic policeman** ▷ **traffic court** n (US Jur) *tribunal où sont jugées les infractions au code de la route* ▷ **traffic diversion** n déviation f ▷ **traffic duty** n **to be on traffic duty** [policeman] faire la circulation ▷ **traffic holdup** n bouchon m *(de circulation)* ▷ **traffic island** n refuge m *(pour piétons)*; (in centre of roundabout) terre-plein m central ▷ **traffic jam** n embouteillage m, bouchon m ▷ **traffic lights** npl feux mpl de signalisation ◆ **to go through the traffic lights at red** passer au rouge, griller le feu rouge ◆ **the traffic lights were (at) green** le feu était (au) vert ▷ **traffic offence** n (Jur) infraction f au code de la route ▷ **traffic pattern** n (Aviat) couloir m or position f d'approche ▷ **traffic police** n (speeding etc) police f de la route ; (points duty etc) police f de la circulation ▷ **traffic policeman** n, pl **traffic policemen** (gen) ≃ agent m de police ; (on points duty) agent m de la circulation ▷ **traffic regulations** npl réglementation f de la circulation ▷ **traffic sign** n panneau m de signalisation, poteau m indicateur ◆ **international traffic signs** signalisation f routière internationale ▷ **traffic signals** npl ⇒ **traffic lights** ▷ **traffic warden** n (Brit) contractuel(le) m(f)

trafficator † ['træfɪkeɪtəʳ] n (Brit) flèche f (de direction) †

trafficker ['træfɪkəʳ] n trafiquant(e) m(f) (*in* en)

tragacanth ['trægəkænθ] n (= plant) astragale f ; (= gum) gomme f adragante

tragedian [trə'dʒiːdɪən] n (= writer) auteur m tragique ; (= actor) tragédien m

tragedienne [trəˌdʒiːdɪ'en] n tragédienne f

tragedy ['trædʒɪdɪ] → SYN n (gen, Theat) tragédie f ◆ **the tragedy of it is that …** ce qui est tragique, c'est que … ◆ **it is a tragedy that …** il est tragique que … (+ subj)

tragic ['trædʒɪk] → SYN adj accident, death, victim, expression, hero tragique ◆ **tragic actor** tragédien(ne) m(f) ◆ **it is tragic that …** il est tragique que … (+ subj)

tragically ['trædʒɪkəlɪ] adv tragiquement

tragicomedy ['trædʒɪ'kɒmɪdɪ] n, pl **tragicomedies** tragicomédie f

tragicomic ['trædʒɪ'kɒmɪk] adj tragicomique

tragopan ['trægəpæn] n tragopan m

trail [treɪl] → SYN **1** n **a** [of blood, smoke] traînée f ◆ **a long trail of refugees** une longue file or colonne de réfugiés ◆ **to leave a trail of destruction** tout détruire sur son passage ◆ **his illness brought a series of debts in its trail** sa maladie a amené dans son sillage une série de dettes ; → **vapour**

b (= tracks: gen) trace f ; (Hunting) piste f, trace(s) f(pl) ◆ **to be on the trail of sb** (lit, fig) être sur la piste de qn ◆ **I'm on the trail of that book you want** j'ai trouvé trace or j'ai retrouvé la trace du livre que vous voulez ; → **hot**

c (= path, road) sentier m, chemin m ; → **blaze²**, **nature**

d (Ski, Climbing) trace f ; (cross country skiing) piste f de fond ◆ **to break a trail** faire la trace, tracer

2 vt **a** (= follow) suivre la piste de ; (fig) (= lag behind) être dépassé par

b (= drag, tow) [+ object on rope, toy cart etc] tirer, traîner ; (Aut) [+ caravan, trailer, boat] tirer, tracter ◆ **he was trailing his schoolbag behind him** il traînait son cartable derrière lui ◆ **the children trailed dirt all over the carpet** les enfants ont couvert le tapis de traces sales ◆ **to trail one's fingers through** or **in the water** laisser traîner ses doigts dans l'eau ◆ **don't trail your feet!** ne traîne pas les pieds !

c (Mil) [+ rifle etc] porter à la main

d (= announce as forthcoming) donner un avant-goût de

e (Hort) **to trail a plant over a fence** etc faire grimper une plante par-dessus une clôture etc

3 vi **a** [object] traîner ; [plant] ramper ◆ **your coat is trailing in the mud** ton manteau traîne dans la boue ◆ **smoke trailed from the funnel** une traînée de fumée s'échappait de la cheminée ◆ **they were trailing by 13 points** (Sport fig) ils étaient en retard de 13 points ◆ **they are trailing at the bottom of the league** (Ftbl) ils traînent en bas de classement

b to trail along/in/out etc (= move in straggling line) passer/entrer/sortir etc à la queue leu leu or en file ; (= move wearily) passer/entrer/sortir etc en traînant les pieds

4 COMP ▷ **trail bike** * n moto f de moto-cross ▷ **trail mix** n mélange m de fruits secs

► **trail away, trail off** vi [voice, music] s'estomper

trailblazer ['treɪlbleɪzəʳ] n (fig) pionnier m, -ière f

trailblazing ['treɪlbleɪzɪŋ] adj (fig) (in)novateur (-trice f)

trailbreaker ['treɪlbreɪkəʳ] n (esp US) ⇒ **trailblazer**

trailer ['treɪləʳ] **1** n **a** (behind car, van, truck) remorque f ; (esp US = caravan) caravane f

b (Cine, TV) bande-annonce f

c (Phot = end of film roll) amorce f (en fin d'un rouleau)

2 COMP ▷ **trailer camp, trailer court trailer park** n (US) village m de mobile homes ▷ **trailer tent** n tente-caravane f ▷ **trailer trash** (* pej) n (US) *pauvres vivant dans des mobile homes*

trailing ['treɪlɪŋ] **1** adj plant grimpant

2 COMP ▷ **trailing edge** n (Aviat) bord m de fuite ▷ **trailing geranium** n géranium-lierre m

train [treɪn] → SYN **1** n **a** (Rail) train m ; (in Underground) rame f, métro m ◆ **to go by train** prendre le train ◆ **to go to London by train** prendre le train pour aller à Londres, aller à Londres en train or par le train ◆ **to travel by train** voyager par le train or en train ◆ **on** or **in the train** dans le train ◆ **to transport by train** transporter par voie ferroviaire ; → **express, freight, slow**

b (= procession) file f ; (= entourage) suite f, équipage m ; [of camels] caravane f, file f ; [of mules] train m, file f ; [of vehicles] cortège m, file f ◆ **he arrived with 50 men in his train** il arriva avec un équipage de 50 hommes ◆ **the war brought famine in its train** la guerre amena la famine dans son sillage or entraîna la famine ; → **baggage**

c (= line, series) suite f, série f ; [of gunpowder] traînée f ◆ **in an unbroken train** en succession ininterrompue ◆ **a train of events** une suite d'événements ◆ **it broke** or **interrupted his train of thought** cela est venu interrompre le fil de sa or ses pensée(s) ◆ **I've lost my train of thought** je ne retrouve plus le fil de ma or mes pensée(s) ◆ **it is in train** (esp Brit fig) c'est en préparation, c'est en marche ◆ **to set sth in train** (esp Brit) mettre qch en marche or en mouvement

d [of dress, robe] traîne f

e (Tech) train m ◆ **train of gears** train m de roues d'engrenage

2 vt **a** (= instruct) [+ person, engineer, doctor, nurse, teacher, craftsman, apprentice] former ; [+ employee, soldier] former, instruire ; (Sport) [+ player] entraîner, préparer ; [+ animal] dresser ; [+ voice] travailler ; [+ ear, mind, memory] exercer ◆ **he is training someone to take over from him** il forme son successeur ; ◆ (also **house-train**) **to train a puppy/child** apprendre à un chiot/à un enfant à être propre ◆ **to train an animal to do sth** apprendre à or dresser un animal à faire qch ◆ **to train sb to do sth** apprendre à qn à faire qch ; (professionally) former qn à faire qch, préparer qn à faire qch ◆ **to train o.s. to do sth** s'entraîner or s'exercer à faire qch ◆ **to train sb in a craft** apprendre un métier à qn, préparer qn à un métier ◆ **he was trained in weaving** or **as a weaver** il a reçu une formation de tisserand ◆ **to train sb in the use of sth** or **to use sth** apprendre à qn à utiliser qch, instruire qn dans le maniement de qch ◆ **where were you trained?** où avez-vous reçu votre formation ? ; see also **trained**

b (= direct) [+ gun, camera, telescope] braquer (*on* sur) ◆ **to train a plant along a wall** faire grimper une plante le long d'un mur

3 vi **a** recevoir une or sa formation ; (Sport) s'entraîner (*for* pour), se préparer (*for* à) ◆ **to train as** or **to train to be a teacher/secretary** etc recevoir une formation de professeur/de secrétaire etc ◆ **where did you train?** où avez-vous reçu votre formation ?

b (Rail = go by train) aller en train

4 COMP (Ind) dispute, strike etc des cheminots, des chemins de fer ▷ **train crash** n accident m de chemin de fer ; (more serious) catastrophe f ferroviaire ▷ **train ferry** n ferry-boat m ▷ **train oil** n huile f de baleine ▷ **train service** n **there is a very good train service to London** les trains pour Londres sont très fréquents ◆ **there is an hourly train service to London** il y a un train pour Londres toutes les heures ◆ **do you know what the train service is to London?** connaissez-vous l'horaire des trains pour Londres ? ▷ **train set** n train m électrique (*jouet*) ▷ **train spotter** n (Brit) passionné(e) m(f) de trains ; (* pej = nerd) crétin(e) * m(f) ▷ **train-spotting** n (Brit) **to go train-spotting** observer les trains *(pour identifier les divers types de locomotives)* ▷ **train-workers** npl employés mpl des chemins de fer, cheminots mpl

► **train up** vt sep (Brit) former

trainable ['treɪnəbl] adj person qui peut être formé ; animal qui peut être dressé

trainband ['treɪnbænd] n (Brit Hist) *ancienne milice britannique*

trainbearer ['treɪnbɛərəʳ] n dame f or demoiselle f d'honneur ; (little boy) page m

trained [treɪnd] adj person (= skilled) qui a reçu une formation ; (= qualified) qualifié ; nurse qualifié, diplômé ; teacher habilité à enseigner ; soldier, gymnast entraîné ; animal dressé ; mind exercé ◆ **he is not trained at all** (gen) il n'a reçu aucune formation professionnelle ; [soldier, gymnast] il n'a reçu aucun entraînement ◆ **she has a trained voice** elle a pris des leçons de chant ◆ **to the trained eye/ear** pour un œil exercé/une oreille exercée ◆ **it is obvious to a trained observer that …** il est évident pour un observateur averti que … ◆ **to be trained for sth** (gen) avoir reçu une formation pour qch ; [soldier, gymnast] être entraîné pour qch ◆ **he isn't trained for this job** il n'a pas la formation pour ce poste ◆ **we need a trained person for the job** il nous faut une personne qualifiée pour ce travail ◆ **well-trained** (gen) qui a reçu une bonne formation ; soldier, gymnast bien entraîné ; servant stylé ; child bien élevé ; animal bien dressé ◆ **she's got her husband well trained** (hum) son mari est bien dressé

trainee [treɪ'niː] **1** n (gen) stagiaire mf ; (US Police, Mil etc) jeune recrue f ◆ **sales/management trainee** stagiaire mf de vente/de direction

2 adj (gen) stagiaire, en stage ; (in trades) en apprentissage ◆ **trainee typist** dactylo * f stagiaire ◆ **trainee hairdresser** apprenti(e) coiffeur m, -euse f

traineeship [treɪ'niːʃɪp] n stage m, stage m d'emploi-formation

trainer ['treɪnəʳ] → SYN **1** n **a** [of athlete, football team, racehorse] entraîneur m ; (Cycling etc) soigneur m ; (in circus) dresseur m, -euse f ; (of lions, tigers) dompteur m, -euse f

b (Aviat = flight simulator) simulateur m de vol ; (also **trainer aircraft**) avion-école m

2 trainers npl (Brit) tennis fpl or mpl ; (high-tops) baskets mpl

training ['treɪnɪŋ] LANGUAGE IN USE 19.2 → SYN

1 n [of person, engineer, doctor, nurse, teacher, craftsman] formation f ; [of employee, soldier] formation f, instruction f ; (Sport) entraînement m, préparation f ; [of animal] dressage m ◆ **to be out of training** (Sport) avoir perdu la forme ◆ **to be in training** (= preparing o.s.) être en cours d'entraînement or de préparation ; (= on form) être en forme ◆ **to be in training for sth** s'entraîner pour or se préparer à qch ◆ **staff training** formation f du personnel ◆ **he has had some secretarial training** il a suivi quelques cours de secrétariat ◆ **it is good training** c'est un bon apprentissage or entraînement ; → **teacher, toilet, voice**

2 COMP ▷ **Training and Enterprise Council** n (Brit) *organisme de formation et d'aide à la création d'entreprises* ▷ **training camp** n camp m d'entraînement ▷ **training centre** n (gen) centre m de formation ; (Sport) centre m (d'entraînement) sportif ▷ **training college** n (gen) école f spécialisée or professionnelle ◆ **teacher training college** → **teacher 2** ▷ **training course** n stage m de formation ▷ **training ground** n (Sport, fig) terrain m d'entraînement ▷ **training manual** n manuel m or cours m d'instruction ▷ **training officer** n formateur m, -trice f ▷ **Training Opportunities Scheme** n (Brit) *programme de recyclage professionnel* ▷ **training plane** n avion-école m ▷ **training scheme** n programme m de formation or d'entraînement ▷ **training ship** n navire-école m ▷ **training shoe** n ⇒ **trainer 2** ▷ **training wheels** npl (US) [of bicycle] stabilisateurs mpl

trainman ['treɪnmən] n, pl **-men** (US Rail) cheminot m

traipse * [treɪps] vi ◆ **to traipse in/out** etc entrer/sortir etc d'un pas traînant or en

trait / transformation ANGLAIS-FRANÇAIS 1024

trainassant * ♦ they traipsed in wearily ils sont entrés en traînant les pieds ♦ to traipse around or about se balader *, déambuler ♦ we've been traipsing about the shops all day nous avons traîné or traînassé * dans les magasins toute la journée

trait [treɪt] → SYN n trait m (de caractère)

traitor ['treɪtər] → SYN n traître(sse) m(f) ♦ to be a traitor to one's country/to a cause trahir sa patrie/une cause ♦ to turn traitor (Mil, Pol) passer à l'ennemi

traitorous ['treɪtərəs] adj traître (traîtresse f), déloyal, perfide

traitorously ['treɪtərəslɪ] adv traîtreusement, perfidement, en traître (or en traîtresse)

traitress ['treɪtrɪs] n traîtresse f

trajectory [trə'dʒektərɪ] → SYN n trajectoire f

tram [træm] n **a** (Brit: also **tramcar**) tram(way) m ♦ to go by tram prendre le tram
b (Min) berline f, benne f roulante

tramline ['træmlaɪn] n (Brit) **a** ⇒ **tramway**
b (Tennis) tramlines lignes fpl de côté

trammel ['træməl] (liter) 1 vt entraver
2 trammels npl entraves fpl

tramp [træmp] → SYN 1 n **a** (= sound) the tramp of feet le bruit de pas
b (= hike) randonnée f (à pied), excursion f ♦ to go for a tramp (aller) faire une randonnée or une excursion ♦ after a ten-hour tramp après dix heures de marche ♦ it's a long tramp c'est long à faire à pied
c (= vagabond) clochard(e) m(f), vagabond(e) m(f)
d (esp US) she's a tramp * (pej = woman) elle est coureuse *
e (also **tramp steamer**) tramp m
2 vi ♦ to tramp along (= hike) poursuivre son chemin à pied; (= walk heavily) marcher d'un pas lourd; [soldiers etc] marteler le pavé or la route ♦ to tramp up and down faire les cent pas ♦ he was tramping up and down the platform il arpentait le quai d'un pas lourd
3 vt ♦ to tramp the streets battre le pavé ♦ I tramped the town looking for the church j'ai parcouru la ville à pied pour trouver l'église

▶ **tramp down**, **tramp in** vt sep tasser du pied

trample ['træmpl] → SYN 1 vt ♦ to trample (underfoot) [+ sth on ground etc] piétiner, fouler aux pieds; (fig) [+ person, conquered nation] fouler aux pieds, bafouer; [+ sb's feelings] bafouer; [+ objections etc] passer outre à ♦ he trampled the stone into the ground il a enfoncé du pied la pierre dans le sol ♦ he was trampled by the horses il a été piétiné par les chevaux
2 vi ♦ to trample in/out etc entrer/sortir etc d'un pas lourd ♦ to trample on (lit, fig) ⇒ to trample (underfoot) 1
3 n (= act: also **trampling**) piétinement m; (= sound) bruit m de pas

trampoline ['træmpəlɪn] 1 n trampoline m
2 vi (also **to go trampolining**) faire du trampoline

trampoliner ['træmpə,liːnər] n trampoliniste mf

tramway ['træmweɪ] n (Brit) **a** (= rails) voie f de tramway; (= route) ligne f de tramway

trance [trɑːns] → SYN n (Hypnosis, Rel, Spiritualism etc) transe f; (Med) catalepsie f; (fig = ecstasy) transe, extase f ♦ to go or fall into a trance entrer or tomber en transe; (Med) tomber en catalepsie ♦ to put sb into a trance [hypnotist] faire entrer qn en transe

tranche [trɑːnʃ] n (Econ etc) tranche f

trannie, **tranny** ['trænɪ] n, pl **trannies**
a * abbrev of **transistor (radio)**
b (Phot *) abbrev of **transparency b**
c (* = transvestite) travelo * m

tranquil ['træŋkwɪl] → SYN adj person, expression, atmosphere, way of life, sleep, morning paisible, serein; countryside, water, river, beauty paisible

tranquillity, **tranquility** (also US) ['træŋ'kwɪlɪtɪ] → SYN n tranquillité f, calme m

tranquillize, **tranquilize** (also US) ['træŋkwɪlaɪz] → SYN vt (Med) mettre sous tranquillisants

tranquillizer, **tranquilizer** (also US) ['træŋkwɪlaɪzər] → SYN 1 n tranquillisant m, calmant m
2 COMP ▷ **tranquillizer dart** n (for gun) seringue f sédative; (for blowpipe) fléchette f enduite de sédatif

tranquilly ['træŋkwɪlɪ] adv tranquillement

trans. abbrev of **transitive**, **transport(ation)**, **translation**, **translator**, **transfer(red)**

trans... [trænz] pref trans... ♦ **the Trans-Canada Highway** la route transcanadienne

transact [træn'zækt] → SYN vt [+ business] traiter, régler, faire

transaction [træn'zækʃən] → SYN n (gen) opération f, affaire f; (Econ, Fin, St Ex) transaction f ♦ we have had some transactions with that firm nous avons fait quelques opérations or quelques affaires avec cette société ♦ **cash transaction** opération f au comptant ♦ **the transactions of the Royal Society** (= proceedings) les travaux mpl de la Royal Society; (= minutes) les actes mpl de la Royal Society

transactional [træn'zækʃənl] adj transactionnel ♦ **transactional analysis** (Psych) analyse f transactionnelle

transalpine ['trænz'ælpaɪn] adj transalpin

transatlantic ['trænzət'læntɪk] adj flight, crossing, phone call, liner transatlantique; style, upbringing d'Outre-Atlantique; (Brit = American) américain

Transcaucasia [,trænskɔː'keɪzjə] n Transcaucasie f

Transcaucasian [,trænskɔː'keɪzjən] adj transcaucasien

transceiver [træn'siːvər] n (Rad) émetteur-récepteur m

transcend [træn'send] → SYN vt [+ belief, knowledge, description] transcender, dépasser; (= excel over) surpasser; (Philos, Rel) transcender

transcendence [træn'sendəns], **transcendency** [træn'sendənsɪ] n transcendance f

transcendent [træn'sendənt] → SYN adj (frm) transcendant

transcendental [,trænsen'dentl] 1 adj transcendantal
2 COMP ▷ **transcendental meditation** n méditation f transcendantale

transcendentalism [,trænsen'dentəlɪzəm] n transcendantalisme m

transcode [trænz'kəʊd] vt transcoder

transcoder [trænz'kəʊdər] n transcodeur m

transcontinental ['trænz,kɒntɪ'nentl] adj transcontinental

transcribe [træn'skraɪb] → SYN vt (gen, Phon) transcrire

transcript ['trænskrɪpt] → SYN n (gen) transcription f; (US Univ) (copie f de) dossier m complet de la scolarité

transcription [træn'skrɪpʃən] n (gen, Phon) transcription f ♦ **narrow/broad transcription** (Phon) transcription f étroite/large

transdermal [trænz'dɜːməl] adj transdermique

transduce [trænz'djuːs] vt transformer, convertir

transducer [trænz'djuːsər] n (also Comput) transducteur m

transduction [trænz'dʌkʃən] n transduction f

transect [træn'sekt] vt sectionner (transversalement)

transept ['trænsept] n transept m

transfer [træns'fɜːr] → SYN 1 vt **a** (= move) [+ employee, civil servant, diplomat] transférer, muter (to à); [+ soldier, player, prisoner] transférer (to à); [+ passenger] transférer (to à), transborder; [+ object, goods] transférer (to sb à qn; to a place à un lieu), transporter (to sb à a place dans un lieu), transmettre (to sb à qn) ♦ **business transferred to** (notice) [office] bureaux mpl transférés à; [shop] magasin m transféré à
b (= hand over) [+ power] faire passer (from de; to à); [+ ownership] transférer (from de; to à); [+ money] virer (from de; to, into à, sur); [+ vote] reporter (to sur) ♦ **to transfer one's affection to sb** reporter son or ses affection(s) sur qn ♦ **to transfer one's loyalties from A to B** abandonner A pour B
c (= copy) [+ design, drawing] reporter, décalquer (to sur)
d (Brit Telec) **to transfer the charges** téléphoner en PCV ♦ **transferred charge call** communication f en PCV ♦ **I'm transferring you now** [telephone operator] je vous mets en communication maintenant
2 vi [employee, civil servant, diplomat] être transféré or muté (to à); [soldier, player, prisoner, offices] être transféré (to à); (US Univ = change universities) faire un transfert (pour une autre université) ♦ **he's transferred from Science to Geography** (Univ etc) il ne fait plus de science, il s'est réorienté en géographie ♦ **to transfer from one train/plane etc to another** être transféré or transbordé d'un train/avion etc à un autre ♦ **we had to transfer to a bus** nous avons dû changer et prendre un car
3 ['trænsfɜːr] n **a** (= move) (gen) transfert m; [of employee, diplomat] transfert m, mutation f; [of soldier, player, prisoner] transfert m; [of passenger] transfert m, transbordement m; [of object, goods] transfert m, transport m ♦ **to ask for a transfer** (Ftbl etc) demander un transfert
b (= handover) [of money] virement m; (Pol) [of power] passation f; (Jur = document) transfert m, translation f (Jur) ♦ **to pay sth by bank transfer** payer qch par virement bancaire ♦ **transfer of ownership** (Jur) transfert m de propriété (from de; to à) ♦ **application for transfer of proceedings** (Jur) demande f de renvoi devant une autre juridiction
c (= picture, design etc) (rub-on type) décalcomanie f; (stick-on) autocollant m; (sewn-on) décalque m
d (Transport: also **transfer ticket**) billet m de correspondance
4 ['trænsfɜːr] COMP ▷ **transfer desk** n guichet m de transit ▷ **transfer fee** n (Ftbl etc) indemnité f transfert ▷ **transfer list** (Brit Ftbl) liste f de transfert ♦ **to be on the transfer list** être sur la liste de transfert ▷ **transfer lounge** n salle f de transit ▷ **transfer passenger** n passager m en transit ▷ **transfer RNA** n ARN m de transfert ▷ **transfer season** n (Ftbl) période f des transferts ▷ **transfer student** n (US Univ) étudiant(e) m(f) venant d'une autre université ▷ **transfer tax** n (Fin) droit m de mutation

transferable [træns'fɜːrəbl] 1 adj **a** ticket transmissible, qui n'est pas nominatif ♦ "not transferable" (on ticket) "ne peut être ni cédé ni échangé" ♦ **the prize is not transferable to another person** le prix est strictement personnel
b skills réutilisable
2 COMP ▷ **transferable vote** n voix f reportée (sur un second candidat)

transferase ['trænsfə,reɪs] n transférase f

transferee [,trænsfɜː'riː] n (Jur) cessionnaire mf, bénéficiaire mf

transference ['trænsfərəns] n (NonC) **a** ⇒ **transfer 3**; see also **thought**
b (Psych) transfert m

transferor, **transferrer** [træns'fɜːrər] n (Jur) cédant(e) m(f)

transferrin [træns'fɜːrɪn] n transferrine f

transfiguration [,trænsfɪgə'reɪʃən] n (gen, also Rel) transfiguration f

transfigure [træns'fɪgər] vt transfigurer

transfinite number [træns'faɪnaɪt] n aleph m, nombre m transfini

transfix [træns'fɪks] → SYN vt (lit) transpercer ♦ **to be** or **stand transfixed** être cloué sur place ♦ **to be transfixed with horror** être cloué au sol d'horreur, être paralysé par l'horreur

transform [træns'fɔːm] → SYN 1 vt (gen) transformer, métamorphoser (into en); (Chem, Elec, Math, Phys) convertir, transformer (into en); (Gram) transformer (into en) ♦ **to transform o.s. into ...**, **to be transformed into ...** se transformer en ...
2 ['trænsfɔːm] n (US Ling) transformation f

transformation [,trænsfə'meɪʃən] → SYN n (NonC = change: also Elec, Math, Phys, Ling) transformation f (into sth en qch) ♦ **to have**

undergone a complete transformation être complètement métamorphosé

transformational [ˌtrænsfə'meɪʃənl] **adj** (Ling) transformationnel

transformer [træns'fɔːməʳ] **1** n (Elec) transformateur m
2 COMP ▷ **transformer station** n poste m de transformation

transfuse [træns'fjuːz] vt (Med, fig) transfuser

transfuser [træns'fjuːzəʳ] n transfuseur m

transfusion [træns'fjuːʒən] n (Med, fig) transfusion f ◆ **blood transfusion** transfusion f sanguine or de sang ◆ **to have a transfusion** recevoir une transfusion, être transfusé ◆ **to give sb a transfusion** faire une transfusion à qn

transgenic [trænz'dʒenɪk] adj transgénique

transgress [træns'gres] → SYN **1** vt transgresser, enfreindre, violer
2 vi pécher

transgression [træns'greʃən] n (= sin) péché m, faute f; (NonC) transgression f

transgressive [træns'gresɪv] adj qui transgresse les règles (or les tabous etc)

transgressor [træns'gresəʳ] → SYN n [of law etc] transgresseur m (liter), (Rel = sinner) pécheur m, -eresse f

tranship [træn'ʃɪp] vt ⇒ **transship**

transhipment [træn'ʃɪpmənt] n ⇒ **transshipment**

transhumance [træns'hjuːməns] n transhumance f

transience ['trænzɪəns] n caractère m éphémère or transitoire

transient ['trænzɪənt] → SYN **1** adj (frm) pain passager; fashion, relationship éphémère; population fluctuant ◆ **of a transient nature** passager
2 n (US: in hotel etc) client(e) m(f) de passage

transistor [træn'zɪstəʳ] n (Elec) transistor m; (also **transistor radio, transistor set**) transistor m

transistorize [træn'zɪstəraɪz] vt transistoriser ◆ **transistorized** transistorisé, à transistors

transistorized [træn'zɪstəraɪzd] adj transistorisé, à transistors

transit ['trænzɪt] → SYN **1** n (NonC) (gen) transit m; (Astron) passage m ◆ **in transit** en transit
2 COMP goods, passengers en transit; documents, port, visa de transit ▷ **transit camp** n (Mil etc) camp m de transit ▷ **transit lounge** n (Aviat) salle f de transit ▷ **transit stop** n (Aviat) escale f de transit ▷ **Transit van**® n (Brit) camionnette f

transition [træn'zɪʃən] → SYN **1** n transition f (from de; to à)
2 COMP period de transition

transitional [træn'zɪʃənl] → SYN **1** adj period, arrangement, government, measures de transition, transitoire; costs de transition
2 COMP ▷ **transitional relief** n (Brit) dégrèvement fiscal accordé lors de la première phase d'application d'une augmentation d'impôt ou de taxe

transitive ['trænzɪtɪv] adj verb, use transitif; sentence à verbe transitif

transitively ['trænzɪtɪvlɪ] adv transitivement

transitivity [ˌtrænzɪ'tɪvɪtɪ] n (Gram) transitivité f

transitory ['trænzɪtərɪ] → SYN adj romance, peace éphémère; state transitoire, passager ◆ **the transitory nature of political success** la nature transitoire du succès politique

Transkei [træn'skaɪ] n le Transkei

translatable [trænz'leɪtəbl] adj traduisible

translate [trænz'leɪt] → SYN **1** vt **a** (gen, Ling, also Comput) traduire (from de; into en) ◆ **how do you translate "weather"?** quelle est la traduction de "weather"?, comment traduit-on "weather"? ◆ **the word is translated as ...** le mot se traduit par ... ◆ **which when translated means ...** ce que l'on peut traduire par ... ◆ **to translate ideas into actions** passer des idées aux actes ◆ **the figures, translated in terms of hours lost, mean ...** exprimés or traduits en termes d'heures perdues, ces chiffres signifient ...
b (Rel) [+ bishop, relics] transférer; (= convey to heaven) ravir

2 vi [person] traduire; [word, book] se traduire ◆ **it won't translate** c'est intraduisible

translation [trænz'leɪʃən] → SYN **1** n **a** traduction f (from de; into en); (Scol etc) version f ◆ **the poem loses in translation** le poème perd à la traduction ◆ **it is a translation from the Russian** c'est traduit du russe
b (Rel) [of bishop] translation f; [of relics] transfert m; (= conveying to heaven) ravissement m
2 COMP ▷ **translation agency** n agence f de traduction

translator [trænz'leɪtəʳ] → SYN n (= person) traducteur m, -trice f; (= machine) traducteur m; (Comput: also **translator program**) programme m de traduction

transliterate [trænz'lɪtəreɪt] vt translit(t)érer

transliteration [ˌtrænzlɪtə'reɪʃən] n translittération f

translocation [ˌtrænzləʊ'keɪʃən] n (Bio) translocation f

translucence [trænz'luːsns] n translucidité f

translucent [trænz'luːsnt], **translucid** [trænz'luːsɪd] adj translucide

transmigrate ['trænzmaɪˌgreɪt] vi [soul] transmigrer; [people] émigrer

transmigration [ˌtrænzmaɪ'greɪʃən] n [of soul] transmigration f; [of people] émigration f

transmissible [trænz'mɪsəbl] adj transmissible

transmission [trænz'mɪʃən] → SYN **1** n (gen) transmission f; (US = gearbox) boîte f de vitesses
2 COMP ▷ **transmission cable** n câble m de transmission ▷ **transmission density** n densité f de transmission ▷ **transmission shaft** n arbre m de transmission

transmit [trænz'mɪt] → SYN **1** vt (gen, Aut, Med, Phys etc) transmettre; (Rad, Telec, TV) émettre, diffuser; → **sexually**
2 vi (Rad, Telec, TV) émettre, diffuser

transmitter [trænz'mɪtəʳ] n **a** (Rad) émetteur m
b (in telephone) capsule f microphonique
c (= transmitting device) transmetteur m

transmitting [trænz'mɪtɪŋ] **1** adj (Telec) set, station émetteur (-trice f)
2 n (gen, Med, Phys) ⇒ **transmission 1**

transmogrify [trænz'mɒgrɪfaɪ] vt (hum) métamorphoser, transformer (into en)

transmutable [trænz'mjuːtəbl] adj transmuable or transmutable

transmutation [ˌtrænzmjuː'teɪʃən] n transmutation f

transmute [trænz'mjuːt] vt transmuer or transmuter (into en)

transnational [trænz'næʃnl] adj transnational

transoceanic [ˌtrænzəʊsɪ'ænɪk] adj transocéanique

transom ['trænsəm] n **a** (= crosspiece) traverse f, imposte f
b (US: in window) vasistas m

transonic [træn'sɒnɪk] adj ⇒ **transsonic**

transparency [træns'pærənsɪ] → SYN n **a** (NonC: also fig) transparence f
b (Brit Phot) diapositive f; (for overhead projector) transparent m ◆ **colour transparency** diapositive f en couleur

transparent [træns'pærənt] → SYN adj **a** (= see-through) object, substance, material, skin transparent ◆ **transparent to light** transparent
b (= obvious) honesty manifeste, évident ◆ **it is transparent that ...** il est visible or évident que ... ◆ **transparent to sb** évident pour qn ◆ **he's so transparent** il est si transparent
c system, institution transparent
d (pej = blatant) lie, device, tactics, attempt patent, flagrant

transparently [træns'pærəntlɪ] adv manifestement, visiblement ◆ **transparently obvious** or **clear** tout à fait clair

transpierce [træns'pɪəs] vt transpercer

transpiration [ˌtrænspɪ'reɪʃən] n transpiration f

transpire [træns'paɪəʳ] → SYN **1** vi **a** (impers vb) (= become known) s'ébruiter, transpirer;

(= happen) se passer, arriver ◆ **it transpired that ...** on a appris par la suite que ... ◆ **what transpired surprised even me** même moi j'ai été surpris par ce qui s'est passé
b (Bot, Physiol) transpirer
2 vt transpirer

transplant [træns'plɑːnt] → SYN **1** vt [+ plant, population] transplanter; (Med) transplanter, greffer; [+ seedlings etc] repiquer
2 ['trænsplɑːnt] n (Med) transplantation f, greffe f ◆ **he's had a heart transplant** on lui a fait une greffe du cœur or une transplantation cardiaque

transplantable [træns'plɑːntəbl] adj transplantable

transplantation [ˌtrænsplɑːn'teɪʃən] n (NonC) **a** (Med) transplantation f
b (Hort, Agr) (gen) transplantation f; (= planting out) [of rice, bedding plants, herbs] repiquage m
c (= transfer) [of culture, ideology] transfert m

transponder [træn'spɒndəʳ] n transpondeur m

transport ['trænspɔːt] → SYN **1** n **a** [of goods, parcels etc] transport m ◆ **road/rail transport** transport m par route/par chemin de fer ◆ **by road transport** par route ◆ **by rail transport** par chemin de fer ◆ **Minister/Department of Transport** (Brit) ministre m/ministère m des Transports ◆ **have you got any transport for this evening?** * tu as une voiture pour ce soir?
b (esp Mil = ship/plane/train) navire m/avion m/train m de transport
c (fig) [of delight etc] transport m; [of fury etc] accès m
2 [træns'pɔːt] vt (lit, fig) transporter
3 COMP costs, ship, plane etc de transport; system, dispute, strike des transports ▷ **transport café** n (Brit) routier m, restaurant m de routiers ▷ **Transport Police** n (Brit) ≈ police f des chemins de fer

transportable [træns'pɔːtəbl] adj transportable

transportation [ˌtrænspɔː'teɪʃən] n (= act of transporting) transport m; (US = means of transport) moyen m de transport; [of criminals] transportation f ◆ **Secretary/Department of Transportation** (US) ministre m/ministère m des Transports

transporter [træns'pɔːtəʳ] **1** n (Mil = vehicle, ship) transport m; (= plane) avion m de transport; (= car transporter) (Aut) camion m pour transport d'automobiles; (Rail) wagon m pour transport d'automobiles
2 COMP ▷ **transporter bridge** n pont m transbordeur

transpose [træns'pəʊz] → SYN vt **a** (= move: also Mus) transposer ◆ **transposing instrument** instrument m transpositeur
b (= reverse, re-order) transposer, intervertir

transposition [ˌtrænspə'zɪʃən] n transposition f

transposon [træns'pəʊzɒn] n transposon m

transputer [træns'pjuːtəʳ] n (Comput) transputeur m

transsexual [trænz'seksjʊəl] n transsexuel(le) m(f)

transsexualism [trænz'seksjʊəlɪzəm] n transsexualisme m

transsexuality [ˌtrænzˌseksjʊ'ælɪtɪ] n transsexualité f

transship [træns'ʃɪp] vt transborder

transshipment [træns'ʃɪpmənt] n transbordement m

trans-Siberian [ˌtrænzsaɪ'bɪərɪən] adj trans-sibérien

transsonic [trænz'sɒnɪk] adj transsonique

transubstantiate [ˌtrænsəb'stænʃɪeɪt] vt transsubstantier

transubstantiation ['trænsəbˌstænʃɪ'eɪʃən] n transsubstantiation f

transubstantiationalist ['trænsəbˌstænʃɪ'eɪʃənəlɪst] n (Rel) personne qui croit à la transsubstantiation

Transvaal / trawl

Transvaal ['trænzvɑːl] n ◆ (the) Transvaal le Transvaal

transversal [trænz'vɜːsəl] (Geom) [1] adj transversal
[2] n (ligne f) transversale f

transversally [trænz'vɜːsəlɪ] adv transversalement

transverse ['trænzvɜːs] → SYN [1] adj a (gen, Geom) arch, beam transversal
b (Anat) muscle transverse, transversal
[2] n (gen) partie f transversale ; (Geom) axe m transversal
[3] COMP ▷ **transverse colon** n (Anat) côlon m transverse ▷ **transverse engine** n (Aut) moteur m transversal ▷ **transverse flute** n (Mus) flûte f traversière

transversely [trænz'vɜːslɪ] adv transversalement

transvestism [trænz'vestɪzəm] n travestisme m

transvestite [trænz'vestaɪt] n travesti(e) m(f)

Transylvania [ˌtrænsɪl'veɪnɪə] n la Transylvanie

trap [træp] → SYN [1] n a (gen) piège m ; (also **gin trap**) collet m ; (= covered hole) trappe f ; (fig) piège m, traquenard m ◆ **lion trap** piège m à lions ◆ **to set** or **lay a trap** (lit, fig) tendre un piège (for sb à qn) ◆ **to catch in a trap** (lit, fig) prendre au piège ◆ **we were caught like rats in a trap** nous étions faits comme des rats ◆ **he fell into the trap** (fig) il est tombé dans le piège ◆ **to fall into the trap of doing sth** commettre l'erreur classique de faire qch ◆ **it's a trap** c'est un piège ; → **mantrap, mousetrap, radar, speed**
b (also **trap door**) trappe f (also Theat) ; (in greyhound racing) box m de départ ; (Shooting) ball-trap m ; (in drainpipe) siphon m ; (✳ = mouth) gueule ✳ f ◆ **shut your trap!**✳ ta gueule!✳, la ferme!✳ ◆ **keep your trap shut (about it)**✳ ferme ta gueule ✳ (là-dessus)
c (= carriage) charrette f anglaise, cabriolet m
[2] **traps** npl (= luggage) bagages mpl
[3] vt a (lit, fig = snare) [+ animal, person] prendre au piège ◆ **they trapped him into admitting that** ... il est tombé dans leur piège et a admis que ...
b (= immobilize, catch, cut off) [+ person, vehicle, ship] bloquer, immobiliser ; [+ gas, liquid] retenir ; [+ object] coincer (in sth dans qch) ◆ **20 miners were trapped** 20 mineurs étaient bloqués or murés (au fond) ◆ **trapped by the flames** cerné par les flammes ◆ **the climbers were trapped on a ledge** les alpinistes étaient bloqués sur une saillie ◆ **to trap one's finger in the door** se coincer or se pincer le doigt dans la porte ◆ **to trap the ball** (Sport) bloquer le ballon
[4] COMP ▷ **trap door** n trappe f ▷ **trap-door spider** n (Zool) cténize f, mygale f maçonne

trapeze [trə'piːz] [1] n trapèze m (de cirque)
[2] COMP ▷ **trapeze artist** n trapéziste mf, voltigeur m, -euse f

trapezium [trə'piːzɪəm] n, pl **trapeziums** or **trapezia** [trə'piːzɪə] trapèze m (Math)

trapezius [trə'piːzɪəs] n, pl **trapeziuses** (muscle m) trapèze m

trapezoid ['træpɪzɔɪd] [1] n trapèze m (Math)
[2] adj trapézoïdal

trapper ['træpəʳ] n trappeur m

trappings ['træpɪŋz] → SYN npl (for horse) harnachement m ; (= dress ornaments) ornements mpl ◆ **shorn of all its trappings** (fig) débarrassé de toutes ses fioritures ◆ **if you look beneath the trappings** si on regarde derrière la façade ◆ **with all the trappings of kingship** avec tout le cérémonial afférent à la royauté ◆ **all the trappings of success** tous les signes extérieurs du succès

Trappist ['træpɪst] [1] n trappiste m
[2] adj de la Trappe ◆ **Trappist monastery** trappe f

trapse✳ [treɪps] vi ⇒ **traipse**

trapshooting ['træpʃuːtɪŋ] n ball-trap m

trash [træʃ] → SYN [1] n a (esp US = refuse) ordures fpl
b (pej = worthless thing) camelote ✳ f ; (= nonsense) inepties fpl ; (✳ pej = people) racaille f (NonC) ◆ **this is trash** (fig) ça ne vaut rien (du tout) ; (esp goods) c'est de la camelote ✳ ; (message, letter, remark etc) c'est de la blague ✳ ◆ **he talks a lot of trash** il ne raconte que des inepties, ce qu'il dit c'est de la blague ✳ ◆ **they're just trash** ✳ [people] c'est de la racaille ◆ **he's trash**✳ c'est un moins que rien ; → **white**
[2] vt ✳ a (= vandalize) saccager
b (= criticize) débiner ✳, dénigrer
[3] vi (US ✳) commettre des actes de vandalisme
[4] COMP ▷ **trash can** n (US) poubelle f ▷ **trash heap** n (lit) tas m d'ordures, dépotoir m ◆ **the trash heap of history** les oubliettes or la poubelle de l'histoire

trasher✳ ['træʃəʳ] n (US) vandale mf

trashiness ['træʃɪnɪs] n mauvaise qualité f

trashy ['træʃɪ] → SYN adj novel, play, film, pop group, ideas nul ✳ (nulle ✳ f) ◆ **trashy goods** camelote ✳ f

Trasimene ['træzɪmiːn] n ◆ **Lake Trasimene** le lac Trasimène

trattoria [ˌtrætɔ'riːə] n trattoria f

trauma ['trɔːmə] [1] n, pl **traumas** or **traumata** ['trɔːmətə] (Med, Psych) trauma m ; (fig) traumatisme m
[2] COMP ▷ **trauma center** n (US Med) service m de traumatologie

traumatic [trɔː'mætɪk] → SYN adj (Med) traumatique ; experience, effect, event, relationship traumatisant ◆ **it is traumatic to lose one's job** c'est traumatisant de perdre son travail ; → **post-traumatic stress disorder**

traumatism ['trɔːmətɪzəm] n traumatisme m

traumatize ['trɔːmətaɪz] vt traumatiser

traumatized ['trɔːmətaɪzd] adj traumatisé

traumatology [ˌtrɔːmə'tɒlədʒɪ] n traumatologie f

travail†† ['træveɪl] [1] n labeur m ; (in childbirth) douleurs fpl de l'enfantement
[2] vi peiner ; (in childbirth) être en couches

travel ['trævl] → SYN [1] vi a (= journey) voyager ◆ **they have travelled a lot** ils ont beaucoup voyagé, ils ont fait beaucoup de voyages ◆ **they have travelled a long way** ils sont venus de loin ; (fig) ils ont fait beaucoup de chemin ◆ **he is travelling in Spain just now** il est en voyage en Espagne en ce moment ◆ **as he was travelling across France** pendant qu'il voyageait à travers la France ◆ **to travel through a region** traverser une région ; (= visit) visiter or parcourir une région ◆ **to travel round the world** faire le tour du monde ◆ **to travel light** voyager avec peu de bagages ◆ **I like travelling by car** j'aime voyager en voiture ◆ **he travels to work by car** il va au travail en voiture ◆ **he was travelling on a passport/a ticket which** ... il voyageait avec un passeport/un billet qui ... ◆ **it travels well** [food, wine] ça supporte bien le voyage
b (Comm †) voyager, être représentant ◆ **he travels for a Paris firm** il voyage pour or il représente une société parisienne ◆ **he travels in soap** il est représentant en savon
c (= move, go) [person, animal, vehicle] aller ; [object] aller, passer ; [machine part, bobbin, piston etc] se déplacer ◆ **to travel at 80km/h** faire du 80 km/h ◆ **you were travelling too fast** vous rouliez trop vite ◆ **he was really travelling!** ✳ il roulait drôlement vite! ✳ ◆ **this car can certainly travel** ✳ cette voiture est vraiment rapide ◆ **light travels at (a speed of)** ... la vitesse de la lumière est ... ◆ **news travels fast** les nouvelles se propagent or circulent vite ◆ **the news travelled to Rome** la nouvelle s'est propagée jusqu'à Rome ◆ **the boxes travel along a moving belt** les boîtes passent sur une or se déplacent le long d'une chaîne ◆ **this part travels 3cm** cette pièce se déplace de 3 cm or a une course de 3 cm ◆ **his eyes travelled over the scene** son regard se promenait or il promenait son regard sur le spectacle ◆ **her mind travelled over recent events** elle a revu en esprit les événements récents
[2] vt ◆ **to travel a country/district** parcourir un pays/une région ◆ **they travel the road to London** tous les mois ils font la route de Londres tous les mois ◆ **a much-travelled road** une route très fréquentée ◆ **they travelled 300km** ils ont fait or parcouru 300 km

[3] n a (NonC) le(s) voyage(s) m(pl) ◆ **to be fond of travel** aimer voyager, aimer les voyages ◆ **travel was difficult in those days** les voyages étaient difficiles or il était difficile de voyager à l'époque ◆ **travel broadens the mind** les voyages ouvrent l'esprit
b **travels** voyages mpl ◆ **his travels in Spain** ses voyages en Espagne ◆ **he's off on his travels again** il repart en voyage ◆ **if you meet him on your travels** (lit) si vous le rencontrez au cours de vos voyages ; (fig hum) si vous le rencontrez au cours de vos allées et venues
c [of machine part, piston etc] course f
[4] COMP **travel** allowance, expenses de déplacement ; scholarship de voyage(s) ▷ **travel agency** n agence f de voyages or de tourisme ▷ **travel agent** n agent m de voyages ▷ **travel book** n récit m de voyages ▷ **travel brochure** n dépliant m or brochure f touristique ▷ **travel bureau** n ⇒ **travel agency** ▷ **travel card** n (Brit) carte f de transport ▷ **travel film** n film m de voyage ; (= documentary) documentaire m touristique ▷ **travel insurance** n assurance f voyage ▷ **travel organization** n organisme m de tourisme ▷ **travel-sick** adj ◆ **to be travel-sick** avoir le mal des transports ▷ **travel sickness** n mal m des transports ▷ **travel-sickness pill** n comprimé m contre le mal des transports ▷ **travel-stained** adj sali par le(s) voyage(s) ▷ **travel voucher** n bon m de voyage ▷ **travel-weary, travel-worn** adj fatigué par le(s) voyage(s)

travelator ['trævəleɪtəʳ] n tapis m or trottoir m roulant

travelled, traveled (US) ['trævld] adj person (also **well-travelled, much-travelled, widely travelled**) qui a beaucoup voyagé ◆ **a well-travelled** or **much-travelled road** une route très fréquentée ; see also **travel**

traveller, traveler (US) ['trævləʳ] → SYN [1] n voyageur m, -euse f ; († : also **commercial traveller**) voyageur m or représentant m de commerce, VRP m ◆ **he is a traveller in soap** (Comm) il est représentant en savon
[2] **travellers** npl (Brit = gypsies) gens mpl du voyage
[3] COMP ▷ **traveler's check** n (US) ⇒ **traveller's cheque** ▷ **traveller's cheque** n chèque m de voyage, traveller's chèque m ▷ **traveller's joy** n (Bot) clématite f des haies

travelling, traveling (US) ['trævlɪŋ] → SYN [1] n (NonC) voyage(s) m(pl)
[2] adj actor, musician, circus, theatre company itinérant, ambulant ; exhibition itinérant ; crane mobile ◆ **the travelling public** les gens qui se déplacent ◆ **England's 5,000 travelling fans** les 5 000 supporters qui suivent l'équipe d'Angleterre
[3] COMP bag, rug, scholarship de voyage ; expenses, allowance de déplacement ▷ **travelling clock** n réveil m or pendulette f de voyage ▷ **travelling library** n bibliobus m ▷ **travelling people** npl (Brit) gens mpl du voyage ▷ **travelling salesman** n, pl **travelling salesmen** (Comm) voyageur m de commerce, VRP m

travelogue, travelog (US) ['trævəlɒg] n (= talk) compte rendu m de voyage ; (= film) documentaire m touristique ; (= book) récit m de voyage

traverse ['trævəs] → SYN [1] vt (gen, Climbing, Ski) traverser ; [searchlights] balayer
[2] vi (Climbing, Ski) faire une traversée, traverser
[3] n (= line) transversale f ; (= crossbar, crossbeam; also across rampart, trench etc) traverse f ; (Archit) galerie f transversale ; (Climbing, Ski) traversée f

travertine ['trævətɪn] n (Constr) travertin m

travesty ['trævɪstɪ] → SYN [1] n (Art, Literat etc) parodie f, pastiche m ; (pej) parodie f, simulacre m ◆ **it was a travesty of freedom/peace** (pej) c'était un simulacre de liberté/de paix ◆ **it was a travesty of justice** c'était un simulacre or une parodie de justice
[2] vt être un travestissement de

trawl [trɔːl] [1] n (also **trawl net**) chalut m ; (fig = search) recherche f
[2] vi pêcher au chalut ◆ **to trawl for herring** pêcher le hareng au chalut ◆ **to trawl for sth** (fig) être en quête de qch

trawler ['trɔːlə'] **1** n (= ship, man) chalutier m **2** COMP ▷ **trawler fisherman** n, pl **trawler fishermen** pêcheur m au chalut ▷ **trawler owner** n propriétaire mf de chalutier

trawling ['trɔːlɪŋ] n (NonC) chalutage m, pêche f au chalut

tray [treɪ] n (for carrying things) plateau m ; (for storing things) (box-type) boite f (de rangement) ; (basket-type) corbeille f (de rangement) ; (drawer-type) tiroir m ; [of eggs] (also in chocolate box) plateau m ; (in bird or animal cage) plaque f, plateau m ; → **ashtray, ice**

traycloth ['treɪklɒθ] n napperon m

treacherous ['tretʃərəs] → SYN adj **a** (= disloyal) person, action, intentions traitre (traitresse f), perfide ◆ **to be treacherous to sb** trahir qn
b (= perilous) weather conditions, road traitre (traitresse f), dangereux ; waters, river, current, tide, sands traitre (traitresse f) ; journey périlleux
c (= unreliable) memory défaillant

treacherously ['tretʃərəslɪ] adv traitreusement, perfidement ◆ **the roads are treacherously slippery** les routes sont dangereusement glissantes

treachery ['tretʃərɪ] → SYN n traitrise f, déloyauté f

treacle ['triːkl] (Brit) **1** n (also **black treacle**) mélasse f
2 COMP ▷ **treacle pudding** n pudding m à la mélasse raffinée ▷ **treacle tart** n tarte f à la mélasse raffinée

treacly ['triːklɪ] adj substance, liquid, sentimentality sirupeux ; voice onctueux

tread [tred] → SYN vb : pret **trod**, ptp **trodden** **1** n **a** (NonC) [of footsteps] pas mpl ; (= sound) bruit m de pas
b [of tyre] bande f de roulement ; [of stair] giron m ; [of shoe] semelle f ; (= belt over tractor etc wheels) chenille f
2 vi marcher ◆ **to tread on sth** mettre le pied sur qch, marcher sur qch ◆ **he trod on the cigarette end** (deliberately) il a écrasé le mégot du pied ◆ **to tread on sb's heels** (fig) suivre or serrer qn de près, talonner qn ◆ **to tread carefully** or **softly** or **warily** (lit, fig) avancer avec précaution, y aller doucement ; → **toe**
3 vt [+ path, road] suivre, parcourir (à pied) ◆ **he trod the streets looking for somewhere to live** il a erré dans les rues or il a battu le pavé à la recherche d'un logis ◆ **to tread sth underfoot** fouler qch aux pieds, piétiner qch ◆ **to tread grapes** fouler du raisin ◆ **tread the earth** (in or down) **round the roots** tassez la terre du pied autour des racines ◆ **he trod his cigarette end into the mud** il a enfoncé du pied son mégot dans la boue ◆ **you're treading mud into the carpet** tu mets or tu étales de la boue sur le tapis ◆ **to tread a dangerous path** suivre une voie dangereuse ◆ **well-trodden path** (lit) sentier m bien tracé ; (fig) sentier m battu ◆ **to tread the boards** (Theat †† or liter) monter sur les planches, faire du théâtre ◆ **to tread a measure** (†† or liter = dance) danser (pret, ptp **treaded**) ◆ **to tread water** (lit, fig) faire du surplace
4 COMP ▷ **tread pattern** n (Aut) sculptures fpl

▶ **tread down** vt sep tasser or presser du pied ◆ **the grass was trodden down** l'herbe avait été piétinée or foulée

▶ **tread in** vt sep [+ root, seedling] consolider en tassant la terre du pied

treadle ['tredl] **1** n pédale f
2 vi actionner la pédale
3 COMP machine à pédale

treadmill ['tredmɪl] n (= mill) trépigneuse f ; (Hist = punishment) manège m de discipline ; (for exercise) tapis m de jogging ◆ **he hated the treadmill of life in the factory** il détestait la morne or mortelle routine du travail d'usine

Treas. abbrev of **Treasurer**

treason ['triːzn] → SYN n trahison f ◆ **high treason** haute trahison f

treasonable ['triːzənəbl] → SYN adj qui relève de la trahison, traitre (traitresse f) ◆ **it was treasonable to do such a thing** un tel acte relevait de la trahison

treasure ['treʒə'] → SYN **1** n trésor m (also fig) ◆ **treasures of medieval art** les trésors mpl or les joyaux mpl de l'art médiéval ◆ **she's a treasure** (gen) elle est adorable ; (of servant etc) c'est une perle ◆ **yes my treasure** oui mon trésor ◆ "**Treasure Island**" (Literat) "L'Île au trésor"
2 vt **a** (= value greatly) [+ object, sb's friendship, opportunity etc] tenir beaucoup à, attacher une grande valeur à ◆ **this is my most treasured possession** c'est ce que je possède de plus précieux
b (= keep carefully: also **treasure up**) [+ object, money, valuables] garder précieusement, prendre grand soin de ; [+ memory, thought] conserver précieusement, chérir
3 COMP ▷ **treasure chest** n (lit) malle f au trésor ◆ **a treasure chest of information/of useful advice** une mine de renseignements/de conseils utiles ▷ **treasure-house** n (lit) trésor m (lieu) ; (fig: of library, museum etc) mine f, trésor m ◆ **she's a real treasure-house of information** c'est un puits de science, c'est une mine d'érudition ▷ **treasure hunt** n chasse f au trésor ▷ **treasure-trove** n (NonC) trésor m ; (fig = valuable collection) mine f ; (fig = rich source) mine f d'or

treasurer ['treʒərə'] n trésorier m, -ière f (d'une association etc)

treasury ['treʒərɪ] → SYN **1** n **a** **the Treasury** la Trésorerie, ≃ le ministère des Finances ◆ **Secretary/Department of the Treasury** (US) ministre m/ministère m des Finances
b (= place) trésorerie f ; (fig = book) trésor m
2 COMP ▷ **Treasury bench** (Brit Parl) banc m des ministres ▷ **Treasury bill, Treasury bond** n (US) ≃ bon m du Trésor ▷ **Treasury Department** n (US) ministère m des Finances ▷ **Treasury note** n (US) ≃ bon m du Trésor ▷ **Treasury Secretary** n (US) ministre m des Finances

---

TREASURY

En Grande-Bretagne, **Treasury** (ou "Her/His Majesty's **Treasury**") est le nom donné au ministère des Finances, et le ministre porte traditionnellement le nom de chancelier de l'Échiquier (Chancellor of the Exchequer). Il a sa résidence au 11, Downing Street, non loin de celle du Premier ministre.

Aux États-Unis, le ministère correspondant est le "Department of **Treasury**", qui a en outre la responsabilité des services secrets chargés d'assurer la garde du président.

---

treat [triːt] → SYN **1** vt **a** (gen) traiter ; [+ object, theme, suggestion] traiter, examiner ◆ **to treat sb well** bien traiter qn, bien agir or se conduire envers qn ◆ **to treat sb badly** mal agir or se conduire envers qn, traiter qn fort mal ◆ **to treat sb like a child** traiter qn comme un enfant ◆ **to treat sb like dirt** or **a dog** traiter qn comme un chien ◆ **he treated me as though I was to blame** il s'est conduit envers moi comme si c'était ma faute ◆ **you should treat your mother with more respect** vous devriez montrer plus de respect envers votre mère ◆ **you should treat your books with more care** tu devrais faire plus attention à or prendre plus de soin de tes livres ◆ **the article treats the problems of race relations with fresh insight** cet article aborde les problèmes des rapports interraciaux d'une façon originale ◆ **he treats the subject very objectively** il traite le sujet avec beaucoup d'objectivité ◆ **he treated the whole thing as a joke** il a pris tout cela à la plaisanterie
b [+ wood, soil, substance] traiter (with sth à qch) ; (Med) traiter, soigner (sb for sth qn pour qch) ◆ **they treated him/the infection with penicillin** ils l'ont soigné/ont soigné l'infection à la pénicilline
c (= pay for sth) **to treat sb to sth** offrir ou payer * qch à qn ◆ **to treat o.s. to sth** s'offrir or se payer * qch ◆ **I'll treat you to a drink** je t'offre or te paie * un verre
2 vi **a** (= negotiate) **to treat with sb** traiter avec qn (for sth pour qch) ◆ **to treat for peace** engager des pourparlers en vue de la paix
b (= discuss) **to treat of** [book, article etc] traiter (de)
3 n (= pleasure) plaisir m ; (= outing) sortie f ; (= present) cadeau m ◆ **I've got a treat for you** j'ai une bonne surprise pour toi ◆ **what a treat!** quelle aubaine !, chouette * alors ! ◆ **to have a treat in store for sb** réserver une agréable surprise à qn ◆ **it was a great treat (for us) to see them again** ça nous a vraiment fait plaisir de les revoir, ça a été une joie de les revoir ◆ **what would you like as a treat for your birthday?** qu'est-ce qui te ferait plaisir pour ton anniversaire ? ◆ **it is a treat for her to go out to a meal** elle se fait une joie de or c'est tout un événement * pour elle de dîner en ville ◆ **let's give the children a treat** faisons (un) plaisir ou une gâterie aux enfants, gâtons un peu les enfants ◆ **I want to give her a treat** je veux lui faire plaisir ◆ **to give o.s. a treat** s'offrir un petit extra, s'offrir quelque chose ◆ **the school treat was a visit to the seaside** la fête de l'école a consisté en une excursion au bord de la mer ◆ **to stand treat** inviter ◆ **to stand sb a treat** (gen) offrir or payer * quelque chose à qn ; (food, drink only) régaler * qn ◆ **this is my treat** c'est moi qui offre or qui paie * ; (food, drink only) c'est moi qui régale *
◆ **... a treat** * (Brit) à merveille ◆ **the garden is coming on a treat** le jardin avance à merveille ◆ **the plan worked a treat** le projet a marché comme sur des roulettes *

treatable ['triːtəbl] adj illness soignable, qui se soigne

treatise ['triːtɪz] → SYN n (Literat) traité m (on de)

treatment ['triːtmənt] → SYN **1** n (gen, Chem etc) traitement m ; (Med) traitement m, soins mpl ◆ **his treatment of his parents/the dog** la façon dont il traite ses parents/le chien ◆ **his treatment of this subject in his book** la façon dont il traite ce sujet dans son livre ◆ **he got very good treatment there** (gen) il a été très bien traité là-bas ; (Med) il a été très bien soigné là-bas ◆ **to give sb preferential treatment** accorder à qn un traitement préférentiel ou un régime de faveur ◆ **he needs medical treatment** il a besoin de soins médicaux ou d'un traitement ◆ **they refused him treatment** ils ont refusé de le soigner ◆ **he is having (a course of) treatment for kidney trouble** il suit un traitement or il est sous traitement pour ennuis rénaux ◆ **to give sb the treatment** ‡ (fig) en faire voir de toutes les couleurs * à qn ; → **respond**
2 COMP ▷ **treatment room** n (Med) salle f de soins

treaty ['triːtɪ] → SYN **1** n **a** traité m (with avec ; between entre) ◆ **to make a treaty with sb** (Pol) conclure or signer un traité avec qn
b (NonC) **to sell a house by private treaty** vendre une maison par accord privé
2 COMP ▷ **treaty obligations** npl obligations fpl conventionnelles ▷ **treaty port** n (Hist) port asiatique ouvert au commerce avec l'étranger en vertu d'un traité spécial

treble ['trebl] **1** adj **a** (= triple) triple ◆ **a treble whisky** un triple whisky ◆ **the amount is in treble figures** le montant dépasse la centaine ou se chiffre en centaines
b (Mus) voice de soprano (de jeune garçon) ; part pour soprano
2 n **a** (Mus) (= part) soprano m ; (= singer) soprano mf
b (Recording) aigus mpl
c (= drink) triple m
d (Darts) triple m
e (Brit Sport = three victories) triplé m
3 adv ◆ **it expanded to treble its size** sa taille a triplé ◆ **rents that were treble their current levels** des loyers qui étaient trois fois plus élevés que ceux d'aujourd'hui
4 vti tripler
5 COMP ▷ **the treble chance** n (in football pools) méthode de pari au loto sportif ▷ **treble clef** n (Mus) clé f de sol ▷ **treble recorder** n (Mus) flûte f à bec alto

trebly ['treblɪ] adv triplement, trois fois plus

tree [triː] vb : pret, ptp **treed** **1** n **a** arbre m ◆ **cherry tree** cerisier m ◆ **the tree of life** (Bible) l'arbre m de vie ◆ **the tree of knowledge of**

treeless ['triːlɪs] adj sans arbres

treetop ['triːtɒp] n sommet m or cime f d'un arbre ◆ **in the treetops** au sommet or à la cime des arbres

trefoil ['trefɔɪl] 1 n (Archit, Bot) trèfle m
2 COMP ▷ **trefoil leaf** n feuille f de trèfle

trehalose ['triːhəˌləʊs] n tréhalose m

trek [trek] → SYN 1 vi a (= go slowly) cheminer, avancer avec peine ; (as holiday: also **to go trekking**) faire du trekking or de la randonnée ; (= go on long, difficult journey) faire un périple ; (Hist = go by oxcart) voyager en char à bœufs ; → **pony**
b (* = walk) se traîner ◆ **I had to trek over to the library** il a fallu que je me traîne (subj) jusqu'à la bibliothèque
2 n (= hike) trekking m, randonnée f ; (= long, difficult journey) périple m ; (= leg of journey) étape f ; (by oxcart) voyage m en char à bœufs ; (* = walk) balade * f ◆ **it was quite a trek to the hotel** il y avait un bon bout de chemin * jusqu'à l'hôtel

Trekkie * ['trekɪ] n fan mf de Star Trek

trekking ['trekɪŋ] n trekking m, randonnée f ◆ **to go trekking** faire du trekking or de la randonnée ◆ **to go on a trekking holiday** partir en vacances faire de la randonnée

trellis ['trelɪs] 1 n treillis m ; (tougher) treillage m ; (NonC: also **trelliswork**) treillage m
2 vt treillisser, treillager

tremble ['trembl] → SYN 1 vi trembler ; (with excitement, passion) frémir, frissonner ; [voice] (with fear, anger) trembler ; (with age) chevroter ; (with passion) vibrer ; [hands, legs, lips, object, building, ground] trembler ; [engine, ship, train] trépider ◆ **to tremble with fear** trembler or frissonner de peur ◆ **to tremble with cold** trembler de froid, grelotter ◆ **to tremble with anger** trembler de colère ◆ **to tremble with excitement/passion** frémir or frissonner d'excitation/de passion ◆ **to tremble at the thought of sth** frémir à la pensée de qch ◆ **I tremble to think what might have happened** je frémis à la pensée de ce qui aurait pu arriver ◆ **what will he do next? – I tremble to think!** qu'est-ce qu'il va encore faire ? – j'en frémis d'avance ! ◆ **her employees trembled at the mere mention of her name** la simple mention de son nom faisait frémir ses employés ◆ **to tremble in one's shoes** être dans ses petits souliers
2 n [of person] tremblement m ; (with excitement, passion) frémissement m, frissonnement m ; (with age) tremblotement m ; [of voice] (with fear, anger) tremblement m ; (with age) chevrotement m ; (with passion) vibration f, frissonnement m ; [of hands, legs, lips, building, ground] tremblement m ; [of engine, ship, train] trépidations fpl ◆ **to be all of a tremble** * trembler comme une feuille

trembling ['tremblɪŋ] → **tremble 1** 1 adj person tremblant ; (with age) tremblotant ; (with excitement, passion) frémissant ; voice (with fear, anger) tremblant ; (with age) chevrotant ; (with excitement, passion) vibrant ; hands, legs, lips, object, building, ground tremblant ; engine, ship, train trépidant
2 n (NonC) tremblement m ; → **fear**
3 COMP ▷ **trembling poplar** n tremble m

tremendous [trə'mendəs] → SYN adj a (= great, enormous) amount, number, effort, shock, pleasure, potential énorme ; feeling, relief, progress, success, courage, loss énorme, immense ; help, support, achievement, opportunity extraordinaire ; storm, heat, blow, explosion, noise épouvantable, terrible ; speed fou (folle f) ; victory foudroyant ◆ **she taught me a tremendous amount** elle m'a énormément appris ◆ **a tremendous sense of loyalty** un sens très poussé de la loyauté ◆ **there was a tremendous crowd at the meeting** il y avait un monde fou à la réunion
b (* = excellent) person génial *, super * inv ; goal, food super * inv ◆ **she has done a tremendous job** elle a accompli un travail remarquable ◆ **we had a tremendous time** * on s'est drôlement bien amusés *

tremendously [trə'mendəslɪ] adv important extrêmement ; exciting terriblement ; improve, vary considérablement ; help énormément ◆ **they've done tremendously well** ils s'en sont extrêmement bien tirés

tremolo ['tremələʊ] n (Mus) trémolo m

tremor ['tremər] → SYN n tremblement m ◆ **tremors of protest** murmures mpl de protestation ; → **earth**

tremulous ['tremjʊləs] adj (liter) a (= timid) person craintif ; smile timide, incertain
b (= trembling) person tremblant ; (with age) tremblotant ; (with excitement, passion) frémissant ; voice (with fear, anger) tremblant ; (with age) chevrotant ; (with excitement, passion) vibrant ; handwriting tremblé ; hands tremblant ; request formulé d'une voix tremblante

tremulously ['tremjʊləslɪ] adv (liter) say, answer, suggest (= timidly) craintivement ; (= in trembling voice) (with fear, anger) en tremblant, d'une voix tremblante ; (with age) en chevrotant ; (with excitement, passion) en frémissant, en frissonnant ; smile d'une façon incertaine, timidement

trench [trentʃ] → SYN 1 n tranchée f (also Mil) ; (wider) fossé m ◆ **he fought in the trenches** il était dans les tranchées or a fait la guerre des tranchées
2 vt (= dig trenches in) creuser une or des tranchée(s) dans ; (Mil = surround with trenches) [+ one's position etc] retrancher
3 vi creuser une or des tranchée(s)
4 COMP ▷ **trench coat** n trench-coat m ▷ **trench fever** n fièvre f des tranchées, rickettsiose f ▷ **trench foot** n pied m des tranchées ▷ **trench knife** n, pl **trench knives** couteau m (à double tranchant) ▷ **trench mortar** n (Mil) mortier m de tranchée ▷ **trench warfare** n (NonC: Mil) guerre f de tranchées

trenchant ['trentʃənt] → SYN adj view tranchant ; criticism, statement incisif ; person catégorique (*on* or *about sth* sur qch)

trenchantly ['trentʃəntlɪ] adv d'un ton incisif

trencher ['trentʃər] n tranchoir m

trencherman ['trentʃəmæn] n, pl **-men** ◆ **he is a good** or **great** or **hearty trencherman** il a un sacré coup de fourchette *

trend [trend] → SYN 1 n (= tendency) tendance f (*towards* à) ; (Geog) [of coast, river, road] direction f, orientation f ; (= fashion) mode f, vogue f ◆ **upward/downward trend** (Fin etc) tendance f à la hausse/à la baisse ◆ **there is a trend towards doing/away from doing** on a tendance à faire/à ne plus faire ◆ **the latest trends in swimwear** la mode la plus récente en maillots de bain ◆ **the trend of events** le cours or la tournure des événements ◆ **to set a trend** donner le ton ; (= fashion) lancer une mode ◆ **to buck the trend** aller or agir à contre-courant ◆ **trends in popular music** les tendances fpl de la musique populaire ; → **market**, **reverse**
2 vi ◆ **to trend northwards/southwards** etc [river, road] se diriger vers le nord/le sud etc ◆ **to trend towards sth** [events, opinions] tendre vers qch

trendily ['trendɪlɪ] adv ◆ **to dress trendily** s'habiller branché *

trendiness * ['trendɪnɪs] n côté m branché

trendsetter ['trendˌsetər] n (= person) personne f qui donne le ton (or qui lance une mode)

trendsetting ['trendˌsetɪŋ] 1 n innovation f
2 adj innovateur (-trice f), qui donne le ton (or lance une mode)

trendy * ['trendɪ] 1 adj person, clothes, restaurant, ideas branché * ; opinions, behaviour, religion à la mode ◆ **he's got quite a trendy image** il fait très branché * ◆ **it's no longer trendy to smoke** fumer n'est plus considéré comme branché *
2 n branché(e) * m(f)

trepan [trɪ'pæn] 1 vt [+ metal plate etc] forer ; (Med) trépaner
2 n (for quarrying etc) foreuse f, trépan m ; (Med) trépan m

trephine [trɪ'fiːn] (Med) 1 vt trépaner
2 n trépan m

trepidation [ˌtrepɪ'deɪʃən] → SYN n (= fear) vive inquiétude f ; (= excitement) agitation f

treponema [ˌtrepəˈniːmə] n, pl **treponemata** [ˌtrepəˈniːmətə] (Med, Vet) tréponème m

trespass ['trespəs] → SYN 1 n a (NonC: Jur = illegal entry) entrée f non autorisée
b (††, Rel = sin) offense f, péché m ◆ **forgive us our trespasses** pardonnez-nous nos offenses
2 vi a entrer sans permission ◆ **"no trespassing"** "entrée interdite", "propriété privée" ◆ **you're trespassing** vous êtes dans une propriété privée ◆ **to trespass on** [+ sb's land] s'introduire or se trouver sans permission dans or sur ; (fig) [+ sb's hospitality, time] abuser de ; [+ sb's privacy] s'ingérer dans ; [+ sb's rights] empiéter sur
b †† **to trespass against** (Rel) [+ person] offenser ; [+ law] enfreindre ◆ **as we forgive them that trespass against us** (Rel) comme nous pardonnons à ceux qui nous ont offensés

trespasser ['trespəsər] → SYN n a intrus(e) m(f) (dans une propriété privée) ◆ **"trespassers will be prosecuted"** "défense d'entrer sous peine de poursuites"
b (††, Rel = sinner) pécheur m, -eresse f

tress [tres] → SYN n (liter) boucle f de cheveux ◆ **tresses** chevelure f

tressure ['treʃər] n trescheur m

trestle ['tresl] 1 n tréteau m, chevalet m
2 COMP ▷ **trestle bridge** n pont m sur chevalets ▷ **trestle table** n table f à tréteaux

trews [truːz] npl pantalon m écossais (étroit)

tri... [traɪ] pref tri...

triacid [ˌtraɪˈæsɪd] n triacide m

Triad ['traɪæd] n (in China) Triade f

triad ['traɪæd] → SYN n (gen) triade f ; (Mus) accord m parfait

trial ['traɪəl] → SYN 1 n a (Jur) (= proceedings) procès m ; (NonC) jugement m ◆ **"The Trial"** (Literat) "Le Procès" ◆ **the trial lasted a month** le procès a duré un mois ◆ **famous trials** procès mpl or causes fpl célèbres ◆ **a new trial was ordered** la révision du procès a été demandée ◆ **at the trial it emerged that ...** au cours du procès or à l'audience il est apparu que ... ◆ **during his trial he claimed that ...** pendant son procès il a affirmé que ... ◆ **trial by jury** jugement m par jury ◆ **trial by media** or **television** jugement m par les médias ◆ **to be** or **go on trial** passer en jugement or en justice ◆ **to put sb on trial** faire passer qn en jugement ; see also **1b** ◆ **to give sb a fair trial** juger qn équitablement ◆ **to be sent for trial** être traduit en justice (*to* devant), être inculpé ◆ **to be on trial for theft** être jugé pour vol ◆ **he was on trial for his life** il encourait la peine de mort ◆ **to bring sb to trial** faire passer qn en jugement or en justice ◆ **to come up for trial** [case] passer au tribunal ; [person] passer en jugement ◆ **to stand (one's) trial** passer en jugement (for sth pour qch ; for doing sth pour avoir fait qch) → **commit**

b (= test) [of machine, vehicle, drug] essai m ◆ **trials** (Ftbl) match m de sélection ; (Athletics) épreuve f de sélection ◆ **sheepdog trials** concours m de chiens de berger ◆ **horse trials** concours m hippique ◆ **trial of strength** épreuve f de force ◆ **to have a trial of strength with sb** lutter de force avec qn, se mesurer à qn ◆ **by (a system of) trial and error** par tâtonnements, en tâtonnant ◆ **it was all trial and error** on a procédé uniquement par tâtonnements ◆ **to take sb/sth on trial** prendre qn/qch à l'essai ◆ **to be on trial** [machine, method, employee] être à l'essai ◆ **to give sb a trial** mettre qn à l'essai

c (= hardship) épreuve f ; (= nuisance) souci m ◆ **the trials of old age** les afflictions fpl or les vicissitudes fpl de la vieillesse ◆ **the interview was a great trial** l'entrevue a été une véritable épreuve or a été très éprouvante ◆ **he is a trial to his mother** il est un souci perpétuel pour sa mère, il donne beaucoup de soucis à sa mère ◆ **what a trial you are!** ce que tu es agaçant or exaspérant ! ; → **tribulation**

2 vt (= test) tester

3 COMP flight, period etc d'essai ; offer, marriage à l'essai ▷ **trial attorney** n (US Jur) avocat(e) m(f) qui plaide à l'audience ▷ **trial balance** n (Fin) balance f d'inventaire ▷ **trial balloon** n (US lit, fig) ballon m d'essai ▷ **trial basis** n **on a trial basis** à titre d'essai ▷ **trial court** n (US, Can) cour f jugeant en première instance ▷ **trial division** n (US, Can Jur) division f or tribunal m de première instance ▷ **trial judge** n juge m d'instance ▷ **trial jury** n (US Jur) jury m (de jugement) ▷ **trial lawyer** n (US Jur) ≃ avocat(e) m(f) ▷ **trial run** n [of machine etc] essai m ; (fig) période f d'essai, répétition f

triangle ['traɪæŋgl] 1 n (Math, Mus, fig) triangle m ; (= drawing instrument) équerre f ; → **eternal**

2 COMP ▷ **triangle of forces** n (Phys) triangle m des forces

triangular [traɪˈæŋgjʊləʳ] adj triangulaire

triangulate [traɪˈæŋgjʊleɪt] vt trianguler

triangulation [traɪˌæŋgjʊˈleɪʃən] 1 n triangulation f

2 COMP ▷ **triangulation station** n (Surv) point m de triangulation

Triassic [traɪˈæsɪk] 1 adj (Geol) period triasique

2 n trias m

triathlete [ˌtraɪˈæθliːt] n triathlète mf, triathlonien(ne) m(f)

triathlon [traɪˈæθlən] n triathlon m

triatomic [ˌtraɪəˈtɒmɪk] adj triatomique

tribade ['trɪbəd] n tribade f

tribadism ['trɪbədɪzəm] n tribadisme m

tribal ['traɪbəl] adj tribal ◆ **the tribal elders** les anciens mpl de la tribu (or des tribus) ◆ **tribal people** membres mpl d'une tribu ◆ **they are a tribal people** ils vivent en tribu ◆ **divided on** or **along tribal lines** divisé selon des clivages tribaux

tribalism ['traɪbəlɪzəm] n tribalisme m

tribe [traɪb] → SYN n (gen, Bot, Zool) tribu f ; (* fig) tribu f, smala * f ◆ **the twelve Tribes of Israel** les douze tribus d'Israël

tribesman ['traɪbzmən] n, pl **-men** membre m d'une tribu (or de la) tribu

triblet ['trɪblɪt] n triboulet m

tribo... ['traɪbəʊ] pref tribo-...

triboelectric [ˌtraɪbəʊɪˈlektrɪk] adj tribo-électrique

triboelectricity [ˌtraɪbəʊɪlekˈtrɪsɪti] n tribo-électricité f

tribology [traɪˈbɒlədʒi] n tribologie f

triboluminescence [ˌtraɪbəʊluːmɪˈnesns] n triboluminescence f

triboluminescent [ˌtraɪbəʊˌluːmɪˈnesnt] adj triboluminescent

tribrach ['traɪbræk] n (Literat) tribraque m

tribulation [ˌtrɪbjʊˈleɪʃən] → SYN n affliction f, souffrance f ◆ **(trials and) tribulations** tribulations fpl ◆ **in times of tribulation** en période d'adversité, en période de malheurs

tribunal [traɪˈbjuːnl] → SYN n (gen, Jur, fig) tribunal m ◆ **tribunal of inquiry** commission f d'enquête

tribunate ['trɪbjʊnɪt] n tribunat m

tribune ['trɪbjuːn] n (= platform) tribune f (also fig) ; (Hist, gen = person) tribun m

tributary ['trɪbjʊtəri] 1 adj tributaire

2 n (= river) affluent m ; (= state, ruler) tributaire m

tribute ['trɪbjuːt] → SYN n tribut m, hommage m ; (esp Hist = payment) tribut m ◆ **to pay tribute to ...** (= honour) payer tribut à ..., rendre hommage à ... ; (Hist etc) payer (le) tribut à ... ◆ **it is a tribute to his generosity that nobody went hungry** qu'aucun n'ait souffert de la faim témoigne de sa générosité ; → **floral**

trice [traɪs] 1 n ◆ **in a trice** en un clin d'œil, en moins de deux * or de rien

2 vt (Naut : also **trice up**) hisser

Tricel ® ['traɪsel] 1 n Tricel ® m

2 COMP shirt etc de or en Tricel ®

tricentenary [ˌtraɪsenˈtiːnəri], **tricentennial** [ˌtraɪsenˈtenɪəl] adj, n tricentenaire m ◆ **tricentenary celebrations** fêtes fpl du tricentenaire

triceps ['traɪseps] n, pl **triceps** or **tricepses** triceps m

triceratops [traɪˈserəˌtɒps] n tricératops m

trichiasis [trɪˈkaɪəsɪs] n trichiasis m

trichina [trɪˈkaɪnə] n, pl **trichinae** [trɪˈkaɪniː] trichine f

trichiniasis [ˌtrɪkɪˈnaɪəsɪs], **trichinosis** [ˌtrɪkɪˈnəʊsɪs] n trichinose f

trichlor(o)ethylene [ˌtraɪklɔːrəʊˈeθɪliːn] n trichloréthylène m

trichologist [trɪˈkɒlədʒɪst] n trichologue mf

trichology [trɪˈkɒlədʒi] n trichologie f

trichomonad [ˌtrɪkəʊˈmɒnæd] n trichomonas m

trichomoniasis [ˌtrɪkəʊməˈnaɪəsɪs] n trichomonase f

trick [trɪk] → SYN 1 n **a** (= dodge, ruse) ruse f, astuce f ; (= prank, joke, hoax) tour m, blague * f ; [of conjuror, juggler, dog etc] tour m ; (= special skill) truc m ◆ **it's a trick to make you believe ...** c'est une ruse pour vous faire croire ... ◆ **he got it all by a trick** il a tout obtenu par une ruse or un stratagème or une combine * ◆ **he'll use every trick in the book to get what he wants** il ne reculera devant rien pour obtenir ce qu'il veut, pour lui, tous les moyens sont bons ◆ **that's the oldest trick in the book** c'est le coup classique ◆ **a dirty** or **low** or **shabby** or **nasty trick** un sale tour, un tour de cochon * ◆ **to play a trick on sb** jouer un tour à qn, faire une farce à qn ◆ **my eyesight is playing tricks with** or **on me** ma vue me joue des tours ◆ **his memory is playing him tricks** sa mémoire lui joue des tours ◆ **a trick of the trade** une ficelle du métier ◆ **it's a trick of the light** c'est une illusion d'optique ◆ **he's up to his (old) tricks again** il fait de nouveau des siennes * ◆ **how's tricks?** * alors, quoi de neuf ? ◆ **he knows a trick or two** * (fig) c'est un petit malin ◆ **I know a trick worth two of that** * je connais un tour or un truc * bien meilleur encore que celui-là ◆ **that will do the trick** * ça fera l'affaire ◆ **I'll soon get the trick of it** * je vais vite prendre le pli ◆ **trick or treat!** (esp US) donnez-moi quelque chose ou je vous joue un tour ! ; → HALLOWEEN ◆ **to turn tricks** [prostitute] faire des passes * ; → **bag**, **card**[1], **conjuring**

b (= peculiarity) particularité f ; (= habit) habitude f, manie f ; (= mannerism) tic m ◆ **he has a trick of scratching his ear when puzzled** il a le tic de se gratter l'oreille quand il est perplexe ◆ **he has a trick of arriving just when I'm making coffee** il a le don d'arriver or le chic * pour arriver au moment où je fais du café ◆ **this horse has a trick of stopping suddenly** ce cheval a la manie de s'arrêter brusquement ◆ **these things have a trick of happening just when you don't want them to** ces choses-là se produisent comme par magie or ont le don de se produire juste quand on ne le veut pas ◆ **history has a trick of repeating itself** l'histoire a le don de se répéter

c (Cards) levée f, pli m ◆ **to take a trick** faire une levée or un pli ◆ **he never misses a trick** (fig) rien ne lui échappe

2 vt (= hoax, deceive) attraper, rouler * ; (= swindle) escroquer ◆ **I've been tricked!** on m'a eu or roulé ! * ◆ **to trick sb into doing sth** amener qn à faire qch par la ruse ◆ **to trick sb out of sth** obtenir qch de qn or soutirer qch à qn par la ruse

3 COMP ▷ **trick cushion** etc n attrape f ▷ **trick-cyclist** n cycliste-acrobate mf ; (Brit * = psychiatrist) psy * mf, psychiatre mf ▷ **trick photograph** n photographie f truquée ▷ **trick photography** n truquage m photographique ▷ **trick question** n question-piège f ▷ **trick rider** n (on horse) voltigeur m, -euse f (à cheval) ▷ **trick riding** n voltige f (à cheval)

▶ **trick out**, **trick up** vt sep parer (with de) ◆ **the ladies tricked out in all their finery** les dames sur leur trente et un or tout endimanchées

trickery ['trɪkəri] → SYN n (NonC) ruse f, supercherie f ◆ **by trickery** par ruse

trickiness ['trɪkɪnɪs] n (NonC) **a** (= difficulty) [of task] difficulté f, complexité f ; [of problem, question] caractère m épineux ; [of situation] caractère m délicat

b (pej = slyness) [of person] roublardise f

trickle ['trɪkl] → SYN 1 n [of water, blood etc] filet m ◆ **the stream has shrunk to a mere trickle** le ruisseau n'est plus qu'un filet d'eau ◆ **a trickle of people** quelques (rares) personnes fpl ◆ **there was a trickle of news from the front line** il y avait de temps en temps des nouvelles du front ◆ **there was a steady trickle of offers/letters** les offres/les lettres arrivaient en petit nombre mais régulièrement

2 vi [water etc] (= drop slowly) couler or tomber goutte à goutte ; (= flow slowly) dégouliner ◆ **tears trickled down her cheeks** les larmes coulaient or dégoulinaient le long de ses joues ◆ **the rain trickled down his neck** la pluie lui dégoulinait dans le cou ◆ **the stream trickled along over the rocks** le ruisseau coulait faiblement sur les rochers ◆ **to trickle in/out/away** etc (fig) [people] entrer/sortir/s'éloigner etc petit à petit ◆ **the ball trickled into the net** (Ftbl) le ballon a roulé doucement dans le filet ◆ **money trickled into the fund** les contributions au fonds arrivaient lentement ◆ **money trickled out of his account** son compte se dégarnissait lentement (mais régulièrement), une succession de petites sorties (d'argent) dégarnissait lentement son compte ◆ **letters of complaint are still trickling into the office** quelques lettres de réclamation continuent à arriver de temps en temps au bureau

3 vt [+ liquid] faire couler goutte à goutte, faire dégouliner or dégoutter (into dans ; out of de)

4 COMP ▷ **trickle charger** n (Elec) chargeur m à régime lent ▷ **trickle-down theory** n (Econ) théorie économique selon laquelle l'argent des plus riches finit par profiter aux plus démunis

▶ **trickle away** vi [water etc] s'écouler doucement or lentement or goutte à goutte ; [money etc] disparaître or être utilisé peu à peu ; see also **trickle 2**

trickster ['trɪkstəʳ] n **a** (dishonest) filou m ; → **confidence**

b (= magician etc) illusionniste mf

tricksy * ['trɪksi] adj person (= mischievous) filou * ; (= scheming) retors

tricky ['trɪki] → SYN adj **a** (= difficult) task difficile, délicat ; problem, question délicat, épineux ; situation délicat ◆ **it is tricky to know how to respond** il est difficile de savoir comment réagir ◆ **warts can be tricky to get rid of** il est parfois difficile de se débarrasser des verrues ◆ **it's tricky for me to give you an answer now** il m'est difficile de vous répondre immédiatement

b (pej = sly) person retors ◆ **he's a tricky customer** (= scheming) c'est un roublard ; (= difficult, touchy) il n'est pas commode

tricolo(u)r ['trɪkələʳ] n (drapeau m) tricolore m

tricorn ['traɪkɔːn] 1 adj à trois cornes

2 n tricorne m

trictrac ['trɪktræk] n trictrac m

tricuspid [traɪˈkʌspɪd] adj tricuspide

tricycle ['traɪsɪkl] n tricycle m

tricyclist [ˈtraɪsɪklɪst] n tricycliste mf
trident [ˈtraɪdənt] n trident m
tridentine [traɪˈdentaɪn] adj tridentin
tridimensional [ˌtraɪdɪˈmenʃənl] adj tridimensionnel, à trois dimensions
triennial [traɪˈenɪəl] **1** adj triennal ; (Bot) trisannuel
2 n (Bot) plante f trisannuelle
triennially [traɪˈenɪəlɪ] adv tous les trois ans
triennium [traɪˈenɪəm] n, pl **trienniums** or **triennia** [traɪˈenɪə] période f triennale
Trier [trɪəʳ] n Trèves
trier [traɪəʳ] n (Brit) ◆ **to be a trier** être persévérant, ne pas se laisser rebuter
Trieste [triːˈest] n Trieste
trifid [ˈtraɪfɪd] adj trifide
trifle [ˈtraɪfl] → SYN **1** n **a** bagatelle f ◆ **it's only a trifle** [object, sum of money etc] c'est une bagatelle, c'est bien peu de chose ; [remark] c'est une vétille, il n'y a pas de quoi fouetter un chat ◆ **he worries over trifles** il se fait du mauvais sang pour un rien ◆ **£5 is a mere trifle** 5 livres est une bagatelle or c'est trois fois rien ◆ **he bought it for a trifle** il l'a acheté pour une bouchée de pain or trois fois rien
◆ **a trifle ...** (= a little) un peu, un rien, un tantinet * ◆ **it's a trifle difficult** c'est un peu or un tantinet difficile ◆ **he acted a trifle hastily** il a agi un peu or un tantinet * hâtivement
b (Culin) ≈ diplomate m
2 vi ◆ **to trifle with** [+ person, sb's affections, trust etc] traiter à la légère, se jouer de ◆ **he's not to be trifled with** il ne faut pas le traiter à la légère ◆ **to trifle with one's food** manger du bout des dents, chipoter

▶ **trifle away** vt sep [+ time] perdre ; [+ money] gaspiller

trifler [ˈtraɪfləʳ] n (pej) fantaisiste mf, fumiste mf
trifling [ˈtraɪflɪŋ] → SYN adj insignifiant
trifocal [ˈtraɪfəʊkəl] **1** adj à triple foyer, trifocal
2 n (= lens) verre m à triple foyer ◆ **trifocals** lunettes fpl à triple foyer or trifocales
trifoliate [traɪˈfəʊlɪt] adj à trois feuilles, trifolié
triforium [traɪˈfɔːrɪəm] n, pl **triforia** [traɪˈfɔːrɪə] triforium m
triform [ˈtraɪfɔːm] adj à or en trois parties
trig * [trɪɡ] **1** n (abbrev of **trigonometry**) trigo * f
2 adj (abbrev of **trigonometrical**) function trigonométrique ; tables, problem etc de trigo *
3 COMP ▷ **trig point** * n point m géodésique
trigger [ˈtrɪɡəʳ] → SYN **1** n [of gun] détente f, gâchette f ; [of bomb] dispositif m d'amorce, détonateur m ; [of tool] déclic m ◆ **to press** or **pull** or **squeeze the trigger** appuyer sur la détente or la gâchette ◆ **he's quick** or **fast on the trigger** * (lit) il n'attend pas pour tirer ; (fig) il réagit vite
2 vt (also **trigger off**) [+ explosion, alarm] déclencher ; [+ bomb] amorcer ; [+ revolt] déclencher, provoquer ; [+ protest] soulever ; [+ reaction] provoquer
3 COMP ▷ **trigger finger** n index m ▷ **trigger guard** n sous-garde f ▷ **trigger-happy** * adj person à la gâchette facile, prêt à tirer pour un rien ; (fig) nation etc prêt à presser le bouton or à déclencher la guerre pour un rien ▷ **trigger price** n prix m minimum à l'importation

triggerfish [ˈtrɪɡəfɪʃ] n baliste m
triglyceride [traɪˈɡlɪsəraɪd] n triglycéride m
triglyph [ˈtraɪɡlɪf] n triglyphe m
trigonometric(al) [ˌtrɪɡənəˈmetrɪk(əl)] adj trigonométrique
trigonometry [ˌtrɪɡəˈnɒmɪtrɪ] n trigonométrie f
trigram [ˈtraɪɡræm] n trigramme m
trigraph [ˈtraɪɡræf] n trigramme m
trihedral [traɪˈhiːdrəl] adj trièdre
trihedron [traɪˈhiːdrən] n, pl **trihedrons** or **trihedra** [traɪˈhiːdrə] trièdre m
trike * [traɪk] n abbrev of **tricycle**
trilateral [ˌtraɪˈlætərəl] adj trilatéral

trilby [ˈtrɪlbɪ] n (Brit: also **trilby hat**) chapeau m mou
trilingual [ˌtraɪˈlɪŋɡwəl] adj trilingue
trilith [ˈtrɪlɪθ] n trilithe m
trilithic [traɪˈlɪθɪk] adj en forme de trilithe
trilithon [traɪˈlɪθɒn, ˈtraɪlɪθɒn] n ⇒ **trilith**
trill [trɪl] **1** n (Mus: also of bird) trille m ; (Ling) consonne f roulée
2 vi (Mus: also of bird) triller
3 vt **a** (gen) triller ◆ **"come in" she trilled "entrez"** roucoula-t-elle
b (Phon) **to trill one's r's** rouler les r ◆ **trilled r** r roulé or apical
trillion [ˈtrɪljən] n (Brit) trillion m ; (US) billion m ◆ **there are trillions of places I want to go** * il y a des milliers d'endroits où j'aimerais aller
trilobate [traɪˈləʊbeɪt] adj trilobé
trilobite [ˈtraɪləbaɪt] n trilobite m
trilogy [ˈtrɪlədʒɪ] n trilogie f
trim [trɪm] → SYN **1** adj **a** (= neat) garden, house, village, ship bien tenu, coquet ; appearance, person, clothes net, soigné ; beard, moustache bien taillé
b (= slim) person, figure svelte, mince ; waist mince
2 n **a** (NonC) (= condition) état m, ordre m ◆ **in (good) trim** garden, house etc en (bon) état or ordre ; person, athlete en (bonne) forme ◆ **to be in fighting trim** (US) être en pleine forme ◆ **to get into trim** se remettre en forme ◆ **to get things into trim** mettre de l'ordre dans les choses ◆ **the trim of the sails** (Naut) l'orientation f des voiles
b (= cut: at hairdressers') coupe f (d')entretien ◆ **to have a trim** faire rafraîchir sa coupe de cheveux ◆ **to give sth a trim** ⇒ **to trim sth 3a**
c (around window, door) moulures fpl ; [of car] (inside) aménagement m intérieur ; (outside) finitions fpl extérieures ; (on dress etc) garniture f ◆ **car with blue (interior) trim** voiture f à habillage intérieur bleu
3 vt **a** (= cut) [+ beard] tailler, couper légèrement ; [+ hair] rafraîchir ; [+ wick, lamp] tailler, moucher ; [+ branch, hedge, roses] tailler (légèrement) ; [+ piece of wood, paper] couper les bords de, rogner ◆ **to trim one's nails** se rogner or se couper les ongles ◆ **to trim the edges of sth** couper or rogner les bords de qch ◆ **to trim the ragged edge off sth** ébarber qch
b (= reduce) **to trim costs** réduire les dépenses ◆ **to trim the workforce** dégraisser les effectifs, faire des dégraissages
c (= decorate) [+ hat, dress] garnir, orner (with de) ; [+ Christmas tree] décorer (with de) ◆ **to trim the edges of sth with sth** border qch de qch ◆ **a dress trimmed with lace** une robe ornée de dentelle ◆ **to trim a store window** (US) composer or décorer une vitrine de magasin
d [+ boat, aircraft] équilibrer ; [+ sail] gréer, orienter ◆ **to trim one's sails** (fig) réviser ses positions, corriger le tir

▶ **trim away** vt sep enlever aux ciseaux (or au couteau or à la cisaille)
▶ **trim down** vt sep [+ wick] tailler, moucher
▶ **trim off** vt sep ⇒ **trim away**

trimaran [ˈtraɪməræn] n trimaran m
trimer [ˈtraɪməʳ] n trimère m
trimester [trɪˈmestəʳ] n trimestre m
trimmer [ˈtrɪməʳ] n **a** (= beam) linçoir or linsoir m
b (for trimming timber) trancheuse f (pour le bois) ; (for hair, beard) tondeuse f
c (Elec) trimmer m, condensateur m ajustable (d'équilibrage)
d (= person adapting views: pej) opportuniste mf
trimming [ˈtrɪmɪŋ] → SYN n **a** (on garment, sheet etc) parement m ; (= braid etc) passementerie f (NonC) ◆ **it's £100 without the trimmings** (fig) c'est 100 livres sans les extras
b (Culin) garniture f, accompagnement m ◆ **roast beef and all the trimmings** du rosbif avec la garniture habituelle
c (pl) **trimmings** (= pieces cut off) chutes fpl, rognures fpl

d (esp US = defeat) raclée * f, défaite f
e (= cutting back) réduction f, élagage m ; [of staff] compression f, dégraissage * m
trimness [ˈtrɪmnɪs] n [of garden, boat, house] aspect m net or soigné ◆ **the trimness of his appearance** son aspect soigné or coquet or pimpant ◆ **the trimness of her figure** la sveltesse de sa silhouette
trimphone ® [ˈtrɪmfəʊn] n appareil m (téléphonique) compact
trinary [ˈtraɪnərɪ] adj trinaire
Trinidad [ˈtrɪnɪdæd] n (l'île f de) la Trinité ◆ **Trinidad and Tobago** Trinité-et-Tobago
Trinidadian [ˌtrɪnɪˈdædɪən] **1** adj de la Trinité, trinidadien
2 n habitant(e) m(f) de la Trinité, Trinidadien(ne) m(f)
Trinitarian [ˌtrɪnɪˈtɛərɪən] adj, n (Rel) trinitaire mf
Trinitarianism [ˌtrɪnɪˈtɛərɪənɪzəm] n (Rel) croyance f au dogme de la trinité
trinitrobenzene [ˌtraɪnaɪtrəʊˈbenziːn] n trinitrobenzène m
trinitrotoluene [ˌtraɪnaɪtrəʊˈtɒljuiːn] n trinitrotoluène m
trinity [ˈtrɪnɪtɪ] → SYN **1** n trinité f ◆ **the Holy Trinity** (Rel) la Sainte Trinité
2 COMP ▷ **Trinity Sunday** n la fête de la Trinité ▷ **Trinity term** n (Univ) troisième trimestre m (de l'année universitaire)
trinket [ˈtrɪŋkɪt] → SYN n (= knick-knack) bibelot m, babiole f (also pej) ; (= jewel) colifichet m (also pej) ; (on chain) breloque f
trinomial [traɪˈnəʊmɪəl] n (Math) trinôme m
trio [ˈtriːəʊ] → SYN n trio m
triode [ˈtraɪəʊd] n (Elec) triode f
triolet [ˈtriːəʊlet] n triolet m
trip [trɪp] → SYN **1** n **a** (= journey) voyage m ; (= excursion) excursion f ◆ **he's (away) on a trip** il est (parti) en voyage ◆ **we did the trip in ten hours** nous avons mis dix heures pour faire le trajet ◆ **there are cheap trips to Spain** on organise des voyages à prix réduit en Espagne ◆ **we went on** or **took a trip to Malta** nous sommes allés (en voyage) à Malte ◆ **we took** or **made a trip into town** nous sommes allés en ville ◆ **he does three trips to Scotland a week** il va en Écosse trois fois par semaine ◆ **I don't want another trip to the shops today** je ne veux pas retourner dans les magasins aujourd'hui ◆ **after four trips to the kitchen he ...** après être allé quatre fois à la cuisine, il ... ; → **business, coach, day, round**
b (Drugs *) trip * m ◆ **to be on a trip** faire un trip * ◆ **to have a bad trip** faire un mauvais trip *
c (= stumble) faux pas m ; (in wrestling etc) croche-pied m, croc-en-jambe m ; (fig = mistake) faux pas m
2 vi **a** (= stumble: also **trip up**) trébucher (on, over contre, sur), buter (on, over contre), faire un faux pas ◆ **he tripped and fell** il a trébuché or il a fait un faux pas et il est tombé
b (go lightly and quickly) **to trip along/in/out** etc marcher/entrer/sortir etc d'un pas léger or sautillant ◆ **the words came tripping off her tongue** elle l'a dit sans la moindre hésitation
c (* : on drugs) être en plein trip *
3 vt **a** (make fall: also **trip up**) faire trébucher ; (deliberately) faire un croche-pied or un croc-en-jambe à ◆ **I was tripped (up)** on m'a fait un croche-pied or un croc-en-jambe
b (Tech) [+ mechanism] déclencher, mettre en marche
c **to trip the light fantastic** † (* = dance) danser
4 COMP ▷ **trip hammer** n marteau m à bascule or à soulèvement ▷ **trip switch** n (Elec) télérupteur m

▶ **trip over** vi trébucher, faire un faux pas
▶ **trip up** **1** vi **a** ⇒ **trip 2a**
b (fig) faire une erreur, gaffer *
2 vt sep faire trébucher ; (deliberately) faire un croche-pied or un croc-en-jambe à ; (fig: in questioning) prendre en défaut, désarçonner (fig)

tripartite [ˌtraɪˈpɑːtaɪt] adj (gen) tripartite ; division en trois parties

tripartition [ˌtraɪpɑːˈtɪʃən] n tripartition f

tripe [traɪp] → SYN n (NonC) **a** (Culin) tripes fpl **b** (esp Brit * = nonsense) bêtises fpl, inepties fpl ♦ **what absolute tripe!** * quelles bêtises !, quelles foutaises ! * ♦ **it's a lot of tripe** * tout ça c'est de la foutaise * ♦ **this book is tripe** * ce livre est complètement inepte

triphase [ˈtraɪfeɪz] adj (Elec) triphasé

triphenylmethane [traɪˌfiːnaɪlˈmiːθeɪn] n triphénylméthane m

triphibious [traɪˈfɪbɪəs] adj (Mil) assault, operation terre, air et mer

triphthong [ˈtrɪfθɒŋ] n triphtongue f

triplane [ˈtraɪpleɪn] n triplan m

triple [ˈtrɪpl] → SYN **1** adj triple (gen before n) ♦ **the Triple Alliance** la Triple-Alliance ♦ **the Triple Entente** la Triple-Entente ♦ **in triple time** (Mus) à trois temps ♦ **they require triple copies of every document** ils demandent trois exemplaires de chaque document
2 n (= amount, number) triple m ; (= whisky) triple whisky m
3 adv trois fois plus que
4 vti tripler
5 COMP ▷ **triple A** n (Mil) DCA f ▷ **triple combination therapy** n trithérapie f ▷ **triple-digit** (US) adj (gen) à trois chiffres ; inflation *supérieur ou égal à 100 %* ▷ **triple glazing** n triple vitrage m ▷ **triple jump** n (Sport) triple saut m ▷ **triple jumper** n (Sport) spécialiste du triple saut

triplet [ˈtrɪplɪt] → SYN n (Mus) triolet m ; (Poetry) tercet m ♦ **triplets** (people) triplé(e)s m(f)pl

triplex [ˈtrɪpleks] **1** adj triple
2 n ® ♦ **Triplex (glass)** (Brit) triplex ® m, verre m sécurit ®

triplicate [ˈtrɪplɪkɪt] **1** adj en trois exemplaires
2 n **a** in triplicate en trois exemplaires
b (= third copy) triplicata m

triploid [ˈtrɪplɔɪd] adj triploïde

triply [ˈtrɪplɪ] adv triplement

tripod [ˈtraɪpɒd] n trépied m

Tripoli [ˈtrɪpəlɪ] n Tripoli

tripoli [ˈtrɪpəlɪ] n tripoli m

tripos [ˈtraɪpɒs] n (Cambridge Univ) examen m pour le diplôme de BA

tripper [ˈtrɪpəʳ] → SYN n (Brit) touriste mf, vacancier m, -ière f ; (on day trip) excursionniste mf

trippy * [ˈtrɪpɪ] adj psychédélique

triptych [ˈtrɪptɪk] n triptyque m

tripwire [ˈtrɪpwaɪəʳ] n fil m de détente

trireme [ˈtraɪriːm] n trirème f

trisect [traɪˈsekt] vt diviser en trois parties (égales)

trisection [traɪˈsekʃən] n trisection f

trisomic [traɪˈsəʊmɪk] adj trisomique

trisomy [ˈtraɪsəʊmɪ] n trisomie f

Tristan [ˈtrɪstən] n Tristan m

trisyllabic [ˌtrɪsɪˈlæbɪk] adj trisyllabe, trisyllabique

trisyllable [ˌtraɪˈsɪləbl] n trisyllabe m

trite [traɪt] → SYN adj subject, design, idea, film banal ; person qui dit des banalités ♦ **a trite remark** une banalité, un lieu commun

tritely [ˈtraɪtlɪ] adv banalement

triteness [ˈtraɪtnɪs] n (NonC) banalité f

triticale [ˌtrɪtɪˈkɑːlɪ] n triticale m

tritium [ˈtrɪtɪəm] n tritium m

triton [ˈtraɪtn] n (all senses) triton m ♦ **Triton** Triton m

tritone [ˈtraɪtəʊn] n (Mus) triton m

triturate [ˈtrɪtjʊreɪt] vt triturer, piler

trituration [ˌtrɪtjəˈreɪʃən] n trituration f, pilage m

triumph [ˈtraɪʌmf] → SYN **1** n (= victory) triomphe m, victoire f ; (= success) triomphe m ; (= emotion) sentiment m de triomphe ; (Roman Hist) triomphe m ♦ **in triumph** en triomphe ♦ **it was a triumph for ...** cela a été un triomphe or un succès triomphal pour ... ♦ **it is a triumph of man over nature** c'est le triomphe de l'homme sur la nature ♦ **his triumph at having succeeded** sa satisfaction triomphante d'avoir réussi
2 vi (lit, fig) triompher (*over* de)

triumphal [traɪˈʌmfəl] **1** adj triomphal
2 COMP ▷ **triumphal arch** n arc m de triomphe

triumphalism [traɪˈʌmfəlɪzəm] n triomphalisme m

triumphalist [traɪˈʌmfəlɪst] adj, n triomphaliste mf

triumphant [traɪˈʌmfənt] → SYN adj **a** (= victorious) victorieux, triomphant ♦ **to emerge triumphant** sortir victorieux
b (= exultant) person, team, smile, wave, mood triomphant ; return, homecoming, celebration triomphal ♦ **to be** or **prove a triumphant success** être un triomphe

triumphantly [traɪˈʌmfəntlɪ] adv say, answer, announce triomphalement, d'un ton triomphant ; look at, smile d'un air triomphant ; return, march triomphalement ♦ **he returned triumphantly in 1997** son retour, en 1997, a été triomphal ♦ **he waved triumphantly** il a fait un geste de triomphe ♦ **to be triumphantly successful** remporter un succès triomphal

triumvirate [traɪˈʌmvɪrɪt] n triumvirat m

triune [ˈtraɪjuːn] adj (Rel) trin

trivalency [traɪˈveɪlənsɪ], **trivalence** [traɪˈveɪləns] n trivalence f

trivalent [traɪˈveɪlənt] adj trivalent

trivet [ˈtrɪvɪt] n (over fire) trépied m, chevrette f ; (on table) dessous-de-plat m inv

trivia [ˈtrɪvɪə] → SYN npl bagatelles fpl, futilités fpl, fadaises fpl ♦ **pub trivia quiz** jeu-concours qui a lieu dans un pub

trivial [ˈtrɪvɪəl] → SYN **1** adj matter, sum, reason, offence, detail insignifiant ; remark futile ; book, news banal, sans intérêt ♦ **a trivial mistake** une faute sans gravité, une peccadille
2 COMP ▷ **Trivial Pursuit** ® n Trivial Pursuit ® m

triviality [ˌtrɪvɪˈælɪtɪ] → SYN n **a** (NonC = trivial nature) [of matter, sum, reason, offence, detail] caractère m insignifiant ; [of remark] futilité f ; [of film, book, news] banalité f, manque m d'intérêt
b (= trivial thing) bagatelle f

trivialization [ˌtrɪvɪəlaɪˈzeɪʃən] n banalisation f

trivialize [ˈtrɪvɪəlaɪz] vt banaliser

trivially [ˈtrɪvɪəlɪ] adv de façon banalisée

trivium [ˈtrɪvɪəm] n, pl **trivia** [ˈtrɪvɪə] trivium m

triweekly [ˈtraɪˈwiːklɪ] **1** adv (= three times weekly) trois fois par semaine ; (= every three weeks) toutes les trois semaines
2 adj event, visit qui se produit trois fois par semaine (or toutes les trois semaines)

t-RNA [ˈtiːɑːrenˌeɪ] n (abbrev of **transfer RNA**) ARN m de transfert

trocar [ˈtrəʊkɑːʳ] n trocart m

trochaic [trəʊˈkeɪɪk] adj trochaïque

trochee [ˈtrəʊkiː] n trochée m

trochlea [ˈtrɒklɪə] n, pl **trochleae** [ˈtrɒkliː] trochlée f

trod [trɒd] vb (pt of **tread**)

trodden [ˈtrɒdn] vb (ptp of **tread**)

troglodyte [ˈtrɒɡləaɪt] n troglodyte m ; (fig pej) homme m des cavernes

troglodytic [ˌtrɒɡləˈdɪtɪk] adj troglodytique

troika [ˈtrɔɪkə] n (also Pol) troïka f

troilism [ˈtrɔɪlɪzəm] n (NonC: frm) triolisme m

Troilus [ˈtrɔɪləs] n ♦ **Troilus and Cressida** Troïlus m et Cressida f

Trojan [ˈtrəʊdʒən] **1** adj (Hist, Myth) troyen
2 n Troyen(ne) m(f) ♦ **to work like a Trojan** travailler comme un forçat
3 COMP ▷ **Trojan Horse** n (lit, fig) cheval m de Troie ▷ **Trojan War** n **the Trojan War** or **Wars** la guerre de Troie

troll [trəʊl] n troll m

trolley [ˈtrɒlɪ] **1** n (esp Brit) (for luggage) chariot m (à bagages) ; (two-wheeled) diable m ; (for shopping) poussette f ; (in supermarket) chariot m, caddie ® m ; (also **tea trolley**) table f roulante, chariot m à desserte ; (in office) chariot m à boissons ; (for stretcher etc) chariot m ; (in mine, quarry etc) benne f roulante ; (Rail) wagonnet m ; (on tramcar) trolley m ; (US = tramcar) tramway m, tram m ♦ **to be/go off one's trolley** * (Brit) avoir perdu/perdre la boule *
2 COMP ▷ **trolley bus** n trolleybus m ▷ **trolley car** n (US) tramway m, tram m ▷ **trolley line** n (US) (= rails) voie f de tramway ; (= route) ligne f de tramway ▷ **trolley pole** n perche f de trolley

trollop [ˈtrɒləp] n traînée * f

trombidiasis [ˌtrɒmbɪˈdaɪəsɪs] n trombidiose f

trombone [trɒmˈbəʊn] n trombone m (Mus)

trombonist [trɒmˈbəʊnɪst] n tromboniste mf

trommel [ˈtrɒməl] n trommel m

troop [truːp] → SYN **1** n [of people] bande f, groupe m ; [of animals] bande f, troupe f ; [of scouts] troupe f ; (Mil: of cavalry) escadron m ♦ **troops** (Mil) troupes fpl
2 vi ♦ **to troop in/past** etc entrer/passer etc en bande or en groupe ♦ **they all trooped over to the window** ils sont tous allés s'attrouper près de la fenêtre
3 vt ♦ (Brit Mil) **to troop the colour** faire la parade du drapeau ♦ **trooping the colour** (= ceremony) le salut au drapeau (*le jour de l'anniversaire officiel de la Reine*)
4 COMP movements [of troupes] ▷ **troop carrier** n (Aut, Naut) transport m de troupes ; (Aviat) avion m de transport militaire ▷ **troop train** n train m militaire

trooper [ˈtruːpəʳ] n (Mil) soldat m de cavalerie ; (US = state trooper) ≈ CRS m ; → **swear**

troopship [ˈtruːpʃɪp] n transport m (navire)

trope [trəʊp] n trope m

trophoblast [ˈtrɒfəˌblæst] n trophoblaste m

trophy [ˈtrəʊfɪ] → SYN **1** n (Hunting, Mil, Sport, also fig) trophée m
2 COMP ▷ **trophy wife** * n, pl **trophy wives** épouse que le mari exhibe comme signe extérieur de réussite

tropic [ˈtrɒpɪk] **1** n tropique m ♦ **Tropic of Cancer/Capricorn** tropique m du Cancer/du Capricorne ♦ **in the tropics** sous les tropiques
2 adj (liter) ⇒ **tropical**

tropical [ˈtrɒpɪkəl] → SYN **1** adj (lit, fig) tropical ♦ **the heat was tropical** il faisait une chaleur tropicale
2 COMP ▷ **tropical medicine** n médecine f tropicale ▷ **tropical storm** n orage m tropical

tropism [ˈtrəʊpɪzəm] n tropisme m

tropopause [ˈtrɒpəpɔːz] n tropopause f

troposphere [ˈtrɒpəsfɪəʳ] n troposphère f

tropospheric [ˌtrɒpəˈsferɪk] adj troposphérique

troppo [ˈtrɒpəʊ] adv (Mus) troppo

Trot * [trɒt] n (pej) (abbrev of **Trotskyist**) trotskard * m, trotskiste mf

trot [trɒt] → SYN **1** n **a** (= pace) trot m ♦ **to go at a trot** [horse] aller au trot, trotter ; [person] trotter ♦ **to go for a trot** (aller) faire du cheval
♦ **on the trot** * ♦ **five days/whiskies** etc **on the trot** cinq jours/whiskies etc de suite or d'affilée ♦ **he is always on the trot** il court tout le temps, il n'a pas une minute de tranquillité ♦ **to keep sb on the trot** ne pas accorder une minute de tranquillité à qn
b ♦ **to have the trots** * (= diarrhoea) avoir la courante *
2 vi [horse] trotter ; [person] trotter, courir ♦ **to trot in/past** etc [person] entrer/passer etc au trot or en courant
3 vt [+ horse] faire trotter

► **trot along** vi **a** ⇒ **trot over**
b ⇒ **trot away**

► **trot away**, **trot off** vi partir or s'éloigner (au trot or en courant), filer *

► **trot out** vt sep [+ excuses, reasons] débiter ; [+ names, facts etc] réciter d'affilée

troth †† [trəʊθ] n promesse f, serment m ◆ **by my troth** pardieu † ; → **plight**²

Trotsky ['trɒtskɪ] n Trotski m

Trotskyism ['trɒtskɪɪzəm] n trotskisme m

Trotskyist ['trɒtskɪɪst], **Trotskyite** ['trɒtskɪaɪt] adj, n trotskiste mf

trotter ['trɒtəʳ] n **a** (= horse) trotteur m, -euse f
  b (Brit Culin) **pig's/sheep's trotters** pieds mpl de porc/de mouton

trotting ['trɒtɪŋ] n (Sport) trot m ◆ **trotting race** course f de trot

troubadour ['truːbədɔːʳ] n troubadour m

trouble ['trʌbl] → SYN **1** n **a** (NonC = difficulties, unpleasantness) ennuis mpl ◆ **I don't want any trouble** je ne veux pas d'ennuis ◆ **it's asking for trouble** c'est se chercher des ennuis ◆ **he goes around looking for trouble** il cherche les ennuis ◆ **he'll give you trouble** il vous donnera du fil à retordre ◆ **here comes trouble!** * aïe ! des ennuis en perspective ! ; → **mean**¹
  ◆ **to be in trouble** avoir des ennuis ◆ **you're in trouble now** ce coup-ci tu as des ennuis or tu as des problèmes ◆ **he's in trouble with the boss** il a des ennuis avec le patron
  ◆ **to get into trouble (with sb)** s'attirer des ennuis (avec qn) ◆ **he got into trouble for doing that** il a eu or il s'est attiré des ennuis pour (avoir fait) cela ◆ **he was always getting into trouble when he was little** il faisait toujours des bêtises quand il était petit
  ◆ **to get sb into trouble** causer des ennuis à qn, mettre qn dans le pétrin * ◆ **to get a girl into trouble** * (euph) mettre une fille enceinte
  ◆ **to get sb/get (o.s.) out of trouble** tirer qn/se tirer d'affaire
  ◆ **to make trouble** causer des ennuis (for sb à qn) ◆ **you're making trouble for yourself** tu t'attires des ennuis
  b (NonC = bother, effort) mal m, peine f ◆ **it's no trouble** cela ne me dérange pas ◆ **it's no trouble to do it properly** ce n'est pas difficile de le faire comme il faut ◆ **it's not worth the trouble** cela ne or n'en vaut pas la peine ◆ **he/it is more trouble than he/it is worth** ça ne vaut pas la peine de s'embêter avec lui/ça ◆ **nothing is too much trouble for her** elle se dévoue or se dépense sans compter ◆ **I had all that trouble for nothing** je me suis donné tout ce mal pour rien ◆ **you could have saved yourself the trouble** tu aurais pu t'éviter cette peine ◆ **I'm giving you a lot of trouble** je vous donne beaucoup de mal, je vous dérange beaucoup ◆ **it's no trouble at all!** je vous en prie !, ça ne me dérange pas du tout !
  ◆ **to go to + trouble, to take + trouble** ◆ **he went to enormous trouble to help us** il s'est donné un mal fou et s'est mis en quatre pour nous aider ◆ **to go to the trouble of doing sth, to take the trouble to do sth** se donner la peine or le mal de faire qch ◆ **he went to or took a lot of trouble over his essay** il s'est vraiment donné beaucoup de mal pour sa dissertation, il s'est vraiment beaucoup appliqué à sa dissertation ◆ **he didn't even take the trouble to warn me** il ne s'est même pas donné la peine de me prévenir
  ◆ **to put + trouble** ◆ **to put sb to some trouble** déranger qn ◆ **I don't want to put you to the trouble of writing** je ne veux pas qu'à cause de moi vous vous donniez (subj) le mal d'écrire ◆ **I'm putting you to a lot of trouble** je vous donne beaucoup de mal, je vous dérange beaucoup
  c (= difficulty, problem) ennui m, problème m ; (= nuisance) ennui m ◆ **what's the trouble?** qu'est-ce qu'il y a ?, qu'est-ce qui ne va pas ?, qu'est-ce que tu as ? ◆ **that's (just) the trouble!** c'est ça l'ennui ! ◆ **the trouble is that ...** l'ennui or le problème (c')est que ... ◆ **the trouble with you is that you can never face the facts** l'ennui or le problème avec toi c'est que tu ne regardes jamais les choses en face ◆ **the carburettor is giving us trouble** nous avons des problèmes or des ennuis de carburateur ◆ **the technician is trying to locate the trouble** le technicien essaie de localiser la panne or le problème ◆ **there has been trouble between them ever since** depuis, ils s'entendent mal ◆ **he caused trouble between them** il a semé la discorde entre eux ◆ **I'm having trouble with my eldest son** mon fils aîné me donne des soucis or me cause des ennuis ◆ **the child is a trouble to his parents** l'enfant est un souci pour ses parents ◆ **that's the least of my troubles** c'est le cadet de mes soucis ◆ **he had trouble in tying his shoelace** il a eu du mal à attacher son lacet ◆ **did you have any trouble in getting here?** est-ce que vous avez eu des difficultés or des problèmes en venant ? ◆ **now your troubles are over** vous voilà au bout de vos peines ◆ **his troubles are not yet over** il n'est pas encore au bout de ses peines, il n'est pas encore sorti de l'auberge ◆ **family troubles** ennuis mpl domestiques or de famille ◆ **money troubles** soucis mpl or ennuis mpl d'argent or financiers ◆ **I have back trouble**, my back is giving me trouble j'ai mal au dos, mon dos me fait souffrir ◆ **kidney/chest trouble** ennuis mpl rénaux/pulmonaires ◆ **we've got engine trouble** (Aut) nous avons des ennuis de moteur, il y a quelque chose qui ne va pas dans le moteur ; → **heart**
  d (= political, social unrest) troubles mpl, conflits mpl ◆ **there's been a lot of trouble in prisons lately** il y a beaucoup de troubles or de nombreux incidents dans les prisons ces derniers temps ◆ **the Troubles** (Ir Hist) les conflits en Irlande du Nord ◆ **labour troubles** conflits mpl du travail ◆ **there's trouble at the factory** ça chauffe * à l'usine
  2 vt **a** (= worry) inquiéter ; (= inconvenience) gêner ; (= upset) troubler ◆ **to be troubled by anxiety** être sujet à des angoisses ◆ **to be troubled by pain** avoir des douleurs ◆ **his eyes trouble him** il a des problèmes d'yeux ◆ **do these headaches trouble you often?** est-ce que vous souffrez souvent de ces maux de tête ? ◆ **to be troubled with rheumatism** souffrir de rhumatismes ◆ **there's one detail that troubles me** il y a un détail qui me gêne ◆ **nothing troubles him** il ne se fait jamais de souci ; see also **troubled**
  b (= bother) déranger ◆ **I am sorry to trouble you** je suis désolé de vous déranger ◆ **don't trouble yourself!** ne vous dérangez pas !, ne vous tracassez pas ! ◆ **he didn't trouble himself to reply** il ne s'est pas donné la peine de répondre ◆ **may I trouble you for a light?** puis-je vous demander du feu ? ◆ **I'll trouble you to show me the letter!** vous allez me faire le plaisir de me montrer la lettre ! ◆ **I shan't trouble you with the details** je vous ferai grâce des détails, je vous passerai les détails
  3 vi se déranger ◆ **please don't trouble!** ne vous dérangez pas !, ne vous donnez pas cette peine-là ! ◆ **don't trouble about me** ne vous faites pas de souci pour moi ◆ **to trouble to do sth** se donner la peine or le mal de faire qch
  4 COMP ◆ **trouble-free** adj period, visit sans ennuis or problèmes or soucis ; car qui ne tombe jamais en panne ; university non contestataire ▷ **trouble spot** n point m chaud or névralgique ▷ **trouble-torn** adj déchiré par les conflits

troubled ['trʌbld] adj **a** (= worried) person, expression inquiet (-ète f), préoccupé ; mind, look, voice inquiet (-ète f)
  b (= disturbed, unstable) life, sleep agité ; relationship tourmenté ; area, country, region en proie à des troubles ; company, industry en difficulté ◆ **financially troubled** en proie à des difficultés financières ◆ **in these troubled times** en cette époque troublée ; → **oil**, **fish**

troublemaker ['trʌblmeɪkəʳ] → SYN n fauteur m, -trice f de troubles, perturbateur m, -trice f

troublemaking ['trʌblmeɪkɪŋ] **1** n comportement m perturbateur
  2 adj perturbateur (-trice f)

troubleshoot ['trʌblʃuːt] vi (gen, also Ind, Pol) (intervenir pour) régler un problème ; (stronger) (intervenir pour) régler une crise ; (Tech, Aut) localiser une panne

troubleshooter ['trʌblʃuːtəʳ] n (gen) expert m (appelé en cas de crise) ; [of conflict] médiateur m ; (Tech, Aut) expert m

troubleshooting ['trʌblʃuːtɪŋ] n (gen = fixing problems) dépannage m ; (Aut, Elec, Engineering = locating problems) diagnostic m ◆ **most of my job is troubleshooting** l'essentiel de mon travail consiste à régler les problèmes

troublesome ['trʌblsəm] → SYN adj person pénible ; pupil, tenant difficile, à problèmes ; question, issue, problem, period difficile ; task difficile, pénible ; request gênant, embarrassant ; cough, injury gênant, incommodant ◆ **his back is troublesome** il a des problèmes de dos ◆ **to be troublesome to** or **for sb** poser des problèmes à qn

troubling ['trʌblɪŋ] adj times, thought inquiétant

troublous ['trʌbləs] adj (liter) trouble, agité

trough [trɒf] → SYN n **a** (= depression) dépression f, creux m ; (between waves) creux m ; (= channel) chenal m ; (fig) point m bas ◆ **trough of low pressure** (Met) dépression f, zone f dépressionnaire
  b (= drinking trough) abreuvoir m ; (= feeding trough) auge f ; (= kneading trough) pétrin m

trounce [traʊns] → SYN vt (= thrash) rosser, rouer de coups ; (Sport = defeat) écraser, battre à plate(s) couture(s)

troupe [truːp] → SYN n (Theat) troupe f

trouper ['truːpəʳ] → SYN n (Theat) membre m d'une troupe de théâtre en tournée ◆ **an old trouper** (fig) un vieux de la vieille

trouser ['traʊzəʳ] (esp Brit) **1 trousers** npl pantalon m ◆ **a pair of trousers** un pantalon ◆ **long trousers** pantalon m long ◆ **short trousers** culottes fpl courtes ; → **wear**
  2 COMP ◆ **trouser clip** n pince f à pantalon ▷ **trouser leg** n jambe f de pantalon ▷ **trouser press** n presse f à pantalons ▷ **trouser suit** n (Brit) tailleur-pantalon m

trousseau ['truːsəʊ] n, pl **trousseaus** or **trousseaux** ['truːsəʊz] trousseau m (de jeune mariée)

trout [traʊt] **1** n, pl **trout** or **trouts** truite f ◆ **old trout** * (pej = woman) vieille bique * f
  2 COMP ▷ **trout fisherman** n, pl **trout fishermen** pêcheur m de truites ▷ **trout fishing** n pêche f à la truite ▷ **trout rod** n canne f à truite, canne f spéciale truite ▷ **trout stream** n ruisseau m à truites

trove [trəʊv] n → **treasure**

trow †† [traʊ] vti croire

trowel ['traʊəl] n (Constr) truelle f ; (for gardening) déplantoir m ; → **lay on**

Troy [trɔɪ] n Troie f

troy [trɔɪ] n (also **troy weight**) troy m, troy-weight m, poids m de Troy

truancy ['truːənsɪ] → SYN n (Scol) absentéisme m (scolaire) ◆ **he was punished for truancy** il a été puni pour avoir manqué les cours or pour s'être absenté

truant ['truːənt] → SYN **1** n (Scol) élève mf absentéiste or absent(e) sans autorisation ◆ **to play truant** manquer les cours, faire l'école buissonnière ◆ **he's playing truant from the office today** (il n'est pas au bureau aujourd'hui,) il fait l'école buissonnière
  2 adj (liter) thought vagabond
  3 COMP (US) ▷ **truant officer** n fonctionnaire chargé de faire respecter les règlements scolaires

truce [truːs] → SYN n trêve f ◆ **to call a truce** conclure une trêve

Trucial ['truːʃəl] adj ◆ **Trucial States** États mpl de la Trêve

truck¹ [trʌk] → SYN **1** n **a** (NonC) (= barter) troc m, échange m ; (= payment) paiement m en nature ◆ **to have no truck with ...** refuser d'avoir affaire à ...
  b (US = vegetables) produits mpl maraîchers
  2 COMP ▷ **truck farm** n (US) jardin m potager ▷ **truck farmer** n maraîcher m, -ère f ▷ **truck farming** n culture f maraîchère ▷ **truck garden** n ⇒ **truck farm**

truck² [trʌk] **1** n (esp US = lorry) camion m ; (Brit Rail) wagon m à plateforme, truck m ; (= luggage handcart) chariot m à bagages ; (two-wheeled) diable m ◆ **by truck** (send) par camion ; (travel) en camion
  2 vti (esp US) camionner
  3 COMP ▷ **truck stop** n (US) routier m, restaurant m de routiers

truckage ['trʌkɪdʒ] n (US) camionnage m

truckdriver ['trʌkdraɪvəʳ] n (esp US) camionneur m, routier m

trucker ['trʌkəʳ] n **a** (esp US = truck driver) camionneur m, routier m
b (US = market gardener) maraîcher m

trucking ['trʌkɪŋ] **1** n (US) camionnage m
2 COMP ▷ **trucking company** n (US) entreprise f de transports (routiers) or de camionnage

truckle ['trʌkl] **1** vi s'humilier, s'abaisser (*to* devant)
2 COMP ▷ **truckle bed** n (Brit) lit m gigogne inv

truckload ['trʌkləʊd] n camion m *(cargaison)*

truckman ['trʌkmən] n, pl **-men** (US) ⇒ **truckdriver**

truculence ['trʌkjʊləns] n brutalité f, agressivité f

truculent ['trʌkjʊlənt] → SYN adj agressif

truculently ['trʌkjʊləntlɪ] adv brutalement, agressivement

trudge [trʌdʒ] → SYN **1** vi ◆ **to trudge in/out/along** etc entrer/sortir/marcher etc péniblement or en traînant les pieds ◆ **we trudged round the shops** nous nous sommes traînés de magasin en magasin ◆ **he trudged through the mud** il pataugeait (péniblement) dans la boue
2 vt ◆ **to trudge the streets/the town** etc se traîner de rue en rue/dans toute la ville etc
3 n marche f pénible

true [truː] LANGUAGE IN USE 11.1, 26.3 → SYN
1 adj **a** (= correct, accurate) story, news, rumour, statement vrai; description, account, report fidèle; copy conforme; statistics, measure exact ◆ **it is true that ...** il est vrai que ... (+ indic) ◆ **is it true that ...?** est-il vrai que ... (+ indic or subj)? ◆ **it's not true that ...** il n'est pas vrai que ... (+ indic or subj) ◆ **can it be true that ...?** est-il possible que ... (+ subj)? ◆ **is it true about Vivian?** est-ce vrai, ce que l'on dit à propos de Vivian? ◆ **it is true to say that ...** il est vrai que ... ◆ **this is particularly true of ...** cela s'applique particulièrement à ... ◆ **that's true!** c'est vrai!◆ **too true!** * ça c'est bien vrai!, je ne te le fais pas dire! ◆ **unfortunately this is only too true or all too true** malheureusement, ce n'est que trop vrai ◆ **to come true** [wish, dream etc] se réaliser ◆ **to make sth come true** faire que qch se réalise, réaliser qch ◆ **the same is true of** or **holds true for** il en va or est de même pour ◆ **he's got so much money it's not true!** * (= incredible) c'est incroyable ce qu'il est riche!; → **good, ring²**
b (= real, genuine) (gen) vrai, véritable; cost réel ◆ **in Turkey you will discover the true meaning of hospitality** en Turquie, vous découvrirez le vrai or véritable sens de l'hospitalité ◆ **in the true sense (of the word)** au sens propre (du terme) ◆ **he has been a true friend to me** il a été un vrai or véritable ami pour moi ◆ **spoken like a true Englishman!** (hum = well said!) voilà qui est bien dit! ◆ **I certify that this is a true likeness of Frances Elisabeth Dodd** je certifie que cette photographie représente bien Frances Elisabeth Dodd ◆ **to hide one's true feelings** cacher ses sentiments (profonds) ◆ **to discover one's true self** découvrir son véritable moi ◆ **true love** (= real love) le grand amour; († = sweetheart) bien-aimé(e) † m(f) ◆ **to find true love (with sb)** connaître le grand amour (avec qn) ◆ **he taught maths but his true love was philosophy** il enseignait les maths, mais sa vraie passion était la philosophie ◆ (Prov) **the course of true love never did run smooth** un grand amour ne va pas toujours sans encombre ◆ **the one true God** le seul vrai Dieu, le seul Dieu véritable
c (= faithful) fidèle (*to sb/sth* à qn/qch) ◆ **to be true to one's word/to oneself** être fidèle à sa promesse/à soi-même ◆ **twelve good men and true** douze hommes parfaitement intègres *(représentant le jury d'un tribunal)* ◆ **true to life** (= realistic) réaliste ◆ **true to form** or **type, he ...** comme on pouvait s'y attendre, il ..., fidèle à ses habitudes, il ... ◆ **to run true to form** or **type** project etc se dérouler comme on pouvait s'y attendre

d (= straight, level) surface, join plan, uniforme; wall, upright d'aplomb; beam droit; wheel dans l'axe
◆ **out of true** beam tordu, gauchi; surface gondolé; join mal aligné; wheel voilé, faussé ◆ **the wall is out of true** le mur n'est pas d'aplomb
e (Mus) voice, instrument, note juste
2 adv aim, sing juste ◆ **to breed true** se reproduire selon le type parental ◆ **tell me true** †† dis-moi la vérité ◆ **you speak truer than you know** vous ne croyez pas si bien dire; → **ring²**
3 vt [+ wheel] centrer
4 COMP ▷ **true-blue** * adj Conservative, Republican pur jus *; Englishman, Australian jusqu'au bout des ongles ▷ **true-born** adj véritable, vrai, authentique ▷ **true-bred** adj de race pure, racé ▷ **the True Cross** n la vraie Croix ▷ **true-false test** n questionnaire m or test m du type vrai ou faux ▷ **true-hearted** adj loyal, sincère ▷ **true-life** * adj vrai, vécu ▷ **true north** n le nord géographique

truffle ['trʌfl] n truffe f

trug [trʌg] n (Brit) corbeille f de jardinier

truism ['truːɪzəm] → SYN n truisme m

truistic [truːˈɪstɪk] adj tautologique

truly ['truːlɪ] → SYN adv **a** (= really) vraiment, véritablement ◆ **a truly terrible film** un film vraiment mauvais ◆ **I am truly sorry (for what happened)** je suis sincèrement or vraiment désolé (de ce qui s'est passé) ◆ **he's a truly great writer** c'est véritablement un grand écrivain ◆ **he did say so, truly (he did)!** il l'a dit, je te jure!* ◆ **really and truly?** * vraiment?, vrai de vrai? ◆ **I'm in love, really and truly in love** je suis amoureux, éperdument amoureux ◆ **well and truly** bel et bien
b (= faithfully) reflect fidèlement
c (= truthfully) answer, tell franchement ◆ **tell me truly** dis-moi la vérité
d **yours truly** (letter ending) je vous prie d'agréer l'expression de mes respectueuses salutations ◆ **nobody knows it better than yours truly** * personne ne le sait mieux que moi

trumeau [trʊˈməʊ] n, pl **trumeaux** (Archit) trumeau m

trump¹ [trʌmp] **1** n (Cards) atout m ◆ **spades are trumps** atout pique ◆ **what's trump(s)?** quel est l'atout? ◆ **the three of trump(s)** le trois d'atout ◆ **he had a trump up his sleeve** (fig) il avait un atout en réserve ◆ **he was holding all the trumps** il avait tous les atouts dans son jeu ◆ **to come up** or **turn up trumps** (Brit fig) (= succeed) mettre dans le mille; (= come at the right moment) tomber à pic*; → **no**
2 vt (Cards) couper, prendre avec l'atout ◆ **to trump sb's ace** (fig) faire encore mieux que qn
3 COMP ▷ **trump card** n (fig) carte f maîtresse, atout m

▶ **trump up** vt sep [+ charge, excuse] forger or inventer (de toutes pièces)

trump² [trʌmp] n (liter) trompette f ◆ **the Last Trump** la trompette du Jugement (dernier)

trumpery ['trʌmpərɪ] → SYN **1** n (NonC) (= showy trash) camelote* f (NonC); (= nonsense) bêtises fpl
2 adj (= showy) criard; (= paltry) insignifiant, sans valeur

trumpet ['trʌmpɪt] **1** n **a** (= instrument) trompette f
b (= player: in orchestra) trompettiste mf; (Mil etc = trumpeter) trompette m
c (= trumpet-shaped object) cornet m; → **ear¹**
d [of elephant] barrissement m
2 vi [elephant] barrir
3 vt trompeter ◆ **don't trumpet it about** pas la peine de le crier sur les toits
4 COMP ▷ **trumpet blast** n coup m or sonnerie f de trompette ▷ **trumpet call** n (lit) ⇒ **trumpet blast** (fig) appel m vibrant (*for* pour)

trumpeter ['trʌmpɪtəʳ] n trompettiste mf

trumpeting ['trʌmpɪtɪŋ] n [of elephant] barrissement(s) m(pl)

truncate [trʌŋˈkeɪt] → SYN vt (gen, Comput) tronquer

truncating [trʌŋˈkeɪtɪŋ] n (Comput) troncation f

truncheon ['trʌntʃən] → SYN n (= weapon) matraque f; (Brit: for directing traffic) bâton m *(d'agent de police)*

trundle ['trʌndl] **1** vt (= push/pull/roll) pousser/traîner/faire rouler bruyamment
2 vi ◆ **to trundle in/along/down** entrer/passer/descendre lourdement or bruyamment
3 COMP ▷ **trundle bed** n (US) lit m gigogne

trunk [trʌŋk] → SYN **1** n (Anat, Bot) tronc m; [of elephant] trompe f; (= luggage) malle f; (US Aut) coffre m, malle f
2 **trunks** npl (for swimming) slip m or maillot m de bain; (underwear) slip m (d'homme); → **subscriber**
3 COMP ▷ **trunk call** n (Brit Telec) communication f interurbaine ▷ **trunk curl** n (Gym) ⇒ **sit-up**; → **sit** ▷ **trunk line** n (Telec) inter m, téléphone m interurbain; (Rail) grande ligne f ▷ **trunk road** n (Brit) (route f) nationale f; → ROADS

trunkfish ['trʌŋkfɪʃ] n coffre m

trunnion ['trʌnɪən] n tourillon m

truss [trʌs] → SYN **1** n [of hay etc] botte f; [of flowers, fruit on branch] grappe f; (Constr) ferme f; (Med) bandage m herniaire
2 vt [+ hay] botteler; [+ chicken] trousser; (Constr) armer, renforcer

▶ **truss up** vt sep [+ prisoner] ligoter

trust [trʌst] LANGUAGE IN USE 20.3 → SYN
1 n **a** (NonC = faith, reliance) confiance f (*in* en) ◆ **position of trust** poste m de confiance ◆ **breach of trust** abus m de confiance ◆ **to have trust in sb/sth** avoir confiance en qn/qch ◆ **to put** or **place (one's) trust in sb/sth** faire confiance or se fier à qn/qch ◆ **to take sth on trust** accepter qch de confiance or les yeux fermés ◆ **you'll have to take what I say on trust** il vous faudra me croire sur parole ◆ **he gave it to me on trust** (= without payment) il me l'a donné sans me faire payer tout de suite
b (Jur) fidéicommis m ◆ **to set up a trust for sb** instituer un fidéicommis à l'intention de qn ◆ **to hold sth/leave money in trust for one's children** tenir qch/faire administrer un legs par fidéicommis à l'intention de ses enfants
c (= charge, responsibility) **to give sth into sb's trust** confier qch à qn ◆ **while this is in my trust, I ...** aussi longtemps que j'en ai la charge ou la responsabilité, je ...
d (Comm, Fin) trust m, cartel m; → **brain, investment, unit**
2 vt **a** (= believe in, rely on) [+ person, object] avoir confiance en, se fier à; [+ method, promise] se fier à ◆ **don't you trust me?** tu n'as pas confiance (en moi)? ◆ **he is not to be trusted** on ne peut pas lui faire confiance ◆ **you can trust me** vous pouvez avoir confiance en moi ◆ **you can trust me with your car** tu peux me confier ta voiture, tu peux me prêter ta voiture en toute confiance ◆ **he's not to be trusted with a knife** il ne serait pas prudent de le laisser manipuler un couteau ◆ **can we trust him to do it?** peut-on compter sur lui pour le faire? ◆ **the child is not to be trusted on the roads** l'enfant est trop petit pour qu'on le laisse (subj) aller dans la rue tout seul ◆ **I can't trust him out of my sight** j'ai si peu confiance en lui que je ne le quitte pas des yeux ◆ **trust you!** * (iro) ça ne m'étonne pas de toi!, (pour) ça on peut te faire confiance! (iro) ◆ **trust him to break it!** * pour casser quelque chose on peut lui faire confiance! ◆ **he can be trusted to do his best** on peut être sûr qu'il fera de son mieux ◆ **you can't trust a word he says** impossible de croire deux mots de ce qu'il raconte ◆ **I wouldn't trust him as far as I can throw him** * je n'ai aucune confiance en lui
b (= entrust) confier (*sth to sb* qch à qn)
c (= hope) espérer (*that* que) ◆ **I trust not** j'espère que non
3 vi ◆ **to trust in sb** se fier à qn, s'en remettre à qn ◆ **let's trust to luck** or **to chance** essayons tout de même, tentons notre chance, tentons le coup * ◆ **I'll have to trust to luck to find the house** il faudra que je m'en remette à la chance pour trouver la maison
4 COMP ▷ **trust account** n (Banking) compte m en fidéicommis ▷ **trust company** n société f

trustbuster ['trʌstbʌstə^r] n (US) fonctionnaire chargé de faire appliquer la loi antitrust

trusted ['trʌstɪd] adj friend, servant en qui on a confiance ; method éprouvé ; → **tried-and-trusted**

trustee [trʌs'tiː] **1** n **a** (Jur) fidéicommissaire m, curateur m, -trice f ◆ **trustee in bankruptcy** (Jur, Fin) ≈ syndic m de faillite
  b [of institution, school] administrateur m, -trice f ◆ **the trustees** le conseil d'administration
  c (US Univ) membre m du conseil d'université
2 COMP ▷ **Trustee Savings Bank** n (Brit) ≈ Caisse f d'épargne

trusteeship [trʌs'tiːʃɪp] n **a** (Jur) fidéicommis m, curatelle f
  b [of institution etc] poste m d'administrateur ◆ **during his trusteeship** pendant qu'il était administrateur

trustful ['trʌstfʊl] → SYN adj ⇒ **trusting**

trustfully ['trʌstfəlɪ] adv avec confiance

trusting ['trʌstɪŋ] adj confiant ◆ **a trusting relationship** une relation basée sur la confiance

trustingly ['trʌstɪŋlɪ] adv en toute confiance

trustworthiness ['trʌst,wɜːðɪnɪs] n (NonC) [of person] loyauté f, fidélité f ; [of statement] véracité f

trustworthy ['trʌst,wɜːðɪ] → SYN adj person digne de confiance ; report, account fidèle, exact

trusty ['trʌstɪ] → SYN **1** adj (†† or hum) fidèle ◆ **his trusty steed** son fidèle coursier
2 n (in prison) détenu bénéficiant d'un régime de faveur

truth [truːθ] → SYN **1** n, pl **truths** [truːðz] **a** (NonC) vérité f ◆ **you must always tell the truth** il faut toujours dire la vérité ◆ **to tell you the truth** or **truth to tell, he ...** à vrai dire or à dire vrai, il ... ◆ **the truth of it is that ...** la vérité c'est que ... ◆ **there's no truth in what he says** il n'y a pas un mot de vrai dans ce qu'il dit ◆ **there's some truth in that** il y a du vrai dans ce qu'il dit (or dans ce que vous dites etc) ◆ (Prov) **truth will out** la vérité finira (toujours) par se savoir ◆ **the truth, the whole truth and nothing but the truth** (Jur) la vérité, toute la vérité et rien que la vérité ◆ **the honest truth** la pure vérité, la vérité vraie * ◆ **the plain unvarnished truth** la vérité toute nue, la vérité sans fard ◆ **in (all) truth** en vérité, à vrai dire ◆ **truth is stranger than fiction** la réalité dépasse la fiction
  b vérité f ; → **home**
2 COMP **truth drug** n sérum m de vérité

truthful ['truːθfʊl] → SYN adj **a** (= honest) person qui dit la vérité ◆ **he's a very truthful person** il dit toujours la vérité ◆ **he was not being entirely truthful** il ne disait pas entièrement la vérité
  b (= true) answer, statement exact ; portrait, account fidèle

truthfully ['truːθfəlɪ] adv honnêtement

truthfulness ['truːθfʊlnɪs] n (NonC) véracité f

try [traɪ] → SYN **1** n **a** (= attempt) essai m, tentative f ◆ **to have a try** essayer (*at doing sth* de faire qch) ◆ **to give sth a try** essayer qch ◆ **it was a good try** il a (or tu as etc) vraiment essayé ◆ **it's worth a try** cela vaut le coup d'essayer ◆ **to do sth at the first try** faire qch du premier coup ◆ **after three tries he gave up** il a abandonné après trois tentatives
  b (Rugby) essai m ◆ **to score a try** marquer un essai
2 vt **a** (= attempt) essayer, tâcher (*to do sth* de faire qch) ; (= seek) chercher (*to do sth* à faire sth) ◆ **try to eat** or **try and eat some of it** essaie or tâche d'en manger un peu ◆ **he was trying to understand** il essayait de or cherchait à comprendre ◆ **it's trying to rain** * il a l'air de vouloir pleuvoir * ◆ **I'll try anything once** je suis toujours prêt à faire un essai ◆ **just you try it!** (warning) essaie donc un peu !, essaie un peu pour voir ! * ◆ **you've only tried three questions** vous avez seulement essayé de répondre à trois questions ◆ **have you ever tried the high jump?** as-tu déjà essayé le saut en hauteur ? ◆ **to try one's best** or **one's hardest** faire de son mieux, faire tout son possible (*to do sth* pour faire qch) ◆ **to try one's hand at sth/at doing sth** s'essayer à qch/à faire qch
  b (= sample, experiment with) [+ method, recipe, new material, new car] essayer ◆ **have you tried these olives?** avez-vous goûté à or essayé ces olives ? ◆ **won't you try me for the job?** vous ne voulez pas me faire faire un essai ? ◆ **have you tried aspirin?** avez-vous essayé (de prendre) l'aspirine ? ◆ **try pushing that button** essayez de presser ce bouton ◆ **I tried three hotels but they were all full** j'ai essayé trois hôtels mais ils étaient tous complets ◆ **to try the door** essayer d'ouvrir la porte ◆ **try this for size** (gen) essaie ça pour voir ; (when suggesting sth) écoute un peu ça
  c (= test, put strain on) [+ person, sb's patience, strength, endurance] mettre à l'épreuve, éprouver ; [+ vehicle, plane] tester ; [+ machine, gadget] tester, mettre à l'essai ; [+ eyes, eyesight] fatiguer ◆ **to try one's strength against sb** se mesurer à qn ◆ **to try one's wings** essayer de voler de ses propres ailes ◆ **to try one's luck** tenter sa chance, tenter le coup ◆ **this material has been tried and tested** ce tissu a subi tous les tests ◆ **he was tried and found wanting** il ne s'est pas montré à la hauteur, il n'a pas répondu à ce qu'on attendait de lui ◆ **they have been sorely tried** ils ont été durement éprouvés ; → **well²**
  d (Jur) [+ person, case] juger ◆ **to try sb for theft** juger qn pour vol ◆ **he was tried by court-martial** (Mil) il est passé en conseil de guerre
3 vi essayer ◆ **try again!** recommence !, refais un essai ! ◆ **just you try!** essaie donc un peu !, essaie un peu pour voir ! * ◆ **I didn't even try (to)** je n'ai même pas essayé ◆ **I couldn't have done that (even) if I'd tried** je n'aurais pu faire cela même si je l'avais voulu ◆ **to try for a job/a scholarship** essayer d'obtenir un poste/une bourse ◆ **it wasn't for lack** or **want of trying that he ...** ce n'était pas faute d'avoir essayé qu'il ...
4 COMP ▷ **tried-and-tested, tried-and-trusted** adj éprouvé, qui a fait ses preuves ◆ **to be tried and tested** or **trusted** avoir fait ses preuves ◆ **select a couple of ingredients and add them to a tried-and-tested recipe of your own** choisissez un ou deux ingrédients et intégrez-les à une recette que vous connaissez bien ▷ **try-on** * n **it's a try-on** c'est du bluff

▶ **try on** **1** vt sep **a** [+ garment, shoe] essayer ◆ **try this on for size** [+ garment] essayez cela pour voir si c'est votre taille ; [+ shoe] essayez cela pour voir si c'est votre pointure
  b (Brit *) **to try it on with sb** essayer de voir jusqu'où l'on peut pousser qn ; (sexually) faire des avances à qn ◆ **he's trying it on** il essaie de voir jusqu'où il peut aller ◆ **he's trying it on to see how you'll react** il essaie de voir comment tu vas réagir ◆ **don't try anything on!** ne fais pas le malin !
2 try-on * n → **try**

▶ **try out** **1** vt sep [+ machine, new material] essayer, faire l'essai de ; [+ new drug, new recipe, method, solution] essayer ; [+ new teacher, employee etc] mettre à l'essai ◆ **try it out on the cat first** essaie d'abord de voir quelle est la réaction du chat
2 tryout n → **tryout**

▶ **try over** vt sep (Mus) essayer

trying ['traɪɪŋ] → SYN adj person difficile, fatigant ; experience, time éprouvant

tryout ['traɪaʊt] n (= trial) essai m ; (Sport) épreuve f de sélection ; (Theat) audition f ◆ **to give sb/sth a tryout** mettre qn/qch à l'essai

trypanosome [,trɪpənə,səʊm] n (Med) trypanosome m

trypanosomiasis [,trɪpənəsə'maɪəsɪs] n trypanosomiase f

trypsin ['trɪpsɪn] n trypsine f

trypsinogen [trɪp'sɪnədʒən] n trypsinogène m

tryptophan ['trɪptəfæn] n tryptophane m

tryst †† [trɪst] n **a** (= meeting) rendez-vous m galant
  b (also **trysting place**) lieu m de rendez-vous galant

tsar [zɑː^r] → SYN n tsar m

tsarevitch ['zɑːrəvɪtʃ] n tsarévitch m

tsarina [zɑː'riːnə] n tsarine f

tsarism ['zɑːrɪzəm] n tsarisme m

tsarist ['zɑːrɪst] n, adj tsariste mf

tsetse fly ['tsetsɪflaɪ] n mouche f tsé-tsé inv

TSH [,tiː'es'eɪʃ] n (Bio) (abbrev of **thyroid-stimulating hormone**) thyrotrop(h)ine f

tsp. pl **tsp.** or **tsps.** (abbrev of **teaspoon(ful)**) c. f à café

TSS n ⇒ **toxic shock syndrome** ; → **toxic**

tsunami [tsʊ'nɑːmɪ] n tsunami m

Tswana ['tswɑːnə] n, pl **Tswana** or **Tswanas** (= person) Tswana mf ; (= language) tswana m

TT [,tiː'tiː] adj **a** abbrev of **teetotal, teetotaller**
  b (abbrev of **tuberculin tested**) → **tuberculin**

TTL [,tiː tiː'el] adj (Phot) (abbrev of **through the lens**) ◆ **a camera with TTL meter** un appareil avec mesure de l'exposition à travers l'objectif

TU [,tiː'juː] n (abbrev of **Trade(s) Union**) → **trade**

Tuareg ['twɑːreg] **1** n Targui(e) m(f), Touareg mf ◆ **the Tuaregs** les Touaregs
2 adj targui, touareg f inv ◆ **Tuareg customs** les coutumes touaregs

tub [tʌb] **1** n (gen, also in washing machine) cuve f ; (for washing clothes) baquet m ; (for flowers) bac m ; (also **bathtub**) tub m ; (in bathroom) baignoire f ; (* = boat) sabot * m, rafiot * m ; (for cream etc) (petit) pot m
2 COMP ▷ **tub gurnard** n (= fish) grondin-perlon m ▷ **tub-thumper** n (Brit fig) orateur m démagogue ▷ **tub-thumping** (Brit fig) n (NonC) démagogie f ◇ adj démagogique

tuba ['tjuːbə] n, pl **tubas** or (frm) tubae ['tjuːbiː] tuba m

tubbiness * ['tʌbɪnɪs] n embonpoint m

tubby * ['tʌbɪ] adj rondelet, dodu

tube [tjuːb] **1** n (gen, Anat, Telec, TV) tube m ; [of tyre] chambre f à air ◆ **the tube** (Brit = the Underground) le métro ◆ **to go by tube** (Brit) prendre le métro ◆ **the tube** * (US = television) la télé * ◆ **to go down the tubes** * tourner en eau de boudin *, partir en couille * (fig) ; → **inner**
2 COMP ▷ **tube station** n (Brit) station f de métro

tubeless ['tjuːblɪs] adj tyre sans chambre à air

tuber ['tjuːbə^r] n (Bot, Anat) tubercule m

tubercle ['tjuːbɜːkl] **1** n (Anat, Bot, Med) tubercule m
2 COMP ▷ **tubercle bacillus** n bacille m de Koch

tubercular [tjʊ'bɜːkjʊlə^r] **1** adj (Anat, Bot, Med) tuberculeux ◆ **tubercular patients** les tuberculeux mpl
2 COMP ▷ **tubercular meningitis** n (Med) méningite f tuberculeuse

tuberculation [tjʊ,bɜːkjʊ'leɪʃən] n tuberculisation f

tuberculin [tjʊ'bɜːkjʊlɪn] n tuberculine f ◆ **tuberculin-tested cows** vaches fpl tuberculinisées ◆ **tuberculin-tested milk** ≈ lait m certifié

tuberculosis [tjʊ,bɜːkjʊ'ləʊsɪs] n tuberculose f ◆ **he's got tuberculosis** il a la tuberculose ◆ **tuberculosis sufferer** tuberculeux m, -euse f

tuberculous [tjʊ'bɜːkjʊləs] adj ⇒ **tubercular**

tuberose ['tjuːbərəʊs] n tubéreuse f

tubing ['tjuːbɪŋ] n (NonC) (= tubes collectively) tubes mpl, tuyaux mpl ; (= substance) tube m, tuyau m ◆ **rubber tubing** tube m or tuyau m en caoutchouc

tubular ['tjuːbjʊlə^r] **1** adj tubulaire
2 COMP ▷ **tubular bells** npl (Mus) carillon m ▷ **tubular steel** n tubes mpl métalliques or d'acier ▷ **tubular steel chair** n chaise f tubulaire

tubulate ['tjuːbjʊleɪt] adj (Bot) tubulé

tubule ['tjuːbjʊl] n (Anat) tube m

tubuliflorous [,tjuːbjʊlɪ'flɔːrəs] adj tubuliflore

TUC [tiːjuːˈsiː] n (Brit) (abbrev of **Trades Union Congress**) → **trade**

tuck [tʌk] → SYN **1** n **a** (Sewing) rempli m ◆ **to put** or **take a tuck in sth** faire un rempli dans qch
b (NonC: Brit Scol = food) boustifaille* f
2 vt **a** (gen) mettre ◆ **to tuck a blanket round sb** envelopper qn dans une couverture ◆ **he tucked the book under his arm** il a mis or rangé le livre sous son bras ◆ **he tucked his shirt into his trousers** il a rentré sa chemise dans son pantalon ◆ **he was sitting with his feet tucked under him** il avait les pieds repliés sous lui
b (Sewing) faire un rempli dans
3 vi ◆ **to tuck into a meal*** attaquer un repas
4 COMP ▷ **tuck-in*** n bon repas m, festin m (hum) ◆ **they had a (good) tuck-in** ils ont vraiment bien mangé ▷ **tuck-shop** n (Brit Scol) petite boutique où les écoliers peuvent acheter des pâtisseries, des bonbons etc

▶ **tuck away** vt sep **a** (= put away) mettre, ranger ◆ **tuck it away out of sight** cache-le ◆ **the hut is tucked away among the trees** la cabane se cache or est cachée or est perdue parmi les arbres
b (* = eat) bouffer*

▶ **tuck in** **1** vi (Brit * = eat) (bien) boulotter* ◆ **tuck in! allez-y, mangez!**
2 vt sep [+ shirt, flap, stomach] rentrer; [+ bedclothes] border ◆ **to tuck sb in** border qn
3 tuck-in* n → **tuck**

▶ **tuck under** vt sep [+ flap] rentrer

▶ **tuck up** vt sep [+ skirt, sleeves] remonter; [+ hair] relever; [+ legs] replier ◆ **to tuck sb up (in bed)** (Brit) border qn (dans son lit)

tuckbox [ˈtʌkbɒks] n (Brit Scol) boîte f à provisions

tucker¹ [ˈtʌkəʳ] **1** n **a** (Dress ††) fichu m; → **bib**
b (* = food) bouffe* f
2 COMP ▷ **tucker-bag*** n (Austral) besace f

tucker²* [ˈtʌkəʳ] vt (US) fatiguer, crever* ◆ **tuckered (out)*** crevé*, vanné*

Tudor [ˈtjuːdəʳ] adj (Archit) Tudor inv; period des Tudors; → **stockbroker**

Tue(s). abbrev of **Tuesday**

Tuesday [ˈtjuːzdɪ] n mardi m; → **shrove**; for other phrases see **Saturday**

tufa [ˈtjuːfə] n tuf m calcaire

tuff [tʌf] n (Geol) tuf m

tuffet [ˈtʌfɪt] n [of grass] touffe f d'herbe; (= stool) (petit) tabouret m

tuft [tʌft] n touffe f ◆ **tuft of feathers** (Orn) huppe f, aigrette f ◆ **tuft of hair** (on top of head) épi m; (anywhere on head) touffe f de cheveux ◆ **his hair's coming out in tufts** ses cheveux tombent par touffes entières

tufted [ˈtʌftɪd] **1** adj grass en touffe; eyebrows broussailleux; bird, head huppé
2 COMP ▷ **tufted duck** n (fuligule m) morillon m

tug [tʌg] → SYN **1** n **a** (= pull) (petite) saccade f, (petit) coup m ◆ **to give sth a tug** tirer sur qch ◆ **I felt a tug at my sleeve/on the rope** j'ai senti qu'on me tirait par la manche/qu'on tirait sur la corde ◆ **parting with them was quite a tug** les quitter a été un vrai déchirement
b (also **tugboat**) remorqueur m
2 vt (= pull) [+ rope, sleeve etc] tirer sur; (= drag) tirer, traîner; (Naut) remorquer ◆ **to tug sth up/down** faire monter/faire descendre qch en le tirant or traînant
3 vi tirer fort or sec (at, on sur)
4 COMP ▷ **tug-of-love*** n lutte acharnée entre les parents d'un enfant pour en avoir la garde ▷ **tug-of-war** n (Sport) tir m à la corde; (fig) lutte f (acharnée or féroce)

tuition [tjʊˈɪʃən] → SYN **1** n (NonC) cours mpl ◆ **private tuition** cours mpl particuliers (in de)
2 COMP ▷ **tuition fees** npl (Scol etc) frais mpl de scolarité

tularaemia, tularemia (US) [ˌtuːləˈriːmɪə] n tularémie f

tulip [ˈtjuːlɪp] n tulipe f ◆ **tulip tree** tulipier m

tulle [tjuːl] n tulle m

tum* [tʌm] n (Brit) ventre m, bide* m

tumble [ˈtʌmbl] → SYN **1** n **a** (= fall) chute f, culbute f; [of acrobat etc] culbute f, cabriole f ◆ **to have** or **take a tumble** faire une chute or une culbute ◆ **they had a tumble in the hay** (fig) ils ont folâtré dans le foin
b (= confused heap) amas m ◆ **in a tumble** en désordre
2 vi **a** (= fall) dégringoler, tomber; (= trip) trébucher (over sur); [river, stream] descendre en cascade; [prices] chuter, dégringoler; (fig) [person, ruler] faire la culbute; [acrobat etc] faire des culbutes or des cabrioles ◆ **he tumbled out of bed** il est tombé du lit; see also **2b** ◆ **to tumble head over heels** faire la culbute, culbuter ◆ **to tumble downstairs** culbuter or dégringoler dans l'escalier ◆ **he tumbled over a chair** il a trébuché sur une chaise ◆ **he tumbled over the cliff/into the river** il est tombé du haut de la falaise/dans la rivière ◆ **the clothes tumbled out of the cupboard** la pile de vêtements a dégringolé quand on a ouvert le placard ◆ **the tumbling waters of the Colorado River** les eaux tumultueuses du Colorado ◆ **to tumble into war/depression** (Brit) basculer dans la guerre/la dépression
b (= rush) se jeter ◆ **he tumbled into bed** il s'est jeté au lit ◆ **he tumbled out of bed** il a bondi hors du lit ◆ **they tumbled out of the car** ils ont déboulé de la voiture
c (Brit * fig = realize) **to tumble to sth** réaliser* qch ◆ **then I tumbled (to it)** c'est là que j'ai pigé*
3 vt [+ pile, heap] renverser, faire tomber; [+ hair] ébouriffer; [+ books, objects] jeter en tas or en vrac ◆ **tumbled** room en désordre; bed défait; clothes chiffonné
4 COMP ▷ **tumble-dry** vt faire sécher dans le sèche-linge ▷ **tumble dryer** n sèche-linge m

▶ **tumble about, tumble around** **1** vi [puppies, children] gambader, s'ébattre; [acrobat] cabrioler
2 vt sep [+ books, objects] mélanger

▶ **tumble down** **1** vi [person] faire une chute or une culbute, culbuter ◆ **to be tumbling down** [building etc] tomber en ruine
2 tumbledown adj → **tumbledown**

▶ **tumble out** **1** vi [objects, contents] tomber en vrac, s'éparpiller
2 vt sep [+ objects, contents] faire tomber en vrac

▶ **tumble over** **1** vi culbuter
2 vt sep renverser, faire tomber

tumbledown [ˈtʌmbldaʊn] → SYN adj en ruine, délabré

tumbler [ˈtʌmbləʳ] **1** n (= glass) verre m (droit); (of plastic, metal) gobelet m; (in lock) gorge f (de serrure); (also **tumble dryer**) tambour m or séchoir m (à linge) à air chaud; (Tech etc = revolving drum) tambour m rotatif; (= acrobat) acrobate mf; (= pigeon) pigeon m culbutant
2 COMP ▷ **tumbler switch** n (Elec) interrupteur m à bascule

tumbleweed [ˈtʌmblwiːd] n (espèce f d')amarante f

tumbrel [ˈtʌmbrəl], **tumbril** [ˈtʌmbrɪl] n tombereau m

tumefaction [ˌtjuːmɪˈfækʃən] n tuméfaction f

tumefy [ˈtjuːmɪfaɪ] **1** vt tuméfier
2 vi se tuméfier

tumescence [tjuːˈmesns] n tumescence f

tumescent [tjuːˈmesnt] adj tumescent

tumid [ˈtjuːmɪd] adj (Med) tuméfié; (fig) ampoulé

tummy* [ˈtʌmɪ] **1** n ventre m
2 COMP ▷ **tummy tuck** n plastie f abdominale ◆ **to have a tummy tuck** se faire retendre le ventre

tummyache* [ˈtʌmɪeɪk] n mal m de ventre

tumoral [ˈtjuːmərəl] adj tumoral

tumour, tumor (US) [ˈtjuːməʳ] → SYN n tumeur f

tumuli [ˈtjuːmjʊlaɪ] npl of **tumulus**

tumult [ˈtjuːmʌlt] → SYN n (= uproar) tumulte m; (emotional) émoi m ◆ **in (a) tumult** dans le tumulte; (emotionally) en émoi

tumultuous [tjuːˈmʌltjʊəs] → SYN adj events, period tumultueux; welcome, reception enthousiaste; applause frénétique ◆ **the tumultuous changes in Eastern Europe** les bouleversements en Europe de l'Est

tumultuously [tjuːˈmʌltjʊəslɪ] adv tumultueusement

tumulus [ˈtjuːmjʊləs] n, pl **tumuli** tumulus m

tun [tʌn] n fût m, tonneau m

tuna [ˈtjuːnə] n, pl **tuna** or **tunas** (also **tuna fish**) thon m; → **blue, long¹**

tunable [ˈtjuːnəbl] adj accordable

tundra [ˈtʌndrə] n toundra f

tune [tjuːn] → SYN **1** n **a** (= melody) air m ◆ **he gave us a tune on the piano** il nous a joué un air au piano ◆ **there's not much tune to it** ce n'est pas très mélodieux ◆ **to the tune of** sing sur l'air de; march, process aux accents de ◆ **repairs to the tune of £300** des réparations atteignant la coquette somme de 300 livres ◆ **to change one's tune, to sing another** or **a different tune** (fig) changer de discours or de chanson * ◆ **to call the tune** (= give orders) commander; (= take decisions) décider; → **dance**
b (NonC) **to be in tune** [instrument] être accordé; [singer] chanter juste ◆ **to be out of tune** [instrument] être désaccordé; [singer] chanter faux ◆ **to sing/play in tune** chanter/jouer juste ◆ **to sing/play out of tune** chanter/jouer faux ◆ **to be in/out of tune with ...** (fig) être en accord/désaccord avec ...
2 vt (Mus) accorder; (Rad, TV: also **tune in**) régler (to sur); (Aut) régler, mettre au point ◆ **you are tuned (in) to ...** (Rad) vous êtes à l'écoute de ...; → **stay¹**
3 COMP ▷ **tune-up** n (Aut) réglage m, mise f au point

▶ **tune in** (Rad, TV) **1** vi se mettre à l'écoute (to de) ◆ **tune in again tomorrow** soyez de nouveau à l'écoute demain ◆ **thousands tuned in** des milliers de gens se sont mis à l'écoute
2 vt sep (Rad, TV) régler (to sur) ◆ **predatory fish are tuned in to all movement in the sea around them** les poissons prédateurs captent les ondes émises par tout mouvement dans la mer ◆ **to be tuned in to ...** (fig = aware of) être à l'écoute de ... ◆ **to be tuned in to new developments** être au fait des derniers développements ◆ **he is/isn't tuned in*** (fig) il est/n'est pas dans la course * see also **tune 2**

▶ **tune out*** **1** vi (fig) débrancher*, faire la sourde oreille
2 vt sep (fig) ne pas faire attention à, faire la sourde oreille à

▶ **tune up** **1** vi (Mus) accorder son (or ses) instrument(s)
2 vt sep (Mus) accorder; (Aut) mettre au point
3 tune-up n → **tune**

tuneful [ˈtjuːnfʊl] → SYN adj music, instrument, voice mélodieux

tunefully [ˈtjuːnfəlɪ] adv mélodieusement

tunefulness [ˈtjuːnfʊlnɪs] n [of music, instrument, voice] caractère m mélodieux

tuneless [ˈtjuːnlɪs] → SYN adj peu mélodieux, discordant, dissonant

tunelessly [ˈtjuːnlɪslɪ] adv sing, play faux

tunelessness [ˈtjuːnlɪsnɪs] n sonorités fpl discordantes, dissonance f

tuner [ˈtjuːnəʳ] **1** n (= person) accordeur m; (Rad: also **stereo tuner**) syntoniseur m, syntonisateur m (Can); (= knob) bouton m de réglage; → **piano**
2 COMP ▷ **tuner amplifier** n ampli-tuner m

tungstate [ˈtʌŋsteɪt] n tungstate m

tungsten [ˈtʌŋstən] n (NonC) tungstène m ◆ **tungsten lamp/steel** lampe f/acier m au tungstène

tungstic acid [ˈtʌŋstɪk] n acide m tungstique

Tungusian [tʊŋˈɡʊsɪən] adj toungouze

Tungusic [tʊŋˈɡʊsɪk] adj, n toungouze m

tunic [ˈtjuːnɪk] n tunique f

tuning / turn

tuning ['tju:nɪŋ] **1** n (Mus) accord m ; (Rad, TV) réglage m ; (Aut) réglage(s), mise f au point **2** COMP ▸ **tuning fork** n (Mus) diapason m ▷ **tuning key** n (Mus) accordoir m ▷ **tuning knob** n (Rad etc) bouton m de réglage

Tunis ['tju:nɪs] n Tunis

Tunisia [tju:'nɪzɪə] n la Tunisie

Tunisian [tju:'nɪzɪən] **1** adj (gen) tunisien ; ambassador, embassy de Tunisie **2** n Tunisien(ne) m(f)

tunnel ['tʌnl] → SYN **1** n (gen, Rail) tunnel m ; (Min) galerie f ◆ **to make a tunnel** ⇒ **to tunnel 2** ; see also **channel** **2** vi [people, rabbits etc] percer or creuser un or des tunnel(s) or des galeries (*into* dans ; *under* sous) ◆ **to tunnel in/out** etc entrer/sortir etc en creusant un tunnel **3** vt percer or creuser un or des tunnel(s) dans ◆ **a mound tunnelled by rabbits** un monticule dans lequel les lapins ont percé or creusé des galeries ◆ **shelters tunnelled out of the hillside** des abris creusés à flanc de colline ◆ **to tunnel one's way in** etc ⇒ **to tunnel in 2** **4** COMP ▸ **tunnel diode** n (Phys) diode f (à effet de) tunnel ▷ **tunnel effect** n (Phys) effet m tunnel ▷ **tunnel vision** n (Opt) rétrécissement m du champ visuel ◆ **to have tunnel vision** (fig) avoir des œillères

tunny ['tʌnɪ] n, pl **tunny** or **tunnies** ⇒ **tuna**

tup [tʌp] (esp Brit) **1** n (= ram) bélier m **2** vt [+ ewe] monter, couvrir

tupelo ['tju:pɪləʊ] n, pl **tupelos** nyssa m, tupelo m

Tupi [tu:'pi:] n, pl **Tupi** or **Tupis a** (Ling) tupi m **b** (= person) Tupi mf

tuppence ['tʌpəns] n (abbrev of **twopence**) deux pence mpl ◆ **it's not worth tuppence** * ça ne vaut pas un radis * ◆ **I don't care tuppence** * je m'en fiche (comme de l'an quarante) *

tuppenny† ['tʌpənɪ] **1** adj (= twopenny) à deux pence ◆ **a tuppenny bit** une pièce de deux pence ◆ **I don't give a tuppenny damn** * (Brit) je m'en contrefiche * ◆ **she doesn't give a tuppenny damn for** or **about** ... elle se contrefiche de ... * **2** COMP ▷ **tuppenny-ha'penny**† * adj (fig) (= insignificant) de quatre sous, à la noix *

turban ['tɜ:bən] **1** n turban m **2** vt ◆ **turbaned** person, head enturbanné

turbid ['tɜ:bɪd] adj (frm: lit, fig) turbide

turbidity [tɜ:'bɪdɪtɪ] n (frm) turbidité f (frm)

turbinate bones ['tɜ:bɪneɪt] npl cornets mpl du nez

turbine ['tɜ:baɪn] **1** n turbine f ◆ **steam/gas turbine** turbine f à vapeur/à gaz **2** COMP ▷ **turbine engine** n turbomoteur m

turbo ['tɜ:bəʊ] **1** n ⇒ **turbofan** **2** COMP ▷ **turbo car** n (Aut) turbo m ▷ **turbo engine** n (Aut) moteur m turbo, turbomoteur m ▷ **turbo pump** n turbopompe f

turbo... ['tɜ:bəʊ] pref turbo...

turbocharged ['tɜ:bəʊˌtʃɑ:dʒd] adj turbocompressé ◆ **turbocharged engine** moteur m turbo

turbocharger ['tɜ:bəʊˌtʃɑ:dʒəʳ] n (Aut) turbocompresseur m de suralimentation

turbofan [ˌtɜ:bəʊ'fæn] n (= fan) turbofan m ; (also **turbofan engine**) turbofan m, turboventilateur m

turbogenerator [ˌtɜ:bəʊ'dʒenəˌreɪtəʳ] n turbogénérateur m

turbojet ['tɜ:bəʊˌdʒet] n (also **turbojet engine**) turboréacteur m ; (also **turbojet aircraft**) avion m à turboréacteur

turboprop ['tɜ:bəʊˌprɒp] n (also **turboprop engine**) turbopropulseur m ; (also **turboprop aircraft**) avion m à turbopropulseur

turbosupercharger [ˌtɜ:bəʊ'su:pəˌtʃɑ:dʒəʳ] n turbocompresseur m de suralimentation

turbot ['tɜ:bət] n, pl **turbot** or **turbots** turbot m

turbulence ['tɜ:bjʊləns] → SYN n (NonC) turbulence f (also Aviat) ; [of waves, sea] agitation f

turbulent ['tɜ:bjʊlənt] → SYN adj **a** (= choppy) water, sea agité, turbulent (liter) ◆ **turbulent air/water** turbulences fpl

b (= troubled) time, period agité ; history, events, career tumultueux ; crowd, person, personality, mood turbulent
c (liter = disorderly, troublesome) person turbulent

turd *‡ [tɜ:d] n merde *‡ f ; (= person) con * m, couillon * m

tureen [tə'ri:n] n soupière f

turf [tɜ:f] → SYN **1** n, pl **turfs** or **turves a** (NonC = grass) gazon m ; (one piece) motte f de gazon ; (NonC = peat) tourbe f ; (Sport) turf m **b** * [of gang etc] territoire m or secteur m réservé ◆ **to be on the turf** ‡ [prostitute] faire le trottoir * **2** vt **a** (also **turf over**) [+ land] gazonner **b** (Brit *) (= throw) balancer *, jeter ; (= push) pousser ; (= put) mettre, flanquer * **3** COMP ▷ **turf accountant** n (Brit) bookmaker m ▷ **turf war** n guerre f de territoire

▸ **turf in** * vt sep (Brit) [+ objects] balancer * dedans ◆ **he turfed it all in** * (fig = give up) il a tout plaqué *

▸ **turf out** * vt sep (Brit) [+ objects] sortir, (= throw away) bazarder * ; [+ person] flanquer à la porte, virer * ; ‡ [+ suggestion] démolir *

Turgenev [tur'geɪnɪv] n Tourgueniev m

turgescence [tɜ:'dʒesns] n turgescence f

turgescent [tɜ:'dʒesnt] adj turgescent

turgid ['tɜ:dʒɪd] adj **a** (lit = swollen) turgide **b** (fig = stodgy, lifeless) style, essay etc indigeste ; language lourd **c** (fig = pompous) style, essay, language etc ampoulé

Turin [tjʊə'rɪn] n Turin ◆ **the Turin Shroud** le saint suaire de Turin

Turing machine ['tjʊərɪŋ] n (Comput) machine f de Turing

turion ['tʊərɪən] n turion m

Turk [tɜ:k] **1** n Turc m, Turque f ◆ **young Turk** (fig: esp Pol) jeune Turc m **2** COMP ▷ **Turk's-cap lily** n martagon m

Turkey ['tɜ:kɪ] n la Turquie **2** COMP ▷ **Turkey oak** n chêne m chevelu ▷ **Turkey red** n rouge m turc

turkey ['tɜ:kɪ] **1** n, pl **turkey** or **turkeys a** dindon m, dinde f ; (Culin) dinde f ; (US fig) ◆ **to talk turkey** * parler net or franc ◆ **it would be like turkeys voting for Christmas** (esp Brit) cela reviendrait à signer son arrêt de mort ; → **cold** **b** (esp US: Cine, Theat * = flop) four * m **c** (‡ = awkward person) balourd m **2** COMP ▷ **turkey buzzard** n vautour m aura ▷ **turkey cock** n dindon m ▷ **turkey shoot** n (fig) combat m inégal

Turkish ['tɜ:kɪʃ] **1** adj turc (turque f) ; ambassador, embassy de Turquie ; teacher de turc ◆ **as thin as a Turkish cat** maigre comme un clou **2** n (Ling) turc m **3** COMP ▷ **Turkish bath** n bain m turc ▷ **Turkish cat** n chat m turc or du lac de Van ▷ **Turkish coffee** n café m turc ▷ **Turkish Cypriot** adj chypriote turc (turque f) ◇ (= person) Chypriote m(f) turc (turque f) ▷ **Turkish delight** n (NonC: Culin) loukoum m ▷ **Turkish towel** n serviette f éponge inv ▷ **Turkish towelling** n (NonC) tissu m éponge (NonC)

Turkmen ['tɜ:kmen] **1** adj turkmène **2** n **a** Turkmène mf **b** (Ling) turkmène m

Turkmenia [tɜ:k'mi:nɪə] n la Turkménie

Turkmenistan ['tɜ:kmenɪsˌtɑ:n] n le Turkménistan

Turkoman ['tɜ:kəmən] **1** n Turkmène mf **2** adj turkmène

turmeric ['tɜ:mərɪk] n (NonC) curcuma m, safran m des Indes

turmoil ['tɜ:mɔɪl] → SYN n agitation f, trouble m ; (emotional) trouble m, émoi m ◆ **everything was in (a) turmoil** c'était le bouleversement or le chambardement * le plus complet

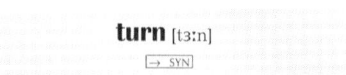

turn [tɜ:n]
→ SYN

1 NOUN	**3** INTRANSITIVE VERB
2 TRANSITIVE VERB	**4** COMPOUNDS
	5 PHRASAL VERBS

1 NOUN

a = movement : of wheel, handle etc tour m ◆ **to give sth a turn** tourner qch (une fois) ◆ **to give a screw a turn** donner un tour de vis ◆ **"The Turn of the Screw"** (Literat) "Le Tour d'écrou" ◆ **with a turn of his head he could see ...** en tournant la tête il voyait ...

b = bend (in road etc) tournant m, virage m ; (Ski) virage m ◆ **to make a turn** [person, vehicle, road] tourner, [ship] virer de bord ◆ **"no left turn"** "défense de tourner à gauche" ◆ **take the next turn on the left** prenez la prochaine route (or rue) à gauche ◆ **the economy may at last be on the turn** l'économie pourrait enfin se redresser
◆ **to take a turn (for)** ◆ **to take a turn for the worse** s'aggraver ◆ **to take a turn for the better** s'améliorer ◆ **the patient took a turn for the worse/better** l'état du malade s'est aggravé/amélioré ◆ **things took a new turn** les choses ont pris une nouvelle tournure ◆ **events took a tragic turn** les événements ont pris un tour or une tournure tragique

c = walk tour m ◆ **to go for** or **take a turn in the park** aller faire un tour dans le parc

d * = attack crise f, attaque f ◆ **he had one of his turns last night** il a eu une nouvelle crise or attaque la nuit dernière ◆ **she has giddy** or **dizzy turns** elle a des vertiges

e = fright coup * m ◆ **it gave me quite a turn, it gave me a nasty turn** ça m'a fait un sacré coup *

f = action **to do sb a good turn** rendre un service à qn ◆ **to do sb a bad turn** jouer un mauvais tour à qn ◆ (Prov) **one good turn deserves another** un prêté pour un rendu (Prov)

g = act : esp Brit numéro m ◆ **to do a turn** faire un numéro

h Mus doublé m

i in game, queue, series tour m ◆ **it's your turn** c'est votre tour, c'est à vous ◆ **it's your turn to play** (c'est) à vous de jouer ◆ **whose turn is it?** (gen) c'est à qui le tour ? ; (in game) c'est à qui de jouer ?, c'est à qui le tour ? ◆ **wait your turn** attendez votre tour ◆ **to take turns at doing sth, to take it in turn(s) to do sth** faire qch à tour de rôle ◆ **take it in turns!** chacun son tour ! ◆ **to take turns at the wheel** se relayer au volant ◆ **shall I take a turn at the wheel?** est-ce que tu veux que je conduise un peu ?

j Culin **done to a turn** à point

k set structures

◆ **at every turn** à tout instant
◆ **by turns** (= alternately) tantôt ... tantôt ... ; (= one after another) à tour de rôle ◆ **he was by turns optimistic and despairing** il était tantôt optimiste, tantôt désespéré, il était tour à tour optimiste et désespéré ◆ **the pictures are by turns shocking, charming and cheeky** ces photos sont tantôt choquantes, tantôt pleines de charme et de malice ◆ **my sister and I visit our mother by turns** ma sœur et moi rendons visite à notre mère à tour de rôle
◆ **in turn** (= one after another) à tour de rôle ; (= then) à mon (or son, notre, leur etc) tour ◆ **they answered in turn** ils ont répondu à tour de rôle, ils ont répondu chacun (à) leur tour ◆ **and they, in turn, said ...** et, à leur tour, ils ont dit ... ◆ **he told a colleague, who in turn told a reporter** il l'a dit à un collègue qui à son tour en a parlé à un journaliste
◆ **out of turn** ◆ **I don't want to speak out of turn but I think that ...** je ne devrais peut-être pas dire cela mais je pense que ...
◆ **turn (and turn) about** à tour de rôle ◆ **they share responsibilities turn and turn about** ils sont responsables à tour de rôle
◆ **turn of** + noun ◆ **at the turn of the century** au début du siècle ◆ **turn of duty** (Mil) tour m de garde or de service ◆ **this was a surprising turn of events** c'était là quelque chose de tout à fait inattendu ◆ **to be of** or **have a scientific turn of mind** avoir l'esprit scienti-

fique ◆ **to be of a pragmatic/of an analytic turn of mind** avoir l'esprit pratique/l'esprit d'analyse ◆ **to have an original turn of mind** avoir une tournure d'esprit originale ◆ **turn of phrase** tournure f, tour m de phrase ◆ **to have a good turn of speed** avoir une bonne pointe de vitesse ◆ **at the turn of the year** en fin d'année

[2] TRANSITIVE VERB

For **turn** + adverb/preposition combinations see also phrasal verbs.

a [+ handle, knob, screw, key, wheel] tourner ; (mechanically) faire tourner ◆ **turn it to the left** tournez-le vers la gauche ◆ **what turns the wheel?** qu'est-ce qui fait tourner la roue ? ◆ **he turned the wheel sharply** (Aut) il a donné un brusque coup de volant ◆ **you can turn it through 90°** on peut le faire pivoter de 90° ◆ **turn the key in the lock** tourne la clé dans la serrure

b [+ page] tourner ◆ **to turn the page** (also fig) tourner la page

c [+ mattress, pillow, collar, soil, steak, record] retourner ◆ **to turn one's ankle** se tordre la cheville ◆ **it turns my stomach** cela me soulève le cœur, cela m'écœure

d [= change position of, direct] [+ car, object] tourner (*towards* vers) ; [+ gun, hose, searchlight] braquer (*on sb* sur qn) ; [+ thoughts, attention] tourner, diriger (*towards* vers) ◆ **turn the knob to "high"** tournez le bouton jusqu'à "maximum" ◆ **turn the switch to "on"** mettez l'interrupteur en position "marche" ◆ **turn it to "wash"** mettez-le en position "lavage" ◆ **turn your face this way** tourne-toi de ce côté-ci ◆ **to turn the lights low** baisser les lumières ◆ **without turning a hair** sans sourciller, sans broncher ◆ **already in her first film she turned a few heads** déjà dans son premier film, on l'avait remarquée ◆ **he turned his steps southward** il dirigea ses pas vers le sud ◆ **they turned his argument against him** ils ont retourné son raisonnement contre lui ◆ **they turned him against his father** ils l'ont monté contre son père

e [= deflect] [+ blow] parer, détourner ◆ **nothing will turn him from his purpose** rien ne l'écartera or ne le détournera de son but

f [= shape] [+ wood] tourner

g [= reach] [+ age, time] **as soon as he turned 18** dès qu'il a eu 18 ans ◆ **he has** or **is turned 40** il a plus de 40 ans ◆ **it's turned 3 o'clock** il est 3 heures passées

h [= transform] changer, transformer (*into* en) ; (= translate) traduire (*into* en) ◆ **his goal turned the game** (Brit Sport) son but a changé la physionomie du match or a changé la donne ◆ **she turned him into a frog** elle l'a changé or transformé en grenouille ◆ **they turned the land into a park** ils ont transformé le terrain en parc ◆ **the experience turned him into a misogynist** cette expérience a fait de lui un misogyne ◆ **an actor turned writer** un acteur devenu écrivain ◆ **turn your talents into hard cash** transformez vos talents en espèces sonnantes et trébuchantes ◆ **to turn a book into a play/film** adapter un livre pour la scène/à l'écran ◆ **she turned her dreams to reality** elle a réalisé ses rêves ◆ **to turn the milk (sour)** faire tourner le lait ◆ **to turn sth black** noircir qch ◆ **it turned him green with envy** il en était vert de jalousie

[3] INTRANSITIVE VERB

a [= move round] [handle, knob, wheel, screw, key] tourner ; [person] se tourner (*to, towards* vers) ; (right round) se retourner ◆ **turn to face me** tourne-toi vers moi ◆ **he turned and saw me** il s'est retourné et m'a vu ◆ **he turned to me and smiled** il s'est tourné vers moi et a souri ◆ **he turned to look at me** il s'est retourné pour me regarder ◆ **he turned to lie on his other side** il s'est retourné de l'autre côté ◆ **his stomach turned at the sight** le spectacle lui a retourné l'estomac or soulevé le cœur ◆ **he would turn in his grave if he knew ...** il se retournerait dans sa tombe s'il savait ...

◆ **to turn on sth** [+ hinge, axis] tourner sur qch ◆ **the earth turns on its axis** la terre tourne sur son axe ◆ **it all turns on whether he has the money** (= depend) tout dépend s'il a l'argent ou non ◆ **the plot turns on a question of mistaken identity** l'intrigue repose sur une erreur d'identité ; see also **5**

b [= move in different direction] [person, vehicle] tourner ; [aircraft] changer de cap ; (= reverse direction) faire demi-tour ; [ship] virer ; [road, river] faire un coude ; [wind] tourner ; [tide] changer de direction ◆ **right turn!** (Mil) demi-tour, droite ! ◆ **turn first right** prenez la première à droite ◆ **they turned and came back** ils ont fait demi-tour et sont revenus sur leurs pas ◆ **the car turned at the end of the street** (= turned round) la voiture a fait demi-tour au bout de la rue ; (= turned off) la voiture a tourné au bout de la rue ◆ **there's nowhere to turn** (Aut) il n'y a pas d'endroit où faire demi-tour ◆ **the car turned into a side street** la voiture a tourné dans une rue transversale ◆ **our luck has turned** la chance a tourné pour nous ◆ **the game turned after half-time** (Brit Sport) la physionomie du match a changé après la mi-temps ◆ **he didn't know which way to turn** (fig) il ne savait plus où donner de la tête ◆ **where can I turn for money?** où pourrais-je trouver de l'argent ?

◆ **to turn against sb** se retourner contre qn

◆ **to turn to sb** (lit) se tourner vers qn ; (for help) s'adresser à qn ◆ **he turned to me for advice** il s'est adressé à moi pour me demander conseil ◆ **our thoughts turn to those who ...** nos pensées vont à ceux qui ...

◆ **to turn to sth** ◆ **turn to page 214** voir page 214 ◆ **to turn (to the) left** tourner à gauche ; (= resort) se tourner vers qch ◆ **farmers are increasingly turning to organic methods** les agriculteurs se tournent de plus en plus vers une agriculture biologique ◆ **he turned to drink** il s'est mis à boire ; see also **3c**

c [= become]

◆ **turn** + adjective ◆ **to turn nasty/dangerous/pale** devenir méchant/dangereux/pâle ◆ **to turn professional** passer professionnel ◆ **to turn Catholic** se convertir au catholicisme ◆ **the weather has turned cold** le temps s'est rafraîchi

◆ **to turn into** + noun devenir ◆ **he turned into a frog** il se changea or se transforma en grenouille ◆ **the whole thing turned into a nightmare** ça a dégénéré en cauchemar, c'est devenu un véritable cauchemar

◆ **to turn to** + noun ◆ **his admiration turned to scorn** son admiration se changea en or fit place au mépris ◆ **his love turned to hatred** son amour se changea en haine or fit place à la haine ◆ **to turn to stone** se changer en pierre ◆ **his knees turned to water** or **jelly** ses jambes se sont dérobées sous lui ; see also **3b**

d [= change] [weather] changer ; [milk] tourner ; [leaves] jaunir

[4] COMPOUNDS

▷ **turn-off** n **a** (Aut) embranchement m (*où il faut tourner*) **b** **it's a (real) turn-off!** ⁑ c'est vraiment à vous rebuter ! ; (stronger) c'est vraiment à vous dégoûter ! ⁑ ; (also sexually) c'est vraiment pas sexy ! ⁑ ▷ **turn-on** ⁑ n **it's a (real) turn-on!** c'est excitant ! ▷ **turn signal** n (US Aut) clignotant m ▷ **turn-up** n **a** (Brit) [of trousers] revers m **b** **that was a turn-up (for the books)!** ⁑ ça a été une belle surprise !

[5] PHRASAL VERBS

▶ **turn about, turn around** [1] vi [person] se retourner ; [vehicle] faire demi-tour ; [object, wind] tourner ◆ **about turn!** (Mil) demi-tour !

[2] vt sep **a** (lit) tourner dans l'autre sens

b (= change mind, tactics) **to turn sb around** faire changer d'avis à qn ◆ **to turn things around** renverser la situation ; see also **turn round**

▶ **turn aside** [1] vi (lit, fig) se détourner (*from* de)

[2] vt sep détourner

▶ **turn away** [1] vi se détourner (*from* de)

[2] vt sep **a** [+ head, face] tourner ; [+ eyes, gun] détourner ◆ **he turned his thoughts away from the problem** il efforçait de ne plus penser à ce problème

b (= send away) [+ spectator] refuser l'entrée à ; [+ immigrants] refouler ; [+ applicants] refuser ; [+ offer] refuser, rejeter ◆ **they're turning business** or **customers away** ils refusent des clients

▶ **turn back** [1] vi **a** [traveller] rebrousser chemin, faire demi-tour ; [vehicle] faire demi-tour ; (= reverse a decision) faire marche arrière ◆ **the government cannot turn back now** le gouvernement ne peut pas faire marche arrière maintenant ◆ **there is no turning back** on ne peut pas retourner en arrière

b **to turn back to page 100** revenir à la page 100

[2] vt sep **a** (= fold, bend) [+ bedclothes, collar] rabattre

b (= send back) [+ person, vehicle] faire faire demi-tour à ; [+ demonstrators] faire refluer

c [+ clock] retarder ; (hands of clock) reculer ◆ **we can't turn the clock back** on ne peut pas revenir en arrière ◆ **it has turned the clock back ten years** cela nous a fait revenir dix ans en arrière

▶ **turn down** [1] vt sep **a** (= fold, bend) [+ collar] rabattre ◆ **to turn down the corner of the page** corner la page ◆ **to turn down the bed** rabattre les draps

b (= reduce) [+ gas, heat, lighting, radio, music] baisser

c (= refuse) [+ offer, suggestion, suitor] rejeter, repousser ; [+ candidate, volunteer] refuser

d (= place upside down) [+ playing card] retourner (face contre table)

[2] vi (= decrease) [rate, level] baisser

▶ **turn in** [1] vi **a** **to turn in to a driveway** [car, person] tourner dans une allée

b (⁑ = go to bed) aller se coucher

[2] vt sep **a** **to turn in the ends of sth** rentrer les bouts de qch

b (= hand over) [+ wanted man] livrer (à la police) ; [+ stolen goods] restituer ◆ **to turn o.s. in** se rendre, se livrer à la police

c (= submit) [+ report] faire, soumettre

d (esp US = surrender, return) [+ borrowed goods, equipment] rendre (*to* à)

[3] vt fus (Sport) ◆ **to turn in a good performance** [player, team] bien se comporter

▶ **turn off** [1] vi **a** [person, vehicle] tourner

b **to turn off automatically** [heater, oven etc] s'éteindre automatiquement

[2] vt fus [+ road] quitter ◆ **they decided to turn off the motorway** ils décidèrent de quitter l'autoroute

[3] vt sep **a** [+ water, tap] fermer ; [+ radio, television] éteindre ; [+ electricity, gas] éteindre, fermer ; [+ water, electricity] (at main) couper ; [+ heater] éteindre, fermer ◆ **he turned the programme off** (Rad) il a éteint la radio ; (TV) il a éteint la télé ◆ **to turn off the light** éteindre (la lumière) ◆ **to turn off the engine** arrêter or couper le moteur ◆ **the oven turns itself off** le four s'éteint tout seul or automatiquement

b (⁑ = repel) rebuter ◆ **aggressive men turn me off** les hommes agressifs me rebutent ◆ **what turns teenagers off science?** qu'est-ce qui, dans les sciences, rebute les adolescents ?

▶ **turn on** [1] vi **a** [heater, oven etc] **to turn on automatically** s'allumer automatiquement

b (TV) **millions of viewers turn on at 6 o'clock** des millions de téléspectateurs allument la télé à 6 heures

[2] vt fus (= attack) attaquer ◆ **the dog turned on him** le chien l'a attaqué ◆ **they turned on him and accused him of treachery** ils s'en sont pris à lui et l'ont accusé de trahison

[3] vt sep **a** [+ tap] ouvrir ; [+ water] faire couler ; [+ gas, electricity, radio, television, heater] allumer ; [+ engine, machine] mettre en marche ◆ **to turn on the light** allumer (la lumière) ◆ **when you arrive, you will need to put on the electricity and gas** lorsque vous arriverez, il va falloir brancher l'électricité et le gaz ◆ **to turn on the charm** ⁎ faire du charme

b (⁎ = excite) exciter ◆ **she turns him on elle l'excite** ◆ **this music turns me on** ⁑ cette musique me fait quelque chose ⁎ ◆ **to be turned on** (sexually) être excité (*by* par) ◆ **some men are turned on by power** il y a des hommes que le pouvoir excite ; see also **turn 3**

turnabout / tutorial

▶ **turn out** ① vi **a** (from bed) se lever; (from house) sortir ◆ **not many people turned out to see her** peu de gens sont venus la voir
b **to turn out of a driveway** [car, person] sortir d'une allée
c **his toes turn out** il a les pieds en canard
d (= be found) s'avérer ◆ **it turned out that she had not seen her** il s'est avéré qu'elle ne l'avait pas vue ◆ **it turned out to be true** cela s'est avéré juste ◆ **it turned out to be wrong** cela s'est avéré faux ◆ **it turned out to be harder than we thought** cela s'est avéré plus difficile que l'on ne pensait ◆ **he turned out to be an excellent neighbour** il s'est avéré être un très bon voisin
e (= happen) se passer ◆ **it all depends how things turn out** tout dépend de la façon dont les choses vont se passer ◆ **everything will turn out all right** tout finira bien ◆ **as it turned out, nobody came** en fin de compte personne n'est venu
f **it turned out nice** [weather] il a fait beau en fin de compte
② vt sep **a** [+ light] éteindre; [+ gas] éteindre, fermer
b **to turn one's toes out** marcher en canard
c (= empty out) [+ pockets, suitcase] vider; [+ room, cupboard] nettoyer à fond; [+ cake, jelly] démouler (on to sur); (= expel) [+ person] mettre à la porte; [+ tenant] expulser ◆ **they turned him out of the house** ils l'ont mis à la porte ◆ **to turn sb out of his job** renvoyer qn
d [+ troops, police] envoyer
e (= produce) [+ goods] fabriquer, produire ◆ **the college turns out good teachers** le collège forme de bons professeurs
f **to be well turned out** être élégant

▶ **turn over** ① vi **a** [person] se retourner; [car etc] se retourner, faire un tonneau; [boat] se retourner, chavirer ◆ **she turned over and went back to sleep** elle s'est retournée et s'est rendormie ◆ **my stomach turned over** (at gruesome sight) j'ai eu l'estomac retourné; (from fright) mon sang n'a fait qu'un tour ◆ **the engine was turning over** (Aut) le moteur tournait au ralenti
b (= change channel) changer de chaîne; (= turn page) tourner la page ◆ **please turn over** (in letter etc, abbr PTO) tournez s'il vous plaît (abbr TSVP)
② vt sep **a** [+ page] tourner; [+ mattress, patient, earth, playing card, plate, tape] retourner ◆ **to turn over an idea in one's mind** retourner une idée dans sa tête, ressasser une idée
b (= hand over) [+ object, papers] rendre; [+ person] livrer (to à)
c (= give up) [+ job, responsibility] déléguer
③ vt fus ◆ **the firm turns over £10,000 a week** l'entreprise réalise un chiffre d'affaires de 10 000 livres par semaine

▶ **turn over to** vt fus ◆ **the land has been turned over to sugar production** les terres sont maintenant consacrées à la production de sucre

▶ **turn round** ① vi **a** [person] se retourner; (= change direction) [person, vehicle] faire demi-tour; (= rotate) [object] tourner ◆ **to turn round and round** tourner sur soi-même ◆ **turn round and look at me** retourne-toi et regarde-moi ◆ **he turned round and came back** il a fait demi-tour et est revenu sur ses pas ◆ **he turned round and said he was leaving** (fig) il a subitement annoncé qu'il partait
b (= improve) [business, economy] se redresser
c [ship, plane] (= unload, reload and leave) décharger, recharger et repartir
② vt sep **a** [+ one's head] tourner; [+ object] tourner, retourner; [+ person] faire tourner; [+ ship, aircraft] faire faire demi-tour à ◆ **he turned the car round** il a fait demi-tour ◆ **to turn a ship/plane round** (= unload and reload) décharger et recharger un bateau/avion ◆ **to turn an order round** (Comm) exécuter une commande
b (= make successful) [+ business, economy] redresser; (= rephrase) [+ sentence, idea] reformuler ◆ **to turn things round** renverser la situation ◆ **if you turned this round a bit it would be very funny** si vous formuliez cela un peu différemment, ce pourrait être très drôle ◆ **to turn sb round** (= change mind, tactics) faire changer qn d'avis

▶ **turn up** ① vi **a** (= arrive) arriver; [playing card] sortir ◆ **something will turn up** on va bien trouver quelque chose ◆ **I've lost my job – something will turn up (for you)** j'ai perdu mon poste – tu finiras bien par trouver quelque chose ◆ **don't worry about your ring, I'm sure it will turn up (again)** ne t'en fais pas pour ta bague, je suis sûr que tu finiras par la retrouver ◆ **to turn up again** [person] réapparaître; → **trump¹**
b **his nose turns up at the end** il a le nez retroussé or en trompette
c [prices] remonter ◆ **profits turned up in the last quarter** les bénéfices ont remonté au dernier trimestre
② vt sep **a** [+ collar] relever; [+ sleeve] retrousser, relever ◆ **to have a turned-up nose** avoir le nez retroussé or en trompette ◆ **it really turns me up** * (= disgust) ça me dégoûte
b (= dig up) [+ buried object] déterrer; (= find) [+ lost object, reference, evidence] trouver ◆ **a survey turned up more than 3,000 people suffering from ...** une enquête a révélé que plus de 3 000 personnes souffraient de ...
c [+ radio, television] mettre plus fort ◆ **to turn up the sound** monter le son or volume ◆ **when the sugar has dissolved, turn up the heat** une fois le sucre dissous, faites cuire à feu plus vif ◆ **to turn up the heat** (fig) accentuer la pression

turnabout ['tɜːnəbaʊt] n (lit, fig) volte-face f inv

turnaround ['tɜːnəraʊnd] n (lit, fig) volte-face f inv, (= place for turning vehicle) endroit m pour manœuvrer; (= unloading time etc) [of plane, truck] rotation f; [of ship] estarie f, starie f ◆ **turnaround time** (Comm) [of order] temps m d'exécution; (Comput) temps m de retournement ◆ **the turnaround time for our trucks is three hours** nos camions opèrent des rotations de trois heures

turncoat ['tɜːnkəʊt] n renégat(e) m(f)

turndown ['tɜːndaʊn] ① n **a** [of sales, rate, tendency] fléchissement m, (tendance f à la) baisse f
b (= rejection) refus m
② adj flap à rabattre ◆ **turndown collar** col m rabattu

turner ['tɜːnər] n tourneur m

turnery ['tɜːnərɪ] n atelier m de tournage

turning ['tɜːnɪŋ] → SYN ① n **a** (= side road) route f (or rue f) latérale; (= fork) embranchement m; (= bend in road, river) coude m ◆ **take the second turning on the left** prenez la deuxième à gauche
b (NonC: Tech) tournage m
② COMP ▷ **turning circle** n (Aut) rayon m de braquage ▷ **turning lathe** n (Tech) tour m ▷ **turning point** → SYN n (fig) **he was at a turning point in his career** il était à un tournant de sa carrière ◆ **that was the turning point in her life** ce fut le moment décisif de sa vie

turnip ['tɜːnɪp] ① n navet m
② COMP ▷ **turnip moth** n agrotis m

turnkey ['tɜːnkiː] ① n geôlier m, -ière f
② COMP ▷ **turnkey factory** n usine f clés en main

turnout ['tɜːnaʊt] n **a** (= attendance) assistance f ◆ **what sort of a turnout was there?** combien y avait-il de gens (dans l'assistance) ? ◆ **there was a good turnout** beaucoup de gens sont venus ◆ **turnout at the polls, voter turnout** (taux m de) participation f électorale ◆ **a high/low turnout at the polls** un fort/faible taux de participation électorale
b (= clean-out) nettoyage m ◆ **to have a good turnout of a room/cupboard** nettoyer une pièce/un placard à fond
c (Ind = output) production f
d (Dress) tenue f

turnover ['tɜːnˌəʊvər] → SYN n **a** (Comm etc) [of stock, goods] rotation f; [of shares] mouvement m; (= total business done) chiffre m d'affaires ◆ **a profit of £4,000 on a turnover of £40,000** un bénéfice de 4 000 livres pour un chiffre d'affaires de 40 000 livres ◆ **he sold them cheaply hoping for a quick turnover** il les a vendus bon marché pour les écouler rapidement
b [of staff, workers] renouvellement m, rotation f ◆ **there is a high or rapid (rate of) turnover in that firm** cette maison connaît de fréquents changements or renouvellements de personnel
c (Culin) chausson m ◆ **apple turnover** chausson m aux pommes

turnpike ['tɜːnpaɪk] n (= barrier) barrière f de péage; (US = road) autoroute f à péage; → ROADS

turnround ['tɜːnraʊnd] n ⇒ **turnaround**

turnstile ['tɜːnstaɪl] n tourniquet m

turnstone ['tɜːnstəʊn] n (Orn) tourne-pierre m

turntable ['tɜːnteɪbl] n [of record player] platine f; (for trains, cars etc) plaque f tournante ◆ **turntable ladder** échelle f pivotante

turpentine ['tɜːpəntaɪn] n (essence f de) térébenthine f ◆ **turpentine substitute** white-spirit m

turpeth ['tɜːpɪθ] n (= plant, drug) turbith m

turpitude ['tɜːpɪtjuːd] n turpitude f

turps * [tɜːps] n abbrev of **turpentine**

turquoise ['tɜːkwɔɪz] ① n (= stone) turquoise f; (= colour) turquoise m
② adj (= made of turquoise) de turquoise(s); (in colour) turquoise inv ◆ **turquoise blue/green** bleu/vert turquoise

turret ['tʌrɪt] ① n (Archit, Mil, Phot, Tech) tourelle f
② COMP ▷ **turret gun** n canon m de tourelle

turreted ['tʌrɪtɪd] adj à tourelles

turtle ['tɜːtl] ① n tortue f marine ◆ **to turn turtle** (fig) chavirer, se renverser; → **mock**
② COMP ▷ **turtle soup** n consommé m à la tortue

turtledove ['tɜːtldʌv] n tourterelle f

turtleneck ['tɜːtlnek] n (Brit: also **turtleneck sweater**) (pull-over m à) encolure f montante or col m cheminée; (US) (pull-over m à) col m roulé

Tuscan ['tʌskən] ① adj toscan
② n **a** Toscan(e) m(f)
b (Ling) toscan m

Tuscany ['tʌskənɪ] n la Toscane

tush [tʌʃ] ① excl † bah !
② n * (US = bottom) fesses fpl

tusk [tʌsk] n défense f (d'éléphant etc)

tusker ['tʌskər] n éléphant m (or sanglier m etc) adulte (qui a ses défenses)

tussle ['tʌsl] → SYN ① n (= struggle) lutte f (for pour); (= scuffle) mêlée f ◆ **to have a tussle with sb** (physically) en venir aux mains avec qn; (verbally) avoir une prise de bec * avec qn
② vi se battre (with sb avec qn; for sth pour qch) ◆ **to tussle over sth** se disputer qch

tussock ['tʌsək] n touffe f d'herbe

tussocky ['tʌsəkɪ] adj grass qui pousse en touffes; field où l'herbe pousse en touffes

tut [tʌt] (also **tut-tut**) ① excl allons allons !, allons donc !
② vi ◆ **he (tut-)tutted at the idea** à cette idée il a eu une exclamation désapprobatrice

Tutankhamen [ˌtuːtənˈkɑːmen], **Tutankhamun** [ˌtuːtənkəˈmuːn] n Toutankhamon m

tutelage ['tjuːtɪlɪdʒ] n tutelle f ◆ **under the tutelage of sb** sous la tutelle de qn

tutelary ['tjuːtɪlərɪ] adj tutélaire

tutor ['tjuːtər] → SYN ① n (= private teacher) professeur m (particulier) (in en); (full-time) précepteur m, -trice f; (Brit Univ) directeur m, -trice f d'études; (Brit Scol: also **form tutor**) professeur m principal; (in prison) éducateur m, -trice f
② vt donner des leçons particulières or des cours particuliers à ◆ **to tutor sb in Latin** donner des cours particuliers de latin à qn
③ COMP ▷ **tutor group** n (Brit Scol) classe f ▷ **tutor period** n (Brit Scol) cours m avec le professeur principal (en début de journée) ▷ **tutor room** n (Brit Scol) salle f de classe (affectée à une classe particulière)

tutorial [tjuːˈtɔːrɪəl] → SYN ① adj **a** (= teaching) work, duties d'enseignement; staff enseignant; guidance, support pédagogique
b (Univ) **tutorial work** travaux mpl dirigés ◆ **tutorial essay** exposé m ◆ **tutorial duties**

encadrement m des travaux dirigés ◆ **tutorial group** groupe m de travaux dirigés ▫ **2** n (Univ) travaux mpl dirigés (*in* de)

tutoring ['tju:tərɪŋ] n cours mpl particuliers (*in* de) ; (remedial) cours mpl de soutien (*in* de)

tutti-frutti ['totɪ'frotɪ] n, pl **tutti-fruttis** (= ice-cream) plombières f, cassate f

tutu ['tu:tu:] n tutu m

Tuvalu [tu:'vɑ:lu:] n Tuvalu

tuwhit-tuwhoo [tə'wɪttə'wu:] n hou-hou m

tux * [tʌks] n (abbrev of **tuxedo**) smoking m, smok * m

tuxedo [tʌk'si:dəʊ], **tux** * ['tʌks] n (esp US) smoking m

TV * [ˌti:'vi:] **1** n **a** (abbrev of **television**) télé * f ; see also **television**
▫ **b** (abbrev of **transvestite**) travesti m
▫ **2** COMP ▷ **TV dinner** n plateau-repas m, plateau-télé m

TVEI [ˌti:vi:i:'aɪ] n (Brit) (abbrev of **technical and vocational educational initiative**) plan de formation pour les jeunes

TVM [ˌti:vi:'em] n (abbrev of **television movie**)

TVP [ˌti:vi:'pi:] n (abbrev of **textured vegetable protein**) → **textured**

twaddle ['twɒdl] n (NonC) âneries fpl, fadaises fpl ◆ **you're talking twaddle** tu dis n'importe quoi

twain [tweɪn] npl ◆ **the twain** †† les deux ◆ **and never the twain shall meet** et les deux sont inconciliables

twaite shad [tweɪt] n (= fish) alose f feinte

twang [twæŋ] **1** n (of wire, string) son m (de corde pincée) ; (= tone of voice) ton m nasillard, nasillement m ◆ **to speak with a twang** nasiller, parler du nez ◆ **he has an American twang** il parle avec un accent américain
▫ **2** vt [+ guitar] pincer les cordes de, gratter de
▫ **3** vi (wire, bow) vibrer

twangy ['twæŋɪ] adj noise de corde pincée ; voice, tone nasillard

'twas †† [twɒz] ⇒ **it was** ; → **be**

twat *,* [twæt] n **a** (= genitals) con *,* m
▫ **b** (pej = person) pauvre con(ne) *,* m(f)

twayblade ['tweɪbleɪd] n (Bot) listère f

tweak [twi:k] → SYN **1** vt **a** (= pull) [+ sb's ear, nose] tordre ; [+ rope etc, sb's hair] tirer (d'un coup sec)
▫ **b** (* = alter slightly) modifier légèrement
▫ **2** **a** (= pull) coup m sec ◆ **to give sth a tweak** ⇒ **to tweak sth 1**
▫ **b** (* = small alteration) petite modification f ◆ **to give the figures a tweak** tricher un peu avec les chiffres

twee [twi:] adj (Brit pej) picture, design, decor cucul * ; remark, poem mièvre, gentillet ; person chichiteux * ; house, cottage mignonnet

tweed [twi:d] **1** n tweed m
▫ **2** **tweeds** npl (= suit) costume m de tweed
▫ **3** COMP jacket etc de or en tweed

tweedy ['twi:dɪ] adj **a** (* gen pej) **he's rather tweedy** il fait un peu bourgeois campagnard, il a le style gentleman-farmer ◆ **she's one of these tweedy ladies** elle est du style bourgeoise campagnarde
▫ **b** (= resembling tweed) façon tweed inv

'tween [twi:n] prep (liter) ⇒ **between**

tweeny † * ['twi:nɪ] n (Brit) bonne f

tweet [twi:t] **1** n (also **tweet-tweet**) gazouillis m, gazouillement m, pépiement m
▫ **2** vi gazouiller, pépier

tweeter ['twi:tə'] n haut-parleur m aigu, tweeter m

tweeze * [twi:z] vt [+ eyebrows etc] épiler

tweezers ['twi:zəz] npl (also **pair of tweezers**) pince f fine, pince f à épiler

twelfth [twelfθ] **1** adj douzième ◆ **Twelfth Night** la fête des Rois, l'Épiphanie f
▫ **2** n douzième mf ; (= fraction) douzième m ; for phrases see **sixth**
▫ **3** COMP ▷ **twelfth man** n, pl **twelfth men** (Brit Cricket) remplaçant m

twelve [twelv] **1** adj douze inv
▫ **2** n douze m inv ; → **o'clock** ; for other phrases see **six**
▫ **3** pron douze ◆ **there are twelve** il y en a douze
▫ **4** COMP ▷ **twelve-tone** adj (Mus) dodécaphonique

twelvemo ['twelvməʊ] n, pl **twelvemos** (Typo) in-douze m inv

twelvemonth †† ['twelvmʌnθ] n année f, an m

twentieth ['twentɪɪθ] **1** adj vingtième
▫ **2** n vingtième mf ; (= fraction) vingtième m ; for phrases see **sixth**

twenty ['twentɪ] **1** adj vingt inv ◆ **about twenty books** une vingtaine de livres
▫ **2** n vingt m ◆ **about twenty** une vingtaine ; for other phrases see **sixty**
▫ **3** pron vingt ◆ **there are twenty** il y en a vingt
▫ **4** COMP ▷ **twenty-first** n (= birthday) vingt et unième anniversaire m ◆ **I'm having my twenty-first on Saturday** (= birthday party) je fête mes 21 ans or mon 21ᵉ anniversaire samedi ▷ **twenty-four hours** npl (= whole day) vingt-quatre heures fpl ◆ **twenty-four hours a day** (open etc) vingt-quatre heures sur vingt-quatre ▷ **twenty-four hour service** n (Comm) service jour et nuit, service 24 heures sur 24 ◆ **a twenty-four hour strike** une grève de vingt-quatre heures ▷ **twenty-four seven** * adv **to do sth twenty-four seven** or **24-7** faire qch 24 heures sur 24, 7 jours sur 7 ▷ **twenty-one** n (Cards) vingt-et-un m *(jeu)* ▷ **twenty-twenty vision** n **to have twenty-twenty vision** avoir dix dixièmes à chaque œil ▷ **twenty-two metre line** n (Rugby) ligne f des vingt-deux mètres

twerp *,* [twɜ:p] n andouille *,* f, idiot(e) m(f)

twibill ['twaɪbɪl] n (= tool) pioche pouvant servir à la fois de hache et d'herminette

twice [twaɪs] adv deux fois ◆ **twice a week, twice weekly** deux fois par semaine ◆ **twice as much, twice as many** deux fois plus ◆ **twice as much space** deux fois plus de place ◆ **twice as long (as)** deux fois plus long (que) ◆ **she is twice your age** elle a deux fois votre âge, elle a le double de votre âge ◆ **twice the national average** le double de or deux fois la moyenne nationale ◆ **twice two is four** deux fois deux font quatre ◆ **he didn't have to be asked twice** (fig) il ne s'est pas fait prier ◆ **he's twice the man you are** il vaut beaucoup mieux que toi ; → **once, think**

twiddle ['twɪdl] **1** vt [+ knob] tripoter, manier ◆ **to twiddle one's thumbs** (fig) se tourner les pouces
▫ **2** vi ◆ **to twiddle with sth** jouer avec or tripoter qch
▫ **3** n ◆ **to give sth a twiddle** donner plusieurs petits tours à qch

twig¹ [twɪg] → SYN n brindille f, petite branche f

twig² * [twɪg] vti (Brit = understand) piger *, comprendre

twilight ['twaɪlaɪt] → SYN **1** n (= evening) crépuscule m (also fig) ; (= morning) aube f naissante ◆ **at twilight** (evening) au crépuscule, à la tombée du jour ; (morning) à l'aube naissante ◆ **in the twilight** dans la semi-obscurité or la pénombre
▫ **2** COMP ▷ **twilight sleep** n (Med) demi-sommeil m provoqué ▷ **twilight world** n monde m nébuleux ▷ **twilight zone** n (fig) zone f floue

twilit ['twaɪlɪt] adj sky, landscape, place crépusculaire, de crépuscule

twill [twɪl] n (Tex) sergé m

'twill [twɪl] ⇒ **it will** ; → **will**

twin [twɪn] → SYN **1** n jumeau m, -elle f ; → **identical, Siamese**
▫ **2** adj brother, sister, towers, peaks jumeau (-elle f) ◆ **twin boys** jumeaux mpl ◆ **twin girls** jumelles fpl ◆ **with twin propellers/taps** avec deux hélices/robinets ◆ **plane with twin engines** (avion m) bimoteur m ◆ **they're twin souls** ce sont deux âmes sœurs ◆ **the twin concepts of liberty and equality** les concepts inséparables de liberté et d'égalité
▫ **3** vt [+ town etc] jumeler (*with* avec)
▫ **4** COMP ▷ **twin-bedded room** n (Brit: in hotel) chambre f à deux lits ▷ **twin beds** npl lits mpl jumeaux ▷ **twin bill** * n (US) (Sport) programme m de deux matchs ; (Cine) programme m de deux longs métrages ▷ **twin-cylinder** adj à deux cylindres ◆ **n moteur m à deux cylindres** ▷ **twin-engined** adj bimoteur ▷ **twin room** n ⇒ **twin-bedded room** ▷ **twin-screw** adj à deux hélices ▷ **twin town** n (Brit) ville f jumelée ▷ **twin-track** adj approach, process, strategy double ▷ **twin-tub** n machine f à laver à deux tambours

twine [twaɪn] → SYN **1** n (NonC) ficelle f
▫ **2** vt (= weave) tresser ; (= roll) entortiller, enrouler (*round* autour de) ◆ **she twined her arms round his neck** elle lui a enlacé le cou de ses bras
▫ **3** vi [plant, coil] s'enrouler (*round* autour de) ; [river, road] serpenter, zigzaguer ◆ **the ivy twined itself round the oak** le lierre s'enroulait autour du chêne

twinflower ['twɪnflaʊə'] n (Bot) linnée f boréale

twinge [twɪndʒ] → SYN n ◆ **a twinge (of pain)** un élancement, un tiraillement ◆ **a twinge of conscience** or **remorse** or **guilt** un (petit) remords ◆ **to feel a twinge of remorse/shame** éprouver un certain remords/une certaine honte ◆ **to feel a twinge of regret** or **sadness** avoir un pincement au cœur

twining ['twaɪnɪŋ] adj plant volubile (Bot)

twinkle ['twɪŋkl] **1** vi [star, lights] scintiller, briller ; [eyes] briller, pétiller
▫ **2** n [of star, lights] scintillement m ; [of eyes] éclat m, pétillement m ◆ **... he said with a twinkle (in his eye)** ... dit-il avec un pétillement (malicieux) dans les yeux ◆ **he had a twinkle in his eye** il avait les yeux pétillants ◆ **when you were just a twinkle in your father's eye** quand tu n'étais encore qu'une lueur dans l'œil de ton père, bien longtemps avant ta naissance ◆ **in a twinkle, in the twinkle of an eye** en un clin d'œil

twinkling ['twɪŋklɪŋ] → SYN **1** adj star, light scintillant ; eyes pétillant
▫ **2** n ◆ **in the twinkling of an eye** en un clin d'œil

twinning ['twɪnɪŋ] n [of towns] jumelage m

twinset ['twɪnset] n (Brit) twin-set m ◆ **she's rather twinset and pearls** * (Brit) elle fait très BCBG

twirl [twɜ:l] → SYN **1** n [of body] tournoiement m ; [of dancer] pirouette f ; (in writing) fioriture f ◆ **to give sth a twirl** ⇒ **to twirl sth 3** ◆ **to do a twirl** faire une pirouette
▫ **2** vi (also **twirl round**) [cane, lasso, dancer] tournoyer ; [handle, knob] pivoter
▫ **3** vt (also **twirl round**) [+ cane, lasso] faire tournoyer ; [+ knob, handle] faire pivoter ; [+ moustache] tortiller

twirler * ['twɜ:lə'] n (US) majorette f

twirp *,* [twɜ:p] n ⇒ **twerp**

twist [twɪst] → SYN **1** n **a** (= action) torsion f ; (Med) entorse f, foulure f ◆ **to give a twist to** [+ knob, handle] faire pivoter, faire tourner ; [+ wire] tordre ; [+ one's ankle] se tordre, se fouler ◆ **he put a twist on the ball** il a imprimé une rotation à la balle ◆ **with a quick twist (of the wrist)** d'un rapide tour de poignet
▫ **b** (= coil) rouleau m ; (in road) tournant m, virage m ; (in river) coude m ; (in wire, flex, cord) tortillon m ; (fig) [of events] tournure f ; [of meaning] distorsion f ◆ **a twist of yarn** une torsade or un cordonnet de fil ◆ **sweets in a twist of paper** des bonbons dans un tortillon de papier or une papillote ◆ **a twist of lemon** un zeste de citron ◆ **the road is full of twists and turns** la route est pleine de tournants or de virages, la route fait des zigzags ◆ **the story has an unexpected twist to it** l'histoire comporte un coup de théâtre ◆ **he gave a new twist to this old plot** il a donné un tour nouveau à cette vieille intrigue ◆ **to get (o.s.) into a twist** *, **to get one's knickers in a twist** *,* (= get annoyed) s'énerver ; (= get confused) s'emmêler les pinceaux *
▫ ◆ **round the twist** *, ◆ **to go round the twist** devenir dingue *, perdre la boule *,* ◆ **to be round the twist** être dingue *, avoir perdu la boule * ◆ **to drive sb round the twist** rendre qn fou
▫ **c** (*,* = cheat) **what a twist!** on s'est fait avoir ! * ◆ **it's a twist!** c'est de la triche ! *
▫ **d** (= dance) twist m ◆ **to do the twist** twister
▫ **2** vt **a** (= interweave) [+ threads, strands, ropes, wires] entortiller, tresser ; (= turn round on

itself) [+ thread, rope, wire, one's handkerchief] tordre ; (= coil) enrouler (*round* autour de) ; (= turn) [+ knob, handle] tourner ; [+ top, cap] tourner, visser ; (= deform) [+ metal etc] tordre, déformer ; (fig) [+ meaning] fausser ; [+ words] déformer ◆ **to get twisted** [rope etc] s'entortiller ◆ **he twisted the strands into a cord** il a entortillé or tressé les fils pour en faire une corde ◆ **he twisted the paper into a ball** il a tirebouchonné le papier pour en faire une boule ◆ **you've twisted it out of shape** tu l'as déformé en le tordant, tu l'as tordu ◆ **twist the cap clockwise** vissez la capsule dans le sens des aiguilles d'une montre ◆ **to twist the top off a jar** dévisser le couvercle d'un bocal (pour l'enlever) ◆ **to twist one's ankle** se tordre or se fouler la cheville ◆ **to twist one's neck** se tordre le cou, attraper le torticolis ◆ **to twist o.s. free** se libérer en se contorsionnant ◆ **to twist sb's arm** (lit) tordre le bras à qn ; (fig) forcer la main à qn ◆ **she can twist him round her little finger** elle le mène par le bout du nez ◆ **he twisted his mouth scornfully** il eut un rictus méprisant ◆ **limbs twisted by arthritis** des membres tordus par l'arthrite ◆ **his face was twisted with pain/rage** ses traits étaient tordus par la douleur/la fureur ◆ **you're twisting everything I say** tu déformes tout ce que je dis ; → **twisted**

b (⁑ = cheat) rouler *, avoir *

[3] vi **a** [flex, rope etc] s'entortiller, s'enrouler ; [socks, trousers] tirebouchonner ; [one's ankle etc] se tordre ◆ **to twist round sth** s'enrouler autour de qch ◆ **the road twists (and turns) through the valley** la route zigzague or serpente à travers la vallée ◆ **the motorbike twisted through the traffic** la moto louvoyait or zigzaguait parmi la circulation

b (= dance the twist) twister

[4] COMP ▷ **twist grip** n [of motorcycle] poignée f d'accélération ; (= gear change) poignée f de changement de vitesses

► **twist about, twist around** vi [rope etc] tortiller ; [road etc] serpenter, zigzaguer

► **twist off** [1] vi ◆ **the top twists off** le couvercle se dévisse

[2] vt sep [+ branch] enlever en tordant ; [+ bottle-top] enlever en dévissant

► **twist out** [1] vi ◆ **he twisted out of their grasp** il s'est dégagé de leur étreinte

[2] vt sep [+ object] enlever en tournant

► **twist round** [1] vi [road etc] serpenter, zigzaguer ; [person] se retourner

[2] vt sep [+ rope, wire] enrouler ; [+ knob, handle] tourner ; [+ top, cap] tourner, visser ; [+ one's head, chair] tourner

► **twist up** [1] vi [ropes etc] s'entortiller, s'emmêler ; [smoke] monter en volutes

[2] vt sep [+ ropes, threads] entortiller, emmêler ◆ **to get sth twisted up** entortiller qch

twisted ['twɪstɪd] adj **a** (= damaged, tangled) key, rod, metal, beam, wreckage tordu ; wrist, ankle foulé ; wire, rope, flex, cord, strap entortillé ◆ **twisted bowel** (Med) volvulus m intestinal

b (= of twisted construction) rope, cable tressé ; barley-sugar torsadé

c (= deformed, distorted) tree, branch tordu ; limb difforme ; features, smile crispé

d (= warped) person, mind, logic tordu ; → **bitter**

twister * ['twɪstəʳ] n **a** (Brit = crook) escroc m (lit, fig)

b (US = tornado) tornade f

twisting ['twɪstɪŋ] [1] n (gen) torsion f ; [of meaning] déformation f

[2] adj path sinueux, en zigzag

twisty ['twɪstɪ] adj lane, river tortueux

twit¹ [twɪt] vt (= tease) taquiner (*about, with* sur, à propos de)

twit² * [twɪt] [→ SYN] n (esp Brit = fool) idiot(e) m(f), crétin(e) * m(f)

twitch [twɪtʃ] [→ SYN] [1] n (= nervous movement) tic m ; (= pull) coup m sec, saccade f ◆ **I've got a twitch in my eyelid** j'ai l'œil qui saute ◆ **he has a (nervous) twitch in his cheek** il a un tic à la joue ◆ **with one twitch (of his hand) he freed the rope** il a dégagé la corde d'une saccade ◆ **he gave the rope a twitch** il a tiré d'un coup sec sur la corde ◆ **a twitch of the whip** un (petit) coup de fouet

[2] vi **a** [person, animal, hands] avoir un mouvement convulsif ; (permanent condition) avoir un tic ; [face, mouth, cheek, eyebrow, muscle] se convulser, se contracter (convulsivement) ; [dog's nose etc] remuer, bouger

b (fig = be nervous) s'agiter

[3] vt [+ rope etc] tirer d'un coup sec, donner un coup sec à ◆ **he twitched it out of her hands** il le lui a arraché des mains ◆ **the cat twitched its nose/its ears** le nez/les oreilles du chat a/ont remué or bougé

► **twitch away** vt sep arracher d'un petit geste (*from sb* à qn)

twitcher * ['twɪtʃəʳ] n ornithologue mf amateur

twitchy * ['twɪtʃɪ] adj **a** (= twitching) agité

b (= nervous, jumpy) person, animal nerveux ; stock market fébrile ◆ **it's a good car but the handling is rather twitchy** c'est une bonne voiture mais elle a une tenue de route plutôt sautillante

twite [twaɪt] n (Orn) linotte f à bec jaune

twitter ['twɪtəʳ] [1] vi [bird] gazouiller, pépier ; [person] (= chatter) parler avec agitation (*about* de), jacasser (pej) (*about* sur) ; (= be nervous) s'agiter (nerveusement)

[2] n [of birds] gazouillis m, pépiement m ◆ **to be in a twitter (about sth)** * être dans tous ses états (à cause de qch)

'twixt [twɪkst] prep (†† or liter) ⇒ **betwixt**

two [tuː] [1] adj deux inv ; → **mind**

[2] n deux m inv ◆ **to cut sth in two** couper qch en deux ◆ **two by two** deux par deux, deux à deux ◆ **in twos** par deux ◆ **in twos and threes** deux ou trois à la fois, par petits groupes ◆ **that makes two of us** moi aussi, dans ce cas, nous sommes deux ◆ **they're two of a kind** ils se ressemblent (tous les deux) ◆ **to put two and two together** * faire le rapport (entre deux or plusieurs choses) ◆ **two's company** on est mieux à deux ◆ **two's company, three's a crowd** quand il y a trois personnes, il y en a une de trop ; → **one** ; for other phrases see **six**

[3] pron deux ◆ **there are two** il y en a deux

[4] COMP ▷ **two-bit** * adj (esp US pej) de pacotille ▷ **two-bits** npl (US) 25 cents mpl ▷ **two-by-four** * adj (US) (= small) exigu (-uë f) ; (= unimportant) minable ▷ **two-chamber system** n (Parl) bicaméralisme m ▷ **two-colour process** n (Phot) bichromie f ▷ **two-cycle** adj (US) ⇒ **two-stroke** ▷ **two-cylinder** adj car à deux cylindres ▷ **two-dimensional** adj (lit) à deux dimensions ; (fig) simpliste ▷ **two-door** adj car à deux portes ▷ **two-edged** [→ SYN] adj (lit, fig) à double tranchant ▷ **two-faced** [→ SYN] adj (fig) hypocrite ▷ **two-fisted** * adj (US) vigoureux, costaud * ▷ **two-four time** n (NonC: Mus) (mesure f à) deux-quatre m inv ◆ **in two-four time** à deux-quatre ▷ **two-handed** adj sword à deux mains ; saw à deux poignées ; card game à deux joueurs ▷ **two-horse race** n **the election was a two-horse race** dans ces élections, seuls deux des candidats avaient des chances de gagner ▷ **two-legged** adj bipède ▷ **two-pack** adj glue, filler à deux composants ▷ **two-party** adj (Pol) bipartite ▷ **two-phase** adj (Elec) diphasé ▷ **two-piece** n **two-piece (suit)** (man's) costume m (deux-pièces) ; (woman's) tailleur m ◆ **two-piece (swimsuit)** deux-pièces m inv, bikini ® m ▷ **two-pin plug** n → **pin 1b** ▷ **two-ply** adj cord, rope à deux brins ; wool à deux fils ; wood à deux épaisseurs ▷ **two-seater** adj à deux places ◇ n (= car) voiture f à deux places ; (= plane) avion m à deux places ▷ **Two Sicilies** npl (Hist) **the Two Sicilies** le royaume des Deux-Siciles ▷ **two-sided** adj (fig) **this is a two-sided problem** ce problème peut être appréhendé de deux façons ▷ **two-star** n (Brit: also **two-star petrol**) (essence f) ordinaire f ▷ **two-step** n (= dance, music) pas m de deux ▷ **two-storey** adj à deux étages ▷ **two-stroke** adj (Aut) **two-stroke (engine)** moteur m à deux temps, deux-temps m inv ◆ **two-stroke mixture** mélange m deux-temps ◆ **two-stroke fuel** carburant m pour moteur à deux-temps ▷ **two-tier financing** n (Fin) financement m à deux étages ▷ **two-time** * vt tromper, être infidèle à ◇ adj (US) ◆ **two-time loser** ⁑ (= crook etc) repris m de justice ; (= divorcee) homme m (or femme f) deux fois divorcé(e) ▷ **two-timer** * n (gen) traître(sse) m(f) ; (in marriage) mari m (or femme f) infidèle ▷ **two-tone** adj (in colour) de deux tons ; (in sound) à deux tons ▷ **two-way** adj (Elec) switch à deux directions ; street à double sens ; traffic dans les deux sens ; exchange, negotiations bilatéral ◆ **two-way mirror** miroir m sans tain ◆ **two-way radio** émetteur-récepteur m ▷ **two-wheeler** n deux-roues m inv

TWOC ⁑ [twɒk] n (abbrev of **taking without owner's consent**) vol m, fauche * f

twoccer ⁑ ['twɒkəʳ] n voleur m, -euse f de voiture

twoccing ⁑ ['twɒkɪŋ] n (NonC: Brit) vol m de voiture

twofer * ['tuːfəʳ] n (US) deux articles mpl pour le prix d'un

twofold ['tuːfəʊld] [1] adj double

[2] adv ◆ **to increase twofold** doubler

twopence ['tʌpəns] n (Brit) deux pence mpl ; see also **tuppence**

twopenny ['tʌpənɪ] [1] adj (Brit) à or de deux pence

[2] COMP ▷ **twopenny-halfpenny** * adj (fig) de rien du tout *, de quatre sous ▷ **twopenny piece** n pièce f de deux pence

twosome ['tuːsəm] n (= people) couple m ; (= game) jeu m or partie f à deux ◆ **we went in a twosome** nous y sommes allés à deux

'twould †† [twʊd] ⇒ **it would** ; → **would**

TX abbrev of **Texas**

tycoon [taɪ'kuːn] [→ SYN] n ◆ **(business** or **industrial) tycoon** gros or important homme m d'affaires ◆ **oil tycoon** magnat m or roi m du pétrole

tyke * [taɪk] n (= dog) cabot m (pej) ; (= child) môme mf

tympana ['tɪmpənə] npl of **tympanum**

tympani ['tɪmpənɪ] n ⇒ **timpani**

tympanic [tɪm'pænɪk] adj ◆ **tympanic membrane** tympan m

tympanist ['tɪmpənɪst] n ⇒ **timpanist**

tympanitis [ˌtɪmpə'naɪtɪs] n (Med) tympanite f, otite f moyenne

tympanum ['tɪmpənəm] n, pl **tympanums** or **tympana** (Anat, Archit, Zool) tympan m ; (Mus) timbale f

Tyndall effect ['tɪndl] n effet m Tyndall

type [taɪp] [→ SYN] [1] n **a** (gen, Bio, Sociol etc) type m ; (= sort) genre m ; (= make of machine, coffee etc) marque f ; [of aircraft, car] modèle m ◆ **books of all types** des livres de toutes sortes or de tous genres ◆ **a new type of plane, a new type plane** * un nouveau modèle d'avion ◆ **a gruyère-type cheese** un fromage genre gruyère * ◆ **what type do you want?** vous en (or le or la etc) voulez de quelle sorte ? ◆ **what type of car is it?** quel modèle de voiture est-ce ? ◆ **what type of man is he?** quel genre or type d'homme est-ce ? ◆ **what type of dog is he?** qu'est-ce que c'est comme (race de) chien ? ◆ **you know the type of thing I mean** vous voyez (à peu près) ce que je veux dire ◆ **he's not that type of person** ce n'est pas son genre ◆ **I know his type!** je connais les gens de son genre or espèce ◆ **a queer type** * (= person) un drôle de numéro * ◆ **he's not my type** * il n'est pas mon genre * ◆ **it's my type of film** c'est le genre de film que j'aime or qui me plaît ; → **true**

b (= typical example) type m (même), exemple m même ◆ **to deviate from the type** s'éloigner du type ancestral ◆ **she was the very type of English beauty** c'était le type même or l'exemple même de la beauté anglaise ; → **revert**

c (Ling: gen) type m ; (also **word-type**) vocable m

d (Typo) (= one letter) caractère m ; (= letters collectively) caractères mpl, type m ◆ **to set type** composer ◆ **to set sth (up) in type** composer qch ◆ **in type** composé ◆ **to keep the type set up** conserver la forme ◆ **in large/small type** en gros/petits caractères ◆ **in italic type** en italiques ; → **bold**

[2] vt **a** [+ blood sample etc] classifier ◆ **he is now typed as the kindly old man** (Theat etc) on ne lui donne plus que les rôles de doux vieillard ◆ **I don't want to be typed** (Theat) je ne veux pas me cantonner dans un (seul) rôle

b [+ letter etc] taper (à la machine)

3 vi [typist etc] taper à la machine ♦ "clerk: must be able to type" "employé(e) de bureau connaissant la dactylo"

4 COMP ▷ **type-cast** adj (Theat etc) **to be type-cast as ...** être enfermé dans le rôle de ... ▷ **type metal** n (Typo) plomb m ▷ **type specimen** n (Bio) spécimen-type m, holotype m

▶ **type in** vt sep taper (à la machine)

▶ **type out** vt sep **a** [+ notes, letter] taper (à la machine)
b [+ error] effacer (à la machine)

▶ **type over** vt sep ⇒ **type out b**

▶ **type up** vt sep [+ notes] taper (à la machine)

typecasting ['taɪpkɑːstɪŋ] n ♦ **to avoid typecasting** éviter les stéréotypes

typeface ['taɪpfeɪs] n (Typo) œil m de caractère

typescript ['taɪpskrɪpt] n (NonC) manuscrit m or texte m dactylographié, tapuscrit m (Tech)

typeset ['taɪpset] vt composer

typesetter ['taɪpsetə^r] n (= person) compositeur m, -trice f ; (= machine) linotype f, composeuse f

typesetting ['taɪpsetɪŋ] n (NonC) composition f

typewrite ['taɪpraɪt] vt taper (à la machine)

typewriter ['taɪpraɪtə^r] n machine f à écrire

typewriting ['taɪpraɪtɪŋ] n dactylographie f

typewritten ['taɪprɪtən] adj tapé (à la machine), dactylographié

typhoid ['taɪfɔɪd] **1** n (also **typhoid fever**) (fièvre f) typhoïde f
2 COMP symptom, victim de la typhoïde ; inoculation antityphoïdique ▷ **Typhoid Mary** * n (US fig) source f d'infection

typhoon [taɪˈfuːn] → SYN n typhon m

typhus ['taɪfəs] n typhus m

typical ['tɪpɪkəl] → SYN adj day, behaviour, example typique (of de) ; price habituel ♦ **the typical Frenchman** le Français type or moyen ♦ **a typical Frenchman** un Français typique ♦ **he's a typical teacher** c'est le type même du professeur ♦ **with typical modesty, he ...** avec la modestie qui le caractérise, il ... ♦ **it was typical of our luck that it was raining** avec la chance qui nous caractérise, il a plu ♦ **Louisa is typical of many young women who ...** Louisa est un exemple typique de ces nombreuses jeunes femmes qui ... ♦ **that's typical of him** c'est bien de lui ♦ **that's typical of Paul** ça, c'est Paul tout craché !

typically ['tɪpɪkəlɪ] adv (with adj) typiquement ♦ **he is typically English** il est typiquement anglais, c'est l'Anglais type ♦ **it's typically French to do that** c'est très or bien français de faire ça ♦ **typically, he arrived late** comme d'habitude, il est arrivé en retard

typify ['tɪpɪfaɪ] → SYN vt [behaviour, incident, object] être caractéristique de ; [person] être le type même de

typing ['taɪpɪŋ] **1** n (NonC) **a** (= skill) dactylo f, dactylographie f ♦ **to learn typing** apprendre à taper (à la machine), apprendre la dactylo or la dactylographie
b there were several pages of typing to read il y avait plusieurs pages dactylographiées à lire
2 COMP lesson, teacher de dactylo, de dactylographie ▷ **typing error** n faute f de frappe ▷ **typing paper** n papier m machine ▷ **typing pool** n bureau m or pool m de(s) dactylos ♦ **he works in the typing pool** il est dactylo au pool ♦ **to send sth to the typing pool** envoyer qch à la dactylo * ▷ **typing speed** n his typing speed is 60 il tape 60 mots à la minute

typist ['taɪpɪst] n dactylo mf, dactylographe mf ; → **shorthand**

typo ['taɪpəʊ] n (= error) coquille f (typographique)

typographer [taɪˈpɒɡrəfə^r] n typographe mf

typographic(al) [ˌtaɪpəˈɡræfɪk(əl)] adj typographique ♦ **typographical error** erreur f typographique, coquille f

typography [taɪˈpɒɡrəfɪ] n typographie f

typological [ˌtaɪpəˈlɒdʒɪkəl] adj typologique

typology [taɪˈpɒlədʒɪ] n typologie f

tyrannic(al) [tɪˈrænɪk(əl)] adj tyrannique

tyrannically [tɪˈrænɪkəlɪ] adv tyranniquement

tyrannicide [tɪˈrænɪsaɪd] n (= act) tyrannicide m ; (= person) tyrannicide mf

tyrannize ['tɪrənaɪz] **1** vi ♦ **to tyrannize over sb** tyranniser qn
2 vt tyranniser

tyrannosaur [tɪˈrænəsɔː] n tyrannosaure m

tyrannosaurus [tɪˌrænəˈsɔːrəs] n (also **tyrannosaurus rex**) tyrannosaure m, Tyrannosaurus rex m

tyrannous ['tɪrənəs] adj tyrannique

tyrannously ['tɪrənəslɪ] adv tyranniquement

tyranny ['tɪrənɪ] → SYN n tyrannie f

tyrant ['taɪrənt] → SYN n tyran m

Tyre [taɪə^r] n Tyr

tyre ['taɪə^r] (Brit) **1** n pneu m ; → **spare**
2 COMP ▷ **tyre gauge** n manomètre m (pour pneus) ▷ **tyre lever** n démonte-pneu m ▷ **tyre pressure** n pression f des pneus ▷ **tyre valve** n valve f (de gonflage)

tyremaker ['taɪəmeɪkə^r] n fabricant m de pneus

tyro ['taɪrəʊ] → SYN n novice mf, débutant(e) m(f)

Tyrol [tɪˈrɒl] n ♦ **(the) Tyrol** le Tyrol

Tyrolean [ˌtɪrəˈliː)ən], **Tyrolese** [ˌtɪrəˈliːz] **1** adj tyrolien ♦ **Tyrolean traverse** (Climbing) tyrolienne f
2 n Tyrolien(ne) m(f)

tyrothricin [ˌtaɪrəʊˈθraɪsɪn] n tyrosine f

Tyrrhenian [tɪˈriːnɪən] adj ♦ **Tyrrhenian Sea** mer f Tyrrhénienne

tzar [zɑː^r] n ⇒ **tsar**

tzarina [zɑːˈriːnə] n ⇒ **tsarina**

tzarist ['zɑːrɪst] n, adj ⇒ **tsarist**

tzatziki [tsætˈsɪkɪ] n (Culin) tzatziki m

tzetze fly ['tsetsɪflaɪ] n ⇒ **tsetse fly**

Tzigane [tsɪˈɡɑːn] **1** n Tsigane mf, Tzigane mf
2 adj tsigane, tzigane

U

U, u [juː] **1** n **a** (= letter) U, u m ◆ **U for Uncle** ≃ U comme Ursule
  b (Brit Cine) (abbrev of **Universal**) ≃ tous publics ◆ **it's a U film** c'est un film pour tous publics
  2 adj (Brit †* = upper-class) word, accent, behaviour distingué
  3 COMP ▷ **U-bend** n (in pipe) coude m ; (Brit: in road) coude m, virage m en épingle à cheveux ▷ **U-boat** n sous-marin m allemand ▷ **U-shaped** adj en (forme de) U ▷ **U-turn** n (Aut) demi-tour m ; (fig) revirement m, volte-face f (*on* au sujet de) ◆ **"no U-turns"** (Aut) "défense de faire demi-tour" ◆ **to make a U-turn on sth** faire volte-face au sujet de qch

UAE [ˌjuːeɪˈiː] n (abbrev of **United Arab Emirates**) → **united**

UAW [ˌjuːeɪˈdʌbljuː] n (US) (abbrev of **United Automobile Workers**) syndicat

UB40 [ˌjuːbiːˈfɔːtɪ] n (Brit: formerly) (abbrev of **Unemployment Benefit 40**) carte de demandeur d'emploi

ubiquitous [juːˈbɪkwɪtəs] → SYN adj omniprésent

ubiquity [juːˈbɪkwɪtɪ] n omniprésence f

UCAS [ˈjuːkæs] n (Brit) (abbrev of **Universities and Colleges Admissions Service**) → **university**

UCATT [ˈjuːkæt] n (Brit) (abbrev of **Union of Construction, Allied Trades and Technicians**) syndicat

UCCA [ˈʌkə] n (Brit: formerly) (abbrev of **Universities Central Council on Admissions**) service central des inscriptions universitaires ◆ **UCCA form** ≃ dossier m d'inscription universitaire

UCL [ˌjuːsiːˈel] n abbrev of **University College, London**

UCW [ˌjuːsiːˈdʌbljuː] n (Brit) (abbrev of **Union of Communication Workers**) syndicat

UDA [ˌjuːdiːˈeɪ] n (Brit) (abbrev of **Ulster Defence Association**) → **Ulster**

UDC [ˌjuːdiːˈsiː] n (Brit Local Govt: formerly) (abbrev of **Urban District Council**) → **urban**

udder [ˈʌdər] n pis m, mamelle f

UDI [ˌjuːdiːˈaɪ] n (Brit Pol) (abbrev of **unilateral declaration of independence**) → **unilateral**

UDM [ˌjuːdiːˈem] n (Brit) (abbrev of **Union of Democratic Mineworkers**) syndicat

UDR [ˌjuːdiːˈɑːr] n (Brit) (abbrev of **Ulster Defence Regiment**) → **Ulster**

UEFA [joˈeɪfə] n (Ftbl) (abbrev of **Union of European Football Associations**) UEFA f

UFC [ˌjuːefˈsiː] n (Brit) abbrev of **Universities Funding Council**

UFO [ˌjuːeˈfəʊ, ˈjuːfəʊ] n (abbrev of **unidentified flying object**) ovni m

ufologist [juːˈfɒlədʒɪst] n ufologue mf

ufology [juːˈfɒlədʒɪ] n ufologie f

Uganda [juːˈgændə] n l'Ouganda m

Ugandan [juːˈgændən] **1** adj ougandais
  2 n Ougandais(e) m(f)

UGC [ˌjuːdʒiːˈsiː] n (Brit: formerly) (abbrev of **University Grants Committee**) → **university**

ugh [ɜːh] excl pouah !

ugli [ˈʌglɪ] n, pl **uglis** or **uglies** tangelo m

uglification [ˌʌglɪfɪˈkeɪʃən] n enlaidissement m

uglify [ˈʌglɪfaɪ] vt enlaidir, rendre laid

ugliness [ˈʌglɪnɪs] n (NonC) laideur f

ugly [ˈʌglɪ] → SYN adj **a** person, appearance, face, building, word laid ; wound, scar vilain (before n) ◆ **as ugly as sin** moche * comme un pou, laid comme un singe ◆ **ugly duckling** (fig) vilain petit canard m
  b (fig = unpleasant) habit sale ◆ **he gave me an ugly look** il m'a regardé d'un sale œil ◆ **to be in an ugly mood** [person] être d'une humeur massacrante or exécrable ; [crowd] être menaçant ◆ **the ugly truth** l'horrible vérité f ◆ **to grow** or **turn ugly** [person] se faire menaçant, montrer les dents ◆ **things** or **the mood turned ugly when ...** les choses ont mal tourné or ont pris une mauvaise tournure quand ... ◆ **the whole business is taking an ugly turn** l'affaire prend une sale tournure ◆ **the situation looks ugly** la situation est affreuse ◆ **it is an ugly sight** ce n'est pas beau à voir ◆ **there were ugly scenes** il y a eu des scènes terribles ◆ **an ugly rumour** de vilains bruits mpl ◆ **"blackmail" is an ugly word** "chantage" est un vilain mot

UHF [ˌjuːeɪtʃˈef] n (abbrev of **ultrahigh frequency**) UHF f

uh-huh * [ˈʌˌhʌ] excl (= yes) oui oui

UHT [ˌjuːeɪtʃˈtiː] adj (abbrev of **ultra heat treated**) milk etc UHT inv, longue conservation inv

uh-uh * [ˈʌˌʌ] excl (warning) hé !

UK [juːˈkeɪ] n (abbrev of **United Kingdom**) le Royaume-Uni ◆ **in the UK** au Royaume-Uni ◆ **the UK government** le gouvernement du Royaume-Uni ◆ **a UK citizen** un citoyen du Royaume-Uni

ukase [juːˈkeɪz] n (Hist, fig) ukase m, oukase m

uke ** [juːk] n abbrev of **ukulele**

Ukraine [juːˈkreɪn] n ◆ (**the**) **Ukraine** l'Ukraine f ◆ **in (the) Ukraine** en Ukraine

Ukrainian [juːˈkreɪnɪən] **1** adj ukrainien
  2 n **a** (= person) Ukrainien(ne) m(f)
  b (Ling) ukrainien m

ukulele [ˌjuːkəˈleɪlɪ] n guitare f hawaïenne

ULC [ˌjuːelˈsiː] n (US) (abbrev of **ultra-large carrier**) superpétrolier m

ulcer [ˈʌlsər] → SYN n **a** (Med) ulcère m ◆ **to get an ulcer** attraper un ulcère
  b (fig) plaie f

ulcerate [ˈʌlsəreɪt] **1** vt ulcérer
  2 vi s'ulcérer

ulcerated [ˈʌlsəreɪtɪd] adj ulcéreux

ulceration [ˌʌlsəˈreɪʃən] n ulcération f

ulcerative [ˈʌlsəˌreɪtɪv] adj ulcératif

ulcerous [ˈʌlsərəs] adj (= having ulcers) ulcéreux ; (= causing ulcers) ulcératif

ulema [ˈuːlɪmə] n (Rel) uléma m, ouléma m

ullage [ˈʌlɪdʒ] n (Customs) manquant m

'ullo ** [ˈəˈləʊ] excl (Brit) ⇒ **hello**

ulna [ˈʌlnə] n, pl **ulnas** or **ulnae** [ˈʌlniː] cubitus m

ulnar [ˈʌlnər] adj cubital

Ulster [ˈʌlstər] **1** n **a** (Hist) l'Ulster m
  b (= Northern Ireland) l'Irlande f du Nord
  c (= coat) ulster gros pardessus m
  2 COMP de l'Ulster or de l'Irlande du Nord ▷ **Ulster Defence Association** n organisation paramilitaire protestante en Irlande du Nord ▷ **Ulster Defence Regiment** n section de l'armée britannique en Irlande du Nord ▷ **Ulster Volunteer Force** n organisation paramilitaire protestante en Irlande du Nord

Ulsterman [ˈʌlstəmən] n, pl **-men** habitant m or natif m de l'Ulster

Ulsterwoman [ˈʌlstəwʊmən] n, pl **-women** habitante f or native f de l'Ulster

ult. [ʌlt] abbrev of **ultimo**

ulterior [ʌlˈtɪərɪər] → SYN adj ultérieur (-eure f) ◆ **ulterior motive** motif m secret, arrière-pensée f

ultimata [ˌʌltɪˈmeɪtə] npl of **ultimatum**

ultimate [ˈʌltɪmɪt] → SYN **1** adj **a** (= final, eventual) aim, destiny, solution final ; decision, result, outcome final, définitif ; victory, defeat final, ultime ; control, authority suprême ◆ **the ultimate deterrent** (Mil, fig) l'ultime moyen m de dissuasion ◆ **the ultimate weapon** (Mil, fig) l'arme f suprême ◆ **the ultimate beneficiary/loser is ...** en fin de compte, le bénéficiaire/le perdant est ... ◆ **he came to the ultimate conclusion that ...** il a finalement conclu que ... ◆ **death is the ultimate sacrifice** la mort est le sacrifice suprême or l'ultime sacrifice ◆ **to make the ultimate sacrifice** faire le sacrifice de sa vie
  b (= best, most effective) suprême ◆ **we have produced the ultimate sports car** nous avons fabriqué le nec plus ultra de la voiture de sport ◆ **the ultimate insult** l'insulte f suprême ◆ **the ultimate (in) luxury/generosity** le summum du luxe/de la générosité ◆ **the ultimate (in) selfishness/bad manners** le comble de l'égoïsme/de l'impolitesse
  c (= basic) principle, cause, truth fondamental, premier ◆ **ultimate constituent** (Gram) constituant m ultime
  d (= furthest: gen) le plus éloigné, le plus distant ; boundary of universe le plus reculé ; ancestor le plus éloigné ◆ **the ultimate origins of man** les origines fpl premières de l'homme ◆ **the ultimate frontiers of knowledge** les confins mpl du savoir
  2 n ◆ **the ultimate in comfort** le summum du confort, le fin du fin en matière de confort, le nec plus ultra du confort

ultimately [ˈʌltɪmɪtlɪ] → SYN adv **a** (= finally, eventually) en fin de compte ◆ **to ultimately do sth** finir par faire qch ◆ **he was ultimately successful/unsuccessful** il a finalement réussi/échoué ◆ **it may ultimately be possible** ça sera peut-être possible, en fin de compte
 b (= when all is said and done) responsable en définitive ◆ **it ultimately depends on you** en définitive or en fin de compte cela dépend de vous

ultimatum [ˌʌltɪˈmeɪtəm] n, pl **ultimatums** or **ultimata** ultimatum m ◆ **to deliver** or **issue an ultimatum** adresser un ultimatum (*to* à)

ultimo [ˈʌltɪməʊ] adv (Comm) du mois dernier ◆ **the 25th ultimo** le 25 du mois dernier

ultra... [ˈʌltrə] pref ultra..., hyper...* ◆ **ultra filtration** ultrafiltration f ◆ **ultrasensitive** ultrasensible, hypersensible ◆ **ultra-right-wing** d'extrême droite ◆ **ultrafashionable** du tout dernier cri ◆ **ultrarich** richissime

ultracentrifuge [ˌʌltrəˈsentrɪfjuːdʒ] n ultracentrifugeuse f

ultrahigh [ˌʌltrəˈhaɪ] adj ◆ **ultrahigh frequency** ultra-haute fréquence f

ultra-left ① n ◆ **the ultra-left** l'extrême gauche f
② adj d'extrême gauche

ultralight [ˈʌltrəˈlaɪt] ① adj ultraléger
② n (Aviat) ULM m, ultra-léger m motorisé

ultramarine [ˌʌltrəməˈriːn] adj, n (bleu) outremer m inv

ultramicroscope [ˌʌltrəˈmaɪkrəskəʊp] n ultramicroscope m

ultramicroscopic [ˌʌltrəˌmaɪkrəˈskɒpɪk] adj ultramicroscopique

ultramodern [ˌʌltrəˈmɒdən] adj ultramoderne

ultramontane [ˌʌltrəˈmɒnteɪn] adj, n ultramontain(e) m(f)

ultramontanism [ˌʌltrəˈmɒntɪnɪzəm] n ultramontanisme m

ultrashort [ˈʌltrəˈʃɔːt] adj ultracourt

ultrasonic [ˌʌltrəˈsɒnɪk] ① adj ultrasonique
② n (NonC) ◆ **ultrasonics** science f des ultrasons

ultrasound [ˈʌltrəsaʊnd] ① n (NonC) ultrasons mpl ◆ **to have ultrasound** avoir une échographie
② COMP equipment, machine à ultrasons ▷ **ultrasound examination, ultrasound scan** n échographie f ▷ **ultrasound scanner** n appareil m à échographie

ultrastructure [ˈʌltrəˌstrʌktʃəʳ] n (Bio) ultrastructure f

ultraviolet [ˌʌltrəˈvaɪəlɪt] adj ultraviolet ◆ **to have ultraviolet treatment** (Med) se faire traiter aux rayons ultraviolets ◆ **ultraviolet radiation** rayons mpl ultraviolets

ultra vires [ˌʌltrəˈvaɪəriːz] adv, adj (Jur) au-delà des pouvoirs

ultravirus [ˈʌltrəˌvaɪrəs] n ultravirus m

ululate [ˈjuːljʊleɪt] vi [owl] (h)ululer ; [dog] hurler

ululation [ˌjuːljʊˈleɪʃən] n hululement m ; (in Arab context) youyou m

Ulysses [juːˈlɪsiːz] n Ulysse m ◆ "**Ulysses**" (Literat) "Ulysse"

um [ʌm] ① interj euh
② vi ◆ **to um and err*** se tâter*, hésiter ◆ **after a lot of umming and erring*, he decided to buy it** après beaucoup d'hésitations il se décida à l'acheter

umbel [ˈʌmbl] n (Bot) ombelle f

umbellate(d) [ˈʌmbɪleɪt(ɪd)] adj (Bot) ombellé

umbellifer [ʌmˈbelɪfəʳ] n (Bot) ombellifère f

umbelliferous [ˌʌmbɪˈlɪfərəs] adj (Bot) ombellifère

umber [ˈʌmbəʳ] adj, n (terre f d')ombre f, terre f de Sienne ; → **burnt**

umbilical [ˌʌmbɪˈlaɪkəl] ① adj ombilical
② COMP ▷ **umbilical cord** n cordon m ombilical

umbilicate [ʌmˈbɪlɪkeɪt] adj (Bot, Zool) ombiliqué ; (Bio) colony ombilical

umbilicus [ʌmˈbɪlɪkəs] n, pl **umbilici** [ʌmˈbɪləˈlaɪ] ombilic m, nombril m

umbo [ˈʌmbəʊ] n, pl **umbos** or **umbones** [ʌmˈbəʊniːz] [of eardrum] ombilic m, umbo m

umbrage [ˈʌmbrɪdʒ] → SYN n (NonC) ombrage m (fig), ressentiment m ◆ **to take umbrage** prendre ombrage, se froisser (*at* de)

umbrella [ʌmˈbrelə] → SYN ① n **a** (gen) parapluie m ; (against sun) parasol m ◆ **to put up/put down an umbrella** ouvrir/fermer un parapluie ◆ **golf umbrella** parapluie m de golf ◆ **beach** or **sun umbrella** parasol m ◆ **air umbrella** (Mil) écran m de protection aérienne ◆ **under the umbrella of ...** (fig) sous les auspices or l'égide de ... ; → **nuclear**
 b [of jellyfish] ombrelle f
② adj ◆ **umbrella body** or **organization** organisme m qui en chapeaute plusieurs autres ◆ **an umbrella term** un terme général
③ COMP ▷ **umbrella pine** n pin m parasol ▷ **umbrella stand** n porte-parapluies m inv

Umbria [ˈʌmbrɪə] n l'Ombrie f

Umbrian [ˈʌmbrɪən] ① adj ombrien
② n Ombrien(ne) m(f)

UMIST [ˈjuːmɪst] n (abbrev of **University of Manchester Institute of Science and Technology**) institut de science et technologie de l'université de Manchester

umlaut [ˈʊmlaʊt] n **a** (NonC = vowel change) inflexion f vocalique
 b (= diaeresis) tréma m ; (in German) umlaut m

ump* [ʌmp] n (US) ⇒ **umpire**

umpire [ˈʌmpaɪəʳ] → SYN ① n (gen) arbitre m ; (Tennis) juge m de chaise
② vt arbitrer
③ vi servir d'arbitre, être l'arbitre

umpteen* [ˈʌmptiːn] adj beaucoup de, je ne sais combien de ◆ **I've told you umpteen times** je te l'ai dit je ne sais combien de fois or trente-six fois or cent fois ◆ **he had umpteen books** il avait je ne sais combien de livres or des quantités de livres

umpteenth* [ˈʌmptiːnθ] adj (é)nième

UMW [ˌjuːemˈdʌbljuː] n (abbrev of **United Mineworkers of America**) syndicat

UN [juːˈen] n (abbrev of **United Nations**) ONU f

'**un*** [ən] pron (= one) ◆ **he's a good 'un** c'est un brave type * ◆ **she's a good 'un** c'est une fille bien ◆ **little 'un** petiot(e) * m(f)

un... [ʌn] pref dé..., dés..., dis..., in..., mal...

unabashed [ˌʌnəˈbæʃt] → SYN adj person nullement décontenancé (*by* par) ; love, desire, admiration dont on n'a pas honte ; greed sans mesure, sans bornes ◆ **he's an unabashed romantic** c'est un romantique et il n'en a pas honte or il ne s'en cache pas ◆ "**yes**" **he said unabashed** "oui" dit-il sans se décontenancer or sans perdre contenance

unabated [ˌʌnəˈbeɪtɪd] adj (gen) ◆ **to remain** or **continue unabated** rester inchangé ◆ **the fighting continued unabated well into the next day** les combats ont continué le lendemain avec la même intensité ◆ **with unabated interest** avec toujours autant d'intérêt ◆ **his unabated enthusiasm for the scheme** l'enthousiasme qu'il continuait à exprimer pour ce projet

unabbreviated [ˌʌnəˈbriːvɪeɪtɪd] adj non abrégé, sans abréviation

unable [ʌnˈeɪbl] LANGUAGE IN USE 12.3, 16.3, 16.4, 18.2, 25.1 → SYN adj ◆ **to be unable to do sth** (gen) ne (pas) pouvoir faire qch ; (= not know how to) ne pas savoir faire qch ; (= be incapable of) être incapable de faire qch ; (= be prevented from) être dans l'impossibilité de faire qch, ne pas être en mesure de faire qch

unabridged [ˌʌnəˈbrɪdʒd] → SYN adj intégral, non abrégé ◆ **unabridged edition/version** édition f/version f intégrale

unaccented [ˌʌnækˈsentɪd], **unaccentuated** [ˌʌnækˈsentjʊeɪtɪd] adj voice, speech sans accent ; syllable inaccentué, non accentué, atone

unacceptable [ˌʌnəkˈseptəbl] → SYN adj offer, suggestion inacceptable ; amount, degree, extent, level inadmissible ◆ **it's quite unacceptable that we should have to do this** il est inadmissible que nous devions faire cela ◆ **the unacceptable face of capitalism** la face honteuse du capitalisme

unacceptably [ˌʌnəkˈseptəblɪ] adv dangerous à un point inacceptable or inadmissible ◆ **the cost was unacceptably high** le coût était si élevé que c'était inacceptable ◆ **unacceptably poor living conditions** des conditions fpl de vie inacceptables or inadmissibles ◆ **an unacceptably violent programme** un film d'une violence inacceptable or inadmissible ◆ **he suggested, quite unacceptably, doing it later** il a suggéré de le faire plus tard, ce qui était tout à fait inacceptable or inadmissible

unaccommodating [ˌʌnəˈkɒmədeɪtɪŋ] adj (= disobliging) désobligeant ; (= not easy to deal with) peu accommodant

unaccompanied [ˌʌnəˈkʌmpənɪd] → SYN adj person, child, luggage non accompagné ; (Mus) singing sans accompagnement, a cappella ; instrument seul

unaccomplished [ˌʌnəˈkʌmplɪʃt] adj **a** (frm = unfinished) work, task, journey inaccompli, inachevé ; project, desire inaccompli, non réalisé
 b (= untalented) person sans talents ; performance médiocre

unaccountable [ˌʌnəˈkaʊntəbl] → SYN adj **a** (= inexplicable) inexplicable, sans raison apparente
 b ◆ **to be unaccountable to** [+ person, official, organization] ne pas être responsable devant

unaccountably [ˌʌnəˈkaʊntəblɪ] adv ◆ **an unaccountably successful film** un film au succès inexplicable ◆ **unaccountably popular** d'une popularité inexplicable ◆ **he felt unaccountably depressed** il se sentait déprimé sans savoir pourquoi ◆ **the messenger was unaccountably delayed** le messager a été retardé sans raison apparente ◆ **unaccountably, he felt sorry for her** sans comprendre pourquoi, il la plaignait

unaccounted [ˌʌnəˈkaʊntɪd] adj ◆ **unaccounted for** ◆ **two passengers are still unaccounted for** deux passagers sont toujours portés disparus or n'ont toujours pas été retrouvés ◆ **$5 is still unaccounted for** il manque encore 5 dollars ◆ **this is unaccounted for in the report** ceci n'est pas expliqué dans le rapport

unaccustomed [ˌʌnəˈkʌstəmd] → SYN adj inaccoutumé, inhabituel ◆ **to be unaccustomed to (doing) sth** ne pas avoir l'habitude de (faire) qch ◆ **unaccustomed as I am to public speaking ...** n'ayant pas l'habitude de prendre la parole en public ...

unacknowledged [ˌʌnəkˈnɒlɪdʒd] adj letter dont on n'a pas accusé réception ; mistake, help, services non reconnu (publiquement) ; child non reconnu

unacquainted [ˌʌnəˈkweɪntɪd] adj ◆ **to be unacquainted with the facts** ignorer les faits, ne pas être au courant des faits ◆ **she is unacquainted with poverty** elle ne sait pas ce que c'est que la pauvreté, elle ne connaît pas la pauvreté ◆ **to be unacquainted with sb** ne pas avoir fait la connaissance de qn ◆ **they are unacquainted** ils ne se connaissent pas

unadaptable [ˌʌnəˈdæptəbl] adj inadaptable, peu adaptable

unadapted [ˌʌnəˈdæptɪd] adj mal adapté, inadapté (*to* à)

unaddressed [ˌʌnəˈdrest] adj sans adresse, qui ne porte pas d'adresse

unadjusted [ˌʌnəˈdʒʌstɪd] adj non corrigé ◆ **seasonally unadjusted employment figures** statistiques fpl du chômage non corrigées des variations saisonnières

unadopted [ˌʌnəˈdɒptɪd] adj ◆ **many children remain unadopted** beaucoup d'enfants ne trouvent pas de parents adoptifs

unadorned [ˌʌnəˈdɔːnd] adj sans ornement, tout simple ; (fig) truth pur, tout nu ◆ **beauty unadorned** la beauté sans artifice or sans fard

unadulterated [ˌʌnəˈdʌltəreɪtɪd] adj pur, naturel ; food, wine non frelaté ; hell, nonsense pur (et simple)

unadventurous [ˌʌnədˈventʃərəs] adj person, career, design, theatre production peu audacieux (-euse f) ◆ **where food is concerned, he is very unadventurous** il est très conservateur dans ses goûts culinaires

unadventurously [ˌʌnədˈventʃərəslɪ] adv dressed, decorated de façon conventionnelle ; choose, decide par manque d'audace or d'imagination

unadvertised [ˌʌnˈædvətaɪzd] adj meeting, visit sans publicité, discret (-ète f)

unadvisable [ˌʌnədˈvaɪzəbl] adj déconseillé, peu recommandé

unadvised [ˌʌnədˈvaɪzd] adj **a** (= lacking advice) personne qui n'a pas reçu de conseils **b** (= ill-advised) personne malavisé, imprudent ; measures inconsidéré, imprudent

unadvisedly [ˌʌnədˈvaɪzɪdlɪ] adv imprudemment

unaesthetic [ˌʌniːsˈθetɪk] adj inesthétique, peu esthétique

unaffected [ˌʌnəˈfektɪd] → SYN adj **a** (= sincere) personne naturel, simple ; behaviour non affecté ; style sans recherche, simple **b** (= unchanged) non affecté ◆ **unaffected by damp/cold** non affecté par l'humidité/le froid, qui résiste à l'humidité/au froid ◆ **unaffected by heat** inaltérable à la chaleur ◆ **our plans were unaffected by the strike** nos plans sont restés inchangés malgré la grève ◆ **they are unaffected by the new legislation** ils ne sont pas affectés or touchés par la nouvelle législation ◆ **he was quite unaffected by her sufferings** ses souffrances ne l'ont pas touché or l'ont laissé froid ◆ **he remained unaffected by all the noise** il était indifférent à tout ce bruit

unaffectedly [ˌʌnəˈfektɪdlɪ] adv behave sans affectation ; dress simplement ◆ **her outfit was unaffectedly stylish** sa tenue était à la fois simple et chic

unaffiliated [ˌʌnəˈfɪlɪeɪtɪd] adj non affilié (to à)

unafraid [ˌʌnəˈfreɪd] → SYN adj sans peur, qui n'a pas peur ◆ **to be unafraid of (doing) sth** ne pas avoir peur de (faire) qch

unaided [ˌʌnˈeɪdɪd] ① adv walk, stand tout(e) seul(e) ; breathe sans aide extérieure ◆ **to reach the North Pole unaided** atteindre le pôle Nord par ses propres moyens ◆ **she brought up six children unaided** elle a élevé six enfants toute seule ② adj ◆ **his unaided work** le travail qu'il a fait tout seul or sans être aidé ◆ **by his own unaided efforts** par ses propres efforts ou moyens

unaired [ˌʌnˈɛəd] adj non aéré

unalarmed [ˌʌnəˈlɑːmd] adj nullement alarmé

unalike [ˌʌnəˈlaɪk] adj peu ressemblant ◆ **to be unalike** ne pas se ressembler ◆ **the two children are so unalike** les deux enfants se ressemblent si peu

unalloyed [ˌʌnəˈlɔɪd] adj happiness sans mélange, parfait ; metal non allié

unalterable [ˌʌnˈɒltərəbl] → SYN adj rule invariable, immuable ; fact certain ; emotion, friendship inaltérable

unalterably [ˌʌnˈɒltərəblɪ] adv change, affect de façon permanente ; opposed définitivement ◆ **unalterably wicked** foncièrement méchant

unaltered [ˌʌnˈɒltəd] adj inchangé, non modifié ◆ **his appearance was unaltered** physiquement il n'avait pas changé

unambiguous [ˌʌnæmˈbɪɡjʊəs] adj statement, wording non ambigu (-guë f), non équivoque, clair ; order, thought clair

unambiguously [ˌʌnæmˈbɪɡjʊəslɪ] adv say, condemn, support sans ambiguïté, sans équivoque ◆ **he gave an unambiguously affirmative answer** il a répondu sans ambiguïté par l'affirmative

unambitious [ˌʌnæmˈbɪʃəs] adj person sans ambition, peu ambitieux ; plan modeste

un-American [ˌʌnəˈmerɪkən] adj **a** (pej = anti-American) anti-américain **b** (not typical) peu or pas américain

unamiable [ˌʌnˈeɪmɪəbl] adj désagréable, peu aimable

unamused [ˌʌnəˈmjuːzd] adj qui n'est pas amusé ◆ **the story left her unamused** l'histoire ne l'a pas amusée du tout, elle n'a pas trouvé l'histoire amusante du tout

unanimity [ˌjuːnəˈnɪmɪtɪ] → SYN n (NonC) unanimité f

unanimous [juːˈnænɪməs] → SYN adj group, decision unanime ◆ **the committee was unanimous in its condemnation of this** or **in condemning this** les membres du comité ont été unanimes pour or à condamner cela, les membres du comité ont condamné cela à l'unanimité ◆ **it was accepted by a unanimous vote** cela a été voté à l'unanimité

unanimously [juːˈnænɪməslɪ] → SYN adv vote, elect à l'unanimité ; agree, pass unanimement, à l'unanimité ; condemn unanimement ◆ **unanimously favourable** unanimement favorable ◆ **the album received unanimously good reviews** or **was unanimously praised** l'album a fait l'unanimité

unannounced [ˌʌnəˈnaʊnst] ① adj visitor, visit imprévu ◆ **to pay an unannounced visit to sb** rendre visite à qn sans prévenir ; (in more formal situations) rendre visite à qn sans se faire annoncer ◆ **the President paid an unannounced visit to the Swiss capital** le Président a effectué une visite-surprise dans la capitale helvétique ② adv arrive, enter, turn up sans prévenir ; (in more formal situations) sans se faire annoncer

unanswerable [ʌnˈɑːnsərəbl] → SYN adj question à laquelle il est impossible de répondre ; argument irréfutable, incontestable

unanswered [ʌnˈɑːnsəd] → SYN adj letter, request, question (qui reste) sans réponse ; problem, puzzle non résolu ; criticism, argument non réfuté ; prayer inexaucé ; (Jur) charge irréfuté ◆ **her letter remained unanswered** sa lettre est restée sans réponse ◆ **there was a pile of unanswered letters on his desk** sur son bureau, il y avait une pile de lettres en attente or une pile de lettres auxquelles il n'avait pas (encore) répondu

unappealing [ˌʌnəˈpiːlɪŋ] adj peu attirant, peu attrayant

unappetizing [ˌʌnˈæpɪtaɪzɪŋ] adj (lit, fig) peu appétissant

unappreciated [ˌʌnəˈpriːʃɪeɪtɪd] adj person méconnu, incompris ; offer, help non apprécié

unappreciative [ˌʌnəˈpriːʃɪətɪv] adj audience froid, indifférent ◆ **to be unappreciative of sth** ne pas apprécier qch, rester indifférent à qch

unapproachable [ˌʌnəˈprəʊtʃəbl] → SYN adj d'un abord difficile, inabordable

unarguable [ʌnˈɑːɡjʊəbl] adj incontestable

unarguably [ʌnˈɑːɡjʊəblɪ] adv incontestablement

unarmed [ʌnˈɑːmd] → SYN ① adj person non armé ; ship, plane sans armes ◆ **he is unarmed** il n'est pas armé ② adv sans armes ③ COMP ▷ **unarmed combat** n combat m à mains nues

unashamed [ˌʌnəˈʃeɪmd] adj pleasure, delight, admiration non déguisé ; greed, luxury dont on n'a pas honte ◆ **he was quite unashamed about it** il n'en éprouvait pas la moindre honte or gêne ◆ **he was an unashamed admirer of Mussolini** il admirait Mussolini et ne s'en cachait pas

unashamedly [ˌʌnəˈʃeɪmɪdlɪ] adv say, cry sans aucune gêne ◆ **unashamedly romantic** qui ne cache pas son romantisme ◆ **unashamedly luxurious** d'un luxe sans complexes ◆ **he was unashamedly delighted about it** il en était réjoui et ne s'en cachait pas ◆ **he was unashamedly selfish/a liar** c'était un égoïste/un menteur et il ne s'en cachait pas

unasked [ʌnˈɑːskt] → SYN ① adj question non formulé ◆ **significant questions will go unasked** certaines questions importantes ne seront pas posées ◆ **this was unasked for** on ne l'avait pas demandé ② adv ◆ **she did it unasked** elle l'a fait sans qu'on le lui ait demandé or de son propre chef ◆ **he came in unasked** il est entré sans y avoir été invité

unaspirated [ʌnˈæspəreɪtɪd] adj (Phon) non aspiré

unassailable [ˌʌnəˈseɪləbl] → SYN adj fortress imprenable ; position, reputation inattaquable ; argument, reason irréfutable, inattaquable ◆ **he is quite unassailable on that point** ses arguments sont irréfutables sur ce point, on ne peut pas l'attaquer sur ce point

unassimilated [ˌʌnəˈsɪmɪleɪtɪd] adj non assimilé, mal intégré

unassisted [ˌʌnəˈsɪstɪd] ① adv tout seul, sans aide ② adj tout seul

unassuming [ˌʌnəˈsjuːmɪŋ] → SYN adj sans prétentions, modeste

unassumingly [ˌʌnəˈsjuːmɪŋlɪ] adv modestement, sans prétentions

unattached [ˌʌnəˈtætʃt] → SYN adj part etc non attaché (to à), libre (to de) ; (fig) person, group indépendant (to de) ; (= not married etc) libre, sans attaches ; (Jur) non saisi

unattainable [ˌʌnəˈteɪnəbl] adj place, objective, person inaccessible

unattended [ˌʌnəˈtendɪd] → SYN adj **a** (= not looked after) shop, machine, luggage (laissé) sans surveillance ; child sans surveillance, (tout) seul ◆ **do not leave your luggage unattended** ne laissez pas vos bagages sans surveillance ◆ **unattended to** négligé **b** (= unaccompanied) king etc seul, sans escorte

unattractive [ˌʌnəˈtræktɪv] adj appearance, house, idea peu attrayant, peu séduisant ; person, character déplaisant, peu sympathique

unattractiveness [ˌʌnəˈtræktɪvnɪs] n (NonC) manque m d'attrait or de beauté

unattributable [ˌʌnəˈtrɪbjʊtəbl] adj de source non divulguée

unattributed [ˌʌnəˈtrɪbjuːtɪd] adj quotation, remark non attribué ; source non cité, non indiqué

unau [ˈjuːnɔː] n unau m

unauthenticated [ˌʌnɔːˈθentɪkeɪtɪd] adj evidence non établi ; signature non authentifié

unauthorized [ʌnˈɔːθəraɪzd] → SYN adj (gen) non autorisé, (fait) sans autorisation ◆ **this was unauthorized** cela a été fait sans autorisation ◆ **unauthorized absence** absence f irrégulière ◆ **unauthorized signature** (Jur) signature f usurpatoire

unavailable [ˌʌnəˈveɪləbl] adj funds indisponible ; (Comm) article épuisé, qu'on ne peut se procurer ; person indisponible, qui n'est pas disponible or libre ◆ **the Minister was unavailable for comment** le ministre s'est refusé à toute déclaration

unavailing [ˌʌnəˈveɪlɪŋ] → SYN adj effort vain, inutile ; remedy, method inefficace

unavailingly [ˌʌnəˈveɪlɪŋlɪ] adv en vain, sans succès

unavoidable [ˌʌnəˈvɔɪdəbl] → SYN adj inévitable ◆ **it is unavoidable that...** il est inévitable que... (+ subj)

unavoidably [ˌʌnəˈvɔɪdəblɪ] adv inévitablement ◆ **he was unavoidably delayed** or **detained** il n'a pu éviter d'être retardé

unaware [ˌʌnəˈwɛər] → SYN adj ◆ **to be unaware of sth** ignorer qch, ne pas être conscient de qch, ne pas avoir conscience de qch ◆ **to be unaware that...** ignorer que..., ne pas savoir que ◆ **"stop" he said, unaware of the danger** "arrête" dit-il, ignorant or inconscient du danger ◆ **I was not unaware that...** je n'étais pas sans savoir que... ◆ **he is politically quite unaware** il n'a aucune conscience politique, il n'est pas politisé

unawareness [ˌʌnəˈwɛənɪs] n ignorance f

unawares [ˌʌnəˈwɛəz] → SYN adv **a** (= by surprise) à l'improviste, au dépourvu ◆ **to catch** or **take sb unawares** prendre qn à l'improviste or au dépourvu **b** (= without realizing) inconsciemment, par mégarde

unbacked [ʌnˈbækt] adj (Fin) à découvert

unbalance [ʌnˈbæləns] ① vt déséquilibrer ② n déséquilibre m

unbalanced [ʌnˈbælənst] → SYN adj **a** (physically) mal équilibré ; (mentally) déséquilibré ◆ **his mind was unbalanced** il était déséquilibré **b** (Fin) account non soldé

unban [ʌnˈbæn] vt ◆ **to unban an organization** lever l'interdiction frappant une organisation

unbandage [ʌnˈbændɪdʒ] vt [+ limb, wound] débander ; [+ person] ôter ses bandages ou ses pansements à

unbaptized [ʌnˈbæptaɪzd] adj non baptisé

unbar [ʌnˈbɑːʳ] vt [+ door] débarrer, enlever la barre de

unbearable [ʌn'bɛərəbl] → SYN adj insupportable

unbearably [ʌn'bɛərəblɪ] adv sad, painful, loud insupportablement ♦ **it's unbearably hot/cold today** aujourd'hui il fait une chaleur/un froid insupportable

unbeatable [ʌn'biːtəbl] → SYN adj imbattable

unbeaten [ʌn'biːtn] → SYN adj army, player, team invaincu ; record, price non battu

unbecoming [ˌʌnbɪ'kʌmɪŋ] → SYN adj garment peu seyant, qui ne va ou ne sied pas ; (fig) behaviour malséant, inconvenant

unbeknown(st) [ˌʌnbɪ'nəʊn(st)] adj, adv ♦ **unbeknown(st) to ...** à l'insu de ... ♦ **unbeknown(st) to me** à mon insu

unbelief [ˌʌnbɪ'liːf] → SYN n (also Rel) incrédulité f ♦ **in unbelief, with an air of unbelief** d'un air incrédule

unbelievable [ˌʌnbɪ'liːvəbl] → SYN adj incroyable ♦ **it is unbelievable that ...** il est incroyable que ... (+ subj)

unbelievably [ˌʌnbɪ'liːvəblɪ] adv beautiful, stupid, selfish etc incroyablement ♦ **to be unbelievably lucky/successful** avoir une chance/un succès incroyable ♦ **unbelievably, he refused** aussi incroyable que cela puisse paraître, il a refusé

unbeliever [ˌʌnbɪ'liːvəʳ] → SYN n (also Rel) incrédule mf

unbelieving [ˌʌnbɪ'liːvɪŋ] adj (also Rel) incrédule

unbelievingly [ˌʌnbɪ'liːvɪŋlɪ] adv d'un air incrédule

unbend [ʌn'bend] pret, ptp **unbent** **1** vt [+ pipe, wire] redresser, détordre
2 vi [person] s'assouplir ♦ **he unbent enough to ask me how I was** il a daigné me demander comment j'allais

unbending [ʌn'bendɪŋ] → SYN adj non flexible, rigide ; (fig) person, attitude inflexible, intransigeant

unbendingly [ʌn'bendɪŋlɪ] adv inflexiblement

unbent [ʌn'bent] vb (pt, ptp of **unbend**)

unbias(s)ed [ʌn'baɪəst] adj impartial

unbidden [ʌn'bɪdn] → SYN adv (liter) ♦ **she did it unbidden** elle l'a fait de son propre chef or sans qu'on le lui ait demandé ♦ **he came in unbidden** il est entré sans y avoir été invité ♦ **the phrase sprang unbidden to her mind/lips** l'expression lui est venue spontanément à l'esprit/aux lèvres

unbind [ʌn'baɪnd] → SYN pret, ptp **unbound** vt (= free) délier ; (= untie) dénouer, défaire ; (= unbandage) débander ; see also **unbound**

unbleached [ʌn'bliːtʃt] adj linen écru ; hair non décoloré ; flour non traité

unblemished [ʌn'blemɪʃt] → SYN adj (lit, fig) sans tache

unblinking [ʌn'blɪŋkɪŋ] adj person imperturbable, impassible ♦ **he gave me an unblinking stare, he looked at me with unblinking eyes** il m'a regardé sans ciller

unblinkingly [ʌn'blɪŋkɪŋlɪ] adv stare sans ciller

unblock [ʌn'blɒk] vt [+ sink, pipe] déboucher ; [+ road, harbour, traffic] dégager

unblushing [ʌn'blʌʃɪŋ] adj effronté, éhonté

unblushingly [ʌn'blʌʃɪŋlɪ] adv sans rougir (fig), effrontément

unbolt [ʌn'bəʊlt] vt [+ door] déverrouiller, tirer le verrou de ; [+ beam] déboulonner

unborn [ʌn'bɔːn] → SYN adj ♦ **the unborn child** le fœtus ♦ **generations yet unborn** les générations fpl futures or à venir

unbosom [ʌn'bʊzəm] vt ♦ **to unbosom o.s. to sb** ouvrir son cœur à qn, se confier à qn

unbound [ʌn'baʊnd] **1** vb (pt, ptp of **unbind**)
2 adj prisoner, hands, feet non lié ; seam non bordé ; book broché, non relié ; periodical non relié

unbounded [ʌn'baʊndɪd] → SYN adj joy, gratitude sans borne, illimité ; conceit, pride démesuré ; ignorance sans fond

unbowed [ʌn'baʊd] adj (fig) insoumis, invaincu ♦ **with head unbowed** la tête haute

unbreakable [ʌn'breɪkəbl] → SYN adj incassable ; (fig) promise, treaty sacré

unbreathable [ʌn'briːðəbl] adj irrespirable

unbribable [ʌn'braɪbəbl] adj incorruptible, qui ne se laisse pas acheter

unbridgeable [ʌn'brɪdʒəbl] adj (fig) ♦ **an unbridgeable gap** or **gulf** une divergence irréconciliable

unbridled [ʌn'braɪdld] → SYN adj (fig) débridé, déchaîné, effréné

unbroken [ʌn'brəʊkən] → SYN adj **a** (= intact) crockery, limb non cassé ; seal intact, non brisé ; skin intact, non déchiré ; ice intact ; record non battu ; promise tenu ♦ **his spirit remained unbroken** il ne se décourage pas
b (= continuous) series, silence, sleep ininterrompu ♦ **unbroken line** (Aut) ligne f continue ♦ **descended in an unbroken line from Edward II** qui descend en ligne directe d'Édouard II ♦ **she was in government for ten unbroken years** elle a été au gouvernement pendant dix années de suite ♦ **a whole morning of unbroken sunshine** une matinée entière de soleil sans nuages
c horse indompté
d voice qui n'a pas mué

unbuckle [ʌn'bʌkl] vt déboucler

unbundle [ʌn'bʌndl] vt **a** (gen) séparer, dégrouper
b (Fin) (after a buyout) vendre par appartements ; (= price into separate items) détailler, tarifer séparément

unburden [ʌn'bɜːdn] → SYN vt [+ conscience] soulager ; [+ heart] épancher ♦ **to unburden o.s.** s'épancher (*to sb* avec qn), se livrer (*to sb* à qn) ♦ **to unburden o.s. of sth** se décharger de qch

unburied [ʌn'berɪd] adj non enterré, non enseveli

unbusinesslike [ʌn'bɪznɪslaɪk] adj trader, dealer qui n'a pas le sens des affaires, peu commerçant ; transaction irrégulier ; (fig) person qui manque de méthode or d'organisation ; report peu méthodique

unbutton [ʌn'bʌtn] vt [+ shirt, coat, trousers etc] déboutonner ; [+ button] défaire

uncalled-for [ʌn'kɔːldfɔːʳ] → SYN adj criticism injustifié ; remark déplacé ♦ **that was quite uncalled-for** c'était tout à fait déplacé

uncannily [ʌn'kænɪlɪ] adv étrangement ♦ **to look uncannily like sb/sth** ressembler étrangement à qn/qch

uncanny [ʌn'kænɪ] → SYN adj sound mystérieux, étrange ; atmosphere, silence étrange ; mystery, event, question, resemblance, accuracy, knack troublant ♦ **it's uncanny how he does it** je ne m'explique vraiment pas comment il fait cela

uncap [ʌn'kæp] vt [+ bottle] décapsuler

uncapped [ʌn'kæpt] adj (Brit Sport) player (for country) qui n'a pas encore été sélectionné en équipe nationale ; (for university) qui n'a pas encore été sélectionné dans l'équipe de son université

uncared-for [ʌn'kɛədfɔːʳ] adj garden, building négligé, (laissé) à l'abandon ; appearance négligé, peu soigné ; child laissé à l'abandon, délaissé

uncaring [ʌn'kɛərɪŋ] adj insensible, indifférent

uncarpeted [ʌn'kɑːpɪtɪd] adj sans tapis

uncashed [ʌn'kæʃd] adj cheque non encaissé

uncatalogued [ʌn'kætəlɒgd] adj qui n'a pas été catalogué

uncaught [ʌn'kɔːt] adj criminal qui n'a pas été appréhendé or pris

unceasing [ʌn'siːsɪŋ] → SYN adj incessant, continu, continuel

unceasingly [ʌn'siːsɪŋlɪ] adv sans cesse

uncensored [ʌn'sensəd] adj letter non censuré ; film, book non censuré, non expurgé

unceremonious [ˌʌnˌserɪ'məʊnɪəs] adj brusque

unceremoniously [ˌʌnˌserɪ'məʊnɪəslɪ] adv **a** (= without ceremony) bury sans cérémonie
b (= abruptly) eject brusquement

uncertain [ʌn'sɜːtn] LANGUAGE IN USE 16.1 → SYN adj person incertain, qui n'est pas sûr or certain ; voice, smile, steps mal assuré, hésitant ; age, date, weather incertain ; result, effect incertain, aléatoire ; temper inégal ♦ **it is uncertain whether ...** il n'est pas certain or sûr que ... (+ subj) ♦ **he is uncertain (as to) whether ...** il ne sait pas au juste si ... (+ indic), il n'est pas sûr si ... (+ subj) ♦ **to be uncertain about sth** être incertain de qch, ne pas être certain or sûr de qch, avoir des doutes sur qch ♦ **he was uncertain about what he was going to do** il était incertain de ce qu'il allait faire, il ne savait pas au juste ce qu'il allait faire ♦ **in no uncertain terms** sans ambages, en des termes on ne peut plus clairs

uncertainly [ʌn'sɜːtnlɪ] adv say d'une manière hésitante ; stand avec hésitation ; smile, laugh, look d'un air hésitant

uncertainty [ʌn'sɜːtntɪ] → SYN **1** n incertitude f, doute(s) m(pl) ♦ **in order to remove any uncertainty** pour dissiper des doutes éventuels ♦ **in view of this uncertainty** or **these uncertainties** en raison de l'incertitude dans laquelle nous nous trouvons or de ces incertitudes
2 COMP ▷ **uncertainty principle** n principe m d'incertitude de Heisenberg

uncertificated [ˌʌnsə'tɪfɪkeɪtɪd] adj (gen) non diplômé ; secondary teacher non certifié

uncertified [ʌn'sɜːtɪfaɪd] adj document etc non certifié ♦ **uncertified teacher** (US) ≈ maître m auxiliaire

unchain [ʌn'tʃeɪn] vt (fig) [+ passions, reaction] déchaîner ; (lit) [+ dog] lâcher

unchallengeable [ʌn'tʃælɪndʒəbl] adj indiscutable, incontestable

unchallenged [ʌn'tʃælɪndʒd] **1** adj authority, position, superiority incontesté, indiscuté ; master, champion incontesté ; action, policy, statement non contesté ; argument, comment non relevé ; (Jur) juror, witness non récusé
2 adv **a** (= without being opposed) **to go unchallenged** [authority, position] ne pas être contesté, ne pas être discuté ; [person, action] ne pas rencontrer d'opposition, ne pas être contesté ; [policy, statement] ne pas être contesté ; [argument, comment] ne pas être relevé ; [juror, witness] ne pas être récusé ♦ **to leave sb unchallenged** [+ leader] ne pas contester qn ; [+ candidate] ne pas s'opposer à qn ♦ **she couldn't let that go** or **pass unchallenged** elle ne pouvait pas laisser passer cela sans protester
b (= without being stopped) **to do sth unchallenged** [person] faire qch sans être arrêté ♦ **he slipped unchallenged through the enemy lines** il a passé au travers des lignes ennemies sans être interpellé

unchangeable [ʌn'tʃeɪndʒəbl] → SYN adj person, system, fact immuable

unchanged [ʌn'tʃeɪndʒd] adj inchangé

unchanging [ʌn'tʃeɪndʒɪŋ] → SYN adj qui ne change pas, immuable

uncharacteristic [ˌʌnkærɪktə'rɪstɪk] adj behaviour, emotion, smile qui ne lui (or leur etc) ressemble (or ressemblait) pas ; mistake qui n'est pas caractéristique ♦ **it is uncharacteristic of** or **for him (to do that)** cela ne lui ressemble pas (de faire cela), ce n'est pas son genre (de faire cela)

uncharacteristically [ˌʌnkærɪktə'rɪstɪklɪ] adv ♦ **uncharacteristically rude/generous** d'une grossièreté/générosité peu caractéristique ♦ **she was uncharacteristically silent** elle était silencieuse, ce qui ne lui ressemblait pas ♦ **he behaved uncharacteristically** il s'est comporté d'une façon qui ne lui ressemblait pas ♦ **uncharacteristically, he had overlooked an important detail** il avait laissé passer un détail important, ce qui ne lui ressemblait pas or n'était pas son genre

uncharged [ʌn'tʃɑːdʒd] adj (Elec) non chargé ; (Jur) non accusé ; gun non chargé

uncharitable [ʌn'tʃærɪtəbl] → SYN adj peu indulgent, peu charitable

uncharitably [ʌn'tʃærɪtəblɪ] adv think avec peu d'indulgence, peu charitablement ; say, describe avec peu d'indulgence, de manière peu charitable

uncharted [ʌn'tʃɑːtɪd] → SYN adj **a** (lit = unmapped) area, sea dont on n'a (or n'avait) pas dressé la carte ; (= not on map) island qui ne figure (or figurait) sur aucune carte
b (fig = unknown) **a largely uncharted area of medical science** un domaine de la médecine largement inexploré ♦ **these are uncharted waters** or **this is uncharted territory (for sb)** c'est un terrain inconnu (pour qn) ♦ **to be**

unchaste / unconcernedly

in/enter uncharted waters or **territory** être/pénétrer en terrain inconnu

unchaste ['ʌn'tʃeɪst] adj non chaste, lascif

unchecked ['ʌn'tʃekt] [1] adj a (= unrestrained) growth, power non maîtrisé, non contenu; emotion, anger non réprimé

b (= not verified) data, statement non vérifié; typescript non relu

[2] adv ◆ **to go unchecked** [expansion, power] ne pas être maîtrisé ou contenu; [anger, aggression] ne pas être réprimé ◆ **if the spread of AIDS continues unchecked ...** si on ne fait rien pour empêcher la propagation du sida ... ◆ **they advanced unchecked for several kilometres** (Mil) ils ont fait plusieurs kilomètres sans rencontrer d'obstacle

unchivalrous ['ʌn'ʃɪvəlrəs] adj peu galant, discourtois

unchristian ['ʌn'krɪstjən] adj peu chrétien, contraire à l'esprit chrétien

uncial ['ʌnsɪəl] [1] adj oncial
[2] n onciale f

unciform ['ʌnsɪˌfɔːm] adj unciforme

uncinate ['ʌnsɪˌneɪt] adj (Bio) unciforme

uncircumcised ['ʌn'sɜːkəmsaɪzd] adj incirconcis

uncivil ['ʌn'sɪvɪl] → SYN adj person, behaviour impoli (*to sb* avec qn), incivil (liter) (*to sb* avec qn) ◆ **it would be uncivil to refuse** il serait impoli de refuser ◆ **it was very uncivil of you to behave like that** ça a été très impoli de votre part de vous comporter ainsi

uncivilized ['ʌn'sɪvɪlaɪzd] → SYN adj a (= primitive) people, country non civilisé

b (= socially unacceptable) conditions, activity inacceptable; person, behaviour grossier ◆ **what an uncivilized thing to do!** quelle grossièreté! ◆ **how uncivilized of him!** comme c'est grossier de sa part!

c (* = early) **at an uncivilized time** or **hour** à une heure impossible* or indue ◆ **sorry to wake you at this uncivilized hour** désolé de vous réveiller à cette heure indue ◆ **what an uncivilized time to ring up!** ce n'est pas une heure pour téléphoner!

uncivilly ['ʌn'sɪvɪlɪ] adv impoliment, incivilement (liter)

unclad ['ʌn'klæd] adj (liter) sans vêtements, nu

unclaimed ['ʌn'kleɪmd] adj property, prize, body non réclamé ◆ **to go unclaimed** ne pas être réclamé

unclasp ['ʌn'klɑːsp] vt [+ necklace] défaire, dégrafer; [+ hands] ouvrir

unclassed ['ʌn'klɑːst] adj non classé

unclassified ['ʌn'klæsɪfaɪd] [1] adj a (= not sorted) items, papers, waste, football results non classé

b (= not secret) information, document non classifié, non (classé) secret

[2] COMP ▷ **unclassified degree** n (Brit Univ) licence sans mention accordée lorsque toutes les épreuves n'ont pas été passées ▷ **unclassified road** n route f non classée

uncle ['ʌŋkl] n oncle m ◆ **yes uncle** (in child's language) oui tonton*, oui mon oncle ◆ **to say** or **cry uncle*** (US) s'avouer vaincu ◆ **Uncle Sam** l'oncle m Sam ◆ **Uncle Tom** (pej) bon nègre m; → **Dutch**

unclean ['ʌn'kliːn] → SYN adj a (= dirty) person, hands, room sale

b (= impure) person, animal, activity, thoughts impur

c (= diseased: traditionally said by lepers: also hum) **unclean, unclean!** "ne vous approchez pas, je suis contagieux!"

unclear [ʌn'klɪəʳ] adj a (= not obvious, confusing) reason, motive, message, details, instructions, policy qui n'est pas clair, obscur; result, outcome incertain ◆ **it is unclear whether/who/why etc ...** on ne sait pas bien si/qui/pourquoi etc ... ◆ **it's unclear to me whether/who/why etc ...** je ne sais pas vraiment si/qui/pourquoi etc ... ◆ **her purpose remains unclear** on ne sait toujours pas très bien où elle veut en venir

b (= indistinct) picture, image qui n'est pas net, flou; handwriting qui n'est pas net; answer, words indistinct

c (= unsure) **I'm unclear on this point** je ne sais pas vraiment à quoi m'en tenir là-dessus, pour moi, ce point n'est pas clair ◆ **I'm unclear whether you agree or not** je ne suis pas sûr de comprendre si vous êtes d'accord ou pas

unclench [ʌn'klentʃ] vt desserrer

unclimbed ['ʌn'klaɪmd] adj mountain, peak vierge

uncloak ['ʌn'kləʊk] vt (fig) [+ person] démasquer; [+ mystery, plot] dévoiler

unclog ['ʌn'klɒɡ] vt [+ pipe] déboucher; [+ wheel] débloquer

unclothe ['ʌn'kləʊð] vt déshabiller, dévêtir

unclothed ['ʌn'kləʊðd] adj (frm) person dévêtu; body dévêtu, nu

unclouded ['ʌn'klaʊdɪd] adj sky sans nuages, dégagé; liquid clair, limpide; (fig) happiness sans nuages, parfait; future sans nuages

uncoil ['ʌn'kɔɪl] [1] vt dérouler
[2] vi se dérouler

uncollectable ['ʌnkə'lektəbl] adj tax impossible à percevoir

uncollected ['ʌnkə'lektɪd] adj tax non perçu; bus fare non encaissé; luggage, lost property non réclamé; refuse non ramassé, non enlevé

uncoloured, uncolored (US) ['ʌn'kʌləd] adj a (= colourless) glass, plastic, liquid non coloré; hair non teint

b (= unbiased) account, description, judgement non faussé (*by sth* par qch)

uncombed ['ʌn'kəʊmd] adj hair, wool non peigné

un-come-at-able* ['ʌnkʌm'ætəbl] adj inaccessible

uncomely ['ʌn'kʌmlɪ] adj person laid, peu joli; clothes peu seyant

uncomfortable [ʌn'kʌmfətəbl] → SYN adj a (= feeling physical discomfort) **to be** or **feel uncomfortable** [person] (in chair, bed, room) ne pas être à l'aise ◆ **are you uncomfortable there?** vous n'êtes pas à l'aise? ◆ **you look rather uncomfortable** vous avez l'air plutôt mal à l'aise

b (= causing physical discomfort) position, chair, shoes, journey inconfortable; heat incommodant

c (= feeling unease) person mal à l'aise (*with sb* avec qn) ◆ **uncomfortable doing sth** mal à l'aise de faire qch ◆ **uncomfortable about sth/about doing sth** mal à l'aise à propos de qch/à l'idée de faire qch ◆ **to be uncomfortable with the idea of (doing) sth** être mal à l'aise à l'idée de (faire) qch ◆ **I was uncomfortable with the whole business** toute cette affaire me mettait mal à l'aise ◆ **to make sb uncomfortable** mettre qn mal à l'aise

d (= causing unease) silence pesant; situation inconfortable; afternoon, feeling désagréable; truth, fact gênant ◆ **to have an uncomfortable feeling that ...** avoir la désagréable impression que ... ◆ **the situation is uncomfortable for her** cette situation la met mal à l'aise ◆ **to make life uncomfortable for sb** mener la vie dure à qn ◆ **to make things uncomfortable for sb** créer des ennuis à qn ◆ **to put sb in an uncomfortable position** mettre qn dans une situation inconfortable ◆ **to have an uncomfortable time** passer un mauvais quart d'heure; (longer) connaître des moments difficiles

uncomfortably [ʌn'kʌmfətəblɪ] adv a (= unpleasantly) tight trop ◆ **I'm feeling uncomfortably full** je me sens (l'estomac) lourd ◆ **the room was uncomfortably hot** il faisait dans cette pièce une chaleur incommodante, il faisait trop chaud dans la pièce ◆ **to be uncomfortably aware that ...** être désagréablement conscient du fait que ... ◆ **my knees were uncomfortably close to the steering wheel** mes genoux étaient tout près du volant, ce qui me gênait, j'avais les genoux si près du volant que ça me gênait ◆ **the deadline is drawing uncomfortably close** la date limite se rapproche de façon inquiétante

b (= awkwardly) sit inconfortablement; dressed de façon inconfortable ◆ **he shifted uncomfortably** il était mal à l'aise et n'arrêtait pas de changer de position

c (= uneasily) say, look at avec gêne

uncommercial [ʌnkə'mɜːʃl] adj film, music etc non commercial

uncommitted [ʌnkə'mɪtɪd] → SYN adj a (= undecided) voter, delegate indécis; country non engagé ◆ **to remain uncommitted** rester neutre, ne pas s'engager ◆ **I was still uncommitted to the venture** je ne m'étais pas encore engagé sur ce projet ◆ **she is uncommitted on policy/on this issue** elle n'a pas de position arrêtée sur la politique à suivre/sur cette question

b (= unallocated) space libre; resources disponible, non affecté

c (= half-hearted) performance sans conviction; attitude indifférent

uncommon [ʌn'kɒmən] → SYN [1] adj (= rare) name, species, disease rare; intelligence, beauty peu commun, singulier ◆ **a not uncommon problem/sight** un problème/un spectacle qui n'est pas rare ◆ **she was late for work, a not uncommon occurrence** elle était en retard au travail, chose qui arrivait assez fréquemment ◆ **he had a slight nosebleed, a not uncommon occurrence for him** il saignait légèrement du nez, ce qui lui arrivait assez fréquemment ◆ **it is not uncommon to hear this** il n'est pas rare d'entendre cela ◆ **it is not uncommon for this to happen** il n'est pas rare que cela arrive (subj)

[2] adv† moult †† (also hum)

uncommonly [ʌn'kɒmənlɪ] → SYN adv a († = exceptionally) gifted, pretty, hot exceptionnellement, singulièrement

b (= rarely) encountered rarement ◆ **such crimes are not uncommonly committed by minors** il n'est pas rare que des mineurs commettent (subj) ce genre de crime

uncommunicative [ʌnkə'mjuːnɪkətɪv] → SYN adj peu communicatif ◆ **on this issue he proved very uncommunicative** sur cette question il s'est montré très peu communicatif or très réservé

uncompetitive [ʌnkəm'petɪtɪv] adj (Comm) non compétitif

uncomplaining [ʌnkəm'pleɪnɪŋ] adj qui ne se plaint pas

uncomplainingly [ʌnkəm'pleɪnɪŋlɪ] adv sans se plaindre

uncompleted [ʌnkəm'pliːtɪd] adj inachevé

uncomplicated [ʌn'kɒmplɪkeɪtɪd] adj person, relationship qui n'est pas compliqué; method, view, plot simple; pregnancy sans complications

uncomplimentary [ʌnˌkɒmplɪ'mentərɪ] adj peu flatteur

uncomprehending [ʌnˌkɒmprɪ'hendɪŋ] adj rage, horror, astonishment plein d'incompréhension ◆ **to give sb an uncomprehending look** regarder qn sans comprendre ◆ **he stood there, quite uncomprehending** il restait là, sans rien comprendre ◆ **she gave a polite but uncomprehending smile** elle a souri poliment, mais sans comprendre

uncomprehendingly [ʌnˌkɒmprɪ'hendɪŋlɪ] adv sans comprendre

uncompromising [ʌn'kɒmprəmaɪzɪŋ] → SYN adj person, attitude intransigeant; message, demand, honesty, sincerity, film sans complaisance ◆ **to be uncompromising in refusing** or **in one's refusal (to do sth)** refuser catégoriquement (de faire qch)

uncompromisingly [ʌn'kɒmprəmaɪzɪŋlɪ] adv say sans concession(s); intellectual, austere, modern résolument ◆ **uncompromisingly loyal** d'une loyauté totale or absolue

unconcealed [ʌnkən'siːld] adj delight, anger, frustration, annoyance non dissimulé; object non caché, non dissimulé

unconcern ['ʌnkən'sɜːn] → SYN n (= calm) calme m; (in face of danger) sang-froid m; (= lack of interest) indifférence f, insouciance f

unconcerned ['ʌnkən'sɜːnd] → SYN adj a (= uninterested) **to be unconcerned** [person] ne pas se sentir concerné (*about* or *with sth* par qch)

b (= unworried) person insouciant ◆ **he went on speaking, unconcerned** il a continué à parler sans se laisser troubler ◆ **to be unconcerned that ...** ne pas se soucier du fait que ... ◆ **to be unconcerned about sth** ne pas se soucier de qch ◆ **to be unconcerned by sth** ne pas s'inquiéter de qch

unconcernedly [ʌnkən'sɜːnɪdlɪ] adv sans s'inquiéter

unconditional [ˈʌnkənˈdɪʃənl] → SYN [1] adj surrender, offer, bail sans condition(s), inconditionnel ; love, support inconditionnel [2] COMP ▷ **unconditional discharge** n (Jur) dispense f de peine inconditionnelle

unconditionally [ˈʌnkənˈdɪʃnəlɪ] adv sans conditions

unconfined [ˈʌnkənˈfaɪnd] adj space illimité, sans bornes ; animal en liberté

unconfirmed [ˈʌnkənˈfɜːmd] adj report, rumour non confirmé ◆ **the rumours remain unconfirmed** ces rumeurs n'ont toujours pas été confirmées

uncongenial [ˈʌnkənˈdʒiːnɪəl] → SYN adj person, company peu sympathique (to sb à qn) ; work, surroundings peu agréable (to sb à qn)

unconnected [ˈʌnkəˈnektɪd] → SYN adj [a] (= unrelated) events, facts, languages sans rapport ◆ **a series of unconnected events** une série d'événements sans rapport entre eux ◆ **the two incidents were unconnected** il n'y avait pas de rapport entre ces deux incidents ◆ **the two events were not unconnected** les deux événements n'étaient pas sans rapport ◆ **to be unconnected with** or **to sth** ne pas avoir de rapport avec qch, être sans rapport avec qch
[b] (= unstructured) thoughts, ideas, utterances décousu ◆ **a stream of unconnected one-liners** une suite de bons mots sans rapport entre eux
[c] (= physically separated) séparé (to sth de qch) ◆ **the island of Borneo, unconnected to the Malay peninsula** l'île de Bornéo, séparée de la péninsule malaise
[d] (Elec) wire, plug déconnecté ; appliance débranché

unconquerable [ʌnˈkɒŋkərəbl] → SYN adj army, nation, mountain invincible ; difficulty insurmontable ; tendency irrépressible, incorrigible

unconquered [ʌnˈkɒŋkəd] adj land qui n'a pas été conquis ; mountain invaincu

unconscionable [ʌnˈkɒnʃnəbl] → SYN adj (frm) [a] (= disgraceful) liar éhonté ; behaviour, crime inadmissible ◆ **it is unconscionable that ...** il est inadmissible que ... ◆ **it would be unconscionable to allow that** il serait inadmissible de permettre cela ◆ **it is unconscionable for them to do such a thing** il est inadmissible qu'ils fassent une chose pareille
[b] (= excessive) amount, delays, demands déraisonnable ◆ **to be an unconscionable time doing sth** prendre un temps déraisonnable à faire qch

unconscionably [ʌnˈkɒnʃnəblɪ] adv (frm) déraisonnablement, excessivement ◆ **you took an unconscionably long time over it** vous y avez passé beaucoup trop de temps

unconscious [ʌnˈkɒnʃəs] → SYN [1] adj [a] (Med) person inconscient, sans connaissance ◆ **I was** or **lay unconscious for a few moments** je suis resté inconscient ou sans connaissance pendant quelques instants ◆ **to become unconscious** perdre connaissance ◆ **to beat sb unconscious** battre qn jusqu'à lui faire perdre connaissance ◆ **to knock sb unconscious** assommer qn
[b] (= unaware) **to be unconscious of sth** ne pas être conscient de qch ◆ **he is unconscious of his arrogance** il ne se rend pas compte de son arrogance
[c] (esp Psych) desire, humour, bias inconscient ◆ **on an unconscious level** au niveau de l'inconscient ◆ **the unconscious mind** l'inconscient m
[2] n (Psych) inconscient m

unconsciously [ʌnˈkɒnʃəslɪ] adv copy, imitate, offend inconsciemment, sans s'en rendre compte ; expect, resent inconsciemment ◆ **unconsciously jealous** inconsciemment jaloux ◆ **he made an unconsciously funny remark** il a fait une remarque amusante sans s'en rendre compte

unconsciousness [ʌnˈkɒnʃəsnɪs] n (NonC) [a] (Med) perte f de connaissance ; (specifically fainting) évanouissement m
[b] (= unawareness) inconscience f

unconsidered [ˈʌnkənˈsɪdəd] adj [a] (= hasty) comment, decision, action inconsidéré
[b] (= unfancied) horse dont on fait (or faisait) peu de cas

unconstitutional [ˈʌnˌkɒnstɪˈtjuːʃənl] adj inconstitutionnel, anticonstitutionnel ◆ **to declare** or **rule sth unconstitutional** déclarer que qch est inconstitutionnel or anticonstitutionnel

unconstitutionally [ˈʌnˌkɒnstɪˈtjuːʃnəlɪ] adv inconstitutionnellement, anticonstitutionnellement

unconstrained [ˈʌnkənˈstreɪnd] adj person non contraint, libre ; behaviour aisé

unconsummated [ʌnˈkɒnsʌmeɪtɪd] adj marriage, relationship etc non consommé

uncontaminated [ˈʌnkənˈtæmɪneɪtɪd] adj non contaminé

uncontested [ˈʌnkənˈtestɪd] adj incontesté ; (Parl) seat non disputé, remporté sans opposition

uncontrollable [ˈʌnkənˈtrəʊləbl] → SYN adj person, behaviour, epidemic, inflation incontrôlable ; desire, urge, emotion irrépressible ; animal, situation, change impossible à maîtriser ; bleeding impossible à arrêter ◆ **uncontrollable fits of rage** emportements mpl incontrôlables ◆ **he burst into uncontrollable laughter** il a été pris d'un fou rire ◆ **uncontrollable shivering** tremblements mpl incontrôlables ◆ **to have an uncontrollable temper** ne pas savoir se contrôler

uncontrollably [ˈʌnkənˈtrəʊləblɪ] adv spread, increase de façon incontrôlable ; cry, shake sans pouvoir s'arrêter ◆ **to laugh uncontrollably** avoir le fou rire ◆ **the fire raged uncontrollably** l'incendie faisait rage et ne pouvait être maîtrisé ◆ **to swerve uncontrollably** faire une embardée incontrôlable

uncontrolled [ˈʌnkənˈtrəʊld] adj person, behaviour, anger, inflation incontrôlé ; temper, emotion, desire non réprimé ; crying, sobbing non contenu ; situation non maîtrisé ; spending effréné

uncontroversial [ˈʌnˌkɒntrəˈvɜːʃəl] adj qui ne prête pas à controverse, non controversable

unconventional [ˈʌnkənˈvenʃnl] → SYN adj person, behaviour original, non conformiste ; appearance, film, life original ; method, opinion original, non conventionnel ; education, upbringing non conventionnel

unconventionality [ˈʌnkənˌvenʃəˈnælɪtɪ] n originalité f, caractère m peu conventionnel

unconventionally [ˈʌnkənˈvenʃnəlɪ] adv de manière peu conventionnelle

unconverted [ˈʌnkənˈvɜːtɪd] adj (Fin, Rel, gen) non converti

unconvinced [ˈʌnkənˈvɪnst] adj person qui n'est pas convaincu (by sb/sth par qn/qch ; of sth de qch) ; tone sans conviction ◆ **to be unconvinced that ...** ne pas être convaincu que ... ◆ **to remain unconvinced** n'être toujours pas convaincu

unconvincing [ˈʌnkənˈvɪnsɪŋ] → SYN adj peu convaincant

unconvincingly [ˈʌnkənˈvɪnsɪŋlɪ] adv speak, argue de manière peu convaincante

uncooked [ˈʌnˈkʊkt] adj cru

uncool ※ [ˈʌnˈkuːl] adj pas cool *

uncooperative [ˈʌnkəʊˈɒpərətɪv] adj peu coopératif

uncooperatively [ˈʌnkəʊˈɒpərətɪvlɪ] adv de façon peu coopérative

uncoordinated [ˈʌnkəʊˈɔːdɪneɪtɪd] → SYN adj [a] (= clumsy) person mal coordonné
[b] (= lacking organization) action qui manque de coordination

uncork [ˈʌnˈkɔːk] vt déboucher, enlever le bouchon de

uncorrected [ˈʌnkəˈrektɪd] adj non corrigé

uncorroborated [ˈʌnkəˈrɒbəreɪtɪd] adj non corroboré, sans confirmation

uncorrupted [ˈʌnkəˈrʌptɪd] adj non corrompu

uncountable [ˈʌnˈkaʊntəbl] [1] adj [a] (= innumerable) innombrable, incalculable
[b] (Ling) **uncountable noun** nom m non dénombrable
[2] n (Ling) nom m non dénombrable

uncounted [ˈʌnˈkaʊntɪd] → SYN adj qui n'a pas été compté ; (fig = innumerable) innombrable

uncouple [ˈʌnˈkʌpl] vt [+ carriage] dételer ; [+ train, engine] découpler ; [+ trailer] détacher

uncouth [ʌnˈkuːθ] → SYN adj person, manners grossier, fruste ; behaviour, remark grossier

uncouthness [ʌnˈkuːθnɪs] n grossièreté f

uncover [ʌnˈkʌvər] → SYN vt découvrir

uncovered [ʌnˈkʌvəd] adj [a] (= without a cover) découvert ◆ **the stands are uncovered** les tribunes ne sont pas couvertes ◆ **to leave sth uncovered** ne pas couvrir qch ◆ **to leave a wound uncovered** laisser une plaie à l'air
[b] (Fin) advance à découvert ; cheque sans provision ◆ **uncovered balance** découvert m

uncritical [ˈʌnˈkrɪtɪkəl] → SYN person peu critique ; attitude, approach, report non critique ; acceptance, support, adulation sans réserves ◆ **to be uncritical of sb/sth** manquer d'esprit critique à l'égard de qn/qch

uncritically [ˈʌnˈkrɪtɪkəlɪ] adv accept, support sans réserves ; report sans faire preuve d'esprit critique

uncross [ˈʌnˈkrɒs] vt décroiser

uncrossed [ˈʌnˈkrɒst] adj décroisé ; cheque non barré

uncrowded [ˈʌnˈkraʊdɪd] adj où il n'y a pas trop de monde

uncrowned [ˈʌnˈkraʊnd] adj king, queen non couronné, sans couronne ◆ **the uncrowned world champion** le champion du monde non encore sacré ◆ **the uncrowned king of sth** le roi sans couronne de qch

uncrushable [ˈʌnˈkrʌʃəbl] adj fabric, dress infroissable ◆ **he's quite uncrushable** il ne se laisse jamais abattre

UNCTAD, Unctad [ˈʌŋktæd] n (abbrev of United Nations Conference on Trade and Development) CNUCED f

unction [ˈʌŋkʃən] n (all senses) onction f

unctuous [ˈʌŋktjʊəs] adj person, behaviour, tone mielleux, onctueux

unctuously [ˈʌŋktjʊəslɪ] adv (pej) onctueusement, avec onction

unctuousness [ˈʌŋktjʊəsnɪs] n (NonC: pej) manières fpl onctueuses

uncultivated [ˈʌnˈkʌltɪveɪtɪd] adj [a] (Agr) land inculte
[b] (= uncultured) person, mind inculte ; voice, accent qui manque de raffinement

uncultured [ˈʌnˈkʌltʃəd] [ˈʌnˈkʌltʃəd] adj person inculte ; voice, accent qui manque de raffinement

uncurl [ˈʌnˈkɜːl] [1] vt [+ wire, snake] dérouler ; [+ one's legs] déplier ; [+ one's fingers] étendre ◆ **to uncurl o.s.** [person, cat] s'étirer ◆ **he uncurled himself from his chair** il s'est étiré et s'est levé de sa chaise
[2] vi [snake etc] se dérouler

uncut [ˈʌnˈkʌt] adj [a] (= still growing) grass, tree, hair, nails non coupé ; hedge, beard non taillé ; crops sur pied ◆ **to leave sth uncut** ne pas couper qch
[b] (= not faceted) diamond, sapphire non taillé
[c] (= unabridged) film, play, novel intégral, sans coupures ◆ **to show a film uncut** montrer un film dans sa version intégrale ◆ **the uncut "Peer Gynt"** la version intégrale de "Peer Gynt"
[d] (= pure) heroin, cocaine pur
[e] (※ = not circumcised) man, penis qui n'est pas circoncis

undamaged [ʌnˈdæmɪdʒd] adj goods, vehicle, building non endommagé, intact ; plant non endommagé ; limb non atteint ; reputation intact ; (Psych) non affecté

undamped [ʌnˈdæmpt] adj (fig) enthusiasm, courage non refroidi, intact

undated [ʌnˈdeɪtɪd] [1] adj non daté [2] COMP ▷ **undated stock** n (Fin) valeur f mobilière sans échéance

undaunted [ʌnˈdɔːntɪd] adj ◆ **he carried on undaunted** il a continué sans se laisser démonter ◆ **he was undaunted by their threats** il ne se laissait pas intimider ou démonter par leurs menaces

undeceive [ˌʌndɪˈsiːv] → SYN vt (frm) détromper, désabuser (liter)

undecided [ˌʌndɪˈsaɪdɪd] → SYN adj person indécis (about or on sth à propos de qch) ; question

undeclared / undergarment

undecided non résolu ; weather incertain ◆ **to remain undecided** [person] demeurer indécis ◆ **that is still undecided** cela n'a pas encore été décidé ◆ **I am undecided whether to go or not** je n'ai pas décidé si j'irai ou non

undeclared [ˌʌndɪˈklɛəd] adj (Customs) non déclaré

undefeated [ˌʌndɪˈfiːtɪd] adj invaincu

undefended [ˌʌndɪˈfɛndɪd] → SYN adj **a** (Mil etc) sans défense, non défendu
b (Jur) suit où on ne présente pas de défense, où le défendeur s'abstient de plaider

undefiled [ˌʌndɪˈfaɪld] → SYN adj (liter: lit, fig) pur, sans tache ◆ **undefiled by any contact with ...** qui n'a pas été contaminé or souillé par le contact de ...

undefinable [ˌʌndɪˈfaɪnəbl] adj indéfinissable

undefined [ˌʌndɪˈfaɪnd] → SYN adj word, condition non défini ; sensation etc indéterminé, vague

undelete [ˌʌndɪˈliːt] vt (Comput) restaurer

undelivered [ˌʌndɪˈlɪvəd] adj non remis, non distribué ◆ **"if undelivered return to sender"** "en cas d'absence, prière de renvoyer à l'expéditeur"

undemanding [ˌʌndɪˈmɑːndɪŋ] adj person, work, book, film peu exigeant

undemocratic [ˌʌndɛməˈkrætɪk] adj antidémocratique

undemonstrative [ˌʌndɪˈmɒnstrətɪv] → SYN adj réservé, peu démonstratif

undeniable [ˌʌndɪˈnaɪəbl] → SYN adj indéniable, incontestable

undeniably [ˌʌndɪˈnaɪəblɪ] LANGUAGE IN USE 15.1 adv incontestablement, indéniablement ◆ **it is undeniably true that ...** il est incontestable or indiscutable que ...

undenominational [ˌʌndɪˌnɒmɪˈneɪʃənl] adj non confessionnel

undependable [ˌʌndɪˈpɛndəbl] adj person peu fiable, sur qui on ne peut compter ; information peu sûr ; machine peu fiable

under [ˈʌndəʳ] → SYN ⓵ adv **a** (= beneath) au-dessous, en dessous ◆ **he stayed under for three minutes** (= underwater) il est resté sous l'eau pendant trois minutes ; (= under anaesthetic) il est resté sous l'effet de l'anesthésie or il est resté anesthésié pendant trois minutes ◆ **as under** (Comm etc) comme ci-dessous ◆ **he lifted the rope and crawled under** il a soulevé la corde et il est passé dessous en rampant ; → **down¹, go under**
b (= less) au-dessous ◆ **children of 15 and under** les enfants de moins de 16 ans ◆ **ten degrees under** dix degrés au-dessous de zéro
⓶ prep **a** (= beneath) sous ◆ **under the table/sky/umbrella** sous la table/le ciel/le parapluie ◆ **he came out from under the bed** il est sorti de dessous le lit ◆ **the book slipped from under his arm** le livre a glissé de sous son bras ◆ **it's under there** c'est là-dessous ◆ **under it** dessous ◆ **he went and sat under it** il est allé s'asseoir dessous ◆ **to stay under water** rester sous l'eau ◆ **under the microscope** au microscope ; for other phrases see **breath, cover, wing**
b (= less than) moins de ; (in series, rank, scale etc) au-dessous de ◆ **to be under age** être mineur ; see also **underage** ◆ **children under 15** enfants mpl au-dessous de or de moins de 15 ans ◆ **the under-15s** etc les moins de 15 etc ans ◆ **it sells at under $10** cela se vend à moins de 10 dollars ◆ **there were under 50 of them** il y en avait moins de 50 ◆ **any number under ten** un chiffre au-dessous de dix ◆ **in under two hours** en moins de deux heures ◆ **those under the rank of captain** ceux au-dessous du grade de capitaine
c (gen, Pol: in system) sous ◆ **under the Tudors** sous les Tudor ◆ **to serve under sb** (Mil etc) servir sous les ordres de qn ◆ **he had 50 men under him** il avait 50 hommes sous ses ordres ◆ **under the command of ...** sous les ordres de ... ◆ **to study under sb** [undergraduate] suivre les cours de qn ; [postgraduate] faire des recherches or travailler sous la direction de qn ; [painter, composer] être l'élève de qn ◆ **this department comes under his authority** cette section relève de sa compétence

d (with names) sous ◆ **under an assumed name** sous un faux nom ◆ **you'll find him under "plumbers" in the phone book** vous le trouverez sous "plombiers" dans l'annuaire ; for other phrases see **circumstance, control, impression, obligation, plain**
e (Comput) sous ◆ **to run under Windows ®** fonctionner sous Windows ®
f (Jur) **under sentence of death** condamné à mort
g (Agr) **under wheat** en blé
h (= according to) selon ◆ **under French law** selon la législation française ◆ **under the terms of the contract** selon or suivant les termes du contrat ◆ **under his will** selon son testament ◆ **under article 25** en vertu de or conformément à l'article 25
⓷ COMP ▷ **under-the-counter** ∗ adj → **under-the-counter**
⓸ pref **a** (= below) sous- ; → **underfloor, undersea**
b (= insufficiently) sous- ◆ **undernourished** sous-alimenté ◆ **underused/appreciated** etc qui n'est pas assez utilisé/apprécié etc ; → **undercharge, undercooked**
c (= junior) sous- ◆ **under-gardener** aide-jardinier m ; → **under-secretary**

underachieve [ˌʌndərəˈtʃiːv] vi (Scol) être sous-performant, obtenir des résultats décevants

underachievement [ˌʌndərəˈtʃiːvmənt] n résultats mpl décevants

underachiever [ˌʌndərəˈtʃiːvəʳ] n (Scol) élève mf sous-performant(e) or qui obtient des résultats décevants

underact [ˌʌndərˈækt] vi rester en deçà de son rôle, ne pas rendre toute la dimension de son rôle

underage [ˌʌndərˈeɪdʒ] adj person mineur ◆ **underage drinking** consommation f d'alcool par les mineurs

underarm [ˈʌndərɑːm] ⓵ adv (Sport etc) throw, bowl par en-dessous
⓶ adj **a** throw etc par en-dessous
b deodorant pour les aisselles ; hair des aisselles, sous les bras ◆ **underarm odour** odeur f de transpiration (des aisselles)

underbade [ˌʌndəˈbeɪd] vb (pt of **underbid**)

underbelly [ˈʌndəbɛlɪ] n (Anat) bas-ventre m ◆ **the (soft) underbelly** (fig) le point vulnérable

underbid [ˌʌndəˈbɪd] pret **underbade** or **underbid**, ptp **underbidden** or **underbid** vti (Bridge: also **underbid one's hand**) annoncer au-dessous de sa force

underbody [ˈʌndəbɒdɪ] n (Aut) dessous m de caisse

underbrush [ˈʌndəbrʌʃ] n (NonC: US) sous-bois m inv, broussailles fpl

undercapitalized [ˌʌndəˈkæpɪtəlaɪzd] adj ◆ **to be undercapitalized** [businessman] ne pas disposer de fonds suffisants ; [project] ne pas être doté de fonds suffisants

undercarriage [ˈʌndəkærɪdʒ] n (Aviat) train m d'atterrissage

undercharge [ˌʌndəˈtʃɑːdʒ] vt ne pas faire payer assez à ◆ **he undercharged me** il m'a fait payer moins cher qu'il n'aurait dû ◆ **he undercharged me by £2** il aurait dû me faire payer 2 livres de plus

underclass [ˈʌndəklɑːs] n (in society) classe f (sociale) très défavorisée

underclassman [ˈʌndəˈklɑːsmən] n, pl -men (US Univ) étudiant m de première or deuxième année

underclothes [ˈʌndəkləʊðz] → SYN npl,
underclothing [ˈʌndəkləʊðɪŋ] n (NonC) ⇒ **underwear**

undercoat [ˈʌndəkəʊt] n [of paint] couche f de fond ; (US Aut) couche f antirouille (du châssis)

undercoating [ˈʌndəkəʊtɪŋ] n (NonC: US Aut) couche f antirouille (du châssis)

undercook [ˌʌndəˈkʊk] vt ne pas (faire) assez cuire

undercooked [ˈʌndəˈkʊkt] adj pas assez cuit

ANGLAIS-FRANÇAIS 1048

undercover [ˌʌndəˈkʌvəʳ] → SYN adj secret (-ète f), clandestin ◆ **undercover agent** agent m secret ◆ **undercover policeman** policier m en civil

undercurrent [ˈʌndəˌkʌrənt] → SYN n (in sea) courant m (sous-marin) ; (fig) (feeling etc) courant m sous-jacent

undercut [ˈʌndəkʌt] → SYN pret, ptp **undercut**
⓵ vt **a** (Comm = sell cheaper than) [+ competitor] vendre moins cher que
b (fig, esp Econ = undermine, reduce) [+ the dollar, incomes] réduire la valeur de ◆ **inflation undercuts spending power** l'inflation réduit le pouvoir d'achat
c (Sport) [+ ball] couper
⓶ n (Culin) (morceau m de) filet m

underdeveloped [ˈʌndədɪˈvɛləpt] adj (Econ) sous-développé ; heart, lungs etc of foetus qui n'est pas complètement développé or formé ; (Phot) insuffisamment développé

underdog [ˈʌndədɒg] → SYN n ◆ **the underdog** (in game, fight) le perdant (or la perdante) ; (= predicted loser) celui (or celle) que l'on donne perdant(e) ; (economically, socially) l'opprimé m

underdone [ˌʌndəˈdʌn] adj food pas assez cuit ; (Brit) steak etc saignant

underdressed [ˌʌndəˈdrɛst] adj ◆ **to be underdressed** ne pas être assez bien habillé

undereducated [ˌʌndərˈɛdjʊkeɪtɪd] adj peu instruit

underemphasize [ˌʌndərˈɛmfəsaɪz] vt ne pas donner l'importance nécessaire à

underemployed [ˌʌndərɪmˈplɔɪd] adj person, equipment, building sous-employé ; resources sous-exploité ◆ **I'm underemployed half the time** bien souvent je suis sous-employé or je ne suis pas assez occupé

underemployment [ˌʌndərɪmˈplɔɪmənt] n [of person, equipment, building] sous-emploi m ; [of resources] sous-exploitation f

underestimate [ˌʌndərˈɛstɪmɪt] → SYN ⓵ n sous-estimation f
⓶ vt [ˌʌndərˈɛstɪmeɪt] [+ size, numbers, strength] sous-estimer ; [+ person] sous-estimer, mésestimer

underestimation [ˌʌndərɛstɪˈmeɪʃən] n sous-estimation f

underexploit [ˌʌndərɪkˈsplɔɪt] vt sous-exploiter, ne pas exploiter à fond

underexpose [ˌʌndərɪksˈpəʊz] vt (Phot) sous-exposer

underexposed [ˌʌndərɪksˈpəʊzd] adj (Phot) sous-exposé

underexposure [ˌʌndərɪksˈpəʊʒəʳ] n (Phot) sous-exposition f

underfed [ˌʌndəˈfɛd] ⓵ vb (pt, ptp of **underfeed**)
⓶ adj sous-alimenté

underfeed [ˌʌndəˈfiːd] pret, ptp **underfed** vt sous-alimenter

underfeeding [ˌʌndəˈfiːdɪŋ] n sous-alimentation f

underfelt [ˈʌndəfɛlt] n [of carpet] thibaude f

underfinanced [ˌʌndəfaɪˈnænst] adj ◆ **to be underfinanced** [businessman] ne pas disposer de fonds suffisants ; [project etc] ne pas être doté de fonds suffisants

underfloor [ˈʌndəflɔːʳ] adj (gen) pipes etc qui se trouve sous le plancher or le sol ◆ **underfloor heating** chauffage m par le plancher or par le sol

underflow [ˈʌndəfləʊ] n (in sea) courant m (sous-marin) ; (fig) (feeling etc) courant m sous-jacent

underfoot [ˌʌndəˈfʊt] adv (gen) sous les pieds ◆ **to crush** or **trample sth underfoot** fouler qch aux pieds ◆ **it is wet underfoot** le sol est humide

underfunded [ˌʌndəˈfʌndɪd] adj ◆ **to be underfunded** [businessman] ne pas disposer de fonds suffisants ; [project etc] ne pas être doté de fonds suffisants

underfunding [ˌʌndəˈfʌndɪŋ] n insuffisance f de financement

undergarment [ˈʌndəgɑːmənt] n sous-vêtement m

undergo [ˌʌndəˈɡəʊ] → SYN pret **underwent**, ptp **undergone** [ˌʌndəˈɡɒn] vt [+ test, change, modification, operation, medical examination] subir ; [+ suffering] éprouver ; [+ medical treatment] suivre ◆ **it is undergoing repairs** c'est en réparation

undergrad* [ˈʌndəɡræd] n, adj (esp Brit) ⇒ **undergraduate**

undergraduate [ˌʌndəˈɡrædjʊɪt] (esp Brit) ① n étudiant(e) m(f) *(qui prépare la licence)*
② adj life, circles étudiant, estudiantin ; room, income d'étudiant ; grant d'études ; opinion des étudiants ; course pour étudiants de licence

underground [ˈʌndəɡraʊnd] → SYN ① adj ⓐ work sous terre, souterrain ; explosion, cable souterrain ◆ **underground car park** parking m souterrain ◆ **underground railway** métro m ◆ **the underground railroad** (fig : US Hist for slaves) *filière clandestine pour aider les esclaves noirs à fuir le Sud*
ⓑ (fig) organization clandestin, secret (-ète f) ; press clandestin ; (Art, Cine) underground inv, d'avant-garde ◆ **underground movement** mouvement m clandestin ; (in occupied country) résistance f
② adv sous (la) terre ; (fig) clandestinement, secrètement ◆ **it is 3 metres underground** c'est à 3 mètres sous (la) terre ◆ **to go underground** [wanted man] entrer dans la clandestinité ; [guerilla] prendre le maquis
③ n (Brit = railway) métro m ◆ **by underground** en métro ◆ **the underground** (Mil, Pol etc) la résistance ; (Art etc) mouvement m underground or d'avant-garde

undergrowth [ˈʌndəɡrəʊθ] → SYN n (NonC) broussailles fpl, sous-bois m inv

underhand [ˌʌndəˈhænd] → SYN , **underhanded** (US) [ˌʌndəˈhændɪd] adj (pej) sournois ◆ **underhand trick** fourberie f

underhandedly [ˌʌndəˈhændɪdlɪ] adv (pej) sournoisement

underinsure [ˌʌndərɪnˈʃʊər] vt sous-assurer ◆ **to be underinsured** être sous-assuré, ne pas être suffisamment assuré

underinvest [ˌʌndərɪnˈvɛst] vi (Econ, Fin) sous-investir

underinvestment [ˌʌndərɪnˈvɛstmənt] n (Econ, Fin) sous-investissement m

underlain [ˌʌndəˈleɪn] vb (ptp of **underlie**)

underlay [ˈʌndəleɪ] ① vb (pt of **underlie**)
② [ˈʌndəleɪ] n (esp Brit) [of carpet] thibaude f

underlie [ˌʌndəˈlaɪ] pret **underlay**, ptp **underlain** vt être à la base de, sous-tendre

underline [ˌʌndəˈlaɪn] LANGUAGE IN USE 26.1 → SYN vt (lit, fig) souligner

underling [ˈʌndəlɪŋ] → SYN n (pej) subalterne m, sous-fifre * m inv (pej)

underlining [ˌʌndəˈlaɪnɪŋ] n (NonC) soulignage m, soulignement m

underlip [ˈʌndəlɪp] n lèvre f inférieure

underlying [ˌʌndəˈlaɪɪŋ] → SYN adj (gen, Gram, Jur) sous-jacent

undermanned [ˌʌndəˈmænd] adj en sous-effectif

undermanning [ˌʌndəˈmænɪŋ] n manque m de main-d'œuvre or de personnel

undermentioned [ˌʌndəˈmɛnʃənd] adj (cité) ci-dessous

undermine [ˌʌndəˈmaɪn] → SYN vt ⓐ (lit) [+ cliffs] miner, saper
ⓑ (fig) [+ influence, power, authority] saper, ébranler ; [+ health] miner, user ; [+ effect] amoindrir

undermost [ˈʌndəməʊst] adj le plus bas

underneath [ˌʌndəˈniːθ] ① prep sous, au-dessous de ◆ **stand underneath it** mettez-vous dessous ◆ **from underneath the table** de dessous la table
② adv (en) dessous ◆ **the one underneath** celui d'en dessous
③ adj d'en dessous
④ n dessous m

undernourish [ˌʌndəˈnʌrɪʃ] vt sous-alimenter

undernourished [ˌʌndəˈnʌrɪʃt] adj sous-alimenté

undernourishment [ˌʌndəˈnʌrɪʃmənt] n sous-alimentation f

underoccupied [ˌʌndərˈɒkjʊpaɪd] adj person qui n'a pas assez à faire

underpaid [ˌʌndəˈpeɪd] ① vb (pt, ptp of **underpay**)
② adj sous-payé

underpants [ˈʌndəpænts] npl slip m ◆ **a pair of underpants** un slip ◆ **to be in one's underpants** être en slip

underpart [ˈʌndəpɑːt] n partie f inférieure

underpass [ˈʌndəpɑːs] n (for cars) passage m inférieur *(de l'autoroute)* ; (for pedestrians) passage m souterrain

underpay [ˌʌndəˈpeɪ] pret, ptp **underpaid** vt sous-payer

underpayment [ˌʌndəˈpeɪmənt] n ◆ **there has been an underpayment of £200** il reste un solde de 200 livres à payer

underperform [ˌʌndəpəˈfɔːm] vi (St Ex) mal se comporter, faire une contre-performance ◆ **the stock has underperformed on the Brussels stock market** le titre ne s'est pas comporté comme il aurait dû à la Bourse de Bruxelles

underpin [ˌʌndəˈpɪn] vt ⓐ [+ wall] étayer ; [+ building] reprendre en sous-œuvre
ⓑ (fig) **the philosophy that underpins his work** la philosophie sur laquelle son œuvre est fondée

underpinning [ˌʌndəˈpɪnɪŋ] n (Constr) étayage m ; [of building] reprise f en sous-œuvre ; (fig) bases fpl

underplay [ˌʌndəˈpleɪ] vt (gen) minimiser, réduire l'importance de ◆ **he rather underplayed it** il n'a pas insisté là-dessus, il a minimisé la chose ◆ **to underplay a role** (Theat) jouer un rôle avec beaucoup de retenue

underpopulated [ˌʌndəˈpɒpjʊleɪtɪd] adj sous-peuplé

underprice [ˌʌndəˈpraɪs] vt mettre un prix trop bas à

underpriced [ˌʌndəˈpraɪst] adj goods en vente à un prix inférieur à sa vraie valeur ◆ **at $18 this wine is underpriced** à 18 dollars, ce vin n'est pas assez cher

underpricing [ˌʌndəˈpraɪsɪŋ] n tarification f trop basse

underprivileged [ˌʌndəˈprɪvɪlɪdʒd] → SYN ① adj défavorisé
② **the underprivileged** npl les défavorisés mpl

underproduce [ˌʌndəprəˈdjuːs] vti (Econ, Ind) sous-produire

underproduction [ˌʌndəprəˈdʌkʃən] n (Econ, Ind) sous-production f

underqualified [ˌʌndəˈkwɒlɪfaɪd] adj sous-qualifié *(for pour)*

underrate [ˌʌndəˈreɪt] → SYN vt [+ size, numbers, strength] sous-estimer ; [+ person] sous-estimer, méconnaitre

underrated [ˌʌndəˈreɪtɪd] adj play, book, actor sous-estimé, méconnu ◆ **he's very underrated** on ne l'estime pas à sa juste valeur

underreact [ˌʌndərɪˈækt] vi réagir mollement

underreaction [ˌʌndərɪˈækʃən] n réaction f molle

underripe [ˌʌndəˈraɪp] adj fruit vert, qui n'est pas mûr ; cheese qui n'est pas fait

underscore [ˌʌndəˈskɔː] vt (lit) souligner ; (fig) souligner, mettre en évidence

underscoring [ˌʌndəˈskɔːrɪŋ] n (NonC) (lit) [of text, words] soulignage m ; (fig) insistance f *(of sur)*

undersea [ˈʌndəsiː] adj sous-marin

underseal [ˈʌndəsiːl] (Brit Aut) ① vt [+ car] traiter contre la rouille *(au niveau du châssis)*
② n couche f antirouille *(du châssis)*

undersealing [ˈʌndəsiːlɪŋ] n (Brit Aut) couche f antirouille *(du châssis)*

under-secretary [ˌʌndəˈsɛkrətrɪ] ① n sous-secrétaire mf
② COMP ▷ **Under-Secretary of State** n sous-secrétaire mf d'État

undersell [ˌʌndəˈsɛl] pret, ptp **undersold** vt ⓐ (= undercut) [+ competitor] vendre moins cher que
ⓑ (fig) **to undersell o.s.** ne pas savoir se mettre en valeur or se vendre *

undersexed [ˌʌndəˈsɛkst] adj (= having a low sex drive) de faible libido ◆ **to be undersexed** avoir une faible libido

undershirt [ˈʌndəʃɜːt] n (US) maillot m de corps

undershoot [ˌʌndəˈʃuːt] pret, ptp **undershot** vt (Aviat) ◆ **to undershoot the runway** atterrir avant d'atteindre la piste

undershorts [ˈʌndəʃɔːts] npl (US) caleçon m

undershot [ˈʌndəʃɒt] ① vb (pt, ptp of **undershoot**)
② adj water wheel à aubes

underside [ˈʌndəsaɪd] n dessous m

undersigned [ˈʌndəsaɪnd] adj, n (Jur, frm) soussigné(e) m(f) ◆ **I, the undersigned, declare ...** je soussigné(e) déclare ...

undersized [ˌʌndəˈsaɪzd] → SYN adj de (trop) petite taille, trop petit

underskirt [ˈʌndəskɜːt] n jupon m

underslung [ˌʌndəˈslʌŋ] adj car surbaissé

undersoil [ˈʌndəsɔɪl] n sous-sol m (Agr)

undersold [ˌʌndəˈsəʊld] vb (pt, ptp of **undersell**)

underspend [ˌʌndəˈspɛnd] vi, pret, ptp **underspent** [ˌʌndəˈspɛnt] ne pas dépenser entièrement les crédits disponibles ◆ **we have underspent by 6 per cent** nous avons dépensé 6 pour cent de moins que prévu

underspending [ˌʌndəˈspɛndɪŋ] n (Admin) fait m de ne pas dépenser entièrement les crédits disponibles

understaffed [ˌʌndəˈstɑːft] adj en sous-effectif

understand [ˌʌndəˈstænd] LANGUAGE IN USE 11.1, 15.4 → SYN pret, ptp **understood**
① vt ⓐ [+ person, words, meaning, painting, difficulty, action, event etc] comprendre ◆ **I can't understand his attitude** je n'arrive pas à comprendre son attitude ◆ **that's what I can't understand** voilà ce que je ne comprends pas or ce qui me dépasse ◆ **I can't understand it!** je ne comprends pas ! ◆ **I can't understand a word of it** je n'y comprends rien ◆ **I don't understand the way she behaved/reacted** je ne comprends pas or je ne m'explique pas son comportement/sa réaction ◆ **as I understand it, ...** si je comprends bien, ... ◆ **this can be understood in several ways** cela peut se comprendre de plusieurs façons ◆ **that is easily understood** c'est facile à comprendre, cela se comprend facilement ◆ **do you understand why/how/what?** est-ce que vous comprenez pourquoi/comment/ce que ? ◆ **I can't understand his agreeing to do it** je n'arrive pas à comprendre or je ne m'explique pas qu'il ait accepté de le faire ◆ **to make o.s. understood** se faire comprendre ◆ **do I make myself understood?** est-ce que je me fais bien comprendre ? ◆ **that's quite understood!** c'est entendu ! ◆ **I quite understand that you don't want to come** je comprends très bien que vous n'ayez pas envie de venir ◆ **it must be understood that ...** il faut (bien) comprendre que ... ◆ **it being understood that your client is responsible** (frm) à condition que votre client accepte (subj) la responsabilité
ⓑ (= believe) (croire) comprendre ◆ **I understood we were to be paid** j'ai cru comprendre que nous devions être payés ◆ **I understand you are leaving today** il paraît que vous partez aujourd'hui, si je comprends bien vous partez aujourd'hui ◆ **she refused — so I understand** elle a refusé — c'est ce que j'ai cru comprendre ◆ **we confirm our reservation and we understand (that) the rental will be ...** (frm: in business letter etc) nous confirmons notre réservation, étant entendu que la location s'élèvera à ... ◆ **am I to understand that ...?** dois-je comprendre que ... ? ◆ **she is understood to have left the country, it is understood that she has left the country** il paraît qu'elle a quitté le pays, elle aurait quitté le pays ◆ **he let it be understood that ...** il a donné à entendre or il a laissé entendre que ... ◆ **he gave me to understand that ...** il m'a fait comprendre que ... ◆ **we were given to understand that ...** on nous a donné à entendre que ..., on nous a fait comprendre que ...

ⓒ (= imply, assume) [+ word etc] sous-entendre ◆ **to be understood** [arrangement, price, date] ne pas être spécifié ; (Gram) être sous-entendu ◆ **it was understood that he would pay for it** (= it was assumed) on présumait qu'il le paierait ; (= it was agreed) il était entendu qu'il le paierait

d (= relate to, empathize with) comprendre ◆ **my wife doesn't understand me** ma femme ne me comprend pas

2 vi comprendre ◆ **now I understand!** je comprends or j'y suis maintenant ! ◆ **there's to be no noise, (do you) understand!** or is that **understood?** pas de bruit, c'est bien compris or tu entends ! ◆ **he was a widower, I understand** il était veuf, si j'ai bien compris or si je ne me trompe (pas)

understandable [ˌʌndəˈstændəbl] **LANGUAGE IN USE 26.3** adj **a** (= intelligible) person, speech compréhensible, intelligible

b (= justifiable) behaviour compréhensible ; pride, sorrow compréhensible, naturel ◆ **it is understandable that ...** on comprend or il est normal que ... (+ subj) ◆ **that's understandable** ça se comprend

understandably [ˌʌndəˈstændəblɪ] adv **a** (= intelligibly) speak, explain d'une façon compréhensible

b (= naturally, of course) naturellement ; (= rightly) à juste titre ◆ **understandably, he refused** il a refusé, naturellement or comme on pouvait s'y attendre or et ça se comprend ◆ **he's understandably angry** il est furieux, et à juste titre or et ça se comprend

understanding [ˌʌndəˈstændɪŋ] → SYN **1** adj person compréhensif (about à propos de) ; smile, look compatissant, bienveillant

2 n **a** (NonC) compréhension f ◆ **his understanding of the problems/of children** sa compréhension des problèmes/des enfants, sa faculté de comprendre les problèmes/les enfants ◆ **he had a good understanding of the problems** il comprenait bien les problèmes ◆ **it is my understanding that ...** d'après ce que j'ai compris, ... ◆ **the age of understanding** l'âge m de discernement ◆ **it's beyond understanding** cela dépasse l'entendement

b (= agreement) accord m ; (= arrangement) arrangement m ◆ **to come to an understanding with sb** s'entendre or s'arranger avec qn ◆ **the president has an understanding with the military commanders** le président s'est entendu avec les chefs militaires ◆ **there is an understanding between us that ...** il est entendu entre nous que ... ◆ **on the understanding that ...** à condition que ... (+ subj)

c (NonC: = concord) entente f, bonne intelligence f ◆ **this will encourage understanding between our nations** ceci favorisera l'entente entre nos nations

understandingly [ˌʌndəˈstændɪŋlɪ] adv avec bienveillance, en faisant preuve de compréhension

understate [ˌʌndəˈsteɪt] vt minimiser, réduire l'importance de

understated [ˌʌndəˈsteɪtɪd] adj (gen) discret (-ète f) ; fashion detail discret (-ète f), d'une élégance discrète ◆ **an understated black dress** une petite robe noire toute simple

understatement [ˈʌndəsteɪtmənt] n affirmation f en dessous de la vérité ; (Ling) litote f ◆ **to say he is clever is rather an understatement** c'est peu dire qu'il est intelligent ◆ **that's an understatement** c'est peu dire, le terme est faible ◆ **that's the understatement of the year!** c'est bien le moins qu'on puisse dire !

understeer [ˌʌndəˈstɪər] vi braquer insuffisamment

understood [ˌʌndəˈstʊd] → SYN vb (pt, ptp of **understand**)

understudy [ˈʌndəˌstʌdɪ] → SYN (Theat) **1** n doublure f

2 vt [+ actor] doubler ; [+ part] doubler un acteur dans

undersubscribed [ˌʌndəsəbˈskraɪbd] (St Ex) adj non couvert, non entièrement souscrit

undertake [ˌʌndəˈteɪk] → SYN pret **undertook**, ptp **undertaken** **1** vt [+ task] entreprendre ; [+ duty] se charger de ; [+ responsibility] assumer ; [+ obligation] contracter ◆ **to undertake to do sth** promettre or se charger de faire qch, s'engager à faire qch

2 vti (Brit Aut *) dépasser du mauvais côté

undertaker [ˈʌndəteɪkər] → SYN n (Brit) entrepreneur m or ordonnateur m des pompes funèbres ◆ **the undertaker's** les pompes fpl funèbres, le service des pompes funèbres

undertaking [ˌʌndəˈteɪkɪŋ] → SYN n **a** (= task, operation) entreprise f ◆ **it is quite an undertaking (to do sth** or **doing sth)** ce n'est pas une mince affaire (que de faire qch)

b (= promise) promesse f, engagement m ◆ **to give an undertaking** promettre (that que ; to do sth de faire qch) ◆ **I can give no such undertaking** je ne peux rien promettre de la sorte

c [ˈʌndəˌteɪkɪŋ] (NonC: Brit Aut *) dépassement m du mauvais côté

d [ˈʌndəˌteɪkɪŋ] (NonC: Brit = arranging funerals) pompes fpl funèbres

undertax [ˌʌndəˈtæks] vt [+ goods] taxer insuffisamment ◆ **he was undertaxed by £5,000** on lui a fait payer 5 000 livres d'impôts de moins qu'on ne l'aurait dû

under-the-counter [ˌʌndəðəˈkaʊntər] adj clandestin, en douce* ◆ **it was all very under-the-counter** tout se faisait sous le manteau or en sous-main ; see also **counter¹**

underthings * [ˈʌndəθɪŋz] npl dessous mpl

undertone [ˈʌndətəʊn] → SYN n **a** **to say sth in an undertone** dire qch à mi-voix

b (= suggestion, hint) sous-entendu m ◆ **political/racial/sexual undertones** sous-entendus mpl politiques/raciaux/sexuels ◆ **there are no sinister undertones to his comments** il n'y a aucun sous-entendu sinistre dans ses commentaires ◆ **an undertone of criticism** des critiques voilées or sous-jacentes

c [of perfume, taste, colour] nuance f ◆ **brown with pinkish undertones** marron avec des nuances de rose

undertook [ˌʌndəˈtʊk] vb (pt of **undertake**)

undertow [ˈʌndətəʊ] n **a** (lit) courant m sous-marin (provoqué par le retrait de la vague)

b (fig) tension f

underuse [ˌʌndəˈjuːz] **1** vt ⇒ **underutilize**

2 [ˌʌndəˈjuːs] n ⇒ **underutilization**

underused [ˌʌndəˈjuːzd] adj ⇒ **underutilized**

underutilization [ˌʌndəˌjuːtɪlaɪˈzeɪʃən] n [of potential, talent, resources, land] sous-exploitation f ; [of space, facilities, equipment] sous-utilisation f, sous-emploi m

underutilize [ˌʌndəˈjuːtɪlaɪz] vt [+ potential, resources, land] sous-exploiter ; [+ space, facilities, equipment] sous-utiliser, sous-employer

underutilized [ˌʌndəˈjuːtɪlaɪzd] adj potential, talent, resources, land sous-exploité ; space, facilities, equipment sous-utilisé, sous-employé

undervaluation [ˌʌndəˌvæljuːˈeɪʃən] n (Fin) sous-évaluation f

undervalue [ˌʌndəˈvæljuː] → SYN vt [+ help, contribution] sous-estimer ; [+ person] sous-estimer, mésestimer

undervalued [ˌʌndəˈvæljuːd] adj person, helper, help, contribution sous-estimé ◆ **this house is undervalued** cette maison vaut plus que son prix ◆ **it's undervalued by about $1,000** cela vaut environ 1 000 dollars de plus

undervest [ˈʌndəvest] n maillot m de corps

underwater [ˌʌndəˈwɔːtər] → SYN **1** adj sous-marin

2 adv sous l'eau

underway, under way [ˌʌndəˈweɪ] adj ◆ **to be underway** (Naut) faire route, être en route ; (fig) [talks, search, process, campaign] être en cours ◆ **the investigation is now underway** l'enquête est en cours ◆ **to get underway** (Naut) appareiller, lever l'ancre ; [talks, conference, campaign, festival] démarrer ; [process, reforms, programme] être mis en œuvre

underwear [ˈʌndəwɛər] n (NonC) sous-vêtements mpl ; (women's only) dessous mpl, lingerie f (NonC) ◆ **to be in one's underwear** être en sous-vêtements or en petite tenue

underweight [ˌʌndəˈweɪt] adj [person] to be underweight ne pas peser assez, être trop maigre ◆ **she's 20lb underweight** elle pèse 9 kilos de moins qu'elle ne devrait

b [goods] d'un poids insuffisant ◆ **it's 50 grams underweight** il manque 50 grammes

underwent [ˌʌndəˈwent] vb (pt of **undergo**)

underwhelm [ˌʌndəˈwelm] vt (hum) décevoir ◆ **to be underwhelmed by sth** ne pas être impressionné par qch

underwhelming [ˌʌndəˈwelmɪŋ] adj (hum) décevant

underwing [ˈʌndəwɪŋ] n [of insect] aile f postérieure

underwired [ˈʌndəˌwaɪəd] adj bra à armature

underworld [ˈʌndəwɜːld] → SYN **1** n **a** (Myth = hell) **the underworld** les enfers mpl

b (criminal) **the underworld** le milieu, la pègre

2 COMP organization, personality du milieu ; connections avec le milieu ; attack organisé par le milieu

underwrite [ˌʌndəˈraɪt] → SYN pret **underwrote**, ptp **underwritten** vt **a** (Insurance) [+ policy] réassurer ; [+ risk] assurer contre, garantir ; [+ amount] garantir

b (St Ex) [+ share issue] garantir (une or l'émission de)

c (Comm, Fin) [+ project, enterprise] soutenir or appuyer (financièrement)

d (= support) [+ decision, statement etc] soutenir, souscrire à

underwriter [ˈʌndəˌraɪtər] n **a** (Insurance) assureur m

b (St Ex) syndicataire mf

underwriting [ˈʌndəˌraɪtɪŋ] n (Fin) garantie f d'émission ; (Insurance) souscription f

underwritten [ˌʌndəˈrɪtn] vb (ptp of **underwrite**)

underwrote [ˌʌndəˈrəʊt] vb (pt of **underwrite**)

undeserved [ˌʌndɪˈzɜːvd] adj immérité

undeservedly [ˌʌndɪˈzɜːvɪdlɪ] adv reward, punish à tort, indûment ; be rewarded, punished sans l'avoir mérité, indûment

undeserving [ˌʌndɪˈzɜːvɪŋ] adj person peu méritant ; cause peu méritoire ◆ **undeserving of sth** indigne de qch, qui ne mérite pas qch

undesirability [ˌʌndɪˌzaɪərəˈbɪlɪtɪ] n caractère m peu souhaitable

undesirable [ˌʌndɪˈzaɪərəbl] → SYN **1** adj peu souhaitable ; (stronger) indésirable ◆ **it is undesirable that ...** il est peu souhaitable que ... (+ subj) ◆ **undesirable alien** (Admin, Jur) étranger m, -ère f indésirable

2 n indésirable mf

undetectable [ˌʌndɪˈtektəbl] adj indétectable

undetected [ˌʌndɪˈtektɪd] adj non décelé, non détecté ◆ **to go undetected** passer inaperçu, ne pas être repéré ◆ **to do sth undetected** faire qch sans se faire repérer

undetermined [ˌʌndɪˈtɜːmɪnd] adj (= unknown) indéterminé, non connu ; (= uncertain) irrésolu, indécis

undeterred [ˌʌndɪˈtɜːd] adj non découragé ◆ **to carry on undeterred** continuer sans se laisser décourager

undeveloped [ˌʌndɪˈveləpt] → SYN adj fruit, intelligence, part of body qui ne s'est pas développé ; film non développé ; land, resources non exploité

undeviating [ʌnˈdiːvɪeɪtɪŋ] adj path droit ; policy, course constant

undiagnosed [ʌnˈdaɪəɡnəʊzd] adj (lit, fig) non diagnostiqué

undid [ʌnˈdɪd] vb (pt of **undo**)

undies * [ˈʌndɪz] npl dessous mpl ; (women's only) lingerie f (NonC)

undigested [ˌʌndaɪˈdʒestɪd] adj non digéré

undignified [ʌnˈdɪɡnɪfaɪd] → SYN adj qui manque de dignité ◆ **how undignified!** quel manque de dignité !

undiluted [ˌʌndaɪˈluːtɪd] adj **a** (lit) concentrate non dilué

b (fig) pleasure sans mélange ; nonsense pur

undiminished [ˌʌndɪˈmɪnɪʃt] adj non diminué

undimmed [ʌnˈdɪmd] adj **a** (in brightness) lamp qui n'a pas été mis en veilleuse ; car headlight qui n'est pas en code ; colour, metal non terni

b (liter) sight aussi bon qu'auparavant

c (fig) enthusiasm, passion, ambition aussi fort qu'avant ; beauty non terni ◆ **with undimmed optimism** avec toujours autant d'optimisme ◆ **her optimism is undimmed** elle est toujours aussi optimiste ◆ **my memory of it is undimmed** je m'en souviens avec précision

undine [ˈʌndiːn] n ondine f

undiplomatic [ˌʌnˌdɪpləˈmætɪk] adj person peu diplomate ; action, answer peu diplomatique

undipped [ˈʌnˈdɪpt] adj car headlight qui n'est pas en code

undiscerning [ˌʌndɪˈsɜːnɪŋ] adj qui manque de discernement

undischarged [ˌʌndɪsˈtʃɑːdʒd] adj bankrupt non réhabilité ; debt non acquitté, impayé

undisciplined [ʌnˈdɪsɪplɪnd] → SYN adj indiscipliné

undisclosed [ˌʌndɪsˈkləʊzd] adj non révélé, non divulgué

undiscovered [ˌʌndɪsˈkʌvəd] adj (= not found) non découvert ; (= unknown) inconnu ◆ **the treasure remained undiscovered for 700 years** le trésor n'a été découvert que 700 ans plus tard

undiscriminating [ˌʌndɪsˈkrɪmɪneɪtɪŋ] adj qui manque de discernement

undisguised [ˌʌndɪsˈɡaɪzd] → SYN adj (lit, fig) non déguisé

undismayed [ˌʌndɪsˈmeɪd] adj imperturbable

undisputed [ˌʌndɪsˈpjuːtɪd] → SYN adj incontesté

undistinguished [ˌʌndɪsˈtɪŋɡwɪʃt] → SYN adj (in character) médiocre, quelconque ; (in appearance) peu distingué

undisturbed [ˌʌndɪsˈtɜːbd] → SYN **1** adj **a** (= untouched) papers, clues non dérangé, non déplacé ; (= uninterrupted) sleep non troublé, paisible
b (= unworried) non inquiet (-ète f), calme ◆ **he was undisturbed by the news** la nouvelle ne l'a pas inquiété
2 adv work, play, sleep sans être dérangé

undivided [ˌʌndɪˈvaɪdɪd] → SYN adj **a** (= wholehearted) admiration sans réserve, sans partage ◆ **to require sb's undivided attention** exiger toute l'attention or l'attention pleine et entière de qn
b (= not split) country, institution uni ; (Jur) property indivis

undo [ʌnˈduː] → SYN pret **undid**, ptp **undone** vt [+ button, garment, knot, parcel, box, knitting] défaire ; [+ good effect] détruire, annuler ; [+ mischief, wrong] réparer ; (Comput) annuler ◆ **he was undone by his own ambition** c'est son ambition qui l'a perdu ◆ **they were undone by a goal from Barnes** ils ont été battus grâce à un but de Barnes ◆ see also **undone**

undocumented [ʌnˈdɒkjʊmentɪd] adj **a** event sur lequel on ne possède pas de témoignages
b (US) person sans papiers

undoing [ʌnˈduːɪŋ] → SYN n (NonC) ruine f, perte f ◆ **that was his undoing** c'est ce qui l'a perdu, c'est ce qui a causé sa perte

undomesticated [ˌʌndəˈmestɪkeɪtɪd] adj **a** animal non domestiqué
b person qui n'aime pas les tâches ménagères

undone [ʌnˈdʌn] → SYN **1** vb (ptp of **undo**)
2 adj button, garment, knot, parcel défait ; task non accompli ◆ **to come undone** se défaire ◆ **to leave sth undone** ne pas faire qch ◆ **I am undone!** †† (or hum) je suis perdu !

undoubted [ʌnˈdaʊtɪd] → SYN adj indubitable, indéniable

undoubtedly [ʌnˈdaʊtɪdlɪ] LANGUAGE IN USE 26.3 → SYN adv indubitablement, sans aucun doute

undramatic [ˌʌndrəˈmætɪk] adj peu dramatique

undreamed-of [ʌnˈdriːmdɒv] → SYN, **undreamt-of** [ʌnˈdremtɒv] adj (= unhoped for) inespéré ; (= unsuspected) insoupçonné, qui dépasse l'imagination

undress [ʌnˈdres] → SYN **1** vt déshabiller ◆ **to get undressed** se déshabiller ; see also **undressed**
2 vi se déshabiller
3 n ◆ **in a state of undress** (gen) en petite tenue ; (also Mil) (in civilian clothes) en civil ; (in plain uniform) en simple uniforme

undressed [ʌnˈdrest] **1** vb (pret, ptp of **undress**)
2 adj **a** salad non assaisonné
b wound non pansé ; see also **dress**

undrinkable [ʌnˈdrɪŋkəbl] adj (= unpalatable) imbuvable ; (= poisonous) non potable

undue [ʌnˈdjuː] → SYN adj (gen) excessif ; anger, haste etc excessif ◆ **I hope this will not cause you undue inconvenience** j'espère que cela ne vous dérangera pas trop ou pas outre mesure

undulate [ˈʌndjʊleɪt] **1** vi onduler, ondoyer
2 COMP ▷ **undulate ray** n (= fish) raie f ondulée

undulating [ˈʌndjʊleɪtɪŋ] adj movement ondoyant, onduleux ; line sinueux, onduleux ; countryside vallonné

undulation [ˌʌndjʊˈleɪʃən] n ondulation f, ondoiement m

undulatory [ˈʌndjʊlətrɪ] adj ondulatoire

unduly [ʌnˈdjuːlɪ] → SYN adv trop, excessivement ◆ **he was not unduly worried** il ne s'inquiétait pas trop ou pas outre mesure

undying [ʌnˈdaɪɪŋ] → SYN adj (fig) éternel

unearned [ʌnˈɜːnd] adj **a** (gen) praise, reward immérité
b (Fin) **unearned income** rentes fpl ◆ **unearned increment** plus-value f

unearth [ʌnˈɜːθ] → SYN vt déterrer ; (fig) déterrer, découvrir

unearthly [ʌnˈɜːθlɪ] → SYN adj (gen) surnaturel, mystérieux ; (threatening) silence lugubre ; (* fig) impossible * ◆ **at some unearthly hour** à une heure indue

unease [ʌnˈiːz] n malaise m, gêne f (at, about devant)

uneasily [ʌnˈiːzɪlɪ] adv (= ill-at-ease) avec gêne ; (= worriedly) avec inquiétude ◆ **to sleep uneasily** (= fitfully) mal dormir ; (= restlessly) dormir d'un sommeil agité

uneasiness [ʌnˈiːzɪnɪs] → SYN n (NonC) inquiétude f, malaise m (at, about devant)

uneasy [ʌnˈiːzɪ] → SYN adj calm, peace, truce troublé, difficile ; silence gêné ; sleep, night agité ; conscience pas tranquille ; person (= ill-at-ease) mal à l'aise, gêné ; (= worried) inquiet (-ète f) (at, about devant, de), anxieux ◆ **to grow** or **become uneasy about sth** commencer à s'inquiéter au sujet de qch ◆ **I have an uneasy feeling that he's watching me** j'ai l'impression déconcertante qu'il me regarde ◆ **I had an uneasy feeling that he would change his mind** je ne pouvais m'empêcher de penser qu'il allait changer d'avis

uneatable [ʌnˈiːtəbl] adj immangeable

uneaten [ʌnˈiːtn] adj non mangé, non touché

uneconomic(al) [ˌʌnˌiːkəˈnɒmɪk(əl)] adj machine, car peu économique ; work, method peu économique, peu rentable ◆ **it is uneconomic(al) to do that** il n'est pas économique ou rentable de faire cela

unedifying [ʌnˈedɪfaɪɪŋ] adj peu édifiant

unedited [ʌnˈedɪtɪd] adj film non monté ; essays, works non édité ; tape non mis au point

uneducated [ʌnˈedjʊkeɪtɪd] → SYN adj person sans instruction ; letter, report informe, plein de fautes ; (= badly written) mal écrit ; handwriting d'illettré ; speech, accent populaire

unelectable [ˌʌnɪˈlektəbl] adj person qui n'a aucune chance d'être élu ; party qui n'a aucune chance de gagner ◆ **to make sb unelectable** compromettre sérieusement les chances de qn aux élections

unembarrassed [ˌʌnɪmˈbærəst] adj pas embarrassé ou gêné

unemotional [ˌʌnɪˈməʊʃənl] → SYN adj (= having little emotion) peu émotif, flegmatique ; (= showing little emotion) person, voice, attitude qui ne montre ou ne trahit aucune émotion, impassible ; reaction peu émotionnel ; description, writing neutre, sans passion

unemotionally [ˌʌnɪˈməʊʃnəlɪ] adv de façon impassible, sans trahir d'émotion

unemployable [ˌʌnɪmˈplɔɪəbl] adj incapable de travailler

unemployed [ˌʌnɪmˈplɔɪd] → SYN **1** adj person au chômage, sans travail or emploi ; machine, objet inutilisé, dont on ne se sert pas ; (Fin) capital qui ne travaille pas ◆ **unemployed person** chômeur m, -euse f ; (esp Admin) demandeur m d'emploi ◆ **the numbers unemployed** (Econ) les inactifs mpl
2 the unemployed npl les chômeurs mpl, les sans-emploi mpl ; (esp Admin) les demandeurs mpl d'emploi ◆ **the young unemployed** les jeunes mpl sans emploi ou au chômage

unemployment [ˌʌnɪmˈplɔɪmənt] **1** n (NonC) chômage m ◆ **to reduce** or **cut unemployment** réduire le chômage or le nombre des chômeurs ◆ **unemployment has risen** le chômage or le nombre des chômeurs a augmenté
2 COMP ▷ **unemployment benefit** n (Brit: formerly) allocation f (de) chômage ▷ **unemployment compensation** n (US) → **unemployment benefit** ▷ **unemployment figures** npl chiffres mpl du chômage, nombre m des chômeurs ▷ **unemployment line** n (US) **to join the unemployment line(s)** se retrouver au chômage ▷ **unemployment rate** n **an unemployment rate of 10%** or **of 1 in 10** un taux de chômage de 10 %

unencumbered [ˌʌnɪnˈkʌmbəd] adj non encombré (with de)

unending [ʌnˈendɪŋ] → SYN adj interminable, sans fin

unendurable [ˌʌnɪnˈdjʊərəbl] → SYN adj insupportable, intolérable

unenforceable [ˌʌnɪnˈfɔːsəbl] adj law etc inapplicable

unengaged [ˌʌnɪnˈɡeɪdʒd] adj libre

un-English [ʌnˈɪŋɡlɪʃ] adj peu anglais, pas anglais

unenlightened [ˌʌnɪnˈlaɪtnd] adj peu éclairé, rétrograde

unenterprising [ʌnˈentəpraɪzɪŋ] adj person peu entreprenant, qui manque d'initiative ; policy, act qui manque d'audace or de hardiesse

unenthusiastic [ˌʌnɪnˌθjuːzɪˈæstɪk] → SYN adj peu enthousiaste ◆ **you seem rather unenthusiastic about it** ça n'a pas l'air de vous enthousiasmer or de vous emballer *

unenthusiastically [ˌʌnɪnˌθjuːzɪˈæstɪkəlɪ] adv sans enthousiasme

unenviable [ʌnˈenvɪəbl] → SYN adj peu enviable

unequal [ʌnˈiːkwəl] → SYN adj **a** (= not the same) size, opportunity, work inégal ; (= inegalitarian) system inégalitaire
b (= inadequate) **to be unequal to a task** ne pas être à la hauteur d'une tâche

unequalled [ʌnˈiːkwəld] → SYN adj skill, enthusiasm, footballer, pianist inégalé, sans égal ; record inégalé

unequally [ʌnˈiːkwəlɪ] adv inégalement

unequivocal [ˌʌnɪˈkwɪvəkəl] → SYN adj sans équivoque ◆ **he gave him an unequivocal "no"** il lui a opposé un "non" catégorique or sans équivoque

unequivocally [ˌʌnɪˈkwɪvəkəlɪ] adv sans équivoque

unerring [ʌnˈɜːrɪŋ] adj judgement, accuracy infaillible ; aim, skill, blow sûr

unerringly [ʌnˈɜːrɪŋlɪ] adv infailliblement ◆ **they unerringly chose the most promising projects** ils choisissaient infailliblement les projets les plus porteurs ◆ **she unerringly made the connection** elle n'a pas manqué d'établir le rapport

UNESCO [juːˈneskəʊ] n (abbrev of **United Nations Educational, Scientific and Cultural Organization**) UNESCO f

unescorted [ˌʌnesˈkɔːtɪd] adj, adv **a** (Mil, Naut) sans escorte
b (= unaccompanied by a partner) sans partenaire, non accompagné

unessential [ˌʌnɪˈsenʃəl] adj non essentiel, non indispensable

unesthetic [ˌʌniːsˈθetɪk] adj ⇒ **unaesthetic**

unethical [ʌnˈeθɪkəl] → SYN adj (gen) moralement contestable, contraire à l'éthique ; (= contrary to professional code of conduct) (Med etc) contraire à la déontologie

unethically [ʌnˈeθɪkəlɪ] adv (gen) behave, act, obtain de façon immorale or moralement contestable ; (= against professional code of conduct) de façon contraire à la déontologie

uneven [ʌnˈiːvən] → SYN adj **a** (= not flat or straight) surface raboteux, inégal ; path cahoteux ; ground accidenté ; teeth irrégulier ◆ **the wall is uneven** le mur n'est pas droit
b (= irregular) pace, rate, breathing, pulse irrégulier ; colour inégalement réparti ◆ **the engine sounds uneven** (Aut) il y a des à-coups dans le moteur, le moteur ne tourne pas rond

unevenly / unforthcoming

c (= inconsistent) quality, performance, acting inégal
d (= unfair) distribution, contest, competition inégal
e number impair

unevenly ['ʌnˈiːvənlɪ] adv **a** (= irregularly) move, spread, develop de façon irrégulière
b (= unequally) share, distribute inégalement ◆ **the two armies were unevenly matched** les deux armées n'étaient pas de force égale

unevenness ['ʌnˈiːvənnɪs] n (NonC) **a** [of surface, path, ground] inégalité f, aspérités fpl
b (= irregularity) [of motion, breathing, pace, rate, pulse] irrégularité f ; [of colour] répartition f inégale
c (= inconsistency) [of quality, performance, acting, writing, film] caractère m inégal
d (= inequality) [of sharing out, distribution] inégalité f

uneventful ['ʌnɪˈventfʊl] → SYN adj day, meeting, journey sans incidents, peu mouvementé ; life calme, tranquille ; career peu mouvementé

uneventfully ['ʌnɪˈventfʊlɪ] adv take place, happen sans incidents, sans histoires

uneventfulness ['ʌnɪˈventfʊlnɪs] n caractère m peu mouvementé

unexceptionable [ˌʌnɪkˈsepʃnəbl] adj irréprochable

unexceptional [ˌʌnɪkˈsepʃnl] → SYN adj qui n'a rien d'exceptionnel

unexciting ['ʌnɪkˈsaɪtɪŋ] adj time, life, visit peu passionnant, peu intéressant ; food ordinaire

unexpected ['ʌnɪksˈpektɪd] → SYN adj arrival inattendu, inopiné ; result, change, success, happiness inattendu, imprévu ◆ **it was all very unexpected** on ne s'y attendait pas du tout

unexpectedly [ˌʌnɪksˈpektɪdlɪ] adv alors qu'on ne s'y attend (or attendait etc) pas, subitement ◆ **to arrive unexpectedly** arriver à l'improviste or inopinément

unexpired [ˌʌnɪksˈpaɪəd] adj non expiré, encore valide

unexplained ['ʌnɪksˈpleɪnd] adj inexpliqué

unexploded ['ʌnɪksˈpləʊdɪd] adj non explosé, non éclaté

unexploited [ˌʌnɪksˈplɔɪtɪd] adj inexploité

unexplored [ˌʌnɪksˈplɔːd] adj inexploré

unexposed [ˌʌnɪksˈpəʊzd] adj (Phot) film vierge

unexpressed [ˌʌnɪksˈprest] adj inexprimé

unexpurgated ['ʌnˈekspɜːgeɪtɪd] adj (frm) non expurgé, intégral

unfading [ʌnˈfeɪdɪŋ] adj (fig) hope éternel ; memory impérissable, ineffaçable

unfailing [ʌnˈfeɪlɪŋ] → SYN adj supply inépuisable, intarissable ; zeal inépuisable ; optimism inébranlable ; remedy infaillible

unfailingly [ʌnˈfeɪlɪŋlɪ] adv infailliblement, immanquablement

unfair [ʌnˈfɛər] → SYN **1** adj person, comment, criticism, trial injuste (to sb envers qn, à l'égard de qn) ; decision, arrangement, deal injuste (to sb envers qn, à l'égard de qn), inéquitable ; competition, play, tactics, practices déloyal ◆ **you're being unfair** vous êtes injuste ◆ **it's unfair that** ... il n'est pas juste or il est injuste que ... (+ subj) ◆ **it is unfair to expect her to do that** il n'est pas juste d'attendre qu'elle fasse cela ◆ **it is unfair of her to do so** il est injuste qu'elle agisse ainsi, ce n'est pas juste de sa part d'agir ainsi ◆ **to have an unfair advantage over sb/sth** être injustement avantagé par rapport à qn/qch
2 COMP ▷ **unfair dismissal** n licenciement m abusif

unfairly ['ʌnˈfɛəlɪ] adv treat, judge, compare injustement ; decide arbitrairement ; play déloyalement ◆ **he was unfairly dismissed** il a été victime d'un licenciement abusif

unfairness ['ʌnˈfɛənɪs] n [of person, decision, arrangement, deal, advantage, comment, criticism] injustice f ; [of trial] caractère m arbitraire ; [of competition, tactics, practices] caractère m déloyal

unfaithful ['ʌnˈfeɪθʊl] → SYN adj infidèle (to à)
unfaithfully ['ʌnˈfeɪθəlɪ] adv infidèlement, avec infidélité
unfaithfulness ['ʌnˈfeɪθʊlnɪs] n infidélité f

unfaltering [ʌnˈfɔːltərɪŋ] adj step, voice ferme, assuré

unfalteringly [ʌnˈfɔːltərɪŋlɪ] adv speak d'une voix ferme or assurée ; walk d'un pas ferme or assuré

unfamiliar [ˌʌnfəˈmɪljər] → SYN adj place, sight, person, subject inconnu ◆ **to be unfamiliar with sth** mal connaître qch, ne pas bien connaître qch

unfamiliarity [ˌʌnfəˌmɪlɪˈærɪtɪ] n (NonC) aspect m étrange or inconnu

unfashionable ['ʌnˈfæʃnəbl] → SYN adj dress, subject démodé, passé de mode ; district, shop, hotel peu chic inv ◆ **it is unfashionable to speak of** ... ça ne se fait plus de parler de ...

unfasten ['ʌnˈfɑːsn] → SYN vt [+ garment, buttons, rope] défaire ; [+ door] ouvrir, déverrouiller ; [+ bonds] défaire, détacher ; (= loosen) desserrer

unfathomable [ʌnˈfæðəməbl] → SYN adj (lit, fig) insondable

unfathomed [ʌnˈfæðəmd] adj (lit, fig) insondé

unfavourable, unfavorable (US) [ʌnˈfeɪvərəbl] → SYN adj conditions, report, impression, outlook, weather défavorable ; moment peu propice, inopportun ; terms désavantageux ; wind contraire ◆ **he's always making or drawing unfavourable comparisons between his children and mine** il fait sans cesse des comparaisons défavorables entre mes enfants et les siens

unfavourably, unfavorably (US) [ʌnˈfeɪvərəblɪ] adv défavorablement ◆ **I was unfavourably impressed** j'ai eu une impression défavorable ◆ **to regard sth unfavourably** être défavorable or hostile à qch

unfazed * ['ʌnˈfeɪzd] adj imperturbable ◆ **it left him quite unfazed** il n'a pas bronché

unfeasible [ʌnˈfiːzəbl] adj irréalisable

unfeeling [ʌnˈfiːlɪŋ] → SYN adj insensible, impitoyable

unfeelingly [ʌnˈfiːlɪŋlɪ] adv sans pitié, impitoyablement

unfeigned [ʌnˈfeɪnd] adj non simulé, sincère

unfeignedly [ʌnˈfeɪnɪdlɪ] adv sincèrement, vraiment

unfeminine [ʌnˈfemɪnɪn] adj peu féminin

unfetter [ʌnˈfetər] vt désenchaîner, désentraver

unfettered [ʌnˈfetəd] adj (liter: lit, fig) sans entrave ◆ **unfettered by** libre de

unfilial [ʌnˈfɪljəl] adj (frm) peu filial

unfilled [ʌnˈfɪld] adj post, vacancy à pourvoir, vacant

unfinished [ʌnˈfɪnɪʃt] → SYN adj task, essay inachevé, incomplet (-ète f) ◆ **I have three unfinished letters** j'ai trois lettres à finir ◆ **we have some unfinished business (to attend to)** nous avons une affaire (or des affaires) à régler ◆ **the Unfinished Symphony** la Symphonie inachevée ◆ **it looks rather unfinished** [piece of furniture, craft work etc] c'est mal fini, la finition laisse à désirer

unfit [ʌnˈfɪt] → SYN **1** adj **a** (= not physically fit) qui n'est pas en forme ◆ **he was unfit to drive** il n'était pas en état de conduire ◆ **he is unfit for work** il n'était pas en état de reprendre le travail ◆ **unfit for military service** inapte au service militaire ◆ **the doctor declared him unfit for the match** le docteur a déclaré qu'il n'était pas en état de jouer
b (= incompetent) inapte, impropre (for à ; to do sth à faire qch) ; (= unworthy) indigne (to do sth de faire qch) ◆ **he is unfit to be a teacher** il ne devrait pas enseigner ◆ **unfit for habitation, unfit to live in** inhabitable ◆ **unfit for consumption** impropre à la consommation ◆ **unfit to eat** (= unpalatable) immangeable ; (= poisonous) non comestible ◆ **unfit for publication** impropre à la publication, impubliable ◆ **road unfit for lorries** route impraticable pour les camions
2 vt (frm) rendre inapte (for à ; to do sth à faire qch)

unfitness [ʌnˈfɪtnɪs] n **a** (= ill health) incapacité f
b (= unsuitability) inaptitude f (for à ; to do sth à faire qch)

unfitted [ʌnˈfɪtɪd] adj (frm) inapte (for à ; to do sth à faire qch)

unfitting [ʌnˈfɪtɪŋ] adj (frm) language, behaviour peu or guère convenable, inconvenant ; ending, result mal approprié

unfix [ʌnˈfɪks] vt détacher, enlever ; (Mil) [+ bayonets] remettre

unflagging [ʌnˈflægɪŋ] adj person, devotion, patience infatigable, inlassable ; enthusiasm inépuisable ; interest soutenu jusqu'au bout

unflaggingly [ʌnˈflægɪŋlɪ] adv infatigablement, inlassablement

unflappability * [ˌʌnflæpəˈbɪlɪtɪ] n (NonC) calme m, flegme m

unflappable * [ʌnˈflæpəbl] adj imperturbable, flegmatique

unflattering [ʌnˈflætərɪŋ] → SYN adj person, remark, photo, portrait peu flatteur ◆ **he was very unflattering about it** ce qu'il en a dit n'avait rien de flatteur or il n'était pas flatteur ◆ **she wears unflattering clothes** elle porte des vêtements qui ne la mettent guère en valeur or qui ne l'avantagent guère

unflatteringly [ʌnˈflætərɪŋlɪ] adv d'une manière peu flatteuse

unfledged ['ʌnˈfledʒd] adj (fig) person, organization, movement qui manque d'expérience, novice

unflinching [ʌnˈflɪntʃɪŋ] → SYN adj support, loyalty indéfectible ; determination à toute épreuve ; expression, determination stoïque ◆ **she was unflinching in her determination to succeed** elle était absolument déterminée à réussir

unflinchingly [ʌnˈflɪntʃɪŋlɪ] adv stoïquement, sans broncher

unflyable [ʌnˈflaɪəbl] adj plane qu'on ne peut pas faire voler

unfocu(s)sed [ˌʌnˈfəʊkəst] adj **a** camera pas mis au point ; gaze, eyes dans le vague
b (fig) aims, desires etc flou, vague

unfold [ʌnˈfəʊld] → SYN **1** vt **a** (lit) [+ napkin, map, blanket] déplier ; [+ wings] déployer ◆ **to unfold a map on a table** étaler une carte sur une table ◆ **to unfold one's arms** décroiser les bras
b (fig) [+ plans, ideas] exposer ; [+ secret] dévoiler, révéler
2 vi [flower] s'ouvrir, s'épanouir ; [view, countryside] se dérouler, s'étendre ; [story, film, plot] se dérouler

unforced [ʌnˈfɔːst] adj smile, laugh naturel ◆ **unforced error** (Sport) faute f directe

unforeseeable ['ʌnfɔːˈsiːəbl] adj imprévisible

unforeseen ['ʌnfɔːˈsiːn] → SYN adj imprévu

unforgettable ['ʌnfəˈgetəbl] → SYN adj (gen) inoubliable ; (for unpleasant things) impossible à oublier

unforgettably [ˌʌnfəˈgetəblɪ] adv ◆ **unforgettably beautiful/clear** d'une beauté/clarté inoubliable ◆ **unforgettably ugly/dirty** d'une laideur/saleté frappante

unforgivable ['ʌnfəˈgɪvəbl] → SYN adj impardonnable

unforgivably [ˌʌnfəˈgɪvəblɪ] adv behave d'une manière impardonnable ◆ **he was unforgivably rude** il a été d'une grossièreté impardonnable ◆ **she was unforgivably late** elle est arrivée avec un retard impardonnable

unforgiven ['ʌnfəˈgɪvən] adj non pardonné

unforgiving ['ʌnfəˈgɪvɪŋ] adj place inhospitalier ; course, pitch impitoyable ; profession ingrat

unforgotten ['ʌnfəˈgɒtn] adj inoublié

unformatted [ʌnˈfɔːmætɪd] adj (Comput) non formaté

unformed ['ʌnˈfɔːmd] adj informe

unformulated [ˌʌnˈfɔːmjʊˌleɪtɪd] adj informulé, non formulé

unforthcoming ['ʌnfɔːθˈkʌmɪŋ] adj reply, person réticent (about sur) ◆ **he was very unforthcoming about it** il s'est montré très réticent à ce propos, il s'est montré peu disposé à en parler

unfortified [ˌʌnˈfɔːtɪfaɪd] adj (Mil) sans fortifications, non fortifié

unfortunate [ʌnˈfɔːtʃənɪt] → SYN ① adj person malheureux, malchanceux ; coincidence malheureux, fâcheux ; circumstances triste ; event fâcheux, malencontreux ; incident, episode fâcheux, regrettable ; remark malheureux, malencontreux ◆ **it is most unfortunate that ...** il est très malheureux or regrettable que ... (+ subj) ◆ **how unfortunate!** quel dommage ! ◆ **he has been unfortunate** il n'a pas eu de chance
② n malheureux m, -euse f

unfortunately [ʌnˈfɔːtʃənɪtlɪ] LANGUAGE IN USE 12.3, 18.2, 25.2, 26.3 adv malheureusement, par malheur ◆ **an unfortunately worded remark** une remarque formulée de façon malheureuse or malencontreuse

unfounded [ˌʌnˈfaʊndɪd] → SYN adj rumour, allegation, belief dénué de tout fondement, sans fondement ; criticism injustifié

unframed [ˌʌnˈfreɪmd] adj picture sans cadre

unfreeze [ˌʌnˈfriːz] pret **unfroze**, ptp **unfrozen**
① vt a (lit) dégeler
b (Econ, Fin) débloquer
② vi dégeler

unfreezing [ˌʌnˈfriːzɪŋ] n (Econ, Fin) [of prices, wages] déblocage m

unfrequented [ˌʌnfrɪˈkwentɪd] → SYN adj peu fréquenté

unfriendliness [ˌʌnˈfrendlɪnɪs] n (NonC) froideur f (towards envers)

unfriendly [ˌʌnˈfrendlɪ] → SYN adj person, reception froid ; attitude, behaviour, act, remark inamical ; (stronger) hostile ◆ **to be unfriendly to(wards) sb** manifester de la froideur or de l'hostilité envers qn

unfrock [ˌʌnˈfrɒk] vt défroquer

unfroze [ˌʌnˈfrəʊz] vb (pt of **unfreeze**)

unfrozen [ˌʌnˈfrəʊzn] vb (ptp of **unfreeze**)

unfruitful [ˌʌnˈfruːtfʊl] → SYN adj a (lit) stérile, infertile
b (fig) infructueux

unfruitfully [ˌʌnˈfruːtfəlɪ] adv (fig) en vain, sans succès

unfulfilled [ˌʌnfʊlˈfɪld] adj promise non tenu ; ambition, prophecy non réalisé ; desire insatisfait ; condition non rempli ◆ **to feel unfulfilled** [person] se sentir frustré, éprouver un sentiment d'insatisfaction

unfulfilling [ˌʌnfʊlˈfɪlɪŋ] adj peu satisfaisant ◆ **he finds it unfulfilling** ça ne le satisfait pas pleinement

unfunny * [ˌʌnˈfʌnɪ] adj qui n'est pas drôle, qui n'a rien de drôle

unfurl [ˌʌnˈfɜːl] ① vt déployer
② vi se déployer

unfurnished [ˌʌnˈfɜːnɪʃt] adj non meublé

ungainliness [ʌnˈɡeɪnlɪnɪs] n (NonC) gaucherie f

ungainly [ʌnˈɡeɪnlɪ] → SYN adj gauche, disgracieux

ungallant [ʌnˈɡælənt] adj peu or guère galant, discourtois

ungenerous [ʌnˈdʒenərəs] adj a (= miserly) peu généreux, parcimonieux
b (= uncharitable) mesquin, méchant

ungentlemanly [ʌnˈdʒentlmənlɪ] adj peu or guère galant, discourtois

un-get-at-able * [ˈʌnɡetˌætəbl] adj inaccessible

ungird [ʌnˈɡɜːd] pret, ptp **ungirt** vt détacher

unglazed [ʌnˈɡleɪzd] adj door, window non vitré ; picture qui n'est pas sous verre ; pottery non vernissé, non émaillé ; photograph mat ; cake non glacé

unglued [ʌnˈɡluːd] adj (gen) sans colle ◆ **to come unglued** * (US fig) [person] flancher *, craquer *

ungodliness [ʌnˈɡɒdlɪnɪs] n (NonC) impiété f

ungodly [ʌnˈɡɒdlɪ] → SYN adj a (* = unreasonable) noise impossible * ◆ **at some ungodly hour** à une heure impossible * or indue
b († = sinful) person, action, life impie, irréligieux

ungovernable [ʌnˈɡʌvənəbl] → SYN adj a (Pol) people, country ingouvernable
b (liter = uncontrollable) rage, hatred, longing incontrôlable ; desire, passion irrépressible ◆ **to have an ungovernable temper** ne pas savoir se contrôler or se maîtriser

ungracious [ʌnˈɡreɪʃəs] → SYN adj person peu aimable ; remark, gesture désobligeant ◆ **it would be ungracious to refuse** on aurait mauvaise grâce à refuser

ungraciously [ʌnˈɡreɪʃəslɪ] adv avec mauvaise grâce

ungrammatical [ˌʌnɡrəˈmætɪkəl] adj incorrect, non grammatical, agrammatical

ungrammatically [ˌʌnɡrəˈmætɪkəlɪ] adv incorrectement

ungrateful [ʌnˈɡreɪtfʊl] → SYN adj person ingrat (towards sb envers qn) ◆ **to be ungrateful for sth** ne pas montrer de gratitude pour qch

ungratefully [ʌnˈɡreɪtfəlɪ] adv avec ingratitude

ungrudging [ʌnˈɡrʌdʒɪŋ] adj person, contribution généreux ; help donné sans compter ; praise, gratitude très sincère

ungrudgingly [ʌnˈɡrʌdʒɪŋlɪ] adv give généreusement ; help de bon cœur, sans compter

unguarded [ʌnˈɡɑːdɪd] → SYN adj a (= unprotected) place sans surveillance ◆ **to leave a place unguarded** laisser un endroit sans surveillance
b (Tech) machine sans protection
c (= open, careless) person, comment spontané, irréfléchi ◆ **in an unguarded moment** dans un moment d'inattention

unguardedly [ʌnˈɡɑːdɪdlɪ] adv say sans réfléchir

unguent [ˈʌŋɡwənt] n onguent m

unguiculate [ʌnˈɡwɪkjʊlɪt] adj onguiculé

ungulate [ˈʌŋɡjʊleɪt] ① adj ongulé
② n animal m ongulé ◆ **ungulates** les ongulés mpl

unguligrade [ˈʌŋɡjʊlɪˌɡreɪd] adj onguligrade

unhallowed [ʌnˈhæləʊd] adj (liter) non consacré, profane

unhampered [ʌnˈhæmpəd] adj progress aisé ; access libre ◆ **to operate unhampered by the police** opérer sans être gêné par la police ◆ **trade unhampered by tax regulations** commerce m non entravé par la réglementation fiscale

unhand [ʌnˈhænd] vt († or hum) lâcher

unhandy * [ʌnˈhændɪ] adj gauche, maladroit

unhappily [ʌnˈhæpɪlɪ] adv a (= miserably) look at, go d'un air malheureux ; say d'un ton malheureux ◆ **to be unhappily married** avoir fait un mariage malheureux
b (= unfortunately) malheureusement ◆ **unhappily, things didn't work out as planned** malheureusement, les choses ne se sont pas passées comme prévu ◆ **unhappily for him, he ...** malheureusement pour lui, il ...

unhappiness [ʌnˈhæpɪnɪs] n (NonC) tristesse f, chagrin m

unhappy [ʌnˈhæpɪ] → SYN adj a (= sad) person, expression, marriage malheureux ◆ **I had an unhappy time at school** j'ai été malheureux à l'école
b (= discontented) person mécontent (with or about sb/sth de qn/qch ; at sth de qch) ◆ **to be unhappy at doing sth** or **to do sth** être mécontent de faire qch
c (= worried) person inquiet (-ète f) (with or about sb/sth au sujet de qn/qch ; at sth au sujet de qch) ◆ **we are unhappy about the decision** cette décision ne nous satisfait pas ◆ **I am** or **feel unhappy about leaving him alone** je n'aime pas (l'idée de) le laisser seul
d (= regrettable) experience, episode malheureux ; situation, circumstances regrettable ; coincidence malheureux, fâcheux ◆ **this unhappy state of affairs** cette situation regrettable or déplorable or fâcheuse
e (= unfortunate) person malheureux ; place affligé
f (frm = unsuitable) remark malheureux, malencontreux ◆ **an unhappy choice of words** un choix de mots malheureux or malencontreux

unharmed [ʌnˈhɑːmd] → SYN adj person, animal indemne ; thing intact, non endommagé

unharness [ʌnˈhɑːnɪs] vt dételer (from de)

UNHCR n (abbrev of **United Nations High Commission for Refugees**) HCR m

unhealthy [ʌnˈhelθɪ] → SYN adj a (= harmful) environment, habit, curiosity, relationship malsain
b (= unwell) person, company, economy en mauvaise santé
c (= ill-looking) person, appearance, skin maladif

unheard [ʌnˈhɜːd] ① adj a (= ignored) **to go unheard** [person, plea, request] être ignoré ◆ **she condemned him unheard** elle l'a condamnée sans l'avoir entendu
b (= not heard) **his cries went unheard** personne n'a entendu ses cris ◆ **a previously unheard opera** un opéra qui est présenté pour la première fois
② COMP ▷ **unheard-of** → SYN adj inouï, sans précédent

unhedged [ʌnˈhedʒd] adj (esp US) venture, bet hasardeux, à découvert

unheeded [ʌnˈhiːdɪd] adj person, plea, warning ignoré ◆ **to go unheeded** être ignoré ◆ **it must not go unheeded** il faut en tenir compte, il faut y prêter attention

unheeding [ʌnˈhiːdɪŋ] adj (frm) insouciant (of de), indifférent (of à) ◆ **they passed by unheeding** ils sont passés à côté sans faire attention

unhelpful [ʌnˈhelpfʊl] adj person peu serviable ; remark, advice inutile ; attitude peu coopératif ; book, computer qui n'apporte (or apportait) rien d'utile ◆ **he didn't want to seem unhelpful** il voulait avoir l'air serviable ◆ **I found that very unhelpful** ça ne m'a pas aidé du tout ◆ **it is unhelpful to do sth** ça n'avance pas à grand-chose de faire qch

unhelpfully [ʌnˈhelpfəlɪ] adv behave de manière peu coopérative ; say, suggest sans apporter quoi que ce soit d'utile

unhelpfulness [ʌnˈhelpfʊlnɪs] n (NonC) [of person] manque m de serviabilité ; [of remark, advice, book, computer] inutilité f

unheralded [ʌnˈherəldɪd] adj a (= unannounced) arrival, resignation non annoncé ◆ **to be unheralded** ne pas être annoncé ◆ **to arrive unheralded** arriver sans être annoncé
b (= unacclaimed) player, artist méconnu

unhesitating [ʌnˈhezɪteɪtɪŋ] → SYN adj response immédiat ; trust, generosity spontané ; person, courage, belief résolu

unhesitatingly [ʌnˈhezɪteɪtɪŋlɪ] adv sans hésiter, sans hésitation

unhindered [ʌnˈhɪndəd] adj progress sans obstacles, sans encombre ; movement libre, sans encombre ◆ **to go unhindered** passer sans rencontrer d'obstacles or sans encombre ◆ **he worked unhindered** il a travaillé sans être dérangé (by par)

unhinge [ʌnˈhɪndʒ] → SYN vt enlever de ses gonds, démonter ; (fig) [+ mind] déranger ; [+ person] déséquilibrer

unhinged [ʌnˈhɪndʒd] adj person, mind déséquilibré ; passion, ranting délirant

unhip * [ʌnˈhɪp] adj ringard *

unhitch [ʌnˈhɪtʃ] vt [+ rope] décrocher, détacher ; [+ horse] dételer

unholy [ʌnˈhəʊlɪ] → SYN adj a (= sinful) activity impie ; pleasure inavouable ; alliance contre nature
b (* = terrible) mess, row sans nom ; noise impossible *

unhook [ʌnˈhʊk] vt a (= take off hook) [+ picture from wall etc] décrocher (from de)
b (= undo) [+ garment] dégrafer

unhoped-for [ʌnˈhəʊptfɔːr] → SYN adj inespéré

unhopeful [ʌnˈhəʊpfʊl] adj prospect, start peu prometteur ; person pessimiste, qui n'a guère d'espoir

unhorse [ʌnˈhɔːs] vt désarçonner, démonter

unhurried [ʌnˈhʌrɪd] → SYN adj pace, atmosphere, activity tranquille ; reflection tranquille, paisible ; movement sans précipitation ; person paisible ◆ **to be unhurried** [person] ne pas être pressé ◆ **to have an unhurried journey** faire un voyage sans se presser ◆ **in an unhurried way** sans se presser

unhurriedly [ʌnˈhʌrɪdlɪ] adv walk sans se presser, tranquillement ; speak sans précipitation, posément, en prenant son temps

unhurt [ʌnˈhɜːt] adj indemne

unhygienic [ˈʌnhaɪˈdʒiːnɪk] adj non hygiénique ◆ **it is unhygienic to do that** ce n'est pas hygiénique de faire ça

uni * [ˈjuːnɪ] n (abbrev of **university**) fac * f ◆ **at uni** en fac *

uni... [ˈjuːnɪ] pref uni..., mono...

unicameral [ˈjuːnɪˈkæmərəl] adj (Parl) monocaméral

unicameralism [ˌjuːnɪˈkæmərəlɪzəm] n (Parl) monocamérisme m, monocaméralisme m

unicameralist [ˌjuːnɪˈkæmərəlɪst] n (Parl) partisan m du monocamér(al)isme

UNICEF [ˈjuːnɪsef] n (abbrev of **United Nations Children's Fund**) UNICEF f

unicellular [ˈjuːnɪˈseljʊləʳ] adj unicellulaire

unicorn [ˈjuːnɪkɔːn] n licorne f

unicycle [ˈjuːnɪˌsaɪkl] n monocycle m

unicyclist [ˈjuːnɪˌsaɪklɪst] n monocycliste mf

unidentifiable [ˌʌnaɪˈdentɪˌfaɪəbl] adj non identifiable

unidentified [ˌʌnaɪˈdentɪfaɪd] → SYN [1] adj non identifié
[2] COMP ▷ **unidentified flying object** n objet m volant non identifié

unidirectional [ˌjuːnɪdɪˈrekʃənl] adj unidirectionnel

UNIDO [juːˈniːdəʊ] n (abbrev of **United Nations Industrial Development Organization**) ONUDI f

unification [ˌjuːnɪfɪˈkeɪʃən] → SYN [1] n unification f
[2] COMP ▷ **Unification Church** n Église f de l'Unification

unifoliate [ˌjuːnɪˈfəʊlɪɪt] adj unifolié

uniform [ˈjuːnɪfɔːm] → SYN [1] n uniforme m ◆ **in uniform** en uniforme ◆ **in full uniform** (Mil etc) en grand uniforme ◆ **out of uniform** policeman, soldier en civil; schoolboy en habits de tous les jours ◆ **the uniforms** * (Police) les policiers mpl en tenue
[2] adj rate, standards, shape, size identique ◆ **uniform in shape/size, of a uniform shape/size** de la même forme/taille, de forme/taille identique ◆ **a sky of uniform colour** un ciel de couleur uniforme ◆ **to make sth uniform** [+ rate, standards, colour] uniformiser qch; [+ shape, size] normaliser qch
[3] COMP trousers, shirt etc d'uniforme ▷ **uniform resource locator** n (Comput) URL m (adresse de site Web)

uniformed [ˈjuːnɪfɔːmd] [1] adj guard, chauffeur, schoolchild en uniforme; soldier, police officer en uniforme, en tenue; organization où l'on porte un uniforme
[2] COMP ▷ **uniformed branch** n (Police) (catégorie f du) personnel m en tenue

uniformity [ˌjuːnɪˈfɔːmɪtɪ] → SYN n (NonC) uniformité f

uniformly [ˈjuːnɪfɔːmlɪ] adv uniformément

unify [ˈjuːnɪfaɪ] → SYN [1] vt unifier
[2] COMP ▷ **unified field theory** n théorie f unitaire

unifying [ˈjuːnɪfaɪɪŋ] adj factor, force, theme, principle etc unificateur (-trice f) ◆ **the struggle has had a unifying effect on all Blacks** cette lutte a réussi à unifier tous les Noirs

unilateral [ˌjuːnɪˈlætərəl] [1] adj unilatéral
[2] COMP ▷ **unilateral declaration of independence** (Brit Pol) n déclaration f unilatérale d'indépendance ▷ **unilateral disarmament** n désarmement m unilatéral **unilateral nuclear disarmament** n désarmement m nucléaire unilatéral

unilateralism [ˈjuːnɪˈlætərəlɪzəm] n adhésion f au désarmement unilatéral, unilatéralisme m ◆ **American unilateralism on trade** l'habitude f américaine de prendre des décisions unilatérales en ce qui concerne le commerce

unilateralist [ˌjuːnɪˈlætərəlɪst] [1] n partisan m du désarmement unilatéral
[2] adj policy unilatéral; party favorable au désarmement nucléaire unilatéral

unilaterally [ˌjuːnɪˈlætərəlɪ] adv unilatéralement

unilluminating [ˌʌnɪˈluːmɪneɪtɪŋ] adj peu utile

unilocular [ˌjuːnɪˈlɒkjʊləʳ] adj uniloculaire

unimaginable [ˌʌnɪˈmædʒnəbl] → SYN adj inimaginable (**to sb** pour qn)

unimaginably [ˌʌnɪˈmædʒnəblɪ] adv incroyablement

unimaginative [ˌʌnɪˈmædʒnətɪv] → SYN adj person, film sans imagination; food, playing sans originalité ◆ **to be unimaginative** [person, film] manquer d'imagination; [food, playing] manquer d'originalité

unimaginatively [ˌʌnɪˈmædʒnətɪvlɪ] adv d'une manière peu imaginative, sans imagination

unimaginativeness [ˌʌnɪˈmædʒnətɪvnɪs] n manque m d'imagination

unimpaired [ˌʌnɪmˈpɛəd] adj mental powers, prestige intact; quality non diminué ◆ **his eyesight/hearing was unimpaired** sa vue/son ouïe n'avait pas diminué ◆ **their faith remains unimpaired** leur foi reste toujours aussi forte ◆ **to be unimpaired by sth** ne pas souffrir de qch

unimpeachable [ˌʌnɪmˈpiːtʃəbl] → SYN adj (frm) source sûr; evidence incontestable, irrécusable; integrity impeccable; character, reputation, conduct, honesty irréprochable

unimpeachably [ˌʌnɪmˈpiːtʃəblɪ] adv irréprochablement, scrupuleusement

unimpeded [ˌʌnɪmˈpiːdɪd] [1] adj access libre; view dégagé
[2] adv sans entraves

unimportant [ˌʌnɪmˈpɔːtənt] → SYN adj person insignifiant; issue, detail sans importance, insignifiant ◆ **it's quite unimportant** ça n'a aucune espèce d'importance, c'est sans importance

unimposing [ˌʌnɪmˈpəʊzɪŋ] adj peu imposant, peu impressionnant

unimpressed [ˌʌnɪmˈprest] adj **a** (= unaffected) **to be unimpressed (by** or **with sb/sth)** (by person, sight, site, speech, plea) ne pas être impressionné (par qn/qch) ◆ **I was unimpressed** ça ne m'a pas impressionné ◆ **Wall Street has been unimpressed** Wall Street est resté calme ◆ **he remained unimpressed** ça ne lui a fait ni chaud ni froid
b (= unconvinced) **to be unimpressed (by** or **with sb/sth)** (by person, explanation, argument) ne pas être convaincu (par qn/qch) ◆ **I was unimpressed** ça ne m'a pas convaincu

unimpressive [ˌʌnɪmˈpresɪv] adj person terne, très quelconque; building, amount très quelconque; sight, result, performance médiocre; argument peu convaincant

unimproved [ˌʌnɪmˈpruːvd] adj condition qui ne s'est pas amélioré, inchangé; land, pasture non amendé ◆ **many houses remained unimproved** beaucoup de maisons n'avaient pas fait l'objet de réfections

unincorporated [ˌʌnɪnˈkɔːpəreɪtɪd] adj non incorporé (**in** dans); (Comm, Jur) non enregistré

uninfluential [ˈʌnɪnflʊˈenʃəl] adj sans influence, qui n'a pas d'influence

uninformative [ˌʌnɪnˈfɔːmətɪv] adj report, document, account qui n'apprend rien ◆ **he was very uninformative** il ne nous (or leur etc) a rien appris d'important

uninformed [ˌʌnɪnˈfɔːmd] [1] adj person, organization mal informé (**about sb/sth** sur qn/qch), mal renseigné (**about sb/sth** sur qn/qch); comment, rumour, opinion mal informé ◆ **the uninformed observer** l'observateur m non averti
[2] **the uninformed** npl le profane

uninhabitable [ˌʌnɪnˈhæbɪtəbl] adj inhabitable

uninhabited [ˌʌnɪnˈhæbɪtɪd] → SYN adj inhabité

uninhibited [ˌʌnɪnˈhɪbɪtɪd] → SYN adj person, behaviour sans inhibitions; emotion, impulse, desire non refréné; dancing sans retenue ◆ **to be uninhibited by sth/in** or **about doing sth** ne pas être gêné par qch/pour faire qch

uninitiated [ˌʌnɪˈnɪʃɪeɪtɪd] [1] adj non initié (**into sth** à qch) ◆ **to the uninitiated eye** aux yeux du profane ◆ **to the uninitiated reader** pour le lecteur non averti
[2] **the uninitiated** npl (Rel) les profanes mpl; (gen) les non-initiés mpl, le profane

uninjured [ʌnˈɪndʒəd] adj indemne ◆ **he was uninjured in the accident** il est sorti indemne de l'accident ◆ **luckily, everyone escaped uninjured** heureusement, tout le monde s'en est sorti indemne

uninspired [ˌʌnɪnˈspaɪəd] → SYN adj person qui manque d'inspiration; book, film sans imagination, fade; food sans originalité

uninspiring [ˌʌnɪnˈspaɪərɪŋ] adj person, book, film terne; choice médiocre; view sans intérêt ◆ **it was an uninspiring match** le match n'a pas été passionnant

uninsured [ˌʌnɪnˈʃʊəd] adj non assuré (**against** contre)

unintelligent [ˌʌnɪnˈtelɪdʒənt] → SYN adj person, comment inintelligent; behaviour, tactics dépourvu d'intelligence; book, film sans intelligence

unintelligible [ˌʌnɪnˈtelɪdʒəbl] → SYN adj inintelligible (**to sb** pour qn)

unintelligibly [ˌʌnɪnˈtelɪdʒəblɪ] adv mutter, yell de façon inintelligible

unintended [ˌʌnɪnˈtendɪd], **unintentional** [ˌʌnɪnˈtenʃənl] adj involontaire ◆ **it was quite unintended** ce n'était pas fait exprès

unintentionally [ˌʌnɪnˈtenʃnəlɪ] adv involontairement

uninterested [ʌnˈɪntrɪstɪd] → SYN adj indifférent ◆ **to be uninterested in sb/sth** ne pas être intéressé par qn/qch ◆ **he seems uninterested in his son** il ne semble pas s'intéresser à son fils

uninteresting [ʌnˈɪntrɪstɪŋ] → SYN adj person, place, book, activity inintéressant; offer sans intérêt, dépourvu d'intérêt

uninterrupted [ˌʌnˌɪntəˈrʌptɪd] → SYN adj ininterrompu ◆ **to continue uninterrupted** continuer sans interruption ◆ **uninterrupted by advertisements** sans coupures publicitaires ◆ **to have an uninterrupted view of sth** avoir une très bonne vue or une vue dégagée sur qch

uninterruptedly [ˌʌnˌɪntəˈrʌptɪdlɪ] adv sans interruption

uninvited [ˌʌnɪnˈvaɪtɪd] → SYN adj visitor sans invitation; question, sexual advances mal venu; criticism gratuit ◆ **an uninvited guest** une personne qui n'a pas été invitée or qui s'invite ◆ **to arrive uninvited** arriver sans invitation, s'inviter ◆ **to do sth uninvited** faire qch sans y être invité

uninviting [ˌʌnɪnˈvaɪtɪŋ] → SYN adj peu attirant, peu attrayant; food peu appétissant

union [ˈjuːnjən] → SYN [1] n **a** (gen, also Pol) union f; (= marriage) union f, mariage m ◆ **postal/customs union** union f postale/douanière ◆ **the Union** (US) les États-Unis mpl ◆ **Union of Soviet Socialist Republics** Union f des républiques socialistes soviétiques ◆ **Union of South Africa** Union f sud-africaine ◆ **the (Student** or **Students') Union** (Univ) (= organization) syndicat étudiant; (= building) locaux de l'association d'étudiants ◆ **in perfect union** en parfaite harmonie ◆ **in union there is strength** l'union fait la force (Prov); → **state**
b (Ind: also **trade union**, US: also **labor union**) syndicat m ◆ **unions and management** ≃ les partenaires mpl sociaux ◆ **to join a union** adhérer à un syndicat, se syndiquer ◆ **to join the Union of Miners** adhérer au Syndicat des mineurs ◆ **to belong to a union** faire partie d'un syndicat, être membre d'un syndicat
c (Tech: for pipes etc) raccord m
[2] COMP (Ind) card, leader, movement syndical; headquarters du syndicat; factory etc syndiqué ▷ **union catalogue** n catalogue m combiné (de plusieurs bibliothèques) ▷ **union dues** npl cotisation f syndicale ▷ **Union Jack** n Union Jack m inv ▷ **union member** n (Ind) membre m du syndicat, syndiqué(e) m(f) ▷ **union membership** n (= members collectively) membres mpl du or des syndicat(s); (= number of members) effectifs mpl du or des syndicat(s); see also **membership** ▷ **union rate** n (Ind) tarif m syndical ▷ **union school** n (US) lycée dont dépendent plusieurs écoles appartenant à un autre secteur ▷ **union shop** n (US) atelier m d'ouvriers syndiqués ▷ **union suit** n (US) combinaison f

unionism [ˈjuːnjənɪzəm] n (Ind) syndicalisme m; (Pol) unionisme m

unionist [ˈjuːnjənɪst] n **a** (Ind: also **trade unionist**) membre m d'un syndicat, syndiqué(e) m(f)

◆ **the militant unionists** les syndicalistes mpl, les militants mpl syndicaux
b (in Ir, US etc: Pol) unioniste mf

unionization [ˌjuːnjənaɪˈzeɪʃən] n syndicalisation f

unionize [ˈjuːnjənaɪz] (Ind) **1** vt syndiquer
2 vi se syndiquer

uniparous [juːˈnɪpərəs] adj (Zool) unipare ; (Bot) à axe principal unique

unique [juːˈniːk] → SYN **1** adj **a** (= one of a kind) unique (among parmi) ◆ **unique to sb/sth** propre à qn/qch ◆ **his own unique style** son style inimitable, son style bien à lui ◆ **a problem which is unique to Britain** un problème que l'on ne rencontre qu'en Grande-Bretagne ◆ **a problem that is unique to single parents** un problème qui n'affecte que les familles monoparentales
b (= exceptional) exceptionnel ◆ **rather or fairly unique** assez exceptionnel
2 COMP ▷ **unique selling point, unique selling proposition** n avantage m unique

uniquely [juːˈniːklɪ] adv particulièrement ◆ **uniquely placed to do sth** particulièrement bien placé pour faire qch

uniqueness [juːˈniːknɪs] n caractère m unique or exceptionnel

unironed [ʌnˈaɪənd] adj non repassé

unisex [ˈjuːnɪseks] adj clothes, hair salon unisexe ; hospital ward mixte

UNISON [ˈjuːnɪsn] n (Brit) syndicat

unison [ˈjuːnɪsn, ˈjuːnɪzn] → SYN n (gen, also Mus) unisson m ◆ **in unison** sing à l'unisson ◆ **"yes" they said in unison** "oui" dirent-ils en chœur or tous ensemble ◆ **to act in unison** agir de concert

unissued capital [ʌnˈɪʃuːd] n capital m non émis

unit [ˈjuːnɪt] → SYN **1** n **a** (gen, Admin, Elec, Math, Mil etc) unité f ; (Univ etc) module m, unité f de valeur ◆ **administrative/linguistic/monetary unit** unité f administrative/linguistique/monétaire ◆ **unit of length** unité f de longueur ; → **thermal**
b (= complete section, part) élément m ; [of textbook] chapitre m ◆ **compressor unit** groupe m compresseur ◆ **generative unit** (Elec) groupe m électrogène ◆ **you can buy the kitchen in units** vous pouvez acheter la cuisine par éléments ; → **kitchen, sink²**
c (= buildings) locaux mpl ; (= offices) bureaux mpl ; (for engineering etc) bloc m ; (for sport, activity) centre m ; (looking after the public) service m ◆ **assembly/operating unit** bloc m de montage/opératoire ◆ **X-ray unit** service m de radiologie ◆ **sports unit** centre m sportif ◆ **the library/laboratory unit** la bibliothèque/les laboratoires mpl ◆ **the staff accommodation unit** les logements mpl du personnel
d (= group of people) unité f ; (in firm) service m ◆ **research unit** unité f or service m de recherches ◆ **family unit** (Sociol) groupe m familial
2 COMP ▷ **unit cost** n coût m unitaire ▷ **unit furniture** (NonC) n mobilier m par éléments ▷ **unit-linked policy** n (Brit Insurance) assurance-vie avec participation aux bénéfices d'un fonds commun de placement ▷ **unit of account** n [of European Community] unité f de compte ▷ **unit price** n prix m unitaire ▷ **unit pricing** n détermination f ou fixation f du prix unitaire (ou des prix unitaires) ▷ **unit rule** n (US Pol) règlement selon lequel la délégation d'un État vote en bloc suivant la majorité de ses membres ▷ **unit trust** n (Brit Fin) ≈ fonds m commun de placement ; (= company) société f d'investissement à capital variable, SICAV f

Unitarian [ˌjuːnɪˈtɛərɪən] adj, n (Rel) unitaire mf, unitarien(ne) m(f)

Unitarianism [ˌjuːnɪˈtɛərɪənɪzəm] n (Rel) unitarisme m

unitary [ˈjuːnɪtərɪ] adj unitaire

unite [juːˈnaɪt] → SYN **1** vt **a** (= join) [+ countries, groups] unir ; (= marry) unir, marier ◆ **to unite A and B** unir A et B ◆ **to unite A with B** unir A à B
b (= unify) [+ party, country] unifier

2 vi s'unir (with sth à qch ; with sb à or avec qn ; against contre ; in doing sth, to do sth pour faire qch) ◆ **women of the world unite!** femmes du monde entier, unissez-vous !

united [juːˈnaɪtɪd] → SYN **1** adj country, opposition uni ◆ **united in their belief that ...** unis dans la conviction que ... ◆ **united in opposing sth** unis dans leur opposition à qch ◆ **united by a common interest** unis par un intérêt commun ◆ **a united effort** un effort commun ◆ **their united efforts** leurs efforts conjugués ◆ **to present a** or **put on a united front (to sb)** présenter un front uni (face à qn) ◆ **to take a united stand against sb/sth** adopter une position commune contre qn/qch ◆ (Prov) **united we stand, divided we fall** l'union fait la force (Prov)
2 COMP ▷ **the United Arab Emirates** npl les Emirats mpl arabes unis ▷ **the United Arab Republic** n la République arabe unie ▷ **the United Kingdom (of Great Britain and Northern Ireland)** n le Royaume-Uni (de Grande-Bretagne et d'Irlande du Nord) ; → GREAT BRITAIN; UNITED KINGDOM ▷ **United Nations (Organization)** npl (Organisation f des) Nations fpl unies ▷ **United Service Organization** n (US) organisation venant en aide aux militaires américains, en particulier lors de leurs déplacements ou séjours à l'étranger ▷ **the United States (of America)** npl les États-Unis mpl (d'Amérique)

unitive [ˈjuːnɪtɪv] adj unitif

unity [ˈjuːnɪtɪ] → SYN n unité f ; (fig) harmonie f, accord m ◆ **unity of time/place/action** (Theat) unité f de temps/de lieu/d'action ◆ (Prov) **unity is strength** l'union fait la force (Prov) ◆ **to live in unity** vivre en harmonie (with avec)

Univ. (abbrev of **University**) univ.

univalent [ˈjuːnɪˈveɪlənt] adj univalent

univalve [ˈjuːnɪvælv] **1** adj univalve
2 n mollusque m univalve

universal [ˌjuːnɪˈvɜːsəl] → SYN **1** adj acceptance, approval, condemnation unanime ; language, remedy, beliefs universel ◆ **universal access to medical care** l'accès de tous aux soins médicaux ◆ **a universal health-care system** un système de soins médicaux pour tous ◆ **to win universal acclaim** être acclamé par tous ◆ **to have a universal appeal** être apprécié de tous ◆ **he's a universal favourite** tout le monde l'adore ◆ **a universal truth** une vérité universelle ◆ **its use has become universal** son usage est devenu universel ◆ **to make sth universal** rendre qch universel
2 n (Philos) universel m ◆ **universals** (Philos, Ling) universaux mpl
3 COMP ▷ **universal class** n (Math) ensemble m universel ▷ **universal joint** n (joint m de) cardan m ▷ **universal motor** n moteur m universel or tous courants ▷ **Universal Product Code** n (US Comm) code-barres m ▷ **universal suffrage** n suffrage m universel ▷ **universal time** n temps m universel

universality [ˌjuːnɪvɜːˈsælɪtɪ] → SYN n (NonC) universalité f

universalization [ˌjuːnɪˌvɜːsəlaɪˈzeɪʃən] n universalisation f

universalize [ˌjuːnɪˈvɜːsəlaɪz] vt universaliser, rendre universel

universally [ˌjuːnɪˈvɜːsəlɪ] → SYN adv accepted, welcomed, condemned universellement ; popular, true, available partout ◆ **universally liked/admired** aimé/admiré de tous ◆ **universally praised** loué par chacun or tout le monde

universe [ˈjuːnɪvɜːs] → SYN **1** n univers m ◆ **he's the funniest writer in the universe** * c'est l'écrivain le plus amusant qui existe
2 COMP ▷ **universe of discourse** n univers m du discours

university [ˌjuːnɪˈvɜːsɪtɪ] **1** n université f ◆ **to be at/go to university** être/aller à l'université ◆ **to study at university** faire des études universitaires ◆ **a place at university, a university place** une place à l'université ; → **open, residence**
2 COMP degree, town, library universitaire ; professor, student d'université ▷ **Universities and Colleges Admissions Service** n (Brit) service central des inscriptions universitaires ▷ **Universities Central Council on Admissions** n (Brit: formerly) service central des inscriptions universitaires ▷ **Universities Funding Committee** n (Brit) commission gouvernementale responsable de la dotation des universités ▷ **university education** n he has a university education il a fait des études universitaires ▷ **university entrance** n entrée f à l'université ▷ **university entrance examination** n (gen) examen m d'entrée à l'université ; (competitive) concours m d'entrée à l'université ▷ **university extension courses** npl cours publics du soir organisés par une université ▷ **University Grants Committee** n (Brit: formerly) ancienne commission gouvernementale responsable de la dotation des universités ▷ **university hospital** n centre m hospitalier universitaire

univocal [ˌjuːnɪˈvəʊkəl] adj univoque

unjust [ʌnˈdʒʌst] → SYN adj injuste (to sb envers qn) ◆ **it is unjust to do that** il est injuste de faire cela

unjustifiable [ʌnˈdʒʌstɪfaɪəbl] → SYN adj injustifiable

unjustifiably [ʌnˈdʒʌstɪfaɪəblɪ] adv criticize, increase de façon injustifiable ◆ **unjustifiably high levels of taxation** des taux d'imposition d'un niveau injustifiable ◆ **unjustifiably pessimistic** d'un pessimisme injustifiable

unjustified [ʌnˈdʒʌstɪfaɪd] adj **a** (= unfair) action, attack, reputation injustifié
b (Typ) non justifié

unjustly [ʌnˈdʒʌstlɪ] adv injustement

unkempt [ʌnˈkempt] adj person, appearance, clothes négligé ; hair mal peigné ; beard peu soigné ; grass, garden, park mal entretenu

unkind [ʌnˈkaɪnd] → SYN adj **a** (= nasty) person, remark, behaviour désagréable, peu aimable ◆ **she never has an unkind word to say about anyone** elle n'a jamais un mot désagréable pour qui que ce soit ◆ **it would be unkind to say that ...** il serait peu aimable de dire que ... ◆ **to be unkind to sb** ne pas être aimable avec qn
b (= adverse) fate cruel (to sb envers qn) ; climate rude ◆ **the weather was unkind to us** le temps s'est montré peu clément pour nous
c (Sport) bounce malheureux

unkindly [ʌnˈkaɪndlɪ] **1** adv behave désagréablement, de façon désagréable or peu aimable ; say désagréablement, sans aménité ; describe sans aménité ◆ **to speak unkindly of sb** dire des choses désagréables or peu aimables au sujet de qn ◆ **don't take it unkindly if ...** ne soyez pas offensé si ..., ne le prenez pas en mauvaise part si ... ◆ **to take unkindly to sth** accepter qch difficilement
2 adj person, remark désagréable, peu aimable ; climate rude ◆ **in an unkindly way** de façon désagréable or peu aimable

unkindness [ʌnˈkaɪndnɪs] n **a** (NonC) [of person, behaviour] manque m de gentillesse or d'amabilité ; (stronger) méchanceté f ; [of words, remark] malveillance f ; [of fate] cruauté f ; [of weather] rigueur f
b (= act of unkindness) méchanceté f, action f or parole f méchante

unknot [ʌnˈnɒt] vt dénouer, défaire (le nœud de)

unknowable [ʌnˈnəʊəbl] adj (esp liter) inconnaissable

unknowing [ʌnˈnəʊɪŋ] adj ◆ **to be the unknowing victim of sb/sth** être la victime de qn/qch sans le savoir ◆ **to be the unknowing cause of sth** être la cause de qch à son insu or sans le savoir ◆ **to be an unknowing accomplice in** or **to sth** être le complice de qch à son insu or sans le savoir ◆ **... he said, all unknowing** ... dit-il, sans savoir ce qui se passait

unknowingly [ʌnˈnəʊɪŋlɪ] adv sans le savoir, à mon (or son etc) insu

unknown [ʌnˈnəʊn] → SYN **1** adj inconnu ◆ **his real name is unknown (to me)** son vrai nom (m')est inconnu ◆ **she hoped to remain unknown to the authorities** elle espérait que les autorités ne s'apercevraient pas de son existence ◆ **a species unknown to science** une espèce inconnue des scientifiques ◆ **unknown to me, he ...** à mon insu, il ..., sans que je le sache, il ... ◆ **unknown to him, the plane had crashed** l'avion s'était écrasé, ce qu'il ignorait ◆ **some unknown person** un inconnu ◆ **it is unknown territory (for them)** (lit, fig) c'est un territoire inconnu (pour eux)

unlabelled / unmarked

♦ **murder by person or persons unknown** (Jur) meurtre m dont on ignore l'auteur ou les auteurs ♦ **Jill Brown, whereabouts unknown** Jill Brown, dont on ignore où elle se trouve actuellement

2 n **a** **the unknown** (Philos, gen) l'inconnu m ; (Math, fig) l'inconnue f ♦ **voyage into the unknown** voyage m dans l'inconnu ♦ **in space exploration there are many unknowns** dans l'exploration de l'espace il y a de nombreuses inconnues

b (= person, actor etc) inconnu(e) m(f) ♦ **they chose an unknown for the part of Macbeth** ils ont choisi un inconnu pour jouer le rôle de Macbeth

3 COMP ▷ **unknown factor** n inconnue f ▷ **unknown quantity** n (Math, fig) inconnue f ♦ **he's an unknown quantity** il représente une inconnue ▷ **the Unknown Soldier, the Unknown Warrior** n le Soldat inconnu

unlabelled [ˌʌnˈleɪbld] adj non étiqueté, sans étiquette

unlace [ˈʌnˈleɪs] vt délacer, défaire (le lacet de)

unladen [ˈʌnˈleɪdn] adj ship à vide ♦ **unladen weight** poids m à vide ♦ **to weigh 5 tonnes unladen** peser 5 tonnes à vide

unladylike [ˈʌnˈleɪdɪlaɪk] adj girl, woman mal élevée, qui manque de distinction ; manners, behaviour peu distingué ♦ **it's unladylike to yawn** une jeune fille bien élevée ne bâille pas

unlamented [ˌʌnləˈmentɪd] → SYN adj non regretté ♦ **he died unlamented** on ne pleura pas sa mort

unlatch [ˈʌnˈlætʃ] vt ouvrir, soulever le loquet de

unlawful [ˈʌnˈlɔːfʊl] → SYN **1** adj act illégal, illicite ; marriage illégitime ♦ **by unlawful means** par des moyens illégaux

2 COMP ▷ **unlawful assembly** n rassemblement m illégal ▷ **unlawful entry** n effraction f ▷ **unlawful killing** n homicide m volontaire (sans préméditation) ▷ **unlawful possession** n détention f illégale ▷ **unlawful wounding** n coups mpl et blessures fpl (sans préméditation)

unlawfully [ˈʌnˈlɔːfəlɪ] adv illégalement, illicitement

unleaded [ˈʌnˈledɪd] **1** adj petrol sans plomb
2 n (also **unleaded petrol**) essence f sans plomb

unlearn [ˈʌnˈlɜːn] pret, ptp **unlearned** or **unlearnt** vt désapprendre

unlearned [ˈʌnˈlɜːnɪd] **1** vb (pt, ptp of **unlearn**)
2 adj ignorant, illettré

unleash [ˈʌnˈliːʃ] vt [+ dog] détacher, lâcher ; [+ hounds] découpler ; (fig) [+ anger etc] déchaîner, déclencher

unleavened [ˈʌnˈlevnd] adj bread sans levain, azyme (Rel) ♦ **unleavened by humour** qui n'est pas égayé par le moindre trait d'humour

unless [ənˈles] conj à moins que ... (ne) (+ subj), à moins de (+ infin) ♦ **I'll take it, unless you want it** je vais le prendre, à moins que vous (ne) le vouliez ♦ **take it, unless you can find another** prenez-le, à moins que vous n'en trouviez un autre ♦ **I won't do it unless you phone me** je ne le ferai que si tu me téléphones ♦ **I won't go unless you do** je n'irai que si tu y vas toi aussi ♦ **unless I am mistaken** à moins que je (ne) me trompe, si je ne me trompe (pas) ♦ **unless I hear to the contrary** sauf avis contraire, sauf contrordre ♦ **unless otherwise stated** (Admin, Comm, Pharm etc) sauf indication contraire

unlettered [ˈʌnˈletəd] → SYN adj illettré

unliberated [ˈʌnˈlɪbəreɪtɪd] adj woman etc qui n'est pas libéré or émancipé

unlicensed [ˈʌnˈlaɪsənst] adj activity illicite, non autorisé ; vehicle sans vignette ♦ **unlicensed premises** (Brit) établissement m qui n'a pas de licence de débit de boissons

unlikable [ˈʌnˈlaɪkəbl] adj ⇒ **unlikeable**

unlike [ˈʌnˈlaɪk] → SYN **1** adj dissemblable (also Math, Phys), différent ♦ **they are quite unlike** ils ne se ressemblent pas du tout

2 prep ♦ **unlike his brother, he ...** à la différence de or contrairement à son frère, il ... ♦ **it's so unlike him to say something like that** ça

lui ressemble si peu de dire une chose pareille ♦ **how unlike George!** on ne s'attendait pas à ça de la part de George ! ♦ **Glasgow is quite unlike Edinburgh** Glasgow ne ressemble pas du tout à Édimbourg ♦ **she is unlike him in every way, except for her dark eyes** elle ne lui ressemble pas du tout, si ce n'est ses yeux sombres ♦ **the portrait is quite unlike him** ce portrait ne lui ressemble pas, ce portrait est très peu ressemblant

unlikeable [ˈʌnˈlaɪkəbl] adj person peu sympathique ; town, thing peu agréable

unlikelihood [ʌnˈlaɪklɪhʊd], **unlikeliness** [ʌnˈlaɪklɪnɪs] n (NonC) improbabilité f

unlikely [ʌnˈlaɪklɪ] LANGUAGE IN USE 16.2, 26.3 → SYN adj happening, outcome peu probable, improbable ; explanation invraisemblable ; friendship, candidate, setting inattendu ♦ **an unlikely place to find ...** un endroit où l'on ne s'attend (or s'attendait) guère à trouver ... ♦ **they're such an unlikely couple** ils forment un couple si invraisemblable ♦ **she was wearing the most unlikely hat** elle avait un chapeau complètement invraisemblable ♦ **in the unlikely event of war** dans le cas improbable où une guerre éclaterait ♦ **in the unlikely event that ...** au cas improbable où ... ♦ **in the unlikely event of his accepting** au cas improbable où il accepterait ♦ **it is unlikely that she will come, she is unlikely to come** il est improbable or peu probable qu'elle vienne, il y a peu de chances pour qu'elle vienne ♦ **it is unlikely to be settled** cela ne risque guère d'être réglé ♦ **she is unlikely to succeed** elle a peu de chances de réussir ♦ **that is unlikely to happen** il y a peu de chances que ça se produise ♦ **it is most unlikely** c'est fort or très improbable ♦ **it is not unlikely that ...** il est assez probable que ... (+ subj), il se pourrait bien que ... (+ subj)

unlimited [ʌnˈlɪmɪtɪd] → SYN **1** adj amount, number, use illimité ; patience sans limite(s), sans bornes ♦ **unlimited opportunities** des possibilités fpl illimitées ♦ **they had unlimited time** ils avaient tout le temps qu'ils voulaient ♦ **a ticket that allows unlimited travel on buses** un ticket qui permet d'effectuer un nombre illimité de trajets en autobus

2 COMP ▷ **unlimited liability** n (Comm, Fin, Jur) responsabilité f illimitée

unlined [ˈʌnˈlaɪnd] adj **a** garment, curtain sans doublure

b face sans rides ; paper uni, non réglé

unlisted [ˈʌnˈlɪstɪd] LANGUAGE IN USE 27.5

1 adj qui ne figure pas sur une liste ; (St Ex) non inscrit à la cote ; (US Telec) qui ne figure pas dans l'annuaire ; (US Telec) ≃ qui est sur la liste rouge ♦ **to go unlisted** (US Telec) ≃ se faire mettre sur la liste rouge

2 COMP ▷ **unlisted building** n (Brit) édifice m non classé ▷ **unlisted securities market** n (Brit St Ex) second marché m (de Londres)

unlit [ˈʌnˈlɪt] adj **a** (= not burning) cigarette, pipe, fire non allumé

b (= dark) place non éclairé ; vehicle sans feux

unload [ˈʌnˈləʊd] → SYN **1** vt [+ ship, cargo, truck, rifle, washing machine] décharger ; (fig = get rid of) se débarrasser de, se défaire de ♦ **to unload sth on (to) sb** se décharger de qch sur qn

2 vi [ship, truck] être déchargé, déposer son chargement

unloaded [ˈʌnˈləʊdɪd] adj gun qui n'est pas chargé ; truck, ship qui est déchargé

unloading [ˈʌnˈləʊdɪŋ] n déchargement m

unlock [ˈʌnˈlɒk] → SYN **1** vt **a** [+ door, box] ouvrir ♦ **the door is unlocked** la porte n'est pas fermée à clé

b (fig) [+ heart] ouvrir ; [+ mystery] résoudre ; [+ secret] révéler

2 vi [lock, box, door] s'ouvrir

unlooked-for [ˌʌnˈlʊktfɔːʳ] → SYN adj inattendu, imprévu

unloose [ˈʌnˈluːs], **unloosen** [ˈʌnˈluːsn] vt [+ rope] relâcher, détendre ; [+ knot] desserrer ; [+ prisoner] libérer, relâcher ; [+ grasp] relâcher, desserrer

unlovable [ˈʌnˈlʌvəbl] adj désagréable

unloved [ˈʌnˈlʌvd] → SYN adj mal aimé

ANGLAIS-FRANÇAIS 1056

unlovely [ˈʌnˈlʌvlɪ] adj déplaisant

unloving [ˈʌnˈlʌvɪŋ] adj person peu affectueux ; marriage sans amour

unluckily [ʌnˈlʌkɪlɪ] adv malheureusement, par malheur ♦ **unluckily for him** malheureusement pour lui ♦ **the day started unluckily** la journée a commencé sous le signe de la malchance

unluckiness [ʌnˈlʌkɪnɪs] n manque m de chance, malchance f

unlucky [ʌnˈlʌkɪ] → SYN adj **a** (= unfortunate) person qui n'a pas de chance, malchanceux ; coincidence, event malencontreux ; choice, defeat, loser, victim malheureux ; moment mal choisi, mauvais ; day de malchance ♦ **he is always unlucky** il n'a jamais de chance ♦ **he tried to get a seat but he was unlucky** il a essayé d'avoir une place mais il n'y est pas arrivé ♦ **he was just unlucky** il n'a simplement pas eu de chance ♦ **how unlucky for you!** vous n'avez pas de chance !, ce n'est pas de chance pour vous ! ♦ **to be unlucky in one's choice of sth** ne pas avoir de chance en choisissant qch ♦ **to be unlucky at cards** ne pas avoir de chance aux cartes ♦ **to be unlucky in love** ne pas avoir de chance en amour ♦ **it was unlucky (for her) that her husband should walk in just then** elle n'a pas eu de chance que son mari soit entré à cet instant précis ♦ **she was unlucky enough to lose her credit card** elle a eu la malchance de perdre sa carte de crédit ♦ **he was unlucky not to score a second goal** il n'a pas eu de chance de ne pas marquer un deuxième but ♦ **to be unlucky with the weather** ne pas avoir de chance avec le temps

b (= bringing bad luck) number, colour, action, object qui porte malheur ; omen néfaste, funeste ♦ **it is unlucky to break a mirror** ça porte malheur de casser un miroir ♦ **unlucky for some!** ça porte malheur !

unmade [ˈʌnˈmeɪd] **1** vb (pt, ptp of **unmake**)
2 adj bed défait ; (Brit = unsurfaced) road non goudronné ♦ **his new album could be the soundtrack to an unmade movie** (= hypothetical) son nouvel album pourrait être la musique d'un futur film

un-made-up [ˈʌnmeɪdˈʌp] adj face, person non maquillé, sans maquillage

unmake [ˈʌnˈmeɪk] pret, ptp **unmade** vt défaire ; (= destroy) détruire, démolir

unman [ˈʌnˈmæn] vt (liter) faire perdre courage à, émasculer (fig)

unmanageable [ʌnˈmænɪdʒəbl] → SYN adj number, size, proportions écrasant ; problem impossible à régler ; system, situation impossible à gérer, ingérable ; hair impossible à coiffer, rebelle ; person impossible, animal incontrôlable

unmanly [ˈʌnˈmænlɪ] adj indigne d'un homme ♦ **it is unmanly to cry** les hommes, ça ne pleure pas

unmanned [ˈʌnˈmænd] adj **a** (= automatic) vehicle, aircraft, flight sans équipage ; spacecraft inhabité ; lighthouse sans gardien ; level-crossing automatique, non gardé

b (= without staff) station sans personnel ; border post qui n'est pas gardé, sans gardes ; position, work station inoccupé ♦ **the machine was left unmanned for ten minutes** il n'y a eu personne aux commandes de la machine pendant dix minutes ♦ **the telephone was left unmanned** il n'y avait personne pour répondre au téléphone or pour prendre les communications ♦ **he left the desk unmanned** il a quitté son guichet ; see also **unman**

unmannerliness [ʌnˈmænəlɪnɪs] n (NonC) manque m de savoir-vivre, impolitesse f

unmannerly [ʌnˈmænəlɪ] → SYN adj mal élevé, impoli, discourtois

unmapped [ˈʌnˈmæpt] adj dont on n'a pas établi or dressé la carte

unmarked [ˈʌnˈmɑːkt] adj **a** (= unscathed) person, face qui n'a pas de marque

b (= anonymous) grave sans nom ; police car banalisé ; container qui ne porte pas d'étiquette ; envelope, door qui ne porte pas de nom

c (Educ) essay etc non corrigé

d (Sport) player démarqué

e (Ling) non marqué

unmarketable [ˌʌnˈmɑːkɪtəbl] adj invendable

unmarriageable [ˌʌnˈmærɪdʒəbl] adj immariable

unmarried [ˌʌnˈmærɪd] → SYN **1** adj person célibataire, qui n'est pas marié ; couple non marié
2 COMP ▷ **unmarried mother** n mère f célibataire

unmask [ˌʌnˈmɑːsk] → SYN **1** vt (lit, fig) démasquer
2 vi ôter son masque

unmatched [ˌʌnˈmætʃt] → SYN adj ability, beauty sans pareil, sans égal ♦ **unmatched by any rival** sans rival ♦ **facilities unmatched by any other European city** des installations fpl sans pareilles or égales dans les autres grandes villes européennes ♦ **unmatched for quality** d'une qualité inégalée

unmeant [ˌʌnˈment] adj qui n'est pas voulu, involontaire

unmemorable [ˌʌnˈmemərəbl] adj book, film etc qui ne laisse pas un souvenir impérissable ♦ **an unmemorable face** un visage quelconque or le genre de visage que l'on oublie facilement

unmentionable [ˌʌnˈmenʃnəbl] → SYN **1** adj object qu'il est préférable de ne pas mentionner ; word qu'il est préférable de ne pas prononcer ♦ **it is unmentionable** il est préférable de ne pas en parler
2 unmentionables † npl (hum) sous-vêtements mpl, dessous mpl

unmerciful [ˌʌnˈmɜːsɪfʊl] → SYN adj impitoyable, sans pitié (*towards* envers)

unmercifully [ˌʌnˈmɜːsɪfəlɪ] adv impitoyablement

unmerited [ˌʌnˈmerɪtɪd] adj immérité

unmet [ˌʌnˈmet] adj needs, demands insatisfait ; condition qui n'a pas été satisfait ♦ **his demands went unmet** ses exigences n'ont pas été satisfaites, on n'a pas répondu à ses exigences

unmethodical [ˌʌnmɪˈθɒdɪkəl] adj peu méthodique

unmindful [ˌʌnˈmaɪndfʊl] → SYN adj ♦ **unmindful of** oublieux de

unmissable * [ˌʌnˈmɪsəbl] adj (Brit) programme, film à ne pas rater ♦ **his new film is unmissable** son nouveau film est un must *

unmistakable [ˌʌnmɪsˈteɪkəbl] → SYN adj voice, sound, smell, style caractéristique, qu'on ne peut pas ne pas reconnaître ♦ **to send an unmistakable message to sb that ...** faire comprendre clairement à qn que ... ♦ **to bear the unmistakable stamp of sth** porter la marque indubitable de qch ♦ **to show unmistakable signs of sth** montrer des signes indubitables de qch

unmistakably [ˌʌnmɪsˈteɪkəblɪ] adv indubitablement

unmitigated [ˌʌnˈmɪtɪɡeɪtɪd] → SYN adj (frm) disaster, failure, success total ; nonsense, folly pur ; delight, admiration non mitigé ♦ **he is an unmitigated scoundrel/liar** c'est un fieffé coquin/menteur

unmixed [ˌʌnˈmɪkst] adj pur, sans mélange

unmodified [ˌʌnˈmɒdɪfaɪd] adj inchangé

unmolested [ˌʌnməˈlestɪd] adv slip through, pass by etc sans encombre ; live, sleep sans être dérangé, en paix ♦ **to be left unmolested** [person] être laissé en paix, être laissé tranquille

unmortgaged [ˌʌnˈmɔːɡɪdʒd] adj libre d'hypothèques, non hypothéqué

unmotivated [ˌʌnˈməʊtɪveɪtɪd] adj immotivé, sans motif

unmould [ˌʌnˈməʊld] vt (Culin) démouler

unmounted [ˌʌnˈmaʊntɪd] adj **a** (= without horse) sans cheval, à pied
b (= without mounting) gem non serti, non monté ; picture, photo non monté or collé sur carton ; stamp non collé dans un album

unmourned [ˌʌnˈmɔːnd] adj non regretté ♦ **he died unmourned** on ne pleura pas sa mort

unmoved [ˌʌnˈmuːvd] → SYN adj indifférent (*by sth* à qch) ♦ **he was unmoved by her tears** il est resté indifférent à ses larmes

unmusical [ˌʌnˈmjuːzɪkəl] adj person peu musicien, qui n'a pas d'oreille ; sound, rendition peu mélodieux, peu harmonieux

unmuzzle [ˌʌnˈmʌzl] vt (lit, fig) démuseler

unnam(e)able [ˌʌnˈneɪməbl] adj innommable

unnamed [ˌʌnˈneɪmd] adj **a** (= anonymous) person, source dont le nom n'a pas été divulgué ; author, donor anonyme
b (= having no name) baby, comet, star qui n'a pas reçu de nom

unnatural [ˌʌnˈnætʃrəl] → SYN **1** adj **a** (= unusual) calm, silence anormal ♦ **it is not unnatural that ...** il n'est pas anormal que ... (+ subj) ♦ **it is not unnatural to think that ...** il n'est pas anormal de penser que ... ♦ **it is not unnatural for sb to think that ...** il n'est pas anormal que qn pense (subj) que ... ♦ **it is unnatural for her to be so pleasant** ça ne lui ressemble pas d'être aussi aimable
b (= abnormal, unhealthy) practice, vice, love contre nature ♦ **it's supposedly unnatural for women not to want children** il est soi-disant contre nature pour une femme de ne pas vouloir d'enfants
c (= affected) smile, voice forcé, qui manque de naturel ; manner affecté, forcé, qui manque de naturel
2 COMP ▷ **unnatural death** n (Jur) mort f non naturelle ▷ **unnatural practices** npl pratiques fpl contre nature

unnaturally [ˌʌnˈnætʃrəlɪ] adv **a** (= unusually) loud, quiet anormalement ♦ **he was unnaturally silent** il était anormalement silencieux ♦ **it was unnaturally silent** un silence anormal régnait ♦ **not unnaturally we were worried** bien entendu, nous étions inquiets, nous étions naturellement inquiets
b (= affectedly) speak, smile d'une manière affectée or forcée

unnavigable [ˌʌnˈnævɪɡəbl] adj non navigable

unnecessarily [ˌʌnˈnesɪsərɪlɪ] adv cruel, difficult, complicated inutilement ; suffer, alarm, worry inutilement, pour rien ♦ **unnecessarily violent** d'une violence gratuite ♦ **he is unnecessarily strict** il est plus sévère que cela n'est nécessaire

unnecessary [ˌʌnˈnesɪsərɪ] → SYN adj (gen) inutile, qui n'est pas nécessaire ; violence gratuit ♦ **to cause unnecessary suffering to sb** faire souffrir inutilement or gratuitement qn ♦ **to use unnecessary force** faire usage de la force plus qu'il n'est nécessaire ♦ **they made a lot of unnecessary fuss** ils ont fait beaucoup d'histoires pour rien ♦ **it is unnecessary to do sth** il n'est pas nécessaire de faire qch ♦ **it is unnecessary for sb to do sth** il n'est pas nécessaire que qn fasse qch ♦ **it is unnecessary to add that ...** (il est) inutile d'ajouter que ...

unneighbourly, unneighborly (US) [ˌʌnˈneɪbəlɪ] adj qui n'agit pas en bon voisin, peu sociable ♦ **this unneighbourly action** cette action mesquine de la part de mon (or son etc) voisin

unnerve [ˌʌnˈnɜːv] → SYN vt troubler, perturber

unnerved [ˌʌnˈnɜːvd] adj troublé, perturbé

unnerving [ˌʌnˈnɜːvɪŋ] adj troublant, perturbant

unnervingly [ˌʌnˈnɜːvɪŋlɪ] adv ♦ **unnervingly quiet/calm** d'un calme/sang-froid troublant or perturbant

unnoticed [ˌʌnˈnəʊtɪst] → SYN adj inaperçu ♦ **to be unnoticed (by sb)** ne pas être remarqué (par qn) ♦ **to do sth unnoticed** faire qch sans se faire remarquer ♦ **to go** or **pass unnoticed (by sb)** passer inaperçu (de qn) ♦ **to enter/leave unnoticed (by sb)** entrer/partir sans se faire remarquer (par qn)

unnumbered [ˌʌnˈnʌmbəd] adj **a** (= not numbered) page, ticket, seat non numéroté ; house sans numéro
b (liter = countless) innombrable

UNO [ˈjuːnəʊ] n (abbrev of **United Nations Organization**) ONU f

unobjectionable [ˌʌnəbˈdʒekʃnəbl] adj thing acceptable ; person à qui on ne peut rien reprocher

unobliging [ˌʌnəˈblaɪdʒɪŋ] adj peu obligeant or coopératif

unobservant [ˌʌnəbˈzɜːvənt] adj peu observateur (-trice f), peu perspicace

unobserved [ˌʌnəbˈzɜːvd] adj **a** (= unnoticed) to be unobserved (by sb) ne pas être remarqué (par qn) ♦ **to go unobserved (by sb)** passer inaperçu (de qn) ♦ **to enter/leave unobserved (by sb)** entrer/partir sans se faire remarquer (par qn)
b (= unwatched) **he imagined that he was unobserved** il s'imaginait qu'on ne l'observait pas

unobstructed [ˌʌnəbˈstrʌktɪd] adj pipe non bouché, non obstrué ; path, road dégagé, libre ♦ **the driver has an unobstructed view to the rear** le conducteur a une excellente visibilité à l'arrière

unobtainable [ˌʌnəbˈteɪnəbl] adj **a** (= unavailable) **basic necessities were often unobtainable** il était souvent impossible de se procurer l'essentiel
b (= unrealizable) goal, objective irréalisable
c (Telec) **his number was unobtainable** son numéro était impossible à obtenir
d (sexually) inaccessible

unobtrusive [ˌʌnəbˈtruːsɪv] → SYN adj discret (-ète f)

unobtrusively [ˌʌnəbˈtruːsɪvlɪ] adv discrètement

unoccupied [ˌʌnˈɒkjʊpaɪd] → SYN adj **a** (= empty) house inoccupé, inhabité ; offices, factory vide ; room, seat, table inoccupé ; post vacant
b (Mil) France, zone libre
c (= not busy) person désœuvré, inoccupé

unofficial [ˌʌnəˈfɪʃəl] → SYN **1** adj **a** (= informal) visit, tour privé, non officiel ♦ **in an unofficial capacity** à titre privé or non officiel
b (= de facto) leader, spokesperson non officiel
c (= unconfirmed) report, results officieux
2 COMP ▷ **unofficial strike** n grève f sauvage

unofficially [ˌʌnəˈfɪʃəlɪ] adv **a** (= informally) ask, tell, report en privé, de façon non officielle ; visit à titre privé, à titre non officiel ♦ **they were unofficially engaged** ils étaient officieusement fiancés ♦ **he was working unofficially for the CIA** il travaillait de façon non officielle pour la CIA
b (= off the record) say officieusement ♦ **unofficially, he supports the proposals** officieusement or en privé, il soutient ces propositions ♦ **officially, I'm in favour of it, unofficially, I have my doubts** officiellement, je suis pour, personnellement, j'ai des doutes

unopened [ˌʌnˈəʊpənd] adj bottle, packet, mail qui n'a pas été ouvert ♦ **the book was** or **lay unopened** le livre n'avait pas été ouvert ♦ **to send a letter back unopened** renvoyer une lettre sans l'avoir ouverte ♦ **to leave sth unopened** laisser qch fermé

unopposed [ˌʌnəˈpəʊzd] adj (Parl, gen) sans opposition ; (Mil) sans rencontrer de résistance ♦ **the bill was given an unopposed second reading** (Parl) le projet de loi a été accepté sans opposition à la deuxième lecture

unorganized [ˌʌnˈɔːɡənaɪzd] adj (gen, Bio, Ind) inorganisé ; (= badly organized) event etc mal organisé ; essay qui manque d'organisation ; person qui ne sait pas s'organiser, qui manque d'organisation

unoriginal [ˌʌnəˈrɪdʒɪnəl] adj person, work qui manque d'originalité, peu original ; style, remark banal ; idea peu original, banal

unorthodox [ˌʌnˈɔːθədɒks] → SYN adj **a** (= unconventional) person, behaviour, method peu orthodoxe ; views, ideas non orthodoxes
b (Rel) hétérodoxe

unostentatious [ˌʌnɒstənˈteɪʃəs] adj discret (-ète f), sans ostentation, simple

unostentatiously [ˌʌnɒstənˈteɪʃəslɪ] adv discrètement, sans ostentation

unpack [ˌʌnˈpæk] **1** vt **a** [+ suitcase] défaire ; [+ belongings] déballer ♦ **to get unpacked** déballer ses affaires
b (fig) [+ idea, problem] analyser
2 vi défaire sa valise, déballer ses affaires

unpacking [ˌʌnˈpækɪŋ] n (NonC) déballage m ♦ **to do one's unpacking** déballer ses affaires

unpaid [ˌʌnˈpeɪd] → SYN adj staff, worker, overtime non rémunéré ; work non rémunéré, non rétribué ; leave, tax non payé ; bill, debt, rent impayé ♦ **unpaid volunteer** bénévole mf ♦ **to**

unpalatable [ʌnˈpælɪtəbl] → SYN adj a (in taste) food qui n'a pas bon goût
  b (= difficult) truth désagréable à entendre ; fact désagréable ; choice désagréable à faire ; idea difficile à accepter ◆ **to be unpalatable to sb** être désagréable à qn

unparalleled [ʌnˈpærəleld] → SYN adj opportunity, prosperity, event sans précédent ; collection, success hors pair ; beauty, wit incomparable, sans égal ◆ **unparalleled in the history of ...** sans précédent dans l'histoire de ...

unpardonable [ʌnˈpɑːdnəbl] → SYN adj (frm) behaviour impardonnable, inexcusable ; sin impardonnable ◆ **it is unpardonable to treat people so badly** c'est impardonnable or inexcusable de traiter les gens aussi mal ◆ **it's unpardonable of him to have taken it** c'est impardonnable de sa part de l'avoir pris

unpardonably [ʌnˈpɑːdnəblɪ] adv inexcusablement ◆ **unpardonably rude** d'une impolitesse impardonnable or inexcusable

unparliamentary [ˌʌnpɑːləˈmentərɪ] adj behaviour, language inadmissible au parlement

unpasteurized [ʌnˈpæstəraɪzd] adj non pasteurisé

unpatented [ʌnˈpeɪtntɪd] adj invention non breveté

unpatriotic [ˌʌnpætrɪˈɒtɪk] adj person peu patriote ; act, speech antipatriotique

unpatriotically [ˌʌnpætrɪˈɒtɪkəlɪ] adv avec antipatriotisme

unpaved [ʌnˈpeɪvd] adj non pavé

unperceived [ˌʌnpəˈsiːvd] adj inaperçu

unperforated [ʌnˈpɜːfəreɪtɪd] adj non perforé

unperturbed [ˌʌnpəˈtɜːbd] → SYN adj imperturbable ◆ **he was unperturbed by this failure** cet échec ne l'a pas perturbé ◆ **unperturbed by this failure, he ...** sans se laisser perturber par cet échec, il ...

unpick [ʌnˈpɪk] vt [+ seam] découdre, défaire ; [+ stitch] défaire, (Brit fig) [+ plan, policy] attaquer (fig)

unpin [ʌnˈpɪn] vt détacher (*from* de) ; [+ sewing, one's hair] enlever les épingles de

unplaced [ʌnˈpleɪst] adj (Sport) horse non placé ; athlete non classé

unplait [ʌnˈplæt] vt dénatter

unplanned [ʌnˈplænd] adj occurrence imprévu ; baby non prévu

unplasticized [ʌnˈplæstɪsaɪzd] adj ◆ **unplasticized polyvinyl chloride** chlorure m de polyvinyle non plastifié

unplayable [ʌnˈpleɪəbl] adj a (Tennis, Cricket = unstoppable) shot, ball, ace imparable
  b (Snooker = obstructed) ball injouable
  c (= unbeatable) person imbattable
  d (Mus) injouable

unpleasant [ʌnˈpleznt] → SYN adj désagréable

unpleasantly [ʌnˈplezntlɪ] adv a (= disagreeably) hot, salty désagréablement
  b (= in an unfriendly way) say, laugh, behave de façon déplaisante

unpleasantness [ʌnˈplezntnɪs] n [of experience, person] caractère m désagréable ; [of place, house] aspect m or caractère m déplaisant ; (= quarrelling) friction f, dissension f ◆ **there has been a lot of unpleasantness recently** il y a eu beaucoup de frictions or dissensions ces temps derniers ◆ **after that unpleasantness at the beginning of the meeting ...** après cette fausse note au début de la réunion ...

unpleasing [ʌnˈpliːzɪŋ] adj (frm) déplaisant

unplug [ʌnˈplʌg] vt (Elec) débrancher

unplugged [ʌnˈplʌgd] adj (Mus) sans sono *

unplumbed [ʌnˈplʌmd] adj (liter) depth, mystery non sondé

unpoetic(al) [ˌʌnpəʊˈetɪk(əl)] adj peu poétique

unpolished [ʌnˈpɒlɪʃt] adj a (lit) furniture non ciré, non astiqué ; floor, shoes non ciré ; glass dépoli ; silver non fourbi ; diamond non poli
  b (fig) person qui manque d'éducation or de savoir-vivre ; manners peu raffinés ; style qui manque de poli

unpolluted [ˌʌnpəˈluːtɪd] adj a (lit) air, water, beach non pollué
  b (fig) mind non contaminé, non corrompu

unpopular [ʌnˈpɒpjʊlər] → SYN adj impopulaire (*with sb* auprès de qn)

unpopularity [ˌʌnpɒpjʊˈlærɪtɪ] n (NonC) impopularité f

unpopulated [ʌnˈpɒpjʊleɪtɪd] adj inhabité

unpractical [ʌnˈpræktɪkəl] adj method, project, suggestion qui n'est pas pratique ; tool peu pratique

unpractised, unpracticed (US) [ʌnˈpræktɪst] adj person inexpérimenté, inexpert ; movement etc inexpert, inhabile ; eye, ear inexercé

unprecedented [ʌnˈpresɪdəntɪd] → SYN adj sans précédent

unpredictability [ˌʌnprɪdɪktəˈbɪlɪtɪ] n imprévisibilité f

unpredictable [ˌʌnprɪˈdɪktəbl] → SYN adj person, behaviour, consequences imprévisible ; weather incertain

unpredictably [ˌʌnprɪˈdɪktəblɪ] adv behave de façon imprévisible ◆ **unpredictably violent** d'une violence imprévisible

unprejudiced [ʌnˈpredʒʊdɪst] → SYN adj person impartial, sans parti pris, sans préjugés ; decision, judgement impartial, sans parti pris

unpremeditated [ˌʌnprɪˈmedɪteɪtɪd] → SYN adj non prémédité

unprepared [ˌʌnprɪˈpeəd] → SYN adj a (= unready) **to be unprepared (for sth/to do sth)** [person] ne pas être préparé (à qch/à faire qch), ne pas être prêt (pour qch/à faire qch) ◆ **I was unprepared for the exam** je n'avais pas suffisamment préparé l'examen ◆ **he set out quite unprepared** il est parti sans aucune préparation or sans (s'y) être du tout préparé ◆ **he was unprepared for the news** la nouvelle l'a pris au dépourvu or l'a surpris ◆ **to catch sb unprepared** prendre qn au dépourvu
  b (= unwilling) **to be unprepared to do sth** [person] ne pas être disposé à faire qch
  c (= unrehearsed) speech improvisé ; test, translation sans préparation

unpreparedness [ˌʌnprɪˈpeərɪdnɪs] n (NonC) manque m de préparation, impréparation f

unprepossessing [ˌʌnpriːpəˈzesɪŋ] adj person, appearance peu avenant

unpresentable [ˌʌnprɪˈzentəbl] adj person, thing qui n'est pas présentable

unpretentious [ˌʌnprɪˈtenʃəs] → SYN adj sans prétention(s)

unpriced [ʌnˈpraɪst] adj goods dont le prix n'est pas marqué

unprincipled [ʌnˈprɪnsɪpld] → SYN adj person peu scrupuleux, sans scrupules ; behaviour, act peu scrupuleux

unprintable [ʌnˈprɪntəbl] adj a (= unpublishable) article impubliable
  b (gen hum = shocking) story pas racontable ; words, comment que la décence interdit de reproduire or répéter ◆ **her reply was unprintable** la décence m'interdit de répéter sa réponse

unprivileged [ʌnˈprɪvɪlɪdʒd] adj (gen) défavorisé, (Econ) économiquement faible

unproductive [ˌʌnprəˈdʌktɪv] → SYN adj a (= ineffective) meeting, discussion stérile, improductif ; factory, work, worker improductif
  b (Agr) land, soil improductif
  c (Fin) capital improductif

unprofessional [ˌʌnprəˈfeʃənl] → SYN 1 adj person, behaviour, attitude peu professionnel ◆ **to behave in a totally unprofessional manner** manquer totalement de professionnalisme ◆ **it was unprofessional of her (to say that)** c'était un manque de professionnalisme de sa part (que de dire cela)
  2 COMP ▷ **unprofessional conduct** n manquement m aux devoirs de la profession

unprofessionally [ˌʌnprəˈfeʃnəlɪ] adv sans respecter le code professionnel ◆ **he behaved unprofessionally** il n'a pas respecté le code professionnel, il a manqué aux devoirs de sa profession

unprofitable [ʌnˈprɒfɪtəbl] adj a (= uneconomic) business, industry, route peu rentable
  b (= fruitless) argument, activity, day stérile

unprofitably [ʌnˈprɒfɪtəblɪ] adv sans profit

UNPROFOR [ʌnˈprəʊfɔːr] n (abbrev of **United Nations Protection Force**) FORPRONU f

unpromising [ʌnˈprɒmɪsɪŋ] → SYN adj peu prometteur

unpromisingly [ʌnˈprɒmɪsɪŋlɪ] adv de façon peu prometteuse

unprompted [ʌnˈprɒmptɪd] 1 adj remark, offer etc non sollicité
  2 adv ◆ **he did it unprompted** il l'a fait sans que rien ne lui soit demandé

unpronounceable [ˌʌnprəˈnaʊnsəbl] adj imprononçable

unprotected [ˌʌnprəˈtektɪd] → SYN 1 adj a (= defenceless) person sans défense ; place non protégé ◆ **to leave sb/sth unprotected** laisser qn/qch sans protection ◆ **to be unprotected by the law** ne pas être protégé par la loi
  b (= not covered) skin, plants qui n'est pas protégé ; eyes, wood sans protection ◆ **to be unprotected from the sun** ne pas être protégé du soleil
  2 COMP ▷ **unprotected intercourse, unprotected sex** n rapports mpl sexuels non protégés

unproven [ʌnˈpruːvən, ʌnˈprəʊvən], **unproved** [ʌnˈpruːvd] adj a (= not proved) allegation, charge sans preuves ◆ **the charge remains unproven** (lit, fig) cette accusation n'est toujours pas fondée
  b (= not tested) person, technology qui n'a pas (encore) fait ses preuves

unprovided-for [ˌʌnprəˈvaɪdɪdfɔːr] adj person sans ressources

unprovoked [ˌʌnprəˈvəʊkt] adj attack, aggression, violence sans provocation ◆ **he was unprovoked** on ne l'avait pas provoqué ◆ **he said that unprovoked** il a dit ça sans avoir été provoqué

unpublishable [ʌnˈpʌblɪʃəbl] adj impubliable

unpublished [ʌnˈpʌblɪʃt] adj inédit

unpunctual [ʌnˈpʌŋktjʊəl] adj peu ponctuel, qui n'est jamais à l'heure

unpunctuality [ˌʌnpʌŋktjʊˈælɪtɪ] n (NonC) manque m de ponctualité

unpunished [ʌnˈpʌnɪʃt] adj impuni ◆ **to go** or **remain unpunished** rester impuni

unputdownable * [ˌʌnpʊtˈdaʊnəbl] adj ◆ **Grossmith's latest novel is unputdownable** le dernier roman de Grossmith se lit tout d'une traite or d'une seule traite

unqualified [ʌnˈkwɒlɪfaɪd] → SYN adj a (= without qualifications) person, staff, pilot non qualifié ; engineer, doctor, teacher non diplômé ◆ **he is unqualified for the job** (= has no paper qualifications) il n'a pas les diplômes requis pour ce poste ; (= unsuitable) il n'a pas les qualités requises pour ce poste ◆ **he is unqualified to do it** il n'est pas qualifié pour le faire ◆ **I feel unqualified to judge** je ne me sens pas qualifié pour en juger
  b (= unmitigated) success total ; disaster complet ; acceptance, support, approval inconditionnel, sans réserve ; admiration sans réserve ; praise non mitigé, sans réserve ◆ **an unqualified "yes"/"no"** un "oui"/"non" inconditionnel
  c (Gram) noun non qualifié

unquenchable [ʌnˈkwentʃəbl] adj (lit, fig) insatiable

unquenched [ʌnˈkwentʃt] adj fire non éteint ; desire inassouvi ◆ **unquenched thirst** soif f non étanchée ; (fig) soif f inassouvie

unquestionable [ʌnˈkwestʃənəbl] → SYN adj incontestable, indiscutable

unquestionably [ʌnˈkwestʃənəblɪ] LANGUAGE IN USE 15.1 adv incontestablement, indiscutablement

unquestioned [ʌnˈkwestʃənd] adj (= unchallenged) incontesté, indiscuté

unquestioning [ʌnˈkwestʃənɪŋ] adj belief, faith, obedience inconditionnel, absolu ; support, acceptance, devotion total ; loyalty, love absolu ◆ **an unquestioning supporter of ...** un(e) inconditionnel(le) de ...

unquestioningly [ʌnˈkwestʃənɪŋlɪ] adv obey, accept de façon inconditionnelle

unquiet [ʌnˈkwaɪət] **1** adj person, mind inquiet (-ète f), tourmenté ; times agité, troublé **2** n inquiétude f, agitation f

unquote [ˈʌnˈkwəʊt] adv (in dictation) fermez les guillemets ; (in report, lecture) fin de citation ; → quote

unquoted [ˈʌnˈkwəʊtɪd] adj (St Ex) non coté

unravel [ʌnˈrævəl] → SYN **1** vt [+ material] effiler, effilocher ; [+ knitting] défaire ; [+ threads] démêler ; (fig) [+ mystery] débrouiller, éclaircir ; [+ plot] dénouer **2** vi (knitting) se défaire ; (fig) [plan, system] aller à vau-l'eau

unread [ˈʌnˈred] adj book, newspaper, magazine qui n'a pas été lu ◆ **I returned the book unread** j'ai rendu le livre sans l'avoir lu ◆ **I left the letter unread** je n'ai pas lu la lettre ◆ **the book lay unread on the table** le livre est resté sur la table sans avoir été lu

unreadable [ʌnˈriːdəbl] → SYN adj book, handwriting, data illisible

unreadiness [ʌnˈredɪnɪs] n (NonC) impréparation f

unready [ʌnˈredɪ] adj mal préparé, qui n'est pas prêt ◆ **he was unready for what happened next** il ne s'attendait pas à ce qui est arrivé ensuite, ce qui est arrivé ensuite l'a pris au dépourvu

unreal [ˈʌnˈrɪəl] → SYN adj **a** (= not real) situation, world irréel ; flowers faux (fausse f) **b** * (= excellent) formidable * ; (pej = unbelievable) incroyable ◆ **you're unreal!** t'es incroyable!*

unrealistic [ˌʌnrɪəˈlɪstɪk] → SYN adj person, expectations, demands peu réaliste, irréaliste ; goal, target, deadline irréaliste ◆ **it is unrealistic to expect that ...** il n'est pas réaliste de penser que ...

unrealistically [ˌʌnrɪəˈlɪstɪkəlɪ] adv high, low, optimistic excessivement, exagérément ; assume de façon peu réaliste, de façon irréaliste

unreality [ˌʌnrɪˈælɪtɪ] n (NonC) irréalité f

unrealizable [ˌʌnrɪəˈlaɪzəbl] adj irréalisable

unrealized [ˈʌnˈrɪəlaɪzd] adj plan, ambition qui n'a pas été réalisé ; objective qui n'a pas été atteint

unreason [ʌnˈriːzn] n (NonC) déraison f, manque m de bon sens

unreasonable [ʌnˈriːznəbl] → SYN **1** adj person, suggestion, expectations, demands déraisonnable ; price, amount exagéré, excessif ◆ **he is being unreasonable** il n'est pas raisonnable ◆ **at this unreasonable hour** à cette heure indue ◆ **it is unreasonable to do that** il n'est pas raisonnable de faire cela ◆ **it was unreasonable for her to reject your offer** il était déraisonnable de sa part de rejeter votre offre **2** COMP ▷ **unreasonable behaviour** n (gen) conduite f déraisonnable ◆ **divorce on grounds of unreasonable behaviour** (Jur) divorce m pour violation grave ou renouvelée des devoirs du mariage

unreasonableness [ʌnˈriːznəblnɪs] n (NonC) [of person] attitude f déraisonnable ; [of demand, price] caractère m exagéré or excessif

unreasonably [ʌnˈriːznəblɪ] adv high excessivement, exagérément ; act, refuse de façon déraisonnable ◆ **to take an unreasonably long time** prendre un temps exagéré ◆ **quite unreasonably, I can't stand him** c'est tout à fait irraisonné, mais je ne le supporte pas ◆ **not unreasonably, she had supposed he would help** elle avait de bonnes raisons de supposer qu'il l'aiderait

unreasoning [ʌnˈriːznɪŋ] adj panic, anger, action irraisonné ; person irrationnel ; child qui n'est pas en âge de raisonner

unreceptive [ˌʌnrɪˈseptɪv] adj peu réceptif

unreclaimed [ˌʌnrɪˈkleɪmd] adj land (from forest) non défriché ; (from sea) non asséché

unrecognizable [ʌnˈrekəɡnaɪzəbl] adj person, voice, place méconnaissable (to sb pour qn) ◆ **the wreck was unrecognizable as an aircraft** l'épave de l'avion était méconnaissable

unrecognized [ˈʌnˈrekəɡnaɪzd] adj **a** (= unnoticed) phenomenon, condition, efforts qui n'est pas reconnu ; value, worth, talent méconnu ◆ **to go unrecognized** [person, phenomenon, condition] passer inaperçu ; [hard work, talent] ne pas être reconnu ◆ **he walked unrecognized down the street** il a descendu la rue (à pied) sans être reconnu or sans que personne ne le reconnaisse **b** (Pol) government, party, country non reconnu

unreconstructed [ˈʌnriːkənˈstrʌktɪd] adj (pej) person, system, idea, policy sclérosé ◆ **an unreconstructed male chauvinist** un macho invétéré

unrecorded [ˌʌnrɪˈkɔːdɪd] adj **a** (= unreported) crime, incident non signalé ; decision non enregistré ; species non répertorié, non classé ◆ **to go unrecorded** [crime, incident] ne pas être signalé ; decision ne pas être enregistré ; [species] ne pas être répertorié or classé **b** piece of music non enregistré

unredeemed [ˌʌnrɪˈdiːmd] adj object from pawn non dégagé ; debt non remboursé, non amorti ; bill non honoré ; mortgage non purgé ; promise non tenu ; obligation non rempli ; sinner non racheté ; fault non réparé ; failing non racheté, non compensé (by par)

unreel [ʌnˈriːl] **1** vt [+ film] dérouler ; [+ thread] dérouler, dévider ; [+ fishing line] dérouler, lancer **2** vi se dérouler, se dévider

unrefined [ˌʌnrɪˈfaɪnd] → SYN adj **a** (= not processed) food, sugar, cereal non raffiné ; oil brut, non raffiné **b** (pej = vulgar) person peu raffiné

unreflecting [ˌʌnrɪˈflektɪŋ] adj **a** person irréfléchi, impulsif ; act, emotion irraisonné **b** surface non réfléchissant

unreformed [ˌʌnrɪˈfɔːmd] adj person non amendé ; institution non réformé

unregarded [ˌʌnrɪˈɡɑːdɪd] adj dont on ne tient pas compte, dont on ne fait pas cas ◆ **his generosity went quite unregarded** sa générosité est passée inaperçue

unregistered [ˈʌnˈredʒɪstəd] adj birth non déclaré ; car non immatriculé ; (Post) non recommandé

unregretted [ˈʌnrɪˈɡretɪd] adj person, act, words que l'on ne regrette pas ◆ **he died unregretted** on ne pleura pas sa mort

unrehearsed [ˌʌnrɪˈhɜːst] adj question, reply spontané ; speech improvisé ; performance qui n'a pas été répété ; performer qui n'a pas répété

unrelated [ˌʌnrɪˈleɪtɪd] → SYN adj **a** (= unconnected) incident, event, case sans rapport ◆ **to be unrelated to sth** n'avoir aucun rapport avec qch **b** (= from different families) **they are unrelated to each other** ils n'ont aucun lien de parenté, ils ne sont pas parents ◆ **he is unrelated to me** il n'a pas de lien de parenté avec moi, nous n'avons aucun lien de parenté

unrelenting [ˌʌnrɪˈlentɪŋ] adj pressure, criticism incessant ; violence continuel ; pain, pace tenace ; sun, rain implacable

unreliability [ˌʌnrɪˌlaɪəˈbɪlɪtɪ] n (NonC) [of person, machine] manque m de fiabilité

unreliable [ˌʌnrɪˈlaɪəbl] → SYN adj person, service, machine, data, news peu fiable ; weather incertain ◆ **he's very unreliable** il n'est vraiment pas fiable, on ne peut vraiment pas compter sur lui ◆ **my watch is unreliable** ma montre n'est pas très fiable

unreliably [ˌʌnrɪˈlaɪəblɪ] adv de manière peu fiable

unrelieved [ˌʌnrɪˈliːvd] adj gloom, monotony constant, permanent ; anguish constant, permanent ; boredom, tedium mortel ; pain que rien ne soulage ◆ **unrelieved grey/black** gris/noir uniforme ◆ **the heat was unrelieved by any breeze** aucune brise ne venait atténuer la chaleur ◆ **a bare landscape unrelieved by any trees** un paysage nu dont aucun arbre ne rompait la monotonie

unremarkable [ˌʌnrɪˈmɑːkəbl] adj person, face, place sans rien de remarquable, quelconque ; fact anodin ◆ **he would be unremarkable in a crowd** on ne le remarquerait pas dans une foule

unremarked [ˌʌnrɪˈmɑːkt] adj fact que personne ne remarque ◆ **he stood there, unremarked** il est resté là sans que personne ne le remarque ◆ **to go** or **pass unremarked** passer inaperçu

unremitting [ˌʌnrɪˈmɪtɪŋ] adj hostility, hatred implacable ; gloom persistant ; struggle sans relâche ; kindness, help, effort inlassable, infatigable ◆ **it was unremitting toil** on a travaillé sans relâche

unremittingly [ˌʌnrɪˈmɪtɪŋlɪ] adv hostile implacablement ; continue, work sans relâche, inlassablement ; rain sans arrêt, sans interruption ◆ **unremittingly cheerful** d'une inaltérable gaieté

unremunerative [ˌʌnrɪˈmjuːnərətɪv] adj peu rémunérateur (-trice f), mal payé ; (fig) peu fructueux, peu rentable

unrepaid [ˌʌnrɪˈpeɪd] adj loan non remboursé

unrepealed [ˌʌnrɪˈpiːld] adj non abrogé

unrepeatable [ˌʌnrɪˈpiːtəbl] adj offer, bargain unique, exceptionnel ; comment trop grossier pour être répété ◆ **what she said is unrepeatable** je n'ose répéter ce qu'elle a dit

unrepentant [ˌʌnrɪˈpentənt] → SYN adj impénitent ◆ **to be** or **remain unrepentant (about sth)** ne pas manifester le moindre repentir (quant à qch)

unreported [ˌʌnrɪˈpɔːtɪd] adj crime, attack, accident etc non signalé ◆ **to go unreported** [crime etc] ne pas être signalé

unrepresentative [ˈʌnˌreprɪˈzentətɪv] adj non représentatif (of sth de qch)

unrepresented [ˈʌnˌreprɪˈzentɪd] adj non représenté

unrequited [ˌʌnrɪˈkwaɪtɪd] adj non partagé

unreserved [ˌʌnrɪˈzɜːvd] → SYN adj **a** (= wholehearted) apology, praise, support sans réserve **b** (= unbooked) seat, table non réservé

unreservedly [ˌʌnrɪˈzɜːvɪdlɪ] adv sans réserve

unresisting [ˌʌnrɪˈzɪstɪŋ] adj person qui ne résiste pas, soumis ; attitude, obedience soumis

unresolved [ˌʌnrɪˈzɒlvd] → SYN adj **a** (= unsolved) problem, issue, dispute non résolu, irrésolu ; question qui reste sans réponse **b** (Mus) chord sans résolution

unresponsive [ˌʌnrɪsˈpɒnsɪv] adj **a** (= passive) person **to be unresponsive to sth** ne pas réagir à qch **b** car, engine, steering qui répond mal

unrest [ʌnˈrest] → SYN n (NonC) agitation f ; (stronger) troubles mpl

unrestrained [ˌʌnrɪˈstreɪnd] → SYN adj **a** (= unchecked) joy, laughter, language sans retenue ; violence effréné ; use, growth sans frein ◆ **to be unrestrained by sth** [person] ne pas être bridé par qch ◆ **to be unrestrained in one's views** exprimer ses opinions sans retenue **b** (= not held physically) car passenger sans ceinture ; patient sans entraves ; prisoner sans liens, sans entraves

unrestrainedly [ˌʌnrɪˈstreɪnədlɪ] adv sans retenue

unrestricted [ˌʌnrɪˈstrɪktɪd] → SYN adj **a** (= unlimited) use, right, travel sans restriction(s) ◆ **to have unrestricted access to sth** avoir libre accès à qch **b** (= unobstructed) **all seats have an unrestricted view** toutes les places ont une vue parfaitement dégagée

unrevealed [ˌʌnrɪˈviːld] adj non révélé

unrewarded [ˌʌnrɪˈwɔːdɪd] adj non récompensé ◆ **to be** or **go unrewarded** ne pas être récompensé

unrewarding [ˌʌnrɪˈwɔːdɪŋ] adj **a** (= unfulfilling) work, job, activity peu gratifiant, ingrat ; relationship peu satisfaisant, qui n'apporte pas grand-chose **b** (financially) work, job peu rémunérateur (-trice f)

unrighteous [ʌnˈraɪtʃəs] **1** adj impie † (also liter) **2 the unrighteous** npl les impies † mpl (also liter)

unrighteousness [ʌnˈraɪtʃəsnɪs] n (NonC) impiété f

unripe [ˈʌnˈraɪp] adj pas mûr

unrivalled, unrivaled (US) [ʌnˈraɪvəld] → SYN **adj** knowledge, experience, collection incomparable ; reputation, success sans égal ; opportunity unique ◆ **to be unrivalled in sth** ne pas avoir son pareil pour qch ◆ **her work is unrivalled in its quality** son travail est d'une qualité incomparable

unrivet [ʌnˈrɪvɪt] **vt** (Tech) dériver, dériveter

unroadworthy [ʌnˈrəʊdˌwɜːðɪ] **adj** car qui n'est pas en état de rouler

unrobe [ʌnˈrəʊb] 1 **vi** a [judge etc] se dévêtir, se dépouiller de ses vêtements (de cérémonie)
   b (frm = undress) se déshabiller
   2 **vt** a [+ judge etc] dépouiller de ses vêtements (de cérémonie), dévêtir
   b (frm = undress) déshabiller

unroll [ʌnˈrəʊl] 1 **vt** dérouler
   2 **vi** se dérouler

unromantic [ʌnrəʊˈmæntɪk] **adj** place, landscape, words peu romantique ; person terre à terre, peu romantique

unrope [ʌnˈrəʊp] **vi** (Climbing) se décorder

UNRRA [ˌjuːɛnɑːrˈɑːrˈeɪ] **n** (formerly) (abbrev of **United Nations Relief and Rehabilitation Administration**) UNRRA f

unruffled [ʌnˈrʌfld] **adj** a (= calm, unflustered) person, voice imperturbable ◆ **to be unruffled (by sth)** ne pas être perturbé (par qch)
   b (= smooth) water lisse, sans rides ; hair non défait ; bedclothes, sheets lisse, sans un pli

unruled [ʌnˈruːld] **adj** paper uni, non réglé

unruly [ʌnˈruːlɪ] → SYN **adj** child, pupil indiscipliné, turbulent ; employee, behaviour, hair indiscipline ; crowd, mob, element indiscipliné, incontrôlé

unsaddle [ʌnˈsædl] 1 **vt** a [+ horse] desseller
   b (= unseat) [+ rider] désarçonner
   2 COMP ▷ **unsaddling enclosure n** (Brit) enclos d'un champ de course où l'on desselle les chevaux et où sont remis certains trophées

unsafe [ʌnˈseɪf] → SYN 1 **adj** a (= dangerous) structure, machine dangereux, peu sûr ; activity, product, level dangereux ; street, method peu sûr ; working conditions risqué ; water non potable ◆ **the car is unsafe to drive** cette voiture est dangereuse à conduire, il est dangereux de conduire cette voiture ◆ **the country is unsafe to visit** le pays n'est pas sûr (pour les touristes), il est dangereux de se rendre dans ce pays ◆ **it is unsafe to go there at night** il est dangereux or il n'est pas prudent d'y aller la nuit ◆ **unsafe to eat, unsafe for human consumption** impropre à la consommation ◆ **to declare a house unsafe for habitation** déclarer une maison insalubre
   b (= in danger) person en danger
   c (Jur = dubious) evidence, conviction, verdict douteux ◆ **unsafe and unsatisfactory** contestable et révisable
   2 COMP ▷ **unsafe sex n** rapports mpl sexuels non protégés

unsaid [ʌnˈsed] → SYN 1 **vb** (pt, ptp of **unsay**)
   2 **adj** inexprimé, passé sous silence ◆ **much was left unsaid** on a passé beaucoup de choses sous silence ◆ **some things are better left unsaid** il y a des choses qu'il vaut mieux taire

unsalable [ʌnˈseɪləbl] **adj** (US) ⇒ **unsaleable**

unsalaried [ʌnˈsælərɪd] **adj** non rémunéré

unsaleable, unsalable (US) [ʌnˈseɪləbl] **adj** invendable

unsalted [ʌnˈsɔːltɪd] **adj** (gen) sans sel, non salé ; butter sans sel, doux (douce f)

unsanitary [ʌnˈsænɪtərɪ] **adj** (esp US) insalubre

unsatisfactory [ˌʌnsætɪsˈfæktərɪ] → SYN **adj** situation, method, answer, relationship peu satisfaisant ; accommodation, product qui laisse à désirer ◆ **it is unsatisfactory that ...** il n'est pas satisfaisant que ... (+ subj)

unsatisfied [ʌnˈsætɪsfaɪd] **adj** a person (gen, sexually) insatisfait (with sb/sth de qn/qch) ; (stronger) mécontent (with sb/sth de qn/qch) ◆ **to be left unsatisfied** rester sur sa faim
   b (= unfulfilled) need, desire, urge insatisfait, inassouvi ; demand, curiosity insatisfait ; hunger, appetite non apaisé

unsatisfying [ʌnˈsætɪsfaɪɪŋ] **adj** work, book, relationship, result peu satisfaisant ; food qui n'apaise pas la faim

unsaturated [ʌnˈsætʃəreɪtɪd] **adj** non saturé ◆ **unsaturated fat** corps mpl gras insaturés

unsavoury, unsavory (US) [ʌnˈseɪvərɪ] → SYN **adj** person peu recommandable ; district peu recommandable, louche ; reputation douteux ; remark de mauvais goût ; habit, fact, incident déplaisant ; food peu ragoûtant ; smell plutôt déplaisant ◆ **an unsavoury business** une sale affaire ◆ **he's a rather unsavoury character** c'est un personnage assez peu recommandable

unsay [ʌnˈseɪ] pret, ptp **unsaid vt** se dédire de ◆ **you can't unsay it now** tu ne peux plus te rétracter or te dédire ; see also **unsaid**

unscathed [ʌnˈskeɪðd] **adj** a (= uninjured) person, place indemne ◆ **to emerge** or **escape unscathed (from sth)** sortir indemne (de qch) ◆ **to leave sb/sth unscathed** épargner qn/qch
   b (= unaffected) person, company non affecté ◆ **to emerge** or **escape unscathed from sth** sortir sans dommage de qch

unscented [ʌnˈsentɪd] **adj** non parfumé

unscheduled [ʌnˈʃedjuːld] **adj** imprévu

unscholarly [ʌnˈskɒləlɪ] **adj** person peu érudit, peu savant ; work qui manque d'érudition

unschooled [ʌnˈskuːld] **adj** person qui n'a pas d'instruction ; horse qui n'a pas été dressé ◆ **unschooled in** qui n'a rien appris de, ignorant en matière de or pour ce qui est de

unscientific [ˌʌnsaɪənˈtɪfɪk] **adj** approach, survey, practice peu scientifique ; sample sans valeur scientifique ◆ **he was unscientific in his approach** sa démarche n'était pas scientifique ◆ **their methods are unscientific** leurs méthodes ne sont pas scientifiques

unscramble [ʌnˈskræmbl] **vt** (Telec) désembrouiller ; (TV) décoder, décrypter

unscratched [ʌnˈskrætʃt] **adj** surface non rayé, intact ; person indemne, sain et sauf

unscrew [ʌnˈskruː] 1 **vt** dévisser
   2 **vi** se dévisser

unscripted [ʌnˈskrɪptɪd] **adj** speech, remark improvisé, non préparé d'avance ; (Rad, TV) programme improvisé

unscrupulous [ʌnˈskruːpjʊləs] → SYN **adj** sans scrupules

unscrupulously [ʌnˈskruːpjʊləslɪ] **adv** behave sans scrupule(s), peu scrupuleusement ◆ **to be unscrupulously ambitious** être arriviste

unscrupulousness [ʌnˈskruːpjʊləsnɪs] **n** (NonC) [of person] manque m de scrupules

unseal [ʌnˈsiːl] **vt** (= open) ouvrir, décacheter ; (= take seal off) desceller

unseasonable [ʌnˈsiːznəbl] **adj** clothes, food hors de saison ◆ **the weather is unseasonable** ce n'est pas un temps de saison

unseasonably [ʌnˈsiːznəblɪ] **adv** ◆ **unseasonably warm/cold/mild weather** un temps exceptionnellement chaud/froid/doux pour la saison ◆ **it was unseasonably warm/cold** il faisait exceptionnellement chaud/froid pour la saison

unseasoned [ʌnˈsiːznd] **adj** timber vert, non conditionné ; food non assaisonné

unseat [ʌnˈsiːt] → SYN **vt** a [+ rider] désarçonner
   b [+ Member of Parliament] faire perdre son siège à, sortir

unseaworthy [ʌnˈsiːˌwɜːðɪ] **adj** qui n'est pas en état de naviguer or ne répond pas aux normes de navigabilité

unsecured [ˌʌnsɪˈkjʊəd] **adj** (Fin) sans garantie

unseeded [ʌnˈsiːdɪd] **adj** (Tennis etc) non classé

unseeing [ʌnˈsiːɪŋ] **adj** ◆ **he stared, unseeing, out of the window** il regardait par la fenêtre, le regard perdu dans la vague or les yeux dans le vague ◆ **to gaze at sth with unseeing eyes** (fig) regarder qch sans le voir

unseemliness [ʌnˈsiːmlɪnɪs] **n** (NonC: frm) inconvenance f

unseemly [ʌnˈsiːmlɪ] → SYN **adj** (frm) inconvenant ◆ **it is unseemly for teachers to swear** il est inconvenant pour un professeur de jurer

unseen [ʌnˈsiːn] → SYN 1 **adj** a (= not previously seen) film, photos, diaries inédit, que l'on n'a jamais vu ◆ **unseen by the public** que le public n'a jamais vu ; → **sight**
   b (= not visible) person, hand, power invisible
   c (esp Brit: Scol, Univ) exam paper non préparé ◆ **unseen translation** ⇒ **3a**
   2 **adv** enter, leave, escape sans être vu (by sb par qn) ◆ **to remain unseen** ne pas être vu
   3 **n** a (esp Brit: Scol, Univ) version f (sans préparation)
   b **the unseen** le monde occulte

unselfconscious [ˌʌnselfˈkɒnʃəs] **adj** naturel ◆ **he was very unselfconscious about it** cela ne semblait nullement le gêner

unselfconsciously [ˌʌnselfˈkɒnʃəslɪ] **adv** avec naturel, sans la moindre gêne

unselfish [ʌnˈselfɪʃ] → SYN **adj** person généreux, désintéressé ; act, love désintéressé ; (Sport) player qui a l'esprit d'équipe

unselfishly [ʌnˈselfɪʃlɪ] **adv** act, behave généreusement, de façon désintéressée ; (Sport) play avec un bon esprit d'équipe

unselfishness [ʌnˈselfɪʃnɪs] **n** (NonC) [of person] générosité f ; [of act] désintéressement m, générosité f

unsentimental [ˌʌnsentɪˈmentl] **adj** person peu sentimental, qui ne fait pas de sentiment ; attitude non sentimental ; story, language qui ne donne pas dans la sensiblerie ◆ **to be unsentimental about sth** [person] ne pas se montrer sentimental à propos de qch ; [story] ne pas donner dans la sensiblerie à propos de qch

unserviceable [ʌnˈsɜːvɪsəbl] **adj** inutilisable, hors d'état de fonctionner

unsettle [ʌnˈsetl] → SYN **vt** [+ person, weather] perturber ; [+ stomach] déranger

unsettled [ʌnˈsetld] → SYN **adj** a (= uncertain) situation, market instable ; future incertain ; weather changeant, instable
   b (= restless) person, life perturbé ◆ **to feel unsettled** être perturbé ◆ **he feels unsettled in his job** il ne se sent pas vraiment à l'aise dans son travail
   c (= unresolved) issue non résolu ; conflict non réglé ◆ **to leave matters unsettled** laisser les choses en suspens ◆ **the question remains unsettled** la question n'est toujours pas réglée, la question reste en suspens
   d (= uninhabited) place inhabité, sans habitants
   e (Fin) account impayé
   f (Med) stomach dérangé

unsettling [ʌnˈsetlɪŋ] **adj** experience, influence, question, book, film, music perturbant ; news, atmosphere troublant ◆ **to have an unsettling effect on sb/sth** avoir un effet perturbateur sur qn/qch ◆ **it is unsettling to know he could be watching me** ça me perturbe de savoir qu'il pourrait être en train de me regarder ◆ **they found it unsettling to have their mother living with them** ils trouvaient perturbant que leur mère vive avec eux

unsex [ʌnˈseks] **vt** faire perdre sa masculinité (or féminité) à ; (= make impotent) rendre impuissant

unsexed [ˈʌnsekst] **adj** ◆ **unsexed chicks** poussins mpl dont on n'a pas déterminé le sexe

unshackle [ʌnˈʃækl] **vt** ôter les fers à, désenchaîner ; (fig) émanciper, libérer

unshaded [ʌnˈʃeɪdɪd] **adj** a (= without lampshade) bulb, light sans abat-jour
   b (= in sunlight) place non ombragé, en plein soleil
   c (Art, Geom) area non hachuré

unshak(e)able [ʌnˈʃeɪkəbl] **adj** inébranlable

unshak(e)ably [ʌnˈʃeɪkəblɪ] **adv** certain absolument ◆ **he's unshak(e)ably confident** il a une confiance inébranlable en lui-même ◆ **to be unshak(e)ably confident that ...** être absolument certain que ... ◆ **unshak(e)ably committed to a cause** entièrement acquis à une cause

unshaken [ʌnˈʃeɪkən] → SYN **adj** a (= unchanged) **to be** or **remain unshaken** [conviction, belief, faith] ne pas être ébranlé ; [confidence] ne pas être ébranlé or entamé ◆ **to be unshaken in one's belief that ...** ne pas se laisser ébranler dans sa conviction que ...
   b (= not worried) **to be unshaken** [person] ne pas être secoué (by sth par qch)

unshaven [ʌnˈʃeɪvn] adj mal rasé

unsheathe [ʌnˈʃiːð] vt [+ sword] dégainer ; [cat, tiger] [+ claws] sortir

unship [ʌnˈʃɪp] vt [+ cargo] décharger, débarquer

unshockable [ʌnˈʃɒkəbl] adj ◆ **he is (completely) unshockable** rien ne le choque

unshod [ʌnˈʃɒd] adj horse qui n'est pas ferré ; person déchaussé, pieds nus

unshrinkable [ʌnˈʃrɪŋkəbl] adj irrétrécissable (au lavage)

unsighted [ʌnˈsaɪtɪd] adj a (= unseen) qui n'est pas en vue, que l'on n'a pas vu
b (= unable to see sth) **the goalkeeper was unsighted by a defender** le gardien de but a eu la vue cachée par un défenseur

unsightliness [ʌnˈsaɪtlɪnɪs] n (NonC) aspect m disgracieux, laideur f

unsightly [ʌnˈsaɪtlɪ] → SYN adj disgracieux ◆ **to look unsightly** être disgracieux ◆ **unsightly facial hair** poils mpl disgracieux sur le visage ◆ **he has an unsightly scar on his face** il a une cicatrice assez laide sur le visage

unsigned [ʌnˈsaɪnd] adj a (= without signature) letter, article, contract non signé ◆ **unsigned by sb** sans la signature de qn ◆ **the treaty remains unsigned by the US** le traité n'a toujours pas été signé par les États-Unis
b (Mus) band, singer qui n'est pas sous contrat avec une maison de disques

unsinkable [ʌnˈsɪŋkəbl] adj insubmersible ; politicien indéboulonnable *

unskilful, unskillful (US) [ʌnˈskɪlfʊl] adj (= clumsy) maladroit ; (= inexpert) malhabile, inexpert

unskilfully, unskillfully (US) [ʌnˈskɪlfəlɪ] adv (= clumsily) avec maladresse ; (= inexpertly) malhabilement

unskilled [ʌnˈskɪld] → SYN 1 adj a (Ind) work, labour, job ne nécessitant pas de qualification professionnelle
b (= not skilful) person, driver inexpérimenté ◆ **to be unskilled in sth** ne pas s'y connaître en qch ◆ **to be unskilled in the use of sth** ne pas savoir bien se servir de qch ◆ **to be unskilled in** or **at doing sth** ne pas être habile à faire qch
2 COMP ▷ **unskilled worker** n ouvrier m, -ière f spécialisé(e), OS mf

unskimmed [ʌnˈskɪmd] adj milk non écrémé, entier

unsmiling [ʌnˈsmaɪlɪŋ] adj face sans sourire ; expression sérieux ◆ **he remained unsmiling** il restait sans sourire, il ne souriait pas ◆ **he stared at her, unsmiling** il l'a dévisagée sans sourire

unsmilingly [ʌnˈsmaɪlɪŋlɪ] adv sans sourire

unsmokable [ʌnˈsməʊkəbl] adj cigarette, tobacco infumable

unsociability [ʌnˌsəʊʃəˈbɪlɪtɪ] n (NonC) insociabilité f

unsociable [ʌnˈsəʊʃəbl] → SYN adj a (pej = unfriendly) person peu sociable ◆ **I'm feeling rather unsociable this evening** je n'ai pas tellement envie de voir des gens ce soir
b ⇒ unsocial

unsocial [ʌnˈsəʊʃəl] adj ◆ **to work unsocial hours** travailler en dehors des heures normales

unsold [ʌnˈsəʊld] adj goods, tickets, holidays invendu ◆ **unsold stock** stock m d'invendus ◆ **to be left** or **remain unsold** ne pas être vendu

unsolder [ʌnˈsəʊldəʳ] vt dessouder, débraser

unsoldierly [ʌnˈsəʊldʒəlɪ] adj behaviour, emotion indigne d'un soldat ; appearance peu militaire, peu martial ; person qui n'a pas l'esprit ou la fibre militaire

unsolicited [ʌnsəˈlɪsɪtɪd] → SYN adj mail, phone call, advice non sollicité ; (Fin) offer, bid spontané ◆ **"unsolicited gift"** (US: on customs declarations) "cadeau"

unsolvable [ʌnˈsɒlvəbl] adj insoluble, impossible à résoudre

unsolved [ʌnˈsɒlvd] adj mystery non résolu, inexpliqué ; crime non éclairci ; problem, crossword clue non résolu

unsophisticated [ʌnsəˈfɪstɪkeɪtɪd] → SYN adj person, behaviour, tastes, film simple ; method, device simpliste ◆ **an unsophisticated wine** un petit vin sans prétention ◆ **financially unsophisticated person** sans grande expérience de la finance, peu versé dans la finance ◆ **a technically unsophisticated photographer** un photographe sans grande technique

unsought [ʌnˈsɔːt] adj (also **unsought-for**) non recherché, non sollicité

unsound [ʌnˈsaʊnd] → SYN adj a (= unreliable) person, advice, evidence douteux ; reasoning, judgement, argument, claim mal fondé, douteux ; view, conviction mal fondé ; decision peu sensé, peu judicieux ; company peu solide ; investment peu sûr ; player peu compétent ◆ **educationally/ecologically unsound** contestable sur le plan éducatif/écologique ◆ **ideologically/politically unsound** idéologiquement/politiquement douteux ◆ **the book is unsound on some points** ce livre est douteux sur certains points
b (= in poor condition) building, teeth, gums en mauvais état ; health, constitution mauvais ; heart, lungs en mauvaise santé
c (Psych, Jur) **psychologically unsound** psychologiquement malsain ◆ **to be of unsound mind** ne pas jouir de toutes ses facultés mentales

unsparing [ʌnˈspeərɪŋ] adj a (= lavish) prodigue (of de), généreux ◆ **to be unsparing in one's efforts to do sth** ne pas ménager ses efforts pour faire qch ◆ **the report was unsparing in its criticism** le rapport n'a pas été avare de critiques
b (= cruel) impitoyable, implacable

unsparingly [ʌnˈspeərɪŋlɪ] adv give généreusement, avec prodigalité ; work inlassablement

unspeakable [ʌnˈspiːkəbl] → SYN adj act, object, horror, food innommable ; pain, cruelty indescriptible

unspeakably [ʌnˈspiːkəblɪ] adv effroyablement

unspecifically [ʌnspəˈsɪfɪkəlɪ] adv talk etc en restant dans le vague, sans entrer dans les détails

unspecified [ʌnˈspesɪfaɪd] adj non spécifié, non précisé

unspectacular [ʌnspekˈtækjʊləʳ] adj qui n'a rien de remarquable or d'exceptionnel

unspent [ʌnˈspent] adj money, funds non dépensé, qui reste

unspoiled [ʌnˈspɔɪld] adj → SYN , **unspoilt** [ʌnˈspɔɪlt] adj countryside, beauty, view, village préservé ; child qui reste naturel ◆ **unspoiled by** non gâché par ◆ **he remained unspoiled by his great success** malgré son grand succès il restait aussi simple qu'avant

unspoken [ʌnˈspəʊkən] → SYN adj words, hope inexprimé ; criticism, message implicite ; agreement, rule, bond tacite

unsporting [ʌnˈspɔːtɪŋ] , **unsportsmanlike** [ʌnˈspɔːtsmənlaɪk] adj (gen, Sport) déloyal ◆ **to be unsporting** (= not play fair) être déloyal, ne pas jouer franc jeu ; (= be bad loser) être mauvais joueur ◆ **that's very unsporting of you** ce n'est pas très chic de votre part

unspotted [ʌnˈspɒtɪd] adj (liter: lit, fig) sans tache, immaculé

unstable [ʌnˈsteɪbl] → SYN adj (all senses) instable

unstained [ʌnˈsteɪnd] adj (= not coloured) furniture, floor non teinté ; (= clean) garment, surface immaculé, sans tache ; reputation non terni, sans tache

unstamped [ʌnˈstæmpt] adj letter non affranchi, non timbré ; document, passport non tamponné

unstated [ʌnˈsteɪtɪd] adj inexprimé

unstatesmanlike [ʌnˈsteɪtsmənlaɪk] adj peu diplomatique

unsteadily [ʌnˈstedɪlɪ] adv get up, walk de façon mal assurée ; say d'une voix mal assurée

unsteadiness [ʌnˈstedɪnɪs] n (NonC) a (= shakiness) [of hands] tremblement m ; [of gait, voice] manque m d'assurance ◆ **to experience some unsteadiness on one's feet** avoir du mal à tenir sur ses jambes
b (= instability) [of ladder, structure] manque m de stabilité
c (= irregularity) [of progress, course, rhythm] irrégularité f

unsteady [ʌnˈstedɪ] → SYN adj a (= shaky) person, voice, legs, gait mal assuré ◆ **to be unsteady on one's feet** (gen) ne pas être solide sur ses jambes ; (from drink) tituber, chanceler
b (= unsecured) ladder, structure instable
c (= irregular) progress, course, rhythm irrégulier
d (= unreliable) person inconstant

unstick [ʌnˈstɪk] pret, ptp **unstuck** 1 vt décoller ◆ **to come unstuck** [stamp, notice] se décoller ; * [plan] tomber à l'eau ◆ **he certainly came unstuck *** over that scheme il s'est vraiment planté * avec ce projet
2 vi se décoller

unstinted [ʌnˈstɪntɪd] adj praise sans réserve ; generosity sans bornes ; efforts illimité, incessant

unstinting [ʌnˈstɪntɪŋ] adj help sans faille ; support, praise sans réserve ; kindness, generosity sans bornes ; efforts infatigable, inlassable ◆ **to be unstinting in one's praise (of sb/sth)** ne pas tarir d'éloges (sur qn/qch) ◆ **he was unstinting in his efforts** il ne ménageait pas ses efforts ◆ **unstinting of sth** (frm) person prodigue de qch

unstitch [ʌnˈstɪtʃ] vt défaire ◆ **to come unstitched** se découdre

unstop [ʌnˈstɒp] vt [+ sink] déboucher, désobstruer ; [+ bottle] déboucher, décapsuler

unstoppable [ʌnˈstɒpəbl] adj momentum, progress, rise irrépressible ; force irrésistible ; shot que rien ne peut arrêter ◆ **the advance of science is unstoppable** on ne peut arrêter les progrès de la science ◆ **the Labour candidate seems unstoppable** il semble que rien ne puisse arrêter le candidat travailliste

unstopper [ʌnˈstɒpəʳ] vt déboucher

unstrap [ʌnˈstræp] vt ◆ **to unstrap A from B** détacher A de B, défaire les sangles qui attachent A à B

unstressed [ʌnˈstrest] adj syllable inaccentué, atone

unstring [ʌnˈstrɪŋ] pret, ptp **unstrung** vt [+ violin, racket] enlever or détendre les cordes de ; [+ beads] désenfiler ; (fig) [+ person] démoraliser

unstructured [ʌnˈstrʌktʃəd] adj a (= loosely organized) method, programme, meeting non structuré
b (Dress) jacket déstructuré

unstrung [ʌnˈstrʌŋ] 1 vb (pt, ptp of **unstring**)
2 adj violin, racket dont on a enlevé les cordes, dont les cordes sont détendues ; (fig) démoralisé

unstuck [ʌnˈstʌk] vb (pt, ptp of **unstick**)

unstudied [ʌnˈstʌdɪd] adj naturel, spontané

unsubdued [ʌnsəbˈdjuːd] adj (lit, fig) indompté

unsubsidized [ʌnˈsʌbsɪdaɪzd] adj non subventionné, qui ne reçoit pas de subvention

unsubscribe [ʌnsʌbˈskraɪb] vi (Internet) se désabonner

unsubstantial [ʌnsəbˈstænʃəl] → SYN adj structure peu solide, léger ; meal peu substantiel, peu nourrissant ; argument peu solide, sans substance ; evidence insuffisant

unsubstantiated [ʌnsəbˈstænʃɪeɪtɪd] → SYN adj rumour sans fondement ; story non confirmé ; claim non fondé ; allegation sans preuves ◆ **these reports remain unsubstantiated** ces informations ne sont toujours pas confirmées

unsubtle [ʌnˈsʌtl] adj lourd

unsuccessful [ʌnsəkˈsesfʊl] → SYN adj attempt sans succès, infructueux ; campaign, operation, career sans succès ; efforts, negotiations, search infructueux ; firm qui ne prospère pas ; candidate, marriage, outcome malheureux ; writer, book qui n'a pas de succès ◆ **to be unsuccessful** [person] ne pas réussir ◆ **I tried to speak to him but I was unsuccessful** j'ai essayé de lui parler mais sans succès ◆ **to be unsuccessful in an exam** échouer à ou rater un examen ◆ **they were unsuccessful in their efforts** leurs efforts ont été infructueux ◆ **he is unsuccessful in everything he does** rien ne lui réussit ◆ **to be unsuccessful in doing sth** ne pas réussir à faire qch ◆ **to prove unsuccessful** [search, negotiations] ne mener à rien ◆ **we regret to inform you that your application for the post has been unsuccessful** nous regrettons de ne pouvoir donner suite à votre candidature au poste

unsuccessfully / until

concerné ◆ **after three unsuccessful attempts** après trois tentatives infructueuses

unsuccessfully [ˌʌnsək'sesfəlɪ] adv sans succès

unsuitability [ˌʌnˌsuːtə'bɪlɪtɪ] n ◆ **the unsuitability of the candidate** l'inaptitude du candidat ◆ **they talked about her unsuitability for the job** ils ont évoqué le fait qu'elle ne convenait pas pour le poste

unsuitable [ʌn'suːtəbl] → SYN adj place, time, food, climate qui ne convient pas ; person (= inappropriate) qui ne convient pas ; (= not respectable) peu recommandable ; book peu recommandable ; moment inopportun, action, reply, example, device inopportun, peu approprié ; language, attitude inconvenant ; colour, size qui ne va pas ; job, land inapproprié ; accommodation qui ne convient pas ; clothes (= inappropriate) inadapté ; (= not respectable) non convenable ◆ **he is unsuitable to be the leader of the party** ce n'est pas l'homme qu'il faut pour diriger le parti ◆ **he is unsuitable for the post** il ne convient pas pour ce poste ◆ **land that is entirely unsuitable for agriculture/growing wheat** terrain qui ne se prête pas du tout à l'agriculture/à la culture du blé ◆ **his shoes were totally unsuitable for walking in the country** ses chaussures étaient totalement inadaptées pour la randonnée ◆ **to be unsuitable for sb** (= inappropriate) ne pas convenir à qn ; (= not respectable) être déconseillé à qn ◆ **an unsuitable wife for a clergyman** une femme peu recommandable pour un pasteur ◆ **unsuitable for children** déconseillé aux enfants ◆ **the building was totally unsuitable as a museum space** ce bâtiment ne se prêtait absolument pas à servir de musée ◆ **the equipment proved unsuitable** l'équipement s'est avéré inadapté

unsuitably [ʌn'suːtəblɪ] adv ◆ **unsuitably dressed** (= inappropriately) habillé de façon inadaptée ; (= not respectably) habillé de façon inconvenante ◆ **to be unsuitably qualified for sth** ne pas avoir les qualifications requises pour qch

unsuited [ʌn'suːtɪd] adj ◆ **unsuited to sth** person inapte à qch ; thing inadapté à qch ◆ **Mary and Neil are unsuited (to each other)** Mary et Neil ne sont pas faits l'un pour l'autre ◆ **to be unsuited to or for doing sth** ne pas être fait pour faire qch ◆ **to be unsuited for sth** ne pas être fait pour qch ◆ **the horse was unsuited for the fast ground** le cheval n'était pas fait pour ce terrain dur

unsullied [ʌn'sʌlɪd] adj (liter) reputation sans tache ◆ **she possessed an innocence unsullied by contact with the world** elle était d'une innocence que la fréquentation du monde n'avait pas entachée ◆ **a town unsullied by modern development** une ville préservée des atteintes de l'urbanisme moderne

unsung [ʌn'sʌŋ] adj hero, heroine, achievement méconnu

unsupervised [ʌn'suːpəvaɪzd] adj sans surveillance

unsupported [ˌʌnsə'pɔːtɪd] adj a (= unsubstantiated) allegation, accusation sans preuves ; claim, statement, hypothesis infondé ◆ **unsupported by evidence** non étayé par des preuves

b (= without backup) troops sans soutien ; expedition sans appui ; (Pol) candidate sans appui, sans soutien (by sb de la part de qn) ; (financially) mother sans soutien financier ◆ **unsupported by troops** sans l'appui de troupes

c (physically) **to walk/stand unsupported** [person] marcher/se tenir debout sans soutien

d (Archit, Constr) structure, wall sans support

unsure [ʌn'ʃʊər] → SYN adj a (= doubtful) **I'm unsure** je n'en suis pas sûr, je suis dans l'incertitude ◆ **to be unsure about or of sb/sth** ne pas être sûr de qn/qch ◆ **to be unsure about doing sth** ne pas savoir exactement si l'on va faire qch, ne pas être certain de faire qch ◆ **to be unsure about or of how to do sth** ne pas trop savoir or ne pas être sûr de savoir comment faire qch ◆ **she is unsure what to do/how to reply** elle ne sait pas trop quoi faire/comment répondre, elle n'est pas sûre de savoir quoi faire/comment répondre ◆ **the police are unsure what caused the violence** la police ne s'explique pas vraiment les raisons de cette violence ◆ **they're unsure when he'll return** ils ne savent pas bien quand il rentrera ◆ **she was unsure where she was** elle ne savait pas au juste où elle se trouvait ◆ **he was unsure where to begin** il ne savait pas trop par où commencer ◆ **he was unsure whether he would be able to do it** il n'était pas sûr de pouvoir le faire ◆ **she was unsure whether to laugh or cry** elle ne savait pas trop si elle devait rire ou pleurer

b (= lacking confidence) person mal assuré ◆ **to be unsure of o.s.** ne pas être sûr de soi ◆ **this made him unsure of himself** cela l'a fait douter (de lui)

c (= unreliable) memory peu fidèle

unsurmountable [ˌʌnsə'maʊntəbl] adj insurmontable

unsurpassable [ˌʌnsə'pɑːsəbl] adj insurpassable

unsurpassed [ˌʌnsə'pɑːst] → SYN adj qui n'a jamais été dépassé ◆ **to remain unsurpassed** rester inégalé

unsurprising [ˌʌnsə'praɪzɪŋ] adj pas surprenant ◆ **it is unsurprising that ...** il n'est pas surprenant que ... (+ subj)

unsurprisingly [ˌʌnsə'praɪzɪŋlɪ] adv ◆ **unsurprisingly, he left immediately** comme on pouvait s'y attendre, il est parti tout de suite ◆ **not unsurprisingly, he did it rather well** contrairement à toute attente, il l'a plutôt bien fait

unsuspected [ˌʌnsəs'pektɪd] adj a (= unforeseen) problem, skill, cause insoupçonné

b (= not under suspicion) person qui n'éveille pas de soupçons

unsuspecting [ˌʌnsəs'pektɪŋ] → SYN adj sans méfiance ◆ **and he, quite unsuspecting, said ...** et lui, sans la moindre méfiance, dit ...

unsuspicious [ˌʌnsəs'pɪʃəs] adj a (= feeling no suspicion) peu soupçonneux, peu méfiant

b (= arousing no suspicion) qui n'a rien de suspect, qui n'éveille aucun soupçon ◆ **unsuspicious-looking** tout à fait ordinaire

unswayed [ʌn'sweɪd] adj ◆ **the government was unswayed by the strike action** le gouvernement ne s'est pas laissé influencer par le mouvement de grève

unsweetened [ʌn'swiːtnd] adj tea, coffee sans sucre, non sucré ; yoghurt, soya milk non sucré ; fruit juice sans sucre ajouté

unswerving [ʌn'swɜːvɪŋ] adj support, commitment indéfectible ; loyalty à toute épreuve ; faith, devotion, resolve inébranlable ; policy inflexible ◆ **to be unswerving in one's belief in sth** avoir une foi inébranlable en qch

unswervingly [ʌn'swɜːvɪŋlɪ] adv ◆ **unswervingly loyal** d'une loyauté à toute épreuve ◆ **to hold unswervingly to one's course** poursuivre inébranlablement son but, ne pas se laisser détourner de son but

unsympathetic [ˌʌnˌsɪmpə'θetɪk] → SYN adj a (= uncaring) person, attitude, treatment peu compatissant (to sb envers qn), indifférent ◆ **unsympathetic to sb's needs/problems** indifférent aux besoins/problèmes de qn ◆ **unsympathetic to sth** (= hostile) [+ cause, idea] hostile à qch ; [+ aim] peu sensible à qch

b (= unlikeable) character antipathique ; portrayal peu flatteur

unsympathetically [ˌʌnˌsɪmpə'θetɪkəlɪ] adv sans compassion

unsystematic [ˌʌnˌsɪstɪ'mætɪk] adj work, reasoning peu systématique, peu méthodique

unsystematically [ˌʌnˌsɪstɪ'mætɪkəlɪ] adv sans système, sans méthode

untainted [ʌn'teɪntɪd] adj (lit) food non contaminé ; water, air pur ; (fig) reputation intact, sans tache ; person, mind non corrompu (by par), pur

untam(e)able [ʌn'teɪməbl] adj bird, wild animal inapprivoisable ; large or fierce animal non dressable

untamed [ʌn'teɪmd] → SYN adj a (= uncultivated) landscape, environment sauvage ; vegetation sauvage, luxuriant ; beauty sauvage, farouche

b (= uninhibited) person sauvage, indompté ; passion dévorant, fougueux

c (= undomesticated) animal qui n'est pas apprivoisé

untangle [ʌn'tæŋgl] → SYN vt [+ rope, wool, hair] démêler ; [+ mystery] débrouiller, éclaircir ; [+ plot] dénouer

untanned [ʌn'tænd] adj a hide non tanné

b person non bronzé

untapped [ʌn'tæpt] adj inexploité

untarnished [ʌn'tɑːnɪʃt] adj (lit, fig) non terni, sans tache

untasted [ʌn'teɪstɪd] adj food, delights auquel on n'a pas goûté ◆ **the food lay untasted on the plate** le repas restait dans l'assiette ◆ **he left the meal untasted** il n'a pas goûté au repas

untaught [ʌn'tɔːt] adj (= uneducated) sans instruction, ignorant ; (= natural, innate) skill, gift inné, naturel

untaxable [ʌn'tæksəbl] adj income non imposable ; goods exempt de taxes

untaxed [ʌn'tækst] adj goods exempt de taxes, non imposé ; income non imposable, exempté d'impôts ; car sans vignette

unteachable [ʌn'tiːtʃəbl] adj person à qui on ne peut rien apprendre ; pupil réfractaire à tout enseignement ; subject impossible à enseigner, qui ne se prête pas à l'enseignement

untempered [ʌn'tempəd] adj steel non revenu

untenable [ʌn'tenəbl] → SYN adj theory, argument, opinion indéfendable ; position, situation intenable

untenanted [ʌn'tenəntɪd] adj inoccupé, sans locataire(s)

untended [ʌn'tendɪd] adj (= unwatched) sans surveillance ; (= unmaintained) garden etc mal entretenu

untested [ʌn'testɪd] adj a (= untried) drug, method non testé ; theory non vérifié ; system, weapon, device non testé, non essayé

b (= inexperienced) person inexpérimenté

untethered [ʌn'teðəd] adj animal sans longe, libre ; (fig) sans entraves, libre

unthinkable [ʌn'θɪŋkəbl] → SYN 1 adj a (= inconceivable) impensable, inconcevable ◆ **it is unthinkable that ...** il est impensable or inconcevable que ... (+ subj) ◆ **it would be unthinkable to do that** il serait impensable or inconcevable de faire cela ◆ **it would be unthinkable for her to do that** il serait impensable or inconcevable qu'elle fasse cela

b (= unbearable) insupportable

2 n ◆ **the unthinkable** l'impensable m, l'inconcevable m

unthinking ['ʌn'θɪŋkɪŋ] → SYN adj person, behaviour irréfléchi ; child étourdi ; action, remark irréfléchi, inconsidéré ; obedience aveugle ◆ **she drove on, unthinking** elle a continué sa route sans réfléchir

unthinkingly ['ʌn'θɪŋkɪŋlɪ] adv behave sans réfléchir ◆ **unthinkingly cruel** d'une cruauté inconsciente

unthought-of [ʌn'θɔːtɒv] adj auquel on n'a pas pensé or songé

unthread ['ʌn'θred] vt [+ needle, pearls] désenfiler

untidily [ʌn'taɪdɪlɪ] adv work sans méthode, sans ordre ; write, dress sans soin ◆ **his books lay untidily about the room** ses livres étaient étalés en désordre dans toute la pièce

untidiness [ʌn'taɪdɪnɪs] n (NonC) [of room] désordre m ; [of dress, person] aspect m débraillé ; (in habits) manque m d'ordre

untidy [ʌn'taɪdɪ] → SYN adj (in appearance) room, desk, clothes, hair en désordre ; person, appearance, garden négligé ; writing peu soigné ; work brouillon ; (in habits) person désordonné ◆ **in an untidy heap** or **pile** empilé en désordre

untie [ʌn'taɪ] → SYN vt [+ knot] défaire ; [+ string, shoelaces] dénouer, défaire ; [+ shoes] défaire or dénouer les lacets de ; [+ parcel] défaire, ouvrir ; [+ prisoner, hands] délier, détacher ; [+ bonds] défaire, détacher

until [ən'tɪl] 1 prep jusqu'à ◆ **until such time as ...** (in future) jusqu'à ce que ... (+ subj), en attendant que ... (+ subj) ; (in past) avant que ... (+ subj) ◆ **until the next day** jusqu'au lendemain ◆ **from morning until night** du matin (jusqu')au soir ◆ **until now** jusqu'ici, jusqu'à maintenant ◆ **until then** jusque-là ◆ **not until** (in future) pas avant ; (in past) ne ... que ◆ **it won't be ready until tomorrow** ce ne sera pas prêt avant demain ◆ **he didn't leave until the following day** il n'est parti que le lendemain ◆ **it will be ready on Saturday,**

until when we must ... ce sera prêt samedi et en attendant nous devons ... ◆ **the work was not begun until 1986** ce n'est qu'en 1986 que les travaux ont commencé ◆ **I had heard nothing of it until five minutes ago** j'en ai seulement entendu parler or j'en ai entendu parler pour la première fois il y a cinq minutes

2 conj (in future) jusqu'à ce que (+ subj), en attendant que (+ subj) ; (in past) avant que (+ subj) ◆ **wait until I come** attendez que je vienne ◆ **until they built the new road** avant qu'ils (ne) fassent la nouvelle route ◆ **until they build the new road** en attendant qu'ils fassent la nouvelle route ◆ **he laughed until he cried** il a ri aux larmes ◆ **not until** (in future) pas avant que ... (ne) (+ subj), tant que ... ne (+ indic) pas ; (in past) tant que ... ne (+ indic) pas ◆ **he won't come until you invite him** il ne viendra pas avant que vous (ne) l'invitiez or avant d'être invité, il ne viendra pas tant que vous ne l'inviterez pas ◆ **they did nothing until we came** ils n'ont rien fait tant que nous n'avons pas été là ◆ **do nothing until I tell you** ne faites rien avant que je (ne) vous le dise or tant que je ne vous l'aurai pas dit ◆ **do nothing until you get my letter** ne faites rien avant d'avoir reçu ma lettre ◆ **wait until you get my letter** attendez d'avoir reçu ma lettre ◆ **don't start until I come** ne commencez pas avant que j'arrive (subj), attendez-moi pour commencer

untilled [ʌnˈtɪld] adj non labouré

untimeliness [ʌnˈtaɪmlɪnɪs] n [of death] caractère m prématuré ; [of arrival] inopportunité f ; [of remark] manque m d'à-propos

untimely [ʌnˈtaɪmlɪ] → SYN adj death prématuré ; arrival, return, visit intempestif ; remark, action déplacé, inopportun ; pregnancy, rain inopportun, qui arrive au mauvais moment ◆ **to meet** or **come to an untimely end** [person, project] connaître une fin prématurée

untiring [ʌnˈtaɪərɪŋ] → SYN adj campaigner, fighter infatigable, inlassable ; enthusiasm, work, efforts inlassable ◆ **to be untiring in one's efforts (to do sth)** ne pas ménager ses efforts (pour faire qch)

untiringly [ʌnˈtaɪərɪŋlɪ] adv inlassablement

untitled [ʌnˈtaɪtld] adj a painting sans titre
b person qui n'a pas de titre

unto [ˈʌntʊ] prep (liter) ⇒ **to, towards**

untogether* [ˌʌntəˈgeðər] adj [person] ◆ **to be untogether** (= disorganized) ne pas être au point * ; (= unstable) être paumé *

untold [ʌnˈtəʊld] → SYN adj a (= indescribable, incalculable) damage indescriptible ; misery, suffering indicible, indescriptible ; worry indicible ; riches, losses incalculable ; amounts inestimable ; varieties innombrable ◆ **to save untold numbers of lives** sauver d'innombrables vies ◆ **untold millions of years ago** il y a des millions et des millions d'années
b (= not recounted) story jamais raconté ; secret jamais dévoilé or divulgué ◆ **that story remains untold** cette histoire n'a encore jamais été racontée ◆ **to leave sth untold** passer qch sous silence

untouchable [ʌnˈtʌtʃəbl] **1** adj a (in India) person de la caste des intouchables ; caste des intouchables ◆ **to be treated as untouchable** (fig) être traité en paria
b (= unattainable, unpunishable) person, aura, air intouchable
c (= inviolable) right intangible
d (= unrivalled) player, performer imbattable
2 n (in India) intouchable mf, paria m ; (fig) paria m

untouched [ʌnˈtʌtʃt] → SYN adj a (= undamaged) building, constitution intact ; person indemne
b (= unaffected) **untouched by sth** non affecté par qch
c (= not eaten or drunk) **he left his meal/coffee untouched** il n'a pas touché à son repas/café ◆ **his meal/coffee lay untouched on the table** il a laissé son repas/café sur la table sans y avoir touché

untoward [ˌʌntəˈwɔːd] → SYN adj fâcheux ◆ **nothing untoward happened** il ne s'est rien passé de fâcheux

untraceable [ʌnˈtreɪsəbl] adj person introuvable ; note, bill dont il ne reste aucune trace

untrained [ʌnˈtreɪnd] → SYN adj person, worker (= inexperienced) sans expérience ; (= unqualified) non qualifié ; soldier, gymnast non entraîné, sans entraînement ; pianist sans entraînement ; voice non travaillé ; mind non formé ; horse, dog non dressé ◆ **to the untrained eye/ear** pour un œil inexercé/une oreille inexercée ◆ **to be untrained for** or **in sth** (gen) ne pas être formé à qch ; [soldier, gymnast] ne pas être entraîné à qch

untrammelled, untrammeled (US) [ʌnˈtræməld] adj (frm) person, life sans contraintes ; authority sans limites ◆ **to be untrammelled by any anxieties** n'être retenu par aucune appréhension ◆ **untrammelled by family ties** non entravé par des liens familiaux ◆ **untrammelled by superstitions** libre de toute superstition

untranslatable [ˌʌntrænzˈleɪtəbl] adj intraduisible

untravelled, untraveled (US) [ʌnˈtrævld] adj
a road peu fréquenté
b person qui n'a pas voyagé

untreated [ʌnˈtriːtɪd] adj a (Med) patient non traité ; illness, wound non soigné
b (= unprocessed) sewage, wood, cotton non traité (with sth à qch)

untried [ʌnˈtraɪd] adj a (= untested) product, drug, method non testé ; theory non vérifié ; system, weapon, device non testé, non essayé
b (= inexperienced) person qui n'a pas été mis à l'épreuve
c (Jur) prisoner en détention provisoire ; case non encore jugé ◆ **he was condemned untried** il a été condamné sans procès

untrodden [ʌnˈtrɒdn] adj (liter) path peu fréquenté ; region, territory inexploré, vierge ; snow non foulé, vierge

untroubled [ʌnˈtrʌbld] → SYN adj a (= serene) person serein ; face, sleep paisible ; life tranquille ◆ **to be untroubled by sth** (= not worried) ne pas être affecté ou troublé par qch ◆ **to be untroubled by an accusation** ne pas être ébranlé or ne pas se laisser démonter par une accusation ◆ **she is untroubled by inconsistencies** les incohérences ne l'inquiètent pas or la gênent pas
b (= unaffected) **to be untroubled by injury** [footballer etc] ne pas être blessé
c (= unharassed) **to be untroubled by sb/sth** ne pas être dérangé par qn/qch

untrue [ʌnˈtruː] → SYN adj a (= inaccurate) story, belief, claim faux (fausse f) ◆ **it is untrue (to say) that** ... il est faux (de dire) que ...
b (liter = unfaithful) **untrue to sb** lover infidèle à qn ◆ **to be untrue to one's principles/word/responsibilities** manquer or faillir à ses principes/sa parole/ses responsabilités

untrustworthy [ʌnˈtrʌstˌwɜːðɪ] → SYN adj person indigne de confiance ; witness récusable ; book auquel on ne peut se fier ; evidence, results douteux

untruth [ʌnˈtruːθ] → SYN n, pl **untruths** [ʌnˈtruːðz] contrevérité f ; (stronger) mensonge m ; (NonC) fausseté f

untruthful [ʌnˈtruːθfʊl] → SYN adj person menteur ; statement, claim, answer mensonger ◆ **to be untruthful** [person] mentir

untruthfully [ʌnˈtruːθfəlɪ] adv de façon mensongère

untruthfulness [ʌnˈtruːθfʊlnɪs] n (NonC) fausseté f, caractère m mensonger

untuneful [ʌnˈtjuːnfʊl] adj peu harmonieux

untutored [ʌnˈtjuːtəd] adj person sans instruction ; work spontané ; taste non formé, qui n'a pas été formé ◆ **he is completely untutored** il n'a aucune instruction ◆ **to the untutored eye/ear** pour un œil inexercé/une oreille inexercée ◆ **to be untutored in sth** ne pas avoir reçu d'instruction en qch

untwine [ʌnˈtwaɪn] vt défaire, détortiller

untwist [ʌnˈtwɪst] vt (= untangle) [+ rope, threads, wool] démêler, détortiller ; (= straighten out) [+ flex, rope] détordre ; (= unravel) [+ rope, wool] défaire ; (= unscrew) [+ bottle-top] dévisser

untypical [ʌnˈtɪpɪkəl] adj peu typique, peu caractéristique (of de) ◆ **it's untypical of him** ça ne lui ressemble pas, ce n'est pas son genre

unusable [ʌnˈjuːzəbl] adj inutilisable

unused [ʌnˈjuːzd] adj a (= not utilized) land, building, goods, potential inutilisé ; clothes jamais porté ; bank notes non usagé ; food non consommé ; (Ling) inusité
b [ʌnˈjuːst] (= unaccustomed) **to be unused to (doing) sth** ne pas être habitué à (faire) qch, ne pas avoir l'habitude de (faire) qch ◆ **I am quite unused to it now** j'en ai tout à fait perdu l'habitude, je n'en ai plus du tout l'habitude

unusual [ʌnˈjuːʒʊəl] → SYN adj name peu commun, insolite ; measure, occurrence, circumstances, gift, number inhabituel ; case étrange ; person, place étonnant ◆ **nothing unusual** rien d'insolite or d'inhabituel ◆ **there is something unusual about this** ça a quelque chose d'insolite or d'inhabituel ◆ **a man of unusual intelligence** un homme d'une intelligence exceptionnelle ◆ **it is unusual to see this** il est rare de voir cela ◆ **it is unusual for him to be early** il est rare qu'il arrive (subj) de bonne heure ◆ **it's not unusual for him to be late** or (frm) **that he should be late** il n'est pas rare qu'il soit en retard ◆ **it is unusual that** ... il est rare que ... (+ subj) ◆ **this was unusual for me** c'était inhabituel pour moi

unusually [ʌnˈjuːʒʊəlɪ] adv large, quiet, cheerful exceptionnellement ◆ **unusually early/well** exceptionnellement tôt/bien ◆ **she woke, unusually (for her), a little after midnight** contrairement à son habitude, elle s'est réveillée peu après minuit ◆ **unusually for a film of this era, it** ... chose rare pour un film de cette époque, il ...

unutterable [ʌnˈʌtərəbl] → SYN adj (frm) sadness, joy, boredom, relief indicible ; nonsense effarant ; fool fini

unutterably [ʌnˈʌtərəblɪ] adv (frm) sad indiciblement (liter) ; boring mortellement ◆ **unutterably tired** mort de fatigue

unvaried [ʌnˈvɛərɪd] adj uniforme, monotone (pej) ◆ **the menu was unvaried from one week to the next** le menu ne changeait pas d'une semaine à l'autre

unvarnished [ʌnˈvɑːnɪʃt] → SYN adj a wood non verni ; pottery non vernissé
b (fig) account, description sans fard ◆ **the unvarnished truth** la vérité pure et simple, la vérité toute nue

unvarying [ʌnˈvɛərɪɪŋ] adj invariable

unvaryingly [ʌnˈvɛərɪɪŋlɪ] adv invariablement

unveil [ʌnˈveɪl] → SYN vt dévoiler

unveiling [ʌnˈveɪlɪŋ] n dévoilement m ; (= ceremony) inauguration f

unventilated [ʌnˈvɛntɪleɪtɪd] adj sans ventilation

unverifiable [ʌnˈvɛrɪfaɪəbl] adj invérifiable

unverified [ʌnˈvɛrɪfaɪd] adj non vérifié

unversed [ʌnˈvɜːst] adj ◆ **unversed in** peu versé dans

unvoiced [ʌnˈvɔɪst] adj a opinion, sentiment inexprimé
b (Phon) consonant non voisé, sourd

unwaged [ʌnˈweɪdʒd] **1 the unwaged** npl (Brit Admin = the unemployed) les sans-emploi mpl ◆ **special rates for the unwaged** des tarifs spéciaux pour les sans-emploi
2 adj person, work non rémunéré

unwanted [ʌnˈwɒntɪd] → SYN adj food, possessions dont on ne veut plus ; pet dont on ne veut plus, dont on veut se séparer ; advice inopportun, malvenu ; telephone call, attention inopportun ; visitor indésirable ; pregnancy, birth, child non désiré ; fat dont on veut se débarrasser ; effect indésirable ◆ **to feel unwanted** se sentir rejeté ◆ **she rejected his unwanted advances** elle a repoussé ses avances ◆ **to remove unwanted hair** s'épiler

unwarily [ʌnˈwɛərɪlɪ] adv sans se méfier, imprudemment

unwarlike [ʌnˈwɔːlaɪk] adj peu belliqueux

unwarrantable [ʌnˈwɒrəntəbl] adj intrusion, interference etc injustifiable ◆ **it is quite unwarrantable that** ... il est tout à fait injustifiable que ... (+ subj)

unwarrantably [ʌnˈwɒrəntəblɪ] adv de façon injustifiable

unwarranted [ʌnˈwɒrəntɪd] → SYN adj injustifié

unwary / up

unwary [ʌnˈwɛərɪ] → SYN **1** adj visitor, reader non averti ; driver non vigilant, qui n'est pas sur ses gardes ; investor trop confiant
  2 n ◆ **a trap for the unwary** un piège dans lequel il est facile de tomber

unwashed [ʌnˈwɒʃt] **1** adj hands, object non lavé ; person qui ne s'est pas lavé
  2 n (hum) ◆ **the great unwashed** * la populace (pej)

unwavering [ʌnˈweɪvərɪŋ] → SYN adj devotion, faith, resolve inébranlable ; defender inconditionnel ; gaze fixe ; voice ferme ; concentration qui ne faiblit pas ◆ **to be unwavering in one's support for sth** apporter un soutien inébranlable or indéfectible à qch ◆ **to be unwavering in one's opposition to sth** être inflexiblement opposé à qch

unwaveringly [ʌnˈweɪvərɪŋlɪ] adv follow, continue inébranlablement ; say fermement ; gaze fixement

unweaned [ʌnˈwiːnd] adj non sevré

unwearable [ʌnˈwɛərəbl] adj clothes, colour pas mettable

unwearied [ʌnˈwɪərɪd] adj pas fatigué

unwearying [ʌnˈwɪərɪɪŋ] adj infatigable

unwed † [ʌnˈwed] adj ⇒ **unmarried**

unweighting [ʌnˈweɪtɪŋ] n (Ski) allègement m

unwelcome [ʌnˈwelkəm] → SYN adj visitor, gift, attention importun ; fact, thought gênant ; news, publicity, surprise fâcheux ; reminder malvenu ◆ **to make sb feel unwelcome** donner à qn l'impression qu'il est indésirable ou qu'il est de trop ◆ **the money was not unwelcome** l'argent était le bienvenu

unwelcoming [ʌnˈwelkəmɪŋ] adj person, behaviour inamical ; place peu accueillant

unwell [ʌnˈwel] → SYN adj person souffrant ◆ **to feel unwell** ne pas se sentir bien

unwholesome [ʌnˈhəʊlsəm] → SYN adj food, smell, air, habits, thoughts malsain ◆ **to have an unwholesome interest in sb/sth** éprouver un intérêt malsain pour qn/qch

unwieldy [ʌnˈwiːldɪ] → SYN adj **a** (= difficult to handle) suitcase difficile à manier ; tool, weapon peu maniable, difficile à manier
  b (= difficult to manage) system, structure, bureaucracy pesant, lourd ; name compliqué

unwilling [ʌnˈwɪlɪŋ] → SYN adj **a** (= disinclined) **to be unwilling** [person] être réticent ◆ **to be unwilling to do sth** (= disinclined) ne pas être disposé à faire qch ; (= refusing) ne pas vouloir faire qch, refuser de faire qch ◆ **to be unwilling for sb to do sth/for sth to happen** ne pas vouloir que qn fasse qch/que qch se produise
  b (= reluctant) victim non consentant ; accomplice, conscript malgré soi ; partner involontaire ◆ **he was an unwilling participant in the affair** il se trouvait involontairement impliqué dans l'affaire, il se trouvait impliqué dans l'affaire malgré lui ◆ **she gave me her unwilling assistance** elle m'a aidé à contrecœur

unwillingly [ʌnˈwɪlɪŋlɪ] adv à contrecœur

unwillingness [ʌnˈwɪlɪŋnɪs] n (NonC) ◆ **his unwillingness to help is surprising** il est étonnant qu'il ne soit pas disposé à aider

unwind [ʌnˈwaɪnd] → SYN pret, ptp **unwound** **1** vt dérouler
  2 vi **a** se dérouler
  b (* fig = relax) se détendre, se relaxer

unwisdom [ʌnˈwɪzdəm] n (NonC) manque m de bon sens, imprudence f

unwise [ʌnˈwaɪz] → SYN adj person imprudent, malavisé (liter) ; investment, decision, remark peu judicieux, imprudent ◆ **it was an unwise thing to say** ce n'était pas très judicieux de dire ça ◆ **it would be unwise to expect too much** il ne serait pas raisonnable de s'attendre à trop ◆ **I thought it unwise to travel alone** j'ai pensé qu'il serait imprudent de voyager seul ◆ **it would be unwise (for or of him) to refuse** il serait peu judicieux or malavisé (de sa part) de refuser ◆ **you would be unwise to do that** vous seriez imprudent or malavisé de faire cela, il serait inconsidéré or peu judicieux de votre part de faire cela

unwisely [ʌnˈwaɪzlɪ] adv act, behave imprudemment ◆ **unwisely, she agreed to go** imprudemment, elle a accepté d'y aller

unwitting [ʌnˈwɪtɪŋ] → SYN adj involvement involontaire ◆ **I was your unwitting accomplice** j'ai été ton complice sans m'en rendre compte ◆ **to be an unwitting victim of sth** être sans le savoir la victime de qch ◆ **to be the unwitting instrument** or **tool of sb/sth** être l'instrument inconscient de qn/qch

unwittingly [ʌnˈwɪtɪŋlɪ] adv cause, reveal involontairement

unwomanly [ʌnˈwʊmənlɪ] adj peu féminin

unwonted [ʌnˈwəʊntɪd] adj (frm) inhabituel

unworkable [ʌnˈwɜːkəbl] adj **a** proposal, plan, suggestion irréalisable ; law inapplicable
  b substance, land impossible à travailler ; mine inexploitable

unworkmanlike [ʌnˈwɜːkmənlaɪk] adj indigne d'un(e) professionnel(le)

unworldly [ʌnˈwɜːldlɪ] → SYN adj **a** (= unmaterialistic) person détaché de ce monde
  b (= naive) person, attitude naïf (naïve f) (about sth en ce qui concerne qch)
  c (= not of this world) beauty céleste, qui n'est pas de ce monde ; silence surnaturel

unworn [ʌnˈwɔːn] adj garment qui n'a pas été porté

unworthiness [ʌnˈwɜːðɪnɪs] n manque m de mérite

unworthy [ʌnˈwɜːðɪ] → SYN adj activity peu digne d'intérêt, sans grand intérêt ; feeling sans noblesse ◆ **I feel so unworthy!** je me sens si indigne! ◆ **unworthy to do sth** indigne de faire qch ◆ **it is unworthy to behave like that** il est indigne de se comporter ainsi ◆ **unworthy of sb/sth** indigne de qn/qch ◆ **it is unworthy of comment** ce n'est pas digne de commentaire ◆ **to feel unworthy of having sth** se sentir indigne d'avoir qch

unwound [ʌnˈwaʊnd] vb (pt, ptp of **unwind**)

unwounded [ʌnˈwuːndɪd] adj non blessé, indemne

unwrap [ʌnˈræp] vt défaire, ouvrir

unwritten [ʌnˈrɪtn] → SYN **1** adj **a** (Literat) novel, article qui reste à écrire, qui n'a pas encore été écrit ; (= transmitted orally) song, folk tale non écrit
  b (= tacit) rule, agreement tacite ◆ **it is an unwritten law** or **rule that ...** il est tacitement admis que ...
  2 COMP ▷ **unwritten law** n (Jur) droit m coutumier

unyielding [ʌnˈjiːldɪŋ] → SYN adj person inflexible, qui ne cède pas ; substance très dur, très résistant ; structure rigide

unyoke [ʌnˈjəʊk] vt dételer

unzip [ʌnˈzɪp] vt ouvrir (la fermeture éclair ® de) ◆ **can you unzip me?** peux-tu défaire ma fermeture éclair ® ?

up [ʌp]

1 PREPOSITION
2 ADVERB
3 NOUN
4 ADJECTIVE
5 INTRANSITIVE VERB
6 TRANSITIVE VERB
7 COMPOUNDS

When **up** is the second element in a phrasal verb, eg **come up, throw up, walk up**, look up the verb. When it is part of a set combination, eg **the way up, close up**, look up the other word.

1 PREPOSITION

◆ **to be up a tree/up a ladder** être dans un arbre/sur une échelle ◆ **up north** dans le nord ◆ **their house is up that road** ils habitent dans cette rue ◆ **she climbed slowly up the stairs** elle monta lentement les escaliers ◆ **put your tissue up your sleeve** mets ton mouchoir dans ta manche ◆ **further up the page** plus haut sur la même page ◆ **up yours!**** va te faire mettre!**, → **halfway**

2 ADVERB

a indicating direction, position **up there** là-haut ◆ **he lives five floors up** il habite au cinquième étage ◆ **up above** au-dessus ◆ **up above sth** au-dessus de qch ;

When used with a preposition, **up** is often not translated:
◆ **the ladder was up against the wall** l'échelle était (appuyée) contre le mur ; see also **h** ◆ **this puts it up among the 20 most popular Web sites** cela en fait l'un des 20 sites Web les plus populaires ◆ **up at the top of the tree** en haut or au sommet de l'arbre ◆ **he's up at the top of the class** il est dans les premiers (de sa classe) ◆ **we're up for the day** nous sommes ici pour la journée ; see also **h** ◆ **he's up from Birmingham** il arrive de Birmingham ◆ **the rate has risen sharply, up from 3% to 5%** le taux a enregistré une forte hausse, passant de 3% à 5% ◆ **the people three floors up from me** les gens qui habitent trois étages au-dessus de chez moi ◆ **he threw the ball up in the air** il a jeté le ballon en l'air ◆ **up in the mountains** dans les montagnes ◆ **up in London** à Londres ◆ **up in Scotland** en Écosse ◆ **he's up in Leeds for the weekend** il est allé or monté à Leeds pour le week-end ◆ **the temperature was up in the forties** il faisait plus de quarante degrés ◆ **from up on the hill** (du haut) de la colline ◆ **up on deck** sur le pont ◆ **the monument is up on the hill** le monument se trouve en haut de la colline ◆ **it's up on top** c'est en haut ◆ **up on top of the cupboard** en haut du placard ◆ **the bed was up on end against the wall** le lit était debout contre le mur ◆ **prices are up on last year's** les prix sont en hausse par rapport à or sur (ceux de) l'année dernière ◆ **I was on my way up to London** j'allais à Londres, j'étais en route pour Londres ; see also **h**

b = upwards **from £20 up** à partir de 20 livres ◆ **from (the age of) 13 up** à partir de (l'âge de) 13 ans ◆ **from his youth up** dès son plus jeune âge

c indicating advantage **Chelsea were three (goals) up** Chelsea menait par trois buts ◆ **we were 20 points up on them** nous avions 20 points d'avance sur eux

d Jur **to be** or **come up before Judge Blair** [accused person] comparaître devant le juge Blair ; [case] être jugé par le juge Blair

e in running order
◆ **first/next up** ◆ **first up was Tess Buxton, who sang ...** il y eut tout d'abord Tess Buxton, qui chanta ... ◆ **next up to the microphone was John French** John French a été le prochain à prendre le micro, ensuite, c'est John French qui a pris le micro

f = in total **I'll play you 100 up** le premier qui a 100 points gagne

g *US Culin **a bourbon (straight) up** un bourbon sec ◆ **two fried eggs, up** deux œufs sur le plat

h set structures
◆ **to be up against sth** (fig = facing) ◆ **to be up against difficulties** se heurter à des difficultés ◆ **you don't know what you're up against!** tu ne sais pas ce qui t'attend! ◆ **he's up against stiff competition** il est confronté à des concurrents redoutables ◆ **he's up against a very powerful politician** il a contre lui un homme politique très puissant ◆ **we're really up against it** ça ne va pas être facile

◆ **up and down** ◆ **he travelled up and down the country** il parcourait le pays ◆ **people up and down the country are saying ...** partout dans le pays les gens disent ... ◆ **he walked up and down (the street)** il faisait les cent pas (dans la rue) ◆ **I've been up and down (the stairs) all evening** je n'ai pas arrêté de monter et descendre les escaliers toute la soirée

◆ **to be up for sth** (= seeking) ◆ **a third of the Senate is up for re-election** un tiers du Sénat doit être renouvelé ◆ **are you up for it?** * (= willing) tu es partant? * ; (= fit) tu vas pouvoir le faire?, tu te sens d'attaque *?

◆ **up to** (= as far as) jusqu'à ◆ **up to now** jusqu'ici, jusqu'à maintenant ◆ **up to here** jusqu'ici ◆ **up to there** jusque-là ◆ **up to and including chapter five** jusqu'au chapitre cinq inclus ◆ **to be up to one's knees/waist in water** avoir de l'eau jusqu'aux genoux/jusqu'à la taille ◆ **to count up to 100** compter jusqu'à 100 BUT ◆ **what page are you up to?** à quelle page en êtes-vous?

◆ **to be up to a job** or **task** (= capable of) ◆ **she's not up to the job** or **task** elle n'est pas à la hauteur ◆ **is he up to doing research?** est-il capable de faire de la recherche ? ◆ **the directors weren't up to running a modern company** les directeurs n'étaient pas capables de diriger une entreprise moderne

♦ **to feel** or **be up to sth** (= strong enough for) ◆ **are you feeling up to going for a walk?** est-ce que tu te sens d'attaque pour faire une promenade ? ◆ **I just don't feel up to it** je ne m'en sens pas le courage ◆ **he really isn't up to going back to work** il n'est vraiment pas en état de reprendre le travail

♦ **to be up to sth** * (pej = doing) ◆ **what is he up to?** qu'est-ce qu'il fabrique ? *, qu'est-ce qu'il peut bien faire ? ◆ **he's up to something** il manigance or mijote * quelque chose ◆ **what have you been up to?** qu'est-ce que tu as manigancé or fabriqué ? * ◆ **what are you up to with those secateurs?** qu'est-ce que tu fabriques * avec ce sécateur ? ◆ **he's up to no good** il mijote * un mauvais coup ◆ **what have you been up to lately?** (hum) qu'est-ce que tu deviens ?

♦ **to be up to a standard/to much** (= equal to) ◆ **it isn't up to his usual standard** il peut faire bien mieux que cela ◆ **it's not up to much** * (Brit) ça ne vaut pas grand-chose

♦ **to be up to sb** (= depend on) ◆ **it's up to you to decide** c'est à vous de voir or de décider ◆ **it's up to you whether you go** c'est à toi de voir si tu veux y aller ◆ **shall I do it? – it's up to you** je le fais ? — comme vous voulez or à vous de voir ◆ **if it were up to me ...** si ça ne tenait qu'à moi ... ◆ **it's up to us to see this doesn't happen again** nous devons faire en sorte que cela ne se répète pas

♦ **to be up with sb** (= equal to) ◆ **he was up with the leaders** il était dans les premiers ◆ **she's right up there with the jazz greats** elle se classe parmi les plus grands interprètes de jazz ◆ **I'm up with the top two or three in maths** je suis dans les deux ou trois premiers en maths

♦ **up with ... ! ◆ up with United!** allez United !

3 NOUN

♦ **to be on the up (and up)** * (Brit = improving) ◆ **he's on the up (and up)** il fait son chemin ◆ **it's on the up and up** ça s'améliore

♦ **on the up and up** * (US = honest) réglo *, légal ◆ **he insisted the scheme was completely on the up and up** il a insisté sur le fait que ce programme était tout à fait réglo * or légal

♦ **ups and downs** (fig: in life, health etc) des hauts mpl et des bas mpl ◆ **after many ups and downs** après bien des hauts et des bas, après un parcours en dents de scie ◆ **his career had its ups and downs** il a connu des hauts et des bas dans sa carrière, sa carrière a connu des hauts et des bas

4 ADJECTIVE

a = out of bed **to be up** être levé, être debout inv ◆ **(get) up!** debout !, levez-vous ! ◆ **we were up at seven** nous étions levés or debout à sept heures ◆ **I was still up at midnight** j'étais encore debout à minuit ◆ **he's always up early** il se lève toujours tôt or de bonne heure ◆ **I was up late this morning** je me suis levé tard ce matin ◆ **I was up late last night** je me suis couché tard hier soir ◆ **he was up all night writing the essay** il a passé toute la nuit sur cette dissertation ◆ **she was up all night because the baby was ill** elle n'a pas fermé l'œil de la nuit parce que le bébé était malade

b = raised **the blinds were up** les stores n'étaient pas baissés ◆ **he sat in the car with the windows up** il était assis dans la voiture avec les vitres fermées ◆ **with his head up (high)** la tête haute ◆ **"this side up"** (on parcel) "haut" ◆ **hands up, everyone who knows the answer** levez le doigt or la main si vous connaissez la réponse ◆ **several children had their hands up** plusieurs enfants levaient le doigt or la main, plusieurs enfants avaient la main levée ◆ **hands up!** (to gunman) haut les mains !

c = risen **when the sun was up** après le lever du soleil ◆ **the tide is up** c'est marée haute ◆ **the river is up** le niveau de la rivière est monté ◆ **the House is up** (Parl) la Chambre ne siège pas

d = installed, built
Whichever verb is implicit in English is usually made explicit in French:
◆ **we've got the curtains/pictures up at last** nous avons enfin posé les rideaux/accroché les tableaux ◆ **the scaffolding is now up** les échafaudages sont maintenant en place ◆ **the new building isn't up yet** le nouveau bâtiment n'est pas encore construit ◆ **the tent isn't up yet** la tente n'est pas encore montée ◆ **look, the flag is up!** regarde, le drapeau est hissé ! ◆ **the notice about the outing is up** on a mis une affiche à propos de l'excursion

e = mounted **to be up** être à cheval ◆ **a horse with Smith up** un cheval monté par Smith

f = increased **to be up** [prices, salaries, numbers, temperature] être en hausse, avoir augmenté (by de) ; [water level] avoir monté (by de) ◆ **petrol is up again** l'essence a encore augmenté ◆ **shares are up in London this morning** la Bourse de Londres est en hausse ce matin ◆ **tourism is up** le tourisme est en hausse, le nombre de touristes a augmenté ◆ **the standard is up** le niveau s'améliore ◆ **it is up on last year** c'est en hausse or ça a augmenté par rapport à l'an dernier

g = finished **his leave/visit is up** sa permission/sa visite est terminée ◆ **it is up on the 20th** ça se termine or ça finit le 20 ◆ **when three days were up** au bout de trois jours ◆ **time's up!** c'est l'heure ! ; → **game**[1]

h * = wrong **what's up?** qu'est-ce qui ne va pas ? ◆ **what's up with him?** qu'est-ce qu'il a ? ◆ **what's up with the car?** qu'est-ce qui ne va pas avec la voiture ? ◆ **what's up with your leg?** qu'est-ce qui t'es arrivé à la jambe ? * ◆ **there's something up with Paul** il y a quelque chose qui ne tourne pas rond * chez Paul ◆ **I know there's something up** (= happening) (je sais qu')il se passe quelque chose ; (= amiss) (je sais qu')il y a quelque chose qui ne va pas

i Brit = being worked on **the road is up** la route est en travaux

j indicating anger **his blood is up** il est fou de colère ◆ **his temper is up** il est en colère

k = elated **to be up** * être en forme

l Brit Univ **when I was up** * quand j'étais étudiant or à la Fac

m Brit Rail **the up train** le train pour Londres ◆ **the up platform** le quai du train pour Londres

n set structures

♦ **up and about** ◆ **she was up and about at 7 o'clock** elle était debout dès 7 heures ◆ **to be up and about again** [sick person] être de nouveau sur pied

♦ **to be up and down** ◆ **he was up and down all night** il n'a pas arrêté de se lever toute la nuit ◆ **sit down for a bit, you've been up and down all evening** assieds-toi un moment, tu n'as pas arrêté (de) toute la soirée ◆ **he's been rather up and down recently** (= sometimes depressed) il a eu des hauts et des bas récemment ; see also 7

♦ **up and running** (Comput = functioning) opérationnel ◆ **to be up and running** (Comput) être opérationnel ; [project, system] être en route ◆ **to get sth up and running** (Comput, gen) mettre qch en route

♦ **to be (well) up in sth** (= informed) s'y connaître en qch ◆ **I'm not very up in molecular biology** je ne m'y connais pas beaucoup en biologie moléculaire ◆ **he's well up in local issues** il s'y connaît bien en affaires locales, il connaît bien ce qui touche aux affaires locales

5 INTRANSITIVE VERB

a **he upped and hit him** * (= jumped up) il a bondi et l'a frappé

b **one day he just upped and left** * un jour il est parti comme ça

6 TRANSITIVE VERB

a * = raise [+ prices, wages, pressure] augmenter ; [+ tempo] accélérer ◆ **stores upped sales by 60%** les magasins ont augmenté leurs ventes de 60 %

b * Naut **to up anchor** lever l'ancre

7 COMPOUNDS

▷ **up-and-coming** adj politician, businessman, actor plein d'avenir, qui monte ; rival qui monte ▷ **up-and-down** adj movement de va-et-vient ; (fig) business qui a des hauts et des bas ; progress, career en dents de scie ▷ **up-and-under** n (Rugby) chandelle f, up and under m ▷ **up-and-up** adj ⇒ **up and up** 3 ▷ **up-bow** n (Mus) poussé m ▷ **up-current, up-draft** n (Aviat) courant m (d'air) ascendant ▷ **up front** adv a = in advance pay, charge d'avance b esp US * = frankly franchement, ouvertement ▷ **up-tempo** adj (Mus) au rythme enlevé ▷ **up-to-date** adj → **up-to-date** ▷ **up-to-the-minute** adj news dernier

upas ['juːpəs] n upas m

upbeat ['ʌpbiːt] 1 adj * optimiste ; (Mus) enlevé
2 n (Mus) levé m

upbraid [ʌp'breɪd] vt (frm) réprimander ◆ **to upbraid sb for doing sth** reprocher à qn de faire (or d'avoir fait) qch

upbringing ['ʌpbrɪŋɪŋ] → SYN n éducation f ◆ **he owed his success to his upbringing** il devait son succès à l'éducation qu'il avait reçue or à la manière dont il avait été élevé ◆ **I had a strict upbringing** j'ai été élevé d'une manière stricte, j'ai reçu une éducation stricte ◆ **to have a Christian upbringing** avoir une éducation chrétienne ◆ **I had a Jewish upbringing** j'ai été élevé dans la tradition juive

upcast ['ʌpkɑːst] n (in mine) puits m d'aération

upchuck * ['ʌptʃʌk] vi (esp US) dégueuler *

upcoming ['ʌpkʌmɪŋ] adj imminent, prochain

upcountry [ʌp'kʌntrɪ] 1 adv ◆ **we went upcountry by train** nous sommes allés vers l'intérieur du pays or dans l'arrière-pays en train ◆ **the nearest town was 100km upcountry** la ville la plus proche était à 100 km à l'intérieur du pays or dans l'arrière-pays
2 adj ◆ **natives in upcountry villages** les habitants mpl des villages de l'intérieur du pays or de l'arrière-pays ◆ **he was away on an upcountry trip** il était parti en voyage vers l'intérieur du pays or dans l'arrière-pays

update [ʌp'deɪt] 1 vt (gen, also Comput) mettre à jour ◆ **to update sb on sth** mettre qn au courant de qch
2 ['ʌpdeɪt] n mise à jour ; (Comput) [of software package] actualisation f, update m

updraught, updraft (US) ['ʌpdrɑːft] n courant m d'air ascendant

upend [ʌp'end] vt a [+ box etc] mettre debout
b (fig) [+ system etc] renverser, bouleverser, chambouler *

upfront [ʌp'frʌnt] adj a (* = frank) person, attitude franc (franche f) (with sb avec qn) ◆ **to be upfront about sth** ne rien cacher de qch
b (= paid in advance) payment réglé d'avance ; cost à payer d'avance

upgradable [ʌp'greɪdəbl] adj (Comput) extensible, évolutif

upgrade ['ʌpgreɪd] → SYN 1 n rampe f, montée f ; [of software] nouvelle version f ; [of hardware] extension f ; [of memory] augmentation f de la capacité ◆ **to be on the upgrade** (fig) [sales] être en hausse ◆ **Omar is on the upgrade** (Racing) les performances d'Omar ne cessent de s'améliorer
2 ['ʌp.greɪd] adv (US) ⇒ **uphill** 1
3 [ʌp'greɪd] vt a (= improve) améliorer ; (= modernize) moderniser ; (Comput) [+ software] mettre à jour ; [+ hardware] acheter une nouvelle version de ; [+ memory] augmenter
b (= raise, promote) [+ employee] promouvoir ; [+ job, post] revaloriser ◆ **to upgrade a passenger** (Travel) surclasser un passager ◆ **I have been upgraded** (Mil, Admin) je suis monté en grade ; (in company) j'ai eu une promotion ◆ **he was upgraded to head of department** il a été promu chef de section

upgradeable [ʌp'greɪdəbl] adj (Comput) extensible

urbanely / use

urbanely [ˈɜːbənlɪ] adv say, smile courtoisement

urbanite [ˈɜːbənaɪt] n (US) citadin(e) m(f)

urbanity [ɜːˈbænɪtɪ] → SYN n (NonC) urbanité f, courtoisie f

urbanization [ˌɜːbənaɪˈzeɪʃən] n urbanisation f

urbanize [ˈɜːbənaɪz] vt urbaniser

urbi et orbi [ˈɜːbɪetˈɔːbɪ] adv (Rel) urbi et orbi

urceolate [ˈɜːsɪəˌleɪt] adj (Bio) urcéolé, urcéiforme

urchin [ˈɜːtʃɪn] → SYN n polisson(ne) m(f), garnement m ; → **sea**, **street**

Urdu [ˈʊədu] n ourdou m

urea [ˈjʊərɪə] **1** n urée f
2 COMP ▷ **urea-formaldehyde resin** n aminoplaste m

uremia [jʊˈriːmɪə] n ⇒ uraemia

ureter [jʊˈriːtər] n uretère m

ureteral [jʊˈriːtərəl], **ureteric** [ˌjʊərɪˈterɪk] adj urétéral

urethra [jʊˈriːθrə] n, pl **urethras** or **urethrae** [jʊˈriːriː] urètre m

urethral [jʊˈriːθrəl] adj urétral

urethritis [ˌjʊərɪˈθraɪtɪs] n urétrite f

urethroscope [jʊˈriːθrəskəʊp] n urétroscope m

urge [ɜːdʒ] → SYN **1** n forte envie f (*to do sth* de faire qch) ◆ **to feel** or **have an** or **the urge to do sth** éprouver une forte envie de faire qch ◆ **he had a strong urge for revenge** il avait soif de vengeance ; → **sex**
2 vt [+ person] pousser (*to do sth* à faire qch), conseiller vivement (*to do sth* de faire qch) ; [+ caution, remedy, measure] conseiller vivement, recommander avec insistance ; [+ excuse] faire valoir ; [+ point] insister sur ◆ **to urge restraint/caution on sb** recommander vivement la retenue/la prudence à qn ◆ **to urge sb back/in/out** etc insister vivement pour que qn revienne/entre/sorte (subj) etc ◆ **to urge patience** prêcher la patience ◆ **I urge you to write at once** je ne saurais trop vous conseiller d'écrire immédiatement ◆ **I urged him not to go** je lui ai vivement déconseillé d'y aller ◆ **he needed no urging** il ne s'est pas fait prier ◆ **to urge that sth (should) be done** recommander vivement que qch soit fait ◆ **"do it now!" he urged** "faites-le tout de suite !" insista-t-il ◆ **he urged acceptance of the report** il a vivement recommandé l'acceptation du rapport

▶ **urge on** vt sep [+ horse] talonner ; [+ person] faire avancer ; [+ troops] pousser en avant, faire avancer ; (fig) [+ worker] presser ; [+ work] activer, hâter ; (Sport) [+ team] encourager, animer ◆ **to urge sb on to (do) sth** inciter qn à (faire) qch

urgency [ˈɜːdʒənsɪ] → SYN n (NonC) [of case etc] urgence f ; [of tone, entreaty] insistance f ◆ **a matter of urgency** une affaire urgente ◆ **there's no urgency** ce n'est pas urgent, cela ne presse pas ◆ **with a note of urgency in his voice** avec insistance

urgent [ˈɜːdʒənt] → SYN adj matter, help, message, need urgent, pressant ; medical attention d'urgence ; appeal, voice, desire pressant ; priority absolu ◆ **the matter needs urgent attention** c'est urgent ◆ **he demands an urgent answer** il exige qu'on lui réponde immédiatement ◆ **her tone was urgent** son ton était insistant ◆ **I must talk to you, it's urgent** il faut que je vous parle, c'est urgent ◆ **how urgent is it?** est-ce que c'est très urgent ? ◆ **is it urgent?** c'est (vraiment) urgent ? ◆ **it's not urgent** ce n'est pas urgent, ça ne presse pas ◆ **the letter was marked "urgent"** la lettre portait la mention "urgent" ◆ **it is urgent that he should go** il doit y aller de toute urgence ◆ **it is urgent for us to complete this task** il est urgent que nous accomplissions cette tâche

urgently [ˈɜːdʒəntlɪ] adv need, request, appeal, seek d'urgence ; say d'un ton insistant ◆ **courier urgently required** on recherche ou nous recherchons de toute urgence un coursier ◆ **he wants to talk to you urgently** il veut vous parler de toute urgence

uric [ˈjʊərɪk] adj urique

uridine [ˈjʊərɪdiːn] n uridine f

urinal [ˈjʊərɪnl] n (= place) urinoir m ; (in street) vespasienne f ; (= receptacle) urinal m

urinalysis [ˌjʊərɪˈnælɪsɪs] n, pl **urinalyses** [ˌjʊərɪˈnælɪsiːz] ⇒ uranalysis

urinary [ˈjʊərɪnərɪ] **1** adj system, complaint, infection, flow urinaire ; retention of urine
2 COMP ▷ **urinary tract** n appareil m urinaire, voies fpl urinaires

urinate [ˈjʊərɪneɪt] → SYN vi uriner

urination [ˌjʊərɪˈneɪʃən] n (Med) miction f

urine [ˈjʊərɪn] n urine f

urinometer [ˌjʊərɪˈnɒmɪtər] n uromètre m

urinose [ˈjʊərɪnəʊs], **urinous** [ˈjʊərɪnəs] adj urineux

URL [ˌjuːɑːrˈel] n (Comput) (abbrev of **uniform resource locator**) URL m

urn [ɜːn] n **a** (= vase etc) urne f ; (also **funeral urn**) urne f (funéraire)
b (also **tea urn, coffee urn**) grosse bouilloire électrique

urobilin [ˌjʊərəʊˈbaɪlɪn] n urobiline f

urogenital [ˌjʊərəʊˈdʒenɪtl] adj urogénital

urolith [ˈjʊərəʊlɪθ] n calcul m urique

urological [ˌjʊərəʊˈlɒdʒɪkl] adj urologique

urologist [jʊəˈrɒlədʒɪst] n urologue mf

urology [jʊəˈrɒlədʒɪ] n urologie f

uropod [ˈjʊərəʊˌpɒd] n uropode m

uropygial gland [ˌjʊərəˈpɪdʒɪəl] n glande f uropygienne

uropygium [ˌjʊərəˈpɪdʒɪəm] n croupion m

uroscopy [jʊəˈrɒskəpɪ] n analyse f d'urine

Ursa [ˈɜːsə] n (Astron) ◆ **Ursa Major/Minor** la Grande/Petite Ourse

urticaceous [ˌɜːtɪˈkeɪʃəs] adj appartenant à la famille des urticacées

urticant [ˈɜːtɪkənt], **urticate** [ˈɜːtɪkeɪt] adj urticant

urticaria [ˌɜːtɪˈkɛərɪə] n urticaire f

Uruguay [ˈjʊərəgwaɪ] n l'Uruguay m

Uruguayan [ˌjʊərəˈgwaɪən] **1** adj uruguayen, de l'Uruguay
2 n Uruguayen(ne) m(f)

US [juːˈes] n (abbrev of **United States**) ◆ **the US** les USA, les EU(A) mpl ◆ **in the US** aux USA, aux États-Unis ◆ **the US Army/government** l'armée/le gouvernement des États-Unis

us [ʌs] pers pron **a** nous ◆ **he hit us** il nous a frappés ◆ **give it to us** donnez-le-nous ◆ **in front of us** devant nous ◆ **let us** or **let's go!** allons-y ! ◆ **younger than us** plus jeune que nous ◆ **both of us** nous deux, tous (or toutes) les deux ◆ **several of us** plusieurs d'entre nous ◆ **he is one of us** il est des nôtres ◆ **as for us English, we ...** nous autres Anglais, nous ... ◆ **we took the books with us** nous avons emporté les livres
b (Brit)* = me), moi ◆ **give us a bit!** donne-m'en un morceau !, donne-moi-z-en ! * ◆ **give us a look!** fais voir !

USA [juːesˈeɪ] n **a** (abbrev of **United States of America**) **the USA** les USA mpl
b (abbrev of **United States Army**) armée de terre des États-Unis

usability [ˌjuːzəˈbɪlɪtɪ] n utilité f

usable [ˈjuːzəbl] → SYN adj equipment, facility, space utilisable (*for sth* pour qch) ; information, evidence, skill utilisable, exploitable (*for sth* pour qch) ◆ **in usable condition** equipment en état de marche ◆ **land usable for agriculture** terres fpl cultivables ◆ **no longer usable** hors d'usage

USAF [ˌjuːeseɪˈef] n (abbrev of **United States Air Force**) armée de l'air des États-Unis

usage [ˈjuːzɪdʒ] → SYN n (NonC) **a** (= custom) usage m, coutume f
b (Ling) usage m
c (= treatment) [of tool, machine, chair etc] utilisation f ; [of person] traitement m ◆ **it's had some rough usage** ça a été malmené, on s'en est mal servi

usance [ˈjuːzəns] n (Fin) usance f

USCG [ˌjuːesiːˈdʒiː] n (abbrev of **United States Coast Guard**) garde f côtière américaine

USDA [ˌjuːesdiːˈeɪ] n (abbrev of **United States Department of Agriculture**) → **agriculture**

ANGLAIS-FRANÇAIS 1068

USDAW [ˌjuːesdiːˈdʌbljuː] n (Brit) (abbrev of **Union of Shop Distributive and Allied Workers**) syndicat

USDI [ˌjuːesdiːˈaɪ] n (abbrev of **United States Department of the Interior**) → **interior**

use

1 NOUN	3 AUXILIARY VERB
2 TRANSITIVE VERB	4 INTRANSITIVE VERB
5 PHRASAL VERB	

1 [juːs] NOUN

a NonC = act of using emploi m, utilisation f ◆ **the use of steel in industry** l'emploi de l'acier dans l'industrie ◆ **to learn the use of sth** apprendre à se servir de qch ◆ **care is necessary in the use of chemicals** il faut prendre des précautions quand on utilise des produits chimiques ◆ **to improve with use** s'améliorer à l'usage

◆ **for use** ◆ **directions for use** mode m d'emploi ◆ **for your (own) personal use** à votre usage personnel ◆ **"for the use of teachers only"** (book, equipment) "à l'usage des professeurs seulement" ; (car park, room) "réservé aux professeurs" ◆ **to keep sth for one's own use** réserver qch à son usage personnel ◆ **for use in case of emergency** à utiliser en cas d'urgence ◆ **fit for use** en état de servir ◆ **ready for use** prêt à servir or à l'emploi ◆ **for general/household use** à usage général/domestique ◆ **for use in schools/the home** destiné à être utilisé dans les écoles/à la maison ◆ **for external use only** (Med) à usage externe

◆ **in use** machine en service, utilisé ; word en usage, usité ◆ **in general use** d'usage or d'emploi courant ◆ **it is in daily use** on s'en sert tous les jours ◆ **no longer in use, now out of use** machine qui n'est plus utilisé ; word qui ne s'emploie plus, inusité

◆ **into use** ◆ **to put sth into use** commencer à se servir de qch ◆ **these machines came into use in 1975** on a commencé à utiliser ces machines en 1975

◆ **out of use** ◆ **to go** or **fall out of use** tomber en désuétude ◆ **it's gone out of use** on ne l'emploie plus ◆ **"out of use"** (on machine, lift etc) "en panne"

◆ **to make use of** se servir de, utiliser ◆ **to make good use of sth** [+ machine, time, money] faire bon usage de qch, tirer parti de qch ; [+ opportunity, facilities] mettre qch à profit, tirer parti de qch

◆ **to put to use** [+ money, equipment] utiliser ; [+ knowledge, experience] mettre à profit ; [+ idea, theory] mettre en application ◆ **I absorb ideas and put them to use** j'absorbe les idées et je les mets en application ◆ **to put sth to good use** [+ machine, time, money] faire bon usage de qch, tirer parti de qch ; [+ opportunity, facilities] mettre qch à profit, tirer parti de qch

b = way of using emploi m, utilisation f ◆ **a new use for ...** un nouvel usage de ... ◆ **it has many uses** cela a beaucoup d'emplois ◆ **I'll find a use for it** je trouverai un moyen de m'en servir, je trouverai l'emploi ◆ **I've no further use for it** je n'en ai plus besoin ◆ **I've no use for that sort of behaviour!** * je n'ai que faire de ce genre de conduite ! ◆ **I've no use for him at all!** * il m'embête ! *

c = usefulness utilité f ◆ **this tool has its uses** cet outil a son utilité ◆ **he has his uses** il est utile par certains côtés ◆ **what's the use of all this?** à quoi sert tout ceci ? ◆ **oh, what's the use?** à quoi bon ? ◆ **what's the use of telling him not to, he never takes any notice** à quoi bon lui dire d'arrêter, il n'écoute jamais ◆ **I've told them fifty times already, what's the use?** * je le lui ai dit trente-six fois déjà, pour ce que ça a servi !

◆ **to be of use** servir, être utile (*for sth, to sth* à qch, *to sb* à qn) ◆ **is this (of) any use to you?** est-ce que cela peut vous être utile ou vous servir ? ◆ **can I be (of) any use?** puis-je être or me rendre utile ? ◆ **a lot of use that will be to you!** * ça te fera une belle jambe ! *

◆ **to be (of) no use** ne servir à rien ◆ **this is no use any more** ce n'est plus bon à rien ◆ **he's no use** il est incapable, il est nul ◆ **he's no use as a goalkeeper** il est nul comme gardien de but ✦ **you're no use to me if you can't spell** vous ne m'êtes d'aucune utilité si vous faites des fautes d'orthographe ✦ **there's** or **it's no use * you protesting** inutile de protester ✦ **it's no use * trying to reason with him** cela ne sert à rien d'essayer de le raisonner, on perd son temps à essayer de le raisonner ✦ **it's no use *, he won't listen** ça ne sert à rien or c'est inutile, il ne veut rien entendre

d NonC = ability to use, access usage m ✦ **to have the use of a garage** avoir l'usage d'un garage, avoir un garage à sa disposition ✦ **with use of kitchen** avec usage de la cuisine ✦ **he gave me the use of his car** il a mis sa voiture à ma disposition ✦ **to have lost the use of one's arm** avoir perdu l'usage d'un bras ✦ **to have the full use of one's faculties** jouir de toutes ses facultés

e Ling = sense emploi m, acception f

f frm = custom coutume f, habitude f ; (Rel, Sociol) usage m ✦ **this has long been his use** telle est son habitude depuis longtemps

 2 [juːz] TRANSITIVE VERB

a = make use of [+ object, tool] se servir de, utiliser ; [+ force, discretion] user de ; [+ opportunity] profiter de ; [+ method, means] employer ; [+ drugs] prendre ; [+ sb's name] faire usage de ✦ **he used a knife to open it** il s'est servi d'un couteau pour l'ouvrir ✦ **it is used for opening bottles** on s'en sert pour ouvrir les bouteilles ✦ **are you using this?** vous servez-vous de ceci ?, avez-vous besoin de ceci ? ✦ **have you used a gun before?** vous êtes-vous déjà servi d'un fusil ? ✦ **the money is to be used to build a new hospital** l'argent servira à construire un nouvel hôpital or à la construction d'un nouvel hôpital ✦ **he used his shoe as a hammer** il s'est servi de sa chaussure comme marteau ✦ **I use that as a table** ça me sert de table ✦ **ointment to be used sparingly** crème f à appliquer en couche fine ✦ **I don't use my French much** je ne me sers pas beaucoup de mon français ✦ **I don't want to use the car** je ne veux pas prendre la voiture ✦ **he said I could use his car** il a dit que je pouvais me servir de or prendre sa voiture ✦ **no longer used** tools, machine, room qui ne sert plus ; word qui ne s'emploie plus, tombé en désuétude ✦ **he wants to use the bathroom** il veut aller aux toilettes ✦ **someone is using the bathroom** il y a quelqu'un dans la salle de bains ✦ **use your head** or **brains!** * réfléchis un peu !, tu as une tête, c'est pour t'en servir ! ✦ **use your eyes!** ouvre l'œil ! ✦ **I feel I've just been used** j'ai l'impression qu'on s'est servi de moi ✦ **I could use a drink!** * je prendrais bien un verre ! ✦ **the house could use a lick of paint!** * une couche de peinture ne ferait pas de mal à cette maison ! ; see also **used**

b = use up utiliser (tout) ✦ **this car uses too much petrol** cette voiture consomme trop d'essence ✦ **have you used all the paint?** avez-vous utilisé toute la peinture ? ✦ **you can use (up) the leftovers in a soup** vous pouvez utiliser les restes pour faire une soupe

c † = treat [+ person] traiter ✦ **to use sb well** bien traiter qn ✦ **he was badly used** on a mal agi envers lui, on a abusé de sa bonne volonté

 3 [juːs] AUXILIARY VERB

✦ **used to** (expressing pas habit) ✦ **I used to see her every week** je la voyais toutes les semaines ✦ **I used to swim every day** j'allais nager or j'avais l'habitude d'aller nager tous les jours ✦ **I used not** or **I use(dn't * or I didn't use * to smoke** (autrefois) je ne fumais pas ✦ **what used he to do** (frm) or **what did he use to do * on Sundays?** qu'est-ce qu'il faisait (d'habitude) le dimanche ? ✦ **things aren't what they used to be** les choses ne sont plus ce qu'elles étaient

 4 INTRANSITIVE VERB [juːz]

Drugs * se droguer

 5 PHRASAL VERB

▶ **use up** vt sep [+ food] consommer entièrement, finir ; [+ objects, ammunition, one's strength, resources, surplus] épuiser ; [+ money] dépenser ✦ **to use up the scraps** utiliser les restes ✦ **it is all used up** il n'en reste plus ; see also **use 2b**

△△△△△△

used [juːzd] → SYN 1 adj **a** (= not fresh) handkerchief, cup qui a servi, sale ; tissue, sanitary towel, needle, condom usagé ; stamp oblitéré ; engine oil usé

b (= second-hand) car, equipment d'occasion ; clothing usagé ✦ **would you buy a used car from this man?** (fig hum) feriez-vous confiance à cet homme ?

c (after adv = employed) **commonly/frequently used** couramment/fréquemment utilisé

d [juːst]

✦ **used to** (= accustomed) ✦ **to be used to sth** être habitué à qch, avoir l'habitude de qch ✦ **I'm used to her now** je me suis habitué à elle maintenant ✦ **to be used to doing sth** être habitué à faire qch, avoir l'habitude de faire qch ✦ **he was used to being given orders** il avait l'habitude qu'on lui donne des ordres, il était habitué à ce qu'on lui donne des ordres ✦ **to get used to sb/sth** s'habituer à qn/qch ✦ **you'll soon get used to it** vous vous y ferez vite, vous vous y habituerez vite ✦ **to get used to doing sth** prendre l'habitude de faire qch ✦ **to get used to sb** or **sb's doing sth** s'habituer à ce que qn fasse qch ✦ **I'm used to her interrupting me** j'ai l'habitude qu'elle m'interrompe (subj), je suis habitué à ce qu'elle m'interrompe (subj)

 2 COMP ▷ **used-car salesman** n, pl **used-car salesmen** vendeur m de voitures d'occasion

usedn't [ˈjuːsnt] ⇒ used not ; → use 3

useful [ˈjuːsfʊl] → SYN adj **a** (= handy, helpful) utile (for, to sb à qn) ✦ **useful addresses** adresses fpl utiles ✦ **that knife will come in useful** ce couteau pourra être utile ✦ **to be useful for (doing) sth** être utile pour faire qch ✦ **to perform a useful function** jouer un rôle utile, être utile ✦ **these drugs are useful in treating cancer** ces médicaments sont utiles dans le traitement du cancer ✦ **he's a useful man to know** c'est un homme qu'il est utile de compter parmi ses relations ✦ **that's useful to know** or **a useful thing to know** c'est bon à savoir ✦ **this machine has reached the end of its useful life** cette machine a fait son temps ✦ **this machine has a useful life of ten years** cette machine peut servir dix ans ✦ **this work is not serving any useful purpose** ce travail ne sert pas à grand-chose ✦ **that's useful!** (iro) nous voilà bien avancés ! ✦ **it is useful to know a foreign language** il est utile de connaître une langue étrangère ✦ **it would be useful for me to have that information** il me serait utile d'avoir ces renseignements

b (Brit * = good) **to be useful with one's hands** être habile de ses mains ✦ **he's quite useful with his fists** il sait se servir de ses poings

usefully [ˈjuːsfəlɪ] adv utilement ✦ **is there anything the government can usefully do?** y a-t-il quelque chose que le gouvernement puisse faire ? ✦ **you might usefully do a bit of preparatory reading** il vous serait peut-être utile de faire quelques lectures préparatoires ✦ **his time could be more usefully spent** or **employed** il pourrait employer son temps de façon plus utile or plus utilement

usefulness [ˈjuːsfʊlnɪs] n (NonC) utilité f ; → **outlive**

useless [ˈjuːslɪs] → SYN adj **a** (= not useful) person, action, information, tool inutile (to sb pour qn ; against sth pour qch) ; arm, leg, hand inerte ; life vide ✦ **our efforts proved useless** nos efforts ont été vains ✦ **shouting is useless** il est inutile de crier, ce n'est pas la peine de crier ✦ **a car is useless without wheels** une voiture sans roues ne sert à rien ✦ **worse than useless** * plus qu'inutile ✦ **it is useless to complain** il ne sert à rien de se plaindre ✦ **it is useless for you to complain** il est inutile que vous vous plaigniez

b (* = incompetent) teacher, player, school nul * (nulle * f) (at sth en qch ; at doing sth quand il s'agit de faire qch)

uselessly [ˈjuːslɪslɪ] adv inutilement ✦ **his arm hung uselessly by his side** son bras pendait, inutile, le long de son corps ✦ **he stood around uselessly** il est resté là à ne rien faire

uselessness [ˈjuːslɪsnɪs] n (NonC) **a** [of tool, advice etc] inutilité f ; [of remedy] inefficacité f

b * [of person] incompétence f

usen't [ˈjuːsnt] ⇒ used not ; → use 3

user [ˈjuːzər] 1 n **a** [of public service, telephone, road, train, dictionary] usager m ; [of machine, tool] utilisateur m, -trice f ; [of electricity, gas] usager m, utilisateur m, -trice f ; (Comput) utilisateur m, -trice f ✦ **car user** automobiliste mf ✦ **computer users** ceux qui utilisent un ordinateur, utilisateurs mpl d'ordinateurs

b (Drugs) usager m, consommateur m ✦ **heroin user** consommateur m, -trice f d'héroïne

 2 COMP ▷ **user-definable, user-defined** n (Comput) touche f définissable par l'utilisateur ▷ **user-friendliness** n (Comput) convivialité f ; [of machine, dictionary etc] facilité f d'utilisation ▷ **user-friendly** adj (Comput) convivial ; (gen) facile à utiliser ✦ **we want to make the store more user-friendly for shoppers** nous voulons rendre le magasin plus accueillant pour les clients ▷ **user group** n groupe m d'usagers ▷ **user name** n (Comput) nom m de l'utilisateur, nom m d'utilisateur ▷ **user's guide** n guide m (de l'utilisateur)

USES [juːˌesiːˈes] n (abbrev of **United States Employment Service**) → **employment**

USGS [juːˌesdʒiːˈes] n (abbrev of **United States Geological Survey**) → **geological**

usher [ˈʌʃər] → SYN 1 n (in law courts etc) huissier m ; (= doorkeeper) portier m ; (at public meeting) membre m du service d'ordre ; (in theatre, church) placeur m

 2 vt ✦ **to usher sb out/along** etc faire sortir/ avancer etc qn ✦ **to usher sb into a room** introduire or faire entrer qn dans une salle ✦ **to usher sb to the door** reconduire qn à la porte

▶ **usher in** vt sep [+ person] introduire, faire entrer ; (fig) [+ period, season] inaugurer, commencer ✦ **it ushers in a new era** cela annonce or inaugure une nouvelle époque, cela marque le début d'une ère nouvelle ✦ **it ushered in a new reign** cela inaugura un nouveau règne, ce fut l'aurore d'un nouveau règne ✦ **the spring was ushered in by storms** le début du printemps fut marqué par des orages

usherette [ˌʌʃəˈret] n (Cine, Theat) ouvreuse f

USIA [juːˌesaɪˈeɪ] n (abbrev of **United States Information Agency**) service officiel fournissant des informations sur les États-Unis à l'étranger

USM [juːˌesˈem] n (abbrev of **United States Mint**) hôtel de la Monnaie des États-Unis

USMC [juːˌesemˈsiː] n (abbrev of **United States Marine Corps**) corps m des marines (des États-Unis)

USN [juːˌesˈen] n (abbrev of **United States Navy**) marine de guerre des États-Unis

USO [juːˌesˈəʊ] n (US) (abbrev of **United Service Organization**) organisation venant en aide aux militaires américains, en particulier lors de leurs déplacements à l'étranger

USP [juːˌesˈpiː] n (abbrev of **unique selling point**) → **unique**

USPHS [juːˌesˌpiːeɪtʃˈes] n (abbrev of **United States Public Health Service**) → **public**

USPS [juːˌesˌpiːˈes] n (abbrev of **United States Postal Service**) services postaux américains

USS [juːˌesˈes] n abbrev of **United States Ship** (or Steamer)

USSR [juːˌesesˈɑːr] n (abbrev of **Union of Soviet Socialist Republics**) URSS f ✦ **in the USSR** en URSS

usu. abbrev of **usual(ly)**

usual [ˈjuːʒʊəl] → SYN 1 adj (= customary) method, excuse, address, rules habituel ; price habituel, courant ; word usuel, courant ✦ **as is usual with such machines, it broke down** elle est tombée en panne, ce qui arrive souvent avec ce genre de machine ✦ **as is usual on these occasions** comme le veut l'usage en ces occasions ✦ **it wasn't his usual car** ce n'était pas la voiture qu'il prenait d'habitude ✦ **he was sitting in his usual chair** il était assis dans sa chaise habituelle ✦ **in the**

usual place à l'endroit habituel ◆ **his usual practice was to rise at six** son habitude était de or il avait l'habitude de se lever à six heures ◆ **her usual routine** son train-train m quotidien ◆ **what did you do on holiday? – oh, the usual stuff** * qu'est-ce que tu as fait pendant les vacances ? — oh, la même chose que d'habitude ◆ **with his usual tact** avec son tact habituel, avec le tact qui le caractérise ◆ **more than usual** plus que d'habitude or d'ordinaire ◆ **to get up earlier than usual** se lever plus tôt que d'habitude ◆ **it's the usual thing** c'est comme d'habitude ◆ **he said the usual things about ...** il a dit ce qu'on dit d'habitude à propos de ... ◆ **come at the usual time** venez à l'heure habituelle ◆ **7 o'clock is my usual time to get up** d'habitude, je me lève à 7 heures ◆ **it's usual to ask first** il est d'usage or il est poli de demander d'abord ◆ **it is usual for soldiers to wear a uniform** les soldats portent traditionnellement un uniforme ◆ **it's quite usual for this to happen** ça arrive souvent, ça n'a rien d'inhabituel ◆ **it wasn't usual for him to arrive early** ce n'était pas dans ses habitudes d'arriver en avance ◆ **it was usual for her to drink a lot** elle avait l'habitude de boire beaucoup, c'était dans ses habitudes de boire beaucoup ◆ **the journey took four hours instead of the usual two** le voyage a pris quatre heures au lieu des deux heures habituelles ◆ **it was not the usual type of holiday** ce n'était pas des vacances pas comme les autres ◆ **to do sth in the usual way** faire qch de la manière habituelle ◆ **she welcomed us in her usual friendly way** elle nous a accueillis chaleureusement, comme à son habitude ; → **channel, crowd, self, sense, suspect**

◆ **as usual** (= as always) comme d'habitude ◆ **he arrived late as usual** il est arrivé en retard, comme d'habitude ◆ **he's late – as usual!** il est en retard — comme d'habitude ! ◆ **for her it's just life as usual** pour elle, la vie continue (comme avant) ◆ **to carry on as usual** continuer comme d'habitude ◆ **"business as usual"** "horaires d'ouverture habituels" ◆ **it is business as usual (for them)** (lit) les affaires continuent (pour eux) ; (fig) la vie continue (pour eux) ◆ **as per usual** * comme d'habitude

2 n (* = drink) ◆ **you know my usual** vous savez ce que je prends d'habitude ◆ **the usual please!** comme d'habitude, s'il vous plaît !

usually ['ju:ʒʊəlɪ] → SYN adv d'habitude, généralement ◆ **more than usually depressed/busy/hungry** plus déprimé/occupé/affamé que d'habitude ◆ **usually, a simple explanation is enough** d'habitude or généralement, une simple explication suffit

usufruct ['ju:zjʊfrʌkt] n (Jur) usufruit m

usufructuary [ˌju:zjʊ'frʌktjʊərɪ] (Jur) **1** n usufruitier m, -ière f
2 adj usufruitier

usurer ['ju:ʒərər] n usurier m, -ière f

usurious [ju:'zjʊərɪəs] adj usuraire

usurp [ju:'zɜ:p] vt usurper

usurpation [ˌju:zɜ:'peɪʃən] n (NonC) usurpation f

usurper [ju:'zɜ:pər] n usurpateur m, -trice f

usurping [ju:'zɜ:pɪŋ] adj usurpateur (-trice f)

usury ['ju:ʒʊrɪ] n (NonC: Fin) usure f

UT abbrev of **Utah**

Ut. (US) abbrev of **Utah**

Utah ['ju:tɔ:] n l'Utah m ◆ **in Utah** dans l'Utah

utensil [ju:'tensl] n ustensile m ; → **kitchen**

uteri ['ju:təˌraɪ] npl of **uterus**

uterine ['ju:təraɪn] adj utérin

uterus ['ju:tərəs] n, pl **uteri** utérus m

utilitarian [ˌju:tɪlɪ'tɛərɪən] **1** adj **a** (= practical) view, approach, object utilitaire
 b (= functional) furniture, building, style fonctionnel
 c (Philos) utilitaire
2 n utilitariste mf

utilitarianism [ˌju:tɪlɪ'tɛərɪənɪzəm] n (NonC) utilitarisme m

utility [ju:'tɪlɪtɪ] → SYN **1** n **a** (NonC) utilité f
 b (also **public utility**) service m public
2 adj clothes, furniture fonctionnel ; goods, vehicle utilitaire
3 COMP ▷ **utility company** n (US) entreprise f de service public ▷ **utility player** n (Sport) joueur m, -euse f polyvalent(e) ▷ **utility program** n (Comput) utilitaire m ▷ **utility room** n pièce où l'on range les appareils ménagers, les provisions etc ▷ **utility software** n (Comput) logiciel m utilitaire

utilizable ['ju:tɪˌlaɪzəbl] adj utilisable

utilization [ˌju:tɪlaɪ'zeɪʃən] n (NonC) [of resources] utilisation f, exploitation f ; [of facility, technique] utilisation f ; [of land, space, skill] exploitation f

utilize ['ju:tɪlaɪz] → SYN vt [+ object, facilities, equipment] utiliser, se servir de ; [+ situation, resources, talent, person] tirer parti de, exploiter ; [+ space] utiliser, tirer parti de

utmost ['ʌtməʊst] → SYN **1** adj **a** (= greatest) restraint, difficulty, determination le plus grand or la plus grande, extrême ◆ **of (the) utmost importance (to sb/sth)** de la plus haute importance (pour qn/qch) ◆ **it is of (the) utmost importance that ...** il est de la plus haute importance que ... (+ subj) ◆ **with the utmost possible care** avec le plus grand soin possible ◆ **an undertaking of the utmost danger** une entreprise des plus dangereuses ◆ **a matter of (the) utmost urgency** une affaire de la plus extrême urgence
 b (= furthest) limits extrême
2 n ◆ **to do one's utmost** faire tout son possible ◆ **to do one's utmost to do sth** faire tout son possible pour faire qch ◆ **to the utmost** au plus haut degré or point ◆ **at the utmost** au maximum, tout au plus

Utopia [ju:'təʊpɪə] n utopie f

Utopian [ju:'təʊpɪən] **1** adj utopique
2 n utopiste mf

Utopianism [ju:'təʊpɪənɪzəm] n utopisme m

Utrecht ['ju:trekt] n Utrecht

utricle ['ju:trɪkl] n utricule m

utriculitis [ju:ˌtrɪkjʊ'laɪtɪs] n labyrinthite f

Uttar Pradesh ['ʊtə'prɑ:deʃ] n l'Uttar Pradesh m

utter[1] ['ʌtər] → SYN adj lack, failure, disaster complet (-ète f), total ; incompetence total ; contempt, disregard, silence, sincerity absolu, total ; fool, rogue, liar parfait (before n) ; disgust, despair, hopelessness, frustration, stupidity profond ; futility, misery extrême ; madness pur ◆ **to my utter amazement, I succeeded** à ma plus grande stupéfaction, j'ai réussi ◆ **with utter conviction** avec une conviction inébranlable ◆ **what utter nonsense!** c'est complètement absurde ! ◆ **she's talking complete and utter rubbish** * elle dit n'importe quoi ◆ **he's a complete and utter fool/bastard** *:* etc c'est un imbécile/salaud *:* etc fini

utter[2] ['ʌtər] → SYN vt [+ word] prononcer, proférer ; [+ cry] pousser ; [+ threat, insult] proférer ; [+ libel] publier ; (Jur) [+ counterfeit money] émettre, mettre en circulation ◆ **he didn't utter a word** il n'a pas dit un seul mot, il n'a pas soufflé mot

utterance ['ʌtərəns] n **a** (= remark etc) paroles fpl, déclaration f
 b (NonC) [of facts, theory] énonciation f ; [of feelings] expression f ◆ **to give utterance to** exprimer
 c (style of speaking) élocution f, articulation f
 d (Ling) énoncé m

utterly ['ʌtəlɪ] → SYN adv untrue, destroy, transform complètement, totalement ; impossible tout à fait ; convince entièrement ◆ **he failed utterly** il a complètement or totalement échoué ◆ **he utterly failed to impress them** il ne leur a fait absolument aucun effet ◆ **to be utterly without talent/malice** être dénué de tout talent/toute méchanceté

uttermost ['ʌtəməʊst] ⇒ **utmost**

UV [ju:'vi:] adj (abbrev of **ultraviolet**) UV

UVA, UV-A [ˌju:vi:'eɪ] adj UVA inv ◆ **UVA rays** (rayons mpl) UVA mpl

uvarovite [u:'vɑ:rəˌvaɪt] n uvarovite f

UVB, UV-B [ˌju:vi:'bi:] adj UVB inv ◆ **UVB rays** (rayons mpl) UVB mpl

uvea ['ju:vɪə] n uvée f

uveitis [ˌju:vɪ'aɪtɪs] n uvéite f

UVF [ˌju:vi:'ef] n (Brit) (abbrev of **Ulster Volunteer Force**) → **Ulster**

uvula ['ju:vjʊlə] n, pl **uvulas** or **uvulae** luette f, uvule f

uvular ['ju:vjʊlər] adj (Anat, Phon) uvulaire ◆ **uvular r** r grasseyé

uxorious [ʌk'sɔ:rɪəs] adj excessivement dévoué à sa femme

uxoriousness [ʌk'sɔ:rɪəsnɪs] n (NonC) dévotion f excessive à sa femme

Uzbek ['ʊzbek] **1** adj ouzbek f inv
2 n **a** (= person) Ouzbek mf
 b (Ling) ouzbek m

Uzbekistan [ˌʌzbekɪ'stɑ:n] n l'Ouzbékistan or l'Ouzbekistan m

V

V, v [viː] **1** n **a** (= letter) V, v m ◆ **V for Victor, V for Victory** ≃ V comme Victor ◆ **to stick the Vs up to sb** * * (Brit) ≃ faire un bras d'honneur à qn
b (abbrev of **vide**) (= see) V, voir
c (abbrev of **versus**) contre
d (esp Bible) abbrev of **verse**
e abbrev of **very**
f abbrev of **velocity**
2 COMP ▷ **V and A** * n (Brit) (abbrev of **Victoria and Albert Museum**) musée londonien des arts décoratifs ▷ **V-chip** n verrou m électronique ▷ **V-neck** n décolleté m en V or en pointe ▷ **V-necked** adj à encolure en V or en pointe ▷ **V-shaped** adj en (forme de) V ▷ **V-sign** n **a** (for victory) **to give the V-sign** faire le V de la victoire **b** (in Brit) geste obscène, ≃ bras m d'honneur ◆ **to give sb the V-sign** ≃ faire un bras d'honneur à qn

V2 [viːˈtuː] n (Mil Hist) V2 m

VA [viːˈeɪ] n **a** (US) (abbrev of **Veterans Administration**) → **veteran**
b abbrev of **Virginia**

Va. abbrev of **Virginia**

vac¹ * [væk] n (Brit Univ) (abbrev of **vacation**) vacances fpl (universitaires)

vac² * [væk] n (esp Brit) (abbrev of **vacuum cleaner**) → **vacuum**

vacancy [ˈveɪkənsɪ] → SYN n **a** (in hotel etc) chambre f libre ◆ **"no vacancies"** "complet" ◆ **have you any vacancies for August?** est-ce qu'il vous reste des chambres (libres) pour le mois d'août ?
b (= job) poste m vacant or libre, vacance f ◆ **"no vacancies"** "pas d'embauche" ◆ **a short-term vacancy** un poste temporaire ◆ **"vacancy for a typist"** "nous recherchons une dactylo", "nous cherchons une dactylo" ◆ **we have a vacancy for an editor** nous avons un poste de rédacteur à pourvoir, nous cherchons un rédacteur ◆ **we have a vacancy for an enthusiastic sales manager** nous cherchons un directeur des ventes motivé ◆ **to fill a vacancy** [employer] pourvoir un poste vacant ; [employee] être nommé à un poste vacant ◆ **we are looking for someone to fill a vacancy in our sales department** nous cherchons à pourvoir un poste vacant dans notre service de ventes
c (NonC = emptiness) vide m
d (NonC = blankness) esprit m vide, stupidité f

vacant [ˈveɪkənt] → SYN **1** adj **a** (= unoccupied) land, building inoccupé ; hotel room, table, parking space libre ; seat, hospital bed libre, disponible ; post, job vacant, à pourvoir ◆ **to fall vacant** [post, room, flat] se libérer ◆ **a vacant space** un espace libre ◆ **a vacant post** (Ind) un poste vacant or à pourvoir ◆ **a vacant place** (Univ etc: on course) une place libre or disponible ◆ **"situations vacant"** (Press) "offres d'emploi" ◆ **with vacant possession** (Jur) avec libre possession, avec jouissance immédiate
b (= stupid) ahuri ; expression, look, stare (= blank) absent, sans expression ; mind vide
2 COMP ▷ **vacant lot** n (esp US) (gen) terrain m inoccupé ; (for sale) terrain m à vendre

vacantly [ˈveɪkəntlɪ] adv **a** (= absently) look, stare, gaze d'un air absent ◆ **to gaze vacantly into space** fixer le vide, avoir le regard perdu dans le vide
b look, stare, gaze, smile, say (= stupidly) d'un air ahuri ; (= blankly) d'un air absent

vacate [vəˈkeɪt] vt (frm) [+ room, seat, job] quitter ◆ **to vacate a house** quitter une maison ◆ **to vacate one's post** démissionner ◆ **this post will soon be vacated** ce poste sera bientôt vacant or à pourvoir ◆ **to vacate the premises** vider les lieux

vacation [vəˈkeɪʃən] **1** n **a** (US) vacances fpl ◆ **on vacation** en vacances ◆ **on his vacation** pendant ses vacances ◆ **to take a vacation** prendre des vacances ◆ **where are you going for your vacation?** où allez-vous passer vos vacances ?
b (Brit Univ) vacances fpl ; (Jur) vacations fpl or vacances fpl judiciaires ; → **long¹**
2 vi (US) passer des (or ses etc) vacances
3 COMP ▷ **vacation course** n cours mpl de vacances ▷ **vacation trip** n voyage m de vacances ◆ **to go on a vacation trip** partir en vacances

vacationer [vəˈkeɪʃənəʳ], **vacationist** [vəˈkeɪʃənɪst] (US) n vacancier m, -ière f

vaccinate [ˈvæksɪneɪt] vt vacciner (against contre) ◆ **to get vaccinated** se faire vacciner ◆ **have you been vaccinated against ...?** est-ce que vous êtes vacciné contre ... ?

vaccination [ˌvæksɪˈneɪʃən] n vaccination f (against contre) ◆ **smallpox/polio etc vaccination** vaccination f contre la variole/la polio etc ◆ **to have a vaccination against ...** se faire vacciner contre ...

vaccine [ˈvæksiːn] n vaccin m ; (Comput) logiciel m antivirus ◆ **polio vaccine** vaccin m contre la polio ◆ **vaccine-damaged** victime de réactions provoquées par un vaccin

vacherin [vaʃrɛ̃] n (= dessert) vacherin m

vacillate [ˈvæsɪleɪt] vi hésiter (between entre) ◆ **she vacillated so long over accepting that ...** elle s'est demandé si longtemps si elle allait accepter ou non que ...

vacillating [ˈvæsɪleɪtɪŋ] **1** adj indécis, hésitant **2** n (NonC) hésitations fpl, indécision f

vacillation [ˌvæsɪˈleɪʃən] n indécision f

vacua [ˈvækjʊə] npl of **vacuum**

vacuity [væˈkjuːɪtɪ] n vacuité f ◆ **vacuities** (= silly remarks) niaiseries fpl, remarques fpl stupides

vacuole [ˈvækjʊəʊl] n (Bio) vacuole f

vacuous [ˈvækjʊəs] adj (frm) person, film, book inepte ; comment, remark inepte, creux ; look, stare vide ; expression vide, niais ; smile, face niais ; life vide de sens

vacuum [ˈvækjʊm] → SYN **1** n **a** pl **vacuums** or (frm) **vacua** (Phys) vacuum m ◆ **in a vacuum** (fig) dans le vide ; → **nature**
b (gen) vide m ◆ **their departure left a vacuum** leur départ a laissé un (grand) vide ◆ **a cultural vacuum** un vide culturel
c (also **vacuum cleaner**) aspirateur m ◆ **to give sth a vacuum** ⇒ **to vacuum sth 2**
2 vt (also **vacuum-clean**) [+ carpet] passer à l'aspirateur ; [+ room] passer l'aspirateur dans
3 COMP brake, pump, tube à vide ▷ **vacuum aspiration** n (Med = abortion) IVG f par aspiration ▷ **vacuum bottle** n (US) ⇒ **vacuum flask** ▷ **vacuum cleaner** n aspirateur m ▷ **vacuum distillation** n distillation f sous vide ▷ **vacuum extraction** n (Med = birth) accouchement m par ventouse ▷ **vacuum flask** n (Brit) bouteille f thermos ®, thermos ® m or f inv ▷ **vacuum-packed** adj emballé sous vide

vade mecum [ˌvɑːdɪˈmeɪkəm] n vade-mecum m inv

vagabond [ˈvægəbɒnd] → SYN **1** n vagabond(e) m(f) ; (= tramp) chemineau m, clochard(e) m(f)
2 adj life errant, de vagabondage ; thoughts vagabond ; habits irrégulier

vagary [ˈveɪgərɪ] n caprice m

vagi [ˈveɪdʒaɪ] npl of **vagus**

vagina [vəˈdʒaɪnə] n, pl **vaginas** or **vaginae** [vəˈdʒaɪniː] vagin m

vaginal [vəˈdʒaɪnəl] **1** adj vaginal
2 COMP ▷ **vaginal discharge** n pertes fpl blanches ▷ **vaginal dryness** n sécheresse f vaginale ▷ **vaginal intercourse** n (NonC) (rapports mpl sexuels avec) pénétration f vaginale ▷ **vaginal smear** n frottis m (vaginal)

vaginismus [ˌvædʒɪˈnɪzməs] n (Med) vaginisme m

vaginitis [ˌvædʒɪˈnaɪtɪs] n (Med) vaginite f

vagotonia [ˌveɪgəˈtəʊnɪə] n (Med) vagotonie f

vagrancy [ˈveɪgrənsɪ] n (also Jur) vagabondage m

vagrant [ˈveɪgrənt] → SYN **1** n vagabond(e) m(f) ; (= tramp) clochard(e) m(f) ; (Jur) vagabond(e) m(f)
2 adj person vagabond

vague [veɪg] → SYN adj **a** (= unclear) person, idea, gesture, plan, feeling, instructions, reply, promise vague ; description, memory, impression vague, flou ; shape, outline flou, imprécis ◆ **I had a vague idea or feeling she would come** j'avais comme le sentiment or comme une idée * qu'elle viendrait ◆ **he was vague about the time he would be arriving at** (= didn't say exactly) il n'a pas (bien) précisé l'heure de son arrivée ; (= didn't know exactly) il n'était pas sûr de l'heure à laquelle il arriverait ◆ **I'm still very vague about all this** ça n'est pas encore très clair dans mon esprit ◆ **I'm still very vague about how it happened** je ne sais pas encore très bien comment ça s'est

vaguely / vampirism

passé ◆ **I'm very vague about French history** je ne m'y connais pas très bien en histoire de France

b (= absent-minded) person distrait ◆ **he's always rather vague** il est toujours distrait or dans la lune ◆ **she's getting rather vague these days** elle ne s'y retrouve plus très bien or elle perd un peu la tête maintenant ◆ **to look vague** avoir l'air vague or distrait ◆ **to have a vague look in one's eyes** avoir l'air vague

vaguely ['veɪglɪ] → SYN adv **a** (= unclearly) say, describe, remember, resemble, understand vaguement ◆ **vaguely familiar/disappointed** vaguement familier/déçu ◆ **to be vaguely aware of sth** être vaguement conscient de qch ◆ **a vaguely defined set of objectives** un ensemble d'objectifs pas bien définis ◆ **to be vaguely reminiscent of sth** rappeler vaguement qch ◆ **a vaguely worded agreement** un accord libellé dans des termes vagues

b (= absently) look, nod d'un air distrait ; smile d'un air vague

vagueness ['veɪgnɪs] → SYN n **a** [of question, account, memory, wording, language] manque m de précision ; [of statement, proposal] imprécision f, flou m ; [of feeling, sensation] caractère m imprécis, vague m ; [of photograph etc] manque m de netteté

b (= absent-mindedness) distraction f ◆ **his vagueness is very annoying** c'est agaçant qu'il soit si distrait or tête en l'air *

vagus ['veɪgəs] n, pl **vagi** (also **vagus nerve**) nerf m vague or pneumogastrique

vain [veɪn] → SYN adj **a** (= fruitless, empty) attempt, effort, plea, hope, promise vain (before n) ; threat en l'air

◆ **in vain** (= unsuccessfully) try, wait, search for en vain, vainement ; (= pointlessly) die, suffer pour rien ◆ **it was all in vain** cela n'a servi à rien, c'était inutile or en vain ◆ **all his** (or **my** etc) **efforts were in vain** c'était peine perdue ◆ **I looked for him in vain: he had already left** j'ai eu beau le chercher, il était déjà parti ◆ **to take God's** or **the Lord's name in vain** blasphémer ◆ **is someone taking my name in vain?** (hum) on parle de moi ?

b (pej = conceited) person vaniteux ◆ **to be vain about one's appearance** tirer vanité de son apparence, être vain

vainglorious [veɪn'glɔːrɪəs] adj (liter) orgueilleux, vaniteux

vainglory [veɪn'glɔːrɪ] n (NonC: liter) orgueil m, vanité f

vainly ['veɪnlɪ] adv **a** (= to no effect) try, seek, believe, hope en vain, vainement

b (= conceitedly) vaniteusement, avec vanité

valance ['væləns] n (above curtains) cantonnière f ; (round bed frame) tour m or frange f de lit ; (round bed canopy) lambrequin m

vale [veɪl] n (liter) val m (liter), vallée f ◆ **this vale of tears** (fig) cette vallée de larmes

valediction [,vælɪ'dɪkʃən] n **a** (= farewell) adieu(x) m(pl)

b (US Scol) discours m d'adieu

valedictorian [,vælɪdɪk'tɔːrɪən] n (US Scol) major m de la promotion *(qui prononce le discours d'adieu)*

valedictory [,vælɪ'dɪktərɪ] → SYN **1** adj (frm) d'adieu

2 n (US Scol) discours m d'adieu

valence ['veɪləns] n **a** (esp US) ⇒ **valency**

b (Bio) atomicité f

Valencia [bɑ'lenθja] n Valence *(en Espagne)*

valency ['veɪlənsɪ] **1** n (Chem) valence f

2 COMP ▷ **valency electron** n (Chem) électron m de valence or périphérique

valentine ['væləntaɪn] n **a** Valentine Valentin(e) m(f) ◆ **(St) Valentine's Day** la Saint-Valentin

b (also **valentine card**) carte f de la Saint-Valentin ◆ **"will you be my valentine?"** "c'est toi que j'aime" *(écrit sur une carte)*

valerian [və'lɪərɪən] n valériane f

valet ['væleɪ] **1** n **a** (= person: in hotel or household) valet m de chambre

b (= rack for clothes) valet m

2 ['væleɪ] vt [+ man] servir comme valet de chambre ; [+ clothes] entretenir ; [+ car] nettoyer

3 COMP ▷ **valet parking** n service m de voiturier

valetudinarian [,vælɪ,tjuːdɪ'nɛərɪən] adj, n valétudinaire mf

Valhalla [væl'hælə] n Walhalla m

valhund ['vælhʊnd] n (= dog) vallhund m suédois

valiant ['væljənt] → SYN adj (liter) person vaillant (liter), valeureux (liter) ; effort, attempt, fight courageux

valiantly ['væljəntlɪ] adv vaillamment

valid ['vælɪd] → SYN adj **a** (= reasonable, acceptable) argument, reason, excuse, claim, objection, interpretation valable ; question pertinent ◆ **fashion is a valid form of art** la mode est une forme d'art à part entière ◆ **it is not valid to derive such conclusions from the data** il n'est pas valide de tirer de telles conclusions de ces données

b (= in force) ticket, passport, licence, contract valable, valide ◆ **valid for three months** valable or valide pendant trois mois ◆ **no longer valid** périmé

validate ['vælɪdeɪt] vt [+ document, course, diploma] valider ; [+ theory, argument, claim] prouver la justesse de ; [+ results] confirmer ; (Comput) valider

validation [,vælɪ'deɪʃən] n (NonC) **a** [of claim, document etc] validation f

b (Psych = approval) approbation f

validity [və'lɪdɪtɪ] → SYN n [of document, claim] validité f ; [of argument] justesse f

valise [və'liːz] n sac m de voyage ; (Mil) sac m (de soldat)

Valium® ['vælɪəm] n Valium® m ◆ **to be on Valium** être sous Valium

Valkyrie ['vælkɪrɪ] n Walkyrie or Valkyrie f ◆ **the ride of the Valkyries** la chevauchée des Valkyries

Valletta [və'letə] n La Valette

valley ['vælɪ] → SYN n vallée f, val m (liter) ; (small, narrow) vallon m ◆ **the Thames/Rhône** etc **valley** la vallée de la Tamise/du Rhône etc ◆ **the Loire valley** la vallée de la Loire ; (between Orléans and Tours) le Val de Loire ; → **lily**

Valois [valwa] n (Hist) ◆ **the Valois** les Valois mpl

valor ['vælər] n (US) ⇒ **valour**

valorous ['vælərəs] adj (liter) valeureux (liter)

valour, valor (US) ['vælər] n (liter) courage m, bravoure f

Valparaiso [balpara'iso] n Valparaiso

valuable ['væljuəbl] → SYN **1** adj jewellery, antique de (grande) valeur ; information, advice, lesson, contribution, ally, resources, time précieux ; experience très utile ◆ **valuable possessions** objets mpl de valeur ◆ **thank you for granting me so much of your valuable time** je vous remercie de m'avoir accordé autant de votre temps précieux

2 valuables npl objets mpl de valeur ◆ **all her valuables were stolen** on lui a volé tous ses objets de valeur

valuation [,vælju'eɪʃən] n **a** [of house, property, painting etc] estimation f ; (by expert) expertise f ; (= value decided upon) estimation f ◆ **to have a valuation done** faire évaluer or estimer quelque chose ◆ **what is the valuation?** à combien est-ce évalué or estimé ? ◆ **an independent valuation of the company** une évaluation indépendante de cette société

b [of person, sb's character, work etc] appréciation f ◆ **his rather low valuation of the novel** son opinion peu favorable du roman

valuator ['væljueɪtər] n expert m *(en estimations de biens mobiliers)*

value ['væljuː] → SYN **1** n **a** (gen) valeur f ; (= usefulness, worth) valeur f, utilité f ◆ **her training has been of no value to her** sa formation ne lui a servi à rien ◆ **to set great value on sth** attacher or accorder une grande valeur à qch ◆ **to have rarity value** avoir de la valeur de par sa rareté ◆ **the film has great entertainment value** c'est un film très divertissant ◆ **the invention never had anything more than novelty value** cette invention n'a jamais été autre chose qu'un gadget ; → **shock**

b (= worth in money) valeur f ◆ **the large packet is the best value** le grand paquet est le plus avantageux ◆ **it's good value (for money)** on en a pour son argent, le rapport qualité-prix est bon (esp Comm) ◆ **to get good value for money** en avoir pour son argent ◆ **to be of great value** valoir cher ◆ **of little value** de peu de valeur ◆ **of no value** sans valeur ◆ **to gain (in) value** prendre de la valeur ◆ **to have value** avoir de la valeur ◆ **to increase in value** prendre de la valeur ◆ **increase in value** hausse f or augmentation f de valeur ◆ **to lose (in) value** se déprécier ◆ **loss of value** perte f or diminution f de valeur, dépréciation f ◆ **he paid the value of the cup he broke** il a remboursé (le prix de) la tasse qu'il a cassée ◆ **to put** or **place a value on sth** évaluer qch ◆ **to put** or **place a value of $20 on sth** évaluer or estimer qch à 20 dollars ◆ **what value do you put on this?** à quelle valeur estimez-vous cela ?, combien pensez-vous que cela vaut ? ◆ **to put** or **set too high/too low a value on sth** surestimer/sous-estimer qch ◆ **to put** or **set a low value on sth** attacher peu de valeur à qch ◆ **goods to the value of £100** marchandises fpl d'une valeur de 100 livres ◆ **a cheque to the value of £100** un chèque (d'un montant) de 100 livres ; → **street**

c (= moral worth) [of person] valeur f, mérite m ◆ **to put** or **place a high value on sth** attacher beaucoup d'importance à qch ◆ **what value do you put on this?** quelle valeur accordez-vous or attribuez-vous à cela ? ◆ **to put** or **place a high value on doing sth** attacher beaucoup d'importance à faire qch ◆ **he places a high value on educating his children** il attache beaucoup d'importance à l'éducation de ses enfants

d (Math, Mus, Painting, Phon) valeur f

2 values npl (= attitudes, moral standards) valeurs fpl ; → **production, Victorian**

3 vt **a** (= estimate worth of) [+ house, jewels, painting] évaluer, estimer *(at* à*)* ; (by expert) expertiser ◆ **the house was valued at $80,000** la maison a été évaluée or estimée à 80 000 dollars ◆ **he had it valued** il l'a fait expertiser

b (= appreciate, esteem) [+ friendship] apprécier ; [+ comforts] apprécier, faire grand cas de ; [+ liberty, independence] tenir à ◆ **if you value your life/eyes/freedom** si vous tenez à la vie/à vos yeux/à votre liberté ◆ **we value your opinion** votre avis nous importe beaucoup ◆ **he is someone we all value** nous l'apprécions tous beaucoup

4 COMP ▷ **value added tax** n (Brit: abbr **VAT**) taxe f sur la valeur ajoutée *(abbr* **TVA**) ▷ **value judg(e)ment** n (fig) jugement m de valeur

valued ['væljuːd] → SYN adj friend, customer, contribution précieux ; employee, commodity apprécié ; colleague estimé

valueless ['væljuːlɪs] → SYN adj sans valeur

valuer ['væljuər] n (Brit) expert m *(en estimations de biens mobiliers)*

valve [vælv] n **a** (Anat) valvule f ; (Bot, Zool) valve f ; (Tech) [of machine] soupape f, valve f ; [of air chamber, tyre] valve f ; [of musical instrument] piston m ◆ **inlet/outlet valve** soupape f d'admission/d'échappement ◆ **exhaust valve** clapet m d'échappement ◆ **valve horn/trombone** (Mus) cor m/trombone m à pistons ; → **safety, suction**

b (Elec, Rad: also **thermionic valve**) lampe f

valvular ['vælvjʊlər] adj valvulaire

valvule ['vælvjuːl] n valvule f

valvulitis [,vælvjʊ'laɪtɪs] n valvulite f

vamoose * [və'muːs] vi filer *, décamper * ◆ **vamoose!** fiche le camp ! *

vamp¹ [væmp] **1** n (= woman) vamp f

2 vt vamper *

3 vi jouer la femme fatale

vamp² [væmp] **1** vt (= repair) rafistoler ; (Mus) improviser

2 vi (Mus) improviser des accompagnements

3 n [of shoe] devant m

vampire ['væmpaɪər] **1** n (lit, fig) vampire m

2 COMP ▷ **vampire bat** n (Zool) vampire m

vampirism ['væmpaɪərɪzəm] n vampirisme m

ENGLISH-FRENCH — van / varmint

van¹ [væn] **1 n a** (Aut) (smallish) camionnette f, fourgonnette f; (large) camion m, fourgon m; → **removal**
b (Brit Rail) fourgon m; → **guard**, **luggage**
c * (abbrev of **caravan**) caravane f; (gipsy's) roulotte f
2 COMP ▷ **van-boy** n livreur m ▷ **van-driver** n chauffeur m de camion ▷ **van-man** n, pl **van-men** ⇒ **van-boy** ▷ **van pool** n (US) covoiturage m en minibus

van² [væn] n abbrev of **vanguard**

vanadium [vəˈneɪdɪəm] n vanadium m

Van Allen belt [ˌvænˈælən] n ceinture f de Van Allen

Vancouver [vænˈkuːvəʳ] **1** n Vancouver
2 COMP ▷ **Vancouver Island** n l'île f de Vancouver

vandal [ˈvændəl] n **a** (= hooligan) vandale mf
b (Hist) **Vandal** Vandale mf

vandalism [ˈvændəlɪzəm] n vandalisme m
◆ **cultural vandalism** vandalisme m culturel

vandalistic [ˌvændəˈlɪstɪk] adj destructeur (-trice f), de vandale

vandalize [ˈvændəlaɪz] vt vandaliser, saccager

Van de Graaff generator [ˌvændəˈɡrɑːf] n générateur m (électrostatique) de Van de Graaff

Van Diemen's Land † [ˌvænˈdiːmənzlænd] n la Terre de Van Diemen

Vandyke [ˈvændaɪk] n ◆ **Vandyke (beard)** barbiche f

vane [veɪn] n [of windmill] aile f; [of propeller] pale f; [of turbine] aube f; [of quadrant etc] pinnule f, lumière f; [of feather] barbe f; (also **weather vane**) girouette f

vanguard [ˈvænɡɑːd] → SYN n **a** (Mil, Naut) avant-garde f ◆ **in the vanguard (of)** en tête (de)
b (fig) avant-garde f ◆ **in the vanguard of progress** à l'avant-garde or à la pointe du progrès

vanilla [vəˈnɪlə] **1** n (= spice, flavour) vanille f
2 COMP cream, ice à la vanille ▷ **vanilla essence** n extrait m de vanille ▷ **vanilla-flavoured** adj sugar vanillé; yoghurt, custard à la vanille ▷ **vanilla pod** n gousse f de vanille ▷ **vanilla sugar** n sucre m vanillé

vanillin [væˈnɪlɪn] n vanilline f

vanish [ˈvænɪʃ] → SYN **1** vi (gen) disparaître (*from* de); [fears] se dissiper ◆ **to vanish without trace** disparaître sans laisser de traces ◆ **to vanish into thin air** * se volatiliser ◆ **he vanished into the countryside** il a disparu dans la campagne ◆ **he/it had vanished from sight** il/cela avait disparu, il/cela était introuvable ◆ **he/it has vanished from the face of the earth** il/cela a disparu sans laisser de traces ◆ **Julie vanished from outside her home** Julie a disparu de devant chez elle ◆ **he vanished into the distance** il s'est évanoui dans le lointain ◆ **he said goodbye and vanished into the house** il a dit au revoir et il est rentré précipitamment dans la maison
2 COMP ▷ **vanishing act** * n (fig) **to do a vanishing act** s'éclipser* ▷ **vanishing cream** † n crème f de beauté ▷ **vanishing point** n point m de fuite ▷ **vanishing trick** n tour m de passe-passe

vanished [ˈvænɪʃt] adj disparu

vanitory unit [ˈvænɪtərɪˈjuːnɪt] n ⇒ **vanity unit**; → **vanity**

vanity [ˈvænɪtɪ] → SYN **1** n (NonC) **a** (= conceit) vanité f ◆ **I may say without vanity** je peux dire sans (vouloir) me vanter
b (= worthlessness) vanité f, futilité f ◆ **all is vanity** tout est vanité ◆ **"Vanity Fair"** (Literat) "La Foire aux vanités"
2 COMP ▷ **vanity basin** n ⇒ **vanity unit** ▷ **vanity box**, **vanity case** n mallette f pour affaires de toilette, vanity-case m ▷ **vanity mirror** n (in car etc) miroir m de courtoisie ▷ **vanity plate** n (esp US Aut) plaque f d'immatriculation personnalisée ▷ **vanity press** n (Publishing) maison f d'édition à compte d'auteur ▷ **vanity publishing** n (NonC) publication f à compte d'auteur ▷ **vanity unit** n sous-vasque f

---

VANITY PLATE

En Grande-Bretagne comme aux États-Unis, les automobilistes s'intéressent particulièrement aux immatriculations qui forment des mots ou contiennent leurs initiales. Ces plaques, appelées **personalized number plates** en Grande-Bretagne et **vanity plates** aux États-Unis, se vendent souvent très cher. Par exemple, on peut imaginer qu'un homme s'appelant James Allan Gordon souhaite acquérir à n'importe quel prix la plaque d'immatriculation "JAG 1".

---

vanload [ˈvænləʊd] n ◆ **by the vanload** par camions entiers ◆ **a vanload of clothes** une camionnette pleine de vêtements

vanquish [ˈvæŋkwɪʃ] → SYN vt (liter) vaincre ◆ **the vanquished** les vaincus mpl

vanquisher [ˈvæŋkwɪʃəʳ] n (liter) vainqueur m

vantage [ˈvɑːntɪdʒ] **1** n avantage m, supériorité f
2 COMP ▷ **vantage ground** n (Mil) position f stratégique or avantageuse ▷ **vantage point** n (fig) position f avantageuse, bonne place f

Vanuatu [ˌvænuːˈætuː] n ◆ **(the Republic of) Vanuatu** (la République de) Vanuatu

vapid [ˈvæpɪd] adj (frm) remark, conversation, book, song insipide; person ahuri; smile mièvre; style plat

vapidity [væˈpɪdɪtɪ] n [of conversation] insipidité f; [of style] platitude f

vapor [ˈveɪpəʳ] (US) ⇒ **vapour**

vaporescence [ˌveɪpəˈresns] n vaporisation f

vaporescent [ˌveɪpəˈresnt] adj qui se vaporise

vaporetto [ˌveɪpəˈretəʊ] n, pl **vaporetti** [ˌveɪpəˈretɪ] or **vaporettos** vaporetto m

vaporization [ˌveɪpəraɪˈzeɪʃən] n vaporisation f

vaporize [ˈveɪpəraɪz] **1** vt vaporiser
2 vi se vaporiser

vaporizer [ˈveɪpəraɪzəʳ] n (gen, Chem) vaporisateur m; (Med: for inhalation) inhalateur m; (for perfume) atomiseur m

vaporous [ˈveɪpərəs] adj (liter) **a** (= full of vapour) air, cloud, heat vaporeux (liter)
b (fig = indistinct) vague

vapour, vapor (US) [ˈveɪpəʳ] → SYN **1** n **a** (Phys: also mist etc) vapeur f; (on glass) buée f
b **to have the vapours** † avoir des vapeurs †
2 vi (US ☆ = boast) fanfaronner
3 COMP ▷ **vapour bath** n bain m de vapeur ▷ **vapour pressure** n pression f de vapeur ▷ **vapour trail** n (Aviat) traînée f de condensation

varactor [ˈvɛəˌræktəʳ] n varactor m

variability [ˌvɛərɪəˈbɪlɪtɪ] n variabilité f

variable [ˈvɛərɪəbl] → SYN **1** adj amount, quality, content variable; weather variable, incertain, changeant; mood changeant; work de qualité inégale
2 n (gen) variable f ◆ **dependent/independent variable** variable dépendante/indépendante
3 COMP ▷ **variable geometry** adj (Aviat) à géométrie variable ▷ **variable pitch propeller** n hélice f à pas variable ▷ **variable star** n (Astron) étoile f variable ▷ **variable type** n (Comput) type m de variable

variance [ˈvɛərɪəns] → SYN n **a** (= disagreement) désaccord m, différend m ◆ **to be at variance** (= in disagreement) être en désaccord ◆ **to be at variance with sb about sth** avoir un différend avec qn sur qch ◆ **this is at variance with what he said earlier** cela ne correspond pas à or contredit ce qu'il a dit auparavant
b (= variation) variation f
c (Math) variance f
d (Jur) différence f, divergence f ◆ **there is a variance between the two statements** les deux dépositions ne s'accordent pas or ne concordent pas

variant [ˈvɛərɪənt] → SYN **1** n (gen, Ling etc) variante f ◆ **spelling variant** variante f orthographique
2 adj method autre
3 COMP ▷ **variant form** n (Ling) variante f (orthographique) ▷ **variant reading** n variante f ▷ **variant spelling** n ⇒ **variant form**

variation [ˌvɛərɪˈeɪʃən] → SYN n (gen, Bio, Chem, Met, Mus, Phys) variation f; (in opinions, views) fluctuation(s) f(pl), changements mpl

varicella [ˌværɪˈselə] n varices fpl

varicoloured, varicolored (US) [ˈvɛərɪˌkʌləd] adj multicolore, bigarré; (fig) divers

varicose [ˈværɪkəʊs] **1** adj ulcer, eczema variqueux
2 COMP ▷ **varicose vein** n varice f ◆ **to have varicose veins** avoir des varices

varicosis [ˌværɪˈkəʊsɪs] n varices fpl

varicotomy [ˌværɪˈkɒtəmɪ] n varicectomie f, phlébectomie f, stripping m

varied [ˈvɛərɪd] → SYN adj diet, career, work, programme etc varié; reasons, opportunities, talents etc varié, divers

variegated [ˈvɛərɪɡeɪtɪd] adj **a** (= mottled) plant, leaf, plumage panaché; colour moucheté; markings de couleurs différentes
b (= varied) assortment varié

variegation [ˌvɛərɪˈɡeɪʃən] n bigarrure f, diaprure f (liter)

variety [vəˈraɪətɪ] → SYN **1** n **a** (NonC = diversity) variété f (*in* dans), diversité f ◆ **children like variety** les enfants aiment la variété or ce qui est varié ◆ **it lacks variety** ça n'est pas assez varié ◆ **they have increased in number and variety** ils sont devenus plus nombreux et plus variés ◆ (Prov) **variety is the spice of life** il faut de tout pour faire un monde
b (= assortment, range) **a wide** or **great variety of ...** un grand nombre de ... ◆ **dolphins produce a variety of noises** les dauphins émettent différents bruits ou un certain nombre de bruits ◆ **for a variety of reasons** pour diverses raisons ◆ **it offers a variety of careers** cela offre un grand choix de carrières
c (Bio = subdivision) variété f ◆ **new plant variety** obtention f or nouveauté f végétale
d (= type, kind) type m, espèce f ◆ **many varieties of socialist(s)** de nombreux types (différents) de socialistes, de nombreuses espèces (différentes) de socialistes ◆ **books of the paperback variety** des livres du genre livre de poche
e (NonC: Theat) variétés fpl
2 COMP (Theat) actor, artiste etc de variétés, de music-hall ◆ **variety meats** npl (US Culin) abats mpl (de boucherie) ▷ **variety show** n (Theat) spectacle m de variétés or de music-hall; (Rad, TV) émission f de variétés ▷ **variety store** n (US) ≈ Prisunic m ▷ **variety theatre** n (théâtre m de) variétés fpl ▷ **variety turn** n (Brit) numéro m (de variétés or de music-hall)

varifocal [ˌvɛərɪˈfəʊkl] **1** adj progressif
2 **varifocals** npl lunettes fpl à verres progressifs

variola [vəˈraɪələ] n variole f

variolite [ˈvɛərɪəlaɪt] n variolite f

variometer [ˌvɛərɪˈɒmətəʳ] n variomètre m

variorum [ˌvɛərɪˈɔːrəm] adj variorum inv ◆ **variorum edition** édition f variorum

various [ˈvɛərɪəs] → SYN adj **a** (= differing) divers (before n), différent ◆ **at various times of day** à différents moments de la journée ◆ **the various meanings of a word** les différents sens d'un mot ◆ **his excuses are many and various** ses excuses sont nombreuses et variées
b (= several) divers, plusieurs ◆ **I phoned her various times** je lui ai téléphoné à plusieurs reprises ◆ **there are various ways of doing it** il y a plusieurs manières de le faire

variously [ˈvɛərɪəslɪ] adv ◆ **he was variously known as John, Johnny or Jack** il était connu sous divers noms: John, Johnny ou Jack ◆ **the crowd was variously estimated at two to seven thousand** le nombre de personnes a été estimé entre deux et sept mille selon les sources

varistor [vəˈrɪstəʳ] n varistance f

varlet †† [ˈvɑːlɪt] n (pej) sacripant †† m

varmint † * [ˈvɑːmɪnt] n (= scoundrel) polisson(ne) m(f), vaurien(ne) m(f)

varnish ['vɑːnɪʃ] → SYN **1** n (lit, fig) vernis m; (on pottery) vernis m, émail m; → **nail, spirit**
2 vt [+ furniture, painting] vernir; [+ pottery] vernisser ◆ **to varnish one's nails** se vernir les ongles ◆ **to varnish the truth** maquiller la vérité

varnishing ['vɑːnɪʃɪŋ] **1** n vernissage m
2 COMP ▷ **varnishing day** n (Art) (jour m du) vernissage m

varsity ['vɑːsɪtɪ] **1** n **a** (Brit †* = university) fac * f
b (US Univ Sport) équipe f de première catégorie (représentant un établissement d'enseignement)
2 COMP ▷ **varsity match** n match entre les universités d'Oxford et de Cambridge ▷ **varsity sports** npl (US) sports pratiqués entre équipes de différents établissements scolaires

Varuna ['vɑːrənə] n Varuna m

vary ['vɛərɪ] → SYN **1** vi varier ◆ **to vary with the weather** changer selon le temps ◆ **to vary from sth** différer de qch ◆ **opinions vary on this point** les opinions varient sur ce point
2 vt [+ programme, menu] varier; [+ temperature] faire varier; (directly) varier

varying ['vɛərɪɪŋ] → SYN adj amounts variable; shades different ◆ **of varying abilities** de compétences variées ◆ **of varying ages** de différents âges ◆ **to varying degrees** à des degrés divers ◆ **with varying degrees of success** avec plus ou moins de succès ◆ **for varying periods of time** pendant des périodes plus ou moins longues ◆ **of varying sizes** de différentes tailles

vascular ['væskjʊlər] adj vasculaire

vas deferens ['væsˈdefə,renz] n, pl **vasa deferentia** ['veɪsəˌdefə'renʃɪə] (Anat) canal m déférent

vase [vɑːz] n vase m ◆ **flower vase** vase m à fleurs

vasectomy [væˈsektəmɪ] n vasectomie f ◆ **to have a vasectomy** avoir une vasectomie

Vaseline ® ['væsɪliːn] **1** n vaseline ® f
2 vt enduire de vaseline ®

vasoconstrictor [ˌveɪzəʊkənˈstrɪktər] n vasoconstricteur m

vasodilator [ˌveɪzəʊdaɪˈleɪtər] n vasodilatateur m

vasomotor [ˌveɪzəʊˈməʊtər] adj vasomoteur (f -trice)

vassal ['væsəl] adj, n (Hist, fig) vassal m

vassalage ['væsəlɪdʒ] n vassalité f, vasselage m

vast [vɑːst] → SYN adj quantity, amount, building, reserve vaste (before n), énorme; area, size, organization, army vaste, immense; knowledge, experience vaste, grand ◆ **at vast expense** à grands frais ◆ **to a vast extent** dans une très large mesure ◆ **a vast improvement on sth** une nette amélioration par rapport à qch ◆ **the vast majority** la grande majorité ◆ **vast sums (of money)** des sommes folles

vastly ['vɑːstlɪ] adv different extrêmement; superior largement, nettement; overrate, increase, improve considérablement

vastness ['vɑːstnɪs] n immensité f

VAT [ˌviːeɪˈtiː, væt] **1** n (Brit) (abbrev of **value added tax**) TVA f
2 COMP ▷ **VAT man** * n, pl **VAT men** inspecteur des impôts chargé du contrôle de la TVA ▷ **VAT number** n numéro m d'identification ▷ **VAT office** n service fiscal spécialisé dans le contrôle de la TVA ▷ **VAT rate** n taux m de (la) TVA ▷ **VAT receipt** n ticket m de caisse (portant un numéro d'identification) ▷ **VAT-registered** adj enregistré à la TVA ▷ **VAT return** n formulaire m de déclaration de la TVA

vat [væt] n cuve f, bac m

Vatican ['vætɪkən] **1** n Vatican m
2 COMP policy etc du Vatican ▷ **Vatican City** n la cité du Vatican ▷ **the Vatican Council** n le concile du Vatican

vaticinate [væˈtɪsɪneɪt] vi vaticiner

vaudeville ['vəʊdəvɪl] (esp US) **1** n spectacle m de variétés or de music-hall
2 COMP show, singer de variétés, de music-hall

vaudevillian [ˌvəʊdəˈvɪlɪən] (US) **1** n (= writer) auteur m de variétés; (= performer) acteur m, -trice f de variétés
2 adj de variétés

vaudevillist ['vəʊdəvɪlɪst] n (US) ⇒ **vaudevillian 1**

vault¹ [vɔːlt] → SYN n **a** (Archit) voûte f ◆ **the vault of heaven** (liter) la voûte céleste
b (Anat) voûte f ◆ **cranial vault** voûte f crânienne
c (= cellar) cave f
d (in bank) (= strongroom) chambre f forte; (= safe deposit box room) salle f des coffres ◆ **it's lying in the vaults of the bank** c'est dans les coffres de la banque
e (= burial chamber) caveau m ◆ **interred in the family vault** inhumé dans le caveau de famille

vault² [vɔːlt] → SYN **1** vi (gen) sauter; (Pole Vaulting) sauter (à la perche); (Gym) sauter ◆ **to vault over sth** sauter qch (d'un bond); → **pole¹**
2 vt (gen) sauter d'un bond
3 n saut m

vaulted ['vɔːltɪd] adj roof, ceiling en voûte; room, hall voûté

vaulter ['vɔːltər] n (= gymnast) sauteur m, -euse f; (= pole-vaulter) perchiste mf

vaulting¹ ['vɔːltɪŋ] n (Archit) voûte(s) f(pl)

vaulting² ['vɔːltɪŋ] **1** n (Sport) exercice m or pratique f du saut
2 COMP ▷ **vaulting horse** n cheval m d'arçons

vaunt [vɔːnt] → SYN vt (liter) (= boast about) vanter; (= praise) vanter, faire l'éloge de ◆ **much vaunted** tant vanté

VC [ˌviːˈsiː] n **a** (Brit) (abbrev of **Victoria Cross**) → **Victoria**
b (Univ) (abbrev of **vice-chancellor**) → **vice-**
c (US: in Vietnam) abbrev of **Vietcong**

VCR [ˌviːsiːˈɑːr] n (abbrev of **video cassette recorder**) → **video**

VD [ˌviːˈdiː] n (Med) (abbrev of **venereal disease**) → **venereal**

VDT [ˌviːdiːˈtiː] n (abbrev of **visual display terminal**) → **visual**

VDU [ˌviːdiːˈjuː] n (Comput) (abbrev of **visual display unit**) → **visual**

veal [viːl] **1** n veau m; → **fillet**
2 COMP stew, cutlet de veau ▷ **veal crate** n box pour l'élevage des veaux de batterie

vector ['vektər] **1** n **a** (Bio, Math) vecteur m
b (Aviat) direction f
2 vt (Aviat) radioguider
3 COMP (Math) vectoriel ▷ **vector product** n produit m vectoriel ▷ **vector space** n espace m vectoriel ▷ **vector sum** n somme f vectorielle

vectorial [vekˈtɔːrɪəl] adj vectoriel

Veda ['veɪdə] n Veda m

Vedaism ['veɪdaɪzəm] n védisme m

VE Day [ˌviːˈiːdeɪ] n anniversaire de la victoire des alliés en 1945

VE DAY

La Grande-Bretagne et les États-Unis commémorent le 8 mai la victoire alliée de 1945 en Europe. C'est le **VE Day** (Victory in Europe Day). La victoire sur le Japon, **VJ Day** (Victory over Japan Day), est commémorée le 15 août.

Vedic ['veɪdɪk] adj védique

veep * [viːp] n (US: from VP) ⇒ **vice-president**; → **vice-**

veer [vɪər] → SYN **1** vi **a** [wind] (= change direction) tourner, changer de direction; [ship] virer (de bord); [car, road] virer ◆ **to veer to the north** se diriger vers le nord or au nord ◆ **the car veered off the road** la voiture a quitté la route ◆ **to veer (off to the) left/right** virer à gauche/droite
b (= change dir) changer ◆ **he veered round to my point of view** changeant d'opinion il s'est rallié à mon point de vue ◆ **he veered off** or **away from his subject** il s'est éloigné de son sujet ◆ **her feelings for him veered between tenderness and love** les sentiments qu'elle lui portait oscillaient entre la tendresse et l'amour
2 vt **a** (Naut) [+ cable] filer
b [+ ship, car] faire virer

veg [vedʒ] n (abbrev of **vegetables**) légumes mpl
▶ **veg out** * vi glander *

Vega ['viːɡə] n (Astron) Véga f

vegan ['viːɡən] n, adj végétalien(ne) m(f)

veganism ['viːɡənɪzəm] n végétalisme m

vegeburger [ˈvedʒɪˌbɜːɡər] n hamburger m végétarien

vegetable ['vedʒtəbl] **1** n **a** légume m ◆ **early vegetables** primeurs fpl
b (generic term = plant) végétal m, plante f
c (fig pej = brain-damaged etc person) épave f
2 COMP oil, matter végétal ▷ **vegetable butter** n margarine f ▷ **vegetable dish** n plat m à légumes, légumier m ▷ **vegetable garden** n (jardin m) potager m ▷ **vegetable kingdom** n règne m végétal ▷ **vegetable knife** n, pl **vegetable knives** couteau-éplucheur m ▷ **vegetable marrow** n (esp Brit) courge f ▷ **vegetable oyster** n (Bot) salsifis m ▷ **vegetable patch** n carré m de légumes ▷ **vegetable salad** n salade f or macédoine f de légumes ▷ **vegetable slicer** n coupe-légumes m inv ▷ **vegetable soup** n soupe f aux or de légumes

vegetal ['vedʒɪtl] adj végétal

vegetarian [ˌvedʒɪˈtɛərɪən] adj, n végétarien(ne) m(f)

vegetarianism [ˌvedʒɪˈtɛərɪənɪzəm] n végétarisme m

vegetate ['vedʒɪteɪt] → SYN vi (lit) végéter; (fig) végéter, moisir *

vegetated ['vedʒɪteɪtɪd] adj couvert de végétation ◆ **sparsely/densely vegetated** couvert d'une végétation clairsemée/dense

vegetation [ˌvedʒɪˈteɪʃən] n (NonC) végétation f

vegetative ['vedʒɪtətɪv] **1** adj végétatif ◆ **vegetative growth** croissance f de la végétation
2 COMP ▷ **vegetative coma** n coma m dépassé; → **persistent**

veggie * ['vedʒɪ] n, adj **a** abbrev of **vegetarian**
b (esp US) abbrev of **vegetable 1a**

veggieburger ['vedʒɪˌbɜːɡər] n ⇒ **vegeburger**

vehemence ['viːɪməns] → SYN n [of person, opposition, denial, tone] véhémence f; [of criticism, attack, protest, dislike] véhémence f, violence f

vehement ['viːɪmənt] → SYN adj person, opposition, denial, tone véhément; criticism, attack, protest, dislike véhément, violent; speech véhément, passionné; gesture, condemnation vif

vehemently ['viːɪməntlɪ] adv deny, say avec véhémence (liter); reject, oppose avec véhémence, violemment; attack, curse violemment; shake one's head vigoureusement ◆ **vehemently anti-European** violemment antieuropéen

vehicle ['viːɪkl] n **a** (Aut, Rail etc) véhicule m; (very large) engin m ◆ **"closed to vehicles"** "interdit à la circulation" ◆ **"authorized vehicles only"** "accès réservé aux véhicules autorisés"; → **commercial**
b (Chem, Art, Pharm etc, also fig) véhicule m ◆ **a vehicle of** or **for communication** un véhicule de la communication ◆ **her art was a vehicle for her political beliefs** son art lui servait à véhiculer ses convictions politiques

vehicular [vɪˈhɪkjʊlər] adj (frm) access des véhicules; homicide commis en conduisant ◆ **vehicular deaths** décès mpl dus aux accidents de la route ◆ **vehicular traffic** circulation f (routière)

veil [veɪl] → SYN **1** n (gen) voile m; (on hat) voilette f; (fig) voile m ◆ **to take the veil** (Rel) prendre le voile ◆ **beyond the veil** (fig liter) dans l'au-delà ◆ **to be wearing a veil** être voilé ◆ **to draw/throw a veil over** (fig) mettre/jeter un voile sur ◆ **under the veil of ...** sous le voile de ... ◆ **veil of mist** voile m de brume
2 vt voiler, couvrir d'un voile; (fig) [+ truth, facts] voiler; [+ feelings] voiler, dissimuler ◆ **the clouds veiled the moon** les nuages voilaient la lune

veiled [veɪld] → SYN adj (lit, fig) woman, face, criticism, reference, threat, warning, attack voilé ◆ **veiled in black** voilé de noir ◆ **veiled in shadow** (liter) plongé dans l'ombre ◆ **veiled mountains** (liter) des montagnes fpl voilées (liter)

veiling ['veɪlɪŋ] n (on hat etc) voilage m; (fig) [of truth, facts] dissimulation f

vein [veɪn] → SYN n **a** (in body, insect wing) veine f ; (in leaf) nervure f ◆ **to open a vein** (suicide) s'ouvrir les veines ◆ **he has French blood in his veins** il a du sang français dans les veines ; → **varicose**

b (in stone etc: gen) veine f ; (of ore etc) filon m, veine f ◆ **there's a vein of truth in what he says** il y a un fond de vérité dans ce qu'il dit ◆ **a vein of racism/scepticism** un fond de racisme/scepticisme ◆ **a vein of humour runs through her writing** il y a un humour sous-jacent dans tous ses textes

c (= style etc) style m ; (= mood) esprit m ◆ **in a humorous/revolutionary etc vein** dans un esprit humoristique/révolutionnaire etc ◆ **in the same vein, in a similar vein** dans la même veine ◆ **in a more realistic vein** dans un style plus réaliste

veined [veɪnd] adj hand, marble veiné ; stone marbré ; leaf nervuré ◆ **blue-veined cheese** fromage m à pâte persillée ◆ **pink flowers veined with red** des fleurs fpl roses veinées de rouge ◆ **rocks veined with cracks** rochers mpl tout fissurés

veining ['veɪnɪŋ] n [of marble] veinures fpl ; [of stone] marbrures fpl ; [of leaf] nervures fpl ; [of marble-effect paper] dessin mpl marbrés

veinule ['veɪnjuːl] n veinule f

vela ['viːlə] npl of **velum**

velar ['viːləʳ] adj vélaire

velarize ['viːləraɪz] vt (Phon) vélariser

Velcro ® ['velkrəʊ] n velcro ® m

veld(t) [velt] n veld(t) m

veleta [vəˈliːtə] n danse à trois temps

vellum ['veləm] **1** n vélin m
2 COMP binding de vélin ▷ **vellum paper** n papier m vélin

veloce [vɪˈləʊtʃɪ] adv (Mus) véloce

velocipede [vəˈlɒsɪpiːd] n vélocipède m

velocity [vɪˈlɒsɪtɪ] n vélocité f, vitesse f

velodrome ['viːlədrəʊm] n vélodrome m

velour(s) [vəˈlʊəʳ] n (for clothes) velours m rasé ; (for upholstery) velours m épais

velouté [vəˈluːteɪ] n (Culin) velouté m

velum ['viːləm] n, pl **vela** (Anat) voile m du palais

velvet ['velvɪt] **1** n **a** (gen) velours m ; → **black, iron**
b (US = unearned income) bénéfice m non salarial
2 COMP dress de velours ▷ **velvet glove** n (also fig) gant m de velours ▷ **Velvet Revolution** n révolution f de velours ▷ **velvet scoter** n (= bird) macreuse f brune

velveteen ['velvɪtiːn] n veloutine f

velvety ['velvɪtɪ] adj surface, texture, material velouteux, velouté ; sauce, voice velouté

vena cava ['viːnəˈkeɪvə] n, pl **venae cavae** ['viːniːˈkeɪvɪ] veine f cave

venal ['viːnl] → SYN adj vénal

venality [viːˈnælɪtɪ] n vénalité f

venation [viːˈneɪʃən] n nervation f

vend [vend] vt (Jur) vendre

vendee [venˈdiː] n (Jur) acquéreur m

vendetta [venˈdetə] → SYN n vendetta f

vending ['vendɪŋ] **1** n vente f
2 COMP ▷ **vending machine** n distributeur m automatique

vendor ['vendəʳ] n **a** (gen) marchand(e) m(f) ◆ **ice-cream etc vendor** marchand(e) m(f) de glaces etc ; → **newsvendor, street**
b (= machine) distributeur m automatique
c ['vendɔːʳ] (Jur) vendeur m

veneer [vəˈnɪəʳ] → SYN **1** n placage m ; (fig) apparence f, vernis m ◆ **with or under a veneer of** sous un vernis de
2 vt plaquer

venerable ['venərəbl] → SYN **1** adj vénérable
2 COMP ▷ **the Venerable Bede** n Bède m le Vénérable

venerate ['venəreɪt] → SYN vt vénérer

veneration [ˌvenəˈreɪʃən] → SYN n vénération f

venereal [vɪˈnɪərɪəl] **1** adj vénérien
2 COMP ▷ **venereal disease** n maladie f vénérienne, MST f

venereologist [vɪˌnɪərɪˈɒlədʒɪst] n vénér(é)ologue mf

venereology [vɪˌnɪərɪˈɒlədʒɪ] n vénérologie f

venery ['venərɪ] n **a** (liter = hunting) vénerie f
b (†† = debauchery) débauche f

venesection ['venɪˌsekʃən] n phlébotomie f

Venetia [vɪˈniːʃə] n (Hist) la Vénétie

Venetian [vɪˈniːʃən] **1** adj vénitien, de Venise
2 n Vénitien(ne) m(f)
3 COMP ▷ **Venetian blind** n store m vénitien ▷ **Venetian glass** n cristal m de Venise

Veneto ['veneto] n ◆ **(the) Veneto** la Vénétie

Venezuela [ˌveneˈzweɪlə] n le Venezuela

Venezuelan [ˌveneˈzweɪlən] **1** adj vénézuélien
2 n Vénézuélien(ne) m(f)

vengeance ['vendʒəns] → SYN n vengeance f ◆ **to take vengeance (up)on ...** se venger de or sur ... ◆ **to take vengeance for ...** tirer vengeance de ... ◆ **with a vengeance** (fig) pour de bon *

vengeful ['vendʒfʊl] adj vengeur (-eresse f)

venial ['viːnɪəl] → SYN adj (also Rel) véniel

veniality [ˌviːnɪˈælɪtɪ] n caractère m véniel

Venice ['venɪs] n Venise

venire [vɪˈnaɪrɪ] n (US Jur) liste f des jurés assignés

venireman [vɪˈnaɪərɪmən] n, pl **-men** (US Jur) juré m nommé par assignation

venison ['venɪsən] n venaison f

Venn diagram [ven] n diagramme m de Venn

venography [vɪˈnɒgrəfɪ] n phlébographie f

venom ['venəm] → SYN n (lit, fig) venin m

venomous ['venəməs] → SYN adj (lit, fig) venimeux ◆ **venomous tongue** (fig) langue f de vipère

venomously ['venəməslɪ] adv say sur un ton venimeux ◆ **to glare venomously at sb** lancer des regards venimeux à qn

venous ['viːnəs] adj (Anat, Bot) veineux

vent [vent] → SYN **1** n (for gas, liquid) (= hole) orifice m ; (= pipe) conduit m ; (in chimney) tuyau m ; [of volcano] cheminée f ; (in barrel) trou m ; (in coat) fente f ◆ **to give vent to** (fig) [+ feelings] donner or laisser libre cours à ; (fig) [+ one's anger etc] décharger (on sur)
2 vt [+ barrel etc] pratiquer un trou dans ;
3 COMP ▷ **vent glass** n (Aut) déflecteur m

ventilate ['ventɪleɪt] vt **a** [+ room, lungs, patient] aérer, ventiler ; [+ tunnel] ventiler ; [+ blood] oxygéner
b (fig) [+ question] livrer à la discussion ; [+ grievance] étaler au grand jour

ventilation [ˌventɪˈleɪʃən] **1** n ventilation f
2 COMP ▷ **ventilation shaft** n conduit m d'aération or de ventilation

ventilator ['ventɪleɪtəʳ] n (Med) respirateur m ◆ **to be on a ventilator** (Med) être en ventilation assistée, être ventilé * ; (in room) ventilateur m ; (Aut: also **ventilator window**) déflecteur m

ventral ['ventrəl] adj (Anat, Zool, Bot) ventral

ventricle ['ventrɪkl] n ventricule m

ventricular [venˈtrɪkjʊləʳ] adj ventriculaire

ventriloquial [ˌventrɪˈləʊkwɪəl] adj de ventriloque

ventriloquism [venˈtrɪləkwɪzəm] n ventriloquie f

ventriloquist [venˈtrɪləkwɪst] **1** n ventriloque mf
2 COMP ▷ **ventriloquist's dummy** n poupée f de ventriloque

ventriloquy [venˈtrɪləkwɪ] n ventriloquie f

venture ['ventʃəʳ] → SYN **1** n (= project) entreprise f, projet m ; (also **business venture**) entreprise f ◆ **it was a risky venture** c'était une entreprise assez risquée or assez hasardeuse ◆ **the success of his first artistic/film etc venture** le succès de sa première entreprise artistique/cinématographique etc ◆ **all his business ventures failed** toutes ses entreprises en matière de commerce or toutes ses tentatives commerciales ont échoué ◆ **this is a new venture in publishing** ceci constitue quelque chose de nouveau or un coup d'essai en matière d'édition ◆ **at a venture †** au hasard
2 vt [+ life, fortune, reputation] risquer ; [+ opinion] hasarder ; [+ explanation, estimate] hasarder, avancer ◆ **when I asked him that, he ventured a guess** quand je lui ai posé la question, il a hasardé or avancé une réponse ◆ **to venture to do sth** oser faire qch, se permettre de faire qch ◆ **he ventured the opinion that ...** il a hasardé une opinion selon laquelle ... ◆ **I ventured to write to you** j'ai pris la liberté de vous écrire ◆ **... but he did not venture to speak** ... mais il n'a pas osé parler ◆ (Prov) **nothing ventured nothing gained** qui ne risque rien n'a rien (Prov)
3 vi s'aventurer, se risquer ◆ **to venture in/out/through etc** se risquer à entrer/sortir/traverser etc ◆ **to venture out of doors** se risquer à sortir ◆ **to venture into town/into the forest** s'aventurer ou se hasarder dans la ville/dans la forêt ◆ **they ventured on a programme of reform** ils ont essayé de mettre sur pied or d'entreprendre un ensemble de réformes ◆ **when we ventured on this** quand nous avons entrepris cela, quand nous nous sommes lancés là-dedans ◆ **he never ventured beyond conventional methods** il ne s'est jamais risqué à essayer des méthodes moins traditionnelles
4 COMP ▷ **venture capital** n (Econ) capital m risque ▷ **venture capitalist** n (Econ) spécialiste mf du capital risque ▷ **Venture Scout** n (Brit) ≃ scout m de la branche aînée, ≃ routier m, -ière f

▶ **venture forth** vi (liter) se risquer à sortir

venturesome ['ventʃəsəm] adj person aventureux, entreprenant ; action risqué, hasardeux

Venturi tube [venˈtjʊərɪ] n tube m de Venturi, venturi m

venue ['venjuː] n (gen) lieu m (de rendez-vous) ; (Jur) lieu m du procès, juridiction f ◆ **the venue of the meeting is ...** la réunion aura lieu à ...

venule ['venjuːl] n veinule f

Venus ['viːnəs] **1** n (Astron, Myth) Vénus f
2 COMP ▷ **Venus fly-trap** n (Bot) dionée f

Venusian [vɪˈnjuːzɪən] adj vénusien

veracious [vəˈreɪʃəs] adj véridique

veracity [vəˈræsɪtɪ] n véracité f

veranda(h) [vəˈrændə] n véranda f

verb [vɜːb] (Gram) **1** n verbe m ; → **auxiliary**
2 COMP ▷ **verb phrase** n syntagme m verbal

verbal ['vɜːbəl] → SYN **1** adj **a** (gen) attack, agreement, support, statement, reasoning, promise verbal ; confession oral ◆ **verbal dexterity** facilité f de parole, aisance f verbale ◆ **verbal memory** mémoire f auditive ◆ **to have good/poor verbal skills** bien/mal s'exprimer
b (Gram) verbal
2 n (US Jur *) aveux mpl faits oralement (et servant de témoignage dans un procès)
3 COMP ▷ **verbal abuse** n (NonC) violence f verbale, injures fpl ▷ **verbal noun** n (Gram) nom m verbal

verbalization [ˌvɜːbəlaɪˈzeɪʃən] n verbalisation f

verbalize ['vɜːbəlaɪz] vt [+ feelings etc] traduire en paroles, exprimer

verbally ['vɜːbəlɪ] → SYN adv threaten, attack, communicate, express, agree verbalement ◆ **to abuse sb verbally** injurier qn ◆ **to be verbally abusive** tenir de propos injurieux ◆ **to be verbally and physically abused** être victime de coups et injures or d'agressions verbales et physiques

verbascum [vɜːˈbæskəm] n molène f

verbatim [vɜːˈbeɪtɪm] → SYN **1** adv quote, repeat textuellement, mot pour mot ; translate mot à mot, littéralement
2 adj translation mot à mot ; quotation mot pour mot ◆ **he gave me a verbatim report of what was said** il m'a rapporté textuellement ce qui a été dit

verbena [vɜːˈbiːnə] n (= genus) verbénacées fpl ; (= plant) verveine f

verbiage ['vɜːbɪɪdʒ] n verbiage m

verbless ['vɜːblɪs] adj sans verbe

verbose [vɜːˈbəʊs] → SYN adj verbeux, prolixe

verbosely [vɜːˈbəʊslɪ] adv avec verbosité, verbeusement

verbosity [vɜːˈbɒsɪtɪ] → SYN n verbosité f

Vercingetorix [ˌvɜːsɪnˈdʒetərɪks] n Vercingétorix m

verdant [ˈvɜːdənt] adj (liter) verdoyant

verdict [ˈvɜːdɪkt] → SYN n **a** (Jur) verdict m ; → **bring in, guilty**
b [of doctor, electors, press etc] verdict m ◆ **to give one's verdict about** or **on** se prononcer sur

verdigris [ˈvɜːdɪgrɪs] adj, n vert-de-gris m inv

verdure [ˈvɜːdjʊə^r] n (liter) verdure f

verge [vɜːdʒ] → SYN n **a** (Brit: of road) bas-côté m, accotement m ◆ **the car mounted the verge** la voiture est montée sur le bas-côté or l'accotement ◆ **to pull over onto the verge** s'arrêter sur le bas-côté ◆ "**soft verges**" (Aut) "accotement non stabilisé"
b (= edge) (gen) bord m ; (round flowerbed) bordure f en gazon ; [of forest] orée f
◆ **on the verge of** ◆ **on the verge of doing sth** sur le point de faire qch ◆ **on the verge of ruin/despair/a nervous breakdown** au bord de la ruine/du désespoir/de la dépression nerveuse ◆ **on the verge of sleep** or **of falling asleep** sur le point de s'endormir ◆ **on the verge of tears** au bord des larmes, sur le point de pleurer ◆ **on the verge of a discovery** à la veille d'une découverte ◆ **on the verge of retirement/old age** au seuil de la retraite/vieillesse ◆ **people living on the verge of starvation** les gens que menace la famine, les gens qui risquent de mourir de faim

▶ **verge on** vt fus friser, frôler ◆ **the plot verges on the ridiculous** l'intrigue frise or frôle le ridicule ◆ **disappointment verging on despair** une déception frisant or frôlant le désespoir ◆ **a fury that verged on madness** une fureur proche de la folie ◆ **she was verging on bankruptcy** elle frôlait la faillite ◆ **he's verging on bankruptcy** il est au bord de la faillite ◆ **she is verging on fifty** elle frise la cinquantaine

verger [ˈvɜːdʒə^r] n (Rel) bedeau m ; (ceremonial) huissier m à verge

Vergil [ˈvɜːdʒɪl] n Virgile m

Vergilian [vəˈdʒɪlɪən] adj virgilien

verifiability [ˌverɪfaɪəˈbɪlɪtɪ] n vérifiabilité f

verifiable [ˈverɪfaɪəbl] adj vérifiable

verification [ˌverɪfɪˈkeɪʃən] → SYN n (= check) vérification f, contrôle m ; (= proof) vérification f

verifier [ˈverɪfaɪə^r] n (Comput) vérificatrice f

verify [ˈverɪfaɪ] → SYN vt [+ statements, information, spelling] vérifier ; [+ documents] contrôler

verily †† [ˈverɪlɪ] adv en vérité

verisimilar [ˌverɪˈsɪmɪlə^r] adj vraisemblable

verisimilitude [ˌverɪsɪˈmɪlɪtjuːd] n vraisemblance f

verism [ˈvɪərɪzəm] n vérisme m

veritable [ˈverɪtəbl] adj véritable, vrai (before n)

verity [ˈverɪtɪ] n (liter) vérité f

verjuice [ˈvɜːdʒuːs] n (Culin) verjus m

vermicelli [ˌvɜːmɪˈselɪ] n (NonC) vermicelle(s) m(pl)

vermicidal [ˌvɜːmɪˈsaɪdl] adj vermicide

vermicide [ˈvɜːmɪsaɪd] n vermicide m

vermicular [vɜːˈmɪkjʊlə^r] adj vermiculaire

vermiculite [vɜːˈmɪkjʊlaɪt] n vermiculite f

vermiform [ˈvɜːmɪfɔːm] **1** adj vermiforme
2 COMP ▷ **vermiform appendix** n appendice m vermiculaire or vermiforme

vermifugal [ˈvɜːmɪfjuːgəl] adj vermifuge

vermifuge [ˈvɜːmɪfjuːdʒ] n vermifuge m

vermilion [vəˈmɪljən] adj, n vermillon m inv

vermin [ˈvɜːmɪn] npl (= animals) animaux mpl nuisibles ; (= insects) vermine f (NonC), parasites mpl ; (pej = people) vermine f (NonC), racaille f (NonC), parasites mpl

verminous [ˈvɜːmɪnəs] adj person, clothes pouilleux, couvert de vermine ; disease vermineux

Vermont [vɜːˈmɒnt] n le Vermont ◆ **in Vermont** dans le Vermont

vermouth [ˈvɜːməθ] n vermout(h) m

vernacular [vəˈnækjʊlə^r] → SYN **1** n **a** (Ling) (= native speech) langue f vernaculaire ; (= jargon) jargon m ◆ **the vernacular of advertising** le jargon de la publicité ◆ **in the vernacular** (= in local language) en langue vernaculaire ; (= not in Latin) en langue vulgaire
b (Archit) architecture f vernaculaire or locale ◆ **in the local vernacular** dans le style local
2 adj language vernaculaire ; crafts, furniture du pays ; architecture, style vernaculaire, local ; building de style local

vernacularly [vəˈnækjʊləlɪ] adv vulgairement

vernal [ˈvɜːnl] **1** adj (liter) printanier
2 COMP ▷ **the vernal equinox** n l'équinoxe m de printemps ▷ **vernal grass** n (Bot) flouve f (odorante)

vernalization [ˌvɜːnəlaɪˈzeɪʃən] n (Agr) vernalisation f

vernalize [ˈvɜːnəlaɪz] vt (Agr) vernaliser

vernation [vɜːˈneɪʃən] n préfoliation f, vernation f

vernier [ˈvɜːnɪə^r] **1** n vernier m
2 COMP ▷ **vernier scale** n échelle f de vernier

Verona [vəˈrəʊnə] n Vérone

veronica [vəˈrɒnɪkə] n **a** (= plant) véronique f
b (= name) Veronica Véronique f

verruca [veˈruːkə] n, pl **verrucae** or **verrucas** [veˈruːsiː] (esp Brit) verrue f (gen plantaire)

Versailles [veəˈsaɪ] n Versailles

versatile [ˈvɜːsətaɪl] → SYN adj person aux talents variés, plein de ressources ; mind souple ; tool, vehicle, software à usages multiples, polyvalent

versatility [ˌvɜːsəˈtɪlɪtɪ] n [of person] variété f de talents ; [of mind] souplesse f ◆ **his versatility** ses talents variés, sa polyvalence

verse [vɜːs] **1** n **a** (= stanza) [of poem] strophe f ; [of song] couplet m
b (NonC = poetry) poésie f, vers mpl ◆ **in verse** en vers ; → **blank, free**
c [of Bible, Koran] verset m ; → **chapter**
2 COMP drama etc en vers

versed [vɜːst] → SYN adj (also **well-versed**) versé (in dans) ◆ **not (well-)versed** peu versé

versicle [ˈvɜːsɪkl] n verset m

versification [ˌvɜːsɪfɪˈkeɪʃən] n versification f, métrique f

versifier [ˈvɜːsɪfaɪə^r] n (pej) versificateur m, -trice f (pej)

versify [ˈvɜːsɪfaɪ] **1** vt versifier, mettre en vers
2 vi faire des vers

version [ˈvɜːʃən] → SYN n **a** (= account) version f ; (= interpretation) interprétation f ◆ **his version of events** sa version des faits
b (= variant) [of text] version f, variante f ; [of car] modèle m
c (= translation) version f, traduction f ; → **authorized**

verso [ˈvɜːsəʊ] n verso m

versus [ˈvɜːsəs] prep **a** (in comparison) par opposition à ◆ **the arguments about public versus private ownership** les arguments pour ou contre la propriété privée ◆ **the question of electricity versus gas for cooking** la question de l'électricité par rapport au gaz or de l'électricité comparée au gaz pour la cuisine
b (Sport) contre ◆ **the England versus Spain match** le match Angleterre-Espagne
c (in dispute, competition) **it's management versus workers** c'est la direction contre les ouvriers, la direction s'oppose aux ouvriers ◆ **the 1960 Nixon versus Kennedy election** l'élection qui en 1960 a opposé Nixon à Kennedy
d (Jur) **Jones versus Smith** Jones contre Smith ◆ **Rex/Regina versus Smith** (in Brit) le Roi/la Reine contre Smith (formule utilisée pour un procès engagé par l'État contre un particulier) ◆ **the People versus Smith** (in US) l'État contre Smith

vertebra [ˈvɜːtɪbrə] n, pl **vertebras** or **vertebrae** [ˈvɜːtɪbriː] vertèbre f

vertebral [ˈvɜːtɪbrəl] adj vertébral

vertebrate [ˈvɜːtɪbrət] adj, n vertébré m

vertex [ˈvɜːteks] n, pl **vertexes** or **vertices** (gen, Geom) sommet m ; (Anat) vertex m

vertical [ˈvɜːtɪkəl] → SYN **1** adj surface, line, axis, cliff, stripes vertical ◆ **a vertical drop** un à-pic ◆ **a vertical power structure** une structure du pouvoir verticale
2 n verticale f ◆ **out of** or **off the vertical** décalé par rapport à or écarté de la verticale
3 COMP ▷ **vertical analysis** n (Comm) analyse f verticale ▷ **vertical integration** n (Econ) intégration f verticale ▷ **vertical mobility** n (Sociol) mobilité f verticale ▷ **vertical planning** n planification f verticale ▷ **vertical take-off aircraft** n avion m à décollage vertical

vertically [ˈvɜːtɪkəlɪ] adv hold, move, run, divide verticalement ; rise, descend, drop verticalement, à la verticale ◆ **vertically challenged** (gen hum) de taille au-dessous de la moyenne ◆ **vertically integrated** (Econ) à intégration verticale

vertices [ˈvɜːtɪsiːz] npl of **vertex**

vertigines [vɜːˈtɪdʒɪˌniːz] npl of **vertigo**

vertiginous [vɜːˈtɪdʒɪnəs] adj (frm) vertigineux

vertigo [ˈvɜːtɪgəʊ] → SYN n, pl **vertigoes** or **vertigines** vertige m ◆ **to suffer from vertigo** avoir des vertiges

vervain [ˈvɜːveɪn] n verveine f

verve [vɜːv] → SYN n verve f, brio m

vervet [ˈvɜːvɪt] n grivet m, singe m vert

very [ˈverɪ] → SYN **1** adv **a** (= extremely) très ◆ **very amusing** très amusant ◆ **to be very careful** faire très attention ◆ **I am very cold/hot** j'ai très froid/chaud ◆ **are you tired? – very/not very** êtes-vous fatigué ? – très/pas très ◆ **very well written/made** très bien écrit/fait ◆ **I'm very sorry** je suis vraiment désolé ◆ **very well, if you insist** très bien, si vous insistez ◆ **very little** très peu ◆ **very little milk** très peu de lait ◆ **it is not very likely** ce n'est pas très probable, c'est peu probable ◆ **I'm not very good at explaining myself** je ne sais pas toujours très bien me faire comprendre, j'ai un peu de mal à me faire comprendre ◆ **his accent is very French** il a un accent très français ◆ **Jane looks very pregnant** la grossesse de Jane paraît très avancée ◆ **the Very Reverend ...** (Rel) le Très Révérend ... ◆ **very high frequency** (Rad) (ondes fpl) très haute fréquence f ◆ **very high/low frequency** (Elec) très haute/basse fréquence f
b (= absolutely) **(of the) very best quality** de toute première qualité ◆ **very last/first** tout dernier/premier ◆ **she is the very cleverest in the class** elle est de loin la plus intelligente de la classe ◆ **give it to me tomorrow at the very latest** donnez-le-moi demain au plus tard or demain dernier délai ◆ **at midday at the very latest** à midi au plus tard ◆ **at the very most/least** tout au plus/moins ◆ **to be in the very best of health** être en excellente santé ◆ **they are the very best of friends** ils sont les meilleurs amis du monde
c very much beaucoup, bien ◆ **thank you very much** merci beaucoup ◆ **I liked it very much** je l'ai beaucoup aimé ◆ **he is very much better** il va beaucoup mieux ◆ **very much bigger** beaucoup or bien plus grand ◆ **very much respected** très respecté ◆ **he is very much the more intelligent of the two** il est de beaucoup or de loin le plus intelligent des deux ◆ **he doesn't work very much** il ne travaille pas beaucoup, il travaille peu ◆ **he is very much like his father** il tient beaucoup de son père, il ressemble beaucoup à son père ◆ **very much so!** (= emphatic yes) absolument !
d (for emphasis) **the very same day** le jour même, ce jour-là ◆ **the very same hat** exactement le même chapeau ◆ **the very next day** le lendemain même, dès le lendemain ◆ **the very next shop we come to** le prochain magasin ◆ **the very next person to do this was ...** la personne qui a fait cela tout de suite après était ... ◆ **as soon as I heard the news, I took the very next train** dès que j'ai entendu la nouvelle, j'ai sauté dans le premier train ◆ **the very latest technology** la

toute dernière technologie ◆ **the very last page of the book** la toute dernière page du livre ; see also **next** ; → **own**

2 adj **a** (= precise, exact) même ◆ **that very day/moment** ce jour/cet instant même ◆ **on the very spot** à l'endroit même or précis ◆ **in this very house** dans cette maison même ◆ **his very words** ses propos mêmes ◆ **the very thing/man I need** tout à fait or justement la chose/l'homme qu'il me faut ◆ **the very thing!** (= what I need) c'est justement ce qu'il me faut ! ; (of suggestion, solution) c'est idéal ! ◆ **to catch sb in the very act** (of stealing) prendre qn en flagrant délit (de vol)

b (= extreme) tout ◆ **at the very end** [of play, year] tout à la fin ; [of garden, road] tout au bout ◆ **at the very back** tout au fond ◆ **to the very end** jusqu'au bout ◆ **in the very depths of the sea/forest** au plus profond de la mer/la forêt ◆ **in the very heart of France** au cœur même de la France

c (= mere) seul ◆ **the very word** le mot seul, rien que le mot ◆ **the very thought of ...** la seule pensée de ..., rien que de penser à ... ◆ **the very idea!** quelle idée alors !

d (for emphasis) **his very life was in danger** sa propre vie était en danger ◆ **democracy is the very basis of British politics** la démocratie est le fondement même de la politique en Grande-Bretagne ◆ **before my very eyes** sous mes propres yeux ◆ **you're the very person I wanted to see** c'est justement vous que je voulais voir

e (liter) **he is a very rascal** or **the veriest rascal** c'est un fieffé coquin

Very light ['vɪərɪlaɪt] n (Mil) fusée f éclairante

Very pistol ['vɪərɪpɪstl] n pistolet m lance-fusées

vesica ['vesɪkə] n, pl **vesicae** ['vesɪˌsiː] vessie f

vesicle ['vesɪkl] n vésicule f

vespers ['vespəz] n vêpres fpl

vespertine ['vespətaɪn] adj vespéral

vessel ['vesl] → SYN n **a** (Naut) navire m, bâtiment m
b (Anat, Bot) vaisseau m ; → **blood**
c (liter = receptacle) récipient m ◆ **drinking vessel** vaisseau † m

vest¹ [vest] **1** n **a** (Brit = undergarment) tricot m de corps ; (also **vest top**) débardeur m
b (US) gilet m
2 COMP ▷ **vest pocket** n (US) poche f de gilet ▷ **vest-pocket** adj (US) calculator etc de poche ; (fig) (= tiny) minuscule ▷ **vest top** n → **1a**

vest² [vest] → SYN **1** vt (frm) ◆ **to vest sb with sth** ◆ **to vest sth in sb** investir qn de qch, assigner qch à qn ◆ **the authority vested in me** l'autorité dont je suis investi
2 COMP ▷ **vested interest** n **to have a vested interest in** (gen) s'intéresser tout particulièrement à ; (financially) [+ business, company] être directement intéressé dans ; [+ market, development of business] être directement intéressé à ◆ **to have a vested interest in doing sth** avoir tout intérêt à faire qch ◆ **he has a vested interest in the play as his daughter is acting in it** il s'intéresse tout particulièrement à cette pièce car sa fille y joue ◆ **vested interests** (Comm, Fin, Jur) droits mpl acquis

vesta ['vestə] n allumette f

vestal virgin [ˌvestl'vɜːdʒɪn] n vestale f

vestibular [ve'stɪbjʊlər] adj (Anat) vestibulaire

vestibule ['vestɪbjuːl] → SYN n **a** (= entrance) [of house, hotel] vestibule m, hall m d'entrée ; [of church] vestibule m
b (Anat) vestibule m

vestige ['vestɪdʒ] → SYN n **a** (= trace, remnant) vestige m ◆ **vestiges of past civilizations** vestiges mpl de civilisations disparues ◆ **not a vestige of truth/commonsense** pas un grain de vérité/de bon sens ◆ **a vestige of hope** un reste d'espoir
b (Anat, Bio = organ) organe m rudimentaire or atrophié ◆ **the vestige of a tail** une queue rudimentaire or atrophiée

vestigial [ves'tɪdʒɪəl] adj **a** (frm = remaining) traces résiduel ◆ **vestigial remains** vestiges mpl
b (Bio) organ, limb vestigial

vesting ['vestɪŋ] n (Insurance) acquisition f de droits

vestment ['vestmənt] n [of priest] vêtement m sacerdotal ; (= ceremonial robe) habit m de cérémonie

vestry ['vestrɪ] n **a** (= part of church) sacristie f
b (= meeting) assemblée f paroissiale, conseil m paroissial

vesture ['vestʃər] n (NonC: liter) vêtements mpl

Vesuvius [vɪ'suːvɪəs] n le Vésuve

vet [vet] → SYN **1** n **a** abbrev of **veterinary surgeon**, **veterinarian**
b (esp US *) (abbrev of **veteran**) ancien combattant m
2 vt (esp Brit) [+ text] corriger, revoir ; [+ figures, calculations, job applications] vérifier ; [+ papers] contrôler ; [+ report] (= check) vérifier le contenu de ; (= approve) approuver ◆ **wage claims are vetted by the union** les revendications salariales doivent d'abord recevoir l'approbation du syndicat ◆ **his wife vets his contracts** sa femme vérifie or contrôle ses contrats ◆ **the purchases are vetted by a committee** les achats doivent d'abord être approuvés par un comité ◆ **the director vetted him for the job** le directeur a soigneusement examiné sa candidature avant de l'embaucher ◆ **we have vetted him thoroughly** nous nous sommes renseignés de façon approfondie à son sujet ◆ **visa applications/applicants are carefully vetted** les demandes/demandeurs de visa sont soigneusement filtré(e)s

vetch [vetʃ] n vesce f

vetchling ['vetʃlɪŋ] n gesse f

veteran ['vetərən] → SYN **1** n **a** (gen) vétéran m
b (Mil: also **war veteran**) ancien combattant m
2 adj (= experienced) chevronné, expérimenté ◆ **she is a veteran campaigner for women's rights** elle fait campagne depuis longtemps pour les droits de la femme ◆ **a veteran car** une voiture d'époque (avant 1919) ◆ **a veteran teacher/golfer** etc un vétéran de l'enseignement/du golf etc
3 COMP ▷ **Veterans Administration** n (US) ministère des anciens combattants ▷ **Veterans Day** n (US) le onze novembre (anniversaire de l'armistice)

veterinarian [ˌvetərɪ'nɛərɪən] n (esp US) vétérinaire mf

veterinary ['vetərɪnərɪ] **1** adj medicine, science, care, practice, hospital vétérinaire ; expert en médecine vétérinaire
2 COMP ▷ **veterinary surgeon** n (Brit) vétérinaire mf

vetiver ['vetɪvər] n vétiver m

veto ['viːtəʊ] LANGUAGE IN USE 12.2 → SYN
1 n, pl **vetoes** (= act, decision) veto m ◆ **the power of veto** le droit de veto ◆ **to use one's veto** exercer son droit de veto ◆ **to put a veto on sth** mettre son veto à qch
2 vt (Pol etc, also fig) mettre or opposer son veto à

vetting ['vetɪŋ] n [of text] correction f, révision f ; [of job application, figures] vérification f ; [of candidate] enquête f approfondie ; [of papers] contrôle m ; → **positive**, **security**

vex [veks] → SYN vt contrarier, fâcher

vexation [vek'seɪʃən] → SYN n (NonC) contrariété f, tracas m

vexatious [vek'seɪʃəs] → SYN adj thing contrariant, ennuyeux ; person tracassier, contrariant

vexed [vekst] → SYN adj **a** (= annoyed) person, voice, frown, expression contrarié ◆ **vexed with sb** fâché contre qn ◆ **to become** or **get vexed** se fâcher
b (= difficult) question, issue délicat, épineux

vexillology [ˌveksɪ'lɒlədʒɪ] n vexillologie f

vexing ['veksɪŋ] adj **a** (= annoying) thing contrariant, ennuyeux ; person tracassier, contrariant
b (= difficult) problem délicat ; question, issue délicat, épineux

VG [ˌviː'dʒiː] (Scol etc) (abbrev of **very good**) TB, très bien

VGA [ˌviːdʒiː'eɪ] **1** n abbrev of **video graphics array**
2 COMP ▷ **VGA card** n carte f VGA

vgc (abbrev of **very good condition**) tbe, très bon état

VHF [ˌviːeɪtʃ'ef] n (abbrev of **very high frequency**) VHF f ◆ **on VHF** en VHF

VHS [ˌviːeɪtʃ'es] n (abbrev of **video home system**) VHS m

VI (abbrev of **Virgin Islands**) → **virgin**

via ['vaɪə] prep **a** (lit = by way of) via, par ◆ **a ticket to Vienna via Frankfurt** un billet pour Vienne via Francfort ◆ **the journey takes nine hours via Ostend** le voyage prend neuf heures via Ostende or (si l'on passe) par Ostende ◆ **you should go via Paris** vous devriez passer par Paris ◆ **we went home via the pub** nous sommes passés par le pub or nous nous sommes arrêtés au pub avant de rentrer
b (fig = by way of) par ◆ **his rent is paid to his landlord via an estate agent** il paie son loyer à son propriétaire par l'intermédiaire d'une agence immobilière
c (= by means of) au moyen de ◆ **the launch was detected via a satellite** le lancement a été détecté au moyen d'un satellite ◆ **she works from home, via e-mail** elle travaille à domicile au moyen du courrier électronique

viability [ˌvaɪə'bɪlɪtɪ] n [of company, business, product] viabilité f ; [of project, scheme] viabilité f, chances fpl de réussite

viable ['vaɪəbl] → SYN adj **a** (= feasible) alternative, option, solution, company, product viable ; project, method viable, qui a des chances de réussir ; future durable, solide ◆ **it's not a viable proposition** ce n'est pas viable
b (Bio) foetus viable

viaduct ['vaɪədʌkt] n viaduc m

Viagra ® [vaɪ'ægrə] n Viagra ® m

vial ['vaɪəl] n (liter) fiole f ; (Pharm) ampoule f

viands ['vaɪəndz] npl (liter) aliments mpl

viaticum [vaɪ'ætɪkəm] n, pl **viaticums** or **viatica** [vaɪ'ætɪkə] viatique m

vibes * [vaɪbz] npl **a** (abbrev of **vibrations**) (from band, singer) atmosphère f, ambiance f ◆ **I get good vibes from her** (between individuals) elle me fait bonne impression ◆ **the vibes are wrong** ça ne gaze pas *
b abbrev of **vibraphone**

vibrancy ['vaɪbrənsɪ] n [of person, language] vivacité f ; [of voice] résonance f ; [of city] animation f, vie f ; [of performance] caractère m très vivant ; [of economy, community] dynamisme m, vitalité f ; [of speech] vigueur f ; [of light, colours] éclat m

vibrant ['vaɪbrənt] → SYN adj **a** (= lively) person, language vivant, vif ; city vivant, animé ; performance vivant ; economy, community, personality dynamique ; culture plein de vitalité ; voice, tones vibrant (**with sth** de qch) ◆ **the street was vibrant with activity** la rue débordait d'activité
b (= bright) colour, red, green éclatant ; light vif

vibraphone ['vaɪbrəfəʊn] **1** n vibraphone m
2 COMP ▷ **vibraphone player** n (Mus) vibraphoniste mf

vibraphonist ['vaɪbrəˌfəʊnɪst] n (Mus) vibraphoniste mf

vibrate [vaɪ'breɪt] → SYN **1** vi (= quiver) vibrer (**with** de) ; (= resound) retentir (**with** de) ; (fig) frémir, vibrer (**with** de)
2 vt faire vibrer

vibration [vaɪ'breɪʃən] → SYN n vibration f

vibrato [vɪ'brɑːtəʊ] (Mus) **1** n vibrato m
2 adv avec vibrato

vibrator [vaɪ'breɪtər] n **a** (Elec) vibrateur m
b (= massager, also sexual) vibromasseur m

vibratory ['vaɪbrətərɪ] adj vibratoire

vibrio ['vɪbrɪəʊ] n, pl **vibrios** (Bio) vibrion m

viburnum [vaɪ'bɜːnəm] n viorne f

vicar ['vɪkər] **1** n (in Church of England) pasteur m (de l'Église anglicane) ◆ **good evening vicar** bonsoir pasteur
2 COMP ▷ **vicar apostolic** n vicaire m apostolique ▷ **vicar general** n, pl **vicars general** grand vicaire m, vicaire m général ▷ **the Vicar of Christ** n le vicaire de Jésus-Christ

vicarage ['vɪkərɪdʒ] n presbytère m (de l'Église anglicane)

vicarious [vɪ'kɛərɪəs] adj **a** (= indirect) experience vécu par procuration ◆ **to get vicarious**

vicariously / view

satisfaction/pleasure from or out of sth (re)tirer de la satisfaction/du plaisir de qch par procuration

b (frm = for another) liability, responsibility assumé pour quelqu'un d'autre ◆ the vicarious suffering of Christ les souffrances que le Christ subit pour autrui

c (frm = delegated) délégué ◆ to give vicarious authority to sb déléguer son autorité à qn

vicariously [vɪˈkɛərɪəslɪ] adv **a** live, enjoy, experience par procuration

b (frm) authorize par délégation, par procuration

vice¹ [vaɪs] → SYN ① n **a** (NonC = depravity, corruption) vice m

b (= evil characteristic) vice m ; (less strong) défaut m

② COMP ▷ **vice den** n (= gambling den) maison f de jeux ; (= brothel) maison f close ▷ **vice girl** n prostituée f ▷ **vice ring** n réseau m de prostitution ▷ **Vice Squad** n (Police) brigade f des mœurs

vice², vise (US) [vaɪs] n (Tech) étau m ; → **grip**

vice³ [vaɪs] prep (frm) à la place de

vice- [vaɪs] ① pref vice-

② COMP ▷ **vice-admiral** n vice-amiral m d'escadre ▷ **vice-captain** n (Sport) capitaine m adjoint ▷ **vice-chairman** n, pl **vice-chairmen** vice-président(e) m(f) ▷ **vice-chairmanship** n vice-présidence f ▷ **vice-chancellor** n (Univ) ≃ président(e) m(f) d'université ; (Jur) vice-chancelier m ▷ **vice-consul** n vice-consul m ▷ **vice-premier** n Premier ministre m adjoint ▷ **vice-presidency** n vice-présidence f ▷ **vice-president** n vice-président(e) m(f) ◆ **Vice-President Smith** (Pol) le vice-président Smith ▷ **vice-presidential** adj (Pol) vice-présidentiel ▷ **vice-presidential candidate** n (Pol) candidat(e) m(f) à la vice-présidence ▷ **vice-principal** n (Scol: gen) directeur m, -trice f adjoint(e) ; [of lycée] censeur m ; [of collège] principal(e) m(f) adjoint(e) ▷ **vice-regal** adj de or du vice-roi

vicennial [vɪˈsenɪəl] adj vicennal

viceroy [ˈvaɪsrɔɪ] n vice-roi m

vice versa [ˌvaɪsɪˈvɜːsə] adv ◆ **and/or vice versa** et/ou vice versa ◆ **rather than vice versa** plutôt que l'inverse

vichyssoise [ˌviːʃiːˈswɑːz] n (Culin) crème f vichyssoise

vichy water [ˈviːʃiː] n eau f de Vichy

vicinity [vɪˈsɪnɪtɪ] → SYN n (= nearby area) voisinage m, environs mpl ; (= closeness) proximité f ◆ **in the vicinity** dans les environs, à proximité ◆ **in the vicinity of the town** aux alentours de la ville, à proximité de la ville ◆ **in our vicinity** dans le voisinage, près de chez nous ◆ **it's something in the vicinity of £100** c'est aux alentours de 100 livres ◆ **in the immediate vicinity** dans les environs immédiats ◆ **the immediate vicinity of the town** les abords mpl de la ville

vicious [ˈvɪʃəs] → SYN ① adj person, attack, temper brutal ; animal méchant ; horse vicieux ; look haineux, méchant ; criticism, remark acerbe, méchant ; campaign virulent ◆ **to have a vicious tongue** être une mauvaise langue, avoir une langue de vipère

② COMP ▷ **vicious circle** n cercle m vicieux ◆ **to be caught in a vicious circle** être pris dans un cercle vicieux ▷ **vicious cycle** n cycle m infernal

viciously [ˈvɪʃəslɪ] adv (= violently) attack, stab brutalement ; beat, strike brutalement, violemment ; (= nastily) say, think, criticize méchamment

viciousness [ˈvɪʃəsnɪs] → SYN n [of person, attack, temper] brutalité f ; [of criticism, remark, campaign] méchanceté f ; [of dog] agressivité f ◆ **a horse renowned for its viciousness** un cheval connu pour être vicieux ◆ **everyone feared the viciousness of his tongue** tout le monde craignait sa langue acérée or acerbe

vicissitude [vɪˈsɪsɪtjuːd] n vicissitude f

vicissitudinous [vɪˌsɪsɪˈtjuːdɪnɪs] adj plein de vicissitudes

victim [ˈvɪktɪm] → SYN ① n (lit, fig) victime f ◆ **the accident/bomb victims** les victimes fpl de l'accident/de l'explosion ◆ **many of the Nazi victims, many of the victims of the Nazis** de nombreuses victimes des Nazis ◆ **to be the or a victim of ...** être victime de ... ◆ **to fall (a) victim to ...** devenir la victime de ... ; (fig) (to sb's charms etc) succomber à ...

② COMP ▷ **Victim Support** n (Brit) organisme d'aide aux victimes de crimes

victimization [ˌvɪktɪmaɪˈzeɪʃən] n (actes mpl de) persécution f ◆ **the dismissed worker alleged victimization** l'ouvrier licencié a prétendu être victime de persécution ◆ **the result was further victimization** ceci a mené à d'autres actes de persécution ◆ **there must be no victimization of strikers** on ne doit pas exercer de représailles contre les grévistes

victimize [ˈvɪktɪmaɪz] → SYN vt persécuter ; (Ind: after strike) exercer des représailles sur ◆ **to be victimized** être victime de persécutions

victimless [ˈvɪktɪmlɪs] adj ◆ **victimless crime** délit m sans victimes

victor [ˈvɪktər] → SYN n vainqueur m ◆ **to emerge the victor over sb** remporter la victoire sur qn

Victoria [vɪkˈtɔːrɪə] ① n **a** (= name) Victoria f ; (= Australian state) le Victoria ◆ **Lake Victoria** le lac Victoria

b (= carriage) victoria victoria f

② COMP ▷ **Victoria Cross** n (Brit Mil: abbr VC) Croix f de Victoria (la plus haute décoration militaire) ▷ **(the) Victoria Falls** npl les chutes fpl Victoria

Victorian [vɪkˈtɔːrɪən] ① n victorien(ne) m(f)

② adj (= 19th century) house, furniture victorien, de l'époque victorienne ; (= strict, puritan) person, values victorien ; attitude d'un puritanisme victorien

---

VICTORIAN

L'adjectif victorien qualifie la Grande-Bretagne sous le règne de la reine Victoria (1837-1901).

Les attitudes ou qualités victoriennes sont celles considérées comme caractéristiques de cette époque : attachement à la respectabilité sociale, moralité stricte et répressive, absence d'humour, bigoterie et hypocrisie. Les valeurs victoriennes sont parfois invoquées par les gens qui regrettent l'évolution de la société contemporaine et prônent un retour au dépassement de soi, à la décence, au respect de l'autorité et à l'importance de la famille.

Victoriana [vɪkˌtɔːrɪˈɑːnə] n (NonC) objets mpl victoriens, antiquités fpl victoriennes

victorious [vɪkˈtɔːrɪəs] → SYN adj person, army, team, campaign victorieux ; shout de victoire

victoriously [vɪkˈtɔːrɪəslɪ] adv victorieusement

victory [ˈvɪktərɪ] → SYN ① n victoire f ◆ **to gain or win a victory over ...** remporter une victoire sur ... ◆ **he led the party to victory** il a mené le parti à la victoire ; → **winged**

② COMP ▷ **victory roll** n (Aviat) looping pour annoncer qu'un avion ennemi a été abattu

victual [ˈvɪtl] ① vt approvisionner, ravitailler

② vi s'approvisionner, se ravitailler

③ **victuals** † npl victuailles fpl, vivres mpl

victualler [ˈvɪtlər] n fournisseur m (de provisions) ; → **license**

vicuña [vaɪˈkjuːnə] n (= animal, wool) vigogne f

vid * [vɪd] n (abbrev of **video**) vidéo f (film)

vide [ˈvɪdeɪ] impers vb (frm) voir, cf

videlicet [vɪˈdiːlɪset] adv (frm) c'est-à-dire, à savoir

video [ˈvɪdɪəʊ] ① n **a** (NonC) vidéo f ; (= machine) magnétoscope m ; (= cassette) cassette f vidéo inv, vidéocassette f ; (= film) vidéo f ◆ **I've got it on video** je l'ai en vidéo ◆ **get a video for tonight** loue une (cassette) vidéo pour ce soir ◆ **to make a video of sth, to record sth on video** (with video recorder) enregistrer qch au magnétoscope ; (with camcorder) faire une vidéo de qch

b (US = television) télévision f, télé * f

② vt (from TV) enregistrer (sur magnétoscope) ; (with camcorder) faire une vidéo de, filmer

③ COMP (= on video) film, entertainment en vidéo ; facilities vidéo inv ; (US) (= on television) film etc télévisé ▷ **video arcade** n salle f de jeux vidéo ▷ **video art** n art m vidéo inv ▷ **video camera** n caméra f vidéo inv ▷ **video cassette** n vidéocassette f, cassette f vidéo ▷ **video cassette recorder** n magnétoscope m ▷ **video cassette recording** n enregistrement m en vidéo or sur magnétoscope ▷ **video clip** n clip m vidéo inv ▷ **video club** n vidéoclub m ▷ **video conference** n visioconférence f, vidéoconférence f ▷ **video conferencing** n (système m de) visioconférence f or vidéoconférence f ▷ **video diary** n (TV) vidéo f amateur (qui passe à la télévision) ▷ **video disk** n vidéodisque m ▷ **video disk player** n vidéolecteur m, lecteur m de vidéodisques ▷ **video entry system** n portier m électronique (avec caméra) ▷ **video film** n film m vidéo inv ▷ **video frequency** n vidéofréquence f ▷ **video game** n jeu m vidéo inv ▷ **video jockey** n (TV) présentateur m, -trice f de vidéo-clips ▷ **video library** n vidéothèque f ▷ **video nasty** * n (cassette f) vidéo f à caractère violent (or pornographique) ▷ **video piracy** n piratage m de vidéocassettes ▷ **video player** n magnétoscope m ▷ **video recorder** n ⇒ **video cassette recorder** ▷ **video recording** n ⇒ **video cassette recording** ▷ **video rental** n location f de vidéocassettes ◇ adj shop, store de location de vidéocassettes ◆ **the video rental business** la location de vidéocassettes ▷ **video screen** n écran m vidéo inv ▷ **video shop** n vidéoclub m ▷ **video surveillance** n vidéosurveillance f ▷ **video tape** n bande f vidéo inv ; (= cassette) vidéocassette f ▷ **video tape recorder** n ⇒ **video cassette recorder** ▷ **video tape recording** n ⇒ **video cassette recording** ▷ **video wall** n mur m d'écrans (vidéo)

videophone [ˈvɪdɪəʊfəʊn] n visiophone m

videotape [ˈvɪdɪəʊteɪp] vt ⇒ **video 2**

Videotex ® [ˈvɪdɪəʊteks] n vidéotex ® m

videotext [ˈvɪdɪəʊtekst] n vidéotex ® m

videotheque [ˈvɪdɪəʊtek] n vidéothèque f

vie [vaɪ] vi rivaliser ◆ **to vie with sb for sth** rivaliser avec qn pour (obtenir) qch, disputer qch à qn ◆ **to vie with sb in doing sth** rivaliser avec qn pour faire qch ◆ **they vied with each other in their work** ils travaillaient à qui mieux mieux

Vienna [vɪˈenə] ① n Vienne

② COMP (gen) viennois, de Vienne ▷ **Vienna roll** n (Culin) pain m viennois

Viennese [ˌvɪəˈniːz] ① adj viennois

② n (pl inv) Viennois(e) m(f)

Vietcong, Viet Cong [ˌvjetˈkɒŋ] ① n (= group) Vietcong or Viêt-cong m ; (= individual: pl inv) Vietcong or Viêt-cong m

② adj vietcong or viêt-cong inv

Vietnam, Viet Nam [ˈvjetˈnæm] n le Vietnam or Viêt-nam ◆ **North/South Vietnam** le Vietnam or Viêt-nam du Nord/du Sud ◆ **the Vietnam war** la guerre du Vietnam or Viêt-nam

Vietnamese [ˌvjetnəˈmiːz] ① adj vietnamien ◆ **North/South Vietnamese** nord-/sud-vietnamien

② n **a** (pl inv) Vietnamien(ne) m(f) ◆ **North/South Vietnamese** Nord-/Sud-Vietnamien(ne) m(f)

b (Ling) vietnamien m

③ **the Vietnamese** npl les Vietnamiens mpl

view [vjuː] LANGUAGE IN USE 6.2 → SYN

① n **a** (= ability to see) vue f ◆ **it blocks the view** ça bouche la vue, on ne peut pas voir ◆ **he has a good view of it from his window** de sa fenêtre, il le voit bien ◆ **hidden from view** caché aux regards ◆ **to keep sth out of view** cacher qch (aux regards) ◆ **exposed to view** exposé aux regards ◆ **it is lost to view** on ne le voit plus ◆ **to come into view** apparaître

◆ **in view** (= in sight) ◆ **I came in view of the lake** je suis arrivé en vue du lac ◆ **the cameraman had a job keeping the plane in view** le caméraman avait du mal à ne pas perdre l'avion de vue ◆ **make sure your hands are not in view** assurez-vous qu'on ne voit pas vos mains ◆ **in full view of thousands of people** devant des milliers de gens, sous les yeux de milliers de gens ◆ **in full view of the house** devant la maison

◆ **on view** ◆ **the pictures are on view** les tableaux sont exposés ◆ **the house will be on view tomorrow** on pourra visiter la maison demain ◆ **to put sth on view** exposer qch

♦ **within view** ♦ the house is within view of the sea de la maison, on voit la mer ♦ all the people within view tous ceux qu'on pouvait voir

b (= sight, prospect) vue f, panorama m ♦ there is a wonderful view from here d'ici la vue or le panorama est magnifique ♦ the view from the top la vue or le panorama d'en haut ♦ a room with a sea view or a view of the sea une chambre avec vue sur la mer ♦ a good view of the sea une belle vue de la mer ♦ a view over the town une vue générale de la ville ♦ a back/front view of the house la maison vue de derrière/devant ♦ this is a side view c'est une vue latérale ♦ I got a side view of the church j'ai vu l'église de côté ♦ it will give you a better view vous verrez mieux comme ça

c (= photo etc) vue f, photo f ♦ 50 views of Paris 50 vues or photos de Paris ♦ I want to take a view of the palace je veux photographier le palais

d (= opinion) opinion f ♦ her views on politics/education ses opinions politiques/sur l'éducation ♦ an exchange of views un échange de vues or d'opinions ♦ in my view à mon avis ♦ that is my view voilà mon opinion or mon avis là-dessus ♦ my personal view is that he ... à mon avis, il ..., personnellement, je pense qu'il ... ♦ it's just a personal view ce n'est qu'une opinion personnelle ♦ the Government view is that one must ... selon le gouvernement or dans l'optique gouvernementale, on doit ... ♦ the generally accepted view is that he ... selon l'opinion généralement répandue, il ... ♦ each person has a different view of democracy chacun comprend la démocratie à sa façon ♦ one's view of old age changes les idées que l'on se fait de la vieillesse évoluent ♦ I cannot accept this view je trouve cette opinion or cette façon de voir les choses inacceptable ♦ I've changed my view on this j'ai changé d'avis là-dessus ♦ give reasons for your views (in exam question) justifiez votre réponse ♦ I have no strong views on that je n'ai pas d'opinion bien arrêtée or précise là-dessus ♦ to hold views on sth avoir un avis or une opinion sur qch ♦ to hold or take the view that ... estimer que ..., considérer que ... ♦ we don't take that view nous avons une opinion différente là-dessus ♦ I take a similar view je partage cet avis ♦ he takes a gloomy/optimistic view of society il a une image pessimiste/optimiste de la société ♦ to take a dim or poor view of sth avoir une bien mauvaise opinion de qch ; → **point**

e (= way of looking at sth) vue f ♦ an idealistic view of the world une vue or une vision idéaliste du monde ♦ a general or an overall view of the problem une vue d'ensemble or générale du problème ♦ a clear view of the facts une idée claire des faits

f (set expressions)

♦ **in view** (expressing intention) ♦ with this (aim or object) in view dans ce but, à cette fin ♦ what end has he in view? quel est son but ? ♦ he has in view the purchase of the house il envisage d'acheter la maison ♦ I don't teach only with the exams in view je ne pense pas uniquement aux examens quand je fais mes cours ♦ he has the holiday in view when he says ... il pense aux vacances quand il dit ...

♦ **in view of** (= considering) ♦ **in view of his refusal** étant donné son refus, vu son refus ♦ **in view of this** ceci étant ♦ **in view of the fact that ...** étant donné ..., vu que ...

♦ **with a view to, with the view of** en vue de ... ♦ **negotiations with a view to a permanent solution** des négociations en vue d'une solution permanente ♦ **with the view of selecting one solution** en vue de sélectionner une seule solution

2 vt **a** (= look at, see) voir ♦ **London viewed from the air** Londres vu d'avion

b (= inspect, examine) examiner, inspecter ; [+ slides, microfiches] visionner ; [+ object for sale] inspecter ; [+ castle] visiter ; (in house-buying) [+ house, flat] visiter

c (TV) regarder, visionner ♦ we have viewed a video recording of the incident nous avons regardé or visionné un enregistrement vidéo de l'incident

d (= think of, understand) considérer, envisager ♦ **to view sb/sth as ...** considérer qn/qch comme ... ♦ **it can be viewed in many different ways** on peut l'envisager or l'examiner sous plusieurs angles ♦ **how do you view that?** qu'est-ce que vous en pensez ?, quelle est votre opinion là-dessus ? ♦ **he views it very objectively** il l'envisage de façon très objective ♦ **the management viewed the scheme favourably** la direction a été favorable au projet ♦ **they view the future with alarm** ils envisagent l'avenir avec inquiétude

3 vi (TV) regarder la télévision

Viewdata ® ['vju:deɪtə] n ≃ minitel ® m

viewer ['vju:ə'] → SYN n **a** (TV) téléspectateur m, -trice f

b (for slides) visionneuse f

c ⇒ viewfinder

viewership ['vju:əʃɪp] n (US TV) ♦ **to score a good** or **a wide viewership** obtenir un bon indice d'écoute

viewfinder ['vju:faɪndə'] n (Phot) viseur m

viewing ['vju:ɪŋ] **1** n **a** (TV) visionnage m ♦ **there's no good viewing tonight** il n'y a rien de bon à la télévision ce soir ♦ **your viewing for the weekend** vos programmes du week-end ♦ **tennis makes excellent viewing** le tennis est un sport qui passe très bien à la télévision or qui est très télégénique

b (in house-buying) **early viewing essential** "à visiter aussi tôt que possible"

c (= watching) observation f

2 COMP (Astron etc) conditions d'observation ; (TV) patterns d'écoute ; habits des téléspectateurs ▷ **viewing audience** n (TV) téléspectateurs mpl ▷ **viewing figures** npl (TV) nombre m de téléspectateurs, taux m d'écoute ▷ **viewing gallery** n (in building) galerie f ▷ **viewing public** n (TV) téléspectateurs mpl ▷ **viewing time** n (TV) heure f d'écoute ♦ **at peak** or **prime viewing time** aux heures de grande écoute

viewphone ['vju:fəʊn] n visiophone m

viewpoint ['vju:pɔɪnt] → SYN n (lit, fig) point m de vue

vigil ['vɪdʒɪl] n (gen) veille f ; (by sickbed, corpse) veillée f ; (Rel) vigile f ; (Pol) manifestation f silencieuse ♦ **to keep vigil over sb** veiller qn ♦ **a long vigil** une longue veille, de longues heures sans sommeil ♦ **to hold a vigil** (Pol) manifester en silence

vigilance ['vɪdʒɪləns] **1** n vigilance f

2 COMP ▷ **vigilance committee** n (US) groupement m d'autodéfense

vigilant ['vɪdʒɪlənt] → SYN adj person vigilant ♦ **to remain vigilant** rester vigilant ♦ **to escape sb's vigilant eye** échapper à l'œil vigilant de qn ♦ **to keep a vigilant eye on sb/sth** rester vigilant en ce qui concerne qn/qch

vigilante [ˌvɪdʒɪ'læntɪ] n membre m d'un groupe d'autodéfense ♦ **vigilante group** groupe m d'autodéfense or de légitime défense

vigilantism [ˌvɪdʒɪ'læntɪzəm] n (pej) attitude et méthodes caractéristiques des groupes d'autodéfense

vigilantly ['vɪdʒɪləntlɪ] adv avec vigilance, attentivement

vignette [vɪ'njet] n (in books) vignette f ; (Art, Phot) portrait m en buste dégradé ; (= character sketch) esquisse f de caractère

vigor ['vɪgə'] n (US) ⇒ **vigour**

vigorous ['vɪgərəs] → SYN adj exercise, defence, denial, debate, campaign, opponent, advocate énergique ; person, opposition, growth vigoureux

vigorously ['vɪgərəslɪ] → SYN adv nod, shake hands, defend, oppose, protest énergiquement ; exercise, shake, beat, deny vigoureusement ♦ **to campaign vigorously** faire une campagne énergique ♦ **boil the beans vigorously for twenty minutes** faites bouillir les haricots à feu vif pendant vingt minutes

vigour, vigor (US) ['vɪgə'] → SYN n (= physical or mental strength) vigueur f, énergie f ; (= health) vigueur f, vitalité f ; (sexual) vigueur f

Viking ['vaɪkɪŋ] **1** adj art, customs etc viking ♦ **Viking ship** drakkar m

2 n Viking mf

vile [vaɪl] → SYN adj **a** (= base, evil) action, traitor, crime, conditions, language infâme, ignoble

b (= unpleasant) person exécrable ; food, drink, play exécrable, abominable ; smell, taste abominable, infect ♦ **what vile weather!** quel temps infect or abominable ! ♦ **to be in a vile temper** or **mood** être d'une humeur massacrante

vilely ['vaɪllɪ] adv **a** (= basely, evilly) treat, exploit, seduce de façon ignoble ; swear de façon odieuse ♦ **vilely offensive** d'une grossièreté ignoble

b (= unpleasantly) **vilely coloured** aux couleurs exécrables

vileness ['vaɪlnɪs] n vilenie f, bassesse f

vilification [ˌvɪlɪfɪ'keɪʃən] n diffamation f

vilify ['vɪlɪfaɪ] → SYN vt diffamer

villa ['vɪlə] n (in town) pavillon m (de banlieue) ; (in country) maison f de campagne ; (by sea) villa f

village ['vɪlɪdʒ] **1** n village m

2 COMP well du village ▷ **village green** n pré m communal ▷ **village hall** n (Brit) salle f des fêtes ▷ **village idiot** n idiot m du village ▷ **village school** n école f de or du village, école f communale

villager ['vɪlɪdʒə'] n villageois(e) m(f)

villain ['vɪlən] → SYN n (= scoundrel) scélérat m, vaurien m ; (in drama, novel) traître(sse) m(f) ; (* = rascal) coquin(e) m(f) ; (* = criminal) bandit m ♦ **he's the villain (of the piece)** c'est lui le coupable

villainous ['vɪlənəs] → SYN adj **a** (= evil) person, character, action, conduct ignoble, infâme ♦ **villainous deed** infamie f

b (* = unpleasant) coffee, weather abominable, infect

villainously ['vɪlənəslɪ] adv d'une manière ignoble

villainy ['vɪlənɪ] → SYN n infamie f, bassesse f

villanelle [ˌvɪlə'nel] n (Literat) villanelle f

...ville ⁂ [vɪl] n, adj (in compounds) ♦ **squaresville** les ringards ⁂ ♦ **it's dullsville** on s'ennuie vachement ⁂

villein ['vɪlɪn] n (Hist) vilain(e) m(f), serf m, serve f

villus ['vɪləs] n, pl **villi** ['vɪlaɪ] villosité f

Vilnius ['vɪlnjəs] n (Geog) Vilnius

vim * [vɪm] n (NonC) énergie f, entrain m ♦ **full of vim** plein d'entrain

vinaigrette [ˌvɪneɪ'gret] n (Culin) vinaigrette f

Vincent ['vɪnsənt] **1** n Vincent m

2 COMP ▷ **Vincent's angina** n angine f de Vincent

vinculum ['vɪŋkjʊləm] n, pl **vincula** ['vɪŋkjʊlə] (Math) barre f supérieure

vindaloo [ˌvɪndə'lu:] n type de curry très épicé

vindicate ['vɪndɪkeɪt] → SYN vt **a** [+ person] (= prove innocent) (gen) donner raison à ; (Jur) innocenter ♦ **this vindicated him** (= proved him right) cela a prouvé qu'il avait eu raison

b [+ opinion, action, decision] justifier ; [+ rights] faire valoir

vindication [ˌvɪndɪ'keɪʃən] → SYN n justification f, défense f ♦ **in vindication of** en justification de, pour justifier

vindictive [vɪn'dɪktɪv] → SYN adj vindicatif (towards sb à l'égard de qn)

vindictively [vɪn'dɪktɪvlɪ] adv par vengeance

vindictiveness [vɪn'dɪktɪvnɪs] n caractère m vindicatif

vine [vaɪn] **1** n (producing grapes) vigne f ; (= climbing plant) plante f grimpante or rampante ♦ **to wither** or **die on the vine** avorter (fig)

2 COMP leaf, cutting de vigne ▷ **vine grower** n viticulteur m, -trice f, vigneron(ne) m(f) ▷ **vine-growing** n viticulture f ♦ **vine-growing district** région f viticole ▷ **vine harvest** n vendange(s) f(pl)

vinegar ['vɪnɪgə'] n vinaigre m ; → **cider, oil**

vinegary ['vɪnɪgərɪ] adj **a** (= like vinegar) wine qui a un goût de vinaigre ; smell, taste de vinaigre, vinaigré ; food acide ♦ **the sauce tastes too vinegary** la sauce est trop vinaigrée

b (= sour-tempered) person acariâtre ; remark acide, acerbe

vinery [ˈvaɪnərɪ] n (= hothouse) serre f où l'on cultive la vigne ; (= vineyard) vignoble m

vineyard [ˈvɪnjəd] n vignoble m

vinicultural [ˌvɪnɪˈkʌltʃərəl] adj vinicole, viticole

viniculture [ˈvɪnɪkʌltʃəʳ] n viticulture f

viniculturist [ˌvɪnɪˈkʌltʃərɪst] n viticulteur m, -trice f

viniferous [vɪˈnɪfərəs] adj vinifère

vino * [ˈviːnəʊ] n pinard * m, vin m

vinous [ˈvaɪnəs] adj vineux

vintage [ˈvɪntɪdʒ] → SYN **1** n **a** (of wine) (= season) vendanges fpl ; (= year) année f, millésime m ; (= harvesting) vendange(s) f(pl), récolte f ◆ **what vintage is this wine?** ce vin est de quelle année ? ◆ **1966 was a good vintage** 1966 était une bonne année or un bon millésime ◆ **the 1972 vintage** le vin de 1972
b (= era) époque f ◆ **he wanted to meet people of his own vintage** il voulait rencontrer des gens de sa génération
2 adj **a** (= choice) champagne, port millésimé ; → 3
b (= classic) comedy, drama classique ◆ **the book is vintage Grisham** ce livre est du Grisham du meilleur cru
c (* = very old) object très ancien, antique
3 COMP ▷ **vintage car** n voiture f d'époque *(construite entre 1919 et 1930)* ▷ **vintage wine** n grand vin m, vin m de grand cru ▷ **vintage year** n (gen, for wine) **a vintage year for Burgundy** une bonne année pour le bourgogne

vintner [ˈvɪntnəʳ] n (= merchant) négociant m en vins ; (= wine-maker) viticulteur m, -trice f, vigneron(ne) m(f)

vinyl [ˈvaɪnɪl] **1** n vinyle m
2 COMP tiles de or en vinyle ; paint vinylique

viol [ˈvaɪəl] n viole f ◆ **viol player** violiste mf

viola¹ [vɪˈəʊlə] **1** n (Mus) alto m
2 COMP ▷ **viola da gamba** n viole f de gambe ▷ **viola d'amore** n viole f d'amour ▷ **viola player** n altiste mf

viola² [ˈvaɪələ] n (= flower) (sorte f de) pensée f ; (= genus) violacée f

violate [ˈvaɪəleɪt] → SYN vt **a** (= disobey) [+ law, rule, agreement] violer, enfreindre ; [+ the Commandments] violer, transgresser
b (= show disrespect for) [+ principles, honour] bafouer ; [+ human rights, civil rights] violer ; [+ public order, property, frontier] ne pas respecter
c (= disturb) [+ peace] troubler, perturber ◆ **to violate sb's privacy** (in room etc) déranger le repos de qn ; [detective, reporter etc] (in private life) déranger qn dans sa vie privée
d (= desecrate) [+ place] violer, profaner ; [+ tomb] violer
e († or liter = rape) violer, violenter †

violation [ˌvaɪəˈleɪʃən] → SYN n **a** (= failure to respect) [of human rights, law, agreement, sanctions, grave] violation f ◆ **in violation of sth** en violation de qch ◆ **he was in violation of his contract** il contrevenait aux clauses de son contrat
b (US = minor offence) infraction f ; (on parking meter) dépassement m ◆ **a minor traffic violation** une infraction mineure au code de la route
c († or liter = rape) viol m

violator [ˈvaɪəleɪtəʳ] n **a** (gen) violateur m
b (esp US Jur = offender) contrevenant m ◆ **violators will be prosecuted** toute violation fera l'objet de poursuites

violence [ˈvaɪələns] → SYN n violence f ◆ **by violence** par la violence ◆ **a climate of violence** un climat de violence ◆ **we are witnessing an escalation of violence** nous assistons à une escalade de la violence ◆ **violence erupted when …, there was an outbreak of violence when …** de violents incidents mpl ont éclaté quand … ◆ **racial violence** violence f raciste ◆ **all the violence on the screen today** toute la violence or toutes les scènes de violence à l'écran aujourd'hui ◆ **terrorist violence** actes mpl de violence terroristes ◆ **police violence** violence f policière ◆ **act of violence** acte m de violence ◆ **crime of violence** (Jur) voie f de fait ◆ **robbery with violence** (Jur) vol m avec coups et blessures ◆ **to do violence to sb/sth** faire violence à qn/qch

violent [ˈvaɪələnt] → SYN **1** adj (gen) violent ; scenes of violence ; pain vif, aigu (-guë f) ; dislike vif ; indigestion fort ; halt, change brutal ; colour, red criard ◆ **to be violent with sb** se montrer violent avec qn, user de violence avec qn ◆ **to get** or **turn violent** [demonstration] tourner à la violence ; [person] devenir violent ◆ **a violent attack** (lit, fig) une violente attaque ◆ **to die a violent death** mourir de mort violente ◆ **to meet a violent end** connaître une fin brutale ◆ **to have a violent temper** être sujet à des colères violentes ◆ **to be in a violent temper** être dans une colère noire or dans une rage folle
2 COMP ◆ **violent storm** n (Met) violente tempête f

violently [ˈvaɪələntlɪ] adv attack, criticize, tremble violemment ; react violemment, avec violence ; act de façon violente ; say avec violence, sur un ton très violent ; swerve, brake brusquement ; change brutalement ◆ **violently opposed to sth** violemment opposé à qch ◆ **violently anti-communist** violemment anticommuniste ◆ **to behave violently** se montrer violent ◆ **to fall violently in love with sb** tomber follement or éperdument amoureux de qn ◆ **to disagree violently** être en profond désaccord ◆ **to die violently** mourir de mort violente ◆ **violently angry** dans une violente colère or une colère noire ◆ **to be violently ill** or **sick** être pris de violentes nausées

violet [ˈvaɪəlɪt] **1** n (Bot) violette f ; (= colour) violet m
2 adj violet

violin [ˌvaɪəˈlɪn] **1** n violon m ; → **first**
2 COMP sonata, concerto pour violon ▷ **violin case** n étui m à violon ▷ **violin player** n violoniste mf

violinist [ˌvaɪəˈlɪnɪst] n violoniste mf

violist [vɪˈəʊlɪst] n (US) altiste mf

violoncellist [ˌvaɪələnˈtʃelɪst] n violoncelliste mf

violoncello [ˌvaɪələnˈtʃeləʊ] n violoncelle m

VIP [ˌviːaɪˈpiː] (abbrev of **very important person**) **1** n VIP * m inv, personnalité f (de marque)
2 COMP visitor de marque ▷ **VIP lounge** n (in airport) salon m d'accueil *(réservé aux personnages de marque)* ▷ **VIP treatment** n to give sb/get the VIP treatment traiter qn/être traité comme un VIP * or une personnalité de marque

viper [ˈvaɪpəʳ] **1** n (Zool, fig) vipère f
2 COMP ▷ **viper's bugloss** n herbe f aux vipères, vipérine f

viperish [ˈvaɪpərɪʃ] adj de vipère (fig)

virago [vɪˈrɑːgəʊ] n, pl **viragoes** or **viragos** mégère f, virago f

viral [ˈvaɪərəl] adj viral ◆ **viral infection** infection f virale

Virgil [ˈvɜːdʒɪl] n Virgile m

Virgilian [vɜːˈdʒɪlɪən] adj (Literat) virgilien

virgin [ˈvɜːdʒɪn] → SYN **1** n **a** (fille f) vierge f, puceau m ◆ **she is a virgin** elle est vierge ◆ **he is a virgin** il est vierge or puceau ◆ **the Virgin** (Astrol, Astron, Rel) la Vierge ◆ **the Virgin Mary** la Vierge Marie
b (= inexperienced person) novice mf ◆ **a political virgin** un novice en politique
2 adj person, snow, forest, soil, wool, page vierge ; freshness, sweetness virginal ◆ **virgin territory** (lit, fig) terre f vierge
3 COMP ▷ **virgin birth** n (Bio) parthénogenèse f ◆ **the Virgin Birth** (in Christianity) la conception virginale ▷ **the Virgin Islands** npl les îles fpl Vierges ▷ **virgin olive oil** n huile f d'olive vierge ▷ **the Virgin Queen** n Élisabeth Ire

virginal [ˈvɜːdʒɪnl] **1** adj woman d'une pureté virginale ; purity, innocence virginal ◆ **dressed in virginal white** vêtu de blanc virginal
2 n (Mus) virginal m

virginalist [ˈvɜːdʒɪnəlɪst] n (Mus) virginaliste mf

Virginia [vəˈdʒɪnjə] **1** n la Virginie ◆ **in Virginia** en Virginie
2 COMP ▷ **Virginia creeper** n (Brit) vigne f vierge ▷ **Virginia deer** n cariacou m ▷ **Virginia stock** n (Bot) malcolmia m, giroflée f de julienne f de Mahon ▷ **Virginia tobacco** n Virginie m, tabac m blond

Virginian [vəˈdʒɪnjən] **1** adj de Virginie
2 n Virginien(ne) m(f)

virginity [vɜːˈdʒɪnɪtɪ] n virginité f ◆ **to lose one's virginity** perdre sa virginité

Virgo [ˈvɜːgəʊ] n (Astron) la Vierge ◆ **I'm (a) Virgo** (Astrol) je suis (de la) Vierge

Virgoan [vɜːˈgəʊən] n ◆ **to be a Virgoan** être (de la) Vierge

virgule [ˈvɜːgjuːl] n (US Typ) barre f oblique

virile [ˈvɪraɪl] → SYN adj (lit, fig) viril (virile f)

virilism [ˈvɪrɪlɪzəm] n virilisme m

virility [vɪˈrɪlɪtɪ] → SYN n virilité f

virological [ˌvaɪərəˈlɒdʒɪkəl] adj virologique

virologist [ˌvaɪəˈrɒlədʒɪst] n virologiste mf

virology [ˌvaɪəˈrɒlədʒɪ] n virologie f

virtual [ˈvɜːtjʊəl] → SYN **1** adj **a** (= near) quasi- ◆ **a virtual certainty** une quasi-certitude ◆ **a virtual impossibility** une quasi-impossibilité ◆ **a virtual monopoly** un quasi-monopole ◆ **to come to a virtual halt** or **standstill** en arriver à un arrêt quasi complet or total ◆ **she was a virtual prisoner/recluse/stranger** elle était quasiment prisonnière/recluse/étrangère
b (Comput) virtuel
2 COMP ▷ **virtual memory** n (Comput) mémoire f virtuelle ▷ **virtual reality** n (Comput) réalité f virtuelle ◆ **virtual-reality computer** ordinateur m à réalité virtuelle ◆ **virtual-reality helmet** casque m à réalité virtuelle ◆ **virtual-reality system** système m à réalité virtuelle

virtuality [ˌvɜːtjʊˈælɪtɪ] n virtualité f

virtually [ˈvɜːtjʊəlɪ] → SYN adv (= almost) pratiquement, quasiment ; (Comput) de façon virtuelle ◆ **he started with virtually nothing** il est parti de presque rien

virtue [ˈvɜːtjuː] → SYN n **a** (= good quality) vertu f ◆ **to make a virtue of necessity** faire de nécessité vertu
b (NonC = chastity) vertu f, chasteté f ◆ **a woman of easy virtue** † une femme de petite vertu
c (= advantage) mérite m, avantage m ◆ **this set has the virtue of being portable** ce poste a l'avantage d'être portatif ◆ **it has the virtue of clarity** ça a l'avantage d'être clair or de la clarté ◆ **he has the virtue of being easy to understand** il a le mérite d'être facile à comprendre ◆ **there is no virtue in doing that** il n'y a aucun mérite à faire cela ◆ **this method has no virtues over the others** cette méthode n'a pas d'avantages particuliers par rapport aux autres
◆ **in** or **by virtue of** en vertu de, en raison de ◆ **by virtue of the fact that …** en vertu or en raison du fait que … ◆ **by virtue of being British, he …** en vertu or en raison du fait qu'il était britannique, il …
d (NonC = power) healing virtue pouvoir m thérapeutique

virtuosity [ˌvɜːtjʊˈɒsɪtɪ] → SYN n virtuosité f

virtuoso [ˌvɜːtjʊˈəʊzəʊ] → SYN **1** n, pl **virtuosos** or **virtuosi** [ˌvɜːtjʊˈəʊzɪ] (esp Mus) virtuose mf ◆ **a violin virtuoso** un(e) virtuose du violon
2 adj performance de virtuose ◆ **a virtuoso violinist** un(e) virtuose du violon

virtuous [ˈvɜːtjʊəs] → SYN **1** adj vertueux
2 COMP ▷ **virtuous circle** n cercle m vertueux

virtuously [ˈvɜːtjʊəslɪ] adv vertueusement

virulence [ˈvɪrʊləns] n virulence f

virulent [ˈvɪrʊlənt] → SYN adj disease, poison, hatred, attack, speech, critic virulent ; colour, green, purple criard

virulently [ˈvɪrʊləntlɪ] adv attack, oppose (also Med) avec virulence ; opposed, anti-Semitic violemment

virus [ˈvaɪərəs] n, pl **viruses** (Med, Comput) virus m ◆ **rabies virus** virus m de la rage or rabique ◆ **the AIDS virus** le virus du sida ◆ **virus disease** maladie f virale or à virus

visa [ˈviːzə] **1** n, pl **visas** **a** (in passport) visa m *(de passeport)* ◆ **entrance/exit visa** visa m d'entrée/de sortie ◆ **to get an Egyptian visa** obtenir un visa pour l'Égypte
b (= credit card) **Visa ® (card)** carte f Visa ®, ≈ Carte bleue ® f
2 vt viser

visage ['vɪzɪdʒ] n (liter) visage m, figure f

vis-à-vis ['viːzəviː] [1] prep [+ person] vis-à-vis de ; [+ thing] par rapport à, devant ◆ **vis-à-vis the West** vis-à-vis de l'Occident
[2] n (= person placed opposite) vis-à-vis m ; (= person of similar status) homologue mf

viscera ['vɪsərə] npl viscères mpl

visceral ['vɪsərəl] adj (liter) hatred, dislike (also Anat) viscéral ; thrill, pleasure brut

viscerally ['vɪsərəlɪ] adv viscéralement

viscid ['vɪsɪd] adj visqueux (lit)

viscidity [vɪ'sɪdɪtɪ] n consistance f visqueuse

viscose ['vɪskəʊs] [1] n viscose f
[2] adj visqueux (lit)

viscosity [vɪs'kɒsɪtɪ] n viscosité f

viscount ['vaɪkaʊnt] n vicomte m

viscountcy ['vaɪkaʊntsɪ] n vicomté f

viscountess ['vaɪkaʊntɪs] n vicomtesse f

viscounty ['vaɪkaʊntɪ] n ⇒ **viscountcy**

viscous ['vɪskəs] adj visqueux, gluant

vise [vaɪs] n (US) ⇒ **vice²**

visé ['viːzeɪ] n (US) ⇒ **visa 1a**

Vishnu ['vɪʃnuː] n (Rel) Visnu m, Vishnu m

Vishnuism ['vɪʃnuːɪzəm] n (Rel) vishnuisme m, vishnouisme m

visibility [,vɪzɪ'bɪlɪtɪ] n visibilité f ◆ **good/poor** or **low visibility** bonne/mauvaise visibilité f ◆ **visibility is down to** or **is only 20 metres** la visibilité ne dépasse pas 20 mètres

visible ['vɪzəbl] → SYN [1] adj a (= detectable) effect, damage, sign, result, effort visible ; impatience visible, manifeste ◆ **to become visible** apparaître ◆ **there is no visible difference** il n'y a pas de différence notable or visible ◆ **it serves no visible purpose** on n'en voit pas vraiment l'utilité ◆ **the barn wasn't visible from the road** la grange n'était pas visible depuis la route ◆ **it was not visible to a passer-by** un passant ne pouvait pas l'apercevoir ◆ **visible to the naked eye** visible à l'œil nu ◆ **with no visible means of support** (Jur) sans ressources apparentes
b (= prominent) person, minority en vue
[2] COMP ▷ **visible exports** npl exportations fpl visibles ▷ **visible light** n (Phys) lumière f visible ▷ **visible panty line** n (hum) *slip qui se devine sous un vêtement*

visibly ['vɪzəblɪ] adv shocked, upset, moved, angry manifestement, visiblement ; relax, shake, flinch visiblement

Visigoth ['vɪzɪgɒθ] n Wisigoth mf

Visigothic [,vɪzɪ'gɒθɪk] adj wisigoth

vision ['vɪʒən] → SYN [1] n a (NonC) vision f, vue f ; (fig = foresight) vision f, prévoyance f ◆ **his vision is very bad** sa vue est très mauvaise ◆ **within/outside one's range of vision** à portée de/hors de vue ◆ **a man of great vision** (fig) un homme qui voit loin ◆ **his vision of the future** sa vision de l'avenir ; → **field**
b (in dream, trance) vision f, apparition f ◆ **it came to me in a vision** j'en ai eu une vision ◆ **to have** or **see visions** avoir des visions ◆ **to have visions of wealth** avoir des visions de richesses ◆ **she had visions of being drowned** elle s'est vue noyée
[2] vt (US) envisager
[3] COMP ▷ **vision mixer** n (Cine, TV = machine) mixeur m (d'images) ◆ **"vision mixer: Alexander Anderson"** (= person) "mixage : Alexander Anderson" ▷ **vision-mixing** n (Cine, TV) mixage m (d'images)

visionary ['vɪʒənərɪ] → SYN adj, n visionnaire mf

visit ['vɪzɪt] → SYN [1] n (= call, tour: also Med) visite f ; (= stay) séjour m ◆ **to pay a visit to** [+ person] rendre visite à ; [+ place] aller à ◆ **to pay a visit** * (fig) aller au petit coin * ◆ **to be on a visit to** [+ person] être en visite chez ; [+ place] faire un séjour à ◆ **he went on a two-day visit to Paris** il est allé passer deux jours à Paris ◆ **I'm going on a visit to Glasgow next week** j'irai à Glasgow la semaine prochaine ◆ **on a private/an official visit** en visite privée/officielle ◆ **his visit to Paris lasted three days** son séjour à Paris a duré trois jours
[2] vt a (= go and see) [+ person] aller voir, rendre visite à ; [+ doctor, solicitor] aller voir, aller chez ; [+ sick person] (gen) aller voir ; [priest, doctor etc] [+ patient] visiter ; [+ town] aller à, faire un petit tour à ; [+ museum, zoo] aller à, visiter ; [+ theatre] aller à
b (= go and stay with) [+ person] faire un séjour chez ; (= go and stay in) [+ town, country] faire un séjour à (or en)
c (= formally inspect) [+ place] inspecter, faire une visite d'inspection à ; [+ troops] passer en revue ◆ **to visit the scene of the crime** (Jur) se rendre sur les lieux du crime
d († = inflict) [+ person] punir (*with* de) ◆ **to visit the sins of the fathers upon the children** punir les enfants pour les péchés de leurs pères
[3] vi a **I'm just visiting** je suis de passage
b (US = chat) bavarder

► **visit with** vt fus (US) [+ person] passer voir

visitation [,vɪzɪ'teɪʃən] → SYN n a (by official) visite f d'inspection ; [of bishop] visite f pastorale ◆ **we had a visitation from her** (hum) elle nous a fait l'honneur de sa visite, elle nous a honorés de sa présence ◆ **the Visitation of the Blessed Virgin Mary** (Rel) la Visitation de la Vierge
b (= calamity) punition f du ciel
c (from supernatural being) visite f

visiting ['vɪzɪtɪŋ] [1] n ◆ **I hate visiting** je déteste faire des visites
[2] COMP friends de passage ; lecturer etc invité, de l'extérieur ; dignitary en visite officielle ▷ **visiting card** n (Brit) carte f de visite ▷ **visiting fireman** * n, pl **visiting firemen** (US fig: iro) visiteur m de marque ▷ **visiting hours** npl heures fpl de visite ▷ **visiting nurse** n (US) infirmière f à domicile ▷ **visiting professor** n (Univ) professeur m associé ▷ **visiting rights** npl droit m de visite ▷ **visiting teacher** n (US) ≃ visiteuse f scolaire ▷ **visiting team** n (Sport) visiteurs mpl ▷ **visiting terms** npl **I know him but I'm not on visiting terms with him** je le connais, mais nous ne nous rendons pas visite ▷ **visiting time** n ⇒ **visiting hours**

visitor ['vɪzɪtə^r] → SYN [1] n a (= guest) invité(e) m(f) ◆ **to have a visitor** avoir de la visite ◆ **to have visitors** avoir des visites or de la visite ◆ **we've had a lot of visitors** nous avons eu beaucoup de visites ◆ **have your visitors left?** est-ce que tes invités sont partis ? ◆ **we seem to have had a visitor during the night** (fig iro) on dirait qu'on a eu de la visite cette nuit !
b (= client) (in hotel) client(e) m(f) ; (at exhibition) visiteur m ; (= tourist) visiteur m ◆ **visitors to London** visiteurs mpl de passage à Londres ◆ **visitors to the castle** les personnes fpl visitant le château ; → **health, passport, prison**
[2] COMP ▷ **visitor centre** n accueil m des visiteurs (*sur un site historique avec exposition, diaporama, cafétéria etc*) ▷ **visitors' book** n livre m d'or ▷ **visitors' gallery** n (Parl etc) tribune f du public ▷ **visitor's tax** n taxe f de séjour

visor ['vaɪzə^r] n visière f ; → **sun**

VISTA ['vɪstə] n (US) (abbrev of **Volunteers in Service to America**) *organisme américain chargé de l'aide aux personnes défavorisées*

vista ['vɪstə] n (= view) vue f ; (= survey) (of past) vue f, image f ; (of future) perspective f, horizon m ◆ **to open up new vistas** (fig) ouvrir de nouveaux horizons or de nouvelles perspectives

visual ['vɪzjʊəl] → SYN [1] adj visuel ◆ **the visual cortex of the brain** l'aire du cortex cérébral contrôlant la vision ◆ **within visual range** à portée de vue ◆ **she's a very visual person** c'est une visuelle
[2] **visuals** npl (= display material) support(s) m(pl) visuel(s) ; [of video game, film etc] images fpl
[3] COMP ▷ **visual aid** n support m visuel ▷ **visual angle** n angle m visuel ▷ **visual artist** n plasticien(ne) m(f) ▷ **the visual arts** npl les arts mpl plastiques ▷ **visual display terminal, visual display unit** n console f, écran m ▷ **visual field** n (Opt) champ m de vision ▷ **visual magnitude** n (Astron) magnitude f visuelle

visualization [,vɪzjʊəlaɪ'zeɪʃən] n visualisation f

visualize ['vɪzjʊəlaɪz] → SYN vt a (= recall) [+ person, sb's face] se représenter, évoquer
b (= imagine) [+ sth unknown] s'imaginer ; [+ sth familiar] se représenter ◆ **try to visualize a million pounds** essayez de vous imaginer un million de livres ◆ **I visualized him working at his desk** je me le suis représenté travaillant à son bureau
c (= foresee) envisager, prévoir ◆ **we do not visualize many changes** nous n'envisageons pas beaucoup de changements

visually ['vɪzjʊəlɪ] adv attractive visuellement ; stunning, exciting d'un point de vue visuel ; judge de visu ◆ **visually handicapped** or **impaired** malvoyant ◆ **the visually handicapped** or **impaired** les malvoyants mpl ◆ **visually, it's a very impressive film** d'un point de vue visuel, c'est un film très impressionnant

vital ['vaɪtl] → SYN [1] adj a (= crucial) part, component, element, information vital, essentiel ; question, matter vital, fondamental ; supplies, resources vital ; ingredient, factor, role essentiel, fondamental ; link essentiel ; importance capital ◆ **your support is vital to us** votre soutien est vital or capital pour nous ◆ **such skills are vital for survival** de telles techniques sont indispensables à la survie ◆ **it is vital to do this** il est vital or essentiel de faire cela ◆ **it is vital for you to come, it is vital that you (should) come** il faut absolument que vous veniez (subj)
b (= dynamic) person, institution énergique ◆ **vital spark** étincelle f de vie
c (Physiol) organ, force, functions vital ◆ **vital parts** organes mpl vitaux
[2] n ◆ **the vitals** (Anat) les organes mpl vitaux ; (fig) les parties fpl essentielles
[3] COMP ▷ **vital signs** npl (Med) signes mpl vitaux ; (fig) signes mpl de vitalité ◆ **his vital signs are normal** ses fonctions vitales sont normales ◆ **he shows no vital signs** il ne donne aucun signe de vie ▷ **vital statistics** npl (Sociol) statistiques fpl démographiques ; (Brit) [of woman] mensurations fpl

vitality [vaɪ'tælɪtɪ] → SYN n (lit, fig) vitalité f

vitalize ['vaɪtəlaɪz] vt (lit) vivifier ; (fig) mettre de la vie dans, animer

vitally ['vaɪtəlɪ] adv a (= crucially, greatly) necessary absolument ; interested, concerned au plus haut point ; affect de façon cruciale ◆ **vitally important** d'une importance capitale ◆ **it is vitally important that I talk to her** il est absolument indispensable que or il faut absolument que je lui parle (subj) ◆ **vitally urgent** des plus urgents ◆ **vitally needed foreign investment** investissements mpl étrangers dont on a un besoin vital ◆ **vitally, he was still willing to compromise** fait essentiel or capital, il était toujours prêt à envisager un compromis
b (= intensely) **she is so vitally alive** elle est tellement débordante de vitalité ◆ **traditions that are vitally alive** traditions fpl qui restent des plus vivaces ◆ **music which remains vitally fresh** musique f qui conserve une intense fraîcheur

vitamin ['vɪtəmɪn] [1] n vitamine f ◆ **vitamin A/B** etc vitamine A/B etc ◆ **with added vitamins** vitaminé
[2] COMP content en vitamines ▷ **vitamin B complex** n (Bio) complexe m vitaminique B ▷ **vitamin deficiency** n carence f en vitamines ▷ **vitamin deficiency disease** n avitaminose f ▷ **vitamin-enriched** adj vitaminé ▷ **vitamin pill** n comprimé m de vitamines ▷ **vitamin-rich** adj riche en vitamines ▷ **vitamin tablet** n ⇒ **vitamin pill**

vitaminize ['vɪtəmɪnaɪz] vt incorporer des vitamines dans ◆ **vitaminized food** nourriture f vitaminée

vitiate ['vɪʃɪeɪt] vt (all senses) vicier

viticulture ['vɪtɪkʌltʃə^r] n viticulture f

viticulturist [,vɪtɪ'kʌltʃərɪst] n viticulteur m, -trice f

vitreous ['vɪtrɪəs] [1] adj a china, rock, electricity vitré ; enamel vitrifié
b (Anat) vitré
[2] COMP ▷ **vitreous body** n (corps m) vitré m ▷ **vitreous humour** n humeur f vitrée

vitrifaction [,vɪtrɪ'fækʃən], **vitrification** [,vɪtrɪfɪ'keɪʃən] n vitrification f

vitrify ['vɪtrɪfaɪ] [1] vt vitrifier
[2] vi se vitrifier

vitriol ['vɪtrɪəl] n (Chem, fig) vitriol m

vote out vt sep [+ amendment] rejeter ; [+ MP, chairman etc] ne pas réélire, sortir * ◆ **he was voted out (of office)** il n'a pas été réélu ◆ **he was voted out by a large majority** il a été battu à une forte majorité ◆ **the electors voted the Conservative government out** les électeurs ont rejeté le gouvernement conservateur

vote through vt sep [+ bill, motion] voter, ratifier

voter ['vəʊtəʳ] **1** n électeur m, -trice f
2 COMP ▷ **voter registration** n (US Pol) inscription f sur les listes électorales ▷ **voter registration card** n carte f d'électeur ; → **turnout**

voting ['vəʊtɪŋ] **1** n (NonC) vote m, scrutin m ◆ **the voting went against him** le vote lui a été défavorable ◆ **the voting took place yesterday** le scrutin a eu lieu hier
2 COMP ▷ **voting booth** n isoloir m ▷ **voting machine** n (US) machine f pour enregistrer les votes ▷ **voting paper** n bulletin m de vote ▷ **voting precinct** n (US Pol) circonscription f électorale ▷ **voting rights** npl droit m de vote ▷ **voting share** n (Fin) action f avec droit de vote

votive ['vəʊtɪv] adj votif

vouch [vaʊtʃ] → SYN vi ◆ **to vouch for sb/sth** se porter garant de qn/qch, répondre de qn/qch ◆ **to vouch for the truth of sth** garantir la vérité de qch

voucher ['vaʊtʃəʳ] n **a** (= coupon: for cash, meals, petrol) bon m ; → **luncheon**
b (= receipt) reçu m, récépissé m ; (for debt) quittance f

vouchsafe [vaʊtʃ'seɪf] → SYN vt (frm) [+ reply] accorder ; [+ help, privilege] accorder, octroyer ◆ **to vouchsafe to do sth** accepter gracieusement de faire qch ; (pej) condescendre à faire qch ◆ **it is not vouchsafed to everyone to understand such things** il n'est pas donné à tout le monde de comprendre ce genre de choses ◆ **he has not vouchsafed an answer** il n'a pas jugé bon de nous donner une réponse

voussoir [vu:'swɑ:ʳ] n (Archit) voussoir m

vow [vaʊ] → SYN **1** n vœu m, serment m ◆ **to take a vow** faire vœu (to do sth de faire qch ; of sth de qch) ◆ **the vows which he took when ...** les vœux qu'il a faits quand ... ◆ **to take one's vows** (Rel) prononcer ses vœux ◆ **to make a vow** ⇒ **to vow 2** ◆ **vow of celibacy** vœu m de célibat ◆ **to take a vow of chastity** faire vœu de chasteté ◆ **to take a vow of obedience (to)** (Rel) faire vœu d'obéissance (à) ; (Hist) jurer obéissance (à) ◆ **she swore a vow of secrecy** elle a juré or elle a fait le serment de ne rien divulguer ; → **break**
2 vt **a** (publicly) jurer (to do sth de faire qch ; that que) ; [+ obedience, loyalty etc] faire vœu de ◆ **to vow vengeance on sb** jurer de se venger de qn
b (to oneself) se jurer (to do sth de faire qch ; that que) ◆ **he vowed (to himself) that he would remain there** il s'est juré d'y rester

vowel ['vaʊəl] **1** n voyelle f
2 COMP system, sound vocalique ▷ **vowel shift** n mutation f vocalique

vox pop * [ˌvɒks'pɒp] n micro-trottoir m

voyage ['vɔɪɪdʒ] → SYN **1** n (Naut) voyage m par mer, traversée f ; (fig) voyage m ◆ **to go on a voyage** partir en voyage (par mer) ◆ **the voyage across the Atlantic** la traversée de l'Atlantique ◆ **the voyage out** le voyage d'aller ◆ **the voyage back** or **home** le voyage de retour ◆ **on the voyage out/home** à l'aller/au retour ◆ **a voyage of discovery** un voyage d'exploration
2 vt (Naut) traverser, parcourir
3 vi (Naut) voyager par mer ◆ **to voyage across** traverser

voyager ['vɔɪədʒəʳ] n (= traveller) passager m, -ère f, voyageur m, -euse f ; (Hist = explorer) navigateur m

voyageur [ˌvɔɪə'dʒɜː] n (Can Hist) trappeur ou batelier etc assurant la liaison entre différents comptoirs

voyeur [vwɑːˈjɜːʳ] n voyeur m

voyeurism [ˈvwɑːjɜːˌrɪzəm] n voyeurisme m

voyeuristic [ˌvwɑːjɜːˈrɪstɪk] adj behaviour de voyeur ; activity qui frise le voyeurisme ; film, book qui sombre dans le voyeurisme

VP [ˌviːˈpiː] n (US) (abbrev of **Vice-President**) → **vice-**

VPL * [ˌviːpiːˈel] n (abbrev of **visible panty line**) → **visible**

VR [ˌviːˈɑːʳ] n (abbrev of **virtual reality**) → **virtual**

vroom [vruːm] excl vroum !

vs (abbrev of **versus**) VS, contre

VSO [ˌviːesˈəʊ] n (Brit) (abbrev of **Voluntary Service Overseas**) → **voluntary**

VSOP [ˌviːesəʊˈpiː] (abbrev of **Very Special Old Pale**) (brandy, port) VSOP

VT abbrev of **Vermont**

Vt. abbrev of **Vermont**

VTOL [ˌviːtiːəʊˈel] (abbrev **vertical takeoff and landing**) n **a** VTOL (aircraft) ADAV m, VTOL m
b (= technique) décollage m et atterrissage m verticaux

Vulcan [ˈvʌlkən] n (Myth) Vulcain m

vulcanite [ˈvʌlkənaɪt] n ébonite f

vulcanization [ˌvʌlkənaɪˈzeɪʃən] n vulcanisation f

vulcanize [ˈvʌlkənaɪz] vt vulcaniser

vulcanologist [ˌvʌlkəˈnɒlədʒɪst] n volcanologue mf

vulcanology [ˌvʌlkəˈnɒlədʒɪ] n volcanologie f

vulgar [ˈvʌlgəʳ] → SYN **1** adj **a** (= impolite) vulgaire ◆ **it is vulgar to talk about money** il est vulgaire de parler d'argent
b (Ling = vernacular) language, tongue vulgaire
2 COMP ▷ **vulgar fraction** n (Math) fraction f ordinaire ▷ **Vulgar Latin** n latin m vulgaire

vulgarian [vʌlˈgɛərɪən] n (pej) personne f vulgaire, parvenu(e) m(f)

vulgarism [ˈvʌlgərɪzəm] n **a** (= uneducated expression) vulgarisme m
b (= swearword) gros mot m, grossièreté f

vulgarity [vʌlˈgærɪtɪ] → SYN n vulgarité f, grossièreté f

vulgarization [ˌvʌlgəraɪˈzeɪʃən] n vulgarisation f

vulgarize [ˈvʌlgəraɪz] vt **a** (frm = make known) vulgariser, populariser
b (= make coarse) rendre vulgaire

vulgarly [ˈvʌlgəlɪ] adv **a** (= generally) vulgairement, communément
b (= coarsely) vulgairement, grossièrement

Vulgate [ˈvʌlgɪt] n Vulgate f

vulnerability [ˌvʌlnərəˈbɪlɪtɪ] n vulnérabilité f

vulnerable [ˈvʌlnərəbl] → SYN adj vulnérable (to sth à qch) ◆ **to be vulnerable to criticism** prêter le flanc à la critique ◆ **to be vulnerable to infection** être sujet aux infections ◆ **to find sb's vulnerable spot** trouver le point faible de qn

vulture [ˈvʌltʃəʳ] n (lit, fig) vautour m ◆ **black vulture** (Orn) moine m

vulva [ˈvʌlvə] n, pl **vulvas** or **vulvae** [ˈvʌlviː] vulve f

vulvitis [vʌlˈvaɪtɪs] n (Med) vulvite f

vying [ˈvaɪɪŋ] n rivalité f, concurrence f

W

W, w ['dʌblju:] n **a** (= letter) W, w m ◆ **W for Willie** ≃ W comme William
b (abbrev of **watt**) W
c (abbrev of **west**) O., ouest

W. abbrev of **Wales, Welsh**

WA **a** abbrev of **Washington**
b abbrev of **Western Australia**

WAAF [wæf] n (abbrev of **Women's Auxiliary Air Force**) service des auxiliaires féminines de l'armée de l'air britannique

wacko * ['wækəʊ] 1 adj ⇒ **wacky**
2 n cinglé(e) * m(f)

wacky * ['wækɪ] 1 adj loufoque *
2 COMP ▷ **wacky baccy** * n (Brit: hum) herbe * f (marijuana)

wad [wɒd] → SYN 1 n **a** (= plug, ball) [of cloth, paper] tampon m; [of putty, chewing gum] boulette f; (for gun) bourre f; [of straw] bouchon m ◆ **a wad of cotton wool** un tampon d'ouate ◆ **a wad of tobacco** (uncut) une carotte de tabac; (for chewing) une chique de tabac
b (= bundle, pile) [of papers, documents] tas m, pile f; (tied together) liasse f; [of banknotes] liasse f
c **wads** or **a wad of cash** * (= lots of money) des paquets mpl de fric *
2 vt (also **wad up**) [+ paper, cloth, cotton wool] faire un tampon de; [+ putty, chewing gum] faire une boulette de
b [+ garment] doubler d'ouate, ouater; [+ quilt] rembourrer
c (also **wad up**) [+ hole, crack] boucher avec un tampon or avec une boulette

wadding ['wɒdɪŋ] → SYN n (NonC) (= raw cotton or felt: also for gun) bourre f; (gen: for lining or padding) rembourrage m, capiton m; (for garments) ouate f

waddle ['wɒdl] → SYN 1 vi [duck] se dandiner; [person] se dandiner, marcher comme un canard ◆ **to waddle in/out/across** etc entrer/sortir/traverser etc en se dandinant
2 n dandinement m

wade [weɪd] → SYN 1 vi **a** (= paddle) **to go wading** barboter ◆ **to wade through water/mud/long grass** avancer or marcher dans l'eau/la boue/l'herbe haute ◆ **he waded ashore** il a regagné la rive à pied ◆ **to wade across a river** traverser une rivière à gué
b (* = advance with difficulty) **to wade through a crowd** se frayer un chemin à travers une foule ◆ **I managed to wade through his book** je suis (péniblement) venu à bout de son livre ◆ **it took me an hour to wade through your essay** il m'a fallu une heure pour venir à bout de votre dissertation ◆ **he was wading through his homework** il s'échinait sur ses devoirs
c (= attack) **to wade into sb** * (physically) se jeter or tomber or se ruer sur qn; (verbally) tomber sur qn, prendre qn à partie
2 vt [+ stream] passer or traverser à gué

▷ **wade in** * vi (in fight/argument etc) se mettre de la partie (dans une bagarre/dispute etc)

wader ['weɪdə'] n **a** (= boot) cuissarde f, botte f de pêcheur
b (= bird) échassier m

wadge [wɒdʒ] n ⇒ **wodge**

wadi ['wɒdɪ] n, pl **wadies** oued m

wading ['weɪdɪŋ] 1 n (NonC) barbotage m, pataugeage m
2 COMP ▷ **wading bird** n échassier m ▷ **wading pool** n (US) petit bassin m

wafer ['weɪfə'] 1 n **a** (Culin) gaufrette f; (Rel) hostie f; (= seal) cachet m (de papier rouge)
b (Comput, Elec) tranche f ◆ **silicon wafer** tranche f de silicium
2 COMP ▷ **wafer-thin** adj mince comme du papier à cigarette or comme une pelure d'oignon

wafery ['weɪfərɪ] adj ⇒ **wafer-thin**; → **wafer**

waffle[1] * ['wɒfl] 1 n (Culin) gaufre f
2 COMP ▷ **waffle iron** n gaufrier m

waffle[2] * ['wɒfl] → SYN (Brit) 1 n (NonC) (when speaking) verbiage m; (in book, essay) remplissage m, délayage m ◆ **there's too much waffle in this essay** il y a trop de remplissage or de délayage dans cette dissertation
2 vi (when speaking) parler pour ne rien dire; (in book, essay) faire du remplissage or du délayage ◆ **he was waffling on about ...** il parlait interminablement de ...

waffler * ['wɒflə'] n (Brit) personne f qui fait du verbiage

waft [wɑ:ft] → SYN 1 vt [+ smell, sound] porter, apporter; (also **waft along**) [+ boat] faire avancer, pousser; [+ clouds] faire glisser or avancer
2 vi [sound, smell] flotter
3 n [of air, scent] (petite) bouffée f

wag[1] [wæg] → SYN 1 vt [animal] [+ tail] remuer ◆ **the dog wagged its tail (at me)** le chien a remué la queue (en me voyant) ◆ **he wagged his finger/his pencil at me** il a agité le doigt/son crayon dans ma direction ◆ **to wag one's head** hocher la tête
2 vi [tail] remuer; (excitedly) frétiller ◆ **his tongue never stops wagging** (fig) il a la langue bien pendue, il ne s'arrête jamais de bavarder ◆ **tongues are wagging** les langues vont bon train, ça fait jaser ◆ **the news set tongues wagging** la nouvelle a fait marcher les langues or a fait jaser (les gens)
3 n [of tail] remuement m; (excitedly) frétillement m ◆ **with a wag of its tail** en remuant la queue

wag[2] † [wæg] n (= joker) plaisantin m, farceur m, -euse f

wage [weɪdʒ] → SYN 1 n salaire m, paie or paye f; [of domestic servant] gages mpl ◆ **weekly/hourly wage** salaire m hebdomadaire/horaire ◆ **I've lost two days' wages** j'ai perdu deux jours de salaire or de paie ◆ **his week's wages** son salaire or sa paye de la semaine ◆ **his wage is** or **his wages are £250 per week** il touche un salaire de 250 livres par semaine, il gagne or est payé 250 livres par semaine ◆ **he gets a good wage** il est bien payé, il a un bon salaire ◆ **the wages of sin is death** (Bible) la mort est le salaire du péché; → **living**
2 vt ◆ **to wage war** faire la guerre (against à, contre) ◆ **to wage a campaign** faire campagne (against contre), mener une campagne (for pour)
3 COMP ▷ **wage bargaining** n (NonC) négociations fpl salariales ▷ **wage bill** n ⇒ **wages bill** ▷ **wage claim** n ⇒ **wages claim** ▷ **wage clerk** n ⇒ **wages clerk** ▷ **wage demand** n ⇒ **wages claim** ▷ **wage differential** n écart m salarial or de salaires ▷ **wage drift** n dérapage m salarial, dérive f des salaires ▷ **wage earner** n salarié(e) m(f) ◆ **she is the family wage earner** c'est elle qui fait vivre sa famille ou qui est le soutien de sa famille ◆ **we are both wage earners** nous gagnons tous les deux notre vie ▷ **wage freeze** n ⇒ **wages freeze** ▷ **wage increase** n augmentation f or hausse f de salaire ▷ **wage indexation** n (Econ) indexation f des salaires ▷ **wage negotiations** npl (Ind) négociations fpl salariales ▷ **wage packet** n (esp Brit) (lit) enveloppe f de paie; (fig) paie or paye f ▷ **wage-price spiral** n spirale f prix-salaires ▷ **wage-push inflation** n inflation f par les salaires ▷ **wage rates** npl niveau m des salaires ▷ **wage restraint** n limitation f des salaires ▷ **wage rise** n ⇒ **wage increase** ▷ **wages bill** n masse f salariale ▷ **wage scale** n échelle f des salaires ▷ **wages claim** n revendication f salariale ▷ **wages clerk** n employé(e) m(f) au service de la paie, ≃ aide-comptable mf ▷ **wages council** n (Brit) ancien organisme de droit public chargé de fixer des salaires minimums dans une profession donnée ▷ **wage settlement** n ⇒ **wages settlement** ▷ **wages freeze** n blocage m des salaires ▷ **wage slave** n (hum) **I'm a wage slave** je ne suis qu'un pauvre salarié ▷ **wage slip** n ⇒ **wages slip** ▷ **wages policy** n (Ind) politique f salariale ▷ **wage spread** n (US) éventail m des salaires ▷ **wages settlement** n accord m salarial ▷ **wages slip** n bulletin m de salaire, fiche f de paie ▷ **wage worker** n (US) ⇒ **wage earner**

waged [weɪdʒd] adj person salarié

wager ['weɪdʒə'] → SYN 1 vt parier (on sur; that que) ◆ **I'll wager you £5 that he arrives late** je te parie 5 livres qu'il arrivera en retard
2 n pari m ◆ **to lay a wager** faire un pari

waggish † ['wægɪʃ] adj badin, facétieux

waggishly † ['wægɪʃlɪ] adv say d'une manière facétieuse, d'un ton facétieux or badin; smile avec facétie

waggle ['wægl] → SYN 1 vt [+ pencil, branch] agiter; [+ loose screw, button] faire jouer; [+ one's toes, fingers, ears] remuer; [+ loose

waggon / **wake**

tooth] faire bouger ◆ **he waggled his finger at me** il a agité le doigt dans ma direction ◆ **to waggle one's hips** tortiller des hanches
[2] vi [toes, fingers, ears] remuer ; [tail] remuer ; (excitedly) frétiller ◆ **his hips waggled as he walked** il tortillait des hanches en marchant

waggon ['wægən] n (esp Brit) ⇒ wagon

Wagnerian [vɑːgˈnɪərɪən] adj wagnérien

wagon ['wægən] [1] n (horse- or ox-drawn) chariot m ; (= truck) camion m ; (Brit Rail) wagon m (de marchandises) ; (US: also **station wagon**) break m ◆ **the wagon** * (US = police van) le panier à salade * ◆ **to go/be on the wagon** * (fig) ne plus/ne pas boire (d'alcool), se mettre/être au régime sec ◆ **he's off the wagon (again)** * il s'est remis à boire ◆ **to circle the wagons, to pull one's wagons in a circle** (fig) se serrer les coudes (pour faire front) ; → **station**
[2] COMP ▷ **wagon train** n (US Hist) convoi m de chariots

wagoner ['wægənəʳ] n roulier m, charretier m

wagonette [ˌwægəˈnet] n break † m (hippomobile)

wagonload ['wægənləʊd] n (Agr) charretée f ; (Rail) wagon m

wagtail ['wægteɪl] n (Orn) hochequeue m, lavandière f

Wa(h)habi [wəˈhɑːbɪ] n wahhabite mf

Wa(h)habism [wəˈhɑːbɪzəm] n wahhabisme m

wah-wah ['wɑːwɑː] [1] n (Mus) (= sound) effet m (acoustique) wah-wah or wa-wa ; (= attachment) pédale f or sourdine f wah-wah or wa-wa
[2] COMP ▷ **wah-wah pedal** n (Mus) pédale f wah-wah

waif [weɪf] → SYN n enfant mf misérable ; (homeless) enfant m(f) abandonné(e) ◆ **waifs and strays** enfants mpl abandonnés

waiflike ['weɪflaɪk] adj fluet

wail [weɪl] → SYN [1] n [of person, wind] gémissement m, plainte f ; [of baby] vagissement m ; [of siren] hurlement m ◆ **to give a wail** pousser un gémissement or un vagissement, gémir, vagir
[2] vi [person] gémir, pousser un or des gémissement(s) ; (= cry) pleurer ; (= whine) pleurnicher ; [baby] vagir ; [wind] gémir ; [siren] hurler ; [bagpipes etc] gémir

wailing ['weɪlɪŋ] [1] n (NonC) [of person, wind] gémissements mpl, plaintes fpl ; (= whining) pleurnicheries fpl ; [of baby] vagissements mpl ; [of siren] hurlement m ; [of bagpipes] gémissement m
[2] adj voice, person gémissant ; sound plaintif
[3] COMP ▷ **the Wailing Wall** n le mur des Lamentations

wain [weɪn] n (liter) chariot m ◆ **Charles's Wain** (Astron) le Chariot de David, la Grande Ourse

wainscot ['weɪnskət] n lambris m (en bois)

wainscot(t)ing ['weɪnskətɪŋ] n lambrissage m (en bois)

waist [weɪst] [1] n a (Anat, Dress) taille f ◆ **he put his arm round her waist** il l'a prise par la taille ◆ **she measures 70cm round the waist** elle fait 70 cm de tour de taille ◆ **they were stripped to the waist** ils étaient nus jusqu'à la ceinture, ils étaient torse nu ◆ **he was up to the or his waist in water** l'eau lui arrivait à la ceinture or à mi-corps
  b (= narrow part) [of jar, vase etc] étranglement m, resserrement m ; [of violin] partie f resserrée de la caisse
  c (US) (= blouse) corsage m, blouse f ; (= bodice) corsage m, haut m
[2] vt [+ jacket etc] cintrer
[3] COMP ▷ **waist bag** n (sac m) banane f ▷ **waist measurement, waist size** n tour m de taille ▷ **waist slip** n jupon m

waistband ['weɪstbænd] n ceinture f

waistcoat ['weɪstkəʊt] n (Brit) gilet m

-waisted ['weɪstɪd] adj (in compounds) ◆ **to be slim-waisted** avoir la taille fine ◆ **high-/low-waisted dress** robe f à taille haute/basse ; → **shirtwaist**

waistline ['weɪstlaɪn] n taille f ◆ **I've got to think of my waistline** (hum) je dois faire attention à ma ligne

wait [weɪt] → SYN [1] n a attente f ◆ **you'll have a three-hour wait** vous aurez trois heures d'attente or à attendre ◆ **it was a long wait** il a fallu attendre longtemps, l'attente a été longue ◆ **there is a half-hour wait at Leeds** (on coach journey etc = pause) il y a un arrêt d'une demi-heure or une demi-heure d'arrêt à Leeds ◆ **there was a 20-minute wait between trains** il y avait 20 minutes de battement or d'attente entre les trains ◆ **during the wait between the performances** pendant le battement or la pause entre les représentations
◆ **to be** or **lie in wait** être à l'affût ◆ **to be** or **lie in wait for** [huntsman, lion] guetter ; [bandits, guerrillas] dresser un guet-apens or une embuscade à ◆ **the journalists lay in wait for him as he left the theatre** les journalistes l'attendaient (au passage) à sa sortie du théâtre or le guettaient à sa sortie du théâtre
  b (Brit) **the waits** les chanteurs mpl de Noël (qui vont de porte en porte)
[2] vi a attendre ◆ **to wait for sb/sth** attendre qn/qch ◆ **to wait for sb to leave** attendre le départ de qn, attendre que qn parte ◆ **we waited and waited** nous avons attendu à n'en plus finir ◆ **to wait until sb leaves** attendre que qn parte ◆ **wait till you're old enough** attends d'être assez grand ◆ **can you wait till 10 o'clock?** pouvez-vous attendre jusqu'à 10 heures ? ◆ **parcel waiting to be collected** colis m en souffrance ◆ **I'll have the papers waiting for you** je ferai en sorte que les documents soient là quand vous arriverez ◆ **"repairs while you wait"** (Comm) "réparations minute" ◆ **they do it while you wait** (Comm) ils le font pendant que vous attendez
  ◆ **to keep sb waiting** faire attendre qn ◆ **don't keep us waiting** ne te fais pas attendre, ne nous fais pas attendre ◆ **I was kept waiting in the corridor** on m'a fait attendre dans le couloir, j'ai fait le pied de grue dans le couloir
  b (fig) **just you wait!** tu vas voir ce que tu vas voir ! ◆ **just wait till your father finds out!** attends un peu que ton père apprenne ça ! ◆ **all that can wait till tomorrow** tout cela peut attendre jusqu'à demain ◆ **wait for it!** * (Brit) (= order to wait) attendez ! ; (= guess what) devinez quoi ! * ◆ **wait and see!** attends (voir) ! ; see also 4 ◆ **we'll just have to wait and see** il va falloir attendre, il va falloir voir venir ◆ **wait and see what happens next** attendez voir ce qui va se passer ◆ **that was worth waiting for** cela valait la peine d'attendre ◆ **everything comes to he who waits** tout vient à point à qui sait attendre (Prov)
◆ **can't wait** ◆ **I just can't wait for next Saturday!** je meurs d'impatience or d'envie d'être à samedi prochain ! ◆ **I can't wait to see him again!** (longingly) je meurs d'envie de le revoir ! ◆ **I can't wait for the day when this happens** je rêve du jour où cela arrivera ◆ **the Conservatives can't wait to reverse this policy** les conservateurs brûlent de révoquer cette politique
  c servir ◆ **to wait (at table)** servir à table, faire le service
[3] vt a [+ signal, orders, one's turn] attendre ◆ **I waited two hours** j'ai attendu (pendant) deux heures ◆ **could you wait a moment?** vous pouvez patienter un moment ? ◆ **wait a moment** or **a minute** or **a second!** (attendez) un instant or une minute ! ; (interrupting, querying) minute ! * ◆ **to wait one's moment** or **chance (to do sth)** attendre son heure (pour faire qch) ◆ **we'll wait lunch for you** (esp US) nous vous attendrons pour nous mettre à table
  b (esp US) **to wait table** servir à table, faire le service
[4] COMP ▷ **wait-and-see tactics** npl (Pol etc) attentisme m ▷ **wait-listed** adj (Travel) **to be wait-listed on a flight** être sur la liste d'attente d'un vol

▶ **wait about**, **wait around** vi attendre ; (= loiter) traîner ◆ **to wait about for sb** attendre qn, faire le pied de grue pour qn ◆ **the job involves a lot of waiting about** on perd beaucoup de temps à attendre dans ce métier ◆ **you can't expect him to wait about all day while you ...** tu ne peux pas exiger qu'il

ANGLAIS-FRANÇAIS 1086

traîne (subj) toute la journée à t'attendre pendant que tu ...

▶ **wait behind** vi rester ◆ **to wait behind for sb** rester pour attendre qn

▶ **wait in** vi (esp Brit) rester à la maison (for sb pour attendre qn)

▶ **wait on** vt fus a [servant, waiter] servir ◆ **I'm not here to wait on him!** je ne suis pas sa bonne or son valet de chambre ! ◆ **she waits on him hand and foot** elle est aux petits soins pour lui
  b (frm) ⇒ **wait upon a**
  c (Scot, N Engl) attendre ◆ **I'm waiting on him finishing** j'attends qu'il finisse ◆ **wait on!** attends !

▶ **wait out** vt sep ◆ **to wait it out** patienter

▶ **wait up** vi (= not go to bed) ne pas se coucher, veiller ◆ **we waited up till 2 o'clock** nous avons veillé or attendu jusqu'à 2 heures, nous ne nous sommes pas couchés avant 2 heures ◆ **she always waits up for him** elle attend toujours qu'il rentre (subj) pour se coucher, elle ne se couche jamais avant qu'il ne soit rentré ◆ **don't wait up (for me)** couchez-vous sans m'attendre ◆ **you can wait up to see the programme** tu peux te coucher plus tard pour regarder l'émission

▶ **wait upon** vt fus a (frm) [ambassador, envoy etc] présenter ses respects à
  b ⇒ **wait on a**

waiter ['weɪtəʳ] → SYN n garçon m de café, serveur m ◆ **waiter!** Monsieur or garçon, s'il vous plaît ! ; → **dumbwaiter**, **head**, **wine**

waiting ['weɪtɪŋ] [1] n (NonC) attente f ◆ **"no waiting"** (on road sign) "arrêt interdit" ◆ **all this waiting!** ce qu'on attend !, dire qu'il faut attendre si longtemps ! ◆ **to be in waiting on sb** (frm) être attaché au service de qn ◆ **"Waiting for Godot"** (Literat) "En attendant Godot" ; → **lady**
[2] adj qui attend
[3] COMP ▷ **waiting game** n (fig) **to play a waiting game** (gen) attendre son heure ; (in diplomacy, negotiations etc) mener une politique d'attente, se conduire en attentiste ▷ **waiting list** n liste f d'attente ▷ **waiting room** n salle f d'attente

waitress ['weɪtrɪs] [1] n serveuse f ◆ **waitress!** Mademoiselle (or Madame), s'il vous plaît !
[2] vi travailler comme serveuse

waitressing ['weɪtrɪsɪŋ] n (NonC) travail m de serveuse

waive [weɪv] → SYN vt (Jur) (= relinquish) [+ one's claim, right, privilege] renoncer à, ne pas insister sur ; (= relax) [+ condition, age limit] ne pas insister sur ; (= abolish) [+ sb's rights] abolir

waiver ['weɪvəʳ] → SYN n [of law] dérogation f (of à) ; [of requirement] (= abolition) annulation f (of de) ; (= relaxing) dispense f (of de) ; [of right] (= relinquishing) renonciation f (of à) ; (= abolition) abolition f (of de) ; [of restrictions] levée f (of de) ; (Insurance) clause f de renonciation ◆ **to sign a waiver (of responsibility)** signer une décharge ◆ **tax/visa waiver** exemption f d'impôts/de visa

wake[1] [weɪk] → SYN n [of ship] sillage m, eaux fpl ◆ **in the wake of the storm/unrest/dispute** à la suite de l'orage/des troubles/du conflit ◆ **in the wake of the army** dans le sillage or sur les traces de l'armée ◆ **the war brought famine in its wake** la guerre a amené la famine dans son sillage ◆ **to follow in sb's wake** marcher sur les traces de qn or dans le sillage de qn

wake[2] [weɪk] → SYN vb : pret **woke**, **waked**, ptp **waked**, **woken**, **woke** [1] n a (over corpse) veillée f mortuaire
  b (N Engl) **Wakes (Week)** semaine de congé annuel dans le nord de l'Angleterre
[2] vi (also **wake up**) se réveiller, s'éveiller (from de) ◆ **wake up!** réveille-toi ! ◆ **wake up (to yourself)!** * (fig = think what you're doing) tu ne te rends pas compte ! ◆ **wake up and smell the coffee!** * (US) arrête de rêver ! ◆ **to wake from sleep** se réveiller, s'éveiller ◆ **to wake (up) from a nightmare** (lit) se réveiller d'un cauchemar ; (fig) sortir d'un cauchemar ◆ **she woke (up) to find them gone** en se réveillant or à son réveil elle s'est aperçue qu'ils étaient partis ◆ **he woke up (to find**

himself) **in prison** il s'est réveillé en prison ◆ **he woke up to find himself rich** à son réveil il était riche ◆ **to wake (up) to sth** (fig) prendre conscience de *or* se rendre compte de qch ◆ **to wake (up) from one's illusions** revenir de ses illusions ◆ **he suddenly woke up and started to work hard** (= stirred himself) il s'est tout à coup réveillé *or* remué *or* secoué et il s'est mis à travailler dur ◆ **he suddenly woke up and realized that ...** (= understood) tout à coup ses yeux se sont ouverts et il s'est rendu compte que ...

③ vt (also **wake up**) [+ person] réveiller (*from de*), tirer du sommeil ; (fig) [+ memories] (r)éveiller, ranimer ; [+ desires] éveiller ◆ **a noise that would wake the dead** un bruit à réveiller les morts ◆ **he needs something to wake him up** (fig) il aurait besoin d'être secoué

④ COMP ▷ **wake-up call** n ⓐ (Telec) réveil m téléphonique, mémo appel m ⓑ (esp US = warning) avertissement m

wakeful ['weɪkfʊl] → SYN adj ⓐ (= unable to sleep) éveillé ◆ **I had a wakeful night** (awake part of night) je n'ai pratiquement pas dormi de la nuit, j'ai mal dormi ; (didn't sleep at all) j'ai passé une nuit blanche, je n'ai pas dormi de la nuit

ⓑ (frm = vigilant) person vigilant

wakefulness ['weɪkfʊlnɪs] n ⓐ (= sleeplessness) insomnie f

ⓑ (frm = watchfulness) vigilance f

waken ['weɪkən] → SYN vti ⇒ wake²

waker ['weɪkər] n ◆ **to be an early waker** se réveiller tôt

wakey-wakey* ['weɪkɪ'weɪkɪ] excl réveillez-vous !, debout !

waking ['weɪkɪŋ] ① adj ◆ **in one's waking hours** pendant les heures de veille ◆ **he devoted all his waking hours to ...** il consacrait chaque heure de sa journée à ... ◆ **waking or sleeping, he ...** (qu'il soit) éveillé ou endormi, il ...

② n (état m de) veille f ◆ **between waking and sleeping** dans un (état de) demi-sommeil

③ COMP ▷ **waking dream** n rêve m éveillé

Waldorf salad [,wɔːldɔːfˈsæləd] n (Culin) salade f Waldorf (*composée de pommes, noix, céleri et mayonnaise*)

waldsterben ['wɔːldˌstɜːbən] n (Ecol) mort f des forêts

wale [weɪl] n (US) ⇒ weal¹

Wales [weɪlz] n le pays de Galles ◆ **in Wales** au pays de Galles ◆ **North/South Wales** le Nord/le Sud du pays de Galles ◆ **Secretary of State for Wales** (Brit) ministre m des Affaires galloises ; → prince

walk [wɔːk] → SYN ① n ⓐ (= stroll) promenade f ; (= ramble) randonnée f ◆ **to go for a country walk** faire une promenade à la campagne ◆ **to go for a walk, to take** *or* **have a walk** se promener, faire une promenade ; (shorter) faire un tour ◆ **let's have a** *or* **go for a little walk** promenons-nous un peu, allons faire un petit tour ◆ **he had a long walk** il a fait une grande promenade ◆ **we went on a long walk to see the castle** nous avons fait une excursion (à pied) pour visiter le château ◆ **on their walk to school** en allant à l'école (à pied), sur le chemin de l'école ◆ **on their walk home** en rentrant chez eux (à pied) ◆ **the Post Office is on my walk home** (from work) le bureau de poste est sur mon chemin quand je rentre chez moi (du travail) ◆ **to take sb for a walk** emmener qn se promener *or* en promenade ◆ **to take the dog for a walk** promener le chien ◆ **to do a 10-km walk** faire une promenade de 10 km ◆ **the house is ten minutes' walk from here** la maison est à dix minutes de marche d'ici *or* à dix minutes à pied d'ici ◆ **it's only a short walk to the shops** il n'y a pas loin à marcher jusqu'aux magasins, il n'y a pas loin pour aller aux magasins ◆ **(go) take a walk!*** fous le camp !*, dégage !* ◆ **in a walk*** (US fig = easily) win dans un fauteuil * ; do sth les doigts dans le nez * ◆ **it was a walk in the park*** (US) ça a été facile comme tout * ; → sponsor

ⓑ (= gait) démarche f, façon f de marcher ◆ **I knew him by his walk** je l'ai reconnu à sa démarche *or* à sa façon de marcher

ⓒ (= pace) **he slowed down to a walk** il a ralenti pour aller au pas ◆ **you've got plenty of time to get there at a walk** vous avez tout le temps pour y arriver sans courir ◆ **she set off at a brisk walk** elle est partie d'un bon pas

ⓓ (= path, route: in country) chemin m, sentier m ; (= avenue) avenue f, promenade f ◆ **a coastal walk** un chemin côtier ◆ **there's a nice walk by the river** il y a un joli chemin *or* sentier le long de la rivière, il y a une jolie promenade à faire le long de la rivière ◆ **people from all walks** *or* **every walk of life** des gens de tous (les) horizons

ⓔ (US: also **sidewalk**) trottoir m

ⓕ (Sport = walking race) épreuve f de marche

② vi ⓐ (= gen) marcher ; (= not run) aller au pas, ne pas courir ◆ **I haven't walked since the accident** je n'ai pas (re)marché depuis l'accident ◆ **I can't walk as I used to** je n'ai plus mes jambes d'autrefois ◆ **to learn to walk** [baby, injured person] apprendre à marcher ◆ **to walk across the road** traverser la route ◆ **you should always walk across the road** on ne doit jamais traverser la rue en courant ◆ **to walk across/down etc** traverser/descendre etc (à pied *or* sans courir) ◆ **he walked up/down the stairs** (gen = went up/down) il a monté/descendu l'escalier ; (= didn't run) il a monté/descendu l'escalier sans courir ◆ **he was walking up and down** il marchait de long en large, il faisait les cent pas ◆ **don't walk on the grass** ne marchez pas sur la pelouse ; (on sign) "pelouse interdite" ◆ **to walk with a stick/with crutches** marcher avec une canne/des béquilles, marcher à l'aide d'une canne/de béquilles ◆ **I'll walk with you** je vais vous accompagner ◆ **to walk in one's sleep** être somnambule, marcher en dormant ◆ **she was walking in her sleep** elle marchait en dormant ◆ **you must learn to walk before you can run** avant de vouloir courir il faut savoir marcher ◆ **walk, don't run** ne cours pas ◆ **"walk/don't walk"** (US: at pedestrian crossing) "(piétons) traversez/attendez"

ⓑ (= not ride or drive) aller à pied ; (= go for a walk) se promener, faire une promenade ◆ **they walked all the way to the village** ils ont fait tout le chemin à pied jusqu'au village ◆ **I always walk home** je rentre toujours à pied ◆ **shall we walk a little?** si nous faisions quelques pas ?, si nous marchions un peu ? ; (longer walk) si nous nous promenions un peu ? ◆ **they were out walking** ils étaient partis se promener (à pied)

ⓒ [ghost] apparaître

ⓓ (*fig hum) [object] disparaître, se volatiliser ◆ **my pen seems to have walked** mon stylo a disparu *or* s'est volatilisé

ⓔ (* = be acquitted) être acquitté

③ vt ⓐ [+ distance] faire à pied ◆ **he walks 5km every day** il fait 5 km (de marche) à pied par jour ◆ **you can walk it in a couple of minutes** vous y serez en deux minutes à pied, à pied vous en avez pour deux minutes ◆ **he walked it in ten minutes** il l'a fait à pied en dix minutes, il lui a fallu dix minutes à pied ◆ **he walked it*** (fig = it was easy) cela a été un jeu d'enfant pour lui

ⓑ [+ town etc] parcourir ◆ **to walk the streets** se promener dans les rues ; (to fill in time) flâner dans les rues ; (from poverty) errer dans les rues, battre le pavé ; [prostitute] faire le trottoir ◆ **he walked the town looking for a dentist** il a parcouru la ville en tous sens à la recherche d'un dentiste ◆ **they walked the countryside in search of ...** ils ont battu la campagne à la recherche de ... ◆ **I've walked this road many times** j'ai pris cette route (à pied) bien des fois

ⓒ (= cause to walk) [+ dog] promener ; [+ horse] conduire à pied ◆ **to walk sb in/out etc** faire entrer/sortir etc qn ◆ **to walk sb home** raccompagner qn (chez lui *or* elle) ◆ **he seized my arm and walked me across the room** il m'a pris par le bras et m'a fait traverser la pièce ◆ **I had to walk my bike home** j'ai dû pousser mon vélo jusqu'à la maison ◆ **to walk a cooker/chest of drawers across a room** pousser une cuisinière/une commode petit à petit d'un bout à l'autre d'une pièce (*en la faisant pivoter d'un pied sur l'autre*) ◆ **the nurse walked him down the ward to exercise his legs** l'infirmier l'a fait marcher *or* se promener dans la salle pour qu'il s'exerce (subj) les jambes ◆ **they walked him off his feet** ils l'ont tellement fait marcher qu'il ne tenait plus debout ◆ **I walked**

him round Paris je l'ai promené dans Paris ◆ **I walked him round the garden to show him the plants** je lui ai fait faire le tour du jardin pour lui montrer les plantes ◆ **I walked him round the garden till he was calmer** je me suis promené avec lui dans le jardin jusqu'à ce qu'il se calme (subj) ◆ **I'll walk you to the station** je vais vous accompagner (à pied) à la gare ◆ **he walked her to her car** il l'a raccompagnée jusqu'à sa voiture

④ COMP ▷ **walk-in** adj wardrobe, cupboard, larder de plain-pied ◆ **walk-in condition** flat, house habitable immédiatement ▷ **walk-on part** n (Theat) rôle m de figurant(e), figuration f ▷ **walk-through** n (Theat etc) répétition f technique ▷ **walk-up** n (US) (= house) immeuble m sans ascenseur ; (= apartment) appartement m dans un immeuble sans ascenseur

▶ **walk about** ① vi ⇒ walk around
② walkabout * n ⇒ walkabout

▶ **walk across** vi (over bridge etc) traverser ◆ **to walk across to sb** s'approcher de qn, se diriger vers qn

▶ **walk around** vi se promener ◆ **within two days of the accident, she was walking around** deux jours après l'accident, elle marchait de nouveau ◆ **stand up and walk around a little to see how the shoes feel** levez-vous et faites quelques pas pour voir comment vous vous sentez dans ces chaussures

▶ **walk away** ① vi partir ◆ **to walk away from sb** s'éloigner de qn, quitter qn ◆ **he walked away with the wrong coat** il s'est trompé de manteau en partant ◆ **to walk away from an accident** (= be unhurt) sortir indemne d'un accident ◆ **to walk away with sth** (fig = win easily) gagner *or* remporter qch haut la main ◆ **I did the work but he walked away with all the credit** c'est moi qui ai fait tout le travail et c'est lui qui a reçu tous les éloges
② walkaway * n ⇒ walkaway

▶ **walk back** vi (= come back) revenir ; (= go back) retourner ; (= go home) rentrer ; (specifically on foot) revenir *or* rentrer *or* retourner à pied

▶ **walk in** ① vi entrer ◆ **who should walk in but Paul!** et qui entre sur ces entrefaites ? Paul ! ◆ **they just walked in and took all my money** ils sont entrés et ont pris tout mon argent ◆ **he just walked in and gave me the sack** il est entré sans crier gare et m'a annoncé qu'il me mettait à la porte ◆ **he just walked in on me!** il est entré sans prévenir !
② walk-in adj → walk

▶ **walk into** vt fus ⓐ [+ trap, ambush] tomber dans ◆ **you really walked into that one!*** tu es vraiment tombé *or* tu as vraiment donné dans le panneau ! ◆ **he wondered what he had walked into** il se demandait dans quelle galère * il s'était laissé entraîner

ⓑ (= hit against) [+ person, lamppost, table] se cogner à

ⓒ (= find easily) [+ job] trouver sans problème *or* facilement

▶ **walk off** ① vi ⓐ ⇒ walk away 1
ⓑ (= steal) **to walk off with sth*** barboter * *or* faucher * qch
② vt sep [+ excess weight] perdre en marchant ◆ **to walk off a headache** prendre l'air *or* faire une promenade pour se débarrasser d'un mal de tête

▶ **walk off with*** vt fus ⇒ walk away with ; → walk away

▶ **walk on** ⇒ vi (Theat) être figurant(e), jouer les utilités

▶ **walk out** ① vi (= go out) sortir ; (= go away) partir ; (as protest) partir (en signe de protestation) ; (= go on strike) se mettre en grève ◆ **you can't walk out now!** (fig) tu ne peux pas partir comme ça !, tu ne peux pas tout laisser tomber * comme ça ! ◆ **her husband has walked out** son mari l'a quittée *or* plaquée * ◆ **they walked out of the meeting** ils ont quitté la réunion (en signe de protestation)
② walkout n → walkout

walkable / wander

▶ **walk out on** vt fus [+ boyfriend, business partner] laisser tomber*, plaquer*

▶ **walk out with** † vt fus (Brit = court) fréquenter †

▶ **walk over** **1** vi passer (à pied), faire un saut (à pied) ◆ **I'll walk over tomorrow morning** j'y passerai or j'y ferai un saut (à pied) demain matin ◆ **he walked over to me and said ...** il s'est approché de moi et a dit ...
2 vt fus **a** (= defeat easily) battre haut la main
b (= treat badly: also **walk all over**) marcher sur les pieds de ◆ **she lets him walk all over her** elle se laisse marcher sur les pieds (sans jamais lui faire de reproche)
3 walkover n → **walkover**

▶ **walk through** **1** vt fus (Theat) répéter les mouvements de
2 walk-through n → **walk**

▶ **walk up** **1** vi (= go upstairs etc) monter ; (= approach) s'approcher (*to sb* de qn) ◆ **walk up, walk up!** (at fair etc) approchez, approchez ! ◆ **I saw the car and walked up to it** j'ai vu la voiture et m'en suis approché
2 walk-up n → **walk**

walkable ['wɔːkəbl] adj distance que l'on peut parcourir or faire à pied ◆ **it's walkable from here** on peut y aller à pied d'ici

walkabout ['wɔːkəbaʊt] n (Austral) voyage m (d'un aborigène) dans le bush ; (Brit) [of president, celebrity] bain m de foule ◆ **to go on (a) walkabout** (Austral = go for a walk) partir se balader* dans le bush ; (Brit) [president, celebrity] prendre un bain de foule ◆ **to go walkabout*** (fig hum) [object] disparaître, se volatiliser

walkathon* ['wɔːkəθən] n (US) marathon m (de marche)

walkaway* ['wɔːkəweɪ] n (US: also **walkaway victory** or **win**) victoire f facile

walker ['wɔːkər] → SYN **1** n **a** (esp Sport) marcheur m, -euse f ; (for pleasure) promeneur m, -euse f ◆ **I'm not a great walker** je ne suis pas un grand marcheur ◆ **he's a fast walker** il marche vite ; → **sleepwalker, streetwalker**
b (= support frame) (for invalid) déambulateur m ; (for babies) trotte-bébé m
2 COMP ◆ **walker-on** n (Theat) figurant(e) m(f), comparse mf

walkies* ['wɔːkɪz] n (Brit) ◆ **to go walkies** (lit) aller se promener ; (fig) disparaître

walkie-talkie ['wɔːkɪ'tɔːkɪ] n talkie-walkie m

walking ['wɔːkɪŋ] **1** n **a** (NonC) marche f à pied, promenade(s) f(pl) (à pied) ; → **sleepwalking**
b (Sport) marche f (athlétique) ; (Basketball) marcher m
2 adj ambulant ◆ **the walking wounded** (Mil) les blessés mpl capables de marcher ◆ **he's a walking encyclopedia** c'est une encyclopédie ambulante or vivante ◆ **he is a walking miracle** c'est un miracle ambulant, il revient de loin
3 COMP ▷ **walking-boot** n chaussure f de randonnée or de marche ▷ **walking distance** n **it is within walking distance (of the house)** on peut facilement y aller à pied (de la maison) ◆ **five minutes' walking distance away** à cinq minutes de marche ▷ **walking frame** n déambulateur m ▷ **walking holiday** n **we had a walking holiday in the Tyrol** pour nos vacances nous avons fait de la marche dans le Tyrol ▷ **walking pace** n at (a) **walking pace** au pas ▷ **walking papers*** npl (US) **to give sb his walking papers** renvoyer qn, mettre or flanquer* qn à la porte ▷ **walking race** n épreuve f de marche ▷ **walking shoe** n chaussure f de marche ▷ **walking stick** n canne f ▷ **walking tour, walking trip** n **to be on a walking tour** or **trip** faire une randonnée à pied (de plusieurs jours)

Walkman® ['wɔːkmən] n Walkman® m, baladeur m, somnambule m (Can)

walkout ['wɔːkaʊt] → SYN n (= strike) grève f surprise ; (from meeting, lecture etc) départ m (en signe de protestation) ◆ **to stage a walkout** [workers] faire une grève surprise ; [students, delegates etc] partir (en signe de protestation)

walkover ['wɔːkəʊvər] → SYN n (Racing) walkover m inv ◆ **it was a walkover!*** (fig) game c'était une victoire facile ! ; exam c'était un jeu d'enfant !, c'était simple comme bonjour ! ◆ **it was a walkover for Moore*** (Sport) Moore a gagné haut la main

walkway ['wɔːkweɪ] n (Brit) sentier m pédestre ; (US) passage m pour piétons, cheminement m piéton

Walkyrie [vælˈkɪərɪ] n Walkyrie f

wall [wɔːl] → SYN **1** n (gen) mur m ; (interior: also of trench, tunnel) paroi f ; (round garden, field) mur m (de clôture) ; (round city, castle etc) murs mpl, remparts mpl ; (Anat) paroi f ; [of tyre] flanc m ; (fig) [of mountains] mur m, muraille f ; [of smoke, fog] mur m ◆ **within the (city) walls** dans les murs, dans la ville ◆ **the north wall of the Eiger** la face nord or la paroi nord de l'Eiger ◆ **they left only the bare walls standing** ils n'ont laissé que les murs ◆ **a high tariff wall** (Econ) une barrière douanière élevée ◆ **walls have ears** les murs ont des oreilles ◆ **to go over the wall** [prisoner] s'évader, se faire la belle* ◆ **to go to the wall** (fig) [person] perdre la partie ; (= go bankrupt) faire faillite ; [plan, activity] être sacrifié ◆ **it's always the weakest to the wall** ce sont toujours les plus faibles qui écopent* ◆ **he had his back to the wall, he was up against the wall** (fig) il avait le dos au mur, il était acculé ◆ **to get sb up against the wall, to drive** or **push sb to the wall** acculer qn, mettre qn au pied du mur ◆ **to bang** or **knock** or **beat one's head against a (brick) wall** (fig) se taper la tête contre les murs ◆ **to come up against a (blank) wall, to come up against a stone** or **brick wall** (fig) se heurter à un mur ◆ **to drive** or **send sb up the wall** † rendre qn dingue* or fou* ; → **Berlin, great, off, party**
2 vt [+ garden] entourer d'un mur, construire un mur autour de ; [+ city] fortifier, entourer de murs or de remparts ◆ **walled garden** jardin m clos ◆ **walled town** ville f fortifiée
3 COMP decoration, clock, map mural ▷ **wall bars** npl espalier m (pour exercices de gymnastique) ▷ **wall chart** n planche f murale ▷ **wall creeper** n (Orn) échelette f ▷ **wall cupboard** n placard m mural or suspendu ▷ **walled plain** n (Astron) mer f lunaire ▷ **wall lamp, wall light** n applique f ▷ **wall lighting** n éclairage m par appliques ▷ **wall-mounted** adj clock, phone mural ▷ **wall pellitory** n perce-muraille f ▷ **wall plate** n (Constr) sablière f ▷ **wall socket** n (Elec) prise f (murale) ▷ **Wall Street** n (US) Wall Street m ▷ **wall to wall** adv to carpet sth **wall to wall** recouvrir qch de moquette ▷ **wall-to-wall** adj wall-to-wall carpet(ing) moquette f ◆ **it got wall-to-wall coverage** on ne parlait que de ça (dans les médias) ◆ **there were wall-to-wall people** l'endroit était bondé

▶ **wall in** vt sep [+ garden etc] entourer d'un mur

▶ **wall off** vt sep [+ plot of land] séparer par un mur

▶ **wall up** vt sep [+ doorway, window] murer, condamner ; [+ person, relics] murer, emmurer

wallaby ['wɒləbɪ] n, pl **wallabies** or **wallaby** wallaby m

wallah ['wɒlə] n (Hist) ◆ **the laundry** etc **wallah** (in India) le préposé au blanchissage etc

wallboard ['wɔːlbɔːd] n (US) panneau m de revêtement

wallcovering ['wɔːlkʌvərɪŋ] n revêtement m mural

walled [wɔːld] adj garden entouré d'un mur, clos ; city, town, village fortifié

wallet ['wɒlɪt] → SYN n portefeuille m ; (of pilgrim etc) besace f

walleye ['wɔːlaɪ] n (= squint) strabisme m divergent

walleyed ['wɔːlaɪd] **1** adj atteint de strabisme divergent
2 COMP ▷ **walleyed pike** n (= fish) doré m

wallflower ['wɔːlflaʊər] n (Bot) giroflée f ◆ **to be a wallflower** (fig) faire tapisserie

ANGLAIS-FRANÇAIS 1088

Walloon [wɒˈluːn] **1** adj wallon
2 n **a** Wallon(ne) m(f)
b (Ling) wallon m

wallop* ['wɒləp] **1** n (= slap) torgnole* f ; (with fist) gnon✱ m ; (in accident) coup m ; (sound) fracas m, boucan* m ◆ **to give sb a wallop** flanquer une beigne* or une torgnole* à qn ◆ **wallop!** vlan ! ◆ **it hit the floor with a wallop** vlan ! c'est tombé par terre
2 vt [+ person] flanquer une beigne* or une torgnole* à ; [+ ball, object] taper dans, donner un or des grand(s) coup(s) dans
3 adv ◆ **he went wallop into the wall** il est rentré* en plein dans le mur

walloping✱ ['wɒləpɪŋ] **1** adj sacré* (before n) ◆ **walloping big** vachement grand* ◆ **a walloping $100 million** la somme astronomique de 100 millions de dollars
2 n raclée* f, rossée* f ◆ **to give sb a walloping** (= punish) flanquer une raclée* or une rossée* à qn ; (Sport etc) (= beat) enfoncer* qn, battre qn à plate(s) couture(s)

wallow ['wɒləʊ] → SYN **1** vi [person, animal] se vautrer (*in* dans) ; [ship] être ballotté ; (fig) (in vice, sin) se vautrer (*in* dans) ; (in self-pity etc) se complaire (*in* à)
2 n **a** (= pool, bog etc) mare f bourbeuse
b (in bath) **to have a wallow** se prélasser

wallpaper ['wɔːlpeɪpər] **1** n papier m peint
2 vt tapisser (de papier peint)
3 COMP ▷ **wallpaper music** n (pej) musique f d'ascenseur (pej) or de supermarché (pej)

wallpepper ['wɔːlpepər] n (Bot) sedum m âcre

wally* ['wɒlɪ] n (Brit) andouille* f

walnut ['wɔːlnʌt] **1** n noix f ; (also **walnut tree**) noyer m ; (NonC = wood) noyer m
2 COMP table etc de or en noyer ; cake aux noix ; oil de noix

Walpurgis Night [vælˈpʊəgɪsnaɪt] n la nuit de Walpurgis

walrus ['wɔːlrəs] **1** n, pl **walruses** or **walrus** morse m (Zool)
2 COMP ▷ **walrus moustache** n moustache f à la gauloise

Walter Mitty [ˌwɔːltəˈmɪtɪ] n ◆ **he's something of a Walter Mitty (character)** il vit dans un monde imaginaire

waltz [wɔːls] **1** n valse f ◆ **it was a waltz!*** (US fig) c'était du gâteau* or de la tarte !*
2 vi valser, danser la valse ◆ **to waltz in/out** etc (fig) (gaily) entrer/sortir etc d'un pas joyeux or dansant ; (brazenly) entrer/sortir etc avec désinvolture ◆ **she waltzed in without even knocking*** elle a fait irruption sans même frapper ◆ **he waltzed off with the prize*** il a gagné le prix haut la main ◆ **he waltzed* into the job** il n'a pas eu besoin de se fouler* pour obtenir ce poste
3 vt ◆ **he waltzed her round the room** il l'a entraînée dans une valse tout autour de la pièce ; (fig: in delight etc) il s'est mis à danser de joie avec elle

▶ **waltz through*** vt fus [+ exam] être reçu les doigts dans le nez* ; [+ competition, match] gagner les doigts dans le nez*

waltzer ['wɔːlsər] n **a** (= dancer) valseur m, -euse f
b (at fairground) Mont-Blanc m

wampum ['wɒmpəm] n **a** (= beads) wampum m
b (US✱ = money) pognon✱ m, fric✱ m

WAN [wæn] n (Comput) (abbrev of **wide area network**) → **wide**

wan [wɒn] → SYN adj face, light, sky blême, blafard ; person au visage blême or blafard ; smile pâle (before n) ◆ **to look wan** [person] avoir le visage blême or blafard ◆ **to grow wan** [light, sky] blêmir

wand [wɒnd] → SYN n [of conjurer, fairy] baguette f (magique) ; [of usher, steward, sheriff] verge f, bâton m ; (Comput) crayon m optique, photostyle m

wander ['wɒndər] → SYN **1** n tour m, balade* f ◆ **to go for a wander around the town/the shops** aller faire un tour en ville/dans les magasins ◆ **to have** or **take a wander** faire un tour, aller se balader*
2 vi **a** [person] errer, aller sans but ; (for pleasure) flâner ; [thoughts] errer, vagabonder ; [river, road] serpenter, faire des méandres ◆ **he wandered through the streets** il

errait or allait sans but dans les rues ◆ his gaze wandered round the room son regard errait dans la pièce

b (= stray) s'égarer ◆ to wander from the point or subject s'écarter du sujet ◆ his eyes wandered from the page son regard distrait s'est écarté de la page ◆ his thoughts wandered back to his youth ses pensées se sont distraitement reportées à sa jeunesse ◆ his attention wandered il était distrait, il n'arrivait pas à fixer son attention or à se concentrer ◆ sorry, my mind was wandering excusez-moi, j'étais distrait ◆ his mind wandered to the day when ... il repensa par hasard au jour où ... ◆ his mind is wandering, his wits are wandering, he's wandering * (pej) (from fever) il délire, il divague ; (from old age) il divague, il déraille * ◆ don't take any notice of what he says, he's just wandering * ne faites pas attention à ce qu'il dit, il radote

c (= go casually) to wander in/out/away etc entrer/sortir/partir etc d'un pas nonchalant ◆ they wandered round the shop ils ont flâné dans le magasin ◆ let's wander down to the café allons tranquillement au café

3 vt parcourir au hasard, errer dans ; (for pleasure) flâner dans ◆ to wander the streets aller au hasard des rues, errer dans les rues ◆ to wander the hills/the countryside se promener au hasard or errer dans les collines/dans la campagne ◆ to wander the world courir le monde, rouler sa bosse *

► **wander about, wander around** vi (aimlessly) errer, aller sans but ; [animals] errer ◆ to wander about the town/the streets (leisurely) errer dans la ville/dans les rues ◆ we wandered around looking in the shop windows nous avons flâné en faisant du lèche-vitrine

► **wander off** vi partir ; (= get lost) s'égarer ◆ he wandered off the path il s'est écarté du chemin

wanderer [ˈwɒndərəʳ] → SYN n vagabond(e) m(f) (also pej) ◆ the wanderer's returned! (hum) tiens, un revenant !

wandering [ˈwɒndərɪŋ] → SYN 1 adj person, gaze errant ; imagination, thoughts vagabond ; band itinérant ; tribe nomade ; river, road qui serpente, en lacets ◆ a wandering way of life une vie errante ◆ to have a wandering eye reluquer les filles * ◆ to have wandering hands avoir les mains baladeuses

2 **wanderings** npl (= journeyings) pérégrinations fpl, voyages mpl ; (fig) (in speech etc) divagations fpl ◆ her wanderings in Europe and Africa ses pérégrinations en Europe et en Afrique, ses voyages à travers l'Europe et l'Afrique

3 comp ▷ **wandering Jew** n (Bot) misère f ◆ the Wandering Jew (Myth) le Juif errant ▷ **wandering minstrel** n ménestrel m

wanderlust [ˈwɒndəlʌst] n envie f de voir le monde, bougeotte * f

wane [weɪn] → SYN 1 vi [moon] décroître ; [enthusiasm, interest, emotion] diminuer ; [strength, reputation, popularity, empire] décliner, être en déclin

2 n ◆ to be on the wane ⇒ to wane 1

wangle * [ˈwæŋgl] vt (= get) se débrouiller pour avoir, resquiller * ◆ to wangle sth for sb se débrouiller pour obtenir qch pour qn ◆ can you wangle me a free ticket? est-ce que tu peux m'avoir or te débrouiller pour m'obtenir un billet gratuit ? ◆ I'll wangle it somehow je me débrouillerai pour arranger ça, je goupillerai * ça ◆ he wangled £10 out of his father il a soutiré 10 livres à son père

wangling * [ˈwæŋglɪŋ] n (NonC) système D * m, carottage * m, resquille * f

waning [ˈweɪnɪŋ] 1 n (NonC) [of moon] décroissement m ; [of popularity, influence] déclin m

2 adj moon à son déclin ; enthusiasm, interest qui diminue ; strength, reputation, popularity, empire déclinant, sur son déclin

wank ** [wæŋk] (Brit) 1 vi se branler ** se faire une branlette **

2 n a to have a wank ⇒ to wank 1

b (NonC = nonsense) foutaise ‡ f

wanker ** [ˈwæŋkəʳ] n (Brit fig) branleur ** m

wanky ** [ˈwænkɪ] adj péteux *

wanly [ˈwɒnlɪ] adv a (= weakly) smile faiblement ; say mollement

b (= faintly) shine avec une lueur blafarde or blême

wanna * [ˈwɒnə] a ⇒ want a

b ⇒ want to

wannabe ‡ [ˈwɒnəbiː] 1 n ◆ an Elvis wannabe un type qui joue les Elvis *

2 adj ◆ a wannabe Elvis un type qui joue les Elvis * ◆ a wannabe writer quelqu'un qui rêve de devenir écrivain

wanness [ˈwɒnnɪs] n [of person, complexion] pâleur f

want [wɒnt] LANGUAGE IN USE 3.3, 8 → SYN

1 n a (NonC = lack) manque m ◆ there was no want of enthusiasm ce n'était pas l'enthousiasme qui manquait

◆ for want of ... faute de ..., par manque de ... ◆ for want of anything better faute de mieux ◆ for want of anything better to do faute d'avoir quelque chose de mieux à faire ◆ for want of something to do he ... comme il n'avait rien à faire il ..., par désœuvrement il ... ◆ it wasn't for want of trying that he ... ce n'était pas faute d'avoir essayé qu'il ...

b (NonC = poverty, need) besoin m ◆ to be or live in want être dans le besoin, être nécessiteux † ◆ to be in want of sth avoir besoin de qch

c (gen pl = requirement, need) wants besoins mpl ◆ his wants are few il a peu de besoins, il n'a pas besoin de grand-chose ◆ it fills or meets a long-felt want cela comble enfin cette lacune

2 vt a (= wish, desire) vouloir, désirer (*to do sth* faire qch) ◆ what do you want? que voulez-vous ?, que désirez-vous ? ◆ what do you want with or of him? qu'est-ce que vous lui voulez ? ◆ what do you want to do tomorrow? qu'est-ce que vous avez envie de faire demain ?, qu'est-ce que vous voulez or désirez faire demain ? ◆ I don't want to! je n'en ai pas envie ! ; (more definite) je ne veux pas ! ◆ all I want is a good night's sleep tout ce que je veux, c'est une bonne nuit de sommeil ◆ he wants success/popularity il veut or désire le succès/la popularité ◆ I want your opinion on this je voudrais votre avis là-dessus ◆ what does he want for that picture? combien veut-il or demande-t-il pour ce tableau ? ◆ I want you to tell me ... je veux que tu me dises ... ◆ I want the car cleaned je veux qu'on nettoie (subj) la voiture ◆ I always wanted a car like this j'ai toujours voulu or souhaité avoir une voiture comme ça ◆ I wanted or I was wanting to leave j'avais envie de partir ◆ to want in/out * vouloir entrer/sortir ◆ he wants out * (fig) il ne veut plus continuer, il veut laisser tomber * ◆ you're not wanted here on n'a pas besoin de vous ici, on ne veut pas de vous ici ◆ I know when I'm not wanted! * je me rends compte que je suis de trop ◆ where do you want this table? où voulez-vous (qu'on mette) cette table ? ◆ you've got him where you want him (fig) vous l'avez coincé *, vous le tenez à votre merci ◆ you don't want much! (iro) il n'en faut pas beaucoup pour vous faire plaisir or vous satisfaire ! (iro) ◆ to want sb (sexually) désirer qn

b (= seek, ask for) demander ◆ the manager wants you in his office le directeur veut vous voir or vous demande dans son bureau ◆ you're wanted on the phone on vous demande au téléphone ◆ to be wanted by the police être recherché par la police ◆ "good cook wanted" "recherchons cuisinier ou cuisinière qualifié(e)" ; see also wanted

c (gen Brit) (= need) [person] avoir besoin de ; [task] exiger, réclamer ; (* = ought) devoir (*to do sth* faire qch) ◆ we have all we want nous avons tout ce qu'il nous faut ◆ just what I want(ed)! exactement ce qu'il me faut ! ◆ you want a bigger hammer if you're going to do it properly tu as besoin de or il te faut un plus gros marteau pour faire cela correctement ◆ what do you want with a house that size? pourquoi as-tu besoin d'une or veux-tu une maison aussi grande ? ◆ such work wants good eyesight un tel travail exige or nécessite une bonne vue ◆ the car wants cleaning la voiture a besoin d'être lavée, il faudrait laver la voiture ◆ your hair wants combing tu as besoin d'un coup de peigne, il faudrait que tu te peignes (subj), tu devrais te peigner ◆ that child wants a smacking cet enfant a besoin d'une or mérite une bonne fessée ◆ you want to have a holiday/to change that fuse il faut que vous preniez des vacances/changiez ce fusible ◆ you want to be careful with that! * fais attention avec ça !, fais gaffe * avec ça ! ◆ you want to see his new boat! * tu devrais voir son nouveau bateau !

d (= lack) he wants talent il manque de talent, le talent lui fait défaut ◆ this shirt wants a button il manque un bouton à cette chemise ◆ the carpet wants 5cm to make it fit il manque 5 cm pour que le tapis soit de la bonne dimension ◆ it wanted only his agreement il ne manquait que son accord ◆ it wants 12 minutes to midnight † dans 12 minutes il sera minuit

3 vi (= be in need) être dans le besoin, être nécessiteux ◆ to want for sth (= lack) manquer de qch, avoir besoin de qch ◆ they want for nothing il ne leur manque rien, ils ne manquent de rien, ils n'ont besoin de rien ; → waste

4 comp ▷ **want ad** n (US Press) petite annonce f

wanted [ˈwɒntɪd] 1 adj a (Police) criminal recherché ◆ America's most wanted man le criminel le plus recherché de toute l'Amérique ◆ "wanted (for murder)" "recherché (pour meurtre)" ◆ "wanted: dead or alive" "recherché : mort ou vif" ◆ a "wanted" poster un avis de recherche ; see also want 2b

b (Press) wanted "cherche" ◆ "wanted: good cook" "recherchons cuisinier ou cuisinière qualifié(e)" ; see also want 2b

2 comp ▷ **wanted list** n liste f de personnes recherchées ▷ **wanted notice** n (Police) avis m de recherche

wanting [ˈwɒntɪŋ] → SYN 1 adj (= deficient) ◆ to be wanting in sth manquer de qch ◆ the necessary funds were wanting les fonds nécessaires faisaient défaut, il manquait les fonds nécessaires ◆ the end of the poem is wanting (= missing) il manque la fin du poème, la fin du poème manque ; (= deficient) la fin du poème est faible ◆ to find sth wanting trouver que qch laisse à désirer ◆ to find sb wanting trouver que qn ne fait pas l'affaire ◆ to be found wanting [person, thing] ne pas faire l'affaire ◆ to prove wanting se révéler insuffisant

2 prep (= without) sans ; (= minus) moins

wanton [ˈwɒntən] → SYN 1 adj a (pej = gratuitous) destruction, violence, cruelty gratuit ; killer qui tue sans raison

b († pej = dissolute) woman, behaviour dévergondé

c (liter = playful) person, behaviour, breeze capricieux

d (liter = luxuriant) growth, weeds luxuriant, exubérant

2 n † libertin m, femme f légère

wantonly [ˈwɒntənlɪ] (pej) adv a (= gratuitously) destroy, violate gratuitement ◆ wantonly cruel d'une cruauté gratuite

b († = dissolutely) behave, desire de façon dévergondée

wantonness [ˈwɒntənnɪs] n (NonC) a (= gratuitousness) [of destruction, violence, cruelty] gratuité f

b († pej = dissoluteness) [of person, behaviour] dévergondage m

WAP [wæp] (abbrev of wireless application protocol) WAP m

wapiti [ˈwɒpɪtɪ] n wapiti m

war [wɔːʳ] → SYN 1 n guerre f ◆ to be at war être en (état de) guerre (*with* avec) ◆ to go to war [country] entrer en guerre (*against* contre ; *over* à propos de) ◆ to go (off) to war [soldier] partir pour la guerre, aller à la guerre ◆ to make war on (Mil, also fig) faire la guerre à ◆ war of attrition guerre f d'usure ◆ the Wars of the Roses la guerre des Deux-Roses ◆ the War of the Vendée (Hist) la Chouannerie ◆ the Great War la Grande Guerre, la guerre de 14 or de 14-18 ◆ the war to end all wars la der des ders * ◆ the (American) War of Independence la guerre de Sécession ◆ the period between the wars (= 1918-39) l'entre-deux-guerres m inv ◆ "War and Peace" (Literat) "Guerre et Paix" ◆ to carry or take the war into the enemy's camp (Mil, fig) passer à l'attaque, prendre l'offensive ◆ it was war to the knife or the death

warble / **warmongering**　　　　　　　　　　　　　　　　　　　　　　　　　　　　　　　　　ANGLAIS-FRANÇAIS　1090

between them c'était une lutte à couteaux tirés entre eux ◆ **war of words** guerre f de paroles ◆ **you've been in the wars again** * tu t'es encore fait amocher* or estropier; → **cold, nerve, state**

2 vi faire la guerre (**against** à)

3 COMP conditions, debt, crime, criminal, orphan, widow, wound, zone de guerre ▷ **war baby** n enfant m de la guerre ▷ **war bond** n (US Hist) titre m d'emprunt de guerre (pendant la Deuxième Guerre mondiale) ▷ **war bride** n mariée f de guerre ▷ **war cabinet** n (Pol) cabinet m de guerre ▷ **war chest** n (Pol) caisse f spéciale (d'un parti politique pour les élections) ▷ **war clouds** npl (fig) signes mpl avant-coureurs de la guerre ▷ **war correspondent** n (Press, Rad, TV) correspondant(e) m(f) de guerre ▷ **war crime** n (Jur) crime m de guerre ▷ **war cry** → SYN n cri m de guerre ▷ **war dance** n danse f guerrière ▷ **the War Department** n (US) ⇒ **the War Office** ▷ **the war-disabled** npl les mutilé(e)s m(f)pl or invalides mfpl de guerre ▷ **war fever** n psychose f de guerre ▷ **war footing** n **on a war footing** sur le pied de guerre ▷ **war games** npl (Mil: for training) kriegspiel m; (Mil = practice manoeuvres) manœuvres fpl militaires; (= board games, computer games etc) jeux mpl de stratégie militaire, wargames mpl ▷ **war grave** n tombe f de soldat (mort au champ d'honneur) ▷ **war hero** n héros m de la guerre ▷ **war lord** n chef m militaire, seigneur m de la guerre ▷ **war memorial** n monument m aux morts ▷ **the War Office** n (Brit) le ministère de la Guerre ▷ **war paint** n peinture f de guerre (des Indiens); (fig hum = make-up) maquillage m, peinturlurage m (pej) ▷ **war record** n what is his war record? comment s'est-il comporté or qu'a-t-il fait pendant la guerre? ◆ **he has a good war record** ses états de service pendant la guerre sont tout à fait honorables ▷ **war-torn** adj déchiré par la guerre ▷ **war-weariness** n lassitude f de la guerre ▷ **war-weary** adj las (lasse f) de la guerre ▷ **war whoop** n (US) cri m de guerre ▷ **the war-wounded** npl les blessés mpl de guerre ▷ **war zone** n zone f de conflit or de guerre

warble[1] ['wɔːbl] n a (= abscess) [of cattle] var(r)on m

b (on horse's back) callosité f

warble[2] ['wɔːbl] 1 n (= sound) gazouillis m, gazouillements mpl

2 vi [bird] gazouiller; [person] roucouler; [telephone] sonner

3 vt (also **warble out**) chanter en gazouillant

warbler ['wɔːblər] n a (= bird) fauvette f, pouillot m

b (hum = singer) chanteur m, -euse f (à la voix de casserole)

warbling ['wɔːblɪŋ] n gazouillis m, gazouillement(s) m(pl)

ward [wɔːd] → SYN 1 n a [of hospital] salle f; (separate building) pavillon m; [of prison] quartier m

b (Brit Local Govt) section f électorale

c (Jur = person) pupille mf ◆ **ward of court** pupille mf sous tutelle judiciaire ◆ **in ward** sous tutelle judiciaire; → **watch**[2]

2 COMP ▷ **ward heeler** n (US Pol: pej) agent m or courtier m électoral ▷ **ward round** n (Med) visite f (de médecin hospitalier) ▷ **ward sister** n (Brit Med) infirmière f en chef (responsable d'une salle ou d'un pavillon)

▶ **ward off** vt sep [+ blow, danger] parer, éviter; [+ illness] éviter

...ward [wəd] suf ⇒ **...wards**

warden ['wɔːdn] → SYN n [of institution] directeur m, -trice f; [of city, castle] gouverneur m; [of park, game reserve] gardien m, -ienne f; [of youth hostel] responsable mf; (Brit = prison warder) surveillant(e) m(f) de prison; (US = prison governor) directeur m, -trice f; [of student residence etc] directeur m, -trice f de résidence universitaire; (Brit: on hospital board etc) membre m du conseil d'administration; (Brit: also **air-raid warden**) préposé(e) m(f) à la défense passive; (also **traffic warden**) contractuel(le) m(f) ◆ **Warden of the Cinque Ports** (Brit) gouverneur m des Cinq Ports; → **churchwarden, fire**

warder ['wɔːdər] → SYN n a (esp Brit) gardien m or surveillant m (de prison)

b (esp US) (in building) concierge m; (in museum) gardien m (de musée)

wardress ['wɔːdrɪs] n (esp Brit) gardienne f or surveillante f (de prison)

wardrobe ['wɔːdrəʊb] → SYN 1 n a (= cupboard) (gen) armoire f; (for hanging only) penderie f

b (= clothes) garde-robe f; (Theat) costumes mpl ◆ **Miss Lilly's wardrobe by ...** (Cine, Theat) costumes mpl de Mlle Lilly par ..., Mlle Lilly est habillée par ...

2 COMP ▷ **wardrobe mistress** n (Theat) costumière f ▷ **wardrobe trunk** n malle-penderie f

wardroom ['wɔːdrʊm] n (Naut) carré m

...wards [wədz] suf vers, dans la or en direction de ◆ **townwards** vers la ville, dans la or en direction de la ville; → **backwards, downwards**

wardship ['wɔːdʃɪp] n (NonC) tutelle f

ware [wɛər] 1 n (NonC) articles mpl ◆ **kitchenware** articles mpl de cuisine ◆ **tableware** articles mpl pour la table ◆ **crystalware** articles mpl en cristal ◆ **silverware** argenterie f; → **hardware**

2 **wares** npl (= goods) marchandises fpl

warehouse ['wɛəhaʊs] → SYN 1 n, pl **warehouses** ['wɛəhaʊzɪz] entrepôt m

2 ['wɛəhaʊz] vt entreposer, mettre en magasin

3 COMP ▷ **warehouse capacity** n (Comm) capacité f d'entreposage ▷ **warehouse club** n (esp US Comm) grande surface qui, pour une adhésion annuelle, vend ses produits en vrac à prix réduits

warehouseman ['wɛəhaʊsmən] n, pl **-men** magasinier m

warehousing ['wɛəhaʊzɪŋ] 1 n (Comm) entreposage m

2 COMP ▷ **warehousing costs** npl (Comm) frais mpl d'entreposage

warfare ['wɔːfɛə] → SYN n (NonC) (Mil) guerre f (NonC); (fig); (against contre) ◆ **class warfare** lutte f des classes

warhead ['wɔːhed] n ogive f ◆ **nuclear warhead** ogive f or tête f nucléaire

warhorse ['wɔːhɔːs] n cheval m de bataille ◆ **an old warhorse** (fig) un vétéran

warily ['wɛərɪlɪ] → SYN adv watch, ask, say avec méfiance ◆ **to tread warily** (fig) y aller avec méfiance

wariness ['wɛərɪnɪs] → SYN n (NonC) [of person] méfiance f (about or of sth à l'égard de qch) ◆ **wariness about doing sth** méfiance f à faire qch ◆ **the wariness of his manner** sa méfiance, son attitude f méfiante

Warks abbrev of **Warwickshire**

warlike ['wɔːlaɪk] → SYN adj guerrier, belliqueux

warlock ['wɔːlɒk] n sorcier m

warm [wɔːm] → SYN 1 adj a liquid, object, air, climate, temperature, summer, day, night (assez) chaud ◆ **the water is just warm** l'eau est juste chaude or n'est pas très chaude ◆ **I can't stand warm coffee, I like it really hot** je déteste le café juste chaud, je l'aime brûlant ◆ **this room is quite warm** il fait (assez) chaud dans cette pièce ◆ **leave the dough in a warm place to rise** laissez lever la pâte dans un endroit chaud ◆ **it's too warm in here** il fait trop chaud ici ◆ **it's nice and warm in here** il fait bon or agréablement chaud ici ◆ **a warm oven** un four moyen ◆ **the iron/oven is warm** le fer/four (est) assez chaud ◆ **a nice warm fire** un bon feu ◆ **it's warm, the weather is warm** il fait bon ◆ **in warm weather** par temps chaud ◆ **during the warmer months** pendant les mois où il fait moins froid ◆ **to keep sth warm** tenir qch au chaud ◆ **it's warm work** c'est un travail qui donne chaud ◆ **I am warm** j'ai (assez) chaud ◆ **the body was still warm when it was found** le corps était encore chaud quand on l'a trouvé ◆ **to get sth warm** (ré)chauffer qch ◆ **to get** or **grow warm** [water, object] chauffer; [person] se réchauffer ◆ **come and get warm by the fire** venez vous (ré)chauffer auprès du feu ◆ **you're getting warm(er)!** (in guessing games etc) tu chauffes! ◆ **keep me warm** tiens-moi chaud ◆ **keep him warm** (sick person) ne le laissez pas prendre froid ◆ **this scarf keeps me warm** cette écharpe me tient chaud ◆ **you've got to keep yourself warm** surtout ne prenez pas froid ◆ **I'm as warm as toast** * je suis bien au chaud

b (= cosy) clothes, blanket chaud

c (fig) colour, shade chaud; voice, tone, feelings chaud, chaleureux; greeting, welcome, congratulations, encouragement cordial, chaleureux; apologies, thanks vif; applause chaleureux, enthousiaste; supporter, admirer ardent, chaud ◆ **the lamp gives out a warm glow** cette lampe donne un éclairage chaud ◆ **to get a warm reception (from sb)** être chaudement or chaleureusement reçu (par qn) ◆ **he gave me a warm smile** il m'a adressé un sourire chaleureux ◆ **they have a very warm relationship** ils ont beaucoup d'affection l'un pour l'autre ◆ **she is a very warm person, she has a very warm nature** elle est très chaleureuse (de nature) ◆ **to have a warm heart** avoir beaucoup de cœur ◆ **she felt a warm glow inside when she heard the news** la nouvelle lui a (ré)chauffé le cœur ◆ **"with warmest wishes"** (in letter) "avec mes vœux les plus sincères"

2 n * ◆ **to give sth a warm** (ré)chauffer qch ◆ **come and have a warm by the fire** viens te (ré)chauffer près du feu ◆ **come inside and sit in the warm** entrez vous asseoir au chaud

3 vt a (also **warm up**) [+ person, room] réchauffer; [+ water, food] (ré)chauffer, faire (ré)chauffer; [+ coat, slippers] (ré)chauffer ◆ **to warm o.s.** se réchauffer ◆ **to warm one's feet/hands** se réchauffer les pieds/les mains ◆ **to warm o.s. at the fire** se (ré)chauffer auprès du feu

b (fig) **the news warmed my heart** la nouvelle m'a (ré)chauffé le cœur; → **cockle**

4 vi a (also **warm up**) [person] se (ré)chauffer; [water, food] chauffer; [room, bed] se réchauffer, devenir plus chaud; [weather] se réchauffer

b (fig) **to warm to an idea** s'enthousiasmer peu à peu pour une idée ◆ **I warmed to him** je me suis pris de sympathie pour lui ◆ **to warm to one's theme** or **subject** se laisser entraîner par son sujet, traiter son sujet avec un enthousiasme grandissant

5 COMP ▷ **warm-blooded** → SYN adj (Zool) à sang chaud; (fig) (gen) sensible; (sexually) qui a le sang chaud ▷ **warm-down** n (after exercise) séance f d'étirements ▷ **warm front** n (Met) front m chaud ▷ **warm-hearted** → SYN adj chaleureux, affectueux ▷ **warm-heartedly** adv chaleureusement ▷ **warm-up** * n (Sport) échauffement m; (Rad, Theat, TV etc) mise f en train ◇ adj routine, stretches d'échauffement ▷ **warm-up exercises** npl exercices mpl d'échauffement ▷ **warm-ups** npl (US) survêtement m

▶ **warm down** vi (after exercise) faire des étirements

▶ **warm over**, **warm through** vt sep [+ food] faire (ré)chauffer

▶ **warm up** 1 vi a ⇒ **warm 4a**

b [engine, car] se réchauffer; [athlete, dancer] s'échauffer

c (fig) [discussion] s'échauffer, s'animer; [audience] devenir animé ◆ **the party was warming up** la soirée commençait à être pleine d'entrain, la soirée chauffait* ◆ **things are warming up** ça commence à s'animer or à chauffer*

2 vt sep a ⇒ **warm 3a**

b [+ engine, car] faire chauffer

c (fig) [+ discussion] animer; (Theat etc) [+ audience] mettre en train

3 **warm-up** * n ⇒ **warm**

warming ['wɔːmɪŋ] 1 adj drink, food qui réchauffe

2 COMP ▷ **warming pan** n bassinoire f ▷ **warming-up exercises** npl exercices mpl d'échauffement

warmly ['wɔːmlɪ] adv a dress chaudement ◆ **warmly tucked up in bed** bordé bien au chaud dans son lit ◆ **the sun shone warmly** le soleil était agréablement chaud

b (fig) recommend chaudement; greet, smile chaleureusement; thank, applaud avec chaleur, chaleureusement; say, speak of avec chaleur

warmonger ['wɔːˌmʌŋgər] → SYN n belliciste mf

warmongering ['wɔːˌmʌŋgərɪŋ] 1 adj belliciste

2 n (NonC) propagande f belliciste

warmth [wɔːmθ] → SYN n (NonC: lit, fig) chaleur f ♦ **they huddled together for warmth** ils se sont serrés l'un contre l'autre pour se tenir chaud ♦ **it was good to be in the warmth again** cela faisait du bien d'être de nouveau au chaud ♦ **for extra warmth, wear a wool jumper** pour avoir plus chaud, portez un pull-over en laine ♦ **she greeted us with great warmth** elle nous a accueillis avec beaucoup de chaleur or très chaleureusement

warn [wɔːn] LANGUAGE IN USE 2.3 → SYN vt prévenir, avertir (of de; that que) ♦ **to warn the police** alerter la police ♦ **you have been warned!** vous êtes averti or prévenu! ♦ **to warn sb against doing sth** or **not to do sth** conseiller à qn de ne pas faire qch, déconseiller à qn de faire qch ♦ **to warn sb off** or **against sth** mettre qn en garde contre qch, déconseiller qch à qn

warning ['wɔːnɪŋ] → SYN **1** n (= act) avertissement m; (in writing) avis m, préavis m; (= signal: also Mil) alerte f, alarme f; (Met) avis m ♦ **it fell without warning** c'est tombé subitement ♦ **they arrived without warning** ils sont arrivés à l'improviste or sans prévenir ♦ **he left me without warning** il m'a quitté sans prévenir ♦ **there was a note of warning in his voice** il y avait une mise en garde dans le ton qu'il a pris ♦ **to take warning from sth** tirer la leçon de qch ♦ **his employer gave him a warning about lateness** son patron lui a donné un avertissement à propos de son manque de ponctualité ♦ **to give a week's warning** prévenir huit jours à l'avance, donner un préavis de huit jours ♦ **I gave you due or fair warning (that ...)** je vous avais bien prévenu (que ...) ♦ **gale/storm warning** (Met) avis m de grand vent/de tempête ♦ **four minute warning** (Mil) alerte f de quatre minutes

2 adj glance, cry d'avertissement ♦ **... he said in a warning tone** or **voice** ... dit-il pour mettre en garde

3 COMP ▷ **warning device** n dispositif m d'alarme, avertisseur m ▷ **warning light** n voyant m (avertisseur), avertisseur m lumineux ▷ **warning notice** n avis m, avertissement m ▷ **warning shot** n (gen, Mil) tir m de sommation; (Naut, also fig) coup m de semonce ▷ **warning sign** n panneau m avertisseur ▷ **warning triangle** n (Aut) triangle m de présignalisation

warningly ['wɔːnɪŋlɪ] adv say sur un ton d'avertissement; shake one's head en signe d'avertissement

warp [wɔːp] **1** n **a** (Tex) chaîne f; (fig) (= essence, base) fibre f

b (= distortion) (in wood) gauchissement m, voilure f; (in metal) voilure f; (Recording) voile m (d'un disque); → **time**

2 vt **a** (lit) [+ wood] gauchir, voiler; [+ metal, aircraft wing, tennis racket] voiler

b (fig) [+ judgement] fausser, pervertir; [+ mind, character, person] pervertir ♦ **he has a warped mind, his mind is warped** il a l'esprit tordu ♦ **he has a warped sense of humour** il a un sens de l'humour morbide ♦ **he gave us a warped account of ...** il nous a fait un récit tendancieux de ...

3 vi **a** (lit) [ruler, board, wood] gauchir; [wheel, metal plate] se voiler; [mechanism] se fausser

b (fig) [person, institution] se pervertir

warpath ['wɔːpæθ] n (fig) ♦ **to be on the warpath** être sur le sentier de la guerre, chercher la bagarre *

warplane ['wɔːpleɪn] n avion m militaire or de guerre

warrant ['wɒrənt] → SYN **1** n **a** (NonC = justification) justification f, droit m ♦ **he has no warrant for saying so** il ne s'appuie sur rien pour justifier cela

b (Comm, Fin etc = certificate: for payment or services) bon m; (= guarantee) garantie f; (Customs) warrant m; (Mil) brevet m; (Jur, Police) mandat m; (Jur) ♦ **there is a warrant out against him, there is a warrant out for his arrest** il y a un mandat d'arrêt contre lui, un mandat d'arrêt a été délivré contre lui ♦ **do you have a warrant?** (to police officer) vous avez un mandat (de perquisition)?; → **death, search**

2 vt **a** (= justify) [+ action, assumption, reaction, behaviour] justifier, légitimer ♦ **the facts do not warrant it** les faits ne le justifient pas ♦ **his behaviour does not warrant his getting the sack** son comportement ne justifie pas son renvoi

b (= guarantee) garantir ♦ **I'll warrant you he won't come back** je te garantis or je suis sûr qu'il ne va pas revenir ♦ **he won't come here again in a hurry, I'll warrant (you)!** * il ne reviendra pas de sitôt, tu peux me croire!

3 COMP ▷ **warrant card** n (Brit Police) carte f de police ▷ **warrant officer** n (Mil) adjudant m (auxiliaire de l'officier) ▷ **warrant sale** n (Scot Jur) vente f forcée or judiciaire

warrantable ['wɒrəntəbl] → SYN adj justifiable, légitime

warranted ['wɒrəntɪd] adj **a** (= justified) action, fears, charges justifié ♦ **she is warranted in feeling disappointed** sa déception est légitime

b (= guaranteed) goods garanti

warrantee [ˌwɒrən'tiː] n (Jur) créancier m, -ière f

warranter, warrantor ['wɒrəntəʳ] n (Jur) garant(e) m(f), débiteur m, -trice f

warranty ['wɒrəntɪ] n autorisation f, droit m; (Comm, Jur) garantie f ♦ **under warranty** sous garantie

warren ['wɒrən] n **a** (also **rabbit warren**) garenne f

b (= building) labyrinthe m ♦ **a warren of little streets** un dédale or un labyrinthe de petites rues

warring ['wɔːrɪŋ] adj nations en guerre; (fig) interests contradictoire, contraire; ideologies en conflit, en opposition

warrior ['wɒrɪəʳ] → SYN n guerrier m, -ière f; → **unknown**

Warsaw ['wɔːsɔː] **1** n Varsovie

2 COMP ▷ **Warsaw Pact** n pacte m de Varsovie ♦ **the Warsaw Pact countries** les pays mpl du pacte de Varsovie

warship ['wɔːʃɪp] n navire m or vaisseau m de guerre

wart [wɔːt] **1** n (Med) verrue f; (Bot) excroissance f; (on wood) loupe f ♦ **warts and all** (fig) avec tous ses défauts

2 COMP ▷ **wart hog** n phacochère m

wartime ['wɔːtaɪm] **1** n (NonC) temps m de guerre ♦ **in wartime** en temps de guerre
2 COMP en temps de guerre

warty ['wɔːtɪ] adj couvert de verrues, verruqueux

wary ['wɛərɪ] → SYN adj person prudent, sur ses gardes; voice, look, manner prudent ♦ **to be wary about sb/sth** se méfier de qn/qch ♦ **to be wary of doing sth** hésiter beaucoup à faire qch ♦ **to keep a wary eye on sb/sth** avoir l'œil sur qn/qch, surveiller qn/qch de près

was [wɒz] vb (pt of **be**)

Wash. (US) abbrev of **Washington**

wash [wɒʃ] → SYN **1** n **a** to give sth a wash (gen) laver qch; [+ paintwork, walls] lessiver qch ♦ **to give one's hands/hair/face a wash** se laver les mains/les cheveux/le visage ♦ **to have a quick wash** se laver ♦ **to have a quick wash** se débarbouiller, faire un brin de toilette ♦ **to have a wash and brush-up** faire sa toilette ♦ **it needs a wash** cela a besoin d'être lavé, il faut laver cela ♦ **your face needs a wash** il faut que tu te laves (subj) la figure or que tu te débarbouilles (subj)

b (= laundry) **I do a big wash on Mondays** je fais une grande lessive le lundi, le lundi est mon jour de grande lessive ♦ **put your jeans in the wash** (= ready to be washed) mets tes jeans au sale ♦ **your shirt is in the wash** (= being washed) ta chemise est à la lessive ♦ **the colours ran in the wash** cela a déteint à la lessive ou au lavage ♦ **to send sheets to the wash** envoyer des draps au blanchissage or à la laverie ♦ **it will all come out in the wash** * (fig) (= be known) on finira bien par savoir ce qu'il en est; (= be all right) ça finira par se tasser * or s'arranger; → **car**

c [of ship] sillage m, remous m; (= sound) [of waves etc] clapotis m

d (= layer of paint: for walls etc) badigeon m ♦ **to give the walls a blue wash** badigeonner les murs en bleu; → **whitewash**

e (Art) lavis m ♦ **to put a wash on a drawing** laver un dessin

f (Pharm) solution f; → **eyewash, mouthwash**

g (Brit Geog) **the Wash** le golfe du Wash

2 vt **a** (gen) laver; [+ paintwork, walls] lessiver ♦ **to wash o.s.** [person] se laver; [cat] faire sa toilette ♦ **to get washed** se laver, faire sa toilette ♦ **to wash one's hair** se laver les cheveux ♦ **to wash one's hands/feet/face** se laver les mains/les pieds/le visage ♦ **to wash a child's face** laver le visage d'un enfant, débarbouiller un enfant ♦ **he washed the dirt off his hands** il s'est lavé les mains (pour en enlever la saleté) ♦ **to wash the dishes** faire la vaisselle ♦ **to wash the clothes** faire la lessive ♦ **can you wash this fabric?** (= is it washable) ce tissu est-il lavable? ♦ **wash this garment at 40°/in hot water** lavez ce vêtement à 40°/à l'eau chaude ♦ **to wash sth with detergent** nettoyer qch avec du détergent ♦ **to wash one's hands of sth** se laver les mains de qch ♦ **to wash one's hands of sb** se désintéresser de qn; → **clean**

b [river, sea, waves] (= flow over) baigner ♦ **the Atlantic washes its western shores** la côte ouest est baignée par l'Atlantique ♦ **to wash sth ashore** (onto coast) rejeter qch sur le rivage; (onto riverbank) rejeter qch sur la rive ♦ **to be washed out to sea** être emporté par la mer, être entraîné vers le large ♦ **to be washed overboard** être emporté par une vague ♦ **it was washed downstream** le courant l'a entraîné or emporté

c (= paint) **to wash walls with distemper** passer des murs au badigeon, peindre des murs à la détrempe ♦ **to wash brass with gold** couvrir du cuivre d'une pellicule d'or

d (Min) [+ earth, gravel, gold, ore] laver; (Chem) [+ gas] épurer

3 vi **a** (= have a wash) [person] se laver; [cat] faire sa toilette; (= do the laundry) laver, faire la lessive ♦ **he washed in cold water** il s'est lavé à l'eau froide ♦ **this garment washes/doesn't wash very well** ce vêtement se lave très facilement/ne se lave pas très facilement ♦ **you wash and I'll dry** tu laves et moi j'essuie

b (Brit * fig) **that just won't wash!** ça ne prend pas! ♦ **that excuse won't wash with him** cette excuse ne prendra pas or ne marchera pas avec lui, on ne lui fera pas avaler cette excuse

c [waves, sea, flood, river] **to wash against** [+ cliffs, rocks] baigner; [+ lighthouse, boat] clapoter contre ♦ **to wash over sth** balayer qch ♦ **to wash ashore** être rejeté sur le rivage

d (fig = flow) **let the music wash over you** laisse-toi bercer par la musique ♦ **a wave of nausea washed through her** elle a été prise d'une nausée soudaine ♦ **a wave of anger washed through her** elle a senti monter une bouffée de colère ♦ **relief washed over his face** il a soudain eu l'air profondément soulagé ♦ **a wave of sadness/tiredness washed over him** il a soudain ressenti une profonde tristesse/une grande fatigue ♦ **her explanation/words just washed over me** son explication a/ses paroles ont glissé sur moi

4 COMP ▷ **wash-and-wear** adj clothes, fabric facile à entretenir ▷ **wash drawing** n (Art) (dessin m au) lavis m ▷ **wash-hand basin** n lavabo m ▷ **wash house** n lavoir m ▷ **wash leather** n (Brit) peau f de chamois ▷ **wash load** n charge f (de linge) ▷ **wash-out** * n (= event) fiasco m, désastre m; (= person) zéro * m, nullité * f ▷ **wash-wipe** n (Aut) (on window) lave-glace m inv; (on headlamp) essuie-phares mpl

▶ **wash away 1** vi s'en aller or partir au lavage

2 vt sep **a** [+ stain] enlever or faire partir au lavage; (fig) [+ sins] laver ♦ **the rain washed the mud away** la pluie a fait partir la boue

b [river, current, sea] (= carry away) emporter, entraîner; [+ footprints etc] balayer, effacer ♦ **the boat was washed away** le bateau a été emporté ♦ **the river washed away part of the bank** la rivière a emporté une partie de la rive

▶ **wash down 1** vt sep **a** [+ deck, car] laver (à grande eau); [+ wall] lessiver

b [+ medicine, pill] faire descendre (with avec); [+ food] arroser (with de)

waterborne / wax

berle f (à larges feuilles) ▷ **water pepper** n (renouée f) poivre m d'eau, herbe f de Saint-Innocent ▷ **water pimpernel** n samole m ▷ **water pipe** n canalisation f d'eau ▷ **water pistol** n pistolet m à eau ▷ **water plantain** n plantain m d'eau, flûtiau m ▷ **water pollution** n pollution f des eaux ▷ **water polo** n water-polo m ▷ **water power** n énergie f hydraulique, houille f blanche ▷ **water purifier** n (= device) épurateur m d'eau, (= tablet) cachet m pour purifier l'eau ▷ **water-rail** n (= bird) râle m (d'eau) ▷ **water rat** n rat m d'eau ▷ **water rate** n (Brit) taxe f sur l'eau ▷ **water-repellent** adj hydrofuge, imperméable ▷ **water-resistant** adj ink etc qui résiste à l'eau, indélébile ; material imperméable ▷ **water scorpion** n nèpe f ▷ **water-ski** n ski m nautique (objet) ◇ vi (also **go water-skiing**) faire du ski nautique ▷ **water-skier** n skieur m, -euse f nautique ▷ **water-skiing** n (NonC) ski m nautique (sport) ▷ **water slide** n toboggan m (de piscine) ▷ **water snake** n serpent m d'eau ▷ **water softener** n adoucisseur m d'eau ▷ **water-soluble** adj soluble dans l'eau, hydrosoluble (Chem) ▷ **water spaniel** n (= dog) épagneul m d'eau ▷ **water spider** n argyronète f ▷ **water sports** npl sports mpl nautiques ; (⁑ = sexual practices) ondinisme m ▷ **water supply** n (for town) approvisionnement m en eau, distribution f des eaux ; (for building) alimentation f en eau ; (for traveller) provision f d'eau ◆ **the water supply was cut off** on avait coupé l'eau ▷ **water system** n (Geog) réseau m hydrographique ; (for building, town) ⇒ **water supply** ▷ **water table** n (Geog) nappe f phréatique, niveau m hydrostatique ▷ **water tank** n réservoir m d'eau, citerne f ▷ **water tower** n château m d'eau ▷ **water vapour** n vapeur f d'eau ▷ **water vole** n rat m d'eau ▷ **water wagtail** n bergeronnette f de Yarrell ▷ **water wings** npl bouée f, flotteurs mpl de natation ▷ **water worker** n (Ind) employé m du service des eaux

▶ **water down** vt sep [+ milk, wine] couper (d'eau), baptiser * ; (fig) [+ story] édulcorer ; [+ effect] atténuer, affaiblir

waterborne ['wɔːtəbɔːn] adj flottant ; boats à flot ; goods transporté par voie d'eau ; disease d'origine hydrique

watercolour, watercolor (US) ['wɔːtəˌkʌləʳ]
[1] n a (= painting) aquarelle f
b (= paint) **watercolours** couleurs fpl à l'eau or pour aquarelle ◆ **painted in watercolours** peint à l'aquarelle
[2] adj à l'aquarelle

watercolourist, watercolorist (US) ['wɔːtəˌkʌlərɪst] n aquarelliste mf

watercourse ['wɔːtəkɔːs] n cours m d'eau

watercress ['wɔːtəkres] n cresson m (de fontaine)

watered ['wɔːtəd] [1] adj a milk etc coupé d'eau
b silk etc moiré
[2] COMP ▷ **watered-down** adj (lit) milk, wine etc coupé d'eau ; (fig) version, account édulcoré ▷ **watered silk** n (Tex) soie f moirée ▷ **watered stock** n (US) (= cattle) bétail m gorgé d'eau (avant la pesée) ; (St Ex) actions fpl gonflées (sans raison)

waterfall ['wɔːtəfɔːl] → SYN n chute f d'eau, cascade f

waterfowl ['wɔːtəfaʊl] n (sg) oiseau m d'eau ; (collective pl) gibier m d'eau

waterfront ['wɔːtəfrʌnt] n (at docks) quais mpl ; (= sea front) front m de mer

Watergate ['wɔːtəgeɪt] n Watergate m

watering ['wɔːtərɪŋ] [1] n [of plants, streets] arrosage m ; [of fields, region] irrigation f
◆ **frequent watering is needed** il est conseillé d'arroser fréquemment
[2] COMP ▷ **watering can** n arrosoir m ▷ **watering hole** n (for animals) point m d'eau ; (* fig) bar m ▷ **watering place** n (for animals) point m d'eau ; (= spa) station f thermale, ville f d'eaux ; (= seaside resort) station f balnéaire ; (fig hum) bar m

waterless ['wɔːtəlɪs] adj area sans eau ◆ **to be waterless** être dépourvu d'eau

waterline ['wɔːtəlaɪn] n (Naut) ligne f de flottaison ; (left by tide, river) ⇒ **watermark**

waterlogged ['wɔːtəlɒgd] adj land, pitch détrempé ; wood imprégné d'eau ; shoes imbibé d'eau

Waterloo [ˌwɔːtə'luː] n Waterloo ◆ **the Battle of Waterloo** la bataille de Waterloo ◆ **to meet one's Waterloo** essuyer un revers irrémédiable

waterman ['wɔːtəmən] n, pl **-men** batelier m

watermark ['wɔːtəmɑːk] n (in paper) filigrane m ; (left by tide) laisse f de haute mer ; (left by river) ligne f des hautes eaux ; (on wood, on surface) marque f or tache f d'eau ◆ **above/ below the watermark** au-dessus/au-dessous de la laisse de haute mer or de la ligne des hautes eaux

watermelon ['wɔːtəmelən] n pastèque f, melon m d'eau

waterproof ['wɔːtəpruːf] [1] adj material imperméable ; watch étanche ; mascara résistant à l'eau ◆ **waterproof sheet** (for bed) alaise f ; (tarpaulin) bâche f
[2] n (Brit) imperméable m
[3] vt imperméabiliser

waterproofing ['wɔːtəpruːfɪŋ] n (NonC) (= process) imperméabilisation f ; (= quality) imperméabilité f

watershed ['wɔːtəʃed] n (Geog) ligne f de partage des eaux ; (fig) moment m critique or décisif, grand tournant m ; (Brit TV) heure à partir de laquelle les chaînes de télévision britanniques peuvent diffuser des émissions réservées aux adultes

waterside ['wɔːtəsaɪd] [1] n bord m de l'eau
[2] adj flower, insect du bord de l'eau ; landowner riverain ◆ **at** or **by the waterside** au bord de l'eau, sur la berge ◆ **along the waterside** le long de la rive

waterspout ['wɔːtəspaʊt] n (on roof etc) (tuyau m de) descente f ; (Met) trombe f

watertight ['wɔːtətaɪt] → SYN adj a container étanche ◆ **watertight compartment** compartiment m étanche ◆ **in watertight compartments** séparé par des cloisons étanches
b (fig) excuse, plan, argument inattaquable, indiscutable

waterway ['wɔːtəweɪ] n voie f navigable

waterweed ['wɔːtəwiːd] n élodée f

waterwheel ['wɔːtəwiːl] n roue f hydraulique

waterworks ['wɔːtəwɜːks] npl (= system) système m hydraulique ; (= place) station f hydraulique ◆ **to turn on the waterworks** * (fig pej = cry) se mettre à pleurer à chaudes larmes or comme une Madeleine * ◆ **to have something wrong with one's waterworks** * (Brit Med: euph) avoir des ennuis de vessie

watery ['wɔːtərɪ] → SYN adj a (= like, containing water) fluid, discharge, solution aqueux
b (pej = containing excessive water) tea, coffee trop léger ; beer trop aqueux ; soup, sauce trop clair ; taste d'eau ; paint, ink trop liquide, trop délayé ; ground détrempé, saturé d'eau
c (= producing water) eyes humide
d (= insipid) smile, sun, light faible ; sky, moon délavé
e (= pale) colour pâle
f (= relating to water) aquatique ◆ **a watery world of streams and fountains** un monde aquatique de cours d'eau et de fontaines ◆ **the watery depths** les profondeurs fpl aquatiques ◆ **to go to a watery grave** (liter) être enseveli par les eaux (liter)

watt [wɒt] [1] n watt m
[2] COMP ▷ **watt-hour** n wattheure m

wattage ['wɒtɪdʒ] n puissance f or consommation f en watts

wattle ['wɒtl] n a (NonC = woven sticks) clayonnage m ◆ **wattle and daub** clayonnage m enduit de torchis
b [of turkey, lizard] caroncule f ; [of fish] barbillon m

wattmeter ['wɒtˌmiːtəʳ] n wattmètre m

wave [weɪv] → SYN [1] n a (at sea) vague f, lame f ; (on lake) vague f ; (on beach) rouleau m ; (on river, pond) vaguelette f ; (in hair) ondulation f, cran m ; (on surface) ondulation f ; (fig) [of dislike, enthusiasm, strikes, protests etc] vague f ◆ **the waves** (liter) les flots mpl, l'onde f ◆ **to make waves** (fig) créer des remous ◆ **her hair has a natural wave (in it)** ses cheveux ondulent naturellement ◆ **the first wave of the attack** (Mil) la première vague d'assaut ◆ **to come in waves** [people] arriver par vagues ; [explosions etc] se produire par vagues ◆ **the new wave** (Cine etc: fig) la nouvelle vague ; → **crime, heatwave, permanent**
b (Phys, Rad, Telec etc) onde f ◆ **long wave** grandes ondes fpl ◆ **medium/short wave** ondes fpl moyennes/courtes ; → **light¹, long¹, medium, shock¹, shortwave, sound¹**
c (= gesture) geste m or signe m de la main ◆ **he gave me a cheerful wave** il m'a fait un signe joyeux de la main ◆ **with a wave of his hand** d'un geste or signe de la main
[2] vi (person) faire signe de la main ; [flag] flotter (au vent) ; [branch, tree] être agité ; [grass, corn] onduler, ondoyer ◆ **to wave to sb** (in greeting) saluer qn de la main, faire bonjour (or au revoir) de la main à qn ; (as signal) faire signe à qn (to do sth de faire qch)
b [hair] onduler, avoir un or des cran(s)
[3] vt a [+ flag, handkerchief] agiter ; (threateningly) [+ stick, sword] brandir ◆ **to wave one's hand to sb** faire signe de la main à qn ◆ **he waved the ticket at me furiously** il a agité vivement le ticket sous mon nez ◆ **to wave goodbye to sb** dire au revoir de la main à qn, agiter la main en signe or guise d'adieu (à qn) ◆ **he waved his thanks** il a remercié d'un signe de la main, il a agité la main en signe or guise de remerciement ◆ **to wave sb back/through/on** etc faire signe à qn de reculer/de passer/d'avancer etc ◆ **he waved the car through the gates** il a fait signe à la voiture de franchir les grilles
b [+ hair] onduler
[4] COMP ▷ **wave-cut platform** n (Geol) plate(-) forme f d'abrasion ▷ **wave energy** n énergie f des vagues ▷ **wave function** n (Phys) fonction f d'onde ▷ **wave guide** n (Elec) guide m d'ondes ▷ **wave mechanics** n (NonC: Phys) mécanique f ondulatoire ▷ **wave power** n énergie f des vagues

▶ **wave about, wave around** vt sep [+ object] agiter dans tous les sens ◆ **to wave one's arms about** gesticuler, agiter les bras dans tous les sens

▶ **wave aside, wave away** vt sep [+ person, object] écarter or éloigner d'un geste ; [+ objections] écarter (d'un geste) ; [+ offer, sb's help etc] rejeter or refuser (d'un geste)

▶ **wave down** vt sep ◆ **to wave down a car** faire signe à une voiture de s'arrêter

▶ **wave off** vt sep faire au revoir de la main à

waveband ['weɪvbænd] n (Rad) bande f de fréquences

wavelength ['weɪvleŋθ] n (Phys) longueur f d'ondes ◆ **we're not on the same wavelength** (fig) nous ne sommes pas sur la même longueur d'ondes *

wavelet ['weɪvlɪt] n vaguelette f

wavemeter ['weɪvˌmiːtəʳ] n ondemètre m

waver ['weɪvəʳ] → SYN vi [flame, shadow] vaciller, osciller ; [voice] trembler, trembloter ; [courage, loyalty, determination] vaciller, chanceler ; [support] devenir hésitant ; [person] (= weaken) lâcher pied, flancher * ; (= hesitate) hésiter (between entre) ◆ **he wavered in his resolution** sa résolution chancelait ◆ **he is beginning to waver** il commence à lâcher pied or à flancher *

waverer ['weɪvərəʳ] n indécis(e) m(f), irrésolu(e) m(f)

wavering ['weɪvərɪŋ] [1] adj a light, shadow vacillant ◆ **his wavering steps** ses pas hésitants
b (fig) person indécis ; support hésitant ; loyalty, determination chancelant ; voice mal assuré
[2] n (NonC = hesitation) hésitations fpl

wavy ['weɪvɪ] [1] adj hair, surface, edge ondulé ; line onduleux
[2] COMP ▷ **wavy-haired** adj aux cheveux ondulés

wax¹ [wæks] [1] n (NonC) cire f ; (for skis) fart m ; (in ear) cérumen m, (bouchon m de) cire f ; → **beeswax, sealing²**

2 vt [+ floor, furniture] cirer, encaustiquer ; [+ skis] farter ; [+ shoes, moustache] cirer ; [+ thread] poisser ; [+ car] lustrer ◆ **to wax one's legs** s'épiler les jambes à la cire

3 COMP candle, doll, seal, record de or en cire ▷ **wax bean** n (US) haricot m beurre inv ▷ **waxed cotton** n coton m huilé ▷ **waxed jacket** n veste f de or en coton huilé ▷ **waxed paper** n papier m paraffiné or sulfurisé ▷ **wax moth** n gallérie f ▷ **wax museum** n (esp US) musée m de cire ▷ **wax paper** n ⇒ **waxed paper**

wax[2] [wæks] → SYN vi [moon] croître ◆ **to wax and wane** [feelings, issues etc] croître et décroître ◆ **to wax merry/poetic** etc († or hum) devenir d'humeur joyeuse/poétique etc ◆ **to wax eloquent** déployer toute son éloquence (*about, over* à propos de) ◆ **he waxed lyrical about Louis Armstrong** il est devenu lyrique quand il a parlé de Louis Armstrong ; → **enthusiastic**

waxbill ['wæksbɪl] n estrildiné m

waxen ['wæksən] adj (liter = like wax) complexion, face cireux ; († = made of wax) de or en cire

waxing ['wæksɪŋ] n (gen) cirage m ; [of skis] fartage m

waxwing ['wækswɪŋ] n (= bird) jaseur m

waxwork ['wækswɜːk] n a (= figure) personnage m en cire

b (pl inv: Brit) **waxworks** (= museum) musée m de cire

waxy ['wæksɪ] adj substance, consistency, face, colour cireux ; potato ferme

way [weɪ]

→ SYN

1 NOUN
2 ADVERB
3 COMPOUNDS

1 NOUN

a = route chemin m ◆ **to ask the** or **one's way** demander son chemin (*to* pour aller à) ◆ **we went the wrong way** nous avons pris le mauvais chemin, nous nous sommes trompés de chemin ◆ **a piece of bread went down the wrong way** j'ai (or il a etc) avalé une miette de pain de travers ◆ **to go the long way round** prendre le chemin le plus long or le chemin des écoliers * ◆ **we met several people on** or **along the way** nous avons rencontré plusieurs personnes en chemin ◆ **to go the same way as sb** (lit) aller dans la même direction que qn ; (fig) suivre les traces or l'exemple de qn, marcher sur les traces de qn ◆ **he has gone the way of his brothers** (fig) il a suivi le même chemin que ses frères ◆ **they went their own ways** or **their separate ways** (lit) ils sont partis chacun de leur côté ; (fig) chacun a suivi son chemin ◆ **she knows her way around** or **about** (fig) elle sait se débrouiller ◆ **to lose the** or **one's way** se perdre, s'égarer ◆ **to make one's way towards ...** se diriger vers ... ◆ **he had to make his own way in Hollywood** il a dû se battre pour faire sa place à Hollywood

♦ **the/one's way to** ◆ **can you tell me the way to the tourist office?** pouvez-vous m'indiquer le chemin or la direction du syndicat d'initiative ? ◆ **the shortest** or **quickest way to Leeds** le chemin le plus court pour aller à Leeds ◆ **the way to success** le chemin du succès ◆ **I know the** or **my way to the station** je connais le chemin de la gare, je sais comment aller à la gare

♦ **on the/one's way (to)** ◆ **on the** or **my way here I saw ...** en venant (ici) j'ai vu ... ◆ **you pass it on your way home** vous passez devant en rentrant chez vous ◆ **he's on his way** il arrive ◆ **I must be on my way** il faut que j'y aille ◆ **to start** or **go on one's way** s'en aller ◆ **with that, he went on his way** sur ce, il s'en est allé ◆ **on the** or **our way to London we met ...** en allant à Londres nous avons rencontré ... ◆ **it's on the way to the station** c'est sur le chemin de la gare ◆ **he is on the way to great things** il a un avenir brillant devant lui ◆ **to be (well) on the** or **one's way to success/victory** etc être sur la voie du succès/de la victoire etc

♦ **to be on the way** (= to be expected) être prévu ◆ **more snow is on the way** d'autres chutes de neige sont prévues ◆ **she's got twins, and another baby on the way** * elle a des jumeaux, et un bébé en route *

♦ **the/one's way back** ◆ **the way back to the station** le chemin pour revenir à la gare ◆ **on the** or **his way back he met ...** au retour or sur le chemin du retour or en revenant il a rencontré ... ◆ **he made his way back to the car** il est retourné (or revenu) vers la voiture

♦ **the/one's way down** ◆ **I don't know the way down** je ne sais pas par où on descend ◆ **I met her on the** or **my way down** je l'ai rencontrée en descendant ◆ **inflation is on the way down** l'inflation est en baisse

♦ **the way forward** ◆ **the way forward is ...** l'avenir, c'est ... ◆ **they held a meeting to discuss the way forward** ils ont organisé une réunion pour discuter de la marche à suivre ◆ **is monetary union the way forward?** l'union monétaire est-elle la bonne voie or la voie du progrès ?

♦ **the/one's way in** ◆ **we couldn't find the way in** nous ne trouvions pas l'entrée ◆ **I met her on the** or **my way in** je l'ai rencontrée à l'entrée ◆ **it's on the way in** (fig) [fashion etc] c'est à la mode

♦ **the/one's way out** ◆ **can you find your own way out?** pouvez-vous trouver la sortie tout seul ? ◆ **I'll find my own way out** ne vous dérangez pas, je trouverai (bien) la sortie ◆ **you'll see it on the** or **your way out** vous le verrez en sortant ◆ **he tried to talk his way out of it** (fig) il a essayé de s'en sortir avec de belles paroles ◆ **there's no other way out** il n'y a pas d'autre solution ◆ **there is no way out of this difficulty** il n'y a pas moyen d'éviter cette difficulté ◆ **it's on the way out** [fashion etc] ce n'est plus vraiment à la mode, c'est out *

♦ **the/one's way up** ◆ **I don't know the way up** je ne sais pas par où on monte ◆ **all the way up** jusqu'en haut, jusqu'au sommet ◆ **I met him on the** or **my way up** je l'ai rencontré en montant ◆ **I was on my way up to see you** je montais vous voir ◆ **unemployment is on the way up** le chômage est en hausse

♦ **a/no way round** ◆ **we're trying to find a way round** nous cherchons un moyen de contourner or d'éviter ce problème ◆ **there's no way round this difficulty** il n'y a pas moyen de contourner cette difficulté

b = path **their way was blocked by police** la police leur barrait le passage ◆ **to push** or **force one's way through a crowd** se frayer un chemin or un passage à travers une foule ◆ **to hack** or **cut one's way through the jungle** se frayer un chemin à la machette dans la jungle ◆ **to crawl/limp** etc **one's way to the door** ramper/boiter etc jusqu'à la porte ◆ **they live over** or **across the way** * ils habitent en face

♦ **in the/sb's way** ◆ **to be in the way** (lit) bloquer or barrer le passage ; (fig) gêner ◆ **am I in the** or **your way?** (lit) est-ce que je vous empêche de passer ? ; (fig) est-ce que je vous gêne ? ◆ **he put me in the way of one or two good bargains** * il m'a indiqué quelques bonnes affaires ◆ **to put difficulties in sb's way** créer des difficultés à qn

♦ **out of the/sb's way** ◆ **it's out of the way over there** ça ne gêne pas là-bas ◆ **to get out of the way** s'écarter ◆ **(get) out of the** or **my way!** pousse-toi !, laisse-moi passer ! ◆ **to get out of sb's way** laisser passer qn ◆ **could you get your foot out of the way?** tu peux pousser or retirer ton pied ? ◆ **as soon as I've got the exams out of the way** * dès que les examens seront finis ◆ **keep matches out of children's way** or **out of the way of children** ne laissez pas les allumettes à la portée des enfants ◆ **to keep out of sb's way** éviter qn ◆ **keep (well) out of his way today!** ne te mets pas sur son chemin aujourd'hui ! ◆ **he kept well out of the way** il a pris soin de rester à l'écart ◆ **the village is quite out of the way** le village est vraiment à l'écart or isolé ◆ **to put sth out of the way** ranger qch ◆ **he wants his wife out of the way** * il veut se débarrasser de sa femme ◆ **I'll take you home, it's not out of my way** je vous ramènerai, c'est sur mon chemin ◆ **that would be nice, but don't go out of your way** ce serait bien mais ne vous dérangez pas ◆ **to go out of one's way to do sth** (fig) se donner du mal pour faire qch ◆ **he went out of his way to help us** il s'est donné du mal pour nous aider ◆ **it's nothing out of the way** (fig) cela n'a rien de spécial or d'extraordinaire, c'est très quelconque

♦ **to make way (for)** ◆ **to make way for sb** faire place à qn, s'écarter pour laisser passer qn ; (fig) laisser la voie libre à qn ◆ **they made way for the ambulance** ils se sont écartés or rangés pour laisser passer l'ambulance ◆ **to make way for sth** (fig) ouvrir la voie à qch ◆ **this made way for a return to democracy** ceci a ouvert la voie à la restauration de la démocratie ◆ **make way!** † place ! †

c * = area **there aren't many parks round our way** il n'y a pas beaucoup de parcs par chez nous ◆ **round this way** par ici ◆ **I'll be down** or **round your way tomorrow** je serai près de chez vous demain ◆ **it's out** or **over Oxford way** c'est du côté d'Oxford

d = distance **a short way up the road** à quelques pas ◆ **to be some way off** être assez loin ◆ **a little way away** or **off** pas très loin ◆ **he stood some way off** il se tenait à l'écart ◆ **is it far? – yes, it's a good** * or **quite a** * **way** c'est loin ? – oui, il y a un bon bout de chemin * ◆ **it's a good** * **way to London** il y a un bon bout de chemin * jusqu'à Londres ◆ **to be a long way away** or **off** être loin ◆ **it's a long way from here** c'est loin d'ici ◆ **he's a long way from home** il est loin de chez lui ◆ **that's a long way from the truth** c'est loin d'être vrai ◆ **a long way off I could hear ...** j'entendais au loin ... ◆ **is it finished? – not by a long way!** est-ce terminé ? – loin de là or loin s'en faut ! ◆ **it was our favourite by a long way** c'était de loin celui que nous préférions ◆ **they've come a long way** (fig) ils ont fait du chemin ◆ **the roots go a long way down** les racines sont très profondes ◆ **we've got a long way to go** (lit) nous avons beaucoup de chemin à faire ; (fig = still far from our objective) nous ne sommes pas au bout de nos peines ; (= not got enough) nous sommes encore loin du compte ◆ **to go a long way round** faire un grand détour ◆ **he makes a little go a long way** il tire le meilleur parti de ce qu'il a ◆ **a little praise goes a long way** * un petit compliment de temps à autre, ça aide * ◆ **this spice is expensive, but a little goes a long way** cette épice est chère mais on n'a pas besoin d'en mettre beaucoup ◆ **I find a little goes a long way with rap music** * (iro) le rap, c'est surtout à petites doses que je l'apprécie ◆ **it should go a long way/some way towards paying the bill** cela devrait couvrir une grande partie/une partie de la facture ◆ **it should go a long way/some way towards improving relations between the two countries** cela devrait améliorer considérablement/contribuer à améliorer les rapports entre les deux pays

♦ **all the way** (= the whole distance) ◆ **he had to walk all the way (to the hospital)** il a dû faire tout le chemin à pied (jusqu'à l'hôpital) ◆ **there are street lights all the way** il y a des réverbères tout le long du chemin ◆ **it rained all the way** il a plu pendant tout le chemin ◆ **he talked all the way to the theatre** il a parlé pendant tout le chemin jusqu'au théâtre ◆ **I'm with you all the way** * (= entirely agree) je suis entièrement d'accord avec vous ◆ **I'll be with you all the way** (= will back you up) je vous soutiendrai jusqu'au bout ◆ **to go all the way with sb** * coucher * avec qn ◆ **to go all the way** * passer à l'acte, concrétiser *

e = direction **are you going my way?** est-ce que vous allez dans la même direction que moi ? ◆ **he never looked my way** il n'a pas fait attention à moi ◆ **this way** par ici ◆ **turn this way for a moment** tourne-toi par ici un moment ◆ **"this way for** or **to the cathedral"** "vers la cathédrale" ◆ **he went that way** il est parti par là ◆ **which way did he go?** par où est-il passé ?, dans quelle direction est-il parti ? ◆ **she didn't know which way to look** (fig) elle ne savait pas où se mettre ◆ **which way do we go from here?** (lit) par où allons-nous maintenant ?, quel chemin prenons-nous maintenant ? ; (fig) qu'allons-nous faire maintenant ? ◆ **everything's going his way** * **just now** (fig) tout lui réussit en ce moment ◆ **if the chance comes your way** * si jamais vous en avez l'occasion ◆ **I'll try and put some work your way** * j'essayerai de t'avoir du travail ◆ **he looked the other way** (lit, fig) il a regardé ailleurs, il a détourné les yeux ◆ **cars parked every which way** * des voitures garées n'importe comment or dans tous les sens

◆ **this way and that** ◆ **the leaves were blowing this way and that** les feuilles tournoyaient de-ci de-là ◆ **he ran this way and that** il courait dans tous les sens

f [= footpath] **the Pennine/North Wales Way** le chemin de grande randonnée des Pennines/du nord du pays de Galles

g [= side] **your jersey is the right/wrong way out** ton pull est à l'endroit/à l'envers ◆ **have I got this dress the right way round?** est-ce que j'ai bien mis cette robe à l'endroit ? ◆ **turn the rug the other way round** tourne le tapis dans l'autre sens ◆ **he didn't hit her, it was the other way round** ce n'est pas lui qui l'a frappée, c'est le contraire ◆ **"this way up"** (on box) "haut" ◆ **the right way up** dans le bon sens ◆ **the wrong way up** à l'envers

h [= part] **the region/loot was split three ways** la région/le butin a été divisé(e) en trois ◆ **a three-way discussion** une discussion à trois participants ◆ **a four-way radio link-up** une liaison radio à quatre voies

i [= manner] façon f, manière f ◆ **(in) this/that way** comme ceci/cela, de cette façon, de cette manière ◆ **what an odd way to behave!** quelle drôle de manière or façon de se comporter !, quel drôle de comportement ! ◆ **to do sth the right/wrong way** bien/mal faire qch ◆ **he had to do it, but there's a right and a wrong way of doing everything** * il était obligé de le faire mais il aurait pu y mettre la manière ◆ **he said it in such a way that ...** il l'a dit sur un tel ton or d'une telle façon que ... ◆ **do it your own way** fais comme tu veux or à ta façon ◆ **I did it my way** je l'ai fait à ma façon ◆ **he insisted I did it his way** il a insisté pour que je suive sa méthode or pour que je le fasse à sa façon ◆ **he is amusing in his (own) way** il est amusant à sa façon ◆ **he has his own way of doing things** il a une façon bien à lui de faire les choses ◆ **in every way possible, in every possible way** help par tous les moyens possibles ◆ **to try in every way possible** or **in every possible way to do sth** faire tout son possible pour faire qch ◆ **every** or **any which way (one can)** * de toutes les manières possibles ◆ **way to go!** * (esp US) bravo ! ◆ **what a way to go!** (of sb's death) (terrible) c'est vraiment triste de partir ainsi ; (good) il (or elle) a eu une belle mort ◆ **that's the way the money goes** c'est comme ça que l'argent file ◆ **that's just the way he is** il est comme ça, c'est tout ◆ **whatever way you look at it** quelle que soit la façon dont on envisage la chose ◆ **leave it the way it is** laisse-le comme il est ◆ **the way things are going we shall have nothing left** au train où vont les choses, il ne nous restera plus rien ◆ **it's just the way things are** c'est la vie ! ◆ **the ways of Providence** les voies de la Providence

◆ **in a small/big way** ◆ **in a small way he contributed to ...** à sa manière, il a contribué à ... ◆ **in his own small way he helped a lot of people** à sa manière, il a aidé beaucoup de gens ◆ **in a small way it did make a difference** cela a quand même fait une différence ◆ **he furthered her career in a big way** * il a beaucoup contribué à faire progresser sa carrière ◆ **he does things in a big way** * il fait les choses en grand * ◆ **soccer is taking off in the States in a big way** * le football connaît un véritable essor aux États-Unis

◆ **no way !** * pas question ! ◆ **no way am I doing that** (il n'est) pas question que je fasse ça ◆ **I'm not paying, no way!** je refuse de payer, un point c'est tout ! ◆ **will you come? – no way!** tu viens ? – pas question or sûrement pas ! ◆ **there's no way that's champagne!** ce n'est pas possible que ce soit du champagne !

◆ **one way or another/the other** (= somehow) d'une façon ou d'une autre ◆ **everyone helped one way or another** chacun a aidé d'une façon ou d'une autre ◆ **it doesn't matter one way or the other** (= either way) ça n'a aucune importance ◆ **two days one way or the other won't make much difference** * deux jours de plus ou de moins ne changeront pas grand-chose

j [= method, technique] méthode f, solution f ◆ **the best way is to put it in the freezer for ten minutes** la meilleure méthode or solution, c'est de le mettre au congélateur pendant dix minutes, le mieux, c'est de le mettre au congélateur pendant dix minutes ◆ **that's the way to do it** voilà comment il faut faire or s'y prendre ◆ **that's quite the wrong way to go about it** ce n'est pas comme ça qu'il faut s'y prendre or qu'il faut le faire ◆ **that's the way!** voilà, c'est bien or c'est ça !

◆ **to have a way with** ◆ **he has a way with people** il sait s'y prendre avec les gens ◆ **he has got a way with cars** il s'y connaît en voitures ◆ **to have a way with words** (= be eloquent) manier les mots avec bonheur ; (pej) avoir du bagou * ◆ **she has a (certain) way with her** * elle a un certain charme

k [= means] moyen m ◆ **we'll find a way to do** or **of doing it** nous trouverons bien un moyen de le faire ◆ (Prov) **love will find a way** l'amour finit toujours par triompher

◆ **by way of** (= via) par ; (= as) en guise de ; (= so as to) pour, afin de ; (= by means of) au moyen de ◆ **he went by way of Glasgow** il est passé par Glasgow ◆ **"I'm superstitious", she said by way of explanation** "je suis superstitieuse", dit-elle en guise d'explication ◆ **it was by way of being a joke** c'était une plaisanterie ◆ **I did it by way of discovering what ...** je l'ai fait pour découvrir or afin de découvrir ce que ... ◆ **by way of lectures, practicals and tutorials** au moyen de cours magistraux, de travaux pratiques et de travaux dirigés

l [= situation, state, nature] **that's always the way** c'est toujours comme ça ◆ **that's always the way with him** c'est toujours comme ça or toujours pareil avec lui ◆ **it was this way ...** (= happened like this) ça s'est passé comme ça ... ◆ **in the ordinary way of things** d'ordinaire, normalement ◆ **it's the way of the world!** ainsi va le monde ! ◆ **things are in a bad way** * ça va mal ◆ **he is in a bad way** * il va mal ◆ **the car is in a very bad way** * la voiture est en piteux état ◆ **she was in a terrible way** * (physically) elle était dans un état lamentable ; (= agitated) elle était dans tous ses états

m [= habit] **to get into/out of the way of doing sth** prendre/perdre l'habitude de faire qch ◆ **that's not my way** ce n'est pas mon genre, je ne suis pas comme ça ◆ **it's not my way to flatter people** ce n'est pas mon genre or dans mes habitudes de flatter les gens ◆ **don't be offended, it's just his way** ne vous vexez pas, il est comme ça, c'est tout ◆ **it's only his (little) way** il est comme ça ◆ **he has an odd way of scratching his chin when he laughs** il a une drôle de façon or manière de se gratter le menton quand il rit ◆ **I know his little ways** je connais ses petites habitudes or ses petits travers ◆ **they didn't like his pretentious ways** ils n'aimaient pas ses manières prétentieuses ◆ **I love her funny little ways** j'adore sa manière bien à elle de faire les choses ◆ **to mend** or **improve one's ways** s'amender ◆ **she is very precise in her ways** elle porte une attention maniaque aux détails ◆ **Spanish ways, the ways of the Spanish** les coutumes fpl or mœurs fpl espagnoles

n [= respect, particular] **in some ways** à certains égards ◆ **in many ways** à bien des égards ◆ **in more ways than one** à plus d'un titre ◆ **can I help you in any way?** puis-je vous aider en quoi que ce soit ?, puis-je faire quelque chose pour vous aider ? ◆ **does that in any way explain it?** est-ce là une explication satisfaisante ? ◆ **he's in no way** or **not in any way to blame** ce n'est vraiment pas de sa faute ◆ **not in any way!** pas le moins du monde ! ◆ **I offended her, without in any way intending to do so** je l'ai vexée tout à fait involontairement ◆ **he's right in a** or **one way** il a raison dans un certain sens ◆ **she's good/bad/clever** etc **that way** * elle est bonne/mauvaise/douée etc pour ce genre de choses

◆ **by way of, in the way of** (= as regards) ◆ **what is there by way** or **in the way of kitchen utensils?** qu'est-ce qu'il y a comme ustensiles de cuisine ?

◆ **by the way** → **by**

o [= desire] **to get one's own way** n'en faire qu'à sa tête ◆ **to want one's own way** vouloir imposer sa volonté ◆ **I won't let him have things all his own way** je ne vais pas le laisser faire tout ce qu'il veut ◆ **Arsenal had it all their own way in the second half** * Arsenal a complètement dominé la deuxième mi-temps ◆ **to have** or **get one's wicked** or **evil way with sb** (hum = seduce) parvenir à ses fins avec qn

p [= possibility] **there are no two ways about it** il n'y a pas à tortiller * ◆ **each way** (Racing) gagnant ou placé ◆ **you can't have it both** or **all ways** il faut choisir

q [Naut] **to gather/lose way** (= speed) prendre/perdre de la vitesse

2 ADVERB

a [= far] **way over there** là bas, au loin ◆ **way down below** tout en bas ◆ **way up in the sky** très haut dans le ciel ◆ **way out to sea** loin au large ◆ **you're way out** * **in your calculations** tu t'es trompé de beaucoup dans tes calculs

b [* = very much] très ◆ **I had to plan way in advance** j'ai dû m'y prendre très longtemps à l'avance ◆ **it's way too big** c'est beaucoup trop grand ◆ **way above average** bien au-dessus de la moyenne ◆ **it's way past your bedtime** ça fait longtemps que tu devrais être au lit

3 COMPOUNDS

▷ **way of life** n mode m de vie ◆ **the French way of life** le mode de vie des Français, la vie française ◆ **such shortages are a way of life** (fig) de telles pénuries sont monnaie courante or font partie de la vie de tous les jours ▷ **the Way of the Cross** n (Rel) le chemin de la Croix ▷ **way-out** * adj excentrique ◆ **way-out!** super ! *, formidable ! ▷ **way port** n port m intermédiaire ▷ **ways and means** npl moyens mpl (*of doing* de faire) ▷ **Ways and Means Committee** n (US Pol) *commission des finances de la Chambre des représentants (examinant les recettes)* ▷ **way station** n (US Rail) petite gare f ; (fig = stage) étape f ▷ **way train** n (US) omnibus m

waybill ['weɪbɪl] n (Comm) récépissé m

wayfarer ['weɪ,fɛərəʳ] [→ SYN] n voyageur m, -euse f

wayfaring ['weɪ,fɛərɪŋ] **1** n voyages mpl
2 COMP ▷ **wayfaring tree** n viorne f mancienne

waylay [weɪ'leɪ] pret, ptp **waylaid** vt **a** (= attack) attaquer, assaillir
b (= speak to) arrêter au passage

waymark ['weɪmɑːk] **1** n balise f *(trait de peinture sur un arbre ou une pierre, indiquant le parcours à suivre)*
2 vt baliser

waymarked ['weɪmɑːkt] adj balisé

wayside ['weɪsaɪd] **1** n bord m or côté m de la route ◆ **along the wayside** le long de la route ◆ **by the wayside** au bord de la route ◆ **to fall by the wayside** (liter = err, sin) quitter le droit chemin ◆ **to fall** or **go by the wayside** (fig) [competitor, contestant] (= drop out) abandonner ; (= be eliminated) être éliminé ; [project, plan] tomber à l'eau ; [marriage] se solder par un échec ; [company] connaître l'échec ◆ **it went by the wayside** on a dû laisser tomber * ◆ **his diet soon fell** or **went by the wayside** il a vite oublié son régime ◆ **two actors fell by the wayside during the making of the film** (= gave up) deux acteurs ont abandonné pendant le tournage du film ; (= were sacked) deux acteurs ont été renvoyés pendant le tournage du film ◆ **a lot of business opportunities are going by the wayside** on perd de nombreuses occasions de faire des affaires
2 COMP plant, café au bord de la route

wayward ['weɪwəd] [→ SYN] adj **a** (= wilful) person qui n'en fait qu'à sa tête ; horse, behaviour rétif ; (= capricious) versatile ; (= unfaithful) ◆ **her wayward husband** son mari volage
b (gen hum = unmanageable) hair rebelle ; satellite, missile incontrôlable

waywardness ['weɪwədnɪs] n (NonC) (= stubbornness) entêtement m ; (= capriciousness) inconstance f

WBA ['dʌbljʊbiː'eɪ] n (abbrev of **World Boxing Association**) WBA f

WBC ['dʌbljʊbiː'siː] n (abbrev of **World Boxing Council**) WBC m

WBO ['dʌbljʊbiː'əʊ] n (abbrev of **World Boxing Organization**) WBO f

WC ['dʌbljʊ'siː] n (abbrev of **water closet**) W.-C. or WC mpl

WCC ['dʌbljuːsiː'siː] n (abbrev of **World Council of Churches**) COE m

we [wiː] pers pron (pl: unstressed, stressed) nous ◆ **we went to the cinema** nous sommes allés or on est allé au cinéma ◆ **as we say in England** comme on dit (chez nous) en Angleterre ◆ **we all make mistakes** tout le monde peut se tromper ◆ **we French** nous autres Français ◆ **we teachers understand that ...** nous autres professeurs, nous comprenons que ... ◆ **we three have already discussed it** nous en avons déjà discuté tous les trois ◆ **"we agree" said the king** "nous sommes d'accord" dit le roi ; → **royal**

w/e (abbrev of **week ending**) **w/e 28 Oct** semaine terminant le 28 octobre

WEA ['dʌbljuːiː'eɪ] n (in Brit) (abbrev of **Workers' Educational Association**) *association d'éducation populaire*

weak [wiːk] → SYN 1 adj a (= debilitated) (gen) faible ; immune system affaibli ◆ **to grow weak(er)** [person] s'affaiblir, devenir plus faible ; [structure, material] faiblir ; [voice] faiblir, devenir plus faible ◆ **to have a weak heart** être cardiaque, avoir le cœur fragile ◆ **to have weak lungs** or **a weak chest** avoir les poumons fragiles ◆ **to have a weak stomach** or **digestion** (lit) avoir l'estomac fragile ◆ **to have a weak stomach** (fig) être impressionnable ◆ **to have weak eyesight** avoir la vue faible, avoir une mauvaise vue ◆ **to have a weak chin/mouth** avoir le menton fuyant/la bouche veule ◆ **weak from** or **with hunger** affaibli par la faim ◆ **he was weak from** or **with fright** la peur lui coupait les jambes ◆ **to feel weak with desire** se sentir défaillir sous l'effet du désir ◆ **to feel weak with relief** trembler rétrospectivement ◆ **his knees felt weak, he went weak at the knees** (from fright) ses genoux se dérobaient sous lui ; (from fatigue, illness etc) il avait les jambes molles or comme du coton * ◆ **he went weak at the knees at the sight of her** (hum) il s'est senti défaillir quand il l'a vue ◆ **to be weak in the head** * être faible d'esprit, être débile * ◆ **weak point** or **spot** point m faible ◆ **the weak link in the chain** le point faible ; → **constitution, sex, wall**

b (= poor, unconvincing) essay, script, plot, novel, excuse, argument, evidence faible ; actor, acting médiocre ◆ **to give a weak performance** [actor, dancer, athlete] faire une prestation médiocre ; [currency] mal se comporter ; [company] avoir de mauvais résultats ◆ **the economy has begun a weak recovery** l'économie connaît une faible reprise ◆ **to give a weak smile** avoir un faible sourire ◆ **he is weak in maths** il est faible en maths ◆ **French is one of his weaker subjects** le français est une de ses matières faibles, le français n'est pas son fort * ◆ **the book is weak on historical details** les détails historiques ne sont pas le point fort du livre

c (= not powerful) army, country, team, government, political party, economy, currency, demand faible ◆ **the government is in a very weak position** le gouvernement est dans une très mauvaise position or n'est pas du tout en position de force ◆ **you're too weak with her** tu te montres trop faible envers elle ◆ **to grow weak(er)** [influence, power] baisser, diminuer ; [economy] s'affaiblir ; [currency, demand] faiblir, s'affaiblir

d coffee, tea léger ; solution, mixture, drug, lens, spectacles, magnet faible ; (Elec) current faible

2 **the weak** npl les faibles mpl

3 COMP ▷ **weak interaction** n (Phys) interaction f faible ▷ **weak-kneed** * adj (fig) mou (molle f), lâche, faible ▷ **weak-minded** adj (= simple-minded) faible or simple d'esprit ; (= indecisive) irrésolu ▷ **weak point** n point m faible ▷ **weak sister** * n (US) **the weak sister** le faiblard *, la faiblarde * (dans un groupe) ▷ **weak spot** n point m faible ▷ **weak verb** n (Gram) verbe m faible ▷ **weak-willed** adj faible, velléitaire

weaken ['wiːkən] → SYN 1 vi [person] (in health) s'affaiblir ; (in resolution) faiblir, flancher * ; (= relent) se laisser fléchir ; [structure, material] faiblir, commencer à fléchir ; [voice] faiblir, baisser ; [influence, power] baisser, diminuer ; [country, team] faiblir ; (St Ex) [prices] fléchir ◆ **the price of tin has weakened further** (St Ex) le cours de l'étain a de nouveau faibli or a accentué son repli

2 vt [+ person] (physically) affaiblir, miner ; (morally, politically) affaiblir ; [+ join, structure, material] abîmer ; [+ heart, muscles, eyesight] affaiblir ; [+ country, team, government] affaiblir, rendre vulnérable ; [+ defence, argument, evidence] affaiblir, enlever du poids or de la force à ; [+ coffee, solution, mixture] couper, diluer ; (Econ) [+ the pound, dollar] affaiblir, faire baisser

weakening ['wiːkənɪŋ] 1 n [of health, resolution] affaiblissement m ; [of structure, material] fléchissement m, fatigue f

2 adj effect affaiblissant, débilitant ; disease, illness débilitant, qui mine

weakling ['wiːklɪŋ] → SYN n (physically) gringalet m, mauviette f ; (morally etc) faible mf, poule f mouillée

weakly ['wiːklɪ] 1 adv a (= feebly) move, smile, speak faiblement ◆ **his heart was beating weakly** son cœur battait faiblement

b (= irresolutely) say, protest mollement

2 adj person chétif

weakness ['wiːknɪs] → SYN n a (NonC: lit, fig = lack of strength) [of person, argument, signal, currency] faiblesse f ; [of industry, economy, regime] fragilité f ◆ **to negotiate from a position of weakness** (fig) négocier dans une position d'infériorité

b (= weak point) [of person, system, argument] point m faible

c (NonC: pej, Psych) [of person, character] faiblesse f ◆ **a sign of weakness** un signe de faiblesse

d (= defect) [of structure, material] défaut m

e (NonC = fragility) [of structure, material] défauts mpl

f (= penchant) [of person] faible m (*for sth* pour qch) ◆ **a weakness for sweet things** un faible pour les sucreries

weal[1] [wiːl] n (esp Brit: on skin) zébrure f

weal[2] †† [wiːl] n bien m, bonheur m ◆ **the common weal** le bien public ◆ **weal and woe** le bonheur et le malheur

weald †† [wiːld] n (= wooded country) pays m boisé ; (= open country) pays m découvert

wealth [welθ] → SYN 1 n a (NonC) (= fact of being rich) richesse f ; (= money, possessions, resources) richesses fpl, fortune f ; (= natural resources etc) richesse(s) f(pl) ◆ **a man of great wealth** un homme très riche ◆ **the wealth of the oceans** les richesses fpl or les riches ressources fpl des océans ◆ **the mineral wealth of a country** les richesses fpl minières d'un pays

b (fig = abundance) **a wealth of ideas** une profusion or une abondance d'idées ◆ **a wealth of experience/talent** énormément d'expérience/de talent ◆ **a wealth of information** or **detail about sth** une mine de renseignements sur qch ◆ **the lake is home to a wealth of species** ce lac abrite une faune et une flore très riches

2 COMP ▷ **wealth tax** n (Brit) impôt m sur la fortune

wealthy ['welθɪ] → SYN 1 adj person, family fortuné ; country riche

2 **the wealthy** npl les riches mpl

wean [wiːn] 1 vt sevrer ◆ **to wean a baby (onto solids)** sevrer un bébé ◆ **to wean sb off cigarettes/alcohol** (fig: from bad habits etc) aider qn à arrêter de fumer/de boire ◆ **to wean o.s. off cigarettes/chocolate/alcohol** apprendre à se passer de cigarettes/de chocolat/d'alcool ◆ **I weaned her off the idea of going to Greece** je l'ai dissuadée de partir en Grèce ◆ **I'm trying to wean her onto more adult novels** j'essaie de lui faire lire des romans plus adultes ◆ **to be weaned on sth** (fig) être nourri de qch (fig)

2 [weɪn] n (Scot = baby, young child) petit(e) m(f)

weaning ['wiːnɪŋ] n (lit, fig) [of baby, addict] sevrage m

weapon ['wepən] 1 n (lit, fig) arme f ◆ **weapon of offence/defence** arme f offensive/défensive

2 COMP ▷ **weapons-grade** adj pour la fabrication d'armes

weaponry ['wepənrɪ] n (NonC: collective) (gen = arms) armes fpl ; (Mil) matériel m de guerre, armements mpl

wear [weəʳ] → SYN vb : pret **wore**, ptp **worn** 1 n (NonC) a (= clothes collectively) vêtements mpl ◆ **children's/summer/ski wear** vêtements mpl pour enfants/d'été/de ski ◆ **it is compulsory wear for officers** le port en est obligatoire pour les officiers ◆ **what is the correct wear for these occasions?** quelle est la tenue convenable pour de telles occasions ?, qu'est-ce qui est de mise en de telles occasions ? ; → **footwear, sportswear**

b (= act of wearing) **clothes for everyday wear** vêtements mpl pour tous les jours ◆ **it's suitable for everyday wear** on peut le porter tous les jours ◆ **clothes for evening wear** tenue f de soirée ◆ **for evening wear, dress the outfit up with jewellery** pour le soir, agrémentez cette tenue de bijoux ◆ **clothes for informal** or **casual wear** des vêtements mpl décontractés

c (= use) usage m ; (= deterioration through use) usure f ◆ **this material will stand up to a lot of wear** ce tissu résistera bien à l'usure ◆ **this carpet has seen** or **had some hard wear** ce tapis a beaucoup servi ◆ **there is still some wear left in it** (garment, shoe) c'est encore mettable ; (carpet, tyre) cela fera encore de l'usage ◆ **he got four years' wear out of it** cela lui a fait or duré quatre ans ◆ **it has had a lot of wear and tear** c'est très usagé, cela a été beaucoup porté or utilisé ◆ **fair** or **normal wear and tear** usure f normale ◆ **the wear and tear on the engine** l'usure du moteur ◆ **to show signs of wear** [clothes, shoes] commencer à être défraîchi or fatigué ; [carpet] commencer à être usé ; [tyres, machine] commencer à être fatigué or usagé ◆ **wear resistant** (US) inusable ; → **worse**

2 vt a [+ garment, flower, sword, watch, spectacles, disguise] porter ; [+ beard, moustache] porter, avoir ; [+ bandage, plaster, tampon, sanitary towel] avoir ◆ **he was wearing a hat** il avait or il portait un chapeau ◆ **the man wearing a hat** l'homme au chapeau ◆ **I never wear a hat** je ne mets or porte jamais de chapeau ◆ **people rarely wear hats now** les chapeaux ne se portent plus guère aujourd'hui ◆ **he was wearing nothing but a bath towel** il n'avait qu'une serviette de bain sur lui ◆ **he was wearing nothing but a pair of socks** il n'avait pour tout vêtement qu'une paire de chaussettes ◆ **what shall I wear?** qu'est-ce que je vais mettre ? ◆ **I've nothing to wear, I haven't got a thing to wear** * je n'ai rien à me mettre ◆ **she had nothing to wear to a formal dinner** elle n'avait rien à se mettre pour un dîner habillé ◆ **I haven't worn it for ages** cela fait des siècles que je ne l'ai pas mis or porté ◆ **they don't wear (a) uniform at her school** on ne porte pas d'uniforme dans son école ◆ **cyclists should always wear a helmet** les cyclistes devraient toujours porter or mettre un casque ◆ **she was wearing blue** elle était en bleu ◆ **what the well-dressed woman is wearing this year** ce que la femme élégante porte cette année ◆ **he wears good clothes** il s'habille bien ◆ **she was wearing a bandage on her arm** elle avait le bras bandé ◆ **she wears her hair long** elle a les cheveux longs ◆ **she wears her hair in a bun** elle porte un chignon ◆ **she usually wears her hair up** (in ponytail, plaits etc) elle s'attache généralement les cheveux ; (in a bun) elle relève généralement ses cheveux en chignon ◆ **to wear lipstick/moisturizer** etc (se) mettre du rouge à lèvres/de la crème hydratante etc ◆ **to wear perfume** se parfumer, (se) mettre du parfum ◆ **she was wearing perfume** elle s'était parfumée, elle s'était mis du parfum ◆ **she was wearing make-up** elle (s')était maquillée ◆ **she's the one who wears the trousers** or (esp US) **the pants** c'est elle qui porte la culotte * or qui commande

b (fig) [+ smile] arborer ; [+ look] avoir, afficher ◆ **she wore a frown** elle fronçait les sourcils ◆ **he wore a look** or **an air of satisfaction, he wore a satisfied look on his face** son

wearable / wed ANGLAIS-FRANÇAIS 1098

visage exprimait la satisfaction, il affichait or avait un air de satisfaction ◆ **she wears her age** or **her years well** elle porte bien son âge, elle est encore bien pour son âge

c (= rub etc) [+ clothes, fabric, stone, wood] user ; [+ groove, path] creuser peu à peu ◆ **to wear a hole in sth** trouer or percer peu à peu qch, faire peu à peu un trou dans or à qch ◆ **the rug was worn thin** or **threadbare** le tapis était usé jusqu'à la corde or complètement râpé ◆ **worn with care** usé or rongé par les soucis ; see also **worn ;** → **frazzle, work**

d (Brit * = tolerate, accept) tolérer ◆ **he won't wear that** il n'acceptera jamais (ça), il ne marchera pas * ◆ **the committee won't wear another £100 on your expenses** vous ne ferez jamais avaler au comité 100 livres de plus pour vos frais *

[3] vi **a** (= deteriorate with use) [garment, fabric, stone, wood] s'user ◆ **these trousers have worn at the knees** ce pantalon est usé aux genoux ◆ **to wear into holes** se trouer peu à peu ◆ **the rock has worn smooth** la roche a été polie par le temps ◆ **the material has worn thin** le tissu est râpé ◆ **the rug has worn thin** or **threadbare** le tapis est usé jusqu'à la corde or complètement râpé ◆ **that excuse has worn thin!** (fig) cette excuse ne prend plus ! ◆ **my patience is wearing thin** je suis presque à bout de patience ◆ **their optimism is starting to wear thin** ils commencent à perdre leur optimisme ◆ **that joke is starting to wear a bit thin!** cette plaisanterie commence à être éculée !, cette plaisanterie n'est plus vraiment drôle !

b (= last) [clothes, carpet, tyres etc] faire de l'usage, résister à l'usure ◆ **that dress/carpet has worn well** cette robe/ce tapis a bien résisté à l'usure or a fait beaucoup d'usage ◆ **a theory/friendship that has worn well** une théorie/amitié qui a résisté à l'épreuve du temps ◆ **she has worn well** * elle est bien conservée

c to wear to its end or **to a close** [day, year, sb's life] tirer à sa fin

[4] COMP ▷ **wear-resistant** adj (US) inusable

► **wear away** [1] vi [wood, metal] s'user ; [cliffs, rock etc] être rongé or dégradé ; [inscription, design] s'effacer

[2] vt sep [+ wood, metal] user ; [+ cliffs, rock] ronger, dégrader ; [+ inscription, design] effacer

► **wear down** [1] vi [heels, pencil etc] s'user ; [resistance, courage] s'épuiser

[2] vt sep [+ materials] user ; [+ patience, strength] user, épuiser ; [+ courage, resistance] miner ◆ **the hard work was wearing him down** le travail l'usait or le minait ◆ **constantly being criticized wears you down** ça (vous) mine d'être constamment critiqué ◆ **I had worn myself down by overwork** je m'étais usé or épuisé en travaillant trop ◆ **the unions managed to wear the employers down and get their demands met** les syndicats ont réussi à faire céder les employeurs et à obtenir ce qu'ils demandaient

► **wear off** [1] vi [colour, design, inscription] s'effacer, disparaître ; [pain] disparaître, passer ; [anger, excitement] s'apaiser, passer ; [effects] se dissiper, disparaître ; [anaesthetic, magic] se dissiper ◆ **the novelty has worn off** cela n'a plus l'attrait de la nouveauté

[2] vt sep effacer par l'usure, faire disparaître

► **wear on** vi [day, year, winter etc] avancer ; [battle, war, discussions etc] se poursuivre ◆ **as the years wore on** à mesure que les années passaient, avec le temps

► **wear out** [1] vi [clothes, material, machinery] s'user ; [patience, enthusiasm] s'épuiser

[2] vt sep **a** [+ shoes, clothes] user ; [+ one's strength, reserves, materials, patience] épuiser

b (= exhaust) [+ person, horse] épuiser ◆ **to wear one's eyes out** s'user les yeux or la vue ◆ **to wear o.s. out** s'épuiser, s'exténuer (*doing sth* à faire qch) ◆ **to be worn out** être exténué or éreinté

[3] **worn-out** adj → **worn**

► **wear through** [1] vt sep trouer, percer

[2] vi se trouer *(par usure)*

wearable ['wɛərəbl] adj clothes mettable, portable ; shoes mettable ; colour facile à porter

wearer ['wɛərəʳ] n porteur m, -euse f ◆ **denture/spectacle/contact lens wearers** les porteurs mpl de dentier/de lunettes/de lentilles ◆ **he's not really a tie wearer** ce n'est pas vraiment son style de porter la cravate ◆ **this device can improve the wearer's hearing considerably** cet appareil peut considérablement améliorer l'audition (de l'utilisateur) ◆ **special suits designed to protect the wearer from the cold** des combinaisons spéciales conçues pour protéger (l'utilisateur) du froid ◆ **direct from maker to wearer** directement du fabricant au client

wearied ['wɪərɪd] adj person, animal, smile, look las (lasse f) ; sigh de lassitude ◆ **wearied by sth** las de qch

wearily ['wɪərɪlɪ] adv say, smile, look at, nod d'un air las, avec lassitude ; sigh, think, move avec lassitude

weariness ['wɪərɪnɪs] → SYN n (NonC) (physical) lassitude f, fatigue f ; (mental) lassitude f (*with sth* à l'égard de qch), abattement m ; → **war, world**

wearing ['wɛərɪŋ] → SYN adj person, job fatigant, lassant ◆ **it's wearing on one's nerves** ça met les nerfs à rude épreuve

wearisome ['wɪərɪsəm] → SYN adj (frm) (= tiring) lassant, fatigant ; (= boring) ennuyeux, lassant, fastidieux ; (= frustrating) frustrant

weary ['wɪərɪ] → SYN [1] adj **a** (= tired) las (lasse f) ◆ **to be weary of (doing) sth** être las de (faire) qch ◆ **weary of life** las de vivre ◆ **weary with walking** las d'avoir marché ◆ **to grow weary** [person, animal] se lasser ; [eyes] devenir las ◆ **to grow weary of (doing) sth** se lasser de (faire) qch ; → **world**

b (liter) months, miles, wait épuisant ◆ **I made my weary way back home** je suis rentré, épuisé

[2] vi se lasser (*of sth* de qch ; *of doing sth* de faire qch)

[3] vt (= tire) fatiguer, lasser ; (= try patience of) lasser, agacer, ennuyer (*with* à force de) see also **wearied**

weasel ['wiːzl] [1] n, pl **weasel** or **weasels** belette f ; (fig pej = person) fouine f (fig pej)

[2] vi (US *: also **weasel-word**: speaking) s'exprimer de façon ambiguë or équivoque ◆ **to weasel out of sth** (= extricate o.s.) se sortir or se tirer de qch en misant sur l'ambiguïté ; (= avoid it) éviter qch en misant sur l'ambiguïté

[3] COMP ▷ **weasel words** npl (fig) paroles fpl ambiguës or équivoques

weather ['weðəʳ] → SYN [1] n temps m ◆ **what's the weather like?, what's the weather doing?** * quel temps fait-il ? ◆ **it's fine/bad weather** il fait beau/mauvais, le temps est beau/mauvais ◆ **summer weather** temps m d'été or estival ◆ **in this weather** par ce temps, par un temps comme ça ◆ **in hot/cold/wet/stormy weather** par temps chaud/froid/humide/orageux ◆ **in good weather** par beau temps ◆ **in all weathers** par tous les temps ◆ **to be under the weather** * être mal fichu *, ne pas être dans son assiette ; → **heavy, wet**

[2] vt **a** (= survive) [+ tempest, hurricane] essuyer ; (fig) [+ crisis] survivre à, réchapper à ◆ **to weather a storm** (lit) essuyer une tempête ; (fig) tenir le coup ◆ **can the company weather the recession?** l'entreprise peut-elle survivre à or surmonter la récession ?

b (= expose to weather) [+ wood etc] faire mûrir ◆ **weathered rocks** rochers mpl exposés aux intempéries ◆ **rocks weathered by rain and wind** rochers mpl érodés par la pluie et par le vent

[3] vi [wood] mûrir ; [rocks] s'éroder

[4] COMP knowledge, map, prospects météorologique ; conditions, variations atmosphérique ; (Naut) side, sheet du vent ▷ **weather balloon** n ballon-sonde m (météorologique) ▷ **weather-beaten** adj person, face hâlé, tanné ; building dégradé par les intempéries ; stone érodé or usé par les intempéries ▷ **weather-bound** adj immobilisé or retenu par le mauvais temps ▷ **Weather Bureau** n (US) ⇒ **Weather Centre** ▷ **Weather Centre** n (Brit) Office m national de la météorologie ▷ **weather chart** n carte f du temps, carte f météorologique ▷ **weather check** n (bref) bulletin m météo inv ▷ **weather cock** n girouette f ▷ **weather eye** n (fig) **to keep a weather eye on sth** surveiller qch ◆ **to keep one's weather eye open** veiller au grain (fig) ▷ **weather forecast** n prévisions fpl météorologiques, météo * f (NonC) ▷ **weather forecaster** n météorologue mf, météorologiste mf ▷ **weather girl** * n présentatrice f météo inv ▷ **weather house** n *baromètre en forme de chalet* ▷ **weather map** n carte f météo(rologique) ▷ **weather report** n bulletin m météo(rologique), météo * f (NonC) ▷ **weather satellite** n satellite m météorologique ▷ **weather ship** n navire m météo inv ▷ **weather station** n station f or observatoire m météorologique ▷ **weather strip** n bourrelet m *(pour porte etc)* ▷ **weather vane** n ⇒ **weather cock** ▷ **weather window** n créneau m météorologique propice ▷ **weather-worn** adj ⇒ **weather-beaten**

weatherboard(ing) ['weðəbɔːd(ɪŋ)] n (NonC) planches fpl à recouvrement

weatherglass ['weðəglɑːs] n baromètre m

weatherman * ['weðəmæn] n, pl **-men** météorologue m ; (on TV) présentateur m météo inv

weatherproof ['weðəpruːf] [1] adj clothing imperméable ; house étanche

[2] vt [+ clothing] imperméabiliser ; [+ house] rendre étanche

weatherwise ['weðə,waɪz] adv (Met) du point de vue du temps

weatherwoman * ['weðə,wʊmən] n, pl **weather women** ['weðə,wɪmɪn] météorologue f ; (on TV) présentatrice f météo

weave [wiːv] → SYN vb : pret **wove**, ptp **woven** [1] n tissage m ◆ **loose/tight weave** tissage m lâche/serré ◆ **a cloth of English weave** du drap tissé en Angleterre

[2] vt [+ threads, cloth, web] tisser ; [+ strands] entrelacer ; [+ basket, garland, daisies] tresser ; (fig) [+ plot] tramer, tisser ; [+ story] inventer, bâtir ◆ **to weave flowers into one's hair** entrelacer des fleurs dans ses cheveux ◆ **to weave details into a story** introduire or incorporer des détails dans une histoire ◆ **to weave one's way** → **3b**

[3] vi **a** (Tex etc) tisser

b pret, ptp gen **weaved** (also **weave one's** or **its way**) [road, river, line] serpenter ◆ **to weave (one's way) through the crowd** se faufiler à travers la foule ◆ **the drunk weaved (his way) across the room** l'ivrogne a titubé or zigzagué à travers la pièce ◆ **the car was weaving (its way) in and out through the traffic** la voiture se faufilait or se glissait à travers la circulation ◆ **the boxer was weaving in and out skilfully** le boxeur esquivait les coups adroitement ◆ **to weave in and out of the trees** zigzaguer entre les arbres ◆ **let's get weaving!** † * allons, remuons-nous !

weaver ['wiːvəʳ] n (= person) tisserand(e) m(f) ; (also **weaver bird**) tisserin m

weaving ['wiːvɪŋ] [1] n (NonC) [of threads, cloth, web] tissage m ; [of basket, garland, daisies] tressage m ; [of strands] entrelacement m ; [of plot] élaboration f

[2] COMP ▷ **weaving mill** n (atelier m de) tissage m

web [web] → SYN [1] n **a** (= fabric) tissu m ; [of spider] toile f ; (between toes etc) [of animals etc] palmure f ; [of humans] palmature f ; (fig) [of lies etc] tissu m

b (Internet) **the (World Wide) Web** le Web

[2] COMP ▷ **web browser** n navigateur m ▷ **web(bed) feet, web(bed) toes** npl **to have web(bed) feet** or **toes** [animal] être palmipède, avoir les pieds palmés ; [human] avoir une palmature ▷ **web-footed** adj **to be web-footed** ⇒ **to have web(bed) feet** ▷ **web page** n page f web

webbing ['webɪŋ] n (NonC) **a** (= fabric) toile f ; (on chair) (also Mil) sangles fpl

b (on bird's, animal's foot) palmure f ; (on human foot) palmature f

webcam ['webkæm] n webcam f

weber ['veɪbəʳ] n (Phys) weber m

webmaster ['webmɑːstəʳ] n webmaster m

webspace ['webspeɪs] n espace m sur le Web

website ['websaɪt] n (Comput) site m web

webzine ['webziːn] n web-zine m

we'd [wiːd] ⇒ **we had, we should, we would ;** → **have, should, would**

wed [wed] → SYN pret **wedded**, ptp **wedded, wed** [1] vt **a** (= marry) épouser, se marier avec ;

[priest] marier ◆ **to be wed, to get wed** se marier
b (fig) → **wedded**
2 vi † se marier

Wed. abbrev of **Wednesday**

wedded ['wedɪd] adj **a** (frm = married) person, couple marié ; life conjugal ◆ **wedded bliss** bonheur m conjugal ◆ **his (lawful** or **lawfully) wedded wife** sa légitime épouse ◆ **do you take this woman to be your lawful(ly) wedded wife?** voulez-vous prendre cette femme pour épouse ?
b (= committed) **to be wedded to sth** [+ idea] être profondément attaché à qch ; [+ cause] être entièrement dévoué à qch ◆ **he is wedded to his work** il est marié avec son travail, il ne vit que pour son travail
c (= allied) **to be wedded to sth** être allié à qch ◆ **he advocates change wedded to caution** il prône le changement allié à la prudence ◆ **his cunning, wedded to ambition, led to ...** sa ruse, alliée à l'ambition, a conduit à ...

wedding ['wedɪŋ] → SYN **1** n (= ceremony) mariage m, noces fpl ◆ **silver/golden wedding** noces fpl d'argent/d'or ◆ **they had a quiet wedding** ils se sont mariés dans l'intimité, le mariage a été célébré dans l'intimité ◆ **they had a church wedding** ils se sont mariés à l'église ; → **civil**
2 COMP cake, night de noces ; present de mariage, de noces ; invitation de mariage ; ceremony, march nuptial ▷ **wedding anniversary** n anniversaire m de mariage ▷ **wedding band** n ⇒ **wedding ring** ▷ **wedding breakfast** n (Brit) lunch m de mariage ; (less elegant) repas m de noces ▷ **wedding cake** n pièce f montée (de mariage) ▷ **wedding day** n her/my/their wedding day le jour de son/mon/leur wedding day ◆ **wedding dress, wedding gown** n robe f de mariée ◆ **wedding guest** n invité(e) m(f) (à un mariage) ▷ **wedding reception** n réception f de mariage ▷ **wedding ring** n alliance f, anneau m de mariage ▷ **wedding vows** npl vœux mpl de mariage

wedeln ['veɪdəln] (Ski) **1** vi godiller
2 n godille f

wedge [wedʒ] → SYN **1** n **a** (for holding sth steady: under wheel etc, also Golf) cale f ; (for splitting wood, rock) coin m ◆ **that drove a wedge between them** cela a creusé un fossé entre eux ; → **thin**
b (= piece) [of cake, cheese, pie etc] (grosse) part f, (gros) morceau m
c (Ski) chasse-neige m ; (Climbing) coin m de bois
2 wedges npl (= wedge-heeled shoes) chaussures fpl à semelles compensées
3 vt (= fix) [+ table, wheels] caler ; (= stick, push) enfoncer (into dans ; between entre) ◆ **to wedge a door open/shut** maintenir une porte ouverte/fermée à l'aide d'une cale ◆ **the door was wedged** on avait mis une cale à la porte ◆ **he wedged the table leg to hold it steady** il a calé le pied de la table (pour la stabiliser) ◆ **to wedge a stick into a crack** enfoncer un bâton dans une fente ◆ **I can't move this, it's wedged** je n'arrive pas à le faire bouger, c'est coincé ◆ **she was sitting on the bench, wedged between her mother and her aunt** elle était assise sur le banc, coincée entre sa mère et sa tante
4 COMP ▷ **wedge-heeled** adj à semelles compensées ▷ **wedge-shaped** adj en forme de coin ▷ **wedge-soled** adj ⇒ **wedge-heeled**

▶ **wedge in 1** vi [person] se glisser
2 vt sep (into case, box etc) [+ object] faire rentrer, enfoncer ; (into car, onto seat etc) [+ person] faire rentrer ; [+ several people] entasser ◆ **to be wedged in** être coincé

wedlock ['wedlɒk] → SYN n (NonC) mariage m ◆ **to be born in wedlock** être un enfant légitime ◆ **to be born out of wedlock** être (un) enfant naturel

Wednesday ['wenzdeɪ] n mercredi m ; → **ash**²; for other phrases see **Saturday**

Weds. abbrev of **Wednesday**

wee¹ [wiː] adj **a** (esp Scot or *) petit ◆ **when I was a wee boy** quand j'étais petit ◆ **a wee bit** un tout petit peu

b the wee small hours (of the morning) les premières heures du matin (de 1 à 4 h du matin)

wee² * [wiː] (baby talk) **1** n pipi * m ◆ **to have a wee** faire pipi * ◆ **to want a wee** * avoir envie de faire pipi *
2 vi faire pipi *

weed [wiːd] **1** n **a** mauvaise herbe f ; (* pej = person) mauviette f ; (* = marijuana) herbe * f ◆ **the weed** * (hum) le tabac
b (widow's) weeds vêtements mpl de deuil ◆ **in widow's weeds** en deuil
2 vt désherber ; (= hoe) sarcler
3 COMP ▷ **weed-killer** n désherbant m, herbicide m

▶ **weed out** vt sep [+ plant] enlever, arracher ; (fig) [+ weak candidates] éliminer (from de) ; [+ troublemakers] expulser (from de) ; [+ old clothes, books] trier et jeter

weedhead * ['wiːdhed] n (Drugs) consommateur m, -trice f de marijuana

weeding ['wiːdɪŋ] n (NonC) désherbage m ; (with hoe) sarclage m ◆ **I've done some weeding** j'ai un peu désherbé

weedless ['wiːdlɪs] adj sans mauvaises herbes

weedy ['wiːdɪ] adj **a** (Bot, Hort) flowerbed, land couvert de mauvaises herbes ; river, pond envahi par les herbes
b (Brit * pej = scrawny) person chétif (pej), malingre (pej)

week [wiːk] n semaine f ◆ **what day of the week is it?** quel jour de la semaine sommes-nous ? ◆ **this week** cette semaine ◆ **next/last week** la semaine prochaine/dernière ◆ **the week before last** l'avant-dernière semaine ◆ **the week after next** pas la semaine prochaine, celle d'après ◆ **by the end of the week he had ...** à la fin de la semaine il avait ... ◆ **in the middle of the week** vers le milieu or dans le courant de la semaine ◆ **twice a week** deux fois par semaine ◆ **this time next week** dans huit jours à la même heure ◆ **this time last week** il y a huit jours à la même heure ◆ **today week** * (Brit) ◆ **a week today** aujourd'hui en huit ◆ **tomorrow week** * (Brit) ◆ **a week tomorrow** demain en huit ◆ **yesterday week** * (Brit) ◆ **a week yesterday** il y a eu une semaine hier ◆ **Sunday week** * (Brit) ◆ **a week on Sunday** dimanche en huit ◆ **every week** chaque semaine ◆ **two weeks ago** il y a deux semaines, il y a quinze jours ◆ **in a week** (= a week from now) dans une semaine ; (= in the space of a week) en une semaine ◆ **in a week's time** d'ici une semaine, dans une semaine ◆ **in three weeks' time** dans or d'ici trois semaines ◆ **week in week out, week after week** semaine après semaine ◆ **it lasted (for) weeks** cela a duré des semaines (et des semaines) ◆ **the first time** etc **in weeks** la première fois etc depuis des semaines ◆ **the week ending 6 May** la semaine qui se termine le 6 mai ◆ **he owes her three weeks' rent** il lui doit trois semaines de loyer ◆ **paid by the week** payé à la semaine ◆ **the working week** la semaine de travail ◆ **a 36-hour week** une semaine (de travail) de 36 heures ◆ **a three-day week** une semaine (de travail) de trois jours ◆ **a week's wages** le salaire hebdomadaire or de la or d'une semaine ; → **Easter**

weekday ['wiːkdeɪ] **1** n jour m de semaine, jour m ouvrable (esp Comm) ◆ **(on) weekdays** en semaine, les jours ouvrables (esp Comm)
2 COMP activities, timetable de la semaine

weekend ['wiːk'end] **1** n week-end m ◆ **(at) weekends** pendant le(s) week-end(s) ◆ **what are you doing at the weekend?** qu'est-ce que tu vas faire pendant le week-end ? ◆ **we're going away for the weekend** nous partons en week-end ◆ **to take a long weekend** prendre un week-end prolongé ◆ **they had Tuesday off so they made a long weekend of it** comme ils ne devaient pas travailler mardi ils ont fait le pont
2 vi passer le week-end
3 COMP visit, programme de or du week-end ▷ **weekend bag, weekend case** n sac m de voyage ▷ **weekend cottage** n maison f de campagne

weekender ['wiːk'endər] n personne f partant (or partie) en week-end ◆ **the village is full of**

weekenders le village est plein de gens venus pour le week-end

weekly ['wiːklɪ] → SYN **1** adj magazine, meeting, wage, rainfall hebdomadaire ; hours par semaine
2 adv meet, attend, play chaque semaine ; sell par semaine ◆ **twice/three times weekly** deux/trois fois par semaine ◆ **paid weekly** payé à la semaine ◆ **on a weekly basis** pay à la semaine ; (= every week) chaque semaine, toutes les semaines ◆ **we meet weekly on Thursdays** nous nous rencontrons tous les jeudis
3 n (= magazine) hebdomadaire m

weeknight ['wiːknaɪt] n soir m de semaine

weenie * ['wiːnɪ] n (US Culin) ⇒ **wienie**

weensy * ['wiːnzɪ] adj (US) ⇒ **weeny 1**

weeny * ['wiːnɪ] (Brit) **1** adj tout petit ◆ **it was a weeny bit embarrassing** c'était un tout petit peu gênant
2 COMP ▷ **weeny-bopper** * n préado * mf

weep [wiːp] → SYN pret, ptp **wept 1** vi **a** (= cry) [person] verser des larmes, pleurer ◆ **to weep for** or **with joy** pleurer de joie ◆ **to weep with relief/remorse** verser des larmes de soulagement/remords ◆ **to weep for sb/sth** pleurer qn/qch ◆ **to weep over sth** pleurer or se lamenter sur qch ◆ **she wept to see him leave** elle a pleuré de le voir partir ◆ **I could have wept!** j'en aurais pleuré !
b [walls, sore, wound] suinter
2 vt [+ tears] verser, répandre ◆ **to weep tears of joy/fury/despair** verser des larmes or pleurer de joie/de colère/de désespoir ; → **bucket**
3 n * ◆ **to have a good weep** pleurer un bon coup ◆ **to have a little weep** pleurer un peu, verser quelques larmes

weeping ['wiːpɪŋ] **1** n (NonC) larmes fpl ◆ **we heard the sound of weeping** on entendait quelqu'un qui pleurait
2 adj person qui pleure ; walls, sore, wound suintant ◆ **weeping willow** saule m pleureur

weepy ['wiːpɪ] **1** adj person à la larme facile ; eyes, voice, mood, song larmoyant ; film mélo *, sentimental ◆ **to feel weepy** [person] avoir envie de pleurer, se sentir au bord des larmes
2 n (Brit = film, book) mélo * m, film m (or livre m) sentimental

weever ['wiːvər] n (= fish) vive f

weevil ['wiːvəl] n charançon m

wee-wee * ['wiːwiː] n, vi ⇒ **wee²**

w.e.f. (abbrev of **with effect from**) à compter de

weft [weft] n (Tex) trame f

weigela [waɪ'giːlə] n (Bot) diervilla m

weigh [weɪ] → SYN **1** vt **a** (lit, fig) peser ◆ **to weigh o.s.** se peser ◆ **to weigh sth in one's hand** soupeser qch ◆ **it weighs 9 kilos** ça pèse 9 kilos ◆ **how much** or **what do you weigh?** combien est-ce que vous pesez ? ◆ **to weigh one's words (carefully)** peser ses mots ◆ **to weigh (up) A against B** mettre en balance A et B ◆ **to weigh (up) the pros and cons** peser le pour et le contre ◆ **the advantages must be weighed against the possible risks** il faut mettre en balance les avantages et les risques éventuels
b (Naut) **to weigh anchor** lever l'ancre
2 vi [object, responsibilities] peser (on sur) ◆ **this box weighs quite heavy** cette boîte pèse assez lourd ◆ **the fear of cancer weighs on her** or **on her mind all the time** la peur du cancer la tourmente constamment, elle vit constamment avec la peur du cancer ◆ **there's something weighing on her mind** quelque chose la préoccupe or la tracasse ◆ **the divorce laws weigh heavily against men** les lois sur le divorce sont nettement en défaveur des hommes ◆ **economic considerations weighed heavily in their decision** les considérations économiques ont beaucoup pesé dans leur décision
3 COMP ▷ **weigh-in** n (Sport) pesage m ▷ **weighing machine** npl (gen) balance f ; (for heavy loads) bascule f ▷ **weighing scales** npl balance f

▶ **weigh down 1** vi peser or appuyer de tout son poids (on sth sur qch) ◆ **this sorrow weighed down on her** ce chagrin la rongeait or la minait

2 vt sep faire plier or ployer, courber ; (fig) accabler, tourmenter ◆ **the fruit weighed the branch down** la branche ployait or pliait sous le poids des fruits ◆ **he was weighed down with parcels** il pliait sous le poids des paquets ◆ **to be weighed down by** or **with responsibilities** être accablé or surchargé de responsabilités ◆ **to be weighed down with fears** être en proie à toutes sortes de peurs

► **weigh in** 1 vi a [boxer, jockey etc] se faire peser ◆ **to weigh in at 70 kilos** peser 70 kilos avant l'épreuve ◆ **the hippopotamus weighs in at** * **an impressive 1.5 tonnes** l'hippopotame fait le poids imposant de 1,5 tonnes

b (fig = contribute) intervenir ◆ **he weighed in with more money** il est intervenu en apportant davantage d'argent ◆ **he weighed in with his opinion** il est intervenu en donnant son opinion

2 vt sep [+ boxer, jockey] peser *(avant le match ou la course)*

3 **weigh-in** n → **weigh**

► **weigh out** vt sep [+ sugar etc] peser

► **weigh up** vt sep (= consider) examiner, calculer ; (= compare) mettre en balance (*A with B, A against B* A et B) ◆ **to weigh up A with** or **against B** mettre en balance A et B ; (Brit) (= assess) [+ person, the opposition] juger, sonder ◆ **I'm weighing up whether to go or not** je me tâte pour savoir si j'y vais ou non ; see also **weigh 1a**

weighbridge ['weɪbrɪdʒ] n pont-bascule m

weight [weɪt] → SYN 1 n a (NonC) poids m ; (Phys: relative weight) pesanteur f ◆ **atomic weight** (Phys) poids m atomique ◆ **it is sold by weight** cela se vend au poids ◆ **what is your weight?** combien pesez-vous ?, quel poids faites-vous ? ◆ **my weight is 60 kilos** je pèse 60 kilos ◆ **it is 3 kilos in weight** ça pèse 3 kilos ◆ **they are the same weight** ils font le même poids ◆ **weight when empty** poids m à vide ◆ **take the weight off your feet** assieds-toi ◆ **it's/she's worth its/her weight in gold** cela/elle vaut son pesant d'or ◆ **to put on** or **gain weight** grossir, prendre du poids ◆ **to lose weight** maigrir, perdre du poids ◆ **he put** or **leaned his full weight on the handle** il a pesé or appuyé de tout son poids sur la poignée ◆ **he put his full weight behind the blow** il a frappé de toutes ses forces ◆ **to move** or **shift one's weight from one foot to the other** se balancer d'un pied sur l'autre ◆ **he shifted his weight onto the other foot/onto his elbow** il fit porter son poids sur son autre pied/sur son coude ◆ **to throw one's weight** or **to put all one's weight behind sth/sb** (fig) apporter personnellement tout son soutien à qch/à qn ◆ **feel the weight of this box!** soupesez-moi cette boîte ! ◆ **what a weight (it is)!** que c'est lourd ! ◆ **he looks as if he's carrying the weight of the world on his shoulders** on dirait qu'il porte toute la misère du monde sur ses épaules ; → **pull, throw about**

b (fig) [of argument, words, public opinion, evidence] poids m, force f ; [of worry, responsibility, years, age] poids m ◆ **to attach** or **lend** or **give weight to sth** donner du poids à qch ◆ **to carry weight** [argument, factor] avoir du poids (*with* pour) ; [person] avoir de l'influence ◆ **we must give due weight to his arguments** nous devons donner tout leur poids à ses arguments ; → **mind**

c (for scales, on clock etc) poids m ; → **paperweight, put**

2 vt a lester ; → **weighted**

b (= assign value to) pondérer

3 COMP ▷ **weight lifter** n (Sport) haltérophile mf ▷ **weight lifting** n haltérophilie f ▷ **weight limit** n limitation f de poids ▷ **weight loss** n (NonC) perte f de poids ▷ **weights and measures** npl poids et mesures mpl ▷ **weights and measures inspector** n inspecteur m des poids et mesures ▷ **weights bench** n (Sport) banc m de musculation ▷ **weight-train** vi faire de la musculation ▷ **weight training** n musculation f *(avec des poids)* ▷ **weight watcher** n **he's a weight watcher** (= actively slimming) il suit un régime amaigrissant ; (= figure-conscious) il surveille son poids

► **weight down** vt sep [+ papers, tablecloth etc] retenir or maintenir avec un poids

weighted ['weɪtɪd] 1 adj a (= biased) **weighted in sb's favour** or **towards sb** favorable à qn ◆ **weighted in favour of/against sb** favorable/défavorable à qn ◆ **the situation was heavily weighted in his favour/against him** la situation lui était nettement favorable/défavorable

b (= made heavier) diving belt lesté

2 COMP ▷ **weighted average** n moyenne f pondérée

weightiness ['weɪtɪnɪs] n (NonC) [of argument, matter] poids m ; [of responsibility] importance f

weighting ['weɪtɪŋ] n a (on salary) indemnité f, allocation f ◆ **London weighting** indemnité f de vie chère à Londres

b (Scol) coefficient m ; (Econ) coefficient m, pondération f

weightless ['weɪtlɪs] adj astronaut, falling object en état d'apesanteur ; conditions d'apesanteur ◆ **in a weightless environment** en apesanteur ◆ **to feel weightless** se sentir léger comme l'air

weightlessness ['weɪtlɪsnɪs] n apesanteur f

weighty ['weɪtɪ] → SYN adj a (frm = serious) matter, problem grave, important ; argument, reason de poids ; burden, responsibility lourd

b (liter = heavy) tome, volume lourd ; load pesant, lourd

Weimar ['vaɪmɑːr] 1 n Weimar

2 COMP ▷ **the Weimar Republic** n la république de Weimar

Weimaraner ['vaɪmə,rɑːnəʳ] n (= dog) braque m de Weimar

weir [wɪəʳ] n barrage m

weird [wɪəd] → SYN adj a (* = peculiar) person, object, behaviour, coincidence bizarre, étrange ◆ **it felt weird going back there** ça faisait bizarre d'y retourner ◆ **the weird thing is that ...** ce qu'il y a de bizarre c'est que ... ◆ **lots of weird and wonderful** * **species** plein d'espèces étranges et merveilleuses

b (= eerie) sound, light surnaturel, mystérieux

weirdly ['wɪədlɪ] adv a (* = peculiarly) behave, dress bizarrement

b (= eerily) glow mystérieusement, de façon surnaturelle ; sing de façon surnaturelle

weirdness ['wɪədnɪs] n étrangeté f

weirdo ‡ ['wɪədəʊ] n (pej) cinglé(e) * m(f)

Welch † [weltʃ] adj ⇒ **Welsh**

welch [welʃ] vi ⇒ **welsh**

welcome ['welkəm] LANGUAGE IN USE 13, 26.3 → SYN

1 adj a (= gladly accepted) **to be welcome** [person] être le (or la) bienvenu(e) ◆ **he'll/you'll always be welcome here** il sera/tu seras toujours le bienvenu ici ◆ **some members were more welcome than others** certains membres étaient plus appréciés que d'autres ◆ **he's not welcome here any more** sa présence ici est devenue indésirable ◆ **I didn't feel very welcome** je n'ai pas vraiment eu l'impression d'être le bienvenu ◆ **to make sb welcome** faire bon accueil à qn ◆ **they really make you feel welcome** on y est vraiment bien accueilli ◆ **to roll out** or **put out the welcome mat for sb** * se donner du mal pour recevoir qn ◆ **you're welcome!** (esp US: answer to thanks) je vous en prie !, de rien ! ◆ **you're welcome to try** (giving permission) je vous en prie, essayez ; (iro) libre à vous d'essayer ◆ **you're welcome to use my car** vous pouvez emprunter ma voiture si vous voulez ◆ **she's welcome to visit any time** elle est toujours la bienvenue ◆ **a lounge which guests are welcome to use** un salon que les hôtes sont invités à utiliser ◆ **I don't use it any more, so you're welcome to it** je ne m'en sers plus, alors profitez-en ◆ **he wants the job? he's welcome to it!** il veut le poste ? eh bien, qu'il le prenne ! ◆ **he's welcome to her!** qu'il se débrouille avec elle !

b (= appreciated) food, drink, change, visitor bienvenu ; decision, reminder, interruption opportun ◆ **she was a welcome sight** nous avons été (or il a été etc) heureux de la voir ◆ **it was welcome news** nous avons été (or il a été etc) heureux de l'apprendre ◆ **it was a welcome gift** ce cadeau m'a (or lui a etc) fait bien plaisir ◆ **it was a welcome relief** ça m'a (or l'a etc) vraiment soulagé ◆ **to make a welcome return** faire un retour apprécié

2 excl ◆ **welcome!** soyez le bienvenu (or la bienvenue etc) !, bienvenue ! ◆ **welcome home!** bienvenue !, content de vous (or te) revoir à la maison ! ◆ **welcome back!** bienvenue !, content de vous (or te) revoir ! ◆ **welcome to our house!** bienvenue chez nous ! ◆ **"welcome to England"** (on notice) "bienvenue en Angleterre"

3 n accueil m ◆ **to bid sb welcome** souhaiter la bienvenue à qn ◆ **to give sb a warm welcome** faire un accueil chaleureux à qn ◆ **they gave him a great welcome** ils lui ont fait fête ◆ **words of welcome** paroles fpl d'accueil, mots mpl de bienvenue ◆ **what sort of a welcome will this product get from the housewife?** comment la ménagère accueillera-t-elle ce produit ? ; → **outstay**

4 vt [+ person, delegation, group of people] (= greet, receive) accueillir ; (= greet warmly) faire bon accueil à, accueillir chaleureusement ; (= bid welcome) souhaiter la bienvenue à ; [+ sb's return, news, suggestion, change] se réjouir de ◆ **he welcomed me in** il m'a chaleureusement invité à entrer ◆ **please welcome Tony Brennan!** (TV etc) veuillez accueillir Tony Brennan ! ◆ **we would welcome your views on ...** nous serions heureux de connaître votre point de vue or opinion sur ... ◆ **I'd welcome a cup of coffee** je prendrais volontiers une tasse de café, je ne dirais pas non à une tasse de café ; → **open**

► **welcome back** vt sep ◆ **they welcomed him back after his journey** ils l'ont accueilli chaleureusement or ils lui ont fait fête à son retour (de voyage)

welcoming ['welkəmɪŋ] adj person, smile, place accueillant ; atmosphere chaleureux ; banquet, ceremony, speech d'accueil ◆ **welcoming party** or **committee** (lit, fig) comité m d'accueil ◆ **to be welcoming to sb** [person] être accueillant avec qn, faire bon accueil à qn ; [atmosphere, place] paraître accueillant à qn

weld [weld] 1 n soudure f

2 vt [+ metal, rubber, seam, join] souder ; (also **weld together**) [+ pieces, parts] souder, assembler ; (fig) [+ groups, parties] cimenter l'union de ◆ **to weld sth on to sth** souder qch à qch ◆ **the hull is welded throughout** la coque est complètement soudée ◆ **he welded them (together) into a united party/team** il en a fait un parti cohérent/une équipe soudée

3 vi souder

welder ['weldəʳ] n (= person) soudeur m ; (= machine) soudeuse f

welding ['weldɪŋ] 1 n (NonC) (Tech) soudage m ; (fig) [of parties] union f ; [of ideas] amalgame m

2 COMP process de soudure, de soudage ▷ **welding torch** n chalumeau m

welfare ['welfɛəʳ] → SYN 1 n a (gen) bien m ; (= comfort) bien-être m ; (US) aide f sociale ◆ **the nation's welfare, the welfare of all** le bien public or de tous ◆ **the physical/spiritual welfare of the young** la santé physique/morale des jeunes ◆ **I'm anxious about his welfare** je suis inquiet à son sujet ◆ **to look after sb's welfare** avoir la responsabilité de qn ; → **child**

b **public/social welfare** assistance f publique/sociale ◆ **to be on welfare** toucher les prestations sociales, recevoir l'aide sociale ◆ **to live on welfare** vivre des prestations sociales

2 COMP milk, meals gratuit ▷ **welfare benefits** npl avantages mpl sociaux ▷ **welfare centre** n centre m d'assistance sociale ▷ **welfare check** n (US) chèque m d'allocations ▷ **welfare hotel** n (US) *foyer où sont hébergés temporairement les bénéficiaires de l'aide sociale* ▷ **welfare mother** n (US) *mère seule bénéficie de l'aide sociale* ▷ **welfare officer** n assistant(e) m(f) social(e) ▷ **welfare payments** npl prestations fpl sociales ▷ **welfare services** npl services mpl sociaux ▷ **welfare state** n État-providence m ◆ **the establishment of the Welfare State in Great Britain** l'établissement m de l'État-providence en Grande-Bretagne ◆ **thanks to the Welfare State** grâce à la sécurité sociale et autres avantages sociaux ▷ **welfare work** n travail m social ▷ **welfare worker** n assistant(e) m(f) social(e), travailleur m, -euse f social(e)

welfarism ['welfɛərɪzəm] n (US Pol) théorie f de l'État-providence

welfarist ['welfɛərɪst] adj, n (US Pol) partisan m de l'État-providence

welfarite * ['welfɛəraɪt] n (US pej) assisté(e) m(f)

well[1] [wel] → SYN 1 n (for water, oil) puits m ; [of staircase, lift] cage f ; (= shaft between buildings) puits m, cheminée f ; (Brit Jur) barreau m ◆ **this book is a well of information** ce livre est une mine de renseignements ; → **inkwell, oil**
2 vi (also **well up**) [tears, emotion] monter ◆ **tears welled (up) in her eyes** les larmes lui montèrent aux yeux ◆ **anger welled (up) within him** la colère sourdit (liter) or monta en lui
3 COMP ▷ **well-digger** n puisatier m ▷ **well dressing** n *coutume anglaise qui consiste à décorer les puits au printemps* ▷ **well water** n eau f de puits

► **well out** vi [spring] sourdre ; [tears, blood] couler (*from* de)

well[2] [wel] LANGUAGE IN USE 1.1 → SYN
1 adv, compar **better**, superl **best** a (= satisfactorily, skilfully etc) behave, sleep, eat, treat, remember bien ◆ **he sings as well as he plays** il chante aussi bien qu'il joue ◆ **he sings as well as she does** il chante aussi bien qu'elle ◆ **to live well** vivre bien ◆ **well done!** bravo !, très bien ! ◆ **well played!** bien joué ! ◆ **everything is going well** tout va bien ◆ **the evening went off very well** la soirée s'est très bien passée ◆ **to do well in one's work** bien réussir dans son travail ◆ **to do well at school** bien marcher à l'école ◆ **he did very well for an eight-year-old** il s'est bien débrouillé pour un enfant de huit ans ◆ **he did quite well** il ne s'en est pas mal sorti, il ne s'est pas mal débrouillé ◆ **the patient is doing well** le malade est en bonne voie ◆ **he did well after the operation but ...** il s'est bien rétabli après l'opération mais ... ◆ **you did well to come at once** vous avez bien fait de venir tout de suite ◆ **you would do well to think about it** tu ferais bien d'y penser ◆ **to do as well as one can** faire de son mieux ◆ **he did himself well** il ne s'est privé de rien, il s'est traité comme un prince ◆ **to do well by sb** bien agir or être généreux envers qn ◆ **you're well out of it!** c'est une chance que tu n'aies plus rien à voir avec cela (or lui etc) ! ◆ **how well I understand!** comme je vous (or le etc) comprends ! ◆ **I know the place well** je connais bien l'endroit ◆ **(and) well I know it!** je le sais bien !, je ne le sais que trop !
b (intensifying = very much, thoroughly) bien ◆ **it was well worth the trouble** cela valait bien le dérangement or la peine de se déranger ◆ **he is well past** or **over fifty** il a largement dépassé la cinquantaine ◆ **it's well past 10 o'clock** il est bien plus de 10 heures ◆ **well over 1,000 people** bien plus de 1 000 personnes ◆ **it continued well into 1996** cela a continué pendant une bonne partie de 1996 ◆ **well above ...** bien au-dessus de ... ◆ **well and truly** (esp Brit) bel et bien ◆ **he could well afford to pay for it** il avait largement les moyens de le payer ◆ **lean well forward** penchez-vous bien en avant ◆ **well dodgy/annoyed** etc ‡ (Brit = very) super * louche/contrarié etc
c (= with good reason, with equal reason) **you may well be surprised to learn that ...** vous serez sans aucun doute surpris d'apprendre que ... ◆ **one might well ask why** on pourrait à juste titre demander pourquoi ◆ **you might well ask!** belle question !, c'est vous qui me le demandez ! ◆ **you could well refuse to help them** vous pourriez à juste titre refuser de les aider ◆ **he couldn't very well refuse** il ne pouvait guère refuser ◆ **we may as well begin now** autant (vaut) commencer maintenant, nous ferions aussi bien de commencer maintenant ◆ **you might (just) as well say that ...** autant dire que ... ◆ **you may as well tell me the truth** autant me dire la vérité, tu ferais aussi bien de me dire la vérité ◆ **shall I go? – you may** or **might as well** j'y vais ? – tant qu'à faire, allez-y ! * ◆ **we might (just) as well have stayed at home** autant valait rester à la maison, nous aurions aussi bien fait de rester à la maison ◆ **she apologized, as well she might** elle a présenté ses excuses, comme il se devait ◆ **she apologized – and well she might!** elle a présenté ses excuses – c'était la moindre des choses ! ; → **pretty**
d **as well** (= also) aussi ; (= on top of all that) par-dessus le marché ◆ **I'll take those as well** je prendrai ceux-là aussi ◆ **and it rained as well!** et par-dessus le marché il a plu !
◆ **as well as** (= in addition to) ◆ **by night as well as by day** de jour comme de nuit, aussi bien de jour que de nuit ◆ **as well as his dog he has two rabbits** en plus de son chien il a deux lapins ◆ **on bikes as well as in cars** à vélo aussi bien qu'en voiture, à vélo comme en voiture ◆ **I had Paul with me as well as Lucy** j'avais Paul aussi en même temps que Lucy ◆ **all sorts of people, rich as well as poor** toutes sortes de gens, tant riches que pauvres
e (= positively) **to think/speak well of** penser/dire du bien de
f **to leave well alone** laisser les choses telles qu'elles sont ◆ (Prov) **let** or **leave well alone** le mieux est l'ennemi du bien (Prov)
2 excl (surprise) tiens !, eh bien ! ; (relief) ah bon !, eh bien ! ; (resignation) enfin ! ; (dismissively) bof ! * ◆ **well, as I was saying ...** (resuming after interruption) donc, comme je disais ..., je disais donc que ... ◆ **well ...** (hesitation) c'est que ... ◆ **he has won the election! – well, well (, well)!** il a été élu ! – tiens, tiens ! ◆ **well?** eh bien ?, et alors ? ◆ **well, who would have thought it?** eh bien ! qui l'aurait cru ? ◆ **well I never!** *, **well, what do you know!** * pas possible !, ça par exemple ! ◆ **I intended to do it – well, have you?** j'avais l'intention de le faire – et alors ? ◆ **well, what do you think of it?** eh bien ! qu'en dites-vous ? ◆ **well, here we are at last!** eh bien ! nous voilà enfin ! ◆ **well, there's nothing we can do about it** enfin, on n'y peut rien ◆ **well, you may be right** qui sait, vous avez peut-être raison ◆ **very well then** (bon) d'accord ◆ **you know Paul? well, he's getting married** vous connaissez Paul ? eh bien il se marie ◆ **are you coming? – well ... I've got a lot to do here** vous venez ? – c'est que ... j'ai beaucoup à faire ici
3 adj, compar, superl **best** a bien, bon ◆ **all is not well with her** il y a quelque chose qui ne va pas, elle traverse une mauvaise passe ◆ **it's all very well to say that** c'est bien beau or joli de dire cela ◆ **that's all very well but ...**, **that's all well and good but ...** tout ça c'est bien joli or beau mais ... ◆ **if you want to do it, well and good** si vous voulez le faire je ne vois pas d'inconvénient ◆ **all's well!** (Mil) tout va bien ! ◆ (Prov) **all's well that ends well** tout est bien qui finit bien (Prov)
b (= healthy) **how are you? – very well, thank you** comment allez-vous ? – très bien, merci ◆ **I hope you're well** j'espère que vous allez bien ◆ **to feel well** se sentir bien ◆ **to get well** se remettre ◆ **get well soon!** remets-toi vite ! ◆ **people who are well do not realize that ...** les gens qui se portent bien or qui sont en bonne santé ne se rendent pas compte que ...
c (= cautious) **it** or **we would be well to start early** on ferait bien de partir tôt ◆ **it is as well to remember** il y a tout lieu de se rappeler ◆ **it's as well not to offend her** il vaudrait mieux ne pas la froisser ◆ **it would be just as well for you to stay** vous feriez tout aussi bien de rester
d (= lucky) **it's well for you that nobody saw you** heureusement pour vous qu'on ne vous a pas vu, vous avez de la chance or c'est heureux pour vous qu'on ne vous ait pas vu
4 pref ◆ **well-** bien ◆ **well-chosen/dressed** bien choisi/habillé ; see also **6**
5 n ◆ **I wish you well!** je vous souhaite de réussir !, bonne chance ! ◆ **somebody who wishes you well** quelqu'un qui vous veut du bien
6 COMP ▷ **well-adjusted** adj (gen) person posé, équilibré ; (to society, school) bien adapté ▷ **well-advised** adj action, decision sage, prudent ◆ **you would be well-advised to leave** vous auriez (tout) intérêt à partir ▷ **well-aimed** adj shot bien ajusté ; remark qui porte ▷ **well-appointed** adj house, room bien aménagé ▷ **well-argued** adj case, report bien argumenté ▷ **well-assorted** adj bien assorti ▷ **well-attended** adj meeting, lecture qui attire beaucoup de monde, qui a du succès ; show, play couru ▷ **well-baby clinic** n (Brit) *centre prophylactique et thérapeutique pour nouveaux-nés* ▷ **well-balanced** adj person, diet, argument (bien) équilibré ; paragraph, sentence bien construit ▷ **well-behaved** adj child sage, qui se conduit bien ; animal obéissant ▷ **well-being** n bien-être m ▷ **well-born** adj bien né, de bonne famille ▷ **well-bred** adj (= of good family) de bonne famille ; (= courteous) bien élevé ; animal de bonne race ▷ **well-built** adj building bien construit, solide ; person bien bâti, costaud * ▷ **well-chosen** adj bien choisi ◆ **in a few well-chosen words** en quelques mots bien choisis ▷ **well-connected** adj person qui a des relations ▷ **well-cooked** adj (gen) food, meal bien cuisiné ; (= not rare) meat bien cuit ▷ **well-defined** adj colours, distinctions bien défini ; photo, outline net ; problem bien défini, précis ▷ **well-deserved** adj bien mérité ▷ **well-developed** adj (Anat) bien développé ; person bien fait ; plan bien développé ; argument, idea bien exposé ▷ **well-disposed** adj bien disposé (*towards* envers) ▷ **well-documented** adj case, work bien documenté ◆ **his life is well-documented** on a beaucoup de renseignements or documents sur sa vie ▷ **well-done** adj job, task bien fait ; meat bien cuit ▷ **well-dressed** adj bien habillé, bien vêtu ▷ **well-earned** adj bien mérité ▷ **well-educated** adj cultivé, instruit ▷ **well-endowed** adj (euph) man bien membré ; woman à la poitrine généreuse ▷ **well-equipped** adj bien équipé ; (esp with tools) person bien outillé ; factory bien équipé, doté d'un équipement important ◆ **to be well-equipped to do sth** [person] avoir ce qu'il faut pour faire qch ; [factory] être parfaitement équipé pour faire qch ▷ **well-established** adj établi de longue date ▷ **well-favoured** †† adj beau (belle f) ▷ **well-fed** adj bien nourri ▷ **well-fixed** * adj (US) **to be well-fixed** (= well-to-do) être nanti, vivre dans l'aisance ◆ **we're well-fixed for food** nous avons largement assez à manger ▷ **well-formed** adj (Ling) bien formé, grammatical ▷ **well-formedness** n (Ling) grammaticalité f ▷ **well-founded** adj suspicion bien fondé, légitime ▷ **well-groomed** adj person soigné ; hair bien coiffé ; horse bien pansé ▷ **well-grounded** adj suspicion, belief, rumour bien fondé, légitime ◆ **our students are well-grounded in grammar/physics** nos étudiants ont de solides connaissances or bases en grammaire/physique ▷ **well-heeled** * adj nanti, fort à l'aise ▷ **well-hung** ‡ adj man bien monté ‡ ▷ **well-informed** adj bien informé, bien renseigné (*about* sur) ; (= knowledgeable) person instruit ◆ **well-informed circles** (Pol, Press) les milieux mpl bien informés ▷ **well-intentioned** adj bien intentionné ▷ **well-judged** adj remark, criticism bien vu, judicieux ; shot, throw bien ajusté ; estimate juste ▷ **well-kept** adj house, garden bien entretenu, bien tenu ; hands, nails soigné ; hair bien entretenu ; secret bien gardé ▷ **well-knit** adj (fig) person, body bien bâti ; arguments, speech bien enchaîné ; scheme bien conçu ▷ **well-known** adj (= famous) bien connu, célèbre ◆ **it's a well-known fact that ...** tout le monde sait que ... ▷ **well-liked** adj très apprécié ▷ **well-lined** adj **to have well-lined pockets** avoir de gros moyens, être cousu d'or * ▷ **well-loved** adj très aimé ▷ **well-made** adj bien fait ▷ **well-managed** adj bien mené ▷ **well-man clinic** n (Brit) *centre prophylactique et thérapeutique pour hommes* ▷ **well-mannered** adj qui a de bonnes manières, bien élevé ▷ **well-meaning** adj person bien intentionné ; remark, action fait avec les meilleures intentions ▷ **well-meant** adj fait avec les meilleures intentions ▷ **well-nigh** adv (liter) presque ▷ **well-nourished** adj bien nourri ▷ **well-off** adj (= rich) **to be well-off** vivre dans l'aisance, être riche ◆ **the less well-off** ceux qui ont de petits moyens ◆ **you don't know when you're well-off** (= fortunate) tu ne connais pas ton bonheur ◆ **she's well-off without him** elle est mieux sans lui ◆ **we're well-off for potatoes** nous ne manquons pas de pommes de terre ▷ **well-oiled** adj (lit) bien graissé ; (* = drunk) pompette * ▷ **well-padded** * adj (hum) person rembourré ▷ **well-paid** adj bien payé, bien rémunéré ▷ **well-preserved** adj building, person bien conservé ▷ **well-read** adj cultivé ▷ **well-respected** adj très respecté or considéré ▷ **well-rounded** adj style harmonieux ; sentence bien tourné ▷ **well-spent** adj time bien employé, bien utilisé ; money utilement dépensé ; see also **money**

you like, ... vous pouvez dire ce que vous voulez, ... ♦ **what I need is ...** ce dont j'ai besoin c'est ... ♦ **it wasn't what I was expecting** ce n'était pas ce à quoi je m'attendais ♦ **do what you like** fais ce que tu veux, fais comme tu veux

> When **what** = **the ones which**, the French pronoun is generally plural:

♦ **I've no clothes except what I'm wearing** je n'ai d'autres vêtements que ceux que je porte

h set structures

♦ **and I don't know what (all)** ♦ **they raped, pillaged and I don't know what (all)** ils ont violé, pillé et je ne sais quoi encore ♦ **it was full of cream, jam, chocolate and I don't know what** c'était plein de crème, de confiture, de chocolat et je ne sais trop quoi
♦ **and what is** + adjective/adverb ♦ **and what's more** et qui plus est ♦ **and what is worse** et ce qui est pire ♦ **and, what was more surprising, there was ...** et, plus surprenant encore, il y avait ...
♦ **and what have you** *, **and what not** * et cetera
♦ **or what ?** ♦ **are you coming/do you want it or what?** tu viens/tu le veux ou quoi ? ♦ **I mean, is this sick, or what?** * il faut vraiment être malade ! ♦ **is this luxury or what?** * c'est le grand luxe !
♦ **tell you what** ♦ **tell you what, let's stay here another day** j'ai une idée : si on restait un jour de plus ?
♦ **what about** ♦ **what about Robert?** et Robert ? ♦ **what about people who haven't got cars?** et les gens qui n'ont pas de voiture (alors) ? ♦ **what about the danger involved?** et les risques que l'on encourt ? ♦ **what about lunch, shall we go out?** qu'est-ce qu'on fait à midi, on va au restaurant ? ♦ **your car ... – what about it?** * ta voiture ... – qu'est-ce qu'elle a ma voiture ? ♦ **what about going to the cinema?** si on allait au cinéma ?
♦ **what for ?** pourquoi ? ♦ **what did you do that for?** pourquoi avez-vous fait ça ? ; see also **3**
♦ **what if** et si ♦ **what if this doesn't work out?** et si ça ne marchait pas ? ♦ **what if he says no?** et s'il refuse ? ♦ **what if it rains?** et s'il pleut ?
♦ **what of** ♦ **but what of the country's political leaders?** et les dirigeants politiques du pays ?, qu'en est-il des dirigeants politiques du pays ? ♦ **what of it?** * et alors ?
♦ **what's what** ♦ **he knows what's what** il s'y connaît, il connaît son affaire ♦ **you should try my job, then you'd really see what's what** tu devrais faire mon travail et alors tu comprendrais ♦ **I've done this job long enough to know what's what** je fais ce travail depuis assez longtemps pour savoir de quoi il retourne * ♦ **I'll show them what's what** je vais leur montrer de quel bois je me chauffe *
♦ **what with** ♦ **what with the stress and lack of sleep, I was in a terrible state** entre le stress et le manque de sommeil, j'étais dans un état lamentable ♦ **what with one thing and another** avec tout ça ♦ **what with the suitcase and his bike he could hardly ...** avec la valise et son vélo, il pouvait à peine ...
♦ **not but what** ♦ **not but what that wouldn't be a good thing** non que ce soit une mauvaise chose

3 COMPOUNDS

▷ **what-d'ye-call-her** * n Machine * f ▷ **what-d'ye-call-him** * n Machin * m, Machin Chouette * m ▷ **what-d'ye-call-it** * n machin * m, truc * m, bidule * m ♦ **whatfor** n **to give sb what-for** passer un savon à qn * ▷ **what-ho !** †* excl ohé bonjour ! ▷ **what's-her-name** * n ⇒ **what-d'ye-call-her** ▷ **what's-his-name** * n ⇒ **what-d'ye-call-him** ▷ **what's-it** n ⇒ what-d'ye-call-it Mr **What's-it** * Monsieur Machin (Chose) * ♦ **what's-its-name** * n ⇒ what-d'ye-call-it

whatchamacallit * ['wɒtʃəməkɔːlɪt] n machin * m, truc * m, bidule * m

whate'er [wɒt'ɛəʳ] (liter) ⇒ whatever

whatever [wɒt'evəʳ] LANGUAGE IN USE 26.3

1 adj **a** (gen) **whatever book you choose** quel que soit le livre que vous choisissiez (subj) ♦ **any box of whatever size** n'importe quelle boîte quelle qu'en soit la taille ♦ **give me whatever money you've got** donne-moi (tout) ce que tu as comme argent ♦ **he agreed to make whatever repairs might prove necessary** il a accepté de faire toutes les réparations qui s'avéreraient nécessaires ♦ **you'll have to change whatever plans you've made** quoi que vous ayez prévu, il vous faudra changer vos plans

b (*: emphatic interrog) **whatever books have you been reading?** qu'est-ce que vous êtes allé lire ?, vous avez lu de drôles de livres ! * ♦ **whatever time is it?** quelle heure peut-il bien être ?

2 adv ♦ **whatever the weather** quel que soit le temps (qu'il fasse) ♦ **whatever the news from the front, they ...** quelles que soient les nouvelles du front, ils ... ♦ **I'll take anything whatever you can spare** je prendrai tout ce dont vous n'avez pas besoin (quoi que ce soit) ♦ **I've no money whatever** je n'ai pas un sou, je n'ai pas le moindre sou ♦ **there's no doubt whatever about it** cela ne fait pas le moindre doute or pas l'ombre d'un doute ♦ **nothing whatever** rien du tout, absolument rien ♦ **did you see any? – none whatever!** tu en as vu ? – non, absolument aucun ! ♦ **in no case whatever shall we agree to see ...** en aucun cas nous n'accepterons de voir ... ♦ **has he any chance whatever?** a-t-il la moindre chance ?

3 pron **a** (= no matter what) quoi que (+ subj) ♦ **whatever happens** quoi qu'il arrive (subj) ♦ **whatever you (may) find** quoi que vous trouviez (subj) ♦ **whatever it may be** quoi que ce soit ♦ **whatever he may mean** quel que soit ce qu'il veut dire ♦ **whatever it or that means or may mean or meant** quel que soit le sens du mot (or de la phrase etc) ; (hum, iro) maintenant, allez savoir ce que ça veut dire ♦ **I'll pay whatever it costs** je paierai ce que ça coûtera ♦ **whatever it costs, get it** achète-le quel qu'en soit le prix ♦ **whatever he said before, he won't now do it** quoi qu'il ait dit auparavant, il ne fera pas maintenant

b (= anything that) tout ce que ♦ **do whatever you please** faites ce que vous voulez or voudrez ♦ **we shall do whatever seems necessary** nous ferons le nécessaire ♦ **Monday or Tuesday, whatever suits you best** lundi ou mardi, ce qui or le jour qui vous convient le mieux ♦ **whatever you say, sir** comme monsieur voudra ♦ **I tell you I'm ill! – whatever you say** (iro) je te dis que je suis malade ! – bien sûr, puisque tu le dis (iro)

c (*: emphatic interrog) **whatever did you do?** qu'est-ce que vous êtes allé faire ? ♦ **whatever did you say that for?** pourquoi êtes-vous allé dire ça ?

d (= other similar things) **the books and the clothes and whatever** * les livres et les vêtements et tout ça or et que sais-je encore

whatnot ['wɒtnɒt] n **a** (= furniture) étagère f **b** (*= thing) machin * m, truc * m, bidule * m **c** **and whatnot** * et ainsi de suite, et tout ce qui s'ensuit

whatsoe'er [wɒtsəʊ'ɛəʳ] (liter), **whatsoever** [wɒtsəʊ'evəʳ] (emphatic) ⇒ whatever

whatsoever (emphatic) [ˌwɒtsəʊ'evəʳ], **whatsoe'er** (liter) [ˌwɒtsəʊ'ɛəʳ] ⇒ whatever

wheat [wiːt] 1 n (NonC) blé m, froment m ♦ **to separate or divide the wheat from the chaff** (fig) séparer le bon grain de l'ivraie

2 COMP ▷ **wheat beer** n bière f blanche ▷ **wheat field** n champ m de blé ▷ **wheat flour** n farine f de blé or de froment ▷ **wheat sheaf** n gerbe f de blé

wheatear ['wiːtɪəʳ] n (= bird) traquet m (motteux)

wheaten ['wiːtn] adj de blé, de froment

wheatgerm ['wiːtdʒɜːm] 1 n (NonC) germes mpl de blé

2 COMP ▷ **wheatgerm bread** n pain m aux germes de blé

wheatmeal ['wiːtmiːl] n farine f complète ♦ **wheatmeal bread** ≈ pain m de campagne

whee [wiː] excl **whee!** youp là !

wheedle ['wiːdl] ⇒ SYN vt cajoler, câliner ♦ **to wheedle sth out of sb** obtenir or tirer qch de qn par des cajoleries or des câlineries ♦ **to wheedle sb into doing sth** cajoler or câliner qn pour qu'il fasse qch, amener qn à force de cajoleries or câlineries à faire qch

wheedler ['wiːdləʳ] n cajoleur m, -euse f, enjôleur m, -euse f

wheedling ['wiːdlɪŋ] 1 adj câlin, enjôleur
2 n cajolerie(s) f(pl), câlinerie(s) f(pl)

wheel [wiːl] ⇒ SYN 1 n **a** (gen) roue f ; (smaller) [of trolley, toy etc] roulette f ; (of ship) (roue f de) gouvernail m ; (= steering wheel) volant m ; (= spinning wheel) rouet m ; (= potter's wheel) tour m (de potier) ; (in roulette) roue f ; (Hist = torture instrument) roue f ♦ **at the wheel** (of ship) au gouvernail ; (of car: also **behind the wheel**) au volant ♦ **to take the wheel** (of ship) prendre le gouvernail ; (of car: also **to get behind the wheel**) se mettre au volant ♦ **to change a wheel** (Aut) changer une roue ♦ **to break sb on the wheel** (Hist) rouer qn ; → **shoulder**, **spoke**[1]

b (in fig phrases) **the wheels of government/of justice** les rouages mpl du gouvernement/de l'institution judiciaire ♦ **the wheels of justice are moving or turning very slowly** la justice suit son cours avec beaucoup de lenteur ♦ **to oil or grease the wheels** huiler les rouages ♦ **there are wheels within wheels** c'est plus compliqué que ça ne paraît, il y a toutes sortes de forces en jeu ♦ **the wheel has come full circle** la boucle est bouclée ♦ **it was hell on wheels** * c'était l'enfer ♦ **a third or fifth wheel** (US fig) la cinquième roue du carrosse ; → **reinvent**

c (* = car) **(set of) wheels** bagnole * f ♦ **have you got wheels?** vous êtes motorisé ? *

d (Mil) **to make a right/left wheel** (= turn) effectuer une conversion à droite/à gauche

2 vt **a** [+ barrow, pushchair] pousser, rouler ; [+ bed, cycle] pousser ; [+ child] pousser (dans un landau etc) ♦ **to wheel a trolley into/out of a room** rouler or pousser un chariot dans/hors d'une pièce ♦ **they wheeled the sick man over to the window** ils ont poussé le malade (dans son fauteuil roulant or sur son lit roulant) jusqu'à la fenêtre

b (* fig = bring) **he wheeled out an enormous box** il a sorti une boîte énorme ♦ **wheel him in!** amenez-le ! ♦ **the government have wheeled out their usual pre-election tax cuts** le gouvernement a ressorti ses réductions d'impôt, comme il en a l'habitude à la veille des élections ♦ **he wheeled out his usual arguments** il a sorti * ses arguments habituels ♦ **spokesmen were wheeled out to deny these rumours** on a fait venir des porte-parole pour démentir ces rumeurs

3 vi **a** (also **wheel round**) [birds] tournoyer ; [windmill sails etc] tourner (en rond) ; [person] se retourner (brusquement), virevolter ; (Mil) effectuer une conversion ; [procession] tourner ♦ **right wheel!** (Mil) à droite !

b (fig) **he's always wheeling and dealing** * il est toujours en train de manigancer quelque chose or de chercher des combines *

4 COMP ▷ **wheel brace** n (Aut) clef f en croix ▷ **wheel clamp** n sabot m (de Denver) ▷ **wheel gauge** n (Aut) écartement m des essieux ▷ **wheel horse** * n (US fig) cheval m de labour (fig) ▷ **wheel of fortune** n roue f de la fortune

wheelbarrow ['wiːlbærəʊ] n brouette f

wheelbase ['wiːlbeɪs] n (Aut) empattement m

wheelchair ['wiːltʃɛəʳ] 1 n fauteuil m roulant ♦ **"wheelchair access"** "accès aux handicapés" ♦ **when I'm in a wheelchair ...** (hum) quand je serai dans un or en fauteuil roulant

2 COMP ▷ **wheelchair-bound** adj **to be wheelchair-bound** être dans un fauteuil roulant ▷ **wheelchair Olympics** † n Jeux mpl olympiques handisports ▷ **wheelchair user** n handicapé(e) m(f) (dans un fauteuil roulant)

wheeled [wiːld] adj object à roues, muni de roues ♦ **three-wheeled** à trois roues

wheeler [wiːləʳ] n (pej) **wheeler-(and-)dealer** magouilleur * m, -euse f ; (= businessman) affairiste m ♦ **wheeler-dealing** * (pej) ⇒ **wheeling and dealing** ; → **wheeling**

-wheeler ['wiːləʳ] n (in compounds) ♦ **four-wheeler** voiture f à quatre roues ; → **two**

wheelhouse [ˈwiːlhaʊs] n (Naut) timonerie f

wheelie * [ˈwiːlɪ] **1** n ⬥ **to do a wheelie** faire une roue arrière
2 COMP ▷ **wheelie bin** * n (Brit) poubelle f à roulettes

wheeling [ˈwiːlɪŋ] n (pej) ⬥ **wheeling and dealing** * magouilles * fpl, combines * fpl ⬥ **there has been a lot of wheeling and dealing * over the choice of candidate** le choix du candidat a donné lieu à toutes sortes de combines or de magouilles *

wheelspin [ˈwiːlspɪn] n (Aut) patinage m

wheelwright [ˈwiːlraɪt] n charron m

wheeze [wiːz] → SYN **1** n **a** respiration f bruyante or sifflante
b (Brit †* = scheme) truc * m, combine * f
c (US * = saying) dicton m, adage m
2 vi [person] (= breathe noisily) respirer bruyamment ; (= breathe with difficulty) avoir du mal à respirer ; [animal] souffler
3 vt (also **wheeze out**) ⬥ **yes, he wheezed** "oui", dit-il d'une voix rauque ⬥ **the old organ wheezed out the tune** le vieil orgue a joué le morceau dans un bruit de soufflerie

wheezily [ˈwiːzɪlɪ] adv en soufflant bruyamment, poussivement

wheeziness [ˈwiːzɪnɪs] n difficultés fpl à respirer

wheezy [ˈwiːzɪ] adj person poussif, asthmatique ; voice d'asthmatique ; animal poussif ; organ etc asthmatique (fig)

whelk [welk] n bulot m, buccin m

whelp [welp] **1** n (= animal) petit(e) m(f) ; (pej) (= youth) petit morveux m
2 vi (of animals) mettre bas

when [wen]

1	ADVERB
2	CONJUNCTION
3	NOUN

1 ADVERB

quand

⎡ Note the various ways of asking questions in French:

⬥ **when does the term start?** quand commence le trimestre ?, quand est-ce que le trimestre commence ? ⬥ **when did it happen?** quand cela s'est-il passé ?, ça s'est passé quand ? ⬥ **when was penicillin discovered?** quand la pénicilline a-t-elle été découverte ? ⬥ **when was the Channel Tunnel opened?** quand a-t-on ouvert le tunnel sous la Manche ? ⬥ **when would be the best time to phone?** quand est-ce je pourrais rappeler ? ⬥ **when's the wedding?** à quand le mariage ?, quand doit avoir lieu le mariage ?

⎡ There is no inversion after **quand** in indirect questions:

⬥ **I don't know when I'll see him again** je ne sais pas quand je le reverrai ⬥ **did he say when he'd be back?** a-t-il dit quand il serait de retour ? ⬥ **let me know when you want your holidays** faites-moi savoir quand or à quelle date vous désirez prendre vos congés

⎡ If **when** means **what time/date**, a more specific translation is often used:

⬥ **when does the train leave?** à quelle heure part le train ? ⬥ **when do you finish work?** à quelle heure est-ce tu quittes le travail ? ⬥ **when is your birthday?** quelle est la date de ton anniversaire ?, c'est quand, ton anniversaire ? ⬥ **when do the grapes get ripe?** vers quelle date or quand est-ce que les raisins sont mûrs ?

⬥ **say when !** * (pouring drinks etc) vous m'arrêterez ...

2 CONJUNCTION

a ⎡= at the time that⎤ quand, lorsque ⬥ **everything looks nicer when the sun is shining** tout est plus joli quand or lorsque le soleil brille

⎡ If the **when** clause refers to the future, the future tense is used in French:

⬥ **I'll do it when I have time** je le ferai quand j'aurai le temps ⬥ **let me know when she comes** faites-moi savoir quand elle arrivera ⬥ **when you're older, you'll understand** quand tu seras plus grand, tu comprendras ⬥ **go when you like** partez quand vous voulez or voudrez

⎡ **en** + present participle may be used, if the subject of both clauses is the same, and the verb is one of action:

⬥ **she burnt herself when she took the dish out of the oven** elle s'est brûlée en sortant le plat du four ⬥ **he blushed when he saw her** il a rougi en la voyant

⬥ **when** + noun ⬥ **when a student at Oxford, she ...** lorsqu'elle était étudiante à Oxford, elle ... ⬥ **when a child, he ...** enfant, il ...
⬥ **when** + adjective ⬥ **my father, when young, had a fine tenor voice** quand mon père était jeune il avait une belle voix de ténor ⬥ **when just three years old, he was ...** à trois ans il était déjà ... ⬥ **the floor is slippery when wet** le sol est glissant quand or lorsqu'il est mouillé
⬥ **when** + -ing ⬥ **you should take your passport with you when changing money** munissez-vous de votre passeport lorsque or quand vous changez d'argent ⬥ **take care when opening the tin** faites attention lorsque or quand vous ouvrez la boîte, faites attention en ouvrant la boîte
⬥ day/time/moment + **when** où ⬥ **on the day when I met him** le jour où je l'ai rencontré ⬥ **at the time when I should have been at the station** à l'heure où j'aurais dû être à la gare ⬥ **at the very moment when I was about to leave** juste au moment où j'allais partir ⬥ **one day when the sun was shining** un jour que or où le soleil brillait ⬥ **it was one of those days when everything is quiet** c'était un de ces jours où tout est calme ⬥ **there are times when I wish I'd never met him** il y a des moments où je souhaiterais ne l'avoir jamais rencontré ⬥ BUT ◊ **this is a time when we must speak up for our principles** c'est dans un moment comme celui-ci qu'il faut défendre nos principes

b ⎡= which is when⎤ **he arrived at 8 o'clock, when traffic is at its peak** il est arrivé à 8 heures, heure à laquelle la circulation est la plus intense ⬥ **in August, when peaches are at their best** en août, époque où les pêches sont les plus savoureuses ⬥ **it was in spring, when the snow was melting** c'était au printemps, à la fonte des neiges

c ⎡= the time when⎤ **he told me about when you got lost in Paris** il m'a raconté le jour or la fois * où vous vous êtes perdu dans Paris ⬥ **now is when I need you most** c'est maintenant que j'ai le plus besoin de vous ⬥ **that's when the programme starts** c'est l'heure à laquelle l'émission commence ⬥ **that's when Napoleon was born** c'est l'année où Napoléon est né ⬥ **that's when you ought to try to be patient** c'est dans ces moments-là qu'il faut faire preuve de patience ⬥ **that was when the trouble started** c'est alors que les ennuis ont commencé

d ⎡= after⎤ quand, une fois que ⬥ **when you read the letter you'll know why** quand vous lirez la lettre vous comprendrez pourquoi ⬥ **when they left, I felt relieved** quand ils sont partis, je me suis senti soulagé ⬥ **when you've been to Greece you realize how ...** quand or une fois qu'on est allé en Grèce, on se rend compte que ... ⬥ **when he had made the decision, he felt better** il se sentit soulagé une fois qu'il eut pris une décision ⬥ **when (it is) finished the bridge will measure ...** une fois terminé, le pont mesurera ... ⬥ BUT ◊ **when they had left he telephoned me** après leur départ il m'a téléphoné

e ⎡= each time that, whenever⎤ quand ⬥ **I take aspirin when I have a headache** je prends un cachet d'aspirine quand j'ai mal à la tête ⬥ **when it rains I wish I were back in Italy** quand il pleut je regrette l'Italie

f ⎡= whereas⎤ alors que ⬥ **he thought he was recovering, when in fact ...** il pensait qu'il était en voie de guérison alors qu'en fait ...

g ⎡= if⎤ **how can I be self-confident when I look like this?** comment veux-tu que j'aie confiance en moi en étant comme ça ? ⬥ **how can you understand when you won't listen?** comment voulez-vous comprendre si vous n'écoutez pas ? ⬥ **what's the good of trying when I know I can't do it?** à quoi bon essayer, si or puisque je sais que je ne peux pas le faire

h ⎡= and then⎤ quand ⬥ **he had just sat down when the phone rang** il venait juste de s'asseoir quand le téléphone a sonné ⬥ **I was about to leave when I remembered ...** j'étais sur le point de partir quand je me suis rappelé ... ⬥ BUT ◊ **I had only just got back when I had to leave again** à peine venais-je de rentrer que j'ai dû repartir

3 NOUN

⬥ **I want to know the when and the how of all this** je veux savoir quand et comment tout ça est arrivé

whence [wens] adv, conj (liter) d'où

whenever [wenˈevəʳ], **whene'er** (liter) [wenˈɛəʳ]
1 conj **a** (= at whatever time) quand ⬥ **come whenever you wish** venez quand vous voulez or voudrez ⬥ **you may leave whenever you're ready** vous pouvez partir quand vous serez prêt
b (= every time that) quand, chaque fois que ⬥ **come and see us whenever you can** venez nous voir quand vous le pouvez ⬥ **whenever I see a black horse I think of Jenny** chaque fois que je vois un cheval noir je pense à Jenny ⬥ **whenever it rains the roof leaks** chaque fois qu'il pleut le toit laisse entrer l'eau ⬥ **whenever people ask him he says ...** quand on lui demande il dit ... ⬥ **whenever you touch it it falls over** on n'a qu'à le toucher et il tombe
2 adv * mais quand donc ⬥ **whenever did you do that?** mais quand donc est-ce que vous avez fait ça ? ⬥ **last Monday, or whenever** lundi dernier, ou je ne sais quand ⬥ **I can leave on Monday, or Tuesday, or whenever** je peux partir lundi, ou mardi, ou un autre jour or ou n'importe quand

whensoever (emphatic) [ˌwensəʊˈevəʳ], **whensoe'er** (liter) [ˌwensəʊˈɛəʳ] ⇒ **whenever**

where [wɛəʳ] LANGUAGE IN USE 5.1
1 adv (= in or to what place) où ⬥ **where do you live?** où habitez-vous ? ⬥ **where are you going (to)?** où allez-vous ? ⬥ **where's the theatre?** où est le théâtre ? ⬥ **where are you from?, where do you come from?** d'où venez-vous ?, vous venez d'où ? ⬥ **where have you come from?** d'où est-ce que vous arrivez ?, vous arrivez d'où ? ⬥ **you saw him near where?** vous l'avez vu près d'où ? ⬥ **where have you got to in the book?** où est-ce que vous en êtes de votre livre ? ⬥ **where do I come into it?** (fig) qu'est-ce que je viens faire dans tout ça ?, quel est mon rôle dans tout ça ? ⬥ **where's the difference?** où voyez-vous une différence ? ⬥ **I wonder where he is** je me demande où il est ⬥ **I don't know where I put it** je ne sais pas où je l'ai mis ⬥ **don't eat that, you don't know where it's been** ne mangez pas cela, vous ne savez pas où ça a traîné ⬥ **where would we be if ...?** où serions-nous si ... ?
2 conj **a** (gen) (là) où ⬥ **stay where you are** restez (là) où vous êtes ⬥ **there is a garage where the two roads intersect** il y a un garage au croisement des deux routes ⬥ **Lyons stands where the Saône meets the Rhône** Lyon se trouve au confluent de la Saône et du Rhône ⬥ **there is a school where our house once stood** il y a une école là où or à l'endroit où se dressait autrefois notre maison ⬥ **go where you like** allez où vous voulez or voudrez ⬥ **it is coldest where there are no trees for shelter** c'est là où il n'y a pas d'arbre pour s'abriter (du vent) qu'il fait le plus froid ⬥ **I'm at the stage where I could ...** j'en suis au point où je pourrais ... ⬥ **my book is not where I left it** mon livre n'est pas là où or à l'endroit où je l'avais laissé ⬥ **it's not where I expected to see it** je ne m'attendais pas à le voir là ⬥ **he ran towards where the bus had crashed** il a couru vers l'endroit où le bus avait eu l'accident ⬥ **I told him where he could stick his job** ⁑ je lui ai dit où il pouvait se le mettre son boulot ⁑

b (= in which, at which etc) où ⬥ **the house where he was born** la maison où il est né, sa maison natale ◆ **in the place where there used to be a church** à l'endroit où il y avait une église ◆ **England is where you'll find this sort of thing most often** c'est en Angleterre que vous trouverez le plus fréquemment cela

c (= the place that) là que ◆ **this is where the car was found** c'est là qu'on a retrouvé la voiture ◆ **this is where we got to in the book** c'est là que nous en sommes du livre ◆ **that's where you're wrong!** c'est là que vous vous trompez !, voilà votre erreur ! ◆ **so that's where my gloves have got to!** voilà où sont passés mes gants ! ◆ **that's where** or **there's*** **where things started to go wrong** (= when) c'est là que les choses se sont gâtées ◆ **this is where** or **here's*** **where you've got to make your own decision** là il faut que tu décides (subj) tout seul ◆ **that's where I meant** c'est là que je voulais dire ◆ **he went up to where she was sitting** il s'est approché de l'endroit où elle était assise ◆ **I walked past where he was standing** j'ai dépassé l'endroit où il se tenait ◆ **from where I'm standing I can see ...** d'où or de là où je suis je peux voir ...

d (= wherever) là où ◆ **you'll always find water where there are trees** vous trouverez toujours de l'eau là où il y a des arbres ◆ **where there is kindness, you will find ...** là où il y a de la gentillesse, vous trouverez ...

e (= whereas) alors que ◆ **he walked where he could have taken the bus** il est allé à pied alors qu'il aurait pu prendre le bus ◆ **he walked where I would have taken the bus** il est allé à pied alors que or tandis que moi j'aurais pris le bus

3 n ◆ **I want to know the where and the why of it** je veux savoir où et pourquoi c'est arrivé

whereabouts [ˈwɛərəbaʊts] → SYN 1 adv où (donc) ◆ **whereabouts did you put it?** où (donc) l'as-tu mis ?

2 n ◆ **to know sb's/sth's whereabouts** savoir où est qn/qch ◆ **his whereabouts are unknown** personne ne sait où il se trouve

whereafter [ˌwɛərˈɑːftəʳ] conj (frm) après quoi

whereas [wɛərˈæz] conj (= while) alors que, tandis que ; (= in view of the fact that) attendu que, considérant que ; (= although) bien que (+ subj), quoique (+ subj)

whereat [wɛərˈæt] adv (liter) sur quoi, après quoi, sur ce

whereby [wɛəˈbaɪ] pron (frm) par quoi, par lequel (or laquelle etc), au moyen duquel (or de laquelle etc)

wherefore †† [ˈwɛəfɔːʳ] 1 conj (= for that reason) et donc, et pour cette raison ; see also **why**

2 adv (= why) pourquoi

wherein [wɛərˈɪn] 1 interrog adv †† où, dans quoi

2 conj (frm) où, dans quoi

whereof [wɛərˈɒv] adv, pron (frm, liter) de quoi, dont, duquel (or de laquelle etc)

whereon [wɛərˈɒn] pron (frm, liter) sur quoi, sur lequel (or laquelle etc)

wheresoever (emphatic) [ˌwɛəsəʊˈevəʳ], **wheresoe'er** (liter) [ˌwɛəsəʊˈɛəʳ] ⇒ **wherever**

whereto [wɛəˈtuː] adv (frm) et dans ce but, et en vue de ceci

whereupon [ˌwɛərəˈpɒn] adv sur quoi, après quoi

wherever [wɛərˈevəʳ] 1 conj a (= no matter where) où que (+ subj) ◆ **wherever I am I'll always remember** où que je sois, je n'oublierai jamais ◆ **wherever you go I'll go too** où que tu ailles or partout où tu iras, j'irai ◆ **I'll buy it wherever it comes from** je l'achèterai d'où que cela provienne or quelle qu'en soit la provenance ◆ **wherever it came from, it's here now!** peu importe d'où cela vient, c'est là maintenant !

b (= anywhere) (là) où ◆ **sit wherever you like** asseyez-vous (là) où vous voulez ◆ **go wherever you please** allez où bon vous semblera ◆ **we'll go wherever you wish** nous irons (là) où vous voudrez ◆ **he comes from Barcombe, wherever that is** il vient d'un endroit qui s'appellerait Barcombe

c (= everywhere) partout où ◆ **wherever you see this sign, you can be sure that ...** partout où vous voyez ce signe, vous pouvez être sûr que ... ◆ **wherever there is water available** partout où il y a de l'eau

2 adv * mais où donc ◆ **wherever did you get that hat?** mais où donc avez-vous déniché* ce chapeau ? ◆ **I bought it in London or Liverpool or wherever** je l'ai acheté à Londres, Liverpool ou Dieu sait où

wherewith [wɛəˈwɪθ] adv (frm, liter) avec quoi, avec lequel (or laquelle etc)

wherewithal [ˈwɛəwɪðɔːl] → SYN n moyens mpl, ressources fpl nécessaires ◆ **he hasn't the wherewithal to buy it** il n'a pas les moyens de l'acheter

whet [wet] → SYN vt a [+ tool] aiguiser, affûter

b [+ desire, appetite, curiosity] aiguiser, stimuler

whether [ˈweðəʳ] conj a si ◆ **I don't know whether it's true or not, I don't know whether or not it's true** je ne sais pas si c'est vrai ou non ◆ **you must tell him whether you want him (or not)** il faut que tu lui dises si oui ou non tu as besoin de lui ◆ **I don't know whether to go or not** je ne sais pas si je dois y aller ou non ◆ **it is doubtful whether ...** il est peu probable que ... (+ subj) ◆ **I doubt whether ...** je doute que ... (+ subj) ◆ **I'm not sure whether ...** je ne suis pas sûr si ... (+ indic) or que ... (+ subj)

b que (+ subj) ◆ **whether it rains or (whether it) snows I'm going out** qu'il pleuve ou qu'il neige (subj) je sors ◆ **whether you go or not, whether or not you go** que tu y ailles ou non

c soit ◆ **whether today or tomorrow** soit aujourd'hui soit demain ◆ **whether before or after** soit avant soit après ◆ **whether with a friend to help you or without** avec ou sans ami pour vous aider ◆ **I shall help you whether or no** de toute façon or quoi qu'il arrive (subj) je vous aiderai

whetstone [ˈwetstəʊn] n pierre f à aiguiser

whew* [hwjuː] excl (relief, exhaustion) ouf ! ; (surprise, admiration) fichtre !*

whey [weɪ] n petit-lait m

wheyfaced [ˈweɪfeɪst] adj (pej) au teint blafard

which [wɪtʃ] 1 adj a (in questions etc) quel ◆ **which card did he take?** quelle carte a-t-il prise ?, laquelle des cartes a-t-il prise ? ◆ **I don't know which book he wants** je ne sais pas quel livre il veut ◆ **which one?** lequel (or laquelle) ? ◆ **which one of you?** lequel (or laquelle) d'entre vous ? ◆ **which Campbell do you mean?** de quel Campbell parlez-vous ?

b **in which case** auquel cas ◆ **he spent a week here, during which time ...** il a passé une semaine ici au cours de laquelle ...

2 pron a (in questions etc) lequel m, laquelle f ◆ **which is the best of these maps?, which of these maps is the best?** quelle est la meilleure de ces cartes ?, laquelle de ces cartes est la meilleure ? ◆ **which have you taken?** lequel m (or laquelle f) avez-vous pris(e) ? ◆ **which of you two is taller?** lequel de vous deux est le plus grand ?, qui est le plus grand de vous deux ? ◆ **which are the ripest apples?** quelles sont les pommes les plus mûres ?, quelles pommes sont les plus mûres ? ◆ **which would you like?** lequel aimeriez-vous ? ◆ **which of you are married?** lesquels d'entre vous sont mariés ? ◆ **which of you owns the red car?** lequel d'entre vous est le propriétaire de la voiture rouge ?

b (= the one or ones that) (subject) celui m (or celle f or ceux mpl or celles fpl) qui ; (object) celui etc que ◆ **I don't mind which you give me** vous pouvez me donner celui que vous voudrez (ça m'est égal) ◆ **I don't mind which** ça m'est égal ◆ **show me which is the cheapest** montrez-moi celui qui est le moins cher ◆ **I can't tell** or **I don't know which is which** je ne peux pas les distinguer ◆ **I can't tell which key is which** je ne sais pas à quoi correspondent ces clés or quelle clé ouvre quelle porte ◆ **tell me which are the Frenchmen** dites-moi lesquels sont les Français ◆ **I know which I'd rather have** je sais celui que je préférerais ◆ **ask him which of the books he'd like** demandez-lui parmi tous les livres lequel il voudrait

c (= that) (subject) qui ; (object) que ; (after prep) lequel m (or laquelle f or lesquels mpl or lesquelles fpl) ◆ **the book which is on the table** le livre qui est sur la table ◆ **the apple which you ate** la pomme que vous avez mangée ◆ **the house towards which she was going** la maison vers laquelle elle se dirigeait ◆ **the film of which he was speaking** le film dont il parlait ◆ **opposite which** en face duquel (or de laquelle etc) ◆ **the book which I told you about** le livre dont je vous ai parlé ◆ **the box which you put it in** la boîte dans laquelle vous l'avez mis

d (= and that) (subject) ce qui ; (object) ce que ; (after prep) quoi ◆ **he said he knew her, which is true** il a dit qu'il la connaissait, ce qui est vrai ◆ **she said she was 40, which I doubt very much** elle a dit qu'elle avait 40 ans, ce dont je doute beaucoup ◆ **you're late, which reminds me ...** vous êtes en retard, ce qui me fait penser ... ◆ **... upon which she left the room** ... sur quoi or et sur ce elle a quitté la pièce ◆ **... of which more later** ... ce dont je reparlerai plus tard, ... mais je reviendrai là-dessus plus tard ◆ **from which we deduce that ...** d'où or et de là nous déduisons que ... ◆ **after which we went to bed** après quoi nous sommes allés nous coucher

whichever [wɪtʃˈevəʳ] 1 adj a (= that one which) **whichever method is most successful should be chosen** on devrait choisir la méthode garantissant les meilleurs résultats, peu importe laquelle ◆ **take whichever book you like best** prenez le livre que vous préférez, peu importe lequel ◆ **I'll have whichever apple you don't want** je prendrai la pomme que or dont vous ne voulez pas ◆ **keep whichever one you prefer** gardez celui que vous préférez ◆ **go by whichever route is the most direct** prenez la route la plus directe, peu importe laquelle ◆ **do it in whichever way you can** faites-le comme vous pourrez

b (= no matter which) (subject) quel que soit ... qui (+ subj) ; (object) quel que soit ... que (+ subj) ◆ **whichever dress you wear** quelle que soit la robe que tu portes ◆ **whichever book is left** quel que soit le livre qui reste ◆ **whichever book is chosen** quel que soit le livre choisi ◆ **whichever way you look at it** (fig) de quelque manière que vous le considériez (subj)

2 pron a (= the one which) (subject) celui m qui, celle f qui ; (object) celui m que, celle f que ◆ **whichever is best for him** celui m (or celle f) qui lui convient le mieux ◆ **whichever you choose will be sent to you at once** celui m (or celle f) que vous choisirez vous sera expédié(e) immédiatement ◆ **whichever of the books is selected** quel que soit le livre qui sera sélectionné ◆ **choose whichever is easiest** choisissez (celui qui est) le plus facile ◆ **on Thursday or Friday, whichever is more convenient** jeudi ou vendredi, le jour qui vous conviendra le mieux ◆ **A or B, whichever is the greater** A ou B, à savoir le plus grand des deux ◆ **at sunset or 7pm, whichever is the earlier** au coucher du soleil ou à 19 heures au plus tard, selon la saison

b (= no matter which one) (subject) quel m que soit celui qui (+ subj), quelle f que soit celle qui (+ subj) ; (object) quel m que soit celui que (+ subj), quelle f que soit celle que (+ subj) ◆ **whichever of the two books he chooses, it won't make a lot of difference** quel que soit le livre qu'il choisisse, cela ne fera pas beaucoup de différence ◆ **whichever of the methods is chosen, it can't affect you much** quelle que soit la méthode choisie, ça ne changera pas grand-chose pour vous

whiff [wɪf] → SYN 1 n a (= puff) [of smoke, hot air] bouffée f ◆ **a whiff of garlic** une bouffée d'ail ◆ **a whiff of seaweed** une odeur d'algues ◆ **one whiff of this is enough to kill you** il suffit de respirer ça une fois pour mourir ◆ **I caught a whiff of gas** j'ai senti l'odeur du gaz ◆ **take a whiff of this!*** renifle ça !

b (= bad smell) **what a whiff!*** qu'est-ce que ça pue or fouette* !

c (fig = hint) [of scandal] parfum m, odeur f ; [of corruption] odeur f ◆ **a case which had a whiff of espionage about it** une affaire qui sentait l'espionnage

2 vi * sentir mauvais

whiffy* [ˈwɪfɪ] adj qui sent mauvais

Whig [wɪg] adj, n (Pol Hist) whig m

while [waɪl] 1 conj a (= during the time that) pendant que ◆ **it happened while I was out of the room** c'est arrivé pendant que or alors que j'étais hors de la pièce ◆ **can you wait while I telephone?** pouvez-vous attendre pendant que je téléphone ? ◆ **she fell asleep**

while reading elle s'est endormie en lisant ♦ while you're away I'll write some letters pendant ton absence or pendant que tu seras absent j'écrirai quelques lettres ♦ don't drink while on duty ne buvez pas pendant le service ♦ "heels repaired while you wait" "ressemelage minute" ♦ while you're up you could close the door pendant que or puisque tu es debout tu pourrais fermer la porte ♦ and while you're about it ... et pendant que vous y êtes ...

b (= as long as) tant que ♦ while there's life there's hope tant qu'il y a de la vie il y a de l'espoir ♦ it won't happen while I'm here cela n'arrivera pas tant que je serai là ♦ while I live I shall make sure that ... tant que or aussi longtemps que je vivrai je ferai en sorte que ...

c (= although) quoique (+ subj), bien que (+ subj) ♦ while I admit he is sometimes right ... tout en admettant or quoique j'admette qu'il ait quelquefois raison ... ♦ while there are a few people who like that sort of thing ... bien qu'il y ait un petit nombre de gens qui aiment ce genre de chose ...

d (= whereas) alors que, tandis que ♦ she sings quite well, while her sister can't sing a note elle ne chante pas mal alors que or tandis que sa sœur ne sait pas chanter du tout

[2] n **a** a while quelque temps ♦ a short while, a little while un moment, un instant ♦ for a little while pendant un petit moment ♦ a long while, a good while (assez) longtemps, pas mal de temps ♦ after a while quelque temps après, au bout de quelque temps ♦ let's stop for a while arrêtons-nous un moment ; (longer) arrêtons quelque temps ♦ for a while I thought ... j'ai pensé un moment ... ; (longer) pendant quelque temps j'ai pensé ... ♦ it takes quite a while to ripen cela met assez longtemps à mûrir ♦ once in a while (une fois) de temps en temps ♦ (in) between whiles entre-temps ; → worthwhile

b he looked at me (all) the while or the whole while il m'a regardé pendant tout ce temps-là

[3] COMP ▷ while-you-wait heel repairs npl ressemelage m minute inv

▶ **while away** vt sep (faire) passer

whiles [waɪlz] adv (esp Scot, dial) quelquefois, de temps en temps

whilst [waɪlst] conj (esp Brit) ⇒ while 1

whim [wɪm] → SYN n caprice m, lubie f ♦ to be subject to sb's whims/to the whims of the economy être livré aux caprices de qn/de l'économie ♦ it's just a (passing) whim c'est une lubie qui lui (or te etc) passera ♦ he gives in to her every whim il lui passe tous ses caprices ♦ to cater or pander to sb's whims/sb's every whim satisfaire les caprices/tous les petits caprices de qn ♦ as the whim takes him comme l'idée lui prend ♦ at or on whim sur un coup de tête ♦ he changes his mind at whim il change d'avis à tout bout de champ

whimbrel ['wɪmbrəl] n courlis m corlieu

whimper ['wɪmpə'] → SYN [1] n gémissement m, geignement m ♦ ... he said with a whimper ... gémit-il, ... pleunicha-t-il (pej) ♦ without a whimper (fig) sans se plaindre
[2] vi [person, baby] gémir, pleurnicher (pej) ; [dog] gémir, pousser de petits cris plaintifs
[3] vt ♦ no, he whimpered "non", gémit-il or pleurnicha-t-il (pej)

whimpering ['wɪmpərɪŋ] [1] n geignements mpl, gémissements mpl
[2] adj tone, voice larmoyant, pleurnicheur (pej) ; person, animal qui gémit faiblement

whimsical ['wɪmzɪkəl] → SYN adj person fantasque ; smile, look curieux ; humour original ; idea, story saugrenu, fantaisiste

whimsicality [ˌwɪmzɪˈkælɪtɪ] n **a** (NonC) [of person] caractère m fantasque ; [of idea, story] caractère m fantaisiste or saugrenu ; [of smile, look] caractère m curieux
b whimsicalities idées fpl (or actions fpl etc) bizarres or saugrenues

whimsically ['wɪmzɪkəlɪ] adv say, suggest de façon saugrenue ; smile, look étrangement, curieusement ; muse, ponder malicieusement

whimsy ['wɪmzɪ] n (= whim) caprice m, fantaisie f ; (NonC) (= whimsicality) caractère m fantaisiste

whim-whams * ['wɪmwæmz] npl (US) trouille* f, frousse * f

whin [wɪn] n (Bot) ajonc m

whinchat ['wɪntʃæt] n traquet m tarier

whine [waɪn] → SYN [1] n [of person, child, dog] gémissement m (prolongé) ; [of bullet, shell, siren, machine] plainte f stridente or monocorde ; (fig = complaint) plainte f ♦ ... he said with a whine ... se lamenta-t-il, ... dit-il d'une voix geignarde ♦ it's another of his whines about taxes le voilà encore en train de se plaindre or de geindre* à propos de ses impôts
[2] vi [person, dog] geindre, gémir ; [siren] gémir ; [engine] vrombir ; (fig = complain) se lamenter, se plaindre ♦ to whine about sth (fig) se lamenter sur qch, se plaindre à propos de qch ♦ don't come whining to me about it ne venez pas vous plaindre à moi ♦ it's just a scratch: stop whining ce n'est qu'une égratignure : arrête de geindre*
[3] vt ♦ it's happened again, he whined "ça a recommencé", se lamenta-t-il or dit-il d'une voix geignarde

whiner ['waɪnə'] n pleurnicheur m, -euse f

whinge * [wɪndʒ] (Brit) [1] vi geindre * (pej) (about à propos de) ♦ stop whingeing arrête de geindre * or de te plaindre
[2] n ♦ he was having a real whinge il n'arrêtait pas de geindre * ♦ he was having a whinge about the price of cigarettes il râlait * à propos du prix des cigarettes

whingeing * ['wɪndʒɪŋ] (Brit) [1] adj geignard, plaintif
[2] n gémissements mpl, plaintes fpl

whinger * ['wɪndʒə'] n geignard(e) * m(f)

whining ['waɪnɪŋ] [1] n [of person, child] gémissements mpl (continus), pleurnicheries fpl ; [of dog] gémissements mpl ; (fig = complaining) plaintes fpl continuelles
[2] adj **a** person, child pleurnicheur ; dog gémissant ; (fig = complaining) person, voice geignard
b (= high-pitched) a whining sound or noise une plainte aiguë

whinny ['wɪnɪ] [1] n hennissement m
[2] vi hennir

whiny * ['waɪnɪ] adj pleurnichard *

whip [wɪp] → SYN [1] n **a** fouet m ; (also riding whip) cravache f
b (Parl) (= person) whip m, parlementaire chargé de la discipline dans son parti ; (Brit = summons) convocation f ♦ three-line whip convocation f d'un député (impliquant sa présence obligatoire et le respect des consignes de vote)
c (Culin = dessert) crème f or mousse f instantanée
[2] vt **a** [+ person, animal, child] fouetter ♦ the rain whipped her face la pluie lui cinglait or fouettait la figure ♦ to whip sb into a frenzy mettre qn hors de ses gonds
b (Culin) [+ cream] fouetter, battre au fouet ; [+ egg white] battre en neige
c (* fig) (= defeat) battre à plates coutures ; (= criticize severely) critiquer vivement, éreinter
d (* = seize) to whip sth out of sb's hands enlever brusquement or vivement qch des mains de qn ♦ he whipped a gun out of his pocket il a brusquement sorti un revolver de sa poche ♦ he whipped the letter off the table il a prestement fait disparaître la lettre qui était sur la table
e (Brit * = steal) faucher *, piquer * ♦ somebody's whipped my watch! quelqu'un m'a fauché * or piqué * ma montre !
f [+ cable, rope] surlier ; (Sewing) surfiler
[3] vi ♦ to whip along/away etc filer/partir etc à toute allure or comme un éclair ♦ to whip back revenir brusquement ♦ the wind whipped through the trees le vent fouettait les branches des arbres ♦ the rope broke and whipped across his face la corde a cassé et lui a cinglé le visage
[4] COMP ▷ whip graft n (Agr) greffe f en fente ▷ whip hand n (fig) to have the whip hand être le maître, le dessus ♦ to have the whip hand over sb avoir la haute main sur qn ▷ whipped cream n crème f fouettée ▷ whip-round * n (Brit) collecte f ♦ to have a whip-round for sb/sth * faire une collecte pour qn/qch

▶ **whip away** [1] vi → whip 3
[2] vt sep (= remove quickly) [person] enlever brusquement or vivement, faire disparaître ; [wind etc] emporter brusquement

▶ **whip in** [1] vi **a** [person] entrer précipitamment or comme un éclair
b (Hunting) être piqueur
[2] vt sep **a** (Hunting) [+ hounds] ramener, rassembler ; (Parl) [+ members voting] battre le rappel de ; (fig) [+ voters, supporters] rallier
b (Culin) whip in the cream incorporez la crème avec un fouet

▶ **whip off** vt sep [+ garment etc] ôter or enlever en quatrième vitesse * ; [+ lid, cover] ôter brusquement

▶ **whip on** vt sep **a** [+ garment etc] enfiler en quatrième vitesse *
b (= urge on) [+ horse] cravacher

▶ **whip out** [1] vi [person] sortir précipitamment
[2] vt sep [+ knife, gun, purse] sortir brusquement or vivement (from de)

▶ **whip over** * vi ⇒ whip round 1b

▶ **whip round** [1] vi **a** (= turn quickly) [person] se retourner vivement ; [object] pivoter brusquement
b (* = pop round) he's just whipped round to the grocer's il est juste allé faire un saut à l'épicerie ♦ whip round to your aunt's and tell her ... va faire un saut or cours chez ta tante lui dire ...
[2] whip-round * n → whip

▶ **whip through** vt fus [+ book] parcourir rapidement ; [+ homework, task] expédier, faire en quatrième vitesse *

▶ **whip up** vt sep **a** [+ emotions, enthusiasm, indignation] attiser ; [+ support, interest] stimuler ♦ the orator whipped up the crowd into a frenzied rage l'orateur a su déchaîner la fureur de la foule
b [+ cream, egg whites] fouetter, battre au fouet
c (* = prepare) to whip up a meal préparer un repas en vitesse ♦ can you whip us up something to eat? est-ce que vous pourriez nous faire à manger or nous préparer un morceau * en vitesse ?
d (= snatch up) saisir brusquement

whipcord ['wɪpkɔːd] n (Tex) whipcord m

whiplash ['wɪplæʃ] [1] n **a** (= blow from whip) coup m de fouet
b (in car accident) coup m du lapin *, syndrome m cervical traumatique ♦ he felt the whiplash of fear il fut saisi d'une peur cinglante
[2] COMP ▷ **whiplash injury** n whiplash injury to the neck traumatisme m cervical

whipper-in [ˌwɪpərˈɪn] n, pl whippers-in (Hunting) piqueur m

whippersnapper † ['wɪpəˌsnæpə'] n (hum) freluquet m

whippet ['wɪpɪt] n whippet m

whipping ['wɪpɪŋ] → SYN [1] n (as punishment) correction f ♦ to give sb a whipping fouetter qn, donner le fouet à qn, donner des coups de fouet à qn
[2] COMP ▷ **whipping boy** n (fig) souffre-douleur m inv ▷ **whipping cream** n (Culin) crème f fraîche (à fouetter) ▷ **whipping post** n poteau auquel on attachait les personnes condamnées à être fouettées ▷ **whipping top** n toupie f

whippoorwill ['wɪpˌpʊəˌwɪl] n engoulevent m d'Amérique du Nord

whippy ['wɪpɪ] adj souple

whipstitch ['wɪpstɪtʃ] n point m de surfil

whipworm ['wɪpˌwɜːm] n trichocéphale m

whir [wɜː'] ⇒ whirr

whirl [wɜːl] → SYN [1] n [of leaves, papers, smoke] tourbillon m, tournoiement m ; [of sand, dust, water] tourbillon m ♦ a whirl of parties and dances un tourbillon de réceptions et de soirées dansantes ◆ **the whole week was a whirl of activity** nous n'avons (or ils n'ont etc) pas arrêté de toute la semaine ◆ **the social whirl** le tourbillon de la vie mondaine ◆ **her thoughts/emotions were in a whirl** tout tourbillonnait dans sa tête/son cœur ◆ **my head is in a whirl** la tête me tourne ◆ **to give sth a whirl** * essayer qch

2 vi a (= spin: also **whirl round**) [leaves, papers, smoke, dancers] tourbillonner, tournoyer ; [sand, dust, water] tourbillonner ; [wheel, merry-go-round, spinning top] tourner ◆ **they whirled past us in the dance** ils sont passés près de nous en tourbillonnant pendant la danse ◆ **the leaves whirled down** les feuilles tombaient en tourbillonnant ◆ **my head is whirling** la tête me tourne ◆ **her thoughts/ emotions were whirling** tout tourbillonnait dans sa tête/son cœur

b (= move rapidly) **to whirl along** aller à toute vitesse or à toute allure ◆ **to whirl away** or **off** partir à toute vitesse or à toute allure

3 vt [wind] [+ leaves, smoke] faire tourbillonner, faire tournoyer ; [+ dust, sand] faire tourbillonner ◆ **he whirled his sword round his head** il a fait tournoyer son épée au-dessus de sa tête ◆ **they whirled me up to Liverpool to visit Mary** ils m'ont embarqué * pour aller voir Mary à Liverpool

4 COMP ▷ **whirling dervish** n (Rel) derviche m tourneur

► **whirl round** 1 vi (= turn suddenly) [person] se retourner brusquement, virevolter ; [revolving chair etc] pivoter see also **whirl 2a**

2 vt sep a [wind] [+ leaves, smoke] faire tourbillonner, faire tournoyer ; [+ dust, sand] faire tourbillonner

b [+ sword, object on rope etc] faire tournoyer ; [+ revolving chair etc] faire pivoter

whirligig ['wɜːlɪgɪg] n a (= toy) moulin m à vent ; (= merry-go-round) manège m ; (of events etc) tourbillon m (liter)

b (also **whirligig beetle**) tourniquet m, gyrin m

whirlpool ['wɜːlpuːl] 1 n tourbillon m

2 COMP ▷ **whirlpool bath** n bain m à remous

whirlwind ['wɜːlwɪnd] → SYN 1 n tornade f, trombe f ; see also **sow²**

2 adj (fig) éclair * inv

whirlybird * ['wɜːlɪbɜːd] n (US) hélico * m, hélicoptère m

whirr [wɜːʳ] 1 vi [bird's wings, insect's wings] bruire ; [cameras, machinery] ronronner ; (louder) vrombir ; [propellers] vrombir ◆ **the helicopter went whirring off** l'hélicoptère est parti en vrombissant

2 n [of bird's wings, insect's wings] bruissement m (d'ailes) ; [of machinery] ronronnement m ; (louder) vrombissement m ; [of propellers] vrombissement m

whisk [wɪsk] → SYN 1 n a (also **egg whisk**) fouet m (à œufs) ; (rotary) batteur m à œufs

b (= movement) **give the mixture a good whisk** bien battre le mélange ◆ **with a whisk of his tail, the horse ...** d'un coup de queue, le cheval ...

2 vt a (Culin: gen) battre au fouet ; [+ egg whites] battre en neige ◆ **whisk the eggs into the mixture** incorporez les œufs dans le mélange avec un fouet or en remuant vigoureusement

b **the horse whisked its tail** le cheval fouettait l'air de sa queue

c **to whisk sth out of sb's hands** enlever brusquement or vivement qch des mains de qn ◆ **she whisked the baby out of the pram** elle a sorti brusquement le bébé du landau ◆ **he whisked it out of his pocket** il l'a brusquement sorti de sa poche ◆ **he whisked me round the island in his sports car** il m'a fait faire le tour de l'île à toute allure dans sa voiture de sport ◆ **the lift whisked us up to the top floor** l'ascenseur nous a emportés à toute allure jusqu'au dernier étage ◆ **he was whisked into a meeting** on l'a brusquement entraîné dans une réunion ◆ **he whisked her off to meet his mother** il l'a emmenée illico * faire la connaissance de sa mère

3 vi ◆ **to whisk along/in/out** etc filer/entrer/ sortir etc à toute allure ◆ **I whisked into the driveway** je me suis précipité dans l'allée ◆ **she whisked past the photographers into the hotel** elle est passée en trombe or à toute allure devant les photographes et s'est précipitée dans l'hôtel ◆ **he whisked through the pile of letters on his desk** il a parcouru rapidement la pile de lettres qui était sur son bureau

► **whisk away** vt sep [+ flies] chasser ; (fig = remove) [+ object] faire disparaître

► **whisk off** vt sep [+ flies] chasser ; [+ lid, cover] ôter brusquement ; [+ garment] enlever or ôter en quatrième vitesse * ◆ **they whisked me off to hospital** ils m'ont emmené à l'hôpital sur le champ ; see also **whisk 2c**

► **whisk together** vt sep (Culin) mélanger en fouettant or avec un fouet

► **whisk up** vt sep (Culin) fouetter ; see also **whisk 2c**

whisker ['wɪskəʳ] n [of animal] moustaches fpl ; [of person] poil m ◆ **whiskers** (also **side whiskers**) favoris mpl ; (= beard) barbe f ; (= moustache) moustache(s) f(pl) ◆ **he won the race by a whisker** il s'en est fallu d'un cheveu or d'un poil * qu'il ne perde la course ◆ **they came within a whisker of being ...** il s'en est fallu d'un cheveu qu'ils ne soient ...

whiskered ['wɪskəd] adj man, face (= with side whiskers) qui a des favoris ; (= with beard) barbu ; (= with moustache) moustachu ; animal qui a des moustaches

whiskery ['wɪskərɪ] adj man, old woman au visage poilu ; face poilu

whiskey (Ir, US) **whisky** (Brit, Can) ['wɪskɪ] 1 n whisky m ◆ **a whiskey and soda** un whisky soda ◆ **whisky mac** *boisson composée de whisky et de vin de gingembre* ; → **sour**

2 COMP flavour de whisky

whisper ['wɪspəʳ] → SYN 1 vi [person] chuchoter, parler à voix basse ; [leaves, water] chuchoter, murmurer ◆ **to whisper to sb** parler or chuchoter à l'oreille de qn, parler à voix basse à qn ◆ **it's rude to whisper** c'est mal élevé de chuchoter à l'oreille de quelqu'un ◆ **you'll have to whisper** il faudra que vous parliez (subj) bas

2 vt chuchoter, dire à voix basse (*sth to sb* qch à qn ; *that* que) ◆ **he whispered a word in my ear** il m'a dit or soufflé quelque chose à l'oreille ◆ **"where is she?" he whispered** "où est-elle ?" dit-il à voix basse or murmura-t-il ◆ **it is (being) whispered that ...** le bruit court que ..., on dit que ... ; → **sweet**

3 n (= low tone) chuchotement m ; [of wind, leaves, water] murmure m, bruissement m ; (fig = rumour) bruit m, rumeur f ◆ **I heard a whisper** j'ai entendu un chuchotement, j'ai entendu quelqu'un qui parlait à voix basse ◆ **a whisper of voices** des chuchotements ◆ **to say/answer in a whisper** dire/ répondre à voix basse ◆ **to speak in a whisper** or **whispers** parler bas or à voix basse ◆ **her voice scarcely rose above a whisper** sa voix n'était guère qu'un murmure ◆ **not a whisper to anyone!** n'en soufflez mot à personne ! ◆ **I've heard a whisper that he isn't coming back** j'ai entendu dire qu'il ne reviendrait pas ◆ **there is a whisper (going round) that ...** le bruit court que ..., on dit que ...

whispering ['wɪspərɪŋ] 1 adj person qui chuchote, qui parle à voix basse ; leaves, wind, stream qui chuchote, qui murmure ◆ **whispering voices** des chuchotements mpl

2 n [of voice] chuchotement m ; [of leaves, wind, stream] bruissement m, murmure m ; (fig) (= gossip) médisances fpl ; (= rumours) rumeurs fpl insidieuses ◆ **there has been a lot of whispering about them** toutes sortes de rumeurs insidieuses ont couru sur leur compte

3 COMP ▷ **whispering campaign** n (fig) campagne f diffamatoire (insidieuse) ▷ **whispering gallery** n galerie f à écho

whist [wɪst] 1 n (Brit) whist m

2 COMP ▷ **whist drive** n tournoi m de whist

whistle ['wɪsl] 1 n a (= sound) (made with mouth) sifflement m ; (= jeering) sifflet m ; (made with a whistle) coup m de sifflet ; [of factory] sirène f (d'usine) ◆ **the whistles of the audience** (= booing) les sifflets mpl du public ; (= cheering) les sifflements mpl d'admiration du public ◆ **to give a whistle** (gen) siffler ; (= blow a whistle) donner un coup de sifflet

b [of train, kettle, blackbird] sifflement m

c (= object) sifflet m ; (Mus: also **penny whistle**) chalumeau m ◆ **a blast on a whistle** un coup de sifflet strident ◆ **the referee blew his whistle** l'arbitre a donné un coup de sifflet or a sifflé ◆ **the referee blew his whistle for half-time** l'arbitre a sifflé la mi-temps ◆ **to blow the whistle on sb** * (fig = inform on) dénoncer qn ◆ **to blow the whistle on sth** * tirer la sonnette d'alarme sur qch, dénoncer qch ◆ **he blew the whistle (on it)** * (= informed on it) il a dévoilé le pot aux roses * ; (= put a stop to it) il y a mis le holà

2 vi a [person] siffler ; (tunefully, light-heartedly) siffloter ; (= blow a whistle) donner un coup de sifflet, siffler ◆ **the audience booed and whistled** les spectateurs ont hué et sifflé ◆ **the audience cheered and whistled** les spectateurs ont manifesté leur enthousiasme par des acclamations et des sifflements ◆ **he strolled along whistling (away) gaily** il flânait en sifflotant gaiement ◆ **he whistled at me to stop** il a sifflé pour que je m'arrête (subj) ◆ **the boy was whistling at all the pretty girls** le garçon sifflait toutes les jolies filles ◆ **the crowd whistled at the referee** la foule a sifflé l'arbitre ◆ **he whistled to his dog** il a sifflé son chien ◆ **he whistled for a taxi** il a sifflé un taxi ◆ **the referee whistled for a foul** l'arbitre a sifflé une faute ◆ **he can whistle for it!** * il peut se brosser ! *, il peut toujours courir ! * ◆ **he's whistling in the dark** or **in the wind** il dit ça pour se rassurer, il essaie de se donner du courage

b [bird, bullet, wind, kettle, train] siffler ◆ **the cars whistled by us** les voitures passaient devant nous à toute allure ◆ **an arrow whistled past his ear** une flèche a sifflé à son oreille

3 vt [+ tune] siffler ; (casually, light-heartedly) siffloter ◆ **to whistle a dog back/in** etc siffler un chien pour qu'il revienne/entre (subj) etc

4 COMP ▷ **whistle blower** * n (fig) dénonciateur m, -trice f, personne f qui tire la sonnette d'alarme ▷ **whistle-stop** → **whistle-stop**

► **whistle up** * vt sep (fig) dégoter * ◆ **he whistled up four or five people to give us a hand** il a dégoté * quatre ou cinq personnes prêtes à nous donner un coup de main ◆ **can you whistle up another blanket or two?** vous pouvez dégoter * or dénicher * encore une ou deux couvertures ?

whistler ['wɪsləʳ] n siffleur m, -euse f

whistle-stop ['wɪsl,stɒp] 1 n visite f éclair inv *(dans une petite ville au cours d'une campagne électorale)*

2 adj ◆ **he made a whistle-stop tour of Virginia** il a fait une tournée éclair en Virginie ◆ **a whistle-stop town** (US) une petite ville or un petit trou * *(où le train s'arrête)*

3 vi (US) faire une tournée électorale

Whit [wɪt] 1 n la Pentecôte

2 COMP holiday etc de Pentecôte ▷ **Whit Monday** n le lundi de Pentecôte ▷ **Whit Sunday** n le dimanche de Pentecôte ▷ **Whit Week** n la semaine de Pentecôte

whit [wɪt] n (frm) ◆ **there was not a** or **no whit of truth in it** il n'y avait pas un brin de vérité là-dedans ◆ **he hadn't a whit of sense** il n'avait pas un grain de bon sens ◆ **it wasn't a whit better after he'd finished** quand il a eu terminé ce n'était pas mieux du tout ◆ **I don't care a whit** ça m'est profondément égal, je m'en moque complètement

white [waɪt] → SYN 1 adj a blanc (blanche f) ◆ **to go** or **turn white** (with fear, anger) blêmir, pâlir ; [hair] blanchir ; [object] devenir blanc, blanchir ◆ **to be white with fear/rage** être blanc de peur/rage ◆ **he went white with fear** il a blêmi or pâli de peur ◆ **(as) white as a ghost** pâle comme la mort ◆ **(as) white as a sheet** pâle comme un linge ◆ **as white as snow** blanc comme (la) neige ◆ **this detergent gets the clothes whiter than white** cette lessive lave encore plus blanc ◆ **the public likes politicians to be whiter-than-white** les gens aiment que les hommes politiques soient irréprochables

b (racially) person, face, skin, race blanc (blanche f) ◆ **a white man** un Blanc ◆ **a white woman** une Blanche ◆ **the white South Africans** les Blancs mpl d'Afrique du Sud ◆ **white supremacy** la suprématie de la race blanche ; see also **4**

2 n a (= colour) blanc m ; (= whiteness) blancheur f ◆ **to be dressed in white** être vêtu de blanc ◆ **his face was a deathly white** son visage était d'une pâleur mortelle ◆ **the sheets were a dazzling white** les draps étaient d'une blancheur éclatante ◆ **don't fire till you see the whites of their eyes** (Mil etc) ne tirez qu'au dernier moment ; → **black**

b [of egg, eye] blanc m

c (*: also **white wine**) blanc m

d **White** (= person of White race) Blanc m, Blanche f ; see also **poor**

3 **whites** npl (= linen etc) ◆ **the whites** le (linge) blanc ◆ **tennis whites** (= clothes) tenue f de tennis

4 COMP ▷ **white ant** n (Zool) fourmi f blanche ▷ **white blood cell** n globule m blanc ▷ **white bread** n pain m blanc ▷ **white cedar** n cèdre m blanc, thuya m occidental ▷ **white Christmas** n Noël m sous la neige ▷ **white clover** n trèfle m blanc ▷ **white coal** n houille f blanche ▷ **white coat** n blouse f blanche ▷ **white coffee** n (Brit) café m au lait ; (in café: when ordering) café m crème ▷ **white-collar** → SYN adj **a white-collar job** un emploi de bureau ◆ **white-collar union** syndicat m d'employé(e)s de bureau or de cols blancs ▷ **white-collar crime** n (NonC = illegal activities) criminalité f en col blanc ◆ **white-collar worker** employé(e) m(f) de bureau, col m blanc ▷ **white corpuscle** n globule m blanc ▷ **whited sepulchre** n (fig) sépulcre m blanchi, hypocrite mf ▷ **white dwarf** n (Astron) naine f blanche ▷ **white elephant** n (fig) (= ornament) objet m superflu ; (= scheme, project, building) gouffre m (financier) ◆ **it's a white elephant** c'est tout à fait superflu, on n'en a pas besoin ▷ **white elephant stall** n étalage m de bibelots ▷ **white-faced** adj blême, pâle ▷ **white feather** n (fig) **to show the white feather** manquer de courage ▷ **white fish** n poisson m blanc ▷ **white flag** n drapeau m blanc ▷ **white fox** n (= animal) renard m polaire ; (= skin, fur) renard m blanc ▷ **white frost** n gelée f blanche ▷ **white gold** n or m blanc ▷ **white goods** npl (Comm) (= domestic appliances) appareils mpl ménagers ; (= linens) (linge m) blanc m ▷ **white-haired** adj person aux cheveux blancs ; animal à poil blanc, aux poils blancs ▷ **white-headed** adj person aux cheveux blancs ; bird à tête blanche ◆ **the white-headed boy** (fig) l'enfant m chéri ▷ **white heat** n (Phys) chaude f blanche, chaleur f d'incandescence ◆ **to raise metal to a white heat** chauffer un métal à blanc ◆ **the indignation of the crowd had reached white heat** l'indignation de la foule avait atteint son paroxysme ▷ **white hope** n (fig) **to be the white hope of ...** être le grand espoir de ... ▷ **white horse** n (at sea) ⇒ **whitecap** ▷ **white-hot** adj chauffé à blanc ▷ **the White House** n (US) la Maison-Blanche ▷ **white knight** n (St Ex) chevalier m blanc ▷ **white-knuckle** adj (= terrifying) terrifiant ◆ **white-knuckle ride** manège m qui décoiffe * or qui fait dresser les cheveux sur la tête ▷ **white lead** n blanc m de céruse ▷ **white lie** n pieux mensonge m ▷ **white light** n (Phys) lumière f blanche ▷ **white line** n (on road) ligne f blanche ▷ **white-livered** adj (fig liter) poltron, couard ▷ **white magic** n magie f blanche ▷ **white meat** n viande f blanche ▷ **white meter** n (Elec) compteur m bleu ◆ **white meter heating** chauffage m par accumulateur ▷ **white mulberry** n mûrier m blanc ▷ **the White Nile** n le Nil Blanc ▷ **white noise** n (Acoustics) bruit m blanc ▷ **White-Out** ® n (US) Tipp-Ex ® m ▷ **white owl** n harfang m, chouette f blanche ▷ **white paper** n (Parl) livre m blanc (*on* sur) ▷ **white pepper** n poivre m blanc ▷ **white plague** n (US = tuberculosis) tuberculose f pulmonaire ▷ **white poplar** n peuplier m blanc ▷ **white rabbit** n lapin m blanc ▷ **white raisin** n (US) raisin m sec de Smyrne ▷ **white rhino** *, **white rhinoceros** n rhinocéros m blanc ▷ **White Russia** n la Russie Blanche ▷ **White Russian** (Geog, Hist, Pol) adj russe blanc (russe blanche f) ◇ n Russe m blanc, Russe f blanche ▷ **white sale** n (Comm) vente f de blanc ▷ **white sapphire** n saphir m blanc ▷ **white sauce** n (savoury) sauce f blanche ; (sweet) crème f pâtissière *(pour le plum-pudding de Noël)* ▷ **the White Sea** n la mer Blanche ▷ **white settler** n (Hist) colon m blanc ; (fig pej = incomer) *citadin arrogant qui va s'installer à la campagne* ▷ **white shark** n requin m blanc ▷ **white slavery, the white slave trade** n la traite des blanches ▷ **white spirit** n (Brit) white-spirit m ▷ **white spruce** n épinette f blanche ▷ **white squall** n (Met) grain m blanc ; (= suit) habit m ▷ **white stick** n [of blind person] canne f blanche ▷ **white-tailed deer** n cariacou m ▷ **white-tailed eagle** n orfraie f, pygargue m ▷ **white tie** n (= tie) nœud m papillon blanc ; (= suit) habit m ▷ **white-tie** adj **it was a white-tie affair** l'habit était de rigueur ◆ **to wear white-tie** être en tenue de soirée ◆ **a white-tie dinner** un dîner chic or habillé ▷ **white trash** * n (NonC: US pej) racaille f blanche ▷ **white water** n (esp Sport) eau f vive ▷ **white water lily** n nénuphar m blanc, nymphéa m, lune f d'eau ▷ **white-water rafting** n rafting m ▷ **white wedding** n mariage m en blanc ▷ **white whale** n baleine f blanche ▷ **white willow** n saule m blanc, amarinier m ▷ **white wine** n vin m blanc ▷ **white witch** n *femme qui pratique la magie blanche*

whitebait ['waɪtbeɪt] n blanchaille f ; (Culin) petite friture f

whitebeam ['waɪtbiːm] n (Bot) alisier m blanc

whiteboard ['waɪtbɔːd] n tableau m blanc

whitecap ['waɪtkæp] n (at sea) mouton m

whitefish ['waɪtfɪʃ] n (= species) corégone m

whitefly ['waɪt,flaɪ] n (Zool, Agr) aleurode m

Whitehall ['waɪt,hɔːl] n (Brit) Whitehall m *(siège des ministères et des administrations publiques)*

whiten ['waɪtn] → SYN vti blanchir

whitener ['waɪtnəʳ] n (for coffee etc) succédané m de lait en poudre ; (for clothes) agent m blanchissant

whiteness ['waɪtnɪs] n (NonC) a (= colour) [of teeth, snow, cloth] blancheur f

b (racial) appartenance f à la race blanche

c (= paleness) [of person, face] blancheur f, pâleur f

whitening ['waɪtnɪŋ] n (NonC) a (= act) [of linen] blanchiment m, décoloration f ; [of hair] blanchissement m ; [of wall etc] blanchiment m

b (substance: for shoes, doorsteps etc) blanc m

whiteout ['waɪtaʊt] n visibilité f nulle *(à cause de la neige ou du brouillard)*

whitethorn ['waɪtθɔːn] n (Bot) aubépine f

whitethroat ['waɪtθrəʊt] n (= Old World warbler) grisette f ; (= American sparrow) moineau m d'Amérique

whitewall tyre, whitewall tire (US) ['waɪt wɔːltaɪəʳ] n (Aut) pneu m à flanc blanc

whitewash ['waɪtwɒʃ] → SYN 1 n a (NonC: for walls etc) lait m or blanc m de chaux

b (fig) **the article in the paper was nothing but a whitewash of ...** l'article du journal ne visait qu'à blanchir ...

c (Sport *) raclée * f

2 vt a [+ wall etc] blanchir à la chaux, chauler

b (fig) [+ sb's reputation, actions] blanchir ; [+ incident] étouffer ◆ **they tried to whitewash the whole episode** ils ont essayé d'étouffer l'affaire

c (Sport *) écraser complètement *

whitewood ['waɪtwʊd] n bois m blanc

whitey * ['waɪtɪ] n (esp US pej) (= individual) Blanc m, Blanche f ; (= Whites collectively) les Blancs mpl

whither ['wɪðəʳ] adv (liter) où ◆ **"whither the Government now?"** (in headlines, titles etc) "où va le gouvernement ?"

whiting[1] ['waɪtɪŋ] n, pl **whiting** (= fish) merlan m

whiting[2] ['waɪtɪŋ] n (NonC: for shoes, doorsteps etc) blanc m

whitish ['waɪtɪʃ] adj blanchâtre

whitlow ['wɪtləʊ] n panaris m

Whitsun ['wɪtsn] n → **Whit**

Whitsun(tide) ['wɪtsn(taɪd)] n les fêtes fpl de (la) Pentecôte, la Pentecôte

whittle ['wɪtl] vt [+ piece of wood] tailler au couteau ◆ **to whittle sth out of a piece of wood, to whittle a piece of wood into sth** tailler qch au couteau dans un morceau de bois

► **whittle away** 1 vi ◆ **to whittle away at sth** tailler qch au couteau

2 vt sep ⇒ **whittle down**

► **whittle down** vt sep a [+ wood] tailler

b (fig) [+ costs, amount] amenuiser, réduire ; [+ proposal] revoir à la baisse ◆ **he had whittled eight candidates down to two** sur les huit candidats, il en avait retenu deux

whiz(z) [wɪz] 1 n a (= sound) sifflement m

b * champion * m, as m ◆ **a computer/marketing/financial whiz(z)** un as de l'informatique/du marketing/des finances ◆ **he's a whiz(z) at tennis/cards** c'est un as du tennis/des jeux de cartes ◆ **she's a real whiz(z) with a paintbrush** elle se débrouille comme un chef * avec un pinceau

c (NonC: * = amphetamine) amphés * fpl

2 vi filer à toute allure or comme une flèche ◆ **to whiz(z) or go whizzing through the air** fendre l'air (en sifflant) ◆ **to whiz(z) along/past** etc (in car) filer/passer etc à toute vitesse or à toute allure ◆ **bullets whizzed by** les balles sifflaient ◆ **I'll just whiz(z) over to see him** * je file * le voir ◆ **she whizzed off * to Hong Kong on business** elle a filé * à Hong-Kong pour affaires

3 vt a * (= throw) lancer, filer * ; (= transfer quickly) apporter ◆ **he whizzed it round to us as soon as it was ready** il nous l'a apporté or passé dès que ça a été prêt

b (also **whiz(z) up**: in blender) mixer

4 COMP ▷ **whiz(z)-bang** * n (Mil = shell) obus m ; (= firework) pétard m ◇ adj (US = excellent) du tonnerre * ▷ **whiz(z) kid** * n **she's a real whiz(z) kid at maths** elle a vraiment la bosse * des maths

WHO [,dʌbljuːeɪtʃ'əʊ] n (abbrev of **World Health Organization**) OMS f

who [huː] 1 pron a (interrog: also used instead of whom in spoken English) (qui est-ce) qui ; (after prep) qui ◆ **who's there?** qui est là ? ◆ **who are you?** qui êtes-vous ? ◆ **who has the book?** (qui est-ce) qui a le livre ? ◆ **who does he think he is?** il se prend pour qui ?, pour qui il se prend ? ◆ **who came with you?** (qui est-ce) qui est venu avec vous ? ◆ **who should it be but Robert!** c'était Robert, qui d'autre ! ◆ **I don't know who's who in the office** je ne connais pas très bien les gens au bureau ◆ **you remind me of somebody! – who?** vous me rappelez quelqu'un ! – qui donc ? ◆ **who(m) did you see?** vous avez vu qui ?, qui avez-vous vu ? ◆ **who(m) do you work for?** pour qui travaillez-vous ? ◆ **who(m) did you speak to?** à qui avez-vous parlé ?, vous avez parlé à qui ? ◆ **who's the book by?** le livre est de qui ? ◆ **who(m) were you with?** vous étiez avec qui ? ◆ **you-know-who said ...** qui vous savez a dit ... ◆ **who is he to tell me ...?** (indignantly) de quel droit est-ce qu'il me dit ... ? ◆ **you can't sing – WHO can't?** tu es incapable de chanter – ah bon ! tu crois ça !

b (rel) qui ◆ **my aunt who lives in London** ma tante qui habite à Londres ◆ **he who wishes to object must do so now** quiconque désire élever une objection doit le faire maintenant ◆ **those who can swim** ceux qui savent nager ◆ **who is not with me is against me** (Bible) celui qui or quiconque n'est pas pour moi est contre moi

2 COMP ▷ **Who's Who** n ≃ Bottin Mondain

whoa [wəʊ] excl a (also **whoa there**) ho !, holà !

b (in excitement, triumph) ouah ! *

who'd [huːd] ⇒ **who had, who would ; → who**

whodun(n)it * [,huː'dʌnɪt] n roman m (or film m or feuilleton m etc) policier (à énigme), polar * m

whoe'er [huː'eəʳ] (liter) pron ⇒ **whoever**

whoever [huː'evəʳ] pron (also used instead of whomever in spoken English) a (= anyone that) quiconque ◆ **whoever wishes may come with me** quiconque le désire peut venir avec moi ◆ **you can give it to whoever wants it** vous pouvez le donner à qui le veut or voudra ◆ **whoever finds it can keep it** quiconque or celui qui le trouvera pourra le garder ◆ **whoever gets home first does the cooking** celui qui rentre le premier prépare à manger, le premier rentré à la maison prépare à manger ◆ **whoever said that was an idiot** celui qui a dit ça était un imbécile ◆ **ask whoever you like** demandez à qui vous voulez or voudrez

b (= no matter who) **whoever you are, come in!** qui que vous soyez, entrez ! ◆ **whoever he**

whole / why · ANGLAIS-FRANÇAIS

plays for next season ... quelle que soit l'équipe dans laquelle il jouera la saison prochaine ...

c (*: interrog: emphatic) qui donc ◆ **whoever told you that?** qui donc vous a dit ça ?, qui a bien pu vous dire ça ? ◆ **whoever did you give it to?** vous l'avez donné à qui ?

whole [həʊl] LANGUAGE IN USE 26.3 → SYN

[1] adj a (= entire) (+ sg n) tout, entier ; (+ pl n) entier ◆ **along its whole length** sur toute sa longueur ◆ **whole villages were destroyed** des villages entiers ont été détruits ◆ **the whole road was like that** toute la route était comme ça ◆ **the whole world** le monde entier ◆ **he used a whole notebook** il a utilisé un carnet entier ◆ **he swallowed it whole** il l'a avalé tout entier ◆ **the pig was roasted whole** le cochon était rôti tout entier ◆ **we waited a whole hour** nous avons attendu une heure entière or toute une heure ◆ **it rained (for) three whole days** il a plu trois jours entiers ◆ **but the whole man eludes us** mais l'homme tout entier reste un mystère pour nous ◆ **is that the whole truth?** est-ce que c'est bien toute la vérité ? ◆ **but the whole point of it was to avoid that** mais tout l'intérêt de la chose était d'éviter cela ◆ **with my whole heart** de tout mon cœur ◆ **he took the whole lot** il a pris le tout ◆ **the whole lot of you** * vous tous, tous tant que vous êtes ◆ **it's a whole lot** * **better** c'est vraiment beaucoup mieux ◆ **there are a whole lot** * **of things I'd like to tell her** il y a tout un tas de choses que j'aimerais lui dire ◆ **to go the whole hog** * aller jusqu'au bout des choses, ne pas faire les choses à moitié ◆ **to go (the) whole hog** * **for sb/sth** (US) essayer par tous les moyens de conquérir qn/d'obtenir qch ; see also **3**

b (= intact, unbroken) intact, complet (-ète f) ◆ **not a glass was left whole after the party** il ne restait pas un seul verre intact après la fête ◆ **keep the egg yolks whole** gardez les jaunes entiers ◆ **he has a whole set of Dickens** il a une série complète des œuvres de Dickens ◆ **to our surprise he came back whole** à notre grande surprise il est revenu sain et sauf ◆ **the seal on the letter was still whole** le sceau sur la lettre était encore intact ◆ **made out of whole cloth** (US fig) inventé de toutes pièces ◆ **his hand was made whole** (†† = healed) sa main a été guérie

[2] n a (= the entire amount of) **the whole of the morning** toute la matinée ◆ **the whole of the time** tout le temps ◆ **the whole of the apple was bad** la pomme toute entière était gâtée ◆ **the whole of Paris was snowbound** Paris était complètement bloqué par la neige ◆ **the whole of Paris was talking about it** dans tout Paris on parlait de ça ◆ **nearly the whole of our output this year** presque toute notre production or presque la totalité de notre production cette année ◆ **he received the whole of the amount** il a reçu la totalité de la somme

◆ **on the whole** dans l'ensemble

b (= complete unit) tout m ◆ **four quarters make a whole** quatre quarts font un tout or un entier ◆ **the whole may be greater than the sum of its parts** le tout peut être plus grand que la somme de ses parties ◆ **the estate is to be sold as a whole** la propriété doit être vendue en bloc ◆ **considered as a whole the play was successful, although some scenes ...** dans l'ensemble, la pièce était réussie, bien que certaines scènes ...

[3] COMP ▷ **whole blood** n (Med) sang m total ▷ **whole-hog** * adj (esp US) support sans réserve(s), total ; supporter acharné, ardent (before n) ▷ adv jusqu'au bout ; see also **1a** ▷ **whole-hogger** * n (esp US) **to be a whole-hogger** (gen) se donner entièrement à ce qu'on fait ; (Pol) être jusqu'au-boutiste ▷ **whole-life insurance** n assurance f vie entière ▷ **whole milk** n lait m entier ▷ **whole note** n (Mus) ronde f ▷ **whole number** n (Math) nombre m entier ▷ **whole step** n (US Mus) ⇒ **whole tone** ▷ **whole tone** n ton m entier ▷ **whole-tone scale** n (Mus) gamme f pentatonique

wholefood(s) [ˈhəʊlfuːd(z)] (Brit) [1] n(pl) aliments mpl complets

[2] COMP ▷ **wholefood restaurant** n restaurant m diététique

wholegrain [ˈhəʊlɡreɪn] adj bread, flour, rice complet (-ète f)

wholehearted [ˌhəʊlˈhɑːtɪd] → SYN adj approval, admiration sans réserve ; supporter inconditionnel ◆ **they made a wholehearted attempt to do ...** ils ont mis tout leur enthousiasme à faire ...

wholeheartedly [ˌhəʊlˈhɑːtɪdlɪ] adv accept, approve, support sans réserve ◆ **to agree wholeheartedly** être entièrement or totalement d'accord

wholemeal [ˈhəʊlmiːl] adj (Brit) flour, bread complet (-ète f)

wholeness [ˈhəʊlnɪs] n complétude f

wholesale [ˈhəʊlseɪl] → SYN [1] n (NonC: Comm) (vente f en) gros m ◆ **at** or **by wholesale** en gros

[2] adj a (Comm) price, trade de gros

b (= indiscriminate) slaughter, destruction systématique ; change gros (grosse f) ; reform, rejection en bloc ; privatisation complet (-ète f) ◆ **there has been wholesale sacking of unskilled workers** il y a eu des licenciements en masse parmi les manœuvres

[3] adv a (Comm) buy, sell en gros ◆ **I can get it for you wholesale** je peux vous le faire avoir au prix de gros

b (= indiscriminately) slaughter, destroy systématiquement ; sack en masse ; reject, accept en bloc

[4] COMP ▷ **wholesale dealer, wholesale merchant** n grossiste mf, marchand(e) m(f) en gros ▷ **wholesale price index** n indice m des prix de gros ▷ **wholesale trader** n ⇒ **wholesale dealer**

wholesaler [ˈhəʊlseɪləʳ] n (Comm) grossiste mf, marchand(e) m(f) en gros

wholesaling [ˈhəʊlseɪlɪŋ] n (NonC) commerce m de gros

wholesome [ˈhəʊlsəm] → SYN adj food, life, thoughts, book, person sain ; air, climate sain, salubre ; exercise, advice salutaire

wholesomeness [ˈhəʊlsəmnɪs] n [of food, life, thoughts, book, person] caractère m sain ; [of air, climate] salubrité f

wholewheat [ˈhəʊlwiːt] adj flour, bread complet (-ète f)

wholism [ˈhəʊlɪzəm] n ⇒ **holism**

wholistic [həʊˈlɪstɪk] adj ⇒ **holistic**

who'll [huːl] ⇒ **who will, who shall** ; → **who**

wholly [ˈhəʊlɪ] → SYN [1] adv unacceptable, unreliable totalement ; satisfactory totalement, tout à fait ; approve, trust, justify entièrement ◆ **I'm not wholly convinced** je n'en suis pas totalement or tout à fait convaincu

[2] COMP ▷ **wholly-owned subsidiary** n (Jur, Econ) filiale f à cent pour cent

whom [huːm] pron a (interrog: often replaced by who in spoken English) qui ◆ **whom did you see?** qui avez-vous vu ? ◆ **when was the photo taken and by whom?** quand est-ce que la photo a été prise et par qui ? ◆ **with whom?** avec qui ? ◆ **to whom?** à qui ? ; see also **who 1a**

b (rel) **my aunt, whom I love dearly** ma tante, que j'aime tendrement ◆ **those whom he had seen recently** ceux qu'il avait vus récemment ◆ **the man to whom ... l'homme à qui ..., l'homme auquel ...** ◆ **the man of whom ... l'homme dont ...** ◆ **the woman with whom he had an affair** la femme avec qui il a eu une liaison ◆ **my daughters, both of whom are married** mes filles, qui sont toutes les deux mariées ◆ **whom the gods love die young** (liter) ceux qui sont aimés des dieux meurent jeunes

whomever [huːmˈevəʳ] pron (accusative case of whoever)

whomp * [wɒmp] (US) [1] vt (= hit) cogner ; (= defeat) enfoncer *

[2] n bruit m sourd

whomping * [ˈwɒmpɪŋ] adj (US: also whomping big, whomping great) énorme

whomsoever [ˌhuːmsəʊˈevəʳ] pron (emphatic) (accusative case of **whosoever**)

whoop [huːp] [1] n cri m (de joie, de triomphe) ; (Med) toux f coquelucheuse, toux f convulsive (de la coqueluche) ◆ **with a whoop of glee/triumph** avec un cri de joie/de triomphe

[2] vi pousser des cris ; (Med) avoir des quintes de toux coquelucheuse

[3] vt ◆ **to whoop it up** † * faire la noce * or la bombe *

[4] COMP ▷ **whooping cough** n coqueluche f

whoopee [wʊˈpiː] [1] excl hourra !, youpi !

[2] n ◆ **to make whoopee** † * faire la noce * or la bombe *

[3] COMP ▷ **whoopee cushion** * n coussin(-péteur) m de farces et attrapes

whooper swan [ˈwuːpəʳ] n cygne m (chanteur)

whoops [wʊps] excl (also **whoops-a-daisy**) (avoiding fall etc) oups !, houp-là ! ; (lifting child) houp-là !, hop-là !

whoosh [wuːʃ] [1] excl zoum !

[2] n ◆ **the whoosh of sledge runners in the snow** le bruit des patins de luges glissant sur la neige, le glissement des patins de luges sur la neige

[3] vi ◆ **the car whooshed past** la voiture est passée à toute allure dans un glissement de pneus

whop * [wɒp] vt (= beat) rosser * ; (= defeat) battre à plate(s) couture(s)

whopper * [ˈwɒpəʳ] n (car/parcel/nose etc) voiture f/colis m/nez m etc énorme ; (= lie) mensonge m énorme

whopping [ˈwɒpɪŋ] [1] adj * lie, loss énorme ◆ **to win a whopping 89 per cent of the vote** remporter les élections avec une écrasante majorité de 89 pour cent ◆ **a whopping $31 billion** la somme énorme de 31 milliards de dollars

[2] adv ◆ **whopping great** or **big** * énorme

[3] n * raclée * f

whore [hɔːʳ] → SYN [1] n (* pej) putain * f

[2] vi (lit: also **go whoring**) courir la gueuse, se débaucher ◆ **to whore after sth** (fig liter) se prostituer pour obtenir qch

who're [ˈhuːəʳ] ⇒ **who are** ; → **who**

whorehouse * [ˈhɔːhaʊs] n bordel * m

whoremonger † [ˈhɔːmʌŋgəʳ] n fornicateur m ; (= pimp) proxénète m, souteneur m

whorish * [ˈhɔːrɪʃ] adj de putain *, putassier * *

whorl [wɜːl] n [of fingerprint] volute f ; [of spiral shell] spire f ; (Bot) verticille m ◆ **whorls of meringue/cream** des tortillons mpl de meringue/crème

whortleberry [ˈwɜːtlbərɪ] n myrtille f

who's [huːz] ⇒ **who is, who has** ; → **who**

whose [huːz] [1] poss pron à qui ◆ **whose is this?** à qui est ceci ? ◆ **I know whose it is** je sais à qui c'est ◆ **whose is this hat?** à qui est ce chapeau ? ◆ **here's a lollipop each – let's see whose lasts longest!** voici une sucette chacun — voyons celle de qui durera le plus longtemps !

[2] poss adj a (interrog) à qui, de qui ◆ **whose hat is this?** à qui est ce chapeau ? ◆ **whose son are you?** de qui êtes-vous le fils ? ◆ **whose book is missing?** à qui est le livre qui manque ? ◆ **whose fault is it?** qui est responsable ?

b (rel use) dont, de qui ◆ **the man whose hat I took** l'homme dont j'ai pris le chapeau ◆ **the boy whose sister I was talking to** le garçon à la sœur duquel or à la sœur de qui je parlais ◆ **those whose passports I've got here** ceux dont j'ai les passeports ici

whosever [huːˈzevəʳ] poss pron ⇒ **whomever** ; → **whoever** ◆ **whosever book you use, you must take care of it** peu importe à qui est le livre dont tu te sers, il faut que tu en prennes soin

whosoe'er [ˌhuːsəʊˈɛəʳ] (liter), **whosoever** [ˌhuːsəʊˈevəʳ] (emphatic) ⇒ **whoe'er**

whosoever (emphatic) [ˌhuːsəʊˈevəʳ], **whosoe'er** (liter) [ˌhuːsəʊˈɛəʳ] pron ⇒ **whoever**

who've [huːv] ⇒ **who have** ; → **who**

why [waɪ] LANGUAGE IN USE 17.1

[1] adv pourquoi ◆ **why did you do it?** pourquoi l'avez-vous fait ? ◆ **I wonder why he left her** je me demande pourquoi il l'a quittée ◆ **I wonder why** je me demande pourquoi ◆ **he told me why he did it** il m'a dit pourquoi il l'a fait or la raison pour laquelle il l'a fait ◆ **why not?** pourquoi pas ? ◆ **why not phone her?** pourquoi ne pas lui téléphoner ? ◆ **why ask her when you don't have to?** pourquoi le lui demander quand vous n'êtes pas obligé de le faire ?

2 excl (esp US †) eh bien !, tiens ! ◆ **why, what's the matter?** eh bien, qu'est-ce qui ne va pas ? ◆ **why, it's you!** tiens, c'est vous ! ◆ **why, it's quite easy!** voyons donc, ce n'est pas difficile !

3 conj ◆ **the reasons why he did it** les raisons pour lesquelles il l'a fait ◆ **there's no reason why you shouldn't try again** il n'y a pas de raison (pour) que tu n'essaies (subj) pas de nouveau ◆ **that's (the reason) why** voilà pourquoi ◆ **that is why I never spoke to him again** c'est pourquoi je ne lui ai jamais reparlé

4 n ◆ **the why(s) and (the) wherefore(s)** le pourquoi et le comment ◆ **the why and (the) how** le pourquoi et le comment

whyever * [waɪ'evəʳ] adv (interrog: emphatic) pourquoi donc ◆ **whyever did you do that?** * pourquoi donc est-ce que vous avez fait ça ?

WI [ˌdʌblju'aɪ] n **a** (Brit) (abbrev of **Women's Institute**) → **woman**
b abbrev of **Wisconsin**
c (abbrev of **West Indies**) → **west**

wibbly-wobbly * [ˌwɪblɪ'wɒblɪ] adj ⇒ **wobbly**

wick [wɪk] n mèche f ◆ **he gets on my wick** * (Brit) il me tape sur le système *, il me court sur le haricot *

wicked ['wɪkɪd] → SYN adj **a** (= immoral) person méchant, mauvais ; behaviour, act, deed vilain (before n) ; system, policy, attempt, world pernicieux ◆ **that was a wicked thing to do!** c'était vraiment méchant (de faire ça) ! ◆ **a wicked waste** un scandaleux gâchis ; → **rest**
b (= nasty) comment méchant ◆ **to have a wicked temper** avoir mauvais caractère
c (= naughty) grin, look, suggestion malicieux ; sense of humour plein de malice ◆ **a wicked cake/pudding** un gâteau/dessert à vous damner
d (* = skilful) **that was a wicked shot!** quel beau coup ! ◆ **he plays a wicked game of draughts** il joue super bien * aux dames
e (* = excellent) super * inv ◆ **I've just won again: wicked!** je viens encore de gagner : super ! *

wickedly ['wɪkɪdlɪ] adv **a** (= immorally) behave méchamment ◆ **a wickedly destructive child** un enfant méchant et destructeur ◆ **a wickedly cruel act** un acte méchant et cruel ◆ **he wickedly destroyed ...** méchamment, il a détruit ...
b (= naughtily) grin, look at, suggest malicieusement ◆ **wickedly funny** drôle et caustique ◆ **wickedly seductive** malicieusement séducteur (-trice f) ◆ **a wickedly rich pudding** un dessert terriblement or méchamment * riche
c (* = skilfully) play comme un chef *, super bien *

wickedness ['wɪkɪdnɪs] n [of behaviour, order, decision, person] méchanceté f, cruauté f ; [of murder] horreur f, atrocité f ; [of look, smile, suggestion] malice f ; [of waste] scandale m

wicker ['wɪkəʳ] **1** n (NonC) (= substance) osier m ; (= objects: also **wickerwork**) vannerie f
2 COMP (also **wickerwork**) basket, chair d'osier, en osier

wicket ['wɪkɪt] **1** n **a** (= door, gate) (petite) porte f, portillon m ; (for bank teller etc) guichet m
b (Cricket) (= stumps) guichet m ; (= pitch between them) terrain m (entre les guichets) ◆ **to lose/take a wicket** perdre/prendre un guichet ; → **losing, sticky**
2 COMP ▷ **wicket-keeper** n (Cricket) gardien m de guichet

wickiup ['wɪkɪˌʌp] n (US) hutte f de branchages

widdershins ['wɪdəʃɪnz] adv (esp Scot) ⇒ **withershins**

widdle * ['wɪdl] vi (Brit) faire pipi *

wide [waɪd] → SYN **1** adj **a** (= broad) road, river, strip large ; margin grand ; garment large, ample ; ocean, desert immense, vaste ; circle, gap, space large, grand ; (fig) knowledge vaste, très étendu ; choice, selection grand, considérable ; survey, study de grande envergure ◆ **how wide is the room?** quelle est la largeur de la pièce ? ◆ **it is 5 metres wide** cela a or fait 5 mètres de large ◆ **the wide Atlantic** l'immense or le vaste Atlantique ◆ **no one/nowhere in the whole wide world** personne/nulle part au monde ◆ **she stared,**

her eyes wide with fear elle regardait, les yeux agrandis de peur or par la peur ◆ **mouth wide with astonishment** bouche f bée de stupeur ◆ **a man with wide views** or **opinions** un homme aux vues larges ◆ **he has wide interests** il a des goûts très éclectiques ◆ **in the widest sense of the word** au sens le plus général or le plus large du mot ◆ **it has a wide variety of uses** cela se prête à une grande variété d'usages
b (= off target) **the shot/ball/arrow was wide** le coup/la balle/la flèche est passé(e) à côté ◆ **it was wide of the target** c'était loin de la cible ; → **mark²**

2 adv ◆ **the bullet went wide** la balle est passée à côté ◆ **he flung the door wide** il a ouvert la porte en grand ◆ **they are set wide apart** [trees, houses, posts] ils sont largement espacés ; [eyes] ils sont très écartés ◆ **he stood with his legs wide apart** il se tenait debout les jambes très écartées ◆ **to open one's eyes wide** ouvrir grand les yeux or ses yeux en grand ◆ **"open wide!"** (at dentist's) "ouvrez grand !" ◆ **wide open** door, window grand ouvert ◆ **the race was still wide open** l'issue de la course était encore indécise ◆ **he left himself wide open to criticism** il a prêté le flanc à la critique ◆ **to blow sth wide open** (= change completely) révolutionner qch ◆ **he threatened to blow the operation wide open** (= reveal secret) il a menacé de tout révéler sur l'opération ; → **far**

3 COMP ▷ **wide-angle lens** n (Phot) objectif m grand-angulaire, objectif m grand angle inv ▷ **wide area network** n (Comput) grand réseau m ▷ **wide-awake** → SYN adj (lit) bien or tout éveillé ; (fig) éveillé, alerte ▷ **wide-bodied aircraft, wide-body aircraft** n avion m à fuselage élargi, gros-porteur m ▷ **wide boy** * n (Brit pej) arnaqueur * m ▷ **wide-eyed** → SYN adj (in naïveté) aux yeux grands ouverts or écarquillés ; (in fear, surprise) aux yeux écarquillés ◇ adv les yeux écarquillés ◆ **in wide-eyed amazement** les yeux écarquillés par la stupeur ▷ **wide-mouthed** adj river à l'embouchure large ; cave avec une vaste entrée ; bottle au large goulot ; bag large du haut ▷ **wide-ranging** adj mind, report, survey de grande envergure ; interests divers, variés ▷ **wide-screen** adj wide-screen television set téléviseur m grand écran ; (Cine) écran m panoramique ▷ **wide screen** n (Cine) écran m panoramique

-wide [waɪd] adj, adv (in compounds) → **countrywide, nationwide**

widely ['waɪdlɪ] adv **a** (= generally) available généralement ; used, regarded, expected largement ; known bien ◆ **it is widely believed that ...** on pense communément or largement que ... ◆ **widely-held opinions** opinions fpl très répandues
b (= much) travel, vary beaucoup ; scatter, spread sur une grande étendue ◆ **widely different** extrêmement différent ◆ **the trees were widely spaced** les arbres étaient largement espacés ◆ **the talks ranged widely** les pourparlers ont porté sur des questions très diverses ◆ **to be widely read** [author, book] être très lu ; [reader] avoir beaucoup lu ◆ **she is widely read in philosophy** elle a beaucoup lu d'ouvrages de philosophie
c (= broadly) **to smile widely** avoir un large sourire

widen ['waɪdn] → SYN **1** vt [+ circle, gap, space] élargir, agrandir ; [+ road, river, strip, garment] élargir ; [+ margin] augmenter ; [+ knowledge] accroître, élargir ; [+ survey, study] élargir la portée de ◆ **to widen one's lead over sb** (in election, race etc) accroître son avance sur qn
2 vi (also **widen out**) s'élargir, s'agrandir

wideness ['waɪdnɪs] n largeur f

widespread ['waɪdspred] → SYN adj **a** availability courant
b arms en croix ; wings déployé ; belief, opinion très répandu ; confusion général

widgeon ['wɪdʒən] n canard m siffleur

widget * ['wɪdʒɪt] n (= device) gadget m ; (= thingummy) truc * m, machin * m

widow ['wɪdəʊ] **1** n veuve f ◆ **widow Smith** † la veuve Smith ◆ **she's a golf widow** son mari la délaisse pour aller jouer au golf ; → **grass, mite, weed**
2 vt ◆ **to be widowed** [man] devenir veuf ; [woman] devenir veuve ◆ **she was widowed in 1989** elle est devenue veuve en 1989, elle a

perdu son mari en 1989 ◆ **she has been widowed for ten years** elle est veuve depuis dix ans ◆ **he lives with his widowed mother** il vit avec sa mère qui est veuve
3 COMP ▷ **widow bird** n veuve f ▷ **widow's benefit** n ⇒ **widow's pension** ▷ **widow's cruse** n (fig) source f inépuisable ▷ **widow's peak** n pousse f de cheveux en V sur le front ▷ **widow's pension** n (Admin) ≈ allocation f de veuvage ▷ **widow's walk** n (US) belvédère m (construit sur le faîte d'une maison côtière)

widower ['wɪdəʊəʳ] n veuf m

widowhood ['wɪdəʊhʊd] n veuvage m

width [wɪdθ] → SYN n **a** (NonC) [of road, river, strip, bed, ocean, desert, gap, space, margin] largeur f ; [of garment] ampleur f ; [of circle] largeur f, diamètre m ◆ **what is the width of the room?** quelle est la largeur de la pièce ?, quelle largeur a la pièce ? ◆ **it is 5 metres in width, its width is 5 metres, it has a width of 5 metres** ça fait 5 mètres de large ◆ **measure it across its width** prends la mesure en largeur
b [of cloth] largeur f, lé m ◆ **you'll get it out of one width** une largeur ou un lé te suffira

widthways ['wɪdθweɪz], **widthwise** ['wɪdθwaɪz] adv en largeur

wield [wiːld] → SYN vt **a** [+ sword, axe, pen, tool] manier ; (= brandish) brandir
b [+ power, authority, control] exercer

wiener * ['wiːnəʳ] (US) **1** n saucisse f de Francfort
2 COMP ▷ **wiener schnitzel** ['viːnəˈʃnɪtsəl] n escalope f viennoise

wienie * ['wiːnɪ] n (US) saucisse f de Francfort

wife [waɪf] → SYN pl **wives 1** n **a** (= spouse) femme f ; (esp Admin) épouse f ; (= married woman) femme f mariée ◆ **his second wife** sa deuxième or seconde femme, la femme qu'il a (or avait etc) épousée en secondes noces ◆ **the farmer's/butcher's etc wife** la fermière/bouchère etc ◆ **the wife** * la patronne * ◆ **he decided to take a wife** † il a décidé de se marier or de prendre femme † ◆ **to take sb to wife** † prendre qn pour femme ◆ **wives whose husbands have reached the age of 65** les femmes fpl mariées dont les maris ont atteint 65 ans ◆ **"The Merry Wives of Windsor"** "Les Joyeuses Commères de Windsor" ; → **working**
b († * dial = woman) bonne femme * f ◆ **she's a poor old wife** c'est une pauvre vieille ; → **old**
2 COMP ▷ **wife-batterer, wife-beater** n homme m qui bat sa femme ▷ **wife's equity** n (US Jur) part f de la communauté revenant à la femme en cas de divorce ▷ **wife-swapping** n échangisme m ◆ **wife-swapping party** partie f carrée

wifely † ['waɪflɪ] adj de bonne épouse

wig [wɪg] n (gen) perruque f ; (= hairpiece) postiche m ; (* = hair) tignasse * f

▶ **wig out** * vi (Brit) (= go crazy) devenir fou ; (= dance) se déchaîner

wigeon ['wɪdʒən] n ⇒ **widgeon**

wigging † * ['wɪgɪŋ] n (Brit = scolding) attrapade * f, réprimande f ◆ **to give sb a wigging** passer un savon * à qn ◆ **to get a wigging** se faire enguirlander *

wiggle ['wɪgl] **1** vt [+ pencil, stick] agiter ; [+ toes] agiter, remuer ; [+ loose screw, button, tooth] faire jouer ◆ **to wiggle one's hips** tortiller des hanches ◆ **my finger hurts if you wiggle it like that** j'ai mal quand vous me tortillez le doigt comme ça ◆ **he wiggled his finger at me warningly** il a agité l'index dans ma direction en guise d'avertissement
2 vi [loose screw etc] branler ; [tail] remuer, frétiller ; [rope, snake, worm] se tortiller ◆ **she wiggled across the room** elle a traversé la pièce en se déhanchant ou en tortillant des hanches
3 n ◆ **to walk with a wiggle** marcher en se déhanchant, marcher en tortillant des hanches ◆ **to give sth a wiggle** ⇒ **to wiggle sth 1**

wiggly ['wɪglɪ] adj snake, worm qui se tortille ◆ **a wiggly line** un trait ondulé

wight †† [waɪt] n être m

wigmaker ['wɪgmeɪkəʳ] n perruquier m, -ière f

wigwam ['wɪgwæm] n wigwam m

wilco [ˈwɪlˌkəʊ] excl (Telec) message reçu !

wild [waɪld] → SYN 1 adj a animal, plant, tribe, man, land, countryside sauvage ◆ **it was growing wild** (= uncultivated) ça poussait à l'état sauvage ◆ **the plant in its wild state** la plante à l'état sauvage ◆ **a wild stretch of coastline** une côte sauvage ◆ **wild and woolly** * (US) fruste, primitif ◆ **to sow one's wild oats** (fig) jeter sa gourme †, faire les quatre cents coups ◆ **wild horses wouldn't make me tell you** je ne te le dirais pour rien au monde ; see also **3** ; → **rose**[2], **run**, **strawberry**

b (= rough) wind violent, furieux ; sea démonté ◆ **in wild weather** par gros temps ◆ **it was a wild night** la tempête faisait rage cette nuit-là

c (= unrestrained) appearance farouche ; laughter, anger, evening, party fou (folle f) ; idea, plan fou (folle f), extravagant ; imagination, enthusiasm débordant, délirant ; life de bâtons de chaise * ◆ **his hair was wild and uncombed** il avait les cheveux en bataille ◆ **there was wild confusion at the airport** la confusion la plus totale régnait à l'aéroport ◆ **he took a wild swing at his opponent** il a lancé le poing en direction de son adversaire ◆ **he had a wild look in his eyes** il avait une lueur sauvage or farouche dans les yeux ◆ **he was wild in his youth, he had a wild youth** il a fait les quatre cents coups dans sa jeunesse ◆ **a whole gang of wild kids** toute une bande de casse-cou ◆ **to have a wild night out (on the town)** sortir faire la fête * ◆ **we had some wild times together** nous avons fait les quatre cents coups ensemble ◆ **those were wild times** (= tough) les temps étaient durs, la vie était rude en ce temps-là ◆ **he had some wild scheme for damming the river** il avait un projet complètement fou or abracadabrant pour barrer le fleuve ◆ **there was a lot of wild talk about ...** on a avancé des tas d'idées folles au sujet de ... ◆ **they made some wild promises** ils ont fait quelques promesses folles or extravagantes ◆ **that is a wild exaggeration** c'est une énorme exagération ◆ **to make a wild guess** risquer or émettre à tout hasard une hypothèse (*at sth* sur qch)

d (= excited) comme fou (folle f) ; (= enthusiastic) fou (folle f), dingue * (*about* de) ◆ **to be wild about sb/sth** * être dingue * de qn/qch ◆ **I'm not wild about it** * ça ne m'emballe * pas beaucoup ◆ **he was wild with joy** il ne se tenait plus de joie ◆ **he was wild with anger/indignation** il était fou de rage/d'indignation ◆ **the audience went wild with delight** le public a hurlé de joie ◆ **his fans went wild when he appeared** la folie a gagné ses fans * quand il est apparu ◆ **the dog went wild when he saw his owner** le chien est devenu comme fou quand il a vu son maître ◆ **it's enough to drive you wild!** * c'est à vous rendre dingue ! *

2 n ◆ **the call of the wild** l'appel m de la nature ◆ **in the wild** (= natural habitat) dans la nature, à l'état sauvage ◆ **this plant grows in the wild** cette plante existe à l'état sauvage ◆ **he went off into the wilds** il est parti vers des régions sauvages or reculées ◆ **he lives in the wilds of Alaska** il vit au fin fond de l'Alaska ◆ **we live out in the wilds** nous habitons en pleine brousse

3 COMP ▷ **wild beast** n (gen) bête sauvage ; (= dangerous) bête féroce ▷ **wild boar** n sanglier m ▷ **wild child** n a (wayward) noceur * m, -euse * f b (living in wilds) enfant mf sauvage ▷ **wild dog** n (gen) chien m sauvage ; (= dingo) dingo m ▷ **wild duck** n canard m sauvage ▷ **wild-eyed** adj (= mad) au regard fou ; (= grief-stricken) aux yeux hagards ▷ **wild flowers** npl fleurs fpl des champs, fleurs fpl sauvages ▷ **wild goat** n chèvre f sauvage ▷ **wild-goose chase** n **he sent me off on a wild-goose chase** il m'a fait courir partout pour rien ▷ **wild pansy** n pensée f sauvage ▷ **wild pear** n poirier m sauvage ▷ **wild rabbit** n lapin m de garenne ▷ **wild rice** n riz m sauvage ▷ **wild service tree** n alisier m torminal ▷ **wild silk** n soie f sauvage ▷ **wild type** n (Bio) phénotype m (sauvage) ▷ **the Wild West** n (US) le Far West ▷ **Wild West show** n (US) spectacle m sur le thème du Far West

wildcard [ˈwaɪldkɑːd] n (Comput) caractère m joker or de remplacement ; (fig) élément m imprévisible ◆ **he was given a wildcard entry into Wimbledon** (Sport) il a joué sur invitation à Wimbledon

wildcat [ˈwaɪldˌkæt] 1 n, pl **wildcats** or **wildcat** a (= animal) chat m sauvage ; (fig) (= person) personne f féroce

b (= oil well) forage m de prospection

2 adj (US = unsound) scheme, project insensé ; (financially) financièrement douteux

3 vi (for oil) faire des forages de prospection pétrolière

4 COMP ▷ **wildcat strike** n (Ind) grève f sauvage

wildcatter * [ˈwaɪldˌkætəʳ] n (= striker) gréviste mf ; (Fin) spéculateur m

wildebeest [ˈwɪldɪbiːst] n, pl **wildebeests** or **wildebeest** gnou m

wilderness [ˈwɪldənɪs] → SYN n (gen) étendue f déserte, région f reculée or sauvage ; (Bible, also fig) désert m ; (= overgrown garden) jungle f ◆ **a wilderness of snow and ice** de vastes étendues de neige et de glace ◆ **a wilderness of empty seas** une mer vaste et désolée ◆ **a wilderness of streets/ruins** un désert de rues/de ruines ◆ **to preach in the wilderness** (Bible) prêcher dans le désert ◆ **to be in the wilderness** (fig) faire sa traversée du désert ◆ **this garden is a wilderness** ce jardin est une vraie jungle

wildfire [ˈwaɪldfaɪəʳ] n feu m or incendie m de forêt ◆ **to spread like wildfire** se répandre comme une traînée de poudre

wildfowl [ˈwaɪldfaʊl] n (one bird) oiseau m sauvage ; (collectively) oiseaux mpl sauvages ; (Hunting) gibier m à plumes

wildfowler [ˈwaɪldfaʊləʳ] n chasseur m de gibier à plumes

wildfowling [ˈwaɪldfaʊlɪŋ] n ◆ **to go wildfowling** chasser (le gibier à plumes)

wildlife [ˈwaɪldlaɪf] → SYN 1 n faune f et flore f ◆ **he's interested in wildlife** il s'intéresse à la faune et à la flore ◆ **the wildlife of Central Australia** la faune et la flore d'Australie centrale

2 COMP ▷ **wildlife park**, **wildlife sanctuary** n réserve f naturelle

wildly [ˈwaɪldlɪ] adv a (= excitedly) applaud frénétiquement ; gesticulate, wave furieusement ; talk avec beaucoup d'agitation ; protest violemment ; behave de façon extravagante ◆ **to cheer wildly** pousser des exclamations frénétiques ◆ **to look wildly around** jeter des regards éperdus autour de soi

b (= violently, frantically) **her heart was beating wildly** son cœur battait violemment or à se rompre ◆ **he hit out wildly** il lançait des coups dans tous les sens or au hasard ◆ **they were rushing about wildly** ils se précipitaient dans tous les sens ◆ **the wind blew wildly** le vent soufflait violemment ◆ **the storm raged wildly** la tempête faisait rage

c (= at random) shoot au hasard ◆ **you're guessing wildly** tu dis ça tout à fait au hasard

d (= extremely) optimistic, excited, happy follement ; vary énormément ◆ **I'm not wildly pleased** * **about it** ce n'est pas que ça me fasse très plaisir

wildness [ˈwaɪldnɪs] n [of land, countryside, scenery] aspect m sauvage ; [of tribe, people] sauvagerie f ; [of wind, sea] fureur f, violence f ; [of appearance] désordre m ; [of imagination] extravagance f ; [of enthusiasm] ferveur f ◆ **the wildness of the weather** le sale temps qu'il fait

wiles [waɪlz] npl artifices mpl, manège m ; (stronger) ruses fpl

wilful, **willful** (US) [ˈwɪlfʊl] → SYN adj a (= deliberate) misconduct, destruction, ignorance délibéré ; murder, damage volontaire

b (= obstinate) person entêté, têtu ; behaviour obstiné

wilfully, **willfully** (US) [ˈwɪlfəlɪ] adv a (= deliberately) délibérément

b (= obstinately) obstinément

wilfulness, **willfulness** (US) [ˈwɪlfʊlnɪs] n [of person] obstination f, entêtement m ; [of action] caractère m délibéré or intentionnel

wiliness [ˈwaɪlɪnɪs] n ruse f (NonC), astuce f (NonC)

will [wɪl] → SYN 1 modal aux vb, neg **will not** often abbr to won't see also **would** a (used to form future tense) **he will speak** il parlera ; (near future) il va parler ◆ **don't worry, he will come** ne vous inquiétez pas, il ne manquera pas de venir or il viendra sans faute ◆ **you'll regret it some day** tu le regretteras un jour ◆ **we will come too** nous viendrons (nous) aussi ◆ **you won't lose it again, will you?** tu ne le perdras plus, n'est-ce pas ? ◆ **you will come to see us, won't you?** vous viendrez nous voir, n'est-ce pas ? ◆ **will he come too? – yes he will** est-ce qu'il viendra (lui) aussi ? – oui ◆ **I'll go with you – (oh) no you won't!** je vais vous accompagner – non, certainement pas ! ◆ **they'll arrive tomorrow – will they?** ils arriveront demain – ah bon or c'est vrai ? ◆ **I don't think he'll do it tomorrow** je ne pense pas qu'il le fasse demain ◆ **you will speak to no one** (in commands) ne parlez à personne, vous ne parlerez à personne ◆ **will you be quiet!** veux-tu (bien) te taire !

b (indicating conjecture) **that will be the taxi** ça doit être le taxi, c'est or voilà sans doute le taxi ◆ **that will have been last year, I suppose** je suppose que c'était l'année dernière ◆ **she'll be about forty** elle doit avoir quarante ans environ ◆ **she'll have forgotten all about it by now** elle aura tout oublié à l'heure qu'il est

c (indicating willingness) **I will help you** je vous aiderai, je veux bien vous aider ◆ **will you help me? – yes I will/no I won't** tu veux m'aider ? – oui je veux bien/non je ne veux pas ◆ **if you'll help me I think we can do it** si vous voulez bien m'aider je crois que nous y arriverons ◆ **won't you come with us?** vous ne voulez pas venir (avec nous) ? ◆ **will you have a cup of coffee?** voulez-vous or prendrez-vous un petit café ? ◆ **won't you have a drink?** vous prendrez bien un verre ? ◆ **will you please sit down!** (in requests) voulez-vous vous asseoir, s'il vous plaît ! ◆ **just a moment, will you?** un instant, s'il vous plaît ◆ **I will** (in marriage service) oui ◆ **I will see him!** on ne m'empêchera pas de le voir ! ◆ **I won't have it!** je ne tolère pas ça !, je n'admets pas ça ! ◆ **the window won't open** la fenêtre ne s'ouvre pas or ne veut pas s'ouvrir ◆ **do what you will** (frm) faites ce que vous voulez or comme vous voulez ◆ **come when you will** venez quand vous voulez ◆ **look where you will** regardez où bon vous semble

d (indicating habit, characteristic) **he will sit for hours doing nothing** il reste assis pendant des heures à ne rien faire ◆ **this bottle will hold one litre** cette bouteille contient un litre or fait le litre ◆ **the car will do 150km/h** cette voiture fait du 150 km/h ◆ **he will talk all the time!** il ne peut pas s'empêcher or s'arrêter de parler ! ◆ **if you will make your speeches so long, you can hardly blame people for not listening** si vous persistez à faire des discours aussi longs, il ne faut pas vraiment vous étonner si les gens n'écoutent pas ◆ **he will annoy me by leaving his socks lying all over the place** il m'énerve à toujours laisser traîner ses chaussettes partout ◆ **I will call him Richard, though his name's actually Robert** il faut toujours que je l'appelle (subj) Richard bien qu'en fait il s'appelle Robert ◆ **boys will be boys** il faut (bien) que jeunesse se passe (Prov)

2 pret, ptp **willed** vt a (frm = wish, intend) vouloir (*that* que + subj) ◆ **God has willed it so** Dieu a voulu qu'il en soit ainsi ◆ **it is as God wills** c'est la volonté de Dieu ◆ **you must will it really hard if you wish to succeed** pour réussir il faut le vouloir très fort ◆ **to will sb's happiness** vouloir le bonheur de qn

b (= urge by willpower) **he was willing her to accept** il l'adjurait intérieurement d'accepter ◆ **he willed himself to stand up** il fit un suprême effort pour se mettre debout

c (Jur = leave in one's will) léguer (*sth to sb* qch à qn)

3 n a (= faculty) volonté f ; (= wish) volonté f, désir m ◆ **he has a will of his own** il sait ce qu'il veut ◆ **he has a strong will** il a beaucoup de volonté ◆ **a will of iron, an iron will** une volonté de fer ◆ **to have a weak will** manquer de volonté ◆ **the will to live** la volonté de survivre ◆ (Prov) **where there's a will there's a way** vouloir c'est pouvoir (Prov) ◆ **the will of God** la volonté de Dieu, la volonté divine ◆ **it is the will of the people that ...** la volonté du peuple est que ... (+ subj) ◆ **what is your will?** (frm) quelle est votre volonté ? ◆ **it is my will that he should**

leave (frm) je veux qu'il parte ◆ **thy will be done** (Rel) que ta volonté soit faite ◆ **to do sth against one's will** faire qch à son corps défendant or à contre-cœur ◆ **with the best will in the world** avec la meilleure volonté du monde ◆ **to work with a will** travailler avec détermination or ardeur ; → **free, goodwill, ill, sweet**

♦ **at will** (= as much as you like) à volonté ; (= whenever you like) quand vous le voulez ◆ **to choose/borrow** etc **at will** choisir/emprunter etc à volonté ◆ **you are free to leave at will** vous êtes libre de partir quand vous voulez

b (Jur) testament m ◆ **the last will and testament of ...** les dernières volontés de ... ◆ **he left it to me in his will** il me l'a légué par testament, il me l'a laissé dans son testament

willful etc ['wɪlfʊl] adj (US) ⇒ **wilful** etc

William ['wɪljəm] n Guillaume m ◆ **William the Conqueror** Guillaume le Conquérant ◆ **William of Orange** Guillaume d'Orange ◆ **William Tell** Guillaume Tell

willie * ['wɪlɪ] 1 n (Brit) zizi * m

2 **the willies** npl ◆ **to have the willies** avoir les chocottes * fpl, avoir la trouille * ◆ **it gives me the willies** ça me donne les chocottes *, ça me fout la trouille ‡ ◆ **he gives me the willies** il me fout la trouille ‡

willing ['wɪlɪŋ] → SYN 1 adj a (= prepared) **to be willing to do sth** être prêt or disposé à faire qch, bien vouloir faire qch ◆ **he wasn't very willing to help** il n'était pas tellement prêt or disposé à aider ◆ **I was quite willing for him to come** j'étais tout à fait prêt or disposé à ce qu'il vienne ◆ **will you help us? – I'm perfectly willing** voulez-vous nous aider ? – bien volontiers ; → **god, ready, spirit**

b (= eager) audience, participant enthousiaste ; helper, worker, partner plein de bonne volonté ◆ **willing hands helped him to his feet** des mains secourables se tendirent et l'aidèrent à se lever ◆ **there were plenty of willing hands** il y avait beaucoup d'offres d'assistance ◆ **he's very willing** il est plein de bonne volonté

c (= voluntary) help, sacrifice volontaire

2 n ◆ **to show willing** faire preuve de bonne volonté

3 COMP ▷ **willing horse** * n (= person) bonne âme f (qui se dévoue toujours)

willingly ['wɪlɪŋlɪ] → SYN adv a (= readily) accept, work de mon (or ton, son etc) plein gré ◆ **can you help us? – willingly!** peux-tu nous aider ? – volontiers !

b (= voluntarily) volontairement ◆ **did he do it willingly or did you have to make him?** l'a-t-il fait de lui-même or volontairement ou bien vous a-t-il fallu le forcer ?

willingness ['wɪlɪŋnɪs] → SYN n bonne volonté f ; (= enthusiasm) empressement m (*to do sth* à faire qch) ◆ **I don't doubt his willingness, just his competence** ce n'est pas sa bonne volonté que je mets en doute mais sa compétence ◆ **I was grateful for his willingness to help** je lui étais reconnaissant de bien vouloir m'aider or de son empressement à m'aider ◆ **in spite of the willingness with which she agreed** malgré la bonne volonté qu'elle a mise à accepter, malgré son empressement à accepter

will-o'-the-wisp ['wɪləðə'wɪsp] n (lit, fig) feu follet m

willow ['wɪləʊ] 1 n (= tree) saule m ; (= wood) (bois m de) saule m (NonC) ; (for baskets etc) osier m ◆ **the willow** * (fig = cricket/baseball bat) la batte (de cricket/de baseball) ; → **pussy, weeping**

2 COMP bat etc de or en saule ; basket d'osier, en osier ▷ **willow pattern** n *motif chinois dans les tons bleus* ◆ **willow pattern china** porcelaine f à motif chinois ▷ **willow tit** n mésange f boréale ▷ **willow wand** n branche f de saule ▷ **willow warbler** n pouillot m fitis

willowherb ['wɪləʊhɜːb] n (Bot) épilobe m

willowy ['wɪləʊɪ] adj person svelte, élancé

willpower ['wɪlpaʊəʳ] → SYN n volonté f

willy * ['wɪlɪ] n ⇒ **willie 1**

willy-nilly ['wɪlɪ'nɪlɪ] adv a (= willingly or not) bon gré mal gré

b (= at random) au hasard

wilt¹ †† [wɪlt] vb (2nd person sg of **will** → **1**)

wilt² [wɪlt] → SYN 1 vi [flower] se faner, se flétrir ; [plant] se dessécher, mourir ; [person] (= grow exhausted) s'affaiblir ; (= lose courage) fléchir, être pris de découragement ; [effort, enthusiasm etc] diminuer ◆ **the guests began to wilt in the heat of the room** la chaleur de la pièce commençait à incommoder les invités ◆ **business confidence has visibly wilted** la confiance des milieux d'affaires a visiblement diminué ◆ **United visibly wilted under Liverpool's onslaught in the semi-final** United a manifestement flanché en demi-finale face à l'assaut de Liverpool ◆ **demand for household goods has wilted with the collapse of the housing market** la demande en biens d'équipement ménager a fléchi avec l'effondrement du marché immobilier ◆ **I wilted into my chair** je me suis effondré dans mon fauteuil

2 vt [+ flower] faner, flétrir ; [+ plant, leaves] dessécher

Wilts [wɪlts] abbrev of **Wiltshire**

wily ['waɪlɪ] → SYN adj (gen pej) person rusé, malin (-igne f) ◆ **a wily trick** une astuce ◆ **he's a wily old devil** or **bird** or **fox, he's as wily as a fox** il est rusé comme un renard

wimp * [wɪmp] n (pej) mauviette f, poule f mouillée

► **wimp out** ‡ vi se dégonfler

wimpish * ['wɪmpɪʃ] (pej) adj behaviour de mauviette ◆ **a wimpish young man** une jeune mauviette ◆ **his wimpish friend** sa mauviette d'ami ◆ **he's so wimpish!** c'est une telle mauviette ! ◆ **stop being so wimpish!** cesse de faire la mauviette !

wimpishly * ['wɪmpɪʃlɪ] adv say misérablement ; behave comme une mauviette

wimple ['wɪmpl] n guimpe f

wimpy * ['wɪmpɪ] adj ⇒ **wimpish**

win [wɪn] → SYN vb : pret, ptp **won** 1 n (Sport etc) victoire f ◆ **another win for Scotland** une nouvelle victoire pour l'Écosse ◆ **it was a convincing win for France** la victoire revenait indiscutablement à la France ◆ **to have a win** gagner ◆ **to back a horse for a win** jouer un cheval gagnant

2 vi a (in war, sport, competition etc) gagner, l'emporter ◆ **to win by a length** gagner or l'emporter d'une longueur ◆ **go in and win!** vas-y et ne reviens pas sans la victoire ! ◆ **he was playing to win** il jouait pour gagner ◆ **who's winning?** qui est-ce qui gagne ? ◆ **to win hands down** * gagner les doigts dans le nez *, gagner haut la main ; (esp in race) arriver dans un fauteuil ◆ **win, place and show** (US Sport) gagnant, placé et troisième ◆ **you win!** (in reluctant agreement) soit ! tu as gagné ! ◆ **I** (or **you** etc) **(just) can't win** j'ai (or on a etc) toujours tort

b **to win free** or **loose** se dégager (*from sth* de qch)

3 vt a (= gain victory in) [+ war, match, competition, bet, race] gagner ◆ **to win the day** (Mil) remporter la victoire ; (gen) l'emporter

b (= compete for and get) [+ prize] gagner, remporter ; [+ victory] remporter ; [+ scholarship] obtenir ; [+ sum of money] gagner ◆ **he won it for growing radishes** il l'a gagné or remporté or eu pour sa culture de radis ◆ **he won £5 (from her) at cards** il (lui) a gagné 5 livres aux cartes ◆ **his essay won him a trip to France** sa dissertation lui a valu un voyage en France

c (= obtain etc) [+ fame, fortune] trouver ; [+ sb's attention] capter, captiver ; [+ sb's friendship] gagner ; [+ sb's esteem] gagner, conquérir ; [+ sympathy, support, admirers, supporters] s'attirer ; [+ coal, ore etc] extraire (*from* de) ◆ **to win friends** se faire des amis ◆ **to win a name** or **a reputation (for o.s.)** se faire un nom or une réputation (*as* en tant que) ◆ **this won him the friendship of ...** ceci lui a gagné or valu l'amitié de ... ◆ **this won him the attention of the crowd** ça lui a valu l'attention de la foule ◆ **this manoeuvre won him the time he needed** cette manœuvre lui a valu d'obtenir le délai dont il avait besoin ◆ **to win sb's love/respect** se faire aimer/respecter de qn ◆ **to win sb's heart** gagner le cœur de qn ◆ **to win sb to one's cause** gagner or rallier qn à sa cause ◆ **to win a lady** or **a lady's hand (in marriage)** † obtenir la main d'une demoiselle

d (= reach) [+ summit, shore, goal] parvenir à, arriver à ◆ **he won his way to the top of his profession** il a durement gagné sa place au sommet de sa profession

4 COMP ▷ **win-win situation** n **it's a win-win situation** on gagne à tous les coups *

► **win back** vt sep [+ cup, trophy] reprendre (*from* à) ; [+ gaming loss etc] recouvrer ; [+ land] reconquérir (*from* sur), reprendre (*from* à) ; [+ sb's favour, support, esteem, one's girlfriend etc] reconquérir ◆ **I won the money back from him** j'ai repris l'argent qu'il m'avait gagné

► **win out** vi a l'emporter, gagner

b ⇒ **win through**

► **win over, win round** vt sep [+ person] convaincre, persuader ; [+ voter] gagner à sa cause ◆ **I won him over to my point of view** je l'ai gagné à ma façon de voir ◆ **the figures won him over to our way of thinking** les statistiques l'ont fait se rallier à notre façon de voir ◆ **I won him over eventually** j'ai fini par le convaincre or le persuader ◆ **to win sb over to doing sth** convaincre or persuader qn de faire qch

► **win through** vi y arriver, finir par réussir ◆ **you'll win through all right!** tu y arriveras !, tu finiras par réussir ! ◆ **he won through to the second round** (in competition etc) il a gagné le premier tour

wince [wɪns] → SYN 1 vi (= flinch) tressaillir ; (= grimace) grimacer (de douleur) ◆ **he winced at the thought/at the sight** cette pensée/ce spectacle l'a fait tressaillir or grimacer ◆ **he winced as I touched his injured arm** il a tressailli sous l'effet de la douleur or il a grimacé de douleur lorsque j'ai touché son bras blessé ◆ **without wincing** (fig) sans broncher or sourciller

2 n (= flinch) tressaillement m, crispation f ; (= grimace) grimace f (de douleur or dégoût etc) ◆ **to give a wince** ⇒ **to wince 1**

winceyette [,wɪnsɪ'et] n (NonC: Brit) flanelle f de coton

winch [wɪntʃ] 1 n treuil m

2 vt ◆ **to winch sth up/down** etc monter/descendre etc qch au treuil ◆ **they winched him out of the water** ils l'ont hissé hors de l'eau au treuil

Winchester ['wɪntʃɪstəʳ] n ◆ **Winchester (rifle)** ® (carabine f) Winchester f ◆ **Winchester disk** (Comput) disque m Winchester

wind¹ [wɪnd] → SYN 1 n a vent m ◆ **high wind** grand vent m, vent m violent or fort ◆ **following wind** vent m arrière ◆ **the wind is rising/dropping** le vent se lève/tombe ◆ **the wind was in the east** le vent venait de l'est or était à l'est ◆ **where is the wind?, which way is the wind?** d'où vient le vent ? ◆ **to go/run like the wind** aller/filer comme le vent ◆ **between wind and water** (Naut) près de la ligne de flottaison ◆ **to run before the wind** (Naut) avoir or courir vent arrière ◆ **to take the wind out of sb's sails** couper l'herbe sous le pied de qn ◆ **to see how the wind blows** or **lies** (lit) voir d'où vient le vent ; (fig) prendre le vent, voir d'où vient le vent ◆ **the wind of change is blowing** le vent du changement souffle ◆ **there's something in the wind** il y a quelque chose dans l'air, il se prépare quelque chose ◆ **to get wind of sth** avoir vent de qch ◆ **he threw caution to the winds** il a fait fi de toute prudence † (also frm) ◆ **she was left twisting** or **swinging in the wind** (US) on l'a laissée dans le pétrin * ; → **ill, north, sail**

b (= breath) souffle m ◆ **he has still plenty of wind** il a encore du souffle ◆ **he had lost his wind** il avait perdu le souffle or perdu haleine ◆ **to knock the wind out of sb** [blow] couper la respiration or le souffle à qn ; [fighter] mettre qn hors d'haleine ; [fall, exertion] essouffler qn, mettre qn hors d'haleine ◆ **to get one's wind back** (lit) reprendre (son) souffle, reprendre haleine ◆ **give me time to get my wind back!** (fig) laisse-moi le temps de souffler or de me retourner ! ◆ **to put the wind up sb** * (Brit) flanquer la frousse à qn * ◆ **to get/have the wind up** * (Brit) avoir la frousse * (*about* à propos de) → **second¹, sound²**

c (NonC: Med = flatulence) gaz mpl ◆ **the baby has got wind** le bébé a des gaz ◆ **to break wind** lâcher un vent ◆ **to bring up wind** avoir un renvoi

d (Mus) **the wind** les instruments mpl à vent

wind / windy

2 vt **a** to wind sb [blow etc] couper la respiration or le souffle à qn; [fighter] mettre qn hors d'haleine; [fall, exertion] essouffler qn, mettre qn hors d'haleine ♦ he was winded by the blow, the blow winded him le coup lui a coupé le souffle or la respiration ♦ he was quite winded by the climb l'ascension l'avait essoufflé or mis hors d'haleine ♦ I'm only winded j'ai la respiration coupée, c'est tout

b [+ horse] laisser souffler

c (Hunting = scent) avoir vent de

d to wind a baby faire faire son rot * or son renvoi à un bébé

3 COMP erosion etc éolien ▷ **wind-bells** npl ⇒ **wind-chimes** ▷ **wind-borne** adj seeds, pollen transporté or porté par le vent ▷ **wind chest** n (Mus) sommier m ▷ **wind-chill (factor)** n (facteur m de) refroidissement m dû au vent ♦ a wind-chill factor of 10° une baisse de 10° due au vent ▷ **wind-chimes** npl carillon m éolien ▷ **wind deflector** n (Aut) déflecteur m ▷ **wind farm** n éoliennes fpl, parc m d'éoliennes ▷ **wind harp** n harpe f éolienne ▷ **wind gauge** n anémomètre m ▷ **wind generator** n aérogénérateur m ▷ **wind instrument** n (Mus) instrument m à vent ▷ **wind machine** n (Theat, Cine) machine f à vent ▷ **wind power** n énergie f éolienne ▷ **wind rose** n rose f des vents ▷ **wind tunnel** n (Phys) tunnel m aérodynamique ♦ there was a wind tunnel between the two tower blocks il y avait un fort courant d'air entre les deux tours

wind² [waɪnd] pret, ptp **winded** or **wound** vt ♦ to wind the horn sonner du cor; (Hunting) sonner de la trompe

wind³ [waɪnd] → SYN vb : pret, ptp **wound** **1** n **a** (= bend: in river etc) tournant m, coude m

b (= action of winding) to give one's watch a wind remonter sa montre ♦ give the handle another wind or two donne un ou deux tours de manivelle de plus

2 vt **a** (= roll) [+ thread, rope etc] enrouler (on sur; round autour de); (= wrap) envelopper (in dans) ♦ to wind wool (into a ball) enrouler de la laine (pour en faire une pelote) ♦ wind this round your head enroule-toi ça autour de la tête ♦ with the rope wound tightly round his waist la corde bien enroulée autour de la taille, la corde lui ceignant étroitement la taille ♦ she wound a shawl round the baby, she wound the baby in a shawl elle a enveloppé le bébé dans un châle ♦ to wind one's arms round sb enlacer qn ♦ the snake/rope wound itself round a branch le serpent/la corde s'est enroulé(e) autour d'une branche ♦ he slowly wound his way home il s'en revint lentement chez lui, il prit lentement le chemin du retour; see also **3**

b [+ clock, watch, toy] remonter; [+ handle] donner un (or des) tour(s) de

3 vi ♦ (also wind its way) to wind along [river, path] serpenter, faire des zigzags ♦ the road winds through the valley la route serpente à travers la vallée, la route traverse la vallée en serpentant ♦ the procession wound through the town la procession a serpenté à travers la ville ♦ the line of cars wound slowly up the hill la file de voitures a lentement gravi la colline en serpentant ♦ to wind up/down [path etc] monter/descendre en serpentant or en zigzags; [stairs, steps] monter/descendre en tournant ♦ to wind round sth [snake, ivy etc] s'enrouler autour de qch

▶ **wind back** vt sep [+ tape, film] rembobiner

▶ **wind down** **1** vi **a** → wind³ 3

b (* = relax) se détendre, se relaxer

c (fig) to be winding down [event] tirer à sa fin; [energy, enthusiasm, interest] diminuer, être en perte de vitesse

2 vt sep **a** (on rope/winch etc) faire descendre (au bout d'une corde/avec un treuil etc)

b [+ car window] baisser

c (fig) [+ department, service etc] réduire progressivement (en vue d'un démantèlement éventuel)

▶ **wind forward** vt sep ⇒ wind on

▶ **wind off** vt sep dérouler, dévider

▶ **wind on** vt sep enrouler

▶ **wind up** **1** vi **a** → wind³ 3

b [meeting, discussion] se terminer, finir (with par) ♦ he wound up for the Government (in debate) c'est lui qui a résumé la position du gouvernement dans le discours de clôture ♦ Mr Paul Herbert wound up for the prosecution/defence (Jur) M. Paul Herbert a conclu pour la partie civile/pour la défense

c * they wound up stranded in Rotterdam ils ont fini or ils se sont retrouvés bloqués à Rotterdam ♦ he wound up as a doctor il a fini médecin ♦ he wound up with a fractured skull il s'est retrouvé avec une fracture du crâne

2 vt sep **a** [+ object on rope/winch etc] faire monter (au bout d'une corde/avec un treuil etc); (fig = end) [+ meeting, speech] terminer, clore (with par); (Comm = business) liquider ♦ to wind up one's affairs liquider ses affaires ♦ to wind up an account (Banking) clôturer un compte

b [+ car window] monter, fermer

c [+ watch etc] remonter ♦ to be wound up * (fig = tense) être tendu or crispé (about à propos de) ♦ it gets me all wound up (inside) * ça me retourne

d (Brit = tease person) faire marcher *

3 winding-up n → winding

4 wind-up * n (Brit = practical joke) blague f, bobard * m

windbag* ['wɪndbæg] n (fig pej) moulin m à paroles

windblown ['wɪndbləʊn] adj person, hair ébouriffé par le vent; tree fouetté par le vent

windbreak ['wɪndbreɪk] n (= tree, fence etc) brise-vent m; (for camping etc) pare-vent m inv

Windbreaker® ['wɪndbreɪkəʳ] n ⇒ **windcheater**

windburn ['wɪndbɜːn] n (Med) brûlure f épidermique (due au vent)

windcheater ['wɪndtʃiːtəʳ] n (Brit) anorak m léger, coupe-vent m inv

winder ['waɪndəʳ] n **a** [of watch etc] remontoir m

b (for car windows) lève-glace m, lève-vitre m

c (for thread etc) dévidoir m; (= person) dévideur m, -euse f

windfall ['wɪndfɔːl] → SYN **1** n (lit) fruit(s) m(pl) tombé(s) (sous l'effet du vent); (fig) aubaine f, manne f (tombée du ciel)

2 COMP ▷ **windfall profit** n bénéfices mpl exceptionnels ▷ **windfall tax** n taxe f exceptionnelle sur les bénéfices (des entreprises privatisées)

windflower ['wɪndflaʊəʳ] n anémone f des bois

windily* ['wɪndɪlɪ] adv (US: pej) verbeusement

windiness* ['wɪndɪnɪs] n (pej) verbosité f

winding ['waɪndɪŋ] → SYN **1** adj road, path sinueux, tortueux; river sinueux, qui serpente; stairs, staircase tournant

2 n **a** (NonC) [of thread, rope] enroulement m; [of clock, watch, toy] remontage m; (onto bobbin) bobinage m

b winding(s) [of road] zigzags mpl; [of river] méandres mpl

3 COMP ▷ **winding-sheet** † n linceul m ▷ **winding-up** n [of meeting, account] clôture f; [of business, one's affairs] liquidation f ♦ winding-up arrangements (Jur, Fin) concordat m

windjammer ['wɪnddʒæməʳ] n **a** (Naut) grand voilier m (de la marine marchande)

b (Brit = windcheater) anorak m léger, coupe-vent m inv

windlass ['wɪndləs] n guindeau m, treuil m

windless ['wɪndlɪs] adj day sans vent; air immobile

windmill ['wɪndmɪl] n moulin m à vent ♦ to tilt at or fight windmills se battre contre des moulins à vent ♦ windmill service (Volleyball) service m balancier

window ['wɪndəʊ] **1** n **a** (gen, also Comput) fenêtre f; (in car, train) vitre f, glace f; (also **window pane**) vitre f, carreau m; (stained-glass) vitrail m; (larger) verrière f; [of shop] vitrine f, devanture f; (more modest) étalage m; [of café etc] vitrine f; (in post office, ticket office etc) guichet m; (in envelope) fenêtre f ♦ I saw her at the window je l'ai vue à la fenêtre ♦ don't lean out of the window ne te penche pas par la fenêtre; (in train, car etc) ne te penche pas en dehors ♦ to look/throw etc out of the window regarder/jeter etc par la fenêtre; (in car etc) regarder/jeter etc dehors ♦ to go or fly or disappear out of the window (fig) s'évanouir, se volatiliser ♦ well, there's another plan out the window! * eh bien voilà encore un projet de fichu * or qui tombe à l'eau ♦ the windows look out onto fields les fenêtres donnent sur or ont vue sur des champs ♦ to break a window casser une vitre or un carreau ♦ to clean the windows nettoyer or laver les carreaux ♦ to put sth in the window (Comm) mettre qch en vitrine or à la devanture ♦ I saw it in the window (Comm) j'ai vu ça à l'étalage or à la devanture or en vitrine ♦ the windows are lovely at Christmas time (Comm) les vitrines sont très belles au moment de Noël ♦ in the front of the window (Comm) sur le devant de la vitrine ♦ window of opportunity chance f ♦ there is perhaps a window of opportunity to change ... nous avons peut-être maintenant la possibilité de changer ...

b (Space: also **launch window**) fenêtre f or créneau m de lancement

2 COMP ▷ **window box** n jardinière f ▷ **window cleaner** n (= person) laveur m, -euse f de vitres or de carreaux; (= substance) produit m à nettoyer les vitres or les carreaux ▷ **window-cleaning** n to do the window-cleaning faire les vitres or carreaux ▷ **window display** n devanture f, vitrine f (de magasin) ▷ **window dresser** n (Comm) étalagiste mf ▷ **window dressing** n (Comm) composition f d'étalage ♦ she is learning window dressing elle fait des études d'étalagiste ♦ it's just window dressing (fig pej) ce n'est qu'une façade ▷ **window envelope** n enveloppe f à fenêtre ▷ **window frame** n châssis m (de fenêtre) ▷ **window glass** n (NonC) verre m (utilisé pour les vitres) ▷ **window ledge** n ⇒ windowsill ▷ **window pane** n vitre f, carreau m ▷ **window sash** n cadre m or châssis m de fenêtre ▷ **window seat** n (in room) banquette f (située sous la fenêtre); (in vehicle) place f côté fenêtre ▷ **window shade** n (US) store m ▷ **window-shop** vi faire du lèche-vitrines ▷ **window-shopper** n she's a great window-shopper elle adore faire du lèche-vitrines * ▷ **window-shopping** n lèche-vitrines * m ♦ to go window-shopping faire du lèche-vitrines * ▷ **window winder** n (Aut) lève-glace m, lève-vitre m

windowsill ['wɪndəʊsɪl] n (inside) appui m de fenêtre; (outside) rebord m de fenêtre

windpipe ['wɪndpaɪp] n (Anat) trachée f

windproof ['wɪndpruːf] **1** adj protégeant du vent, qui ne laisse pas passer le vent

2 vt protéger du or contre le vent

windscreen ['wɪndskriːn] (esp Brit Aut) **1** n pare-brise m inv

2 COMP ▷ **windscreen washer** n lave-glace m ▷ **windscreen wiper** n essuie-glace m

windshield ['wɪndʃiːld] n (US) ⇒ **windscreen**

windsleeve ['wɪndsliːv], **windsock** ['wɪndsɒk] n manche f à air

Windsor chair ['wɪnzəʳ] n fauteuil en bois

windstorm ['wɪndstɔːm] n vent m de tempête

windsurf ['wɪndsɜːf] vi (also **go windsurfing**) faire de la planche à voile

windsurfer ['wɪndsɜːfəʳ] n **a** (= person) (véli)planchiste mf

b (= board) planche f à voile

windsurfing ['wɪndsɜːfɪŋ] n planche f à voile (sport)

windswept ['wɪndswept] adj venteux, battu par les vents, balayé par le(s) vent(s)

windward ['wɪndwəd] **1** adj qui est au vent or contre le vent, qui est du côté du vent

2 adv au vent

3 n côté m du vent ♦ to look to windward regarder dans la direction du vent ♦ to get to windward of sth se mettre contre le vent par rapport à qch

4 COMP ▷ **the Windward Islands, the Windward Isles** npl les îles fpl du Vent ▷ **the Windward Passage** n le canal m du or au Vent

windy ['wɪndɪ] → SYN **1** adj **a** (= blustery) day de vent ♦ it's or the weather's windy today il y a du vent aujourd'hui ♦ wet and windy weather la pluie et le vent

wine / wipe

b (= windswept) place balayé par les vents, venteux **c** (*= pompous) person ronflant; phrases, speech ronflant, pompeux ◆ **a windy old bore** un vieux raseur sentencieux **d** (Brit †*= scared) **to be windy (about sth)** avoir la frousse * (à propos de qch) ◆ **to get windy (about sth)** paniquer (à propos de qch)

2 COMP ▷ **the Windy City** n (US) Chicago; → CITY NICKNAMES

wine [waɪn] **1** n vin m ◆ **elderberry wine** vin m de sureau

2 vt ◆ **to wine and dine sb** emmener qn faire un dîner bien arrosé

3 vi ◆ **to wine and dine** faire un dîner bien arrosé

4 COMP bottle, cellar à vin; colour lie de vin inv or lie-de-vin inv ▷ **wine bar** n bar m à vin(s) ▷ **wine-bottling** n mise f en bouteilles (du vin) ▷ **wine box** n cubitainer ® m ▷ **wine cask** n fût m, tonneau m (à vin) ▷ **wine cellar** n cave f à vins ▷ **wine-coloured** adj lie de vin inv, lie-de-vin inv ▷ **wine cooler** n (= device) rafraîchisseur m (à vin), seau m à rafraîchir; (= drink) boisson à base de vin, de jus de fruit et d'eau gazeuse ▷ **wined up** * adj (US) bourré*, noir* ▷ **wine grower** n viticulteur m, -trice f, vigneron(ne) m(f) ▷ **wine growing** n viticulture f, culture f de la vigne ◇ adj district, industry vinicole, viticole ▷ **wine gum** n (Brit) boule f de gomme ▷ **wine list** n carte f des vins ▷ **wine merchant** n (Brit) marchand(e) m(f) de vin; (on larger scale) négociant(e) m(f) en vins ▷ **wine press** n pressoir m (à vin) ▷ **wine-producing** adj vinicole ▷ **wine rack** n casier m à bouteilles (de vin) ▷ **wine red** adj bordeaux ▷ **wine taster** n (= person) dégustateur m, -trice f (de vins); (= cup) tâte-vin m inv, taste-vin m inv ▷ **wine tasting** n dégustation f (de vins) ▷ **wine vinegar** n vinaigre m de vin ▷ **wine waiter** n sommelier m, -ière f

winebibber ['waɪnbɪbəʳ] n grand(e) buveur m, -euse f (de vin), bon(ne) buveur m, -euse f

wineglass ['waɪnɡlɑːs] n verre m à vin

winemaker ['waɪnmeɪkəʳ] n viticulteur m, -trice f

winemaking ['waɪnmeɪkɪŋ] n (Agr) viticulture f; (at home) distillation de vin

winery ['waɪnərɪ] n (US) établissement m vinicole

wineshop ['waɪnʃɒp] n boutique f du marchand de vin

wineskin ['waɪnskɪn] n outre f à vin

wing [wɪŋ] → SYN **1** n **a** (gen, Zool: also of plane) aile f ◆ **to be on the wing** être en vol, voler ◆ **to shoot a bird on the wing** tirer un oiseau au vol ◆ **to take wing** [bird] prendre son vol, s'envoler ◆ **his heart took wing** (liter) son cœur s'emplit de joie ◆ **to take sb under one's wing** prendre qn sous son aile ◆ **to be under sb's wing** être sous l'aile (protectrice) de qn ◆ **on the wings of fantasy** sur les ailes de l'imagination ◆ **fear lent** or **gave him wings** la peur lui donnait des ailes ◆ **on a wing and a prayer** à la grâce de Dieu; → **clip²**, **spread**
b (Pol) aile f ◆ **on the left/right wing of the party** sur l'aile gauche/droite du parti
c (Sport = person) ailier m, aile f ◆ **wing (three-quarter)** trois-quarts aile f ◆ **left/right wing** ailier m gauche/droit ◆ **he plays (on the) left wing** il est ailier gauche
d (Brit): [of car] aile f; [of armchair] oreille f, oreillard m
e (Aviat = insignia) **wings** insigne m (de pilote) ◆ **to earn** or **win** or **get one's wings** devenir pilote (dans l'armée de l'air)
f [of building, mansion] aile f
g [of organization etc] aile f ◆ **the political wing of the IRA** l'aile f politique de l'IRA

2 the wings npl (Theat) les coulisses fpl, la coulisse ◆ **to stand** or **stay in the wings** (Theat) se tenir dans les coulisses; (fig) rester dans la (or les) coulisse(s) ◆ **to wait in the wings for sb to do sth** (fig) attendre dans la or les coulisse(s) que qn fasse qch

3 vt **a** (= wound) [+ bird] blesser or toucher (à l'aile); [+ person] blesser au bras (or à la jambe etc)

b (liter) **to wing an arrow at sth** darder une flèche en direction de qch ◆ **to wing one's way** ⇒ **to wing 4**
c [actor, speaker etc] **to wing it** * improviser
4 vi (= wing one's way) voler ◆ **they winged over the sea** ils ont survolé la mer
5 COMP ▷ **wing beat** n battement m d'aile ▷ **wing case** n (Zool) élytre m ▷ **wing chair** n bergère f à oreilles ▷ **wing collar** n col m cassé ▷ **wing commander** n (Aviat) lieutenant-colonel m (de l'armée de l'air) ▷ **wing covert** n (Orn) tectrice f alaire ▷ **wing flap** n (Aviat) aileron m ▷ **wing-footed** adj (liter) aux pieds ailés ▷ **wing-forward** n (Rugby) ailier m ▷ **wing loading** n (Aviat) charge f alaire ▷ **wing mirror** n (Brit Aut) rétroviseur m latéral ▷ **wing nut** n papillon m, écrou m à ailettes ▷ **wing three-quarter** n (Rugby) trois-quarts aile m ▷ **wing tip** n extrémité f de l'aile

wingback ['wɪŋˌbæk] n (Sport) ailier m offensif

wingding * ['wɪŋˌdɪŋ] n (US = party) fête f, boum * f

winge * ['wɪndʒ] vi ⇒ **whinge**

winged [wɪŋd] adj creature, goddess, statue ailé ◆ **Mercury, the winged messenger of the gods** Mercure, le messager des dieux aux pieds ailés ◆ **the Winged Victory of Samothrace** la Victoire de Samothrace

-winged [wɪŋd] adj (in compounds) ◆ **white-winged** aux ailes blanches

winger ['wɪŋəʳ] n (Sport) ailier m ◆ **left-/right-winger** (Pol) sympathisant(e) m(f) de gauche/droite, homme m (or femme f) de gauche/droite

wingless ['wɪŋlɪs] adj sans ailes; insect aptère

wingspan ['wɪŋspæn], **wingspread** ['wɪŋspred] n envergure f

wink [wɪŋk] → SYN **1** n clin m d'œil; (= blink) clignement m ◆ **to give sb a wink** faire un clin d'œil à qn ◆ **with a wink** en clignant de l'œil ◆ **in a wink, (as) quick as a wink, in the wink of an eye** en un clin d'œil ◆ **I didn't get a wink of sleep** * je n'ai pas fermé l'œil (de la nuit); → **forty, sleep, tip²**
2 vi [person] faire un clin d'œil (to, at à); (= blink) cligner des yeux; [star, light] clignoter ◆ **to wink at sth** (fig) fermer les yeux sur qch ◆ **they were willing to wink at corruption within the prison service** ils étaient prêts à fermer les yeux sur la corruption dans le service pénitentiaire
3 vt ◆ **to wink one's eye** faire un clin d'œil (at sb à qn) ◆ **to wink a tear back** or **away** cligner de l'œil pour chasser une larme

winker ['wɪŋkəʳ] n (Brit Aut) clignotant m

winking ['wɪŋkɪŋ] **1** adj light, signal clignotant
2 n clins mpl d'œil; (= blinking) clignements mpl d'yeux ◆ **it was as easy as winking** * c'était simple comme bonjour

winkle ['wɪŋkl] **1** n (Brit) bigorneau m
2 vt ◆ **to winkle sth out of sth/sb** extirper qch de qch/qn
3 COMP ▷ **winkle pickers** * npl (Brit = shoes) chaussures fpl pointues

winnable ['wɪnəbl] adj gagnable

winner ['wɪnəʳ] → SYN n **a** (= victor: in fight, argument) vainqueur m; (Sport) gagnant(e) m(f), vainqueur m; (in competitions etc) lauréat(e) m(f), gagnant(e) m(f); (horse-race, cheval m/voiture f etc) gagnant(e) m(f); (Sport) (= winning goal) but m de la victoire; (= winning shot) coup m gagnant ◆ **to be the winner** gagner ◆ **that ball was a winner** (Tennis) cette balle était imparable * ◆ **his latest CD/show is a winner** * son dernier CD/spectacle va faire un malheur * ◆ **he's a winner!** * (fig) il est génial! * ◆ **I think he's on to a winner** (= will win) je crois qu'il va gagner; (= has chosen winner) je crois qu'il a tiré le bon numéro; see also **pick**
b (gen pl = beneficiary) gagnant(e) m(f) (fig) ◆ **the winners will be the shareholders** ce sont les actionnaires qui seront les gagnants

Winnie-the-Pooh [ˌwɪnɪðəˈpuː] n (Literat) Winnie l'ourson

winning ['wɪnɪŋ] → SYN **1** adj **a** person, dog, car, blow, stroke, shot etc gagnant ◆ **the winning goal came in the last five minutes** le but de la victoire a été marqué dans les cinq dernières minutes

b (= captivating) person charmant, adorable; smile, manner charmeur, engageant ◆ **the child has winning ways, the child has a winning way with him** cet enfant a une grâce irrésistible

2 winnings npl (Betting etc) gains mpl
3 COMP ▷ **winning post** n poteau m d'arrivée

winningly ['wɪnɪŋlɪ] adv d'une manière charmeuse, d'un air engageant

Winnipeg ['wɪnɪpeg] n Winnipeg

winnow ['wɪnəʊ] → SYN vt [+ grain] vanner ◆ **to winnow truth from falsehood** (liter) démêler le vrai du faux

winnower ['wɪnəʊəʳ] n (= person) vanneur m, -euse f; (= machine) tarare m

wino * ['waɪnəʊ] n poivrot * m, ivrogne mf

winsome ['wɪnsəm] adj person avenant; smile gracieux, charmant; charm délicieux

winsomely ['wɪnsəmlɪ] adv d'une manière séduisante, d'un air engageant

winsomeness ['wɪnsəmnɪs] n (NonC) charme m, séduction f

winter ['wɪntəʳ] **1** n hiver m ◆ **in winter** en hiver ◆ **in the winter of 1996** pendant l'hiver de 1996 ◆ **"A Winter's Tale"** "Conte d'hiver"
2 vi hiverner, passer l'hiver
3 vt [+ animals] hiverner
4 COMP weather, day, residence d'hiver, hivernal; activities, temperatures hivernal ▷ **winter aconite** n aconit m jaune ▷ **winter cherry** n alkékenge m ▷ **winter clothes** npl vêtements mpl d'hiver ▷ **winter cress** n barbarée f ▷ **winter depression** n spleen m hivernal ▷ **winter garden** n jardin m d'hiver ▷ **winter heliotrope** n héliotrope m d'hiver ▷ **winter holidays** npl vacances fpl d'hiver ▷ **winter jasmine** n jasmin m d'hiver or d'Italie ▷ **Winter of Discontent** n (Brit Pol) hiver 1978-79 marqué par de nombreux mouvements revendicatifs ▷ **Winter Olympics** npl Jeux mpl olympiques d'hiver ▷ **winter resident** n (= person) hivernant(e) m(f) ▷ **the winter season** n la saison d'hiver ▷ **winter sleep** n sommeil m hibernal, hibernation f ▷ **winter solstice** n solstice m d'hiver ▷ **winter sports** npl sports mpl d'hiver ▷ **winter wheat** n blé m d'hiver

wintergreen ['wɪntəˌɡriːn] n (Bot) gaulthérie f ◆ **oil of wintergreen** essence f de wintergreen

winterize ['wɪntəraɪz] vt (US) préparer pour l'hiver

winterkill ['wɪntəˌkɪl] (US) **1** vt [+ plant] tuer par le gel
2 vi être tué par le gel

wintertime ['wɪntəˌtaɪm] **1** n hiver m ◆ **in (the) wintertime** en hiver
2 COMP staff, visitors, food etc en hiver

wintry ['wɪntrɪ] → SYN adj **a** (Met) weather, day, sky, sun d'hiver ◆ **in wintry conditions** par temps d'hiver ◆ **wintry conditions on the roads** difficultés fpl de circulation dues à l'hiver
b (= unfriendly) person, smile glacial (with sb avec qn)

wipe [waɪp] → SYN **1** n coup m de torchon (or d'éponge etc) ◆ **to give sth a wipe** donner un coup de torchon (or d'éponge etc) à qch
2 vt **a** [+ table, dishes, floor] essuyer (with avec); ◆ **to wipe one's hands/face/eyes** s'essuyer les mains/le visage/les yeux (on sur; with avec) ◆ **to wipe one's feet** (with towel, on mat) s'essuyer les pieds ◆ **to wipe one's nose** se moucher ◆ **to wipe one's bottom** s'essuyer ◆ **he wiped the glass dry** il a essuyé le verre ◆ **to wipe the blackboard** effacer or essuyer or nettoyer le tableau ◆ **to wipe the slate clean** (fig) passer l'éponge, tout effacer (fig) ◆ **to wipe the floor with sb** * réduire qn en miettes *
b (Comput, TV, Recording etc) [+ tape, disk, video] effacer ◆ **to wipe sth from a tape** etc effacer qch sur une bande etc
3 COMP ▷ **wipe-out** n (= destruction) destruction f, annihilation f; (Windsurfing etc) chute f, gamelle * f

▶ **wipe at** vt fus essuyer ◆ **to wipe at one's eyes** s'essuyer les yeux

wiper / wish ANGLAIS-FRANÇAIS 1116

► **wipe away** vt sep [+ tears] essuyer ; [+ marks] effacer

► **wipe down** vt sep [+ surface, wall etc] essuyer

► **wipe off** vt sep effacer ◆ **that will wipe the smile** or **grin off her face!** * après ça on va voir si elle a toujours le sourire !

► **wipe out** 1 vt sep a [+ container] bien essuyer ; [+ writing, error etc] effacer ; (fig) [+ insult] effacer, laver ; [+ debt] amortir ; [+ the past, memory] oublier, effacer ◆ **to wipe out an old score** régler une vieille dette (fig)
b (= annihilate) [+ town, people, army] anéantir
c [+ opposing team] écraser ◆ **to wipe sb out** * [person] régler son compte à qn ; [event, news] anéantir qn
2 **wipe-out** n → **wipe**

► **wipe up** 1 vi essuyer la vaisselle
2 vt sep essuyer

wiper ['waɪpəʳ] 1 n (= cloth) torchon m ; (Aut) essuie-glace m inv
2 COMP ▷ **wiper blade** n (Aut) balai m d'essuie-glace

wire ['waɪəʳ] 1 n a (NonC = substance) fil m (métallique or de fer) ; (Elec) fil m (électrique) ; (= piece of wire) fil m ; (= snare) collet m, lacet m ; (also **wire fence**) grillage m, treillis m métallique ◆ **to pull wires for sb** exercer son influence pour aider qn, pistonner qn ◆ **they got their wires crossed** * il y a eu malentendu, ils se sont mal compris ◆ **to work** etc **down to the wire** * (US) travailler etc jusqu'au bout or jusqu'au dernier moment ◆ **to go down to the wire** * (esp US fig: of competition) entrer dans sa phase finale ◆ **to come in** or **get in (just) under the wire** * (US) arriver de justesse ; → **barbed**, **live²**
b (US = telegram) télégramme m
c (Police = hidden microphone) micro m caché
2 **wires** * npl (US = spectacles) lunettes fpl à monture d'acier
3 vt a (also **wire up**) [+ opening, fence] grillager ; [+ flowers, beads] monter sur fil de fer ; (Elec) [+ house] faire l'installation électrique de ; [+ circuit] installer ; [+ plug] monter ◆ **to wire sth to sth** relier or rattacher qch à qch *(avec du fil de fer)* ; (Elec) brancher qch sur qch, relier qch à qch ◆ **to wire a room (up) for sound** sonoriser une pièce ◆ **he was wired for sound** ‡ (= wearing hidden microphone) il avait un micro sur lui ◆ **it's all wired (up) for television** l'antenne (réceptrice or émettrice) de télévision est déjà installée ◆ **to be wired** (for cable TV) être raccordé ; (= bugged) être équipé de micros cachés ◆ **wired-up** ‡ (US fig = tense) surexcité, tendu
b (US = telegraph) télégraphier *(to* à)
4 vi (US) télégraphier
5 COMP object, device de or en fil de fer ▷ **wire brush** n brosse f métallique ▷ **wire cloth** n toile f or treillis m métallique ▷ **wire-cutters** npl cisailles fpl, pinces fpl coupantes ▷ **wire-drawer, wire-drawing machine** n étireuse f ▷ **wire gauge** n calibre m (pour fils métalliques) ▷ **wire gauze** n toile f métallique ▷ **wire glass** n (US) verre m armé ▷ **wire-guided** adj (Mil) guidé par fil ▷ **wire-haired terrier** n terrier m à poils durs ▷ **wire mesh** n (NonC) treillis m métallique, grillage m ▷ **wire netting** n ⇒ **wire mesh** ▷ **wire-puller** * n (US) **he's a wire-puller** il n'hésite pas à se faire pistonner * or à faire jouer le piston * ▷ **wire-pulling** * n (US) le piston * ◆ **to do some wire-pulling for sb** pistonner * qn ▷ **wire rope** n câble m métallique ▷ **wire service** n (US Press) agence f de presse *(utilisant des téléscripteurs)* ▷ **wire wool** n (Brit) paille f de fer

► **wire together** vt sep [+ objects] attacher (avec du fil de fer)

► **wire up** vt sep ⇒ **wire 3a**

wireless † ['waɪəlɪs] (esp Brit) 1 n (= radio) radio f ◆ **to send a message by wireless** envoyer un sans-fil ◆ **they were communicating by wireless** ils communiquaient par sans-fil ◆ **on the wireless** à la TSF † ◆ **to listen to the wireless** écouter la TSF †
2 COMP station, programme radiophonique ▷ **wireless message** n radiogramme m, radio m, sans-fil m ▷ **wireless operator** n radiotélégraphiste mf, radio m ▷ **wireless room** n cabine f radio inv ▷ **wireless set** n (poste m de) radio f ▷ **wireless telegraph, wireless telegraphy** n télégraphie f sans fil, TSF † f, radiotélégraphie f ▷ **wireless telephone** n téléphone m sans fil ▷ **wireless telephony** n téléphonie f sans fil, radiotéléphonie f

wireman ['waɪəmən] n, pl **-men** (US) câbleur m

wiretap ['waɪətæp] 1 vi mettre un (or des) téléphone(s) sur écoute
2 vt mettre sur écoute
3 n écoute f téléphonique

wiretapping ['waɪətæpɪŋ] n écoutes fpl téléphoniques

wireworks ['waɪəwɜːks] n (NonC) tréfilerie f

wiring ['waɪərɪŋ] n (NonC: Elec: in building) installation f électrique ; [of appliance] circuit m électrique ◆ **to have the wiring redone** faire refaire l'installation électrique (*in* de)

wiry ['waɪərɪ] → SYN adj a (= thin) person au physique maigre et nerveux ; body maigre et nerveux
b (= coarse) hair, grass rêche

Wis abbrev of **Wisconsin**

Wisconsin [wɪs'kɒnsɪn] n le Wisconsin ◆ **in Wisconsin** dans le Wisconsin

wisdom ['wɪzdəm] → SYN 1 n (NonC) [of person] sagesse f ; [of action, remark] prudence f
2 COMP ▷ **wisdom tooth** n dent f de sagesse

wise¹ [waɪz] LANGUAGE IN USE 2.2 → SYN
1 adj a (= prudent) person, words, decision sage ; action, choice, investment judicieux ◆ **a wise man** un sage ◆ **a wise move** une sage décision ◆ **to grow wiser with age** s'assagir avec l'âge or en vieillissant ◆ **to be wise after the event** avoir raison après coup ◆ **how wise of you!** vous avez eu bien raison ! ◆ **it wasn't very wise (of you) to tell him that** ce n'était pas très judicieux (de ta part) de lui dire ça ◆ **it would be wise to accept** il serait judicieux d'accepter ◆ **you'd be wise to accept** il serait judicieux que vous acceptiez (subj) ◆ **he was wise enough to refuse** il a eu la sagesse de refuser ◆ **the wisest thing to do is to ignore him** le plus judicieux or sage est de l'ignorer ; → **word**
b (* = aware, informed) **to get wise** piger * ◆ **to be** or **get wise to sb** voir clair dans le jeu de qn ◆ **to be** or **get wise to sth** piger * qch ◆ **I was fooled once, but then I got wise** j'ai été échaudé une fois, mais j'ai retenu la leçon ◆ **get wise!** réveille-toi ! ◆ **I'm wise to that one now** j'ai compris le truc * ◆ **to put sb wise (to sth)** ouvrir les yeux de qn (sur qch), mettre qn au courant (de qch) ◆ **I'm none the wiser, I'm no wiser** (= don't understand) ça ne m'avance pas beaucoup, je ne suis pas plus avancé ◆ **nobody will be any the wiser** (= won't find out) personne n'en saura rien
2 COMP ▷ **wise guy** * n petit malin * m ▷ **the Wise Men** npl (Bible: also **the Three Wise Men**) les Rois mpl mages

► **wise up** *
1 vi ◆ **to wise up (to sth)** réaliser * (qch) ◆ **people finally seem to be wising up (to what is going on)** les gens semblent enfin réaliser * (ce qui se passe) ◆ **wise up!** réveille-toi !
2 vt sep ◆ **to wise sb up** ouvrir les yeux de qn (*to, about* de) ◆ **to get wised up about sth** être mis au parfum * de qch

wise² [waɪz] n (frm) ◆ **in no wise** aucunement, en aucune façon or manière ◆ **in this wise** ainsi, de cette façon or manière

...wise [waɪz] adv (in compounds) a (*: specifying point of view) question *, côté * ◆ **healthwise he's fine but moneywise things aren't too good** question * or côté * santé ça va, mais question * or côté * argent ça pourrait aller mieux
b (specifying direction, position) à la manière de, dans le sens de etc ; → **clockwise, lengthways**

wiseacre ['waɪzeɪkəʳ] n (pej) puits m de science (iro)

wisecrack ['waɪzkræk] 1 n vanne * f
2 vi balancer or sortir une (or des) vanne(s) * ◆ **"need any help?" he wisecracked** "vous avez besoin de mes services ?" ironisa-t-il ◆ **to make a wisecrack** sortir une vanne *

wisely ['waɪzlɪ] adv a (= prudently) use, spend avec sagesse ; behave judicieusement ◆ **you have chosen wisely** votre choix a été sage or judicieux ◆ **wisely, he turned down their first offer** il a eu la sagesse de refuser leur première proposition
b (= sagely) nod, say etc d'un air entendu

wish [wɪʃ] LANGUAGE IN USE 4, 7.5, 8.2, 19.2, 23, 24.3 → SYN
1 vt a (= desire) souhaiter, désirer ◆ **I wish that you ...** (+ cond) je voudrais que vous ... (+ subj) ◆ **I wish to be told when he comes** je souhaite or désire être informé de sa venue ◆ **I wish to be alone** je souhaite or désire or voudrais être seul ◆ **he did not wish it** il ne le souhaitait or désirait pas ◆ **what do you wish him to do?** que voudrais-tu or souhaites-tu or désires-tu qu'il fasse ? ◆ **I wish I'd gone with you** j'aurais bien voulu vous accompagner, je regrette de ne pas vous avoir accompagné ◆ **I wish you had left with him** j'aurais bien voulu que tu sois parti avec lui, je regrette que tu ne sois pas parti avec lui ◆ **I wish I hadn't said that** je regrette d'avoir dit cela ◆ **I wish you'd stop talking!** tu ne peux donc pas te taire ! ◆ **I only wish I'd known about that before!** si seulement j'avais su ça avant !, comme je regrette de n'avoir pas su ça avant ! ◆ **I wish I could!** si seulement je pouvais ! ◆ **I wish to heaven * he hadn't done it!** si seulement il ne l'avait pas fait ! ◆ **I wish it weren't so** si seulement il pouvait ne pas en être ainsi
b (= desire for sb else) souhaiter, vouloir ; (= bid) souhaiter ◆ **he doesn't wish her any ill** or **harm** il ne lui veut aucun mal ◆ **I wish you well** or **I wish you (good) luck in what you're trying to do** je vous souhaite de réussir dans ce que vous voulez faire ◆ **I wish you well of it!, I wish you luck of it!** (iro) je te souhaite bien du plaisir ! ◆ **he wished us (good) luck as we left** il nous a souhaité bonne chance au moment de partir ◆ **wish me luck!** souhaite-moi bonne chance ! ◆ **to wish sb good morning** dire bonjour à qn, souhaiter or donner le bonjour à qn † (also hum) ◆ **to wish sb good-bye** dire au revoir à qn ◆ **to wish sb a happy birthday** souhaiter bon anniversaire à qn ◆ **I wish you every happiness!** je vous souhaite d'être très heureux ! ◆ **he wished us every happiness** il nous a exprimé tous ses souhaits de bonheur
c (* fig) **the bike was wished on (to) me** je n'ai pas pu faire autrement que d'accepter le vélo ◆ **the job was wished on (to) me** c'est un boulot qu'on m'a collé * ◆ **I wouldn't wish that on anybody** or **my worst enemy** c'est quelque chose que je ne souhaiterais pas à mon pire ennemi ◆ **I wouldn't wish him on anybody** je ne souhaiterais sa présence à personne ◆ **I got her kids wished on (to) me for the holiday** elle m'a laissé ses gosses sur les bras pendant les vacances *
2 vi faire un vœu ◆ **you must wish as you eat it** il faut faire un vœu en le mangeant ◆ **to wish for sth** souhaiter qch ◆ **I wished for that to happen** j'ai souhaité que cela se produise ◆ **she's got everything she could wish for** elle a tout ce qu'elle peut désirer ◆ **what more could you wish for?** que pourrais-tu souhaiter de plus ? ◆ **it's not everything you could wish for** ce n'est pas l'idéal
3 n a (= desire, will) désir m ◆ **what is your wish?** que désirez-vous ? ◆ **your wish is my command** (liter or hum) vos désirs sont pour moi des ordres ◆ **it has always been my wish to do that** j'ai toujours désiré faire or eu envie de faire cela ◆ **he had no great wish to go** il n'avait pas grande envie d'y aller ◆ **to go against sb's wishes** contrecarrer les désirs de qn ◆ **he did it against my wishes** il l'a fait contre mon gré
b (= specific desire) vœu m, souhait m ◆ **to make a wish** faire un vœu ◆ **the fairy granted him three wishes** la fée lui accorda trois souhaits ◆ **his wish came true, his wish was granted, he got his wish** son vœu or souhait s'est réalisé ◆ **you shall have your wish** ton souhait sera réalisé or te sera accordé, ton vœu sera exaucé
c (= greeting) **give him my good** or **best wishes** (in conversation) faites-lui mes amitiés ; (in letter) transmettez-lui mes meilleures pensées ◆ **he sends his best wishes** (in conversation) il vous fait ses amitiés ; (in letter) il vous envoie ses meilleures pensées ◆ **best wishes**

or **all good wishes for a happy birthday** tous mes (or nos) meilleurs vœux pour votre anniversaire ♦ **(with) best wishes for a speedy recovery/your future happiness** tous mes (or nos) vœux de prompt rétablissement/de bonheur ♦ **(with) best wishes for Christmas and the New Year** (nos) meilleurs vœux pour Noël et la nouvelle année ♦ **(with) best wishes to both of you on your engagement** meilleurs vœux (de bonheur) à tous deux à l'occasion de vos fiançailles ♦ **(with) best wishes for a happy holiday** je vous souhaite (or nous vous souhaitons) d'excellentes vacances ♦ **with best wishes from, with all good wishes from** (in letter) bien amicalement ♦ **the Queen sent a message of good wishes on Independence Day** la reine a envoyé des vœux pour le jour de l'Indépendance ♦ **they came to offer him their best wishes on the occasion of ...** ils sont venus lui offrir leurs meilleurs vœux pour ...

[4] COMP ▷ **wish fulfilment** n (Psych) accomplissement m d'un désir ▷ **wishing well** n puits au fond duquel on jette une pièce de monnaie avant de faire un vœu ▷ **wish list** n liste f de souhaits ♦ **what is your wish list?** quels sont vos souhaits? ♦ **top of my wish list** mon souhait le plus cher

wishbone ['wɪʃbəʊn] n (Orn) bréchet m, fourchette f; (Sport) wishbone m

wishful ['wɪʃfʊl] adj ♦ **to be wishful to do sth** or **of doing sth** (frm) avoir envie de faire ♦ **he hopes he'll be released from prison next month, but that's just wishful thinking** il espère être libéré de prison le mois prochain, mais il prend ses désirs pour des réalités! ♦ **all this is pure wishful thinking on our part** là, nous prenons vraiment nos désirs pour des réalités, ce ne sont que des vœux pieux ♦ **it is wishful thinking to expect it to be warm in March** il ne faut pas rêver*, il ne fera pas chaud en mars

wishfully ['wɪʃfəlɪ] adv think, say rêveusement

wishy-washy * ['wɪʃɪ,wɒʃɪ] adj (pej) person, answer mou (molle f); style mou (molle f), fadasse* ; speech, taste fadasse* ; colour fadasse*, délavé ♦ **statement, phrase qui manque de fermeté**

wisp [wɪsp] n [of straw] brin m; [of hair] fine mèche f; [of thread] petit bout m; [of smoke] mince volute f ♦ **a little wisp of a girl** une fillette menue

wispy ['wɪspɪ] adj hair, beard, moustache fin et clairsemé; bit of straw fin; cloud léger ♦ **traces of wispy smoke** maigres filets mpl de fumée

wistaria [wɪs'tɛərɪə], **wisteria** [wɪs'tɪərɪə] n glycine f

wistful ['wɪstfʊl] → SYN adj person, look, song, mood, smile, sigh, voice mélancolique, nostalgique ♦ **to feel wistful (about sth)** se sentir plein de nostalgie (à la pensée de qch)

wistfully ['wɪstfəlɪ] adv look, smile, sigh avec mélancolie or nostalgie

wistfulness ['wɪstfʊlnɪs] n [of person] caractère m mélancolique; [of look, smile, voice] nostalgie f, mélancolie f, regret m

wit¹ [wɪt] vi ♦ (frm, also Jur) **to wit ...** à savoir ..., c'est à dire ...

wit² [wɪt] → SYN n [a] (= intelligence) **wit(s)** esprit m, intelligence f ♦ **mother wit, native wit** bon sens m, sens m commun ♦ **he hadn't the wit** or **he hadn't enough wit to hide the letter** il n'a pas eu l'intelligence or la présence d'esprit de cacher la lettre ♦ **to have your wits about you** avoir de la présence d'esprit ♦ **you'll need (to have) all your wits about you if you're to avoid being seen** tu vas devoir faire très attention or être très vigilant pour éviter d'être vu ♦ **keep your wits about you!** restez attentif! ♦ **use your wits!** sers-toi de ton intelligence! ♦ **it was a battle of wits (between them)** ils jouaient au plus fin ♦ **he lives by** or **on his wits** il vit d'expédients ♦ **to collect** or **gather one's wits** rassembler ses esprits ♦ **the struggle for survival sharpened his wits** la lutte pour la vie aiguisait ses facultés ♦ **he was at his wits' end** il ne savait plus que faire, il ne savait plus à quel saint se vouer ♦ **I'm at my wits' end to know what to do** je ne sais plus du tout ce que je dois faire ♦ **to be/go out of one's wits** être/devenir fou ♦ **she was nearly out of her wits with worry about him** elle était folle d'inquiétude pour lui

[b] (NonC = wittiness) esprit m ♦ **the book is full of wit** le livre est très spirituel or est plein d'esprit ♦ **he has a ready** or **pretty wit** il a beaucoup d'esprit, il est très spirituel ♦ **in a flash of wit he said ...** obéissant à une inspiration spirituelle il a dit ... ♦ **this flash of wit made them all laugh** ce trait d'esprit les a tous fait rire

[c] (= person) homme m d'esprit, femme f d'esprit; (Hist, Literat) bel esprit m

witch [wɪtʃ] → SYN [1] n [a] sorcière f; (fig) (= charmer) ensorceleuse f, magicienne f ♦ **she's an old witch** (fig pej) c'est une vieille sorcière ♦ **witches' sabbath** sabbat m (de sorcières)

[b] (= fish) plie f grise

[2] COMP ▷ **witch doctor** n sorcier m (de tribu) ▷ **witch-elm** n ⇒ **wych-elm** ▷ **witches' brew** n (lit) brouet m de sorcière; (fig) mélange m explosif ▷ **witch hazel** n hamamélis m ▷ **witch hunt** n (esp Pol: fig) chasse f aux sorcières ▷ **witching hour** n **the witching hour of midnight** minuit, l'heure fatale, minuit, l'heure du crime (hum) ▷ **witch's brew** n ⇒ **witches' brew**

witchcraft ['wɪtʃkrɑːft] → SYN n sorcellerie f

witchery ['wɪtʃərɪ] n sorcellerie f; (fig = fascination) magie f, envoûtement m

with [wɪð, wɪθ]

1 PREPOSITION
2 COMPOUNDS

1 PREPOSITION

When **with** is part of a set combination, eg **good with**, **pleased with**, **to agree with**, look up the other word.

[a] avec ♦ **I was with her** j'étais avec elle ♦ **come with me!** viens avec moi! ♦ **he had an argument with his brother** il s'est disputé avec son frère ♦ **the trouble with Paul is that ...** l'ennui avec Paul, c'est que ... ♦ **he walks with a stick** il marche avec une canne ♦ **be patient with her** sois patient avec elle

The pronoun is not translated in the following, where **it** and **them** refer to things:

♦ **he's gone off with it** il est parti avec ♦ **take my gloves, I can't drive with them on** prends mes gants, je ne peux pas conduire avec

Note the verbal construction in the following examples:

♦ **that problem is always with us** ce problème n'est toujours pas résolu ♦ **she had her umbrella with her** elle avait emporté son parapluie
♦ **to be with sb** (lit) être avec qn; (= understand) suivre qn ♦ **I'm with you** (= understand) je vous suis ♦ **sorry, I'm not with you** désolé, je ne vous suis pas ♦ **are you with us, Laura?** (= paying attention) tu nous suis, Laura? ♦ **I'll be with you in a minute** (= attend to) je suis à vous dans une minute ♦ **I'm with you all the way** (= support) je suis à fond avec vous ♦ **what's with you?** * qu'est-ce que tu as? ♦ **what is it with the British?** * qu'est-ce qu'ils ont, ces Anglais?
♦ **to be with it** * [person] être dans le vent *
♦ **to get with it** * ♦ **get with it!** (= pay attention) réveille-toi!, secoue-toi!; (= face facts) redescends sur terre!

[b] = on one's person sur ♦ **I haven't got any money with me** je n'ai pas d'argent sur moi

[c] = in the house of, working with chez ♦ **she was staying with friends** elle habitait chez des amis ♦ **he lives with his aunt** il habite chez or avec sa tante ♦ **he's with IBM** il travaille chez IBM BUT ◊ **a scientist with ICI** un chercheur de ICI ◊ **I've been with this company for seven years** cela fait sept ans que je travaille pour cette société

[d] in descriptions = that has, that have **the man with the beard** l'homme à la barbe ♦ **the boy with brown eyes** le garçon aux yeux marron ♦ **the house with the green shutters** la maison aux volets verts ♦ **I want a coat with a fur collar** je veux un manteau avec un col de fourrure ♦ **passengers with tickets** voyageurs mpl munis de or en possession de billets ♦ **patients with cancer** les personnes attein-

tes d'un cancer ♦ **only people with good incomes can afford such holidays** seules les personnes qui ont un bon salaire peuvent s'offrir de telles vacances ♦ **a car with the latest features** une voiture équipée des derniers perfectionnements techniques

[e] cause de ♦ **she was sick with fear** elle était malade de peur ♦ **he was shaking with rage** il tremblait de rage ♦ **the hills are white with snow** les montagnes sont blanches de neige

[f] = in spite of malgré ♦ **with all his faults I still like him** je l'aime bien malgré tous ses défauts ♦ **with all his intelligence, he still doesn't understand** malgré toute son intelligence, il ne comprend toujours pas ♦ **with all that he is still the best we've got** malgré tout, c'est encore le meilleur homme que nous ayons

[g] manner avec ♦ **he did it with great care** il l'a fait avec beaucoup de précautions ♦ **I'll do it with pleasure** je le ferai avec plaisir ♦ **... he said with a smile** ... dit-il en souriant BUT ◊ **she took off her shoes with a sigh** elle a retiré ses chaussures en soupirant ◊ **I found the street with no trouble at all** je n'ai eu aucun mal à trouver la rue ◊ **she turned away with tears in her eyes** elle s'est détournée, les larmes aux yeux ◊ **with my whole heart** de tout mon cœur

[h] circumstances **with the price of petrol these days ...** au prix où est l'essence de nos jours ... ♦ **with these words he left us** sur ces mots, il nous a quittés ♦ **with the approach of winter** à l'approche de l'hiver ♦ **with the elections no one talks anything but politics** avec les élections, on ne parle plus que politique ♦ **I couldn't see him with so many people there** il y avait tellement de monde que je ne l'ai pas vu ♦ **with so much happening it was difficult to ...** il se passait tellement de choses qu'il était difficile de ...

♦ **with that** ♦ **with that, he closed the door** sur ce or là-dessus, il a fermé la porte

2 COMPOUNDS

▷ **with-profits** adj (Fin) policy avec participation aux bénéfices

withal †† [wɪ'ðɔːl] adv en outre, de plus

withdraw [wɪθ'drɔː] → SYN pret **withdrew**, ptp **withdrawn** [1] vt [+ person, hand, money, application, troops] retirer (from de); [+ permission, help] retirer (from à); [+ ambassador, representative] rappeler; [+ accusation, opinion, suggestion, statement] retirer, rétracter; [+ claim] retirer, renoncer à; [+ order] annuler; (Med) [+ drugs] arrêter; (Comm) [+ goods] retirer de la vente; (Fin) [+ banknotes] retirer de la circulation ♦ **to withdraw a charge** (Jur) retirer une accusation ♦ **to withdraw one's penis** se retirer (from de)

[2] vi [a] (= move away) [troops] se replier (from de); [person] se retirer ♦ **to withdraw to a new position** (Mil) se replier ♦ **he withdrew a few paces** il a reculé de quelques pas ♦ **she withdrew into her bedroom** elle s'est retirée dans sa chambre ♦ **to withdraw into o.s.** se replier sur soi-même

[b] (= retract offer, promise etc) se rétracter, se dédire

[c] [candidate, competitor, participant] se retirer, se désister (from de; in favour of sb en faveur de qn) ♦ **you can't withdraw now, we've nearly achieved our goal** tu ne peux plus te retirer maintenant, nous avons pratiquement atteint notre but ♦ **I withdraw from the game** je me retire de la partie, j'abandonne ♦ **they threatened to withdraw from the talks** ils ont menacé de se retirer des négociations or de quitter la table des négociations

[d] (= retract penis) se retirer

withdrawal [wɪθ'drɔːəl] → SYN [1] n [a] (NonC) (= removal) [of money, application, troops, product] retrait m (from sth de qch); [of services] suppression f ♦ **his party has announced its withdrawal of support for the government** son parti a annoncé qu'il retirait son soutien au gouvernement ♦ **the withdrawal of American diplomats from the area** le rappel des diplomates américains dans la région ♦ **the army's withdrawal to new positions** le

withdrawn / wobble

repli de l'armée sur de nouvelles positions ◆ **to make a withdrawal** (Fin: from bank etc) effectuer un retrait

b (NonC = retraction) [of remark, allegation] rétractation f

c (= resigning) [of member, participant, candidate] désistement m (*from sth* de qch); [of athlete] retrait m (*from sth* de qch)

d (NonC: Psych) repli m sur soi-même (*from sb/sth* par rapport à qn/qch), rétraction f

e (NonC: after addiction) (état m de) manque m, syndrome m de sevrage ◆ **alcohol/caffeine withdrawal** l'état m de manque dû à l'arrêt de la consommation d'alcool/de café ◆ **to be in** or **suffering from withdrawal** être en (état de) manque

f (as contraception) coït m interrompu

[2] COMP ▷ **withdrawal method** n méthode f du coït interrompu ▷ **withdrawal slip** n (Banking) bordereau m de retrait ▷ **withdrawal symptoms** npl symptômes mpl de (l'état de) manque ◆ **to suffer** or **experience** or **have withdrawal symptoms** être en (état de) manque

withdrawn [wɪθˈdrɔːn] → SYN [1] vb (ptp of **withdraw**)

[2] adj (= reserved) person renfermé

withdrew [wɪθˈdruː] vb (pt of **withdraw**)

withe [wɪθ] n ⇒ **withy**

wither [ˈwɪðəʳ] → SYN [1] vi [plant] se flétrir, se faner; [person, limb] (from illness) s'atrophier; (from age) se ratatiner; (fig) [beauty] se faner; [hope, love, enthusiasm] s'évanouir

[2] vt [+ plant] flétrir, faner; [+ limb] atrophier, ratatiner; [+ beauty] faner; [+ hope etc] détruire petit à petit ◆ **he withered her with a look** il l'a regardée avec un profond mépris, son regard méprisant lui a donné envie de rentrer sous terre

▶ **wither away** vi [plant] se dessécher, mourir; [hope etc] s'évanouir; [organization] disparaître

withered [ˈwɪðəd] adj **a** (= dried-up) flower, leaf, plant flétri, fané; fruit desséché, ridé; (fig) person desséché, ratatiné

b (liter = atrophied) arm, leg, hand atrophié

withering [ˈwɪðərɪŋ] → SYN [1] n **a** [of plant] dépérissement m

b (liter) [of limb] atrophie f

c [of beauty] déclin m; [of hope, love, enthusiasm] évanouissement m

[2] adj remark, criticism, contempt, scorn, irony cinglant; tone, smile, look profondément méprisant; heat desséchant ◆ **to give sb a withering look** jeter à qn un regard profondément méprisant ◆ **to launch a withering attack on sb** lancer une attaque violente contre qn

witheringly [ˈwɪðərɪŋlɪ] adv say, reply d'un ton plein de mépris; look at avec mépris

withers [ˈwɪðəz] npl garrot m (*du cheval*)

withershins [ˈwɪðəʃɪnz] adv (dial = anticlockwise) dans le sens inverse des aiguilles d'une montre

withhold [wɪθˈhəʊld] → SYN pret, ptp **withheld** [wɪθˈheld] vt [+ money from pay etc] retenir (*from sth* de qch); [+ payment, decision] remettre, différer; [+ one's consent, permission, one's help, support] refuser (*from sb* à qn); [+ facts, truth, news] cacher, taire (*from sb* à qn) ◆ **withholding tax** retenue f à la source ◆ **he withheld his tax in protest against ...** il a refusé de payer ses impôts pour protester contre ...

within [wɪðˈɪn] [1] adv dedans, à l'intérieur ◆ **from within** de l'intérieur

[2] prep **a** (= inside) à l'intérieur de ◆ **within the box** à l'intérieur de la boîte ◆ **within it** à l'intérieur ◆ **within (the boundary of) the park** à l'intérieur du parc, dans les limites du parc ◆ **here within the town** à l'intérieur même de la ville ◆ **within the city walls** intra-muros, dans l'enceinte de la ville ◆ **a voice within him said ...** une voix en lui disait ... ◆ **"Within a Budding Grove"** (Literat) "À l'ombre des jeunes filles en fleurs"

b (= within reach) **to be within the law** être dans (les limites de) la légalité ◆ **to live within one's income** or **means** vivre selon ses moyens ◆ **within the range of the guns** à portée de(s) canon(s) ◆ **the coast was within sight** la côte était en vue ◆ **they were within** sight of the town ils étaient en vue de la ville ◆ **he was within reach** or **sight of his goal** (fig) il touchait au but ; → **call, province, reach**

c (in measurement, distances) **within a kilometre of the house** à moins d'un kilomètre de la maison ◆ **we were within a mile of the town** nous étions à moins d'un mille de la ville ◆ **correct to within a centimetre** correct à un centimètre près ; → **inch**

d (in time) **within a week of her visit** (= after) moins d'une semaine après sa visite ; (= before) moins d'une semaine avant sa visite ◆ **I'll be back within an hour** or **the hour** je serai de retour d'ici une heure ◆ **they arrived within minutes (of our call)** ils sont arrivés très peu de temps après (notre appel) ◆ **he returned within the week** il est revenu avant la fin de la semaine ◆ **within two years from now** d'ici deux ans ◆ **"use within three days of opening"** "se conserve trois jours après ouverture" ◆ **within a period of four months** (Comm) dans un délai de quatre mois ◆ **within the stipulated period** dans les délais stipulés ; → **living**

[3] adj (Jur) **the within instrument** le document ci-inclus

without [wɪðˈaʊt]

When **without** is an element in a phrasal verb, eg **do without, go without**, look up the verb.

[1] prep **a** (= lacking) sans ◆ **without a coat** sans manteau ◆ **without a coat or hat** sans manteau ni chapeau ◆ **he went off without it** il est parti sans (le prendre) ◆ **without any money** sans argent, sans un or le sou* ◆ **he is without friends** il n'a pas d'amis ◆ **with or without sugar?** avec ou sans sucre ? ◆ **without so much as a phone call** sans même un malheureux coup de fil ◆ **without a doubt** sans aucun doute ◆ **without doubt** sans doute ◆ **not without some difficulty** non sans difficulté ◆ **do it without fail** ne manquez pas de le faire, faites-le sans faute ◆ **he was quite without shame** il n'avait aucune honte ◆ **without speaking, he ...** sans parler, il ... ◆ **without anybody knowing** sans que personne le sache ◆ **to go without sth, to do without sth** se passer de qch

b (†† = outside) au or en dehors de, à l'extérieur de

[2] adv † à l'extérieur, au dehors ◆ **from without** de l'extérieur, de dehors

withstand [wɪθˈstænd] → SYN pret, ptp **withstood** [wɪθˈstʊd] vt résister à

withy [ˈwɪðɪ] n brin m d'osier

witless [ˈwɪtlɪs] adj stupide ◆ **to scare sb witless*** faire une peur bleue à qn ◆ **I was scared witless*** j'étais mort de peur ◆ **to be bored witless*** s'ennuyer à mourir

witness [ˈwɪtnɪs] → SYN [1] n **a** (Jur etc = person) témoin m ◆ **witness for the defence/prosecution** (Jur) témoin m à décharge/à charge ◆ **to lead a witness** poser des questions tendancieuses à un témoin ◆ **there were three witnesses to this event** trois personnes ont été témoins de cet événement, cet événement a eu trois témoins ◆ **he was a witness to** or **of this incident** il a été témoin de cet incident ◆ **often children are witness to violent events** les enfants sont souvent témoins de violences ◆ **the witnesses to his signature** les témoins certifiant sa signature ◆ **in front of two witnesses** en présence de deux témoins ◆ **to call sb as witness** (Jur) citer qn comme témoin ◆ **"your witness"** (Jur) "le témoin est à vous"; → **eyewitness**

b (esp Jur = evidence) témoignage m ◆ **in witness of** en témoignage de ◆ **in witness whereof** en témoignage de quoi, en foi de quoi ◆ **to give witness on behalf of/against** témoigner en faveur de/contre, rendre témoignage pour/contre ◆ **he has his good points, as witness his work for the blind** il a ses bons côtés, témoin or comme le prouve ce qu'il fait pour les aveugles ◆ **witness the case of ...** témoin le cas de ...

◆ **to bear** or **be witness to sth** témoigner de qch ◆ **his poems bear witness to his years spent in India** ses poèmes témoignent de ses années passées en Inde ◆ **her clothes were witness to her poverty** ses vêtements témoignaient de sa pauvreté

[2] vt **a** (= see) [+ attack, murder, theft] être témoin de; [+ fight, rape] être témoin de, assister à ◆ **did anyone witness the theft?** quelqu'un a-t-il été témoin du vol ? ◆ **the accident was witnessed by several people** plusieurs personnes ont été témoins de l'accident

b (fig) (= see) voir; (= notice) [+ change, improvement] remarquer ◆ **a building/a century which has witnessed ...** (fig) un bâtiment/un siècle qui a vu ... ◆ **1989 witnessed the birth of a new world order** 1989 a vu l'avènement d'un nouvel ordre mondial ◆ **Americans are generous people, witness the increase in charitable giving** les Américains sont généreux, témoin l'augmentation des dons aux associations caritatives

c (esp Jur) [+ document] attester or certifier l'authenticité de ◆ **to witness sb's signature** certifier la signature de qn

[3] vi (Jur) ◆ **to witness to sth** témoigner de qch ◆ **he witnessed to having seen the accident** il a témoigné avoir vu l'accident ◆ **to witness against sb** témoigner contre qn

[4] COMP ▷ **witness box** (Brit), **witness stand** (US) n barre f des témoins ◆ **in the witness box** or **stand** à la barre

-witted [ˈwɪtɪd] adj (in compounds) à l'esprit ... ◆ **quick-witted** à l'esprit vif ; → **slow**

witter* [ˈwɪtəʳ] vi (Brit) ◆ **to witter on about sth** dégoiser* sur qch ◆ **stop wittering (on)** arrête de parler pour ne rien dire

witticism [ˈwɪtɪsɪzəm] → SYN n mot m d'esprit, bon mot m

wittily [ˈwɪtɪlɪ] adv avec esprit or humour ◆ **"only on Fridays", he said wittily** "seulement le vendredi" dit-il avec esprit or humour ◆ **the film was well acted and wittily written** le film était bien joué et écrit avec esprit or humour

wittiness [ˈwɪtɪnɪs] n (NonC) esprit m, humour m

wittingly [ˈwɪtɪŋlɪ] adv (frm) sciemment, en connaissance de cause

witty [ˈwɪtɪ] → SYN adj person, speaker, remark spirituel, plein d'esprit; conversation, story, speech, script plein d'esprit ◆ **a witty remark** un mot d'esprit, une remarque pleine d'esprit

wives [waɪvz] npl of **wife**

wiz [wɪz] n (US) as m, crack* m

wizard [ˈwɪzəd] → SYN n magicien m, enchanteur m ◆ **he is a financial wizard** il a le génie de la finance, c'est un magicien de la finance ◆ **he is a wizard with a paintbrush** c'est un champion* or un as du pinceau ◆ **he's a wizard with numbers** il est très doué pour les chiffres ◆ **he's a wizard at chess** c'est un as or un crack* des échecs ◆ **wizard!** †* (Brit) au poil !*

wizardry [ˈwɪzədrɪ] n (NonC) magie f; (fig) génie m ◆ **a piece of technical wizardry** une merveille d'ingéniosité technique ◆ **this evidence of his financial wizardry** cette preuve de son génie en matière financière ◆ **£600,000 worth of electronic wizardry** une merveille de l'électronique valant 600 000 livres

wizened [ˈwɪznd] → SYN adj person desséché, ratatiné; face, hands flétri

wk abbrev of **week**

WLTM* vt (abbrev of **would like to meet**) souhaite rencontrer, cherche

Wm (abbrev of **William**) Guillaume m

WO [ˌdʌbljuːˈəʊ] n (Mil) (abbrev of **warrant officer**) → **warrant**

woad [wəʊd] n guède f

woah [wəʊ] excl ⇒ **whoa**

wobble [ˈwɒbl] → SYN [1] vi **a** [jelly, hand, pen, voice] trembler; [cyclist, object about to fall, pile of rocks] vaciller; [tightrope walker, dancer] chanceler; [table, chair] branler, être bancal; [compass needle] osciller; [wheel] avoir du jeu ◆ **the table was wobbling** la table branlait ◆ **this table wobbles** cette table est bancale ◆ **the cart wobbled through the streets** la charrette bringuebalait or cahotait dans les rues ◆ **the cup wobbled off the shelf** les vibrations firent tomber la tasse de l'étagère

b (* fig = hesitate) hésiter (*between* entre)

[2] vt faire vaciller

wobbly ['wɒblɪ] **1** adj **a** (= shaky) table, chair bancal ; jelly qui tremble ; tooth qui bouge ; wheel qui a du jeu ; hand, voice tremblant ; bottom, thighs gros (grosse f) et flasque ◆ **his legs are a bit wobbly, he's a bit wobbly on his legs** il flageole un peu sur ses jambes ◆ **she was still a bit wobbly after her illness** * elle se sentait toujours un peu patraque * après sa maladie ◆ **a wobbly line** * une ligne qui n'est pas droite ◆ **to be wobbly** ⇒ **to wobble** ; → **wobble 1**
b (* = dodgy) organization, economy, sector fragile
2 **a** **to throw a wobbly** *̣ piquer une crise *
b (US Hist) **the Wobblies** * mouvement syndicaliste du début du 20ᵉ siècle

wodge [wɒdʒ] n (Brit) gros morceau m

woe [wəʊ] → SYN n malheur m ◆ **woe is me!** († or hum) pauvre de moi ! ◆ **woe betide the man who ...** malheur à celui qui ... ◆ **he told me his woes** or **his tale of woe** il m'a fait le récit de ses malheurs ◆ **it was such a tale of woe that ...** c'était une litanie si pathétique que ...

woebegone ['wəʊbɪˌgɒn] adj (liter) désolé, abattu

woeful ['wəʊfʊl] → SYN adj **a** (liter = tragic) person malheureux ; news, story, sight tragique, terrible
b (= appalling, dire) ignorance, inability, track-record lamentable, déplorable

woefully ['wəʊfəlɪ] adv **a** (liter) look d'un air affligé ; say d'un ton affligé
b (= appallingly) inadequate, underfunded etc terriblement ◆ **to be woefully ignorant of politics/science** etc être d'une ignorance crasse en matière de politique/science etc ◆ **woefully inefficient** terriblement inefficace ◆ **the hospital is woefully lacking in modern equipment** cet hôpital manque cruellement de matériel moderne, le matériel moderne fait cruellement défaut à cet hôpital ◆ **modern equipment is woefully lacking** on manque cruellement de matériel moderne, le matériel moderne fait cruellement défaut

wog *̣ [wɒg] n (Brit pej) nègre *̣ m, négresse *̣ f

wok [wɒk] n wok m

woke [wəʊk] vb (pt of wake²)

woken ['wəʊkn] vb (ptp of wake²)

wold [wəʊld] n haute plaine f, plateau m

wolf [wʊlf] → SYN **1** n, pl **wolves** loup m ◆ **she-wolf** louve f ◆ **a wolf in sheep's clothing** un loup déguisé en agneau ◆ **it will keep the wolf from the door** cela nous (or les etc) mettra au moins à l'abri du besoin ◆ **to throw sb to the wolves** jeter qn dans la fosse aux lions ; jeter qn en pâture aux journalistes ; → **cry, lone**
2 vt (also **wolf down**) engloutir
3 COMP ▷ **wolf call** n (US) ⇒ **wolf whistle** ▷ **wolf cub** n (also Scouting f) louveteau m ▷ **wolf pack** n meute f de loups ▷ **wolf spider** n lycose f ▷ **wolf whistle** n (fig) sifflement m admiratif (à l'adresse d'une fille) ◆ **he gave a wolf whistle** il a sifflé la fille (or les filles)

wolffish ['wʊlfˌfɪʃ] n poisson-chat m

wolfhound ['wʊlfhaʊnd] n chien-loup m

wolfish ['wʊlfɪʃ] adj vorace

wolfishly ['wʊlfɪʃlɪ] adv voracement

wolfram ['wʊlfrəm] n wolfram m, tungstène m

wolframite ['wʊlfrəmaɪt] n wolframite f

wolfsbane ['wʊlfsbeɪn] n (Bot) aconit m

Wolof ['wɒlɒf] n **a** (= person), pl **Wolof** or **Wolofs** Wolof mf, Ouolof mf
b (Ling) wolof m, ouolof m

wolverine ['wʊlvəriːn] **1** n **a** (Zool) glouton m, carcajou m
b (US) **Wolverine** habitant(e) m(f) du Michigan
2 COMP ▷ **the Wolverine State** n (US) le Michigan

wolves [wʊlvz] npl of **wolf**

woman ['wʊmən] → SYN pl **women** **1** n **a** femme f ◆ **woman is a mysterious creature** la femme est une créature mystérieuse ◆ **she's the woman for the job** c'est la femme qu'il (nous or leur etc) faut pour ce travail ◆ **she's her own woman** elle est son propre maître ◆ **a woman of the world** une femme du monde ◆ **Paul and all his women** Paul et toutes ses maîtresses ◆ **the woman must be mad** * cette femme doit être folle ◆ **woman to woman** entre femmes ◆ **look here, my good woman** † écoutez, chère Madame ◆ **the little woman** *̣ (hum = wife) ma (or sa etc) légitime *̣ ◆ **the other woman** (= lover) la maîtresse ◆ **young woman** † jeune femme f ◆ **a woman of letters** une femme de lettres ◆ **she belongs to a women's group** elle est membre d'un groupe féminin ◆ **women's page** (Press) la page des lectrices ◆ **women's rights** les droits mpl de la femme ◆ **women's suffrage** le droit de vote pour les femmes ◆ **women's team** équipe f féminine ◆ **"Women in Love"** (Literat) "Femmes amoureuses" ◆ (Prov) **a woman's place is in the home** la place d'une femme est au foyer ◆ (Prov) **a woman's work is never done** on trouve toujours à faire dans une maison
b (= cleaner) femme f de ménage ◆ **I've got a woman who comes in three times a week** j'ai une femme de ménage qui vient trois fois par semaine
2 **a** **he's got a woman music teacher** son professeur de musique est une femme ◆ **woman friend** amie f ◆ **woman worker** ouvrière f ◆ **women doctors think that ...** les femmes médecins pensent que ... ◆ **women often prefer women doctors** les femmes préfèrent souvent les femmes médecins
3 COMP ▷ **woman driver** n conductrice f ◆ **women drivers are often maligned** on dit souvent du mal des femmes au volant ▷ **woman-hater** n misogyne mf ▷ **woman police constable** n (Brit) femme f agent de police ▷ **Women's Centre** n ≃ centre m d'accueil de femmes ▷ **Women's Institute** n (Brit) association de femmes de tendance plutôt traditionaliste ▷ **Women's Lib** †*̣ n ⇒ **Women's (Liberation) Movement** ▷ **Women's Libber** †*̣ n féministe mf ▷ **women's liberation** n la libération de la femme ▷ **Women's (Liberation) Movement** n mouvement m de libération de la femme, MLF m ▷ **women's refuge** n refuge m pour femmes battues ▷ **women's room** n (US) toilettes fpl pour dames ▷ **women's studies** npl (Univ) étude des rôles sociologique, historique et littéraire de la femme ▷ **women's suffrage** n le droit de vote pour les femmes

womanhood ['wʊmənhʊd] n (NonC = feminine nature) féminité f ◆ **to reach womanhood** devenir femme

womanish ['wʊmənɪʃ] adj (pej) efféminé

womanize ['wʊmənaɪz] vi courir les femmes

womanizer ['wʊmənaɪzər] → SYN n coureur m de jupons

womankind ['wʊmənkaɪnd] n les femmes fpl

womanliness ['wʊmənlɪnɪs] n (NonC) féminité f, caractère m féminin

womanly ['wʊmənlɪ] → SYN adj figure, bearing féminin ; behaviour digne d'une femme

womb [wuːm] **1** n utérus m, matrice f ; (fig) (of nature) sein m ; (of earth) entrailles fpl
2 COMP ▷ **womb-leasing** n location f d'utérus, pratique f des mères porteuses

wombat ['wɒmbæt] n wombat m, phascolome m

womblike ['wuːmlaɪk] adj room, atmosphere calfeutré

women ['wɪmɪn] npl of **woman**

womenfolk ['wɪmɪnfəʊk] npl les femmes fpl

won [wʌn] vb (pt, ptp of **win**)

wonder ['wʌndər] LANGUAGE IN USE 16.1 → SYN
1 n **a** (NonC) (= admiration) émerveillement m ; (= astonishment) étonnement m ◆ **to be lost in wonder** être émerveillé or ébloui ◆ **he watched, lost in silent wonder** il regardait en silence, émerveillé or ébloui ◆ **the sense of wonder that children have** la faculté d'être émerveillé qu'ont les enfants ◆ **... he said in wonder** ... dit-il tout ébloui
b (= sth wonderful) prodige m, miracle m ◆ **the wonder of electricity** le miracle de l'électricité ◆ **the wonders of science/medicine** les prodiges mpl or les miracles mpl de la science/de la médecine ◆ **the Seven Wonders of the World** les sept merveilles fpl du monde ◆ **to be a nine-day** or **one-day** or **seven-day wonder** ne pas faire long feu ◆ **he promised us wonders** il nous a promis monts et merveilles ◆ **wonders will never cease** (iro) c'est un miracle !, cela tient du miracle ! (iro) ◆ **the wonder of it all is that ...** le plus étonnant dans tout cela c'est que ... ◆ **it's a wonder that he didn't fall** c'est un miracle qu'il ne soit pas tombé ◆ **it's a wonder to me that ...** je n'en reviens pas que ... (+ subj) ◆ **it's a wonder how they were able to get these jobs** on se demande par quel miracle ils ont réussi à obtenir ces postes ◆ **no wonder he came late, it's no wonder (that) he came late** ce n'est pas étonnant qu'il soit arrivé en retard or s'il est arrivé en retard ◆ **no wonder!** * cela n'a rien d'étonnant !, pas étonnant ! * ◆ **it's little** or **small wonder that ...** il n'est guère étonnant que ... (+ subj) ; → **nine, work**
2 vi **a** (= marvel) (in astonishment) s'étonner ; (in admiration) s'émerveiller ◆ **the shepherds wondered at the angels** les bergers s'émerveillaient devant les anges ◆ **I wonder at your rashness** votre audace m'étonne or me surprend ◆ **I wonder (that) you're still able to work** je ne sais pas comment vous faites pour travailler encore ◆ **I wonder (that) he didn't kill you** cela m'étonne qu'il ne vous ait pas tué ◆ **do you wonder** or **can you wonder at it?** est-ce que cela vous étonne ? ◆ **he'll be back, I shouldn't wonder** †* cela ne m'étonnerait pas qu'il revienne
b (= reflect) penser, songer ◆ **his words set me wondering** ce qu'il a dit m'a donné à penser or m'a laissé songeur ◆ **it makes you wonder** cela donne à penser ◆ **I was wondering about what he said** je pensais or songeais à ce qu'il a dit ◆ **I'm wondering about going to the pictures** j'ai à moitié envie d'aller au cinéma ◆ **he'll be back – I wonder!** il reviendra – je me le demande !
3 vt se demander ◆ **I wonder who he is** je me demande qui il est, je serais curieux de savoir qui il est ◆ **I wonder what to do** je ne sais pas quoi faire ◆ **I wonder where to put it** je me demande où (je pourrais) le mettre ◆ **he was wondering whether to come with us** il se demandait s'il allait nous accompagner ◆ **I wonder whether** or **if he's arrived yet** je me demande s'il est déjà arrivé ◆ **I wonder why!** je me demande pourquoi !
4 COMP ▷ **wonder-worker** n **he is a wonder-worker** il accomplit de vrais miracles ◆ **this drug/treatment is a wonder-worker** c'est un remède/un traitement miracle

wonderful ['wʌndəfʊl] → SYN adj **a** (= excellent) merveilleux ◆ **it's wonderful to see you** je suis si heureux de te voir ◆ **we had a wonderful time** c'était merveilleux
b (= astonishing) étonnant, extraordinaire ◆ **the human body is a wonderful thing** le corps humain est quelque chose d'étonnant or d'extraordinaire

wonderfully ['wʌndəfəlɪ] adv **a** (with adj, adv) merveilleusement ◆ **the weather was wonderfully warm** il a fait merveilleusement chaud ◆ **it works wonderfully well** ça marche merveilleusement bien or à merveille ◆ **he looks wonderfully well** il a très bonne mine
b (with vb: gen) merveilleusement bien ; succeed, function, go with à merveille ◆ **I slept wonderfully** j'ai merveilleusement bien dormi ◆ **my cousins get on wonderfully** mes cousins s'entendent à merveille

wondering ['wʌndərɪŋ] adj (= astonished) étonné ; (= thoughtful) songeur, pensif

wonderingly ['wʌndərɪŋlɪ] adv **a** (= with astonishment) avec étonnement, d'un air étonné ; (= thoughtfully) songeusement, pensivement

wonderland ['wʌndəlænd] n pays m des merveilles, pays m merveilleux ; → **Alice**

wonderment ['wʌndəmənt] n ⇒ **wonder 1a**

wonderstruck ['wʌndəstrʌk] adj (liter) frappé d'étonnement, émerveillé

wondrous ['wʌndrəs] (liter) **1** adj **a** (= excellent) merveilleux
b (= amazing) extraordinaire
2 adv **a** (= excellently) merveilleusement ◆ **wondrous well** merveilleusement bien
b (= amazingly) extraordinairement

wondrously / word

wondrously ['wʌndrəslɪ] adv (liter) ⇒ wondrous 2

wonga * ['wɒŋə] n (Brit) pèze * m, pognon * m

wonk * [wɒŋk] n (US) bosseur * m, -euse * f ; → policy¹

wonky * ['wɒŋkɪ] adj (Brit) **a** (= wobbly) chair, table bancal
b (= crooked) de traviole *, de travers
c (= defective) détraqué * ◆ **to go wonky** [car, machine] se déglinguer ; [TV picture] se dérégler ◆ **he's feeling rather wonky still** il se sent encore un peu patraque * or vaseux *

won't [wəʊnt] ⇒ **will not** ; → **will**

wont [wəʊnt] (frm) **1** adj ◆ **to be wont to do sth** avoir coutume de faire qch ◆ **as he was wont to do** comme il avait coutume de faire, comme à son habitude
2 n coutume f, habitude f (to do sth de faire qch) ◆ **as was my wont** ainsi que j'en avais l'habitude, comme de coutume

wonted ['wəʊntɪd] adj (frm) habituel, coutumier

woo [wu:] → SYN vt [+ woman] faire la cour à, courtiser ; (fig) [+ influential person] rechercher les faveurs de ; [+ voters, audience] chercher à plaire à ; [+ fame, success] rechercher ◆ **he wooed them with promises of ...** il cherchait à s'assurer leurs faveurs or à leur plaire en leur promettant ...

wood [wʊd] → SYN **1** n **a** (NonC = material) bois m ◆ **to touch wood, to knock on wood** (US) toucher du bois ◆ **touch wood!** * or **knock on wood!** * (US) touchons or je touche du bois ! ◆ **he can't see the wood for the trees** il se perd dans les détails ; → **deadwood, hardwood, softwood**
b (= forest) bois m ◆ **woods** bois mpl ◆ **a pine/beech wood** un bois de pins/hêtres, une pinède/hêtraie ◆ **we're out of the wood(s) now** on est au bout du tunnel maintenant ◆ **we're not out of the wood(s) yet** on n'est pas encore tiré d'affaire or sorti de l'auberge * ; → **neck**
c (= cask) **drawn from the wood** tiré au tonneau ◆ **aged in the wood** vieilli au tonneau ◆ **wine in the wood** vin m au tonneau
d (Mus) **the woods** les bois mpl
e (Golf) bois m ; (Bowls) boule f ◆ **a number 2 wood** (Golf) un bois 2
2 COMP floor, object, structure de bois, en bois ; fire de bois ; stove à bois ◆ **wood alcohol** n esprit-de-bois m, alcool m méthylique ▷ **wood anemone** n anémone f des bois ▷ **wood avens** n benoîte f ▷ **wood block** n (Art) bois m de graveur ▷ **wood-burning stove** n poêle m à bois ▷ **wood carving** n (NonC) (= act) sculpture f sur bois ; (= object) sculpture f en bois ▷ **wood engraving** n gravure f sur bois ▷ **wood nymph** n (Myth) dryade f, nymphe f des bois ▷ **wood pulp** n pâte f à papier ▷ **wood sage** n germandrée f sauvage, mélisse f or sauge f des bois ▷ **wood shavings** npl copeaux mpl (de bois) ▷ **wood sorrel** n oseille f sauvage, oxalide f ▷ **wood trim** n (US) boiseries fpl ▷ **wood warbler** n pouillot m siffleur ▷ **wood wool** n (NonC) copeaux mpl de bois

woodbine ['wʊdbaɪn] n chèvrefeuille m

woodchat ['wʊdtʃæt] n (Orn: also **woodchat shrike**) pie-grièche f à tête rousse

woodchip ['wʊdtʃɪp] n (NonC) (= chips of wood) copeaux mpl de bois ; (= board) aggloméré m ; (also **woodchip wallpaper**) papier peint parsemé de petits morceaux de bois

woodchuck ['wʊdtʃʌk] n marmotte f d'Amérique

woodcock ['wʊdkɒk] n (Orn) bécasse f des bois

woodcraft ['wʊdkrɑːft] n (NonC) (in forest) connaissance f de la forêt ; (= handicraft) art m de travailler le bois

woodcut ['wʊdkʌt] n gravure f sur bois

woodcutter ['wʊdkʌtəʳ] n bûcheron m, -onne f

woodcutting ['wʊdkʌtɪŋ] n (Art = act, object) gravure f sur bois ; (in forest) abattage m des arbres

wooded ['wʊdɪd] → SYN adj boisé ◆ **heavily** or **thickly** or **densely wooded** très boisé

wooden ['wʊdn] → SYN **1** adj **a** (lit = made of wood) en bois ◆ **a wooden floor** un parquet
b (fig = unnatural) acting, performance qui manque de naturel ; actor, performer peu naturel
2 COMP ▷ **wooden-headed** adj idiot, imbécile ▷ **wooden Indian** * n (US pej = constrained) personne f raide comme la justice ; (= dull) personne f terne or ennuyeuse ▷ **wooden leg** n jambe f de bois ▷ **wooden nickel** * n (US fig) objet m sans valeur ◆ **to try to sell sb wooden nickels** * essayer de rouler qn ▷ **wooden spoon** n (also Rugby) cuiller f de or en bois

woodenly ['wʊdnlɪ] adv act, speak avec raideur ; look at, stare d'un air impassible

woodland ['wʊdlænd] **1** n (NonC) région f boisée, bois mpl
2 COMP flower etc des bois ; path forestier

woodlark ['wʊdlɑːk] n (Orn) alouette f des bois

woodlouse ['wʊdlaʊs] n, pl **woodlice** ['wʊdlaɪs] cloporte m

woodman ['wʊdmæn] n, pl **-men** forestier m

woodpecker ['wʊdpekəʳ] n (Orn) pic m

woodpigeon ['wʊdpɪdʒən] n (Orn) (pigeon m) ramier m

woodpile ['wʊdpaɪl] n tas m de bois ; → **nigger**

woodruff ['wʊdrʌf] n (Bot) aspérule f

woodrush ['wʊdrʌʃ] n luzule f

woodscrew ['wʊdskruː] n vis f à bois

woodshed ['wʊdʃed] n bûcher m (abri)

woodsman ['wʊdzmən] n, pl **-men** (US) ⇒ **woodman**

woodsy ['wʊdzɪ] adj (US) countryside boisé ; flowers etc des bois

woodwind ['wʊdwɪnd] n (Mus) (one instrument) bois m ; (collective pl) bois mpl

woodwork ['wʊdwɜːk] n **a** (craft, school subject) (= carpentry) menuiserie f ; (= cabinet-making) ébénisterie f
b (in house) (= beams etc) charpente f ; (= doors, skirting boards, window frames etc) boiseries fpl ◆ **to come** or **crawl out of the woodwork** * (fig pej) sortir de son trou
c (Ftbl *) bois mpl, poteaux mpl (de but)

woodworm ['wʊdwɜːm] n ver m du bois ◆ **the table has got woodworm** la table est vermoulue or piquée des vers

woody ['wʊdɪ] **1** adj **a** plant, stem, texture ligneux ; odour de bois
b (= wooded) countryside boisé
2 COMP ▷ **woody nightshade** n douce-amère f

wooer † ['wuːəʳ] n prétendant m

woof¹ [wʊf] n (Tex) trame f

woof² [wʊf] **1** n [of dog] aboiement m ◆ **woof, woof!** ouah, ouah !
2 vi aboyer

woofer ['wʊfəʳ] n haut-parleur m grave, woofer m

wooftah * ['wʊftə], **woofter** * ['wʊftəʳ] n (Brit pej) tapette * f (pej)

wool [wʊl] → SYN **1** n laine f ◆ **he was wearing wool** il portait de la laine or des lainages ◆ **a ball of wool** une pelote de laine ◆ **knitting/darning wool** laine f à tricoter/repriser ◆ **this sweater is all wool** or **pure wool** ce pull-over est en pure laine ◆ **all wool and a yard wide** * (US) authentique, de première classe ◆ **to pull the wool over sb's eyes** duper qn ; → **dye, steel**
2 COMP cloth de laine ; dress en or de laine ▷ **wool blend** n (Tex) laine f mélangée ▷ **wool fat** n suint m ▷ **wool-gathering** n (fig) rêvasserie f ◆ **to be** or **go wool-gathering** être dans les nuages, rêvasser ▷ **wool-grower** n éleveur m, -euse f de moutons à laine ▷ **wool-lined** adj doublé laine ▷ **wool merchant** n négociant(e) m(f) en laine, lainier m, -ière f ▷ **wool shop** n magasin m de laines ▷ **wool trade** n commerce m de la laine

woolen ['wʊlən] n (US) ⇒ **woollen**

wooliness ['wʊlɪnɪs] n (US) ⇒ **woolliness**

woollen, woolen (US) ['wʊlən] **1** adj garment en laine ; cloth de laine ◆ **woollen cloth** or **material** lainage m, étoffe f de laine ◆ **woollen goods** lainages mpl ◆ **the woollen industry** l'industrie f lainière
2 **woollens** npl lainages mpl

woolliness, wooliness (US) ['wʊlɪnɪs] n **a** [of material, garment, sheep, animal's coat] aspect m laineux
b (fig = vagueness) [of ideas, thinking, essay, book, speech] caractère m confus or nébuleux ; [of person] côté m nébuleux

woolly, wooly (US) ['wʊlɪ] → SYN **1** adj **a** material, garment, animal laineux ; hair laineux
b (also **woolly-headed, woolly-minded**) ideas, thinking, essay, book, speech confus, nébuleux ; person nébuleux ◆ **woolly liberals** (pej) les libéraux mpl à idées confuses ; → **wild**
2 n (Brit * = jersey etc) tricot m, pull m ◆ **woollies** *, **woolies** * (US) lainages mpl ◆ **winter woollies** * lainages mpl d'hiver
3 COMP ▷ **woolly bear** * n (= caterpillar) oursonne f, chenille f de l'écaille martre ▷ **woolly mammoth** n mammouth m laineux ▷ **woolly pully** n pull m ▷ **woolly rhinoceros** n rhinocéros m laineux ▷ **woolly thistle** n cirse m laineux, chardon m des ânes

Woolsack ['wʊlsæk] n ◆ **the Woolsack** (Brit Parl) siège du grand chancelier d'Angleterre à la Chambre des lords

woolshed ['wʊlʃed] n lainerie f

wooly ['wʊlɪ] (US) ⇒ **woolly**

woops * [wʊps] excl ⇒ **whoops**

woozy * ['wuːzɪ] adj dans les vapes * ◆ **I feel a bit woozy** je suis un peu dans les vapes *

wop * * [wɒp] n (pej = Italian) Rital * * m

Worcester(shire) sauce ['wʊstə(ʃə)sɔːs] n sauce épicée au soja et au vinaigre

Worcs n abbrev of Worcestershire

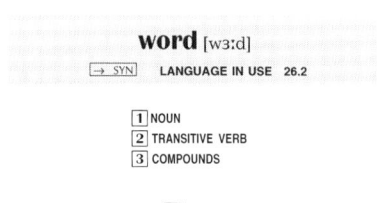

word [wɜːd]
→ SYN LANGUAGE IN USE 26.2

1 NOUN
2 TRANSITIVE VERB
3 COMPOUNDS

1 NOUN

a gen mot m ; (spoken) mot m, parole f ◆ **words** [of song etc] paroles fpl ◆ **the written/spoken word** ce qui est écrit/dit ◆ **what's the word for "banana" in German?**, **what's the German word for "banana"?** comment dit-on "banane" en allemand ? ◆ **there's no such word as "impossible"** impossible n'est pas français ◆ **he won't hear a word against her** il n'admet absolument pas qu'on la critique (subj) ◆ **I didn't breathe a word** je n'ai pas soufflé mot ◆ **in word and deed** en parole et en fait ◆ **... or words to that effect** ... ou quelque chose de ce genre ◆ **I remember every word he said** je me souviens de ce qu'il a dit mot pour mot, je me souviens absolument de tout ce qu'il a dit ◆ **those were his very words** ce sont ses propres paroles, c'est ce qu'il a dit mot pour mot or textuellement ◆ **angry words** mots mpl prononcés sous le coup de la colère ◆ **big words!** * toujours les grands mots ! ◆ **a man of few words** un homme peu loquace ◆ **fine words** de belles paroles fpl ◆ **fine words!** (iro) belles paroles ! ◆ **I can't find (the) words (to tell you ...)** je ne trouve pas les mots (pour vous dire ...) ◆ **there are no words to describe how I felt** il n'y a pas de mot pour expliquer ce que je ressentais ◆ **he could find no words to express his misery** il ne trouvait pas de mot pour exprimer sa tristesse ◆ **it's too stupid for words** c'est vraiment trop stupide ◆ **from the word go** dès le début or le commencement ◆ **I can't get a word out of him** je ne peux en tirer un mot ◆ **tell me in your own words** dites-le-moi à votre façon ◆ **in the words of Racine** comme le dit Racine, selon les mots de Racine ◆ **I can't put my thoughts/feelings into words** je ne trouve pas les mots pour exprimer ce que je pense/ressens ◆ **by** or **through word of mouth** de bouche à oreille ; see also 3 ◆ **in other words** autrement dit ◆ **to put in a (good) word for sb** dire or glisser un mot en faveur de qn ◆ **don't put words into my mouth!** ne me faites pas dire ce que je n'ai pas dit ! ◆ **you took the words right out of my mouth** c'est exactement ce que j'allais dire ◆ **with these words, he sat down** sur ces mots il s'est assis ◆ **without a word, he left the room** il a quitté la pièce sans dire un mot

- **to have a word (with sb)** (= speak to) ◆ **can I have a word?** * puis-je vous dire un mot (en privé)?, auriez-vous un moment? ◆ **I'll have a word with him about it** je lui en toucherai un mot, je vais lui en parler ◆ **I had a word with him about it** je lui en ai touché un mot, je lui en ai parlé brièvement ◆ **I want (to have) a word with you** j'ai à vous parler ◆ **to have a word in sb's ear** (Brit) glisser un mot à l'oreille de qn
- **to have words with sb** (= rebuke) dire deux mots à qn; (= quarrel) avoir des mots avec qn, se disputer avec qn
- **to say + word** ◆ **I never said a word** je n'ai rien dit du tout, je n'ai pas ouvert la bouche ◆ **Mr Martin will now say a few words** M. Martin va maintenant prendre la parole or dire quelques mots ◆ **he didn't say a word about it** il n'en a pas soufflé mot ◆ **nobody had a good word to say about him** personne n'a trouvé la moindre chose à dire en sa faveur ◆ **I didn't hear a word he said** je n'ai pas entendu un mot de ce qu'il a dit ◆ **just say the word and I'll leave** vous n'avez qu'un mot à dire pour que je parte
- **a word/words of** ◆ **a word of advice** un petit conseil ◆ **a word of thanks** un mot de remerciement ◆ **I'll give you a word of warning** je voudrais vous mettre en garde ◆ **after these words of warning** après cette mise en garde
- **in a word** en un mot
- **in so** or **as many words** ◆ **I told him in so** or **as many words that ...** je lui ai carrément dit que ..., sans y aller par quatre chemins, je lui ai dit que ... ◆ **he didn't say so in so many** or **as many words** il ne l'a pas dit explicitement, ce n'est pas exactement ce qu'il a dit
- **word for word** repeat, copy out mot pour mot, textuellement; translate mot à mot, littéralement; review, go over mot par mot; see also **3**
- **a/the word for it** ◆ **the French have a word for it** les Français ont un mot pour dire cela ◆ **boring is not the word for it!** ennuyeux, c'est le moins que l'on puisse dire! ◆ **"negligent" is a better word for "négligent"** serait plus juste or serait plus près de la vérité ◆ **"murder"? that's not quite the (right) word (for it)** "meurtre"? ce n'est pas tout à fait le mot (qui convient) ◆ **she disappeared, there's no other word for it** or **that's the only word for it** elle a disparu, c'est bien le mot or on ne peut pas dire autrement

b [= advice] conseil m ◆ **a word to new fathers** quelques conseils aux nouveaux pères ◆ **a word to the wise** un bon conseil

c [NonC = news, message] nouvelles fpl ◆ **she's waiting for word from headquarters** elle attend des nouvelles du siège central ◆ **word came from headquarters that ...** le quartier général nous (or leur etc) a fait dire or nous (or les etc) a prévenus que ... ◆ **word came that ...** on a appris que ... ◆ **to send word that ...** faire savoir or faire dire que ... ◆ **there's no word from John yet** on est toujours sans nouvelles de John ◆ **the purpose of his mission is to bring back word of enemy manoeuvres** le but de sa mission est de rapporter des renseignements sur les manœuvres de l'ennemi; → **leave**

d [= rumour] **word has it** or **the word is that he has left** le bruit court qu'il est parti ◆ **if word got out about his past, there'd be a scandal** si l'on apprenait certaines choses sur son passé, cela ferait un scandale ◆ **the word on the street is ...** * on dit que ...

e [= promise, assurance etc] parole f, promesse f ◆ **word of honour** parole f d'honneur ◆ **it was his word against mine** c'était sa parole contre la mienne ◆ **his word is his bond** il n'a qu'une parole ◆ **to break one's word** manquer à sa parole ◆ **to give one's word to sb/that** donner sa parole (d'honneur) à qn/que ◆ **I give you my word (on** or **for it)** je vous donne ma parole ◆ **you have my word (of honour)** vous avez ma parole (d'honneur) ◆ **to go back on one's word** revenir sur sa parole ◆ **he is as good as his word** on peut le croire sur parole ◆ **he was as good as his word** il a tenu parole ◆ **I've only got her word for it** c'est elle qui le dit, je n'ai aucune preuve ◆ **to hold sb to his word** contraindre qn à tenir sa promesse ◆ **to keep one's word** tenir (sa) parole ◆ **a man of his word** un homme de parole ◆ **my word!**, **upon my word!** † ma parole! ◆ **to take sb at his word** prendre qn au mot ◆ **you'll have to take his word for it** il vous faudra le croire sur parole ◆ **take my word for it, he's a good man** c'est un brave homme, croyez-moi

f [= command] (mot m d')ordre m ◆ **the word of command** l'ordre ◆ **his word is law** c'est lui qui fait la loi, sa parole fait loi ◆ **he gave the word to advance** il a donné l'ordre d'avancer

g [Rel] **the Word** (= logos) le Verbe; (= the Bible, the Gospel: also **the Word of God**) le Verbe (de Dieu), la parole de Dieu

h [Comput] mot m

2 TRANSITIVE VERB

[+ document, protest] (spoken or written) formuler; (written) rédiger, libeller (Admin) ◆ **he had worded the letter very carefully** il avait choisi les termes de sa lettre avec le plus grand soin ◆ **well worded** bien tourné ◆ **I don't know how to word it** je ne sais pas comment le formuler

3 COMPOUNDS

▷ **word association** n (Psych) association f de mots ▷ **word-blind** † adj dyslexique ▷ **word-blindness** † n dyslexie f ▷ **word class** n (Gram) catégorie f grammaticale ▷ **word deafness** n (Med) surdité f verbale, aphasie f de réception ▷ **word formation** n (Ling) formation f des mots ▷ **word-for-word** adj mot pour mot ◆ **a word-for-word translation** une traduction littérale or mot à mot ▷ **word game** n jeu m de lettres ▷ **word list** n (in exercise etc) liste f de mots; (in dictionary) nomenclature f ▷ **word-of-mouth** adj verbal, oral ▷ **word order** n (Gram) ordre m des mots ▷ **word-perfect** adj **to be word-perfect in sth** savoir qch sur le bout des doigts ▷ **word picture** n **to give a word picture of sth** faire une description vivante de qch ▷ **word processing** n traitement m de texte ◆ **word processing package** logiciel m de traitement de texte ▷ **word processor** n traitement m de texte ▷ **word-type** n (Ling) vocable m ▷ **word wrap** n (Comput) retour m (automatique) à la ligne

▲ ▲ ▲ ▲ ▲

wordbook ['wɜːdbʊk] n lexique m, vocabulaire m

wordcount ['wɜːdkaʊnt] n (Comput) comptage m, nombre m de mots

wordily ['wɜːdɪlɪ] adv verbeusement

wordiness ['wɜːdɪnɪs] n verbosité f

wording ['wɜːdɪŋ] n [of letter, speech, statement] termes mpl, formulation f; [of official document] libellé m ◆ **the wording of the last sentence is clumsy** la dernière phrase est maladroitement exprimée or formulée ◆ **the wording is exceedingly important** le choix des termes est extrêmement important ◆ **change the wording slightly** changez quelques mots (ici et là) ◆ **a different wording would make it less ambiguous** ce serait moins ambigu si on l'exprimait autrement

wordless ['wɜːdlɪs] adj a (= silent) anguish, admiration muet ◆ **he watched her in wordless admiration** il la regardait, muet d'admiration

b (= without words) inarticulé ◆ **a wordless cry/shriek** un cri/hurlement inarticulé

wordlessly ['wɜːdlɪslɪ] adv sans prononcer un mot

wordplay ['wɜːdpleɪ] → SYN n (= pun) jeu m de mots; (NonC) (= puns) jeux mpl de mots

wordsmith ['wɜːdsmɪθ] n manieur m de mots ◆ **he's a skilled wordsmith** il sait tourner ses phrases; (stronger) il a le génie des mots

wordy ['wɜːdɪ] → SYN adj person, style verbeux; document au style verbeux

wore [wɔːʳ] vb (pt of **wear**)

work [wɜːk]

→ SYN LANGUAGE IN USE 19

1 NOUN 3 TRANSITIVE VERB
2 INTRANSITIVE VERB 4 COMPOUNDS
5 PHRASAL VERBS

1 NOUN

a [NonC : gen] travail m ◆ **to start work, to set to work** se mettre au travail ◆ **I've got some more work for you** j'ai encore du travail pour vous ◆ **he does his work well** il travaille bien, il fait du bon travail ◆ **she put a lot of work into it** elle y a consacré beaucoup de travail ◆ **there's still a lot of work to be done on it** il reste encore beaucoup à faire ◆ **I'm trying to get some work done** j'essaie de travailler ◆ **work has begun on the new bridge** (= building it) on a commencé la construction du nouveau pont ◆ **you'll have your work cut out** vous allez avoir du travail ◆ **domestic work** travaux mpl domestiques ◆ **office work** travail m de bureau ◆ **work in progress** travaux mpl en cours ◆ **it's women's work** c'est un travail de femme ◆ **it's quite easy work** ce n'est pas un travail difficile ◆ **good work!** (= well done!) bravo! ◆ **it's good work** c'est du bon travail ◆ **it's hot work** ça donne chaud ◆ **nice work if you can get it!** * (iro) c'est une bonne planque!* ◆ **to make short** or **quick work of sth** faire qch très rapidement ◆ **he did useful work in the Ministry of Transport** il a fait du bon travail au ministère des Transports; see also **works**

- **to be at work** (= working) travailler, être au travail ◆ **he was at work on another picture** il travaillait sur un autre tableau ◆ **there are subversive forces at work here** (= operating) des forces subversives sont à l'œuvre; see also **1b**

b [= employment, place of employment] travail m ◆ **he's looking for work** il cherche du travail ◆ **"work wanted"** (US) "demandes d'emploi" ◆ **to go to work** aller au travail ◆ **on her way to work** en allant à son travail ◆ **where is his (place of) work?** où travaille-t-il?

- **at work** (= at place of work) au travail ◆ **he's at work at the moment** il est au travail en ce moment ◆ **accidents at work** les accidents mpl du travail

- **in work** ◆ **those in work** les actifs mpl ◆ **he is in regular work** il a un emploi régulier

- **out of work** ◆ **to be out of work** être au chômage or sans emploi ◆ **an increase in the numbers out of work** une augmentation du nombre des demandeurs d'emploi or des chômeurs ◆ **to put** or **throw sb out of work** mettre qn au chômage ◆ **this decision threw a lot of people out of work** cette décision a fait beaucoup de chômeurs ◆ **600 men were thrown out of work** 600 hommes ont été licenciés or ont perdu leur emploi

- **off work** ◆ **he's off work today** il n'est pas allé (or venu) travailler aujourd'hui ◆ **he has been off work for three days** il est absent depuis trois jours ◆ **a day off work** un jour de congé ◆ **I'll have to take time off work** il va falloir que je prenne un congé

c [= product] œuvre f ◆ **the works of God** l'œuvre f de Dieu ◆ **his life's work** l'œuvre f de sa vie ◆ **his work will not be forgotten** son œuvre passera à la postérité ◆ **it's obviously the work of a professional** c'est manifestement l'œuvre d'un professionnel or du travail de professionnel ◆ **this is the work of a madman** c'est l'œuvre d'un fou

d [Art, Literat, Mus etc] œuvre f; (= book on specific subject) ouvrage m ◆ **the complete works of Shakespeare** les œuvres fpl complètes de Shakespeare ◆ **Camus' last work** la dernière œuvre de Camus ◆ **a work on Joyce** un ouvrage sur Joyce ◆ **this work was commissioned by ...** cette œuvre a été commandée par ... ◆ **works of fiction/reference** ouvrages mpl de fiction/référence ◆ **he sells a lot of his work** ses tableaux (or ses livres etc) se vendent bien

2 INTRANSITIVE VERB

For **work** + preposition/adverb combinations see also phrasal verbs.

a [gen] travailler ◆ **to work hard** travailler dur ◆ **to work to rule** (Ind) faire la grève du zèle

◆ he is working at his German il travaille son allemand ◆ who is he working for ? pour qui travaille-t-il ? ◆ he has always worked for/against such a reform il a toujours lutté pour/contre une telle réforme ◆ he works in education/publishing il travaille dans l'enseignement/l'édition ◆ he prefers to work in wood/clay il préfère travailler le bois/l'argile ◆ he prefers to work in oils il préfère la peinture à l'huile ou travailler à la peinture à l'huile ◆ he worked on the car all morning il a travaillé sur la voiture toute la matinée ◆ he's working on his memoirs il travaille à ses mémoires ◆ have you solved the problem? – we're working on it avez-vous résolu le problème ? — on y travaille ◆ I've been working on him but haven't yet managed to persuade him (fig) j'ai bien essayé de le convaincre, mais je n'y suis pas encore parvenu ◆ the police are working on the case la police enquête sur l'affaire ◆ they are working on the principle that ... ils partent du principe que ... ◆ there are not many facts/clues to work on il y a peu de faits/d'indices sur lesquels travailler ◆ to work towards sth œuvrer pour qch ◆ we are working towards equality of opportunity nous œuvrons pour l'égalité des chances ◆ we are working towards a solution/an agreement nous essayons de parvenir à une solution/un accord

b [= function, be effective] [mechanism, watch, machine, car, switch, scheme, arrangement] marcher, fonctionner ; [drug, medicine] agir, faire effet ; [yeast] fermenter ◆ the lift isn't working l'ascenseur ne marche pas or est en panne ◆ it works off the mains/on electricity/off batteries ça marche sur (le) secteur/à l'électricité/avec des piles ◆ my brain doesn't seem to be working today (hum) je n'ai pas les idées très claires aujourd'hui ◆ the spell worked le charme a fait son effet ◆ it just won't work ça ne marchera pas or jamais ◆ that works both ways c'est à double tranchant ◆ this may work in our favour ça pourrait jouer en notre faveur

c [= pass] she worked methodically down the list elle a suivi la liste de façon méthodique ◆ water has worked through the roof de l'eau s'est infiltrée par le toit

d [= move] [face, mouth] se contracter, se crisper

3 TRANSITIVE VERB

a [= cause to work] [+ person, staff] faire travailler ; [+ mechanism, lever, pump] actionner ; [+ machine] faire marcher ◆ I don't know how to work the video je ne sais pas comment faire marcher le magnétoscope ◆ he works his staff too hard il fait trop travailler son personnel, il surmène son personnel ◆ the machine is worked by solar energy cette machine marche or fonctionne à l'énergie solaire

◆ to work o.s. ◆ he works himself too hard il se surmène ◆ he's working himself to death il se tue à la tâche

b [= bring about] [+ miracle] faire, accomplir ; [+ change] apporter ◆ to work wonders or marvels [person] faire des merveilles ; [drug, medicine, action, suggestion] faire merveille

c * [= arrange for] he has managed to work his promotion il s'est débrouillé pour obtenir de l'avancement ◆ can you work it so she can come too? pouvez-vous faire en sorte qu'elle vienne aussi ? ◆ I'll work it if I can si je peux m'arranger pour le faire, je le ferai

d [= exploit resources of] [+ mine, land] exploiter ◆ this rep works the south-east ce représentant couvre le Sud-Est

e [= manoeuvre] he worked the rope gradually through the hole il est parvenu à faire passer progressivement la corde dans le trou, il s'est employé à enfoncer progressivement la corde dans le trou ◆ he worked his hands free il est parvenu à libérer ses mains ◆ to work sth loose parvenir à desserrer qch ◆ he worked the lever up and down il a actionné le levier plusieurs fois ◆ she worked the hook carefully out of the cloth avec précaution, elle s'employa à retirer l'hameçon du tissu ◆ he worked the crowd (up) into a frenzy il a réussi à déchaîner la foule

◆ to work one's way ◆ he worked his way along the edge of the cliff il a longé prudemment le bord de la falaise ◆ rescuers are working their way towards the trapped men les sauveteurs se fraient un passage jusqu'aux hommes qui sont bloqués ◆ he worked his way up from nothing il est parti de rien ◆ he worked his way up to the top of his firm il a gravi un à un tous les échelons de la hiérarchie de son entreprise ◆ he worked his way up from office boy to managing director il est devenu PDG après avoir commencé comme garçon de bureau ◆ to work one's way through college travailler pour payer ses études

f [= make, shape] [+ metal, wood, leather] travailler ; [+ dough, clay] travailler, pétrir ; [+ object] façonner (out of dans) ; (= sew) coudre ; (= embroider) [+ design etc] broder ◆ work the butter and sugar together (Culin) mélangez bien le beurre et le sucre

4 COMPOUNDS

▷ **work area** n coin m de travail, bureau m ▷ **work camp** n (= prison) camp m de travail forcé ; (voluntary) chantier m de travail (bénévole) ▷ **work ethic** n éthique f du travail, déontologie f ▷ **work experience** n (gen) expérience f professionnelle ; (for students) stage m professionnel ▷ **work file** n (Comput) fichier m de travail ▷ **work function** n (Phys) travail m d'extraction or de sortie ▷ **work-harden** vt (Metal) durcir à froid, écrouir ▷ **work-in** n (Ind) grève avec occupation des locaux et appropriation des moyens de production ▷ **work load** n charge f de travail ◆ his work load is too heavy il a trop de travail ◆ they were discussing work loads ils discutaient de la répartition du travail ▷ **work of art** n œuvre f d'art ▷ **work permit** n permis m de travail ▷ **work placement** n stage m en entreprise ▷ **work prospects** npl [of course, training] débouchés mpl ; [of student] perspectives fpl ▷ **work-rule** n (US Ind) ⇒ **work-to-rule** ▷ **work-sharing** n partage m du travail ▷ **work space** n ⇒ **work area** ▷ **work station** n poste m de travail ▷ **work-study** n (Ind) étude f ergonomique ▷ **work-study student** n (US Univ) étudiant(e) m(f) ayant un emploi rémunéré par l'université ▷ **work surface** n ⇒ **worktop** ▷ **work-to-rule** n (Brit Ind) grève f du zèle ▷ **work week** n semaine f de travail ◆ **a work week of 38 hours** (US) une semaine de 38 heures ▷ **work-worn** adj hands usé par le travail

5 PHRASAL VERBS

▶ **work away** vi ◆ they worked away all day ils n'ont pas arrêté de toute la journée ◆ she was working away at her embroidery elle était absorbée par sa broderie

▶ **work down** vi [stockings etc] glisser

▶ **work in**

1 vi **a** [dust, sand] s'introduire

b (= fit in) she works in with us as much as possible elle collabore avec nous autant que possible ◆ this doesn't work in with our plans to reorganize the department cela ne cadre pas or ne concorde pas avec nos projets de réorganisation du service ◆ that'll work in very well ça cadrera très bien

2 vt sep **a** [+ finger, hook, lever, blade] introduire petit à petit, enfoncer ; [+ reference, quotation] glisser, introduire ; (fig) [+ subject] s'arranger pour mentionner ◆ we'll work in a mention of it somewhere on s'arrangera pour le mentionner quelque part ◆ he worked the incident into his speech il s'est arrangé pour parler de l'incident dans son discours

b (= amalgamate) incorporer ◆ work the flour in gradually incorporez la farine petit à petit

▶ **work off**

1 vi [nut, handle etc] se desserrer

2 vt sep **a** [+ debt, obligation] travailler pour s'acquitter de

b [+ one's surplus fat] se débarrasser de ; [+ weight] éliminer ; [+ anger] passer, assouvir ◆ to work off one's energy dépenser son surplus d'énergie ◆ jogging helps work off stress le jogging aide à évacuer le stress or à décompresser * ◆ he worked it all off gardening il s'est défoulé * en faisant du jardinage

▶ **work out**

1 vi **a** [plan, arrangement] marcher ; [puzzle, problem] se résoudre ◆ it's all working out as planned tout se déroule comme prévu ◆ things didn't work out (well) for her les choses ont plutôt mal tourné pour elle ◆ their marriage didn't work out leur couple n'a pas marché * ◆ it will work out all right in the end tout finira (bien) par s'arranger ◆ how did it work out in the end? comment ça s'est terminé ? ◆ it hasn't worked out that way les choses ne se sont pas passées autrement

b [amount] what does the total work out at? ça fait combien en tout ? ◆ it works out (at) £50 per child il faut compter 50 livres par enfant

c (= exercise) faire de la musculation

2 vt sep **a** (= figure out) [+ problem, puzzle, equation] résoudre ; [+ answer, total] trouver ; [+ code] déchiffrer ; [+ plan, scheme, idea] élaborer, mettre au point ; [+ settlement] parvenir à ◆ I'll have to work it out (gen) il faut que j'y réfléchisse ; (counting) il faut que je calcule ◆ who worked all this out? qui a combiné tout ça ? ◆ I had the whole design worked out in my mind j'avais déjà tout conçu dans ma tête ◆ can you work out where we are on the map? peux-tu trouver où nous sommes sur la carte ? ◆ he finally worked out why she'd gone il a fini par comprendre pourquoi elle était partie ◆ can you work out how to open it? est-ce que tu vois comment ça s'ouvre ? ◆ I can't work it out ça me dépasse ◆ I can't work him out * je n'arrive pas à comprendre comment il fonctionne

b (= exhaust resources of) [+ mine, land] épuiser

c [+ notice] she has to work out her notice elle doit respecter le délais de préavis

d (= get rid of) don't try and work out your frustration on me! ne t'en prends pas à moi parce que tu te sens frustré ! ◆ he stood up in order to work out his impatience il se mit debout pour calmer son impatience

▶ **work over** * vt sep (= beat up) tabasser *, passer à tabac *

▶ **work round** vi (= move gradually) tourner ◆ his tie had worked round to the back of his neck sa cravate avait tourné et lui pendait dans le dos ◆ the wind has worked round to the south le vent a tourné au sud petit à petit ◆ to work round to sth (in conversation, negotiations) aborder qch ◆ you'll have to work round to that subject tactfully il faudra que vous abordiez (subj) ce sujet avec tact ◆ what are you working round to? où voulez-vous en venir ?

▶ **work through** vt fus (Psych = resolve emotionally) assumer

▶ **work up**

1 vi **a** events were working up to a crisis une crise se préparait ◆ the book works up to a dramatic ending le roman s'achemine progressivement vers un dénouement spectaculaire ◆ I knew they were working up to something (in conversation etc) je savais qu'ils préparaient quelque chose ◆ I thought he was working up to asking me for a divorce je croyais qu'il préparait le terrain pour demander le divorce ◆ what is he working up to? où veut-il en venir ?

b [skirt, sleeve] remonter

2 vt sep **a** (= rouse) he worked the crowd up into a frenzy il a déchaîné l'enthousiasme de la foule ◆ to get worked up s'énerver ◆ he worked himself up into a rage il s'est mis dans une colère noire

b (= prepare) [+ article, drawings] préparer

c (= develop) [+ trade, business] développer ◆ he worked this small firm up into a major company il a réussi à faire de cette petite société une grande entreprise ◆ he's trying to work up a connection in Wales (Comm) il essaie d'établir une tête de pont au pays de Galles ◆ I worked up an appetite/thirst carrying all those boxes ça m'a mis en appétit/m'a donné soif de porter toutes ces caisses ◆ I can't work up much enthusiasm

for the plan j'ai du mal à m'enthousiasmer pour ce projet ◆ **can't you work up a little more interest in it?** tu ne pourrais pas t'y intéresser un peu plus ?

-work [wɜːk] **n** (in compounds) ◆ **cement-work** le ciment ◆ **lattice-work** le treillis

workable [ˈwɜːkəbl] → SYN **adj** **a** scheme, arrangement, solution, suggestion, plan, projet viable, réalisable ; agreement, settlement, compromise viable ◆ **it's just not workable** cela ne marchera jamais

b (= malleable) metal, dough facile à travailler

c (= exploitable) land, mine exploitable

workaday [ˈwɜːkədeɪ] → SYN **adj** object, tastes, surroundings ordinaire ; concerns, chores de tous les jours ◆ **the workaday world** la vie de tous les jours

workaholic * [ˌwɜːkəˈhɒlɪk] **n** bourreau **m** de travail

workbag [ˈwɜːkbæg] **n** sac **m** à ouvrage

workbasket [ˈwɜːkbɑːskɪt] **n** (Sewing) corbeille **f** à ouvrage

workbench [ˈwɜːkbentʃ] **n** établi **m**

workbook [ˈwɜːkbʊk] **n** (= exercise book) cahier **m** d'exercices ; (= manual) manuel **m** ; (= work record book) cahier **m** de classe

workbox [ˈwɜːkbɒks] **n** (Sewing) boîte **f** à ouvrage

workday [ˈwɜːkdeɪ] (esp US) **1** **adj** ⇒ **workaday**

2 **n** ◆ **a workday of eight hours** une journée de travail de huit heures ◆ **Saturday is a workday** (gen) on travaille le samedi ; (Comm) le samedi est un jour ouvrable

worker [ˈwɜːkəʳ] → SYN **1** **n** (gen, Ind, Agr etc) travailleur **m**, -euse **f** ◆ **woman worker** travailleuse **f** ◆ **he's a good worker** il travaille bien ◆ **he's a fast worker** (lit) il travaille vite ; (* fig) c'est un tombeur * or un don Juan ◆ **all the workers in this industry** tous ceux qui travaillent dans cette industrie ◆ **management and workers** (Ind) patronat **m** et ouvriers **mpl** ◆ **we rely on volunteer workers** nous dépendons de travailleurs bénévoles ◆ **office worker** employé(e) **m(f)** de bureau ◆ **research worker** chercheur **m**, -euse **f**

2 COMP ▷ **worker ant** **n** (fourmi **f**) ouvrière **f** ▷ **worker bee** **n** (abeille **f**) ouvrière **f** ▷ **worker director** **n** (Ind) ouvrier **m** faisant partie du conseil d'administration ▷ **worker participation** **n** (Ind) participation **f** des travailleurs ▷ **worker priest** **n** prêtre-ouvrier **m** ▷ **Workers' Educational Association** **n** (Brit) ≈ Association **f** d'éducation populaire

workfare [ˈwɜːkfɛəʳ] **n** *système où les chômeurs doivent participer à des programmes de création d'emplois pour avoir droit aux allocations*

workforce [ˈwɜːkfɔːs] **n** [of region, country] travailleurs **mpl** ; [of company] personnel **m** ; (= manual workers) main-d'œuvre **f**

workhorse [ˈwɜːkhɔːs] **n** (lit, fig) cheval **m** de labour

workhouse [ˈwɜːkhaʊs] **n** (Brit Hist) hospice **m** ; (US Jur) maison **f** de correction

working [ˈwɜːkɪŋ] → SYN **1** **adj** **a** (= to do with work) clothes, conditions, lunch, language de travail ; partner, population actif ◆ **the working class** la classe ouvrière ; see also **4** ◆ **the working classes** (Pol: collectively) le prolétariat ◆ **a working day of eight hours** (Brit) une journée de travail de huit heures ◆ **Saturday is a working day** (Brit) (gen) on travaille le samedi ; (Comm) le samedi est un jour ouvrable ◆ **good working environment** bonnes conditions **fpl** de travail ◆ **working expenses** [of mine, factory] frais **mpl** d'exploitation ; [of salesman] frais **mpl** ◆ **during** or **in working hours** pendant les heures de travail ◆ **a working farm/mill** une ferme/un moulin en exploitation ◆ **working life** (gen) vie **f** active ◆ **she spent most of her working life abroad** elle a passé la plus grande partie de sa vie active à l'étranger ◆ **a long and strenuous working life** une longue vie de labeur ◆ **the working man will not accept ...** (Ind, Sociol etc) les travailleurs n'accepteront pas ... ◆ **he's an ordinary working man** c'est un simple travailleur ◆ **he's a working man now** il travaille maintenant, il gagne sa vie maintenant ◆ **working memory** (Psych) mémoire **f** de travail or à court terme ◆ **working party** (Brit) (gen) groupe **m** de travail ; (grander) commission **f** d'enquête ; (= squad: of soldiers) escouade **f** ◆ **a working wife** une femme mariée qui travaille ◆ **she is an ordinary working woman** c'est une simple travailleuse ◆ **she is a working woman** (= economically active) elle travaille, elle gagne sa vie ◆ **the working woman** (Comm, Press, Sociol etc) la femme qui travaille ; → **order**

b (= operational) **working capital** fonds **mpl** de roulement ◆ **working disk** (Comput) disque **m** de travail ◆ **working drawing** épure **f** ◆ **working hypothesis** hypothèse **f** de travail ◆ **to have a working majority** (Pol etc) avoir une majorité suffisante ◆ **to build** or **form a working partnership** (Ind) établir de bons rapports ; (emotionally) parvenir à une bonne relation de couple

c (= functioning) model qui marche

2 **n** (NonC) travail **m** ; [of machine etc] fonctionnement **m** ; [of yeast] fermentation **f** ; [of mine, land] exploitation **f** ; [of metal, wood, leather] travail **m** ; [of clay, dough] travail **m**, pétrissage **m** ; (Sewing) couture **f** ; (= embroidery) broderie **f**

3 **workings** **npl** (= mechanism) mécanisme **m** ; [of government, organization] rouages **mpl** ; (Min) chantier **m** d'exploitation ◆ **I don't understand the workings of her mind** je ne comprends pas ce qui se passe dans sa tête

4 COMP ▷ **working-class** **adj** origins, background, accent, suburb ouvrier, prolétarien ◆ **he is working-class** il appartient à la classe ouvrière ▷ **working dog** **n** *chien adapté, de par sa race ou son dressage, à des tâches utilitaires* ▷ **working girl** **n** (euph) professionnelle * **f** (euph) ▷ **working group** **n** groupe **m** de travail ▷ **working holiday** **n** (Brit) *vacances mises à profit pour effectuer une activité rémunérée* ▷ **working men's club** **n** (Brit) ≈ foyer **m** d'ouvriers ▷ **working relationship** **n** relations **fpl** or rapports **mpl** de travail ◆ **to have a good working relationship (with sb)** avoir de bonnes relations or bons rapports de travail (avec qn) ▷ **working title** **n** titre **m** provisoire ▷ **working vacation** **n** (US) ⇒ **working holiday** ▷ **working week** **n** (Brit) semaine **f** de travail

workless [ˈwɜːklɪs] **adj** sans travail

workman [ˈwɜːkmən] → SYN **pl -men** **n** **a** (gen, Comm, Ind etc) ouvrier **m** ◆ (Prov) **a bad workman blames his tools** les mauvais ouvriers ont toujours de mauvais outils (Prov) ◆ **workmen's compensation** pension **f** d'invalidité *(pour ouvriers)*

b **to be a good workman** bien travailler, avoir du métier

workmanlike [ˈwɜːkmənlaɪk] → SYN **adj** person, attitude professionnel ; object, product, tool bien fait, soigné ; (fig) attempt sérieux ◆ **it was a workmanlike essay** c'était une dissertation honnête or bien travaillée ◆ **he made a workmanlike job of it** il a fait du bon travail ◆ **he set about it in a very workmanlike way** il s'y est pris comme un vrai professionnel

workmanship [ˈwɜːkmənʃɪp] → SYN **n** [of craftsman] métier **m**, maîtrise **f** ; [of artefact] exécution **f** or fabrication **f** soignée ◆ **this example of his workmanship** cet exemple de son savoir-faire ◆ **a chair of fine workmanship** une chaise faite avec art ◆ **a superb piece of workmanship** un or du travail superbe

workmate [ˈwɜːkmeɪt] **n** camarade **mf** de travail

workmen [ˈwɜːkmən] **npl of workman**

workout [ˈwɜːkaʊt] **n** (Sport) séance **f** d'entraînement

workpeople [ˈwɜːkpiːpl] **npl** travailleurs **mpl**, ouvriers **mpl**

workplace [ˈwɜːkpleɪs] **n** lieu **m** de travail

workroom [ˈwɜːkrʊm] **n** salle **f** de travail

works [wɜːks] → SYN **1** **n** (pl inv) **a** (Brit Ind etc) (= factory) usine **f** ; (= processing plant etc) installations **fpl** ◆ **gasworks** usine **f** à gaz ◆ **steelworks** aciérie **f** ◆ **irrigation works** installations **fpl** d'irrigation, barrage **m** ◆ **price ex works** prix **m** sortie d'usine

b (Admin, Mil) travaux **mpl** ; [of clock, machine etc] mécanisme **m** ; (Rel) œuvres **fpl** ◆ **each man will be judged by his works** chaque homme sera jugé selon ses œuvres

c (= the lot) **the (whole) works** * tout le tremblement *, tout le tralala * ◆ **to put in the works** * (US) sortir le grand jeu ; → **public, spanner**

2 COMP entrance, car park, canteen de l'usine ; car de l'entreprise ; (as opposed to staff) des ouvriers ▷ **works committee, works council** **n** comité **m** d'entreprise ▷ **works manager** **n** directeur **m**, -trice **f** d'usine

worksheet [ˈwɜːkʃiːt] **n** (for pupil) fiche **f** d'exercices

workshop [ˈwɜːkʃɒp] → SYN **n** (lit, fig) atelier **m**

workshy [ˈwɜːkʃaɪ] **adj** fainéant, tire-au-flanc * inv

workspace [ˈwɜːkspeɪs] **n** espace **m** de travail

worktable [ˈwɜːkteɪbl] **n** table **f** de travail

worktop [ˈwɜːktɒp] **n** plan **m** de travail

world [wɜːld] → SYN **1** **n** **a** (gen, Geog etc) monde **m** ◆ **the most powerful nation in the world** la nation la plus puissante du monde ◆ **the English-speaking world** le monde anglophone ◆ **to be alone in the world** être seul au monde ◆ **the ancient world** le monde antique, l'antiquité **f** ◆ **a citizen of the world** un citoyen du monde ◆ **it's not the end of the world** ça pourrait être bien pire ◆ **the world we live in** le monde où nous vivons ◆ **he lives in a world of his own, he lives in another world** il vit dans un monde à lui ◆ **all over the world, (all) the world over** dans le monde entier ◆ **to go round the world, to go on a trip round the world** or **a round-the-world trip** faire le tour du monde, voyager autour du monde ◆ **a round-the-world cruise** une croisière autour du monde ◆ **to see the world** voir du pays, courir le monde ◆ **since the world began, since the beginning of the world** depuis que le monde est monde ◆ **it is known throughout the world** c'est connu dans le monde entier, c'est universellement connu ; → **dead, fire, lead¹, new, old, old-world**

b (emphatic phrases) **what/where/why/how in the world ...?** que/où/pourquoi/comment diable * ... ? ◆ **where in the world has he got to?** où a-t-il bien pu passer ?, où diable * est-ce qu'il est passé ? ◆ **nowhere in the world, nowhere in the whole (wide) world** nulle part au monde ◆ **I wouldn't do it for (anything in) the world, nothing in the world would make me do it** je ne le ferais pour rien au monde, je ne le ferais pas pour tout l'or du monde ◆ **they were worlds apart** (gen) ils n'avaient rien en commun, tout les séparait ; (in opinion) ils étaient diamétralement opposés ◆ **there's a world of difference between Paul and Richard** il y a un monde entre Paul et Richard ◆ **it was for all the world as if ...** c'était exactement or tout à fait comme si ... ◆ **I'd give the world to know ...** je donnerais tout au monde pour savoir ... ◆ **it did him a** or **the world of good** ça lui a fait énormément de bien or un bien fou * ◆ **it's what he wants most in (all) the world** c'est ce qu'il veut plus que tout au monde ◆ **in the whole (wide) world you won't find a better man than he is** nulle part au monde vous ne trouverez un meilleur homme que lui ◆ **she means the world to him** elle est tout pour lui ◆ **she thinks the world of him** elle ne jure que par lui ◆ **I'm the world's worst cook** il n'y a pas pire cuisinier que moi

c (= this life) monde **m** ; (Rel: as opposed to spiritual life) siècle **m**, monde **m** ◆ **the world, the flesh and the devil** (Rel) les tentations **fpl** du monde, de la chair et du diable ◆ **world without end** (Rel) dans les siècles des siècles ◆ **he's gone to a better world** il est parti pour un monde meilleur ◆ **the next world, the world to come** l'au-delà **m**, l'autre monde **m** ◆ **he's not long for this world** il n'en a plus pour longtemps (à vivre) ◆ **in this world** ici-bas, en ce (bas) monde ◆ **in the world** (Rel) dans le siècle ◆ **to bring a child into the world** mettre un enfant au monde ◆ **to come into the world** venir au monde, naître ◆ **it's out of this world** * c'est extraordinaire, c'est sensationnel * ; → **best, other**

d (= domain, environment) monde **m**, univers **m** ◆ **in the world of music** dans le monde de la musique ◆ **the world of dreams** l'univers **m** or le monde des rêves ◆ **the world of nature** la nature ◆ **in the world of tomorrow** dans le monde de demain ◆ **the business/sporting world** le monde des affaires/du sport, les milieux **mpl** d'affaires/sportifs ◆ **in the university/political/financial world** dans les milieux universitaires/politiques/financiers ◆ **his childhood was a world of hot summers and lazy days** son enfance était un univers d'étés brûlants et de journées oisives ◆ **in an ideal** or **a perfect world** dans un monde idéal ◆ **in the best of all possible worlds** dans le meilleur des mondes (possibles)

c (= society) monde m ◆ **the Rockefellers/Mr Smiths** etc **of this world** des gens comme les Rockefeller/Smith etc ◆ **you know what the world will say if ...** tu sais ce que les gens diront si ... ◆ **he had the world at his feet** il avait le monde à ses pieds ◆ **you have to take the world as you find it** il faut prendre le monde comme il est or les choses comme elles sont ◆ **he has come down in the world** il a connu des jours meilleurs ◆ **to go up in the world** faire du chemin (fig) ◆ **on top of the world** * (= happy) aux anges ; (= healthy) en pleine forme ◆ **to make one's way in the world** faire son chemin dans le monde ◆ **the world and his wife** absolument tout le monde, tout le monde sans exception ; → **man**

2 COMP power, war, proportions mondial ; record, tour du monde ; language universel ▷ **World Bank** n Banque f mondiale ▷ **world-beater** * n (fig = person) champion(ne) m(f) ◆ **it's going to be a world-beater!** ça va faire un tabac ! * ▷ **World Boxing Association** n World Boxing Association f *(association américaine de boxe)* ▷ **world champion** n (Sport) champion(ne) m(f) du monde ▷ **world championship** n championnat m du monde ▷ **world-class** adj player, team etc de niveau international ; statesman, politician de carrure internationale ▷ **World Council of Churches** n Conseil m œcuménique des Églises ▷ **World Court** n (Jur) Cour f internationale de justice ▷ **World Cup** n (Ftbl) Coupe f du monde ▷ **World Fair** n (Comm) Exposition f internationale ▷ **world-famous** adj de renommée mondiale, célèbre dans le monde entier ▷ **World Health Organization** n Organisation f mondiale de la santé ▷ **World Heritage Site** n site m inscrit sur la liste du patrimoine mondial ▷ **world leader** n (Pol, Comm) leader m mondial ◆ **Clari UK is a world leader in agrochemicals** Clari UK est un leader mondial en matière de produits chimiques agricoles ▷ **world music** n world music f ▷ **world scale** n **on a world scale** à l'échelle mondiale ▷ **World Series** n (US Baseball) championnat m national de baseball ▷ **World Service** n (Brit Rad) service m international de la BBC ▷ **world-shaking, world-shattering** adj renversant ▷ **World title** n (Sport) titre m de champion du monde ◆ **the World title fight** (Boxing) le championnat du monde ▷ **World Trade Organization** n Organisation f mondiale du commerce ▷ **world-view** n vision f du monde ▷ **World War One** n la Première Guerre mondiale ▷ **World War Two** n la Deuxième or Seconde Guerre mondiale ▷ **world-weariness** n dégoût m du monde ▷ **world-weary** adj las (lasse f) du monde ▷ **world-wide** → SYN adj mondial, universel ◇ adv be known mondialement, universellement ; travel à travers le monde, partout dans le monde ▷ **the World Wide Web** n (Comput) le Web

worldliness ['wɜːldlɪnɪs] n [of person] attachement m aux biens de ce monde ; (Rel) mondanité f

worldly ['wɜːldlɪ] → SYN 1 adj **a** (= earthly) matters de ce monde ; pleasures, wealth de ce monde, temporel ; success matériel ◆ **his worldly goods** ses biens mpl temporels ◆ **to put aside worldly things** renoncer aux choses de ce monde

b (pej = materialistic) person, attitude matérialiste

c (= experienced) person qui a l'expérience du monde ; manner qui démontre une expérience du monde

2 COMP ▷ **worldly-minded** adj matérialiste ▷ **worldly-wisdom** n expérience f du monde ▷ **worldly-wise** adj qui a l'expérience du monde

worm [wɜːm] 1 n (gen = earthworm etc) ver m (de terre) ; (in fruit etc) ver m ; (= maggot) asticot m ; (Med) ver m ; (fig = person) minable * mf ◆ **to have worms** (Med) avoir des vers ◆ **the worm has turned** il en a eu (or j'en ai eu etc) assez de se (or me etc) faire marcher dessus ◆ **the worm in the apple** or **bud** (fig) le ver dans le fruit (fig) ◆ **you worm!** * misérable ! ; → **bookworm, glow, silkworm**

2 vt **a** (= wriggle) **to worm o.s.** or **one's way along/down/across** etc avancer/descendre/traverser etc à plat ventre or en rampant ◆ **he wormed his way through the skylight** il a réussi en se tortillant à passer par la lucarne ◆ **he wormed his way into our group** il s'est insinué or immiscé dans notre groupe ◆ **to worm one's way into sb's affections** (pej) gagner insidieusement l'affection de qn

b (= extract) **to worm sth out of sb** soutirer qch à qn ◆ **I'll worm it out of him somehow** je m'arrangerai pour lui tirer les vers du nez

c (= to rid of worms) [+ dog, cat, person] soigner pour ses vers or contre les vers

3 COMP ▷ **worm-cast** n déjections fpl de ver ▷ **worm drive** n (Tech) transmission f à vis sans fin ; (Comput) unité f à disques inscriptibles une seule fois ▷ **worm-eaten** adj fruit véreux ; furniture mangé aux vers, vermoulu ▷ **worm gear** n (Tech) engrenage m à vis sans fin ▷ **worm(ing) powder** n (Vet) poudre f vermifuge ▷ **worm's eye view** * n (Phot, Cine) contre-plongée f ◆ **a worm's eye view of what is going on** un humble aperçu de ce qui se passe

wormhole ['wɜːmhəʊl] n trou m de ver

wormlike ['wɜːmlaɪk] adj vermiculaire, vermiforme

wormwood ['wɜːmwʊd] n armoise f

wormy * ['wɜːmɪ] adj (= worm-eaten) fruit véreux ; furniture vermoulu, mangé aux vers

worn [wɔːn] → SYN 1 vb (ptp of **wear**)

2 adj garment, carpet, tyre, step, hands usé ; face las (lasse f) ◆ **to look worn** [person] avoir l'air las ; see also **wear**

3 COMP ▷ **worn-out** → SYN adj garment, carpet, tyre usé jusqu'à la corde ; tool, machine part complètement usé ; person épuisé, éreinté ; idea éculé, rebattu ; see also **wear**

worried ['wʌrɪd] → SYN adj inquiet (-ète f) ◆ **she is worried about her future** elle s'inquiète pour son avenir ◆ **I'm worried about her health** sa santé m'inquiète, je suis inquiet pour sa santé ◆ **he's worried that it might be cancer** il a peur que ce (ne) soit un cancer ◆ **to get worried** s'inquiéter ◆ **I was worried that he would find out the truth** j'avais peur qu'il découvre (subj) la vérité ◆ **worried sick** or **stiff** * fou d'inquiétude ◆ **where do you want to go? – wherever, I'm not worried** * où veux-tu aller ? – n'importe, ça m'est égal ◆ **you had me worried (for a minute)** tu m'as fait peur ; see also **worry** ; → **death**

worrier ['wʌrɪəʳ] n anxieux m, -euse f, inquiet m, -ète f ◆ **he's a dreadful worrier** c'est un éternel inquiet

worrisome ['wʌrɪsəm] adj préoccupant

worry ['wʌrɪ] → SYN 1 n souci m ◆ **the worry of having to find the money** le souci d'avoir à trouver l'argent ◆ **he hasn't any worries** il n'a pas de soucis ◆ **to make o.s. sick with worry** se faire un sang d'encre, se ronger les sangs (*about, over* au sujet de, pour) ◆ **that's the least of my worries** c'est le cadet or le dernier de mes soucis ◆ **what's your worry?** * qu'est-ce qui ne va pas ? ◆ **he's a constant worry to his parents** il est un perpétuel souci pour ses parents ◆ **it's a great worry to us all, it's causing us a lot of worry** cela nous cause or nous donne beaucoup de souci(s) ◆ **what a worry it all is!** tout ça c'est bien du souci !

2 vi **a** se faire du souci, s'inquiéter (*about, over* au sujet de, pour) ◆ **don't worry about me** ne vous inquiétez pas or ne vous en faites pas pour moi ◆ **she worries about her health** sa santé la tracasse ◆ **I've got enough to worry about without that (as well)** j'ai déjà assez de soucis (comme ça) ◆ **there's nothing to worry about** il n'y a aucune raison de s'inquiéter or s'en faire ◆ **I should worry!** * (iro) je ne vois pas pourquoi je m'en ferais ! * ◆ **I'll punish him if I catch him at it, don't you worry!** * je le punirai si je l'y prends, (ne) t'en fais pas ! * ◆ **not to worry!** tant pis, ce n'est pas grave !

b to worry at sth ⇒ **to worry sth 3c**

3 vt **a** (= make anxious) inquiéter, tracasser ◆ **it worries me that he should believe ...** cela m'inquiète qu'il puisse croire ... ◆ **she worries that her son will turn out like his father** elle a peur que son fils (ne) marche sur les traces de son père ◆ **the whole business worries me to death** * j'en suis fou d'inquiétude ◆ **don't worry yourself about it** ne t'en fais pas or ne t'inquiète pas or ne te tracasse pas pour ça ◆ **don't worry your head!** ne vous mettez pas martel en tête ! ◆ **she worried herself sick over it all** elle s'est rendue malade à force de se faire du souci pour tout ça, elle s'est rongé les sangs à propos de tout ça ◆ **what's worrying you?** qu'est-ce qui te tracasse ? ; see also **worried**

b (= bother) déranger ◆ **the cold doesn't worry me** le froid ne me dérange pas

c [dog etc] [+ bone, rat, ball] prendre entre les dents et secouer, jouer avec ; [+ sheep] harceler ◆ **he kept worrying the loose tooth with his tongue** il n'arrêtait pas d'agacer avec sa langue la dent qui bougeait

4 COMP ▷ **worry beads** npl ≈ komboloï m ▷ **worry line** * n ride f *(causée par l'inquiétude)*

► **worry along** vi continuer à se faire du souci

► **worry at** vt fus [+ problem] ressasser

worrying ['wʌrɪɪŋ] 1 adj inquiétant

2 n ◆ **worrying does no good** il ne sert à rien de se faire du souci ◆ **all this worrying has aged him** tout le souci qu'il s'est fait l'a vieilli ; → **sheep**

worryingly ['wʌrɪɪŋlɪ] adv ◆ **she is worryingly thin** elle est d'une minceur inquiétante ◆ **interest rates are worryingly high** les taux d'intérêt ont atteint des niveaux inquiétants ◆ **(more) worryingly, she hasn't phoned home yet** elle n'a pas téléphoné chez elle, ce qui est (encore plus) inquiétant

worrywart ['wʌrɪwɔːt] n anxieux m, -euse f

worse [wɜːs] 1 adj (compar of **bad** and **ill**) **a** (in quality) news, weather, smell, result plus mauvais (*than* que), pire (*than* que) ◆ **your essay is worse than his** votre dissertation est pire or plus mauvaise que la sienne ◆ **his essay is bad but yours is worse** sa dissertation est mauvaise mais la vôtre est pire ◆ **I can't remember a worse harvest** je ne me rappelle pas une plus mauvaise récolte ◆ **I'm bad at English, but worse at maths** je suis mauvais en anglais et pire en maths ◆ **business is worse than ever** les affaires vont plus mal que jamais ◆ **it** or **things could be worse!** ça pourrait être pire ! ◆ **things couldn't be worse** ça ne pourrait pas aller plus mal ◆ **worse things have happened!, worse things happen at sea!** * (hum) on a vu pire ! ◆ **there are worse things (than being unemployed)** il y a pire (que d'être au chômage) ◆ **there's nothing worse than ...** il n'y a rien de pire que ... ◆ **it looks worse than it is** ça n'est pas aussi grave que ça en a l'air ◆ **worse luck!** * hélas ! ◆ **and, what's worse, ...** et, qui pis est ... ◆ **to get** or **grow worse** [situation, conditions] empirer, se détériorer ; [weather, climate] être de pire en pire, se dégrader ; [food, smell] être de plus en plus mauvais, être de pire en pire ; [memory] empirer ◆ **things will get worse before they get better** les choses ne sont pas près d'aller mieux or de s'améliorer ◆ **wait, it gets worse** * ... attends, il y a pire ... ◆ **to get worse and worse** ne faire qu'empirer ◆ **that would just make things** or **matters worse** cela ne ferait qu'aggraver les choses ◆ **you've only made matters** or **things** or **it worse** tu n'as fait qu'aggraver la situation or qu'envenimer les choses ◆ **he made matters worse (for himself) by refusing** il a aggravé son cas en refusant ◆ **and, to make matters** or **things worse, he ...** et pour ne rien arranger, il ... ; → **bad**

b (in behaviour) pire ◆ **you're worse than he is!** tu es pire que lui ! ◆ **he was always arrogant, but he's even worse now** il a toujours été arrogant, mais il est encore pire maintenant ◆ **he is getting worse** il ne s'améliore pas or s'arrange pas

c (in health) **to be worse** aller plus mal ◆ **to feel worse** se sentir moins bien or plus mal ◆ **to get** or **grow worse** aller plus mal

d (= more harmful) **smoking is (even) worse for you than cholesterol** le tabac est (encore) plus mauvais or nocif pour la santé que le cholestérol

e (= more intense, serious) noise, pressure, pain, stress pire ◆ **to get** or **grow worse** empirer ◆ **the rain was getting worse** la pluie s'intensifiait

f **the worse for sth** ◆ **he's none the worse for it** il ne s'en porte pas plus mal ◆ **he's none the worse for his fall** sa chute ne lui a pas fait trop de mal ◆ **the house would be none the worse for a coat of paint** une couche de peinture ne ferait pas de mal à cette maison ◆ **it will be the worse for you if ...** c'est vous qui serez perdant si ... ◆ **so much the worse for him!** tant pis pour lui ! ◆ **to be the worse for drink** (= tipsy) être éméché ; (= drunk) être ivre ◆ **to look the worse for wear** * [clothes, shoes] être vraiment défraîchi or fatigué ; [carpet] être vraiment usé ◆ **he was (looking) somewhat the worse for wear** * il n'était pas très frais

2 adv (compar of **badly** and **ill**) a (in quality, behaviour) sing, play plus mal ◆ **he did it worse than you did** il l'a fait plus mal que toi ◆ **that child behaves worse and worse** cet enfant se conduit de plus en plus mal ◆ **in spite of all those lessons, I played worse than ever** malgré toutes ces leçons, j'ai joué plus mal que jamais ◆ **you might** or **could do worse** vous pourriez faire pire ◆ **you might do worse than to accept** accepter n'est pas ce que vous pourriez faire de pire ◆ **worse, the food was running out** pire (encore), les vivres s'épuisaient ◆ **and, worse, ...** et, qui pis est, ... ◆ **now I'm worse off than before** maintenant, je suis moins bien loti qu'avant

b (= more intensely, seriously) **it's raining worse than ever** il pleut plus fort que jamais ◆ **she hates me worse than before** elle me déteste encore plus qu'avant ◆ **it hurts worse than ever** ça fait plus mal que jamais ◆ **the worse hit** or **worse affected areas** les régions fpl les plus touchées

c **the worse for sth** ◆ **I like him none the worse for that** je ne l'en apprécie pas moins pour ça ◆ **I won't think any the worse of you for it** tu ne baisseras pas pour autant dans mon estime

3 n pire m ◆ **I have worse to tell you** je ne vous ai pas tout dit, il y a pire encore ◆ **there's worse to come** le pire est à venir ◆ **worse followed** ensuite cela a été pire ◆ **there has been a change for the worse** (gen) il y a eu une détérioration très nette de la situation ; (in medical patient) il y a eu une aggravation très nette de son état ; → **bad**

worsen ['wɜːsn] → SYN 1 vi [situation, conditions, weather] empirer, se détériorer, se dégrader ; [sb's state, health] empirer, s'aggraver ; [illness] s'aggraver ; [chances of success] diminuer, se gâter ; [relationship] se détériorer, se dégrader

2 vt empirer, rendre pire

worsening ['wɜːsnɪŋ] 1 n [of situation, conditions, weather, relations, quality] détérioration f, dégradation f ; [of health, crisis] aggravation f

2 adj situation, weather, health, quality qui empire, qui se détériore ; crisis qui empire

worship ['wɜːʃɪp] → SYN 1 n a (Rel, also of money, success etc) culte m ; (gen: of person) adoration f, culte m ◆ **form of worship** liturgie f ◆ **place of worship** (Rel) lieu m de culte ; (Christian) église f ◆ **hours of worship** (Rel) heures fpl des offices ; → **hero**

b (esp Brit: in titles) **His Worship (the Mayor)** Monsieur le maire ◆ **Your Worship** (to Mayor) Monsieur le Maire ; (to magistrate) Monsieur le Juge

2 vt (Rel) [+ God, idol etc] rendre un culte à ; (gen) vouer un culte à ; [+ money, success etc] avoir le culte de ◆ **he worshipped the ground she walked on** il vénérait jusqu'au sol qu'elle foulait ◆ **she had worshipped him for years** elle lui avait voué un culte pendant des années

3 vi (Rel) faire ses dévotions ◆ **to worship at the altar of power/fame** avoir le culte du pouvoir/de la renommée, vouer un culte au pouvoir/à la renommée

worshiper ['wɜːʃɪpəʳ] n (US) ⇒ **worshipper**

worshipful ['wɜːʃɪpfʊl] adj a (frm = reverential) révérencieux (liter)

b (esp Brit: in titles) **the Worshipful Company of Goldsmiths** l'honorable compagnie f des orfèvres ◆ **the Worshipful Mayor of ...** Monsieur le maire de ...

worshipper, worshiper (US) ['wɜːʃɪpəʳ] n (Rel, fig) adorateur m, -trice f ◆ **worshippers** (in church) fidèles mpl

worst [wɜːst] → SYN 1 adj (superl of **bad** and **ill**) ◆ **the worst ...** le (or la) plus mauvais(e) ..., le (or la) pire ... ◆ **the worst film I've ever seen** le plus mauvais film que j'aie jamais vu ◆ **he was the worst student in the class** c'était le plus mauvais élève de la classe ◆ **the worst thing about men is ...** ce qu'il y a de pire chez les hommes c'est que ... ◆ **the worst thing about living on your own is ...** ce qu'il y a de pire quand on vit seul, c'est ... ◆ **come on, what's the worst thing that could happen?** allons, on a vu pire ! ◆ **that's the worst kind of arrogance** c'est la pire sorte d'arrogance ◆ **in the worst way** * (US fig) désespérément ◆ **of all the children, he's (the) worst** de tous les enfants, c'est le pire ◆ **it was the worst thing he ever did** c'est la pire chose qu'il ait jamais faite ◆ **it was the worst winter for 20 years** c'était l'hiver le plus rude depuis 20 ans ◆ **my worst fears were confirmed (when ...)** mes pires craintes se sont confirmées (quand ...) ◆ **that was his worst mistake** cela a été son erreur la plus grave or sa plus grave erreur ◆ **the worst victims of inflation are the old** les plus grandes victimes de l'inflation sont les personnes âgées, les personnes les plus touchées par l'inflation sont les personnes âgées

2 adv (superl of **badly** and **ill**) le plus mal ◆ **they all sing badly but he sings worst of all** ils chantent tous mal mais c'est lui qui chante le plus mal de tous ◆ **he came off worst** c'est lui qui s'en est le plus mal sorti ◆ **the worst off** le (or la) plus mal loti(e) ◆ **worst of all, ...** pire que tout, ... ◆ **that boy behaved worst of all** ce garçon a été le pire de tous ◆ **it's my leg that hurts worst of all** c'est ma jambe qui me fait le plus mal ◆ **the worst-dressed man in England** l'homme m le plus mal habillé d'Angleterre ◆ **the worst hit** or **worst affected areas** les régions fpl les plus touchées

3 n pire m, pis m (liter) ◆ **the worst that can happen** la pire chose or le pire qui puisse arriver ◆ **the worst is yet to come** il faut s'attendre à pire, on n'a pas encore vu le pire ◆ **the worst was yet to come** le pire devait arriver ensuite, on n'avait pas encore vu le pire ◆ **the worst hasn't come to the worst yet** ce pourrait encore être pire, la situation n'est pas désespérée ◆ **if the worst comes to the worst** (Brit) ◆ **if worst comes to worst** (US) en mettant les choses au pis, même en envisageant le pire ◆ **at (the) worst** au pire ◆ **to be at its** (or **their**) **worst** [crisis, storm, winter, epidemic] être à son (or leur) paroxysme ; [situation, conditions, relationships] n'avoir jamais été aussi mauvais ◆ **things** or **matters were at their worst** les choses ne pouvaient pas aller plus mal ◆ **at the worst of the storm/epidemic** au plus fort de l'orage/de l'épidémie ◆ **the worst of it is that ...** le pire c'est que ... ◆ **... and that's not the worst of it!** ... et il y a pire encore ! ◆ **that's the worst of being ...** (ça) c'est l'inconvénient d'être ... ◆ **the worst of both worlds** tous les inconvénients à la fois ◆ **it brings out the worst in me** ça réveille en moi les pires instincts ◆ **do your worst!** vous pouvez toujours essayer ! ◆ **he feared the worst** il craignait le pire ◆ **to get the worst of it** or **of the bargain** * être le perdant ; → **think**

4 vt (frm) battre, avoir la supériorité sur ◆ **to be worsted** avoir le dessous

5 COMP ▷ **worst-case** adj hypothesis, projection, guess le (or la) plus pessimiste ◆ **the worst-case scenario** le pire qui puisse arriver, le pire scénario ▷ **the worst off** adj le (or la) plus mal loti(e)

worsted ['wʊstɪd] 1 n worsted m

2 COMP suit etc en worsted

wort [wɜːt] n (for whisky) moût m

worth [wɜːθ] LANGUAGE IN USE 10.3 → SYN

1 n a (= value) valeur f ◆ **what is its worth in today's money?** ça vaut combien en argent d'aujourd'hui ? ◆ **its worth in gold** sa valeur (en) or ◆ **a book/man** etc **of great worth** un livre/homme etc de grande valeur ◆ **I know his worth** je sais ce qu'il vaut ◆ **he showed his true worth** il a montré sa vraie valeur or ce dont il était capable

b (= quantity) **he bought £2 worth of sweets** il a acheté pour 2 livres de bonbons ◆ **50 pence worth, please** (pour) 50 pence s'il vous plaît ; → **money**

2 adj a (= equal in value to) **to be worth** valoir ◆ **the book is worth £10** le livre vaut 10 livres ◆ **it can't be worth that!** ça ne peut pas valoir autant ! ◆ **what** or **how much is it worth?** ça vaut combien ? ◆ **I don't know what it's worth in terms of cash** je ne sais pas combien ça vaut en argent or quel prix ça pourrait aller chercher ◆ **how much is the old man worth?** * à combien s'élève la fortune du vieux ? ◆ **he's worth millions** sa fortune s'élève à plusieurs millions ◆ **it's worth a great deal** ça a beaucoup de valeur, ça vaut cher ◆ **it's worth a great deal to me** ça a beaucoup de valeur pour moi ◆ **Swiss chocolate is dearer but it's worth every penny** le chocolat suisse est plus cher mais on en a pour son argent ◆ **what is his friendship worth to you?** quel prix attachez-vous à son amitié ? ◆ **it's more than my life is worth to do that** pour rien au monde je ne peux me permettre de faire cela ◆ **it's as much as my job is worth to show him that** lui montrer ça est un coup à perdre mon emploi * ◆ **it's not worth the paper it's written on** ça ne vaut pas le papier sur lequel c'est écrit ◆ **this pen is worth ten of any other make** ce stylo en vaut dix d'une autre marque ◆ **one Scotsman's worth three Englishmen** un Écossais vaut trois Anglais ◆ **tell me about it – what's it worth to you?!** * dites-moi — vous donneriez combien pour le savoir ? * ◆ **I'll give you my opinion for what it's worth** je vais vous donner mon avis, vous en ferez ce que vous voudrez ◆ **he was running/shouting for all he was worth** il courait/criait comme un perdu or de toutes ses forces ◆ **to try for all one is worth to do sth** faire absolument tout son possible pour faire qch

b (= deserving, meriting) **it's worth the effort** ça mérite qu'on fasse l'effort ◆ **it was well worth the trouble** ça valait la peine qu'on s'est donnée ◆ **it's not worth the time and effort involved** c'est une perte de temps et d'effort ◆ **it's worth reading/having** etc ça vaut la peine d'être lu/d'en avoir un etc ◆ **it's not worth having** ça ne vaut rien * ◆ **that's worth knowing** c'est bon à savoir ◆ **it's worth thinking about** ça mérite réflexion ◆ **it's worth going to see the film just for the photography** rien que pour la photographie le film mérite or vaut la peine d'être vu ◆ (Prov) **if a job's worth doing, it's worth doing well** si un travail vaut la peine d'être fait, autant le faire bien ◆ **it's worth it** ça vaut la peine or le coup * ◆ **will you go? – is it worth it?** tu iras ? — est-ce que ça en vaut la peine ? ◆ **life isn't worth living** la vie ne vaut pas la peine d'être vécue ◆ **she/it** etc **makes (my) life worth living** elle/cela etc est ma raison de vivre ◆ **the museum is worth a visit** le musée vaut la visite ◆ **it is worth while to study the text** on gagne à étudier le texte, c'est un texte qui mérite d'être étudié ◆ **it would be worth (your) while to go and see him** vous gagneriez à aller le voir ◆ **it's not worth (my) while waiting for him** je perds (or perdrais) mon temps à l'attendre ◆ **it's not worth while** ça ne vaut pas le coup * ◆ **it wasn't worth his while to take the job** il ne gagnait rien à accepter l'emploi, ça ne valait pas le coup * qu'il accepte (subj) l'emploi ◆ **I'll make it worth your while** * je vous récompenserai de votre peine, vous ne regretterez pas de l'avoir fait

worthily ['wɜːðɪlɪ] adv dignement

worthiness ['wɜːðɪnɪs] n a (= deservingness, merit) [of person, work, cause] mérite m ; see also **airworthiness, creditworthiness**

b **the worthiness associated with vegetarianism/green issues** les prétendus mérites mpl du végétarisme/de l'écologie

worthless ['wɜːθlɪs] → SYN adj object, advice, asset qui n'a aucune valeur, sans valeur ; person bon à rien

worthlessness ['wɜːθlɪsnɪs] n [of object, advice] absence f totale de valeur ; [of effort] inutilité f ; [of person] absence f totale de qualités

worthwhile [wɜːθ'waɪl] → SYN adj visit qui en vaut la peine ; book qui mérite d'être lu ; film qui mérite d'être vu ; work, job, occupation, life, career utile, qui a un sens ; contribution notable ; cause louable, digne d'intérêt ◆ **he**

worthy is a worthwhile person to go and see c'est une personne qu'on gagne à aller voir ◆ **I want the money to go to someone worthwhile** je veux que l'argent aille à quelqu'un qui le mérite or à une personne méritante

worthy ['wɜːðɪ] → SYN 1 adj a (= deserving, meritorious) person méritant ; motive, aim, effort louable ◆ **a worthy winner** un digne gagnant ◆ **it's for a worthy cause** c'est pour une bonne or noble cause ◆ **to be worthy of sb/sth** être digne de qn/qch ◆ **to be worthy to do sth** être digne de faire qch, mériter de faire qch ◆ **he found a worthy opponent or an opponent worthy of him (in Jones)** il a trouvé (en Jones) un adversaire digne de lui ◆ **it is worthy of note that ...** il est intéressant de remarquer que ... ◆ **they have no hospital worthy of the name** il n'ont pas d'hôpital digne de ce nom ◆ **the offer is worthy of serious consideration** l'offre mérite d'être considérée sérieusement

  b (iro = earnest) person brave (before n)

  2 (= respectable citizen) notable m ; (hum iro) brave homme m, brave femme f ◆ **a Victorian worthy** un notable de l'époque victorienne ◆ **the village worthies** (hum iro) les dignes or braves habitants mpl du village

wot [wɒt] 1 vti † sais, sait ◆ **God wot** Dieu sait
2 (Brit ⁎) ⇒ **what**

Wotan ['vəʊtɑːn] n Wotan m

wotcha ⁎ ['wɒtʃə], **wotcher** ⁎ ['wɒtʃər] excl (Brit) salut !

would [wʊd] 1 modal aux vb (cond of **will**) neg **would not** often abbr to **wouldn't** a (used to form conditional tenses) **he would do it if you asked him** il le ferait si vous le lui demandiez ◆ **he would have done it if you had asked him** il l'aurait fait si vous le lui aviez demandé ◆ **I wondered if you'd come** je me demandais si vous viendriez or si vous alliez venir ◆ **I thought you'd want to know** j'ai pensé que vous aimeriez le savoir ◆ **who would have thought it?** qui l'aurait pensé ? ◆ **you'd never guess or know she had false teeth** jamais on ne croirait qu'elle a de fausses dents ◆ **so it would seem** c'est bien ce qu'il semble ◆ **you would think she had enough to do without ...** on pourrait penser qu'elle a assez à faire sans ...

  b (indicating willingness) **I said I would do it** j'ai dit que je le ferais or que je voulais bien le faire ◆ **he wouldn't help me** il ne voulait pas m'aider, il n'a pas voulu m'aider ◆ **the car wouldn't start** la voiture ne voulait pas démarrer or n'a pas voulu ⁎ démarrer ◆ **the door wouldn't shut** la porte ne fermait or ne voulait pas ⁎ fermer ◆ **if you would come with me, I'd go to see him** si vous vouliez bien m'accompagner, j'irais le voir ◆ **what would you have me do?** que voulez-vous que je fasse ? ◆ **would you like some tea?** voulez-vous du thé ? ◆ **would you like to go for a walk?** voulez-vous faire une promenade ?, est-ce que vous aimeriez faire une promenade ? ◆ **would you please leave!** (in requests) voulez-vous partir, s'il vous plaît ! ◆ **would you be so kind or good as to tell him** (frm) auriez-vous l'amabilité or la gentillesse de le lui dire ◆ **would you mind closing the window please** voulez-vous fermer la fenêtre, s'il vous plaît

  c (indicating habit, characteristic) **he would always read the papers before dinner** il lisait toujours or il avait l'habitude de lire les journaux avant le dîner ◆ **50 years ago the streets would be empty on Sundays** il y a 50 ans, les rues étaient vides le dimanche ◆ **you would go and tell her!** c'est bien de toi d'aller le lui dire ! ⁎, il a fallu que tu ailles le lui dire ! ◆ **you would!** ⁎ c'est bien de toi ! ⁎, ça ne m'étonne pas de toi ! ◆ **it would have to rain!** il pleut, naturellement !, évidemment il fallait qu'il pleuve !

  d (expressing preferences) **I wouldn't have a vase like that in my house** je n'aurais pas ce vase chez moi ! ◆ **I would never marry in church** je ne me marierais jamais à l'église

  e (indicating conjecture) **it would have been about 8 o'clock when he came** il devait être 8 heures à peu près quand il est venu, il a dû venir vers 8 heures ◆ **he'd have been about fifty if he'd lived** il aurait eu à peu près cinquante ans s'il avait vécu ◆ **he'd be about 50, but he doesn't look it** il doit avoir dans les 50 ans, mais il ne les fait pas ⁎ ◆ **I saw him come out of the shop – when would this**

be? je l'ai vu sortir du magasin – quand est-ce que c'était ?

  f (giving advice) **I wouldn't worry, if I were you** à ta place, je ne m'inquiéterais pas ◆ **I would wait and see what happens first** à ta place j'attendrais de voir ce qui se passe

  g (subjunctive uses: liter) **would to God she were here!** plût à Dieu qu'elle fût ici ! ◆ **would that it were not so!** si seulement cela n'était pas le cas ! ◆ **would I were younger!** si seulement j'étais plus jeune !

  2 COMP ▷ **would-be** adj **would-be poet/teacher** personne f qui veut être poète/professeur ; (pej) prétendu or soi-disant poète m/professeur m

wouldn't ['wʊdnt] ⇒ **would not** : → **would**

would've ['wʊdəv] ⇒ **would have** ; → **would**

Woulfe bottle [wʊlf] n (Chem) flacon m de Woulfe

wound[1] [wuːnd] → SYN 1 n a (lit, fig) blessure f ; (esp Med) plaie f ◆ **bullet/knife wound** blessure f causée par une balle/un couteau ◆ **he had three bullet wounds in his leg** il avait reçu trois balles dans la jambe ◆ **chest/head wound** blessure f or plaie f à la poitrine/tête ◆ **the wound is healing up** la plaie se cicatrise ◆ **to open** or **re-open old wounds** rouvrir de vieilles plaies ; → **lick, salt**

  2 vt (lit, fig) blesser ◆ **he was wounded in the leg** il était blessé à la jambe ◆ **he had been wounded in combat** il avait été blessé au combat ◆ **the bullet wounded him in the shoulder** la balle l'a atteint or l'a blessé à l'épaule ◆ **her feelings were** or **she was wounded by this remark** elle a été blessée par cette remarque ◆ **he was deeply wounded by their disloyalty** il a été profondément blessé par leur traîtrise ; see also **wounded**

wound[2] [waʊnd] vb (pt, ptp of **wind**[2], **wind**[3])

wounded ['wuːndɪd] 1 adj (lit, fig) person, pride, feelings blessé ◆ **seriously wounded** gravement or grièvement blessé ◆ **a wounded man** un blessé ◆ **a wounded woman** une blessée ◆ **there were six dead and fifteen wounded** il y a eu six morts et quinze blessés

  2 **the wounded** npl les blessés mpl ; → **walking, war**

wounding ['wuːndɪŋ] adj (fig) remark, insult blessant

woundwort ['wuːndwɜːt] n (Bot) épiaire m

wove [wəʊv] 1 vb (pt of **weave**)

  2 COMP ▷ **wove paper** n papier m vélin

woven ['wəʊvən] vb (ptp of **weave**)

wow ⁎ [waʊ] 1 excl ouah ! ⁎

  2 n a **it's a wow!** † c'est sensationnel ⁎ or terrible ! ⁎

  b (Acoustics) pleurage m, baisse f de hauteur du son

  3 vt (⁎ = make enthusiastic) emballer ⁎

WP [ˌdʌbljuːˈpiː] a (abbrev of **weather permitting**) si le temps le permet, si les conditions météorologiques le permettent

  b (abbrev of **word processing**) → **word**

  c (abbrev of **word processor**) → **word**

WPC [ˌdʌbljuːpiːˈsiː] n (Brit) (abbrev of **Woman Police Constable**) → **woman**

wpm (abbrev of **words per minute**) mots/minute

WRAAC [ˌdʌbljuːˌdʌblərˈsiː] n (abbrev of **Women's Royal Australian Army Corps**) service des auxiliaires féminines de l'armée australienne

WRAAF [ˌdʌbljuːˌɑːˌdʌblərˈef] n (abbrev of **Women's Royal Australian Air Force**) service des auxiliaires féminines de l'armée de l'air australienne

WRAC [ræk] n (Brit) (abbrev of **Women's Royal Army Corps**) section féminine de l'armée

wrack[1] [ræk] vt ⇒ **rack**[1] 2

wrack[2] [ræk] n ⇒ **rack**[2]

wrack[3] [ræk] n (= seaweed) varech m

WRAF [wræf] n (Brit) (abbrev of **Women's Royal Air Force**) section féminine de l'armée de l'air britannique

wraith [reɪθ] n apparition f, spectre m ◆ **wraith-like** spectral

wrangle ['ræŋgl] → SYN 1 n querelle f ◆ **legal/financial/political wrangles** querelles fpl juridiques/financières/politiques ◆ **the**

wrangles within the party les conflits au sein du parti

  2 vi se quereller ◆ **they were wrangling over or about who should pay** ils se querellaient pour savoir qui allait payer

wrangler ['ræŋglər] n (Cambridge Univ) ≃ major m ; (US = cowboy) cow-boy m

wrangling ['ræŋglɪŋ] n (= quarrelling) disputes fpl

WRANS [ˌdʌbljuːˈɑːˌerənes] n (abbrev of **Women's Royal Australian Naval Service**) service des auxiliaires féminines de la marine australienne

wrap [ræp] → SYN 1 n a (= shawl) châle m ; (= stole, scarf) écharpe f ; (= cape) pèlerine f ; (= housecoat etc) peignoir m ; (= rug, blanket) couverture f ◆ **wraps** (= outdoor clothes) vêtements mpl chauds

  b (= outer covering: on parcel etc) emballage m ◆ **to keep a scheme under wraps** ne pas dévoiler un projet ◆ **when the wraps come off** quand le voile est levé ◆ **to take the wraps off sth** dévoiler qch

  c (fig: Cine) **it's a wrap** ⁎ c'est dans la boîte ⁎

  2 vt (= cover) envelopper (in dans) ; (= pack) [+ parcel, gift] emballer, empaqueter (in dans) ; (= wind) [+ tape, bandage] enrouler (round autour de) ◆ **wrap the chops in foil** (Culin) enveloppez les côtelettes dans du papier d'aluminium ◆ **chops wrapped in foil** côtelettes fpl en papillotes ◆ **shall I wrap it for you?** (in gift shop) c'est pour offrir ?, je vous fais un paquet-cadeau ? ◆ **she wrapped the child in a blanket** elle a enveloppé l'enfant dans une couverture ◆ **wrap the rug round your legs** enroulez la couverture autour de vos jambes, enveloppez vos jambes dans la couverture ◆ **he wrapped his arms round her** il l'a enlacée ◆ **he wrapped ⁎ the car round a lamppost** il s'est payé ⁎ un lampadaire ◆ **wrapped bread/cakes etc** pain m/gâteaux mpl etc préemballé(s) or préempaqueté(s) ◆ **the town was wrapped in mist** la brume enveloppait la ville ◆ **the whole affair was wrapped in mystery** toute l'affaire était enveloppée or entourée de mystère ; → **giftwrap**

  3 COMP ▷ **wrap-up** ⁎ n (US) (= summary) résumé m ; (= concluding event) conclusion f, aboutissement m

▶ **wrap up** 1 vi a (= dress warmly) s'habiller chaudement, s'emmitoufler ◆ **wrap up well!** couvrez-vous bien !

  b (Brit ⁎ = be quiet) la fermer ⁎, la boucler ⁎ ◆ **wrap up!** la ferme ! ⁎, boucle-la ! ⁎

  2 vt sep a [+ object] envelopper (in dans) ; [+ parcel] emballer, empaqueter (in dans) ; [+ child, person] (in rug) envelopper ; (in clothes) emmitoufler ◆ **wrap yourself up well!** couvrez-vous bien !

  b (fig = conceal one's intentions) dissimuler ◆ **he wrapped up his meaning in unintelligible jargon** il a enveloppé or noyé ce qu'il voulait dire dans un jargon tout à fait obscur ◆ **tell me straight out, don't try to wrap it up** ⁎ dis-le-moi carrément, n'essaie pas de me dorer la pilule

  c (fig = engrossed) **to be wrapped up in one's work** être absorbé par son travail ◆ **to be wrapped up in sb** penser constamment à qn ◆ **he is quite wrapped up in himself** il ne pense qu'à lui-même ◆ **they are wrapped up in each other** ils vivent entièrement l'un pour l'autre, ils n'ont d'yeux que l'un pour l'autre

  d (⁎ = conclude) [+ deal] conclure ◆ **he hopes to wrap up his business there by Friday evening** il espère conclure or régler ce qu'il a à faire d'ici vendredi soir ◆ **let's get all this wrapped up** finissons-en avec tout ça ◆ **he thought he had everything wrapped up** il pensait avoir tout arrangé or réglé ◆ **to wrap up the evening's news** (esp US fig) résumer les informations de la soirée

  3 **wrap-up** n → **wrap**

wraparound ['ræpəraʊnd], **wrapover** ['ræpəʊvər] adj ◆ **wraparound skirt/dress** jupe f/robe f portefeuille inv

wrapper ['ræpər] → SYN 1 n a [of sweet, chocolate bar] papier m ; [of parcel] papier m d'emballage ; [of newspaper for post] bande f ; [of book] jaquette f, couverture f

  b (US = garment) peignoir m

  2 vt [+ book] doter d'une jaquette or couverture

wrapping ['ræpɪŋ] **1** n (of parcel) papier m (d'emballage); (of sweet, chocolate) papier m **2** COMP ▷ **wrapping paper** n (= brown paper) papier m d'emballage; (= decorated paper) papier m cadeau

wrapround rear window ['ræpraʊnd rɪəˈwɪndəʊ] n (Aut) lunette f arrière panoramique

wrasse [ræs] n (= fish) labre m

wrath [rɒθ] → SYN n (liter) colère f, courroux m (liter)

wrathful ['rɒθfʊl] → SYN adj (liter) courroucé (liter)

wrathfully ['rɒθfəlɪ] adv (liter) avec courroux (liter)

wrathfulness ['rɒθfəlnɪs] n (liter) irascibilité f

wreak [riːk] vt [+ one's anger etc] assouvir (*upon sb* sur qn) ◆ **to wreak vengeance** or **revenge** assouvir une vengeance (*on sb* sur qn) ◆ **wreaking destruction along the way** détruisant tout sur son passage

wreath [riːθ] → SYN n, pl **wreaths** [riːðz] [of flowers] guirlande f, couronne f; (also **funeral wreath**) couronne f; [of smoke] volute f, ruban m; [of mist] nappe f ◆ **laurel wreath** couronne f de laurier ◆ **the laying of wreaths** (= ceremony) le dépôt de gerbes fpl au monument aux morts

wreathe [riːð] → SYN **1** vt **a** (= garland) [+ person] couronner (*with* de); [+ window etc] orner (*with* de) ◆ **a valley wreathed in mist** une vallée frangée de brume ◆ **hills wreathed in cloud** collines fpl dont les sommets disparaissent dans les nuages ◆ **his face was wreathed in smiles** son visage était rayonnant
  b (= entwine) [+ flowers] enrouler (*round* autour de)
  2 vi [smoke] ◆ **to wreathe upwards** s'élever en tournoyant

wreck [rek] → SYN **1** n **a** (= wrecked ship) épave f, navire m naufragé; (= act, event) naufrage m; (of plans, ambitions) effondrement m; (of hopes) effondrement m, anéantissement m ◆ **to be saved from the wreck** réchapper du naufrage ◆ **the wreck of the Hesperus** le naufrage de l'Hesperus ◆ **sunken wrecks in the Channel** des épaves englouties au fond de la Manche ◆ **the ship was a total wreck** le navire a été entièrement perdu
  b (esp US = accident: Aut, Aviat, Rail) accident m ◆ **he was killed in a car wreck** il a été tué dans un accident de voiture
  c (= wrecked train/plane/car etc) train m/avion m/voiture f etc accidenté(e), épave f; (= building) ruines fpl, décombres mpl ◆ **the car was a complete wreck** la voiture était bonne à mettre à la ferraille ou à envoyer à la casse
  d (= person) épave f ◆ **he was a wreck** c'était une épave ◆ **he looks a wreck** on dirait une loque, il a une mine de déterré ◆ **a wreck of humanity, a human wreck** une épave, une loque humaine
  2 vt **a** [+ ship] provoquer le naufrage de; [+ train, plane, car] [bomb, terrorist, accident] détruire; [driver, pilot] démolir; [+ building] démolir; [+ mechanism] détraquer; [+ furniture etc] casser, démolir ◆ **to be wrecked** [ship, sailor] faire naufrage ◆ **the plane was completely wrecked** il n'est resté que des débris de l'avion ◆ **in his fury he wrecked the whole house** il a sa rage il a tout démoli ou cassé dans la maison
  b (fig) [+ marriage, friendship] briser, être la ruine de; [+ career] briser; [+ plans, health] ruiner; [+ hopes, ambitions] ruiner, anéantir; [+ negotiations, discussions] faire échouer ◆ **this wrecked his chances of success** cela a anéanti ses chances de succès ◆ **it wrecked my life** cela a brisé ma vie, ma vie en a été brisée

wreckage ['rekɪdʒ] → SYN n (NonC) **a** (= wrecked ship, car, plane) épave f; (= pieces from this) débris mpl; [of building] décombres mpl ◆ **wreckage was strewn over several kilometres** (Aviat, Rail) les débris étaient disséminés sur plusieurs kilomètres ◆ **things look black but we must try to save** or **salvage something from the wreckage** la situation est sombre mais il faut essayer de sauver les meubles *

  b (= act) [of ship] naufrage m; [of train] déraillement m; (fig) [of hopes, ambitions, plans] anéantissement m

wrecked [rekt] adj **a** ship naufragé; train, car complètement démoli, accidenté
  b plan anéanti
  c * person (= exhausted) vidé *; (= drunk) bourré ⁑

wrecker ['rekər] n **a** (gen) destructeur m, démolisseur m; (Hist: of ships) naufrageur m
  b (in salvage) (= person) sauveteur m (d'épave); (= boat) canot m or bateau m sauveteur; (= truck) dépanneuse f
  c (US) (in demolition) [of buildings] démolisseur m; [of cars] (= person) casseur m, épaviste mf; (= business) casse f

wrecking ['rekɪŋ] **1** n (= act) [of ship] naufrage m; [of train] déraillement m; (fig) [of hopes, ambitions, plans] anéantissement m
  2 COMP ▷ **wrecking ball** n boulet m de démolition ▷ **wrecking bar** n pied-de-biche m ▷ **wrecking crane** n (Rail) grue f de levage

wren [ren] n **a** (= bird) roitelet m, troglodyte m
  b (Brit Navy) **Wren** Wren f (*auxiliaire féminin de la marine royale britannique*)

wrench [rentʃ] → SYN **1** n **a** (= tug) mouvement m violent de torsion ◆ **he gave the handle a wrench** il a tiré de toutes ses forces sur la poignée
  b (emotional) déchirement m ◆ **the wrench of parting** le déchirement de la séparation ◆ **it was a wrench when she saw him leave** cela a été un déchirement quand elle l'a vu partir
  c (Med) entorse f
  d (= tool) clé f (à écrous), tourne-à-gauche m inv; (Aut: for wheels) clé f en croix ◆ **to throw a wrench into the works** (US) mettre des bâtons dans les roues ◆ **to throw a wrench into the economy** porter un coup très dur à l'économie; → **monkey**
  2 vt **a** [+ handle etc] tirer violemment sur ◆ **to wrench sth (away) from sb** or **from sb's grasp** arracher qch des mains de qn ◆ **to wrench sth off** or **out** or **away** arracher qch ◆ **he couldn't wrench his eyes** or **gaze (away) from her** il n'arrivait pas à la quitter des yeux ou du regard ◆ **she couldn't wrench her mind** or **thoughts (away) from the horrors she had seen** elle n'arrivait pas à détacher son esprit des horreurs qu'elle avait vues ◆ **if you can wrench yourself away from that computer...** si tu peux t'arracher à cet ordinateur... ◆ **he wrenched himself free** il s'est dégagé d'un mouvement brusque ◆ **to wrench a box open** ouvrir de force une boîte
  b (Med) **to wrench one's ankle**† se tordre la cheville

wrest [rest] vt [+ object] arracher violemment (*from sb* des mains de qn); [+ secret, confession] arracher (*from sb* à qn); [+ power, leadership, title] ravir (liter) (*from sb* à qn) ◆ **he managed to wrest a living** † **from the poor soil** à force de travail et de persévérance, il a réussi à tirer un revenu de ce sol pauvre

wrestle ['resl] → SYN **1** vi lutter (corps à corps) (*with sb* contre qn); (Sport) catcher (*with sb* contre qn); (Graeco-Roman) lutter ◆ **to wrestle with** (fig) [+ problem, one's conscience, sums, device] se débattre avec; [+ difficulties] se débattre contre, se colleter avec; [+ temptation, illness, disease] lutter contre ◆ **the pilot wrestled with the controls** le pilote se débattait avec les commandes ◆ **she was wrestling with her suitcases** elle peinait avec ses valises, elle se débattait avec ses valises
  2 vt [+ opponent] lutter contre ◆ **to wrestle sb to the ground** terrasser qn
  3 n lutte f ◆ **to have a wrestle with sb** lutter avec qn

wrestler ['reslər] n (Sport) catcheur m, -euse f; (Graeco-Roman) lutteur m, -euse f

wrestling ['reslɪŋ] **1** n (Sport) catch m; (Sport) ◆ **Graeco-Roman wrestling** lutte f gréco-romaine
  2 COMP ▷ **wrestling hold** n prise f de catch ou de lutte ▷ **wrestling match** n match m ou rencontre f de catch ou de lutte

wrest pin [rest] n (Mus) cheville f d'accord

wretch [retʃ] → SYN n (unfortunate) pauvre diable m; (pej) scélérat(e) † m(f) (also liter), misérable mf; (hum) affreux m, -euse f, misérable mf ◆ **he's a filthy wretch** * c'est un salaud ⁑ ◆ **you wretch!** misérable! ◆ **cheeky little wretch!** petit polisson!, petit misérable!

wretched ['retʃɪd] → SYN adj **a** person (= penniless) misérable; (= unhappy) malheureux; animal malheureux; life, slum, conditions misérable ◆ **in wretched poverty** dans une misère noire ◆ **the wretched plight of the refugees** la situation épouvantable des réfugiés
  b († * = dreadful) weather, pay minable ◆ **what wretched luck!** quelle déveine! * ◆ **I was feeling wretched** (= ill) je me sentais vraiment mal; (= unhappy) j'étais très malheureux ◆ **I feel wretched about it** (= guilty, ashamed) j'en ai vraiment honte
  c (*: expressing annoyance) satané *, misérable † ◆ **where did I put my wretched keys?** où ai-je mis mes satanées * clés? ◆ **the wretched woman!** la misérable!†, maudite femme! ◆ **that wretched man's late again!** cet espèce d'olibrius † * est encore en retard!

wretchedly ['retʃɪdlɪ] adv **a** (= miserably) live misérablement; weep, apologize misérablement, pitoyablement; say, explain d'un ton pitoyable ◆ **wretchedly poor** misérable ◆ **wretchedly unhappy** terriblement malheureux ◆ **to be wretchedly paid** recevoir un salaire de misère
  b († * = dreadfully) play, sing, treat lamentablement

wretchedness ['retʃɪdnɪs] n **a** (= extreme poverty) misère f; (= unhappiness) extrême tristesse f, détresse f; (= shamefulness) [of amount, wage, sum] caractère m dérisoire or pitoyable; [of act, behaviour] mesquinerie f ◆ **his wretchedness at the thought of having to tell her the news** la détresse qu'il éprouvait à la pensée de devoir lui apprendre la nouvelle
  b (= poor quality) [of meal, hotel, weather] extrême médiocrité f, caractère m minable or pitoyable

wrick [rɪk] **1** vt (Brit) ◆ **to wrick one's ankle** se tordre la cheville ◆ **to wrick one's neck** attraper un torticolis
  2 n entorse f; (in neck) torticolis m

wriggle ['rɪgl] → SYN **1** n ◆ **with a wriggle he freed himself** il s'est dégagé en se tortillant ou en se contorsionnant ◆ **to give a wriggle** ⇒ **to wriggle 2**
  2 vi [worm, snake, eel] se tortiller; [fish] frétiller; [person] gigoter *, se trémousser; (in embarrassment) se tortiller; (squeamishly) frissonner, tressaillir; (excitedly) frétiller ◆ **to wriggle along/down** etc avancer/descendre etc en se tortillant ◆ **the fish wriggled off the hook** le poisson a réussi à se détacher de l'hameçon, le poisson frétillait tellement qu'il s'est détaché de l'hameçon ◆ **she managed to wriggle free** elle a réussi à se dégager en se tortillant ou en se contorsionnant ◆ **he wriggled through the hole in the hedge** il s'est faufilé ou il s'est glissé dans le trou de la haie (en se tortillant) ◆ **do stop wriggling (about)!** arrête de te trémousser ou de gigoter * comme ça!
  3 vt ◆ **to wriggle one's toes/fingers** remuer or tortiller les orteils/les doigts ◆ **to wriggle one's way along** etc ⇒ **to wriggle along 2**

▶ **wriggle about**, **wriggle around** vi [worm, snake, eel] se tortiller; [fish, tadpole] frétiller; [person] gigoter *, se trémousser; see also **wriggle 2**

▶ **wriggle out** vi **a** (lit) [worm etc] sortir; [person] se dégager ◆ **the snake wriggled out of the cage** le serpent a rampé hors de la cage ◆ **the fish wriggled out of my hand** le poisson m'a glissé des mains or m'a glissé entre les doigts
  b (fig) **to wriggle out of a difficulty** esquiver une difficulté ◆ **to wriggle out of a task/responsibility** se dérober à une tâche/responsabilité ◆ **he'll manage to wriggle out of it somehow** il trouvera bien un moyen de s'esquiver or de se défiler *

wriggler ['rɪglər] n **a** ◆ **he's a dreadful wriggler** [child etc] il n'arrête pas de gigoter *, il ne se tient jamais tranquille
  b (= mosquito larva) larve f de moustique

wriggly ['rɪglɪ] adj worm, eel, snake qui se tortille; fish frétillant; child remuant, qui gigote * or se trémousse

wring [rɪŋ] → SYN vb : pret, ptp **wrung** ① n ♦ **to give clothes a wring** essorer des vêtements

② vt **a** (= squeeze, twist) serrer, tordre ♦ **to wring a chicken's neck** tordre le cou à un poulet ♦ **if I catch you doing that, I'll wring your neck!** * si je te prends à faire ça, je te tords le cou ! * ♦ **to wring one's hands** se tordre les mains (de désespoir) ♦ **he wrung my hand, he wrung me by the hand** il m'a serré longuement la main ♦ **a story to wring one's heart** une histoire à vous fendre le cœur

b (also **wring out**) [+ wet clothes, rag, towel] essorer ; [+ water] extraire, exprimer (*from sth* de qch) ♦ **"do not wring"** (on label) "ne pas essorer" ♦ **wring a cloth out in cold water and apply to the forehead** faites une compresse avec un linge mouillé dans de l'eau froide et appliquez-la sur le front

c (fig = extort: also **wring out**) arracher, extorquer ♦ **they wrung a confession/the truth from** or **out of him** ils lui ont arraché une confession/la vérité ♦ **he wrung £10 out of me** il m'a extorqué ou soutiré 10 livres ♦ **I'll wring it out of him!** je vais lui tirer les vers du nez !, je vais le faire parler ! ♦ **they managed to wring out of him what had happened** ils sont arrivés non sans peine à lui faire dire ou avouer ce qu s'était passé

▸ **wring out** vt sep **a** ⇒ **wring 2b, 2c**

b (= exhausted) **to be wrung out** * être lessivé * or vidé *

wringer ['rɪŋəʳ] n essoreuse f (à rouleaux) ♦ **to put sth through the wringer** essorer qch (*à la machine*) ♦ **to go** or **be put through the wringer** * (fig) passer un mauvais quart d'heure ♦ **to put sb through the wringer** passer qn à la moulinette *

wringing ['rɪŋɪŋ] adj (also **wringing wet**) garment trempé, à tordre * ; person trempé jusqu'aux os

wrinkle ['rɪŋkl] → SYN ① n **a** (on skin, fruit) ride f ; (in socks, cloth, rug etc) pli m

b * (= tip) tuyau * m ; (= good idea) combine * f

② vt (also **wrinkle up**) [+ skin] rider ; [+ forehead] plisser ; [+ nose] froncer ; [+ fruit] rider, ratatiner ; [+ rug, sheet] plisser, faire des plis dans

③ vi [sb's brow] se plisser, se contracter ; [nose] se plisser, se froncer ; [rug] faire des plis ; [socks] être en accordéon

▸ **wrinkle down** vi [socks, stockings] tomber en accordéon

▸ **wrinkle up** ① vi [skirt, sweater] remonter en faisant des plis ; [rug] faire des plis ; [sb's brow, nose] se plisser

② vt sep ⇒ **wrinkle 2**

wrinkled ['rɪŋkld] adj person, skin, face, neck ridé ; brow, nose plissé, froncé ; apple ridé, ratatiné ; shirt, skirt, sheet, rug qui fait des plis ; stocking, sock en accordéon

wrinkly ['rɪŋklɪ] ① adj ⇒ **wrinkled**

② **wrinklies** npl (Brit pej = old people) les vioques * mpl

wrist [rɪst] ① n poignet m

② COMP ▷ **wrist joint** n articulation f du poignet ▷ **wrist loop** n (Climbing) dragonne f ▷ **wrist rest** repose-poignet m ▷ **wrist watch** n montre-bracelet f

wristband ['rɪstbænd] n [of shirt] poignet m ; [of watch] bracelet m

wristlet ['rɪstlɪt] ① n bracelet m (de force)

② COMP ▷ **wristlet watch** n montre-bracelet f

writ[1] [rɪt] → SYN ① n (Jur) acte m judiciaire ; (for election) lettre officielle émanant du président de la Chambre des communes, demandant qu'on procède à des élections ♦ **to issue a writ against sb** assigner qn (en justice) ♦ **to issue a writ for libel against sb** assigner qn en justice pour diffamation ♦ **to serve a writ on sb, to serve sb with a writ** assigner qn

② COMP ▷ **writ of attachment** n commandement m de saisie ▷ **writ of execution** n titre m exécutoire ▷ **writ of habeas corpus** n ordre m (écrit) d'habeas corpus ▷ **writ of subpoena** n assignation f or citation f (en justice)

writ[2] †† [rɪt] **a** vb (pt, ptp of **write**)

b (liter) **writ large** (= very obvious) en toutes lettres (fig) ; (= exaggerated) poussé à l'extrême

write [raɪt] LANGUAGE IN USE 21 → SYN pret **wrote**, ptp **written**

① vt **a** (gen) écrire ; [+ list] faire, écrire ; [+ prescription, certificate] rédiger ; [+ bill, cheque] faire ♦ **did I write that?** j'ai écrit ça, moi ? ♦ **you must print, not write your name** il ne faut pas écrire votre nom en cursive mais en caractères d'imprimerie ♦ **it is written "thou shalt not kill"** (liter) il est écrit "tu ne tueras point" ♦ **he had "policeman" written all over him** * cela sautait aux yeux or crevait les yeux qu'il était de la police ♦ **that's all she wrote** (US fig) c'est tout ce qu'il y a à dire

b [+ book, essay, letter, poem] écrire ; [+ music, opera] écrire, composer ♦ **you could write a book about all that is going on here** on pourrait écrire ou il y aurait de quoi écrire un livre sur tout ce qui se passe ici

c (US = write letter to) écrire ♦ **can you write me when you get there?** tu peux m'envoyer un mot ou m'écrire quand tu seras arrivé ?

d (Comput) [+ program, software etc] écrire, rédiger ; → **read**

② vi **a** (gen) écrire ♦ **he can read and write** il sait lire et écrire ♦ **write on both sides of the paper** écrivez des deux côtés de la feuille ♦ **as I write, I can see…** en ce moment même, je peux voir … ♦ **this pen writes well** ce stylo écrit bien

b (as author) he had always wanted to write il avait toujours voulu écrire or être écrivain ♦ **he writes for a living** il est écrivain de métier or de profession ♦ **he writes about social policy** il écrit sur les ou il traite des questions de politique sociale ♦ **he writes for "The Times"** il écrit dans le "Times" ♦ **he writes on foreign policy for "The Guardian"** il écrit des articles de politique étrangère dans le "Guardian" ♦ **what shall I write about?** sur quoi est-ce que je vais écrire ?

c (= correspond) écrire (*to* à) ♦ **he wrote to tell us that…** il (nous) a écrit pour nous dire que … ♦ **write for our brochure** (send off for) demandez notre brochure ♦ **I've written for a form** j'ai écrit pour leur demander un formulaire ; → **home**

d (Comput) **to write to a file** modifier un fichier

③ COMP ▷ **write-in** n (US Pol) (= insertion of name) inscription f ; (= name itself) nom m inscrit ▷ **write-off** n → **write-off** ▷ **write-protected** adj (Comput) protégé contre l'écriture ▷ **write-protect notch** n (Comput) encoche f de protection contre l'écriture ▷ **write-up** n → **write-up**

▸ **write away** vi (= send off) écrire (*to* à) ♦ **to write away for** [+ information, application form, details] écrire pour demander ; [+ goods] commander par lettre

▸ **write back** vi répondre (par lettre)

▸ **write down** vt sep **a** écrire ; (= note) noter ; (= put in writing) mettre par écrit ♦ **write it down at once or you'll forget** écrivez-le ou notez-le tout de suite sinon vous allez oublier ♦ **write all your ideas down and send them to me** mettez toutes vos idées par écrit et envoyez-les moi ♦ **it was all written down for posterity** c'était tout consigné pour la postérité

b (Comm = reduce price of) réduire le prix de

▸ **write in**

① vi ♦ **listeners are invited to write in with their suggestions** nos auditeurs sont invités à nous envoyer leurs suggestions ♦ **a lot of people have written in to complain** beaucoup de gens nous ont écrit pour se plaindre ♦ **to write in for sth** écrire pour demander qch

② vt sep [+ word, item on list etc] insérer, ajouter ; (US Pol) [+ candidate's name] inscrire ♦ **to write sth in to an agreement** or **contract** (at the outset) stipuler qch dans un contrat ; (add) ajouter qch à un contrat

③ **write-in** n → **write**

▸ **write off**

① vi ⇒ **write away**

② vt sep **a** (= write quickly) [+ letter etc] écrire en vitesse or d'une traite

b [+ debt] annuler ; (fig) considérer comme perdu or gâché, faire une croix * sur ♦ **they wrote off £20,000** ils ont passé 20 000 livres aux profits et pertes ; (Comm) ♦ **the operation was written off as a total loss** ils ont décidé de mettre un terme à l'opération qui se révélait une perte sèche ♦ **I've written off the whole thing as a dead loss** j'en ai fait mon deuil *, j'ai fait une croix dessus * ♦ **we've written off the first half of the term** nous considérons la première moitié du trimestre comme perdue or gâchée ♦ **he had been written off as a failure** on avait décidé qu'il ne ferait jamais rien de bon ♦ **they had written off all the passengers (as dead)** ils tenaient tous les passagers pour morts ♦ **the insurance company decided to write off his car** la compagnie d'assurances a décidé que la voiture était irréparable ♦ **he wrote his car off** * **in the accident** il a complètement bousillé * sa voiture dans l'accident, après l'accident, sa voiture était bonne pour la casse * ♦ **the boat was completely written off** * le bateau a été complètement détruit or réduit à l'état d'épave

③ **write-off** n → **write-off**

▸ **write out** vt sep **a** [+ one's name and address, details etc] écrire ; [+ list] faire, écrire ; [+ prescription] rédiger ; [+ bill, cheque] faire

b (= copy) [+ notes, essay etc] recopier, mettre au propre ; [+ recipe] copier ♦ **write out the words three times each** copiez chaque mot trois fois

c (TV, Rad) [+ character] retirer (de la distribution ou du générique) ♦ **she was written out of the series after a year** elle a cessé de figurer au générique (de la série) au bout d'un an

▸ **write up**

① vi ⇒ **write away**

② vt sep **a** [+ notes, diary] mettre à jour ; (= write report on) [+ happenings, developments] faire un compte rendu de ; (= record) (Chem etc) [+ experiment] rédiger ; (Archeol etc) [+ one's findings] consigner ♦ **he wrote up the day's events in the ship's log** il a inscrit ou consigné dans le journal de bord les événements de la journée ♦ **he wrote up his visit in a report** il a rendu compte de sa visite dans un rapport ♦ **she wrote it up for the local paper** elle en a fait le compte rendu pour le journal local

b (= praise) écrire un article élogieux (or une lettre élogieuse) sur

③ **write-up** n → **write-up**

write-off ['raɪtɒf] n (Comm) perte f sèche ; (Fin: tax) déduction f fiscale ♦ **to be a write-off** [car] être irréparable, être bon pour la casse * ; [project, operation] n'avoir abouti à rien, n'avoir rien donné ♦ **the afternoon was a write-off** l'après-midi n'a été qu'une perte de temps

writer ['raɪtəʳ] → SYN ① n **a** (of letter, book etc) auteur m ; (as profession) écrivain m, auteur m ♦ **the (present) writer believes…** l'auteur croit … ♦ **a thriller writer** un auteur de romans policiers ♦ **he is a writer** il est écrivain, c'est un écrivain ♦ **to be a good writer** (of books) être un bon écrivain, écrire bien ; (in handwriting) écrire bien, avoir une belle écriture ♦ **to be a bad writer** (of books) écrire mal, être un mauvais écrivain ; (in handwriting) écrire mal ou comme un chat ; → **hack**[2], **letter**

b (Comput: of program etc) auteur m

② COMP ▷ **writer's block** n hantise f de la page blanche ▷ **writer's cramp** n crampe f des écrivains ▷ **Writer to the Signet** n (Scot Jur) notaire m

write-up ['raɪtʌp] n (gen, also Comput) description f ; (= review) [of play etc] compte rendu m, critique f ; (= report) [of event etc] compte rendu m, exposé m ♦ **there's a write-up about it in today's paper** il y a un compte rendu là-dessus dans le journal d'aujourd'hui ♦ **the play got a good write-up** la pièce a eu de bonnes critiques

writhe [raɪð] → SYN vi se tordre ♦ **it made him writhe** (in pain) cela le fit se tordre de douleur ; (from disgust) il en frémit de dégoût ; (from embarrassment) il ne savait plus où se mettre ♦ **he writhed under the insult** il frémit sous l'injure

▸ **writhe about**, **writhe around** vi (in pain) se tordre dans des convulsions ; (to free o.s.) se contorsionner en tous sens

writing ['raɪtɪŋ] → SYN **1** n **a** (NonC = handwriting, sth written) écriture f ♦ **there was some writing on the page** il y avait quelque chose d'écrit sur la page ♦ **I could see the writing but couldn't read it** je voyais bien qu'il y avait quelque chose d'écrit mais je n'ai pas pu le déchiffrer ♦ **I can't read your writing** je n'arrive pas à déchiffrer votre écriture ♦ **in his own writing** écrit de sa main ♦ **he has seen the writing on the wall** (esp Brit) il mesure la gravité de la situation ♦ **the writing is on the wall** (esp Brit) la catastrophe est imminente
♦ **in writing** par écrit ♦ **I'd like to have that in writing** j'aimerais avoir cela par écrit ♦ **get his permission in writing** obtenez sa permission par écrit ♦ **evidence in writing that ...** preuve f par écrit or littérale que ... ♦ **to put sth in writing** mettre qch par écrit

b (NonC = occupation of writer) **he devoted his life to writing** il a consacré sa vie à l'écriture ♦ **writing is his hobby** écrire est son passe-temps favori ♦ **he earns quite a lot from writing** ses écrits lui rapportent pas mal d'argent

c (= output of writer) écrits mpl, œuvres fpl ♦ **there is in his writing evidence of a desire to ...** on trouve dans ses écrits la manifestation d'un désir de ... ♦ **the writings of H. G. Wells** les œuvres fpl de H. G. Wells

d (NonC = act) **he's learning reading and writing** il apprend à lire et à écrire ♦ **writing is a skill which must be learned** écrire est un art qui s'apprend ♦ **the writing of this book took ten years** écrire ce livre a pris dix ans

2 COMP ▷ **writing case** n (Brit) écritoire m ▷ **writing desk** n secrétaire m *(bureau)* ▷ **writing pad** n bloc m de papier à lettres, bloc-notes m ▷ **writing paper** n papier m à lettres ▷ **writing room** n (in hotel etc) salon m d'écriture ▷ **writing table** n bureau m

written ['rɪtn] **1** vb (ptp of write)
2 adj test, agreement, constitution etc écrit ; permission, confirmation par écrit ♦ **written evidence** (gen, Hist) documents mpl ; (Jur) documents mpl écrits ♦ **written proof** (Jur) preuves fpl écrites ♦ **her written English is excellent** son anglais est excellent à l'écrit ♦ **Somali has been a written language for over 25 years** le somali est une langue écrite depuis plus de 25 ans ♦ **the power of the written word** le pouvoir de l'écrit ; → **face, hand**

WRNS [renz] n (Brit) (abbrev of **Women's Royal Naval Service**) service des auxiliaires féminines de la marine royale

wrong [rɒŋ]
→ SYN LANGUAGE IN USE 2.2, 12.1, 14, 18.3

1 ADJECTIVE
2 ADVERB
3 NOUN
4 TRANSITIVE VERB
5 COMPOUNDS

1 ADJECTIVE

a = mistaken, incorrect guess erroné ; answer, solution, calculation, sum, musical note faux (fausse f) ♦ **the letter has the wrong date on it** ils etc se sont trompés de date sur la lettre ♦ **I'm in the wrong job** je ne suis pas fait pour ce travail, ce n'est pas le travail qu'il me faut ♦ **he's got the wrong kind of friends** (also hum) il a de mauvaises fréquentations ♦ **that's the wrong kind of plug** ce n'est pas la prise qu'il faut ♦ **she married the wrong man** elle n'a pas épousé l'homme qu'il lui fallait ♦ **you've got** or **picked the wrong man if you want someone to mend a fuse** vous tombez mal si vous voulez quelqu'un qui puisse réparer un fusible ♦ **you've put it back in the wrong place** vous ne l'avez pas remis à la bonne place or là où il fallait ♦ **it's the wrong road for Paris** ce n'est pas la bonne route pour Paris ♦ **you're on the wrong road** or **track** (fig) vous faites fausse route ♦ **to say the wrong thing** dire ce qu'il ne faut pas dire, faire un impair ♦ **he got all his sums wrong** toutes ses opérations étaient fausses ♦ **the accountant got his sums wrong** * le comptable a fait une erreur or s'est trompé dans ses calculs ♦ **he told me the wrong time** il ne m'a pas donné la bonne heure ♦ **it happened at the wrong time** c'est arrivé au mauvais moment ♦ **he got**

on the wrong train il s'est trompé de train, il n'a pas pris le bon train ♦ **the wrong use of drugs** l'usage abusif des médicaments

♦ **to be wrong** ♦ **my clock/watch is wrong** ma pendule/ma montre n'est pas à l'heure ♦ **you're quite wrong** vous vous trompez, vous avez tort ♦ **I was wrong about him** je me suis trompé sur son compte ♦ **he was wrong in deducing that ...** il a eu tort de déduire que ...

♦ **to get sth wrong** ♦ **you've got your facts wrong** ce que vous avancez est faux ♦ **he got the figures wrong** il s'est trompé dans les chiffres ♦ **they got it wrong again** ils se sont encore trompés ♦ **how wrong can you get!** * (iro) comme on peut se tromper !

b = bad mal inv ; (= unfair) injuste ♦ **it is wrong to lie, lying is wrong** c'est mal de mentir ♦ **it is wrong for her to have to beg, it is wrong that she should have to beg** il est injuste qu'elle soit obligée de mendier ♦ **you were wrong to hit him, it was wrong of you to hit him** tu n'aurais pas dû le frapper, tu as eu tort de le frapper

c = exceptionable **there's nothing wrong with hoping that ...** il n'y a pas de mal à espérer que ... ♦ **what's wrong with going to the cinema?** quel mal y a-t-il à aller au cinéma ? ♦ **there's nothing wrong with** or **in (doing) that** il n'y a rien à redire à cela

d = amiss qui ne va pas ♦ **something's wrong** or **there's something wrong (with it)** il y a quelque chose qui ne va pas ♦ **something's wrong** or **there's something wrong with him** il y a quelque chose qui ne va pas chez lui ♦ **something's wrong with my leg** j'ai quelque chose à la jambe ♦ **something's wrong with my watch** ma montre ne marche pas comme il faut ♦ **there's something wrong somewhere** il y a quelque chose qui cloche * là-dedans ♦ **something was very wrong** quelque chose n'allait vraiment pas ♦ **there's nothing wrong** tout va bien ♦ **nothing wrong, I hope?** tout va bien or pas d'ennuis, j'espère ? ♦ **there's nothing wrong with it** [+ theory, translation] c'est tout à fait correct ; [+ method, plan] c'est tout à fait valable ; [+ machine, car] ça marche très bien ♦ **there's nothing wrong with him** il va très bien ♦ **he's wrong in the head** * il a le cerveau dérangé or fêlé *

♦ **what's wrong ?** qu'est-ce qui ne va pas ? ♦ **what's wrong with you?** qu'est-ce que tu as ? ♦ **what's wrong with your arm?** qu'est-ce que vous avez au bras ? ♦ **what's wrong with the car?** qu'est-ce qu'elle a, la voiture ?

2 ADVERB

answer, guess mal ♦ **you're doing it all wrong** vous vous y prenez mal ♦ **you did wrong to refuse** vous avez eu tort de refuser ♦ **you've spelt it wrong** vous l'avez mal écrit ♦ **you thought wrong** tu t'es trompé ♦ **she took me up wrong** * elle n'a pas compris ce que je voulais dire

♦ **to get sb/sth wrong** ♦ **you've got the sum wrong** vous vous êtes trompé dans votre calcul, vous avez fait une erreur de calcul ♦ **you've got it all wrong** * (= misunderstood) vous n'avez rien compris ♦ **don't get me wrong** * comprends-moi bien ♦ **you've got me all wrong** * (= misunderstood my meaning) tu n'as rien compris à ce que je t'ai dit ; (= misunderstood what I'm like) tu te trompes complètement à mon sujet

♦ **to go wrong** (in directions) se tromper de route ; (in calculations, negotiations etc) faire une faute or une erreur ; (morally) mal tourner ; [plan] mal tourner ; [business deal etc] tomber à l'eau ; [machine, car] tomber en panne ; [clock, watch etc] se détraquer ♦ **you can't go wrong** (in directions) vous ne pouvez pas vous tromper or vous tromper ; (in method etc) c'est simple comme bonjour ; (in choice of job, car etc) (de toute façon) c'est un bon choix ♦ **you can't go wrong with this brand** vous ferez le bon choix en achetant cette marque ♦ **you won't go far wrong if you ...** vous ne pouvez guère vous tromper si vous ... ♦ **something went wrong with the gears** quelque chose s'est détraqué dans l'embrayage ♦ **something must have gone wrong** il a dû arriver quelque chose ♦ **nothing can go wrong now** tout doit marcher comme sur des roulettes maintenant ♦ **ev-**

erything went wrong that day tout est allé mal or de travers ce jour-là

3 NOUN

a = evil mal m ♦ **to do wrong** mal agir ♦ **he can do no wrong in her eyes** tout ce qu'il fait est bien à ses yeux or trouve grâce à ses yeux ; see also **right**

b = injustice injustice f, tort m ♦ **he suffered great wrong** il a été la victime de graves injustices ♦ **to right a wrong** réparer une injustice ♦ (Prov) **two wrongs don't make a right** on ne répare pas une injustice par une autre (injustice) ♦ **you do me wrong in thinking** † ... vous me faites tort en pensant † ... ♦ **he did her wrong** † il a abusé d'elle

♦ **in the wrong** ♦ **to be in the wrong** être dans son tort, avoir tort ♦ **to put sb in the wrong** mettre qn dans son tort

4 TRANSITIVE VERB

faire du tort à, faire tort à † ♦ **you wrong me if you believe ...** vous êtes injuste envers moi si vous croyez ... ♦ **a wronged wife** une femme trompée

5 COMPOUNDS

▷ **wrong-foot** vt (Ftbl, Tennis) prendre à contre-pied ; (Brit fig) prendre au dépourvu ▷ **wrong-headed** adj person buté ; idea, view, approach aberrant ▷ **wrong-headedly** adv obstinément ▷ **wrong-headedness** n obstination f

wrongdoer ['rɒŋˌduːəʳ] → SYN n malfaiteur m, -trice f

wrongdoing ['rɒŋˌduːɪŋ] n (NonC) méfaits mpl

wrongful ['rɒŋfʊl] → SYN **1** adj (frm) injustifié
2 COMP ▷ **wrongful arrest** n (Jur) arrestation f arbitraire ▷ **wrongful dismissal** n (Ind) licenciement m abusif ▷ **wrongful trading** n (Jur) opérations fpl frauduleuses

wrongfully ['rɒŋfəlɪ] adv à tort

wrongly ['rɒŋlɪ] adv **a** (= incorrectly) answer, guess, translate, interpret, position, insert, calculate mal ; spell, price, install incorrectement ; believe, attribute, state, accuse, convict, imprison à tort ♦ **wrongly accused of murder/of doing sth** faussement accusé or accusé à tort de meurtre/d'avoir fait qch ♦ **the handle has been put on wrongly** le manche n'a pas été mis comme il fallait or a été mal mis ♦ **she was wrongly dressed for the occasion** sa tenue n'était pas adaptée à la circonstance ; → **rightly**

b (= wrongfully) treat injustement

wrongness ['rɒŋnɪs] n (= incorrectness) [of answer] inexactitude f ; (= injustice) injustice f ; (= evil) immoralité f

wrote [rəʊt] vb (pt of write)

wrought [rɔːt] **1** vb †† (pret, ptp of work) ♦ **the destruction wrought by the floods** (liter) les ravages provoqués par l'inondation ♦ **the damage the hurricane had wrought on Florida** les dégâts que l'ouragan avait provoqués en Floride ♦ **the changes wrought by time** les changements apportés par le temps
2 adj silver ouvré
3 COMP ▷ **wrought iron** n fer m forgé ▷ **wrought-iron** adj gate, decoration en fer forgé ▷ **wrought-ironwork** n ferronnerie f ▷ **wrought-up** adj person très tendu

wrung [rʌŋ] vb (pt, ptp of wring)

WRVS [ˌdʌbljuːɑːviːˈes] n (Brit) (abbrev of **Women's Royal Voluntary Service**) service d'auxiliaires bénévoles au service de la collectivité

wry [raɪ] → SYN adj person, smile, remark ironique ; wit empreint d'ironie ♦ **to listen/look on with wry amusement** écouter/regarder d'un air amusé et narquois ♦ **a wry sense of humour** un sens de l'humour empreint d'ironie ♦ **to make a wry face** faire la grimace ♦ **a wry comedy** une comédie pleine d'ironie

wryly ['raɪlɪ] adv say, think avec ironie ♦ **to smile wryly** avoir un sourire ironique ♦ **wryly amusing** amusant et ironique

wryneck ['raɪnek] n (Orn) torcol m fourmilier

WS [ˌdʌbljuːˈes] n (Scot Jur) (abbrev of **Writer to the Signet**) → **writer**

wt abbrev of **weight**

wunderkind * [ˈwʌndəkɪnd] n prodige m

wuss * [wʌs] n (esp US) mauviette * f

Wuthering Heights [ˈwʌðərɪŋ] n (Literat) ◆ **Wuthering Heights** Les Hauts de Hurlevent

WV abbrev of **West Virginia**

WWF n (abbrev of **Worldwide Fund for Nature**) WWF m

WWI (abbrev of **World War One**) → **world**

WWII (abbrev of **World War Two**) → **world**

WWW n (Comput) (abbrev of **World Wide Web**) ◆ **the WWW** le Web

WY abbrev of **Wyoming**

Wyandotte [ˈwaɪənˌdɒt] n wyandotte f

wych-elm [ˈwɪtʃˈelm] n orme m blanc or de montagne

wynd [waɪnd] n (Scot) venelle f

Wyoming [waɪˈəʊmɪŋ] n le Wyoming ◆ **in Wyoming** dans le Wyoming

WYSIWYG [ˈwɪzɪwɪɡ] n (Comput) (abbrev of **what you see is what you get**) WYSIWYG m, ce que l'on voit est ce que l'on obtient, tel écran tel écrit

wyvern [ˈwaɪvən] n (Her) dragon m

X

X, x [eks] vb : pret, ptp **x-ed, x′ed** ⑴ n (= letter) X, x m ; (Math, fig) x ; (at end of letter = kiss) bises fpl ; (several kisses) grosses bises fpl ✦ **X for X-ray** ≃ X comme Xavier ✦ **he signed his name with an X** il a signé d'une croix or en faisant une croix ✦ **for x years** pendant x années ✦ **Mr X** Monsieur X ✦ **X marks the spot** l'endroit est marqué d'une croix ; → **X-ray**
⑵ vt marquer d'une croix
⑶ COMP ▷ **x-axis** n axe m des x ▷ **X-certificate** (Brit Cine: formerly) classé X, ≃ interdit aux moins de 18 ans ▷ **X-chromosome** n chromosome m X ▷ **X-rated** adj (fig) book, language etc obscène, porno * ; (US Cine) classé X, ≃ interdit aux moins de 17 ans

xanthene ['zænθiːn] n xanthène m
xanthoma [zæn'θəʊmə] n xanthome m
xanthophyll ['zænθəʊfɪl] n xanthophylle f
xenogeneic [ˌzenəʊdʒɪ'neɪɪk] adj xénogénique ✦ **xenogeneic tissue graft** xénogreffe f
xenoglossia [ˌzenə'ɡlɒsɪə] n xénoglossie f
xenograft ['zenəʊˌɡrɑːft] n xénogreffe f
xenon ['zenɒn] n xénon m
xenophile ['zenəfaɪl] n xénophile mf
xenophobe ['zenəfəʊb] adj, n xénophobe mf
xenophobia [ˌzenə'fəʊbɪə] n xénophobie f
xenophobic [ˌzenə'fəʊbɪk] adj xénophobe

Xenophon ['zenəfən] n Xénophon m
xeranthemum [zɪə'rænθəməm] n xéranthème m
xeroderma [ˌzɪərəʊ'dɜːmə], **xerodermia** [ˌzɪərəʊ'dɜːmɪə] n xérodermie f
xerographic [ˌzɪərə'ɡræfɪk] adj xérographique
xerographically [ˌzɪərə'ɡræfɪkəlɪ] adv par xérographie
xerography [zɪə'rɒɡrəfɪ] n xérographie f
xerophilous [zɪə'rɒfɪləs] adj xérophile
xerophily [zɪə'rɒfɪlɪ] n caractère m xérophile
xerophthalmia [ˌzɪərɒf'θælmɪə] n xérophtalmie f
xerophyte ['zɪərəfaɪt] n xérophyte f
xerophytic [ˌzɪərə'fɪtɪk] adj xérophytique
Xerox ® ['zɪərɒks] ⑴ n (= machine) photocopieuse f ; (= reproduction) photocopie f
⑵ vt (faire) photocopier, prendre or faire une photocopie de, copier *
⑶ vi se faire or se laisser photocopier
Xerxes ['zɜːksiːz] n Xerxès m
xi [zaɪ] n xi m
XL [ˌek'sel] (abbrev of **extra large**) XL
Xmas ['eksməs, 'krɪsməs] n abbrev of **Christmas**
X-ray ['eksˌreɪ] ⑴ n (= ray) rayons mpl X ; (= photograph) radiographie f, radio * f ✦ **to have an X-ray** se faire radiographier, se faire faire une radio *
⑵ vt [+ heart, lungs, object] radiographier, faire une radio de * ; [+ person] radiographier, faire une radio à *
⑶ COMP radioscopique, radiographique ▷ **X-ray astronomy** n radioastronomie f ▷ **X-ray crystallography** n radiocristallographie f ▷ **X-ray diagnosis** n radiodiagnostic m ▷ **X-ray examination** n examen m radioscopique, radio * f ▷ **X-ray photo, X-ray picture** n (on film) radiographie f, radio * f ; (on screen) radioscopie f, radio * f ▷ **X-ray star** n (Astron) radiosource f ▷ **X-ray treatment** n radiothérapie f

xylem ['zaɪləm] n xylème m
xylene ['zaɪliːn] n xylène m
xylidine ['zaɪlɪˌdiːn] n xylidine f
xylograph ['zaɪləɡrɑːf] n xylographie f
xylographer [zaɪ'lɒɡrəfəʳ] n xylographe mf
xylographic [ˌzaɪlə'ɡræfɪk] adj xylographique
xylography [zaɪ'lɒɡrəfɪ] n xylographie f
xylol ['zaɪlɒl] n xylol m
xylophagous [zaɪ'lɒfəɡəs] adj xylophage
xylophone ['zaɪləfəʊn] n xylophone m
xylophonist [zaɪ'lɒfənɪst] n joueur m de xylophone
xylose ['zaɪləʊz] n xylose m

Y

Y, y [waɪ] **1** n (= letter) Y, y m ◆ **Y for Yellow** ≃ Y comme Yvonne ◆ **Y-shaped** en (forme d')Y
2 COMP ▷ **y-axis** n axe m des y ▷ **Y-chromosome** n chromosome m Y ▷ **Y-fronts** ® npl (Brit) slip m (ouvert)

Y2K [ˌwaɪtuːˈkeɪ] (abbrev of **Year 2000**) an m 2000

yacht [jɒt] **1** n (luxury motorboat) yacht m ; (with sails) voilier m
2 vi ◆ **to go yachting** faire de la navigation de plaisance, faire du bateau
3 COMP ▷ **yacht club** n yacht-club m ▷ **yacht race** n course f à la voile or de voile

yachting [ˈjɒtɪŋ] **1** n navigation f de plaisance, voile f
2 COMP enthusiast de la voile, de la navigation de plaisance ; cruise en yacht ; magazine de navigation de plaisance ▷ **yachting cap** n casquette f de marin ▷ **yachting club** n yacht-club m ▷ **yachting event** n ⇒ **yachting regatta** ▷ **the yachting fraternity** n les plaisanciers mpl ▷ **yachting regatta** n régate f ▷ **yachting trip** n sortie f en mer

yachtsman [ˈjɒtsmən] n, pl **-men** (in race, professional) navigateur m ; (amateur) plaisancier m

yachtswoman [ˈjɒtswʊmən] n, pl **-women** (in race, professional) navigatrice f ; (amateur) plaisancière f

yack* [jæk], **yackety-yak*** [ˈjækɪtɪˈjæk] (pej) **1** vi caqueter, jacasser
2 n caquetage m

yah* [jɑː] **1** excl **a** (= yes) ouais ! *
b (defiance: also **yah boo**) na !
2 COMP ▷ **yah-boo politics** n politique f de provocation

yahoo [jɑːˈhuː] n butor m, rustre m

yak¹ [jæk] n (Zool) yak or yack m

yak²* [jæk] ⇒ **yackety-yak ; → yack**

Yakuza [jəˈkuːzə] **1** n (= person) yakusa m (pl inv)
2 the Yakuza npl (= organization) les yakusa mpl
3 COMP ▷ **Yakuza boss** n chef m yakuza

Yale ® [jeɪl] n (also **Yale lock**) serrure f à barillet or à cylindre

y'all [jɔːl] pron (US) vous (autres)

yam [jæm] n **a** (= plant, tuber) igname f
b (US = sweet potato) patate f douce

yammer* [ˈjæmə] vi jacasser

yang [jæŋ] n (Philos) yang m

Yangtze [ˈjæŋksɪ] n Yang-Tsê Kiang m

Yank* [jæŋk] (abbrev of **Yankee**) **1** adj amerloque*, ricain* (pej)
2 n Amerloque* mf, Ricain(e)* m(f) (pej)

yank [jæŋk] → SYN **1** n coup m sec, saccade f
2 vt tirer d'un coup sec ◆ **he yanked open the door** il ouvrit la porte d'un coup sec

▶ **yank off*** vt sep (= detach) arracher or extirper (d'un coup sec)

▶ **yank out*** vt sep arracher or extirper (d'un coup sec)

Yankee* [ˈjæŋkɪ] **1** n (Hist) Yankee mf ; (esp pej) yankee mf
2 adj yankee (f inv) ◆ **Yankee Doodle** chanson populaire de la Révolution américaine

---

YANKEE

En Europe, le terme **Yankee** désigne tout Américain, mais aux États-Unis, il est réservé aux habitants du nord du pays. Dans les États du Nord, on dit même que les seuls véritables **Yankees** sont ceux de la Nouvelle-Angleterre. Le mot a été employé pour la première fois dans la chanson "**Yankee** Doodle", écrite par un Anglais pour se moquer des Américains, mais, à l'époque de la Révolution américaine, les soldats du général Washington ont fait de cette chanson un hymne patriotique.

---

yap [jæp] (pej) **1** vi [dog] japper ; * [person] jacasser
2 n jappement m

yapping [ˈjæpɪŋ] (pej) **1** adj dog jappeur ; person jacasseur
2 n [of dog] jappements mpl ; [of person] jacasserie f

yappy* [ˈjæpɪ] adj dog jappeur

Yarborough [ˈjɑːbrə] n (Bridge etc) main ne contenant aucune carte supérieure au neuf

yard¹ [jɑːd] n **a** yard m (91,44 cm), ≃ mètre m ◆ **one yard long** long d'un yard, ≃ long d'un mètre ◆ **20 yards away (from us)** à une vingtaine de mètres (de nous) ◆ **he can't see a yard in front of him** il ne voit pas à un mètre devant lui ◆ **to buy cloth by the yard** ≃ acheter de l'étoffe au mètre ◆ **how many yards would you like?** ≃ quel métrage désirez-vous ? ◆ **a word a yard long** un mot qui n'en finit plus ◆ **an essay yards long** une dissertation-fleuve ◆ **with a face a yard long** faisant une tête longue comme ça ◆ **sums by the yard** des calculs à n'en plus finir ◆ **to give sb the whole nine yards*** y mettre le paquet * ◆ **yard of ale** tube de verre évasé d'environ un mètre dans lequel on boit de la bière
b (Naut) vergue f

yard² [jɑːd] **1** n **a** [of farm, hospital, prison, school etc] cour f ; (surrounded by the building: in monastery, hospital etc) préau m ◆ **backyard** arrière-cour f ; → **farmyard**
b (= work-site) chantier m ; (for storage) dépôt m ◆ **builder's/shipbuilding yard** chantier m de construction/de construction(s) navale(s) ◆ **coal/contractor's yard** dépôt m de charbon/de matériaux de construction ; → **dockyard, goods**
c (Brit) **the Yard, Scotland Yard** Scotland Yard m ◆ **to call in the Yard** demander l'aide de Scotland Yard
d (US) (= garden) jardin m ; (= field) champ m
e (= enclosure for animals) parc m ; → **stockyard**
2 COMP ▷ **yard sale** n (US) vente f d'objets usagés (chez un particulier) ; → CAR-BOOT SALE ; GARAGE SALE

yardage [ˈjɑːdɪdʒ] n longueur f en yards, ≃ métrage m

yardarm [ˈjɑːdɑːm] n (Naut) les extrémités d'une vergue

yardbird* [ˈjɑːdbɜːd] n (US) (= soldier) bidasse m empoté * (qui est souvent de corvée) ; (= convict) taulard* m

Yardie* [ˈjɑːdɪ] n (Brit) Yardie m (membre d'une organisation criminelle d'origine jamaïcaine)

yardmaster [ˈjɑːdmɑːstə] n (US Rail) chef m de triage

yardstick [ˈjɑːdstɪk] → SYN n (fig) mesure f

yarmulke [ˈjɑːmʊlkə] n kippa f

yarn [jɑːn] → SYN **1** n **a** fil m ; (Tech: for weaving) filé m ◆ **cotton/nylon** etc **yarn** fil m de coton/de nylon ® etc
b (= tale) longue histoire f ; → **spin**
2 vi raconter or débiter des histoires

yarrow [ˈjærəʊ] n mille-feuille f, achillée f

yashmak [ˈjæʃmæk] n litham m

yaw [jɔː] vi (Naut) (suddenly) faire une embardée, embarder ; (gradually) dévier de la route ; (Aviat, Space) faire un mouvement de lacet

yawl [jɔːl] n (Naut) (= sailing boat) yawl m ; (= ship's boat) yole f

yawn [jɔːn] **1** vi **a** [person] bâiller ◆ **to yawn with boredom** bâiller d'ennui
b [chasm etc] s'ouvrir
2 vt ◆ **to yawn one's head off** bâiller à se décrocher la mâchoire ◆ **"no", he yawned** "non", dit-il en bâillant
3 n bâillement m ◆ **to give a yawn** bâiller ◆ **the film is one long yawn*** ce film est ennuyeux de bout en bout ; → **stifle**

yawning [ˈjɔːnɪŋ] → SYN **1** adj chasm béant ; person qui bâille
2 n bâillements mpl

yawp [jɔːp] (US) **1** n **a** (* = yelp) braillement * m ◆ **to give a yawp** brailler *
b (* = chatter) papotage m ◆ **to have a yawp** bavasser * (pej)
2 vi **a** (* = yelp) brailler *
b (* = chatter) bavasser * (pej)

yaws [jɔːz] n (Med) pian m

yd abbrev of **yard**

ye¹ [jiː] pers pron (††, liter, dial) vous ◆ **ye gods!** * grands dieux ! *, ciel ! (hum)

ye² †† [jiː] def art (= the) ancienne forme écrite

yea [jeɪ] **1** adv **a** (frm = yes) oui ◆ **to say yea to sth** dire oui à qch ◆ **yea or nay** oui ou non ◆ **to refuse to say yea or nay** refuser de donner une réponse catégorique
b (†† = indeed) en vérité

yeah [jɛə] particle ouais *, oui ◆ **oh yeah?** (iro) et puis quoi encore ? ◆ **yeah, (that'll be) right!** c'est ça !, tu parles ! *

year [jɪəʳ] **1** n **a** an m, année f ◆ **next year** l'an m prochain, l'année f prochaine ◆ **last year** l'an m dernier, l'année f dernière ◆ **this year** cette année ◆ **they intend to complete the project when the conditions are right: this year, next year, sometime, never?** ils prévoient d'achever le projet quand les conditions seront propices : mais combien de temps faudra-t-il attendre ? ◆ **document valid one year** document m valable (pendant) un an ◆ **taking one year with another, taking the good years with the bad** bon an mal an ◆ **a year (ago) last January** il y a eu un an au mois de janvier (dernier) ◆ **a year in January, a year next January** il y aura un an en janvier (prochain) ◆ **it costs £500 a year** cela coûte 500 livres par an ◆ **he earns £15,000 a year** il gagne 15 000 livres par an ◆ **three times a year** trois fois par an or l'an ◆ **all the year round** toute l'année ◆ **as (the) years go (or went) by** au cours or au fil des années ◆ **year in, year out** année après année ◆ **over the years** au cours or au fil des années ◆ **year by year** d'année en année ◆ **to pay by the year** payer à l'année ◆ **every year, each year** tous les ans, chaque année ◆ **every other year, every second year** tous les deux ans ◆ **years (and years*) ago** il y a (bien) des années ◆ **for years together or on end*** plusieurs années de suite ◆ **they have not met for years** ils ne se sont pas vus depuis des années ◆ **I haven't laughed so much for or in* years** ça fait des années que je n'ai pas autant ri ◆ **I haven't seen him for or in* years** ça fait des années or des lustres* que je ne l'ai (pas) vu ◆ **it took us years*** **to find the restaurant** (fig) il (nous) a fallu un temps fou pour trouver le restaurant ◆ **from year to year** d'année en année ◆ **from one year to the next** d'une année à l'autre ◆ **from year('s) end to year('s) end** d'un bout de l'année à l'autre ◆ **in the year of grace or of Our Lord 1492** (frm) en l'an de grâce 1492 ◆ **in the year 1869** en 1869 ◆ **in the year two thousand** en l'an deux mille ◆ **a friend of 30 years' standing** un ami de 30 ans or que l'on connaît (or connaissait etc) depuis 30 ans ; → **after, donkey, New Year, old**

b (referring to age) **he is six years old** or **six years of age** il a six ans ◆ **in his fortieth year** dans sa quarantième année ◆ **from his earliest years** dès son âge le plus tendre ◆ **he looks old for his years** il fait or paraît plus vieux que son âge ◆ **young for his years** jeune pour son âge ◆ **she is very active for (a woman of) her years** elle est très active pour (une femme de) son âge ◆ **well on in years** d'un âge avancé ◆ **to get on in years** prendre de l'âge ◆ **to grow in years** (liter) avancer en âge ◆ **it's put years on me!** cela m'a vieilli de vingt ans !, cela m'a fait prendre un coup de vieux* ◆ **changing your hairstyle can take ten years off you** changer de coiffure peut vous rajeunir de dix ans ◆ **it's taken years off my life!** cela m'a vieilli de vingt ans ! ◆ **I feel ten years younger** j'ai l'impression d'avoir dix ans de moins or d'avoir rajeuni de dix ans

c (Scol, Univ) année f ◆ **he is first in his year** il est le premier de son année ◆ **she was in my year at school/university** elle était de mon année au lycée/à l'université ◆ **he's in (the) second year** (Univ) il est en deuxième année ; (secondary school) ≈ il est en cinquième ◆ **the academic year 2000/2001** l'année f universitaire 2000/2001 ◆ **the first years study French and Spanish** (Brit = pupil) ≈ les élèves de sixième étudient le français et l'espagnol

d (Prison) an m ◆ **he got ten years** il en a pris pour dix ans *, on l'a condamné à dix ans de prison ◆ **sentenced to 15 years' imprisonment** condamné à 15 ans de prison

e [of coin, stamp, wine] année f

f (Fin) **financial year** exercice m financier ◆ **tax year** exercice m fiscal, année f fiscale

2 COMP ▷ **year end** n (Comm, Fin) clôture f or fin f de l'exercice ◆ **year end report/accounts** rapport m/comptes mpl de fin d'exercice ▷ **year head** n (Brit Scol) conseiller m, -ère f (principal(e)) d'éducation ▷ **year-long** adj qui dure toute une année ▷ **year-round** adj resident, population qui réside toute l'année ; work qui dure toute l'année ; facilities ouvert toute l'année ▷ **year tutor** n (Brit Scol) ⇒ **year head**

yearbook ['jɪəbʊk] n annuaire m (d'une université, d'un organisme etc)

yearling ['jɪəlɪŋ] **1** n animal d'un an ; (= racehorse) yearling m
2 adj (âgé) d'un an

yearly ['jɪəlɪ] → SYN **1** adj annuel
2 adv **a** (= every year) chaque année, tous les ans ◆ **twice yearly** deux fois par an ◆ **twice-yearly** semestriel
b (= per year) produce, spend par an

yearn [jɜːn] → SYN vi **a** (= feel longing) languir (for, after après), aspirer (for, after à) ◆ **to yearn for home** avoir la nostalgie de chez soi or du pays ◆ **to yearn to do sth** avoir très envie or mourir d'envie de faire qch, aspirer à faire qch
b (= feel tenderness) s'attendrir, s'émouvoir (over sur)

yearning ['jɜːnɪŋ] **1** n désir m ardent or vif (for, after de ; to do sth de faire qch), envie f (for, after de ; to do sth de faire qch), aspiration f (for, after vers ; to do sth à faire qch)
2 adj desire vif, ardent ; look plein de désir or de tendresse

yearningly ['jɜːnɪŋlɪ] adv (= longingly) avec envie, avec désir ; (= tenderly) avec tendresse, tendrement

yeast [jiːst] **1** n (NonC) levure f ◆ **dried yeast** levure f déshydratée
2 COMP ▷ **yeast extract** n extrait m de levure de bière ▷ **yeast infection** n cardidose f

yeasty ['jiːstɪ] adj flavour, taste, smell de levure ; bread qui sent la levure ; (= frothy) écumeux

yec(c)h* [jɛk] excl (US) berk or beurk !

yegg* [jɛg] n (US: also **yeggman**) cambrioleur m, casseur* m

yeh* [jɛə] ⇒ **yeah**

yell [jɛl] → SYN **1** n hurlement m, cri m ◆ **a yell of fright** un hurlement or un cri d'effroi ◆ **a yell of pain** un hurlement or un cri de douleur ◆ **a yell of alarm/dismay** un cri d'inquiétude/de désarroi ◆ **to give** or **let out a yell** pousser un hurlement or un cri ◆ **college yell** (US Univ) ban m d'étudiants
2 vi (also **yell out**) hurler (with de) ◆ **to yell at sb** crier après qn ◆ **to yell with pain** hurler de douleur
3 vt (also **yell out**) hurler ◆ **he yelled out that he was hurt** il hurla qu'il était blessé ◆ **"stop it!", he yelled** "arrêtez !" hurla-t-il ◆ **to yell abuse** hurler des injures

yelling ['jɛlɪŋ] **1** n hurlements mpl, cris mpl
2 adj hurlant

yellow ['jɛləʊ] **1** adj **a** (in colour) object etc jaune ; hair, curls blond ◆ **to go** or **turn** or **become** or **grow yellow** devenir jaune, jaunir ; see also **2. colour**
b (fig = cowardly) lâche ◆ **there was a yellow streak in him** il y avait un côté lâche en lui
2 n (also of egg) jaune m
3 vi jaunir
4 vt jaunir ◆ **paper yellowed with age** papier m jauni par le temps
5 COMP ▷ **yellow-bellied*** adj froussard, trouillard* ▷ **yellow-belly*** n (pej) froussard(e) m(f), trouillard(e)* m(f) ▷ **yellow brick road** n (fig) voie f du succès ▷ **yellow card** n (Ftbl) carton jaune ▷ **yellow-card** vt donner un carton jaune à ◆ **he was yellow-carded** il a reçu un carton jaune ▷ **yellow-dog contract** n (US Ind Hist) contrat m interdisant de se syndiquer (aujourd'hui illégal) ▷ **yellow fever** n (Med) fièvre f jaune ▷ **yellow flag** n (Naut) pavillon m de quarantaine ▷ **yellow jack** n (Naut) ⇒ **yellow flag** ▷ **yellow jersey** n maillot m jaune ▷ **yellow line** n (Aut) ligne f jaune ◆ **double yellow lines** bandes jaunes indiquant l'interdiction de stationner ▷ **yellow metal** n (= gold) métal m jaune ; (= brass) cuivre m jaune ▷ **yellow ochre** n ocre f jaune ▷ **Yellow Pages ®** npl (Telec) pages fpl jaunes ▷ **the yellow peril** † n (Pol) le péril jaune ▷ **yellow press** † n (Press) presse f à sensation ▷ **yellow rain** n (Ind, Ecol) pluie f jaune ▷ **the Yellow River** n le fleuve Jaune ▷ **the Yellow Sea** n la mer Jaune ▷ **yellow soap** n savon m de Marseille ▷ **yellow spot** n (Anat) tache f jaune ▷ **yellow wagtail** n (Orn) bergeronnette f flavéole

yellowhammer ['jɛləʊˌhæməʳ] n (Orn) bruant m jaune

yellowish ['jɛləʊɪʃ] adj tirant sur le jaune, jaunâtre (pej) ◆ **yellowish brown** d'un brun tirant sur le jaune, brun jaunâtre inv (pej) ◆ **yellowish green** d'un vert tirant sur le jaune, vert jaunâtre inv (pej)

yellowness ['jɛləʊnɪs] n (NonC) **a** (= colour) [of object] couleur f jaune, jaune m ; [of skin] teint m jaune
b (* pej = cowardice) lâcheté f, trouillardise* f

yellowy ['jɛləʊɪ] adj ⇒ **yellowish**

yelp [jɛlp] **1** n [of dog] jappement m ; [of fox, person] glapissement m
2 vi japper, glapir

yelping ['jɛlpɪŋ] **1** n [of dog] jappement m ; [of fox, person] glapissement m
2 adj dog jappeur ; fox, person glapissant

Yemen ['jɛmən] n ◆ **(the) Yemen** le Yémen ◆ **North/South Yemen** le Yémen du Nord/Sud

Yemeni ['jɛmənɪ], **Yemenite** ['jɛmənaɪt] **1** adj (gen) yéménite ; ambassador, embassy du Yémen ◆ **North/South Yemeni** yéménite or du Yémen du Nord/Sud
2 n Yéménite mf ◆ **North/South Yemeni** Yéménite mf du Nord/Sud

yen¹ [jɛn] n (pl inv = money) yen m

yen²* [jɛn] n désir m intense, grande envie f (for de) ◆ **to have a yen to do sth** avoir (grande) envie de faire qch

yenta* ['jɛntə] n (US pej) commère f

yeoman ['jəʊmən] pl **-men 1** n **a** (Hist = freeholder) franc-tenancier m
b (Brit Mil) cavalier m ; → **yeomanry**
2 COMP ▷ **yeoman farmer** n (Hist) franc-tenancier m ; (modern) propriétaire m exploitant ▷ **Yeoman of the Guard** n (Brit) hallebardier m de la garde royale ▷ **yeoman service** n (fig) to do or give yeoman service rendre des services inestimables

yeomanry ['jəʊmənrɪ] n (NonC) **a** (Hist) (classe f des) francs-tenanciers mpl
b (Brit Mil) régiment m de cavalerie (volontaire)

yeomen ['jəʊmən] npl of **yeoman**

yep* [jɛp] particle ouais *, oui

yer* [jɜːʳ] pron ⇒ **your**

yes [jɛs] **1** particle (answering affirmative question) oui ; (answering negative question) si ◆ **do you want some? – yes!** en voulez-vous ? — oui ! ◆ **don't you want any? – (yes) I do!** vous n'en voulez pas ? — (mais) si ! ◆ **yes of course, yes certainly** mais oui ◆ **yes and no** oui et non ◆ **oh yes, you did say that** (contradicting) si si or mais si, vous avez bien dit cela ◆ **yes?** (awaiting further reply) (ah) oui ?, et alors ? ; (answering knock at door) oui ?, entrez ! ◆ **waiter! – yes sir?** — (oui) Monsieur ? ◆ **yes!** (in triumph) ouah ! * ; → **say**
2 n oui m inv ◆ **he gave a reluctant yes** il a accepté de mauvaise grâce
3 COMP ▷ **yes man*** n, pl **yes men** (pej) béni-oui-oui * m inv (pej) ◆ **he's a yes man** il dit amen à tout ▷ **yes-no question** n (Ling) question f fermée

yeshiva(h) [jeˈʃiːvə] n, pl **yeshiva(h)s** or **jeshivoth** [jeˈʃiːvɒt] yeshiva f

yesterday ['jɛstədeɪ] **1** adv **a** (lit) (= day before today) hier ◆ **it rained yesterday** il a plu hier ◆ **all (day) yesterday** toute la journée d'hier ◆ **late yesterday** hier dans la soirée ◆ **he arrived only yesterday** il n'est arrivé qu'hier ◆ **a week from yesterday** dans une semaine à compter d'hier ◆ **the news was announced a week ago yesterday** il y avait une semaine hier que la nouvelle avait été annoncée ◆ **I had to have it by yesterday or no later than yesterday** il fallait que je l'aie hier au plus tard ◆ **when do you need it by? – yesterday!** (hum) il vous le faut pour quand ? — hier ! (hum) ; → **born, day**

b (fig = in the past) hier, naguère ◆ **towns which yesterday were villages** des villes qui étaient hier or naguère des villages

2 n **a** (lit = day before today) hier m ◆ **yesterday was the second** c'était hier le deux ◆ **yesterday was Friday** c'était hier vendredi ◆ **yesterday was very wet** il a beaucoup plu hier ◆ **yesterday was a bad day for him** la journée d'hier s'est mal passée pour lui ◆ **the day before yesterday** avant-hier m ◆ **where's yesterday's newspaper?** où est le journal d'hier ?

b (fig = the past) hier m, passé m ◆ **the great men of yesterday** tous les grands hommes du passé or d'hier ◆ **all our yesterdays** (liter) tout notre passé

3 COMP ▷ **yesterday afternoon** adv hier après-midi ▷ **yesterday evening** adv hier (au) soir ▷ **yesterday morning** adv hier matin ▷ **yesterday week** * adv (Brit) il y a eu huit jours hier

yesternight †† [ˈjestəˈnaɪt] n, adv la nuit dernière, hier soir

yesteryear [ˈjestəˈjɪəʳ] n (esp liter) les années fpl passées ◆ **the cars/hairstyles/fashions of yesteryear** les voitures fpl/coiffures fpl/modes fpl d'antan

yet [jet] LANGUAGE IN USE 26.3 → SYN

1 adv **a** (= by this time: with neg) **not yet** pas encore ◆ **they haven't (as) yet returned, they haven't returned (as) yet** ils ne sont pas encore de retour ◆ **they hadn't (as) yet managed to do it** ils n'étaient pas encore arrivés à le faire ◆ **no one has come (as) yet** personne n'est encore arrivé ◆ **no one had come (as) yet** jusqu'alors or jusque-là personne n'était (encore) venu ◆ **we haven't come to a decision yet** nous ne sommes pas encore parvenus à une décision ◆ **I don't think any decision has been reached as yet** je ne pense pas qu'on soit déjà parvenu à une décision ◆ **are you coming? – not just yet** est-ce que vous venez ? – pas tout de suite ◆ **don't come in (just) yet** n'entrez pas tout de suite or pas pour l'instant ◆ **I needn't go (just) yet** je n'ai pas besoin de partir tout de suite ◆ **that won't happen (just) yet, that won't happen (just) yet awhile(s)** * ça n'est pas pour tout de suite ◆ **you ain't seen nothing yet** * (hum) vous n'avez encore rien vu

b (= already: in questions) déjà ◆ **have you had your lunch yet?** avez-vous déjà déjeuné ? ◆ **I wonder if he's come yet** je me demande s'il est déjà arrivé or s'il est arrivé maintenant ◆ **must you go just yet?** faut-il que vous partiez (subj) déjà ?

c (= so far: with superl) jusqu'à présent, jusqu'ici ◆ **she's the best teacher we've had yet** c'est le meilleur professeur que nous ayons eu jusqu'à présent or jusqu'ici ◆ **the greatest book yet written** le plus grand livre qui ait jamais été écrit

d (= still) encore ◆ **he may come yet** or **yet come** il peut encore venir ◆ **he could come yet** il pourrait encore venir ◆ **his plan may yet fail** son plan peut encore échouer ◆ **we'll make a footballer of you yet** nous finirons pas faire un footballeur de toi ◆ **there is hope for me yet** (gen hum) tout n'est pas perdu pour moi ◆ **I'll speak to her yet** je finirai bien par lui parler ◆ **I'll do it yet** j'y arriverai bien quand même ◆ **he has yet to learn** il a encore à apprendre, il lui reste à apprendre ◆ **I have yet to see one** je n'en ai encore jamais vu ◆ **Mr Lea has** or **is yet to score** Lea n'a pas encore marqué de points ◆ **his guilt is yet to be proved** sa culpabilité reste à prouver ◆ **there were revelations yet to come** des révélations devaient encore arriver ◆ **she is yet alive** or **alive yet** (liter) elle est encore vivante, elle vit encore ◆ **for all I know he is there yet** autant que je sache il est encore or toujours là

e (= from now) **we've got ages yet** nous avons encore plein de temps ◆ **it'll be ages yet before she's ready** il va encore lui falloir des heures pour se préparer ◆ **we'll wait for five minutes yet** nous allons attendre encore cinq minutes ◆ **it won't be dark for half an hour yet** il ne fera pas nuit avant une demi-heure ◆ **I'll be here for a (long) while yet** or **for a long time yet** je resterai ici encore un bon bout de temps ◆ **he won't be here for a (long) while yet** or **for a long time yet** il ne sera pas ici avant longtemps ◆ **for some time yet** pour encore pas mal de temps ◆ **not for some time yet** pas avant un certain temps ◆ **they have a few days yet** ils ont encore or il leur reste encore quelques jours ◆ **there's another bottle yet** il reste encore une bouteille

f (= even: with compar) **yet more people** encore plus de gens ◆ **he wants yet more money** il veut encore plus or encore davantage d'argent ◆ **this week it's been work, work and yet more work** cette semaine, ça a été du travail, encore du travail et toujours plus de travail ◆ **yet louder shouts** des cris encore plus forts ◆ **these remains date back yet further** ces vestiges remontent à encore plus longtemps ◆ **the latest results were better/worse yet** les tout derniers résultats étaient encore meilleurs/pires ◆ **yet again, yet once more** une fois de plus ◆ **she was yet another victim of racism** c'était une victime de plus du racisme ◆ **another arrived and yet another** il en est arrivé un autre et encore un autre

g (frm) **not he nor yet I** ni lui ni moi ◆ **I do not like him nor yet his sister** je ne les aime ni lui ni sa sœur, je ne l'aime pas et sa sœur non plus or et sa sœur pas davantage ◆ **they did not come nor yet (even) write** ils ne sont pas venus et ils n'ont même pas écrit

2 conj (= however) cependant, pourtant ; (= nevertheless) toutefois, néanmoins ◆ **(and) yet everyone liked her** (et) pourtant or néanmoins tout le monde l'aimait, mais tout le monde l'aimait quand même ◆ **(and) yet I like the house** (et) malgré tout or (et) pourtant or (et) néanmoins j'aime bien la maison ◆ **it's strange yet true** c'est étrange mais pourtant vrai or mais vrai tout de même

yeti [ˈjetɪ] n yéti or yeti m

yew [juː] 1 n **a** (also **yew tree**) if m

b (= wood) (bois m d')if m

2 COMP bow etc en bois d'if

YHA [ˌwaɪeɪtʃˈeɪ] n (Brit) (abbrev of **Youth Hostels Association**) *auberges de jeunesse du pays de Galles et de l'Angleterre,* ≃ FUAJ f

Yid *✱ [jɪd] n (pej) youpin(e) *✱ m(f) (pej)

Yiddish [ˈjɪdɪʃ] 1 adj yiddish inv

2 n (Ling) yiddish m

yield [jiːld] → SYN 1 n [of land, farm, field, tree, industry, mine] production f ; (per unit) rendement m ; [of oil well] débit m ; [of labour] produit m, rendement m ; [of tax] recettes fpl ; [of business, shares] rapport m, rendement m ◆ **yield per hectare/year** etc rendement m à l'hectare/l'année etc ◆ **the yield of this land/orchard** etc **is ...** ce terrain/verger etc produit ...

2 vt **a** (= produce, bring in) [earth, mine, oil well] produire ; [farm, field, land, orchard, tree] rendre, produire, rapporter ; [labour, industry] produire ; [business, investments, tax, shares] rapporter ◆ **to yield a profit** rapporter un profit or un bénéfice ◆ **that land yields no return** cette terre ne rend pas ◆ **shares yielding high interest** (Fin) actions fpl à gros rendement or d'un bon rapport ◆ **shares yielding 10%** actions fpl qui rapportent 10 % ◆ **to yield results** donner or produire des résultats ◆ **this yielded many benefits** bien des bénéfices en ont résulté

b (= surrender, give up) [+ ground, territory] céder ; [+ fortress, territory] abandonner (*to* à) ; [+ ownership, rights] céder (*to* à), renoncer à (*to* en faveur de) ; [+ control] renoncer à (*to* en faveur de) ◆ **to yield ground to sb** (Mil, fig) céder du terrain à qn ◆ **to yield the floor to sb** (fig) laisser la parole à qn ◆ **to yield a point to sb** concéder un point à qn, céder à qn sur un point ◆ **to yield the right of way to sb** (esp US Aut) céder le passage à qn ◆ **to yield obedience/thanks to sb** (frm) rendre obéissance/grâces à qn (frm)

3 vi **a** (= give produce, bring in revenue) [farm, field, land, orchard, tree] rendre ; [business, investments, tax, shares] rapporter ; [labour, industry, mine, oil well] produire ◆ **a field that yields well** un champ qui donne un bon rendement, un champ qui rend bien ◆ **land that yields poorly** une terre qui rend peu or mal, une terre à faible rendement

b (= surrender, give in) céder (*to* devant, à), se rendre (*to* à) ◆ **we shall never yield** nous ne céderons jamais, nous ne nous rendrons jamais ◆ **they begged him but he would not yield** ils l'ont supplié mais il n'a pas cédé or il ne s'est pas laissé fléchir ◆ **they yielded to us** (Mil etc) ils se rendirent à nous ◆ **to yield to force** céder devant la force ◆ **to yield to superior forces** céder devant or à des forces supérieures ◆ **to yield to superior numbers** céder au nombre ◆ **to yield to reason** se rendre à la raison ◆ **to yield to an impulse** céder à une impulsion ◆ **to yield to sb's entreaties** céder aux prières or instances de qn ◆ **to yield to sb's threats** céder devant les menaces de qn ◆ **to yield to sb's argument** se rendre aux raisons de qn ◆ **the disease yielded to treatment** le traitement est venu à bout de la maladie ◆ **to yield to temptation** céder or succomber à la tentation ◆ **he yielded to nobody in courage** (liter) il ne le cédait à personne pour le courage (liter) ◆ **I yield to nobody in my admiration for ...** personne plus que moi n'admire ...

c (= collapse, give way) [branch, door, ice, rope] céder ; [beam] céder, fléchir ; [floor, ground] s'affaisser ; [bridge] céder, s'affaisser ◆ **to yield under pressure** céder à la pression

d (US Aut) céder le passage

► **yield up** vt sep (esp liter) [+ secrets] livrer ◆ **to yield o.s. up to temptation** céder or succomber à la tentation ◆ **to yield up the ghost** rendre l'âme

yielding [ˈjiːldɪŋ] → SYN 1 adj **a** (fig) person complaisant, accommodant

b (lit = soft, flexible) floor, ground, surface mou (molle f), élastique ; branch qui cède

2 n (NonC = surrender) [of person] soumission f ; [of town, fort] reddition f, capitulation f ; [of right, goods] cession f

yike(s) * [jaɪk(s)] excl (esp US) mince ! *

yin [jɪn] n (Philos) yin m ◆ **yin-yang symbol** symbole m du yin et du yang

yip [jɪp] (US) ⇒ **yelp**

yipe(s) * [jaɪp(s)] excl (esp US) ⇒ **yike(s)**

yippee ✱ [jɪˈpiː] excl hourra !

YMCA [ˌwaɪemsiːˈeɪ] n (abbrev of **Young Men's Christian Association**) YMCA m

yo ✱ [jəʊ] excl (esp US) salut ! *

yob ✱ [ˈjɒb] n (Brit pej) loubard * m

yobbish * [ˈjɒbɪʃ] adj (Brit pej) behaviour de loubard * ◆ **a yobbish young man** un jeune loubard *

yobbo ✱ [ˈjɒbəʊ] n (Brit) ⇒ **yob**

yock ✱ [jɒk] (US) 1 n gros rire m, rire m gras

2 vt ◆ **to yock it up** rigoler *, s'esclaffer

yod [jɒd] n (Phon) yod m

yodel [ˈjəʊdl] 1 vi jodler or iodler, faire des tyroliennes

2 n (= song, call) tyrolienne f

yoga [ˈjəʊgə] n yoga m

yoghurt [ˈjəʊgət] ⇒ **yogurt**

yogi [ˈjəʊgɪ] n, pl **yogis** or **yogin** [ˈjəʊgɪn] yogi m

yogic flying [ˌjəʊgɪkˈflaɪɪŋ] n *lévitation pratiquée par les adeptes d'une forme de yoga*

yogurt [ˈjəʊgət] 1 n yaourt m, yogourt m

2 COMP ▷ **yogurt-maker** n yaourtière f

yo-heave-ho [ˈjəʊˈhiːvˈhəʊ] excl (Naut) oh hisse !

yoke [jəʊk] → SYN 1 n, pl **yokes** or **yoke** **a** (for oxen) joug m ; (for carrying pails) palanche f, joug m ; (on harness) support m de timon

b (fig = dominion) joug m ◆ **the yoke of slavery** le joug de l'esclavage ◆ **the communist yoke** le joug communiste ◆ **to come under the yoke of** tomber sous le joug de ◆ **to throw off** or **cast off the yoke** secouer le joug

c (pl inv = pair) attelage m ◆ **a yoke of oxen** une paire de bœufs

d [of dress, blouse] empiècement m

e (Constr) [of beam] moise f, lien m ; (Tech) bâti m, carcasse f

2 vt (also **yoke up**) [+ oxen] accoupler ; [+ ox etc] mettre au joug ; [+ pieces of machinery] accoupler ; (fig: also **yoke together**) unir ◆ **to yoke oxen (up) to the plough** atteler des bœufs à la charrue

3 COMP ▷ **yoke oxen** npl bœufs mpl d'attelage

yokel ['jəʊkəl] → SYN n (pej) rustre m, péquenaud m

yolk [jəʊk] 1 n (Bio) vitellus m ; (Culin) jaune m (d'œuf)
2 COMP ▷ **yolk sac** n (Bio) membrane f vitelline

Yom Kippur [,jɒmkɪ'pʊəʳ] n Yom Kippour m

yomp * [jɒmp] vi (Mil) crapahuter

yon [jɒn] adj († †, liter, dial) ⇒ **yonder 2**

yonder ['jɒndəʳ] 1 adv († or dial) là(-bas) ◆ **up yonder** là-haut ◆ **over yonder** là-bas ◆ **down yonder** là-bas en bas
2 adj (liter) ce ...-là, ce ... là-bas ◆ **from yonder house** de cette maison-là, de cette maison là-bas

yonks * [jɒŋks] npl (Brit) ◆ **for yonks** très longtemps ◆ **I haven't seen him for yonks** ça fait une éternité or une paye * que je ne l'ai pas vu

yoof * [ju:f] n (hum) ⇒ **youth**

yoo-hoo * ['ju:'hu:] excl ohé !, hou hou !

YOP (Brit) (formerly) [jɒp] n (abbrev of **Youth Opportunities Programme**) → **youth**

yore [jɔːʳ] n (liter) ◆ **of yore** d'antan (liter), (d')autrefois ◆ **in days of yore** au temps jadis

Yorks [jɔːks] abbrev of **Yorkshire**

Yorkshire ['jɔːkʃəʳ] 1 n le Yorkshire
2 COMP ▷ **Yorkshire pudding** n (Brit Culin) *pâte à crêpe cuite qui accompagne un rôti de bœuf* ▷ **Yorkshire terrier** n yorkshire-terrier m

you [ju:] 1 pers pron a (subject) tu, vous, vous (pl) ; (object or indirect object) te, vous, vous (pl) ; (stressed and after prep) toi, vous, vous (pl) ◆ **you are very kind** vous êtes très gentil ◆ **I'll see you soon** je te or je vous verrai bientôt, on se voit bientôt ◆ **this book is for you** ce livre est pour toi or vous ◆ **she is younger than you** elle est plus jeune que toi or vous ◆ **you and yours** toi et les tiens, vous et les vôtres ◆ **all of you** vous tous ◆ **all you who came here** vous tous qui êtes venus ici ◆ **you who know him** toi qui le connais, vous qui le connaissez ◆ **you French** vous autres Français ◆ **you two wait here!** attendez ici, vous deux ! ◆ **now you say something** maintenant à toi or à vous de parler ◆ **you and I will go together** toi or vous et moi, nous irons ensemble ◆ **there you are!** (= you've arrived) te or vous voilà ! ◆ **there you are** *, **there you go!** * (= have this) voilà ! ◆ **if I were you** (si j'étais) à ta or votre place, si j'étais toi or vous ◆ **between you and me** (lit) entre toi or vous et moi ; (= in secret) entre nous, de toi or vous à moi ◆ **you fool (you)!** imbécile (que tu es) !, espèce d'imbécile ! ◆ **you darling!** tu es un amour ! ◆ **it's you** c'est toi or vous ◆ **I like the uniform, it's very you** * j'aime bien ton uniforme, c'est vraiment ton style or ça te va parfaitement ◆ **you there!** toi or vous là-bas ! ◆ **never you mind** * (= don't worry) ne t'en fais pas *, ne vous en faites pas * ; (= it's not your business) ça ne te or vous regarde pas, mêle-toi de tes or mêlez-vous de vos affaires ◆ **don't you go away** ne pars pas, toi !, ne partez pas, vous ! ◆ **there's a fine house for you!** en voilà une belle maison ! ◆ **that's Australia for you!** * qu'est-ce que tu veux, c'est ça l'Australie ! ◆ **sit you down** †† (or hum) assieds-toi, asseyez-vous
b (= one, anyone) (nominative) on ; (accusative, dative) vous, te ◆ **you never know, you never can tell** on ne sait jamais ◆ **you never know your (own) luck** on ne connaît jamais son bonheur or sa chance ◆ **you go towards the church** vous allez or on va vers l'église ◆ **fresh air does you good** l'air frais (vous or te) fait du bien
2 COMP ▷ **you-all** * pron (US) vous (autres) ▷ **you-know-who** * n qui tu sais, qui vous savez

you'd [ju:d] ⇒ **you had, you would** ; → **have, would**

you'll [ju:l] ⇒ **you will** ; → **will**

young [jʌŋ] → SYN 1 adj person, tree, country jeune ; vegetable, grass nouveau (nouvelle f), nouvel (m before vowel) ; appearance, smile jeune, juvénile ◆ **he is young for his age** il paraît or fait plus jeune que son âge ◆ **he is very young for this job** il est bien jeune pour ce poste ◆ **that dress is too young for her** cette robe fait trop jeune pour elle ◆ **children as young as seven** des enfants de pas plus de sept ans ◆ **I'm not as young as I was** je n'ai plus vingt ans ◆ (Prov) **you're only young once** jeunesse n'a qu'un temps (Prov) ◆ **young at heart** jeune de cœur ◆ **to die young** mourir jeune ; → **hopeful** ◆ **to marry young** se marier jeune ◆ **he is three years younger than you** il a trois ans de moins que vous, il est votre cadet de trois ans ◆ **my younger brother** mon frère cadet ◆ **my younger sister** ma sœur cadette ◆ **the younger son of the family** le cadet de la famille ◆ **to grow** or **get younger** rajeunir ◆ **we're not getting any younger** nous ne rajeunissons pas ◆ **if I were younger** si j'étais plus jeune ◆ **if I were ten years younger** si j'avais dix ans de moins ◆ **young Mr Brown** le jeune M. Brown ◆ **Mr Brown the younger** (as opposed to his father) M. Brown fils ◆ **Pitt the Younger** le second Pitt ◆ **Pliny the Younger** Pline le Jeune ◆ **in my young days** dans ma jeunesse, dans mon jeune temps ◆ **in my younger days** quand j'étais plus jeune ◆ **they have a young family** ils ont de jeunes enfants ◆ **young France** la jeune génération en France ◆ **the young(er) generation** la jeune génération, la génération montante ◆ **young lady** (unmarried) jeune fille f, demoiselle f ; (married) jeune femme f ◆ **listen to me, young man** écoutez-moi, jeune homme ◆ **her young man** † son amoureux, son petit ami ◆ **the young moon** la nouvelle lune ◆ **the night is young** (liter) la nuit n'est pas très avancée ; (* hum) on a toute la nuit devant nous ◆ **he has a very young outlook** il a des idées très jeunes ◆ **young people** les jeunes mpl ◆ **you young hooligan!** petit or jeune voyou !
2 npl a (= people) **young and old** les (plus) jeunes mpl comme les (plus) vieux mpl, tout le monde ◆ **the young** les jeunes mpl ◆ **books for the young** livres mpl pour les jeunes
b [of animal] petits mpl ◆ **cat with young** (= pregnant) chatte f pleine ; (= with kittens) chatte f et ses petits
3 COMP ▷ **young blood** n (fig) sang m nouveau or jeune ▷ **Young Conservative** n (Brit Pol) jeune membre m du parti conservateur ▷ **young gun** * n jeune star f ▷ **young-looking** adj qui a (or avait etc) l'air jeune ◆ **she's very young-looking** elle a l'air or elle fait très jeune ▷ **young offender** n (Brit Jur) jeune délinquant(e) m(f) ▷ **young offenders institution** n (Brit Jur) centre m de détention pour mineurs ▷ **young wine** n vin m vert

youngish ['jʌŋɪʃ] adj assez jeune

youngster ['jʌŋstəʳ] → SYN n (= boy) jeune garçon m, jeune m ; (= child) enfant mf

your [jʊəʳ] poss adj a ton, ta, tes, votre, vos ◆ **your book** ton or votre livre ◆ **YOUR book** ton livre à toi, votre livre à vous ◆ **your table** ta or votre table ◆ **your friend** ton ami(e), votre ami(e) ◆ **your clothes** tes or vos vêtements ◆ **this is the best of your paintings** c'est ton or votre meilleur tableau ◆ **give me your hand** donne-moi or donnez-moi la main ◆ **you've broken your leg!** tu t'es cassé la jambe ! ; → **majesty, worship**
b (= one's) son, sa, ses, ton etc, votre etc ◆ **you give him your form and he gives you your pass** on lui donne son formulaire et il vous remet votre laissez-passer ◆ **exercise is good for your health** l'exercice est bon pour la santé
c (* = typical) ton etc, votre etc ◆ **so these are your country pubs?** alors c'est ça, vos bistro(t)s * de campagne ? ◆ **your ordinary** or **average Englishman will always prefer ...** l'Anglais moyen préférera toujours ...

you're [jʊəʳ] ⇒ **you are** ; → **be**

yours [jʊəz] poss pron le tien, la tienne, les tiens, les tiennes, le vôtre, la vôtre, les vôtres ◆ **this is my book and that is yours** voici mon livre et voilà le tien or le vôtre ◆ **this book is yours** ce livre est à toi or à vous, ce livre est le tien or le vôtre ◆ **is this poem yours?** ce poème est-il de toi or de vous ? ◆ **when will the house be** or **become yours?** quand entrerez-vous en possession de la maison ? ◆ **yours of the 10th inst.** (Comm) votre honorée du 10 courant (Comm) ◆ **it is not yours to decide** (frm) ce n'est pas à vous de décider, il ne vous appartient pas de décider ◆ **yours is a specialized department** votre section est une section spécialisée ◆ **what's yours?** * (buying drinks) qu'est-ce que tu prends or vous prenez ? ; → **affectionately, ever, truly, you**
◆ **... of yours** ◆ **she is a cousin of yours** c'est une de tes or de vos cousines ◆ **that is no business of yours** cela ne te or vous regarde pas, ce n'est pas ton or votre affaire ◆ **it's no fault of yours** ce n'est pas de votre faute (à vous) ◆ **no advice of yours could prevent him** aucun conseil de votre part ne pouvait l'empêcher ◆ **how's that thesis of yours * getting on?** et cette thèse, comment ça avance ? * ◆ **where's that husband of yours?** * où est passé ton mari ? ◆ **that dog of yours** * (pej) ton or votre fichu * chien ◆ **that stupid son of yours** * ton or votre idiot de fils ◆ **that temper of yours** * ton sale caractère

yourself [jʊə'self] pers pron, pl **yourselves** [jʊə'selvz] (reflexive: direct and indirect) te, vous, vous (pl) ; (after prep) toi, vous, vous (pl) ; (emphatic) toi-même, vous-même, vous-mêmes (pl) ◆ **have you hurt yourself?** tu t'es fait mal ?, vous vous êtes fait mal ? ◆ **are you enjoying yourself?** tu t'amuses bien ?, vous vous amusez bien ? ◆ **were you talking to yourself?** tu te parlais à toi-même ?, tu parlais tout seul ?, vous vous parliez à vous-même ?, vous parliez tout seul ? ◆ **you never speak about yourself** tu ne parles jamais de toi, vous ne parlez jamais de vous ◆ **you yourself told me, you told me yourself** tu me l'as dit toi-même, vous me l'avez dit vous-même ◆ **you will see for yourself** tu verras toi-même, vous verrez vous-même ◆ **someone like yourself** quelqu'un comme vous ◆ **people like yourselves** des gens comme vous ◆ **how's yourself?** * et toi, comment (ça) va ? * ◆ **how are you? – fine, and yourself?** * comment vas-tu ? – très bien, et toi ? ◆ **you haven't been yourself lately** (= not behaving normally) tu n'es pas dans ton état normal or vous n'êtes pas dans votre état normal ces temps-ci ; (= not looking well) tu n'es pas dans ton assiette or vous n'êtes pas dans votre assiette ces temps-ci ; → **among(st)**
◆ **(all) by yourself** tout seul, toute seule ◆ **did you do it by yourself?** tu l'as or vous l'avez fait tout(e) seul(e) ? ◆ **all by yourselves** tout seuls, toutes seules

youth [ju:θ] → SYN 1 n a (NonC) jeunesse f ◆ **in (the days of) my youth** dans ma jeunesse, au temps de ma jeunesse ◆ **in early youth** dans la première or prime jeunesse ◆ **he has kept his youth** il est resté jeune ◆ **he was enchanted with her youth and beauty** sa jeunesse et sa beauté l'enchantaient ◆ (Prov) **youth will have its way** or **its fling** il faut que jeunesse se passe (Prov) ; → **first**
b pl **youths** [ju:ðz] (= young man) jeune homme m ◆ **youths** jeunes gens mpl
2 npl (= young people) jeunesse f, jeunes mpl ◆ **she likes working with (the) youth** elle aime travailler avec les jeunes ◆ **the youth of a country** la jeunesse d'un pays ◆ **the youth of today are very mature** les jeunes d'aujourd'hui sont très mûrs, la jeunesse aujourd'hui est très mûre
3 COMP de jeunes, de jeunesse ▷ **youth club** n maison f de jeunes ▷ **youth custody** n (Brit Jur) éducation f surveillée ◆ **to be sentenced to 18 months' youth custody** être condamné à 18 mois d'éducation surveillée ▷ **youth hostel** n auberge f de jeunesse ▷ **youth leader** n animateur m, -trice f de groupes de jeunes ▷ **Youth Opportunities Programme** n (Brit: formerly) *programme en faveur de l'emploi des jeunes* ▷ **youth orchestra** n orchestre m de jeunes ▷ **Youth Training Scheme** n (Brit: formerly) ≃ pacte m national pour l'emploi des jeunes ▷ **youth worker** n éducateur m, -trice f

youthful ['ju:θfʊl] → SYN adj person, looks, face, skin jeune ; mistake, adventure de jeunesse ; quality, freshness, idealism, enthusiasm juvénile ◆ **she looks youthful** elle a l'air jeune ◆ a **youthful-looking 49-year-old** un homme/une femme de 49 ans, jeune d'allure ◆ **he's a youthful 50** il porte allégrement ses 50 ans

youthfully ['ju:θfʊlɪ] adv ◆ **youthfully exuberant** d'une exubérance juvénile ◆ **his face was youthfully smooth** son visage était doux comme une peau de bébé

youthfulness ['ju:θfʊlnɪs] n jeunesse f ◆ **youthfulness of appearance** air m jeune or de jeunesse

you've / YWCA

you've [juːv] ⇒ **you have** ; → **have**

yow [jaʊ] excl aïe !

yowl [jaʊl] 1 n [of person, dog] hurlement m ; [of cat] miaulement m
2 vi [person, dog] hurler (*with, from* de) ; [cat] miauler

yowling [ˈjaʊlɪŋ] n [of person, dog] hurlements mpl ; [of cat] miaulements mpl

yo-yo [ˈjəʊjəʊ] 1 n, pl **yo-yos** a yoyo ® m
b (US ⁎ = fool) ballot * m, poire * f
2 vi (= fluctuate) fluctuer (considérablement)

yr abbrev of **year**

YTS [ˌwaɪtiːˈes] n (Brit) (formerly) (abbrev of **Youth Training Scheme**) → **youth**

ytterbium [ɪˈtɜːbɪəm] n ytterbium m

yttrium [ˈɪtrɪəm] n yttrium m

yuan [juːæn] n (pl inv) yuan m

yucca [ˈjʌkə] n yucca m

yuck * [jʌk] excl berk or beurk !, pouah !

yucky * [ˈjʌkɪ] adj dégueulasse ⁎, dégoûtant

Yugoslav [ˈjuːɡəʊˈslɑːv] 1 adj (gen) yougoslave ; ambassador, embassy de Yougoslavie
2 n Yougoslave mf

Yugoslavia [ˌjuːɡəʊˈslɑːvɪə] n la Yougoslavie

Yugoslavian [ˌjuːɡəʊˈslɑːvɪən] adj ⇒ **Yugoslav**

yuk * [jʌk] excl ⇒ **yuck**

yukky * [ˈjʌkɪ] adj ⇒ **yucky**

Yukon [ˈjuːkɒn] 1 n ◆ (the) Yukon le Yukon
2 COMP ▷ **(the) Yukon Territory** n le (territoire de) Yukon

Yule [juːl] 1 n († or liter) Noël m
2 COMP ▷ **Yule log** n bûche f de Noël

Yuletide [ˈjuːltaɪd] n († or liter) (époque f de) Noël m

yummy * [ˈjʌmɪ] 1 adj food délicieux
2 excl miam-miam ! *

yum-yum ⁎ [ˈjʌmˈjʌm] excl ⇒ **yummy 2**

yup * [jʌp] excl (esp US) ouais *, oui

yuppie * [ˈjʌpɪ] 1 n (abbrev of **young upwardly-mobile** or **urban professional**) yuppie mf
2 COMP car, clothes de yuppie ; bar, restaurant, area de yuppies ▷ **yuppie flu** * n (pej) syndrome m de la fatigue chronique, encéphalomyélite f myalgique

yuppiedom * [ˈjʌpɪdəm] n monde m or univers m des yuppies

yuppified * [ˈjʌpɪˌfaɪd] adj bar, restaurant, area, flat transformé en bar (or restaurant etc) de yuppies ◆ **he is becoming more and more yuppified** il se transforme de plus en plus en yuppie

yuppy * [ˈjʌpɪ] n ⇒ **yuppie**

YWCA [ˌwaɪdʌbljʊsiːˈeɪ] n (abbrev of **Young Women's Christian Association**) YWCA m

Z

Z, z [zed, (US) zi:] **1** n (= letter) Z, z m ◆ **Z for Zebra** ≃ Z comme Zoé
2 COMP ▷ **z-axis** n axe m des z ▷ **Z-bed** n (Brit) lit m de camp

zabaglione [ˌzæbəˈljəʊnɪ] n sabayon m

Zacharias [ˌzækəˈraɪəs] n Zacharie m

zaffer, zaffre [ˈzæfəʳ] n safre m

zaftig⁎ [ˈzɑːftɪk] adj (US) joli et bien en chair

Zaïre [zɑːˈiːəʳ] n (= country) le Zaïre

Zaïrean, Zaïrian [zɑːˈiːərɪən] **1** adj zaïrois
2 n Zaïrois(e) m(f)

zakuski [zæˈkʊskɪ] npl (Culin) zakouski m

Zambese, Zambezi [zæmˈbiːzɪ] n Zambèze m

Zambia [ˈzæmbɪə] n la Zambie

Zambian [ˈzæmbɪən] **1** adj zambien
2 n Zambien(ne) m(f)

zamia [ˈzeɪmɪə] n zamier m

zaniness [ˈzeɪnɪnɪs] n loufoquerie f

zany [ˈzeɪnɪ] **1** adj loufoque ⁎
2 n (Theat Hist) bouffon m, zanni m

Zanzibar [ˈzænzɪbɑːʳ] n Zanzibar

zap⁎ [zæp] **1** excl paf!, vlan!
2 vt **a** (= destroy) [+ town] ravager, bombarder ; [+ person] supprimer, descendre ⁎
b (= delete) [+ word, data] supprimer
c (TV) **to zap the TV channels** zapper
d (= send quickly) **I'll zap it out to you straight away** je vais vous l'expédier tout de suite
3 vi **a** (= move quickly) [car] foncer ◆ **we had to zap down to London** nous avons dû filer à Londres à toute vitesse ◆ **to zap along** [car] foncer ◆ **we're going to have to zap through the work to get it finished in time** il va falloir que nous mettions la gomme ⁎ pour finir le travail à temps ◆ **he zapped by** or **past on his motorbike** il est passé à toute allure sur sa moto
b (TV) **to zap through the channels** zapper

zapped⁎ [zæpt] adj (= exhausted) crevé⁎, vanné⁎

zapper⁎ [ˈzæpəʳ] n (TV = remote control) télécommande f

zappy⁎ [ˈzæpɪ] adj person, style qui a du punch ; car rapide, qui fonce or gaze ⁎

Zarathustra [ˌzærəˈθuːstrə] n Zarathoustra m or Zoroastre m

Zarathustrian [ˌzærəˈθuːstrɪən] adj, n zoroastrien(ne) m(f)

zeal [ziːl] → SYN n (NonC) **a** (= religious fervour) zèle m, ferveur f
b (= enthusiasm) zèle m, empressement m (*for* à) ◆ **in her zeal to do it** dans son empressement à le faire

Zealand [ˈziːlənd] n Zélande f

zealot [ˈzelət] n **a** fanatique mf, zélateur m, -trice f (liter) (*for* de)
b (Jewish Hist) **Zealot** zélote m

zealotry [ˈzelətrɪ] n fanatisme m

zealous [ˈzeləs] adj person zélé ; effort diligent ◆ **he is zealous for the cause** il défend la cause avec zèle ◆ **to be zealous in doing sth** montrer de l'empressement à faire qch

zealously [ˈzeləslɪ] adv avec zèle

zealousness [ˈzeləsnɪs] n zèle m

zebra [ˈzebrə, ˈziːbrə] pl **zebras** or **zebra** **1** n zèbre m
2 COMP ▷ **zebra crossing** n (Brit) passage m pour piétons ▷ **zebra stripes** npl zébrures fpl ◆ **with zebra stripes** zébré

zebu [ˈziːbuː] n zébu m

Zechariah [ˌzekəˈraɪə] n ⇒ Zacharias

zed [zed], **zee** (US) [ziː] n (la lettre) z m

Zeeman effect [ˈziːmən] n effet m Zeeman

Zeitgeist [ˈzaɪtgaɪst] n esprit m de l'époque

Zen [zen] **1** n Zen m
2 COMP ▷ **Zen Buddhism** n bouddhisme m zen ▷ **Zen Buddhist** n bouddhiste mf zen

zenana [zeˈnɑːnə] n zénana m

Zener diode [ˈziːnəʳ] n diode f de Zener

zenith [ˈzenɪθ] n (Astron) zénith m ; (fig) zénith m, apogée m ◆ **at the zenith of his power** à l'apogée de son pouvoir ◆ **the zenith of Perugia's influence** l'apogée de l'influence de Pérouse ◆ **with this success, he reached the zenith of his glory** avec ce succès, il a atteint l'apogée de sa gloire

zenithal [ˈzenɪθəl] adj zénithal

Zeno [ˈziːnəʊ] n Zénon m

zeolite [ˈzɪəlaɪt] n zéolit(h)e f

Zephaniah [ˌzefəˈnaɪə] n Sophonie m

zephyr [ˈzefəʳ] n zéphyr m

zeppelin [ˈzeplɪn] n zeppelin m

zero [ˈzɪərəʊ] pl **zeros** or **zeroes** **1** n **a** (= point on scale) zéro m ◆ **15 degrees below zero** 15 degrés au-dessous de zéro ◆ **his chances of success sank to zero** ses chances de réussite se réduisirent à néant or à zéro ◆ **snow reduced visibility to near zero** à cause de la neige, la visibilité était quasi nulle
b (= cipher, numeral etc) zéro m ◆ **row of zeros** série f de zéros
2 COMP tension, voltage nul (nulle f) ▷ **zero altitude** n (Aviat) altitude f zéro ◆ **to fly at zero altitude** voler en rase-mottes, faire du rase-mottes ▷ **zero-base** vt (US) [+ question, issue] reprendre à zéro, réexaminer point par point ▷ **zero-emission** n taux m d'émission zéro ▷ **zero-gravity, zero-G** ⁎ n apesanteur f ▷ **zero growth** n (Econ) taux m de croissance zéro, croissance f économique zéro ▷ **zero hour** n (Mil) l'heure f H ; (fig) le moment critique or décisif ▷ **the zero option** n (Pol) l'option f zéro ▷ **zero point** n point m zéro ▷ **zero population growth** n croissance f démographique nulle ▷ **zero-rated** adj (for VAT) exempt de TVA, non assujetti à la TVA ▷ **zero-rating** n exemption f de TVA, non-assujettissement m à la TVA ▷ **zero-sum** adj (US) bargaining, thinking à somme nulle ◆ **zero-sum game** jeu m à somme nulle ▷ **zero tolerance** n politique f d'intransigeance, tolérance f zéro ▷ **zero-tolerance** adj **zero-tolerance policing** politique f de tolérance zéro

▶ **zero in** vi ◆ **to zero in on sth** (= move in on) se diriger droit vers or sur qch ; (= identify) mettre le doigt sur qch, identifier qch ; (= concentrate on) se concentrer sur qch ◆ **he zeroed in on those who ...** (= criticize) il s'en est pris tout particulièrement à ceux qui ...

ZERO

"Zéro" se dit **zero** en anglais américain, mais en anglais britannique, l'emploi de ce terme est réservé aux sciences et aux mathématiques (notamment pour exprimer les températures et les graduations).

Le terme "nought" s'utilise en Grande-Bretagne dans les nombres décimaux, par exemple "nought point nought seven" pour dire "0,07", mais aussi dans les notations : ainsi, "nought out of ten" veut dire "0 sur 10". Les Américains comme les Britanniques disent "oh" pour indiquer des numéros de carte de crédit ou de téléphone : par exemple, "oh one four one" pour "0141". Dans les scores de matchs en Grande-Bretagne, on dit "nil". "Liverpool a gagné par cinq buts à zéro" se dira ainsi "Liverpool won five nil". L'équivalent américain est "nothing" (terme parfois employé familièrement par les Britanniques) ou, sous une forme plus familière, "zip" : "nous avons gagné par sept buts à zéro" se dira "we won seven-zip".

---

zest [zest] n (NonC) **a** (= gusto) entrain m ◆ **to fight with zest** combattre avec entrain ◆ **he ate it with great zest** il l'a mangé avec grand appétit ◆ **zest for life** or **living** goût m de la vie, appétit m de vivre ◆ **he lost his zest for winning** il a perdu son désir de gagner
b (fig) saveur f, piquant m ◆ **her books are thrilling, full of zest** ses livres sont palpitants et savoureux ◆ **it adds zest to the story** cela donne une certaine saveur or du piquant à l'histoire
c (Culin) [of orange, lemon] zeste m

zestful [ˈzestfʊl] adj plein d'entrain, enthousiaste

zestfully [ˈzestfəlɪ] adv avec entrain or enthousiasme

zesty [ˈzestɪ] adj wine piquant

Zetland [ˈzetlənd] n (formerly) les Zetland fpl

zeugma [ˈzjuːgmə] n zeugma m, zeugme m

Zeus [zjuːs] n Zeus m

zidovudine [zaɪˈdɒvjʊˌdiːn] n zidovudine f

ZIFT [zɪft] n (abbrev of **Zygote Intrafallopian Transfer**) fivète f

ziggurat ['zɪgʊræt] n ziggourat f

zigzag ['zɪgzæg] **1** n zigzag m
  2 adj path, road, course, line en zigzag ; pattern, design à zigzags
  3 adv en zigzag
  4 vi zigzaguer, faire des zigzags ◆ to zigzag along avancer en zigzaguant ◆ to zigzag out/through etc sortir/traverser etc en zigzaguant

zilch* [zɪltʃ] n que dalle* ◆ these shares are worth zilch ces actions valent que dalle* ◆ Mark knows zilch about art Mark connaît que dalle* à l'art

zillion* ['zɪljən] adj, n, pl **zillions** or **zillion** ◆ a zillion dollars des millions mpl et des millions mpl de dollars ◆ zillions of problems, a zillion problems des tas mpl de problèmes

zillionaire* [,zɪljə'nɛəʳ] n multimilliardaire mf

Zimbabwe [zɪm'bɑːbwɪ] n le Zimbabwe

Zimbabwean [zɪm'bɑːbwɪən] **1** adj zimbabwéen
  2 n Zimbabwéen(ne) m(f)

Zimmer ® ['zɪməʳ] n (Brit: also **Zimmer frame**) déambulateur m

zinc [zɪŋk] **1** n (NonC) zinc m
  2 COMP plate, alloy de zinc ; roof zingué ▷ **zinc blende** n blende f (de zinc) ▷ **zinc chloride** n chlorure m de zinc ▷ **zinc dust** n limaille f de zinc ▷ **zinc ointment** n pommade f à l'oxyde de zinc ▷ **zinc oxide** n oxyde m de zinc ▷ **zinc-plating** n zingage m ▷ **zinc sulphate** n sulfate m de zinc ▷ **zinc white** n blanc m de zinc

zinciferous [zɪŋ'kɪfərəs] adj zincifère, zincique

zincite ['zɪŋkaɪt] n zincite f

zincography [zɪŋ'kɒgrəfɪ] n zincographie f

zine*, 'zine [ziːn] n (= magazine) magazine m ; (= fanzine) fanzine m

zing [zɪŋ] **1** n **a** (= noise of bullet) sifflement m
  b (NonC * = energy) entrain m
  2 vi [bullet, arrow] siffler ◆ the bullet zinged past his ear la balle lui a sifflé à l'oreille ◆ the cars zinged past les voitures sont passées en trombe *

zinjanthropus [zɪn'dʒænθrəpəs] n zinjanthrope m

zinnia ['zɪnɪə] n zinnia m

Zion ['zaɪən] n Sion

Zionism ['zaɪənɪzəm] n sionisme m

Zionist ['zaɪənɪst] **1** adj sioniste
  2 n sioniste mf

zip [zɪp] **1** n **a** (Brit: also **zip fastener**) fermeture f éclair ®, fermeture f à glissière ◆ pocket with a zip poche f à fermeture éclair ®, poche f zippée *
  b (= sound of bullet) sifflement m
  c (NonC * = energy) entrain m, élan m ◆ put a bit of zip into it activez-vous !
  d (* = nothing) que dalle* ◆ I know zip about it je n'en sais ou j'y connais que dalle* ; → ZERO
  2 vt **a** (= close: also **zip up**) [+ dress, bag] fermer avec une fermeture éclair ® or à glissière
  b she zipped open her dress/bag etc elle a ouvert la fermeture éclair ® or à glissière de sa robe/de son sac etc
  3 vi ◆ to zip in/out/past/up etc * [car, person] entrer/sortir/passer/monter etc comme une flèche
  4 COMP ▷ **zip code** n (US Post) code m postal ▷ **zip fastener** n ⇒ **zip 1a** ▷ **zip gun** n (US) pistolet m rudimentaire (à ressort ou à élastique) ▷ **zip-on** adj à fermeture éclair ®

▶ **zip on 1** vi s'attacher avec une fermeture éclair ® or fermeture à glissière
  2 vt sep attacher avec une fermeture éclair ® or fermeture à glissière
  3 zip-on adj → zip

▶ **zip up 1** vi → zip 3
  2 vt sep ◆ can you zip me up? tu peux m'aider avec la fermeture éclair ® ? see also zip 2a

zipper ['zɪpəʳ] n (esp US) ⇒ **zip 1a**

zippy* ['zɪpɪ] adj person plein d'entrain or d'allant

zircon ['zɜːkən] n zircon m

zirconium [zɜː'kəʊnɪəm] n zirconium m

zit* [zɪt] n bouton m

zither ['zɪðəʳ] n cithare f

zizz [zɪz] (Brit) **1** n petit somme m, roupillon * m ◆ to have a zizz faire un petit somme
  2 vi faire un petit somme

zloty ['zlɒtɪ] n, pl **zlotys** or **zloty** zloty m

zoaea [zəʊ'iːə] n, pl **zoaeas** or **zoaeae** [zəʊ'iːiː] zoé f

zodiac ['zəʊdɪæk] n zodiaque m ; → **sign**

zodiacal [zəʊ'daɪəkəl] adj du zodiac ◆ zodiacal light lumière f zodiacale

zoea [zəʊ'iːə] n, pl **zoeas** or **zoeae** [zəʊ'iːiː] ⇒ **zoaea**

zoftig* ['zɒftɪk] adj ⇒ **zaftig**

Zohar ['zəʊhɑːʳ] n ◆ the Zohar le Zohar

zombie ['zɒmbɪ] n (lit, fig) zombie m, zombi m

zonal ['zəʊnl] adj zonal

zone ['zəʊn] **1** n **a** (gen, Astron, Geog, Math etc) zone f ; (= subdivision of town) secteur m ◆ it lies within the zone reserved for ... cela se trouve dans la zone ou le secteur réservé(e) à ... ; → **battle, danger, time**
  b (US: also **postal delivery zone**) zone f (postale)
  2 vt **a** (= divide into zones) [+ area] diviser en zones ; [+ town] diviser en secteurs
  b this district has been zoned for industry c'est une zone réservée à l'implantation industrielle
  3 COMP ▷ **zone defence, zone defense** (US) n (Sport) défense f de zone ▷ **zone therapy** n (Med) réflexothérapie f

zoning ['zəʊnɪŋ] n répartition f en zones

zonked [zɒŋkt] adj (also **zonked out**) (= exhausted) vanné * ; (from drugs) défoncé * ; (US = drunk) bourré *

zoo [zuː] **1** n zoo m
  2 COMP ▷ **zoo keeper** n gardien(ne) m(f) de zoo

zoogeography [,zəʊədʒɪ'ɒgrəfɪ] n zoogéographie f

zoogloea [,zəʊə'gliːə] n zooglée f

zoolater [zəʊ'ɒlətəʳ] n zoolâtre mf

zoolatrous [zəʊ'ɒlətrəs] adj zoolâtre

zoolatry [zəʊ'ɒlətrɪ] n zoolâtrie f

zoological [,zəʊə'lɒdʒɪkəl] **1** adj zoologique
  2 COMP ▷ **zoological gardens** npl jardin m zoologique

zoologist [zəʊ'ɒlədʒɪst] n zoologiste mf

zoology [zəʊ'ɒlədʒɪ] n zoologie f

zoom [zuːm] **1** n **a** (= sound) vrombissement m, bourdonnement m
  b (Aviat = upward flight) montée f en chandelle
  c (Phot: also **zoom lens**) zoom m
  2 vi **a** [engine] vrombir, bourdonner
  b to zoom away/through etc démarrer/traverser etc en trombe ◆ the car zoomed past us la voiture est passée en trombe * ◆
  c (Aviat) [plane] monter en chandelle

▶ **zoom in** vi (Cine, TV) faire un zoom (on sur)

▶ **zoom out** vi (Cine, TV) faire un zoom arrière

zoomorphic [,zəʊə'mɔːfɪk] adj zoomorphe

zoomorphism [,zəʊə'mɔːfɪzəm] n zoomorphisme m

zoonosis [zəʊ'ɒnəsɪs] n, pl **zoonoses** [zəʊ'ɒnəsiːz] zoonose f

zoophile ['zəʊəfaɪl] n (person devoted to animals) zoophile mf

zoophilia [,zəʊə'fɪlɪə] n (= bestiality) zoophilie f

zoophilic [,zəʊə'fɪlɪk] adj (= devoted to animals) zoophile

zoophilism [zəʊ'ɒfɪlɪzəm] n zoophilie f

zoophobia [,zəʊə'fəʊbɪə] n zoophobie f

zoophyte ['zəʊəfaɪt] n zoophyte m

zooplankton [,zəʊə'plæŋktən] n zooplancton m

zootechnics [,zəʊə'tekniks] n (NonC) zootechnie f

zootomy [zəʊ'ɒtəmɪ] n zootomie f

zoot-suit* ['zuːtsuːt] n costume m zazou

zoot-suiter* ['zuːtsuːtəʳ] n zazou m

zorilla [zə'rɪlə], **zorille** [zə'rɪl] n zorille f

Zoroaster [,zɒrəʊ'æstəʳ] n Zoroastre m or Zarathoustra m

Zoroastrian [,zɒrəʊ'æstrɪən] adj, n zoroastrien(ne) m(f)

Zoroastrianism [,zɒrəʊ'æstrɪənɪzəm] n zoroastrisme m

zouk [zuːk] n (Mus) zouk m

zounds †† [zaʊndz] excl morbleu ††, ventrebleu ††

zucchini [zuː'kiːnɪ] n, pl **zucchini** or **zucchinis** (US) courgette f

Zuider Zee ['zaɪdə'ziː] n Zuiderzee m

Zulu ['zuːluː] **1** adj zoulou f inv
  2 n **a** Zoulou mf
  b (Ling) zoulou m

Zululand ['zuːluːlænd] n le Zoulouland

Zürich ['zjʊərɪk] n Zurich ◆ Lake Zürich le lac de Zurich

zwieback ['zwiːbæk] n (US) biscotte f

Zwinglian ['zwɪŋglɪən] n, adj zwinglien(ne) m(f)

Zwinglianism ['zwɪŋglɪənɪzəm] n zwinglianisme m

Zwinglianist ['zwɪŋglɪənɪst] n zwinglien m

zwitterion ['tsvɪtə,raɪən] n zwitterion m

zygomatic arch [,zaɪgəʊ'mætɪk] n zygoma m

zygomorphic [,zaɪgəʊ'mɔːfɪk], **zygomorphous** [,zaɪgəʊ'mɔːfəs] adj zygomorphe

zygote ['zaɪgəʊt] n zygote m

zymology [zaɪ'mɒlədʒɪ] n zymologie f

MAPS

ATLAS

ENGLISH THESAURUS

SYNONYMES ANGLAIS

LANGUAGE IN USE

GRAMMAIRE ACTIVE

APPENDICES

ANNEXES

MAPS   *CARTES*

AMERICA AND OCEANIA	1	*AMÉRIQUE ET OCÉANIE*
PHYSICAL EUROPE	2-3	*EUROPE PHYSIQUE*
THE BRITISH ISLES	4	*LES ÎLES BRITANNIQUES*
UNITED STATES AND CANADA (SOUTH)	5	*ÉTATS-UNIS ET CANADA (SUD)*
COMMONWEALTH COUNTRIES AND AMERICAN DEPENDENCIES	6-7	*PAYS MEMBRES DU COMMONWEALTH ET DÉPENDANCES AMÉRICAINES*
AUSTRALIA AND NEW ZEALAND	8	*AUSTRALIE ET NOUVELLE-ZÉLANDE*

AMERICA AND OCEANIA — AMÉRIQUE ET OCÉANIE

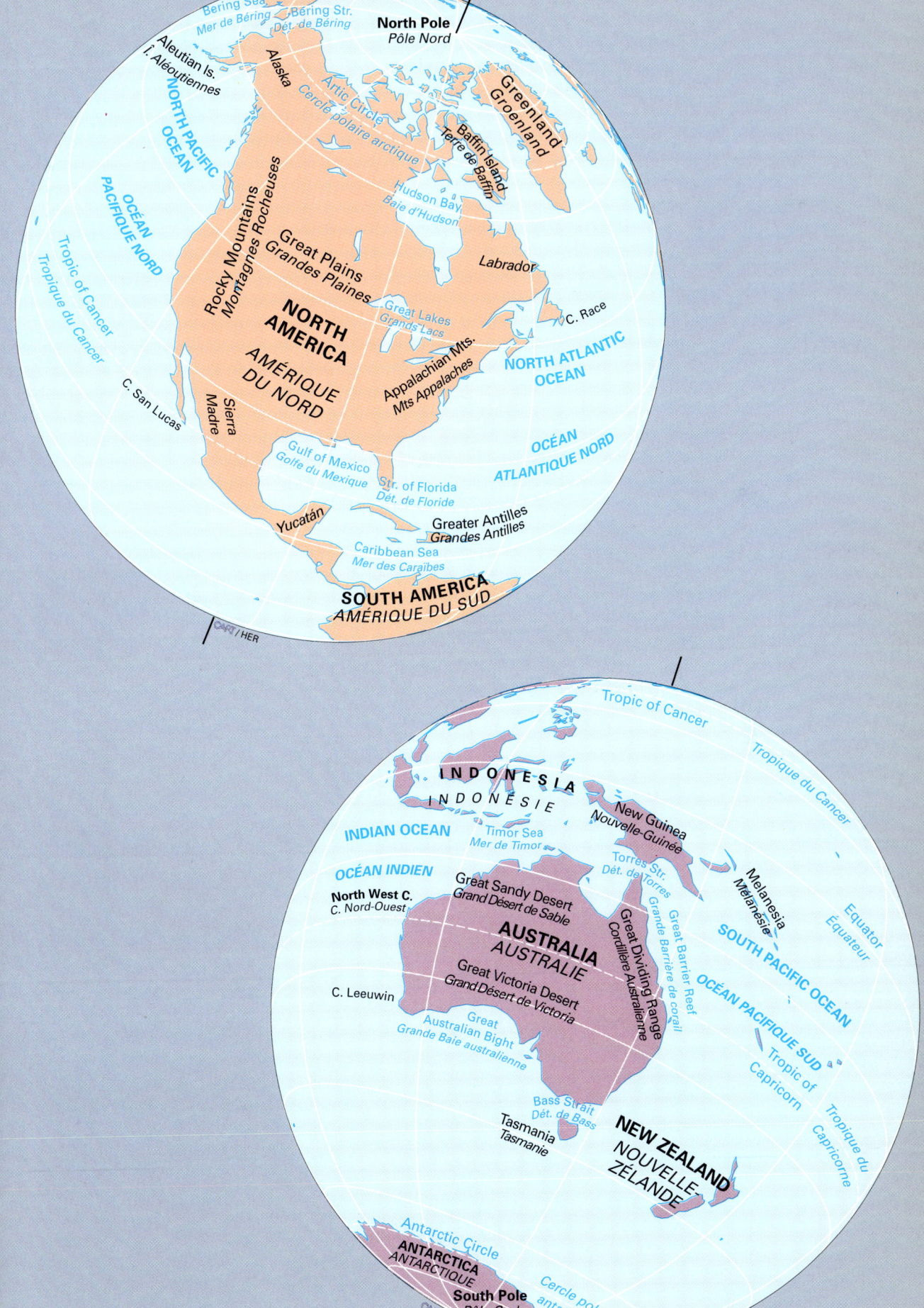

map / carte - 1

PHYSICAL EUROPE

map / carte - 2

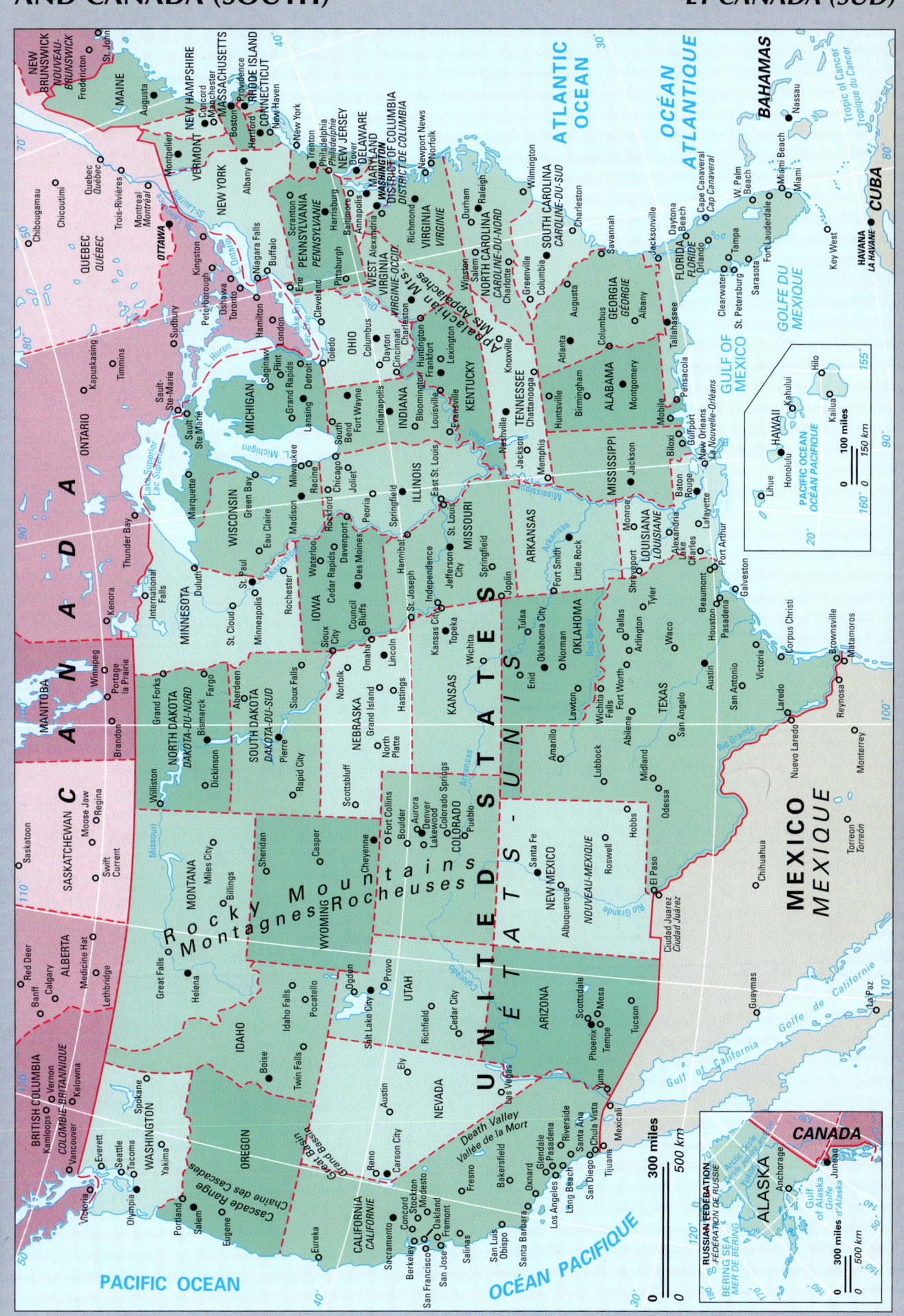

COMMONWEALTH COUNTRIES AND AMERICAN DEPENDENCIES

Commonwealth member countries
Pays membres du Commonwealth

Scale at the Equator, centred on the 180° meridian
Échelle à l'équateur, centrée sur le 180° méridien

map / carte - 6

ENGLISH THESAURUS

DICTIONNAIRE DE SYNONYMES ANGLAIS

ABBREVIATIONS/ABRÉVIATIONS

adj.	Adjective	**Géogr.**	Geography	**Photog.**	Photography
adv.	Adverb	**Gram.**	Grammar	**Physiol.**	Physiologie
Anat.	Anatomy	**Hist.**	History	**pl.**	Plural
Architect.	Architecture	**Inf.**	Informal	**prep.**	Preposition
Aust.	Australia, Australian	**Interj.**	Interjection	**pron.**	Pronoun
Biol.	Biology	**Mil.**	Military	**S. American**	South American
Bot.	Botany	**Mus.**	Music	**Scot.**	Scotland, Scottish
Brit.	Britain, Bristish	**Myth.**	Mythology	**Sl.**	Slang
Canad.	Canada, Canadian	**n.**	Noun	**Theat.**	Theatre
Cap.	Capital letter	**Naut.**	Nautical	**U. S.**	United States, American
Chem.	Chemistry	**N. Z.**	New Zealand		
conj.	Conjunction	**Obs.**	Obsolete	**Usu.**	Usually
Esp.	Especially	**Offens.**	Offensive	**v.**	Verb
fem.	Feminine	**Pathol.**	Pathology	**Zool.**	Zoology
Fig.	Figurative	**Philos.**	Philosophy		

Abbreviations used in the thesaurus (some of which may be different from those used in the French-English dictionary).

Abréviations utilisées dans le thesaurus (dont certaines peuvent être différentes de celles qui figurent dans le corps du texte anglais-français).

ENGLISH THESAURUS

This THESAURUS is based on the latest findings of the *COLLINS ENGLISH THESAURUS*. It contains over 20,000 entries and more than 200,000 synonyms. It can be used alone or in conjunction with the English-French dictionary. Each dictionary entry for which a list of synonyms is given in the thesaurus is marked →SYN. For example:

> **dictionary** ['dɪkʃənrɪ] →SYN 1 n dictionnaire m ◆ **to look up a word in a dictionary** chercher un mot dans un dictionnaire ◆ **it's not in the dictionary** ce n'est pas dans le dictionnaire ◆ **French dictionary** dictionnaire m de français ◆ **English-French dictionary** dictionnaire m anglais-français ◆ **monolingual/bilingual dictionary** dictionnaire m monolingue/bilingue

However, a monolingual text in which the internal relationships are fully respected will always differ in structure from a bilingual text, which, of necessity, concentrates on relationships across languages. The structure of the ENGLISH THESAURUS, therefore, does not always correspond to that of the bilingual *ENGLISH-FRENCH DICTIONARY*. The grammatical and semantic splits and style, register and subject field labels differ in some respects and we have not attempted to give the two texts an artificially parallel presentation. By the same token, the illustrative phrases which are given in the thesaurus are there to show the richness and the descriptive power of the language but they are not systematically covered in the entries of the bilingual dictionary.

DICTIONNAIRE DE SYNONYMES ANGLAIS

Le présent DICTIONNAIRE DE SYNONYMES a été constitué à partir des derniers travaux linguistiques menés sur le *COLLINS ENGLISH THESAURUS*. Il contient 20 000 entrées et plus de 200 000 équivalents. Ce dictionnaire peut être utilisé seul ou en liaison avec la partie anglais-français. Tous les mots de la partie bilingue faisant l'objet d'un développement synonymique sont suivis de l'indication →SYN. Par exemple :

> **dictionary** ['dɪkʃənrɪ] →SYN 1 n dictionnaire m ◆ **to look up a word in a dictionary** chercher un mot dans un dictionnaire ◆ **it's not in the dictionary** ce n'est pas dans le dictionnaire ◆ **French dictionary** dictionnaire m de français ◆ **English-French dictionary** dictionnaire m anglais-français ◆ **monolingual/bilingual dictionary** dictionnaire m monolingue/bilingue

REMARQUE : Le THESAURUS anglais du *SUPER SENIOR* est un texte monolingue qui obéit à sa logique propre. Sa structure, son découpage syntaxique et sémantique, ses indications de style, de registre et de domaines sont différents de ceux du dictionnaire traductif qui par définition s'attache à mettre en évidence les rapports qui existent entre les langues. Les auteurs ne prétendent donc pas soumettre les articles de l'un et de l'autre à un quelconque parallélisme de présentation qui ne pourrait qu'être artificiel. De même, les éléments de phraséologie proposés dans les articles du THESAURUS figurent en raison de leur richesse et de leur force évocatrice mais ils ne sont pas tous systématiquement repris dans les articles du dictionnaire traductif.

A

abandon
- v. [1] desert, forsake, jilt, leave, leave behind [2] evacuate, quit, vacate, withdraw from [3] abdicate, cede, give up, relinquish, renounce, resign, surrender, waive, yield [4] desist, discontinue, drop, forgo, kick (Inf.)
- n. [5] careless freedom, dash, recklessness, unrestraint, wantonness, wild impulse, wildness

abandoned [1] cast aside, cast away, cast out, derelict, deserted, discarded, dropped, forlorn, forsaken, jilted, left, neglected, outcast, rejected, relinquished, unoccupied, vacant [2] corrupt, debauched, depraved, dissipated, dissolute, profligate, reprobate, sinful, wanton, wicked [3] uncontrolled, uninhibited, unrestrained, wild

abandonment [1] dereliction, desertion, forsaking, jilting, leaving [2] evacuation, quitting, withdrawal from [3] abdication, cession, giving up, relinquishment, renunciation, resignation, surrender, waiver [4] desistance, discontinuation, dropping

abbey cloister, convent, friary, monastery, nunnery, priory

abbreviate abridge, abstract, clip, compress, condense, contract, curtail, cut, digest, epitomize, précis, reduce, shorten, summarize, trim, truncate

abbreviation abridgement, abstract, clipping, compendium, compression, condensation, conspectus, contraction, curtailment, digest, epitome, précis, reduction, résumé, shortening, summary, synopsis, trimming, truncation

abdicate abandon, abjure, abnegate, cede, forgo, give up, quit, relinquish, renounce, resign, retire, step down (Inf.), surrender, vacate, waive, yield

abdication abandonment, abjuration, abnegation, cession, giving up, quitting, relinquishment, renunciation, resignation, retiral (esp. Scot.), retirement, surrender, waiver, yielding

abdominal gastric, intestinal, stomachic, stomachical, visceral

abduct carry off, kidnap, make off with, run away with, run off with, seize, snatch (Sl.)

abet [1] aid, assist, back, condone, connive at, help, promote, sanction, second, succour, support, sustain, uphold [2] egg on, encourage, incite, prompt, spur, urge

abeyance [1] adjournment, deferral, discontinuation, inactivity, intermission, postponement, recess, reservation, suspense, suspension, waiting [2] **in abeyance** hanging fire, on ice (Inf.), pending, shelved, suspended

abhor abominate, detest, execrate, hate, loathe, recoil from, regard with repugnance or horror, shrink from, shudder at

abhorrent abominable, detestable, disgusting, distasteful, execrable, hated, hateful, heinous, horrible, horrid, loathsome, obnoxious, obscene, odious, offensive, repellent, repugnant, repulsive, revolting, yucky or yukky (Sl.)

abide [1] accept, bear, brook, endure, put up with, stand, stomach, submit to, suffer, tolerate [2] dwell, linger, live, lodge, reside, rest, sojourn, stay, stop, tarry, wait [3] continue, endure, last, persist, remain, survive

abide by [1] acknowledge, agree to, comply with, conform to, follow, obey, observe, submit to [2] adhere to, carry out, discharge, fulfil, hold to, keep to, persist in, stand by

abiding constant, continuing, durable, enduring, eternal, everlasting, fast, firm, immortal, immutable, indissoluble, lasting, permanent, persistent, persisting, steadfast, surviving, tenacious, unchanging, unending

ability adeptness, aptitude, capability, capacity, competence, competency, craft, dexterity, endowment, energy, expertise, expertness, facility, faculty, flair, force, gift, knack, know-how (Inf.), potentiality, power, proficiency, qualification, skill, talent

abject [1] base, contemptible, cringing, debased, degraded, despicable, dishonourable, fawning, grovelling, humiliating, ignoble, ignominious, low, mean, servile, slavish, sordid, submissive, vile, worthless [2] deplorable, forlorn, hopeless, miserable, outcast, pitiable, wretched

ablaze [1] afire, aflame, alight, blazing, burning, fiery, flaming, ignited, lighted, on fire [2] aglow, brilliant, flashing, gleaming, glowing, illuminated, incandescent, luminous, radiant, sparkling [3] angry, aroused, enthusiastic, excited, fervent, frenzied, fuming, furious, impassioned, incensed, passionate, raging, stimulated

able accomplished, adept, adequate, adroit, capable, clever, competent, effective, efficient, experienced, expert, fit, fitted, gifted, highly endowed, masterful, masterly, powerful, practised, proficient, qualified, skilful, skilled, strong, talented

able-bodied firm, fit, hale, hardy, healthy, hearty, lusty, powerful, robust, sound, staunch, stout, strapping, strong, sturdy, vigorous

abnormal aberrant, anomalous, atypical, curious, deviant, eccentric, erratic, exceptional, extraordinary, irregular, monstrous, odd, oddball (Inf.), off-the-wall (Sl.), outré, peculiar, queer, singular, strange, uncommon, unexpected, unnatural, untypical, unusual, wacko (Sl.), weird

abnormality aberration, anomaly, atypicalness, bizarreness, deformity, deviation, eccentricity, exception, extraordinariness, flaw, irregularity, monstrosity, oddity, peculiarity, queerness, singularity, strangeness, uncommonness, unexpectedness, unnaturalness, untypicalness, unusualness, weirdness

abolish abrogate, annihilate, annul, axe (Inf.), blot out, cancel, destroy, do away with, eliminate, end, eradicate, expunge, exterminate, extinguish, extirpate, invalidate, nullify, obliterate, overthrow, overturn, put an end to, quash, repeal, repudiate, rescind, revoke, stamp out, subvert, suppress, terminate, vitiate, void, wipe out

abolition abrogation, annihilation, annulment, blotting out, cancellation, destruction, elimination, end, ending, eradication, expunction, extermination, extinction, extirpation, invalidation, nullification, obliteration, overthrow, overturning, quashing, repeal, repudiation, rescission, revocation, stamping out, subversion, suppression, termination, vitiation, voiding, wiping out, withdrawal

abominable abhorrent, accursed, atrocious, base, contemptible, despicable, detestable, disgusting, execrable, foul, godawful (Sl.), hateful, heinous, hellish, horrible, horrid, loathsome, nauseous, obnoxious, obscene, odious, repellent, reprehensible, repugnant, repulsive, revolting, terrible, vile, villainous, wretched, yucky or yukky (Sl.)

abominate abhor, detest, execrate, hate, loathe, recoil from, regard with repugnance, shudder at

abomination [1] abhorrence, antipathy, aversion, detestation, disgust, distaste, execration, hate, hatred, horror, loathing, odium, repugnance, revulsion [2] anathema, bête noire, bugbear, curse, disgrace, evil, horror, plague, shame, torment

aboriginal ancient, autochthonous, earliest, first, indigenous, native, original, primary, primeval, primitive, primordial, pristine

abound be jammed with, be packed with, be plentiful, crowd, flourish, increase, infest, luxuriate, overflow, proliferate, superabound, swarm, swell, teem, thrive

about
- prep. [1] anent (Scot.), as regards, concerned with, concerning, connected with, dealing with, on, re, referring to, regarding, relating to, relative to, respecting, touching, with respect to [2] adjacent, beside, circa (used with dates), close to, near, nearby [3] around, encircling, on all sides, round, surrounding [4] all over, over, through, throughout
- adv. [5] almost, approaching, approximately, around, close to, more or less, nearing, nearly, roughly [6] from place to place, here and there, hither and thither, to and fro
- adj. [7] active, around, astir, in motion, present, stirring

above
- prep. [1] atop, beyond, exceeding, higher than, on top of, over, upon
- adv. [2] aloft, atop, in heaven, on high, overhead
- adj. [3] aforementioned, aforesaid, earlier, foregoing, preceding, previous, prior [4] before, beyond, exceeding, prior to, superior to, surpassing

aboveboard [1] adv. candidly, forthrightly, frankly, honestly, honourably, openly, overtly, straightforwardly, truly, truthfully, uprightly, veraciously, without guile [2] adj. candid, fair and square, forthright, frank, guileless, honest, honourable, kosher (Inf.), legitimate, on the up and up, open, overt, square, straight, straightforward, true, trustworthy, truthful, upfront (Inf.), upright, veracious

abrasion [1] (Medical) chafe, graze, scrape, scratch, scuff, surface injury [2] abrading, chafing, erosion, friction, grating, rubbing, scouring, scraping, scratching, scuffing, wearing away, wearing down

abrasive
- adj. [1] chafing, erosive, frictional, grating, rough, scraping, scratching, scratchy, scuffing [2] annoying, biting, caustic, cutting, galling, grating, hurtful, irritating, nasty, rough, sharp, unpleasant, vitriolic
- n. [3] abradant, burnisher, grinder, scarifier, scourer

abreast [1] alongside, beside, level, shoulder to shoulder, side by side [2] acquainted, au courant, au fait, conversant, familiar, informed, in touch, knowledgeable, up to date

abridge abbreviate, abstract, clip, compress, concentrate, condense, contract, curtail, cut, cut down, decrease, digest, diminish, epitomize, lessen, précis, reduce, shorten, summarize, synopsize (U.S.), trim

abridgement abbreviation, abstract, compendium, condensation, conspectus, contraction, curtailment, cutting, decrease, digest, diminishing, diminution, epitome, lessening, limitation, outline, précis, reduction, restraint, restriction, résumé, shortening, summary, synopsis

abroad [1] beyond the sea, in foreign lands, out of the country, overseas [2] about, at large, away, circulating, current, elsewhere, extensively, far, far and wide, forth, in circulation, out, out-of-doors, outside, publicly, widely, without

abrupt [1] blunt, brisk, brusque, curt, direct, discourteous, gruff, impatient, impolite, rough, rude, short, snappish, snappy, terse, unceremonious, uncivil, ungracious [2] precipitous, sharp, sheer, steep, sudden [3] hasty, headlong, hurried, precipitate, quick, sudden, surprising, swift, unanticipated, unexpected, unforeseen [4] broken, disconnected, discontinuous, irregular, jerky, uneven

abscond bolt, clear out, decamp, disappear, do a bunk (Brit. sl.), do a runner (Sl.), escape, flee, flit (Inf.), fly, fly the coop (U.S. & Canad. inf.), make off, run off, skedaddle (Inf.), slip away, sneak away, steal away, take a powder (U.S. & Canad. sl.), take it on the lam (U.S. & Canad. sl.)

absence [1] absenteeism, nonappearance, nonattendance, truancy [2] default, defect, deficiency, lack, need, nonexistence, omission, privation, unavailability, want [3] absent-mindedness, abstraction, distraction, inattention, preoccupation, reverie

absent
- adj. [1] away, elsewhere, gone, lacking, missing, nonattendant, nonexistent, not present, out, truant, unavailable, wanting [2] absentminded, absorbed, abstracted, bemused, blank, daydreaming, distracted, dreamy, empty, faraway, heedless, inattentive, musing, oblivious, preoccupied, unaware, unconscious, unheeding, unthinking, vacant, vague
- v. [3] **absent oneself** abscond, depart, keep away, play truant, remove, slope off (Inf.), stay away, truant, withdraw

absently absent-mindedly, abstractedly, bemusedly, blankly, distractedly, dreamily, emptily, heedlessly, inattentively, obliviously, on automatic pilot, unconsciously, unheedingly, vacantly, vaguely

absent-minded absent, absorbed, abstracted, bemused, distracted, dreaming, dreamy, engrossed, faraway, forgetful, heedless, in a brown study, inattentive, musing, oblivious, preoccupied, unaware, unconscious, unheeding, unthinking

absolute [1] arrant, complete, consummate, deep-dyed (Usu. derogatory), downright, entire, out-and-out, outright, perfect, pure, sheer, thorough, total, unadulterated, unalloyed, unmitigated, unmixed, unqualified, utter [2] actual, categorical, certain, conclusive, decided, decisive, definite, exact, genuine, infallible, positive, precise, sure, unambiguous, unequivocal, unquestionable [3] absolutist, arbitrary, autarchical, autocratic, autonomous, despotic, dictatorial, full, peremptory, sovereign, supreme, tyrannical, unbounded, unconditional, unlimited, unqualified, unquestionable, unrestrained, unrestricted

absolutely [1] completely, consummately, entirely, fully, perfectly, purely, thoroughly, totally, unmitigatedly, utterly, wholly [2] actually, categorically, certainly, conclusively, decidedly, decisively, definitely, exactly, genuinely, infallibly, positively, precisely, surely, truly, unambiguously, unequivocally, unquestionably [3] arbitrarily, autocratically, autonomously, despotically, dictatorially, fully, peremptorily, sovereignly, supremely, tyrannically, unconditionally, unquestionably, unrestrainedly, without qualification

absolution acquittal, amnesty, deliverance, discharge, dispensation, exculpation, exemption, exoneration, forgiveness, freeing, indulgence, liberation, mercy, pardon, release, remission, setting free, shriving, vindication

absolutism absoluteness, arbitrariness, autarchy, authoritarianism, autocracy, despotism, dictatorship, totalitarianism, tyranny

absolutist arbiter, authoritarian, autocrat, despot, dictator, totalitarian, tyrant

absolve acquit, clear, deliver, discharge, exculpate, excuse, exempt, exonerate, forgive, free, let off, liberate, loose, pardon, release, remit, set free, shrive, vindicate

absorb [1] assimilate, consume, devour, digest, drink in, exhaust, imbibe, incorporate, ingest, osmose, receive, soak up, suck up, take in [2] captivate, engage, engross, enwrap, fascinate, fill, fill up, fix, hold, immerse, monopolize, occupy, preoccupy, rivet

absorbing arresting, captivating, engrossing, fascinating, gripping, interesting, intriguing, preoccupying, riveting, spellbinding

abstain avoid, cease, decline, deny (oneself), desist, forbear, forgo, give up, keep from, kick (Inf.), refrain, refuse, renounce, shun, stop, withhold

abstemious abstinent, ascetic, austere, continent, frugal, moderate, self-denying, sober, sparing, temperate

abstention abstaining, abstinence, avoidance, desistance, eschewal, forbearance, nonindulgence, refraining, refusal, self-control, self-denial, self-restraint

abstinence abstemiousness, asceticism, avoidance, continence, forbearance, moderation, refraining, self-denial, self-restraint, soberness, sobriety, teetotalism, temperance

abstinent abstaining, abstemious, continent, forbearing, moderate, self-controlled, selfdenying, self-restraining, sober, temperate

abstract

◆ adj. [1] abstruse, arcane, complex, conceptual, deep, general, generalized, hypothetical, indefinite, intellectual, nonconcrete, notional, occult, philosophical, profound, recondite, separate, subtle, theoretic, theoretical, unpractical, unrealistic

◆ n. [2] abridgement, compendium, condensation, digest, epitome, essence, outline, précis, recapitulation, résumé, summary, synopsis

◆ v. [3] abbreviate, abridge, condense, digest, epitomize, outline, précis, shorten, summarize, synopsize (U.S.) [4] detach, dissociate, extract, isolate, remove, separate, steal, take away, take out, withdraw

abstracted [1] absent, absent-minded, bemused, daydreaming, dreamy, faraway, inattentive, preoccupied, remote, withdrawn, woolgathering [2] abbreviated, abridged, condensed, digested, epitomized, shortened, summarized, synopsized (U.S.)

abstraction [1] absence, absent-mindedness, bemusedness, dreaminess, inattention, pensiveness, preoccupation, remoteness, woolgathering [2] concept, formula, generality, generalization, hypothesis, idea, notion, theorem, theory, thought

abstruse abstract, arcane, complex, dark, deep, Delphic, enigmatic, esoteric, hidden, incomprehensible, mysterious, mystical, obscure, occult, perplexing, profound, puzzling, recondite, subtle, unfathomable, vague

absurd crazy (Inf.), daft (Inf.), farcical, foolish, idiotic, illogical, inane, incongruous, irrational, laughable, ludicrous, meaningless, nonsensical, preposterous, ridiculous, senseless, silly, stupid, unreasonable

absurdity bêtise (Rare), craziness (Inf.), daftness (Inf.), farce, farcicality, farcicalness, folly, foolishness, idiocy, illogicality, illogicalness, incongruity, irrationality, joke, ludicrousness, meaninglessness, nonsense, preposterousness, ridiculousness, senselessness, silliness, stupidity, unreasonableness

abundance [1] affluence, ampleness, bounty, copiousness, exuberance, fullness, heap (Inf.), plenitude, plenteousness, plenty, profusion [2] affluence, big bucks (Inf., chiefly U.S.), big money, fortune, megabucks (U.S. & Canad. sl.), opulence, pretty penny (Inf.), riches, tidy sum (Inf.), wad (U.S. & Canad. sl.), wealth

abundant ample, bounteous, bountiful, copious, exuberant, filled, full, lavish, luxuriant, overflowing, plenteous, plentiful, profuse, rank, rich, teeming, well-provided, well-supplied

abuse

◆ v. [1] damage, exploit, harm, hurt, ill-treat, impose upon, injure, maltreat, manhandle, mar, misapply, misuse, oppress, spoil, take advantage of, wrong [2] calumniate, castigate, curse, defame, disparage, insult, inveigh against, libel, malign, revile, scold, slander, smear, swear at, traduce, upbraid, vilify, vituperate

◆ n. [3] damage, exploitation, harm, hurt, ill-treatment, imposition, injury, maltreatment, manhandling, misapplication, misuse, oppression, spoiling, wrong [4] blame, calumniation, castigation, censure, character assassination, contumely, curses, cursing, defamation, derision, disparagement, insults, invective, libel, opprobrium, reproach, revilement, scolding, slander, swearing, tirade, traducement, upbraiding, vilification, vituperation [5] corruption, crime, delinquency, fault, injustice, misconduct, misdeed, offence, sin, wrong, wrongdoing

abusive [1] calumniating, castigating, censorious, contumelious, defamatory, derisive, disparaging, insulting, invective, libellous, maligning, offensive, opprobrious, reproachful, reviling, rude, scathing, scolding, slanderous, traducing, upbraiding, vilifying, vituperative [2] brutal, cruel, destructive, harmful, hurtful, injurious, rough

abysmal bottomless, boundless, complete, deep, endless, extreme, immeasurable, incalculable, infinite, profound, thorough, unending, unfathomable, vast

abyss abysm, bottomless depth, chasm, crevasse, fissure, gorge, gulf, pit, void

academic

◆ adj. [1] bookish, campus, college, collegiate, erudite, highbrow, learned, lettered, literary, scholarly, scholastic, school, studious, university [2] abstract, conjectural, hypothetical, impractical, notional, speculative, theoretical

◆ n. [3] academician, don, fellow, lecturer, master, professor, pupil, scholar, scholastic, schoolman, student, tutor

accede [1] accept, acquiesce, admit, agree, assent, comply, concede, concur, consent, endorse, grant, own, yield [2] assume, attain, come to, enter upon, inherit, succeed, succeed to (as heir)

accelerate advance, expedite, forward, further, hasten, hurry, pick up speed, precipitate, quicken, speed, speed up, spur, step up (Inf.), stimulate

acceleration expedition, hastening, hurrying, quickening, speeding up, spurring, stepping up (Inf.), stimulation

accent

◆ n. [1] beat, cadence, emphasis, force, pitch, rhythm, stress, timbre, tonality [2] articulation, enunciation, inflection, intonation, modulation, pronunciation, tone

◆ v. [3] accentuate, emphasize, stress, underline, underscore

accentuate accent, draw attention to, emphasize, highlight, stress, underline, underscore

accept [1] acquire, gain, get, have, obtain, receive, secure, take [2] accede, acknowledge, acquiesce, admit, adopt, affirm, agree to, approve, believe, buy (Sl.), concur with, consent to, cooperate with, recognize, swallow (Inf.) [3] bear, bow to, brook, defer to, put up with, stand, submit to, suffer, take, yield to [4] acknowledge, admit, assume, avow, bear, take on, undertake

acceptable [1] agreeable, delightful, grateful, gratifying, pleasant, pleasing, welcome [2] adequate, admissible, all right, fair, moderate, passable, satisfactory, so-so (Inf.), standard, tolerable

acceptance [1] accepting, acquiring, gaining, getting, having, obtaining, receipt, securing, taking [2] accedence, accession, acknowledgement, acquiescence, admission, adoption, affirmation, agreement, approbation, approval, assent, belief, compliance, concession, concurrence, consensus, consent, cooperation, credence, OK or okay (Inf.), permission, recognition, stamp or seal of approval [3] deference, standing, submission, taking, yielding [4] acknowledgement, admission, assumption, avowal, taking on, undertaking

accepted acceptable, acknowledged, admitted, agreed, agreed upon, approved, authorized, common, confirmed, conventional, customary, established, normal, received, recognized, regular, sanctioned, standard, timehonoured, traditional, universal, usual

access [1] admission, admittance, approach, avenue, course, door, entering, entrance, entrée, entry, gateway, key, passage, passageway, path, road [2] (Medical) attack, fit, onset, outburst, paroxysm

accessibility [1] approachability, attainability, availability, handiness, nearness, obtainability, possibility, readiness [2] affability, approachability, conversableness, cordiality, friendliness, informality [3] exposedness, openness, susceptibility

accessible [1] achievable, at hand, attainable, available, get-at-able (Inf.), handy, near, nearby, obtainable, on hand, possible, reachable, ready [2] affable, approachable, available, conversable, cordial, friendly, informal [3] exposed, liable, open, subject, susceptible, vulnerable, wide-open

accessory

◆ n. [1] abettor, accomplice, assistant, associate (in crime), colleague, confederate, helper, partner [2] accent, accompaniment, addition, add-on, adjunct, adornment, aid, appendage, attachment, component, convenience, decoration, extension, extra, frill, help, supplement, trim, trimming

◆ adj. [3] abetting, additional, aiding, ancillary, assisting in, auxiliary, contributory, extra, secondary, subordinate, supplemental, supplementary

accident [1] blow, calamity, casualty, chance, collision, crash, disaster, misadventure, mischance, misfortune, mishap, pile-up (Inf.) [2] chance, fate, fluke, fortuity, fortune, hazard, luck

accidental adventitious, casual, chance, contingent, fortuitous, haphazard, inadvertent, incidental, inessential, nonessential, random, uncalculated, uncertain, unessential, unexpected, unforeseen, unintended, unintentional, unlooked-for, unplanned, unpremeditated, unwitting

accidentally adventitiously, by accident, by chance, by mistake, casually, fortuitously, haphazardly, inadvertently, incidentally, randomly, unconsciously, undesignedly, unexpectedly, unintentionally, unwittingly

acclaim [1] v. applaud, approve, celebrate, cheer, clap, commend, crack up (Inf.), eulogize, exalt, extol, hail, honour, laud, praise, salute, welcome [2] n. acclamation, applause, approbation, approval, celebration, cheering, clapping, commendation, eulogizing, exaltation, honour, laudation, plaudits, praise, welcome

acclamation acclaim, adulation, approbation, cheer, cheering, cheers, enthusiasm, laudation, loud homage, ovation, plaudit, praise, salutation, shouting, tribute

acclimatization acclimation, accommodation, acculturation, adaptation, adjustment, habituation, inurement, naturalization

acclimatize accommodate, acculture, accustom, adapt, adjust, become seasoned to, get used to, habituate, inure, naturalize

accommodate [1] billet, board, cater for, entertain, harbour, house, lodge, put up, quarter, shelter [2] afford, aid, assist, furnish, help, oblige, provide, purvey, serve, supply [3] accustom, adapt, adjust, comply, compose, conform, fit, harmonize, modify, reconcile, settle

accommodating complaisant, considerate, cooperative, friendly, helpful, hospitable, kind, obliging, polite, unselfish, willing

accommodation [1] adaptation, adjustment, compliance, composition, compromise, conformity, fitting, harmony, modification, reconciliation, settlement 2 board, digs (Brit. inf.), harbouring, house, housing, lodging(s), quartering, quarters, shelter, sheltering 3 aid, assistance, help, provision, service, supply

accompany 1 attend, chaperon(e), conduct, convoy, escort, go with, squire, usher 2 belong to, coexist with, coincide with, come with, follow, go together with, join with, occur with, supplement

accomplice abettor, accessory, ally, assistant, associate, coadjutor, collaborator, colleague, confederate, helper, henchman, partner

accomplish achieve, attain, bring about, bring off (Inf.), carry out, complete, conclude, consummate, do, effect, effectuate, execute, finish, fulfil, manage, perform, produce, realize

accomplished 1 achieved, attained, brought about, carried out, completed, concluded, consummated, done, effected, executed, finished, fulfilled, managed, performed, produced, realized 2 adept, consummate, cultivated, expert, gifted, masterly, polished, practised, proficient, skilful, skilled, talented

accomplishment 1 achievement, attainment, bringing about, carrying out, completion, conclusion, consummation, doing, effecting, execution, finishing, fulfilment, management, performance, production, realization 2 achievement, act, attainment, coup, deed, exploit, feat, stroke, triumph 3 ability, achievement, art, attainment, capability, craft, gift, proficiency, skill, talent

accord

- v. 1 agree, assent, be in tune (Inf.), concur, conform, correspond, fit, harmonize, match, suit, tally 2 allow, bestow, concede, confer, endow, give, grant, present, render, tender, vouchsafe
- n. 3 accordance, agreement, concert, concurrence, conformity, congruence, correspondence, harmony, rapport, sympathy, unanimity, unison

accordance 1 accord, agreement, assent, concert, concurrence, conformity, congruence, correspondence, harmony, rapport, sympathy, unanimity 2 according, allowance, bestowal, concession, conferment, conferral, endowment, gift, giving, granting, presentation, rendering, tendering

accordingly 1 appropriately, correspondingly, fitly, properly, suitably 2 as a result, consequently, ergo, hence, in consequence, so, therefore, thus

according to 1 commensurate with, in proportion, in relation 2 as believed by, as maintained by, as stated by, in the light of, on the authority of, on the report of 3 after, after the manner of, consistent with, in accordance with, in compliance with, in conformity with, in harmony with, in keeping with, in line with, in obedience to, in step with, in the manner of, obedient to

account

- n. 1 chronicle, description, detail, explanation, history, narration, narrative, recital, record, relation, report, statement, story, tale, version 2 (Commerce) balance, bill, book, books, charge, computation, inventory, invoice, ledger, reckoning, register, score, statement, tally 3 advantage, benefit, consequence, distinction, esteem, honour, import, importance, merit, note, profit, rank, repute, significance, standing, use, value, worth 4 basis, cause, consideration, ground, grounds, interest, motive, reason, regard, sake, score
- v. 5 appraise, assess, believe, calculate, compute, consider, count, deem, esteem, estimate, explain, gauge, hold, judge, rate, reckon, regard, think, value, weigh

accountability 1 answerability, chargeability, culpability, liability, responsibility 2 comprehensibility, explainability, explicability, intelligibility, understandability

accountable 1 amenable, answerable, charged with, liable, obligated, obliged, responsible 2 comprehensible, explainable, explicable, intelligible, understandable

account for 1 answer for, clarify, clear up, elucidate, explain, illuminate, justify, rationalize 2 destroy, incapacitate, kill, put out of action

accredit 1 appoint, authorize, certify, commission, depute, empower, endorse, entrust, guarantee, license, recognize, sanction, vouch for 2 ascribe, assign, attribute, credit

accredited appointed, authorized, certified, commissioned, deputed, deputized, empowered, endorsed, guaranteed, licensed, official, recognized, sanctioned, vouched for

accrue accumulate, amass, arise, be added, build up, collect, enlarge, ensue, flow, follow, grow, increase, issue, spring up

accumulate accrue, amass, build up, collect, cumulate, gather, grow, hoard, increase, pile up, stockpile, store

accumulation aggregation, augmentation, build-up, collection, conglomeration, gathering, growth, heap, hoard, increase, mass, pile, stack, stock, stockpile, store

accuracy accurateness, authenticity, carefulness, closeness, correctness, exactitude, exactness, faithfulness, faultlessness, fidelity, meticulousness, niceness, nicety, precision, strictness, truth, truthfulness, veracity, verity

accurate authentic, careful, close, correct, exact, faithful, faultless, just, meticulous, nice, precise, proper, regular, right, scrupulous, spot-on (Brit. inf.), strict, true, truthful, unerring, veracious

accurately authentically, carefully, closely, correctly, exactly, faithfully, faultlessly, justly, meticulously, nicely, precisely, properly, regularly, rightly, scrupulously, strictly, truly, truthfully, unerringly, veraciously

accursed 1 bedevilled, bewitched, condemned, cursed, damned, doomed, hopeless, ill-fated, ill-omened, jinxed, luckless, ruined, undone, unfortunate, unlucky, wretched 2 abominable, despicable, detestable, execrable, hateful, hellish, horrible

accusation allegation, arraignment, attribution, charge, citation, complaint, denunciation, impeachment, imputation, incrimination, indictment, recrimination

accuse allege, arraign, attribute, blame, censure, charge, cite, denounce, impeach, impute, incriminate, indict, recriminate, tax

accustom acclimatize, acquaint, adapt, discipline, exercise, familiarize, habituate, inure, season, train

accustomed 1 acclimatized, acquainted, adapted, disciplined, exercised, familiar, familiarized, given to, habituated, in the habit of, inured, seasoned, trained, used 2 common, conventional, customary, established, everyday, expected, fixed, general, habitual, normal, ordinary, regular, routine, set, traditional, usual, wonted

ace

- n. 1 (Cards, dice, etc.) one, single point 2 (Inf.) adept, buff (Inf.), champion, dab hand (Brit. inf.), expert, genius, hotshot (Inf.), master, maven (U.S.), star, virtuoso, whiz (Inf.), winner, wizard (Inf.)
- adj. 3 (Inf.) brilliant, champion, excellent, expert, fine, great, masterly, outstanding, superb, virtuoso

ache

- v. 1 hurt, pain, pound, smart, suffer, throb, twinge 2 agonize, eat one's heart out, grieve, mourn, sorrow, suffer 3 covet, crave, desire, eat one's heart out over, hanker, hope, hunger, long, need, pine, thirst, yearn
- n. 4 hurt, pain, pang, pounding, smart, smarting, soreness, suffering, throb, throbbing 5 anguish, grief, mourning, sorrow, suffering 6 craving, desire, hankering, hope, hunger, longing, need, pining, thirst, yearning

achieve accomplish, acquire, attain, bring about, carry out, complete, consummate, do, earn, effect, execute, finish, fulfil, gain, get, obtain, perform, procure, reach, realize, win

achievement 1 accomplishment, acquirement, attainment, completion, execution, fulfilment, performance, production, realization 2 accomplishment, act, deed, effort, exploit, feat, stroke

acid 1 acerb, acerbic, acetic, acidulous, acrid, biting, pungent, sharp, sour, tart, vinegarish, vinegary 2 acerbic, biting, bitter, caustic, cutting, harsh, hurtful, mordacious, mordant, pungent, sharp, stinging, trenchant, vitriolic

acidity 1 acerbity, acidulousness, acridity, acridness, bitterness, pungency, sharpness, sourness, tartness, vinegariness, vinegarishness 2 acerbity, acridity, acridness, bitterness, causticity, causticness, harshness, hurtfulness, mordancy, pungency, sharpness, trenchancy

acknowledge 1 accede, accept, acquiesce, admit, allow, concede, confess, declare, grant, own, profess, recognize, yield 2 address, greet, hail, notice, recognize, salute 3 answer, notice, react to, recognize, reply to, respond to, return

acknowledged accepted, accredited, admitted, answered, approved, conceded, confessed, declared, professed, recognized, returned

acknowledgement 1 acceptance, accession, acquiescence, admission, allowing, confession, declaration, profession, realization, yielding 2 addressing, greeting, hail, hailing, notice, recognition, salutation, salute 3 answer, appreciation, Brownie points, credit, gratitude, reaction, recognition, reply, response, return, thanks

acme apex, climax, crest, crown, culmination, height, high point, optimum, peak, pinnacle, summit, top, vertex, zenith

acquaint advise, announce, apprise, disclose, divulge, enlighten, familiarize, inform, let (someone) know, notify, reveal, tell

acquaintance 1 associate, colleague, contact 2 association, awareness, cognizance, companionship, conversance, conversancy, experience, familiarity, fellowship, intimacy, knowledge, relationship, social contact, understanding

acquiesce accede, accept, agree, allow, approve, assent, bow to, comply, concur, conform, consent, give in, go along with, submit, yield

acquiescence acceptance, accession, agreement, approval, assent, compliance, concurrence, conformity, consent, giving in, obedience, submission, yielding

acquire achieve, amass, attain, buy, collect, earn, gain, gather, get, obtain, pick up, procure, realize, receive, score (Sl.), secure, win

acquisition 1 buy, gain, possession, prize, property, purchase 2 achievement, acquirement, attainment, gaining, learning, obtainment, procurement, pursuit

acquisitive avaricious, avid, covetous, grabbing, grasping, greedy, predatory, rapacious

acquisitiveness avarice, avidity, avidness, covetousness, graspingness, greed, predatoriness, rapaciousness, rapacity

acquit 1 absolve, clear, deliver, discharge, exculpate, exonerate, free, fulfil, liberate, release, relieve, vindicate 2 discharge, pay, pay off, repay, satisfy, settle 3 bear, behave, comport, conduct, perform

acquittal absolution, clearance, deliverance, discharge, exculpation, exoneration, freeing, liberation, release, relief, vindication

acrid 1 acerb, acid, astringent, biting, bitter, burning, caustic, harsh, irritating, pungent, sharp, stinging, vitriolic 2 acrimonious, biting, bitter, caustic, cutting, harsh, mordacious, mordant, nasty, sarcastic, sharp, trenchant, vitriolic

acrimonious acerbic, astringent, biting, bitter, caustic, censorious, churlish, crabbed, cutting, irascible, mordacious, mordant, peevish, petulant, pungent, rancorous, sarcastic, severe, sharp, spiteful, splenetic, tart, testy, trenchant, vitriolic

acrimony acerbity, asperity, astringency, bitterness, churlishness, harshness, ill will, irascibility, mordancy, peevishness, rancour, sarcasm, spleen, tartness, trenchancy, virulence

act

- n. 1 accomplishment, achievement, action, blow, deed, doing, execution, exertion, exploit, feat, move, operation, performance, step, stroke, undertaking 2 bill, decree, edict, enactment, law, measure, ordinance, resolution, statute 3 affectation, attitude, counterfeit, dissimulation, fake, feigning, front, performance, pose, posture, pretence, sham, show, stance 4 performance, routine, show, sketch, turn
- v. 5 acquit, bear, behave, carry, carry out, comport, conduct, do, enact, execute, exert, function, go about, make, move, operate, perform, react, serve, strike, take effect, undertake, work 6 affect, assume, counterfeit, dissimulate, feign, imitate, perform, pose, posture, pretend, put on, seem, sham 7 act out, characterize, enact, impersonate, mime, mimic, perform, personate, personify, play, play or take the part of, portray, represent

acting

- adj. 1 interim, pro tem, provisional, substitute, surrogate, temporary

◆ n. [2] characterization, dramatics, enacting, impersonation, performance, performing, playing, portrayal, portraying, stagecraft, theatre [3] assuming, counterfeiting, dissimulation, feigning, imitating, imitation, imposture, play-acting, posing, posturing, pretence, pretending, putting on, seeming, shamming

action [1] accomplishment, achievement, act, blow, deed, exercise, exertion, exploit, feat, move, operation, performance, step, stroke, undertaking [2] activity, energy, force, liveliness, spirit, vigour, vim, vitality [3] activity, effect, effort, exertion, force, functioning, influence, motion, movement, operation, power, process, work, working [4] battle, combat, conflict, fighting, warfare [5] affray, battle, clash, combat, contest, encounter, engagement, fight, fray, skirmish, sortie [6] case, cause, lawsuit, litigation, proceeding, prosecution, suit

activate actuate, animate, arouse, energize, galvanize, get going, impel, initiate, kick-start, mobilize, motivate, move, prod, prompt, propel, rouse, set going, set in motion, set off, start, stimulate, stir, switch on, trigger (off), turn on

active [1] acting, astir, at work, doing, effectual, functioning, in action, in force, in operation, live, moving, operative, running, stirring, working [2] bustling, busy, engaged, full, hardworking, involved, occupied, on the go (Inf.), on the move, strenuous [3] alert, animated, diligent, energetic, industrious, lively, nimble, on the go (Inf.), quick, spirited, sprightly, spry, vibrant, vigorous, vital, vivacious [4] activist, aggressive, ambitious, assertive, committed, devoted, energetic, engaged, enterising, enthusiastic, forceful, forward, hardworking, industrious, militant, zealous

activity [1] action, activeness, animation, bustle, enterprise, exercise, exertion, hurly-burly, hustle, labour, life, liveliness, motion, movement, stir, work [2] act, avocation, deed, endeavour, enterprise, hobby, interest, job, labour, occupation, pastime, project, pursuit, scheme, task, undertaking, venture, work

act on, act upon [1] act in accordance with, carry out, comply with, conform to, follow, heed, obey, yield to [2] affect, alter, change, influence, modify, sway, transform

actor [1] actress, dramatic artist, leading man, performer, play-actor, player, Thespian, tragedian, trouper [2] agent, doer, executor, factor, functionary, operative, operator, participant, participator, performer, perpetrator, practitioner, worker

actress actor, dramatic artist, leading lady, performer, play-actor, player, starlet, Thespian, tragedienne, trouper

actual [1] absolute, categorical, certain, concrete, corporeal, definite, factual, indisputable, indubitable, physical, positive, real, substantial, tangible, undeniable, unquestionable [2] authentic, confirmed, genuine, real, realistic, true, truthful, verified [3] current, existent, extant, live, living, present, present-day, prevailing

actually absolutely, as a matter of fact, de facto, essentially, indeed, in fact, in point of fact, in reality, in truth, literally, really, truly, veritably

actuate animate, arouse, cause, dispose, drive, excite, get going, impel, incite, induce, influence, inspire, instigate, motivate, move, prompt, quicken, rouse, set off, spur, stimulate, stir, urge

act up be naughty, carry on, cause trouble, give bother, give trouble, horse around (Inf.), malfunction, mess about, misbehave, piss about (Taboo sl.), piss around (Taboo sl.), play up (Brit. inf.)

act upon → **act on**

acumen acuteness, astuteness, cleverness, discernment, ingenuity, insight, intelligence, judg(e)ment, keenness, penetration, perception, perspicacity, perspicuity, sagacity, sharpness, shrewdness, smartness, smarts (Sl., chiefly U.S.), wisdom, wit

acute [1] astute, canny, clever, discerning, discriminating, incisive, ingenious, insightful, intuitive, keen, observant, penetrating, perceptive, perspicacious, piercing, sensitive, sharp, smart, subtle [2] critical, crucial, dangerous, decisive, essential, grave, important, serious, severe, sudden, urgent, vital [3] cutting, distressing, excruciating, exquisite, fierce, harrowing, intense, overpowering, overwhelming, piercing, poignant, powerful, racking, severe, sharp, shooting, shrill, stabbing, sudden, violent [4] cuspate, needle-shaped, peaked, pointed, sharp, sharpened

acuteness [1] acuity, astuteness, canniness, cleverness, discernment, discrimination, ingenuity, insight, intuition, intuitiveness, keenness, perception, perceptiveness, perspicacity, sensitivity, sharpness, smartness, subtleness, subtlety, wit [2] criticality, criticalness, cruciality, danger, dangerousness, decisiveness, essentiality, gravity, importance, seriousness, severity, suddenness, urgency, vitalness [3] distressingness, exquisiteness, fierceness, intenseness, intensity, poignancy, powerfulness, severity, sharpness, shrillness, suddenness, violence [4] pointedness, sharpness

adamant [1] determined, firm, fixed, immovable, inexorable, inflexible, insistent, intransigent, obdurate, relentless, resolute, rigid, set, stiff, stubborn, unbending, uncompromising, unrelenting, unshak(e)able, unyielding [2] adamantine, flinty, hard, impenetrable, indestructible, rock-hard, rocky, steely, stony, tough, unbreakable

adapt acclimatize, accommodate, adjust, alter, apply, change, comply, conform, convert, familiarize, fashion, fit, habituate, harmonize, make, match, modify, prepare, qualify, remodel, shape, suit, tailor

adaptability adaptableness, adjustability, alterability, changeability, compliancy, convertibility, flexibility, malleability, modifiability, plasticity, pliability, pliancy, resilience, variability, versatility

adaptable adjustable, alterable, changeable, compliant, conformable, convertible, easy-going, easy-oasy (Sl.), flexible, malleable, modifiable, plastic, pliant, resilient, variable, versatile

adaptation [1] adjustment, alteration, change, conversion, modification, refitting, remodelling, reworking, shift, transformation, variation, version [2] acclimatization, accustomedness, familiarization, habituation, naturalization

add [1] adjoin, affix, amplify, annex, append, attach, augment, enlarge by, include, increase by, supplement [2] add up, compute, count up, reckon, sum up, total, tot up

addendum addition, adjunct, affix, appendage, appendix, attachment, augmentation, codicil, extension, extra, postscript, supplement

addict [1] dope-fiend (Sl.), fiend (Inf.), freak (Inf.), head (Sl.), junkie (Inf.), user (Inf.) [2] adherent, buff (Inf.), devotee, enthusiast, fan, follower, freak (Inf.), nut (Sl.)

addicted absorbed, accustomed, dedicated, dependent, devoted, disposed, fond, habituated, hooked (Sl.), inclined, obsessed, prone

addiction craving, dependence, enslavement, habit, obsession

addition [1] accession, adding, adjoining, affixing, amplification, annexation, attachment, augmentation, enlargement, extension, inclusion, increasing [2] addendum, additive, adjunct, affix, appendage, appendix, extension, extra, gain, increase, increment, supplement [3] adding up, computation, counting up, reckoning, summation, summing up, totalling, totting up [4] **in addition (to)** additionally, also, as well (as), besides, into the bargain, moreover, over and above, to boot, too, withal

additional added, add-on, affixed, appended, extra, fresh, further, increased, more, new, other, over-and-above, spare, supplementary

address

◆ n. [1] abode, domicile, dwelling, home, house, location, lodging, pad (Sl.), place, residence, situation, whereabouts [2] direction, inscription, superscription [3] discourse, disquisition, dissertation, harangue, lecture, oration, sermon, speech, talk [4] adroitness, art, dexterity, discretion, expertness, ingenuity, skilfulness, skill, tact

◆ v. [5] accost, apostrophize, approach, greet, hail, invoke, salute, speak to, talk to [6] discourse, give a speech, give a talk, harangue, lecture, orate, sermonize, speak, spout, talk [7] **address (oneself) to** apply (oneself) to, attend to, concentrate on, devote (oneself) to, engage in, focus on, knuckle down to, look to, take care of, take up, turn to, undertake

adduce advance, allege, cite, designate, mention, name, offer, present, quote

add up [1] add, compute, count, count up, reckon, sum up, total, tot up [2] amount, come to, imply, indicate, mean, reveal, signify [3] be plausible, be reasonable, hold water, make sense, ring true, stand to reason

adept [1] adj. able, accomplished, adroit, dexterous, expert, masterful, masterly, practised, proficient, skilful, skilled, versed [2] n. buff (Inf.), dab hand (Brit. inf.), expert, genius, hotshot (Inf.), master, maven (U.S.), whiz (Inf.)

adequacy capability, commensurateness, competence, fairness, requisiteness, satisfactoriness, sufficiency, suitability, tolerability

adequate capable, commensurate, competent, enough, fair, passable, requisite, satisfactory, sufficient, suitable, tolerable

adhere [1] attach, cement, cleave, cling, cohere, fasten, fix, glue, glue on, hold fast, paste, stick, stick fast, unite [2] abide by, be attached, be constant, be devoted, be faithful, be loyal, be true, cleave to, cling, follow, fulfil, heed, keep, keep to, maintain, mind, obey, observe, respect, stand by, support

adherent [1] n. admirer, advocate, devotee, disciple, fan, follower, hanger-on, henchman, partisan, protagonist, sectary, supporter, upholder, votary [2] adj. adhering, adhesive, clinging, gluey, glutinous, gummy, holding, mucilaginous, sticking, sticky, tacky, tenacious

adhesive [1] adj. adhering, attaching, clinging, cohesive, gluey, glutinous, gummy, holding, mucilaginous, sticking, sticky, tacky, tenacious [2] n. cement, glue, gum, mucilage, paste

adieu congé, farewell, goodbye, leave-taking, parting, valediction

adjacent abutting, adjoining, alongside, beside, bordering, close, contiguous, near, neighbouring, next door, proximate, touching, within sniffing distance (Inf.)

adjoin abut, add, affix, annex, append, approximate, attach, border, combine, communicate with, connect, couple, impinge, interconnect, join, link, neighbour, touch, unite, verge

adjoining abutting, adjacent, bordering, connecting, contiguous, impinging, interconnecting, joined, joining, near, neighbouring, next door, touching, verging

adjourn defer, delay, discontinue, interrupt, postpone, prorogue, put off, put on the back burner (Inf.), recess, stay, suspend, take a rain check on (U.S. & Canad. inf.)

adjournment deferment, deferral, delay, discontinuation, interruption, postponement, prorogation, putting off, recess, stay, suspension

adjudge adjudicate, allot, apportion, assign, award, decide, declare, decree, determine, distribute, judge, order, pronounce

adjudicate adjudge, arbitrate, decide, determine, judge, mediate, referee, settle, umpire

adjudication adjudg(e)ment, arbitration, conclusion, decision, determination, finding, judg(e)ment, pronouncement, ruling, settlement, verdict

adjust acclimatize, accommodate, accustom, adapt, alter, arrange, compose, convert, dispose, fit, fix, harmonize, make conform, measure, modify, order, reconcile, rectify, redress, regulate, remodel, set, settle, suit, tune (up)

adjustable adaptable, alterable, flexible, malleable, modifiable, mouldable, movable, tractable

adjustment [1] adaptation, alteration, arrangement, arranging, fitting, fixing, modification, ordering, rectification, redress, regulation, remodelling, setting, tuning [2] acclimatization, harmonization, orientation, reconciliation, settlement, settling in

ad lib [1] v. busk, extemporize, improvise, make up, speak extemporaneously, speak impromptu, speak off the cuff, vamp, wing it (Inf.) [2] adj. extemporaneous, extempore, extemporized, impromptu, improvised, made up, off-the-cuff (Inf.), unprepared, unrehearsed [3] adv. extemporaneously, extempore, impromptu, off the cuff, off the top of one's head (Inf.), without preparation, without rehearsal

administer [1] conduct, control, direct, govern, handle, manage, oversee, run, superintend, supervise [2] apply, contribute, dispense, distribute, execute, give, impose, mete out, perform, provide

administration [1] administering, application, conduct, control, direction, dispensation, distribution, execution, governing, government, management, overseeing, performance, provision, running, superintendence, supervision 2 executive, governing body, government, management, ministry, term of office

administrative directorial, executive, governmental, gubernatorial (Chiefly U.S.), management, managerial, organizational, regulatory, supervisory

admirable choice, commendable, estimable, excellent, exquisite, fine, laudable, meritorious, praiseworthy, rare, sterling, superior, valuable, wonderful, worthy

admiration adoration, affection, amazement, appreciation, approbation, approval, astonishment, delight, esteem, pleasure, praise, regard, respect, surprise, veneration, wonder, wonderment

admire 1 adore, appreciate, approve, esteem, idolize, look up to, praise, prize, respect, think highly of, value, venerate, worship 2 appreciate, delight in, marvel at, take pleasure in, wonder at

admirer 1 beau, boyfriend, lover, suitor, sweetheart, wooer 2 adherent, buff (Inf.), devotee, disciple, enthusiast, fan, follower, partisan, protagonist, supporter, votary, worshipper

admissible acceptable, allowable, allowed, passable, permissible, permitted, tolerable, tolerated

admission 1 acceptance, access, admittance, entrance, entrée, entry, ingress, initiation, introduction 2 acknowledg(e)ment, admitting, affirmation, allowance, avowal, concession, confession, declaration, disclosure, divulgence, profession, revelation

admit 1 accept, allow, allow to enter, give access, initiate, introduce, let in, receive, take in 2 acknowledge, affirm, avow, concede, confess, declare, disclose, divulge, own, profess, reveal 3 agree, allow, grant, let, permit, recognize

admittance acceptance, access, admitting, allowing, entrance, entry, letting in, passage, reception

admonish advise, bawl out (Inf.), berate, carpet (Inf.), caution, censure, check, chew out (U.S. & Canad. inf.), chide, counsel, enjoin, exhort, forewarn, give a rocket (Brit. & N.Z. inf.), read the riot act, rebuke, reprimand, reprove, scold, tear into (Inf.), tear (someone) off a strip (Brit. inf.), tell off (Inf.), upbraid, warn

admonition advice, berating, caution, chiding, counsel, rebuke, remonstrance, reprimand, reproach, reproof, scolding, telling off (Inf.), upbraiding, warning

admonitory admonishing, advisory, cautionary, rebuking, reprimanding, reproachful, reproving, scolding, warning

adolescence 1 boyhood, girlhood, juvenescence, minority, teens, youth 2 boyishness, childishness, girlishness, immaturity, juvenility, puerility, youthfulness

adolescent 1 adj. boyish, girlish, growing, immature, juvenile, puerile, teenage, young, youthful 2 n. juvenile, minor, teenager, youngster, youth

adopt 1 accept, appropriate, approve, assume, choose, embrace, endorse, espouse, follow, maintain, ratify, select, support, take on, take over, take up 2 foster, take in

adoption 1 acceptance, approbation, appropriation, approval, assumption, choice, embracing, endorsement, espousal, following, maintenance, ratification, selection, support, taking on, taking over, taking up 2 adopting, fosterage, fostering, taking in

adorable appealing, attractive, captivating, charming, cute, darling, dear, delightful, fetching, lovable, pleasing, precious

adoration admiration, esteem, estimation, exaltation, glorification, honour, idolatry, idolization, love, reverence, veneration, worship, worshipping

adore admire, bow to, cherish, dote on, esteem, exalt, glorify, honour, idolize, love, revere, reverence, venerate, worship

adorn array, beautify, bedeck, deck, decorate, embellish, emblazon, enhance, enrich, festoon, garnish, grace, ornament, trim

adornment 1 accessory, decoration, embellishment, festoon, frill, frippery, ornament, trimming 2 beautification, decorating, decoration, embellishment, ornamentation, trimming

adrift 1 afloat, drifting, unanchored, unmoored 2 aimless, directionless, goalless, purposeless 3 amiss, astray, off course, wrong

adroit able, adept, apt, artful, clever, cunning, deft, dexterous, expert, ingenious, masterful, neat, nimble, proficient, quick-witted, skilful, skilled

adroitness ability, ableness, address, adeptness, aptness, artfulness, cleverness, craft, cunning, deftness, dexterity, expertise, ingeniousness, ingenuity, masterfulness, mastery, nimbleness, proficiency, quick-wittedness, skilfulness, skill

adulation blandishment, bootlicking (Inf.), extravagant flattery, fawning, fulsome praise, servile flattery, sycophancy, worship

adult 1 adj. full grown, fully developed, fully grown, grown-up, mature, of age, ripe 2 n. grown or grown-up person (man or woman), grown-up, person of mature age

adulterate 1 v. attenuate, bastardize, contaminate, corrupt, debase, depreciate, deteriorate, devalue, make impure, mix with, thin, vitiate, water down, weaken 2 adj. adulterated, attenuated, bastardized, contaminated, corrupt, debased, depreciated, deteriorated, devalued, mixed, thinned, vitiated, watered down, weakened

adumbrate 1 delineate, indicate, outline, silhouette, sketch, suggest 2 augur, forecast, foreshadow, foretell, portend, predict, prefigure, presage, prognosticate, prophesy 3 bedim, darken, eclipse, obfuscate, obscure, overshadow

advance

◆ v. 1 accelerate, bring forward, bring up, come forward, elevate, go ahead, go forward, go on, hasten, move onward, move up, press on, proceed, progress, promote, send forward, send up, speed, upgrade 2 benefit, further, grow, improve, multiply, prosper, thrive 3 adduce, allege, cite, offer, present, proffer, put forward, submit, suggest 4 increase (price), lend, pay beforehand, raise (price), supply on credit

◆ n. 5 advancement, development, forward movement, headway, inroad, onward movement, progress 6 advancement, amelioration, betterment, breakthrough, furtherance, gain, growth, improvement, progress, promotion, step 7 appreciation, credit, deposit, down payment, increase (in price), loan, prepayment, retainer, rise (in price) 8 **advances** approach, approaches, moves, overtures, proposals, proposition

◆ adj. 9 beforehand, early, foremost, forward, in front, leading, prior 10 **in advance** ahead, beforehand, earlier, in the forefront, in the lead, in the van, previously

advanced ahead, avant-garde, extreme, foremost, forward, higher, late, leading, precocious, progressive

advancement 1 advance, forward movement, headway, onward movement, progress 2 advance, amelioration, betterment, gain, growth, improvement, preferment, progress, promotion, rise

advantage aid, ascendancy, asset, assistance, avail, benefit, blessing, boon, convenience, dominance, edge, gain, good, help, interest, lead, precedence, pre-eminence, profit, service, start, superiority, sway, upper hand, use, utility, welfare

advantageous 1 dominant, dominating, favourable, superior 2 beneficial, convenient, expedient, helpful, of service, profitable, useful, valuable, worthwhile

advent appearance, approach, arrival, coming, entrance, occurrence, onset, visitation

adventitious accidental, casual, chance, extraneous, foreign, fortuitous, incidental, nonessential, unexpected

adventure 1 n. chance, contingency, enterprise, escapade, experience, exploit, hazard, incident, occurrence, risk, speculation, undertaking, venture 2 v. dare, endanger, hazard, imperil, jeopardize, risk, venture

adventurer 1 daredevil, hero, heroine, knight-errant, soldier of fortune, swashbuckler, traveller, venturer, voyager, wanderer 2 charlatan, fortune-hunter, gambler, mercenary, opportunist, rogue, speculator

adventurous adventuresome, audacious, bold, dangerous, daredevil, daring, enterprising, foolhardy, have-a-go (Inf.), hazardous, headstrong, intrepid, rash, reckless, risky, temerarious (Rare), venturesome

adversary antagonist, competitor, contestant, enemy, foe, opponent, opposer, rival

adverse antagonistic, conflicting, contrary, detrimental, disadvantageous, hostile, inexpedient, inimical, injurious, inopportune, negative, opposing, opposite, reluctant, repugnant, unfavourable, unfortunate, unfriendly, unlucky, unpropitious, unwilling

adversity affliction, bad luck, calamity, catastrophe, disaster, distress, hardship, hard times, ill-fortune, ill-luck, misery, misfortune, mishap, reverse, sorrow, suffering, trial, trouble, woe, wretchedness

advertise advise, announce, apprise, blazon, crack up (Inf.), declare, display, flaunt, inform, make known, notify, plug (Inf.), praise, proclaim, promote, promulgate, publicize, publish, puff, push (Inf.), tout

advertisement ad (Inf.), advert (Brit. inf.), announcement, bill, blurb, circular, commercial, display, notice, placard, plug (Inf.), poster, promotion, publicity, puff

advice 1 admonition, caution, counsel, guidance, help, injunction, opinion, recommendation, suggestion, view 2 information, instruction, intelligence, notice, notification, warning, word

advisability appropriateness, aptness, desirability, expediency, fitness, judiciousness, profitability, propriety, prudence, seemliness, soundness, suitability, wisdom

advisable appropriate, apt, desirable, expedient, fit, fitting, judicious, politic, profitable, proper, prudent, recommended, seemly, sensible, sound, suggested, suitable, wise

advise 1 admonish, caution, commend, counsel, enjoin, prescribe, recommend, suggest, urge 2 acquaint, apprise, inform, make known, notify, report, tell, warn

adviser aide, authority, coach, confidant, consultant, counsel, counsellor, guide, helper, lawyer, mentor, right-hand man, solicitor, teacher, tutor

advisory advising, consultative, counselling, helping, recommending

advocate

◆ v. 1 advise, argue for, campaign for, champion, countenance, defend, encourage, espouse, favour, hold a brief for (Inf.), justify, plead for, prescribe, press for, promote, propose, recommend, speak for, support, uphold, urge

◆ n. 2 apologist, apostle, backer, campaigner, champion, counsellor, defender, pleader, promoter, proponent, proposer, speaker, spokesman, supporter, upholder 3 (Law) attorney, barrister, counsel, lawyer, solicitor

aegis advocacy, auspices, backing, favour, guardianship, patronage, protection, shelter, sponsorship, support, wing

affability amiability, amicability, approachability, benevolence, benignity, civility, congeniality, cordiality, courtesy, friendliness, geniality, good humour, good nature, graciousness, kindliness, mildness, obligingness, pleasantness, sociability, urbanity, warmth

affable amiable, amicable, approachable, benevolent, benign, civil, congenial, cordial, courteous, friendly, genial, good-humoured, good-natured, gracious, kindly, mild, obliging, pleasant, sociable, urbane, warm

affair 1 activity, business, circumstance, concern, episode, event, happening, incident, interest, matter, occurrence, proceeding, project, question, subject, transaction, undertaking 2 amour, intrigue, liaison, relationship, romance

affect 1 act on, alter, bear upon, change, concern, impinge upon, influence, interest, involve, modify, prevail over, regard, relate to, sway, transform 2 disturb, impress, move, overcome, perturb, stir, touch, upset 3 adopt, aspire to, assume, contrive, counterfeit, feign, imitate, pretend, put on, sham, simulate

affectation act, affectedness, appearance, artificiality, assumed manners, façade, fakery, false display, insincerity, mannerism, pose, pretence, pretension, pretentiousness, sham, show, simulation, unnatural imitation

affected 1 afflicted, altered, changed, concerned, damaged, deeply moved, distressed, hurt, impaired, impressed, influenced, injured, melted, stimulated, stirred, touched, troubled, upset 2 artificial, assumed, camp (Inf.), conceited, contrived, counterfeit, feigned, insincere, la-di-da (Inf.), mannered, mincing, phoney or phony (Inf.), pompous, precious, pretended, pretentious, put-on, sham, simulated, spurious, stiff, studied, unnatural

affecting moving, pathetic, piteous, pitiable, pitiful, poignant, sad, saddening, touching

affection amity, attachment, care, desire, feeling, fondness, friendliness, good will, inclination, kindness, liking, love, passion, propensity, tenderness, warmth

affectionate attached, caring, devoted, doting, fond, friendly, kind, loving, tender, warm, warm-hearted

affiliate ally, amalgamate, annex, associate, band together, combine, confederate, connect, incorporate, join, unite

affiliation alliance, amalgamation, association, banding together, coalition, combination, confederation, connection, incorporation, joining, league, merging, relationship, union

affinity 1 alliance, analogy, closeness, compatibility, connection, correspondence, kinship, likeness, relation, relationship, resemblance, similarity 2 attraction, fondness, inclination, leaning, liking, partiality, rapport, sympathy

affirm assert, asseverate, attest, aver, avouch, avow, certify, confirm, declare, maintain, pronounce, ratify, state, swear, testify

affirmation assertion, asseveration, attestation, averment, avouchment, avowal, certification, confirmation, declaration, oath, pronouncement, ratification, statement, testimony

affirmative agreeing, approving, assenting, concurring, confirming, consenting, corroborative, favourable, positive

afflict beset, burden, distress, grieve, harass, hurt, oppress, pain, plague, rack, smite, torment, trouble, try, wound

affliction adversity, calamity, cross, curse, depression, disease, distress, grief, hardship, misery, misfortune, ordeal, pain, plague, scourge, sickness, sorrow, suffering, torment, trial, tribulation, trouble, woe, wretchedness

affluence abundance, big bucks (Inf., chiefly U.S.), big money, exuberance, fortune, megabucks (U.S. & Canad. sl.), opulence, plenty, pretty penny (Inf.), profusion, prosperity, riches, tidy sum (Inf.), wad (U.S. & Canad. sl.), wealth

affluent 1 loaded (Sl.), moneyed, opulent, prosperous, rich, wealthy, well-heeled (Inf.), well-off, well-to-do 2 abundant, copious, exuberant, plenteous, plentiful

afford 1 bear, spare, stand, sustain 2 bestow, furnish, give, grant, impart, offer, produce, provide, render, supply, yield

affront 1 v. abuse, anger, annoy, displease, insult, offend, outrage, pique, provoke, slight, vex 2 n. abuse, indignity, injury, insult, offence, outrage, provocation, slap in the face (Inf.), slight, slur, vexation, wrong

aflame 1 ablaze, afire, alight, blazing, burning, fiery, flaming, ignited, lighted, lit, on fire 2 afire, aroused, excited, fervent, impassioned, passionate, stimulated 3 aglow, flushed, inflamed, red, ruddy

afoot about, abroad, afloat, astir, brewing, circulating, current, going on, hatching, in preparation, in progress, in the wind, on the go (Inf.), operating, up (Inf.)

afraid 1 alarmed, anxious, apprehensive, cowardly, faint-hearted, fearful, frightened, intimidated, nervous, reluctant, scared, suspicious, timid, timorous 2 regretful, sorry, unhappy

afresh again, anew, newly, once again, once more, over again

after afterwards, behind, below, following, later, subsequently, succeeding, thereafter

aftermath after-effects, consequences, effects, end, outcome, results, sequel, upshot

again 1 afresh, anew, another time, once more 2 also, besides, furthermore, in addition, moreover, on the contrary, on the other hand

against 1 anti (Inf.), averse to, contra (Inf.), counter, hostile to, in contrast to, in defiance of, in opposition to, in the face of, opposed to, opposing, resisting, versus 2 abutting, close up to, facing, fronting, in contact with, on, opposite to, touching, upon 3 in anticipation of, in expectation of, in preparation for, in provision for

age

- n. 1 date, day(s), duration, epoch, era, generation, lifetime, period, span, time 2 advancing years, decline (of life), majority, maturity, old age, senescence, senility, seniority
- v. 3 decline, deteriorate, grow old, mature, mellow, ripen

aged age-old, ancient, antiquated, antique, elderly, getting on, grey, hoary, old, senescent, superannuated

agency 1 action, activity, auspices, efficiency, force, influence, instrumentality, intercession, intervention, means, mechanism, mediation, medium, operation, power, work 2 bureau, business, department, office, organization

agenda calendar, diary, list, plan, programme, schedule, timetable

agent 1 advocate, deputy, emissary, envoy, factor, go-between, negotiator, rep (Inf.), representative, substitute, surrogate 2 actor, author, doer, executor, mover, officer, operative, operator, performer, worker 3 agency, cause, force, instrument, means, power, vehicle

aggravate 1 exacerbate, exaggerate, heighten, increase, inflame, intensify, magnify, make worse, worsen 2 (Inf.) annoy, be on one's back (Sl.), bother, exasperate, gall, get in one's hair (Inf.), get on one's nerves (Inf.), hassle (Inf.), irk, irritate, nark (Brit., Aust., & N.Z. sl.), needle (Inf.), nettle, pester, piss one off (Taboo sl.), provoke, tease, vex

aggravation 1 exacerbation, exaggeration, heightening, increase, inflaming, intensification, magnification, worsening 2 (Inf.) annoyance, exasperation, gall, hassle (Inf.), irksomeness, irritation, provocation, teasing, vexation

aggregate 1 v. accumulate, amass, assemble, collect, combine, heap, mix, pile 2 n. accumulation, agglomeration, amount, assemblage, body, bulk, collection, combination, heap, lump, mass, mixture, pile, sum, total, whole 3 adj. accumulated, added, assembled, collected, collective, combined, composite, corporate, cumulative, mixed, total

aggression 1 assault, attack, encroachment, injury, invasion, offence, offensive, onslaught, raid 2 aggressiveness, antagonism, belligerence, destructiveness, hostility, pugnacity

aggressive 1 belligerent, destructive, hostile, offensive, pugnacious, quarrelsome 2 assertive, bold, dynamic, energetic, enterprising, forceful, militant, pushing, pushy (Inf.), vigorous, zealous

aggressor assailant, assaulter, attacker, invader

aggrieved afflicted, distressed, disturbed, harmed, hurt, ill-used, injured, peeved (Inf.), saddened, unhappy, woeful, wronged

aghast afraid, amazed, appalled, astonished, astounded, awestruck, confounded, frightened, horrified, horror-struck, shocked, startled, stunned, thunder-struck

agile active, acute, alert, brisk, clever, limber, lissom(e), lithe, lively, nimble, prompt, quick, quick-witted, sharp, sprightly, spry, supple, swift

agility activity, acuteness, alertness, briskness, cleverness, litheness, liveliness, nimbleness, promptitude, promptness, quickness, quick-wittedness, sharpness, sprightliness, spryness, suppleness, swiftness

agitate 1 beat, churn, convulse, disturb, rock, rouse, shake, stir, toss 2 alarm, arouse, confuse, disconcert, disquiet, distract, disturb, excite, faze, ferment, fluster, incite, inflame, perturb, rouse, ruffle, stimulate, trouble, unnerve, upset, work up, worry 3 argue, debate, discuss, dispute, examine, ventilate

agitation 1 churning, convulsion, disturbance, rocking, shake, shaking, stir, stirring, tossing, turbulence, upheaval 2 alarm, arousal, clamour, commotion, confusion, discomposure, disquiet, distraction, disturbance, excitement, ferment, flurry, fluster, incitement, lather (Inf.), outcry, stimulation, trouble, tumult, turmoil, upheaval, upset, worry 3 argument, controversy, debate, discussion, disputation, dispute, ventilation

agitator agent provocateur, demagogue, firebrand, inciter, instigator, rabble-rouser, revolutionary, stirrer (Inf.), troublemaker

agog avid, curious, eager, enthralled, enthusiastic, excited, expectant, impatient, in suspense, keen

agony affliction, anguish, distress, misery, pain, pangs, suffering, throes, torment, torture, woe

agree 1 accede, acquiesce, admit, allow, assent, be of the same mind, comply, concede, concur, consent, engage, grant, permit, see eye to eye, settle 2 accord, answer, chime, coincide, conform, correspond, fit, get on (together), harmonize, match, square, suit, tally

agreeable 1 acceptable, congenial, delightful, enjoyable, gratifying, likable or likeable, pleasant, pleasing, pleasurable, satisfying, to one's liking, to one's taste 2 appropriate, befitting, compatible, consistent, fitting, in keeping, proper, suitable 3 acquiescent, amenable, approving, complying, concurring, consenting, in accord, responsive, sympathetic, well-disposed, willing

agreement 1 accord, accordance, affinity, analogy, compatibility, compliance, concert, concord, concurrence, conformity, congruity, consistency, correspondence, harmony, similarity, suitableness, union, unison 2 arrangement, bargain, compact, contract, covenant, deal (Inf.), pact, settlement, treaty, understanding

agriculture agronomics, agronomy, cultivation, culture, farming, husbandry, tillage

aground ashore, beached, foundered, grounded, high and dry, on the rocks, stranded, stuck

ahead along, at an advantage, at the head, before, forwards, in advance, in front, in the foreground, in the lead, in the vanguard, leading, on, onwards, to the fore, winning

aid

- v. 1 abet, assist, befriend, encourage, favour, help, promote, relieve, second, serve, subsidize, succour, support, sustain
- n. 2 assistance, benefit, encouragement, favour, help, promotion, relief, service, succour, support 3 abettor, adjutant, aide, aide-de-camp, assistant, helper, second, supporter

aim 1 v. aspire, attempt, design, direct, draw a bead (on), endeavour, intend, level, mean, plan, point, propose, purpose, resolve, seek, set one's sights on, sight, strive, take aim (at), train, try, want, wish 2 n. ambition, aspiration, course, design, desire, direction, end, goal, intent, intention, mark, object, objective, plan, purpose, scheme, target, wish

aimless chance, directionless, erratic, frivolous, goalless, haphazard, pointless, purposeless, random, stray, undirected, unguided, unpredictable, vagrant, wayward

air

- n. 1 atmosphere, heavens, sky 2 blast, breath, breeze, draught, puff, waft, whiff, wind, zephyr 3 ambience, appearance, atmosphere, aura, bearing, character, demeanour, effect, feeling, flavour, impression, look, manner, mood, quality, style, tone, vibes (Sl.) 4 circulation, display, dissemination, exposure, expression, publicity, utterance, vent, ventilation 5 aria, lay, melody, song, tune
- v. 6 aerate, expose, freshen, ventilate 7 circulate, communicate, declare, disclose, display, disseminate, divulge, exhibit, expose, express, give vent to, make known, make public, proclaim, publicize, reveal, tell, utter, ventilate, voice

airily 1 animatedly, blithely, breezily, buoyantly, gaily, happily, high-spiritedly, jauntily, light-heartedly 2 daintily, delicately, ethereally, gracefully, lightly

airiness 1 breeziness, draughtiness, freshness, gustiness, lightness, openness, windiness 2 ethereality, immateriality, incorporeality, insubstantiality, lightness, weightlessness 3 animation, blitheness, breeziness, buoyancy, gaiety, happiness, high spirits, jauntiness, light-heartedness, lightness of heart

airing 1 aeration, drying, freshening, ventilation 2 excursion, jaunt, outing, promenade, stroll, walk 3 circulation, display, dissemination, exposure, expression, publicity, utterance, vent, ventilation

airless breathless, close, heavy, muggy, oppressive, stale, stifling, stuffy, suffocating, sultry, unventilated

airy 1 blowy, breezy, draughty, fresh, gusty, light, lofty, open, spacious, uncluttered, well-ventilated, windy 2 aerial, delicate, ethereal, fanciful, flimsy, illusory, imaginary, immaterial, incorporeal, insubstantial, light, vaporous, visionary, weightless, wispy 3 animated, blithe, buoyant, cheerful, cheery, chirpy (Inf.), debonair, frolicsome, gay, genial, graceful, happy, high-spirited, jaunty, light, lighthearted, lively, merry, nonchalant, sprightly, upbeat (Inf.)

aisle alley, corridor, gangway, lane, passage, passageway, path

alarm
- v. [1] daunt, dismay, distress, frighten, give (someone) a turn (Inf.), panic, put the wind up (someone) (Inf.), scare, startle, terrify, unnerve [2] alert, arouse, signal, warn
- n. [3] anxiety, apprehension, consternation, dismay, distress, fear, fright, nervousness, panic, scare, terror, trepidation, unease, uneasiness [4] alarm-bell, alert, bell, danger signal, distress signal, siren, tocsin, warning [5] (Archaic) call to arms, summons to arms

alarming daunting, dismaying, distressing, disturbing, dreadful, frightening, scaring, shocking, startling, terrifying, unnerving

alcoholic [1] adj. brewed, distilled, fermented, hard, inebriant, inebriating, intoxicating, spirituous, strong, vinous [2] n. bibber, boozer (Inf.), dipsomaniac, drunk, drunkard, hard drinker, inebriate, soak (Sl.), sot, sponge (Inf.), tippler, toper, tosspot (Inf.), wino (Inf.)

alcove bay, bower, compartment, corner, cubbyhole, cubicle, niche, nook, recess

alert [1] adj. active, agile, attentive, brisk, careful, circumspect, heedful, lively, nimble, observant, on guard, on one's toes, on the ball (Inf.), on the lookout, on the watch, perceptive, quick, ready, spirited, sprightly, vigilant, wary, watchful, wide-awake [2] n. alarm, signal, siren, warning [3] v. alarm, forewarn, inform, notify, signal, warn

alertness activeness, agility, attentiveness, briskness, carefulness, circumspection, heedfulness, liveliness, nimbleness, perceptiveness, promptitude, quickness, readiness, spiritedness, sprightliness, vigilance, wariness, watchfulness

alias [1] adv. also called, also known as, otherwise, otherwise known as [2] n. assumed name, nom de guerre, nom de plume, pen name, pseudonym, stage name

alibi defence, excuse, explanation, justification, plea, pretext, reason

alien [1] adj. adverse, conflicting, contrary, estranged, exotic, foreign, inappropriate, incompatible, incongruous, not native, not naturalized, opposed, outlandish, remote, repugnant, separated, strange, unfamiliar [2] n. foreigner, newcomer, outsider, stranger

alienate [1] break off, disaffect, divert, divorce, estrange, make unfriendly, separate, set against, turn away, withdraw [2] (Law) abalienate, convey, transfer

alienation [1] breaking off, disaffection, diversion, divorce, estrangement, indifference, remoteness, rupture, separation, setting against, turning away, withdrawal [2] (Law) abalienation, conveyance, transfer

alight[1] v. come down, come to rest, descend, disembark, dismount, get down, get off, land, light, perch, settle, touch down

alight[2] adj. [1] ablaze, aflame, blazing, burning, fiery, flaming, flaring, ignited, lighted, lit, on fire [2] bright, brilliant, illuminated, lit up, shining

align [1] arrange in line, coordinate, even, even up, line up, make parallel, order, range, regulate, straighten [2] affiliate, agree, ally, associate, cooperate, join, side, sympathize

alignment [1] adjustment, arrangement, coordination, evening, evening up, line, lining up, order, ranging, regulating, sequence, straightening up [2] affiliation, agreement, alliance, association, cooperation, sympathy, union

alike [1] adj. akin, analogous, corresponding, duplicate, equal, equivalent, even, identical, parallel, resembling, similar, the same, uniform [2] adv. analogously, correspondingly, equally, evenly, identically, similarly, uniformly

alive [1] animate, breathing, having life, in the land of the living (Inf.), living, subsisting [2] active, existent, existing, extant, functioning, in existence, in force, operative, unquenched [3] active, alert, animated, awake, brisk, cheerful, chirpy (Inf.), eager, energetic, full of life, lively, quick, spirited, sprightly, spry, vigorous, vital, vivacious, zestful

alive to alert to, awake to, aware of, cognizant of, eager for, sensible of, sensitive to, susceptible to

all
- adj. [1] every bit of, the complete, the entire, the sum of, the totality of, the total of, the whole of [2] each, each and every, every, every one of, every single [3] complete, entire, full, greatest, perfect, total, utter
- n. [4] aggregate, entirety, everything, sum, sum total, total, total amount, totality, utmost, whole, whole amount
- adv. [5] altogether, completely, entirely, fully, totally, utterly, wholly

allegation accusation, affirmation, assertion, asseveration, averment, avowal, charge, claim, declaration, deposition, plea, profession, statement

allege advance, affirm, assert, asseverate, aver, avow, charge, claim, declare, depose, maintain, plead, profess, put forward, state

alleged [1] affirmed, asserted, averred, declared, described, designated, stated [2] doubtful, dubious, ostensible, professed, purported, so-called, supposed, suspect, suspicious

allegorical emblematic, figurative, parabolic, symbolic, symbolizing

allegory apologue, emblem, fable, myth, parable, story, symbol, symbolism, tale

allergic [1] affected by, hypersensitive, sensitive, sensitized, susceptible [2] (Inf.) antipathetic, averse, disinclined, hostile, loath, opposed

allergy [1] antipathy, hypersensitivity, sensitivity, susceptibility [2] (Inf.) antipathy, aversion, disinclination, dislike, hostility, loathing, opposition

alley alleyway, backstreet, lane, passage, passageway, pathway, walk

alliance affiliation, affinity, agreement, association, coalition, combination, compact, concordat, confederacy, confederation, connection, federation, league, marriage, pact, partnership, treaty, union

allied affiliated, amalgamated, associated, bound, combined, confederate, connected, hand in glove (Inf.), in cahoots (U.S. inf.), in league, joined, joint, kindred, leagued, linked, married, related, unified, united, wed

allocate allot, apportion, appropriate, assign, budget, designate, earmark, mete, set aside, share out

allocation allotment, allowance, apportionment, appropriation, grant, lot, measure, portion, quota, ration, share, stint, stipend

allot allocate, apportion, appropriate, assign, budget, designate, earmark, mete, set aside, share out

allotment [1] allocation, allowance, apportionment, appropriation, grant, lot, measure, portion, quota, ration, share, stint, stipend [2] kitchen garden, patch, plot, tract

all-out complete, determined, exhaustive, full, full-scale, maximum, optimum, outright, resolute, supreme, thorough, thoroughgoing, total, undivided, unlimited, unremitting, unrestrained, unstinted, utmost

allow [1] acknowledge, acquiesce, admit, concede, confess, grant, own [2] approve, authorize, bear, brook, endure, give leave, let, permit, put up with (Inf.), sanction, stand, suffer, tolerate [3] allocate, allot, assign, deduct, give, grant, provide, remit, spare

allowable acceptable, admissible, all right, appropriate, approved, permissible, sanctionable, sufferable, suitable, tolerable

allowance [1] allocation, allotment, amount, annuity, apportionment, grant, lot, measure, pension, portion, quota, ration, remittance, share, stint, stipend, subsidy [2] admission, concession, sanction, sufferance, toleration [3] concession, deduction, discount, rebate, reduction

allow for arrange for, consider, foresee, keep in mind, make allowances for, make concessions for, make provision for, plan for, provide for, set (something) aside for, take into account, take into consideration

alloy
- n. [1] admixture, amalgam, blend, combination, composite, compound, hybrid, meld, mixture
- v. [2] admix, amalgamate, blend, combine, compound, fuse, meld, mix [3] adulterate, debase, devalue, diminish, impair

all right
- adj. [1] acceptable, adequate, average, fair, OK or okay (Inf.), passable, satisfactory, standard, unobjectionable [2] hale, healthy, safe, sound, unharmed, unimpaired, uninjured, well, whole
- adv. [3] acceptably, adequately, OK or okay (Inf.), passably, satisfactorily, unobjectionably, well enough

allure [1] v. attract, beguile, cajole, captivate, charm, coax, decoy, enchant, entice, inveigle, lead on, lure, persuade, seduce, tempt, win over [2] n. appeal, attraction, charm, enchantment, enticement, glamour, lure, persuasion, seductiveness, temptation

allusion casual remark, glance, hint, implication, indirect reference, innuendo, insinuation, intimation, mention, suggestion

ally [1] n. abettor, accessory, accomplice, associate, coadjutor, collaborator, colleague, confederate, co-worker, friend, helper, partner [2] v. affiliate, associate, band together, collaborate, combine, confederate, connect, join, join forces, league, marry, unify, unite

almighty [1] absolute, all-powerful, invincible, omnipotent, supreme, unlimited [2] (Inf.) awful, desperate, enormous, excessive, great, intense, loud, severe, terrible

almost about, all but, approximately, as good as, close to, just about, nearly, not far from, not quite, on the brink of, practically, virtually, well-nigh

alone [1] abandoned, apart, by itself, by oneself, deserted, desolate, detached, forlorn, forsaken, isolated, lonely, lonesome, only, separate, single, single-handed, sole, solitary, unaccompanied, unaided, unassisted, unattended, uncombined, unconnected, unescorted [2] incomparable, matchless, peerless, singular, unequalled, unique, unparalleled, unsurpassed

aloof [1] chilly, cold, cool, detached, distant, forbidding, formal, haughty, indifferent, remote, reserved, standoffish, supercilious, unapproachable, unfriendly, uninterested, unresponsive, unsociable, unsympathetic [2] above, apart, at a distance, away, distanced, distant

aloud [1] audibly, clearly, distinctly, intelligibly, out loud, plainly [2] clamorously, loudly, noisily, vociferously

already as of now, at present, before now, by now, by that time, by then, by this time, even now, heretofore, just now, previously

also additionally, along with, and, as well, as well as, besides, further, furthermore, in addition, including, into the bargain, moreover, on top of that, plus, to boot, too

alter adapt, adjust, amend, change, convert, diversify, metamorphose, modify, recast, reform, remodel, reshape, revise, shift, transform, transmute, turn, vary

alteration adaptation, adjustment, amendment, change, conversion, difference, diversification, metamorphosis, modification, reformation, remodelling, reshaping, revision, shift, transformation, transmutation, variance, variation

alternate
- v. [1] act reciprocally, alter, change, fluctuate, follow in turn, follow one another, interchange, intersperse, oscillate, rotate, substitute, take turns, vary
- adj. [2] alternating, every other, every second, interchanging, rotating [3] alternative, another, different, second, substitute

alternative [1] n. choice, option, other (of two), preference, recourse, selection, substitute [2] adj. alternate, another, different, other, second, substitute

alternatively as an alternative, by way of alternative, if not, instead, on the other hand, or, otherwise

although albeit, despite the fact that, even if, even supposing, even though, notwithstanding, tho' (U.S. or poetic), though, while

altitude elevation, height, loftiness, peak, summit

altogether [1] absolutely, completely, fully, perfectly, quite, thoroughly, totally, utterly, wholly [2] all in all, all things considered, as a whole, collectively, generally, in general, in toto, on the whole [3] all told, everything included, in all, in sum, in toto, taken together

always aye (Scot.), consistently, constantly, continually, eternally, ever, everlastingly, evermore, every time, forever, in perpetuum, invariably, perpetually, repeatedly, unceasingly, without exception

amalgamate alloy, ally, blend, coalesce, combine, commingle, compound, fuse, incorporate, integrate, intermix, meld, merge, mingle, unite

amalgamation admixture, alliance, alloy, amalgam, amalgamating, blend, coalition, combination, commingling, composite, compound, fusion, incorporation, integration, joining,

amass / animated SYNONYMES ANGLAIS 1150

meld, merger, mingling, mixing, mixture, union

amass accumulate, aggregate, assemble, collect, compile, garner, gather, heap up, hoard, pile up, rake up, scrape together

amateur dabbler, dilettante, layman, nonprofessional

amateurish amateur, bungling, clumsy, crude, inexpert, unaccomplished, unprofessional, unskilful

amaze alarm, astonish, astound, bewilder, bowl over (Inf.), confound, daze, dumbfound, electrify, flabbergast, shock, stagger, startle, stun, stupefy, surprise

amazement admiration, astonishment, bewilderment, confusion, marvel, perplexity, shock, stupefaction, surprise, wonder

ambassador agent, consul, deputy, diplomat, emissary, envoy, legate, minister, plenipotentiary, representative

ambiguity doubt, doubtfulness, dubiety, dubiousness, enigma, equivocacy, equivocality, equivocation, inconclusiveness, indefiniteness, indeterminateness, obscurity, puzzle, tergiversation, uncertainty, unclearness, vagueness

ambiguous cryptic, Delphic, doubtful, dubious, enigmatic, enigmatical, equivocal, inconclusive, indefinite, indeterminate, obscure, oracular, puzzling, uncertain, unclear, vague

ambition 1 aspiration, avidity, desire, drive, eagerness, enterprise, get-up-and-go (Inf.), hankering, longing, striving, yearning, zeal 2 aim, aspiration, desire, dream, end, goal, hope, intent, objective, purpose, wish

ambitious 1 aspiring, avid, desirous, driving, eager, enterprising, hopeful, intent, purposeful, striving, zealous 2 arduous, bold, challenging, demanding, difficult, elaborate, energetic, exacting, formidable, grandiose, hard, impressive, industrious, pretentious, severe, strenuous

amble dawdle, meander, mosey (Inf.), ramble, saunter, stroll, walk, wander

ambush 1 n. ambuscade, concealment, cover, hiding, hiding place, lying in wait, retreat, shelter, trap, waylaying 2 v. ambuscade, bushwhack (U.S.), ensnare, surprise, trap, waylay

amenable 1 able to be influenced, acquiescent, agreeable, open, persuadable, responsive, susceptible, tractable 2 accountable, answerable, chargeable, liable, responsible

amend alter, ameliorate, better, change, correct, enhance, fix, improve, mend, modify, rectify, reform, remedy, repair, revise

amendment 1 alteration, amelioration, betterment, change, correction, emendation, enhancement, improvement, mending, modification, rectification, reform, remedy, repair, revision 2 addendum, addition, adjunct, alteration, attachment, clarification

amends apology, atonement, compensation, expiation, indemnity, recompense, redress, reparation, requital, restitution, restoration, satisfaction

amenity 1 advantage, comfort, convenience, facility, service 2 affability, agreeableness, amiability, complaisance, courtesy, mildness, pleasantness (of situation), politeness, refinement, suavity

amiable affable, agreeable, attractive, benign, charming, cheerful, congenial, delightful, engaging, friendly, genial, good-humoured, good-natured, kind, kindly, likable or likeable, lovable, obliging, pleasant, pleasing, sociable, sweet-tempered, winning, winsome

amicable amiable, brotherly, civil, cordial, courteous, fraternal, friendly, goodhumoured, harmonious, kind, kindly, neighbourly, peaceable, peaceful, polite, sociable

amid amidst, among, amongst, in the middle of, in the midst of, in the thick of, surrounded by

amiss 1 adj. awry, confused, defective, erroneous, fallacious, false, faulty, improper, inaccurate, inappropriate, incorrect, mistaken, out of order, unsuitable, untoward, wrong 2 adv. as an insult, as offensive, erroneously, faultily, improperly, inappropriately, incorrectly, mistakenly, out of turn, unsuitably, wrongly

ammunition armaments, cartridges, explosives, materiel, munitions, powder, rounds, shells, shot, shot and shell

amnesty absolution, condonation, dispensation, forgiveness, general pardon, immunity, oblivion, remission (of penalty), reprieve

amok → **amuck**

among, amongst 1 amid, amidst, in association with, in the middle of, in the midst of, in the thick of, midst, surrounded by, together with, with 2 between, to each of 3 in the class of, in the company of, in the group of, in the number of, out of 4 by all of, by the joint action of, by the whole of, mutually, with one another

amorous affectionate, amatory, ardent, attached, doting, enamoured, erotic, fond, impassioned, in love, lovesick, loving, lustful, passionate, tender

amount 1 bulk, expanse, extent, lot, magnitude, mass, measure, number, quantity, supply, volume 2 addition, aggregate, entirety, extent, lot, sum, sum total, total, whole 3 full effect, full value, import, result, significance

amount to add up to, aggregate, become, come to, develop into, equal, grow, mean, purport, total

ample abounding, abundant, big, bountiful, broad, capacious, commodious, copious, enough and to spare, expansive, extensive, full, generous, great, large, lavish, liberal, plenteous, plentiful, plenty, profuse, rich, roomy, spacious, substantial, unrestricted, voluminous, wide

amplify augment, boost, deepen, develop, dilate, elaborate, enlarge, expand, expatiate, extend, flesh out, go into detail, heighten, increase, intensify, lengthen, magnify, raise, round out, strengthen, stretch, supplement, widen

amply abundantly, bountifully, capaciously, completely, copiously, extensively, fully, generously, greatly, lavishly, liberally, plenteously, plentifully, profusely, richly, substantially, thoroughly, unstintingly, well, with a blank cheque, with a free hand, without stinting

amputate curtail, cut off, lop, remove, separate, sever, truncate

amuck, amok berserk, destructively, ferociously, frenziedly, in a frenzy, insanely, madly, maniacally, murderously, savagely, uncontrollably, violently, wildly

amuse beguile, charm, cheer, delight, divert, enliven, entertain, gladden, gratify, interest, occupy, please, recreate, regale, tickle

amusement 1 beguilement, cheer, delight, diversion, enjoyment, entertainment, fun, gladdening, gratification, hilarity, interest, jollies (Sl.), laughter, merriment, mirth, pleasing, pleasure, recreation, regalement, sport 2 distraction, diversion, entertainment, game, hobby, joke, lark, pastime, prank, recreation, sport

amusing charming, cheerful, cheering, comical, delightful, diverting, droll, enjoyable, entertaining, facetious, funny, gladdening, gratifying, humorous, interesting, jocular, laughable, lively, merry, pleasant, pleasing, rib-tickling, witty

anaemic ashen, bloodless, characterless, colourless, dull, enervated, feeble, frail, infirm, pale, pallid, sickly, wan, weak

anaesthetic 1 n. analgesic, anodyne, narcotic, opiate, painkiller, sedative, soporific, stupefacient, stupefactive 2 adj. analgesic, anodyne, deadening, dulling, narcotic, numbing, opiate, pain-killing, sedative, sleep-inducing, soporific, stupefacient, stupefactive

analogy agreement, comparison, correlation, correspondence, equivalence, homology, likeness, parallel, relation, resemblance, similarity, similitude

analyse 1 assay, estimate, evaluate, examine, interpret, investigate, judge, research, test, work over 2 anatomize, break down, consider, dissect, dissolve, divide, resolve, separate, study, think through

analysis 1 anatomization, anatomy, assay, breakdown, dissection, dissolution, division, enquiry, examination, investigation, perusal, resolution, scrutiny, separation, sifting, test 2 estimation, evaluation, finding, interpretation, judg(e)ment, opinion, reasoning, study

analytic, analytical detailed, diagnostic, discrete, dissecting, explanatory, expository, inquiring, inquisitive, interpretative, interpretive, investigative, logical, organized, problem solving, questioning, rational, searching, studious, systematic, testing

anarchist insurgent, nihilist, rebel, revolutionary, terrorist

anarchy chaos, confusion, disorder, disorganization, lawlessness, misgovernment, misrule, rebellion, revolution, riot

anathema 1 ban, condemnation, curse, damnation, denunciation, excommunication, execration, imprecation, malediction, proscription, taboo 2 abomination, bane, bête noire, bugbear, enemy, pariah

anathematize abominate, ban, condemn, curse, damn, denounce, excommunicate, execrate, imprecate, proscribe

anatomize analyse, break down, dissect, dissolve, divide, examine, resolve, scrutinize, separate, study

anatomy 1 analysis, dismemberment, dissection, division, enquiry, examination, investigation, study 2 build, composition, frame, framework, make-up, structure

ancestor forebear, forefather, forerunner, precursor, predecessor, progenitor

ancestry ancestors, antecedents, blood, derivation, descent, extraction, family, forebears, forefathers, genealogy, house, line, lineage, origin, parentage, pedigree, progenitors, race, stock

ancient aged, age-old, antediluvian, antiquated, antique, archaic, bygone, early, hoary, obsolete, old, olden, old-fashioned, outmoded, out-of-date, primeval, primordial, superannuated, timeworn

ancillary accessory, additional, auxiliary, contributory, extra, secondary, subordinate, subsidiary, supplementary

and along with, also, as well as, furthermore, in addition to, including, moreover, plus, together with

anecdote reminiscence, short story, sketch, story, tale, urban legend, yarn

anew afresh, again, another time, from scratch, from the beginning, once again, once more, over again

angel 1 archangel, cherub, divine messenger, guardian spirit, seraph, spiritual being 2 (Inf.) beauty, darling, dear, dream, gem, ideal, jewel, paragon, saint, treasure

angelic 1 celestial, cherubic, ethereal, heavenly, seraphic 2 adorable, beatific, beautiful, entrancing, innocent, lovely, pure, saintly, virtuous

anger 1 n. annoyance, antagonism, choler, displeasure, exasperation, fury, ill humour, ill temper, indignation, ire, irritability, irritation, outrage, passion, pique, rage, resentment, spleen, temper, vexation, wrath 2 v. affront, aggravate (Inf.), annoy, antagonize, be on one's back (Sl.), displease, enrage, exasperate, excite, fret, gall, get in one's hair (Inf.), get on one's nerves (Inf.), hassle (Inf.), incense, infuriate, irritate, madden, nark (Brit., Aust., & N.Z. sl.), nettle, offend, outrage, pique, piss one off (Taboo sl.), provoke, rile, vex

angle[1] n. 1 bend, corner, crook, crotch, cusp, edge, elbow, intersection, knee, nook, point 2 approach, aspect, outlook, perspective, point of view, position, side, slant, standpoint, viewpoint

angle[2] v. cast, fish

angry annoyed, antagonized, choleric, cross, displeased, enraged, exasperated, furious, hacked (off) (U.S. sl.), heated, hot, hot under the collar (Inf.), ill-tempered, incensed, indignant, infuriated, irascible, irate, ireful, irritable, irritated, mad (Inf.), nettled, outraged, passionate, piqued, pissed off (Taboo sl.), provoked, raging, resentful, riled, splenetic, tumultuous, uptight (Inf.), wrathful

anguish agony, distress, grief, heartache, heartbreak, misery, pain, pang, sorrow, suffering, throe, torment, torture, woe

angular bony, gaunt, lank, lanky, lean, macilent (Rare), rangy, rawboned, scrawny, skinny, spare

animal

- **n.** 1 beast, brute, creature 2 (Applied to a person) barbarian, beast, brute, monster, savage, wild man
- **adj.** 3 bestial, bodily, brutish, carnal, fleshly, gross, physical, sensual

animate

- **v.** 1 activate, embolden, encourage, energize, enliven, excite, fire, gladden, impel, incite, inspire, inspirit, instigate, invigorate, kindle, move, prod, quicken, revive, rouse, spark, spur, stimulate, stir, urge, vitalize, vivify
- **adj.** 2 alive, breathing, live, living, moving 3 gay, lively, spirited, vivacious

animated active, airy, ardent, brisk, buoyant, dynamic, ebullient, elated, energetic, enthusiastic, excited, fervent, gay, lively, passionate,

quick, sparky, spirited, sprightly, vibrant, vigorous, vital, vivacious, vivid, zealous, zestful

animation action, activity, airiness, ardour, brio, briskness, buoyancy, dynamism, ebullience, elation, energy, enthusiasm, excitement, exhilaration, fervour, gaiety, high spirits, life, liveliness, passion, pep, pizzazz or pizazz (Inf.), sparkle, spirit, sprightliness, verve, vibrancy, vigour, vitality, vivacity, zeal, zest, zing (Inf.)

animosity acrimony, animus, antagonism, antipathy, bad blood, bitterness, enmity, hate, hatred, hostility, ill will, malevolence, malice, malignity, rancour, resentment, virulence

annals accounts, archives, chronicles, history, journals, memorials, records, registers

annex ① add, adjoin, affix, append, attach, connect, fasten, join, subjoin, tack, unite ② acquire, appropriate, arrogate, conquer, expropriate, occupy, seize, take over

annexe ① ell, extension, supplementary building, wing ② addendum, addition, adjunct, affix, appendix, attachment, supplement

annihilate abolish, destroy, eradicate, erase, exterminate, extinguish, extirpate, liquidate, nullify, obliterate, root out, wipe out

annihilation abolition, destruction, eradication, erasure, extermination, extinction, extinguishing, extirpation, liquidation, nullification, obliteration, rooting out, wiping out

annotate commentate, comment on, elucidate, explain, footnote, gloss, illustrate, interpret, make observations, note

annotation comment, commentary, elucidation, exegesis, explanation, explication, footnote, gloss, illustration, interpretation, note, observation

announce ① advertise, blow wide open (Sl.), broadcast, declare, disclose, divulge, give out, intimate, make known, proclaim, promulgate, propound, publish, report, reveal, tell ② augur, betoken, foretell, harbinger, herald, portend, presage, signal, signify

announcement advertisement, broadcast, bulletin, communiqué, declaration, disclosure, divulgence, intimation, proclamation, promulgation, publication, report, revelation, statement

announcer anchor man, broadcaster, commentator, master of ceremonies, newscaster, news reader, reporter

annoy aggravate (Inf.), anger, badger, bedevil, be on one's back (Sl.), bore, bother, bug (Inf.), displease, disturb, exasperate, gall, get (Inf.), get in one's hair (Inf.), get on one's nerves (Inf.), harass, harry, hassle (Inf.), incommode, irk, irritate, madden, molest, nark (Brit., Aust., & N.Z. sl.), needle (Inf.), nettle, peeve, pester, piss one off (Taboo sl.), plague, provoke, rile, ruffle, tease, trouble, vex

annoyance ① aggravation, anger, bedevilment, bother, displeasure, disturbance, exasperation, harassment, hassle (Inf.), irritation, nuisance, provocation, trouble, vexation ② bind (Inf.), bore, bother, drag (Inf.), gall, nuisance, pain (Inf.), pain in the arse (Taboo inf.), pain in the neck (Inf.), pest, plague, tease

annoying aggravating, bedevilling, boring, bothersome, displeasing, disturbing, exasperating, galling, harassing, irksome, irritating, maddening, peeving (Inf.), provoking, teasing, troublesome, vexatious

annual once a year, yearlong, yearly

annually by the year, each year, every year, once a year, per annum, per year, year after year, yearly

annul abolish, abrogate, cancel, countermand, declare or render null and void, invalidate, negate, nullify, obviate, recall, repeal, rescind, retract, reverse, revoke, void

annulment abolition, abrogation, cancellation, countermanding, invalidation, negation, nullification, recall, repeal, rescindment, rescission, retraction, reversal, revocation, voiding

anodyne ① n. analgesic, narcotic, painkiller, painreliever, palliative ② adj. analgesic, deadening, dulling, narcotic, numbing, pain-killing, pain-relieving, palliative

anoint ① daub, embrocate, grease, oil, rub, smear, spread over ② anele (Archaic), bless, consecrate, hallow, sanctify

anomalous aberrant, abnormal, atypical, bizarre, deviating, eccentric, exceptional, incongruous, inconsistent, irregular, odd, oddball (Inf.), off-the-wall (Sl.), outré, peculiar, rare, unusual

anomaly aberration, abnormality, departure, deviation, eccentricity, exception, incongruity, inconsistency, irregularity, oddity, peculiarity, rarity

anonymous ① incognito, innominate, nameless, unacknowledged, unattested, unauthenticated, uncredited, unidentified, unknown, unnamed, unsigned ② characterless, nondescript, unexceptional

answer
- **n.** ① acknowledgement, comeback, counterattack, defence, explanation, plea, reaction, refutation, rejoinder, reply, report, resolution, response, retort, return, riposte, solution, vindication
- **v.** ② acknowledge, explain, react, refute, rejoin, reply, resolve, respond, retort, return, solve ③ conform, correlate, correspond, do, fill, fit, fulfil, measure up, meet, pass, qualify, satisfy, serve, suffice, suit, work

answerable ① accountable, amenable, chargeable, liable, responsible, subject, to blame ② explainable, refutable, resolvable, solvable

answer back argue, be cheeky, be impertinent, cheek (Inf.), contradict, disagree, dispute, rebut, retort, talk back

answer for ① be accountable for, be answerable for, be chargeable for, be liable for, be responsible for, be to blame for, take the rap for (Sl.) ② atone for, make amends for, pay for, suffer for

analysis ① anatomization, anatomy, assay, breakdown, dissection, dissolution, division, enquiry, examination, investigation, perusal, resolution, scrutiny, separation, sifting, test ② estimation, evaluation, finding, interpretation, judg(e)ment, opinion, reasoning, study

antagonism antipathy, competition, conflict, contention, discord, dissension, friction, hostility, opposition, rivalry

antagonist adversary, competitor, contender, enemy, foe, opponent, opposer, rival

antagonistic adverse, antipathetic, at odds, at variance, averse, conflicting, contentious, hostile, ill-disposed, incompatible, in dispute, inimical, opposed, unfriendly

antagonize ① aggravate (Inf.), alienate, anger, annoy, be on one's back (Sl.), disaffect, estrange, gall, get in one's hair (Inf.), get on one's nerves (Inf.), hassle (Inf.), insult, irritate, nark (Brit., Aust., & N.Z. sl.), offend, piss one off (Taboo sl.), repel, rub (someone) up the wrong way (Inf.) ② contend with, counteract, neutralize, oppose, struggle with, work against

antecedent anterior, earlier, foregoing, former, preceding, precursory, preliminary, previous, prior

antediluvian ① prehistoric, primeval, primitive, primordial ② ancient, antiquated, antique, archaic, obsolete, old-fashioned, out-of-date, out of the ark (Inf.), passé

anteroom antechamber, foyer, lobby, outer room, reception room, vestibule, waiting room

anthem ① canticle, chant, chorale, hymn, psalm ② paean, song of praise

anthology analects, choice, collection, compendium, compilation, digest, garland, miscellany, selection, treasury

anticipate ① apprehend, await, count upon, expect, forecast, foresee, foretell, hope for, look for, look forward to, predict, prepare for ② antedate, beat (someone) to it (Inf.), forestall, intercept, prevent

anticipation apprehension, awaiting, expectancy, expectation, foresight, foretaste, forethought, hope, preconception, premonition, prescience, presentiment

anticlimax bathos, comedown (Inf.), disappointment, letdown

antics buffoonery, capers, clowning, escapades, foolishness, frolics, larks, mischief, monkey tricks, playfulness, pranks, silliness, skylarking, stunts, tomfoolery, tricks

antidote antitoxin, antivenin, corrective, counteragent, countermeasure, cure, neutralizer, nostrum, preventive, remedy, specific

antipathy abhorrence, animosity, animus, antagonism, aversion, bad blood, contrariety, disgust, dislike, distaste, enmity, hatred, hostility, ill will, incompatibility, loathing, odium, opposition, rancour, repugnance, repulsion

antiquated ① antediluvian, antique, archaic, dated, obsolete, old-fashioned, old hat, outmoded, out-of-date, outworn, passé ② aged, ancient, elderly, hoary, old, superannuated

antique
- **adj.** ① aged, ancient, elderly, old, superannuated ② archaic, obsolete, old-fashioned, outdated ③ antiquarian, classic, olden, vintage
- **n.** ④ bygone, heirloom, object of virtu, relic

antiquity ① age, ancientness, elderliness, old age, oldness ② ancient times, distant past, olden days, time immemorial ③ antique, relic, ruin

antiseptic ① adj. aseptic, clean, germ-free, hygienic, pure, sanitary, sterile, uncontaminated, unpolluted ② n. bactericide, disinfectant, germicide, purifier

antisocial ① alienated, asocial, misanthropic, reserved, retiring, uncommunicative, unfriendly, unsociable, withdrawn ② antagonistic, belligerent, disorderly, disruptive, hostile, menacing, rebellious

anxiety angst, apprehension, care, concern, disquiet, disquietude, distress, foreboding, fretfulness, misgiving, nervousness, restlessness, solicitude, suspense, tension, trepidation, unease, uneasiness, watchfulness, worry

anxious ① apprehensive, careful, concerned, disquieted, distressed, disturbed, fearful, fretful, in suspense, nervous, overwrought, restless, solicitous, taut, tense, troubled, twitchy (Inf.), uneasy, unquiet (Chiefly literary), watchful, wired (Sl.), worried ② ardent, avid, desirous, eager, expectant, impatient, intent, itching, keen, yearning

apart ① afar, alone, aloof, aside, away, by itself, by oneself, cut off, distant, distinct, divorced, excluded, independent, independently, isolated, piecemeal, separate, separated, separately, singly, to itself, to oneself, to one side ② asunder, in bits, in pieces, into parts, to bits, to pieces ③ **apart from** aside from, besides, but, except for, excluding, not counting, other than, save

apartment accommodation, chambers, compartment, flat, living quarters, penthouse, quarters, room, rooms, suite

apathetic cold, cool, emotionless, impassive, indifferent, insensible, listless, passive, phlegmatic, sluggish, stoic, stoical, torpid, unconcerned, unemotional, unfeeling, uninterested, unmoved, unresponsive

apathy coldness, coolness, emotionlessness, impassibility, impassivity, indifference, inertia, insensibility, listlessness, nonchalance, passiveness, passivity, phlegm, sluggishness, stoicism, torpor, unconcern, unfeelingness, uninterestedness, unresponsiveness

ape affect, caricature, copy, counterfeit, echo, imitate, mimic, mirror, mock, parody, parrot

aperture breach, chink, cleft, crack, eye, eyelet, fissure, gap, hole, interstice, opening, orifice, passage, perforation, rent, rift, slit, slot, space, vent

aphorism adage, apothegm, axiom, dictum, gnome, maxim, precept, proverb, saw, saying

apiece each, for each, from each, individually, respectively, separately, severally, to each

aplomb balance, calmness, composure, confidence, coolness, equanimity, level-headedness, poise, sang-froid, self-assurance, self-confidence, self-possession, stability

apocryphal doubtful, dubious, equivocal, fictitious, legendary, mythical, questionable, spurious, unauthenticated, uncanonical, unsubstantiated, unverified

apologetic contrite, penitent, regretful, remorseful, rueful, sorry

apologize ask forgiveness, beg pardon, express regret, say one is sorry, say sorry

apology ① acknowledgement, confession, defence, excuse, explanation, extenuation, justification, plea, vindication ② caricature, excuse, imitation, makeshift, mockery, stopgap, substitute, travesty

apostle ① evangelist, herald, messenger, missionary, preacher, proselytizer ② advocate, champion, pioneer, propagandist, propagator, proponent

apotheosis deification, elevation, exaltation, glorification, idealization, idolization

appal alarm, astound, daunt, dishearten, dismay, frighten, harrow, horrify, intimidate, outrage, petrify, scare, shock, terrify, unnerve

appalling alarming, astounding, awful, daunting, dire, disheartening, dismaying, dreadful, fearful, frightening, frightful, ghastly, godawful (Sl.), grim, harrowing, hellacious (U.S. sl.), hideous, horrible, horrid, horrific, horrifying, intimidating, petrifying, scaring, shocking, terrible, terrifying, unnerving

apparatus ① appliance, contraption (Inf.), device, equipment, gear, implements, machine, machinery, materials, means, mechanism, outfit, tackle, tools, utensils ② bureaucracy, chain of command, hierarchy, network, organization, setup (Inf.), structure, system

apparent ① blatant, clear, conspicuous, discernible, distinct, evident, indubitable, manifest, marked, obvious, open, overt, patent, plain, understandable, unmistakable, visible ② ostensible, outward, seeming, specious, superficial

apparently it appears that, it seems that, on the face of it, ostensibly, outwardly, seemingly, speciously, superficially

apparition ① appearance, manifestation, materialization, presence, vision, visitation ② chimera, eidolon, ghost, phantom, revenant, shade (Literary), spectre, spirit, spook (Inf.), visitant, wraith

appeal
- n. ① adjuration, application, entreaty, invocation, petition, plea, prayer, request, solicitation, suit, supplication ② allure, attraction, attractiveness, beauty, charm, engagingness, fascination, interestingness, pleasingness
- v. ③ adjure, apply, ask, beg, beseech, call, call upon, entreat, implore, petition, plead, pray, refer, request, resort to, solicit, sue, supplicate ④ allure, attract, charm, engage, entice, fascinate, interest, invite, please, tempt

appear ① arise, arrive, attend, be present, come forth, come into sight, come into view, come out, come to light, crop up (Inf.), develop, emerge, issue, loom, materialize, occur, show (Inf.), show up (Inf.), surface, turn out, turn up ② look (like or as if), occur, seem, strike one as ③ be apparent, be clear, be evident, be manifest, be obvious, be patent, be plain ④ become available, be created, be developed, be invented, be published, come into being, come into existence, come out ⑤ act, be exhibited, come on, come onstage, enter, perform, play, play a part, take part

appearance ① advent, appearing, arrival, coming, debut, emergence, introduction, presence, showing up (Inf.), turning up ② air, aspect, bearing, demeanour, expression, face, figure, form, image, look, looks, manner, mien (Literary) ③ front, guise, illusion, image, impression, outward show, pretence, semblance

appease allay, alleviate, assuage, blunt, calm, compose, conciliate, diminish, ease, lessen, lull, mitigate, mollify, pacify, placate, quell, quench, quiet, satisfy, soften, soothe, subdue, tranquillize

appeasement ① acceding, accommodation, compromise, concession, conciliation, placation, propitiation ② abatement, alleviation, assuagement, blunting, easing, lessening, lulling, mitigation, mollification, pacification, quelling, quenching, quieting, satisfaction, softening, solace, soothing, tranquillization

append add, adjoin, affix, annex, attach, fasten, hang, join, subjoin, tack on, tag on

appendage ① accessory, addendum, addition, adjunct, affix, ancillary, annexe, appendix, appurtenance, attachment, auxiliary, supplement ② (Zool.) extremity, limb, member, projection, protuberance

appendix addendum, addition, add-on, adjunct, appendage, codicil, postscript, supplement

appertain (Usually with **to**) apply, bear upon, be characteristic of, be connected, belong, be part of, be pertinent, be proper, be relevant, have to do with, inhere in, pertain, refer, relate, touch upon

appetite appetence, appetency, craving, demand, desire, hankering, hunger, inclination, liking, longing, passion, proclivity, propensity, relish, stomach, taste, willingness, yearning, zeal, zest

appetizer ① antipasto, canapé, cocktail, hors d'oeuvre, titbit ② apéritif, cocktail ③ foretaste, sample, taste

appetizing appealing, delicious, inviting, mouthwatering, palatable, savoury, scrumptious (Inf.), succulent, tasty, tempting

applaud acclaim, approve, cheer, clap, commend, compliment, crack up (Inf.), encourage, eulogize, extol, laud, magnify (Archaic), praise

applause acclaim, acclamation, accolade, approbation, approval, cheering, cheers, commendation, eulogizing, hand, hand-clapping, laudation, ovation, plaudit, praise

appliance apparatus, device, gadget, implement, instrument, machine, mechanism, tool

applicable apposite, appropriate, apropos, apt, befitting, fit, fitting, germane, pertinent, relevant, suitable, suited, to the point, to the purpose, useful

applicant aspirant, candidate, claimant, inquirer, petitioner, postulant, suitor, suppliant

application ① appositeness, exercise, function, germaneness, pertinence, practice, purpose, relevance, use, value ② appeal, claim, inquiry, petition, request, requisition, solicitation, suit ③ assiduity, attention, attentiveness, commitment, dedication, diligence, effort, hard work, industry, perseverance, study ④ balm, cream, dressing, emollient, lotion, ointment, poultice, salve, unguent

apply ① administer, assign, bring into play, bring to bear, carry out, employ, engage, execute, exercise, exert, implement, practise, put to use, use, utilize ② appertain, be applicable, be appropriate, bear upon, be fitting, be relevant, fit, pertain, refer, relate, suit ③ anoint, bring into contact with, cover with, lay on, paint, place, put on, smear, spread on, touch to ④ appeal, claim, inquire, make application, petition, put in, request, requisition, solicit, sue ⑤ address, be assiduous, be diligent, be industrious, buckle down (Inf.), commit, concentrate, dedicate, devote, direct, give, make an effort, pay attention, persevere, study, try, work hard

appoint ① allot, arrange, assign, choose, decide, designate, determine, establish, fix, set, settle ② assign, choose, commission, delegate, elect, install, name, nominate, select ③ command, decree, direct, enjoin, ordain ④ equip, fit out, furnish, provide, supply

appointment ① arrangement, assignation, consultation, date, engagement, interview, meeting, rendezvous, session, tryst (Archaic) ② allotment, assignment, choice, choosing, commissioning, delegation, designation, election, installation, naming, nomination, selection ③ assignment, berth (Inf.), job, office, place, position, post, situation, station ④ appointee, candidate, delegate, nominee, officeholder, representative ⑤ Usually plural accoutrements, appurtenances, equipage, fittings, fixtures, furnishings, gear, outfit, paraphernalia, trappings

apportion allocate, allot, assign, deal, dispense, distribute, divide, dole out, measure out, mete out, parcel out, ration out, share

apportionment allocation, allotment, assignment, dealing out, dispensing, distribution, division, doling out, measuring out, meting out, parcelling out, rationing out, sharing

apposite appertaining, applicable, appropriate, apropos, apt, befitting, fitting, germane, pertinent, proper, relevant, suitable, suited, to the point, to the purpose

appraisal ① assessment, estimate, estimation, evaluation, judg(e)ment, opinion, recce (Sl.), sizing up (Inf.) ② assay, pricing, rating, reckoning, survey, valuation

appreciable ascertainable, clear-cut, considerable, definite, detectable, discernible, distinguishable, evident, marked, material, measurable, noticeable, obvious, perceivable, perceptible, pronounced, recognizable, significant, substantial, visible

appreciate ① be appreciative, be grateful for, be indebted, be obliged, be thankful for, give thanks for ② acknowledge, be alive to, be aware (cognizant, conscious) of, comprehend, estimate, know, perceive, realize, recognize, sympathize with, take account of, understand ③ admire, cherish, enjoy, esteem, like, prize, rate highly, regard, relish, respect, savour, treasure, value ④ enhance, gain, grow, improve, increase, inflate, raise the value of, rise

appreciation ① acknowledgement, gratefulness, gratitude, indebtedness, obligation, thankfulness, thanks ② admiration, appraisal, assessment, awareness, cognizance, comprehension, enjoyment, esteem, estimation, knowledge, liking, perception, realization, recognition, regard, relish, respect, responsiveness, sensitivity, sympathy, understanding, valuation ③ enhancement, gain, growth, improvement, increase, inflation, rise ④ acclamation, criticism, critique, notice, praise, review, tribute

appreciative ① beholden, grateful, indebted, obliged, thankful ② admiring, aware, cognizant, conscious, enthusiastic, in the know (Inf.), knowledgeable, mindful, perceptive, pleased, regardful, respectful, responsive, sensitive, supportive, sympathetic, understanding

apprehend ① arrest, bust (Inf.), capture, catch, collar (Inf.), feel one's collar (Sl.), lift (Sl.), nab (Inf.), nail (Inf.), nick (Sl., chiefly Brit.), pinch (Inf.), run in (Sl.), seize, take, take prisoner ② appreciate, believe, comprehend, conceive, grasp, imagine, know, perceive, realize, recognize, think, understand ③ be afraid of, dread, fear

apprehension ① alarm, anxiety, apprehensiveness, concern, disquiet, doubt, dread, fear, foreboding, misgiving, mistrust, premonition, suspicion, trepidation, unease, uneasiness, worry ② arrest, capture, catching, seizure, taking ③ awareness, comprehension, grasp, intellect, intelligence, ken, knowledge, perception, understanding ④ belief, concept, conception, conjecture, idea, impression, notion, opinion, sentiment, thought, view

apprehensive afraid, alarmed, anxious, concerned, disquieted, doubtful, fearful, foreboding, mistrustful, nervous, suspicious, twitchy (Inf.), uneasy, worried

apprentice beginner, learner, neophyte, novice, probationer, pupil, student, trainee, tyro

approach
- v. ① advance, catch up, come close, come near, come to, draw near, gain on, meet, move towards, near, push forward, reach ② appeal to, apply to, broach the matter with, make advances to, make a proposal to, make overtures to, sound out ③ begin, begin work on, commence, embark on, enter upon, make a start, set about, undertake ④ approximate, be comparable to, be like, come close to, come near to, compare with, resemble
- n. ⑤ access, advance, advent, arrival, avenue, coming, drawing near, entrance, nearing, passage, road, way ⑥ approximation, likeness, semblance ⑦ Often plural advance, appeal, application, invitation, offer, overture, proposal, proposition ⑧ attitude, course, manner, means, method, mode, modus operandi, procedure, style, technique, way

approachable ① accessible, attainable, come-at-able (Inf.), get-at-able (Inf.), reachable ② affable, congenial, cordial, friendly, open, sociable

appropriate
- adj. ① adapted, applicable, apposite, appurtenant, apropos, apt, becoming, befitting, belonging, congruous, correct, felicitous, fit, fitting, germane, meet (Archaic), opportune, pertinent, proper, relevant, right, seemly, suitable, to the point, to the purpose, well-suited, well-timed
- v. ② allocate, allot, apportion, assign, devote, earmark, set apart ③ annex, arrogate, assume, commandeer, confiscate, expropriate, impound, pre-empt, seize, take, take over, take possession of, usurp ④ embezzle, filch, misappropriate, pilfer, pocket, steal

appropriateness applicability, appositeness, aptness, becomingness, congruousness, correctness, felicitousness, felicity, fitness, fittingness, germaneness, opportuneness, pertinence, properness, relevance, rightness, seemliness, suitability, timeliness, well-suitedness

appropriation ① allocation, allotment, apportionment, assignment, earmarking, setting apart ② annexation, arrogation, assumption, commandeering, confiscation, expropriation, impoundment, pre-emption, seizure, takeover, taking, usurpation

approval ① acquiescence, agreement, assent, authorization, blessing, compliance, concurrence, confirmation, consent, countenance, endorsement, imprimatur, leave, licence, mandate, OK or okay (Inf.), permission, ratification, recommendation, sanction, the goahead (Inf.), the green light, validation ② acclaim, admiration, applause, appreciation, approbation, commendation, esteem, favour, good opinion, liking, praise, regard, respect

approve ① acclaim, admire, applaud, appreciate, be pleased with, commend, esteem, favour, have a good opinion of, like, praise, regard highly, respect, think highly of ② accede to, accept, advocate, agree to, allow, assent to, authorize, bless, concur in, confirm, consent to, countenance, endorse, give the

go-ahead (Inf.), give the green light, go along with, mandate, OK or okay (Inf.), pass, permit, ratify, recommend, sanction, second, subscribe to, uphold, validate

approximate
- adj. [1] almost accurate, almost exact, close, near [2] estimated, inexact, loose, rough [3] analogous, close, comparable, like, near, relative, similar, verging on [4] adjacent, bordering, close together, contiguous, near, nearby, neighbouring
- v. [5] approach, border on, come close, come near, reach, resemble, touch, verge on

approximately about, almost, around, circa (used with dates), close to, generally, in the neighbourhood of, in the region of, in the vicinity of, just about, loosely, more or less, nearly, not far off, relatively, roughly

approximation [1] conjecture, estimate, estimation, guess, guesswork, rough calculation, rough idea [2] approach, correspondence, likeness, resemblance, semblance

apron pinafore, pinny (Inf.)

apropos
- adj. [1] applicable, apposite, appropriate, apt, befitting, belonging, correct, fit, fitting, germane, meet (Archaic), opportune, pertinent, proper, related, relevant, right, seemly, suitable, to the point, to the purpose
- adv. [2] appropriately, aptly, opportunely, pertinently, relevantly, suitably, timely, to the point, to the purpose [3] by the bye, by the way, incidentally, in passing, parenthetically, while on the subject

apropos of prep. in respect of, on the subject of, re, regarding, respecting, with reference to, with regard to, with respect to

apt [1] applicable, apposite, appropriate, apropos, befitting, correct, fit, fitting, germane, meet (Archaic), pertinent, proper, relevant, seemly, suitable, timely, to the point, to the purpose [2] disposed, given, inclined, liable, likely, of a mind, prone, ready [3] astute, bright, clever, expert, gifted, ingenious, intelligent, prompt, quick, sharp, skilful, smart, talented, teachable

aptitude [1] bent, disposition, inclination, leaning, predilection, proclivity, proneness, propensity, tendency [2] ability, aptness, capability, capacity, cleverness, faculty, flair, gift, giftedness, intelligence, knack, proficiency, quickness, talent [3] applicability, appositeness, appropriateness, fitness, relevance, suitability, suitableness

aptness [1] applicability, appositeness, appropriateness, becomingness, congruousness, correctness, felicitousness, felicity, fitness, fittingness, germaneness, opportuneness, pertinence, properness, relevance, rightness, seemliness, suitability, timeliness, well-suitedness [2] aptitude, bent, disposition, inclination, leaning, liability, likelihood, likeliness, predilection, proclivity, proneness, propensity, readiness, tendency [3] ability, capability, capacity, cleverness, faculty, fitness, flair, gift, giftedness, intelligence, knack, proficiency, quickness, suitability, talent

arable cultivable, farmable, fecund, fertile, fruitful, ploughable, productive, tillable

arbiter [1] adjudicator, arbitrator, judge, referee, umpire [2] authority, controller, dictator, expert, governor, lord, master, pundit, ruler

arbitrary [1] capricious, chance, discretionary, erratic, fanciful, inconsistent, optional, personal, random, subjective, unreasonable, whimsical, wilful [2] absolute, autocratic, despotic, dictatorial, dogmatic, domineering, high-handed, imperious, magisterial, overbearing, peremptory, summary, tyrannical, tyrannous, uncontrolled, unlimited, unrestrained

arbitrate adjudge, adjudicate, decide, determine, judge, mediate, pass judgment, referee, settle, sit in judgment, umpire

arbitration adjudication, arbitrament, decision, determination, judg(e)ment, settlement

arbitrator adjudicator, arbiter, judge, referee, umpire

arc arch, bend, bow, crescent, curve, half-moon

arch[1]
- n. [1] archway, curve, dome, span, vault [2] arc, bend, bow, curvature, curve, hump, semicircle
- v. [3] arc, bend, bow, bridge, curve, embow, span

arch[2] artful, frolicsome, knowing, mischievous, pert, playful, roguish, saucy, sly, waggish, wily

arch[3] accomplished, chief, consummate, expert, finished, first, foremost, greatest, head, highest, lead, leading, main, major, master, pre-eminent, primary, principal, top

archaic ancient, antiquated, antique, behind the times, bygone, obsolete, old, olden (Archaic), old-fashioned, old hat, outmoded, out of date, passé, primitive, superannuated

arched curved, domed, embowed, vaulted

archer bowman (Archaic), toxophilite (Formal)

archetype classic, exemplar, form, ideal, model, norm, original, paradigm, pattern, prime example, prototype, standard

architect [1] designer, master builder, planner [2] author, contriver, creator, deviser, engineer, founder, instigator, inventor, maker, originator, planner, prime mover, shaper

architecture [1] architectonics, building, construction, design, planning [2] construction, design, framework, make-up, structure, style

archives [1] annals, chronicles, documents, papers, records, registers, rolls [2] museum, record office, registry, repository

Arctic [1] far-northern, hyperborean, polar [2] (Inf.) chilly, cold, freezing, frigid, frostbound, frosty, frozen, gelid, glacial, icy

ardent avid, eager, enthusiastic, fervent, fervid, fierce, fiery, flaming, hot, hot-blooded, impassioned, intense, keen, lusty, passionate, spirited, vehement, warm, warm-blooded, zealous

ardour avidity, devotion, eagerness, earnestness, enthusiasm, feeling, fervour, fierceness, fire, heat, intensity, keenness, passion, spirit, vehemence, warmth, zeal

arduous backbreaking, burdensome, difficult, exhausting, fatiguing, formidable, gruelling, hard, harsh, heavy, laborious, onerous, painful, punishing, rigorous, severe, steep, strenuous, taxing, tiring, toilsome, tough, troublesome, trying

area [1] district, domain, locality, neighbourhood, patch, plot, realm, region, sector, sphere, stretch, territory, tract, turf (U.S. sl.), zone [2] ambit, breadth, compass, expanse, extent, range, scope, size, width [3] arena, department, domain, field, province, realm, sphere, territory [4] part, portion, section, sector [5] sunken space, yard

arena [1] amphitheatre, bowl, coliseum, field, ground, park (U.S. & Canad.), ring, stadium, stage [2] area, battlefield, battleground, domain, field, field of conflict, lists, province, realm, scene, scope, sector, sphere, territory, theatre

argot cant, dialect, idiom, jargon, lingo (Inf.), parlance, patois, slang, vernacular

argue [1] altercate, bandy words, bicker, disagree, dispute, fall out (Inf.), feud, fight, have an argument, quarrel, squabble, wrangle [2] assert, claim, contend, controvert, debate, discuss, dispute, expostulate, hold, maintain, plead, question, reason, remonstrate [3] convince, persuade, prevail upon, talk into, talk round [4] demonstrate, denote, display, evince, exhibit, imply, indicate, manifest, point to, show, suggest

argument [1] altercation, barney (Inf.), bickering, clash, controversy, difference of opinion, disagreement, dispute, falling out (Inf.), feud, fight, quarrel, row, squabble, wrangle [2] assertion, claim, contention, debate, discussion, dispute, expostulation, plea, pleading, questioning, remonstrance, remonstration [3] argumentation, case, defence, dialectic, ground(s), line of reasoning, logic, polemic, reason, reasoning [4] abstract, gist, outline, plot, story, story line, subject, summary, synopsis, theme

argumentative [1] belligerent, combative, contentious, contrary, disputatious, litigious, opinionated, quarrelsome [2] contentious, controversial, disputed, polemic

arid [1] barren, desert, dried up, dry, moistureless, parched, sterile, torrid, waterless [2] boring, colourless, dreary, dry, dull, flat, jejune, lifeless, spiritless, tedious, uninspired, uninteresting, vapid

aright accurately, appropriately, aptly, correctly, duly, exactly, fitly, in due order, justly, properly, rightly, suitably, truly, without error

arise [1] appear, begin, come into being, come to light, commence, crop up (Inf.), emanate, emerge, ensue, follow, happen, issue, occur, originate, proceed, result, set in, spring, start, stem [2] get to one's feet, get up, go up, rise, stand up, wake up [3] ascend, climb, lift, mount, move upward, rise, soar, tower

aristocracy body of nobles, elite, gentry, haut monde, nobility, noblesse (Literary), patricians, patriciate, peerage, ruling class, upper class, upper crust (Inf.)

aristocrat aristo (Inf.), grandee, lady, lord, noble, nobleman, noblewoman, patrician, peer, peeress

aristocratic [1] blue-blooded, elite, gentle (Archaic), gentlemanly, highborn, lordly, noble, patrician, titled, upper-class, well-born [2] courtly, dignified, elegant, fine, haughty, polished, refined, snobbish, stylish, well-bred

arm[1] n. [1] appendage, limb, upper limb [2] bough, branch, department, detachment, division, extension, offshoot, projection, section, sector [3] branch, channel, estuary, firth, inlet, sound, strait, tributary [4] authority, command, force, might, potency, power, strength, sway

arm[2]
- n. [1] armaments, firearms, guns, instruments of war, ordnance, weaponry, weapons [2] blazonry, crest, escutcheon, heraldry, insignia
- v. [3] (Esp. with weapons) accoutre, array, deck out, equip, furnish, issue with, outfit, provide, rig, supply [4] mobilize, muster forces, prepare for war, take up arms [5] brace, equip, forearm, fortify, gird one's loins, guard, make ready, outfit, prepare, prime, protect, strengthen

Armada fleet, flotilla, navy, squadron

armaments ammunition, arms, guns, materiel, munitions, ordnance, weaponry, weapons

armed accoutred, arrayed, carrying weapons, equipped, fitted out, forearmed, fortified, furnished, girded, guarded, in arms, prepared, primed, protected, provided, ready, rigged out, strengthened, supplied, under arms

armistice ceasefire, peace, suspension of hostilities, truce

armour armour plate, covering, protection, sheathing, shield

armoury ammunition dump, arms depot, arsenal, magazine, ordnance depot

army [1] armed force, host (Archaic), land forces, legions, military, military force, soldiers, soldiery, troops [2] (Fig.) array, horde, host, multitude, pack, swarm, throng, vast number

aroma bouquet, fragrance, odour, perfume, redolence, savour, scent, smell

aromatic balmy, fragrant, odoriferous, perfumed, pungent, redolent, savoury, spicy, sweet-scented, sweet-smelling

around
- prep. [1] about, encircling, enclosing, encompassing, environing, on all sides of, on every side of, surrounding [2] about, approximately, circa (used with dates), roughly
- adv. [3] about, all over, everywhere, here and there, in all directions, on all sides, throughout, to and fro [4] at hand, close, close at hand, close by, near, nearby, nigh (Archaic or dialect)

arouse agitate, animate, awaken, call forth, enliven, excite, foment, foster, goad, incite, inflame, instigate, kindle, move, prod, provoke, quicken, rouse, sharpen, spark, spur, stimulate, stir up, summon up, waken, wake up, warm, whet, whip up

arrange [1] align, array, class, classify, dispose, file, form, group, line up, marshal, order, organize, position, put in order, range, rank, set out, sort, sort out (Inf.), systematize, tidy [2] adjust, agree to, come to terms, compromise, construct, contrive, determine, devise, fix up, organize, plan, prepare, project, schedule, settle [3] adapt, instrument, orchestrate, score

arrangement [1] alignment, array, classification, design, display, disposition, form, grouping, line-up, marshalling, order, ordering, organization, ranging, rank, setup (Inf.), structure, system [2] Often plural adjustment, agreement, compact, compromise, construction, deal, devising, organization, plan, planning, preparation, provision, schedule, settlement, terms [3] adaptation, instrumentation, interpretation, orchestration, score, version

array
- n. [1] arrangement, collection, display, disposition, exhibition, formation, line-up, marshalling, muster, order, parade, show, supply [2] (Poetic) apparel, attire, clothes, dress, finery, garb, garments, raiment (Archaic or poetic), regalia
- v. [3] align, arrange, display, dispose, draw up, exhibit, form up, group, line up, marshal, muster, order, parade, place in order, range, set in line (Military), show [4] accoutre, adorn,

apparel (Archaic), attire, bedeck, caparison, clothe, deck, decorate, dress, equip, festoon, fit out, garb, get ready, outfit, robe, supply, wrap

arrest
- v. 1 apprehend, bust (Inf.), capture, catch, collar (Inf.), detain, feel one's collar (Sl.), lay hold of, lift (Sl.), nab (Inf.), nail (Inf.), nick (Sl., chiefly Brit.), pinch (Inf.), run in (Sl.), seize, take, take into custody, take prisoner 2 block, check, delay, end, halt, hinder, hold, inhibit, interrupt, obstruct, restrain, retard, slow, stall, stay, stop, suppress 3 absorb, catch, engage, engross, fascinate, grip, hold, intrigue, occupy
- n. 4 apprehension, bust (Inf.), capture, cop (Sl.), detention, seizure 5 blockage, check, delay, end, halt, hindrance, inhibition, interruption, obstruction, restraint, stalling, stay, stoppage, suppression

arresting conspicuous, engaging, extraordinary, impressive, noticeable, outstanding, remarkable, striking, stunning, surprising

arrival 1 advent, appearance, arriving, coming, entrance, happening, occurrence, taking place 2 arriver, caller, comer, entrant, incomer, newcomer, visitant, visitor

arrive 1 appear, attain, befall, come, enter, get to, happen, occur, reach, show up (Inf.), take place, turn up 2 (Inf.) achieve recognition, become famous, make good, make it (Inf.), make the grade (Inf.), reach the top, succeed

arrogance bluster, conceit, conceitedness, contemptuousness, disdainfulness, haughtiness, hauteur, high-handedness, imperiousness, insolence, loftiness, lordliness, overweeningness, pomposity, pompousness, presumption, pretension, pretentiousness, pride, scornfulness, superciliousness, swagger, uppishness (Brit. inf.)

arrogant assuming, blustering, conceited, contemptuous, disdainful, haughty, high and mighty (Inf.), high-handed, imperious, insolent, lordly, overbearing, overweening, pompous, presumptuous, pretentious, proud, scornful, supercilious, swaggering, uppish (Brit. inf.)

arrow 1 bolt, dart, flight, quarrel, reed (Archaic), shaft (Archaic) 2 indicator, pointer

arsenal ammunition dump, armoury, arms depot, magazine, ordnance depot, stock, stockpile, store, storehouse, supply

art 1 adroitness, aptitude, artifice (Archaic), artistry, craft, craftsmanship, dexterity, expertise, facility, ingenuity, knack, knowledge, mastery, method, profession, skill, trade, virtuosity 2 artfulness, artifice, astuteness, craftiness, cunning, deceit, duplicity, guile, trickery, wiliness

artful adept, adroit, clever, crafty, cunning, deceitful, designing, dexterous, foxy, ingenious, intriguing, masterly, politic, proficient, resourceful, scheming, sharp, shrewd, skilful, sly, smart, subtle, tricky, wily

article 1 commodity, item, object, piece, substance, thing, unit 2 composition, discourse, essay, feature, item, paper, piece, story, treatise 3 branch, clause, count, detail, division, head, heading, item, matter, paragraph, part, particular, passage, piece, point, portion, section

articulate
- adj. 1 clear, coherent, comprehensible, eloquent, expressive, fluent, intelligible, lucid, meaningful, understandable, vocal, well-spoken
- v. 2 enounce, enunciate, express, pronounce, say, speak, state, talk, utter, verbalize, vocalize, voice 3 connect, couple, fit together, hinge, join, joint

artifice 1 contrivance, device, dodge, expedient, hoax, machination, manoeuvre, ruse, stratagem, subterfuge, tactic, trick, wile 2 artfulness, chicanery, craft, craftiness, cunning, deception, duplicity, guile, scheming, slyness, trickery 3 adroitness, cleverness, deftness, facility, finesse, ingenuity, invention, inventiveness, skill

artificer 1 artisan, craftsman, mechanic 2 architect, builder, contriver, creator, designer, deviser, inventor, maker, originator

artificial 1 man-made, manufactured, non-natural, plastic, synthetic 2 bogus, counterfeit, ersatz, fake, imitation, mock, phoney or phony (Inf.), sham, simulated, specious, spurious 3 affected, assumed, contrived, false, feigned, forced, hollow, insincere, meretricious, phoney or phony (Inf.), pretended, spurious, unnatural

artillery battery, big guns, cannon, cannonry, gunnery, ordnance

artisan artificer, craftsman, handicraftsman, journeyman, mechanic, skilled workman, technician

artistic aesthetic, beautiful, creative, cultivated, cultured, decorative, elegant, exquisite, graceful, imaginative, ornamental, refined, sensitive, sophisticated, stylish, tasteful

artistry accomplishment, art, artistic ability, brilliance, craft, craftsmanship, creativity, finesse, flair, genius, mastery, proficiency, sensibility, skill, style, talent, taste, touch, virtuosity, workmanship

artless 1 candid, direct, fair, frank, genuine, guileless, honest, open, plain, sincere, straightforward, true, undesigning, upfront (Inf.) 2 humble, natural, plain, pure, simple, unadorned, unaffected, uncontrived, unpretentious 3 awkward, bungling, clumsy, crude, incompetent, inept, maladroit, primitive, rude, unskilled, untalented 4 childlike, ingenuous, innocent, jejune, naive, trustful, trusting, unsophisticated

as
- conj. 1 at the time that, during the time that, just as, when, while 2 in the manner that, in the way that, like 3 that which, what 4 because, considering that, seeing that, since 5 in the same manner with, in the same way that, like 6 for instance, like, such as
- prep. 7 being, in the character of, in the role of, under the name of 8 **as for** as regards, in reference to, on the subject of, with reference to, with regard to, with respect to 9 **as it were** in a manner of speaking, in a way, so to say, so to speak

ascend climb, float up, fly up, go up, lift off, mount, move up, rise, scale, slope upwards, soar, take off, tower

ascendancy, ascendency authority, command, control, dominance, domination, dominion, hegemony, influence, mastery, power, predominance, pre-eminence, prevalence, reign, rule, sovereignty, superiority, supremacy, sway, upper hand

ascendant, ascendent
- adj. 1 ascending, climbing, going upwards, mounting, rising 2 authoritative, commanding, controlling, dominant, influential, powerful, predominant, pre-eminent, prevailing, ruling, superior, supreme, uppermost
- n. 3 **in the ascendant** ascending, climbing, commanding, dominant, dominating, flourishing, growing, increasing, mounting, on the rise, on the way up, prevailing, rising, supreme, up-and-coming, uppermost, winning

ascent 1 ascending, ascension, clambering, climb, climbing, mounting, rise, rising, scaling, upward movement 2 acclivity, gradient, incline, ramp, rise, rising ground, upward slope

ascertain confirm, determine, discover, establish, ferret out, find out, fix, identify, learn, make certain, settle, suss (out) (Sl.), verify

ascetic 1 n. abstainer, anchorite, hermit, monk, nun, recluse, self-denier 2 adj. abstemious, abstinent, austere, celibate, frugal, harsh, plain, puritanical, rigorous, self-denying, self-disciplined, severe, Spartan, stern

asceticism abstemiousness, abstinence, austerity, celibacy, frugality, harshness, mortification of the flesh, plainness, puritanism, rigorousness, rigour, self-abnegation, self-denial, self-discipline, self-mortification

ascribe assign, attribute, charge, credit, impute, put down, refer, set down

ashamed abashed, bashful, blushing, chagrined, conscience-stricken, crestfallen, discomfited, distressed, embarrassed, guilty, humbled, humiliated, mortified, prudish, reluctant, remorseful, shamefaced, sheepish, shy, sorry

ashore aground, landwards, on dry land, on land, on the beach, on the shore, shorewards, to the shore

aside 1 adv. alone, alongside, apart, away, beside, in isolation, in reserve, on one side, out of mind, out of the way, privately, separately, to one side, to the side 2 n. departure, digression, excursion, excursus, interpolation, interposition, parenthesis, tangent

asinine braindead (Inf.), brainless, daft (Inf.), dunderheaded, fatuous, foolish, goofy (Inf.), gormless (Brit. inf.), halfwitted, idiotic, imbecile, imbecilic, inane, moronic, obstinate, senseless, silly, stupid, thickheaded, thick-witted

ask 1 inquire, interrogate, query, question, quiz 2 appeal, apply, beg, beseech, claim, crave, demand, entreat, implore, petition, plead, pray, request, seek, solicit, sue, supplicate 3 bid, invite, summon

askance 1 awry, indirectly, obliquely, out of the corner of one's eye, sideways, with a side glance 2 disapprovingly, distrustfully, doubtfully, dubiously, mistrustfully, sceptically, suspiciously

askew adv./adj. aslant, awry, cockeyed (Inf.), crooked, crookedly, lopsided, oblique, obliquely, off-centre, skewwhiff (Brit. inf.), to one side

asleep crashed out (Sl.), dead to the world (Inf.), dormant, dozing, fast asleep, napping, sleeping, slumbering, snoozing (Inf.), sound asleep

aspect 1 air, appearance, attitude, bearing, condition, countenance, demeanour, expression, look, manner, mien (Literary) 2 bearing, direction, exposure, outlook, point of view, position, prospect, scene, situation, view 3 angle, facet, feature, side

asperity acerbity, acrimony, bitterness, churlishness, crabbedness, crossness, harshness, irascibility, irritability, moroseness, peevishness, roughness, ruggedness, severity, sharpness, sourness, sullenness

asphyxiate choke, smother, stifle, strangle, strangulate, suffocate, throttle

aspirant 1 n. applicant, aspirer, candidate, hopeful, postulant, seeker, suitor 2 adj. ambitious, aspiring, eager, endeavouring, hopeful, longing, striving, wishful

aspiration aim, ambition, craving, desire, dream, eagerness, endeavour, goal, hankering, hope, longing, object, objective, wish, yearning

aspire aim, be ambitious, be eager, crave, desire, dream, hanker, hope, long, pursue, seek, wish, yearn

aspiring adj. ambitious, aspirant, eager, endeavouring, hopeful, longing, striving, wishful, would-be

ass 1 donkey, jennet, moke (Sl.) 2 airhead (Sl.), berk (Brit. sl.), blockhead, bonehead (Sl.), charlie (Brit. inf.), coot, daftie (Inf.), dickhead (Sl.), dipstick (Brit. sl.), divvy (Brit. sl.), dolt, dope (Inf.), dork (Sl.), dunce, dweeb (U.S. sl.), fool, fuckwit (Taboo sl.), geek (Sl.), gonzo (Sl.), halfwit, idiot, jackass, jerk (Sl., chiefly U.S. & Canad.), nerd or nurd (Sl.), nincompoop, ninny, nitwit (Inf.), numskull or numbskull, oaf, pillock (Brit. sl.), plank (Brit. sl.), plonker (Sl.), prat (Sl.), prick (Derogatory sl.), schmuck (U.S. sl.), simpleton, twerp or twirp (Inf.), twit (Inf., chiefly Brit.), wally (Sl.)

assail 1 assault, attack, belabour, beset, charge, encounter, fall upon, invade, lay into (Inf.), maltreat, set about, set upon 2 abuse, berate, blast, criticize, impugn, lambast(e), malign, put down, revile, tear into (Inf.), vilify

assassin eliminator (Sl.), executioner, hatchet man (Sl.), hit man (Sl.), killer, liquidator, murderer, slayer

assassinate blow away (Sl., chiefly U.S.), eliminate (Sl.), hit (Sl.), kill, liquidate, murder, slay, take out (Sl.)

assault 1 n. aggression, attack, charge, incursion, inroad, invasion, offensive, onset, onslaught, storm, storming, strike 2 v. assail, attack, belabour, beset, charge, fall upon, invade, lay into (Inf.), set about, set upon, storm, strike at

assay
- v. 1 analyse, appraise, assess, evaluate, examine, inspect, investigate, prove, test, try, weigh
- n. 2 (Archaic) attempt, endeavour, essay, stab (Inf.), try, venture 3 analysis, examination, inspection, investigation, test, trial

assemble 1 accumulate, amass, bring together, call together, collect, come together, congregate, convene, convoke, flock, forgather, gather, marshal, meet, muster, rally, round up, summon 2 build up, connect, construct, erect, fabricate, fit together, join, make, manufacture, piece together, put together, set up

assembly 1 accumulation, aggregation, assemblage, body, collection, company, conclave, conference, congregation, congress, convocation, council, crowd, diet, flock, gathering, group, house, mass, meeting, multitude, rally, synod, throng 2 building up, connecting, construction, erection, fabrication, fitting together, joining, manufacture, piecing together, putting together, setting up

assent 1 v. accede, accept, acquiesce, agree, allow, approve, comply, concur, consent, fall in with, go along with, grant, permit, sanction, subscribe 2 n. acceptance, accession, accord, acquiescence, agreement, approval, compliance, concurrence, consent, permission, sanction

assert 1 affirm, allege, asseverate, attest, aver, avouch (Archaic), avow, contend, declare, maintain, predicate, profess, pronounce, state, swear 2 claim, defend, insist upon, press, put forward, stand up for, stress, uphold, vindicate 3 **assert oneself** exert one's influence, make one's presence felt, put oneself forward

assertion 1 affirmation, allegation, asseveration, attestation, avowal, contention, declaration, predication, profession, pronouncement, statement 2 defence, insistence, maintenance, stressing, vindication

assertive aggressive, confident, decided, decisive, demanding, dogmatic, domineering, emphatic, feisty (Inf., chiefly U.S. & Canad.), firm, forceful, forward, insistent, overbearing, positive, pushy (Inf.), self-assured, strong-willed

assess 1 appraise, compute, determine, estimate, evaluate, eye up, fix, gauge, judge, rate, size up (Inf.), value, weigh 2 demand, evaluate, fix, impose, levy, rate, tax, value

assessment 1 appraisal, computation, determination, estimate, estimation, evaluation, judg(e)ment, rating, valuation 2 charge, demand, duty, evaluation, fee, impost, levy, rate, rating, tariff, tax, taxation, toll, valuation

asset 1 advantage, aid, benefit, blessing, boon, help, resource, service 2 Plural capital, estate, funds, goods, holdings, means, money, possessions, property, reserves, resources, valuables, wealth

assiduous attentive, constant, diligent, hard-working, indefatigable, industrious, laborious, persevering, persistent, sedulous, steady, studious, unflagging, untiring, unwearied

assign 1 appoint, choose, delegate, designate, name, nominate, select 2 allocate, allot, apportion, consign, distribute, give, give out, grant, make over 3 appoint, appropriate, determine, fix, set apart, stipulate 4 accredit, ascribe, attribute, put down

assignment 1 appointment, charge, commission, duty, job, mission, position, post, responsibility, task 2 allocation, allotment, appointment, apportionment, appropriation, ascription, assignation (Law, chiefly Scot.), attribution, choice, consignment, delegation, designation, determination, distribution, giving, grant, nomination, selection, specification, stipulation

assist abet, aid, back, benefit, boost, collaborate, cooperate, encourage, expedite, facilitate, further, help, promote, reinforce, relieve, second, serve, succour, support, sustain, work for, work with

assistance abetment, aid, backing, benefit, boost, collaboration, cooperation, encouragement, furtherance, help, helping hand, promotion, reinforcement, relief, service, succour, support, sustenance

assistant abettor, accessory, accomplice, aide, aider, ally, associate, auxiliary, backer, coadjutor (Rare), collaborator, colleague, confederate, cooperator, helper, helpmate, henchman, partner, protagonist, right-hand man, second, supporter

associate
◆ v. 1 affiliate, ally, combine, confederate, conjoin, connect, correlate, couple, identify, join, league, link, lump together, mix, pair, relate, think of together, unite, yoke 2 accompany, befriend, be friends, consort, fraternize, hang about, hang out (Inf.), hobnob, mingle, mix, run around (Inf.)
◆ n. 3 ally, collaborator, colleague, companion, compeer, comrade, confederate, confrère, coworker, follower, friend, mate, partner

association 1 affiliation, alliance, band, clique, club, coalition, combine, company, confederacy, confederation, cooperative, corporation, federation, fraternity, group, league, order, organization, partnership, society, syndicate, union 2 affinity, companionship, comradeship, familiarity, fellowship, fraternization, friendship, intimacy, liaison, partnership, relations, relationship 3 blend, bond, combination, concomitance, connection, correlation, identification, joining, juxtaposition, linkage, linking, lumping together, mixing, mixture, pairing, relation, tie, union, yoking

assort arrange, array, categorize, classify, dispose, distribute, file, grade, group, range, rank, sort, type

assorted 1 different, diverse, diversified, heterogeneous, manifold, miscellaneous, mixed, motley, sundry, varied, variegated, various 2 arranged, arrayed, categorized, classified, disposed, filed, graded, grouped, ranged, ranked, sorted, typed

assortment 1 array, choice, collection, diversity, farrago, hotchpotch, jumble, medley, mélange, miscellany, mishmash, mixed bag (Inf.), mixture, potpourri, salmagundi, selection, variety 2 arrangement, categorizing, classification, disposition, distribution, filing, grading, grouping, ranging, ranking, sorting, typing

assume 1 accept, believe, expect, fancy, guess (Inf., chiefly U.S. & Canad.), imagine, infer, presume, presuppose, suppose, surmise, suspect, take for granted, think 2 adopt, affect, counterfeit, feign, imitate, impersonate, mimic, pretend to, put on, sham, simulate 3 accept, acquire, attend to, begin, don, embark upon, embrace, enter upon, put on, set about, shoulder, take on, take over, take responsibility for, take up, undertake 4 acquire, appropriate, arrogate, commandeer, expropriate, pre-empt, seize, take, take over, usurp

assumption 1 acceptance, belief, conjecture, expectation, fancy, guess, hypothesis, inference, postulate, postulation, premise, premiss, presumption, presupposition, supposition, surmise, suspicion, theory 2 acceptance, acquisition, adoption, embracing, entering upon, putting on, shouldering, takeover, taking on, taking up, undertaking 3 acquisition, appropriation, arrogation, expropriation, pre-empting, seizure, takeover, taking, usurpation 4 arrogance, conceit, imperiousness, presumption, pride, self-importance

assurance 1 affirmation, assertion, declaration, guarantee, oath, pledge, profession, promise, protestation, vow, word, word of honour 2 assertiveness, assuredness, boldness, certainty, certitude, confidence, conviction, coolness, courage, faith, firmness, nerve, poise, positiveness, security, self-confidence, self-reliance, sureness 3 arrogance, brass neck (Brit. inf.), chutzpah (U.S. & Canad. inf.), effrontery, gall (Inf.), impudence, neck (Inf.), nerve (Inf.), presumption

assure 1 comfort, convince, embolden, encourage, hearten, persuade, reassure, soothe 2 affirm, attest, certify, confirm, declare confidently, give one's word to, guarantee, pledge, promise, swear, vow 3 clinch, complete, confirm, ensure, guarantee, make certain, make sure, seal, secure

assured 1 beyond doubt, clinched, confirmed, dependable, ensured, fixed, guaranteed, indubitable, irrefutable, made certain, sealed, secure, settled, sure, unquestionable 2 assertive, audacious, bold, brazen, certain, complacent, confident, overconfident, poised, positive, pushy (Inf.), self-assured, self-confident, self-possessed, sure of oneself

astonish amaze, astound, bewilder, confound, daze, dumbfound, flabbergast (Inf.), stagger, stun, stupefy, surprise

astonishing amazing, astounding, bewildering, breathtaking, brilliant, impressive, sensational (Inf.), staggering, striking, stunning, stupefying, surprising, wondrous (Archaic or literary)

astonishment amazement, awe, bewilderment, confusion, consternation, stupefaction, surprise, wonder, wonderment

astounding amazing, astonishing, bewildering, breathtaking, brilliant, impressive, sensational (Inf.), staggering, striking, stunning, stupefying, surprising, wondrous (Archaic or literary)

astray adj./adv. 1 adrift, afield, amiss, lost, off, off course, off the mark, off the right track, off the subject 2 into error, into sin, to the bad, wrong

astronaut cosmonaut, spaceman, space pilot, space traveller, spacewoman

astute adroit, artful, bright, calculating, canny, clever, crafty, cunning, discerning, foxy, insightful, intelligent, keen, knowing, penetrating, perceptive, politic, sagacious, sharp, shrewd, sly, subtle, wily

astuteness acumen, adroitness, artfulness, brightness, canniness, cleverness, craftiness, cunning, discernment, foxiness, insight, intelligence, keenness, knowledge, penetration, perceptiveness, sagacity, sharpness, shrewdness, slyness, smarts (Sl., chiefly U.S.), subtlety, suss (Sl.), wiliness

asylum 1 harbour, haven, preserve, refuge, retreat, safety, sanctuary, shelter 2 (Old-fashioned) funny farm (Facetious), hospital, institution, laughing academy (U.S. sl.), loony bin (Sl.), madhouse (Inf.), mental hospital, nuthouse (Sl.), psychiatric hospital, rubber room (U.S. sl.)

atheism disbelief, freethinking, godlessness, heathenism, infidelity, irreligion, nonbelief, paganism, scepticism, unbelief

atheist disbeliever, freethinker, heathen, infidel, irreligionist, nonbeliever, pagan, sceptic, unbeliever

athlete competitor, contender, contestant, games player, gymnast, player, runner, sportsman, sportswoman

athletic 1 adj. able-bodied, active, brawny, energetic, fit, herculean, husky (Inf.), lusty, muscular, powerful, robust, sinewy, strapping, strong, sturdy, vigorous, well-proportioned 2 pl. n. contests, exercises, games of strength, gymnastics, races, sports, track and field events

atmosphere 1 aerosphere, air, heavens, sky 2 air, ambience, aura, character, climate, environment, feel, feeling, flavour, mood, quality, spirit, surroundings, tone, vibes (Sl.)

atom bit, crumb, dot, fragment, grain, iota, jot, mite, molecule, morsel, mote, particle, scintilla (Rare), scrap, shred, speck, spot, tittle, trace, whit

atone 1 (With for) answer for, compensate, do penance for, make amends for, make redress, make reparation for, make up for, pay for, recompense, redress 2 appease, expiate, make expiation for, propitiate, reconcile, redeem

atrocious 1 barbaric, brutal, cruel, diabolical, fiendish, flagrant, godawful (Sl.), heinous, hellacious (U.S. sl.), infamous, infernal, inhuman, monstrous, nefarious, ruthless, savage, vicious, villainous, wicked 2 appalling, detestable, execrable, grievous, horrible, horrifying, shocking, terrible

atrocity 1 abomination, act of savagery, barbarity, brutality, crime, cruelty, enormity, evil, horror, monstrosity, outrage, villainy 2 atrociousness, barbarity, barbarousness, brutality, cruelty, enormity, fiendishness, grievousness, heinousness, horror, infamy, inhumanity, monstrousness, nefariousness, ruthlessness, savagery, shockingness, viciousness, villainousness, wickedness

attach 1 add, adhere, affix, annex, append, bind, connect, couple, fasten, fix, join, link, make fast, secure, stick, subjoin, tie, unite 2 accompany, affiliate, associate, become associated with, combine, enlist, join, join forces with, latch on to, sign on with, sign up with, unite with 3 ascribe, assign, associate, attribute, connect, impute, invest with, lay, place, put 4 allocate, allot, appoint, assign, consign, designate, detail, earmark, second, send

attachment 1 adapter, bond, clamp, connection, connector, coupling, fastener, fastening, joint, junction, link, tie 2 affection, affinity, attraction, bond, devotion, fidelity, fondness, friendship, liking, love, loyalty, partiality, possessiveness, predilection, regard, tenderness 3 accessory, accoutrement, adapter, addition, add-on, adjunct, appendage, appurtenance, auxiliary, extension, extra, fitting, fixture, supplement, supplementary part

attack
◆ n. 1 aggression, assault, charge, foray, incursion, inroad, invasion, offensive, onset, onslaught, raid, rush, strike 2 abuse, blame, calumny, censure, character assassination, criticism, denigration, impugnment, stick (Sl.), vilification 3 access, bout, convulsion, fit, paroxysm, seizure, spasm, spell, stroke
◆ v. 4 assail, assault, charge, fall upon, invade, lay into (Inf.), raid, rush, set about, set upon, storm, strike (at) 5 abuse, berate, blame, blast, censure, criticize, excoriate, impugn, lambast(e), malign, put down, revile, tear into (Inf.), vilify

attacker aggressor, assailant, assaulter, intruder, invader, raider

attain accomplish, achieve, acquire, arrive at, bring off, complete, earn, effect, fulfil, gain,

get, grasp, obtain, procure, reach, realize, reap, score (Sl.), secure, win
attainment 1 accomplishment, achievement, acquirement, acquisition, arrival at, completion, feat, fulfilment, gaining, getting, obtaining, procurement, reaching, realization, reaping, winning 2 ability, accomplishment, achievement, art, capability, competence, gift, mastery, proficiency, skill, talent
attempt 1 n. assault, attack, bid, crack (Inf.), effort, endeavour, essay, experiment, go (Inf.), shot (Inf.), stab (Inf.), trial, try, undertaking, venture 2 v. endeavour, essay, experiment, have a crack (go, shot, stab) (Inf.), seek, strive, tackle, take on, try, try one's hand at, undertake, venture
attend 1 appear, be at, be here, be present, be there, frequent, go to, haunt, make one (Archaic), put in an appearance, show oneself, show up (Inf.), turn up, visit 2 care for, look after, mind, minister to, nurse, take care of, tend 3 follow, hear, hearken (Archaic), heed, listen, look on, mark, mind, note, notice, observe, pay attention, pay heed, regard, take to heart, watch 4 accompany, arise from, be associated with, be connected with, be consequent on, follow, go hand in hand with, issue from, occur with, result from 5 (With to) apply oneself to, concentrate on, devote oneself to, get to work on, look after, occupy oneself with, see to, take care of 6 accompany, chaperon(e), companion, convoy, escort, guard, squire, usher 7 be in the service of, serve, wait upon, work for
attendance 1 appearance, attending, being there, presence 2 audience, crowd, gate, house, number present, turnout
attendant 1 n. aide, assistant, auxiliary, chaperon(e), companion, custodian, escort, flunky, follower, guard, guide, helper, lackey, menial, servant, steward, underling, usher, waiter 2 adj. accessory, accompanying, associated, concomitant, consequent, related
attention 1 concentration, consideration, contemplation, deliberation, heed, heedfulness, intentness, mind, scrutiny, thinking, thought, thoughtfulness 2 awareness, consciousness, consideration, notice, observation, recognition, regard 3 care, concern, looking after, ministration, treatment 4 Often plural assiduities, care, civility, compliment, consideration, courtesy, deference, gallantry, mindfulness, politeness, regard, respect, service
attentive 1 alert, awake, careful, concentrating, heedful, intent, listening, mindful, observant, regardful, studious, watchful 2 accommodating, civil, conscientious, considerate, courteous, devoted, gallant, gracious, kind, obliging, polite, respectful, thoughtful
attic n. garret, loft
attitude 1 approach, disposition, frame of mind, mood, opinion, outlook, perspective, point of view, position, posture, stance, standing, view 2 air, aspect, bearing, carriage, condition, demeanour, manner, mien (Literary), pose, position, posture, stance
attract allure, appeal to, bewitch, captivate, charm, decoy, draw, enchant, endear, engage, entice, fascinate, incline, induce, interest, invite, lure, pull (Inf.), tempt
attraction allure, appeal, attractiveness, bait, captivation, charm, come-on (Inf.), draw, enchantment, endearment, enticement, fascination, inducement, interest, invitation, lure, magnetism, pull (Inf.), temptation, temptingness
attractive agreeable, alluring, appealing, beautiful, captivating, charming, comely, engaging, enticing, fair, fascinating, fetching, glamorous, good-looking, gorgeous, handsome, interesting, inviting, likable or likeable, lovely, magnetic, pleasant, pleasing, prepossessing, pretty, seductive, tempting, winning, winsome
attribute 1 v. apply, ascribe, assign, blame, charge, credit, impute, lay at the door of, put down to, refer, set down to, trace to 2 n. aspect, character, characteristic, facet, feature, idiosyncrasy, indication, mark, note, peculiarity, point, property, quality, quirk, sign, symbol, trait, virtue
auburn chestnut-coloured, copper-coloured, henna, nutbrown, reddish-brown, russet, rust-coloured, tawny, Titian red
audacious 1 adventurous, bold, brave, courageous, daredevil, daring, dauntless, death-defying, enterprising, fearless, intrepid, rash, reckless, risky, valiant, venturesome 2 assuming, brazen, cheeky, defiant, disrespectful, forward, fresh (Inf.), impertinent, impudent, insolent, pert, presumptuous, rude, sassy (U.S. inf.), shameless
audacity 1 adventurousness, audaciousness, boldness, bravery, courage, daring, dauntlessness, enterprise, fearlessness, front, guts (Inf.), intrepidity, nerve, rashness, recklessness, valour, venturesomeness 2 audaciousness, brass neck (Brit. inf.), cheek, chutzpah (U.S. & Canad. inf.), defiance, disrespectfulness, effrontery, forwardness, gall (Inf.), impertinence, impudence, insolence, neck (Inf.), nerve, pertness, presumption, rudeness, shamelessness
audible clear, detectable, discernible, distinct, hearable, perceptible
audience 1 assemblage, assembly, congregation, crowd, gallery, gathering, house, listeners, onlookers, spectators, turnout, viewers 2 devotees, fans, following, market, public 3 consultation, hearing, interview, meeting, reception
au fait abreast of, au courant, clued-up (Inf.), conversant, expert, familiar, fully informed, in the know, in touch, knowledgeable, on the ball (Inf.), well-acquainted, well up
augment add to, amplify, boost, build up, dilate, enhance, enlarge, expand, extend, grow, heighten, increase, inflate, intensify, magnify, multiply, raise, reinforce, strengthen, swell
augmentation accession, addition, amplification, boost, build-up, dilation, enhancement, enlargement, expansion, extension, growth, heightening, increase, inflation, intensification, magnification, multiplication, reinforcement, rise, strengthening, swelling
augur 1 n. auspex, diviner, haruspex, oracle, prophet, seer, soothsayer 2 v. be an omen of, bespeak (Archaic), betoken, bode, foreshadow, harbinger, herald, portend, predict, prefigure, presage, promise, prophesy, signify
augury 1 divination, prediction, prophecy, soothsaying, sortilege 2 auspice, forerunner, forewarning, harbinger, herald, omen, portent, precursor, presage, prognostication, promise, prophecy, sign, token, warning
august dignified, exalted, glorious, grand, high-ranking, imposing, impressive, kingly, lofty, magnificent, majestic, monumental, noble, regal, solemn, stately, superb
auspice n. 1 Usually plural advocacy, aegis, authority, backing, care, championship, charge, control, countenance, guidance, influence, patronage, protection, sponsorship, supervision, support 2 augury, indication, omen, portent, prognostication, prophecy, sign, token, warning
auspicious bright, encouraging, favourable, felicitous, fortunate, happy, hopeful, lucky, opportune, promising, propitious, prosperous, rosy, timely
austere 1 cold, exacting, forbidding, formal, grave, grim, hard, harsh, inflexible, rigorous, serious, severe, solemn, stern, stiff, strict, stringent, unfeeling, unrelenting 2 abstemious, abstinent, ascetic, chaste, continent, economical, exacting, puritanical, rigid, self-denying, self-disciplined, sober, solemn, Spartan, strait-laced, strict, unrelenting 3 bleak, economical, harsh, plain, severe, simple, spare, Spartan, stark, subdued, unadorned, unornamented
austerity 1 coldness, exactingness, forbiddingness, formality, gravity, grimness, hardness, harshness, inflexibility, rigour, seriousness, severity, solemnity, sternness, stiffness, strictness 2 abstemiousness, abstinence, asceticism, chasteness, chastity, continence, economy, exactingness, puritanism, rigidity, self-denial, self-discipline, sobriety, solemnity, Spartanism, strictness 3 economy, plainness, severity, simplicity, spareness, Spartanism, starkness
authentic accurate, actual, authoritative, bona fide, certain, dependable, factual, faithful, genuine, legitimate, original, pure, real, reliable, simon-pure (Rare), true, true-to-life, trustworthy, valid, veritable
authenticity accuracy, actuality, authoritativeness, certainty, dependability, factualness, faithfulness, genuineness, legitimacy, purity, realness, reliability, trustworthiness, truth, truthfulness, validity, veritableness, verity
author architect, composer, creator, designer, doer, fabricator, father, founder, framer, initiator, inventor, maker, mover, originator, parent, planner, prime mover, producer, writer
authoritarian 1 adj. absolute, autocratic, despotic, dictatorial, disciplinarian, doctrinaire, dogmatic, domineering, harsh, imperious, rigid, severe, strict, tyrannical, unyielding 2 n. absolutist, autocrat, despot, dictator, disciplinarian, tyrant
authority 1 ascendancy, charge, command, control, direction, domination, dominion, force, government, influence, jurisdiction, might, power, prerogative, right, rule, say-so, strength, supremacy, sway, weight 2 the authorities administration, government, management, officialdom, police, powers that be, the establishment 3 authorization, justification, licence, permission, permit, sanction, say-so, warrant 4 arbiter, bible, connoisseur, expert, judge, master, professional, scholar, specialist, textbook 5 attestation, avowal, declaration, evidence, profession, say-so, statement, testimony, word
authorization 1 ability, authority, power, right, say-so, strength 2 approval, credentials, leave, licence, permission, permit, sanction, say-so, warrant
authorize 1 accredit, commission, empower, enable, entitle, give authority 2 accredit, allow, approve, confirm, countenance, give authority for, give leave, license, permit, ratify, sanction, vouch for, warrant
autocrat absolutist, despot, dictator, tyrant
autocratic absolute, all-powerful, despotic, dictatorial, domineering, imperious, tyrannical, tyrannous, unlimited
automatic 1 automated, mechanical, mechanized, push-button, robot, self-acting, self-activating, self-moving, self-propelling, self-regulating 2 habitual, kneejerk, mechanical, perfunctory, routine, unconscious 3 instinctive, instinctual, involuntary, mechanical, natural, reflex, spontaneous, unconscious, unwilled 4 assured, certain, inescapable, inevitable, necessary, routine, unavoidable
autonomous free, independent, self-determining, self-governing, self-ruling, sovereign
autonomy freedom, home rule, independence, self-determination, self-government, self-rule, sovereignty
autopsy dissection, necropsy, postmortem, post-mortem examination
auxiliary 1 adj. accessory, aiding, ancillary, assisting, back-up, emergency, fall-back, helping, reserve, secondary, subsidiary, substitute, supplementary, supporting 2 n. accessory, accomplice, ally, assistant, associate, companion, confederate, helper, henchman, partner, protagonist, reserve, subordinate, supporter
available accessible, applicable, at hand, at one's disposal, attainable, convenient, free, handy, obtainable, on hand, on tap, ready, ready for use, to hand, vacant
avalanche 1 landslide, landslip, snow-slide, snow-slip 2 barrage, deluge, flood, inundation, torrent
avant-garde adj. experimental, far-out (Sl.), ground-breaking, innovative, innovatory, pioneering, progressive, unconventional, way-out (Inf.)
avaricious acquisitive, close-fisted, covetous, grasping, greedy, mean, miserable, miserly, niggardly, parsimonious, penny-pinching, penurious, rapacious, stingy, tight-arsed (Taboo sl.), tight as a duck's arse (Taboo sl.), tight-assed (U.S. taboo sl.)
avenge even the score for, get even for (Inf.), hit back, punish, repay, requite, retaliate, revenge, take satisfaction for, take vengeance
avenue access, alley, approach, boulevard, channel, course, drive, driveway, entrance, entry, pass, passage, path, pathway, road, route, street, thoroughfare, way
average
- n. 1 common run, mean, medium, midpoint, norm, normal, par, rule, run, run of the mill, standard 2 **on average** as a rule, for the most part, generally, normally, typically, usually
- adj. 3 banal, common, commonplace, fair, general, indifferent, mediocre, middling, moderate, normal, not bad, ordinary, passable, regular, run-of-the-mill, so-so (Inf.), standard, tolerable, typical, undistinguished, unexceptional, usual 4 intermediate, mean, median, medium, middle
- v. 5 balance out to, be on average, do on average, even out to, make on average

averse antipathetic, backward, disinclined, hostile, ill-disposed, indisposed, inimical, loath, opposed, reluctant, unfavourable, unwilling

aversion abhorrence, animosity, antipathy, detestation, disgust, disinclination, dislike, distaste, hate, hatred, horror, hostility, indisposition, loathing, odium, opposition, reluctance, repugnance, repulsion, revulsion, unwillingness

aviation aeronautics, flight, flying, powered flight

aviator aeronaut, airman, flier, pilot

avid 1 ardent, devoted, eager, enthusiastic, fanatical, fervent, intense, keen, passionate, zealous 2 acquisitive, athirst, avaricious, covetous, grasping, greedy, hungry, insatiable, rapacious, ravenous, thirsty, voracious

avoid avert, body-swerve (Scot.), bypass, circumvent, dodge, duck (out of) (Inf.), elude, escape, eschew, evade, fight shy of, keep aloof from, keep away from, prevent, refrain from, shirk, shun, sidestep, steer clear of

avoidance body swerve (Scot.), circumvention, dodging, eluding, escape, eschewal, evasion, keeping away from, prevention, refraining, shirking, shunning, steering clear of

avowed acknowledged, admitted, confessed, declared, open, professed, self-proclaimed, sworn

await 1 abide, anticipate, expect, look for, look forward to, stay for, wait for 2 attend, be in readiness for, be in store for, be prepared for, be ready for, wait for

awake
- v. 1 awaken, rouse, wake, wake up 2 activate, alert, animate, arouse, awaken, call forth, enliven, excite, fan, incite, kindle, provoke, revive, stimulate, stir up, vivify
- adj. 3 alert, alive, aroused, attentive, awakened, aware, conscious, heedful, not sleeping, observant, on guard, on the alert, on the lookout, vigilant, wakeful, waking, watchful, wide-awake

awaken activate, alert, animate, arouse, awake, call forth, enliven, excite, fan, incite, kindle, provoke, revive, rouse, stimulate, stir up, vivify, wake

awakening n. activation, animating, arousal, awaking, birth, enlivening, incitement, kindling, provocation, revival, rousing, stimulation, stirring up, vivification, waking, waking up

award
- v. 1 accord, adjudge, allot, apportion, assign, bestow, confer, decree, distribute, endow, gift, give, grant, hand out, present, render
- n. 2 adjudication, allotment, bestowal, conferment, conferral, decision, decree, endowment, gift, hand-out, order, presentation, stipend 3 decoration, gift, grant, prize, trophy, verdict

aware acquainted, alive to, appreciative, apprised, attentive, au courant, clued-up (Inf.), cognizant, conscious, conversant, enlightened, familiar, hip (Sl.), informed, knowing, knowledgeable, mindful, sensible, sentient, wise (Sl.)

awareness acquaintance, appreciation, attention, cognizance, consciousness, enlightenment, familiarity, knowledge, mindfulness, perception, realization, recognition, sensibility, sentience, understanding

away
- adv. 1 abroad, elsewhere, from here, from home, hence, off 2 apart, at a distance, far, remote 3 aside, out of the way, to one side 4 continuously, incessantly, interminably, relentlessly, repeatedly, uninterruptedly, unremittingly
- adj. 5 abroad, absent, elsewhere, gone, not at home, not here, not present, not there, out
- interj. 6 beat it (Sl.), begone, be off, bugger off (Taboo sl.), fuck off (Offens. taboo sl.), get lost (Inf.), get out, go, go away, on your bike (Sl.), on your way

awe 1 n. admiration, amazement, astonishment, dread, fear, horror, respect, reverence, terror, veneration, wonder 2 v. amaze, astonish, cow, daunt, frighten, horrify, impress, intimidate, stun, terrify

awe-inspiring amazing, astonishing, awesome, breathtaking, daunting, fearsome, impressive, intimidating, magnificent, striking, stunning (Inf.), wonderful, wondrous (Archaic or literary)

awe-struck afraid, amazed, astonished, awed, awe-inspired, cowed, daunted, dumbfounded, fearful, frightened, horrified, impressed, intimidated, shocked, struck dumb, stunned, terrified, wonder-stricken, wonder-struck

awful 1 abysmal, alarming, appalling, deplorable, dire, distressing, dreadful, fearful, frightful, ghastly, godawful (Sl.), gruesome, harrowing, hellacious (U.S. sl.), hideous, horrendous, horrible, horrid, horrific, horrifying, nasty, shocking, terrible, tremendous, ugly, unpleasant, unsightly 2 (Archaic) amazing, awe-inspiring, awesome, dread, fearsome, majestic, portentous, solemn

awfully 1 badly, disgracefully, disreputably, dreadfully, inadequately, reprehensibly, shoddily, unforgivably, unpleasantly, wickedly, woefully, wretchedly 2 (Inf.) badly, dreadfully, exceedingly, exceptionally, excessively, extremely, greatly, immensely, quite, terribly, very, very much

awhile briefly, for a little while, for a moment, for a short time, for a while

awkward 1 all thumbs, artless, blundering, bungling, clownish, clumsy, coarse, gauche, gawky, graceless, ham-fisted, ham-handed, ill-bred, inelegant, inept, inexpert, lumbering, maladroit, oafish, rude, skill-less, stiff, uncoordinated, uncouth, ungainly, ungraceful, unpolished, unrefined, unskilful, unskilled 2 cumbersome, difficult, inconvenient, troublesome, unhandy, unmanageable, unwieldy 3 compromising, cringe-making (Brit. inf.), delicate, difficult, embarrassed, embarrassing, ill at ease, inconvenient, inopportune, painful, perplexing, sticky (Inf.), thorny, ticklish, troublesome, trying, uncomfortable, unpleasant, untimely 4 annoying, bloody-minded (Brit. inf.), difficult, disobliging, exasperating, hard to handle, intractable, irritable, perverse, prickly, stubborn, touchy, troublesome, trying, uncooperative, unhelpful, unpredictable, vexatious, vexing 5 chancy (Inf.), dangerous, difficult, hazardous, perilous, risky

awkwardness 1 artlessness, clownishness, clumsiness, coarseness, gaucheness, gaucherie, gawkiness, gracelessness, ill-breeding, inelegance, ineptness, inexpertness, maladroitness, oafishness, rudeness, skill-lessness, stiffness, uncoordination, uncouthness, ungainliness, unskilfulness, unskilledness 2 cumbersomeness, difficulty, inconvenience, troublesomeness, unhandiness, unmanageability, unwieldiness 3 delicacy, difficulty, discomfort, embarrassment, inconvenience, inopportuneness, painfulness, perplexingness, stickiness (Inf.), thorniness, ticklishness, unpleasantness, untimeliness 4 bloody-mindedness (Brit. inf.), difficulty, disobligingness, intractability, irritability, perversity, prickliness, stubbornness, touchiness, uncooperativeness, unhelpfulness, unpredictability 5 chanciness (Inf.), danger, difficulty, hazardousness, peril, perilousness, risk, riskiness

axe
- n. 1 adze, chopper, hatchet 2 **an axe to grind** grievance, personal consideration, pet subject, private ends, private purpose, ulterior motive 3 **the axe** (Inf.) cancellation, cutback, discharge, dismissal, termination, the boot (Sl.), the chop (Sl.), the (old) heave-ho (Inf.), the order of the boot (Sl.), the sack (Inf.), wind-up
- v. 4 chop, cut down, fell, hew 5 (Inf.) cancel, cut back, discharge, dismiss, dispense with, eliminate, fire (Inf.), get rid of, oust, relegate, remove, sack (Sl.), terminate, throw out, turn off (Inf.), wind up

axiom adage, aphorism, apophthegm, dictum, fundamental, gnome, maxim, postulate, precept, principle, truism

axiomatic 1 absolute, accepted, apodictic, assumed, certain, fundamental, given, granted, indubitable, manifest, presupposed, self-evident, understood, unquestioned 2 aphoristic, apophthegmatic, epigrammatic, gnomic, pithy, terse

axis 1 axle, centre line, pivot, shaft, spindle 2 alliance, bloc, coalition, compact, entente, league, pact

axle arbor, axis, mandrel, pin, pivot, rod, shaft, spindle

B

babble 1 v. blab, burble, cackle, chatter, gabble, gibber, gurgle, jabber, mumble, murmur, mutter, prate, prattle, rabbit (on) (Brit. inf.), run off at the mouth (Sl.), waffle (Inf., chiefly Brit.) 2 n. burble, clamour, drivel, gabble, gibberish, murmur, waffle (Inf., chiefly Brit.)

babe 1 ankle-biter (Aust. sl.), baby, bairn (Scot.), child, infant, nursling, rug rat (Sl.), sprog (Sl.), suckling 2 babe in arms, ingénue, innocent

baby 1 n. ankle-biter (Aust. sl.), babe, bairn (Scot.), child, infant, newborn child, rug rat (Sl.), sprog (Sl.) 2 adj. diminutive, dwarf, little, midget, mini, miniature, minute, pygmy or pigmy, small, teensy-weensy, teeny-weeny, tiny, wee 3 v. coddle, cosset, humour, indulge, mollycoddle, overindulge, pamper, pet, spoil, spoon-feed

babyish baby, childish, foolish, immature, infantile, juvenile, namby-pamby, puerile, silly, sissy, soft (Inf.), spoiled

back
- v. 1 abet, advocate, assist, champion, countenance, encourage, endorse, espouse, favour, finance, promote, sanction, second, side with, sponsor, subsidize, support, sustain, underwrite 2 backtrack, go back, move back, regress, retire, retreat, reverse, turn tail, withdraw
- n. 3 backside, end, far end, hind part, hindquarters, posterior, rear, reverse, stern, tail end
- adj. 4 end, hind, hindmost, posterior, rear, tail 5 (From an earlier time) delayed, earlier, elapsed, former, overdue, past, previous 6 **behind one's back** covertly, deceitfully, secretly, sneakily, surreptitiously

backbone 1 (Medical) spinal column, spine, vertebrae, vertebral column 2 bottle (Brit. sl.), character, courage, determination, firmness, fortitude, grit, hardihood, mettle, moral fibre, nerve, pluck, resolution, resolve, stamina, steadfastness, strength of character, tenacity, toughness, will, willpower 3 basis, foundation, mainstay, support

back-breaking arduous, crushing, exhausting, gruelling, hard, killing, laborious, punishing, strenuous, toilsome, wearing, wearying

back down accede, admit defeat, back-pedal, concede, give in, surrender, withdraw, yield

backer advocate, angel (Inf.), benefactor, patron, promoter, second, sponsor, subscriber, supporter, underwriter, well-wisher

backfire boomerang, disappoint, fail, flop (Inf.), miscarry, rebound, recoil

background breeding, circumstances, credentials, culture, education, environment, experience, grounding, history, milieu, preparation, qualifications, tradition, upbringing

backhanded ambiguous, double-edged, equivocal, indirect, ironic, oblique, sarcastic, sardonic, two-edged

backing abetment, accompaniment, advocacy, aid, assistance, championing, encouragement, endorsement, espousal, funds, grant, moral support, patronage, promotion, sanction, seconding, sponsorship, subsidy, support

backlash backfire, boomerang, counteraction, counterblast, kickback, reaction, recoil, repercussion, resentment, resistance, response, retaliation, retroaction

backlog accumulation, build-up, excess, hoard, reserve, reserves, resources, stock, supply

back out abandon, cancel, chicken out (Inf.), cop out (Sl.), give up, go back on, recant, renege, resign, retreat, withdraw

backslide fall from grace, go astray, go wrong, lapse, regress, relapse, renege, retrogress, revert, sin, slip, stray, weaken

backslider apostate, deserter, recidivist, recreant, renegade, reneger, turncoat

back up aid, assist, bolster, confirm, corroborate, reinforce, second, stand by, substantiate, support

backward
- adj. 1 bashful, diffident, hesitating, late, reluctant, shy, sluggish, tardy, unwilling, wavering 2 behind, behindhand, braindead (Inf.), dense, dozy (Brit. inf.), dull, obtuse, retarded, slow, stupid, subnormal, underdeveloped, undeveloped
- adv. 3 aback, behind, in reverse, rearward

backwoods 1 adj. agrestic, hick (Inf., chiefly U.S. & Canad.), isolated, remote, rustic, uncouth 2 n. back of beyond, middle of nowhere, outback, sticks (Inf.)

bacteria bacilli, bugs (Sl.), germs, microbes, microorganisms, pathogens, viruses

bad 1 chickenshit (U.S. sl.), defective, deficient, duff (Brit. inf.), erroneous, fallacious, faulty,

badge / bare SYNONYMES ANGLAIS 1158

imperfect, inadequate, incorrect, inferior, of a sort or of sorts, pathetic, poor, poxy (Sl.), substandard, unsatisfactory 2 damaging, dangerous, deleterious, detrimental, harmful, hurtful, injurious, ruinous, unhealthy 3 base, corrupt, criminal, delinquent, evil, immoral, mean, sinful, vile, villainous, wicked, wrong 4 disobedient, mischievous, naughty, unruly 5 decayed, mouldy, off, putrid, rancid, rotten, sour, spoiled 6 disastrous, distressing, grave, harsh, painful, serious, severe, terrible 7 ailing, diseased, ill, sick, unwell 8 apologetic, conscience-stricken, contrite, guilty, regretful, remorseful, sad, sorry, upset 9 adverse, discouraged, discouraging, distressed, distressing, gloomy, grim, melancholy, troubled, troubling, unfortunate, unpleasant 10 **not bad** all right, average, fair, fair to middling (Inf.), moderate, OK or okay (Inf.), passable, respectable, so-so (Inf.), tolerable

badge brand, device, emblem, identification, insignia, mark, sign, stamp, token

badger bend someone's ear (Inf.), bully, chivvy, goad, harass, harry, hound, importune, nag, pester, plague, torment

badly 1 carelessly, defectively, erroneously, faultily, imperfectly, inadequately, incorrectly, ineptly, poorly, shoddily, wrong, wrongly 2 unfavourably, unfortunately, unsuccessfully 3 criminally, evilly, immorally, improperly, naughtily, shamefully, unethically, wickedly 4 acutely, deeply, desperately, exceedingly, extremely, gravely, greatly, intensely, painfully, seriously, severely

baffle 1 amaze, astound, bewilder, confound, confuse, daze, disconcert, dumbfound, elude, flummox, mystify, nonplus, perplex, puzzle, stump, stun 2 balk, check, defeat, foil, frustrate, hinder, thwart, upset

bag v. 1 balloon, bulge, droop, sag, swell 2 acquire, capture, catch, gain, get, kill, land, shoot, take, trap

baggage accoutrements, bags, belongings, equipment, gear, impedimenta, luggage, paraphernalia, suitcases, things

baggy billowing, bulging, droopy, floppy, ill-fitting, loose, oversize, roomy, sagging, seated, slack

bail¹ n. bond, guarantee, guaranty, pledge, security, surety, warranty

bail², bale v. dip, drain off, ladle, scoop

bail out, bale out 1 aid, help, relieve, rescue 2 escape, quit, retreat, withdraw

bait

◆ n. 1 allurement, attraction, bribe, decoy, enticement, inducement, lure, snare, temptation

◆ v. 2 aggravate (Inf.), annoy, be on one's back (Sl.), bother, gall, get in one's hair (Inf.), get on one's nerves (Inf.), harass, hassle (Inf.), hound, irk, irritate, nark (Brit., Aust., & N.Z. sl.), needle (Inf.), persecute, piss one off (Taboo sl.), provoke, tease, torment, wind up (Brit. sl.) 3 allure, beguile, entice, lure, seduce, tempt

balance

◆ v. 1 level, match, parallel, poise, stabilize, steady 2 adjust, compensate for, counteract, counterbalance, counterpoise, equalize, equate, make up for, neutralize, offset 3 assess, compare, consider, deliberate, estimate, evaluate, weigh 4 calculate, compute, settle, square, tally, total

◆ n. 5 correspondence, equilibrium, equipoise, equity, equivalence, evenness, parity, symmetry 6 composure, equanimity, poise, self-control, self-possession, stability, steadiness 7 difference, remainder, residue, rest, surplus

balanced disinterested, equitable, even-handed, fair, impartial, just, unbiased, unprejudiced

balance sheet account, budget, credits and debits, ledger, report, statement

balcony 1 terrace, veranda(h) 2 gallery, gods, upper circle

bald 1 baldheaded, baldpated, depilated, glabrous (Biol.), hairless 2 barren, bleak, exposed, naked, stark, treeless, uncovered 3 bare, blunt, direct, downright, forthright, outright, plain, severe, simple, straight, straightforward, unadorned, unvarnished, upfront (Inf.)

balderdash balls (Taboo sl.), bilge (Inf.), bosh (Inf.), bull (Sl.), bullshit (Taboo sl.), bunk (Inf.), bunkum or buncombe (Chiefly U.S.), claptrap (Inf.), cobblers (Brit. taboo sl.), crap (Sl.), drivel, eyewash (Inf.), garbage (Inf.), gibberish, guff (Sl.), hogwash, hokum (Sl., chiefly U.S. & Canad.), horsefeathers (U.S. sl.), hot air (Inf.), moonshine, nonsense, pap, piffle (Inf.), poppycock (Inf.), rot, rubbish, shit (Taboo sl.), tommyrot, tosh (Sl., chiefly Brit.), trash, tripe (Inf.), twaddle

baldness 1 alopecia (Pathology), baldheadedness, baldpatedness, glabrousness (Biol.), hairlessness 2 barrenness, bleakness, nakedness, sparseness, starkness, treelessness 3 austerity, bluntness, plainness, severity, simplicity, spareness

bale → bail²

balk 1 demur, dodge, evade, flinch, hesitate, jib, recoil, refuse, resist, shirk, shrink from 2 baffle, bar, check, counteract, defeat, disconcert, foil, forestall, frustrate, hinder, obstruct, prevent, thwart

ball 1 drop, globe, globule, orb, pellet, sphere, spheroid 2 ammunition, bullet, grapeshot, pellet, shot, slug

ballast balance, counterbalance, counterweight, equilibrium, sandbag, stability, stabilizer, weight

balloon v. belly, billow, bloat, blow up, dilate, distend, enlarge, expand, inflate, puff out, swell

ballot election, poll, polling, vote, voting

ballyhoo 1 babble, commotion, fuss, hubbub, hue and cry, hullabaloo, noise, racket, to-do 2 advertising, build-up, hype, promotion, propaganda, publicity

balm 1 balsam, cream, embrocation, emollient, lotion, ointment, salve, unguent 2 anodyne, comfort, consolation, curative, palliative, restorative, solace

balmy 1 clement, mild, pleasant, summery, temperate 2 Also **barmy** crackpot (Inf.), crazy, daft (Inf.), foolish, goofy (Inf.), idiotic, insane, loony (Sl.), loopy (Inf.), nuts (Sl.), nutty (Sl.), odd, off one's trolley (Sl.), out to lunch (Inf.), silly, stupid, up the pole (Inf.)

bamboozle 1 cheat, con (Inf.), deceive, defraud, delude, dupe, fool, hoax, hoodwink, skin (Sl.), swindle, trick 2 baffle, befuddle, confound, confuse, mystify, perplex, puzzle, stump

ban 1 v. banish, bar, black, blackball, block, boycott, debar, disallow, disqualify, exclude, forbid, interdict, outlaw, prohibit, proscribe, restrict, suppress 2 n. block, boycott, censorship, embargo, interdict, interdiction, prohibition, proscription, restriction, stoppage, suppression, taboo

banal clichéd, cliché-ridden, commonplace, everyday, hackneyed, humdrum, mundane, old hat, ordinary, pedestrian, platitudinous, stale, stereotyped, stock, threadbare, tired, trite, unimaginative, unoriginal, vapid

banality bromide (Inf.), cliché, commonplace, platitude, triteness, trite phrase, triviality, truism, vapidity

band¹ n. bandage, belt, binding, bond, chain, cord, fetter, fillet, ligature, manacle, ribbon, shackle, strap, strip, tie

band²

◆ n. 1 assembly, association, bevy, body, camp, clique, club, company, coterie, crew (Inf.), gang, horde, party, posse (Inf.), society, troop 2 combo, ensemble, group, orchestra

◆ v. 3 affiliate, ally, consolidate, federate, gather, group, join, merge, unite

bandage 1 n. compress, dressing, gauze, plaster 2 v. bind, cover, dress, swathe

bandit brigand, crook, desperado, footpad, freebooter, gangster, gunman, highwayman, hijacker, marauder, outlaw, pirate, racketeer, robber, thief

bandy¹ ◆ v. barter, exchange, interchange, pass, shuffle, swap, throw, toss, trade

bandy² ◆ adj. bandy-legged, bent, bowed, bow-legged, crooked, curved

bane affliction, bête noire, blight, burden, calamity, curse, despair, destruction, disaster, downfall, misery, nuisance, pest, plague, ruin, scourge, torment, trial, trouble, woe

baneful baleful, calamitous, deadly, deleterious, destructive, disastrous, fatal, harmful, hurtful, injurious, maleficent, noxious, pernicious, pestilential, ruinous, venomous

bang

◆ n. 1 boom, burst, clang, clap, clash, detonation, explosion, peal, pop, report, shot, slam, thud, thump 2 belt (Inf.), blow, box, bump, cuff, hit, knock, punch, smack, stroke, wallop (Inf.), whack

◆ v. 3 bash (Inf.), beat, belt (Inf.), bump, clatter, crash, hammer, knock, pound, pummel, rap, slam, strike, thump 4 boom, burst, clang, detonate, drum, echo, explode, peal, resound, thump, thunder

◆ adv. 5 abruptly, hard, headlong, noisily, precisely, slap, smack, straight, suddenly

banish 1 deport, drive away, eject, evict, exclude, excommunicate, exile, expatriate, expel, ostracize, outlaw, shut out, transport 2 ban, cast out, discard, dislodge, dismiss, dispel, eliminate, eradicate, get rid of, oust, remove, shake off

banishment deportation, exile, expatriation, expulsion, proscription, transportation

bankrupt broke (Inf.), depleted, destitute, exhausted, failed, impoverished, insolvent, lacking, ruined, spent

bankruptcy disaster, exhaustion, failure, indebtedness, insolvency, lack, liquidation, ruin

banner banderole, burgee, colours, ensign, fanion, flag, gonfalon, pennant, pennon, standard, streamer

bannister balusters, balustrade, handrail, rail, railing

bank¹

◆ n. 1 banking, embankment, heap, mass, mound, pile, ridge 2 brink, edge, margin, shore, side

◆ v. 3 amass, heap, mass, mound, pile, stack 4 camber, cant, heel, incline, pitch, slant, slope, tilt, tip

bank² 1 n. accumulation, depository, fund, hoard, repository, reserve, reservoir, savings, stock, stockpile, store, storehouse 2 v. deal with, deposit, keep, save, transact business with

bank on assume, believe in, count on, depend on, lean on, look to, rely on, trust

banquet dinner, feast, meal, repast, revel, treat

banter 1 v. chaff, deride, jeer, jest, joke, josh (Sl., chiefly U.S. & Canad.), kid (Inf.), make fun of, rib (Inf.), ridicule, taunt, tease, twit 2 n. badinage, chaff, chaffing, derision, jeering, jesting, joking, kidding (Inf.), mockery, persiflage, pleasantry, raillery, repartee, ribbing (Inf.), ridicule, wordplay

baptism 1 christening, immersion, purification, sprinkling 2 beginning, debut, dedication, initiation, introduction, launching, rite of passage

baptize 1 besprinkle, cleanse, immerse, purify 2 admit, enrol, initiate, recruit 3 call, christen, dub, name, title

bar

◆ n. 1 batten, crosspiece, paling, palisade, pole, rail, rod, shaft, stake, stick 2 barricade, barrier, block, deterrent, hindrance, impediment, obstacle, obstruction, rail, railing, stop 3 boozer (Brit., Aust., & N.Z. inf.), canteen, counter, inn, lounge, pub (Inf., chiefly Brit.), public house, saloon, taproom, tavern, watering hole (Facetious sl.) 4 bench, court, courtroom, dock, law court 5 (Law) barristers, body of lawyers, counsel, court, judg(e)ment, tribunal

◆ v. 6 barricade, bolt, fasten, latch, lock, secure 7 ban, black, blackball, exclude, forbid, hinder, keep out, obstruct, prevent, prohibit, restrain

barb 1 bristle, point, prickle, prong, quill, spike, spur, thorn 2 affront, cut, dig, gibe, insult, rebuff, sarcasm, scoff, sneer

barbarian

◆ n. 1 brute, hooligan, lout, lowbrow, ned (Sl.), ruffian, savage, vandal, yahoo 2 bigot, boor, ignoramus, illiterate, lowbrow, philistine

◆ adj. 3 boorish, crude, lowbrow, philistine, primitive, rough, uncouth, uncultivated, uncultured, unsophisticated, vulgar, wild

barbaric 1 primitive, rude, uncivilized, wild 2 barbarous, boorish, brutal, coarse, crude, cruel, fierce, inhuman, savage, uncouth, vulgar

barbarism 1 coarseness, crudity, savagery, uncivilizedness 2 atrocity, barbarity, enormity, outrage 3 corruption, misusage, misuse, solecism, vulgarism

barbarity brutality, cruelty, inhumanity, ruthlessness, savagery, viciousness

barbarous 1 barbarian, brutish, primitive, rough, rude, savage, uncivilized, uncouth, wild 2 barbaric, brutal, cruel, ferocious, heartless, inhuman, monstrous, ruthless, vicious 3 coarse, crude, ignorant, uncultured, unlettered, unrefined, vulgar

bare 1 buck naked (Sl.), denuded, exposed, in the raw (Inf.), naked, naked as the day one was born (Inf.), nude, peeled, shorn, stripped, unclad, unclothed, uncovered, undressed, without a stitch on (Inf.) [2] barren, blank, empty, lacking, mean, open, poor, scanty, scarce, unfurnished, vacant, void, wanting [3] austere, bald, basic, cold, essential, hard, literal, plain, severe, sheer, simple, spare, spartan, stark, unadorned, unembellished, unvarnished

barefaced [1] audacious, bold, brash, brazen, impudent, insolent, shameless [2] bald, blatant, flagrant, glaring, manifest, naked, obvious, open, palpable, patent, transparent, unconcealed

barely almost, hardly, just, only just, scarcely

bargain

◆ n. [1] agreement, arrangement, business, compact, contract, convention, engagement, negotiation, pact, pledge, promise, stipulation, transaction, treaty, understanding [2] (cheap) purchase, discount, giveaway, good buy, good deal, good value, reduction, snip (Inf.), steal (Inf.)

◆ v. [3] agree, contract, covenant, negotiate, promise, stipulate, transact [4] barter, buy, deal, haggle, sell, trade, traffic

barge canal boat, flatboat, lighter, narrow boat, scow

barge in break in, burst in, butt in, infringe, interrupt, intrude, muscle in (Inf.)

barge into bump into, cannon into, collide with, hit, push, shove

bark[1] [1] n. casing, cortex (Anat., bot.), covering, crust, husk, rind, skin [2] v. abrade, flay, rub, scrape, shave, skin, strip

bark[2] [1] n./v. bay, growl, howl, snarl, woof, yap, yelp [2] v. (Fig.) bawl, bawl at, berate, bluster, growl, shout, snap, snarl, yell

barmy [1] Also **balmy** crackpot (Inf.), crazy, daft (Inf.), dippy, doolally (Sl.), foolish, goofy (Inf.), idiotic, insane, loony (Sl.), loopy (Inf.), nuts (Sl.), nutty (Sl.), odd, off one's trolley (Sl.), out to lunch (Inf.), silly, stupid, up the pole (Inf.) [2] fermenting, foamy, frothy, spumy, yeasty

baroque bizarre, convoluted, elaborate, extravagant, flamboyant, florid, grotesque, ornate, overdecorated, rococo

barracks billet, camp, cantonment, casern, encampment, garrison, quarters

barrage [1] battery, bombardment, cannonade, curtain of fire, fusillade, gunfire, salvo, shelling, volley [2] assault, attack, burst, deluge, hail, mass, onslaught, plethora, profusion, rain, storm, stream, torrent

barren [1] childless, infecund, infertile, sterile, unprolific [2] arid, desert, desolate, dry, empty, unfruitful, unproductive, waste [3] boring, dull, flat, fruitless, lacklustre, stale, uninformative, uninspiring, uninstructive, uninteresting, unrewarding, useless, vapid

barricade [1] n. barrier, blockade, bulwark, fence, obstruction, palisade, rampart, stockade [2] v. bar, block, blockade, defend, fortify, obstruct, protect, shut in

barrier [1] bar, barricade, block, blockade, boundary, ditch, fence, fortification, obstacle, obstruction, pale, railing, rampart, stop, wall [2] (Fig.) check, difficulty, drawback, handicap, hindrance, hurdle, impediment, limitation, obstacle, restriction, stumbling block

barter bargain, exchange, haggle, sell, swap, trade, traffic

base[1]

◆ n. [1] bed, bottom, foot, foundation, groundwork, pedestal, rest, stand, support [2] basis, core, essence, essential, fundamental, heart, key, origin, principal, root, source [3] camp, centre, headquarters, home, post, settlement, starting point, station

◆ v. [4] build, construct, depend, derive, establish, found, ground, hinge, locate, station

base[2] [1] abject, contemptible, corrupt, depraved, despicable, dishonourable, disreputable, evil, ignoble, immoral, infamous, scandalous, shameful, sordid, vile, villainous, vulgar, wicked [2] downtrodden, grovelling, low, lowly, mean, menial, miserable, paltry, pitiful, poor, servile, slavish, sorry, subservient, worthless, wretched [3] adulterated, alloyed, counterfeit, debased, fake, forged, fraudulent, impure, inferior, pinchbeck, spurious

baseless groundless, unconfirmed, uncorroborated, unfounded, ungrounded, unjustifiable, unjustified, unsubstantiated, unsupported

baseness [1] contemptibility, degradation, depravation, depravity, despicability, disgrace, ignominy, infamy, notoriety, obloquy, turpitude [2] lowliness, meanness, misery, poverty, servility, slavishness, subservience, vileness, worthlessness, wretchedness [3] adulteration, debasement, fraudulence, phoneyness or phoniness (Inf.), pretence, speciousness, spuriousness

bash [1] v. belt (Inf.), biff (Sl.), break, chin (Sl.), crash, crush, deck (Sl.), hit, lay one on (Sl.), punch, slosh (Brit. sl.), smash, sock (Sl.), strike, wallop (Inf.) [2] n. attempt, crack (Inf.), go (Inf.), shot (Inf.), stab (Inf.), try

bashful abashed, blushing, confused, constrained, coy, diffident, easily embarrassed, nervous, overmodest, reserved, reticent, retiring, self-conscious, self-effacing, shamefaced, sheepish, shrinking, shy, timid, timorous

basic bog-standard (Inf.), central, elementary, essential, fundamental, indispensable, inherent, intrinsic, key, necessary, primary, radical, underlying, vital

basically at bottom, at heart, au fond, essentially, firstly, fundamentally, inherently, in substance, intrinsically, mostly, primarily, radically

basics brass tacks (Inf.), core, essentials, facts, fundamentals, hard facts, necessaries, nitty-gritty (Inf.), nuts and bolts (Inf.), practicalities, principles, rudiments

basis [1] base, bottom, footing, foundation, ground, groundwork, support [2] chief ingredient, core, essential, fundamental, heart, premise, principal element, principle, theory

bask [1] laze, lie in, loll, lounge, relax, sunbathe, swim in, toast oneself, warm oneself [2] delight in, enjoy, indulge oneself, luxuriate, relish, revel, savour, take pleasure, wallow

bass deep, deep-toned, grave, low, low-pitched, resonant, sonorous

bastard [1] n. illegitimate (child), love child, natural child, whoreson (Archaic) [2] adj. adulterated, baseborn, counterfeit, false, illegitimate, imperfect, impure, inferior, irregular, misbegotten, sham, spurious

bastion bulwark, citadel, defence, fastness, fortress, mainstay, prop, rock, stronghold, support, tower of strength

bat bang, hit, punch, rap, smack, strike, swat, thump, wallop (Inf.), whack

batch accumulation, aggregation, amount, assemblage, bunch, collection, crowd, group, lot, pack, quantity, set

bath [1] n. ablution, cleansing, douche, douse, scrubbing, shower, soak, soaping, sponging, tub, wash, washing [2] v. bathe, clean, douse, lave (Archaic), scrub down, shower, soak, soap, sponge, tub, wash

bathe [1] v. cleanse, cover, dunk, flood, immerse, moisten, rinse, soak, steep, suffuse, wash, wet [2] n. dip, dook (Scot.), swim, wash

bathing costume bathing suit, bikini, swimming costume, swimsuit, trunks

bathos anticlimax, false pathos, letdown, mawkishness, sentimentality

baton club, crook, mace, rod, sceptre, staff, stick, truncheon, wand

battalion army, brigade, company, contingent, division, force, horde, host, legion, multitude, regiment, squadron, throng

batten[1] board up, clamp down, cover up, fasten, fasten down, fix, nail down, secure, tighten

batten[2] fatten, flourish, gain, grow, increase, prosper, thrive, wax

batter [1] assault, bash (Inf.), beat, belabour, break, buffet, clobber (Sl.), dash against, lambast(e), lash, pelt, pound, pummel, smash, smite, thrash, wallop (Inf.) [2] bruise, crush, deface, demolish, destroy, disfigure, hurt, injure, mangle, mar, maul, ruin, shatter, shiver, total (Sl.), trash (Sl.)

battered beaten, beat-up (Inf.), broken-down, bruised, crushed, damaged, dilapidated, injured, ramshackle, squashed, weather-beaten

battery [1] chain, ring, sequence, series, set, suite [2] assault, attack, beating, mayhem, onslaught, physical violence, thumping [3] artillery, cannon, cannonry, gun emplacements, guns

battle

◆ n. [1] action, attack, combat, encounter, engagement, fight, fray, hostilities, skirmish, war, warfare [2] agitation, campaign, clash, conflict, contest, controversy, crusade, debate, disagreement, dispute, head-to-head, strife, struggle

◆ v. [3] agitate, argue, clamour, combat, contend, contest, dispute, feud, fight, strive, struggle, war

battle cry catchword, motto, slogan, war cry, war whoop, watchword

battlefield battleground, combat zone, field, field of battle, front

battleship capital ship, gunboat, man-of-war, ship of the line, warship

batty barking (Sl.), barking mad (Sl.), barmy (Sl.), bats (Sl.), bonkers (Sl., chiefly Brit.), cracked (Sl.), crackers (Brit. sl.), crackpot (Inf.), cranky (Inf.), crazy, daft (Inf.), dotty (Sl., chiefly Brit.), eccentric, insane, loony (Sl.), loopy (Inf.), lunatic, mad, not the full shilling (Inf.), nuts (Sl.), nutty (Sl.), odd, oddball (Inf.), off one's rocker (Sl.), off one's trolley (Sl.), off-the-wall (Sl.), outré, out to lunch (Inf.), peculiar, potty (Brit. inf.), queer (Inf.), screwy (Inf.), touched, up the pole (Inf.), wacko (Sl.)

bauble bagatelle, gewgaw, gimcrack, kickshaw, knick-knack, plaything, toy, trifle, trinket

bawd brothel-keeper, madam, pimp, procuress, prostitute, whore, working girl (Facetious sl.)

bawdy blue, coarse, dirty, erotic, gross, indecent, indecorous, indelicate, lascivious, lecherous, lewd, libidinous, licentious, lustful, obscene, prurient, ribald, risqué, rude, salacious, smutty, steamy (Inf.), suggestive, vulgar

bawl [1] bellow, call, clamour, halloo, howl, roar, shout, vociferate, yell [2] blubber, cry, sob, squall, wail, weep

bay[1] bight, cove, gulf, inlet, natural harbour, sound

bay[2] alcove, compartment, embrasure, niche, nook, opening, recess

bay[3] [1] bark, bell, clamour, cry, growl, howl, yelp [2] **at bay** caught, cornered, trapped

bayonet v. impale, knife, run through, spear, stab, stick, transfix

bazaar [1] exchange, market, marketplace, mart [2] bring-and-buy, fair, fête, sale of work

be [1] be alive, breathe, exist, inhabit, live [2] befall, come about, come to pass, happen, occur, take place, transpire (Inf.) [3] abide, continue, endure, last, obtain, persist, prevail, remain, stand, stay, survive

beach coast, lido, littoral, margin, plage, sands, seaboard (Chiefly U.S.), seashore, seaside, shingle, shore, strand, water's edge

beachcomber forager, loafer, scavenger, scrounger, tramp, vagabond, vagrant, wanderer

beacon beam, bonfire, flare, lighthouse, pharos, rocket, sign, signal, signal fire, smoke signal, watchtower

bead blob, bubble, dot, drop, droplet, globule, pellet, pill, spherule

beak [1] bill, mandible, neb (Archaic or dialect), nib [2] nose, proboscis, snout [3] (Naut.) bow, prow, ram, rostrum, stem

beam

◆ n. [1] girder, joist, plank, rafter, spar, support, timber [2] bar, emission, gleam, glimmer, glint, glow, radiation, ray, shaft, streak, stream

◆ v. [3] broadcast, emit, glare, gleam, glitter, glow, radiate, shine, transmit [4] grin, laugh, smile

beaming [1] beautiful, bright, brilliant, flashing, gleaming, glistening, glittering, radiant, scintillating, shining, sparkling [2] cheerful, grinning, happy, joyful, smiling, sunny

bear [1] bring, carry, convey, hump (Brit. sl.), move, take, tote (Inf.), transport [2] cherish, entertain, exhibit, harbour, have, hold, maintain, possess, shoulder, support, sustain, uphold, weigh upon [3] abide, admit, allow, brook, endure, permit, put up with (Inf.), stomach, suffer, tolerate, undergo [4] beget, breed, bring forth, develop, engender, generate, give birth to, produce, yield

bearable admissible, endurable, manageable, passable, sufferable, supportable, sustainable, tolerable

beard [1] n. bristles, five-o'clock shadow, stubble, whiskers [2] v. brave, confront, dare, defy, face, oppose, tackle

bearded bewhiskered, bristly, bushy, hairy, hirsute, shaggy, stubbly, unshaven, whiskered

beardless [1] barefaced, clean-shaven, hairless, smooth, smooth-faced [2] callow, fresh, green, immature, inexperienced

bear down [1] burden, compress, encumber, press down, push, strain, weigh down [2] advance on, approach, attack, close in, converge on, move in

bearer [1] agent, carrier, conveyor, messenger, porter, runner, servant [2] beneficiary, consignee, payee

bigot dogmatist, fanatic, persecutor, sectarian, zealot

bigoted biased, dogmatic, illiberal, intolerant, narrow-minded, obstinate, opinionated, prejudiced, sectarian, twisted, warped

bigotry bias, discrimination, dogmatism, fanaticism, ignorance, injustice, intolerance, mindlessness, narrow-mindedness, pig-ignorance (Sl.), prejudice, provincialism, racialism, racism, sectarianism, sexism, unfairness

bigwig big cheese (Sl., old-fashioned), big gun (Inf.), big noise (Inf.), big shot (Inf.), celeb (Inf.), celebrity, dignitary, heavyweight (Inf.), mogul, nob (Sl.), notability, notable, panjandrum, personage, somebody, VIP

bile anger, bitterness, churlishness, ill humour, irascibility, irritability, nastiness, peevishness, rancour, spleen

bilious [1] liverish, nauseated, out of sorts, queasy, sick [2] bad-tempered, cantankerous, crabby, cross, crotchety, edgy, grouchy (Inf.), grumpy, ill-humoured, ill-tempered, irritable, nasty, peevish, ratty (Brit. & N.Z. inf.), short-tempered, testy, tetchy, touchy

bilk bamboozle (Inf.), cheat, con (Inf.), cozen, deceive, defraud, do (Sl.), fleece, rook (Sl.), skin (Sl.), stiff (Sl.), swindle, trick

bill[1]

- n. [1] account, charges, invoice, note of charge, reckoning, score, statement, tally [2] advertisement, broadsheet, bulletin, circular, handbill, handout, leaflet, notice, placard, playbill, poster [3] agenda, card, catalogue, inventory, list, listing, programme, roster, schedule, syllabus [4] measure, piece of legislation, projected law, proposal
- v. [5] charge, debit, figure, invoice, reckon, record [6] advertise, announce, give advance notice of, post

bill[2] beak, mandible, neb (Archaic or dialect), nib

billet [1] n. accommodation, barracks, lodging, quarters [2] v. accommodate, berth, quarter, station

billow

- n. [1] breaker, crest, roller, surge, swell, tide, wave [2] cloud, deluge, flood, outpouring, rush, surge, wave
- v. [3] balloon, belly, puff up, rise up, roll, surge, swell

billowy heaving, rippling, rolling, surging, swelling, swirling, undulating, waving, wavy

bind

- v. [1] attach, fasten, glue, hitch, lash, paste, rope, secure, stick, strap, tie, tie up, truss, wrap [2] compel, constrain, engage, force, necessitate, obligate, oblige, prescribe, require [3] confine, detain, hamper, hinder, restrain, restrict [4] bandage, cover, dress, encase, swathe, wrap [5] border, edge, finish, hem, trim
- n. [6] (Inf.) bore, difficulty, dilemma, drag (Inf.), hot water (Inf.), nuisance, pain in the arse (Taboo inf.), predicament, quandary, spot (Inf.), tight spot

binding adj. compulsory, conclusive, imperative, indissoluble, irrevocable, mandatory, necessary, obligatory, unalterable

binge beano (Brit. sl.), bender (Inf.), blind (Sl.), bout, feast, fling, jag (Sl.), orgy, spree

biography account, curriculum vitae, CV, life, life history, life story, memoir, memoirs, profile, record

birth [1] childbirth, delivery, nativity, parturition [2] beginning, emergence, fountainhead, genesis, origin, rise, source [3] ancestry, background, blood, breeding, derivation, descent, extraction, forebears, genealogy, line, lineage, nobility, noble extraction, parentage, pedigree, race, stock, strain

bisect bifurcate, cross, cut across, cut in half, cut in two, divide in two, halve, intersect, separate, split, split down the middle

bishopric diocese, episcopacy, episcopate, primacy, see

bit[1] [1] brake, check, curb, restraint, snaffle [2] **take the bit in** or **between one's teeth** defy, disobey, get stuck into (Inf.), get to grips with, rebel, resist, revolt, run amok, rush into, set about

bit[2] [1] atom, chip, crumb, fragment, grain, iota, jot, mite, morsel, mouthful, part, piece, remnant, scrap, segment, slice, small piece, speck, tittle, whit [2] instant, jiffy (Inf.), little while, minute, moment, period, second, spell, tick (Brit. inf.), time

bitchy backbiting, catty (Inf.), cruel, malicious, mean, nasty, rancorous, shrewish, snide, spiteful, venomous, vicious, vindictive, vixenish

bite

- v. [1] champ, chew, clamp, crunch, crush, cut, gnaw, grip, hold, masticate, nibble, nip, pierce, pinch, rend, seize, snap, tear, wound [2] burn, corrode, eat away, eat into, erode, smart, sting, tingle, wear away
- n. [3] itch, nip, pinch, prick, smarting, sting, tooth marks, wound [4] food, light meal, morsel, mouthful, piece, refreshment, snack, taste [5] edge, kick (Inf.), piquancy, punch (Inf.), pungency, spice

biting [1] bitter, blighting, cold, cutting, freezing, harsh, nipping, penetrating, piercing, sharp [2] caustic, cutting, incisive, mordacious, mordant, sarcastic, scathing, severe, sharp, stinging, trenchant, vitriolic, withering

bitter [1] acerb, acid, acrid, astringent, sharp, sour, tart, unsweetened, vinegary [2] acrimonious, begrudging, crabbed, embittered, hostile, morose, rancorous, resentful, sore, sour, sullen, with a chip on one's shoulder [3] calamitous, cruel, dire, distressing, galling, grievous, harsh, heartbreaking, merciless, painful, poignant, ruthless, savage, vexatious [4] biting, fierce, freezing, intense, severe, stinging

bitterness [1] acerbity, acidity, sharpness, sourness, tartness, vinegariness [2] animosity, grudge, hostility, pique, rancour, resentment [3] acrimoniousness, asperity, sarcasm, venom, virulence

bizarre abnormal, comical, curious, eccentric, extraordinary, fantastic, freakish, grotesque, ludicrous, odd, oddball (Inf.), off-beat, off-the-wall (Sl.), outlandish, outré, peculiar, queer, ridiculous, rum (Brit. sl.), strange, unusual, wacko (Sl.), way-out (Inf.), weird, zany

blab blow wide open (Sl.), blurt out, disclose, divulge, gossip, let slip, reveal, shop (Sl., chiefly Brit.), sing (Sl., chiefly U.S.), spill one's guts (Sl.), tattle, tell, tell all, tell on

blabber [1] n. busybody, gossip, informer, rumour-monger, scandalmonger, talebearer, tattler, telltale [2] v. blather, blether (Scot.), chatter, gab (Inf.), jabber, prattle

black

- adj. [1] coal-black, dark, dusky, ebony, inky, jet, murky, pitchy, raven, sable, starless, stygian, swarthy [2] (Fig.) atrocious, depressing, dismal, distressing, doleful, foreboding, funereal, gloomy, hopeless, horrible, lugubrious, mournful, ominous, sad, sombre [3] dingy, dirty, filthy, grimy, grubby, soiled, sooty, stained [4] angry, furious, hostile, menacing, resentful, sullen, threatening [5] bad, evil, iniquitous, nefarious, villainous, wicked
- v. [6] ban, bar, blacklist, boycott
- n. [7] **in the black** in credit, in funds, solvent, without debt

blackball v. ban, bar, blacklist, debar, drum out, exclude, expel, ostracize, oust, repudiate, snub, vote against

blacken [1] befoul, begrime, cloud, darken, grow black, make black, smudge, soil [2] bad-mouth (Sl., chiefly U.S. & Canad.), calumniate, decry, defame, defile, denigrate, dishonour, knock (Inf.), malign, rubbish (Inf.), slag (off) (Sl.), slander, smear, smirch, stain, sully, taint, tarnish, traduce, vilify

blackguard bad egg (Old-fashioned inf.), bastard (Offensive), blighter (Brit. inf.), bounder (Old-fashioned Brit. sl.), bugger (Taboo sl.), miscreant, rascal, rogue, scoundrel, scumbag (Sl.), shit (Taboo sl.), son-of-a-bitch (Sl., chiefly U.S. & Canad.), swine, villain, wretch

blacklist v. ban, bar, blackball, boycott, debar, exclude, expel, ostracize, preclude, proscribe, reject, repudiate, snub, vote against

black magic black art, diabolism, necromancy, sorcery, voodoo, witchcraft, wizardry

blackmail [1] n. bribe, exaction, extortion, hush money (Sl.), intimidation, milking, pay-off (Inf.), protection (Inf.), ransom, shakedown (U.S. sl.), slush fund [2] v. bleed (Inf.), bribe, coerce, compel, demand, exact, extort, force, hold to ransom, milk, squeeze, threaten

blackness darkness, duskiness, gloom, inkiness, melanism, murkiness, nigrescence, nigritude (Rare), swarthiness

blackout n. [1] coma, faint, loss of consciousness, oblivion, swoon, syncope (Pathology), unconsciousness [2] power cut, power failure [3] censorship, noncommunication, radio silence, secrecy, suppression, withholding news

black out v. [1] conceal, cover, darken, eclipse, obfuscate, shade [2] collapse, faint, flake out (Inf.), lose consciousness, pass out, swoon

black sheep disgrace, dropout, ne'er-do-well, outcast, prodigal, renegade, reprobate, wastrel

blame

- n. [1] accountability, culpability, fault, guilt, incrimination, liability, onus, rap (Sl.), responsibility [2] accusation, castigation, censure, charge, complaint, condemnation, criticism, recrimination, reproach, reproof, stick (Sl.)
- v. [3] accuse, admonish, blast, censure, charge, chide, condemn, criticize, disapprove, express disapprobation, find fault with, hold responsible, lambast(e), put down, reprehend, reproach, reprove, tax, tear into (Inf.), upbraid

blameless above suspicion, clean, faultless, guiltless, immaculate, impeccable, innocent, in the clear, irreproachable, perfect, squeaky-clean, stainless, unblemished, unimpeachable, unoffending, unspotted, unsullied, untarnished, upright, virtuous

blameworthy discreditable, disreputable, indefensible, inexcusable, iniquitous, reprehensible, reproachable, shameful

bland [1] boring, dull, flat, humdrum, insipid, monotonous, tasteless, tedious, undistinctive, unexciting, uninspiring, uninteresting, unstimulating, vapid, weak [2] affable, amiable, congenial, courteous, debonair, friendly, gentle, gracious, smooth, suave, unemotional, urbane [3] balmy, calm, mild, mollifying, nonirritant or non-irritating (Medical), soft, soothing, temperate

blandishments blarney, cajolery, coaxing, compliments, fawning, flattery, ingratiation, inveiglement, soft soap (Inf.), soft words, sweet talk (Inf.), wheedling, winning caresses

blank

- adj. [1] bare, clean, clear, empty, plain, spotless, uncompleted, unfilled, unmarked, void, white [2] deadpan, dull, empty, expressionless, hollow, impassive, inane, lifeless, poker-faced (Inf.), vacant, vacuous, vague [3] at a loss, at sea, bewildered, confounded, confused, disconcerted, dumbfounded, flummoxed, muddled, nonplussed, uncomprehending [4] absolute, complete, outright, thorough, unqualified, utter
- n. [5] emptiness, empty space, gap, nothingness, space, tabula rasa, vacancy, vacuity, vacuum, void

blanket

- n. [1] afghan, cover, coverlet, rug [2] carpet, cloak, coat, coating, covering, envelope, film, layer, mantle, sheet, wrapper, wrapping
- adj. [3] across-the-board, all-inclusive, comprehensive, overall, sweeping, wide-ranging
- v. [4] cloak, cloud, coat, conceal, cover, eclipse, hide, mask, obscure, suppress, surround

blare blast, boom, clamour, clang, honk, hoot, peal, resound, roar, scream, sound out, toot, trumpet

blarney blandishment, cajolery, coaxing, exaggeration, flattery, honeyed words, overpraise, soft soap (Inf.), spiel, sweet talk (Inf.), wheedling

blasé apathetic, bored, cloyed, glutted, indifferent, jaded, lukewarm, nonchalant, offhand, satiated, surfeited, unconcerned, unexcited, uninterested, unmoved, weary, world-weary

blaspheme abuse, anathematize, curse, damn, desecrate, execrate, profane, revile, swear

blasphemous godless, impious, irreligious, irreverent, profane, sacrilegious, ungodly

blasphemy cursing, desecration, execration, impiety, impiousness, indignity (to God), irreverence, profanation, profaneness, profanity, sacrilege, swearing

blast

- n./v. [1] blare, blow, clang, honk, peal, scream, toot, wail
- n. [2] bang, blow-up, burst, crash, detonation, discharge, eruption, explosion, outburst, salvo, volley [3] gale, gust, squall, storm, strong breeze, tempest
- v. [4] blow up, break up, burst, demolish, destroy, explode, ruin, shatter [5] blight, kill, shrivel, wither [6] attack, castigate, criticize, flay, lambast(e), put down, rail at, tear into (Inf.)

blasted blighted, desolated, destroyed, devastated, ravaged, ruined, shattered, spoiled, wasted, withered

blast-off n. discharge, expulsion, firing, launch, launching, lift-off, projection, shot

blatant 1 bald, brazen, conspicuous, flagrant, flaunting, glaring, naked, obtrusive, obvious, ostentatious, outright, overt, prominent, pronounced, sheer, unmitigated 2 clamorous, deafening, ear-splitting, harsh, loud, noisy, piercing, strident

blaze
◆ n. 1 bonfire, conflagration, fire, flame, flames 2 beam, brilliance, flare, flash, glare, gleam, glitter, glow, light, radiance 3 blast, burst, eruption, flare-up, fury, outbreak, outburst, rush, storm, torrent
◆ v. 4 beam, burn, fire, flame, flare, flash, glare, gleam, glow, shine 5 boil, explode, flare up, fume, seethe

bleach blanch, etiolate, fade, grow pale, lighten, peroxide, wash out, whiten

bleached achromatic, etiolated, faded, lightened, peroxided, stone-washed, washed-out

bleak 1 bare, barren, chilly, cold, desolate, exposed, gaunt, open, raw, unsheltered, weather-beaten, windswept, windy 2 cheerless, comfortless, depressing, discouraging, disheartening, dismal, dreary, gloomy, grim, hopeless, joyless, sombre, unpromising

bleary blurred, blurry, dim, fogged, foggy, fuzzy, hazy, indistinct, misty, murky, rheumy, watery

bleed 1 exude, flow, gush, lose blood, ooze, run, seep, shed blood, spurt, trickle, weep 2 deplete, drain, draw or take blood, exhaust, extort, extract, fleece, leech, milk, phlebotomize (Medical), reduce, sap, squeeze 3 ache, agonize, feel for, grieve, pity, suffer, sympathize

blemish 1 n. blot, blotch, blur, defect, demerit, disfigurement, disgrace, dishonour, fault, flaw, imperfection, mark, scar, smirch, smudge, speck, spot, stain, taint 2 v. blot, blotch, blur, damage, deface, disfigure, flaw, impair, injure, mar, mark, smirch, smudge, spoil, spot, stain, sully, taint, tarnish

blend
◆ v. 1 amalgamate, coalesce, combine, compound, fuse, intermix, meld, merge, mingle, mix, synthesize, unite 2 complement, fit, go well, go with, harmonize, suit
◆ n. 3 alloy, amalgam, amalgamation, combination, composite, compound, concoction, fusion, meld, mix, mixture, synthesis, union

bless 1 anoint, consecrate, dedicate, exalt, extol, give thanks to, glorify, hallow, invoke happiness on, magnify, ordain, praise, sanctify, thank 2 bestow, endow, favour, give, grace, grant, provide

blessed 1 adored, beatified, divine, hallowed, holy, revered, sacred, sanctified 2 endowed, favoured, fortunate, granted, jammy (Brit. sl.), lucky 3 blissful, contented, glad, happy, joyful, joyous

blessedness beatitude, bliss, blissfulness, content, felicity, happiness, heavenly joy, pleasure, sanctity, state of grace, summum bonum

blessing 1 benediction, benison, commendation, consecration, dedication, grace, invocation, thanksgiving 2 approbation, approval, backing, concurrence, consent, favour, good wishes, leave, permission, regard, sanction, support 3 advantage, benefit, boon, bounty, favour, gain, gift, godsend, good fortune, help, kindness, profit, service, windfall

blight
◆ n. 1 canker, decay, disease, fungus, infestation, mildew, pest, pestilence, rot 2 affliction, bane, contamination, corruption, curse, evil, plague, pollution, scourge, woe
◆ v. 3 blast, destroy, injure, nip in the bud, ruin, shrivel, taint with mildew, wither 4 (Fig.) annihilate, crush, dash, disappoint, frustrate, mar, nullify, ruin, spoil, undo, wreck

blind
◆ adj. 1 destitute of vision, eyeless, sightless, stone-blind, unseeing, unsighted, visionless 2 (Fig.) careless, heedless, ignorant, inattentive, inconsiderate, indifferent, indiscriminate, injudicious, insensitive, morally darkened, neglectful, oblivious, prejudiced, thoughtless, unaware of, unconscious of, uncritical, undiscerning, unmindful of, unobservant, unreasoning 3 hasty, impetuous, irrational, mindless, rash, reckless, senseless, uncontrollable, uncontrolled, unthinking, violent, wild 4 closed, concealed, dark, dead-end, dim, hidden, leading nowhere, obscured, obstructed, without exit
◆ n. 5 camouflage, cloak, cover, façade, feint, front, mask, masquerade, screen, smoke screen

blindly 1 aimlessly, at random, confusedly, frantically, indiscriminately, instinctively, madly, purposelessly, wildly 2 carelessly, heedlessly, impulsively, inconsiderately, passionately, recklessly, regardlessly, senselessly, thoughtlessly, unreasonably, wilfully

blink 1 bat, flutter, glimpse, nictate, nictitate, peer, squint, wink 2 flash, flicker, gleam, glimmer, scintillate, shine, sparkle, twinkle, wink 3 (Fig.) condone, connive at, disregard, ignore, overlook, pass by, turn a blind eye to 4 **on the blink** (Sl.) faulty, malfunctioning, not working (properly), on the fritz (U.S. sl.), out of action, out of order, playing up

bliss beatitude, blessedness, blissfulness, ecstasy, euphoria, felicity, gladness, happiness, heaven, joy, paradise, rapture

blissful cock-a-hoop, delighted, ecstatic, elated, enchanted, enraptured, euphoric, happy, heavenly (Inf.), in ecstasies, joyful, joyous, over the moon (Inf.), rapt, rapturous

blister abscess, blain, bleb, boil, bubble, canker, carbuncle, cyst, furuncle (Pathology), pimple, pustule, sore, swelling, ulcer, welt, wen

blithe 1 animated, buoyant, carefree, cheerful, cheery, chirpy (Inf.), debonair, gay, genial, gladsome (Archaic), happy, jaunty, light-hearted, merry, mirthful, sprightly, sunny, upbeat (Inf.), vivacious 2 careless, casual, heedless, indifferent, nonchalant, thoughtless, unconcerned, untroubled

blitz assault, attack, blitzkrieg, bombardment, offensive, onslaught, raid, strike

blizzard blast, gale, snowstorm, squall, storm, tempest

blob ball, bead, bubble, dab, dewdrop, drop, droplet, glob, globule, lump, mass, pearl, pellet, pill

bloc alliance, axis, cabal, clique, coalition, combine, entente, faction, group, league, ring, schism, union, wing

block
◆ n. 1 bar, brick, cake, chunk, cube, hunk, ingot, lump, mass, piece, square 2 bar, barrier, blockage, hindrance, impediment, jam, obstacle, obstruction, occlusion, stoppage
◆ v. 3 bung up (Inf.), choke, clog, close, obstruct, plug, stop up 4 arrest, bar, check, deter, halt, hinder, impede, obstruct, stop, thwart

blockade barricade, barrier, block, closure, encirclement, hindrance, impediment, obstacle, obstruction, restriction, siege, stoppage

blockage block, blocking, impediment, obstruction, occlusion, stoppage, stopping up

blockhead berk (Brit. sl.), bonehead (Sl.), charlie (Brit. inf.), chump (Inf.), coot, dickhead (Sl.), dipstick (Brit. sl.), divvy (Brit. sl.), dolt, dork (Sl.), dullard, dunce, dweeb (U.S. sl.), fool, fuckwit (Taboo sl.), geek (Sl.), gonzo (Sl.), idiot, ignoramus, jerk (Sl., chiefly U.S. & Canad.), nerd or nurd (Sl.), noodle, numskull or numbskull, pillock (Brit. sl.), plank (Brit. sl.), plonker (Sl.), prat (Sl.), prick (Derogatory sl.), schmuck (U.S. sl.), thickhead, twit (Inf., chiefly Brit.), wally (Sl.)

blond, blonde fair, fair-haired, fair-skinned, flaxen, golden-haired, light, light-coloured, light-complexioned, tow-headed

blood 1 gore, lifeblood, vital fluid 2 ancestry, birth, consanguinity, descendants, descent, extraction, family, kindred, kinship, lineage, noble extraction, relations 3 (Fig.) anger, disposition, feeling, passion, spirit, temper

bloodcurdling appalling, chilling, dreadful, fearful, frightening, hair-raising, horrendous, horrifying, scaring, spine-chilling, terrifying

bloodless 1 cold, languid, lifeless, listless, passionless, spiritless, torpid, unemotional, unfeeling 2 anaemic, ashen, chalky, colourless, pale, pallid, pasty, sallow, sickly, wan

bloodshed blood bath, bloodletting, butchery, carnage, gore, killing, massacre, murder, slaughter, slaying

bloodthirsty barbarous, brutal, cruel, ferocious, inhuman, murderous, ruthless, savage, vicious, warlike

bloody 1 bleeding, blood-soaked, blood-spattered, bloodstained, gaping, raw, unstaunched 2 cruel, ferocious, fierce, sanguinary, savage

bloom
◆ n. 1 blossom, blossoming, bud, efflorescence, flower, opening (of flowers) 2 (Fig.) beauty, blush, flourishing, flush, freshness, glow, health, heyday, lustre, perfection, prime, radiance, rosiness, vigour
◆ v. 3 blossom, blow, bud, burgeon, open, sprout 4 develop, fare well, flourish, grow, prosper, succeed, thrive, wax

blossom
◆ n. 1 bloom, bud, floret, flower, flowers
◆ v. 2 bloom, burgeon, flower 3 (Fig.) bloom, develop, flourish, grow, mature, progress, prosper, thrive

blot
◆ n. 1 blotch, mark, patch, smear, smudge, speck, splodge, spot 2 blemish, blur, defect, demerit, disgrace, fault, flaw, scar, smirch, spot, stain, taint
◆ v. 3 bespatter, disfigure, disgrace, mark, smirch, smudge, spoil, spot, stain, sully, tarnish 4 absorb, dry, soak up, take up 5 **blot out** cancel, darken, destroy, efface, erase, expunge, obliterate, obscure, shadow

blow[1]
◆ v. 1 blast, breathe, exhale, fan, pant, puff, waft 2 flow, rush, stream, whirl 3 bear, buffet, drive, fling, flutter, sweep, waft, whirl, whisk 4 blare, mouth, pipe, play, sound, toot, trumpet, vibrate
◆ n. 5 blast, draught, flurry, gale, gust, puff, strong breeze, tempest, wind

blow[2] n. 1 bang, bash (Inf.), belt (Inf.), buffet, clomp (Sl.), clout (Inf.), clump (Sl.), knock, punch, rap, slosh (Brit. sl.), smack, sock (Sl.), stroke, thump, wallop (Inf.), whack 2 (Fig.) affliction, bolt from the blue, bombshell, bummer (Sl.), calamity, catastrophe, comedown (Inf.), disappointment, disaster, jolt, misfortune, reverse, setback, shock, upset

blow out 1 extinguish, put out, snuff 2 burst, erupt, explode, rupture, shatter

blow over be forgotten, cease, die down, disappear, end, finish, pass, pass away, subside, vanish

blow up 1 bloat, distend, enlarge, expand, fill, inflate, puff up, pump up, swell 2 blast, bomb, burst, detonate, dynamite, explode, go off, rupture, shatter 3 enlarge, enlarge on, exaggerate, heighten, magnify, overstate 4 (Inf.) become angry, become enraged, blow a fuse (Sl., chiefly U.S.), crack up (Inf.), erupt, fly off the handle (Inf.), go off the deep end (Inf.), go up the wall (Sl.), hit the roof (Inf.), lose one's temper, rage, see red (Inf.)

bludgeon
◆ n. 1 club, cosh (Brit.), cudgel, shillelagh, truncheon
◆ v. 2 beat, beat up, club, cosh (Brit.), cudgel, knock down, strike 3 browbeat, bulldoze (Inf.), bully, coerce, dragoon, force, hector, railroad (Inf.), steamroller

blue 1 azure, cerulean, cobalt, cyan, navy, sapphire, sky-coloured, ultramarine 2 (Fig.) dejected, depressed, despondent, dismal, downcast, down-hearted, down in the dumps (Inf.), fed up, gloomy, glum, low, melancholy, sad, unhappy 3 (Inf.) bawdy, dirty, indecent, lewd, naughty, near the knuckle (Inf.), obscene, risqué, smutty, vulgar

blueprint design, draft, layout, norm, outline, pattern, pilot scheme, plan, project, prototype, scheme, sketch

bluff 1 v. deceive, defraud, delude, fake, feign, humbug, lie, mislead, pretend, sham 2 n. bluster, boast, braggadocio, bragging, bravado, deceit, deception, fake, feint, fraud, humbug, idle boast, lie, mere show, pretence, sham, show, subterfuge

blunder
◆ n. 1 error, fault, inaccuracy, mistake, oversight, slip, slip-up (Inf.) 2 bloomer (Brit. inf.), boob (Brit. sl.), boo-boo (Inf.), clanger (Inf.), faux pas, gaffe, gaucherie, howler (Inf.), impropriety, indiscretion, mistake
◆ v. 3 bodge (Inf.), botch, bungle, err, slip up (Inf.) 4 bumble, confuse, flounder, misjudge, stumble

blunt
◆ adj. 1 dull, dulled, edgeless, pointless, rounded, unsharpened 2 (Fig.) bluff, brusque, discourteous, downright, explicit, forthright, frank, impolite, outspoken, plain-spoken, rude, straightforward, tactless, trenchant, uncivil, unpolished, upfront (Inf.)
◆ v. 3 dampen, deaden, dull, numb, soften, take the edge off, water down, weaken

blur
◆ v. 1 becloud, bedim, befog, cloud, darken, dim, fog, make hazy, make indistinct, make

blurred / bother SYNONYMES ANGLAIS 1164

vague, mask, obscure, soften [2] blot, smear, smudge, spot, stain
◆ n. [3] blear, blurredness, cloudiness, confusion, dimness, fog, haze, indistinctness, obscurity [4] blot, smear, smudge, spot, stain

blurred bleary, blurry, faint, foggy, fuzzy, hazy, ill-defined, indistinct, lacking definition, misty, nebulous, out of focus, unclear, vague

blush [1] v. colour, crimson, flush, redden, turn red, turn scarlet [2] n. colour, flush, glow, pink tinge, reddening, rosiness, rosy tint, ruddiness

bluster [1] v. boast, brag, bulldoze, bully, domineer, hector, rant, roar, roister, storm, swagger, swell, vaunt [2] n. bluff, boasting, boisterousness, bombast, bragging, bravado, crowing, swagger, swaggering

blustery blusterous, boisterous, gusty, inclement, squally, stormy, tempestuous, violent, wild

board
◆ n. [1] panel, piece of timber, plank, slat, timber [2] daily meals, food, meals, provisions, victuals [3] advisers, advisory group, committee, conclave, council, directorate, directors, panel, trustees
◆ v. [4] embark, embus, enplane, enter, entrain, mount [5] accommodate, feed, house, lodge, put up, quarter, room

boast
◆ v. [1] blow one's own trumpet, bluster, brag, crow, exaggerate, puff, strut, swagger, talk big (Sl.), vaunt [2] be proud of, congratulate oneself on, exhibit, flatter oneself, possess, pride oneself on, show off
◆ n. [3] avowal, brag, gasconade (Rare), rodomontade (Literary), swank (Inf.), vaunt [4] gem, joy, pride, pride and joy, source of pride, treasure

boastful bragging, cocky, conceited, crowing, egotistical, puffed-up, swaggering, swanky (Inf.), swollen-headed, vainglorious, vaunting

bob bounce, duck, hop, jerk, leap, nod, oscillate, quiver, skip, waggle, weave, wobble

bode augur, betoken, forebode, foreshadow, foretell, forewarn, impart, omen, portend, predict, presage, prophesy, signify, threaten

bodily [1] adj. actual, carnal, corporal, corporeal, fleshly, material, physical, substantial, tangible [2] adv. altogether, as a body, as a group, collectively, completely, en masse, entirely, fully, totally, wholly

body [1] build, figure, form, frame, physique, shape, torso, trunk [2] cadaver, carcass, corpse, dead body, relics, remains, stiff (Sl.) [3] being, creature, human, human being, individual, mortal, person [4] bulk, essence, main part, mass, material, matter, substance [5] association, band, bloc, collection, company, confederation, congress, corporation, society [6] crowd, horde, majority, mass, mob, multitude, throng [7] consistency, density, firmness, richness, solidity, substance

bog fen, marsh, marshland, mire, morass, moss (Scot. & Northern English dialect), peat bog, quagmire, slough, swamp, wetlands

bogey [1] apparition, bogeyman, goblin, hobgoblin, imp, spectre, spirit, spook (Inf.), sprite [2] bête noire, bugaboo, bugbear, nightmare

boggle [1] be alarmed (confused, surprised, taken aback), shy, stagger, startle, take fright [2] demur, dither (Chiefly Brit.), doubt, equivocate, falter, hang back, hesitate, hover, jib, shillyshally (Inf.), shrink from, vacillate, waver

boggy fenny, marshy, miry, muddy, oozy, quaggy, soft, spongy, swampy, waterlogged, yielding

bogus artificial, counterfeit, dummy, ersatz, fake, false, forged, fraudulent, imitation, phoney or phony (Inf.), pseudo (Inf.), sham, spurious

Bohemian [1] adj. alternative, artistic, arty (Inf.), avant-garde, eccentric, exotic, left bank, nonconformist, oddball (Inf.), offbeat, off-the-wall (Sl.), outré, unconventional, unorthodox, way-out (Inf.) [2] n. beatnik, dropout, hippie, iconoclast, nonconformist

boil[1] v. [1] agitate, bubble, churn, effervesce, fizz, foam, froth, seethe [2] be angry, be indignant, blow a fuse (Sl., chiefly U.S.), crack up (Inf.), fly off the handle (Inf.), foam at the mouth (Inf.), fulminate, fume, go off the deep end (Inf.), go up the wall (Sl.), rage, rave, see red (Inf.), storm

boil[2] n. blain, blister, carbuncle, furuncle (Pathology), gathering, pustule, tumour, ulcer

boisterous [1] bouncy, clamorous, disorderly, impetuous, loud, noisy, obstreperous, riotous, rollicking, rowdy, rumbustious, unrestrained, unruly, uproarious, vociferous, wild [2] blustery, gusty, raging, rough, squally, stormy, tempestuous, tumultuous, turbulent

bold [1] adventurous, audacious, brave, courageous, daring, dauntless, enterprising, fearless, gallant, gritty, heroic, intrepid, lionhearted, valiant, valorous [2] barefaced, brash, brazen, cheeky, confident, feisty (Inf., chiefly U.S. & Canad.), forward, fresh (Inf.), impudent, insolent, pert, pushy (Inf.), rude, sassy (U.S. inf.), saucy, shameless [3] bright, colourful, conspicuous, eye-catching, flashy, forceful, lively, loud, prominent, pronounced, showy, spirited, striking, strong, vivid

bolster aid, assist, augment, boost, brace, buoy up, buttress, cushion, help, hold up, maintain, pillow, prop, reinforce, shore up, stay, strengthen, support

bolt
◆ n. [1] bar, catch, fastener, latch, lock, sliding bar [2] peg, pin, rivet, rod [3] bound, dart, dash, escape, flight, rush, spring, sprint [4] arrow, dart, missile, projectile, shaft, thunderbolt
◆ v. [5] bar, fasten, latch, lock, secure [6] cram, devour, gobble, gorge, gulp, guzzle, stuff, swallow whole, wolf [7] abscond, bound, dash, decamp, do a runner (Sl.), escape, flee, fly, fly the coop (U.S. & Canad. inf.), hurtle, jump, leap, make a break (for it), run, run for it, rush, skedaddle (Inf.), spring, sprint, take a powder (U.S. & Canad. sl.), take it on the lam (U.S. & Canad. sl.)

bomb [1] n. bombshell, charge, device, explosive, grenade, mine, missile, projectile, rocket, shell, torpedo [2] v. attack, blow up, bombard, destroy, shell, strafe, torpedo

bombard [1] assault, blast, blitz, bomb, cannonade, fire upon, open fire, pound, shell, strafe [2] assail, attack, barrage, batter, beset, besiege, harass, hound, pester

bombardment assault, attack, barrage, blitz, bombing, cannonade, fire, flak, fusillade, shelling, strafe

bona fide actual, authentic, genuine, honest, kosher (Inf.), lawful, legal, legitimate, real, true

bond
◆ n. [1] band, binding, chain, cord, fastening, fetter, ligature, link, manacle, shackle, tie [2] affiliation, affinity, attachment, connection, link, relation, tie, union [3] agreement, compact, contract, covenant, guarantee, obligation, pledge, promise, word
◆ v. [4] bind, connect, fasten, fix together, fuse, glue, gum, paste

bonny [1] beautiful, comely, fair, handsome, lovely, pretty, sweet [2] bouncing, buxom, chubby, fine, plump, rounded, shapely [3] blithe, cheerful, cheery, gay, joyful, merry, sunny, winsome

bonus benefit, bounty, commission, dividend, extra, gift, gratuity, hand-out, honorarium, icing on the cake, perk (Brit. inf.), plus, premium, prize, reward

bony angular, emaciated, gangling, gaunt, lanky, lean, macilent (Rare), rawboned, scrawny, skinny, thin

book
◆ n. [1] hardback, manual, paperback, publication, roll, scroll, textbook, title, tome, tract, volume, work [2] album, diary, exercise book, jotter, notebook, pad
◆ v. [3] arrange for, bill, charter, engage, line up, make reservations, organize, procure, programme, reserve, schedule [4] enrol, enter, insert, list, log, mark down, note, post, put down, record, register, write down

bookish academic, donnish, erudite, intellectual, learned, literary, pedantic, scholarly, studious, well-read

boom[1] v. [1] bang, blast, crash, explode, resound, reverberate, roar, roll, rumble, thunder [2] n. bang, blast, burst, clap, crash, explosion, roar, rumble, thunder

boom[2] [1] v. develop, expand, flourish, gain, grow, increase, intensify, prosper, spurt, strengthen, succeed, swell, thrive [2] n. advance, boost, development, expansion, gain, growth, improvement, increase, jump, push, spurt, upsurge, upswing, upturn

boomerang backfire, come back, come home to roost, rebound, recoil, return, reverse, ricochet

boon [1] n. advantage, benefaction, benefit, blessing, donation, favour, gift, godsend, grant, gratuity, hand-out, present, windfall [2] adj. close, intimate, special

boorish awkward, barbaric, bearish, churlish, clownish, coarse, crude, gross, gruff, hick (Inf., chiefly U.S. & Canad.), ill-bred, loutish, lubberly, oafish, rude, rustic, uncivilized, uncouth, uneducated, unrefined, vulgar

boost
◆ n. [1] encouragement, help, hype, improvement, praise, promotion [2] heave, hoist, lift, push, raise, shove, thrust [3] addition, expansion, improvement, increase, increment, jump, rise
◆ v. [4] advance, advertise, assist, crack up (Inf.), encourage, foster, further, hype, improve, inspire, plug (Inf.), praise, promote, support, sustain [5] elevate, heave, hoist, lift, push, raise, shove, thrust [6] add to, amplify, develop, enlarge, expand, heighten, hoick, increase, jack up, magnify, raise

boot v. [1] drive, drop-kick, kick, knock, punt, shove [2] (Inf.) dismiss, eject, expel, give the bum's rush (Sl.), give the heave or push (Inf.), kick out, kiss off (Sl., chiefly U.S. & Canad.), oust, relegate, sack (Inf.), show one the door, throw out, throw out on one's ear (Inf.)

border
◆ n. [1] bound, boundary, bounds, brim, brink, confine, confines, edge, flange, hem, limit, limits, lip, margin, pale, rim, skirt, verge [2] borderline, boundary, frontier, line, march
◆ v. [3] bind, decorate, edge, fringe, hem, rim, trim

borderline adj. ambivalent, doubtful, equivocal, indecisive, indefinite, indeterminate, inexact, marginal, unclassifiable

bore[1] [1] v. burrow, drill, gouge out, mine, penetrate, perforate, pierce, sink, tunnel [2] n. borehole, calibre, drill hole, hole, shaft, tunnel

bore[2] [1] v. annoy, be tedious, bother, exhaust, fatigue, jade, pall on, pester, send to sleep, tire, trouble, vex, wear out, weary, worry [2] n. bother, drag (Inf.), dullard, dull person, headache (Inf.), nuisance, pain (Inf.), pain in the arse (Taboo inf.), pain in the neck (Inf.), pest, tiresome person, wearisome talker, yawn (Inf.)

boredom apathy, doldrums, dullness, ennui, flatness, irksomeness, monotony, sameness, tedium, tediousness, weariness, world-weariness

boring dead, dull, flat, ho-hum (Inf.), humdrum, insipid, mind-numbing, monotonous, repetitious, routine, stale, tedious, tiresome, tiring, unexciting, uninteresting, unvaried, wearisome

borrow [1] blag (Sl.), cadge, mooch (Sl.), scrounge (Inf.), take and return, take on loan, touch (someone) for (Sl.), use temporarily [2] acquire, adopt, appropriate, copy, filch, imitate, obtain, pilfer, pirate, plagiarize, simulate, steal, take, use, usurp

bosom
◆ n. [1] breast, bust, chest [2] affections, emotions, feelings, heart, sentiments, soul, spirit, sympathies [3] centre, circle, core, midst, protection, shelter
◆ adj. [4] boon, cherished, close, confidential, intimate, very dear

boss[1] [1] n. administrator, big cheese (Sl., old-fashioned), chief, director, employer, executive, foreman, gaffer (Inf., chiefly Brit.), governor (Inf.), head, kingpin, leader, manager, master, Mister Big (Sl., chiefly U.S.), numero uno (Inf.), overseer, owner, superintendent, supervisor [2] v. administrate, command, control, direct, employ, manage, oversee, run, superintend, supervise, take charge

boss[2] knob, nub, nubble, point, protuberance, stud, tip

bossy arrogant, authoritarian, autocratic, despotic, dictatorial, domineering, hectoring, high-handed, imperious, lordly, overbearing, tyrannical

botch [1] v. balls up (Taboo sl.), blunder, bodge (Inf.), bungle, butcher, cobble, cock up (Brit. sl.), fuck up (Offens. taboo sl.), fumble, mar, mend, mess, mismanage, muff, patch, screw up (Inf.), spoil [2] n. balls-up (Taboo sl.), blunder, bungle, bungling, cock-up (Brit. sl.), failure, fuck-up (Offens. taboo sl.), fumble, hash, mess, miscarriage, pig's breakfast (Inf.), pig's ear (Inf.)

bother [1] v. alarm, annoy, bend someone's ear (Inf.), concern, dismay, distress, disturb, gall, harass, hassle (Inf.), inconvenience, irritate, molest, nag, nark (Brit., Aust., & N.Z. sl.), pester, plague, put out, trouble, upset, vex, worry [2] n. aggravation, annoyance, bustle, difficulty, flurry, fuss, gall, hassle (Inf.), inconvenience, irritation, molestation, nuisance, perplexity, pest, problem, strain, trouble, vexation, worry

bothersome aggravating, annoying, distressing, exasperating, inconvenient, irritating, tiresome, troublesome, vexatious, vexing

bottleneck block, blockage, congestion, hold-up, impediment, jam, obstacle, obstruction, snarl-up (Inf., chiefly Brit.)

bottle up check, contain, curb, keep back, restrict, shut in, suppress, trap

bottom
◆ **n.** 1 base, basis, bed, deepest part, depths, floor, foot, foundation, groundwork, lowest part, pedestal, support 2 lower side, sole, underneath, underside 3 arse (Taboo sl.), ass (U.S. & Canad. taboo sl.), backside, behind (Inf.), bum (Brit. sl.), buns (U.S. sl.), butt (U.S. & Canad. inf.), buttocks, derrière (Euphemistic), fundament, jacksy (Brit. sl.), posterior, rear, rear end, rump, seat, tail (Inf.) 4 base, basis, cause, core, essence, ground, heart, mainspring, origin, principle, root, source, substance
◆ **adj.** 5 base, basement, basic, fundamental, ground, last, lowest, undermost

bottomless boundless, deep, fathomless, immeasurable, inexhaustible, infinite, unfathomable, unlimited

bounce
◆ **v.** 1 bob, bound, bump, jounce, jump, leap, rebound, recoil, resile, ricochet, spring, thump 2 (Sl.) boot out (Inf.), eject, fire (Inf.), kick out (Inf.), oust, relegate, throw out
◆ **n.** 3 bound, elasticity, give, rebound, recoil, resilience, spring, springiness 4 animation, brio, dynamism, energy, go (Inf.), life, liveliness, pep, vigour, vitality, vivacity, zip (Inf.)

bouncing blooming, bonny, healthy, robust, thriving, vigorous

bound[1]
◆ **n.** 1 Usually plural border, boundary, confine, edge, extremity, fringe, limit, line, march, margin, pale, periphery, rim, termination, verge 2 **out of bounds** banned, barred, forbidden, off-limits (Chiefly U.S. military), prohibited, taboo
◆ **v.** 3 circumscribe, confine, define, delimit, demarcate, encircle, enclose, hem in, limit, restrain, restrict, surround, terminate

bound[2] v./n. bob, bounce, caper, frisk, gambol, hurdle, jump, leap, lope, pounce, prance, skip, spring, vault

bound[3] adj. 1 cased, fastened, fixed, pinioned, secured, tied, tied up 2 certain, destined, doomed, fated, sure 3 beholden, committed, compelled, constrained, duty-bound, forced, obligated, obliged, pledged, required

boundary barrier, border, borderline, bounds, brink, confines, edge, extremity, fringe, frontier, limits, march, margin, pale, precinct, termination, verge

boundless endless, illimitable, immeasurable, immense, incalculable, inexhaustible, infinite, limitless, measureless, unbounded, unconfined, unending, unlimited, untold, vast

bountiful 1 abundant, ample, bounteous, copious, exuberant, lavish, luxuriant, plenteous, plentiful, prolific 2 beneficent, bounteous, generous, liberal, magnanimous, munificent, open-handed, princely, prodigal, unstinting

bouquet 1 boutonniere, bunch of flowers, buttonhole, corsage, garland, nosegay, posy, spray, wreath 2 aroma, fragrance, perfume, redolence, savour, scent

bourgeois conventional, hidebound, materialistic, middle-class, traditional

bout 1 course, fit, period, round, run, session, spell, spree, stint, stretch, term, time, turn 2 battle, boxing match, competition, contest, encounter, engagement, fight, head-to-head, match, set-to, struggle

bovine dense, dozy (Brit. inf.), dull, slow, sluggish, stolid, stupid, thick

bow[1]
◆ **v.** 1 bend, bob, droop, genuflect, incline, make obeisance, nod, stoop 2 accept, acquiesce, comply, concede, defer, give in, kowtow, relent, submit, succumb, surrender, yield 3 cast down, conquer, crush, depress, overpower, subdue, subjugate, vanquish, weigh down
◆ **n.** 4 bending, bob, genuflexion, inclination, kowtow, nod, obeisance, salaam

bow[2] (Naut.) beak, fore, head, prow, stem

bowdlerize blue-pencil, censor, clean up, expurgate, mutilate

bowels 1 entrails, guts, innards (Inf.), insides (Inf.), intestines, viscera, vitals 2 belly, core, deep, depths, hold, inside, interior 3 (Archaic) compassion, mercifulness, mercy, pity, sympathy, tenderness

bowl 1 n. basin, deep dish, vessel 2 v. fling, hurl, pitch, revolve, roll, rotate, spin, throw, trundle, whirl

bowl over 1 amaze, astonish, astound, dumbfound, stagger, startle, stun, surprise 2 bring down, fell, floor, knock down, overthrow, overturn

box[1] 1 n. ark (Dialect), carton, case, casket, chest, container, kist (Scot. & Northern English dialect), pack, package, portmanteau, receptacle, trunk 2 v. pack, package, wrap

box[2]
◆ **v.** 1 exchange blows, fight, spar 2 belt (Inf.), buffet, butt, chin (Sl.), clout (Inf.), cuff, deck (Sl.), hit, lay one on (Sl.), punch, slap, sock (Sl.), strike, thwack, wallop (Inf.), whack
◆ **n.** 3 belt (Inf.), blow, buffet, clout (Inf.), cuff, punch, slap, stroke, thumping, wallop (Inf.)

boxer fighter, prizefighter, pugilist, sparrer, sparring partner

box in cage, confine, contain, coop up, enclose, hem in, isolate, shut in, surround, trap

boxing fisticuffs, prizefighting, pugilism, sparring, the fight game (Inf.), the ring

boy fellow, junior, lad, schoolboy, stripling, youngster, youth

boycott ban, bar, black, blackball, blacklist, embargo, exclude, ostracize, outlaw, prohibit, proscribe, refrain from, refuse, reject, spurn

boyfriend admirer, beau, date, follower, leman (Archaic), lover, man, steady, suitor, swain, sweetheart, toy boy, young man

brace 1 n. bolster, bracer, bracket, buttress, prop, reinforcement, stanchion, stay, strut, support, truss 2 v. bandage, bind, bolster, buttress, fasten, fortify, hold up, prop, reinforce, shove, shove up, steady, strap, strengthen, support, tie, tighten

bracing brisk, chilly, cool, crisp, energizing, exhilarating, fortifying, fresh, invigorating, lively, refreshing, restorative, reviving, rousing, stimulating, tonic, vigorous

brag blow one's own trumpet, bluster, boast, crow, swagger, talk big (Sl.), vaunt

braggart bigmouth (Sl.), bluffer, blusterer, boaster, brag, braggadocio, bragger, hot dog (Chiefly U.S.), show-off (Inf.), swaggerer, swashbuckler

braid entwine, interlace, intertwine, interweave, lace, plait, ravel, twine, weave

brain brainbox, egghead (Inf.), genius, highbrow, intellect, intellectual, mastermind, prodigy, pundit, sage, scholar

brainless braindead (Inf.), foolish, idiotic, inane, inept, mindless, senseless, stupid, thoughtless, unintelligent, witless

brainy bright, brilliant, clever, intelligent, smart

brake 1 n. check, constraint, control, curb, rein, restraint 2 v. check, decelerate, halt, moderate, reduce speed, slacken, slow, stop

branch 1 arm, bough, limb, offshoot, prong, ramification, shoot, spray, sprig 2 chapter, department, division, local office, office, part, section, subdivision, subsection, wing

branch out add to, develop, diversify, enlarge, expand, extend, increase, multiply, proliferate, ramify, spread out

brand
◆ **n.** 1 cast, class, grade, kind, make, quality, sort, species, type, variety 2 emblem, hallmark, label, mark, marker, sign, stamp, symbol, trademark 3 blot, disgrace, infamy, mark, reproach, slur, smirch, stain, stigma, taint
◆ **v.** 4 burn, burn in, label, mark, scar, stamp 5 censure, denounce, discredit, disgrace, expose, mark, stigmatize

brandish display, exhibit, flaunt, flourish, parade, raise, shake, swing, wield

brash 1 audacious, foolhardy, hasty, impetuous, impulsive, indiscreet, precipitate, rash, reckless 2 bold, brazen, cocky, forward, heedless, impertinent, impudent, insolent, pushy (Inf.), rude

brass audacity, brass neck (Brit. inf.), cheek, chutzpah (U.S. & Canad. inf.), effrontery, front, gall, impertinence, impudence, insolence, neck (Inf.), nerve (Inf.), presumption, rudeness

bravado bluster, boast, boastfulness, boasting, bombast, brag, braggadocio, fanfaronade (Rare), swagger, swaggering, swashbuckling, vaunting

brave 1 adj. ballsy (Taboo sl.), bold, courageous, daring, dauntless, fearless, gallant, gritty, heroic, intrepid, plucky, resolute, undaunted, valiant, valorous 2 v. bear, beard, challenge, confront, dare, defy, endure, face, stand up to, suffer, tackle, withstand

bravery balls (Taboo sl.), ballsiness (Taboo sl.), boldness, bravura, courage, daring, dauntlessness, doughtiness, fearlessness, fortitude, gallantry, grit, guts (Inf.), hardihood, hardiness, heroism, indomitability, intrepidity, mettle, pluck, pluckiness, spirit, spunk (Inf.), valour

bravura animation, audacity, boldness, brilliance, brio, daring, dash, display, élan, energy, exhibitionism, ostentation, panache, punch (Inf.), spirit, verve, vigour, virtuosity

brawl 1 n. affray (Law), altercation, argument, bagarre, battle, broil, clash, disorder, dispute, donnybrook, fight, fracas, fray, free-for-all (Inf.), melee or mêlée, punch-up (Brit. inf.), quarrel, row (Inf.), ruckus (Inf.), rumpus, scrap (Inf.), scrimmage, scuffle, shindig (Inf.), shindy (Inf.), skirmish, squabble, tumult, uproar, wrangle 2 v. altercate, argue, battle, dispute, fight, quarrel, row (Inf.), scrap (Inf.), scuffle, tussle, wrangle, wrestle

brawn beef (Inf.), beefiness (Inf.), brawniness, flesh, might, muscle, muscles, muscularity, power, robustness, strength, vigour

brawny athletic, beefy (Inf.), bulky, burly, fleshy, hardy, hefty (Inf.), herculean, husky (Inf.), lusty, muscular, powerful, Ramboesque, robust, sinewy, stalwart, strapping, strong, sturdy, thewy, thickset, vigorous, well-built, well-knit

breach 1 aperture, break, chasm, cleft, crack, fissure, gap, hole, opening, rent, rift, rupture, split 2 contravention, disobedience, infraction, infringement, noncompliance, nonobservance, offence, transgression, trespass, violation 3 alienation, difference, disaffection, disagreement, dissension, division, estrangement, falling-out (Inf.), parting of the ways, quarrel, schism, separation, severance, variance

bread 1 aliment, diet, fare, food, necessities, nourishment, nutriment, provisions, subsistence, sustenance, viands, victuals 2 (Sl.) ackers (Sl.), brass (Northern English dialect), cash, dibs (Sl.), dosh (Brit. & Aust. sl.), dough (Sl.), finance, funds, money, necessary (Inf.), needful (Inf.), rhino (Brit. sl.), shekels (Inf.), silver, spondulicks (Sl.), tin (Sl.)

breadth 1 beam (of a ship), broadness, latitude, span, spread, wideness, width 2 amplitude, area, compass, comprehensiveness, dimension, expanse, extensiveness, extent, magnitude, measure, range, reach, scale, scope, size, space, spread, sweep, vastness 3 broad-mindedness, freedom, latitude, liberality, open-mindedness, openness, permissiveness

break
◆ **v.** 1 batter, burst, crack, crash, demolish, destroy, disintegrate, divide, fracture, fragment, part, rend, separate, sever, shatter, shiver, smash, snap, splinter, split, tear, total (Sl.), trash (Sl.) 2 breach, contravene, disobey, disregard, infract (Law), infringe, renege on, transgress, violate 3 cow, cripple, demoralize, dispirit, enervate, enfeeble, impair, incapacitate, subdue, tame, undermine, weaken 4 abandon, cut, discontinue, give up, interrupt, pause, rest, stop, suspend 5 bust (Inf.), degrade, demote, discharge, dismiss, humiliate, impoverish, make bankrupt, reduce, ruin 6 announce, come out, disclose, divulge, impart, inform, let out, make public, proclaim, reveal, tell 7 (Of a record, etc.) beat, better, cap (Inf.), exceed, excel, go beyond, outdo, outstrip, surpass, top 8 appear, burst out, come forth suddenly, emerge, erupt, happen, occur 9 cut and run (Inf.), dash, escape, flee, fly, get away, hook it (Sl.), run away 10 cushion, diminish, lessen, lighten, moderate, reduce, soften, weaken
◆ **n.** 11 breach, cleft, crack, division, fissure, fracture, gap, gash, hole, opening, rent, rift, rupture, split, tear 12 breather (Inf.), entr'acte, halt, hiatus, interlude, intermission, interruption, interval, let-up (Inf.), lull, pause, recess, respite, rest, suspension 13 alienation, breach, disaffection, dispute, divergence, estrangement, rift, rupture, schism, separation, split 14 (Inf.) advantage, chance, fortune, opening, opportunity, stroke of luck

breakable brittle, crumbly, delicate, flimsy, fragile, frail, frangible, friable

break away 1 decamp, escape, flee, fly, hook it (Sl.), make a break for it, make a run for it (Inf.),

make off, run away [2] break with, detach, part company, secede, separate
breakdown [1] collapse, crackup (Inf.), disintegration, disruption, failure, mishap, stoppage [2] analysis, categorization, classification, detailed list, diagnosis, dissection, itemization
break down be overcome, collapse, conk out (Inf.), crack up (Inf.), fail, give way, go kaput (Inf.), go to pieces, seize up, stop, stop working
break-in breaking and entering, burglary, invasion, robbery
break in [1] barge in, burst in, butt in, interfere, interject, interpose, interrupt, intervene, intrude, put one's two cents in (U.S. sl.) [2] break and enter, burgle, invade, rob [3] accustom, condition, get used to, habituate, initiate, prepare, tame, train
break into begin, burst into, burst out, commence, dissolve into, give way to, launch into
break off [1] detach, divide, part, pull off, separate, sever, snap off, splinter [2] cease, desist, discontinue, end, finish, halt, pause, stop, suspend, terminate
break out [1] appear, arise, begin, commence, emerge, happen, occur, set in, spring up, start [2] abscond, bolt, break loose, burst out, escape, flee, get free [3] burst out, erupt
breakthrough advance, development, discovery, find, finding, gain, improvement, invention, leap, progress, quantum leap, step forward
break-up breakdown, breaking, crackup (Inf.), disintegration, dispersal, dissolution, divorce, ending, parting, rift, separation, split, splitting, termination, wind-up
break up adjourn, disband, dismantle, disperse, disrupt, dissolve, divide, divorce, end, part, scatter, separate, sever, split, stop, suspend, terminate
breakwater groyne, jetty, mole, sea wall, spur
breast [1] boob (Sl.), bosom, bust, chest, front, teat, thorax, tit (Sl.), udder [2] being, conscience, core, emotions, feelings, heart, seat of the affections, sentiments, soul, thoughts
breath [1] air, animation, breathing, exhalation, gasp, gulp, inhalation, pant, respiration, wheeze [2] aroma, niff (Brit. sl.), odour, smell, vapour, whiff [3] break, breather, breathing-space, instant, moment, pause, respite, rest, second [4] faint breeze, flutter, gust, puff, sigh, slight movement, waft, zephyr [5] hint, murmur, suggestion, suspicion, undertone, whisper [6] animation, energy, existence, life, lifeblood, life force, vitality
breathe [1] draw in, gasp, gulp, inhale and exhale, pant, puff, respire, wheeze [2] imbue, impart, infuse, inject, inspire, instil, transfuse [3] articulate, express, murmur, say, sigh, utter, voice, whisper
breathless [1] choking, exhausted, gasping, gulping, out of breath, panting, short-winded, spent, wheezing, winded [2] agog, anxious, astounded, avid, eager, excited, flabbergasted (Inf.), gobsmacked (Brit. sl.), on tenterhooks, open-mouthed, thunderstruck, with bated breath
breathtaking amazing, astonishing, awe-inspiring, awesome, brilliant, exciting, heart-stirring, impressive, magnificent, moving, overwhelming, sensational, striking, stunning (Inf.), thrilling, wondrous (Archaic or literary)
breed
- v. [1] bear, beget, bring forth, engender, generate, hatch, multiply, originate, procreate, produce, propagate, reproduce [2] bring up, cultivate, develop, discipline, educate, foster, instruct, nourish, nurture, raise, rear [3] arouse, bring about, cause, create, generate, give rise to, induce, make, occasion, originate, produce, stir up
- n. [4] brand, class, extraction, family, ilk, kind, line, lineage, pedigree, progeny, race, sort, species, stamp, stock, strain, type, variety

breeding [1] ancestry, cultivation, development, lineage, nurture, raising, rearing, reproduction, training, upbringing [2] civility, conduct, courtesy, cultivation, culture, gentility, manners, polish, refinement, sophistication, urbanity
breeze [1] n. air, breath of wind, capful of wind, current of air, draught, flurry, gust, light wind, puff of air, waft, whiff, zephyr [2] v. flit, glide, hurry, move briskly, pass, sail, sally, sweep, trip
breezy [1] airy, blowing, blowy, blusterous, blustery, fresh, gusty, squally, windy [2] airy, animated, blithe, buoyant, carefree, casual, cheerful, chirpy (Inf.), debonair, easy-going, free and easy, genial, informal, jaunty, light, light-hearted, lively, sparkling, sparky, spirited, sprightly, sunny, upbeat (Inf.), vivacious
brevity [1] conciseness, concision, condensation, crispness, curtness, economy, pithiness, succinctness, terseness [2] briefness, ephemerality, impermanence, shortness, transience, transitoriness
brew
- v. [1] boil, ferment, infuse (tea), make (beer), prepare by fermentation, seethe, soak, steep, stew [2] breed, concoct, contrive, develop, devise, excite, foment, form, gather, hatch, plan, plot, project, scheme, start, stir up
- n. [3] beverage, blend, concoction, distillation, drink, fermentation, infusion, liquor, mixture, preparation

bribe [1] n. allurement, backhander (Sl.), boodle (Sl., chiefly U.S.), corrupting gift, enticement, graft (Inf.), hush money (Sl.), incentive, inducement, kickback (U.S.), pay-off (Inf.), payola (Inf.), reward for treachery, sop, sweetener (Sl.) [2] v. buy off, corrupt, get at, grease the palm or hand of (Sl.), influence by gifts, lure, oil the palm of (Inf.), pay off (Inf.), reward, square, suborn
bribery buying off, corruption, graft (Inf.), inducement, palm-greasing (Sl.), payola (Inf.), protection, subornation
bridge
- n. [1] arch, flyover, overpass, span, viaduct [2] band, bond, connection, link, tie
- v. [3] arch over, attach, bind, connect, couple, cross, cross over, extend across, go over, join, link, reach across, span, traverse, unite

bridle
- v. [1] check, constrain, control, curb, govern, keep in check, master, moderate, rein, repress, restrain, subdue [2] be indignant, bristle, draw (oneself) up, get angry, get one's back up, raise one's hackles, rear up
- n. [3] check, control, curb, rein, restraint, trammels

brief
- adj. [1] compendious, compressed, concise, crisp, curt, laconic, limited, pithy, short, succinct, terse, thumbnail, to the point [2] ephemeral, fast, fleeting, hasty, little, momentary, quick, quickie (Inf.), short, short-lived, swift, temporary, transitory [3] abrupt, blunt, brusque, curt, sharp, short, surly
- n. [4] abridgement, abstract, digest, epitome, outline, précis, sketch, summary, synopsis [5] argument, case, contention, data, defence, demonstration
- v. [6] advise, clue in (Inf.), explain, fill in (Inf.), gen up (Brit. inf.), give (someone) a rundown, give (someone) the gen (Brit. inf.), inform, instruct, prepare, prime, put (someone) in the picture (Inf.)

briefing conference, directions, guidance, information, instruction, instructions, meeting, preamble, preparation, priming, rundown
briefly abruptly, briskly, casually, concisely, cursorily, curtly, fleetingly, hastily, hurriedly, in a few words, in a nutshell, in brief, in outline, in passing, momentarily, precisely, quickly, shortly, temporarily
brigade band, body, camp, company, contingent, corps, crew, force, group, organization, outfit, party, squad, team, troop, unit
bright [1] beaming, blazing, brilliant, dazzling, effulgent, flashing, gleaming, glistening, glittering, glowing, illuminated, intense, lambent, luminous, lustrous, radiant, resplendent, scintillating, shimmering, shining, sparkling, twinkling, vivid [2] clear, clement, cloudless, fair, limpid, lucid, pellucid, pleasant, sunny, translucent, transparent, unclouded [3] acute, astute, aware, brainy, brilliant, clear-headed, clever, ingenious, intelligent, inventive, keen, quick, quick-witted, sharp, smart, wide-awake [4] auspicious, encouraging, excellent, favourable, golden, good, hopeful, optimistic, palmy, promising, propitious, prosperous, rosy [5] cheerful, chirpy (Inf.), gay, genial, glad, happy, jolly, joyful, joyous, light-hearted, lively, merry, sparky, upbeat (Inf.), vivacious [6] distinguished, famous, glorious, illustrious, magnificent, outstanding, remarkable, splendid
brighten [1] clear up, enliven, gleam, glow, illuminate, lighten, light up, make brighter, shine [2] become cheerful, buck up (Inf.), buoy up, cheer, encourage, enliven, gladden, hearten, make happy, perk up
brilliance, brilliancy [1] blaze, brightness, dazzle, effulgence, gleam, glitter, intensity, luminosity, lustre, radiance, refulgence, resplendence, sheen, sparkle, vividness [2] acuity, aptitude, braininess, cleverness, distinction, excellence, genius, giftedness, greatness, inventiveness, talent, wisdom [3] éclat, gilt, glamour, gorgeousness, grandeur, illustriousness, magnificence, pizzazz or pizazz (Inf.), splendour
brilliant [1] ablaze, bright, coruscating, dazzling, glittering, glossy, intense, luminous, lustrous, radiant, refulgent, resplendent, scintillating, shining, sparkling, vivid [2] celebrated, eminent, exceptional, famous, glorious, illustrious, magnificent, notable, outstanding, splendid, superb [3] accomplished, acute, astute, brainy, clever, discerning, expert, gifted, intellectual, intelligent, inventive, masterly, penetrating, profound, quick, talented
brim [1] n. border, brink, circumference, edge, flange, lip, margin, rim, skirt, verge [2] v. fill, fill up, hold no more, overflow, run over, spill, well over
brimful brimming, filled, flush, full, level with, overflowing, overfull, packed, running over
bring [1] accompany, bear, carry, conduct, convey, deliver, escort, fetch, gather, guide, import, lead, take, transfer, transport, usher [2] cause, contribute to, create, effect, engender, inflict, occasion, produce, result in, wreak [3] compel, convince, dispose, force, induce, influence, make, move, persuade, prevail on or upon, prompt, sway [4] command, earn, fetch, gross, net, produce, return, sell for, yield
bring about accomplish, achieve, bring to pass, cause, compass, create, effect, effectuate, generate, give rise to, make happen, manage, occasion, produce, realize
bring down abase, cut down, drop, fell, floor, lay low, level, lower, overthrow, overturn, pull down, reduce, shoot down, undermine, upset
bring in accrue, bear, be worth, fetch, gross, produce, profit, realize, return, yield
bring off accomplish, achieve, bring home the bacon (Inf.), bring to pass, carry off, carry out, crack it (Inf.), cut it (Inf.), discharge, execute, perform, pull off, succeed
bring up [1] breed, develop, educate, form, nurture, raise, rear, support, teach, train [2] advance, allude to, broach, introduce, mention, move, propose, put forward, submit
brink border, boundary, brim, edge, fringe, frontier, limit, lip, margin, point, rim, skirt, threshold, verge
brisk [1] active, agile, alert, animated, bustling, busy, energetic, lively, nimble, no-nonsense, quick, sparky, speedy, sprightly, spry, vigorous, vivacious [2] biting, bracing, crisp, exhilarating, fresh, invigorating, keen, nippy, refreshing, sharp, snappy, stimulating
briskly actively, apace, brusquely, coolly, decisively, efficiently, energetically, firmly, incisively, nimbly, pdq (Sl.), posthaste, promptly, pronto (Inf.), quickly, rapidly, readily, smartly, vigorously
bristle
- n. [1] barb, hair, prickle, spine, stubble, thorn, whisker
- v. [2] horripilate, prickle, rise, stand on end, stand up [3] be angry, be infuriated, be maddened, bridle, flare up, get one's dander up (Sl.), rage, see red, seethe, spit (Inf.) [4] (With **with**) abound, be alive, be thick, crawl, hum, swarm, teem

brittle [1] breakable, crisp, crumbling, crumbly, delicate, fragile, frail, frangible, friable, shatterable, shivery [2] curt, edgy, irritable, nervous, prim, stiff, stilted, tense, wired (Sl.)
broach [1] approach, bring up, hint at, introduce, mention, open up, propose, raise the subject, speak of, suggest, talk of, touch on [2] crack, draw off, open, pierce, puncture, start, tap, uncork
broad [1] ample, beamy (of a ship), capacious, expansive, extensive, generous, large, roomy, spacious, vast, voluminous, wide, widespread [2] all-embracing, catholic, comprehensive, encyclop(a)edic, far-reaching, general, global, inclusive, nonspecific, sweeping, undetailed, universal, unlimited, wide, wide-ranging [3] Also **broad daylight** clear, full, obvious, open, plain, straightforward, undisguised [4] broad-minded, liberal, open, permissive, progres-

sive, tolerant, unbiased [5] blue, coarse, gross, improper, indecent, indelicate, near the knuckle (Inf.), unrefined, vulgar

broadcast
- v. [1] air, beam, cable, put on the air, radio, relay, show, televise, transmit [2] advertise, announce, circulate, disseminate, make public, proclaim, promulgate, publish, report, spread
- n. [3] programme, show, telecast, transmission

broaden augment, develop, enlarge, expand, extend, fatten, increase, open up, spread, stretch, supplement, swell, widen

broad-minded catholic, cosmopolitan, dispassionate, flexible, free-thinking, indulgent, liberal, open-minded, permissive, responsive, tolerant, unbiased, unbigoted, undogmatic, unprejudiced

broadside abuse, assault, attack, battering, bombardment, censure, criticism, denunciation, diatribe, philippic, stick (Sl.)

brochure advertisement, booklet, circular, folder, handbill, hand-out, leaflet, mailshot, pamphlet

broke bankrupt, bust (Inf.), cleaned out (Sl.), dirt-poor (Inf.), down and out, flat broke (Inf.), impoverished, insolvent, on one's uppers, penniless, penurious, ruined, short, skint (Brit. sl.), stony-broke (Brit. sl.), without two pennies to rub together (Inf.)

broken [1] burst, demolished, destroyed, fractured, fragmented, rent, ruptured, separated, severed, shattered, shivered [2] defective, exhausted, feeble, imperfect, kaput (Inf.), not functioning, out of order, ruined, run-down, spent, weak [3] disconnected, discontinuous, disturbed, erratic, fragmentary, incomplete, intermittent, interrupted, spasmodic [4] beaten, browbeaten, crippled, crushed, defeated, demoralized, humbled, oppressed, overpowered, subdued, tamed, vanquished [5] dishonoured, disobeyed, disregarded, forgotten, ignored, infringed, isolated, retracted, traduced, transgressed [6] disjointed, halting, hesitating, imperfect, stammering

broken-down collapsed, dilapidated, in disrepair, inoperative, kaput (Inf.), not functioning, not in working order, old, on the blink (Sl.), on the fritz (U.S. sl.), out of commission, out of order, worn out

broken-hearted crestfallen, desolate, despairing, devastated, disappointed, disconsolate, grief-stricken, heartbroken, heart-sick, inconsolable, miserable, mournful, prostrated, sorrowful, wretched

broker agent, dealer, factor, go-between, intermediary, middleman, negotiator

bronze brownish, chestnut, copper, copper-coloured, metallic brown, reddish-brown, reddish-tan, rust, tan

brood
- v. [1] agonize, dwell upon, eat one's heart out, fret, meditate, mope, mull over, muse, ponder, repine, ruminate, think upon [2] cover, hatch, incubate, set, sit upon
- n. [3] breed, chicks, children, clutch, family, hatch, infants, issue, litter, offspring, progeny, young

brook beck, burn, gill (Dialect), rill, rivulet, runnel (Literary), stream, streamlet, watercourse

brother [1] blood brother, kin, kinsman, relation, relative, sibling [2] associate, chum (Inf.), cock (Brit. inf.), colleague, companion, compeer, comrade, confrère, fellow member, mate, pal (Inf.), partner [3] cleric, friar, monk, regular, religious

brotherhood [1] brotherliness, camaraderie, companionship, comradeship, fellowship, friendliness, kinship [2] alliance, association, clan, clique, community, coterie, fraternity, guild, league, order, society, union

brotherly affectionate, altruistic, amicable, benevolent, cordial, fraternal, friendly, kind, neighbourly, philanthropic, sympathetic

brow [1] air, appearance, aspect, bearing, countenance, eyebrow, face, forehead, front, mien, temple [2] brim, brink, crest, crown, edge, peak, rim, summit, tip, top, verge

browbeat badger, bulldoze (Inf.), bully, coerce, cow, domineer, dragoon, hector, intimidate, lord it over, oppress, overawe, overbear, threaten, tyrannize

brown [1] adj. auburn, bay, brick, bronze, bronzed, browned, brunette, chestnut, chocolate, coffee, dark, donkey brown, dun, dusky, fuscous, ginger, hazel, rust, sunburnt, tan, tanned,

tawny, toasted, umber [2] v. cook, fry, grill, sauté, seal, sear

browse [1] dip into, examine cursorily, flip through, glance at, leaf through, look round, look through, peruse, scan, skim, survey [2] crop, eat, feed, graze, nibble, pasture

bruise
- v. [1] blacken, blemish, contuse, crush, damage, deface, discolour, injure, mar, mark, pound, pulverize [2] displease, grieve, hurt, injure, insult, offend, pain, sting, wound
- n. [3] black-and-blue mark, black mark, blemish, contusion, discoloration, injury, mark, swelling

brunt burden, force, full force, impact, pressure, shock, strain, stress, thrust, violence

brush¹
- n. [1] besom, broom, sweeper [2] clash, conflict, confrontation, encounter, fight, fracas, scrap (Inf.), set-to (Inf.), skirmish, slight engagement, spot of bother (Inf.), tussle [3] brushwood, bushes, copse, scrub, shrubs, thicket, undergrowth, underwood
- v. [4] buff, clean, paint, polish, sweep, wash [5] caress, contact, flick, glance, graze, kiss, scrape, stroke, sweep, touch

brush-off n. cold shoulder, cut, dismissal, go-by (Sl.), kiss-off (Sl., chiefly U.S. & Canad.), knockback (Sl.), rebuff, refusal, rejection, repudiation, repulse, slight, snub, the (old) heave-ho (Inf.)

brush off v. cold-shoulder, cut, deny, disdain, dismiss, disown, disregard, ignore, kiss off (Sl., chiefly U.S. & Canad.), put down, rebuff, refuse, reject, repudiate, scorn, slight, snub, spurn

brush up bone up on (Inf.), cram, go over, polish up, read up, refresh one's memory, relearn, revise, study

brutal [1] barbarous, bloodthirsty, cruel, ferocious, heartless, inhuman, merciless, pitiless, remorseless, ruthless, savage, uncivilized, vicious [2] animal, beastly, bestial, brute, brutish, carnal, coarse, crude, sensual [3] bearish, callous, gruff, harsh, impolite, insensitive, rough, rude, severe, uncivil, unfeeling, unmannerly

brute
- n. [1] animal, beast, creature, wild animal [2] barbarian, beast, devil, fiend, ghoul, monster, ogre, sadist, savage, swine
- adj. [3] bodily, carnal, fleshly, instinctive, mindless, physical, senseless, unthinking [4] bestial, coarse, depraved, gross, sensual

bubble
- n. [1] air ball, bead, blister, blob, drop, droplet, globule, vesicle [2] bagatelle, delusion, fantasy, illusion, toy, trifle, vanity
- v. [3] boil, effervesce, fizz, foam, froth, percolate, seethe, sparkle [4] babble, burble, gurgle, murmur, purl, ripple, trickle, trill

bubbly [1] carbonated, curly, effervescent, fizzy, foamy, frothy, lathery, sparkling, sudsy [2] animated, bouncy, elated, excited, happy, lively, merry, sparky

buccaneer corsair, freebooter, pirate, privateer, sea-rover

buckle
- n. [1] catch, clasp, clip, fastener, hasp [2] bulge, contortion, distortion, kink, warp
- v. [3] catch, clasp, close, fasten, hook, secure [4] bend, bulge, cave in, collapse, contort, crumple, distort, fold, twist, warp

buckle down apply oneself, exert oneself, launch into, pitch in, put one's shoulder to the wheel, set to

bud [1] n. embryo, germ, shoot, sprout [2] v. burgeon, burst forth, develop, grow, pullulate, shoot, sprout

budding beginning, burgeoning, developing, embryonic, fledgling, flowering, germinal, growing, incipient, nascent, potential, promising

budge [1] dislodge, give way, inch, move, propel, push, remove, roll, shift, slide, stir [2] bend, change, convince, give way, influence, persuade, sway, yield

budget [1] n. allocation, allowance, cost, finances, financial statement, fiscal estimate, funds, means, resources [2] v. allocate, apportion, cost, cost out, estimate, plan, ration

buff¹ [1] adj. sandy, straw, tan, yellowish, yellowish-brown [2] n. **in the buff** bare, buck naked (Sl.), in one's birthday suit (Inf.), in the altogether (Inf.), in the raw (Inf.), naked, nude, unclad, unclothed, with bare skin, without a stitch on (Inf.) [3] v. brush, burnish, polish, rub, shine, smooth

buff² (Inf.) addict, admirer, aficionado, connoisseur, devotee, enthusiast, expert, fan, fiend (Inf.), freak (Inf.), grandmaster, hotshot (Inf.), maven (U.S.), whiz (Inf.)

buffer bulwark, bumper, cushion, fender, intermediary, safeguard, screen, shield, shock absorber

buffet¹ [1] v. bang, batter, beat, box, bump, clobber (Sl.), cuff, flail, knock, lambast(e), pound, pummel, punch, push, rap, shove, slap, strike, thump, wallop (Inf.) [2] n. bang, blow, box, bump, cuff, jolt, knock, push, rap, shove, slap, smack, thump, wallop (Inf.)

buffet² n. café, cafeteria, cold table, counter, cupboard, refreshment-counter, salad bar, sideboard, snack bar

buffoon clown, comedian, comic, droll, fool, harlequin, jester, joker, merry-andrew, silly billy (Inf.), wag

bug
- n. [1] (Inf.) bacterium, disease, germ, infection, microorganism, virus [2] craze, fad, mania, obsession, rage [3] blemish, catch, defect, error, failing, fault, flaw, glitch, gremlin, imperfection, snarl-up (Inf., chiefly Brit.), virus
- v. [4] (Inf.) aggravate (Inf.), annoy, badger, be on one's back (Sl.), bother, disturb, gall, get in one's hair (Inf.), get on one's nerves (Inf.), get on one's wick (Brit. sl.), harass, hassle (Inf.), irk, irritate, nark (Brit., Aust., & N.Z. sl.), needle (Inf.), nettle, pester, piss one off (Taboo sl.), plague, vex [5] eavesdrop, listen in, spy, tap, wiretap

bugbear anathema, bane, bête noire, bogey, bugaboo, devil, dread, fiend, horror, nightmare, pet hate

build
- v. [1] assemble, construct, erect, fabricate, form, make, put up, raise [2] base, begin, constitute, establish, formulate, found, inaugurate, initiate, institute, originate, set up, start [3] accelerate, amplify, augment, develop, enlarge, escalate, extend, improve, increase, intensify, strengthen
- n. [4] body, figure, form, frame, physique, shape, structure

building [1] domicile, dwelling, edifice, fabric, house, pile, structure [2] architecture, construction, erection, fabricating, raising

build-up [1] accumulation, development, enlargement, escalation, expansion, gain, growth, increase [2] ballyhoo (Inf.), hype, plug (Inf.), promotion, publicity, puff [3] accretion, accumulation, heap, load, mass, stack, stockpile, store

built-in essential, implicit, in-built, included, incorporated, inherent, inseparable, integral, part and parcel of

bulge
- n. [1] bump, hump, lump, projection, protrusion, protuberance, swelling [2] boost, increase, intensification, rise, surge
- v. [3] bag, dilate, distend, enlarge, expand, project, protrude, puff out, sag, stand out, stick out, swell, swell out

bulk
- n. [1] amplitude, bigness, dimensions, immensity, largeness, magnitude, massiveness, size, substance, volume, weight [2] better part, body, generality, lion's share, main part, majority, major part, mass, most, nearly all, plurality, preponderance
- v. [3] **bulk large** be important, carry weight, dominate, loom, loom large, preponderate, stand out, threaten

bulldoze [1] demolish, flatten, level, raze [2] drive, force, propel, push, shove, thrust [3] browbeat, bully, coerce, cow, dragoon, hector, intimidate, railroad (Inf.)

bullet ball, missile, pellet, projectile, shot, slug

bulletin account, announcement, communication, communiqué, dispatch, message, news flash, notification, report, statement

bullish assured, bold, confident, expectant, improving, positive, rising

bully¹ [1] n. big bully, browbeater, bully boy, coercer, intimidator, oppressor, persecutor, ruffian, tormentor, tough [2] v. bluster, browbeat, bulldoze (Inf.), bullyrag, coerce, cow, domineer, hector, intimidate, oppress, overbear, persecute, push around (Sl.), ride roughshod over, swagger, terrorize, tyrannize [3] adj. admirable, excellent, fine, nifty (Inf.), radical (Inf.), very good

bully² ◆ interj. bravo, capital, good, grand, great, well done

bulwark [1] bastion, buttress, defence, embankment, fortification, outwork, partition, rampart, redoubt [2] buffer, guard, mainstay, safeguard, security, support

bump
- v. [1] bang, collide (with), crash, hit, knock, slam, smash into, strike [2] bounce, jar, jerk, jolt, jostle, jounce, rattle, shake [3] budge, dislodge, displace, move, remove, shift
- n. [4] bang, blow, collision, crash, hit, impact, jar, jolt, knock, rap, shock, smash, thud, thump [5] bulge, contusion, hump, knob, knot, lump, node, nodule, protuberance, swelling

bumper adj. abundant, bountiful, excellent, exceptional, jumbo (Inf.), massive, mega (Sl.), prodigal, spanking (Inf.), teeming, unusual, whacking (Inf., chiefly Brit.), whopping (Inf.)

bump into chance upon, come across, encounter, happen upon, light upon, meet, meet up with, run across, run into

bump off assassinate, blow away (Sl., chiefly U.S.), dispatch, do away with, do in (Sl.), eliminate, finish off, kill, knock off (Sl.), liquidate, murder, remove, rub out (U.S. sl.), take out (Sl.), wipe out (Inf.)

bumptious arrogant, boastful, brash, cocky, conceited, egotistic, forward, full of oneself, impudent, overbearing, overconfident, presumptuous, pushy (Inf.), self-assertive, showy, swaggering, vainglorious, vaunting

bunch
- n. [1] assortment, batch, bouquet, bundle, clump, cluster, collection, heap, lot, mass, number, parcel, pile, quantity, sheaf, spray, stack, tuft [2] band, bevy, crew (Inf.), crowd, flock, gang, gathering, group, knot, mob, multitude, party, posse (Inf.), swarm, team, troop
- v. [3] assemble, bundle, cluster, collect, congregate, cram together, crowd, flock, group, herd, huddle, mass, pack

bundle
- n. [1] accumulation, assortment, batch, bunch, collection, group, heap, mass, pile, quantity, stack [2] bag, bale, box, carton, crate, pack, package, packet, pallet, parcel, roll
- v. [3] bale, bind, fasten, pack, package, palletize, tie, tie together, tie up, truss, wrap [4] (With out, off, into, etc.) hurry, hustle, push, rush, shove, throw, thrust [5] (With up) clothe warmly, muffle up, swathe, wrap up

bungle blow (Sl.), blunder, bodge (Inf.), botch, butcher, cock up (Brit. sl.), foul up, fuck up (Offens. taboo sl.), fudge, louse up (Sl.), make a mess of, mar, mess up, miscalculate, mismanage, muff, ruin, screw up (Inf.), spoil

bungling awkward, blundering, botching, cack-handed (Inf.), clumsy, ham-fisted (Inf.), ham-handed (Inf.), incompetent, inept, maladroit, unskilful

bunk, bunkum balderdash, balls (Taboo sl.), baloney (Inf.), bilge (Inf.), bosh (Inf.), bullshit (Taboo sl.), cobblers (Brit. taboo sl.), crap (Sl.), eyewash (Inf.), garbage (Inf.), guff (Sl.), havers (Scot.), hogwash, hokum (Sl., chiefly U.S. & Canad.), hooey (Sl.), horsefeathers (U.S. sl.), hot air (Inf.), moonshine, nonsense, piffle (Inf.), poppycock (Inf.), rot, rubbish, shit (Taboo sl.), stuff and nonsense, tarradiddle, tomfoolery, tommyrot, tosh (Sl., chiefly Brit.), trash, tripe (Inf.), truck (Inf.), twaddle

buoy [1] n. beacon, float, guide, marker, signal [2] v. (With up) boost, cheer, cheer up, encourage, hearten, keep afloat, lift, raise, support, sustain

buoyant [1] afloat, floatable, floating, light, weightless [2] animated, blithe, bouncy, breezy, bright, carefree, cheerful, chirpy (Inf.), debonair, genial, happy, jaunty, joyful, light-hearted, lively, peppy (Inf.), sparky, sunny, upbeat (Inf.), vivacious

burden
- n. [1] affliction, anxiety, care, clog, encumbrance, grievance, load, millstone, obstruction, onus, responsibility, sorrow, strain, stress, trial, trouble, weight, worry [2] (Naut.) cargo, freight, lading, tonnage
- v. [3] bother, encumber, handicap, load, oppress, overload, overwhelm, saddle with, strain, tax, weigh down, worry

bureau [1] desk, writing desk [2] agency, branch, department, division, office, service

bureaucracy [1] administration, authorities, civil service, corridors of power, directorate, government, ministry, officials, officialdom, the system [2] bumbledom, officialdom, officialese, red tape, regulations

bureaucrat administrator, apparatchik, civil servant, functionary, mandarin, minister, office-holder, officer, official, public servant

burglar cat burglar, filcher, housebreaker, picklock, pilferer, robber, sneak thief, thief

burglary break-in, breaking and entering, filching, housebreaking, larceny, pilferage, robbery, stealing, theft, thieving

burial burying, entombment, exequies, funeral, inhumation, interment, obsequies, sepulture

burlesque [1] n. caricature, mock, mockery, parody, satire, send-up (Brit. inf.), spoof (Inf.), takeoff (Inf.), travesty [2] adj. caricatural, comic, farcical, hudibrastic, ironical, ludicrous, mock, mock-heroic, mocking, parodic, satirical, travestying [3] v. ape, caricature, exaggerate, imitate, lampoon, make fun of, mock, parody, ridicule, satirize, send up (Brit. inf.), spoof (Inf.), take off (Inf.), take the piss out of (Taboo sl.), travesty

burly beefy (Inf.), big, brawny, bulky, hefty, hulking, muscular, powerful, Ramboesque, stocky, stout, strapping, strong, sturdy, thickset, well-built

burn [1] be ablaze, be on fire, blaze, flame, flare, flash, flicker, glow, smoke [2] brand, calcine, char, ignite, incinerate, kindle, light, parch, reduce to ashes, scorch, set on fire, shrivel, singe, toast, wither [3] bite, hurt, pain, smart, sting, tingle [4] be excited (angry, aroused, inflamed, passionate), blaze, desire, fume, seethe, simmer, smoulder, yearn [5] consume, eat up, expend, use

burning [1] blazing, fiery, flaming, flashing, gleaming, glowing, hot, illuminated, scorching, smouldering [2] all-consuming, ardent, eager, earnest, fervent, fervid, flaming, frantic, frenzied, impassioned, intense, passionate, vehement, zealous [3] acrid, biting, caustic, irritating, painful, piercing, prickling, pungent, reeking, smarting, stinging, tingling [4] acute, compelling, critical, crucial, essential, important, pressing, significant, urgent, vital

burrow [1] n. den, hole, lair, retreat, shelter, tunnel [2] v. delve, dig, excavate, hollow out, scoop out, tunnel

burst
- v. [1] blow up, break, crack, disintegrate, explode, fly open, fragment, puncture, rend asunder, rupture, shatter, shiver, split, tear apart [2] barge, break, break out, erupt, gush forth, run, rush, spout
- n. [3] bang, blast, blasting, blowout, blow-up, breach, break, crack, discharge, explosion, rupture, split [4] eruption, fit, gush, gust, outbreak, outburst, outpouring, rush, spate, spurt, surge, torrent
- adj. [5] flat, punctured, rent, ruptured, split

bury [1] consign to the grave, entomb, inearth, inhume, inter, lay to rest, sepulchre [2] conceal, cover, cover up, enshroud, hide, secrete, shroud, stash (Inf.), stow away [3] drive in, embed, engulf, implant, sink, submerge [4] absorb, engage, engross, immerse, interest, occupy

bush [1] hedge, plant, shrub, shrubbery, thicket [2] backwoods, brush, scrub, scrubland, the wild, woodland

busily actively, assiduously, briskly, carefully, diligently, earnestly, energetically, industriously, intently, purposefully, speedily, strenuously

business [1] calling, career, craft, employment, function, job, line, métier, occupation, profession, pursuit, trade, vocation, work [2] company, concern, corporation, enterprise, establishment, firm, organization, venture [3] bargaining, commerce, dealings, industry, manufacturing, merchandizing, selling, trade, trading, transaction [4] affair, assignment, concern, duty, function, issue, matter, point, problem, question, responsibility, subject, task, topic

businesslike correct, efficient, matter-of-fact, methodical, orderly, organized, practical, professional, regular, routine, systematic, thorough, well-ordered, workaday

businessman, businesswoman capitalist, employer, entrepreneur, executive, financier, homme d'affaires, industrialist, merchant, tradesman, tycoon

bust¹ bosom, breast, chest, torso

bust²
- v. [1] break, burst, fracture, rupture [2] bankrupt, break, crash, fail, impoverish, ruin [3] arrest, catch, collar (Inf.), cop (Sl.), feel one's collar (Sl.), lift (Sl.), nab (Inf.), nail (Inf.), raid, search
- adj. [4] go bust become insolvent, be ruined, break, fail, go bankrupt
- n. [5] arrest, capture, cop (Sl.), raid, search, seizure

bustle [1] v. beetle, bestir, dash, flutter, fuss, hasten, hurry, rush, scamper, scramble, scurry, scuttle, stir, tear [2] n. activity, ado, agitation, commotion, excitement, flurry, fuss, haste, hurly-burly, hurry, pother, stir, to-do, tumult

busy
- adj. [1] active, assiduous, brisk, diligent, employed, engaged, engrossed, hard at work, industrious, in harness, occupied, on duty, persevering, slaving, working [2] active, energetic, exacting, full, hectic, hustling, lively, on the go (Inf.), restless, strenuous, tireless, tiring [3] fussy, inquisitive, interfering, meddlesome, meddling, nosy, officious, prying, snoopy, stirring, troublesome
- v. [4] absorb, employ, engage, engross, immerse, interest, occupy

busybody eavesdropper, gossip, intriguer, intruder, meddler, nosy parker (Inf.), pry, scandalmonger, snoop, snooper, stirrer (Inf.), troublemaker

but
- conj. [1] further, however, moreover, nevertheless, on the contrary, on the other hand, still, yet [2] bar, barring, except, excepting, excluding, notwithstanding, save, with the exception of
- adv. [3] just, merely, only, simply, singly, solely

butcher
- n. [1] destroyer, killer, murderer, slaughterer, slayer
- v. [2] carve, clean, cut, cut up, dress, joint, prepare, slaughter [3] assassinate, cut down, destroy, exterminate, kill, liquidate, massacre, put to the sword, slaughter, slay [4] bodge (Inf.), botch, destroy, mess up, mutilate, ruin, spoil, wreck

butchery blood bath, blood-letting, bloodshed, carnage, killing, massacre, mass murder, murder, slaughter

butt¹ barrel, cask, pipe

butt² [1] haft, handle, hilt, shaft, shank, stock [2] base, end, fag end (Inf.), foot, leftover, stub, tail, tip

butt³ Aunt Sally, dupe, laughing stock, mark, object, point, subject, target, victim

butt⁴
- v./n. [1] (With of the head or horns) buck, buffet, bump, bunt, jab, knock, poke, prod, punch, push, ram, shove, thrust
- v. [2] abut, join, jut, meet, project, protrude [3] (With in or into) chip in (Inf.), cut in, interfere, interrupt, intrude, meddle, put one's oar in, put one's two cents in (U.S. sl.), stick one's nose in

buttonhole v. (Fig.) accost, bore, catch, detain in talk, grab, importune, persuade importunately, take aside, waylay

buttress [1] n. abutment, brace, mainstay, pier, prop, reinforcement, shore, stanchion, stay, strut, support [2] v. augment, back up, bolster, brace, prop, prop up, reinforce, shore, shore up, strengthen, support, sustain, uphold

buy
- v. [1] acquire, get, invest in, obtain, pay for, procure, purchase, score (Sl.), shop for [2] (Often with off) bribe, corrupt, fix (Inf.), grease someone's palm (Sl.), square, suborn
- n. [3] acquisition, bargain, deal, purchase

by
- prep. [1] along, beside, by way of, close to, near, next to, over, past, via [2] through, through the agency of, under the aegis of
- adv. [3] aside, at hand, away, beyond, close, handy, in reach, near, past, to one side

by-and-by before long, erelong (Archaic or poetic), eventually, in a while, in the course of time, one day, presently, soon

bypass avoid, body-swerve (Scot.), circumvent, depart from, detour round, deviate from, get round, go round, ignore, neglect, outflank, pass round

bystander eyewitness, looker-on, observer, onlooker, passer-by, spectator, viewer, watcher, witness

C

cab hackney, hackney carriage, minicab, taxi, taxicab

cabin 1 berth, bothy, chalet, cot, cottage, crib, hovel, hut, lodge, shack, shanty, shed 2 berth, compartment, deckhouse, quarters, room

cabinet 1 case, chiffonier, closet, commode, cupboard, dresser, escritoire, locker 2 administration, assembly, council, counsellors, ministry 3 apartment, boudoir, chamber (Archaic)

cackle babble, blather, chatter, chuckle, cluck, crow, gabble, gibber, giggle, jabber, prattle, snicker, snigger, titter

cad bounder (Old-fashioned Brit. sl.), churl, cur, dastard (Archaic), heel (Sl.), knave, rat (Inf.), rotter (Sl., chiefly Brit.), scumbag (Sl.)

caddish despicable, ill-bred, low, ungentlemanly, unmannerly

café cafeteria, coffee bar, coffee shop, lunchroom, restaurant, snack bar, tearoom

cage 1 v. confine, coop up, fence in, immure, impound, imprison, incarcerate, lock up, mew, pound, restrain, shut up 2 n. corral (U.S.), enclosure, pen, pound

cajole beguile, coax, decoy, dupe, entice, entrap, flatter, inveigle, lure, manoeuvre, mislead, seduce, sweet-talk (Inf.), tempt, wheedle

cake 1 v. bake, cement, coagulate, congeal, consolidate, dry, encrust, harden, inspissate (Archaic), ossify, solidify, thicken 2 n. bar, block, cube, loaf, lump, mass, slab

calamitous blighting, cataclysmic, catastrophic, deadly, devastating, dire, disastrous, fatal, pernicious, ruinous, tragic, woeful

calamity adversity, affliction, cataclysm, catastrophe, disaster, distress, downfall, hardship, misadventure, mischance, misfortune, mishap, reverse, ruin, scourge, tragedy, trial, tribulation, woe, wretchedness

calculate 1 adjust, compute, consider, count, determine, enumerate, estimate, figure, gauge, judge, rate, reckon, value, weigh, work out 2 aim, design, intend, plan

calculated considered, deliberate, intended, intentional, planned, premeditated, purposeful

calculating canny, cautious, contriving, crafty, cunning, designing, devious, Machiavellian, manipulative, politic, scheming, sharp, shrewd, sly

calculation 1 answer, computation, estimate, estimation, figuring, forecast, judg(e)ment, reckoning, result 2 caution, circumspection, contrivance, deliberation, discretion, foresight, forethought, planning, precaution

calibre 1 bore, diameter, gauge, measure 2 (Fig.) ability, capacity, distinction, endowment, faculty, force, gifts, merit, parts, quality, scope, stature, strength, talent, worth

call
- v. 1 announce, arouse, awaken, cry, cry out, hail, halloo, proclaim, rouse, shout, waken, yell 2 assemble, bid, collect, contact, convene, convoke, gather, invite, muster, rally, summon 3 give (someone) a bell (Brit. sl.), phone, ring up (Inf., chiefly Brit.), telephone 4 christen, denominate, describe as, designate, dub, entitle, label, name, style, term 5 announce, appoint, declare, decree, elect, ordain, order, proclaim, set apart 6 consider, estimate, judge, regard, think
- n. 7 cry, hail, scream, shout, signal, whoop, yell 8 announcement, appeal, command, demand, invitation, notice, order, plea, request, ring (Inf., chiefly Brit.), summons, supplication, visit 9 cause, claim, excuse, grounds, justification, need, occasion, reason, right, urge

call for 1 demand, entail, involve, necessitate, need, occasion, require, suggest 2 collect, fetch, pick up, uplift (Scot.)

calling business, career, employment, life's work, line, métier, mission, occupation, profession, province, pursuit, trade, vocation, walk of life, work

call on 1 drop in on, look in on, look up, see, visit 2 appeal to, ask, bid, call upon, entreat, invite, invoke, request, summon, supplicate

callous apathetic, case-hardened, cold, hard-bitten, hard-boiled (Inf.), hardened, hard-hearted, harsh, heartless, indifferent, indurated (Rare), insensate, insensible, insensitive, inured, obdurate, soulless, thick-skinned, torpid, uncaring, unfeeling, unresponsive, unsusceptible, unsympathetic

calm
- adj. 1 balmy, halcyon, mild, pacific, peaceful, placid, quiet, restful, serene, smooth, still, tranquil, windless 2 collected, composed, cool, dispassionate, equable, impassive, imperturbable, relaxed, sedate, self-possessed, undisturbed, unemotional, unexcitable, unexcited, unfazed (Inf.), unflappable (Inf.), unmoved, unruffled
- v. 3 hush, mollify, placate, quieten, relax, soothe
- n. 4 calmness, hush, peace, peacefulness, quiet, repose, serenity, stillness

calmness 1 calm, composure, equability, hush, motionlessness, peace, peacefulness, placidity, quiet, repose, restfulness, serenity, smoothness, stillness, tranquillity 2 composure, cool (Sl.), coolness, dispassion, equanimity, impassivity, imperturbability, poise, sangfroid, self-possession

camouflage 1 n. blind, cloak, concealment, cover, deceptive markings, disguise, false appearance, front, guise, mask, masquerade, mimicry, protective colouring, screen, subterfuge 2 v. cloak, conceal, cover, disguise, hide, mask, obfuscate, obscure, screen, veil

camp¹ bivouac, camping ground, camp site, cantonment (Mil.), encampment, tents

camp² affected, artificial, camped up (Inf.), campy (Inf.), effeminate, mannered, ostentatious, poncy (Sl.), posturing

campaign attack, crusade, drive, expedition, jihad (Rare), movement, offensive, operation, push

cancel 1 abolish, abort, abrogate, annul, blot out, call off, countermand, cross out, delete, do away with, efface, eliminate, erase, expunge, obliterate, obviate, quash, repeal, repudiate, rescind, revoke 2 balance out, compensate for, counterbalance, make up for, neutralize, nullify, obviate, offset, redeem

cancellation abandoning, abandonment, abolition, annulment, deletion, elimination, quashing, repeal, revocation

cancer blight, canker, carcinoma (Pathol.), corruption, evil, growth, malignancy, pestilence, rot, sickness, tumour

candid 1 blunt, downright, fair, forthright, frank, free, guileless, impartial, ingenuous, just, open, outspoken, plain, sincere, straightforward, truthful, unbiased, unequivocal, unprejudiced, upfront (Inf.) 2 impromptu, informal, uncontrived, unposed

candidate applicant, aspirant, claimant, competitor, contender, contestant, entrant, nominee, possibility, runner, solicitant, suitor

candour artlessness, directness, fairness, forthrightness, frankness, guilelessness, honesty, impartiality, ingenuousness, naïveté, openness, outspokenness, simplicity, sincerity, straightforwardness, truthfulness, unequivocalness

canker 1 v. blight, consume, corrode, corrupt, embitter, envenom, inflict, poison, pollute, rot, rust, waste away 2 n. bane, blight, blister, cancer, corrosion, corruption, infection, lesion, rot, scourge, sore, ulcer

cannon 1 artillery piece, big gun, field gun, gun, mortar 2 Plural artillery, battery, big guns, cannonry, field guns, guns, ordnance

canny acute, artful, astute, careful, cautious, circumspect, clever, judicious, knowing, perspicacious, prudent, sagacious, sharp, shrewd, subtle, wise, worldly-wise

canon catalogue, criterion, dictate, formula, list, precept, principle, regulation, roll, rule, standard, statute, yardstick

canopy awning, baldachin, covering, shade, sunshade, tester

cant¹ n. 1 affected piety, humbug, hypocrisy, insincerity, lip service, pious platitudes, pretence, pretentiousness, sanctimoniousness, sham holiness 2 argot, jargon, lingo, slang, vernacular

cant² v. angle, bevel, incline, rise, slant, slope, tilt

cantankerous bad-tempered, captious, choleric, contrary, crabby, cranky (U.S., Canad., & Irish inf.), crotchety (Inf.), crusty, difficult, disagreeable, grouchy (Inf.), grumpy, ill-humoured, irascible, irritable, liverish, peevish, perverse, quarrelsome, ratty (Brit. & N.Z. inf.), testy, tetchy

canter n. amble, dogtrot, easy gait, jog, lope

canting hypocritical, insincere, Janus-faced, sanctimonious, two-faced

canvass
- v. 1 analyse, campaign, electioneer, examine, inspect, investigate, poll, scan, scrutinize, sift, solicit, solicit votes, study, ventilate 2 agitate, debate, discuss, dispute
- n. 3 examination, investigation, poll, scrutiny, survey, tally

canyon coulee (U.S.), gorge, gulch (U.S.), gulf, gully, ravine

cap v. beat, better, clobber (Sl.), complete, cover, crown, eclipse, exceed, excel, finish, lick (Inf.), outdo, outstrip, overtop, run rings around (Inf.), surpass, top, transcend

capability ability, capacity, competence, facility, faculty, means, potential, potentiality, power, proficiency, qualification(s), wherewithal

capable able, accomplished, adapted, adept, adequate, apt, clever, competent, efficient, experienced, fitted, gifted, intelligent, masterly, proficient, qualified, skilful, suited, susceptible, talented

capacious ample, broad, comfortable, commodious, comprehensive, expansive, extended, extensive, generous, liberal, roomy, sizable, spacious, substantial, vast, voluminous, wide

capacity 1 amplitude, compass, dimensions, extent, magnitude, range, room, scope, size, space, volume 2 ability, aptitude, aptness, brains, capability, cleverness, competence, competency, efficiency, facility, faculty, forte, genius, gift, intelligence, power, readiness, strength 3 appointment, function, office, position, post, province, role, service, sphere

cape chersonese (Poetic), head, headland, ness (Archaic), peninsula, point, promontory

caper 1 v. bounce, bound, cavort, dance, frisk, frolic, gambol, hop, jump, leap, romp, skip, spring, trip 2 n. antic, dido (Inf.), escapade, gambol, high jinks, hop, jape, jest, jump, lark (Inf.), leap, mischief, practical joke, prank, revel, shenanigan (Inf.), sport, stunt

capital
- adj. 1 cardinal, central, chief, controlling, essential, foremost, important, leading, main, major, overruling, paramount, pre-eminent, primary, prime, principal, prominent, vital 2 excellent, fine, first, first-rate, prime, splendid, sterling, superb, world-class
- n. 3 assets, cash, finance, finances, financing, funds, investment(s), means, money, principal, property, resources, stock, wealth, wherewithal

capitalism free enterprise, laissez faire, private enterprise, private ownership

capitulate come to terms, give in, give up, relent, submit, succumb, surrender, yield

capitulation accedence, submission, surrender, yielding

caprice changeableness, fad, fancy, fickleness, fitfulness, freak, humour, impulse, inconstancy, notion, quirk, vagary, whim, whimsy

capricious changeful, crotchety (Inf.), erratic, fanciful, fickle, fitful, freakish, impulsive, inconstant, mercurial, odd, queer, quirky, unpredictable, variable, wayward, whimsical

capsize invert, keel over, overturn, tip over, turn over, turn turtle, upset

capsule 1 bolus, lozenge, pill, tablet, troche (Medical) 2 case, pericarp (Bot.), pod, receptacle, seed vessel, sheath, shell, vessel

captain boss, chief, chieftain, commander, head, leader, master, number one (Inf.), officer, (senior) pilot, skipper

captivate absorb, allure, attract, beguile, bewitch, charm, dazzle, enamour, enchant, enrapture, enslave, ensnare, enthral, entrance, fascinate, hypnotize, infatuate, lure, mesmerize, ravish, seduce, win

captive 1 n. bondservant, convict, detainee, hostage, internee, prisoner, prisoner of war, slave 2 adj. caged, confined, enslaved, ensnared, imprisoned, incarcerated, locked up, penned, restricted, subjugated

captivity bondage, confinement, custody, detention, durance (Archaic), duress, enthralment, imprisonment, incarceration, internment, restraint, servitude, slavery, thraldom, vassalage

capture 1 v. apprehend, arrest, bag, catch, collar (Inf.), feel one's collar (Sl.), lift (Sl.), nab (Inf.), nail (Inf.), secure, seize, take, take into custody, take prisoner 2 n. apprehension, arrest, catch, imprisonment, seizure, taking, taking captive, trapping

car 1 auto (U.S.), automobile, jalopy (Inf.), machine, motor, motorcar, vehicle 2 buffet car, cable car, coach, dining car, (railway) carriage, sleeping car, van

carcass body, cadaver (Medical), corpse, corse (Archaic), dead body, framework, hulk, remains, shell, skeleton

cardinal capital, central, chief, essential, first, foremost, fundamental, greatest, highest, important, key, leading, main, paramount, pre-eminent, primary, prime, principal

care 1 affliction, anxiety, burden, concern, disquiet, hardship, interest, perplexity, pressure, responsibility, solicitude, stress, tribulation, trouble, vexation, woe, worry 2 attention, carefulness, caution, circumspection, consideration, direction, forethought, heed, management, meticulousness, pains, prudence, regard, vigilance, watchfulness 3 charge, control, custody, guardianship, keeping, management, ministration, protection, supervision, ward

career
- n. 1 calling, employment, life work, livelihood, occupation, pursuit, vocation 2 course, passage, path, procedure, progress, race, walk
- v. 3 barrel (along) (Inf., chiefly U.S. & Canad.), bolt, burn rubber (Inf.), dash, hurtle, race, rush, speed, tear

care for 1 attend, foster, look after, mind, minister to, nurse, protect, provide for, tend, watch over 2 be fond of, desire, enjoy, find congenial, like, love, prize, take to, want

carefree airy, blithe, breezy, buoyant, careless, cheerful, cheery, chirpy (Inf.), easy-going, happy, happy-go-lucky, insouciant, jaunty, light-hearted, lightsome (Archaic), radiant, sunny, untroubled

careful 1 accurate, attentive, cautious, chary, circumspect, conscientious, discreet, fastidious, heedful, painstaking, precise, prudent, punctilious, scrupulous, thoughtful, thrifty 2 alert, concerned, judicious, mindful, particular, protective, solicitous, vigilant, wary, watchful

careless 1 absent-minded, cursory, forgetful, hasty, heedless, incautious, inconsiderate, indiscreet, negligent, perfunctory, regardless, remiss, thoughtless, unconcerned, unguarded, unmindful, unthinking 2 inaccurate, irresponsible, lackadaisical, neglectful, offhand, slapdash, slipshod, sloppy (Inf.) 3 artless, casual, nonchalant, unstudied

carelessness inaccuracy, inattention, inconsiderateness, indiscretion, irresponsibility, laxity, laxness, neglect, negligence, omission, remissness, slackness, sloppiness (Inf.), thoughtlessness

caress 1 v. cuddle, embrace, fondle, hug, kiss, nuzzle, pet, stroke 2 n. cuddle, embrace, fondling, hug, kiss, pat, stroke

caretaker 1 n. concierge, curator, custodian, janitor, keeper, porter, superintendent, warden, watchman 2 adj. holding, interim, short-term, temporary

cargo baggage, consignment, contents, freight, goods, lading, load, merchandise, shipment, tonnage, ware

caricature 1 n. burlesque, cartoon, distortion, farce, lampoon, mimicry, parody, pasquinade, satire, send-up (Brit. inf.), takeoff (Inf.), travesty 2 v. burlesque, distort, lampoon, mimic, mock, parody, ridicule, satirize, send up (Brit. inf.), take off (Inf.)

carnage blood bath, bloodshed, butchery, havoc, holocaust, massacre, mass murder, murder, shambles, slaughter

carnival celebration, fair, festival, fête, fiesta, gala, holiday, jamboree, jubilee, Mardi Gras, merrymaking, revelry

carol canticle, canzonet, chorus, ditty, hymn, lay, noel, song, strain

carp beef (Sl.), cavil, censure, complain, criticize, find fault, hypercriticize, knock (Inf.), kvetch (U.S. sl.), nag, pick holes, quibble, reproach

carpenter cabinet-maker, joiner, woodworker

carriage 1 carrying, conveyance, conveying, delivery, freight, transport, transportation 2 cab, coach, conveyance, vehicle 3 (Fig.) air, bearing, behaviour, comportment, conduct, demeanour, deportment, gait, manner, mien, posture, presence

carry 1 bear, bring, conduct, convey, fetch, haul, hump (Brit. sl.), lift, lug, move, relay, take, tote (Inf.), transfer, transmit, transport 2 accomplish, capture, effect, gain, secure, win 3 drive, impel, influence, motivate, spur, urge 4 bear, bolster, hold up, maintain, shoulder, stand, suffer, support, sustain, underpin, uphold 5 broadcast, communicate, display, disseminate, give, offer, publish, release, stock

carry on 1 continue, endure, keep going, last, maintain, perpetuate, persevere, persist 2 administer, manage, operate, run 3 (Inf.) create (Sl.), make a fuss, misbehave

carry out accomplish, achieve, carry through, consummate, discharge, effect, execute, fulfil, implement, perform, realize

carton box, case, container, pack, package, packet

cartoon animated cartoon, animated film, animation, caricature, comic strip, lampoon, parody, satire, sketch, takeoff (Inf.)

cartridge 1 capsule, case, cassette, container, cylinder, magazine 2 charge, round, shell

carve chip, chisel, cut, divide, engrave, etch, fashion, form, grave (Archaic), hack, hew, incise, indent, inscribe, mould, sculpt, sculpture, slash, slice, whittle

cascade 1 n. avalanche, cataract, deluge, falls, flood, fountain, outpouring, shower, torrent, waterfall 2 v. descend, flood, gush, overflow, pitch, plunge, pour, spill, surge, tumble

case¹ 1 circumstance(s), condition, context, contingency, dilemma, event, plight, position, predicament, situation, state 2 example, illustration, instance, occasion, occurrence, specimen 3 (Law) action, cause, dispute, lawsuit, proceedings, process, suit, trial

case² 1 box, cabinet, canister, capsule, carton, cartridge, casket, chest, compact, container, crate, holder, receptacle, shell, suitcase, tray, trunk 2 capsule, casing, cover, covering, envelope, folder, integument, jacket, sheath, wrapper, wrapping

cash ackers (Sl.), banknotes, brass (Northern English dialect), bread (Sl.), bullion, charge, coin, coinage, currency, dibs (Sl.), dosh (Brit. & Aust. sl.), dough (Sl.), funds, money, necessary (Inf.), needful (Inf.), notes, payment, ready (Inf.), ready money, resources, rhino (Brit. sl.), shekels (Inf.), silver, specie, spondulicks (Sl.), tin (Sl.), wherewithal

cashier¹ n. accountant, bank clerk, banker, bursar, clerk, purser, teller, treasurer

cashier² v. break, cast off, discard, discharge, dismiss, drum out, expel

casket ark (Dialect), box, case, chest, coffer, jewel box, kist (Scot. & Northern English dialect)

cast
- v. 1 chuck (Inf.), drive, drop, fling, hurl, impel, launch, lob, pitch, project, shed, shy, sling, throw, thrust, toss 2 bestow, deposit, diffuse, distribute, emit, give, radiate, scatter, shed, spread 3 allot, appoint, assign, choose, name, pick, select 4 add, calculate, compute, figure, forecast, reckon, total 5 form, found, model, mould, set, shape
- n. 6 fling, lob, throw, thrust, toss 7 air, appearance, complexion, demeanour, look, manner, mien, semblance, shade, stamp, style, tinge, tone, turn 8 actors, characters, company, dramatis personae, players, troupe

cast down deject, depress, desolate, discourage, dishearten, dispirit

caste class, estate, grade, lineage, order, race, rank, social order, species, station, status, stratum

castigate bawl out (Inf.), beat, berate, blast, cane, carpet (Inf.), censure, chasten, chastise, chew out (U.S. & Canad. inf.), correct, criticize, discipline, dress down (Inf.), excoriate, flail, flay, flog, give a rocket (Brit. & N.Z. inf.), haul over the coals (Inf.), lambast(e), lash, put down, read the riot act, rebuke, reprimand, scold, scourge, tear into (Inf.), tear (someone) off a strip (Brit. inf.), whip

castle chateau, citadel, donjon, fastness, fortress, keep, mansion, palace, peel, stronghold, tower

casual 1 accidental, chance, contingent, fortuitous, incidental, irregular, occasional, random, serendipitous, uncertain, unexpected, unforeseen, unintentional, unpremeditated 2 apathetic, blasé, cursory, indifferent, informal, insouciant, lackadaisical, nonchalant, offhand, perfunctory, relaxed, unconcerned 3 informal, non-dressy, sporty

casualty 1 loss, sufferer, victim 2 accident, calamity, catastrophe, chance, contingency, disaster, misadventure, misfortune, mishap

cat feline, grimalkin, malkin (Archaic), moggy (Sl.), mouser, puss (Inf.), pussy (Inf.), tabby

catalogue 1 n. directory, gazetteer, index, inventory, list, record, register, roll, roster, schedule 2 v. accession, alphabetize, classify, file, index, inventory, list, register, tabulate

catapult 1 n. ballista, sling, slingshot (U.S.), trebuchet 2 v. heave, hurl, hurtle, pitch, plunge, propel, shoot, toss

cataract 1 cascade, deluge, downpour, falls, Niagara, rapids, torrent, waterfall 2 (Medical) opacity (of the eye)

catastrophe 1 adversity, affliction, blow, bummer (Sl.), calamity, cataclysm, devastation, disaster, failure, fiasco, ill, meltdown (Inf.), mischance, misfortune, mishap, reverse, tragedy, trial, trouble 2 conclusion, culmination, curtain, debacle, dénouement, end, finale, termination, upshot, winding-up

catcall 1 v. boo, deride, gibe, give the bird to (Inf.), hiss, jeer, whistle 2 n. boo, gibe, hiss, jeer, raspberry, whistle

catch
- v. 1 apprehend, arrest, capture, clutch, ensnare, entangle, entrap, feel one's collar (Sl.), get, grab, grasp, grip, lay hold of, lift (Sl.), nab (Inf.), nail (Inf.), seize, snare, snatch, take 2 detect, discover, expose, find out, surprise, take unawares, unmask 3 bewitch, captivate, charm, delight, enchant, enrapture, fascinate 4 contract, develop, get, go down with, incur, succumb to, suffer from 5 apprehend, discern, feel, follow, get, grasp, hear, perceive, recognize, sense, take in, twig (Brit. inf.)
- n. 6 bolt, clasp, clip, fastener, hasp, hook, hook and eye, latch, sneck, snib (Scot.) 7 disadvantage, drawback, fly in the ointment, hitch, snag, stumbling block, trap, trick

catching 1 communicable, contagious, infectious, infective, transferable, transmittable 2 attractive, captivating, charming, enchanting, fascinating, fetching, taking, winning

catch on comprehend, find out, grasp, see, see through, twig (Brit. inf.), understand

catchword byword, motto, password, refrain, slogan, watchword

catchy captivating, haunting, memorable, popular

catechize cross-examine, drill, examine, grill (Inf.), interrogate, question

categorical absolute, direct, downright, emphatic, explicit, express, positive, unambiguous, unconditional, unequivocal, unqualified, unreserved

category class, classification, department, division, grade, grouping, head, heading, list, order, rank, section, sort, type

cater furnish, outfit, provide, provision, purvey, supply, victual

catholic all-embracing, all-inclusive, broad-minded, charitable, comprehensive, eclectic, ecumenical, general, global, liberal, tolerant, unbigoted, universal, unsectarian, whole, wide, world-wide

cattle beasts, bovines, cows, kine (Archaic), livestock, neat (Archaic), stock

catty backbiting, bitchy (Inf.), ill-natured, malevolent, malicious, mean, rancorous, shrewish, snide, spiteful, venomous

caucus assembly, conclave, congress, convention, get-together (Inf.), meeting, parley, session

cause
- n. 1 agent, beginning, creator, genesis, mainspring, maker, origin, originator, prime mover, producer, root, source, spring 2 account, agency, aim, basis, consideration, end, grounds, incentive, inducement, motivation, motive, object, purpose, reason 3 attempt, belief, conviction, enterprise, ideal, movement, purpose, undertaking
- v. 4 begin, bring about, compel, create, effect, engender, generate, give rise to, incite, induce, lead to, motivate, occasion, precipitate, produce, provoke, result in

caustic 1 acrid, astringent, biting, burning, corroding, corrosive, keen, mordant, vitriolic 2 acrimonious, cutting, mordacious, pungent, sarcastic, scathing, severe, stinging, trenchant, virulent, vitriolic

caution
- n. 1 alertness, care, carefulness, circumspection, deliberation, discretion, forethought, heed, heedfulness, prudence, vigilance,

watchfulness [2] admonition, advice, counsel, injunction, warning
• v. [3] admonish, advise, tip off, urge, warn
cautious alert, cagey (Inf.), careful, chary, circumspect, discreet, guarded, heedful, judicious, prudent, tentative, vigilant, wary, watchful
cavalcade array, march-past, parade, procession, spectacle, train
cavalier
• n. [1] chevalier, equestrian, horseman, knight, royalist [2] beau, blade (Archaic), escort, gallant, gentleman
• adj. [3] arrogant, condescending, curt, disdainful, haughty, insolent, lofty, lordly, offhand, scornful, supercilious
cavalry horse, horsemen, mounted troops
cave cavern, cavity, den, grotto, hollow
caveat admonition, caution, warning
cavern cave, hollow, pothole
cavernous [1] concave, deep-set, hollow, sunken, yawning [2] echoing, resonant, reverberant, sepulchral
cavil beef (Sl.), carp, censure, complain, find fault, hypercriticize, kvetch (U.S. sl.), object, quibble
cavity crater, dent, gap, hole, hollow, pit
cease break off, bring or come to an end, conclude, culminate, desist, die away, discontinue, end, fail, finish, halt, leave off, refrain, stay, stop, terminate
ceaseless constant, continual, continuous, endless, eternal, everlasting, incessant, indefatigable, interminable, never-ending, nonstop, perennial, perpetual, unending, unremitting, untiring
cede abandon, abdicate, allow, concede, convey, grant, hand over, make over, relinquish, renounce, resign, step down (Inf.), surrender, transfer, yield
celebrate bless, commemorate, commend, crack up (Inf.), drink to, eulogize, exalt, extol, glorify, honour, keep, laud, observe, perform, praise, proclaim, publicize, rejoice, reverence, solemnize, toast
celebrated acclaimed, distinguished, eminent, famed, famous, glorious, illustrious, lionized, notable, outstanding, popular, pre-eminent, prominent, renowned, revered, well-known
celebration [1] beano (Brit. sl.), carousal, festival, festivity, gala, jollification, jubilee, junketing, merrymaking, party, rave (Brit. sl.), rave-up (Brit. sl.), revelry [2] anniversary, commemoration, honouring, observance, performance, remembrance, solemnization
celebrity [1] big name, big shot (Inf.), bigwig (Inf.), celeb (Inf.), dignitary, lion, luminary, megastar (Inf.), name, personage, personality, star, superstar, VIP [2] distinction, éclat, eminence, fame, glory, honour, notability, popularity, pre-eminence, prestige, prominence, renown, reputation, repute, stardom
celestial angelic, astral, divine, elysian, empyrean (Poetic), eternal, ethereal, godlike, heavenly, immortal, seraphic, spiritual, sublime, supernatural
cell [1] cavity, chamber, compartment, cubicle, dungeon, stall [2] caucus, coterie, group, nucleus, unit
cement [1] v. attach, bind, bond, cohere, combine, glue, gum, join, plaster, seal, solder, stick together, unite, weld [2] n. adhesive, binder, glue, gum, paste, plaster, sealant
cemetery burial ground, churchyard, God's acre, graveyard, necropolis
censor blue-pencil, bowdlerize, cut, expurgate
censorious captious, carping, cavilling, condemnatory, disapproving, disparaging, faultfinding, hypercritical, scathing, severe
censure [1] v. abuse, bawl out (Inf.), berate, blame, blast, carpet (Inf.), castigate, chew out (U.S. & Canad. inf.), chide, condemn, criticize, denounce, excoriate, give (someone) a rocket (Brit. & N.Z. inf.), lambast(e), put down, read the riot act, rebuke, reprehend, reprimand, reproach, reprove, scold, tear into (Inf.), tear (someone) off a strip (Brit. inf.), upbraid [2] n. blame, castigation, condemnation, criticism, disapproval, dressing down (Inf.), obloquy, rebuke, remonstrance, reprehension, reprimand, reproach, reproof, stick (Sl.), stricture
central chief, essential, focal, fundamental, inner, interior, key, main, mean, median, mid, middle, primary, principal

centralize amalgamate, compact, concentrate, concentre, condense, converge, incorporate, rationalize, streamline, unify
centre [1] n. bull's-eye, core, crux, focus, heart, hub, kernel, mid, middle, midpoint, nucleus, pivot [2] v. cluster, concentrate, converge, focus, revolve
centre-piece cynosure, epergne, focus, highlight, hub, star
ceremonial [1] adj. formal, liturgical, ritual, ritualistic, solemn, stately [2] n. ceremony, formality, rite, ritual, solemnity
ceremonious civil, courteous, courtly, deferential, dignified, exact, formal, precise, punctilious, ritual, solemn, starchy (Inf.), stately, stiff
ceremony [1] commemoration, function, observance, parade, rite, ritual, service, show, solemnities [2] ceremonial, decorum, etiquette, form, formal courtesy, formality, niceties, pomp, propriety, protocol
certain [1] assured, confident, convinced, positive, satisfied, sure [2] ascertained, conclusive, incontrovertible, indubitable, irrefutable, known, plain, true, undeniable, undoubted, unequivocal, unmistakable, valid [3] bound, definite, destined, fated, ineluctable, inescapable, inevitable, inexorable, sure [4] decided, definite, established, fixed, settled [5] assured, constant, dependable, reliable, stable, staunch, steady, trustworthy, unfailing, unquestionable [6] express, individual, particular, precise, special, specific
certainty [1] assurance, authoritativeness, certitude, confidence, conviction, faith, indubitableness, inevitability, positiveness, sureness, trust, validity [2] fact, reality, sure thing (Inf.), surety, truth
certificate authorization, credential(s), diploma, document, licence, testimonial, voucher, warrant
certify ascertain, assure, attest, authenticate, aver, avow, confirm, corroborate, declare, endorse, guarantee, notify, show, testify, validate, verify, vouch, witness
chafe abrade, anger, annoy, exasperate, fret, fume, gall, grate, incense, inflame, irritate, nark (Brit., Aust., & N.Z. sl.), offend, provoke, rage, rasp, rub, ruffle, scrape, scratch, vex, worry
chaff[1] n. dregs, glumes, hulls, husks, refuse, remains, rubbish, trash, waste
chaff[2] [1] n. badinage, banter, joking, josh (Sl., chiefly U.S. & Canad.), persiflage, raillery, teasing [2] v. banter, deride, jeer, josh (Sl., chiefly U.S. & Canad.), mock, rib (Inf.), ridicule, scoff, take the piss out of (Taboo sl.), taunt, tease
chain
• v. [1] bind, confine, enslave, fetter, gyve (Archaic), handcuff, manacle, restrain, shackle, tether, trammel, unite
• n. [2] bond, coupling, fetter, link, manacle, shackle, union [3] concatenation, progression, sequence, series, set, string, succession, train
chairman chairperson, chairwoman, director, master of ceremonies, president, presider, speaker, spokesman, toastmaster
challenge [1] v. accost, arouse, beard, brave, call out, claim, confront, dare, defy, demand, dispute, face off (Sl.), impugn, investigate, object to, provoke, question, require, stimulate, summon, tackle, tax, test, throw down the gauntlet, try [2] n. confrontation, dare, defiance, face-off (Sl.), interrogation, provocation, question, summons to contest, test, trial, ultimatum
chamber [1] apartment, bedroom, cavity, compartment, cubicle, enclosure, hall, hollow, room [2] assembly, council, legislative body, legislature
champion [1] n. backer, challenger, conqueror, defender, guardian, hero, nonpareil, patron, protector, title holder, upholder, victor, vindicator, warrior, winner [2] v. advocate, back, defend, encourage, espouse, fight for, promote, stick up for (Inf.), support, uphold
chance
• n. [1] liability, likelihood, occasion, odds, opening, opportunity, possibility, probability, prospect, scope, time, window [2] accident, casualty, coincidence, contingency, destiny, fate, fortuity, fortune, luck, misfortune, peril, providence [3] gamble, hazard, jeopardy, risk, speculation, uncertainty
• v. [4] befall, betide, come about, come to pass, fall out, happen, occur [5] endanger, gamble, go out on a limb, hazard, jeopardize, risk, stake, try, venture, wager

• adj. [6] accidental, casual, contingent, fortuitous, inadvertent, incidental, random, serendipitous, unforeseeable, unforeseen, unintentional, unlooked-for
chancy dangerous, dicey (Inf., chiefly Brit.), dodgy (Brit., Aust., & N.Z. sl.), hazardous, perilous, problematical, risky, speculative, uncertain
change
• v. [1] alter, convert, diversify, fluctuate, metamorphose, moderate, modify, mutate, reform, remodel, reorganize, restyle, shift, transform, transmute, vacillate, vary, veer [2] alternate, barter, convert, displace, exchange, interchange, remove, replace, substitute, swap (Inf.), trade, transmit
• n. [3] alteration, difference, innovation, metamorphosis, modification, mutation, permutation, revolution, transformation, transition, transmutation, vicissitude [4] conversion, exchange, interchange, substitution, trade [5] break (Inf.), departure, diversion, novelty, variation, variety
changeable capricious, changeful, chequered, erratic, fickle, fitful, fluid, inconstant, irregular, kaleidoscopic, labile (Chem.), mercurial, mobile, mutable, protean, shifting, temperamental, uncertain, uneven, unpredictable, unreliable, unsettled, unstable, unsteady, vacillating, variable, versatile, volatile, wavering
changeless abiding, consistent, constant, eternal, everlasting, fixed, immovable, immutable, permanent, perpetual, regular, reliable, resolute, settled, stationary, steadfast, steady, unalterable, unchanging, uniform, unvarying
channel
• n. [1] canal, chamber, conduit, duct, fluting, furrow, groove, gutter, main, passage, route, strait [2] (Fig.) approach, artery, avenue, course, means, medium, path, route, way
• v. [3] conduct, convey, direct, guide, transmit
chant [1] n. carol, chorus, melody, psalm, song [2] v. carol, chorus, croon, descant, intone, recite, sing, warble
chaos anarchy, bedlam, confusion, disorder, disorganization, entropy, lawlessness, pandemonium, tumult
chaotic anarchic, confused, deranged, disordered, disorganized, lawless, purposeless, rampageous, riotous, topsy-turvy, tumultuous, uncontrolled
chap bloke (Brit. inf.), character, cove (Sl.), customer (Inf.), dude (U.S. & Canad. inf.), fellow, guy (Inf.), individual, person, sort, type
chaperon(e) [1] n. companion, duenna, escort, governess [2] v. accompany, attend, escort, protect, safeguard, shepherd, watch over
chapter clause, division, episode, part, period, phase, section, stage, topic
char carbonize, cauterize, scorch, sear, singe
character [1] attributes, bent, calibre, cast, complexion, constitution, disposition, individuality, kidney, make-up, marked traits, nature, personality, quality, reputation, temper, temperament, type [2] honour, integrity, rectitude, strength, uprightness [3] card (Inf.), eccentric, nut (Sl.), oddball (Inf.), odd bod (Inf.), oddity, original, queer fish (Brit. inf.), wacko (Sl.) [4] cipher, device, emblem, figure, hieroglyph, letter, logo, mark, rune, sign, symbol, type [5] part, persona, portrayal, role [6] fellow, guy (Inf.), individual, person, sort, type
characteristic [1] adj. distinctive, distinguishing, idiosyncratic, individual, peculiar, representative, singular, special, specific, symbolic, symptomatic, typical [2] n. attribute, faculty, feature, idiosyncrasy, mark, peculiarity, property, quality, quirk, trait
characterize brand, distinguish, identify, indicate, inform, mark, represent, stamp, typify
charade fake, farce, pantomime, parody, pretence, travesty
charge
• v. [1] accuse, arraign, blame, impeach, incriminate, indict, involve
• n. [2] accusation, allegation, imputation, indictment
• v. [3] assail, assault, attack, rush, storm
• n. [4] assault, attack, onset, onslaught, rush, sortie
• v. [5] afflict, burden, commit, entrust, tax
• n. [6] burden, care, concern, custody, duty, office, responsibility, safekeeping, trust, ward [7] amount, cost, damage (Inf.), expenditure, expense, outlay, payment, price, rate

charitable / chop SYNONYMES ANGLAIS 1172

◆ v. 8 fill, instil, lade, load, suffuse 9 bid, command, demand, enjoin, exhort, instruct, order, require
◆ n. 10 canon, command, demand, dictate, direction, exhortation, injunction, instruction, mandate, order, precept

charitable 1 beneficent, benevolent, bountiful, eleemosynary, generous, kind, lavish, liberal, philanthropic 2 broad-minded, considerate, favourable, forgiving, gracious, humane, indulgent, kindly, lenient, magnanimous, sympathetic, tolerant, understanding

charity 1 alms-giving, assistance, benefaction, contributions, donations, endowment, fund, gift, hand-out, largess or largesse, philanthropy, relief 2 affection, Agape, altruism, benevolence, benignity, bountifulness, bounty, compassion, fellow feeling, generosity, goodness, good will, humanity, indulgence, love, pity, tenderheartedness

charlatan cheat, con man (Inf.), fake, fraud, impostor, mountebank, phoney or phony (Inf.), pretender, quack, sham, swindler

charm
◆ v. 1 absorb, allure, attract, beguile, bewitch, cajole, captivate, delight, enamour, enchant, enrapture, entrance, fascinate, mesmerize, please, ravish, win, win over
◆ n. 2 allure, allurement, appeal, attraction, desirability, enchantment, fascination, magic, magnetism, sorcery, spell 3 amulet, fetish, good-luck piece, lucky piece, periapt (Rare), talisman, trinket

charming appealing, attractive, bewitching, captivating, delectable, delightful, engaging, eye-catching, fetching, irresistible, likable or likeable, lovely, pleasant, pleasing, seductive, winning, winsome

chart 1 n. blueprint, diagram, graph, map, plan, table, tabulation 2 v. delineate, draft, graph, map out, outline, plot, shape, sketch

charter 1 n. bond, concession, contract, deed, document, franchise, indenture, licence, permit, prerogative, privilege, right 2 v. authorize, commission, employ, hire, lease, rent, sanction

chase 1 v. course, drive, drive away, expel, follow, hound, hunt, pursue, put to flight, run after, track 2 n. hunt, hunting, pursuit, race, venery (Archaic)

chassis anatomy, bodywork, frame, framework, fuselage, skeleton, substructure

chaste austere, decent, decorous, elegant, immaculate, incorrupt, innocent, modest, moral, neat, pure, quiet, refined, restrained, simple, unaffected, uncontaminated, undefiled, unsullied, vestal, virginal, virtuous, wholesome

chasten afflict, castigate, chastise, correct, cow, curb, discipline, humble, humiliate, repress, soften, subdue, tame

chastise beat, berate, castigate, censure, correct, discipline, flog, lash, lick (Inf.), punish, scold, scourge, upbraid, whip

chastity celibacy, continence, innocence, maidenhood, modesty, purity, virginity, virtue

chat 1 n. chatter, chinwag (Brit. inf.), confab (Inf.), gossip, heart-to-heart, natter, talk, tête-à-tête 2 v. chatter, chew the rag or fat (Sl.), gossip, jaw (Sl.), natter, rabbit (on) (Brit. inf.), talk

chatter n./v. babble, blather, chat, gab (Inf.), gossip, jabber, natter, prate, prattle, rabbit (on) (Brit. inf.), tattle, twaddle

chatty colloquial, familiar, friendly, gossipy, informal, newsy (Inf.), talkative

cheap 1 bargain, cheapo (Inf.), cut-price, economical, economy, inexpensive, keen, low-cost, low-priced, reasonable, reduced, sale 2 bush-league (Aust. & N.Z. inf.), chickenshit (U.S. sl.), common, crappy (Sl.), dime-a-dozen (Inf.), inferior, paltry, piss-poor (U.S. taboo sl.), poor, poxy (Sl.), second-rate, shoddy, tatty, tawdry, tinhorn (U.S. sl.), two-bit (U.S. & Canad. sl.), worthless 3 base, contemptible, despicable, low, mean, scurvy, sordid, vulgar

cheapen belittle, debase, degrade, demean, denigrate, depreciate, derogate, devalue, discredit, disparage, lower

cheat
◆ v. 1 bamboozle (Inf.), beguile, bilk, con (Inf.), cozen, deceive, defraud, diddle (Inf.), do (Inf.), double-cross (Inf.), dupe, finagle (Inf.), fleece, fool, gull (Archaic), hoax, hoodwink, kid (Inf.), mislead, rip off (Sl.), skin (Sl.), stiff (Sl.), sting (Inf.), swindle, take for a ride (Inf.), take in (Inf.), thwart, trick, victimize 2 baffle, check, defeat, deprive, foil, frustrate, prevent, thwart
◆ n. 3 artifice, deceit, deception, fraud, imposture, rip-off (Sl.), scam (Sl.), sting (Inf.), swindle, trickery 4 charlatan, cheater, chiseller (Inf.), con man (Inf.), deceiver, dodger, double-crosser (Inf.), impostor, knave (Archaic), rogue, shark, sharper, swindler, trickster

check
◆ v. 1 check out (Inf.), compare, confirm, enquire into, examine, inspect, investigate, look at, look over, make sure, monitor, note, probe, research, scrutinize, study, take a dekko at (Brit. sl.), test, tick, verify, vet, work over 2 arrest, bar, bridle, control, curb, delay, halt, hinder, impede, inhibit, limit, nip in the bud, obstruct, pause, rein, repress, restrain, retard, stop, thwart 3 admonish, bawl out (Inf.), blame, carpet (Inf.), chew out (U.S. & Canad. inf.), chide, give (someone) a rocket (Brit. & N.Z. inf.), give (someone) a row (Inf.), rate, read the riot act, rebuff, rebuke, reprimand, reprove, scold, tear into (Inf.), tear (someone) off a strip (Brit. inf.), tell off (Inf.)
◆ n. 4 examination, inspection, investigation, research, scrutiny, test 5 constraint, control, curb, damper, hindrance, impediment, inhibition, limitation, obstacle, obstruction, rein, restraint, stoppage 6 blow, disappointment, frustration, rejection, reverse, setback

cheek audacity, brass neck (Brit. inf.), brazenness, chutzpah (U.S. & Canad. inf.), disrespect, effrontery, front, gall (Inf.), impertinence, impudence, insolence, lip (Sl.), neck (Inf.), nerve, sauce (Inf.), temerity

cheeky audacious, disrespectful, fresh (Inf.), forward, impertinent, impudent, insolent, insulting, lippy (U.S. & Canad. sl.), pert, sassy (U.S. inf.), saucy

cheer
◆ v. 1 animate, brighten, buoy up, cheer up, comfort, console, elate, elevate, encourage, enliven, exhilarate, gladden, hearten, incite, inspirit, solace, uplift, warm 2 acclaim, applaud, clap, hail, hurrah
◆ n. 3 animation, buoyancy, cheerfulness, comfort, gaiety, gladness, glee, hopefulness, joy, liveliness, merriment, merry-making, mirth, optimism, solace 4 acclamation, applause, ovation, plaudits

cheerful animated, blithe, bright, bucked (Inf.), buoyant, cheery, chirpy (Inf.), contented, enlivening, enthusiastic, gay, genial, glad, gladsome (Archaic), happy, hearty, jaunty, jolly, joyful, light-hearted, lightsome (Archaic), merry, optimistic, pleasant, sparkling, sprightly, sunny, upbeat (Inf.)

cheerfulness buoyancy, exuberance, gaiety, geniality, gladness, good cheer, good humour, high spirits, jauntiness, joyousness, light-heartedness

cheering auspicious, bright, comforting, encouraging, heartening, promising, propitious

cheerless austere, bleak, comfortless, dark, dejected, depressed, desolate, despondent, disconsolate, dismal, dolorous, drab, dreary, dull, forlorn, funereal, gloomy, grim, joyless, melancholy, miserable, mournful, sad, sombre, sorrowful, sullen, unhappy, woebegone, woeful

cheer up brighten, buck up (Inf.), comfort, encourage, enliven, gladden, hearten, jolly along (Inf.), perk up, rally, take heart

cheery breezy, carefree, cheerful, chirpy (Inf.), genial, good-humoured, happy, jovial, lively, pleasant, sunny, upbeat (Inf.)

chemical compound, drug, potion, synthetic

cherish care for, cleave to, cling to, comfort, cosset, encourage, entertain, foster, harbour, hold dear, nourish, nurse, nurture, prize, shelter, support, sustain, treasure

cherubic adorable, angelic, heavenly, innocent, lovable, seraphic, sweet

chest ark (Dialect), box, case, casket, coffer, crate, kist (Scot. & Northern English dialect), strongbox, trunk

chew 1 bite, champ, crunch, gnaw, grind, masticate, munch 2 (Fig.) (Usually with **over**) consider, deliberate upon, meditate, mull (over), muse on, ponder, reflect upon, ruminate, weigh

chic elegant, fashionable, modish, sexy (Inf.), smart, stylish, trendy (Brit. inf.), up-to-date

chide admonish, bawl out (Inf.), berate, blame, blast, carpet (Inf.), censure, check, chew out (U.S. & Canad. inf.), criticize, find fault, give (someone) a rocket (Brit. & N.Z. inf.), give (someone) a row (Inf.), lambast(e), lecture, put down, read the riot act, rebuke, reprehend, reprimand, reproach, reprove, scold, tear into (Inf.), tear (someone) off a strip (Brit. inf.), tell off (Inf.), upbraid

chief 1 adj. big-time (Inf.), capital, cardinal, central, especial, essential, foremost, grand, highest, key, leading, main, major league (Inf.), most important, outstanding, paramount, predominant, pre-eminent, premier, prevailing, primary, prime, principal, superior, supreme, uppermost, vital 2 n. boss (Inf.), captain, chieftain, commander, director, governor, head, leader, lord, manager, master, principal, ringleader, ruler, superintendent, suzerain

chiefly above all, especially, essentially, in general, in the main, largely, mainly, mostly, on the whole, predominantly, primarily, principally, usually

child ankle-biter (Aust. sl.), babe, baby, bairn (Scot.), brat, chit, descendant, infant, issue, juvenile, kid (Inf.), little one, minor, nipper (Inf.), nursling, offspring, progeny, rug rat (Sl.), sprog (Sl.), suckling, toddler, tot, wean (Scot.), youngster

childbirth accouchement, child-bearing, confinement, delivery, labour, lying-in, parturition, travail

childhood boyhood, girlhood, immaturity, infancy, minority, schooldays, youth

childish boyish, foolish, frivolous, girlish, immature, infantile, juvenile, puerile, silly, simple, trifling, weak, young

childlike artless, credulous, guileless, ingenuous, innocent, naive, simple, trustful, trusting, unfeigned

chill
◆ adj. 1 biting, bleak, chilly, cold, freezing, frigid, parky (Brit. inf.), raw, sharp, wintry 2 (Fig.) aloof, cool, depressing, distant, frigid, hostile, stony, unfriendly, ungenial, unresponsive, unwelcoming
◆ v. 3 congeal, cool, freeze, refrigerate 4 (Fig.) dampen, deject, depress, discourage, dishearten, dismay
◆ n. 5 bite, cold, coldness, coolness, crispness, frigidity, nip, rawness, sharpness

chilly 1 blowy, breezy, brisk, cool, crisp, draughty, fresh, nippy, parky (Brit. inf.), penetrating, sharp 2 frigid, hostile, unfriendly, unresponsive, unsympathetic, unwelcoming

chime boom, clang, dong, jingle, peal, ring, sound, strike, tinkle, tintinnabulate, toll

china ceramics, crockery, porcelain, pottery, service, tableware, ware

chink aperture, cleft, crack, cranny, crevice, cut, fissure, flaw, gap, opening, rift

chip 1 n. dent, flake, flaw, fragment, nick, notch, paring, scrap, scratch, shard, shaving, sliver, wafer 2 v. chisel, damage, gash, nick, whittle

chip in contribute, donate, go Dutch (Inf.), interpose, interrupt, pay, subscribe

chivalrous bold, brave, courageous, courteous, courtly, gallant, gentlemanly, heroic, high-minded, honourable, intrepid, knightly, magnanimous, true, valiant

chivalry courage, courtesy, courtliness, gallantry, gentlemanliness, knight-errantry, knighthood, politeness

chivvy annoy, badger, bend someone's ear (Inf.), bug (Inf.), harass, hassle (Inf.), hound, nag, pester, plague, pressure (Inf.), prod, torment

choice 1 n. alternative, discrimination, election, option, pick, preference, say, selection, variety 2 adj. bad (Sl.), best, crucial (Sl.), dainty, def (Sl.), elect, elite, excellent, exclusive, exquisite, hand-picked, nice, precious, prime, prize, rare, select, special, superior, uncommon, unusual, valuable

choke asphyxiate, bar, block, bung, clog, close, congest, constrict, dam, gag, obstruct, occlude, overpower, smother, stifle, stop, strangle, suffocate, suppress, throttle

choleric angry, bad-tempered, cross, fiery, hasty, hot, hot-tempered, ill-tempered, irascible, irritable, passionate, petulant, quick-tempered, ratty (Brit. & N.Z. inf.), testy, tetchy, touchy

choose adopt, cull, designate, desire, elect, espouse, fix on, opt for, pick, predestine, prefer, see fit, select, settle upon, single out, take, wish

choosy discriminating, exacting, faddy, fastidious, finicky, fussy, particular, picky (Inf.), selective

chop 1 v. axe, cleave, cut, fell, hack, hew, lop, sever, shear, slash, truncate 2 n. **the chop** (Sl.) dismissal, one's cards, sacking (Inf.), termination, the axe (Inf.), the boot (Sl.), the (old)

choppy blustery, broken, rough, ruffled, squally, tempestuous
chop up cube, dice, divide, fragment, mince
chore burden, duty, errand, fag (Inf.), job, task
chortle cackle, chuckle, crow, guffaw
chorus [1] choir, choristers, ensemble, singers, vocalists [2] burden, refrain, response, strain [3] accord, concert, harmony, unison
christen baptize, call, designate, dub, name, style, term, title
chronic [1] confirmed, deep-rooted, deep-seated, habitual, incessant, incurable, ineradicable, ingrained, inveterate, persistent [2] (Inf.) abysmal, appalling, atrocious, awful, dreadful
chronicle [1] n. account, annals, diary, history, journal, narrative, record, register, story [2] v. enter, narrate, put on record, record, recount, register, relate, report, set down, tell
chronicler annalist, diarist, historian, historiographer, narrator, recorder, reporter, scribe
chronological consecutive, historical, in sequence, ordered, progressive, sequential
chubby buxom, flabby, fleshy, plump, podgy, portly, rotund, round, stout, tubby
chuck cast, discard, fling, heave, hurl, pitch, shy, sling, throw, toss
chuckle chortle, crow, exult, giggle, laugh, snigger, titter
chum cock (Brit. inf.), companion, comrade, crony, friend, mate (Inf.), pal (Inf.)
chunk block, dollop (Inf.), hunk, lump, mass, piece, portion, slab, wad, wodge (Brit. inf.)
chunky beefy (Inf.), dumpy, stocky, stubby, thickset
churlish [1] boorish, brusque, crabbed, harsh, ill-tempered, impolite, loutish, morose, oafish, rude, sullen, surly, uncivil, uncouth, unmannerly, vulgar [2] close-fisted, illiberal, inhospitable, mean, miserly, niggardly, unneighbourly, unsociable
churlishness boorishness, crassness, crudeness, loutishness, oafishness, rudeness, surliness, uncouthness
churn agitate, beat, boil, convulse, foam, froth, seethe, stir up, swirl, toss
cigarette cancer stick (Sl.), ciggy (Inf.), coffin nail (Sl.), fag (Brit. sl.), gasper (Sl.), smoke
cinema big screen (Inf.), films, flicks (Sl.), motion pictures, movies, pictures
cipher [1] nil, nothing, nought, zero [2] nobody, nonentity [3] character, digit, figure, number, numeral, symbol [4] code, cryptograph [5] device, logo, mark, monogram
circle
- n. [1] band, circumference, coil, cordon, cycle, disc, globe, lap, loop, orb, perimeter, periphery, revolution, ring, round, sphere, turn [2] area, bounds, circuit, compass, domain, enclosure, field, orbit, province, range, realm, region, scene, sphere [3] assembly, class, clique, club, company, coterie, crowd, fellowship, fraternity, group, order, school, set, society
- v. [4] belt, circumnavigate, circumscribe, coil, compass, curve, encircle, enclose, encompass, envelop, gird, hem in, pivot, revolve, ring, rotate, surround, tour, whirl
circuit [1] area, compass, course, journey, lap, orbit, perambulation, revolution, round, route, tour, track [2] boundary, bounding line, bounds, circumference, compass, district, limit, pale, range, region, tract
circuitous ambagious (Archaic), devious, indirect, labyrinthine, meandering, oblique, rambling, roundabout, tortuous, winding
circulate [1] broadcast, diffuse, disseminate, distribute, issue, make known, promulgate, propagate, publicize, publish, spread [2] flow, gyrate, radiate, revolve, rotate
circulation [1] currency, dissemination, distribution, spread, transmission, vogue [2] circling, flow, motion, rotation
circumference border, boundary, bounds, circuit, edge, extremity, fringe, limits, outline, pale, perimeter, periphery, rim, verge
circumscribe bound, confine, define, delimit, delineate, demarcate, encircle, enclose, encompass, environ, hem in, limit, mark off, restrain, restrict, straiten, surround
circumspect attentive, canny, careful, cautious, deliberate, discreet, discriminating, guarded, heedful, judicious, observant, politic, prudent, sagacious, sage, vigilant, wary, watchful

circumstance accident, condition, contingency, detail, element, event, fact, factor, happening, incident, item, occurrence, particular, position, respect, situation
circumstances life style, means, position, resources, situation, state, state of affairs, station, status, times
circumstantial conjectural, contingent, detailed, founded on circumstances, hearsay, incidental, indirect, inferential, particular, presumptive, provisional, specific
cistern basin, reservoir, sink, tank, vat
citadel bastion, fastness, fortification, fortress, keep, stronghold, tower
citation [1] commendation, excerpt, illustration, passage, quotation, quote, reference, source [2] award, commendation, mention
cite [1] adduce, advance, allude to, enumerate, evidence, extract, mention, name, quote, specify [2] (Law) call, subpoena, summon
citizen burgess, burgher, denizen, dweller, freeman, inhabitant, ratepayer, resident, subject, townsman
city [1] n. conurbation, megalopolis, metropolis, municipality [2] adj. civic, metropolitan, municipal, urban
civic borough, communal, community, local, municipal, public
civil [1] civic, domestic, home, interior, municipal, political [2] accommodating, affable, civilized, complaisant, courteous, courtly, obliging, polished, polite, refined, urbane, well-bred, well-mannered
civilization [1] advancement, cultivation, culture, development, education, enlightenment, progress, refinement, sophistication [2] community, nation, people, polity, society [3] customs, mores, way of life
civilize cultivate, educate, enlighten, humanize, improve, polish, refine, sophisticate, tame
civilized cultured, educated, enlightened, humane, polite, sophisticated, tolerant, urbane
claim [1] v. allege, ask, assert, call for, challenge, collect, demand, exact, hold, insist, maintain, need, pick up, profess, require, take, uphold [2] n. affirmation, allegation, application, assertion, call, demand, petition, pretension, privilege, protestation, request, requirement, right, title
clamber claw, climb, scale, scrabble, scramble, shin
clamour agitation, babel, blare, brouhaha, commotion, din, exclamation, hubbub, hullabaloo, noise, outcry, racket, shout, shouting, uproar, vociferation
clamp [1] n. bracket, fastener, grip, press, vice [2] v. brace, clinch, fasten, fix, impose, make fast, secure
clan band, brotherhood, clique, coterie, faction, family, fraternity, gens, group, house, order, race, schism, sect, sept, set, society, sodality, tribe
clang [1] v. bong, chime, clank, clash, jangle, resound, reverberate, ring, toll [2] n. clangour, ding-dong, knell, reverberation
clap [1] acclaim, applaud, cheer [2] bang, pat, punch, slap, strike gently, thrust, thwack, wallop (Inf.), whack
claptrap affectation, balls (Taboo sl.), bilge (Inf.), blarney, bombast, bosh (Inf.), bull (Sl.), bullshit (Taboo sl.), bunk (Inf.), bunkum or buncombe (Chiefly U.S.), cobblers (Brit. taboo sl.), crap (Sl.), drivel, eyewash (Inf.), flannel (Brit. inf.), garbage (Inf.), guff (Sl.), hogwash, hokum (Sl., chiefly U.S. & Canad.), horsefeathers (U.S. sl.), hot air (Inf.), humbug, insincerity, moonshine, nonsense, pap, piffle (Inf.), poppycock (Inf.), rodomontade (Literary), rot, rubbish, shit (Taboo sl.), tommyrot, tosh (Sl., chiefly Brit.), tripe (Inf.)
clarification elucidation, explanation, exposition, illumination, interpretation, simplification
clarify [1] clear up, elucidate, explain, explicate, illuminate, interpret, make plain, resolve, simplify, throw or shed light on [2] cleanse, purify, refine
clarity clearness, comprehensibility, definition, explicitness, intelligibility, limpidity, lucidity, obviousness, precision, simplicity, transparency
clash
- v. [1] bang, clang, clank, clatter, crash, jangle, jar, rattle [2] conflict, cross swords, feud, grapple, quarrel, war, wrangle

- n. [3] brush, collision, conflict, confrontation, difference of opinion, disagreement, fight, showdown (Inf.)
clasp
- v. [1] attack, clutch, concatenate, connect, embrace, enfold, fasten, grapple, grasp, grip, hold, hug, press, seize, squeeze
- n. [2] brooch, buckle, catch, clip, fastener, fastening, grip, hasp, hook, pin, press stud, snap [3] embrace, grasp, grip, hold, hug
class [1] n. caste, category, classification, collection, denomination, department, division, genre, genus, grade, group, grouping, kind, league, order, rank, set, sort, species, sphere, stamp, status, type, value [2] v. brand, categorize, classify, codify, designate, grade, group, label, rank, rate
classic
- adj. [1] best, consummate, finest, first-rate, masterly, world-class [2] archetypal, definitive, exemplary, ideal, master, model, paradigmatic, quintessential, standard [3] characteristic, regular, standard, time-honoured, typical, usual [4] abiding, ageless, deathless, enduring, immortal, lasting, undying
- n. [5] exemplar, masterpiece, masterwork, model, paradigm, prototype, standard
classical [1] chaste, elegant, harmonious, pure, refined, restrained, symmetrical, understated, well-proportioned [2] Attic, Augustan, Grecian, Greek, Hellenic, Latin, Roman
classification analysis, arrangement, cataloguing, categorization, codification, grading, sorting, taxonomy
classify arrange, catalogue, categorize, codify, dispose, distribute, file, grade, pigeonhole, rank, sort, systematize, tabulate
clause [1] article, chapter, condition, paragraph, part, passage, section [2] heading, item, point, provision, proviso, rider, specification, stipulation
claw [1] n. nail, nipper, pincer, talon, tentacle, unguis [2] v. dig, graze, lacerate, mangle, maul, rip, scrabble, scrape, scratch, tear
clean
- adj. [1] faultless, flawless, fresh, hygienic, immaculate, impeccable, laundered, pure, sanitary, spotless, squeaky-clean, unblemished, unsoiled, unspotted, unstained, unsullied, washed [2] antiseptic, clarified, decontaminated, natural, purified, sterile, sterilized, unadulterated, uncontaminated, unpolluted [3] chaste, decent, exemplary, good, honourable, impeccable, innocent, moral, pure, respectable, undefiled, upright, virtuous [4] delicate, elegant, graceful, neat, simple, tidy, trim, uncluttered [5] complete, conclusive, decisive, entire, final, perfect, thorough, total, unimpaired, whole
- v. [6] bath, cleanse, deodorize, disinfect, do up, dust, launder, lave, mop, purge, purify, rinse, sanitize, scour, scrub, sponge, swab, sweep, vacuum, wash, wipe
clean-cut chiselled, clear, definite, etched, neat, outlined, sharp, trim, well-defined
cleanse absolve, clean, clear, lustrate, purge, purify, rinse, scour, scrub, wash
cleanser detergent, disinfectant, purifier, scourer, soap, soap powder, solvent
clear
- adj. [1] bright, cloudless, fair, fine, halcyon, light, luminous, shining, sunny, unclouded, undimmed [2] apparent, articulate, audible, blatant, coherent, comprehensible, conspicuous, definite, distinct, evident, explicit, express, incontrovertible, intelligible, lucid, manifest, obvious, palpable, patent, perceptible, plain, pronounced, recognizable, unambiguous, unequivocal, unmistakable, unquestionable [3] empty, free, open, smooth, unhampered, unhindered, unimpeded, unlimited, unobstructed [4] crystalline, glassy, limpid, pellucid, see-through, translucent, transparent [5] certain, convinced, decided, definite, positive, resolved, satisfied, sure [6] clean, guiltless, immaculate, innocent, pure, sinless, stainless, unblemished, undefiled, untarnished, untroubled
- v. [7] clean, cleanse, erase, purify, refine, sweep away, tidy (up), wipe [8] break up, brighten, clarify, lighten [9] absolve, acquit, excuse, exonerate, justify, vindicate [10] emancipate, free, liberate, set free [11] disengage, disentangle, extricate, free, loosen, open, rid, unblock, unclog, unload, unpack [12] jump,

clearance ① authorization, consent, endorsement, go-ahead (Inf.), green light, leave, OK or okay (Inf.), permission, sanction ② allowance, gap, headroom, margin ③ depopulation, emptying, evacuation, eviction, removal, unpeopling, withdrawal

clear-cut definite, explicit, plain, precise, specific, straightforward, unambiguous, unequivocal

clearly beyond doubt, distinctly, evidently, incontestably, incontrovertibly, markedly, obviously, openly, overtly, undeniably, undoubtedly

clear out ① empty, exhaust, get rid of, sort, tidy up ② beat it (Sl.), decamp, depart, hook it (Sl.), leave, make oneself scarce, retire, slope off, take oneself off, withdraw

clear up ① answer, clarify, elucidate, explain, resolve, solve, straighten out, unravel ② order, rearrange, tidy (up)

cleave crack, dissever, disunite, divide, hew, open, part, rend, rive, sever, slice, split, sunder, tear asunder

clergy churchmen, clergymen, clerics, ecclesiastics, first estate, holy orders, ministry, priesthood, the cloth

clergyman chaplain, cleric, curate, divine, father, man of God, man of the cloth, minister, padre, parson, pastor, priest, rabbi, rector, reverend (Inf.), vicar

clerical ① ecclesiastical, pastoral, priestly, sacerdotal ② book-keeping, clerkish, clerkly, office, secretarial, stenographic

clever able, adroit, apt, astute, brainy (Inf.), bright, canny, capable, cunning, deep, dexterous, discerning, expert, gifted, ingenious, intelligent, inventive, keen, knowing, knowledgeable, quick, quick-witted, rational, resourceful, sagacious, sensible, shrewd, skilful, smart, talented, witty

cleverness ability, adroitness, astuteness, brains, brightness, canniness, dexterity, flair, gift, gumption (Brit. inf.), ingenuity, intelligence, nous (Brit. sl.), quickness, quick wits, resourcefulness, sagacity, sense, sharpness, shrewdness, smartness, smarts (Sl., chiefly U.S.), suss (Sl.), talent, wit

cliché banality, bromide, chestnut (Inf.), commonplace, hackneyed phrase, old saw, platitude, stereotype, truism

click
- **n./v.** ① beat, clack, snap, tick
- **v.** ② (Inf.) become clear, come home (to), fall into place, make sense ③ (Sl.) be compatible, be on the same wavelength, feel a rapport, get on, go over, hit it off (Inf.), make a hit, succeed, take to each other

client applicant, buyer, consumer, customer, dependant, habitué, patient, patron, protégé, shopper

clientele business, clients, customers, following, market, patronage, regulars, trade

cliff bluff, crag, escarpment, face, overhang, precipice, rock face, scar, scarp

climactic climactical, critical, crucial, decisive, paramount, peak

climate ① clime, country, region, temperature, weather ② ambience, disposition, feeling, mood, temper, tendency, trend

climax ① n. acme, apogee, crest, culmination, head, height, highlight, high spot (Inf.), ne plus ultra, pay-off (Inf.), peak, summit, top, zenith ② v. come to a head, culminate, peak

climb ascend, clamber, mount, rise, scale, shin up, soar, top

climb down ① descend, dismount ② back down, eat crow (U.S. inf.), eat one's words, retract, retreat

clinch ① assure, cap, conclude, confirm, decide, determine, seal, secure, set the seal on, settle, sew up (Inf.), verify ② bolt, clamp, fasten, fix, make fast, nail, rivet, secure ③ clutch, cuddle, embrace, grasp, hug, squeeze

cling adhere, attach to, be true to, clasp, cleave to, clutch, embrace, fasten, grasp, grip, hug, stick, twine round

clip¹ v. attach, fasten, fix, hold, pin, staple

clip² ① v. crop, curtail, cut, cut short, dock, pare, prune, shear, shorten, snip, trim ② n./v. (Inf.) belt (Inf.), blow, box, clout (Inf.), cuff, knock, punch, skelp (Dialect), smack, thump, wallop (Inf.), whack ③ n. (Inf.) gallop, lick (Inf.), rate, speed, velocity

clique cabal, circle, clan, coterie, crew (Inf.), crowd, faction, gang, group, mob, pack, posse (Inf.), schism, set

cloak ① v. camouflage, conceal, cover, disguise, hide, mask, obscure, screen, veil ② n. blind, cape, coat, cover, front, mantle, mask, pretext, shield, wrap

clog ① v. block, burden, bung, congest, dam up, hamper, hinder, impede, jam, obstruct, occlude, shackle, stop up ② n. burden, dead weight, drag, encumbrance, hindrance, impediment, obstruction

close¹ ① adjacent, adjoining, approaching, at hand, handy, hard by, imminent, impending, near, nearby, neighbouring, nigh, proximate, upcoming, within sniffing distance (Inf.) ② compact, congested, cramped, cropped, crowded, dense, impenetrable, jam-packed, packed, short, solid, thick, tight ③ accurate, conscientious, exact, faithful, literal, precise, strict ④ alert, assiduous, attentive, careful, concentrated, detailed, dogged, earnest, fixed, intense, intent, keen, minute, painstaking, rigorous, searching, thorough ⑤ attached, confidential, dear, devoted, familiar, inseparable, intimate, loving ⑥ airless, confined, frowsty, fuggy, heavy, humid, muggy, oppressive, stale, stifling, stuffy, suffocating, sweltering, thick, unventilated ⑦ hidden, private, reticent, retired, secluded, secret, secretive, taciturn, uncommunicative, unforthcoming ⑧ illiberal, mean, mingy (Brit. inf.), miserly, near, niggardly, parsimonious, penurious, stingy, tight as a duck's arse (Taboo sl.), tight-fisted, ungenerous

close² v. ① bar, block, bung, choke, clog, confine, cork, fill, lock, obstruct, plug, seal, secure, shut, shut up, stop up ② axe (Inf.), cease, complete, conclude, culminate, discontinue, end, finish, mothball, shut down, terminate, wind up ③ come together, connect, couple, fuse, grapple, join, unite ④ cessation, completion, conclusion, culmination, denouement, end, ending, finale, finish, termination

closed ① fastened, locked, out of business, out of service, sealed, shut ② concluded, decided, ended, finished, over, resolved, settled, terminated ③ exclusive, restricted

cloth dry goods, fabric, material, stuff, textiles

clothe accoutre, apparel, array, attire, bedizen (Archaic), caparison, cover, deck, doll up (Sl.), drape, dress, endow, enwrap, equip, fit out, garb, get ready, habit, invest, outfit, rig, robe, swathe

clothes, clothing apparel, attire, clobber (Brit. sl.), costume, duds (Inf.), ensemble, garb, garments, gear (Inf.), get-up (Inf.), glad rags (Inf.), habits, outfit, raiment (Archaic or poetic), rigout (Inf.), togs (Inf.), vestments, vesture, wardrobe, wear

cloud
- **n.** ① billow, darkness, fog, gloom, haze, mist, murk, nebula, nebulosity, obscurity, vapour ② crowd, dense mass, flock, horde, host, multitude, shower, swarm, throng
- **v.** ③ becloud, darken, dim, eclipse, obfuscate, obscure, overcast, overshadow, shade, shadow, veil ④ confuse, disorient, distort, impair, muddle

cloudy blurred, confused, dark, dim, dismal, dull, dusky, emulsified, gloomy, hazy, indistinct, leaden, louring or lowering, muddy, murky, nebulous, obscure, opaque, overcast, sombre, sullen sunless

clown
- **n.** ① buffoon, comedian, dolt, fool, harlequin, jester, joker, merry-andrew, mountebank, pierrot, prankster, punchinello ② boor, clodhopper (Inf.), hind (Obsolete), peasant, swain (Archaic), yahoo, yokel
- **v.** ③ act the fool, act the goat, jest, mess about, piss about (Taboo sl.), piss around (Taboo sl.)

club ① n. bat, bludgeon, cosh (Brit.), cudgel, stick, truncheon ② v. bash, baste, batter, beat, bludgeon, clobber (Sl.), clout (Inf.), cosh (Brit.), hammer, pommel (Rare), pummel, strike ③ n. association, circle, clique, company, fraternity, group, guild, lodge, order, set, society, sodality, union

clue evidence, hint, indication, inkling, intimation, lead, pointer, sign, suggestion, suspicion, tip, tip-off, trace

clump¹ ◆ n. bunch, bundle, cluster, mass, shock

clump² ◆ v. bumble, clomp, lumber, plod, stamp, stomp, stump, thud, thump, tramp

clumsy accident-prone, awkward, blundering, bumbling, bungling, butterfingered (Inf.), cack-handed (Inf.), gauche, gawky, ham-fisted (Inf.), ham-handed (Inf.), heavy, ill-shaped, inept, inexpert, klutzy (U.S. & Canad. sl.), lumbering, maladroit, ponderous, uncoordinated, uncouth, ungainly, unhandy, unskilful, unwieldy

cluster ① n. assemblage, batch, bunch, clump, collection, gathering, group, knot ② v. assemble, bunch, collect, flock, gather, group

clutch catch (up), clasp, cling to, embrace, fasten, grab, grapple, grasp, grip, seize, snatch

clutter ① n. confusion, disarray, disorder, hotchpotch, jumble, litter, mess, muddle, untidiness ② v. litter, scatter, strew

coach
- **n.** ① bus, car, carriage, charabanc, vehicle ② handler, instructor, teacher, trainer, tutor
- **v.** ③ cram, drill, exercise, instruct, prepare, train, tutor

coalesce amalgamate, blend, cohere, combine, come together, commingle, commix, consolidate, fraternize, fuse, incorporate, integrate, meld, merge, mix, unite

coalition affiliation, alliance, amalgam, amalgamation, association, bloc, combination, compact, confederacy, confederation, conjunction, fusion, integration, league, merger, union

coarse ① boorish, brutish, coarse-grained, foul-mouthed, gruff, loutish, rough, rude, uncivil ② bawdy, earthy, immodest, impolite, improper, impure, indelicate, inelegant, mean, offensive, raunchy (Sl.), ribald, rude, smutty, vulgar ③ coarse-grained, crude, homespun, impure, rough-hewn, unfinished, unpolished, unprocessed, unpurified, unrefined

coarsen anaesthetize, blunt, callous, deaden, desensitize, dull, harden, indurate, roughen

coarseness bawdiness, boorishness, crudity, earthiness, indelicacy, offensiveness, poor taste, ribaldry, roughness, smut, smuttiness, uncouthness, unevenness

coast ① n. beach, border, coastline, littoral, seaboard, seaside, shore, strand ② v. cruise, drift, freewheel, get by, glide, sail, taxi

coat
- **n.** ① fleece, fur, hair, hide, pelt, skin, wool ② coating, covering, layer, overlay
- **v.** ③ Artex (Trademark), apply, cover, plaster, smear, spread

coating blanket, coat, covering, dusting, film, finish, glaze, lamination, layer, membrane, patina, sheet, skin, varnish, veneer

coax allure, beguile, cajole, decoy, entice, flatter, inveigle, persuade, prevail upon, softsoap (Inf.), soothe, sweet-talk (Inf.), talk into, wheedle

cock ① n. chanticleer, cockerel, rooster ② v. perk up, prick, raise, stand up

cock-eyed absurd, askew, asymmetrical, awry, crazy, crooked, lopsided, ludicrous, nonsensical, preposterous, skewwhiff (Brit. inf.), squint (Inf.)

cocky arrogant, brash, cocksure, conceited, egotistical, lordly, swaggering, swollen-headed, vain

code ① cipher, cryptograph ② canon, convention, custom, ethics, etiquette, manners, maxim, regulations, rules, system

cogent compelling, conclusive, convincing, effective, forceful, forcible, influential, irresistible, potent, powerful, strong, urgent, weighty

cogitate consider, contemplate, deliberate, meditate, mull over, muse, ponder, reflect, ruminate, think

cogitation consideration, contemplation, deliberation, meditation, reflection, rumination, thought

cognate affiliated, akin, alike, allied, analogous, associated, connected, kindred, related, similar

cognition apprehension, awareness, comprehension, discernment, insight, intelligence, perception, reasoning, understanding

coherent articulate, comprehensible, consistent, intelligible, logical, lucid, meaningful, orderly, organized, rational, reasoned, systematic

coil convolute, curl, entwine, loop, snake, spiral, twine, twist, wind, wreathe, writhe

coin ① v. conceive, create, fabricate, forge, formulate, frame, invent, make up, mint, mould, originate, think up ② n. cash, change, copper, dosh (Brit. & Aust. sl.), money, silver, specie

coincide ① be concurrent, coexist, occur simultaneously, synchronize ② accord, harmonize, match, quadrate, square, tally ③ acquiesce, agree, concur, correspond

coincidence ① accident, chance, eventuality, fluke, fortuity, happy accident, luck, stroke of luck ② concomitance, concurrence, conjunction, correlation, correspondence, synchronism

coincidental ① accidental, casual, chance, fluky (Inf.), fortuitous, unintentional, unplanned ② coincident, concomitant, concurrent, simultaneous, synchronous

cold
- **adj.** ① arctic, biting, bitter, bleak, brumal, chill, chilly, cool, freezing, frigid, frosty, frozen, gelid, harsh, icy, inclement, parky (Brit. inf.), raw, wintry ② benumbed, chilled, chilly, freezing, frozen to the marrow, numbed, shivery ③ aloof, apathetic, cold-blooded, dead, distant, frigid, glacial, indifferent, inhospitable, lukewarm, passionless, phlegmatic, reserved, spiritless, standoffish, stony, undemonstrative, unfeeling, unmoved, unresponsive, unsympathetic
- **n.** ④ chill, chilliness, coldness, frigidity, frostiness, iciness, inclemency

cold-blooded barbarous, brutal, callous, cruel, dispassionate, heartless, inhuman, merciless, pitiless, Ramboesque, ruthless, savage, steely, stony-hearted, unemotional, unfeeling, unmoved

cold-hearted callous, detached, frigid, hard-hearted, harsh, heartless, indifferent, inhuman, insensitive, stony-hearted, uncaring, unfeeling, unkind, unsympathetic

collaborate ① cooperate, coproduce, join forces, participate, team up, work together ② collude, conspire, cooperate, fraternize

collaboration alliance, association, concert, cooperation, partnership, teamwork

collaborator ① associate, colleague, confederate, co-worker, partner, team-mate ② collaborationist, fraternizer, quisling, traitor, turncoat

collapse ① v. break down, cave in, come to nothing, crack up (Inf.), crumple, fail, faint, fall, fold, founder, give way, subside ② n. breakdown, cave-in, disintegration, downfall, exhaustion, failure, faint, flop, prostration, subsidence

collar v. apprehend, appropriate, capture, catch, grab, lay hands on, nab (Inf.), nail (Inf.), seize

colleague aider, ally, assistant, associate, auxiliary, coadjutor (Rare), collaborator, companion, comrade, confederate, confrère, fellow worker, helper, partner, team-mate, workmate

collect ① accumulate, aggregate, amass, assemble, gather, heap, hoard, save, stockpile ② assemble, cluster, congregate, convene, converge, flock together, rally ③ acquire, muster, obtain, raise, secure, solicit

collected calm, composed, confident, cool, placid, poised, sedate, self-possessed, serene, together (Sl.), unfazed (Inf.), unperturbable, unperturbed, unruffled

collection ① accumulation, anthology, compilation, congeries, heap, hoard, mass, pile, set, stockpile, store ② assemblage, assembly, assortment, cluster, company, congregation, convocation, crowd, gathering, group ③ alms, contribution, offering, offertory

collide clash, come into collision, conflict, crash, meet head-on

collision ① accident, bump, crash, impact, pile-up (Inf.), prang (Inf.), smash ② clash, clashing, conflict, confrontation, encounter, opposition, skirmish

colloquial conversational, demotic, everyday, familiar, idiomatic, informal, vernacular

collusion cahoots (Inf.), complicity, connivance, conspiracy, craft, deceit, fraudulent artifice, intrigue, secret understanding

colonist colonial, colonizer, frontiersman, homesteader (U.S.), immigrant, pioneer, planter, settler

colonize open up, people, pioneer, populate, settle

colony community, dependency, dominion, outpost, possession, province, satellite state, settlement, territory

colossal Brobdingnagian, elephantine, enormous, gargantuan, gigantic, ginormous (Inf.), herculean, huge, humongous or humungous (U.S. sl.), immense, mammoth, massive, monstrous, monumental, mountainous, prodigious, titanic, vast

colour
- **n.** ① colorant, coloration, complexion, dye, hue, paint, pigment, pigmentation, shade, tincture, tinge, tint ② animation, bloom, blush, brilliance, flush, glow, liveliness, rosiness, ruddiness, vividness ③ (Fig.) appearance, disguise, excuse, façade, false show, guise, plea, pretence, pretext, semblance
- **v.** ④ colourwash, dye, paint, stain, tinge, tint ⑤ (Fig.) disguise, distort, embroider, exaggerate, falsify, garble, gloss over, misrepresent, pervert, prejudice, slant, taint ⑥ blush, burn, crimson, flush, go crimson, redden

colourful ① bright, brilliant, Day-glo (Trademark), intense, jazzy (Inf.), kaleidoscopic, motley, multicoloured, psychedelic, rich, variegated, vibrant, vivid ② characterful, distinctive, graphic, interesting, lively, picturesque, rich, stimulating, unusual, vivid

colourless ① achromatic, achromic, anaemic, ashen, bleached, drab, faded, neutral, sickly, wan, washed out ② characterless, dreary, insipid, lacklustre, tame, uninteresting, unmemorable, vacuous, vapid

colours ① banner, emblem, ensign, flag, standard ② (Fig.) aspect, breed, character, identity, nature, stamp, strain

column ① cavalcade, file, line, list, procession, queue, rank, row, string, train ② caryatid, obelisk, pilaster, pillar, post, shaft, support, upright

columnist correspondent, critic, editor, gossip columnist, journalist, journo (Sl.), reporter, reviewer

coma drowsiness, insensibility, lethargy, oblivion, somnolence, stupor, torpor, trance, unconsciousness

comatose drowsy, drugged, insensible, lethargic, sleepy, sluggish, somnolent, soporose (Medical), stupefied, torpid, unconscious

comb v. ① arrange, curry, dress, groom, untangle ② (Of flax, wool, etc.) card, hackle, hatchel, heckle, tease, teasel, teazle ③ (Fig.) go through with a fine-tooth comb, hunt, rake, ransack, rummage, scour, screen, search, sift, sweep

combat ① n. action, battle, conflict, contest, encounter, engagement, fight, skirmish, struggle, war, warfare ② v. battle, contend, contest, cope, defy, do battle with, engage, fight, oppose, resist, strive, struggle, withstand

combatant ① n. adversary, antagonist, belligerent, contender, enemy, fighter, fighting man, gladiator, opponent, serviceman, soldier, warrior ② adj. battling, belligerent, combating, conflicting, contending, fighting, opposing, warring

combination ① amalgam, amalgamation, blend, coalescence, composite, connection, meld, mix, mixture ② alliance, association, cabal, cartel, coalition, combine, compound, confederacy, confederation, consortium, conspiracy, federation, merger, syndicate, unification, union

combine amalgamate, associate, bind, blend, bond, compound, connect, cooperate, fuse, incorporate, integrate, join (together), link, marry, meld, merge, mix, pool, put together, synthesize, unify, unite

come ① advance, appear, approach, arrive, become, draw near, enter, happen, materialize, move, move towards, near, occur, originate, show up (Inf.), turn out, turn up (Inf.) ② appear, arrive, attain, enter, materialize, reach, show up (Inf.), turn up (Inf.) ③ fall, happen, occur, take place ④ arise, emanate, emerge, end up, flow, issue, originate, result, turn out ⑤ extend, reach ⑥ be available (made, offered, on offer, produced)

come about arise, befall, come to pass, happen, occur, result, take place, transpire (Inf.)

come across bump into (Inf.), chance upon, discover, encounter, find, happen upon, hit upon, light upon, meet, notice, stumble upon, unearth

come along develop, improve, mend, perk up, pick up, progress, rally, recover, recuperate

come at ① attain, discover, find, grasp, reach ② assail, assault, attack, charge, fall upon, fly at, go for, light into, rush, rush at

comeback ① rally, rebound, recovery, resurgence, return, revival, triumph ② rejoinder, reply, response, retaliation, retort, riposte

come back reappear, recur, re-enter, return

come by acquire, get, lay hold of, obtain, procure, score (Sl.), secure, take possession of, win

comedian card (Inf.), clown, comic, funny man, humorist, jester, joker, laugh (Inf.), wag, wit

comedown anticlimax, blow, decline, deflation, demotion, disappointment, humiliation, letdown, reverse

come down ① decline, degenerate, descend, deteriorate, fall, go downhill, reduce, worsen ② choose, decide, favour, recommend

come down on bawl out (Inf.), blast, carpet (Inf.), chew out (U.S. & Canad. inf.), criticize, dress down (Inf.), give (someone) a rocket (Brit. & N.Z. inf.), jump on (Inf.), lambast(e), put down, read the riot act, rebuke, reprimand, tear into (Inf.), tear (someone) off a strip (Brit. inf.)

come down with ail, be stricken with, catch, contract, fall ill, fall victim to, get, sicken, take, take sick

comedy chaffing, drollery, facetiousness, farce, fun, hilarity, humour, jesting, joking, light entertainment, sitcom (Inf.), slapstick, wisecracking, witticisms

come forward offer one's services, present or proffer oneself, volunteer

come in appear, arrive, cross the threshold, enter, finish, reach, show up (Inf.)

come in for acquire, bear the brunt of, endure, get, receive, suffer

come off go off, happen, occur, succeed, take place, transpire (Inf.)

come out ① appear, be published (announced, divulged, issued, released, reported, revealed) ② conclude, end, result, terminate

come out with acknowledge, come clean, declare, disclose, divulge, lay open, own, own up, say

come round ① accede, acquiesce, allow, concede, grant, mellow, relent, yield ② come to, rally, recover, regain consciousness, revive ③ call, drop in, pop in, stop by, visit

come through ① accomplish, achieve, prevail, succeed, triumph ② endure, survive, weather the storm, withstand

come up arise, crop up, happen, occur, rise, spring up, turn up

comeuppance chastening, deserts, due reward, dues, merit, punishment, recompense, requital, retribution

come up to admit of comparison with, approach, compare with, equal, match, measure up to, meet, resemble, rival, stand or bear comparison with

come up with advance, create, discover, furnish, offer, present, produce, propose, provide, submit, suggest

comfort
- **v.** ① alleviate, assuage, cheer, commiserate with, compassionate (Archaic), console, ease, encourage, enliven, gladden, hearten, inspirit, invigorate, reassure, refresh, relieve, solace, soothe, strengthen
- **n.** ② aid, alleviation, cheer, compensation, consolation, ease, encouragement, enjoyment, help, relief, satisfaction, succour, support ③ cosiness, creature comforts, ease, luxury, opulence, snugness, wellbeing

comfortable ① adequate, agreeable, ample, commodious, convenient, cosy, delightful, easy, enjoyable, homely, loose, loose-fitting, pleasant, relaxing, restful, roomy, snug ② at ease, contented, gratified, happy, relaxed, serene ③ affluent, prosperous, well-off, well-to-do

comforting cheering, consolatory, consoling, encouraging, heart-warming, inspiriting, reassuring, soothing

comfortless ① bleak, cheerless, cold, desolate, dismal, dreary ② disconsolate, forlorn, inconsolable, miserable, sick at heart, woebegone, wretched

comic ① adj. amusing, comical, droll, facetious, farcical, funny, humorous, jocular, joking, light, rich, waggish, witty ② n. buffoon, clown, comedian, funny man, humorist, jester, wag, wit

comical absurd, amusing, comic, diverting, droll, entertaining, farcical, funny, hilarious, humorous, laughable, ludicrous, priceless, ridiculous, risible, side-splitting, silly, whimsical

coming
- **adj.** ① approaching, at hand, due, en route, forthcoming, future, imminent, impending, in

command
- v. ① bid, charge, compel, demand, direct, enjoin, order, require ② administer, control, dominate, govern, handle, head, lead, manage, reign over, rule, supervise, sway
- n. ③ behest, bidding, canon, commandment, decree, demand, direction, directive, edict, fiat, injunction, instruction, mandate, order, precept, requirement, ultimatum ④ authority, charge, control, direction, domination, dominion, government, grasp, management, mastery, power, rule, supervision, sway, upper hand

commandeer appropriate, confiscate, expropriate, hijack, requisition, seize, sequester, sequestrate, usurp

commander boss, captain, chief, C in C, C.O., commander-in-chief, commanding officer, director, head, leader, officer, ruler

commanding ① advantageous, controlling, decisive, dominant, dominating, superior ② assertive, authoritative, autocratic, compelling, forceful, imposing, impressive, peremptory

commemorate celebrate, honour, immortalize, keep, memorialize, observe, pay tribute to, remember, salute, solemnize

commemoration ceremony, honouring, memorial service, observance, remembrance, tribute

commemorative celebratory, dedicatory, in honour, in memory, in remembrance, memorial

commence begin, embark on, enter upon, inaugurate, initiate, open, originate, start

commend ① acclaim, applaud, approve, compliment, crack up (Inf.), eulogize, extol, praise, recommend, speak highly of ② commit, confide, consign, deliver, entrust, hand over, yield

commendable admirable, creditable, deserving, estimable, exemplary, laudable, meritorious, praiseworthy, worthy

commendation acclaim, acclamation, approbation, approval, Brownie points, credit, encomium, encouragement, good opinion, panegyric, praise, recommendation

commensurate adequate, appropriate, coextensive, comparable, compatible, consistent, corresponding, due, equivalent, fit, fitting, in accord, proportionate, sufficient

comment
- v. ① animadvert, interpose, mention, note, observe, opine, point out, remark, say, utter ② annotate, criticize, elucidate, explain, interpret
- n. ③ animadversion, observation, remark, statement ④ annotation, commentary, criticism, elucidation, explanation, exposition, illustration, note

commentary analysis, critique, description, exegesis, explanation, narration, notes, review, treatise, voice-over

commentator ① commenter, reporter, special correspondent, sportscaster ② annotator, critic, expositor, interpreter, scholiast

commerce ① business, dealing, exchange, merchandizing, trade, traffic ② communication, dealings, intercourse, relations, socializing

commercial ① business, mercantile, profit-making, sales, trade, trading ② in demand, marketable, popular, profitable, saleable ③ exploited, materialistic, mercenary, monetary, pecuniary, profit-making, venal

commission
- n. ① appointment, authority, charge, duty, employment, errand, function, mandate, mission, task, trust, warrant ② allowance, brokerage, compensation, cut, fee, percentage, rake-off (Sl.), royalties ③ board, body of commissioners, commissioners, committee, delegation, deputation, representative
- v. ④ appoint, authorize, contract, delegate, depute, empower, engage, nominate, order, select, send

commit ① carry out, do, enact, execute, perform, perpetrate ② commend, confide, consign, deliver, deposit, engage, entrust, give, hand over ③ align, bind, compromise, endanger, make liable, obligate, pledge, rank ④ confine, imprison, put in custody

commitment ① duty, engagement, liability, obligation, responsibility, tie ② adherence, dedication, devotion, involvement, loyalty ③ assurance, guarantee, pledge, promise, undertaking, vow, word

common ① average, commonplace, conventional, customary, daily, everyday, familiar, frequent, general, habitual, humdrum, obscure, ordinary, plain, regular, routine, run-of-the-mill, simple, standard, stock, usual, workaday ② accepted, general, popular, prevailing, prevalent, universal, widespread ③ collective, communal, community, popular, public, social ④ coarse, hackneyed, inferior, low, pedestrian, plebeian, stale, trite, undistinguished, vulgar

commonplace ① adj. banal, common, customary, everyday, humdrum, mundane, obvious, ordinary, pedestrian, stale, threadbare, trite, uninteresting, widespread, worn out ② n. banality, cliché, platitude, truism

common sense good sense, gumption (Brit. inf.), horse sense, level-headedness, mother wit, native intelligence, nous (Brit. sl.), practicality, prudence, reasonableness, smarts (Sl., chiefly U.S.), sound judgment, soundness, wit

commotion ado, agitation, brouhaha, bustle, disorder, disturbance, excitement, ferment, furore, fuss, hubbub, hullabaloo, hurly-burly, perturbation, racket, riot, rumpus, to-do, tumult, turmoil, upheaval, uproar

communal collective, communistic, community, general, joint, neighbourhood, public, shared

commune
- v. ① communicate, confer, confide in, converse, discourse, discuss, parley ② contemplate, meditate, muse, ponder, reflect
- n. ③ collective, community, cooperative, kibbutz

communicate acquaint, announce, be in contact, be in touch, connect, convey, correspond, declare, disclose, disseminate, divulge, impart, inform, make known, pass on, phone, proclaim, publish, report, reveal, ring up (Inf., chiefly Brit.), signify, spread, transmit, unfold

communication ① connection, contact, conversation, correspondence, dissemination, intercourse, link, transmission ② announcement, disclosure, dispatch, information, intelligence, message, news, report, statement, word

communications ① routes, transport, travel ② information technology, media, publicity, public relations, telecommunications

communicative candid, chatty, conversable, expansive, forthcoming, frank, informative, loquacious, open, outgoing, talkative, unreserved, voluble

communion ① accord, affinity, agreement, closeness, communing, concord, consensus, converse, fellowship, harmony, intercourse, participation, rapport, sympathy, togetherness, unity ② (Church) Eucharist, Lord's Supper, Mass, Sacrament

communiqué announcement, bulletin, dispatch, news flash, official communication, report

communism Bolshevism, collectivism, Marxism, socialism, state socialism

communist Bolshevik, collectivist, Marxist, Red (Inf.), socialist

community ① association, body politic, brotherhood, commonwealth, company, district, general public, locality, people, populace, population, public, residents, society, state ② affinity, agreement, identity, likeness, sameness, similarity

commute ① barter, exchange, interchange, substitute, switch, trade ② (Law : of penalties, etc.) alleviate, curtail, mitigate, modify, reduce, remit, shorten, soften

commuter ① n. daily traveller, straphanger (Inf.), suburbanite ② adj. suburban

compact
- adj. ① close, compressed, condensed, dense, firm, impenetrable, impermeable, pressed together, solid, thick ② brief, compendious, concise, epigrammatic, laconic, pithy, pointed, succinct, terse, to the point
- v. ③ compress, condense, cram, pack down, stuff, tamp
- n. ④ agreement, alliance, arrangement, bargain, bond, concordat, contract, covenant, deal, entente, pact, stipulation, treaty, understanding

companion ① accomplice, ally, associate, buddy (Inf.), colleague, comrade, confederate, consort, crony, friend, mate (Inf.), partner ② aide, assistant, attendant, chaperon(e), duenna, escort, squire ③ complement, counterpart, fellow, match, mate, twin

companionable affable, congenial, conversable, convivial, cordial, familiar, friendly, genial, gregarious, neighbourly, outgoing, sociable

companionship amity, camaraderie, company, comradeship, conviviality, esprit de corps, fellowship, fraternity, friendship, rapport, togetherness

company ① assemblage, assembly, band, bevy, body, camp, circle, collection, community, concourse, convention, coterie, crew, crowd, ensemble, gathering, group, league, party, set, throng, troop, troupe, turnout ② association, business, concern, corporation, establishment, firm, house, partnership, syndicate ③ callers, companionship, fellowship, guests, party, presence, society, visitors

comparable ① a match for, as good as, commensurate, equal, equivalent, in a class with, on a par, proportionate, tantamount ② akin, alike, analogous, cognate, corresponding, related, similar

comparative approximate, by comparison, qualified, relative

compare ① (With with) balance, collate, contrast, juxtapose, set against, weigh ② (With to) correlate, equate, identify with, liken, parallel, resemble ③ (Be the equal of) approach, approximate to, bear comparison, be in the same class as, be on a par with, come up to, compete with, equal, hold a candle to, match, vie

comparison ① collation, contrast, distinction, juxtaposition ② analogy, comparability, correlation, likeness, resemblance, similarity

compartment ① alcove, bay, berth, booth, carrel, carriage, cell, chamber, cubbyhole, cubicle, locker, niche, pigeonhole, section ② area, category, department, division, section, subdivision

compass
- n. ① area, bound, boundary, circle, circuit, circumference, enclosure, extent, field, limit, range, reach, realm, round, scope, sphere, stretch, zone
- v. ② beset, besiege, blockade, circumscribe, encircle, enclose, encompass, environ, hem in, invest (Rare), surround ③ accomplish, achieve, attain, bring about, effect, execute, fulfil, perform, procure, realize

compassion charity, clemency, commiseration, compunction, condolence, fellow feeling, heart, humanity, kindness, mercy, pity, quarter, ruth (Archaic), soft-heartedness, sorrow, sympathy, tender-heartedness, tenderness

compassionate benevolent, charitable, humane, humanitarian, indulgent, kind-hearted, kindly, lenient, merciful, pitying, sympathetic, tender, tender-hearted, understanding

compatibility affinity, agreement, amity, concord, congeniality, empathy, harmony, like-mindedness, rapport, single-mindedness, sympathy

compatible accordant, adaptable, agreeable, congenial, congruent, congruous, consistent, consonant, harmonious, in harmony, in keeping, like-minded, reconcilable, suitable

compel bulldoze (Inf.), coerce, constrain, dragoon, drive, enforce, exact, force, hustle (Sl.), impel, make, necessitate, oblige, railroad (Inf.), restrain, squeeze, urge

compelling ① cogent, conclusive, convincing, forceful, irrefutable, powerful, telling, weighty ② enchanting, enthralling, gripping, hypnotic, irresistible, mesmeric, spellbinding ③ binding, coercive, imperative, overriding, peremptory, pressing, unavoidable, urgent

compensate ① atone, indemnify, make good, make restitution, recompense, refund, reimburse, remunerate, repay, requite, reward, satisfy ② balance, cancel (out), counteract, counterbalance, countervail, make amends, make up for, offset, redress

compensation amends, atonement, damages, indemnification, indemnity, meed (Archaic), payment, recompense, reimbursement, remuneration, reparation, requital, restitution, reward, satisfaction

compete be in the running, challenge, contend, contest, emulate, fight, pit oneself against, rival, strive, struggle, vie

competence ability, adequacy, appropriateness, capability, capacity, competency, craft, expertise, fitness, proficiency, skill, suitability

competent able, adapted, adequate, appropriate, capable, clever, endowed, equal, fit, pertinent, proficient, qualified, sufficient, suitable

competition [1] contention, contest, emulation, one-upmanship (Inf.), opposition, rivalry, strife, struggle [2] championship, contest, event, head-to-head, puzzle, quiz, tournament [3] challengers, field, opposition, rivals

competitive aggressive, ambitious, antagonistic, at odds, combative, cutthroat, dog-eat-dog, emulous, opposing, rival, vying

competitor adversary, antagonist, challenger, competition, contestant, emulator, opponent, opposition, rival

compile accumulate, amass, anthologize, collect, cull, garner, gather, marshal, organize, put together

complacency contentment, gratification, pleasure, satisfaction, self-satisfaction, smugness

complacent contented, gratified, pleased, pleased with oneself, satisfied, self-assured, self-contented, self-righteous, self-satisfied, serene, smug, unconcerned

complain beef (Sl.), bellyache (Sl.), bemoan, bewail, bitch (Sl.), bleat, carp, deplore, find fault, fuss, grieve, gripe (Inf.), groan, grouch (Inf.), grouse, growl, grumble, kick up a fuss (Inf.), kvetch (U.S. sl.), lament, moan, whine, whinge (Inf.)

complaint [1] accusation, annoyance, beef (Sl.), bitch (Sl.), charge, criticism, dissatisfaction, fault-finding, grievance, gripe (Inf.), grouch (Inf.), grouse, grumble, lament, moan, plaint, protest, remonstrance, trouble, wail [2] affliction, ailment, disease, disorder, illness, indisposition, malady, sickness, upset

complement
- n. [1] companion, completion, consummation, correlative, counterpart, finishing touch, rounding-off, supplement [2] aggregate, capacity, entirety, quota, total, totality, wholeness
- v. [3] cap (Inf.), complete, crown, round off, set off

complementary companion, completing, correlative, corresponding, fellow, interdependent, interrelating, matched, reciprocal

complete
- adj. [1] all, entire, faultless, full, intact, integral, plenary, unabridged, unbroken, undivided, unimpaired, whole [2] accomplished, achieved, concluded, ended, finished [3] absolute, consummate, deep-dyed (Usu. derogatory), dyed-in-the-wool, outright, perfect, thorough, thoroughgoing, total, utter
- v. [4] accomplish, achieve, cap, close, conclude, crown, discharge, do, end, execute, fill in, finalize, finish, fulfil, perfect, perform, realize, round off, settle, terminate, wrap up (Inf.)

completely absolutely, altogether, down to the ground, en masse, entirely, from A to Z, from beginning to end, fully, heart and soul, hook, line and sinker, in full, in toto, perfectly, quite, root and branch, solidly, thoroughly, totally, utterly, wholly

completion accomplishment, attainment, close, conclusion, consummation, culmination, end, expiration, finalization, fruition, fulfilment, realization

complex
- adj. [1] circuitous, complicated, convoluted, Daedalian (Literary), intricate, involved, knotty, labyrinthine, mingled, mixed, tangled, tortuous [2] composite, compound, compounded, heterogeneous, manifold, multifarious, multiple
- n. [3] aggregate, composite, network, organization, scheme, structure, synthesis, system [4] fixation, fixed idea, idée fixe, obsession, phobia, preoccupation

complexion [1] colour, colouring, hue, pigmentation, skin, skin tone [2] appearance, aspect, cast, character, countenance, disposition, guise, light, look, make-up, nature, stamp

complexity complication, convolution, elaboration, entanglement, intricacy, involvement, multiplicity, ramification

compliance acquiescence, agreement, assent, complaisance, concession, concurrence, conformity, consent, deference, obedience, observance, passivity, submission, submissiveness, yielding

complicate confuse, entangle, interweave, involve, make intricate, muddle, ravel, snarl up

complicated [1] Byzantine (of attitudes, etc.), complex, convoluted, elaborate, interlaced, intricate, involved, labyrinthine [2] difficult, involved, perplexing, problematic, puzzling, troublesome

complication [1] combination, complexity, confusion, entanglement, intricacy, mixture, web [2] aggravation, difficulty, drawback, embarrassment, factor, obstacle, problem, snag

complicity abetment, collaboration, collusion, concurrence, connivance

compliment [1] n. admiration, bouquet, commendation, congratulations, courtesy, eulogy, favour, flattery, honour, praise, tribute [2] v. commend, congratulate, crack up (Inf.), extol, felicitate, flatter, laud, pay tribute to, praise, salute, sing the praises of, speak highly of, wish joy to

complimentary [1] appreciative, approving, commendatory, congratulatory, eulogistic, flattering, laudatory, panegyrical [2] courtesy, donated, free, free of charge, gratis, gratuitous, honorary, on the house

compliments good wishes, greetings, regards, remembrances, respects, salutation

comply abide by, accede, accord, acquiesce, adhere to, agree to, conform to, consent to, defer, discharge, follow, fulfil, obey, observe, perform, respect, satisfy, submit, yield

component [1] n. constituent, element, ingredient, item, part, piece, unit [2] adj. composing, constituent, inherent, intrinsic

compose [1] build, compound, comprise, constitute, construct, fashion, form, make, make up, put together [2] contrive, create, devise, frame, imagine, indite, invent, produce, write [3] adjust, arrange, reconcile, regulate, resolve, settle [4] appease, assuage, calm, collect, control, pacify, placate, quell, quiet, soothe, still, tranquillize

composed at ease, calm, collected, confident, cool, imperturbable, laid-back (Inf.), level-headed, poised, relaxed, sedate, self-possessed, serene, together (Sl.), tranquil, unfazed (Inf.), unflappable, unruffled, unworried

composite [1] adj. blended, combined, complex, compound, conglomerate, mixed, synthesized [2] n. amalgam, blend, compound, conglomerate, fusion, meld, synthesis

composition [1] arrangement, configuration, constitution, design, form, formation, layout, make-up, organization, structure [2] compilation, creation, fashioning, formation, formulation, invention, making, mixture, production [3] creation, essay, exercise, literary work, opus, piece, study, treatise, work, writing [4] arrangement, balance, concord, consonance, harmony, placing, proportion, symmetry

compost humus, mulch, organic fertilizer

composure aplomb, calm, calmness, collectedness, cool (Sl.), coolness, dignity, ease, equanimity, imperturbability, placidity, poise, sang-froid, sedateness, self-assurance, self-possession, serenity, tranquillity

compound
- v. [1] amalgamate, blend, coalesce, combine, concoct, fuse, intermingle, meld, mingle, mix, synthesize, unite [2] add to, aggravate, augment, complicate, exacerbate, heighten, intensify, magnify, worsen [3] (Used of a dispute, difference, etc.) adjust, arrange, compose, settle
- n. [4] alloy, amalgam, blend, combination, composite, composition, conglomerate, fusion, medley, meld, mixture, synthesis
- adj. [5] complex, composite, conglomerate, intricate, multiple, not simple

comprehend [1] apprehend, assimilate, conceive, discern, fathom, grasp, know, make out, perceive, see, take in, understand [2] comprise, contain, embody, embrace, enclose, encompass, include, involve, take in

comprehensible clear, coherent, conceivable, explicit, graspable, intelligible, plain, understandable, user-friendly

comprehension [1] conception, discernment, grasp, intelligence, judg(e)ment, knowledge, perception, realization, sense, understanding [2] compass, domain, field, limits, province, range, reach, scope

comprehensive all-embracing, all-inclusive, blanket, broad, catholic, complete, encyclop(a)edic, exhaustive, extensive, full, inclusive, sweeping, thorough, umbrella, wide

compress abbreviate, compact, concentrate, condense, constrict, contract, cram, crowd, crush, knit, press, pucker, shorten, squash, squeeze, summarize, wedge

compression condensation, consolidation, constriction, crushing, pressure, squeezing, wedging

comprise [1] be composed of, comprehend, consist of, contain, embrace, encompass, include, take in [2] compose, constitute, form, make up

compromise
- v. [1] adjust, agree, arbitrate, compose, compound, concede, give and take, go fifty-fifty (Inf.), meet halfway, settle, strike a balance
- n. [2] accommodation, accord, adjustment, agreement, concession, give-and-take, half measures, middle ground, settlement, trade-off
- v. [3] discredit, dishonour, embarrass, endanger, expose, hazard, imperil, implicate, jeopardize, prejudice, weaken

compulsion [1] coercion, constraint, demand, duress, force, obligation, pressure, urgency [2] drive, necessity, need, obsession, preoccupation, urge

compulsive besetting, compelling, driving, irresistible, obsessive, overwhelming, uncontrollable, urgent

compulsory binding, de rigueur, forced, imperative, mandatory, obligatory, required, requisite

compute add up, calculate, cast up, cipher, count, enumerate, estimate, figure, figure out, measure, rate, reckon, sum, tally, total

comrade ally, associate, buddy (Inf.), cock (Brit. inf.), colleague, companion, compatriot, compeer, confederate, co-worker, crony, fellow, friend, mate (Inf.), pal (Inf.), partner

concave cupped, depressed, excavated, hollow, hollowed, incurved, indented, scooped, sunken

conceal bury, camouflage, cover, disguise, dissemble, hide, keep dark, keep secret, mask, obscure, screen, secrete, shelter, stash (Inf.)

concealment camouflage, cover, disguise, hideaway, hide-out, hiding, secrecy

concede [1] accept, acknowledge, admit, allow, confess, grant, own [2] cede, give up, hand over, relinquish, surrender, yield

conceit [1] amour-propre, arrogance, complacency, egotism, narcissism, pride, self-importance, self-love, swagger, vainglory, vanity [2] (Archaic) belief, fancy, fantasy, idea, image, imagination, judg(e)ment, notion, opinion, quip, thought, vagary, whim, whimsy

conceited arrogant, bigheaded (Inf.), cocky, egotistical, immodest, narcissistic, overweening, puffed up, self-important, stuck up (Inf.), swollen-headed, vain, vainglorious

conceivable believable, credible, imaginable, possible, thinkable

conceive [1] appreciate, apprehend, believe, comprehend, envisage, fancy, grasp, imagine, realize, suppose, understand [2] contrive, create, design, develop, devise, form, formulate, produce, project, purpose, think up [3] become impregnated, become pregnant

concentrate [1] be engrossed in, consider closely, focus attention on, give all one's attention to, put one's mind to, rack one's brains [2] bring to bear, centre, cluster, converge, focus [3] accumulate, cluster, collect, congregate, gather, huddle

concentration [1] absorption, application, heed, single-mindedness [2] bringing to bear, centralization, centring, combination, compression, consolidation, convergence, focusing, intensification [3] accumulation, aggregation, cluster, collection, convergence, horde, mass

concept abstraction, conception, conceptualization, hypothesis, idea, image, impression, notion, theory, view

conception [1] concept, design, idea, image, notion, plan [2] beginning, birth, formation, inception, initiation, invention, launching, origin, outset [3] appreciation, clue, comprehension, impression, inkling, perception, picture, understanding [4] fertilization, germination, impregnation, insemination

concern
- v. [1] affect, apply to, bear on, be relevant to, interest, involve, pertain to, regard, touch
- n. [2] affair, business, charge, deportment, field, interest, involvement, job, matter, mission, occupation, responsibility, task, transaction [3] bearing, importance, interest, reference, relation, relevance
- v. [4] bother, disquiet, distress, disturb, make anxious, make uneasy, perturb, trouble, worry
- n. [5] anxiety, apprehension, attention, burden, care, consideration, disquiet, disquietude, distress, heed, responsibility, solicitude, worry [6] business, company, corporation, enterprise, establishment, firm, house, organization

concerned [1] active, implicated, interested, involved, mixed up, privy to [2] anxious, bothered, distressed, disturbed, exercised, troubled, uneasy, upset, worried [3] attentive, caring, interested, solicitous

concerning about, anent (Scot.), apropos of, as regards, as to, in the matter of, on the subject of, re, regarding, relating to, respecting, touching, with reference to

concert n. [1] accord, agreement, concord, concordance, harmony, unanimity, union, unison [2] **in concert** concertedly, in collaboration, in league, in unison, jointly, shoulder to shoulder, together, unanimously

concerted agreed upon, collaborative, combined, coordinated, joint, planned, prearranged, united

concession [1] acknowledgement, admission, assent, confession, surrender, yielding [2] adjustment, allowance, boon, compromise, grant, indulgence, permit, privilege, sop

conciliate appease, disarm, mediate, mollify, pacify, placate, propitiate, reconcile, restore harmony, soothe, win over

conciliation appeasement, disarming, mollification, pacification, placation, propitiation, reconciliation, soothing

conciliatory appeasing, disarming, irenic, mollifying, pacific, peaceable, placatory, propitiative

concise brief, compact, compendious, compressed, condensed, epigrammatic, laconic, pithy, short, succinct, summary, synoptic, terse, to the point

conclude [1] bring down the curtain, cease, close, come to an end, complete, draw to a close, end, finish, round off, terminate, wind up [2] assume, decide, deduce, gather, infer, judge, reckon (Inf.), sum up, suppose, surmise [3] accomplish, bring about, carry out, clinch, decide, determine, effect, establish, fix, pull off, resolve, settle, work out

conclusion [1] close, completion, end, finale, finish, result, termination [2] consequence, culmination, issue, outcome, result, sequel, upshot [3] agreement, conviction, decision, deduction, inference, judg(e)ment, opinion, resolution, settlement, verdict [4] **in conclusion** finally, in closing, lastly, to sum up

conclusive clinching, convincing, decisive, definite, definitive, final, irrefutable, ultimate, unanswerable, unarguable

concoct brew, contrive, cook up (Inf.), design, devise, fabricate, formulate, hatch, invent, make up, manufacture, mature, plot, prepare, project, think up, trump up

concoction blend, brew, combination, compound, contrivance, creation, mixture, preparation

concrete
- adj. [1] actual, definite, explicit, factual, material, real, sensible, specific, substantial, tangible [2] calcified, compact, compressed, conglomerated, consolidated, firm, petrified, solid, solidified
- n. [3] cement (Not in technical usage), concretion

concubine courtesan, kept woman, leman (Archaic), mistress, odalisque, paramour

concur accede, accord, acquiesce, agree, approve, assent, coincide, combine, consent, cooperate, harmonize, join

concurrent [1] coexisting, coincident, concerted, concomitant, contemporaneous, simultaneous, synchronous [2] confluent, convergent, converging, uniting [3] agreeing, at one, compatible, consentient, consistent, cooperating, harmonious, in agreement, in rapport, like-minded, of the same mind

concussion clash, collision, crash, impact, jarring, jolt, jolting, shaking, shock

condemn [1] blame, censure, damn, denounce, disapprove, excoriate, reprehend, reproach, reprobate, reprove, upbraid [2] convict, damn, doom, pass sentence on, proscribe, sentence

condemnation [1] blame, censure, denouncement, denunciation, disapproval, reproach, reprobation, reproof, stricture [2] conviction, damnation, doom, judg(e)ment, proscription, sentence

condensation [1] abridgement, contraction, digest, précis, synopsis [2] condensate, deliquescence, distillation, liquefaction, precipitate, precipitation [3] compression, concentration, consolidation, crystallization, curtailment, reduction

condense [1] abbreviate, abridge, compact, compress, concentrate, contract, curtail, encapsulate, epitomize, précis, shorten, summarize [2] boil down, coagulate, concentrate, decoct, precipitate (Chem.), reduce, solidify, thicken

condescend [1] be courteous, bend, come down off one's high horse (Inf.), deign, humble or demean oneself, lower oneself, see fit, stoop, submit, unbend (Inf.), vouchsafe [2] patronize, talk down to

condescending disdainful, lofty, lordly, patronizing, snobbish, snooty (Inf.), supercilious, superior, toffee-nosed (Sl., chiefly Brit.)

condition
- n. [1] case, circumstances, plight, position, predicament, shape, situation, state, state of affairs, status quo [2] arrangement, article, demand, limitation, modification, prerequisite, provision, proviso, qualification, requirement, requisite, restriction, rider, rule, stipulation, terms [3] fettle, fitness, health, kilter, order, shape, state of health, trim [4] ailment, complaint, infirmity, malady, problem, weakness [5] caste, class, estate, grade, order, position, rank, status, stratum
- v. [6] accustom, adapt, educate, equip, habituate, inure, make ready, prepare, ready, tone up, train, work out

conditional contingent, dependent, limited, provisional, qualified, subject to, with reservations

conditioning
- n. [1] grooming, preparation, readying, training [2] accustoming, familiarization, hardening, inurement, reorientation, seasoning
- adj. [3] astringent, toning

conditions circumstances, environment, milieu, situation, surroundings, way of life

condone disregard, excuse, forgive, let pass, look the other way, make allowance for, overlook, pardon, turn a blind eye to, wink at

conduct
- n. [1] administration, control, direction, guidance, leadership, management, organization, running, supervision
- v. [2] administer, carry on, control, direct, govern, handle, lead, manage, organize, preside over, regulate, run, supervise [3] accompany, attend, chair, convey, escort, guide, pilot, preside over, steer, usher
- n. [4] attitude, bearing, behaviour, carriage, comportment, demeanour, deportment, manners, mien (Literary), ways
- v. [5] acquit, act, behave, carry, comport, deport

confederacy alliance, bund, coalition, compact, confederation, conspiracy, covenant, federation, league, union

confederate [1] adj. allied, associated, combined, federal, federated, in alliance [2] n. abettor, accessory, accomplice, ally, associate, colleague, partner [3] v. ally, amalgamate, associate, band together, combine, federate, merge, unite

confer [1] accord, award, bestow, give, grant, hand out, present, vouchsafe [2] consult, converse, deliberate, discourse, parley, talk

conference colloquium, congress, consultation, convention, convocation, discussion, forum, meeting, seminar, symposium, teach-in

confess [1] acknowledge, admit, allow, blurt out, come clean (Inf.), concede, confide, disclose, divulge, grant, make a clean breast of, own, own up, recognize, sing (Sl., chiefly U.S.), spill one's guts (Sl.) [2] affirm, assert, attest, aver, confirm, declare, evince, manifest, profess, prove, reveal

confession acknowledgement, admission, avowal, disclosure, divulgence, exposure, revelation, unbosoming

confidant, confidante alter ego, bosom friend, close friend, crony, familiar, intimate

confide [1] admit, breathe, confess, disclose, divulge, impart, reveal, whisper [2] commend, commit, consign, entrust

confidence [1] belief, credence, dependence, faith, reliance, trust [2] aplomb, assurance, boldness, courage, firmness, nerve, self-possession, self-reliance [3] **in confidence** between you and me (and the gatepost), confidentially, in secrecy, privately

confident [1] certain, convinced, counting on, positive, satisfied, secure, sure [2] assured, bold, dauntless, fearless, self-assured, self-reliant

confidential [1] classified, hush-hush (Inf.), intimate, off the record, private, privy, secret [2] faithful, familiar, trusted, trustworthy, trusty

confidentially behind closed doors, between ourselves, in camera, in confidence, in secret, personally, privately, sub rosa

confine [1] v. bind, bound, cage, circumscribe, enclose, hem in, hold back, immure, imprison, incarcerate, intern, keep, limit, repress, restrain, restrict, shut up, straiten [2] n. border, boundary, frontier, limit, precinct

confined [1] enclosed, limited, restricted [2] in childbed, in childbirth, lying-in

confinement [1] custody, detention, imprisonment, incarceration, internment, porridge (Sl.) [2] accouchement, childbed, childbirth, labour, lying-in, parturition, time, travail

confines boundaries, bounds, circumference, edge, limits, pale, precincts

confirm [1] assure, buttress, clinch, establish, fix, fortify, reinforce, settle, strengthen [2] approve, authenticate, bear out, corroborate, endorse, ratify, sanction, substantiate, validate, verify

confirmation [1] authentication, corroboration, evidence, proof, substantiation, testimony, validation, verification [2] acceptance, agreement, approval, assent, endorsement, ratification, sanction

confirmed chronic, dyed-in-the-wool, habitual, hardened, ingrained, inured, inveterate, long-established, rooted, seasoned

confiscate appropriate, commandeer, expropriate, impound, seize, sequester, sequestrate

confiscation appropriation, expropriation, forfeiture, impounding, seizure, sequestration, takeover

conflict
- n. [1] battle, clash, collision, combat, contention, contest, encounter, engagement, fight, fracas, head-to-head, set-to (Inf.), strife, war, warfare [2] antagonism, bad blood, difference, disagreement, discord, dissension, divided loyalties, friction, hostility, interference, opposition, strife, variance
- v. [3] be at variance, clash, collide, combat, contend, contest, differ, disagree, fight, interfere, strive, struggle

conflicting antagonistic, clashing, contradictory, contrary, discordant, inconsistent, opposed, opposing, paradoxical

conform [1] adapt, adjust, comply, fall in with, follow, follow the crowd, obey, run with the pack, yield [2] accord, agree, assimilate, correspond, harmonize, match, square, suit, tally

conformation anatomy, arrangement, build, configuration, form, framework, outline, shape, structure

conformist n. Babbitt (U.S.), conventionalist, stick-in-the-mud (Inf.), traditionalist, yes man

conformity [1] allegiance, Babbittry (U.S.), compliance, conventionality, observance, orthodoxy [2] affinity, agreement, conformance, congruity, consonance, correspondence, harmony, likeness, resemblance, similarity

confound [1] amaze, astonish, astound, baffle, bewilder, confuse, dumbfound, flabbergast (Inf.), flummox, mix up, mystify, nonplus, perplex, startle, surprise [2] annihilate, contradict, demolish, destroy, explode, overthrow, overwhelm, refute, ruin

confront accost, beard, brave, bring face to face with, challenge, defy, encounter, face, face off (Sl.), face up to, oppose, stand up to, tackle

confrontation conflict, contest, crisis, encounter, face-off (Sl.), head-to-head, set-to (Inf.), showdown (Inf.)

confuse [1] baffle, bemuse, bewilder, darken, faze, flummox, mystify, nonplus, obscure, perplex, puzzle [2] blend, confound, disarrange, disorder, intermingle, involve, jumble, mingle, mistake, mix up, muddle, ravel, snarl up (Inf.), tangle [3] abash, addle, demoralize, discomfit, discompose, disconcert, discountenance, disorient, embarrass, fluster, mortify, nonplus, rattle (Inf.), shame, throw off balance, unnerve, upset

confused [1] at a loss, at sea, at sixes and sevens, baffled, bewildered, dazed, discombobulated (Inf., chiefly U.S. & Canad.), disorganized, disorientated, flummoxed, muddled, muzzy (U.S. Inf.), nonplussed, not with it (Inf.), perplexed, puzzled, taken aback, thrown off balance, upset [2] at sixes and sevens, chaotic, disarranged, disarrayed, disordered, disorderly,

confusing ambiguous, baffling, complicated, contradictory, disconcerting, inconsistent, misleading, muddling, perplexing, puzzling, unclear

confusion ① befuddlement, bemusement, bewilderment, disorientation, mystification, perplexity, puzzlement ② bustle, chaos, clutter, commotion, disarrangement, disarray, disorder, disorganization, hodgepodge (U.S.), hotchpotch, jumble, mess, muddle, pig's breakfast (Inf.), shambles, state, tangle, turmoil, untidiness, upheaval ③ abashment, chagrin, demoralization, discomfiture, distraction, embarrassment, fluster, perturbation

congenial adapted, affable, agreeable, companionable, compatible, complaisant, favourable, fit, friendly, genial, kindly, kindred, likeminded, pleasant, pleasing, suitable, sympathetic, well-suited

congenital ① constitutional, inborn, inbred, inherent, innate, natural ② (Inf.) complete, deepdyed (Usu. derogatory), inveterate, thorough, utter

congested blocked-up, clogged, crammed, crowded, jammed, overcrowded, overfilled, overflowing, packed, stuffed, stuffed-up, teeming

congestion bottleneck, clogging, crowding, jam, mass, overcrowding, snarl-up (Inf., chiefly Brit.), surfeit

conglomerate ① adj. amassed, clustered, composite, heterogeneous, massed ② v. accumulate, agglomerate, aggregate, cluster, coalesce, snowball ③ n. agglomerate, aggregate, multinational

conglomeration accumulation, aggregation, assortment, combination, composite, hotchpotch, mass, medley, miscellany, mishmash, potpourri

congratulate compliment, felicitate, wish joy to

congratulations best wishes, compliments, felicitations, good wishes, greetings

congregate assemble, collect, come together, concentrate, convene, converge, convoke, flock, forgather, gather, mass, meet, muster, rally, rendezvous, throng

congregation assembly, brethren, crowd, fellowship, flock, host, laity, multitude, parish, parishioners, throng

congress assembly, chamber of deputies, conclave, conference, convention, convocation, council, delegates, diet, house, legislative assembly, legislature, meeting, parliament, representatives

conic, conical cone-shaped, conoid, funnelshaped, pointed, pyramidal, tapered, tapering

conjecture ① v. assume, fancy, guess, hypothesize, imagine, infer, suppose, surmise, suspect, theorize ② n. assumption, conclusion, fancy, guess, guesstimate (Inf.), guesswork, hypothesis, inference, notion, presumption, shot in the dark, speculation, supposition, surmise, theorizing, theory

conjugal bridal, connubial, hymeneal, marital, married, matrimonial, nuptial, spousal, wedded

conjunction association, coincidence, combination, concurrence, juxtaposition, union

conjure ① juggle, play tricks ② bewitch, call upon, cast a spell, charm, enchant, fascinate, invoke, raise, rouse, summon up ③ adjure, appeal to, beg, beseech, crave, entreat, implore, importune, pray, supplicate

conjurer, conjuror magician, miracle-worker, sorcerer, thaumaturge (Rare), wizard

conjure up bring to mind, contrive, create, evoke, produce as by magic, recall, recollect

connect affix, ally, associate, cohere, combine, couple, fasten, join, link, relate, unite

connected ① affiliated, akin, allied, associated, banded together, bracketed, combined, coupled, joined, linked, related, united ② (Of speech) coherent, comprehensible, consecutive, intelligible

connection ① alliance, association, attachment, coupling, fastening, junction, link, tie, union ② affiliation, affinity, association, bond, commerce, communication, correlation, correspondence, intercourse, interrelation, liaison, link, marriage, relation, relationship, relevance, tie-in ③ context, frame of reference, reference ④ acquaintance, ally, associate, contact, friend, sponsor ⑤ kin, kindred, kinsman, kith, relation, relative

connivance abetment, abetting, collusion, complicity, conspiring, tacit consent

connive ① cabal, collude, conspire, cook up (Inf.), intrigue, plot, scheme ② (With at) abet, aid, be an accessory to, be a party to, be in collusion with, blink at, disregard, lend oneself to, let pass, look the other way, overlook, pass by, shut one's eyes to, turn a blind eye to, wink at

connoisseur aficionado, appreciator, arbiter, authority, buff (Inf.), cognoscente, devotee, expert, judge, maven (U.S.), savant, specialist, whiz (Inf.)

conquer ① beat, blow out of the water (Sl.), checkmate, clobber (Sl.), crush, defeat, discomfit, get the better of, humble, lick (Inf.), master, overcome, overpower, overthrow, prevail, quell, rout, run rings around (Inf.), subdue, subjugate, succeed, surmount, tank (Sl.), triumph, undo, vanquish, wipe the floor with (Inf.) ② acquire, annex, obtain, occupy, overrun, seize, win

conqueror champion, conquistador, defeater, hero, lord, master, subjugator, vanquisher, victor, winner

conquest ① defeat, discomfiture, mastery, overthrow, pasting (Sl.), rout, triumph, vanquishment, victory ② acquisition, annexation, appropriation, coup, invasion, occupation, subjection, subjugation, takeover ③ captivation, enchantment, enthralment, enticement, seduction ④ acquisition, adherent, admirer, catch, fan, feather in one's cap, follower, prize, supporter, worshipper

conscience ① moral sense, principles, scruples, sense of right and wrong, still small voice ② in all conscience assuredly, certainly, fairly, honestly, in truth, rightly, truly

conscience-stricken ashamed, compunctious, contrite, disturbed, guilty, penitent, remorseful, repentant, sorry, troubled

conscientious ① careful, diligent, exact, faithful, meticulous, painstaking, particular, punctilious, thorough ② high-minded, highprincipled, honest, honourable, incorruptible, just, moral, responsible, scrupulous, straightforward, strict, upright

conscious ① alert, alive to, awake, aware, clued-up (Inf.), cognizant, percipient, responsive, sensible, sentient, wise to (Sl.) ② calculated, deliberate, intentional, knowing, premeditated, rational, reasoning, reflective, responsible, self-conscious, studied, wilful

consciousness apprehension, awareness, knowledge, realization, recognition, sensibility

consecrate dedicate, devote, exalt, hallow, ordain, sanctify, set apart, venerate

consecutive chronological, following, in sequence, in turn, running, sequential, seriatim, succeeding, successive, uninterrupted

consensus agreement, assent, common consent, concord, concurrence, general agreement, harmony, unanimity, unity

consent ① v. accede, acquiesce, agree, allow, approve, assent, comply, concede, concur, permit, yield ② n. acquiescence, agreement, approval, assent, compliance, concession, concurrence, go-ahead (Inf.), OK or okay (Inf.), permission, sanction

consequence ① effect, end, event, issue, outcome, repercussion, result, sequel, upshot ② account, concern, import, importance, interest, moment, note, portent, significance, value, weight ③ bottom, distinction, eminence, notability, rank, repute, standing, status ④ in consequence as a result, because, following

consequent ensuing, following, resultant, resulting, sequential, subsequent, successive

consequently accordingly, ergo, hence, necessarily, subsequently, therefore, thus

conservation custody, economy, guardianship, husbandry, maintenance, preservation, protection, safeguarding, safekeeping, saving, upkeep

conservative ① adj. cautious, conventional, diehard, guarded, hidebound, middleof-the-road, moderate, quiet, reactionary, right-wing, sober, tory, traditional ② n. middle-of-the-roader, moderate, reactionary, right-winger, stick-in-the-mud (Inf.), tory, traditionalist

conservatory glasshouse, greenhouse, hothouse

conserve go easy on, hoard, husband, keep, nurse, preserve, protect, save, store up, take care of, use sparingly

consider ① chew over, cogitate, consult, contemplate, deliberate, discuss, examine, eye up, meditate, mull over, muse, ponder, reflect, revolve, ruminate, study, think about, turn over in one's mind, weigh, work over ② believe, deem, hold to be, judge, rate, regard as, think ③ bear in mind, care for, keep in view, make allowance for, reckon with, regard, remember, respect, take into account

considerable ① abundant, ample, appreciable, comfortable, goodly, great, large, lavish, marked, much, noticeable, plentiful, reasonable, sizable, substantial, tidy, tolerable ② distinguished, important, influential, noteworthy, renowned, significant, venerable

considerably appreciably, greatly, markedly, noticeably, remarkably, significantly, substantially, very much

considerate attentive, charitable, circumspect, concerned, discreet, forbearing, kind, kindly, mindful, obliging, patient, tactful, thoughtful, unselfish

consideration ① analysis, attention, cogitation, contemplation, deliberation, discussion, examination, perusal, reflection, regard, review, scrutiny, study, thought ② concern, factor, issue, point ③ concern, considerateness, friendliness, kindliness, kindness, respect, solicitude, tact, thoughtfulness ④ fee, payment, perquisite, recompense, remuneration, reward, tip ⑤ take into consideration bear in mind, make allowance for, take into account, weigh

considering all in all, all things considered, insomuch as, in the light of, in view of

consignment ① (Act of consigning) assignment, committal, dispatch, distribution, entrusting, handing over, relegation, sending, shipment, transmittal ② (Something consigned) batch, delivery, goods, shipment

consist ① (With of) amount to, be composed of, be made up of, comprise, contain, embody, include, incorporate, involve ② (With in) be expressed by, be found or contained in, inhere, lie, reside

consistent ① constant, dependable, persistent, regular, steady, true to type, unchanging, undeviating ② accordant, agreeing, all of a piece, coherent, compatible, congruous, consonant, harmonious, logical

consolation alleviation, assuagement, cheer, comfort, ease, easement, encouragement, help, relief, solace, succour, support

console assuage, calm, cheer, comfort, encourage, express sympathy for, relieve, solace, soothe

consolidate ① amalgamate, cement, combine, compact, condense, conjoin, federate, fuse, harden, join, solidify, thicken, unite ② fortify, reinforce, secure, stabilize, strengthen

consolidation alliance, amalgamation, association, compression, condensation, federation, fortification, fusion, reinforcement, strengthening

consort
- n. ① associate, companion, fellow, husband, partner, significant other (U.S. inf.), spouse (of a reigning monarch), wife
- v. ② associate, fraternize, go around with, hang about, around or out with, keep company, mingle, mix ③ accord, agree, correspond, harmonize, square, tally

conspicuous ① apparent, blatant, clear, discernible, easily seen, evident, manifest, noticeable, obvious, patent, perceptible, visible ② celebrated, distinguished, eminent, famous, illustrious, notable, outstanding, prominent, remarkable, signal, striking ③ blatant, flagrant, flashy, garish, glaring, showy

conspiracy cabal, collusion, confederacy, frameup (Sl.), intrigue, league, machination, plot, scheme, treason

conspirator cabalist, conspirer, intriguer, plotter, schemer, traitor

conspire ① cabal, confederate, contrive, devise, hatch treason, intrigue, machinate, manoeuvre, plot, scheme ② combine, concur, conduce, contribute, cooperate, tend, work together

constancy decision, determination, devotion, fidelity, firmness, fixedness, permanence, perseverance, regularity, resolution, stability, steadfastness, steadiness, tenacity, uniformity

constant ① continual, even, firm, fixed, habitual, immovable, immutable, invariable, permanent, perpetual, regular, stable, steadfast, steady, unalterable, unbroken, uniform, unvarying ② ceaseless, continual, continuous, endless, eternal, everlasting, incessant, interminable, never-ending, nonstop, perpetual, persistent, relentless, sustained, uninterrupted, unrelenting, unremitting ③ determined, dogged, persevering, resolute, unflagging, unshaken, unwavering ④ attached, dependable, devoted, faithful, loyal, stalwart, staunch, tried-and-true, true, trustworthy, trusty, unfailing

constantly all the time, always, aye (Scot.), continually, continuously, endlessly, everlastingly, incessantly, interminably, invariably, morning, noon and night, night and day, nonstop, perpetually, persistently, relentlessly

consternation alarm, amazement, anxiety, awe, bewilderment, confusion, dismay, distress, dread, fear, fright, horror, panic, shock, terror, trepidation

constituent
- adj. ① basic, component, elemental, essential, integral
- n. ② component, element, essential, factor, ingredient, part, principle, unit ③ elector, voter

constitute ① compose, comprise, create, enact, establish, fix, form, found, make, make up, set up ② appoint, authorize, commission, delegate, depute, empower, name, nominate, ordain

constitution ① composition, establishment, formation, organization ② build, character, composition, disposition, form, habit, health, make-up, nature, physique, structure, temper, temperament

constitutional
- adj. ① congenital, inborn, inherent, intrinsic, organic ② chartered, statutory, vested
- n. ③ airing, stroll, turn, walk

constrain ① bind, coerce, compel, drive, force, impel, necessitate, oblige, pressure, pressurize, urge ② chain, check, confine, constrict, curb, hem in, rein, restrain, straiten

constrained embarrassed, forced, guarded, inhibited, reserved, reticent, subdued, unnatural

constraint ① coercion, compulsion, force, necessity, pressure, restraint ② bashfulness, diffidence, embarrassment, inhibition, repression, reservation, restraint, timidity ③ check, curb, damper, deterrent, hindrance, limitation, rein, restriction

construct assemble, build, compose, create, design, elevate, engineer, erect, establish, fabricate, fashion, form, formulate, found, frame, make, manufacture, organize, put up, raise, set up, shape

construction ① assembly, building, composition, creation, edifice, erection, fabric, fabrication, figure, form, formation, shape, structure ② explanation, inference, interpretation, reading, rendering

constructive helpful, positive, practical, productive, useful, valuable

consult ① ask, ask advice of, commune, compare notes, confer, consider, debate, deliberate, interrogate, question, refer to, take counsel, turn to ② consider, have regard for, regard, respect, take account of, take into consideration

consultant adviser, authority, specialist

consultation appointment, conference, council, deliberation, dialogue, discussion, examination, hearing, interview, meeting, seminar, session

consume ① absorb, deplete, dissipate, drain, eat up, employ, exhaust, expend, finish up, fritter away, lavish, lessen, spend, squander, use, use up, utilize, vanish, waste, wear out ② devour, eat, eat up, gobble (up), guzzle, polish off (Inf.), put away, swallow ③ annihilate, decay, demolish, destroy, devastate, lay waste, ravage ④ Often passive absorb, devour, dominate, eat up, engross, monopolize, obsess, preoccupy

consumer buyer, customer, purchaser, shopper, user

consuming absorbing, compelling, devouring, engrossing, excruciating, gripping, immoderate, overwhelming, tormenting

consummate ① v. accomplish, achieve, carry out, compass, complete, conclude, crown, effectuate, end, finish, perform ② adj. absolute, accomplished, complete, conspicuous, deep-dyed (Usu. derogatory), finished, matchless, perfect, polished, practised, skilled, superb, supreme, total, transcendent, ultimate, unqualified, utter

consumption ① consuming, decay, decrease, depletion, destruction, diminution, dissipation, drain, exhaustion, expenditure, loss, use, using up, utilization, waste ② (Medical) atrophy, emaciation, phthisis, TB, tuberculosis

contact
- n. ① association, communication, connection ② approximation, contiguity, junction, juxtaposition, touch, union ③ acquaintance, connection
- v. ④ approach, call, communicate with, get or be in touch with, get hold of, phone, reach, ring (up) (Inf., chiefly Brit.), speak to, write to

contagious catching, communicable, epidemic, epizootic (Veterinary medicine), infectious, pestiferous, pestilential, spreading, taking (Inf.), transmissible

contain ① accommodate, enclose, have capacity for, hold, incorporate, seat ② comprehend, comprise, embody, embrace, include, involve ③ control, curb, hold back, hold in, repress, restrain, stifle

container holder, receptacle, repository, vessel

contaminate adulterate, befoul, corrupt, defile, deprave, infect, pollute, radioactivate, smirch, soil, stain, sully, taint, tarnish, vitiate

contamination adulteration, contagion, corruption, decay, defilement, dirtying, filth, foulness, impurity, infection, poisoning, pollution, radioactivation, rottenness, taint

contemplate ① brood over, consider, deliberate, meditate, meditate on, mull over, muse over, observe, ponder, reflect upon, revolve or turn over in one's mind, ruminate (upon), study ② behold, check out (Inf.), examine, eye, eye up, gaze at, inspect, recce (Sl.), regard, scrutinize, stare at, survey, view, weigh ③ aspire to, consider, design, envisage, expect, foresee, have in view or in mind, intend, mean, plan, propose, think of

contemplation ① cogitation, consideration, deliberation, meditation, musing, pondering, reflection, reverie, rumination, thought ② examination, gazing at, inspection, looking at, observation, recce (Sl.), scrutiny, survey, viewing

contemplative deep or lost in thought, in a brown study, intent, introspective, meditative, musing, pensive, rapt, reflective, ruminative, thoughtful

contemporary
- adj. ① coetaneous (Rare), coeval, coexistent, coexisting, concurrent, contemporaneous, synchronous ② à la mode, current, happening (Inf.), in fashion, latest, modern, newfangled, present, present-day, recent, trendy (Brit. inf.), ultramodern, up-to-date, up-to-the-minute, with it (Inf.)
- n. ③ compeer, fellow, peer

contempt ① condescension, contumely, derision, despite (Archaic), disdain, disregard, disrespect, mockery, neglect, scorn, slight ② (A state of contempt) disgrace, dishonour, humiliation, shame

contemptible abject, base, cheap, degenerate, despicable, detestable, ignominious, low, low-down (Inf.), mean, measly, paltry, pitiful, scurvy, shabby, shameful, vile, worthless

contemptuous arrogant, cavalier, condescending, contumelious, derisive, disdainful, haughty, high and mighty, insolent, insulting, scornful, sneering, supercilious, withering

contend ① clash, compete, contest, cope, emulate, grapple, jostle, litigate, skirmish, strive, struggle, vie ② affirm, allege, argue, assert, aver, avow, debate, dispute, hold, maintain

content¹ ① v. appease, delight, gladden, gratify, humour, indulge, mollify, placate, please, reconcile, sate, satisfy, suffice ② n. comfort, contentment, ease, gratification, peace, peace of mind, pleasure, satisfaction ③ adj. agreeable, at ease, comfortable, contented, fulfilled, satisfied, willing to accept

content² ① burden, essence, gist, ideas, matter, meaning, significance, substance, text, thoughts ② capacity, load, measure, size, volume

contented at ease, at peace, cheerful, comfortable, complacent, content, glad, gratified, happy, pleased, satisfied, serene, thankful

contention ① competition, contest, discord, dispute, dissension, enmity, feuding, hostility, rivalry, row, strife, struggle, wrangling ② affirmation, allegation, argument, assertion, asseveration, belief, claim, declaration, ground, idea, maintaining, opinion, position, profession, stand, thesis, view

contentious argumentative, bickering, captious, cavilling, combative, controversial, cross, disputatious, factious, litigious, peevish, perverse, pugnacious, quarrelsome, querulous, wrangling

contentment comfort, complacency, content, contentedness, ease, equanimity, fulfilment, gladness, gratification, happiness, peace, pleasure, repletion, satisfaction, serenity

contents ① constituents, elements, ingredients, load ② chapters, divisions, subject matter, subjects, themes, topics

contest
- n. ① competition, game, head-to-head, match, tournament, trial ② affray, altercation, battle, combat, conflict, controversy, debate, discord, dispute, encounter, fight, shock, struggle
- v. ③ compete, contend, fight, fight over, strive, vie ④ argue, call in or into question, challenge, debate, dispute, doubt, litigate, object to, oppose, question

contestant aspirant, candidate, competitor, contender, entrant, participant, player

context ① background, connection, frame of reference, framework, relation ② ambience, circumstances, conditions, situation

continent abstemious, abstinent, ascetic, austere, celibate, chaste, self-restrained, sober

contingency accident, chance, emergency, event, eventuality, fortuity, happening, incident, juncture, possibility, uncertainty

contingent
- adj. ① (With on or upon) conditional, controlled by, dependent, subject to ② accidental, casual, fortuitous, haphazard, random, uncertain
- n. ③ batch, body, bunch (Inf.), deputation, detachment, group, mission, quota, section, set

continual constant, continuous, endless, eternal, everlasting, frequent, incessant, interminable, oft-repeated, perpetual, recurrent, regular, repeated, repetitive, unceasing, uninterrupted, unremitting

continually all the time, always, aye (Scot.), constantly, endlessly, eternally, everlastingly, forever, incessantly, interminably, nonstop, persistently, repeatedly

continuation ① addition, extension, furtherance, postscript, sequel, supplement ② maintenance, perpetuation, prolongation, resumption

continue ① abide, carry on, endure, last, live on, persist, remain, rest, stay, stay on, survive ② go on, keep at, keep on, keep the ball rolling, keep up, maintain, persevere, persist in, prolong, pursue, stick at, stick to, sustain ③ draw out, extend, lengthen, project, prolong, reach ④ carry on, pick up where one left off, proceed, recommence, resume, return to, take up

continuing enduring, in progress, lasting, ongoing, sustained

continuity cohesion, connection, flow, interrelationship, progression, sequence, succession, whole

continuous connected, constant, continued, extended, prolonged, unbroken, unceasing, undivided, uninterrupted

contour curve, figure, form, lines, outline, profile, relief, shape, silhouette

contraband ① n. black-marketing, bootlegging, moonshine (U.S.), rum-running, smuggling, trafficking ② adj. banned, black-market, bootleg, bootlegged, forbidden, hot (Inf.), illegal, illicit, interdicted, prohibited, smuggled, unlawful

contract
- v. ① abbreviate, abridge, compress, condense, confine, constrict, curtail, dwindle, epitomize, knit, lessen, narrow, pucker, purse, reduce, shrink, shrivel, tighten, wither, wrinkle ② agree, arrange, bargain, clinch, close, come to terms, commit oneself, covenant, engage, enter into, negotiate, pledge, stipulate ③ acquire, be afflicted with, catch, develop, get, go down with, incur
- n. ④ agreement, arrangement, bargain, bond, commission, commitment, compact, concordat, convention, covenant, deal (Inf.), engage-

ment, pact, settlement, stipulation, treaty, understanding

contraction abbreviation, compression, constriction, diminution, drawing in, elision, narrowing, reduction, shortening, shrinkage, shrivelling, tensing, tightening

contradict be at variance with, belie, challenge, contravene, controvert, counter, counteract, deny, dispute, gainsay (Archaic or literary), impugn, negate, oppose, rebut

contradiction conflict, confutation, contravention, denial, incongruity, inconsistency, negation, opposite

contradictory antagonistic, antithetical, conflicting, contrary, discrepant, incompatible, inconsistent, irreconcilable, opposed, opposite, paradoxical, repugnant

contraption apparatus, contrivance, device, gadget, instrument, mechanism, rig

contrary
- adj. 1 adverse, antagonistic, clashing, contradictory, counter, discordant, hostile, inconsistent, inimical, opposed, opposite, paradoxical 2 awkward, balky, cantankerous, cussed (Inf.), difficult, disobliging, froward, intractable, obstinate, perverse, stroppy (Brit. sl.), thrawn (Northern English dialect), unaccommodating, wayward, wilful
- n. 3 antithesis, converse, opposite, reverse 4 **on the contrary** conversely, in contrast, not at all, on the other hand, quite the opposite or reverse

contrast 1 n. comparison, contrariety, difference, differentiation, disparity, dissimilarity, distinction, divergence, foil, opposition 2 v. compare, differ, differentiate, distinguish, oppose, set in opposition, set off

contribute 1 add, afford, bestow, chip in (Inf.), donate, furnish, give, provide, subscribe, supply 2 be conducive, be instrumental, be partly responsible for, conduce, help, lead, tend

contribution addition, bestowal, donation, gift, grant, input, offering, stipend, subscription

contributor 1 backer, bestower, conferrer, donor, giver, patron, subscriber, supporter 2 correspondent, freelance, freelancer, journalist, journo (Sl.), reporter

contrite chastened, conscience-stricken, humble, in sackcloth and ashes, penitent, regretful, remorseful, repentant, sorrowful, sorry

contrivance 1 artifice, design, dodge, expedient, fabrication, formation, intrigue, inventiveness, machination, measure, plan, plot, project, ruse, scheme, stratagem, trick 2 apparatus, appliance, contraption, device, equipment, gadget, gear, implement, instrument, invention, machine, mechanism

contrive 1 concoct, construct, create, design, devise, engineer, fabricate, frame, improvise, invent, manufacture, wangle (Inf.) 2 arrange, bring about, effect, hit upon, manage, manoeuvre, plan, plot, scheme, succeed

contrived artificial, elaborate, forced, laboured, overdone, planned, recherché, strained, unnatural

control
- v. 1 administer, boss (Inf.), call the tune, command, conduct, direct, dominate, govern, handle, have charge of, hold the purse strings, lead, manage, manipulate, oversee, pilot, reign over, rule, steer, superintend, supervise 2 bridle, check, constrain, contain, curb, hold back, limit, master, rein in, repress, restrain, subdue 3 (Used of a machine, an experiment, etc.) counteract, determine, monitor, regulate, verify
- n. 4 authority, charge, command, direction, discipline, government, guidance, jurisdiction, management, mastery, oversight, rule, superintendence, supervision, supremacy 5 brake, check, curb, limitation, regulation, restraint

controls console, control panel, dash, dashboard, dials, instruments

controversial at issue, contended, contentious, controvertible, debatable, disputable, disputed, open to question, polemic, under discussion

controversy altercation, argument, contention, debate, discussion, dispute, dissension, polemic, quarrel, row, squabble, strife, wrangle, wrangling

convalescence improvement, recovery, recuperation, rehabilitation, return to health

convalescent adj. getting better, improving, mending, on the mend, recovering, recuperating

convene assemble, bring together, call, come together, congregate, convoke, gather, meet, muster, rally, summon

convenience 1 accessibility, appropriateness, availability, fitness, handiness, opportuneness, serviceability, suitability, usefulness, utility 2 (A convenient time or situation) chance, leisure, opportunity, spare moment, spare time 3 accommodation, advantage, benefit, comfort, ease, enjoyment, satisfaction, service, use 4 (A useful device) amenity, appliance, comfort, facility, help, labour-saving device

convenient 1 adapted, appropriate, beneficial, commodious, fit, fitted, handy, helpful, labour-saving, opportune, seasonable, serviceable, suitable, suited, timely, useful, well-timed 2 accessible, at hand, available, close at hand, handy, just round the corner, nearby, within reach

convent convent school, nunnery, religious community

convention 1 assembly, conference, congress, convocation, council, delegates, meeting, representatives 2 code, custom, etiquette, formality, practice, propriety, protocol, tradition, usage 3 agreement, bargain, compact, concordat, contract, pact, protocol, stipulation, treaty

conventional 1 accepted, common, correct, customary, decorous, expected, formal, habitual, normal, ordinary, orthodox, prevailing, prevalent, proper, regular, ritual, standard, traditional, usual, wonted 2 banal, bourgeois, commonplace, hackneyed, hidebound, pedestrian, prosaic, routine, run-of-the-mill, stereotyped, unoriginal

converge coincide, combine, come together, concentrate, focus, gather, join, meet, merge, mingle

conversant (Usually with **with**) acquainted, au fait, experienced, familiar, knowledgeable, practised, proficient, skilled, versed, well-informed, well up in (Inf.)

conversation chat, chinwag (Brit. inf.), colloquy, communication, communion, confab (Inf.), confabulation, conference, converse, dialogue, discourse, discussion, exchange, gossip, intercourse, powwow, talk, tête-à-tête

converse 1 n. antithesis, contrary, obverse, opposite, other side of the coin, reverse 2 adj. contrary, counter, opposite, reverse, reversed, transposed

conversion 1 change, metamorphosis, transfiguration, transformation, transmogrification (Jocular), transmutation 2 adaptation, alteration, modification, reconstruction, remodelling, reorganization 3 change of heart, proselytization, rebirth, reformation, regeneration

convert[1] v. 1 alter, change, interchange, metamorphose, transform, transmogrify (Jocular), transmute, transpose, turn 2 adapt, apply, appropriate, modify, remodel, reorganize, restyle, revise 3 baptize, bring to God, convince, proselytize, reform, regenerate, save

convert[2] n. catechumen, disciple, neophyte, proselyte

convex bulging, gibbous, outcurved, protuberant, rounded

convey 1 bear, bring, carry, conduct, fetch, forward, grant, guide, move, send, support, transmit, transport 2 communicate, disclose, impart, make known, relate, reveal, tell 3 (Law) bequeath, cede, deliver, demise, devolve, grant, lease, transfer, will

conveyance 1 carriage, movement, transfer, transference, transmission, transport, transportation 2 transport, vehicle

convict 1 v. condemn, find guilty, imprison, pronounce guilty, sentence 2 n. con (Sl.), criminal, culprit, felon, jailbird, lag (Sl.), malefactor, prisoner, villain

conviction 1 assurance, certainty, certitude, confidence, earnestness, fervour, firmness, reliance 2 belief, creed, faith, opinion, persuasion, principle, tenet, view

convince assure, bring round, gain the confidence of, persuade, prevail upon, prove to, satisfy, sway, win over

convincing cogent, conclusive, credible, impressive, incontrovertible, likely, persuasive, plausible, powerful, probable, telling, verisimilar

convoy 1 n. armed guard, attendance, attendant, escort, guard, protection 2 v. accompany, attend, escort, guard, pilot, protect, shepherd, usher

convulse agitate, churn up, derange, disorder, disturb, shake, shatter, twist, work

convulsion 1 agitation, commotion, disturbance, furore, shaking, tumult, turbulence, upheaval 2 contortion, contraction, cramp, fit, paroxysm, seizure, spasm, throe (Rare), tremor

cool
- adj. 1 chilled, chilling, chilly, coldish, nippy, refreshing 2 calm, collected, composed, deliberate, dispassionate, imperturbable, laid-back (Inf.), level-headed, placid, quiet, relaxed, sedate, self-controlled, self-possessed, serene, together (Sl.), unemotional, unexcited, unfazed (Inf.), unruffled 3 aloof, apathetic, distant, frigid, incurious, indifferent, lukewarm, offhand, reserved, standoffish, uncommunicative, unconcerned, unenthusiastic, unfriendly, uninterested, unresponsive, unwelcoming 4 audacious, bold, brazen, cheeky, impertinent, impudent, presumptuous, shameless 5 (Inf.) cosmopolitan, elegant, sophisticated, urbane
- v. 6 chill, cool off, freeze, lose heat, refrigerate 7 abate, allay, assuage, calm (down), dampen, lessen, moderate, quiet, temper
- n. 8 (Sl.) calmness, composure, control, poise, self-control, self-discipline, self-possession, temper

coop 1 n. box, cage, enclosure, hutch, pen, pound 2 v. cage, confine, immure, impound, imprison, pen, pound, shut up

cooperate abet, aid, assist, collaborate, combine, concur, conduce, conspire, contribute, coordinate, go along with, help, join forces, pitch in, play ball (Inf.), pool resources, pull together, work together

cooperation assistance, collaboration, combined effort, concert, concurrence, esprit de corps, give-and-take, helpfulness, participation, responsiveness, teamwork, unity

cooperative 1 accommodating, helpful, obliging, responsive, supportive 2 coactive, collective, combined, concerted, coordinated, joint, shared, unified, united

coordinate 1 v. correlate, harmonize, integrate, match, mesh, organize, relate, synchronize, systematize 2 adj. coequal, correlative, correspondent, equal, equivalent, parallel, tantamount

cope 1 carry on, get by (Inf.), hold one's own, make out (Inf.), make the grade, manage, rise to the occasion, struggle through, survive 2 **cope with** contend, deal, dispatch, encounter, grapple, handle, struggle, tangle, tussle, weather, wrestle

copious abundant, ample, bounteous, bountiful, extensive, exuberant, full, generous, lavish, liberal, luxuriant, overflowing, plenteous, plentiful, profuse, rich, superabundant

copy
- n. 1 archetype, carbon copy, counterfeit, duplicate, facsimile, fake, fax, forgery, image, imitation, likeness, model, pattern, photocopy, Photostat (Trademark), print, replica, replication, representation, reproduction, transcription, Xerox (Trademark)
- v. 2 counterfeit, duplicate, photocopy, Photostat (Trademark), replicate, reproduce, transcribe, Xerox (Trademark) 3 ape, echo, emulate, follow, follow suit, follow the example of, imitate, mimic, mirror, parrot, repeat, simulate

cordial affable, affectionate, agreeable, cheerful, congenial, earnest, friendly, genial, heartfelt, hearty, invigorating, sociable, warm, warm-hearted, welcoming, wholehearted

cordiality affability, amiability, friendliness, geniality, heartiness, sincerity, warmth, wholeheartedness

cordon 1 n. barrier, chain, line, ring 2 v. **cordon off** close off, encircle, enclose, fence off, isolate, picket, separate, surround

core centre, crux, essence, gist, heart, kernel, nub, nucleus, pith

corner
- n. 1 angle, bend, crook, joint 2 cavity, cranny, hideaway, hide-out, hidey-hole (Inf.), hole, niche, nook, recess, retreat 3 hole (Inf.), hot water (Inf.), pickle (Inf.), predicament, spot (Inf.), tight spot
- v. 4 bring to bay, run to earth, trap 5 Also **corner the market** dominate, engross, hog (Sl.), monopolize

cornerstone ① quoin ② basis, bedrock, key, premise, starting point

corny banal, commonplace, dull, feeble, hackneyed, maudlin, mawkish, old-fashioned, old hat, sentimental, stale, stereotyped, trite

corporal anatomical, bodily, carnal, corporeal (Archaic), fleshly, material, physical, somatic

corporate allied, collaborative, collective, combined, communal, joint, merged, pooled, shared, united

corporation ① association, corporate body, society ② civic authorities, council, municipal authorities, town council ③ (Inf.) beer belly (Inf.), paunch, pod, pot, potbelly, spare tyre, spread (Inf.)

corps band, body, company, contingent, crew, detachment, division, regiment, squad, squadron, team, troop, unit

corpse body, cadaver, carcass, remains, stiff (Sl.)

corpulent beefy (Inf.), bulky, burly, fat, fattish, fleshy, large, lusty, obese, overweight, plump, portly, roly-poly, rotund, stout, tubby, well-padded

correct
- v. ① adjust, amend, cure, emend, improve, rectify, redress, reform, regulate, remedy, right ② admonish, chasten, chastise, chide, discipline, punish, reprimand, reprove
- adj. ③ accurate, equitable, exact, faultless, flawless, just, OK or okay (Inf.), precise, regular, right, strict, true ④ acceptable, appropriate, diplomatic, fitting, kosher (Inf.), OK or okay (Inf.), proper, seemly, standard

correction ① adjustment, alteration, amendment, emendation, improvement, modification, rectification, righting ② admonition, castigation, chastisement, discipline, punishment, reformation, reproof

corrective adj. ① palliative, rehabilitative, remedial, restorative, therapeutic ② disciplinary, penal, punitive, reformatory

correctly accurately, aright, perfectly, precisely, properly, right, rightly

correctness ① accuracy, exactitude, exactness, faultlessness, fidelity, preciseness, precision, regularity, truth ② bon ton, civility, decorum, good breeding, propriety, seemliness

correlate associate, compare, connect, coordinate, correspond, equate, interact, parallel, tie in

correlation alternation, correspondence, equivalence, interaction, interchange, interdependence, interrelationship, reciprocity

correspond ① accord, agree, be consistent, coincide, complement, conform, correlate, dovetail, fit, harmonize, match, square, tally ② communicate, exchange letters, keep in touch, write

correspondence ① agreement, analogy, coincidence, comparability, comparison, concurrence, conformity, congruity, correlation, fitness, harmony, match, relation, similarity ② communication, letters, mail, post, writing

correspondent
- n. ① letter writer, pen friend or pal ② contributor, gazetteer (Archaic), journalist, journo (Sl.), reporter, special correspondent
- adj. ③ analogous, comparable, like, parallel, reciprocal, similar

corresponding analogous, answering, complementary, correlative, correspondent, equivalent, identical, interrelated, matching, reciprocal, similar, synonymous

corridor aisle, alley, hallway, passage, passageway

corroborate authenticate, back up, bear out, confirm, document, endorse, establish, ratify, substantiate, support, sustain, validate

corrode canker, consume, corrupt, deteriorate, eat away, erode, gnaw, impair, oxidize, rust, waste, wear away

corrosive ① acrid, biting, caustic, consuming, corroding, erosive, virulent, vitriolic, wasting, wearing ② caustic, cutting, incisive, mordant, sarcastic, trenchant, venomous, vitriolic

corrugated channelled, creased, crinkled, fluted, furrowed, grooved, puckered, ridged, rumpled, wrinkled

corrupt
- adj. ① bent (Sl.), bribable, crooked (Inf.), dishonest, fraudulent, rotten, shady (Inf.), unethical, unprincipled, unscrupulous, venal ② abandoned, debased, defiled, degenerate, demoralized, depraved, dishonoured, dissolute, profligate, vicious
- v. ③ bribe, buy off, debauch, demoralize, deprave, entice, fix (Inf.), grease (someone's) palm (Sl.), lure, pervert, square, suborn, subvert
- adj. ④ adulterated, altered, contaminated, decayed, defiled, distorted, doctored, falsified, infected, polluted, putrescent, putrid, rotten, tainted
- v. ⑤ adulterate, contaminate, debase, defile, doctor, infect, putrefy, spoil, taint, tamper with, vitiate

corruption ① breach of trust, bribery, bribing, crookedness (Inf.), demoralization, dishonesty, extortion, fiddling (Inf.), fraud, fraudulency, graft (Inf.), jobbery, profiteering, shadiness, shady dealings (Inf.), unscrupulousness, venality ② baseness, decadence, degeneration, degradation, depravity, evil, immorality, impurity, iniquity, perversion, profligacy, sinfulness, turpitude, vice, viciousness, wickedness ③ adulteration, debasement, decay, defilement, distortion, doctoring, falsification, foulness, infection, pollution, putrefaction, putrescence, rot, rottenness

corset ① belt, bodice, corselet, foundation garment, girdle, panty girdle, stays (Rare) ② (Fig.) check, curb, limitation, restriction

cosmetic adj. beautifying, nonessential, superficial, surface, touching-up

cosmic grandiose, huge, immense, infinite, limitless, measureless, universal, vast

cosmonaut astronaut, spaceman, space pilot

cosmopolitan ① adj. broad-minded, catholic, open-minded, sophisticated, universal, urbane, well-travelled, worldly, worldly-wise ② n. cosmopolite, jetsetter, man or woman of the world, sophisticate

cost
- n. ① amount, charge, damage (Inf.), expenditure, expense, figure, outlay, payment, price, rate, worth ② damage, deprivation, detriment, expense, harm, hurt, injury, loss, penalty, sacrifice, suffering
- v. ③ come to, command a price of, sell at, set (someone) back (Inf.) ④ (Fig.) do disservice to, harm, hurt, injure, lose, necessitate

costly ① dear, excessive, exorbitant, expensive, extortionate, highly-priced, steep (Inf.), stiff, valuable ② gorgeous, lavish, luxurious, opulent, precious, priceless, rich, splendid, sumptuous ③ (Entailing loss or sacrifice) catastrophic, damaging, deleterious, disastrous, harmful, loss-making, ruinous, sacrificial

costs ① budget, expenses, outgoings ② **at all costs** at any price, no matter what, regardless, without fail

costume apparel, attire, clothing, dress, ensemble, garb, get-up (Inf.), livery, national dress, outfit, robes, uniform

cosy comfortable, comfy (Inf.), cuddled up, homely, intimate, secure, sheltered, snug, snuggled down, tucked up, warm

cottage but-and-ben (Scot.), cabin, chalet, cot, hut, lodge, shack

cough ① n. bark, frog or tickle in one's throat, hack ② v. bark, clear one's throat, hack, hawk, hem

cough up ante up (Inf., chiefly U.S.), come across, deliver, fork out (Sl.), give up, hand over, shell out (Inf.), surrender

council assembly, board, cabinet, chamber, committee, conclave, conference, congress, convention, convocation, diet, governing body, house, ministry, panel, parliament, synod

counsel
- n. ① admonition, advice, caution, consideration, consultation, deliberation, direction, forethought, guidance, information, recommendation, suggestion, warning ② advocate, attorney, barrister, lawyer, legal adviser, solicitor
- v. ③ admonish, advise, advocate, caution, exhort, instruct, prescribe, recommend, urge, warn

count
- v. ① add (up), calculate, cast up, check, compute, enumerate, estimate, number, reckon, score, tally, tot up ② consider, deem, esteem, impute, judge, look upon, rate, regard, think ③ carry weight, cut any ice (Inf.), enter into consideration, matter, rate, signify, tell, weigh ④ include, number among, take into account or consideration
- n. ⑤ calculation, computation, enumeration, numbering, poll, reckoning, sum, tally

countenance
- n. ① appearance, aspect, expression, face, features, look, mien, physiognomy, visage ② aid, approval, assistance, backing, endorsement, favour, sanction, support
- v. ③ abet, aid, approve, back, champion, condone, encourage, endorse, help, sanction, support ④ brook, endure, put up with (Inf.), stand for (Inf.), tolerate

counter ① adv. against, at variance with, contrarily, contrariwise, conversely, in defiance of, versus ② adj. adverse, against, conflicting, contradictory, contrary, contrasting, obverse, opposed, opposing, opposite ③ v. answer, hit back, meet, offset, parry, resist, respond, retaliate, return, ward off

counteract annul, check, contravene, counterbalance, countervail, cross, defeat, foil, frustrate, hinder, invalidate, negate, neutralize, obviate, offset, oppose, resist, thwart

counterbalance balance, compensate, counterpoise, countervail, make up for, offset, set off

counterfeit ① v. copy, fabricate, fake, feign, forge, imitate, impersonate, pretend, sham, simulate ② adj. bogus, copied, ersatz, faked, false, feigned, forged, fraudulent, imitation, phoney or phony (Inf.), pseud (Inf.), pseudo (Inf.), sham, simulated, spurious, suppositious ③ n. copy, fake, forgery, fraud, imitation, phoney or phony (Inf.), reproduction, sham

countermand annul, cancel, override, repeal, rescind, retract, reverse, revoke

counterpart complement, copy, correlative, duplicate, equal, fellow, match, mate, opposite number, supplement, tally, twin

countless endless, immeasurable, incalculable, infinite, innumerable, legion, limitless, measureless, multitudinous, myriad, numberless, uncounted, untold

count on or **upon** bank on, believe (in), depend on, lean on, pin one's faith on, reckon on, rely on, take for granted, take on trust, trust

count out disregard, except, exclude, leave out, leave out of account, pass over

country
- n. ① commonwealth, kingdom, nation, people, realm, sovereign state, state ② fatherland, homeland, motherland, nationality, native land, patria ③ land, part, region, terrain, territory ④ citizenry, citizens, community, electors, grass roots, inhabitants, nation, people, populace, public, society, voters ⑤ backwoods, boondocks (U.S. sl.), countryside, farmland, green belt, outback (Aust. & N.Z.), outdoors, provinces, rural areas, sticks (Inf.), the back of beyond, the middle of nowhere, wide open spaces (Inf.)
- adj. ⑥ agrestic, agrarian, Arcadian, bucolic, georgic (Literary), landed, pastoral, provincial, rural, rustic

countryman ① bumpkin, country dweller, farmer, hayseed (U.S. & Canad. inf.), hick (Inf., chiefly U.S. & Canad.), hind (Obsolete), husbandman, peasant, provincial, rustic, swain, yokel ② compatriot, fellow citizen

countryside country, farmland, green belt, outback (Aust. & N.Z.), outdoors, panorama, sticks (Inf.), view, wide open spaces (Inf.)

count up add, reckon up, sum, tally, total

count upon → **count on**

county ① n. province, shire ② adj. green-wellie, huntin', shootin', and fishin' (Inf.), plummy (Inf.), tweedy, upper-class, upper-crust (Inf.)

coup accomplishment, action, deed, exploit, feat, manoeuvre, masterstroke, stratagem, stroke, stroke of genius, stunt, tour de force

couple ① n. brace, duo, item, pair, span (of horses or oxen), twain (Archaic), twosome ② v. buckle, clasp, conjoin, connect, hitch, join, link, marry, pair, unite, wed, yoke

coupon card, certificate, detachable portion, slip, ticket, token, voucher

courage balls (Taboo sl.), ballsiness (Taboo sl.), boldness, bottle (Brit. sl.), bravery, daring, dauntlessness, fearlessness, firmness, fortitude, gallantry, grit, guts (Inf.), hardihood, heroism, intrepidity, lion-heartedness, mettle, nerve, pluck, resolution, spunk (Inf.), valour

courageous audacious, ballsy (Taboo sl.), bold, brave, daring, dauntless, fearless, gallant, gritty, hardy, heroic, indomitable, intrepid, lion-hearted, plucky, resolute, stalwart, stouthearted, valiant, valorous

course
- n. ① advance, advancement, continuity, development, flow, furtherance, march, movement,

order, progress, progression, sequence, succession, unfolding [2] channel, direction, line, orbit, passage, path, road, route, tack, track, trail, trajectory, way [3] duration, lapse, passage, passing, sweep, term, time [4] behaviour, conduct, manner, method, mode, plan, policy, procedure, programme, regimen [5] cinder track, circuit, lap, race, racecourse, round [6] classes, course of study, curriculum, lectures, programme, schedule, studies
- v. [7] dash, flow, gush, move apace, race, run, scud, scurry, speed, stream, surge, tumble [8] chase, follow, hunt, pursue [9] **in due course** eventually, finally, in the course of time, in the end, in time, sooner or later [10] **of course** certainly, definitely, indubitably, naturally, obviously, undoubtedly, without a doubt

court
- n. [1] cloister, courtyard, piazza, plaza, quad (Inf.), quadrangle, square, yard [2] hall, manor, palace [3] attendants, cortège, entourage, retinue, royal household, suite, train [4] bar, bench, court of justice, lawcourt, seat of judgment, tribunal [5] addresses, attention, homage, respects, suit
- v. [6] chase, date, go (out) with, go steady with (Inf.), keep company with, make love to, pay court to, pay one's addresses to, pursue, run after, serenade, set one's cap at, sue (Archaic), take out, walk out with, woo [7] cultivate, curry favour with, fawn upon, flatter, pander to, seek, solicit [8] attract, bring about, incite, invite, prompt, provoke, seek

courteous affable, attentive, ceremonious, civil, courtly, elegant, gallant, gracious, mannerly, polished, polite, refined, respectful, urbane, well-bred, well-mannered

courtesy [1] affability, civility, courteousness, courtliness, elegance, gallantness, gallantry, good breeding, good manners, graciousness, polish, politeness, urbanity [2] benevolence, consent, consideration, favour, generosity, indulgence, kindness

courtier attendant, follower, henchman, liegeman, pursuivant (Historical), squire, train-bearer

courtly affable, aristocratic, ceremonious, chivalrous, civil, decorous, dignified, elegant, flattering, formal, gallant, highbred, lordly, obliging, polished, refined, stately, urbane

courtship courting, engagement, keeping company, pursuit, romance, suit, wooing

courtyard area, enclosure, peristyle, playground, quad, quadrangle, yard

cove anchorage, bay, bayou, creek, firth or frith (Scot.), inlet, sound

covenant
- n. [1] arrangement, bargain, commitment, compact, concordat, contract, convention, pact, promise, stipulation, treaty, trust [2] bond, deed
- v. [3] agree, bargain, contract, engage, pledge, stipulate, undertake

cover
- v. [1] camouflage, cloak, conceal, cover up, curtain, disguise, eclipse, enshroud, hide, hood, house, mask, obscure, screen, secrete, shade, shroud, veil
- n. [2] cloak, cover-up, disguise, façade, front, mask, pretence, screen, smoke screen, veil, window-dressing
- v. [3] defend, guard, protect, reinforce, shelter, shield, watch over
- n. [4] camouflage, concealment, defence, guard, hiding place, protection, refuge, sanctuary, shelter, shield, undergrowth, woods
- v. [5] canopy, clothe, coat, daub, dress, encase, envelop, invest, layer, mantle, overlay, overspread, put on, wrap
- n. [6] binding, canopy, cap, case, clothing, coating, covering, dress, envelope, jacket, lid, sheath, top, wrapper
- v. [7] comprehend, comprise, consider, contain, deal with, embody, embrace, encompass, examine, include, incorporate, involve, provide for, refer to, survey, take account of [8] double for, fill in for, relieve, stand in for, substitute, take over, take the rap for (Sl.) [9] describe, detail, investigate, narrate, recount, relate, report, tell of, write up [10] balance, compensate, counterbalance, insure, make good, make up for, offset
- n. [11] compensation, indemnity, insurance, payment, protection, reimbursement
- v. [12] cross, pass through or over, range, travel over, traverse [13] engulf, flood, overrun, submerge, wash over

covering [1] n. blanket, casing, clothing, coating, cover, housing, layer, overlay, protection, shelter, top, wrap, wrapper, wrapping [2] adj. accompanying, descriptive, explanatory, introductory

cover-up complicity, concealment, conspiracy, front, smoke screen, whitewash (Inf.)

cover up [1] conceal, cover one's tracks, feign ignorance, hide, hush up, keep dark, keep secret, keep silent about, keep under one's hat (Inf.), repress, stonewall, suppress, whitewash (Inf.) [2] Artex (Trademark), coat, cover, encrust, envelop, hide, plaster, slather (U.S. sl.), swathe

covet aspire to, begrudge, crave, desire, envy, fancy (Inf.), hanker after, have one's eye on, long for, lust after, thirst for, yearn for

covetous acquisitive, avaricious, close-fisted, envious, grasping, greedy, jealous, mercenary, rapacious, yearning

coward caitiff (Archaic), chicken (Sl.), craven, dastard (Archaic), faint-heart, funk (Inf.), poltroon, recreant (Archaic), renegade, scaredy-cat (Inf.), skulker, sneak, wimp (Inf.), yellow-belly (Sl.)

cowardly abject, base, caitiff (Archaic), chicken (Sl.), chicken-hearted, chickenshit (U.S. sl.), craven, dastardly, faint-hearted, fearful, gutless (Inf.), lily-livered, pusillanimous, recreant (Archaic), scared, shrinking, soft, spineless, timorous, weak, weak-kneed (Inf.), white-livered, yellow (Inf.)

cowboy broncobuster (U.S.), cattleman, cowhand, cowpuncher (U.S. inf.), drover, gaucho (S. American), herder, herdsman, rancher, ranchero (U.S.), stockman, wrangler (U.S.)

cower cringe, crouch, draw back, fawn, flinch, grovel, quail, shrink, skulk, sneak, tremble, truckle

coy arch, backward, bashful, coquettish, demure, evasive, flirtatious, kittenish, modest, overmodest, prudish, reserved, retiring, self-effacing, shrinking, shy, skittish, timid

crack
- v. [1] break, burst, chip, chop, cleave, crackle, craze, fracture, rive, snap, splinter, split
- n. [2] breach, break, chink, chip, cleft, cranny, crevice, fissure, fracture, gap, interstice, rift
- v. [3] burst, crash, detonate, explode, pop, ring, snap
- n. [4] burst, clap, crash, explosion, pop, report, snap
- v. [5] break down, collapse, give way, go to pieces, lose control, succumb, yield
- v./ n. [6] (Inf.) buffet, clip (Inf.), clout (Inf.), cuff, slap, thump, wallop (Inf.), whack
- v. [7] decipher, fathom, get the answer to, solve, work out
- n. [8] (Inf.) attempt, go (Inf.), opportunity, stab (Inf.), try [9] (Sl.) dig, funny remark, gag (Inf.), insult, jibe, joke, quip, smart-alecky remark, wisecrack, witticism
- adj. [10] (Sl.) ace, choice, elite, excellent, first-class, first-rate, hand-picked, superior, world-class

cracked [1] broken, chipped, crazed, damaged, defective, faulty, fissured, flawed, imperfect, split [2] (Sl.) bats (Sl.), batty (Sl.), crackbrained, crackpot (Inf.), crazy (Inf.), daft (Inf.), eccentric, insane, loony (Sl.), loopy (Inf.), nuts (Sl.), nutty (Sl.), oddball (Inf.), off one's head or nut (Sl.), off one's trolley (Sl.), off-the-wall (Sl.), out of one's mind, outré, out to lunch (Inf.), round the bend (Sl.), touched, up the pole (Inf.), wacko (Sl.)

crack up break down, collapse, come apart at the seams (Inf.), freak out (Inf.), go ape (Sl.), go apeshit (Sl.), go berserk, go crazy (Inf.), go off one's rocker (Sl.), go out of one's mind, go to pieces, have a breakdown, throw a wobbly (Sl.)

cradle
- n. [1] bassinet, cot, crib, Moses basket [2] (Fig.) beginning, birthplace, fount, fountainhead, origin, source, spring, wellspring
- v. [3] hold, lull, nestle, nurse, rock, support [4] nourish, nurture, tend, watch over

craft [1] ability, aptitude, art, artistry, cleverness, dexterity, expertise, expertness, ingenuity, knack, know-how (Inf.), skill, technique, workmanship [2] artfulness, artifice, contrivance, craftiness, cunning, deceit, duplicity, guile, ruse, scheme, shrewdness, stratagem, subterfuge, subtlety, trickery, wiles [3] business, calling, employment, handicraft, handiwork, line, occupation, pursuit, trade, vocation, work [4] aircraft, barque, boat, plane, ship, spacecraft, vessel

craftiness artfulness, astuteness, canniness, cunning, deviousness, duplicity, foxiness, guile, shrewdness, slyness, subtlety, trickiness, wiliness

craftsman artificer, artisan, maker, master, skilled worker, smith, technician, wright

craftsmanship artistry, expertise, mastery, technique, workmanship

crafty artful, astute, calculating, canny, cunning, deceitful, designing, devious, duplicitous, foxy, fraudulent, guileful, insidious, knowing, scheming, sharp, shrewd, sly, subtle, tricksy, tricky, wily

crag aiguille, bluff, peak, pinnacle, rock, tor

cram [1] compact, compress, crowd, crush, fill to overflowing, force, jam, overcrowd, overfill, pack, pack in, press, ram, shove, squeeze, stuff [2] glut, gorge, gormandize, guzzle, overeat, overfeed, pig out (Sl.), put or pack away, satiate, stuff [3] (Inf.) bone up on (Inf.), con, grind, mug up (Sl.), revise, study, swot, swot up

cramp [1] v. check, circumscribe, clog, confine, constrain, encumber, hamper, hamstring, handicap, hinder, impede, inhibit, obstruct, restrict, shackle, stymie, thwart [2] n. ache, contraction, convulsion, crick, pain, pang, shooting pain, spasm, stiffness, stitch, twinge

cramped [1] awkward, circumscribed, closed in, confined, congested, crowded, hemmed in, jammed in, narrow, overcrowded, packed, restricted, squeezed, uncomfortable [2] (Esp. of handwriting) crabbed, indecipherable, irregular, small

cranky bizarre, capricious, eccentric, erratic, freakish, freaky (Sl.), funny (Inf.), idiosyncratic, odd, oddball (Inf.), off-the-wall (Sl.), outré, peculiar, queer, quirky, rum (Brit. sl.), strange, wacko (Sl.), wacky (Sl.)

cranny breach, chink, cleft, crack, crevice, fissure, gap, hole, interstice, nook, opening, rift

crash
- n. [1] bang, boom, clang, clash, clatter, clattering, din, racket, smash, smashing, thunder
- v. [2] break, break up, dash to pieces, disintegrate, fracture, fragment, shatter, shiver, smash, splinter [3] come a cropper (Inf.), dash, fall, fall headlong, give way, hurtle, lurch, overbalance, pitch, plunge, precipitate oneself, sprawl, topple [4] bang, bump (into), collide, crash-land (an aircraft), drive into, have an accident, hit, hurtle into, plough into, run together, wreck
- n. [5] accident, bump, collision, jar, jolt, pile-up (Inf.), prang (Inf.), smash, smash-up, thud, thump, wreck [6] bankruptcy, collapse, debacle, depression, downfall, failure, ruin, smash
- v. [7] be ruined, collapse, fail, fold, fold up, go broke (Inf.), go bust (Inf.), go to the wall, go under, smash
- adj. [8] (Of a course of studies, etc.) emergency, intensive, immediate, round-the-clock, speeded-up, telescoped, urgent

crass asinine, blundering, boorish, bovine, coarse, dense, doltish, gross, indelicate, insensitive, lumpish, oafish, obtuse, stupid, unrefined, witless

crate [1] n. box, case, container, packing case, tea chest [2] v. box, case, encase, enclose, pack, pack up

crater depression, dip, hollow, shell hole

crave [1] be dying for, cry out for (Inf.), desire, eat one's heart out over, fancy (Inf.), hanker after, hope for, hunger after, long for, lust after, need, pant for, pine for, require, sigh for, thirst for, want, yearn for [2] ask, beg, beseech, entreat, implore, petition, plead for, pray for, seek, solicit, supplicate

craving appetite, cacoethes, desire, hankering, hope, hunger, longing, lust, thirst, urge, yearning, yen (Inf.)

crawl [1] advance slowly, creep, drag, go on all fours, inch, move at a snail's pace, move on hands and knees, pull or drag oneself along, slither, worm one's way, wriggle, writhe [2] be overrun (alive, full of, lousy (Sl.)), swarm, teem [3] abase oneself, brown-nose (Taboo sl.), cringe, fawn, grovel, humble oneself, kiss ass (U.S. & Canad. taboo sl.), pander to, toady, truckle

craze [1] n. enthusiasm, fad, fashion, infatuation, mania, mode, novelty, passion, preoccupation, rage, the latest (Inf.), thing, trend, vogue [2] v.

bewilder, confuse, dement, derange, distemper, drive mad, enrage, infatuate, inflame, madden, make insane, send crazy or berserk, unbalance, unhinge

crazy 1 (Inf.) a bit lacking upstairs (Inf.), barking (Sl.), barking mad (Sl.), barmy (Sl.), batty (Sl.), berserk, bonkers (Sl., chiefly Brit.), cracked (Sl.), crackpot (Inf.), crazed, cuckoo (Inf.), daft (Inf.), delirious, demented, deranged, idiotic, insane, loopy (Inf.), lunatic, mad, mad as a hatter, mad as a March hare, maniacal, mental (Sl.), not all there (Inf.), not the full shilling (Inf.), nuts (Sl.), nutty (Sl.), nutty as a fruitcake (Sl.), off one's head (Sl.), off one's trolley (Sl.), off-the-wall (Sl.), of unsound mind, out to lunch (Inf.), potty (Brit. inf.), round the bend (Sl.), touched, unbalanced, unhinged, up the pole (Inf.) 2 bizarre, eccentric, fantastic, odd, oddball (Inf.), outrageous, peculiar, ridiculous, rum (Brit. sl.), silly, strange, wacko (Sl.), weird 3 absurd, bird-brained (Inf.), cockeyed (Inf.), derisory, fatuous, foolhardy, foolish, half-baked (Inf.), idiotic, ill-conceived, impracticable, imprudent, inane, inappropriate, irresponsible, ludicrous, nonsensical, potty (Brit. inf.), preposterous, puerile, quixotic, senseless, short-sighted, unrealistic, unwise, unworkable, wild 4 (Inf.) ardent, beside oneself, devoted, eager, enamoured, enthusiastic, fanatical, hysterical, infatuated, into (Inf.), mad, passionate, smitten, very keen, wild (Inf.), zealous

creak v. grate, grind, groan, rasp, scrape, scratch, screech, squeak, squeal

cream
◆ **n.** 1 cosmetic, emulsion, essence, liniment, lotion, oil, ointment, paste, salve, unguent 2 best, crème de la crème, elite, flower, pick, prime
◆ **adj.** 3 off-white, yellowish-white

creamy buttery, creamed, lush, milky, oily, rich, smooth, soft, velvety

crease 1 v. corrugate, crimp, crinkle, crumple, double up, fold, pucker, ridge, ruck up, rumple, screw up, wrinkle 2 n. bulge, corrugation, fold, groove, line, overlap, pucker, ridge, ruck, tuck, wrinkle

create 1 beget, bring into being or existence, coin, compose, concoct, design, develop, devise, dream up (Inf.), form, formulate, generate, give birth to, give life to, hatch, initiate, invent, make, originate, produce, spawn 2 appoint, constitute, establish, found, install, invest, make, set up 3 bring about, cause, lead to, occasion

creation 1 conception, formation, generation, genesis, making, procreation, siring 2 constitution, development, establishment, formation, foundation, inception, institution, laying down, origination, production, setting up 3 achievement, brainchild (Inf.), chefd'oeuvre, concept, concoction, handiwork, invention, magnum opus, pièce de résistance, production 4 all living things, cosmos, life, living world, natural world, nature, universe, world

creative artistic, clever, fertile, gifted, imaginative, ingenious, inspired, inventive, original, productive, stimulating, visionary

creativity cleverness, fecundity, fertility, imagination, imaginativeness, ingenuity, inspiration, inventiveness, originality, productivity, talent

creator architect, author, begetter, designer, father, framer, God, initiator, inventor, maker, originator, prime mover

creature 1 animal, beast, being, brute, critter (U.S. dialect), dumb animal, living thing, lower animal, quadruped 2 body, character, fellow, human being, individual, man, mortal, person, soul, wight (Archaic), woman 3 dependant, hanger-on, hireling, instrument (Inf.), lackey, minion, puppet, retainer, tool, wretch

credentials attestation, authorization, card, certificate, deed, diploma, docket, letter of recommendation or introduction, letters of credence, licence, missive, passport, recommendation, reference(s), testament, testimonial, title, voucher, warrant

credibility believability, believableness, integrity, plausibility, reliability, tenability, trustworthiness

credible 1 believable, conceivable, imaginable, likely, plausible, possible, probable, reasonable, supposable, tenable, thinkable, verisimilar 2 dependable, honest, reliable, sincere, trustworthy, trusty

credit
◆ **n.** 1 acclaim, acknowledgement, approval, Brownie points, commendation, fame, glory, honour, kudos, merit, praise, recognition, thanks, tribute 2 character, clout (Inf.), esteem, estimation, good name, influence, position, prestige, regard, reputation, repute, standing, status 3 belief, confidence, credence, faith, reliance, trust 4 Also **be a credit to** feather in one's cap, honour, source of satisfaction or pride 5 **on credit** by deferred payment, by instalments, on account, on hirepurchase, on (the) H.P., on the slate (Inf.), on tick (Inf.)
◆ **v.** 6 (With **with**) accredit, ascribe to, assign to, attribute to, chalk up to (Inf.), impute to, refer to 7 accept, bank on, believe, buy (Sl.), depend on, fall for, have faith in, rely on, swallow (Inf.), trust

creditable admirable, commendable, deserving, estimable, exemplary, honourable, laudable, meritorious, praiseworthy, reputable, respectable, worthy

credulity blind faith, credulousness, gullibility, naïveté, silliness, simplicity, stupidity

credulous born yesterday (Inf.), dupable, green, gullible, naive, overtrusting, trustful, uncritical, unsuspecting, unsuspicious

creed articles of faith, belief, canon, catechism, confession, credo, doctrine, dogma, persuasion, principles, profession (of faith), tenet

creek 1 bay, bight, cove, firth or frith (Scot.), inlet 2 (U.S., Canad., & Aust.) bayou, brook, rivulet, runnel, stream, streamlet, tributary, watercourse

creep
◆ **v.** 1 crawl, crawl on all fours, glide, insinuate, slither, squirm, worm, wriggle, writhe 2 approach unnoticed, skulk, slink, sneak, steal, tiptoe 3 crawl, dawdle, drag, edge, inch, proceed at a snail's pace 4 bootlick (Inf.), brown-nose (Taboo sl.), cower, cringe, fawn, grovel, kiss (someone's) ass (U.S. & Canad. taboo sl.), kowtow, pander to, scrape, suck up to (Inf.), toady, truckle
◆ **n.** 5 (Sl.) ass-kisser (U.S. & Canad. taboo sl.), bootlicker (Inf.), brown-noser (Taboo sl.), sneak, sycophant, toady 6 **give one the creeps** or **make one's flesh creep** disgust, frighten, horrify, make one flinch (quail, shrink, squirm, wince), make one's hair stand on end (Inf.), repel, repulse, scare, terrify, terrorize

creeper climber, climbing plant, rambler, runner, trailing plant, vine (Chiefly U.S.)

creepy awful, direful, disgusting, disturbing, eerie, forbidding, frightening, ghoulish, goose-pimply (Inf.), gruesome, hair-raising, horrible, macabre, menacing, nightmarish, ominous, scary (Inf.), sinister, terrifying, threatening, unpleasant, weird

crescent
◆ **n.** 1 half-moon, meniscus, new moon, old moon, sickle, sickle-shape
◆ **adj.** 2 arched, bow-shaped, curved, falcate, semicircular, sickle-shaped 3 (Archaic) growing, increasing, waxing

crest 1 apex, crown, head, height, highest point, peak, pinnacle, ridge, summit, top 2 aigrette, caruncle (Zoology), cockscomb, comb, crown, mane, panache, plume, tassel, topknot, tuft 3 (Heraldry) badge, bearings, charge, device, emblem, insignia, symbol

crestfallen chapfallen, dejected, depressed, despondent, disappointed, disconsolate, discouraged, disheartened, downcast, downhearted, sick as a parrot (Inf.)

crevice chink, cleft, crack, cranny, fissure, fracture, gap, hole, interstice, opening, rent, rift, slit, split

crew 1 hands, (ship's) company, (ship's) complement 2 company, corps, gang, party, posse, squad, team, working party 3 (Inf.) assemblage, band, bunch (Inf.), camp, company, crowd, gang, herd, horde, lot, mob, pack, posse (Inf.), set, swarm, troop

crib
◆ **n.** 1 bassinet, bed, cot, cradle 2 bin, box, bunker, manger, rack, stall 3 (Inf.) key, translation, trot (U.S. sl.)
◆ **v.** 4 (Inf.) cheat, pass off as one's own work, pilfer, pirate, plagiarize, purloin, steal 5 box up, cage, confine, coop, coop up, enclose, fence, imprison, limit, pen, rail, restrict, shut in

crime 1 atrocity, fault, felony, job (Inf.), malfeasance, misdeed, misdemeanour, offence, outrage, transgression, trespass, unlawful act, violation, wrong 2 corruption, delinquency, guilt, illegality, iniquity, lawbreaking, malefaction, misconduct, sin, unrighteousness, vice, villainy, wickedness, wrong, wrongdoing

criminal
◆ **n.** 1 con (Sl.), con man (Inf.), convict, crook (Inf.), culprit, delinquent, evildoer, felon, jailbird, lag (Sl.), lawbreaker, malefactor, offender, sinner, transgressor, villain
◆ **adj.** 2 bent (Sl.), corrupt, crooked (Inf.), culpable, felonious, illegal, illicit, immoral, indictable, iniquitous, lawless, nefarious, peccant (Rare), under-the-table, unlawful, unrighteous, vicious, villainous, wicked, wrong 3 (Inf.) deplorable, foolish, preposterous, ridiculous, scandalous, senseless

cringe 1 blench, cower, dodge, draw back, duck, flinch, quail, quiver, recoil, shrink, shy, start, tremble, wince 2 bend, bootlick (Inf.), bow, brown-nose (Taboo sl.), crawl, creep, crouch, fawn, grovel, kiss ass (U.S. & Canad. taboo sl.), kneel, kowtow, pander to, sneak, stoop, toady, truckle

cripple v. 1 debilitate, disable, enfeeble, hamstring, incapacitate, lame, maim, mutilate, paralyze, weaken 2 bring to a standstill, cramp, damage, destroy, halt, impair, put out of action, ruin, spoil, vitiate

crippled bedridden, deformed, disabled, enfeebled, handicapped, housebound, incapacitated, laid up (Inf.), lame, paralyzed

crisis 1 climacteric, climax, confrontation, critical point, crunch (Inf.), crux, culmination, height, moment of truth, point of no return, turning point 2 catastrophe, critical situation, dilemma, dire straits, disaster, emergency, exigency, extremity, meltdown (Inf.), mess, panic stations (Inf.), plight, predicament, quandary, strait, trouble

crisp 1 brittle, crispy, crumbly, crunchy, firm, fresh, unwilted 2 bracing, brisk, fresh, invigorating, refreshing 3 brief, brusque, clear, incisive, pithy, short, succinct, tart, terse 4 clean-cut, neat, orderly, smart, snappy, spruce, tidy, trig (Archaic or dialect), wellgroomed, well-pressed

criterion bench mark, canon, gauge, measure, norm, par, principle, proof, rule, standard, test, touchstone, yardstick

critic 1 analyst, arbiter, authority, commentator, connoisseur, expert, expositor, judge, pundit, reviewer 2 attacker, carper, caviller, censor, censurer, detractor, fault-finder, knocker (Inf.), Momus, reviler, vilifier

critical 1 captious, carping, cavilling, censorious, derogatory, disapproving, disparaging, fault-finding, nagging, niggling, nit-picking (Inf.), scathing 2 accurate, analytical, diagnostic, discerning, discriminating, fastidious, judicious, penetrating, perceptive, precise 3 all-important, crucial, dangerous, deciding, decisive, grave, hairy (Sl.), highpriority, momentous, perilous, pivotal, precarious, pressing, psychological, risky, serious, urgent, vital

criticism 1 animadversion, bad press, brickbats (Inf.), censure, character assassination, critical remarks, disapproval, disparagement, fault-finding, flak (Inf.), knocking (Inf.), panning (Inf.), slam (Sl.), slating (Inf.), stick (Sl.), stricture 2 analysis, appraisal, appreciation, assessment, comment, commentary, critique, elucidation, evaluation, judg(e)ment, notice, review

criticize 1 animadvert on or upon, blast, carp, censure, condemn, disapprove of, disparage, excoriate, find fault with, give (someone or something) a bad press, knock (Inf.), lambast(e), nag at, pan (Inf.), pass strictures upon, pick to pieces, put down, slam (Sl.), slate (Inf.), tear into (Inf.) 2 analyse, appraise, assess, comment upon, evaluate, give an opinion, judge, pass judgment on, review

critique analysis, appraisal, assessment, commentary, essay, examination, review, treatise

croak v. 1 caw, gasp, grunt, squawk, utter or speak harshly (huskily, throatily), wheeze 2 (Inf.) complain, groan, grouse, grumble, moan, murmur, mutter, repine 3 (Sl.) buy it (U.S. sl.), check out (U.S. sl.), die, expire, go belly-up (Sl.), hop the twig (Inf.), kick it (Sl.), kick the bucket (Inf.), pass away, peg it (Inf.), peg out (Inf.), perish, pop one's clogs (Inf.)

crook 1 n. (Inf.) cheat, chiseller (Inf.), criminal, knave (Archaic), lag (Sl.), racketeer, robber, rogue, shark, swindler, thief, villain 2 v. angle, bend, bow, curve, flex, hook

crooked 1 anfractuous, bent, bowed, crippled, curved, deformed, deviating, disfigured, distorted, hooked, irregular, meandering, misshapen, out of shape, tortuous, twisted, twisting, warped, winding, zigzag 2 angled, askew, asymmetric, at an angle, awry, lopsided, off-centre, skewwhiff (Brit. inf.), slanted, slanting, squint, tilted, to one side, uneven, unsymmetrical 3 (Inf.) bent (Sl.), corrupt, crafty, criminal, deceitful, dishonest, dishonourable, dubious, fraudulent, illegal, knavish, nefarious, questionable, shady (Inf.), shifty, treacherous, underhand, under-the-table, unlawful, unprincipled, unscrupulous

croon breathe, hum, purr, sing, warble

crop
- n. 1 fruits, gathering, harvest, produce, reaping, season's growth, vintage, yield
- v. 2 clip, curtail, cut, dock, lop, mow, pare, prune, reduce, shear, shorten, snip, top, trim 3 bring home, bring in, collect, garner, gather, harvest, mow, pick, reap 4 browse, graze, nibble

crop up appear, arise, emerge, happen, occur, spring up, turn up

cross
- adj. 1 angry, annoyed, cantankerous, captious, churlish, crotchety (Inf.), crusty, disagreeable, fractious, fretful, grouchy (Inf.), grumpy, hacked (off) (U.S. sl.), ill-humoured, ill-tempered, impatient, in a bad mood, irascible, irritable, liverish, out of humour, peeved (Inf.), peevish, pettish, petulant, pissed off (Taboo sl.), put out, querulous, ratty (Brit. & N.Z. inf.), shirty (Sl., chiefly Brit.), short, snappish, snappy, splenetic, sullen, surly, testy, tetchy, vexed, waspish
- v. 2 bridge, cut across, extend over, ford, meet, pass over, ply, span, traverse, zigzag 3 crisscross, intersect, intertwine, lace, lie athwart of 4 blend, crossbreed, crossfertilize, cross-pollinate, hybridize, interbreed, intercross, mix, mongrelize 5 block, deny, foil, frustrate, hinder, impede, interfere, obstruct, oppose, resist, thwart
- n. 6 affliction, burden, grief, load, misery, misfortune, trial, tribulation, trouble, woe, worry 7 crucifix, rood 8 crossing, crossroads, intersection, junction 9 amalgam, blend, combination, crossbreed, cur, hybrid, hybridization, mixture, mongrel, mutt (Sl.)
- adj. 10 crosswise, intersecting, oblique, transverse 11 adverse, contrary, opposed, opposing, unfavourable 12 (Involving an interchange) opposite, reciprocal

cross-examine catechize, grill (Inf.), interrogate, pump, question, quiz

cross out or **off** blue-pencil, cancel, delete, eliminate, strike off or out

crotch crutch, groin

crotchety awkward, bad-tempered, cantankerous, contrary, crabby, cross, crusty, curmudgeonly, difficult, disagreeable, fractious, grumpy, irritable, liverish, obstreperous, peevish, ratty (Brit. & N.Z. inf.), surly, testy, tetchy

crouch 1 bend down, bow, duck, hunch, kneel, squat, stoop 2 abase oneself, cower, cringe, fawn, grovel, pander to, truckle

crow bluster, boast, brag, drool, exult, flourish, gloat, glory in, strut, swagger, triumph, vaunt

crowd
- n. 1 army, assembly, bevy, company, concourse, flock, herd, horde, host, mass, mob, multitude, pack, press, rabble, swarm, throng, troupe 2 bunch (Inf.), circle, clique, group, lot, set 3 attendance, audience, gate, house, spectators
- v. 4 cluster, congregate, cram, flock, forgather, gather, huddle, mass, muster, press, push, stream, surge, swarm, throng 5 bundle, congest, cram, pack, pile, squeeze 6 batter, butt, elbow, jostle, shove 7 **the crowd** hoi polloi, masses, mob, people, populace, proletariat, public, rabble, rank and file, riffraff, vulgar herd

crowded busy, congested, cramped, crushed, full, huddled, jam-packed, mobbed, overflowing, packed, populous, swarming, teeming, thronged

crown
- n. 1 chaplet, circlet, coronal (Poetic), coronet, diadem, tiara 2 bays, distinction, garland, honour, kudos, laurels, laurel wreath, prize, trophy 3 emperor, empress, king, monarch, monarchy, queen, rex, royalty, ruler, sovereign, sovereignty 4 acme, apex, crest, head, perfection, pinnacle, summit, tip, top, ultimate, zenith
- v. 5 adorn, dignify, festoon, honour, invest, reward 6 be the climax or culmination of, cap, complete, consummate, finish, fulfil, perfect, put the finishing touch to, round off, surmount, terminate, top 7 (Sl.) belt (Inf.), biff (Sl.), box, cuff, hit over the head, punch

crucial 1 central, critical, decisive, pivotal, psychological, searching, testing, trying 2 (Inf.) essential, high-priority, important, momentous, pressing, urgent, vital

crucify 1 execute, harrow, persecute, rack, torment, torture 2 (Sl.) lampoon, pan (Inf.), ridicule, tear to pieces, wipe the floor with (Inf.)

crude 1 boorish, coarse, crass, dirty, gross, indecent, lewd, obscene, smutty, tactless, tasteless, uncouth, vulgar 2 natural, raw, unmilled, unpolished, unprepared, unprocessed, unrefined 3 clumsy, makeshift, outline, primitive, rough, rough-hewn, rude, rudimentary, sketchy, undeveloped, unfinished, unformed, unpolished

crudely bluntly, clumsily, coarsely, impolitely, indecently, pulling no punches (Inf.), roughly, rudely, sketchily, tastelessly, vulgarly

crudity 1 coarseness, crudeness, impropriety, indecency, indelicacy, lewdness, loudness, lowness, obscenity, obtrusiveness, smuttiness, vulgarity 2 clumsiness, crudeness, primitiveness, roughness, rudeness

cruel 1 atrocious, barbarous, bitter, bloodthirsty, brutal, brutish, callous, cold-blooded, depraved, excruciating, fell (Archaic), ferocious, fierce, flinty, grim, hard, hard-hearted, harsh, heartless, hellish, implacable, inclement, inexorable, inhuman, inhumane, malevolent, murderous, painful, poignant, Ramboesque, ravening, raw, relentless, remorseless, sadistic, sanguinary, savage, severe, spiteful, stony-hearted, unfeeling, unkind, unnatural, vengeful, vicious 2 merciless, pitiless, ruthless, unrelenting

cruelly 1 barbarously, brutally, brutishly, callously, ferociously, fiercely, heartlessly, in cold blood, mercilessly, pitilessly, sadistically, savagely, spitefully, unmercifully, viciously 2 bitterly, deeply, fearfully, grievously, monstrously, mortally, severely

cruelty barbarity, bestiality, bloodthirstiness, brutality, brutishness, callousness, depravity, ferocity, fiendishness, hardheartedness, harshness, heartlessness, inhumanity, mercilessness, murderousness, ruthlessness, sadism, savagery, severity, spite, spitefulness, venom, viciousness

cruise
- v. 1 coast, sail, voyage 2 coast, drift, keep a steady pace, travel along
- n. 3 boat trip, sail, sea trip, voyage

crumb atom, bit, grain, mite, morsel, particle, scrap, shred, sliver, snippet, soupçon, speck

crumble 1 bruise, crumb, crush, fragment, granulate, grind, pound, powder, pulverize, triturate 2 break up, collapse, come to dust, decay, decompose, degenerate, deteriorate, disintegrate, fall apart, go to pieces, go to wrack and ruin, moulder, perish, tumble down

crumple 1 crease, crush, pucker, rumple, screw up, wrinkle 2 break down, cave in, collapse, fall, give way, go to pieces

crunch 1 v. champ, chew noisily, chomp, grind, masticate, munch 2 n. (Inf.) crisis, critical point, crux, emergency, hour of decision, moment of truth, test

crusade campaign, cause, drive, holy war, jihad, movement, push

crusader advocate, campaigner, champion, reformer

crush
- v. 1 bray, break, bruise, comminute, compress, contuse, crease, crumble, crumple, crunch, mash, pound, pulverize, rumple, smash, squeeze, wrinkle 2 conquer, extinguish, overcome, overpower, overwhelm, put down, quell, stamp out, subdue, vanquish 3 abash, browbeat, chagrin, dispose of, humiliate, mortify, put down (Sl.), quash, shame 4 embrace, enfold, hug, press, squeeze
- n. 5 crowd, huddle, jam, party

crust caking, coat, coating, concretion, covering, film, incrustation, layer, outside, scab, shell, skin, surface

crusty 1 brittle, crisp, crispy, friable, hard, short, well-baked, well-done 2 brusque, cantankerous, captious, choleric, crabby, cross, curt, gruff, ill-humoured, irritable, peevish, prickly, ratty (Brit. & N.Z. inf.), short, short-tempered, snappish, snarling, splenetic, surly, testy, tetchy, touchy

cry
- v. 1 bawl, bewail, blubber, boohoo, greet (Scot. or archaic), howl one's eyes out, keen, lament, mewl, pule, shed tears, snivel, sob, wail, weep, whimper, whine, whinge (Inf.), yowl
- n. 2 bawling, blubbering, crying, greet (Scot. or archaic), howl, keening, lament, lamentation, plaint (Archaic), snivel, snivelling, sob, sobbing, sorrowing, wailing, weep, weeping
- v. 3 bawl, bell, bellow, call, call out, ejaculate, exclaim, hail, halloo, holler (Inf.), howl, roar, scream, screech, shout, shriek, sing out, vociferate, whoop, yell
- n. 4 bawl, bell, bellow, call, ejaculation, exclamation, holler (Inf.), hoot, howl, outcry, roar, scream, screech, shriek, squawk, whoop, yell, yelp, yoo-hoo
- v. 5 advertise, announce, bark (Inf.), broadcast, bruit, hawk, noise, proclaim, promulgate, publish, trumpet
- n. 6 announcement, barking (Inf.), noising, proclamation, publication
- v. 7 beg, beseech, clamour, entreat, implore, plead, pray
- n. 8 appeal, entreaty, petition, plea, prayer, supplication

cry down asperse, bad-mouth (Sl., chiefly U.S. & Canad.), belittle, decry, denigrate, disparage, knock (Inf.), rubbish (Inf.), run down, slag (off) (Sl.)

cry off back out, beg off, cop out (Sl.), excuse oneself, quit, withdraw, withdraw from

crypt catacomb, tomb, undercroft, vault

cub 1 offspring, whelp, young 2 babe (Inf.), beginner, fledgling, greenhorn (Inf.), lad, learner, puppy, recruit, tenderfoot, trainee, whippersnapper, youngster

cuddle canoodle (Sl.), clasp, cosset, embrace, fondle, hug, nestle, pet, snuggle

cuddly buxom, cuddlesome, curvaceous, huggable, lovable, plump, soft, warm

cudgel 1 n. bastinado, baton, bludgeon, club, cosh (Brit.), shillelagh, stick, truncheon 2 v. bang, baste, batter, beat, bludgeon, cane, cosh (Brit.), drub, maul, pound, pummel, thrash, thump, thwack

cue catchword, hint, key, nod, prompting, reminder, sign, signal, suggestion

cuff **off the cuff** ad lib, extempore, impromptu, improvised, offhand, off the top of one's head, on the spur of the moment, spontaneous, spontaneously, unrehearsed

cul-de-sac blind alley, dead end

culminate climax, close, come to a climax, come to a head, conclude, end, end up, finish, rise to a crescendo, terminate, wind up

culmination acme, apex, apogee, climax, completion, conclusion, consummation, crown, crowning touch, finale, height, ne plus ultra, peak, perfection, pinnacle, punch line, summit, top, zenith

culpable answerable, at fault, blamable, blameworthy, censurable, found wanting, guilty, in the wrong, liable, reprehensible, sinful, to blame, wrong

culprit criminal, delinquent, evildoer, felon, guilty party, malefactor, miscreant, offender, person responsible, rascal, sinner, transgressor, villain, wrongdoer

cult 1 body, church, clique, denomination, faction, faith, following, party, religion, school, sect 2 admiration, craze, devotion, idolization, reverence, veneration, worship

cultivate 1 bring under cultivation, farm, fertilize, harvest, plant, plough, prepare, tend, till, work 2 ameliorate, better, bring on, cherish, civilize, develop, discipline, elevate, enrich, foster, improve, polish, promote, refine, train 3 aid, devote oneself to, encourage, forward, foster, further, help, patronize, promote, pursue, support 4 associate with, butter up, consort with, court, dance attendance upon, run after, seek out, seek someone's company or friendship, take trouble or pains with

cultivation 1 agronomy, farming, gardening, husbandry, planting, ploughing, tillage, tilling, working 2 breeding, civility, civilization, culture, discernment, discrimination, education, enlightenment, gentility, good taste, learning, letters, manners, polish, refinement, sophistication, taste 3 advancement, advocacy, development, encouragement, enhancement, fos-

cultural artistic, broadening, civilizing, developmental, edifying, educational, educative, elevating, enlightening, enriching, humane, humanizing, liberal, liberalizing

culture [1] civilization, customs, life style, mores, society, stage of development, the arts, way of life [2] accomplishment, breeding, education, elevation, enlightenment, erudition, gentility, good taste, improvement, polish, politeness, refinement, sophistication, urbanity [3] agriculture, agronomy, cultivation, farming, husbandry

cultured accomplished, advanced, educated, enlightened, erudite, genteel, highbrow, knowledgeable, polished, refined, scholarly, urbane, versed, well-bred, well-informed, well-read

culvert channel, conduit, drain, gutter, watercourse

cumbersome awkward, bulky, burdensome, clumsy, cumbrous, embarrassing, heavy, hefty (Inf.), incommodious, inconvenient, oppressive, unmanageable, unwieldy, weighty

cumulative accruing, accumulative, aggregate, amassed, collective, heaped, increasing, snowballing

cunning
- adj. [1] artful, astute, canny, crafty, devious, foxy, guileful, knowing, Machiavellian, sharp, shifty, shrewd, subtle, tricky, wily
- n. [2] artfulness, astuteness, craftiness, deceitfulness, deviousness, foxiness, guile, shrewdness, slyness, trickery, wiliness
- adj. [3] adroit, deft, dexterous, imaginative, ingenious, skilful
- n. [4] ability, adroitness, art, artifice, cleverness, craft, deftness, dexterity, finesse, ingenuity, skill, subtlety

cup beaker, cannikin, chalice, cupful, demitasse, draught, drink, goblet, potion, teacup, trophy

cupboard ambry (Obsolete), cabinet, closet, locker, press

curb [1] v. bite back, bridle, check, constrain, contain, control, hinder, impede, inhibit, moderate, muzzle, repress, restrain, restrict, retard, subdue, suppress [2] n. brake, bridle, check, control, deterrent, limitation, rein, restraint

curdle clot, coagulate, condense, congeal, curd, solidify, thicken, turn sour

cure
- v. [1] alleviate, correct, ease, heal, help, make better, mend, rehabilitate, relieve, remedy, restore, restore to health
- n. [2] alleviation, antidote, corrective, healing, medicine, nostrum, panacea, recovery, remedy, restorative, specific, treatment
- v. [3] dry, kipper, pickle, preserve, salt, smoke

curiosity [1] inquisitiveness, interest, nosiness (Inf.), prying, snooping (Inf.) [2] celebrity, freak, marvel, novelty, oddity, phenomenon, rarity, sight, spectacle, wonder [3] bibelot, bygone, curio, knickknack, objet d'art, trinket

curious [1] inquiring, inquisitive, interested, puzzled, questioning, searching [2] inquisitive, meddling, nosy (Inf.), peeping, peering, prying, snoopy (Inf.) [3] bizarre, exotic, extraordinary, marvellous, mysterious, novel, odd, peculiar, puzzling, quaint, queer, rare, rum (Brit. sl.), singular, strange, unconventional, unexpected, unique, unorthodox, unusual, wonderful

curl [1] v. bend, coil, convolute, corkscrew, crimp, crinkle, crisp, curve, entwine, frizz, loop, meander, ripple, spiral, turn, twine, twirl, twist, wind, wreathe, writhe [2] n. coil, curlicue, kink, ringlet, spiral, twist, whorl

curly corkscrew, crimped, crimpy, crinkly, crisp, curled, curling, frizzy, fuzzy, kinky, permed, spiralled, waved, wavy, winding

currency [1] bills, coinage, coins, dosh (Brit. & Aust. sl.), medium of exchange, money, notes [2] acceptance, circulation, exposure, popularity, prevalence, publicity, transmission, vogue

current
- adj. [1] accepted, circulating, common, common knowledge, customary, general, going around, in circulation, in progress, in the air, in the news, ongoing, popular, present, prevailing, prevalent, rife, topical, widespread [2] contemporary, fashionable, happening (Inf.), in, in fashion, in vogue, now (Inf.), present-day, sexy (Inf.), trendy (Brit. inf.), up-to-date, up-to-the-minute
- n. [3] course, draught, flow, jet, progression, river, stream, tide, tideway, undertow [4] atmosphere, drift, feeling, inclination, mood, tendency, trend, undercurrent, vibes (Sl.)

curse
- n. [1] blasphemy, expletive, oath, obscenity, swearing, swearword [2] anathema, ban, denunciation, evil eye, excommunication, execration, hoodoo (Inf.), imprecation, jinx, malediction, malison (Archaic) [3] affliction, bane, burden, calamity, cross, disaster, evil, hardship, misfortune, ordeal, plague, scourge, torment, tribulation, trouble, vexation
- v. [4] be foul-mouthed, blaspheme, cuss (Inf.), swear, take the Lord's name in vain, turn the air blue (Inf.), use bad language [5] accurse, anathematize, damn, excommunicate, execrate, fulminate, imprecate [6] afflict, blight, burden, destroy, doom, plague, scourge, torment, trouble, vex

cursed [1] accursed, bedevilled, blighted, cast out, confounded, damned, doomed, excommunicate, execrable, fey (Scot.), foredoomed, ill-fated, star-crossed, unholy, unsanctified, villainous [2] abominable, damnable, detestable, devilish, fell (Archaic), fiendish, hateful, infamous, infernal, loathsome, odious, pernicious, pestilential, vile

curt abrupt, blunt, brief, brusque, concise, gruff, offhand, pithy, rude, sharp, short, snappish, succinct, summary, tart, terse, unceremonious, uncivil, ungracious

curtail abbreviate, abridge, contract, cut, cut back, cut short, decrease, dock, lessen, lop, pare down, reduce, retrench, shorten, trim, truncate

curtailment abbreviation, abridg(e)ment, contraction, cutback, cutting, cutting short, docking, retrenchment, truncation

curtain [1] n. drape (Chiefly U.S.), hanging [2] v. conceal, drape, hide, screen, shroud, shut off, shutter, veil

curve [1] v. arc, arch, bend, bow, coil, hook, inflect, spiral, swerve, turn, twist, wind [2] n. arc, bend, camber, curvature, halfmoon, loop, trajectory, turn

curved arced, arched, bent, bowed, crooked, humped, rounded, serpentine, sinuous, sweeping, turned, twisted

cushion [1] n. beanbag, bolster, hassock, headrest, pad, pillow, scatter cushion, squab [2] v. bolster, buttress, cradle, dampen, deaden, muffle, pillow, protect, soften, stifle, support, suppress

custody [1] aegis, auspices, care, charge, custodianship, guardianship, keeping, observation, preservation, protection, safekeeping, supervision, trusteeship, tutelage, ward, watch [2] arrest, confinement, detention, durance (Archaic), duress, imprisonment, incarceration

custom [1] habit, habitude (Rare), manner, mode, procedure, routine, way, wont [2] convention, etiquette, fashion, form, formality, matter of course, observance, observation, policy, practice, praxis, ritual, rule, style, tradition, unwritten law, usage, use [3] customers, patronage, trade

customarily as a rule, commonly, generally, habitually, in the ordinary way, normally, ordinarily, regularly, traditionally, usually

customary accepted, accustomed, acknowledged, common, confirmed, conventional, established, everyday, familiar, fashionable, general, habitual, normal, ordinary, popular, regular, routine, traditional, usual, wonted

customer buyer, client, consumer, habitué, patron, prospect, purchaser, regular (Inf.), shopper

customs duty, import charges, tariff, taxes, toll

cut
- v. [1] chop, cleave, divide, gash, incise, lacerate, nick, notch, penetrate, pierce, score, sever, slash, slice, slit, wound [2] carve, chip, chisel, chop, engrave, fashion, form, inscribe, saw, sculpt, sculpture, shape, whittle [3] clip, dock, fell, gather, hack, harvest, hew, lop, mow, pare, prune, reap, saw down, shave, trim [4] contract, cut back, decrease, ease up on, lower, rationalize, reduce, slash, slim (down) [5] abbreviate, abridge, condense, curtail, delete, edit out, excise, precis, shorten [6] (Often with **through, off,** or **across**) bisect, carve, cleave, cross, dissect, divide, interrupt, intersect, part, segment, sever, slice, split, sunder [7] avoid, cold-shoulder, freeze (someone) out (Inf.), grieve, hurt, ignore, insult, look straight through (someone), pain, put down, send to Coventry, slight, snub, spurn, sting, turn one's back on, wound
- n. [8] gash, graze, groove, incision, laceration, nick, rent, rip, slash, slit, stroke, wound [9] cutback, decrease, decrement, diminution, economy, fall, lowering, reduction, saving [10] (Inf.) chop (Sl.), division, kickback (Chiefly U.S.), percentage, piece, portion, rake-off (Sl.), section, share, slice [11] configuration, fashion, form, look, mode, shape, style [12] **a cut above** (Inf.) better than, higher than, more efficient (capable, competent, reliable, trustworthy, useful) than, superior to [13] **cut and dried** (Inf.) automatic, fixed, organized, prearranged, predetermined, settled, sorted out (Inf.)

cutback cut, decrease, economy, lessening, reduction, retrenchment

cut down [1] fell, hew, level, lop, raze [2] (Sometimes with **on**) decrease, lessen, lower, reduce [3] blow away (Sl., chiefly U.S.), dispatch, kill, massacre, mow down, slaughter, slay (Archaic), take out (Sl.) [4] **cut (someone) down to size** abash, humiliate, make (someone) look small, take the wind out of (someone's) sails

cut in break in, butt in, interpose, interrupt, intervene, intrude, move in (Inf.)

cut off [1] disconnect, intercept, interrupt, intersect [2] bring to an end, discontinue, halt, obstruct, suspend [3] isolate, separate, sever [4] disinherit, disown, renounce

cut out [1] cease, delete, extract, give up, kick (Inf.), refrain from, remove, sever, stop [2] (Inf.) displace, eliminate, exclude, oust, supersede, supplant

cut-price bargain, cheap, cheapo (Inf.), cut-rate (Chiefly U.S.), reduced, sale

cut-throat
- n. [1] assassin, bravo, butcher, executioner, heavy (Sl.), hit man (Sl.), homicide, killer, liquidator, murderer, slayer (Archaic), thug
- adj. [2] barbarous, bloodthirsty, bloody, cruel, death-dealing, ferocious, homicidal, murderous, savage, thuggish, violent [3] competitive, dog-eat-dog, fierce, relentless, ruthless, unprincipled

cutting adj. [1] biting, bitter, chill, keen, numbing, penetrating, piercing, raw, sharp, stinging [2] acid, acrimonious, barbed, bitter, caustic, hurtful, malicious, mordacious, pointed, sarcastic, sardonic, scathing, severe, trenchant, vitriolic, wounding

cut up
- v. [1] carve, chop, dice, divide, mince, slice [2] injure, knife, lacerate, slash, wound [3] (Inf.) blast, criticize, crucify (Sl.), give (someone or something) a rough ride, lambast(e), pan (Inf.), put down, ridicule, slate (Inf.), tear into (Inf.), vilify
- adj. [4] (Inf.) agitated, dejected, desolated, distressed, disturbed, heartbroken, stricken, upset, wretched

cycle aeon, age, circle, era, period, phase, revolution, rotation, round (of years)

cynic doubter, misanthrope, misanthropist, pessimist, sceptic, scoffer

cynical contemptuous, derisive, distrustful, ironic, misanthropic, misanthropical, mocking, mordacious, pessimistic, sarcastic, sardonic, sceptical, scoffing, scornful, sneering, unbelieving

cynicism disbelief, doubt, misanthropy, pessimism, sarcasm, sardonicism, scepticism

czar → tsar

D

dabble [1] dip, guddle (Scot.), moisten, paddle, spatter, splash, sprinkle, wet [2] dally, dip into, play at, potter, tinker, trifle (with)

dabbler amateur, dilettante, potterer, tinkerer, trifler

dagger [1] bayonet, dirk, poniard, skean, stiletto [2] **at daggers drawn** at enmity, at loggerheads, at odds, at war, on bad terms, up in arms [3] **look daggers** frown, glare, glower, look black, lour or lower, scowl

daily
- adj. [1] circadian, diurnal, everyday, quotidian [2] common, commonplace, day-to-day, everyday, ordinary, quotidian, regular, routine

adv. ③ constantly, day after day, day by day, every day, often, once a day, per diem, regularly

dainty
- **adj.** ① charming, delicate, elegant, exquisite, fine, graceful, neat, petite, pretty ② choice, delectable, delicious, palatable, savoury, tasty, tender, toothsome ③ choosy, fastidious, finical, finicky, fussy, mincing, nice, particular, picky (Inf.), refined, scrupulous
- **n.** ④ bonne bouche, delicacy, fancy, sweetmeat, titbit

dale bottom, coomb, dell, dingle, glen, strath (Scot.), vale, valley

dam ① n. barrage, barrier, embankment, hindrance, obstruction, wall ② v. barricade, block, block up, check, choke, confine, hold back, hold in, obstruct, restrict

damage
- **n.** ① destruction, detriment, devastation, harm, hurt, impairment, injury, loss, mischief, mutilation, suffering ② (Inf.) bill, charge, cost, expense, total ③ Plural compensation, fine, indemnity, reimbursement, reparation, satisfaction
- **v.** ④ deface, harm, hurt, impair, incapacitate, injure, mar, mutilate, ruin, spoil, tamper with, undo, weaken, wreck

damaging deleterious, detrimental, disadvantageous, harmful, hurtful, injurious, prejudicial, ruinous

dame baroness, dowager, grande dame, lady, matron (Archaic), noblewoman, peeress

damn
- **v.** ① blast, castigate, censure, condemn, criticize, denounce, denunciate, excoriate, inveigle against, lambast(e), pan (Inf.), put down, slam (Sl.), slate (Inf.), tear into (Inf.) ② abuse, anathematize, blaspheme, curse, execrate, imprecate, revile, swear ③ condemn, doom, sentence
- **n.** ④ brass farthing, hoot, iota, jot, tinker's curse or damn (Sl.), two hoots, whit ⑤ **not give a damn** be indifferent, not care, not mind

damnable abominable, accursed, atrocious, culpable, cursed, despicable, detestable, execrable, hateful, horrible, offensive, wicked

damnation anathema, ban, condemnation, consigning to perdition, damning, denunciation, doom, excommunication, objurgation, proscription, sending to hell

damned ① accursed, anathematized, condemned, doomed, infernal, lost, reprobate, unhappy ② (Sl.) confounded, despicable, detestable, hateful, infamous, infernal, loathsome, revolting

damning accusatorial, condemnatory, damnatory, dooming, implicating, implicative, incriminating

damp
- **n.** ① clamminess, dampness, darkness, dew, drizzle, fog, humidity, mist, moisture, muzziness, vapour
- **adj.** ② clammy, dank, dewy, dripping, drizzly, humid, misty, moist, muggy, sodden, soggy, sopping, vaporous, wet
- **v.** ③ dampen, moisten, wet ④ (Fig.) allay, check, chill, cool, curb, dash, deaden, deject, depress, diminish, discourage, dispirit, dull, inhibit, moderate, restrain, stifle
- **n.** ⑤ (Fig.) check, chill, cold water (Inf.), curb, damper, discouragement, gloom, restraint, wet blanket (Inf.)

damper chill, cloud, cold water (Inf.), curb, discouragement, gloom, hindrance, kill-joy, pall, restraint, wet blanket (Inf.)

dance ① v. bob up and down, caper, cut a rug (Inf.), frolic, gambol, hop, jig, prance, rock, skip, spin, sway, swing, trip, whirl ② n. ball, dancing party, disco, discotheque, hop (Brit. inf.), knees-up (Brit. inf.), social

danger endangerment, hazard, insecurity, jeopardy, menace, peril, precariousness, risk, threat, venture, vulnerability

dangerous alarming, breakneck, chancy (Inf.), exposed, hairy (Sl.), hazardous, insecure, menacing, nasty, parlous (Archaic), perilous, precarious, risky, threatening, treacherous, ugly, unchancy (Scot.), unsafe, vulnerable

dangerously ① alarmingly, carelessly, daringly, desperately, harmfully, hazardously, perilously, precariously, recklessly, riskily, unsafely, unsecurely ② critically, gravely, seriously, severely

dangle v. ① depend, flap, hang, hang down, sway, swing, trail ② brandish, entice, flaunt, flourish, lure, tantalize, tempt, wave

dapper active, brisk, chic, dainty, natty (Inf.), neat, nice, nimble, smart, soigné or soignée, spruce, spry, stylish, trig (Archaic or dialect), trim, well-groomed, well turned out

dappled brindled, checkered, flecked, freckled, mottled, piebald, pied, speckled, spotted, stippled, variegated

dare
- **v.** ① challenge, defy, goad, provoke, taunt, throw down the gauntlet ② adventure, brave, endanger, gamble, hazard, make bold, presume, risk, stake, venture
- **n.** ③ challenge, defiance, provocation, taunt

daredevil ① n. adventurer, desperado, exhibitionist, hot dog (Chiefly U.S.), madcap, show-off (Inf.), stunt man ② adj. adventurous, audacious, bold, daring, death-defying, madcap, reckless

daring ① adj. adventurous, audacious, ballsy (Taboo sl.), bold, brave, daredevil, fearless, game (Inf.), have-a-go (Inf.), impulsive, intrepid, plucky, rash, reckless, valiant, venturesome ② n. audacity, balls (Taboo sl.), ballsiness (Taboo sl.), boldness, bottle (Brit. sl.), bravery, courage, derring-do (Archaic), fearlessness, grit, guts (Inf.), intrepidity, nerve (Inf.), pluck, rashness, spirit, spunk (Inf.), temerity

dark
- **adj.** ① black, brunette, dark-skinned, dusky, ebony, sable, swarthy ② cloudy, darksome (Literary), dim, dingy, indistinct, murky, overcast, pitch-black, pitchy, shadowy, shady, sunless, unlit ③ abstruse, arcane, concealed, cryptic, deep, Delphic, enigmatic, hidden, mysterious, mystic, obscure, occult, puzzling, recondite, secret ④ bleak, cheerless, dismal, doleful, drab, gloomy, grim, joyless, morbid, morose, mournful, sombre ⑤ benighted, ignorant, uncultivated, unenlightened, unlettered ⑥ atrocious, damnable, evil, foul, hellish, horrible, infamous, infernal, nefarious, satanic, sinful, sinister, vile, wicked ⑦ angry, dour, forbidding, frowning, glowering, glum, ominous, scowling, sulky, sullen, threatening
- **n.** ⑧ darkness, dimness, dusk, gloom, murk, murkiness, obscurity, semi-darkness ⑨ evening, night, nightfall, night-time, twilight ⑩ (Fig.) concealment, ignorance, secrecy

darken ① becloud, blacken, cloud up or over, deepen, dim, eclipse, make dark, make darker, make dim, obscure, overshadow, shade, shadow ② become angry, become gloomy, blacken, cast a pall over, cloud, deject, depress, dispirit, grow troubled, look black, sadden

darkness ① blackness, dark, dimness, dusk, duskiness, gloom, murk, murkiness, nightfall, obscurity, shade, shadiness, shadows ② (Fig.) blindness, concealment, ignorance, mystery, privacy, secrecy, unawareness

darling
- **n.** ① beloved, dear, dearest, love, sweetheart, truelove ② apple of one's eye, blue-eyed boy, fair-haired boy (U.S.), favourite, pet, spoilt child
- **adj.** ③ adored, beloved, cherished, dear, precious, treasured ④ adorable, attractive, captivating, charming, cute, enchanting, lovely, sweet

darn ① v. cobble up, mend, patch, repair, sew up, stitch ② n. invisible repair, mend, patch, reinforcement

dart ① bound, dash, flash, flit, fly, race, run, rush, scoot, shoot, spring, sprint, start, tear, whistle, whiz ② cast, fling, hurl, launch, propel, send, shoot, sling, throw

dash
- **v.** ① break, crash, destroy, shatter, shiver, smash, splinter ② cast, fling, hurl, slam, sling, throw ③ barrel (along) (Inf., chiefly U.S. & Canad.), bolt, bound, burn rubber (Inf.), dart, fly, haste, hasten, hurry, race, run, rush, speed, spring, sprint, tear ④ abash, chagrin, confound, dampen, disappoint, discomfort, discourage ⑤ blight, foil, frustrate, ruin, spoil, thwart, undo
- **n.** ⑥ bolt, dart, haste, onset, race, run, rush, sortie, sprint, spurt ⑦ brio, élan, flair, flourish, panache, spirit, style, verve, vigour, vivacity ⑧ bit, drop, flavour, hint, little, pinch, smack, soupçon, sprinkling, suggestion, tinge, touch

dashing ① bold, daring, debonair, exuberant, gallant, lively, plucky, spirited, swashbuckling ② dapper, dazzling, elegant, flamboyant,

dainty / dazed

jaunty, showy, smart, sporty, stylish, swish (Inf., chiefly Brit.)

data details, documents, dope (Inf.), facts, figures, info (Inf.), information, input, materials, statistics

date
- **n.** ① age, epoch, era, period, stage, time ② appointment, assignation, engagement, meeting, rendezvous, tryst ③ escort, friend, partner, steady (Inf.) ④ **out of date** antiquated, archaic, dated, obsolete, old, old-fashioned, passé ⑤ **to date** now, so far, up to now, up to the present, up to this point, up to this time ⑥ **up-to-date** à la mode, contemporary, current, fashionable, modern, trendy (Brit. inf.), up-to-the-minute
- **v.** ⑦ assign a date to, determine the date of, fix the period of, put a date on ⑧ bear a date, belong to, come from, exist from, originate in ⑨ become obsolete, be dated, obsolesce, show one's age

dated antiquated, archaic, démodé, obsolete, old-fashioned, old hat, out, outdated, outmoded, out of date, passé, unfashionable, untrendy (Brit. inf.)

daub
- **v.** ① coat, cover, paint, plaster, slap on (Inf.), smear ② bedaub, begrime, besmear, blur, deface, dirty, grime, smirch, smudge, spatter, splatter, stain, sully
- **n.** ③ blot, blotch, smear, smirch, splodge, splotch, spot, stain

daunt ① alarm, appal, cow, dismay, frighten, frighten off, intimidate, overawe, scare, subdue, terrify ② deter, discourage, dishearten, dispirit, put off, shake

dauntless bold, brave, courageous, daring, doughty, fearless, gallant, gritty, heroic, indomitable, intrepid, lion-hearted, resolute, stouthearted, undaunted, unflinching, valiant, valorous

dawdle dally, delay, dilly-dally (Inf.), fritter away, hang about, idle, lag, loaf, loiter, potter, trail, waste time

dawn
- **n.** ① aurora (Poetic), cockcrow, crack of dawn, dawning, daybreak, daylight, dayspring (Poetic), morning, sunrise, sunup
- **v.** ② break, brighten, gleam, glimmer, grow light, lighten
- **n.** ③ advent, beginning, birth, dawning, emergence, genesis, inception, onset, origin, outset, rise, start, unfolding
- **v.** ④ appear, begin, develop, emerge, initiate, open, originate, rise, unfold ⑤ come into one's head, come to mind, cross one's mind, flash across one's mind, hit, occur, register (Inf.), strike

day ① daylight, daylight hours, daytime, twenty-four hours, working day ② age, ascendancy, cycle, epoch, era, generation, height, heyday, period, prime, time, zenith ③ date, particular day, point in time, set time, time ④ **call it a day** (Inf.) end, finish, knock off (Inf.), leave off, pack it in (Sl.), pack up (Inf.), shut up shop, stop ⑤ **day after day** continually, monotonously, persistently, regularly, relentlessly ⑥ **day by day** daily, gradually, progressively, steadily

daybreak break of day, cockcrow, crack of dawn, dawn, dayspring (Poetic), first light, morning, sunrise, sunup

daydream
- **n.** ① dream, imagining, musing, reverie, stargazing, vision, woolgathering ② castle in the air or in Spain, dream, fancy, fantasy, figment of the imagination, fond hope, pipe dream, wish
- **v.** ③ dream, envision, fancy, fantasize, hallucinate, imagine, muse, stargaze

daydreamer castle-builder, dreamer, fantast, pipe dreamer, visionary, Walter Mitty, wishful thinker, woolgatherer

daylight ① light of day, sunlight, sunshine ② broad day, daylight hours, daytime ③ full view, light of day, openness, public attention

daze
- **v.** ① benumb, numb, paralyze, shock, stun, stupefy ② amaze, astonish, astound, befog, bewilder, blind, confuse, dazzle, dumbfound, flabbergast (Inf.), flummox, nonplus, perplex, stagger, startle, surprise
- **n.** ③ bewilderment, confusion, distraction, shock, stupor, trance, trancelike state

dazed at sea, baffled, bemused, bewildered, confused, disorientated, dizzy, dopey (Sl.), flabbergasted (Inf.), flummoxed, fuddled, groggy (Inf.), light-headed, muddled, nonplussed, numbed, perplexed, punch-drunk, shocked, staggered, stunned, stupefied, woozy (Inf.)

dazzle
- v. [1] bedazzle, blind, blur, confuse, daze [2] amaze, astonish, awe, bowl over (Inf.), fascinate, hypnotize, impress, overawe, overpower, overwhelm, strike dumb, stupefy
- n. [3] brilliance, éclat, flash, glitter, magnificence, razzle-dazzle (Sl.), razzmatazz (Sl.), sparkle, splendour

dazzling brilliant, drop-dead (Sl.), glittering, glorious, radiant, ravishing, scintillating, sensational (Inf.), shining, sparkling, splendid, stunning, sublime, superb, virtuoso

dead
- adj. [1] deceased, defunct, departed, extinct, gone, inanimate, late, lifeless, passed away, perished [2] apathetic, callous, cold, dull, frigid, glassy, glazed, indifferent, inert, lukewarm, numb, paralyzed, spiritless, torpid, unresponsive, wooden [3] barren, inactive, inoperative, not working, obsolete, stagnant, sterile, still, unemployed, unprofitable, useless [4] boring, dead-and-alive, dull, flat, ho-hum (Inf.), insipid, stale, tasteless, uninteresting, vapid [5] (Fig.) absolute, complete, downright, entire, outright, thorough, total, unqualified, utter [6] (Inf.) dead beat (Inf.), exhausted, spent, tired, worn out
- n. [7] depth, middle, midst
- adv. [8] absolutely, completely, directly, entirely, exactly, totally

deaden abate, alleviate, anaesthetize, benumb, blunt, check, cushion, damp, dampen, diminish, dull, hush, impair, lessen, muffle, mute, numb, paralyze, quieten, reduce, smother, stifle, suppress, weaken

deadlock cessation, dead heat, draw, full stop, halt, impasse, stalemate, standoff, standstill, tie

deadly [1] baleful, baneful, dangerous, death-dealing, deathly, destructive, fatal, lethal, malignant, mortal, noxious, pernicious, poisonous, venomous [2] cruel, grim, implacable, mortal, ruthless, savage, unrelenting [3] ashen, deathlike, deathly, ghastly, ghostly, pallid, wan, white [4] accurate, effective, exact, on target, precise, sure, true, unerring, unfailing [5] (Inf.) boring, dull, ho-hum (Inf.), mind-numbing, monotonous, tedious, uninteresting, wearisome

deaf adj. [1] hard of hearing, stone deaf, without hearing [2] indifferent, oblivious, unconcerned, unhearing, unmoved

deafen din, drown out, make deaf, split or burst the eardrums

deafening booming, dinning, ear-piercing, ear-splitting, intense, overpowering, piercing, resounding, ringing, thunderous

deal
- v. [1] (With with) attend to, cope with, handle, manage, oversee, see to, take care of, treat [2] (With with) concern, consider, treat (of) [3] (With with) act, behave, conduct oneself [4] bargain, buy and sell, do business, negotiate, sell, stock, trade, traffic, treat (with)
- n. [5] (Inf.) agreement, arrangement, bargain, contract, pact, transaction, understanding
- v. [6] allot, apportion, assign, bestow, dispense, distribute, divide, dole out, give, mete out, reward, share
- n. [7] amount, degree, distribution, extent, portion, quantity, share, transaction [8] cut and shuffle, distribution, hand, round, single game

dealer chandler, marketer, merchandizer, merchant, purveyor, supplier, trader, tradesman, wholesaler

dealings business, business relations, commerce, trade, traffic, transactions, truck

dear
- adj. [1] beloved, cherished, close, darling, esteemed, familiar, favourite, intimate, precious, prized, respected, treasured [2] at a premium, costly, expensive, high-priced, overpriced, pricey (Inf.)
- n. [3] angel, beloved, darling, loved one, precious, treasure
- adv. [4] at a heavy cost, at a high price, at great cost, dearly

dearly [1] extremely, greatly, profoundly, very much [2] affectionately, devotedly, fondly, lovingly, tenderly [3] at a heavy cost, at a high price, at great cost, dear

death [1] bereavement, cessation, curtains (Inf.), decease, demise, departure, dissolution, dying, end, exit, expiration, loss, passing, quietus, release [2] annihilation, destruction, downfall, eradication, extermination, extinction, finish, grave, obliteration, ruin, ruination, undoing

deathless eternal, everlasting, immortal, imperishable, incorruptible, timeless, undying

deathly [1] cadaverous, deathlike, gaunt, ghastly, grim, haggard, pale, pallid, wan [2] deadly, extreme, fatal, intense, mortal, terrible

debacle catastrophe, collapse, defeat, devastation, disaster, downfall, fiasco, havoc, overthrow, reversal, rout, ruin, ruination

debase [1] abase, cheapen, degrade, demean, devalue, disgrace, dishonour, drag down, humble, humiliate, lower, reduce, shame [2] adulterate, bastardize, contaminate, corrupt, defile, depreciate, impair, pollute, taint, vitiate

debasement [1] adulteration, contamination, depreciation, devaluation, pollution, reduction [2] abasement, baseness, corruption, degradation, depravation, perversion

debatable arguable, borderline, controversial, disputable, doubtful, dubious, iffy (Inf.), in dispute, moot, open to question, problematical, questionable, uncertain, undecided, unsettled

debate
- v. [1] argue, contend, contest, controvert, discuss, dispute, question, wrangle
- n. [2] altercation, argument, contention, controversy, discussion, disputation, dispute, polemic, row
- v. [3] cogitate, consider, deliberate, meditate upon, mull over, ponder, reflect, revolve, ruminate, weigh
- n. [4] cogitation, consideration, deliberation, meditation, reflection

debilitate devitalize, enervate, enfeeble, exhaust, incapacitate, prostrate, relax, sap, undermine, weaken, wear out

debility decrepitude, enervation, enfeeblement, exhaustion, faintness, feebleness, frailty, incapacity, infirmity, languor, malaise, sickliness, weakness

debonair affable, buoyant, charming, cheerful, courteous, dashing, elegant, jaunty, light-hearted, refined, smooth, sprightly, suave, urbane, well-bred

debris bits, brash, detritus, dross, fragments, litter, pieces, remains, rubbish, rubble, ruins, waste, wreck, wreckage

debt [1] arrears, bill, claim, commitment, debit, due, duty, liability, obligation, score [2] **in debt** accountable, beholden, in arrears, in hock (Inf., chiefly U.S.), in the red (Inf.), liable, owing, responsible

debtor borrower, defaulter, insolvent, mortgagor

debunk cut down to size, deflate, disparage, expose, lampoon, mock, puncture, ridicule, show up

début beginning, bow, coming out, entrance, first appearance, inauguration, initiation, introduction, launching, presentation

decadence corruption, debasement, decay, decline, degeneration, deterioration, dissipation, dissolution, fall, perversion, retrogression

decadent corrupt, debased, debauched, decaying, declining, degenerate, degraded, depraved, dissolute, immoral, self-indulgent

decapitate behead, execute, guillotine

decay
- v. [1] atrophy, crumble, decline, degenerate, deteriorate, disintegrate, dissolve, dwindle, moulder, shrivel, sink, spoil, wane, waste away, wear away, wither [2] corrode, decompose, mortify, perish, putrefy, rot
- n. [3] atrophy, collapse, decadence, decline, degeneracy, degeneration, deterioration, dying, fading, failing, wasting, withering [4] caries, cariosity, decomposition, gangrene, mortification, perishing, putrefaction, putrescence, putridity, rot, rotting

decayed bad, carious, carrion, corroded, decomposed, perished, putrefied, putrid, rank, rotten, spoiled, wasted, withered

decaying crumbling, deteriorating, disintegrating, gangrenous, perishing, putrefacient, rotting, wasting away, wearing away

decease [1] n. death, demise, departure, dissolution, dying, release [2] v. buy it (U.S. sl.), cease, check out (U.S. sl.), croak (Sl.), die, expire, go belly-up (Sl.), kick it (Sl.), kick the bucket (Sl.), pass away or on or over, peg it (Inf.), peg out (Inf.), perish, pop one's clogs (Inf.)

deceased adj. dead, defunct, departed, expired, finished, former, gone, late, lifeless, lost

deceit [1] artifice, cheating, chicanery, craftiness, cunning, deceitfulness, deception, dissimulation, double-dealing, duplicity, fraud, fraudulence, guile, hypocrisy, imposition, pretence, slyness, treachery, trickery, underhandedness [2] artifice, blind, cheat, chicanery, deception, duplicity, fake, feint, fraud, imposture, misrepresentation, pretence, ruse, scam (Sl.), sham, shift, sting (Inf.), stratagem, subterfuge, swindle, trick, wile

deceitful counterfeit, crafty, deceiving, deceptive, designing, dishonest, disingenuous, double-dealing, duplicitous, fallacious, false, fraudulent, guileful, hypocritical, illusory, insincere, knavish (Archaic), sneaky, treacherous, tricky, two-faced, underhand, untrustworthy

deceive [1] bamboozle (Inf.), beguile, betray, cheat, con (Inf.), cozen, delude, disappoint, double-cross (Inf.), dupe, ensnare, entrap, fool, hoax, hoodwink, impose upon, kid (Inf.), lead (someone) on (Inf.), mislead, outwit, pull a fast one (Sl.), pull the wool over (someone's) eyes, stiff (Sl.), sting (Inf.), swindle, take for a ride (Inf.), take in (Inf.), trick [2] **be deceived by** be made a fool of, be taken in (by), be the dupe of, bite, fall for, fall into a trap, swallow (Inf.), swallow hook, line, and sinker (Inf.), take the bait

decency appropriateness, civility, correctness, courtesy, decorum, etiquette, fitness, good form, good manners, modesty, propriety, respectability, seemliness

decent [1] appropriate, becoming, befitting, chaste, comely, comme il faut, decorous, delicate, fit, fitting, modest, nice, polite, presentable, proper, pure, respectable, seemly, suitable [2] acceptable, adequate, ample, average, competent, fair, passable, reasonable, satisfactory, sufficient, tolerable [3] accommodating, courteous, friendly, generous, gracious, helpful, kind, obliging, thoughtful

deception [1] craftiness, cunning, deceit, deceitfulness, deceptiveness, dissimulation, duplicity, fraud, fraudulence, guile, hypocrisy, imposition, insincerity, legerdemain, treachery, trickery [2] artifice, bluff, canard, cheat, decoy, feint, fraud, hoax, hokum (Sl., chiefly U.S. & Canad.), illusion, imposture, leg-pull (Brit. inf.), lie, pork pie (Brit. sl.), porky (Brit. sl.), ruse, sham, snare, stratagem, subterfuge, trick, wile

deceptive ambiguous, deceitful, delusive, dishonest, fake, fallacious, false, fraudulent, illusory, misleading, mock, specious, spurious, unreliable

decide adjudge, adjudicate, choose, come to a conclusion, commit oneself, conclude, decree, determine, elect, end, make a decision, make up one's mind, purpose, reach or come to a decision, resolve, settle

decided [1] absolute, categorical, certain, clear-cut, definite, distinct, express, indisputable, positive, pronounced, unambiguous, undeniable, undisputed, unequivocal, unquestionable [2] assertive, decisive, deliberate, determined, emphatic, firm, resolute, strong-willed, unfaltering, unhesitating

decidedly absolutely, certainly, clearly, decisively, distinctly, downright, positively, unequivocally, unmistakably

deciding chief, conclusive, critical, crucial, decisive, determining, influential, prime, principal, significant

decipher construe, crack, decode, deduce, explain, figure out (Inf.), interpret, make out, read, reveal, solve, suss (out) (Sl.), understand, unfold, unravel

decision [1] arbitration, conclusion, finding, judg(e)ment, outcome, resolution, result, ruling, sentence, settlement, verdict [2] decisiveness, determination, firmness, purpose, purposefulness, resoluteness, resolution, resolve, strength of mind or will

decisive [1] absolute, conclusive, critical, crucial, definite, definitive, fateful, final, influential, momentous, positive, significant [2] decided, determined, firm, forceful, incisive, resolute, strong-minded, trenchant

deck v. [1] adorn, apparel (Archaic), array, attire, beautify, bedeck, bedight (Archaic), bedizen (Archaic), clothe, decorate, dress, embellish, festoon, garland, grace, ornament, trim [2] **deck up** or **out** doll up (Sl.), get ready, prettify, pretty up, prink, rig out, tog up or out, trick out

declaim [1] harangue, hold forth, lecture, orate, perorate, proclaim, rant, recite, speak, spiel

(Inf.) [2] **declaim against** attack, decry, denounce, inveigh, rail

declamation address, harangue, lecture, oration, rant, recitation, speech, tirade

declaration [1] acknowledgement, affirmation, assertion, attestation, averment, avowal, deposition, disclosure, protestation, revelation, statement, testimony [2] announcement, edict, manifesto, notification, proclamation, profession, promulgation, pronouncement, pronunciamento

declarative, declaratory affirmative, definite, demonstrative, enunciatory, explanatory, expository, expressive, positive

declare [1] affirm, announce, assert, asseverate, attest, aver, avow, certify, claim, confirm, maintain, proclaim, profess, pronounce, state, swear, testify, utter, validate [2] confess, convey, disclose, make known, manifest, reveal, show

decline
- v. [1] abstain, avoid, deny, forgo, refuse, reject, say 'no', send one's regrets, turn down [2] decrease, diminish, drop, dwindle, ebb, fade, fail, fall, fall off, flag, lessen, shrink, sink, wane
- n. [3] abatement, diminution, downturn, drop, dwindling, falling off, lessening, recession, slump
- v. [4] decay, degenerate, deteriorate, droop, languish, pine, weaken, worsen
- n. [5] decay, decrepitude, degeneration, deterioration, enfeeblement, failing, senility, weakening, worsening [6] (Archaic) consumption, phthisis, tuberculosis
- v. [7] descend, dip, sink, slant, slope
- n. [8] declivity, hill, incline, slope

decompose [1] break up, crumble, decay, fall apart, fester, putrefy, rot, spoil [2] analyse, atomize, break down, break up, decompound, disintegrate, dissect, dissolve, distil, separate

decomposition atomization, breakdown, corruption, decay, disintegration, dissolution, division, putrefaction, putrescence, putridity, rot

décor colour scheme, decoration, furnishing style, ornamentation

decorate [1] adorn, beautify, bedeck, deck, embellish, enrich, festoon, grace, ornament, trim [2] colour, do up (Inf.), furbish, paint, paper, renovate, wallpaper [3] cite, honour, pin a medal on

decoration [1] adornment, beautification, elaboration, embellishment, enrichment, garnishing, ornamentation, trimming [2] arabesque, bauble, cartouch(e), curlicue, falderal, festoon, flounce, flourish, frill, furbelow, garnish, ornament, scroll, spangle, trimmings, trinket [3] award, badge, colours, emblem, garter, medal, order, ribbon, star

decorative adorning, arty-crafty, beautifying, enhancing, fancy, nonfunctional, ornamental, pretty

decorous appropriate, becoming, befitting, comely, comme il faut, correct, decent, dignified, fit, fitting, mannerly, polite, proper, refined, sedate, seemly, staid, suitable, well-behaved

decorum behaviour, breeding, courtliness, decency, deportment, dignity, etiquette, gentility, good grace, good manners, gravity, politeness, politesse, propriety, protocol, punctilio, respectability, seemliness

decoy [1] n. attraction, bait, ensnarement, enticement, inducement, lure, pretence, trap [2] v. allure, bait, deceive, ensnare, entice, entrap, inveigle, lure, seduce, tempt

decrease [1] v. abate, contract, curtail, cut down, decline, diminish, drop, dwindle, ease, fall off, lessen, lower, peter out, reduce, shrink, slacken, subside, wane [2] n. abatement, contraction, cutback, decline, diminution, downturn, dwindling, ebb, falling off, lessening, loss, reduction, shrinkage, subsidence

decree [1] n. act, canon, command, demand, dictum, edict, enactment, law, mandate, order, ordinance, precept, proclamation, regulation, ruling, statute [2] v. command, decide, demand, determine, dictate, enact, establish, lay down, ordain, order, prescribe, proclaim, pronounce, rule

decrepit [1] aged, crippled, debilitated, doddering, effete, feeble, frail, incapacitated, infirm, superannuated, wasted, weak [2] antiquated, battered, beat-up (Inf.), broken-down, deteriorated, dilapidated, ramshackle, rickety, run-down, tumble-down, weather-beaten, worn-out

decry abuse, asperse, belittle, blame, blast, censure, condemn, criticize, cry down, denounce, depreciate, derogate, detract, devalue, discredit, disparage, excoriate, lambast(e), put down, rail against, run down, tear into (Inf.), traduce, underestimate, underrate, undervalue

dedicate [1] commit, devote, give over to, pledge, surrender [2] address, assign, inscribe, offer [3] bless, consecrate, hallow, sanctify, set apart

dedicated committed, devoted, enthusiastic, given over to, purposeful, single-minded, sworn, wholehearted, zealous

dedication [1] adherence, allegiance, commitment, devotedness, devotion, faithfulness, loyalty, single-mindedness, wholeheartedness [2] address, inscription, message [3] consecration, hallowing, sanctification

deduce conclude, derive, draw, gather, glean, infer, reason, take to mean, understand

deduct decrease by, knock off (Inf.), reduce by, remove, subtract, take away, take from, take off, take out, withdraw

deduction [1] assumption, conclusion, consequence, corollary, finding, inference, reasoning, result [2] abatement, allowance, decrease, diminution, discount, reduction, subtraction, withdrawal

deed [1] achievement, act, action, exploit, fact, feat, performance, reality, truth [2] (Law) contract, document, indenture, instrument, title, title deed, transaction

deem account, believe, conceive, consider, esteem, estimate, hold, imagine, judge, reckon, regard, suppose, think

deep
- adj. [1] abyssal, bottomless, broad, far, profound, unfathomable, wide, yawning [2] abstract, abstruse, arcane, esoteric, hidden, mysterious, obscure, recondite, secret [3] acute, discerning, learned, penetrating, sagacious, wise [4] artful, astute, canny, cunning, designing, devious, insidious, knowing, scheming, shrewd [5] extreme, grave, great, intense, profound, unqualified [6] absorbed, engrossed, immersed, lost, preoccupied, rapt [7] (Of a colour) dark, intense, rich, strong, vivid [8] (Of a sound) bass, booming, full-toned, low, low-pitched, resonant, sonorous
- n. [9] (Usually preceded by the) briny (Inf.), high seas, main, ocean, sea [10] culmination, dead, middle, mid point
- adv. [11] deeply, far down, far into, late

deepen [1] dig out, dredge, excavate, hollow, scoop out, scrape out [2] grow, increase, intensify, magnify, reinforce, strengthen

deeply [1] completely, gravely, profoundly, seriously, severely, thoroughly, to the heart, to the quick [2] acutely, affectingly, distressingly, feelingly, intensely, mournfully, movingly, passionately, sadly

deep-rooted or **deep-seated** confirmed, entrenched, fixed, ineradicable, ingrained, inveterate, rooted, settled, subconscious, unconscious

deface blemish, deform, destroy, disfigure, impair, injure, mar, mutilate, obliterate, spoil, sully, tarnish, total (Sl.), trash (Sl.), vandalize

de facto adv. actually, in effect, in fact, in reality, really [2] adj. actual, existing, real

defamation aspersion, calumny, character assassination, denigration, disparagement, libel, obloquy, opprobrium, scandal, slander, slur, smear, traducement, vilification

defamatory abusive, calumnious, contumelious, denigrating, derogatory, disparaging, injurious, insulting, libellous, slanderous, vilifying, vituperative

defame asperse, bad-mouth (Sl., chiefly U.S. & Canad.), belie, besmirch, blacken, calumniate, cast a slur on, cast aspersions on, denigrate, detract, discredit, disgrace, dishonour, disparage, knock (Inf.), libel, malign, rubbish (Inf.), slag (off) (Sl.), slander, smear, speak evil of, stigmatize, traduce, vilify, vituperate

default [1] n. absence, defect, deficiency, dereliction, failure, fault, lack, lapse, neglect, nonpayment, omission, want [2] v. bilk, defraud, dodge, evade, fail, levant (Brit.), neglect, rat (Inf.), swindle, welsh (Brit.)

defaulter delinquent, embezzler, levanter (Brit.), nonpayer, offender, peculator, welsher (Sl.)

defeat
- v. [1] beat, blow out of the water (Sl.), clobber (Sl.), conquer, crush, lick (Inf.), master, overpower, overthrow, overwhelm, quell, repulse, rout, run rings around (Inf.), subdue, subjugate, tank (Sl.), undo, vanquish, wipe the floor with (Inf.) [2] baffle, balk, confound, disappoint, discomfit, foil, frustrate, get the better of, ruin, thwart
- n. [3] beating, conquest, debacle, overthrow, pasting (Sl.), repulse, rout, trouncing, vanquishment [4] disappointment, discomfiture, failure, frustration, rebuff, repulse, reverse, setback, thwarting

defeated balked, beaten, bested, checkmated, conquered, crushed, licked (Inf.), overcome, overpowered, overwhelmed, routed, thrashed, thwarted, trounced, vanquished, worsted

defeatist [1] n. pessimist, prophet of doom, quitter, submitter, yielder [2] adj. pessimistic

defect
- n. [1] blemish, blotch, error, failing, fault, flaw, foible, imperfection, mistake, spot, taint, want [2] absence, default, deficiency, frailty, inadequacy, lack, shortcoming, weakness
- v. [3] abandon, apostatize, break faith, change sides, desert, go over, rebel, revolt, tergiversate, walk out on (Inf.)

defection abandonment, apostasy, backsliding, dereliction, desertion, rebellion, revolt

defective [1] broken, deficient, faulty, flawed, imperfect, inadequate, incomplete, insufficient, not working, out of order, scant, short [2] abnormal, mentally deficient, retarded, subnormal

defector apostate, deserter, rat (Inf.), recreant (Archaic), renegade, runagate (Archaic), tergiversator, turncoat

defence [1] armament, cover, deterrence, guard, immunity, protection, resistance, safeguard, security, shelter [2] barricade, bastion, buckler, bulwark, buttress, fastness, fortification, rampart, shield [3] apologia, apology, argument, excuse, exoneration, explanation, extenuation, justification, plea, vindication [4] (Law) alibi, case, declaration, denial, plea, pleading, rebuttal, testimony

defenceless endangered, exposed, helpless, naked, powerless, unarmed, unguarded, unprotected, vulnerable, wide open

defend [1] cover, fortify, guard, keep safe, preserve, protect, safeguard, screen, secure, shelter, shield, ward off, watch over [2] assert, champion, endorse, espouse, justify, maintain, plead, speak up for, stand by, stand up for, stick up for (Inf.), support, sustain, uphold, vindicate

defendant appellant, defence, litigant, offender, prisoner at the bar, respondent, the accused

defender [1] bodyguard, escort, guard, protector [2] advocate, champion, patron, sponsor, supporter, vindicator

defensible [1] holdable, impregnable, safe, secure, unassailable [2] justifiable, pardonable, permissible, plausible, tenable, valid, vindicable

defensive averting, defending, on the defensive, opposing, protective, safeguarding, uptight (Inf.), watchful, withstanding

defensively at bay, in defence, in self-defence, on guard, on the defensive, suspiciously

defer[1] adjourn, delay, hold over, postpone, procrastinate, prorogue, protract, put off, put on ice, put on the back burner (Inf.), set aside, shelve, suspend, table, take a rain check on (U.S. & Canad. inf.)

defer[2] accede, bow, capitulate, comply, give in, give way to, respect, submit, yield

deference [1] acquiescence, capitulation, complaisance, compliance, obedience, obeisance, submission, yielding [2] attention, civility, consideration, courtesy, esteem, homage, honour, obeisance, politeness, regard, respect, reverence, thoughtfulness, veneration

deferential civil, complaisant, considerate, courteous, dutiful, ingratiating, obedient, obeisant, obsequious, polite, regardful, respectful, reverential, submissive

deferment, deferral adjournment, delay, moratorium, postponement, putting off, stay, suspension

defiance challenge, confrontation, contempt, contumacy, disobedience, disregard, insolence, insubordination, opposition, provocation, rebelliousness, recalcitrance, spite

defiant aggressive, audacious, bold, challenging, contumacious, daring, disobedient, insolent, insubordinate, mutinous, provocative, rebellious, recalcitrant, refractory, truculent

deficiency 1 defect, demerit, failing, fault, flaw, frailty, imperfection, shortcoming, weakness 2 absence, dearth, deficit, inadequacy, insufficiency, lack, scantiness, scarcity, shortage

deficient 1 defective, faulty, flawed, impaired, imperfect, incomplete, inferior, unsatisfactory, weak 2 exiguous, inadequate, insufficient, lacking, meagre, pathetic, scant, scanty, scarce, short, skimpy, wanting

deficit arrears, default, deficiency, loss, shortage, shortfall

define 1 characterize, describe, designate, detail, determine, explain, expound, interpret, specify, spell out 2 bound, circumscribe, delimit, delineate, demarcate, limit, mark out, outline

definite 1 clear, clear-cut, clearly defined, determined, exact, explicit, express, fixed, marked, obvious, particular, precise, specific 2 assured, certain, decided, guaranteed, positive, settled, sure

definitely absolutely, beyond any doubt, categorically, certainly, clearly, decidedly, easily, far and away, finally, indubitably, obviously, plainly, positively, surely, undeniably, unequivocally, unmistakably, unquestionably, without doubt, without fail, without question

definition 1 clarification, description, elucidation, explanation, exposition, statement of meaning 2 delimitation, delineation, demarcation, determination, fixing, outlining, settling 3 clarity, contrast, distinctness, focus, precision, sharpness

definitive absolute, authoritative, complete, conclusive, decisive, exhaustive, final, perfect, reliable, ultimate

deflate 1 collapse, contract, empty, exhaust, flatten, puncture, shrink, void 2 chasten, dash, debunk (Inf.), disconcert, dispirit, humble, humiliate, mortify, put down (Sl.), squash, take the wind out of (someone's) sails 3 (Economics) decrease, depreciate, depress, devalue, diminish, reduce

deflect bend, deviate, diverge, glance off, ricochet, shy, sidetrack, slew, swerve, turn, turn aside, twist, veer, wind

deflection aberration, bend, declination, deviation, divergence, drift, refraction, swerve, veer

deform 1 buckle, contort, distort, gnarl, malform, mangle, misshape, twist, warp 2 cripple, deface, disfigure, injure, maim, mar, mutilate, ruin, spoil

deformed 1 bent, blemished, crippled, crooked, disfigured, distorted, maimed, malformed, mangled, marred, misbegotten, misshapen 2 depraved, gross, offensive, perverted, twisted, warped

deformity 1 abnormality, defect, disfigurement, distortion, irregularity, malformation, misproportion, misshapenness, ugliness 2 corruption, depravity, grossness, hatefulness, vileness

defraud beguile, bilk, cheat, con (Inf.), cozen, delude, diddle (Inf.), do (Sl.), dupe, embezzle, fleece, gull (Archaic), gyp (Sl.), outwit, pilfer, pull a fast one on (Inf.), rip off (Sl.), rob, rook (Sl.), skin (Sl.), stiff (Sl.), swindle, trick

deft able, adept, adroit, agile, clever, dexterous, expert, handy, neat, nimble, proficient, skilful

defunct 1 dead, deceased, departed, extinct, gone 2 a dead letter, bygone, expired, inoperative, invalid, nonexistent, not functioning, obsolete, out of commission

defy 1 beard, brave, challenge, confront, contemn, dare, despise, disregard, face, flout, hurl defiance at, provoke, scorn, slight, spurn 2 baffle, defeat, elude, foil, frustrate, repel, repulse, resist, thwart, withstand

degenerate 1 adj. base, corrupt, debased, debauched, decadent, degenerated, degraded, depraved, deteriorated, dissolute, fallen, immoral, low, mean, perverted, pervy (Sl.) 2 v. decay, decline, decrease, deteriorate, fall off, lapse, regress, retrogress, rot, sink, slip, worsen

degeneration debasement, decline, degeneracy, descent, deterioration, dissipation, dissolution, regression

degradation 1 abasement, debasement, decadence, decline, degeneracy, degeneration, demotion, derogation, deterioration, downgrading, perversion 2 discredit, disgrace, dishonour, humiliation, ignominy, mortification, shame

degrade 1 cheapen, corrupt, debase, demean, deteriorate, discredit, disgrace, dishonour, humble, humiliate, impair, injure, pervert, shame, vitiate 2 break, cashier, demote, depose, downgrade, lower, reduce to inferior rank 3 adulterate, dilute, doctor, mix, thin, water, water down, weaken

degrading cheapening, contemptible, debasing, demeaning, disgraceful, dishonourable, humiliating, infra dig (Inf.), lowering, shameful, undignified, unworthy

degree 1 class, grade, level, order, position, rank, standing, station, status 2 division, extent, gradation, grade, interval, limit, mark, measure, notch, point, rung, scale, stage, step, unit 3 ambit, calibre, extent, intensity, level, measure, proportion, quality, quantity, range, rate, ratio, scale, scope, severity, standard 4 **by degrees** bit by bit, gently, gradually, imperceptibly, inch by inch, little by little, slowly, step by step

deign condescend, consent, deem worthy, lower oneself, see fit, stoop, think fit

deity celestial being, divine being, divinity, god, goddess, godhead, idol, immortal, supreme being

dejected blue, cast down, crestfallen, depressed, despondent, disconsolate, disheartened, dismal, doleful, down, downcast, downhearted, gloomy, glum, low, low-spirited, melancholy, miserable, morose, sad, sick as a parrot (Inf.), woebegone, wretched

dejection blues, depression, despair, despondency, doldrums, downheartedness, dumps (Inf.), gloom, gloominess, heavy-heartedness, low spirits, melancholy, sadness, sorrow, the hump (Brit. inf.), unhappiness

de jure according to the law, by right, legally, rightfully

delay

- v. 1 defer, hold over, postpone, procrastinate, prolong, protract, put off, put on the back burner (Inf.), shelve, stall, suspend, table, take a rain check on (U.S. & Canad. inf.), temporize
- n. 2 deferment, postponement, procrastination, stay, suspension
- v. 3 arrest, bog down, check, detain, halt, hinder, hold back, hold up, impede, obstruct, retard, set back, slow up, stop
- n. 4 check, detention, hindrance, hold-up, impediment, interruption, interval, obstruction, setback, stoppage, wait
- v. 5 dawdle, dilly-dally (Inf.), drag, lag, linger, loiter, tarry
- n. 6 dawdling, dilly-dallying (Inf.), lingering, loitering, tarrying

delectable adorable, agreeable, appetizing, charming, dainty, delicious, delightful, enjoyable, enticing, gratifying, inviting, luscious, lush, pleasant, pleasurable, satisfying, scrumptious (Inf.), tasty, toothsome, yummy (Sl.)

delegate

- n. 1 agent, ambassador, commissioner, deputy, envoy, legate, representative, vicar
- v. 2 accredit, appoint, authorize, commission, depute, designate, empower, mandate 3 assign, consign, devolve, entrust, give, hand over, pass on, relegate, transfer

delegation 1 commission, contingent, deputation, embassy, envoys, legation, mission 2 assignment, commissioning, committal, deputizing, devolution, entrustment, relegation

delete blot out, blue-pencil, cancel, cross out, cut out, dele, edit, edit out, efface, erase, excise, expunge, obliterate, remove, rub out, strike out

deliberate

- v. 1 cogitate, consider, consult, debate, discuss, meditate, mull over, ponder, reflect, think, weigh
- adj. 2 calculated, conscious, considered, designed, intentional, planned, prearranged, premeditated, purposeful, studied, thoughtful, wilful 3 careful, cautious, circumspect, heedful, measured, methodical, ponderous, prudent, slow, thoughtful, unhurried, wary

deliberately by design, calculatingly, consciously, determinedly, emphatically, in cold blood, intentionally, knowingly, on purpose, pointedly, resolutely, studiously, wilfully, wittingly

deliberation 1 calculation, care, carefulness, caution, circumspection, cogitation, consideration, coolness, forethought, meditation, prudence, purpose, reflection, speculation, study, thought, wariness 2 conference, consultation, debate, discussion

delicacy 1 accuracy, daintiness, elegance, exquisiteness, fineness, lightness, nicety, precision, subtlety 2 debility, flimsiness, fragility, frailness, frailty, infirmity, slenderness, tenderness, weakness 3 discrimination, fastidiousness, finesse, purity, refinement, sensibility, sensitiveness, sensitivity, tact, taste 4 bonne bouche, dainty, luxury, relish, savoury, titbit, treat

delicate 1 ailing, debilitated, flimsy, fragile, frail, sickly, slender, slight, tender, weak 2 choice, dainty, delicious, elegant, exquisite, fine, graceful, savoury, tender 3 faint, muted, pastel, soft, subdued, subtle 4 accurate, deft, detailed, minute, precise, skilled 5 considerate, diplomatic, discreet, sensitive, tactful 6 critical, difficult, precarious, sensitive, sticky (Inf.), ticklish, touchy 7 careful, critical, discriminating, fastidious, nice, prudish, pure, refined, scrupulous, squeamish

delicately carefully, daintily, deftly, elegantly, exquisitely, fastidiously, finely, gracefully, lightly, precisely, sensitively, skilfully, softly, subtly, tactfully

delicious 1 ambrosial, appetizing, choice, dainty, delectable, luscious, mouthwatering, nectareous, palatable, savoury, scrumptious (Inf.), tasty, toothsome, yummy (Sl.) 2 agreeable, charming, delightful, enjoyable, entertaining, exquisite, pleasant, pleasing

delight

- n. 1 ecstasy, enjoyment, felicity, gladness, gratification, happiness, jollies (Sl.), joy, pleasure, rapture, transport
- v. 2 amuse, charm, cheer, divert, enchant, gratify, please, ravish, rejoice, satisfy, thrill 3 (With **in**) appreciate, enjoy, feast on, glory in, indulge in, like, love, luxuriate in, relish, revel in, savour

delighted captivated, charmed, cock-a-hoop, ecstatic, elated, enchanted, gladdened, happy, joyous, jubilant, overjoyed, over the moon (Inf.), pleased, rapt, thrilled

delightful agreeable, amusing, captivating, charming, congenial, delectable, enchanting, engaging, enjoyable, entertaining, fascinating, gratifying, heavenly, pleasant, pleasing, pleasurable, rapturous, ravishing, thrilling

delinquency crime, fault, misbehaviour, misconduct, misdeed, misdemeanour, offence, wrongdoing

delinquent criminal, culprit, defaulter, juvenile delinquent, lawbreaker, malefactor, miscreant, offender, villain, wrongdoer, young offender

delirious 1 crazy, demented, deranged, incoherent, insane, light-headed, mad, raving, unhinged 2 beside oneself, carried away, corybantic, ecstatic, excited, frantic, frenzied, hysterical, wild

delirium 1 aberration, derangement, hallucination, insanity, lunacy, madness, raving 2 ecstasy, fever, frenzy, fury, hysteria, passion, rage

deliver 1 bear, bring, carry, cart, convey, distribute, transport 2 cede, commit, give up, grant, hand over, make over, relinquish, resign, surrender, transfer, turn over, yield 3 acquit, discharge, emancipate, free, liberate, loose, ransom, redeem, release, rescue, save 4 announce, declare, give, give forth, present, proclaim, pronounce, publish, read, utter 5 administer, aim, deal, direct, give, inflict, launch, strike, throw 6 discharge, dispense, feed, give forth, provide, purvey, release, supply

deliverance emancipation, escape, liberation, ransom, redemption, release, rescue, salvation

delivery 1 consignment, conveyance, dispatch, distribution, handing over, surrender, transfer, transmission, transmittal 2 articulation, elocution, enunciation, intonation, speech, utterance 3 (Medical) childbirth, confinement, labour, parturition 4 deliverance, escape, liberation, release, rescue

delude bamboozle (Inf.), beguile, cheat, con (Inf.), cozen, deceive, dupe, fool, gull (Archaic), hoax, hoodwink, impose on, kid (Inf.), lead up the garden path (Inf.), misguide, mislead, take in (Inf.), trick

deluge
◆ **n.** 1 cataclysm, downpour, flood, inundation, overflowing, spate, torrent 2 (Fig.) avalanche, barrage, flood, rush, spate, torrent
◆ **v.** 3 douse, drench, drown, flood, inundate, soak, submerge, swamp 4 (Fig.) engulf, inundate, overload, overrun, overwhelm, swamp

delusion deception, error, fallacy, false impression, fancy, hallucination, illusion, misapprehension, misbelief, misconception, mistake, phantasm, self-deception

de luxe choice, costly, elegant, exclusive, expensive, gorgeous, grand, luxurious, opulent, palatial, plush (Inf.), rich, select, special, splendid, splendiferous (Facetious), sumptuous, superior

delve burrow, dig into, examine, explore, ferret out, investigate, look into, probe, ransack, research, rummage, search, unearth

demagogue agitator, firebrand, haranguer, rabble-rouser, soapbox orator

demand
◆ **v.** 1 ask, challenge, inquire, interrogate, question, request 2 call for, cry out for, entail, involve, necessitate, need, require, take, want 3 claim, exact, expect, insist on, order
◆ **n.** 4 bidding, charge, inquiry, interrogation, order, question, request, requisition 5 call, claim, market, necessity, need, requirement, want 6 **in demand** fashionable, in vogue, needed, popular, requested, sought after

demanding 1 challenging, difficult, exacting, exhausting, exigent, hard, taxing, tough, trying, wearing 2 clamorous, imperious, importunate, insistent, nagging, pressing, urgent

demarcate define, delimit, determine, differentiate, distinguish between, fix, mark, separate

demarcation 1 bound, boundary, confine, enclosure, limit, margin, pale 2 delimitation, differentiation, distinction, division, separation

demean abase, debase, degrade, descend, humble, lower, stoop

demeanour air, bearing, behaviour, carriage, comportment, conduct, deportment, manner, mien

demented barking (Sl.), barking mad (Sl.), crack-brained, crackpot (Inf.), crazed, crazy, daft (Inf.), deranged, distraught, dotty (Sl., chiefly Brit.), foolish, frenzied, idiotic, insane, loopy (Inf.), lunatic, mad, maniacal, manic, non compos mentis, not the full shilling (Inf.), off one's trolley (Sl.), out to lunch (Inf.), unbalanced, unhinged, up the pole (Inf.)

democracy commonwealth, government by the people, representative government, republic

democratic autonomous, egalitarian, popular, populist, representative, republican, self-governing

demolish 1 bulldoze, destroy, dismantle, flatten, knock down, level, overthrow, pulverize, raze, ruin, tear down, total (Sl.), trash (Sl.) 2 (Fig.) annihilate, blow out of the water (Sl.), defeat, destroy, lick (Inf.), master, overthrow, overturn, tank (Sl.), undo, wipe the floor with (Inf.), wreck 3 consume, devour, eat, gobble up, put away

demolition bulldozing, destruction, explosion, knocking down, levelling, razing, wrecking

demon 1 devil, evil spirit, fiend, ghoul, goblin, malignant spirit 2 (Fig.) devil, fiend, ghoul, monster, rogue, villain 3 ace (Inf.), addict, fanatic, fiend, go-getter (Inf.), master, wizard 4 daemon, daimon, genius, guardian spirit, ministering angel, numen

demonic, demoniac, demoniacal 1 devilish, diabolic, diabolical, fiendish, hellish, infernal, satanic 2 crazed, frantic, frenetic, frenzied, furious, hectic, like one possessed, mad, maniacal, manic

demonstrable attestable, axiomatic, certain, evident, evincible, incontrovertible, indubitable, irrefutable, obvious, palpable, positive, provable, self-evident, undeniable, unmistakable, verifiable

demonstrate 1 display, establish, evidence, evince, exhibit, indicate, manifest, prove, show, testify to 2 describe, explain, illustrate, make clear, show how, teach 3 march, parade, picket, protest, rally

demonstration 1 affirmation, confirmation, display, evidence, exhibition, expression, illustration, manifestation, proof, substantiation, testimony, validation 2 description, explanation, exposition, presentation, test, trial 3 march, mass lobby, parade, picket, protest, rally, sit-in

demonstrative 1 affectionate, effusive, emotional, expansive, expressive, gushing, loving, open, unreserved, unrestrained 2 evincive, explanatory, expository, illustrative, indicative, symptomatic

demoralize 1 cripple, daunt, deject, depress, disconcert, discourage, dishearten, dispirit, enfeeble, psych out (Inf.), rattle (Inf.), sap, shake, undermine, unnerve, weaken 2 corrupt, debase, debauch, deprave, lower, pervert, vitiate

demur 1 v. balk, cavil, disagree, dispute, doubt, hesitate, object, pause, protest, refuse, take exception, waver 2 n. compunction, demurral, demurrer, dissent, hesitation, misgiving, objection, protest, qualm, scruple

demure 1 decorous, diffident, grave, modest, reserved, reticent, retiring, sedate, shy, sober, staid, unassuming 2 affected, bashful, coy, priggish, prim, prissy (Inf.), prudish, strait-laced

den 1 cave, cavern, haunt, hide-out, hole, lair, shelter 2 cloister, cubbyhole, hideaway, retreat, sanctuary, sanctum, snuggery, study

denial adjuration, contradiction, disavowal, disclaimer, dismissal, dissent, negation, prohibition, rebuff, refusal, rejection, renunciation, repudiation, repulse, retraction, veto

denigrate asperse, bad-mouth (Sl., chiefly U.S. & Canad.), belittle, besmirch, blacken, calumniate, decry, defame, disparage, impugn, knock (Inf.), malign, revile, rubbish (Inf.), run down, slag (off) (Sl.), slander, vilify

denigration aspersion, backbiting, defamation, detraction, disparagement, obloquy, scandal, scurrility, slander, vilification

denomination 1 belief, communion, creed, persuasion, religious group, school, sect 2 grade, size, unit, value 3 body, category, class, classification, group 4 appellation, designation, label, name, style, term, title

denote betoken, designate, express, imply, import, indicate, mark, mean, show, signify, typify

denounce accuse, arraign, attack, brand, castigate, censure, condemn, declaim against, decry, denunciate, excoriate, impugn, proscribe, revile, stigmatize, vilify

dense 1 close, close-knit, compact, compressed, condensed, heavy, impenetrable, opaque, solid, substantial, thick, thickset 2 blockish, braindead (Inf.), crass, dozy (Brit. inf.), dull, obtuse, slow, slow-witted, stolid, stupid, thick, thick-witted

density 1 body, bulk, closeness, compactness, consistency, crowdedness, denseness, impenetrability, mass, solidity, thickness, tightness 2 crassness, dullness, obtuseness, slowness, stolidity, stupidity, thickness

dent 1 n. chip, concavity, crater, depression, dimple, dip, hollow, impression, indentation, pit 2 v. depress, dint, gouge, hollow, imprint, make a dent in, make concave, press in, push in

denude bare, divest, expose, lay bare, strip, uncover

deny 1 contradict, disagree with, disprove, gainsay (Archaic or literary), oppose, rebuff, rebut, refute 2 abjure, disavow, discard, disclaim, disown, recant, renege, renounce, repudiate, retract, revoke 3 begrudge, decline, disallow, forbid, negative, refuse, reject, turn down, veto, withhold

deodorant air freshener, antiperspirant, deodorizer, disinfectant, fumigant

depart 1 absent (oneself), decamp, disappear, escape, exit, go, go away, hook it (Sl.), leave, migrate, quit, remove, retire, retreat, set forth, slope off, start out, take (one's) leave, vanish, withdraw 2 deviate, differ, digress, diverge, stray, swerve, turn aside, vary, veer

departed dead, deceased, expired, late

department 1 district, division, province, region, sector 2 branch, bureau, division, office, section, station, subdivision, unit 3 area, domain, function, line, province, realm, responsibility, speciality, sphere

departure 1 exit, exodus, going, going away, leave-taking, leaving, removal, retirement, withdrawal 2 abandonment, branching off, deviation, digression, divergence, variation, veering 3 branching out, change, difference, innovation, novelty, shift

depend 1 bank on, build upon, calculate on, confide in, count on, lean on, reckon on, rely upon, trust in, turn to 2 be based on, be contingent on, be determined by, be subject to, be subordinate to, hang on, hinge on, rest on, revolve around

dependable faithful, reliable, reputable, responsible, staunch, steady, sure, trustworthy, trusty, unfailing

dependant n. child, client, hanger-on, henchman, minion, minor, protégé, relative, retainer, subordinate, vassal

dependent adj. 1 counting on, defenceless, helpless, immature, reliant, relying on, vulnerable, weak 2 conditional, contingent, depending, determined by, liable to, relative, subject to 3 feudal, subject, subordinate, tributary

depict 1 delineate, draw, illustrate, limn, outline, paint, picture, portray, render, reproduce, sculpt, sketch 2 characterize, describe, detail, narrate, outline, sketch

deplete bankrupt, consume, decrease, drain, empty, evacuate, exhaust, expend, impoverish, lessen, milk, reduce, use up

depletion attenuation, consumption, decrease, deficiency, diminution, drain, dwindling, exhaustion, expenditure, lessening, lowering, reduction, using up

deplorable 1 calamitous, dire, disastrous, distressing, grievous, heartbreaking, lamentable, melancholy, miserable, pitiable, regrettable, sad, unfortunate, wretched 2 blameworthy, disgraceful, dishonourable, disreputable, execrable, opprobrious, reprehensible, scandalous, shameful

deplore 1 bemoan, bewail, grieve for, lament, mourn, regret, rue, sorrow over 2 abhor, censure, condemn, denounce, deprecate, disapprove of, excoriate, object to

deploy arrange, dispose, extend, position, redistribute, set out, set up, spread out, station, use, utilize

deport 1 banish, exile, expatriate, expel, extradite, oust 2 Used reflexively acquit, act, bear, behave, carry, comport, conduct, hold

deportation banishment, eviction, exile, expatriation, expulsion, extradition, transportation

deportment air, appearance, aspect, bearing, behaviour, carriage, cast, comportment, conduct, demeanour, manner, mien, posture, stance

depose 1 break, cashier, degrade, demote, dethrone, dismiss, displace, downgrade, oust, remove from office 2 (Law) avouch, declare, make a deposition, testify

deposit
◆ **v.** 1 drop, lay, locate, place, precipitate, put, settle, sit down 2 amass, bank, consign, entrust, hoard, lodge, save, store
◆ **n.** 3 down payment, instalment, money (in bank), part payment, pledge, retainer, security, stake, warranty 4 accumulation, alluvium, deposition, dregs, lees, precipitate, sediment, silt

deposition 1 dethronement, dismissal, displacement, ousting, removal 2 (Law) affidavit, declaration, evidence, sworn statement, testimony

depository depot, repository, safe-deposit box, store, storehouse, warehouse

depot 1 depository, repository, storehouse, warehouse 2 (Military) arsenal, dump 3 bus station, garage, terminus

deprave brutalize, corrupt, debase, debauch, degrade, demoralize, lead astray, pervert, seduce, subvert, vitiate

depraved abandoned, corrupt, debased, debauched, degenerate, degraded, dissolute, evil, immoral, lascivious, lewd, licentious, perverted, pervy (Sl.), profligate, shameless, sinful, vicious, vile, wicked

depravity baseness, contamination, corruption, criminality, debasement, debauchery, degeneracy, depravation, evil, immorality, iniquity, profligacy, sinfulness, turpitude, vice, viciousness, vitiation, wickedness

depreciate 1 decrease, deflate, devaluate, devalue, lessen, lose value, lower, reduce 2 belittle, decry, denigrate, deride, detract, disparage, look down on, ridicule, run down, scorn, sneer at, traduce, underestimate, underrate, undervalue

depreciation 1 deflation, depression, devaluation, drop, fall, slump 2 belittlement, deprecation, derogation, detraction, disparagement, pejoration

depress 1 cast down, chill, damp, daunt, deject, desolate, discourage, dishearten, dispirit, make despondent, oppress, sadden, weigh down 2 debilitate, devitalize, drain, enervate,

depressed [1] blue, crestfallen, dejected, despondent, discouraged, dispirited, down, downcast, downhearted, down in the dumps (Inf.), fed up, glum, low, low-spirited, melancholy, moody, morose, pessimistic, sad, unhappy [2] concave, hollow, indented, recessed, set back, sunken [3] (Of an area, circumstances) deprived, destitute, disadvantaged, distressed, grey, needy, poor, poverty-stricken, run-down [4] cheapened, depreciated, devalued, impaired, weakened

depressing black, bleak, daunting, dejecting, depressive, discouraging, disheartening, dismal, dispiriting, distressing, dreary, funereal, gloomy, harrowing, heartbreaking, hopeless, melancholy, sad, saddening, sombre

depression [1] dejection, despair, despondency, dolefulness, downheartedness, dumps (Inf.), gloominess, hopelessness, low spirits, melancholia, melancholy, sadness, the blues, the hump (Brit. inf.) [2] (Commerce) dullness, economic decline, hard or bad times, inactivity, lowness, recession, slump, stagnation [3] bowl, cavity, concavity, dent, dimple, dip, excavation, hollow, impression, indentation, pit, sag, sink, valley

deprivation [1] denial, deprival, dispossession, divestment, expropriation, removal, withdrawal, withholding [2] destitution, detriment, disadvantage, distress, hardship, need, privation, want

deprive bereave, despoil, dispossess, divest, expropriate, rob, strip, wrest

depth [1] abyss, deepness, drop, extent, measure, profoundness, profundity [2] (Fig.) astuteness, discernment, insight, penetration, profoundness, profundity, sagacity, wisdom [3] abstruseness, complexity, obscurity, reconditeness [4] intensity, richness, strength [5] Often plural abyss, bowels of the earth, deepest (furthest, innermost, most intense, remotest) part, middle, midst, slough of despond [6] **in depth** comprehensively, extensively, intensively, thoroughly

deputation [1] commission, delegates, delegation, deputies, embassy, envoys, legation [2] appointment, assignment, commission, designation, nomination

deputize [1] commission, delegate, depute [2] act for, stand in for, take the place of, understudy

deputy [1] n. agent, ambassador, commissioner, delegate, legate, lieutenant, nuncio, proxy, representative, second-in-command, substitute, surrogate, vicegerent [2] adj. assistant, depute (Scot.), subordinate

derange [1] confound, confuse, disarrange, disarray, discompose, disconcert, disorder, displace, disturb, ruffle, unsettle, upset [2] craze, dement (Rare), drive mad, madden, make insane, unbalance, unhinge

derelict
- adj. [1] abandoned, deserted, dilapidated, discarded, forsaken, neglected, ruined [2] careless, irresponsible, lax, negligent, remiss, slack
- n. [3] bag lady (Chiefly U.S.), bum (Inf.), down-and-out, good-for-nothing, ne'er-do-well, outcast, tramp, vagrant, wastrel

dereliction [1] delinquency, evasion, failure, faithlessness, fault, neglect, negligence, nonperformance, remissness [2] abandonment, abdication, desertion, forsaking, relinquishment, renunciation

deride chaff, contemn, detract, disdain, disparage, flout, gibe, insult, jeer, knock (Inf.), mock, pooh-pooh, ridicule, scoff, scorn, sneer, take the piss out of (Taboo sl.), taunt

derisory contemptible, insulting, laughable, ludicrous, outrageous, preposterous, ridiculous

derivation [1] acquiring, deriving, extraction, getting, obtaining [2] ancestry, basis, beginning, descent, etymology, foundation, genealogy, origin, root, source

derivative
- adj. [1] acquired, borrowed, derived, inferred, obtained, procured, transmitted [2] copied, imitative, plagiaristic, plagiarized, rehashed, secondary, second-hand, uninventive, unoriginal
- n. [3] by-product, derivation, descendant, offshoot, outgrowth, spin-off

derive [1] collect, deduce, draw, elicit, extract, follow, gain, gather, get, glean, infer, obtain, procure, receive, trace (With **from**) arise, descend, emanate, flow, issue, originate, proceed, spring from, stem from

derogatory belittling, damaging, defamatory, depreciative, detracting, discreditable, dishonouring, disparaging, injurious, offensive, slighting, uncomplimentary, unfavourable, unflattering

descend [1] alight, dismount, drop, fall, go down, move down, plummet, plunge, sink, subside, tumble [2] dip, gravitate, incline, slant, slope [3] be handed down, be passed down, derive, issue, originate, proceed, spring [4] abase oneself, condescend, degenerate, deteriorate, lower oneself, stoop [5] (Often with **on**) arrive, assail, assault, attack, come in force, invade, pounce, raid, swoop

descent [1] coming down, drop, fall, plunge, swoop [2] declination, declivity, dip, drop, incline, slant, slope [3] ancestry, extraction, family tree, genealogy, heredity, lineage, origin, parentage [4] debasement, decadence, decline, degradation, deterioration [5] assault, attack, foray, incursion, invasion, pounce, raid, swoop

describe [1] characterize, define, depict, detail, explain, express, illustrate, narrate, portray, recount, relate, report, specify, tell [2] delineate, draw, mark out, outline, trace

description [1] account, characterization, delineation, depiction, detail, explanation, narration, narrative, portrayal, report, representation, sketch [2] brand, breed, category, class, genre, genus, ilk, kidney, kind, order, sort, species, type, variety

descriptive circumstantial, depictive, detailed, explanatory, expressive, graphic, illustrative, pictorial, picturesque, vivid

desert[1] n. solitude, waste, wasteland, wilderness, wilds [2] adj. arid, bare, barren, desolate, infertile, lonely, solitary, uncultivated, uninhabited, unproductive, untilled, waste, wild

desert[2] v. abandon, abscond, betray, decamp, defect, forsake, give up, go over the hill (Military sl.), jilt, leave, leave high and dry, leave (someone) in the lurch, leave stranded, maroon, quit, rat (on) (Inf.), relinquish, renounce, resign, run out on (Inf.), strand, throw over, vacate, walk out on (Inf.)

deserted abandoned, bereft, cast off, derelict, desolate, empty, forlorn, forsaken, godforsaken, isolated, left in the lurch, left stranded, lonely, neglected, solitary, unfriended, unoccupied, vacant

deserter absconder, apostate, defector, escapee, fugitive, rat (Inf.), renegade, runaway, traitor, truant

desertion abandonment, absconding, apostasy, betrayal, defection, departure, dereliction, escape, evasion, flight, forsaking, relinquishment, truancy

deserve be entitled to, be worthy of, earn, gain, justify, merit, procure, rate, warrant, win

deserving commendable, estimable, laudable, meritorious, praiseworthy, righteous, worthy

design
- v. [1] delineate, describe, draft, draw, outline, plan, sketch, trace
- n. [2] blueprint, delineation, draft, drawing, model, outline, plan, scheme, sketch
- v. [3] conceive, create, fabricate, fashion, invent, originate, think up
- n. [4] arrangement, configuration, construction, figure, form, motif, organization, pattern, shape, style
- v. [5] aim, contrive, destine, devise, intend, make, mean, plan, project, propose, purpose, scheme, tailor
- n. [6] enterprise, plan, project, schema, scheme, undertaking [7] aim, end, goal, intent, intention, meaning, object, objective, point, purport, purpose, target, view [8] Often plural conspiracy, evil intentions, intrigue, machination, plot, scheme

designate [1] call, christen, dub, entitle, label, name, nominate, style, term [2] allot, appoint, assign, choose, delegate, depute, nominate, select [3] characterize, define, denote, describe, earmark, indicate, pinpoint, show, specify, stipulate

designation [1] denomination, description, epithet, label, mark, name, title [2] appointment, classification, delegation, indication, selection, specification

designer [1] architect, artificer, couturier, creator, deviser, inventor, originator, stylist [2] conniver, conspirator, intriguer, plotter, schemer

designing artful, astute, conniving, conspiring, crafty, crooked (Inf.), cunning, deceitful, devious, intriguing, Machiavellian, plotting, scheming, sharp, shrewd, sly, treacherous, tricky, unscrupulous, wily

desirability advantage, benefit, merit, profit, usefulness, value, worth

desirable [1] advantageous, advisable, agreeable, beneficial, covetable, eligible, enviable, good, pleasing, preferable, profitable, worthwhile [2] adorable, alluring, attractive, fascinating, fetching, glamorous, seductive, sexy (Inf.)

desire
- v. [1] aspire to, covet, crave, desiderate, fancy, hanker after, hope for, long for, set one's heart on, thirst for, want, wish for, yearn for
- n. [2] appetite, aspiration, craving, hankering, hope, longing, need, thirst, want, wish, yearning, yen (Inf.)
- v. [3] ask, entreat, importune, petition, request, solicit
- n. [4] appeal, entreaty, importunity, petition, request, solicitation, supplication [5] appetite, concupiscence, lasciviousness, lechery, libido, lust, lustfulness, passion

desirous ambitious, anxious, aspiring, avid, craving, desiring, eager, hopeful, hoping, keen, longing, ready, willing, wishing, yearning

desist abstain, break off, cease, discontinue, end, forbear, give over (Inf.), give up, have done with, kick (Inf.), leave off, pause, refrain from, remit, stop, suspend

desolate
- adj. [1] bare, barren, bleak, desert, dreary, godforsaken, ruined, solitary, unfrequented, uninhabited, waste, wild
- v. [2] depopulate, despoil, destroy, devastate, lay low, lay waste, pillage, plunder, ravage, ruin
- adj. [3] abandoned, bereft, cheerless, comfortless, companionless, dejected, depressing, despondent, disconsolate, dismal, downcast, forlorn, forsaken, gloomy, lonely, melancholy, miserable, wretched
- v. [4] daunt, deject, depress, discourage, dishearten, dismay, distress, grieve

desolation [1] destruction, devastation, havoc, ravages, ruin, ruination [2] barrenness, bleakness, desolateness, forlornness, isolation, loneliness, solitariness, solitude, wildness [3] anguish, dejection, despair, distress, gloom, gloominess, melancholy, misery, sadness, unhappiness, woe, wretchedness

despair
- v. [1] despond, give up, lose heart, lose hope
- n. [2] anguish, dejection, depression, desperation, despondency, disheartenment, gloom, hopelessness, melancholy, misery, wretchedness [3] burden, cross, hardship, ordeal, pain, trial, tribulation

despairing anxious, broken-hearted, dejected, depressed, desperate, despondent, disconsolate, dismal, downcast, frantic, grief-stricken, hopeless, inconsolable, melancholy, miserable, suicidal, wretched

despatch → dispatch

desperado bandit, criminal, cutthroat, gangster, gunman, heavy (Sl.), hoodlum (Chiefly U.S.), lawbreaker, mugger (Inf.), outlaw, ruffian, thug, villain

desperate [1] audacious, dangerous, daring, death-defying, determined, foolhardy, frantic, furious, hasty, hazardous, headstrong, impetuous, madcap, precipitate, rash, reckless, risky, violent, wild [2] acute, critical, dire, drastic, extreme, great, urgent, very grave [3] despairing, despondent, forlorn, hopeless, inconsolable, irrecoverable, irremediable, irretrievable, wretched

desperately [1] badly, dangerously, gravely, perilously, seriously, severely [2] appallingly, fearfully, frightfully, hopelessly, shockingly

desperation [1] defiance, foolhardiness, frenzy, heedlessness, impetuosity, madness, rashness, recklessness [2] agony, anguish, anxiety, despair, despondency, distraction, heartache, hopelessness, misery, pain, sorrow, torture, trouble, unhappiness, worry

despicable abject, base, beyond contempt, cheap, contemptible, degrading, detestable, disgraceful, disreputable, hateful, ignominious, infamous, low, mean, pitiful, reprehensible, scurvy, shameful, sordid, vile, worthless, wretched

despise abhor, contemn, deride, detest, disdain, disregard, flout, loathe, look down on, neglect, revile, scorn, slight, spurn, undervalue

despite against, even with, in contempt of, in defiance of, in spite of, in the face of, in the teeth of, notwithstanding, regardless of, undeterred by

despoil denude, deprive, destroy, devastate, dispossess, divest, loot, pillage, plunder, ravage, rifle, rob, strip, total (Sl.), trash (Sl.), vandalize, wreak havoc upon, wreck

despondency dejection, depression, despair, desperation, disconsolateness, discouragement, dispiritedness, downheartedness, gloom, hopelessness, low spirits, melancholy, misery, sadness, the hump (Brit. inf.), wretchedness

despondent blue, dejected, depressed, despairing, disconsolate, discouraged, disheartened, dismal, dispirited, doleful, down, downcast, downhearted, gloomy, glum, hopeless, in despair, low, low-spirited, melancholy, miserable, morose, sad, sick as a parrot (Inf.), sorrowful, woebegone, wretched

despot autocrat, dictator, monocrat, oppressor, tyrant

despotic absolute, arbitrary, arrogant, authoritarian, autocratic, dictatorial, domineering, imperious, monocratic, oppressive, tyrannical, unconstitutional

despotism absolutism, autarchy, autocracy, dictatorship, monocracy, oppression, totalitarianism, tyranny

destination [1] harbour, haven, journey's end, landing-place, resting-place, station, stop, terminus [2] aim, ambition, design, end, goal, intention, object, objective, purpose, target

destine allot, appoint, assign, consecrate, decree, design, devote, doom, earmark, fate, intend, mark out, ordain, predetermine, preordain, purpose, reserve

destiny cup, divine decree, doom, fate, fortune, karma, kismet, lot, portion

destitute [1] dirt-poor (Inf.), distressed, down and out, flat broke (Inf.), impecunious, impoverished, indigent, insolvent, moneyless, necessitous, needy, on one's uppers, on the breadline (Inf.), penniless, penurious, poor, poverty-stricken, short, without two pennies to rub together (Inf.) [2] bereft of, deficient in, depleted, deprived of, devoid of, drained, empty of, in need of, lacking, wanting, without

destitution beggary, dire straits, distress, impecuniousness, indigence, neediness, pauperism, pennilessness, penury, privation, utter poverty, want

destroy annihilate, blow to bits, break down, crush, demolish, desolate, devastate, dismantle, dispatch, eradicate, extinguish, extirpate, gut, kill, ravage, raze, ruin, shatter, slay, smash, torpedo, total (Sl.), trash (Sl.), waste, wipe out, wreck

destruction annihilation, crushing, demolition, devastation, downfall, end, eradication, extermination, extinction, havoc, liquidation, massacre, overthrow, overwhelming, ruin, ruination, shattering, slaughter, undoing, wreckage, wrecking

destructive [1] baleful, baneful, calamitous, cataclysmic, catastrophic, damaging, deadly, deleterious, detrimental, devastating, fatal, harmful, hurtful, injurious, lethal, maleficent, noxious, pernicious, ruinous [2] adverse, antagonistic, contrary, derogatory, discouraging, discrediting, disparaging, hostile, invalidating, negative, opposed, undermining, vicious

detach cut off, disconnect, disengage, disentangle, disjoin, disunite, divide, free, isolate, loosen, remove, segregate, separate, sever, tear off, unbridle, uncouple, unfasten, unhitch

detached [1] disconnected, discrete, disjoined, divided, free, loosened, separate, severed, unconnected [2] aloof, disinterested, dispassionate, impartial, impersonal, neutral, objective, reserved, unbiased, uncommitted, uninvolved, unprejudiced

detachment [1] aloofness, coolness, indifference, nonchalance, remoteness, unconcern [2] disinterestedness, fairness, impartiality, neutrality, nonpartisanship, objectivity [3] disconnection, disengagement, disjoining, separation, severing [4] (Military) body, detail, force, party, patrol, squad, task force, unit

detail

- **n.** [1] aspect, component, count, element, fact, factor, feature, item, particular, point, respect, specific, technicality [2] Plural fine points, minutiae, niceties, particulars, parts, trivia, trivialities [3] **in detail** comprehensively, exhaustively, inside out, item by item, point by point, thoroughly [4] (Military) assignment, body, detachment, duty, fatigue, force, party, squad
- **v.** [5] catalogue, delineate, depict, describe, enumerate, individualize, itemize, narrate, particularize, portray, recite, recount, rehearse, relate, specify, tabulate [6] allocate, appoint, assign, charge, commission, delegate, detach, send

detailed blow-by-blow, circumstantial, comprehensive, elaborate, exact, exhaustive, full, intricate, itemized, meticulous, minute, particular, particularized, specific, thorough

detain [1] check, delay, hinder, hold up, impede, keep, keep back, retard, slow up (or down), stay, stop [2] arrest, confine, hold, intern, restrain

detect [1] ascertain, catch, descry, distinguish, identify, note, notice, observe, recognize, scent, spot [2] catch, disclose, discover, expose, find, reveal, track down, uncover, unmask

detection discovery, exposé, exposure, ferreting out, revelation, tracking down, uncovering, unearthing, unmasking

detective bizzy (Sl.), C.I.D. man, constable, cop (Sl.), copper (Sl.), dick (Sl., chiefly U.S.), gumshoe (U.S. sl.), investigator, private eye, private investigator, sleuth (Inf.), tec (Sl.)

detention confinement, custody, delay, hindrance, holding back, imprisonment, incarceration, keeping in, porridge (Sl.), quarantine, restraint, withholding

deter caution, check, damp, daunt, debar, discourage, dissuade, frighten, hinder, inhibit from, intimidate, prevent, prohibit, put off, restrain, stop, talk out of

detergent [1] n. cleaner, cleanser [2] adj. abstergent, cleaning, cleansing, detersive, purifying

deteriorate [1] corrupt, debase, decline, degenerate, degrade, deprave, depreciate, go downhill (Inf.), go to pot, go to the dogs (Inf.), impair, injure, lower, slump, spoil, worsen [2] be the worse for wear (Inf.), crumble, decay, decline, decompose, disintegrate, ebb, fade, fall apart, lapse, retrogress, weaken, wear away

deterioration atrophy, corrosion, debasement, decline, degeneration, degradation, dégringolade, depreciation, descent, dilapidation, disintegration, downturn, drop, fall, lapse, retrogression, slump, vitiation, worsening

determination [1] backbone, constancy, conviction, dedication, doggedness, drive, firmness, fortitude, indomitability, perseverance, persistence, resoluteness, resolution, resolve, single-mindedness, steadfastness, tenacity, willpower [2] conclusion, decision, judg(e)ment, purpose, resolve, result, settlement, solution, verdict

determine [1] arbitrate, conclude, decide, end, finish, fix upon, ordain, regulate, settle, terminate [2] ascertain, certify, check, detect, discover, find out, learn, verify, work out [3] choose, decide, elect, establish, fix, make up one's mind, purpose, resolve [4] affect, condition, control, decide, dictate, direct, govern, impel, impose, incline, induce, influence, lead, modify, regulate, rule, shape

determined bent on, constant, dogged, firm, fixed, immovable, intent, persevering, persistent, purposeful, resolute, set on, single-minded, stalwart, steadfast, strong-minded, strong-willed, tenacious, unflinching, unwavering

determining conclusive, critical, crucial, deciding, decisive, definitive, essential, final, important, settling

deterrent n. check, curb, defensive measures, determent, discouragement, disincentive, hindrance, impediment, obstacle, restraint

detest abhor, abominate, despise, dislike intensely, execrate, feel aversion (disgust, hostility, repugnance) towards, hate, loathe, recoil from

detonate blast, blow up, discharge, explode, fulminate, set off, touch off, trigger

detonation bang, blast, blow-up, boom, discharge, explosion, fulmination, report

detour bypass, byway, circuitous route, deviation, diversion, indirect course, roundabout way

detract [1] devaluate, diminish, lessen, lower, reduce, take away from [2] deflect, distract, divert, shift

detraction abuse, aspersion, belittlement, calumny, defamation, denigration, deprecation, disparagement, innuendo, insinuation, misrepresentation, muckraking, running down, scandalmongering, scurrility, slander, traducement, vituperation

detractor backbiter, belittler, defamer, denigrator, derogator (Rare), disparager, muckraker, scandalmonger, slanderer, traducer

detriment damage, disadvantage, disservice, harm, hurt, impairment, injury, loss, mischief, prejudice

detrimental adverse, baleful, damaging, deleterious, destructive, disadvantageous, harmful, inimical, injurious, mischievous, pernicious, prejudicial, unfavourable

devastate [1] demolish, desolate, despoil, destroy, lay waste, level, pillage, plunder, ravage, raze, ruin, sack, spoil, total (Sl.), trash (Sl.), waste, wreck [2] (Inf.) chagrin, confound, discomfit, discompose, disconcert, floor (Inf.), nonplus, overpower, overwhelm, take aback

devastating caustic, cutting, deadly, destructive, effective, incisive, keen, mordant, overpowering, overwhelming, ravishing, sardonic, satirical, savage, stunning, trenchant, vitriolic, withering

devastation demolition, depredation, desolation, destruction, havoc, pillage, plunder, ravages, ruin, ruination, spoliation

develop [1] advance, blossom, cultivate, evolve, flourish, foster, grow, mature, progress, promote, prosper, ripen [2] amplify, augment, broaden, dilate upon, elaborate, enlarge, expand, unfold, work out [3] acquire, begin, breed, commence, contract, establish, form, generate, invent, originate, pick up, start [4] be a direct result of, break out, come about, ensue, follow, happen, result

development [1] advance, advancement, evolution, expansion, growth, improvement, increase, maturity, progress, progression, spread, unfolding, unravelling [2] change, circumstance, event, happening, incident, issue, occurrence, outcome, phenomenon, result, situation, turn of events, upshot

deviant [1] adj. aberrant, abnormal, bent (Sl.), deviate, devious, freaky (Sl.), heretical, kinky (Sl.), perverse, perverted, pervy (Sl.), queer (Inf., derogatory), sick (Inf.), twisted, warped, wayward [2] n. deviate, freak, misfit, odd type, pervert, queer (Inf., derogatory)

deviate avert, bend, deflect, depart, differ, digress, diverge, drift, err, meander, part, stray, swerve, turn, turn aside, vary, veer, wander

deviation aberration, alteration, change, deflection, departure, digression, discrepancy, disparity, divergence, fluctuation, inconsistency, irregularity, shift, variance, variation

device [1] apparatus, appliance, contraption, contrivance, gadget, gimmick, gismo or gizmo (Sl., chiefly U.S. & Canad.), implement, instrument, invention, tool, utensil [2] artifice, design, dodge, expedient, gambit, improvisation, manoeuvre, plan, ploy, project, purpose, ruse, scheme, shift, stratagem, strategy, stunt, trick, wile [3] badge, colophon, crest, design, emblem, figure, insignia, logo, motif, motto, symbol, token

devil [1] Sometimes cap. Apollyon, archfiend, Beelzebub, Belial, Clootie (Scot.), demon, fiend, Lucifer, Old Harry (Inf.), Old Nick (Inf.), Old Scratch (Inf.), Prince of Darkness, Satan [2] beast, brute, demon, fiend, ghoul, monster, ogre, rogue, savage, terror, villain [3] imp, monkey (Inf.), pickle (Brit. inf.), rascal, rogue, scamp, scoundrel [4] beggar, creature, thing, unfortunate, wretch [5] demon, enthusiast, fiend, go-getter (Inf.)

devilish accursed, atrocious, damnable, detestable, diabolic, diabolical, execrable, fiendish, hellish, infernal, satanic, wicked

devilry, deviltry [1] devilment, jiggery-pokery (Inf., chiefly Brit.), knavery, mischief, mischievousness, monkey-business (Inf.), rascality, roguery [2] cruelty, evil, malevolence, malice, vice, viciousness, villainy, wickedness [3] black magic, diablerie, diabolism, sorcery

devious [1] calculating, crooked (Inf.), deceitful, dishonest, double-dealing, evasive, indirect,

devise / dignified SYNONYMES ANGLAIS 1194

insidious, insincere, not straightforward, scheming, sly, surreptitious, treacherous, tricky, underhand, wily 2 circuitous, confusing, crooked, deviating, erratic, excursive, indirect, misleading, rambling, roundabout, tortuous, wandering

devise arrange, conceive, concoct, construct, contrive, design, dream up, form, formulate, frame, imagine, invent, plan, plot, prepare, project, scheme, think up, work out

devoid barren, bereft, deficient, denuded, destitute, empty, free from, lacking, sans (Archaic), vacant, void, wanting, without

devolution decentralization, delegation

devolve 1 be transferred, commission, consign, delegate, depute, entrust, fall upon or to, rest with, transfer 2 (Law) alienate, be handed down, convey

devote allot, apply, appropriate, assign, commit, concern oneself, consecrate, dedicate, enshrine, give, occupy oneself, pledge, reserve, set apart

devoted ardent, caring, committed, concerned, constant, dedicated, devout, faithful, fond, loving, loyal, staunch, steadfast, true

devotee addict, adherent, admirer, aficionado, buff (Inf.), disciple, enthusiast, fan, fanatic, follower, supporter, votary

devotion 1 adherence, allegiance, commitment, consecration, constancy, dedication, faithfulness, fidelity, loyalty 2 adoration, devoutness, godliness, holiness, piety, prayer, religiousness, reverence, sanctity, spirituality, worship 3 affection, ardour, attachment, earnestness, fervour, fondness, intensity, love, passion, zeal 4 Plural church service, divine office, prayers, religious observance

devour 1 bolt, consume, cram, dispatch, eat, gobble, gorge, gulp, guzzle, pig out on (Sl.), polish off (Inf.), stuff, swallow, wolf 2 annihilate, consume, destroy, ravage, spend, waste, wipe out 3 absorb, appreciate, be engrossed by, be preoccupied, delight in, drink in, enjoy, feast on, go through, read compulsively or voraciously, relish, revel in, take in

devouring consuming, excessive, flaming, insatiable, intense, overwhelming, passionate, powerful

devout 1 godly, holy, orthodox, pious, prayerful, pure, religious, reverent, saintly 2 ardent, deep, devoted, earnest, fervent, genuine, heartfelt, intense, passionate, profound, serious, sincere, zealous

devoutly fervently, heart and soul, profoundly, sincerely, with all one's heart

dexterity 1 adroitness, artistry, craft, deftness, effortlessness, expertise, facility, finesse, handiness, knack, mastery, neatness, nimbleness, proficiency, skill, smoothness, touch 2 ability, address, adroitness, aptitude, aptness, art, cleverness, expertness, ingenuity, readiness, skilfulness, tact

diabolical appalling, atrocious, damnable, difficult, disastrous, dreadful, excruciating, fiendish, hellacious (U.S. sl.), hellish, nasty, outrageous, shocking, tricky, unpleasant, vile

diagnose analyse, determine, distinguish, identify, interpret, investigate, pinpoint, pronounce, recognize

diagnosis 1 analysis, examination, investigation, scrutiny 2 conclusion, interpretation, opinion, pronouncement

diagonal adj. angled, cater-cornered (U.S. inf.), cornerways, cross, crossways, crosswise, oblique, slanting

diagonally aslant, at an angle, cornerwise, crosswise, obliquely, on the bias, on the cross

diagram chart, drawing, figure, layout, outline, plan, representation, sketch

dialect accent, idiom, jargon, language, lingo (Inf.), localism, patois, pronunciation, provincialism, speech, tongue, vernacular

dialectic 1 adj. analytic, argumentative, dialectical, logical, polemical, rational, rationalistic 2 n. Often plural argumentation, contention, discussion, disputation, logic, polemics, ratiocination, reasoning

dialogue 1 colloquy, communication, confabulation, conference, conversation, converse, discourse, discussion, duologue, interlocution 2 conversation, lines, script, spoken part

diametrical antipodal, antithetical, conflicting, contrary, contrasting, counter, opposed, opposite

diametrically absolutely, completely, entirely, utterly

diary appointment book, chronicle, daily record, day-to-day account, engagement book, Filofax (Trademark), journal

diatribe abuse, castigation, criticism, denunciation, disputation, harangue, invective, philippic, reviling, stream of abuse, stricture, tirade, verbal onslaught, vituperation

dicey chancy (Inf.), dangerous, difficult, hairy (Sl.), risky, ticklish, tricky

dicky adj. fluttery, queer, shaky, unreliable, unsound, unsteady, weak

dictate
- v. 1 read out, say, speak, transmit, utter 2 command, decree, demand, direct, enjoin, establish, impose, lay down, ordain, order, prescribe, pronounce
- n. 3 behest, bidding, command, decree, demand, direction, edict, fiat, injunction, mandate, order, ordinance, requirement, statute, ultimatum, word 4 canon, code, dictum, law, precept, principle, rule

dictator absolute ruler, autocrat, despot, oppressor, tyrant

dictatorial 1 absolute, arbitrary, autocratic, despotic, totalitarian, tyrannical, unlimited, unrestricted 2 authoritarian, bossy (Inf.), dogmatical, domineering, imperious, iron-handed, magisterial, oppressive, overbearing

dictatorship absolute rule, absolutism, authoritarianism, autocracy, despotism, reign of terror, totalitarianism, tyranny

diction 1 expression, language, phraseology, phrasing, style, usage, vocabulary, wording 2 articulation, delivery, elocution, enunciation, fluency, inflection, intonation, pronunciation, speech

dictionary concordance, encyclop(a)edia, glossary, lexicon, vocabulary, wordbook

die 1 breathe one's last, buy it (U.S. sl.), check out (U.S. sl.), croak (Sl.), decease, depart, expire, finish, give up the ghost, go belly-up (Sl.), hop the twig (Sl.), kick it (Sl.), kick the bucket (Sl.), pass away, peg it (Inf.), peg out (Inf.), perish, pop one's clogs (Inf.), snuff it (Sl.) 2 decay, decline, disappear, dwindle, ebb, end, fade, lapse, pass, sink, subside, vanish, wane, wilt, wither 3 break down, fade out or away, fail, fizzle out, halt, lose power, peter out, run down, stop 4 ache, be eager, desire, hunger, languish, long, pine for, swoon, yearn 5 (Usually with **of**) be overcome, collapse, succumb to

die-hard 1 n. fanatic, intransigent, old fogy, reactionary, stick-in-the-mud (Inf.), ultraconservative, zealot 2 adj. dyed-in-the-wool, immovable, inflexible, intransigent, reactionary, ultraconservative, uncompromising, unreconstructed (Chiefly U.S.)

diet[1]
- n. 1 abstinence, dietary, fast, régime, regimen 2 aliment, comestibles, commons, edibles, fare, food, nourishment, nutriment, provisions, rations, subsistence, sustenance, viands, victuals
- v. 3 abstain, eat sparingly, fast, lose weight, reduce, slim

diet[2] chamber, congress, convention, council, legislative assembly, legislature, meeting, parliament, sitting

differ 1 be dissimilar, be distinct, contradict, contrast, depart from, diverge, run counter to, stand apart, vary 2 clash, contend, debate, demur, disagree, dispute, dissent, oppose, take issue

difference 1 alteration, change, contrast, deviation, differentiation, discrepancy, disparity, dissimilarity, distinction, distinctness, divergence, diversity, unlikeness, variation, variety 2 distinction, exception, idiosyncrasy, particularity, peculiarity, singularity 3 argument, clash, conflict, contention, contrariety, contretemps, controversy, debate, disagreement, discordance, dispute, quarrel, row, set-to (Inf.), strife, tiff, wrangle 4 balance, remainder, rest, result

different 1 altered, at odds, at variance, changed, clashing, contrasting, deviating, discrepant, disparate, dissimilar, divergent, diverse, inconsistent, opposed, unlike 2 another, discrete, distinct, individual, other, separate 3 assorted, divers (Archaic), diverse, manifold, many, miscellaneous, multifarious, numerous, several, some, sundry, varied, various 4 another story, atypical, bizarre, distinctive, extraordinary, out of the ordinary, peculiar, rare, singular, something else, special, strange, uncommon, unconventional, unique, unusual

differential 1 adj. diacritical, discriminative, distinctive, distinguishing 2 n. amount of difference, difference, discrepancy, disparity

differentiate 1 contrast, discern, discriminate, distinguish, make a distinction, mark off, separate, set off or apart, tell apart 2 adapt, alter, change, convert, make different, modify, transform

difficult 1 arduous, burdensome, demanding, formidable, hard, laborious, no picnic (Inf.), onerous, painful, strenuous, toilsome, uphill, wearisome 2 abstract, abstruse, baffling, complex, complicated, delicate, enigmatical, intricate, involved, knotty, obscure, perplexing, problematical, thorny, ticklish 3 demanding, fastidious, fractious, fussy, hard to please, intractable, obstreperous, perverse, refractory, rigid, tiresome, troublesome, trying, unaccommodating, unamenable, unmanageable 4 dark, full of hardship, grim, hard, straitened, tough, trying

difficulty 1 arduousness, awkwardness, hardship, laboriousness, labour, pain, painfulness, strain, strenuousness, tribulation 2 deep water, dilemma, distress, embarrassment, fix (Inf.), hot water (Inf.), jam (Inf.), mess, perplexity, pickle (Inf.), plight, predicament, quandary, spot (Inf.), straits, tight spot, trial, trouble 3 Often plural complication, hassle (Inf.), hindrance, hurdle, impediment, objection, obstacle, opposition, pitfall, problem, protest, snag, stumbling block

diffidence backwardness, bashfulness, constraint, doubt, fear, hesitancy, hesitation, humility, insecurity, lack of self-confidence, meekness, modesty, reluctance, reserve, self-consciousness, sheepishness, shyness, timidity, timidness, timorousness, unassertiveness

diffident backward, bashful, constrained, distrustful, doubtful, hesitant, insecure, meek, modest, reluctant, reserved, self-conscious, self-effacing, sheepish, shrinking, shy, suspicious, timid, timorous, unassertive, unassuming, unobtrusive, unsure, withdrawn

diffuse
- adj. 1 circumlocutory, copious, diffusive, digressive, discursive, long-winded, loose, maundering, meandering, prolix, rambling, vague, verbose, waffling (Inf.), wordy 2 dispersed, scattered, spread out, unconcentrated
- v. 3 circulate, dispel, dispense, disperse, disseminate, dissipate, distribute, propagate, scatter, spread

diffusion 1 circulation, dispersal, dispersion, dissemination, dissipation, distribution, expansion, propaganda, propagation, scattering, spread 2 circuitousness, diffuseness, digressiveness, discursiveness, long-windedness, prolixity, rambling, verbiage, verbosity, wandering, wordiness

dig
- v. 1 break up, burrow, delve, excavate, gouge, grub, hoe, hollow out, mine, penetrate, pierce, quarry, scoop, till, tunnel, turn over 2 drive, jab, poke, prod, punch, thrust 3 delve, dig down, go into, investigate, probe, research, search 4 (With **out** or **up**) bring to light, come across, come up with, discover, expose, extricate, find, retrieve, root (Inf.), rootle, uncover, unearth 5 (Inf.) appreciate, enjoy, follow, groove (Dated sl.), like, understand
- n. 6 jab, poke, prod, punch, thrust 7 barb, crack (Sl.), cutting remark, gibe, insult, jeer, quip, sneer, taunt, wisecrack (Inf.)

digest
- v. 1 absorb, assimilate, concoct, dissolve, incorporate, macerate 2 absorb, assimilate, con, consider, contemplate, grasp, master, meditate, ponder, study, take in, understand 3 arrange, classify, codify, dispose, methodize, systematize, tabulate 4 abridge, compress, condense, reduce, shorten, summarize
- n. 5 abridgement, abstract, compendium, condensation, epitome, précis, résumé, summary, synopsis

digestion absorption, assimilation, conversion, incorporation, ingestion, transformation

dig in 1 defend, entrench, establish, fortify, maintain 2 (Inf.) begin, set about, start eating, tuck in (Inf.)

dignified august, decorous, distinguished, exalted, formal, grave, honourable, imposing, lofty, lordly, noble, reserved, solemn, stately, upright

dignify adorn, advance, aggrandize, distinguish, elevate, ennoble, exalt, glorify, grace, honour, promote, raise

dignitary n. bigwig (Inf.), celeb (Inf.), high-up (Inf.), notability, notable, personage, pillar of society (the church, the state), public figure, VIP, worthy

dignity 1 courtliness, decorum, grandeur, gravity, hauteur, loftiness, majesty, nobility, propriety, solemnity, stateliness 2 elevation, eminence, excellence, glory, greatness, honour, importance, nobleness, rank, respectability, standing, station, status 3 amour-propre, pride, self-esteem, self-importance, self-possession, self-regard, self-respect

digress be diffuse, depart, deviate, diverge, drift, expatiate, get off the point or subject, go off at a tangent, meander, ramble, stray, turn aside, wander

digression apostrophe, aside, departure, detour, deviation, divergence, diversion, footnote, obiter dictum, parenthesis, straying, wandering

dilapidated battered, beat-up (Inf.), broken-down, crumbling, decayed, decaying, decrepit, fallen in, falling apart, gone to wrack and ruin, in ruins, neglected, ramshackle, rickety, ruined, ruinous, run-down, shabby, shaky, tumbledown, uncared for, worn-out

dilate 1 broaden, distend, enlarge, expand, extend, puff out, stretch, swell, widen 2 amplify, be profuse, be prolix, descant, detail, develop, dwell on, enlarge, expand, expatiate, expound, spin out

dilatory backward, behindhand, dallying, delaying, laggard, lingering, loitering, procrastinating, putting off, slack, slow, sluggish, snail-like, tardy, tarrying, time-wasting

dilemma 1 difficulty, embarrassment, fix (Inf.), jam (Inf.), mess, perplexity, pickle (Inf.), plight, predicament, problem, puzzle, quandary, spot (Inf.), strait, tight corner or spot 2 **on the horns of a dilemma** between a rock and a hard place (Inf.), between Scylla and Charybdis, between the devil and the deep blue sea

dilettante aesthete, amateur, dabbler, nonprofessional, trifler

diligence activity, application, assiduity, assiduousness, attention, attentiveness, care, constancy, earnestness, heedfulness, industry, intentness, laboriousness, perseverance, sedulousness

diligent active, assiduous, attentive, busy, careful, conscientious, constant, earnest, hard-working, indefatigable, industrious, laborious, painstaking, persevering, persistent, sedulous, studious, tireless

dilly dally dally, dawdle, delay, dither (Chiefly Brit.), falter, fluctuate, hesitate, hover, linger, loiter, potter, procrastinate, shillyshally (Inf.), trifle, vacillate, waver

dilute v. 1 adulterate, cut, make thinner, thin (out), water down, weaken 2 (Fig.) attenuate, decrease, diffuse, diminish, lessen, mitigate, reduce, temper, weaken

dim
* adj. 1 caliginous (Archaic), cloudy, dark, darkish, dusky, grey, overcast, poorly lit, shadowy, tenebrous, unilluminated 2 bleary, blurred, faint, fuzzy, ill-defined, indistinct, obscured, shadowy, unclear 3 braindead (Inf.), dense, doltish, dozy (Brit. inf.), dull, dumb (Inf.), obtuse, slow, slow on the uptake (Inf.), stupid, thick 4 confused, hazy, imperfect, indistinct, intangible, obscure, remote, shadowy, vague 5 dingy, dull, feeble, lacklustre, muted, opaque, pale, sullied, tarnished, weak 6 dashing, depressing, discouraging, gloomy, sombre, unfavourable, unpromising 7 **take a dim view** be displeased, be sceptical, disapprove, look askance, reject, suspect, take exception, view with disfavour
* v. 8 bedim, blur, cloud, darken, dull, fade, lower, obscure, tarnish, turn down

dimension Often plural 1 amplitude, bulk, capacity, extent, measurement, proportions, size, volume 2 bigness, extent, greatness, importance, largeness, magnitude, measure, range, scale, scope

diminish 1 abate, contract, curtail, cut, decrease, lessen, lower, reduce, retrench, shrink, weaken 2 decline, die out, dwindle, ebb, fade away, peter out, recede, shrivel, slacken, subside, wane 3 belittle, cheapen, demean, depreciate, devalue

diminution abatement, contraction, curtailment, cut, cutback, decay, decline, decrease, deduction, lessening, reduction, retrenchment, weakening

diminutive adj. bantam, Lilliputian, little, midget, mini, miniature, minute, petite, pocket(-sized), pygmy or pigmy, small, teensy-weensy, teeny-weeny, tiny, undersized, wee

din 1 n. babel, clamour, clangour, clash, clatter, commotion, crash, hubbub, hullabaloo, noise, outcry, pandemonium, racket, row, shout, uproar 2 v. (Usually with **into**) drum into, go on at, hammer into, inculcate, instil, instruct, teach

dine 1 banquet, chow down (Sl.), eat, feast, lunch, sup 2 (Often with **on**, **off** or **upon**) consume, eat, feed on

dingy bedimmed, colourless, dark, dim, dirty, discoloured, drab, dreary, dull, dusky, faded, gloomy, grimy, murky, obscure, seedy, shabby, soiled, sombre, tacky (Inf.)

dinner banquet, beanfeast (Brit. inf.), blowout (Sl.), collation, feast, main meal, meal, refection, repast, spread (Inf.)

dip
* v. 1 bathe, douse, duck, dunk, immerse, plunge, rinse, souse 2 decline, descend, disappear, droop, drop (down), fade, fall, lower, sag, set, sink, slope, slump, subside, tilt 3 ladle, scoop, spoon 4 (With **in** or **into**) browse, dabble, glance at, peruse, play at, run over, sample, skim, try 5 (With **in** or **into**) draw upon, reach into
* n. 6 douche, drenching, ducking, immersion, plunge, soaking 7 bathe, dive, plunge, swim 8 concoction, dilution, infusion, mixture, preparation, solution, suspension 9 basin, concavity, depression, hole, hollow, incline, slope 10 decline, drop, fall, lowering, sag, slip, slump

diplomacy 1 international negotiation, statecraft, statesmanship 2 artfulness, craft, delicacy, discretion, finesse, savoir-faire, skill, subtlety, tact

diplomat conciliator, go-between, mediator, moderator, negotiator, politician, public relations expert, tactician

diplomatic adept, discreet, polite, politic, prudent, sensitive, subtle, tactful

dire 1 alarming, appalling, awful, calamitous, cataclysmic, catastrophic, cruel, disastrous, godawful (Sl.), horrible, horrid, ruinous, terrible, woeful 2 dismal, dreadful, fearful, gloomy, grim, ominous, portentous 3 critical, crucial, crying, desperate, drastic, exigent, extreme, pressing, urgent

direct
* v. 1 administer, advise, conduct, control, dispose, govern, guide, handle, lead, manage, mastermind, oversee, preside over, regulate, rule, run, superintend, supervise 2 bid, charge, command, demand, dictate, enjoin, instruct, order 3 guide, indicate, lead, point in the direction of, point the way, show 4 address, aim, cast, fix, focus, intend, level, mean, point, train, turn 5 address, label, mail, route, send, superscribe
* adj. 6 candid, downright, frank, honest, man-to-man, matter-of-fact, open, outspoken, plain-spoken, sincere, straight, straightforward, upfront (Inf.) 7 absolute, blunt, categorical, downright, explicit, express, plain, point-blank, unambiguous, unequivocal 8 nonstop, not crooked, shortest, straight, through, unbroken, undeviating, uninterrupted 9 face-to-face, first-hand, head-on, immediate, personal

direction 1 administration, charge, command, control, government, guidance, leadership, management, order, oversight, superintendence, supervision 2 aim, bearing, course, line, path, road, route, track, way 3 bent, bias, current, drift, end, leaning, orientation, proclivity, tack, tendency, tenor, trend 4 address, label, mark, superscription

directions briefing, guidance, guidelines, indication, instructions, plan, recommendation, regulations

directive n. charge, command, decree, dictate, edict, fiat, imperative, injunction, instruction, mandate, notice, order, ordinance, regulation, ruling

directly 1 by the shortest route, exactly, in a beeline, precisely, straight, unswervingly, without deviation 2 as soon as possible, at once, dead, due, forthwith, immediately, in a second, instantaneously, instantly, pdq (Sl.), posthaste, presently, promptly, pronto (Inf.), quickly, right away, soon, speedily, straightaway 3 candidly, face-to-face, honestly, in person, openly, overtly, personally, plainly, point-blank, straightforwardly, truthfully, unequivocally, without prevarication

director administrator, boss (Inf.), chairman, chief, controller, executive, governor, head, leader, manager, organizer, principal, producer, supervisor

dirge coronach (Scot. & Irish), dead march, elegy, funeral song, lament, requiem, threnody

dirt 1 crap (Sl.), crud (Sl.), dust, excrement, filth, grime, grot (Sl.), impurity, mire, muck, mud, shit (Taboo sl.), slime, smudge, stain, tarnish 2 clay, earth, loam, soil 3 indecency, obscenity, pornography, sleaze, smut

dirty
* adj. 1 begrimed, filthy, foul, grimy, grotty (Sl.), grubby, grungy (Sl., chiefly U.S.), messy, mucky, muddy, nasty, polluted, scuzzy (Sl., chiefly U.S.), soiled, sullied, unclean 2 blue, indecent, obscene, off-colour, pornographic, risqué, salacious, sleazy, smutty, vulgar 3 clouded, dark, dull, miry, muddy, not clear 4 corrupt, crooked, dishonest, fraudulent, illegal, treacherous, unfair, unscrupulous, unsporting 5 base, beggarly, contemptible, cowardly, despicable, ignominious, low, low-down (Inf.), mean, nasty, scurvy, shabby, sordid, squalid, vile 6 angry, annoyed, bitter, indignant, offended, resentful, scorching 7 (Of weather) gusty, louring or lowering, rainy, squally, stormy
* v. 8 begrime, blacken, defile, foul, mess up, muddy, pollute, smear, smirch, smudge, soil, spoil, stain, sully

disability 1 affliction, ailment, complaint, defect, disablement, disorder, handicap, impairment, infirmity, malady 2 disqualification, impotency, inability, incapacity, incompetency, unfitness, weakness

disable 1 cripple, damage, debilitate, enfeeble, hamstring, handicap, immobilize, impair, incapacitate, paralyze, prostrate, put out of action, render hors de combat, render inoperative, unfit, unman, weaken 2 disenable, disqualify, invalidate, render or declare incapable

disabled bedridden, crippled, handicapped, incapacitated, infirm, lame, maimed, mangled, mutilated, paralyzed, weak, weakened, wrecked

disadvantage 1 damage, detriment, disservice, harm, hurt, injury, loss, prejudice 2 Often plural burden, downside, drawback, flaw, fly in the ointment (Inf.), handicap, hardship, hindrance, impediment, inconvenience, liability, minus (Inf.), nuisance, privation, snag, trouble, weakness, weak point 3 **at a disadvantage** boxed in, cornered, handicapped, in a corner, vulnerable

disadvantageous adverse, damaging, deleterious, detrimental, harmful, hurtful, ill-timed, inconvenient, inexpedient, injurious, inopportune, prejudicial, unfavourable

disaffected alienated, antagonistic, discontented, disloyal, dissatisfied, estranged, hostile, mutinous, rebellious, seditious, uncompliant, unsubmissive

disaffection alienation, animosity, antagonism, antipathy, aversion, breach, disagreement, discontent, dislike, disloyalty, dissatisfaction, estrangement, hostility, ill will, repugnance, resentment, unfriendliness

disagree 1 be discordant, be dissimilar, conflict, contradict, counter, depart, deviate, differ, diverge, run counter to, vary 2 argue, bicker, clash, contend, contest, debate, differ (in opinion), dispute, dissent, fall out (Inf.), have words (Inf.), object, oppose, quarrel, take issue with, wrangle 3 be injurious, bother, discomfort, distress, hurt, make ill, nauseate, sicken, trouble, upset

disagreeable 1 bad-tempered, brusque, churlish, contrary, cross, difficult, disobliging, ill-natured, irritable, nasty, peevish, ratty (Brit. & N.Z. inf.), rude, surly, tetchy, unfriendly, ungracious, unlikable or unlikeable, unpleasant 2 disgusting, displeasing, distasteful, horrid, nasty, objectionable, obnoxious, offensive, repellent, repugnant, repulsive, uninviting, unpalatable, unpleasant, unsavoury, yucky or yukky (Sl.)

disagreement [1] difference, discrepancy, disparity, dissimilarity, dissimilitude, divergence, diversity, incompatibility, incongruity, unlikeness, variance [2] altercation, argument, clash, conflict, debate, difference, discord, dispute, dissent, division, falling out, misunderstanding, quarrel, row, squabble, strife, wrangle [3] **in disagreement** at daggers drawn, at loggerheads, at odds, at variance, disunited, in conflict, in disharmony

disallow [1] abjure, disavow, disclaim, dismiss, disown, rebuff, refuse, reject, repudiate [2] ban, boycott, cancel, embargo, forbid, prohibit, proscribe, veto

disappear [1] abscond, be lost to view, depart, drop out of sight, ebb, escape, evanesce, fade away, flee, fly, go, pass, recede, retire, vanish from sight, wane, withdraw [2] cease, cease to be known, die out, dissolve, end, evaporate, expire, fade, leave no trace, melt away, pass away, perish, vanish

disappearance departure, desertion, disappearing, disappearing trick, eclipse, evanescence, evaporation, fading, flight, going, loss, melting, passing, vanishing, vanishing point

disappoint [1] chagrin, dash, deceive, delude, disenchant, disgruntle, dishearten, disillusion, dismay, dissatisfy, fail, let down, sadden, vex [2] baffle, balk, defeat, disconcert, foil, frustrate, hamper, hinder, thwart

disappointed balked, cast down, depressed, despondent, discontented, discouraged, disenchanted, disgruntled, disillusioned, dissatisfied, distressed, downhearted, foiled, frustrated, let down, saddened, thwarted, upset

disappointing depressing, disagreeable, disconcerting, discouraging, failing, inadequate, inferior, insufficient, lame, pathetic, sad, second-rate, sorry, unexpected, unhappy, unsatisfactory, unworthy, upsetting

disappointment [1] chagrin, discontent, discouragement, disenchantment, disillusionment, displeasure, dissatisfaction, distress, failure, frustration, ill-success, mortification, regret, unfulfilment [2] blow, calamity, disaster, failure, fiasco, letdown, miscarriage, misfortune, setback, washout (Inf.)

disapproval censure, condemnation, criticism, denunciation, deprecation, disapprobation, displeasure, dissatisfaction, objection, reproach, stick (Sl.)

disapprove [1] (Often with **of**) blame, censure, condemn, deplore, deprecate, discountenance, dislike, find unacceptable, frown on, look down one's nose at (Inf.), object to, reject, take exception to [2] disallow, set aside, spurn, turn down, veto

disarmament arms limitation, arms reduction, de-escalation, demilitarization, demobilization

disarming charming, irresistible, likable or likeable, persuasive, winning

disarrange confuse, derange, discompose, disorder, disorganize, disturb, jumble (up), mess (up), scatter, shake (up), shuffle, unsettle, untidy

disarray [1] confusion, discomposure, disharmony, dismay, disorder, disorderliness, disorganization, disunity, indiscipline, unruliness, upset [2] chaos, clutter, dishevelment, hodgepodge (U.S.), hotchpotch, jumble, mess, mix-up, muddle, pig's breakfast (Inf.), shambles, state, tangle, untidiness

disaster accident, act of God, adversity, blow, bummer (Sl.), calamity, cataclysm, catastrophe, misadventure, mischance, misfortune, mishap, reverse, ruin, ruination, stroke, tragedy, trouble

disastrous adverse, calamitous, cataclysmal, cataclysmic, catastrophic, destructive, detrimental, devastating, dire, dreadful, fatal, hapless, harmful, ill-fated, ill-starred, ruinous, terrible, tragic, unfortunate, unlucky, unpropitious, untoward

disbelief distrust, doubt, dubiety, incredulity, mistrust, scepticism, unbelief

disbeliever agnostic, atheist, doubter, doubting Thomas, questioner, sceptic, scoffer

discard abandon, axe (Inf.), cast aside, chuck (Inf.), dispense with, dispose of, ditch (Sl.), drop, dump (Inf.), get rid of, jettison, junk (Inf.), reject, relinquish, remove, repudiate, scrap, shed, throw away or out

discerning acute, astute, clear-sighted, critical, discriminating, ingenious, intelligent, judicious, knowing, penetrating, perceptive, percipient, perspicacious, piercing, sagacious, sensitive, sharp, shrewd, subtle, wise

discharge
- v. [1] absolve, acquit, allow to go, clear, exonerate, free, liberate, pardon, release, set free
- n. [2] acquittal, clearance, exoneration, liberation, pardon, release, remittance
- v. [3] cashier, discard, dismiss, eject, expel, fire (Inf.), give (someone) the sack (Inf.), oust, remove, sack (Inf.)
- n. [4] congé, demobilization, dismissal, ejection, the boot (Sl.), the (old) heave-ho (Inf.), the order of the boot (Sl.), the sack (Inf.)
- v. [5] detonate, explode, fire, let off, set off, shoot
- n. [6] blast, burst, detonation, discharging, explosion, firing, fusillade, report, salvo, shot, volley
- v. [7] disembogue, dispense, emit, empty, excrete, exude, give off, gush, leak, ooze, pour forth, release, void
- n. [8] emission, emptying, excretion, flow, ooze, pus, secretion, seepage, suppuration, vent, voiding
- v. [9] disburden, lighten, off-load, remove, unburden, unload
- n. [10] disburdening, emptying, unburdening, unloading
- v. [11] accomplish, carry out, do, execute, fulfil, observe, perform
- n. [12] accomplishment, achievement, execution, fulfilment, observance, performance
- v. [13] clear, honour, meet, pay, relieve, satisfy, settle, square up
- n. [14] payment, satisfaction, settlement

disciple adherent, apostle, believer, catechumen, convert, devotee, follower, learner, partisan, proselyte, pupil, student, supporter, votary

disciplinarian authoritarian, despot, drill sergeant, hard master, martinet, stickler, strict teacher, taskmaster, tyrant

discipline
- n. [1] drill, exercise, method, practice, regimen, regulation, training [2] conduct, control, orderliness, regulation, restraint, self-control, strictness [3] castigation, chastisement, correction, punishment [4] area, branch of knowledge, course, curriculum, field of study, speciality, subject
- v. [5] break in, bring up, check, control, drill, educate, exercise, form, govern, instruct, inure, prepare, regulate, restrain, train [6] castigate, chasten, chastise, correct, penalize, punish, reprimand, reprove

disclaim abandon, abjure, abnegate, decline, deny, disaffirm, disallow, disavow, disown, forswear, rebut, reject, renege, renounce, repudiate, retract

disclose [1] blow wide open (Sl.), broadcast, communicate, confess, divulge, impart, leak, let slip, make known, make public, publish, relate, reveal, spill one's guts about (Sl.), spill the beans about (Inf.), tell, unveil, utter [2] bring to light, discover, exhibit, expose, lay bare, reveal, show, uncover, unveil

disclosure acknowledgement, admission, announcement, broadcast, confession, declaration, discovery, divulgence, exposé, exposure, leak, publication, revelation, uncovering

discolour fade, mar, mark, rust, soil, stain, streak, tarnish, tinge

discomfort [1] n. ache, annoyance, disquiet, distress, gall, hardship, hurt, inquietude, irritation, malaise, nuisance, pain, soreness, trouble, uneasiness, unpleasantness, vexation [2] v. discomfit, discompose, disquiet, distress, disturb, embarrass, make uncomfortable

discomposure agitation, anxiety, confusion, discomfiture, disquiet, disquietude, distraction, disturbance, embarrassment, fluster, inquietude, malaise, nervousness, perturbation, trepidation, uneasiness

disconcert [1] abash, agitate, bewilder, discompose, disturb, faze, flummox, flurry, fluster, nonplus, perplex, perturb, put out of countenance, rattle (Inf.), ruffle, shake up (Inf.), take aback, throw off balance, trouble, unbalance, unnerve, unsettle, upset, worry [2] baffle, balk, confuse, defeat, disarrange, frustrate, hinder, put off, thwart, undo

disconcerting alarming, awkward, baffling, bewildering, bothersome, confusing, dismaying, distracting, disturbing, embarrassing, off-putting (Brit. inf.), perplexing, upsetting

disconnect cut off, detach, disengage, divide, part, separate, sever, take apart, uncouple

disconnected confused, disjointed, garbled, illogical, incoherent, irrational, jumbled, mixed-up, rambling, uncoordinated, unintelligible, wandering

disconnection cessation, cut-off, cutting off, discontinuation, discontinuity, interruption, separation, severance, stoppage, suspension

disconsolate crushed, dejected, desolate, despairing, dismal, forlorn, gloomy, grief-stricken, heartbroken, hopeless, inconsolable, melancholy, miserable, sad, unhappy, woeful, wretched

discontent n. discontentment, displeasure, dissatisfaction, envy, fretfulness, regret, restlessness, uneasiness, unhappiness, vexation

discontented brassed off (Brit. sl.), cheesed off (Brit. sl.), complaining, disaffected, disgruntled, displeased, dissatisfied, exasperated, fed up, fretful, miserable, pissed off (Taboo sl.), unhappy, vexed, with a chip on one's shoulder (Inf.)

discontinue abandon, axe (Inf.), break off, cease, drop, end, finish, give up, halt, interrupt, kick (Inf.), leave off, pause, put an end to, quit, refrain from, stop, suspend, terminate

discord [1] clashing, conflict, contention, difference, disagreement, discordance, dispute, dissension, disunity, division, friction, incompatibility, lack of concord, opposition, row, rupture, strife, variance, wrangling [2] cacophony, din, disharmony, dissonance, harshness, jangle, jarring, racket, tumult

discordant [1] at odds, clashing, conflicting, contradictory, contrary, different, disagreeing, divergent, incompatible, incongruous, inconsistent, opposite [2] cacophonous, dissonant, grating, harsh, inharmonious, jangling, jarring, shrill, strident, unmelodious

discount
- v. [1] brush off (Sl.), disbelieve, disregard, ignore, leave out of account, overlook, pass over [2] deduct, lower, mark down, rebate, reduce, take off
- n. [3] abatement, allowance, concession, cut, cut price, deduction, drawback, percentage (Inf.), rebate, reduction

discourage [1] abash, awe, cast down, cow, damp, dampen, dash, daunt, deject, demoralize, depress, dishearten, dismay, dispirit, frighten, intimidate, overawe, psych out (Inf.), put a damper on, scare, unman, unnerve [2] check, curb, deprecate, deter, discountenance, disfavour, dissuade, divert from, hinder, inhibit, prevent, put off, restrain, talk out of, throw cold water on (Inf.)

discouragement [1] cold feet (Inf.), dejection, depression, despair, despondency, disappointment, discomfiture, dismay, downheartedness, hopelessness, loss of confidence, low spirits, pessimism [2] constraint, curb, damper, deterrent, disincentive, hindrance, impediment, obstacle, opposition, rebuff, restraint, setback

discouraging dampening, daunting, depressing, disappointing, disheartening, dispiriting, off-putting (Brit. inf.), unfavourable, unpropitious

discourse
- n. [1] chat, communication, conversation, converse, dialogue, discussion, seminar, speech, talk [2] address, disquisition, dissertation, essay, homily, lecture, oration, sermon, speech, talk, treatise
- v. [3] confer, converse, debate, declaim, discuss, expatiate, hold forth, speak, talk

discourteous abrupt, bad-mannered, boorish, brusque, curt, disrespectful, ill-bred, ill-mannered, impolite, insolent, offhand, rude, uncivil, uncourteous, ungentlemanly, ungracious, unmannerly

discourtesy [1] bad manners, disrespectfulness, ill-breeding, impertinence, impoliteness, incivility, insolence, rudeness, ungraciousness, unmannerliness [2] affront, cold shoulder, insult, rebuff, slight, snub

discover [1] bring to light, come across, come upon, dig up, find, light upon, locate, turn up, uncover, unearth [2] ascertain, descry, detect, determine, discern, disclose, espy, find out, get wise to (Inf.), learn, notice, perceive, realize, recognize, reveal, see, spot, suss (out) (Sl.), turn up, uncover [3] conceive, contrive, design, devise, invent, originate, pioneer

discoverer author, explorer, founder, initiator, inventor, originator, pioneer

discovery [1] ascertainment, detection, disclosure, espial, exploration, finding, introduction, locating, location, origination, revelation, uncovering [2] bonanza, breakthrough, coup, find, findings, godsend, innovation, invention, secret

discredit
- v. [1] blame, bring into disrepute, censure, defame, degrade, detract from, disgrace, dishonour, disparage, reproach, slander, slur, smear, vilify
- n. [2] aspersion, censure, disgrace, dishonour, disrepute, ignominy, ill-repute, imputation, odium, reproach, scandal, shame, slur, smear, stigma
- v. [3] challenge, deny, disbelieve, discount, dispute, distrust, doubt, mistrust, question
- n. [4] distrust, doubt, mistrust, question, scepticism, suspicion

discreditable blameworthy, degrading, disgraceful, dishonourable, humiliating, ignominious, improper, infamous, reprehensible, scandalous, shameful, unprincipled, unworthy

discreet careful, cautious, circumspect, considerate, diplomatic, discerning, guarded, judicious, politic, prudent, reserved, sagacious, sensible, tactful, wary

discrepancy conflict, contrariety, difference, disagreement, discordance, disparity, dissimilarity, dissonance, divergence, incongruity, inconsistency, variance, variation

discretion [1] acumen, care, carefulness, caution, circumspection, consideration, diplomacy, discernment, good sense, heedfulness, judg(e)ment, judiciousness, maturity, prudence, sagacity, tact, wariness [2] choice, disposition, inclination, liking, mind, option, pleasure, predilection, preference, responsibility, volition, will, wish

discretionary arbitrary (Law), elective, nonmandatory, open, open to choice, optional, unrestricted

discriminate [1] disfavour, favour, show bias, show prejudice, single out, treat as inferior, treat differently, victimize [2] assess, differentiate, discern, distinguish, draw a distinction, evaluate, segregate, separate, sift, tell the difference

discriminating acute, astute, critical, cultivated, discerning, fastidious, keen, particular, refined, selective, sensitive, tasteful

discrimination [1] bias, bigotry, favouritism, inequity, intolerance, prejudice, unfairness [2] acumen, acuteness, clearness, discernment, insight, judg(e)ment, keenness, penetration, perception, refinement, sagacity, subtlety, taste

discriminative, discriminatory [1] biased, favouring, inequitable, one-sided, partial, partisan, preferential, prejudiced, prejudicial, unjust, weighted [2] analytical, astute, differentiating, discerning, discriminating, perceptive, perspicacious

discuss argue, confer, consider, consult with, converse, debate, deliberate, examine, exchange views on, get together, go into, reason about, review, sift, talk about, thrash out, ventilate, weigh up the pros and cons

discussion analysis, argument, colloquy, confabulation, conference, consideration, consultation, conversation, debate, deliberation, dialogue, discourse, examination, exchange, review, scrutiny, seminar, symposium

disdain [1] v. belittle, contemn, deride, despise, disregard, look down on, look down one's nose at (Inf.), misprize, pooh-pooh, reject, scorn, slight, sneer at, spurn, undervalue [2] n. arrogance, contempt, contumely, derision, dislike, haughtiness, hauteur, indifference, scorn, sneering, snobbishness, superciliousness

disdainful aloof, arrogant, contemptuous, derisive, haughty, high and mighty (Inf.), hoity-toity (Inf.), insolent, proud, scornful, sneering, supercilious, superior

disease [1] affliction, ailment, complaint, condition, disorder, ill health, illness, indisposition, infection, infirmity, malady, sickness, upset [2] (Fig.) blight, cancer, canker, contagion, contamination, disorder, malady, plague

diseased ailing, infected, rotten, sick, sickly, tainted, unhealthy, unsound, unwell, unwholesome

disembark alight, arrive, get off, go ashore, land, step out of

disembodied bodiless, ghostly, immaterial, incorporeal, intangible, phantom, spectral, spiritual, unbodied

disenchantment disappointment, disillusion, disillusionment, revulsion, rude awakening

disengage [1] disentangle, ease, extricate, free, liberate, loosen, release, set free, unbridle, unloose, untie [2] detach, disconnect, disjoin, disunite, divide, separate, undo, withdraw

disengaged [1] apart, detached, free, loose, out of gear, released, separate, unattached, unconnected, uncoupled [2] at ease, at leisure, free, not busy, uncommitted, unoccupied, vacant

disengagement detachment, disconnection, disentanglement, division, separation, withdrawal

disentangle [1] detach, disconnect, disengage, extricate, free, loose, separate, sever, unfold, unravel, unsnarl, untangle, untwist [2] clarify, clear (up), resolve, simplify, sort out, work out

disfavour [1] disapprobation, disapproval, dislike, displeasure [2] Also **fall into disfavour** bad books (Inf.), discredit, disesteem, disgrace, doghouse (Inf.), shame, unpopularity [3] bad turn, discourtesy, disservice

disfigure blemish, damage, deface, deform, disfeature, distort, injure, maim, make ugly, mar, mutilate, scar

disfigurement blemish, defacement, defect, deformity, distortion, impairment, injury, mutilation, scar, spot, stain

disgrace
- n. [1] baseness, degradation, dishonour, disrepute, ignominy, infamy, odium, opprobrium, shame [2] aspersion, blemish, blot, defamation, reproach, scandal, slur, stain, stigma [3] contempt, discredit, disesteem, disfavour, obloquy
- v. [4] abase, bring shame upon, defame, degrade, discredit, disfavour, dishonour, disparage, humiliate, reproach, shame, slur, stain, stigmatize, sully, taint

disgraceful blameworthy, contemptible, degrading, detestable, discreditable, dishonourable, disreputable, ignominious, infamous, low, mean, opprobrious, scandalous, shameful, shocking, unworthy

disgruntled annoyed, cheesed off (Brit. sl.), discontented, displeased, dissatisfied, grumpy, hacked (off) (U.S. sl.), huffy, irritated, malcontent, peeved, peevish, petulant, pissed off (Taboo sl.), put out, sulky, sullen, testy, vexed

disguise
- v. [1] camouflage, cloak, conceal, cover, hide, mask, screen, secrete, shroud, veil [2] deceive, dissemble, dissimulate, fake, falsify, fudge, gloss over, misrepresent
- n. [3] camouflage, cloak, costume, cover, get-up (Inf.), mask, screen, veil [4] deception, dissimulation, façade, front, pretence, semblance, trickery, veneer

disgust [1] v. cause aversion, displease, fill with loathing, gross out (U.S. sl.), nauseate, offend, outrage, put off, repel, revolt, sicken, turn one's stomach [2] n. abhorrence, abomination, antipathy, aversion, detestation, dislike, distaste, hatefulness, hatred, loathing, nausea, odium, repugnance, repulsion, revulsion

disgusted appalled, nauseated, offended, outraged, repelled, repulsed, scandalized, sick and tired of (Inf.), sickened, sick of (Inf.)

disgusting abominable, cringe-making (Brit. inf.), detestable, distasteful, foul, gross, grotty (Sl.), hateful, loathsome, nasty, nauseating, nauseous, objectionable, obnoxious, odious, offensive, repellent, repugnant, revolting, shameless, sickening, stinking, vile, vulgar, yucky or yukky (Sl.)

dish
- n. [1] bowl, plate, platter, salver [2] fare, food, recipe
- v. [3] (Sl.) finish, muck up (Sl.), ruin, spoil, torpedo, wreck

dishearten cast down, crush, damp, dampen, dash, daunt, deject, depress, deter, discourage, dismay, dispirit, put a damper on

dishevelled bedraggled, blowzy, disarranged, disarrayed, disordered, frowzy, hanging loose, messy, ruffled, rumpled, tousled, uncombed, unkempt, untidy

dishonest bent (Sl.), cheating, corrupt, crafty, crooked (Inf.), deceitful, deceiving, deceptive, designing, disreputable, double-dealing, false, fraudulent, guileful, knavish (Archaic), lying, mendacious, perfidious, shady (Inf.), swindling, treacherous, unfair, unprincipled, unscrupulous, untrustworthy, untruthful

dishonesty cheating, chicanery, corruption, craft, criminality, crookedness, deceit, duplicity, falsehood, falsity, fraud, fraudulence, graft (Inf.), improbity, mendacity, perfidy, sharp practice, stealing, treachery, trickery, unscrupulousness, wiliness

dishonour
- v. [1] abase, blacken, corrupt, debase, debauch, defame, degrade, discredit, disgrace, shame, sully [2] defile, deflower, pollute, rape, ravish, seduce
- n. [3] abasement, degradation, discredit, disfavour, disgrace, disrepute, ignominy, infamy, obloquy, odium, opprobrium, reproach, scandal, shame [4] abuse, affront, discourtesy, indignity, insult, offence, outrage, slight

dishonourable [1] base, contemptible, despicable, discreditable, disgraceful, ignoble, ignominious, infamous, scandalous, shameful [2] blackguardly, corrupt, disreputable, shameless, treacherous, unprincipled, unscrupulous, untrustworthy

dish out allocate, distribute, dole out, hand out, inflict, mete out

dish up hand out, ladle, prepare, present, produce, scoop, serve, spoon

disillusion v. break the spell, bring down to earth, disabuse, disenchant, open the eyes of, shatter one's illusions, undeceive

disincentive damper, determent, deterrent, discouragement, dissuasion, impediment

disinclination alienation, antipathy, aversion, demur, dislike, hesitance, lack of desire, lack of enthusiasm, loathness, objection, opposition, reluctance, repugnance, resistance, unwillingness

disinclined antipathetic, averse, balking, hesitating, indisposed, loath, not in the mood, opposed, reluctant, resistant, unwilling

disinfect clean, cleanse, decontaminate, deodorize, fumigate, purify, sanitize, sterilize

disinfectant antiseptic, germicide, sanitizer, sterilizer

disinherit cut off, cut off without a penny, disown, dispossess, oust, repudiate

disintegrate break apart, break up, crumble, disunite, fall apart, fall to pieces, reduce to fragments, separate, shatter, splinter

disinterest candidness, detachment, disinterestedness, dispassionateness, equity, fairness, impartiality, justice, neutrality, unbiasedness

disinterested candid, detached, dispassionate, equitable, even-handed, free from self-interest, impartial, impersonal, neutral, outside, unbiased, uninvolved, unprejudiced, unselfish

disjointed [1] aimless, confused, disconnected, disordered, fitful, incoherent, loose, rambling, spasmodic, unconnected [2] disconnected, dislocated, displaced, disunited, divided, separated, split

dislike [1] n. animosity, animus, antagonism, antipathy, aversion, detestation, disapprobation, disapproval, disgust, disinclination, displeasure, distaste, enmity, hatred, hostility, loathing, odium, repugnance [2] v. abhor, abominate, be averse to, despise, detest, disapprove, disfavour, disrelish, hate, have no taste or stomach for, loathe, not be able to bear or abide, object to, scorn, shun

dislocate [1] disorder, displace, disrupt, disturb, misplace, shift [2] disarticulate, disconnect, disengage, disjoint, disunite, luxate (Medical), put out of joint, unhinge

dislocation [1] disarray, disorder, disorganization, disruption, disturbance, misplacement [2] disarticulation, disconnection, disengagement, luxation (Medical), unhinging

disloyal apostate, disaffected, faithless, false, perfidious, seditious, subversive, traitorous, treacherous, treasonable, two-faced, unfaithful, unpatriotic, untrustworthy

disloyalty betrayal of trust, breach of trust, breaking of faith, deceitfulness, double-dealing, falseness, falsity, inconstancy, infidelity, perfidy, Punic faith, treachery, treason, unfaithfulness

dismal black, bleak, cheerless, dark, depressing, despondent, discouraging, dolorous, dreary, forlorn, funereal, gloomy, gruesome, lonesome, louring or lowering, lugubrious, melancholy, sad, sombre, sorrowful

dismay
- v. [1] affright, alarm, appal, distress, fill with consternation, frighten, horrify, paralyze,

dismember / dissatisfaction SYNONYMES ANGLAIS 1198

scare, terrify, unnerve [2] daunt, disappoint, discourage, dishearten, disillusion, dispirit, put off
◆ n. [3] agitation, alarm, anxiety, apprehension, consternation, distress, dread, fear, fright, horror, panic, terror, trepidation [4] chagrin, disappointment, discouragement, disillusionment, upset

dismember amputate, anatomize, cut into pieces, disjoint, dislimb, dislocate, dissect, divide, mutilate, rend, sever

dismiss [1] axe (Inf.), cashier, discharge, fire (Inf.), give notice to, kiss off (Sl., chiefly U.S. & Canad.), lay off, oust, remove, sack (Inf.), send packing (Inf.) [2] disband, disperse, dissolve, free, let go, release, send away [3] banish, discard, dispel, disregard, drop, lay aside, pooh-pooh, put out of one's mind, reject, relegate, repudiate, set aside, shelve, spurn

dismissal [1] adjournment, congé, end, freedom to depart, permission to go, release [2] discharge, expulsion, kiss-off (Sl., chiefly U.S. & Canad.), marching orders (Inf.), notice, one's books or cards (Inf.), removal, the boot (Sl.), the (old) heave-ho (Inf.), the order of the boot (Sl.), the push (Sl.), the sack (Inf.)

disobedience indiscipline, infraction, insubordination, mutiny, noncompliance, nonobservance, recalcitrance, revolt, unruliness, waywardness

disobedient contrary, contumacious, defiant, disorderly, froward, insubordinate, intractable, mischievous, naughty, noncompliant, nonobservant, obstreperous, refractory, undisciplined, unruly, wayward, wilful

disobey contravene, defy, disregard, flout, go counter to, ignore, infringe, overstep, rebel, refuse to obey, resist, transgress, violate

disorderly [1] chaotic, confused, disorganized, higgledy-piggledy (Inf.), indiscriminate, irregular, jumbled, messy, shambolic (Inf.), unsystematic, untidy [2] boisterous, disruptive, indisciplined, lawless, obstreperous, rebellious, refractory, riotous, rowdy, stormy, tumultuous, turbulent, ungovernable, unlawful, unmanageable, unruly

disorganize break up, confuse, derange, destroy, disarrange, discompose, disorder, disrupt, disturb, jumble, make a shambles of, muddle, turn topsy-turvy, unsettle, upset

disown abandon, abnegate, cast off, deny, disallow, disavow, disclaim, rebut, refuse to acknowledge or recognize, reject, renounce, repudiate, retract

disparage asperse, bad-mouth (Sl., chiefly U.S. & Canad.), belittle, blast, criticize, decry, defame, degrade, denigrate, deprecate, depreciate, deride, derogate, detract from, discredit, disdain, dismiss, knock (Inf.), lambast(e), malign, minimize, put down, ridicule, rubbish (Inf.), run down, scorn, slag (off) (Sl.), slander, tear into (Inf.), traduce, underestimate, underrate, undervalue, vilify

disparagement aspersion, belittlement, condemnation, contempt, contumely, criticism, debasement, degradation, denunciation, depreciation, derision, derogation, detraction, discredit, disdain, impairment, lessening, prejudice, reproach, ridicule, scorn, slander, underestimation

dispassionate [1] calm, collected, composed, cool, imperturbable, moderate, quiet, serene, sober, temperate, unemotional, unexcitable, unexcited, unfazed (Inf.), unmoved, unruffled [2] candid, detached, disinterested, fair, impartial, impersonal, indifferent, neutral, objective, unbiased, uninvolved, unprejudiced

dispatch, despatch
◆ v. [1] accelerate, consign, dismiss, express, forward, hasten, hurry, quicken, remit, send, transmit [2] conclude, discharge, dispose of, expedite, finish, make short work of (Inf.), perform, settle [3] assassinate, blow away (Sl., chiefly U.S.), bump off (Sl.), butcher, eliminate (Sl.), execute, finish off, kill, murder, put an end to, slaughter, slay, take out (Sl.)
◆ n. [4] alacrity, celerity, expedition, haste, precipitateness, promptitude, promptness, quickness, rapidity, speed, swiftness [5] account, bulletin, communication, communiqué, document, instruction, item, letter, message, missive, news, piece, report, story

dispel allay, banish, chase away, dismiss, disperse, dissipate, drive away, eliminate, expel, resolve, rout, scatter

dispensable disposable, expendable, inessential, needless, nonessential, superfluous, unnecessary, unrequired, useless

dispensation [1] allotment, appointment, apportionment, bestowal, conferment, consignment, dealing out, disbursement, distribution, endowment, supplying [2] award, dole, part, portion, quota, share [3] administration, direction, economy, management, plan, regulation, scheme, stewardship, system [4] exception, exemption, immunity, indulgence, licence, permission, privilege, relaxation, relief, remission, reprieve

dispense [1] allocate, allot, apportion, assign, deal out, disburse, distribute, dole out, mete out, share [2] measure, mix, prepare, supply [3] administer, apply, carry out, direct, discharge, enforce, execute, implement, operate, undertake [4] except, excuse, exempt, exonerate, let off (Inf.), release, relieve, reprieve [5] (With **with**) abstain from, do without, forgo, give up, omit, relinquish, waive [6] (With **with**) abolish, brush aside, cancel, dispose of, disregard, do away with, get rid of, ignore, pass over, render needless, shake off

disperse [1] broadcast, circulate, diffuse, disseminate, dissipate, distribute, scatter, spread, strew [2] break up, disappear, disband, dismiss, dispel, dissolve, rout, scatter, send off, separate, vanish

dispirited crestfallen, dejected, depressed, despondent, discouraged, disheartened, down, downcast, gloomy, glum, in the doldrums, low, morose, sad, sick as a parrot (Inf.)

displace [1] derange, disarrange, disturb, misplace, move, shift, transpose [2] cashier, depose, discard, discharge, dismiss, fire (Inf.), remove, sack (Inf.) [3] crowd out, oust, replace, succeed, supersede, supplant, take the place of [4] dislocate, dislodge, dispossess, eject, evict, force out, unsettle

display
◆ v. [1] betray, demonstrate, disclose, evidence, evince, exhibit, expose, manifest, open, open to view, present, reveal, show, unveil [2] expand, extend, model, open out, spread out, stretch out, unfold, unfurl [3] boast, flash (Inf.), flaunt, flourish, parade, show off, vaunt
◆ n. [4] array, demonstration, exhibition, exposition, exposure, manifestation, presentation, revelation, show [5] flourish, ostentation, pageant, parade, pomp, show, spectacle

displease aggravate (Inf.), anger, annoy, disgust, dissatisfy, exasperate, gall, hassle (Inf.), incense, irk, irritate, nark (Brit., Aust., & N.Z. sl.), nettle, offend, pique, piss one off (Taboo sl.), provoke, put out, rile, upset, vex

displeasure anger, annoyance, disapprobation, disapproval, disfavour, disgruntlement, dislike, dissatisfaction, distaste, indignation, irritation, offence, pique, resentment, vexation, wrath

disposable [1] biodegradable, compostable, decomposable, nonreturnable, paper, throwaway [2] at one's service, available, consumable, expendable, free for use, spendable

disposal [1] clearance, discarding, dumping (Inf.), ejection, jettisoning, parting with, relinquishment, removal, riddance, scrapping, throwing away [2] arrangement, array, dispensation, disposition, distribution, grouping, placing, position [3] assignment, bequest, bestowal, consignment, conveyance, dispensation, gift, settlement, transfer [4] Also **at one's disposal** authority, conduct, control, determination, direction, discretion, government, management, ordering, regulation, responsibility

dispose [1] adjust, arrange, array, determine, distribute, fix, group, marshal, order, place, put, range, rank, regulate, set, settle, stand [2] actuate, adapt, bias, condition, incline, induce, influence, lead, motivate, move, predispose, prompt, tempt

disposed apt, given, inclined, liable, likely, of a mind to, predisposed, prone, ready, subject, tending towards

dispose of [1] deal with, decide, determine, end, finish with, settle [2] bestow, give, make over, part with, sell, transfer [3] bin (Inf.), chuck (Inf.), destroy, discard, dump (Inf.), get rid of, jettison, junk (Inf.), scrap, throw out or away, unload

disposition [1] character, constitution, make-up, nature, spirit, temper, temperament [2] bent, bias, habit, inclination, leaning, predisposition, proclivity, proneness, propensity, readiness, tendency [3] adjustment, arrangement, classification, disposal, distribution, grouping, ordering, organization, placement [4] control, direction, disposal, management, regulation

disproportion asymmetry, discrepancy, disparity, imbalance, inadequacy, inequality, insufficiency, lopsidedness, unevenness, unsuitableness

disproportionate excessive, incommensurate, inordinate, out of proportion, too much, unbalanced, unequal, uneven, unreasonable

disprove confute, contradict, controvert, discredit, expose, give the lie to, invalidate, negate, prove false, rebut, refute

disputation argumentation, controversy, debate, dispute, dissension, polemics

dispute
◆ v. [1] altercate, argue, brawl, clash, contend, debate, discuss, quarrel, row, spar, squabble, wrangle [2] challenge, contest, contradict, controvert, deny, doubt, impugn, question, rebut
◆ n. [3] altercation, argument, bagarre, brawl, conflict, disagreement, discord, disturbance, feud, friction, quarrel, shindig (Inf.), shindy (Inf.), strife, wrangle [4] argument, contention, controversy, debate, discussion, dissension

disqualification [1] disability, disablement, incapacitation, incapacity, unfitness [2] debarment, disenablement, disentitlement, elimination, exclusion, incompetence, ineligibility, rejection

disqualify [1] disable, incapacitate, invalidate, unfit (Rare) [2] ban, debar, declare ineligible, disentitle, preclude, prohibit, rule out

disquiet [1] n. alarm, angst, anxiety, concern, disquietude, distress, disturbance, fear, foreboding, fretfulness, nervousness, restlessness, trepidation, trouble, uneasiness, unrest, worry [2] v. agitate, annoy, bother, concern, discompose, distress, disturb, fret, harass, hassle (Inf.), incommode, make uneasy, perturb, pester, plague, trouble, unsettle, upset, vex, worry

disquieting annoying, bothersome, disconcerting, distressing, disturbing, harrowing, irritating, perturbing, troubling, unnerving, unsettling, upsetting, vexing, worrying

disregard
◆ v. [1] brush aside or away, discount, disobey, ignore, laugh off, leave out of account, make light of, neglect, overlook, pass over, pay no attention to, pay no heed to, take no notice of, turn a blind eye to [2] brush off (Sl.), cold-shoulder, contemn, despise, disdain, disparage, slight, snub
◆ n. [3] brushoff (Sl.), contempt, disdain, disrespect, heedlessness, ignoring, inattention, indifference, neglect, negligence, oversight, slight, the cold shoulder

disrepair [1] collapse, decay, deterioration, dilapidation, ruination [2] **in disrepair** broken, bust (Inf.), decayed, decrepit, kaput (Inf.), not functioning, on the blink (Sl.), out of commission, out of order, worn-out

disreputable [1] base, contemptible, derogatory, discreditable, disgraceful, dishonourable, disorderly, ignominious, infamous, louche, low, mean, notorious, opprobrious, scandalous, shady (Inf.), shameful, shocking, unprincipled, vicious, vile [2] bedraggled, dilapidated, dingy, dishevelled, down at heel, scruffy, seedy, shabby, threadbare, worn

disrepute discredit, disesteem, disfavour, disgrace, dishonour, ignominy, ill favour, ill repute, infamy, obloquy, shame, unpopularity

disrespect contempt, discourtesy, dishonour, disregard, impertinence, impoliteness, impudence, incivility, insolence, irreverence, lack of respect, lese-majesty, rudeness, unmannerliness

disrespectful bad-mannered, cheeky, contemptuous, discourteous, ill-bred, impertinent, impolite, impudent, insolent, insulting, irreverent, misbehaved, rude, uncivil

disrupt [1] agitate, confuse, disorder, disorganize, disturb, spoil, throw into disorder, upset [2] break up or into, interfere with, interrupt, intrude, obstruct, unsettle, upset

disruption confusion, disarray, disorder, disorderliness, disturbance, interference, interruption, stoppage

disruptive confusing, disorderly, distracting, disturbing, obstreperous, troublemaking, troublesome, unruly, unsettling, upsetting

dissatisfaction annoyance, chagrin, disappointment, discomfort, discontent, dislike, dismay, displeasure, distress, exasperation, frustration, irritation, regret, resentment, unhappiness

dissatisfied disappointed, discontented, disgruntled, displeased, fed up, frustrated, not satisfied, unfulfilled, ungratified, unhappy, unsatisfied

dissect 1 anatomize, cut up *or* apart, dismember, lay open 2 analyse, break down, explore, inspect, investigate, research, scrutinize, study

dissection 1 anatomization, anatomy, autopsy, dismemberment, necropsy, postmortem (examination) 2 analysis, breakdown, examination, inspection, investigation, research, scrutiny

disseminate broadcast, circulate, diffuse, disperse, dissipate, distribute, proclaim, promulgate, propagate, publicize, publish, scatter, sow, spread

dissemination broadcasting, circulation, diffusion, distribution, promulgation, propagation, publication, publishing, spread

dissension conflict, conflict of opinion, contention, difference, disagreement, discord, discordance, dispute, dissent, friction, quarrel, row, strife, variance

dissent 1 *v.* decline, differ, disagree, object, protest, refuse, withhold assent *or* approval 2 *n.* difference, disagreement, discord, dissension, dissidence, nonconformity, objection, opposition, refusal, resistance

dissenter disputant, dissident, nonconformist, objector, protestant

dissentient *adj.* conflicting, differing, disagreeing, dissenting, dissident, opposing, protesting

dissertation critique, discourse, disquisition, essay, exposition, thesis, treatise

disservice bad turn, disfavour, harm, ill turn, injury, injustice, unkindness, wrong

dissident 1 *adj.* differing, disagreeing, discordant, dissentient, dissenting, heterodox, nonconformist, schismatic 2 *n.* agitator, dissenter, protestor, rebel, recusant

dissimilar different, disparate, divergent, diverse, heterogeneous, manifold, mismatched, not alike, not capable of comparison, not similar, unlike, unrelated, various

dissimilarity difference, discrepancy, disparity, dissimilitude, distinction, divergence, heterogeneity, incomparability, nonuniformity, unlikeness, unrelatedness

dissipate 1 burn up, consume, deplete, expend, fritter away, indulge oneself, lavish, misspend, run through, spend, squander, waste 2 disappear, dispel, disperse, dissolve, drive away, evaporate, scatter, vanish

dissipated 1 abandoned, debauched, dissolute, intemperate, profligate, rakish, self-indulgent 2 consumed, destroyed, exhausted, scattered, squandered, wasted

dissipation 1 abandonment, debauchery, dissoluteness, drunkenness, excess, extravagance, indulgence, intemperance, lavishness, prodigality, profligacy, squandering, wantonness, waste 2 amusement, distraction, diversion, entertainment, gratification 3 disappearance, disintegration, dispersion, dissemination, dissolution, scattering, vanishing

dissociate 1 break off, disband, disrupt, part company, quit 2 detach, disconnect, distance, divorce, isolate, segregate, separate, set apart

dissolute abandoned, corrupt, debauched, degenerate, depraved, dissipated, immoral, lax, lewd, libertine, licentious, loose, profligate, rakish, unrestrained, vicious, wanton, wild

dissolution 1 breaking up, disintegration, division, divorce, parting, resolution, separation 2 death, decay, decomposition, demise, destruction, dispersal, extinction, overthrow, ruin 3 adjournment, conclusion, disbandment, discontinuation, dismissal, end, ending, finish, suspension, termination 4 corruption, debauchery, dissipation, intemperance, wantonness 5 disappearance, evaporation, liquefaction, melting, solution

dissolve 1 deliquesce, flux, fuse, liquefy, melt, soften, thaw 2 crumble, decompose, diffuse, disappear, disintegrate, disperse, dissipate, dwindle, evanesce, evaporate, fade, melt away, perish, vanish, waste away 3 axe (*Inf.*), break up, destroy, discontinue, dismiss, end, overthrow, ruin, suspend, terminate, wind up 4 break into *or* up, collapse, disorganize, disunite, divorce, loose, resolve into, separate, sever

dissuade advise against, deter, discourage, disincline, divert, expostulate, persuade not to, put off, remonstrate, talk out of, urge not to, warn

distance
- *n.* 1 absence, extent, gap, interval, lapse, length, range, reach, remoteness, remove, separation, space, span, stretch, width 2 aloofness, coldness, coolness, frigidity, reserve, restraint, stiffness 3 **go the distance** bring to an end, complete, finish, see through, stay the course 4 **keep one's distance** avoid, be aloof (indifferent, reserved), keep (someone) at arm's length, shun 5 **in the distance** afar, far away, far off, on the horizon, yonder
- *v.* 6 dissociate oneself, put in proportion, separate oneself 7 leave behind, outdistance, outdo, outrun, outstrip, pass

distant 1 abroad, afar, far, faraway, far-flung, far-off, outlying, out-of-the-way, remote, removed 2 apart, disparate, dispersed, distinct, scattered, separate 3 aloof, ceremonious, cold, cool, formal, haughty, reserved, restrained, reticent, standoffish, stiff, unapproachable, unfriendly, withdrawn 4 faint, indirect, indistinct, obscure, slight, uncertain

distaste abhorrence, antipathy, aversion, detestation, disfavour, disgust, disinclination, dislike, displeasure, disrelish, dissatisfaction, horror, loathing, odium, repugnance, revulsion

distasteful abhorrent, disagreeable, displeasing, loathsome, nauseous, objectionable, obnoxious, obscene, offensive, repugnant, repulsive, undesirable, uninviting, unpalatable, unpleasant, unsavoury

distend balloon, bloat, bulge, dilate, enlarge, expand, increase, inflate, puff, stretch, swell, widen

distil condense, draw out, evaporate, express, extract, press out, purify, rectify, refine, sublimate, vaporize

distillation elixir, essence, extract, quintessence, spirit

distinct 1 apparent, blatant, clear, clear-cut, decided, definite, evident, lucid, manifest, marked, noticeable, obvious, palpable, patent, plain, recognizable, sharp, unambiguous, unmistakable, well-defined 2 detached, different, discrete, dissimilar, individual, separate, unconnected

distinction 1 differentiation, discernment, discrimination, penetration, perception, separation 2 contrast, difference, differential, division, separation 3 characteristic, distinctiveness, feature, individuality, mark, particularity, peculiarity, quality 4 account, celebrity, consequence, credit, eminence, excellence, fame, greatness, honour, importance, merit, name, note, prominence, quality, rank, renown, reputation, repute, superiority, worth

distinctive characteristic, different, distinguishing, extraordinary, idiosyncratic, individual, original, peculiar, singular, special, typical, uncommon, unique

distinctly clearly, decidedly, definitely, evidently, manifestly, markedly, noticeably, obviously, palpably, patently, plainly, precisely, sharply

distinguish 1 ascertain, decide, determine, differentiate, discriminate, judge, tell apart, tell between, tell the difference 2 categorize, characterize, classify, individualize, make distinctive, mark, separate, set apart, single out 3 discern, know, make out, perceive, pick out, recognize, see, tell 4 celebrate, dignify, honour, immortalize, make famous, signalize

distinguishable clear, conspicuous, discernible, evident, manifest, noticeable, obvious, perceptible, plain, recognizable, well-marked

distinguished 1 acclaimed, celebrated, conspicuous, eminent, famed, famous, illustrious, notable, noted, renowned, well-known 2 conspicuous, extraordinary, marked, outstanding, signal, striking

distinguishing characteristic, different, differentiating, distinctive, individualistic, marked, peculiar, typical

distort 1 bend, buckle, contort, deform, disfigure, misshape, twist, warp, wrench, wrest 2 bias, colour, falsify, garble, misrepresent, pervert, slant, twist

distortion 1 bend, buckle, contortion, crookedness, deformity, malformation, twist, twistedness, warp 2 bias, colouring, falsification, misrepresentation, perversion, slant

distract 1 divert, draw away, sidetrack, turn aside 2 amuse, beguile, engross, entertain, occupy 3 agitate, bewilder, confound, confuse, derange, discompose, disconcert, disturb, harass, madden, perplex, puzzle, torment, trouble

distracted 1 agitated, at sea, bemused, bewildered, confounded, confused, flustered, harassed, in a flap (*Inf.*), perplexed, puzzled, troubled 2 crazy, deranged, desperate, distraught, frantic, frenzied, grief-stricken, insane, mad, overwrought, raving, wild

distracting bewildering, bothering, confusing, disconcerting, dismaying, disturbing, off-putting (*Brit. inf.*), perturbing

distraction 1 abstraction, agitation, bewilderment, commotion, confusion, discord, disorder, disturbance 2 amusement, beguilement, diversion, divertissement, entertainment, pastime, recreation 3 disturbance, diversion, interference, interruption 4 aberration, alienation, delirium, derangement, desperation, frenzy, hallucination, incoherence, insanity, mania

distress
- *n.* 1 affliction, agony, anguish, anxiety, desolation, discomfort, grief, heartache, misery, pain, sadness, sorrow, suffering, torment, torture, woe, worry, wretchedness 2 adversity, calamity, destitution, difficulties, hardship, indigence, misfortune, need, poverty, privation, straits, trial, trouble
- *v.* 3 afflict, agonize, bother, disturb, grieve, harass, harrow, pain, perplex, sadden, torment, trouble, upset, worry, wound

distressed 1 afflicted, agitated, anxious, distracted, distraught, saddened, tormented, troubled, upset, worried, wretched 2 destitute, indigent, needy, poor, poverty-stricken, straitened

distressing affecting, afflicting, distressful, disturbing, grievous, harrowing, heart-breaking, hurtful, lamentable, nerve-racking, painful, sad, upsetting, worrying

distribute 1 administer, allocate, allot, apportion, assign, deal, dispense, dispose, divide, dole out, give, measure out, mete, share 2 circulate, convey, deliver, hand out, pass round 3 diffuse, disperse, disseminate, scatter, spread, strew 4 arrange, assort, categorize, class, classify, file, group

distribution 1 allocation, allotment, apportionment, dispensation, division, dole, partition, sharing 2 circulation, diffusion, dispersal, dispersion, dissemination, propagation, scattering, spreading 3 arrangement, assortment, classification, disposition, grouping, location, organization, placement 4 (*Commerce*) dealing, delivery, handling, mailing, marketing, trading, transport, transportation

district area, community, locale, locality, neighbourhood, parish, quarter, region, sector, vicinity, ward

distrust 1 *v.* be sceptical of, be suspicious of, be wary of, disbelieve, discredit, doubt, misbelieve, mistrust, question, smell a rat (*Inf.*), suspect, wonder about 2 *n.* disbelief, doubt, dubiety, lack of faith, misgiving, mistrust, qualm, question, scepticism, suspicion, wariness

disturb 1 bother, butt in on, disrupt, interfere with, interrupt, intrude on, pester, rouse, startle 2 confuse, derange, disarrange, disorder, disorganize, muddle, unsettle 3 agitate, alarm, annoy, confound, discompose, distract, distress, excite, fluster, harass, hassle (*Inf.*), perturb, ruffle, shake, trouble, unnerve, unsettle, upset, worry

disturbance 1 agitation, annoyance, bother, confusion, derangement, disorder, distraction, hindrance, interruption, intrusion, molestation, perturbation, upset 2 bother (*Inf.*), brawl, commotion, disorder, fracas, fray, hubbub, riot, ruckus (*Inf.*), ruction (*Inf.*), shindig (*Inf.*), shindy (*Inf.*), tumult, turmoil, upheaval, uproar

disturbed 1 (*Psychiatry*) disordered, maladjusted, neurotic, troubled, unbalanced, upset 2 agitated, anxious, apprehensive, bothered, concerned, disquieted, nervous, troubled, uneasy, upset, worried

disturbing agitating, alarming, disconcerting, discouraging, dismaying, disquieting, distressing, frightening, harrowing, perturbing, startling, threatening, troubling, unsettling, upsetting, worrying

disuse abandonment, decay, desuetude, discontinuance, idleness, neglect, non-employment, nonuse

ditch
- n. [1] channel, drain, dyke, furrow, gully, moat, trench, watercourse
- v. [2] dig, drain, excavate, gouge, trench [3] (Sl.) abandon, axe (Inf.), bin (Inf.), chuck (Inf.), discard, dispose of, drop, dump (Inf.), get rid of, jettison, junk (Inf.), scrap, throw out *or* overboard

dither [1] v. faff about (Brit. inf.), falter, haver, hesitate, oscillate, shillyshally (Inf.), swither (Scot.), teeter, vacillate, waver [2] n. bother, flap (Inf.), fluster, flutter, pother, stew (Inf.), tiz-woz (Inf.), tizzy (Inf.), twitter (Inf.)

dive
- v. [1] descend, dip, disappear, drop, duck, fall, go underwater, jump, leap, nose-dive, pitch, plummet, plunge, submerge, swoop
- n. [2] dash, header (Inf.), jump, leap, lunge, nose dive, plunge, spring [3] (Sl.) honky-tonk (U.S. sl.), joint (Sl.), sleazy bar

diverge [1] bifurcate, branch, divaricate, divide, fork, part, radiate, separate, split, spread [2] be at odds, be at variance, conflict, differ, disagree, dissent [3] depart, deviate, digress, meander, stray, turn aside, wander

divergence branching out, deflection, departure, deviation, difference, digression, disparity, divagation, ramification, separation, varying

divergent conflicting, deviating, different, differing, disagreeing, dissimilar, diverging, diverse, separate, variant

divers different, manifold, many, multifarious, numerous, several, some, sundry, varied, various

diverse [1] assorted, diversified, manifold, miscellaneous, of every description, several, sundry, varied, various [2] different, differing, discrete, disparate, dissimilar, distinct, divergent, separate, unlike, varying

diversify alter, assort, branch out, change, expand, mix, modify, spread out, transform, variegate, vary

diversion [1] alteration, change, deflection, departure, detour, deviation, digression, variation [2] amusement, beguilement, delight, distraction, divertissement, enjoyment, entertainment, game, gratification, jollies (Sl.), pastime, play, pleasure, recreation, relaxation, sport

diversity assortment, difference, dissimilarity, distinctiveness, divergence, diverseness, diversification, heterogeneity, medley, multiplicity, range, unlikeness, variance, variegation, variety

divert [1] avert, deflect, redirect, switch, turn aside [2] amuse, beguile, delight, entertain, gratify, recreate, regale [3] detract, distract, draw *or* lead away from, lead astray, sidetrack

diverting amusing, beguiling, enjoyable, entertaining, fun, humorous, pleasant

divest [1] denude, disrobe, doff, remove, strip, take off, unclothe, undress [2] deprive, despoil, dispossess, strip

divide [1] bisect, cleave, cut (up), detach, disconnect, part, partition, segregate, separate, sever, shear, split, subdivide, sunder [2] allocate, allot, apportion, deal out, dispense, distribute, divvy (up) (Inf.), dole out, measure out, portion, share [3] alienate, break up, cause to disagree, come between, disunite, estrange, set *or* pit against one another, set at variance *or* odds, sow dissension, split [4] arrange, categorize, classify, grade, group, put in order, separate, sort

dividend bonus, cut (Inf.), divvy (Inf.), extra, gain, plus, portion, share, surplus

divine[1]
- adj. [1] angelic, celestial, godlike, heavenly, holy, spiritual, superhuman, supernatural [2] consecrated, holy, religious, sacred, sanctified, spiritual [3] beatific, blissful, exalted, mystical, rapturous, supreme, transcendent, transcendental, transmundane [4] (Inf.) beautiful, excellent, glorious, marvellous, perfect, splendid, superlative, wonderful
- n. [5] churchman, clergyman, cleric, ecclesiastic, minister, pastor, priest, reverend

divine[2] v. [1] apprehend, conjecture, deduce, discern, foretell, guess, infer, intuit, perceive, prognosticate, suppose, surmise, suspect, understand [2] (Of water or minerals) dowse

diviner [1] astrologer, augur, oracle, prophet, seer, sibyl, soothsayer [2] (Of water or minerals) dowser

divinity [1] deity, divine nature, godhead, godhood, godliness, holiness, sanctity [2] daemon, deity, genius, god, goddess, guardian spirit, spirit [3] religion, religious studies, theology

divisible dividable, fractional, separable, splittable

division [1] bisection, cutting up, detaching, dividing, partition, separation, splitting up [2] allotment, apportionment, distribution, sharing [3] border, boundary, demarcation, divide, divider, dividing line, partition [4] branch, category, class, compartment, department, group, head, part, portion, section, sector, segment [5] breach, difference of opinion, disagreement, discord, disunion, estrangement, feud, rupture, split, variance

divisive alienating, damaging, detrimental, discordant, disruptive, estranging, inharmonious, pernicious, troublesome, unsettling

divorce [1] n. annulment, breach, break, decree nisi, dissolution, disunion, rupture, separation, severance, split-up [2] v. annul, disconnect, dissociate, dissolve (marriage), disunite, divide, part, separate, sever, split up, sunder

divulge betray, blow wide open (Sl.), communicate, confess, declare, disclose, exhibit, expose, impart, leak, let slip, make known, proclaim, promulgate, publish, reveal, spill (Inf.), spill one's guts about (Sl.), tell, uncover

dizzy [1] faint, giddy, light-headed, off balance, reeling, shaky, staggering, swimming, vertiginous, weak at the knees, wobbly, woozy (Inf.) [2] at sea, befuddled, bemused, bewildered, confused, dazed, dazzled, muddled [3] lofty, steep, vertiginous [4] (Inf.) capricious, fickle, flighty, foolish, frivolous, giddy, light-headed, scatterbrained, silly

do
- v. [1] accomplish, achieve, act, carry out, complete, conclude, discharge, end, execute, perform, produce, transact, undertake, work [2] answer, be adequate, be enough, be of use, be sufficient, pass muster, satisfy, serve, suffice, suit [3] arrange, be responsible for, fix, get ready, look after, make, make ready, organize, prepare, see to, take on [4] decipher, decode, figure out, puzzle out, resolve, solve, work out [5] adapt, render, translate, transpose [6] bear oneself, behave, carry oneself, comport oneself, conduct oneself [7] fare, get along, get on, make out, manage, proceed [8] bring about, cause, create, effect, produce [9] (Of a play, etc.) act, give, perform, present, produce, put on [10] (Inf.) cover, explore, journey through *or* around, look at, stop in, tour, travel, visit [11] (Inf.) cheat, con (Inf.), cozen, deceive, defraud, diddle (Inf.), dupe, fleece, hoax, skin (Sl.), stiff (Sl.), swindle, take (someone) for a ride (Inf.), trick
- n. [12] (Inf.) affair, event, function, gathering, occasion, party [13] **do's and don'ts** (Inf.) code, customs, etiquette, instructions, regulations, rules, standards

do away with [1] blow away (Sl., chiefly U.S.), bump off (Sl.), destroy, do in (Sl.), exterminate, kill, liquidate, murder, slay, take out (Sl.) [2] abolish, axe (Inf.), chuck (Inf.), discard, discontinue, eliminate, get rid of, junk (Inf.), put an end to, remove

docile amenable, biddable, compliant, ductile, manageable, obedient, pliant, submissive, teachable (Rare), tractable

docility amenability, biddableness, compliance, ductility, manageability, meekness, obedience, pliancy, submissiveness, tractability

dock
- n. [1] harbour, pier, quay, waterfront, wharf
- v. [2] anchor, berth, drop anchor, land, moor, put in, tie up [3] (Of spacecraft) couple, hook up, join, link up, rendezvous, unite

docket [1] n. bill, certificate, chit, chitty, counterfoil, label, receipt, tab, tag, tally, ticket [2] v. catalogue, file, index, label, mark, register, tab, tag, ticket

doctor
- n. [1] general practitioner, GP, medic (Inf.), medical practitioner, physician
- v. [2] apply medication to, give medical treatment to, treat [3] botch, cobble, do up (Inf.), fix, mend, patch up, repair [4] alter, change, disguise, falsify, fudge, misrepresent, pervert, tamper with [5] add to, adulterate, cut, dilute, mix with, spike, water down

doctrinaire adj. [1] biased, dogmatic, fanatical, inflexible, insistent, opinionated, rigid [2] hypothetical, ideological, impractical, speculative, theoretical, unpragmatic, unrealistic

doctrine article, article of faith, belief, canon, concept, conviction, creed, dogma, opinion, precept, principle, teaching, tenet

document [1] n. certificate, instrument, legal form, paper, record, report [2] v. authenticate, back up, certify, cite, corroborate, detail, give weight to, instance, particularize, substantiate, support, validate, verify

doddering aged, decrepit, doddery, faltering, feeble, floundering, infirm, senile, shaky, shambling, tottery, trembly, unsteady, weak

dodge
- v. [1] body-swerve (Scot.), dart, duck, shift, sidestep, swerve, turn aside [2] avoid, body-swerve (Scot.), deceive, elude, equivocate, evade, fend off, flannel (Brit. inf.), fudge, get out of, hedge, parry, shirk, shuffle, trick
- n. [3] contrivance, device, feint, flannel (Brit. inf.), machination, ploy, ruse, scheme, stratagem, subterfuge, trick, wheeze (Brit. sl.), wile

dodger evader, shifty so-and-so, shirker, slacker, slippery one, slyboots, trickster

doer achiever, active person, activist, bustler, dynamo, go-getter (Inf.), live wire (Sl.), organizer, powerhouse (Sl.), wheeler-dealer (Inf.)

doff [1] (Of a hat) lift, raise, remove, take off, tip, touch [2] (Of clothing) cast off, discard, remove, shed, slip off, slip out of, take off, throw off, undress

dog
- n. [1] bitch, canine, cur, hound, man's best friend, mongrel, mutt (Sl.), pooch (Sl.), pup, puppy, tyke [2] (Inf.) beast, blackguard, cur, heel (Sl.), knave (Archaic), scoundrel, villain [3] **dog-eat-dog** cutthroat, ferocious, fierce, ruthless, vicious, with no holds barred [4] **go to the dogs** (Inf.) degenerate, deteriorate, go down the drain, go to pot, go to ruin
- v. [5] haunt, hound, plague, pursue, shadow, tail (Inf.), track, trail, trouble

dogged determined, firm, immovable, indefatigable, obstinate, persevering, persistent, pertinacious, resolute, single-minded, staunch, steadfast, steady, stiff-necked, stubborn, tenacious, unflagging, unshak(e)able, unyielding

doggedness bulldog tenacity, determination, endurance, obstinacy, perseverance, persistence, pertinacity, relentlessness, resolution, single-mindedness, steadfastness, steadiness, stubbornness, tenaciousness, tenacity

dogma article, article of faith, belief, credo, creed, doctrine, opinion, precept, principle, teachings, tenet

dogmatic [1] arbitrary, arrogant, assertive, categorical, dictatorial, doctrinaire, downright, emphatic, imperious, magisterial, obdurate, opinionated, overbearing, peremptory [2] authoritative, canonical, categorical, doctrinal, ex cathedra, oracular, positive

dogmatism arbitrariness, arrogance, dictatorialness, imperiousness, opinionatedness, peremptoriness, positiveness, presumption

dogsbody drudge, general factotum, maid *or* man of all work, menial, skivvy (Chiefly Brit.), slave

do in [1] blow away (Sl., chiefly U.S.), butcher, dispatch, eliminate (Sl.), execute, kill, liquidate, murder, slaughter, slay, take out (Sl.) [2] exhaust, fag (Inf.), fatigue, knacker (Sl.), shatter (Inf.), tire, wear out, weary

doing achievement, act, action, carrying out *or* through, deed, execution, exploit, handiwork, implementation, performance

doings actions, affairs, concerns, dealings, deeds, events, exploits, goings-on (Inf.), handiwork, happenings, proceedings, transactions

doldrums apathy, blues, boredom, depression, dullness, dumps (Inf.), ennui, gloom, inertia, lassitude, listlessness, malaise, stagnation, tedium, the hump (Brit. inf.), torpor

dole
- n. [1] allowance, alms, benefit, donation, gift, grant, gratuity, modicum, parcel, pittance, portion, quota, share [2] allocation, allotment, apportionment, dispensation, distribution, division
- v. [3] (Usually with **out**) administer, allocate, allot, apportion, assign, deal, dispense, distribute, divide, give, hand out, mete, share

dolt ass, berk (Brit. sl.), blockhead, booby, charlie (Brit. inf.), chump (Inf.), clot (Brit. inf.), coot, dimwit (Inf.), dipstick (Brit. sl.), dope (Inf.), dork (Sl.), dullard, dunce, dweeb (U.S. sl.), fool, fuckwit (Taboo sl.), geek (Sl.), gonzo (Sl.), idiot, ignoramus, jerk (Sl., chiefly U.S. & Canad.), lamebrain (Inf.), nerd or nurd (Sl.), nitwit (Inf.), numskull or numbskull, oaf, plank (Brit. sl.), plonker (Sl.), prat (Sl.), prick (Derogatory sl.), schmuck (U.S. sl.), simpleton, thickhead, twit (Inf., chiefly Brit.), wally (Sl.)

domestic
- adj. 1 domiciliary, family, home, household, private 2 domesticated, home-loving, homely, housewifely, stay-at-home 3 domesticated, house, house-trained, pet, tame, trained 4 indigenous, internal, native, not foreign
- n. 5 char (Inf.), charwoman, daily, daily help, help, maid, servant, woman (Inf.)

domesticate 1 break, gentle, house-train, tame, train 2 acclimatize, accustom, familiarize, habituate, naturalize

domesticated 1 (Of plants or animals) broken (in), naturalized, tame, tamed 2 (Of people) domestic, home-loving, homely, house-trained (Jocular), housewifely

dominant 1 ascendant, assertive, authoritative, commanding, controlling, governing, leading, presiding, ruling, superior, supreme 2 chief, influential, main, outstanding, paramount, predominant, pre-eminent, prevailing, prevalent, primary, principal, prominent

dominate 1 control, direct, domineer, govern, have the upper hand over, have the whip hand over, keep under one's thumb, lead, lead by the nose (Inf.), master, monopolize, overbear, rule, tyrannize 2 bestride, loom over, overlook, stand head and shoulders above, stand over, survey, tower above 3 detract from, eclipse, outshine, overrule, overshadow, predominate, prevail over

domination 1 ascendancy, authority, command, control, influence, mastery, power, rule, superiority, supremacy, sway 2 despotism, dictatorship, oppression, repression, subjection, subordination, suppression, tyranny

domineer bluster, boss around or about (Inf.), browbeat, bully, hector, intimidate, lord (it) over, menace, overbear, ride roughshod over, swagger, threaten, tyrannize

domineering arrogant, authoritarian, autocratic, bossy (Inf.), coercive, despotic, dictatorial, high-handed, imperious, iron-handed, magisterial, masterful, oppressive, overbearing, tyrannical

dominion 1 ascendancy, authority, command, control, domination, government, jurisdiction, mastery, power, rule, sovereignty, supremacy, sway 2 country, domain, empire, kingdom, patch, province, realm, region, territory, turf (U.S. sl.)

don clothe oneself in, dress in, get into, pull on, put on, slip on or into

donate bequeath, bestow, chip in (Inf.), contribute, gift, give, hand out, make a gift of, present, subscribe

donation alms, benefaction, boon, contribution, gift, grant, gratuity, hand-out, largess or largesse, offering, present, stipend, subscription

done
- adj. 1 accomplished, completed, concluded, consummated, ended, executed, finished, over, perfected, realized, terminated, through 2 cooked, cooked enough, cooked sufficiently, cooked to a turn, ready 3 depleted, exhausted, finished, spent, used up 4 acceptable, conventional, de rigueur, proper 5 (Inf.) cheated, conned (Inf.), duped, taken for a ride (Inf.), tricked
- interj. 6 agreed, it's a bargain, OK or okay (Inf.), settled, you're on (Inf.) 7 **done for** (Inf.) beaten, broken, dashed, defeated, destroyed, doomed, finished, foiled, lost, ruined, undone, wrecked 8 **done in** or **up** (Inf.) all in (Sl.), bushed (Inf.), clapped out (Aust. & N.Z. inf.), dead (Inf.), dead beat (Inf.), dog-tired (Inf.), exhausted, fagged out (Inf.), knackered (Sl.), on one's last legs, ready to drop, tired out, worn out, worn to a frazzle (Inf.), zonked (Sl.) 9 **have done with** be through with, desist, end relations with, finish with, give up, throw over, wash one's hands of

donnish bookish, erudite, formalistic, pedagogic, pedantic, precise, scholarly, scholastic

donor almsgiver, benefactor, contributor, donator, giver, grantor (Law), philanthropist

doom
- n. 1 catastrophe, death, destiny, destruction, downfall, fate, fortune, lot, portion, ruin 2 condemnation, decision, decree, judg(e)ment, sentence, verdict 3 Armageddon, Doomsday, end of the world, Judgment Day, the Last Day, the Last Judgment, the last trump
- v. 4 condemn, consign, damn, decree, destine, foreordain, judge, predestine, preordain, sentence, threaten

door 1 doorway, egress, entrance, entry, exit, ingress, opening 2 **lay at the door of** blame, censure, charge, hold responsible, impute to 3 **out of doors** alfresco, in the air, out, outdoors, outside 4 **show someone the door** ask to leave, boot out (Inf.), bounce (Sl.), eject, oust, show out

dope
- n. 1 drugs, narcotic, opiate 2 berk (Brit. sl.), blockhead, charlie (Brit. inf.), coot, dickhead (Sl.), dimwit (Inf.), dipstick (Brit. sl.), divvy (Brit. sl.), dolt, dork (Sl.), dunce, dweeb (U.S. sl.), fool, fuckwit (Taboo sl.), geek (Sl.), gonzo (Sl.), idiot, jerk (Sl., chiefly U.S. & Canad.), lamebrain (Inf.), nerd or nurd (Sl.), nitwit (Inf.), numskull or numbskull, oaf, pillock (Brit. sl.), plank (Brit. sl.), plonker (Sl.), prat (Sl.), prick (Derogatory sl.), schmuck (U.S. sl.), simpleton, twit (Inf., chiefly Brit.), wally (Sl.) 3 details, facts, gen (Brit. inf.), info (Inf.), information, inside information, low-down (Inf.), news, tip
- v. 4 anaesthetize, doctor, drug, inject, knock out, narcotize, sedate, stupefy

dormant asleep, comatose, fallow, hibernating, inactive, inert, inoperative, latent, quiescent, sleeping, sluggish, slumbering, suspended, torpid

dose dosage, draught, drench, measure, portion, potion, prescription, quantity

dot
- n. 1 atom, circle, dab, fleck, full stop, iota, jot, mark, mite, mote, point, speck, speckle, spot 2 **on the dot** exactly, on time, precisely, promptly, punctually, to the minute
- v. 3 dab, dabble, fleck, speckle, spot, sprinkle, stipple, stud

dotage 1 decrepitude, feebleness, imbecility, old age, second childhood, senility, weakness 2 doting, foolish fondness, infatuation

dote on admire, adore, hold dear, idolize, lavish affection on, prize, treasure

doting adoring, devoted, fond, foolish, indulgent, lovesick

double
- adj. 1 binate (Botany), coupled, doubled, dual, duplicate, in pairs, paired, twice, twin, twofold 2 deceitful, dishonest, false, hypocritical, insincere, Janus-faced, knavish (Archaic), perfidious, treacherous, two-faced, vacillating
- v. 3 duplicate, enlarge, fold, grow, increase, magnify, multiply, plait, repeat
- n. 4 clone, copy, counterpart, dead ringer (Sl.), Doppelgänger, duplicate, fellow, impersonator, lookalike, mate, replica, ringer (Sl.), spitting image (Inf.), twin 5 **at or on the double** at full speed, briskly, immediately, in double-quick time, pdq (Sl.), posthaste, quickly, without delay

double-cross betray, cheat, cozen, defraud, hoodwink, mislead, swindle, trick, two-time (Inf.)

double-dealer betrayer, cheat, con man (Inf.), cozen, deceiver, dissembler, double-crosser (Inf.), fraud, hypocrite, rogue, swindler, traitor, two-timer (Inf.)

double-dealing 1 n. bad faith, betrayal, cheating, deceit, deception, dishonesty, duplicity, foul play, hypocrisy, mendacity, perfidy, treachery, trickery, two-timing (Inf.) 2 adj. cheating, crooked (Inf.), deceitful, dishonest, duplicitous, fraudulent, hypocritical, lying, perfidious, sneaky, swindling, treacherous, tricky, two-faced, two-timing (Inf.), underhanded, untrustworthy, wily

double entendre ambiguity, double meaning, innuendo, play on words, pun

doubt
- v. 1 discredit, distrust, fear, lack confidence in, misgive, mistrust, query, question, suspect
- n. 2 apprehension, disquiet, distrust, fear, incredulity, lack of faith, misgiving, mistrust, qualm, scepticism, suspicion
- v. 3 be dubious, be uncertain, demur, fluctuate, hesitate, scruple, vacillate, waver
- n. 4 dubiety, hesitancy, hesitation, indecision, irresolution, lack of conviction, suspense, uncertainty, vacillation 5 ambiguity, confusion, difficulty, dilemma, perplexity, problem, quandary 6 **no doubt** admittedly, assuredly, certainly, doubtless, doubtlessly, probably, surely

doubter agnostic, disbeliever, doubting Thomas, questioner, sceptic, unbeliever

doubtful 1 ambiguous, debatable, dodgy (Brit., Aust., & N.Z. inf.), dubious, equivocal, hazardous, iffy (Inf.), inconclusive, indefinite, indeterminate, obscure, precarious, problematic(al), questionable, unclear, unconfirmed, unsettled, vague 2 distrustful, hesitating, in two minds (Inf.), irresolute, leery (Sl.), perplexed, sceptical, suspicious, tentative, uncertain, unconvinced, undecided, unresolved, unsettled, unsure, vacillating, wavering 3 disreputable, dodgy (Brit., Aust., & N.Z. inf.), dubious, questionable, shady (Inf.), suspect, suspicious

doubtless 1 assuredly, certainly, clearly, indisputably, of course, precisely, surely, truly, undoubtedly, unquestionably, without doubt 2 apparently, most likely, ostensibly, presumably, probably, seemingly, supposedly

dour 1 dismal, dreary, forbidding, gloomy, grim, morose, sour, sullen, unfriendly 2 austere, hard, inflexible, obstinate, rigid, rigorous, severe, strict, uncompromising, unyielding

dovetail v. 1 fit, fit together, interlock, join, link, mortise, tenon, unite 2 accord, agree, coincide, conform, correspond, harmonize, match, tally

dowdy dingy, drab, frowzy, frumpish, frumpy, ill-dressed, old-fashioned, scrubby (Brit. inf.), shabby, slovenly, tacky (U.S. inf.), unfashionable

do without abstain from, dispense with, forgo, get along without, give up, kick (Inf.), manage without

down
- adj. 1 blue, dejected, depressed, disheartened, dismal, downcast, low, miserable, sad, sick as a parrot (Inf.), unhappy
- v. 2 bring down, fell, floor, knock down, overthrow, prostrate, subdue, tackle, throw, trip 3 (Inf.) drain, drink (down), gulp, put away, swallow, toss off
- n. 4 decline, descent, drop, dropping, fall, falling, reverse 5 **have a down on** (Inf.) be antagonistic or hostile to, be anti (Inf.), bear a grudge towards, be contra (Inf.), be prejudiced against, be set against, feel ill towards, have it in for (Sl.) 6 **down with** away with, get rid of, kick out (Inf.), oust, push out

down-and-out 1 adj. derelict, destitute, dirt-poor (Inf.), flat broke (Inf.), impoverished, penniless, ruined, short, without two pennies to rub together (Inf.) 2 n. bag lady (Chiefly U.S.), beggar, bum (Inf.), derelict, dosser (Brit. sl.), loser, outcast, pauper, tramp, vagabond, vagrant

downcast cheerless, crestfallen, daunted, dejected, depressed, despondent, disappointed, disconsolate, discouraged, disheartened, dismal, dismayed, dispirited, miserable, sad, sick as a parrot (Inf.), unhappy

downfall 1 breakdown, collapse, comedown, comeuppance (Sl.), debacle, descent, destruction, disgrace, fall, overthrow, ruin, undoing 2 cloudburst, deluge, downpour, rainstorm

downgrade 1 degrade, demote, humble, lower or reduce in rank, take down a peg (Inf.) 2 decry, denigrate, detract from, disparage, run down

downhearted blue, chapfallen, crestfallen, dejected, depressed, despondent, discouraged, disheartened, dismayed, dispirited, downcast, low-spirited, sad, sick as a parrot (Inf.), sorrowful, unhappy

downpour cloudburst, deluge, flood, inundation, rainstorm, torrential rain

downright 1 absolute, arrant, blatant, categorical, clear, complete, deep-dyed (Usu. derogatory), explicit, out-and-out, outright, plain, positive, simple, thoroughgoing, total, undisguised, unequivocal, unqualified, utter 2 blunt, candid, forthright, frank, honest, open, outspoken, plain, sincere, straightforward, straight-from-the-shoulder, upfront (Inf.)

down-to-earth common-sense, hard-headed, matter-of-fact, mundane, no-nonsense, plain-spoken, practical, realistic, sane, sensible, unsentimental

downward adj. declining, descending, earthward, heading down, sliding, slipping

doze 1 v. catnap, drop off (Inf.), drowse, kip (Brit. sl.), nap, nod, nod off (Inf.), sleep, sleep lightly, slumber, snooze (Inf.), zizz (Brit. inf.) 2 n. catnap, forty winks (Inf.), kip (Brit. sl.), little sleep, nap, shuteye (Sl.), siesta, snooze (Inf.), zizz (Brit. inf.)

drab cheerless, colourless, dingy, dismal, dreary, dull, flat, gloomy, grey, lacklustre, shabby, sombre, uninspired, vapid

draft
◆ v. 1 compose, delineate, design, draw, draw up, formulate, outline, plan, sketch
◆ n. 2 abstract, delineation, outline, plan, preliminary form, rough, sketch, version 3 bill (of exchange), cheque, order, postal order

drag
◆ v. 1 draw, hale, haul, lug, pull, tow, trail, tug, yank 2 crawl, creep, go slowly, inch, limp along, shamble, shuffle 3 dawdle, draggle, lag behind, linger, loiter, straggle, trail behind 4 (With **on** or **out**) draw out, extend, keep going, lengthen, persist, prolong, protract, spin out, stretch out 5 **drag one's feet** (Inf.) block, hold back, obstruct, procrastinate, stall
◆ n. 6 (Sl.) annoyance, bore, bother, nuisance, pain (Inf.), pain in the arse (Taboo inf.), pest

dragoon v. browbeat, bully, coerce, compel, constrain, drive, force, impel, intimidate, railroad (Inf.), strong-arm (Inf.)

drain
◆ v. 1 bleed, draw off, dry, empty, evacuate, milk, pump off or out, remove, tap, withdraw 2 consume, deplete, dissipate, empty, exhaust, sap, strain, tax, use up, weary 3 discharge, effuse, exude, flow out, leak, ooze, seep, trickle, well out 4 drink up, finish, gulp down, quaff, swallow
◆ n. 5 channel, conduit, culvert, ditch, duct, outlet, pipe, sewer, sink, trench, watercourse 6 depletion, drag, exhaustion, expenditure, reduction, sap, strain, withdrawal 7 **down the drain** gone, gone for good, lost, ruined, wasted

drainage bilge (water), seepage, sewage, sewerage, waste

dram drop, glass, measure, shot (Inf.), slug, snifter (Inf.), snort (Sl.), tot

drama 1 dramatization, play, show, stage play, stage show, theatrical piece 2 acting, dramatic art, dramaturgy, stagecraft, theatre, Thespian art 3 crisis, dramatics, excitement, histrionics, scene, spectacle, theatrics, turmoil

dramatic 1 dramaturgic, dramaturgical, theatrical, Thespian 2 breathtaking, climactic, electrifying, emotional, exciting, melodramatic, sensational, shock-horror (Facetious), startling, sudden, suspenseful, tense, thrilling 3 affecting, effective, expressive, impressive, moving, powerful, striking, vivid

dramatist dramaturge, playwright, screenwriter, scriptwriter

dramatize act, exaggerate, lay it on (thick) (Sl.), make a performance of, overdo, overstate, play-act, play to the gallery

drastic desperate, dire, extreme, forceful, harsh, radical, severe, strong

draught 1 (Of air) current, flow, influx, movement, puff 2 dragging, drawing, haulage, pulling, traction 3 cup, dose, drench, drink, potion, quantity

draw
◆ v. 1 drag, haul, pull, tow, tug 2 delineate, depict, design, map out, mark out, outline, paint, portray, sketch, trace 3 deduce, derive, get, infer, make, take 4 allure, attract, bring forth, call forth, elicit, engage, entice, evoke, induce, influence, invite, persuade 5 extort, extract, pull out, take out 6 attenuate, elongate, extend, lengthen, stretch 7 breathe in, drain, inhale, inspire, puff, pull, respire, suck 8 compose, draft, formulate, frame, prepare, write 9 choose, pick, select, single out, take
◆ n. 10 (Inf.) attraction, enticement, lure, pull (Inf.) 11 dead heat, deadlock, impasse, stalemate, tie

drawback defect, deficiency, detriment, difficulty, disadvantage, downside, fault, flaw, fly in the ointment (Inf.), handicap, hindrance, hitch, impediment, imperfection, nuisance, obstacle, snag, stumbling block, trouble

draw back recoil, retract, retreat, shrink, start back, withdraw

drawing cartoon, delineation, depiction, illustration, outline, picture, portrayal, representation, sketch, study

drawl v. (Of speech sounds) drag out, draw out, extend, lengthen, prolong, protract

drawn fatigued, fraught, haggard, harassed, harrowed, pinched, sapped, strained, stressed, taut, tense, tired, worn

draw on employ, exploit, extract, fall back on, have recourse to, make use of, rely on, take from, use

draw out drag out, extend, lengthen, make longer, prolong, prolongate, protract, spin out, stretch, string out

draw up 1 bring to a stop, halt, pull up, run in, stop, stop short 2 compose, draft, formulate, frame, prepare, write out

dread 1 v. anticipate with horror, cringe at, fear, have cold feet (Inf.), quail, shrink from, shudder, tremble 2 n. affright, alarm, apprehension, aversion, awe, dismay, fear, fright, funk (Inf.), heebie-jeebies (Sl.), horror, terror, trepidation 3 adj. alarming, awe-inspiring, awful, dire, dreaded, dreadful, frightening, frightful, horrible, terrible, terrifying

dreadful alarming, appalling, awful, dire, distressing, fearful, formidable, frightful, ghastly, godawful (Sl.), grievous, hellacious (U.S. sl.), hideous, horrendous, horrible, monstrous, shocking, terrible, tragic, tremendous

dream
◆ n. 1 daydream, delusion, fantasy, hallucination, illusion, imagination, pipe dream, reverie, speculation, trance, vagary, vision 2 ambition, aspiration, design, desire, goal, hope, notion, thirst, wish 3 beauty, delight, gem, joy, marvel, pleasure, treasure
◆ v. 4 build castles in the air or in Spain, conjure up, daydream, envisage, fancy, fantasize, hallucinate, have dreams, imagine, stargaze, think, visualize

dreamer daydreamer, Don Quixote, fantasist, fantasizer, fantast, idealist, romancer, theorizer, utopian, visionary, Walter Mitty

dreamland cloud-cuckoo-land, cloudland, dream world, fairyland, fantasy, illusion, land of dreams, land of make-believe, land of Nod, never-never land (Inf.), sleep

dream up concoct, contrive, cook up (Inf.), create, devise, hatch, imagine, invent, spin, think up

dreamy 1 airy-fairy, dreamlike, fanciful, imaginary, impractical, quixotic, speculative, surreal, vague, visionary 2 chimerical, dreamlike, fantastic, intangible, misty, phantasmagoric, phantasmagorical, shadowy, unreal 3 absent, abstracted, daydreaming, faraway, in a reverie, musing, pensive, preoccupied, with one's head in the clouds 4 calming, gentle, lulling, relaxing, romantic, soothing

dreary 1 bleak, cheerless, comfortless, depressing, dismal, doleful, downcast, drear, forlorn, funereal, gloomy, glum, joyless, lonely, lonesome, melancholy, mournful, sad, solitary, sombre, sorrowful, wretched 2 boring, colourless, drab, dull, ho-hum (Inf.), humdrum, lifeless, mind-numbing, monotonous, routine, tedious, uneventful, uninteresting, wearisome

dregs 1 deposit, draff, dross, grounds, lees, residue, residuum, scourings, scum, sediment, trash, waste 2 (Sl.) canaille, down-and-outs, good-for-nothings, outcasts, rabble, ragtag and bobtail, riffraff, scum

drench 1 v. drown, duck, flood, imbrue, inundate, saturate, soak, souse, steep, wet 2 n. (Veterinary) dose, physic, purge

dress
◆ n. 1 costume, ensemble, frock, garment, get-up (Inf.), gown, outfit, rigout (Inf.), robe, suit 2 apparel, attire, clothes, clothing, costume, garb, garments, gear (Inf.), guise, habiliment, raiment (Archaic or poetic), togs, vestment
◆ v. 3 attire, change, clothe, don, garb, put on, robe, slip on or into 4 adorn, apparel (Archaic), array, bedeck, deck, decorate, drape, embellish, festoon, furbish, ornament, rig, trim 5 adjust, align, arrange, comb (out), dispose, do (up), fit, get ready, groom, prepare, set, straighten 6 bandage, bind up, plaster, treat

dress down bawl out (Inf.), berate, carpet (Inf.), castigate, chew out (U.S. & Canad. inf.), give a rocket (Brit. & N.Z. inf.), haul over the coals, read the riot act, rebuke, reprimand, reprove, scold, tear into (Inf.), tear (someone) off a strip (Brit. inf.), tell off (Inf.), upbraid

dressmaker couturier, modiste, seamstress, sewing woman, tailor

dress up 1 doll up (Sl.), dress for dinner, dress formally, put on one's best bib and tucker (Inf.), put on one's glad rags (Inf.) 2 disguise, play-act, put on fancy dress, wear a costume 3 beautify, do oneself up, embellish, gild, improve, titivate, trick out or up

dribble 1 drip, drop, fall in drops, leak, ooze, run, seep, trickle 2 drip saliva, drivel, drool, slaver, slobber

drift
◆ v. 1 be carried along, coast, float, go (aimlessly), meander, stray, waft, wander 2 accumulate, amass, bank up, drive, gather, pile up
◆ n. 3 accumulation, bank, heap, mass, mound, pile 4 course, current, direction, flow, impulse, movement, rush, sweep, trend 5 (Fig.) aim, design, direction, gist, implication, import, intention, meaning, object, purport, scope, significance, tendency, tenor, thrust

drill
◆ v. 1 coach, discipline, exercise, instruct, practise, rehearse, teach, train
◆ n. 2 discipline, exercise, instruction, practice, preparation, repetition, training
◆ v. 3 bore, penetrate, perforate, pierce, puncture, sink in
◆ n. 4 bit, borer, boring-tool, gimlet, rotary tool

drink
◆ v. 1 absorb, drain, gulp, guzzle, imbibe, partake of, quaff, sip, suck, sup, swallow, swig (Inf.), swill, toss off, wash down, wet one's whistle (Inf.) 2 bend the elbow (Inf.), bevvy (Dialect), booze (Inf.), carouse, go on a binge or bender (Inf.), hit the bottle (Inf.), indulge, pub-crawl (Inf., chiefly Brit.), revel, tipple, tope, wassail
◆ n. 3 beverage, liquid, potion, refreshment, thirst quencher 4 alcohol, booze (Inf.), hooch or hootch (Inf., chiefly U.S. & Canad.), liquor, spirits, the bottle (Inf.) 5 cup, draught, glass, gulp, noggin, sip, snifter (Inf.), swallow, swig (Inf.), taste, tipple 6 **the drink** (Inf.) the briny (Inf.), the deep, the main, the ocean, the sea

drinker alcoholic, bibber, boozer (Inf.), dipsomaniac, drunk, drunkard, guzzler, inebriate, lush (Sl.), soak (Sl.), sot, sponge (Inf.), tippler, toper, wino (Inf.)

drink in absorb, assimilate, be all ears (Inf.), be fascinated by, be rapt, hang on (someone's) words, hang on the lips of, pay attention

drip
◆ v. 1 dribble, drizzle, drop, exude, filter, plop, splash, sprinkle, trickle
◆ n. 2 dribble, dripping, drop, leak, trickle 3 (Inf.) milksop, mummy's boy (Inf.), namby-pamby, ninny, softy (Inf.), weakling, weed (Inf.), wet (Brit. inf.)

drive
◆ v. 1 herd, hurl, impel, propel, push, send, urge 2 direct, go, guide, handle, manage, motor, operate, ride, steer, travel 3 actuate, coerce, compel, constrain, dragoon, force, goad, harass, impel, motivate, oblige, overburden, overwork, press, prick, prod, prompt, railroad (Inf.), rush, spur 4 dash, dig, plunge, hammer, ram, sink, stab, thrust
◆ n. 5 excursion, hurl (Scot.), jaunt, journey, outing, ride, run, spin (Inf.), trip, turn 6 action, advance, appeal, campaign, crusade, effort, push (Inf.), surge 7 ambition, effort, energy, enterprise, get-up-and-go (Inf.), initiative, motivation, pep, pressure, push (Inf.), igour, zip (Inf.)

drive at aim, allude to, get at, have in mind, hint at, imply, indicate, insinuate, intend, intimate, mean, refer to, signify, suggest

drivel
◆ v. 1 dribble, drool, slaver, slobber 2 babble, blether, gab (Inf.), gas (Inf.), maunder, prate, ramble, waffle (Inf., chiefly Brit.)
◆ n. 3 balderdash, balls (Taboo sl.), bilge (Inf.), blah (Sl.), bosh (Inf.), bull (Sl.), bullshit (Taboo sl.), bunk (Inf.), bunkum or buncombe (Chiefly U.S.), cobblers (Brit. taboo sl.), crap (Sl.), dross, eyewash (Inf.), fatuity, garbage (Inf.), gibberish, guff (Sl.), hogwash, hokum (Sl., chiefly U.S. & Canad.), horsefeathers (U.S. sl.), hot air (Inf.), moonshine, nonsense, pap, piffle (Inf.), poppycock (Inf.), prating, rot, rubbish, shit (Taboo sl.), stuff, tommyrot, tosh (Sl., chiefly Brit.), tripe (Inf.), twaddle, waffle (Inf., chiefly Brit.) 4 saliva, slaver, slobber

driving compelling, dynamic, energetic, forceful, galvanic, sweeping, vigorous, violent

drizzle 1 n. fine rain, Scotch mist, smir (Scot.) 2 v. mizzle (Dialect), rain, shower, spot or spit with rain, spray, sprinkle

droll amusing, clownish, comic, comical, diverting, eccentric, entertaining, farcical, funny, humorous, jocular, laughable, ludicrous, odd, oddball (Inf.), off-the-wall (Sl.), quaint, ridiculous, risible, waggish, whimsical

drone
◆ v. 1 buzz, hum, purr, thrum, vibrate, whirr 2 (Often with **on**) be boring, chant, drawl, intone, prose about, speak monotonously, spout, talk interminably
◆ n. 3 buzz, hum, murmuring, purr, thrum, vibration, whirr, whirring 4 couch potato (Sl.), idler, leech, loafer, lounger, parasite,

scrounger (Inf.), skiver (Brit. sl.), sluggard, sponger (Inf.)

droop 1 bend, dangle, drop, fall down, hang (down), sag, sink 2 decline, diminish, fade, faint, flag, languish, slump, wilt, wither 3 despond, falter, give in, give up, give way, lose heart or hope

drop
◆ n. 1 bead, bubble, driblet, drip, droplet, globule, pearl, tear 2 dab, dash, mouthful, nip, pinch, shot (Inf.), sip, spot, taste, tot, trace, trickle 3 abyss, chasm, declivity, descent, fall, plunge, precipice, slope 4 cut, decline, decrease, deterioration, downturn, fall-off, lowering, reduction, slump
◆ v. 5 dribble, drip, fall in drops, trickle 6 decline, depress, descend, diminish, dive, droop, fall, lower, plummet, plunge, sink, tumble 7 abandon, axe (Inf.), cease, desert, discontinue, forsake, give up, kick (Inf.), leave, quit, relinquish, remit, terminate 8 (Inf.) disown, ignore, jilt, reject, renounce, repudiate, throw over 9 (Sometimes with **off**) deposit, leave, let off, set down, unload

drop in (on) blow in (Inf.), call, call in, go and see, look in (on), look up, pop in (Inf.), roll up (Inf.), stop, turn up, visit

drop off 1 decline, decrease, diminish, dwindle, fall off, lessen, slacken 2 allow to alight, deliver, leave, let off, set down 3 (Inf.) catnap, doze (off), drowse, fall asleep, have forty winks (Inf.), nod (off), snooze (Inf.)

drop out abandon, back out, cop out (Sl.), forsake, give up, leave, quit, renege, stop, withdraw

drought 1 aridity, dehydration, drouth (Scot.), dryness, dry spell, dry weather, parchedness 2 dearth, deficiency, insufficiency, lack, need, scarcity, shortage, want

drove collection, company, crowd, flock, gathering, herd, horde, mob, multitude, press, swarm, throng

drown 1 deluge, drench, engulf, flood, go down, go under, immerse, inundate, sink, submerge, swamp 2 (Fig.) deaden, engulf, muffle, obliterate, overcome, overpower, overwhelm, stifle, swallow up, wipe out

drowse 1 v. be drowsy, be lethargic, be sleepy, doze, drop off (Inf.), kip (Brit. sl.), nap, nod, sleep, slumber, snooze (Inf.), zizz (Brit. inf.) 2 n. doze, forty winks (Inf.), kip (Brit. sl.), nap, sleep, slumber, zizz (Brit. inf.)

drowsy 1 comatose, dazed, dopey (Sl.), dozy, drugged, half asleep, heavy, lethargic, nodding, sleepy, somnolent, tired, torpid 2 dreamy, lulling, restful, sleepy, soothing, soporific

drubbing beating, clobbering (Sl.), defeat, flogging, hammering (Inf.), licking (Inf.), pasting (Sl.), pounding, pummelling, thrashing, trouncing, walloping (Inf.), whipping

drudge 1 n. dogsbody (Inf.), factotum, hack, maid or man of all work, menial, plodder, scullion (Archaic), servant, skivvy (Chiefly Brit.), slave, toiler, worker 2 v. grind (Inf.), keep one's nose to the grindstone, labour, moil (Archaic or dialect), plod, plug away (Inf.), slave, toil, work

drudgery chore, donkey-work, fag (Inf.), grind (Inf.), hack work, hard work, labour, menial labour, skivvying (Brit.), slavery, slog, sweat (Inf.), sweated labour, toil

drug
◆ n. 1 medicament, medication, medicine, physic, poison, remedy 2 dope (Sl.), narcotic, opiate, stimulant
◆ v. 3 administer a drug, dope (Sl.), dose, medicate, treat 4 anaesthetize, deaden, knock out, numb, poison, stupefy

drum v. 1 beat, pulsate, rap, reverberate, tap, tattoo, throb 2 (With **into**) din into, drive home, hammer away, harp on, instil, reiterate

drum up attract, bid for, canvass, obtain, petition, round up, solicit

drunk 1 adj. bacchic, bevvied (Dialect), blitzed (Sl.), blotto (Sl.), bombed (Sl.), canned (Sl.), drunken, flying (Sl.), fu' (Scot.), fuddled, half seas over (Inf.), inebriated, intoxicated, legless (Inf.), lit up (Sl.), loaded (Sl., chiefly U.S. & Canad.), maudlin, merry (Brit. inf.), muddled, out of it (Sl.), out to it (Aust. & N.Z. sl.), paralytic (Inf.), pickled (Inf.), pie-eyed (Sl.), pissed (Taboo sl.), plastered (Sl.), sloshed (Sl.), smashed (Sl.), soaked (Inf.), steamboats (Sl.), steaming (Sl.), stewed (Sl.), stoned (Sl.), tanked up (Sl.), tiddly (Sl., chiefly Brit.), tight (Inf.), tipsy, tired and emotional (Euphemistic), under the influence (Inf.), wasted (Sl.), well-oiled (Sl.), wrecked (Sl.), zonked (Sl.) 2 n. boozer (Inf.), drunkard, inebriate, lush (Sl.), soak (Sl.), sot, toper, wino (Inf.)

drunkard alcoholic, carouser, dipsomaniac, drinker, drunk, lush (Sl.), soak (Sl.), sot, tippler, toper, wino (Inf.)

drunken 1 bevvied (Dialect), bibulous, blitzed (Sl.), blotto (Sl.), bombed (Sl.), boozing (Inf.), drunk, flying (Sl.), (gin-)sodden, inebriate, intoxicated, legless (Inf.), lit up (Sl.), out of it (Sl.), out to it (Aust. & N.Z. sl.), paralytic (Inf.), pissed (Taboo sl.), red-nosed, smashed (Sl.), sottish, steamboats (Sl.), steaming (Sl.), tippling, toping, under the influence (Inf.), wasted (Sl.), wrecked (Sl.), zonked (Sl.) 2 bacchanalian, bacchic, boozy (Inf.), debauched, dionysian, dissipated, orgiastic, riotous, saturnalian

drunkenness alcoholism, bibulousness, dipsomania, inebriety, insobriety, intemperance, intoxication, sottishness, tipsiness

dry
◆ adj. 1 arid, barren, dehydrated, desiccated, dried up, juiceless, moistureless, parched, sapless, thirsty, torrid, waterless 2 (Fig.) boring, dreary, dull, ho-hum (Inf.), monotonous, plain, tedious, tiresome, uninteresting 3 (Fig.) cutting, deadpan, droll, keen, low-key, quietly humorous, sarcastic, sharp, sly
◆ v. 4 dehumidify, dehydrate, desiccate, drain, make dry, parch, sear 5 (With **out** or **up**) become dry, become unproductive, harden, mummify, shrivel up, wilt, wither, wizen

dryness aridity, aridness, dehumidification, dehydration, drought, thirst, thirstiness

dual binary, coupled, double, duplex, duplicate, matched, paired, twin, twofold

dub 1 bestow, confer, confer knighthood upon, entitle, knight 2 call, christen, denominate, designate, label, name, nickname, style, term

dubious 1 doubtful, hesitant, iffy (Inf.), leery (Sl.), sceptical, uncertain, unconvinced, undecided, unsure, wavering 2 ambiguous, debatable, dodgy (Brit., Aust., & N.Z. inf.), doubtful, equivocal, indefinite, indeterminate, obscure, problematical, unclear, unsettled 3 dodgy (Brit., Aust., & N.Z. inf.), fishy (Inf.), questionable, shady (Inf.), suspect, suspicious, undependable, unreliable, untrustworthy

duck 1 bend, bob, bow, crouch, dodge, drop, lower, stoop 2 dip, dive, douse, dunk, immerse, plunge, mersouse, submerge, wet 3 (Inf.) avoid, body-swerve (Scot.), dodge, escape, evade, shirk, shun, sidestep

duct blood vessel, canal, channel, conduit, funnel, passage, pipe, tube

dud 1 n. failure, flop (Inf.), washout (Inf.) 2 adj. broken, bust (Inf.), duff (Brit. inf.), failed, inoperative, kaput (Inf.), not functioning, valueless, worthless

dudgeon 1 (Archaic) indignation, ire, resentment, umbrage, wrath 2 **in high dudgeon** angry, fuming, indignant, offended, resentful, vexed

due
◆ adj. 1 in arrears, outstanding, owed, owing, payable, unpaid 2 appropriate, becoming, bounden, deserved, fit, fitting, just, justified, merited, obligatory, proper, requisite, right, rightful, suitable, well-earned 3 adequate, ample, enough, plenty of, sufficient 4 expected, expected to arrive, scheduled
◆ n. 5 comeuppance (Sl.), deserts, merits, prerogative, privilege, right(s)
◆ adv. 6 dead, direct, directly, exactly, straight, undeviatingly

duel
◆ n. 1 affair of honour, single combat 2 clash, competition, contest, encounter, engagement, fight, head-to-head, rivalry
◆ v. 3 clash, compete, contend, contest, fight, rival, struggle, vie with

dues charge, charges, contribution, fee, levy, membership fee

duffer blunderer, booby, bungler, clod, clot (Brit. inf.), galoot (Sl., chiefly U.S.), lubber, lummox (Inf.), oaf

dull
◆ adj. 1 braindead (Inf.), dense, dim, dim-witted (Inf.), doltish, dozy (Brit. inf.), obtuse, slow, stolid, stupid, thick, unintelligent 2 apathetic, blank, callous, dead, empty, heavy, indifferent, insensible, insensitive, lifeless, listless, passionless, slow, sluggish, unresponsive, unsympathetic, vacuous 3 banal, boring, commonplace, dozy, dreary, dry, flat, ho-hum (Inf.), humdrum, mind-numbing, monotonous, plain, prosaic, run-of-the-mill, tedious, tiresome, unimaginative, uninteresting, vapid 4 blunt, blunted, dulled, edgeless, not keen, not sharp, unsharpened 5 cloudy, dim, dismal, gloomy, leaden, opaque, overcast, turbid 6 depressed, inactive, slack, slow, sluggish, torpid, uneventful 7 drab, faded, feeble, indistinct, lacklustre, muffled, murky, muted, sombre, subdued, subfusc, toned-down
◆ v. 8 dampen, deject, depress, discourage, dishearten, dispirit, sadden 9 allay, alleviate, assuage, blunt, lessen, mitigate, moderate, palliate, paralyze, relieve, soften, stupefy, take the edge off 10 cloud, darken, dim, fade, obscure, stain, sully, tarnish

dullard blockhead, clod, dimwit (Inf.), dolt, dope (Inf.), dunce, lamebrain (Inf.), nitwit (Inf.), numskull or numbskull, oaf

duly 1 accordingly, appropriately, befittingly, correctly, decorously, deservedly, fittingly, properly, rightfully, suitably 2 at the proper time, on time, punctually

dumb 1 at a loss for words, inarticulate, mum, mute, silent, soundless, speechless, tonguetied, voiceless, wordless 2 (Inf.) asinine, braindead (Inf.), dense, dim-witted (Inf.), dozy (Brit. inf.), dull, foolish, obtuse, stupid, thick, unintelligent

dumbfound, dumfound amaze, astonish, astound, bewilder, bowl over (Inf.), confound, confuse, flabbergast (Inf.), flummox, nonplus, overwhelm, stagger, startle, stun, take aback

dumbfounded, dumfounded amazed, astonished, astounded, at sea, bewildered, bowled over (Inf.), breathless, confounded, confused, dumb, flabbergasted (Inf.), flummoxed, gobsmacked (Brit. sl.), knocked for six (Inf.), knocked sideways (Inf.), nonplussed, overcome, overwhelmed, speechless, staggered, startled, stunned, taken aback, thrown, thunderstruck

dummy
◆ n. 1 figure, form, lay figure, man(n)ikin, mannequin, model 2 copy, counterfeit, duplicate, imitation, sham, substitute 3 (Sl.) berk (Brit. sl.), blockhead, charlie (Brit. inf.), coot, dickhead (Sl.), dimwit (Inf.), dipstick (Brit. sl.), divvy (Brit. sl.), dolt, dork (Sl.), dullard, dunce, dweeb (U.S. sl.), fool, fuckwit (Taboo sl.), geek (Sl.), gonzo (Sl.), jerk (Sl., chiefly U.S. & Canad.), lamebrain (Inf.), nerd or nurd (Sl.), nitwit (Inf.), numskull or numbskull, oaf, pillock (Brit. sl.), plank (Brit. sl.), plonker (Sl.), prat (Sl.), prick (Derogatory sl.), schmuck (U.S. sl.), simpleton, wally (Sl.)
◆ adj. 4 artificial, bogus, fake, false, imitation, mock, phoney or phony (Inf.), sham, simulated 5 mock, practice, simulated, trial

dump
◆ v. 1 deposit, drop, fling down, let fall, throw down 2 coup (Scot.), discharge, dispose of, ditch (Sl.), empty out, get rid of, jettison, scrap, throw away or out, tip, unload
◆ n. 3 junkyard, refuse heap, rubbish heap, rubbish tip, tip 4 (Inf.) hole (Inf.), hovel, joint (Sl.), mess, pigsty, shack, shanty, slum

dun v. beset, importune, pester, plague, press, urge

dunce ass, blockhead, bonehead (Sl.), dimwit (Inf.), dolt, donkey, duffer (Inf.), dullard, dunderhead, goose (Inf.), halfwit, ignoramus, lamebrain (Inf.), loon (Inf.), moron, nincompoop, nitwit (Inf.), numskull or numbskull, oaf, simpleton, thickhead

dungeon cage, cell, donjon, lockup, oubliette, prison, vault

duplicate 1 adj. corresponding, identical, matched, matching, twin, twofold 2 n. carbon copy, clone, copy, double, facsimile, fax, likeness, lookalike, match, mate, photocopy, Photostat (Trademark), replica, reproduction, ringer (Sl.), twin, Xerox (Trademark) 3 v. clone, copy, double, echo, fax, photocopy, Photostat (Trademark), repeat, replicate, reproduce, Xerox (Trademark)

durability constancy, durableness, endurance, imperishability, lastingness, permanence, persistence

durable abiding, constant, dependable, enduring, fast, firm, fixed, hard-wearing, lasting, long-lasting, permanent, persistent, reliable, resistant, sound, stable, strong, sturdy, substantial, tough

duress 1 coercion, compulsion, constraint, pressure, threat 2 captivity, confinement, constraint, hardship, imprisonment, incarceration, restraint

dusk [1] dark, evening, eventide, gloaming (Scot. or poetic), nightfall, sundown, sunset, twilight [2] (Poetic) darkness, gloom, murk, obscurity, shade, shadowiness

dusky [1] dark, dark-complexioned, dark-hued, sable, swarthy [2] caliginous (Archaic), cloudy, crepuscular, darkish, dim, gloomy, murky, obscure, overcast, shadowy, shady, tenebrous, twilight, twilit, veiled

dust
- *n.* [1] fine fragments, grime, grit, particles, powder, powdery dirt [2] dirt, earth, ground, soil [3] (Inf.) commotion, disturbance, fuss, racket, row [4] **bite the dust** (Inf.) die, drop dead, expire, fall in battle, pass away, perish [5] **lick the dust** (Inf.) be servile, bootlick (Inf.), demean oneself, grovel, kowtow, toady [6] **throw dust in the eyes of** con (Sl.), confuse, deceive, fool, have (someone) on, hoodwink, mislead, take in (Inf.)
- *v.* [7] cover, dredge, powder, scatter, sift, spray, spread, sprinkle

dusty [1] dirty, grubby, sooty, unclean, undusted, unswept [2] chalky, crumbly, friable, granular, powdery, sandy

dutiful compliant, conscientious, deferential, devoted, docile, duteous (Archaic), filial, obedient, punctilious, respectful, reverential, submissive

duty [1] assignment, business, calling, charge, engagement, function, mission, obligation, office, onus, province, responsibility, role, service, task, work [2] allegiance, deference, loyalty, obedience, respect, reverence [3] customs, due, excise, impost, levy, tariff, tax, toll [4] **do duty for** stand in, substitute, take the place of [5] **be the duty of** behove (Archaic), be incumbent upon, belong to, be (someone's) pigeon (Brit. inf.), be up to (Inf.), devolve upon, pertain to, rest with [6] **off duty** at leisure, free, off, off work, on holiday [7] **on duty** at work, busy, engaged

dwarf
- *n.* [1] bantam, homunculus, hop-o'-my-thumb, Lilliputian, man(n)ikin, midget, pygmy or pigmy, Tom Thumb [2] gnome, goblin
- *adj.* [3] baby, bonsai, diminutive, dwarfed, Lilliputian, miniature, petite, pocket, small, teensy-weensy, teeny-weeny, tiny, undersized
- *v.* [4] dim, diminish, dominate, minimize, overshadow, tower above or over [5] check, cultivate by bonsai, lower, retard, stunt

dwell abide, establish oneself, hang out (Inf.), inhabit, live, lodge, quarter, remain, reside, rest, settle, sojourn, stay, stop

dwelling abode, domicile, dwelling house, establishment, habitation, home, house, lodging, pad (Sl.), quarters, residence

dwell on or **upon** be engrossed in, continue, elaborate, emphasize, expatiate, harp on, linger over, tarry over

dye [1] *n.* colorant, colour, colouring, pigment, stain, tinge, tint [2] *v.* colour, pigment, stain, tincture, tinge, tint

dyed-in-the-wool complete, confirmed, deep-dyed (Usu. derogatory), deep-rooted, die-hard, entrenched, established, inveterate, through-and-through

dying at death's door, ebbing, expiring, fading, failing, final, going, in extremis, moribund, mortal, passing, perishing, sinking

dynamic active, driving, electric, energetic, forceful, go-ahead, go-getting (Inf.), highpowered, lively, magnetic, powerful, vigorous, vital, zippy (Inf.)

dynasty ascendancy, dominion, empire, government, house, régime, rule, sovereignty, sway

E

each [1] *adj.* every [2] *pron.* each and every one, each one, every one, one and all [3] *adv.* apiece, for each, from each, individually, per capita, per head, per person, respectively, singly, to each

eager agog, anxious, ardent, athirst, avid, earnest, enthusiastic, fervent, fervid, greedy, hot, hungry, impatient, intent, keen, longing, raring, vehement, yearning, zealous

eagerness ardour, avidity, earnestness, enthusiasm, fervour, greediness, heartiness, hunger, impatience, impetuosity, intentness, keenness, longing, thirst, vehemence, yearning, zeal

ear (Fig.) [1] attention, consideration, hearing, heed, notice, regard [2] appreciation, discrimination, musical perception, sensitivity, taste

early
- *adj.* [1] advanced, forward, premature, untimely [2] primeval, primitive, primordial, undeveloped, young
- *adv.* [3] ahead of time, beforehand, betimes (Archaic), in advance, in good time, prematurely, too soon

earn [1] bring in, collect, draw, gain, get, gross, make, net, obtain, procure, realize, reap, receive [2] acquire, attain, be entitled to, be worthy of, deserve, merit, rate, warrant, win

earnest
- *adj.* [1] close, constant, determined, firm, fixed, grave, intent, resolute, resolved, serious, sincere, solemn, stable, staid, steady, thoughtful [2] ardent, devoted, eager, enthusiastic, fervent, fervid, heartfelt, impassioned, keen, passionate, purposeful, urgent, vehement, warm, zealous
- *n.* [3] determination, reality, resolution, seriousness, sincerity, truth [4] assurance, deposit, down payment, earnest money (Law), foretaste, guarantee, pledge, promise, security, token

earnings emolument, gain, income, pay, proceeds, profits, receipts, remuneration, return, reward, salary, stipend, takings, wages

earth [1] globe, orb, planet, sphere, terrestrial sphere, world [2] clay, clod, dirt, ground, land, loam, mould, sod, soil, topsoil, turf

earthenware ceramics, crockery, crocks, pots, pottery, terra cotta

earthly [1] mundane, sublunary, tellurian, telluric, terrene, terrestrial, worldly [2] human, material, mortal, non-spiritual, profane, secular, temporal, worldly [3] base, carnal, fleshly, gross, low, materialistic, physical, sensual, sordid, vile [4] (Inf.) conceivable, feasible, imaginable, likely, possible, practical

ease
- *n.* [1] affluence, calmness, comfort, content, contentment, enjoyment, happiness, leisure, peace, peace of mind, quiet, quietude, relaxation, repose, rest, restfulness, serenity, tranquillity [2] easiness, effortlessness, facility, readiness, simplicity [3] flexibility, freedom, informality, liberty, naturalness, unaffectedness, unconstraint, unreservedness [4] aplomb, composure, insouciance, nonchalance, poise, relaxedness
- *v.* [5] abate, allay, alleviate, appease, assuage, calm, comfort, disburden, lessen, lighten, mitigate, moderate, mollify, pacify, palliate, quiet, relax, relent, relieve, slacken, soothe, still, tranquillize [6] aid, assist, expedite, facilitate, forward, further, lessen the labour of, make easier, simplify, smooth, speed up [7] edge, guide, inch, manoeuvre, move carefully, slide, slip, squeeze, steer

easily [1] comfortably, effortlessly, facilely, readily, simply, smoothly, with ease, without difficulty, without trouble [2] absolutely, beyond question, by far, certainly, clearly, definitely, doubtlessly, far and away, indisputably, indubitably, plainly, surely, undeniably, undoubtedly, unequivocally, unquestionably, without a doubt [3] almost certainly, probably, well

easy [1] a piece of cake (Inf.), a pushover (Sl.), child's play (Inf.), clear, easy-peasy (Sl.), effortless, facile, light, no bother, not difficult, no trouble, painless, simple, smooth, straightforward, uncomplicated, undemanding [2] calm, carefree, comfortable, contented, cushy (Inf.), easeful, leisurely, peaceful, pleasant, quiet, relaxed, satisfied, serene, tranquil, undisturbed, untroubled, unworried, well-to-do [3] flexible, indulgent, lenient, liberal, light, mild, permissive, tolerant, unburdensome, unoppressive [4] affable, casual, easy-going, friendly, gentle, graceful, gracious, informal, laid-back (Inf.), mild, natural, open, pleasant, relaxed, smooth, tolerant, unaffected, unceremonious, unconstrained, undemanding, unforced, unpretentious [5] accommodating, amenable, biddable, compliant, docile, gullible, manageable, pliant, soft, submissive, suggestible, susceptible, tractable, trusting, yielding [6] comfortable, gentle, leisurely, light, mild, moderate, temperate, undemanding, unexacting, unhurried

easy-going amenable, calm, carefree, casual, complacent, easy, easy-oasy (Sl.), even-tempered, flexible, happy-go-lucky, indulgent, insouciant, laid-back (Inf.), lenient, liberal, mild, moderate, nonchalant, permissive, placid, relaxed, serene, tolerant, unconcerned, uncritical, undemanding, unhurried

eat [1] chew, consume, devour, gobble, ingest, munch, scoff (Sl.), swallow [2] break bread, chow down (Sl.), dine, feed, have a meal, take food, take nourishment [3] corrode, crumble, decay, dissolve, erode, rot, waste away, wear away [4] **eat one's words** abjure, recant, rescind, retract, take (statement) back

eavesdrop bug (Inf.), listen in, monitor, overhear, snoop (Inf.), spy, tap

ebb
- *v.* [1] abate, fall away, fall back, flow back, go out, recede, retire, retreat, retrocede, sink, subside, wane, withdraw
- *n.* [2] ebb tide, going out, low tide, low water, reflux, regression, retreat, retrocession, subsidence, wane, waning, withdrawal
- *v.* [3] decay, decline, decrease, degenerate, deteriorate, diminish, drop, dwindle, fade away, fall away, flag, lessen, peter out, shrink, sink, slacken, weaken
- *n.* [4] decay, decline, decrease, degeneration, deterioration, diminution, drop, dwindling, fading away, flagging, lessening, petering out, shrinkage, sinking, slackening, weakening

eccentric [1] *adj.* aberrant, abnormal, anomalous, bizarre, capricious, erratic, freakish, idiosyncratic, irregular, odd, oddball (Inf.), off-the-wall (Sl.), outlandish, outré, peculiar, queer (Inf.), quirky, rum (Brit. sl.), singular, strange, uncommon, unconventional, wacko (Sl.), weird, whimsical [2] *n.* card (Inf.), case (Inf.), character (Inf.), crank (Inf.), freak (Inf.), kook (U.S. & Canad. inf.), nonconformist, nut (Sl.), oddball (Inf.), odd fish (Inf.), oddity, queer fish (Brit. inf.), rum customer (Brit. sl.), screwball (Sl., chiefly U.S. & Canad.), wacko (Sl.), weirdo or weirdie (Inf.)

eccentricity aberration, abnormality, anomaly, bizarreness, caprice, capriciousness, foible, freakishness, idiosyncrasy, irregularity, nonconformity, oddity, oddness, outlandishness, peculiarity, queerness (Inf.), quirk, singularity, strangeness, unconventionality, waywardness, weirdness, whimsicality, whimsicalness

ecclesiastic [1] *n.* churchman, clergyman, cleric, divine, holy man, man of the cloth, minister, parson, pastor, priest [2] *adj.* Also **ecclesiastical** church, churchly, clerical, divine, holy, pastoral, priestly, religious, spiritual

echo
- *v.* [1] repeat, resound, reverberate [2] ape, copy, imitate, mirror, parallel, parrot, recall, reflect, reiterate, reproduce, resemble, ring, second
- *n.* [3] answer, repetition, reverberation [4] copy, imitation, mirror image, parallel, reflection, reiteration, reproduction, ringing [5] allusion, evocation, hint, intimation, memory, reminder, suggestion, trace [6] Often plural aftereffect, aftermath, consequence, repercussion

eclipse
- *v.* [1] blot out, cloud, darken, dim, extinguish, obscure, overshadow, shroud, veil [2] exceed, excel, outdo, outshine, surpass, transcend
- *n.* [3] darkening, dimming, extinction, obscuration, occultation, shading [4] decline, diminution, failure, fall, loss

economic [1] business, commercial, financial, industrial, mercantile, trade [2] moneymaking, productive, profitable, profit-making, remunerative, solvent, viable [3] bread-and-butter (Inf.), budgetary, financial, fiscal, material, monetary, pecuniary [4] (Inf.) Also **economical** cheap, fair, inexpensive, low, low-priced, modest, reasonable

economical [1] cost-effective, efficient, money-saving, sparing, time-saving, unwasteful, work-saving [2] careful, economizing, frugal, prudent, saving, scrimping, sparing, thrifty [3] Also **economic** cheap, fair, inexpensive, low, low-priced, modest, reasonable

economize be economical, be frugal, be sparing, cut back, husband, retrench, save, scrimp, tighten one's belt

economy frugality, husbandry, parsimony, providence, prudence, restraint, retrenchment, saving, sparingness, thrift, thriftiness

ecstasy bliss, delight, elation, enthusiasm, euphoria, exaltation, fervour, frenzy, joy, rapture, ravishment, rhapsody, seventh heaven, trance, transport

ecstatic blissful, cock-a-hoop, delirious, elated, enraptured, enthusiastic, entranced, euphoric, fervent, frenzied, in exaltation, in transports of delight, joyful, joyous, on cloud nine (Inf.), overjoyed, over the moon (Inf.), rapturous, rhapsodic, transported

eddy 1 n. counter-current, counterflow, swirl, tideway, undertow, vortex, whirlpool 2 v. swirl, whirl

edge
- n. 1 border, bound, boundary, brim, brink, contour, flange, fringe, limit, line, lip, margin, outline, perimeter, periphery, rim, side, threshold, verge 2 acuteness, animation, bite, effectiveness, force, incisiveness, interest, keenness, point, pungency, sharpness, sting, urgency, zest 3 advantage, ascendancy, dominance, lead, superiority, upper hand 4 **on edge** apprehensive, eager, edgy, excited, ill at ease, impatient, irritable, keyed up, nervous, on tenterhooks, tense, tetchy, twitchy (Inf.), uptight (Inf.), wired (Sl.)
- v. 5 bind, border, fringe, hem, rim, shape, trim 6 creep, ease, inch, sidle, steal, work, worm 7 hone, sharpen, strop, whet

edgy anxious, ill at ease, irascible, irritable, keyed up, nervous, nervy (Brit. inf.), on edge, restive, tense, tetchy, touchy, twitchy (Inf.), uptight (Inf.), wired (Sl.)

edible comestible (Rare), digestible, eatable, esculent, fit to eat, good, harmless, palatable, wholesome

edict act, canon, command, decree, demand, dictate, dictum, enactment, fiat, injunction, law, mandate, manifesto, order, ordinance, proclamation, pronouncement, pronunciamento, regulation, ruling, statute, ukase (Rare)

edifice building, construction, erection, fabric (Rare), habitation, house, pile, structure

edify educate, elevate, enlighten, guide, improve, inform, instruct, nurture, school, teach, uplift

edit 1 adapt, annotate, censor, check, condense, correct, emend, polish, redact, rephrase, revise, rewrite 2 assemble, compose, put together, rearrange, reorder, select

edition copy, impression, issue, number, printing, programme (TV, Radio), version, volume

educate civilize, coach, cultivate, develop, discipline, drill, edify, enlighten, exercise, foster, improve, indoctrinate, inform, instruct, mature, rear, school, teach, train, tutor

educated 1 coached, informed, instructed, nurtured, schooled, taught, tutored 2 civilized, cultivated, cultured, enlightened, experienced, informed, knowledgeable, learned, lettered, literary, polished, refined, tasteful

education breeding, civilization, coaching, cultivation, culture, development, discipline, drilling, edification, enlightenment, erudition, improvement, indoctrination, instruction, knowledge, nurture, scholarship, schooling, teaching, training, tuition, tutoring

educational cultural, didactic, edifying, educative, enlightening, heuristic, improving, informative, instructive

educative didactic, edifying, educational, enlightening, heuristic, improving, informative, instructive

eerie awesome, creepy (Inf.), eldritch (Poetic), fearful, frightening, ghostly, mysterious, scary (Inf.), spectral, spooky (Inf.), strange, uncanny, unearthly, uneasy, weird

efface 1 annihilate, blot out, cancel, cross out, delete, destroy, dim, eradicate, erase, excise, expunge, extirpate, obliterate, raze, rub out, wipe out 2 (Of oneself) be modest (bashful, diffident, retiring, timid, unassertive), humble, lower, make inconspicuous, withdraw

effect
- n. 1 aftermath, conclusion, consequence, event, fruit, issue, outcome, result, upshot 2 clout (Inf.), effectiveness, efficacy, efficiency, fact, force, influence, power, reality, strength, use, validity, vigour, weight 3 drift, essence, impact, import, impression, meaning, purport, purpose, sense, significance, tenor 4 action, enforcement, execution, force, implementation, operation 5 **in effect** actually, effectively, essentially, for practical purposes, in actuality, in fact, in reality, in truth, really, to all intents and purposes, virtually 6 **take effect** become operative, begin, come into force, produce results, work
- v. 7 accomplish, achieve, actuate, bring about, carry out, cause, complete, consummate, create, effectuate, execute, fulfil, give rise to, initiate, make, perform, produce

effective 1 able, active, adequate, capable, competent, effectual, efficacious, efficient, energetic, operative, productive, serviceable, useful 2 cogent, compelling, convincing, emphatic, forceful, forcible, impressive, moving, persuasive, potent, powerful, striking, telling 3 active, actual, current, in effect, in execution, in force, in operation, operative, real

effectiveness bottom, capability, clout (Inf.), cogency, effect, efficacy, efficiency, force, influence, potency, power, strength, success, use, validity, vigour, weight

effects belongings, chattels, furniture, gear, goods, movables, paraphernalia, possessions, property, things, trappings

effeminacy delicacy, femininity, softness, tenderness, unmanliness, weakness, womanishness, womanliness

effeminate camp (Inf.), delicate, feminine, poofy (Sl.), sissy, soft, tender, unmanly, weak, wimpish or wimpy (Inf.), womanish, womanlike, womanly

effervesce bubble, ferment, fizz, foam, froth, sparkle

effervescence 1 bubbling, ferment, fermentation, fizz, foam, foaming, froth, frothing, sparkle 2 animation, brio, buoyancy, ebullience, enthusiasm, excitedness, excitement, exhilaration, exuberance, gaiety, high spirits, liveliness, pizzazz or pizazz (Inf.), vim (Sl.), vitality, vivacity, zing (Inf.)

effervescent 1 bubbling, bubbly, carbonated, fermenting, fizzing, fizzy, foaming, foamy, frothing, frothy, sparkling 2 animated, bubbly, buoyant, ebullient, enthusiastic, excited, exhilarated, exuberant, gay, in high spirits, irrepressible, lively, merry, vital, vivacious, zingy (Inf.)

effete 1 corrupt, debased, decadent, decayed, decrepit, degenerate, dissipated, enervated, enfeebled, feeble, ineffectual, overrefined, spoiled, weak 2 burnt out, drained, enervated, exhausted, played out, spent, used up, wasted, worn out 3 barren, fruitless, infecund, infertile, sterile, unfruitful, unproductive, unprolific

efficacious active, adequate, capable, competent, effective, effectual, efficient, energetic, operative, potent, powerful, productive, serviceable, successful, useful

efficacy ability, capability, competence, effect, effectiveness, efficaciousness, efficiency, energy, force, influence, potency, power, strength, success, use, vigour, virtue, weight

efficiency ability, adeptness, capability, competence, economy, effectiveness, efficacy, power, productivity, proficiency, readiness, skilfulness, skill

efficient able, adept, businesslike, capable, competent, economic, effective, effectual, organized, powerful, productive, proficient, ready, skilful, well-organized, workmanlike

effigy dummy, figure, guy, icon, idol, image, likeness, picture, portrait, representation, statue

effluent
- n. 1 effluvium, pollutant, sewage, waste 2 discharge, effluence, efflux, emanation, emission, exhalation, flow, issue, outflow, outpouring
- adj. 3 discharged, emanating, emitted, outflowing

effort 1 application, endeavour, energy, exertion, force, labour, pains, power, strain, stress, stretch, striving, struggle, toil, travail (Literary), trouble, work 2 attempt, endeavour, essay, go (Inf.), shot (Inf.), stab (Inf.), try 3 accomplishment, achievement, act, creation, deed, feat, job, product, production

effortless easy, easy-peasy (Sl.), facile, painless, simple, smooth, uncomplicated, undemanding, untroublesome

effusion 1 discharge, effluence, efflux, emission, gush, issue, outflow, outpouring, shedding, stream 2 address, outpouring, speech, talk, utterance, writing

effusive demonstrative, ebullient, enthusiastic, expansive, extravagant, exuberant, free-flowing, fulsome, gushing, lavish, overflowing, profuse, talkative, unreserved, unrestrained, wordy

egg on encourage, exhort, goad, incite, prod, prompt, push, spur, urge

egocentric egoistic, egoistical, egotistic, egotistical, self-centred, selfish

egoism egocentricity, egomania, egotism, narcissism, self-absorption, self-centredness, self-importance, self-interest, selfishness, self-love, self-regard, self-seeking

egoist egomaniac, egotist, narcissist, selfseeker

egoistic, egoistical egocentric, egomaniacal, egotistic, egotistical, full of oneself, narcissistic, self-absorbed, self-centred, self-important, self-seeking

egotism conceitedness, egocentricity, egoism, egomania, narcissism, self-admiration, self-centredness, self-conceit, self-esteem, self-importance, self-love, self-praise, superiority, vainglory, vanity

egotist bighead (Inf.), blowhard (Inf.), boaster, braggadocio, braggart, egoist, egomaniac, self-admirer, swaggerer

egotistic, egotistical boasting, bragging, conceited, egocentric, egoistic, egoistical, egomaniacal, full of oneself, narcissistic, opinionated, self-admiring, self-centred, self-important, superior, vain, vainglorious

egress departure, emergence, escape, exit, exodus, issue, outlet, passage out, vent, way out, withdrawal

eject 1 cast out, discharge, disgorge, emit, expel, spew, spout, throw out, vomit 2 banish, boot out (Inf.), bounce (Sl.), deport, dispossess, drive out, evacuate, evict, exile, expel, give the bum's rush (Sl.), oust, relegate, remove, show one the door, throw out, throw out on one's ear (Inf.), turn out 3 discharge, dislodge, dismiss, fire (Inf.), get rid of, kick out (Inf.), oust, sack (Inf.), throw out

ejection 1 casting out, disgorgement, expulsion, spouting, throwing out 2 banishment, deportation, dispossession, evacuation, eviction, exile, expulsion, ouster (Law), removal 3 discharge, dislodgement, dismissal, firing (Inf.), sacking (Inf.), the boot (Sl.), the sack (Inf.)

eke out 1 be economical with, be frugal with, be sparing with, economize on, husband, stretch out 2 add to, enlarge, increase, make up (with), supplement

elaborate
- adj. 1 careful, detailed, exact, intricate, laboured, minute, painstaking, perfected, precise, skilful, studied, thorough 2 complex, complicated, decorated, detailed, extravagant, fancy, fussy, involved, ornamented, ornate, ostentatious, showy
- v. 3 add detail, amplify, complicate, decorate, develop, devise, embellish, enhance, enlarge, expand (upon), flesh out, garnish, improve, ornament, polish, produce, refine, work out

elapse glide by, go, go by, lapse, pass, pass by, roll by, roll on, slip away, slip by

elastic 1 ductile, flexible, plastic, pliable, pliant, resilient, rubbery, springy, stretchable, stretchy, supple, tensile, yielding 2 accommodating, adaptable, adjustable, complaisant, compliant, flexible, supple, tolerant, variable, yielding 3 bouncy, buoyant, irrepressible, resilient

elated animated, blissful, cheered, cock-a-hoop, delighted, ecstatic, elevated, euphoric, excited, exhilarated, exultant, gleeful, in high spirits, joyful, joyous, jubilant, overjoyed, over the moon (Inf.), proud, puffed up, rapt, roused

elation bliss, delight, ecstasy, euphoria, exaltation, exhilaration, exultation, glee, high spirits, joy, joyfulness, joyousness, jubilation, rapture

elbow
- n. 1 angle, bend, corner, joint, turn 2 **at one's elbow** at hand, close by, handy, near, to hand, within reach 3 **out at elbow(s)** beggarly, down at heel, impoverished, in rags, ragged, seedy, shabby, tattered 4 **rub elbows with** associate, fraternize, hang out (Inf.), hobnob, mingle, mix, socialize 5 **up to the elbows** absorbed, busy, engaged, engrossed, immersed, occupied, tied up, up to the ears, wrapped up
- v. 6 bump, crowd, hustle, jostle, knock, nudge, push, shoulder, shove

elbow room freedom, latitude, leeway, play, room, scope, space

elder
- adj. 1 ancient, earlier born, first-born, older, senior
- n. 2 older person, senior 3 (Presbyterianism) church official, office bearer, presbyter

elect 1 v. appoint, choose, decide upon, designate, determine, opt for, pick, pick out, prefer,

election appointment, choice, choosing, decision, determination, judg(e)ment, preference, selection, vote, voting

elector chooser, constituent, selector, voter

electric (Fig.) charged, dynamic, exciting, rousing, stimulating, stirring, tense, thrilling

electrify (Fig.) amaze, animate, astonish, astound, excite, fire, galvanize, invigorate, jolt, rouse, shock, startle, stimulate, stir, take one's breath away, thrill

elegance, elegancy 1 beauty, courtliness, dignity, exquisiteness, gentility, grace, gracefulness, grandeur, luxury, polish, politeness, refinement, sumptuousness 2 discernment, distinction, propriety, style, taste

elegant 1 à la mode, artistic, beautiful, chic, choice, comely, courtly, cultivated, delicate, exquisite, fashionable, fine, genteel, graceful, handsome, luxurious, modish, nice, polished, refined, stylish, sumptuous, tasteful 2 appropriate, apt, clever, effective, ingenious, neat, simple

elegy coronach (Scot. & Irish), dirge, keen, lament, plaint (Archaic), requiem, threnody

element 1 basis, component, constituent, essential factor, factor, feature, hint, ingredient, member, part, section, subdivision, trace, unit 2 domain, environment, field, habitat, medium, milieu, sphere

elementary 1 clear, easy, facile, plain, rudimentary, simple, straightforward, uncomplicated 2 basic, bog-standard (Inf.), elemental, fundamental, initial, introductory, original, primary, rudimentary

elements 1 basics, essentials, foundations, fundamentals, principles, rudiments 2 atmospheric conditions, atmospheric forces, powers of nature, weather

elevate 1 heighten, hoist, lift, lift up, raise, uplift, upraise 2 advance, aggrandize, exalt, prefer, promote, upgrade 3 animate, boost, brighten, buoy up, cheer, elate, excite, exhilarate, hearten, lift up, perk up, raise, rouse, uplift 4 augment, boost, heighten, increase, intensify, magnify, swell

elevated 1 dignified, exalted, grand, high, high-flown, high-minded, inflated, lofty, noble, sublime 2 animated, bright, cheerful, cheery, elated, excited, exhilarated, gleeful, in high spirits, overjoyed

elevation 1 altitude, height 2 acclivity, eminence, height, hill, hillock, mountain, rise, rising ground 3 exaltedness, grandeur, loftiness, nobility, nobleness, sublimity 4 advancement, aggrandizement, exaltation, preferment, promotion, upgrading

elicit bring forth, bring out, bring to light, call forth, cause, derive, draw out, educe, evoke, evolve, exact, extort, extract, give rise to, obtain, wrest

eligible acceptable, appropriate, desirable, fit, preferable, proper, qualified, suitable, suited, worthy

eliminate 1 cut out, dispose of, do away with, eradicate, exterminate, get rid of, remove, stamp out, take out 2 axe (Inf.), dispense with, disregard, drop, eject, exclude, expel, ignore, knock out, leave out, omit, put out, reject, throw out 3 (Sl.) annihilate, blow away (Sl., chiefly U.S.), bump off (Sl.), kill, liquidate, murder, rub out (U.S. sl.), slay, take out (Sl.), terminate, waste (Inf.)

elite 1 n. aristocracy, best, cream, crème de la crème, elect, flower, gentry, high society, nobility, pick, upper class 2 adj. aristocratic, best, choice, crack (Sl.), elect, exclusive, first-class, noble, pick, selected, upper-class

elocution articulation, declamation, delivery, diction, enunciation, oratory, pronunciation, public speaking, rhetoric, speech, speechmaking, utterance, voice production

elongate draw out, extend, lengthen, make longer, prolong, protract, stretch

elope abscond, bolt, decamp, disappear, escape, leave, run away, run off, slip away, steal away

eloquence expression, expressiveness, fluency, forcefulness, oratory, persuasiveness, rhetoric, way with words

eloquent 1 articulate, fluent, forceful, graceful, moving, persuasive, silver-tongued, stirring, well-expressed 2 expressive, meaningful, pregnant, revealing, suggestive, telling, vivid

elsewhere abroad, absent, away, hence (Archaic), in or to another place, not here, not present, somewhere else

elucidate annotate, clarify, clear up, explain, explicate, expound, gloss, illuminate, illustrate, interpret, make plain, shed or throw light upon, spell out, unfold

elucidation annotation, clarification, comment, commentary, explanation, explication, exposition, gloss, illumination, illustration, interpretation

elude 1 avoid, body-swerve (Scot.), circumvent, dodge, duck (Inf.), escape, evade, flee, get away from, outrun, shirk, shun 2 baffle, be beyond (someone), confound, escape, foil, frustrate, puzzle, stump, thwart

elusive 1 difficult to catch, shifty, slippery, tricky 2 baffling, fleeting, indefinable, intangible, puzzling, subtle, transient, transitory 3 ambiguous, deceitful, deceptive, elusory, equivocal, evasive, fallacious, fraudulent, illusory, misleading, oracular, unspecific

emaciated atrophied, attenuate, attenuated, cadaverous, gaunt, haggard, lank, lean, macilent (Rare), meagre, pinched, scrawny, skeletal, thin, undernourished, wasted

emaciation atrophy, attenuation, gauntness, haggardness, leanness, meagreness, scrawniness, thinness, wasting away

emanate 1 arise, come forth, derive, emerge, flow, issue, originate, proceed, spring, stem 2 discharge, emit, exhale, give off, give out, issue, radiate, send forth

emanation 1 arising, derivation, emergence, flow, origination, proceeding 2 discharge, effluent, efflux, effusion, emission, exhalation, radiation

emancipate deliver, discharge, disencumber, disenthral, enfranchise, free, liberate, manumit, release, set free, unbridle, unchain, unfetter, unshackle

emancipation deliverance, discharge, enfranchisement, freedom, liberation, liberty, manumission, release

embalm 1 mummify, preserve 2 (Of memories) cherish, consecrate, conserve, enshrine, immortalize, store, treasure 3 (Poetic) make fragrant, perfume, scent

embargo 1 n. ban, bar, barrier, block, blockage, boycott, check, hindrance, impediment, interdict, interdiction, prohibition, proscription, restraint, restriction, stoppage 2 v. ban, bar, block, boycott, check, impede, interdict, prohibit, proscribe, restrict, stop

embark 1 board ship, go aboard, put on board, take on board, take ship 2 (With on or upon) begin, broach, commence, engage, enter, initiate, launch, plunge into, set about, set out, start, take up, undertake

embarrass abash, chagrin, confuse, discomfit, discompose, disconcert, discountenance, distress, faze, fluster, mortify, put out of countenance, shame, show up (Inf.)

embarrassing awkward, blush-making, compromising, cringe-making (Brit. inf.), discomfiting, disconcerting, distressing, humiliating, mortifying, sensitive, shameful, shaming, touchy, tricky, uncomfortable

embarrassment 1 awkwardness, bashfulness, chagrin, confusion, discomfiture, discomposure, distress, humiliation, mortification, self-consciousness, shame, showing up (Inf.) 2 bind (Inf.), difficulty, mess, pickle (Inf.), predicament, scrape (Inf.) 3 excess, overabundance, superabundance, superfluity, surfeit, surplus

embellish adorn, beautify, bedeck, deck, decorate, dress up, elaborate, embroider, enhance, enrich, exaggerate, festoon, garnish, gild, grace, ornament, tart up (Sl.), varnish

embellishment adornment, decoration, elaboration, embroidery, enhancement, enrichment, exaggeration, gilding, ornament, ornamentation, trimming

embezzle abstract, appropriate, defalcate (Law), filch, have one's hand in the till (Inf.), misapply, misappropriate, misuse, peculate, pilfer, purloin, rip off (Sl.), steal

embezzlement abstraction, appropriation, defalcation (Law), filching, fraud, larceny, misapplication, misappropriation, misuse, peculation, pilferage, pilfering, purloining, stealing, theft, thieving

embitter 1 alienate, anger, disaffect, disillusion, envenom, make bitter or resentful, poison, sour 2 aggravate, exacerbate, exasperate, worsen

emblazon 1 adorn, blazon, colour, decorate, embellish, illuminate, ornament, paint 2 crack up (Inf.), extol, glorify, laud (Literary), praise, proclaim, publicize, publish, trumpet

emblem badge, crest, device, figure, image, insignia, mark, representation, sigil (Rare), sign, symbol, token, type

embodiment 1 bodying forth, epitome, example, exemplar, exemplification, expression, incarnation, incorporation, manifestation, personification, realization, reification, representation, symbol, type 2 bringing together, codification, collection, combination, comprehension, concentration, consolidation, inclusion, incorporation, integration, organization, systematization

embolden animate, cheer, encourage, fire, hearten, inflame, inspirit, invigorate, nerve, reassure, rouse, stimulate, stir, strengthen, vitalize

embrace
- v. 1 clasp, cuddle, encircle, enfold, grasp, hold, hug, seize, squeeze, take or hold in one's arms 2 accept, adopt, avail oneself of, espouse, grab, make use of, receive, seize, take up, welcome 3 comprehend, comprise, contain, cover, deal with, embody, enclose, encompass, include, involve, provide for, subsume, take in, take into account
- n. 4 canoodle (Sl.), clasp, clinch (Sl.), cuddle, hug, squeeze

embroil complicate, compromise, confound, confuse, disorder, disturb, encumber, enmesh, ensnare, entangle, implicate, incriminate, involve, mire, mix up, muddle, perplex, trouble

embryo beginning, germ, nucleus, root, rudiment

emend amend, correct, edit, improve, rectify, redact, revise

emendation amendment, correction, editing, improvement, rectification, redaction, revision

emerge 1 appear, arise, become visible, come forth, come into view, come out, come up, emanate, issue, proceed, rise, spring up, surface 2 become apparent, become known, come out, come to light, crop up, develop, materialize, transpire, turn up

emergence advent, apparition, appearance, arrival, coming, dawn, development, disclosure, emanation, issue, materialization, rise

emergency crisis, danger, difficulty, exigency, extremity, necessity, panic stations (Inf.), pass, pinch, plight, predicament, quandary, scrape (Inf.), strait

emigrate migrate, move, move abroad, remove

emigration departure, exodus, migration, removal

eminence 1 celebrity, dignity, distinction, esteem, fame, greatness, illustriousness, importance, notability, note, pre-eminence, prestige, prominence, rank, renown, reputation, repute, superiority 2 elevation, height, high ground, hill, hillock, knoll, rise, summit

eminent big-time (Inf.), celebrated, conspicuous, distinguished, elevated, esteemed, exalted, famous, grand, great, high, high-ranking, illustrious, important, major league (Inf.), notable, noted, noteworthy, outstanding, paramount, pre-eminent, prestigious, prominent, renowned, signal, superior, well-known

eminently conspicuously, exceedingly, exceptionally, extremely, greatly, highly, notably, outstandingly, prominently, remarkably, signally, strikingly, surpassingly, well

emission diffusion, discharge, ejaculation, ejection, emanation, exhalation, exudation, issuance, issue, radiation, shedding, transmission, utterance, venting

emit breathe forth, cast out, diffuse, discharge, eject, emanate, exhale, exude, give off, give out, give vent to, issue, radiate, send forth, send out, shed, throw out, transmit, utter, vent

emolument benefit, compensation, earnings, fee, gain, hire, pay, payment, profits, recompense, remuneration, return, reward, salary, stipend, wages

emotion agitation, ardour, excitement, feeling, fervour, passion, perturbation, sensation, sentiment, vehemence, warmth

emotional 1 demonstrative, excitable, feeling, hot-blooded, passionate, responsive, sensitive, sentimental, susceptible, temperamental, tender, warm 2 affecting, emotive, exciting, heart-warming, moving, pathetic, poignant, sentimental, stirring, tear-jerking (Inf.), thrilling, touching 3 ardent, enthusiastic, fervent, fervid, fiery, flaming, heated, impassioned, passionate, roused, stirred, zealous

emotive 1 argumentative, controversial, delicate, sensitive, touchy 2 affecting, emotional, exciting, heart-warming, moving, pathetic, poignant, sentimental, stirring, tear-jerking (Inf.), thrilling, touching 3 ardent, emotional, enthusiastic, fervent, fervid, fiery, heated, impassioned, passionate, roused, stirred, zealous

emphasis accent, accentuation, attention, decidedness, force, importance, impressiveness, insistence, intensity, moment, positiveness, power, pre-eminence, priority, prominence, significance, strength, stress, underscoring, weight

emphasize accent, accentuate, dwell on, give priority to, highlight, insist on, lay stress on, play up, press home, put the accent on, stress, underline, underscore, weight

emphatic absolute, categorical, certain, decided, definite, direct, distinct, earnest, energetic, forceful, forcible, important, impressive, insistent, marked, momentous, positive, powerful, pronounced, resounding, significant, striking, strong, telling, unequivocal, unmistakable, vigorous

empire 1 commonwealth, domain, imperium (Rare), kingdom, realm 2 authority, command, control, dominion, government, power, rule, sovereignty, supremacy, sway

empiric, empirical experiential, experimental, first-hand, observed, practical, pragmatic

emplacement 1 location, lodg(e)ment, platform, position, site, situation, station 2 placement, placing, positioning, putting in place, setting up, stationing

employ

◆ v. 1 commission, engage, enlist, hire, retain, take on 2 engage, fill, keep busy, make use of, occupy, spend, take up, use up 3 apply, bring to bear, exercise, exert, make use of, ply, put to use, use, utilize

◆ n. 4 employment, engagement, hire, service

employee hand, job-holder, staff member, wage-earner, worker, workman

employer boss (Inf.), business, company, establishment, firm, gaffer (Inf., chiefly Brit.), organization, outfit (Inf.), owner, patron, proprietor

employment 1 engagement, enlistment, hire, retaining, taking on 2 application, exercise, exertion, use, utilization 3 avocation (Archaic), business, calling, craft, employ, job, line, métier, occupation, profession, pursuit, service, trade, vocation, work

emporium bazaar, market, mart, shop, store, warehouse

empower allow, authorize, commission, delegate, enable, entitle, license, permit, qualify, sanction, warrant

emptiness 1 bareness, blankness, desertedness, desolation, destitution, vacancy, vacuum, void, waste 2 aimlessness, banality, barrenness, frivolity, futility, hollowness, inanity, ineffectiveness, meaninglessness, purposelessness, senselessness, silliness, unreality, unsatisfactoriness, unsubstantiality, vainness, valuelessness, vanity, worthlessness 3 cheapness, hollowness, idleness, insincerity, triviality, trivialness 4 absentness, blankness, expressionlessness, unintelligence, vacancy, vacantness, vacuity, vacuousness 5 (Inf.) desire, hunger, ravening

empty

◆ adj. 1 bare, blank, clear, deserted, desolate, destitute, hollow, unfurnished, uninhabited, unoccupied, untenanted, vacant, void, waste 2 aimless, banal, bootless, frivolous, fruitless, futile, hollow, inane, ineffective, meaningless, purposeless, senseless, silly, unreal, unsatisfactory, unsubstantial, vain, valueless, worthless 3 cheap, hollow, idle, insincere, trivial 4 absent, blank, expressionless, unintelligent, vacant, vacuous 5 (Inf.) famished, hungry, ravenous, starving (Inf.), unfed, unfilled

◆ v. 6 clear, consume, deplete, discharge, drain, dump, evacuate, exhaust, gut, pour out, unburden, unload, use up, vacate, void

empty-headed brainless, dizzy (Inf.), featherbrained, flighty, frivolous, giddy, goofy (Inf.), harebrained, inane, scatterbrained, silly, skittish, vacuous

enable allow, authorize, capacitate, commission, empower, entitle, facilitate, fit, license, permit, prepare, qualify, sanction, warrant

enact 1 authorize, command, decree, establish, legislate, ordain, order, pass, proclaim, ratify, sanction 2 act, act out, appear as, depict, perform, personate, play, play the part of, portray, represent

enactment 1 authorization, command, commandment, decree, dictate, edict, law, legislation, order, ordinance, proclamation, ratification, regulation, statute 2 acting, depiction, performance, personation, play-acting, playing, portrayal, representation

enamoured bewitched, captivated, charmed, crazy about (Inf.), enchanted, enraptured, entranced, fascinated, fond, infatuated, in love, nuts on *or* about (Sl.), smitten, swept off one's feet, taken, wild about (Inf.)

encampment base, bivouac, camp, camping ground, campsite, cantonment, quarters, tents

encapsulate, incapsulate abridge, compress, condense, digest, epitomize, précis, summarize, sum up

enchant beguile, bewitch, captivate, cast a spell on, charm, delight, enamour, enrapture, enthral, fascinate, hypnotize, mesmerize, ravish, spellbind

enchanter conjurer, magician, magus, necromancer, sorcerer, spellbinder, warlock, witch, wizard

enchanting alluring, appealing, attractive, bewitching, captivating, charming, delightful, endearing, entrancing, fascinating, lovely, pleasant, ravishing, winsome

enchantment 1 allure, allurement, beguilement, bliss, charm, delight, fascination, hypnotism, mesmerism, rapture, ravishment, transport 2 charm, conjuration, incantation, magic, necromancy, sorcery, spell, witchcraft, wizardry

enchantress 1 conjurer, lamia, magician, necromancer, sorceress, spellbinder, witch 2 charmer, femme fatale, seductress, siren, vamp (Inf.)

enclose, inclose 1 bound, circumscribe, cover, encase, encircle, encompass, environ, fence, hedge, hem in, impound, pen, pound, shut in, wall in, wrap 2 include, insert, put in, send with 3 comprehend, contain, embrace, hold, include, incorporate

encompass 1 circle, circumscribe, encircle, enclose, envelop, environ, girdle, hem in, ring, surround 2 bring about, cause, contrive, devise, effect, manage 3 admit, comprehend, comprise, contain, cover, embody, embrace, hold, include, incorporate, involve, subsume, take in

encounter

◆ v. 1 bump into (Inf.), chance upon, come upon, confront, experience, face, happen on *or* upon, meet, run across, run into (Inf.) 2 attack, clash with, combat, come into conflict with, contend, cross swords with, do battle with, engage, face off (Sl.), fight, grapple with, strive, struggle

◆ n. 3 brush, confrontation, meeting, rendezvous 4 action, battle, clash, collision, combat, conflict, contest, dispute, engagement, face-off (Sl.), fight, head-to-head, run-in (Inf.), set to (Inf.), skirmish

encourage 1 animate, buoy up, cheer, comfort, console, embolden, hearten, incite, inspire, inspirit, rally, reassure, rouse, stimulate 2 abet, advance, advocate, aid, boost, egg on, favour, forward, foster, further, help, promote, prompt, spur, strengthen, succour, support, urge

encouragement advocacy, aid, boost, cheer, consolation, favour, help, incitement, inspiration, inspiritment, promotion, reassurance, security blanket (Inf.), stimulation, stimulus, succour, support, urging

encouraging bright, cheerful, cheering, comforting, good, heartening, hopeful, promising, reassuring, rosy, satisfactory, stimulating

encroach appropriate, arrogate, impinge, infringe, intrude, invade, make inroads, overstep, trench, trespass, usurp

encroachment appropriation, arrogation, impingement, incursion, infringement, inroad, intrusion, invasion, trespass, usurpation, violation

encumber burden, clog, cramp, embarrass, hamper, handicap, hinder, impede, incommode, inconvenience, make difficult, obstruct, oppress, overload, retard, saddle, slow down, trammel, weigh down

encumbrance burden, clog, difficulty, drag, embarrassment, handicap, hindrance, impediment, inconvenience, liability, load, millstone, obstacle, obstruction

end

◆ n. 1 bound, boundary, edge, extent, extreme, extremity, limit, point, terminus, tip 2 attainment, cessation, close, closure, completion, conclusion, consequence, consummation, culmination, denouement, ending, expiration, expiry, finale, finish, issue, outcome, resolution, result, sequel, stop, termination, upshot, wind-up 3 aim, aspiration, design, drift, goal, intent, intention, object, objective, point, purpose, reason 4 part, piece, portion, responsibility, share, side 5 bit, butt, fragment, leftover, oddment, remainder, remnant, scrap, stub, tag end, tail end 6 annihilation, death, demise, destruction, dissolution, doom, extermination, extinction, ruin, ruination 7 **the end** (Sl.) beyond endurance, insufferable, intolerable, the final blow, the last straw, the limit (Inf.), the worst, too much (Inf.), unbearable, unendurable

◆ v. 8 axe (Inf.), bring to an end, cease, close, complete, conclude, culminate, dissolve, expire, finish, resolve, stop, terminate, wind up 9 abolish, annihilate, destroy, exterminate, extinguish, kill, put to death, ruin

endanger compromise, hazard, imperil, jeopardize, put at risk, put in danger, risk, threaten

endear attach, attract, bind, captivate, charm, engage, win

endearing adorable, attractive, captivating, charming, cute, engaging, lovable, sweet, winning, winsome

endearment 1 affectionate utterance, loving word, sweet nothing 2 affection, attachment, fondness, love

endeavour 1 n. aim, attempt, crack (Inf.), effort, enterprise, essay, go (Inf.), shot (Inf.), stab (Inf.), trial, try, undertaking, venture 2 v. aim, aspire, attempt, bend over backwards (Inf.), break one's neck (Inf.), bust a gut (Inf.), do one's best, do one's damnedest (Inf.), essay, give it one's all (Inf.), give it one's best shot (Inf.), go for broke (Sl.), go for it (Inf.), have a go (crack, shot, stab) (Inf.), knock oneself out (Inf.), labour, make an all-out effort (Inf.), make an effort, rupture oneself (Inf.), strive, struggle, take pains, try, undertake

ending catastrophe, cessation, close, completion, conclusion, consummation, culmination, denouement, end, finale, finish, resolution, termination, wind-up

endless 1 boundless, ceaseless, constant, continual, eternal, everlasting, immortal, incessant, infinite, interminable, limitless, measureless, perpetual, unbounded, unbroken, undying, unending, uninterrupted, unlimited 2 interminable, monotonous, overlong 3 continuous, unbroken, undivided, whole

endorse, indorse 1 advocate, affirm, approve, authorize, back, champion, confirm, espouse, favour, prescribe, promote, ratify, recommend, sanction, subscribe to, support, sustain, vouch for, warrant 2 countersign, sign, superscribe, undersign

endorsement, indorsement 1 comment, countersignature, qualification, signature, superscription 2 advocacy, affirmation, approbation, approval, authorization, backing, championship, confirmation, espousal, favour, fiat, O.K. *or* okay (Inf.), promotion, ratification, recommendation, sanction, seal of approval, subscription to, support, warrant

endow award, bequeath, bestow, confer, donate, endue, enrich, favour, finance, fund, furnish, give, grant, invest, leave, make over, provide, purvey, settle on, supply, will

endowment 1 award, benefaction, bequest, bestowal, boon, donation, fund, gift, grant, handout, income, largess *or* largesse, legacy, presentation, property, provision, revenue, stipend 2 Often plural ability, aptitude, attribute, capability, capacity, faculty, flair, genius, gift, power, qualification, quality, talent

end up 1 become eventually, finish as, finish up, pan out (Inf.), turn out to be 2 arrive finally, come to a halt, fetch up (Inf.), finish up, stop, wind up

endurable acceptable, bearable, sufferable, supportable, sustainable, tolerable

endurance 1 bearing, fortitude, patience, perseverance, persistence, pertinacity, resignation, resolution, stamina, staying power, strength, submission, sufferance, tenacity, toleration 2 continuation, continuity, durability, duration, immutability, lastingness, longevity, permanence, stability

endure 1 bear, brave, cope with, experience, go through, stand, stick it out (Inf.), suffer, support, sustain, take it (Inf.), thole (Scot.), undergo, weather, withstand 2 abide, allow, bear, brook, countenance, permit, put up with, stand, stick (Sl.), stomach, submit to, suffer, swallow, take patiently, tolerate 3 abide, be durable, continue, hold, last, live, live on, persist, prevail, remain, stand, stay, survive, wear well

enduring abiding, continuing, durable, eternal, firm, immortal, immovable, imperishable, lasting, living, long-lasting, perennial, permanent, persistent, persisting, prevailing, remaining, steadfast, steady, surviving, unfaltering, unwavering

enemy adversary, antagonist, competitor, foe, opponent, rival, the opposition, the other side

energetic active, animated, brisk, dynamic, forceful, forcible, high-powered, indefatigable, lively, potent, powerful, spirited, strenuous, strong, tireless, vigorous, zippy (Inf.)

energy activity, animation, ardour, brio, drive, efficiency, élan, exertion, fire, force, forcefulness, get-up-and-go (Inf.), go (Inf.), intensity, life, liveliness, pep, pluck, power, spirit, stamina, strength, strenuousness, verve, vigour, vim (Sl.), vitality, vivacity, zeal, zest, zip (Inf.)

enfold, infold clasp, embrace, enclose, encompass, envelop, enwrap, fold, hold, hug, shroud, swathe, wrap, wrap up

enforce administer, apply, carry out, coerce, compel, constrain, exact, execute, implement, impose, insist on, oblige, prosecute, put in force, put into effect, reinforce, require, urge

enforced compelled, compulsory, constrained, dictated, imposed, involuntary, necessary, ordained, prescribed, required, unavoidable, unwilling

enforcement 1 administration, application, carrying out, exaction, execution, implementation, imposition, prosecution, reinforcement 2 coercion, compulsion, constraint, insistence, obligation, pressure, requirement

enfranchise 1 give the vote to, grant suffrage to, grant the franchise to, grant voting rights to 2 emancipate, free, liberate, manumit, release, set free

enfranchisement 1 giving the vote, granting suffrage *or* the franchise, granting voting rights 2 emancipation, freedom, freeing, liberating, liberation, manumission, release, setting free

engage 1 appoint, commission, employ, enlist, enrol, hire, retain, take on 2 bespeak, book, charter, hire, lease, prearrange, rent, reserve, secure 3 absorb, busy, engross, grip, involve, occupy, preoccupy, tie up 4 allure, arrest, attach, attract, captivate, catch, charm, draw, enamour, enchant, fascinate, fix, gain, win 5 embark on, enter into, join, partake, participate, practise, set about, take part, undertake 6 affiance, agree, betroth (Archaic), bind, commit, contract, covenant, guarantee, obligate, oblige, pledge, promise, undertake, vouch, vow 7 (Military) assail, attack, combat, come to close quarters with, encounter, face off (Sl.), fall on, fight with, give battle to, join battle with, meet, take on 8 activate, apply, bring into operation, energize, set going, switch on 9 dovetail, interact, interconnect, interlock, join, mesh

engaged 1 affianced, betrothed (Archaic), pledged, promised, spoken for 2 absorbed, busy, committed, employed, engrossed, in use, involved, occupied, preoccupied, tied up, unavailable

engagement 1 assurance, betrothal, bond, compact, contract, oath, obligation, pact, pledge, promise, troth (Archaic), undertaking, vow, word 2 appointment, arrangement, commitment, date, meeting 3 commission, employment, gig (Inf.), job, post, situation, stint, work 4 action, battle, combat, conflict, confrontation, contest, encounter, face-off (Sl.), fight

engaging agreeable, appealing, attractive, captivating, charming, enchanting, fascinating, fetching (Inf.), likable *or* likeable, lovable, pleasant, pleasing, winning, winsome

engender 1 beget, breed, bring about, cause, create, excite, foment, generate, give rise to, hatch, incite, induce, instigate, lead to, make, occasion, precipitate, produce, provoke 2 beget, breed, bring forth, father, generate, give birth to, procreate, propagate, sire, spawn

engine 1 machine, mechanism, motor 2 agency, agent, apparatus, appliance, contrivance, device, implement, instrument, means, tool, weapon

engineer 1 *n.* architect, contriver, designer, deviser, director, inventor, manager, manipulator, originator, planner, schemer 2 *v.* bring about, cause, concoct, contrive, control, create, devise, effect, encompass, finagle (Inf.), manage, manoeuvre, mastermind, originate, plan, plot, scheme, wangle (Inf.)

engrave 1 carve, chase, chisel, cut, enchase (Rare), etch, grave (Archaic), inscribe 2 impress, imprint, print 3 embed, fix, impress, imprint, infix, ingrain, lodge

engraving 1 carving, chasing, chiselling, cutting, dry point, enchasing (Rare), etching, inscribing, inscription 2 block, carving, etching, inscription, plate, woodcut 3 etching, impression, print

engross 1 absorb, arrest, engage, engulf, hold, immerse, involve, occupy, preoccupy 2 corner, monopolize, sew up (U.S.)

engrossing absorbing, captivating, compelling, enthralling, fascinating, gripping, interesting, intriguing, riveting

enhance add to, augment, boost, complement, elevate, embellish, exalt, heighten, improve, increase, intensify, lift, magnify, raise, reinforce, strengthen, swell

enigma conundrum, mystery, problem, puzzle, riddle, teaser

enigmatic, enigmatical ambiguous, cryptic, Delphic, doubtful, equivocal, incomprehensible, indecipherable, inexplicable, inscrutable, mysterious, obscure, oracular, perplexing, puzzling, recondite, sphinxlike, uncertain, unfathomable, unintelligible

enjoin 1 advise, bid, call upon, charge, command, counsel, demand, direct, instruct, order, prescribe, require, urge, warn 2 (Law) ban, bar, disallow, forbid, interdict, place an injunction on, preclude, prohibit, proscribe, restrain

enjoy 1 appreciate, be entertained by, be pleased with, delight in, like, rejoice in, relish, revel in, take joy in, take pleasure in *or* from 2 be blessed *or* favoured with, experience, have, have the benefit of, have the use of, own, possess, reap the benefits of, use 3 **enjoy oneself** have a ball (Inf.), have a good time, have fun, make merry

enjoyable agreeable, amusing, delectable, delicious, delightful, entertaining, gratifying, pleasant, pleasing, pleasurable, satisfying, to one's liking

enjoyment 1 amusement, delectation, delight, diversion, entertainment, fun, gladness, gratification, gusto, happiness, indulgence, joy, pleasure, recreation, relish, satisfaction, zest 2 advantage, benefit, exercise, ownership, possession, use

enlarge 1 add to, amplify, augment, blow up (Inf.), broaden, diffuse, dilate, distend, elongate, expand, extend, grow, heighten, increase, inflate, lengthen, magnify, make *or* grow larger, multiply, stretch, swell, wax, widen 2 amplify, descant, develop, dilate, elaborate, expand, expatiate, give details

enlighten advise, apprise, cause to understand, civilize, counsel, edify, educate, inform, instruct, make aware, teach

enlightened aware, broad-minded, civilized, cultivated, educated, informed, knowledgeable, liberal, literate, open-minded, reasonable, refined, sophisticated

enlightenment awareness, broad-mindedness, civilization, comprehension, cultivation, edification, education, information, insight, instruction, knowledge, learning, literacy, open-mindedness, refinement, sophistication, teaching, understanding, wisdom

enlist engage, enrol, enter (into), gather, join, join up, muster, obtain, procure, recruit, register, secure, sign up, volunteer

enliven animate, brighten, buoy up, cheer, cheer up, excite, exhilarate, fire, gladden, hearten, inspire, inspirit, invigorate, pep up, perk up, quicken, rouse, spark, stimulate, vitalize, vivify, wake up

enmity acrimony, animosity, animus, antagonism, antipathy, aversion, bad blood, bitterness, hate, hatred, hostility, ill will, malevolence, malice, malignity, rancour, spite, venom

ennoble aggrandize, dignify, elevate, enhance, exalt, glorify, honour, magnify, raise

enormity 1 atrociousness, atrocity, depravity, disgrace, evilness, heinousness, monstrousness, nefariousness, outrageousness, turpitude, viciousness, vileness, villainy, wickedness 2 abomination, atrocity, crime, disgrace, evil, horror, monstrosity, outrage, villainy 3 (Inf.) enormousness, greatness, hugeness, immensity, magnitude, massiveness, vastness

enormous 1 astronomic, Brobdingnagian, colossal, elephantine, excessive, gargantuan, gigantic, gross, huge, humongous *or* humungous (U.S. sl.), immense, jumbo (Inf.), mammoth, massive, monstrous, mountainous, prodigious, titanic, tremendous, vast 2 (Archaic) abominable, atrocious, depraved, disgraceful, evil, heinous, monstrous, nefarious, odious, outrageous, vicious, vile, villainous, wicked

enough 1 *adj.* abundant, adequate, ample, plenty, sufficient 2 *n.* abundance, adequacy, ample supply, plenty, right amount, sufficiency 3 *adv.* abundantly, adequately, amply, fairly, moderately, passably, reasonably, satisfactorily, sufficiently, tolerably

enquire 1 ask, query, question, request information, seek information 2 Also **inquire** conduct an inquiry, examine, explore, inspect, investigate, look into, make inquiry, probe, research, scrutinize, search

enquiry 1 query, question 2 Also **inquiry** examination, exploration, inquest, inspection, investigation, probe, research, scrutiny, search, study, survey

enrage aggravate (Inf.), anger, exasperate, gall, incense, incite, inflame, infuriate, irritate, madden, make one's blood boil, make one see red (Inf.), nark (Brit., Aust., & N.Z. sl.), provoke

enrich 1 make rich, make wealthy 2 aggrandize, ameliorate, augment, cultivate, develop, endow, enhance, improve, refine, supplement 3 adorn, decorate, embellish, grace, ornament

enrol 1 chronicle, inscribe, list, note, record 2 accept, admit, engage, enlist, join up, matriculate, recruit, register, sign up *or* on, take on

enrolment acceptance, admission, engagement, enlistment, matriculation, recruitment, registration

ensemble

- **n.** 1 aggregate, assemblage, collection, entirety, set, sum, total, totality, whole, whole thing 2 costume, get-up (Inf.), outfit, suit 3 band, cast, chorus, company, group, supporting cast, troupe
- **adv.** 4 all at once, all together, as a group, as a whole, at once, at the same time, en masse, in concert

enshrine apotheosize, cherish, consecrate, dedicate, embalm, exalt, hallow, preserve, revere, sanctify, treasure

ensign badge, banner, colours, flag, jack, pennant, pennon, standard, streamer

enslave bind, dominate, enchain, enthral, reduce to slavery, subjugate, yoke

ensue arise, attend, be consequent on, befall, come after, come next, come to pass (Archaic), derive, flow, follow, issue, proceed, result, stem, succeed, supervene, turn out *or* up

ensure, insure 1 certify, confirm, effect, guarantee, make certain, make sure, secure, warrant 2 guard, make safe, protect, safeguard, secure

entail bring about, call for, cause, demand, encompass, give rise to, impose, involve, lead to, necessitate, occasion, require, result in

entangle 1 catch, compromise, embroil, enmesh, ensnare, entrap, foul, implicate, involve, knot, mat, mix up, ravel, snag, snare, tangle, trammel, trap 2 bewilder, complicate, confuse, jumble, mix up, muddle, perplex, puzzle, snarl, twist

entanglement 1 complication, confusion, ensnarement, entrapment, imbroglio (Obsolete), involvement, jumble, knot, mesh, mess, mix-up, muddle, snare, snarl-up (Inf., chiefly Brit.), tangle, toils, trap 2 difficulty, embarrassment, imbroglio, involvement, liaison, predicament, tie

enter 1 arrive, come *or* go in *or* into, insert, introduce, make an entrance, pass into, penetrate, pierce 2 become a member of, begin, commence, commit oneself to, embark upon, enlist, enrol, join, participate in, set about, set out on, sign up, start, take part in, take up

3 inscribe, list, log, note, record, register, set down, take down **4** offer, present, proffer, put forward, register, submit, tender

enterprise **1** adventure, effort, endeavour, essay, operation, plan, programme, project, undertaking, venture **2** activity, adventurousness, alertness, audacity, boldness, daring, dash, drive, eagerness, energy, enthusiasm, get-up-and-go (Inf.), gumption (Inf.), initiative, pep, push (Inf.), readiness, resource, resourcefulness, spirit, vigour, zeal **3** business, company, concern, establishment, firm, operation

enterprising active, adventurous, alert, audacious, bold, daring, dashing, eager, energetic, enthusiastic, go-ahead, intrepid, keen, ready, resourceful, spirited, stirring, up-and-coming, venturesome, vigorous, zealous

entertain **1** amuse, charm, cheer, delight, divert, occupy, please, recreate (Rare), regale **2** accommodate, be host to, harbour, have company, have guests or visitors, lodge, put up, show hospitality to, treat **3** cherish, cogitate on, conceive, consider, contemplate, foster, harbour, hold, imagine, keep in mind, maintain, muse over, ponder, support, think about, think over

entertaining amusing, charming, cheering, delightful, diverting, funny, humorous, interesting, pleasant, pleasing, pleasurable, recreative (Rare), witty

entertainment amusement, cheer, distraction, diversion, enjoyment, fun, good time, leisure activity, pastime, play, pleasure, recreation, satisfaction, sport, treat

enthral(l) absorb, beguile, captivate, charm, enchant, enrapture, entrance, fascinate, grip, hold spellbound, hypnotize, intrigue, mesmerize, ravish, rivet, spellbind

enthralling beguiling, captivating, charming, compelling, compulsive, enchanting, entrancing, fascinating, gripping, hypnotizing, intriguing, mesmerizing, riveting, spellbinding

enthusiasm **1** ardour, avidity, devotion, eagerness, earnestness, excitement, fervour, frenzy, interest, keenness, passion, relish, vehemence, warmth, zeal, zest **2** craze, fad (Inf.), hobby, hobbyhorse, interest, mania, passion, rage

enthusiast admirer, aficionado, buff (Inf.), devotee, fan, fanatic, fiend (Inf.), follower, freak (Inf.), lover, supporter, zealot

enthusiastic ardent, avid, devoted, eager, earnest, ebullient, excited, exuberant, fervent, fervid, forceful, hearty, keen, lively, passionate, spirited, unqualified, unstinting, vehement, vigorous, warm, wholehearted, zealous

entice allure, attract, beguile, cajole, coax, decoy, draw, inveigle, lead on, lure, persuade, prevail on, seduce, tempt, wheedle

entire **1** complete, full, gross, total, whole **2** absolute, full, outright, thorough, total, undiminished, unmitigated, unreserved, unrestricted **3** intact, perfect, sound, unbroken, undamaged, unmarked, unmarred, whole, without a scratch **4** continuous, integrated, unbroken, undivided, unified

entirely **1** absolutely, altogether, completely, fully, in every respect, perfectly, thoroughly, totally, unreservedly, utterly, wholly, without exception, without reservation **2** exclusively, only, solely

entirety **1** absoluteness, completeness, fullness, totality, undividedness, unity, wholeness **2** aggregate, sum, total, unity, whole

entitle **1** accredit, allow, authorize, empower, enable, enfranchise, fit for, license, make eligible, permit, qualify for, warrant **2** call, characterize, christen, denominate, designate, dub, label, name, style, term, title

entity **1** being, body, creature, existence, individual, object, organism, presence, quantity, substance, thing **2** essence, essential nature, quiddity (Philosophy), quintessence, real nature

entourage **1** associates, attendants, companions, company, cortège, court, escort, followers, following, retainers, retinue, staff, suite, train **2** ambience, environment, environs, milieu, surroundings

entrails bowels, guts, innards (Inf.), insides (Inf.), intestines, offal, viscera

entrance[1] n. **1** access, avenue, door, doorway, entry, gate, ingress, inlet, opening, passage, portal, way in **2** appearance, arrival, coming in, entry, ingress, introduction **3** access, admission, admittance, entrée, entry, ingress, permission to enter **4** beginning, commencement, debut, initiation, introduction, outset, start

entrance[2] v. **1** absorb, bewitch, captivate, charm, delight, enchant, enrapture, enthral, fascinate, gladden, ravish, spellbind, transport **2** hypnotize, mesmerize, put in a trance

entrant **1** beginner, convert, initiate, neophyte, newcomer, new member, novice, probationer, tyro **2** candidate, competitor, contestant, entry, participant, player

entreaty appeal, earnest request, exhortation, importunity, petition, plea, prayer, request, solicitation, suit, supplication

entrench, intrench **1** construct defences, dig in, dig trenches, fortify **2** anchor, dig in, embed, ensconce, establish, fix, implant, ingrain, install, lodge, plant, root, seat, set, settle **3** encroach, impinge, infringe, interlope, intrude, make inroads, trespass

entrenched, intrenched deep-rooted, deep-seated, firm, fixed, indelible, ineradicable, ingrained, rooted, set, unshak(e)able, well-established

entrust, intrust assign, authorize, charge, commend, commit, confide, consign, delegate, deliver, give custody of, hand over, invest, trust, turn over

entry **1** appearance, coming in, entering, entrance, initiation, introduction **2** access, avenue, door, doorway, entrance, gate, ingress, inlet, opening, passage, passageway, portal, way in **3** access, admission, entrance, entrée, free passage, permission to enter **4** account, item, jotting, listing, memo, memorandum, minute, note, record, registration **5** attempt, candidate, competitor, contestant, effort, entrant, participant, player, submission

entwine, intwine braid, embrace, encircle, entwist (Archaic), interlace, intertwine, interweave, knit, plait, ravel, surround, twine, twist, weave, wind

enumerate **1** cite, detail, itemize, list, mention, name, quote, recapitulate, recite, recount, rehearse, relate, specify, spell out, tell **2** add up, calculate, compute, count, number, reckon, sum up, tally, total

enunciate **1** articulate, enounce, pronounce, say, sound, speak, utter, vocalize, voice **2** declare, proclaim, promulgate, pronounce, propound, publish, state

envelop blanket, cloak, conceal, cover, embrace, encase, encircle, enclose, encompass, enfold, engulf, enwrap, hide, obscure, sheathe, shroud, surround, swaddle, swathe, veil, wrap

envelope case, casing, coating, cover, covering, jacket, sheath, shell, skin, wrapper, wrapping

enviable advantageous, blessed, covetable, desirable, favoured, fortunate, lucky, much to be desired, privileged

envious begrudging, covetous, green-eyed, green with envy, grudging, jaundiced, jealous, malicious, resentful, spiteful

environment atmosphere, background, conditions, context, domain, element, habitat, locale, medium, milieu, scene, setting, situation, surroundings, territory

environs district, locality, neighbourhood, outskirts, precincts, purlieus, suburbs, surrounding area, vicinity

envisage **1** conceive (of), conceptualize, contemplate, fancy, imagine, picture, think up, visualize **2** anticipate, envision, foresee, predict, see

envision anticipate, conceive of, contemplate, envisage, foresee, predict, see, visualize

envoy agent, ambassador, courier, delegate, deputy, diplomat, emissary, intermediary, legate, messenger, minister, plenipotentiary, representative

envy **1** n. covetousness, enviousness, grudge, hatred, ill will, jealousy, malice, malignity, resentfulness, resentment, spite, the greeneyed monster (Inf.) **2** v. be envious (of), begrudge, be jealous (of), covet, grudge, resent

ephemeral brief, evanescent, fleeting, flitting, fugacious, fugitive, impermanent, momentary, passing, short, short-lived, temporary, transient, transitory

epicure **1** bon vivant, epicurean, foodie, gastronome, gourmet **2** glutton, gourmand, hedonist, sensualist, sybarite, voluptuary

epicurean **1** adj. gluttonous, gourmandizing, hedonistic, libertine, luscious, lush, luxurious, pleasure-seeking, self-indulgent, sensual, sybaritic, voluptuous **2** n. bon vivant, epicure, foodie, gastronome, gourmet

epidemic **1** adj. general, pandemic, prevailing, prevalent, rampant, rife, sweeping, wide-ranging, widespread **2** n. contagion, growth, outbreak, plague, rash, spread, upsurge, wave

epigram aphorism, bon mot, quip, witticism

epilogue afterword, coda, concluding speech, conclusion, postscript

episode **1** adventure, affair, business, circumstance, escapade, event, experience, happening, incident, matter, occurrence **2** chapter, instalment, part, passage, scene, section

epistle communication, letter, message, missive, note

epithet appellation, description, designation, moniker or monicker (Sl.), name, nickname, sobriquet, tag, title

epitome **1** archetype, embodiment, essence, exemplar, norm, personification, quintessence, representation, type, typical example **2** abbreviation, abridgement, abstract, compendium, condensation, conspectus, contraction, digest, précis, résumé, summary, syllabus, synopsis

epitomize **1** embody, exemplify, illustrate, incarnate, personify, represent, symbolize, typify **2** abbreviate, abridge, abstract, condense, contract, curtail, cut, encapsulate, précis, reduce, shorten, summarize, synopsize

epoch age, date, era, period, time

equable **1** agreeable, calm, composed, easy-going, even-tempered, imperturbable, level-headed, placid, serene, temperate, unexcitable, unfazed (Inf.), unflappable (Inf.), unruffled **2** consistent, constant, even, regular, smooth, stable, steady, temperate, tranquil, unchanging, uniform, unvarying

equal
- adj. **1** alike, commensurate, equivalent, identical, like, one and the same, proportionate, tantamount, the same, uniform **2** balanced, corresponding, egalitarian, even, evenly balanced, evenly matched, evenly proportioned, fifty-fifty (Inf.), level pegging (Brit. inf.), matched, regular, symmetrical, uniform, unvarying **3** able, adequate, capable, competent, fit, good enough, ready, strong enough, suitable, up to **4** egalitarian, equable, even-handed, fair, impartial, just, unbiased
- n. **5** brother, compeer, counterpart, equivalent, fellow, match, mate, parallel, peer, rival, twin
- v. **6** agree with, amount to, balance, be equal to, be even with, be level with, be tantamount to, come up to, correspond to, equalize, equate, even, level, match, parallel, rival, square with, tally with, tie with

equality balance, coequality, correspondence, egalitarianism, equal opportunity, equatability, equivalence, evenness, fairness, identity, likeness, parity, sameness, similarity, uniformity

equalize balance, equal, equate, even up, level, make equal, match, regularize, smooth, square, standardize

equate agree, balance, be commensurate, compare, correspond with or to, equalize, liken, make or be equal, match, offset, pair, parallel, square, tally, think of together

equation agreement, balancing, comparison, correspondence, equality, equalization, equating, equivalence, likeness, match, pairing, parallel

equestrian **1** adj. in the saddle, mounted, on horseback **2** n. cavalier (Archaic), horseman, knight, rider

equilibrium **1** balance, counterpoise, equipoise, evenness, rest, stability, steadiness, symmetry **2** calm, calmness, collectedness, composure, coolness, equanimity, poise, self-possession, serenity, stability, steadiness

equip accoutre, arm, array, attire, deck out, dress, endow, fit out, fit up, furnish, kit out, outfit, prepare, provide, rig, stock, supply

equipment accoutrements, apparatus, appurtenances, baggage, equipage, furnishings, furniture, gear, materiel, outfit, paraphernalia, rig, stuff, supplies, tackle, tools

equitable candid, disinterested, dispassionate, due, even-handed, fair, honest, impartial, just, nondiscriminatory, proper, proportionate, reasonable, right, rightful, unbiased, unprejudiced

equity disinterestedness, equitableness, even-handedness, fair-mindedness, fairness, fair play, honesty, impartiality, integrity, justice, reasonableness, rectitude, righteousness, uprightness

equivalence agreement, alikeness, conformity, correspondence, equality, evenness, identity, interchangeableness, likeness, match, parallel, parity, sameness, similarity, synonymy

equivalent 1 adj. alike, commensurate, comparable, correspondent, corresponding, equal, even, homologous, interchangeable, of a kind, same, similar, synonymous, tantamount 2 n. correspondent, counterpart, equal, match, opposite number, parallel, peer, twin

equivocal ambiguous, ambivalent, doubtful, dubious, evasive, indefinite, indeterminate, misleading, oblique, obscure, oracular, prevaricating, questionable, suspicious, uncertain, vague

era aeon, age, cycle, date, day or days, epoch, generation, period, stage, time

eradicate abolish, annihilate, deracinate, destroy, efface, eliminate, erase, excise, expunge, exterminate, extinguish, extirpate, obliterate, remove, root out, stamp out, uproot, weed out, wipe out

eradication abolition, annihilation, deracination, destruction, effacement, elimination, erasure, expunction, extermination, extinction, extirpation, obliteration, removal

erase blot, cancel, delete, efface, excise, expunge, obliterate, remove, rub out, scratch out, wipe out

erect
- adj. 1 elevated, firm, perpendicular, pricked-up, raised, rigid, standing, stiff, straight, upright, vertical
- v. 2 build, construct, elevate, lift, mount, pitch, put up, raise, rear, set up, stand up 3 create, establish, form, found, initiate, institute, organize, set up

erection 1 assembly, building, construction, creation, elevation, establishment, fabrication, manufacture 2 building, construction, edifice, pile, structure

erode abrade, consume, corrode, destroy, deteriorate, disintegrate, eat away, grind down, spoil, wear down or away

erosion abrasion, attrition, consumption, corrasion, corrosion, destruction, deterioration, disintegration, eating away, grinding down, spoiling, wear, wearing down or away

erotic amatory, aphrodisiac, carnal, erogenous, lustful, rousing, seductive, sensual, sexy (Inf.), steamy (Inf.), stimulating, suggestive, titillating, voluptuous

err 1 be inaccurate, be incorrect, be in error, blunder, go astray, go wrong, make a mistake, misapprehend, miscalculate, misjudge, mistake, slip up (Inf.) 2 be out of order, deviate, do wrong, fall, go astray, lapse, misbehave, offend, sin, transgress, trespass

errand charge, commission, job, message, mission, task

erratic 1 aberrant, abnormal, capricious, changeable, desultory, eccentric, fitful, inconsistent, inconstant, irregular, shifting, uneven, unpredictable, unreliable, unstable, variable, wayward 2 directionless, meandering, planetary, wandering

erroneous amiss, fallacious, false, faulty, flawed, inaccurate, incorrect, inexact, invalid, mistaken, spurious, unfounded, unsound, untrue, wrong

error 1 bloomer (Brit. inf.), blunder, boner (Sl.), boob (Brit. sl.), delusion, erratum, fallacy, fault, flaw, howler (Inf.), inaccuracy, misapprehension, miscalculation, misconception, mistake, oversight, slip, solecism 2 delinquency, deviation, fault, lapse, misdeed, offence, sin, transgression, trespass, wrong, wrongdoing

erstwhile bygone, ex (Inf.), former, late, old, once, one-time, past, previous, quondam, sometime

erudite cultivated, cultured, educated, knowledgeable, learned, lettered, literate, scholarly, well-educated, well-read

erupt 1 be ejected, belch forth, blow up, break out, burst forth, burst into, burst out, discharge, explode, flare up, gush, pour forth, spew forth or out, spit out, spout, throw off, vent, vomit 2 (Medical) appear, break out

eruption 1 discharge, ejection, explosion, flare-up, outbreak, outburst, sally, venting 2 (Medical) inflammation, outbreak, rash

escalate amplify, ascend, be increased, enlarge, expand, extend, grow, heighten, increase, intensify, magnify, mount, raise, rise, step up

escapade adventure, antic, caper, fling, lark (Inf.), mischief, prank, romp, scrape (Inf.), spree, stunt, trick

escape
- v. 1 abscond, bolt, break free or out, decamp, do a bunk (Brit. sl.), do a runner (Sl.), flee, fly, fly the coop (U.S. & Canad. inf.), get away, hook it (Sl.), make or effect one's escape, make one's getaway, run away or off, skedaddle (Inf.), skip, slip away, take a powder (U.S. & Canad. sl.), take it on the lam (U.S. & Canad. sl.)
- n. 2 bolt, break, break-out, decampment, flight, getaway
- v. 3 avoid, body-swerve (Scot.), circumvent, dodge, duck, elude, evade, pass, shun, slip
- n. 4 avoidance, circumvention, elusion, evasion
- v. 5 discharge, drain, emanate, exude, flow, gush, issue, leak, pour forth, seep, spurt
- n. 6 discharge, drain, effluence, efflux, emanation, emission, gush, leak, leakage, outflow, outpour, seepage, spurt
- v. 7 baffle, be beyond (someone), be forgotten by, elude, puzzle, stump
- n. 8 distraction, diversion, pastime, recreation, relief

escort
- n. 1 bodyguard, company, convoy, cortège, entourage, guard, protection, retinue, safeguard, train 2 attendant, beau, chaperon(e), companion, guide, partner, protector, squire (Rare)
- v. 3 accompany, chaperon(e), conduct, convoy, guard, guide, lead, partner, protect, shepherd, squire, usher

especial 1 chief, distinguished, exceptional, extraordinary, marked, notable, noteworthy, outstanding, principal, signal, special, uncommon, unusual 2 exclusive, express, individual, particular, peculiar, personal, private, singular, special, specific, unique

especially 1 chiefly, conspicuously, exceptionally, extraordinarily, largely, mainly, markedly, notably, outstandingly, principally, remarkably, signally, specially, strikingly, supremely, uncommonly, unusually 2 exclusively, expressly, particularly, peculiarly, singularly, specifically, uniquely

espionage counter-intelligence, intelligence, spying, surveillance, undercover work

espousal 1 adoption, advocacy, backing, championing, championship, defence, embracing, maintenance, promotion, support, taking up 2 (Archaic) affiancing, betrothal, betrothing (Archaic), engagement, espousing (Archaic), marriage, nuptials, plighting, wedding

espouse 1 adopt, advocate, back, champion, defend, embrace, maintain, promote, stand up for, support, take up 2 (Archaic) betroth (Archaic), marry, take as spouse, take to wife, wed

essay article, composition, discourse, disquisition, dissertation, paper, piece, tract, treatise

essence 1 being, core, crux, entity, heart, kernel, life, lifeblood, meaning, nature, pith, principle, quiddity, quintessence, significance, soul, spirit, substance 2 concentrate, distillate, elixir, extract, spirits, tincture 3 (Rare) cologne, fragrance, perfume, scent 4 **in essence** basically, essentially, fundamentally, in effect, in substance, in the main, materially, substantially, to all intents and purposes, virtually 5 **of the essence** crucial, essential, indispensable, of the utmost importance, vital, vitally important

essential
- adj. 1 crucial, important, indispensable, necessary, needed, requisite, vital 2 basic, cardinal, constitutional, elemental, elementary, fundamental, inherent, innate, intrinsic, key, main, principal, radical 3 absolute, complete, ideal, perfect, quintessential 4 concentrated, distilled, extracted, rectified, refined, volatile
- n. 5 basic, fundamental, must, necessity, prerequisite, principle, requisite, rudiment, sine qua non, vital part

establish 1 base, constitute, create, decree, enact, ensconce, entrench, fix, form, found, ground, implant, inaugurate, install, institute, organize, plant, root, secure, settle, set up, start 2 authenticate, certify, confirm, corroborate, demonstrate, prove, ratify, show, substantiate, validate, verify

establishment 1 creation, enactment, formation, foundation, founding, inauguration, installation, institution, organization, setting up 2 business, company, concern, corporation, enterprise, firm, house, institute, institution, organization, outfit (Inf.), setup (Inf.), structure, system 3 building, factory, house, office, plant, quarters 4 abode, domicile, dwelling, home, house, household, pad (Sl.), residence 5 **the Establishment** established order, institutionalized authority, ruling class, the powers that be, the system

estate 1 area, demesne, domain, holdings, lands, manor, property 2 (Property law) assets, belongings, effects, fortune, goods, possessions, property, wealth 3 caste, class, order, rank 4 condition, lot, period, place, position, quality, rank, situation, standing, state, station, status

esteem
- v. 1 admire, be fond of, cherish, honour, like, love, prize, regard highly, respect, revere, reverence, think highly of, treasure, value, venerate 2 (Formal) account, believe, calculate, consider, deem, estimate, hold, judge, rate, reckon, regard, think, view
- n. 3 admiration, Brownie points, consideration, credit, estimation, good opinion, honour, regard, respect, reverence, veneration

estimate
- v. 1 appraise, assess, calculate roughly, evaluate, gauge, guess, judge, number, reckon, value 2 assess, believe, conjecture, consider, form an opinion, guess, judge, rank, rate, reckon, surmise, think
- n. 3 appraisal, appraisement, approximate calculation, assessment, evaluation, guess, guesstimate (Inf.), judg(e)ment, reckoning, valuation 4 appraisal, appraisement, assessment, belief, conjecture, educated guess, estimation, judg(e)ment, opinion, surmise, thought(s)

estimation 1 appraisal, appreciation, assessment, belief, consideration, considered opinion, estimate, evaluation, judg(e)ment, opinion, view 2 admiration, Brownie points, credit, esteem, good opinion, honour, regard, respect, reverence, veneration

estrange alienate, antagonize, disaffect, disunite, divide, drive apart, lose or destroy the affection of, make hostile, part, separate, set at odds, withdraw, withhold

estrangement alienation, antagonization, breach, break-up, disaffection, dissociation, disunity, division, hostility, parting, separation, split, withdrawal, withholding

estuary creek, firth, fjord, inlet, mouth

et cetera and others, and so forth, and so on, and the like, and the rest, et al.

etch carve, corrode, cut, eat into, engrave, furrow, impress, imprint, incise, ingrain, inscribe, stamp

etching carving, engraving, impression, imprint, inscription, print

eternal 1 abiding, ceaseless, constant, deathless, endless, everlasting, immortal, infinite, interminable, never-ending, perennial, perpetual, sempiternal (Literary), timeless, unceasing, undying, unending, unremitting, without end 2 deathless, enduring, everlasting, immortal, immutable, imperishable, indestructible, lasting, permanent

eternity 1 age, ages, endlessness, for ever, immortality, infinitude, infinity, perpetuity, timelessness, time without end 2 (Theology) heaven, paradise, the afterlife, the hereafter, the next world

ethical conscientious, correct, decent, fair, fitting, good, honest, honourable, just, moral, principled, proper, right, righteous, upright, virtuous

ethics conscience, moral code, morality, moral philosophy, moral values, principles, rules of conduct, standards

ethnic cultural, folk, indigenous, national, native, racial, traditional

etiquette civility, code, convention, courtesy, customs, decorum, formalities, good or proper behaviour, manners, politeness, politesse, propriety, protocol, rules, usage

eulogy acclaim, acclamation, accolade, applause, commendation, compliment, encomium, exaltation, glorification, laudation, paean, panegyric, plaudit, praise, tribute

euphoria bliss, ecstasy, elation, exaltation, exhilaration, exultation, glee, high spirits, intoxication, joy, joyousness, jubilation, rapture, transport

evacuate 1 abandon, clear, decamp, depart, desert, forsake, leave, move out, pull out, quit,

relinquish, remove, vacate, withdraw [2] **crap** (Taboo sl.), defecate, discharge, eject, eliminate, empty, excrete, expel, shit (Taboo sl.), void

evade [1] avoid, body-swerve (Scot.), circumvent, decline, dodge, duck, elude, escape, escape the clutches of, eschew, get away from, shirk, shun, sidestep, steer clear of [2] balk, circumvent, cop out (Sl.), equivocate, fence, fend off, flannel (Brit. inf.), fudge, hedge, parry, prevaricate, quibble, waffle (Inf., chiefly Brit.)

evaluate appraise, assay, assess, calculate, estimate, gauge, judge, rank, rate, reckon, size up (Inf.), value, weigh

evaluation appraisal, assessment, calculation, estimate, estimation, judg(e)ment, opinion, rating, valuation

evanescent brief, ephemeral, fading, fleeting, fugacious, fugitive, impermanent, momentary, passing, short-lived, transient, transitory, vanishing

evangelical, evangelistic crusading, missionary, propagandizing, proselytizing, zealous

evaporate [1] dehydrate, desiccate, dry, dry up, vaporize [2] dematerialize, disappear, dispel, disperse, dissipate, dissolve, evanesce, fade, fade away, melt, melt away, vanish

evaporation [1] dehydration, desiccation, drying, drying up, vaporization [2] dematerialization, disappearance, dispelling, dispersal, dissipation, dissolution, evanescence, fading, fading away, melting, melting away, vanishing

evasion artifice, avoidance, circumvention, cop-out (Sl.), cunning, dodge, elusion, equivocation, escape, evasiveness, excuse, fudging, obliqueness, pretext, prevarication, ruse, shift, shirking, shuffling, sophism, sophistry, subterfuge, trickery, waffle (Inf., chiefly Brit.)

evasive cagey (Inf.), casuistic, casuistical, cunning, deceitful, deceptive, devious, dissembling, elusive, elusory, equivocating, indirect, misleading, oblique, prevaricating, shifty, shuffling, slippery, sophistical, tricky

eve [1] day before, night before, vigil [2] brink, edge, point, threshold, verge

even
- adj. [1] flat, flush, horizontal, level, parallel, plane, plumb, smooth, steady, straight, true, uniform [2] constant, metrical, regular, smooth, steady, unbroken, uniform, uninterrupted, unvarying, unwavering [3] calm, composed, cool, equable, equanimous, even-tempered, imperturbable, peaceful, placid, serene, stable, steady, tranquil, undisturbed, unexcitable, unruffled, well-balanced [4] co-equal, commensurate, comparable, drawn, equal, equalized, equally balanced, fifty-fifty (Inf.), identical, level, level pegging (Brit. inf.), like, matching, neck and neck, on a par, parallel, similar, square, the same, tied, uniform [5] balanced, disinterested, dispassionate, equitable, fair, fair and square, impartial, just, unbiased, unprejudiced [6] **get even (with)** (Inf.) be revenged or revenge oneself, even the score, give tit for tat, pay back, reciprocate, repay, requite, return like for like, settle the score, take an eye for an eye, take vengeance
- adv. [7] all the more, much, still, yet [8] despite, disregarding, in spite of, notwithstanding [9] **even as** at the same time as, at the time that, during the time that, exactly as, just as, while, whilst [10] **even so** all the same, be that as it may, despite (that), however, in spite of (that), nevertheless, nonetheless, notwithstanding (that), still, yet
- v. [11] (Often followed by *out* or *up*) align, balance, become level, equal, equalize, flatten, level, match, regularize, smooth, square, stabilize, steady [12] **even the score** be revenged or revenge oneself, equalize, get even (Inf.), give tit for tat, pay (someone) back, reciprocate, repay, requite, return like for like, settle the score, take an eye for an eye, take vengeance

even-handed balanced, disinterested, equitable, fair, fair and square, impartial, just, unbiased, unprejudiced

event [1] adventure, affair, business, circumstance, escapade, episode, experience, fact, happening, incident, matter, milestone, occasion, occurrence [2] conclusion, consequence, effect, end, issue, outcome, result, termination, upshot [3] bout, competition, contest, game, tournament [4] **at all events** at any rate, come what may, in any case, in any event, regardless, whatever happens

even-tempered calm, composed, cool, cool-headed, equable, imperturbable, level-headed, peaceful, placid, serene, steady, tranquil, unexcitable, unruffled

eventful active, busy, consequential, critical, crucial, decisive, dramatic, exciting, fateful, full, historic, important, lively, memorable, momentous, notable, noteworthy, remarkable, significant

eventual concluding, consequent, ensuing, final, future, later, overall, prospective, resulting, ultimate

eventuality case, chance, contingency, event, likelihood, possibility, probability

eventually after all, at the end of the day, finally, in the course of time, in the end, in the long run, one day, some day, some time, sooner or later, ultimately, when all is said and done

ever [1] at all, at any time (period, point), by any chance, in any case, on any occasion [2] always, at all times, aye (Scot.), constantly, continually, endlessly, eternally, everlastingly, evermore, for ever, incessantly, perpetually, relentlessly, to the end of time, unceasingly, unendingly

everlasting [1] abiding, deathless, endless, eternal, immortal, imperishable, indestructible, infinite, interminable, never-ending, perpetual, timeless, undying [2] ceaseless, constant, continual, continuous, endless, incessant, interminable, never-ending, unceasing, uninterrupted, unremitting

evermore always, eternally, ever, for ever, in perpetuum, to the end of time

every all, each, each one, the whole number

everybody all and sundry, each one, each person, everyone, every person, one and all, the whole world

everyday [1] daily, quotidian [2] accustomed, banal, common, common or garden (Inf.), commonplace, conventional, customary, dull, familiar, frequent, habitual, informal, mundane, ordinary, routine, run-of-the-mill, stock, unexceptional, unimaginative, usual, wonted, workaday

everyone all and sundry, each one, each person, everybody, every person, one and all, the whole world

everything all, each thing, the aggregate, the entirety, the lot, the sum, the total, the whole caboodle (Inf.), the whole lot

everywhere all around, all over, far and wide or near, high and low, in each place, in every place, omnipresent, the world over, to or in all places, ubiquitous, ubiquitously

evict boot out (Inf.), chuck out (Inf.), dislodge, dispossess, eject, expel, kick out (Inf.), oust, put out, remove, show the door (to), throw on to the streets, throw out, turf out (Inf.), turn out

evidence [1] n. affirmation, attestation, averment, confirmation, corroboration, data, declaration, demonstration, deposition, grounds, indication, manifestation, mark, proof, sign, substantiation, testimony, token, witness [2] v. demonstrate, denote, display, evince, exhibit, indicate, manifest, prove, reveal, show, signify, testify to, witness

evident apparent, blatant, clear, conspicuous, incontestable, incontrovertible, indisputable, manifest, noticeable, obvious, palpable, patent, perceptible, plain, tangible, unmistakable, visible

evidently [1] clearly, doubtless, doubtlessly, incontestably, incontrovertibly, indisputably, manifestly, obviously, patently, plainly, undoubtedly, unmistakably, without question [2] apparently, it seems, it would seem, ostensibly, outwardly, seemingly, to all appearances

evil
- adj. [1] bad, base, corrupt, depraved, heinous, immoral, iniquitous, maleficent, malevolent, malicious, malignant, nefarious, reprobate, sinful, vicious, vile, villainous, wicked, wrong
- n. [2] badness, baseness, corruption, curse, depravity, heinousness, immorality, iniquity, maleficence, malignity, sin, sinfulness, turpitude, vice, viciousness, villainy, wickedness, wrong, wrongdoing
- adj. [3] baneful (Archaic), calamitous, catastrophic, deleterious, destructive, detrimental, dire, disastrous, harmful, hurtful, inauspicious, injurious, mischievous, painful, pernicious, ruinous, sorrowful, unfortunate, unlucky, woeful
- n. [4] affliction, calamity, catastrophe, disaster, harm, hurt, ill, injury, mischief, misery, misfortune, pain, ruin, sorrow, suffering, woe
- adj. [5] foul, mephitic, noxious, offensive, pestilential, putrid, unpleasant, vile

evoke [1] arouse, awaken, call, excite, give rise to, induce, recall, rekindle, stimulate, stir up, summon up [2] call forth, educe (Rare), elicit, produce, provoke [3] arouse, call, call forth, conjure up, invoke, raise, summon

evolution development, enlargement, evolvement, expansion, growth, increase, maturation, progress, progression, unfolding, unrolling, working out

evolve develop, disclose, educe, elaborate, enlarge, expand, grow, increase, mature, open, progress, unfold, unroll, work out

exact
- adj. [1] accurate, careful, correct, definite, explicit, express, faithful, faultless, identical, literal, methodical, orderly, particular, precise, right, specific, true, unequivocal, unerring, veracious, very [2] careful, exacting, meticulous, painstaking, punctilious, rigorous, scrupulous, severe, strict
- v. [3] call for, claim, command, compel, demand, extort, extract, force, impose, insist upon, require, squeeze, wrest, wring

exacting demanding, difficult, hard, harsh, imperious, oppressive, painstaking, rigid, rigorous, severe, stern, strict, stringent, taxing, tough, unsparing

exactly
- adv. [1] accurately, carefully, correctly, definitely, explicitly, faithfully, faultlessly, literally, methodically, precisely, rigorously, scrupulously, severely, strictly, truly, truthfully, unequivocally, unerringly, veraciously [2] absolutely, bang, explicitly, expressly, indeed, in every respect, just, particularly, precisely, quite, specifically [3] **not exactly** (Ironical) by no means, certainly not, hardly, in no manner, in no way, not at all, not by any means, not quite, not really
- interj. [4] absolutely, assuredly, as you say, certainly, indeed, just so, of course, precisely, quite, quite so, spot-on (Brit. inf.), truly

exactness accuracy, carefulness, correctness, exactitude, faithfulness, faultlessness, nicety, orderliness, painstakingness, preciseness, precision, promptitude, regularity, rigorousness, rigour, scrupulousness, strictness, truth, unequivocalness, veracity

exaggerate amplify, embellish, embroider, emphasize, enlarge, exalt, hyperbolize, inflate, lay it on thick (Inf.), magnify, make a federal case of (U.S. inf.), make a production (out) of (Inf.), overdo, overemphasize, overestimate, overstate

exaggerated amplified, exalted, excessive, extravagant, highly coloured, hyped, hyperbolic, inflated, overblown, overdone, overestimated, overstated, over the top (Inf.), pretentious, tall (Inf.)

exaggeration amplification, embellishment, emphasis, enlargement, exaltation, excess, extravagance, hyperbole, inflation, magnification, overemphasis, overestimation, overstatement, pretension, pretentiousness

exalt [1] advance, aggrandize, dignify, elevate, ennoble, honour, promote, raise, upgrade [2] acclaim, apotheosize, applaud, bless, crack up (Inf.), extol, glorify, idolize, laud, magnify (Archaic), pay homage to, pay tribute to, praise, reverence, set on a pedestal, worship [3] animate, arouse, electrify, elevate, excite, fire the imagination (of), heighten, inspire, inspirit, stimulate, uplift [4] delight, elate, exhilarate, fill with joy, thrill

exaltation [1] advancement, aggrandizement, dignity, elevation, eminence, ennoblement, grandeur, high rank, honour, loftiness, prestige, promotion, rise, upgrading [2] acclaim, acclamation, apotheosis, applause, blessing, extolment, glorification, glory, homage, idolization, laudation, lionization, magnification, panegyric, plaudits, praise, reverence, tribute, worship [3] animation, elevation, excitement, inspiration, stimulation, uplift [4] bliss, delight, ecstasy, elation, exhilaration, exultation, joy, joyousness, jubilation, rapture, transport

exalted [1] august, dignified, elevated, eminent, grand, high, high-ranking, honoured, lofty, prestigious [2] elevated, high-minded, ideal, intellectual, lofty, noble, sublime, superior, uplifting [3] (Inf.) elevated, exaggerated, excessive, inflated, overblown, pretentious [4] animated, blissful, cock-a-hoop, ecstatic, elated, elevated, excited, exhilarated, exultant, in high spirits, in seventh heaven, inspired, inspirited, joyous, jubilant, on cloud nine (Inf.),

examination / exertion SYNONYMES ANGLAIS 1212

over the moon (Inf.), rapturous, stimulated, transported, uplifted

examination analysis, assay, catechism, checkup, exploration, inquiry, inquisition, inspection, interrogation, investigation, observation, perusal, probe, questioning, quiz, recce (Sl.), research, review, scrutiny, search, study, survey, test, trial

examine 1 analyse, appraise, assay, check, check out, consider, explore, go over or through, inspect, investigate, look over, peruse, ponder, pore over, probe, recce (Sl.), research, review, scan, scrutinize, sift, study, survey, take stock of, test, vet, weigh, work over 2 catechize, cross-examine, grill (Inf.), inquire, interrogate, question, quiz

example 1 case, case in point, exemplification, illustration, instance, sample, specimen 2 archetype, exemplar, ideal, illustration, model, norm, paradigm, paragon, pattern, precedent, prototype, standard 3 admonition, caution, lesson, warning 4 **for example** as an illustration, by way of illustration, eg, exempli gratia, for instance, to cite an instance, to illustrate

exasperate aggravate (Inf.), anger, annoy, bug (Inf.), embitter, enrage, exacerbate, excite, gall, get (Inf.), get in one's hair (Inf.), get on one's nerves (Inf.), hassle (Inf.), incense, inflame, infuriate, irk, irritate, madden, nark (Brit., Aust., & N.Z. sl.), needle (Inf.), nettle, peeve (Inf.), pique, piss one off (Taboo sl.), provoke, rankle, rile (Inf.), rouse, try the patience of, vex

exasperation aggravation (Inf.), anger, annoyance, exacerbation, fury, ire (Literary), irritation, passion, pique, provocation, rage, vexation, wrath

excavate burrow, cut, delve, dig, dig out, dig up, gouge, hollow, mine, quarry, scoop, trench, tunnel, uncover, unearth

excavation burrow, cavity, cut, cutting, dig, diggings, ditch, dugout, hole, hollow, mine, pit, quarry, shaft, trench, trough

exceed 1 beat, be superior to, better, cap (Inf.), eclipse, excel, go beyond, outdistance, outdo, outreach, outrun, outshine, outstrip, overtake, pass, run rings around (Inf.), surmount, surpass, top, transcend 2 go beyond the bounds of, go over the limit of, go over the top, overstep

exceedingly enormously, especially, exceptionally, excessively, extraordinarily, extremely, greatly, highly, hugely, inordinately, superlatively, surpassingly, unusually, vastly, very

excel 1 beat, be superior, better, cap (Inf.), eclipse, exceed, go beyond, outdo, outrival, outshine, pass, run rings around (Inf.), surmount, surpass, top, transcend 2 be good, be master of, be proficient, be skilful, be talented, predominate, shine, show talent, take precedence

excellence distinction, eminence, fineness, goodness, greatness, high quality, merit, perfection, pre-eminence, purity, superiority, supremacy, transcendence, virtue, worth

excellent A1 or A-one (Inf.), admirable, boffo (Sl.), brill (Inf.), brilliant, capital, champion, chillin' (U.S. sl.), choice, cracking (Brit. inf.), crucial (Sl.), def (Sl.), distinguished, estimable, exemplary, exquisite, fine, first-class, first-rate, good, great, jim-dandy (Sl.), mean (Sl.), mega (Sl.), meritorious, notable, noted, outstanding, prime, select, sovereign, sterling, superb, superior, superlative, tiptop, top-notch (Inf.), topping (Brit. sl.), world-class, worthy

except 1 prep. Also **except for** apart from, bar, barring, besides, but, excepting, excluding, exclusive of, omitting, other than, save (Archaic), saving, with the exception of 2 v. ban, bar, disallow, exclude, leave out, omit, pass over, reject, rule out

exception 1 debarment, disallowment, excepting, exclusion, leaving out, omission, passing over, rejection 2 anomaly, departure, deviation, freak, inconsistency, irregularity, oddity, peculiarity, quirk, special case 3 **take exception** be offended, be resentful, demur, disagree, object, quibble, take offence, take umbrage

exceptional 1 aberrant, abnormal, anomalous, atypical, deviant, extraordinary, inconsistent, irregular, odd, peculiar, rare, singular, special, strange, uncommon, unusual 2 excellent, extraordinary, marvellous, notable, outstanding, phenomenal, prodigious, remarkable, special, superior

excess
- n. 1 glut, leftover, overabundance, overdose, overflow, overload, plethora, remainder, superabundance, superfluity, surfeit, surplus, too much 2 debauchery, dissipation, dissoluteness, exorbitance, extravagance, immoderation, intemperance, overindulgence, prodigality, unrestraint
- adj. 3 extra, leftover, redundant, remaining, residual, spare, superfluous, surplus

excessive disproportionate, enormous, exaggerated, exorbitant, extravagant, extreme, immoderate, inordinate, intemperate, needless, OTT (Sl.), overdone, overmuch, over the top (Sl.), prodigal, profligate, superfluous, too much, unconscionable, undue, unreasonable

exchange
- v. 1 bandy, barter, change, commute, convert into, interchange, reciprocate, swap (Inf.), switch, trade, truck
- n. 2 barter, dealing, interchange, quid pro quo, reciprocity, substitution, swap (Inf.), switch, tit for tat, trade, traffic, truck 3 Bourse, market

excitable edgy, emotional, hasty, highly strung, hot-headed, hot-tempered, irascible, mercurial, nervous, passionate, quick-tempered, sensitive, susceptible, temperamental, testy, touchy, uptight (Inf.), violent, volatile

excite agitate, animate, arouse, awaken, discompose, disturb, electrify, elicit, evoke, fire, foment, galvanize, incite, inflame, inspire, instigate, kindle, move, provoke, quicken, rouse, stimulate, stir up, thrill, titillate, waken, whet

excited aflame, agitated, animated, aroused, awakened, discomposed, disturbed, enthusiastic, feverish, flurried, high (Inf.), hot and bothered (Inf.), moved, nervous, overwrought, roused, stimulated, stirred, thrilled, tumultuous, wild, worked up

excitement 1 action, activity, ado, adventure, agitation, animation, commotion, discomposure, elation, enthusiasm, ferment, fever, flurry, furore, heat, kicks (Inf.), passion, perturbation, thrill, tumult, warmth 2 impulse, incitement, instigation, motivation, motive, provocation, stimulation, stimulus, urge

exciting dramatic, electrifying, exhilarating, inspiring, intoxicating, moving, provocative, rip-roaring (Inf.), rousing, sensational, sexy (Inf.), stimulating, stirring, thrilling, titillating

exclaim call, call out, cry, cry out, declare, ejaculate, proclaim, shout, utter, vociferate, yell

exclamation call, cry, ejaculation, expletive, interjection, outcry, shout, utterance, vociferation, yell

exclude 1 ban, bar, black, blackball, boycott, debar, disallow, embargo, forbid, interdict, keep out, ostracize, prohibit, proscribe, refuse, shut out, veto 2 count out, eliminate, except, ignore, leave out, omit, pass over, preclude, reject, repudiate, rule out, set aside 3 bounce (Sl.), drive out, eject, evict, expel, force out, get rid of, oust, remove, throw out

exclusion 1 ban, bar, boycott, debarment, embargo, forbiddance, interdict, nonadmission, preclusion, prohibition, proscription, refusal, veto 2 elimination, exception, omission, rejection, repudiation 3 eviction, expulsion, removal

exclusive 1 absolute, complete, entire, full, only, private, single, sole, total, undivided, unique, unshared, whole 2 aristocratic, chic, choice, clannish, classy (Sl.), cliquish, closed, discriminative, elegant, fashionable, high-toned, limited, narrow, posh (Inf., chiefly Brit.), private, restricted, restrictive, ritzy (Sl.), select, selfish, snobbish, swish (Inf., chiefly Brit.), top-drawer, up-market 3 confined, limited, peculiar, restricted, unique 4 debarring, except for, excepting, excluding, leaving aside, not counting, omitting, restricting, ruling out

excommunicate anathematize, ban, banish, cast out, denounce, eject, exclude, expel, proscribe, remove, repudiate, unchurch

excruciating acute, agonizing, burning, exquisite, extreme, harrowing, insufferable, intense, piercing, racking, searing, severe, tormenting, torturous, unbearable, unendurable, violent

excursion 1 airing, day trip, expedition, jaunt, journey, outing, pleasure trip, ramble, tour, trip 2 detour, deviation, digression, episode, excursus, wandering

excusable allowable, defensible, forgivable, justifiable, minor, pardonable, permissible, slight, understandable, venial, warrantable

excuse
- v. 1 absolve, acquit, bear with, exculpate, exonerate, extenuate, forgive, indulge, make allowances for, overlook, pardon, pass over, tolerate, turn a blind eye to, wink at 2 apologize for, condone, defend, explain, justify, mitigate, vindicate 3 absolve, discharge, exempt, free, let off, liberate, release, relieve, spare
- n. 4 apology, defence, explanation, grounds, justification, mitigation, plea, pretext, reason, vindication 5 cop-out (Sl.), disguise, evasion, expedient, makeshift, pretence, pretext, semblance, shift, subterfuge 6 (Inf.) apology, makeshift, mockery, substitute, travesty

execrate abhor, abominate, anathematize, condemn, curse, damn, denounce, deplore, despise, detest, excoriate, hate, imprecate, loathe, revile, slam (Sl.), vilify

execration abhorrence, abomination, anathema, condemnation, contempt, curse, damnation, detestation, excoriation, hate, hatred, imprecation, loathing, malediction, odium, vilification

execute 1 behead, electrocute, guillotine, hang, kill, put to death, shoot 2 accomplish, achieve, administer, bring off, carry out, complete, consummate, discharge, do, effect, enact, enforce, finish, fulfil, implement, perform, prosecute, put into effect, realize, render 3 (Law) deliver, seal, serve, sign, validate

execution 1 accomplishment, achievement, administration, carrying out, completion, consummation, discharge, effect, enactment, enforcement, implementation, operation, performance, prosecution, realization, rendering 2 capital punishment, hanging, killing 3 delivery, manner, mode, performance, rendition, style, technique 4 (Law) warrant, writ

executioner 1 hangman, headsman 2 assassin, exterminator, hit man (Sl.), killer, liquidator, murderer, slayer

executive
- n. 1 administrator, director, manager, official 2 administration, directorate, directors, government, hierarchy, leadership, management
- adj. 3 administrative, controlling, decision-making, directing, governing, managerial

exemplary 1 admirable, commendable, correct, estimable, excellent, fine, good, honourable, ideal, laudable, meritorious, model, praiseworthy, punctilious, sterling 2 admonitory, cautionary, monitory, warning 3 characteristic, illustrative, representative, typical

exemplify demonstrate, depict, display, embody, evidence, exhibit, illustrate, instance, manifest, represent, serve as an example of, show

exempt 1 v. absolve, discharge, except, excuse, exonerate, free, grant immunity, let off, liberate, release, relieve, spare 2 adj. absolved, clear, discharged, excepted, excused, favoured, free, immune, liberated, not liable, not subject, privileged, released, spared

exemption absolution, discharge, dispensation, exception, exoneration, freedom, immunity, privilege, release

exercise
- v. 1 apply, bring to bear, employ, enjoy, exert, practise, put to use, use, utilize, wield 2 discipline, drill, habituate, inure, practise, train, work out 3 afflict, agitate, annoy, burden, distress, disturb, occupy, pain, perturb, preoccupy, trouble, try, vex, worry
- n. 4 action, activity, discipline, drill, drilling, effort, labour, toil, training, work, work-out 5 accomplishment, application, discharge, employment, enjoyment, exertion, fulfilment, implementation, practice, use, utilization 6 drill, lesson, practice, problem, schooling, schoolwork, task, work

exert 1 bring into play, bring to bear, employ, exercise, expend, make use of, put forth, use, utilize, wield 2 **exert oneself** apply oneself, bend over backwards (Inf.), break one's neck (Inf.), bust a gut (Inf.), do one's best, do one's damnedest (Inf.), endeavour, give it one's all (Inf.), give it one's best shot (Inf.), go for broke (Sl.), go for it (Inf.), knock oneself out (Inf.), labour, make an all-out effort (Inf.), make an effort, rupture oneself (Inf.), spare no effort, strain, strive, struggle, toil, try hard, work

exertion action, application, attempt, effort, employment, endeavour, exercise, industry, labour, pains, strain, stretch, struggle, toil, travail (Literary), trial, use, utilization

exhaust [1] bankrupt, cripple, debilitate, disable, drain, enervate, enfeeble, fatigue, impoverish, prostrate, sap, tire, tire out, weaken, wear out [2] consume, deplete, dissipate, expend, finish, run through, spend, squander, use up, waste [3] drain, dry, empty, strain, void [4] be emitted, discharge, emanate, escape, issue

exhausted [1] all in (Sl.), beat (Sl.), clapped out (Aust. & N.Z. inf.), crippled, dead (Inf.), dead beat (Inf.), dead tired, debilitated, disabled, dog-tired (Inf.), done in (Inf.), drained, enervated, enfeebled, fatigued, jaded, knackered (Sl.), out on one's feet (Inf.), prostrated, ready to drop, sapped, spent, tired out, wasted, weak, worn out, zonked (Sl.) [2] at an end, consumed, depleted, dissipated, done, expended, finished, gone, spent, squandered, used up, wasted [3] bare, drained, dry, empty, void

exhausting arduous, backbreaking, crippling, debilitating, difficult, draining, enervating, fatiguing, gruelling, hard, laborious, punishing, sapping, strenuous, taxing, testing, tiring

exhaustion [1] debilitation, enervation, fatigue, feebleness, lassitude, prostration, tiredness, weariness [2] consumption, depletion, emptying

exhaustive all-embracing, all-inclusive, all-out (Inf.), complete, comprehensive, encyclop(a)edic, extensive, far-reaching, full, full-scale, in-depth, intensive, sweeping, thorough, thoroughgoing, total

exhibit [1] v. air, demonstrate, disclose, display, evidence, evince, expose, express, flaunt, indicate, make clear or plain, manifest, offer, parade, present, put on view, reveal, show [2] n. display, exhibition, illustration, model, show

exhibition airing, demonstration, display, exhibit, expo (Inf.), exposition, fair, manifestation, performance, presentation, representation, show, showing, spectacle

exhilarating breathtaking, cheering, enlivening, exalting, exciting, exhilarant, exhilarative, exhilaratory, gladdening, invigorating, stimulating, thrilling, vitalizing

exhort admonish, advise, beseech, bid, call upon, caution, counsel, encourage, enjoin, entreat, goad, incite, persuade, press, prompt, spur, urge, warn

exhortation admonition, advice, beseeching, bidding, caution, counsel, encouragement, enjoinder (Rare), entreaty, goading, incitement, lecture, persuasion, sermon, urging, warning

exhume dig up, disentomb, disinter, unbury, unearth

exigence, exigency [1] acuteness, constraint, criticalness, demandingness, difficulty, distress, emergency, imperativeness, necessity, needfulness, pressingness, pressure, stress, urgency [2] constraint, demand, necessity, need, requirement, wont [3] crisis, difficulty, emergency, extremity, fix (Inf.), hardship, jam (Inf.), juncture, panic stations (Inf.), pass, pickle (Inf.), pinch, plight, predicament, quandary, scrape (Inf.), strait

exile
- n. [1] banishment, deportation, expatriation, expulsion, ostracism, proscription, separation [2] deportee, émigré, expatriate, outcast, refugee
- v. [3] banish, deport, drive out, eject, expatriate, expel, ostracize, oust, proscribe

exist [1] abide, be, be extant, be living, be present, breathe, continue, endure, happen, last, live, obtain, occur, prevail, remain, stand, survive [2] eke out a living, get along or by, stay alive, subsist, survive

existence [1] actuality, animation, being, breath, continuance, continuation, duration, endurance, life, subsistence, survival [2] being, creature, entity, thing [3] creation, life, reality, the world

existent abiding, around, current, enduring, existing, extant, in existence, living, obtaining, present, prevailing, remaining, standing, surviving

exit
- n. [1] door, egress, gate, outlet, passage out, vent, way out [2] adieu, departure, evacuation, exodus, farewell, going, goodbye, leave-taking, retirement, retreat, withdrawal [3] death, decease, demise, expiry, passing away
- v. [4] bid farewell, depart, go away, go offstage (Theatre), go out, issue, leave, retire, retreat, say goodbye, take one's leave, withdraw

exodus departure, evacuation, exit, flight, going out, leaving, migration, retirement, retreat, withdrawal

exonerate [1] absolve, acquit, clear, discharge, dismiss, exculpate, excuse, justify, pardon, vindicate [2] discharge, dismiss, except, excuse, exempt, free, let off, liberate, release, relieve

exorbitant enormous, excessive, extortionate, extravagant, extreme, immoderate, inordinate, outrageous, preposterous, ridiculous, unconscionable, undue, unreasonable, unwarranted

exorcise adjure, cast out, deliver (from), drive out, expel, purify

exorcism adjuration, casting out, deliverance, driving out, expulsion, purification

exotic [1] alien, external, extraneous, extrinsic, foreign, imported, introduced, naturalized, not native [2] bizarre, colourful, curious, different, extraordinary, fascinating, glamorous, mysterious, outlandish, peculiar, strange, striking, unfamiliar, unusual

expand [1] amplify, augment, bloat, blow up, broaden, develop, dilate, distend, enlarge, extend, fatten, fill out, grow, heighten, increase, inflate, lengthen, magnify, multiply, prolong, protract, swell, thicken, wax, widen [2] diffuse, open (out), outspread, spread (out), stretch (out), unfold, unfurl, unravel, unroll [3] amplify, develop, dilate, elaborate, embellish, enlarge, expatiate, expound, flesh out, go into detail

expanse area, breadth, extent, field, plain, range, space, stretch, sweep, tract

expansion amplification, augmentation, development, diffusion, dilatation, distension, enlargement, expanse, growth, increase, inflation, magnification, multiplication, opening out, spread, swelling, unfolding, unfurling

expansive [1] dilating, distending, elastic, enlargeable, expanding, extendable, inflatable, stretching, stretchy, swelling [2] all-embracing, broad, comprehensive, extensive, far-reaching, inclusive, thorough, voluminous, wide, wide-ranging, widespread [3] affable, communicative, easy, effusive, free, friendly, garrulous, genial, loquacious, open, outgoing, sociable, talkative, unreserved, warm

expatiate amplify, descant, develop, dilate, dwell on, elaborate, embellish, enlarge, expound, go into detail

expatriate [1] adj. banished, emigrant, émigré, exiled, refugee [2] n. emigrant, émigré, exile [3] v. banish, exile, expel, ostracize, proscribe

expect [1] assume, believe, calculate, conjecture, forecast, foresee, imagine, presume, reckon, suppose, surmise, think, trust [2] anticipate, await, bargain for, contemplate, envisage, hope for, look ahead to, look for, look forward to, predict, watch for [3] call for, count on, demand, insist on, look for, rely upon, require, want, wish

expectancy [1] anticipation, assumption, belief, conjecture, expectation, hope, looking forward, prediction, presumption, probability, supposition, surmise, suspense, waiting [2] likelihood, outlook, prospect

expectant [1] anticipating, anxious, apprehensive, awaiting, eager, expecting, hopeful, in suspense, ready, watchful [2] enceinte, expecting (Inf.), gravid, pregnant

expectation [1] assumption, assurance, belief, calculation, confidence, conjecture, forecast, likelihood, presumption, probability, supposition, surmise, trust [2] anticipation, apprehension, chance, expectancy, fear, hope, looking forward, outlook, possibility, prediction, promise, prospect, suspense [3] demand, insistence, reliance, requirement, trust, want, wish

expedience, expediency [1] advantageousness, advisability, appropriateness, aptness, benefit, convenience, desirability, effectiveness, fitness, helpfulness, judiciousness, meetness, practicality, pragmatism, profitability, properness, propriety, prudence, suitability, usefulness, utilitarianism, utility [2] contrivance, device, expedient, makeshift, manoeuvre, means, measure, method, resort, resource, scheme, shift, stopgap, stratagem, substitute

expedient [1] adj. advantageous, advisable, appropriate, beneficial, convenient, desirable, effective, fit, helpful, judicious, meet, opportune, politic, practical, pragmatic, profitable, proper, prudent, suitable, useful, utilitarian, worthwhile [2] n. contrivance, device, expediency, makeshift, manoeuvre, means, measure, method, resort, resource, scheme, shift, stopgap, stratagem, substitute

expedite accelerate, advance, assist, dispatch, facilitate, forward, hasten, hurry, precipitate, press, promote, quicken, rush, speed (up), urge

expedition [1] enterprise, excursion, exploration, journey, mission, quest, safari, tour, trek, trip, undertaking, voyage [2] company, crew, explorers, team, travellers, voyagers, wayfarers [3] alacrity, celerity, dispatch, expeditiousness, haste, hurry, promptness, quickness, rapidity, readiness, speed, swiftness

expel [1] belch, cast out, discharge, dislodge, drive out, eject, remove, spew, throw out [2] ban, banish, bar, black, blackball, discharge, dismiss, drum out, evict, exclude, exile, expatriate, give the bum's rush (Sl.), oust, proscribe, relegate, send packing, show one the door, throw out, throw out on one's ear (Inf.), turf out (Inf.)

expend consume, disburse, dissipate, employ, exhaust, fork out (Sl.), go through, lay out (Inf.), pay out, shell out (Inf.), spend, use (up)

expendable dispensable, inessential, nonessential, replaceable, unimportant, unnecessary

expenditure application, charge, consumption, cost, disbursement, expense, outgoings, outlay, output, payment, spending, use

expense charge, consumption, cost, disbursement, expenditure, loss, outlay, output, payment, sacrifice, spending, toll, use

expensive costly, dear, excessive, exorbitant, extravagant, high-priced, inordinate, lavish, overpriced, rich, steep (Inf.), stiff

experience
- n. [1] contact, doing, evidence, exposure, familiarity, involvement, know-how (Inf.), knowledge, observation, participation, practice, proof, training, trial, understanding [2] adventure, affair, encounter, episode, event, happening, incident, occurrence, ordeal, test, trial
- v. [3] apprehend, become familiar with, behold, encounter, endure, face, feel, go through, have, know, live through, meet, observe, participate in, perceive, sample, sense, suffer, sustain, taste, try, undergo

experienced [1] accomplished, adept, capable, competent, expert, familiar, knowledgeable, master, practised, professional, qualified, seasoned, skilful, tested, trained, tried, veteran, well-versed [2] knowing, mature, sophisticated, wise, worldly, worldly-wise

experiment [1] n. assay, attempt, examination, experimentation, investigation, procedure, proof, research, test, trial, trial and error, trial run, venture [2] v. assay, examine, investigate, put to the test, research, sample, test, try, verify

experimental empirical, exploratory, pilot, preliminary, probationary, provisional, speculative, tentative, test, trial, trial-and-error

expert [1] n. ace (Inf.), adept, authority, buff (Inf.), connoisseur, dab hand (Brit. inf.), hotshot (Inf.), master, maven (U.S.), past master, pro (Inf.), professional, specialist, virtuoso, whiz (Inf.), wizard [2] adj. able, adept, adroit, apt, clever, deft, dexterous, experienced, facile, handy, knowledgeable, master, masterly, practised, professional, proficient, qualified, skilful, skilled, trained, virtuoso

expertise ableness, adroitness, aptness, cleverness, command, craft, deftness, dexterity, expertness, facility, judg(e)ment, knack, know-how (Inf.), knowledge, masterliness, mastery, proficiency, skilfulness, skill

expertness ableness, adroitness, aptness, command, craft, deftness, dexterity, expertise, facility, judg(e)ment, know-how (Inf.), knowledge, masterliness, mastery, proficiency, skilfulness, skill

expire [1] cease, close, come to an end, conclude, end, finish, lapse, run out, stop, terminate [2] breathe out, emit, exhale, expel [3] buy it (U.S. sl.), check out (U.S. sl.), croak (Sl.), decease, depart, die, go belly-up (Sl.), kick it (Sl.), kick the bucket (Inf.), pass away or on, peg it (Inf.), peg out (Inf.), perish, pop one's clogs (Inf.)

explain [1] clarify, clear up, define, demonstrate, describe, disclose, elucidate, explicate (Formal), expound, illustrate, interpret, make clear or plain, resolve, solve, teach, unfold [2] account for, excuse, give an explanation for, give a reason for, justify

explanation ① clarification, definition, demonstration, description, elucidation, explication, exposition, illustration, interpretation, resolution ② account, answer, cause, excuse, justification, meaning, mitigation, motive, reason, sense, significance, vindication

explanatory demonstrative, descriptive, elucidatory, explicative, expository, illuminative, illustrative, interpretive, justifying

explicit absolute, categorical, certain, clear, definite, direct, distinct, exact, express, frank, open, outspoken, patent, plain, positive, precise, specific, stated, straightforward, unambiguous, unequivocal, unqualified, unreserved, upfront (Inf.)

explode ① blow up, burst, detonate, discharge, erupt, go off, set off, shatter, shiver ② belie, debunk, discredit, disprove, give the lie to, invalidate, refute, repudiate

exploit
- n. ① accomplishment, achievement, adventure, attainment, deed, escapade, feat, stunt
- v. ② abuse, impose upon, manipulate, milk, misuse, play on or upon, take advantage of ③ capitalize on, cash in on (Inf.), make capital out of, make use of, profit by or from, put to use, turn to account, use, use to advantage, utilize

exploration ① analysis, examination, inquiry, inspection, investigation, probe, research, scrutiny, search, study ② expedition, recce (Sl.), reconnaissance, survey, tour, travel, trip

exploratory analytic, experimental, fact-finding, investigative, probing, searching, trial

explore ① analyse, examine, inquire into, inspect, investigate, look into, probe, prospect, research, scrutinize, search, work over ② case (Sl.), have or take a look around, range over, recce (Sl.), reconnoitre, scout, survey, tour, travel, traverse

explosion ① bang, blast, burst, clap, crack, detonation, discharge, outburst, report ② eruption, fit, outbreak, outburst, paroxysm

explosive ① unstable, volatile ② fiery, stormy, touchy, vehement, violent ③ charged, dangerous, hazardous, overwrought, perilous, tense, ugly

exponent ① advocate, backer, champion, defender, promoter, propagandist, proponent, spokesman, spokeswoman, supporter, upholder ② commentator, demonstrator, elucidator, expositor, expounder, illustrator, interpreter ③ example, exemplar, illustration, indication, model, norm, sample, specimen, type ④ executant, interpreter, performer, player, presenter

expose ① display, exhibit, manifest, present, put on view, reveal, show, uncover, unveil ② air, betray, blow wide open (Sl.), bring to light, denounce, detect, disclose, divulge, lay bare, let out, make known, reveal, show up, smoke out, uncover, unearth, unmask ③ endanger, hazard, imperil, jeopardize, lay open, leave open, make vulnerable, risk, subject ④ (With to) acquaint with, bring into contact with, familiarize with, introduce to, make conversant with

exposed ① bare, exhibited, laid bare, made manifest, made public, on display, on show, on view, revealed, shown, unconcealed, uncovered, unveiled ② open, open to the elements, unprotected, unsheltered ③ in danger, in peril, laid bare, laid open, left open, liable, open, susceptible, vulnerable

exposition ① account, commentary, critique, description, elucidation, exegesis, explanation, explication, illustration, interpretation, presentation ② demonstration, display, exhibition, expo (Inf.), fair, presentation, show

expostulate argue (with), dissuade, protest, reason (with), remonstrate (with)

exposure ① baring, display, exhibition, manifestation, presentation, publicity, revelation, showing, uncovering, unveiling ② airing, betrayal, denunciation, detection, disclosure, divulgence, divulging, exposé, revelation, unmasking ③ danger, hazard, jeopardy, risk, vulnerability ④ acquaintance, contact, conversancy, experience, familiarity, introduction, knowledge ⑤ aspect, frontage, location, outlook, position, setting, view

expound describe, elucidate, explain, explicate (Formal), illustrate, interpret, set forth, spell out, unfold

express
- v. ① articulate, assert, asseverate, communicate, couch, declare, enunciate, phrase, pronounce, put, put across, put into words, say, speak, state, tell, utter, verbalize, voice, word ② bespeak, convey, denote, depict, designate, disclose, divulge, embody, evince, exhibit, indicate, intimate, make known, manifest, represent, reveal, show, signify, stand for, symbolize, testify ③ extract, force out, press out, squeeze out
- adj. ④ accurate, categorical, certain, clear, definite, direct, distinct, exact, explicit, outright, plain, pointed, precise, unambiguous ⑤ clearcut, especial, particular, singular, special ⑥ direct, fast, high-speed, nonstop, quick, quickie (Inf.), rapid, speedy, swift

expression ① announcement, assertion, asseveration, communication, declaration, enunciation, mention, pronouncement, speaking, statement, utterance, verbalization, voicing ② demonstration, embodiment, exhibition, indication, manifestation, representation, show, sign, symbol, token ③ air, appearance, aspect, countenance, face, look, mien (Literary) ④ choice of words, delivery, diction, emphasis, execution, intonation, language, phraseology, phrasing, speech, style, wording ⑤ idiom, locution, phrase, remark, set phrase, term, turn of phrase, word

expressive ① eloquent, emphatic, energetic, forcible, lively, mobile, moving, poignant, striking, strong, sympathetic, telling, vivid ② allusive, demonstrative, indicative, meaningful, pointed, pregnant, revealing, significant, suggestive, thoughtful

expressly ① especially, exactly, intentionally, on purpose, particularly, precisely, purposely, specially, specifically ② absolutely, categorically, clearly, decidedly, definitely, distinctly, explicitly, in no uncertain terms, manifestly, outright, plainly, pointedly, positively, unambiguously, unequivocally, unmistakably

expropriate appropriate, arrogate, assume, commandeer, confiscate, impound, requisition, seize, take, take over

expulsion banishment, debarment, discharge, dislodg(e)ment, dismissal, ejection, eviction, exclusion, exile, expatriation, extrusion, proscription, removal

expurgate blue-pencil, bowdlerize, censor, clean up (Inf.), cut, purge, purify

exquisite ① beautiful, dainty, delicate, elegant, fine, lovely, precious ② attractive, beautiful, charming, comely, lovely, pleasing, striking ③ admirable, choice, consummate, delicious, excellent, fine, flawless, incomparable, matchless, outstanding, peerless, perfect, rare, select, splendid, superb, superlative ④ appreciative, consummate, cultivated, discerning, discriminating, fastidious, impeccable, meticulous, polished, refined, selective, sensitive ⑤ acute, excruciating, intense, keen, piercing, poignant, sharp

extempore adv./adj. ad lib, extemporaneous, extemporary, freely, impromptu, improvised, offhand, off the cuff (Inf.), off the top of one's head, on the spot, spontaneously, unplanned, unpremeditated, unprepared

extemporize ad-lib, busk, improvise, make up, play (it) by ear, vamp, wing it (Inf.)

extend ① carry on, continue, drag out, draw out, elongate, lengthen, make longer, prolong, protract, spin out, spread out, stretch, unfurl, unroll ② carry on, continue, go on, last, take ③ amount to, attain, go as far as, reach, spread ④ add to, amplify, augment, broaden, develop, dilate, enhance, enlarge, expand, increase, spread, supplement, widen ⑤ advance, bestow, confer, give, grant, hold out, impart, offer, present, proffer, put forth, reach out, stretch out, yield

extended ① continued, drawn-out, elongated, enlarged, lengthened, long, prolonged, protracted, spread (out), stretched out, unfolded, unfurled, unrolled ② broad, comprehensive, enlarged, expanded, extensive, far-reaching, large-scale, sweeping, thorough, wide, widespread ③ conferred, outstretched, proffered, stretched out

extension ① amplification, augmentation, broadening, continuation, delay, development, dilatation, distension, elongation, enlargement, expansion, extent, increase, lengthening, postponement, prolongation, protraction, spread, stretching, widening ② addendum, addition, adjunct, add-on, annexe, appendage, appendix, branch, ell, supplement, wing

extensive all-inclusive, broad, capacious, commodious, comprehensive, expanded, extended, far-flung, far-reaching, general, great, huge, humongous or humungous (U.S. sl.), large, large-scale, lengthy, long, pervasive, prevalent, protracted, spacious, sweeping, thorough, universal, vast, voluminous, wholesale, wide, widespread

extent ① ambit, bounds, compass, play, range, reach, scope, sphere, sweep ② amount, amplitude, area, breadth, bulk, degree, duration, expanse, expansion, length, magnitude, measure, quantity, size, stretch, term, time, volume, width

exterior
- n. ① appearance, aspect, coating, covering, façade, face, finish, outside, shell, skin, surface
- adj. ② external, outer, outermost, outside, outward, superficial, surface ③ alien, exotic, external, extraneous, extrinsic, foreign, outside

exterminate abolish, annihilate, destroy, eliminate, eradicate, extirpate

external ① apparent, exterior, outer, outermost, outside, outward, superficial, surface, visible ② alien, exotic, exterior, extramural, extraneous, extrinsic, foreign, independent, outside

extinct ① dead, defunct, gone, lost, vanished ② doused, extinguished, inactive, out, quenched, snuffed out ③ abolished, defunct, ended, obsolete, terminated, void

extinction abolition, annihilation, death, destruction, dying out, eradication, excision, extermination, extirpation, obliteration, oblivion

extinguish ① blow out, douse, put out, quench, smother, snuff out, stifle ② abolish, annihilate, destroy, eliminate, end, eradicate, erase, expunge, exterminate, extirpate, kill, obscure, remove, suppress, wipe out

extol acclaim, applaud, celebrate, commend, crack up (Inf.), cry up, eulogize, exalt, glorify, laud, magnify (Archaic), panegyrize, pay tribute to, praise, sing the praises of

extort blackmail, bleed (Inf.), bully, coerce, exact, extract, force, squeeze, wrest, wring

extortion ① blackmail, coercion, compulsion, demand, exaction, force, oppression, rapacity, shakedown (U.S. sl.) ② enormity, exorbitance, expensiveness, overcharging

extortionate ① excessive, exorbitant, extravagant, immoderate, inflated, inordinate, outrageous, preposterous, sky-high, unreasonable ② blood-sucking (Inf.), exacting, grasping, hard, harsh, oppressive, rapacious, rigorous, severe, usurious

extra
- adj. ① accessory, added, additional, add-on, ancillary, auxiliary, fresh, further, more, new, other, supplemental, supplementary ② excess, extraneous, inessential, leftover, needless, redundant, reserve, spare, supererogatory, superfluous, supernumerary, surplus, unnecessary, unneeded, unused
- n. ③ accessory, addendum, addition, add-on, adjunct, affix, appendage, appurtenance, attachment, bonus, complement, extension, supernumerary, supplement
- adv. ④ especially, exceptionally, extraordinarily, extremely, particularly, remarkably, uncommonly, unusually

extract
- v. ① draw, extirpate, pluck out, pull, pull out, remove, take out, uproot, withdraw ② bring out, derive, draw, elicit, evoke, exact, gather, get, glean, obtain, reap, wrest, wring ③ deduce, derive, develop, educe, elicit, evolve ④ distil, draw out, express, obtain, press out, separate out, squeeze, take out ⑤ abstract, choose, cite, copy out, cull, cut out, quote, select
- n. ⑥ concentrate, decoction, distillate, distillation, essence, juice ⑦ abstract, citation, clipping, cutting, excerpt, passage, quotation, selection

extraction ① drawing, extirpation, pulling, removal, taking out, uprooting, withdrawal ② derivation, distillation, separation ③ ancestry, birth, blood, derivation, descent, family, lineage, origin, parentage, pedigree, race, stock

extraneous ① accidental, additional, adventitious, extra, incidental, inessential, needless, nonessential, peripheral, redundant, superfluous, supplementary, unessential, unnecessary, unneeded ② beside the point, immaterial, impertinent, inadmissible, inapplicable, inapposite, inappropriate, inapt, irrelevant, off the subject, unconnected, unrelated [3] adventitious, alien, exotic, external, extrinsic, foreign, out of place, strange

extraordinary amazing, bizarre, curious, exceptional, fantastic, marvellous, notable, odd, outstanding, particular, peculiar, phenomenal, rare, remarkable, singular, special, strange, surprising, uncommon, unfamiliar, unheard-of, unique, unprecedented, unusual, unwonted, weird, wonderful, wondrous (Archaic or literary)

extravagance [1] improvidence, lavishness, overspending, prodigality, profligacy, profusion, squandering, waste, wastefulness [2] absurdity, dissipation, exaggeration, excess, exorbitance, folly, immoderation, outrageousness, preposterousness, recklessness, unreasonableness, unrestraint, wildness

extravagant [1] excessive, improvident, imprudent, lavish, prodigal, profligate, spendthrift, wasteful [2] absurd, exaggerated, excessive, exorbitant, fanciful, fantastic, foolish, immoderate, inordinate, OTT (Sl.), outrageous, over the top (Sl.), preposterous, reckless, unreasonable, unrestrained, wild [3] fancy, flamboyant, flashy, garish, gaudy, grandiose, ornate, ostentatious, pretentious, showy [4] costly, excessive, exorbitant, expensive, extortionate, inordinate, overpriced, steep (Inf.), unreasonable

extreme
- **adj.** [1] acute, great, greatest, high, highest, intense, maximum, severe, supreme, ultimate, utmost, uttermost, worst [2] downright, egregious, exaggerated, exceptional, excessive, extraordinary, extravagant, fanatical, immoderate, inordinate, intemperate, OTT (Sl.), out-and-out, outrageous, over the top (Sl.), radical, remarkable, sheer, uncommon, unconventional, unreasonable, unusual, utter, zealous [3] dire, Draconian, drastic, harsh, radical, rigid, severe, stern, strict, unbending, uncompromising [4] faraway, far-off, farthest, final, last, most distant, outermost, remotest, terminal, ultimate, utmost, uttermost
- **n.** [5] acme, apex, apogee, boundary, climax, consummation, depth, edge, end, excess, extremity, height, limit, maximum, minimum, nadir, pinnacle, pole, termination, top, ultimate, zenith

extremely acutely, awfully (Inf.), exceedingly, exceptionally, excessively, extraordinarily, greatly, highly, inordinately, intensely, markedly, quite, severely, terribly, to or in the extreme, ultra, uncommonly, unusually, utterly, very

extremist die-hard, fanatic, radical, ultra, zealot

extremity [1] acme, apex, apogee, border, bound, boundary, brim, brink, edge, end, extreme, frontier, limit, margin, maximum, minimum, nadir, pinnacle, pole, rim, terminal, termination, terminus, tip, top, ultimate, verge, zenith [2] acuteness, climax, consummation, depth, excess, height [3] adversity, crisis, dire straits, disaster, emergency, exigency, hardship, pinch, plight, setback, trouble [4] Plural fingers and toes, hands and feet, limbs

extricate clear, deliver, disembarrass, disengage, disentangle, free, get out, get (someone) off the hook (Sl.), liberate, release, relieve, remove, rescue, withdraw, wriggle out of

exuberance [1] animation, brio, buoyancy, cheerfulness, eagerness, ebullience, effervescence, energy, enthusiasm, excitement, exhilaration, high spirits, life, liveliness, pep, spirit, sprightliness, vigour, vitality, vivacity, zest [2] effusiveness, exaggeration, excessiveness, fulsomeness, lavishness, prodigality, superfluity [3] abundance, copiousness, lavishness, lushness, luxuriance, plenitude, profusion, rankness, richness, superabundance, teemingness

exuberant [1] animated, buoyant, cheerful, chirpy (Inf.), eager, ebullient, effervescent, elated, energetic, enthusiastic, excited, exhilarated, full of life, high-spirited, in high spirits, lively, sparkling, spirited, sprightly, upbeat (Inf.), vigorous, vivacious, zestful [2] effusive, exaggerated, excessive, fulsome, lavish, overdone, prodigal, superfluous [3] abundant, copious, lavish, lush, luxuriant, overflowing, plenteous, plentiful, profuse, rank, rich, superabundant, teeming

exult [1] be delighted, be elated, be in high spirits, be joyful, be jubilant, be overjoyed, celebrate, jubilate, jump for joy, make merry, rejoice [2] boast, brag, crow, drool, gloat, glory (in), revel, take delight in, taunt, triumph, vaunt

exultant cock-a-hoop, delighted, elated, exulting, flushed, gleeful, joyful, joyous, jubilant, overjoyed, over the moon (Inf.), rapt, rejoicing, revelling, transported, triumphant

exultation [1] celebration, delight, elation, glee, high spirits, joy, joyousness, jubilation, merriness, rejoicing, transport [2] boasting, bragging, crowing, gloating, glory, glorying, revelling, triumph

eye
- **n.** [1] eyeball, optic (Inf.), orb (Poetic), peeper (Sl.) [2] appreciation, discernment, discrimination, judg(e)ment, perception, recognition, taste [3] Often plural belief, judg(e)ment, mind, opinion, point of view, viewpoint [4] keep an or one's eye on guard, keep in view, keep tabs on (Inf.), keep under surveillance, look after, look out for, monitor, observe, pay attention to, regard, scrutinize, supervise, survey, watch, watch over [5] an eye for an eye justice, reprisal, requital, retaliation, retribution, revenge, vengeance [6] lay, clap or set eyes on behold, come across, encounter, meet, notice, observe, run into, see [7] see eye to eye accord, agree, back, be in unison, coincide, concur, fall in, get on, go along, harmonize, jibe (Inf.), subscribe to [8] up to one's eyes busy, caught up, engaged, flooded out, fully occupied, inundated, overwhelmed, up to here, up to one's elbows, wrapped up in
- **v.** [9] check, check out (Inf.), clock (Brit. sl.), contemplate, eyeball (U.S. sl.), gaze at, get a load of (Inf.), glance at, have or take a look at, inspect, look at, peruse, recce (Sl.), regard, scan, scrutinize, stare at, study, survey, take a dekko at (Brit. sl.), view, watch [10] eye up, give (someone) the (glad) eye, leer at, make eyes at, ogle

eyesight observation, perception, range of vision, sight, vision

eyesore atrocity, blemish, blight, blot, disfigurement, disgrace, horror, mess, monstrosity, sight (Inf.), ugliness

eyewitness bystander, looker-on, observer, onlooker, passer-by, spectator, viewer, watcher, witness

F

fable [1] allegory, apologue, legend, myth, parable, story, tale [2] fabrication, fairy story (Inf.), falsehood, fantasy, fib, fiction, figment, invention, lie, romance, tall story (Inf.), untruth, urban legend, white lie, yarn (Inf.)

fabric [1] cloth, material, stuff, textile, web [2] constitution, construction, foundations, framework, infrastructure, make-up, organization, structure

fabricate [1] assemble, build, construct, erect, fashion, form, frame, make, manufacture, shape [2] coin, concoct, devise, fake, falsify, feign, forge, form, invent, make up, trump up

fabrication [1] assemblage, assembly, building, construction, erection, manufacture, production [2] cock-and-bull story (Inf.), concoction, fable, fairy story (Inf.), fake, falsehood, fiction, figment, forgery, invention, lie, pork pie (Brit. sl.), porky (Brit. sl.), myth, untruth

fabulous [1] amazing, astounding, breathtaking, fictitious, immense, inconceivable, incredible, legendary, phenomenal, unbelievable [2] (Inf.) brilliant, fantastic (Inf.), magic (Inf.), marvellous, out-of-this-world (Inf.), sensational (Inf.), spectacular, superb, wonderful [3] apocryphal, fantastic, fictitious, imaginary, invented, legendary, made-up, mythical, unreal

façade appearance, exterior, face, front, frontage, guise, mask, pretence, semblance, show, veneer

face
- **n.** [1] clock (Brit. sl.), countenance, dial (Brit. sl.), features, kisser (Sl.), lineaments, mug (Sl.), phiz or phizog (Sl.), physiognomy, visage [2] appearance, aspect, expression, frown, grimace, look, moue, pout, scowl, smirk [3] air, appearance, disguise, display, exterior, façade, front, mask, pretence, semblance, show [4] authority, dignity, honour, image, prestige, reputation, self-respect, standing, status [5] (Inf.) assurance, audacity, boldness, brass neck (Brit. inf.), cheek (Inf.), chutzpah (U.S. & Canad. inf.), confidence, effrontery, front, gall (Inf.), impudence, neck (Inf.), nerve, presumption, sauce (Inf.) [6] aspect, cover, exterior, facet, front, outside, right side, side, surface [7] face to face à deux, confronting, eyeball to eyeball, in confrontation, opposite, tête-à-tête, vis-à-vis [8] fly in the face of act in defiance of, defy, disobey, go against, oppose, rebel against, snap one's fingers at (Inf.) [9] on the face of it apparently, at first sight, seemingly, to all appearances, to the eye [10] pull (or make) a long face frown, grimace, knit one's brows, look black (disapproving, displeased, put out, stern), lour or lower, pout, scowl, sulk [11] show one's face approach, be seen, come, put in or make an appearance, show up (Inf.), turn up [12] to one's face directly, in one's presence, openly, straight
- **v.** [13] be confronted by, brave, come up against, confront, cope with, deal with, defy, encounter, experience, face off (Sl.), meet, oppose, tackle [14] be opposite, front onto, give towards or onto, look onto, overlook [15] clad, coat, cover, dress, finish, level, line, overlay, sheathe, surface, veneer

facet angle, aspect, face, part, phase, plane, side, slant, surface

facetious amusing, comical, droll, flippant, frivolous, funny, humorous, jesting, jocose, jocular, merry, playful, pleasant, tongue in cheek, unserious, waggish, witty

face up to accept, acknowledge, come to terms with, confront, cope with, deal with, meet head-on, tackle

facile [1] adept, adroit, dexterous, easy, effortless, fluent, light, proficient, quick, ready, simple, skilful, smooth, uncomplicated [2] cursory, glib, hasty, shallow, slick, superficial

facilitate assist the progress of, ease, expedite, forward, further, help, make easy, promote, smooth the path of, speed up

facility [1] ability, adroitness, craft, dexterity, ease, efficiency, effortlessness, expertness, fluency, gift, knack, proficiency, quickness, readiness, skilfulness, skill, smoothness, talent [2] Often plural advantage, aid, amenity, appliance, convenience, equipment, means, opportunity, resource

facing [1] adj. fronting, opposite, partnering [2] n. cladding, coating, façade, false front, front, overlay, plaster, reinforcement, revetment, stucco, surface, trimming, veneer

facsimile carbon, carbon copy, copy, duplicate, fax (Trademark), photocopy, Photostat (Trademark), print, replica, reproduction, transcript, Xerox (Trademark)

fact [1] act, deed, event, fait accompli, happening, incident, occurrence, performance [2] actuality, certainty, gospel (truth), naked truth, reality, truth [3] circumstance, detail, feature, item, particular, point, specific [4] in fact actually, indeed, in point of fact, in reality, in truth, really, truly

faction [1] bloc, cabal, camp, caucus, clique, coalition, combination, confederacy, contingent, coterie, division, gang, ginger group, group, junta, lobby, minority, party, pressure group, schism, section, sector, set, splinter group [2] conflict, disagreement, discord, disharmony, dissension, disunity, division, divisiveness, friction, infighting, rebellion, sedition, strife, tumult, turbulence

factious conflicting, contentious, disputatious, dissident, divisive, insurrectionary, litigious, malcontent, mutinous, partisan, rebellious, refractory, rival, sectarian, seditious, troublemaking, tumultuous, turbulent, warring

factor [1] aspect, cause, circumstance, component, consideration, determinant, element, influence, item, part, point, thing [2] (Scot.) agent, deputy, estate manager, middleman, reeve, steward

factory manufactory (Obsolete), mill, plant, works

factotum Girl Friday, handyman, jack of all trades, Man Friday, man of all work, odd job man

facts data, details, gen (Brit. inf.), info (Inf.), information, the lowdown (Inf.), the score (Inf.), the whole story

factual accurate, authentic, circumstantial, close, correct, credible, exact, faithful, genuine, literal, matter-of-fact, objective, precise, real, sure, true, true-to-life, unadorned, unbiased, veritable

faculties capabilities, intelligence, powers, reason, senses, wits

faculty 1 ability, adroitness, aptitude, bent, capability, capacity, cleverness, dexterity, facility, gift, knack, power, propensity, readiness, skill, talent, turn 2 branch of learning, department, discipline, profession, school, teaching staff (Chiefly U.S.) 3 authorization, licence, prerogative, privilege, right

fad affectation, craze, fancy, fashion, mania, mode, rage, trend, vogue, whim

fade 1 blanch, bleach, blench, dim, discolour, dull, grow dim, lose colour, lose lustre, pale, wash out 2 decline, die away, die out, dim, disappear, disperse, dissolve, droop, dwindle, ebb, etiolate, evanesce, fail, fall, flag, languish, melt away, perish, shrivel, vanish, vanish into thin air, wane, waste away, wilt, wither

faded bleached, dim, discoloured, dull, etiolated, indistinct, lustreless, pale, washed out

faeces bodily waste, droppings, dung, excrement, excreta, ordure, stools

fail 1 be defeated, be found lacking or wanting, be in vain, be unsuccessful, break down, come a cropper (Inf.), come to grief, come to naught, come to nothing, fall, fall short, fall short of, fall through, fizzle out (Inf.), flop (Inf.), founder, go astray, go belly-up (Sl.), go down, go down like a lead balloon (Inf.), go up in smoke, meet with disaster, miscarry, misfire, miss, not make the grade (Inf.), run aground, turn out badly 2 abandon, break one's word, desert, disappoint, forget, forsake, let down, neglect, omit 3 be on one's last legs (Inf.), cease, conk out (Inf.), cut out, decline, die, disappear, droop, dwindle, fade, give out, give up, gutter, languish, peter out, sicken, sink, stop working, wane, weaken 4 become insolvent, close down, crash, fold (Inf.), go bankrupt, go broke (Inf.), go bust (Inf.), go into receivership, go out of business, go to the wall, go under, smash 5 **without fail** conscientiously, constantly, dependably, like clockwork, punctually, regularly, religiously, without exception

failing 1 n. blemish, blind spot, defect, deficiency, drawback, error, failure, fault, flaw, foible, frailty, imperfection, lapse, miscarriage, misfortune, shortcoming, weakness 2 prep. in default of, in the absence of, lacking

failure 1 abortion, breakdown, collapse, defeat, downfall, fiasco, frustration, lack of success, miscarriage, overthrow, wreck 2 black sheep, dead duck (Sl.), disappointment, dud (Inf.), flop (Inf.), incompetent, loser, ne'er-do-well, no-good, no-hoper (Chiefly Aust.), nonstarter, wash-out (Inf.) 3 default, deficiency, dereliction, neglect, negligence, nonobservance, nonperformance, nonsuccess, omission, remissness, shortcoming, stoppage 4 breakdown, decay, decline, deterioration, failing, loss 5 bankruptcy, crash, downfall, folding (Inf.), insolvency, ruin

faint

◆ **adj.** 1 bleached, delicate, dim, distant, dull, faded, faltering, feeble, hazy, hushed, ill-defined, indistinct, light, low, muffled, muted, soft, subdued, thin, vague, whispered 2 feeble, remote, slight, unenthusiastic, weak 3 dizzy, drooping, enervated, exhausted, faltering, fatigued, giddy, languid, lethargic, light-headed, muzzy, vertiginous, weak, woozy (Inf.) 4 faint-hearted, lily-livered, spiritless, timid, timorous

◆ **v.** 5 black out, collapse, fade, fail, flake out (Inf.), keel over (Inf.), languish, lose consciousness, pass out, swoon (Literary), weaken

◆ **n.** 6 blackout, collapse, swoon (Literary), syncope (Pathology), unconsciousness

fainthearted chickenshit (U.S. sl.), cowardly, diffident, half-arsed, half-assed (U.S. & Canad. sl.), half-hearted, irresolute, spineless, timid, timorous, weak, yellow

faintly 1 feebly, in a whisper, indistinctly, softly, weakly 2 a little, dimly, slightly, somewhat

fair[1] adj. 1 above board, according to the rules, clean, disinterested, dispassionate, equal, equitable, even-handed, honest, honourable, impartial, just, lawful, legitimate, objective, on the level (Inf.), proper, square, trustworthy, unbiased, unprejudiced, upright 2 blond, blonde, fair-haired, flaxen-haired, light, light-complexioned, tow-haired, towheaded 3 adequate, all right, average, decent, mediocre, middling, moderate, not bad, OK or okay (Inf.), passable, reasonable, respectable, satisfactory, so-so (Inf.), tolerable 4 beauteous, beautiful, bonny, comely, handsome, lovely, pretty, well-favoured 5 bright, clear, clement, cloudless, dry, favourable, fine, sunny, sunshiny, unclouded

fair[2] n. bazaar, carnival, expo (Inf.), exposition, festival, fête, gala, market, show

fairly 1 adequately, moderately, pretty well, quite, rather, reasonably, somewhat, tolerably 2 deservedly, equitably, honestly, impartially, justly, objectively, properly, without fear or favour 3 absolutely, in a manner of speaking, positively, really, veritably

fair-minded disinterested, even-handed, impartial, just, open-minded, unbiased, unprejudiced

fairness decency, disinterestedness, equitableness, equity, impartiality, justice, legitimacy, rightfulness, uprightness

fairy brownie, elf, hob, leprechaun, peri, pixie, Robin Goodfellow, sprite

fairy tale or **fairy story** 1 folk tale, romance 2 cock-and-bull story (Inf.), fabrication, fantasy, fiction, invention, lie, pork pie (Brit. sl.), porky (Brit. sl.), tall story, untruth

faith 1 assurance, confidence, conviction, credence, credit, dependence, reliance, trust 2 belief, church, communion, creed, denomination, dogma, persuasion, religion 3 allegiance, constancy, faithfulness, fealty, fidelity, loyalty, troth (Archaic), truth, truthfulness 4 Also **keep faith, in good faith** honour, pledge, promise, sincerity, vow, word, word of honour

faithful 1 attached, constant, dependable, devoted, immovable, loyal, reliable, staunch, steadfast, true, true-blue, trusty, truthful, unswerving, unwavering 2 accurate, close, exact, just, precise, strict, true 3 **the faithful** adherents, believers, brethren, communicants, congregation, followers, the elect

faithfulness 1 adherence, constancy, dependability, devotion, fealty, fidelity, loyalty, trustworthiness 2 accuracy, closeness, exactness, justice, strictness, truth

faithless disloyal, doubting, false, false-hearted, fickle, inconstant, perfidious, recreant (Archaic), traitorous, treacherous, unbelieving, unfaithful, unreliable, untrue, untrustworthy, untruthful

faithlessness betrayal, disloyalty, fickleness, inconstancy, infidelity, perfidy, treachery, unfaithfulness

fake 1 v. affect, assume, copy, counterfeit, fabricate, feign, forge, pretend, put on, sham, simulate 2 n. charlatan, copy, forgery, fraud, hoax, imitation, impostor, mountebank, phoney or phony (Inf.), reproduction, sham 3 adj. affected, artificial, assumed, counterfeit, false, forged, imitation, mock, phoney or phony (Inf.), pinchbeck, pseudo (Inf.), reproduction, sham

fall

◆ **v.** 1 be precipitated, cascade, collapse, crash, descend, dive, drop, drop down, go head over heels, keel over, nose-dive, pitch, plummet, plunge, settle, sink, stumble, subside, topple, trip, trip over, tumble 2 abate, become lower, decline, decrease, depreciate, diminish, drop, dwindle, ebb, fall off, flag, go down, lessen, slump, subside 3 be overthrown, be taken, capitulate, give in or up, give way, go out of office, pass into enemy hands, resign, succumb, surrender, yield 4 be a casualty, be killed, be lost, be slain, die, meet one's end, perish 5 become, befall, chance, come about, come to pass, fall out, happen, occur, take place 6 **fall foul of** brush with, come into conflict with, cross swords with, have trouble with, make an enemy of 7 **fall in love (with)** become attached to, become enamoured of, become fond of, become infatuated (with), be smitten by, conceive an affection for, fall (for), lose one's heart (to), take a fancy to 8 fall away, incline, incline downwards, slope 9 backslide, err, go astray, lapse, offend, sin, transgress, trespass, yield to temptation

◆ **n.** 10 descent, dive, drop, nose dive, plummet, plunge, slip, spill, tumble 11 cut, decline, decrease, diminution, dip, drop, dwindling, falling off, lessening, lowering, reduction, slump 12 capitulation, collapse, death, defeat, destruction, downfall, failure, overthrow, resignation, ruin, surrender 13 declivity, descent, downgrade, incline, slant, slope 14 degradation, failure, lapse, sin, slip, transgression

fallacy casuistry, deceit, deception, delusion, error, falsehood, faultiness, flaw, illusion, inconsistency, misapprehension, misconception, mistake, sophism, sophistry, untruth

fall apart break up, crumble, disband, disintegrate, disperse, dissolve, fall to bits, go or come to pieces, lose cohesion, shatter

fall back on call upon, employ, have recourse to, make use of, press into service, resort to

fall behind be in arrears, drop back, get left behind, lag, lose one's place, trail

fall down disappoint, fail, fail to make the grade, fall short, go wrong, prove unsuccessful

fallen adj. 1 collapsed, decayed, flat, on the ground, ruinous, sunken 2 disgraced, dishonoured, immoral, loose, lost, ruined, shamed, sinful, unchaste 3 dead, killed, lost, perished, slain, slaughtered

fallible erring, frail, ignorant, imperfect, mortal, prone to error, uncertain, weak

fall in cave in, collapse, come down about one's ears, sink

falling-off n. deceleration, decline, decrease, deterioration, downward trend, drop, slackening, slowing down, slump, waning, worsening

fall in with accept, agree with, assent, concur with, cooperate with, go along with, support

fall out 1 altercate, argue, clash, differ, disagree, fight, quarrel, squabble 2 chance, come to pass, happen, occur, pan out (Inf.), result, take place, turn out

fallow dormant, idle, inactive, inert, resting, uncultivated, undeveloped, unplanted, untilled, unused

fall through come to nothing, fail, fizzle out (Inf.), miscarry

false 1 concocted, erroneous, faulty, fictitious, improper, inaccurate, incorrect, inexact, invalid, mistaken, unfounded, unreal, wrong 2 lying, mendacious, truthless, unreliable, unsound, untrue, untrustworthy, untruthful 3 artificial, bogus, counterfeit, ersatz, fake, feigned, forged, imitation, mock, pretended, sham, simulated, spurious, synthetic 4 deceitful, deceiving, deceptive, delusive, fallacious, fraudulent, hypocritical, misleading, trumped up 5 dishonest, dishonourable, disloyal, double-dealing, duplicitous, faithless, false-hearted, hypocritical, perfidious, treacherous, treasonable, two-faced, unfaithful, untrustworthy 6 **play (someone) false** betray, cheat, deceive, double-cross, give the Judas kiss to, sell down the river (Inf.), stab in the back

falsehood 1 deceit, deception, dishonesty, dissimulation, inveracity (Rare), mendacity, perjury, prevarication, untruthfulness 2 fabrication, fib, fiction, lie, misstatement, pork pie (Brit. sl.), porky (Brit. sl.), story, untruth

falsification adulteration, deceit, dissimulation, distortion, forgery, misrepresentation, perversion, tampering with

falsify alter, belie, cook (Sl.), counterfeit, distort, doctor, fake, forge, garble, misrepresent, misstate, pervert, tamper with

falter break, hesitate, shake, speak haltingly, stammer, stumble, stutter, totter, tremble, vacillate, waver

faltering broken, hesitant, irresolute, stammering, tentative, timid, uncertain, weak

fame celebrity, credit, eminence, glory, honour, illustriousness, name, prominence, public esteem, renown, reputation, repute, stardom

familiar 1 accustomed, common, common or garden (Inf.), conventional, customary, domestic, everyday, frequent, household, mundane, ordinary, recognizable, repeated, routine, stock, well-known 2 **familiar with** abreast of, acquainted with, at home with, au courant, au fait, aware of, conscious of, conversant with, introduced, knowledgeable, no stranger to, on speaking terms with, versed in, well up in 3 amicable, buddy-buddy (Sl., chiefly U.S. & Canad.), chummy (Inf.), close, confidential, cordial, easy, free, free-and-easy, friendly, hail-fellow-well-met, informal, intimate, near, open, palsy-walsy (Inf.), relaxed, unceremonious, unconstrained, unreserved 4 bold, disrespectful, forward, impudent, intrusive, overfree, presuming, presumptuous

familiarity 1 acquaintance, acquaintanceship, awareness, experience, grasp, understanding 2 absence of reserve, closeness, ease, fellowship, freedom, friendliness, friendship, informality, intimacy, naturalness, openness, sociability, unceremoniousness 3 boldness, disrespect, forwardness, liberties, liberty, presumption

familiarize accustom, bring into common use, coach, get to know (about), habituate, instruct, inure, make conversant, make used to, prime, school, season, train

family 1 brood, children, descendants, folk (Inf.), household, issue, kin, kindred, kinsfolk, kinsmen, kith and kin, ménage, offspring, one's nearest and dearest, one's own flesh and blood, people, progeny, relations, relatives 2 ancestors, ancestry, birth, blood, clan, descent, dynasty, extraction, forebears, forefathers, genealogy, house, line, lineage, parentage, pedigree, race, sept, stemma, stirps, strain, tribe 3 class, classification, genre, group, kind, network, subdivision, system

family tree ancestry, extraction, genealogy, line, lineage, line of descent, pedigree, stemma, stirps

famine dearth, destitution, hunger, scarcity, starvation

famous acclaimed, celebrated, conspicuous, distinguished, eminent, excellent, far-famed, glorious, honoured, illustrious, legendary, lionized, much-publicized, notable, noted, prominent, remarkable, renowned, signal, well-known

fan[1]

- v. 1 (Often fig.) add fuel to the flames, agitate, arouse, enkindle, excite, impassion, increase, provoke, rouse, stimulate, stir up, whip up, work up 2 air-condition, air-cool, blow, cool, refresh, ventilate, winnow (Rare)
- n. 3 air conditioner, blade, blower, propeller, punkah (In India), vane, ventilator

fan[2] adherent, admirer, aficionado, buff (Inf.), devotee, enthusiast, fiend (Inf.), follower, freak (Inf.), groupie (Sl.), lover, rooter (U.S.), supporter, zealot

fanatic n. activist, addict, bigot, buff (Inf.), devotee, enthusiast, extremist, militant, visionary, zealot

fanatical bigoted, burning, enthusiastic, extreme, fervent, frenzied, immoderate, mad, obsessive, overenthusiastic, passionate, rabid, visionary, wild, zealous

fanciful capricious, chimerical, curious, extravagant, fabulous, fairy-tale, fantastic, ideal, imaginary, imaginative, mythical, poetic, romantic, unreal, visionary, whimsical, wild

fancy

- v. 1 be inclined to think, believe, conceive, conjecture, guess (Inf., chiefly U.S. & Canad.), imagine, infer, reckon, suppose, surmise, think, think likely 2 be attracted to, crave, desire, dream of, hanker after, have a yen for, hope for, long for, relish, thirst for, wish for, would like, yearn for 3 (Inf.) be attracted to, be captivated by, desire, favour, go for, have an eye for, like, lust after, prefer, take a liking to, take to
- n. 4 caprice, desire, humour, idea, impulse, inclination, notion, thought, urge, whim 5 fondness, hankering, inclination, liking, partiality, predilection, preference, relish, thirst 6 conception, image, imagination, impression 7 chimera, daydream, delusion, dream, fantasy, nightmare, phantasm, vision
- adj. 8 baroque, decorated, decorative, elaborate, elegant, embellished, extravagant, fanciful, intricate, ornamental, ornamented, ornate 9 capricious, chimerical, delusive, fanciful, fantastic, far-fetched, illusory, whimsical

fanfare ballyhoo, fanfaronade, flourish, trump (Archaic), trumpet call, tucket (Archaic)

fantastic 1 comical, eccentric, exotic, fanciful, freakish, grotesque, imaginative, odd, oddball (Inf.), off-the-wall (Sl.), outlandish, outré, peculiar, phantasmagorical, quaint, queer, rococo, strange, unreal, weird, whimsical 2 ambitious, chimerical, extravagant, far-fetched, grandiose, illusory, ludicrous, ridiculous, unrealistic, visionary, wild 3 absurd, capricious, implausible, incredible, irrational, mad, preposterous, unlikely 4 (Inf.) enormous, extreme, great, overwhelming, severe, tremendous 5 (Inf.) boffo (Sl.), brill (Inf.), chillin' (U.S. sl.), cracking (Brit. inf.), crucial (Sl.), def (Sl.), excellent, first-rate, jim-dandy (Sl.), marvellous, mean (Sl.), mega (Sl.), out of this world (Inf.), sensational (Inf.), sovereign, superb, topping (Brit. sl.), wonderful, world-class

fantasy, phantasy 1 creativity, fancy, imagination, invention, originality 2 apparition, daydream, delusion, dream, fancy, figment of the imagination, flight of fancy, hallucination, illusion, mirage, nightmare, pipe dream, reverie, vision

far

- adv. 1 afar, a good way, a great distance, a long way, deep, miles 2 considerably, decidedly, extremely, greatly, incomparably, much, very much 3 **by far** by a long chalk (Inf.), by a long shot, by a long way, easily, far and away, immeasurably, incomparably, to a great degree, very much 4 **far and wide** broadly, everywhere, extensively, far and near, here, there, and everywhere, widely, worldwide 5 **so far** thus far, to date, until now, up to now, up to the present
- adj. 6 distant, faraway, far-flung, far-off, far-removed, long, outlying, out-of-the-way, remote, removed

faraway 1 beyond the horizon, distant, far, far-flung, far-off, far-removed, outlying, remote 2 absent, abstracted, distant, dreamy, lost

farce 1 broad comedy, buffoonery, burlesque, comedy, satire, slapstick 2 absurdity, joke, mockery, nonsense, parody, ridiculousness, sham, travesty

farcical absurd, amusing, comic, custard-pie, derisory, diverting, droll, funny, laughable, ludicrous, nonsensical, preposterous, ridiculous, risible, slapstick

fare

- n. 1 charge, passage money, price, ticket money, transport cost 2 passenger, pick-up (Inf.), traveller 3 commons, diet, eatables, feed, food, meals, menu, nosebag (Sl.), provisions, rations, sustenance, table, tack (Inf.), victuals, vittles (Obs. or dialect)
- v. 4 do, get along, get on, make out, manage, prosper 5 Used impersonally go, happen, pan out (Inf.), proceed, turn out

farewell adieu, adieux or adieus, departure, goodbye, leave-taking, parting, sendoff (Inf.), valediction

far-fetched doubtful, dubious, fantastic, hard to swallow (Inf.), implausible, improbable, incredible, preposterous, strained, unbelievable, unconvincing, unlikely, unnatural, unrealistic

farm 1 n. acreage, acres, croft (Scot.), farmstead, grange, holding, homestead, land, plantation, ranch (Chiefly North American), smallholding, station (Aust. & N.Z.) 2 v. bring under cultivation, cultivate, operate, plant, practise husbandry, till the soil, work

farmer agriculturist, agronomist, husbandman, smallholder, yeoman

farming agriculture, agronomy, husbandry

far-reaching broad, extensive, important, momentous, pervasive, significant, sweeping, widespread

far-sighted acute, canny, cautious, discerning, farseeing, judicious, politic, prescient, provident, prudent, sage, shrewd, wise

fascinate absorb, allure, beguile, bewitch, captivate, charm, delight, enamour, enchant, engross, enrapture, enravish, enthral, entrance, hold spellbound, hypnotize, infatuate, intrigue, mesmerize, ravish, rivet, spellbind, transfix

fascinated absorbed, beguiled, bewitched, captivated, charmed, engrossed, enthralled, entranced, hooked on, hypnotized, infatuated, smitten, spellbound, under a spell

fascinating alluring, bewitching, captivating, compelling, enchanting, engaging, engrossing, enticing, gripping, intriguing, irresistible, ravishing, riveting, seductive

fascination allure, attraction, charm, enchantment, glamour, lure, magic, magnetism, pull, sorcery, spell

fashion

- n. 1 convention, craze, custom, fad, latest, latest style, look, mode, prevailing taste, rage, style, trend, usage, vogue 2 attitude, demeanour, manner, method, mode, style, way 3 appearance, configuration, cut, figure, form, guise (Archaic), line, make, model, mould, pattern, shape, stamp 4 description, kind, sort, stamp, type 5 beau monde, fashionable society, high society, jet set 6 **after a fashion** in a manner of speaking, in a way, moderately, somehow, somehow or other, to a degree, to some extent
- v. 7 construct, contrive, create, design, forge, form, make, manufacture, mould, shape, work 8 accommodate, adapt, adjust, fit, suit, tailor

fashionable à la mode, all the go (Inf.), all the rage, chic, cool (Sl.), current, customary, genteel, happening (Inf.), hip (Sl.), in (Inf.), in vogue, latest, modern, modish, popular, prevailing, smart, stylish, trendsetting, trendy (Brit. inf.), up-to-date, up-to-the-minute, usual, voguish (Inf.), with it (Inf.)

fast

- adj. 1 accelerated, brisk, fleet, flying, hasty, hurried, mercurial, nippy (Brit. inf.), quick, quickie (Inf.), rapid, speedy, swift, winged
- adv. 2 apace, hastily, hell for leather (Inf.), hotfoot, hurriedly, in haste, like a bat out of hell (Sl.), like a flash, like a shot (Inf.), pdq (Sl.), posthaste, presto, quickly, rapidly, speedily, swiftly, with all haste
- adj. 3 close, constant, fastened, firm, fixed, fortified, immovable, impregnable, lasting, loyal, permanent, secure, sound, stalwart, staunch, steadfast, tight, unwavering
- adv. 4 deeply, firmly, fixedly, securely, soundly, tightly
- adj. 5 dissipated, dissolute, extravagant, gadabout (Inf.), giddy, immoral, intemperate, licentious, loose, profligate, promiscuous, rakish, reckless, self-indulgent, wanton, wild
- adv. 6 extravagantly, intemperately, loosely, promiscuously, rakishly, recklessly, wildly 7 **pull a fast one** bamboozle (Inf.), cheat, con (Inf.), deceive, defraud, hoodwink, put one over on (Inf.), swindle, take advantage of, take for a ride (Inf.), trick

fasten 1 affix, anchor, attach, bind, bolt, chain, connect, fix, grip, join, lace, link, lock, make fast, make firm, seal, secure, tie, unite 2 (Fig.) aim, bend, concentrate, direct, fix, focus, rivet

fat

- adj. 1 beefy (Inf.), broad in the beam (Inf.), corpulent, elephantine, fleshy, gross, heavy, obese, overweight, plump, podgy, portly, roly-poly, rotund, solid, stout, tubby 2 adipose, fatty, greasy, lipid, oily, oleaginous, suety 3 affluent, cushy (Sl.), fertile, flourishing, fruitful, jammy (Brit. sl.), lucrative, lush, productive, profitable, prosperous, remunerative, rich, thriving
- n. 4 adipose tissue, beef (Inf.), blubber, bulk, cellulite, corpulence, fatness, flab, flesh, obesity, overweight, paunch, weight problem

fatal 1 deadly, destructive, final, incurable, killing, lethal, malignant, mortal, pernicious, terminal 2 baleful, baneful, calamitous, catastrophic, disastrous, lethal, ruinous 3 critical, crucial, decisive, destined, determining, doomed, fateful, final, foreordained, inevitable, predestined

fatality casualty, deadliness, death, disaster, fatal accident, lethalness, loss, mortality

fate 1 chance, destiny, divine will, fortune, kismet, nemesis, predestination, providence, weird (Archaic) 2 cup, fortune, horoscope, lot, portion, stars 3 end, future, issue, outcome, upshot 4 death, destruction, doom, downfall, end, ruin

fated destined, doomed, foreordained, ineluctable, inescapable, inevitable, marked down, predestined, pre-elected, preordained, sure, written

fateful 1 critical, crucial, decisive, important, portentous, significant 2 deadly, destructive, disastrous, fatal, lethal, ominous, ruinous

father

- n. 1 begetter, dad (Inf.), daddy (Inf.), governor (Inf.), old boy (Inf.), old man (Inf.), pa (Inf.), papa (Old-fashioned inf.), pater, paterfamilias, patriarch, pop (Inf.), sire 2 ancestor, forebear, forefather, predecessor, progenitor 3 architect, author, creator, founder, inventor, maker, originator, prime mover 4 city father, elder, leader, patriarch, patron, senator 5 abbé, confessor, curé, padre (Inf.), pastor, priest
- v. 6 beget, get, procreate, sire 7 create, engender, establish, found, institute, invent, originate

fatherland homeland, land of one's birth, land of one's fathers, motherland, native land, old country

fatherly affectionate, benevolent, benign, forbearing, indulgent, kind, kindly, paternal, patriarchal, protective, supportive, tender

fathom 1 divine, estimate, gauge, measure, penetrate, plumb, probe, sound 2 comprehend, get to the bottom of, grasp, interpret, understand

fatigue 1 v. drain, drain of energy, exhaust, fag (out) (Inf.), jade, knacker (Sl.), overtire, poop (Inf.), take it out of (Inf.), tire, weaken, wear out, weary, whack (Brit. inf.) 2 n. debility, ennui, heaviness, languor, lethargy, listlessness, overtiredness, tiredness

fatten [1] broaden, coarsen, expand, gain weight, grow fat, put on weight, spread, swell, thicken, thrive [2] (Often with **up**) bloat, build up, cram, distend, feed, feed up, nourish, overfeed, stuff

fatuous absurd, asinine, brainless, dense, dull, foolish, idiotic, inane, ludicrous, lunatic, mindless, moronic, puerile, silly, stupid, vacuous, weak-minded, witless

fault
- n. [1] blemish, defect, deficiency, demerit, drawback, failing, flaw, imperfection, infirmity, lack, shortcoming, snag, weakness, weak point [2] blunder, boob (Brit. sl.), error, error of judgment, inaccuracy, indiscretion, lapse, mistake, negligence, offence, omission, oversight, slip, slip-up [3] accountability, culpability, liability, responsibility [4] delinquency, frailty, lapse, misconduct, misdeed, misdemeanour, offence, peccadillo, sin, transgression, trespass, wrong [5] **at fault** answerable, blamable, culpable, guilty, in the wrong, responsible, to blame [6] **find fault with** carp at, complain, criticize, pick holes in, pull to pieces, quibble, take to task [7] **to a fault** excessively, immoderately, in the extreme, needlessly, out of all proportion, overly (U.S.), overmuch, preposterously, ridiculously, unduly
- v. [8] blame, call to account, censure, criticize, find fault with, find lacking, hold (someone) accountable (responsible, to blame), impugn

fault-finding [1] n. , carping, hairsplitting, nagging, niggling, nit-picking (Inf.) [2] adj. captious, carping, censorious, critical, hypercritical, pettifogging

faultless [1] accurate, classic, correct, exemplary, faithful, flawless, foolproof, impeccable, model, perfect, unblemished [2] above reproach, blameless, guiltless, immaculate, impeccable, innocent, irreproachable, pure, sinless, spotless, stainless, unblemished, unspotted, unsullied

faulty bad, blemished, broken, damaged, defective, erroneous, fallacious, flawed, impaired, imperfect, imprecise, inaccurate, incorrect, invalid, malfunctioning, not working, out of order, unsound, weak, wrong

faux pas bloomer (Brit. inf.), blunder, boob (Brit. sl.), breach of etiquette, clanger (Inf.), gaffe, gaucherie, impropriety, indiscretion, solecism

favour
- n. [1] approbation, approval, backing, bias, championship, espousal, esteem, favouritism, friendliness, good opinion, good will, grace, kindness, kind regard, partiality, patronage, promotion, support [2] benefit, boon, courtesy, good turn, indulgence, kindness, obligement (Scot. or Archaic), service [3] **in favour of** all for (Inf.), backing, for, on the side of, pro, supporting, to the benefit of [4] gift, keepsake, love-token, memento, present, souvenir, token [5] badge, decoration, knot, ribbons, rosette
- v. [6] be partial to, esteem, have in one's good books, indulge, pamper, pull strings for (Inf.), reward, side with, smile upon, spoil, treat with partiality, value [7] advocate, approve, back, be in favour of, champion, choose, commend, countenance, encourage, espouse, fancy, incline towards, like, opt for, patronize, prefer, single out, support [8] abet, accommodate, advance, aid, assist, befriend, do a kindness to, facilitate, help, oblige, promote, succour [9] (Inf.) be the image or picture of, look like, resemble, take after [10] ease, extenuate, spare

favourable [1] advantageous, appropriate, auspicious, beneficial, convenient, encouraging, fair, fit, good, helpful, hopeful, opportune, promising, propitious, suitable, timely [2] affirmative, agreeable, amicable, approving, benign, encouraging, enthusiastic, friendly, kind, positive, reassuring, sympathetic, understanding, welcoming, well-disposed

favourably [1] advantageously, auspiciously, conveniently, fortunately, opportunely, profitably, to one's advantage, well [2] agreeably, approvingly, enthusiastically, genially, graciously, helpfully, in a kindly manner, positively, with approval (approbation, cordiality), without prejudice

favourite [1] adj. best-loved, choice, dearest, esteemed, favoured, preferred [2] n. beloved, blue-eyed boy (Inf.), choice, darling, dear, idol, pet, pick, preference, teacher's pet, the apple of one's eye

favouritism bias, jobs for the boys (Inf.), nepotism, one-sidedness, partiality, partisanship, preference, preferential treatment

fawn[1] adj. beige, buff, greyish-brown, neutral

fawn[2] v. (Often with **on** or **upon**) be obsequious, be servile, bow and scrape, brown-nose (Taboo sl.), court, crawl, creep, cringe, curry favour, dance attendance, flatter, grovel, ingratiate oneself, kiss ass (U S. & Canad. taboo sl.), kneel, kowtow, lick (someone's) boots, pander to, pay court, toady, truckle

fawning abject, bootlicking (Inf.), bowing and scraping, crawling, cringing, deferential, flattering, grovelling, obsequious, prostrate, servile, slavish, sycophantic

fear
- n. [1] alarm, apprehensiveness, awe, blue funk (Inf.), consternation, cravenness, dismay, dread, fright, horror, panic, qualms, terror, timidity, tremors, trepidation [2] bête noire, bogey, bugbear, horror, nightmare, phobia, spectre [3] agitation, anxiety, apprehension, concern, disquietude, distress, doubt, foreboding(s), misgiving(s), solicitude, suspicion, unease, uneasiness, worry [4] awe, reverence, veneration, wonder
- v. [5] apprehend, be apprehensive (afraid, frightened, scared), be in a blue funk (Inf.), dare not, dread, have a horror of, have a phobia about, have butterflies in one's stomach (Inf.), have qualms, live in dread of, shake in one's shoes, shudder at, take fright, tremble at [6] anticipate, apprehend, be afraid, expect, foresee, suspect [7] (With **for**) be anxious (concerned, distressed) about, be disquieted over, feel concern for, tremble for, worry about [8] respect, revere, reverence, stand in awe of, venerate

fearful [1] afraid, alarmed, anxious, apprehensive, diffident, faint-hearted, frightened, hellacious (U.S. sl.), hesitant, intimidated, jittery (Inf.), jumpy, nervous, nervy (Brit. inf.), panicky, pusillanimous, scared, shrinking, tense, timid, timorous, uneasy, wired (Sl.) [2] appalling, atrocious, awful, dire, distressing, dreadful, frightful, ghastly, grievous, grim, gruesome, hair-raising, harrowing, hideous, horrendous, horrible, horrific, monstrous, shocking, terrible, unspeakable

fearfully [1] apprehensively, diffidently, in fear and trembling, nervously, timidly, timorously, uneasily, with many misgivings or forebodings, with one's heart in one's mouth [2] awfully, exceedingly, excessively, frightfully, terribly, tremendously, very

fearless ballsy (Taboo sl.), bold, brave, confident, courageous, daring, dauntless, doughty, gallant, game (Inf.), gutsy (Sl.), heroic, indomitable, intrepid, lion-hearted, plucky, unabashed, unafraid, undaunted, unflinching, valiant, valorous

fearlessness balls (Taboo sl.), ballsiness (Taboo sl.), boldness, bravery, confidence, courage, dauntlessness, guts (Inf.), indomitability, intrepidity, lion-heartedness, nerve, pluckiness

fearsome alarming, appalling, awe-inspiring, awesome, awful, baleful, daunting, dismaying, formidable, frightening, hair-raising, hellacious (U.S. sl.), horrendous, horrifying, menacing, unnerving

feasibility expediency, practicability, usefulness, viability, workability

feasible achievable, attainable, likely, possible, practicable, realizable, reasonable, viable, workable

feast
- n. [1] banquet, barbecue, beanfeast (Brit. inf.), beano (Brit. sl.), blowout (Sl.), carousal, carouse, dinner, entertainment, festive board, jollification, junket, repast, revels, slap-up meal (Brit. inf.), spread (Inf.), treat [2] celebration, festival, fête, gala day, holiday, holy day, saint's day [3] delight, enjoyment, gratification, pleasure, treat
- v. [4] eat one's fill, eat to one's heart's content, fare sumptuously, gorge, gormandize, indulge, overindulge, pig out (Sl.), stuff, stuff one's face (Sl.), wine and dine [5] entertain, hold a reception for, kill the fatted calf for, regale, treat, wine and dine [6] delight, gladden, gratify, rejoice, thrill

feat accomplishment, achievement, act, attainment, deed, exploit, performance

feathery downy, feathered, fluffy, plumate or plumose (Bot. & Zool.), plumed, plumy, wispy

feature
- n. [1] aspect, attribute, characteristic, facet, factor, hallmark, mark, peculiarity, point, property, quality, trait [2] attraction, crowd puller (Inf.), draw, highlight, innovation, main item, special, special attraction, speciality, specialty [3] article, column, comment, item, piece, report, story
- v. [4] accentuate, call attention to, emphasize, give prominence to, give the full works (Sl.), headline, play up, present, promote, set off, spotlight, star

features countenance, face, lineaments, physiognomy

feckless aimless, feeble, futile, hopeless, incompetent, ineffectual, irresponsible, shiftless, useless, weak, worthless

federate v. amalgamate, associate, combine, confederate, integrate, syndicate, unify, unite

federation alliance, amalgamation, association, Bund, coalition, combination, confederacy, copartnership, entente, federacy, league, syndicate, union

fed up (with) annoyed, blue, bored, brassed off (Brit. sl.), browned-off (Inf.), depressed, discontented, dismal, dissatisfied, down, gloomy, glum, hacked (off) (U.S. sl.), pissed off (Taboo sl.), sick and tired of (Inf.), tired of, weary of

fee account, bill, charge, compensation, emolument, hire, honorarium, meed (Archaic), pay, payment, recompense, remuneration, reward, toll

feeble [1] debilitated, delicate, doddering, effete, enervated, enfeebled, etiolated, exhausted, failing, faint, frail, infirm, languid, powerless, puny, shilpit (Scot.), sickly, weak, weakened, weedy (Inf.) [2] flat, flimsy, inadequate, incompetent, indecisive, ineffective, ineffectual, inefficient, insignificant, insufficient, lame, paltry, pathetic, poor, slight, tame, thin, unconvincing, weak

feeble-minded addle-pated, bone-headed (Sl.), braindead (Inf.), deficient, dim-witted (Inf.), dozy (Brit. inf.), dull, dumb (Inf.), half-witted, idiotic, imbecilic, lacking, moronic, obtuse, retarded, simple, slow on the uptake, slow-witted, soft in the head (Inf.), stupid, vacant, weak-minded

feebleness [1] debility, delicacy, effeteness, enervation, etiolation, exhaustion, frailness, frailty, incapacity, infirmity, lack of strength, languor, lassitude, sickliness, weakness [2] flimsiness, inadequacy, incompetence, indecisiveness, ineffectualness, insignificance, insufficiency, lameness, weakness

feed
- v. [1] cater for, nourish, provide for, provision, supply, sustain, victual, wine and dine [2] (Sometimes with **on**) devour, eat, exist on, fare, graze, live on, nurture, partake of, pasture, subsist, take nourishment [3] augment, bolster, encourage, foster, fuel, minister to, strengthen, supply
- n. [4] fodder, food, forage, pasturage, provender, silage [5] (Inf.) feast, meal, nosh (Sl.), nosh-up (Brit. sl.), repast, spread (Inf.), tuck-in (Inf.)

feel
- v. [1] caress, finger, fondle, handle, manipulate, maul, paw, run one's hands over, stroke, touch [2] be aware of, be sensible of, endure, enjoy, experience, go through, have, have a sensation of, know, notice, observe, perceive, suffer, take to heart, undergo [3] explore, fumble, grope, sound, test, try [4] be convinced, feel in one's bones, have a hunch, have the impression, intuit, sense [5] believe, be of the opinion that, consider, deem, hold, judge, think [6] appear, resemble, seem, strike one as [7] (With **for**) be moved by, be sorry for, bleed for, commiserate, compassionate, condole with, empathize, feel compassion for, pity, sympathize with [8] **feel like** could do with, desire, fancy, feel inclined, feel the need for, feel up to, have the inclination, want
- n. [9] finish, surface, texture, touch [10] air, ambience, atmosphere, feeling, impression, quality, sense, vibes (Sl.)

feeler [1] antenna, tentacle, whisker [2] advance, approach, probe, trial balloon

feeling [1] feel, perception, sensation, sense, sense of touch, touch [2] apprehension, consciousness, hunch, idea, impression, inkling, notion, presentiment, sense, suspicion [3] affection, ardour, emotion, fervour, fondness, heat, intensity, passion, sentiment, sentimentality, warmth [4] appreciation, compassion, concern, empathy, pity, sensibility, sensitivity, sympathy, understanding [5] inclination, instinct, opinion, point of view, view [6] air,

ambience, atmosphere, aura, feel, mood, quality, vibes (Sl.) [7] **bad feeling** anger, dislike, distrust, enmity, hostility, upset
feelings ego, emotions, self-esteem, sensitivities, susceptibilities
feline [1] catlike, leonine [2] graceful, sinuous, sleek, slinky, smooth, stealthy
fell v. cut, cut down, demolish, flatten, floor, hew, knock down, level, prostrate, raze, strike down
fellow
- n. [1] bloke (Brit. inf.), boy, chap (Inf.), character, customer (Inf.), guy (Inf.), individual, man, person, punter (Inf.) [2] associate, colleague, companion, compeer, comrade, co-worker, equal, friend, member, partner, peer [3] brother, counterpart, double, duplicate, match, mate, twin
- adj. [4] affiliated, akin, allied, associate, associated, co-, like, related, similar
fellowship [1] amity, brotherhood, camaraderie, communion, companionability, companionship, familiarity, fraternization, intercourse, intimacy, kindliness, sociability [2] association, brotherhood, club, fraternity, guild, league, order, sisterhood, society, sodality
feminine [1] delicate, gentle, girlish, graceful, ladylike, modest, soft, tender, womanly [2] camp (Inf.), effeminate, effete, unmanly, unmasculine, weak, womanish
fen bog, holm (Dialect), marsh, morass, moss (Scot.), quagmire, slough, swamp
fence
- n. [1] barbed wire, barricade, barrier, defence, guard, hedge, paling, palisade, railings, rampart, shield, stockade, wall [2] **on the fence** between two stools, irresolute, uncertain, uncommitted, undecided, vacillating
- v. [3] (Often with **in** or **off**) bound, circumscribe, confine, coop, defend, encircle, enclose, fortify, guard, hedge, impound, pen, pound, protect, restrict, secure, separate, surround [4] beat about the bush, cavil, dodge, equivocate, evade, flannel (Brit. inf.), hedge, parry, prevaricate, quibble, shift, stonewall, tergiversate
fencing (Fig.) beating about the bush, double talk, equivocation, evasiveness, hedging, parrying, prevarication, quibbling, stonewalling, tergiversation, weasel words (Inf., chiefly U.S.)
ferment
- v. [1] boil, brew, bubble, concoct, effervesce, foam, froth, heat, leaven, rise, seethe, work
- n. [2] bacteria, barm, fermentation agent, leaven, leavening, mother, mother-of-vinegar, yeast
- v. [3] (Fig.) agitate, boil, excite, fester, foment, heat, incite, inflame, provoke, rouse, seethe, smoulder, stir up
- n. [4] (Fig.) agitation, brouhaha, commotion, disruption, excitement, fever, frenzy, furore, glow, heat, hubbub, imbroglio, state of unrest, stew, stir, tumult, turbulence, turmoil, unrest, uproar
ferocious [1] feral, fierce, predatory, rapacious, ravening, savage, violent, wild [2] barbaric, barbarous, bloodthirsty, brutal, brutish, cruel, merciless, pitiless, relentless, ruthless, tigerish, vicious
ferocity barbarity, bloodthirstiness, brutality, cruelty, ferociousness, fierceness, inhumanity, rapacity, ruthlessness, savageness, savagery, viciousness, wildness
ferret out bring to light, dig up, disclose, discover, drive out, elicit, get at, nose out, root out, run to earth, search out, smell out, trace, track down, unearth
ferry [1] n. ferryboat, packet, packet boat [2] v. carry, chauffeur, convey, run, ship, shuttle, transport
fertile abundant, fat, fecund, flowering, flowing with milk and honey, fruit-bearing, fruitful, generative, luxuriant, plenteous, plentiful, productive, prolific, rich, teeming, yielding
fertility abundance, fecundity, fruitfulness, luxuriance, productiveness, richness
fertilize [1] fecundate, fructify, impregnate, inseminate, make fruitful, make pregnant, pollinate [2] compost, dress, enrich, feed, manure, mulch, top-dress
fertilizer compost, dressing, dung, guano, manure, marl
fervent, fervid animated, ardent, devout, eager, earnest, ecstatic, emotional, enthusiastic, excited, fiery, flaming, heartfelt, impassioned, intense, perfervid (Literary), vehement, warm, zealous

fervour animation, ardour, eagerness, earnestness, enthusiasm, excitement, fervency, intensity, passion, vehemence, warmth, zeal
festival [1] anniversary, commemoration, feast, fête, fiesta, holiday, holy day, saint's day [2] carnival, celebration, entertainment, festivities, fête, field day, gala, jubilee, treat
festive back-slapping, carnival, celebratory, cheery, Christmassy, convivial, festal, gala, gay, gleeful, happy, hearty, holiday, jolly, jovial, joyful, joyous, jubilant, light-hearted, merry, mirthful, sportive
festivity [1] amusement, conviviality, fun, gaiety, jollification, joviality, joyfulness, merriment, merrymaking, mirth, pleasure, revelry, sport [2] Often plural beano (Brit. sl.), carousal, celebration, entertainment, festival, festive event, festive proceedings, fun and games, jollification, party, rave (Brit. sl.), rave-up (Brit. sl.)
festoon [1] n. chaplet, garland, lei, swag, swathe, wreath [2] v. array, bedeck, beribbon, deck, decorate, drape, garland, hang, swathe, wreathe
fetch [1] bring, carry, conduct, convey, deliver, escort, get, go for, lead, obtain, retrieve, transport [2] draw forth, elicit, give rise to, produce [3] bring in, earn, go for, make, realize, sell for, yield
fetching alluring, attractive, captivating, charming, cute, enchanting, enticing, fascinating, intriguing, sweet, taking, winsome
fête, fete [1] n. bazaar, fair, festival, gala, garden party, sale of work [2] v. bring out the red carpet for (someone), entertain regally, hold a reception for (someone), honour, kill the fatted calf for (someone), lionize, make much of, treat, wine and dine
fetish [1] amulet, cult object, talisman [2] fixation, idée fixe, mania, obsession, thing (Inf.)
feud [1] n. argument, bad blood, bickering, broil, conflict, contention, disagreement, discord, dissension, enmity, estrangement, faction, falling out, grudge, hostility, quarrel, row, rivalry, strife, vendetta [2] v. be at daggers drawn, be at odds, bicker, brawl, clash, contend, dispute, duel, fall out, quarrel, row, squabble, war
fever (Fig.) agitation, delirium, ecstasy, excitement, ferment, fervour, flush, frenzy, heat, intensity, passion, restlessness, turmoil, unrest
feverish [1] burning, febrile, fevered, flaming, flushed, hectic, hot, inflamed, pyretic (Medical) [2] agitated, desperate, distracted, excited, frantic, frenetic, frenzied, impatient, obsessive, overwrought, restless
few
- adj. [1] hardly any, inconsiderable, infrequent, insufficient, meagre, negligible, not many, rare, scant, scanty, scarce, scarcely any, scattered, sparse, sporadic, thin [2] **few and far between** at great intervals, hard to come by, infrequent, in short supply, irregular, rare, scarce, scattered, seldom met with, uncommon, unusual, widely spaced
- pron. [3] handful, scarcely any, scattering, small number, some
fiancé, fiancée betrothed, intended, prospective spouse, wife- or husband-to-be
fiasco balls-up (Taboo sl.), catastrophe, cock-up (Brit. sl.), debacle, disaster, failure, flap (Inf.), fuck-up (Offens. taboo sl.), mess, rout, ruin, washout (Inf.)
fib n. fiction, lie, pork pie (Brit. sl.), porky (Brit. sl.), prevarication, story, untruth, white lie, whopper (Inf.)
fibre [1] fibril, filament, pile, staple, strand, texture, thread, wisp [2] (Fig.) essence, nature, quality, spirit, substance [3] (Fig.) Also **moral fibre** resolution, stamina, strength, strength of character, toughness
fickle blowing hot and cold, capricious, changeable, faithless, fitful, flighty, inconstant, irresolute, mercurial, mutable, quicksilver, temperamental, unfaithful, unpredictable, unstable, unsteady, vacillating, variable, volatile
fickleness capriciousness, fitfulness, flightiness, inconstancy, mutability, unfaithfulness, unpredictability, unsteadiness, volatility
fiction [1] fable, fantasy, legend, myth, novel, romance, story, storytelling, tale, urban legend, work of imagination, yarn (Inf.) [2] cock and bull story (Inf.), concoction, fabrication, falsehood, fancy, fantasy, figment of the imagination, imagination, improvisation, invention,

lie, pork pie (Brit. sl.), porky (Brit. sl.), tall story, untruth
fictional imaginary, invented, legendary, made-up, nonexistent, unreal
fictitious apocryphal, artificial, assumed, bogus, counterfeit, fabricated, false, fanciful, feigned, imaginary, imagined, improvised, invented, made-up, make-believe, mythical, spurious, unreal, untrue
fiddle
- v. [1] (Often with **with**) fidget, finger, interfere with, mess about or around, play, tamper with, tinker, toy, trifle [2] (Inf.) cheat, cook the books (Inf.), diddle (Inf.), finagle (Inf.), fix, gerrymander, graft (Inf.), manoeuvre, racketeer, sting (Inf.), swindle, wangle (Inf.)
- n. [3] violin [4] **fit as a fiddle** blooming, hale and hearty, healthy, in fine fettle, in good form, in good shape, in rude health, in the pink, sound, strong [5] (Inf.) fix, fraud, graft (Inf.), piece of sharp practice, racket, scam (Sl.), sting (Inf.), swindle, wangle (Inf.)
fiddling futile, insignificant, nickel-and-dime (U.S. sl.), pettifogging, petty, trifling, trivial
fidelity [1] allegiance, constancy, dependability, devotedness, devotion, faith, faithfulness, fealty, integrity, lealty (Archaic or Scot.), loyalty, staunchness, troth (Archaic), true-heartedness, trustworthiness [2] accuracy, adherence, closeness, correspondence, exactitude, exactness, faithfulness, preciseness, precision, scrupulousness
fidget [1] v. be like a cat on hot bricks (Inf.), bustle, chafe, fiddle (Inf.), fret, jiggle, jitter (Inf.), move restlessly, squirm, twitch, worry [2] n. (Usually **the fidgets**) fidgetiness, jitters (Inf.), nervousness, restlessness, unease, uneasiness
fidgety impatient, jerky, jittery (Inf.), jumpy, nervous, on edge, restive, restless, twitchy (Inf.), uneasy
field
- n. [1] grassland, green, greensward (Archaic or literary), lea (Poetic), mead (Archaic), meadow, pasture [2] applicants, candidates, competition, competitors, contestants, entrants, possibilities, runners [3] area, bailiwick, bounds, confines, department, discipline, domain, environment, limits, line, metier, pale, province, purview, range, scope, speciality, specialty, sphere of influence (activity, interest, study), territory
- v. [4] catch, pick up, retrieve, return, stop [5] (Fig.) deal with, deflect, handle, turn aside
fiend [1] demon, devil, evil spirit, hellhound [2] barbarian, beast, brute, degenerate, ghoul, monster, ogre, savage [3] (Inf.) addict, enthusiast, fanatic, freak (Inf.), maniac
fiendish accursed, atrocious, black-hearted, cruel, demoniac, devilish, diabolical, hellish, implacable, infernal, inhuman, malevolent, malicious, malignant, monstrous, satanic, savage, ungodly, unspeakable, wicked
fierce [1] baleful, barbarous, brutal, cruel, dangerous, fell (Archaic), feral, ferocious, fiery, menacing, murderous, passionate, savage, threatening, tigerish, truculent, uncontrollable, untamed, vicious, wild [2] blustery, boisterous, furious, howling, inclement, powerful, raging, stormy, strong, tempestuous, tumultuous, uncontrollable, violent [3] cutthroat, intense, keen, relentless, strong
fiercely ferociously, frenziedly, furiously, in a frenzy, like cat and dog, menacingly, passionately, savagely, tempestuously, tigerishly, tooth and nail, uncontrolledly, viciously, with bared teeth, with no holds barred
fight
- v. [1] assault, battle, bear arms against, box, brawl, carry on war, clash, close, combat, come to blows, conflict, contend, cross swords, do battle, engage, engage in hostilities, exchange blows, feud, go to war, grapple, joust, row, scrap (Inf.), spar, struggle, take the field, take up arms against, tilt, tussle, wage war, war, wrestle [2] contest, defy, dispute, make a stand against, oppose, resist, stand up to, strive, struggle, withstand [3] argue, bicker, dispute, fall out (Inf.), squabble, wrangle [4] carry on, conduct, engage in, prosecute, wage [5] **fight shy of** avoid, duck out of (Inf.), keep aloof from, keep at arm's length, shun, steer clear of
- n. [6] action, affray (Law), altercation, bagarre, battle, bout, brawl, brush, clash, combat, conflict, contest, dispute, dissension, dogfight, duel, encounter, engagement, exchange of blows, fracas, fray, free-for-all (Inf.), head-to-

fight back / fire SYNONYMES ANGLAIS 1220

head, hostilities, joust, melee or mêlée, passage of arms, riot, row, rumble (U.S. & N.Z. sl.), scrap (Inf.), scrimmage, scuffle, set-to (Inf.), shindig (Inf.), shindy (Inf.), skirmish, sparring match, struggle, tussle, war [7] (Fig.) belligerence, gameness, mettle, militancy, pluck, resistance, spirit, will to resist

fight back [1] defend oneself, give tit for tat, hit back, put up a fight, reply, resist, retaliate [2] bottle up, contain, control, curb, hold back, hold in check, restrain

fight down bottle up, control, curb, hold back, repress, restrain, suppress

fighter [1] fighting man, man-at-arms, soldier, warrior [2] boxer, bruiser (Inf.), prize fighter, pugilist [3] antagonist, battler, belligerent, combatant, contender, contestant, disputant, militant

fighting [1] adj. aggressive, argumentative, bellicose, belligerent, combative, contentious, disputatious, hawkish, martial, militant, pugnacious, sabre-rattling, truculent, warlike [2] n. battle, bloodshed, blows struck, combat, conflict, hostilities, warfare

fight off beat off, keep or hold at bay, repel, repress, repulse, resist, stave off, ward off

figure

- n. [1] character, cipher, digit, number, numeral, symbol [2] amount, cost, price, sum, total, value [3] form, outline, shadow, shape, silhouette [4] body, build, chassis (Sl.), frame, physique, proportions, shape, torso [5] depiction, design, device, diagram, drawing, emblem, illustration, motif, pattern, representation, sketch [6] celebrity, character, dignitary, force, leader, notability, notable, personage, personality, presence, somebody, worthy
- v. [7] (Often with **up**) add, calculate, compute, count, reckon, sum, tally, tot up, work out [8] (Usually with **in**) act, appear, be conspicuous, be featured, be included, be mentioned, contribute to, feature, have a place in, play a part [9] **it figures** it follows, it goes without saying, it is to be expected

figurehead cipher, dummy, front man (Inf.), leader in name only, man of straw, mouthpiece, name, nonentity, puppet, straw man (Chiefly U.S.), titular or nominal head, token

figure out [1] calculate, compute, reckon, work out [2] comprehend, decipher, fathom, make head or tail of (Inf.), make out, resolve, see, suss (out) (Sl.), understand

filament cilium (Biol. & Zool.), fibre, fibril, pile, staple, strand, string, thread, wire, wisp

filch abstract, cabbage (Brit. sl.), crib (Inf.), embezzle, half-inch (Old-fashioned sl.), lift (Inf.), misappropriate, nick (Sl., chiefly Brit.), pilfer, pinch (Inf.), purloin, rip off (Sl.), snaffle (Brit. inf.), steal, swipe (Sl.), take, thieve, walk off with

file¹ v. abrade, burnish, furbish, polish, rasp, refine, rub, rub down, scrape, shape, smooth

file²

- n. [1] case, data, documents, dossier, folder, information, portfolio
- v. [2] document, enter, pigeonhole, put in place, record, register, slot in (Inf.)

file³

- n. [1] column, line, list, queue, row, string
- v. [2] march, parade, troop

filibuster

- n. [1] (Chiefly U.S., with reference to legislation) delay, hindrance, obstruction, postponement, procrastination
- v. [2] (Chiefly U.S., with reference to legislation) delay, hinder, obstruct, prevent, procrastinate, put off
- n. [3] adventurer, buccaneer, corsair, freebooter, pirate, sea robber, sea rover, soldier of fortune

fill [1] brim over, cram, crowd, furnish, glut, gorge, inflate, pack, pervade, replenish, sate, satiate, satisfy, stock, store, stuff, supply, swell [2] charge, imbue, impregnate, overspread, pervade, saturate, suffuse [3] block, bung, close, cork, plug, seal, stop [4] assign, carry out, discharge, engage, execute, fulfil, hold, occupy, officiate, perform, take up [5] **one's fill** all one wants, ample, a sufficiency, enough, plenty, sufficient

fill in [1] answer, complete, fill out (U.S.), fill up [2] (Inf.) acquaint, apprise, bring up to date, give the facts or background, inform, put wise (Sl.) [3] deputize, replace, represent, stand in, sub, substitute, take the place of

filling [1] n. contents, filler, innards (Inf.), inside, insides, padding, stuffing, wadding [2] adj. ample, heavy, satisfying, square, substantial

film

- n. [1] coat, coating, covering, dusting, gauze, integument, layer, membrane, pellicle, scum, skin, tissue [2] blur, cloud, haze, haziness, mist, mistiness, opacity, veil [3] flick (Sl.), motion picture, movie (U.S. inf.)
- v. [4] photograph, shoot, take, video, videotape [5] (Often with **over**) blear, blur, cloud, dull, haze, mist, veil

filmy [1] chiffon, cobwebby, delicate, diaphanous, fine, finespun, flimsy, floaty, fragile, gauzy, gossamer, insubstantial, seethrough, sheer, transparent [2] bleared, bleary, blurred, blurry, cloudy, dim, hazy, membranous, milky, misty, opalescent, opaque, pearly

filter

- v. [1] clarify, filtrate, purify, refine, screen, sieve, sift, strain, winnow [2] (Often with **through** or **out**) dribble, escape, exude, leach, leak, ooze, penetrate, percolate, seep, trickle, well
- n. [3] gauze, membrane, mesh, riddle, sieve, strainer

filth [1] carrion, contamination, crap (Sl.), crud (Sl.), defilement, dirt, dung, excrement, excreta, faeces, filthiness, foul matter, foulness, garbage, grime, grot (Sl.), muck, nastiness, ordure, pollution, putrefaction, putrescence, refuse, sewage, shit (Taboo sl.), slime, sludge, squalor, uncleanness [2] corruption, dirtymindedness, impurity, indecency, obscenity, pornography, smut, vileness, vulgarity

filthy [1] dirty, faecal, feculent, foul, nasty, polluted, putrid, scummy, scuzzy (Sl., chiefly U.S.), slimy, squalid, unclean, vile [2] begrimed, black, blackened, grimy, grubby, miry, mucky, muddy, mud-encrusted, scuzzy (Sl., chiefly U.S.), smoky, sooty, unwashed [3] bawdy, coarse, corrupt, depraved, dirty-minded, foul, foulmouthed, impure, indecent, lewd, licentious, obscene, pornographic, smutty, suggestive [4] base, contemptible, despicable, low, mean, offensive, scurvy, vicious, vile

final [1] closing, concluding, end, eventual, last, last-minute, latest, terminal, terminating, ultimate [2] absolute, conclusive, decided, decisive, definite, definitive, determinate, finished, incontrovertible, irrevocable, settled

finale climax, close, conclusion, crowning glory, culmination, dénouement, epilogue, finis, last act

finality certitude, conclusiveness, decidedness, decisiveness, definiteness, inevitableness, irrevocability, resolution, unavoidability

finalize agree, clinch, complete, conclude, decide, settle, sew up (Inf.), tie up, work out, wrap up (Inf.)

finally [1] at last, at length, at long last, at the last, at the last moment, eventually, in the end, in the long run, lastly, ultimately, when all is said and done [2] in conclusion, in summary, to conclude [3] beyond the shadow of a doubt, completely, conclusively, convincingly, decisively, for all time, for ever, for good, inescapably, inexorably, irrevocably, once and for all, permanently

finance [1] n. accounts, banking, business, commerce, economics, financial affairs, investment, money, money management [2] v. back, bankroll (U.S.), float, fund, guarantee, pay for, provide security for, set up in business, subsidize, support, underwrite

financial budgeting, economic, fiscal, monetary, money, pecuniary

find

- v. [1] catch sight of, chance upon, come across, come up with, descry, discover, encounter, espy, expose, ferret out, hit upon, lay one's hand on, light upon, locate, meet, recognize, run to earth, spot, stumble upon, track down, turn up, uncover, unearth [2] achieve, acquire, attain, earn, gain, get, obtain, procure, win [3] get back, recover, regain, repossess, retrieve [4] arrive at, ascertain, become aware, detect, discover, experience, learn, note, notice, observe, perceive, realise, remark [5] be responsible for, bring, contribute, cough up (Inf.), furnish, provide, purvey, supply
- n. [6] acquisition, asset, bargain, catch, discovery, good buy

find out [1] detect, discover, learn, note, observe, perceive, realize [2] bring to light, catch, detect, disclose, expose, reveal, rumble (Brit. inf.), suss (out) (Sl.), uncover, unmask

fine¹ [1] v. amerce (Archaic), mulct, penalize, punish [2] n. amercement (Obsolete), damages, forfeit, penalty, punishment

fine² adj. [1] accomplished, admirable, beautiful, choice, excellent, exceptional, exquisite, first-class, first-rate, great, magnificent, masterly, ornate, outstanding, rare, select, showy, skilful, splendid, sterling, superior, supreme, world-class [2] balmy, bright, clear, clement, cloudless, dry, fair, pleasant, sunny [3] dainty, delicate, elegant, expensive, exquisite, fragile, quality [4] abstruse, acute, critical, discriminating, fastidious, hairsplitting, intelligent, keen, minute, nice, precise, quick, refined, sensitive, sharp, subtle, tasteful, tenuous [5] delicate, diaphanous, fine-grained, flimsy, gauzy, gossamer, light, lightweight, powdered, powdery, pulverized, sheer, slender, small, thin [6] clear, pure, refined, solid, sterling, unadulterated, unalloyed, unpolluted [7] attractive, bonny, good-looking, handsome, lovely, smart, striking, stylish, well-favoured [8] acceptable, agreeable, all right, convenient, good, hunky-dory (Inf.), OK or okay (Inf.), satisfactory, suitable [9] brilliant, cutting, honed, keen, polished, razor-sharp, sharp

finery best bib and tucker (Inf.), decorations, frippery, gear (Inf.), gewgaws, glad rags (Inf.), ornaments, showiness, splendour, Sunday best, trappings, trinkets

finesse

- n. [1] adeptness, adroitness, artfulness, cleverness, craft, delicacy, diplomacy, discretion, know-how (Inf.), polish, quickness, savoir-faire, skill, sophistication, subtlety, tact [2] artifice, bluff, feint, manoeuvre, ruse, stratagem, trick, wile
- v. [3] bluff, manipulate, manoeuvre

finger v. [1] feel, fiddle with (Inf.), handle, manipulate, maul, meddle with, paw (Inf.), play about with, touch, toy with [2] **put one's finger on** bring to mind, discover, find out, hit the nail on the head, hit upon, identify, indicate, locate, pin down, place, recall, remember

finish

- v. [1] accomplish, achieve, bring to a close or conclusion, carry through, cease, close, complete, conclude, culminate, deal with, discharge, do, end, execute, finalize, fulfil, get done, get out of the way, make short work of, put the finishing touch(es) to, round off, settle, stop, terminate, wind up, wrap up (Inf.) [2] (Sometimes with **up** or **off**) consume, deplete, devour, dispatch, dispose of, drain, drink, eat, empty, exhaust, expend, spend, use, use up [3] (Often with **off**) administer or give the coup de grâce, annihilate, best, bring down, defeat, destroy, dispose of, drive to the wall, exterminate, get rid of, kill, overcome, overpower, put an end to, rout, ruin, worst
- n. [4] cessation, close, closing, completion, conclusion, culmination, dénouement, end, ending, finale, last stage(s), termination, winding up (Inf.), wind-up [5] annihilation, bankruptcy, curtains (Inf.), death, defeat, end, end of the road, liquidation, ruin
- v. [6] elaborate, perfect, polish, refine
- n. [7] cultivation, culture, elaboration, perfection, polish, refinement, sophistication
- v. [8] coat, face, gild, lacquer, polish, smooth off, stain, texture, veneer, wax
- n. [9] appearance, grain, lustre, patina, polish, shine, smoothness, surface, texture

finished [1] accomplished, classic, consummate, cultivated, elegant, expert, flawless, impeccable, masterly, perfected, polished, professional, proficient, refined, skilled, smooth, urbane [2] accomplished, achieved, closed, complete, completed, concluded, done, ended, entire, final, finalized, full, in the past, over, over and done with, sewed up (Inf.), shut, terminated, through, tied up, wrapped up (Inf.) [3] done, drained, empty, exhausted, gone, played out (Inf.), spent, used up [4] bankrupt, defeated, devastated, done for (Inf.), doomed, gone, liquidated, lost, ruined, through, undone, washed up (Inf., chiefly U.S.), wiped out, wound up, wrecked

finite bounded, circumscribed, conditioned, delimited, demarcated, limited, restricted, subject to limitations, terminable

fire

- n. [1] blaze, combustion, conflagration, flames, inferno [2] barrage, bombardment, cannonade, flak, fusillade, hail, salvo, shelling, sniping, volley [3] (Fig.) animation, ardour, brio, burning passion, dash, eagerness, élan, enthusiasm, excitement, fervency, fervour, force, heat, impetuosity, intensity, life, light, lustre, passion, pizzazz or pizazz (Inf.), radiance, scintillation, sparkle, spirit, splendour, verve, vigour, virtuosity, vivacity 4 **hanging fire** delayed, in abeyance, pending, postponed, put back, put off, shelved, suspended, undecided 5 **on fire** a ablaze, aflame, alight, blazing, burning, fiery, flaming, in flames b ardent, eager, enthusiastic, excited, inspired, passionate

- v. 6 enkindle, ignite, kindle, light, put a match to, set ablaze, set aflame, set alight, set fire to, set on fire 7 detonate, discharge, eject, explode, hurl, launch, let off, loose, pull the trigger, set off, shell, shoot, touch off 8 (Fig.) animate, arouse, electrify, enliven, excite, galvanize, impassion, incite, inflame, inspire, inspirit, irritate, quicken, rouse, stir 9 (Inf.) cashier, discharge, dismiss, give marching orders, kiss off (Sl., chiefly U.S. & Canad.), make redundant, sack (Inf.), show the door

firebrand (Fig.) agitator, demagogue, fomenter, incendiary, instigator, rabble-rouser, soapbox orator, tub-thumper

fireworks 1 illuminations, pyrotechnics 2 (Fig.) fit of rage, hysterics, paroxysms, rage, rows, storm, temper, trouble, uproar

firm[1] n. association, business, company, concern, conglomerate, corporation, enterprise, house, organization, outfit (Inf.), partnership

firm[2] adj. 1 close-grained, compact, compressed, concentrated, congealed, dense, hard, inelastic, inflexible, jelled, jellified, rigid, set, solid, solidified, stiff, unyielding 2 anchored, braced, cemented, embedded, fast, fastened, fixed, immovable, motionless, riveted, robust, rooted, secure, secured, stable, stationary, steady, strong, sturdy, taut, tight, unfluctuating, unmoving, unshak(e)able 3 adamant, constant, definite, fixed, immovable, inflexible, obdurate, resolute, resolved, set on, settled, stalwart, staunch, steadfast, strict, true, unalterable, unbending, unfaltering, unflinching, unshak(e)able, unshaken, unswerving, unwavering, unyielding

firmly 1 enduringly, immovably, like a rock, motionlessly, securely, steadily, tightly, unflinchingly, unshakably 2 determinedly, resolutely, staunchly, steadfastly, strictly, through thick and thin, unchangeably, unwaveringly, with a rod of iron, with decision

firmness 1 compactness, density, fixedness, hardness, inelasticity, inflexibility, resistance, rigidity, solidity, stiffness 2 immovability, soundness, stability, steadiness, strength, tautness, tensile strength, tension, tightness 3 constancy, fixedness, fixity of purpose, inflexibility, obduracy, resolution, resolve, staunchness, steadfastness, strength of will, strictness

first

- adj. 1 chief, foremost, head, highest, leading, pre-eminent, prime, principal, ruling 2 earliest, initial, introductory, maiden, opening, original, premier, primeval, primitive, primordial, pristine 3 basic, cardinal, elementary, fundamental, key, primary, rudimentary
- adv. 4 at the beginning, at the outset, before all else, beforehand, firstly, initially, in the first place, to begin with, to start with
- n. 5 Also **from the first** beginning, commencement, inception, introduction, outset, start, starting point, word œgo' (Inf.)

first-hand direct, straight from the horse's mouth

first-rate admirable, A1 or A-one (Inf.), boffo (Sl.), brill (Inf.), chillin' (U.S. sl.), crack (Sl.), cracking (Brit. inf.), crucial (Sl.), def (Sl.), elite, excellent, exceptional, exclusive, first class, jim-dandy (Sl.), mean (Sl.), mega (Sl.), outstanding, prime, second to none, sovereign, superb, superlative, tiptop, top, topnotch (Inf.), topping (Brit. sl.), tops (Sl.), world-class

fish out extract, extricate, find, haul out, produce, pull out

fishy 1 (Inf.) dodgy (Brit., Aust., & N.Z. inf.), doubtful, dubious, funny (Inf.), implausible, improbable, odd, queer, questionable, rum (Brit. sl.), suspect, suspicious, unlikely 2 blank, deadpan, dull, expressionless, glassy, glassy-eyed, inexpressive, lacklustre, lifeless, vacant, wooden 3 fishlike, piscatorial, piscatory, piscine

fissure breach, break, chink, cleavage, cleft, crack, cranny, crevice, fault, fracture, gap, hole, interstice, opening, rent, rift, rupture, slit, split

fit[1]

- adj. 1 able, adapted, adequate, apposite, appropriate, apt, becoming, capable, competent, convenient, correct, deserving, equipped, expedient, fitted, fitting, good enough, meet (Archaic), prepared, proper, qualified, ready, right, seemly, suitable, trained, well-suited, worthy 2 able-bodied, hale, healthy, in good condition, in good shape, in good trim, robust, strapping, toned up, trim, well
- v. 3 accord, agree, be consonant, belong, concur, conform, correspond, dovetail, go, interlock, join, match, meet, suit, tally 4 (Often with **out** or **up**) accommodate, accoutre, arm, equip, fit out, kit out, outfit, prepare, provide, rig out 5 adapt, adjust, alter, arrange, dispose, fashion, modify, place, position, shape

fit[2] n. 1 attack, bout, convulsion, paroxysm, seizure, spasm 2 caprice, fancy, humour, mood, whim 3 bout, burst, outbreak, outburst, spell 4 **by fits and starts** erratically, fitfully, intermittently, irregularly, on and off, spasmodically, sporadically, unsystematically

fitful broken, desultory, disturbed, erratic, flickering, fluctuating, haphazard, impulsive, inconstant, intermittent, irregular, spasmodic, sporadic, uneven, unstable, variable

fitfully desultorily, erratically, in fits and starts, in snatches, intermittently, interruptedly, irregularly, off and on, spasmodically, sporadically

fitness 1 adaptation, applicability, appropriateness, aptness, competence, eligibility, pertinence, preparedness, propriety, qualifications, readiness, seemliness, suitability 2 good condition, good health, health, robustness, strength, vigour

fitted 1 adapted, cut out for, equipped, fit, qualified, right, suitable, tailor-made 2 (Often with **with**) accoutred, appointed, armed, equipped, furnished, outfitted, provided, rigged out, set up, supplied 3 built-in, permanent

fitting 1 adj. apposite, appropriate, becoming, comme il faut, correct, decent, decorous, desirable, meet (Archaic), proper, right, seemly, suitable 2 n. accessory, attachment, component, connection, part, piece, unit

fix

- v. 1 anchor, embed, establish, implant, install, locate, place, plant, position, root, set, settle 2 attach, bind, cement, connect, couple, fasten, glue, link, make fast, pin, secure, stick, tie 3 agree on, appoint, arrange, arrive at, conclude, decide, define, determine, establish, limit, name, resolve, set, settle, specify 4 adjust, correct, mend, patch up, put to rights, regulate, repair, see to, sort 5 congeal, consolidate, harden, rigidify, set, solidify, stiffen, thicken 6 direct, focus, level at, rivet 7 (Inf.) bribe, fiddle (Inf.), influence, manipulate, manoeuvre, pull strings (Inf.), rig 8 (Sl.) cook (someone's) goose (Inf.), get even with (Inf.), get revenge on, pay back, settle (someone's) hash (Inf.), sort (someone) out (Inf.), take retribution on, wreak vengeance on
- n. 9 (Inf.) difficult situation, difficulty, dilemma, embarrassment, hole (Sl.), hot water (Inf.), jam (Inf.), mess, pickle (Inf.), plight, predicament, quandary, spot (Inf.), ticklish situation, tight spot

fixation complex, hang-up (Inf.), idée fixe, infatuation, mania, obsession, preoccupation, thing (Inf.)

fixed 1 anchored, attached, established, immovable, made fast, permanent, rigid, rooted, secure, set 2 intent, level, resolute, steady, unbending, unblinking, undeviating, unflinching, unwavering 3 agreed, arranged, decided, definite, established, planned, resolved, settled 4 going, in working order, mended, put right, repaired, sorted 5 (Inf.) framed, manipulated, packed, put-up, rigged

fix up 1 agree on, arrange, fix, organize, plan, settle, sort out 2 (Often with **with**) accommodate, arrange for, bring about, furnish, lay on, provide

fizz bubble, effervesce, fizzle, froth, hiss, sparkle, sputter

fizzle out abort, collapse, come to nothing, die away, end in disappointment, fail, fall through, fold (Inf.), miss the mark, peter out

fizzy bubbling, bubbly, carbonated, effervescent, gassy, sparkling

flag[1]

- n. 1 banderole, banner, colours, ensign, gonfalon, jack, pennant, pennon, standard, streamer
- v. 2 (Sometimes with **down**) hail, salute, signal, warn, wave 3 docket, indicate, label, mark, note, tab

flag[2] v. abate, decline, die, droop, ebb, fade, fail, faint, fall, fall off, feel the pace, languish, peter out, pine, sag, sink, slump, succumb, taper off, wane, weaken, weary, wilt

flagrant arrant, atrocious, awful, barefaced, blatant, bold, brazen, crying, dreadful, egregious, enormous, flagitious, flaunting, glaring, heinous, immodest, infamous, notorious, open, ostentatious, out-and-out, outrageous, scandalous, shameless, undisguised

flail v. beat, thrash, thresh, windmill

flair 1 ability, accomplishment, aptitude, faculty, feel, genius, gift, knack, mastery, talent 2 chic, dash, discernment, elegance, panache, style, stylishness, taste

flake 1 n. disk, lamina, layer, peeling, scale, shaving, sliver, squama (Biol.), wafer 2 v. blister, chip, desquamate, peel (off), scale (off)

flamboyant 1 actorly, baroque, camp (Inf.), elaborate, extravagant, florid, ornate, ostentatious, over the top (Inf.), rich, rococo, showy, theatrical 2 brilliant, colourful, dashing, dazzling, exciting, glamorous, glitzy (Sl.), swashbuckling

flame

- v. 1 blaze, burn, flare, flash, glare, glow, shine
- n. 2 blaze, brightness, fire, light 3 (Fig.) affection, ardour, enthusiasm, fervency, fervour, fire, intensity, keenness, passion, warmth 4 (Inf.) beau, beloved, boyfriend, girlfriend, heart-throb (Brit.), ladylove, lover, sweetheart

flame-proof fire-resistant, incombustible, nonflammable, non-inflammable

flaming 1 ablaze, afire, blazing, brilliant, burning, fiery, glowing, ignited, in flames, raging, red, red-hot 2 angry, ardent, aroused, frenzied, hot, impassioned, intense, raging, scintillating, vehement, vivid

flank

- n. 1 ham, haunch, hip, loin, quarter, side, thigh 2 side, wing
- v. 3 border, bound, edge, fringe, line, screen, skirt, wall

flap

- v. 1 agitate, beat, flail, flutter, shake, swing, swish, thrash, thresh, vibrate, wag, wave
- n. 2 bang, banging, beating, flutter, shaking, swinging, swish, waving
- v. 3 (Inf.) dither (Chiefly Brit.), fuss, panic
- n. 4 (Inf.) agitation, commotion, fluster, panic, state (Inf.), stew (Inf.), sweat (Inf.), tizzy (Inf.), twitter (Inf.) 5 apron, cover, fly, fold, lapel, lappet, overlap, skirt, tab, tail

flare

- v. 1 blaze, burn up, dazzle, flicker, flutter, glare, waver 2 (Often with **out**) broaden, spread out, widen
- n. 3 blaze, burst, dazzle, flame, flash, flicker, glare

flare up blaze, blow one's top (Inf.), boil over, break out, explode, fire up, fly off the handle (Inf.), lose control, lose one's cool (Inf.), lose one's temper, throw a tantrum

flash

- v. 1 blaze, coruscate, flare, flicker, glare, gleam, glint, glisten, glitter, light, scintillate, shimmer, sparkle, twinkle
- n. 2 blaze, burst, coruscation, dazzle, flare, flicker, gleam, ray, scintillation, shaft, shimmer, spark, sparkle, streak, twinkle
- v. 3 barrel (along) (Inf., chiefly U.S. & Canad.), bolt, burn rubber (Inf.), dart, dash, fly, race, shoot, speed, sprint, streak, sweep, whistle, zoom
- n. 4 instant, jiffy (Inf.), moment, second, shake, split second, trice, twinkling, twinkling of an eye, two shakes of a lamb's tail (Inf.)
- v. 5 display, exhibit, expose, flaunt, flourish, show
- n. 6 burst, demonstration, display, manifestation, outburst, show, sign, touch
- adj. 7 (Inf.) cheap, glamorous, naff (Brit. sl.), ostentatious, tacky (Inf.), tasteless, vulgar

flashy brash, cheap, cheap and nasty, flamboyant, flaunting, garish, gaudy, glittery, glitzy (Sl.), in poor taste, jazzy (Inf.), loud, meretricious, naff (Brit. sl.), ostentatious, over the top (Inf.), showy, snazzy (Inf.), tacky (Inf.), tasteless, tawdry, tinselly

flat¹
- **adj.** 1 even, horizontal, level, levelled, low, planar, plane, smooth, unbroken 2 laid low, lying full length, outstretched, prone, prostrate, reclining, recumbent, supine 3 boring, dead, dull, flavourless, ho-hum (Inf.), insipid, jejune, lacklustre, lifeless, monotonous, pointless, prosaic, spiritless, stale, tedious, uninteresting, vapid, watery, weak 4 absolute, categorical, direct, downright, explicit, final, fixed, out-and-out, peremptory, plain, positive, straight, unconditional, unequivocal, unmistakable, unqualified 5 blown out, burst, collapsed, deflated, empty, punctured
- **n.** 6 Often plural lowland, marsh, mud flat, plain, shallow, shoal, strand, swamp
- **adv.** 7 absolutely, categorically, completely, exactly, point blank, precisely, utterly 8 **flat out** all out, at full gallop, at full speed, at full tilt, for all one is worth, hell for leather (Inf.), posthaste, under full steam

flat² apartment, rooms
flatly absolutely, categorically, completely, positively, unhesitatingly
flatness 1 evenness, horizontality, levelness, smoothness, uniformity 2 dullness, emptiness, insipidity, monotony, staleness, tedium, vapidity
flatten 1 compress, even out, iron out, level, plaster, raze, roll, smooth off, squash, trample 2 bowl over, crush, fell, floor, knock down, knock off one's feet, prostrate, subdue
flatter 1 blandish, butter up, cajole, compliment, court, fawn, flannel (Brit. inf.), humour, inveigle, lay it on (thick) (Sl.), pander to, praise, puff, soft-soap (Inf.), sweet-talk (Inf.), wheedle 2 become, do something for, enhance, set off, show to advantage, suit
flattering 1 becoming, effective, enhancing, kind, well-chosen 2 adulatory, complimentary, fawning, fulsome, gratifying, honeyed, honey-tongued, ingratiating, laudatory, sugary
flattery adulation, blandishment, blarney, cajolery, false praise, fawning, flannel (Brit. inf.), fulsomeness, honeyed words, obsequiousness, servility, soft-soap (Inf.), sweet-talk (Inf.), sycophancy, toadyism
flavour
- **n.** 1 aroma, essence, extract, flavouring, odour, piquancy, relish, savour, seasoning, smack, tang, taste, zest, zing (Inf.) 2 aspect, character, essence, feel, feeling, property, quality, soupçon, stamp, style, suggestion, tinge, tone, touch
- **v.** 3 ginger up, imbue, infuse, lace, leaven, season, spice

flavouring essence, extract, spirit, tincture, zest
flaw 1 blemish, defect, disfigurement, failing, fault, imperfection, scar, speck, spot, weakness, weak spot 2 breach, break, cleft, crack, crevice, fissure, fracture, rent, rift, scission, split, tear
flawed blemished, broken, chipped, cracked, damaged, defective, erroneous, faulty, imperfect, unsound
flawless 1 faultless, impeccable, perfect, spotless, unblemished, unsullied 2 intact, sound, unbroken, undamaged, whole
flee abscond, avoid, beat a hasty retreat, bolt, cut and run (Inf.), decamp, depart, do a runner (Sl.), escape, fly, fly the coop (U.S. & Canad. inf.), get away, hook it (Sl.), leave, make a quick exit, make off, make oneself scarce (Inf.), make one's escape, make one's getaway, run away, scarper (Brit. sl.), shun, skedaddle (Inf.), slope off, split (Sl.), take a powder (U.S. & Canad. sl.), take flight, take it on the lam (U.S. & Canad. sl.), take off (Inf.), take to one's heels, vanish
fleece 1 (Fig.) bleed (Inf.), cheat, con (Inf.), cozen, defraud, despoil, diddle (Inf.), mulct, overcharge, plunder, rifle, rip off (Sl.), rob, rook (Sl.), skin (Sl.), soak (U.S. & Canad. sl.), steal, stiff (Sl.), swindle, take for a ride (Inf.), take to the cleaners (Sl.) 2 clip, shear
fleet n. argosy, armada, flotilla, naval force, navy, sea power, squadron, task force, vessels, warships
fleeting brief, ephemeral, evanescent, flitting, flying, fugacious, fugitive, here today, gone tomorrow, momentary, passing, short, short-lived, temporary, transient, transitory
flesh 1 beef (Inf.), body, brawn, fat, fatness, food, meat, tissue, weight 2 animality, body, carnality, flesh and blood, human nature, physicality, physical nature, sensuality 3 homo sapiens, humankind, human race, living creatures, man, mankind, mortality, people, race, stock, world 4 **one's own flesh and blood** blood, family, kin, kindred, kinsfolk, kith and kin, relations, relatives
flex v. angle, bend, contract, crook, curve, tighten
flexibility adaptability, adjustability, complaisance, elasticity, give (Inf.), pliability, pliancy, resilience, springiness, tensility
flexible 1 bendable, ductile, elastic, limber, lissom(e), lithe, mouldable, plastic, pliable, pliant, springy, stretchy, supple, tensile, whippy, willowy, yielding 2 adaptable, adjustable, discretionary, open, variable 3 amenable, biddable, complaisant, compliant, docile, gentle, manageable, responsive, tractable
flick
- **v.** 1 dab, fillip, flip, hit, jab, peck, rap, strike, tap, touch 2 (With **through**) browse, flip, glance, skim, skip, thumb
- **n.** 3 fillip, flip, jab, peck, rap, tap, touch

flicker
- **v.** 1 flare, flash, glimmer, gutter, shimmer, sparkle, twinkle 2 flutter, quiver, vibrate, waver
- **n.** 3 flare, flash, gleam, glimmer, spark 4 atom, breath, drop, glimmer, iota, spark, trace, vestige

flickering fitful, guttering, twinkling, unsteady, wavering
flight¹ 1 flying, mounting, soaring, winging 2 (Of air travel) journey, trip, voyage 3 aerial navigation, aeronautics, air transport, aviation, flying 4 cloud, flock, formation, squadron, swarm, unit, wing
flight² 1 departure, escape, exit, exodus, fleeing, getaway, retreat, running away 2 **put to flight** chase off, disperse, drive off, rout, scare off, scatter, send packing, stampede 3 **take (to) flight** abscond, beat a retreat, bolt, decamp, do a bunk (Brit. sl.), do a runner (Sl.), flee, fly the coop (U.S. & Canad. inf.), light out (Inf.), make a hasty retreat, run away or off, skedaddle (Inf.), take a powder (U.S. & Canad. sl.), take it on the lam (U.S. & Canad. sl.), withdraw hastily
flimsy 1 delicate, fragile, frail, gimcrack, insubstantial, makeshift, rickety, shaky, shallow, slight, superficial, unsubstantial 2 chiffon, gauzy, gossamer, light, sheer, thin, transparent 3 feeble, frivolous, implausible, inadequate, pathetic, poor, thin, transparent, trivial, unconvincing, unsatisfactory, weak
flinch baulk, blench, cower, cringe, draw back, duck, flee, quail, recoil, retreat, shirk, shrink, shy away, start, swerve, wince, withdraw
fling
- **v.** 1 cast, catapult, chuck (Inf.), heave, hurl, jerk, let fly, lob (Inf.), pitch, precipitate, propel, send, shy, sling, throw, toss
- **n.** 2 cast, lob, pitch, shot, throw, toss 3 bash, beano (Brit. sl.), binge (Inf.), bit of fun, good time, indulgence, party, rave (Brit. sl.), rave-up (Brit. sl.), spree 4 attempt, bash (Inf.), crack (Inf.), gamble, go (Inf.), shot (Inf.), stab (Inf.), trial, try, venture, whirl (Inf.)

flip v./n. cast, flick, jerk, pitch, snap, spin, throw, toss, twist
flippancy cheek (Inf.), cheekiness, disrespectfulness, frivolity, impertinence, irreverence, levity, pertness, sauciness
flippant cheeky, disrespectful, flip (Inf.), frivolous, glib, impertinent, impudent, irreverent, offhand, pert, rude, saucy, superficial
flirt
- **v.** 1 chat up (Inf.), coquet, dally, lead on, make advances, make eyes at, philander 2 (Usually with **with**) consider, dabble in, entertain, expose oneself to, give a thought to, play with, toy with, trifle with
- **n.** 3 coquette, heart-breaker, philanderer, tease, trifler, wanton

flirtation coquetry, dalliance, intrigue, philandering, teasing, toying, trifling
flirtatious amorous, arch, come-hither, come-on (Inf.), coquettish, coy, enticing, flirty, provocative, sportive, teasing
float v. 1 be or lie on the surface, be buoyant, displace water, hang, hover, poise, rest on water, stay afloat 2 bob, drift, glide, move gently, sail, slide, slip along 3 get going, launch, promote, push off, set up
floating 1 afloat, buoyant, buoyed up, nonsubmersible, ocean-going, sailing, swimming, unsinkable 2 fluctuating, free, migratory, movable, unattached, uncommitted, unfixed, variable, wandering
flock
- **v.** 1 collect, congregate, converge, crowd, gather, group, herd, huddle, mass, throng, troop
- **n.** 2 colony, drove, flight, gaggle, herd, skein 3 assembly, bevy, collection, company, congregation, convoy, crowd, gathering, group, herd, host, mass, multitude, throng

flog 1 beat, castigate, chastise, flagellate, flay, lambast(e), lash, scourge, thrash, trounce, whack, whip 2 drive, oppress, overexert, overtax, overwork, punish, push, strain, tax
flogging beating, caning, flagellation, hiding (Inf.), horsewhipping, lashing, scourging, thrashing, trouncing, whipping
flood
- **v.** 1 brim over, deluge, drown, immerse, inundate, overflow, pour over, submerge, swamp 2 engulf, flow, gush, overwhelm, rush, surge, swarm, sweep 3 choke, fill, glut, oversupply, saturate
- **n.** 4 deluge, downpour, flash flood, freshet, inundation, overflow, spate, tide, torrent 5 abundance, flow, glut, multitude, outpouring, profusion, rush, stream, torrent

floor 1 n. level, stage, storey, tier 2 v. (Fig.) baffle, beat, bewilder, bowl over (Inf.), bring up short, confound, conquer, defeat, discomfit, disconcert, dumbfound, faze, knock down, nonplus, overthrow, perplex, prostrate, puzzle, stump, throw (Inf.)
flop
- **v.** 1 collapse, dangle, droop, drop, fall, hang limply, sag, slump, topple, tumble 2 (Inf.) bomb (U.S. & Canad. sl.), close, come to nothing, fail, fall flat, fall short, fold (Inf.), founder, go belly-up (Sl.), go down like a lead balloon (Inf.), misfire
- **n.** 3 (Inf.) cockup (Brit. sl.), debacle, disaster, failure, fiasco, loser, nonstarter, washout (Inf.)

floral flower-patterned, flowery
florid 1 blowzy, flushed, high-coloured, high-complexioned, rubicund, ruddy 2 baroque, busy, embellished, euphuistic, figurative, flamboyant, flowery, fussy, grandiloquent, high-flown, ornate, overelaborate
flotsam debris, detritus, jetsam, junk, odds and ends, sweepings, wreckage
flounder v. be in the dark, blunder, fumble, grope, muddle, plunge, struggle, stumble, thrash, toss, tumble, wallow
flourish
- **v.** 1 bear fruit, be in one's prime, be successful, be vigorous, bloom, blossom, boom, burgeon, develop, do well, flower, get ahead, get on, go great guns (Sl.), go up in the world, grow, grow fat, increase, prosper, succeed, thrive 2 brandish, display, flaunt, flutter, shake, sweep, swing, swish, twirl, vaunt, wag, wave, wield
- **n.** 3 brandishing, dash, display, fanfare, parade, shaking, show, showy gesture, twirling, wave 4 curlicue, decoration, embellishment, ornamentation, plume, sweep

flourishing blooming, burgeoning, doing well, going strong, in the pink, in top form, lush, luxuriant, mushrooming, on the up and up (Inf.), prospering, rampant, successful, thriving
flout defy, deride, gibe at, insult, jeer at, laugh in the face of, mock, outrage, ridicule, scoff at, scorn, scout (Archaic), show contempt for, sneer at, spurn, take the piss out of (Taboo sl.), taunt, treat with disdain
flow
- **v.** 1 circulate, course, glide, gush, move, pour, purl, ripple, roll, run, rush, slide, surge, sweep, swirl, whirl 2 cascade, deluge, flood, inundate, issue, overflow, pour, run, run out, spew, spill, spurt, squirt, stream, teem, well forth 3 arise, emanate, emerge, issue, pour, proceed, result, spring
- **n.** 4 course, current, drift, flood, flux, gush, issue, outflow, outpouring, spate, stream, tide, tideway, undertow 5 abundance, deluge, effusion, emanation, outflow, outpouring, plenty, plethora, succession, train

flower
- **n.** 1 bloom, blossom, efflorescence 2 (Fig.) best, choicest part, cream, elite, freshness, greatest or finest point, height, pick, vigour
- **v.** 3 bloom, blossom, blow, burgeon, effloresce, flourish, mature, open, unfold

flowering adj. abloom, blooming, blossoming, florescent, in bloom, in blossom, in flower, open, out, ready

flowery baroque, embellished, euphuistic, fancy, figurative, florid, high-flown, ornate, overwrought, rhetorical

flowing 1 falling, gushing, rolling, rushing, smooth, streaming, sweeping 2 continuous, cursive, easy, fluent, smooth, unbroken, uninterrupted 3 abounding, brimming over, flooded, full, overrun, prolific, rich, teeming

fluctuate alter, alternate, change, ebb and flow, go up and down, hesitate, oscillate, rise and fall, seesaw, shift, swing, undulate, vacillate, vary, veer, waver

fluctuation alternation, change, fickleness, inconstancy, instability, oscillation, shift, swing, unsteadiness, vacillation, variation, wavering

fluency articulateness, assurance, command, control, ease, facility, glibness, readiness, slickness, smoothness, volubility

fluent articulate, easy, effortless, facile, flowing, glib, natural, ready, smooth, smooth-spoken, voluble, well-versed

fluff 1 n. down, dust, dustball, fuzz, lint, nap, oose (Scot.), pile 2 v. (Inf.) bungle, cock up (Brit. sl.), foul up (Inf.), fuck up (Offens. taboo sl.), make a mess off, mess up (Inf.), muddle, screw up (Inf.), spoil

fluid
- **adj.** 1 aqueous, flowing, in solution, liquefied, liquid, melted, molten, running, runny, watery 2 adaptable, adjustable, changeable, flexible, floating, fluctuating, indefinite, mercurial, mobile, mutable, protean, shifting 3 easy, elegant, feline, flowing, graceful, sinuous, smooth
- **n.** 4 liquid, liquor, solution

flurry
- **n.** 1 (Fig.) ado, agitation, bustle, commotion, disturbance, excitement, ferment, flap, fluster, flutter, furore, fuss, hurry, stir, to-do, tumult, whirl 2 flaw, gust, squall 3 burst, outbreak, spell, spurt
- **v.** 4 agitate, bewilder, bother, bustle, confuse, disconcert, disturb, faze, fluster, flutter, fuss, hassle (Inf.), hurry, hustle, rattle (Inf.), ruffle, unnerve, unsettle, upset

flush[1]
- **v.** 1 blush, burn, colour, colour up, crimson, flame, glow, go red, redden, suffuse
- **n.** 2 bloom, blush, colour, freshness, glow, redness, rosiness
- **v.** 3 cleanse, douche, drench, eject, expel, flood, hose down, rinse out, swab, syringe, wash out

flush[2]
- **adj.** 1 even, flat, level, plane, square, true 2 abundant, affluent, full, generous, lavish, liberal, overflowing, prodigal 3 (Inf.) in funds, in the money (Inf.), moneyed, rich, rolling (Sl.), wealthy, well-heeled (Inf.), well-off, well-supplied
- **adv.** 4 even with, hard against, in contact with, level with, squarely, touching

flushed 1 blushing, burning, crimson, embarrassed, feverish, glowing, hot, red, rosy, rubicund, ruddy 2 (Often with **with**) ablaze, animated, aroused, elated, enthused, excited, exhilarated, high (Inf.), inspired, intoxicated, thrilled

fluster 1 v. agitate, bother, bustle, confound, confuse, disturb, excite, flurry, hassle (Inf.), heat, hurry, make nervous, perturb, rattle (Inf.), ruffle, throw off balance, unnerve, upset 2 n. agitation, bustle, commotion, disturbance, dither (Chiefly Brit.), flap (Inf.), flurry, flutter, furore, perturbation, ruffle, state (Inf.), turmoil

flutter
- **v.** 1 agitate, bat, beat, flap, flicker, flit, flitter, fluctuate, hover, palpitate, quiver, ripple, ruffle, shiver, tremble, vibrate, waver
- **n.** 2 palpitation, quiver, quivering, shiver, shudder, tremble, tremor, twitching, vibration 3 agitation, commotion, confusion, dither (Chiefly Brit.), excitement, flurry, fluster, perturbation, state (Inf.), state of nervous excitement, tremble, tumult

fly
- **v.** 1 flit, flutter, hover, mount, sail, soar, take to the air, take wing, wing 2 aviate, be at the controls, control, manoeuvre, operate, pilot 3 display, flap, float, flutter, show, wave 4 elapse, flit, glide, pass, pass swiftly, roll on, run its course, slip away 5 barrel (along) (Inf., chiefly U.S. & Canad.), be off like a shot (Inf.), bolt, burn rubber (Inf.), career, dart, dash, hare (Brit. inf.), hasten, hurry, race, rush, scamper, scoot, shoot, speed, sprint, tear, whiz (Inf.), zoom 6 abscond, avoid, beat a retreat, clear out (Inf.), cut and run (Inf.), decamp, disappear, do a runner (Sl.), escape, flee, fly the coop (U.S. & Canad. inf.), get away, hasten away, hightail (Inf., chiefly U.S.), light out (Inf.), make a getaway, make a quick exit, make one's escape, run, run for it, run from, show a clean pair of heels, shun, skedaddle (Inf.), take a powder (U.S. & Canad. sl.), take flight, take it on the lam (U.S. & Canad. sl.), take off, take to one's heels 7 **fly in the ointment** difficulty, drawback, flaw, hitch, problem, rub, small problem, snag 8 **fly off the handle** blow one's top, explode, flip one's lid (Sl.), fly into a rage, have a tantrum, hit or go through the roof (Inf.), let fly (Inf.), lose one's cool (Sl.), lose one's temper 9 **let fly** **a** burst forth, give free reign, keep nothing back, lash out, let (someone) have it, lose one's temper, tear into (Inf.), vent **b** cast, chuck (Inf.), fire, fling, heave, hurl, hurtle, launch, let off, lob (Inf.), shoot, sling, throw

fly-by-night adj. 1 cowboy (Inf.), dubious, questionable, shady, undependable, unreliable, untrustworthy 2 brief, here today, gone tomorrow, impermanent, short-lived

flying adj. 1 brief, fleeting, fugacious, hasty, hurried, rushed, short-lived, transitory 2 express, fast, fleet, mercurial, mobile, rapid, speedy, winged 3 airborne, flapping, floating, fluttering, gliding, hovering, in the air, soaring, streaming, volitant, waving, wind-borne, winging

foam 1
- **n.** bubbles, froth, head, lather, spray, spume, suds 2 v. boil, bubble, effervesce, fizz, froth, lather

focus
- **n.** 1 bull's eye, centre, centre of activity, centre of attraction, core, cynosure, focal point, headquarters, heart, hub, meeting place, target 2 **in focus** clear, distinct, sharp-edged, sharply defined 3 **out of focus** blurred, fuzzy, ill-defined, indistinct, muzzy, unclear
- **v.** 4 aim, bring to bear, centre, concentrate, converge, direct, fix, join, meet, pinpoint, rivet, spotlight, zero in (Inf.), zoom in

foe adversary, antagonist, enemy, foeman (Archaic), opponent, rival

fog
- **n.** 1 gloom, miasma, mist, murk, murkiness, peasouper (Inf.), smog 2 (Fig.) blindness, confusion, daze, haze, mist, obscurity, perplexity, stupor, trance
- **v.** 3 becloud, bedim, befuddle, bewilder, blind, cloud, confuse, darken, daze, dim, muddle, obfuscate, obscure, perplex, stupefy 4 cloud, mist over or up, steam up

foggy 1 blurred, brumous (Rare), cloudy, dim, grey, hazy, indistinct, misty, murky, nebulous, obscure, smoggy, soupy, vaporous 2 (Fig.) befuddled, bewildered, clouded, cloudy, confused, dark, dazed, dim, indistinct, muddled, obscure, stupefied, stupid, unclear, vague

foil v. baffle, balk, check, checkmate, circumvent, counter, defeat, disappoint, elude, frustrate, nip in the bud, nullify, outwit, put a spoke in (someone's) wheel (Brit.), stop, thwart

foist fob off, get rid of, impose, insert, insinuate, interpolate, introduce, palm off, pass off, put over, sneak in, unload

fold
- **v.** 1 bend, crease, crumple, dog-ear, double, double over, gather, intertwine, overlap, pleat, tuck, turn under
- **n.** 2 bend, crease, double thickness, folded portion, furrow, knife-edge, layer, overlap, pleat, turn, wrinkle
- **v.** 3 do up, enclose, enfold, entwine, envelop, wrap, wrap up 4 (Inf.) be ruined, close, collapse, crash, fail, go bankrupt, go belly-up (Sl.), go bust (Inf.), go down like a lead balloon (Inf.), go to the wall, go under, shut down

folder binder, envelope, file, portfolio

folk clan, ethnic group, family, kin, kindred, people, race, tribe

follow 1 come after, come next, step into the shoes of, succeed, supersede, supplant, take the place of 2 chase, dog, hound, hunt, pursue, run after, shadow, stalk, tail (Inf.), track, trail 3 accompany, attend, bring up the rear, come or go with, come after, escort, tag along, tread on the heels of 4 act in accordance with, be guided by, comply, conform, give allegiance to, heed, mind, note, obey, observe, regard, watch 5 appreciate, catch, catch on (Inf.), comprehend, fathom, get, get the picture, grasp, keep up with, realize, see, take in, understand 6 arise, be consequent, develop, emanate, ensue, flow, issue, proceed, result, spring, supervene 7 adopt, copy, emulate, imitate, live up to, pattern oneself upon, take as example 8 be a devotee or supporter of, be devoted to, be interested in, cultivate, keep abreast of, support

follower 1 adherent, admirer, apostle, backer, believer, convert, devotee, disciple, fan, fancier, habitué, henchman, partisan, protagonist, pupil, representative, supporter, votary, worshipper 2 attendant, companion, hanger-on, helper, henchman, lackey, minion, retainer (History), sidekick (Sl.)

following 1 adj. coming, consequent, consequential, ensuing, later, next, specified, subsequent, succeeding, successive 2 n. audience, circle, clientele, coterie, entourage, fans, patronage, public, retinue, suite, support, supporters, train

follow up 1 check out, find out about, investigate, look into, make inquiries, pursue, research 2 consolidate, continue, make sure, reinforce

folly absurdity, bêtise (Rare), daftness (Inf.), fatuity, foolishness, idiocy, imbecility, imprudence, indiscretion, irrationality, lunacy, madness, nonsense, preposterousness, rashness, recklessness, silliness, stupidity

fond 1 (With **of**) addicted to, attached to, enamoured of, have a liking (fancy, taste, soft spot) for, hooked on, into (Inf.), keen on, partial to, predisposed towards 2 adoring, affectionate, amorous, caring, devoted, doting, indulgent, loving, tender, warm 3 absurd, credulous, deluded, delusive, delusory, empty, foolish, indiscreet, naive, overoptimistic, vain

fondle caress, cuddle, dandle, pat, pet, stroke

fondly 1 affectionately, dearly, indulgently, lovingly, possessively, tenderly, with affection 2 credulously, foolishly, naively, stupidly, vainly

fondness 1 attachment, fancy, liking, love, partiality, penchant, predilection, preference, soft spot, susceptibility, taste, weakness 2 affection, attachment, devotion, kindness, love, tenderness

food 1 aliment, board, bread, chow (Inf.), comestibles, commons, cooking, cuisine, diet, eatables (Sl.), eats (Sl.), edibles, fare, feed, foodstuffs, grub (Sl.), larder, meat, menu, nosebag (Sl.), nosh (Sl.), nourishment, nutriment, nutrition, pabulum (Rare), provender, provisions, rations, refreshment, scoff (Sl.), stores, subsistence, sustenance, table, tack (Inf.), tuck (Inf.), viands, victuals, vittles (Obs. or dialect) 2 (Cattle, etc.) feed, fodder, forage, provender

fool
- **n.** 1 ass, berk (Brit. sl.), bird-brain (Inf.), blockhead, bonehead (Sl.), charlie (Brit. inf.), chump (Inf.), clodpate (Archaic), clot (Brit. inf.), coot, dickhead (Sl.), dimwit (Inf.), dipstick (Brit. sl.), divvy (Brit. sl.), dolt, dope (Inf.), dork (Sl.), dunce, dunderhead, dweeb (U.S. sl.), fathead (Inf.), fuckwit (Taboo sl.), geek (Sl.), gonzo (Sl.), goose (Inf.), halfwit, idiot, ignoramus, illiterate, imbecile (Inf.), jackass, jerk (Sl., chiefly U.S. & Canad.), lamebrain (Inf.), loon, mooncalf, moron, nerd or nurd (Sl.), nincompoop, ninny, nit (Inf.), nitwit (Inf.), numskull or numbskull, oaf, pillock (Brit. sl.), plank (Brit. sl.), plonker (Sl.), prat (Sl.), prick (Derogatory sl.), sap (Sl.), schmuck (U.S. sl.), silly, simpleton, twerp or twirp (Inf.), twit (Inf., chiefly Brit.), wally (Sl.) 2 butt, chump (Inf.), dupe, easy mark (Inf.), fall guy (Inf.), greenhorn (Inf.), gull (Archaic), laughing stock, mug (Brit. sl.), stooge (Sl.), sucker (Sl.) 3 buffoon, clown, comic, harlequin, jester, merry-andrew, motley, pierrot, punchinello 4 **act** or **play the fool** act up, be silly, cavort, clown, cut capers, frolic, lark about (Inf.), mess about, piss about (Taboo sl.), piss around (Taboo sl.), play the goat, show off (Inf.)
- **v.** 5 bamboozle, beguile, bluff, cheat, con (Inf.), deceive, delude, dupe, gull (Archaic), have (someone) on, hoax, hoodwink, kid (Inf.), make a fool of, mislead, play a trick on, put one over on (Inf.), stiff (Sl.), take in, trick 6 act the fool, cut capers, feign, jest, joke, kid (Inf.), make believe, piss about (Taboo sl.), piss around (Taboo sl.), pretend, tease 7 (With **with, around with,** or **about with**) fiddle (Inf.), meddle, mess, monkey, piss about (Taboo sl.), piss around (Taboo sl.), play, tamper, toy, trifle

foolery antics, capers, carry-on (Inf., chiefly Brit.), childishness, clowning, folly, fooling, horseplay, larks, mischief, monkey tricks (Inf.), nonsense, practical jokes, pranks, shenanigans (Inf.), silliness, tomfoolery

foolhardy adventurous, bold, hot-headed, impetuous, imprudent, incautious, irresponsible, madcap, precipitate, rash, reckless, temerarious, venturesome, venturous

foolish [1] absurd, asinine, ill-advised, ill-considered, ill-judged, imprudent, inane, incautious, indiscreet, injudicious, nonsensical, senseless, short-sighted, silly, unintelligent, unreasonable, unwise [2] braindead (Inf.), brainless, crackpot (Inf.), crazy, daft (Inf.), doltish, fatuous, goofy (Inf.), half-baked (Inf.), half-witted, harebrained, idiotic, imbecilic, inane, loopy (Inf.), ludicrous, mad, moronic, potty (Brit. inf.), ridiculous, senseless, silly, simple, stupid, weak, witless

foolishly absurdly, idiotically, ill-advisedly, imprudently, incautiously, indiscreetly, injudiciously, like a fool, mistakenly, short-sightedly, stupidly, unwisely, without due consideration

foolishness [1] absurdity, bêtise (Rare), folly, idiocy, imprudence, inanity, indiscretion, irresponsibility, silliness, stupidity, weakness [2] bunk (Inf.), bunkum or buncombe (Chiefly U.S.), carrying-on (Inf., chiefly Brit.), claptrap (Inf.), foolery, nonsense, rigmarole, rubbish

foolproof certain, guaranteed, infallible, never-failing, safe, sure-fire (Inf.), unassailable, unbreakable

footing [1] basis, establishment, foot-hold, foundation, ground, groundwork, installation, settlement [2] condition, grade, position, rank, relations, relationship, standing, state, status, terms

footling fiddling, fussy, hairsplitting, immaterial, insignificant, irrelevant, minor, nickel-and-dime (U.S. sl.), niggly, petty, pointless, silly, time-wasting, trifling, trivial, unimportant

footstep [1] footfall, step, tread [2] footmark, footprint, trace, track

forage [1] n. (Cattle, etc.) feed, fodder, food, foodstuffs, provender [2] v. cast about, explore, hunt, look round, plunder, raid, ransack, rummage, scavenge, scour, scrounge (Inf.), search, seek

forbear abstain, avoid, cease, decline, desist, eschew, hold back, keep from, omit, pause, refrain, resist the temptation to, restrain oneself, stop, withhold

forbearance [1] indulgence, leniency, lenity, longanimity (Rare), long-suffering, mildness, moderation, patience, resignation, restraint, self-control, temperance, tolerance [2] abstinence, avoidance, refraining

forbearing clement, easy, forgiving, indulgent, lenient, long-suffering, merciful, mild, moderate, patient, tolerant

forbid ban, debar, disallow, exclude, hinder, inhibit, interdict, outlaw, preclude, prohibit, proscribe, rule out, veto

forbidden banned, outlawed, out of bounds, prohibited, proscribed, taboo, verboten, vetoed

forbidding [1] abhorrent, disagreeable, odious, offensive, off-putting (Brit. inf.), repellent, repulsive [2] baleful, daunting, foreboding, frightening, grim, hostile, menacing, ominous, sinister, threatening, unfriendly

force
- n. [1] dynamism, energy, impact, impulse, life, might, momentum, muscle, potency, power, pressure, stimulus, strength, stress, vigour [2] arm-twisting (Inf.), coercion, compulsion, constraint, duress, enforcement, pressure, violence [3] bite, cogency, effect, effectiveness, efficacy, influence, persuasiveness, power, punch (Inf.), strength, validity, weight [4] drive, emphasis, fierceness, intensity, persistence, vehemence, vigour [5] army, battalion, body, corps, detachment, division, host, legion, patrol, regiment, squad, squadron, troop, unit [6] **in force** a binding, current, effective, in operation, on the statute book, operative, valid, working b all together, in full strength, in great numbers
- v. [7] bring pressure to bear upon, coerce, compel, constrain, dragoon, drive, impel, impose, make, necessitate, obligate, oblige, overcome, press, press-gang, pressure, pressurize, put the squeeze on (Inf.), railroad (Inf.), strong-arm (Inf.), urge [8] blast, break open, prise, propel, push, thrust, use violence on, wrench, wrest [9] drag, exact, extort, wring

forced [1] compulsory, conscripted, enforced, involuntary, mandatory, obligatory, slave, unwilling [2] affected, artificial, contrived, false, insincere, laboured, stiff, strained, unnatural, wooden

forceful cogent, compelling, convincing, dynamic, effective, persuasive, pithy, potent, powerful, telling, vigorous, weighty

forcible [1] active, cogent, compelling, effective, efficient, energetic, forceful, impressive, mighty, potent, powerful, strong, telling, valid, weighty [2] aggressive, armed, coercive, compulsory, drastic, violent

forcibly against one's will, by force, by main force, compulsorily, under compulsion, under protest, willy-nilly

forebear ancestor, father, forefather, forerunner, predecessor, progenitor

forebode augur, betoken, foreshadow, foreshow, foretell, foretoken, forewarn, indicate, portend, predict, presage, prognosticate, promise, vaticinate (Rare), warn of

foreboding [1] anxiety, apprehension, apprehensiveness, chill, dread, fear, misgiving, premonition, presentiment [2] augury, foreshadowing, foretoken, omen, portent, prediction, presage, prognostication, sign, token, warning

forecast [1] v. anticipate, augur, calculate, divine, estimate, foresee, foretell, plan, predict, prognosticate, prophesy, vaticinate (Rare) [2] n. anticipation, conjecture, foresight, forethought, guess, outlook, planning, prediction, prognosis, projection, prophecy

forefather ancestor, father, forebear, forerunner, predecessor, primogenitor, procreator, progenitor

forego → forgo

foregoing above, antecedent, anterior, former, preceding, previous, prior

foreground centre, forefront, front, limelight, prominence

foreign [1] alien, borrowed, distant, exotic, external, imported, outlandish, outside, overseas, remote, strange, unfamiliar, unknown [2] extraneous, extrinsic, incongruous, irrelevant, unassimilable, uncharacteristic, unrelated

foreigner alien, immigrant, incomer, newcomer, outlander, stranger

foremost chief, first, front, headmost, highest, inaugural, initial, leading, paramount, preeminent, primary, prime, principal, supreme

forerunner [1] ancestor, announcer, envoy, forebear, foregoer, harbinger, herald, precursor, predecessor, progenitor, prototype [2] augury, foretoken, indication, omen, portent, premonition, prognostic, sign, token

foresee anticipate, divine, envisage, forebode, forecast, foretell, predict, prophesy, vaticinate (Rare)

foreshadow adumbrate, augur, betoken, bode, forebode, imply, indicate, portend, predict, prefigure, presage, promise, prophesy, signal

foresight anticipation, care, caution, circumspection, far-sightedness, forethought, precaution, premeditation, preparedness, prescience, prevision (Rare), provision, prudence

forestry arboriculture, dendrology (Bot.), silviculture, woodcraft, woodmanship

foretell adumbrate, augur, bode, forebode, forecast, foreshadow, foreshow, forewarn, portend, predict, presage, prognosticate, prophesy, signify, soothsay, vaticinate (Rare)

forethought anticipation, far-sightedness, foresight, precaution, providence, provision, prudence

forever [1] always, evermore, for all time, for good and all (Inf.), for keeps, in perpetuity, till Doomsday, till the cows come home (Inf.), till the end of time, world without end [2] all the time, constantly, continually, endlessly, eternally, everlastingly, incessantly, interminably, perpetually, unremittingly

forewarn admonish, advise, alert, apprise, caution, dissuade, give fair warning, put on guard, put on the qui vive, tip off

foreword introduction, preamble, preface, preliminary, prolegomenon, prologue

forfeit [1] n. amercement (Obsolete), damages, fine, forfeiture, loss, mulct, penalty [2] v. be deprived of, be stripped of, give up, lose, relinquish, renounce, surrender

forfeiture confiscation, giving up, loss, relinquishment, sequestration (Law), surrender

forge v. [1] construct, contrive, create, devise, fabricate, fashion, form, frame, hammer out, invent, make, mould, shape, work [2] coin, copy, counterfeit, fake, falsify, feign, imitate

forger coiner, counterfeiter, falsifier

forgery [1] coining, counterfeiting, falsification, fraudulence, fraudulent imitation [2] counterfeit, fake, falsification, imitation, phoney or phony (Inf.), sham

forget [1] consign to oblivion, dismiss from one's mind, let bygones be bygones, let slip from the memory [2] leave behind, lose sight of, omit, overlook

forgetful absent-minded, apt to forget, careless, dreamy, heedless, inattentive, lax, neglectful, negligent, oblivious, slapdash, slipshod, unmindful

forgetfulness absent-mindedness, abstraction, carelessness, dreaminess, heedlessness, inattention, lapse of memory, laxity, laxness, oblivion, obliviousness, woolgathering

forgive absolve, accept (someone's) apology, acquit, bear no malice, condone, excuse, exonerate, let bygones be bygones, let off (Inf.), pardon, remit

forgiveness absolution, acquittal, amnesty, condonation, exoneration, mercy, overlooking, pardon, remission

forgiving clement, compassionate, forbearing, humane, lenient, magnanimous, merciful, mild, soft-hearted, tolerant

forgo, forego abandon, abjure, cede, do without, give up, kick (Inf.), leave alone or out, relinquish, renounce, resign, sacrifice, surrender, waive, yield

forgotten blotted out, buried, bygone, consigned to oblivion, gone (clean) out of one's mind, left behind or out, lost, obliterated, omitted, past, past recall, unremembered

fork v. bifurcate, branch, branch off, diverge, divide, go separate ways, part, split

forked angled, bifurcate(d), branched, branching, divided, pronged, split, tined, zigzag

forlorn abandoned, bereft, cheerless, comfortless, deserted, desolate, destitute, disconsolate, forgotten, forsaken, friendless, helpless, homeless, hopeless, lonely, lost, miserable, pathetic, pitiable, pitiful, unhappy, woebegone, wretched

form[1] v. [1] assemble, bring about, build, concoct, construct, contrive, create, devise, establish, fabricate, fashion, forge, found, invent, make, manufacture, model, mould, produce, put together, set up, shape, stamp [2] arrange, combine, design, dispose, draw up, frame, organize, pattern, plan, think up [3] accumulate, appear, become visible, come into being, crystallize, grow, materialize, rise, settle, show up (Inf.), take shape [4] acquire, contract, cultivate, develop, get into (Inf.), pick up [5] compose, comprise, constitute, make, make up, serve as [6] bring up, discipline, educate, instruct, rear, school, teach, train

form[2] n. [1] appearance, cast, configuration, construction, cut, fashion, formation, model, mould, pattern, shape, stamp, structure [2] anatomy, being, body, build, figure, frame, outline, person, physique, shape, silhouette [3] arrangement, character, description, design, guise, kind, manifestation, manner, method, mode, order, practice, semblance, sort, species, stamp, style, system, type, variety, way [4] format, framework, harmony, order, orderliness, organization, plan, proportion, structure, symmetry [5] condition, fettle, fitness, good condition, good spirits, health, shape, trim [6] **off form** below par, not in the pink (Inf.), not up to the mark, out of condition, stale, under the weather (Inf.), unfit [7] behaviour, ceremony, conduct, convention, custom, done thing, etiquette, formality, manners, procedure, protocol, ritual, rule [8] application, document, paper, sheet [9] class, grade, rank

formal [1] approved, ceremonial, explicit, express, fixed, lawful, legal, methodical, official, prescribed, pro forma, regular, rigid, ritualistic, set, solemn, strict [2] affected, aloof, ceremonious, conventional, correct, exact, precise, prim, punctilious, reserved, starched, stiff, unbending

formality [1] ceremony, convention, conventionality, custom, form, gesture, matter of form, procedure, red tape, rite, ritual [2] ceremoniousness, correctness, decorum, etiquette, politesse, protocol, punctilio

formation [1] accumulation, compilation, composition, constitution, crystallization, development, establishment, evolution, forming, generation, genesis, manufacture, organization, production [2] arrangement, configuration, design, disposition, figure, grouping, pattern, rank, structure

formative [1] impressionable, malleable, mouldable, pliant, sensitive, susceptible [2] determinative, developmental, influential, moulding, shaping

former [1] antecedent, anterior, ci-devant, earlier, erstwhile, ex-, late, one-time, previous, prior, quondam, whilom (Archaic) [2] ancient, bygone, departed, long ago, long gone, of yore, old, old-time, past [3] above, aforementioned, aforesaid, first mentioned, foregoing, preceding

formerly aforetime (Archaic), already, at one time, before, heretofore, lately, once, previously

formidable [1] appalling, baleful, dangerous, daunting, dismaying, dreadful, fearful, frightful, horrible, intimidating, menacing, shocking, terrifying, threatening [2] arduous, challenging, colossal, difficult, mammoth, onerous, overwhelming, staggering, toilsome [3] awesome, great, impressive, indomitable, mighty, powerful, puissant, redoubtable, terrific, tremendous

formula [1] form of words, formulary, rite, ritual, rubric [2] blueprint, method, modus operandi, precept, prescription, principle, procedure, recipe, rule, way

formulate [1] codify, define, detail, express, frame, give form to, particularize, set down, specify, systematize [2] coin, develop, devise, evolve, forge, invent, map out, originate, plan, work out

forsake [1] abandon, cast off, desert, disown, jettison, jilt, leave, leave in the lurch, quit, repudiate, throw over [2] abdicate, forgo, forswear, give up, have done with, kick (Inf.), relinquish, renounce, set aside, surrender, turn one's back on, yield

forsaken abandoned, cast off, deserted, destitute, disowned, forlorn, friendless, ignored, isolated, jilted, left behind, left in the lurch, lonely, marooned, outcast, solitary

fort [1] blockhouse, camp, castle, citadel, fastness, fortification, fortress, garrison, redoubt, station, stronghold [2] **hold the fort** carry on, keep things moving, keep things on an even keel, maintain the status quo, stand in, take over the reins

forte gift, long suit (Inf.), métier, speciality, strength, strong point, talent

forth ahead, away, forward, into the open, onward, out, out of concealment, outward

forthcoming [1] approaching, coming, expected, future, imminent, impending, prospective, upcoming [2] accessible, at hand, available, in evidence, obtainable, on tap (Inf.), ready [3] chatty, communicative, expansive, free, informative, open, sociable, talkative, unreserved

forthright above-board, blunt, candid, direct, downright, frank, open, outspoken, plain-spoken, straightforward, straight from the shoulder (Inf.), upfront (Inf.)

forthwith at once, directly, immediately, instantly, quickly, right away, straightaway, tout de suite, without delay

fortification [1] bastion, bulwark, castle, citadel, defence, fastness, fort, fortress, keep, protection, stronghold [2] embattlement, reinforcement, strengthening

fortify [1] augment, brace, buttress, embattle, garrison, protect, reinforce, secure, shore up, strengthen, support [2] brace, cheer, confirm, embolden, encourage, hearten, invigorate, reassure, stiffen, strengthen, sustain

fortitude backbone, braveness, courage, dauntlessness, determination, endurance, fearlessness, firmness, grit, guts (Inf.), hardihood, intrepidity, patience, perseverance, pluck, resolution, staying power, stoutheartedness, strength, strength of mind, valour

fortress castle, citadel, fastness, fort, redoubt, stronghold

fortunate [1] born with a silver spoon in one's mouth, bright, favoured, golden, happy, having a charmed life, in luck, jammy (Brit. sl.), lucky, prosperous, rosy, sitting pretty (Inf.), successful, well-off [2] advantageous, auspicious, convenient, encouraging, expedient, favourable, felicitous, fortuitous, helpful, opportune, profitable, promising, propitious, providential, timely

fortunately by a happy chance, by good luck, happily, luckily, providentially

fortune [1] affluence, big bucks (Inf., chiefly U.S.), big money, gold mine, megabucks (U.S. & Canad. sl.), opulence, possessions, pretty penny (Inf.), property, prosperity, riches, tidy sum (Inf.), treasure, wad (U.S. & Canad. sl.), wealth [2] accident, chance, contingency, destiny, fate, fortuity, hap (Archaic), hazard, kismet, luck, providence [3] Often plural adventures, circumstances, destiny, doom, expectation, experience(s), history, life, lot, portion, star, success [4] bomb (Brit. sl.), bundle (Sl.), king's ransom, mint, packet (Sl.), pile (Inf.), wealth

forward
• adj. [1] advanced, advancing, early, forward-looking, onward, precocious, premature, progressive, well-developed [2] advance, first, fore, foremost, front, head, leading [3] assuming, bare-faced, bold, brash, brass-necked (Brit. inf.), brazen, brazen-faced, cheeky, confident, familiar, fresh (Inf.), impertinent, impudent, overassertive, overweening, pert, presuming, presumptuous, pushy (Inf.), sassy (U.S. inf.)
• adv. [4] Also **forwards** ahead, forth, on, onward [5] into consideration, into prominence, into the open, into view, out, to light, to the fore, to the surface
• v. [6] advance, aid, assist, back, encourage, expedite, favour, foster, further, hasten, help, hurry, promote, speed, support [7] (Commerce) dispatch, freight, post, route, send, send on, ship, transmit

forward-looking dynamic, enlightened, enterprising, go-ahead, go-getting (Inf.), liberal, modern, progressive, reforming

forwardness boldness, brashness, brazenness, cheek (Inf.), cheekiness, chutzpah (U.S. & Canad. inf.), impertinence, impudence, overconfidence, pertness, presumption

foster [1] cultivate, encourage, feed, foment, nurture, promote, stimulate, support, uphold [2] bring up, mother, nurse, raise, rear, take care of [3] accommodate, cherish, entertain, harbour, nourish, sustain

foul
• adj. [1] contaminated, dirty, disgusting, fetid, filthy, grotty (Sl.), grungy (Sl., chiefly U.S.), impure, loathsome, malodorous, mephitic, nasty, nauseating, noisome, offensive, olid, polluted, putrid, rank, repulsive, revolting, rotten, scuzzy (Sl., chiefly U.S.), squalid, stinking, sullied, tainted, unclean, yucky or yukky (Sl.) [2] abusive, blasphemous, blue, coarse, dirty, filthy, foul-mouthed, gross, indecent, lewd, low, obscene, profane, scatological, scurrilous, smutty, vulgar [3] abhorrent, abominable, base, despicable, detestable, disgraceful, dishonourable, egregious, hateful, heinous, infamous, iniquitous, nefarious, notorious, offensive, scandalous, shameful, shitty (Taboo sl.), vicious, vile, wicked [4] crooked, dirty, dishonest, fraudulent, inequitable, shady (Inf.), underhand, unfair, unjust, unscrupulous, unsportsmanlike [5] bad, blustery, disagreeable, foggy, murky, rainy, rough, stormy, wet, wild
• v. [6] begrime, besmear, besmirch, contaminate, defile, dirty, pollute, smear, smirch, soil, stain, sully, taint [7] block, catch, choke, clog, ensnare, entangle, jam, snarl, twist

found [1] bring into being, constitute, construct, create, endow, erect, establish, fix, inaugurate, institute, organize, originate, plant, raise, settle, set up, start [2] base, bottom, build, ground, rest, root, sustain

foundation [1] base, basis, bedrock, bottom, footing, groundwork, substructure, underpinning [2] endowment, establishment, inauguration, institution, organization, setting up, settlement

founder[1] n. architect, author, beginner, benefactor, builder, constructor, designer, establisher, father, framer, generator, initiator, institutor, inventor, maker, organizer, originator, patriarch

founder[2]
• v. [1] be lost, go down, go to the bottom, sink, submerge [2] (Fig.) abort, break down, collapse, come to grief, come to nothing, fail, fall through, go belly-up (Sl.), go down like a lead balloon (Inf.), miscarry, misfire [3] collapse, fall, go lame, lurch, sprawl, stagger, stumble, trip

foundling orphan, outcast, stray, waif

fountain [1] font, fount, jet, reservoir, spout, spray, spring, well [2] (Fig.) beginning, cause, commencement, derivation, fount, fountain-head, genesis, origin, rise, source, wellhead, wellspring

foxy artful, astute, canny, crafty, cunning, devious, guileful, knowing, sharp, shrewd, sly, tricky, wily

foyer antechamber, anteroom, entrance hall, lobby, reception area, vestibule

fracas affray (Law), aggro (Sl.), bagarre, brawl, disturbance, donnybrook, fight, free-for-all (Inf.), melee or mêlée, quarrel, riot, row, rumpus, scrimmage, scuffle, shindig (Inf.), shindy (Inf.), skirmish, trouble, uproar

fractious awkward, captious, crabby, cross, fretful, froward, grouchy (Inf.), irritable, peevish, pettish, petulant, querulous, ratty (Brit. & N.Z. inf.), recalcitrant, refractory, testy, tetchy, touchy, unruly

fracture [1] n. breach, break, cleft, crack, fissure, gap, opening, rent, rift, rupture, schism, split [2] v. break, crack, rupture, splinter, split

fragile breakable, brittle, dainty, delicate, feeble, fine, flimsy, frail, frangible, infirm, slight, weak

fragment [1] n. bit, chip, fraction, morsel, oddment, part, particle, piece, portion, remnant, scrap, shiver, sliver [2] v. break, break up, come apart, come to pieces, crumble, disintegrate, disunite, divide, shatter, shiver, splinter, split, split up

fragmentary bitty, broken, disconnected, discrete, disjointed, incoherent, incomplete, partial, piecemeal, scattered, scrappy, sketchy, unsystematic

fragrance aroma, balm, bouquet, fragrancy, perfume, redolence, scent, smell, sweet odour

fragrant ambrosial, aromatic, balmy, odoriferous, odorous, perfumed, redolent, sweet-scented, sweet-smelling

frail breakable, brittle, decrepit, delicate, feeble, flimsy, fragile, frangible, infirm, insubstantial, puny, slight, tender, unsound, vulnerable, weak, wispy

frailty [1] fallibility, feebleness, frailness, infirmity, peccability, puniness, susceptibility, weakness [2] blemish, defect, deficiency, failing, fault, flaw, foible, imperfection, peccadillo, shortcoming, vice, weak point

frame
• v. [1] assemble, build, constitute, construct, fabricate, fashion, forge, form, institute, invent, make, manufacture, model, mould, put together, set up [2] block out, compose, conceive, concoct, contrive, cook up, devise, draft, draw up, form, formulate, hatch, map out, plan, shape, sketch [3] case, enclose, mount, surround
• n. [4] casing, construction, fabric, form, framework, scheme, shell, structure, system [5] anatomy, body, build, carcass, morphology, physique, skeleton [6] mount, mounting, setting [7] **frame of mind** attitude, disposition, fettle, humour, mood, outlook, spirit, state, temper

frame-up fabrication, fit-up (Sl.), put-up job, trumped-up charge

framework core, fabric, foundation, frame, frame of reference, groundwork, plan, schema, shell, skeleton, structure, the bare bones

franchise authorization, charter, exemption, freedom, immunity, prerogative, privilege, right, suffrage, vote

frank artless, blunt, candid, direct, downright, forthright, free, honest, ingenuous, open, outright, outspoken, plain, plain-spoken, sincere, straightforward, straight from the shoulder (Inf.), transparent, truthful, unconcealed, undisguised, unreserved, unrestricted, upfront (Inf.)

frankly [1] candidly, honestly, in truth, to be honest [2] bluntly, directly, freely, openly, overtly, plainly, straight, without reserve

frankness absence of reserve, bluntness, candour, forthrightness, ingenuousness, openness, outspokenness, plain speaking, truthfulness

frantic at one's wits' end, berserk, beside oneself, desperate, distracted, distraught, fraught (Inf.), frenetic, frenzied, furious, hectic, mad, overwrought, raging, raving, uptight (Inf.), wild

fraternity association, brotherhood, camaraderie, circle, clan, club, companionship, company, comradeship, fellowship, guild, kinship, league, order, set, sodality, union

fraternize associate, concur, consort, cooperate, go around with, hang out (Inf.), hobnob, keep company, mingle, mix, socialize, sympathize, unite

fraud [1] artifice, canard, cheat, chicane, chicanery, craft, deceit, deception, double-dealing, duplicity, guile, hoax, humbug, imposture, scam (Sl.), sharp practice, spuriousness, sting (Inf.), stratagems, swindling, treachery, trickery [2] bluffer, charlatan, cheat, counterfeit, double-dealer, fake, forgery, hoax, hoaxer, impostor, mountebank, phoney or phony (Inf.), pretender, quack, sham, swindler

fraudulent counterfeit, crafty, criminal, crooked (Inf.), deceitful, deceptive, dishonest, double-dealing, duplicitous, false, knavish, phoney or phony (Inf.), sham, spurious, swindling, treacherous

fray v. become threadbare, chafe, fret, rub, wear, wear away, wear thin

freak
- n. [1] aberration, abnormality, abortion, anomaly, grotesque, malformation, monster, monstrosity, mutant, oddity, queer fish (Brit. inf.), rara avis, sport (Biol.), teratism, weirdo or weirdie (Inf.) [2] caprice, crotchet, fad, fancy, folly, humour, irregularity, quirk, turn, twist, vagary, whim, whimsy [3] (Sl.) addict, aficionado, buff (Inf.), devotee, enthusiast, fan, fanatic, fiend (Inf.), nut (Sl.)
- adj. [4] aberrant, abnormal, atypical, bizarre, erratic, exceptional, fluky (Inf.), fortuitous, odd, queer, unaccountable, unexpected, unforeseen, unparalleled, unpredictable, unusual

free
- adj. [1] buckshee (Brit. sl.), complimentary, for free (Inf.), for nothing, free of charge, gratis, gratuitous, on the house, unpaid, without charge [2] at large, at liberty, footloose, independent, liberated, loose, off the hook (Sl.), on the loose, uncommitted, unconstrained, unengaged, unfettered, unrestrained [3] able, allowed, clear, disengaged, loose, open, permitted, unattached, unengaged, unhampered, unimpeded, unobstructed, unregulated, unrestricted, untrammelled [4] (With of) above, beyond, deficient in, devoid of, exempt from, immune to, lacking (in), not liable to, safe from, sans (Archaic), unaffected by, unencumbered by, untouched by, without [5] autarchic, autonomous, democratic, emancipated, independent, self-governing, self-ruling, sovereign [6] at leisure, available, empty, extra, idle, not tied down, spare, unemployed, uninhabited, unoccupied, unused, vacant [7] casual, easy, familiar, forward, frank, free and easy, informal, laid-back (Inf.), lax, liberal, loose, natural, open, relaxed, spontaneous, unbidden, unceremonious, unconstrained, unforced, uninhibited [8] big (Inf.), bounteous, bountiful, charitable, eager, generous, hospitable, lavish, liberal, munificent, open-handed, prodigal, unsparing, unstinting, willing [9] **free and easy** casual, easy-going, informal, laid-back (Inf.), lax, lenient, liberal, relaxed, tolerant, unceremonious
- adv. [10] at no cost, for love, gratis, without charge [11] abundantly, copiously, freely, idly, loosely
- v. [12] deliver, discharge, disenthrall, emancipate, let go, let out, liberate, loose, manumit, release, set at liberty, set free, turn loose, unbridle, uncage, unchain, unfetter, unleash, untie [13] clear, cut loose, deliver, disengage, disentangle, exempt, extricate, ransom, redeem, relieve, rescue, rid, unburden, undo, unshackle

freedom [1] autonomy, deliverance, emancipation, home rule, independence, liberty, manumission, release, self-government [2] exemption, immunity, impunity, privilege [3] ability, blank cheque, carte blanche, discretion, elbowroom, facility, flexibility, free rein, latitude, leeway, licence, opportunity, play, power, range, scope [4] abandon, candour, directness, ease, familiarity, frankness, informality, ingenuousness, lack of restraint or reserve, openness, unconstraint [5] boldness, brazenness, disrespect, forwardness, impertinence, laxity, licence, overfamiliarity, presumption

free-for-all affray (Law), bagarre, brawl, donnybrook, dust-up (Inf.), fight, fracas, melee or mêlée, riot, row, scrimmage, shindig (Inf.), shindy (Inf.)

freely [1] of one's own accord, of one's own free will, spontaneously, voluntarily, willingly, without prompting [2] candidly, frankly, openly, plainly, unreservedly, without reserve [3] as you please, unchallenged, without let or hindrance, without restraint [4] abundantly, amply, bountifully, copiously, extravagantly, lavishly, liberally, like water, open-handedly, unstintingly, with a free hand [5] cleanly, easily, loosely, readily, smoothly

freethinker agnostic, deist, doubter, infidel, sceptic, unbeliever

freeze [1] benumb, chill, congeal, glaciate, harden, ice over or up, stiffen [2] fix, hold up, inhibit, peg, stop, suspend

freezing arctic, biting, bitter, chill, chilled, cutting, frost-bound, frosty, glacial, icy, numbing, parky (Brit. inf.), penetrating, polar, raw, Siberian, wintry

freight n. [1] carriage, conveyance, shipment, transportation [2] bales, bulk, burden, cargo, consignment, contents, goods, haul, lading, load, merchandise, payload, tonnage

French Gallic

frenzy [1] aberration, agitation, delirium, derangement, distraction, fury, hysteria, insanity, lunacy, madness, mania, paroxysm, passion, rage, seizure, transport, turmoil [2] bout, burst, convulsion, fit, outburst, paroxysm, spasm

frequency constancy, frequentness, periodicity, prevalence, recurrence, repetition

frequent [1] adj. common, constant, continual, customary, everyday, familiar, habitual, incessant, numerous, persistent, recurrent, recurring, reiterated, repeated, usual [2] v. attend, be a regular customer of, be found at, hang out at (Inf.), haunt, patronize, resort, visit

frequently commonly, customarily, habitually, many a time, many times, much, not infrequently, oft (Archaic or poetic), often, oftentimes (Archaic), over and over again, repeatedly, thick and fast, very often

fresh [1] different, latest, modern, modernistic, new, new-fangled, novel, original, recent, this season's, unconventional, unusual, up-to-date [2] added, additional, auxiliary, extra, further, more, other, renewed, supplementary [3] bracing, bright, brisk, clean, clear, cool, crisp, invigorating, pure, refreshing, spanking, sparkling, stiff, sweet, unpolluted [4] alert, bouncing, bright, bright-eyed and bushy-tailed (Inf.), chipper (Inf.), energetic, full of vim and vigour (Inf.), invigorated, keen, like a new man, lively, refreshed, rested, restored, revived, sprightly, spry, vigorous, vital [5] blooming, clear, fair, florid, glowing, good, hardy, healthy, rosy, ruddy, wholesome [6] dewy, undimmed, unfaded, unwearied, unwithered, verdant, vivid, young [7] artless, callow, green, inexperienced, natural, new, raw, uncultivated, untrained, untried, youthful [8] crude, green, natural, raw, uncured, undried, unprocessed, unsalted [9] (Inf.) bold, brazen, cheeky, disrespectful, familiar, flip (Inf.), forward, impudent, insolent, pert, presumptuous, sassy (U.S. inf.), saucy, smart-alecky (Inf.)

freshen [1] enliven, freshen up, liven up, refresh, restore, revitalize, rouse, spruce up, titivate [2] air, purify, ventilate

freshness [1] innovativeness, inventiveness, newness, novelty, originality [2] bloom, brightness, cleanness, clearness, dewiness, glow, shine, sparkle, vigour, wholesomeness

fret [1] affront, agonize, anguish, annoy, brood, chagrin, goad, grieve, harass, irritate, lose sleep over, provoke, ruffle, torment, upset or distress oneself, worry [2] agitate, bother, distress, disturb, gall, irk, nag, nettle, peeve (Inf.), pique, rankle with, rile, trouble, vex

fretful captious, complaining, cross, crotchety (Inf.), edgy, fractious, irritable, out of sorts, peevish, petulant, querulous, ratty (Brit. & N.Z. inf.), short-tempered, splenetic, testy, tetchy, touchy, uneasy

friction [1] abrasion, attrition, chafing, erosion, fretting, grating, irritation, rasping, resistance, rubbing, scraping, wearing away [2] animosity, antagonism, bad blood, bad feeling, bickering, conflict, disagreement, discontent, discord, disharmony, dispute, dissension, hostility, incompatibility, opposition, resentment, rivalry, wrangling

friend [1] Achates, alter ego, boon companion, bosom friend, buddy (Inf.), china (Brit. sl.), chum (Inf.), cock (Brit. inf.), companion, comrade, confidant, crony, familiar, intimate, mate (Inf.), pal, partner, playmate, soul mate [2] adherent, advocate, ally, associate, backer, benefactor, partisan, patron, protagonist, supporter, well-wisher

friendless abandoned, alienated, all alone, alone, cut off, deserted, estranged, forlorn, forsaken, isolated, lonely, lonesome, ostracized, shunned, solitary, unattached, with no one to turn to, without a friend in the world, without ties

friendliness affability, amiability, companionability, congeniality, conviviality, geniality, kindliness, mateyness or matiness (Brit. inf.), neighbourliness, open arms, sociability, warmth

friendly affable, affectionate, amiable, amicable, attached, attentive, auspicious, beneficial, benevolent, benign, buddy-buddy (Sl., chiefly U.S. & Canad.), chummy (Inf.), close, clubby, companionable, comradely, conciliatory, confiding, convivial, cordial, familiar, favourable, fond, fraternal, genial, good, helpful, intimate, kind, kindly, matey or maty (Brit. inf.), neighbourly, on good terms, on visiting terms, outgoing, palsy-walsy (Inf.), peaceable, propitious, receptive, sociable, sympathetic, thick (Inf.), welcoming, well-disposed

friendship affection, affinity, alliance, amity, attachment, benevolence, closeness, concord, familiarity, fondness, friendliness, good-fellowship, good will, harmony, intimacy, love, rapport, regard

fright [1] alarm, apprehension, (blue) funk (Inf.), cold sweat, consternation, dismay, dread, fear, fear and trembling, horror, panic, quaking, scare, shock, terror, the shivers, trepidation [2] (Inf.) eyesore, frump, mess (Inf.), scarecrow, sight (Inf.)

frighten affright (Archaic), alarm, appal, cow, daunt, dismay, freeze one's blood, intimidate, make one's blood run cold, make one's hair stand on end (Inf.), make (someone) jump out of his skin (Inf.), petrify, put the wind up (someone) (Inf.), scare, scare (someone) stiff, scare the living daylights out of (someone) (Inf.), shock, startle, terrify, terrorize, throw into a fright, throw into a panic, unman, unnerve

frightened abashed, affrighted (Archaic), afraid, alarmed, cowed, dismayed, frozen, in a cold sweat, in a panic, in fear and trepidation, numb with fear, panicky, petrified, scared, scared shitless (Taboo sl.), scared stiff, shit-scared (Taboo sl.), startled, terrified, terrorized, terror-stricken, unnerved

frightening alarming, appalling, baleful, blood-curdling, daunting, dismaying, dreadful, fearful, fearsome, hair-raising, horrifying, intimidating, menacing, scary (Inf.), shocking, spooky (Inf.), terrifying, unnerving

frightful [1] alarming, appalling, awful, dire, dread, dreadful, fearful, ghastly, godawful (Sl.), grim, grisly, gruesome, harrowing, hellacious (U.S. sl.), hideous, horrendous, horrible, horrid, lurid, macabre, petrifying, shocking, terrible, terrifying, traumatic, unnerving, unspeakable [2] annoying, awful, disagreeable, dreadful, extreme, great, insufferable, terrible, terrific, unpleasant

frigid [1] arctic, chill, cold, cool, frost-bound, frosty, frozen, gelid, glacial, hyperboreal, icy, Siberian, wintry [2] aloof, austere, cold-hearted, forbidding, formal, icy, lifeless, passionless, passive, repellent, rigid, stiff, unapproachable, unbending, unfeeling, unloving, unresponsive

frigidity aloofness, austerity, chill, cold-heartedness, coldness, frostiness, iciness, impassivity, lack of response, lifelessness, passivity, touch-me-not attitude, unapproachability, unresponsiveness, wintriness

frills additions, affectation(s), bits and pieces, decoration(s), dressing up, embellishment(s), extras, fanciness, fandangles, finery, frilliness, frippery, fuss, gewgaws, jazz (Sl.), mannerisms, nonsense, ornamentation, ostentation, superfluities, tomfoolery, trimmings

fringe
- n. [1] binding, border, edging, hem, tassel, trimming [2] borderline, edge, limits, march, marches, margin, outskirts, perimeter, periphery
- adj. [3] unconventional, unofficial, unorthodox
- v. [4] border, edge, enclose, skirt, surround, trim

frisk [1] bounce, caper, cavort, curvet, dance, frolic, gambol, hop, jump, play, prance, rollick, romp, skip, sport, trip 2 (Inf.) check, inspect, run over, search, shake down (U.S. sl.)

frisky bouncy, coltish, frolicsome, full of beans (Inf.), full of joie de vivre, high-spirited, in high spirits, kittenish, lively, playful, rollicking, romping, spirited, sportive

fritter (away) dally away, dissipate, fool away, idle (away), misspend, run through, spend like water, squander, waste

frivolity childishness, flightiness, flippancy, flummery, folly, frivolousness, fun, gaiety, giddiness, jest, levity, light-heartedness, lightness, nonsense, puerility, shallowness, silliness, superficiality, trifling, triviality

frivolous 1 childish, dizzy, empty-headed, flighty, flip (Inf.), flippant, foolish, giddy, idle, ill-considered, juvenile, light-minded, nonserious, puerile, silly, superficial 2 extravagant, footling (Inf.), impractical, light, minor, nickel-and-dime (U.S. sl.), niggling, paltry, peripheral, petty, pointless, shallow, trifling, trivial, unimportant

frizzle crisp, fry, hiss, roast, scorch, sizzle, sputter

frolic
- v. 1 caper, cavort, cut capers, frisk, gambol, lark, make merry, play, rollick, romp, sport
- n. 2 antic, escapade, gambado, gambol, game, lark, prank, revel, romp, spree 3 amusement, drollery, fun, fun and games, gaiety, high jinks, merriment, skylarking (Inf.), sport

frolicsome coltish, frisky, gay, kittenish, lively, merry, playful, rollicking, sportive, sprightly, wanton (Archaic)

front
- n. 1 anterior, exterior, façade, face, facing, foreground, forepart, frontage, obverse 2 beginning, fore, forefront, front line, head, lead, top, van, vanguard 3 air, appearance, aspect, bearing, countenance, demeanour, expression, exterior, face, manner, mien, show 4 blind, cover, cover-up, disguise, façade, mask, pretext, show 5 **in front** ahead, before, first, in advance, in the lead, in the van, leading, preceding, to the fore
- adj. 6 first, foremost, head, headmost, lead, leading, topmost
- v. 7 face (onto), look over or onto, overlook

frontier borderland, borderline, bound, boundary, confines, edge, limit, marches, perimeter, verge

frost freeze, freeze-up, hoarfrost, Jack Frost, rime

frosty 1 chilly, cold, frozen, hoar (Rare), ice-capped, icicled, icy, parky (Brit. inf.), rimy, wintry 2 discouraging, frigid, off-putting (Brit. inf.), standoffish, unenthusiastic, unfriendly, unwelcoming

froth 1 n. bubbles, effervescence, foam, head, lather, scum, spume, suds 2 v. bubble over, come to a head, effervesce, fizz, foam, lather

frothy 1 foaming, foamy, spumescent, spumous, spumy, sudsy 2 (Fig.) empty, frilly, frivolous, light, petty, slight, trifling, trivial, trumpery, unnecessary, unsubstantial, vain

frown 1 give a dirty look, glare, glower, knit one's brows, look daggers, lour or lower, scowl 2 (With **on** or **upon**) disapprove of, discountenance, discourage, dislike, look askance at, not take kindly to, show disapproval or displeasure, take a dim view of, view with disfavour

frowsty close, fuggy, fusty, ill-smelling, musty, stale, stuffy

frozen 1 arctic, chilled, chilled to the marrow, frigid, frosted, icebound, ice-cold, ice-covered, icy, numb 2 fixed, pegged (of prices), petrified, rooted, stock-still, stopped, suspended, turned to stone

frugal abstemious, careful, cheeseparing, economical, meagre, niggardly, parsimonious, penny-wise, provident, prudent, saving, sparing, thrifty

fruit 1 crop, harvest, produce, product, yield 2 advantage, benefit, consequence, effect, outcome, profit, result, return, reward

fruitful 1 fecund, fertile, fructiferous 2 abundant, copious, flush, plenteous, plentiful, productive, profuse, prolific, rich, spawning 3 advantageous, beneficial, effective, gainful, productive, profitable, rewarding, successful, useful, well-spent, worthwhile

fruition actualization, attainment, completion, consummation, enjoyment, fulfilment, materialization, maturation, maturity, perfection, realization, ripeness

fruitless abortive, barren, bootless, futile, idle, ineffectual, in vain, pointless, profitless, to no avail, to no effect, unavailing, unfruitful, unproductive, unprofitable, unprolific, unsuccessful, useless, vain

fruity 1 full, mellow, resonant, rich 2 (Inf.) bawdy, blue, hot, indecent, indelicate, juicy, near the knuckle (Inf.), racy, ripe, risqué, salacious, sexy, smutty, spicy (Inf.), suggestive, titillating, vulgar

frustrate 1 baffle, balk, block, check, circumvent, confront, counter, defeat, disappoint, foil, forestall, inhibit, neutralize, nullify, render null and void, stymie, thwart 2 depress, discourage, dishearten

frustrated carrying a chip on one's shoulder (Inf.), disappointed, discontented, discouraged, disheartened, embittered, foiled, irked, resentful, sick as a parrot (Inf.)

frustration 1 blocking, circumvention, contravention, curbing, failure, foiling, nonfulfilment, nonsuccess, obstruction, thwarting 2 annoyance, disappointment, dissatisfaction, grievance, irritation, resentment, vexation

fuddled bevvied (Dialect), blitzed (Sl.), blotto (Sl.), bombed (Sl.), confused, drunk, flying (Sl.), inebriated, intoxicated, legless (Inf.), lit up (Sl.), muddled, muzzy, out of it (Sl.), out to it (Aust. & N.Z. sl.), paralytic (Inf.), pissed (Taboo sl.), smashed (Sl.), sozzled (Inf.), steamboats (Sl.), steaming (Sl.), stupefied, tipsy, wasted (Sl.), woozy (Inf.), wrecked (Sl.), zonked (Sl.)

fuddy-duddy n. back number (Inf.), conservative, dinosaur, dodo (Inf.), fossil, museum piece, (old) fogy, square (Inf.), stick-in-the-mud (Inf.), stuffed shirt (Inf.)

fudge v. avoid, cook (Sl.), dodge, equivocate, evade, fake, falsify, flannel (Brit. inf.), hedge, misrepresent, patch up, shuffle, slant, stall

fuel 1 n. (Fig.) ammunition, encouragement, fodder, food, incitement, material, means, nourishment, provocation 2 v. charge, fan, feed, fire, incite, inflame, nourish, stoke up, sustain

fugitive 1 n. deserter, escapee, refugee, runagate (Archaic), runaway 2 adj. brief, ephemeral, evanescent, fleeing, fleeting, flitting, flying, fugacious, momentary, passing, short, short-lived, temporary, transient, transitory, unstable

fulfil accomplish, achieve, answer, bring to completion, carry out, complete, comply with, conclude, conform to, discharge, effect, execute, fill, finish, keep, meet, obey, observe, perfect, perform, realise, satisfy

fulfilment accomplishment, achievement, attainment, carrying out or through, completion, consummation, crowning, discharge, discharging, effecting, end, implementation, observance, perfection, realization

full 1 brimful, brimming, complete, entire, filled, gorged, intact, loaded, replete, sated, satiated, satisfied, saturated, stocked, sufficient 2 abundant, adequate, all-inclusive, ample, broad, comprehensive, copious, detailed, exhaustive, extensive, generous, maximum, plenary, plenteous, plentiful, thorough, unabridged 3 chock-a-block, chock-full, crammed, crowded, in use, jammed, occupied, packed, taken 4 clear, deep, distinct, loud, resonant, rich, rounded 5 baggy, balloonlike, buxom, capacious, curvaceous, large, loose, plump, puffy, rounded, voluminous, voluptuous 6 **in full** completely, in its entirety, in total, in toto, without exception 7 **to the full** completely, entirely, fully, thoroughly, to the utmost, without reservation

full-blooded ballsy (Taboo sl.), gutsy (Sl.), hearty, lusty, mettlesome, red-blooded, vigorous, virile

full-bodied fruity, full-flavoured, heady, heavy, mellow, redolent, rich, strong, well-matured

full-grown adult, developed, full-fledged, grown-up, in one's prime, marriageable, mature, nubile, of age, ripe

fullness 1 abundance, adequateness, ampleness, copiousness, fill, glut, plenty, profusion, repletion, satiety, saturation, sufficiency 2 broadness, completeness, comprehensiveness, entirety, extensiveness, plenitude, totality, vastness, wealth, wholeness 3 clearness, loudness, resonance, richness, strength 4 curvaceousness, dilation, distension, enlargement, roundness, swelling, tumescence, voluptuousness

full-scale all-encompassing, all-out, comprehensive, exhaustive, extensive, full-dress, in-depth, major, proper, sweeping, thorough, thoroughgoing, wide-ranging

fully 1 absolutely, altogether, completely, entirely, every inch, from first to last, heart and soul, in all respects, intimately, perfectly, positively, thoroughly, totally, utterly, wholly 2 abundantly, adequately, amply, comprehensively, enough, plentifully, satisfactorily, sufficiently 3 at least, quite, without (any) exaggeration, without a word of a lie (Inf.)

fully-fledged experienced, mature, professional, proficient, qualified, senior, time-served, trained

fulsome adulatory, cloying, excessive, extravagant, fawning, gross, immoderate, ingratiating, inordinate, insincere, nauseating, overdone, saccharine, sickening, smarmy (Brit. inf.), sycophantic, unctuous

fumble 1 bumble, feel around, flounder, grope, paw (Inf.), scrabble 2 bodge (Inf.), botch, bungle, cock up (Brit. sl.), fuck up (Offens. taboo sl.), make a hash of (Inf.), mess up, misfield, mishandle, mismanage, muff, spoil

fume (Fig.) 1 v. blow a fuse (Sl., chiefly U.S.), boil, chafe, champ at the bit (Inf.), crack up (Inf.), fly off the handle (Inf.), get hot under the collar (Inf.), get steamed up about (Sl.), go off the deep end (Inf.), go up the wall (Sl.), rage, rant, rave, see red (Inf.), seethe, smoulder, storm 2 n. agitation, dither (Chiefly Brit.), fit, fret, fury, passion, rage, stew (Inf.), storm

fumes effluvium, exhalation, exhaust, gas, haze, miasma, pollution, reek, smog, smoke, stench, vapour

fumigate clean out or up, cleanse, disinfect, purify, sanitize, sterilize

fun
- n. 1 amusement, cheer, distraction, diversion, enjoyment, entertainment, frolic, gaiety, good time, high jinks, jollification, jollity, joy, junketing, living it up, merriment, merrymaking, mirth, pleasure, recreation, romp, sport, treat, whoopee (Inf.) 2 buffoonery, clowning, foolery, game, horseplay, jesting, jocularity, joking, nonsense, play, playfulness, skylarking (Inf.), sport, teasing, tomfoolery 3 **in** or **for fun** facetiously, for a joke, for a laugh, in jest, jokingly, light-heartedly, mischievously, playfully, roguishly, teasingly, tongue in cheek, with a gleam or twinkle in one's eye, with a straight face 4 **make fun of** deride, hold up to ridicule, lampoon, laugh at, make a fool of, make game of, make sport of, make the butt of, mock, parody, poke fun at, rag, rib (Inf.), ridicule, satirize, scoff at, send up (Brit. inf.), sneer at, take off, take the piss out of (Taboo sl.), taunt
- adj. 5 amusing, convivial, diverting, enjoyable, entertaining, lively, witty

function
- n. 1 activity, business, capacity, charge, concern, duty, employment, exercise, job, mission, occupation, office, operation, part, post, province, purpose, raison d'être, responsibility, role, situation, task
- v. 2 act, act the part of, behave, be in commission, be in operation or action, be in running order, do duty, go, officiate, operate, perform, run, serve, serve one's turn, work
- n. 3 affair, do (Inf.), gathering, reception, social occasion

functional hard-wearing, operative, practical, serviceable, useful, utilitarian, utility, working

fund
- n. 1 capital, endowment, fall-back, foundation, kitty, pool, reserve, stock, store, supply 2 hoard, mine, repository, reserve, reservoir, source, storehouse, treasury, vein
- v. 3 capitalize, endow, finance, float, pay for, promote, stake, subsidize, support

fundamental 1 adj. basic, bog-standard (Inf.), cardinal, central, constitutional, crucial, elementary, essential, first, important, indispensable, integral, intrinsic, key, necessary, organic, primary, prime, principal, radical, rudimentary, underlying, vital 2 n. axiom, basic, cornerstone, essential, first principle, law, principle, rudiment, rule, sine qua non

fundamentally at bottom, at heart, basically, essentially, intrinsically, primarily, radically

funeral burial, inhumation, interment, obsequies

funnel v. channel, conduct, convey, direct, filter, move, pass, pour

funny
- **adj.** [1] absurd, amusing, a scream (card, caution) (Inf.), comic, comical, diverting, droll, entertaining, facetious, farcical, hilarious, humorous, jocose, jocular, jolly, killing (Inf.), laughable, ludicrous, rich, ridiculous, riotous, risible, side-splitting, silly, slapstick, waggish, witty [2] curious, dubious, mysterious, odd, peculiar, perplexing, puzzling, queer, remarkable, rum (Brit. sl.), strange, suspicious, unusual, weird
- **n.** [3] (Inf.) crack (Sl.), jest, joke, play on words, pun, quip, wisecrack, witticism

furious [1] angry, beside oneself, boiling, cross, enraged, frantic, frenzied, fuming, incensed, infuriated, in high dudgeon, livid (Inf.), mad, maddened, on the warpath (Inf.), raging, up in arms, wrathful, wroth (Archaic) [2] agitated, boisterous, fierce, impetuous, intense, savage, stormy, tempestuous, tumultuous, turbulent, ungovernable, unrestrained, vehement, violent, wild

furnish [1] appoint, decorate, equip, fit (out, up), outfit, provide, provision, purvey, rig, stock, store, supply [2] afford, bestow, endow, give, grant, hand out, offer, present, provide, reveal, supply

furniture appliances, appointments, chattels, effects, equipment, fittings, furnishings, goods, household goods, movable property, movables, possessions, things (Inf.)

furore [1] commotion, disturbance, excitement, flap (Inf.), frenzy, fury, hullabaloo, outburst, outcry, stir, to-do, uproar [2] craze, enthusiasm, mania, rage

further [1] adj. additional, extra, fresh, more, new, other, supplementary [2] adv. additionally, also, as well as, besides, furthermore, in addition, moreover, on top of, over and above, to boot, what's more, yet [3] v. advance, aid, assist, champion, contribute to, encourage, expedite, facilitate, forward, foster, hasten, help, lend support to, patronize, plug (Inf.), promote, push, speed, succour, work for

furtherance advancement, advocacy, backing, boosting, carrying-out, championship, promotion, prosecution, pursuit

furthest extreme, farthest, furthermost, most distant, outermost, outmost, remotest, ultimate, uttermost

furtive clandestine, cloaked, conspiratorial, covert, hidden, secret, secretive, skulking, slinking, sly, sneaking, sneaky, stealthy, surreptitious, underhand, under-the-table

fury [1] anger, frenzy, impetuosity, ire, madness, passion, rage, wrath [2] ferocity, fierceness, force, intensity, power, savagery, severity, tempestuousness, turbulence, vehemence, violence [3] bacchante, hag, hellcat, shrew, spitfire, termagant, virago, vixen

fuss
- **n.** [1] ado, agitation, bother, bustle, commotion, confusion, excitement, fidget, flap (Inf.), flurry, fluster, flutter, hurry, palaver, pother, stir, storm in a teacup (Brit.), to-do, upset, worry [2] altercation, argument, bother, complaint, difficulty, display, furore, hassle (Inf.), objection, row, squabble, trouble, unrest, upset
- **v.** [3] bustle, chafe, fidget, flap (Inf.), fret, fume, get in a stew (Inf.), get worked up, labour over, make a meal of (Inf.), make a thing of (Inf.), niggle, take pains, worry

fussy [1] choosy (Inf.), dainty, difficult, discriminating, exacting, faddish, faddy, fastidious, finicky, hard to please, nit-picking (Inf.), old-maidish, old womanish, overparticular, particular, pernickety, picky (Inf.), squeamish [2] busy, cluttered, overdecorated, overelaborate, overembellished, overworked, rococo

futile [1] abortive, barren, bootless, empty, forlorn, fruitless, hollow, ineffectual, in vain, nugatory, profitless, sterile, to no avail, unavailing, unproductive, unprofitable, unsuccessful, useless, vain, valueless, worthless [2] idle, pointless, trifling, trivial, unimportant

futility [1] bootlessness, emptiness, fruitlessness, hollowness, ineffectiveness, uselessness [2] pointlessness, triviality, unimportance, vanity

future [1] n. expectation, hereafter, outlook, prospect, time to come [2] adj. approaching, coming, destined, eventual, expected, fated, forthcoming, impending, in the offing, later, prospective, subsequent, to be, to come, ultimate, unborn

G

gadabout gallivanter, pleasure-seeker, rambler, rover, wanderer

gadget appliance, contraption (Inf.), contrivance, device, gimmick, gizmo (Sl., chiefly U.S.), instrument, invention, novelty, thing, tool

gaffe bloomer (Inf.), blunder, boob (Brit. sl.), boo-boo (Inf.), clanger (Inf.), faux pas, gaucherie, howler, indiscretion, mistake, slip, solecism

gaffer [1] granddad, greybeard, old boy (Inf.), old fellow, old man, old-timer (U.S.) [2] (Inf.) boss (Inf.), foreman, ganger, manager, overseer, superintendent, supervisor

gag
- **v.** [1] curb, muffle, muzzle, quiet, silence, stifle, still, stop up, suppress, throttle [2] (Sl.) barf (Sl.), disgorge, heave, puke (Sl.), retch, spew, throw up (Inf.), vomit [3] (Sl.) choke, gasp, pant, struggle for breath [4] crack (Sl.), funny (Inf.), hoax, jest, joke, wisecrack (Inf.), witticism

gaiety [1] animation, blitheness, blithesomeness (Literary), cheerfulness, effervescence, elation, exhilaration, glee, good humour, high spirits, hilarity, joie de vivre, jollity, joviality, joyousness, light-heartedness, liveliness, merriment, mirth, sprightliness, vivacity [2] celebration, conviviality, festivity, fun, jollification, merrymaking, revelry, revels [3] brightness, brilliance, colour, colourfulness, gaudiness, glitter, show, showiness, sparkle

gaily [1] blithely, cheerfully, gleefully, happily, joyfully, light-heartedly, merrily [2] brightly, brilliantly, colourfully, flamboyantly, flashily, gaudily, showily

gain
- **v.** [1] achieve, acquire, advance, attain, bag, build up, capture, collect, enlist, gather, get, glean, harvest, improve, increase, net, obtain, pick up, procure, profit, realize, reap, score (Sl.), secure, win, win over [2] acquire, bring in, clear, earn, get, make, net, obtain, produce, realize, win, yield [3] (Usually with **on**) **a** approach, catch up with, close with, get nearer, narrow the gap, overtake **b** draw or pull away from, get farther away, leave behind, outdistance, recede, widen the gap [4] arrive at, attain, come to, get to, reach [5] **gain time** delay, procrastinate, stall, temporize, use delaying tactics
- **n.** [6] accretion, achievement, acquisition, advance, advancement, advantage, attainment, benefit, dividend, earnings, emolument, growth, headway, improvement, income, increase, increment, lucre, proceeds, produce, profit, progress, return, rise, winnings, yield

gains booty, earnings, gainings, pickings, prize, proceeds, profits, revenue, takings, winnings

gainsay contradict, contravene, controvert, deny, disaffirm, disagree with, dispute, rebut, retract

gait bearing, carriage, pace, step, stride, tread, walk

gala [1] n. beano (Brit. sl.), carnival, celebration, festival, festivity, fête, jamboree, pageant, party, rave (Brit. sl.), rave-up (Brit. sl.) [2] adj. celebratory, convivial, festal, festive, gay, jovial, joyful, merry

gale [1] blast, cyclone, hurricane, squall, storm, tempest, tornado, typhoon [2] (Inf.) burst, eruption, explosion, fit, howl, outbreak, outburst, peal, shout, shriek

gall[1] [1] (Inf.) brass (Inf.), brass neck (Brit. inf.), brazenness, cheek (Inf.), chutzpah (U.S. & Canad. inf.), effrontery, impertinence, impudence, insolence, neck (Inf.), nerve (Inf.), sauciness [2] acrimony, animosity, animus, antipathy, bad blood, bile, bitterness, enmity, hostility, malevolence, malice, malignity, rancour, sourness, spite, spleen, venom

gall[2]
- **n.** [1] abrasion, chafe, excoriation, raw spot, scrape, sore, sore spot, wound [2] aggravation (Inf.), annoyance, bother, botheration (Inf.), exasperation, harassment, irritant, irritation, nuisance, pest, provocation, vexation
- **v.** [3] abrade, bark, chafe, excoriate, fret, graze, irritate, rub raw, scrape, skin [4] aggravate (Inf.), annoy, be on one's back (Sl.), bother, exasperate, fret, get in one's hair (Inf.), get on one's nerves (Inf.), harass, hassle (Inf.), irk, irritate, nag, nark (Brit., Aust., & N.Z. sl.), nettle, peeve (Inf.), pester, piss one off (Taboo sl.), plague, provoke, rankle, rile (Inf.), rub up the wrong way, ruffle, vex

gallant
- **adj.** [1] bold, brave, courageous, daring, dashing, dauntless, doughty, fearless, game (Inf.), heroic, high-spirited, honourable, intrepid, lion-hearted, manful, manly, mettlesome, noble, plucky, valiant, valorous [2] attentive, chivalrous, courteous, courtly, gentlemanly, gracious, magnanimous, noble, polite [3] august, dignified, elegant, glorious, grand, imposing, lofty, magnificent, noble, splendid, stately
- **n.** [4] admirer, beau, boyfriend, escort, leman (Archaic), lover, paramour, suitor, wooer [5] beau, blade (Archaic), buck (Inf.), dandy, fop, ladies' man, lady-killer (Inf.), man about town, man of fashion [6] adventurer, cavalier, champion, daredevil, hero, knight, man of mettle, preux chevalier

gallantry [1] audacity, boldness, bravery, courage, courageousness, daring, dauntlessness, derring-do (Archaic), fearlessness, heroism, intrepidity, manliness, mettle, nerve, pluck, prowess, spirit, valiance, valour [2] attentiveness, chivalry, courteousness, courtesy, courtliness, elegance, gentlemanliness, graciousness, nobility, politeness

galling aggravating (Inf.), annoying, bitter, bothersome, exasperating, harassing, humiliating, irksome, irritating, nettlesome, plaguing, provoking, rankling, vexatious, vexing

gallop barrel (along) (Inf., chiefly U.S. & Canad.), bolt, career, dart, dash, fly, hasten, hie (Archaic), hurry, race, run, rush, scud, shoot, speed, sprint, tear along, zoom

galore à gogo (Inf.), all over the place, aplenty, everywhere, in abundance, in great quantity, in numbers, in profusion, to spare

galvanize arouse, awaken, electrify, excite, fire, inspire, invigorate, kick-start, jolt, move, prod, provoke, quicken, shock, spur, startle, stimulate, stir, thrill, vitalize, wake

gamble
- **v.** [1] back, bet, game, have a flutter (Inf.), lay or make a bet, play, punt, stake, try one's luck, wager [2] back, chance, hazard, put one's faith or trust in, risk, speculate, stake, stick one's neck out (Inf.), take a chance, venture
- **n.** [3] chance, leap in the dark, lottery, risk, speculation, uncertainty, venture [4] bet, flutter (Inf.), punt, wager

gambol [1] v. caper, cavort, curvet, cut a caper, frisk, frolic, hop, jump, prance, rollick, skip [2] n. antic, caper, frolic, gambado, hop, jump, prance, skip, spring

game
- **n.** [1] amusement, distraction, diversion, entertainment, frolic, fun, jest, joke, lark, merriment, pastime, play, recreation, romp, sport [2] competition, contest, event, head-to-head, match, meeting, round, tournament [3] adventure, business, enterprise, line, occupation, plan, proceeding, scheme, undertaking [4] chase, prey, quarry, wild animals [5] (Inf.) design, device, plan, plot, ploy, scheme, stratagem, strategy, tactic, trick [6] **make (a) game of** deride, make a fool of, make a laughing stock, make fun of, make sport of, mock, poke fun at, ridicule, send up (Brit. inf.)
- **adj.** [7] ballsy (Taboo sl.), bold, brave, courageous, dauntless, dogged, fearless, feisty (Inf., chiefly U.S. & Canad.), gallant, gritty, have-a-go (Inf.), heroic, intrepid, persevering, persistent, plucky, resolute, spirited, unflinching, valiant, valorous [8] desirous, disposed, eager, inclined, interested, prepared, ready, willing

gamut area, catalogue, compass, field, range, scale, scope, series, sweep

gang band, bevy, camp, circle, clique, club, company, coterie, crew (Inf.), crowd, group, herd, horde, lot, mob, pack, party, posse (Sl.), ring, set, shift, squad, team, troupe

gangling, gangly angular, awkward, lanky, loose-jointed, rangy, rawboned, skinny, spindly, tall

gangster bandit, brigand, crook (Inf.), desperado, gang member, heavy (Sl.), hood (U.S. sl.), hoodlum (Chiefly U.S.), mobster (U.S. sl.), racketeer, robber, ruffian, thug, tough

gaul(er) → **jail(er)**

gap [1] blank, breach, break, chink, cleft, crack, cranny, crevice, discontinuity, divide, entr'acte, hiatus, hole, interlude, intermission, interruption, interstice, interval, lacuna, lull, opening, pause, recess, rent, respite, rift, space, vacuity, void 2 difference, disagreement, disparity, divergence, inconsistency

gape 1 gawk, gawp (Brit. sl.), goggle, stare, wonder 2 crack, open, split, yawn

gaping broad, cavernous, great, open, vast, wide, wide open, yawning

garbage 1 bits and pieces, debris, detritus, junk, litter, odds and ends, rubbish, scraps 2 dreck (Sl., chiefly U.S.), dross, filth, muck, offal, refuse, rubbish, scourings, slops, sweepings, swill, trash (Chiefly U.S.), waste 3 balderdash, balls (Taboo sl.), bilge (Inf.), bosh (Inf.), bull (Sl.), bullshit (Taboo sl.), bunkum or buncombe (Chiefly U.S.), claptrap (Inf.), cobblers (Brit. taboo sl.), codswallop (Brit. sl.), crap (Sl.), drivel, eyewash (Inf.), flapdoodle (Sl.), garbage (Chiefly U.S.), gibberish, guff (Sl.), havers (Scot.), hogwash, hokum (Sl., chiefly U.S. & Canad.), horsefeathers (U.S. sl.), hot air (Inf.), moonshine, nonsense, pap, piffle (Inf.), poppycock (Inf.), rot, shit (Taboo sl.), stuff and nonsense, tommyrot, tosh (Inf.), tripe (Inf.), twaddle

garble 1 confuse, jumble, mix up 2 corrupt, distort, doctor, falsify, misinterpret, misquote, misreport, misrepresent, misstate, mistranslate, mutilate, pervert, slant, tamper with, twist

garish brash, brassy, brummagem, cheap, flash (Inf.), flashy, flaunting, gaudy, glaring, glittering, loud, meretricious, naff (Brit. sl.), raffish, showy, tacky (Inf.), tasteless, tawdry, vulgar

garland 1 n. bays, chaplet, coronal, crown, festoon, honours, laurels, wreath 2 v. adorn, crown, deck, festoon, wreathe

garner 1 v. accumulate, amass, assemble, collect, deposit, gather, hoard, husband, lay in or up, put by, reserve, save, stockpile, store, stow away, treasure 2 n. (Literary) depository, granary, store, storehouse, vault

garnish 1 v. adorn, beautify, bedeck, deck, decorate, embellish, enhance, festoon, grace, ornament, set off, trim 2 n. adornment, decoration, embellishment, enhancement, festoon, garniture, ornament, ornamentation, trim, trimming

garrison
- **n.** 1 armed force, command, detachment, troops, unit 2 base, camp, encampment, fort, fortification, fortress, post, station, stronghold
- **v.** 3 assign, mount, position, post, put on duty, station 4 defend, guard, man, occupy, protect, supply with troops

garrulous 1 babbling, chattering, chatty, effusive, gabby (Inf.), glib, gossiping, gushing, loquacious, mouthy, prating, prattling, talkative, verbose, voluble 2 diffuse, gassy (Sl.), long-winded, prolix, prosy, verbose, windy, wordy

gash 1 v. cleave, cut, gouge, incise, lacerate, rend, slash, slit, split, tear, wound 2 n. cleft, cut, gouge, incision, laceration, rent, slash, slit, split, tear, wound

gasp 1 v. blow, catch one's breath, choke, fight for breath, gulp, pant, puff 2 n. blow, ejaculation, exclamation, gulp, pant, puff

gate access, barrier, door, doorway, egress, entrance, exit, gateway, opening, passage, port (Scot.), portal

gather 1 accumulate, amass, assemble, bring or get together, collect, congregate, convene, flock, forgather, garner, group, heap, hoard, marshal, mass, muster, pile up, round up, stack up, stockpile 2 assume, be led to believe, conclude, deduce, draw, hear, infer, learn, make, surmise, understand 3 clasp, draw, embrace, enfold, hold, hug 4 crop, cull, garner, glean, harvest, pick, pluck, reap, select 5 build, deepen, enlarge, expand, grow, heighten, increase, intensify, rise, swell, thicken, wax 6 fold, pleat, pucker, ruffle, shirr, tuck

gathering 1 assemblage, assembly, company, conclave, concourse, congregation, congress, convention, convocation, crowd, flock, get-together (Inf.), group, knot, meeting, muster, party, rally, throng, turnout 2 accumulation, acquisition, aggregate, collecting, collection, concentration, gain, heap, hoard, mass, pile, procuring, roundup, stock, stockpile 3 (Inf.) abscess, boil, carbuncle, pimple, pustule, sore, spot, tumour, ulcer

gauche awkward, clumsy, graceless, ignorant, ill-bred, ill-mannered, inelegant, inept, insensitive, lacking in social graces, maladroit, tactless, uncultured, unpolished, unsophisticated

gaudy brash, bright, brilliant, brummagem, flash (Inf.), flashy, florid, garish, gay, glaring, loud, meretricious, naff (Brit. sl.), ostentatious, raffish, showy, tacky (Inf.), tasteless, tawdry, vulgar

gauge
- **v.** 1 ascertain, calculate, check, compute, count, determine, measure, weigh 2 adjudge, appraise, assess, estimate, evaluate, guess, judge, rate, reckon, value
- **n.** 3 basis, criterion, example, exemplar, guide, guideline, indicator, measure, meter, model, par, pattern, rule, sample, standard, test, touchstone, yardstick 4 bore, capacity, degree, depth, extent, height, magnitude, measure, scope, size, span, thickness, width

gaunt 1 angular, attenuated, bony, cadaverous, emaciated, haggard, lank, lean, macilent (Rare), meagre, pinched, rawboned, scraggy, scrawny, skeletal, skinny, spare, thin, wasted 2 bare, bleak, desolate, dismal, dreary, forbidding, forlorn, grim, harsh

gawky awkward, clownish, clumsy, gauche, loutish, lumbering, lumpish, maladroit, oafish, uncouth, ungainly

gay
- **adj.** 1 homosexual, lesbian, poofy (Offens. sl.), queer (Offens. sl.) 2 animated, blithe, carefree, cheerful, debonair, glad, gleeful, happy, hilarious, insouciant, jolly, jovial, joyful, joyous, light-hearted, lively, merry, sparkling, sunny, vivacious 3 bright, brilliant, colourful, flamboyant, flashy, fresh, garish, gaudy, rich, showy, vivid 4 convivial, festive, frivolous, frolicsome, fun-loving, gamesome, merry, playful, pleasure-seeking, rakish, rollicking, sportive, waggish
- **n.** 5 dyke (Offens. sl.), faggot (U.S. offens. sl.), fairy (Offens. sl.), homosexual, invert, lesbian, poof (Offens. sl.), queer (Offens. sl.)

gaze 1 v. contemplate, eyeball (U.S. sl.), gape, look, look fixedly, regard, stare, view, watch, wonder 2 n. fixed look, look, stare

gazette journal, newspaper, news-sheet, organ, paper, periodical

gear
- **n.** 1 cog, cogwheel, gearwheel, toothed wheel 2 cogs, gearing, machinery, mechanism, works 3 accessories, accoutrements, apparatus, equipment, harness, instruments, outfit, paraphernalia, rigging, supplies, tackle, tools, trappings 4 baggage, belongings, effects, kit, luggage, stuff, things 5 (Sl.) apparel, array, attire, clothes, clothing, costume, dress, garb, garments, habit, outfit, rigout (Inf.), togs, wear
- **v.** 6 adapt, adjust, equip, fit, rig, suit, tailor

gelatinous gluey, glutinous, gummy, jelly-like, mucilaginous, sticky, viscid, viscous

gelid arctic, chilly, cold, freezing, frigid, frosty, frozen, glacial, ice-cold, icy, polar

gem 1 jewel, precious stone, semiprecious stone, stone 2 flower, jewel, masterpiece, pearl, pick, prize, treasure

genealogy ancestry, blood line, derivation, descent, extraction, family tree, line, lineage, pedigree, progeniture, stemma, stirps, stock, strain

general 1 accepted, broad, common, extensive, popular, prevailing, prevalent, public, universal, widespread 2 accustomed, conventional, customary, everyday, habitual, normal, ordinary, regular, typical, usual 3 approximate, ill-defined, imprecise, inaccurate, indefinite, inexact, loose, undetailed, unspecific, vague 4 across-the-board, all-inclusive, blanket, broad, catholic, collective, comprehensive, encyclop(a)edic, generic, indiscriminate, miscellaneous, panoramic, sweeping, total, universal

generality 1 abstract principle, generalization, loose statement, sweeping statement, vague notion 2 acceptedness, commonness, extensiveness, popularity, prevalence, universality 3 approximateness, impreciseness, indefiniteness, inexactness, lack of detail, looseness, vagueness 4 breadth, catholicity, comprehensiveness, miscellaneity, sweepingness, universality

generally 1 almost always, as a rule, by and large, conventionally, customarily, for the most part, habitually, in most cases, largely, mainly, normally, on average, on the whole, ordinarily, regularly, typically, usually 2 commonly, extensively, popularly, publicly, universally, widely 3 approximately, broadly, chiefly, for the most part, in the main, largely, mainly, mostly, on the whole, predominantly, principally

generate beget, breed, bring about, cause, create, engender, form, give rise to, initiate, make, originate, procreate, produce, propagate, spawn, whip up

generation 1 begetting, breeding, creation, engenderment, formation, genesis, origination, procreation, production, propagation, reproduction 2 age group, breed, crop 3 age, day, days, epoch, era, period, time, times

generic all-encompassing, blanket, collective, common, comprehensive, general, inclusive, sweeping, universal, wide

generosity 1 beneficence, benevolence, bounteousness, bounty, charity, kindness, largess or largesse, liberality, munificence, open-handedness 2 disinterestedness, goodness, high-mindedness, magnanimity, nobleness, unselfishness

generous 1 beneficent, benevolent, bounteous, bountiful, charitable, free, hospitable, kind, lavish, liberal, munificent, open-handed, princely, prodigal, ungrudging, unstinting 2 big-hearted, disinterested, good, high-minded, lofty, magnanimous, noble, unselfish 3 abundant, ample, copious, full, lavish, liberal, overflowing, plentiful, rich, unstinting

genesis beginning, birth, commencement, creation, dawn, engendering, formation, generation, inception, origin, outset, propagation, root, source, start

genial affable, agreeable, amiable, cheerful, cheery, congenial, convivial, cordial, easygoing, enlivening, friendly, glad, good-natured, happy, hearty, jolly, jovial, joyous, kind, kindly, merry, pleasant, sunny, warm, warm-hearted

geniality affability, agreeableness, amiability, cheerfulness, cheeriness, congenialness, conviviality, cordiality, friendliness, gladness, good cheer, good nature, happiness, heartiness, jollity, joviality, joy, joyousness, kindliness, kindness, mirth, pleasantness, sunniness, warm-heartedness, warmth

genius 1 adept, buff (Inf.), brain (Inf.), brainbox, expert, hotshot (Inf.), intellect (Inf.), maestro, master, master-hand, mastermind, maven (U.S.), virtuoso, whiz (Inf.) 2 ability, aptitude, bent, brilliance, capacity, creative power, endowment, faculty, flair, gift, inclination, knack, propensity, talent, turn

genteel aristocratic, civil, courteous, courtly, cultivated, cultured, elegant, fashionable, formal, gentlemanly, ladylike, mannerly, polished, polite, refined, respectable, sophisticated, stylish, urbane, well-bred, well-mannered

gentility 1 breeding, civility, courtesy, courtliness, cultivation, culture, decorum, elegance, etiquette, formality, good breeding, good manners, mannerliness, polish, politeness, propriety, refinement, respectability, sophistication, urbanity 2 blue blood, gentle birth, good family, high birth, nobility, rank 3 aristocracy, elite, gentlefolk, gentry, nobility, nobles, ruling class, upper class

gentle 1 amiable, benign, bland, compassionate, dove-like, humane, kind, kindly, lenient, meek, merciful, mild, pacific, peaceful, placid, quiet, soft, sweet-tempered, tender 2 balmy, calm, clement, easy, light, low, mild, moderate, muted, placid, quiet, serene, slight, smooth, soft, soothing, temperate, tranquil, untroubled 3 easy, gradual, imperceptible, light, mild, moderate, slight, slow 4 biddable, broken, docile, manageable, placid, tame, tractable 5 (Archaic) aristocratic, civil, courteous, cultured, elegant, genteel, gentlemanlike, gentlemanly, high-born, ladylike, noble, polished, polite, refined, upper-class, well-born, well-bred

gentlemanly civil, civilized, courteous, cultivated, debonair, gallant, genteel, gentlemanlike, honourable, mannerly, noble, obliging, polished, polite, refined, reputable, suave, urbane, well-bred, well-mannered

genuine 1 actual, authentic, bona fide, honest, legitimate, natural, original, pure, real, sound, sterling, true, unadulterated, unalloyed, veritable 2 artless, candid, earnest, frank, heartfelt, honest, sincere, unaffected, unfeigned

germ 1 bacterium, bug (Inf.), microbe, microorganism, virus 2 beginning, bud, cause, embryo, origin, root, rudiment, seed, source, spark 3 bud, egg, embryo, nucleus, ovule, ovum, seed, spore, sprout

germane akin, allied, apposite, appropriate, apropos, apt, cognate, connected, fitting, kindred, material, pertinent, proper, related, relevant, suitable, to the point or purpose

germinate bud, develop, generate, grow, originate, pullulate, shoot, sprout, swell, vegetate

gestation development, evolution, incubation, maturation, pregnancy, ripening

gesticulate gesture, indicate, make a sign, motion, sign, signal, wave

gesture [1] n. action, gesticulation, indication, motion, sign, signal [2] v. gesticulate, indicate, motion, sign, signal, wave

get [1] achieve, acquire, attain, bag, bring, come by, come into possession of, earn, fall heir to, fetch, gain, glean, inherit, make, net, obtain, pick up, procure, realize, reap, receive, score (Sl.), secure, succeed to, win [2] be afflicted with, become infected with, be smitten by, catch, come down with, contract, fall victim to, take [3] arrest, capture, collar (Inf.), grab, lay hold of, nab (Inf.), nail (Inf.), seize, take, trap [4] become, come to be, grow, turn, wax [5] catch, comprehend, fathom, follow, hear, notice, perceive, see, suss (out) (Sl.), take in, understand, work out [6] arrive, come, make it (Inf.), reach [7] arrange, contrive, fix, manage, succeed, wangle (Inf.) [8] coax, convince, induce, influence, persuade, prevail upon, sway, talk into, wheedle, win over [9] communicate with, contact, get in touch with, reach [10] (Inf.) affect, arouse, excite, have an effect on, impress, move, stimulate, stir, touch [11] (Inf.) annoy, bother, bug (Inf.), gall, get (someone's) goat (Sl.), irk, irritate, nark (Brit., Aust., & N.Z. sl.), pique, rub (someone) up the wrong way, upset, vex [12] baffle, confound, mystify, nonplus, perplex, puzzle, stump

get across [1] cross, ford, negotiate, pass over, traverse [2] bring home to, communicate, convey, get (something) through to, impart, make clear or understood, put over, transmit

get ahead [1] advance, be successful, cut it (Inf.), do well, flourish, get on, make good, progress, prosper, succeed, thrive [2] excel, leave behind, outdo, outmanoeuvre, overtake, surpass

get along [1] agree, be compatible, be friendly, get on, harmonize, hit it off (Inf.) [2] cope, develop, fare, get by (Inf.), make out (Inf.), manage, progress, shift [3] be off, depart, go, go away, leave, move off, slope off

get at [1] acquire, attain, come to grips with, gain access to, get, get hold of, reach [2] hint, imply, intend, lead up to, mean, suggest [3] annoy, attack, be on one's back (Sl.), blame, carp, criticize, find fault with, hassle (Inf.), irritate, nag, nark (Brit., Aust., & N.Z. sl.), pick on, taunt [4] bribe, buy off, corrupt, influence, suborn, tamper with

getaway break, break-out, decampment, escape, flight

get away abscond, break free, break out, decamp, depart, disappear, escape, flee, leave, make good one's escape, slope off

get back [1] recoup, recover, regain, repossess, retrieve [2] arrive home, come back or home, return, revert, revisit [3] (With **at**) be avenged, get even with, give tit for tat, hit back, retaliate, settle the score with, take vengeance on

get by [1] circumvent, get ahead of, go around, go past, overtake, pass, round [2] (Inf.) contrive, cope, exist, fare, get along, make both ends meet, manage, subsist, survive

get down [1] alight, bring down, climb down, descend, disembark, dismount, get off, lower, step down [2] bring down, depress, dishearten, dispirit

get in alight, appear, arrive, collect, come, embark, enter, include, infiltrate, insert, interpose, land, mount, penetrate

get off [1] alight, depart, descend, disembark, dismount, escape, exit, leave [2] detach, remove, shed, take off

get on [1] ascend, board, climb, embark, mount [2] advance, cope, cut it (Inf.), fare, get along, make out (Inf.), manage, progress, prosper, succeed [3] agree, be compatible, be friendly, concur, get along, harmonize, hit it off (Inf.)

get out alight, break out, clear out (Inf.), decamp, escape, evacuate, extricate oneself, free oneself, leave, vacate, withdraw

get over [1] cross, ford, get across, pass, pass over, surmount, traverse [2] come round, get better, mend, pull through, rally, recover from, revive, survive [3] defeat, get the better of, master, overcome, shake off [4] communicate, convey, get or put across, impart, make clear or understood

get round [1] bypass, circumvent, edge, evade, outmanoeuvre, skirt [2] (Inf.) cajole, coax, convert, persuade, prevail upon, talk round, wheedle, win over

get together accumulate, assemble, collect, congregate, convene, converge, gather, join, meet, muster, rally, unite

get up arise, ascend, climb, increase, mount, rise, scale, stand

ghastly ashen, cadaverous, deathlike, deathly pale, dreadful, frightful, godawful (Sl.), grim, grisly, gruesome, hideous, horrendous, horrible, horrid, livid, loathsome, pale, pallid, repellent, shocking, spectral, terrible, terrifying, wan

ghost [1] apparition, eidolon, manes, phantasm, phantom, revenant, shade (Literary), soul, spectre, spirit, spook (Inf.), wraith [2] glimmer, hint, possibility, semblance, shadow, suggestion, trace

ghostly eerie, ghostlike, illusory, insubstantial, phantasmal, phantom, spectral, spooky (Inf.), supernatural, uncanny, unearthly, weird, wraithlike

giant [1] n. behemoth, colossus, Hercules, leviathan, monster, ogre, titan [2] adj. Brobdingnagian, colossal, elephantine, enormous, gargantuan, gigantic, huge, humongous or humungous (U.S. sl.), immense, jumbo (Inf.), large, mammoth, monstrous, prodigious, titanic, vast

gibberish babble, balderdash, balls (Taboo sl.), bilge (Inf.), blather, bosh (Inf.), bull (Sl.), bullshit (Taboo sl.), bunkum or buncombe (Chiefly U.S.), cobblers (Brit. taboo sl.), crap (Sl.), double talk, drivel, eyewash (Inf.), gabble, garbage (Inf.), gobbledegook (Inf.), guff (Sl.), hogwash, hokum (Sl., chiefly U.S. & Canad.), horsefeathers (U.S. sl.), hot air (Inf.), jabber, jargon, moonshine, mumbo jumbo, nonsense, pap, piffle (Inf.), poppycock (Inf.), prattle, shit (Taboo sl.), tommyrot, tosh (Sl., chiefly Brit.), tripe (Inf.), twaddle, yammer (Inf.)

gibe, jibe [1] v. deride, flout, jeer, make fun of, mock, poke fun at, ridicule, scoff, scorn, sneer, take the piss out of (Sl.), taunt, twit [2] n. barb, crack (Sl.), cutting remark, derision, dig, jeer, mockery, ridicule, sarcasm, scoffing, sneer, taunt

giddiness dizziness, faintness, light-headedness, vertigo

giddy [1] dizzy, dizzying, faint, light-headed, reeling, unsteady, vertiginous [2] capricious, careless, changeable, changeful, erratic, fickle, flighty, frivolous, heedless, impulsive, inconstant, irresolute, irresponsible, reckless, scatterbrained, silly, thoughtless, unbalanced, unstable, unsteady, vacillating, volatile, wild

gift [1] benefaction, bequest, bonus, boon, bounty, contribution, donation, grant, gratuity, handout, largess or largesse, legacy, offering, present [2] ability, aptitude, attribute, bent, capability, capacity, endowment, faculty, flair, genius, knack, power, talent, turn

gifted able, accomplished, adroit, brilliant, capable, clever, expert, ingenious, intelligent, masterly, skilled, talented

gigantic Brobdingnagian, colossal, Cyclopean, elephantine, enormous, gargantuan, giant, herculean, huge, humongous or humungous (U.S. sl.), immense, mammoth, monstrous, prodigious, stupendous, titanic, tremendous, vast

giggle v./n. cackle, chortle, chuckle, laugh, snigger, tee-hee, titter, twitter

gild adorn, beautify, bedeck, brighten, coat, deck, dress up, embellish, embroider, enhance, enrich, garnish, grace, ornament

gimmick contrivance, device, dodge, gadget, gambit, gizmo (Sl., chiefly U.S.), ploy, scheme, stratagem, stunt, trick

gingerly [1] adv. carefully, cautiously, charily, circumspectly, daintily, delicately, fastidiously, hesitantly, reluctantly, squeamishly, suspiciously, timidly, warily [2] adj. careful, cautious, chary, circumspect, dainty, delicate, fastidious, hesitant, reluctant, squeamish, suspicious, timid, wary

gipsy Bohemian, nomad, rambler, roamer, Romany, rover, traveller, vagabond, vagrant, wanderer

gird [1] belt, bind, girdle [2] blockade, encircle, enclose, encompass, enfold, engird, environ, hem in, pen, ring, surround [3] brace, fortify, make ready, prepare, ready, steel

girdle [1] n. band, belt, cincture, cummerbund, fillet, sash, waistband [2] v. bind, bound, encircle, enclose, encompass, engird, environ, gird, hem, ring, surround

girl bird (Sl.), chick (Sl.), colleen (Irish), damsel (Archaic), daughter, female child, lass, lassie (Inf.), maid (Archaic), maiden (Archaic), miss, wench

girth bulk, circumference, measure, size

gist core, drift, essence, force, idea, import, marrow, meaning, nub, pith, point, quintessence, sense, significance, substance

give [1] accord, administer, allow, award, bestow, commit, confer, consign, contribute, deliver, donate, entrust, furnish, grant, hand over or out, make over, permit, present, provide, purvey, supply, vouchsafe [2] announce, be a source of, communicate, emit, impart, issue, notify, pronounce, publish, render, transmit, utter [3] demonstrate, display, evidence, indicate, manifest, offer, proffer, provide, set forth, show [4] allow, cede, concede, devote, grant, hand over, lend, relinquish, surrender, yield [5] cause, do, engender, lead, make, occasion, perform, produce [6] bend, break, collapse, fall, recede, retire, sink

give away betray, disclose, divulge, expose, inform on, leak, let out, let slip, shop (Sl., chiefly Brit.), reveal, uncover

give in admit defeat, capitulate, collapse, comply, concede, quit, submit, succumb, surrender, yield

given addicted, apt, disposed, inclined, liable, likely, prone

give off discharge, emit, exhale, exude, produce, release, send out, smell of, throw out, vent

give out [1] discharge, emit, exhale, exude, produce, release, send out, smell of, throw out, vent [2] announce, broadcast, communicate, disseminate, impart, make known, notify, publish, transmit, utter

give up abandon, capitulate, cease, cede, cut out, desist, despair, forswear, hand over, kick (Inf.), leave off, quit, relinquish, renounce, resign, step down (Inf.), stop, surrender, throw in the towel, waive

glad [1] blithesome (Literary), cheerful, chuffed (Sl.), contented, delighted, gay, gleeful, gratified, happy, jocund, jovial, joyful, overjoyed, pleased, willing [2] animated, cheerful, cheering, cheery, delightful, felicitous, gratifying, joyous, merry, pleasant, pleasing

gladden cheer, delight, elate, enliven, exhilarate, gratify, hearten, please, rejoice

gladly cheerfully, freely, gaily, gleefully, happily, jovially, joyfully, joyously, lief (Rare), merrily, readily, willingly, with (a) good grace, with pleasure

gladness animation, blitheness, cheerfulness, delight, felicity, gaiety, glee, happiness, high spirits, hilarity, jollity, joy, joyousness, mirth, pleasure

glamorous alluring, attractive, beautiful, bewitching, captivating, charming, dazzling, elegant, enchanting, entrancing, exciting, fascinating, glittering, glitzy (Sl.), glossy, lovely, prestigious, smart

glamour allure, appeal, attraction, beauty, bewitchment, charm, enchantment, fascination, magnetism, prestige, ravishment, witchery

glance

- v. [1] check, check out (Inf.), clock (Brit. inf.), gaze, glimpse, look, peek, peep, scan, take a dekko at (Brit. sl.), view [2] flash, gleam, glimmer, glint, glisten, glitter, reflect, shimmer, shine, twinkle [3] bounce, brush, graze, rebound, ricochet, skim [4] (With **over, through,** etc.) browse, dip into, flip through, leaf through, riffle through, run over or through, scan, skim through, thumb through
- n. [5] brief look, butcher's (Brit. sl.), dekko (Sl.), gander (Inf.), glimpse, look, peek, peep, quick look, shufti (Brit. sl.), squint, view [6] flash, gleam, glimmer, glint, reflection, sparkle, twinkle [7] allusion, passing mention, reference

glare

- v. [1] frown, give a dirty look, glower, look daggers, lour or lower, scowl, stare angrily [2] blaze, dazzle, flame, flare
- n. [3] angry stare, black look, dirty look, frown, glower, lour or lower, scowl [4] blaze, brilliance, dazzle, flame, flare, glow [5] flashiness, floridness, gaudiness, loudness, meretriciousness, showiness, tawdriness

glaring 1 audacious, blatant, conspicuous, egregious, flagrant, gross, manifest, obvious, open, outrageous, outstanding, overt, patent, rank, unconcealed, visible 2 blazing, bright, dazzling, flashy, florid, garish, glowing, loud

glassy 1 clear, glossy, icy, shiny, slick, slippery, smooth, transparent 2 blank, cold, dazed, dull, empty, expressionless, fixed, glazed, lifeless, vacant

glaze 1 v. burnish, coat, enamel, furbish, gloss, lacquer, polish, varnish 2 n. coat, enamel, finish, gloss, lacquer, lustre, patina, polish, shine, varnish

gleam
- ◆ **n.** 1 beam, flash, glimmer, glow, ray, sparkle 2 brightness, brilliance, coruscation, flash, gloss, lustre, sheen, splendour 3 flicker, glimmer, hint, inkling, ray, suggestion, trace
- ◆ **v.** 4 coruscate, flare, flash, glance, glimmer, glint, glisten, glitter, glow, scintillate, shimmer, shine, sparkle

glee cheerfulness, delight, elation, exhilaration, exuberance, exultation, fun, gaiety, gladness, hilarity, jocularity, jollity, joviality, joy, joyfulness, joyousness, liveliness, merriment, mirth, sprightliness, triumph, verve

gleeful cheerful, chirpy (Inf.), cock-a-hoop, delighted, elated, exuberant, exultant, gay, gratified, happy, jocund, jovial, joyful, joyous, jubilant, merry, mirthful, overjoyed, over the moon (Inf.), pleased, rapt, triumphant

glib artful, easy, fast-talking, fluent, garrulous, insincere, plausible, quick, ready, slick, slippery, smooth, smooth-tongued, suave, talkative, voluble

glide coast, drift, float, flow, fly, roll, run, sail, skate, skim, slide, slip, soar

glimmer
- ◆ **v.** 1 blink, flicker, gleam, glisten, glitter, glow, shimmer, shine, sparkle, twinkle
- ◆ **n.** 2 blink, flicker, gleam, glow, ray, shimmer, sparkle, twinkle 3 flicker, gleam, grain, hint, inkling, ray, suggestion, trace

glimpse 1 n. brief view, butcher's (Brit. sl.), gander (Inf.), glance, look, peek, peep, quick look, shufti (Brit. sl.), sight, sighting, squint 2 v. catch sight of, clock (Brit. inf.), descry, espy, sight, spot, spy, view

glint 1 v. flash, gleam, glimmer, glitter, shine, sparkle, twinkle 2 n. flash, gleam, glimmer, glitter, shine, sparkle, twinkle, twinkling

glisten coruscate, flash, glance, glare, gleam, glimmer, glint, glitter, scintillate, shimmer, shine, sparkle, twinkle

glitter
- ◆ **v.** 1 coruscate, flare, flash, glare, gleam, glimmer, glint, glisten, scintillate, shimmer, shine, sparkle, twinkle
- ◆ **n.** 2 beam, brightness, brilliance, flash, glare, gleam, lustre, radiance, scintillation, sheen, shimmer, shine, sparkle 3 display, gaudiness, gilt, glamour, pageantry, show, showiness, splendour, tinsel

gloat crow, drool, exult, glory, relish, revel in, rub it in (Inf.), triumph, vaunt

global 1 international, pandemic, planetary, universal, world, worldwide 2 all-encompassing, all-inclusive, all-out, comprehensive, encyclop(a)edic, exhaustive, general, thorough, total, unbounded, unlimited

globe ball, earth, orb, planet, round, sphere, world

globule bead, bubble, drop, droplet, particle, pearl, pellet

gloom 1 blackness, cloud, cloudiness, dark, darkness, dimness, dullness, dusk, duskiness, gloominess, murk, murkiness, obscurity, shade, shadow, twilight 2 blues, dejection, depression, desolation, despair, despondency, downheartedness, low spirits, melancholy, misery, sadness, sorrow, the hump (Brit. inf.), unhappiness, woe

gloomy 1 black, crepuscular, dark, dim, dismal, dreary, dull, dusky, murky, obscure, overcast, shadowy, sombre, Stygian, tenebrous 2 bad, black, cheerless, comfortless, depressing, disheartening, dismal, dispiriting, dreary, funereal, joyless, sad, saddening, sombre 3 blue, chapfallen, cheerless, crestfallen, dejected, despondent, dismal, dispirited, down, downcast, downhearted, down in the dumps (Inf.), down in the mouth, glum, in low spirits, melancholy, miserable, moody, morose, pessimistic, sad, saturnine, sullen

glorify 1 add lustre to, adorn, aggrandize, augment, dignify, elevate, enhance, ennoble, illuminate, immortalize, lift up, magnify, raise 2 adore, apotheosize, beatify, bless, canonize, deify, enshrine, exalt, honour, idolize, pay homage to, revere, sanctify, venerate, worship 3 celebrate, crack up (Inf.), cry up (Inf.), eulogize, extol, hymn, laud, lionize, magnify, panegyrize, praise, sing or sound the praises of

glorious 1 celebrated, distinguished, elevated, eminent, excellent, famed, famous, grand, honoured, illustrious, magnificent, majestic, noble, noted, renowned, sublime, triumphant 2 beautiful, bright, brilliant, dazzling, divine, effulgent, gorgeous, radiant, resplendent, shining, splendid, splendiferous (Facetious), superb 3 (Inf.) delightful, enjoyable, excellent, fine, gorgeous, great, heavenly (Inf.), marvellous, pleasurable, splendid, splendiferous (Facetious), wonderful

glory
- ◆ **n.** 1 celebrity, dignity, distinction, eminence, exaltation, fame, honour, illustriousness, immortality, kudos, praise, prestige, renown 2 adoration, benediction, blessing, gratitude, homage, laudation, praise, thanksgiving, veneration, worship 3 éclat, grandeur, greatness, magnificence, majesty, nobility, pageantry, pomp, splendour, sublimity, triumph 4 beauty, brilliance, effulgence, gorgeousness, lustre, radiance, resplendence
- ◆ **v.** 5 boast, crow, drool, exult, gloat, pride oneself, relish, revel, take delight, triumph

gloss[1]
- ◆ **n.** 1 brightness, brilliance, burnish, gleam, lustre, polish, sheen, shine, varnish, veneer 2 appearance, façade, front, mask, semblance, show, surface
- ◆ **v.** 3 burnish, finish, furbish, glaze, lacquer, polish, shine, varnish, veneer 4 camouflage, conceal, cover up, disguise, hide, mask, smooth over, veil, whitewash (Inf.)

gloss[2] 1 n. annotation, comment, commentary, elucidation, explanation, footnote, interpretation, note, scholium, translation 2 v. annotate, comment, construe, elucidate, explain, interpret, translate

glossy bright, brilliant, burnished, glassy, glazed, lustrous, polished, sheeny, shining, shiny, silken, silky, sleek, smooth

glow
- ◆ **n.** 1 burning, gleam, glimmer, incandescence, lambency, light, luminosity, phosphorescence 2 brightness, brilliance, effulgence, radiance, splendour, vividness 3 ardour, earnestness, enthusiasm, excitement, fervour, gusto, impetuosity, intensity, passion, vehemence, warmth 4 bloom, blush, flush, reddening, rosiness
- ◆ **v.** 5 brighten, burn, gleam, glimmer, redden, shine, smoulder 6 be suffused, blush, colour, fill, flush, radiate, thrill, tingle

glower 1 v. frown, give a dirty look, glare, look daggers, lour or lower, scowl 2 n. angry stare, black look, dirty look, frown, glare, lour or lower, scowl

glowing 1 aglow, beaming, bright, flaming, florid, flushed, lambent, luminous, radiant, red, rich, ruddy, suffused, vibrant, vivid, warm 2 adulatory, complimentary, ecstatic, enthusiastic, eulogistic, laudatory, panegyrical, rave (Inf.), rhapsodic

glue 1 n. adhesive, cement, gum, mucilage, paste 2 v. affix, agglutinate, cement, fix, gum, paste, seal, stick

glum chapfallen, churlish, crabbed, crestfallen, crusty, dejected, doleful, down, gloomy, gruff, grumpy, huffy, ill-humoured, low, moody, morose, pessimistic, saturnine, sour, sulky, sullen, surly

glut
- ◆ **n.** 1 excess, overabundance, oversupply, plethora, saturation, superabundance, superfluity, surfeit, surplus
- ◆ **v.** 2 cram, fill, gorge, overfeed, satiate, stuff 3 choke, clog, deluge, flood, inundate, overload, oversupply, saturate

glutton gannet (Sl.), gobbler, gorger, gormandizer, gourmand, pig (Inf.)

gluttony gormandizing, gourmandism, greed, greediness, piggishness, rapacity, voraciousness, voracity

gnarled contorted, knotted, knotty, knurled, leathery, rough, rugged, twisted, weather-beaten, wrinkled

gnaw 1 bite, chew, munch, nibble, worry 2 consume, devour, eat away or into, erode, fret, wear away or down 3 distress, fret, harry, haunt, nag, plague, prey on one's mind, trouble, worry

go
- ◆ **v.** 1 advance, decamp, depart, fare (Archaic), journey, leave, make for, move, move out, pass, proceed, repair, set off, slope off, travel, withdraw 2 function, move, operate, perform, run, work 3 connect, extend, fit, give access, lead, reach, run, span, spread, stretch 4 avail, concur, conduce, contribute, incline, lead to, serve, tend, work towards 5 develop, eventuate, fall out, fare, happen, pan out (Inf.), proceed, result, turn out, work out 6 accord, agree, blend, chime, complement, correspond, fit, harmonize, match, suit 7 buy it (U.S. sl.), check out (U.S. sl.), croak (Sl.), die, expire, give up the ghost, go belly-up (Sl.), kick it (Sl.), kick the bucket (Sl.), pass away, peg it (Inf.), peg out (Inf.), perish, pop one's clogs (Inf.) 8 elapse, expire, flow, lapse, pass, slip away
- ◆ **n.** 9 attempt, bid, crack (Inf.), effort, essay, shot (Inf.), stab (Inf.), try, turn, whack (Inf.), whirl (Inf.) 10 (Inf.) activity, animation, brio, drive, energy, force, get-up-and-go (Inf.), life, oomph (Inf.), pep, spirit, verve, vigour, vitality, vivacity

goad 1 n. impetus, incentive, incitement, irritation, motivation, pressure, spur, stimulation, stimulus, urge 2 v. annoy, arouse, be on one's back (Sl.), drive, egg on, exhort, harass, hassle (Inf.), hound, impel, incite, instigate, irritate, lash, nark (Brit., Aust., & N.Z. sl.), prick, prod, prompt, propel, spur, stimulate, sting, urge, worry

go-ahead 1 n. (Inf.) assent, authorization, consent, green light, leave, OK or okay (Inf.), permission 2 adj. ambitious, enterprising, go-getting (Inf.), pioneering, progressive, up-and-coming

go ahead advance, begin, continue, go forward, go on, proceed, progress

goal aim, ambition, design, destination, end, intention, limit, mark, object, objective, purpose, target

go along 1 acquiesce, agree, assent, concur, cooperate, follow 2 accompany, carry on, escort, join, keep up, move, pass, travel

go away decamp, depart, exit, hook it (Sl.), leave, move out, recede, slope off, withdraw

go back 1 retrocede, return, revert 2 change one's mind, desert, forsake, renege, repudiate, retract

gobble bolt, cram, devour, gorge, gulp, guzzle, pig out on (U.S. & Canad. sl.), stuff, swallow, wolf

go-between agent, broker, dealer, factor, intermediary, liaison, mediator, medium, middleman

go by 1 elapse, exceed, flow on, move onward, pass, proceed 2 adopt, be guided by, follow, heed, judge from, observe, take as guide

godforsaken abandoned, backward, bleak, deserted, desolate, dismal, dreary, forlorn, gloomy, lonely, neglected, remote, wretched

godless atheistic, depraved, evil, impious, irreligious, profane, ungodly, unprincipled, unrighteous, wicked

godlike celestial, deific, deiform, divine, heavenly, superhuman, transcendent

godly devout, god-fearing, good, holy, pious, religious, righteous, saintly

go down 1 be beaten, collapse, decline, decrease, drop, fall, founder, go under, lose, set, sink, submerge, submit, suffer defeat 2 be commemorated (recalled, recorded, remembered)

godsend blessing, boon, manna, stroke of luck, windfall

go for 1 clutch at, fetch, obtain, reach, seek, stretch for 2 admire, be attracted to, be fond of, choose, favour, hold with, like, prefer 3 assail, assault, attack, launch oneself at, rush upon, set about or upon, spring upon

go in (for) adopt, embrace, engage in, enter, espouse, practise, pursue, take up, undertake

go into 1 begin, develop, enter, participate in, undertake 2 analyse, consider, delve into, discuss, examine, inquire into, investigate, look into, probe, pursue, research, review, scrutinize, study, work over

golden 1 blond or blonde, bright, brilliant, flaxen, resplendent, shining, yellow 2 best, blissful, delightful, flourishing, glorious, happy, joyful, joyous, precious, prosperous, rich, successful 3 advantageous, auspicious, excellent, favourable, opportune, promising, propitious, rosy, valuable

gone 1 elapsed, ended, finished, over, past 2 absent, astray, away, lacking, lost, missing, vanished 3 dead, deceased, defunct, departed, extinct, no more 4 consumed, done, finished, spent, used up

good
- **adj.** 1 acceptable, admirable, agreeable, bad (Sl.), capital, choice, commendable, crucial (Sl.), excellent, fine, first-class, first-rate, great, hunky-dory (Inf.), pleasant, pleasing, positive, precious, satisfactory, splendid, super (Inf.), superior, tiptop, valuable, wicked (Sl.), world-class, worthy 2 admirable, estimable, ethical, exemplary, honest, honourable, moral, praiseworthy, right, righteous, trustworthy, upright, virtuous, worthy 3 able, accomplished, adept, adroit, capable, clever, competent, dexterous, efficient, expert, first-rate, proficient, reliable, satisfactory, serviceable, skilled, sound, suitable, talented, thorough, useful 4 adequate, advantageous, auspicious, beneficial, convenient, favourable, fit, fitting, healthy, helpful, opportune, profitable, propitious, salubrious, salutary, suitable, useful, wholesome 5 eatable, fit to eat, sound, uncorrupted, untainted, whole 6 altruistic, approving, beneficent, benevolent, charitable, friendly, gracious, humane, kind, kind-hearted, kindly, merciful, obliging, well-disposed 7 authentic, bona fide, dependable, genuine, honest, legitimate, proper, real, reliable, sound, true, trustworthy, valid 8 decorous, dutiful, mannerly, obedient, orderly, polite, proper, seemly, well-behaved, well-mannered 9 agreeable, cheerful, congenial, convivial, enjoyable, gratifying, happy, pleasant, pleasing, pleasurable, satisfying 10 adequate, ample, complete, considerable, entire, extensive, full, large, long, sizable, solid, substantial, sufficient, whole 11 best, fancy, finest, newest, nicest, precious, smartest, special, valuable 12 (Of weather) balmy, bright, calm, clear, clement, cloudless, fair, halcyon, mild, sunny, sunshiny, tranquil
- **n.** 13 advantage, avail, behalf, benefit, gain, interest, profit, service, use, usefulness, welfare, wellbeing, worth 14 excellence, goodness, merit, morality, probity, rectitude, right, righteousness, uprightness, virtue, worth 15 **for good** finally, for ever, irrevocably, never to return, once and for all, permanently, sine die

goodbye adieu, farewell, leave-taking, parting

good-for-nothing 1 n. black sheep, idler, layabout, ne'er-do-well, profligate, rapscallion, scapegrace, skiver (Brit. sl.), waster, wastrel 2 adj. feckless, idle, irresponsible, useless, worthless

good-humoured affable, amiable, cheerful, congenial, genial, good-tempered, happy, pleasant

good-looking attractive, comely, fair, handsome, personable, pretty, well-favoured

goodly 1 ample, considerable, large, significant, sizable, substantial, tidy (Inf.) 2 agreeable, attractive, comely, desirable, elegant, fine, good-looking, graceful, handsome, personable, pleasant, pleasing, well-favoured

good-natured agreeable, benevolent, friendly, good-hearted, helpful, kind, kindly, tolerant, warm-hearted, well-disposed, willing to please

goodness 1 excellence, merit, quality, superiority, value, worth 2 beneficence, benevolence, friendliness, generosity, good will, graciousness, humaneness, kind-heartedness, kindliness, kindness, mercy, obligingness 3 honesty, honour, integrity, merit, morality, probity, rectitude, righteousness, uprightness, virtue 4 advantage, benefit, nourishment, nutrition, salubriousness, wholesomeness

goods 1 appurtenances, belongings, chattels, effects, furnishings, furniture, gear, movables, paraphernalia, possessions, property, things, trappings 2 commodities, merchandise, stock, stuff, wares

goodwill amity, benevolence, favour, friendliness, friendship, heartiness, kindliness, zeal

go off 1 blow up, detonate, explode, fire 2 happen, occur, take place 3 decamp, depart, go away, hook it (Sl.), leave, move out, part, quit, slope off 4 (Inf.) go bad, go stale, rot

go on 1 continue, endure, happen, last, occur, persist, proceed, stay 2 blether, carry on, chatter, prattle, rabbit (Brit. inf.), ramble on, waffle (Inf., chiefly Brit.), witter (on) (Inf.)

go out 1 depart, exit, leave 2 be extinguished, die out, expire, fade out

go over 1 examine, inspect, rehearse, reiterate, review, revise, study, work over 2 peruse, read, scan, skim

gorge 1 n. canyon, cleft, clough (Dialect), defile, fissure, pass, ravine 2 v. bolt, cram, devour, feed, fill, glut, gobble, gormandize, gulp, guzzle, overeat, pig out (U.S. & Canad. sl.), raven, sate, satiate, stuff, surfeit, swallow, wolf

gorgeous 1 beautiful, brilliant, dazzling, drop-dead (Sl.), elegant, glittering, grand, luxuriant, magnificent, opulent, ravishing, resplendent, showy, splendid, splendiferous (Facetious), stunning (Inf.), sumptuous, superb 2 (Inf.) attractive, bright, delightful, enjoyable, exquisite, fine, glorious, good, good-looking, lovely, pleasing

gory blood-soaked, bloodstained, bloodthirsty, bloody, ensanguined (Literary), murderous, sanguinary

gospel 1 certainty, fact, the last word, truth, verity 2 credo, creed, doctrine, message, news, revelation, tidings

gossamer adj. airy, delicate, diaphanous, fine, flimsy, gauzy, light, sheer, silky, thin, transparent

gossip
- **n.** 1 blether, chinwag (Brit. inf.), chitchat, clishmaclaver (Scot.), dirt (U.S. sl.), gen (Brit. inf.), hearsay, idle talk, jaw (Sl.), latest (Inf.), newsmongering (Old-fashioned), prattle, scandal, small talk, tittle-tattle 2 babbler, blatherskite, blether, busybody, chatterbox (Inf.), chatterer, flibbertigibbet, gossipmonger, newsmonger (Old-fashioned), prattler, quidnunc, scandalmonger, tattler, telltale
- **v.** 3 blather, blether, chat, gabble, jaw (Sl.), prate, prattle, tattle

go through 1 bear, brave, endure, experience, suffer, tolerate, undergo, withstand 2 consume, exhaust, squander, use 3 check, examine, explore, hunt, look, search, work over

go under default, die, drown, fail, fold (Inf.), founder, go down, sink, submerge, succumb

govern 1 administer, be in power, command, conduct, control, direct, guide, handle, hold sway, lead, manage, order, oversee, pilot, reign, rule, steer, superintend, supervise 2 bridle, check, contain, control, curb, direct, discipline, get the better of, hold in check, inhibit, master, regulate, restrain, subdue, tame 3 decide, determine, guide, influence, rule, sway, underlie

government 1 administration, authority, dominion, execution, governance, law, polity, rule, sovereignty, state, statecraft 2 administration, executive, ministry, powers-that-be, régime 3 authority, command, control, direction, domination, guidance, management, regulation, restraint, superintendence, supervision, sway

governor administrator, boss (Inf.), chief, commander, comptroller, controller, director, executive, head, leader, manager, overseer, ruler, superintendent, supervisor

go with accompany, agree, blend, complement, concur, correspond, fit, harmonize, match, suit

go without abstain, be denied, be deprived of, deny oneself, do without, go short, lack, want

gown costume, dress, frock, garb, garment, habit, robe

grab bag, capture, catch (up), catch or take hold of, clutch, grasp, grip, latch on to, nab (Inf.), nail (Inf.), pluck, seize, snap up, snatch

grace
- **n.** 1 attractiveness, beauty, charm, comeliness, ease, elegance, finesse, gracefulness, loveliness, pleasantness, poise, polish, refinement, shapeliness, tastefulness 2 benefaction, beneficence, benevolence, favour, generosity, goodness, good will, kindliness, kindness 3 breeding, consideration, cultivation, decency, decorum, etiquette, mannerliness, manners, propriety, tact 4 charity, clemency, compassion, forgiveness, indulgence, leniency, lenity, mercy, pardon, quarter, reprieve 5 benediction, blessing, prayer, thanks, thanksgiving
- **v.** 6 adorn, beautify, bedeck, deck, decorate, dignify, distinguish, elevate, embellish, enhance, enrich, favour, garnish, glorify, honour, ornament, set off

graceful agile, beautiful, becoming, charming, comely, easy, elegant, fine, flowing, gracile (Rare), natural, pleasing, smooth, symmetrical, tasteful

gracious accommodating, affable, amiable, beneficent, benevolent, benign, benignant, charitable, chivalrous, civil, compassionate, considerate, cordial, courteous, courtly, friendly, hospitable, indulgent, kind, kindly, lenient, loving, merciful, mild, obliging, pleasing, polite, well-mannered

grade
- **n.** 1 brand, category, class, condition, degree, echelon, group, level, mark, notch, order, place, position, quality, rank, rung, size, stage, station, step 2 **make the grade** (Inf.) come through with flying colours, come up to scratch (Inf.), measure up, measure up to expectations, pass muster, prove acceptable, succeed, win through 3 acclivity, bank, declivity, gradient, hill, incline, rise, slope
- **v.** 4 arrange, brand, class, classify, evaluate, group, order, range, rank, rate, sort, value

gradient acclivity, bank, declivity, grade, hill, incline, rise, slope

gradual continuous, even, gentle, graduated, moderate, piecemeal, progressive, regular, slow, steady, successive, unhurried

gradually bit by bit, by degrees, drop by drop, evenly, gently, little by little, moderately, piece by piece, piecemeal, progressively, slowly, steadily, step by step, unhurriedly

graduate
- **v.** 1 calibrate, grade, mark off, measure out, proportion, regulate 2 arrange, classify, grade, group, order, range, rank, sort

graft 1 n. bud, implant, scion, shoot, splice, sprout 2 v. affix, implant, ingraft, insert, join, splice, transplant

grain 1 cereals, corn 2 grist, kernel, seed 3 atom, bit, crumb, fragment, granule, iota, jot, mite, modicum, molecule, morsel, mote, ounce, particle, piece, scintilla (Rare), scrap, scruple, spark, speck, suspicion, trace, whit 4 fibre, nap, pattern, surface, texture, weave 5 character, disposition, humour, inclination, make-up, temper

grand 1 ambitious, august, dignified, elevated, eminent, exalted, fine, glorious, gorgeous, grandiose, great, haughty, illustrious, imposing, impressive, large, lofty, lordly, luxurious, magnificent, majestic, monumental, noble, opulent, ostentatious, palatial, pompous, pretentious, princely, regal, splendid, splendiferous (Facetious), stately, striking, sublime, sumptuous, superb 2 admirable, excellent, fine, first-class, first-rate, great (Inf.), hunky-dory (Inf.), marvellous (Inf.), outstanding, smashing (Inf.), splendid, splendiferous (Facetious), super (Inf.), superb, terrific (Inf.), very good, wonderful, world-class 3 big-time (Inf.), chief, head, highest, lead, leading, main, major league (Inf.), pre-eminent, principal, supreme

grandeur augustness, dignity, greatness, importance, loftiness, magnificence, majesty, nobility, pomp, splendour, state, stateliness, sublimity

grandiose 1 affected, ambitious, bombastic, extravagant, flamboyant, high-flown, ostentatious, pompous, pretentious, showy 2 ambitious, grand, imposing, impressive, lofty, magnificent, majestic, monumental, stately

grant
- **v.** 1 accede to, accord, acknowledge, admit, agree to, allocate, allot, allow, assign, award, bestow, cede, concede, confer, consent to, donate, give, hand out, impart, permit, present, vouchsafe, yield 2 (Law) assign, convey, transfer, transmit
- **n.** 3 admission, allocation, allotment, allowance, award, benefaction, bequest, boon, bounty, concession, donation, endowment, gift, hand-out, present, stipend, subsidy

granule atom, crumb, fragment, grain, iota, jot, molecule, particle, scrap, speck

graphic 1 clear, descriptive, detailed, explicit, expressive, forcible, illustrative, lively, lucid, picturesque, striking, telling, vivid, well-drawn 2 delineated, diagrammatic, drawn, illustrative, pictorial, representational, seen, visible, visual

grapple 1 catch, clasp, clutch, come to grips, fasten, grab, grasp, grip, hold, hug, lay or take hold, make fast, seize, wrestle 2 address oneself to, attack, battle, clash, combat, confront, contend, cope, deal with, do battle, encounter, engage, face, fight, struggle, tackle, take on, tussle, wrestle

grasp
- v. 1 catch (up), clasp, clinch, clutch, grab, grapple, grip, hold, lay or take hold of, seize, snatch 2 catch or get the drift of, catch on, comprehend, follow, get, realize, see, take in, understand
- n. 3 clasp, clutches, embrace, grip, hold, possession, tenure 4 capacity, compass, control, extent, mastery, power, range, reach, scope, sway, sweep 5 awareness, comprehension, ken, knowledge, mastery, perception, realization, understanding

grasping acquisitive, avaricious, close-fisted, covetous, greedy, mean, miserly, niggardly, penny-pinching (Inf.), rapacious, selfish, stingy, tight-arsed (Taboo sl.), tight as a duck's arse (Sl.), tight-assed (U.S. taboo sl.), tightfisted, usurious, venal

grate
- v. 1 mince, pulverize, shred, triturate 2 creak, grind, rasp, rub, scrape, scratch 3 aggravate (Inf.), annoy, chafe, exasperate, fret, gall, get one down, get on one's nerves (Inf.), irk, irritate, jar, nark (Brit., Aust., & N.Z. sl.), nettle, peeve, rankle, rub one up the wrong way, set one's teeth on edge, vex

grateful 1 appreciative, beholden, indebted, obliged, thankful 2 acceptable, agreeable, favourable, gratifying, nice, pleasing, refreshing, restful, satisfactory, satisfying, welcome

gratify cater to, delight, favour, feed, fulfil, give pleasure, gladden, humour, indulge, pander to, please, recompense, requite, satisfy, thrill

grating adj. annoying, disagreeable, discordant, displeasing, grinding, harsh, irksome, irritating, jarring, offensive, rasping, raucous, scraping, squeaky, strident, unpleasant, vexatious

gratis buckshee (Brit. sl.), for nothing, free, freely, free of charge, gratuitously, on the house, unpaid

gratitude appreciation, gratefulness, indebtedness, obligation, recognition, sense of obligation, thankfulness, thanks

gratuitous 1 buckshee (Brit. sl.), complimentary, free, spontaneous, unasked-for, unpaid, unrewarded, voluntary 2 assumed, baseless, causeless, groundless, irrelevant, needless, superfluous, uncalled-for, unfounded, unjustified, unmerited, unnecessary, unprovoked, unwarranted, wanton

gratuity baksheesh, benefaction, bonus, boon, bounty, donation, gift, largess or largesse, perquisite, pourboire, present, recompense, reward, tip

grave¹ n. burying place, crypt, last resting place, mausoleum, pit, sepulchre, tomb, vault

grave² 1 dignified, dour, dull, earnest, gloomy, grim-faced, heavy, leaden, long-faced, muted, quiet, sage (Obsolete), sedate, serious, sober, solemn, sombre, staid, subdued, thoughtful, unsmiling 2 acute, critical, crucial, dangerous, exigent, hazardous, important, life-and-death, momentous, of great consequence, perilous, pressing, serious, severe, significant, threatening, urgent, vital, weighty

graveyard boneyard (Inf.), burial ground, cemetery, charnel house, churchyard, God's acre (Literary), necropolis

gravitate 1 (With to or towards) be influenced (attracted, drawn, pulled), incline, lean, move, tend 2 be precipitated, descend, drop, fall, precipitate, settle, sink

gravity 1 acuteness, consequence, exigency, hazardousness, importance, moment, momentousness, perilousness, pressingness, seriousness, severity, significance, urgency, weightiness 2 demureness, dignity, earnestness, gloom, gravitas, grimness, reserve, sedateness, seriousness, sobriety, solemnity, thoughtfulness

graze
- v. 1 brush, glance off, kiss, rub, scrape, shave, skim, touch 2 abrade, bark, chafe, scrape, scratch, skin
- n. 3 abrasion, scrape, scratch

greasy 1 fatty, oily, slick, slimy, slippery 2 fawning, glib, grovelling, ingratiating, oily, slick, smarmy (Brit. inf.), smooth, sycophantish, toadying, unctuous

great 1 big, bulky, colossal, elephantine, enormous, extensive, gigantic, huge, humongous or humungous (U.S. sl.), immense, large, mammoth, prodigious, stupendous, tremendous, vast, voluminous 2 extended, lengthy, long, prolonged, protracted 3 big-time (Inf.), capital, chief, grand, head, lead, leading, main, major, major league (Inf.), paramount, primary, principal, prominent, superior 4 considerable, decided, excessive, extravagant, extreme, grievous, high, inordinate, prodigious, pronounced, strong 5 consequential, critical, crucial, grave, heavy, important, momentous, serious, significant, weighty 6 celebrated, distinguished, eminent, exalted, excellent, famed, famous, glorious, illustrious, notable, noteworthy, outstanding, prominent, remarkable, renowned, superb, superlative, talented, world-class 7 august, chivalrous, dignified, distinguished, exalted, fine, glorious, grand, heroic, high-minded, idealistic, impressive, lofty, magnanimous, noble, princely, sublime 8 active, devoted, enthusiastic, keen, zealous 9 able, adept, adroit, crack (Sl.), expert, good, masterly, proficient, skilful, skilled 10 (Inf.) admirable, boffo (Sl.), brill (Inf.), chillin' (U.S. sl.), cracking (Brit. inf.), crucial (Sl.), def (Inf.), excellent, fantastic (Inf.), fine, first-rate, good, hunky-dory (Inf.), jim-dandy (Sl.), marvellous (Inf.), mean (Sl.), mega (Sl.), sovereign, superb, terrific (Inf.), topping (Brit. sl.), tremendous (Inf.), wonderful 11 absolute, arrant, complete, consummate, downright, egregious, flagrant, out-and-out, perfect, positive, thoroughgoing, thundering (Inf.), total, unmitigated, unqualified, utter

greatly abundantly, by leaps and bounds, by much, considerably, enormously, exceedingly, extremely, highly, hugely, immensely, markedly, mightily, much, notably, powerfully, remarkably, tremendously, vastly, very much

greatness 1 bulk, enormity, hugeness, immensity, largeness, length, magnitude, mass, prodigiousness, size, vastness 2 amplitude, force, high degree, intensity, potency, power, strength 3 gravity, heaviness, import, importance, moment, momentousness, seriousness, significance, urgency, weight 4 celebrity, distinction, eminence, fame, glory, grandeur, illustriousness, lustre, note, renown 5 chivalry, dignity, disinterestedness, generosity, grandeur, heroism, high-mindedness, idealism, loftiness, majesty, nobility, nobleness, stateliness, sublimity

greed, greediness 1 edacity, esurience, gluttony, gormandizing, hunger, insatiableness, ravenousness, voracity 2 acquisitiveness, avarice, avidity, covetousness, craving, cupidity, desire, eagerness, graspingness, longing, rapacity, selfishness

greedy 1 edacious, esurient, gluttonous, gormandizing, hoggish, hungry, insatiable, piggish, ravenous, voracious 2 acquisitive, avaricious, avid, covetous, craving, desirous, eager, grasping, hungry, impatient, rapacious, selfish

Greek 1 n. Hellene 2 adj. Hellenic

green
- adj. 1 blooming, budding, flourishing, fresh, grassy, leafy, new, undecayed, verdant, verdurous 2 fresh, immature, new, raw, recent, unripe 3 conservationist, ecological, environment-friendly, non-polluting 4 callow, credulous, gullible, ignorant, immature, inexperienced, inexpert, ingenuous, innocent, naive, new, raw, unpolished, unpractised, unskilful, unsophisticated, untrained, unversed, wet behind the ears (Inf.) 5 covetous, envious, grudging, jealous, resentful 6 ill, nauseous, pale, sick, unhealthy, wan 7 immature, pliable, supple, tender, undried, unseasoned, young
- n. 8 common, grassplot, lawn, sward, turf

greet accost, address, compliment, hail, meet, nod to, receive, salute, tip one's hat to, welcome

greeting 1 address, hail, reception, salutation, salute, welcome 2 Plural best wishes, compliments, devoirs, good wishes, regards, respects, salutations

gregarious affable, companionable, convivial, cordial, friendly, outgoing, sociable, social

grey 1 ashen, bloodless, colourless, livid, pale, pallid, wan 2 cheerless, cloudy, dark, depressing, dim, dismal, drab, dreary, dull, foggy, gloomy, misty, murky, overcast, sunless 3 anonymous, characterless, colourless, dull, indistinct, neutral, unclear, unidentifiable 4 aged, ancient, elderly, experienced, hoary, mature, old, venerable

grief 1 affliction, agony, anguish, bereavement, dejection, distress, grievance, hardship, heartache, heartbreak, misery, mournfulness, mourning, pain, regret, remorse, sadness, sorrow, suffering, trial, tribulation, trouble, woe 2 come to grief (Inf.) come unstuck, fail, meet with disaster, miscarry

grievance affliction, beef (Sl.), complaint, damage, distress, grief, gripe (Inf.), hardship, injury, injustice, protest, resentment, sorrow, trial, tribulation, trouble, unhappiness, wrong

grieve 1 ache, bemoan, bewail, complain, deplore, lament, mourn, regret, rue, sorrow, suffer, wail, weep 2 afflict, agonize, break the heart of, crush, distress, hurt, injure, make one's heart bleed, pain, sadden, wound

grievous 1 afflicting, calamitous, damaging, distressing, dreadful, grave, harmful, heavy, hurtful, injurious, lamentable, oppressive, painful, severe, wounding 2 appalling, atrocious, deplorable, dreadful, egregious, flagrant, glaring, heinous, intolerable, lamentable, monstrous, offensive, outrageous, shameful, shocking, unbearable 3 agonized, grief-stricken, heart-rending, mournful, pitiful, sorrowful, tragic

grim cruel, ferocious, fierce, forbidding, formidable, frightful, ghastly, godawful (Sl.), grisly, gruesome, hard, harsh, hideous, horrible, horrid, implacable, merciless, morose, relentless, resolute, ruthless, severe, shocking, sinister, stern, sullen, surly, terrible, unrelenting, unyielding

grimace 1 n. face, frown, mouth, scowl, sneer, wry face 2 v. frown, lour or lower, make a face or faces, mouth, scowl, sneer

grime dirt, filth, grot (Sl.), smut, soot

grimy begrimed, besmeared, besmirched, dirty, filthy, foul, grubby, scuzzy (Sl.), smutty, soiled, sooty, unclean

grind
- v. 1 abrade, comminute, crush, granulate, grate, kibble, mill, pound, powder, pulverize, triturate 2 file, polish, sand, sharpen, smooth, whet 3 gnash, grate, grit, scrape 4 (With down) afflict, harass, hold down, hound, oppress, persecute, plague, trouble, tyrannize (over)
- n. 5 (Inf.) chore, drudgery, hard work, labour, sweat (Inf.), task, toil

grip
- n. 1 clasp, handclasp (U.S.), purchase 2 clutches, comprehension, control, domination, grasp, hold, influence, keeping, mastery, perception, possession, power, tenure, understanding 3 come or get to grips (with) close with, confront, contend with, cope with, deal with, encounter, face up to, grapple with, grasp, handle, meet, tackle, take on, undertake
- v. 4 clasp, clutch, grasp, hold, latch on to, seize, take hold of 5 absorb, catch up, compel, engross, enthral, entrance, fascinate, hold, involve, mesmerize, rivet, spellbind

gripping compelling, compulsive, engrossing, enthralling, entrancing, exciting, fascinating, riveting, spellbinding, thrilling, unputdownable (Inf.)

grisly abominable, appalling, awful, dreadful, frightful, ghastly, grim, gruesome, hellacious (U.S. sl.), hideous, horrible, horrid, macabre, shocking, sickening, terrible, terrifying

grit
- n. 1 dust, gravel, pebbles, sand 2 backbone, balls (Taboo sl.), courage, determination, doggedness, fortitude, gameness, guts (Inf.), hardihood, mettle, nerve, perseverance, pluck, resolution, spirit, tenacity, toughness
- v. 3 clench, gnash, grate, grind

gritty 1 abrasive, dusty, grainy, granular, gravelly, rasping, rough, sandy 2 ballsy (Taboo sl.), brave, courageous, determined, dogged, feisty (Inf., chiefly U.S. & Canad.), game, hardy, mettlesome, plucky, resolute, spirited, steadfast, tenacious, tough

groan
- n. 1 cry, moan, sigh, whine 2 (Inf.) beef (Sl.), complaint, gripe (Inf.), grouse, grumble, objection, protest
- v. 3 cry, moan, sigh, whine 4 (Inf.) beef (Sl.), bemoan, bitch (Sl.), complain, gripe (Inf.), grouse, grumble, lament, object

groggy befuddled, confused, dazed, dizzy, faint, muzzy, punch-drunk, reeling, shaky, staggering, stunned, stupefied, unsteady, weak, wobbly, woozy (Inf.)

groom
- n. 1 currier (Rare), hostler or ostler (Archaic), stableboy, stableman
- v. 2 clean, dress, get up (Inf.), preen, primp, smarten up, spruce up, tidy, turn out 3 brush, clean, curry, rub down, tend 4 coach, drill,

educate, make ready, nurture, prepare, prime, ready, train

groove channel, cut, cutting, flute, furrow, gutter, hollow, indentation, rebate, rut, score, trench

grope cast about, feel, finger, fish, flounder, fumble, grabble, scrabble, search

gross
- adj. [1] big, bulky, corpulent, dense, fat, great, heavy, hulking, large, lumpish, massive, obese, overweight, thick [2] aggregate, before deductions, before tax, entire, total, whole [3] coarse, crude, improper, impure, indecent, indelicate, lewd, low, obscene, offensive, ribald, rude, sensual, smutty, unseemly, vulgar [4] apparent, arrant, blatant, downright, egregious, flagrant, glaring, grievous, heinous, manifest, obvious, outrageous, plain, rank, serious, shameful, sheer, shocking, unmitigated, unqualified, utter [5] boorish, callous, coarse, crass, dull, ignorant, imperceptive, insensitive, tasteless, uncultured, undiscriminating, unfeeling, unrefined, unsophisticated
- v. [6] bring in, earn, make, rake in (Inf.), take

grotesque absurd, bizarre, deformed, distorted, extravagant, fanciful, fantastic, freakish, incongruous, ludicrous, malformed, misshapen, odd, outlandish, preposterous, ridiculous, strange, unnatural, weird, whimsical

ground
- n. [1] clod, dirt, dry land, dust, earth, field, land, loam, mould, sod, soil, terra firma, terrain, turf [2] Often plural area, country, district, domain, estate, fields, gardens, habitat, holding, land, property, realm, terrain, territory, tract [3] Usually plural account, argument, base, basis, call, cause, excuse, factor, foundation, inducement, justification, motive, occasion, premise, pretext, rationale, reason [4] Usually plural deposit, dregs, grouts, lees, sediment, settlings [5] arena, field, park (Inf.), pitch, stadium
- v. [6] base, establish, fix, found, set, settle [7] acquaint with, coach, familiarize with, inform, initiate, instruct, prepare, teach, train, tutor

groundless baseless, chimerical, empty, false, idle, illusory, imaginary, unauthorized, uncalled-for, unfounded, unjustified, unprovoked, unsupported, unwarranted

groundwork base, basis, cornerstone, footing, foundation, fundamentals, preliminaries, preparation, spadework, underpinnings

group
- n. [1] aggregation, assemblage, association, band, batch, bevy, bunch, camp, category, circle, class, clique, clump, cluster, collection, company, congregation, coterie, crowd, faction, formation, gang, gathering, organization, pack, party, posse (Sl.), set, troop
- v. [2] arrange, assemble, associate, assort, bracket, class, classify, dispose, gather, marshal, order, organize, put together, range, sort [3] associate, band together, cluster, congregate, consort, fraternize, gather, get together

grouse [1] v. beef (Sl.), bellyache (Sl.), bitch (Sl.), bleat, carp, complain, find fault, gripe (Inf.), grouch (Inf.), grumble, kvetch (U.S. sl.), moan, whine, whinge (Inf.) [2] n. beef (Sl.), complaint, grievance, gripe (Inf.), grouch (Inf.), grumble, moan, objection, protest

grovel abase oneself, bootlick (Inf.), bow and scrape, brown-nose (Taboo sl.), cower, crawl, creep, cringe, crouch, demean oneself, fawn, flatter, humble oneself, kiss ass (Taboo sl.), kowtow, pander to, sneak, toady

grow [1] develop, enlarge, expand, extend, fill out, get bigger, get taller, heighten, increase, multiply, spread, stretch, swell, thicken, widen [2] develop, flourish, germinate, shoot, spring up, sprout, vegetate [3] arise, issue, originate, spring, stem [4] advance, expand, flourish, improve, progress, prosper, succeed, thrive [5] become, come to be, develop (into), get, turn, wax [6] breed, cultivate, farm, nurture, produce, propagate, raise

grown-up [1] adj. adult, fully-grown, mature, of age [2] n. adult, man, woman

growth [1] aggrandizement, augmentation, development, enlargement, evolution, expansion, extension, growing, heightening, increase, multiplication, proliferation, stretching, thickening, widening [2] crop, cultivation, development, germination, produce, production, shooting, sprouting, vegetation [3] advance, advancement, expansion, improvement, progress, prosperity, rise, success [4] (Medicine) excrescence, lump, tumour

grub
- v. [1] burrow, dig up, probe, pull up, root (Inf.), rootle (Brit.), search for, uproot [2] ferret, forage, hunt, rummage, scour, search, uncover, unearth [3] drudge, grind (Inf.), labour, plod, slave, slog, sweat, toil
- n. [4] caterpillar, larva, maggot [5] (Sl.) eats (Sl.), feed, food, nosebag (Sl.), nosh (Sl.), rations, sustenance, tack (Inf.), victuals, vittles (Obs. or dialect)

grubby besmeared, dirty, filthy, frowzy, grimy, manky (Scot. dialect), mean, messy, mucky, scruffy, scuzzy (Sl.), seedy, shabby, slovenly, smutty, soiled, sordid, squalid, unkempt, untidy, unwashed

grudge [1] n. animosity, animus, antipathy, aversion, bitterness, dislike, enmity, grievance, hard feelings, hate, ill will, malevolence, malice, pique, rancour, resentment, spite, venom [2] v. begrudge, be reluctant, complain, covet, envy, hold back, mind, resent, stint

gruelling arduous, backbreaking, brutal, crushing, demanding, difficult, exhausting, fatiguing, fierce, grinding, hard, harsh, laborious, punishing, severe, stiff, strenuous, taxing, tiring, trying

gruesome abominable, awful, fearful, ghastly, grim, grisly, hellacious (U.S. sl.), hideous, horrendous, horrible, horrid, horrific, horrifying, loathsome, macabre, obscene, repugnant, repulsive, shocking, spine-chilling, terrible

gruff [1] bad-tempered, bearish, blunt, brusque, churlish, crabbed, crusty, curt, discourteous, grouchy (Inf.), grumpy, ill-humoured, ill-natured, impolite, rough, rude, sour, sullen, surly, uncivil, ungracious, unmannerly [2] croaking, guttural, harsh, hoarse, husky, low, rasping, rough, throaty

grumble
- v. [1] beef (Sl.), bellyache (Sl.), bitch (Sl.), bleat, carp, complain, find fault, gripe (Inf.), grouch (Inf.), grouse, kvetch (U.S. sl.), moan, repine, whine, whinge (Inf.) [2] growl, gurgle, murmur, mutter, roar, rumble
- n. [3] beef (Sl.), complaint, grievance, gripe (Inf.), grouch (Inf.), grouse, moan, objection, protest [4] growl, gurgle, murmur, muttering, roar, rumble

guarantee [1] n. assurance, bond, certainty, collateral, covenant, earnest, guaranty, pledge, promise, security, surety, undertaking, warranty, word, word of honour [2] v. answer for, assure, certify, ensure, insure, maintain, make certain, pledge, promise, protect, secure, stand behind, swear, vouch for, warrant

guard
- v. [1] cover, defend, escort, keep, mind, oversee, patrol, police, preserve, protect, safeguard, save, screen, secure, shelter, shield, supervise, tend, watch, watch over
- n. [2] custodian, defender, lookout, picket, protector, sentinel, sentry, warder, watch, watchman [3] convoy, escort, patrol [4] buffer, bulwark, bumper, defence, pad, protection, rampart, safeguard, screen, security, shield [5] attention, care, caution, heed, vigilance, wariness, watchfulness [6] off (one's) guard napping, unprepared, unready, unwary, with one's defences down [7] on (one's) guard alert, cautious, circumspect, on the alert, on the lookout, on the qui vive, prepared, ready, vigilant, wary, watchful

guarded cagey (Inf.), careful, cautious, circumspect, discreet, leery (Sl.), noncommittal, prudent, reserved, restrained, reticent, suspicious, wary

guardian attendant, champion, curator, custodian, defender, escort, guard, keeper, preserver, protector, trustee, warden, warder

guerrilla freedom fighter, irregular, member of the underground or resistance, partisan, underground fighter

guess
- v. [1] conjecture, estimate, fathom, hypothesize, penetrate, predict, solve, speculate, work out [2] believe, conjecture, dare say, deem, divine, fancy, hazard, imagine, judge, reckon, suppose, surmise, suspect, think
- n. [3] conjecture, feeling, hypothesis, judg(e)ment, notion, prediction, reckoning, speculation, supposition, surmise, suspicion, theory

guesswork conjecture, estimation, presumption, speculation, supposition, surmise, suspicion, theory

guest boarder, caller, company, lodger, visitant, visitor

guidance advice, auspices, conduct, control, counsel, counselling, direction, government, help, instruction, intelligence, leadership, management, teaching

guide
- v. [1] accompany, attend, conduct, convoy, direct, escort, lead, pilot, shepherd, show the way, steer, usher [2] command, control, direct, handle, manage, manoeuvre, steer [3] advise, counsel, educate, govern, influence, instruct, oversee, regulate, rule, superintend, supervise, sway, teach, train
- n. [4] adviser, attendant, chaperon(e), cicerone, conductor, controller, counsellor, director, dragoman, escort, leader, mentor, monitor, pilot, steersman, teacher, usher [5] criterion, example, exemplar, ideal, inspiration, lodestar, master, model, par, paradigm, standard [6] beacon, clue, guiding light, key, landmark, lodestar, mark, marker, pointer, sign, signal, signpost [7] catalogue, directory, guidebook, handbook, instructions, key, manual, vade mecum

guild association, brotherhood, club, company, corporation, fellowship, fraternity, league, lodge, order, organization, society, union

guile art, artfulness, artifice, cleverness, craft, craftiness, cunning, deceit, deception, duplicity, gamesmanship (Inf.), knavery, ruse, sharp practice, slyness, treachery, trickery, trickiness, wiliness

guilt [1] blame, blameworthiness, criminality, culpability, delinquency, guiltiness, iniquity, misconduct, responsibility, sinfulness, wickedness, wrong, wrongdoing [2] bad conscience, contrition, disgrace, dishonour, guiltiness, guilty conscience, infamy, regret, remorse, self-condemnation, self-reproach, shame, stigma

guiltless blameless, clean (Sl.), clear, immaculate, impeccable, innocent, irreproachable, pure, sinless, spotless, squeaky-clean, unimpeachable, unsullied, untainted, untarnished

guilty [1] at fault, blameworthy, convicted, criminal, culpable, delinquent, erring, evil, felonious, iniquitous, offending, reprehensible, responsible, sinful, to blame, wicked, wrong [2] ashamed, conscience-stricken, contrite, hangdog, regretful, remorseful, rueful, shamefaced, sheepish, sorry

gulf [1] bay, bight, sea inlet [2] abyss, breach, chasm, cleft, gap, opening, rent, rift, separation, split, void, whirlpool

gullibility credulity, innocence, naïveté, simplicity, trustingness

gullible born yesterday, credulous, easily taken in, foolish, green, innocent, naive, silly, simple, trusting, unsceptical, unsophisticated, unsuspecting

gully channel, ditch, gutter, watercourse

gulp
- v. [1] bolt, devour, gobble, guzzle, knock back (Inf.), quaff, swallow, swig (Inf.), swill, toss off, wolf [2] choke, gasp, stifle, swallow
- n. [3] draught, mouthful, swallow, swig (Inf.)

gum [1] n. adhesive, cement, exudate, glue, mucilage, paste, resin [2] v. affix, cement, clog, glue, paste, stick, stiffen

gumption ability, acumen, astuteness, cleverness, common sense, discernment, enterprise, get-up-and-go (Inf.), horse sense, initiative, mother wit, nous (Brit. sl.), resourcefulness, sagacity, savvy (Sl.), shrewdness, spirit, wit(s)

gunman assassin, bandit, bravo, desperado, gangster, gunslinger (U.S. sl.), heavy (Sl.), hit man (Sl.), killer, mobster (U.S. sl.), murderer, terrorist, thug

gurgle [1] v. babble, bubble, burble, crow, lap, murmur, plash, purl, ripple, splash [2] n. babble, murmur, purl, ripple

guru authority, guiding light, leader, maharishi, mahatma, master, mentor, sage, swami, teacher, tutor

gush
- v. [1] burst, cascade, flood, flow, issue, jet, pour, run, rush, spout, spurt, stream [2] babble, blather, chatter, effervesce, effuse, enthuse, jabber, overstate, spout
- n. [3] burst, cascade, flood, flow, issue, jet, outburst, outflow, rush, spout, spurt, stream, torrent [4] babble, blather, chatter, effusion, exuberance

gust
- n. [1] blast, blow, breeze, flurry, gale, puff, rush, squall [2] burst, eruption, explosion, fit, gale, outburst, paroxysm, passion, storm, surge
- v. [3] blast, blow, puff, squall

gusto appetite, appreciation, brio, delight, enjoyment, enthusiasm, exhilaration, fervour, liking, pleasure, relish, savour, verve, zeal, zest

gut
- n. [1] Often plural belly, bowels, entrails, innards (Inf.), insides (Inf.), intestines, inwards, paunch, stomach, viscera [2] Plural (Inf.) audacity, backbone, boldness, bottle (Sl.), courage, daring, forcefulness, grit, hardihood, mettle, nerve, pluck, spirit, spunk (Inf.), willpower
- v. [3] clean, disembowel, draw, dress, eviscerate [4] clean out, despoil, empty, pillage, plunder, ransack, ravage, rifle, sack, strip
- adj. [5] (Inf.) basic, deep-seated, emotional, heartfelt, innate, instinctive, intuitive, involuntary, natural, spontaneous, unthinking, visceral

gutter channel, conduit, ditch, drain, duct, pipe, sluice, trench, trough, tube

guttural deep, gravelly, gruff, hoarse, husky, low, rasping, rough, thick, throaty

guy [1] n. (Inf.) bloke (Brit. inf.), cat (Sl.), chap, fellow, lad, man, person, youth [2] v. caricature, make (a) game of, make fun of, mock, poke fun at, rib (Inf.), ridicule, send up (Brit inf.), take off (Inf.), take the piss out of (Sl.)

guzzle bolt, carouse, cram, devour, drink, gobble, gorge, gormandize, knock back (Inf.), pig out (U.S. & Canad. sl.), quaff, stuff (oneself), swill, tope, wolf

H

habit
- n. [1] bent, custom, disposition, manner, mannerism, practice, proclivity, propensity, quirk, tendency, way [2] convention, custom, mode, practice, routine, rule, second nature, tradition, usage, wont [3] constitution, disposition, frame of mind, make-up, nature [4] addiction, dependence, fixation, obsession, weakness [5] apparel, dress, garb, garment, habiliment, riding dress
- v. [6] array, attire, clothe, dress, equip

habitation [1] abode, domicile, dwelling, dwelling house, home, house, living quarters, lodging, pad (Sl.), quarters, residence [2] inhabitance, inhabitancy, occupancy, occupation, tenancy

habitual [1] accustomed, common, customary, familiar, fixed, natural, normal, ordinary, regular, routine, standard, traditional, usual, wonted [2] chronic, confirmed, constant, established, frequent, hardened, ingrained, inveterate, persistent, recurrent

habituate acclimatize, accustom, break in, condition, discipline, familiarize, harden, inure, make used to, school, season, train

hack¹
- v. [1] chop, cut, gash, hew, kick, lacerate, mangle, mutilate, notch, slash
- n. [2] chop, cut, gash, notch, slash
- v./n. [3] (Inf.) bark, cough, rasp

hack²
- adj. [1] banal, mediocre, pedestrian, poor, stereotyped, tired, undistinguished, uninspired, unoriginal
- n. [2] Grub Street writer, literary hack, penny-a-liner, scribbler [3] drudge, plodder, slave [4] crock, hired horse, horse, jade, nag, poor old tired horse

hackneyed banal, clichéd, common, commonplace, overworked, pedestrian, played out (Inf.), run-of-the-mill, stale, stereotyped, stock, threadbare, timeworn, tired, trite, unoriginal, worn-out

hag ballbreaker (Sl.), beldam (Archaic), crone, fury, harridan, Jezebel, shrew, termagant, virago, vixen, witch

haggard careworn, drawn, emaciated, gaunt, ghastly, hollow-eyed, pinched, shrunken, thin, wan, wasted, wrinkled

haggle [1] bargain, barter, beat down, chaffer, dicker (Chiefly U.S.), higgle, palter [2] bicker, dispute, quarrel, squabble, wrangle

hail¹ (Fig.) [1] n. barrage, bombardment, pelting, rain, shower, storm, volley [2] v. barrage, batter, beat down upon, bombard, pelt, rain, rain down on, shower, storm, volley

hail² [1] acclaim, acknowledge, applaud, cheer, exalt, glorify, greet, honour, salute, welcome [2] accost, address, call, flag down, halloo, shout to, signal to, sing out, speak to, wave down [3] (With from) be a native of, be born in, come from, originate in

hair [1] head of hair, locks, mane, mop, shock, tresses [2] **by a hair** by a fraction of an inch, by a hair's-breadth, by a narrow margin, by a split second, by a whisker, by the skin of one's teeth [3] **get in one's hair** aggravate (Inf.), annoy, exasperate, be on one's back (Sl.), get on one's nerves (Inf.), harass, hassle (Inf.), irritate, nark (Brit., Aust., & N.Z. sl.), pester, piss one off (Taboo sl.), plague [4] **let one's hair down** chill out (Sl., chiefly U.S.), let it all hang out (Inf.), let off steam (Inf.), let oneself go, relax, veg out (Sl., chiefly U.S.) [5] **not turn a hair** keep one's cool (Sl.), keep one's hair on (Brit. inf.), not bat an eyelid, remain calm [6] **split hairs** cavil, find fault, overrefine, pettifog, quibble

hair-raising alarming, bloodcurdling, breathtaking, creepy, exciting, frightening, horrifying, petrifying, scary, shocking, spine-chilling, startling, terrifying, thrilling

hair's breadth [1] n. fraction, hair, jot, narrow margin, whisker [2] adj. close, hazardous, narrow

hair-splitting adj. captious, carping, cavilling, fault-finding, fine, finicky, nice, niggling, nitpicking (Inf.), overrefined, pettifogging, quibbling, subtle

hairy [1] bearded, bewhiskered, bushy, fleecy, furry, hirsute, pileous (Biol.), pilose (Biol.), shaggy, stubbly, unshaven, woolly [2] (Sl.) dangerous, difficult, hazardous, perilous, risky, scaring

halcyon [1] calm, gentle, mild, pacific, peaceful, placid, quiet, serene, still, tranquil, undisturbed, unruffled [2] (Fig.) carefree, flourishing, golden, happy, palmy, prosperous

hale able-bodied, blooming, fit, flourishing, healthy, hearty, in fine fettle, in the pink, robust, sound, strong, vigorous, well

half [1] n. bisection, division, equal part, fifty per cent, fraction, hemisphere, portion, section [2] adj. divided, fractional, halved, incomplete, limited, moderate, partial [3] adv. after a fashion, all but, barely, inadequately, incompletely, in part, partially, partly, pretty nearly, slightly [4] **by half** considerably, excessively, very much

half-baked [1] brainless, crackpot (Inf.), crazy, foolish, harebrained, inane, loopy (Inf.), senseless, silly, stupid [2] ill-conceived, ill-judged, impractical, poorly planned, short-sighted, unformed, unthought out or through

half-hearted apathetic, cool, half-arsed, half-assed (U.S. and Canad. sl.), indifferent, lacklustre, listless, lukewarm, neutral, passive, perfunctory, spiritless, tame, unenthusiastic, uninterested

halfway
- adv. [1] midway, to or in the middle, to the midpoint [2] incompletely, moderately, nearly, partially, partly, rather [3] **meet halfway** accommodate, come to terms, compromise, concede, give and take, strike a balance, trade off
- adj. [4] central, equidistant, intermediate, mid, middle, midway [5] imperfect, incomplete, moderate, partial, part-way

halfwit airhead (Sl.), berk (Brit. sl.), charlie (Brit. inf.), coot, dickhead (Sl.), dimwit (Inf.), dipstick (Brit. sl.), divvy (Brit. sl.), dolt, dork (Sl.), dullard, dunce, dunderhead, dweeb (U.S. sl.), fool, fuckwit (Taboo sl.), geek (Sl.), gonzo (Sl.), idiot, imbecile (Inf.), jerk (Sl., chiefly U.S. & Canad.), lamebrain (Inf.), mental defective, moron, nerd or nurd (Sl.), nitwit (Inf.), numskull or numbskull, oaf, pillock (Brit. sl.), plank (Brit. sl.), plonker (Sl.), prat (Sl.), prick (Derogatory sl.), schmuck (U.S. sl.), simpleton, twit (Inf., chiefly Brit.), wally (Sl.)

halfwitted addle-brained, barmy (Sl.), batty (Sl.), crazy, doltish, dull, dull-witted, feeble-minded, flaky (U.S. sl.), foolish, goofy (Inf.), idiotic, moronic, nerdish or nurdish (Sl.), obtuse, silly, simple, simple-minded, stupid

hall [1] corridor, entrance hall, entry, foyer, hallway, lobby, passage, passageway, vestibule [2] assembly room, auditorium, chamber, concert hall, meeting place

hallmark [1] authentication, device, endorsement, mark, seal, sign, signet, stamp, symbol [2] badge, emblem, indication, sure sign, telltale sign

hallucination aberration, apparition, delusion, dream, fantasy, figment of the imagination, illusion, mirage, phantasmagoria, vision

halo aura, aureole or aureola, corona, halation (Photog.), nimbus, radiance, ring of light

halt¹
- v. [1] break off, call it a day, cease, close down, come to an end, desist, draw up, pull up, rest, stand still, stop, wait [2] arrest, block, bring to an end, check, curb, cut short, end, hold back, impede, obstruct, staunch, stem, terminate
- n. [3] arrest, break, close, end, impasse, interruption, pause, stand, standstill, stop, stoppage, termination

halt²
- v. [1] be defective, falter, hobble, limp, stumble [2] be unsure, boggle, dither (Chiefly Brit.), haver, hesitate, pause, stammer, swither (Scot.), think twice, waver
- adj. [3] (Archaic) crippled, lame, limping

halting awkward, faltering, hesitant, imperfect, laboured, stammering, stumbling, stuttering

halve [1] v. bisect, cut in half, divide equally, reduce by fifty per cent, share equally, split in two [2] n. Plural **by halves** imperfectly, incompletely, scrappily, skimpily

hammer v. [1] bang, beat, drive, hit, knock, lambast(e), strike, tap [2] beat out, fashion, forge, form, make, shape [3] (Often with **into**) din into, drive home, drub into, drum into, grind into, impress upon, instruct, repeat [4] (Often with **away (at)**) beaver away (Brit. inf.), drudge, grind, keep on, peg away (Chiefly Brit.), persevere, persist, plug away (Inf.), pound away, stick at, work [5] (Inf.) beat, blow out of the water (Sl.), clobber (Sl.), defeat, drub, lick (Inf.), master, run rings around (Inf.), slate (Inf.), tank (Sl.), thrash, trounce, undo, wipe the floor with (Inf.), worst

hammer out accomplish, bring about, come to a conclusion, complete, excogitate, finish, form a resolution, make a decision, negotiate, produce, settle, sort out, thrash out, work out

hamper v. bind, cramp, curb, embarrass, encumber, entangle, fetter, frustrate, hamstring, handicap, hinder, hold up, impede, interfere with, obstruct, prevent, restrain, restrict, slow down, thwart, trammel

hand
- n. [1] fist, hook, meathook (Sl.), mitt (Sl.), palm, paw (Inf.) [2] agency, direction, influence, part, participation, share [3] aid, assistance, help, support [4] artificer, artisan, craftsman, employee, hired man, labourer, operative, worker, workman [5] calligraphy, chirography, handwriting, longhand, penmanship, script [6] clap, ovation, round of applause [7] ability, art, artistry, skill [8] **at** or **on hand** approaching, available, close, handy, imminent, near, nearby, on tap (Inf.), ready, within reach [9] **from hand to mouth** by necessity, improvidently, in poverty, insecurely, on the breadline (Inf.), precariously, uncertainly [10] **hand in glove** allied, in cahoots (Inf.), in league, in partnership [11] **hand over fist** by leaps and bounds, easily, steadily, swiftly [12] **in hand a** in order, receiving attention, under control **b** available for use, in reserve, put by, ready
- v. [13] deliver, hand over, pass [14] aid, assist, conduct, convey, give, guide, help, lead, present, transmit

handbook Baedeker, guide, guidebook, instruction book, manual, vade mecum

handcuff [1] v. fetter, manacle, shackle [2] n. Plural bracelets (Sl.), cuffs (Inf.), fetters, manacles, shackles

hand down or **on** bequeath, give, grant, pass on or down, transfer, will

handful few, small number, small quantity, smattering, sprinkling

handicap
- n. [1] barrier, block, disadvantage, drawback, encumbrance, hindrance, impediment, limitation, millstone, obstacle, restriction, shortcoming, stumbling block [2] advantage, edge, head start, odds, penalty, upper hand [3] defect, disability, impairment
- v. [4] burden, encumber, hamper, hamstring, hinder, hold back, impede, limit, place at a disadvantage, restrict, retard

handicraft art, artisanship, craft, craftsmanship, handiwork, skill, workmanship

handiwork [1] craft, handicraft, handwork [2] achievement, artefact, creation, design, invention, product, production, result

handle

- n. **1** grip, haft, handgrip, helve, hilt, knob, stock
- v. **2** feel, finger, fondle, grasp, hold, maul, paw (Inf.), pick up, poke, touch **3** control, direct, guide, manage, manipulate, manoeuvre, operate, steer, use, wield **4** administer, conduct, cope with, deal with, manage, supervise, take care of, treat **5** discourse, discuss, treat **6** carry, deal in, market, sell, stock, trade, traffic in

handling administration, approach, conduct, direction, management, manipulation, running, treatment

hand on → hand down

hand-out **1** alms, charity, dole **2** bulletin, circular, free sample, leaflet, literature (Inf.), mailshot, press release

hand out deal out, disburse, dish out (Inf.), dispense, disseminate, distribute, give out, mete

hand over deliver, donate, fork out or up (Sl.), present, release, surrender, transfer, turn over, yield

hand-picked choice, chosen, elect, elite, recherché, select, selected

handsome **1** admirable, attractive, becoming, comely, dishy (Inf., chiefly Brit.), elegant, fine, good-looking, gorgeous, graceful, majestic, personable, stately, well-proportioned **2** abundant, ample, bountiful, considerable, generous, gracious, large, liberal, magnanimous, plentiful, sizable

handsomely abundantly, amply, bountifully, generously, liberally, magnanimously, munificently, plentifully, richly

handwriting calligraphy, chirography, fist, hand, longhand, penmanship, scrawl, script

handy **1** accessible, at or on hand, available, close, convenient, near, nearby, within reach **2** convenient, easy to use, helpful, manageable, neat, practical, serviceable, useful, user-friendly **3** adept, adroit, clever, deft, dexterous, expert, nimble, proficient, ready, skilful, skilled

hang

- v. **1** be pendent, dangle, depend, droop, incline, suspend **2** execute, gibbet, send to the gallows, string up (Inf.) **3** adhere, cling, hold, rest, stick **4** attach, cover, deck, decorate, drape, fasten, fix, furnish **5** be poised, drift, float, hover, remain, swing **6** bend downward, bend forward, bow, dangle, drop, incline, lean over, let droop, loll, lower, sag, trail **7** hang fire be slow, be suspended, delay, hang back, procrastinate, stall, stick, vacillate
- n. **8** get the hang of comprehend, get the knack or technique, grasp, understand

hang about or **around** **1** dally, linger, loiter, roam, tarry, waste time **2** associate with, frequent, hang out (Inf.), haunt, resort

hang back be backward, be reluctant, demur, hesitate, hold back, recoil

hangdog adj. abject, browbeaten, cowed, cringing, defeated, downcast, furtive, guilty, shamefaced, sneaking, wretched

hanger-on dependant, follower, freeloader (Sl.), lackey, leech, ligger (Sl.), minion, parasite, sponger (Inf.), sycophant

hanging adj. **1** dangling, drooping, flapping, flopping, floppy, loose, pendent, suspended, swinging, unattached, unsupported **2** undecided, unresolved, unsettled, up in the air (Inf.) **3** beetle, beetling, jutting, overhanging, projecting, prominent

hang on **1** carry on, continue, endure, go on, hold on, hold out, persevere, persist, remain **2** cling, clutch, grasp, grip, hold fast **3** be conditional upon, be contingent on, be dependent on, be determined by, depend on, hinge, rest, turn on **4** Also **hang onto, hang upon** be rapt, give ear, listen attentively **5** (Inf.) hold on, hold the line, remain, stop, wait

hangover aftereffects, crapulence, head (Inf.), morning after (Inf.)

hang-up block, difficulty, inhibition, obsession, preoccupation, problem, thing (Inf.)

hank coil, length, loop, piece, roll, skein

hanker (With **for** or **after**) covet, crave, desire, eat one's heart out over, hope, hunger, itch, long, lust, pine, thirst, want, wish, yearn, yen (Inf.)

hankering craving, desire, hope, hunger, itch, longing, pining, thirst, urge, wish, yearning, yen (Inf.)

haphazard **1** accidental, arbitrary, chance, fluky (Inf.), random **2** aimless, careless, casual, disorderly, disorganized, hit or miss (Inf.), indiscriminate, slapdash, slipshod, unmethodical, unsystematic

happen **1** appear, arise, come about, come off (Inf.), come to pass, crop up (Inf.), develop, ensue, eventuate, follow, materialize, occur, present itself, result, take place, transpire (Inf.) **2** become of, befall, betide **3** chance, fall out, have the fortune to be, pan out (Inf.), supervene, turn out

happening accident, adventure, affair, case, chance, episode, escapade, event, experience, incident, occasion, occurrence, phenomenon, proceeding, scene

happily **1** agreeably, contentedly, delightedly, enthusiastically, freely, gladly, heartily, lief (Rare), willingly, with pleasure **2** blithely, cheerfully, gaily, gleefully, joyfully, joyously, merrily **3** auspiciously, favourably, fortunately, luckily, opportunely, propitiously, providentially, seasonably **4** appropriately, aptly, felicitously, gracefully, successfully

happiness beatitude, blessedness, bliss, cheer, cheerfulness, cheeriness, contentment, delight, ecstasy, elation, enjoyment, exuberance, felicity, gaiety, gladness, high spirits, joy, jubilation, light-heartedness, merriment, pleasure, prosperity, satisfaction, wellbeing

happy **1** blessed, blest, blissful, blithe, cheerful, cock-a-hoop, content, contented, delighted, ecstatic, elated, glad, gratified, jolly, joyful, joyous, jubilant, merry, overjoyed, over the moon (Inf.), pleased, rapt, sunny, thrilled, walking on air (Inf.) **2** advantageous, appropriate, apt, auspicious, befitting, convenient, enviable, favourable, felicitous, fortunate, lucky, opportune, promising, propitious, satisfactory, seasonable, successful, timely, well-timed

happy-go-lucky blithe, carefree, casual, devil-may-care, easy-going, heedless, improvident, insouciant, irresponsible, light-hearted, nonchalant, unconcerned, untroubled

harangue **1** n. address, declamation, diatribe, exhortation, lecture, oration, philippic, screed, speech, spiel (Inf.), tirade **2** v. address, declaim, exhort, hold forth, lecture, rant, spout (Inf.)

harass annoy, badger, bait, beleaguer, be on one's back (Sl.), bother, chivvy (Brit.), devil (Inf.), disturb, exasperate, exhaust, fatigue, harry, hassle (Inf.), hound, perplex, persecute, pester, plague, tease, tire, torment, trouble, vex, weary, worry

harassed careworn, distraught, harried, hassled (Inf.), plagued, strained, tormented, troubled, under pressure, under stress, vexed, worried

harassment aggravation (Inf.), annoyance, badgering, bedevilment, bother, hassle (Inf.), irritation, molestation, nuisance, persecution, pestering, torment, trouble, vexation

harbour

- n. **1** anchorage, destination, haven, port **2** asylum, covert, haven, refuge, retreat, sanctuary, sanctum, security, shelter
- v. **3** conceal, hide, lodge, protect, provide refuge, relieve, secrete, shelter, shield **4** believe, brood over, cherish, cling to, entertain, foster, hold, imagine, maintain, nurse, nurture, retain

hard

- adj. **1** compact, dense, firm, impenetrable, inflexible, rigid, rocklike, solid, stiff, stony, strong, tough, unyielding **2** arduous, backbreaking, burdensome, exacting, exhausting, fatiguing, formidable, Herculean, laborious, rigorous, strenuous, toilsome, tough, uphill, wearying **3** baffling, complex, complicated, difficult, intricate, involved, knotty, perplexing, puzzling, tangled, thorny, unfathomable **4** callous, cold, cruel, exacting, grim, hard-hearted, harsh, implacable, obdurate, pitiless, ruthless, severe, stern, strict, stubborn, unfeeling, unjust, unkind, unrelenting, unsparing, unsympathetic **5** calamitous, dark, disagreeable, disastrous, distressing, grievous, grim, intolerable, painful, unpleasant **6** driving, fierce, forceful, heavy, powerful, strong, violent **7** (Of feelings or words) acrimonious, angry, antagonistic, bitter, hostile, rancorous, resentful **8** (Of truth or facts) actual, bare, cold, definite, indisputable, plain, undeniable, unvarnished, verified
- adv. **9** energetically, fiercely, forcefully, forcibly, heavily, intensely, powerfully, severely, sharply, strongly, vigorously, violently, with all one's might, with might and main **10** assiduously, determinedly, diligently, doggedly, earnestly, industriously, intently, persistently, steadily, strenuously, untiringly **11** agonizingly, badly, distressingly, harshly, laboriously, painfully, roughly, severely, with difficulty **12** bitterly, hardly, keenly, rancorously, reluctantly, resentfully, slowly, sorely

hard-and-fast binding, immutable, incontrovertible, inflexible, invariable, rigid, set, strict, stringent, unalterable

hard-bitten or **hard-boiled** case-hardened, cynical, down-to-earth, hard-headed, hard-nosed (Inf.), matter-of-fact, practical, realistic, shrewd, tough, unsentimental

hard-core **1** dedicated, die-hard, dyed-in-the-wool, extreme, intransigent, obstinate, rigid, staunch, steadfast **2** explicit, obscene

harden **1** anneal, bake, cake, freeze, set, solidify, stiffen **2** brace, buttress, fortify, gird, indurate, nerve, reinforce, steel, strengthen, toughen **3** accustom, brutalize, case-harden, habituate, inure, season, train

hardened **1** chronic, fixed, habitual, incorrigible, inveterate, irredeemable, reprobate, set, shameless **2** accustomed, habituated, inured, seasoned, toughened

hard-headed astute, cool, hard-boiled (Inf.), level-headed, practical, pragmatic, realistic, sensible, shrewd, tough, unsentimental

hard-hearted callous, cold, cruel, hard, heartless, indifferent, inhuman, insensitive, intolerant, merciless, pitiless, stony, uncaring, unfeeling, unkind, unsympathetic

hard-hitting critical, no holds barred, pulling no punches, strongly worded, tough, uncompromising, unsparing, vigorous

hardiness boldness, courage, fortitude, intrepidity, resilience, resolution, robustness, ruggedness, sturdiness, toughness, valour

hard-line definite, inflexible, intransigent, tough, uncompromising, undeviating, unyielding

hardly almost not, barely, by no means, faintly, infrequently, just, not at all, not quite, no way, only, only just, scarcely, with difficulty

hardship adversity, affliction, austerity, burden, calamity, destitution, difficulty, fatigue, grievance, labour, misery, misfortune, need, oppression, persecution, privation, suffering, toil, torment, trial, tribulation, trouble, want

hard-up bankrupt, broke (Inf.), bust (Inf.), cleaned out (Sl.), dirt-poor (Inf.), down and out, flat broke (Inf.), impecunious, impoverished, in the red (Inf.), on one's uppers (Inf.), out of pocket, penniless, poor, short, short of cash or funds, skint (Brit. sl.), without two pennies to rub together (Inf.)

hard-wearing durable, resilient, rugged, stout, strong, tough, well-made

hard-working assiduous, busy, conscientious, diligent, energetic, indefatigable, industrious, sedulous, zealous

hardy **1** firm, fit, hale, healthy, hearty, in fine fettle, lusty, robust, rugged, sound, stalwart, stout, strong, sturdy, tough, vigorous **2** bold, brave, courageous, daring, feisty (Inf., chiefly U.S. & Canad.), gritty, heroic, intrepid, manly, plucky, resolute, stouthearted, valiant, valorous **3** audacious, brazen, foolhardy, headstrong, impudent, rash, reckless

hark back look back, recall, recollect, regress, remember, revert, think back

harlot call girl, fallen woman, hussy, loose woman, pro (Sl.), prostitute, scrubber (Brit. & Aust. sl.), slag (Brit. sl.), streetwalker, strumpet, tart (Inf.), tramp (Sl.), whore, working girl (Facetious sl.)

harm

- n. **1** abuse, damage, detriment, disservice, hurt, ill, impairment, injury, loss, mischief, misfortune **2** evil, immorality, iniquity, sin, sinfulness, vice, wickedness, wrong
- v. **3** abuse, blemish, damage, hurt, ill-treat, ill-use, impair, injure, maltreat, mar, molest, ruin, spoil, wound

harmful baleful, baneful, damaging, deleterious, destructive, detrimental, disadvantageous, evil, hurtful, injurious, maleficent, noxious, pernicious

harmless gentle, innocent, innocuous, innoxious, inoffensive, nontoxic, not dangerous, safe, unobjectionable

harmonious **1** agreeable, compatible, concordant, congruous, consonant, coordinated, correspondent, dulcet, euphonic, euphonious, harmonic, harmonizing, matching, mellifluous, melodious, musical, sweet-sounding, symphonious (Literary), tuneful 2 agreeable, amicable, compatible, concordant, congenial, cordial, en rapport, fraternal, friendly, in accord, in harmony, in unison, of one mind, sympathetic

harmonize accord, adapt, agree, arrange, attune, be in unison, be of one mind, blend, chime with, cohere, compose, coordinate, correspond, match, reconcile, suit, tally, tone in with

harmony 1 accord, agreement, amicability, amity, assent, compatibility, concord, conformity, consensus, cooperation, friendship, good will, like-mindedness, peace, rapport, sympathy, unanimity, understanding, unity 2 balance, compatibility, concord, congruity, consistency, consonance, coordination, correspondence, fitness, parallelism, suitability, symmetry 3 euphony, melodiousness, melody, tune, tunefulness, unison

harness
- n. 1 equipment, gear, tack, tackle, trappings 2 **in harness** active, at work, busy, in action, working
- v. 3 couple, hitch up, put in harness, saddle, yoke 4 apply, channel, control, employ, exploit, make productive, mobilize, render useful, turn to account, utilize

harp (With **on** or **upon**) dwell on, go on, labour, press, reiterate, renew, repeat

harrowing agonizing, alarming, chilling, distressing, disturbing, excruciating, frightening, heartbreaking, heart-rending, nerve-racking, painful, racking, scaring, terrifying, tormenting, traumatic

harry 1 annoy, badger, bedevil, be on one's back (Sl.), bother, chivvy, disturb, fret, get in one's hair (Inf.), harass, hassle (Inf.), molest, persecute, pester, plague, tease, torment, trouble, vex, worry 2 depredate (Rare), despoil, devastate, pillage, plunder, raid, ravage, rob, sack

harsh 1 coarse, croaking, crude, discordant, dissonant, glaring, grating, guttural, jarring, rasping, raucous, rough, strident, unmelodious 2 abusive, austere, bitter, bleak, brutal, comfortless, cruel, dour, Draconian, drastic, grim, hard, pitiless, punitive, relentless, ruthless, severe, sharp, Spartan, stern, stringent, unfeeling, unkind, unpleasant, unrelenting

harshly brutally, cruelly, grimly, roughly, severely, sharply, sternly, strictly

harshness acerbity, acrimony, asperity, austerity, bitterness, brutality, churlishness, coarseness, crudity, hardness, ill-temper, rigour, roughness, severity, sourness, sternness

harvest
- n. 1 harvesting, harvest-time, ingathering, reaping 2 crop, produce, yield 3 (Fig.) consequence, effect, fruition, product, result, return
- v. 4 gather, mow, pick, pluck, reap 5 accumulate, acquire, amass, collect, garner

hash 1 balls-up (Taboo sl.), cock-up (Brit. sl.), confusion, fuck-up (Offens. taboo sl.), hodgepodge (U.S.), hotchpotch, jumble, mess, mishmash, mix-up, muddle, pig's breakfast (Inf.), pig's ear (Inf.), shambles, state 2 **make a hash of** (Inf.) bodge (Inf.), botch, bungle, cock up (Brit. sl.), fuck up (Offens. taboo sl.), jumble, mess up, mishandle, mismanage, mix, muddle

hassle
- n. 1 altercation, argument, bickering, disagreement, dispute, fight, quarrel, row, squabble, tussle, wrangle 2 bother, difficulty, inconvenience, problem, struggle, trial, trouble, upset
- v. 3 annoy, badger, be on one's back (Sl.), bother, bug (Inf.), get in one's hair (Inf.), get on one's nerves (Inf.), harass, harry, hound, pester

haste 1 alacrity, briskness, celerity, dispatch, expedition, fleetness, nimbleness, promptitude, quickness, rapidity, rapidness, speed, swiftness, urgency, velocity 2 bustle, hastiness, helter-skelter, hurry, hustle, impetuosity, precipitateness, rashness, recklessness, rush

hasten 1 barrel (along) (Inf., chiefly U.S. & Canad.), beetle, bolt, burn rubber (Inf.), dash, fly, haste, hurry (up), make haste, race, run, rush, scurry, scuttle, speed, sprint, step on it (Inf.), tear (along) 2 accelerate, advance, dispatch, expedite, goad, hurry (up), precipitate, press, push forward, quicken, speed (up), step up (Inf.), urge

hastily 1 apace, double-quick, fast, hotfoot, pdq (Sl.), posthaste, promptly, pronto (Inf.), quickly, rapidly, speedily, straightaway 2 heedlessly, hurriedly, impetuously, impulsively, on the spur of the moment, precipitately, rashly, recklessly, too quickly

hasty 1 brisk, eager, expeditious, fast, fleet, hurried, prompt, rapid, speedy, swift, urgent 2 brief, cursory, fleeting, passing, perfunctory, rushed, short, superficial 3 foolhardy, headlong, heedless, impetuous, impulsive, indiscreet, precipitate, rash, reckless, thoughtless, unduly quick 4 brusque, excited, fiery, hot-headed, hot-tempered, impatient, irascible, irritable, passionate, quick-tempered, snappy

hatch 1 breed, bring forth, brood, incubate 2 (Fig.) conceive, concoct, contrive, cook up (Inf.), design, devise, dream up (Inf.), manufacture, plan, plot, project, scheme, think up, trump up

hatchet man assassin, bravo, calumniator, cutthroat, debunker, defamer, destroyer, detractor, gunman, heavy (Sl.), hired assassin, hit man (Sl.), killer, murderer, smear campaigner, thug, traducer

hate
- v. 1 abhor, abominate, be hostile to, be repelled by, be sick of, despise, detest, dislike, execrate, have an aversion to, loathe, recoil from 2 be loath, be reluctant, be sorry, be unwilling, dislike, feel disinclined, have no stomach for, shrink from
- n. 3 abhorrence, abomination, animosity, animus, antagonism, antipathy, aversion, detestation, dislike, enmity, execration, hatred, hostility, loathing, odium

hateful abhorrent, abominable, despicable, detestable, disgusting, execrable, forbidding, foul, heinous, horrible, loathsome, obnoxious, obscene, odious, offensive, repellent, repugnant, repulsive, revolting, vile

hatred abomination, animosity, animus, antagonism, antipathy, aversion, detestation, dislike, enmity, execration, hate, ill will, odium, repugnance, revulsion

haughty arrogant, assuming, conceited, contemptuous, disdainful, high, high and mighty (Inf.), hoity-toity (Inf.), imperious, lofty, overweening, proud, scornful, snobbish, snooty (Inf.), stuck-up (Inf.), supercilious, uppish (Brit. inf.)

haul
- v. 1 drag, draw, hale, heave, lug, pull, tow, trail, tug 2 carry, cart, convey, hump (Brit. sl.), move, transport
- n. 3 drag, heave, pull, tug 4 booty, catch, find, gain, harvest, loot, spoils, takings, yield

haunt
- v. 1 visit, walk 2 beset, come back, obsess, plague, possess, prey on, recur, stay with, torment, trouble, weigh on 3 frequent, hang around or about, repair, resort, visit
- n. 4 den, gathering place, hangout (Inf.), meeting place, rendezvous, resort, stamping ground

haunted 1 cursed, eerie, ghostly, jinxed, possessed, spooky (Inf.) 2 obsessed, plagued, preoccupied, tormented, troubled, worried

haunting disturbing, eerie, evocative, indelible, nostalgic, persistent, poignant, recurrent, recurring, unforgettable

have 1 hold, keep, obtain, occupy, own, possess, retain 2 accept, acquire, gain, get, obtain, procure, receive, secure, take 3 comprehend, comprise, contain, embody, include, take in 4 endure, enjoy, experience, feel, meet with, suffer, sustain, undergo 5 (Sl.) cheat, deceive, dupe, fool, outwit, stiff (Sl.), swindle, take in (Inf.), trick 6 (Usually **have to**) be bound, be compelled, be forced, be obliged, have got to, must, ought, should 7 allow, consider, entertain, permit, put up with (Inf.), think about, tolerate 8 bear, beget, bring forth, bring into the world, deliver, give birth to 9 **have had it** (Inf.) be defeated, be exhausted, be finished, be out, be past it (Inf.), be pooped (U.S. sl.), be stonkered (Sl.)

haven 1 anchorage, harbour, port, roads (Nautical) 2 (Fig.) asylum, refuge, retreat, sanctuary, sanctum, shelter

have on 1 be clothed in, be dressed in, wear 2 be committed to, be engaged to, have on the agenda, have planned 3 (Of a person) deceive, kid (Inf.), play a joke on, tease, trick, wind up (Brit. sl.)

havoc 1 carnage, damage, desolation, despoliation, destruction, devastation, rack and ruin, ravages, ruin, slaughter, waste, wreck 2 (Inf.) chaos, confusion, disorder, disruption, mayhem, shambles 3 **play havoc (with)** bring into chaos, confuse, demolish, destroy, devastate, disorganize, disrupt, wreck

hawk v. 1 bark (Inf.), cry, market, peddle, sell, tout (Inf.), vend 2 (Often with **about**) bandy about (Inf.), bruit about, buzz, noise abroad, put about, retail, rumour

hazardous 1 dangerous, dicey (Inf., chiefly Brit.), difficult, fraught with danger, hairy (Sl.), insecure, perilous, precarious, risky, unsafe 2 chancy (Inf.), haphazard, precarious, uncertain, unpredictable

haze cloud, dimness, film, fog, mist, obscurity, smog, smokiness, steam, vapour

hazy 1 blurry, cloudy, dim, dull, faint, foggy, misty, nebulous, obscure, overcast, smoky, veiled 2 (Fig.) fuzzy, ill-defined, indefinite, indistinct, loose, muddled, muzzy, nebulous, uncertain, unclear, vague

head
- n. 1 bean (U.S. & Canad. sl.), conk (Sl.), cranium, crown, loaf (Sl.), noddle (Inf., chiefly Brit.), noggin, nut (Sl.), pate, skull 2 boss (Inf.), captain, chief, chieftain, commander, director, headmaster, headmistress, head teacher, leader, manager, master, principal, superintendent, supervisor 3 apex, crest, crown, height, peak, pitch, summit, tip, top, vertex 4 cutting edge, first place, fore, forefront, front, van, vanguard 5 beginning, commencement, origin, rise, source, start 6 ability, aptitude, brain, brains (Inf.), capacity, faculty, flair, intellect, intelligence, mentality, mind, talent, thought, understanding 7 branch, category, class, department, division, heading, section, subject, topic 8 climax, conclusion, crisis, culmination, end, turning point 9 (Geog.) cape, foreland, headland, point, promontory 10 **go to one's head** dizzy, excite, intoxicate, make conceited, puff up 11 **head over heels** completely, intensely, thoroughly, uncontrollably, utterly, wholeheartedly 12 **put (our, their, etc) heads together** (Inf.) confab (Inf.), confabulate, confer, consult, deliberate, discuss, palaver, powwow, talk over
- adj. 13 arch, chief, first, foremost, front, highest, leading, main, pre-eminent, premier, prime, principal, supreme, topmost
- v. 14 be or go first, cap, crown, lead, lead the way, precede, top 15 be in charge of, command, control, direct, govern, guide, lead, manage, rule, run, supervise 16 (Often with **for**) aim, go to, make a beeline for, make for, point, set off for, set out, start towards, steer, turn

headache 1 cephalalgia (Medical), head (Inf.), migraine, neuralgia 2 (Inf.) bane, bother, inconvenience, nuisance, problem, trouble, vexation, worry

headfirst 1 adj./adv. diving, headlong, head-on 2 adv. carelessly, hastily, head over heels, precipitately, rashly, recklessly

heading 1 caption, headline, name, rubric, title 2 category, class, division, section

headlong 1 adj./adv. headfirst, headforemost, head-on 2 adj. breakneck, dangerous, hasty, impetuous, impulsive, inconsiderate, precipitate, reckless, thoughtless 3 adv. hastily, heedlessly, helter-skelter, hurriedly, pell-mell, precipitately, rashly, thoughtlessly, wildly

head off 1 block off, cut off, deflect, divert, intercept, interpose, intervene 2 avert, fend off, forestall, parry, prevent, stop, ward off

headstrong contrary, foolhardy, froward, heedless, imprudent, impulsive, intractable, mulish, obstinate, perverse, pig-headed, rash, reckless, self-willed, stiff-necked, stubborn, ungovernable, unruly, wilful

headway 1 advance, improvement, progress, progression, way 2 **make headway** advance, come or get on, cover ground, develop, gain, gain ground, make strides, progress

heady 1 inebriating, intoxicating, potent, spirituous, strong 2 exciting, exhilarating, intoxicating, overwhelming, stimulating, thrilling 3 hasty, impetuous, impulsive, inconsiderate, precipitate, rash, reckless, thoughtless

heal 1 cure, make well, mend, regenerate, remedy, restore, treat 2 alleviate, ameliorate, compose, conciliate, harmonize, patch up, reconcile, settle, soothe

healing 1 analeptic, curative, medicinal, remedial, restorative, restoring, sanative, therapeutic 2 assuaging, comforting, emollient, gentle, lenitive, mild, mitigative, palliative, soothing

health ① fitness, good condition, haleness, healthiness, robustness, salubrity, soundness, strength, vigour, wellbeing ② condition, constitution, fettle, form, shape, state, tone

healthy ① active, blooming, fit, flourishing, hale, hale and hearty, hardy, hearty, in fine feather, in fine fettle, in fine form, in good condition, in good shape (Inf.), in the pink, physically fit, robust, sound, strong, sturdy, vigorous, well ② beneficial, bracing, good for one, healthful, health-giving, hygienic, invigorating, nourishing, nutritious, salubrious, salutary, wholesome

heap
- n. ① accumulation, aggregation, collection, hoard, lot, mass, mound, mountain, pile, stack, stockpile, store ② Often plural (Inf.) abundance, a lot, great deal, lashings (Brit. inf.), load(s) (Inf.), lots (Inf.), mass, mint, ocean(s), oodles (Inf.), plenty, pot(s) (Inf.), quantities, stack(s), tons
- v. ③ accumulate, amass, augment, bank, collect, gather, hoard, increase, mound, pile, stack, stockpile, store ④ assign, bestow, burden, confer, load, shower upon

hear ① attend, be all ears (Inf.), catch, eavesdrop, give attention, hark, hearken (Archaic), heed, listen in, listen to, overhear ② ascertain, be informed, be told of, discover, find out, gather, get wind of (Inf.), hear tell (Dialect), learn, pick up, understand ③ (Law) examine, investigate, judge, try

hearing ① audition, auditory, ear, perception ② audience, audition, chance to speak, interview ③ auditory range, earshot, hearing distance, range, reach, sound ④ industrial tribunal, inquiry, investigation, review, trial

hearsay buzz, dirt (U.S. sl.), gossip, grapevine (Inf.), idle talk, mere talk, on dit, report, rumour, scuttlebutt (Sl., chiefly U.S.), talk, talk of the town, tittle-tattle, word of mouth

heart ① character, disposition, emotion, feeling, inclination, nature, sentiment, soul, sympathy, temperament ② affection, benevolence, compassion, concern, humanity, love, pity, tenderness, understanding ③ balls (Taboo sl.), boldness, bravery, courage, fortitude, guts (Inf.), mettle, mind, nerve, pluck, purpose, resolution, spirit, spunk (Inf.), will ④ central part, centre, core, crux, essence, hub, kernel, marrow, middle, nucleus, pith, quintessence, root ⑤ **at heart** au fond, basically, essentially, fundamentally, in essence, in reality, really, truly ⑥ **by heart** by memory, by rote, off pat, parrot-fashion (Inf.), pat, word for word ⑦ **eat one's heart out** agonize, brood, grieve, mope, mourn, pine, regret, repine, sorrow ⑧ **from (the bottom of) one's heart** deeply, devoutly, fervently, heart and soul, heartily, sincerely, with all one's heart ⑨ **heart and soul** absolutely, completely, devotedly, entirely, gladly, wholeheartedly ⑩ **take heart** be comforted, be encouraged, be heartened, brighten up, buck up (Inf.), cheer up, perk up, revive

heartbreaking agonizing, bitter, desolating, disappointing, distressing, grievous, harrowing, heart-rending, pitiful, poignant, sad, tragic

heartbroken brokenhearted, crestfallen, crushed, dejected, desolate, despondent, disappointed, disconsolate, disheartened, dismal, dispirited, downcast, grieved, heartsick, miserable, sick as a parrot (Inf.)

heartfelt ardent, cordial, deep, devout, earnest, fervent, genuine, hearty, honest, profound, sincere, unfeigned, warm, wholehearted

heartily ① cordially, deeply, feelingly, genuinely, profoundly, sincerely, unfeignedly, warmly ② eagerly, earnestly, enthusiastically, resolutely, vigorously, zealously ③ absolutely, completely, thoroughly, totally, very

heartless brutal, callous, cold, cold-blooded, cold-hearted, cruel, hard, hardhearted, harsh, inhuman, merciless, pitiless, uncaring, unfeeling, unkind

heartrending affecting, distressing, harrowing, heartbreaking, moving, pathetic, piteous, pitiful, poignant, sad, tragic

heart-to-heart ① adj. candid, intimate, open, personal, sincere, unreserved ② n. cosy chat, tête-à-tête

heartwarming ① gratifying, pleasing, rewarding, satisfying ② affecting, cheering, encouraging, heartening, moving, touching, warming

hearty ① affable, ardent, back-slapping, cordial, eager, ebullient, effusive, enthusiastic, friendly, generous, genial, jovial, unreserved, warm ② earnest, genuine, heartfelt, honest, real, sincere, true, unfeigned, wholehearted ③ active, energetic, hale, hardy, healthy, robust, sound, strong, vigorous, well ④ ample, filling, nourishing, sizable, solid, square, substantial

heat
- n. ① calefaction, fever, fieriness, high temperature, hotness, hot spell, sultriness, swelter, torridity, warmness, warmth ② (Fig.) agitation, ardour, earnestness, excitement, fervour, fever, fury, impetuosity, intensity, passion, vehemence, violence, warmth, zeal
- v. ③ become warm, chafe, flush, glow, grow hot, make hot, reheat, warm up ④ animate, excite, impassion, inflame, inspirit, rouse, stimulate, stir, warm

heated angry, bitter, excited, fierce, fiery, frenzied, furious, impassioned, intense, passionate, raging, stormy, tempestuous, vehement, violent

heathen
- n. ① idolater, idolatress, infidel, pagan, unbeliever ② barbarian, philistine, savage
- adj. ③ godless, heathenish, idolatrous, infidel, irreligious, pagan ④ barbaric, philistine, savage, uncivilized, unenlightened

heave ① drag (up), elevate, haul (up), heft (Inf.), hoist, lever, lift, pull (up), raise, tug ② cast, fling, hurl, pitch, send, sling, throw, toss ③ breathe heavily, groan, puff, sigh, sob, suspire (Archaic), utter wearily ④ billow, breathe, dilate, exhale, expand, palpitate, pant, rise, surge, swell, throb ⑤ barf (U.S. sl.), be sick, chuck (up) (Sl., chiefly U.S.), chunder (Sl., chiefly Aust.), do a technicolour yawn (Sl.), gag, retch, spew, throw up (Inf.), toss one's cookies (U.S. sl.), upchuck (U.S. sl.), vomit

heaven ① abode of God, bliss, Elysium or Elysian fields (Greek myth), happy hunting ground (Amerind legend), hereafter, life everlasting, life to come, next world, nirvana (Buddhism, Hinduism), paradise, Valhalla (Norse myth), Zion (Christianity) ② Usually plural empyrean (Poetic), ether, firmament, sky, welkin (Archaic) ③ (Fig.) bliss, dreamland, ecstasy, enchantment, felicity, happiness, paradise, rapture, seventh heaven, sheer bliss, transport, utopia

heavenly ① (Inf.) alluring, beautiful, blissful, delightful, divine (Inf.), entrancing, exquisite, glorious, lovely, rapturous, ravishing, sublime, wonderful ② angelic, beatific, blessed, blest, celestial, cherubic, divine, empyrean (Poetic), extraterrestrial, godlike, holy, immortal, paradisaical, seraphic, superhuman, supernal (Literary), supernatural

heavily ① awkwardly, clumsily, ponderously, weightily ② laboriously, painfully, with difficulty ③ completely, decisively, roundly, thoroughly, utterly ④ dejectedly, dully, gloomily, sluggishly, woodenly ⑤ closely, compactly, densely, fast, hard, thick, thickly ⑥ deep, deeply, profoundly, sound, soundly ⑦ a great deal, considerably, copiously, excessively, frequently, to excess, very much

heaviness ① gravity, heftiness, ponderousness, weight ② arduousness, burdensomeness, grievousness, onerousness, oppressiveness, severity, weightiness ③ deadness, dullness, languor, lassitude, numbness, sluggishness, torpor ④ dejection, depression, despondency, gloom, gloominess, glumness, melancholy, sadness, seriousness

heavy ① bulky, hefty, massive, ponderous, portly, weighty ② burdensome, difficult, grievous, hard, harsh, intolerable, laborious, onerous, oppressive, severe, tedious, vexatious, wearisome ③ apathetic, drowsy, dull, inactive, indolent, inert, listless, slow, sluggish, stupid, torpid, wooden ④ crestfallen, dejected, depressed, despondent, disconsolate, downcast, gloomy, grieving, melancholy, sad, sorrowful ⑤ complex, deep, difficult, grave, profound, serious, solemn, weighty ⑥ abundant, considerable, copious, excessive, large, profuse ⑦ burdened, encumbered, laden, loaded, oppressed, weighted ⑧ boisterous, rough, stormy, tempestuous, turbulent, violent, wild ⑨ dull, gloomy, leaden, louring or lowering, overcast

heavy-handed ① awkward, bungling, clumsy, graceless, ham-fisted (Inf.), ham-handed (Inf.), inept, inexpert, like a bull in a china shop (Inf.), maladroit, unhandy ② bungling, inconsiderate, insensitive, tactless, thoughtless ③ autocratic, domineering, harsh, oppressive, overbearing

heckle bait, barrack (Inf.), boo, disrupt, interrupt, jeer, pester, shout down, taunt

hectic animated, boisterous, chaotic, excited, fevered, feverish, flurrying, flustering, frantic, frenetic, frenzied, furious, heated, riotous, rumbustious, tumultuous, turbulent, wild

hector bluster, boast, browbeat, bully, bullyrag, harass, huff and puff, intimidate, menace, provoke, ride roughshod over, roister, threaten, worry

hedge
- n. ① hedgerow, quickset ② barrier, boundary, screen, windbreak ③ compensation, counterbalance, guard, insurance cover, protection
- v. ④ border, edge, enclose, fence, surround ⑤ block, confine, hem in (about, around), hinder, obstruct, restrict ⑥ beg the question, be noncommittal, dodge, duck, equivocate, evade, flannel (Brit. inf.), prevaricate, pussyfoot (Inf.), quibble, sidestep, temporize, waffle (Inf., chiefly Brit.) ⑦ cover, fortify, guard, insure, protect, safeguard, shield

heed ① n. attention, care, caution, consideration, ear, heedfulness, mind, note, notice, regard, respect, thought, watchfulness ② v. attend, bear in mind, be guided by, consider, follow, give ear to, listen to, mark, mind, note, obey, observe, pay attention to, regard, take notice of, take to heart

heedless careless, foolhardy, imprudent, inattentive, incautious, neglectful, negligent, oblivious, precipitate, rash, reckless, thoughtless, unmindful, unobservant, unthinking

heel[1] n. ① crust, end, remainder, rump, stub, stump ② (Sl.) blackguard, bounder (Old-fashioned Brit. sl.), cad (Brit inf.), cocksucker (Taboo sl.), rotter (Sl., chiefly Brit.), scally (Northwest English dialect), scoundrel, scumbag (Sl.), swine ③ **down at heel** dowdy, impoverished, out at elbows, run-down, seedy, shabby, slipshod, slovenly, worn ④ **take to one's heels** escape, flee, hook it, Sl., run away or off, show a clean pair of heels, skedaddle (Inf.), take flight, vamoose (Sl., chiefly U.S.) ⑤ **well-heeled** affluent, flush (Inf.), moneyed, prosperous, rich, wealthy, well-off, well-to-do

heel[2] cant, careen, incline, keel over, lean over, list, tilt

hefty ① beefy (Inf.), big, brawny, burly, hulking, husky (Inf.), massive, muscular, Ramboesque, robust, strapping, strong ② forceful, heavy, powerful, thumping (Sl.), vigorous ③ ample, awkward, bulky, colossal, cumbersome, heavy, large, massive, ponderous, substantial, tremendous, unwieldy, weighty

height ① altitude, elevation, highness, loftiness, stature, tallness ② apex, apogee, crest, crown, elevation, hill, mountain, peak, pinnacle, summit, top, vertex, zenith ③ acme, dignity, eminence, exaltation, grandeur, loftiness, prominence ④ climax, culmination, extremity, limit, maximum, ne plus ultra, ultimate, utmost degree, uttermost

heighten ① add to, aggravate, amplify, augment, enhance, improve, increase, intensify, magnify, sharpen, strengthen ② elevate, enhance, ennoble, exalt, magnify, raise, uplift

heir beneficiary, heiress (Fem.), inheritor, inheritress or inheritrix (Fem.), next in line, scion, successor

hell ① Abaddon, abode of the damned, abyss, Acheron (Greek myth), bottomless pit, fire and brimstone, Gehenna (New Testament, Judaism), Hades (Greek myth), hellfire, infernal regions, inferno, lower world, nether world, Tartarus (Greek myth), underworld ② affliction, agony, anguish, martyrdom, misery, nightmare, ordeal, suffering, torment, trial, wretchedness ③ **hell for leather** at the double, full-tilt, headlong, hotfoot, hurriedly, like a bat out of hell (Sl.), pell-mell, posthaste, quickly, speedily, swiftly

hellish ① damnable, damned, demoniacal, devilish, diabolical, fiendish, infernal ② abominable, accursed, atrocious, barbarous, cruel, detestable, execrable, inhuman, monstrous, nefarious, vicious, wicked

helm ① (Nautical) rudder, steering gear, tiller, wheel ② (Fig.) command, control, direction, leadership, rule ③ **at the helm** at the wheel, directing, in charge, in command, in control, in the driving seat, in the saddle

help
- v. [1] abet, aid, assist, back, befriend, cooperate, encourage, lend a hand, promote, relieve, save, second, serve, stand by, succour, support [2] alleviate, ameliorate, cure, ease, facilitate, heal, improve, mitigate, relieve, remedy, restore [3] abstain, avoid, control, eschew, forbear, hinder, keep from, prevent, refrain from, resist, shun, withstand
- n. [4] advice, aid, assistance, avail, benefit, cooperation, guidance, helping hand, promotion, service, support, use, utility [5] assistant, employee, hand, helper, worker [6] balm, corrective, cure, relief, remedy, restorative, salve, succour

helper abettor, adjutant, aide, aider, ally, assistant, attendant, auxiliary, coadjutor, collaborator, colleague, deputy, helpmate, henchman, mate, partner, protagonist, right-hand man, second, subsidiary, supporter

helpful [1] advantageous, beneficial, constructive, favourable, fortunate, practical, productive, profitable, serviceable, timely, useful [2] accommodating, beneficent, benevolent, caring, considerate, cooperative, friendly, kind, neighbourly, supportive, sympathetic

helping n. dollop (Inf.), piece, plateful, portion, ration, serving

helpless [1] abandoned, defenceless, dependent, destitute, exposed, forlorn, unprotected, vulnerable [2] debilitated, disabled, feeble, impotent, incapable, incompetent, infirm, paralyzed, powerless, unfit, weak

helter-skelter [1] adv. carelessly, hastily, headlong, hurriedly, pell-mell, rashly, recklessly, wildly [2] adj. anyhow, confused, disordered, haphazard, higgledy-piggledy (Inf.), hit-or-miss, jumbled, muddled, random, topsy-turvy

hem [1] n. border, edge, fringe, margin, trimming [2] v. (Usually with **in**) beset, border, circumscribe, confine, edge, enclose, environ, hedge in, restrict, shut in, skirt, surround

hence ergo, for this reason, on that account, therefore, thus

henceforth from now on, from this day forward, hence, hereafter, hereinafter, in the future

henpecked browbeaten, bullied, cringing, dominated, led by the nose, meek, subject, subjugated, timid, treated like dirt

herald
- n. [1] bearer of tidings, crier, messenger [2] forerunner, harbinger, indication, omen, precursor, sign, signal, token
- v. [3] advertise, announce, broadcast, proclaim, publicize, publish, trumpet [4] foretoken, harbinger, indicate, pave the way, portend, precede, presage, promise, show, usher in

herd
- n. [1] assemblage, collection, crowd, crush, drove, flock, horde, mass, mob, multitude, press, swarm, throng [2] mob, populace, rabble, riffraff, the hoi polloi, the masses, the plebs
- v. [3] assemble, associate, collect, congregate, flock, gather, huddle, muster, rally [4] drive, force, goad, guide, lead, shepherd, spur

hereafter [1] adv. after this, from now on, hence, henceforth, henceforward, in future [2] n. afterlife, future life, life after death, next world, the beyond

hereditary [1] family, genetic, inborn, inbred, inheritable, transmissible [2] ancestral, bequeathed, handed down, inherited, patrimonial, traditional, transmitted, willed

heredity congenital traits, constitution, genetic make-up, genetics, inheritance

heresy apostasy, dissidence, error, heterodoxy, iconoclasm, impiety, revisionism, schism, unorthodoxy

heretic apostate, dissenter, dissident, nonconformist, renegade, revisionist, schismatic, sectarian, separatist

heretical freethinking, heterodox, iconoclastic, idolatrous, impious, revisionist, schismatic, unorthodox

heritage bequest, birthright, endowment, estate, inheritance, legacy, lot, patrimony, portion, share, tradition

hermit anchoret, anchorite, eremite, monk, recluse, solitary, stylite

hero [1] celeb (Inf.), celebrity, champion, conqueror, exemplar, great man, heart-throb (Brit.), idol, man of the hour, megastar (Inf.), popular figure, star, superstar, victor [2] lead actor, leading man, male lead, principal male character, protagonist

heroic [1] bold, brave, courageous, daring, dauntless, doughty, fearless, gallant, intrepid, lionhearted, stouthearted, undaunted, valiant, valorous [2] classical, Homeric, legendary, mythological [3] classic, elevated, epic, exaggerated, extravagant, grand, grandiose, highflown, inflated

heroine [1] celeb (Inf.), celebrity, goddess, ideal, megastar (Inf.), woman of the hour [2] diva, female lead, lead actress, leading lady, prima donna, principal female character, protagonist

heroism boldness, bravery, courage, courageousness, daring, fearlessness, fortitude, gallantry, intrepidity, prowess, spirit, valour

hero-worship admiration, adoration, adulation, idealization, idolization, putting on a pedestal, veneration

hesitant diffident, doubtful, half-arsed, half-assed (U.S. & Canad. sl.), half-hearted, halting, hanging back, hesitating, irresolute, lacking confidence, reluctant, sceptical, shy, timid, uncertain, unsure, vacillating, wavering

hesitate [1] be uncertain, delay, dither (Chiefly Brit.), doubt, haver (Brit.), pause, shillyshally (Inf.), swither (Scot.), vacillate, wait, waver [2] balk, be reluctant, be unwilling, boggle, demur, hang back, scruple, shrink from, think twice [3] falter, fumble, hem and haw, stammer, stumble, stutter

hesitation [1] delay, doubt, dubiety, hesitancy, indecision, irresolution, uncertainty, vacillation [2] demurral, misgiving(s), qualm(s), reluctance, scruple(s), unwillingness [3] faltering, fumbling, hemming and hawing, stammering, stumbling, stuttering

hew [1] axe, chop, cut, hack, lop, split [2] carve, fashion, form, make, model, sculpt, sculpture, shape, smooth

heyday bloom, flowering, pink, prime, prime of life, salad days

hiatus aperture, blank, breach, break, chasm, discontinuity, entr'acte, gap, interruption, interval, lacuna, lapse, opening, respite, rift, space

hidden abstruse, clandestine, close, concealed, covered, covert, cryptic, dark, hermetic, hermetical, masked, mysterious, mystic, mystical, obscure, occult, recondite, secret, shrouded, ulterior, unrevealed, unseen, veiled

hide[1] [1] cache, conceal, go into hiding, go to ground, go underground, hole up, lie low, secrete, stash (Inf.), take cover [2] blot out, bury, camouflage, cloak, conceal, cover, disguise, eclipse, mask, obscure, screen, shelter, shroud, veil [3] hush up, keep secret, suppress, withhold

hide[2] fell, pelt, skin

hidebound brassbound, conventional, narrow, narrow-minded, rigid, set, set in one's ways, strait-laced, ultraconservative

hideous [1] ghastly, grim, grisly, grotesque, gruesome, monstrous, repulsive, revolting, ugly, unsightly [2] abominable, appalling, awful, detestable, disgusting, dreadful, godawful (Sl.), horrendous, horrible, horrid, loathsome, macabre, obscene, odious, shocking, sickening, terrible, terrifying

hideout den, hideaway, hiding place, lair, secret place, shelter

hiding n. beating, caning, drubbing, flogging, larruping (Brit. dialect), lathering (Inf.), licking (Inf.), spanking, tanning (Sl.), thrashing, walloping (Inf.), whaling, whipping

hierarchy grading, pecking order, ranking

hieroglyphic adj. enigmatical, figurative, indecipherable, obscure, runic, symbolical

high
- adj. [1] elevated, lofty, soaring, steep, tall, towering [2] excessive, extraordinary, extreme, great, intensified, sharp, strong [3] arch, big-time (Inf.), chief, consequential, distinguished, eminent, exalted, important, influential, leading, major league (Inf.), notable, powerful, prominent, ruling, significant, superior [4] arrogant, boastful, bragging, despotic, domineering, haughty, lofty, lordly, ostentatious, overbearing, proud, tyrannical, vainglorious [5] capital, extreme, grave, important, serious [6] boisterous, bouncy (Inf.), cheerful, elated, excited, exhilarated, exuberant, joyful, light-hearted, merry, strong, tumultuous, turbulent [7] (Inf.) delirious, euphoric, freaked out (Inf.), hyped up (Sl.), inebriated, intoxicated, on a trip (Inf.), spaced out (Sl.), stoned (Sl.), tripping (Inf.), turned on (Sl.), zonked (Sl.) [8] costly, dear, exorbitant, expensive, high-priced, steep (Inf.), stiff [9] acute, high-pitched, penetrating, piercing, piping, sharp, shrill, soprano, strident, treble [10] extravagant, grand, lavish, luxurious, rich [11] gamy, niffy (Brit. sl.), pongy (Brit. inf.), strong-flavoured, tainted, whiffy (Brit. sl.) [12] **high and dry** abandoned, bereft, destitute, helpless, stranded [13] **high and low** all over, everywhere, exhaustively, far and wide, in every nook and cranny [14] **high and mighty** (Inf.) arrogant, cavalier, conceited, disdainful, haughty, imperious, overbearing, self-important, snobbish, stuck-up (Inf.), superior
- adv. [15] aloft, at great height, far up, way up
- n. [16] apex, crest, height, peak, record level, summit, top [17] (Inf.) delirium, ecstasy, euphoria, intoxication, trip (Inf.)

highbrow [1] n. aesthete, Brahmin (U.S.), brain (Inf.), brainbox (Sl.), egghead (Inf.), intellectual, mastermind, savant, scholar [2] adj. bookish, brainy (Inf.), cultivated, cultured, deep, highbrowed, intellectual, sophisticated

high-class A1 or A-one (Inf.), choice, classy (Sl.), elite, exclusive, first-rate, high-quality, high-toned, posh (Inf., chiefly Brit.), ritzy (Sl.), select, superior, swish (Inf., chiefly Brit.), tip-top, top-drawer, top-flight, tops (Sl.), U (Brit. inf.), up-market, upper-class

high-flown elaborate, exaggerated, extravagant, florid, grandiose, high-falutin (Inf.), inflated, lofty, magniloquent, overblown, pretentious

high-handed arbitrary, autocratic, bossy (Inf.), despotic, dictatorial, domineering, imperious, inconsiderate, oppressive, overbearing, peremptory, self-willed, tyrannical, wilful

highland n. heights, hill country, hills, mesa, mountainous region, plateau, tableland, uplands

highlight [1] n. best part, climax, feature, focal point, focus, high point, high spot, main feature, memorable part, peak [2] v. accent, accentuate, bring to the fore, emphasize, feature, focus attention on, give prominence to, play up, set off, show up, spotlight, stress, underline

highly [1] decidedly, eminently, exceptionally, extraordinarily, extremely, greatly, immensely, supremely, tremendously, vastly, very, very much [2] appreciatively, approvingly, enthusiastically, favourably, warmly, well

high-minded elevated, ethical, fair, good, honourable, idealistic, magnanimous, moral, noble, principled, pure, righteous, upright, virtuous, worthy

high-powered aggressive, driving, dynamic, effective, energetic, enterprising, fast-track, forceful, go-ahead, go-getting (Inf.), highly capable, vigorous

high-pressure (Of salesmanship) aggressive, bludgeoning, coercive, compelling, forceful, high-powered, importunate, insistent, intensive, persistent, persuasive, pushy (Inf.)

high-sounding affected, artificial, bombastic, extravagant, flamboyant, florid, grandiloquent, grandiose, high-flown, imposing, magniloquent, ostentatious, overblown, pompous, pretentious, stilted, strained

high-speed brisk, express, fast, hotted-up (Inf.), quick, rapid, souped-up (Inf.), streamlined, swift

high-spirited animated, boisterous, bold, bouncy, daring, dashing, ebullient, effervescent, energetic, exuberant, frolicsome, full of life, fun-loving, gallant, lively, mettlesome, sparky, spirited, spunky (Inf.), vibrant, vital, vivacious

high spirits abandon, boisterousness, exhilaration, exuberance, good cheer, hilarity, joie de vivre, rare good humour

high-strung easily upset, edgy, excitable, irascible, irritable, nervous, nervy (Brit. inf.), neurotic, restless, sensitive, stressed, taut, temperamental, tense, tetchy, twitchy (Inf.), wired (Sl.)

hijack commandeer, expropriate, seize, skyjack, take over

hike
- v. [1] back-pack, hoof it (Sl.), leg it (Inf.), ramble, tramp, walk [2] (Usually with **up**) hitch up, jack up, lift, pull up, raise
- n. [3] journey on foot, march, ramble, tramp, trek, walk

hilarious amusing, comical, convivial, entertaining, exhilarated, funny, gay, happy, humorous, jolly, jovial, joyful, joyous, merry, mirthful, noisy, rollicking, side-splitting, uproarious

hilarity amusement, boisterousness, cheerfulness, conviviality, exhilaration, exuberance, gaiety, glee, high spirits, jollification, jollity, joviality, joyousness, laughter, levity, merriment, mirth

hill 1 brae (Scot.), down (Archaic), elevation, eminence, fell, height, hillock, hilltop, knoll, mound, mount, prominence, tor 2 drift, heap, hummock, mound, pile, stack 3 acclivity, brae (Scot.), climb, gradient, incline, rise, slope

hillock barrow, hummock, knap (Dialect), knoll, monticule, mound, tump (Western Brit. dialect)

hilt 1 grip, haft, handgrip, handle, helve 2 **to the hilt** completely, entirely, fully, totally, wholly

hind after, back, caudal (Anat.), hinder, posterior, rear

hinder arrest, block, check, debar, delay, deter, encumber, frustrate, hamper, hamstring, handicap, hold up or back, impede, interrupt, obstruct, oppose, prevent, retard, slow down, stop, stymie, thwart, trammel

hindmost concluding, final, furthest, furthest behind, last, most remote, rearmost, terminal, trailing, ultimate

hindrance bar, barrier, block, check, deterrent, difficulty, drag, drawback, encumbrance, handicap, hitch, impediment, interruption, limitation, obstacle, obstruction, restraint, restriction, snag, stoppage, stumbling block, trammel

hinge v. be contingent, be subject to, depend, hang, pivot, rest, revolve around, turn

hint
- n. 1 allusion, clue, implication, indication, inkling, innuendo, insinuation, intimation, mention, reminder, suggestion, tip-off, word to the wise 2 advice, help, pointer, suggestion, tip, wrinkle (Inf.) 3 breath, dash, soupçon, speck, suggestion, suspicion, taste, tinge, touch, trace, undertone, whiff, whisper
- v. 4 allude, cue, imply, indicate, insinuate, intimate, let it be known, mention, prompt, suggest, tip off

hippie beatnik, bohemian, dropout, flower child

hire
- v. 1 appoint, commission, employ, engage, sign up, take on 2 charter, engage, lease, let, rent
- n. 3 charge, cost, fee, price, rent, rental

hiss
- n. 1 buzz, hissing, sibilance, sibilation 2 boo, catcall, contempt, derision, jeer, raspberry
- v. 3 rasp, shrill, sibilate, wheeze, whirr, whistle, whiz 4 blow a raspberry, boo, catcall, condemn, damn, decry, deride, hoot, jeer, mock, revile, ridicule

historian annalist, biographer, chronicler, historiographer, recorder

historic celebrated, consequential, epoch-making, extraordinary, famous, momentous, notable, outstanding, red-letter, remarkable, significant

historical actual, archival, attested, authentic, chronicled, documented, factual, real, verifiable

history 1 account, annals, autobiography, biography, chronicle, memoirs, narration, narrative, recapitulation, recital, record, relation, saga, story 2 ancient history, antiquity, bygone times, days of old, days of yore, olden days, the good old days, the old days, the past, yesterday, yesteryear

hit
- v. 1 bang, bash (Inf.), batter, beat, belt (Inf.), chin (Sl.), clip (Inf.), clobber (Sl.), clout (Inf.), cuff, deck (Sl.), flog, knock, lambast(e), lay one on (Sl.), lob, punch, slap, smack, smite (Archaic), sock (Sl.), strike, swat, thump, wallop (Inf.), whack 2 bang into, bump, clash with, collide with, crash against, meet head-on, run into, smash into 3 accomplish, achieve, arrive at, attain, gain, reach, secure, strike, touch 4 affect, damage, devastate, impinge on, influence, leave a mark on, make an impact or impression on, move, overwhelm, touch
- n. 5 belt (Inf.), blow, bump, clash, clout (Inf.), collision, cuff, impact, knock, rap, shot, slap, smack, stroke, swipe (Inf.), wallop (Inf.) 6 (Inf.) sellout, sensation, smash (Inf.), success, triumph, winner

hitch
- v. 1 attach, connect, couple, fasten, harness, join, make fast, tether, tie, unite, yoke 2 (Often with **up**) hoick, jerk, pull, tug, yank 3 (Inf.) hitchhike, thumb a lift
- n. 4 catch, check, delay, difficulty, drawback, hassle (Inf.), hindrance, hold-up, impediment, mishap, obstacle, problem, snag, stoppage, trouble

hither close, closer, here, near, nearer, nigh (Archaic), over here, to this place

hitherto heretofore, previously, so far, thus far, till now, until now, up to now

hit off 1 capture, catch, impersonate, mimic, represent, take off (Inf.) 2 **hit it off** (Inf.) be on good terms, click (Sl.), get on (well) with, take to, warm to

hit on or **upon** arrive at, chance upon, come upon, discover, guess, invent, light upon, realize, strike upon, stumble on, think up

hit-or-miss aimless, casual, cursory, disorganized, haphazard, indiscriminate, perfunctory, random, undirected, uneven

hit out (at) assail, attack, castigate, condemn, denounce, inveigh against, lash out, rail against, strike out at

hoard 1 n. accumulation, cache, fall-back, fund, heap, mass, pile, reserve, stockpile, store, supply, treasure-trove 2 v. accumulate, amass, buy up, cache, collect, deposit, garner, gather, hive, lay up, put away, put by, save, stash away (Inf.), stockpile, store, treasure

hoarder collector, magpie (Brit.), miser, niggard, saver, squirrel (Inf.), tight-arse (Taboo sl.), tight-ass (U.S. taboo sl.)

hoarse croaky, discordant, grating, gravelly, growling, gruff, guttural, harsh, husky, rasping, raucous, rough, throaty

hoary 1 frosty, grey, grey-haired, grizzled, hoar, silvery, white, white-haired 2 aged, ancient, antiquated, antique, old, venerable

hoax 1 n. canard, cheat, con (Inf.), deception, fast one (Inf.), fraud, imposture, joke, practical joke, prank, ruse, spoof (Inf.), swindle, trick 2 v. bamboozle (Inf.), befool, bluff, con (Sl.), deceive, delude, dupe, fool, gammon (Brit. inf.), gull (Archaic), hoodwink, hornswoggle (Sl.), kid (Inf.), swindle, take in (Inf.), take (someone) for a ride (Inf.), trick, wind up (Brit. sl.)

hobby diversion, favourite occupation, (leisure) activity, leisure pursuit, pastime, relaxation, sideline

hobnob associate, consort, fraternize, hang about, hang out (Inf.), keep company, mingle, mix, socialize

hoi polloi admass, canaille, commonalty, riffraff, the (common) herd, the common people, the great unwashed (Inf. & derogatory), the lower orders, the masses, the plebs, the populace, the proles (Derogatory sl., chiefly Brit.), the proletariat, the rabble, the third estate, the underclass

hoist 1 v. elevate, erect, heave, lift, raise, rear, upraise 2 n. crane, elevator, lift, tackle, winch

hold
- v. 1 have, keep, maintain, occupy, own, possess, retain 2 adhere, clasp, cleave, clinch, cling, clutch, cradle, embrace, enfold, grasp, grip, stick 3 arrest, bind, check, confine, curb, detain, impound, imprison, pound, restrain, stay, stop, suspend 4 assume, believe, consider, deem, entertain, esteem, judge, maintain, presume, reckon, regard, think, view 5 continue, endure, last, persevere, persist, remain, resist, stay, wear 6 assemble, call, carry on, celebrate, conduct, convene, have, officiate at, preside over, run, solemnize 7 bear, brace, carry, prop, shoulder, support, sustain, take 8 accommodate, comprise, contain, have a capacity for, seat, take 9 apply, be in force, be the case, exist, hold good, operate, remain true, remain valid, stand up 10 **hold one's own** do well, hold fast, hold out, keep one's head above water, keep pace, keep up, maintain one's position, stand firm, stand one's ground, stay put, stick to one's guns (Inf.)
- n. 11 clasp, clutch, grasp, grip 12 anchorage, foothold, footing, leverage, prop, purchase, stay, support, vantage 13 ascendancy, authority, clout (Inf.), control, dominance, dominion, influence, mastery, pull (Inf.), sway

hold back 1 check, control, curb, inhibit, rein, repress, restrain, suppress 2 desist, forbear, keep back, refuse, withhold

holder 1 bearer, custodian, incumbent, keeper, occupant, owner, possessor, proprietor, purchaser 2 case, container, cover, housing, receptacle, sheath

hold forth declaim, descant, discourse, go on, harangue, lecture, orate, preach, speak, speechify, spiel (Inf.), spout (Inf.)

hold off 1 avoid, defer, delay, keep from, postpone, put off, refrain 2 fend off, keep off, rebuff, repel, repulse, stave off

hold out 1 extend, give, offer, present, proffer 2 carry on, continue, endure, hang on, last, persevere, persist, stand fast, withstand

hold over adjourn, defer, delay, postpone, put off, suspend, waive

hold-up 1 bottleneck, delay, difficulty, hitch, obstruction, setback, snag, stoppage, traffic jam, trouble, wait 2 burglary, mugging (Inf.), robbery, steaming (Inf.), stick-up (Sl., chiefly U.S.), theft

hold up 1 delay, detain, hinder, impede, retard, set back, slow down, stop 2 bolster, brace, buttress, jack up, prop, shore up, support, sustain 3 mug (Inf.), rob, stick up (Sl., chiefly U.S.), waylay 4 display, exhibit, flaunt, present, show 5 bear up, endure, last, survive, wear

hold with agree to or with, approve of, be in favour of, countenance, subscribe to, support, take kindly to

hole 1 aperture, breach, break, crack, fissure, gap, opening, orifice, outlet, perforation, puncture, rent, split, tear, vent 2 cave, cavern, cavity, chamber, depression, excavation, hollow, pit, pocket, scoop, shaft 3 burrow, covert, den, earth, lair, nest, retreat, shelter 4 (Inf.) dive (Sl.), dump (Inf.), hovel, joint (Sl.), slum 5 (Inf.) cell, dungeon, oubliette, prison 6 defect, discrepancy, error, fallacy, fault, flaw, inconsistency, loophole 7 (Sl.) dilemma, fix (Inf.), hot water (Inf.), imbroglio, jam (Inf.), mess, predicament, quandary, scrape (Inf.), spot (Inf.), tangle, tight spot 8 **pick holes in** asperse, bad-mouth (Sl., chiefly U.S. & Canad.), cavil, crab (Inf.), criticize, denigrate, disparage, disprove, find fault, knock (Inf.), niggle, pull to pieces, put down, rubbish (Inf.), run down, slag (off) (Sl.), slate (Inf.)

holiday 1 break, leave, recess, time off, vacation 2 anniversary, bank holiday, celebration, feast, festival, festivity, fête, gala, public holiday, saint's day

holier-than-thou goody-goody (Inf.), pietistic, pietistical, priggish, religiose, sanctimonious, self-righteous, self-satisfied, smug, squeaky-clean, unctuous

holiness blessedness, devoutness, divinity, godliness, piety, purity, religiousness, righteousness, sacredness, saintliness, sanctity, spirituality, virtuousness

hollow
- adj. 1 empty, not solid, unfilled, vacant, void 2 cavernous, concave, deep-set, depressed, indented, sunken 3 deep, dull, expressionless, flat, low, muffled, muted, reverberant, rumbling, sepulchral, toneless 4 empty, fruitless, futile, meaningless, pointless, Pyrrhic, specious, unavailing, useless, vain, worthless 5 empty, famished, hungry, ravenous, starved 6 artificial, cynical, deceitful, faithless, false, flimsy, hollow-hearted, hypocritical, insincere, treacherous, unsound, weak 7 **beat (someone) hollow** (Inf.) defeat, hammer (Inf.), outdo, overcome, rout, thrash, trounce, worst
- n. 8 basin, bowl, cave, cavern, cavity, concavity, crater, cup, den, dent, depression, dimple, excavation, hole, indentation, pit, trough 9 bottom, dale, dell, dingle, glen, valley
- v. 10 channel, dig, dish, excavate, furrow, gouge, groove, pit, scoop

holocaust annihilation, carnage, conflagration, destruction, devastation, fire, genocide, inferno, massacre, mass murder

holy 1 devout, divine, faithful, god-fearing, godly, hallowed, pious, pure, religious, righteous, saintly, sublime, virtuous 2 blessed, consecrated, dedicated, hallowed, sacred, sacrosanct, sanctified, venerable, venerated

home
- n. 1 abode, domicile, dwelling, dwelling place, habitation, house, pad (Sl.), residence 2 birthplace, family, fireside, hearth, homestead, home town, household 3 abode, element, environment, habitat, habitation, haunt, home ground, range, stamping ground, territory 4 **at home** a available, in, present b at ease, comfortable, familiar, relaxed c entertaining, giving a party, having guests, receiving d As a noun party, reception, soirée 5 **at home in, on,** or **with** conversant with, familiar

with, knowledgeable, proficient, skilled, well-versed [6] **bring home to** drive home, emphasize, impress upon, make clear, press home
- **adj.** [7] central, domestic, familiar, family, household, inland, internal, local, national, native
homeland country of origin, fatherland, mother country, motherland, native land
homeless [1] adj. abandoned, destitute, displaced, dispossessed, down-and-out, exiled, forlorn, forsaken, outcast, unsettled [2] n. **the homeless** dossers (Brit. sl.), squatters, vagrants
homelike cheerful, comfortable, cosy, easy, familiar, homy, informal, intimate, relaxing, snug
homely comfortable, comfy (Inf.), cosy, domestic, downhome (Sl., chiefly U.S.), everyday, familiar, friendly, homelike, homespun, homy, informal, modest, natural, ordinary, plain, simple, unaffected, unassuming, unpretentious, welcoming
homespun artless, coarse, homely, home-made, inelegant, plain, rough, rude, rustic, unpolished, unsophisticated
homicidal deadly, death-dealing, lethal, maniacal, mortal, murderous
homicide [1] bloodshed, killing, manslaughter, murder, slaying [2] killer, murderer, slayer
homogeneity analogousness, comparability, consistency, correspondence, identicalness, oneness, sameness, similarity, uniformity
homogeneous akin, alike, analogous, cognate, comparable, consistent, identical, kindred, similar, uniform, unvarying
homosexual adj. bent (Sl.), camp (Inf.), gay, homoerotic, lesbian, queer (Inf., derogatory), sapphic
honest [1] conscientious, decent, ethical, high-minded, honourable, law-abiding, reliable, reputable, scrupulous, trustworthy, trusty, truthful, upright, veracious, virtuous [2] above board, authentic, bona fide, genuine, honest to goodness, on the level (Inf.), on the up and up, proper, real, straight, true [3] equitable, fair, fair and square, impartial, just [4] candid, direct, forthright, frank, ingenuous, open, outright, plain, sincere, straightforward, undisguised, unfeigned, upfront (Inf.)
honestly [1] by fair means, cleanly, ethically, honourably, in good faith, lawfully, legally, legitimately, on the level (Inf.), with clean hands [2] candidly, frankly, in all sincerity, in plain English, plainly, straight (out), to one's face, truthfully
honesty [1] faithfulness, fidelity, honour, incorruptibility, integrity, morality, probity, rectitude, reputability, scrupulousness, straightness, trustworthiness, truthfulness, uprightness, veracity, virtue [2] bluntness, candour, equity, even-handedness, fairness, frankness, genuineness, openness, outspokenness, plainness, sincerity, straightforwardness
honorary complimentary, ex officio, formal, honoris causa, in name or title only, nominal, titular, unofficial, unpaid
honour
- **n.** [1] credit, dignity, distinction, elevation, eminence, esteem, fame, glory, high standing, prestige, rank, renown, reputation, repute [2] acclaim, accolade, adoration, Brownie points, commendation, deference, homage, kudos, praise, recognition, regard, respect, reverence, tribute, veneration [3] decency, fairness, goodness, honesty, integrity, morality, principles, probity, rectitude, righteousness, trustworthiness, uprightness [4] compliment, credit, favour, pleasure, privilege, source of pride or satisfaction [5] chastity, innocence, modesty, purity, virginity, virtue
- **v.** [6] admire, adore, appreciate, esteem, exalt, glorify, hallow, prize, respect, revere, reverence, value, venerate, worship [7] be as good as (Inf.), be faithful to, be true to, carry out, discharge, fulfil, keep, live up to, observe [8] acclaim, celebrate, commemorate, commend, compliment, crack up (Inf.), decorate, dignify, exalt, glorify, laud, lionize, praise [9] accept, acknowledge, cash, clear, credit, pass, pay, take
honourable [1] ethical, fair, high-minded, honest, just, moral, principled, true, trustworthy, trusty, upright, upstanding, virtuous [2] distinguished, eminent, great, illustrious, noble, notable, noted, prestigious, renowned, venerable [3] creditable, estimable, proper, reputable, respectable, respected, right, righteous, virtuous

honours adornments, awards, decorations, dignities, distinctions, laurels, titles
hoodwink bamboozle (Inf.), befool, cheat, con (Inf.), cozen, deceive, delude, dupe, fool, gull (Archaic), hoax, impose, kid (Inf.), lead up the garden path (Inf.), mislead, pull a fast one on (Inf.), rook (Sl.), swindle, trick
hook
- **n.** [1] catch, clasp, fastener, hasp, holder, link, lock, peg [2] noose, snare, springe, trap [3] **by hook or by crook** by any means, by fair means or foul, somehow, somehow or other, someway [4] **hook, line, and sinker** (Inf.) completely, entirely, thoroughly, through and through, totally, utterly, wholly [5] **off the hook** (Sl.) acquitted, cleared, exonerated, in the clear, let off, under no obligation, vindicated
- **v.** [6] catch, clasp, fasten, fix, hasp, secure [7] catch, enmesh, ensnare, entrap, snare, trap
hooligan casual, lager lout, delinquent, hoodlum (Chiefly U.S.), ned (Sl.), rowdy, ruffian, tough, vandal, yob or yobbo (Brit. sl.)
hoop band, circlet, girdle, loop, ring, wheel
hoot
- **n.** [1] call, cry, toot [2] boo, catcall, hiss, jeer, yell [3] (Inf.) card (Inf.), caution (Inf.), laugh (Inf.), scream (Inf.)
- **v.** [4] boo, catcall, condemn, decry, denounce, execrate, hiss, howl down, jeer, yell at [5] cry, scream, shout, shriek, toot, whoop, yell
hop [1] v. bound, caper, dance, jump, leap, skip, spring, vault, trip [2] n. bounce, bound, jump, leap, skip, spring, step, vault
hope [1] n. ambition, anticipation, assumption, belief, confidence, desire, dream, expectancy, expectation, faith, longing [2] v. anticipate, aspire, await, believe, contemplate, count on, desire, expect, foresee, long, look forward to, rely, trust
hopeful [1] anticipating, assured, buoyant, confident, expectant, looking forward to, optimistic, sanguine [2] auspicious, bright, cheerful, encouraging, heartening, promising, propitious, reassuring, rosy
hopefully [1] confidently, expectantly, optimistically, sanguinely [2] (Inf.) all being well, conceivably, expectedly, feasibly, probably
hopeless [1] defeatist, dejected, demoralized, despairing, desperate, despondent, disconsolate, downhearted, forlorn, in despair, pessimistic, woebegone [2] helpless, incurable, irremediable, irreparable, irreversible, lost, past remedy, remediless [3] forlorn, futile, impossible, impracticable, pointless, unachievable, unattainable, useless, vain [4] (Inf.) inadequate, incompetent, ineffectual, inferior, no good, pathetic, poor, useless (Inf.)
horde band, crew, crowd, drove, gang, host, mob, multitude, pack, press, swarm, throng, troop
horizon [1] field of vision, skyline, vista [2] ambit, compass, ken, perspective, prospect, purview, range, realm, scope, sphere, stretch
horrible [1] abhorrent, abominable, appalling, awful, dreadful, fearful, frightful, ghastly, grim, grisly, gruesome, heinous, hellacious (U.S. sl.), hideous, horrid, loathsome, obscene, repulsive, revolting, shameful, shocking, terrible, terrifying [2] (Inf.) awful, beastly (Inf.), cruel, disagreeable, dreadful, ghastly (Inf.), horrid, mean, nasty, terrible, unkind, unpleasant
horrid [1] awful, disagreeable, disgusting, dreadful, horrible, nasty, obscene, offensive, terrible, unpleasant, yucky or yukky (Sl.) [2] abominable, alarming, appalling, formidable, frightening, hair-raising, harrowing, hideous, horrific, odious, repulsive, revolting, shocking, terrifying, terrorizing [3] (Inf.) beastly (Inf.), cruel, mean, nasty, unkind
horrify [1] affright, alarm, frighten, intimidate, petrify, scare, terrify, terrorize [2] appal, disgust, dismay, gross out (U.S. sl.), outrage, shock, sicken
horror [1] alarm, apprehension, awe, consternation, dismay, dread, fear, fright, panic, terror [2] abhorrence, abomination, antipathy, aversion, detestation, disgust, hatred, loathing, odium, repugnance, revulsion
horror-struck or **horror-stricken** aghast, appalled, awe-struck, frightened to death, horrified, petrified, scared out of one's wits, shocked
horseman cavalier, cavalryman, dragoon, equestrian, horse-soldier, rider
horseplay buffoonery, clowning, fooling around, high jinks, pranks, romping, rough-and-tumble, roughhousing (Sl.), skylarking (Inf.)

horse-sense common sense, gumption (Brit. inf.), judg(e)ment, mother wit, nous (Brit. sl.), practicality
hospitable [1] amicable, bountiful, cordial, friendly, generous, genial, gracious, kind, liberal, sociable, welcoming [2] accessible, amenable, open-minded, receptive, responsive, tolerant
hospitality cheer, conviviality, cordiality, friendliness, heartiness, hospitableness, neighbourliness, sociability, warmth, welcome
host^1
- **n.** [1] entertainer, innkeeper, landlord, master of ceremonies, proprietor [2] anchor man, compere (Brit.), presenter
- **v.** [3] compere (Brit.), front (Inf.), introduce, present
host^2 army, array, drove, horde, legion, multitude, myriad, swarm, throng
hostage captive, gage, pawn, pledge, prisoner, security, surety
hostile [1] antagonistic, anti (Inf.), bellicose, belligerent, contrary, ill-disposed, inimical, malevolent, opposed, opposite, rancorous, unkind, warlike [2] adverse, alien, inhospitable, unfriendly, unpropitious, unsympathetic, unwelcoming
hostilities conflict, fighting, state of war, war, warfare
hostility abhorrence, animosity, animus, antagonism, antipathy, aversion, detestation, enmity, hatred, ill will, malevolence, malice, opposition, resentment, unfriendliness
hot [1] blistering, boiling, burning, fiery, flaming, heated, piping hot, roasting, scalding, scorching, searing, steaming, sultry, sweltering, torrid, warm [2] acrid, biting, peppery, piquant, pungent, sharp, spicy [3] (Fig.) animated, ardent, excited, fervent, fervid, fierce, fiery, flaming, impetuous, inflamed, intense, irascible, lustful, passionate, raging, stormy, touchy, vehement, violent [4] fresh, just out, latest, new, recent, up to the minute [5] approved, favoured, in demand, in vogue, popular, sought-after [6] close, following closely, in hot pursuit, near
hot air blather, blether, bombast, bosh (Inf.), bunkum or buncombe (Chiefly U.S.), claptrap (Inf.), empty talk, gas (Inf.), guff (Sl.), rant, tall talk (Inf.), verbiage, wind
hotbed breeding ground, den, forcing house, nest, nursery, seedbed
hot-blooded ardent, excitable, fervent, fiery, heated, impulsive, passionate, rash, spirited, temperamental, wild
hotchpotch conglomeration, farrago, gallimaufry, hash, hodgepodge (U.S.), jumble, medley, mélange, mess, miscellany, mishmash, mixture, olio, olla podrida, potpourri
hotfoot hastily, helter-skelter, hurriedly, pell-mell, posthaste, quickly, speedily
hothead daredevil, desperado, hotspur, madcap, tearaway
hound v. [1] chase, drive, give chase, hunt, hunt down, pursue [2] badger, goad, harass, harry, impel, persecute, pester, prod, provoke
house
- **n.** [1] abode, building, domicile, dwelling, edifice, habitation, home, homestead, pad (Sl.), residence [2] family, household, ménage [3] ancestry, clan, dynasty, family tree, kindred, line, lineage, race, tribe [4] business, company, concern, establishment, firm, organization, outfit (Inf.), partnership [5] assembly, Commons, legislative body, parliament [6] hotel, inn, public house, tavern [7] **on the house** for nothing, free, gratis, without expense
- **v.** [8] accommodate, billet, board, domicile, harbour, lodge, put up, quarter, take in [9] contain, cover, keep, protect, sheathe, shelter, store
household [1] n. family, home, house, ménage [2] adj. domestic, domiciliary, family, ordinary, plain
householder homeowner, occupant, resident, tenant
housekeeping home economy, homemaking (U.S.), housecraft, household management, housewifery
housing [1] accommodation, dwellings, homes, houses [2] case, casing, container, cover, covering, enclosure, sheath
hovel cabin, den, hole, hut, shack, shanty, shed
hover [1] be suspended, drift, float, flutter, fly, hang, poise [2] hang about, linger, wait nearby [3] alternate, dither (Chiefly Brit.), falter, fluctu-

ate, haver (Brit.), oscillate, pause, seesaw, swither (Scot. dialect), vacillate, waver
however after all, anyhow, be that as it may, but, even though, nevertheless, nonetheless, notwithstanding, on the other hand, still, though, yet
howl 1 n. bawl, bay, bell, bellow, clamour, cry, groan, hoot, outcry, roar, scream, shriek, ululation, wail, yelp, yowl 2 v. bawl, bell, bellow, cry, cry out, lament, quest (used of hounds), roar, scream, shout, shriek, ululate, wail, weep, yell, yelp
howler bloomer (Brit. inf.), blunder, boner (Sl.), boob (Brit. sl.), booboo (Inf.), bull (Sl.), clanger (Inf.), error, malapropism, mistake, schoolboy howler
hub centre, core, focal point, focus, heart, middle, nerve centre, pivot
huddle
- n. 1 confusion, crowd, disorder, heap, jumble, mass, mess, muddle 2 (Inf.) confab (Inf.), conference, discussion, meeting, powwow
- v. 3 cluster, converge, crowd, flock, gather, press, throng 4 crouch, cuddle, curl up, hunch up, make oneself small, nestle, snuggle
hue 1 colour, dye, shade, tincture, tinge, tint, tone 2 aspect, cast, complexion, light
hue and cry brouhaha, clamour, furore, hullabaloo, much ado, outcry, ruction (Inf.), rumpus, uproar
hug
- v. 1 clasp, cuddle, embrace, enfold, hold close, squeeze, take in one's arms 2 cling to, follow closely, keep close, stay near 3 cherish, cling, hold onto, nurse, retain
- n. 4 bear hug, clasp, clinch (Sl.), embrace, squeeze
huge Brobdingnagian, bulky, colossal, elephantine, enormous, extensive, gargantuan, giant, gigantic, ginormous (Inf.), great, humongous or humungous (U.S. sl.), immense, jumbo (Inf.), large, mammoth, massive, mega (Sl.), monumental, mountainous, prodigious, stupendous, titanic, tremendous, vast
hulk 1 derelict, frame, hull, shell, shipwreck, wreck 2 lout, lubber, lump (Inf.), oaf
hull
- n. 1 body, casing, covering, frame, framework, skeleton 2 husk, peel, pod, rind, shell, shuck, skin
- v. 3 husk, peel, shell, shuck, skin, trim
hum 1 bombinate or bombilate (Literary), buzz, croon, drone, mumble, murmur, purr, sing, throb, thrum, vibrate, whir 2 be active, be busy, bustle, buzz, move, pulsate, pulse, stir, vibrate
human
- adj. 1 anthropoid, fleshly, manlike, mortal 2 approachable, compassionate, considerate, fallible, forgivable, humane, kind, kindly, natural, understandable, understanding, vulnerable
- n. 3 body, child, creature, human being, individual, man, mortal, person, soul, wight (Archaic), woman
humane benevolent, benign, charitable, clement, compassionate, forbearing, forgiving, gentle, good, good-natured, kind, kindhearted, kindly, lenient, merciful, mild, sympathetic, tender, understanding
humanitarian 1 adj. altruistic, beneficent, benevolent, charitable, compassionate, humane, philanthropic, public-spirited 2 n. altruist, benefactor, Good Samaritan, philanthropist
humanitarianism beneficence, benevolence, charity, generosity, good will, humanism, philanthropy
humanity 1 flesh, Homo sapiens, humankind, human race, man, mankind, men, mortality, people 2 human nature, humanness, mortality 3 benevolence, benignity, brotherly love, charity, compassion, fellow feeling, kindheartedness, kindness, mercy, philanthropy, sympathy, tenderness, tolerance, understanding
humanize civilize, cultivate, educate, enlighten, improve, mellow, polish, reclaim, refine, soften, tame
humble
- adj. 1 meek, modest, self-effacing, submissive, unassuming, unostentatious, unpretentious 2 common, commonplace, insignificant, low, low-born, lowly, mean, modest, obscure, ordinary, plebeian, poor, simple, undistinguished, unimportant, unpretentious 3 courteous, deferential, obliging, obsequious, polite, respectful, servile, subservient
- v. 4 abase, abash, break, bring down, chagrin, chasten, crush, debase, degrade, demean, disgrace, humiliate, lower, mortify, put down (Sl.), reduce, shame, sink, subdue, take down a peg (Inf.) 5 humble oneself abase oneself, eat crow (U.S. inf.), eat humble pie, go on bended knee, grovel, swallow one's pride
humbug
- n. 1 bluff, canard, cheat, deceit, deception, dodge, feint, fraud, hoax, imposition, imposture, ruse, sham, swindle, trick, trickery, wile 2 charlatan, cheat, con man (Inf.), faker, fraud, impostor, phoney or phony (Inf.), quack, swindler, trickster 3 baloney (Inf.), cant, charlatanry, claptrap (Inf.), eyewash (Inf.), gammon (Brit. inf.), hypocrisy, nonsense, quackery, rubbish
- v. 4 bamboozle (Inf.), befool, beguile, cheat, con (Inf.), cozen, deceive, delude, dupe, fool, gull (Archaic), hoax, hoodwink, impose, mislead, swindle, take in (Inf.), trick
humdrum banal, boring, commonplace, dreary, dull, ho-hum (Inf.), mind-numbing, monotonous, mundane, ordinary, repetitious, routine, tedious, tiresome, uneventful, uninteresting, unvaried, wearisome
humid clammy, damp, dank, moist, muggy, steamy, sticky, sultry, watery, wet
humidity clamminess, damp, dampness, dankness, dew, humidness, moistness, moisture, mugginess, sogginess, wetness
humiliate abase, abash, bring low, chagrin, chasten, crush, debase, degrade, discomfit, disgrace, embarrass, humble, make (someone) eat humble pie, mortify, put down (Sl.), shame, subdue, take down a peg (Inf.)
humiliating cringe-making (Brit. inf.), crushing, degrading, disgracing, embarrassing, humbling, ignominious, mortifying, shaming
humiliation abasement, affront, chagrin, condescension, degradation, disgrace, dishonour, embarrassment, humbling, ignominy, indignity, loss of face, mortification, put-down, resignation, self-abasement, shame, submission, submissiveness
humility diffidence, humbleness, lack of pride, lowliness, meekness, modesty, self-abasement, servility, submissiveness, unpretentiousness
humorist card (Inf.), comedian, comic, eccentric, funny man, jester, joker, wag, wit
humorous amusing, comic, comical, droll, entertaining, facetious, farcical, funny, hilarious, jocose, jocular, laughable, ludicrous, merry, playful, pleasant, side-splitting, waggish, whimsical, witty
humour
- n. 1 amusement, comedy, drollery, facetiousness, fun, funniness, jocularity, ludicrousness, wit 2 comedy, farce, gags (Inf.), jesting, jests, jokes, joking, pleasantry, wisecracks (Inf.), wit, witticisms, wittiness 3 disposition, frame of mind, mood, spirits, temper 4 bent, bias, fancy, freak, mood, propensity, quirk, vagary, whim
- v. 5 accommodate, cosset, favour, feed, flatter, go along with, gratify, indulge, mollify, pamper, pander to, spoil
hump
- n. 1 bulge, bump, hunch, knob, lump, mound, projection, protrusion, protuberance, swelling 2 the hump (Brit. inf.) megrims (Rare), the blues, the doldrums, the dumps (Inf.), the grumps (Inf.), the mopes, the sulks
- v. 3 arch, curve, form a hump, hunch, lift, tense 4 (Sl.) carry, heave, hoist, lug, shoulder
hunch 1 n. feeling, idea, impression, inkling, intuition, premonition, presentiment, suspicion 2 v. arch, bend, crouch, curve, draw in, huddle, hump, squat, stoop, tense
hunchback crookback (Rare), crouch-back (Archaic), humpback, kyphosis (Pathol.), Quasimodo
hunger
- n. 1 appetite, emptiness, esurience, famine, hungriness, ravenousness, starvation, voracity 2 appetence, appetite, craving, desire, greediness, itch, lust, thirst, yearning, yen (Inf.)
- v. 3 crave, desire, hanker, hope, itch, long, pine, starve, thirst, want, wish, yearn
hungry 1 empty, famished, famishing, hollow, peckish (Inf., chiefly Brit.), ravenous, sharp-set, starved, starving, voracious 2 athirst, avid, covetous, craving, desirous, eager, greedy, keen, yearning
hunk block, chunk, gobbet, lump, mass, piece, slab, wedge, wodge (Brit. inf.)
hunt
- v. 1 chase, gun for, hound, pursue, stalk, track, trail 2 ferret about, forage, go in quest of, look, look high and low, rummage through, scour, search, seek, try to find
- n. 3 chase, hunting, investigation, pursuit, quest, search
hurdle n. 1 barricade, barrier, block, fence, hedge, wall 2 barrier, block, complication, difficulty, handicap, hindrance, impediment, obstacle, obstruction, snag, stumbling block
hurl cast, chuck (Inf.), fire, fling, heave, launch, let fly, pitch, project, propel, send, shy, sling, throw, toss
hurly-burly bedlam, brouhaha, chaos, commotion, confusion, disorder, furore, hubbub, pandemonium, tumult, turbulence, turmoil, upheaval, uproar
hurricane cyclone, gale, storm, tempest, tornado, twister (U.S. inf.), typhoon, willy-willy (Aust.), windstorm
hurried breakneck, brief, cursory, hasty, hectic, perfunctory, precipitate, quick, quickie (Inf.), rushed, short, slapdash, speedy, superficial, swift
hurry
- v. 1 barrel (along) (Inf., chiefly U.S. & Canad.), burn rubber (Inf.), dash, fly, get a move on (Inf.), lose no time, make haste, rush, scoot, scurry, step on it (Inf.) 2 accelerate, expedite, goad, hasten, hustle, push on, quicken, speed (up), urge
- n. 3 bustle, celerity, commotion, dispatch, expedition, flurry, haste, precipitation, promptitude, quickness, rush, speed, urgency
hurt
- v. 1 bruise, damage, disable, harm, impair, injure, mar, spoil, wound 2 ache, be sore, be tender, burn, pain, smart, sting, throb 3 afflict, aggrieve, annoy, cut to the quick, distress, grieve, pain, sadden, sting, upset, wound
- n. 4 discomfort, distress, pain, pang, soreness, suffering 5 bruise, sore, wound 6 damage, detriment, disadvantage, harm, injury, loss, mischief, wrong
- adj. 7 bruised, cut, damaged, grazed, harmed, injured, scarred, scraped, scratched, wounded 8 aggrieved, crushed, injured, miffed (Inf.), offended, pained, piqued, rueful, sad, wounded
hurtful cruel, cutting, damaging, destructive, detrimental, disadvantageous, distressing, harmful, injurious, maleficent, malicious, mean, mischievous, nasty, pernicious, prejudicial, spiteful, unkind, upsetting, wounding
husband v. budget, conserve, economize, hoard, manage thriftily, save, store, use sparingly
husbandry 1 agriculture, agronomy, cultivation, farming, land management, tillage 2 careful management, economy, frugality, good housekeeping, thrift
hush
- v. 1 mute, muzzle, quieten, shush, silence, still, suppress 2 allay, appease, calm, compose, mollify, soothe
- n. 3 calm, peace, peacefulness, quiet, silence, still (Poetic), stillness, tranquillity
hush-hush classified, confidential, restricted, secret, top-secret
husk bark, chaff, covering, glume, hull, rind, shuck
huskiness dryness, harshness, hoarseness, raspingness, roughness
husky 1 croaking, croaky, gruff, guttural, harsh, hoarse, rasping, raucous, rough, throaty 2 (Inf.) beefy (Inf.), brawny, burly, hefty, muscular, powerful, Ramboesque, rugged, stocky, strapping, thickset
hustle bustle, crowd, elbow, force, haste, hasten, hurry, impel, jog, jostle, push, rush, shove, thrust
hut cabin, den, hovel, lean-to, refuge, shanty, shed, shelter
hybrid n. amalgam, composite, compound, cross, crossbreed, half-blood, half-breed, mixture, mongrel, mule
hygiene cleanliness, hygienics, sanitary measures, sanitation
hygienic aseptic, clean, disinfected, germ-free, healthy, pure, salutary, sanitary, sterile

hype ballyhoo (Inf.), brouhaha, build-up, plugging (Inf.), promotion, publicity, puffing, racket, razzmatazz (Sl.)

hyperbole amplification, enlargement, exaggeration, magnification, overstatement

hypercritical captious, carping, cavilling, censorious, fault-finding, finicky, fussy, hairsplitting, niggling, overcritical, overexacting, overscrupulous, pernickety (Inf.), strict

hypnotic mesmeric, mesmerizing, narcotic, opiate, sleep-inducing, somniferous, soothing, soporific, spellbinding

hypnotize 1 mesmerize, put in a trance, put to sleep 2 absorb, entrance, fascinate, magnetize, spellbind

hypocrisy cant, deceit, deceitfulness, deception, dissembling, duplicity, falsity, imposture, insincerity, pharisaism, phariseeism, phoneyness or phoniness (Inf.), pretence, sanctimoniousness, speciousness, two-facedness

hypocrite charlatan, deceiver, dissembler, fraud, Holy Willie, impostor, Pecksniff, pharisee, phoney or phony (Inf.), pretender, Tartuffe, whited sepulchre

hypocritical canting, deceitful, deceptive, dissembling, duplicitous, false, fraudulent, hollow, insincere, Janus-faced, pharisaical, phoney or phony (Inf.), sanctimonious, specious, spurious, two-faced

hypothesis assumption, postulate, premise, premiss, proposition, supposition, theory, thesis

hypothetical academic, assumed, conjectural, imaginary, putative, speculative, supposed, theoretical

hysteria agitation, delirium, frenzy, hysterics, madness, panic, unreason

hysterical 1 berserk, beside oneself, convulsive, crazed, distracted, distraught, frantic, frenzied, mad, overwrought, raving, uncontrollable 2 (Inf.) comical, farcical, hilarious, screaming, side-splitting, uproarious, wildly funny

I

ice 1 **break the ice** begin, initiate the proceedings, kick off (Inf.), lead the way, make a start, start or set the ball rolling (Inf.), take the plunge (Inf.) 2 **on thin ice** at risk, in jeopardy, open to attack, out on a limb, sticking one's neck out (Inf.), unsafe, vulnerable

ice-cold arctic, biting, bitter, chilled to the bone or marrow, freezing, frozen, glacial, icy, raw, refrigerated, shivering

icy 1 arctic, biting, bitter, chill, chilling, chilly, cold, freezing, frost-bound, frosty, frozen over, ice-cold, parky (Brit. inf.), raw 2 glacial, glassy, like a sheet of glass, rimy, slippery, slippy (Inf. or dialect) 3 (Fig.) aloof, cold, distant, forbidding, frigid, frosty, glacial, hostile, indifferent, steely, stony, unfriendly, unwelcoming

idea 1 abstraction, concept, conception, conclusion, fancy, impression, judg(e)ment, perception, thought, understanding 2 belief, conviction, doctrine, interpretation, notion, opinion, teaching, view, viewpoint 3 approximation, clue, estimate, guess, hint, impression, inkling, intimation, notion, suspicion 4 aim, end, import, intention, meaning, object, objective, plan, purpose, raison d'être, reason, sense, significance 5 design, hypothesis, plan, recommendation, scheme, solution, suggestion, theory 6 archetype, essence, form, pattern

ideal

- **n.** 1 archetype, criterion, epitome, example, exemplar, last word, model, nonpareil, paradigm, paragon, pattern, perfection, prototype, standard, standard of perfection 2 Often plural moral value, principle, standard
- **adj.** 3 archetypal, classic, complete, consummate, model, optimal, perfect, quintessential, supreme 4 abstract, conceptual, hypothetical, intellectual, mental, notional, theoretical, transcendental 5 fanciful, imaginary, impractical, ivory-tower, unattainable, unreal, Utopian, visionary

idealist n. dreamer, romantic, Utopian, visionary

idealistic impracticable, optimistic, perfectionist, quixotic, romantic, starry-eyed, Utopian, visionary

ideally all things being equal, if one had one's way, in a perfect world, under the best of circumstances

identical alike, corresponding, duplicate, equal, equivalent, indistinguishable, interchangeable, like, matching, selfsame, the same, twin

identification 1 cataloguing, classifying, establishment of identity, labelling, naming, pinpointing, recognition 2 association, connection, empathy, fellow feeling, involvement, rapport, relationship, sympathy 3 credentials, ID, identity card, letters of introduction, papers

identify 1 catalogue, classify, diagnose, flag, label, make out, name, pick out, pinpoint, place, put one's finger on (Inf.), recognize, single out, spot, tag 2 (Often with **with**) ally, associate, empathize, feel for, put in the same category, put oneself in the place or shoes of, relate to, respond to, see through another's eyes, think of in connection (with)

identity 1 distinctiveness, existence, individuality, oneness, particularity, personality, self, selfhood, singularity, uniqueness 2 accord, correspondence, empathy, rapport, sameness, unanimity, unity

idiocy abject stupidity, asininity, cretinism, fatuity, fatuousness, foolishness, imbecility, inanity, insanity, lunacy, senselessness, tomfoolery

idiom 1 expression, locution, phrase, set phrase, turn of phrase 2 jargon, language, mode of expression, parlance, style, talk, usage, vernacular

idiomatic dialectal, native, vernacular

idiosyncrasy affectation, characteristic, eccentricity, habit, mannerism, oddity, peculiarity, personal trait, quirk, singularity, trick

idiot airhead (Sl.), ass, berk (Brit. sl.), blockhead, booby, charlie (Brit. inf.), coot, cretin, dickhead (Sl.), dimwit (Inf.), dipstick (Brit. sl.), divvy (Brit. sl.), dork (Sl.), dunderhead, dweeb (U.S. sl.), fool, fuckwit (Taboo sl.), geek (Sl.), gonzo (Sl.), halfwit, imbecile, jerk (Sl., chiefly U.S. & Canad.), lamebrain (Inf.), mooncalf, moron, nerd or nurd (Sl.), nincompoop, nitwit (Inf.), numskull or numbskull, oaf, pillock (Brit. sl.), plank (Brit. sl.), plonker (Sl.), prat (Sl.), prick (Derogatory sl.), schmuck (U.S. sl.), simpleton, twit (Inf., chiefly Brit.), wally (Sl.)

idiotic asinine, braindead (Inf.), crackpot (Inf.), crazy, daft (Inf.), dumb (Inf.), fatuous, foolhardy, foolish, halfwitted, harebrained, imbecile, imbecilic, inane, insane, loopy (Inf.), lunatic, moronic, senseless, stupid, unintelligent

idle

- **adj.** 1 dead, empty, gathering dust, inactive, jobless, mothballed, out of action or operation, out of work, redundant, stationary, ticking over, unemployed, unoccupied, unused, vacant 2 indolent, lackadaisical, lazy, shiftless, slothful, sluggish 3 frivolous, insignificant, irrelevant, nugatory, superficial, trivial, unhelpful, unnecessary 4 abortive, bootless, fruitless, futile, groundless, ineffective, of no avail, otiose, pointless, unavailing, unproductive, unsuccessful, useless, vain, worthless
- **v.** 5 (Often with **away**) dally, dawdle, fool, fritter, hang out (Inf.), kill time, laze, loiter, lounge, potter, waste, while 6 bob off (Brit. sl.), coast, drift, mark time, shirk, sit back and do nothing, skive (Brit. sl.), slack, slow down, take it easy, vegetate, veg out (Sl.)

idleness 1 inaction, inactivity, leisure, time on one's hands, unemployment 2 hibernation, inertia, laziness, shiftlessness, sloth, sluggishness, torpor, vegetating 3 dilly-dallying (Inf.), lazing, loafing, pottering, skiving (Brit. sl.), time-wasting, trifling

idling adj. dawdling, drifting, loafing, pottering, resting, resting on one's oars, taking it easy, ticking over

idol 1 deity, god, graven image, image, pagan symbol 2 (Fig.) beloved, darling, favourite, hero, pet, pin-up (Sl.), superstar

idolater 1 heathen, idol-worshipper, pagan 2 admirer, adorer, devotee, idolizer, votary, worshipper

idolatry adoration, adulation, apotheosis, deification, exaltation, glorification, hero worship, idolizing

idolize admire, adore, apotheosize, bow down before, deify, dote upon, exalt, glorify, hero-worship, look up to, love, revere, reverence, venerate, worship, worship to excess

if 1 conj. admitting, allowing, assuming, granting, in case, on condition that, on the assumption that, provided, providing, supposing, though, whenever, wherever, whether 2 n. condition, doubt, hesitation, stipulation, uncertainty

ignite burn, burst into flames, catch fire, fire, flare up, inflame, kindle, light, put a match to (Inf.), set alight, set fire to, take fire, touch off

ignominious abject, despicable, discreditable, disgraceful, dishonourable, disreputable, humiliating, indecorous, inglorious, mortifying, scandalous, shameful, sorry, undignified

ignominy bad odour, contempt, discredit, disgrace, dishonour, disrepute, humiliation, infamy, mortification, obloquy, odium, opprobrium, reproach, shame, stigma

ignorance 1 greenness, inexperience, innocence, nescience (Literary), oblivion, unawareness, unconsciousness, unfamiliarity 2 benightedness, blindness, illiteracy, lack of education, mental darkness, unenlightenment, unintelligence

ignorant 1 benighted, blind to, inexperienced, innocent, in the dark about, oblivious, unaware, unconscious, unenlightened, uninformed, uninitiated, unknowing, unschooled, unwitting 2 green, illiterate, naive, unaware, uncultivated, uneducated, unknowledgeable, unlearned, unlettered, unread, untaught, untrained, untutored 3 crass, crude, gross, half-baked (Inf.), insensitive, rude, shallow, superficial, uncomprehending, unscholarly

ignore be oblivious to, bury one's head in the sand, cold-shoulder, cut (Inf.), discount, disregard, give the cold shoulder to, neglect, overlook, pass over, pay no attention to, reject, send (someone) to Coventry, shut one's eyes to, take no notice of, turn a blind eye to, turn a deaf ear to, turn one's back on

ill

- **adj.** 1 ailing, dicky (Brit. inf.), diseased, funny (Inf.), indisposed, infirm, laid up (Inf.), not up to snuff (Inf.), off-colour, on the sick list (Inf.), out of sorts (Inf.), poorly (Inf.), queasy, queer, seedy (Inf.), sick, under the weather (Inf.), unhealthy, unwell, valetudinarian 2 bad, damaging, deleterious, detrimental, evil, foul, harmful, iniquitous, injurious, ruinous, unfortunate, unlucky, vile, wicked, wrong 3 acrimonious, adverse, antagonistic, cantankerous, cross, harsh, hateful, hostile, hurtful, inimical, malevolent, malicious, sullen, surly, unfriendly, unkind 4 disturbing, foreboding, inauspicious, ominous, sinister, threatening, unfavourable, unhealthy, unlucky, unpromising, unpropitious, unwholesome
- **n.** 5 affliction, hardship, harm, hurt, injury, misery, misfortune, pain, trial, tribulation, trouble, unpleasantness, woe 6 ailment, complaint, disease, disorder, illness, indisposition, infirmity, malady, malaise, sickness 7 abuse, badness, cruelty, damage, depravity, destruction, evil, ill usage, malice, mischief, suffering, wickedness
- **adv.** 8 badly, hard, inauspiciously, poorly, unfavourably, unfortunately, unluckily 9 barely, by no means, hardly, insufficiently, scantily 10 Also **ill-gotten** criminally, dishonestly, foully, fraudulently, illegally, illegitimately, illicitly, unlawfully, unscrupulously

ill-advised foolhardy, foolish, ill-considered, ill-judged, impolitic, imprudent, inappropriate, incautious, indiscreet, injudicious, misguided, overhasty, rash, reckless, short-sighted, thoughtless, unseemly, unwise, wrong-headed

ill-assorted incompatible, incongruous, inharmonious, mismatched, uncongenial, unsuited

ill-at-ease anxious, awkward, disquieted, disturbed, edgy, faltering, fidgety, hesitant, nervous, on edge, on pins and needles (Inf.), on tenterhooks, out of place, restless, selfconscious, strange, tense, twitchy (Inf.), uncomfortable, uneasy, unquiet, unrelaxed, unsettled, unsure, wired (Sl.)

ill-bred bad-mannered, boorish, churlish, coarse, crass, discourteous, ill-mannered, impolite, indelicate, rude, uncivil, uncivilized, uncouth, ungallant, ungentlemanly, unladylike, unmannerly, unrefined, vulgar

ill-defined blurred, dim, fuzzy, indistinct, nebulous, shadowy, unclear, vague, woolly

ill-disposed against, antagonistic, anti (Inf.), antipathetic, averse, disobliging, down on (Inf.), hostile, inimical, opposed, uncooperative, unfriendly, unwelcoming

illegal actionable (Law), banned, black-market, bootleg, criminal, felonious, forbidden, illicit, lawless, outlawed, prohibited, proscribed, un-

imply [1] connote, give (someone) to understand, hint, insinuate, intimate, signify, suggest [2] betoken, denote, entail, evidence, import, include, indicate, involve, mean, point to, presuppose

impolite bad-mannered, boorish, churlish, discourteous, disrespectful, ill-bred, illmannered, indecorous, indelicate, insolent, loutish, rough, rude, uncivil, uncouth, ungallant, ungentlemanly, ungracious, unladylike, unmannerly, unrefined

impoliteness bad manners, boorishness, churlishness, discourtesy, disrespect, incivility, indelicacy, insolence, rudeness, unmannerliness

import
- n. [1] bearing, drift, gist, implication, intention, meaning, message, purport, sense, significance, thrust [2] bottom, consequence, importance, magnitude, moment, significance, substance, weight
- v. [3] bring in, introduce, land

importance [1] concern, consequence, import, interest, moment, momentousness, significance, substance, value, weight [2] bottom, distinction, eminence, esteem, influence, mark, pre-eminence, prestige, prominence, standing, status, usefulness, worth

important [1] far-reaching, grave, large, material, meaningful, momentous, of substance, primary, salient, serious, signal, significant, substantial, urgent, weighty [2] big-time (Inf.), eminent, foremost, high-level, high-ranking, influential, leading, major league (Inf.), notable, noteworthy, of note, outstanding, powerful, pre-eminent, prominent, seminal [3] (Usually with **to**) basic, essential, of concern or interest, relevant, valuable, valued

importunate burning, clamant, clamorous, demanding, dogged, earnest, exigent, insistent, persistent, pertinacious, pressing, solicitous, troublesome, urgent

impose [1] decree, establish, exact, fix, institute, introduce, lay, levy, ordain, place, promulgate, put, set [2] appoint, charge with, dictate, enforce, enjoin, inflict, prescribe, saddle (someone) with [3] (With **on** or **upon**) butt in, encroach, foist, force oneself, gate-crash (Inf.), horn in (Inf.), intrude, obtrude, presume, take liberties, trespass [4] (With **on** or **upon**) **a** abuse, exploit, play on, take advantage of, use **b** con (Inf.), deceive, dupe, hoodwink, pull the wool over (somebody's) eyes, trick

imposing august, commanding, dignified, effective, grand, impressive, majestic, stately, striking

imposition [1] application, decree, introduction, laying on, levying, promulgation [2] cheek (Inf.), encroachment, intrusion, liberty, presumption [3] artifice, cheating, con (Inf.), deception, dissimulation, fraud, hoax, imposture, stratagem, trickery [4] burden, charge, constraint, duty, levy, tax

impossibility hopelessness, impracticability, inability, inconceivability

impossible [1] beyond one, beyond the bounds of possibility, hopeless, impracticable, inconceivable, not to be thought of, out of the question, unachievable, unattainable, unobtainable, unthinkable [2] absurd, inadmissible, insoluble, intolerable, ludicrous, outrageous, preposterous, unacceptable, unanswerable, ungovernable, unreasonable, unsuitable, unworkable

impotence disability, enervation, feebleness, frailty, helplessness, inability, inadequacy, incapacity, incompetence, ineffectiveness, inefficacy, inefficiency, infirmity, paralysis, powerlessness, uselessness, weakness

impotent disabled, emasculate, enervated, feeble, frail, helpless, incapable, incapacitated, incompetent, ineffective, infirm, nerveless, paralyzed, powerless, unable, unmanned, weak

impoverish [1] bankrupt, beggar, break, ruin [2] deplete, diminish, drain, exhaust, pauperize, reduce, sap, use up, wear out

impracticability futility, hopelessness, impossibility, impracticality, unsuitableness, unworkability, uselessness

impracticable [1] impossible, out of the question, unachievable, unattainable, unfeasible, unworkable [2] awkward, impractical, inapplicable, inconvenient, unserviceable, unsuitable, useless

impractical [1] impossible, impracticable, inoperable, nonviable, unrealistic, unserviceable, unworkable, visionary, wild [2] idealistic, romantic, starry-eyed, unbusinesslike, unrealistic, visionary

impracticality hopelessness, impossibility, inapplicability, romanticism, unworkability

imprecise ambiguous, blurred round the edges, careless, equivocal, estimated, fluctuating, hazy, ill-defined, inaccurate, indefinite, indeterminate, inexact, inexplicit, loose, rough, sloppy (Inf.), vague, wide of the mark, woolly

impregnable immovable, impenetrable, indestructible, invincible, invulnerable, secure, strong, unassailable, unbeatable, unconquerable, unshak(e)able

impregnate [1] fill, imbrue (Rare), imbue, infuse, percolate, permeate, pervade, saturate, seep, soak, steep, suffuse [2] fecundate, fertilize, fructify, get with child, inseminate, make pregnant

impress [1] affect, excite, grab (Inf.), influence, inspire, make an impression, move, stir, strike, sway, touch [2] (Often with **on** or **upon**) bring home to, emphasize, fix, inculcate, instil into, stress [3] emboss, engrave, imprint, indent, mark, print, stamp

impression [1] effect, feeling, impact, influence, reaction, sway [2] **make an impression** arouse comment, be conspicuous, cause a stir, excite notice, find favour, make a hit (Inf.), make an impact, stand out [3] belief, concept, conviction, fancy, feeling, funny feeling (Inf.), hunch, idea, memory, notion, opinion, recollection, sense, suspicion [4] brand, dent, hollow, impress, imprint, indentation, mark, outline, stamp, stamping [5] edition, imprinting, issue, printing [6] imitation, impersonation, parody, send-up (Brit. inf.), takeoff (Inf.)

impressionable feeling, gullible, ingenuous, open, receptive, responsive, sensitive, suggestible, susceptible, vulnerable

impressive affecting, exciting, forcible, moving, powerful, stirring, striking, touching

imprint [1] n. impression, indentation, mark, print, sign, stamp [2] v. engrave, establish, etch, fix, impress, print, stamp

imprison confine, constrain, detain, immure, incarcerate, intern, jail, lock up, put away, put under lock and key, send down (Inf.), send to prison

imprisonment confinement, custody, detention, durance (Archaic), duress, incarceration, internment, porridge (Sl.)

improbability doubt, doubtfulness, dubiety, uncertainty, unlikelihood

improbable doubtful, dubious, fanciful, far-fetched, implausible, questionable, unbelievable, uncertain, unconvincing, unlikely, weak

impromptu [1] adj. ad-lib, extemporaneous, extempore, extemporized, improvised, offhand, off the cuff (Inf.), spontaneous, unpremeditated, unprepared, unrehearsed, unscripted, unstudied [2] adv. ad lib, off the cuff (Inf.), off the top of one's head (Inf.), on the spur of the moment, spontaneously, without preparation

improper [1] impolite, indecent, indecorous, indelicate, off-colour, risqué, smutty, suggestive, unbecoming, unfitting, unseemly, untoward, vulgar [2] ill-timed, inapplicable, inapposite, inappropriate, inapt, incongruous, infelicitous, inopportune, malapropos, out of place, uncalled-for, unfit, unseasonable, unsuitable, unsuited, unwarranted [3] abnormal, erroneous, false, inaccurate, incorrect, irregular, wrong

impropriety [1] bad taste, immodesty, incongruity, indecency, indecorum, unsuitability, vulgarity [2] bloomer (Brit. inf.), blunder, faux pas, gaffe, gaucherie, mistake, slip, solecism

improve [1] advance, ameliorate, amend, augment, better, correct, face-lift, help, mend, polish, rectify, touch up, upgrade [2] develop, enhance, gain strength, increase, look up (Inf.), make strides, perk up, pick up, progress, rally, reform, rise, take a turn for the better (Inf.), take on a new lease of life (Inf.) [3] convalesce, gain ground, gain strength, grow better, make progress, mend, recover, recuperate, turn the corner [4] clean up one's act (Inf.), get it together (Inf.), get one's act together (Inf.), pull one's socks up (Brit. inf.), reform, shape up (Inf.), turn over a new leaf

improvement [1] advancement, amelioration, amendment, augmentation, betterment, correction, face-lift, gain, rectification [2] advance, development, enhancement, furtherance, increase, progress, rally, recovery, reformation, rise, upswing

improvisation ad-lib, ad-libbing, expedient, extemporizing, impromptu, invention, makeshift, spontaneity

improvise [1] ad-lib, busk, coin, extemporize, invent, play it by ear (Inf.), speak off the cuff (Inf.), vamp, wing it (Inf.) [2] concoct, contrive, devise, make do, throw together

imprudent careless, foolhardy, foolish, heedless, ill-advised, ill-considered, ill-judged, impolitic, improvident, incautious, inconsiderate, indiscreet, injudicious, irresponsible, overhasty, rash, reckless, temerarious, unthinking, unwise

impudence assurance, audacity, backchat (Inf.), boldness, brass neck (Brit. inf.), brazenness, bumptiousness, cheek (Inf.), chutzpah (U.S. & Canad. inf.), effrontery, face (Inf.), front, impertinence, insolence, lip (Sl.), neck (Inf.), nerve (Inf.), pertness, presumption, rudeness, sauciness, shamelessness

impudent audacious, bold, bold-faced, brazen, bumptious, cheeky (Inf.), cocky (Inf.), forward, fresh (Inf.), immodest, impertinent, insolent, lippy (U.S. & Canad. sl.), pert, presumptuous, rude, sassy (U.S. inf.), saucy (Inf.), shameless

impulse [1] catalyst, force, impetus, momentum, movement, pressure, push, stimulus, surge, thrust [2] (Fig.) caprice, drive, feeling, incitement, inclination, influence, instinct, motive, notion, passion, resolve, urge, whim, wish

impulsive devil-may-care, emotional, hasty, headlong, impetuous, instinctive, intuitive, passionate, precipitate, quick, rash, spontaneous, unconsidered, unpredictable, unpremeditated

impunity dispensation, exemption, freedom, immunity, liberty, licence, nonliability, permission, security

impure [1] admixed, adulterated, alloyed, debased, mixed, unrefined [2] contaminated, defiled, dirty, filthy, foul, infected, polluted, sullied, tainted, unclean, unwholesome, vitiated [3] carnal, coarse, corrupt, gross, immodest, immoral, indecent, indelicate, lascivious, lewd, licentious, lustful, obscene, prurient, ribald, salacious, smutty, unchaste, unclean

impurity [1] admixture, adulteration, mixture [2] befoulment, contamination, defilement, dirtiness, filth, foulness, infection, pollution, taint, uncleanness [3] Often plural bits, contaminant, dirt, dross, foreign body, foreign matter, grime, marks, pollutant, scum, spots, stains [4] carnality, coarseness, corruption, grossness, immodesty, immorality, indecency, lasciviousness, lewdness, licentiousness, obscenity, prurience, salaciousness, smuttiness, unchastity, vulgarity

imputation accusation, ascription, aspersion, attribution, blame, censure, charge, insinuation, reproach, slander, slur

impute accredit, ascribe, assign, attribute, credit, lay at the door of, refer, set down to

inability disability, disqualification, impotence, inadequacy, incapability, incapacity, incompetence, ineptitude, powerlessness

inaccessible impassable, out of reach, out of the way, remote, unapproachable, unattainable, un-get-at-able (Inf.), unreachable

inaccuracy [1] erroneousness, imprecision, incorrectness, inexactness, unfaithfulness, unreliability [2] blunder, boob (Brit. sl.), corrigendum, defect, erratum, error, fault, howler (Inf.), literal (Printing), miscalculation, mistake, slip, typo (Inf., printing)

inaccurate careless, defective, discrepant, erroneous, faulty, imprecise, incorrect, in error, inexact, mistaken, out, unfaithful, unreliable, unsound, wide of the mark, wild, wrong

inaccurately carelessly, clumsily, imprecisely, inexactly, unfaithfully, unreliably

inaction dormancy, idleness, immobility, inactivity, inertia, rest, torpidity, torpor

inactive [1] abeyant, dormant, idle, immobile, inert, inoperative, jobless, kicking one's heels, latent, mothballed, out of service, out of work, unemployed, unoccupied, unused [2] dull, indolent, lazy, lethargic, low-key (Inf.), passive, quiet, sedentary, slothful, slow, sluggish, somnolent, torpid

inactivity [1] dormancy, hibernation, immobility, inaction, passivity, unemployment [2] dilatoriness, dolce far niente, dullness, heaviness, indolence, inertia, inertness, lassitude, laziness, lethargy, quiescence, sloth, sluggishness, stagnation, torpor, vegetation

inadequacy 1 dearth, deficiency, inadequateness, incompleteness, insufficiency, meagreness, paucity, poverty, scantiness, shortage, skimpiness 2 defectiveness, faultiness, inability, inaptness, incapacity, incompetence, incompetency, ineffectiveness, inefficacy, unfitness, unsuitableness 3 defect, failing, imperfection, lack, shortage, shortcoming, weakness

inadequate 1 defective, deficient, faulty, imperfect, incommensurate, incomplete, insubstantial, insufficient, meagre, niggardly, scant, scanty, short, sketchy, skimpy, sparse 2 found wanting, inapt, incapable, incompetent, not up to scratch (Inf.), unequal, unfitted, unqualified

inadequately imperfectly, insufficiently, meagrely, poorly, scantily, sketchily, skimpily, sparsely, thinly

inadmissible immaterial, improper, inappropriate, incompetent, irrelevant, unacceptable, unallowable, unqualified, unreasonable

inadvertently 1 carelessly, heedlessly, in an unguarded moment, negligently, thoughtlessly, unguardedly, unthinkingly 2 accidentally, by accident, by mistake, involuntarily, mistakenly, unintentionally, unwittingly

inadvisable ill-advised, impolitic, imprudent, inexpedient, injudicious, unwise

inane asinine, daft (Inf.), devoid of intelligence, empty, fatuous, frivolous, futile, goofy (Inf.), idiotic, imbecilic, mindless, puerile, senseless, silly, stupid, trifling, unintelligent, vacuous, vain, vapid, worthless

inanimate cold, dead, defunct, extinct, inactive, inert, insensate, insentient, lifeless, quiescent, soulless, spiritless

inapplicable inapposite, inappropriate, inapt, irrelevant, unsuitable, unsuited

inappropriate disproportionate, ill-fitted, ill-suited, ill-timed, improper, incongruous, malapropos, out of place, tasteless, unbecoming, unbefitting, unfit, unfitting, unseemly, unsuitable, untimely

inapt 1 ill-fitted, ill-suited, inapposite, inappropriate, infelicitous, unsuitable, unsuited 2 awkward, clumsy, dull, gauche, incompetent, inept, inexpert, maladroit, slow, stupid

inarticulate 1 blurred, incoherent, incomprehensible, indistinct, muffled, mumbled, unclear, unintelligible 2 dumb, mute, silent, speechless, tongue-tied, unspoken, unuttered, unvoiced, voiceless, wordless 3 faltering, halting, hesitant, poorly spoken

inattention absent-mindedness, carelessness, daydreaming, disregard, forgetfulness, heedlessness, inadvertence, inattentiveness, indifference, neglect, preoccupation, thoughtlessness, woolgathering

inattentive absent-minded, careless, distracted, distrait, dreamy, heedless, inadvertent, neglectful, negligent, preoccupied, regardless, remiss, slapdash, slipshod, thoughtless, unheeding, unmindful, unobservant, vague

inaudible indistinct, low, mumbling, out of earshot, stifled, unheard

inaugural dedicatory, first, initial, introductory, maiden, opening

inaugurate 1 begin, commence, get under way, initiate, institute, introduce, kick off (Inf.), launch, originate, set in motion, set up, usher in 2 induct, install, instate, invest 3 commission, dedicate, open, ordain

inauguration 1 initiation, institution, launch, launching, opening, setting up 2 induction, installation, investiture

inauspicious bad, black, discouraging, ill-omened, ominous, unfavourable, unfortunate, unlucky, unpromising, unpropitious, untoward

inborn congenital, connate, hereditary, inbred, ingrained, inherent, inherited, innate, instinctive, intuitive, native, natural

inbred constitutional, deep-seated, ingrained, inherent, innate, native, natural

incalculable boundless, countless, enormous, immense, incomputable, inestimable, infinite, innumerable, limitless, measureless, numberless, uncountable, untold, vast, without number

incantation abracadabra, chant, charm, conjuration, formula, hex (U.S. & Canad. inf.), invocation, spell

incapable 1 feeble, inadequate, incompetent, ineffective, inept, inexpert, insufficient, not equal to, not up to, unfit, unfitted, unqualified, weak 2 helpless, impotent, powerless, unable, unfit 3 (With **of**) impervious, not admitting of, not susceptible to, resistant

incapacitate cripple, disable, disqualify, immobilize, lay up (Inf.), paralyze, prostrate, put out of action (Inf.), scupper (Brit. sl.), unfit (Rare)

incapacity disqualification, feebleness, impotence, inability, inadequacy, incapability, incompetency, ineffectiveness, powerlessness, unfitness, weakness

incapsulate → encapsulate

incarcerate commit, confine, coop up, detain, gaol, immure, impound, imprison, intern, jail, lock up, put under lock and key, restrain, restrict, send down (Brit.), throw in jail

incarnate 1 in bodily form, in human form, in the flesh, made flesh 2 embodied, personified, typified

incarnation avatar, bodily form, embodiment, epitome, exemplification, impersonation, manifestation, personification, type

incautious careless, hasty, heedless, ill-advised, ill-judged, improvident, imprudent, impulsive, inconsiderate, indiscreet, injudicious, negligent, precipitate, rash, reckless, thoughtless, unguarded, unthinking, unwary

incautiously imprudently, impulsively, indiscreetly, precipitately, rashly, recklessly, thoughtlessly, unthinkingly

incendiary
- **adj.** 1 dissentious, inflammatory, provocative, rabble-rousing, seditious, subversive
- **n.** 2 arsonist, firebug (Inf.), fire raiser, pyromaniac 3 agitator, demagogue, firebrand, insurgent, rabble-rouser, revolutionary

incense[1] v. anger, enrage, exasperate, excite, gall, get one's hackles up, inflame, infuriate, irritate, madden, make one's blood boil (Inf.), make one see red (Inf.), make one's hackles rise, nark (Brit., Aust., & N.Z. sl.), provoke, raise one's hackles, rile (Inf.)

incense[2] n. aroma, balm, bouquet, fragrance, perfume, redolence, scent

incensed angry, cross, enraged, exasperated, fuming, furious, indignant, infuriated, irate, ireful (Literary), mad (Inf.), maddened, on the warpath (Inf.), steamed up (Sl.), up in arms, wrathful

incentive bait, carrot (Inf.), encouragement, enticement, goad, impetus, impulse, inducement, lure, motivation, motive, spur, stimulant, stimulus

inception beginning, birth, commencement, dawn, inauguration, initiation, kickoff (Inf.), origin, outset, rise, start

incessant ceaseless, constant, continual, continuous, endless, eternal, everlasting, interminable, never-ending, nonstop, perpetual, persistent, relentless, unbroken, unceasing, unending, unrelenting, unremitting

incessantly all the time, ceaselessly, constantly, continually, endlessly, eternally, everlastingly, interminably, nonstop, perpetually, persistently, without a break

incident 1 adventure, circumstance, episode, event, fact, happening, matter, occasion, occurrence 2 brush, clash, commotion, confrontation, contretemps, disturbance, mishap, scene, skirmish

incidental 1 accidental, casual, chance, fortuitous, odd, random 2 (With **to**) accompanying, attendant, by-the-way, concomitant, contingent, contributory, related 3 ancillary, minor, nonessential, occasional, secondary, subordinate, subsidiary

incidentally 1 accidentally, by chance, casually, fortuitously 2 by the bye, by the way, in passing, parenthetically

incidentals contingencies, extras, minutiae, odds and ends

incinerate burn up, carbonize, char, consume by fire, cremate, reduce to ashes

incipient beginning, commencing, developing, embryonic, inceptive, inchoate, nascent, originating, starting

incise carve, chisel, cut (into), engrave, etch, inscribe

incision cut, gash, notch, opening, slash, slit

incisive 1 acute, keen, penetrating, perspicacious, piercing, trenchant 2 acid, biting, caustic, cutting, mordacious, mordant, sarcastic, sardonic, satirical, severe, sharp, vitriolic

incisiveness 1 keenness, penetration, perspicacity, sharpness, trenchancy 2 acidity, pungency, sarcasm

incite agitate for or against, animate, drive, egg on, encourage, excite, foment, goad, impel, inflame, instigate, prod, prompt, provoke, put up to, rouse, set on, spur, stimulate, stir up, urge, whip up

incitement agitation, encouragement, goad, impetus, impulse, inducement, instigation, motivation, motive, prompting, provocation, spur, stimulus

incivility bad manners, boorishness, discourteousness, discourtesy, disrespect, ill-breeding, impoliteness, rudeness, unmannerliness

inclemency 1 bitterness, boisterousness, rawness, rigour, roughness, severity, storminess 2 callousness, cruelty, harshness, mercilessness, severity, tyranny, unfeelingness

inclement 1 bitter, boisterous, foul, harsh, intemperate, rigorous, rough, severe, stormy, tempestuous 2 callous, cruel, draconian, harsh, intemperate, merciless, pitiless, rigorous, severe, tyrannical, unfeeling, unmerciful

inclination 1 affection, aptitude, bent, bias, desire, disposition, fancy, fondness, leaning, liking, partiality, penchant, predilection, predisposition, prejudice, proclivity, proneness, propensity, stomach, taste, tendency, thirst, turn, turn of mind, wish 2 bending, bow, bowing, nod 3 angle, bend, bending, deviation, gradient, incline, leaning, pitch, slant, slope, tilt

incline
- **v.** 1 be disposed or predisposed, bias, influence, persuade, predispose, prejudice, sway, tend, turn 2 bend, bow, lower, nod, nutate (Rare), stoop 3 bend, bevel, cant, deviate, diverge, heel, lean, slant, slope, tend, tilt, tip, veer
- **n.** 4 acclivity, ascent, declivity, descent, dip, grade, gradient, ramp, rise, slope

inclose → enclose

include 1 comprehend, comprise, contain, cover, embody, embrace, encompass, incorporate, involve, subsume, take in, take into account 2 add, allow for, build in, count, enter, insert, introduce, number among

including as well as, containing, counting, inclusive of, plus, together with, with

inclusion addition, incorporation, insertion

inclusive across-the-board, all-embracing, all in, all together, blanket, catch-all (Chiefly U.S.), comprehensive, full, general, global, in toto, overall, sweeping, umbrella, without exception

incognito disguised, in disguise, under an assumed name, unknown, unrecognized

incoherence disconnectedness, disjointedness, inarticulateness, unintelligibility

incoherent confused, disconnected, disjointed, disordered, inarticulate, inconsistent, jumbled, loose, muddled, rambling, stammering, stuttering, unconnected, uncoordinated, unintelligible, wandering, wild

incombustible fireproof, flameproof, noncombustible, nonflammable, noninflammable

income earnings, gains, interest, means, pay, proceeds, profits, receipts, revenue, salary, takings, wages

incoming approaching, arriving, entering, homeward, landing, new, returning, succeeding

incomparable beyond compare, inimitable, matchless, paramount, peerless, superlative, supreme, transcendent, unequalled, unmatched, unparalleled, unrivalled

incomparably beyond compare, by far, easily, eminently, far and away, immeasurably

incompatibility antagonism, conflict, discrepancy, disparateness, incongruity, inconsistency, irreconcilability, uncongeniality

incompatible antagonistic, antipathetic, conflicting, contradictory, discordant, discrepant, disparate, ill-assorted, incongruous, inconsistent, inconsonant, irreconcilable, mismatched, uncongenial, unsuitable, unsuited

incompetence inability, inadequacy, incapability, incapacity, incompetency, ineffectiveness, ineptitude, ineptness, insufficiency, skill-lessness, unfitness, uselessness

incompetent bungling, cowboy (Inf.), floundering, incapable, incapacitated, ineffectual, inept, inexpert, insufficient, skill-less, unable, unfit, unfitted, unskilful, useless

incomplete broken, defective, deficient, fragmentary, imperfect, insufficient, lacking, partial, short, unaccomplished, undeveloped, undone, unexecuted, unfinished, wanting

incomprehensible above one's head, all Greek to (Inf.), baffling, beyond comprehension, be-

inconceivable yond one's grasp, enigmatic, impenetrable, inconceivable, inscrutable, mysterious, obscure, opaque, perplexing, puzzling, unfathomable, unimaginable, unintelligible, unthinkable

inconceivable beyond belief, impossible, incomprehensible, incredible, mind-boggling (Inf.), not to be thought of, out of the question, staggering (Inf.), unbelievable, unheard-of, unimaginable, unknowable, unthinkable

inconclusive ambiguous, indecisive, indeterminate, open, uncertain, unconvincing, undecided, unsettled, up in the air (Inf.), vague

incongruity conflict, discrepancy, disparity, inappropriateness, inaptness, incompatibility, inconsistency, inharmoniousness, unsuitability

incongruous absurd, conflicting, contradictory, contrary, disconsonant, discordant, extraneous, improper, inappropriate, inapt, incoherent, incompatible, inconsistent, out of keeping, out of place, unbecoming, unsuitable, unsuited

inconsiderable exiguous, inconsequential, insignificant, light, minor, negligible, petty, slight, small, small-time (Inf.), trifling, trivial, unimportant

inconsiderate careless, indelicate, insensitive, intolerant, rude, self-centred, selfish, tactless, thoughtless, uncharitable, ungracious, unkind, unthinking

inconsistency 1 contrariety, disagreement, discrepancy, disparity, divergence, incompatibility, incongruity, inconsonance, paradox, variance 2 fickleness, instability, unpredictability, unreliability, unsteadiness

inconsistent 1 at odds, at variance, conflicting, contradictory, contrary, discordant, discrepant, incoherent, incompatible, in conflict, incongruous, inconstant, irreconcilable, out of step 2 capricious, changeable, erratic, fickle, inconstant, irregular, uneven, unpredictable, unstable, unsteady, vagarious (Rare), variable

inconsolable brokenhearted, desolate, despairing, heartbroken, heartsick, prostrate with grief, sick at heart

inconspicuous camouflaged, hidden, insignificant, modest, muted, ordinary, plain, quiet, retiring, unassuming, unnoticeable, unobtrusive, unostentatious

incontestable beyond doubt, beyond question, certain, incontrovertible, indisputable, indubitable, irrefutable, self-evident, sure, undeniable, unquestionable

incontinent 1 unbridled, unchecked, uncontrollable, uncontrolled, ungovernable, ungoverned, unrestrained 2 debauched, lascivious, lecherous, lewd, loose, lustful, profligate, promiscuous, unchaste, wanton

incontrovertible beyond dispute, certain, established, incontestable, indisputable, indubitable, irrefutable, positive, sure, undeniable, unquestionable, unshak(e)able

inconvenience
- n. 1 annoyance, awkwardness, bother, difficulty, disadvantage, disruption, disturbance, downside, drawback, fuss, hassle (Inf.), hindrance, nuisance, trouble, uneasiness, upset, vexation 2 awkwardness, cumbersomeness, unfitness, unhandiness, unsuitableness, untimeliness, unwieldiness
- v. 3 bother, discommode, disrupt, disturb, give (someone) bother or trouble, hassle (Inf.), irk, make (someone) go out of his way, put out, put to trouble, trouble, upset

inconvenient 1 annoying, awkward, bothersome, disadvantageous, disturbing, embarrassing, inopportune, tiresome, troublesome, unseasonable, unsuitable, untimely, vexatious 2 awkward, cumbersome, difficult, unhandy, unmanageable, unwieldy

incorporate absorb, amalgamate, assimilate, blend, coalesce, combine, consolidate, embody, fuse, include, integrate, meld, merge, mix, subsume, unite

incorrect erroneous, false, faulty, flawed, improper, inaccurate, inappropriate, inexact, mistaken, out, specious, unfitting, unsuitable, untrue, wide of the mark (Inf.), wrong

incorrigible hardened, hopeless, incurable, intractable, inveterate, irredeemable, unreformed

incorruptibility honesty, honour, integrity, justness, uprightness

incorruptible 1 above suspicion, honest, honourable, just, straight, trustworthy, unbribable, upright 2 everlasting, imperishable, undecaying

increase
- v. 1 add to, advance, aggrandize, amplify, augment, boost, build up, develop, dilate, enhance, enlarge, escalate, expand, extend, grow, heighten, inflate, intensify, magnify, mount, multiply, proliferate, prolong, raise, snowball, spread, step up (Inf.), strengthen, swell, wax
- n. 2 addition, augmentation, boost, development, enlargement, escalation, expansion, extension, gain, growth, increment, intensification, rise, upsurge, upturn 3 on the increase developing, escalating, expanding, growing, increasing, multiplying, on the rise, proliferating, spreading

increasingly more and more, progressively, to an increasing extent

incredible 1 absurd, beyond belief, far-fetched, implausible, impossible, improbable, inconceivable, preposterous, unbelievable, unimaginable, unthinkable 2 (Inf.) ace (Inf.), amazing, astonishing, astounding, awe-inspiring, brilliant, def (Sl.), extraordinary, far-out (Sl.), great, marvellous, mega (Sl.), prodigious, rad (Inf.), sensational (Inf.), superhuman, wonderful

incredulity disbelief, distrust, doubt, scepticism, unbelief

incredulous disbelieving, distrustful, doubtful, doubting, dubious, mistrustful, sceptical, suspicious, unbelieving, unconvinced

increment accretion, accrual, accrument, addition, advancement, augmentation, enlargement, gain, increase, step (up), supplement

incriminate accuse, arraign, blacken the name of, blame, charge, impeach, implicate, inculpate, indict, involve, point the finger at (Inf.), stigmatize

incumbent binding, compulsory, mandatory, necessary, obligatory

incur arouse, bring (upon oneself), contract, draw, earn, expose oneself to, gain, induce, lay oneself open to, meet with, provoke

incurable adj. 1 dyed-in-the-wool, hopeless, incorrigible, inveterate 2 fatal, inoperable, irrecoverable, irremediable, remediless, terminal

indebted beholden, grateful, in debt, obligated, obliged, under an obligation

indecency bawdiness, coarseness, crudity, foulness, grossness, immodesty, impropriety, impurity, indecorum, indelicacy, lewdness, licentiousness, obscenity, outrageousness, pornography, smut, smuttiness, unseemliness, vileness, vulgarity

indecent 1 blue, coarse, crude, dirty, filthy, foul, gross, immodest, improper, impure, indelicate, lewd, licentious, pornographic, salacious, scatological, smutty, vile 2 ill-bred, improper, in bad taste, indecorous, offensive, outrageous, tasteless, unbecoming, unseemly, vulgar

indecipherable crabbed, illegible, indistinguishable, unintelligible, unreadable

indecision ambivalence, dithering (Chiefly Brit.), doubt, hesitancy, hesitation, indecisiveness, irresolution, shilly-shallying (Inf.), uncertainty, vacillation, wavering

indecisive 1 dithering (Chiefly Brit.), doubtful, faltering, hesitating, in two minds (Inf.), irresolute, pussyfooting (Inf.), tentative, uncertain, undecided, undetermined, vacillating, wavering 2 inconclusive, indefinite, indeterminate, unclear, undecided

indeed actually, certainly, doubtlessly, in point of fact, in truth, positively, really, strictly, to be sure, truly, undeniably, undoubtedly, verily (Archaic), veritably

indefensible faulty, inexcusable, insupportable, unforgivable, unjustifiable, unpardonable, untenable, unwarrantable, wrong

indefinable dim, hazy, impalpable, indescribable, indistinct, inexpressible, nameless, obscure, unrealized, vague

indefinite ambiguous, confused, doubtful, equivocal, evasive, general, ill-defined, imprecise, indeterminate, indistinct, inexact, loose, obscure, oracular, uncertain, unclear, undefined, undetermined, unfixed, unknown, unlimited, unsettled, vague

indefinitely ad infinitum, continually, endlessly, for ever, sine die

indelible enduring, indestructible, ineffaceable, ineradicable, inexpungible, inextirpable, ingrained, lasting, permanent

indelicacy bad taste, coarseness, crudity, grossness, immodesty, impropriety, indecency, obscenity, offensiveness, rudeness, smuttiness, suggestiveness, tastelessness, vulgarity

indelicate blue, coarse, crude, embarrassing, gross, immodest, improper, indecent, indecorous, low, near the knuckle (Inf.), obscene, off-colour, offensive, risqué, rude, suggestive, tasteless, unbecoming, unseemly, untoward, vulgar

indemnify 1 endorse, guarantee, insure, protect, secure, underwrite 2 compensate, pay, reimburse, remunerate, repair, repay, requite, satisfy

indemnity 1 guarantee, insurance, protection, security 2 compensation, redress, reimbursement, remuneration, reparation, requital, restitution, satisfaction 3 (Law) exemption, immunity, impunity, privilege

indent v. 1 ask for, order, request, requisition 2 cut, dint, mark, nick, notch, pink, scallop, score, serrate

independence autarchy, autonomy, freedom, home rule, liberty, self-determination, self-government, self-reliance, self-rule, self-sufficiency, separation, sovereignty

independent 1 absolute, free, liberated, separate, unconnected, unconstrained, uncontrolled, unrelated 2 autarchic, autarchical, autonomous, decontrolled, nonaligned, self-determining, self-governing, separated, sovereign 3 bold, individualistic, liberated, self-contained, self-reliant, self-sufficient, self-supporting, unaided, unconventional

independently alone, autonomously, by oneself, individually, on one's own, separately, solo, unaided

indescribable beggaring description, beyond description, beyond words, incommunicable, indefinable, ineffable, inexpressible, unutterable

indestructible abiding, durable, enduring, everlasting, immortal, imperishable, incorruptible, indelible, indissoluble, lasting, nonperishable, permanent, unbreakable, unfading

indeterminate imprecise, inconclusive, indefinite, inexact, uncertain, undefined, undetermined, unfixed, unspecified, unstipulated, vague

index 1 clue, guide, indication, mark, sign, symptom, token 2 director, forefinger, hand, indicator, needle, pointer

indicate 1 add up to (Inf.), bespeak, be symptomatic of, betoken, denote, evince, imply, manifest, point to, reveal, show, signify, suggest 2 designate, point out, point to, specify 3 display, express, mark, read, record, register, show

indication clue, evidence, explanation, forewarning, hint, index, inkling, intimation, manifestation, mark, note, omen, portent, sign, signal, suggestion, symptom, warning

indicative exhibitive, indicatory, indicial, pointing to, significant, suggestive, symptomatic

indicator display, gauge, guide, index, mark, marker, meter, pointer, sign, signal, signpost, symbol

indictment accusation, allegation, charge, impeachment, prosecution, summons

indifference 1 absence of feeling, aloofness, apathy, callousness, carelessness, coldness, coolness, detachment, disregard, heedlessness, inattention, lack of interest, negligence, nonchalance, stoicalness, unconcern 2 disinterestedness, dispassion, equity, impartiality, neutrality, objectivity 3 insignificance, irrelevance, triviality, unimportance

indifferent 1 aloof, apathetic, callous, careless, cold, cool, detached, distant, heedless, impervious, inattentive, regardless, uncaring, unconcerned, unimpressed, uninterested, unmoved, unresponsive, unsympathetic 2 immaterial, insignificant, of no consequence, unimportant 3 average, fair, mediocre, middling, moderate, ordinary, passable, perfunctory, so-so (Inf.), undistinguished, uninspired 4 disinterested, dispassionate, equitable, impartial, neutral, nonaligned, nonpartisan, objective, unbiased, uninvolved, unprejudiced

indigestion dyspepsia, dyspepsy, heartburn, upset stomach

indignant angry, annoyed, disgruntled, exasperated, fuming (Inf.), furious, hacked (off) (U.S. sl.), heated, huffy (Inf.), in a huff, incensed, in high dudgeon, irate, livid (Inf.), mad (Inf.), miffed (Inf.),

narked (Brit., Aust., & N.Z. sl.), peeved (Inf.), pissed off (Taboo sl.), provoked, resentful, riled, scornful, seeing red (Inf.), sore (Inf.), up in arms (Inf.), wrathful

indignation anger, exasperation, fury, ire (Literary), pique, rage, resentment, righteous anger, scorn, umbrage, wrath

indignity abuse, affront, contumely, dishonour, disrespect, humiliation, injury, insult, obloquy, opprobrium, outrage, reproach, slap in the face (Inf.), slight, snub

indirect 1 backhanded, circuitous, circumlocutory, crooked, devious, long-drawn-out, meandering, oblique, periphrastic, rambling, roundabout, tortuous, wandering, winding, zigzag 2 ancillary, collateral, contingent, incidental, secondary, subsidiary, unintended

indirectly by implication, circumlocutorily, in a roundabout way, obliquely, periphrastically, second-hand

indiscernible hidden, impalpable, imperceptible, indistinct, indistinguishable, invisible, unapparent, undiscernible

indiscreet foolish, hasty, heedless, ill-advised, ill-considered, ill-judged, impolitic, imprudent, incautious, injudicious, naive, rash, reckless, tactless, undiplomatic, unthinking, unwise

indiscretion bloomer (Brit. inf.), boob (Brit. sl.), error, faux pas, folly, foolishness, gaffe, gaucherie, imprudence, mistake, rashness, recklessness, slip, slip of the tongue, tactlessness

indiscriminate 1 aimless, careless, desultory, general, hit or miss (Inf.), random, sweeping, uncritical, undiscriminating, unmethodical, unselective, unsystematic, wholesale 2 chaotic, confused, haphazard, higgledy-piggledy (Inf.), jumbled, mingled, miscellaneous, mixed, mongrel, motley, promiscuous, undistinguishable

indispensable crucial, essential, imperative, key, necessary, needed, needful, requisite, vital

indisposed 1 ailing, confined to bed, ill, laid up (Inf.), on the sick list (Inf.), poorly (Inf.), sick, unwell 2 averse, disinclined, loath, reluctant, unwilling

indisposition 1 ailment, ill health, illness, sickness 2 aversion, disinclination, dislike, distaste, hesitancy, reluctance, unwillingness

indisputable absolute, beyond doubt, certain, evident, incontestable, incontrovertible, indubitable, irrefutable, positive, sure, unassailable, undeniable, unquestionable

indissoluble abiding, binding, enduring, eternal, fixed, imperishable, incorruptible, indestructible, inseparable, lasting, permanent, solid, unbreakable

indistinct ambiguous, bleary, blurred, confused, dim, doubtful, faint, fuzzy, hazy, ill-defined, indefinite, indeterminate, indiscernible, indistinguishable, misty, muffled, obscure, out of focus, shadowy, unclear, undefined, unintelligible, vague, weak

indistinguishable 1 alike, identical, like as two peas in a pod (Inf.), (the) same, twin 2 imperceptible, indiscernible, invisible, obscure

individual 1 adj. characteristic, discrete, distinct, distinctive, exclusive, identical, idiosyncratic, own, particular, peculiar, personal, personalized, proper, respective, separate, several, single, singular, special, specific, unique 2 n. being, body (Inf.), character, creature, mortal, party, person, personage, soul, type, unit

individualism egocentricity, egoism, freethinking, independence, originality, self-direction, self-interest, self-reliance

individualist freethinker, independent, loner, lone wolf, maverick, nonconformist, original

individuality character, discreteness, distinction, distinctiveness, originality, peculiarity, personality, separateness, singularity, uniqueness

individually apart, independently, one at a time, one by one, personally, separately, severally, singly

indoctrinate brainwash, drill, ground, imbue, initiate, instruct, school, teach, train

indoctrination brainwashing, drilling, grounding, inculcation, instruction, schooling, training

indolent fainéant, idle, inactive, inert, lackadaisical, languid, lazy, lethargic, listless, lumpish, slack, slothful, slow, sluggish, torpid, workshy

indomitable bold, invincible, resolute, staunch, steadfast, unbeatable, unconquerable, unflinching, untameable, unyielding

indorse(ment) → endorse(ment)

indubitable certain, evident, incontestable, incontrovertible, indisputable, irrefutable, obvious, sure, unarguable, undeniable, undoubted, unquestionable, veritable

induce 1 actuate, convince, draw, encourage, get, impel, incite, influence, instigate, move, persuade, press, prevail upon, prompt, talk into 2 bring about, cause, effect, engender, generate, give rise to, lead to, occasion, produce, set in motion, set off

inducement attraction, bait, carrot (Inf.), cause, come-on (Inf.), consideration, encouragement, impulse, incentive, incitement, influence, lure, motive, reward, spur, stimulus, urge

indulge 1 cater to, feed, give way to, gratify, pander to, regale, satiate, satisfy, treat oneself to, yield to 2 (With in) bask in, give free rein to, give oneself up to, luxuriate in, revel in, wallow in 3 baby, coddle, cosset, favour, foster, give in to, go along with, humour, mollycoddle, pamper, pet, spoil

indulgence 1 excess, fondness, immoderation, intemperance, intemperateness, kindness, leniency, pampering, partiality, permissiveness, profligacy, profligateness, spoiling 2 appeasement, fulfilment, gratification, satiation, satisfaction 3 extravagance, favour, luxury, privilege, treat 4 courtesy, forbearance, good will, patience, tolerance, understanding

indulgent compliant, easy-going, favourable, fond, forbearing, gentle, gratifying, kind, kindly, lenient, liberal, mild, permissive, tender, tolerant, understanding

industrialist baron, big businessman, boss, capitalist, captain of industry, financier, magnate, manufacturer, producer, tycoon

industrious active, assiduous, busy, conscientious, diligent, energetic, hard-working, laborious, persevering, persistent, productive, purposeful, sedulous, steady, tireless, zealous

industriously assiduously, conscientiously, diligently, doggedly, hard, like a Trojan, nose to the grindstone (Inf.), perseveringly, sedulously, steadily, without slacking

industry 1 business, commerce, commercial enterprise, manufacturing, production, trade 2 activity, application, assiduity, determination, diligence, effort, labour, perseverance, persistence, tirelessness, toil, vigour, zeal

inebriated befuddled, bevvied (Dialect), blind drunk, blitzed (Sl.), blotto (Sl.), bombed (Sl.), drunk, flying (Sl.), fou or fu' (Scot.), half-cut (Inf.), half seas over (Inf.), high (Inf.), high as a kite (Inf.), inebriate, in one's cups, intoxicated, legless (Inf.), lit up (Sl.), merry (Brit. inf.), out of it (Sl.), out to it (Aust. & N.Z. sl.), paralytic (Inf.), pie-eyed (Sl.), pissed (Taboo sl.), plastered (Sl.), smashed (Sl.), sozzled (Inf.), steamboats (Sl.), steaming (Sl.), stoned (Sl.), the worse for drink, three sheets in the wind (Inf.), tight (Inf.), tipsy, under the influence (Inf.), under the weather (Inf.), wasted (Sl.), wrecked (Sl.), zonked (Sl.)

ineffective barren, bootless, feeble, fruitless, futile, idle, impotent, inadequate, ineffectual, inefficacious, inefficient, unavailing, unproductive, useless, vain, weak, worthless

ineffectual abortive, bootless, emasculate, feeble, fruitless, futile, idle, impotent, inadequate, incompetent, ineffective, inefficacious, inefficient, inept, lame, powerless, unavailing, useless, vain, weak

inefficiency carelessness, disorganization, incompetence, muddle, slackness, sloppiness

inefficient cowboy (Inf.), disorganized, feeble, incapable, incompetent, ineffectual, inefficacious, inept, inexpert, slipshod, sloppy, wasteful, weak

ineligible disqualified, incompetent (Law), objectionable, ruled out, unacceptable, undesirable, unequipped, unfit, unfitted, unqualified, unsuitable

inept 1 awkward, bumbling, bungling, cack-handed (Inf.), clumsy, cowboy (Inf.), gauche, incompetent, inexpert, maladroit, unhandy, unskilful, unworkmanlike 2 absurd, improper, inappropriate, inapt, infelicitous, malapropos, meaningless, out of place, pointless, ridiculous, unfit, unsuitable

ineptitude 1 clumsiness, gaucheness, incapacity, incompetence, inexpertness, unfitness, unhandiness 2 absurdity, inappropriateness, pointlessness, uselessness

inequality bias, difference, disparity, disproportion, diversity, imparity, irregularity, lack of balance, preferentiality, prejudice, unevenness

inequitable biased, discriminatory, one-sided, partial, partisan, preferential, prejudiced, unfair, unjust

inert dead, dormant, dull, idle, immobile, inactive, inanimate, indolent, lazy, leaden, lifeless, motionless, passive, quiescent, slack, slothful, sluggish, slumberous (Chiefly poetic), static, still, torpid, unmoving, unreactive, unresponsive

inertia apathy, deadness, disinclination to move, drowsiness, dullness, idleness, immobility, inactivity, indolence, languor, lassitude, laziness, lethargy, listlessness, passivity, sloth, sluggishness, stillness, stupor, torpor, unresponsiveness

inescapable certain, destined, fated, ineluctable, ineludible (Rare), inevitable, inexorable, sure, unavoidable

inestimable beyond price, immeasurable, incalculable, invaluable, precious, priceless, prodigious

inevitable assured, certain, decreed, destined, fixed, ineluctable, inescapable, inexorable, necessary, ordained, settled, sure, unavoidable, unpreventable

inevitably as a necessary consequence, as a result, automatically, certainly, necessarily, of necessity, perforce, surely, unavoidably, willy-nilly

inexcusable indefensible, inexpiable, outrageous, unforgivable, unjustifiable, unpardonable, unwarrantable

inexhaustible 1 bottomless, boundless, endless, illimitable, infinite, limitless, measureless, never-ending, unbounded 2 indefatigable, tireless, undaunted, unfailing, unflagging, untiring, unwearied, unwearying

inexorable adamant, cruel, hard, harsh, immovable, implacable, ineluctable, inescapable, inflexible, merciless, obdurate, pitiless, relentless, remorseless, severe, unappeasable, unbending, unrelenting, unyielding

inexorably implacably, inevitably, irresistibly, relentlessly, remorselessly, unrelentingly

inexpensive bargain, budget, cheap, economical, low-cost, low-priced, modest, reasonable

inexperience callowness, greenness, ignorance, newness, rawness, unexpertness, unfamiliarity

inexperienced amateur, callow, fresh, green, immature, new, raw, unaccustomed, unacquainted, unfamiliar, unfledged, unpractised, unschooled, unseasoned, unskilled, untrained, untried, unused, unversed, wet behind the ears (Inf.)

inexpert amateurish, awkward, bungling, cack-handed (Inf.), clumsy, inept, maladroit, skill-less, unhandy, unpractised, unprofessional, unskilful, unskilled, unworkmanlike

inexplicable baffling, beyond comprehension, enigmatic, incomprehensible, inscrutable, insoluble, mysterious, mystifying, strange, unaccountable, unfathomable, unintelligible

inexpressible incommunicable, indefinable, indescribable, ineffable, unspeakable, unutterable

inexpressive bland, blank, cold, dead, deadpan, emotionless, empty, expressionless, impassive, inanimate, inscrutable, lifeless, stony, vacant

inextinguishable enduring, eternal, immortal, imperishable, indestructible, irrepressible, undying, unquenchable, unsuppressible

inextricably indissolubly, indistinguishably, inseparably, intricately, irretrievably, totally

infallibility 1 faultlessness, impeccability, irrefutability, omniscience, perfection, supremacy, unerringness 2 dependability, reliability, safety, sureness, trustworthiness

infallible 1 faultless, impeccable, omniscient, perfect, unerring, unimpeachable 2 certain, dependable, foolproof, reliable, sure, sure-fire (Inf.), trustworthy, unbeatable, unfailing

infamous abominable, atrocious, base, detestable, disgraceful, dishonourable, disreputable, egregious, flagitious, hateful, heinous, ignominious, ill-famed, iniquitous, loathsome, monstrous, nefarious, notorious, odious, opprobrious, outrageous, scandalous, scurvy, shameful, shocking, vile, villainous, wicked

infancy 1 babyhood, early childhood 2 beginnings, cradle, dawn, early stages, emergence, inception, origins, outset, start

infant ① n. ankle-biter (Aust. sl.), babe, baby, bairn (Scot.), child, little one, neonate, newborn child, rug rat (Sl.), sprog (Sl.), suckling, toddler, tot, wean (Scot.) ② adj. baby, dawning, developing, early, emergent, growing, immature, initial, nascent, newborn, unfledged, young

infantile babyish, childish, immature, puerile, tender, weak, young

infatuate befool, beguile, besot, bewitch, captivate, delude, enchant, enrapture, enravish, fascinate, make a fool of, mislead, obsess, stupefy, sweep one off one's feet, turn (someone's) head

infatuation crush (Inf.), fixation, folly, foolishness, madness, obsession, passion, thing (Inf.)

infect affect, blight, contaminate, corrupt, defile, influence, poison, pollute, spread to or among, taint, touch, vitiate

infection contagion, contamination, corruption, defilement, poison, pollution, septicity, virus

infectious catching, communicable, contagious, contaminating, corrupting, defiling, infective, pestilential, poisoning, polluting, spreading, transmittable, virulent, vitiating

infer conclude, conjecture, deduce, derive, gather, presume, read between the lines, surmise, understand

inference assumption, conclusion, conjecture, consequence, corollary, deduction, illation (Rare), presumption, reading, surmise

inferior
- adj. ① junior, lesser, lower, menial, minor, secondary, subordinate, subsidiary, under, underneath ② bad, bush-league (Aust. & N.Z. inf.), chickenshit (U.S. sl.), crappy (Sl.), dime-a-dozen (Inf.), duff (Brit. inf.), imperfect, indifferent, low-grade, mean, mediocre, of a sort or of sorts, piss-poor (Taboo sl.), poor, poorer, poxy (Sl.), second-class, second-rate, shoddy, substandard, tinhorn (U.S. sl.), two-bit (U.S. & Canad. sl.), worse
- n. ③ junior, menial, subordinate, underling

inferiority ① badness, deficiency, imperfection, inadequacy, insignificance, meanness, mediocrity, shoddiness, unimportance, worthlessness ② abasement, inferior status or standing, lowliness, subordination, subservience

infernal ① chthonian, Hadean, hellish, lower, nether, Plutonian, Stygian, Tartarean (Literary), underworld ② accursed, damnable, damned, demonic, devilish, diabolical, fiendish, hellish, malevolent, malicious, satanic

infertile barren, infecund, nonproductive, sterile, unfruitful, unproductive

infertility barrenness, infecundity, sterility, unfruitfulness, unproductiveness

infest beset, flood, invade, overrun, penetrate, permeate, ravage, swarm, throng

infiltrate creep in, filter through, insinuate oneself, penetrate, percolate, permeate, pervade, sneak in (Inf.), work or worm one's way into

infinite absolute, all-embracing, bottomless, boundless, enormous, eternal, everlasting, illimitable, immeasurable, immense, inestimable, inexhaustible, interminable, limitless, measureless, never-ending, numberless, perpetual, stupendous, total, unbounded, uncounted, untold, vast, wide, without end, without number

infinitesimal atomic, inappreciable, insignificant, microscopic, minuscule, minute, negligible, teensy-weensy, teeny, teeny-weeny, tiny, unnoticeable, wee

infinity boundlessness, endlessness, eternity, immensity, infinitude, perpetuity, vastness

infirm ① ailing, debilitated, decrepit, doddering, doddery, enfeebled, failing, feeble, frail, lame, weak ② faltering, indecisive, insecure, irresolute, shaky, unsound, unstable, vacillating, wavering, weak, wobbly

infirmity ① debility, decrepitude, deficiency, feebleness, frailty, ill health, imperfection, sickliness, vulnerability ② ailment, defect, disorder, failing, fault, malady, sickness, weakness

inflame ① agitate, anger, arouse, embitter, enrage, exasperate, excite, fire, foment, heat, ignite, impassion, incense, infuriate, intoxicate, kindle, madden, provoke, rile, rouse, stimulate ② aggravate, exacerbate, exasperate, fan, increase, intensify, worsen

inflammable combustible, flammable, incendiary

inflammation burning, heat, painfulness, rash, redness, sore, soreness, tenderness

inflammatory anarchic, demagogic, explosive, fiery, incendiary, inflaming, instigative, insurgent, intemperate, provocative, rabble-rousing, rabid, riotous, seditious

inflate aerate, aggrandize, amplify, balloon, bloat, blow up, boost, dilate, distend, enlarge, escalate, exaggerate, expand, increase, puff up or out, pump up, swell

inflated bombastic, exaggerated, grandiloquent, ostentatious, overblown, swollen

inflation aggrandizement, blowing up, distension, enhancement, enlargement, escalation, expansion, extension, increase, intensification, puffiness, rise, spread, swelling, tumefaction

inflection ① accentuation, bend, bow, crook, curvature, intonation, modulation ② (Gram.) conjugation, declension ③ angle, arc, arch

inflexibility ① hardness, immovability, inelasticity, rigidity, stiffness, stringency ② fixity, intransigence, obduracy, obstinacy, steeliness

inflexible ① adamant, brassbound, dyed-in-the-wool, firm, fixed, hard and fast, immovable, immutable, implacable, inexorable, intractable, iron, obdurate, obstinate, relentless, resolute, rigorous, set, set in one's ways, steadfast, steely, stiff-necked, strict, stringent, stubborn, unadaptable, unbending, unchangeable, uncompromising, unyielding ② hard, hardened, inelastic, nonflexible, rigid, stiff, taut

inflict administer, apply, deliver, exact, impose, levy, mete or deal out, visit, wreak

infliction ① administration, exaction, imposition, perpetration, wreaking ② affliction, penalty, punishment, trouble, visitation, worry

influence
- n. ① agency, ascendancy, authority, control, credit, direction, domination, effect, guidance, magnetism, mastery, power, pressure, rule, spell, sway, weight ② bottom, clout (Inf.), connections, good offices, hold, importance, leverage, power, prestige, pull (Inf.), weight
- v. ③ act or work upon, affect, arouse, bias, control, count, direct, dispose, guide, impel, impress, incite, incline, induce, instigate, lead to believe, manipulate, modify, move, persuade, predispose, prompt, rouse, sway ④ bring pressure to bear upon, carry weight with, make oneself felt, pull strings (Inf.)

influential authoritative, controlling, effective, efficacious, forcible, guiding, important, instrumental, leading, meaningful, momentous, moving, persuasive, potent, powerful, significant, telling, weighty

influx arrival, convergence, flow, incursion, inflow, inrush, inundation, invasion, rush

infold → enfold

inform ① acquaint, advise, apprise, clue in (Inf.), communicate, enlighten, give (someone) to understand, instruct, leak to, let know, make conversant (with), notify, put (someone) in the picture (Inf.), send word to, teach, tell, tip off ② (Often with against or on) betray, blab, blow the whistle on (Inf.), clype (Scot.), denounce, grass (Brit. sl.), incriminate, inculpate, nark (Brit., Aust., & N.Z. sl.), peach (Sl.), rat (Inf.), shop (Sl., chiefly Brit.), sing (Sl., chiefly U.S.), snitch (Sl.), spill one's guts (Sl.), squeal (Sl.), tell all, tell on (Inf.) ③ animate, characterize, illuminate, imbue, inspire, permeate, suffuse, typify

informal casual, colloquial, cosy, easy, familiar, natural, relaxed, simple, unceremonious, unconstrained, unofficial

informality casualness, ease, familiarity, lack of ceremony, naturalness, relaxation, simplicity

information advice, blurb, counsel, data, dope (Inf.), facts, gen (Brit. inf.), info (Inf.), inside story, instruction, intelligence, knowledge, latest (Inf.), lowdown (Inf.), material, message, news, notice, report, tidings, word

informative chatty, communicative, edifying, educational, enlightening, forthcoming, gossipy, illuminating, instructive, newsy, revealing

informed abreast, acquainted, au courant, au fait, briefed, conversant, enlightened, erudite, expert, familiar, genned up (Brit. inf.), in the know (Inf.), knowledgeable, learned, posted, primed, reliable, up, up to date, versed, well-read

informer accuser, betrayer, grass (Brit. sl.), Judas, nark (Brit., Aust., & N.Z. sl.), sneak, squealer (Sl.), stool pigeon

infrequent few and far between, occasional, rare, sporadic, uncommon, unusual

infringe ① break, contravene, disobey, transgress, violate ② (With on or upon) encroach, intrude, trespass

infringement breach, contravention, infraction, noncompliance, nonobservance, transgression, trespass, violation

infuriate anger, be like a red rag to a bull, enrage, exasperate, gall, get one's back up, get one's goat (Sl.), incense, irritate, madden, make one's blood boil, make one see red (Inf.), make one's hackles rise, nark (Brit., Aust., & N.Z. sl.), provoke, raise one's hackles, rile

infuriating aggravating (Inf.), annoying, exasperating, galling, irritating, maddening, mortifying, pestilential, provoking, vexatious

ingenious adroit, bright, brilliant, clever, crafty, creative, dexterous, fertile, inventive, masterly, original, ready, resourceful, shrewd, skilful, subtle

ingenuity adroitness, cleverness, faculty, flair, genius, gift, ingeniousness, inventiveness, knack, originality, resourcefulness, sharpness, shrewdness, skill, turn

ingenuous artless, candid, childlike, frank, guileless, honest, innocent, naive, open, plain, simple, sincere, trustful, trusting, unreserved, unsophisticated, unstudied

ingenuousness artlessness, candour, frankness, guilelessness, innocence, naivety, openness, trustingness, unsuspiciousness

inglorious discreditable, disgraceful, dishonourable, disreputable, failed, humiliating, ignoble, ignominious, infamous, obscure, shameful, unheroic, unknown, unsuccessful, unsung

ingratiate be a yes man, blandish, brown-nose (Taboo sl.), crawl, curry favour, fawn, flatter, get in with, get on the right side of, grovel, insinuate oneself, kiss (someone's) ass (U.S. & Canad. taboo sl.), lick (someone's) boots, pander to, play up to, rub (someone) up the right way (Inf.), seek the favour (of someone), suck up to (Inf.), toady, worm oneself into (someone's) favour

ingratiating bootlicking (Inf.), crawling, fawning, flattering, humble, obsequious, servile, sycophantic, timeserving, toadying, unctuous

ingratitude thanklessness, unappreciativeness, ungratefulness

ingredient component, constituent, element, part

inhabit abide, dwell, live, lodge, make one's home, occupy, people, populate, possess, reside, take up residence in, tenant

inhabitant aborigine, citizen, denizen, dweller, indigene, indweller, inmate, native, occupant, occupier, resident, tenant

inhale breathe in, draw in, gasp, respire, suck in

inherent basic, congenital, connate, essential, hereditary, inborn, inbred, inbuilt, ingrained, inherited, innate, instinctive, intrinsic, native, natural

inherit accede to, be bequeathed, be left, come into, fall heir to, succeed to

inheritance bequest, birthright, heritage, legacy, patrimony

inhibit arrest, bar, bridle, check, constrain, cramp (someone's) style (Inf.), curb, debar, discourage, forbid, frustrate, hinder, hold back or in, impede, obstruct, prevent, prohibit, restrain, stop

inhibited constrained, frustrated, guarded, repressed, reserved, reticent, self-conscious, shy, subdued, uptight (Inf.), withdrawn

inhibition bar, block, check, embargo, hang-up (Inf.), hindrance, interdict, mental blockage, obstacle, prohibition, reserve, restraint, restriction, reticence, self-consciousness, shyness

inhospitable ① cool, uncongenial, unfriendly, ungenerous, unkind, unreceptive, unsociable, unwelcoming, xenophobic ② bare, barren, bleak, desolate, empty, forbidding, godforsaken, hostile, lonely, sterile, unfavourable, uninhabitable

inhuman animal, barbaric, barbarous, bestial, brutal, cold-blooded, cruel, diabolical, fiendish, heartless, merciless, pitiless, remorseless, ruthless, savage, unfeeling, vicious

inhumane brutal, cruel, heartless, pitiless, uncompassionate, unfeeling, unkind, unsympathetic

inhumanity atrocity, barbarism, brutality, brutishness, cold-bloodedness, cold-heartedness, cruelty, hardheartedness, heartlessness, pitilessness, ruthlessness, unkindness, viciousness

inimical adverse, antagonistic, antipathetic, contrary, destructive, disaffected, harmful, hostile, hurtful, ill-disposed, injurious, noxious, opposed, oppugnant (Rare), pernicious, repugnant, unfavourable, unfriendly, unwelcoming

inimitable consummate, incomparable, matchless, nonpareil, peerless, supreme, unequalled, unexampled, unique, unmatched, unparalleled, unrivalled, unsurpassable

iniquitous abominable, accursed, atrocious, base, criminal, evil, heinous, immoral, infamous, nefarious, reprehensible, reprobate, sinful, unjust, unrighteous, vicious, wicked

iniquity abomination, baseness, crime, evil, evildoing, heinousness, infamy, injustice, misdeed, offence, sin, sinfulness, unrighteousness, wickedness, wrong, wrongdoing

initial adj. beginning, commencing, early, first, inaugural, inceptive, inchoate, incipient, introductory, opening, primary

initially at or in the beginning, at first, at the outset, at the start, first, firstly, in the early stages, originally, primarily, to begin with

initiate
- **v.** 1 begin, break the ice, commence, get under way, inaugurate, institute, kick off (Inf.), kick-start, launch, lay the foundations of, open, originate, pioneer, set going, set in motion, set the ball rolling, start 2 coach, familiarize with, indoctrinate, induct, instate, instruct, introduce, invest, teach, train
- **n.** 3 beginner, convert, entrant, learner, member, novice, probationer, proselyte, tyro

initiation admission, commencement, debut, enrolment, entrance, inauguration, inception, induction, installation, instatement, introduction, investiture

initiative 1 advantage, beginning, commencement, first move, first step, lead 2 ambition, drive, dynamism, enterprise, get-up-and-go (Inf.), inventiveness, leadership, originality, push (Inf.), resource, resourcefulness

inject 1 inoculate, jab (Inf.), shoot (Inf.), vaccinate 2 bring in, infuse, insert, instil, interject, introduce

injection 1 inoculation, jab (Inf.), shot (Inf.), vaccination, vaccine 2 dose, infusion, insertion, interjection, introduction

injudicious foolish, hasty, ill-advised, ill-judged, ill-timed, impolitic, imprudent, incautious, inconsiderate, indiscreet, inexpedient, rash, unthinking, unwise

injunction admonition, command, dictate, exhortation, instruction, mandate, order, precept, ruling

injure abuse, blemish, blight, break, damage, deface, disable, harm, hurt, impair, maltreat, mar, ruin, spoil, tarnish, undermine, vitiate, weaken, wound, wrong

injured 1 broken, disabled, hurt, lamed, undermined, weakened, wounded 2 cut to the quick, disgruntled, displeased, hurt, long-suffering, put out, reproachful, stung, unhappy, upset, wounded 3 abused, blackened, blemished, defamed, ill-treated, maligned, maltreated, offended, tarnished, vilified, wronged

injury abuse, damage, detriment, disservice, evil, grievance, harm, hurt, ill, injustice, mischief, ruin, wound, wrong

injustice bias, discrimination, favouritism, inequality, inequity, iniquity, one-sidedness, oppression, partiality, partisanship, prejudice, unfairness, unjustness, unlawfulness, wrong

inkling clue, conception, faintest or foggiest idea, glimmering, hint, idea, indication, intimation, notion, suggestion, suspicion, whisper

inland adj. domestic, interior, internal, upcountry

inlet arm (of the sea), bay, bight, cove, creek, entrance, firth or frith (Scot.), ingress, passage, sea loch (Scot.)

inmost or **innermost** basic, buried, central, deep, deepest, essential, intimate, personal, private, secret

innate congenital, connate, constitutional, essential, inborn, inbred, indigenous, ingrained, inherent, inherited, instinctive, intrinsic, intuitive, native, natural

inner 1 central, essential, inside, interior, internal, intestinal, inward, middle 2 esoteric, hidden, intimate, personal, private, repressed, secret, unrevealed 3 emotional, mental, psychological, spiritual

innermost → **enmost**

innkeeper host, hostess, hotelier, landlady, landlord, mine host, publican

innocence 1 blamelessness, chastity, clean hands, guiltlessness, incorruptibility, probity, purity, righteousness, sinlessness, stainlessness, uprightness, virginity, virtue 2 harmlessness, innocuousness, innoxiousness, inoffensiveness 3 artlessness, credulousness, freshness, guilelessness, gullibility, inexperience, ingenuousness, naïveté, simplicity, unsophistication, unworldliness 4 ignorance, lack of knowledge, nescience (Literary), unawareness, unfamiliarity

innocent
- **adj.** 1 blameless, clear, faultless, guiltless, honest, in the clear, not guilty, uninvolved, unoffending 2 chaste, immaculate, impeccable, incorrupt, pristine, pure, righteous, sinless, spotless, stainless, unblemished, unsullied, upright, virgin, virginal 3 (With **of**) clear of, empty of, free from, ignorant, lacking, nescient, unacquainted with, unaware, unfamiliar with, untouched by 4 harmless, innocuous, inoffensive, unmalicious, unobjectionable, well-intentioned, well-meant 5 artless, childlike, credulous, frank, guileless, gullible, ingenuous, naive, open, simple, unsuspicious, unworldly, wet behind the ears (Inf.)
- **n.** 6 babe (in arms) (Inf.), child, greenhorn (Inf.), ingénue (fem.)

innovation alteration, change, departure, introduction, modernism, modernization, newness, novelty, variation

innuendo aspersion, hint, implication, imputation, insinuation, intimation, overtone, suggestion, whisper

innumerable beyond number, countless, incalculable, infinite, many, multitudinous, myriad, numberless, numerous, unnumbered, untold

inoffensive harmless, humble, innocent, innocuous, innoxious, mild, neutral, nonprovocative, peaceable, quiet, retiring, unobjectionable, unobtrusive, unoffending

inoperative broken, broken-down, defective, hors de combat, ineffective, ineffectual, inefficacious, invalid, nonactive, null and void, on the fritz (U.S. sl.), out of action, out of commission, out of order, out of service, unserviceable, unworkable, useless

inopportune ill-chosen, ill-timed, inappropriate, inauspicious, inconvenient, malapropos, mistimed, unfavourable, unfortunate, unpropitious, unseasonable, unsuitable, untimely

inordinate disproportionate, excessive, exorbitant, extravagant, immoderate, intemperate, preposterous, unconscionable, undue, unreasonable, unrestrained, unwarranted

inorganic artificial, chemical, man-made, mineral

inquest inquiry, inquisition, investigation, probe

inquire 1 examine, explore, inspect, investigate, look into, make inquiries, probe, research, scrutinize, search 2 Also **enquire** ask, query, question, request information, seek information

inquiring analytical, curious, doubtful, inquisitive, interested, investigative, nosy (Inf.), outward-looking, probing, questioning, searching, wondering

inquiry 1 examination, exploration, inquest, interrogation, investigation, probe, research, scrutiny, search, study, survey 2 Also **enquiry** query, question

inquisition cross-examination, examination, grilling (Inf.), inquest, inquiry, investigation, question, quizzing, third degree (Inf.)

inquisitive curious, inquiring, intrusive, nosy (Inf.), nosy-parkering (Inf.), peering, probing, prying, questioning, scrutinizing, snooping (Inf.), snoopy (Inf.)

inroad 1 advance, encroachment, foray, incursion, intrusion, invasion, irruption, onslaught, raid 2 **make inroads upon** consume, eat away, eat up or into, encroach upon, use up

insane 1 barking (Sl.), barking mad (Sl.), crackpot (Inf.), crazed, crazy, demented, deranged, loopy (Inf.), mad, mentally disordered, mentally ill, non compos mentis, not the full shilling (Inf.), off one's trolley (Sl.), of unsound mind, out of one's mind, out to lunch (Inf.), unhinged, up the pole (Inf.) 2 barking (Sl.), barking mad (Sl.), barmy (Sl.), batty (Sl.), bonkers (Sl., chiefly Brit.), cracked (Sl.), crackers (Brit. sl.), cuckoo (Inf.), loony (Sl.), loopy (Inf.), mental (Sl.), nuts (Sl.), nutty (Sl.), off one's chump (Sl.), off one's head (Sl.), off one's nut (Sl.), off one's rocker (Sl.), round the bend (Inf.), round the twist (Inf.), screwy (Inf.) 3 bizarre, daft (Inf.), fatuous, foolish, idiotic, impractical, inane, irrational, irresponsible, lunatic, preposterous, senseless, stupid

insanitary contaminated, dirtied, dirty, disease-ridden, feculent, filthy, impure, infected, infested, insalubrious, noxious, polluted, unclean, unhealthy, unhygienic

insanity 1 aberration, craziness, delirium, dementia, frenzy, madness, mental derangement, mental disorder, mental illness 2 folly, irresponsibility, lunacy, preposterousness, senselessness, stupidity

insatiable gluttonous, greedy, insatiate, intemperate, quenchless, rapacious, ravenous, unappeasable, unquenchable, voracious

inscribe 1 carve, cut, engrave, etch, impress, imprint 2 engross, enlist, enrol, enter, record, register, write 3 address, dedicate

inscription dedication, engraving, label, legend, lettering, saying, words

inscrutable 1 blank, deadpan, enigmatic, impenetrable, poker-faced (Inf.), sphinxlike, unreadable 2 hidden, incomprehensible, inexplicable, mysterious, undiscoverable, unexplainable, unfathomable, unintelligible

insecure 1 afraid, anxious, uncertain, unconfident, unsure 2 dangerous, defenceless, exposed, hazardous, ill-protected, open to attack, perilous, unguarded, unprotected, unsafe, unshielded, vulnerable 3 built upon sand, flimsy, frail, insubstantial, loose, on thin ice, precarious, rickety, rocky, shaky, unreliable, unsound, unstable, unsteady, weak, wobbly

insecurity 1 anxiety, fear, uncertainty, unsureness, worry 2 danger, defencelessness, hazard, peril, risk, uncertainty, vulnerability, weakness 3 dubiety, frailness, instability, precariousness, shakiness, uncertainty, unreliability, unsteadiness, weakness

insensibility 1 apathy, callousness, dullness, indifference, inertia, insensitivity, lethargy, thoughtlessness, torpor 2 inertness, numbness, unconsciousness

insensible 1 anaesthetized, benumbed, dull, inert, insensate, numbed, senseless, stupid, torpid 2 apathetic, callous, cold, deaf, hard-hearted, impassive, impervious, indifferent, oblivious, unaffected, unaware, unconscious, unfeeling, unmindful, unmoved, unresponsive, unsusceptible, untouched 3 imperceivable, imperceptible, minuscule, negligible, unnoticeable

insensitive 1 callous, crass, hardened, imperceptive, indifferent, obtuse, tactless, thick-skinned, tough, uncaring, unconcerned, unfeeling, unresponsive, unsusceptible 2 (With **to**) dead to, immune to, impervious to, nonreactive, proof against, unaffected by, unmoved by

inseparable 1 conjoined, inalienable, indissoluble, indivisible, inseverable 2 bosom, close, devoted, intimate

insert embed, enter, implant, infix, interject, interpolate, interpose, introduce, place, pop in (Inf.), put, set, stick in, tuck in, work in

insertion addition, implant, inclusion, insert, inset, interpolation, introduction, supplement

inside
- **n.** 1 contents, inner part, interior 2 Often plural (Inf.) belly, bowels, entrails, gut, guts, innards (Inf.), internal organs, stomach, viscera, vitals
- **adv.** 3 indoors, under cover, within
- **adj.** 4 inner, innermost, interior, internal, intramural, inward 5 classified, confidential, esoteric, exclusive, internal, limited, private, restricted, secret

insidious artful, crafty, crooked, cunning, deceitful, deceptive, designing, disingenuous, duplicitous, guileful, intriguing, Machiavellian, slick, sly, smooth, sneaking, stealthy, subtle, surreptitious, treacherous, tricky, wily

insight acumen, awareness, comprehension, discernment, intuition, intuitiveness, judg(e)ment, observation, penetration, perception, perspicacity, understanding, vision

insignia badge, crest, decoration, distinguishing mark, earmark, emblem, ensign, symbol

insignificance immateriality, inconsequence, irrelevance, meaninglessness, negligibility, paltriness, pettiness, triviality, unimportance, worthlessness

insignificant flimsy, immaterial, inconsequential, inconsiderable, irrelevant, meagre, meaningless, measly, minor, negligible, nickel-and-dime (U.S. sl.), nondescript, nonessential, not worth mentioning, nugatory, of no account (consequence, moment), paltry, petty, scanty, trifling, trivial, unimportant, unsubstantial

insincere deceitful, deceptive, devious, dishonest, disingenuous, dissembling, dissimulating, double-dealing, duplicitous, evasive, faithless, false, hollow, hypocritical, Janus-faced, lying, mendacious, perfidious, pretended, two-faced, unfaithful, untrue, untruthful

insincerity deceitfulness, deviousness, dishonesty, disingenuousness, dissimulation, duplicity, faithlessness, hypocrisy, lip service, mendacity, perfidy, pretence, untruthfulness

insinuate 1 allude, hint, imply, indicate, intimate, suggest 2 infiltrate, infuse, inject, instil, introduce 3 curry favour, get in with, ingratiate, worm or work one's way in

insinuation 1 allusion, aspersion, hint, implication, innuendo, slur, suggestion 2 infiltration, infusion, ingratiating, injection, instillation, introduction

insipid 1 anaemic, banal, bland, characterless, colourless, drab, dry, dull, flat, ho-hum (Inf.), jejune, lifeless, limp, pointless, prosaic, prosy, spiritless, stale, stupid, tame, tedious, trite, unimaginative, uninteresting, vapid, weak, wearisome, wishy-washy (Inf.) 2 bland, flavourless, savourless, tasteless, unappetizing, watered down, watery, wishy-washy (Inf.)

insipidity, insipidness 1 banality, colourlessness, dullness, flatness, lack of imagination, pointlessness, staleness, tameness, tediousness, triteness, uninterestingness, vapidity 2 blandness, flavourlessness, lack of flavour, tastelessness

insist 1 be firm, brook no refusal, demand, lay down the law, not take no for an answer, persist, press (someone), require, stand firm, stand one's ground, take or make a stand, urge 2 assert, asseverate, aver, claim, contend, hold, maintain, reiterate, repeat, swear, urge, vow

insistence assertion, contention, demands, emphasis, importunity, insistency, persistence, pressing, reiteration, stress, urging

insistent demanding, dogged, emphatic, exigent, forceful, importunate, incessant, peremptory, persevering, persistent, pressing, unrelenting, urgent

insolence abuse, audacity, backchat (Inf.), boldness, cheek (Inf.), chutzpah (U.S. & Canad. inf.), contemptuousness, contumely, disrespect, effrontery, front, gall (Inf.), impertinence, impudence, incivility, insubordination, offensiveness, pertness, rudeness, sauce (Inf.), uncivility

insolent abusive, bold, brazen-faced, contemptuous, fresh (Inf.), impertinent, impudent, insubordinate, insulting, pert, rude, saucy, uncivil

insoluble baffling, impenetrable, indecipherable, inexplicable, mysterious, mystifying, obscure, unaccountable, unfathomable, unsolvable

insolvency bankruptcy, failure, liquidation, ruin

insolvent bankrupt, broke (Inf.), failed, gone bust (Inf.), gone to the wall, in queer street (Inf.), in receivership, in the hands of the receivers, on the rocks (Inf.), ruined

insomnia sleeplessness, wakefulness

inspect audit, check, check out (Inf.), examine, eyeball (U.S. sl.), give (something or someone) the once-over (Inf.), go over or through, investigate, look over, oversee, recce (Sl.), research, scan, scrutinize, search, superintend, supervise, survey, take a dekko at (Brit. sl.), vet, work over

inspection check, checkup, examination, investigation, look-over, once-over (Inf.), recce (Sl.), review, scan, scrutiny, search, superintendence, supervision, surveillance, survey

inspector censor, checker, critic, examiner, investigator, overseer, scrutineer, scrutinizer, superintendent, supervisor

inspiration 1 arousal, awakening, encouragement, influence, muse, spur, stimulus 2 afflatus, creativity, elevation, enthusiasm, exaltation, genius, illumination, insight, revelation, stimulation

inspire 1 animate, be responsible for, encourage, enliven, fire or touch the imagination of, galvanize, hearten, imbue, influence, infuse, inspirit, instil, rouse, spark off, spur, stimulate 2 arouse, enkindle, excite, give rise to, produce, quicken, rouse, stir

inspired 1 brilliant, dazzling, enthralling, exciting, impressive, memorable, of genius, outstanding, superlative, thrilling, wonderful 2 (Of a guess) instinctive, instinctual, intuitive 3 aroused, elated, enthused, exalted, exhilarated, galvanized, possessed, stimulated, stirred up, uplifted

inspiring affecting, encouraging, exciting, exhilarating, heartening, moving, rousing, stimulating, stirring, uplifting

instability capriciousness, changeableness, disequilibrium, fickleness, fitfulness, fluctuation, fluidity, frailty, imbalance, impermanence, inconstancy, insecurity, irresolution, mutability, oscillation, precariousness, restlessness, shakiness, transience, unpredictability, unsteadiness, vacillation, variability, volatility, wavering, weakness

instal, install 1 fix, lay, lodge, place, position, put in, set up, station 2 establish, inaugurate, induct, instate, institute, introduce, invest, set up 3 ensconce, position, settle

installation 1 establishment, fitting, instalment, placing, positioning, setting up 2 inauguration, induction, instatement, investiture 3 equipment, machinery, plant, system 4 (Military) base, establishment, post, station

instalment chapter, division, episode, part, portion, repayment, section

instance

- n. 1 case, case in point, example, illustration, occasion, occurrence, precedent, situation, time 2 application, behest, demand, entreaty, importunity, impulse, incitement, insistence, instigation, pressure, prompting, request, solicitation, urging
- v. 3 adduce, cite, mention, name, quote, specify

instant

- n. 1 flash, jiffy (Inf.), moment, second, shake (Inf.), split second, tick (Brit. inf.), trice, twinkling, twinkling of an eye (Inf.), two shakes of a lamb's tail (Inf.) 2 **on the instant** forthwith, immediately, instantly, now, right away, without delay 3 juncture, moment, occasion, point, time
- adj. 4 direct, immediate, instantaneous, on-the-spot, prompt, quick, quickie (Inf.), split-second, urgent 5 convenience, fast, precooked, ready-mixed 6 burning, exigent, imperative, importunate, pressing, urgent

instantaneous direct, immediate, instant, on-the-spot

instantaneously at once, forthwith, immediately, in a fraction of a second, instantly, in the same breath, in the twinkling of an eye (Inf.), like greased lightning (Inf.), on the instant, on the spot, posthaste, promptly, pronto (Inf.), quick as lightning, straight away, then and there

instantly at once, directly, forthwith, immediately, instantaneously, instanter (Law), now, on the spot, posthaste, pronto (Inf.), right away, right now, straight away, there and then, this minute, tout de suite, without delay

instead 1 alternatively, in lieu, in preference, on second thoughts, preferably, rather 2 (With **of**) as an alternative or equivalent to, in lieu of, in place of, rather than

instigate actuate, bring about, encourage, foment, get going, impel, incite, influence, initiate, kick-start, kindle, move, persuade, prod, prompt, provoke, rouse, set off, set on, spur, start, stimulate, stir up, trigger, urge, whip up

instigation behest, bidding, encouragement, incentive, incitement, prompting, urging

instigator agitator, firebrand, fomenter, goad, incendiary, inciter, leader, mischief-maker, motivator, prime mover, ringleader, spur, stirrer (Inf.), troublemaker

instil, instill engender, engraft, imbue, implant, impress, inculcate, infix, infuse, insinuate, introduce

instinct aptitude, faculty, feeling, gift, gut feeling (Inf.), gut reaction (Inf.), impulse, intuition, knack, natural inclination, predisposition, proclivity, sixth sense, talent, tendency, urge

instinctive automatic, inborn, inherent, innate, instinctual, intuitional, intuitive, involuntary, mechanical, native, natural, reflex, spontaneous, unlearned, unpremeditated, unthinking, visceral

instinctively automatically, by instinct, intuitively, involuntarily, naturally, without thinking

institute 1 v. appoint, begin, bring into being, commence, constitute, enact, establish, fix, found, induct, initiate, install, introduce, invest, launch, ordain, organize, originate, pioneer, put into operation, set in motion, settle, set up, start 2 n. academy, association, college, conservatory, foundation, guild, institution, school, seat of learning, seminary, society 3 custom, decree, doctrine, dogma, edict, law, maxim, precedent, precept, principle, regulation, rule, tenet

institution 1 constitution, creation, enactment, establishment, formation, foundation, initiation, introduction, investiture, investment, organization 2 academy, college, establishment, foundation, hospital, institute, school, seminary, society, university 3 convention, custom, fixture, law, practice, ritual, rule, tradition

institutional 1 accepted, bureaucratic, conventional, established, establishment (Inf.), formal, organized, orthodox, societal 2 cheerless, clinical, cold, drab, dreary, dull, forbidding, formal, impersonal, monotonous, regimented, routine, uniform, unwelcoming

instruct 1 bid, charge, command, canon, direct, enjoin, order, tell 2 coach, discipline, drill, educate, enlighten, ground, guide, inform, school, teach, train, tutor 3 acquaint, advise, apprise, brief, counsel, inform, notify, tell

instruction 1 apprenticeship, coaching, discipline, drilling, education, enlightenment, grounding, guidance, information, lesson(s), preparation, schooling, teaching, training, tuition, tutelage 2 briefing, command, demand, direction, directive, injunction, mandate, order, ruling

instructions advice, directions, guidance, information, key, orders, recommendations, rules

instructive cautionary, didactic, edifying, educational, enlightening, helpful, illuminating, informative, instructional, revealing, useful

instructor adviser, coach, demonstrator, exponent, guide, handler, master, mentor, mistress, pedagogue, preceptor (Rare), schoolmaster, schoolmistress, teacher, trainer, tutor

instrument 1 apparatus, appliance, contraption (Inf.), contrivance, device, gadget, implement, mechanism, tool, utensil 2 agency, agent, channel, factor, force, means, mechanism, medium, organ, vehicle 3 (Inf.) cat's-paw, dupe, pawn, puppet, tool

instrumental active, assisting, auxiliary, conducive, contributory, helpful, helping, influential, involved, of help or service, subsidiary, useful

insubordinate contumacious, defiant, disobedient, disorderly, fractious, insurgent, mutinous, rebellious, recalcitrant, refractory, riotous, seditious, turbulent, undisciplined, ungovernable, unruly

insubordination defiance, disobedience, indiscipline, insurrection, mutinousness, mutiny, rebellion, recalcitrance, revolt, riotousness, sedition, ungovernability

insufferable detestable, dreadful, enough to test the patience of a saint, enough to try the patience of Job, impossible, insupportable, intolerable, more than flesh and blood can stand, outrageous, past bearing, too much, unbearable, unendurable, unspeakable

insufficient deficient, inadequate, incapable, incommensurate, incompetent, lacking, scant, short, unfitted, unqualified

insular (Fig.) blinkered, circumscribed, closed, contracted, cut off, illiberal, inward-looking, isolated, limited, narrow, narrow-minded, parish-pump, parochial, petty, prejudiced, provincial

insulate (Fig.) close off, cocoon, cushion, cut off, isolate, protect, sequester, shield, wrap up in cotton wool

insult 1 n. abuse, affront, aspersion, contumely, indignity, insolence, offence, outrage, put-down, rudeness, slap in the face (Inf.), slight, snub 2 v. abuse, affront, call names, give offence to, injure, miscall (Dialect), offend, outrage, put down, revile, slag (off) (Sl.), slander, slight, snub

insulting abusive, affronting, contemptuous, degrading, disparaging, insolent, offensive, rude, scurrilous, slighting

insuperable impassable, insurmountable, invincible, unconquerable

insupportable

- v. 1 insufferable, intolerable, past bearing, unbearable, unendurable
- n. 2 indefensible, unjustifiable, untenable

insurance assurance, cover, coverage, guarantee, indemnification, indemnity, protection, provision, safeguard, security, something to fall back on (Inf.), warranty

insure assure, cover, guarantee, indemnify, underwrite, warrant

insurgent [1] n. insurrectionist, mutineer, rebel, resister, revolter, revolutionary, revolutionist, rioter [2] adj. disobedient, insubordinate, insurrectionary, mutinous, rebellious, revolting, revolutionary, riotous, seditious

insurmountable hopeless, impassable, impossible, insuperable, invincible, overwhelming, unconquerable

insurrection coup, insurgency, mutiny, putsch, rebellion, revolt, revolution, riot, rising, sedition, uprising

intact all in one piece, complete, entire, perfect, scatheless, sound, together, unbroken, undamaged, undefiled, unharmed, unhurt, unimpaired, uninjured, unscathed, untouched, unviolated, virgin, whole

integral [1] basic, component, constituent, elemental, essential, fundamental, indispensable, intrinsic, necessary, requisite [2] complete, entire, full, intact, undivided, whole

integrate accommodate, amalgamate, assimilate, blend, coalesce, combine, fuse, harmonize, incorporate, intermix, join, knit, meld, merge, mesh, unite

integration amalgamation, assimilation, blending, combining, commingling, fusing, harmony, incorporation, mixing, unification

integrity [1] candour, goodness, honesty, honour, incorruptibility, principle, probity, purity, rectitude, righteousness, uprightness, virtue [2] coherence, cohesion, completeness, soundness, unity, wholeness

intellect [1] brains (Inf.), intelligence, judg(e)ment, mind, reason, sense, understanding [2] (Inf.) brain (Inf.), egghead (Inf.), genius, intellectual, intelligence, mind, thinker

intellectual [1] adj. bookish, cerebral, highbrow, intelligent, mental, rational, scholarly, studious, thoughtful [2] n. academic, egghead (Inf.), highbrow, thinker

intelligence [1] acumen, alertness, aptitude, brain power, brains (Inf.), brightness, capacity, cleverness, comprehension, discernment, grey matter (Inf.), intellect, mind, nous (Brit. sl.), penetration, perception, quickness, reason, smarts (Sl., chiefly U.S.), understanding [2] advice, data, disclosure, facts, findings, gen (Brit. inf.), information, knowledge, low-down (Inf.), news, notice, notification, report, rumour, tidings, tip-off, word

intelligent acute, alert, apt, brainy (Inf.), bright, clever, discerning, enlightened, instructed, knowing, penetrating, perspicacious, quick, quick-witted, rational, sharp, smart, thinking, well-informed

intelligentsia eggheads (Inf.), highbrows, illuminati, intellectuals, literati, masterminds, the learned

intelligibility clarity, clearness, comprehensibility, distinctness, explicitness, lucidity, plainness, precision, simplicity

intelligible clear, comprehensible, distinct, lucid, open, plain, understandable

intemperate excessive, extravagant, extreme, immoderate, incontinent, inordinate, intoxicated, OTT (Sl.), over the top (Sl.), passionate, prodigal, profligate, self-indulgent, severe, tempestuous, unbridled, uncontrollable, ungovernable, unrestrained, violent, wild

intend [1] aim, be resolved or determined, contemplate, determine, have in mind or view, mean, meditate, plan, propose, purpose, scheme [2] (Often with **for**) aim, consign, design, destine, earmark, mark out, mean, set apart

intense [1] acute, agonizing, close, concentrated, deep, drastic, excessive, exquisite, extreme, fierce, forceful, great, harsh, intensive, powerful, profound, protracted, severe, strained, unqualified [2] ardent, burning, consuming, eager, earnest, energetic, fanatical, fervent, fervid, fierce, flaming, forcible, heightened, impassioned, keen, passionate, speaking, vehement

intensely deeply, extremely, fiercely, passionately, profoundly, strongly

intensify add fuel to the flames (Inf.), add to, aggravate, augment, boost, concentrate, deepen, emphasize, enhance, escalate, exacerbate, heighten, increase, magnify, quicken, redouble, reinforce, set off, sharpen, step up (Inf.), strengthen, whet

intensity ardour, concentration, depth, earnestness, emotion, energy, excess, extremity, fanaticism, fervency, fervour, fierceness, fire, force, intenseness, keenness, passion, potency, power, severity, strain, strength, tension, vehemence, vigour

intensive all-out, comprehensive, concentrated, demanding, exhaustive, in-depth, thorough, thoroughgoing

intent
- **adj.** [1] absorbed, alert, attentive, committed, concentrated, determined, eager, earnest, engrossed, fixed, industrious, intense, occupied, piercing, preoccupied, rapt, resolute, resolved, steadfast, steady, watchful, wrapped up [2] bent, hellbent (Inf.), set
- **n.** [3] aim, design, end, goal, intention, meaning, object, objective, plan, purpose [4] **to all intents and purposes** as good as, practically, virtually

intention aim, design, end, end in view, goal, idea, intent, meaning, object, objective, point, purpose, scope, target, view

intentional calculated, deliberate, designed, done on purpose, intended, meant, planned, prearranged, preconcerted, premeditated, purposed, studied, wilful

intentionally by design, deliberately, designedly, on purpose, wilfully

intently attentively, closely, fixedly, hard, keenly, searchingly, steadily, watchfully

inter bury, entomb, inhume, inurn, lay to rest, sepulchre

intercede advocate, arbitrate, interpose, intervene, mediate, plead, speak

intercept arrest, block, catch, check, cut off, deflect, head off, interrupt, obstruct, seize, stop, take

intercession advocacy, entreaty, good offices, intervention, mediation, plea, pleading, prayer, solicitation, supplication

interchange [1] v. alternate, bandy, barter, exchange, reciprocate, swap (Inf.), switch, trade [2] n. alternation, crossfire, exchange, give and take, intersection, junction, reciprocation

interchangeable commutable, equivalent, exchangeable, identical, reciprocal, synonymous, the same, transposable

intercourse [1] association, commerce, communication, communion, connection, contact, converse, correspondence, dealings, intercommunication, trade, traffic, truck [2] carnal knowledge, coition, coitus, congress, copulation, intimacy, nookie (Sl.), rumpy-pumpy (Sl.), sex (Inf.), sexual act, sexual intercourse, sexual relations, the other (Inf.)

interest
- **n.** [1] affection, attention, attentiveness, attraction, concern, curiosity, notice, regard, suspicion, sympathy [2] concern, consequence, importance, moment, note, relevance, significance, weight [3] activity, diversion, hobby, leisure activity, pastime, preoccupation, pursuit, relaxation [4] advantage, benefit, gain, good, profit [5] **in the interest of** for the sake of, on behalf of, on the part of, profitable to, to the advantage of [6] authority, claim, commitment, influence, investment, involvement, participation, portion, right, share, stake [7] Often plural affair, business, care, concern, matter
- **v.** [8] amuse, arouse one's curiosity, attract, divert, engross, fascinate, hold the attention of, intrigue, move, touch [9] affect, concern, engage, involve

interested [1] affected, attentive, attracted, curious, drawn, excited, fascinated, intent, into (Inf.), keen, moved, responsive, stimulated [2] biased, concerned, implicated, involved, partial, partisan, predisposed, prejudiced

interesting absorbing, amusing, appealing, attractive, compelling, curious, engaging, engrossing, entertaining, gripping, intriguing, pleasing, provocative, stimulating, suspicious, thought-provoking, unusual

interfere [1] butt in, get involved, intermeddle, intervene, intrude, meddle, poke one's nose in (Inf.), put one's two cents in (U.S. sl.), stick one's oar in (Inf.), tamper [2] (Often with **with**) be a drag upon (Inf.), block, clash, collide, conflict, cramp, frustrate, get in the way of, hamper, handicap, hinder, impede, inhibit, obstruct, trammel

interference [1] intermeddling, intervention, intrusion, meddlesomeness, meddling, prying [2] clashing, collision, conflict, impedance, obstruction, opposition

interim [1] adj. acting, caretaker, improvised, intervening, makeshift, pro tem, provisional, stopgap, temporary [2] n. entr'acte, interregnum, interval, meantime, meanwhile, respite

interior
- **adj.** [1] inner, inside, internal, inward [2] (Geog.) central, inland, remote, upcountry [3] (Politics) domestic, home [4] hidden, inner, intimate, mental, personal, private, secret, spiritual
- **n.** [5] bosom, centre, contents, core, heart, innards (Inf.), inside [6] (Geog.) centre, heartland, upcountry

interjection cry, ejaculation, exclamation, interpolation, interposition

interloper gate-crasher (Inf.), intermeddler, intruder, meddler, trespasser, uninvited guest, unwanted visitor

interlude break, breathing space, delay, entr'acte, episode, halt, hiatus, intermission, interval, pause, respite, rest, spell, stop, stoppage, wait

intermediary n. agent, broker, entrepreneur, go-between, mediator, middleman

intermediate halfway, in-between (Inf.), intermediary, interposed, intervening, mean, mid, middle, midway, transitional

interment burial, burying, funeral, inhumation, sepulture

interminable boundless, ceaseless, dragging, endless, everlasting, immeasurable, infinite, limitless, long, long-drawn-out, long-winded, never-ending, perpetual, protracted, unbounded, unlimited, wearisome

intermingle amalgamate, blend, combine, commingle, commix, fuse, interlace, intermix, interweave, meld, merge, mix

intermission break, cessation, entr'acte, interlude, interruption, interval, let-up (Inf.), lull, pause, recess, respite, rest, stop, stoppage, suspense, suspension

intermittent broken, discontinuous, fitful, irregular, occasional, periodic, punctuated, recurrent, recurring, spasmodic, sporadic, stop-go (Inf.)

intern confine, detain, hold, hold in custody

internal [1] inner, inside, interior, intimate, private, subjective [2] civic, domestic, home, in-house, intramural

international cosmopolitan, ecumenical (Rare), global, intercontinental, universal, worldwide

interpolate add, insert, intercalate, introduce

interpolation addition, aside, insert, insertion, intercalation, interjection, introduction

interpose [1] come or place between, intercede, interfere, intermediate, intervene, intrude, mediate, step in [2] insert, interject, interrupt (with), introduce, put forth

interpret adapt, clarify, construe, decipher, decode, define, elucidate, explain, explicate, expound, make sense of, paraphrase, read, render, solve, spell out, take, throw light on, translate, understand

interpretation analysis, clarification, construction, diagnosis, elucidation, exegesis, explanation, explication, exposition, meaning, performance, portrayal, reading, rendering, rendition, sense, signification, translation, understanding, version

interpreter annotator, commentator, exponent, scholiast, translator

interrogate ask, catechize, cross-examine, cross-question, enquire, examine, give (someone) the third degree (Inf.), grill (Inf.), inquire, investigate, pump, put the screws on (Inf.), question, quiz

interrogation cross-examination, cross-questioning, enquiry, examination, grilling (Inf.), inquiry, inquisition, probing, questioning, third degree (Inf.)

interrogative curious, inquiring, inquisitive, inquisitorial, questioning, quizzical

interrupt barge in (Inf.), break, break in, break off, break (someone's) train of thought, butt in, check, cut, cut off, cut short, delay, disconnect, discontinue, disjoin, disturb, disunite, divide, heckle, hinder, hold up, interfere (with), intrude, lay aside, obstruct, punctuate, separate, sever, stay, stop, suspend

interruption break, cessation, disconnection, discontinuance, disruption, dissolution, disturbance, disuniting, division, halt, hiatus, hindrance, hitch, impediment, intrusion, obstacle, obstruction, pause, separation, severance, stop, stoppage, suspension

intersect bisect, crisscross, cross, cut, cut across, divide, meet

intersection crossing, crossroads, interchange, junction

interval break, delay, distance, entr'acte, gap, hiatus, interim, interlude, intermission, meantime, meanwhile, opening, pause, period, playtime, respite, rest, season, space, spell, term, time, wait

intervene [1] arbitrate, intercede, interfere, interpose oneself, intrude, involve oneself, mediate, put one's two cents in (U.S. sl.), step in (Inf.), take a hand (Inf.) [2] befall, come to pass, ensue, happen, occur, succeed, supervene, take place

intervention agency, intercession, interference, interposition, intrusion, mediation

interview [1] n. audience, conference, consultation, dialogue, evaluation, meeting, oral (examination), press conference, talk [2] v. examine, interrogate, question, sound out, talk to

interviewer examiner, interlocutor, interrogator, investigator, questioner, reporter

intestinal abdominal, coeliac, duodenal, gut (Inf.), inner, stomachic, visceral

intimacy closeness, confidence, confidentiality, familiarity, fraternization, understanding

intimate
- adj. [1] bosom, cherished, close, confidential, dear, friendly, near, nearest and dearest, thick (Inf.), warm [2] confidential, personal, private, privy, secret [3] deep, detailed, exhaustive, experienced, first-hand, immediate, in-depth, penetrating, personal, profound, thorough [4] comfy (Inf.), cosy, friendly, informal, snug, tête-à-tête, warm
- n. [5] bosom friend, buddy (Inf.), china (Brit. sl.), chum (Inf.), close friend, cock (Brit. inf.), comrade, confidant, confidante, (constant) companion, crony, familiar, friend, mate (Inf.), mucker (Brit. sl.), pal
- v. [6] allude, announce, communicate, declare, drop a hint, give (someone) to understand, hint, impart, imply, indicate, insinuate, let it be known, make known, remind, state, suggest, tip (someone) the wink (Brit. inf.), warn

intimately [1] affectionately, closely, confidentially, confidingly, familiarly, personally, tenderly, very well, warmly [2] fully, in detail, inside out, thoroughly, through and through, to the core, very well

intimation [1] allusion, hint, indication, inkling, insinuation, reminder, suggestion, warning [2] announcement, communication, declaration, notice

intimidate affright (Archaic), alarm, appal, browbeat, bully, coerce, cow, daunt, dishearten, dismay, dispirit, frighten, lean on (Inf.), overawe, scare, scare off (Inf.), subdue, terrify, terrorize, threaten, twist someone's arm (Inf.)

intimidation arm-twisting (Inf.), browbeating, bullying, coercion, fear, menaces, pressure, terror, terrorization, threat(s)

intolerable beyond bearing, excruciating, impossible, insufferable, insupportable, more than flesh and blood can stand, not to be borne, painful, unbearable, unendurable

intolerance bigotry, chauvinism, discrimination, dogmatism, fanaticism, illiberality, impatience, jingoism, narrow-mindedness, narrowness, prejudice, racialism, racism, xenophobia

intolerant bigoted, chauvinistic, dictatorial, dogmatic, fanatical, illiberal, impatient, narrow, narrow-minded, one-sided, prejudiced, racialist, racist, small-minded, uncharitable, xenophobic

intone chant, croon, intonate, recite, sing

intoxicate [1] addle, befuddle, fuddle, go to one's head, inebriate, put (someone) under the table (Inf.), stupefy [2] (Fig.) elate, excite, exhilarate, inflame, make one's head spin, stimulate

intoxicated [1] bevvied (Dialect), blitzed (Sl.), blotto (Sl.), bombed (Sl.), canned (Sl.), cut (Brit. sl.), drunk, drunken, flying (Sl.), fuddled, half seas over (Brit. inf.), high (Inf.), inebriated, in one's cups (Inf.), legless (Inf.), lit up (Sl.), out of it (Sl.), out to it (Aust. & N.Z. sl.), paralytic (Inf.), pissed (Taboo sl.), plastered (Sl.), smashed (Sl.), sozzled (Inf.), steamboats (Sl.), steaming (Sl.), stewed (Sl.), stiff (Sl.), stoned (Sl.), the worse for drink, three sheets in the wind (Inf.), tight (Inf.), tipsy, under the influence, wasted (Sl.), wrecked (Sl.), zonked (Sl.) [2] (Fig.) dizzy, elated, enraptured, euphoric, excited, exhilarated, high (Inf.), infatuated, sent (Sl.), stimulated

intoxicating [1] alcoholic, inebriant, intoxicant, spirituous, strong [2] (Fig.) exciting, exhilarating, heady, sexy (Inf.), stimulating, thrilling

intoxication [1] drunkenness, inebriation, inebriety, insobriety, tipsiness [2] (Fig.) delirium, elation, euphoria, exaltation, excitement, exhilaration, infatuation

intransigent hardline, immovable, intractable, obdurate, obstinate, stiff-necked, stubborn, tenacious, tough, unbending, unbudgeable, uncompromising, unyielding

intrench → entrench

intrepid audacious, bold, brave, courageous, daring, dauntless, doughty, fearless, gallant, game (Inf.), have-a-go (Inf.), heroic, lionhearted, nerveless, plucky, resolute, stalwart, stouthearted, unafraid, undaunted, unflinching, valiant, valorous

intricacy complexity, complication, convolutions, elaborateness, entanglement, intricateness, involution, involvement, knottiness, obscurity

intricate baroque, Byzantine, complex, complicated, convoluted, daedal (Literary), difficult, elaborate, fancy, involved, knotty, labyrinthine, obscure, perplexing, rococo, sophisticated, tangled, tortuous

intrigue
- v. [1] arouse the curiosity of, attract, charm, fascinate, interest, pique, rivet, tickle one's fancy, titillate [2] connive, conspire, machinate, manoeuvre, plot, scheme
- n. [3] cabal, chicanery, collusion, conspiracy, double-dealing, knavery, machination, manipulation, manoeuvre, plot, ruse, scheme, sharp practice, stratagem, trickery, wile [4] affair, amour, intimacy, liaison, romance

intriguing beguiling, compelling, diverting, exciting, fascinating, interesting, tantalizing, titillating

intrinsic basic, built-in, central, congenital, constitutional, elemental, essential, fundamental, genuine, inborn, inbred, inherent, native, natural, radical, real, true, underlying

introduce [1] acquaint, do the honours, familiarize, make known, make the introduction, present [2] begin, bring in, commence, establish, found, inaugurate, initiate, institute, launch, organize, pioneer, set up, start, usher in [3] advance, air, bring up, broach, moot, offer, propose, put forward, recommend, set forth, submit, suggest, ventilate [4] announce, lead into, lead off, open, preface [5] add, inject, insert, interpolate, interpose, put in, throw in (Inf.)

introduction [1] baptism, debut, establishment, first acquaintance, inauguration, induction, initiation, institution, launch, pioneering, presentation [2] commencement, exordium, foreword, intro (Inf.), lead-in, opening, opening passage, opening remarks, overture, preamble, preface, preliminaries, prelude, proem, prolegomena, prolegomenon, prologue [3] addition, insertion, interpolation

introductory early, elementary, first, inaugural, initial, initiatory, opening, precursory, prefatory, preliminary, preparatory, starting

introspective brooding, contemplative, innerdirected, introverted, inward-looking, meditative, pensive, subjective

introverted indrawn, inner-directed, introspective, inward-looking, self-centred, selfcontained, withdrawn

intrude butt in, encroach, infringe, interfere, interrupt, meddle, obtrude, push in, put one's two cents in (U.S. sl.), thrust oneself in or forward, trespass, violate

intruder burglar, gate-crasher (Inf.), infiltrator, interloper, invader, prowler, raider, snooper (Inf.), squatter, thief, trespasser

intrusion encroachment, infringement, interference, interruption, invasion, trespass, violation

intrusive disturbing, forward, impertinent, importunate, interfering, invasive, meddlesome, nosy (Inf.), officious, presumptuous, pushy (Inf.), uncalled-for, unwanted

intrust → entrust

intuition discernment, hunch, insight, instinct, perception, presentiment, sixth sense

intuitive innate, instinctive, instinctual, involuntary, spontaneous, unreflecting, untaught

intwine → entwine

inundate deluge, drown, engulf, flood, glut, immerse, overflow, overrun, overwhelm, submerge, swamp

invade [1] assail, assault, attack, burst in, descend upon, encroach, infringe, make inroads, occupy, raid, violate [2] infect, infest, overrun, overspread, penetrate, permeate, pervade, swarm over

invader aggressor, alien, attacker, looter, plunderer, raider, trespasser

invalid[1] [1] adj. ailing, bedridden, disabled, feeble, frail, ill, infirm, poorly (Inf.), sick, sickly, valetudinarian, weak [2] n. convalescent, patient, valetudinarian

invalid[2] adj. baseless, fallacious, false, illfounded, illogical, inoperative, irrational, not binding, nugatory, null, null and void, unfounded, unscientific, unsound, untrue, void, worthless

invalidate abrogate, annul, cancel, nullify, overrule, overthrow, quash, render null and void, rescind, undermine, undo, weaken

invaluable beyond price, costly, inestimable, precious, priceless, valuable

invariable changeless, consistent, constant, fixed, immutable, inflexible, regular, rigid, set, unalterable, unchangeable, unchanging, unfailing, uniform, unvarying, unwavering

invariably always, consistently, customarily, day in, day out, ever, every time, habitually, inevitably, on every occasion, perpetually, regularly, unfailingly, without exception

invasion [1] aggression, assault, attack, foray, incursion, inroad, irruption, offensive, onslaught, raid [2] breach, encroachment, infiltration, infraction, infringement, intrusion, overstepping, usurpation, violation

invective abuse, berating, billingsgate, castigation, censure, contumely, denunciation, diatribe, obloquy, philippic(s), reproach, revilement, sarcasm, tirade, tongue-lashing, vilification, vituperation

invent [1] coin, come up with (Inf.), conceive, contrive, create, design, devise, discover, dream up (Inf.), formulate, imagine, improvise, originate, think up [2] concoct, cook up (Inf.), fabricate, feign, forge, make up, manufacture, trump up

invention [1] brainchild (Inf.), contraption, contrivance, creation, design, development, device, discovery, gadget, instrument [2] coinage, creativeness, creativity, genius, imagination, ingenuity, inspiration, inventiveness, originality, resourcefulness [3] deceit, fabrication, fake, falsehood, fantasy, fib (Inf.), fiction, figment or product of (someone's) imagination, forgery, lie, prevarication, sham, story, tall story (Inf.), untruth, yarn

inventive creative, fertile, gifted, ground-breaking, imaginative, ingenious, innovative, inspired, original, resourceful

inventor architect, author, coiner, creator, designer, father, framer, maker, originator

inventory n. account, catalogue, file, list, record, register, roll, roster, schedule, stock book

inverse adj. contrary, converse, inverted, opposite, reverse, reversed, transposed

inversion antipode, antithesis, contraposition, contrariety, contrary, opposite, reversal, transposal, transposition

invert capsize, introvert, intussuscept (Pathol.), invaginate (Pathol.), overset, overturn, reverse, transpose, turn inside out, turn turtle, turn upside down, upset, upturn

invest [1] advance, devote, lay out, put in, sink, spend [2] endow, endue, provide, supply [3] authorize, charge, empower, license, sanction, vest [4] adopt, consecrate, enthrone, establish, inaugurate, induct, install, ordain [5] (Mil.) beleaguer, beset, besiege, enclose, lay siege to, surround [6] (Archaic) array, bedeck, bedizen (Archaic), clothe, deck, drape, dress, robe

investigate consider, enquire into, examine, explore, go into, inquire into, inspect, look into, make enquiries, probe, put to the test, recce (Sl.), research, scrutinize, search, sift, study, work over

investigation analysis, enquiry, examination, exploration, fact finding, hearing, inquest, inquiry, inspection, probe, recce (Sl.), research, review, scrutiny, search, study, survey

investigator dick (Sl., chiefly U.S.), examiner, gumshoe (U.S. sl.), inquirer, (private) detective, private eye (Inf.), researcher, reviewer, sleuth or sleuthhound (Inf.)

investiture admission, enthronement, inauguration, induction, installation, instatement, investing, investment, ordination

investment [1] asset, investing, speculation, transaction, venture [2] ante (Inf.), contribution, stake [3] (Mil.) beleaguering, besieging, blockading, siege, surrounding

inveterate chronic, confirmed, deep-dyed (Usu. derogatory), deep-rooted, deep-seated, dyed-in-the-wool, entrenched, established, habitual, hard-core, hardened, incorrigible, incurable, ineradicable, ingrained, long-standing, obstinate

invidious discriminatory, envious (Obsolete), hateful, obnoxious, odious, offensive, repugnant, slighting, undesirable

invigorate animate, brace, buck up (Inf.), energize, enliven, exhilarate, fortify, freshen (up), galvanize, harden, liven up, nerve, pep up, perk up, put new heart into, quicken, refresh, rejuvenate, revitalize, stimulate, strengthen

invincible impregnable, indestructible, indomitable, inseparable, insuperable, invulnerable, unassailable, unbeatable, unconquerable, unsurmountable, unyielding

inviolable hallowed, holy, inalienable, sacred, sacrosanct, unalterable

inviolate entire, intact, pure, sacred, stainless, unbroken, undefiled, undisturbed, unhurt, unpolluted, unstained, unsullied, untouched, virgin, whole

invisible [1] imperceptible, indiscernible, out of sight, unperceivable, unseen [2] concealed, disguised, hidden, inappreciable, inconspicuous, infinitesimal, microscopic

invitation [1] asking, begging, bidding, call, invite (Inf.), request, solicitation, summons, supplication [2] allurement, challenge, come-on (Inf.), coquetry, enticement, glad eye (Inf.), incitement, inducement, open door, overture, provocation, temptation

invite [1] ask, beg, bid, call, request, request the pleasure of (someone's) company, solicit, summon [2] allure, ask for (Inf.), attract, bring on, court, draw, encourage, entice, lead, leave the door open to, provoke, solicit, tempt, welcome

inviting alluring, appealing, attractive, beguiling, captivating, delightful, engaging, enticing, fascinating, intriguing, magnetic, mouthwatering, pleasing, seductive, tempting, warm, welcoming, winning

invocation appeal, beseeching, entreaty, petition, prayer, supplication

invoke [1] adjure, appeal to, beg, beseech, call upon, conjure, entreat, implore, petition, pray, solicit, supplicate [2] apply, call in, have recourse to, implement, initiate, put into effect, resort to, use

involuntary [1] compulsory, forced, obligatory, reluctant, unwilling [2] automatic, blind, conditioned, instinctive, instinctual, reflex, spontaneous, unconscious, uncontrolled, unintentional, unthinking

involve [1] entail, imply, mean, necessitate, presuppose, require [2] affect, associate, compromise, concern, connect, draw in, implicate, incriminate, inculpate, mix up (Inf.), touch [3] comprehend, comprise, contain, cover, embrace, include, incorporate, number among, take in [4] absorb, bind, commit, engage, engross, grip, hold, preoccupy, rivet, wrap up [5] complicate, embroil, enmesh, entangle, link, mire, mix up, snarl up, tangle

involved [1] Byzantine, complex, complicated, confusing, convoluted, difficult, elaborate, intricate, knotty, labyrinthine, sophisticated, tangled, tortuous [2] caught (up), concerned, implicated, in on (Inf.), mixed up in or with, occupied, participating, taking part

involvement [1] association, commitment, concern, connection, dedication, interest, participation, responsibility [2] complexity, complication, difficulty, embarrassment, entanglement, imbroglio, intricacy, problem, ramification

invulnerable impenetrable, indestructible, insusceptible, invincible, proof against, safe, secure, unassailable

inward adj. [1] entering, inbound, incoming, inflowing, ingoing, inpouring, penetrating [2] confidential, hidden, inmost, inner, innermost, inside, interior, internal, personal, private, privy, secret

inwardly at heart, deep down, in one's head, in one's inmost heart, inside, privately, secretly, to oneself, within

Irish green, Hibernian

irksome aggravating, annoying, boring, bothersome, burdensome, disagreeable, exasperating, irritating, tedious, tiresome, troublesome, uninteresting, unwelcome, vexatious, vexing, wearisome

iron adj. [1] chalybeate, ferric, ferrous, irony [2] (Fig.) adamant, cruel, hard, heavy, immovable, implacable, indomitable, inflexible, obdurate, rigid, robust, steel, steely, strong, tough, unbending, unyielding

ironic, ironical [1] double-edged, mocking, mordacious, sarcastic, sardonic, satirical, scoffing, sneering, wry [2] incongruous, paradoxical

iron out clear up, eliminate, eradicate, erase, expedite, get rid of, harmonize, put right, reconcile, resolve, settle, simplify, smooth over, sort out, straighten out, unravel

irons bonds, chains, fetters, gyves (Archaic), manacles, shackles

irony [1] mockery, sarcasm, satire [2] contrariness, incongruity, paradox

irrational [1] absurd, crackpot (Inf.), crazy, foolish, illogical, injudicious, loopy (Inf.), nonsensical, preposterous, silly, unreasonable, unreasoning, unsound, unthinking, unwise [2] aberrant, brainless, crazy, demented, insane, mindless, muddle-headed, raving, senseless, unstable, wild

irrationality absurdity, brainlessness, illogicality, insanity, lack of judgment, lunacy, madness, preposterousness, senselessness, unreasonableness, unsoundness

irreconcilable [1] hardline, implacable, inexorable, inflexible, intransigent, unappeasable, uncompromising [2] clashing, conflicting, diametrically opposed, incompatible, incongruous, inconsistent, opposed

irrecoverable gone for ever, irreclaimable, irredeemable, irremediable, irreparable, irretrievable, lost, unregainable, unsalvageable, unsavable

irrefutable apodeictic, apodictic, beyond question, certain, incontestable, incontrovertible, indisputable, indubitable, invincible, irrefragable, irresistible, sure, unanswerable, unassailable, undeniable, unquestionable

irregular
- adj. [1] desultory, disconnected, eccentric, erratic, fitful, fluctuating, fragmentary, haphazard, inconstant, intermittent, nonuniform, occasional, out of order, patchy, random, shifting, spasmodic, sporadic, uncertain, uneven, unmethodical, unpunctual, unsteady, unsystematic, variable, wavering [2] abnormal, anomalous, capricious, disorderly, eccentric, exceptional, extraordinary, immoderate, improper, inappropriate, inordinate, odd, peculiar, queer, quirky, rum (Brit. sl.), unconventional, unofficial, unorthodox, unsuitable, unusual [3] asymmetrical, broken, bumpy, craggy, crooked, elliptic, elliptical, holey, jagged, lopsided, lumpy, pitted, ragged, rough, serrated, unequal, uneven, unsymmetrical
- n. [4] guerrilla, partisan, volunteer

irregularity [1] asymmetry, bumpiness, crookedness, jaggedness, lack of symmetry, lopsidedness, lumpiness, patchiness, raggedness, roughness, spottiness, unevenness [2] aberration, abnormality, anomaly, breach, deviation, eccentricity, freak, malfunction, malpractice, oddity, peculiarity, singularity, unconventionality, unorthodoxy [3] confusion, desultoriness, disorderliness, disorganization, haphazardness, lack of method, randomness, uncertainty, unpunctuality, unsteadiness

irrelevance, irrelevancy inappositeness, inappropriateness, inaptness, inconsequence, non sequitur

irrelevant beside the point, extraneous, immaterial, impertinent, inapplicable, inapposite, inappropriate, inapt, inconsequent, neither here nor there, unconnected, unrelated

irreparable beyond repair, incurable, irrecoverable, irremediable, irreplaceable, irretrievable, irreversible

irreplaceable indispensable, invaluable, priceless, unique, vital

irrepressible boisterous, bubbling over, buoyant, ebullient, effervescent, insuppressible, uncontainable, uncontrollable, unmanageable, unquenchable, unrestrainable, unstoppable

irreproachable beyond reproach, blameless, faultless, guiltless, impeccable, inculpable, innocent, irreprehensible, irreprovable, perfect, pure, unblemished, unimpeachable

irresistible [1] compelling, imperative, overmastering, overpowering, overwhelming, potent, urgent [2] ineluctable, inescapable, inevitable, inexorable, unavoidable [3] alluring, beckoning, enchanting, fascinating, ravishing, seductive, tempting

irresolute doubtful, fickle, half-arsed, half-assed (U.S. & Canad. sl.), half-hearted, hesitant, hesitating, indecisive, infirm, in two minds, tentative, undecided, undetermined, unsettled, unstable, unsteady, vacillating, wavering, weak

irrespective of apart from, despite, discounting, in spite of, notwithstanding, regardless of, without reference to, without regard to

irresponsible careless, featherbrained, flighty, giddy, harebrained, harum-scarum, illconsidered, immature, reckless, scatter-brained, shiftless, thoughtless, undependable, unreliable, untrustworthy, wild

irreverence cheek (Inf.), cheekiness (Inf.), chutzpah (U.S. & Canad. inf.), derision, disrespect, flippancy, impertinence, impudence, lack of respect, mockery, sauce (Inf.)

irreverent cheeky (Inf.), contemptuous, derisive, disrespectful, flip (Inf.), flippant, fresh (Inf.), iconoclastic, impertinent, impious, impudent, mocking, sassy (U.S. inf.), saucy, tonguein-cheek

irreversible final, incurable, irreparable, irrevocable, unalterable

irrevocable changeless, fated, fixed, immutable, invariable, irremediable, irretrievable, irreversible, predestined, predetermined, settled, unalterable, unchangeable, unreversible

irrigate flood, inundate, moisten, water, wet

irritability bad temper, ill humour, impatience, irascibility, peevishness, petulance, prickliness, testiness, tetchiness, touchiness

irritable bad-tempered, cantankerous, choleric, crabbed, crabby, cross, crotchety (Inf.), dyspeptic, edgy, exasperated, fiery, fretful, hasty, hot, ill-humoured, ill-tempered, irascible, narky (Brit. sl.), out of humour, oversensitive, peevish, petulant, prickly, ratty (Brit. & N.Z. inf.), snappish, snappy, snarling, tense, testy, tetchy, touchy

irritate [1] aggravate (Inf.), anger, annoy, bother, drive one up the wall (Sl.), enrage, exasperate, fret, gall, get in one's hair (Inf.), get one's back up, get one's hackles up, get on one's nerves (Inf.), harass, incense, inflame, infuriate, nark (Brit., Aust., & N.Z. sl.), needle (Inf.), nettle, offend, pester, piss one off (Taboo sl.), provoke, raise one's hackles, rankle with, rub up the wrong way (Inf.), ruffle, try one's patience, vex [2] aggravate, chafe, fret, inflame, intensify, pain, rub

irritating aggravating (Inf.), annoying, displeasing, disquieting, disturbing, galling, infuriating, irksome, maddening, nagging, pestilential, provoking, thorny, troublesome, trying, upsetting, vexatious, worrisome

irritation [1] anger, annoyance, crossness, displeasure, exasperation, ill humour, ill temper, impatience, indignation, irritability, resentment, shortness, snappiness, testiness, vexation, wrath [2] aggravation (Inf.), annoyance, drag (Inf.), gall, goad, irritant, nuisance, pain (Inf.), pain in the arse (Taboo inf.), pain in the neck (Inf.), pest, provocation, tease, thorn in one's flesh

isolate cut off, detach, disconnect, divorce, insulate, quarantine, segregate, separate, sequester, set apart

isolated [1] backwoods, hidden, incommunicado, in the middle of nowhere, lonely, off the beaten track, outlying, out-of-the-way, remote, retired, secluded, unfrequented [2] abnormal, anomalous, exceptional, freak, random, single, solitary, special, unique, unrelated, untypical, unusual

isolation aloofness, detachment, disconnection, exile, insularity, insulation, loneliness, quarantine, remoteness, retirement, seclusion, segregation, self-sufficiency, separation, solitude, withdrawal

issue
- n. [1] affair, argument, concern, controversy, matter, matter of contention, point, point in question, problem, question, subject, topic [2] at issue at variance, controversial, in disagreement, in dispute, to be decided, under discussion, unsettled [3] take issue challenge, disagree, dispute, object, oppose, raise an objection, take exception [4] conclusion, consequence, culmination, effect, end, finale, outcome, pay-off (Inf.), result, termination, upshot [5] copy, edition, impression, instalment, number, printing [6] circulation, delivery, dispersion, dissemination, distribution, granting, issuance, issuing, publication, sending out, supply, supplying [7] children, descendants,

itch
- v. ① announce, broadcast, circulate, deliver, distribute, emit, give out, promulgate, publish, put in circulation, put out, release ② arise, be a consequence of, come forth, emanate, emerge, flow, originate, proceed, rise, spring, stem

itch
- v. ① crawl, irritate, prickle, tickle, tingle ② ache, burn, crave, hanker, hunger, long, lust, pant, pine, yearn
- n. ③ irritation, itchiness, prickling, tingling ④ craving, desire, hankering, hunger, longing, lust, passion, restlessness, yearning, yen (Inf.)

itching agog, aquiver, atremble, avid, burning, consumed with curiosity, eager, impatient, inquisitive, longing, mad keen (Inf.), raring, spoiling for

itchy eager, edgy, fidgety, impatient, restive, restless, unsettled

item ① article, aspect, component, consideration, detail, entry, matter, particular, point, thing ② account, article, bulletin, dispatch, feature, note, notice, paragraph, piece, report

itemize count, detail, document, enumerate, instance, inventory, list, number, particularize, record, set out, specify

itinerant adj. ambulatory, Gypsy, journeying, migratory, nomadic, peripatetic, roaming, roving, travelling, unsettled, vagabond, vagrant, wandering, wayfaring

itinerary ① circuit, journey, line, programme, route, schedule, timetable, tour ② Baedeker, guide, guidebook

ivory tower cloister, refuge, remoteness, retreat, sanctum, seclusion, splendid isolation, unreality, world of one's own

J

jab v./n. dig, lunge, nudge, poke, prod, punch, stab, tap, thrust

jacket case, casing, coat, covering, envelope, folder, sheath, skin, wrapper, wrapping

jackpot award, bonanza, kitty, pool, pot, prize, reward, winnings

jack up ① elevate, heave, hoist, lift, lift up, raise, rear ② accelerate, augment, boost, escalate, increase, inflate, put up, raise

jade harridan, hussy, nag, shrew, slattern, slut, trollop, vixen, wench

jaded ① clapped out (Aust. & N.Z. inf.), exhausted, fagged (out) (Inf.), fatigued, spent, tired, tired-out, weary, zonked (Sl.) ② bored, cloyed, dulled, glutted, gorged, sated, satiated, surfeited, tired

jagged barbed, broken, cleft, craggy, denticulate, indented, notched, pointed, ragged, ridged, rough, serrated, snaggy, spiked, toothed, uneven

jail, gaol ① n. borstal, brig (Chiefly U.S.), can (Sl.), clink (Sl.), cooler (Sl.), inside (Sl.), jailhouse (Southern U.S.), jug (Sl.), lockup, nick (Brit. sl.), penitentiary (U.S.), poky or pokey (U.S. & Canad. sl.), prison, quod (Sl.), reformatory, slammer (Sl.), stir (Sl.) ② v. confine, detain, immure, impound, imprison, incarcerate, lock up, send down

jailer, gaoler captor, guard, keeper, screw (Sl.), turnkey (Archaic), warden, warder

jam
- v. ① cram, crowd, crush, force, pack, press, ram, squeeze, stuff, throng, wedge ② block, cease, clog, congest, halt, obstruct, stall, stick
- n. ③ crowd, crush, horde, mass, mob, multitude, pack, press, swarm, throng ④ bind, dilemma, fix (Inf.), hole (Sl.), hot water, pickle (Inf.), plight, predicament, quandary, scrape (Inf.), spot (Inf.), strait, tight spot, trouble

jamboree beano (Brit. sl.), carnival, carousal, carouse, celebration, festival, festivity, fête, frolic, jubilee, merriment, party, rave (Brit. sl.), rave-up (Brit. sl.), revelry, spree

jangle ① v. chime, clank, clash, clatter, jingle, rattle, vibrate ② n. cacophony, clang, clangour, clash, din, dissonance, jar, racket, rattle, reverberation

janitor caretaker, concierge, custodian, doorkeeper, porter

jar¹
- v. ① bicker, clash, contend, disagree, interfere, oppose, quarrel, wrangle ② agitate, convulse, disturb, grate, irritate, jolt, offend, rasp, rattle (Inf.), rock, shake, vibrate ③ annoy, clash, discompose, gall, get on one's nerves (Inf.), grate, grind, irk, irritate, nark (Brit., Aust., & N.Z. sl.), nettle, piss one off (Taboo sl.)
- n. ④ agitation, altercation, bickering, disagreement, discord, grating, irritation, jolt, quarrel, rasping, wrangling

jar² amphora, carafe, container, crock, flagon, jug, pitcher, pot, receptacle, urn, vase, vessel

jargon ① argot, cant, dialect, idiom, lingo (Inf.), parlance, patois, slang, tongue, usage ② balderdash, bunkum or buncombe (Chiefly U.S.), drivel, gabble, gibberish, gobbledegook, mumbo jumbo, nonsense, palaver, rigmarole, twaddle

jaundiced ① cynical, preconceived, sceptical ② biased, bigoted, bitter, distorted, envious, hostile, jealous, partial, prejudiced, resentful, spiteful, suspicious

jaunt airing, excursion, expedition, outing, promenade, ramble, stroll, tour, trip

jaunty airy, breezy, buoyant, carefree, dapper, gay, high-spirited, lively, perky, self-confident, showy, smart, sparky, sprightly, spruce, trim

jaw
- v. ① babble, chat, chatter, gossip, lecture, spout, talk ② abuse, censure, criticize, revile, scold
- n. ③ chat, chinwag (Brit. inf.), conversation, gabfest (Inf., chiefly U.S. & Canad.), gossip, natter, talk

jaws abyss, aperture, entrance, gates, ingress, maw, mouth, opening, orifice

jazz up animate, enhance, enliven, heighten, improve

jealous ① covetous, desirous, emulous, envious, green, green-eyed, grudging, intolerant, invidious, resentful, rival ② anxious, apprehensive, attentive, guarded, mistrustful, protective, solicitous, suspicious, vigilant, wary, watchful, zealous

jealousy covetousness, distrust, envy, heart-burning, ill-will, mistrust, possessiveness, resentment, spite, suspicion

jeer ① v. banter, barrack, cock a snook at (Brit.), contemn (Formal), deride, flout, gibe, heckle, hector, knock (Inf.), mock, ridicule, scoff, sneer, taunt ② n. abuse, aspersion, boo, catcall, derision, gibe, hiss, hoot, obloquy, ridicule, scoff, sneer, taunt

jeopardize chance, endanger, expose, gamble, hazard, imperil, risk, stake, venture

jeopardy danger, endangerment, exposure, hazard, insecurity, liability, peril, pitfall, precariousness, risk, venture, vulnerability

jeremiad complaint, groan, keen, lament, lamentation, moan, plaint, wail

jerk v./n. jolt, lurch, pull, throw, thrust, tug, tweak, twitch, wrench, yank

jerky bouncy, bumpy, convulsive, fitful, jolting, jumpy, rough, shaky, spasmodic, tremulous, twitchy, uncontrolled

jerry-built cheap, defective, faulty, flimsy, ramshackle, rickety, shabby, slipshod, thrown together, unsubstantial

jest ① n. banter, bon mot, crack (Sl.), fun, gag (Inf.), hoax, jape, josh (Sl., chiefly U.S. & Canad.), play, pleasantry, prank, quip, sally, sport, wisecrack (Inf.), witticism ② v. banter, chaff, deride, gibe, jeer, joke, josh (Sl., chiefly U.S. & Canad.), kid (Inf.), mock, quip, scoff, sneer, tease

jester ① comedian, comic, humorist, joker, quipster, wag, wit ② buffoon, clown, fool, harlequin, madcap, mummer, pantaloon, prankster, zany

jet¹
- n. ① flow, fountain, gush, spout, spray, spring, stream ② atomizer, nose, nozzle, rose, spout, sprayer, sprinkler
- v. ③ flow, gush, issue, rush, shoot, spew, spout, squirt, stream, surge ④ fly, soar, zoom

jet² adj. black, coal-black, ebony, inky, pitch-black, raven, sable

jettison abandon, discard, dump, eject, expel, heave, scrap, throw overboard, unload

jetty breakwater, dock, groyne, mole, pier, quay, wharf

jewel ① brilliant, gemstone, ornament, precious stone, rock (Sl.), sparkler (Inf.), trinket ② charm, find, gem, humdinger (Sl.), masterpiece, paragon, pearl, prize, rarity, treasure, wonder

jewellery finery, gems, jewels, ornaments, precious stones, regalia, treasure, trinkets

Jezebel harlot, harridan, hussy, jade, virago, wanton, witch

jib balk, recoil, refuse, retreat, shrink, stop short

jibe → **gibe**

jig v. bob, bounce, caper, jiggle, jounce, prance, shake, skip, twitch, wiggle, wobble

jingle
- v. ① chime, clatter, clink, jangle, rattle, ring, tinkle, tintinnabulate
- n. ② clang, clangour, clink, rattle, reverberation, ringing, tinkle ③ chorus, ditty, doggerel, limerick, melody, song, tune

jinx ① n. black magic, curse, evil eye, hex (U.S. & Canad. inf.), hoodoo (Inf.), nemesis, plague, voodoo ② v. bewitch, curse, hex (U.S. & Canad. inf.)

jitters anxiety, fidgets, heebie-jeebies (Sl.), nerves, nervousness, tenseness, the shakes (Inf.), the willies (Inf.)

jittery agitated, anxious, fidgety, hyper (Inf.), jumpy, nervous, quivering, shaky, trembling, twitchy (Inf.), wired (Sl.)

job ① affair, assignment, charge, chore, concern, contribution, duty, enterprise, errand, function, pursuit, responsibility, role, stint, task, undertaking, venture, work ② activity, business, calling, capacity, career, craft, employment, function, livelihood, métier, occupation, office, position, post, profession, situation, trade, vocation ③ allotment, assignment, batch, commission, consignment, contract, lot, output, piece, portion, product, share

jobless idle, inactive, out of work, unemployed, unoccupied

jockey v. ① bamboozle, cheat, con (Inf.), deceive, dupe, fool, hoax, hoodwink, trick ② cajole, engineer, finagle (Inf.), ingratiate, insinuate, manage, manipulate, manoeuvre, negotiate, trim, wheedle

jocular amusing, comical, droll, facetious, frolicsome, funny, humorous, jesting, jocose, jocund, joking, jolly, jovial, playful, roguish, sportive, teasing, waggish, whimsical, witty

jog ① activate, arouse, nudge, prod, prompt, push, remind, shake, stimulate, stir, suggest ② bounce, jar, jerk, jiggle, joggle, jolt, jostle, jounce, rock, shake ③ canter, dogtrot, lope, run, trot ④ lumber, plod, traipse (Inf.), tramp, trudge

join ① accompany, add, adhere, annex, append, attack, cement, combine, connect, couple, fasten, knit, link, marry, splice, tie, unite, yoke ② affiliate with, associate with, enlist, enrol, enter, sign up ③ adjoin, border, border on, butt, conjoin, extend, meet, reach, touch, verge on

joint
- n. ① articulation, connection, hinge, intersection, junction, juncture, knot, nexus, node, seam, union
- adj. ② collective, combined, communal, concerted, consolidated, cooperative, joined, mutual, shared, united
- v. ③ connect, couple, fasten, fit, join, unite ④ carve, cut up, dismember, dissect, divide, segment, sever, sunder

jointly as one, collectively, in common, in conjunction, in league, in partnership, mutually, together, unitedly

joke
- n. ① frolic, fun, gag (Inf.), jape, jest, josh (Sl., chiefly U.S. & Canad.), lark, play, prank, pun, quip, quirk, sally, sport, whimsy, wisecrack (Inf.), witticism, yarn ② buffoon, butt, clown, laughing stock, simpleton, target
- v. ③ banter, chaff, deride, frolic, gambol, jest, josh (Sl., chiefly U.S. & Canad.), kid (Inf.), mock, quip, ridicule, taunt, tease, wind up (Brit. sl.)

joker buffoon, clown, comedian, comic, humorist, jester, kidder (Inf.), prankster, trickster, wag, wit

jolly blithesome, carefree, cheerful, chirpy (Inf.), convivial, festive, frolicsome, funny, gay, genial, gladsome (Archaic), hilarious, jocund, jovial, joyful, joyous, jubilant, merry, mirthful, playful, sportive, sprightly, upbeat (Inf.)

jolt
- v. ① jar, jerk, jog, jostle, knock, push, shake, shove ② astonish, discompose, disturb, perturb, stagger, startle, stun, surprise, upset
- n. ③ bump, jar, jerk, jog, lurch, quiver, shake, start ④ blow, bolt from the blue, bombshell, reversal, setback, shock, surprise, thunderbolt

jostle bump, butt, crowd, elbow, hustle, jog, joggle, jolt, press, push, scramble, shake, shove, squeeze, throng, thrust

journal 1 chronicle, daily, gazette, magazine, monthly, newspaper, paper, periodical, record, register, review, tabloid, weekly 2 chronicle, commonplace book, daybook, diary, log, record

journalist broadcaster, columnist, commentator, contributor, correspondent, hack, journo (Sl.), newsman, newspaperman, pressman, reporter, scribe (Inf.), stringer

journey 1 n. excursion, expedition, jaunt, odyssey, outing, passage, peregrination, pilgrimage, progress, ramble, tour, travel, trek, trip, voyage 2 v. fare, fly, go, peregrinate, proceed, ramble, range, roam, rove, tour, travel, traverse, trek, voyage, wander, wend

jovial airy, animated, blithe, buoyant, cheery, convivial, cordial, gay, glad, happy, hilarious, jocose, jocund, jolly, jubilant, merry, mirthful

joy 1 bliss, delight, ecstasy, elation, exaltation, exultation, felicity, festivity, gaiety, gladness, glee, hilarity, pleasure, rapture, ravishment, satisfaction, transport 2 charm, delight, gem, jewel, pride, prize, treasure, treat, wonder

joyful blithesome, cock-a-hoop, delighted, elated, enraptured, glad, gladsome (Archaic), gratified, happy, jocund, jolly, jovial, jubilant, light-hearted, merry, over the moon (Inf.), pleased, rapt, satisfied

joyless cheerless, dejected, depressed, dismal, dispirited, downcast, dreary, gloomy, miserable, sad, unhappy

joyous cheerful, festive, heartening, joyful, merry, rapturous

jubilant cock-a-hoop, elated, enraptured, euphoric, excited, exuberant, exultant, glad, joyous, overjoyed, over the moon (Inf.), rejoicing, rhapsodic, thrilled, triumphal, triumphant

jubilation celebration, ecstasy, elation, excitement, exultation, festivity, jamboree, joy, jubilee, triumph

jubilee carnival, celebration, festival, festivity, fête, gala, holiday

judge
- n. 1 adjudicator, arbiter, arbitrator, moderator, referee, umpire 2 appraiser, arbiter, assessor, authority, connoisseur, critic, evaluator, expert 3 beak (Brit. sl.), justice, magistrate
- v. 4 adjudge, adjudicate, arbitrate, ascertain, conclude, decide, determine, discern, distinguish, mediate, referee, umpire 5 appraise, appreciate, assess, consider, criticize, esteem, estimate, evaluate, examine, rate, review, value 6 adjudge, condemn, decree, doom, find, pass sentence, pronounce sentence, rule, sentence, sit, try

judg(e)ment 1 acumen, common sense, discernment, discrimination, intelligence, penetration, percipience, perspicacity, prudence, sagacity, sense, shrewdness, smarts (Sl., chiefly U.S.), taste, understanding, wisdom 2 arbitration, award, conclusion, decision, decree, determination, finding, order, result, ruling, sentence, verdict 3 appraisal, assessment, belief, conviction, deduction, diagnosis, estimate, finding, opinion, valuation, view 4 damnation, doom, fate, misfortune, punishment, retribution

judicial 1 judiciary, juridical, legal, official 2 discriminating, distinguished, impartial, judgelike, magisterial, magistral

judicious acute, astute, careful, cautious, circumspect, considered, diplomatic, discerning, discreet, discriminating, enlightened, expedient, informed, politic, prudent, rational, reasonable, sagacious, sage, sane, sapient, sensible, shrewd, skilful, sober, sound, thoughtful, well-advised, well-judged, wise

jug carafe, container, crock, ewer, jar, pitcher, urn, vessel

juggle alter, change, disguise, doctor (Inf.), falsify, fix (Inf.), manipulate, manoeuvre, misrepresent, modify, tamper with

juice extract, fluid, liquid, liquor, nectar, sap, secretion, serum

juicy 1 lush, moist, sappy, succulent, watery 2 colourful, interesting, provocative, racy, risqué, sensational, spicy (Inf.), suggestive, vivid

jumble 1 v. confound, confuse, disarrange, dishevel, disorder, disorganize, entangle, mistake, mix, muddle, ravel, shuffle, tangle 2 n. chaos, clutter, confusion, disarrangement, disarray, disorder, farrago, gallimaufry, hodgepodge, hotchpotch (U.S.), litter, medley, mélange, mess, miscellany, mishmash, mixture, muddle, pig's breakfast (Inf.)

jumbo elephantine, giant, gigantic, ginormous (Inf.), huge, humongous or humungous (U.S. sl.), immense, large, mega (Inf.), oversized

jump
- v. 1 bounce, bound, caper, clear, gambol, hop, hurdle, leap, skip, spring, vault 2 flinch, jerk, recoil, start, wince 3 avoid, digress, evade, miss, omit, overshoot, skip, switch 4 advance, ascend, boost, escalate, gain, hike, increase, mount, rise, surge
- n. 5 bound, buck, caper, hop, leap, skip, spring, vault 6 barricade, barrier, fence, hurdle, impediment, obstacle, rail 7 breach, break, gap, hiatus, interruption, lacuna, space 8 advance, augmentation, boost, increase, increment, rise, upsurge, upturn 9 jar, jerk, jolt, lurch, shock, start, swerve, twitch, wrench

jumper jersey, pullover, sweater, woolly

jumpy agitated, anxious, apprehensive, fidgety, hyper (Inf.), jittery (Inf.), nervous, on edge, restless, shaky, tense, timorous, twitchy (Inf.), wired (Sl.)

junction alliance, combination, connection, coupling, joint, juncture, linking, seam, union

juncture 1 conjuncture, contingency, crisis, crux, emergency, exigency, moment, occasion, point, predicament, strait, time 2 bond, connection, convergence, edge, intersection, junction, link, seam, weld

junior inferior, lesser, lower, minor, secondary, subordinate, younger

junk clutter, debris, dreck (Sl., chiefly U.S.), leavings, litter, oddments, odds and ends, refuse, rubbish, rummage, scrap, trash, waste

jurisdiction 1 authority, command, control, dominion, influence, power, prerogative, rule, say, sway 2 area, bounds, circuit, compass, district, dominion, field, orbit, province, range, scope, sphere, zone

just¹ adv. 1 absolutely, completely, entirely, exactly, perfectly, precisely 2 hardly, lately, only now, recently, scarcely 3 at most, but, merely, no more than, nothing but, only, simply, solely

just² adj. 1 blameless, conscientious, decent, equitable, fair, fairminded, good, honest, honourable, impartial, lawful, pure, right, righteous, unbiased, upright, virtuous 2 accurate, correct, exact, faithful, normal, precise, proper, regular, sound, true 3 appropriate, apt, condign, deserved, due, fitting, justified, legitimate, merited, proper, reasonable, rightful, suitable, well-deserved

justice 1 equity, fairness, honesty, impartiality, integrity, justness, law, legality, legitimacy, reasonableness, rectitude, right 2 amends, compensation, correction, penalty, recompense, redress, reparation 3 judge, magistrate

justifiable acceptable, defensible, excusable, fit, lawful, legitimate, proper, reasonable, right, sound, tenable, understandable, valid, vindicable, warrantable, well-founded

justification 1 absolution, apology, approval, defence, exculpation, excuse, exoneration, explanation, extenuation, plea, rationalization, vindication 2 basis, defence, grounds, plea, reason, warrant

justify absolve, acquit, approve, confirm, defend, establish, exculpate, excuse, exonerate, explain, legalize, legitimize, maintain, substantiate, support, sustain, uphold, validate, vindicate, warrant

justly accurately, correctly, equally, equitably, fairly, honestly, impartially, lawfully, properly

jut bulge, extend, impend, overhang, poke, project, protrude, stick out

juvenile 1 n. adolescent, boy, child, girl, infant, minor, youth 2 adj. babyish, boyish, callow, childish, girlish, immature, inexperienced, infantile, jejune, puerile, undeveloped, unsophisticated, young, youthful

juxtaposition adjacency, closeness, contact, contiguity, nearness, propinquity, proximity, vicinity

K

keen 1 ardent, avid, devoted to, eager, earnest, ebullient, enthusiastic, fervid, fierce, fond of, impassioned, intense, into (Inf.), zealous 2 acid, acute, biting, caustic, cutting, edged, finely honed, incisive, penetrating, piercing, pointed, razorlike, sardonic, satirical, sharp, tart, trenchant, vitriolic 3 astute, brilliant, canny, clever, discerning, discriminating, perceptive, perspicacious, quick, sagacious, sapient, sensitive, shrewd, wise

keenness 1 ardour, avidity, avidness, diligence, eagerness, earnestness, ebullience, enthusiasm, fervour, impatience, intensity, passion, zeal, zest 2 acerbity, harshness, incisiveness, mordancy, penetration, pungency, rigour, severity, sharpness, sternness, trenchancy, unkindness, virulence 3 astuteness, canniness, cleverness, discernment, insight, sagacity, sapience, sensitivity, shrewdness, wisdom

keep
- v. 1 conserve, control, hold, maintain, possess, preserve, retain 2 accumulate, amass, carry, deal in, deposit, furnish, garner, heap, hold, pile, place, stack, stock, store, trade in 3 care for, defend, guard, look after, maintain, manage, mind, operate, protect, safeguard, shelter, shield, tend, watch over 4 board, feed, foster, maintain, nourish, nurture, provide for, provision, subsidize, support, sustain, victual 5 accompany, associate with, consort with, fraternize with 6 arrest, block, check, constrain, curb, delay, detain, deter, hamper, hamstring, hinder, hold, hold back, impede, inhibit, keep back, limit, obstruct, prevent, restrain, retard, shackle, stall, withhold 7 adhere to, celebrate, commemorate, comply with, fulfil, hold, honour, obey, observe, perform, respect, ritualize, solemnize
- n. 8 board, food, livelihood, living, maintenance, means, nourishment, subsistence, support 9 castle, citadel, donjon, dungeon, fastness, stronghold, tower

keep at be steadfast, carry on, complete, continue, drudge, endure, finish, grind, labour, last, maintain, persevere, persist, remain, slave, stay, stick, toil

keep back 1 check, constrain, control, curb, delay, hold back, limit, prohibit, restrain, restrict, retard, withhold 2 censor, conceal, hide, reserve, suppress, withhold

keeper attendant, caretaker, curator, custodian, defender, gaoler, governor, guard, guardian, jailer, overseer, preserver, steward, superintendent, warden, warder

keeping 1 aegis, auspices, care, charge, custody, guardianship, keep, maintenance, patronage, possession, protection, safekeeping, trust 2 accord, agreement, balance, compliance, conformity, congruity, consistency, correspondence, harmony, observance, proportion

keep on carry on, continue, endure, last, persevere, persist, prolong, remain

keepsake emblem, favour, memento, relic, remembrance, reminder, souvenir, symbol, token

keep up balance, compete, contend, continue, emulate, keep pace, maintain, match, persevere, preserve, rival, sustain, vie

keg barrel, cask, drum, firkin, hogshead, tun, vat

kernel core, essence, germ, gist, grain, marrow, nub, pith, seed, substance

key
- n. 1 latchkey, opener 2 (Fig.) answer, clue, cue, explanation, guide, indicator, interpretation, lead, means, pointer, sign, solution, translation
- adj. 3 basic, chief, crucial, decisive, essential, fundamental, important, leading, main, major, pivotal, principal

keynote centre, core, essence, gist, heart, kernel, marrow, pith, substance, theme

kick
- v. 1 boot, punt 2 (Fig.) complain, gripe (Inf.), grumble, object, oppose, protest, rebel, resist, spurn 3 (Inf.) abandon, desist from, give up, leave off, quit, stop
- n. 4 force, intensity, pep, power, punch, pungency, snap (Inf.), sparkle, strength, tang, verve, vitality, zest 5 buzz (Sl.), enjoyment, excitement, fun, gratification, jollies (Sl.), pleasure, stimulation, thrill

kick-off n. beginning, commencement, opening, outset, start

kick off v. begin, commence, get under way, initiate, kick-start, open, start

kick out discharge, dismiss, eject, evict, expel, kiss off (Sl., chiefly U.S. & Canad.), get rid of, give the bum's rush (Sl.), oust, reject, remove, sack

kid ① n. ankle-biter (Aust. sl.), baby, bairn, boy, child, girl, infant, lad, lass, little one, rug rat (Sl.), sprog (Sl.), stripling, teenager, tot, youngster, youth ② v. bamboozle, beguile, cozen, delude, fool, gull (Archaic), hoax, hoodwink, jest, joke, mock, plague, pretend, rag (Brit.), ridicule, tease, trick, wind up (Brit. sl.)

kidnap abduct, capture, hijack, hold to ransom, remove, seize, steal

kill ① annihilate, assassinate, blow away (Sl., chiefly U.S.), bump off (Sl.), butcher, destroy, dispatch, do away with, do in (Sl.), eradicate, execute, exterminate, extirpate, knock off (Sl.), liquidate, massacre, murder, neutralize, obliterate, slaughter, slay, take out (Sl.), take (someone's) life, waste (Inf.) ② (Fig.) cancel, cease, deaden, defeat, extinguish, halt, quash, quell, ruin, scotch, smother, stifle, still, stop, suppress, veto

killer assassin, butcher, cutthroat, destroyer, executioner, exterminator, gunman, hit man (Sl.), liquidator, murderer, slaughterer, slayer

killing
- n. ① bloodshed, carnage, execution, extermination, fatality, homicide, manslaughter, massacre, murder, slaughter, slaying ② (Inf.) bomb (Sl.), bonanza, cleanup (Inf.), coup, gain, profit, success, windfall
- adj. ③ deadly, death-dealing, deathly, fatal, lethal, mortal, murderous ④ (Inf.) debilitating, enervating, exhausting, fatiguing, punishing, tiring ⑤ (Inf.) absurd, amusing, comical, hilarious, ludicrous, uproarious

killjoy dampener, damper, spoilsport, wet blanket (Inf.)

kin
- n. ① affinity, blood, connection, consanguinity, extraction, kinship, lineage, relationship, stock ② connections, family, kindred, kinsfolk, kinsmen, kith, people, relations, relatives
- adj. ③ akin, allied, close, cognate, consanguine, consanguineous, kindred, near, related

kind
- n. ① brand, breed, class, family, genus, ilk, race, set, sort, species, stamp, variety ② character, description, essence, habit, manner, mould, nature, persuasion, sort, style, temperament, type
- adj. ③ affectionate, amiable, amicable, beneficent, benevolent, benign, bounteous, charitable, clement, compassionate, congenial, considerate, cordial, courteous, friendly, generous, gentle, good, gracious, humane, indulgent, kind-hearted, kindly, lenient, loving, mild, neighbourly, obliging, philanthropic, propitious, sympathetic, tender-hearted, thoughtful, understanding

kind-hearted altruistic, amicable, compassionate, considerate, generous, good-natured, gracious, helpful, humane, kind, sympathetic, tender-hearted

kindle ① fire, ignite, inflame, light, set fire to ② (Fig.) agitate, animate, arouse, awaken, bestir, enkindle, exasperate, excite, foment, incite, induce, inflame, inspire, provoke, rouse, sharpen, stimulate, stir, thrill

kindliness amiability, beneficence, benevolence, benignity, charity, compassion, friendliness, gentleness, humanity, kind-heartedness, kindness, sympathy

kindly ① adj. affable, beneficial, benevolent, benign, compassionate, cordial, favourable, genial, gentle, good-natured, hearty, helpful, kind, mild, pleasant, polite, sympathetic, warm ② adv. agreeably, cordially, graciously, politely, tenderly, thoughtfully

kindness ① affection, amiability, beneficence, benevolence, charity, clemency, compassion, decency, fellow-feeling, generosity, gentleness, goodness, good will, grace, hospitality, humanity, indulgence, kindliness, magnanimity, patience, philanthropy, tenderness, tolerance, understanding ② aid, assistance, benefaction, bounty, favour, generosity, good deed, help, service

kindred
- n. ① affinity, consanguinity, relationship ② connections, family, flesh, kin, kinsfolk, kinsmen, lineage, relations, relatives
- adj. ③ affiliated, akin, allied, cognate, congenial, corresponding, kin, like, matching, related, similar

king crowned head, emperor, majesty, monarch, overlord, prince, ruler, sovereign

kingdom ① dominion, dynasty, empire, monarchy, realm, reign, sovereignty ② commonwealth, county, division, nation, province, state, territory, tract ③ area, domain, field, province, sphere, territory

kink ① bend, coil, corkscrew, crimp, entanglement, frizz, knot, tangle, twist, wrinkle ② cramp, crick, pang, pinch, spasm, stab, tweak, twinge ③ complication, defect, difficulty, flaw, hitch, imperfection, knot, tangle ④ crotchet, eccentricity, fetish, foible, idiosyncrasy, quirk, singularity, vagary, whim

kinky ① bizarre, eccentric, odd, oddball (Inf.), off-the-wall (Sl.), outlandish, outré, peculiar, queer, quirky, strange, unconventional, wacko (Sl.), weird ② degenerated, depraved, deviant, licentious, perverted, pervy (Sl.), unnatural, warped ③ coiled, crimped, curled, curly, frizzled, frizzy, tangled, twisted

kinship ① blood relationship, consanguinity, kin, relation, ties of blood ② affinity, alliance, association, bearing, connection, correspondence, relationship, similarity

kinsman blood relative, fellow clansman, fellow tribesman, relation, relative

kiosk bookstall, booth, counter, newsstand, stall, stand

kiss
- v. ① buss (Archaic), canoodle (Sl.), greet, neck (Inf.), osculate, peck (Inf.), salute, smooch (Inf.) ② brush, caress, glance, graze, scrape, touch
- n. ③ buss (Archaic), osculation, peck (Inf.), smacker (Sl.)

kit accoutrements, apparatus, effects, equipment, gear, impedimenta, implements, instruments, outfit, paraphernalia, provisions, rig, supplies, tackle, tools, trappings, utensils

kitchen cookhouse, galley, kitchenette

knack ability, adroitness, aptitude, bent, capacity, dexterity, expertise, expertness, facility, flair, forte, genius, gift, handiness, ingenuity, propensity, quickness, skilfulness, skill, talent, trick

knave blackguard, bounder (Old-fashioned Brit. sl.), cheat, cocksucker (Taboo sl.), rapscallion, rascal, reprobate, rogue, rotter (Sl., chiefly Brit.), scally (Northwest English dialect), scallywag (Inf.), scamp, scapegrace, scoundrel, scumbag (Sl.), swindler, varlet (Archaic), villain

knavery chicanery, corruption, deceit, deception, dishonesty, double-dealing, duplicity, fraud, imposture, rascality, roguery, trickery, villainy

knead blend, form, manipulate, massage, mould, press, rub, shape, squeeze, stroke, work

kneel bow, bow down, curtsey, curtsy, genuflect, get down on one's knees, kowtow, make obeisance, stoop

knell ① v. announce, chime, herald, peal, resound, ring, sound, toll ② n. chime, peal, ringing, sound, toll

knickers bloomers, briefs, drawers, panties, smalls, underwear

knick-knack bagatelle, bauble, bibelot, bric-a-brac, gewgaw, gimcrack, kickshaw, plaything, trifle, trinket

knife ① n. blade, cutter, cutting tool ② v. cut, impale, lacerate, pierce, slash, stab, wound

knit ① affix, ally, bind, connect, contract, fasten, heal, interlace, intertwine, join, link, loop, mend, secure, tie, unite, weave ② crease, furrow, knot, wrinkle, pucker

knob boss, bulk, bump, bunch, hump, knot, knurl, lump, nub, projection, protrusion, protuberance, snag, stud, swell, swelling, tumour

knock
- v. ① belt (Inf.), buffet, chin (Sl.), clap, cuff, deck (Sl.), hit, lay one on (Sl.), punch, rap, slap, smack, smite (Archaic), strike, thump, thwack
- n. ② belt (Inf.), blow, box, clip, clout (Inf.), cuff, hammering, rap, slap, smack, thump
- v. ③ (Inf.) abuse, asperse, belittle, carp, cavil, censure, condemn, criticize, deprecate, disparage, find fault, lambast(e), run down, slag (off) (Sl.), slam (Sl.)
- n. ④ blame, censure, condemnation, criticism, defeat, failure, heat (Sl., chiefly U.S. & Canad.), rebuff, rejection, reversal, setback, slagging (off) (Sl.), stick (Sl.), stricture

knock about or **around** ① ramble, range, roam, rove, traipse, travel, wander ② abuse, batter, beat up (Inf.), bruise, buffet, clobber (Sl.), damage, hit, hurt, lambast(e), maltreat, manhandle, maul, mistreat, strike, wound

knock down batter, clout (Inf.), demolish, destroy, fell, floor, level, pound, raze, smash, wallop (Inf.), wreck

knock off ① clock off, clock out, complete, conclude, finish, stop work, terminate ② blag (Sl.), cabbage (Brit. sl.), filch, nick (Sl., chiefly Brit.), pilfer, pinch, purloin, rob, steal, thieve ③ assassinate, blow away (Sl., chiefly U.S.), bump off (Sl.), do away with, do in (Sl.), kill, liquidate, murder, slay, take out (Sl.), waste (Inf.)

knockout ① coup de grâce, kayo (Sl.), KO or K.O. (Sl.) ② hit, sensation, smash, smash-hit, stunner (Inf.), success, triumph, winner

knot
- v. ① bind, complicate, entangle, knit, loop, secure, tether, tie, weave
- n. ② bond, bow, braid, connection, joint, ligature, loop, rosette, tie ③ aggregation, bunch, clump, cluster, collection, heap, mass, pile, tuft ④ assemblage, band, circle, clique, company, crew (Inf.), crowd, gang, group, mob, pack, set, squad

know ① apprehend, comprehend, experience, fathom, feel certain, ken (Scot.), learn, notice, perceive, realize, recognize, see, undergo, understand ② associate with, be acquainted with, be familiar with, fraternize with, have dealings with, have knowledge of, recognize ③ differentiate, discern, distinguish, identify, make out, perceive, recognize, see, tell

know-how ability, adroitness, aptitude, capability, craft, dexterity, experience, expertise, faculty, flair, ingenuity, knack, knowledge, proficiency, savoir-faire, skill, talent

knowing ① astute, clever, clued-up (Inf.), competent, discerning, experienced, expert, intelligent, qualified, skilful, well-informed ② acute, cunning, eloquent, expressive, meaningful, perceptive, sagacious, shrewd, significant ③ aware, conscious, deliberate, intended, intentional

knowingly consciously, deliberately, intentionally, on purpose, purposely, wilfully, wittingly

knowledge ① education, enlightenment, erudition, instruction, intelligence, learning, scholarship, schooling, science, tuition, wisdom ② ability, apprehension, cognition, comprehension, consciousness, discernment, grasp, judg(e)ment, recognition, understanding ③ acquaintance, cognizance, familiarity, information, intimacy, notice

knowledgeable ① acquainted, au courant, au fait, aware, clued-up (Inf.), cognizant, conscious, conversant, experienced, familiar, in the know (Inf.), understanding, well-informed ② educated, erudite, intelligent, learned, lettered, scholarly

known acknowledged, admitted, avowed, celebrated, common, confessed, familiar, famous, manifest, noted, obvious, patent, plain, popular, published, recognized, well-known

knuckle under v. accede, acquiesce, capitulate, give in, give way, submit, succumb, surrender, yield

L

label
- n. ① docket (Chiefly Brit.), flag, marker, sticker, tag, tally, ticket ② characterization, classification, description, epithet ③ brand, company, mark, trademark
- v. ④ docket (Chiefly Brit.), flag, mark, stamp, sticker, tag, tally ⑤ brand, call, characterize, class, classify, define, describe, designate, identify, name

labour
- n. ① industry, toil, work ② employees, hands, labourers, workers, work force, workmen ③ donkey-work, drudgery, effort, exertion, grind (Inf.), industry, pains, painstaking, sweat (Inf.), toil, travail ④ chore, job, task, undertaking ⑤ childbirth, contractions, delivery, labour pains, pains, parturition, throes, travail
- v. ⑥ drudge, endeavour, grind (Inf.), peg along or away (Chiefly Brit.), plod, plug along or away (Inf.), slave, strive, struggle, sweat (Inf.), toil, travail, work ⑦ (Usually with **under**) be a victim of, be burdened by, be disadvantaged, suffer ⑧ dwell on, elaborate, make a federal case of (U.S. inf.), make a production (out) of (Inf.), overdo, overemphasize, strain ⑨ (Of a ship) heave, pitch, roll, toss

laboured [1] awkward, difficult, forced, heavy, stiff, strained [2] affected, contrived, overdone, overwrought, ponderous, studied, unnatural

labourer blue-collar worker, drudge, hand, labouring man, manual worker, navvy (Brit. inf.), unskilled worker, worker, working man, workman

labyrinth coil, complexity, complication, convolution, entanglement, intricacy, jungle, knotty problem, maze, perplexity, puzzle, riddle, snarl, tangle, windings

lace
- n. [1] filigree, netting, openwork, tatting [2] bootlace, cord, shoelace, string, thong, tie
- v. [3] attach, bind, close, do up, fasten, intertwine, interweave, thread, tie, twine [4] add to, fortify, mix in, spike

lacerate [1] claw, cut, gash, jag, maim, mangle, rend, rip, slash, tear, wound [2] (Fig.) afflict, distress, harrow, rend, torment, torture, wound

lachrymose crying, dolorous, lugubrious, mournful, sad, tearful, weeping, weepy (Inf.), woeful

lack [1] n. absence, dearth, deficiency, deprivation, destitution, insufficiency, need, privation, scantiness, scarcity, shortage, shortcoming, shortness, want [2] v. be deficient in, be short of, be without, miss, need, require, want

lackadaisical [1] apathetic, dull, enervated, half-arsed, half-assed (U.S. & Canad. sl.), half-hearted, indifferent, languid, languorous, lethargic, limp, listless, spiritless [2] abstracted, dreamy, idle, indolent, inert, lazy

lackey [1] ass-kisser (U.S. & Canad. taboo sl.), brown-noser (Taboo sl.), creature, fawner, flatterer, flunky, hanger-on, instrument, menial, minion, parasite, pawn, sycophant, toady, tool, yes man [2] attendant, flunky, footman, manservant, valet, varlet (Archaic)

lacking defective, deficient, flawed, impaired, inadequate, minus (Inf.), missing, needing, sans (Archaic), wanting, without

lacklustre boring, dim, drab, dry, dull, flat, leaden, lifeless, lustreless, muted, prosaic, sombre, unimaginative, uninspired, vapid

laconic brief, compact, concise, crisp, curt, pithy, sententious, short, succinct, terse, to the point

lad boy, chap (Inf.), fellow, guy (Inf.), juvenile, kid (Inf.), laddie (Scot.), schoolboy, shaver (Inf.), stripling, youngster, youth

laden burdened, charged, encumbered, fraught, full, hampered, loaded, oppressed, taxed, weighed down, weighted

ladykiller Casanova, Don Juan, heartbreaker, ladies' man, libertine, Lothario, philanderer, rake, roué, wolf (Inf.), womanizer

ladylike courtly, cultured, decorous, elegant, genteel, modest, polite, proper, refined, respectable, well-bred

lag [1] be behind, dawdle, delay, drag (behind), drag one's feet (Inf.), hang back, idle, linger, loiter, saunter, straggle, tarry, trail [2] decrease, diminish, ebb, fail, fall off, flag, lose strength, slacken, wane

laggard dawdler, idler, lingerer, loafer, loiterer, lounger, saunterer, skiver (Brit. sl.), slowcoach (Brit. inf.), slowpoke (U.S. & Canad. inf.), sluggard, snail, straggler

laid-back at ease, casual, easy-going, easy-oasy (Sl.), free and easy, relaxed, together (Sl.), unflappable (Inf.), unhurried

lair [1] burrow, den, earth, form, hole, nest, resting place [2] (Inf.) den, hide-out, refuge, retreat, sanctuary

lame [1] crippled, defective, disabled, game, halt (Archaic), handicapped, hobbling, limping [2] (Fig.) feeble, flimsy, inadequate, insufficient, pathetic, poor, thin, unconvincing, unsatisfactory, weak

lament
- v. [1] bemoan, bewail, complain, deplore, grieve, mourn, regret, sorrow, wail, weep
- n. [2] complaint, keening, lamentation, moan, moaning, plaint, ululation, wail, wailing [3] coronach (Scot. & Irish), dirge, elegy, monody, requiem, threnody

lamentable [1] deplorable, distressing, grievous, harrowing, mournful, regrettable, sorrowful, tragic, unfortunate, woeful [2] low, meagre, mean, miserable, pitiful, poor, unsatisfactory, wretched

lamentation dirge, grief, grieving, keening, lament, moan, mourning, plaint, sobbing, sorrow, ululation, wailing, weeping

lampoon [1] n. burlesque, caricature, parody, pasquinade, satire, send-up (Brit. inf.), skit, squib, takeoff (Inf.) [2] v. burlesque, caricature, make fun of, mock, parody, pasquinade, ridicule, satirize, send up (Brit. inf.), squib, take off (Inf.)

land
- n. [1] dry land, earth, ground, terra firma [2] dirt, ground, loam, soil [3] countryside, farming, farmland, rural districts [4] acres, estate, grounds, property, real property, realty [5] country, district, fatherland, motherland, nation, province, region, territory, tract
- v. [6] alight, arrive, berth, come to rest, debark, disembark, dock, touch down [7] (Sometimes with **up**) arrive, bring, carry, cause, end up, lead, turn up, wind up [8] (Inf.) acquire, gain, get, obtain, score (Sl.), secure, win

landlord [1] host, hotelier, hotel-keeper, innkeeper [2] freeholder, lessor, owner, proprietor

landmark [1] feature, monument [2] crisis, milestone, turning point, watershed [3] benchmark, boundary, cairn, milepost, signpost

landscape countryside, outlook, panorama, prospect, scene, scenery, view, vista

landslide [1] n. avalanche, landslip, rockfall [2] adj. decisive, overwhelming, runaway

language [1] communication, conversation, discourse, expression, interchange, parlance, speech, talk, utterance, verbalization, vocalization [2] argot, cant, dialect, idiom, jargon, lingo (Inf.), lingua franca, patois, speech, terminology, tongue, vernacular, vocabulary [3] diction, expression, phraseology, phrasing, style, wording

languid [1] drooping, faint, feeble, languorous, limp, pining, sickly, weak, weary [2] indifferent, lackadaisical, languorous, lazy, listless, spiritless, unenthusiastic, uninterested [3] dull, heavy, inactive, inert, lethargic, sluggish, torpid

languish [1] decline, droop, fade, fail, faint, flag, sicken, waste, weaken, wilt, wither [2] (Often with **for**) desire, eat one's heart out over, hanker, hunger, long, pine, sigh, want, yearn [3] be abandoned, be disregarded, be neglected, rot, suffer, waste away [4] brood, despond, grieve, repine, sorrow

languishing [1] declining, deteriorating, drooping, droopy, fading, failing, flagging, sickening, sinking, wasting away, weak, weakening, wilting, withering [2] dreamy, longing, lovelorn, lovesick, melancholic, nostalgic, pensive, pining, soulful, tender, wistful, woebegone, yearning

lank [1] dull, lifeless, limp, long, lustreless, straggling [2] attenuated, emaciated, gaunt, lanky, lean, rawboned, scraggy, scrawny, skinny, slender, slim, spare, thin

lanky angular, bony, gangling, gaunt, loose-jointed, rangy, rawboned, scraggy, scrawny, spare, tall, thin, weedy (Inf.)

lap¹ circle, circuit, course, distance, loop, orbit, round, tour

lap² [1] gurgle, plash, purl, ripple, slap, splash, swish, wash [2] drink, lick, sip, sup

lap³ cover, enfold, envelop, fold, swaddle, swathe, turn, twist, wrap

lapse
- n. [1] error, failing, fault, indiscretion, mistake, negligence, omission, oversight, slip [2] break, gap, intermission, interruption, interval, lull, passage, pause [3] backsliding, decline, descent, deterioration, drop, fall, relapse
- v. [4] decline, degenerate, deteriorate, drop, fail, fall, sink, slide, slip [5] become obsolete, become void, end, expire, run out, stop, terminate

lapsed [1] discontinued, ended, expired, finished, invalid, out of date, run out, unrenewed [2] backsliding, lacking faith, nonpractising

large [1] big, bulky, colossal, considerable, elephantine, enormous, giant, gigantic, ginormous (Inf.), goodly, great, huge, humongous or humungous (U.S. sl.), immense, jumbo (Inf.), king-size, man-size, massive, mega (Sl.), monumental, sizable, substantial, tidy (Inf.), vast [2] abundant, ample, broad, capacious, comprehensive, copious, extensive, full, generous, grand, grandiose, liberal, plentiful, roomy, spacious, sweeping, wide [3] **at large a** at liberty, free, on the loose, on the run, roaming, unconfined **b** as a whole, chiefly, generally, in general, in the main, mainly **c** at length, considerably, exhaustively, greatly, in full detail

largely as a rule, by and large, chiefly, considerably, extensively, generally, mainly, mostly, predominantly, primarily, principally, to a great extent, widely

large-scale broad, extensive, far-reaching, global, sweeping, vast, wholesale, wide, wide-ranging

largesse [1] alms-giving, benefaction, bounty, charity, generosity, liberality, munificence, open-handedness, philanthropy [2] bequest, bounty, donation, endowment, gift, grant, present

lark [1] n. antic, caper, escapade, fling, frolic, fun, gambol, game, jape, mischief, prank, revel, rollick, romp, skylark, spree [2] v. caper, cavort, cut capers, frolic, gambol, have fun, make mischief, play, rollick, romp, sport

lash
- n. [1] blow, hit, stripe, stroke, swipe (Inf.)
- v. [2] beat, birch, chastise, flagellate, flog, horsewhip, lam (Sl.), lambast(e), scourge, thrash, whip [3] beat, buffet, dash, drum, hammer, hit, knock, lambast(e), larrup (Dialect), pound, punch, smack, strike [4] attack, belabour, berate, blast, castigate, censure, criticize, flay, lambast(e), lampoon, put down, ridicule, satirize, scold, tear into (Inf.), upbraid [5] bind, fasten, join, make fast, rope, secure, strap, tie

lass bird (Sl.), chick (Sl.), colleen (Irish), damsel, girl, lassie (Inf.), maid, maiden, miss, schoolgirl, wench (Facetious), young woman

last¹
- adj. [1] aftermost, at the end, hindmost, rearmost [2] latest, most recent [3] closing, concluding, extreme, final, furthest, remotest, terminal, ultimate, utmost
- adv. [4] after, behind, bringing up the rear, in or at the end, in the rear
- n. [5] close, completion, conclusion, end, ending, finale, finish, termination [6] **at last** at length, eventually, finally, in conclusion, in the end, ultimately

last² v. abide, carry on, continue, endure, hold on, hold out, keep, keep on, persist, remain, stand up, survive, wear

last-ditch all-out (Inf.), desperate, final, frantic, heroic, straining, struggling

lasting abiding, continuing, deep-rooted, durable, enduring, eternal, indelible, lifelong, long-standing, long-term, perennial, permanent, perpetual, unceasing, undying, unending

lastly after all, all in all, at last, finally, in conclusion, in the end, to conclude, to sum up, ultimately

latch [1] n. bar, bolt, catch, clamp, fastening, hasp, hook, lock, sneck (Dialect) [2] v. bar, bolt, fasten, lock, make fast, secure, sneck (Dialect)

late
- adj. [1] behind, behindhand, belated, delayed, last-minute, overdue, slow, tardy, unpunctual [2] advanced, fresh, modern, new, recent [3] dead, deceased, defunct, departed, ex-, former, old, past, preceding, previous
- adv. [4] at the last minute, behindhand, behind time, belatedly, dilatorily, slowly, tardily, unpunctually

lately in recent times, just now, latterly, not long ago, of late, recently

lateness advanced hour, belatedness, delay, late date, retardation, tardiness, unpunctuality

later adv. after, afterwards, by and by, in a while, in time, later on, next, subsequently, thereafter

lateral edgeways, flanking, side, sideward, sideways

latest adj. current, fashionable, happening (Inf.), in, modern, most recent, newest, now, up-to-date, up-to-the-minute, with it (Inf.)

lather
- n. [1] bubbles, foam, froth, soap, soapsuds, suds [2] (Inf.) dither (Chiefly Brit.), fever, flap (Inf.), fluster, fuss, pother, state (Inf.), stew (Inf.), sweat, tizzy (Inf.), twitter (Inf.)
- v. [3] foam, froth, soap [4] (Inf.) beat, cane, drub, flog, lambast(e), strike, thrash, whip

latitude [1] breadth, compass, extent, range, reach, room, scope, space, span, spread, sweep, width [2] elbowroom, freedom, indulgence, laxity, leeway, liberty, licence, play, unrestrictedness

latter closing, concluding, last, last-mentioned, later, latest, modern, recent, second

latterly hitherto, lately, of late, recently

lattice fretwork, grating, grid, grille, latticework, mesh, network, openwork, reticulation, tracery, trellis, web

laudable admirable, commendable, creditable, estimable, excellent, meritorious, of note, praiseworthy, worthy

laudatory acclamatory, adulatory, approbatory, approving, commendatory, complimentary, eulogistic, panegyrical

laugh
- v. [1] be convulsed (Inf.), be in stitches, bust a gut (Inf.), chortle, chuckle, crack up (Inf.), crease up (Inf.), giggle, guffaw, roar with laughter, snigger, split one's sides, titter [2] **laugh at** belittle, deride, jeer, lampoon, make a mock of, make fun of, mock, ridicule, scoff at, take the mickey (out of) (Inf.), taunt
- n. [3] belly laugh (Inf.), chortle, chuckle, giggle, guffaw, roar or shriek of laughter, snigger, titter [4] (Inf.) card (Inf.), caution (Inf.), clown, comedian, comic, entertainer, hoot (Inf.), humorist, joke, lark, scream (Inf.), wag, wit

laughable [1] absurd, derisive, derisory, ludicrous, nonsensical, preposterous, ridiculous, worthy of scorn [2] amusing, comical, diverting, droll, farcical, funny, hilarious, humorous, mirthful, risible

laugh off brush aside, dismiss, disregard, ignore, minimize, pooh-pooh, shrug off

laughter [1] cachinnation, chortling, chuckling, giggling, guffawing, laughing, tittering [2] amusement, glee, hilarity, merriment, mirth

launch [1] cast, discharge, dispatch, fire, project, propel, send off, set afloat, set in motion, throw [2] begin, commence, embark upon, inaugurate, initiate, instigate, introduce, open, start

laurels acclaim, awards, bays, Brownie points, commendation, credit, distinction, fame, glory, honour, kudos, praise, prestige, recognition, renown, reward

lavatory bathroom, bog (Sl.), can (U.S. & Canad. sl.), cloakroom (Brit.), crapper (Taboo sl.), Gents, head(s) (Nautical sl.), john (Sl., chiefly U.S. & Canad.), khazi (Sl.), Ladies, latrine, little boy's room (Inf.), little girl's room (Inf.), loo (Brit. inf.), pissoir, powder room, (public) convenience, toilet, washroom, water closet, W.C.

lavish
- adj. [1] abundant, copious, exuberant, lush, luxuriant, opulent, plentiful, profuse, prolific, sumptuous [2] bountiful, effusive, free, generous, liberal, munificent, open-handed, unstinting [3] exaggerated, excessive, extravagant, immoderate, improvident, intemperate, prodigal, thriftless, unreasonable, unrestrained, wasteful, wild
- v. [4] deluge, dissipate, expend, heap, pour, shower, spend, squander, waste

law [1] charter, code, constitution, jurisprudence [2] act, canon, code, command, commandment, covenant, decree, demand, edict, enactment, order, ordinance, rule, statute [3] axiom, canon, criterion, formula, precept, principle, regulation, standard [4] **lay down the law** dictate, dogmatize, emphasize, pontificate

law-abiding compliant, dutiful, good, honest, honourable, lawful, obedient, orderly, peaceable, peaceful

lawbreaker convict, criminal, crook (Inf.), culprit, delinquent, felon (Formerly criminal law), miscreant, offender, sinner, transgressor, trespasser, violater, villain, wrongdoer

lawful allowable, authorized, constitutional, just, legal, legalized, legitimate, licit, permissible, proper, rightful, valid, warranted

lawless anarchic, chaotic, disorderly, insubordinate, insurgent, mutinous, rebellious, reckless, riotous, seditious, ungoverned, unrestrained, unruly, wild

lawsuit action, argument, case, cause, contest, dispute, industrial tribunal, litigation, proceedings, prosecution, suit, trial

lawyer advocate, attorney, barrister, counsel, counsellor, legal adviser, solicitor

lax [1] careless, casual, easy-going, easy-oasy (Sl.), lenient, neglectful, negligent, overindulgent, remiss, slack, slapdash, slipshod [2] broad, general, imprecise, inaccurate, indefinite, inexact, nonspecific, shapeless, vague [3] flabby, flaccid, loose, slack, soft, yielding

lay[1] [1] deposit, establish, leave, place, plant, posit, put, set, set down, settle, spread [2] arrange, dispose, locate, organize, position, set out [3] bear, deposit, produce [4] advance, bring forward, lodge, offer, present, put forward, submit [5] allocate, allot, ascribe, assign, attribute, charge, impute [6] concoct, contrive, design, devise, hatch, plan, plot, prepare, work out [7] apply, assess, burden, charge, encumber, impose, saddle, tax [8] bet, gamble, give odds, hazard, risk, stake, wager [9] allay, alleviate, appease, assuage, calm, quiet, relieve, soothe, still, suppress [10] **lay bare** disclose, divulge, explain, expose, reveal, show, unveil [11] **lay hands on** **a** acquire, get, get hold of, grab, grasp, seize **b** assault, attack, beat up, lay into (Inf.), set on **c** discover, find, unearth **d** (Christianity) bless, confirm, consecrate, ordain [12] **lay hold of** get, get hold of, grab, grasp, grip, seize, snatch

lay[2] [1] laic, laical, nonclerical, secular [2] amateur, inexpert, nonprofessional, nonspecialist

layabout beachcomber, couch potato (Sl.), good-for-nothing, idler, laggard, loafer, lounger, ne'er-do-well, shirker, skiver (Brit. sl.), slubberdegullion (Archaic), vagrant, wastrel

lay aside abandon, cast aside, dismiss, postpone, put aside, put off, reject, shelve

lay down [1] discard, drop, give, give up, relinquish, surrender, yield [2] affirm, assume, establish, formulate, ordain, postulate, prescribe, stipulate

layer [1] bed, ply, row, seam, stratum, thickness, tier [2] blanket, coat, coating, cover, covering, film, mantle, sheet

lay in accumulate, amass, build up, collect, hoard, stockpile, stock up, store (up)

lay into assail, attack, belabour, hit out at, lambast(e), let fly at, pitch into (Inf.), set about

layman amateur, lay person, nonprofessional, outsider

lay-off discharge, dismissal, unemployment

lay off [1] discharge, dismiss, drop, let go, make redundant, oust, pay off [2] (Inf.) cease, desist, give it a rest (Inf.), give over (Inf.), give up, leave alone, leave off, let up, quit, stop

lay on [1] cater (for), furnish, give, provide, purvey, supply [2] **lay it on** (Sl.) butter up, exaggerate, flatter, overdo it, overpraise, soft-soap (Inf.)

layout arrangement, design, draft, formation, geography, outline, plan

lay out [1] arrange, design, display, exhibit, plan, spread out [2] (Inf.) disburse, expend, fork out (Sl.), invest, pay, shell out (Inf.), spend [3] (Inf.) kayo (Sl.), knock for six (Inf.), knock out, knock unconscious, KO or K.O. (Sl.)

laziness dilatoriness, do-nothingness, faineance, faineancy, idleness, inactivity, indolence, lackadaisicalness, slackness, sloth, slothfulness, slowness, sluggishness, tardiness

lazy [1] idle, inactive, indolent, inert, remiss, shiftless, slack, slothful, slow, workshy [2] drowsy, languid, languorous, lethargic, sleepy, slow-moving, sluggish, somnolent, torpid

leach drain, extract, filter, filtrate, lixiviate (Chem.), percolate, seep, strain

lead
- v. [1] conduct, escort, guide, pilot, precede, show the way, steer, usher [2] cause, dispose, draw, incline, induce, influence, persuade, prevail, prompt [3] command, direct, govern, head, manage, preside over, supervise [4] be ahead (of), blaze a trail, come first, exceed, excel, outdo, outstrip, surpass, transcend [5] experience, have, live, pass, spend, undergo [6] bring on, cause, conduce, contribute, produce, result in, serve, tend
- n. [7] advance, advantage, cutting edge, edge, first place, margin, precedence, primacy, priority, start, supremacy, van, vanguard [8] direction, example, guidance, leadership, model [9] clue, guide, hint, indication, suggestion, tip, trace [10] leading role, principal, protagonist, star part, title role
- adj. [11] chief, first, foremost, head, leading, main, most important, premier, primary, prime, principal

leader bellwether, boss (Inf.), captain, chief, chieftain, commander, conductor, counsellor, director, guide, head, number one, principal, ringleader, ruler, superior

leadership [1] administration, direction, directorship, domination, guidance, management, running, superintendency [2] authority, command, control, influence, initiative, pre-eminence, supremacy, sway

leading chief, dominant, first, foremost, governing, greatest, highest, main, number one, outstanding, pre-eminent, primary, principal, ruling, superior

lead on beguile, deceive, draw on, entice, inveigle, lure, seduce, string along (Inf.), tempt

lead up to approach, intimate, introduce, make advances, make overtures, pave the way, prepare for, prepare the way, work round to

leaf
- n. [1] blade, bract, flag, foliole, frond, needle, pad [2] folio, page, sheet [3] **turn over a new leaf** amend, begin anew, change, change one's ways, improve, reform
- v. [4] bud, green, put out leaves, turn green [5] browse, flip, glance, riffle, skim, thumb (through)

leaflet advert (Brit. inf.), bill, booklet, brochure, circular, handbill, mailshot, pamphlet

league
- n. [1] alliance, association, band, coalition, combination, combine, compact, confederacy, confederation, consortium, federation, fellowship, fraternity, group, guild, order, partnership, union [2] ability group, category, class, level [3] **in league (with)** allied, collaborating, hand in glove, in cahoots (Inf.), leagued
- v. [4] ally, amalgamate, associate, band, collaborate, combine, confederate, join forces, unite

leak
- n. [1] aperture, chink, crack, crevice, fissure, hole, opening, puncture [2] drip, leakage, leaking, oozing, percolation, seepage [3] disclosure, divulgence
- v. [4] discharge, drip, escape, exude, ooze, pass, percolate, seep, spill, trickle [5] blow wide open (Sl.), disclose, divulge, give away, let slip, let the cat out of the bag, make known, make public, pass on, reveal, spill the beans (Inf.), tell

leaky cracked, holey, leaking, not watertight, perforated, porous, punctured, split, waterlogged

lean[1] v. [1] be supported, prop, recline, repose, rest [2] bend, heel, incline, slant, slope, tilt, tip [3] be disposed to, be prone to, favour, gravitate towards, have a propensity, prefer, tend [4] confide, count on, depend, have faith in, rely, trust

lean[2] adj. [1] angular, bony, emaciated, gaunt, lank, macilent (Rare), rangy, scraggy, scrawny, skinny, slender, slim, spare, thin, unfatty, wiry [2] bare, barren, inadequate, infertile, meagre, pitiful, poor, scanty, sparse, unfruitful, unproductive

leaning aptitude, bent, bias, disposition, inclination, liking, partiality, penchant, predilection, proclivity, proneness, propensity, taste, tendency

leap
- v. [1] bounce, bound, caper, cavort, frisk, gambol, hop, jump, skip, spring [2] (Fig.) arrive at, come to, form hastily, hasten, hurry, jump, reach, rush [3] clear, jump (over), vault [4] advance, become prominent, escalate, gain attention, increase, rocket, soar, surge
- n. [5] bound, caper, frisk, hop, jump, skip, spring, vault [6] escalation, increase, rise, surge, upsurge, upswing

learn [1] acquire, attain, become able, grasp, imbibe, master, pick up [2] commit to memory, con (Archaic), get off pat, get (something) word-perfect, learn by heart, memorize [3] ascertain, detect, determine, discern, discover, find out, gain, gather, hear, suss (out) (Sl.), understand

learned academic, cultured, erudite, experienced, expert, highbrow, intellectual, lettered, literate, scholarly, skilled, versed, well-informed, well-read

learner [1] apprentice, beginner, neophyte, novice, tyro [2] disciple, pupil, scholar, student, trainee

learning acquirements, attainments, culture, education, erudition, information, knowledge, letters, literature, lore, research, scholarship, schooling, study, tuition, wisdom

lease v. charter, hire, let, loan, rent

leash
- n. [1] lead, rein, tether [2] check, control, curb, hold, restraint
- v. [3] fasten, secure, tether, tie up [4] check, control, curb, hold back, restrain, suppress

least feeblest, fewest, last, lowest, meanest, minimum, minutest, poorest, slightest, smallest, tiniest

leathery coriaceous, durable, hard, hardened, leatherlike, leathern (Archaic), rough, rugged, tough, wrinkled

leave
- v. [1] abandon, abscond, decamp, depart, desert, disappear, do a bunk (Brit. sl.), exit, flit (Inf.), forsake, go, go away, hook it (Sl.), move, pull out, quit, relinquish, retire, set out, slope off, take off (Inf.), withdraw [2] forget, lay down, leave behind, mislay [3] cause, deposit, generate, produce, result in [4] abandon, cease, desert, desist, drop, evacuate, forbear, give up, refrain, relinquish, renounce, stop, surrender [5] allot, assign, cede, commit, consign, entrust, give over, refer [6] bequeath, demise, devise (Law), hand down, transmit, will
- n. [7] allowance, authorization, concession, consent, dispensation, freedom, liberty, permission, sanction [8] furlough, holiday, leave of absence, sabbatical, time off, vacation [9] adieu, departure, farewell, goodbye, leave-taking, parting, retirement, withdrawal

leaven
- n. [1] barm, ferment, leavening, yeast [2] (Fig.) catalyst, influence, inspiration
- v. [3] ferment, lighten, raise, work [4] (Fig.) elevate, imbue, inspire, permeate, pervade, quicken, stimulate, suffuse

leave off abstain, break off, cease, desist, discontinue, end, give over (Inf.), give up, halt, kick (Inf.), knock off (Inf.), refrain, stop

leave out bar, cast aside, count out, disregard, except, exclude, ignore, neglect, omit, overlook, reject

leavings bits, dregs, fragments, leftovers, orts (Archaic or dialect), pieces, refuse, remains, remnants, residue, scraps, spoil, sweepings, waste

lecherous carnal, concupiscent, goatish (Archaic or literary), lascivious, lewd, libidinous, licentious, lubricious (U.S. sl.), lubricous, lustful, prurient, randy (Inf., chiefly Brit.), raunchy (Sl.), ruttish, salacious, unchaste, wanton

lechery carnality, concupiscence, debauchery, lasciviousness, lecherousness, leching (Inf.), lewdness, libertinism, libidinousness, licentiousness, lubricity, lust, lustfulness, profligacy, prurience, rakishness, randiness (Inf., chiefly Brit.), salaciousness, sensuality, wantonness, womanizing

lecture
- n. [1] address, discourse, disquisition, harangue, instruction, lesson, speech, talk
- v. [2] address, discourse, expound, give a talk, harangue, hold forth, speak, spout, talk, teach
- n. [3] castigation, censure, chiding, dressing-down (Inf.), going-over (Inf.), heat (Sl., chiefly U.S. & Canad.), rebuke, reprimand, reproof, scolding, talking-to (Inf.), telling off (Inf.), wigging (Brit. sl.)
- v. [4] admonish, bawl out (Inf.), berate, carpet (Inf.), castigate, censure, chew out (U.S. & Canad. inf.), chide, give a rocket (Brit. & N.Z. inf.), rate, read the riot act, reprimand, reprove, scold, tear into (Inf.), tear (someone) off a strip (Brit. inf.), tell off (Inf.)

ledge mantle, projection, ridge, shelf, sill, step

leer n./v. drool, eye, gloat, goggle, grin, ogle, smirk, squint, stare, wink

lees deposit, dregs, grounds, precipitate, refuse, sediment, settlings

leeway elbowroom, latitude, margin, play, room, scope, space

left adj. [1] larboard (Nautical), left-hand, port, sinistral [2] (Of politics) leftist, left-wing, liberal, progressive, radical, socialist

left-handed [1] awkward, cack-handed (Inf.), careless, clumsy, fumbling, gauche, maladroit [2] ambiguous, backhanded, double-edged, enigmatic, equivocal, indirect, ironic, sardonic

leftover
- n. [1] legacy, remainder, residue, surplus, survivor [2] Plural leavings, oddments, odds and ends, remains, remnants, scraps
- adj. [3] excess, extra, remaining, surplus, uneaten, unused, unwanted

leg
- n. [1] limb, lower limb, member, pin (Inf.), stump (Inf.) [2] brace, prop, support, upright [3] lap, part, portion, section, segment, stage, stretch [4] **a leg up** assistance, boost, help, helping hand, push, support [5] **not have a leg to stand on** (Inf.) be defenceless, be full of holes, be illogical, be invalid, be undermined, be vulnerable, lack support [6] **on one's (its) last legs** about to break down, about to collapse, at death's door, dying, exhausted, failing, giving up the ghost, worn out [7] **pull someone's leg** (Inf.) chaff, deceive, fool, kid (Inf.), make fun of, tease, trick, wind up (Brit. sl.) [8] **shake a leg** (Sl.) **a** get a move on (Inf.), get cracking (Inf.), hasten, hurry, look lively (Inf.), rush, stir one's stumps **b** boogie (Sl.), dance, get down (Inf., chiefly U.S.), hoof it (Sl.), trip the light fantastic [9] **stretch one's legs** exercise, go for a walk, move about, promenade, stroll, take a walk, take the air
- v. [10] **leg it** (Inf.) go on foot, hotfoot, hurry, run, skedaddle (Inf.), walk

legacy [1] bequest, devise (Law), estate, gift, heirloom, inheritance [2] birthright, endowment, heritage, inheritance, patrimony, throwback, tradition

legal [1] allowable, allowed, authorized, constitutional, lawful, legalized, legitimate, licit, permissible, proper, rightful, sanctioned, valid [2] forensic, judicial, juridical

legality accordance with the law, admissibleness, lawfulness, legitimacy, permissibility, rightfulness, validity

legalize allow, approve, authorize, decriminalize, legitimate, legitimatize, license, permit, sanction, validate

legation consulate, delegation, diplomatic mission, embassy, envoys, ministry, representation

legend [1] fable, fiction, folk tale, myth, narrative, saga, story, tale, urban legend [2] celeb (Inf.), celebrity, luminary, marvel, megastar (Inf.), phenomenon, prodigy, spectacle, wonder [3] caption, device, inscription, motto [4] cipher, code, key, table of symbols

legendary [1] apocryphal, fabled, fabulous, fanciful, fictitious, mythical, romantic, storied, traditional [2] celebrated, famed, famous, illustrious, immortal, renowned, well-known

legibility clarity, decipherability, ease of reading, legibleness, neatness, plainness, readability, readableness

legible clear, decipherable, distinct, easily read, easy to read, neat, plain, readable

legion
- n. [1] army, brigade, company, division, force, troop [2] drove, horde, host, mass, multitude, myriad, number, throng
- adj. [3] countless, multitudinous, myriad, numberless, numerous, very many

legislate codify, constitute, enact, establish, make laws, ordain, pass laws, prescribe, put in force

legislation [1] codification, enactment, lawmaking, prescription, regulation [2] act, bill, charter, law, measure, regulation, ruling, statute

legislative adj. congressional, judicial, juridical, jurisdictive, lawgiving, lawmaking, ordaining, parliamentary

legislator lawgiver, lawmaker, parliamentarian

legislature assembly, chamber, congress, diet, house, lawmaking body, parliament, senate

legitimate
- adj. [1] acknowledged, authentic, authorized, genuine, kosher (Inf.), lawful, legal, legit (Sl.), licit, proper, real, rightful, sanctioned, statutory, true [2] admissible, correct, just, justifiable, logical, reasonable, sensible, valid, warranted, well-founded
- v. [3] authorize, legalize, legitimatize, legitimize, permit, pronounce lawful, sanction

legitimize authorize, legalize, legitimate, permit, pronounce lawful, sanction

leisure [1] breathing space, ease, freedom, free time, holiday, liberty, opportunity, pause, quiet, recreation, relaxation, respite, rest, retirement, spare moments, spare time, time off, vacation [2] **at leisure a** available, free, not booked up, on holiday, unengaged, unoccupied **b** Also **at one's leisure** at an unhurried pace, at one's convenience, deliberately, in one's own (good) time, unhurriedly, when it suits one, when one gets round to it (Inf.), without hurry

leisurely [1] adj. comfortable, easy, gentle, laid-back (Inf.), lazy, relaxed, restful, slow, unhurried [2] adv. at one's convenience, at one's leisure, comfortably, deliberately, easily, indolently, lazily, lingeringly, slowly, unhurriedly, without haste

lend [1] accommodate one with, advance, loan [2] add, afford, bestow, confer, contribute, furnish, give, grant, hand out, impart, present, provide, supply [3] **lend an ear** give ear, hearken (Archaic), heed, listen, take notice [4] **lend a hand** aid, assist, give a (helping) hand, help, help out [5] **lend itself to** be adaptable, be appropriate, be serviceable, fit, present opportunities of, suit [6] **lend oneself to** agree, consent, cooperate, countenance, espouse, support

length [1] (Of linear extent) distance, extent, longitude, measure, reach, span [2] (Of time) duration, period, space, span, stretch, term [3] measure, piece, portion, section, segment [4] elongation, extensiveness, lengthiness, protractedness [5] **at length a** completely, fully, in depth, in detail, thoroughly, to the full **b** for ages, for a long time, for hours, interminably **c** at last, at long last, eventually, finally, in the end

lengthen continue, draw out, elongate, expand, extend, increase, make longer, prolong, protract, spin out, stretch

lengthy diffuse, drawn-out, extended, interminable, lengthened, long, long-drawn-out, long-winded, overlong, prolix, prolonged, protracted, tedious, verbose, very long

lenience, leniency clemency, compassion, forbearance, gentleness, indulgence, lenity, mercy, mildness, moderation, pity, quarter, tenderness, tolerance

lenient clement, compassionate, forbearing, forgiving, gentle, indulgent, kind, merciful, mild, sparing, tender, tolerant

lesbian [1] n. butch (Sl.), dyke (Sl.), sapphist, tribade [2] adj. butch (Sl.), gay, homosexual, sapphic, tribadic

less
- adj. [1] shorter, slighter, smaller [2] inferior, minor, secondary, subordinate
- adv. [3] barely, little, meagrely, to a smaller extent
- prep. [4] excepting, lacking, minus, subtracting, without

lessen abate, abridge, contract, curtail, decrease, de-escalate, degrade, die down, diminish, dwindle, ease, erode, grow less, impair, lighten, lower, minimize, moderate, narrow, reduce, relax, shrink, slacken, slow down, weaken, wind down

lessening abatement, contraction, curtailment, decline, decrease, de-escalation, diminution, dwindling, ebbing, erosion, let-up (Inf.), minimization, moderation, petering out, reduction, shrinkage, slackening, slowing down, waning, weakening

lesser inferior, less important, lower, minor, secondary, slighter, subordinate, under-

lesson [1] class, coaching, instruction, period, schooling, teaching, tutoring [2] assignment, drill, exercise, homework, lecture, practice, reading, recitation, task [3] deterrent, example, exemplar, message, model, moral, precept [4] admonition, censure, chiding, punishment, rebuke, reprimand, reproof, scolding, warning

let[1] v. [1] allow, authorize, entitle, give leave, give permission, give the go-ahead (green light, OK or okay) (Inf.), grant, permit, sanction, suffer (Archaic), tolerate, warrant [2] hire, lease, rent [3] allow, cause, enable, grant, make, permit

let[2] n. constraint, hindrance, impediment, interference, obstacle, obstruction, prohibition, restriction

let-down anticlimax, bitter pill, blow, comedown (Inf.), disappointment, disgruntlement, disillusionment, frustration, setback, washout (Inf.)

let down disappoint, disenchant, disillusion, dissatisfy, fail, fall short, leave in the lurch, leave stranded

lethal baneful, dangerous, deadly, deathly, destructive, devastating, fatal, mortal, murderous, noxious, pernicious, poisonous, virulent

lethargic apathetic, comatose, debilitated, drowsy, dull, enervated, heavy, inactive, indifferent, inert, languid, lazy, listless, sleepy, slothful, slow, sluggish, somnolent, stupefied, torpid

lethargy apathy, drowsiness, dullness, hebetude (Rare), inaction, indifference, inertia, languor, lassitude, listlessness, sleepiness, sloth, slowness, sluggishness, stupor, torpidity, torpor

let in admit, allow to enter, give access to, greet, include, incorporate, receive, take in, welcome

let off [1] detonate, discharge, emit, explode, exude, fire, give off, leak, release [2] absolve, discharge, dispense, excuse, exempt, exonerate, forgive, pardon, release, spare

let out [1] emit, give vent to, produce [2] discharge, free, let go, liberate, release [3] betray, blow wide open (Sl.), disclose, leak, let fall, let slip, make known, reveal

letter [1] character, sign, symbol [2] acknowledgement, answer, billet (Archaic), communication, dispatch, epistle, line, message, missive, note, reply [3] **to the letter** accurately, exactly, literally, precisely, strictly, word for word

letters belles-lettres, culture, erudition, humanities, learning, literature, scholarship

let-up abatement, break, cessation, interval, lessening, lull, pause, recess, remission, respite, slackening

let up abate, decrease, diminish, ease (up), moderate, relax, slacken, stop, subside

level
◆ **adj.** [1] consistent, even, flat, horizontal, plain, plane, smooth, uniform [2] aligned, balanced, commensurate, comparable, equal, equivalent, even, flush, in line, neck and neck, on a line, on a par, proportionate [3] calm, equable, even, even-tempered, stable, steady
◆ **v.** [4] even off or out, flatten, make flat, plane, smooth [5] bulldoze, demolish, destroy, devastate, equalize, flatten, knock down, lay low, pull down, raze, smooth, tear down, wreck [6] aim, beam, direct, focus, point, train [7] (Inf.) be above board, be frank, be honest, be open, be straightforward, be up front (Sl.), come clean (Inf.), keep nothing back
◆ **n.** [8] altitude, elevation, height, vertical position [9] achievement, degree, grade, position, rank, stage, standard, standing, status [10] bed, floor, layer, storey, stratum, zone [11] flat surface, horizontal, plain, plane [12] **on the level** (Inf.) above board, fair, genuine, honest, open, sincere, square, straight, straightforward, up front (Sl.)

level-headed balanced, calm, collected, composed, cool, dependable, even-tempered, reasonable, sane, self-possessed, sensible, steady, together (Sl.), unflappable (Inf.)

lever [1] n. bar, crowbar, handle, handspike, jemmy [2] v. force, jemmy, move, prise, pry (U.S.), purchase, raise

leverage ascendancy, authority, clout (Inf.), influence, pull (Inf.), purchasing power, rank, weight

levity buoyancy, facetiousness, fickleness, flightiness, flippancy, frivolity, giddiness, light-heartedness, light-mindedness, silliness, skittishness, triviality

levy
◆ **v.** [1] charge, collect, demand, exact, gather, impose, tax [2] call, call up, conscript, mobilize, muster, press, raise, summon
◆ **n.** [3] assessment, collection, exaction, gathering, imposition [4] assessment, duty, excise, fee, imposition, impost, tariff, tax, toll

lewd bawdy, blue, dirty, impure, indecent, lascivious, libidinous, licentious, loose, lustful, obscene, pornographic, profligate, salacious, smutty, unchaste, vile, vulgar, wanton, wicked

lewdness bawdiness, carnality, crudity, debauchery, depravity, impurity, indecency, lasciviousness, lechery, licentiousness, lubricity, obscenity, pornography, profligacy, salaciousness, smut, smuttiness, unchastity, vulgarity, wantonness

liability [1] accountability, answerability, culpability, duty, obligation, onus, responsibility [2] arrear, debit, debt, indebtedness, obligation [3] burden, disadvantage, drag, drawback, encumbrance, handicap, hindrance, impediment, inconvenience, millstone, minus (Inf.), nuisance [4] likelihood, probability, proneness, susceptibility, tendency

liable [1] accountable, amenable, answerable, bound, chargeable, obligated, responsible [2] exposed, open, subject, susceptible, vulnerable [3] apt, disposed, inclined, likely, prone, tending [4] **render oneself liable to** expose oneself to, incur, lay oneself open to, run the risk of

liaison [1] communication, connection, contact, go-between, hook-up, interchange, intermediary [2] affair, amour, entanglement, illicit romance, intrigue, love affair, romance

liar fabricator, falsifier, fibber, perjurer, prevaricator, storyteller (Inf.)

libel [1] n. aspersion, calumny, defamation, denigration, obloquy, slander, smear, vituperation [2] v. blacken, calumniate, defame, derogate, drag (someone's) name through the mud, malign, revile, slander, slur, smear, traduce, vilify

libellous aspersive, calumniatory, calumnious, defamatory, derogatory, false, injurious, malicious, maligning, scurrilous, slanderous, traducing, untrue, vilifying, vituperative

liberal [1] advanced, humanistic, latitudinarian, libertarian, progressive, radical, reformist, right-on (Inf.) [2] altruistic, beneficent, bounteous, bountiful, charitable, free-handed, generous, kind, open-handed, open-hearted, prodigal, unstinting [3] advanced, broadminded, catholic, enlightened, high-minded, humanitarian, indulgent, magnanimous, permissive, right-on (Inf.), tolerant, unbiased, unbigoted, unprejudiced [4] abundant, ample, bountiful, copious, handsome, lavish, munificent, plentiful, profuse, rich [5] broad, flexible, free, general, inexact, lenient, loose, not close, not literal, not strict

liberality [1] altruism, beneficence, benevolence, bounty, charity, free-handedness, generosity, kindness, largess or largesse, munificence, open-handedness, philanthropy [2] breadth, broad-mindedness, candour, catholicity, impartiality, latitude, liberalism, libertarianism, magnanimity, permissiveness, progressivism, toleration

liberalize ameliorate, broaden, ease, expand, extend, loosen, mitigate, moderate, modify, relax, slacken, soften, stretch

liberate deliver, discharge, disenthral, emancipate, free, let loose, let out, manumit, redeem, release, rescue, set free

liberation deliverance, emancipation, enfranchisement, freedom, freeing, liberating, liberty, manumission, redemption, release, unfettering, unshackling

liberator deliverer, emancipator, freer, manumitter, redeemer, rescuer, saviour

libertine [1] n. debauchee, lech or letch (Inf.), lecher, loose liver, profligate, rake, reprobate, roué, seducer, sensualist, voluptuary, womanizer [2] adj. abandoned, corrupt, debauched, decadent, degenerate, depraved, dissolute, immoral, licentious, profligate, rakish, reprobate, voluptuous, wanton

liberty [1] autonomy, emancipation, freedom, immunity, independence, liberation, release, self-determination, sovereignty [2] authorization, with a blank cheque, carte blanche, dispensation, exemption, franchise, freedom, leave, licence, permission, prerogative, privilege, right, sanction [3] Often plural disrespect, familiarity, forwardness, impertinence, impropriety, impudence, insolence, overfamiliarity, presumption, presumptuousness [4] **at liberty** free, not confined, on the loose, unlimited, unoccupied, unrestricted

libidinous carnal, concupiscent, debauched, impure, incontinent, lascivious, lecherous, lickerish (Archaic), loose, lustful, prurient, randy (Inf., chiefly Brit.), ruttish, salacious, sensual, unchaste, wanton, wicked

licence n. [1] authority, authorization, carte blanche, certificate, charter, dispensation, entitlement, exemption, immunity, leave, liberty, permission, permit, privilege, right, warrant [2] freedom, independence, latitude, liberty, self-determination [3] abandon, anarchy, disorder, excess, immoderation, impropriety, indulgence, irresponsibility, lawlessness, laxity, profligacy, unruliness

license v. accredit, allow, authorize, certify, commission, empower, entitle, permit, sanction, warrant

licentious abandoned, debauched, disorderly, dissolute, immoral, impure, lascivious, lax, lewd, libertine, libidinous, lubricious, lubricous, lustful, profligate, promiscuous, sensual, uncontrollable, uncontrolled, uncurbed, unruly, wanton

licentiousness abandon, debauchery, dissipation, dissoluteness, lechery, lewdness, libertinism, libidinousness, lubricity, lust, lustfulness, profligacy, promiscuity, prurience, salaciousness, salacity, wantonness

lick
◆ **v.** [1] brush, lap, taste, tongue, touch, wash [2] (Of flames) dart, flick, flicker, ignite, kindle, play over, ripple, touch [3] (Inf.) **a** blow out of the water (Sl.), clobber (Sl.), defeat, master, overcome, rout, run rings around (Inf.), tank (Sl.), trounce, undo, vanquish, wipe the floor with (Inf.) **b** beat, clobber (Sl.), flog, lambast(e), slap, spank, strike, thrash, wallop (Inf.) **c** beat, best, blow out of the water (Sl.), clobber (Sl.), excel, outdo, outstrip, run rings around (Inf.), surpass, tank (Sl.), top, wipe the floor with (Inf.)
◆ **n.** [4] bit, brush, dab, little, sample, speck, stroke, taste, touch [5] (Inf.) clip (Inf.), pace, rate, speed

licking [1] beating, drubbing, flogging, hiding (Inf.), spanking, tanning (Sl.), thrashing, whipping [2] beating, defeat, drubbing, pasting (Sl.), trouncing

lie¹ v. [1] be prone, be prostrate, be recumbent, be supine, couch, loll, lounge, recline, repose, rest, sprawl, stretch out [2] be, be buried, be found, be interred, be located, belong, be placed, be situated, exist, extend, remain [3] (Usually with **on** or **upon**) burden, oppress, press, rest, weigh [4] (Usually with **in**) be present, consist, dwell, exist, inhere, pertain [5] **lie low** conceal oneself, go to earth, go underground, hide, hide away, hide out, hole up, keep a low profile, keep out of sight, lurk, skulk, take cover

lie² [1] v. dissimulate, equivocate, fabricate, falsify, fib, forswear oneself, invent, misrepresent, perjure, prevaricate, tell a lie, tell untruths [2] n. deceit, fabrication, falsehood, falsification, falsity, fib, fiction, invention, mendacity, pork pie (Brit. sl.), porky (Brit. sl.), prevarication, untruth, white lie

life [1] animation, being, breath, entity, growth, sentience, viability, vitality [2] being, career, continuance, course, duration, existence, lifetime, span, time [3] human, human being, individual, mortal, person, soul [4] autobiography, biography, career, confessions, history, life story, memoirs, story [5] behaviour, conduct, life style, way of life [6] the human condition, the times, the world, this mortal coil, trials and tribulations, vicissitudes [7] activity, animation, brio, energy, get-up-and-go (Inf.), go (Inf.), high spirits, liveliness, oomph (Inf.), pep, sparkle, spirit, verve, vigour, vitality, vivacity, zest [8] animating spirit, élan vital, essence, heart, lifeblood, soul, spirit, vital spark [9] creatures, living beings, living things, organisms, wildlife [10] **come to life** awaken, become animate, revive, rouse, show signs of life [11] **for dear life** (Inf.) desperately, for all one is worth, intensely, quickly, urgently, vigorously

lifeless [1] cold, dead, deceased, defunct, extinct, inanimate, inert [2] bare, barren, desert, empty, sterile, uninhabited, unproductive, waste [3] cold, colourless, dull, flat, heavy, hollow, lacklustre, lethargic, listless, passive, pointless, slow, sluggish, spent, spiritless, static, stiff, torpid, wooden [4] comatose, dead to the world (Inf.), in a faint, inert, insensate, insensible, out cold, out for six, unconscious

lifelike authentic, exact, faithful, graphic, natural, photographic, real, realistic, true-to-life, undistorted, vivid

lifelong constant, deep-rooted, enduring, for all one's life, for life, lasting, lifetime, long-lasting, long-standing, perennial, permanent, persistent

lifetime all one's born days, career, course, day(s), existence, life span, one's natural life, period, span, time

lift
◆ **v.** [1] bear aloft, buoy up, draw up, elevate, heft (Inf.), hoist, pick up, raise, raise high, rear, upheave, uplift, upraise [2] advance, ameliorate, boost, dignify, elevate, enhance, exalt, improve, promote, raise, upgrade [3] annul, cancel, countermand, end, relax, remove, rescind, revoke, stop, terminate [4] ascend, be dispelled, climb, disappear, disperse, dissipate, mount, rise, vanish [5] (Inf.) appropriate, blag (Sl.), cabbage (Brit. sl.), copy, crib (Inf.), half-inch (Old-fashioned sl.), nick (Sl., chiefly Brit.), pilfer, pinch (Inf.), pirate, plagiarize, pocket, purloin, steal, take, thieve
◆ **n.** [6] car ride, drive, ride, run, transport [7] boost, encouragement, fillip, pick-me-up, reassurance, shot in the arm (Inf.), uplift [8] elevator (Chiefly U.S.)

light¹
◆ **n.** [1] blaze, brightness, brilliance, effulgence, flash, glare, gleam, glint, glow, illumination, incandescence, lambency, luminescence, luminosity, lustre, phosphorescence, radiance, ray, refulgence, scintillation, shine, sparkle [2] beacon, bulb, candle, flare, lamp, lantern, lighthouse, star, taper, torch, windowpane [3] broad day, cockcrow, dawn, daybreak, day-

light, daytime, morn (Poetic), morning, sun, sunbeam, sunrise, sunshine [4] (Fig.) angle, approach, aspect, attitude, context, interpretation, point of view, slant, vantage point, viewpoint [5] awareness, comprehension, elucidation, explanation, illustration, information, insight, knowledge, understanding [6] example, exemplar, guiding light, model, paragon, shining example [7] flame, lighter, match [8] **bring to light** disclose, discover, expose, reveal, show, uncover, unearth, unveil [9] **come to light** appear, be disclosed, be discovered, be revealed, come out, transpire, turn up [10] **in (the) light of** bearing in mind, because of, considering, in view of, taking into account, with knowledge of [11] **shed** or **throw light on** clarify, clear up, elucidate, explain, simplify
- adj. [12] aglow, bright, brilliant, glowing, illuminated, luminous, lustrous, shining, sunny, well-lighted, well-lit [13] bleached, blond, faded, fair, light-hued, light-toned, pale, pastel
- v. [14] fire, ignite, inflame, kindle, set a match to [15] brighten, clarify, floodlight, flood with light, illuminate, illumine, irradiate, lighten, light up, put on, switch on, turn on [16] animate, brighten, cheer, irradiate, lighten

light² adj. [1] airy, buoyant, delicate, easy, flimsy, imponderous, insubstantial, lightsome, lightweight, portable, slight, underweight [2] faint, gentle, indistinct, mild, moderate, slight, soft, weak [3] inconsequential, inconsiderable, insignificant, minute, scanty, slight, small, thin, tiny, trifling, trivial, unsubstantial, wee [4] cushy (Inf.), easy, effortless, manageable, moderate, simple, undemanding, unexacting, untaxing [5] agile, airy, graceful, light-footed, lithe, nimble, sprightly, sylphlike [6] amusing, diverting, entertaining, frivolous, funny, gay, humorous, light-hearted, pleasing, superficial, trifling, trivial, witty [7] airy, animated, blithe, carefree, cheerful, cheery, fickle, frivolous, gay, lively, merry, sunny [8] dizzy, giddy, light-headed, reeling, unsteady, volatile [9] digestible, frugal, modest, not heavy, not rich, restricted, small [10] crumbly, friable, loose, porous, sandy, spongy

light³ v. [1] alight, land, perch, settle [2] (With **on** or **upon**) chance, come across, discover, encounter, find, happen upon, hit upon, stumble on

lighten¹ become light, brighten, flash, gleam, illuminate, irradiate, light up, make bright, shine

lighten² [1] disburden, ease, make lighter, reduce in weight, unload [2] allay, alleviate, ameliorate, assuage, ease, facilitate, lessen, mitigate, reduce, relieve [3] brighten, buoy up, cheer, elate, encourage, gladden, hearten, inspire, lift, perk up, revive

light-fingered crafty, crooked (Inf.), dishonest, furtive, pilfering, pinching (Inf.), shifty, sly, stealing, thieving, underhand

light-headed [1] bird-brained (Inf.), featherbrained, fickle, flighty, flippant, foolish, frivolous, giddy, inane, rattlebrained (Sl.), shallow, silly, superficial, trifling [2] delirious, dizzy, faint, giddy, hazy, vertiginous, woozy (Inf.)

light-hearted blithe, blithesome (Literary), bright, carefree, cheerful, chirpy (Inf.), effervescent, frolicsome, gay, genial, glad, gleeful, happy-go-lucky, insouciant, jocund, jolly, jovial, joyful, joyous, merry, playful, sunny, untroubled, upbeat (Inf.)

lightless caliginous (Archaic), dark, dim, dusky, gloomy, inky, jet black, murky, pitch-black, pitch-dark, pitchy, Stygian, sunless, tenebrous, unilluminated, unlighted, unlit

lightly [1] airily, delicately, faintly, gently, gingerly, slightly, softly, timidly [2] moderately, sparingly, sparsely, thinly [3] easily, effortlessly, readily, simply [4] breezily, carelessly, flippantly, frivolously, heedlessly, indifferently, slightingly, thoughtlessly

lightweight adj. inconsequential, insignificant, nickel-and-dime (U.S. sl.), of no account, paltry, petty, slight, trifling, trivial, unimportant, worthless

likable, **likeable** agreeable, amiable, appealing, attractive, charming, engaging, friendly, genial, nice, pleasant, pleasing, sympathetic, winning, winsome

like¹ [1] adj. akin, alike, allied, analogous, approximating, cognate, corresponding, equivalent, identical, parallel, relating, resembling, same, similar [2] n. counterpart, equal, fellow, match, parallel, twin

like²
- v. [1] adore (Inf.), be fond of, be keen on, be partial to, delight in, dig (Sl.), enjoy, go for, love, relish, revel in [2] admire, appreciate, approve, cherish, esteem, hold dear, prize, take a shine to (Inf.), take to [3] care to, choose, choose to, desire, fancy, feel inclined, prefer, select, want, wish
- n. [4] Usually plural cup of tea (Inf.), favourite, liking, partiality, predilection, preference

likelihood chance, good chance, liability, likeliness, possibility, probability, prospect, reasonableness, strong possibility

likely
- adj. [1] anticipated, apt, disposed, expected, in a fair way, inclined, liable, on the cards, possible, probable, prone, tending, to be expected [2] **be** or **seem likely** be in the running for, bid fair, incline towards, promise, stand a good chance, suggest, tend [3] believable, credible, feasible, plausible, reasonable, verisimilar [4] acceptable, agreeable, appropriate, befitting, fit, pleasing, proper, qualified, suitable [5] fair, favourite, hopeful, odds-on, promising, up-and-coming
- adv. [6] doubtlessly, in all probability, like as not (Inf.), like enough (Inf.), no doubt, presumably, probably

liken compare, equate, juxtapose, match, parallel, relate, set beside

likeness [1] affinity, correspondence, resemblance, similarity, similitude [2] copy, counterpart, delineation, depiction, effigy, facsimile, image, model, photograph, picture, portrait, replica, representation, reproduction, study [3] appearance, form, guise, semblance

liking affection, affinity, appreciation, attraction, bent, bias, desire, fondness, inclination, love, partiality, penchant, predilection, preference, proneness, propensity, soft spot, stomach, taste, tendency, thirst, weakness

limb [1] appendage, arm, extension, extremity, leg, member, part, wing [2] bough, branch, offshoot, projection, spur

limelight attention, celebrity, fame, glare of publicity, prominence, public eye, publicity, public notice, recognition, stardom, the spotlight

limit
- n. [1] bound, breaking point, cutoff point, deadline, end, end point, furthest bound, greatest extent, termination, the bitter end, ultimate, utmost [2] Often plural border, boundary, confines, edge, end, extent, frontier, pale, perimeter, periphery, precinct [3] ceiling, check, curb, limitation, maximum, obstruction, restraint, restriction [4] **the limit** (Inf.) enough, it (Inf.), the end, the last straw
- v. [5] bound, check, circumscribe, confine, curb, delimit, demarcate, fix, hem in, hinder, ration, restrain, restrict, specify, straiten

limitation block, check, condition, constraint, control, curb, disadvantage, drawback, impediment, obstruction, qualification, reservation, restraint, restriction, snag

limited [1] bounded, checked, circumscribed, confined, constrained, controlled, curbed, defined, finite, fixed, hampered, hemmed in, restricted [2] cramped, diminished, inadequate, insufficient, minimal, narrow, reduced, restricted, scant, short, unsatisfactory

limitless boundless, countless, endless, illimitable, immeasurable, immense, inexhaustible, infinite, measureless, never-ending, numberless, unbounded, uncalculable, undefined, unending, unlimited, untold, vast

limp¹ adj. [1] drooping, flabby, flaccid, flexible, floppy, lax, limber, loose, pliable, relaxed, slack, soft [2] debilitated, enervated, exhausted, lethargic, spent, tired, weak, worn out

limp² [1] v. falter, halt (Archaic), hobble, hop, shamble, shuffle [2] n. hobble, lameness

line¹
- n. [1] band, bar, channel, dash, groove, mark, rule, score, scratch, streak, stripe, stroke, underline [2] crease, crow's-foot, furrow, mark, wrinkle [3] border, borderline, boundary, demarcation, edge, frontier, limit, mark [4] configuration, contour, features, figure, outline, profile, silhouette [5] cable, cord, filament, rope, strand, string, thread, wire, wisp [6] axis, course, direction, path, route, track, trajectory [7] approach, avenue, belief, course, course of action, ideology, method, policy, position, practice, procedure, scheme, system [8] activity, area, bag (Sl.), business, calling, department, employment, field, forte, interest, job, occupation, profession, province, pursuit, specialization, trade, vocation [9] column, crocodile (Brit.), file, procession, queue, rank, row, sequence, series [10] ancestry, breed, family, lineage, race, stock, strain, succession [11] card, letter, message, note, postcard, report, word [12] clue, hint, indication, information, lead [13] (Military) disposition, firing line, formation, front, front line, position, trenches [14] **draw the line** lay down the law, object, prohibit, put one's foot down, restrict, set a limit [15] **in line a** in alignment, in a row, plumb, straight, true **b** in accord, in agreement, in conformity, in harmony, in step [16] **in line for** a candidate for, being considered for, due for, in the running for, next in succession to, on the short list for
- v. [17] crease, cut, draw, furrow, inscribe, mark, rule, score, trace, underline [18] border, bound, edge, fringe, rank, rim, skirt, verge

line² v. ceil, cover, face, fill, interline

lineaments configuration, countenance, face, features, line, outline, phiz or phizog (Sl., chiefly Brit.), physiognomy, trait, visage

line-up arrangement, array, row, selection, team

line up [1] fall in, form ranks, queue up [2] assemble, come up with, lay on, obtain, organize, prepare, procure, produce, secure [3] align, arrange, array, marshal, order, range, regiment, straighten

linger [1] hang around, loiter, remain, stay, stop, tarry, wait [2] dally, dawdle, delay, idle, lag, procrastinate, take one's time [3] cling to life, die slowly, hang on, last, survive [4] abide, continue, endure, persist, remain, stay

lingering dragging, long-drawn-out, persistent, protracted, remaining, slow

link
- n. [1] component, constituent, division, element, member, part, piece [2] affiliation, affinity, association, attachment, bond, connection, joint, knot, liaison, relationship, tie, tie-up, vinculum
- v. [3] attach, bind, connect, couple, fasten, join, tie, unite, yoke [4] associate, bracket, connect, identify, relate

lion (Fig.) [1] brave man, champion, conqueror, fighter, hero, warrior [2] big name, celeb (Inf.), celebrity, idol, luminary, megastar (Inf.), notable, prodigy, star, superstar, VIP, wonder [3] **beard the lion in his den** brave, confront, court destruction, defy danger, face, stand up to, tempt providence

lip [1] brim, brink, edge, flange, margin, rim [2] (Sl.) backchat (Inf.), cheek (Inf.), effrontery, impertinence, insolence, rudeness, sauce (Inf.) [3] (Music) control, embouchure [4] **smack** or **lick one's lips** anticipate, delight in, drool over, enjoy, gloat over, relish, savour, slaver over

liquid
- n. [1] fluid, juice, liquor, solution
- adj. [2] aqueous, flowing, fluid, liquefied, melted, molten, running, runny, thawed, wet [3] bright, brilliant, clear, limpid, shining, translucent, transparent [4] dulcet, fluent, mellifluent, mellifluous, melting, smooth, soft, sweet [5] (Of assets) convertible, negotiable

liquidate [1] clear, discharge, honour, pay, pay off, settle, square [2] abolish, annul, cancel, dissolve, terminate [3] cash, convert to cash, realize, sell off, sell up [4] annihilate, blow away (Sl., chiefly U.S.), bump off (Sl.), destroy, dispatch, do away with, do in (Sl.), eliminate, exterminate, finish off, get rid of, kill, murder, remove, rub out (U.S. sl.), silence, take out (Sl.), wipe out (Inf.)

liquor [1] alcohol, booze (Inf.), drink, grog, hard stuff (Inf.), hooch or hootch (Inf., chiefly U.S. & Canad.), intoxicant, juice (Inf.), spirits, strong drink [2] broth, extract, gravy, infusion, juice, liquid, stock

list¹ [1] n. catalogue, directory, file, index, inventory, invoice, leet (Scot.), listing, record, register, roll, schedule, series, syllabus, tabulation, tally [2] v. bill, book, catalogue, enrol, enter, enumerate, file, index, itemize, note, record, register, schedule, set down, tabulate, write down

list² [1] v. cant, careen, heel, heel over, incline, lean, tilt, tip [2] n. cant, leaning, slant, tilt

listen [1] attend, be all ears, be attentive, give ear, hang on (someone's) words, hark, hear, hearken (Archaic), keep one's ears open, lend an ear, pin back one's ears (Inf.), prick up one's ears

listless / lonely

[2] concentrate, do as one is told, give heed to, heed, mind, obey, observe, pay attention, take notice

listless apathetic, enervated, heavy, impassive, inattentive, indifferent, indolent, inert, languid, languishing, lethargic, lifeless, limp, lymphatic, mopish, sluggish, spiritless, supine, torpid, vacant

literacy ability, articulacy, articulateness, cultivation, education, knowledge, learning, proficiency, scholarship

literal [1] accurate, close, exact, faithful, strict, verbatim, word for word [2] boring, colourless, down-to-earth, dull, factual, matter-of-fact, prosaic, prosy, unimaginative, uninspired [3] actual, bona fide, genuine, gospel, plain, real, simple, true, unexaggerated, unvarnished

literally actually, exactly, faithfully, plainly, precisely, really, simply, strictly, to the letter, truly, verbatim, word for word

literary bookish, erudite, formal, learned, lettered, literate, scholarly, well-read

literate cultivated, cultured, educated, erudite, informed, knowledgeable, learned, lettered, scholarly, well-informed, well-read

literature [1] belles-lettres, letters, lore, writings, written works [2] brochure, information, leaflet, mailshot, pamphlet

lithe flexible, limber, lissom(e), loose-jointed, loose-limbed, pliable, pliant, supple

litigant claimant, contestant, disputant, litigator, party, plaintiff

litigate contest at law, file a suit, go to court, go to law, institute legal proceedings, press charges, prosecute, sue

litigation action, case, contending, disputing, lawsuit, process, prosecution

litigious argumentative, belligerent, contentious, disputatious, quarrelsome

litter
- **n.** [1] debris, detritus, fragments, garbage (Chiefly U.S.), grot (Sl.), muck, refuse, rubbish, shreds [2] clutter, confusion, disarray, disorder, jumble, mess, scatter, untidiness [3] brood, family, offspring, progeny, young [4] bedding, couch, floor cover, mulch, straw-bed [5] palanquin, stretcher
- **v.** [6] clutter, derange, disarrange, disorder, mess up, scatter, strew

little¹ adj. [1] diminutive, dwarf, elfin, infinitesimal, Lilliputian, mini, miniature, minute, petite, pygmy or pigmy, short, slender, small, teensy-weensy, teeny-weeny, tiny, wee [2] babyish, immature, infant, junior, undeveloped, young [3] brief, fleeting, hasty, passing, short, short-lived [4] inconsiderable, insignificant, minor, negligible, paltry, trifling, trivial, unimportant [5] base, cheap, illiberal, mean, narrow-minded, petty, small-minded

little²
- **adv.** [1] hardly any, insufficient, meagre, measly, scant, skimpy, small, sparse [2] barely, hardly, not much, not quite, only just [3] hardly ever, not often, rarely, scarcely, seldom [4] **little by little** bit by bit, by degrees, gradually, imperceptibly, piecemeal, progressively, slowly, step by step
- **n.** [5] bit, dab, dash, fragment, hint, modicum, particle, pinch, small amount, snippet, speck, spot, tad (Inf., chiefly U.S.), taste, touch, trace, trifle

live¹ v. [1] be, be alive, breathe, draw breath, exist, have life [2] be permanent, be remembered, last, persist, prevail, remain alive [3] (Sometimes with **in**) abide, dwell, hang out (Inf.), inhabit, lodge, occupy, reside, settle, stay (Chiefly Scot.) [4] abide, continue, earn a living, endure, fare, feed, get along, lead, make ends meet, pass, remain, subsist, support oneself, survive [5] be happy, enjoy life, flourish, luxuriate, make the most of life, prosper, thrive [6] **live it up** (Inf.) celebrate, enjoy oneself, have a ball (Inf.), have fun, make whoopee (Inf.), paint the town red, push the boat out (Brit. inf.), revel

live² adj. [1] alive, animate, breathing, existent, living, quick (Archaic), vital [2] active, burning, controversial, current, hot, pertinent, pressing, prevalent, topical, unsettled, vital [3] (Inf.) active, alert, brisk, dynamic, earnest, energetic, lively, sparky, vigorous, vivid, wide-awake [4] active, alight, blazing, burning, connected, glowing, hot, ignited, smouldering, switched on

livelihood employment, job, living, maintenance, means, (means of) support, occupation,

(source of) income, subsistence, sustenance, work

liveliness activity, animation, boisterousness, brio, briskness, dynamism, energy, gaiety, quickness, smartness, spirit, sprightliness, vitality, vivacity

lively [1] active, agile, alert, brisk, chipper (Inf.), chirpy (Inf.), energetic, full of pep (Inf.), keen, nimble, perky, quick, sprightly, spry, vigorous [2] animated, blithe, blithesome, cheerful, chirpy (Inf.), frisky, frolicsome, gay, merry, sparkling, sparky, spirited, upbeat (Inf.), vivacious [3] astir, bustling, busy, buzzing, crowded, eventful, moving, stirring [4] bright, colourful, exciting, forceful, invigorating, racy, refreshing, stimulating, vivid

liven animate, brighten, buck up (Inf.), enliven, hot up (Inf.), pep up, perk up, put life into, rouse, stir, vitalize, vivify

liverish [1] bilious, queasy, sick [2] crotchety (Inf.), crusty, disagreeable, fratchy (Inf.), grumpy, ill-humoured, irascible, irritable, peevish, ratty (Brit. & N.Z. inf.), snappy, splenetic, tetchy

livery attire, clothing, costume, dress, garb, raiment (Archaic or poetic), regalia, suit, uniform, vestments

livid [1] angry, black-and-blue, bruised, contused, discoloured, purple [2] ashen, blanched, bloodless, doughy, greyish, leaden, pale, pallid, pasty, wan, waxen [3] (Inf.) angry, beside oneself, boiling, cross, enraged, exasperated, fuming, furious, incensed, indignant, infuriated, mad (Inf.), outraged

living
- **adj.** [1] active, alive, animated, breathing, existing, in the land of the living (Inf.), lively, quick (Archaic), strong, vigorous, vital [2] active, contemporary, continuing, current, developing, extant, in use, ongoing, operative, persisting
- **n.** [3] animation, being, existence, existing, life, subsistence [4] life style, mode of living, way of life [5] job, livelihood, maintenance, (means of) support, occupation, (source of) income, subsistence, sustenance, work [6] (Church of England) benefice, incumbency, stipend [7] **the living** flesh and blood, the quick (Archaic)

load
- **n.** [1] bale, cargo, consignment, freight, lading, shipment [2] affliction, burden, encumbrance, incubus, millstone, onus, oppression, pressure, trouble, weight, worry
- **v.** [3] cram, fill, freight, heap, lade, pack, pile, stack, stuff [4] burden, encumber, hamper, oppress, saddle with, trouble, weigh down, worry [5] (Of firearms) charge, make ready, prepare to fire, prime [6] **load the dice** fix, rig, set up

loaded [1] burdened, charged, freighted, full, laden, weighted [2] biased, distorted, weighted [3] artful, insidious, manipulative, prejudicial, tricky [4] at the ready, charged, primed, ready to shoot or fire [5] (Sl.) affluent, flush (Inf.), moneyed, rich, rolling (Sl.), wealthy, well-heeled (Inf.), well off, well-to-do

loaf n. [1] block, cake, cube, lump, slab [2] (Sl.) block (Inf.), chump (Brit. sl.), gumption (Brit. inf.), head, noddle (Inf., chiefly Brit.), nous (Brit. sl.), sense

loan [1] n. accommodation, advance, allowance, credit, mortgage, touch (Sl.) [2] v. accommodate, advance, allow, credit, lend, let out

loath, loth against, averse, backward, counter, disinclined, indisposed, opposed, reluctant, resisting, unwilling

loathing abhorrence, abomination, antipathy, aversion, detestation, disgust, execration, hatred, horror, odium, repugnance, repulsion, revulsion

loathsome abhorrent, abominable, detestable, disgusting, execrable, hateful, horrible, nasty, nauseating, obnoxious, obscene, odious, offensive, repugnant, repulsive, revolting, vile, yucky or yukky (Sl.)

lobby
- **n.** [1] corridor, entrance hall, foyer, hall, hallway, passage, passageway, porch, vestibule [2] pressure group
- **v.** [3] bring pressure to bear, campaign for, exert influence, influence, persuade, press for, pressure, promote, pull strings (Brit. inf.), push for, solicit votes, urge

local
- **adj.** [1] community, district, neighbourhood, parish, provincial, regional [2] confined, limited, narrow, parish pump, parochial, provincial, restricted, small-town

- **n.** [3] character (Inf.), inhabitant, local yokel (Disparaging), native, resident

locality [1] area, district, neck of the woods (Inf.), neighbourhood, region, vicinity [2] locale, location, place, position, scene, setting, site, spot

localize [1] circumscribe, concentrate, confine, contain, delimit, delimitate, limit, restrain, restrict [2] ascribe, assign, narrow down, pinpoint, specify

locate [1] come across, detect, discover, find, lay one's hands on, pin down, pinpoint, run to earth, track down, unearth [2] establish, fix, place, put, seat, set, settle, situate

location bearings, locale, locus, place, point, position, site, situation, spot, venue, whereabouts

lock¹
- **n.** [1] bolt, clasp, fastening, padlock
- **v.** [2] bolt, close, fasten, latch, seal, secure, shut, sneck (Dialect) [3] clench, engage, entangle, entwine, join, link, mesh, unite [4] clasp, clutch, embrace, encircle, enclose, grapple, grasp, hug, press

lock² curl, ringlet, strand, tress, tuft

lock out ban, bar, debar, exclude, keep out, refuse admittance to, shut out

lock-up can (Sl.), cell, cooler (Sl.), gaol, jail, jug (Sl.), police cell

lock up cage, confine, detain, imprison, incarcerate, jail, put behind bars, shut up

lodge
- **n.** [1] cabin, chalet, cottage, gatehouse, house, hunting lodge, hut, shelter [2] assemblage, association, branch, chapter, club, group, society [3] den, haunt, lair, retreat
- **v.** [4] accommodate, billet, board, entertain, harbour, put up, quarter, room, shelter, sojourn, stay, stop [5] become fixed, catch, come to rest, imbed, implant, stick [6] deposit, file, lay, place, put, put on record, register, set, submit

lodger boarder, guest, paying guest, P.G., resident, roomer, tenant

lodging Often plural abode, accommodation, apartments, boarding, digs (Brit. inf.), dwelling, habitation, quarters, residence, rooms, shelter

lofty [1] elevated, high, raised, sky-high, soaring, tall, towering [2] dignified, distinguished, elevated, exalted, grand, illustrious, imposing, majestic, noble, renowned, stately, sublime, superior [3] arrogant, condescending, disdainful, haughty, high and mighty (Inf.), lordly, patronizing, proud, snooty (Inf.), supercilious, toffee-nosed (Sl., chiefly Brit.)

log
- **n.** [1] block, bole, chunk, piece of timber, stump, trunk
- **v.** [2] chop, cut, fell, hew
- **n.** [3] account, chart, daybook, journal, listing, logbook, record, tally
- **v.** [4] book, chart, make a note of, note, record, register, report, set down, tally

loggerheads **at loggerheads** at daggers drawn, at each other's throats, at enmity, at odds, estranged, feuding, in dispute, opposed, quarrelling

logic [1] argumentation, deduction, dialectics, ratiocination, science of reasoning, syllogistic reasoning [2] good reason, good sense, reason, sense, sound judgment [3] chain of thought, coherence, connection, link, rationale, relationship

logical [1] clear, cogent, coherent, consistent, deducible, pertinent, rational, reasonable, relevant, sound, valid, well-organized [2] judicious, most likely, necessary, obvious, plausible, reasonable, sensible, wise

loiter dally, dawdle, delay, dilly-dally (Inf.), hang about or around, idle, lag, linger, loaf, loll, saunter, skulk, stroll

loll [1] flop, lean, loaf, lounge, recline, relax, slouch, slump, sprawl [2] dangle, droop, drop, flap, flop, hang, hang loosely, sag

lone by oneself, deserted, isolated, lonesome, one, only, separate, separated, single, sole, solitary, unaccompanied

loneliness aloneness, desertedness, desolation, dreariness, forlornness, isolation, lonesomeness, seclusion, solitariness, solitude

lonely [1] abandoned, destitute, estranged, forlorn, forsaken, friendless, lonesome, outcast [2] alone, apart, by oneself, companionless, isolated, lone, single, solitary, withdrawn [3] deserted, desolate, godforsaken, isolated, off the beaten track (Inf.), out-of-the-way, remote, secluded, sequestered, solitary, unfrequented, uninhabited

long¹ adj. 1 elongated, expanded, extended, extensive, far-reaching, lengthy, spread out, stretched 2 dragging, interminable, late, lengthy, lingering, long-drawn-out, prolonged, protracted, slow, sustained, tardy

long² v. covet, crave, desire, dream of, eat one's heart out over, hanker, hunger, itch, lust, pine, want, wish, yearn

longing 1 n. ambition, aspiration, coveting, craving, desire, hankering, hope, hungering, itch, thirst, urge, wish, yearning, yen (Inf.) 2 adj. anxious, ardent, avid, craving, desirous, eager, hungry, languishing, pining, wishful, wistful, yearning

long-lived enduring, full of years, longevous, long-lasting, old as Methuselah

long-standing abiding, enduring, established, fixed, hallowed by time, long-established, long-lasting, long-lived, time-honoured

long-suffering easygoing, forbearing, forgiving, patient, resigned, stoical, tolerant, uncomplaining

long-winded diffuse, discursive, garrulous, lengthy, long-drawn-out, overlong, prolix, prolonged, rambling, repetitious, tedious, verbose, wordy

look

◆ **v.** 1 behold (Archaic), check, check out (Inf.), clock (Brit. sl.), consider, contemplate, examine, eye, eyeball (U.S. sl.), feast one's eyes upon, gaze, get a load of (Inf.), glance, inspect, observe, peep, recce (Sl.), regard, scan, scrutinize, see, study, survey, take a dekko at (Brit. sl.), take a gander at (Inf.), view, watch 2 appear, display, evidence, exhibit, look like, make clear, manifest, present, seem, seem to be, show, strike one as 3 face, front, front on, give onto, overlook 4 anticipate, await, expect, hope, reckon on 5 forage, hunt, search, seek 6 gape, gawk, gawp (Brit. sl.), glower, goggle, rubberneck (Sl.), ogle, stare 7 **look like** be the image of, favour, make one think of, put one in mind of, remind one of, resemble, take after

◆ **n.** 8 butcher's (Brit. sl.), examination, eyeful (Inf.), gander (Inf.), gaze, glance, glimpse, inspection, look-see (Sl.), observation, once-over (Inf.), peek, recce (Sl.), review, shufti (Brit. sl.), sight, squint (Inf.), survey, view 9 air, appearance, aspect, bearing, cast, complexion, countenance, demeanour, effect, expression, face, fashion, guise, manner, mien (Literary), semblance

look after attend to, care for, guard, keep an eye on, mind, nurse, protect, sit with, supervise, take care of, take charge of, tend, watch

look down on or **upon** contemn, despise, disdain, hold in contempt, look down one's nose at (Inf.), misprize, scorn, sneer, spurn, treat with contempt, turn one's nose up (at) (Inf.)

look forward to anticipate, await, count on, count the days until, expect, hope for, long for, look for, wait for

look into check out, delve into, examine, explore, follow up, go into, inquire about, inspect, investigate, look over, make enquiries, make inquiries, probe, research, scrutinize, study

look-out 1 guard, qui vive, readiness, vigil, watch 2 guard, sentinel, sentry, vedette (Military), watchman 3 beacon, citadel, observation post, observatory, post, tower, watchtower 4 (Inf.) business, concern, funeral (Inf.), pigeon (Brit. inf.), worry 5 chances, future, likelihood, outlook, prospect, view

look out be alert, be careful, be on guard, be on the qui vive, be vigilant, beware, keep an eye out, keep one's eyes open (peeled, skinned), pay attention, watch out

look over cast an eye over, check, check out (Inf.), examine, eyeball (U.S. sl.), flick through, inspect, look through, monitor, peruse, scan, take a dekko at (Brit. sl.), view, work over

look up 1 find, hunt for, research, search for, seek out, track down 2 ameliorate, come along, get better, improve, perk up, pick up, progress, shape up (Inf.), show improvement 3 (With **to**) admire, defer to, esteem, have a high opinion of, honour, regard highly, respect, revere 4 call (on), drop in on (Inf.), go to see, look in on, pay a visit to, visit

loom 1 appear, become visible, be imminent, bulk, emerge, hover, impend, menace, take shape, threaten 2 dominate, hang over, mount, overhang, overshadow, overtop, rise, soar, tower

loop 1 n. bend, circle, coil, convolution, curl, curve, eyelet, hoop, kink, loophole, noose, ring, spiral, twirl, twist, whorl 2 v. bend, braid, circle, coil, connect, curl, curve round, encircle, fold, join, knot, roll, spiral, turn, twist, wind round

loophole 1 aperture, knothole, opening, slot 2 (Fig.) avoidance, escape, evasion, excuse, let-out, means of escape, plea, pretence, pretext, subterfuge

loose

◆ **adj.** 1 floating, free, insecure, movable, released, unattached, unbound, unconfined, unfastened, unfettered, unrestricted, unsecured, untied, wobbly 2 baggy, easy, hanging, loosened, not fitting, not tight, relaxed, slack, slackened, sloppy 3 diffuse, disconnected, disordered, ill-defined, imprecise, inaccurate, indefinite, indistinct, inexact, rambling, random, vague 4 abandoned, debauched, disreputable, dissipated, dissolute, fast, immoral, lewd, libertine, licentious, profligate, promiscuous, unchaste, wanton 5 careless, heedless, imprudent, lax, negligent, rash, thoughtless, unmindful

◆ **v.** 6 detach, disconnect, disengage, ease, free, let go, liberate, loosen, release, set free, slacken, unbind, unbridle, undo, unfasten, unleash, unloose, untie

loosen 1 detach, let out, separate, slacken, unbind, undo, unloose, unstick, untie, work free, work loose 2 deliver, free, let go, liberate, release, set free 3 (Often with **up**) ease up or off, go easy (Inf.), lessen, let up, lighten up (Sl.), mitigate, moderate, relax, soften, weaken

loot 1 n. booty, goods, haul, plunder, prize, spoils, swag (Sl.) 2 v. despoil, pillage, plunder, raid, ransack, ravage, rifle, rob, sack

lop-sided askew, asymmetrical, awry, cockeyed, crooked, disproportionate, off balance, one-sided, out of shape, out of true, skewwhiff (Brit. inf.), squint, tilting, unbalanced, unequal, uneven, warped

Lord, Our or **The** Christ, God, Jehovah, Jesus Christ, the Almighty

lord 1 commander, governor, king, leader, liege, master, monarch, overlord, potentate, prince, ruler, seigneur, sovereign, superior 2 earl, noble, nobleman, peer, viscount 3 **lord it over** act big (Sl.), be overbearing, boss around (Inf.), domineer, order around, play the lord, pull rank, put on airs, swagger

lordly 1 arrogant, condescending, despotic, dictatorial, disdainful, domineering, haughty, high and mighty (Inf.), high-handed, hoity-toity (Inf.), imperious, lofty, overbearing, patronizing, proud, stuck-up (Inf.), supercilious, toffee-nosed (Sl., chiefly Brit.), tyrannical 2 aristocratic, dignified, exalted, gracious, grand, imperial, lofty, majestic, noble, princely, regal, stately

lore 1 beliefs, doctrine, experience, folk-wisdom, mythos, saws, sayings, teaching, traditional wisdom, traditions, wisdom 2 erudition, knowhow (Inf.), knowledge, learning, letters, scholarship

lose 1 be deprived of, displace, drop, fail to keep, forget, mislay, misplace, miss, suffer loss 2 capitulate, default, fail, fall short, forfeit, lose out on (Inf.), miss, pass up (Inf.), yield 3 be defeated, be the loser, be worsted, come a cropper (Inf.), come to grief, get the worst of, lose out, suffer defeat, take a licking (Inf.) 4 consume, deplete, dissipate, drain, exhaust, expend, lavish, misspend, squander, use up, waste 5 confuse, miss, stray from, wander from 6 lap, leave behind, outdistance, outrun, outstrip, overtake, pass 7 dodge, duck, elude, escape, evade, give someone the slip, shake off, slip away, throw off

loser also-ran, dud (Inf.), failure, flop (Inf.), lemon (Sl.), no-hoper (Aust. sl.), underdog, washout (Inf.)

loss 1 bereavement, deprivation, disappearance, drain, failure, forfeiture, losing, misfortune, mislaying, privation, squandering, waste 2 cost, damage, defeat, destruction, detriment, disadvantage, harm, hurt, impairment, injury, ruin 3 Plural casualties, dead, death toll, fatalities, number killed (captured, injured, missing, wounded) 4 Sometimes plural debit, debt, deficiency, deficit, depletion, losings, shrinkage 5 **at a loss** at one's wits' end, baffled, bewildered, confused, helpless, nonplussed, perplexed, puzzled, stuck (Inf.), stumped

lost 1 disappeared, forfeited, mislaid, misplaced, missed, missing, strayed, vanished, wayward 2 adrift, astray, at sea, disoriented, off-course, off-track 3 baffled, bewildered, clueless (Sl.), confused, helpless, ignorant, mystified, perplexed, puzzled 4 abolished, annihilated, demolished, destroyed, devastated, eradicated, exterminated, obliterated, perished, ruined, wasted, wiped out, wrecked 5 absent, absorbed, abstracted, distracted, dreamy, engrossed, entranced, preoccupied, rapt, spellbound, taken up 6 consumed, dissipated, frittered away, misapplied, misdirected, misspent, misused, squandered, wasted 7 bygone, dead, extinct, forgotten, gone, lapsed, obsolete, out-of-date, past, unremembered 8 abandoned, corrupt, damned, depraved, dissolute, fallen, irreclaimable, licentious, profligate, unchaste, wanton

lot 1 assortment, batch, bunch (Inf.), collection, consignment, crowd, group, quantity, set 2 accident, chance, destiny, doom, fate, fortune, hazard, plight, portion 3 allowance, cut (Inf.), parcel, part, percentage, piece, portion, quota, ration, share 4 **a lot** or **lots** abundance, a great deal, heap(s), large amount, load(s) (Inf.), masses (Inf.), numbers, ocean(s), oodles (Inf.), piles (Inf.), plenty, quantities, reams (Inf.), scores, stack(s) 5 **draw lots** choose, cut for aces, cut straws (Inf.), decide, pick, select, spin a coin, toss up 6 **throw in one's lot with** ally or align oneself with, join, join forces with, join fortunes with, make common cause with, support

loth → **loath**

lotion balm, cream, embrocation, liniment, salve, solution

lottery 1 draw, raffle, sweepstake 2 chance, gamble, hazard, risk, toss-up (Inf.), venture

loud 1 blaring, blatant, boisterous, booming, clamorous, deafening, ear-piercing, ear-splitting, forte (Music), high-sounding, noisy, obstreperous, piercing, resounding, rowdy, sonorous, stentorian, strident, strong, thundering, tumultuous, turbulent, vehement, vociferous 2 (Fig.) brash, brassy, flamboyant, flashy, garish, gaudy, glaring, lurid, naff (Brit. sl.), ostentatious, showy, tacky (Inf.), tasteless, tawdry, vulgar 3 brash, brazen, coarse, crass, crude, loud-mouthed (Inf.), offensive, raucous, vulgar

loudly at full volume, at the top of one's voice, clamorously, deafeningly, fortissimo (Music), lustily, noisily, shrilly, uproariously, vehemently, vigorously, vociferously

lounge v. 1 laze, lie about, loaf, loiter, loll, recline, relax, saunter, sprawl, take it easy 2 dawdle, fritter time away, hang out (Inf.), idle, kill time, pass time idly, potter, veg out (Sl., chiefly U.S.), waste time

lout bear, boor, bumpkin, churl, clod, clumsy idiot, dolt, gawk, lubber, lummox (Inf.), ned (Sl.), oaf, yahoo, yob or yobbo (Brit. sl.)

lovable adorable, amiable, attractive, captivating, charming, cuddly, cute, delightful, enchanting, endearing, engaging, fetching (Inf.), likable or likeable, lovely, pleasing, sweet, winning, winsome

love

◆ **v.** 1 adore, adulate, be attached to, be in love with, cherish, dote on, have affection for, hold dear, idolize, prize, think the world of, treasure, worship 2 appreciate, delight in, desire, enjoy, fancy, have a weakness for, like, relish, savour, take pleasure in 3 canoodle (Sl.), caress, cuddle, embrace, fondle, kiss, neck (Inf.), pet

◆ **n.** 4 adoration, adulation, affection, amity, ardour, attachment, devotion, fondness, friendship, infatuation, liking, passion, rapture, regard, tenderness, warmth 5 delight, devotion, enjoyment, fondness, inclination, liking, partiality, relish, soft spot, taste, weakness 6 angel, beloved, darling, dear, dearest, dear one, inamorata, inamorato, leman (Archaic), loved one, lover, sweet, sweetheart, truelove 7 **for love** for nothing, freely, free of charge, gratis, pleasurably, without payment 8 **for love or money** by any means, ever, under any conditions 9 **in love** besotted, charmed, enamoured, enraptured, infatuated, smitten 10 **fall in love (with)** bestow one's affections on, be taken with, fall for, lose one's heart (to), take a shine to (Inf.)

love affair [1] affair, affaire de coeur, amour, intrigue, liaison, relationship, romance [2] appreciation, devotion, enthusiasm, love, mania, passion

lovely [1] admirable, adorable, amiable, attractive, beautiful, charming, comely, exquisite, graceful, handsome, pretty, sweet, winning [2] agreeable, captivating, delightful, enchanting, engaging, enjoyable, gratifying, nice, pleasant, pleasing

lover admirer, beau, beloved, boyfriend, fancy man (Sl.), fancy woman (Sl.), fiancé, fiancée, flame (Inf.), girlfriend, inamorata, inamorato, leman (Archaic), mistress, paramour, suitor, swain (Archaic), sweetheart, toy boy

loving affectionate, amorous, ardent, cordial, dear, demonstrative, devoted, doting, fond, friendly, kind, solicitous, tender, warm, warm-hearted

low [1] fubsy (Archaic or dialect), little, short, small, squat, stunted [2] deep, depressed, ground-level, low-lying, shallow, subsided, sunken [3] depleted, insignificant, little, meagre, measly, paltry, reduced, scant, small, sparse, trifling [4] deficient, inadequate, inferior, low-grade, mediocre, pathetic, poor, puny, second-rate, shoddy, substandard, worthless [5] coarse, common, crude, disgraceful, dishonourable, disreputable, gross, ill-bred, obscene, rough, rude, unbecoming, undignified, unrefined, vulgar [6] humble, lowborn, lowly, meek, obscure, plain, plebeian, poor, simple, unpretentious [7] blue, brassed off (Brit. sl.), dejected, depressed, despondent, disheartened, dismal, down, downcast, down in the dumps (Inf.), fed up, forlorn, gloomy, glum, miserable, morose, sad, sick as a parrot (Inf.), unhappy [8] debilitated, dying, exhausted, feeble, frail, ill, prostrate, reduced, sinking, stricken, weak [9] gentle, hushed, muffled, muted, quiet, soft, subdued, whispered [10] cheap, economical, inexpensive, moderate, modest, reasonable [11] abject, base, contemptible, dastardly, degraded, depraved, despicable, ignoble, mean, menial, nasty, scurvy, servile, sordid, unworthy, vile, vulgar

low-down (Inf.) dope (Inf.), gen (Brit. inf.), info (Inf.), information, inside story, intelligence

lower[1] [1] inferior, junior, lesser, low-level, minor, secondary, second-class, smaller, subordinate, under [2] curtailed, decreased, diminished, lessened, pared down, reduced

lower[2] [1] depress, drop, fall, let down, make lower, sink, submerge, take down [2] abase, belittle, condescend, debase, degrade, deign, demean, devalue, disgrace, downgrade, humble, humiliate, stoop [3] abate, curtail, cut, decrease, diminish, lessen, minimize, moderate, prune, reduce, slash [4] soften, tone down

lower[3] [1] be brewing, blacken, cloud up or over, darken, loom, menace, threaten [2] frown, give a dirty look, glare, glower, look daggers, look sullen, scowl

low-grade bad, bush-league (Aust. & N.Z. inf.), chickenshit (U.S. sl.), dime-a-dozen (Inf.), duff (Inf.), inferior, not good enough, not up to snuff (Inf.), of a sort or of sorts, piss-poor (Taboo sl.), poor, poxy (Sl.), second-rate, substandard, tinhorn (U.S. sl.), two-bit (U.S. & Canad. sl.)

low-key low-pitched, muffled, muted, played down, quiet, restrained, subdued, toned down, understated

lowly [1] ignoble, inferior, lowborn, mean, obscure, plebeian, proletarian, subordinate [2] docile, dutiful, gentle, humble, meek, mild, modest, submissive, unassuming [3] average, common, homespun, modest, ordinary, plain, poor, simple, unpretentious

low-spirited apathetic, blue, brassed off (Brit. sl.), dejected, depressed, despondent, dismal, down, down-hearted, down in the dumps (Inf.), fed up, gloomy, heavy-hearted, low, miserable, moody, sad, unhappy

loyal attached, constant, dependable, devoted, dutiful, faithful, immovable, patriotic, staunch, steadfast, tried and true, true, true-blue, true-hearted, trustworthy, trusty, unswerving, unwavering

loyalty allegiance, constancy, dependability, devotion, faithfulness, fealty, fidelity, patriotism, reliability, staunchness, steadfastness, troth (Archaic), true-heartedness, trueness, trustiness, trustworthiness

lubricate grease, make slippery, make smooth, oil, oil the wheels, smear, smooth the way

lucid [1] clear, clear-cut, comprehensible, crystal clear, distinct, evident, explicit, intelligible, limpid, obvious, pellucid, plain, transparent [2] beaming, bright, brilliant, effulgent, gleaming, luminous, radiant, resplendent, shining [3] clear, crystalline, diaphanous, glassy, limpid, pellucid, pure, translucent, transparent [4] all there, clear-headed, compos mentis, in one's right mind, rational, reasonable, sane, sensible, sober, sound

luck [1] accident, chance, destiny, fate, fortuity, fortune, hap (Archaic), hazard [2] advantage, blessing, break (Inf.), fluke, godsend, good fortune, good luck, prosperity, serendipity, stroke, success, windfall

luckily [1] favourably, fortunately, happily, opportunely, propitiously, providentially [2] as it chanced, as luck would have it, by chance, fortuitously

luckless calamitous, cursed, disastrous, doomed, hapless, hopeless, ill-fated, ill-starred, jinxed, star-crossed, unfortunate, unhappy, unlucky, unpropitious, unsuccessful

lucky [1] advantageous, blessed, charmed, favoured, fortunate, jammy (Brit. sl.), prosperous, serendipitous, successful [2] adventitious, auspicious, fortuitous, opportune, propitious, providential, timely

lucrative advantageous, fat, fruitful, gainful, high-income, money-making, paying, productive, profitable, remunerative, well-paid

lucre gain, mammon, money, pelf, profit, riches, spoils, wealth

ludicrous absurd, burlesque, comic, comical, crazy, droll, farcical, funny, incongruous, laughable, nonsensical, odd, outlandish, preposterous, ridiculous, silly, zany

luggage baggage, bags, cases, gear, impedimenta, paraphernalia, suitcases, things, trunks

lugubrious dirgelike, dismal, doleful, dreary, funereal, gloomy, melancholy, morose, mournful, sad, serious, sombre, sorrowful, woebegone, woeful

lukewarm [1] blood-warm, tepid, warm [2] (Fig.) apathetic, cold, cool, half-arsed, half-assed (U.S. & Canad. sl.), half-hearted, indifferent, laodicean, phlegmatic, unconcerned, unenthusiastic, uninterested, unresponsive

lull

- v. [1] allay, calm, compose, hush, lullaby, pacify, quell, quiet, rock to sleep, soothe, still, subdue, tranquillize [2] abate, cease, decrease, diminish, dwindle, ease off, let up, moderate, quieten down, slacken, subside, wane
- n. [3] calm, calmness, hush, let-up (Inf.), pause, quiet, respite, silence, stillness, tranquillity

lullaby berceuse, cradlesong

lumber[1] [1] n. castoffs, clutter, discards, jumble, junk, refuse, rubbish, trash, trumpery, white elephants [2] v. (Brit. sl.) burden, encumber, impose upon, land, load, saddle

lumber[2] v. clump, lump along, plod, shamble, shuffle, stump, trudge, trundle, waddle

lumbering awkward, blundering, bovine, bumbling, clumsy, elephantine, heavy, heavy-footed, hulking, lubberly, overgrown, ponderous, ungainly, unwieldy

luminous [1] bright, brilliant, glowing, illuminated, lighted, lit, luminescent, lustrous, radiant, resplendent, shining, vivid [2] clear, evident, intelligible, lucid, obvious, perspicuous, plain, transparent

lump[1]

- n. [1] ball, bunch, cake, chunk, clod, cluster, dab, gob, gobbet, group, hunk, mass, nugget, piece, spot, wedge [2] bulge, bump, growth, hump, protrusion, protuberance, swelling, tumescence, tumour
- v. [3] agglutinate, aggregate, batch, bunch, coalesce, collect, combine, conglomerate, consolidate, group, mass, pool, unite

lump[2] v. bear, brook, endure, put up with, stand, suffer, take, thole (Northern English dialect), tolerate

lunacy [1] dementia, derangement, idiocy, insanity, madness, mania, psychosis [2] aberration, absurdity, craziness, folly, foolhardiness, foolishness, idiocy, imbecility, madness, senselessness, stupidity, tomfoolery

lunatic [1] adj. barking (Sl.), barking mad (Sl.), barmy (Sl.), bonkers (Sl., chiefly Brit.), crack-brained, crackpot (Inf.), crazy, daft, demented, deranged, insane, irrational, loopy (Inf.), mad, maniacal, not the full shilling (Inf.), nuts (Sl.), off one's trolley (Sl.), out to lunch (Inf.), psychotic, unhinged, up the pole (Inf.) [2] n. headbanger (Inf.), headcase (Inf.), loony (Sl.), madman, maniac, nut (Sl.), nutcase (Sl.), nutter (Brit. sl.), psychopath

lunge [1] n. charge, cut, jab, pass, pounce, spring, stab, swing, swipe (Inf.), thrust [2] v. bound, charge, cut, dash, dive, fall upon, hit at, jab, leap, pitch into (Inf.), plunge, poke, pounce, set upon, stab, strike at, thrust

lure [1] v. allure, attract, beckon, decoy, draw, ensnare, entice, inveigle, invite, lead on, seduce, tempt [2] n. allurement, attraction, bait, carrot (Inf.), come-on (Inf.), decoy, enticement, inducement, magnet, siren song, temptation

lurid [1] exaggerated, graphic, melodramatic, sensational, shock-horror (Facetious), shocking, startling, unrestrained, vivid, yellow (of journalism) [2] disgusting, ghastly, gory, grim, grisly, gruesome, macabre, revolting, savage, violent [3] ashen, ghastly, pale, pallid, sallow, wan [4] bloody, fiery, flaming, glaring, glowering, intense, livid, overbright, sanguine

lurk conceal oneself, crouch, go furtively, hide, lie in wait, move with stealth, prowl, skulk, slink, sneak, snoop

luscious appetizing, delectable, delicious, honeyed, juicy, mouth-watering, palatable, rich, savoury, scrumptious (Inf.), succulent, sweet, toothsome, yummy (Sl.)

lush [1] abundant, dense, flourishing, green, lavish, overgrown, prolific, rank, teeming, verdant [2] fresh, juicy, ripe, succulent, tender [3] elaborate, extravagant, grand, lavish, luxurious, opulent, ornate, palatial, plush (Inf.), ritzy (Sl.), sumptuous

lust

- n. [1] carnality, concupiscence, lasciviousness, lechery, lewdness, libido, licentiousness, pruriency, randiness (Inf., chiefly Brit.), salaciousness, sensuality, the hots (Sl.), wantonness [2] appetence, appetite, avidity, covetousness, craving, cupidity, desire, greed, longing, passion, thirst
- v. [3] be consumed with desire for, covet, crave, desire, hunger for or after, lech after (Inf.), need, slaver over, want, yearn

lustre [1] burnish, gleam, glint, glitter, gloss, glow, sheen, shimmer, shine, sparkle [2] brightness, brilliance, dazzle, lambency, luminousness, radiance, resplendence [3] distinction, fame, glory, honour, illustriousness, prestige, renown

lusty brawny, energetic, hale, healthy, hearty, in fine fettle, powerful, Ramboesque, redblooded (Inf.), robust, rugged, stalwart, stout, strapping, strong, sturdy, vigorous, virile

luxurious [1] comfortable, costly, de luxe, expensive, lavish, magnificent, opulent, plush (Inf.), rich, ritzy (Sl.), splendid, sumptuous, well-appointed [2] epicurean, pampered, pleasure-loving, self-indulgent, sensual, sybaritic, voluptuous

luxury [1] affluence, hedonism, opulence, richness, splendour, sumptuousness, voluptuousness [2] bliss, comfort, delight, enjoyment, gratification, indulgence, pleasure, satisfaction, wellbeing [3] extra, extravagance, frill, indulgence, nonessential, treat

lying [1] n. deceit, dishonesty, dissimulation, double-dealing, duplicity, fabrication, falsity, fibbing, guile, mendacity, perjury, prevarication, untruthfulness [2] adj. deceitful, dishonest, dissembling, double-dealing, false, guileful, mendacious, perfidious, treacherous, two-faced, untruthful

lyric

- adj. [1] (Of poetry) expressive, lyrical, melodic, musical, songlike [2] (Of a voice) clear, dulcet, flowing, graceful, light, silvery
- n. [3] Plural book, libretto, text, the words, words of a song

lyrical carried away, ecstatic, effusive, emotional, enthusiastic, expressive, impassioned, inspired, poetic, rapturous, rhapsodic

M

macabre cadaverous, deathlike, deathly, dreadful, eerie, frightening, frightful, ghastly, ghostly, ghoulish, grim, grisly, gruesome, hideous, horrid, morbid, unearthly, weird

machine [1] apparatus, appliance, contraption, contrivance, device, engine, instrument, mechanism, tool 2 agency, machinery, organization, party, setup (Inf.), structure, system 3 (Fig.) agent, automaton, mechanical man, puppet, robot, zombie

machinery 1 apparatus, equipment, gear, instruments, mechanism, tackle, tools, works 2 agency, channels, machine, organization, procedure, structure, system

mad 1 aberrant, bananas (Sl.), barking (Sl.), barking mad (Sl.), barmy (Sl.), batty (Sl.), bonkers (Sl., chiefly Brit.), crackers (Brit. sl.), crackpot (Inf.), crazed, crazy (Inf.), cuckoo (Inf.), delirious, demented, deranged, distracted, flaky (U.S. sl.), frantic, frenzied, insane, loony (Sl.), loopy (Inf.), lunatic, mental (Sl.), non compos mentis, not the full shilling (Inf.), nuts (Sl.), nutty (Sl.), off one's chump (Sl.), off one's head (Sl.), off one's nut (Sl.), off one's rocker (Sl.), off one's trolley (Sl.), of unsound mind, out of one's mind, out to lunch (Inf.), psychotic, rabid, raving, round the bend (Brit. sl.), round the twist (Brit. sl.), screwy (Inf.), unbalanced, unhinged, unstable, up the pole (Inf.) 2 absurd, asinine, daft (Inf.), foolhardy, foolish, imprudent, inane, irrational, ludicrous, nonsensical, preposterous, senseless, unreasonable, unsafe, unsound, wild 3 (Inf.) angry, ape (Sl.), apeshit (Sl.), berserk, cross, enraged, exasperated, fuming, furious, in a wax (Inf., chiefly Brit.), incensed, infuriated, irate, irritated, livid (Inf.), raging, resentful, seeing red (Inf.), wild, wrathful 4 ardent, avid, crazy, daft (Inf.), devoted, dotty (Sl., chiefly Brit.), enamoured, enthusiastic, fanatical, fond, hooked, impassioned, infatuated, in love with, keen, nuts (Sl.), wild, zealous 5 abandoned, agitated, boisterous, ebullient, energetic, excited, frenetic, frenzied, gay, riotous, uncontrolled, unrestrained, wild 6 **like mad** (Inf.) energetically, enthusiastically, excitedly, furiously, madly, quickly, rapidly, speedily, unrestrainedly, violently, wildly, with might and main

madden aggravate (Inf.), annoy, craze, derange, drive one crazy (off one's head (Sl.), out of one's mind, round the bend (Brit. sl.), round the twist (Brit. sl.), to distraction) (Inf.), enrage, exasperate, gall, get one's hackles up, incense, inflame, infuriate, irritate, make one's blood boil, make one see red (Inf.), make one's hackles rise, nark (Brit., Aust., & N.Z. sl.), piss one off (Taboo sl.), provoke, raise one's hackles, unhinge, upset, vex

made-up fabricated, false, fictional, imaginary, invented, make-believe, mythical, specious, trumped-up, unreal, untrue

madly 1 crazily, deliriously, dementedly, distractedly, frantically, frenziedly, hysterically, insanely, rabidly 2 absurdly, foolishly, irrationally, ludicrously, nonsensically, senselessly, unreasonably, wildly 3 energetically, excitedly, furiously, hastily, hotfoot, hurriedly, like mad (Inf.), quickly, rapidly, recklessly, speedily, violently, wildly 4 (Inf.) desperately, devotedly, exceedingly, excessively, extremely, intensely, passionately, to distraction

madman or **madwoman** headbanger (Inf.), headcase (Inf.), loony (Sl.), lunatic, maniac, mental case (Sl.), nut (Sl.), nutcase (Sl.), nutter (Brit. sl.), psycho (Sl.), psychopath, psychotic

madness 1 aberration, craziness, delusion, dementia, derangement, distraction, insanity, lunacy, mania, mental illness, psychopathy, psychosis 2 absurdity, daftness (Inf.), folly, foolhardiness, foolishness, idiocy, nonsense, preposterousness, wildness 3 anger, exasperation, frenzy, fury, ire, rage, raving, wildness, wrath 4 ardour, craze, enthusiasm, fanaticism, fondness, infatuation, keenness, passion, rage, zeal 5 abandon, agitation, excitement, frenzy, furore, intoxication, riot, unrestraint, uproar

magazine 1 journal, pamphlet, paper, periodical 2 ammunition dump, arsenal, depot, powder room (Obsolete), store, storehouse, warehouse

magic

- **n.** 1 black art, enchantment, necromancy, occultism, sorcery, sortilege, spell, theurgy, witchcraft, wizardry 2 conjuring, hocus-pocus, illusion, jiggery-pokery (Inf., chiefly Brit.), jugglery, legerdemain, prestidigitation, sleight of hand, trickery 3 allurement, charm, enchantment, fascination, glamour, magnetism, power
- **adj.** 4 Also **magical** bewitching, charismatic, charming, enchanting, entrancing, fascinating, magnetic, marvellous, miraculous, sorcerous, spellbinding

magician 1 archimage (Rare), conjurer, conjuror, enchanter, enchantress, illusionist, necromancer, sorcerer, thaumaturge (Rare), theurgist, warlock, witch, wizard 2 genius, marvel, miracle-worker, spellbinder, virtuoso, wizard, wonder-worker

magisterial arrogant, assertive, authoritative, bossy (Inf.), commanding, dictatorial, domineering, high-handed, imperious, lordly, masterful, overbearing, peremptory

magistrate bailie (Scot.), J.P., judge, justice, justice of the peace, provost (Scot.)

magnanimity beneficence, big-heartedness, bountifulness, charitableness, generosity, high-mindedness, largess or largesse, munificence, nobility, open-handedness, selflessness, unselfishness

magnanimous beneficent, big, big-hearted, bountiful, charitable, free, generous, great-hearted, handsome, high-minded, kind, kindly, munificent, noble, open-handed, selfless, ungrudging, unselfish, unstinting

magnate 1 baron, big cheese (Sl., old-fashioned), big noise (Inf.), big shot (Inf.), big wheel (Sl.), bigwig (Inf.), captain of industry, chief, fat cat (Sl., chiefly U.S.), leader, mogul, Mister Big (Sl., chiefly U.S.), nabob (Inf.), notable, plutocrat, tycoon, VIP 2 aristo (Inf.), aristocrat, baron, bashaw, grandee, magnifico, merchant, noble, notable, personage, prince

magnetic alluring, attractive, captivating, charismatic, charming, enchanting, entrancing, fascinating, hypnotic, irresistible, mesmerizing, seductive

magnetism allure, appeal, attraction, attractiveness, captivatingness, charisma, charm, draw, drawing power, enchantment, fascination, hypnotism, magic, mesmerism, power, pull, seductiveness, spell

magnification aggrandizement, amplification, augmentation, blow-up (Inf.), boost, build-up, deepening, dilation, enhancement, enlargement, exaggeration, expansion, heightening, increase, inflation, intensification

magnificence brilliance, éclat, glory, gorgeousness, grandeur, luxuriousness, luxury, majesty, nobility, opulence, pomp, resplendence, splendour, stateliness, sublimity, sumptuousness

magnificent august, brilliant, elegant, elevated, exalted, excellent, fine, glorious, gorgeous, grand, grandiose, imposing, impressive, lavish, luxurious, majestic, noble, opulent, outstanding, princely, regal, resplendent, rich, splendid, splendiferous (Facetious), stately, striking, sublime, sumptuous, superb, superior, transcendent

magnify 1 aggrandize, amplify, augment, blow up (Inf.), boost, build up, deepen, dilate, enlarge, expand, heighten, increase, intensify 2 aggravate, blow up, blow up out of all proportion, dramatize, enhance, exaggerate, inflate, make a federal case of (U.S. inf.), make a mountain out of a molehill, make a production (out) of (Inf.), overdo, overemphasize, overestimate, overplay, overrate, overstate

magnitude 1 consequence, eminence, grandeur, greatness, importance, mark, moment, note, significance, weight 2 amount, amplitude, bigness, bulk, capacity, dimensions, enormity, expanse, extent, hugeness, immensity, intensity, largeness, mass, measure, proportions, quantity, size, space, strength, vastness, volume

maid 1 damsel, girl, lass, lassie (Inf.), maiden, miss, nymph (Poetic), wench 2 abigail (Archaic), handmaiden (Archaic), housemaid, maidservant, servant, serving-maid

maiden

- **n.** 1 damsel, girl, lass, lassie (Inf.), maid, miss, nymph (Poetic), virgin, wench
- **adj.** 2 chaste, intact, pure, undefiled, unmarried, unwed, virgin, virginal 3 first, inaugural, initial, initiatory, introductory 4 fresh, new, unbroached, untapped, untried, unused

maidenly chaste, decent, decorous, demure, gentle, girlish, modest, pure, reserved, undefiled, unsullied, vestal, virginal, virtuous

mail

- **n.** 1 correspondence, letters, packages, parcels, post 2 post, postal service, postal system
- **v.** 3 dispatch, forward, post, send, send by mail or post

maim cripple, disable, hamstring, hurt, impair, incapacitate, injure, lame, mangle, mar, mutilate, put out of action, wound

main

- **adj.** 1 capital, cardinal, central, chief, critical, crucial, essential, foremost, head, leading, necessary, outstanding, paramount, particular, predominant, pre-eminent, premier, primary, prime, principal, special, supreme, vital 2 absolute, brute, direct, downright, entire, mere, pure, sheer, undisguised, utmost, utter
- **n.** 3 cable, channel, conduit, duct, line, pipe 4 effort, force, might, potency, power, puissance, strength 5 **in** (or **for**) **the main** for the most part, generally, in general, mainly, mostly, on the whole

mainly above all, chiefly, first and foremost, for the most part, generally, in general, in the main, largely, mostly, most of all, on the whole, overall, predominantly, primarily, principally, substantially, to the greatest extent, usually

mainstay anchor, backbone, bulwark, buttress, chief support, linchpin, pillar, prop

maintain 1 care for, carry on, conserve, continue, finance, keep, keep up, look after, nurture, perpetuate, preserve, prolong, provide, retain, supply, support, sustain, take care of, uphold 2 affirm, allege, assert, asseverate, aver, avow, claim, contend, declare, hold, insist, profess, state 3 advocate, argue for, back, champion, defend, fight for, justify, plead for, stand by, take up the cudgels for, uphold, vindicate

maintenance 1 care, carrying-on, conservation, continuance, continuation, keeping, nurture, perpetuation, preservation, prolongation, provision, repairs, retainment, supply, support, sustainment, sustention, upkeep 2 aliment, alimony, allowance, food, keep, livelihood, living, subsistence, support, sustenance, upkeep

majestic august, awesome, dignified, elevated, exalted, grand, grandiose, imperial, imposing, impressive, kingly, lofty, magnificent, monumental, noble, pompous, princely, regal, royal, splendid, splendiferous (Facetious), stately, sublime, superb

majesty augustness, awesomeness, dignity, exaltedness, glory, grandeur, imposingness, impressiveness, kingliness, loftiness, magnificence, nobility, pomp, queenliness, royalty, splendour, state, stateliness, sublimity

major 1 better, bigger, chief, elder, greater, head, higher, larger, lead, leading, main, most, senior, superior, supreme, uppermost 2 critical, crucial, grave, great, important, mega (Sl.), notable, outstanding, pre-eminent, radical, serious, significant, vital, weighty

majority 1 best part, bulk, greater number, mass, more, most, plurality, preponderance, superiority 2 adulthood, manhood, maturity, seniority, womanhood

make

- **v.** 1 assemble, build, compose, constitute, construct, create, fabricate, fashion, forge, form, frame, manufacture, mould, originate, produce, put together, shape, synthesize 2 accomplish, beget, bring about, cause, create, effect, engender, generate, give rise to, lead to, occasion, produce 3 cause, coerce, compel, constrain, dragoon, drive, force, impel, induce, oblige, press, pressurize, prevail upon, railroad (Inf.), require 4 appoint, assign, create, designate, elect, install, invest, nominate, ordain 5 draw up, enact, establish, fix, form, frame, pass 6 add up to, amount to, compose, constitute, embody, form, represent 7 act, carry out, do, effect, engage in, execute, perform, practise, prosecute 8 calculate, estimate, gauge, judge, reckon, suppose, think 9 acquire, clear, earn, gain, get, net, obtain, realize, secure, take in, win 10 arrive at, arrive in time for, attain, catch, get to, meet, reach 11 **make it** (Inf.) arrive (Inf.), be successful, come through, crack it (Inf.), cut it (Inf.), get on, get somewhere, prosper, pull through, succeed, survive
- **n.** 12 brand, build, character, composition, constitution, construction, cut, designation, form, kind, make-up, mark, model, shape, sort, structure, style, type, variety 13 cast of mind, character, disposition, frame of mind, humour, kidney, make-up, nature, stamp, temper, temperament

make away 1 abscond, beat a hasty retreat, clear out (Inf.), cut and run (Inf.), decamp, depart, do a runner (Sl.), flee, fly, fly the coop (U.S. & Canad. inf.), hook it (Sl.), make off, run away or off, run for it (Inf.), scoot, skedaddle (Inf.), slope off, take a powder (U.S. & Canad. sl.), take it on the lam (U.S. & Canad. sl.), take to one's heels [2] (With **with**) abduct, cabbage (Brit. sl.), carry off, filch, kidnap, knock off (Sl.), make off with, nab (Inf.), nick (Sl., chiefly Brit.), pilfer, pinch (Inf.), purloin, steal, swipe (Sl.) [3] (With **with**) blow away (Sl., chiefly U.S.), bump off (Sl.), destroy, dispose of, do away with, do in (Sl.), eliminate, get rid of, kill, murder, rub out (U.S. sl.)

make-believe [1] n. charade, dream, fantasy, imagination, play-acting, pretence, unreality [2] adj. dream, fantasized, fantasy, imaginary, imagined, made-up, mock, pretend, pretended, sham, unreal

make off [1] abscond, beat a hasty retreat, bolt, clear out (Inf.), cut and run (Inf.), decamp, do a runner (Sl.), flee, fly, fly the coop (U.S. & Canad. inf.), hook it (Sl.), make away, run away or off, run for it (Inf.), skedaddle (Inf.), slope off, take a powder (U.S. & Canad. sl.), take it on the lam (U.S. & Canad. sl.), take to one's heels [2] (With **with**) abduct, cabbage (Brit. sl.), carry off, filch, kidnap, knock off (Sl.), make away with, nab (Inf.), nick (Sl., chiefly Brit.), pilfer, pinch (Inf.), purloin, run away or off with, steal, swipe (Sl.)

make out [1] descry, detect, discern, discover, distinguish, espy, perceive, recognize, see [2] comprehend, decipher, fathom, follow, grasp, perceive, realize, see, suss (out) (Sl.), understand, work out [3] complete, draw up, fill in or out, inscribe, write (out) [4] demonstrate, describe, prove, represent, show [5] assert, claim, let on, make as if or though, pretend [6] fare, get on, manage, prosper, succeed, thrive

Maker Creator, God

maker author, builder, constructor, director, fabricator, framer, manufacturer, producer

makeshift [1] adj. expedient, jury (Chiefly nautical), make-do, provisional, rough and ready, stopgap, substitute, temporary [2] n. expedient, shift, stopgap, substitute

make-up [1] cosmetics, face (Inf.), greasepaint (Theatre), maquillage, paint (Inf.), powder, war paint (Inf., humorous) [2] arrangement, assembly, composition, configuration, constitution, construction, form, format, formation, organization, structure [3] build, cast of mind, character, constitution, disposition, figure, frame of mind, make, nature, stamp, temper, temperament

make up [1] compose, comprise, constitute, form [2] coin, compose, concoct, construct, cook up (Inf.), create, devise, dream up, fabricate, formulate, frame, hatch, invent, manufacture, originate, trump up, write [3] complete, fill, meet, supply [4] (With **for**) atone, balance, compensate, make amends, offset, recompense, redeem, redress, requite [5] bury the hatchet, call it quits, come to terms, compose, forgive and forget, make peace, mend, reconcile, settle, shake hands [6] **make up one's mind** choose, come to a decision, decide, determine, make a decision, reach a decision, resolve, settle [7] **make up to** (Inf.) chat up (Inf.), court, curry favour with, flirt with, make overtures to, woo

makings [1] beginnings, capability, capacity, ingredients, materials, potentiality, potential(s), qualities [2] earnings, income, proceeds, profits, returns, revenue, takings

maladjusted alienated, disturbed, estranged, hung-up (Sl.), neurotic, unstable

maladministration blundering, bungling, corruption, dishonesty, incompetence, inefficiency, malfeasance (Law), malpractice, misgovernment, mismanagement, misrule

malady affliction, ailment, complaint, disease, disorder, ill, illness, indisposition, infirmity, sickness

malcontent [1] adj. disaffected, discontented, disgruntled, disgusted, dissatisfied, dissentious, factious, ill-disposed, rebellious, resentful, restive, unhappy, unsatisfied [2] n. agitator, complainer, fault-finder, grouch (Inf.), grouser, grumbler, mischief-maker, rebel, stirrer (Inf.), troublemaker

male manful, manlike, manly, masculine, virile

malefactor convict, criminal, crook (Inf.), culprit, delinquent, evildoer, felon, lawbreaker, miscreant, offender, outlaw, transgressor, villain, wrongdoer

malevolence hate, hatred, ill will, malice, maliciousness, malignity, rancour, spite, spitefulness, vengefulness, vindictiveness

malevolent baleful, evil-minded, hateful (Archaic), hostile, ill-natured, maleficent, malicious, malign, malignant, pernicious, rancorous, spiteful, vengeful, vicious, vindictive

malformation crookedness, deformity, distortion, misshape, misshapenness

malfunction [1] v. break down, develop a fault, fail, go wrong [2] n. breakdown, defect, failure, fault, flaw, glitch, impairment

malice animosity, animus, bad blood, bitterness, enmity, evil intent, hate, hatred, ill will, malevolence, maliciousness, malignity, rancour, spite, spitefulness, spleen, vengefulness, venom, vindictiveness

malicious baleful, bitchy (Inf.), bitter, catty (Inf.), evil-minded, hateful, ill-disposed, ill-natured, injurious, malevolent, malignant, mischievous, pernicious, rancorous, resentful, shrewish, spiteful, vengeful, vicious

malign [1] adj. bad, baleful, baneful, deleterious, destructive, evil, harmful, hostile, hurtful, injurious, maleficent, malevolent, malignant, pernicious, vicious, wicked [2] v. abuse, asperse, bad-mouth (Sl., chiefly U.S. & Canad.), blacken (someone's name), calumniate, defame, denigrate, derogate, disparage, do a hatchet job on (Inf.), harm, injure, knock (Inf.), libel, revile, rubbish (Inf.), run down, slag (off) (Sl.), slander, smear, speak ill of, traduce, vilify

malignant [1] baleful, bitter, destructive, harmful, hostile, hurtful, inimical, injurious, maleficent, malevolent, malicious, malign, of evil intent, pernicious, spiteful, vicious [2] (Medical) cancerous, dangerous, deadly, evil, fatal, irremediable, metastatic, uncontrollable, virulent

malpractice [1] abuse, dereliction, misbehaviour, misconduct, mismanagement, negligence [2] abuse, misdeed, offence, transgression

maltreat abuse, bully, damage, handle roughly, harm, hurt, ill-treat, injure, mistreat

mammoth Brobdingnagian, colossal, elephantine, enormous, gargantuan, giant, gigantic, ginormous (Inf.), huge, humongous or humungous (U.S. sl.), immense, jumbo (Inf.), massive, mega (Sl.), mighty, monumental, mountainous, prodigious, stupendous, titanic, vast

man
- **n.** [1] bloke (Brit. inf.), chap (Inf.), gentleman, guy (Inf.), male [2] adult, being, body, human, human being, individual, one, person, personage, somebody, soul [3] Homo sapiens, humanity, humankind, human race, mankind, mortals, people [4] attendant, employee, follower, hand, hireling, liegeman, manservant, retainer, servant, soldier, subject, subordinate, valet, vassal, worker, workman [5] beau, boyfriend, husband, lover, partner, significant other (U.S. inf.), spouse [6] **to a man** bar none, every one, one and all, unanimously, without exception
- **v.** [7] crew, fill, furnish with men, garrison, occupy, people, staff

manacle [1] n. bond, chain, fetter, gyve (Archaic), handcuff, iron, shackle, tie [2] v. bind, chain, check, clap or put in irons, confine, constrain, curb, fetter, hamper, handcuff, inhibit, put in chains, restrain, shackle, tie one's hands

manage [1] administer, be in charge (of), command, concert, conduct, direct, govern, handle, manipulate, oversee, preside over, rule, run, superintend, supervise [2] accomplish, arrange, bring about or off, contrive, cope with, crack it (Inf.), cut it (Inf.), deal with, effect, engineer, succeed [3] control, dominate, govern, guide, handle, influence, manipulate, operate, pilot, ply, steer, train, use, wield [4] carry on, cope, fare, get along, get by (Inf.), get on, make do, make out, muddle through, shift, survive

manageable amenable, compliant, controllable, convenient, docile, easy, governable, handy, submissive, tamable, tractable, user-friendly, wieldy

management [1] administration, board, bosses (Inf.), directorate, directors, employers, executive(s) [2] administration, care, charge, command, conduct, control, direction, governance, government, guidance, handling, manipulation, operation, rule, running, superintendence, supervision

manager administrator, boss (Inf.), comptroller, conductor, controller, director, executive, gaffer (Inf., chiefly Brit.), governor, head, organizer, overseer, proprietor, superintendent, supervisor

mandate authority, authorization, bidding, charge, command, commission, decree, directive, edict, fiat, injunction, instruction, order, precept, sanction, warrant

mandatory binding, compulsory, obligatory, required, requisite

manful bold, brave, courageous, daring, determined, gallant, hardy, heroic, indomitable, intrepid, manly, noble, powerful, resolute, stalwart, stout, stout-hearted, strong, valiant, vigorous

manfully boldly, bravely, courageously, desperately, determinedly, gallantly, hard, heroically, intrepidly, like a Trojan, like one possessed, like the devil, nobly, powerfully, resolutely, stalwartly, stoutly, strongly, to the best of one's ability, valiantly, vigorously, with might and main

mangle butcher, cripple, crush, cut, deform, destroy, disfigure, distort, hack, lacerate, maim, mar, maul, mutilate, rend, ruin, spoil, tear, total (Sl.), trash (Sl.), wreck

mangy dirty, grungy (Sl., chiefly U.S.), mean, moth-eaten, scabby (Inf.), scruffy, scuzzy (Sl., chiefly U.S.), seedy, shabby, shoddy, squalid

manhandle [1] handle roughly, knock about or around, maul, paw (Inf.), pull, push, rough up [2] carry, haul, heave, hump (Brit. sl.), lift, manoeuvre, pull, push, shove, tug

manhood bravery, courage, determination, firmness, fortitude, hardihood, manfulness, manliness, masculinity, maturity, mettle, resolution, spirit, strength, valour, virility

mania [1] aberration, craziness, delirium, dementia, derangement, disorder, frenzy, insanity, lunacy, madness [2] cacoethes, craving, craze, desire, enthusiasm, fad (Inf.), fetish, fixation, obsession, partiality, passion, preoccupation, rage, thing (Inf.)

maniac [1] headbanger (Inf.), headcase (Inf.), loony (Sl.), lunatic, madman, madwoman, nutcase (Sl.), nutter (Brit. sl.), psycho (Sl.), psychopath [2] enthusiast, fan, fanatic, fiend (Inf.), freak (Inf.)

manifest [1] adj. apparent, blatant, clear, conspicuous, distinct, evident, glaring, noticeable, obvious, open, palpable, patent, plain, unmistakable, visible [2] v. declare, demonstrate, display, establish, evince, exhibit, expose, express, make plain, prove, reveal, set forth, show

manifestation appearance, demonstration, disclosure, display, exhibition, exposure, expression, indication, instance, mark, materialization, revelation, show, sign, symptom, token

manifold abundant, assorted, copious, diverse, diversified, many, multifarious, multifold, multiple, multiplied, multitudinous, numerous, varied, various

manipulate [1] employ, handle, operate, ply, use, wield, work [2] conduct, control, direct, engineer, guide, influence, manoeuvre, negotiate, steer

mankind Homo sapiens, humanity, humankind, human race, man, people

manliness boldness, bravery, courage, fearlessness, firmness, hardihood, heroism, independence, intrepidity, machismo, manfulness, manhood, masculinity, mettle, resolution, stoutheartedness, valour, vigour, virility

manly bold, brave, butch (Sl.), courageous, daring, dauntless, fearless, gallant, hardy, heroic, macho, male, manful, masculine, muscular, noble, powerful, Ramboesque, red-blooded (Inf.), resolute, robust, stout-hearted, strapping, strong, valiant, valorous, vigorous, virile, well-built

man-made artificial, ersatz, manufactured, plastic (Sl.), synthetic

manner [1] air, appearance, aspect, bearing, behaviour, comportment, conduct, demeanour, deportment, look, mien (Literary), presence, tone [2] approach, custom, fashion, form, genre, habit, line, means, method, mode, practice, procedure, process, routine, style, tack, tenor, usage, way, wont [3] brand, breed, category, form, kind, nature, sort, type, variety

manners [1] bearing, behaviour, breeding, carriage, comportment, conduct, demeanour, deportment [2] ceremony, courtesy, decorum, etiquette, formalities, good form, polish, politeness, politesse, proprieties, protocol, refinement, social graces, the done thing

mannered affected, artificial, posed, pretentious, pseudo (Inf.), put-on, stilted

mannerism characteristic, foible, habit, idiosyncrasy, peculiarity, quirk, trait, trick

mannerly civil, civilized, courteous, decorous, genteel, gentlemanly, gracious, ladylike, polished, polite, refined, respectful, well-behaved, well-bred, well-mannered

manoeuvre
- n. [1] action, artifice, dodge, intrigue, machination, move, movement, plan, plot, ploy, ruse, scheme, stratagem, subterfuge, tactic, trick [2] deployment, evolution, exercise, movement, operation
- v. [3] contrive, devise, engineer, intrigue, machinate, manage, manipulate, plan, plot, pull strings, scheme, wangle (Inf.) [4] deploy, exercise, move [5] direct, drive, guide, handle, navigate, negotiate, pilot, steer

mansion abode, dwelling, habitation, hall, manor, residence, seat, villa

mantle
- n. [1] (Archaic) cape, cloak, hood, shawl, wrap [2] blanket, canopy, cloud, cover, covering, curtain, envelope, pall, screen, shroud, veil
- v. [3] blanket, cloak, cloud, cover, disguise, envelop, hide, mask, overspread, screen, shroud, veil, wrap

manual [1] adj. done by hand, hand-operated, human, physical [2] n. bible, enchiridion (Rare), guide, guidebook, handbook, instructions, workbook

manufacture
- v. [1] assemble, build, compose, construct, create, fabricate, forge, form, make, mass-produce, mould, process, produce, put together, shape, turn out [2] concoct, cook up (Inf.), devise, fabricate, hatch, invent, make up, think up, trump up
- n. [3] assembly, construction, creation, fabrication, making, mass-production, produce, production

manufacturer builder, constructor, creator, fabricator, factory-owner, industrialist, maker, producer

manure compost, droppings, dung, excrement, fertilizer, muck, ordure

many
- adj. [1] abundant, copious, countless, divers (Archaic), frequent, innumerable, manifold, multifarious, multifold, multitudinous, myriad, numerous, profuse, sundry, umpteen (Inf.), varied, various
- n. [2] a horde, a lot, a mass, a multitude, a thousand and one, heaps (Inf.), large numbers, lots (Inf.), piles (Inf.), plenty, scores, tons (Inf.), umpteen (Inf.) [3] **the many** crowd, hoi polloi, majority, masses, multitude, people, rank and file

mar blemish, blight, blot, damage, deface, detract from, disfigure, harm, hurt, impair, injure, maim, mangle, mutilate, ruin, scar, spoil, stain, sully, taint, tarnish, vitiate

maraud despoil, forage, foray, harry, loot, pillage, plunder, raid, ransack, ravage, reive (Dialect), sack

marauder bandit, brigand, buccaneer, cateran (Scot.), corsair, freebooter, mosstrooper, outlaw, pillager, pirate, plunderer, raider, ravager, reiver (Dialect), robber

march[1]
- v. [1] file, footslog, pace, parade, stalk, stride, strut, tramp, tread, walk
- n. [2] hike, routemarch, tramp, trek, walk [3] demo (Inf.), demonstration, parade, procession [4] gait, pace, step, stride [5] advance, development, evolution, progress, progression [6] **on the march** advancing, afoot, astir, en route, marching, on one's way, on the way, proceeding, progressing, under way

march[2] borderland, borders, boundaries, confines, frontiers, limits, marchlands

margin [1] border, bound, boundary, brim, brink, confine, edge, limit, perimeter, periphery, rim, side, verge [2] allowance, compass, elbow-room, extra, latitude, leeway, play, room, scope, space, surplus

marginal [1] bordering, borderline, on the edge, peripheral [2] insignificant, low, minimal, minor, negligible, slight, small

marijuana bhang, cannabis, charas, dope (Sl.), ganja, grass (Sl.), hash (Sl.), hashish, hemp, kif, leaf (Sl.), mary jane (U.S. sl.), pot (Sl.), sinsemilla, smoke (Inf.), stuff (Sl.), tea (U.S. sl.), weed (Sl.)

marine maritime, nautical, naval, ocean-going, oceanic, pelagic, saltwater, sea, seafaring, seagoing, thalassic

mariner bluejacket, gob (U.S. sl.), hand, Jack Tar, matelot (Sl., chiefly Brit.), navigator, sailor, salt, sea dog, seafarer, seafaring man, seaman, tar

marital conjugal, connubial, married, matrimonial, nuptial, spousal, wedded

maritime [1] marine, nautical, naval, oceanic, sea, seafaring [2] coastal, littoral, seaside

mark
- n. [1] blemish, blot, blotch, bruise, dent, impression, line, nick, pock, scar, scratch, smirch, smudge, splotch, spot, stain, streak [2] badge, blaze, brand, characteristic, device, earmark, emblem, evidence, feature, flag, hallmark, impression, incision, index, indication, label, note, print, proof, seal, sign, signet, stamp, symbol, symptom, token [3] criterion, level, measure, norm, par, standard, yardstick [4] aim, end, goal, object, objective, purpose, target [5] consequence, dignity, distinction, eminence, fame, importance, influence, notability, note, notice, prestige, quality, regard, standing [6] footmark, footprint, sign, trace, track, trail, vestige [7] **make one's mark** achieve recognition, be a success, find a place in the sun, get on in the world, make a success of oneself, make good, make it (Inf.), make something of oneself, prosper, succeed
- v. [8] blemish, blot, blotch, brand, bruise, dent, impress, imprint, nick, scar, scratch, smirch, smudge, splotch, stain, streak [9] brand, characterize, flag, identify, label, stamp [10] betoken, denote, distinguish, evince, exemplify, illustrate, show [11] attend, hearken (Archaic), mind, note, notice, observe, pay attention, pay heed, regard, remark, watch [12] appraise, assess, correct, evaluate, grade

marked apparent, blatant, clear, considerable, conspicuous, decided, distinct, evident, manifest, notable, noted, noticeable, obvious, outstanding, patent, prominent, pronounced, remarkable, salient, signal, striking

markedly clearly, considerably, conspicuously, decidedly, distinctly, evidently, greatly, manifestly, notably, noticeably, obviously, outstandingly, patently, remarkably, signally, strikingly, to a great extent

market [1] n. bazaar, fair, mart [2] v. offer for sale, retail, sell, vend

marketable in demand, merchantable, salable, sought after, vendible, wanted

marksman or **markswoman** crack shot (Inf.), deadeye (Inf., chiefly U.S.), dead shot (Inf.), good shot, sharpshooter

maroon abandon, cast ashore, cast away, desert, leave, leave high and dry (Inf.), strand

marriage [1] espousal, match, matrimony, nuptial rites, nuptials, wedding, wedding ceremony, wedlock [2] alliance, amalgamation, association, confederation, coupling, link, merger, union

married [1] hitched (Sl.), joined, one, spliced (Inf.), united, wed, wedded [2] conjugal, connubial, husbandly, marital, matrimonial, nuptial, spousal, wifely

marrow core, cream, essence, gist, heart, kernel, pith, quick, quintessence, soul, spirit, substance

marry [1] become man and wife, espouse, get hitched (Sl.), get spliced (Inf.), take the plunge (Inf.), take to wife, tie the knot (Inf.), walk down the aisle (Inf.), wed, wive (Archaic) [2] ally, bond, join, knit, link, match, merge, splice, tie, unify, unite, yoke

marsh bog, fen, morass, moss (Scot. & northern English dialect), quagmire, slough, swamp

marshal [1] align, arrange, array, assemble, collect, deploy, dispose, draw up, gather, group, line up, muster, order, organize, rank [2] conduct, escort, guide, lead, shepherd, usher

marshy boggy, fenny, miry, quaggy, spongy, swampy, waterlogged, wet

martial bellicose, belligerent, brave, heroic, military, soldierly, warlike

martinet disciplinarian, drillmaster, stickler

martyrdom agony, anguish, ordeal, persecution, suffering, torment, torture

marvel [1] v. be amazed, be awed, be filled with surprise, gape, gaze, goggle, wonder [2] n. genius, miracle, phenomenon, portent, prodigy, whiz (Inf.), wonder

marvellous [1] amazing, astonishing, astounding, breathtaking, brilliant, extraordinary, miraculous, phenomenal, prodigious, remarkable, sensational (Inf.), singular, spectacular, stupendous, wondrous (Archaic or literary) [2] difficult or hard to believe, fabulous, fantastic, implausible, improbable, incredible, surprising, unbelievable, unlikely [3] (Inf.) bad (Sl.), boffo (Sl.), brill (Inf.), chillin' (U.S. sl.), colossal, cracking (Brit. inf.), crucial (Sl.), def (Sl.), excellent, fabulous (Inf.), fantastic (Inf.), glorious, great (Inf.), jim-dandy (Sl.), magnificent, mean (Sl.), mega (Sl.), sensational (Inf.), smashing (Inf.), splendid, sovereign, stupendous, super (Inf.), superb, terrific (Inf.), topping (Brit. sl.), wicked (Inf.), wonderful

masculine [1] male, manful, manlike, manly, mannish, virile [2] bold, brave, butch (Sl.), gallant, hardy, macho, muscular, powerful, Ramboesque, red-blooded (Inf.), resolute, robust, stout-hearted, strapping, strong, vigorous, well-built

mask
- n. [1] domino, false face, visor, vizard (Archaic) [2] blind, camouflage, cloak, concealment, cover, cover-up, disguise, façade, front, guise, screen, semblance, show, veil, veneer
- v. [3] camouflage, cloak, conceal, cover, disguise, hide, obscure, screen, veil

mass
- n. [1] block, chunk, concretion, hunk, lump, piece [2] aggregate, body, collection, entirety, sum, sum total, totality, whole [3] accumulation, aggregation, assemblage, batch, bunch, collection, combination, conglomeration, heap, load, lot, pile, quantity, stack [4] assemblage, band, body, bunch (Inf.), crowd, group, horde, host, lot, mob, number, throng, troop [5] body, bulk, greater part, lion's share, majority, preponderance [6] bulk, dimension, greatness, magnitude, size [7] **the masses** commonalty, common people, crowd, hoi polloi, multitude
- adj. [8] extensive, general, indiscriminate, large-scale, pandemic, popular, wholesale, widespread
- v. [9] accumulate, amass, assemble, collect, congregate, forgather, gather, mob, muster, rally, swarm, throng

massacre [1] n. annihilation, blood bath, butchery, carnage, extermination, holocaust, killing, mass slaughter, murder, slaughter [2] v. annihilate, blow away (Sl., chiefly U.S.), butcher, cut to pieces, exterminate, kill, mow down, murder, slaughter, slay, take out (Sl.), wipe out

massage [1] n. acupressure, kneading, manipulation, reflexology, rubbing, rub-down, shiatsu [2] v. knead, manipulate, rub, rub down

massive big, bulky, colossal, elephantine, enormous, extensive, gargantuan, gigantic, ginormous (Inf.), great, heavy, hefty, huge, hulking, humongous or humungous (U.S. sl.), immense, imposing, impressive, mammoth, mega (Sl.), monster, monumental, ponderous, solid, substantial, titanic, vast, weighty, whacking (Inf.), whopping (Inf.)

master
- n. 1 boss (Inf.), captain, chief, commander, controller, director, employer, governor, head, lord, manager, overlord, overseer, owner, principal, ruler, skipper (Inf.), superintendent 2 ace (Inf.), adept, dab hand (Brit. inf.), doyen, expert, genius, grandmaster, maestro, maven (U.S.), past master, pro (Inf.), virtuoso, wizard 3 guide, guru, instructor, pedagogue, preceptor, schoolmaster, spiritual leader, swami, teacher, tutor
- adj. 4 adept, crack (Inf.), expert, masterly, proficient, skilful, skilled 5 chief, controlling, foremost, grand, great, leading, main, predominant, prime, principal
- v. 6 acquire, become proficient in, get the hang of (Inf.), grasp, learn 7 bridle, check, conquer, curb, defeat, lick (Inf.), overcome, overpower, quash, quell, subdue, subjugate, suppress, tame, triumph over, vanquish 8 command, control, direct, dominate, govern, manage, regulate, rule

masterful 1 adept, adroit, clever, consummate, crack (Inf.), deft, dexterous, excellent, expert, exquisite, fine, finished, first-rate, masterly, skilful, skilled, superior, superlative, supreme, world-class 2 arrogant, authoritative, bossy (Inf.), despotic, dictatorial, domineering, high-handed, imperious, magisterial, overbearing, overweening, peremptory, self-willed, tyrannical

masterly adept, adroit, clever, consummate, crack (Inf.), dexterous, excellent, expert, exquisite, fine, finished, first-rate, masterful, skilful, skilled, superior, superlative, supreme, world-class

mastermind 1 v. be the brains behind (Inf.), conceive, devise, direct, manage, organize, plan 2 n. architect, authority, brain(s) (Inf.), brainbox, director, engineer, genius, intellect, manager, organizer, planner, virtuoso

masterpiece chef d'oeuvre, classic, jewel, magnum opus, master work, pièce de résistance, tour de force

mate
- n. 1 better half (Humorous), husband, partner, significant other (U.S. inf.), spouse, wife 2 (Inf.) buddy (Inf.), china (Brit. sl.), chum (Inf.), cock (Brit. inf.), comrade, crony, friend, pal (Inf.) 3 associate, colleague, companion, compeer, co-worker, fellow-worker 4 assistant, helper, subordinate 5 companion, double, fellow, match, twin
- v. 6 breed, copulate, couple, pair 7 marry, match, wed 8 couple, join, match, pair, yoke

material
- n. 1 body, constituents, element, matter, stuff, substance 2 data, evidence, facts, information, notes, work 3 cloth, fabric, stuff
- adj. 4 bodily, concrete, corporeal, fleshly, nonspiritual, palpable, physical, substantial, tangible, worldly 5 consequential, essential, grave, important, indispensable, key, meaningful, momentous, serious, significant, vital, weighty 6 applicable, apposite, apropos, germane, pertinent, relevant

materialize appear, come about, come into being, come to pass, happen, occur, take place, take shape, turn up

materially considerably, essentially, gravely, greatly, much, seriously, significantly, substantially

maternal motherly

maternity motherhood, motherliness

matrimonial conjugal, connubial, hymeneal, marital, married, nuptial, spousal, wedded, wedding

matrimony marital rites, marriage, nuptials, wedding ceremony, wedlock

matrix forge, mould, origin, source, womb

matted knotted, tangled, tousled, uncombed

matter
- n. 1 body, material, stuff, substance 2 affair, business, concern, episode, event, incident, issue, occurrence, proceeding, question, situation, subject, thing, topic, transaction 3 amount, quantity, sum 4 argument, context, purport, sense, subject, substance, text, thesis 5 consequence, import, importance, moment, note, significance, weight 6 complication, difficulty, distress, problem, trouble, upset, worry 7 (Medical) discharge, purulence, pus, secretion
- v. 8 be important, be of consequence, carry weight, count, have influence, make a difference, mean something, signify

matter-of-fact deadpan, down-to-earth, dry, dull, emotionless, flat, lifeless, mundane, plain, prosaic, sober, unembellished, unimaginative, unsentimental, unvarnished

mature 1 adj. adult, complete, fit, full-blown, full-grown, fully fledged, grown, grown-up, matured, mellow, of age, perfect, prepared, ready, ripe, ripened, seasoned 2 v. age, become adult, bloom, blossom, come of age, develop, grow up, maturate, mellow, perfect, reach adulthood, ripen, season

maturity adulthood, completion, experience, full bloom, full growth, fullness, majority, manhood, maturation, matureness, perfection, ripeness, wisdom, womanhood

maudlin lachrymose, mawkish, mushy (Inf.), overemotional, sentimental, slushy (Inf.), soppy (Brit. inf.), tearful, weepy (Inf.)

maul 1 abuse, handle roughly, ill-treat, manhandle, molest, paw 2 batter, beat, beat up (Inf.), claw, knock about or around, lacerate, lambast(e), mangle, pummel, rough up, thrash

maunder 1 dawdle, dilly-dally (Inf.), drift, idle, loaf, meander, mooch (Sl.), potter, ramble, straggle, stray, traipse (Inf.) 2 babble, blather, blether, chatter, gabble, prattle, rabbit (on) (Brit. inf.), ramble, rattle on, waffle (Inf., chiefly Brit.), witter (Inf.)

mawkish 1 emotional, feeble, gushy (Inf.), maudlin, mushy (Inf.), schmaltzy (Sl.), sentimental, slushy (Inf.), soppy (Brit. inf.) 2 disgusting, flat, foul, insipid, jejune, loathsome, nauseous, offensive, stale, vapid

maxim adage, aphorism, apophthegm, axiom, byword, dictum, gnome, motto, proverb, rule, saw, saying

maximum 1 n. apogee, ceiling, crest, extremity, height, most, peak, pinnacle, summit, top, upper limit, utmost, uttermost, zenith 2 adj. greatest, highest, maximal, most, paramount, supreme, topmost, utmost

maybe it could be, mayhap (Archaic), peradventure (Archaic), perchance (Archaic), perhaps, possibly

mayhem chaos, commotion, confusion, destruction, disorder, fracas, havoc, trouble, violence

maze 1 convolutions, intricacy, labyrinth, meander 2 (Fig.) bewilderment, confusion, imbroglio, mesh, perplexity, puzzle, snarl, tangle, uncertainty, web

meadow field, grassland, lea (Poetic), ley, pasture

meagre 1 deficient, exiguous, inadequate, insubstantial, little, measly, paltry, pathetic, poor, puny, scanty, scrimpy, short, skimpy, slender, slight, small, spare, sparse 2 bony, emaciated, gaunt, hungry, lank, lean, scraggy, scrawny, skinny, starved, thin, underfed 3 barren, infertile, poor, unfruitful, unproductive, weak

mean¹ v. 1 betoken, connote, convey, denote, drive at, express, hint at, imply, indicate, purport, represent, say, signify, spell, stand for, suggest, symbolize 2 aim, aspire, contemplate, design, desire, have in mind, intend, plan, propose, purpose, set out, want, wish 3 design, destine, fate, fit, make, match, predestine, preordain, suit 4 bring about, cause, engender, entail, give rise to, involve, lead to, necessitate, produce, result in 5 adumbrate, augur, betoken, foreshadow, foretell, herald, portend, presage, promise

mean² 1 n. average, balance, compromise, happy medium, median, middle, middle course or way, mid-point, norm 2 adj. average, intermediate, medial, median, medium, middle, middling, normal, standard

mean³ adj. 1 beggarly, close, mercenary, mingy (Brit. inf.), miserly, near (Inf.), niggardly, parsimonious, penny-pinching, penurious, selfish, skimpy, stingy, tight, tight-arsed (Taboo sl.), tight as a duck's arse (Taboo sl.), tight-assed (U.S. taboo sl.), tight-fisted, ungenerous 2 bad-tempered, cantankerous, churlish, disagreeable, hostile, ill-tempered, malicious, nasty, rude, sour, unfriendly, unpleasant 3 abject, base, callous, contemptible, degenerate, degraded, despicable, disgraceful, dishonourable, hard-hearted, ignoble, low-minded, narrow-minded, petty, scurvy, shabby, shameful, sordid, vile, wretched 4 beggarly, contemptible, down-at-heel, grungy (Sl., chiefly U.S.), insignificant, miserable, paltry, petty, poor, run-down, scruffy, scuzzy (Sl., chiefly U.S.), seedy, shabby, sordid, squalid, tawdry, wretched 5 base, baseborn (Archaic), common, humble, ignoble, inferior, low, lowborn, lowly, menial, modest, obscure, ordinary, plebeian, proletarian, servile, undistinguished, vulgar

meander 1 v. ramble, snake, stravaig (Scot. & northern English dialect), stray, stroll, turn, wander, wind, zigzag 2 n. bend, coil, curve, loop, turn, twist, zigzag

meaning
- n. 1 connotation, denotation, drift, explanation, gist, implication, import, interpretation, message, purport, sense, significance, signification, substance, upshot, value 2 aim, design, end, goal, idea, intention, object, plan, point, purpose, trend 3 effect, efficacy, force, point, thrust, use, usefulness, validity, value, worth
- adj. 4 eloquent, expressive, meaningful, pointed, pregnant, speaking, suggestive

meaningful 1 important, material, purposeful, relevant, serious, significant, useful, valid, worthwhile 2 eloquent, expressive, meaning, pointed, pregnant, speaking, suggestive

meaningless aimless, empty, futile, hollow, inane, inconsequential, insignificant, insubstantial, nonsensical, nugatory, pointless, purposeless, senseless, trifling, trivial, useless, vain, valueless, worthless

meanness 1 minginess (Brit. inf.), miserliness, niggardliness, parsimony, penuriousness, selfishness, stinginess, tight-fistedness 2 bad temper, cantankerousness, churlishness, disagreeableness, hostility, ill temper, malice, maliciousness, nastiness, rudeness, sourness, unfriendliness, unpleasantness 3 abjectness, baseness, degeneracy, degradation, despicableness, disgracefulness, dishonourableness, low-mindedness, narrow-mindedness, pettiness, scurviness, shabbiness, shamefulness, sordidness, vileness, wretchedness 4 beggarliness, contemptibleness, insignificance, paltriness, pettiness, poorness, scruffiness, seediness, shabbiness, sordidness, squalor, tawdriness, wretchedness 5 baseness, humbleness, lowliness, obscurity, servility

means 1 agency, avenue, channel, course, expedient, instrument, measure, medium, method, mode, process, way 2 affluence, capital, estate, fortune, funds, income, money, property, resources, riches, substance, wealth, wherewithal 3 **by all means** absolutely, certainly, definitely, doubtlessly, of course, positively, surely 4 **by means of** by dint of, by way of, through, using, utilizing, via, with the aid of 5 **by no means** absolutely not, definitely not, in no way, not at all, not in the least, not in the slightest, not the least bit, no way, on no account

meantime, meanwhile at the same time, concurrently, for now, for the duration, for the moment, for then, in the interim, in the interval, in the intervening time, in the meantime, in the meanwhile, simultaneously

measurable assessable, computable, determinable, gaugeable, material, mensurable, perceptible, quantifiable, quantitative, significant

measure
- n. 1 allotment, allowance, amount, amplitude, capacity, degree, extent, magnitude, portion, proportion, quantity, quota, range, ration, reach, scope, share, size 2 gauge, metre, rule, scale, yardstick 3 method, standard, system 4 criterion, example, model, norm, par, standard, test, touchstone, yardstick 5 bounds, control, limit, limitation, moderation, restraint 6 act, action, course, deed, expedient, manoeuvre, means, procedure, proceeding, step 7 act, bill, enactment, law, resolution, statute 8 beat, cadence, foot, metre, rhythm, verse 9 **for good measure** as a bonus, besides, in addition, into the bargain, to boot
- v. 10 appraise, assess, calculate, calibrate, compute, determine, estimate, evaluate, gauge, judge, mark out, quantify, rate, size, sound, survey, value, weigh 11 adapt, adjust, calculate, choose, fit, judge, tailor

measurement 1 appraisal, assessment, calculation, calibration, computation, estimation, evaluation, judg(e)ment, mensuration, metage, survey, valuation 2 amount, amplitude, area, capacity, depth, dimension, extent, height, length, magnitude, size, volume, weight, width

measure out allot, apportion, assign, deal out, dispense, distribute, divide, dole out, issue, mete out, parcel out, pour out, share out

measure up (to) be adequate, be capable, be equal to, be fit, be suitable, be suited, come up to scratch (Inf.), come up to standard, compare, cut the mustard (U.S. sl.), equal, fit or fill the bill, fulfil the expectations, make the grade (Inf.), match, meet, rival

meat [1] aliment, cheer, chow (Inf.), comestibles, eats (Sl.), fare, flesh, food, grub (Sl.), nosh (Sl.), nourishment, nutriment, provender, provisions, rations, subsistence, sustenance, viands, victuals [2] core, essence, gist, heart, kernel, marrow, nub, nucleus, pith, point, substance

mechanical [1] automated, automatic, machine-driven [2] automatic, cold, cursory, dead, emotionless, habitual, impersonal, instinctive, involuntary, lacklustre, lifeless, machine-like, matter-of-fact, perfunctory, routine, spiritless, unconscious, unfeeling, unthinking

mechanism [1] apparatus, appliance, contrivance, device, instrument, machine, structure, system, tool [2] action, components, gears, innards (Inf.), machinery, motor, workings, works [3] agency, execution, functioning, means, medium, method, operation, performance, procedure, process, system, technique, workings

meddle butt in, interfere, intermeddle, interpose, intervene, intrude, pry, put one's oar in, put one's two cents in (U.S. sl.), stick one's nose in (Inf.), tamper

mediaeval [1] Gothic [2] (Inf.) antediluvian, antiquated, antique, archaic, old-fashioned, primitive, unenlightened

mediate act as middleman, arbitrate, bring to an agreement, bring to terms, conciliate, intercede, interpose, intervene, make peace between, moderate, reconcile, referee, resolve, restore harmony, settle, step in (Inf.), umpire

mediator advocate, arbiter, arbitrator, go-between, honest broker, interceder, intermediary, judge, middleman, moderator, negotiator, peacemaker, referee, umpire

medicinal analeptic, curative, healing, medical, remedial, restorative, roborant, sanatory, therapeutic

medicine cure, drug, medicament, medication, nostrum, physic, remedy

mediocre average, banal, commonplace, fair to middling (Inf.), indifferent, inferior, insignificant, mean, medium, middling, ordinary, passable, pedestrian, run-of-the-mill, second-rate, so-so (Inf.), tolerable, undistinguished, uninspired

mediocrity [1] commonplaceness, indifference, inferiority, insignificance, ordinariness, poorness, unimportance [2] cipher, lightweight (Inf.), nobody, nonentity, second-rater

meditate [1] be in a brown study, cogitate, consider, contemplate, deliberate, muse, ponder, reflect, ruminate, study, think [2] consider, contemplate, design, devise, have in mind, intend, mull over, plan, purpose, scheme, think over

meditation brown study, cerebration, cogitation, concentration, contemplation, musing, pondering, reflection, reverie, ruminating, rumination, study, thought

medium
- **adj.** [1] average, fair, intermediate, mean, medial, median, mediocre, middle, middling, midway
- **n.** [2] average, centre, compromise, mean, middle, middle course (ground, path, way), midpoint [3] agency, avenue, channel, form, instrument, instrumentality, means, mode, organ, vehicle, way [4] atmosphere, conditions, element, environment, habitat, influences, milieu, setting, surroundings [5] channeller, spiritist, spiritualist

medley assortment, confusion, farrago, gallimaufry, hodgepodge, hotchpotch, jumble, mélange, miscellany, mishmash, mixed bag (Inf.), mixture, olio, omnium-gatherum, pastiche, patchwork, potpourri, salmagundi

meek [1] deferential, docile, forbearing, gentle, humble, long-suffering, mild, modest, patient, peaceful, soft, submissive, unassuming, unpretentious, yielding [2] acquiescent, compliant, resigned, spineless, spiritless, tame, timid, unresisting, weak, weak-kneed (Inf.), wimpish or wimpy (Inf.)

meekness [1] deference, docility, forbearance, gentleness, humbleness, humility, long-suffering, lowliness, mildness, modesty, patience, peacefulness, resignation, softness, submission, submissiveness [2] acquiescence, compliance, resignation, spinelessness, spiritlessness, tameness, timidity, weakness

meet [1] bump into, chance on, come across, confront, contact, encounter, find, happen on, run across, run into [2] abut, adjoin, come together, connect, converge, cross, intersect, join, link up, touch, unite [3] answer, carry out, come up to, comply, cope with, discharge, equal, fulfil, gratify, handle, match, measure up, perform, satisfy [4] assemble, collect, come together, congregate, convene, forgather, gather, muster, rally [5] bear, encounter, endure, experience, face, go through, suffer, undergo

meeting [1] assignation, confrontation, encounter, engagement, introduction, rendezvous, tryst (Archaic) [2] assembly, audience, company, conclave, conference, congregation, congress, convention, convocation, gathering, get-together (Inf.), meet, powwow, rally, reunion, session [3] concourse, confluence, conjunction, convergence, crossing, intersection, junction, union

melancholy [1] n. blues, dejection, depression, despondency, gloom, gloominess, low spirits, misery, pensiveness, sadness, sorrow, the hump (Brit. inf.), unhappiness, woe [2] adj. blue, dejected, depressed, despondent, disconsolate, dismal, dispirited, doleful, down, downcast, downhearted, down in the dumps (Inf.), down in the mouth, gloomy, glum, heavy-hearted, joyless, low, low-spirited, lugubrious, melancholic, miserable, moody, mournful, pensive, sad, sombre, sorrowful, unhappy, woebegone, woeful

mellow
- **adj.** [1] delicate, full-flavoured, juicy, mature, perfect, rich, ripe, soft, sweet, well-matured [2] dulcet, euphonic, full, mellifluous, melodious, rich, rounded, smooth, sweet, tuneful, well-tuned [3] cheerful, cordial, elevated, expansive, genial, half-tipsy, happy, jolly, jovial, merry (Brit. inf.), relaxed
- **v.** [4] develop, improve, mature, perfect, ripen, season, soften, sweeten

melodious concordant, dulcet, euphonic, euphonious, harmonious, melodic, musical, silvery, sweet-sounding, sweet-toned, tuneful

melodramatic actressy, blood-and-thunder, extravagant, hammy (Inf.), histrionic, overdramatic, overemotional, sensational, stagy, theatrical

melody [1] air, descant, music, refrain, song, strain, theme, tune [2] euphony, harmony, melodiousness, music, musicality, tunefulness

melt [1] deliquesce, diffuse, dissolve, flux, fuse, liquefy, soften, thaw [2] (Often with *away*) disappear, disperse, dissolve, evanesce, evaporate, fade, vanish [3] disarm, mollify, relax, soften, touch

member [1] associate, fellow, representative [2] appendage, arm, component, constituent, element, extremity, leg, limb, organ, part, portion

membership [1] associates, body, fellows, members [2] belonging, enrolment, fellowship, participation

memoir account, biography, essay, journal, life, monograph, narrative, record, register

memoirs [1] autobiography, diary, experiences, journals, life, life story, memories, recollections, reminiscences [2] annals, chronicles, records, transactions

memorable catchy, celebrated, distinguished, extraordinary, famous, historic, illustrious, important, impressive, momentous, notable, noteworthy, remarkable, signal, significant, striking, unforgettable

memorial
- **adj.** [1] commemorative, monumental
- **n.** [2] cairn, memento, monument, plaque, record, remembrance, souvenir [3] address, memorandum, petition, statement

memorize commit to memory, con (Archaic), get by heart, learn, learn by heart, learn by rote, remember

memory [1] recall, recollection, remembrance, reminiscence, retention [2] commemoration, honour, remembrance [3] celebrity, fame, glory, name, renown, reputation, repute

menace
- **v.** [1] alarm, bode ill, browbeat, bully, frighten, impend, intimidate, loom, lour or lower, terrorize, threaten, utter threats to
- **n.** [2] commination, intimidation, scare, threat, warning [3] danger, hazard, jeopardy, peril [4] (Inf.) annoyance, nuisance, pest, plague, troublemaker

menacing alarming, baleful, dangerous, forbidding, frightening, intimidating, intimidatory, looming, louring or lowering, minacious, minatory, ominous, threatening

mend
- **v.** [1] cure, darn, fix, heal, patch, rectify, refit, reform, remedy, renew, renovate, repair, restore, retouch [2] ameliorate, amend, better, correct, emend, improve, rectify, reform, revise [3] convalesce, get better, heal, recover, recuperate
- **n.** [4] darn, patch, repair, stitch [5] **on the mend** convalescent, convalescing, getting better, improving, recovering, recuperating

mendacious deceitful, deceptive, dishonest, duplicitous, fallacious, false, fraudulent, insincere, lying, perfidious, perjured, untrue, untruthful

menial
- **adj.** [1] boring, dull, humdrum, low-status, routine, unskilled [2] abject, base, degrading, demeaning, fawning, grovelling, humble, ignoble, ignominious, low, lowly, mean, obsequious, servile, slavish, sorry, subservient, sycophantic, vile
- **n.** [3] attendant, dogsbody (Inf.), domestic, drudge, flunky, labourer, lackey, serf, servant, skivvy (Chiefly Brit.), slave, underling, varlet (Archaic), vassal

menstruation catamenia (Physiology), courses (Physiology), flow (Inf.), menses, menstrual cycle, monthly (Inf.), period, the curse (Inf.)

mental [1] cerebral, intellectual [2] deranged, disturbed, insane, lunatic, mad, mentally ill, psychiatric, psychotic, unbalanced, unstable

mentality [1] brainpower, brains, comprehension, grey matter (Inf.), intellect, intelligence quotient, I.Q., mental age, mind, rationality, understanding, wit [2] attitude, cast of mind, character, disposition, frame of mind, make-up, outlook, personality, psychology, turn of mind, way of thinking

mentally in one's head, intellectually, in the mind, inwardly, psychologically, rationally, subjectively

mention
- **v.** [1] acknowledge, adduce, allude to, bring up, broach, call attention to, cite, communicate, declare, disclose, divulge, hint at, impart, intimate, make known, name, point out, recount, refer to, report, reveal, speak about or of, state, tell, touch upon [2] **not to mention** as well as, besides, not counting, to say nothing of
- **n.** [3] acknowledgement, citation, recognition, tribute [4] allusion, announcement, indication, notification, observation, reference, remark

mentor adviser, coach, counsellor, guide, guru, instructor, teacher, tutor

menu bill of fare, carte du jour, tariff (Chiefly Brit.)

mercantile commercial, marketable, trade, trading

mercenary
- **adj.** [1] acquisitive, avaricious, bribable, covetous, grasping, greedy, money-grubbing (Inf.), sordid, venal [2] bought, hired, paid, venal
- **n.** [3] condottiere (Hist.), free companion (Hist.), freelance (Hist.), hireling, soldier of fortune

merchandise n. commodities, goods, produce, products, staples, stock, stock in trade, truck, vendibles, wares

merchandize ◆ v. buy and sell, deal in, distribute, do business in, market, retail, sell, trade, traffic in, vend

merchant broker, dealer, purveyor, retailer, salesman, seller, shopkeeper, supplier, trader, tradesman, trafficker, vendor, wholesaler

merciful beneficent, benignant, clement, compassionate, forbearing, forgiving, generous, gracious, humane, kind, lenient, liberal, mild, pitying, soft, sparing, sympathetic, tenderhearted

merciless barbarous, callous, cruel, fell (Archaic), hard, hard-hearted, harsh, heartless, implacable, inexorable, inhumane, pitiless, relentless, ruthless, severe, unappeasable, unfeeling, unforgiving, unmerciful, unpitying, unsparing, unsympathetic

mercy 1 benevolence, charity, clemency, compassion, favour, forbearance, forgiveness, grace, kindness, leniency, pity, quarter 2 benison (Archaic), blessing, boon, godsend, piece of luck, relief 3 **at the mercy of** defenceless against, exposed to, in the clutches of, in the power of, naked before, open to, prey to, subject to, threatened by, unprotected against, vulnerable to

mere adj. absolute, bare, common, complete, entire, nothing more than, plain, pure, pure and simple, sheer, simple, stark, unadulterated, unmitigated, unmixed, utter

merge amalgamate, be swallowed up by, become lost in, blend, coalesce, combine, consolidate, converge, fuse, incorporate, intermix, join, meet, meld, melt into, mingle, mix, tone with, unite

merger amalgamation, coalition, combination, consolidation, fusion, incorporation, union

merit
- n. 1 advantage, asset, excellence, good, goodness, integrity, quality, strong point, talent, value, virtue, worth, worthiness 2 claim, credit, desert, due, right
- v. 3 be entitled to, be worthy of, deserve, earn, have a claim to, have a right to, have coming to one, incur, rate, warrant

meritorious admirable, commendable, creditable, deserving, excellent, exemplary, good, honourable, laudable, praiseworthy, right, righteous, virtuous, worthy

merriment amusement, conviviality, festivity, frolic, fun, gaiety, glee, hilarity, jocularity, jollity, joviality, laughter, levity, liveliness, merrymaking, mirth, revelry, sport

merry 1 blithe, blithesome, carefree, cheerful, chirpy (Inf.), convivial, festive, frolicsome, fun-loving, gay, genial, glad, gleeful, happy, jocund, jolly, joyful, joyous, light-hearted, mirthful, rollicking, sportive, upbeat (Inf.), vivacious 2 amusing, comic, comical, facetious, funny, hilarious, humorous, jocular, mirthful 3 (Brit. inf.) elevated (Inf.), happy, mellow, squiffy (Brit. inf.), tiddly (Sl., chiefly Brit.), tipsy 4 **make merry** carouse, celebrate, enjoy oneself, feast, frolic, have a good time, have fun, make whoopee (Inf.), revel

mesh
- n. 1 net, netting, network, plexus, reticulation, tracery, web 2 entanglement, snare, tangle, toils, trap, web
- v. 3 catch, enmesh, ensnare, entangle, net, snare, tangle, trap 4 combine, come together, connect, coordinate, dovetail, engage, fit together, harmonize, interlock, knit

mesmerize absorb, captivate, enthral, entrance, fascinate, grip, hold spellbound, hypnotize, magnetize, spellbind

mess
- n. 1 balls-up (Taboo sl.), bodge (Inf.), botch, chaos, clutter, cock-up (Brit. sl.), confusion, dirtiness, disarray, disorder, disorganization, fuck-up (Offens. taboo sl.), grot (Sl.), hash, hodgepodge (U.S.), hotchpotch, jumble, litter, mishmash, pig's breakfast (Inf.), shambles, state, turmoil, untidiness 2 difficulty, dilemma, fine kettle of fish (Inf.), fix (Inf.), hot water (Inf.), imbroglio, jam (Inf.), mix-up, muddle, perplexity, pickle (Inf.), plight, predicament, spot (Inf.), stew (Inf.), tight spot
- v. 3 (Often with **up**) befoul, besmirch, botch, bungle, clutter, cock up (Brit. sl.), dirty, disarrange, dishevel, foul, fuck up (Offens. taboo sl.), litter, make a hash of (Inf.), muck up (Brit. sl.), muddle, pollute, scramble 4 (Often with **with**) fiddle (Inf.), interfere, meddle, play, tamper, tinker

mess about or **around** 1 amuse oneself, dabble, fool (about or around), footle (Inf.), muck about (Inf.), piss about or around (Taboo sl.), play about or around, potter, trifle 2 fiddle (Inf.), fool (about or around), interfere, meddle, piss about or around (Taboo sl.), play, tamper, tinker, toy

message 1 bulletin, communication, communiqué, dispatch, intimation, letter, memorandum, missive, note, notice, tidings, word 2 idea, import, meaning, moral, point, purport, theme 3 commission, errand, job, mission, task 4 **get the message** catch on (Inf.), comprehend, get it, get the point, see, take the hint, twig (Brit. inf.), understand

messenger agent, bearer, carrier, courier, delivery boy, emissary, envoy, errand-boy, go-between, harbinger, herald, runner

messy chaotic, cluttered, confused, dirty, dishevelled, disordered, disorganized, grubby, littered, muddled, scuzzy (Sl., chiefly U.S.), shambolic (Inf.), sloppy (Inf.), slovenly, unkempt, untidy

metaphor allegory, analogy, emblem, figure of speech, image, symbol, trope

metaphorical allegorical, emblematic, emblematical, figurative, symbolic, tropical (Rhetoric)

metaphysical 1 basic, esoteric, essential, eternal, fundamental, general, ideal, intellectual, philosophical, profound, speculative, spiritual, subjective, universal 2 abstract, abstruse, deep, high-flown, oversubtle, recondite, theoretical, transcendental 3 immaterial, impalpable, incorporeal, intangible, spiritual, supernatural, unreal, unsubstantial

mete v. administer, allot, apportion, assign, deal, dispense, distribute, divide, dole, measure, parcel, portion, ration, share

meteoric brief, brilliant, dazzling, ephemeral, fast, flashing, fleeting, momentary, overnight, rapid, spectacular, speedy, sudden, swift, transient

method 1 approach, arrangement, course, fashion, form, manner, mode, modus operandi, plan, practice, procedure, process, programme, routine, rule, scheme, style, system, technique, way 2 design, form, order, orderliness, organization, pattern, planning, purpose, regularity, structure, system

methodical businesslike, deliberate, disciplined, efficient, meticulous, neat, ordered, orderly, organized, painstaking, planned, precise, regular, structured, systematic, tidy, well-regulated

meticulous detailed, exact, fastidious, fussy, microscopic, painstaking, particular, perfectionist, precise, punctilious, scrupulous, strict, thorough

métier 1 calling, craft, line, occupation, profession, pursuit, trade, vocation 2 forte, long suit (Inf.), speciality, specialty, strong point, strong suit

metropolis capital, city

microbe bacillus, bacterium, bug (Inf.), germ, microorganism, virus

microscopic imperceptible, infinitesimal, invisible, minuscule, minute, negligible, teensy-weensy, teeny-weeny, tiny

midday noon, noonday, noontide, noontime, twelve noon, twelve o'clock

middle
- adj. 1 central, halfway, inner, inside, intermediate, intervening, mean, medial, median, medium, mid
- n. 2 centre, focus, halfway point, heart, inside, mean, midpoint, midsection, midst, thick 3 midriff, midsection, waist

middleman broker, distributor, entrepreneur, go-between, intermediary

middling adequate, all right, average, fair, indifferent, mediocre, medium, moderate, modest, OK or okay (Inf.), ordinary, passable, run-of-the-mill, so-so (Inf.), tolerable, unexceptional, unremarkable

midget 1 n. dwarf, gnome, homuncule, homunculus, man(n)ikin, pygmy or pigmy, shrimp (Inf.), Tom Thumb 2 adj. baby, dwarf, Lilliputian, little, miniature, pocket, pygmy or pigmy, small, teensy-weensy, teeny-weeny, tiny

midnight dead of night, middle of the night, the witching hour, twelve o'clock (at night)

midst 1 bosom, centre, core, depths, heart, hub, interior, middle, thick 2 **in the midst of** amidst, among, during, enveloped by, in the middle of, in the thick of, surrounded by

midway betwixt and between, halfway, in the middle

might 1 ability, capability, capacity, clout (Inf.), efficacy, efficiency, energy, force, potency, power, prowess, puissance, strength, sway, valour, vigour 2 **(with) might and main** as hard as one can, as hard as possible, forcefully, full blast, full force, lustily, manfully, mightily, vigorously, with all one's might or strength

mighty 1 doughty, forceful, hardy, indomitable, lusty, manful, potent, powerful, puissant, Ramboesque, robust, stalwart, stout, strapping, strong, sturdy, vigorous 2 bulky, colossal, elephantine, enormous, gigantic, ginormous (Inf.), grand, great, huge, humongous or humungous (U.S. sl.), immense, large, massive, mega (Sl.), monumental, prodigious, stupendous, titanic, towering, tremendous, vast

migrant 1 n. drifter, emigrant, gypsy, immigrant, itinerant, nomad, rover, tinker, transient, traveller, vagrant, wanderer 2 adj. drifting, gypsy, immigrant, itinerant, migratory, nomadic, roving, shifting, transient, travelling, vagrant, wandering

migrate drift, emigrate, journey, move, roam, rove, shift, travel, trek, voyage, wander

migration emigration, journey, movement, roving, shift, travel, trek, voyage, wandering

migratory gypsy, itinerant, migrant, nomadic, peripatetic, roving, shifting, transient, travelling, unsettled, vagrant, wandering

mild 1 amiable, balmy, bland, calm, clement, compassionate, docile, easy, easy-going, easy-oasy (Sl.), equable, forbearing, forgiving, gentle, indulgent, kind, meek, mellow, merciful, moderate, pacific, peaceable, placid, pleasant, serene, smooth, soft, temperate, tender, tranquil, warm 2 demulcent, emollient, lenitive, mollifying, soothing

mildness blandness, calmness, clemency, docility, forbearance, gentleness, indulgence, kindness, leniency, lenity, meekness, mellowness, moderation, placidity, smoothness, softness, temperateness, tenderness, tranquillity, warmth

milieu background, element, environment, locale, location, mise en scène, scene, setting, sphere, surroundings

militant
- adj. 1 active, aggressive, assertive, combative, Ramboesque, vigorous 2 belligerent, combating, contending, embattled, fighting, in arms, warring
- n. 3 activist, partisan 4 belligerent, combatant, fighter, gladiator, warrior

military 1 adj. armed, martial, soldierlike, soldierly, warlike 2 n. armed forces, army, forces, services

militia fencibles (History), National Guard (U.S.), reserve(s), Territorial Army (Brit.), trainband (History), yeomanry (History)

milk v. 1 drain, draw off, express, extract, let out, press, siphon, tap 2 bleed, drain, exploit, extract, impose on, pump, take advantage of, use, wring

milk-and-water feeble, innocuous, insipid, jejune, nerdy or nurdy (Sl.), vapid, weak, weedy (Inf.), wimpish or wimpy (Inf.), wishy-washy (Inf.)

mill
- n. 1 factory, foundry, plant, shop, works 2 crusher, grinder 3 **run of the mill** average, commonplace, everyday, fair, middling, ordinary, routine, unexceptional, unremarkable
- v. 4 comminute, crush, granulate, grate, grind, pound, powder, press, pulverize 5 crowd, seethe, swarm, throng

millstone 1 grindstone, quernstone 2 affliction, burden, dead weight, drag, encumbrance, load, weight

mime 1 n. dumb show, gesture, mummery, pantomime 2 v. act out, gesture, pantomime, represent, simulate

mimic
- v. 1 ape, caricature, do (Inf.), imitate, impersonate, parody, take off (Inf.) 2 echo, look like, mirror, resemble, simulate, take on the appearance of
- n. 3 caricaturist, copycat (Inf.), imitator, impersonator, impressionist, parodist, parrot
- adj. 4 echoic, imitation, imitative, make-believe, mimetic, mock, sham, simulated

mince 1 chop, crumble, cut, grind, hash 2 diminish, euphemize, extenuate, hold back, moderate, palliate, soften, spare, tone down, weaken 3 attitudinize, give oneself airs, ponce (Sl.), pose, posture

mincing affected, camp (Inf.), dainty, effeminate, foppish, lah-di-dah (Inf.), nice, niminy-piminy, poncy (Sl.), precious, pretentious, sissy

mind
- n. 1 brain(s) (Inf.), grey matter (Inf.), intellect, intelligence, mentality, ratiocination, reason, sense, spirit, understanding, wits 2 memory, recollection, remembrance 3 brain, head, imagination, psyche 4 brain (Inf.), brainbox, genius, intellect, intellectual, thinker 5 attitude, belief, feeling, judg(e)ment, opinion, outlook, point of view, sentiment, thoughts, view, way of thinking 6 bent, desire, disposition, fancy, inclination, intention, leaning, notion, purpose, tendency, urge, will, wish 7 attention, concentration, thinking, thoughts 8 judg(e)ment, marbles (Inf.), mental balance, rationality, reason, sanity, senses, wits 9 **in** or

of two minds dithering (Chiefly Brit.), hesitant, shillyshallying (Inf.), swithering (Scot.), uncertain, undecided, unsure, vacillating, wavering 10 **make up one's mind** choose, come to a decision, decide, determine, reach a decision, resolve 11 **bear** or **keep in mind** be cognizant of, be mindful of, remember, take note of
◆ **v.** 12 be affronted, be bothered, care, disapprove, dislike, look askance at, object, resent, take offence 13 adhere to, attend, comply with, follow, heed, listen to, mark, note, notice, obey, observe, pay attention, pay heed to, regard, respect, take heed, watch 14 be sure, ensure, make certain 15 attend to, guard, have charge of, keep an eye on, look after, take care of, tend, watch 16 be careful, be cautious, be on (one's) guard, be wary, take care, watch 17 **never mind** disregard, do not concern yourself, don't bother, don't give (it) a second thought, forget (it), it does not matter, it's none of your business, it's nothing to do with you, pay no attention

mindful alert, alive to, attentive, aware, careful, chary, cognizant, conscious, heedful, regardful, respectful, sensible, thoughtful, wary, watchful

mindless 1 asinine, braindead (Inf.), brutish, careless, foolish, forgetful, gratuitous, heedless, idiotic, imbecilic, inane, inattentive, moronic, neglectful, negligent, oblivious, obtuse, stupid, thoughtless, unintelligent, unmindful, unthinking, witless 2 automatic, brainless, mechanical

mind out be careful, be on one's guard, beware, keep one's eyes open, look out, pay attention, take care, watch

mine
◆ **n.** 1 coalfield, colliery, deposit, excavation, lode, pit, shaft, vein 2 abundance, fund, hoard, reserve, source, stock, store, supply, treasury, wealth 3 sap, trench, tunnel
◆ **v.** 4 delve, dig for, dig up, excavate, extract, hew, quarry, unearth 5 lay mines in or under, sow with mines 6 sap, subvert, tunnel, undermine, weaken

miner coalminer, collier (Brit.), pitman (Brit.)

mingle 1 alloy, blend, coalesce, combine, commingle, compound, intermingle, intermix, interweave, join, marry, meld, merge, mix, unite 2 associate, circulate, consort, fraternize, hang about or around, hang out (Inf.), hobnob, rub shoulders (Inf.), socialize

miniature adj. baby, diminutive, dwarf, Lilliputian, little, midget, mini, minuscule, minute, pocket, pygmy or pigmy, reduced, scaled-down, small, teensy-weensy, teeny-weeny, tiny, toy, wee

minimal least, least possible, littlest, minimum, nominal, slightest, smallest, token

minimize 1 abbreviate, attenuate, curtail, decrease, diminish, miniaturize, prune, reduce, shrink 2 belittle, decry, deprecate, depreciate, discount, disparage, make light or little of, play down, underestimate, underrate

minimum 1 n. bottom, depth, least, lowest, nadir, slightest 2 adj. least, least possible, littlest, lowest, minimal, slightest, smallest

minion bootlicker (Inf.), creature, darling, dependant, favourite, flatterer, flunky, follower, hanger-on, henchman, hireling, lackey, lickspittle, myrmidon, parasite, pet, sycophant, toady, underling, yes man

minister
◆ **n.** 1 chaplain, churchman, clergyman, cleric, divine, ecclesiastic, padre (Inf.), parson, pastor, preacher, priest, rector, vicar 2 administrator, ambassador, cabinet member, delegate, diplomat, envoy, executive, office-holder, official, plenipotentiary 3 agent, aide, assistant, lieutenant, servant, subordinate, underling
◆ **v.** 4 accommodate, administer, answer, attend, be solicitous of, cater to, pander to, serve, take care of, tend

ministry 1 administration, bureau, cabinet, council, department, government, office 2 holy orders, the church, the priesthood, the pulpit

minor inconsequential, inconsiderable, inferior, insignificant, junior, lesser, light, negligible, nickel-and-dime (U.S. sl.), paltry, petty, secondary, slight, small, smaller, subordinate, trifling, trivial, unimportant, younger

minstrel bard, harper, jongleur, musician, singer, songstress, troubadour

mint
◆ **n.** 1 bomb (Brit. sl.), bundle (Sl.), fortune, heap (Inf.), King's ransom, million, packet (Sl.), pile (Inf.)
◆ **adj.** 2 brand-new, excellent, first-class, fresh, perfect, unblemished, undamaged, untarnished
◆ **v.** 3 cast, coin, make, produce, punch, stamp, strike 4 coin, construct, devise, fabricate, fashion, forge, invent, make up, produce, think up

minute[1] n. 1 sixtieth of an hour, sixty seconds 2 flash, instant, jiffy (Inf.), moment, second, shake (Inf.), tick (Brit. inf.), trice 3 **any minute** any moment, any second, any time, at any time, before long, very soon 4 **up to the minute** all the rage, in, latest, modish, (most) fashionable, newest, now (Inf.), smart, stylish, trendiest, trendy (Brit. inf.), up to date, vogue, with it (Inf.)

minute[2] adj. 1 diminutive, fine, infinitesimal, Lilliputian, little, microscopic, miniature, minuscule, slender, small, teensy-weensy, teeny-weeny, tiny 2 inconsiderable, negligible, paltry, petty, picayune (U.S.), piddling (Inf.), puny, slight, trifling, trivial, unimportant 3 close, critical, detailed, exact, exhaustive, meticulous, painstaking, precise, punctilious

minutely closely, critically, exactly, exhaustively, in detail, meticulously, painstakingly, precisely, with a fine-tooth comb

minutes memorandum, notes, proceedings, record(s), transactions, transcript

minutiae details, finer points, niceties, particulars, subtleties, trifles, trivia

minx baggage (Inf., old-fashioned), coquette, flirt, hoyden, hussy, jade, tomboy, wanton

miracle marvel, phenomenon, prodigy, thaumaturgy, wonder

miraculous amazing, astonishing, astounding, extraordinary, incredible, inexplicable, magical, marvellous, phenomenal, preternatural, prodigious, superhuman, supernatural, thaumaturgic, unaccountable, unbelievable, wonderful, wondrous (Archaic or literary)

mirage hallucination, illusion, optical illusion, phantasm

mire
◆ **n.** 1 bog, marsh, morass, quagmire, swamp 2 dirt, grot (Sl.), muck, mud, ooze, slime 3 **in the mire** encumbered, entangled, in difficulties, in trouble
◆ **v.** 4 bog down, flounder, sink, stick in the mud 5 begrime, besmirch, bespatter, cake, dirty, muddy, soil 6 catch up, enmesh, entangle, involve

mirror
◆ **n.** 1 glass, looking-glass, reflector, speculum 2 copy, double, image, likeness, reflection, replica, representation, twin
◆ **v.** 3 copy, depict, echo, emulate, follow, reflect, represent, show

mirth amusement, cheerfulness, festivity, frolic, fun, gaiety, gladness, glee, hilarity, jocularity, jollity, joviality, joyousness, laughter, levity, merriment, merrymaking, pleasure, rejoicing, revelry, sport

mirthful amused, amusing, blithe, cheerful, cheery, festive, frolicsome, funny, gay, glad, gladsome (Archaic), happy, hilarious, jocund, jolly, jovial, laughable, light-hearted, merry, playful, sportive, uproarious, vivacious

misadventure accident, bad break (Inf.), bad luck, bummer (Sl.), calamity, catastrophe, debacle, disaster, failure, ill fortune, ill luck, mischance, misfortune, mishap, reverse, setback

misanthrope cynic, egoist, egotist, mankind-hater, misanthropist

misapprehend get hold of the wrong end of the stick, get the wrong idea or impression, misconceive, misconstrue, misinterpret, misread, mistake, misunderstand

misapprehension delusion, error, fallacy, false belief, false impression, misconception, misconstruction, misinterpretation, misreading, mistake, misunderstanding, wrong idea or impression

misappropriate cabbage (Brit. sl.), defalcate (Law), embezzle, misapply, misspend, misuse, peculate, pocket, steal, swindle

misbehave act up (Inf.), be bad, be insubordinate, be naughty, carry on (Inf.), get up to mischief (Inf.), muck about (Brit. sl.)

misbehaviour acting up (Inf.), bad behaviour, impropriety, incivility, indiscipline, insubordination, mischief, misconduct, misdeeds, misdemeanour, monkey business (Inf.), naughtiness, rudeness, shenanigans (Inf.)

misbelief delusion, error, fallacy, false belief, heresy, unorthodoxy

miscalculate blunder, calculate wrongly, err, get (it) wrong, go wrong, make a mistake, misjudge, overestimate, overrate, slip up, underestimate, underrate

miscarriage 1 miss (Inf.), spontaneous abortion 2 botch (Inf.), breakdown, error, failure, misadventure, mischance, misfire, mishap, mismanagement, nonsuccess, perversion, thwarting, undoing

miscarry 1 abort 2 come to grief, come to nothing, fail, fall through, gang agley (Scot.), go amiss, go astray, go awry, go wrong, misfire

miscellaneous assorted, confused, diverse, diversified, farraginous, heterogeneous, indiscriminate, jumbled, manifold, many, mingled, mixed, motley, multifarious, multiform, promiscuous, sundry, varied, various

miscellany anthology, assortment, collection, diversity, farrago, gallimaufry, hotchpotch, jumble, medley, mélange, mixed bag, mixture, omnium-gatherum, potpourri, salmagundi, variety

mischance accident, bad break (Inf.), bad luck, bummer (Sl.), calamity, contretemps, disaster, ill chance, ill fortune, ill luck, infelicity, misadventure, misfortune, mishap

mischief 1 devilment, impishness, misbehaviour, monkey business (Inf.), naughtiness, pranks, roguery, roguishness, shenanigans (Inf.), trouble, waywardness 2 devil, imp, monkey, nuisance, pest, rascal, rogue, scallywag (Inf.), scamp, tyke (Inf.), villain 3 damage, detriment, disadvantage, disruption, evil, harm, hurt, injury, misfortune, trouble

mischievous 1 arch, bad, badly behaved, exasperating, frolicsome, impish, naughty, playful, puckish, rascally, roguish, sportive, teasing, troublesome, vexatious, wayward 2 bad, damaging, deleterious, destructive, detrimental, evil, harmful, hurtful, injurious, malicious, malignant, pernicious, sinful, spiteful, troublesome, vicious, wicked

misconception delusion, error, fallacy, misapprehension, misconstruction, mistaken belief, misunderstanding, wrong end of the stick, wrong idea

misconduct 1 n. delinquency, dereliction, immorality, impropriety, malfeasance (Law), malpractice, malversation (Rare), misbehaviour, misdemeanour, mismanagement, naughtiness, rudeness, transgression, unethical behaviour, wrongdoing 2 v. behave badly, botch (up), bungle, err, make a mess of, misdirect, mismanage, sin

misdemeanour fault, infringement, misbehaviour, misconduct, misdeed, offence, peccadillo, transgression, trespass

miser cheapskate (Inf.), churl (Archaic), curmudgeon, hunks (Rare), niggard, penny-pincher (Inf.), screw (Sl.), Scrooge, skinflint, tight-arse (Taboo sl.), tight-ass (U.S. taboo sl.), tightwad (U.S. & Canad. sl.)

miserable 1 afflicted, broken-hearted, crestfallen, dejected, depressed, desolate, despondent, disconsolate, dismal, distressed, doleful, down, downcast, down in the mouth (Inf.), forlorn, gloomy, heartbroken, melancholy, mournful, sorrowful, unhappy, woebegone, wretched 2 destitute, dirt-poor (Inf.), down and out, flat broke (Inf.), impoverished, indigent, meagre, needy, penniless, poor, poverty-stricken, scanty, short, without two pennies to rub together (Inf.) 3 abject, bad, contemptible, deplorable, despicable, detestable, disgraceful, lamentable, low, mean, pathetic, piteous, pitiable, scurvy, shabby, shameful, sordid, sorry, squalid, vile, worthless, wretched

miserly avaricious, beggarly, close, close-fisted, covetous, grasping, illiberal, mean, mingy (Brit. inf.), near, niggardly, parsimonious, penny-pinching (Inf.), penurious, sordid, stingy, tight-arsed (Taboo sl.), tight as a duck's arse (Taboo sl.), tight-assed (U.S. taboo sl.), tightfisted, ungenerous

misery 1 agony, anguish, depression, desolation, despair, discomfort, distress, gloom, grief, hardship, melancholy, sadness, sorrow, suffering, torment, torture, unhappiness, woe, wretchedness 2 affliction, bitter pill (Inf.), burden, calamity, catastrophe, curse, disaster, hardship, load, misfortune, ordeal, sorrow, trial, tribulation, trouble, woe 3 destitution, indigence, need, penury, poverty, privation, sordidness, squalor, want, wretchedness [4] (Brit. inf.) grouch (Inf.), killjoy, moaner, pessimist, prophet of doom, sourpuss (Inf.), spoilsport, wet blanket (Inf.)

misfire fail, fail to go off, fall through, go phut (Inf.), go wrong, miscarry

misfit eccentric, fish out of water (Inf.), nonconformist, oddball (Inf.), square peg (in a round hole) (Inf.)

misfortune [1] bad luck, evil fortune, hard luck, ill luck, infelicity [2] accident, adversity, affliction, blow, bummer (Sl.), calamity, disaster, evil chance, failure, hardship, harm, loss, misadventure, mischance, misery, mishap, reverse, setback, stroke of bad luck, tragedy, trial, tribulation, trouble

misgiving anxiety, apprehension, distrust, doubt, dubiety, hesitation, qualm, reservation, scruple, suspicion, trepidation, uncertainty, unease, worry

misguided deluded, erroneous, foolish, ill-advised, imprudent, injudicious, labouring under a delusion or misapprehension, misled, misplaced, mistaken, uncalled-for, unreasonable, unwarranted, unwise

mishandle bodge (Inf.), botch, bungle, make a hash of (Inf.), make a mess of, mess up (Inf.), mismanage, muff, screw (up) (Inf.)

mishap accident, adversity, bad luck, calamity, contretemps, disaster, evil chance, evil fortune, hard luck, ill fortune, ill luck, infelicity, misadventure, mischance, misfortune

misinform deceive, give (someone) a bum steer (Inf., chiefly U.S.), give (someone) duff gen (Brit. inf.), misdirect, misguide, mislead

misinterpret distort, falsify, get wrong, misapprehend, misconceive, misconstrue, misjudge, misread, misrepresent, mistake, misunderstand, pervert

misjudge be wrong about, get the wrong idea about, miscalculate, overestimate, overrate, underestimate, underrate

mislay be unable to find, be unable to put or lay one's hand on, forget the whereabouts of, lose, lose track of, misplace, miss

mislead beguile, bluff, deceive, delude, fool, give (someone) a bum steer (Inf., chiefly U.S.), hoodwink, lead astray, misdirect, misguide, misinform, pull the wool over (someone's) eyes (Inf.), take in (Inf.)

misleading ambiguous, casuistical, confusing, deceitful, deceptive, delusive, delusory, disingenuous, evasive, false, sophistical, specious, spurious, tricky (Inf.), unstraightforward

mismanage be incompetent, be inefficient, bodge (Inf.), botch, bungle, make a hash of (Inf.), make a mess of, maladminister, mess up, misconduct, misdirect, misgovern, mishandle

misplace [1] be unable to find, be unable to put or lay one's hand on, forget the whereabouts of, lose, lose track of, misfile, mislay, miss, put in the wrong place [2] place unwisely, place wrongly

misprint corrigendum, erratum, literal, mistake, printing error, typo (Inf.), typographical error

misquote distort, falsify, garble, mangle, misreport, misrepresent, misstate, muddle, pervert, quote or take out of context, twist

misrepresent belie, disguise, distort, falsify, garble, misinterpret, misstate, pervert, twist

misrule [1] bad government, maladministration, misgovernment, mismanagement [2] anarchy, chaos, confusion, disorder, lawlessness, tumult, turmoil

miss[1]

◆ v. [1] avoid, be late for, blunder, err, escape, evade, fail, fail to grasp, fail to notice, forego, lack, leave out, let go, let slip, lose, miscarry, mistake, omit, overlook, pass over, pass up, skip, slip, trip [2] feel the loss of, hunger for, long for, need, pine for, want, wish, yearn for

◆ n. [3] blunder, error, failure, fault, loss, mistake, omission, oversight, want

miss[2] damsel, girl, lass, lassie (Inf.), maid, maiden, schoolgirl, spinster, young lady

misshapen contorted, crippled, crooked, deformed, distorted, grotesque, ill-made, ill-proportioned, malformed, twisted, ugly, ungainly, unshapely, unsightly, warped, wry

missile projectile, rocket, weapon

missing absent, astray, gone, lacking, left behind, left out, lost, mislaid, misplaced, not present, nowhere to be found, unaccounted-for, wanting

mission [1] aim, assignment, business, calling, charge, commission, duty, errand, goal, job, office, operation, purpose, pursuit, quest, task, trust, undertaking, vocation, work [2] commission, delegation, deputation, embassy, legation, ministry, task force

missionary apostle, converter, evangelist, preacher, propagandist, proselytizer

missive communication, dispatch, epistle, letter, memorandum, message, note, report

mist [1] n. cloud, condensation, dew, drizzle, film, fog, haar (Eastern Brit.), haze, smog, smur or smir (Scot.), spray, steam, vapour [2] v. becloud, befog, blur, cloud, film, fog, obscure, steam (up)

mistake

◆ n. [1] bloomer (Brit. inf.), blunder, boob (Brit. sl.), boo-boo (Inf.), clanger (Inf.), erratum, error, error of judgment, false move, fault, faux pas, gaffe, goof (Inf.), howler (Inf.), inaccuracy, miscalculation, misconception, misstep, misunderstanding, oversight, slip, slip-up (Inf.), solecism

◆ v. [2] get wrong, misapprehend, misconceive, misconstrue, misinterpret, misjudge, misread, misunderstand [3] accept as, confound, confuse with, misinterpret as, mix up with, take for [4] be wide of or be off the mark, be wrong, blunder, boob (Brit. sl.), drop a clanger (Inf.), err, goof (Inf.), miscalculate, misjudge, put one's foot in it (Inf.), slip up (Inf.)

mistaken barking up the wrong tree (Inf.), erroneous, fallacious, false, faulty, inaccurate, inappropriate, incorrect, in the wrong, labouring under a misapprehension, misguided, misinformed, misled, off target, off the mark, unfounded, unsound, wide of the mark, wrong

mistakenly by mistake, erroneously, fallaciously, falsely, inaccurately, inappropriately, incorrectly, in error, misguidedly, wrongly

mistreat abuse, brutalize, handle roughly, harm, ill-treat, ill-use, injure, knock about or around, maltreat, manhandle, maul, misuse, molest, rough up, wrong

mistress concubine, doxy (Archaic), fancy woman (Sl.), floozy (Sl.), girlfriend, inamorata, kept woman, ladylove (Rare), lover, paramour

mistrust [1] v. apprehend, beware, be wary of, distrust, doubt, fear, have doubts about, suspect [2] n. apprehension, distrust, doubt, dubiety, fear, misgiving, scepticism, suspicion, uncertainty, wariness

mistrustful apprehensive, cautious, chary, cynical, distrustful, doubtful, dubious, fearful, hesitant, leery (Sl.), nervous, sceptical, suspicious, uncertain, wary

misty bleary, blurred, cloudy, dark, dim, foggy, fuzzy, hazy, indistinct, murky, nebulous, obscure, opaque, overcast, unclear, vague

misunderstand get (it) wrong, get the wrong end of the stick, get the wrong idea (about), misapprehend, misconceive, misconstrue, mishear, misinterpret, misjudge, misread, miss the point (of), mistake

misunderstanding [1] error, false impression, misapprehension, misconception, misconstruction, misinterpretation, misjudg(e)ment, misreading, mistake, mix-up, wrong idea [2] argument, breach, conflict, difference, difficulty, disagreement, discord, dissension, falling-out (Inf.), quarrel, rift, rupture, squabble, variance

misuse

◆ n. [1] abuse, barbarism, catachresis, corruption, desecration, dissipation, malapropism, misapplication, misemployment, misusage, perversion, profanation, solecism, squandering, waste [2] abuse, cruel treatment, exploitation, harm, ill-treatment, ill-usage, inhumane treatment, injury, maltreatment, manhandling, mistreatment, rough handling

◆ v. [3] abuse, corrupt, desecrate, dissipate, misapply, misemploy, pervert, profane, prostitute, squander, waste [4] abuse, brutalize, exploit, handle roughly, harm, ill-treat, ill-use, injure, maltreat, manhandle, maul, mistreat, molest, wrong

mitigate abate, allay, appease, assuage, blunt, calm, check, diminish, dull, ease, extenuate, lessen, lighten, moderate, modify, mollify, pacify, palliate, placate, quiet, reduce the force of, remit, soften, soothe, subdue, take the edge off, temper, tone down, tranquillize, weaken

mitigation abatement, allaying, alleviation, assuagement, diminution, easement, extenuation, moderation, mollification, palliation, relief, remission

mix

◆ v. [1] alloy, amalgamate, associate, blend, coalesce, combine, commingle, commix, compound, cross, fuse, incorporate, intermingle, interweave, join, jumble, meld, merge, mingle, put together, unite [2] associate, come together, consort, fraternize, hang out (Inf.), hobnob, join, mingle, socialize

◆ n. [3] alloy, amalgam, assortment, blend, combination, compound, fusion, medley, meld, mixture

mixed [1] alloyed, amalgamated, blended, combined, composite, compound, fused, incorporated, joint, mingled, united [2] assorted, cosmopolitan, diverse, diversified, heterogeneous, manifold, miscellaneous, motley, varied [3] crossbred, hybrid, interbred, interdenominational, mongrel [4] ambivalent, equivocal, indecisive, uncertain

mixed-up at sea, bewildered, confused, distraught, disturbed, maladjusted, muddled, perplexed, puzzled, upset

mixture admixture, alloy, amalgam, amalgamation, association, assortment, blend, brew, combine, composite, compound, concoction, conglomeration, cross, fusion, hotchpotch, jumble, medley, mélange, meld, miscellany, mix, potpourri, salmagundi, union, variety

mix-up confusion, disorder, fankle (Scot.), jumble, mess, mistake, misunderstanding, muddle, snarl-up (Inf., chiefly Brit.), tangle

mix up [1] blend, combine, commix, mix [2] confound, confuse, muddle [3] bewilder, confuse, disturb, fluster, muddle, perplex, puzzle, throw into confusion, unnerve, upset [4] embroil, entangle, implicate, involve, rope in

moan

◆ n. [1] groan, lament, lamentation, sigh, sob, sough, wail, whine [2] (Inf.) beef (Sl.), bitch (Sl.), complaint, gripe (Inf.), grouch (Inf.), grouse, grumble, kvetch (U.S. sl.), protest, whine

◆ v. [3] bemoan, bewail, deplore, grieve, groan, keen, lament, mourn, sigh, sob, sough, whine [4] (Inf.) beef (Sl.), bitch (Sl.), bleat, carp, complain, gripe (Inf.), groan, grouch (Inf.), grouse, grumble, moan and groan, whine, whinge (Inf.)

mob

◆ n. [1] assemblage, body, collection, crowd, drove, flock, gang, gathering, herd, horde, host, mass, multitude, pack, press, swarm, throng [2] class, company, crew (Inf.), gang, group, lot, set, troop [3] canaille, commonalty, great unwashed (Inf. & derogatory), hoi polloi, masses, rabble, riffraff, scum

◆ v. [4] crowd around, jostle, overrun, set upon, surround, swarm around [5] cram into, crowd, crowd into, fill, fill to overflowing, jam, pack

mobile [1] ambulatory, itinerant, locomotive, migrant, motile, movable, moving, peripatetic, portable, travelling, wandering [2] animated, changeable, ever-changing, expressive

mobilize activate, animate, call to arms, call up, get or make ready, marshal, muster, organize, prepare, put in motion, rally, ready

mock

◆ v. [1] chaff, deride, flout, insult, jeer, laugh at, laugh to scorn, make fun of, poke fun at, ridicule, scoff, scorn, show contempt for, sneer, take the mickey (out of) (Inf.), take the piss (out of) (Taboo sl.), taunt, tease, wind up (Brit. sl.) [2] ape, burlesque, caricature, counterfeit, do (Inf.), imitate, lampoon, mimic, parody, satirize, send up (Brit. inf.), take off (Inf.), travesty [3] belie, cheat, deceive, delude, disappoint, dupe, elude, fool, let down, mislead [4] defeat, defy, disappoint, foil, frustrate, thwart

◆ n. [5] banter, derision, gibe, jeering, mockery, ridicule, scorn, sneer, sneering [6] Aunt Sally (Brit.), butt, dupe, fool, jest, laughing stock, sport, travesty [7] counterfeit, fake, forgery, fraud, imitation, phoney or phony (Inf.), sham

◆ adj. [8] artificial, bogus, counterfeit, dummy, ersatz, fake, faked, false, feigned, forged, fraudulent, imitation, phoney or phony (Inf.), pretended, pseudo (Inf.), sham, spurious

mockery [1] contempt, contumely, derision, disdain, disrespect, gibes, insults, jeering, ridicule, scoffing, scorn [2] burlesque, caricature, deception, farce, imitation, lampoon, laughing stock, mimicry, parody, pretence, send-up (Brit. inf.), sham, spoof (Inf.), take-off (Inf.), travesty [3] apology, disappointment, farce, joke, letdown

mocking contemptuous, contumelious, derisive, derisory, disdainful, disrespectful, insulting, irreverent, sarcastic, sardonic, satiric, satirical, scoffing, scornful, taunting

model

- n. 1 copy, dummy, facsimile, image, imitation, miniature, mock-up, replica, representation 2 archetype, design, epitome, example, exemplar, gauge, ideal, lodestar, mould, norm, original, par, paradigm, paragon, pattern, prototype, standard, type 3 poser, sitter, subject 4 mannequin 5 configuration, design, form, kind, mark, mode, stamp, style, type, variety, version
- v. 6 base, carve, cast, design, fashion, form, mould, pattern, plan, sculpt, shape, stamp 7 display, show off, sport (Inf.), wear
- adj. 8 copy, dummy, facsimile, imitation, miniature 9 archetypal, exemplary, ideal, illustrative, paradigmatic, perfect, standard, typical

moderate

- adj. 1 calm, controlled, cool, deliberate, equable, gentle, judicious, limited, middle-of-the-road, mild, modest, peaceable, reasonable, restrained, sober, steady, temperate 2 average, fair, fairish, fair to middling (Inf.), indifferent, mediocre, medium, middling, ordinary, passable, so-so (Inf.), unexceptional
- v. 3 abate, allay, appease, assuage, calm, control, curb, decrease, diminish, ease, lessen, mitigate, modulate, pacify, play down, quiet, regulate, relax, repress, restrain, soften, soft-pedal (Inf.), subdue, tame, temper, tone down 4 arbitrate, chair, judge, mediate, preside, referee, take the chair

moderately fairly, gently, in moderation, passably, quite, rather, reasonably, slightly, somewhat, to a degree, tolerably, to some extent, within limits, within reason

moderation 1 calmness, composure, coolness, equanimity, fairness, judiciousness, justice, justness, mildness, moderateness, reasonableness, restraint, sedateness, temperance 2 **in moderation** moderately, within limits, within reason

modern contemporary, current, fresh, late, latest, neoteric (Rare), new, newfangled, novel, present, present-day, recent, twentieth-century, up-to-date, up-to-the-minute, with it (Inf.)

modernize bring into the twentieth century, bring up to date, face-lift, make over, rejuvenate, remake, remodel, renew, renovate, revamp, update

modest 1 bashful, blushing, coy, demure, diffident, discreet, humble, meek, quiet, reserved, reticent, retiring, self-conscious, self-effacing, shy, simple, unassuming, unpretentious 2 fair, limited, middling, moderate, ordinary, small, unexceptional

modesty bashfulness, coyness, decency, demureness, diffidence, discreetness, humbleness, humility, lack of pretension, meekness, propriety, quietness, reserve, reticence, self-effacement, shyness, simplicity, timidity, unobtrusiveness, unpretentiousness

modification adjustment, alteration, change, modulation, mutation, qualification, refinement, reformation, restriction, revision, variation

modify 1 adapt, adjust, alter, change, convert, recast, redo, refashion, reform, remodel, reorganize, reshape, revise, rework, transform, vary 2 abate, ease, lessen, limit, lower, moderate, qualify, reduce, relax, restrain, restrict, soften, temper, tone down

mogul baron, bashaw, big cheese (Sl., old-fashioned), big gun (Inf.), big noise (Inf.), big shot (Inf.), big wheel (Sl.), lord, magnate, nabob (Inf.), notable, personage, potentate, tycoon, VIP

moist clammy, damp, dampish, dank, dewy, dripping, drizzly, humid, not dry, rainy, soggy, wet, wettish

moisten bedew, damp, dampen, humidify, lick, moisturize, soak, water, wet

moisture damp, dampness, dankness, dew, humidity, liquid, perspiration, sweat, water, wateriness, wetness

molecule atom, iota, jot, mite, mote, particle, speck

molest 1 abuse, afflict, annoy, badger, beset, bother, bug (Inf.), disturb, harass, harry, hector, irritate, persecute, pester, plague, tease, torment, upset, vex, worry 2 abuse, accost, assail, attack, harm, hurt, ill-treat, injure, interfere with, maltreat, manhandle

moment 1 flash, instant, jiffy (Inf.), minute, no time, second, shake (Inf.), split second, tick (Brit. Inf.), trice, twinkling, two shakes (Inf.), two shakes of a lamb's tail (Inf.) 2 hour, instant, juncture, point, point in time, stage, time 3 concern, consequence, gravity, import, importance, seriousness, significance, substance, value, weight, weightiness, worth

momentarily briefly, for a moment (little while, minute, second, short time, short while), for an instant, for the nonce, temporarily

momentary brief, ephemeral, evanescent, fleeting, flying, fugitive, hasty, passing, quick, short, short-lived, temporary, transitory

momentous consequential, critical, crucial, decisive, earth-shaking (Inf.), fateful, grave, historic, important, of moment, pivotal, serious, significant, vital, weighty

momentum drive, energy, force, impetus, power, propulsion, push, strength, thrust

monarch crowned head, emperor, empress, king, potentate, prince, princess, queen, ruler, sovereign

monarchy 1 absolutism, autocracy, despotism, kingship, monocracy, royalism, sovereignty 2 empire, kingdom, principality, realm

monastery abbey, cloister, convent, friary, house, nunnery, priory, religious community

monastic ascetic, austere, celibate, cenobitic, cloistered, cloistral, coenobitic, contemplative, conventual, eremitic, hermit-like, monachal, monkish, recluse, reclusive, secluded, sequestered, withdrawn

monetary budgetary, capital, cash, financial, fiscal, pecuniary

money 1 ackers (Sl.), banknotes, brass (Northern English dialect), bread (Sl.), capital, cash, coin, currency, dibs (Sl.), dosh (Brit. & Aust. sl.), dough (Sl.), filthy lucre (Facetious), funds, gelt (Sl., chiefly U.S.), green (Sl.), hard cash, legal tender, lolly (Brit. sl.), loot (Inf.), mazuma (Sl., chiefly U.S.), megabucks (U.S. & Canad. sl.), moolah (Sl.), necessary (Inf.), needful (Inf.), pelf (Contemptuous), readies (Inf.), rhino (Brit. sl.), riches, shekels (Inf.), silver, specie, spondulicks (Sl.), the ready (Inf.), the wherewithal, tin (Sl.), wealth 2 **in the money** affluent, flush (Inf.), in clover (Inf.), loaded (Sl.), on Easy Street (Inf.), prosperous, rich, rolling (Sl.), wealthy, well-heeled (Inf.), well-off, well-to-do

moneymaking adj. gainful, going, lucrative, paying, profitable, remunerative, successful, thriving

mongrel 1 n. bigener (Biol.), cross, crossbreed, half-breed, hybrid, mixed breed 2 adj. bastard, crossbred, half-breed, hybrid, of mixed breed

monitor 1 n. guide, invigilator, overseer, prefect (Brit.), supervisor, watchdog 2 v. check, follow, keep an eye on, keep track of, observe, oversee, record, scan, supervise, survey, watch

monk brother, friar (loosely), monastic, religious

monkey

- n. 1 primate, simian 2 devil, imp, mischief maker, pickle (Brit. inf.), rascal, rogue, scamp 3 (Sl.) ass, butt, dupe, fool, laughing stock 4 **make a monkey of** make a fool of, make (someone) a laughing stock, make fun of, make (someone) look foolish (ridiculous, silly), play a trick on, ridicule
- v. 5 fiddle (Inf.), fool, interfere, meddle, mess, play, tamper, tinker, trifle

monkey business 1 carry-on (Inf., chiefly Brit.), clowning, mischief, monkey tricks, pranks, shenanigans (Inf.), skylarking (Inf.), tomfoolery 2 chicanery, dishonesty, funny business, hanky-panky (Inf.), skulduggery (Inf.), trickery

monolithic colossal, giant, gigantic, huge, immovable, impenetrable, imposing, intractable, massive, monumental, solid, substantial, undifferentiated, undivided, unitary

monologue harangue, lecture, sermon, soliloquy, speech

monopolize control, corner, corner the market in, dominate, engross, exercise or have a monopoly of, hog (Sl.), keep to oneself, take over, take up

monotonous all the same, boring, colourless, droning, dull, flat, ho-hum (Inf.), humdrum, mind-numbing, plodding, repetitious, repetitive, samey (Inf.), soporific, tedious, tiresome, toneless, unchanging, uniform, uninflected, unvaried, wearisome

monotony boredom, colourlessness, dullness, flatness, humdrumness, monotonousness, repetitiveness, repetitiousness, routine, sameness, tediousness, tedium, tiresomeness, uniformity, wearisomeness

monster

- n. 1 barbarian, beast, bogeyman, brute, demon, devil, fiend, ghoul, ogre, savage, villain 2 abortion, freak, lusus naturae, miscreation, monstrosity, mutant, teratism 3 behemoth, Brobdingnagian, colossus, giant, leviathan, mammoth, titan
- adj. 4 Brobdingnagian, colossal, elephantine, enormous, gargantuan, giant, gigantic, ginormous (Inf.), huge, humongous or humungous (U.S. sl.), immense, jumbo (Inf.), mammoth, massive, mega (Sl.), monstrous, stupendous, titanic, tremendous

monstrosity 1 abortion, eyesore, freak, horror, lusus naturae, miscreation, monster, mutant, ogre, teratism 2 abnormality, atrocity, dreadfulness, evil, frightfulness, heinousness, hellishness, hideousness, horror, loathsomeness, obscenity

monstrous 1 abnormal, dreadful, enormous, fiendish, freakish, frightful, grotesque, gruesome, hellish, hideous, horrendous, horrible, miscreated, obscene, teratoid, terrible, unnatural 2 atrocious, cruel, devilish, diabolical, disgraceful, egregious, evil, fiendish, foul, heinous, horrifying, infamous, inhuman, intolerable, loathsome, odious, outrageous, satanic, scandalous, shocking, vicious, villainous 3 colossal, elephantine, enormous, gargantuan, giant, gigantic, ginormous (Inf.), great, huge, humongous or humungous (U.S. sl.), immense, mammoth, massive, mega (Sl.), prodigious, stupendous, titanic, towering, tremendous, vast

month four weeks, moon, thirty days

monument 1 cairn, cenotaph, commemoration, gravestone, headstone, marker, mausoleum, memorial, obelisk, pillar, shrine, statue, tombstone 2 memento, record, remembrance, reminder, testament, token, witness

monumental 1 awe-inspiring, awesome, classic, enduring, enormous, epoch-making, historic, immortal, important, lasting, majestic, memorable, outstanding, prodigious, significant, stupendous, unforgettable 2 commemorative, cyclopean, funerary, memorial, monolithic, statuary 3 (Inf.) catastrophic, colossal, egregious, gigantic, great, horrible, immense, indefensible, massive, staggering, terrible, tremendous, unforgivable, whopping (Inf.)

mood 1 disposition, frame of mind, humour, spirit, state of mind, temper, tenor, vein 2 bad temper, bate (Brit. sl.), blues, depression, doldrums, dumps (Inf.), fit of pique, grumps (Inf.), low spirits, melancholy, sulk, the hump (Brit. inf.), the sulks 3 **in the mood** disposed (towards), eager, favourable, inclined, interested, in the (right) frame of mind, keen, minded, willing

moody 1 angry, broody, cantankerous, crabbed, crabby, crestfallen, cross, crotchety (Inf.), crusty, curt, dismal, doleful, dour, downcast, down in the dumps (Inf.), down in the mouth (Inf.), frowning, gloomy, glum, huffish, huffy, ill-humoured, ill-tempered, in a huff, in the doldrums, introspective, irascible, irritable, lugubrious, melancholy, miserable, mopish, mopy, morose, offended, out of sorts (Inf.), pensive, petulant, piqued, sad, saturnine, short-tempered, splenetic, sulky, sullen, temperamental, testy, tetchy, touchy, waspish, wounded 2 capricious, changeable, erratic, faddish, fickle, fitful, flighty, impulsive, inconstant, mercurial, temperamental, unpredictable, unstable, unsteady, volatile

moon

- n. 1 satellite 2 **once in a blue moon** almost never, hardly ever, rarely, very seldom
- v. 3 daydream, idle, languish, mooch (Sl.), mope, waste time

moor[1] fell (Brit.), heath, moorland, muir (Scot.)

moor[2] anchor, berth, dock, fasten, fix, lash, make fast, secure, tie up

moot 1 adj. arguable, at issue, contestable, controversial, debatable, disputable, doubtful, open, open to debate, undecided, unresolved, unsettled 2 v. bring up, broach, introduce, propose, put forward, suggest, ventilate

mop

- n. 1 sponge, squeegee, swab 2 mane, shock, tangle, thatch
- v. 3 clean, soak up, sponge, swab, wash, wipe

mop up 1 clean up, mop, soak up, sponge, swab, wash, wipe 2 (Military) account for, clean out, clear, eliminate, finish off, neutralize, pacify, round up, secure

moral
- **adj.** 1 ethical 2 blameless, chaste, decent, ethical, good, high-minded, honest, honourable, incorruptible, innocent, just, meritorious, noble, principled, proper, pure, right, righteous, upright, upstanding, virtuous
- **n.** 3 lesson, meaning, message, point, significance 4 adage, aphorism, apophthegm, epigram, gnome, maxim, motto, proverb, saw, saying

morale confidence, esprit de corps, heart, mettle, self-esteem, spirit, temper

morality 1 chastity, decency, ethicality, ethicalness, goodness, honesty, integrity, justice, principle, rectitude, righteousness, rightness, uprightness, virtue 2 conduct, ethics, habits, ideals, manners, moral code, morals, mores, philosophy, principles, standards

morals behaviour, conduct, ethics, habits, integrity, manners, morality, mores, principles, scruples, standards

moratorium freeze, halt, postponement, respite, standstill, stay, suspension

morbid 1 brooding, funereal, ghoulish, gloomy, grim, melancholy, pessimistic, sick, sombre, unhealthy, unwholesome 2 dreadful, ghastly, grisly, gruesome, hideous, horrid, macabre 3 ailing, deadly, diseased, infected, malignant, pathological, sick, sickly, unhealthy, unsound

more 1 adj. added, additional, extra, fresh, further, new, other, spare, supplementary 2 adv. better, further, longer, to a greater extent

moreover additionally, also, as well, besides, further, furthermore, in addition, into the bargain, likewise, to boot, too, what is more, withal (Literary)

morgue mortuary

moribund 1 at death's door, breathing one's last, doomed, dying, fading fast, failing, (having) one foot in the grave, in extremis, near death, near the end, on one's deathbed, on one's last legs 2 at a standstill, declining, forceless, obsolescent, on its last legs, on the way out, stagnant, stagnating, standing still, waning, weak

morning a.m., break of day, dawn, daybreak, forenoon, morn (Poetic), morrow (Archaic), sunrise

moron airhead (Sl.), ass, berk (Brit. sl.), blockhead, bonehead (Sl.), charlie (Brit. inf.), coot, cretin, dickhead (Sl.), dimwit (Inf.), dipstick (Brit. sl.), divvy (Brit. sl.), dolt, dope (Inf.), dork (Sl.), dummy (Sl.), dunce, dunderhead, dweeb (U.S. sl.), fool, fuckwit (Taboo sl.), geek (Sl.), gonzo (Sl.), halfwit, idiot, imbecile, jerk (Sl., chiefly U.S. & Canad.), lamebrain (Inf.), mental defective, muttonhead (Sl.), nerd or nurd (Sl.), nitwit (Inf.), numbskull or numbskull, oaf, pillock (Brit. sl.), plank (Brit. sl.), plonker (Sl.), prat (Sl.), prick (Derogatory sl.), schmuck (U.S. sl.), simpleton, thickhead, tosser (Brit. sl.), twit (Inf., chiefly Brit.), wally (Sl.)

morose blue, churlish, crabbed, crabby, cross, crusty, depressed, dour, down, down in the dumps (Inf.), gloomy, glum, grouchy (Inf.), gruff, ill-humoured, ill-natured, ill-tempered, in a bad mood, low, melancholy, miserable, moody, mournful, perverse, pessimistic, saturnine, sour, sulky, sullen, surly, taciturn

morsel bit, bite, crumb, fraction, fragment, grain, mouthful, nibble, part, piece, scrap, segment, slice, snack, soupçon, tad (Inf., chiefly U.S.), taste, titbit

mortal
- **adj.** 1 corporeal, earthly, ephemeral, human, impermanent, passing, sublunary, temporal, transient, worldly 2 deadly, death-dealing, destructive, fatal, killing, lethal, murderous, terminal 3 bitter, deadly, implacable, irreconcilable, out-and-out, remorseless, sworn, to the death, unrelenting 4 agonizing, awful, dire, enormous, extreme, grave, great, intense, severe, terrible
- **n.** 5 being, body, earthling, human, human being, individual, man, person, woman

mortality 1 ephemerality, humanity, impermanence, temporality, transience 2 bloodshed, carnage, death, destruction, fatality, killing, loss of life

mortification 1 abasement, annoyance, chagrin, discomfiture, dissatisfaction, embarrassment, humiliation, loss of face, shame, vexation 2 abasement, chastening, control, denial, discipline, subjugation 3 (Medical) corruption, festering, gangrene, necrosis, putrescence

mortify 1 abase, abash, affront, annoy, chagrin, chasten, confound, crush, deflate, disappoint, discomfit, displease, embarrass, humble, humiliate, make (someone) eat humble pie (Inf.), put down, put to shame, shame, take (someone) down a peg (Inf.), vex 2 abase, chasten, control, deny, discipline, subdue 3 (Of flesh) become gangrenous, corrupt, deaden, die, fester, gangrene, necrose, putrefy

mortuary funeral home (U.S.), funeral parlour, morgue

mostly above all, almost entirely, as a rule, chiefly, customarily, for the most part, generally, largely, mainly, most often, on the whole, particularly, predominantly, primarily, principally, usually

moth-eaten antiquated, decayed, decrepit, dilapidated, grungy (Sl., chiefly U.S.), obsolete, outdated, outworn, ragged, scuzzy (Sl., chiefly U.S.), seedy, shabby, stale, tattered, threadbare, worn-out

mother
- **n.** 1 dam, ma (Inf.), mater, mom (U.S. inf.), mum (Brit. inf.), mummy (Brit. inf.), old lady (Inf.), old woman (Inf.)
- **adj.** 2 connate, inborn, innate, native, natural
- **v.** 3 bear, bring forth, drop, give birth to, produce 4 care for, cherish, nurse, nurture, protect, raise, rear, tend 5 baby, fuss over, indulge, pamper, spoil

motherly affectionate, caring, comforting, fond, gentle, kind, loving, maternal, protective, sheltering, tender, warm

mother wit brains, common sense, gumption (Brit. inf.), horse sense, judg(e)ment, native intelligence, savvy (Sl.), smarts (Sl., chiefly U.S.)

motion
- **n.** 1 action, change, flow, kinesics, locomotion, mobility, motility, move, movement, passage, passing, progress, travel 2 gesticulation, gesture, sign, signal, wave 3 proposal, proposition, recommendation, submission, suggestion 4 **in motion** afoot, functioning, going, in progress, moving, on the go (Inf.), on the move (Inf.), operational, travelling, under way, working
- **v.** 5 beckon, direct, gesticulate, gesture, nod, signal, wave

motionless at a standstill, at rest, calm, fixed, frozen, halted, immobile, inanimate, inert, lifeless, paralyzed, standing, static, stationary, still, stock-still, transfixed, unmoved, unmoving

motivate actuate, arouse, bring, cause, draw, drive, get going, give incentive to, impel, induce, inspire, inspirit, instigate, lead, move, persuade, prod, prompt, provoke, set off, set on, stimulate, stir, trigger

motivation 1 ambition, desire, drive, hunger, inspiration, interest, wish 2 impulse, incentive, incitement, inducement, inspiration, instigation, motive, persuasion, reason, spur, stimulus

motive 1 n. cause, design, ground(s), incentive, incitement, inducement, influence, inspiration, intention, mainspring, motivation, object, occasion, purpose, rationale, reason, spur, stimulus, thinking 2 adj. activating, driving, impelling, motivating, moving, operative, prompting

motley 1 assorted, disparate, dissimilar, diversified, heterogeneous, mingled, miscellaneous, mixed, unlike, varied 2 chequered, multicoloured, particoloured, polychromatic, polychrome, polychromous, rainbow, variegated

mottled blotchy, brindled, chequered, dappled, flecked, freckled, marbled, piebald, pied, speckled, spotted, stippled, streaked, tabby, variegated

motto adage, byword, cry, dictum, formula, gnome, maxim, precept, proverb, rule, saw, saying, slogan, watchword

mould[1]
- **n.** 1 cast, die, form, matrix, pattern, shape, stamp 2 brand, build, configuration, construction, cut, design, fashion, form, format, frame, kind, line, make, pattern, shape, stamp, structure, style 3 calibre, character, ilk, kidney, kind, nature, quality, sort, stamp, type
- **v.** 4 carve, cast, construct, create, fashion, forge, form, make, model, sculpt, shape, stamp, work 5 affect, control, direct, form, influence, make, shape

mould[2] blight, fungus, mildew, mouldiness, mustiness

mouldy bad, blighted, decaying, fusty, mildewed, musty, rotten, rotting, spoiled, stale

mound 1 bing (Scot.), drift, heap, pile, stack 2 bank, dune, embankment, hill, hillock, knoll, rise 3 (Archaeology) barrow, tumulus 4 bulwark, earthwork, motte (History), rampart

mount
- **v.** 1 ascend, clamber up, climb, escalade, go up, make one's way up, scale 2 bestride, climb onto, climb up on, get astride, get (up) on, jump on 3 arise, ascend, rise, soar, tower 4 accumulate, build, escalate, grow, increase, intensify, multiply, pile up, swell 5 display, frame, set, set off 6 exhibit, get up (Inf.), prepare, produce, put on, stage 7 (Military) deliver, launch, prepare, ready, set in motion, stage 8 emplace, fit, install, place, position, put in place, set up
- **n.** 9 backing, base, fixture, foil, frame, mounting, setting, stand, support 10 horse, steed (Literary)

mountain 1 alp, ben (Scot.), elevation, eminence, fell (Brit.), height, mount, Munro, peak 2 abundance, heap, mass, mound, pile, stack, ton

mountainous 1 alpine, high, highland, rocky, soaring, steep, towering, upland 2 daunting, enormous, gigantic, great, huge, hulking, immense, mammoth, mighty, monumental, ponderous, prodigious

mourn bemoan, bewail, deplore, grieve, keen, lament, miss, rue, sorrow, wail, wear black, weep

mournful 1 afflicting, calamitous, deplorable, distressing, grievous, harrowing, lamentable, melancholy, painful, piteous, plaintive, sad, sorrowful, tragic, unhappy, woeful 2 broken-hearted, cheerless, desolate, disconsolate, dismal, downcast, funereal, gloomy, grief-stricken, grieving, heartbroken, heavy, heavyhearted, joyless, lugubrious, melancholy, miserable, rueful, sad, sombre, unhappy, woeful

mourning 1 bereavement, grief, grieving, keening, lamentation, weeping, woe 2 black, sackcloth and ashes, weeds, widow's weeds

mouth n. 1 chops (Sl.), gob (Sl., esp. Brit.), jaws, lips, maw, trap (Sl.), yap (Sl.) 2 (Inf.) boasting, braggadocio, bragging, empty talk, gas (Inf.), hot air (Sl.), idle talk 3 (Inf.) backchat (Inf.), cheek (Inf.), impudence, insolence, lip (Sl.), rudeness, sauce (Inf.) 4 aperture, cavity, crevice, door, entrance, gateway, inlet, lips, opening, orifice, rim 5 face, grimace, moue, pout, wry face 6 **down in** or **at the mouth** blue, crestfallen, dejected, depressed, disheartened, dispirited, down, downcast, down in the dumps (Inf.), in low spirits, melancholy, miserable, sad, sick as a parrot (Inf.), unhappy

mouthful bit, bite, drop, forkful, little, morsel, sample, sip, spoonful, sup, swallow, taste

mouthpiece 1 agent, delegate, representative, spokesman, spokeswoman 2 journal, organ, periodical, publication

movable detachable, mobile, not fixed, portable, portative, transferable, transportable

move
- **v.** 1 advance, budge, change position, drift, go, march, proceed, progress, shift, stir, walk 2 carry, change, shift, switch, transfer, transport, transpose 3 change residence, flit (Scot. & northern English dialect), go away, leave, migrate, move house, quit, relocate, remove 4 activate, drive, impel, motivate, operate, prod, propel, push, set going, shift, shove, start, turn 5 actuate, affect, agitate, cause, excite, give rise to, impel, impress, incite, induce, influence, inspire, instigate, lead, make an impression on, motivate, persuade, prompt, rouse, stimulate, touch, urge 6 advocate, propose, put forward, recommend, suggest, urge
- **n.** 7 act, action, deed, manoeuvre, measure, motion, movement, ploy, shift, step, stratagem, stroke, turn 8 change of address, flit (Scot. & northern English dialect), flitting (Scot. & northern English dialect), migration, relocation, removal, shift, transfer 9 **get a move on** get cracking (Inf.), get going, hurry (up), make haste, shake a leg (Inf.), speed up, step on it (Inf.), stir oneself 10 **on the move** (Inf.) **a** in transit, journeying, moving, on the road (Inf.), on the run, on the wing, travelling, under way, voyaging **b** active, advancing, astir, going forward, moving, progressing, stirring, succeeding

movement [1] act, action, activity, advance, agitation, change, development, displacement, exercise, flow, gesture, manoeuvre, motion, move, moving, operation, progress, progression, shift, steps, stir, stirring, transfer [2] camp, campaign, crusade, drive, faction, front, group, grouping, organization, party [3] current, drift, flow, swing, tendency, trend [4] action, innards (Inf.), machinery, mechanism, workings, works [5] (Music) division, part, passage, section [6] beat, cadence, measure (Prosody), metre, pace, rhythm, swing, tempo

moving [1] affecting, arousing, emotional, emotive, exciting, impelling, impressive, inspiring, pathetic, persuasive, poignant, stirring, touching [2] mobile, motile, movable, portable, running, unfixed [3] dynamic, impelling, inspirational, motivating, propelling, stimulating, stimulative

mow crop, cut, scythe, shear, trim

mow down blow away (Sl., chiefly U.S.), butcher, cut down, cut to pieces, massacre, shoot down, slaughter

much [1] adj. abundant, a lot of, ample, considerable, copious, great, plenteous, plenty of, sizeable, substantial [2] adv. a great deal, a lot, considerably, decidedly, exceedingly, frequently, greatly, indeed, often, regularly [3] n. a good deal, a great deal, a lot, an appreciable amount, heaps (Inf.), loads (Inf.), lots (Inf.), plenty

muck [1] crap (Taboo sl.), dung, manure, ordure, shit (Taboo sl.) [2] crap (Sl.), crud (Sl.), dirt, filth, grot (Sl.), gunge (Inf.), gunk (Inf.), mire, mud, ooze, scum, sewage, shit (Taboo sl.), slime, sludge [3] **make a muck of** (Sl.) blow (Sl.), botch, bungle, cock up (Brit. sl.), fuck up (Offens. taboo sl.), make a mess of, mar, mess up, muff, ruin, screw up (Inf.), spoil

muck up blow (Sl.), bodge (Inf.), botch, bungle, cock up (Brit. sl.), fuck up (Offens. taboo sl.), make a mess of, make a muck of (Sl.), mar, mess up, muff, ruin, screw up (Inf.), spoil

mud clay, dirt, mire, ooze, silt, slime, sludge

muddle
- v. [1] confuse, disarrange, disorder, disorganize, jumble, make a mess of, mess, mix up, ravel, scramble, spoil, tangle [2] befuddle, bewilder, confound, confuse, daze, disorient, perplex, stupefy
- n. [3] chaos, clutter, confusion, daze, disarray, disorder, disorganization, fankle (Scot.), hodgepodge (U.S.), hotchpotch, jumble, mess, mix-up, perplexity, pig's breakfast (Inf.), plight, predicament, ravel, tangle

muddy
- adj. [1] bespattered, boggy, clarty (Scot., & northern English dialect), dirty, grimy, marshy, miry, mucky, mud-caked, quaggy, soiled, swampy [2] blurred, dingy, dull, flat, lustreless, smoky, unclear, washed-out [3] cloudy, dirty, foul, impure, opaque, turbid [4] confused, fuzzy, hazy, indistinct, muddled, unclear, vague, woolly
- v. [5] begrime, bespatter, cloud, dirty, smear, smirch, soil

muffle [1] cloak, conceal, cover, disguise, envelop, hood, mask, shroud, swaddle, swathe, wrap up [2] deaden, dull, gag, hush, muzzle, quieten, silence, soften, stifle, suppress

mug
- n. [1] beaker, cup, flagon, jug, pot, tankard, toby jug [2] charlie (Brit. inf.), chump (Inf.), gull (Archaic), easy or soft touch (Sl.), fool, innocent, mark (Sl.), muggins (Brit. sl.), simpleton, sucker (Sl.)
- v. [3] assail, assault, attack, beat up, do over (Brit., Aust., & N.Z. sl.), duff up (Brit. sl.), hold up, lay into (Inf.), put the boot in (Sl.), rob, set about or upon, steam (Inf.)

muggy clammy, close, damp, humid, moist, oppressive, sticky, stuffy, sultry

mug up bone up on (Inf.), burn the midnight oil (Inf.), cram (Inf.), get up (Inf.), study, swot (Brit. inf.)

mull consider, contemplate, deliberate, examine, meditate, muse on, ponder, reflect on, review, ruminate, study, think about, think over, turn over in one's mind, weigh

multifarious different, diverse, diversified, legion, manifold, many, miscellaneous, multiform, multiple, multitudinous, numerous, sundry, varied, variegated

multiple collective, manifold, many, multitudinous, numerous, several, sundry, various

multiply accumulate, augment, breed, build up, expand, extend, increase, proliferate, propagate, reproduce, spread

multitude [1] army, assemblage, assembly, collection, concourse, congregation, crowd, great number, horde, host, legion, lot, lots (Inf.), mass, mob, myriad, sea, swarm, throng [2] commonalty, common people, herd, hoi polloi, mob, populace, proletariat, public, rabble

munch champ, chew, chomp, crunch, masticate, scrunch

mundane [1] banal, commonplace, day-to-day, everyday, humdrum, ordinary, prosaic, routine, workaday [2] earthly, fleshly, human, material, mortal, secular, sublunary, temporal, terrestrial, worldly

municipal borough, city, civic, community, public, town, urban

municipality borough, burgh (Scot.), city, district, town, township, urban community

munificence beneficence, benevolence, big-heartedness, bounteousness, bounty, generosity, generousness, largess or largesse, liberality, magnanimousness, open-handedness, philanthropy

munificent beneficent, benevolent, big-hearted, bounteous, bountiful, free-handed, generous, lavish, liberal, magnanimous, open-handed, philanthropical, princely, rich, unstinting

murder
- n. [1] assassination, bloodshed, butchery, carnage, homicide, killing, manslaughter, massacre, slaying [2] (Inf.) agony, an ordeal, a trial, danger, difficulty, hell (Inf.), misery, trouble
- v. [3] assassinate, blow away (Sl., chiefly U.S.), bump off (Sl.), butcher, destroy, dispatch, do in (Inf.), do to death, eliminate (Sl.), hit (Sl.), kill, massacre, rub out (U.S. sl.), slaughter, slay, take out (Sl.), take the life of, waste (Inf.) [4] abuse, butcher, destroy, mangle, mar, misuse, ruin, spoil [5] (Inf.) beat decisively, blow out of the water (Sl.), cream (Sl., chiefly U.S.), defeat utterly, drub, hammer (Inf.), lick (Inf.), make mincemeat of (Inf.), slaughter, tank (Sl.), thrash, wipe the floor with (Inf.)

murderer assassin, butcher, cutthroat, hit man (Sl.), homicide, killer, slaughterer, slayer

murderous [1] barbarous, bloodthirsty, bloody, brutal, cruel, deadly, death-dealing, destructive, devastating, fatal, fell (Archaic), ferocious, internecine, lethal, sanguinary, savage, slaughterous, withering [2] (Inf.) arduous, dangerous, difficult, exhausting, harrowing, hellish (Inf.), killing (Inf.), sapping, strenuous, unpleasant

murky cheerless, cloudy, dark, dim, dismal, dreary, dull, dusky, foggy, gloomy, grey, impenetrable, misty, nebulous, obscure, overcast

murmur
- n. [1] babble, buzzing, drone, humming, mumble, muttering, purr, rumble, susurrus (Literary), undertone, whisper, whispering
- v. [2] babble, buzz, drone, hum, mumble, mutter, purr, rumble, speak in an undertone, whisper
- n. [3] beef (Sl.), complaint, gripe (Inf.), grouse, grumble, moan (Inf.), word
- v. [4] beef (Sl.), carp, cavil, complain, gripe (Inf.), grouse, grumble, moan (Inf.)

muscle
- n. [1] muscle tissue, sinew, tendon, thew [2] brawn, clout (Inf.), force, forcefulness, might, potency, power, stamina, strength, sturdiness, weight
- v. [3] **muscle in** (Inf.) butt in, elbow one's way in, force one's way in, impose oneself

muscular athletic, beefy (Inf.), brawny, husky (Inf.), lusty, powerful, powerfully built, Ramboesque, robust, sinewy, stalwart, strapping, strong, sturdy, thickset, vigorous, well-knit

muse be in a brown study, be lost in thought, brood, cogitate, consider, contemplate, deliberate, dream, meditate, mull over, ponder, reflect, ruminate, speculate, think, think over, weigh

mushroom v. boom, burgeon, expand, flourish, grow rapidly, increase, luxuriate, proliferate, shoot up, spread, spring up, sprout

musical dulcet, euphonic, euphonious, harmonious, lilting, lyrical, melodic, melodious, sweet-sounding, tuneful

musing n. absent-mindedness, abstraction, brown study, cerebration, cogitation, contemplation, day-dreaming, dreaming, introspection, meditation, reflection, reverie, rumination, thinking, woolgathering

must n. duty, essential, fundamental, imperative, necessary thing, necessity, obligation, prerequisite, requirement, requisite, sine qua non

muster
- v. [1] assemble, call together, call up, collect, come together, congregate, convene, convoke, enrol, gather, group, marshal, meet, mobilize, rally, round up, summon
- n. [2] assemblage, assembly, collection, concourse, congregation, convention, convocation, gathering, meeting, mobilization, rally, roundup [3] **pass muster** be or come up to scratch, be acceptable, fill the bill (Inf.), make the grade, measure up, qualify

musty [1] airless, dank, decayed, frowsty, fusty, mildewed, mildewy, mouldy, old, smelly, stale, stuffy [2] ancient, antediluvian, antiquated, banal, clichéd, dull, hackneyed, hoary, moth-eaten, obsolete, old-fashioned, stale, threadbare, trite, worn-out

mutability alteration, change, evolution, metamorphosis, transition, variation, vicissitude

mutable adaptable, alterable, changeable, changing, fickle, flexible, immutable, inconsistent, inconstant, irresolute, uncertain, undependable, unreliable, unsettled, unstable, unsteady, vacillating, variable, volatile, wavering

mute [1] adj. aphasiac, aphasic, aphonic, dumb, mum, silent, speechless, unexpressed, unspeaking, unspoken, voiceless, wordless [2] v. dampen, deaden, lower, moderate, muffle, soften, soft-pedal, subdue, tone down, turn down

mutilate [1] amputate, butcher, cripple, cut to pieces, cut up, damage, disable, disfigure, dismember, hack, injure, lacerate, lame, maim, mangle [2] adulterate, bowdlerize, butcher, censor, cut, damage, distort, expurgate, hack, mar, spoil

mutinous bolshie (Brit. inf.), contumacious, disobedient, insubordinate, insurgent, rebellious, refractory, revolutionary, riotous, seditious, subversive, turbulent, ungovernable, unmanageable, unruly

mutiny [1] n. defiance, disobedience, insubordination, insurrection, rebellion, refusal to obey orders, resistance, revolt, revolution, riot, rising, strike, uprising [2] v. be insubordinate, defy authority, disobey, rebel, refuse to obey orders, resist, revolt, rise up, strike

mutter complain, grouch (Inf.), grouse, grumble, mumble, murmur, rumble

mutual common, communal, correlative, interactive, interchangeable, interchanged, joint, reciprocal, reciprocated, requited, returned, shared

muzzle
- n. [1] jaws, mouth, nose, snout [2] gag, guard
- v. [3] censor, choke, curb, gag, restrain, silence, stifle, suppress

myopic near-sighted, short-sighted

myriad [1] adj. a thousand and one, countless, immeasurable, incalculable, innumerable, multitudinous, untold [2] n. a million, army, a thousand, flood, horde, host, millions, mountain, multitude, scores, sea, swarm, thousands

mysterious abstruse, arcane, baffling, concealed, covert, cryptic, curious, dark, Delphic, enigmatic, furtive, hidden, impenetrable, incomprehensible, inexplicable, inscrutable, insoluble, mystical, mystifying, obscure, perplexing, puzzling, recondite, secret, secretive, sphinxlike, strange, uncanny, unfathomable, unknown, veiled, weird

mystery conundrum, enigma, problem, puzzle, question, riddle, secrecy, secret, teaser

mystic, mystical abstruse, arcane, cabalistic, cryptic, enigmatical, esoteric, hidden, inscrutable, metaphysical, mysterious, nonrational, occult, otherworldly, paranormal, preternatural, supernatural, transcendental

mystify baffle, bamboozle (Inf.), beat (Sl.), befog, bewilder, confound, confuse, elude, escape, flummox, nonplus, perplex, puzzle, stump

myth [1] allegory, fable, fairy story, fiction, folk tale, legend, parable, saga, story, tradition, urban legend [2] delusion, fancy, fantasy, figment, illusion, imagination, superstition, tall story

mythical [1] allegorical, chimerical, fabled, fabulous, fairy-tale, legendary, mythological, storied [2] fabricated, fanciful, fantasy, fictitious, imaginary, invented, made-up, make-believe, nonexistent, pretended, unreal, untrue

mythology folklore, folk tales, legend, lore, mythos, myths, stories, tradition

N

nadir bottom, depths, lowest point, minimum, rock bottom, zero

nag¹ [1] v. annoy, badger, bend someone's ear (Inf.), be on one's back (Sl.), berate, chivvy, goad, harass, harry, hassle (Inf.), henpeck, irritate, nark (Brit., Aust., & N.Z. sl.), pester, plague, provoke, scold, torment, upbraid, vex, worry [2] n. harpy, scold, shrew, tartar, termagant, virago

nag² hack, horse, jade, plug (U.S.)

nagging continuous, critical, distressing, irritating, painful, persistent, scolding, shrewish, worrying

nail v. attach, beat, fasten, fix, hammer, join, pin, secure, tack

naïve [1] artless, candid, childlike, confiding, frank, guileless, ingenuous, innocent, jejune, natural, open, simple, trusting, unaffected, unpretentious, unsophisticated, unworldly [2] callow, credulous, gullible, green, unsuspicious

naïveté [1] artlessness, candour, frankness, guilelessness, inexperience, ingenuousness, innocence, naturalness, openness, simplicity [2] callowness, credulity, gullibility

naked [1] bare, buck naked (Sl.), denuded, disrobed, divested, exposed, in one's birthday suit (Inf.), in the altogether (Inf.), in the buff (Inf.), in the raw (Inf.), naked as the day one was born (Inf.), nude, starkers (Inf.), stripped, unclothed, unconcealed, uncovered, undraped, undressed, without a stitch on (Inf.) [2] blatant, evident, manifest, open, overt, patent, plain, simple, stark, unadorned, undisguised, unexaggerated, unmistakable, unqualified, unvarnished [3] defenceless, helpless, insecure, unarmed, unguarded, unprotected, vulnerable

nakedness [1] baldness, bareness, nudity, undress [2] openness, plainness, simplicity, starkness

namby-pamby anaemic, colourless, feeble, insipid, mawkish, prim, prissy (Inf.), sentimental, spineless, vapid, weak, weedy (Inf.), wimpish or wimpy (Inf.), wishy-washy (Inf.)

name
- n. [1] appellation, cognomen, denomination, designation, epithet, handle (Sl.), moniker or monicker (Sl.), nickname, sobriquet, term, title [2] distinction, eminence, esteem, fame, honour, note, praise, renown, repute [3] character, credit, reputation
- v. [4] baptize, call, christen, denominate, dub, entitle, label, style, term [5] appoint, choose, cite, classify, commission, designate, flag, identify, mention, nominate, select, specify

nameless [1] anonymous, innominate, undesignated, unnamed, untitled [2] incognito, obscure, undistinguished, unheard-of, unknown, unsung [3] abominable, horrible, indescribable, ineffable, inexpressible, unmentionable, unspeakable, unutterable

namely i.e., specifically, that is to say, to wit, viz

nap¹ [1] v. catnap, doze, drop off (Inf.), drowse, kip (Brit. sl.), nod, nod off (Inf.), rest, sleep, snooze (Inf.), zizz (Brit. inf.) [2] n. catnap, forty winks (Inf.), kip (Brit. sl.), rest, shuteye (Sl.), siesta, sleep, zizz (Brit. inf.)

nap² down, fibre, grain, pile, shag, weave

narcissism egotism, self-admiration, self-love, vanity

narcotic [1] n. anaesthetic, analgesic, anodyne, drug, opiate, painkiller, sedative, tranquillizer [2] adj. analgesic, calming, dulling, hypnotic, Lethean, numbing, painkilling, sedative, somnolent, soporific, stupefacient, stupefactive, stupefying

narrate chronicle, describe, detail, recite, recount, rehearse, relate, repeat, report, set forth, tell, unfold

narration description, explanation, reading, recital, rehearsal, relation, storytelling, telling, voice-over (in film)

narrative account, chronicle, detail, history, report, statement, story, tale

narrator annalist, author, bard, chronicler, commentator, raconteur, reciter, relater, reporter, storyteller, writer

narrow
- adj. [1] circumscribed, close, confined, constricted, contracted, cramped, incapacious, limited, meagre, near, pinched, restricted, scanty, straitened, tight [2] biased, bigoted, dogmatic, illiberal, intolerant, narrow-minded, partial, prejudiced, reactionary, small-minded [3] attenuated, fine, slender, slim, spare, tapering, thin [4] exclusive, select [5] (Inf.) avaricious, close (Inf.), mean, mercenary, niggardly, ungenerous
- v. [6] circumscribe, constrict, diminish, limit, reduce, simplify, straiten, tighten

narrowly [1] barely, by a whisker or hair's-breadth, just, only just, scarcely [2] carefully, closely, painstakingly, scrutinizingly

narrow-minded biased, bigoted, conservative, hidebound, illiberal, insular, intolerant, opinionated, parochial, petty, prejudiced, provincial, reactionary, short-sighted, small-minded, strait-laced

narrows channel, gulf, passage, sound, straits

nastiness [1] defilement, dirtiness, filth, filthiness, foulness, impurity, pollution, squalor, uncleanliness [2] indecency, licentiousness, obscenity, pollution, porn (Inf.), pornography, ribaldry, smuttiness [3] disagreeableness, malice, meanness, offensiveness, spitefulness, unpleasantness

nasty [1] dirty, disagreeable, disgusting, filthy, foul, grotty (Sl.), horrible, loathsome, malodorous, mephitic, nauseating, noisome, objectionable, obnoxious, odious, offensive, polluted, repellent, repugnant, sickening, unappetizing, unpleasant, vile, yucky or yukky (Sl.) [2] blue, foul, gross, impure, indecent, lascivious, lewd, licentious, obscene, pornographic, ribald, smutty [3] abusive, annoying, bad-tempered, despicable, disagreeable, distasteful, malicious, mean, spiteful, unpleasant, vicious, vile [4] bad, critical, dangerous, painful, serious, severe

nation commonwealth, community, country, people, population, race, realm, society, state, tribe

national
- adj. [1] civil, countrywide, governmental, nationwide, public, state, widespread [2] domestic, internal, social
- n. [3] citizen, inhabitant, native, resident, subject

nationalism allegiance, chauvinism, fealty, jingoism, loyalty, nationality, patriotism

nationality birth, ethnic group, nation, race

nationwide countrywide, general, national, overall, widespread

native
- adj. [1] built-in, congenital, endemic, hereditary, inborn, inbred, indigenous, ingrained, inherent, inherited, innate, instinctive, intrinsic, inveterate, natal, natural [2] genuine, original, real [3] domestic, home, home-grown, home-made, indigenous, local, mother, vernacular [4] aboriginal, autochthonous
- n. [5] aborigine, autochthon, citizen, countryman, dweller, inhabitant, national, resident

natter [1] v. blather, blether, chatter, gabble, gossip, jabber, jaw (Sl.), palaver, prate, prattle, rabbit (on) (Brit. inf.), talk, talk idly, witter (Inf.) [2] n. blather, blether, chat, chinwag (Brit. inf.), chitchat, confabulation, conversation, gab (Inf.), gabble, gabfest (Inf., chiefly U.S. & Canad.), gossip, jabber, jaw (Sl.), palaver, prattle, talk

natty chic, crucial (Sl.), dapper, elegant, fashionable, neat, smart, snazzy (Inf.), spruce, stylish, trendy (Brit. inf.), trim, well-dressed, well-turned-out

natural [1] common, everyday, legitimate, logical, normal, ordinary, regular, typical, usual [2] characteristic, congenital, essential, inborn, indigenous, inherent, innate, instinctive, intuitive, natal, native [3] artless, candid, frank, genuine, ingenuous, open, real, simple, spontaneous, unaffected, unpretentious, unsophisticated, unstudied [4] organic, plain, pure, unbleached, unmixed, unpolished, unrefined, whole

naturalism factualism, realism, verisimilitude

naturalist [1] biologist, botanist, ecologist, zoologist [2] factualist, realist

naturalize acclimate, acclimatize, acculturate, accustom, adapt, adopt, domesticate, enfranchise, familiarize, grant citizenship, habituate

naturally [1] adv. as anticipated, customarily, genuinely, informally, normally, simply, spontaneously, typically, unaffectedly, unpretentiously [2] interj. absolutely, as a matter of course, certainly, of course

nature [1] attributes, character, complexion, constitution, essence, features, make-up, quality, traits [2] category, description, kind, sort, species, style, type, variety [3] cosmos, creation, earth, environment, universe, world [4] disposition, humour, mood, outlook, temper, temperament [5] country, countryside, landscape, natural history, scenery

naturist nudist

naughty [1] annoying, bad, disobedient, exasperating, fractious, impish, misbehaved, mischievous, perverse, playful, refractory, roguish, sinful, teasing, wayward, wicked, worthless [2] bawdy, blue, improper, lewd, obscene, off-colour, ribald, risqué, smutty, vulgar

nausea [1] biliousness, qualm(s), queasiness, retching, sickness, squeamishness, vomiting [2] abhorrence, aversion, disgust, loathing, odium, repugnance, revulsion

nauseate disgust, gross out (U.S. sl.), horrify, offend, repel, repulse, revolt, sicken, turn one's stomach

nautical marine, maritime, naval, oceanic, seafaring, seagoing, yachting

naval marine, maritime, nautical, oceanic

navel [1] bellybutton (Inf.), omphalos (Literary), umbilicus [2] central point, centre, hub, middle

navigable [1] clear, negotiable, passable, traversable, unobstructed [2] controllable, dirigible, sailable, steerable

navigate con (Nautical), cross, cruise, direct, drive, guide, handle, journey, manoeuvre, pilot, plan, plot, sail, skipper, steer, voyage

navigation cruising, helmsmanship, pilotage, sailing, seamanship, steering, voyaging

navigator mariner, pilot, seaman

navvy ganger, labourer, worker, workman

navy argosy (Archaic), armada, fleet, flotilla, warships

near adj. [1] adjacent, adjoining, alongside, at close quarters, beside, bordering, close, close by, contiguous, nearby, neighbouring, nigh, proximate, touching, within sniffing distance (Inf.) [2] approaching, forthcoming, imminent, impending, in the offing, looming, near-at-hand, next, on the cards (Inf.), upcoming [3] akin, allied, attached, connected, dear, familiar, intimate, related [4] (Inf.) close-fisted, mean, miserly, niggardly, parsimonious, stingy, tightfisted, ungenerous

nearby [1] adj. adjacent, adjoining, convenient, handy, neighbouring [2] adv. at close quarters, close at hand, not far away, proximate, within reach, within sniffing distance (Inf.)

nearly adv. about, all but, almost, approaching, approximately, as good as, closely, just about, not quite, practically, roughly, virtually, well-nigh

nearness [1] accessibility, availability, closeness, contiguity, handiness, juxtaposition, propinquity, proximity, vicinity [2] immediacy, imminence [3] dearness, familiarity, intimacy [4] (Inf.) meanness, niggardliness, parsimony, stinginess

near-sighted myopic, short-sighted

neat [1] accurate, dainty, fastidious, methodical, nice, orderly, shipshape, smart, spick-and-span, spruce, straight, systematic, tidy, trim, uncluttered [2] adept, adroit, agile, apt, clever, deft, dexterous, efficient, effortless, elegant, expert, graceful, handy, nimble, practised, precise, skilful, stylish, well-judged [3] (Of alcoholic drinks) pure, straight, undiluted, unmixed

neatly [1] accurately, daintily, fastidiously, methodically, nicely, smartly, sprucely, systematically, tidily [2] adeptly, adroitly, agilely, aptly, cleverly, deftly, dexterously, efficiently, effortlessly, elegantly, expertly, gracefully, handily, nimbly, precisely, skilfully, stylishly

neatness [1] accuracy, daintiness, fastidiousness, methodicalness, niceness, nicety, orderliness, smartness, spruceness, straightness, tidiness, trimness [2] adeptness, adroitness, agility, aptness, cleverness, deftness, dexterity, efficiency, effortlessness, elegance, expertness, grace, gracefulness, handiness, nimbleness, preciseness, precision, skilfulness, skill, style, stylishness

nebulous ambiguous, amorphous, cloudy, confused, dim, hazy, imprecise, indefinite, indeterminate, indistinct, misty, murky, obscure, shadowy, shapeless, uncertain, unclear, unformed, vague

necessarily accordingly, automatically, axiomatically, by definition, certainly, compulsorily, consequently, incontrovertibly, ineluctably, inevitably, inexorably, irresistibly, naturally, nolens volens, of course, of necessity, perforce, undoubtedly, willy-nilly

necessary 1 compulsory, de rigueur, essential, imperative, indispensable, mandatory, needed, needful, obligatory, required, requisite, vital 2 certain, fated, inescapable, inevitable, inexorable, unavoidable

necessitate call for, coerce, compel, constrain, demand, entail, force, impel, make necessary, oblige, require

necessity 1 demand, exigency, indispensability, need, needfulness, requirement 2 desideratum, essential, fundamental, necessary, need, prerequisite, requirement, requisite, sine qua non, want 3 destitution, extremity, indigence, need, penury, poverty, privation 4 compulsion, destiny, fate, inevitability, inexorableness, obligation

need
- v. 1 call for, demand, entail, have occasion to or for, lack, miss, necessitate, require, want
- n. 2 longing, requisite, want, wish 3 deprivation, destitution, distress, extremity, impecuniousness, inadequacy, indigence, insufficiency, lack, neediness, paucity, penury, poverty, privation, shortage 4 emergency, exigency, necessity, obligation, urgency, want 5 demand, desideratum, essential, requirement, requisite

needful essential, indispensable, necessary, needed, required, requisite, stipulated, vital

needle v. aggravate (Inf.), annoy, bait, be on one's back (Sl.), gall, get in one's hair (Inf.), get on one's nerves (Inf.), goad, harass, hassle (Inf.), irk, irritate, nag, nark (Brit., Aust., & N.Z. sl.), nettle, pester, piss one off (Taboo sl.), prick, prod, provoke, rile, ruffle, spur, sting, taunt

needless causeless, dispensable, excessive, expendable, gratuitous, groundless, nonessential, pointless, redundant, superfluous, uncalled-for, undesired, unnecessary, unwanted, useless

needlework embroidery, fancywork, needlecraft, sewing, stitching, tailoring

needy deprived, destitute, dirt-poor (Inf.), disadvantaged, impecunious, impoverished, indigent, on the breadline (Inf.), penniless, poor, poverty-stricken, underprivileged

nefarious abominable, atrocious, base, criminal, depraved, detestable, dreadful, evil, execrable, foul, heinous, horrible, infamous, infernal, iniquitous, monstrous, odious, opprobrious, shameful, sinful, vicious, vile, villainous, wicked

negate 1 abrogate, annul, cancel, countermand, invalidate, neutralize, nullify, obviate, repeal, rescind, retract, reverse, revoke, void, wipe out 2 contradict, deny, disallow, disprove, gainsay (Archaic or literary), oppose, rebut, refute

negation 1 antithesis, antonym, contradiction, contrary, converse, counterpart, denial, disavowal, disclaimer, inverse, opposite, rejection, renunciation, reverse 2 opposition, proscription, refusal, repudiation, veto 3 cancellation, neutralization, nullification 4 blank, nonexistence, nothingness, nullity, vacuity, void

negative
- adj. 1 contradictory, contrary, denying, dissenting, opposing, recusant, refusing, rejecting, resisting 2 annulling, counteractive, invalidating, neutralizing, nullifying 3 antagonistic, colourless, contrary, cynical, gloomy, jaundiced, neutral, pessimistic, uncooperative, unenthusiastic, uninterested, unwilling, weak
- n. 4 contradiction, denial, refusal

negativity 1 contradiction, contradictoriness, contrariness, denial, dissent, opposition, recusancy, refusal, rejection, resistance 2 antagonism, colourlessness, contrariness, cynicism, gloom, neutrality, pessimism, uncooperativeness, uninterestedness, unwillingness, weakness

neglect
- v. 1 contemn, discount, disdain, disregard, ignore, leave alone, overlook, pass by, rebuff, scorn, slight, spurn 2 be remiss, evade, forget, let slide, omit, pass over, procrastinate, shirk, skimp
- n. 3 disdain, disregard, disrespect, heedlessness, inattention, indifference, slight, unconcern 4 carelessness, default, dereliction, failure, forgetfulness, laxity, laxness, neglectfulness, negligence, oversight, remissness, slackness, slovenliness

neglected 1 abandoned, derelict, overgrown 2 disregarded, unappreciated, underestimated, undervalued

negligence carelessness, default, dereliction, disregard, failure, forgetfulness, heedlessness, inadvertence, inattention, inattentiveness, indifference, laxity, laxness, neglect, omission, oversight, remissness, shortcoming, slackness, thoughtlessness

negligent careless, cursory, disregardful, forgetful, heedless, inadvertent, inattentive, indifferent, neglectful, nonchalant, offhand, regardless, remiss, slack, slapdash, slipshod, thoughtless, unmindful, unthinking

negligible imperceptible, inconsequential, insignificant, minor, minute, nickel-and-dime (U.S. sl.), petty, small, trifling, trivial, unimportant

negotiable debatable, discussable or discussible, transactional, transferable, variable

negotiate 1 adjudicate, arbitrate, arrange, bargain, conciliate, confer, consult, contract, deal, debate, discuss, handle, manage, mediate, parley, settle, transact, work out 2 clear, cross, get over, get past, get round, pass, pass through, surmount

negotiation arbitration, bargaining, debate, diplomacy, discussion, mediation, transaction, wheeling and dealing (Inf.)

neighbourhood community, confines, district, environs, locale, locality, precincts, proximity, purlieus, quarter, region, surroundings, vicinity

neighbouring abutting, adjacent, adjoining, bordering, connecting, contiguous, near, nearby, nearest, next, surrounding

nerve
- n. 1 balls (Taboo sl.), ballsiness (Taboo sl.), bottle (Brit. sl.), bravery, coolness, courage, daring, determination, endurance, energy, fearlessness, firmness, force, fortitude, gameness, grit, guts (Inf.), hardihood, intrepidity, mettle, might, pluck, resolution, spirit, spunk (Inf.), steadfastness, vigour, will 2 (Inf.) audacity, boldness, brass (Inf.), brass neck (Brit. inf.), brazenness, cheek (Inf.), chutzpah (U.S. & Canad. inf.), effrontery, front, gall, impertinence, impudence, insolence, neck (Inf.), sauce (Inf.), temerity
- v. 3 brace, embolden, encourage, fortify, hearten, invigorate, steel, strengthen

nerve-racking annoying, difficult, distressing, frightening, harassing, harrowing, maddening, stressful, tense, trying, worrying

nerves anxiety, fretfulness, heebie-jeebies (Sl.), imbalance, nervousness, strain, stress, tension, worry

nervous agitated, anxious, apprehensive, edgy, excitable, fearful, fidgety, flustered, hesitant, highly strung, hyper (Inf.), hysterical, jittery (Inf.), jumpy, nervy (Brit. inf.), neurotic, on edge, ruffled, shaky, tense, timid, timorous, twitchy (Inf.), uneasy, uptight (Inf.), weak, wired (Sl.), worried

nervousness agitation, anxiety, disquiet, excitability, fluster, perturbation, tension, timidity, touchiness, tremulousness, worry

nest 1 den, haunt, hideaway, refuge, resort, retreat, snuggery 2 breeding-ground, den, hotbed

nest egg cache, deposit, fall-back, fund(s), reserve, savings, store

nestle cuddle, curl up, huddle, nuzzle, snuggle

nestling 1 chick, fledgling 2 babe, babe in arms, baby, infant, suckling

net[1] 1 n. lacework, lattice, mesh, netting, network, openwork, reticulum, tracery, web 2 v. bag, capture, catch, enmesh, ensnare, entangle, nab (Inf.), trap

net[2], **nett**
- adj. 1 after taxes, clear, final, take-home 2 closing, conclusive, final
- v. 3 accumulate, bring in, clear, earn, gain, make, realize, reap

nether basal, below, beneath, bottom, inferior, lower, Stygian, under, underground

nettle aggravate (Inf.), annoy, chafe, exasperate, fret, gall, get on one's nerves (Inf.), goad, harass, hassle (Inf.), incense, irritate, nark (Brit., Aust., & N.Z. sl.), pique, piss one off (Taboo sl.), provoke, ruffle, sting, tease, vex

network arrangement, channels, circuitry, complex, convolution, grid, grill, interconnections, labyrinth, maze, mesh, net, nexus, organization, plexus, structure, system, tracks, web

neurosis abnormality, affliction, derangement, deviation, instability, maladjustment, mental disturbance, mental illness, obsession, phobia, psychological or emotional disorder

neurotic abnormal, anxious, compulsive, deviant, disordered, distraught, disturbed, hyper (Inf.), maladjusted, manic, nervous, obsessive, overwrought, twitchy (Inf.), unhealthy, unstable

neuter v. castrate, doctor (Inf.), dress, emasculate, fix (Inf.), geld, spay

neutral 1 disinterested, dispassionate, even-handed, impartial, indifferent, nonaligned, nonbelligerent, noncombatant, noncommittal, nonpartisan, sitting on the fence, unaligned, unbiased, uncommitted, undecided, uninvolved, unprejudiced 2 achromatic, colourless, dull, expressionless, indeterminate, indistinct, indistinguishable, intermediate, toneless, undefined

neutrality detachment, disinterestedness, impartiality, nonalignment, noninterference, noninterventionism, noninvolvement, nonpartisanship

neutralize cancel, compensate for, counteract, counterbalance, frustrate, invalidate, negate, nullify, offset, undo

never-ending boundless, ceaseless, constant, continual, continuous, eternal, everlasting, incessant, interminable, nonstop, perpetual, persistent, relentless, unbroken, unceasing, unchanging, uninterrupted, unremitting

nevertheless but, even so, (even) though, however, nonetheless, notwithstanding, regardless, still, yet

new 1 advanced, all-singing, all-dancing, contemporary, current, different, fresh, happening (Inf.), latest, modern, modernistic, modish, newfangled, novel, original, recent, state-of-the-art, topical, ultramodern, unfamiliar, unknown, unused, unusual, up-to-date, virgin 2 added, extra, more, supplementary 3 altered, changed, improved, modernized, redesigned, renewed, restored

newcomer alien, arrival, beginner, foreigner, immigrant, incomer, Johnny-come-lately (Inf.), novice, outsider, parvenu, settler, stranger

new-fangled all-singing, all-dancing, contemporary, fashionable, gimmicky, modern, new, new-fashioned, novel, state-of-the-art, recent

newly anew, freshly, just, lately, latterly, recently

news account, advice, bulletin, communiqué, dirt (U.S. sl.), disclosure, dispatch, exposé, gen (Brit. inf.), gossip, hearsay, information, intelligence, latest (Inf.), leak, news flash, release, report, revelation, rumour, scandal, statement, story, tidings, word

next
- adj. 1 consequent, ensuing, following, later, subsequent, succeeding 2 adjacent, adjoining, closest, nearest, neighbouring
- adv. 3 afterwards, closely, following, later, subsequently, thereafter

nibble 1 n. bite, crumb, morsel, peck, snack, soupçon, taste, titbit 2 v. bite, eat, gnaw, munch, nip, peck, pick at

nice 1 agreeable, amiable, attractive, charming, commendable, courteous, delightful, friendly, good, kind, likable or likeable, pleasant, pleasurable, polite, prepossessing, refined, well-mannered 2 dainty, fine, neat, tidy, trim 3 accurate, careful, critical, delicate, discriminating, exact, exacting, fastidious, fine, meticulous, precise, rigorous, scrupulous, strict, subtle 4 cultured, genteel, refined, respectable, virtuous, well-bred

nicely 1 acceptably, agreeably, amiably, attractively, charmingly, commendably, courteously, delightfully, kindly, likably, pleasantly, pleasingly, pleasurably, politely, prepossessingly, well 2 daintily, finely, neatly, tidily, trimly 3 accurately, carefully, critically, delicately, exactingly, exactly, fastidiously, finely, meticulously, precisely, rigorously, scrupulously, strictly, subtly 4 genteelly, respectably, virtuously

niceness 1 agreeableness, amiability, attractiveness, charm, courtesy, delightfulness, friendliness, good manners, goodness, kindness, likableness or likeableness, pleasantness, pleasurableness, politeness, refinement 2 daintiness, fineness, neatness, tidiness, trimness 3 accuracy, care, carefulness, criticalness, delicacy, discrimination, exactingness, exactitude, exactness, fastidiousness, fineness, meticulosity, meticulousness, preciseness, precision, rigorousness, rigour, scrupulosity, scrupulousness, strictness, subtleness, subtlety [4] gentility, good breeding, refinement, respectability, virtue

nicety [1] accuracy, exactness, fastidiousness, finesse, meticulousness, minuteness, precision [2] daintiness, delicacy, discrimination, distinction, nuance, refinement, subtlety

niche [1] alcove, corner, hollow, nook, opening, recess [2] calling, pigeonhole (Inf.), place, position, slot (Inf.), vocation

nick chip, cut, damage, dent, mark, notch, scar, score, scratch, snick

nickname diminutive, epithet, familiar name, handle (Sl.), label, pet name, moniker or monicker (Sl.), sobriquet

niggardliness [1] avarice, avariciousness, closeness, covetousness, frugality, grudgingness, meanness, mercenariness, miserliness, nearness (Inf.), parsimony, penuriousness, sordidness, sparingness, stinginess, thrift, tightfistedness, ungenerousness [2] beggarliness, inadequacy, insufficiency, meagreness, meanness, miserableness, paltriness, scantiness, skimpiness, smallness, wretchedness

niggardly [1] avaricious, close, covetous, frugal, grudging, mean, mercenary, miserly, near (Inf.), parsimonious, penurious, Scroogelike, sordid, sparing, stinging, stingy, tight-arse (Taboo sl.), tight-arsed (Taboo sl.), tight as a duck's arse (Taboo sl.), tight-ass (U.S. taboo sl.), tight-assed (U.S. taboo sl.), tightfisted, ungenerous [2] beggarly, inadequate, insufficient, meagre, mean, measly, miserable, paltry, scant, scanty, skimpy, small, wretched

niggle [1] carp, cavil, criticize, find fault, fuss [2] annoy, irritate, rankle, worry

niggling [1] cavilling, finicky, fussy, insignificant, minor, nit-picking (Inf.), pettifogging, petty, picky (Inf.), piddling (Inf.), quibbling, trifling, unimportant [2] gnawing, irritating, persistent, troubling, worrying

night dark, darkness, dead of night, hours of darkness, night-time, night watches

nightfall crepuscule, dusk, eve (Archaic), evening, eventide, gloaming (Scot. or poetic), sundown, sunset, twilight, vespers

nightly
- **adv./adj.** [1] each night, every night, night after night, nights (Inf.)
- **adv.** [2] after dark, at night, by night, in the night, nights (Inf.), nocturnally
- **adj.** [3] night-time, nocturnal

nightmare [1] bad dream, hallucination, incubus, succubus [2] horror, ordeal, torment, trial, tribulation

nil duck, love, naught, nihil, none, nothing, zero, zilch (Sl.)

nimble active, agile, alert, brisk, deft, dexterous, lively, nippy (Brit. inf.), pdq (Sl.), proficient, prompt, quick, quick-witted, ready, smart, sprightly, spry, swift

nimbly actively, acutely, agilely, alertly, briskly, deftly, dexterously, easily, fast, fleetly, hotfoot, pdq (Sl.), posthaste, proficiently, promptly, pronto (Inf.), quickly, quick-wittedly, readily, sharply, smartly, speedily, spryly, swiftly

nimbus ambience, atmosphere, aura, aureole, cloud, corona, glow, halo, irradiation

nincompoop berk (Brit. sl.), blockhead, charlie (Brit. inf.), coot, dickhead (Sl.), dimwit (Inf.), dipstick (Brit. sl.), divvy (Sl.), dolt, dork (Sl.), dunce, dweeb (U.S. sl.), fool, fuckwit (Taboo sl.), geek (Sl.), gonzo (Sl.), idiot, jerk (Sl., chiefly U.S. & Canad.), lamebrain (Inf.), nerd or nurd (Sl.), ninny, nitwit (Inf.), noodle, numskull or numbskull, oaf, pillock (Brit. sl.), plank (Brit. sl.), plonker (Sl.), prat (Sl.), prick (Derogatory sl.), schmuck (U.S. sl.), simpleton, twit (Inf., chiefly Brit.), wally (Sl.)

nip[1] v. [1] bite, catch, clip, compress, grip, nibble, pinch, snag, snap, snip, squeeze, tweak, twitch [2] check, frustrate, thwart

nip[2] n. dram, draught, drop, finger, mouthful, peg (Brit.), portion, shot (Inf.), sip, snifter (Inf.), soupçon, sup, swallow, taste

nipper [1] claw, pincer [2] (Inf.) ankle-biter (Aust. sl.), baby, boy, child, girl, infant, kid (Inf.), little one, rug rat (Sl.), sprog (Sl.), tot

nipple boob (Sl.), breast, dug, mamilla, pap, papilla, teat, tit, udder

nippy [1] biting, chilly, nipping, sharp, stinging [2] (Brit. inf.) active, agile, fast, nimble, pdq (Sl.), quick, spry

nitty-gritty basics, brass tacks (Inf.), core, crux, essence, essentials, facts, fundamentals, gist, heart of the matter, reality, substance

nitwit (Inf.) dickhead (Sl.), dimwit (Inf.), dipstick (Brit. sl.), divvy (Sl.), dork (Sl.), dummy (Sl.), fool, fuckwit (Taboo sl.), geek (Sl.), halfwit, lamebrain (Inf.), nincompoop, ninny, oaf, plank (Brit. sl.), simpleton

nob aristo (Inf.), aristocrat, big shot (Inf.), bigwig (Inf.), celeb (Inf.), fat cat (Sl., chiefly U.S.), nabob (Inf.), toff (Brit. sl.), VIP

nobble [1] disable, handicap, incapacitate, weaken [2] bribe, get at, influence, intimidate, outwit, win over [3] filch, knock off (Sl.), nick (Sl., chiefly Brit.), pilfer, pinch (Inf.), purloin, snitch (Sl.), steal, swipe (Sl.) [4] get hold of, grab, take

nobility [1] aristocracy, elite, high society, lords, nobles, patricians, peerage, ruling class, upper class [2] dignity, eminence, excellence, grandeur, greatness, illustriousness, loftiness, magnificence, majesty, nobleness, stateliness, sublimity, superiority, worthiness [3] honour, incorruptibility, integrity, uprightness, virtue

noble
- **n.** [1] aristo (Inf.), aristocrat, lord, nobleman, peer
- **adj.** [2] aristocratic, blue-blooded, gentle (Archaic), highborn, lordly, patrician, titled [3] august, dignified, distinguished, elevated, eminent, excellent, grand, great, imposing, impressive, lofty, splendid, stately, superb [4] generous, honourable, magnanimous, upright, virtuous, worthy

nobody [1] no-one [2] cipher, lightweight (Inf.), menial, nonentity, nothing (Inf.)

nocturnal night, nightly, night-time, of the night

nod
- **v.** [1] acknowledge, bob, bow, dip, duck, gesture, indicate, nutate (Rare), salute, signal [2] agree, assent, concur, show agreement [3] be sleepy, doze, droop, drowse, kip (Brit. sl.), nap, sleep, slump, zizz (Brit. inf.)
- **n.** [4] acknowledgement, beck, gesture, greeting, indication, salute, sign, signal

noise [1] n. babble, blare, clamour, clatter, commotion, cry, din, fracas, hubbub, outcry, pandemonium, racket, row, sound, talk, tumult, uproar [2] v. advertise, bruit, circulate, gossip, publicize, repeat, report, rumour

noiseless hushed, inaudible, mute, muted, quiet, silent, soundless, still

noisy boisterous, cacophonous, chattering, clamorous, deafening, ear-splitting, loud, obstreperous, piercing, riotous, strident, tumultuous, turbulent, uproarious, vociferous

nomad drifter, itinerant, migrant, rambler, rover, vagabond, wanderer

nomadic itinerant, migrant, migratory, pastoral, peripatetic, roaming, roving, travelling, vagrant, wandering

nom de plume alias, assumed name, nom de guerre, pen name, pseudonym

nomenclature classification, codification, locution, phraseology, taxonomy, terminology, vocabulary

nominal [1] formal, ostensible, pretended, professed, puppet, purported, self-styled, so-called, soi-disant, supposed, theoretical, titular [2] inconsiderable, insignificant, minimal, small, symbolic, token, trifling, trivial

nominate appoint, assign, choose, commission, designate, elect, elevate, empower, name, present, propose, recommend, select, submit, suggest, term

nomination appointment, choice, designation, election, proposal, recommendation, selection, suggestion

nominee aspirant, candidate, contestant, entrant, favourite, protégé, runner

non-aligned impartial, neutral, uncommitted, undecided

nonchalance calm, composure, cool (Sl.), equanimity, imperturbability, indifference, sangfroid, self-possession, unconcern

nonchalant airy, apathetic, blasé, calm, careless, casual, collected, cool, detached, dispassionate, indifferent, insouciant, laid-back (Inf.), offhand, unconcerned, unemotional, unfazed (Inf.), unperturbed

non-combatant civilian, neutral, nonbelligerent

noncommittal ambiguous, careful, cautious, circumspect, discreet, equivocal, evasive, guarded, indefinite, neutral, politic, reserved, tactful, temporizing, tentative, unrevealing, vague, wary

non compos mentis crazy, deranged, insane, mentally ill, of unsound mind, unbalanced, unhinged

nonconformist dissenter, dissentient, eccentric, heretic, iconoclast, individualist, maverick, protester, radical, rebel

nondescript characterless, common or garden (Inf.), commonplace, dull, featureless, indeterminate, mousy, ordinary, unclassifiable, unclassified, undistinguished, unexceptional, uninspiring, uninteresting, unmemorable, unremarkable, vague

none bugger all (Sl.), f.a. (Brit. sl.), fuck all (Taboo sl.), nil, nobody, no-one, no part, not a bit, not any, nothing, not one, sweet F.A. (Brit. sl.), sweet Fanny Adams (Brit. sl.), zero

nonentity cipher, lightweight (Inf.), mediocrity, nobody, small fry, unimportant person

non-essential dispensable, excessive, expendable, extraneous, inessential, peripheral, superfluous, unimportant, unnecessary

nonetheless despite that, even so, however, in spite of that, nevertheless, yet

non-existent chimerical, fancied, fictional, hallucinatory, hypothetical, illusory, imaginary, imagined, insubstantial, legendary, missing, mythical, unreal

nonsense absurdity, balderdash, balls (Taboo sl.), bilge (Inf.), blather, bombast, bosh (Inf.), bull (Sl.), bullshit (Taboo sl.), bunk (Inf.), bunkum or buncombe (Chiefly U.S.), claptrap (Inf.), cobblers (Brit. taboo sl.), crap (Sl.), double Dutch (Brit. inf.), drivel, eyewash (Inf.), fatuity, folly, foolishness, garbage (Inf.), gibberish, guff (Sl.), hogwash, hokum (Sl., chiefly U.S. & Canad.), horsefeathers (U.S. sl.), hot air (Inf.), idiocy, inanity, jest, ludicrousness, moonshine, pap, piffle (Inf.), poppycock (Inf.), ridiculousness, rot, rubbish, senselessness, shit (Taboo sl.), silliness, stuff, stupidity, tommyrot, tosh (Sl., chiefly Brit.), trash, tripe (Inf.), twaddle, waffle (Inf., chiefly Brit.)

non-stop [1] adj. ceaseless, constant, continuous, direct, endless, incessant, interminable, relentless, steady, unbroken, unending, unfaltering, uninterrupted, unremitting [2] adv. ceaselessly, constantly, continuously, directly, endlessly, incessantly, interminably, relentlessly, steadily, unbrokenly, unendingly, unfalteringly, uninterruptedly, unremittingly, without stopping

nook alcove, cavity, corner, cranny, crevice, cubbyhole, hide-out, inglenook (Brit.), niche, opening, recess, retreat

noon high noon, midday, noonday, noontide, noontime, twelve noon

norm average, benchmark, criterion, mean, measure, model, par, pattern, rule, standard, type, yardstick

normal [1] accustomed, acknowledged, average, common, conventional, habitual, natural, ordinary, popular, regular, routine, run-of-the-mill, standard, typical, usual [2] rational, reasonable, sane, well-adjusted

normality [1] accustomedness, averageness, commonness, commonplaceness, conventionality, habitualness, naturalness, ordinariness, popularity, regularity, routineness, typicality, usualness [2] adjustment, balance, rationality, reason, sanity

normally as a rule, commonly, habitually, ordinarily, regularly, typically, usually

north [1] adj. Arctic, boreal, northerly, northern, polar [2] adv. northerly, northward(s)

nose
- **n.** [1] beak, bill, conk (Sl.), hooter (Sl.), neb (Archaic or dialect), proboscis, schnozzle (Sl., chiefly U.S.), snitch (Sl.), snout (Sl.)
- **v.** [2] detect, scent, search (for), smell, sniff [3] ease forward, nudge, nuzzle, push, shove [4] meddle, pry, snoop (Inf.)

nosedive dive, drop, plummet, plunge

nosegay bouquet, posy

nosey → **nosy**

nostalgia homesickness, longing, pining, regret, regretfulness, remembrance, reminiscence, wistfulness, yearning

nostalgic emotional, homesick, longing, maudlin, regretful, sentimental, wistful

nostrum cure, cure-all, drug, elixir, medicine, panacea, patent medicine, potion, quack medicine, remedy, sovereign cure, specific, treatment

nosy, nosey curious, eavesdropping, inquisitive, interfering, intrusive, meddlesome, prying, snooping (Inf.)

notability [1] celebrity, distinction, eminence, esteem, fame, renown [2] celeb (Inf.), celebrity, dignitary, megastar (Inf.), notable, personage, VIP, worthy

notable [1] adj. celebrated, conspicuous, distinguished, eminent, evident, extraordinary, famous, manifest, marked, memorable, noteworthy, noticeable, notorious, outstanding, pre-eminent, pronounced, rare, remarkable, renowned, striking, uncommon, unusual, well-known [2] n. celeb (Inf.), celebrity, dignitary, megastar (Inf.), notability, personage, VIP, worthy

notably conspicuously, distinctly, especially, markedly, noticeably, outstandingly, particularly, remarkably, signally, strikingly, uncommonly

notation [1] characters, code, script, signs, symbols, system [2] jotting, notating, note, noting, record

notch
- n. [1] cleft, cut, incision, indentation, mark, nick, score [2] (Inf.) cut (Inf.), degree, grade, level, step
- v. [3] cut, indent, mark, nick, score, scratch

notch up achieve, gain, make, register, score

note
- n. [1] annotation, comment, communication, epistle, gloss, jotting, letter, memo, memorandum, message, minute, record, remark, reminder [2] indication, mark, sign, symbol, token [3] heed, notice, observation, regard [4] celebrity, character, consequence, distinction, eminence, fame, prestige, renown, reputation
- v. [5] denote, designate, indicate, mark, mention, notice, observe, perceive, record, register, remark, see

notebook commonplace book, diary, exercise book, Filofax (Trademark), jotter, journal, memorandum book, notepad, record book

noted acclaimed, celebrated, conspicuous, distinguished, eminent, famous, illustrious, notable, notorious, prominent, recognized, renowned, well-known

noteworthy exceptional, extraordinary, important, notable, outstanding, remarkable, significant, unusual

nothing bagatelle, cipher, emptiness, naught, nobody, nonentity, nonexistence, nothingness, nought, nullity, trifle, void, zero

nothingness [1] nihility, nonbeing, nonexistence, nullity, oblivion [2] insignificance, unimportance, worthlessness

notice
- v. [1] detect, discern, distinguish, heed, mark, mind, note, observe, perceive, remark, see, spot
- n. [2] cognizance, consideration, heed, interest, note, observation, regard [3] advice, announcement, communication, instruction, intelligence, intimation, news, notification, order, warning [4] advertisement, comment, criticism, poster, review, sign [5] attention, civility, respect

noticeable appreciable, blatant, clear, conspicuous, distinct, evident, manifest, observable, obvious, perceptible, plain, striking, unmistakable

notification advice, alert, announcement, declaration, information, intelligence, message, notice, notifying, publication, statement, telling, warning

notify acquaint, advise, alert, announce, apprise, declare, inform, publish, tell, warn

notion [1] apprehension, belief, concept, conception, idea, impression, inkling, judg(e)ment, knowledge, opinion, sentiment, understanding, view [2] caprice, desire, fancy, impulse, inclination, whim, wish

notional abstract, conceptual, fanciful, hypothetical, ideal, imaginary, speculative, theoretical, unreal, visionary

notoriety dishonour, disrepute, infamy, obloquy, opprobrium, scandal

notorious [1] dishonourable, disreputable, infamous, opprobrious, scandalous [2] blatant, flagrant, glaring, obvious, open, overt, patent, undisputed

notoriously [1] dishonourably, disreputably, infamously, opprobriously, scandalously [2] blatantly, flagrantly, glaringly, notably, obviously, openly, overtly, particularly, patently, spectacularly, undisputedly

notwithstanding although, despite, (even) though, however, nevertheless, nonetheless, though, yet

nought naught, nil, nothing, nothingness, zero

nourish [1] attend, feed, furnish, nurse, nurture, supply, sustain, tend [2] comfort, cultivate, encourage, foster, maintain, promote, support

nourishing alimentative, beneficial, healthful, health-giving, nutritious, nutritive, wholesome

nourishment aliment, diet, food, nutriment, nutrition, sustenance, tack (Inf.), viands, victuals, vittles (Obs. or dialect)

novel [1] adj. different, fresh, ground-breaking, innovative, new, original, rare, singular, strange, uncommon, unfamiliar, unusual [2] n. fiction, narrative, romance, story, tale

novelty [1] freshness, innovation, newness, oddity, originality, strangeness, surprise, unfamiliarity, uniqueness [2] bagatelle, bauble, curiosity, gadget, gewgaw, gimcrack, gimmick, knick-knack, memento, souvenir, trifle, trinket

novice amateur, apprentice, beginner, convert, learner, neophyte, newcomer, novitiate, probationer, proselyte, pupil, trainee, tyro

now [1] at once, immediately, instanter (Law), instantly, presently (Scot. & U.S.), promptly, straightaway [2] any more, at the moment, nowadays, these days [3] **now and then** or **again** at times, from time to time, infrequently, intermittently, occasionally, on and off, once in a while, on occasion, sometimes, sporadically

nowadays any more, at the moment, in this day and age, now, these days, today

nucleus basis, centre, core, focus, heart, kernel, nub, pivot

nude au naturel, bare, buck naked (Sl.), disrobed, exposed, in one's birthday suit (Inf.), in the altogether (Inf.), in the buff (Inf.), in the raw (Inf.), naked, naked as the day one was born (Inf.), starkers (Inf.), stark-naked, stripped, unclad, unclothed, uncovered, undraped, undressed, without a stitch on (Inf.)

nudge v. bump, dig, elbow, jog, poke, prod, push, shove, touch

nudity bareness, dishabille, nakedness, nudism, undress

nugget chunk, clump, hunk, lump, mass, piece

nuisance annoyance, bore, bother, drag (Inf.), gall, hassle (Inf.), inconvenience, infliction, irritation, offence, pain in the arse (Taboo inf.), pest, plague, problem, trouble, vexation

null characterless, ineffectual, inoperative, invalid, nonexistent, null and void, powerless, useless, vain, valueless, void, worthless

nullify abolish, abrogate, annul, bring to naught, cancel, counteract, countervail, invalidate, negate, neutralize, obviate, quash, rebut, render null and void, repeal, rescind, revoke, veto, void

nullity characterlessness, ineffectualness, invalidity, nonexistence, powerlessness, uselessness, valuelessness, voidness, worthlessness

numb [1] adj. benumbed, dead, deadened, frozen, immobilized, insensible, insensitive, paralyzed, stupefied, torpid, unfeeling [2] v. benumb, deaden, dull, freeze, immobilize, paralyze, stun, stupefy

number
- n. [1] character, count, digit, figure, integer, numeral, sum, total, unit [2] aggregate, amount, collection, company, crowd, horde, many, multitude, quantity, throng [3] copy, edition, imprint, issue, printing
- v. [4] account, add, calculate, compute, count, enumerate, include, reckon, tell, total

numberless countless, endless, infinite, innumerable, multitudinous, myriad, unnumbered, untold

numbness deadness, dullness, insensibility, insensitivity, paralysis, stupefaction, torpor, unfeelingness

numeral character, cipher, digit, figure, integer, number, symbol

numerous abundant, copious, many, plentiful, profuse, several

nunnery abbey, cloister, convent, house, monastery

nuptials espousal (Archaic), marriage, matrimony, wedding

nurse v. [1] care for, look after, minister to, tend, treat [2] breast-feed, feed, nourish, nurture, suckle, wet-nurse [3] (Fig.) cherish, cultivate, encourage, foster, harbour, keep alive, preserve, promote, succour, support

nurture
- n. [1] diet, food, nourishment [2] development, discipline, education, instruction, rearing, training, upbringing
- v. [3] feed, nourish, nurse, support, sustain, tend [4] bring up, cultivate, develop, discipline, educate, instruct, rear, school, train

nut [1] kernel, pip, seed, stone [2] (Sl.) brain, head, mind, reason, senses [3] (Sl.) crackpot (Inf.), crank (Inf.), eccentric, headbanger (Inf.), headcase (Inf.), loony (Sl.), lunatic, madman, maniac, nutcase (Sl.), nutter (Brit. sl.), oddball (Inf.), psycho (Sl.), wacko (Sl.)

nutrition food, nourishment, nutriment, sustenance

nutritious alimental, alimentative, beneficial, healthful, health-giving, invigorating, nourishing, nutritive, strengthening, wholesome

nuts bananas (Sl.), barking (Sl.), barking mad (Sl.), batty (Sl.), crazy (Inf.), demented, deranged, eccentric, insane, irrational, loony (Sl.), loopy (Inf.), mad, not the full shilling (Inf.), nutty (Sl.), off one's trolley (Sl.), out to lunch (Inf.), psycho (Sl.), psychopathic, up the pole (Inf.)

O

oaf airhead (Sl.), berk (Brit. sl.), blockhead, bonehead (Sl.), booby, brute, charlie (Brit. inf.), clod, coot, dickhead (Sl.), dipstick (Brit. sl.), divvy (Brit. sl.), dolt, dork (Sl.), dullard, dummy (Sl.), dunce, dweeb (U.S. sl.), fool, fuckwit (Taboo sl.), galoot (Sl., chiefly U.S.), gawk, geek (Sl.), goon, gonzo (Sl.), gorilla (Inf.), halfwit, idiot, imbecile, jerk (Sl., chiefly U.S. & Canad.), lout, lummox (Inf.), moron, nerd or nurd (Sl.), nincompoop, nitwit (Inf.), numskull or numbskull, pillock (Brit. sl.), plank (Brit. sl.), plonker (Sl.), prat (Sl.), sap (Sl.), schmuck (U.S. sl.), simpleton, twit (Inf., chiefly Brit.), wally (Sl.)

oafish blockish, Boeotian, boneheaded (Sl.), bovine, brutish, dense, dim, dim-witted (Inf.), doltish, dozy (Brit. inf.), dull, dumb (Inf.), heavy, loutish, lubberly, lumbering, moronic, obtuse, slow on the uptake (Inf.), stupid, thick

oasis (Fig.) haven, island, refuge, resting place, retreat, sanctuary, sanctum

oath [1] affirmation, avowal, bond, pledge, promise, sworn statement, vow, word [2] blasphemy, curse, cuss (Inf.), expletive, imprecation, malediction, profanity, strong language, swearword

obdurate adamant, callous, dogged, firm, fixed, hard, hard-hearted, harsh, immovable, implacable, indurate (Rare), inexorable, inflexible, iron, mulish, obstinate, perverse, pig-headed, proof against persuasion, relentless, stiff-necked, stubborn, unbending, unfeeling, unimpressible, unrelenting, unshak(e)able, unyielding

obedience accordance, acquiescence, agreement, compliance, conformability, deference, docility, dutifulness, duty, observance, respect, reverence, submission, submissiveness, subservience, tractability

obedient acquiescent, amenable, biddable, compliant, deferential, docile, duteous, dutiful, law-abiding, observant, regardful, respectful, submissive, subservient, tractable, under control, well-trained, yielding

obelisk column, monolith, monument, needle, pillar, shaft

obese corpulent, Falstaffian, fat, fleshy, gross, heavy, outsize, overweight, paunchy, plump, podgy, portly, roly-poly, rotund, stout, tubby, well-upholstered (Inf.)

obesity beef (Inf.), bulk, corpulence, embonpoint, fatness, fleshiness, grossness, overweight, portliness, stoutness, tubbiness, weight problem

obey [1] abide by, act upon, adhere to, be ruled by, carry out, comply, conform, discharge, do what is expected, embrace, execute, follow, fulfil, heed, keep, mind, observe, perform, respond, serve [2] bow to, come to heel, do what one is told, get into line, give in, give way, knuckle under (Inf.), submit, succumb, surrender (to), take orders from, toe the line, yield

object
- n. [1] article, body, entity, fact, item, phenomenon, reality, thing [2] aim, butt, focus, recipient, target, victim [3] design, end, end in view, end purpose, goal, idea, intent, intention, motive, objective, point, purpose, reason

◆ v. 4 argue against, demur, expostulate, oppose, protest, raise objections, take exception
objection cavil, censure, counter-argument, demur, doubt, exception, niggle (Inf.), opposition, protest, remonstrance, scruple
objectionable abhorrent, deplorable, disagreeable, dislikable or dislikeable, displeasing, distasteful, exceptionable, indecorous, insufferable, intolerable, noxious, obnoxious, offensive, regrettable, repugnant, unacceptable, undesirable, unpleasant, unseemly, unsociable
objective 1 adj. detached, disinterested, dispassionate, equitable, even-handed, fair, impartial, impersonal, judicial, just, open-minded, unbiased, uncoloured, unemotional, uninvolved, unprejudiced 2 n. aim, ambition, aspiration, design, end, end in view, goal, intention, mark, object, purpose, target
objectively disinterestedly, dispassionately, even-handedly, impartially, with an open mind, with objectivity or impartiality, without fear or favour
objectivity detachment, disinterest, disinterestedness, dispassion, equitableness, impartiality, impersonality
obligation 1 accountability, accountableness, burden, charge, compulsion, duty, liability, must, onus, requirement, responsibility, trust 2 agreement, bond, commitment, contract, debt, engagement, promise, understanding 3 **under an obligation** beholden, duty-bound, grateful, honour-bound, indebted, in (someone's) debt, obligated, obliged, owing a favour, thankful
obligatory binding, coercive, compulsory, de rigueur, enforced, essential, imperative, mandatory, necessary, required, requisite, unavoidable
oblige 1 bind, coerce, compel, constrain, dragoon, force, impel, make, necessitate, obligate, railroad (Inf.), require 2 accommodate, benefit, do (someone) a favour or a kindness, favour, gratify, indulge, please, put oneself out for, serve
obliging accommodating, agreeable, amiable, civil, complaisant, considerate, cooperative, courteous, eager to please, friendly, good-natured, helpful, kind, polite, willing
oblique 1 angled, aslant, at an angle, inclined, slanted, slanting, sloped, sloping, tilted 2 backhanded, circuitous, circumlocutory, evasive, implied, indirect, roundabout, sidelong
obliquely 1 aslant, aslope, at an angle, diagonally, slantwise 2 circuitously, evasively, in a roundabout manner or way, indirectly, not in so many words
obliterate annihilate, blot out, cancel, delete, destroy, destroy root and branch, efface, eradicate, erase, expunge, extirpate, root out, wipe off the face of the earth, wipe out
obliteration annihilation, deletion, effacement, elimination, eradication, erasure, expunction, extirpation, wiping (blotting, rooting, sponging) out
oblivion 1 abeyance, disregard, forgetfulness, insensibility, neglect, obliviousness, unawareness, unconsciousness, (waters of) Lethe 2 blackness, darkness, eclipse, extinction, limbo, nothingness, obscurity, void
oblivious blind, careless, deaf, disregardful, forgetful, heedless, ignorant, inattentive, insensible, neglectful, negligent, regardless, unaware, unconcerned, unconscious, unmindful, unobservant
obnoxious abhorrent, abominable, detestable, disagreeable, disgusting, dislikable or dislikeable, foul, hateable, hateful, horrid, insufferable, loathsome, nasty, nauseating, objectionable, obscene, odious, offensive, repellent, reprehensible, repugnant, repulsive, revolting, sickening, unpleasant
obscene 1 bawdy, blue, coarse, dirty, disgusting, Fescennine (Rare), filthy, foul, gross, immodest, immoral, improper, impure, indecent, lewd, licentious, loose, offensive, pornographic, prurient, ribald, salacious, scabrous, shameless, smutty, suggestive, unchaste, unwholesome 2 (Fig.) atrocious, evil, heinous, loathsome, outrageous, shocking, sickening, vile, wicked
obscenity 1 bawdiness, blueness, coarseness, dirtiness, filthiness, foulness, grossness, immodesty, impurity, lewdness, licentiousness, pornography, prurience, salacity, smuttiness, suggestiveness, vileness 2 four-letter word, impropriety, indecency, indelicacy, profanity, smut, swearword, vulgarism 3 abomination, affront, atrocity, blight, evil, offence, outrage, vileness, wrong
obscure
◆ adj. 1 abstruse, ambiguous, arcane, concealed, confusing, cryptic, deep, Delphic, doubtful, enigmatic, esoteric, hazy, hidden, incomprehensible, indefinite, intricate, involved, mysterious, occult, opaque, recondite, unclear, vague 2 blurred, clouded, cloudy, dim, dusky, faint, gloomy, indistinct, murky, obfuscated, shadowy, shady, sombre, tenebrous, unlit, veiled 3 humble, inconspicuous, inglorious, little-known, lowly, minor, nameless, out-of-the-way, remote, undistinguished, unheard-of, unhonoured, unimportant, unknown, unnoted, unseen, unsung
◆ v. 4 conceal, cover, disguise, hide, muddy, obfuscate, screen, throw a veil over, veil 5 adumbrate, bedim, befog, block, block out, blur, cloak, cloud, darken, dim, dull, eclipse, mask, overshadow, shade, shroud
obscurity 1 abstruseness, ambiguity, complexity, impenetrableness, incomprehensibility, intricacy, reconditeness, vagueness 2 darkness, dimness, dusk, duskiness, gloom, haze, haziness, indistinctness, murkiness, shadowiness, shadows 3 inconspicuousness, ingloriousness, insignificance, lowliness, namelessness, nonrecognition, unimportance
observable apparent, appreciable, blatant, clear, detectable, discernible, evident, noticeable, obvious, open, patent, perceivable, perceptible, recognizable, visible
observance 1 adherence to, attention, carrying out, celebration, compliance, discharge, fulfilment, heeding, honouring, notice, observation, performance 2 ceremonial, ceremony, custom, fashion, form, formality, practice, rite, ritual, service, tradition
observant alert, attentive, eagle-eyed, heedful, mindful, obedient, perceptive, quick, sharp-eyed, submissive, vigilant, watchful, wide-awake
observation 1 attention, cognition, consideration, examination, experience, information, inspection, knowledge, monitoring, notice, review, scrutiny, study, surveillance, watching 2 annotation, comment, finding, note, obiter dictum, opinion, pronouncement, reflection, remark, thought, utterance
observe 1 detect, discern, discover, espy, note, notice, perceive, see, spot, witness 2 check, check out (Inf.), clock (Brit. sl.), contemplate, eyeball (U.S. sl.), get a load of (Inf.), keep an eye on (Inf.), keep under observation, look at, monitor, pay attention to, recce (Sl.), regard, scrutinize, study, survey, take a dekko at (Brit. sl.), view, watch 3 animadvert, comment, declare, mention, note, opine, remark, say, state 4 abide by, adhere to, comply, conform to, follow, fulfil, heed, honour, keep, mind, obey, perform, respect 5 celebrate, commemorate, keep, remember, solemnize
observer beholder, bystander, commentator, eyewitness, looker-on, onlooker, spectator, spotter, viewer, watcher, witness
obsess bedevil, be on one's mind, be uppermost in one's thoughts, consume, dominate, engross, grip, haunt, monopolize, plague, possess, preoccupy, prey on one's mind, rule, torment
obsession bee in one's bonnet (Inf.), complex, enthusiasm, fetish, fixation, hang-up (Inf.), idée fixe, infatuation, mania, phobia, preoccupation, ruling passion, thing (Inf.)
obsessive besetting, compulsive, consuming, fixed, gripping, haunting, tormenting, unforgettable
obsolescent ageing, declining, dying out, not with it (Inf.), on the decline, on the wane, on the way out, past its prime, waning
obsolete anachronistic, ancient, antediluvian, antiquated, antique, archaic, bygone, dated, démodé, discarded, disused, extinct, musty, old, old-fashioned, old hat, out, outmoded, out of date, out of fashion, out of the ark (Inf.), outworn, passé, superannuated, vieux jeu
obstacle bar, barrier, block, check, difficulty, hindrance, hitch, hurdle, impediment, interference, interruption, obstruction, snag, stumbling block
obstinacy doggedness, firmness, inflexibility, intransigence, mulishness, obduracy, perseverance, persistence, pertinacity, pig-headedness, resoluteness, stubbornness, tenacity, wilfulness
obstinate contumacious, determined, dogged, firm, headstrong, immovable, inflexible, intractable, intransigent, mulish, opinionated, persistent, pertinacious, perverse, pig-headed, recalcitrant, refractory, self-willed, steadfast, stiff-necked, strong-minded, stubborn, tenacious, unyielding, wilful
obstreperous boisterous, clamorous, disorderly, loud, noisy, out of control, out of hand, rackety, rambunctious (Inf.), rampaging, raucous, restive, riotous, rip-roaring (Inf.), roistering, roisterous, rough, rowdy, stroppy (Brit. sl.), tempestuous, tumultuous, turbulent, uncontrolled, undisciplined, unmanageable, unruly, uproarious, vociferous, wild
obstruct arrest, bar, barricade, block, bring to a standstill, bung, check, choke, clog, cumber, curb, cut off, frustrate, get in the way of, hamper, hamstring, hide, hinder, hold up, impede, inhibit, interfere with, interrupt, mask, obscure, prevent, restrict, retard, shield, shut off, slow down, stop, thwart, trammel
obstruction bar, barricade, barrier, block, blockage, check, difficulty, hindrance, impediment, obstacle, occlusion, snag, stop, stoppage, trammel
obstructive awkward, blocking, delaying, hindering, inhibiting, preventative, restrictive, stalling, uncooperative, unhelpful
obtain 1 achieve, acquire, attain, come by, earn, gain, get, get hold of, get one's hands on, procure, score (Sl.), secure 2 be in force, be prevalent, be the case, exist, hold, prevail, stand
obtainable achievable, at hand, attainable, available, on tap (Inf.), procurable, ready, realizable, to be had
obtrusive 1 forward, importunate, interfering, intrusive, meddling, nosy, officious, prying, pushy (Inf.) 2 blatant, noticeable, obvious, prominent, protruding, protuberant, sticking out
obvious apparent, blatant, clear, clear as a bell, conspicuous, distinct, evident, indisputable, manifest, much in evidence, noticeable, open, overt, palpable, patent, perceptible, plain, plain as the nose on your face (Inf.), pronounced, recognizable, right under one's nose (Inf.), self-evident, self-explanatory, staring one in the face (Inf.), sticking out a mile (Inf.), straightforward, transparent, unconcealed, undeniable, undisguised, unmistakable, unsubtle, visible
obviously certainly, clearly, distinctly, manifestly, of course, palpably, patently, plainly, undeniably, unmistakably, unquestionably, without doubt
occasion
◆ n. 1 chance, convenience, incident, moment, occurrence, opening, opportunity, time, window 2 affair, celebration, event, experience, happening, occurrence 3 call, cause, excuse, ground(s), inducement, influence, justification, motive, prompting, provocation, reason
◆ v. 4 bring about, cause, create, effect, elicit, engender, evoke, generate, give rise to, induce, influence, inspire, lead to, move, originate, persuade, produce, prompt, provoke
occasional casual, desultory, incidental, infrequent, intermittent, irregular, odd, rare, sporadic, uncommon
occasionally at intervals, at times, (every) now and then, every so often, from time to time, irregularly, now and again, off and on, on and off, once in a while, on occasion, periodically, sometimes
occupant addressee, denizen, holder, incumbent, indweller, inhabitant, inmate, lessee, occupier, resident, tenant, user
occupation 1 activity, business, calling, craft, employment, job, line (of work), post, profession, pursuit, trade, vocation, walk of life, work 2 control, holding, occupancy, possession, residence, tenancy, tenure, use 3 conquest, foreign rule, invasion, seizure, subjugation
occupied 1 busy, employed, engaged, hard at it (Inf.), tied up (Inf.), working 2 engaged, full, in use, taken, unavailable 3 full, inhabited, lived-in, peopled, settled, tenanted
occupy 1 Often passive absorb, amuse, busy, divert, employ, engage, engross, entertain, hold the attention of, immerse, interest, involve, keep busy or occupied, monopolize,

preoccupy, take up, tie up 2 be established in, be in residence in, dwell in, ensconce oneself in, establish oneself in, inhabit, live in, own, possess, reside in, stay in (Scot.), tenant 3 cover, fill, hold, permeate, pervade, take up, use, utilize 4 capture, garrison, hold, invade, keep, overrun, seize, take over, take possession of

occur 1 arise, befall, betide, chance, come about, come off (Inf.), come to pass (Archaic), crop up (Inf.), eventuate, happen, materialize, result, take place, turn up (Inf.) 2 appear, be found, be met with, be present, develop, exist, manifest itself, obtain, show itself 3 (With **to**) come to mind, come to one, cross one's mind, dawn on, enter one's head, spring to mind, strike one, suggest (offer, present) itself

occurrence 1 adventure, affair, circumstance, episode, event, happening, incident, instance, ce, proceeding, transaction 2 appearance, development, existence, manifestation, materialization

odd 1 abnormal, atypical, bizarre, curious, deviant, different, eccentric, exceptional, extraordinary, fantastic, freak, freakish, freaky (Sl.), funny, irregular, kinky (Inf.), oddball (Inf.), off-the-wall (Sl.), outlandish, out of the ordinary, outré, peculiar, quaint, queer, rare, remarkable, rum (Brit. sl.), singular, strange, uncanny, uncommon, unconventional, unusual, wacko (Sl.), weird, whimsical 2 casual, fragmentary, incidental, irregular, miscellaneous, occasional, periodic, random, seasonal, sundry, varied, various 3 leftover, lone, remaining, single, solitary, spare, surplus, unconsumed, uneven, unmatched, unpaired

oddity 1 abnormality, anomaly, eccentricity, freak, idiosyncrasy, irregularity, kink, peculiarity, phenomenon, quirk, rarity 2 card (Inf.), crank (Inf.), fish out of water, maverick, misfit, nut (Sl.), oddball (Inf.), odd bird (Inf.), odd fish (Brit. inf.), rara avis, screwball (Sl., chiefly U.S. & Canad.), wacko (Sl.), weirdo or weirdie (Inf.) 3 abnormality, bizarreness, eccentricity, extraordinariness, freakishness, incongruity, oddness, outlandishness, peculiarity, queerness, singularity, strangeness, unconventionality, unnaturalness

odds 1 advantage, allowance, edge, lead, superiority 2 balance, chances, likelihood, probability 3 (Brit.) difference, disparity, dissimilarity, distinction 4 **at odds** at daggers drawn, at loggerheads, at sixes and sevens, at variance, in conflict, in disagreement, in opposition to, not in keeping, on bad terms, out of line

odds and ends bits, bits and pieces, debris, leavings, litter, oddments, remnants, rubbish, scraps, sundry or miscellaneous items

odious abhorrent, abominable, detestable, disgusting, execrable, foul, hateful, horrible, horrid, loathsome, obnoxious, obscene, offensive, repellent, repugnant, repulsive, revolting, unpleasant, vile, yucky or yukky (Sl.)

odour 1 aroma, bouquet, essence, fragrance, niff (Brit. sl.), perfume, redolence, scent, smell, stench, stink 2 air, atmosphere, aura, emanation, flavour, quality, spirit

off

- **adj.** 1 absent, cancelled, finished, gone, inoperative, postponed, unavailable 2 bad, below par, disappointing, disheartening, displeasing, low-quality, mortifying, poor, quiet, slack, substandard, unrewarding, unsatisfactory 3 bad, decomposed, high, mouldy, rancid, rotten, sour, turned
- **adv.** 4 apart, aside, away, elsewhere, out

offbeat bizarre, Bohemian, eccentric, far-out (Sl.), freaky (Sl.), idiosyncratic, kinky (Inf.), novel, oddball (Inf.), off-the-wall (Sl.), outré, rum (Brit. sl.), strange, uncommon, unconventional, unorthodox, unusual, wacko (Sl.), way-out (Inf.), weird

off-colour ill, not up to par, off form, out of sorts, peaky, peely-wally (Scot.), poorly (Inf.), queasy, run down, sick, under par, under the weather (Inf.), unwell, washed out

offence 1 breach of conduct, crime, delinquency, fault, lapse, misdeed, misdemeanour, peccadillo, sin, transgression, trespass, wrong, wrongdoing 2 affront, displeasure, harm, hurt, indignity, injury, injustice, insult, outrage, put-down (Sl.), slight, snub 3 anger, annoyance, displeasure, hard feelings, huff, indignation, ire (Literary), needle (Inf.), pique, resentment, umbrage, wounded feelings, wrath 4 **take offence** be disgruntled, be offended, get riled, go into a huff, resent, take the huff, take the needle (Inf.), take umbrage

offend 1 aggravate (Inf.), affront, annoy, disgruntle, displease, fret, gall, give offence, hurt (someone's) feelings, insult, irritate, miff (Inf.), nark (Brit., Aust., & N.Z. sl.), outrage, pain, pique, piss one off (Taboo sl.), provoke, put down, put (someone's) back up, rile, slight, snub, tread on (someone's) toes (Inf.), upset, vex, wound 2 be disagreeable to, disgust, gross out (U.S. sl.), make (someone) sick, nauseate, repel, repulse, sicken, turn (someone) off (Inf.)

offender criminal, crook, culprit, delinquent, lawbreaker, malefactor, miscreant, sinner, transgressor, villain, wrongdoer

offensive

- **adj.** 1 abusive, annoying, detestable, discourteous, displeasing, disrespectful, embarrassing, impertinent, insolent, insulting, irritating, objectionable, rude, uncivil, unmannerly 2 abominable, detestable, disagreeable, disgusting, grisly, loathsome, nasty, nauseating, noisome, obnoxious, odious, repellent, revolting, sickening, unpalatable, unpleasant, unsavoury, vile, yucky or yukky (Sl.) 3 aggressive, attacking, invading
- **n.** 4 attack, drive, onslaught, push (Inf.) 5 **on the offensive** advancing, aggressive, attacking, invading, invasive, on the warpath (Inf.)

offer

- **v.** 1 bid, extend, give, hold out, proffer, put on the market, put under the hammer, put up for sale, tender 2 afford, furnish, make available, place at (someone's) disposal, present, provide, purvey, show 3 advance, extend, move, propose, put forth, put forward, submit, suggest 4 be at (someone's) service, come forward, offer one's services, volunteer
- **n.** 5 attempt, bid, endeavour, essay, overture, proposal, proposition, submission, suggestion, tender

offering contribution, donation, gift, hand-out, oblation (in religious contexts), present, sacrifice, subscription, widow's mite

offhand 1 adj. abrupt, aloof, brusque, careless, casual, cavalier, couldn't-care-less, curt, glib, informal, offhanded, perfunctory, take-it-or-leave-it (Inf.), unceremonious, unconcerned, uninterested 2 adv. ad lib, extempore, impromptu, just like that (Inf.), off the cuff (Inf.), off the top of one's head (Inf.), without preparation

office 1 appointment, business, capacity, charge, commission, duty, employment, function, obligation, occupation, place, post, responsibility, role, service, situation, station, trust, work 2 Plural advocacy, aegis, aid, auspices, backing, favour, help, intercession, intervention, mediation, patronage, recommendation, referral, support, word

officer agent, appointee, bureaucrat, dignitary, executive, functionary, office-holder, official, public servant, representative

official 1 adj. accredited, authentic, authoritative, authorized, bona fide, certified, endorsed, ex cathedra, ex officio, formal, legitimate, licensed, proper, sanctioned, straight from the horse's mouth (Inf.) 2 n. agent, bureaucrat, executive, functionary, office bearer, officer, representative

officiate chair, conduct, emcee (Inf.), manage, oversee, preside, serve, superintend

officious bustling, dictatorial, forward, impertinent, inquisitive, interfering, intrusive, meddlesome, meddling, mischievous, obtrusive, opinionated, overbusy, overzealous, pragmatical (Rare), pushy (Inf.), self-important

offing **in the offing** close at hand, coming up, hovering, imminent, in prospect, in the immediate future, in the wings, on the horizon, on the way, upcoming

off-load disburden, discharge, dump, get rid of, jettison, lighten, shift, take off, transfer, unburden, unload, unship

off-putting daunting, discomfiting, disconcerting, discouraging, dismaying, dispiriting, disturbing, formidable, frustrating, intimidating, unnerving, unsettling, upsetting

offset 1 v. balance out, cancel out, compensate for, counteract, counterbalance, counterpoise, countervail, make up for, neutralize 2 n. balance, compensation, counterbalance, counterweight, equipoise

offshoot adjunct, appendage, branch, by-product, development, limb, outgrowth, spin-off, sprout

offspring brood, child, children, descendant, descendants, family, fry, heir, heirs, issue, kids (Inf.), progeny, scion, seed (Chiefly biblical), spawn, successor, successors, young

often again and again, frequently, generally, many a time, much, oft (Archaic or poetic), oftentimes (Archaic), ofttimes (Archaic), over and over again, repeatedly, time after time, time and again

ogre bogey, bogeyman, bugbear, demon, devil, giant, monster, spectre

oil v. grease, lubricate

ointment balm, cerate, cream, embrocation, emollient, liniment, lotion, salve, unguent

OK, okay 1 adj. acceptable, accurate, adequate, all right, approved, convenient, correct, fair, fine, good, in order, middling, not bad (Inf.), passable, permitted, satisfactory, so-so (Inf.), tolerable 2 n. agreement, approbation, approval, assent, authorization, consent, endorsement, go-ahead (Inf.), green light, permission, sanction, say-so (Inf.), seal of approval 3 v. agree to, approve, authorize, consent to, endorse, entitle, give one's consent to, give the go-ahead (green light, thumbs up) to (Inf.), pass, rubber-stamp (Inf.), sanction, say yes to 4 interj. agreed, all right, right, roger, very good, very well, yes

old 1 advanced in years, aged, ancient, decrepit, elderly, full of years, getting on, grey, grey-haired, grizzled, hoary, mature, over the hill (Inf.), past one's prime, patriarchal, senescent, senile, venerable 2 antediluvian, antiquated, antique, cast-off, crumbling, dated, decayed, done, hackneyed, obsolete, oldfashioned, outdated, outmoded, out of date, passé, stale, superannuated, timeworn, unfashionable, unoriginal, worn-out 3 aboriginal, antique, archaic, bygone, early, immemorial, of old, of yore, olden (Archaic), original, primeval, primitive, primordial, pristine, remote 4 age-old, experienced, familiar, hardened, long-established, of long standing, practised, skilled, time-honoured, traditional, versed, veteran, vintage 5 earlier, erstwhile, ex-, former, one-time, previous, quondam

old age advancing years, age, agedness, Anno Domini (Inf.), autumn or evening of one's life, declining years, dotage, senescence, senility, Third Age

old-fashioned ancient, antiquated, archaic, behind the times, corny (Sl.), dated, dead, démodé, fusty, musty, not with it (Inf.), obsolescent, obsolete, oldfangled, (old-)fogyish, old hat, old-time, outdated, outmoded, out of date, out of style, out of the ark (Inf.), passé, past, square (Inf.), superannuated, unfashionable

old-time ancient, antique, bygone, former, old-fashioned, past, vintage

old-world archaic, ceremonious, chivalrous, courtly, gallant, old-fashioned, picturesque, quaint, traditional

omen augury, foreboding, foretoken, indication, portent, premonition, presage, prognostic, prognostication, sign, straw in the wind, warning, writing on the wall

ominous baleful, dark, fateful, forbidding, foreboding, inauspicious, menacing, minatory, portentous, premonitory, sinister, threatening, unpromising, unpropitious

omission default, exclusion, failure, forgetfulness, gap, lack, leaving out, neglect, noninclusion, oversight

omit disregard, drop, eliminate, exclude, fail, forget, give (something) a miss (Inf.), leave out, leave (something) undone, let (something) slide, miss (out), neglect, overlook, pass over, skip

omnipotence divine right, invincibility, mastery, sovereignty, supremacy, supreme power, undisputed sway

omnipotent all-powerful, almighty, supreme

once 1 at one time, formerly, in the old days, in the past, in times gone by, in times past, long ago, once upon a time, previously 2 **at once** a directly, forthwith, immediately, instantly, now, right away, straight away, straightway (Archaic), this (very) minute, without delay, without hesitation b at or in one go (Inf.), at the same time, simultaneously, together 3 **once and for all** conclusively, decisively, finally, for all time, for good, for the last time, permanently, positively, with finality 4 **once in a while** at intervals, at times, every now and then, from time to time, now and again, occasionally, once in a blue moon (Inf.), on occasion, sometimes

one-horse backwoods, inferior, minor, obscure, petty, quiet, sleepy, slow, small, small-time (Inf.), tinpot (Brit. inf.), unimportant

onerous backbreaking, burdensome, crushing, demanding, difficult, exacting, exhausting, exigent, formidable, grave, hard, heavy, laborious, oppressive, responsible, taxing, weighty

one-sided biased, coloured, discriminatory, inequitable, lopsided, partial, partisan, prejudiced, unequal, unfair, unjust

one-time erstwhile, ex-, former, late, previous, quondam, sometime

onlooker bystander, eyewitness, looker-on, observer, spectator, viewer, watcher, witness

only [1] adv. at most, barely, exclusively, just, merely, purely, simply [2] adj. exclusive, individual, lone, one and only, single, sole, solitary, unique

onomatopoeic echoic, imitative, onomatopoetic

onslaught assault, attack, blitz, charge, offensive, onrush, onset

onus burden, liability, load, obligation, responsibility, task

ooze [1] v. bleed, discharge, drain, dribble, drip, drop, emit, escape, exude, filter, leach, leak, overflow with, percolate, seep, strain, sweat, weep [2] n. alluvium, mire, muck, mud, silt, slime, sludge

opaque [1] clouded, cloudy, dim, dull, filmy, hazy, impenetrable, lustreless, muddied, muddy, murky, obfuscated, turbid [2] abstruse, baffling, cryptic, difficult, enigmatic, incomprehensible, obscure, unclear, unfathomable, unintelligible

open
- adj. [1] agape, ajar, expanded, extended, gaping, revealed, spread out, unbarred, unclosed, uncovered, unfastened, unfolded, unfurled, unlocked, unobstructed, unsealed, yawning [2] airy, bare, clear, exposed, extensive, free, navigable, not built-up, passable, rolling, spacious, sweeping, uncluttered, uncrowded, unenclosed, unfenced, unsheltered, wide, wide-open [3] accessible, available, free, general, nondiscriminatory, public, unconditional, unengaged, unoccupied, unqualified, unrestricted, vacant [4] apparent, avowed, barefaced, blatant, clear, conspicuous, downright, evident, flagrant, frank, manifest, noticeable, obvious, overt, plain, unconcealed, undisguised, visible [5] arguable, debatable, moot, undecided, unresolved, unsettled, up in the air, yet to be decided [6] disinterested, free, impartial, objective, receptive, unbiased, uncommitted, unprejudiced [7] (With **to**) an easy target for, at the mercy of, defenceless against, disposed, exposed, liable, susceptible, vulnerable [8] artless, candid, fair, frank, guileless, honest, ingenuous, innocent, natural, sincere, transparent, unreserved [9] filigree, fretted, holey, honeycombed, lacy, loose, openwork, porous, spongy [10] bounteous, bountiful, generous, liberal, munificent, prodigal [11] exposed, undefended, unfortified, unprotected
- v. [12] begin, begin business, commence, get or start the ball rolling, inaugurate, initiate, kick off (Inf.), launch, put up one's plate, set in motion, set up shop, start [13] clear, crack, throw wide, unbar, unblock, unclose, uncork, uncover, undo, unfasten, unlock, unseal, untie, unwrap [14] expand, spread (out), unfold, unfurl, unroll [15] come apart, crack, rupture, separate, split [16] disclose, divulge, exhibit, explain, lay bare, pour out, show, uncover

open-air alfresco, outdoor

open-handed bountiful, free, generous, lavish, liberal, munificent, prodigal, unstinting

opening
- n. [1] aperture, breach, break, chink, cleft, crack, fissure, gap, hole, interstice, orifice, perforation, rent, rupture, slot, space, split, vent [2] break (Inf.), chance, look-in (Inf.), occasion, opportunity, place, vacancy, window [3] beginning, birth, commencement, dawn, inauguration, inception, initiation, kickoff (Inf.), launch, launching, onset, opening move, outset, overture, start
- adj. [4] beginning, commencing, early, first, inaugural, initial, initiatory, introductory, maiden, primary

openly [1] candidly, face to face, forthrightly, frankly, overtly, plainly, straight from the shoulder (Inf.), unhesitatingly, unreservedly [2] blatantly, brazenly, flagrantly, in full view, in public, publicly, shamelessly, unabashedly, unashamedly, wantonly, without pretence

open-minded broad, broad-minded, catholic, dispassionate, enlightened, free, impartial, liberal, reasonable, receptive, tolerant, unbiased, undogmatic, unprejudiced

operate [1] act, be in action, function, go, perform, run, work [2] be in charge of, handle, manage, manoeuvre, use, work [3] perform surgery

operation [1] action, affair, course, exercise, motion, movement, performance, procedure, process, use, working [2] **in operation** effective, functioning, going, in action, in force, operative [3] activity, agency, effect, effort, force, influence, instrumentality, manipulation [4] affair, business, deal, enterprise, proceeding, transaction, undertaking [5] assault, campaign, exercise, manoeuvre [6] surgery

operational functional, going, in working order, operative, prepared, ready, usable, viable, workable, working

operative
- adj. [1] active, current, effective, efficient, functional, functioning, in force, in operation, operational, serviceable, standing, workable [2] crucial, important, indicative, influential, key, relevant, significant
- n. [3] artisan, employee, hand, labourer, machinist, mechanic, worker

operator [1] conductor, driver, handler, mechanic, operative, practitioner, skilled employee, technician, worker [2] administrator, contractor, dealer, director, manager, speculator, trader [3] (Inf.) Machiavellian, machinator, manipulator, mover, shyster (Sl., chiefly U.S.), smart aleck (Inf.), wheeler-dealer (Inf.), wire-puller, worker

opinion [1] assessment, belief, conception, conjecture, estimation, feeling, idea, impression, judg(e)ment, mind, notion, persuasion, point of view, sentiment, theory, view [2] **be of the opinion** be convinced, believe, be under the impression, conclude, consider, hold, judge, reckon, suppose, surmise, think [3] **matter of opinion** debatable point, matter of judgment, moot point, open question, open to debate, up to the individual

opinionated adamant, biased, bigoted, bullheaded, cocksure, dictatorial, doctrinaire, dogmatic, inflexible, obdurate, obstinate, overbearing, pig-headed, prejudiced, self-assertive, single-minded, stubborn, uncompromising

opponent adversary, antagonist, challenger, competitor, contestant, disputant, dissentient, enemy, foe, opposer, rival, the opposition

opportune advantageous, appropriate, apt, auspicious, convenient, favourable, felicitous, fit, fitting, fortunate, happy, lucky, proper, propitious, seasonable, suitable, timely, well-timed

opportunism expediency, exploitation, Machiavellianism, making hay while the sun shines (Inf.), pragmatism, realism, Realpolitik, striking while the iron is hot (Inf.), trimming, unscrupulousness

opportunity break (Inf.), chance, convenience, hour, look-in (Inf.), moment, occasion, opening, scope, time, window

oppose [1] bar, block, check, combat, confront, contradict, counter, counterattack, defy, face, fight, fly in the face of, hinder, obstruct, prevent, resist, speak against, stand up to, take a stand against, take issue with, take on, thwart, withstand [2] compare, contrast, counterbalance, match, pit or set against, play off

opposed against, antagonistic, anti (Inf.), antipathetic, antithetical, at daggers drawn, averse, clashing, conflicting, contra (Inf.), contrary, dissentient, hostile, incompatible, inimical, in opposition, opposing, opposite

opposing antagonistic, antipathetic, clashing, combatant, conflicting, contrary, enemy, hostile, incompatible, irreconcilable, opposed, opposite, rival, warring

opposite
- adj. [1] corresponding, facing, fronting [2] adverse, antagonistic, antithetical, conflicting, contradictory, contrary, contrasted, diametrically opposed, different, differing, diverse, hostile, inconsistent, inimical, irreconcilable, opposed, reverse, unlike
- n. [3] antithesis, contradiction, contrary, converse, inverse, reverse, the other extreme, the other side of the coin (Inf.)

opposition [1] antagonism, competition, contrariety, counteraction, disapproval, hostility, obstruction, obstructiveness, prevention, resistance, unfriendliness [2] antagonist, competition, foe, opponent, other side, rival

oppress [1] afflict, burden, depress, dispirit, harass, lie or weigh heavy upon, sadden, take the heart out of, torment, vex [2] abuse, crush, harry, maltreat, overpower, overwhelm, persecute, rule with an iron hand, subdue, subjugate, suppress, trample underfoot, tyrannize over, wrong

oppression abuse, brutality, calamity, cruelty, hardship, harshness, injury, injustice, iron hand, maltreatment, misery, persecution, severity, subjection, suffering, tyranny

oppressive [1] brutal, burdensome, cruel, despotic, grinding, harsh, heavy, inhuman, onerous, overbearing, overwhelming, repressive, severe, tyrannical, unjust [2] airless, close, heavy, muggy, overpowering, stifling, stuffy, suffocating, sultry, torrid

oppressor autocrat, bully, despot, harrier, intimidator, iron hand, persecutor, scourge, slave-driver, taskmaster, tormentor, tyrant

optimistic [1] disposed to take a favourable view, idealistic, seen through rose-coloured spectacles, Utopian [2] assured, bright, buoyant, buoyed up, cheerful, confident, encouraged, expectant, hopeful, positive, sanguine

optimum adj. A1 or A-one (Inf.), best, choicest, flawless, highest, ideal, most favourable or advantageous, optimal, peak, perfect, superlative

option alternative, choice, election, preference, selection

optional discretionary, elective, extra, noncompulsory, open, possible, up to the individual, voluntary

opulence [1] affluence, big bucks (Inf., chiefly U.S.), big money, easy circumstances, Easy Street (Inf.), fortune, lavishness, luxuriance, luxury, megabucks (U.S. & Canad. sl.), plenty, pretty penny (Inf.), prosperity, riches, richness, sumptuousness, tidy sum (Inf.), wad (U.S. & Canad. sl.), wealth [2] abundance, copiousness, cornucopia, fullness, profusion, richness, superabundance

opulent [1] affluent, lavish, luxurious, moneyed, prosperous, rich, sumptuous, wealthy, well-heeled (Inf.), well-off, well-to-do [2] abundant, copious, lavish, luxuriant, plentiful, profuse, prolific

oracle [1] augur, Cassandra, prophet, seer, sibyl, soothsayer [2] answer, augury, divination, divine utterance, prediction, prognostication, prophecy, revelation, vision [3] adviser, authority, guru, high priest, horse's mouth, mastermind, mentor, pundit, source, wizard

oral spoken, verbal, viva voce, vocal

oration address, declamation, discourse, harangue, homily, lecture, speech, spiel (Inf.)

orator Cicero, declaimer, lecturer, public speaker, rhetorician, speaker, spellbinder, spieler (Inf.)

oratorical bombastic, Ciceronian, declamatory, eloquent, grandiloquent, high-flown, magniloquent, rhetorical, silver-tongued, sonorous

oratory declamation, elocution, eloquence, grandiloquence, public speaking, rhetoric, speechifying, speech-making, spieling (Inf.)

orb ball, circle, globe, ring, round, sphere

orbit
- n. [1] circle, circumgyration, course, cycle, ellipse, path, revolution, rotation, track, trajectory [2] (Fig.) ambit, compass, course, domain, influence, range, reach, scope, sphere, sphere of influence, sweep
- v. [3] circle, circumnavigate, encircle, revolve around

orchestrate [1] arrange, score [2] arrange, concert, coordinate, integrate, organize, present, put together, set up, stage-manage

ordain [1] anoint, appoint, call, consecrate, destine, elect, frock, invest, nominate [2] fate, foreordain, intend, predestine, predetermine [3] decree, demand, dictate, enact, enjoin, establish, fix, lay down, legislate, order, prescribe, pronounce, rule, set, will

ordeal affliction, agony, anguish, hardship, nightmare, suffering, test, torture, trial, tribulation(s), trouble(s)

order
- n. [1] arrangement, harmony, method, neatness, orderliness, organization, pattern, plan, propriety, regularity, symmetry, system, tidiness [2] arrangement, array, categorization, classification, codification, disposal, disposition, grouping, layout, line, line-up, ordering,

placement, progression, sequence, series, setup (Inf.), structure, succession [3] **in order** [a] arranged, in sequence, neat, orderly, shipshape, tidy [b] acceptable, appropriate, called for, correct, fitting, OK or okay (Inf.), right, suitable [4] **out of order** [a] broken, broken-down, bust (Inf.), gone haywire (Inf.), gone phut (Inf.), in disrepair, inoperative, kaput (Inf.), nonfunctional, not working, on the blink (Sl.), on the fritz (U.S. sl.), out of commission, U/S (Inf.), wonky (Brit. sl.) [b] improper, indecorous, not cricket (Inf.), not done, not on (Inf.), out of place, out of turn, uncalled-for, wrong [5] calm, control, discipline, law, law and order, peace, quiet, tranquillity [6] caste, class, degree, grade, hierarchy, pecking order (Inf.), position, rank, status [7] breed, cast, class, family, genre, genus, ilk, kind, sort, species, subclass, taxonomic group, tribe, type [8] behest, canon, command, decree, dictate, direction, directive, injunction, instruction, law, mandate, ordinance, precept, regulation, rule, say-so (Inf.), stipulation [9] application, booking, commission, request, requisition, reservation [10] association, brotherhood, community, company, fraternity, guild, league, lodge, organization, sect, sisterhood, society, sodality, union

◆ v. [11] adjure, bid, charge, command, decree, demand, direct, enact, enjoin, instruct, ordain, prescribe, require [12] apply for, authorize, book, call for, contract for, engage, prescribe, request, reserve, send away for [13] adjust, align, arrange, catalogue, class, classify, conduct, control, dispose, group, lay out, manage, marshal, neaten, organize, put to rights, regulate, set in order, sort out, systematize, tabulate, tidy

orderly adj. [1] businesslike, in apple-pie order (Inf.), in order, methodical, neat, regular, scientific, shipshape, systematic, systematized, tidy, trim, well-organized, well-regulated [2] controlled, decorous, disciplined, law-abiding, nonviolent, peaceable, quiet, restrained, well-behaved

ordinarily as a rule, commonly, customarily, generally, habitually, in general, in the general run (of things), in the usual way, normally, usually

ordinary [1] accustomed, banal, common, customary, established, everyday, habitual, humdrum, mundane, normal, prevailing, quotidian, regular, routine, settled, standard, stock, typical, usual, wonted [2] common or garden (Inf.), conventional, familiar, homespun, household, humble, modest, plain, prosaic, run-of-the-mill, simple, unmemorable, unpretentious, unremarkable, workaday [3] average, commonplace, fair, indifferent, inferior, mean, mediocre, pedestrian, second-rate, stereotyped, undistinguished, unexceptional, uninspired, unremarkable [4] **out of the ordinary** atypical, distinguished, exceptional, exciting, extraordinary, high-calibre, imaginative, important, impressive, inspired, noteworthy, outstanding, rare, remarkable, significant, special, striking, superior, uncommon, unusual

organ [1] device, implement, instrument, tool [2] element, member, part, process, structure, unit [3] agency, channel, forum, journal, means, medium, mouthpiece, newspaper, paper, periodical, publication, vehicle, voice

organism animal, being, body, creature, entity, living thing, structure

organization [1] assembling, assembly, construction, coordination, direction, disposal, formation, forming, formulation, making, management, methodology, organizing, planning, regulation, running, standardization, structuring [2] arrangement, chemistry, composition, configuration, conformation, constitution, design, format, framework, grouping, make-up, method, organism, pattern, plan, structure, system, unity, whole [3] association, body, combine, company, concern, confederation, consortium, corporation, federation, group, institution, league, outfit (Inf.), syndicate

organize arrange, be responsible for, catalogue, classify, codify, constitute, construct, coordinate, dispose, establish, form, frame, get going, get together, group, lay the foundations of, lick into shape, look after, marshal, pigeonhole, put in order, put together, run, see to (Inf.), set up, shape, straighten out, systematize, tabulate, take care of

orgy [1] bacchanal, bacchanalia, carousal, carouse, debauch, revel, revelry, Saturnalia [2] binge (Inf.), bout, excess, indulgence, overindulgence, splurge, spree, surfeit

orientation [1] bearings, coordination, direction, location, position, sense of direction [2] acclimatization, adaptation, adjustment, assimilation, breaking in, familiarization, introduction, settling in

orifice aperture, cleft, hole, mouth, opening, perforation, pore, rent, vent

origin [1] base, basis, cause, derivation, fons et origo, font (Poetic), fount, fountain, fountainhead, occasion, provenance, root, roots, source, spring, wellspring [2] beginning, birth, commencement, creation, dawning, early stages, emergence, foundation, genesis, inauguration, inception, launch, origination, outset, start [3] ancestry, beginnings, birth, descent, extraction, family, heritage, lineage, parentage, pedigree, stirps, stock

original

◆ adj. [1] aboriginal, autochthonous, commencing, earliest, early, embryonic, first, infant, initial, introductory, opening, primary, primitive, primordial, pristine, rudimentary, starting [2] creative, fertile, fresh, ground-breaking, imaginative, ingenious, innovative, innovatory, inventive, new, novel, resourceful, seminal, unconventional, unprecedented, untried, unusual [3] archetypal, authentic, first, first-hand, genuine, master, primary, prototypical

◆ n. [4] archetype, master, model, paradigm, pattern, precedent, prototype, standard, type [5] anomaly, card (Inf.), case (Inf.), character, eccentric, nonconformist, nut (Sl.), oddball (Inf.), oddity, queer fish (Brit. inf.), wacko (Sl.), weirdo or weirdie (Inf.)

originality boldness, break with tradition, cleverness, creativeness, creative spirit, creativity, daring, freshness, imagination, imaginativeness, individuality, ingenuity, innovation, innovativeness, inventiveness, new ideas, newness, novelty, resourcefulness, unconventionality, unorthodoxy

originally at first, at the outset, at the start, by origin (birth, derivation), first, initially, in the beginning, in the first place, to begin with

originate [1] arise, be born, begin, come, derive, emanate, emerge, flow, issue, proceed, result, rise, spring, start, stem [2] bring about, conceive, create, develop, discover, evolve, form, formulate, generate, give birth to, inaugurate, initiate, institute, introduce, invent, launch, pioneer, produce, set in motion, set up

originator architect, author, creator, father, founder, generator, innovator, inventor, maker, mother, pioneer, prime mover

ornament

◆ n. [1] accessory, adornment, bauble, decoration, embellishment, festoon, frill, furbelow, garnish, gewgaw, knick-knack, trimming, trinket [2] flower, honour, jewel, leading light, pride, treasure

◆ v. [3] adorn, beautify, bedizen (Archaic), brighten, deck, decorate, dress up, embellish, festoon, garnish, gild, grace, prettify, prink, trim

ornamental attractive, beautifying, decorative, embellishing, for show, showy

ornamentation adornment, decoration, elaboration, embellishment, embroidery, frills, ornateness

ornate aureate, baroque, beautiful, bedecked, busy, convoluted, decorated, elaborate, elegant, fancy, florid, flowery, fussy, high-wrought, ornamented, overelaborate, rococo

orthodox accepted, approved, conformist, conventional, correct, customary, doctrinal, established, kosher (Inf.), official, received, sound, traditional, true, well-established

orthodoxy authenticity, authoritativeness, authority, conformism, conformity, conventionality, devotion, devoutness, faithfulness, inflexibility, received wisdom, soundness, traditionalism

oscillate fluctuate, seesaw, sway, swing, vacillate, vary, vibrate, waver

oscillation fluctuation, instability, seesawing, swing, vacillation, variation, wavering

ossify fossilize, freeze, harden, indurate (Rare), petrify, solidify, stiffen

ostensible alleged, apparent, avowed, exhibited, manifest, outward, plausible, pretended, professed, purported, seeming, so-called, specious, superficial, supposed

ostensibly apparently, for the ostensible purpose of, on the face of it, on the surface, professedly, seemingly, supposedly, to all intents and purposes

ostentation affectation, boasting, display, exhibitionism, flamboyance, flashiness, flaunting, flourish, pageantry, parade, pomp, pretension, pretentiousness, show, showiness, showing off (Inf.), swank (Inf.), vaunting, window-dressing

ostentatious boastful, brash, conspicuous, crass, dashing, extravagant, flamboyant, flash (Inf.), flashy, flaunted, gaudy, loud, obtrusive, pompous, pretentious, showy, swanky (Inf.), vain, vulgar

ostracize avoid, banish, blackball, blacklist, boycott, cast out, cold-shoulder, exclude, excommunicate, exile, expatriate, expel, give (someone) the cold shoulder, reject, send to Coventry, shun, snub

other adj. [1] added, additional, alternative, auxiliary, extra, further, more, spare, supplementary [2] contrasting, different, dissimilar, distinct, diverse, remaining, separate, unrelated, variant

otherwise adv. [1] if not, or else, or then [2] any other way, contrarily, differently

ounce atom, crumb, drop, grain, iota, particle, scrap, shred, speck, trace, whit

out adj. [1] impossible, not allowed, not on (Inf.), ruled out, unacceptable [2] abroad, absent, away, elsewhere, gone, not at home, outside [3] antiquated, behind the times, dated, dead, démodé, old-fashioned, old hat, passé, square (Inf.), unfashionable [4] at an end, cold, dead, doused, ended, exhausted, expired, extinguished, finished, used up

out-and-out absolute, arrant, complete, consummate, deep-dyed (Usu. derogatory), downright, dyed-in-the-wool, outright, perfect, thoroughgoing, total, unmitigated, unqualified, utter

outbreak burst, epidemic, eruption, explosion, flare-up, flash, outburst, rash, spasm, upsurge

outburst access, attack, discharge, eruption, explosion, fit of temper, flare-up, gush, outbreak, outpouring, paroxysm, spasm, storm, surge

outcast n. castaway, derelict, displaced person, exile, leper, pariah, persona non grata, refugee, reprobate, untouchable, vagabond, wretch

outclass be a cut above (Inf.), beat, eclipse, exceed, excel, leave or put in the shade, leave standing (Inf.), outdistance, outdo, outrank, outshine, outstrip, overshadow, run rings around (Inf.), surpass

outcome aftereffect, aftermath, conclusion, consequence, end, end result, issue, payoff (Inf.), result, sequel, upshot

outcry clamour, commotion, complaint, cry, exclamation, howl, hue and cry, hullaballoo, noise, outburst, protest, scream, screech, uproar, yell

outdated antiquated, antique, archaic, behind the times, démodé, obsolete, old-fashioned, outmoded, out of date, out of style, passé, unfashionable

outdistance leave behind, leave standing (Inf.), lose, outrun, outstrip, shake off

outdo beat, be one up on, best, eclipse, exceed, excel, get the better of, go one better than (Inf.), outclass, outdistance, outfox, outjockey, outmanoeuvre, outshine, outsmart (Inf.), overcome, run rings around (Inf.), surpass, top, transcend

outdoor alfresco, open-air, out-of-door(s), outside

outer exposed, exterior, external, outlying, outside, outward, peripheral, remote, superficial, surface

outfit

◆ n. [1] accoutrements, clothes, costume, ensemble, garb, gear (Inf.), get-up (Inf.), kit, rigout (Inf.), suit, togs (Inf.), trappings [2] (Inf.) clique, company, corps, coterie, crew, firm, galère, group, organization, set, setup (Inf.), squad, team, unit

◆ v. [3] accoutre, appoint, equip, fit out, furnish, kit out, provision, stock, supply, turn out

outfitter clothier, costumier, couturier, dressmaker, haberdasher (U.S.), modiste, tailor

outflow discharge, drainage, ebb, effluence, efflux, effusion, emanation, emergence, gush, issue, jet, outfall, outpouring, rush, spout

outgoing [1] departing, ex-, former, last, leaving, past, retiring, withdrawing [2] approachable,

outgoings communicative, cordial, demonstrative, easy, expansive, extrovert, friendly, genial, gregarious, informal, open, sociable, sympathetic, unreserved, warm

outgoings costs, expenditure, expenses, outlay, overheads

outing excursion, expedition, jaunt, pleasure trip, spin (Inf.), trip

outlandish alien, barbarous, bizarre, eccentric, exotic, fantastic, far-out (Sl.), foreign, freakish, grotesque, outré, preposterous, queer, strange, unheard-of, weird

outlaw 1 n. bandit, brigand, desperado, fugitive, highwayman, marauder, outcast, pariah, robber 2 v. ban, banish, bar, condemn, disallow, embargo, exclude, forbid, interdict, make illegal, prohibit, proscribe, put a price on (someone's) head

outlay n. cost, disbursement, expenditure, expenses, investment, outgoings, spending

outlet 1 avenue, channel, duct, egress, exit, means of expression, opening, orifice, release, safety valve, vent, way out 2 market, shop, store

outline
- n. 1 draft, drawing, frame, framework, layout, lineament(s), plan, rough, skeleton, sketch, tracing 2 bare facts, main features, recapitulation, résumé, rough idea, rundown, summary, synopsis, thumbnail sketch 3 configuration, contour, delineation, figure, form, profile, shape, silhouette
- v. 4 adumbrate, delineate, draft, plan, rough out, sketch (in), summarize, trace

outlive come through, endure beyond, live through, outlast, survive

outlook 1 angle, attitude, frame of mind, perspective, point of view, slant, standpoint, viewpoint, views 2 expectations, forecast, future, prospect 3 aspect, panorama, prospect, scene, view, vista

outlying backwoods, distant, far-flung, in the middle of nowhere, outer, out-of-the-way, peripheral, provincial, remote

outmoded anachronistic, antediluvian, antiquated, antique, archaic, behind the times, bygone, dated, démodé, fossilized, obsolescent, obsolete, olden (Archaic), oldfangled, old-fashioned, old-time, out, out of date, out of style, outworn, passé, square (Inf.), superannuated, superseded, unfashionable, unusable

out-of-date antiquated, archaic, dated, discarded, elapsed, expired, extinct, invalid, lapsed, obsolete, old-fashioned, outmoded, outworn, passé, stale, superannuated, superseded, unfashionable

out-of-the-way 1 distant, far-flung, inaccessible, isolated, lonely, obscure, off the beaten track, outlying, remote, secluded, unfrequented 2 abnormal, curious, exceptional, extraordinary, odd, outlandish, out of the ordinary, peculiar, strange, uncommon, unusual

outpourings cascade, debouchment, deluge, effluence, efflux, effusion, emanation, flow, flux, issue, outflow, spate, spurt, stream, torrent

output achievement, manufacture, outturn (Rare), product, production, productivity, yield

outrage
- n. 1 atrocity, barbarism, enormity, evil, inhumanity 2 abuse, affront, desecration, indignity, injury, insult, offence, profanation, rape, ravishing, shock, violation, violence 3 anger, fury, hurt, indignation, resentment, shock, wrath
- v. 4 affront, incense, infuriate, madden, make one's blood boil, offend, scandalize, shock 5 abuse, defile, desecrate, injure, insult, maltreat, rape, ravage, ravish, violate

outrageous 1 abominable, atrocious, barbaric, beastly, egregious, flagrant, heinous, horrible, infamous, inhuman, iniquitous, nefarious, scandalous, shocking, unspeakable, villainous, violent, wicked 2 disgraceful, excessive, exorbitant, extravagant, immoderate, offensive, OTT (Sl.), over the top (Sl.), preposterous, scandalous, shocking, steep (Inf.), unreasonable

outright
- adj. 1 absolute, arrant, complete, consummate, dyed-in-the-wool (Usu. derogatory), downright, out-and-out, perfect, pure, thorough, thoroughgoing, total, unconditional, undeniable, unmitigated, unqualified, utter, wholesale

2 definite, direct, flat, straightforward, unequivocal, unqualified
- adv. 3 absolutely, completely, explicitly, openly, overtly, straightforwardly, thoroughly, to the full, without hesitation, without restraint 4 at once, cleanly, immediately, instantaneously, instantly, on the spot, straight away, there and then, without more ado

outset beginning, commencement, early days, inauguration, inception, kickoff (Inf.), onset, opening, start, starting point

outshine be head and shoulders above, be superior to, eclipse, leave or put in the shade, outclass, outdo, outstrip, overshadow, surpass, top, transcend, upstage

outside
- adj. 1 exterior, external, extramural, extraneous, extreme, out, outdoor, outer, outermost, outward, surface 2 distant, faint, marginal, negligible, remote, slight, slim, small, unlikely
- n. 3 exterior, façade, face, front, skin, surface, topside

outsider alien, foreigner, incomer, interloper, intruder, newcomer, nonmember, odd man out, outlander, stranger

outskirts borders, boundary, edge, environs, faubourgs, periphery, purlieus, suburbia, suburbs, vicinity

outspoken abrupt, blunt, candid, direct, downright, explicit, forthright, frank, free, freespoken, open, plain-spoken, round, unceremonious, undissembling, unequivocal, unreserved

outstanding 1 celebrated, distinguished, eminent, excellent, exceptional, great, important, impressive, meritorious, pre-eminent, special, superior, superlative, well-known 2 arresting, conspicuous, eye-catching, marked, memorable, notable, noteworthy, prominent, salient, signal, striking 3 due, ongoing, open, owing, payable, pending, remaining, uncollected, unpaid, unresolved, unsettled

outward adj. apparent, evident, exterior, external, noticeable, observable, obvious, ostensible, outer, outside, perceptible, superficial, surface, visible

outwardly apparently, as far as one can see, externally, officially, on the face of it, on the surface, ostensibly, professedly, seemingly, superficially, to all appearances, to all intents and purposes, to the eye

outweigh cancel (out), compensate for, eclipse, make up for, outbalance, overcome, override, predominate, preponderate, prevail over, take precedence over, tip the scales

outwit cheat, circumvent, deceive, defraud, dupe, get the better of, gull (Archaic), make a fool or monkey of, outfox, outjockey, outmanoeuvre, outsmart (Inf.), outthink, put one over on (Inf.), run rings round (Inf.), swindle, take in (Inf.)

outworn abandoned, antiquated, behind the times, defunct, discredited, disused, exhausted, hackneyed, obsolete, outdated, outmoded, out of date, overused, rejected, stale, superannuated, threadbare, tired, worn-out

oval adj. egg-shaped, ellipsoidal, elliptical, ovate, oviform, ovoid

ovation acclaim, acclamation, applause, cheering, cheers, clapping, laudation, plaudits, tribute

over
- adj. 1 accomplished, ancient history (Inf.), at an end, by, bygone, closed, completed, concluded, done (with), ended, finished, gone, past, settled, up (Inf.)
- adj./adv. 2 beyond, extra, in addition, in excess, left over, remaining, superfluous, surplus, unused
- prep. 3 above, on, on top of, superior to, upon 4 above, exceeding, in excess of, more than
- adv. 5 above, aloft, on high, overhead 6 over and above added to, as well as, besides, in addition to, let alone, not to mention, on top of, plus 7 over and over (again) ad nauseam, again and again, frequently, often, repeatedly, time and again

overact exaggerate, ham or ham up (Inf.), overdo, overplay

overall 1 adj. all-embracing, blanket, complete, comprehensive, general, global, inclusive, long-range, long-term, total, umbrella 2 adv. generally speaking, in general, in (the) large, in the long term, on the whole

overawe abash, alarm, browbeat, cow, daunt, frighten, intimidate, scare, terrify

overbalance capsize, keel over, lose one's balance, lose one's footing, overset, overturn, slip, take a tumble, tip over, topple over, tumble, turn turtle, upset

overbearing arrogant, autocratic, bossy (Inf.), cavalier, despotic, dictatorial, dogmatic, domineering, haughty, high-handed, imperious, lordly, magisterial, officious, oppressive, overweening, peremptory, supercilious, superior, tyrannical

overcast clouded, clouded over, cloudy, darkened, dismal, dreary, dull, grey, hazy, leaden, louring or lowering, murky, sombre, sunless, threatening

overcharge 1 cheat, clip (Sl.), diddle (Inf.), do (Sl.), fleece, rip off (Sl.), rook (Sl.), short-change, skin (Sl.), sting (Inf.), surcharge 2 burden, oppress, overburden, overload, overtask, overtax, strain, surfeit 3 (Literary) embellish, embroider, exaggerate, hyperbolize, lay it on thick (Inf.), overstate

overcome 1 v. beat, best, be victorious, blow out of the water (Sl.), clobber (Sl.), come out on top (Inf.), conquer, crush, defeat, get the better of, lick (Inf.), master, overpower, overthrow, overwhelm, prevail, render incapable (helpless, powerless), rise above, subdue, subjugate, surmount, survive, tank (Sl.), triumph over, undo, vanquish, weather, wipe the floor with (Inf.), worst 2 adj. affected, at a loss for words, bowled over (Inf.), overwhelmed, speechless, swept off one's feet, unable to continue, visibly moved

overconfident brash, cocksure, foolhardy, hubristic, overweening, presumptuous, riding for a fall (Inf.), uppish (Brit. inf.)

overcritical captious, carping, cavilling, faultfinding, hairsplitting, hard to please, hypercritical, nit-picking (Inf.), overparticular, pedantic, pernickety (Inf.), picky (Inf.)

overcrowded choked, congested, crammed full, hoatching (Scot.), jam-packed, like the Black Hole of Calcutta, overloaded, overpopulated, packed (out), swarming

overdo 1 be intemperate, belabour, carry too far, do to death (Inf.), exaggerate, gild the lily, go overboard (Inf.), go to extremes, lay it on thick (Inf.), not know when to stop, overindulge, overplay, overreach, overstate, overuse, overwork, run riot 2 **overdo it** bite off more than one can chew, burn the candle at both ends (Inf.), drive oneself, fatigue, go too far, have too many irons in the fire, overburden, overload, overtax one's strength, overtire, overwork, strain or overstrain oneself, wear oneself out

overdone 1 beyond all bounds, exaggerated, excessive, fulsome, hyped, immoderate, inordinate, overelaborate, preposterous, too much, undue, unnecessary 2 burnt, burnt to a cinder, charred, dried up, overcooked, spoiled

overdue behindhand, behind schedule, behind time, belated, late, long delayed, not before time (Inf.), owing, tardy, unpunctual

overeat binge (Inf.), eat like a horse (Inf.), gorge, gormandize, guzzle, make a pig of oneself (Inf.), overindulge, pack away (Sl.), pig away (Sl.), pig out (Sl.), stuff, stuff oneself

overemphasize belabour, blow up out of all proportion, lay too much stress on, make a big thing of (Inf.), make a federal case of (U.S. inf.), make a mountain out of a molehill (Inf.), make a production (out) of (Inf.), make something out of nothing, make too much of, overdramatize, overstress

overflow
- v. 1 bubble (brim, fall, pour, run, slop, well) over, discharge, pour out, run with, shower, spill, spray, surge 2 cover, deluge, drown, flood, inundate, soak, submerge, swamp
- n. 3 discharge, flash flood, flood, flooding, inundation, overabundance, spill, spilling over, surplus

overhang v. beetle, bulge, cast a shadow, extend, impend, jut, loom, project, protrude, stick out, threaten

overhaul
- v. 1 check, do up (Inf.), examine, inspect, recondition, re-examine, repair, restore, service, survey
- n. 2 check, checkup, examination, going-over (Inf.), inspection, reconditioning, service
- v. 3 catch up with, draw level with, get ahead of, overtake, pass

overhead 1 adv. above, aloft, atop, in the sky, on high, skyward, up above, upward 2 adj. aerial, overhanging, roof, upper

overheads burden, oncosts, operating cost(s), running cost(s)

overheated agitated, fiery, flaming, impassioned, inflamed, overexcited, roused

overindulge be immoderate or intemperate, drink or eat too much, have a binge (Inf.), live it up (Inf.), make a pig of oneself (Inf.), overdo it, pig out (Sl.)

overindulgence excess, immoderation, intemperance, overeating, surfeit

overjoyed cock-a-hoop, delighted, deliriously happy, elated, euphoric, happy as a lark, in raptures, joyful, jubilant, on cloud nine (Inf.), only too happy, over the moon (Inf.), rapt, rapturous, thrilled, tickled pink (Inf.), transported

overlay [1] v. adorn, blanket, cover, inlay, laminate, ornament, overspread, superimpose, veneer [2] n. adornment, appliqué, covering, decoration, ornamentation, veneer

overload burden, encumber, oppress, overburden, overcharge, overtax, saddle (with), strain, weigh down

overlook [1] disregard, fail to notice, forget, ignore, leave out of consideration, leave undone, miss, neglect, omit, pass, slight, slip up on [2] blink at, condone, disregard, excuse, forgive, let bygones be bygones, let one off with, let pass, let ride, make allowances for, pardon, turn a blind eye to, wink at [3] afford a view of, command a view of, front on to, give upon, have a view of, look over or out on

overly exceedingly, excessively, immoderately, inordinately, over, too, unduly, very much

overpower beat, clobber (Sl.), conquer, crush, defeat, get the upper hand over, immobilize, knock out, lick (Inf.), master, overcome, overthrow, overwhelm, quell, subdue, subjugate, vanquish

overpowering compelling, extreme, forceful, invincible, irrefutable, irresistible, nauseating, overwhelming, powerful, sickening, strong, suffocating, telling, unbearable, uncontrollable

overrate assess too highly, exaggerate, make too much of, overestimate, overpraise, overprize, oversell, overvalue, rate too highly, think or expect too much of, think too highly of

override annul, cancel, countermand, discount, disregard, ignore, nullify, outweigh, overrule, quash, reverse, ride roughshod over, set aside, supersede, take no account of, trample underfoot, upset, vanquish

overriding cardinal, compelling, determining, dominant, final, major, number one, overruling, paramount, pivotal, predominant, prevailing, primary, prime, ruling, supreme, ultimate

overrule [1] alter, annul, cancel, countermand, disallow, invalidate, make null and void, outvote, override, overturn, recall, repeal, rescind, reverse, revoke, rule against, set aside, veto [2] bend to one's will, control, direct, dominate, govern, influence, prevail over, sway

overrun [1] cut to pieces, invade, massacre, occupy, overwhelm, put to flight, rout, swamp [2] choke, infest, inundate, overflow, overgrow, permeate, ravage, spread like wildfire, spread over, surge over, swarm over [3] exceed, go beyond, overshoot, run over or on

overseer boss (Inf.), chief, foreman, gaffer (Inf., chiefly Brit.), manager, master, super (Inf.), superintendent, superior, supervisor

overshadow [1] dominate, dwarf, eclipse, excel, leave or put in the shade, outshine, outweigh, render insignificant by comparison, rise above, steal the limelight from, surpass, take precedence over, throw into the shade, tower above [2] adumbrate, becloud, bedim, cloud, darken, dim, obfuscate, obscure, veil [3] blight, cast a gloom upon, mar, ruin, spoil, take the edge off, take the pleasure or enjoyment out of, temper

oversight [1] blunder, carelessness, delinquency, error, fault, inattention, lapse, laxity, mistake, neglect, omission, slip [2] administration, care, charge, control, custody, direction, handling, inspection, keeping, management, superintendence, supervision, surveillance

overt apparent, blatant, manifest, observable, obvious, open, patent, plain, public, unconcealed, undisguised, visible

overtake [1] catch up with, do better than, draw level with, get past, leave behind, outdistance, outdo, outstrip, overhaul, pass [2] befall, catch unprepared, come upon, engulf, happen, hit, overwhelm, strike, take by surprise

overthrow
- v. [1] abolish, beat, bring down, conquer, crush, defeat, depose, dethrone, do away with, master, oust, overcome, overpower, overwhelm, subdue, subjugate, topple, unseat, vanquish [2] bring to ruin, demolish, destroy, knock down, level, overturn, put an end to, raze, ruin, subvert, upend, upset
- n. [3] defeat, deposition, destruction, dethronement, discomfiture, disestablishment, displacement, dispossession, downfall, end, fall, ousting, prostration, rout, ruin, subjugation, subversion, suppression, undoing, unseating

overtone association, connotation, flavour, hint, implication, innuendo, intimation, nuance, sense, suggestion, undercurrent

overture [1] Often plural advance, approach, conciliatory move, invitation, offer, opening move, proposal, proposition, signal, tender [2] (Music) introduction, opening, prelude

overturn [1] capsize, keel over, knock over or down, overbalance, reverse, spill, tip over, topple, tumble, upend, upset, upturn [2] abolish, annul, bring down, countermand, depose, destroy, invalidate, obviate, overthrow, repeal, rescind, reverse, set aside, unseat

overweening [1] arrogant, cavalier, cocksure, cocky, conceited, egotistical, haughty, high and mighty (Inf.), high-handed, insolent, lordly, opinionated, pompous, presumptuous, proud, self-confident, supercilious, uppish (Brit. inf.), vain, vainglorious [2] blown up out of all proportion, excessive, extravagant, immoderate

overweight adj. ample, bulky, buxom, chubby, chunky, corpulent, fat, fleshy, gross, heavy, hefty, huge, massive, obese, on the plump side, outsize, plump, podgy, portly, stout, tubby (Inf.), well-padded (Inf.), well-upholstered (Inf.)

overwhelm [1] bury, crush, deluge, engulf, flood, inundate, snow under, submerge, swamp [2] bowl over (Inf.), confuse, devastate, knock (someone) for six (Inf.), overcome, overpower, prostrate, render speechless, stagger [3] crush, cut to pieces, destroy, massacre, overpower, overrun, rout

overwhelming breathtaking, crushing, devastating, invincible, irresistible, overpowering, shattering, stunning, towering, uncontrollable, vast, vastly superior

overwork be a slave-driver or hard taskmaster to, burden, burn the midnight oil, drive into the ground, exhaust, exploit, fatigue, oppress, overstrain, overtax, overuse, prostrate, strain, sweat (Inf.), wear out, weary, work one's fingers to the bone

overwrought [1] agitated, beside oneself, distracted, excited, frantic, in a state (tizzy (Inf.), twitter (Inf.)) (Inf.), keyed up, on edge, overexcited, overworked, stirred, strung up (Inf.), tense, uptight (Inf.), wired (Sl.), worked up (Inf.), wound up (Inf.) [2] baroque, busy, contrived, florid, flowery, fussy, overdone, overelaborate, overembellished, overornate, rococo

owe be beholden to, be in arrears, be in debt, be obligated or indebted, be under an obligation to

owing adj. due, outstanding, overdue, owed, payable, unpaid, unsettled

owing to prep. as a result of, because of, on account of

own
- adj. [1] individual, particular, personal, private [2] **on one's own** alone, by oneself, by one's own efforts, independently, isolated, left to one's own devices, off one's own bat, on one's tod (Brit. sl.), singly, (standing) on one's own two feet, unaided, unassisted [3] **hold one's own** compete, keep going, keep one's end up, keep one's head above water, maintain one's position
- v. [4] be in possession of, be responsible for, enjoy, have, hold, keep, possess, retain [5] **own up (to)** admit, come clean (about) (Inf.), confess, make a clean breast of, tell the truth (about) [6] acknowledge, admit, allow, allow to be valid, avow, concede, confess, disclose, go along with, grant, recognize

owner holder, landlord, lord, master, mistress, possessor, proprietor, proprietress, proprietrix

ownership dominion, possession, proprietary rights, proprietorship, right of possession, title

P

pace
- n. [1] gait, measure, step, stride, tread, walk [2] clip (Inf.), lick (Inf.), momentum, motion, movement, progress, rate, speed, tempo, time, velocity
- v. [3] march, patrol, pound, stride, walk back and forth, walk up and down [4] count, determine, mark out, measure, step

pacific [1] appeasing, conciliatory, diplomatic, irenic, pacificatory, peacemaking, placatory, propitiatory [2] dovelike, dovish, friendly, gentle, mild, nonbelligerent, nonviolent, pacifist, peaceable, peace-loving [3] at peace, calm, halcyon, peaceful, placid, quiet, serene, smooth, still, tranquil, unruffled

pacifist conchie (Inf.), conscientious objector, dove, passive resister, peace lover, peacemonger, peacenik (Inf.), satyagrahi

pack
- n. [1] back pack, bale, bundle, burden, fardel (Archaic), kit, kitbag, knapsack, load, package, packet, parcel, rucksack, truss [2] assemblage, band, bunch, collection, company, crew, crowd, deck, drove, flock, gang, group, herd, lot, mob, set, troop
- v. [3] batch, bundle, burden, load, package, packet, store, stow [4] charge, compact, compress, cram, crowd, fill, jam, mob, press, ram, stuff, tamp, throng, wedge [5] (With **off**) bundle out, dismiss, hustle out, send someone about his business, send away, send packing (Inf.)

package
- n. [1] box, carton, container, packet, parcel [2] amalgamation, combination, entity, unit, whole
- v. [3] batch, box, pack, packet, parcel (up), wrap, wrap up

packed brimful, chock-a-block, chock-full, congested, cram-full, crammed, crowded, filled, full, hoatching (Scot.), jammed, jam-packed, loaded or full to the gunwales, overflowing, overloaded, packed like sardines, seething, swarming

packet [1] bag, carton, container, package, parcel, poke (Dialect), wrapper, wrapping [2] (Sl.) a bob or two (Brit. inf.), big bucks (Inf., chiefly U.S.), big money, bomb (Brit. sl.), bundle (Sl.), fortune, king's ransom (Inf.), lot(s), megabucks (U.S. & Canad. sl.), mint, pile (Inf.), pot(s) (Inf.), pretty penny (Inf.), tidy sum (Inf.), wad (U.S. & Canad. sl.)

pack in [1] attract, cram, draw, fill to capacity, squeeze in [2] (Brit. inf.) cease, chuck (Inf.), desist, give up or over, jack in, kick (Inf.), leave off, stop

pack up [1] put away, store, tidy up [2] (Inf.) call it a day (Inf.), finish, give up, pack in (Brit. inf.) [3] break down, conk out (Inf.), fail, give out, stall, stop

pact agreement, alliance, arrangement, bargain, bond, compact, concord, concordat, contract, convention, covenant, deal, league, protocol, treaty, understanding

pad
- n. [1] buffer, cushion, protection, stiffening, stuffing, wad [2] block, jotter, notepad, tablet, writing pad [3] foot, paw, sole [4] (Sl.) apartment, flat, hang-out (Inf.), home, place, quarters, room
- v. [5] cushion, fill, line, pack, protect, shape, stuff [6] (Often with **out**) amplify, augment, eke, elaborate, fill out, flesh out, inflate, lengthen, protract, spin out, stretch

padding [1] filling, packing, stuffing, wadding [2] hot air (Inf.), prolixity, verbiage, verbosity, waffle (Inf., chiefly Brit.), wordiness

paddle [1] n. oar, scull, sweep [2] v. oar, propel, pull, row, scull [3] dabble, plash, slop, splash (about), stir, wade

pagan [1] n. Gentile, heathen, idolater, infidel, polytheist, unbeliever [2] adj. Gentile, heathen, heathenish, idolatrous, infidel, irreligious, polytheistic

page¹
- n. [1] folio, leaf, sheet, side [2] chapter, episode, epoch, era, event, incident, period, phase, point, stage, time
- v. [3] foliate, number, paginate

page² [1] n. attendant, bellboy (U.S.), footboy, pageboy, servant, squire [2] v. announce, call, call out, preconize, seek, send for, summon

pageant display, extravaganza, parade, procession, ritual, show, spectacle, tableau

pageantry / paralyze SYNONYMES ANGLAIS 1288

pageantry display, drama, extravagance, glamour, glitter, grandeur, magnificence, parade, pomp, show, showiness, spectacle, splash (Inf.), splendour, state, theatricality

pain
- n. 1 ache, cramp, discomfort, hurt, irritation, pang, smarting, soreness, spasm, suffering, tenderness, throb, throe (Rare), trouble, twinge 2 affliction, agony, anguish, bitterness, distress, grief, hardship, heartache, misery, suffering, torment, torture, tribulation, woe, wretchedness 3 (Inf.) aggravation, annoyance, bore, bother, drag (Inf.), gall, headache (Inf.), irritation, nuisance, pain in the arse (Taboo inf.), pain in the neck (Inf.), pest, vexation
- v. 4 ail, chafe, discomfort, harm, hurt, inflame, injure, smart, sting, throb 5 afflict, aggrieve, agonize, cut to the quick, disquiet, distress, grieve, hurt, sadden, torment, torture, vex, worry, wound 6 (Inf.) annoy, exasperate, gall, harass, irritate, nark (Brit., Aust., & N.Z. sl.), rile, vex

pained aggrieved, anguished, distressed, hurt, injured, miffed (Inf.), offended, reproachful, stung, unhappy, upset, worried, wounded

painful 1 afflictive, disagreeable, distasteful, distressing, grievous, saddening, unpleasant 2 aching, agonizing, excruciating, harrowing, hurting, inflamed, raw, smarting, sore, tender, throbbing 3 arduous, difficult, hard, laborious, severe, tedious, troublesome, trying, vexatious 4 (Inf.) abysmal, awful, dire, dreadful, excruciating, extremely bad, godawful, terrible

painfully alarmingly, clearly, deplorably, distressingly, dreadfully, excessively, markedly, sadly, unfortunately, woefully

painkiller anaesthetic, analgesic, anodyne, drug, palliative, remedy, sedative

painless easy, effortless, fast, no trouble, pain-free, quick, simple, trouble-free

pains 1 assiduousness, bother, care, diligence, effort, industry, labour, special attention, trouble 2 birth-pangs, childbirth, contractions, labour

painstaking assiduous, careful, conscientious, diligent, earnest, exacting, hard-working, industrious, meticulous, persevering, punctilious, scrupulous, sedulous, strenuous, thorough, thoroughgoing

paint
- n. 1 colour, colouring, dye, emulsion, pigment, stain, tint 2 (Inf.) cosmetics, face (Inf.), greasepaint, make-up, maquillage, war paint (Inf.)
- v. 3 catch a likeness, delineate, depict, draw, figure, picture, portray, represent, sketch 4 apply, coat, colour, cover, daub, decorate, slap on (Inf.) 5 bring to life, capture, conjure up a vision, depict, describe, evoke, make one see, portray, put graphically, recount, tell vividly 6 **paint the town red** (Inf.) carouse, celebrate, go on a binge (Inf.), go on a spree, go on the town, live it up (Inf.), make merry, make whoopee (Inf.), revel

pair 1 n. brace, combination, couple, doublet, duo, match, matched set, span, twins, two of a kind, twosome, yoke 2 v. bracket, couple, join, marry, match, match up, mate, pair off, put together, team, twin, wed, yoke

palatable 1 appetizing, delectable, delicious, luscious, mouthwatering, savoury, tasty, toothsome 2 acceptable, agreeable, attractive, enjoyable, fair, pleasant, satisfactory

palate 1 appetite, heart, stomach, taste 2 appreciation, enjoyment, gusto, liking, relish, zest

palatial de luxe, gorgeous, grand, grandiose, illustrious, imposing, luxurious, magnificent, majestic, opulent, plush (Inf.), regal, spacious, splendid, splendiferous (Facetious), stately, sumptuous

pale
- adj. 1 anaemic, ashen, ashy, bleached, bloodless, colourless, faded, light, pallid, pasty, sallow, wan, washed-out, white, whitish 2 dim, faint, feeble, inadequate, poor, thin, weak
- v. 3 become pale, blanch, go white, lose colour, whiten 4 decrease, dim, diminish, dull, fade, grow dull, lessen, lose lustre

pall v. become dull or tedious, bore, cloy, glut, jade, satiate, sicken, surfeit, tire, weary

palm[1] 1 hand, hook, meathook (Sl.), mitt (Sl.), paw (Inf.) 2 **in the palm of one's hand** at one's mercy, in one's clutches (control, power) 3 **grease someone's palm** (Sl.) bribe, buy, corrupt, fix (Inf.), give a backhander (Sl.), induce, influence, pay off (Inf.), square, suborn

palm[2] (Fig.) bays, crown, fame, glory, honour, laurels, merit, prize, success, triumph, trophy, victory

palm off 1 (With **on** or **with**) fob off, foist off, pass off 2 (With **on**) foist on, force upon, impose upon, take advantage of, thrust upon, unload upon

palmy flourishing, fortunate, glorious, golden, halcyon, happy, joyous, luxurious, prosperous, thriving, triumphant

palpable 1 apparent, blatant, clear, conspicuous, evident, manifest, obvious, open, patent, plain, unmistakable, visible 2 concrete, material, real, solid, substantial, tangible, touchable

palpitate beat, flutter, pitapat, pitter-patter, pound, pulsate, pulse, quiver, shiver, throb, tremble, vibrate

palsied arthritic, atonic (Pathol.), crippled, debilitated, disabled, helpless, paralyzed, paralytic, rheumatic, sclerotic, shaking, shaky, spastic, trembling

paltry base, beggarly, chickenshit (U.S. sl.), contemptible, crappy (Sl.), derisory, despicable, inconsiderable, insignificant, low, meagre, mean, measly, Mickey Mouse (Sl.), minor, miserable, nickel-and-dime (U.S. sl.), petty, picayune (U.S.), piddling (Inf.), pitiful, poor, poxy (Sl.), puny, slight, small, sorry, trifling, trivial, twopenny-halfpenny (Brit. inf.), unimportant, worthless, wretched

pamper baby, cater to one's every whim, coddle, cosset, fondle, gratify, humour, indulge, molly-coddle, pander to, pet, spoil

pamphlet booklet, brochure, circular, folder, leaflet, tract

pan[1]
- n. 1 container, pot, saucepan, vessel
- v. 2 look for, search for, separate, sift out, wash 3 (Inf.) blast, censure, criticize, flay, hammer (Brit. inf.), knock (Inf.), lambast(e), put down, roast (Inf.), rubbish (Inf.), slam (Sl.), slag (off) (Sl.), slate (Inf.), tear into (Inf.), throw brickbats at (Inf.)

pan[2] v. follow, move, scan, sweep, swing, track, traverse

panacea catholicon, cure-all, elixir, nostrum, sovereign remedy, universal cure

panache a flourish, brio, dash, élan, flair, flamboyance, spirit, style, swagger, verve

pandemonium babel, bedlam, chaos, clamour, commotion, confusion, din, hubbub, hue and cry, hullabaloo, racket, ruckus (Inf.), ruction (Inf.), rumpus, tumult, turmoil, uproar

pang ache, agony, anguish, discomfort, distress, gripe, pain, prick, spasm, stab, sting, stitch, throe (Rare), twinge, wrench

panic 1 n. agitation, alarm, consternation, dismay, fear, fright, horror, hysteria, scare, terror 2 v. become hysterical, be terror-stricken, go to pieces, lose one's bottle (Brit. sl.), lose one's nerve, overreact 3 alarm, put the wind up (someone) (Inf.), scare, startle, terrify, unnerve

panicky afraid, agitated, distressed, fearful, frantic, frenzied, frightened, hysterical, in a flap (Inf.), in a tizzy (Inf.), jittery (Inf.), nervous, windy (Sl.), worked up, worried

panic-stricken or **panic-struck** aghast, agitated, alarmed, appalled, fearful, frenzied, frightened, frightened out of one's wits, frightened to death, horrified, horror-stricken, hysterical, in a cold sweat (Inf.), panicky, petrified, scared, scared shitless (Taboo sl.), scared stiff, shit-scared (Taboo sl.), startled, terrified, terror-stricken, unnerved

panoply array, attire, dress, garb, get-up (Inf.), insignia, raiment (Archaic or poetic), regalia, show, trappings, turnout

panorama 1 bird's-eye view, prospect, scenery, scenic view, view, vista 2 overall picture, overview, perspective, survey

panoramic all-embracing, bird's-eye, comprehensive, extensive, far-reaching, general, inclusive, overall, scenic, sweeping, wide

pant
- v. 1 blow, breathe, gasp, heave, huff, palpitate, puff, throb, wheeze 2 (Fig.) ache, covet, crave, desire, eat one's heart out over, hanker after, hunger, long, pine, set one's heart on, sigh, thirst, want, yearn
- n. 3 gasp, huff, puff, wheeze

pants 1 (Brit.) boxer shorts, briefs, drawers, knickers, panties, underpants, Y-fronts (Trademark) 2 (U.S.) slacks, trousers

pap 1 baby food, mash, mush, pulp 2 drivel, rubbish, trash, trivia

paper
- n. 1 Often plural certificate, deed, documents, instrument, record 2 Plural archive, diaries, documents, dossier, file, letters, records 3 daily, blat, gazette, journal, news, newspaper, organ, rag (Inf.) 4 analysis, article, assignment, composition, critique, dissertation, essay, examination, monograph, report, script, study, thesis, treatise 5 **on paper** ideally, in the abstract, in theory, theoretically
- adj. 6 cardboard, disposable, flimsy, insubstantial, paper-thin, papery, thin
- v. 7 cover with paper, hang, line, paste up, wallpaper

papery flimsy, fragile, frail, insubstantial, light, lightweight, paperlike, paper-thin, thin

par n. 1 average, level, mean, median, norm, standard, usual 2 balance, equal footing, equality, equilibrium, equivalence, parity 3 **above par** excellent, exceptional, first-rate (Inf.), outstanding, superior 4 **below par** **a** below average, bush-league (Aust. & N.Z. inf.), dime-a-dozen (Inf.), inferior, lacking, not up to scratch (Inf.), poor, second-rate, substandard, tinhorn (U.S. sl.), two-bit (U.S. & Canad. sl.), wanting **b** not oneself, off colour (Chiefly Brit.), off form, poorly (Inf.), sick, under the weather (Inf.), unfit, unhealthy 5 **par for the course** average, expected, ordinary, predictable, standard, typical, usual 6 **on a par** equal, much the same, the same, well-matched 7 **up to par** acceptable, adequate, good enough, passable, satisfactory, up to scratch (Inf.), up to the mark

parable allegory, exemplum, fable, lesson, moral tale, story

parade
- n. 1 array, cavalcade, ceremony, column, march, pageant, procession, review, spectacle, train 2 array, display, exhibition, flaunting, ostentation, pomp, show, spectacle, vaunting
- v. 3 defile, march, process 4 air, brandish, display, exhibit, flaunt, make a show of, show, show off (Inf.), strut, swagger, vaunt

paradise 1 City of God, divine abode, Elysian fields, garden of delights (Islam), heaven, heavenly kingdom, Olympus (Poetic), Promised Land, Zion (Christianity) 2 Eden, Garden of Eden 3 bliss, delight, felicity, heaven, seventh heaven, utopia

paradox absurdity, ambiguity, anomaly, contradiction, enigma, inconsistency, mystery, oddity, puzzle

paradoxical absurd, ambiguous, baffling, confounding, contradictory, enigmatic, equivocal, illogical, impossible, improbable, inconsistent, oracular, puzzling, riddling

paragon apotheosis, archetype, criterion, cynosure, epitome, exemplar, ideal, jewel, masterpiece, model, nonesuch (Archaic), nonpareil, norm, paradigm, pattern, prototype, quintessence, standard

paragraph clause, item, notice, part, passage, portion, section, subdivision

parallel
- adj. 1 aligned, alongside, coextensive, equidistant, side by side 2 akin, analogous, complementary, correspondent, corresponding, like, matching, resembling, similar, uniform
- n. 3 analogue, complement, corollary, counterpart, duplicate, equal, equivalent, likeness, match, twin 4 analogy, comparison, correlation, correspondence, likeness, parallelism, resemblance, similarity
- v. 5 agree, be alike, chime with, compare, complement, conform, correlate, correspond, equal, keep pace (with), match

paralysis 1 immobility, palsy, paresis (Pathol.) 2 arrest, breakdown, halt, shutdown, stagnation, standstill, stoppage

paralytic adj. 1 crippled, disabled, immobile, immobilized, incapacitated, lame, numb, palsied, paralyzed 2 (Inf.) bevvied (Dialect), blitzed (Sl.), blotto (Sl.), bombed (Sl.), canned (Sl.), drunk, flying (Sl.), inebriated, intoxicated, legless (Inf.), lit up (Sl.), out of it (Sl.), out to it (Aust. & N.Z. sl.), pie-eyed (Sl.), pissed (Taboo sl.), plastered (Sl.), sloshed (Sl.), smashed (Sl.), steamboats (Sl.), steaming (Sl.), stewed (Sl.), stoned (Sl.), tired and emotional (Euphemistic), wasted (Sl.), wrecked (Sl.), zonked (Sl.)

paralyze 1 cripple, debilitate, disable, incapacitate, lame 2 anaesthetize, arrest, benumb, freeze, halt, immobilize, numb, petrify, stop dead, stun, stupefy, transfix

parameter constant, criterion, framework, guideline, limit, limitation, restriction, specification

paramount capital, cardinal, chief, dominant, eminent, first, foremost, main, outstanding, predominant, pre-eminent, primary, prime, principal, superior, supreme

paraphernalia accoutrements, apparatus, appurtenances, baggage, belongings, clobber (Brit. sl.), effects, equipage, equipment, gear, impedimenta, material, stuff, tackle, things, trappings

paraphrase 1 n. interpretation, rehash, rendering, rendition, rephrasing, restatement, rewording, translation, version 2 v. express in other words or one's own words, interpret, rehash, render, rephrase, restate, reword

parasite bloodsucker (Inf.), cadger, drone (Brit.), hanger-on, leech, scrounger (Inf.), sponge (Inf.), sponger (Inf.)

parasitic, parasitical bloodsucking (Inf.), cadging, leechlike, scrounging (Inf.), sponging (Inf.)

parcel
- n. 1 bundle, carton, pack, package, packet 2 band, batch, bunch, collection, company, crew, crowd, gang, group, lot, pack 3 piece of land, plot, property, tract
- v. 4 (Often with **up**) do up, pack, package, tie up, wrap 5 (Often with **out**) allocate, allot, apportion, carve up, deal out, dispense, distribute, divide, dole out, mete out, portion, share out, split up

parch blister, burn, dehydrate, desiccate, dry up, evaporate, make thirsty, scorch, sear, shrivel, wither

pardon 1 v. absolve, acquit, amnesty, condone, exculpate, excuse, exonerate, forgive, free, let off (Inf.), liberate, overlook, release, remit, reprieve 2 n. absolution, acquittal, allowance, amnesty, condonation, discharge, excuse, exoneration, forgiveness, grace, indulgence, mercy, release, remission, reprieve

pardonable allowable, condonable, excusable, forgivable, minor, not serious, permissible, understandable, venial

parent 1 begetter, father, guardian, mother, procreator, progenitor, sire 2 architect, author, cause, creator, forerunner, origin, originator, prototype, root, source, wellspring

parentage ancestry, birth, derivation, descent, extraction, family, line, lineage, origin, paternity, pedigree, race, stirps, stock

pariah exile, leper, outcast, outlaw, undesirable, unperson, untouchable

parish church, churchgoers, community, congregation, flock, fold, parishioners

parity 1 consistency, equality, equal terms, equivalence, par, parallelism, quits (Inf.), uniformity, unity 2 affinity, agreement, analogy, conformity, congruity, correspondence, likeness, resemblance, sameness, similarity, similitude

park 1 n. estate, garden, grounds, parkland, pleasure garden, recreation ground, woodland 2 v. leave, manoeuvre, position, station

parley 1 n. colloquy, confab (Inf.), conference, congress, council, dialogue, discussion, meeting, palaver, powwow, seminar, talk(s) 2 v. confabulate, confer, deliberate, discuss, negotiate, palaver, powwow, speak, talk

parliament 1 assembly, congress, convocation, council, diet, legislature, senate, talking shop (Inf.) 2 **Parliament** Houses of Parliament, Mother of Parliaments, the House, the House of Commons and the House of Lords, Westminster

parliamentary congressional, deliberative, governmental, lawgiving, lawmaking, legislative

parlour best room, drawing room, front room, lounge, reception room, sitting room

parlous chancy (Inf.), dangerous, desperate, difficult, dire, hairy (Sl.), hazardous, perilous, risky

parochial insular, inward-looking, limited, narrow, narrow-minded, parish-pump, petty, provincial, restricted, small-minded

parody
- n. 1 burlesque, caricature, imitation, lampoon, satire, send-up (Brit. inf.), skit, spoof (Inf.), takeoff (Inf.) 2 apology, caricature, farce, mockery, travesty
- v. 3 burlesque, caricature, do a takeoff of (Inf.), lampoon, mimic, poke fun at, satirize, send up (Brit. inf.), spoof (Inf.), take off (Inf.), take the piss out of (Taboo sl.), travesty

paroxysm attack, convulsion, eruption, fit, flare-up (Inf.), outburst, seizure, spasm

parrot
- n. 1 (Fig.) copycat (Inf.), imitator, (little) echo, mimic 2 **parrot-fashion** (Inf.) by rote, mechanically, mindlessly
- v. 3 copy, echo, imitate, mimic, reiterate, repeat

parry 1 block, deflect, fend off, hold at bay, rebuff, repel, repulse, stave off, ward off 2 avoid, circumvent, dodge, duck (Inf.), evade, fence, fight shy of, shun, sidestep

parsimonious cheeseparing, close, close-fisted, frugal, grasping, mean, mingy (Brit. inf.), miserable, miserly, near (Inf.), niggardly, penny-pinching (Inf.), penurious, saving, scrimpy, skinflinty, sparing, stingy, stinting, tight-arse (Taboo sl.), tight-arsed (Taboo sl.), tight as a duck's arse (Taboo sl.), tight-ass (U.S. taboo sl.), tight-assed (U.S. taboo sl.), tightfisted

parsimony frugality, meanness, minginess (Brit. inf.), miserliness, nearness (Inf.), niggardliness, penny-pinching (Inf.), stinginess, tightness

parson churchman, clergyman, cleric, divine, ecclesiastic, incumbent, man of God, man of the cloth, minister, pastor, preacher, priest, rector, reverend (Inf.), vicar

part
- n. 1 bit, fraction, fragment, lot, particle, piece, portion, scrap, section, sector, segment, share, slice 2 branch, component, constituent, department, division, element, ingredient, limb, member, module, organ, piece, unit 3 behalf, cause, concern, faction, interest, party, side 4 bit, business, capacity, charge, duty, function, involvement, office, place, responsibility, role, say, share, task, work 5 (Theat.) character, lines, role 6 Often plural airt (Scot.), area, district, neck of the woods (Inf.), neighbourhood, quarter, region, territory, vicinity 7 **for the most part** chiefly, generally, in the main, largely, mainly, mostly, on the whole, principally 8 **in good part** cheerfully, cordially, good-naturedly, well, without offence 9 **in part** a little, in some measure, partially, partly, slightly, somewhat, to a certain extent, to some degree 10 **on the part of** for the sake of, in support of, in the name of, on behalf of 11 **take part in** associate oneself with, be instrumental in, be involved in, have a hand in, join in, partake in, participate in, play a part in, put one's twopence-worth in, take a hand in
- v. 12 break, cleave, come apart, detach, disconnect, disjoin, dismantle, disunite, divide, rend, separate, sever, split, tear 13 break up, depart, go, go away, go (their) separate ways, leave, part company, quit, say goodbye, separate, split up, take one's leave, withdraw 14 **part with** abandon, discard, forgo, give up, let go of, relinquish, renounce, sacrifice, surrender, yield

partake 1 (With **in**) engage, enter into, participate, share, take part 2 (With **of**) consume, eat, receive, share, take 3 (With **of**) evince, evoke, have the quality of, show, suggest

partial 1 fragmentary, imperfect, incomplete, limited, uncompleted, unfinished 2 biased, discriminatory, influenced, interested, one-sided, partisan, predisposed, prejudiced, tendentious, unfair, unjust 3 **be partial to** be fond of, be keen on, be taken with, care for, have a liking (soft spot, weakness) for

partiality 1 bias, favouritism, partisanship, predisposition, preference, prejudice 2 affinity, bag (Sl.), cup of tea (Inf.), fondness, inclination, liking, love, penchant, predilection, predisposition, preference, proclivity, taste, weakness

partially fractionally, halfway, incompletely, in part, moderately, not wholly, partly, piecemeal, somewhat, to a certain extent or degree

participant associate, contributor, member, partaker, participator, party, shareholder

participate be a participant, be a party to, engage in, enter into, get in on the act, have a hand in, join in, partake, perform, share, take part

participation assistance, contribution, involvement, joining in, partaking, partnership, sharing in, taking part

particle atom, bit, crumb, grain, iota, jot, mite, molecule, mote, piece, scrap, shred, speck, tittle, whit

particular
- adj. 1 distinct, exact, express, peculiar, precise, special, specific 2 especial, exceptional, marked, notable, noteworthy, remarkable, singular, uncommon, unusual 3 blow-by-blow, circumstantial, detailed, itemized, minute, painstaking, precise, selective, thorough 4 choosy (Inf.), critical, dainty, demanding, discriminating, exacting, fastidious, finicky, fussy, meticulous, nice (Rare), overnice, pernickety (Inf.), picky (Inf.)
- n. 5 Usually plural circumstance, detail, fact, feature, item, specification 6 **in particular** distinctly, especially, exactly, expressly, particularly, specifically

particularly 1 decidedly, especially, exceptionally, markedly, notably, outstandingly, peculiarly, singularly, surprisingly, uncommonly, unusually 2 distinctly, especially, explicitly, expressly, in particular, specifically

parting
- n. 1 adieu, departure, farewell, going, goodbye, leave-taking, valediction 2 breaking, detachment, divergence, division, partition, rift, rupture, separation, split
- adj. 3 departing, farewell, final, last, valedictory

partisan
- n. 1 adherent, backer, champion, devotee, disciple, follower, stalwart, supporter, upholder, votary
- adj. 2 biased, factional, interested, one-sided, partial, prejudiced, sectarian, tendentious
- n. 3 guerrilla, irregular, resistance fighter, underground fighter
- adj. 4 guerrilla, irregular, resistance, underground

partition
- n. 1 dividing, division, segregation, separation, severance, splitting 2 barrier, divider, room divider, screen, wall 3 allotment, apportionment, distribution, portion, rationing out, share
- v. 4 apportion, cut up, divide, parcel out, portion, section, segment, separate, share, split up, subdivide 5 divide, fence off, screen, separate, wall off

partly halfway, incompletely, in part, in some measure, not fully, partially, relatively, slightly, somewhat, to a certain degree or extent, up to a certain point

partner 1 accomplice, ally, associate, bedfellow, collaborator, colleague, companion, comrade, confederate, copartner, helper, mate, participant, team-mate 2 bedfellow, consort, helpmate, her indoors (Brit. sl.), husband, mate, significant other (U.S. inf.), spouse, wife

partnership 1 companionship, connection, cooperation, copartnership, fellowship, interest, participation, sharing 2 alliance, association, combine, company, conglomerate, cooperative, corporation, firm, house, society, union

party 1 at-home, bash (Inf.), beano (Brit. sl.), celebration, do (Inf.), festivity, function, gathering, get-together (Inf.), knees-up (Brit. inf.), rave (Brit. sl.), rave-up (Brit. sl.), reception, shindig (Inf.), social, social gathering, soirée 2 band, body, bunch (Inf.), company, crew, detachment (Military), gang, gathering, group, squad, team, unit 3 alliance, association, cabal, camp, clique, coalition, combination, confederacy, coterie, faction, grouping, league, schism, set, side 4 individual, person, somebody, someone 5 (Law) contractor (Law), defendant, litigant, participant, plaintiff

pass
- v. 1 depart, elapse, flow, go, go by or past, lapse, leave, move, move onwards, proceed, roll, run 2 beat, exceed, excel, go beyond, outdistance, outdo, outstrip, surmount, surpass, transcend 3 answer, come up to scratch (Inf.), do, get through, graduate, pass muster, qualify, succeed, suffice, suit 4 beguile, devote, employ, experience, fill, occupy, spend, suffer, undergo, while away 5 befall, come up, develop, fall out, happen, occur, take place 6 convey, deliver, exchange, give, hand, kick, let have, reach, send, throw, transfer, transmit 7 accept, adopt, approve, authorize, decree, enact, establish, legislate, ordain, ratify, sanction, validate 8 declare, deliver, express, pronounce, utter 9 disregard, ignore, miss, neglect, not heed, omit, overlook, skip (Inf.) 10 crap (Taboo sl.), defecate, discharge, eliminate, empty, evacuate, excrete, expel, shit (Taboo sl.), void 11 blow over, cease, die, disappear, dissolve, dwindle, ebb, end, evaporate, expire, fade, go, melt away, terminate, vanish, wane 12 (With **for** or **as**) be accepted as,

be mistaken for, be regarded as, be taken for, impersonate, serve as
- n. [13] canyon, col, defile, gap, gorge, ravine [14] authorization, identification, identity card, licence, passport, permission, permit, safe-conduct, ticket, warrant [15] (Inf.) advances, approach, overture, play (Inf.), proposition, suggestion [16] condition, juncture, pinch, plight, predicament, situation, stage, state, state of affairs, straits [17] feint, jab, lunge, push, swing, thrust

passable [1] acceptable, adequate, admissible, allowable, all right, average, fair, fair enough, mediocre, middling, moderate, not too bad, ordinary, presentable, so-so (Inf.), tolerable, unexceptional [2] clear, crossable, navigable, open, traversable, unobstructed

passage [1] alley, avenue, channel, course, lane, opening, path, road, route, thoroughfare, way [2] corridor, doorway, entrance, entrance hall, exit, hall, hallway, lobby, passageway, vestibule [3] clause, excerpt, extract, paragraph, piece, quotation, reading, section, sentence, text, verse [4] crossing, journey, tour, trek, trip, voyage [5] advance, change, conversion, flow, motion, movement, passing, progress, progression, transit, transition [6] allowance, authorization, freedom, permission, right, safe-conduct, visa, warrant [7] acceptance, enactment, establishment, legalization, legislation, passing, ratification

pass away buy it (U.S. sl.), check out (U.S. sl.), croak (Sl.), decease, depart (this life), die, expire, go belly-up (Sl.), kick it (Sl.), kick the bucket (Sl.), pass on, pass over, peg it (Inf.), peg out (Inf.), pop one's clogs (Inf.), shuffle off this mortal coil, snuff it (Inf.)

pass by [1] go past, leave, move past, pass [2] disregard, miss, neglect, not choose, overlook, pass over

passenger fare, hitchhiker, pillion rider, rider, traveller

passer-by bystander, onlooker, witness

passing
- adj. [1] brief, ephemeral, fleeting, momentary, short, short-lived, temporary, transient, transitory [2] casual, cursory, glancing, hasty, quick, shallow, short, slight, superficial [3] **in passing** accidentally, by the bye, by the way, en passant, incidentally, on the way
- n. [4] death, decease, demise, end, finish, loss, termination

passion [1] animation, ardour, eagerness, emotion, excitement, feeling, fervour, fire, heat, intensity, joy, rapture, spirit, transport, warmth, zeal, zest [2] adoration, affection, ardour, attachment, concupiscence, desire, fondness, infatuation, itch, keenness, love, lust, the hots (Sl.) [3] bug (Inf.), craving, craze, enthusiasm, fancy, fascination, idol, infatuation, mania, obsession [4] anger, fit, flare-up (Inf.), frenzy, fury, indignation, ire, outburst, paroxysm, rage, resentment, storm, vehemence, wrath

passionate [1] amorous, ardent, aroused, desirous, erotic, hot, loving, lustful, sensual, sexy (Inf.), steamy (Inf.), wanton [2] animated, ardent, eager, emotional, enthusiastic, excited, fervent, fervid, fierce, flaming, frenzied, heartfelt, impassioned, impetuous, impulsive, intense, strong, vehement, warm, wild, zealous [3] choleric, excitable, fiery, hot-headed, hot-tempered, irascible, irritable, peppery, quick-tempered, stormy, tempestuous, violent

passive acquiescent, compliant, docile, enduring, inactive, inert, lifeless, long-suffering, nonviolent, patient, quiescent, receptive, resigned, submissive, unassertive, uninvolved, unresisting

pass off [1] counterfeit, fake, feign, make a pretence of, palm off [2] come to an end, die away, disappear, fade out, vanish [3] emit, evaporate, give off, send forth, vaporize [4] be completed, go off, happen, occur, take place, turn out [5] dismiss, disregard, ignore, pass by, wink at

pass out [1] (Inf.) become unconscious, black out (Inf.), drop, faint, flake out (Inf.), keel over (Inf.), lose consciousness, swoon (Literary) [2] deal out, distribute, dole out, hand out

pass over discount, disregard, forget, ignore, not dwell on, omit, overlook, pass by, take no notice of

pass up abstain, decline, forgo, give (something) a miss (Inf.), ignore, let go, let slip, miss, neglect, refuse, reject

password countersign, key word, open sesame, signal, watchword

past
- adj. [1] accomplished, completed, done, elapsed, ended, extinct, finished, forgotten, gone, over, over and done with, spent [2] ancient, bygone, early, erstwhile, foregoing, former, late, long-ago, olden, preceding, previous, prior, quondam, recent
- n. [3] **the past** antiquity, days gone by, days of yore, former times, good old days, history, long ago, olden days, old times, times past, yesteryear (Literary) [4] background, experience, history, life, past life
- adv. [5] across, beyond, by, on, over
- prep. [6] after, beyond, farther than, later than, outside, over, subsequent to

paste [1] n. adhesive, cement, glue, gum, mucilage [2] v. cement, fasten, fix, glue, gum, stick

pastel adj. delicate, light, muted, pale, soft, soft-hued

pastiche blend, farrago, gallimaufry, hotchpotch, medley, mélange, miscellany, mixture, motley

pastime activity, amusement, distraction, diversion, entertainment, game, hobby, leisure, play, recreation, relaxation, sport

pastor churchman, clergyman, divine, ecclesiastic, minister, parson, priest, rector, vicar

pastoral adj. [1] agrestic, Arcadian, bucolic, country, georgic (Literary), idyllic, rural, rustic, simple [2] clerical, ecclesiastical, ministerial, priestly

pasture grass, grassland, grazing, grazing land, lea (Poetic), meadow, pasturage, shieling (Scot.)

pat
- v. [1] caress, dab, fondle, pet, slap, stroke, tap, touch
- n. [2] clap, dab, light blow, slap, stroke, tap [3] cake, dab, lump, portion, small piece

patch
- n. [1] piece of material, reinforcement [2] bit, scrap, shred, small piece, spot, stretch [3] area, ground, land, plot, tract
- v. [4] cover, fix, mend, reinforce, repair, sew up [5] (With **up**) bury the hatchet, conciliate, make friends, placate, restore, settle, settle differences, smooth

patchwork confusion, hash, hotchpotch, jumble, medley, mishmash, mixture, pastiche

patchy bitty, erratic, fitful, inconstant, irregular, random, sketchy, spotty, uneven, variable, varying

patent [1] adj. apparent, blatant, clear, conspicuous, downright, evident, flagrant, glaring, indisputable, manifest, obvious, open, palpable, transparent, unconcealed, unequivocal, unmistakable [2] n. copyright, invention, licence

paternal [1] benevolent, concerned, fatherlike, fatherly, protective, solicitous, vigilant [2] patrilineal, patrimonial

paternity [1] fatherhood, fathership [2] descent, extraction, family, lineage, parentage [3] authorship, derivation, origin, source

path [1] footpath, footway, pathway, towpath, track, trail, walkway (Chiefly U.S.) [2] avenue, course, direction, passage, procedure, road, route, track, walk, way

pathetic [1] affecting, distressing, harrowing, heartbreaking, heart-rending, melting, moving, pitiable, plaintive, poignant, sad, tender, touching [2] deplorable, feeble, inadequate, lamentable, meagre, measly, miserable, paltry, petty, pitiful, poor, puny, sorry, wet (Brit. inf.), woeful [3] (Sl.) chickenshit (U.S. sl.), crappy (Sl.), crummy (Sl.), poxy (Sl.), rubbishy, trashy, uninteresting, useless, worthless

pathfinder discoverer, explorer, guide, pioneer, scout, trailblazer

pathos pitiableness, pitifulness, plaintiveness, poignancy, sadness

patience [1] calmness, composure, cool (Sl.), equanimity, even temper, forbearance, imperturbability, restraint, serenity, sufferance, tolerance, toleration [2] constancy, diligence, endurance, fortitude, long-suffering, perseverance, persistence, resignation, stoicism, submission

patient
- adj. [1] calm, composed, enduring, long-suffering, persevering, persistent, philosophical, quiet, resigned, self-possessed, serene, stoical, submissive, uncomplaining, untiring [2] accommodating, even-tempered, forbearing, forgiving, indulgent, lenient, mild, tolerant, understanding
- n. [3] case, invalid, sick person, sufferer

patriot chauvinist, flag-waver (Inf.), jingo, lover of one's country, loyalist, nationalist

patriotic chauvinistic, flag-waving (Inf.), jingoistic, loyal, nationalistic

patriotism flag-waving (Inf.), jingoism, love of one's country, loyalty, nationalism

patrol
- n. [1] guarding, policing, protecting, rounds, safeguarding, vigilance, watching [2] garrison, guard, patrolman, sentinel, watch, watchman
- v. [3] cruise, guard, inspect, keep guard, keep watch, make the rounds, police, pound, range, safeguard, walk the beat

patron [1] advocate, angel (Inf.), backer, benefactor, champion, defender, friend, guardian, helper, philanthropist, protagonist, protector, sponsor, supporter [2] buyer, client, customer, frequenter, habitué, shopper

patronage [1] aid, assistance, backing, benefaction, championship, encouragement, espousal, help, promotion, sponsorship, support [2] business, clientele, commerce, custom, trade, trading, traffic [3] condescension, deigning, disdain, patronizing, stooping

patronize [1] be lofty with, look down on, talk down to, treat as inferior, treat condescendingly, treat like a child [2] assist, back, befriend, foster, fund, help, maintain, promote, sponsor, subscribe to, support [3] be a customer or client of, buy from, deal with, do business with, frequent, shop at, trade with

patronizing condescending, contemptuous, disdainful, gracious, haughty, lofty, snobbish, stooping, supercilious, superior, toffee-nosed (Sl., chiefly Brit.)

patter[1]
- n. [1] line, monologue, pitch, spiel (Inf.) [2] chatter, gabble, jabber, nattering, prattle, yak (Sl.) [3] argot, cant, jargon, lingo (Inf.), patois, slang, vernacular
- v. [4] babble, blab, chatter, hold forth, jabber, prate, rattle off, rattle on, spiel (Inf.), spout (Inf.), tattle

patter[2]
- v. [1] scurry, scuttle, skip, tiptoe, trip, walk lightly [2] beat, pat, pelt, pitapat, pitter-patter, rat-a-tat, spatter, tap
- n. [3] pattering, pitapat, pitter-patter, tapping

pattern
- n. [1] arrangement, decoration, decorative design, design, device, figure, motif, ornament [2] arrangement, method, order, orderliness, plan, sequence, system [3] kind, shape, sort, style, type, variety [4] design, diagram, guide, instructions, original, plan, stencil, template [5] archetype, criterion, cynosure, example, exemplar, guide, model, norm, original, par, paradigm, paragon, prototype, sample, specimen, standard
- v. [6] copy, emulate, follow, form, imitate, model, mould, order, shape, style [7] decorate, design, trim

paucity dearth, deficiency, fewness, insufficiency, lack, meagreness, paltriness, poverty, rarity, scantiness, scarcity, shortage, slenderness, slightness, smallness, sparseness, sparsity

paunch abdomen, beer-belly (Inf.), belly, corporation (Inf.), pot, potbelly, spare tyre (Brit. sl.), spread (Inf.)

pauper bankrupt, beggar, down-and-out, have-not, indigent, insolvent, mendicant, poor person

pause [1] v. break, cease, delay, deliberate, desist, discontinue, halt, have a breather (Inf.), hesitate, interrupt, rest, stop briefly, take a break, wait, waver [2] n. break, breather (Inf.), caesura, cessation, delay, discontinuance, entr'acte, gap, halt, hesitation, interlude, intermission, interruption, interval, let-up (Inf.), lull, respite, rest, stay, stoppage, wait

pave asphalt, concrete, cover, flag, floor, macadamize, surface, tar, tile

paw v. grab, handle roughly, manhandle, maul, molest

pawn[1] n. cat's-paw, creature, dupe, instrument, plaything, puppet, stooge (Sl.), tool, toy

pawn[2] v. deposit, gage (Archaic), hazard, hock (Inf., chiefly U.S.), mortgage, pledge, pop (Inf.), stake, wager [2] n. assurance, bond, collateral, gage, guarantee, guaranty, pledge, security

pay
◆ v. 1 clear, compensate, cough up (Inf.), discharge, foot, give, honour, liquidate, meet, offer, recompense, reimburse, remit, remunerate, render, requite, reward, settle, square up 2 be advantageous, benefit, be worthwhile, repay, serve 3 bestow, extend, give, grant, hand out, present, proffer, render 4 (Often with **for**) answer for, atone, be punished, compensate, get one's deserts, make amends, suffer, suffer the consequences 5 bring in, produce, profit, return, yield 6 be profitable, be remunerative, make a return, make money, provide a living 7 avenge oneself for, get even with (Inf.), get revenge on, pay back, punish, reciprocate, repay, requite, settle a score
◆ n. 8 allowance, compensation, earnings, emoluments, fee, hand-out, hire, income, meed (Archaic), payment, recompense, reimbursement, remuneration, reward, salary, stipend, takings, wages

payable due, mature, obligatory, outstanding, owed, owing, receivable, to be paid

pay back 1 get even with (Inf.), get one's own back, hit back, reciprocate, recompense, retaliate, settle a score 2 refund, reimburse, repay, return, settle up, square

payment 1 defrayal, discharge, outlay, paying, remittance, settlement 2 advance, deposit, instalment, portion, premium, remittance 3 fee, hire, remuneration, reward, wage

pay off 1 discharge, dismiss, fire, lay off, let go, sack (Inf.) 2 clear, discharge, liquidate, pay in full, settle, square 3 be effective (profitable, successful), succeed, work 4 get even with (Inf.), pay back, retaliate, settle a score 5 (Inf.) bribe, buy off, corrupt, get at, grease the palm of (Sl.), oil (Inf.), suborn

pay out 1 cough up (Inf.), disburse, expend, fork out *or* over *or* up (Sl.), lay out (Inf.), shell out (Inf.), spend 2 get even with (Inf.), pay back, retaliate, settle a score

peace 1 accord, agreement, amity, concord, harmony 2 armistice, cessation of hostilities, conciliation, pacification, treaty, truce 3 calm, composure, contentment, placidity, relaxation, repose, serenity 4 calm, calmness, hush, peacefulness, quiet, quietude, repose, rest, silence, stillness, tranquillity

peaceable 1 amiable, amicable, conciliatory, dovish, friendly, gentle, inoffensive, mild, nonbelligerent, pacific, peaceful, peace-loving, placid, unwarlike 2 balmy, calm, peaceful, quiet, restful, serene, still, tranquil, undisturbed

peaceful 1 amicable, at peace, free from strife, friendly, harmonious, nonviolent, on friendly *or* good terms, without hostility 2 calm, gentle, placid, quiet, restful, serene, still, tranquil, undisturbed, unruffled, untroubled 3 conciliatory, irenic, pacific, peaceable, peace-loving, placatory, unwarlike

peacemaker appeaser, arbitrator, conciliator, mediator, pacifier, peacemonger

peak
◆ n. 1 aiguille, apex, brow, crest, pinnacle, point, summit, tip, top 2 acme, apogee, climax, crown, culmination, high point, maximum point, ne plus ultra, zenith
◆ v. 3 be at its height, climax, come to a head, culminate, reach its highest point, reach the zenith

peal 1 n. blast, carillon, chime, clamour, clang, clap, crash, resounding, reverberation, ring, ringing, roar, rumble, sound, tintinnabulation 2 v. chime, crack, crash, resonate, resound, reverberate, ring, roar, roll, rumble, sound, tintinnabulate, toll

peasant 1 churl (Archaic), countryman, hind (Obsolete), rustic, son of the soil, swain (Archaic) 2 (Inf.) boor, churl, country bumpkin, hayseed (U.S. & Canad. inf.), hick (Inf., chiefly U.S. & Canad.), lout, provincial, yokel

peccadillo error, indiscretion, infraction, lapse, misdeed, misdemeanour, petty offence, slip, trifling fault

peck v./n. bite, dig, hit, jab, kiss, nibble, pick, poke, prick, strike, tap

peculiar 1 abnormal, bizarre, curious, eccentric, exceptional, extraordinary, far-out (Sl.), freakish, funny, odd, offbeat, off-the-wall (Sl.), outlandish, out-of-the-way, outré, quaint, queer, singular, strange, uncommon, unconventional, unusual, wacko (Sl.), weird 2 appropriate, characteristic, distinct, distinctive, distinguishing, endemic, idiosyncratic, individual, local, particular, personal, private, restricted, special, specific, unique

peculiarity 1 abnormality, bizarreness, eccentricity, foible, freakishness, idiosyncrasy, mannerism, oddity, odd trait, queerness, quirk 2 attribute, characteristic, distinctiveness, feature, mark, particularity, property, quality, singularity, speciality, trait

pedagogue dogmatist, dominie (Scot.), educator, instructor, master, mistress, pedant, schoolmaster, schoolmistress, teacher

pedantic abstruse, academic, bookish, didactic, donnish, erudite, formal, fussy, hairsplitting, nit-picking (Inf.), overnice, particular, pedagogic, picky (Inf.), pompous, precise, priggish, punctilious, scholastic, schoolmasterly, sententious, stilted

pedantry bookishness, finicality, hairsplitting, overnicety, pedagogism, pettifoggery, pomposity, punctiliousness, quibbling, sophistry, stuffiness

peddle flog (Sl.), hawk, huckster, market, push (Inf.), sell, sell door to door, trade, vend

pedestal 1 base, dado (Architect.), foot, foundation, mounting, pier, plinth, socle, stand, support 2 **put on a pedestal** apotheosize, deify, dignify, ennoble, exalt, glorify, idealize, worship

pedestrian 1 n. footslogger, foot-traveller, walker 2 adj. banal, boring, commonplace, dull, flat, ho-hum (Inf.), humdrum, mediocre, mundane, ordinary, plodding, prosaic, run-of-the-mill, unimaginative, uninspired, uninteresting

pedigree 1 n. ancestry, blood, breed, derivation, descent, extraction, family, family tree, genealogy, heritage, line, lineage, race, stemma, stirps, stock 2 adj. full-blooded, purebred, thoroughbred

peek 1 v. glance, keek (Scot.), look, peep, peer, snatch a glimpse, sneak a look, spy, squinny, take *or* have a gander (Inf.), take a look 2 n. blink, butcher's (Brit. sl.), gander (Inf.), glance, glim (Scot.), glimpse, keek (Scot.), look, look-see (Sl.), peep, shufti (Brit. sl.)

peel 1 v. decorticate, desquamate, flake off, pare, scale, skin, strip off 2 n. epicarp, exocarp, peeling, rind, skin

peep
◆ v. 1 keek (Scot.), look from hiding, look surreptitiously, peek, peer, sneak a look, spy, steal a look 2 appear briefly, emerge, peer out, show partially
◆ n. 3 butcher's (Brit. sl.), gander (Inf.), glim (Scot.), glimpse, keek (Scot.), look, look-see (Sl.), peek, shufti (Brit. sl.)

peephole aperture, chink, crack, crevice, fissure, hole, keyhole, opening, pinhole, slit, spyhole

peer[1] v. 1 gaze, inspect, peep, scan, scrutinize, snoop, spy, squinny, squint 2 appear, become visible, emerge, peep out

peer[2] n. 1 aristo (Inf.), aristocrat, baron, count, duke, earl, lord, marquess, marquis, noble, nobleman, viscount 2 coequal, compeer, equal, fellow, like, match

peerage aristocracy, lords and ladies, nobility, peers, titled classes

peerless beyond compare, excellent, incomparable, matchless, nonpareil, outstanding, second to none, superlative, unequalled, unique, unmatched, unparalleled, unrivalled, unsurpassed

peevish acrimonious, cantankerous, captious, childish, churlish, crabbed, cross, crotchety (Inf.), crusty, fractious, fretful, grumpy, huffy, ill-natured, ill-tempered, irritable, liverish, pettish, petulant, querulous, ratty (Brit. & N.Z. inf.), short-tempered, shrewish, snappy, splenetic, sulky, sullen, surly, testy, tetchy, touchy, waspish, whingeing (Inf.)

peg v. 1 attach, fasten, fix, join, make fast, secure 2 (With **along** *or* **away**) apply oneself to, beaver away (Brit. inf.), keep at it, keep going, keep on, persist, plod along, plug away at (Inf.), stick to it, work at, work away 3 (Of prices, etc.) control, fix, freeze, limit, set

pelt v. 1 assail, batter, beat, belabour, bombard, cast, hurl, pepper, pummel, shower, sling, strike, thrash, throw, wallop (Inf.) 2 barrel (along) (Inf., chiefly U.S. & Canad.), belt (Sl.), burn rubber (Inf.), career, charge, dash, hurry, run fast, rush, shoot, speed, tear, whiz (Inf.) 3 bucket down (Inf.), pour, rain cats and dogs (Inf.), rain hard, teem

pen[1] v. commit to paper, compose, draft, draw up, jot down, write

pen[2] 1 n. cage, coop, enclosure, fold, hutch, pound, sty 2 v. cage, confine, coop up, enclose, fence in, hedge, hem in, hurdle, impound, mew (up), pound, shut up *or* in

penal corrective, disciplinary, penalizing, punitive, retributive

penalize award a penalty against (Sport), correct, discipline, handicap, impose a penalty on, inflict a handicap on, punish, put at a disadvantage

penalty disadvantage, fine, forfeit, forfeiture, handicap, mulct, price, punishment, retribution

penance 1 atonement, mortification, penalty, punishment, reparation, sackcloth and ashes 2 **do penance** accept punishment, atone, make amends, make reparation, mortify oneself, show contrition, suffer

penchant affinity, bent, bias, disposition, fondness, inclination, leaning, liking, partiality, predilection, predisposition, proclivity, proneness, propensity, taste, tendency, turn

pending awaiting, forthcoming, hanging fire, imminent, impending, in the balance, in the offing, undecided, undetermined, unsettled, up in the air

penetrate 1 bore, enter, go through, impale, perforate, pierce, prick, probe, stab 2 diffuse, enter, get in, infiltrate, permeate, pervade, seep, suffuse 3 (Fig.) affect, become clear, be understood, come across, get through to, impress, touch 4 (Fig.) comprehend, decipher, discern, fathom, figure out (Inf.), get to the bottom of, grasp, suss (out) (Sl.), understand, unravel, work out

penetrating 1 biting, carrying, harsh, intrusive, pervasive, piercing, pungent, sharp, shrill, stinging, strong 2 (Fig.) acute, astute, critical, discerning, discriminating, incisive, intelligent, keen, perceptive, perspicacious, profound, quick, sagacious, searching, sharp, sharp-witted, shrewd

penetration 1 entrance, entry, incision, inroad, invasion, perforation, piercing, puncturing 2 acuteness, astuteness, discernment, insight, keenness, perception, perspicacity, sharpness, shrewdness, wit

penitence compunction, contrition, regret, remorse, repentance, ruefulness, self-reproach, shame, sorrow

penitent adj. abject, apologetic, atoning, conscience-stricken, contrite, regretful, remorseful, repentant, rueful, sorrowful, sorry

penmanship calligraphy, chirography, fist (Inf.), hand, handwriting, longhand, script, writing

pen name allonym, nom de plume, pseudonym

pennant banderole, banner, burgee (Nautical), ensign, flag, jack, pennon, streamer

penniless bankrupt, broke (Inf.), cleaned out (Sl.), destitute, dirt-poor (Inf.), down and out, flat broke (Inf.), impecunious, impoverished, indigent, moneyless, necessitous, needy, on one's uppers, penurious, poor, poverty-stricken, ruined, short, skint (Brit. sl.), stony-broke (Brit. sl.), strapped (Sl.), without a penny to one's name, without two pennies to rub together (Inf.)

pension allowance, annuity, benefit, superannuation

pensioner O.A.P., retired person, senior citizen

pensive blue (Inf.), cogitative, contemplative, dreamy, grave, in a brown study (Inf.), meditative, melancholy, mournful, musing, preoccupied, reflective, ruminative, sad, serious, sober, solemn, sorrowful, thoughtful, wistful

pent-up bottled up, bridled, checked, constrained, curbed, held back, inhibited, repressed, smothered, stifled, suppressed

penury 1 beggary, destitution, indigence, need, pauperism, poverty, privation, straitened circumstances, want 2 dearth, deficiency, lack, paucity, scantiness, scarcity, shortage, sparseness

people
◆ n. 1 human beings, humanity, humans, mankind, men and women, mortals, persons 2 citizens, clan, community, family, folk, inhabitants, nation, population, public, race, tribe 3 commonalty, crowd, general public, grass roots, hoi polloi, masses, mob, multitude, plebs, populace, rabble, rank and file, the herd
◆ v. 4 colonize, inhabit, occupy, populate, settle

pepper v. 1 flavour, season, spice 2 bespeckle, dot, fleck, spatter, speck, sprinkle, stipple, stud 3 bombard, pelt, riddle, scatter, shower

peppery [1] fiery, highly seasoned, hot, piquant, pungent, spicy [2] choleric, hot-tempered, irascible, irritable, quick-tempered, snappish, testy, touchy, vitriolic, waspish [3] astringent, biting, caustic, incisive, sarcastic, sharp, stinging, trenchant, vitriolic

perceive [1] be aware of, behold, descry, discern, discover, distinguish, espy, make out, note, notice, observe, recognize, remark, see, spot [2] appreciate, apprehend, comprehend, conclude, deduce, feel, gather, get (Inf.), grasp, know, learn, realize, see, sense, suss (out) (Sl.), understand

perceptible apparent, appreciable, blatant, clear, conspicuous, detectable, discernible, distinct, evident, noticeable, observable, obvious, palpable, perceivable, recognizable, tangible, visible

perception apprehension, awareness, conception, consciousness, discernment, feeling, grasp, idea, impression, insight, notion, observation, recognition, sensation, sense, taste, understanding

perceptive acute, alert, astute, aware, discerning, insightful, intuitive, observant, penetrating, percipient, perspicacious, quick, responsive, sensitive, sharp

perch [1] n. branch, pole, post, resting place, roost [2] v. alight, balance, land, rest, roost, settle, sit on

perchance by chance, for all one knows, haply (Archaic), maybe, mayhap (Archaic), peradventure (Archaic), perhaps, possibly, probably

percipient alert, alive, astute, aware, discerning, discriminating, intelligent, penetrating, perceptive, perspicacious, quick-witted, sharp, wide-awake

percolate drain, drip, exude, filter, filtrate, leach, ooze, penetrate, perk (of coffee, inf.), permeate, pervade, seep, strain, transfuse

percussion blow, brunt, bump, clash, collision, concussion, crash, impact, jolt, knock, shock, smash, thump

peremptory [1] absolute, binding, categorical, commanding, compelling, decisive, final, imperative, incontrovertible, irrefutable, obligatory, undeniable [2] arbitrary, assertive, authoritative, autocratic, bossy (Inf.), dictatorial, dogmatic, domineering, high-handed, imperious, intolerant, overbearing

perennial [1] abiding, chronic, constant, continual, continuing, enduring, incessant, inveterate, lasting, lifelong, persistent, recurrent, unchanging [2] ceaseless, deathless, eternal, everlasting, immortal, imperishable, never-ending, permanent, perpetual, unceasing, undying, unfailing, uninterrupted

perfect
- **adj.** [1] absolute, complete, completed, consummate, entire, finished, full, out-and-out, sheer, unadulterated, unalloyed, unmitigated, utter, whole [2] blameless, clean, excellent, faultless, flawless, ideal, immaculate, impeccable, pure, splendid, spotless, sublime, superb, superlative, supreme, unblemished, unmarred, untarnished [3] accurate, close, correct, exact, faithful, precise, right, spot-on (Brit. inf.), strict, true, unerring [4] accomplished, adept, experienced, expert, finished, masterly, polished, practised, skilful, skilled
- **v.** [5] accomplish, achieve, carry out, complete, consummate, effect, finish, fulfil, perform, realize [6] ameliorate, cultivate, develop, elaborate, hone, improve, polish, refine

perfection [1] accomplishment, achievement, achieving, completion, consummation, evolution, fulfilment, realization [2] completeness, exactness, excellence, exquisiteness, faultlessness, integrity, maturity, perfectness, precision, purity, sublimity, superiority, wholeness [3] acme, crown, ideal, paragon

perfectionist formalist, precisian, precisionist, purist, stickler

perfectly [1] absolutely, altogether, completely, consummately, entirely, fully, quite, thoroughly, totally, utterly, wholly [2] admirably, exquisitely, faultlessly, flawlessly, ideally, impeccably, superbly, superlatively, supremely, to perfection, wonderfully

perfidious corrupt, deceitful, dishonest, disloyal, double-dealing, double-faced, faithless, false, recreant (Archaic), traitorous, treacherous, treasonous, two-faced, unfaithful, untrustworthy

perfidy betrayal, deceit, disloyalty, double-dealing, duplicity, faithlessness, falsity, infidelity, perfidiousness, treachery, treason

perforate bore, drill, hole, honeycomb, penetrate, pierce, punch, puncture

perform [1] accomplish, achieve, act, bring about, carry out, complete, comply with, discharge, do, effect, execute, fulfil, function, observe, pull off, satisfy, transact, work [2] act, appear as, depict, enact, play, present, produce, put on, render, represent, stage

performance [1] accomplishment, achievement, act, carrying out, completion, conduct, consummation, discharge, execution, exploit, feat, fulfilment, work [2] acting, appearance, exhibition, gig (Inf.), interpretation, play, portrayal, presentation, production, representation, show [3] action, conduct, efficiency, functioning, operation, practice, running, working [4] (Inf.) act, behaviour, bother, business, carry-on (Inf., chiefly Brit.), fuss, pother, rigmarole, to-do

performer actor, actress, artiste, play-actor, player, Thespian, trouper

perfume aroma, attar, balminess, bouquet, cologne, essence, fragrance, incense, niff (Brit. sl.), odour, redolence, scent, smell, sweetness

perfunctory automatic, careless, cursory, heedless, inattentive, indifferent, mechanical, negligent, offhand, routine, sketchy, slipshod, slovenly, stereotyped, superficial, unconcerned, unthinking, wooden

perhaps as the case may be, conceivably, feasibly, for all one knows, it may be, maybe, perchance (Archaic), possibly

peril danger, exposure, hazard, insecurity, jeopardy, menace, pitfall, risk, uncertainty, vulnerability

perilous chancy (Inf.), dangerous, exposed, fraught with danger, hairy (Sl.), hazardous, parlous (Archaic), precarious, risky, threatening, unsafe, unsure, vulnerable

perimeter ambit, border, borderline, boundary, bounds, circumference, confines, edge, limit, margin, periphery

period [1] interval, season, space, span, spell, stretch, term, time, while [2] aeon, age, course, cycle, date, days, epoch, era, generation, season, stage, term, time, years

periodical n. journal, magazine, monthly, organ, paper, publication, quarterly, review, serial, weekly

perish [1] be killed, be lost, decease, die, expire, lose one's life, pass away [2] be destroyed, collapse, decline, disappear, fall, go under, vanish [3] decay, decompose, disintegrate, moulder, rot, waste, wither

perishable decaying, decomposable, destructible, easily spoilt, liable to rot, short-lived, unstable

perjure (oneself) bear false witness, commit perjury, forswear, give false testimony, lie under oath, swear falsely

perjury bearing false witness, false oath, false statement, false swearing, forswearing, giving false testimony, lying under oath, oath breaking, violation of an oath, wilful falsehood

permanence constancy, continuance, continuity, dependability, durability, duration, endurance, finality, fixedness, fixity, immortality, indestructibility, lastingness, perdurability (Rare), permanency, perpetuity, stability, survival

permanent abiding, constant, durable, enduring, eternal, everlasting, fixed, immovable, immutable, imperishable, indestructible, invariable, lasting, long-lasting, perennial, perpetual, persistent, stable, steadfast, unchanging, unfading

permeate charge, diffuse throughout, fill, filter through, imbue, impregnate, infiltrate, pass through, penetrate, percolate, pervade, saturate, seep through, soak through, spread throughout

permissible acceptable, admissible, allowable, all right, authorized, kosher (Inf.), lawful, legal, legit (Sl.), legitimate, licit, OK or okay (Inf.), permitted, proper, sanctioned

permission allowance, approval, assent, authorization, consent, dispensation, freedom, go-ahead (Inf.), green light, leave, liberty, licence, permit, sanction, sufferance, tolerance

permissive acquiescent, easy-going, easy-oasy (Sl.), forbearing, free, indulgent, latitudinarian, lax, lenient, liberal, open-minded, tolerant

permit [1] v. admit, agree, allow, authorize, consent, empower, enable, endorse, endure, entitle, give leave or permission, grant, let, license, own, sanction, suffer, tolerate, warrant [2] n. authorization, liberty, licence, pass, passport, permission, sanction, warrant

permutation alteration, change, shift, transformation, transmutation, transposition

pernicious bad, baleful, baneful (Archaic), damaging, dangerous, deadly, deleterious, destructive, detrimental, evil, fatal, harmful, hurtful, injurious, maleficent, malevolent, malicious, malign, malignant, noisome, noxious, offensive, pestilent, poisonous, ruinous, venomous, wicked

pernickety [1] careful, carping, difficult to please, exacting, fastidious, finicky, fussy, hair-splitting, nice, nit-picking (Inf.), overprecise, painstaking, particular, picky (Inf.), punctilious [2] detailed, exacting, fiddly, fine, tricky

peroration closing remarks, conclusion, recapitulation, recapping (Inf.), reiteration, summing-up

perpendicular at right angles to, on end, plumb, straight, upright, vertical

perpetrate be responsible for, bring about, carry out, commit, do, effect, enact, execute, inflict, perform, wreak

perpetual [1] abiding, endless, enduring, eternal, everlasting, immortal, infinite, lasting, never-ending, perennial, permanent, sempiternal (Literary), unchanging, undying, unending [2] ceaseless, constant, continual, continuous, endless, incessant, interminable, never-ending, perennial, persistent, recurrent, repeated, unceasing, unfailing, uninterrupted, unremitting

perpetuate continue, eternalize, immortalize, keep alive, keep going, keep up, maintain, preserve, sustain

perplex [1] baffle, befuddle, beset, bewilder, confound, confuse, dumbfound, flummox, mix up, muddle, mystify, nonplus, puzzle, stump [2] complicate, encumber, entangle, involve, jumble, mix up, snarl up, tangle, thicken

perplexing baffling, bewildering, complex, complicated, confusing, difficult, enigmatic, hard, inexplicable, intricate, involved, knotty, labyrinthine, mysterious, mystifying, paradoxical, puzzling, strange, taxing, thorny, unaccountable, weird

perplexity [1] bafflement, bewilderment, confusion, incomprehension, mystification, puzzlement, stupefaction [2] complexity, difficulty, inextricability, intricacy, involvement, obscurity [3] difficulty, dilemma, enigma, fix (Inf.), knotty problem, mystery, paradox, puzzle, snarl

perquisite benefit, bonus, dividend, extra, fringe benefit, icing on the cake, perk (Brit. inf.), plus

persecute [1] afflict, be on one's back (Sl.), distress, dragoon, harass, hassle (Inf.), hound, hunt, ill-treat, injure, maltreat, martyr, molest, oppress, pursue, torment, torture, victimize [2] annoy, badger, bait, bother, pester, tease, vex, worry

perseverance constancy, dedication, determination, diligence, doggedness, endurance, indefatigability, persistence, pertinacity, purposefulness, resolution, sedulity, stamina, steadfastness, tenacity

persevere be determined or resolved, carry on, continue, endure, go on, hang on, hold fast, hold on (Inf.), keep going, keep on or at, maintain, persist, plug away (Inf.), pursue, remain, stand firm, stick at or to

persist [1] be resolute, continue, hold on (Inf.), insist, persevere, stand firm [2] abide, carry on, continue, endure, keep up, last, linger, remain

persistence constancy, determination, diligence, doggedness, endurance, grit, indefatigability, perseverance, pertinacity, pluck, resolution, stamina, steadfastness, tenacity, tirelessness

persistent [1] assiduous, determined, dogged, enduring, fixed, immovable, indefatigable, obdurate, obstinate, persevering, pertinacious, resolute, steadfast, steady, stiff-necked, stubborn, tenacious, tireless, unflagging [2] constant, continual, continuous, endless, incessant, interminable, never-ending, perpetual, relentless, repeated, unrelenting, unremitting

person [1] being, body, human, human being, individual, living soul, soul [2] **in person** bodily, in the flesh, oneself, personally

personable affable, agreeable, amiable, attractive, charming, good-looking, handsome, likable or likeable, nice, pleasant, pleasing, presentable, winning

personage big noise (Inf.), big shot (Inf.), celeb (Inf.), celebrity, dignitary, luminary, megastar (Inf.), notable, personality, public figure, somebody, VIP, well-known person, worthy

personal 1 exclusive, individual, intimate, own, particular, peculiar, private, privy, special 2 bodily, corporal, corporeal, exterior, material, physical 3 derogatory, disparaging, insulting, nasty, offensive, pejorative, slighting

personality 1 character, disposition, identity, individuality, make-up, nature, psyche, temper, temperament, traits 2 attraction, attractiveness, character, charisma, charm, dynamism, likableness or likeableness, magnetism, pleasantness 3 celeb (Inf.), celebrity, famous name, household name, megastar (Inf.), notable, personage, star, well-known face, well-known person

personally 1 alone, by oneself, independently, in person, in the flesh, on one's own, solely 2 for oneself, for one's part, from one's own viewpoint, in one's own view 3 individualistically, individually, privately, specially, subjectively

personate act, depict, do (Inf.), enact, feign, imitate, impersonate, play-act, portray, represent

personification embodiment, epitome, image, incarnation, likeness, portrayal, recreation, representation, semblance

personify body forth, embody, epitomize, exemplify, express, image (Rare), incarnate, mirror, represent, symbolize, typify

personnel employees, helpers, human resources, liveware, members, men and women, people, staff, workers, work force

perspective 1 angle, attitude, broad view, context, frame of reference, objectivity, outlook, overview, proportion, relation, relative importance, relativity, way of looking 2 outlook, panorama, prospect, scene, view, vista

perspicacious acute, alert, astute, aware, clear-sighted, clever, discerning, keen, observant, penetrating, perceptive, percipient, sagacious, sharp, sharp-witted, shrewd

perspicacity acumen, acuteness, discernment, discrimination, insight, keenness, penetration, perceptiveness, percipience, perspicaciousness, perspicuity, sagaciousness, sagacity, sharpness, shrewdness, smarts (Sl., chiefly U.S.), suss (Sl.), wit

perspiration exudation, moisture, sweat, wetness

perspire be damp, be wet, drip, exude, glow, pour with sweat, secrete, sweat, swelter

persuade 1 actuate, advise, allure, bring round (Inf.), coax, counsel, entice, impel, incite, induce, influence, inveigle, prevail upon, prompt, sway, talk into, urge, win over 2 cause to believe, convert, convince, satisfy

persuasion 1 blandishment, cajolery, conversion, enticement, exhortation, inducement, influencing, inveiglement, wheedling 2 cogency, force, persuasiveness, potency, power, pull (Inf.) 3 belief, certitude, conviction, credo, creed, faith, firm belief, fixed opinion, opinion, tenet, views 4 camp, cult, denomination, faction, party, school, school of thought, sect, side

persuasive cogent, compelling, convincing, credible, effective, eloquent, forceful, impelling, impressive, inducing, influential, logical, moving, plausible, sound, telling, touching, valid, weighty, winning

pertain appertain, apply, be appropriate, bear on, befit, belong, be part of, be relevant, concern, refer, regard, relate

pertinacious bull-headed, determined, dogged, headstrong, inflexible, intractable, mulish, obdurate, obstinate, persevering, persistent, perverse, pig-headed, relentless, resolute, self-willed, stiff-necked, strong-willed, stubborn, tenacious, unyielding, wilful

pertinent admissible, ad rem, applicable, apposite, appropriate, apropos, apt, fit, fitting, germane, material, pat, proper, relevant, suitable, to the point, to the purpose

pertness audacity, brashness, brass (Inf.), bumptiousness, cheek (Inf.), cheekiness, chutzpah (U.S. & Canad. inf.), cockiness, effrontery, forwardness, front, impertinence, impudence, insolence, presumption, rudeness, sauciness

perturb 1 agitate, alarm, bother, discompose, disconcert, discountenance, disquiet, disturb, faze, fluster, ruffle, trouble, unnerve, unsettle, upset, vex, worry 2 confuse, disarrange, disorder, muddle, unsettle

perturbed agitated, alarmed, anxious, disconcerted, disquieted, disturbed, fearful, flurried, flustered, ill at ease, nervous, restless, shaken, troubled, uncomfortable, uneasy, upset, worried

perusal browse, check, examination, inspection, look through, read, scrutiny, study

peruse browse, check, examine, inspect, look through, read, run one's eye over, scan, scrutinize, study, work over

pervade affect, charge, diffuse, extend, fill, imbue, infuse, overspread, penetrate, percolate, permeate, spread through, suffuse

pervasive common, extensive, general, inescapable, omnipresent, permeating, pervading, prevalent, rife, ubiquitous, universal, widespread

perverse 1 abnormal, contradictory, contrary, delinquent, depraved, deviant, disobedient, froward, improper, incorrect, miscreant, rebellious, refractory, troublesome, unhealthy, unmanageable, unreasonable 2 contrary, contumacious, cross-grained, dogged, headstrong, intractable, intransigent, obdurate, wilful, wrong-headed 3 contrary, mulish, obstinate, pig-headed, stiff-necked, stubborn, unyielding, wayward 4 cantankerous, churlish, crabbed, cross, fractious, ill-natured, ill-tempered, peevish, petulant, spiteful, stroppy (Brit. sl.), surly

perversion 1 aberration, abnormality, debauchery, depravity, deviation, immorality, kink (Brit. inf.), kinkiness (Sl.), unnaturalness, vice, vitiation, wickedness 2 corruption, distortion, falsification, misinterpretation, misrepresentation, misuse, twisting

perversity contradictiveness, contradictoriness, contrariness, contumacy, frowardness, intransigence, obduracy, refractoriness, waywardness, wrong-headedness

pervert
- v. 1 abuse, distort, falsify, garble, misconstrue, misinterpret, misrepresent, misuse, twist, warp 2 corrupt, debase, debauch, degrade, deprave, desecrate, initiate, lead astray, subvert
- n. 3 debauchee, degenerate, deviant, weirdo or weirdie (Inf.)

perverted aberrant, abnormal, corrupt, debased, debauched, depraved, deviant, distorted, evil, immoral, impaired, kinky (Sl.), misguided, pervy (Sl.), sick, twisted, unhealthy, unnatural, vicious, vitiated, warped, wicked

pessimism cynicism, dejection, depression, despair, despondency, distrust, gloom, gloominess, gloomy outlook, glumness, hopelessness, melancholy, the hump (Brit. inf.)

pessimist cynic, defeatist, doomster, gloom merchant (Inf.), kill-joy, melancholic, misanthrope, prophet of doom, wet blanket (Inf.), worrier

pessimistic bleak, cynical, dark, dejected, depressed, despairing, despondent, distrustful, downhearted, fatalistic, foreboding, gloomy, glum, hopeless, melancholy, misanthropic, morose, resigned, sad

pest 1 annoyance, bane, bore, bother, drag (Inf.), gall, irritation, nuisance, pain (Inf.), pain in the arse (Taboo inf.), pain in the neck (Inf.), thorn in one's flesh, trial, vexation 2 bane, blight, bug, curse, epidemic, infection, pestilence, plague, scourge

pester aggravate (Inf.), annoy, badger, bedevil, bend someone's ear (Inf.), be on one's back (Sl.), bother, bug (Inf.), chivvy, disturb, drive one up the wall (Sl.), fret, get at, get in one's hair (Inf.), get on one's nerves (Inf.), harass, harry, hassle (Inf.), irk, nag, pick on, plague, ride (Inf.), torment, worry

pestilence 1 Black Death, epidemic, pandemic, plague, visitation 2 affliction, bane, blight, cancer, canker, curse, scourge

pestilential 1 annoying, dangerous, deleterious, destructive, detrimental, evil, foul, harmful, hazardous, injurious, pernicious, ruinous, troublesome 2 catching, contagious, contaminated, deadly, disease-ridden, infectious, malignant, noxious, pestiferous, poisonous, venomous

pet[1]
- n. 1 apple of one's eye, blue-eyed boy (Inf.), darling, favourite, idol, jewel, treasure
- adj. 2 cherished, dearest, dear to one's heart, favoured, favourite, particular, preferred, special 3 domesticated, house, house-broken, house-trained (Brit.), tame, trained
- v. 4 baby, coddle, cosset, mollycoddle, pamper, spoil 5 caress, fondle, pat, stroke 6 (Inf.) canoodle (Sl.), cuddle, kiss, neck (Inf.), smooch (Inf.), snog (Brit. sl.)

pet[2] bad mood, bate (Brit. sl.), huff, ill temper, miff (Inf.), paddy (Brit. inf.), paddywhack (Brit. inf.), pique, pout, sulk, sulks, tantrum, temper

peter out come to nothing, die out, dwindle, ebb, evaporate, fade, fail, give out, run dry, run out, stop, taper off, wane

petition 1 n. address, appeal, application, entreaty, invocation, memorial, plea, prayer, request, round robin, solicitation, suit, supplication 2 v. adjure, appeal, ask, beg, beseech, call upon, crave, entreat, plead, pray, press, solicit, sue, supplicate, urge

petrified 1 fossilized, ossified, rocklike 2 aghast, appalled, dazed, dumbfounded, frozen, horrified, numb, scared shitless (Taboo sl.), scared stiff, shit-scared (Taboo sl.), shocked, speechless, stunned, stupefied, terrified, terror-stricken

petrify 1 calcify, fossilize, harden, set, solidify, turn to stone 2 amaze, appal, astonish, astound, confound, dumbfound, horrify, immobilize, paralyze, stun, stupefy, terrify, transfix

petty 1 contemptible, inconsiderable, inessential, inferior, insignificant, little, measly (Inf.), negligible, nickel-and-dime (U.S. sl.), paltry, piddling (Inf.), slight, small, trifling, trivial, unimportant 2 cheap, grudging, mean, mean-minded, shabby, small-minded, spiteful, stingy, ungenerous 3 inferior, junior, lesser, lower, minor, secondary, subordinate

petulance bad temper, crabbiness, ill humour, irritability, peevishness, pettishness, pique, pouts, querulousness, spleen, sulkiness, sullenness, waspishness

petulant bad-tempered, captious, cavilling, crabbed, cross, crusty, fault-finding, fretful, huffy, ill-humoured, impatient, irritable, moody, peevish, perverse, pouting, querulous, ratty (Brit. & N.Z. inf.), snappish, sour, sulky, lsulen, ungracious, waspish

phantasy → fantasy

phantom 1 apparition, eidolon, ghost, phantasm, revenant, shade (Literary), spectre, spirit, spook (Inf.), wraith 2 chimera, figment, figment of the imagination, hallucination, illusion, vision

Pharisee canter, dissembler, dissimulator, fraud, humbug, hypocrite, phoney or phony (Inf.), pietist, whited sepulchre

phase aspect, chapter, condition, development, juncture, period, point, position, stage, state, step, time

phase out axe (Inf.), close, deactivate, dispose of gradually, ease off, eliminate, pull out, remove, replace, run down, taper off, terminate, wind down, wind up, withdraw

phenomenal exceptional, extraordinary, fantastic, marvellous, miraculous, notable, outstanding, prodigious, remarkable, sensational, singular, uncommon, unique, unparalleled, unusual, wondrous (Archaic or literary)

phenomenon 1 circumstance, episode, event, fact, happening, incident, occurrence 2 exception, marvel, miracle, nonpareil, prodigy, rarity, sensation, sight, spectacle, wonder

philander coquet, court, dally, flirt, fool around (Inf.), toy, trifle, womanize (Inf.)

philanderer Casanova, dallier, Don Juan, flirt, gallant, gay dog, ladies' man, lady-killer (Inf.), Lothario, playboy, stud (Sl.), trifler, wolf (Inf.), womanizer (Inf.)

philanthropic alms-giving, altruistic, beneficent, benevolent, benignant, charitable, eleemosynary, gracious, humane, humanitarian, kind, kind-hearted, munificent, public-spirited

philanthropist alms-giver, altruist, benefactor, contributor, donor, giver, humanitarian, patron

philanthropy alms-giving, altruism, beneficence, benevolence, benignity, bounty, brotherly love, charitableness, charity, generosity, humanitarianism, kind-heartedness, largess or largesse, liberality, munificence, openhandedness, patronage, public-spiritedness

philistine 1 n. barbarian, boor, bourgeois, Goth, ignoramus, lout, lowbrow, vulgarian, yahoo 2 adj. anti-intellectual, boorish, bourgeois,

crass, ignorant, lowbrow, tasteless, uncultivated, uncultured, uneducated, unrefined
philosopher dialectician, logician, mahatma, metaphysician, sage, seeker after truth, theorist, thinker, wise man
philosophic, philosophical 1 abstract, erudite, learned, logical, rational, sagacious, theoretical, thoughtful, wise 2 calm, collected, composed, cool, impassive, imperturbable, patient, resigned, sedate, serene, stoical, tranquil, unruffled
philosophy 1 aesthetics, knowledge, logic, metaphysics, rationalism, reason, reasoning, thinking, thought, wisdom 2 attitude to life, basic idea, beliefs, convictions, doctrine, ideology, principle, tenets, thinking, values, viewpoint, Weltanschauung, world-view 3 composure, coolness, dispassion, equanimity, resignation, restraint, self-possession, serenity, stoicism
phlegmatic apathetic, bovine, cold, dull, frigid, heavy, impassive, indifferent, lethargic, listless, lymphatic, matter-of-fact, placid, sluggish, stoical, stolid, undemonstrative, unemotional, unfeeling
phobia aversion, detestation, dislike, distaste, dread, fear, hatred, horror, irrational fear, loathing, obsession, overwhelming anxiety, repulsion, revulsion, terror, thing (Inf.)
phone
◆ n. 1 blower (Inf.), telephone 2 bell (Brit. sl.), buzz (Inf.), call, ring (Inf., chiefly Brit.), tinkle (Brit. inf.)
◆ v. 3 buzz (Inf.), call, get on the blower (Inf.), give someone a bell (Brit. sl.), give someone a buzz (Inf.), give someone a call, give someone a ring (Inf., chiefly Brit.), give someone a tinkle (Brit. inf.), make a call, ring (up) (Inf., chiefly Brit.), telephone
phoney 1 adj. affected, assumed, bogus, counterfeit, ersatz, fake, false, forged, imitation, pseudo (Inf.), put-on, sham, spurious, trick 2 n. counterfeit, fake, faker, forgery, fraud, humbug, impostor, pretender, pseud (Inf.), sham
photograph 1 n. image, likeness, photo (Inf.), picture, print, shot, slide, snap (Inf.), snapshot, transparency 2 v. capture on film, film, get a shot of, record, shoot, snap (Inf.), take, take a picture of, take (someone's) picture
photographic accurate, cinematic, detailed, exact, faithful, filmic, graphic, lifelike, minute, natural, pictorial, precise, realistic, retentive, visual, vivid
phrase 1 n. expression, group of words, idiom, locution, motto, remark, saying, tag, utterance, way of speaking 2 v. couch, express, formulate, frame, present, put, put into words, say, term, utter, voice, word
phraseology choice of words, diction, expression, idiom, language, parlance, phrase, phrasing, speech, style, syntax, wording
physical 1 bodily, carnal, corporal, corporeal, earthly, fleshly, incarnate, mortal, somatic, unspiritual 2 material, natural, palpable, real, sensible, solid, substantial, tangible, visible
physician doc (Inf.), doctor, doctor of medicine, general practitioner, GP, healer, M.D., medic (Inf.), medical practitioner, medico (Inf.), sawbones (Sl.), specialist
physique body, build, constitution, figure, form, frame, make-up, shape, structure
pick
◆ v. 1 choose, decide upon, elect, fix upon, hand-pick, mark out, opt for, select, settle upon, sift out, single out, sort out 2 collect, cull, cut, gather, harvest, pluck, pull 3 have no appetite, nibble, peck at, play or toy with, push the food round the plate 4 foment, incite, instigate, provoke, start 5 break into, break open, crack, force, jemmy, open, prise open 6 **pick one's way** be tentative, find or make one's way, move cautiously, tread carefully, work through
◆ n. 7 choice, choosing, decision, option, preference, selection 8 choicest, crème de la crème, elect, elite, flower, pride, prize, the best, the cream, the tops (Sl.)
picket
◆ n. 1 pale, paling, palisade, peg, post, stake, stanchion, upright 2 demonstrator, flying picket, picketer, protester 3 guard, lookout, patrol, scout, sentinel, sentry, spotter, vedette (Military), watch
◆ v. 4 blockade, boycott, demonstrate 5 corral (U.S.), enclose, fence, hedge in, palisade, pen in, rail in, shut in, wall in
pickle
◆ n. 1 (Inf.) bind (Inf.), difficulty, dilemma, fix (Inf.), hot water (Inf.), jam (Inf.), predicament, quandary, scrape (Inf.), spot (Inf.), tight spot 2 (Brit. inf.) little horror, mischief, mischief maker, monkey, naughty child, rascal
◆ v. 3 cure, keep, marinade, preserve, steep
pick-me-up bracer (Inf.), drink, pick-up (Sl.), refreshment, restorative, roborant, shot in the arm (Inf.), stimulant, tonic
pick on badger, bait, blame, bully, goad, hector, tease, torment
pick out 1 choose, cull, hand-pick, select, separate the sheep from the goats, single out, sort out 2 discriminate, distinguish, make distinct, make out, notice, perceive, recognize, tell apart
pick up v. 1 gather, grasp, hoist, lift, raise, take up, uplift 2 buy, come across, find, garner, happen upon, obtain, purchase, score (Sl.) 3 gain, gain ground, get better, improve, make a comeback (Inf.), mend, perk up, rally, recover, take a turn for the better 4 call for, collect, get, give someone a lift, go to get, uplift (Scot.) 5 acquire, get the hang of (Inf.), learn, master 6 (Sl.) apprehend, arrest, bust (Inf.), collar (Inf.), do (Sl.), feel one's collar (Sl.), lift (Sl.), nab (Inf.), nail (Inf.), nick (Sl., chiefly Brit.), pinch (Inf.), pull in (Brit. sl.), run in (Sl.), take into custody
picnic 1 excursion, fête champêtre, outdoor meal, outing 2 (Inf.) breeze (U.S. & Canad. inf.), cakewalk (Inf.), child's play (Inf.), cinch (Sl.), duck soup (U.S. sl.), piece of cake (Brit. inf.), pushover (Sl.), snap (Inf.), walkover (Inf.)
pictorial expressive, graphic, illustrated, picturesque, representational, scenic, striking, vivid
picture
◆ n. 1 delineation, drawing, effigy, engraving, illustration, image, likeness, painting, photograph, portrait, portrayal, print, representation, similitude, sketch 2 account, depiction, description, image, impression, re-creation, report 3 carbon copy, copy, dead ringer (Sl.), double, duplicate, image, likeness, living image, lookalike, replica, ringer (Sl.), spit (Inf., chiefly Brit.), spit and image (Inf.), spitting image (Inf.), twin 4 archetype, embodiment, epitome, essence, living example, perfect example, personification 5 film, flick (Sl.), motion picture, movie (U.S. inf.)
◆ v. 6 conceive of, envision, image, see, see in the mind's eye, visualize 7 delineate, depict, describe, draw, illustrate, paint, photograph, portray, render, represent, show, sketch
picturesque attractive, beautiful, charming, colourful, graphic, pretty, quaint, scenic, striking, vivid
piddling chickenshit (U.S. sl.), crappy (Sl.), derisory, fiddling, insignificant, little, measly (Inf.), Mickey Mouse (Sl.), nickel-and-dime (U.S. sl.), paltry, petty, piffling, poxy (Sl.), puny, trifling, trivial, unimportant, useless, worthless
piebald black and white, brindled, dappled, flecked, mottled, pied, speckled, spotted
piece
◆ n. 1 allotment, bit, chunk, division, fraction, fragment, length, morsel, mouthful, part, portion, quantity, scrap, section, segment, share, shred, slice 2 case, example, instance, occurrence, sample, specimen, stroke 3 article, bit (Inf.), composition, creation, item, production, study, work, work of art 4 **go to pieces** break down, crack up (Inf.), crumple, disintegrate, fall apart, lose control, lose one's head 5 **in pieces** broken, bust (Inf.), damaged, disintegrated, in bits, in smithereens, ruined, shattered, smashed 6 **of a piece** alike, analogous, consistent, identical, of the same kind, similar, the same, uniform
◆ v. 7 (Often with **together**) assemble, compose, fix, join, mend, patch, repair, restore, unite
pièce de résistance chef-d'oeuvre, jewel, masterpiece, masterwork, showpiece
piecemeal 1 adv. at intervals, bit by bit, by degrees, by fits and starts, fitfully, intermittently, little by little, partially, slowly 2 adj. fragmentary, intermittent, interrupted, partial, patchy, spotty, unsystematic
pier n. 1 jetty, landing place, promenade, quay, wharf 2 buttress, column, pile, piling, pillar, post, support, upright
pierce 1 bore, drill, enter, impale, penetrate, perforate, prick, probe, puncture, run through, spike, stab, stick into, transfix 2 comprehend, discern, discover, fathom, grasp, realize, see, understand 3 (Fig.) affect, cut, cut to the quick, excite, hurt, move, pain, rouse, sting, stir, strike, thrill, touch, wound
piercing 1 (Usually of sound) ear-splitting, high-pitched, loud, penetrating, sharp, shattering, shrill 2 alert, aware, keen, penetrating, perceptive, perspicacious, probing, quick-witted, searching, sharp, shrewd 3 (Usually of weather) arctic, biting, bitter, cold, freezing, frosty, keen, nipping, nippy, numbing, raw, wintry 4 acute, agonizing, excruciating, exquisite, fierce, intense, painful, powerful, racking, severe, sharp, shooting, stabbing
piety devotion, devoutness, dutifulness, duty, faith, godliness, grace, holiness, piousness, religion, reverence, sanctity, veneration
pig 1 boar, grunter, hog, piggy, piglet, porker, shoat, sow, swine 2 (Inf.) animal, beast, boor, brute, glutton, greedy guts (Sl.), guzzler, hog (Inf.), slob (Sl.), sloven, swine
pigeon 1 bird, culver (Archaic), cushat, dove, squab 2 (Sl.) dupe, fall guy (Inf.), gull (Archaic), mug (Brit. sl.), sitting duck, sucker (Sl.), victim 3 (Brit. inf.) baby (Sl.), business, concern, lookout (Inf.), responsibility, worry
pigeonhole
◆ n. 1 compartment, cubbyhole, cubicle, locker, niche, place, section 2 (Inf.) category, class, classification, slot (Inf.)
◆ v. 3 defer, file, postpone, put off, shelve 4 catalogue, characterize, classify, codify, compartmentalize, label, slot (Inf.), sort
pigheaded bull-headed, contrary, cross-grained, dense, froward, inflexible, mulish, obstinate, perverse, self-willed, stiff-necked, stubborn, stupid, unyielding, wilful, wrong-headed
pigment colorant, colour, colouring, colouring matter, dye, dyestuff, paint, stain, tincture, tint
pigmy → **pygmy**
pile[1] beam, column, foundation, pier, piling, pillar, post, support, upright
pile[2]
◆ n. 1 accumulation, assemblage, assortment, collection, heap, hoard, mass, mound, mountain, stack, stockpile 2 (Inf.) big bucks (Inf., chiefly U.S.), big money, bomb (Brit. sl.), fortune, megabucks (U.S. & Canad. sl.), mint, money, packet (Sl.), pot, pretty penny (Inf.), tidy sum (Inf.), wad (U.S. & Canad. sl.), wealth 3 Often plural (Inf.) a lot, great deal, ocean, oodles (Inf.), quantity, stacks 4 building, edifice, erection, structure
◆ v. 5 accumulate, amass, assemble, collect, gather, heap, hoard, load up, mass, stack, store 6 charge, crowd, crush, flock, flood, jam, pack, rush, stream
pile[3] down, fibre, filament, fur, hair, nap, plush, shag, surface
piles haemorrhoids
pileup accident, collision, crash, multiple collision, smash, smash-up (Inf.)
pilfer appropriate, blag (Sl.), cabbage (Brit. sl.), embezzle, filch, knock off (Sl.), lift (Inf.), nick (Sl., chiefly Brit.), pinch (Inf.), purloin, rifle, rob, snaffle (Brit. inf.), snitch (Sl.), steal, swipe (Sl.), take, thieve, walk off with
pilgrim crusader, hajji, palmer, traveller, wanderer, wayfarer
pilgrimage crusade, excursion, expedition, hajj, journey, mission, tour, trip
pill 1 bolus, capsule, pellet, pilule, tablet 2 **the pill** oral contraceptive 3 (Sl.) bore, drag (Inf.), nuisance, pain (Inf.), pain in the neck (Inf.), pest, trial
pillage
◆ v. 1 depredate (Rare), despoil, freeboot, loot, maraud, plunder, raid, ransack, ravage, reive (Dialect), rifle, rob, sack, spoil (Archaic), spoliate, strip
◆ n. 2 depredation, devastation, marauding, plunder, rapine, robbery, sack, spoliation 3 booty, loot, plunder, spoils
pillar 1 column, pier, pilaster, piling, post, prop, shaft, stanchion, support, upright 2 leader, leading light (Inf.), mainstay, rock, supporter, tower of strength, upholder, worthy
pillory v. brand, cast a slur on, denounce, expose to ridicule, heap or pour scorn on, hold up to shame, lash, show up, stigmatize
pilot 1 n. airman, aviator, captain, conductor, coxswain, director, flier, guide, helmsman, leader, navigator, steersman 2 v. conduct, control, direct, drive, fly, guide, handle, lead, manage, navigate, operate, shepherd, steer 3 adj. experimental, model, test, trial

pimple boil, papule (Pathol.), plook (Scot.), pustule, spot, swelling, zit (Sl.)

pin v. 1 affix, attach, fasten, fix, join, secure 2 fix, hold down, hold fast, immobilize, pinion, press, restrain

pinch
- v. 1 compress, grasp, nip, press, squeeze, tweak 2 chafe, confine, cramp, crush, hurt, pain 3 afflict, be stingy, distress, economize, oppress, pinch pennies, press, scrimp, skimp, spare, stint 4 (Inf.) blag (Sl.), cabbage (Brit. sl.), filch, knock off (Sl.), lift (Inf.), nick (Sl., chiefly Brit.), pilfer, purloin, rob, snaffle (Brit. inf.), snatch, snitch (Sl.), steal, swipe (Sl.) 5 (Inf.) apprehend, arrest, bust (Inf.), collar (Inf.), do (Sl.), feel one's collar (Sl.), lift (Sl.), nab (Inf.), nail (Inf.), nick (Sl., chiefly Brit.), pick up (Sl.), pull in (Brit. sl.), run in (Sl.), take into custody
- n. 6 nip, squeeze, tweak 7 bit, dash, jot, mite, small quantity, soupçon, speck, taste 8 crisis, difficulty, emergency, exigency, hardship, necessity, oppression, pass, plight, predicament, pressure, strait, stress

pinched careworn, drawn, gaunt, haggard, peaky, starved, thin, worn

pin down 1 compel, constrain, force, make, press, pressurize 2 designate, determine, home in on, identify, locate, name, pinpoint, specify 3 bind, confine, constrain, fix, hold, hold down, immobilize, nail down, tie down

pine 1 (Often with **for**) ache, carry a torch for, covet, crave, desire, eat one's heart out over, hanker, hunger for, long, lust after, sigh, thirst for, wish, yearn 2 decay, decline, droop, dwindle, fade, flag, languish, peak, sicken, sink, waste, weaken, wilt, wither

pinion v. bind, chain, confine, fasten, fetter, immobilize, manacle, pin down, shackle, tie

pink 1 n. acme, best, height, peak, perfection, summit 2 adj. flesh, flushed, reddish, rose, roseate, rosy, salmon

pinnacle 1 acme, apex, apogee, crest, crown, eminence, height, meridian, peak, summit, top, vertex, zenith 2 belfry, cone, needle, obelisk, pyramid, spire, steeple

pinpoint define, distinguish, get a fix on, home in on, identify, locate, spot

pint ale, beer, jar (Brit. inf.), jug (Brit. inf.)

pioneer
- n. 1 colonist, colonizer, explorer, frontiersman, settler 2 developer, founder, founding father, innovator, leader, trailblazer
- v. 3 create, develop, discover, establish, initiate, instigate, institute, invent, launch, lay the groundwork, map out, open up, originate, prepare, show the way, start, take the lead

pious 1 dedicated, devoted, devout, God-fearing, godly, holy, religious, reverent, righteous, saintly, spiritual 2 goody-goody, holier-than-thou, hypocritical, pietistic, religiose, sanctimonious, self-righteous, unctuous

pipe
- n. 1 conduit, conveyor, duct, hose, line, main, passage, pipeline, tube 2 briar, clay, meerschaum 3 fife, horn, tooter, whistle, wind instrument
- v. 4 cheep, peep, play, sing, sound, tootle, trill, tweet, twitter, warble, whistle 5 bring in, channel, conduct, convey, siphon, supply, transmit

pipe down belt up (Sl.), be quiet, button it (Sl.), button one's lip (Sl.), hold one's tongue, hush, put a sock in it (Brit. sl.), quieten down, shush, shut one's mouth, shut up (Inf.), silence

pipeline 1 conduit, conveyor, duct, line, passage, pipe, tube 2 **in the pipeline** brewing, coming, getting ready, in process, in production, on the way, under way

piquant 1 acerb, biting, highly-seasoned, peppery, pungent, savoury, sharp, spicy, stinging, tangy, tart, with a kick (Inf.), zesty 2 interesting, lively, provocative, racy, salty, scintillating, sparkling, spirited, stimulating

pique
- n. 1 annoyance, displeasure, grudge, huff, hurt feelings, irritation, miff (Inf.), offence, resentment, umbrage, vexation, wounded pride
- v. 2 affront, annoy, displease, gall, get (Inf.), incense, irk, irritate, miff (Inf.), mortify, nark (Brit., Aust., & N.Z. sl.), nettle, offend, peeve (Inf.), provoke, put out, put someone's nose out of joint (Inf.), rile, sting, vex, wound 3 arouse, excite, galvanize, goad, kindle, provoke, rouse, spur, stimulate, stir, whet 4 (With **on** or **upon**) (Of oneself) congratulate, flatter, plume, preen, pride

piracy buccaneering, freebooting, hijacking, infringement, plagiarism, rapine, robbery at sea, stealing, theft

pirate
- n. 1 buccaneer, corsair, filibuster, freebooter, marauder, raider, rover, sea robber, sea rover, sea wolf 2 cribber (Inf.), infringer, plagiarist, plagiarizer
- v. 3 appropriate, borrow, copy, crib (Inf.), lift (Inf.), plagiarize, poach, reproduce, steal

pit
- n. 1 abyss, cavity, chasm, coal mine, crater, dent, depression, dimple, excavation, gulf, hole, hollow, indentation, mine, pockmark, pothole, trench
- v. 2 (Often with **against**) match, oppose, put in opposition, set against 3 dent, dint, gouge, hole, indent, mark, nick, notch, pockmark, scar

pitch
- v. 1 bung (Brit. sl.), cast, chuck (Inf.), fling, heave, hurl, launch, lob (Inf.), sling, throw, toss 2 erect, fix, locate, place, plant, put up, raise, settle, set up, station 3 flounder, lurch, make heavy weather, plunge, roll, toss, wallow, welter 4 dive, drop, fall headlong, stagger, topple, tumble
- n. 5 angle, cant, dip, gradient, incline, slope, steepness, tilt 6 degree, height, highest point, level, point, summit 7 harmonic, modulation, sound, timbre, tone 8 line, patter, sales talk, spiel (Inf.) 9 field of play, ground, park (U.S. & Canad.), sports field

pitch-black dark, ebony, inky, jet, jet-black, pitch-dark, raven, sable, unlit

pitch in 1 chip in (Inf.), contribute, cooperate, do one's bit, help, join in, lend a hand, participate 2 begin, fall to, get busy, get cracking (Inf.), plunge into, set about, set to, tackle

piteous affecting, deplorable, dismal, distressing, doleful, grievous, harrowing, heartbreaking, heart-rending, lamentable, miserable, mournful, moving, pathetic, pitiable, pitiful, plaintive, poignant, sad, sorrowful, woeful, wretched

pitfall 1 banana skin (Inf.), catch, danger, difficulty, drawback, hazard, peril, snag, trap 2 deadfall, downfall, pit, snare, trap

pith 1 core, crux, essence, gist, heart, heart of the matter, kernel, marrow, meat, nub, point, quintessence, salient point, the long and the short of it 2 consequence, depth, force, import, importance, matter, moment, power, significance, strength, substance, value, weight

pithy brief, cogent, compact, concise, epigrammatic, expressive, finely honed, forceful, laconic, meaningful, pointed, short, succinct, terse, to the point, trenchant

pitiful 1 deplorable, distressing, grievous, harrowing, heartbreaking, heart-rending, lamentable, miserable, pathetic, piteous, pitiable, sad, woeful, wretched 2 abject, base, beggarly, contemptible, despicable, dismal, inadequate, insignificant, low, mean, measly, miserable, paltry, scurvy, shabby, sorry, vile, worthless

pitiless brutal, callous, cold-blooded, cold-hearted, cruel, hardhearted, harsh, heartless, implacable, inexorable, inhuman, merciless, relentless, ruthless, uncaring, unfeeling, unmerciful, unsympathetic

pittance allowance, chicken feed (Sl.), drop, mite, modicum, peanuts (Sl.), portion, ration, slave wages, trifle

pity
- n. 1 charity, clemency, commiseration, compassion, condolence, fellow feeling, forbearance, kindness, mercy, quarter, sympathy, tenderness, understanding 2 bummer (Sl.), crime (Inf.), crying shame, misfortune, regret, sad thing, shame, sin 3 **take pity on** feel compassion for, forgive, have mercy on, melt, pardon, put out of one's misery, relent, reprieve, show mercy, spare
- v. 4 bleed for, commiserate with, condole with, feel for, feel sorry for, grieve for, have compassion for, sympathize with, weep for

pivot
- n. 1 axis, axle, fulcrum, spindle, swivel 2 centre, focal point, heart, hinge, hub, kingpin
- v. 3 revolve, rotate, spin, swivel, turn, twirl 4 be contingent, depend, hang, hinge, rely, revolve round, turn

pixie brownie, elf, fairy, peri, sprite

placard advertisement, affiche, bill, poster, public notice, sticker

placate appease, assuage, calm, conciliate, humour, mollify, pacify, propitiate, satisfy, soothe, win over

place
- n. 1 area, location, locus, point, position, site, situation, spot, station, venue, whereabouts 2 city, district, hamlet, locale, locality, neighbourhood, quarter, region, town, vicinity, village 3 grade, position, rank, station, status 4 appointment, berth (Inf.), billet (Inf.), employment, job, position, post 5 abode, apartment, domicile, dwelling, flat, home, house, manor, mansion, pad (Sl.), property, residence, seat 6 accommodation, room, space, stead 7 affair, charge, concern, duty, function, prerogative, responsibility, right, role 8 **in place of** as an alternative to, as a substitute for, in exchange for, in lieu of, instead of, taking the place of 9 **put (someone) in his place** bring down, cut down to size, humble, humiliate, make (someone) eat humble pie, make (someone) swallow his pride, mortify, take down a peg (Inf.) 10 **take place** befall, betide, come about, come to pass (Archaic), go on, happen, occur, transpire (Inf.)
- v. 11 bung (Brit. sl.), deposit, dispose, establish, fix, install, lay, locate, plant, position, put, rest, set, settle, situate, stand, station, stick (Inf.) 12 arrange, class, classify, grade, group, order, rank, sort 13 associate, identify, know, put one's finger on, recognize, remember, set in context 14 allocate, appoint, assign, charge, commission, entrust, give

placid calm, collected, composed, cool, equable, even, even-tempered, gentle, halcyon, imperturbable, mild, peaceful, quiet, self-possessed, serene, still, tranquil, undisturbed, unexcitable, unfazed (Inf.), unmoved, unruffled, untroubled

plagiarize appropriate, borrow, crib (Inf.), infringe, lift (Inf.), pirate, steal, thieve

plague
- n. 1 contagion, disease, epidemic, infection, pandemic, pestilence 2 (Fig.) affliction, bane, blight, calamity, cancer, curse, evil, scourge, torment, trial 3 (Inf.) aggravation (Inf.), annoyance, bother, hassle (Inf.), irritant, nuisance, pain (Inf.), pest, problem, thorn in one's flesh, vexation
- v. 4 afflict, annoy, badger, bedevil, be on one's back (Sl.), bother, disturb, fret, get in one's hair (Inf.), get on one's nerves (Inf.), harass, harry, hassle (Inf.), haunt, molest, pain, persecute, pester, tease, torment, torture, trouble, vex

plain
- adj. 1 apparent, clear, comprehensible, distinct, evident, legible, lucid, manifest, obvious, patent, transparent, unambiguous, understandable, unmistakable, visible 2 artless, blunt, candid, direct, downright, forthright, frank, guileless, honest, ingenuous, open, outspoken, sincere, straightforward, upfront (Inf.) 3 common, commonplace, everyday, frugal, homely, lowly, modest, ordinary, simple, unaffected, unpretentious, workaday 4 austere, bare, basic, discreet, modest, muted, pure, restrained, severe, simple, Spartan, stark, unadorned, unembellished, unornamented, unpatterned, unvarnished 5 ill-favoured, no oil painting (Inf.), not beautiful, not striking, ordinary, ugly, unalluring, unattractive, unlovely, unprepossessing 6 even, flat, level, plane, smooth
- n. 7 flatland, grassland, llano, lowland, mesa, open country, plateau, prairie, steppe, tableland

plain-spoken blunt, candid, direct, downright, explicit, forthright, frank, open, outright, outspoken, straightforward, unequivocal, upfront (Inf.)

plaintive disconsolate, doleful, grief-stricken, grievous, heart-rending, melancholy, mournful, pathetic, piteous, pitiful, rueful, sad, sorrowful, wistful, woebegone, woeful

plan
- n. 1 contrivance, design, device, idea, method, plot, procedure, programme, project, proposal, proposition, scenario, scheme, strategy, suggestion, system 2 blueprint, chart, delineation, diagram, drawing, illustration, layout, map, representation, scale drawing, sketch

◆ **v.** [3] arrange, concoct, contrive, design, devise, draft, formulate, frame, invent, organize, outline, plot, prepare, represent, scheme, think out [4] aim, contemplate, envisage, foresee, intend, mean, propose, purpose

plane¹ aeroplane, aircraft, jet

plane²

◆ **n.** [1] flat surface, level surface [2] condition, degree, footing, level, position, stratum

◆ **adj.** [3] even, flat, flush, horizontal, level, plain, regular, smooth, uniform

plane³ v. glide, sail, skate, skim, volplane

plant

◆ **n.** [1] bush, flower, herb, shrub, vegetable, weed [2] factory, foundry, mill, shop, works, yard [3] apparatus, equipment, gear, machinery

◆ **v.** [4] implant, put in the ground, scatter, seed, set out, sow, transplant [5] establish, fix, found, imbed, insert, institute, lodge, root, set, settle

plaque badge, brooch, cartouch(e), medal, medallion, panel, plate, slab, tablet

plaster

◆ **n.** [1] gypsum, mortar, plaster of Paris, stucco [2] adhesive plaster, bandage, dressing, Elastoplast (Trademark), sticking plaster

◆ **v.** [3] bedaub, besmear, coat, cover, daub, overlay, smear, spread

plastic adj. [1] compliant, docile, easily influenced, impressionable, malleable, manageable, pliable, receptive, responsive, tractable [2] ductile, fictile, flexible, mouldable, pliable, pliant, soft, supple, tensile [3] (Sl.) artificial, false, meretricious, phoney or phony (Inf.), pseudo (Inf.), sham, specious, spurious, superficial, synthetic

plate

◆ **n.** [1] dish, platter, trencher (Archaic) [2] course, dish, helping, portion, serving [3] layer, panel, sheet, slab [4] illustration, lithograph, print

◆ **v.** [5] anodize, coat, cover, electroplate, face, gild, laminate, nickel, overlay, platinize, silver

plateau [1] highland, mesa, table, tableland, upland [2] level, levelling off, stability, stage

platform [1] dais, podium, rostrum, stage, stand [2] manifesto, objective(s), party line, policy, principle, programme, tenet(s)

platitude [1] banality, bromide, cliché, commonplace, hackneyed saying, inanity, stereotype, trite remark, truism [2] banality, dullness, inanity, insipidity, triteness, triviality, vapidity, verbiage

platitudinous banal, clichéd, commonplace, corny (Sl.), hack, hackneyed, overworked, set, stale, stereotyped, stock, tired, trite, truistic, vapid, well-worn

platoon company, group, outfit (Inf.), patrol, squad, squadron, team

platter charger, dish, plate, salver, tray, trencher (Archaic)

plausible believable, colourable, conceivable, credible, fair-spoken, glib, likely, persuasive, possible, probable, reasonable, smooth, smooth-talking, smooth-tongued, specious, tenable, verisimilar

play

◆ **v.** [1] amuse oneself, caper, engage in games, entertain oneself, fool, frisk, frolic, gambol, have fun, revel, romp, sport, trifle [2] be in a team, challenge, compete, contend against, participate, rival, take on, take part, vie with [3] act, act the part of, execute, impersonate, perform, personate, portray, represent, take the part of [4] bet, chance, gamble, hazard, punt (Chiefly Brit.), risk, speculate, take, wager [5] **play ball** (Inf.) collaborate, cooperate, go along, play along, reciprocate, respond, show willing [6] **play by ear** ad lib, extemporize, improvise, rise to the occasion, take it as it comes [7] **play for time** delay, drag one's feet (Inf.), filibuster, hang fire, procrastinate, stall, temporize [8] **play the fool** act the goat (Inf.), clown, clown around, horse around (Inf.), lark (about) (Inf.), mess about, monkey around, skylark (Inf.) [9] **play the game** (Inf.) conform, follow the rules, go along with, keep in step, play by the rules, play fair, toe the line

◆ **n.** [10] comedy, drama, dramatic piece, entertainment, farce, masque, performance, piece, radio play, show, soap opera, stage show, television drama, tragedy [11] amusement, caper, diversion, entertainment, frolic, fun, gambol, game, jest, pastime, prank, recreation, romp, sport [12] gambling, gaming [13] action, activity, elbowroom, exercise, give (Inf.), latitude, leeway, margin, motion, movement, operation, range, room, scope, space, sweep, swing [14] action, activity, employment, function, operation, transaction, working [15] foolery, fun, humour, jest, joking, lark (Inf.), prank, sport, teasing

play around dally, fool around, mess around, philander, take lightly, trifle, womanize

playboy gay dog, ladies' man, lady-killer (Inf.), lover boy (Sl.), man about town, philanderer, pleasure seeker, rake, roué, socialite, womanizer

play down gloss over, make light of, make little of, minimize, set no store by, soft-pedal (Inf.), underplay, underrate

player [1] competitor, contestant, participant, sportsman, sportswoman, team member [2] actor, actress, entertainer, performer, Thespian, trouper [3] artist, instrumentalist, musician, music maker, performer, virtuoso

playful [1] cheerful, coltish, frisky, frolicsome, gay, impish, joyous, kittenish, larkish (Inf.), lively, merry, mischievous, puckish, rollicking, spirited, sportive, sprightly, vivacious [2] arch, coy, flirtatious, good-natured, humorous, jesting, jokey, joking, roguish, teasing, tongue-in-cheek, waggish

playmate chum (Inf.), companion, comrade, friend, neighbour, pal (Inf.), playfellow

play on or **upon** abuse, capitalize on, exploit, impose on, milk, profit by, take advantage of, trade on, turn to account, utilize

plaything amusement, bauble, game, gewgaw, gimcrack, pastime, toy, trifle, trinket

play up [1] accentuate, bring to the fore, call attention to, emphasize, highlight, magnify, point up, stress, turn the spotlight on, underline [2] (Brit. inf.) be painful, be sore, bother, give one gyp (Brit. & N.Z. sl.), give one trouble, hurt, pain, trouble [3] (Brit. inf.) be awkward, be bolshie (Brit. inf.), be cussed (Inf.), be disobedient, be stroppy (Brit. sl.), give trouble, misbehave [4] (Brit. inf.) be on the blink (Sl.), be wonky (Brit. sl.), malfunction, not work properly [5] **play up to** (Inf.) bootlick (Inf.), brown-nose (Taboo sl.), butter up, curry favour, fawn, flatter, get in with, ingratiate oneself, kiss (someone's) ass (U.S. & Canad. taboo sl.), pander to, suck up to (Inf.), toady

play upon → **play on**

playwright dramatist, dramaturge, dramaturgist

plea [1] appeal, begging, entreaty, intercession, overture, petition, prayer, request, suit, supplication [2] (Law) action, allegation, cause, suit [3] apology, claim, defence, excuse, explanation, extenuation, justification, pretext, vindication

plead [1] appeal (to), ask, beg, beseech, crave, entreat, implore, importune, petition, request, solicit, supplicate [2] adduce, allege, argue, assert, maintain, put forward, use as an excuse

pleasant [1] acceptable, agreeable, amusing, delectable, delightful, enjoyable, fine, gratifying, lovely, nice, pleasing, pleasurable, refreshing, satisfying, welcome [2] affable, agreeable, amiable, charming, cheerful, cheery, congenial, engaging, friendly, genial, good-humoured, likable or likeable, nice

pleasantry badinage, banter, bon mot, good-natured remark, jest, joke, josh (Sl., chiefly U.S. & Canad.), quip, sally, witticism

please [1] amuse, charm, cheer, content, delight, entertain, give pleasure to, gladden, gratify, humour, indulge, rejoice, satisfy, suit, tickle, tickle pink (Inf.) [2] be inclined, choose, desire, like, opt, prefer, see fit, want, will, wish

pleased chuffed (Brit. sl.), contented, delighted, euphoric, glad, gratified, happy, in high spirits, over the moon (Inf.), pleased as punch (Inf.), rapt, satisfied, thrilled, tickled, tickled pink (Inf.)

pleasing agreeable, amiable, amusing, attractive, charming, delightful, engaging, enjoyable, entertaining, gratifying, likable or likeable, pleasurable, polite, satisfying, winning

pleasure [1] amusement, bliss, comfort, contentment, delectation, delight, diversion, ease, enjoyment, gladness, gratification, happiness, jollies (Sl.), joy, recreation, satisfaction, solace [2] choice, command, desire, inclination, mind, option, preference, purpose, will, wish

plebeian [1] adj. base, coarse, common, ignoble, low, lowborn, lower-class, mean, non-U (Brit. inf.), proletarian, uncultivated, unrefined, vulgar, working-class [2] n. commoner, common man, man in the street, peasant, pleb, prole (Derogatory sl., chiefly Brit.), proletarian

pledge

◆ **n.** [1] assurance, covenant, oath, promise, undertaking, vow, warrant, word, word of honour [2] bail, bond, collateral, deposit, earnest, gage, guarantee, pawn, security, surety [3] health, toast

◆ **v.** [4] contract, engage, give one's oath (word, word of honour), promise, swear, undertake, vouch, vow [5] bind, engage, gage (Archaic), guarantee, mortgage, plight [6] drink the health of, drink to, toast

plentiful [1] abundant, ample, bounteous (Literary), bountiful, complete, copious, generous, inexhaustible, infinite, lavish, liberal, overflowing, plenteous, profuse [2] bumper, fertile, fruitful, luxuriant, plenteous, productive, prolific

plenty [1] abundance, enough, fund, good deal, great deal, heap(s) (Inf.), lots (Inf.), mass, masses, mine, mountain(s), oodles (Inf.), pile(s) (Inf.), plethora, quantities, quantity, stack(s), store, sufficiency, volume [2] abundance, affluence, copiousness, fertility, fruitfulness, luxury, opulence, plenitude, plenteousness, plentifulness, profusion, prosperity, wealth

plethora excess, glut, overabundance, profusion, superabundance, superfluity, surfeit, surplus

pliable [1] bendable, bendy, ductile, flexible, limber, lithe, malleable, plastic, pliant, supple, tensile [2] adaptable, compliant, docile, easily led, impressionable, influenceable, manageable, persuadable, pliant, receptive, responsive, susceptible, tractable, yielding

pliant [1] bendable, bendy, ductile, flexible, lithe, plastic, pliable, supple, tensile [2] adaptable, biddable, compliant, easily led, impressionable, influenceable, manageable, persuadable, pliable, susceptible, tractable, yielding

plight n. case, circumstances, condition, difficulty, dilemma, extremity, hole (Sl.), hot water (Inf.), jam (Inf.), perplexity, pickle (Inf.), predicament, scrape (Inf.), situation, spot (Inf.), state, straits, tight spot, trouble

plod [1] clump, drag, lumber, slog, stomp (Inf.), tramp, tread, trudge [2] drudge, grind (Inf.), grub, labour, peg away, persevere, plough through, plug away (Inf.), slog, soldier on, toil

plot

◆ **n.** [1] allotment, area, ground, lot, parcel, patch, tract [2] cabal, conspiracy, covin (Law), intrigue, machination, plan, scheme, stratagem [3] action, narrative, outline, scenario, story, story line, subject, theme, thread

◆ **v.** [4] cabal, collude, conspire, contrive, hatch, intrigue, machinate, manoeuvre, plan, scheme [5] calculate, chart, compute, draft, draw, locate, map, mark, outline [6] brew, conceive, concoct, contrive, cook up (Inf.), design, devise, frame, hatch, imagine, lay, project

plough v. [1] break ground, cultivate, dig, furrow, ridge, till, turn over [2] (Usually with **through**) cut, drive, flounder, forge, plod, plunge, press, push, stagger, surge, wade [3] (With **into**) bulldoze, career, crash, hurtle, plunge, shove, smash

pluck

◆ **n.** [1] backbone, balls (Taboo sl.), ballsiness (Taboo sl.), boldness, bottle (Brit. sl.), bravery, courage, determination, grit, guts (Inf.), hardihood, heart, intrepidity, mettle, nerve, resolution, spirit, spunk (Inf.)

◆ **v.** [2] collect, draw, gather, harvest, pick, pull out or off [3] catch, clutch, jerk, pull at, snatch, tug, tweak, yank [4] finger, pick, plunk, strum, thrum, twang

plucky ballsy (Taboo sl.), bold, brave, courageous, daring, doughty, feisty (Inf., chiefly U.S. & Canad.), game, gritty, gutsy (Sl.), hardy, have-a-go (Inf.), heroic, intrepid, mettlesome, spirited, spunky (Inf.), undaunted, unflinching, valiant

plug

◆ **n.** [1] bung, cork, spigot, stopper, stopple [2] cake, chew, pigtail, quid, twist, wad [3] (Inf.) advert (Brit. inf.), advertisement, good word, hype, mention, publicity, puff, push

◆ **v.** [4] block, bung, choke, close, cork, cover, fill, pack, seal, stop, stopper, stopple, stop up, stuff [5] (Inf.) advertise, build up, hype, mention, promote, publicize, puff, push, write up [6] (Sl.) blow away (Sl., chiefly U.S.), gun down, pick off, pop, pot, put a bullet in, shoot [7] (With **along** or **away**) drudge, grind (Inf.), labour, peg away, plod, slog, toil

plum (Fig.) [1] n. bonus, cream, find, pick, prize, treasure [2] adj. best, choice, first-class, prize

plumb
- n. [1] lead, plumb bob, plummet, weight
- adv. [2] perpendicularly, up and down, vertically [3] bang, exactly, precisely, slap, spot-on (Brit. inf.)
- v. [4] delve, explore, fathom, gauge, go into, measure, penetrate, probe, search, sound, unravel

plume [1] n. aigrette, crest, feather, pinion, quill [2] v. (With **on** or **upon**) congratulate oneself, pat oneself on the back, pique oneself, preen oneself, pride oneself

plump adj. beefy (Inf.), burly, buxom, chubby, corpulent, dumpy, fat, fleshy, full, obese, podgy, portly, roly-poly, rotund, round, stout, tubby, well-covered, well-upholstered (Inf.)

plunder [1] v. despoil, devastate, loot, pillage, raid, ransack, ravage, rifle, rob, sack, spoil, steal, strip [2] n. booty, ill-gotten gains, loot, pillage, prey, prize, rapine, spoils, swag (Sl.)

plunge
- v. [1] cast, descend, dip, dive, douse, drop, fall, go down, immerse, jump, nose-dive, pitch, plummet, sink, submerge, swoop, throw, tumble [2] career, charge, dash, hurtle, lurch, rush, tear
- n. [3] descent, dive, drop, fall, immersion, jump, submersion, swoop

plus [1] prep. added to, and, coupled with, with, with the addition of [2] adj. added, additional, add-on, extra, positive, supplementary [3] n. (Inf.) advantage, asset, benefit, bonus, extra, gain, good point, icing on the cake, perk (Brit. inf.), surplus

plutocrat capitalist, Croesus, Dives, fat cat (Sl., chiefly U.S.), magnate, millionaire, moneybags (Sl.), rich man, tycoon

ply [1] carry on, exercise, follow, practise, pursue, work at [2] employ, handle, manipulate, swing, utilize, wield [3] assail, beset, besiege, bombard, harass, importune, press, urge

poach appropriate, encroach, hunt or fish illegally, infringe, intrude, plunder, rob, steal, steal game, trespass

pocket
- n. [1] bag, compartment, hollow, pouch, receptacle, sack
- adj. [2] abridged, compact, concise, little, miniature, pint-size(d) (Inf.), portable, potted (Inf.), small
- v. [3] appropriate, cabbage (Brit. sl.), filch, help oneself to, lift (Inf.), pilfer, purloin, snaffle (Brit. inf.), steal, take [4] accept, bear, brook, endure, put up with (Inf.), stomach, swallow, take, tolerate

pod n./v. hull, husk, shell, shuck

podgy chubby, chunky, dumpy, fat, fleshy, fubsy (Archaic or dialect), plump, roly-poly, rotund, short and fat, squat, stout, stubby, stumpy, tubby

podium dais, platform, rostrum, stage

poem lyric, ode, rhyme, song, sonnet, verse

poet bard, lyricist, maker (Archaic), rhymer, versifier

poetic elegiac, lyric, lyrical, metrical, rhythmical, songlike

poetry metrical composition, poems, poesy (Archaic), rhyme, rhyming, verse

poignancy [1] emotion, emotionalism, evocativeness, feeling, pathos, piteousness, plaintiveness, sadness, sentiment, tenderness [2] bitterness, intensity, keenness, piquancy, pungency, sharpness

poignant [1] affecting, agonizing, bitter, distressing, harrowing, heartbreaking, heart-rending, intense, moving, painful, pathetic, sad, touching, upsetting [2] acute, biting, caustic, keen, penetrating, piercing, pointed, sarcastic, severe [3] acrid, piquant, pungent, sharp, stinging, tangy

point
- n. [1] dot, full stop, mark, period, speck, stop [2] location, place, position, site, spot, stage, station [3] apex, end, nib, prong, sharp end, spike, spur, summit, tine, tip, top [4] bill, cape, foreland, head, headland, ness (Archaic), promontory [5] circumstance, condition, degree, extent, position, stage [6] instant, juncture, moment, time, very minute [7] aim, design, end, goal, intent, intention, motive, object, objective, purpose, reason, use, usefulness, utility [8] burden, core, crux, drift, essence, gist, heart, import, main idea, marrow, matter, meaning, nub, pith, proposition, question, subject, text, theme, thrust [9] aspect, detail, facet, feature, instance, item, nicety, particular [10] aspect, attribute, characteristic, peculiarity, property, quality, respect, side, trait [11] score, tally, unit [12] **beside the point** immaterial, incidental, inconsequential, irrelevant, not to the purpose, off the subject, out of the way, pointless, unimportant, without connection [13] **to the point** applicable, apposite, appropriate, apropos, apt, brief, fitting, germane, pertinent, pithy, pointed, relevant, short, suitable, terse
- v. [14] bespeak, call attention to, denote, designate, direct, indicate, show, signify [15] aim, bring to bear, direct, level, train [16] barb, edge, sharpen, taper, whet

point-blank [1] adj. abrupt, blunt, categorical, direct, downright, explicit, express, plain, straight-from-the-shoulder, unreserved [2] adv. bluntly, brusquely, candidly, directly, explicitly, forthrightly, frankly, openly, overtly, plainly, straight, straightforwardly

pointed [1] acicular, acuminate, acute, barbed, cuspidate, edged, mucronate, sharp [2] accurate, acute, biting, cutting, incisive, keen, penetrating, pertinent, sharp, telling, trenchant

pointer [1] guide, hand, indicator, needle [2] advice, caution, hint, information, recommendation, suggestion, tip, warning

pointless absurd, aimless, fruitless, futile, inane, ineffectual, irrelevant, meaningless, nonsensical, senseless, silly, stupid, unavailing, unproductive, unprofitable, useless, vague, vain, worthless

point out allude to, bring up, call attention to, identify, indicate, mention, remind, reveal, show, specify

poise [1] n. aplomb, assurance, calmness, composure, cool (Sl.), coolness, dignity, elegance, equanimity, equilibrium, grace, presence, presence of mind, sang-froid, savoir-faire, self-possession, serenity [2] v. balance, float, hang, hang in midair, hang suspended, hold, hover, position, support, suspend

poison
- n. [1] bane, toxin, venom [2] bane, blight, cancer, canker, contagion, contamination, corruption, malignancy, miasma, virus
- v. [3] adulterate, contaminate, envenom, give (someone) poison, infect, kill, murder, pollute [4] corrupt, defile, deprave, pervert, subvert, taint, undermine, vitiate, warp
- adj. [5] deadly, lethal, poisonous, toxic, venomous

poisonous [1] baneful (Archaic), deadly, fatal, lethal, mephitic, mortal, noxious, toxic, venomous, virulent [2] baleful, baneful (Archaic), corruptive, evil, malicious, noxious, pernicious, pestiferous, pestilential, vicious

poke
- v. [1] butt, dig, elbow, hit, jab, nudge, prod, punch, push, shove, stab, stick, thrust [2] butt in, interfere, intrude, meddle, nose, peek, poke one's nose into (Inf.), pry, put one's two cents in (U.S. sl.), snoop (Inf.), tamper [3] **poke fun at** chaff, jeer, make a mock of, make fun of, mock, rib (Inf.), ridicule, send up (Brit. inf.), take the mickey (Inf.), take the piss (out of) (Taboo sl.), tease
- n. [4] butt, dig, hit, jab, nudge, prod, punch, thrust

poky confined, cramped, incommodious, narrow, small, tiny

polar [1] Antarctic, Arctic, cold, extreme, freezing, frozen, furthest, glacial, icy, terminal [2] beacon-like, cardinal, guiding, leading, pivotal [3] antagonistic, antipodal, antithetical, contradictory, contrary, diametric, opposed, opposite

pole¹ bar, mast, post, rod, shaft, spar, staff, standard, stick

pole² [1] antipode, extremity, limit, terminus [2] **poles apart** at opposite ends of the earth, at opposite extremes, incompatible, irreconcilable, miles apart, widely separated, worlds apart

police
- n. [1] boys in blue (Inf.), constabulary, fuzz (Sl.), law enforcement agency, police force, the law (Inf.), the Old Bill (Sl.)
- v. [2] control, guard, keep in order, keep the peace, patrol, protect, regulate, watch [3] (Fig.) check, monitor, observe, oversee, supervise

policeman bobby (Inf.), bogey (Sl.), constable, cop (Sl.), copper (Sl.), flatfoot (Sl.), fuzz (Sl.), gendarme (Sl.), officer, peeler (Obsolete Brit. sl.), pig (Sl.), rozzer (Sl.)

policy [1] action, approach, code, course, custom, guideline, line, plan, practice, procedure, programme, protocol, rule, scheme, stratagem, theory [2] discretion, good sense, prudence, sagacity, shrewdness, wisdom

polish
- v. [1] brighten, buff, burnish, clean, furbish, rub, shine, smooth, wax [2] brush up, correct, cultivate, emend, enhance, finish, improve, perfect, refine, touch up
- n. [3] brightness, brilliance, finish, glaze, gloss, lustre, sheen, smoothness, sparkle, veneer [4] varnish, wax [5] (Fig.) breeding, class (Inf.), elegance, finesse, finish, grace, politesse, refinement, style, suavity, urbanity

polished [1] bright, burnished, furbished, glassy, gleaming, glossy, shining, slippery, smooth [2] (Fig.) civilized, courtly, cultivated, elegant, finished, genteel, polite, refined, sophisticated, urbane, well-bred [3] accomplished, adept, expert, faultless, fine, flawless, impeccable, masterly, outstanding, professional, skilful, superlative

polish off [1] consume, down, eat up, finish, put away, shift (Inf.), swill, wolf [2] blow away (Sl., chiefly U.S.), bump off (Inf.), dispose of, do away with, do in (Sl.), eliminate, get rid of, kill, liquidate, murder, take out (Sl.)

polite [1] affable, civil, complaisant, courteous, deferential, gracious, mannerly, obliging, respectful, well-behaved, well-mannered [2] civilized, courtly, cultured, elegant, genteel, polished, refined, urbane, well-bred

politic [1] artful, astute, canny, crafty, cunning, designing, ingenious, intriguing, Machiavellian, scheming, shrewd, sly, subtle, unscrupulous [2] advisable, diplomatic, discreet, expedient, in one's best interests, judicious, prudent, sagacious, sensible, tactful, wise

politician legislator, Member of Parliament, MP, office bearer, politico (Inf., chiefly U.S.), public servant, statesman

politics [1] affairs of state, civics, government, government policy, political science, polity, statecraft, statesmanship [2] Machiavellianism, machination, power struggle, Realpolitik

poll
- n. [1] figures, returns, tally, vote, voting [2] ballot, canvass, census, count, Gallup Poll, (public) opinion poll, sampling, survey
- v. [3] register, tally [4] ballot, canvass, interview, question, sample, survey

pollute [1] adulterate, befoul, contaminate, dirty, foul, infect, make filthy, mar, poison, smirch, soil, spoil, stain, taint [2] besmirch, corrupt, debase, debauch, defile, deprave, desecrate, dishonour, profane, sully, violate

pollution adulteration, contamination, corruption, defilement, dirtying, foulness, impurity, taint, uncleanness, vitiation

pomp [1] ceremony, éclat, flourish, grandeur, magnificence, pageant, pageantry, parade, solemnity, splendour, state [2] display, grandiosity, ostentation, pomposity, show, vainglory

pompous [1] affected, arrogant, bloated, grandiose, imperious, magisterial, ostentatious, overbearing, pontifical, portentous, pretentious, puffed up, self-important, showy, supercilious, vainglorious [2] boastful, bombastic, flatulent, fustian, grandiloquent, high-flown, inflated, magniloquent, orotund, overblown, turgid, windy

pond dew pond, duck pond, fish pond, lochan (Scot.), millpond, pool, small lake, tarn

ponder brood, cerebrate, cogitate, consider, contemplate, deliberate, examine, excogitate, give thought to, meditate, mull over, muse, puzzle over, reflect, ruminate, study, think, weigh

ponderous [1] bulky, cumbersome, cumbrous, heavy, hefty, huge, massive, unwieldy, weighty [2] awkward, clumsy, elephantine, graceless, heavy-footed, laborious, lumbering [3] dreary, dull, heavy, laboured, lifeless, long-winded, pedantic, pedestrian, plodding, prolix, stilted, stodgy, tedious, verbose

pontificate declaim, dogmatize, expound, hold forth, lay down the law, pontify, preach, pronounce, sound off

pooh-pooh belittle, brush aside, deride, disdain, dismiss, disregard, make little of, play down, scoff, scorn, slight, sneer, sniff at, spurn, turn up one's nose at (Inf.)

pool¹ [1] lake, mere, pond, puddle, splash, tarn [2] swimming bath, swimming pool

pool²
- n. ① collective, combine, consortium, group, syndicate, team, trust ② bank, funds, jackpot, kitty, pot, stakes
- v. ③ amalgamate, combine, join forces, league, merge, put together, share

poor ① badly off, broke (Inf.), destitute, dirt-poor (Inf.), down and out, flat broke (Inf.), hard up (Inf.), impecunious, impoverished, indigent, in need, in want, necessitous, needy, on one's beam-ends, on one's uppers, on the rocks, penniless, penurious, poverty-stricken, short, skint (Brit. sl.), stony-broke (Brit. sl.), without two pennies to rub together (Inf.) ② deficient, exiguous, inadequate, incomplete, insufficient, lacking, meagre, measly, miserable, niggardly, pitiable, reduced, scant, scanty, skimpy, slight, sparse, straitened ③ below par, chickenshit (U.S. sl.), crappy (Sl.), faulty, feeble, inferior, low-grade, mediocre, piss-poor (Taboo sl.), poxy (Sl.), rotten (Inf.), rubbishy, second-rate, shabby, shoddy, sorry, substandard, unsatisfactory, valueless, weak, worthless ④ bad, bare, barren, depleted, exhausted, fruitless, impoverished, infertile, sterile, unfruitful, unproductive ⑤ hapless, ill-fated, luckless, miserable, pathetic, pitiable, unfortunate, unhappy, unlucky, wretched ⑥ humble, insignificant, lowly, mean, modest, paltry, plain, trivial

poorly ① adv. badly, crudely, inadequately, incompetently, inexpertly, inferiorly, insufficiently, meanly, shabbily, unsatisfactorily, unsuccessfully ② adj. (Inf.) ailing, below par, ill, indisposed, off colour, out of sorts, rotten (Inf.), seedy (Inf.), sick, under the weather (Inf.), unwell

pop
- v. ① bang, burst, crack, explode, go off, report, snap ② (Often with **in, out,** etc) (Inf.) appear, call, come or go suddenly, drop in (Inf.), leave quickly, nip in (Brit. inf.), nip out (Brit. inf.), visit ③ (Esp. of eyes) bulge, protrude, stick out ④ insert, push, put, shove, slip, stick, thrust, tuck
- n. ⑤ bang, burst, crack, explosion, noise, report ⑥ (Inf.) fizzy drink, lemonade, soda water, soft drink

pope Bishop of Rome, Holy Father, pontiff, Vicar of Christ

populace commonalty, crowd, general public, hoi polloi, inhabitants, Joe (and Eileen) Public (Sl.), Joe Six-Pack (U.S. sl.), masses, mob, multitude, people, rabble, throng

popular ① accepted, approved, celebrated, famous, fashionable, favoured, favourite, in, in demand, in favour, liked, sought-after, well-liked ② common, conventional, current, general, prevailing, prevalent, public, standard, stock, ubiquitous, universal, widespread

popularity acceptance, acclaim, adoration, approval, celebrity, currency, esteem, fame, favour, idolization, lionization, recognition, regard, renown, reputation, repute, vogue

popularize disseminate, familiarize, give currency to, give mass appeal, make available to all, simplify, spread, universalize

popularly commonly, conventionally, customarily, generally, ordinarily, regularly, traditionally, universally, usually, widely

populate colonize, inhabit, live in, occupy, people, settle

population citizenry, community, denizens, folk, inhabitants, natives, people, populace, residents, society

populous crowded, heavily populated, overpopulated, packed, populated, swarming, teeming, thronged

pore¹ n. hole, opening, orifice, outlet, stoma

pore² v. brood, contemplate, dwell on, examine, go over, peruse, ponder, read, scrutinize, study, work over

pornographic blue, dirty, filthy, indecent, lewd, obscene, offensive, prurient, salacious, smutty

pornography dirt, erotica, filth, indecency, obscenity, porn (Inf.), porno (Inf.), smut

porous absorbent, absorptive, penetrable, permeable, pervious, spongy

port (Nautical) anchorage, harbour, haven, roads, roadstead, seaport

portable compact, convenient, easily carried, handy, light, lightweight, manageable, moveable, portative

portend adumbrate, augur, bespeak, betoken, bode, foreshadow, foretell, foretoken, forewarn, harbinger, herald, indicate, omen, point to, predict, presage, prognosticate, promise, threaten, vaticinate (Rare), warn of

portent augury, foreboding, foreshadowing, forewarning, harbinger, indication, omen, premonition, presage, presentiment, prognostic, prognostication, sign, threat, warning

portentous ① alarming, crucial, fateful, forbidding, important, menacing, minatory, momentous, ominous, significant, sinister, threatening ② amazing, astounding, awe-inspiring, extraordinary, miraculous, phenomenal, prodigious, remarkable, wondrous (Archaic or literary) ③ bloated, elephantine, heavy, pompous, ponderous, pontifical, self-important, solemn

porter ① baggage attendant, bearer, carrier ② caretaker, concierge, doorman, gatekeeper, janitor

portion
- n. ① bit, fraction, fragment, morsel, part, piece, scrap, section, segment ② allocation, allotment, allowance, division, lot, measure, parcel, quantity, quota, ration, share ③ helping, piece, serving ④ cup, destiny, fate, fortune, lot, luck
- v. ⑤ allocate, allot, apportion, assign, deal, distribute, divide, divvy up (Inf.), dole out, parcel out, partition, share out

portrait ① image, likeness, painting, photograph, picture, portraiture, representation, sketch ② account, characterization, depiction, description, portrayal, profile, thumbnail sketch, vignette

portray ① delineate, depict, draw, figure, illustrate, limn, paint, picture, render, represent, sketch ② characterize, depict, describe, paint a mental picture of, put in words ③ act the part of, play, represent

portrayal characterization, delineation, depiction, description, impersonation, interpretation, performance, picture, rendering, representation

pose
- v. ① arrange, model, position, sit, sit for ② (Often with **as**) feign, impersonate, masquerade as, pass oneself off as, pretend to be, profess to be, sham ③ affect, attitudinize, posture, put on airs, show off (Inf.), strike an attitude ④ advance, posit, present, propound, put, put forward, set, state, submit
- n. ⑤ attitude, bearing, mien (Literary), position, posture, stance ⑥ act, affectation, air, attitudinizing, façade, front, mannerism, masquerade, posturing, pretence, role

poser brain-teaser (Inf.), conundrum, enigma, knotty point, problem, puzzle, question, riddle, teaser, tough one, vexed question

position
- n. ① area, bearings, locale, locality, location, place, point, post, reference, site, situation, spot, station, whereabouts ② arrangement, attitude, disposition, pose, posture, stance ③ angle, attitude, belief, opinion, outlook, point of view, slant, stance, stand, standpoint, view, viewpoint ④ circumstances, condition, pass, plight, predicament, situation, state, strait(s) ⑤ caste, class, consequence, eminence, importance, place, prestige, rank, reputation, standing, station, stature, status ⑥ berth (Inf.), billet (Inf.), capacity, duty, employment, function, job, occupation, office, place, post, role, situation
- v. ⑦ arrange, array, dispose, fix, lay out, locate, place, put, set, settle, stand, stick (Inf.)

positive ① absolute, actual, affirmative, categorical, certain, clear, clear-cut, conclusive, concrete, decisive, definite, direct, explicit, express, firm, incontrovertible, indisputable, real, unequivocal, unmistakable ② assured, certain, confident, convinced, sure ③ assertive, cocksure, decided, dogmatic, emphatic, firm, forceful, opinionated, peremptory, resolute, stubborn ④ beneficial, constructive, effective, efficacious, forward-looking, helpful, practical, productive, progressive, useful ⑤ (Inf.) absolute, complete, consummate, out-and-out, perfect, rank, thorough, thoroughgoing, unmitigated, utter

positively absolutely, assuredly, categorically, certainly, definitely, emphatically, firmly, surely, undeniably, unequivocally, unmistakably, unquestionably, with certainty, without qualification

possess ① be blessed with, be born with, be endowed with, enjoy, have, have to one's name, hold, own ② acquire, control, dominate, hold, occupy, seize, take over, take possession of ③ bewitch, consume, control, dominate, enchant, fixate, influence, mesmerize, obsess, put under a spell

possession ① control, custody, hold, occupancy, occupation, ownership, proprietorship, tenure, title ② Plural assets, belongings, chattels, effects, estate, goods and chattels, property, things, wealth ③ colony, dominion, protectorate, province, territory

possessive acquisitive, controlling, covetous, dominating, domineering, grasping, jealous, overprotective, selfish

possibility ① feasibility, likelihood, plausibility, potentiality, practicability, workableness ② chance, hazard, hope, liability, likelihood, odds, probability, prospect, risk ③ Often plural capabilities, potential, potentiality, promise, prospects, talent

possible ① conceivable, credible, hypothetical, imaginable, likely, potential ② attainable, doable, feasible, on (Inf.), practicable, realizable, viable, within reach, workable ③ hopeful, likely, potential, probable, promising

possibly ① God willing, haply (Archaic), maybe, mayhap (Archaic), peradventure (Archaic), perchance (Archaic), perhaps ② at all, by any chance, by any means, in any way

post¹ ① n. column, newel, pale, palisade, picket, pillar, pole, shaft, stake, standard, stock, support, upright ② v. advertise, affix, announce, display, make known, pin up, proclaim, promulgate, publicize, publish, put up, stick up

post²
- n. ① appointment, assignment, berth (Inf.), billet (Inf.), employment, job, office, place, position, situation ② beat, place, position, station
- v. ③ assign, establish, locate, place, position, put, situate, station

post³
- n. ① collection, delivery, mail, postal service
- v. ② dispatch, mail, send, transmit ③ advise, brief, fill in on (Inf.), inform, notify, report to

poster advertisement, affiche, announcement, bill, notice, placard, public notice, sticker

posterity ① children, descendants, family, heirs, issue, offspring, progeny, scions, seed (Chiefly biblical) ② future, future generations, succeeding generations

post-mortem n. analysis, autopsy, dissection, examination, necropsy

postpone adjourn, defer, delay, hold over, put back, put off, put on the back burner (Inf.), shelve, suspend, table, take a rain check on (U.S. & Canad. inf.)

postponement adjournment, deferment, deferral, delay, moratorium, respite, stay, suspension

postscript addition, afterthought, afterword, appendix, PS, supplement

postulate advance, assume, hypothesize, posit, predicate, presuppose, propose, put forward, suppose, take for granted, theorize

posture
- n. ① attitude, bearing, carriage, disposition, mien (Literary), pose, position, set, stance ② circumstance, condition, mode, phase, position, situation, state ③ attitude, disposition, feeling, frame of mind, inclination, mood, outlook, point of view, stance, standpoint
- v. ④ affect, attitudinize, do for effect, hot-dog (Chiefly U.S.), make a show, pose, put on airs, show off (Inf.), try to attract attention

potent ① efficacious, forceful, mighty, powerful, puissant, strong, vigorous ② cogent, compelling, convincing, effective, forceful, impressive, persuasive, telling ③ authoritative, commanding, dominant, dynamic, influential, powerful

potential ① adj. budding, dormant, embryonic, future, hidden, inherent, latent, likely, possible, promising, undeveloped, unrealized ② n. ability, aptitude, capability, capacity, possibility, potentiality, power, the makings, what it takes (Inf.), wherewithal

potion brew, concoction, cup, dose, draught, elixir, mixture, philtre, tonic

potter dabble, fiddle (Inf.), footle (Inf.), fribble, fritter, mess about, poke along, tinker

pottery ceramics, earthenware, stoneware, terra cotta

pouch bag, container, pocket, poke (Dialect), purse, sack

pounce ① v. ambush, attack, bound onto, dash at, drop, fall upon, jump, leap at, snatch, spring, strike, swoop, take by surprise, take unawares [2] n. assault, attack, bound, jump, leap, spring, swoop

pound¹ [1] batter, beat, belabour, clobber (Sl.), hammer, pelt, pummel, strike, thrash, thump [2] bray (Dialect), bruise, comminute, crush, powder, pulverize, triturate [3] din into, drub into, drum into, hammer into [4] (With **out**) bang, beat, hammer, thump [5] clomp, march, stomp (Inf.), thunder, tramp [6] beat, palpitate, pitapat, pulsate, pulse, throb

pound² n. compound, enclosure, pen, yard

pour [1] decant, let flow, spill, splash [2] course, emit, flow, gush, run, rush, spew, spout, stream [3] bucket down (Inf.), come down in torrents, pelt (down), rain, rain cats and dogs (Inf.), rain hard or heavily, sheet, teem [4] crowd, stream, swarm, teem, throng

pout [1] v. glower, look petulant, look sullen, lour or lower, make a *moue*, mope, pull a long face, purse one's lips, sulk, turn down the corners of one's mouth [2] n. glower, long face, moue, sullen look

poverty [1] beggary, destitution, distress, hand-to-mouth existence, hardship, indigence, insolvency, necessitousness, necessity, need, pauperism, pennilessness, penury, privation, want [2] dearth, deficiency, insufficiency, lack, paucity, scarcity, shortage [3] aridity, bareness, barrenness, deficiency, infertility, meagreness, poorness, sterility, unfruitfulness

poverty-stricken bankrupt, beggared, broke (Inf.), destitute, dirt-poor (Inf.), distressed, down and out, flat broke (Inf.), impecunious, impoverished, indigent, needy, on one's beam-ends, on one's uppers, penniless, penurious, poor, short, skint (Brit. sl.), stony-broke (Brit. sl.), without two pennies to rub together (Inf.)

powder
- n. [1] dust, fine grains, loose particles, pounce, talc
- v. [2] crush, granulate, grind, pestle, pound, pulverize [3] cover, dredge, dust, scatter, sprinkle, strew

power [1] ability, capability, capacity, competence, competency, faculty, potential [2] brawn, energy, force, forcefulness, intensity, might, muscle, potency, strength, vigour, weight [3] ascendancy, authority, bottom, command, control, dominance, domination, dominion, influence, mastery, rule, sovereignty, supremacy, sway [4] authority, authorization, licence, prerogative, privilege, right, warrant

powerful [1] energetic, mighty, potent, robust, stalwart, strapping, strong, sturdy, vigorous [2] authoritative, commanding, controlling, dominant, influential, prevailing, puissant, sovereign, supreme [3] cogent, compelling, convincing, effective, effectual, forceful, forcible, impressive, persuasive, striking, telling, weighty

powerfully forcefully, forcibly, hard, mightily, strongly, vigorously, with might and main

powerless [1] debilitated, disabled, etiolated, feeble, frail, helpless, impotent, incapable, incapacitated, ineffectual, infirm, paralyzed, prostrate, weak [2] defenceless, dependent, disenfranchised, disfranchised, ineffective, subject, tied, unarmed, vulnerable

practicability advantage, feasibility, operability, possibility, practicality, use, usefulness, value, viability, workability

practicable achievable, attainable, doable, feasible, performable, possible, viable, within the realm of possibility, workable

practical [1] applied, efficient, empirical, experimental, factual, functional, pragmatic, realistic, utilitarian [2] businesslike, down-to-earth, everyday, hard-headed, matter-of-fact, mundane, ordinary, realistic, sensible, workaday [3] doable, feasible, practicable, serviceable, sound, useful, workable [4] accomplished, efficient, experienced, proficient, qualified, seasoned, skilled, trained, veteran, working

practically [1] all but, almost, basically, close to, essentially, fundamentally, in effect, just about, nearly, to all intents and purposes, very nearly, virtually, well-nigh [2] clearly, matter-of-factly, rationally, realistically, reasonably, sensibly, unsentimentally, with common sense

practice [1] custom, habit, method, mode, praxis, routine, rule, system, tradition, usage, use, usual procedure, way, wont [2] discipline, drill, exercise, preparation, rehearsal, repetition, study, training, work-out [3] action, application, effect, exercise, experience, operation, use [4] business, career, profession, vocation, work

practise [1] discipline, drill, exercise, go over, go through, polish, prepare, rehearse, repeat, study, train, warm up, work out [2] apply, carry out, do, follow, live up to, observe, perform, put into practice [3] carry on, engage in, ply, pursue, specialize in, undertake, work at

practised able, accomplished, experienced, expert, proficient, qualified, seasoned, skilled, trained, versed

pragmatic businesslike, down-to-earth, efficient, hard-headed, matter-of-fact, practical, realistic, sensible, utilitarian

praise
- n. [1] acclaim, acclamation, accolade, applause, approbation, approval, cheering, commendation, compliment, congratulation, encomium, eulogy, good word, kudos, laudation, ovation, panegyric, plaudit, tribute [2] adoration, devotion, glory, homage, thanks, worship
- v. [3] acclaim, admire, applaud, approve, cheer, compliment, congratulate, crack up (Inf.), cry up, eulogize, extol, honour, laud, pay tribute to, sing the praises of [4] adore, bless, exalt, give thanks to, glorify, magnify (Archaic), pay homage to, worship

praiseworthy admirable, commendable, creditable, estimable, excellent, exemplary, fine, honourable, laudable, meritorious, worthy

prance [1] bound, caper, cavort, dance, frisk, gambol, jump, leap, romp, skip, spring, trip [2] parade, show off (Inf.), stalk, strut, swagger, swank (Inf.)

prank antic, caper, escapade, frolic, jape, lark (Inf.), practical joke, skylarking (Inf.), trick

prattle babble, blather, blether, chatter, clack, drivel, gabble, jabber, patter, rabbit (on) (Brit. inf.), rattle on, run off at the mouth (Sl.), run on, twitter, waffle (Inf., chiefly Brit.), witter (Inf.)

pray [1] offer a prayer, recite the rosary, say one's prayers [2] adjure, ask, beg, beseech, call upon, crave, cry for, entreat, implore, importune, invoke, petition, plead, request, solicit, sue, supplicate, urge

prayer [1] communion, devotion, invocation, litany, orison, supplication [2] appeal, entreaty, petition, plea, request, suit, supplication

preach [1] address, deliver a sermon, evangelize, exhort, orate [2] admonish, advocate, exhort, harangue, lecture, moralize, sermonize, urge

preacher clergyman, evangelist, minister, missionary, parson, revivalist

preamble exordium, foreword, introduction, opening move, opening statement or remarks, overture, preface, prelude, proem, prolegomenon

precarious chancy (Inf.), dangerous, dicey (Inf., chiefly Brit.), dodgy (Brit., Aust., & N.Z. inf.), doubtful, dubious, hairy (Sl.), hazardous, insecure, perilous, risky, shaky, slippery, touch and go, tricky, uncertain, unreliable, unsafe, unsettled, unstable, unsteady, unsure

precaution [1] insurance, preventative measure, protection, provision, safeguard, safety measure [2] anticipation, care, caution, circumspection, foresight, forethought, providence, prudence, wariness

precede antecede, antedate, come first, forerun, go ahead of, go before, head, herald, introduce, lead, pave the way, preface, take precedence, usher

precedence antecedence, lead, pre-eminence, preference, primacy, priority, rank, seniority, superiority, supremacy

precedent n. antecedent, authority, criterion, example, exemplar, instance, model, paradigm, pattern, previous example, prototype, standard

preceding above, aforementioned, aforesaid, anterior, earlier, foregoing, former, past, previous, prior

precept [1] behest, canon, command, commandment, decree, dictum, direction, instruction, law, mandate, order, ordinance, principle, regulation, rule, statute [2] axiom, byword, dictum, guideline, maxim, motto, principle, rule, saying

precinct [1] bound, boundary, confine, enclosure, limit [2] area, district, quarter, section, sector, zone

precious [1] adored, beloved, cherished, darling, dear, dearest, favourite, idolized, loved, prized, treasured, valued [2] choice, costly, dear, expensive, exquisite, fine, high-priced, inestimable, invaluable, priceless, prized, rare, recherché, valuable [3] affected, alembicated, artificial, chichi, fastidious, overnice, overrefined, twee (Brit. inf.)

precipice bluff, brink, cliff, cliff face, crag, height, rock face, sheer drop, steep

precipitate
- v. [1] accelerate, advance, bring on, dispatch, expedite, further, hasten, hurry, press, push forward, quicken, speed up, trigger [2] cast, discharge, fling, hurl, launch, let fly, send forth, throw
- adj. [3] breakneck, headlong, plunging, rapid, rushing, swift, violent [4] frantic, harum-scarum, hasty, heedless, hurried, ill-advised, impetuous, impulsive, indiscreet, madcap, precipitous, rash, reckless [5] abrupt, brief, quick, sudden, unexpected, without warning

precipitous [1] abrupt, dizzy, falling sharply, high, perpendicular, sheer, steep [2] abrupt, careless, harum-scarum, hasty, heedless, hurried, ill-advised, precipitate, rash, reckless, sudden

precise [1] absolute, accurate, actual, clear-cut, correct, definite, exact, explicit, express, fixed, literal, particular, specific, strict, unequivocal [2] careful, ceremonious, exact, fastidious, finicky, formal, inflexible, meticulous, nice, particular, prim, punctilious, puritanical, rigid, scrupulous, stiff, strict

precisely absolutely, accurately, bang, correctly, exactly, just, just so, literally, neither more nor less, plumb (Inf.), slap (Inf.), smack (Inf.), square, squarely, strictly

precision accuracy, care, correctness, definiteness, exactitude, exactness, fidelity, meticulousness, nicety, particularity, preciseness, rigour

preclude check, debar, exclude, forestall, hinder, inhibit, make impossible, make impracticable, obviate, prevent, prohibit, put a stop to, restrain, rule out, stop

precocious advanced, ahead, bright, developed, forward, quick, smart

preconception bias, notion, preconceived idea or notion, predisposition, prejudice, prepossession, presumption, presupposition

precondition essential, must, necessity, prerequisite, requirement, sine qua non

precursor [1] forerunner, harbinger, herald, messenger, usher, vanguard [2] antecedent, forebear, forerunner, originator, pioneer, predecessor

precursory antecedent, introductory, preceding, prefatory, preliminary, preparatory, previous, prior

predatory [1] carnivorous, hunting, predacious, rapacious, raptorial, ravening [2] despoiling, greedy, marauding, pillaging, plundering, rapacious, ravaging, thieving, voracious, vulturine, vulturous

predecessor [1] antecedent, forerunner, precursor, previous (former, prior) job holder [2] ancestor, antecedent, forebear, forefather

predestination destiny, doom, election (Theology), fate, foreordainment, foreordination, lot, necessity, predetermination

predestine doom, fate, foreordain, mean, predestinate, predetermine, pre-elect, preordain

predicament corner, dilemma, emergency, fix (Inf.), hole (Sl.), hot water (Inf.), jam (Inf.), mess, pickle (Inf.), pinch, plight, quandary, scrape (Inf.), situation, spot (Inf.), state, tight spot

predicate [1] affirm, assert, aver, avouch, avow, contend, declare, maintain, proclaim, state [2] connote, imply, indicate, intimate, signify, suggest [3] (With **on** or **upon**) base, build, establish, found, ground, postulate, rest

predict augur, divine, forebode, forecast, foresee, foretell, portend, presage, prognosticate, prophesy, soothsay, vaticinate (Rare)

predictable anticipated, calculable, certain, expected, foreseeable, foreseen, likely, reliable, sure, sure-fire (Inf.)

prediction augury, divination, forecast, prognosis, prognostication, prophecy, soothsaying, sortilege

predilection bag (Sl.), bias, cup of tea (Inf.), fancy, fondness, inclination, leaning, liking, love, partiality, penchant, predisposition, preference, proclivity, proneness, propensity, taste, tendency, weakness

predispose affect, bias, dispose, incline, induce, influence, lead, make (one) of a mind to, prejudice, prepare, prime, prompt, sway

predisposition bent, bias, disposition, inclination, likelihood, penchant, potentiality, predilection, proclivity, proneness, propensity, susceptibility, tendency, willingness

predominance ascendancy, control, dominance, dominion, edge, greater number, hold, leadership, mastery, paramountcy, preponderance, supremacy, sway, upper hand, weight

predominant ascendant, capital, chief, controlling, dominant, important, leading, main, notable, paramount, preponderant, prevailing, prevalent, primary, prime, principal, prominent, ruling, sovereign, superior, supreme, top-priority

predominate be most noticeable, carry weight, get the upper hand, hold sway, outweigh, overrule, overshadow, preponderate, prevail, reign, rule, tell

pre-eminence distinction, excellence, paramountcy, predominance, prestige, prominence, renown, superiority, supremacy, transcendence

pre-eminent chief, consummate, distinguished, excellent, foremost, incomparable, matchless, outstanding, paramount, peerless, predominant, renowned, superior, supreme, transcendent, unequalled, unrivalled, unsurpassed

pre-eminently above all, by far, conspicuously, eminently, emphatically, exceptionally, far and away, incomparably, inimitably, matchlessly, notably, par excellence, particularly, second to none, signally, singularly, strikingly, superlatively, supremely

pre-empt acquire, anticipate, appropriate, arrogate, assume, seize, take over, usurp

preen [1] (Of birds) clean, plume [2] array, deck out, doll up (Sl.), dress up, prettify, primp, prink, spruce up, titivate, trig (Archaic or dialect), trim [3] **preen oneself (on)** congratulate oneself, pique oneself, plume oneself, pride oneself

preface [1] n. exordium, foreword, introduction, preamble, preliminary, prelude, proem, prolegomenon, prologue [2] v. begin, introduce, launch, lead up to, open, precede, prefix

prefer [1] adopt, be partial to, choose, desire, elect, fancy, favour, go for, incline towards, like better, opt for, pick, plump for, select, single out, wish, would rather, would sooner [2] file, lodge, place, present, press, put forward [3] advance, aggrandize, elevate, move up, promote, raise, upgrade

preferable best, better, choice, chosen, favoured, more desirable, more eligible, superior, worthier

preferably as a matter of choice, by choice, first, in or for preference, much rather, much sooner, rather, sooner, willingly

preference [1] bag (Sl.), choice, cup of tea (Inf.), desire, election, favourite, first choice, option, partiality, pick, predilection, selection, top of the list [2] advantage, favoured treatment, favouritism, first place, precedence, pride of place, priority

preferential advantageous, better, favoured, partial, partisan, privileged, special, superior

preferment advancement, dignity, elevation, exaltation, promotion, rise, upgrading

pregnancy gestation, gravidity

pregnant [1] big or heavy with child, enceinte, expectant, expecting (Inf.), gravid, in the club (Brit. sl.), in the family way (Inf.), in the pudding club (Sl.), preggers (Brit. inf.), with child [2] charged, eloquent, expressive, loaded, meaningful, pointed, significant, suggestive, telling, weighty [3] creative, imaginative, inventive, original, seminal [4] abounding in, abundant, fecund, fertile, fraught, fruitful, full, productive, prolific, replete, rich in, teeming

prehistoric [1] earliest, early, primeval, primitive, primordial [2] ancient, antediluvian, antiquated, archaic, out of date, out of the ark (Inf.)

prejudge anticipate, forejudge, jump to conclusions, make a hasty assessment, presume, presuppose

prejudice

- **n.** [1] bias, jaundiced eye, partiality, preconceived notion, preconception, prejudg(e)ment, warp [2] bigotry, chauvinism, discrimination, injustice, intolerance, narrow-mindedness, racism, sexism, unfairness [3] damage, detriment, disadvantage, harm, hurt, impairment, loss, mischief
- **v.** [4] bias, colour, distort, influence, jaundice, poison, predispose, prepossess, slant, sway, warp [5] damage, harm, hinder, hurt, impair, injure, mar, spoil, undermine

prejudiced biased, bigoted, conditioned, discriminatory, influenced, intolerant, jaundiced, narrow-minded, one-sided, opinionated, partial, partisan, prepossessed, unfair

prejudicial counterproductive, damaging, deleterious, detrimental, disadvantageous, harmful, hurtful, inimical, injurious, undermining, unfavourable

preliminary [1] adj. exploratory, first, initial, initiatory, introductory, opening, pilot, precursory, prefatory, preparatory, prior, qualifying, test, trial [2] n. beginning, first round, foundation, groundwork, initiation, introduction, opening, overture, preamble, preface, prelims, prelude, preparation, start

prelude beginning, commencement, curtain-raiser, exordium, foreword, intro (Inf.), introduction, overture, preamble, preface, preliminary, preparation, proem, prolegomenon, prologue, start

premature [1] abortive, early, embryonic, forward, green, immature, incomplete, predeveloped, raw, undeveloped, unfledged, unripe, unseasonable, untimely [2] (Fig.) hasty, ill-considered, ill-timed, impulsive, inopportune, overhasty, precipitate, previous (Inf.), rash, too soon, untimely

prematurely [1] before one's time, too early, too soon, untimely [2] at half-cock, half-cocked, overhastily, precipitately, rashly, too hastily, too soon

premeditation deliberation, design, determination, forethought, intention, malice aforethought, planning, plotting, prearrangement, predetermination, purpose

premier

- **n.** [1] chancellor, head of government, PM, prime minister
- **adj.** [2] arch, chief, first, foremost, head, highest, leading, main, primary, prime, principal, top [3] earliest, first, inaugural, initial, original

première debut, first night, first performance, first showing, opening

premises building, establishment, place, property, site

premiss, premise argument, assertion, assumption, ground, hypothesis, postulate, postulation, presupposition, proposition, supposition, thesis

premium [1] bonus, boon, bounty, fee, percentage (Inf.), perk (Brit. inf.), perquisite, prize, recompense, remuneration, reward [2] appreciation, regard, stock, store, value [3] **at a premium** beyond one's means, costly, expensive, hard to come by, in great demand, in short supply, like gold dust, not to be had for love or money, rare, scarce, valuable

premonition apprehension, feeling, feeling in one's bones, foreboding, forewarning, funny feeling (Inf.), hunch, idea, intuition, misgiving, omen, portent, presage, presentiment, sign, suspicion, warning

preoccupation [1] absence of mind, absent-mindedness, absorption, abstraction, brown study, daydreaming, engrossment, immersion, inattentiveness, musing, oblivion, pensiveness, prepossession, reverie, woolgathering [2] bee in one's bonnet, concern, fixation, hang-up (Inf.), hobbyhorse, idée fixe, obsession, pet subject

preparation [1] development, getting ready, groundwork, preparing, putting in order [2] alertness, anticipation, expectation, foresight, precaution, preparedness, provision, readiness, safeguard [3] Often plural arrangement, measure, plan, provision [4] composition, compound, concoction, medicine, mixture, tincture [5] homework, prep (Inf.), revision, schoolwork, study, swotting (Brit. inf.)

preparatory [1] basic, elementary, introductory, opening, prefatory, preliminary, preparative, primary [2] **preparatory to** before, in advance of, in anticipation of, in preparation for, prior to

prepare [1] adapt, adjust, anticipate, arrange, coach, dispose, form, groom, make provision, make ready, plan, practise, prime, put in order, train, warm up [2] brace, fortify, gird, ready, steel, strengthen [3] assemble, concoct, construct, contrive, draw up, fashion, fix up, get up (Inf.), make, produce, put together, turn out [4] accoutre, equip, fit, fit out, furnish, outfit, provide, supply

prepared [1] all set, arranged, fit, in order, in readiness, planned, primed, ready, set [2] able, disposed, inclined, minded, of a mind, predisposed, willing

preparedness alertness, fitness, order, preparation, readiness

preponderance ascendancy, bulk, dominance, domination, dominion, extensiveness, greater numbers, greater part, lion's share, mass, power, predominance, prevalence, superiority, supremacy, sway, weight

preponderant ascendant, dominant, extensive, foremost, greater, important, larger, paramount, predominant, prevailing, prevalent, significant

prepossessing alluring, amiable, appealing, attractive, beautiful, bewitching, captivating, charming, engaging, fair, fascinating, fetching, glamorous, good-looking, handsome, inviting, likable or likeable, lovable, magnetic, pleasing, striking, taking, winning

preposterous absurd, asinine, bizarre, crazy, excessive, exorbitant, extravagant, extreme, foolish, impossible, incredible, insane, irrational, laughable, ludicrous, monstrous, nonsensical, out of the question, outrageous, ridiculous, senseless, shocking, unreasonable, unthinkable

prerequisite [1] adj. called for, essential, imperative, indispensable, mandatory, necessary, needful, obligatory, of the essence, required, requisite, vital [2] n. condition, essential, imperative, must, necessity, precondition, qualification, requirement, requisite, sine qua non

prerogative advantage, authority, birthright, choice, claim, droit, due, exemption, immunity, liberty, perquisite, privilege, right, sanction, title

prescribe appoint, assign, command, decree, define, dictate, direct, enjoin, establish, fix, impose, lay down, ordain, order, require, rule, set, specify, stipulate

prescription [1] direction, formula, instruction, recipe [2] drug, medicine, mixture, preparation, remedy

presence [1] attendance, being, companionship, company, existence, habitation, inhabitance, occupancy, residence [2] closeness, immediate circle, nearness, neighbourhood, propinquity, proximity, vicinity [3] air, appearance, aspect, aura, bearing, carriage, comportment, demeanour, ease, mien (Literary), personality, poise, self-assurance [4] apparition, eidolon, ghost, manifestation, revenant, shade (Literary), spectre, spirit, supernatural being, wraith

present

- **adj.** [1] contemporary, current, existent, existing, extant, immediate, instant, present-day [2] accounted for, at hand, available, here, in attendance, near, nearby, ready, there, to hand
- **n.** [3] here and now, now, present moment, the time being, this day and age, today [4] **at present** at the moment, just now, now, nowadays, right now [5] **for the present** for a while, for the moment, for the nonce, for the time being, in the meantime, not for long, provisionally, temporarily [6] benefaction, boon, bounty, donation, endowment, favour, gift, grant, gratuity, hand-out, largess or largesse, offering, prezzie (Inf.)
- **v.** [7] acquaint with, introduce, make known [8] demonstrate, display, exhibit, give, mount, put before the public, put on, show, stage [9] adduce, advance, declare, expound, extend, hold out, introduce, offer, pose, produce, proffer, put forward, raise, recount, relate, state, submit, suggest, tender [10] award, bestow, confer, donate, entrust, furnish, give, grant, hand out, hand over, offer, proffer, put at (someone's) disposal

presentable acceptable, becoming, decent, fit to be seen, good enough, not bad (Inf.), OK or okay (Inf.), passable, proper, respectable, satisfactory, suitable, tolerable

presentation [1] award, bestowal, conferral, donation, giving, investiture, offering [2] appearance, arrangement, delivery, exposition, production, rendition, staging, submission [3] demonstration, display, exhibition, performance, production, representation, show [4] coming out, debut, introduction, launch, launching, reception

presentiment anticipation, apprehension, expectation, fear, feeling, foreboding, forecast, forethought, hunch, intuition, misgiving, premonition, presage

presently anon (Archaic), before long, by and by, erelong (Archaic or poetic), in a minute, in a moment, in a short while, pretty soon (Inf.), shortly, soon

preservation conservation, defence, keeping, maintenance, perpetuation, protection, safeguarding, safekeeping, safety, salvation, security, storage, support, upholding

preserve
- v. [1] care for, conserve, defend, guard, keep, protect, safeguard, save, secure, shelter, shield [2] continue, keep, keep up, maintain, perpetuate, retain, sustain, uphold [3] conserve, keep, put up, save, store
- n. [4] area, domain, field, realm, specialism, sphere [5] Often plural confection, confiture, conserve, jam, jelly, marmalade, sweetmeat [6] game reserve, reservation, reserve, sanctuary

preside administer, be at the head of, be in authority, chair, conduct, control, direct, govern, head, lead, manage, officiate, run, supervise

press
- v. [1] bear down on, compress, condense, crush, depress, force down, jam, mash, push, reduce, squeeze, stuff [2] calender, finish, flatten, iron, mangle, put the creases in, smooth, steam [3] clasp, crush, embrace, encircle, enfold, fold in one's arms, hold close, hug, squeeze [4] compel, constrain, demand, enforce, enjoin, force, insist on [5] beg, entreat, exhort, implore, importune, petition, plead, pressurize, sue, supplicate, urge [6] afflict, assail, beset, besiege, disquiet, harass, plague, torment, trouble, vex, worry [7] be pressed be hard put, be pushed (hurried, rushed) (Inf.), be short of [8] cluster, crowd, flock, gather, hasten, herd, hurry, mill, push, rush, seethe, surge, swarm, throng
- n. [9] the press a Fleet Street, fourth estate, journalism, news media, newspapers, the papers b columnists, correspondents, gentlemen of the press, journalists, journos (Sl.), newsmen, photographers, pressmen, reporters [10] bunch, crowd, crush, flock, herd, horde, host, mob, multitude, pack, push (Inf.), swarm, throng [11] bustle, demand, hassle (Inf.), hurry, pressure, strain, stress, urgency

pressing burning, constraining, crucial, exigent, high-priority, imperative, important, importunate, serious, urgent, vital

pressure [1] compressing, compression, crushing, force, heaviness, squeezing, weight [2] coercion, compulsion, constraint, force, influence, obligation, power, sway [3] adversity, affliction, burden, demands, difficulty, distress, exigency, hassle (Inf.), heat, hurry, load, press, strain, stress, urgency

prestige authority, bottom, Brownie points, cachet, celebrity, credit, distinction, eminence, esteem, fame, honour, importance, influence, kudos, regard, renown, reputation, standing, stature, status, weight

presumably apparently, doubtless, doubtlessly, in all likelihood, in all probability, it would seem, likely, most likely, on the face of it, probably, seemingly

presume [1] assume, believe, conjecture, guess (Inf., chiefly U.S. & Canad.), infer, posit, postulate, presuppose, suppose, surmise, take for granted, take it, think [2] dare, go so far, have the audacity, make bold, make so bold, take the liberty, undertake, venture [3] bank on, count on, depend, rely, trust

presumption [1] assurance, audacity, boldness, brass (Inf.), brass neck (Brit. inf.), cheek (Inf.), chutzpah (U.S. & Canad. inf.), effrontery, forwardness, front, gall (Inf.), impudence, insolence, neck (Inf.), nerve (Inf.), presumptuousness, temerity [2] anticipation, assumption, belief, conjecture, guess, hypothesis, opinion, premiss, presupposition, supposition, surmise [3] basis, chance, grounds, likelihood, plausibility, probability, reason

presumptuous arrogant, audacious, bigheaded (Inf.), bold, conceited, foolhardy, forward, insolent, overconfident, overfamiliar, overweening, presuming, pushy (Inf.), rash, too big for one's boots, uppish (Brit. inf.)

presuppose accept, assume, consider, imply, posit, postulate, presume, suppose, take as read, take for granted, take it

presupposition assumption, belief, hypothesis, preconceived idea, preconception, premiss, presumption, supposition, theory

pretence [1] acting, charade, deceit, deception, fabrication, fakery, faking, falsehood, feigning, invention, make-believe, sham, simulation, subterfuge, trickery [2] affectation, appearance, artifice, display, façade, hokum (Sl., chiefly U.S. & Canad.), posing, posturing, pretentiousness, show, veneer [3] claim, cloak, colour, cover, excuse, façade, garb, guise, mask, masquerade, pretext, ruse, semblance, show, veil, wile

pretend [1] affect, allege, assume, counterfeit, dissemble, dissimulate, fake, falsify, feign, impersonate, make out, pass oneself off as, profess, put on, sham, simulate [2] act, imagine, make believe, make up, play, play the part of, suppose [3] allege, aspire, claim, lay claim, profess, purport

pretended alleged, avowed, bogus, counterfeit, fake, false, feigned, fictitious, imaginary, ostensible, phoney or phony (Inf.), pretend (Inf.), professed, pseudo (Inf.), purported, sham, so-called, spurious

pretender aspirant, claimant, claimer

pretension [1] aspiration, assertion, assumption, claim, demand, pretence, profession [2] affectation, airs, conceit, hypocrisy, ostentation, pomposity, pretentiousness, self-importance, show, showiness, snobbery, snobbishness, vainglory, vanity

pretentious affected, assuming, bombastic, conceited, exaggerated, extravagant, flaunting, grandiloquent, grandiose, highfalutin (Inf.), high-flown, high-sounding, hollow, inflated, magniloquent, mannered, ostentatious, over-ambitious, pompous, puffed up, showy, snobbish, specious, vainglorious

pretext affectation, alleged reason, appearance, cloak, cover, device, excuse, guise, mask, ploy, pretence, red herring, ruse, semblance, show, simulation, veil

pretty
- adj. [1] appealing, attractive, beautiful, bonny, charming, comely, cute, fair, good-looking, graceful, lovely, personable [2] bijou, dainty, delicate, elegant, fine, neat, nice, pleasing, tasteful, trim
- adv. [3] (Inf.) fairly, kind of (Inf.), moderately, quite, rather, reasonably, somewhat

prevail [1] be victorious, carry the day, gain mastery, overcome, overrule, prove superior, succeed, triumph, win [2] abound, be current (prevalent, widespread), exist generally, obtain, predominate, preponderate [3] (Often with on or upon) bring round, convince, dispose, incline, induce, influence, persuade, prompt, sway, talk into, win over

prevailing [1] common, current, customary, established, fashionable, general, in style, in vogue, ordinary, popular, prevalent, set, usual, widespread [2] dominant, influential, main, operative, predominating, preponderating, principal, ruling

prevalence [1] acceptance, commonness, common occurrence, currency, frequency, pervasiveness, popularity, profusion, regularity, ubiquity, universality [2] ascendancy, hold, mastery, predominance, preponderance, primacy, rule, sway

prevalent [1] accepted, common, commonplace, current, customary, established, everyday, extensive, frequent, general, habitual, popular, rampant, rife, ubiquitous, universal, usual, widespread [2] ascendant, compelling, dominant, governing, powerful, predominant, prevailing, successful, superior

prevaricate beat about the bush, beg the question, cavil, deceive, dodge, equivocate, evade, flannel (Brit. inf.), give a false colour to, hedge, lie, palter, quibble, shift, shuffle, stretch the truth, tergiversate

prevarication cavilling, deceit, deception, equivocation, evasion, falsehood, falsification, lie, misrepresentation, pretence, quibbling, tergiversation, untruth

prevent anticipate, avert, avoid, balk, bar, block, check, counteract, defend against, foil, forestall, frustrate, hamper, head off, hinder, impede, inhibit, intercept, nip in the bud, obstruct, obviate, preclude, restrain, stave off, stop, thwart, ward off

prevention [1] anticipation, avoidance, deterrence, elimination, forestalling, obviation, precaution, preclusion, prophylaxis, safeguard, thwarting [2] bar, check, deterrence, frustration, hindrance, impediment, interruption, obstacle, obstruction, stoppage

preventive, preventative
- adj. [1] hampering, hindering, impeding, obstructive [2] counteractive, deterrent, inhibitory, precautionary, prophylactic, protective, shielding
- n. [3] block, hindrance, impediment, obstacle, obstruction [4] deterrent, neutralizer, prevention, prophylactic, protection, protective, remedy, safeguard, shield

previous [1] antecedent, anterior, earlier, erstwhile, ex-, foregoing, former, one-time, past, preceding, prior, quondam, sometime [2] (Inf.) ahead of oneself, precipitate, premature, too early, too soon, untimely

previously at one time, a while ago, before, beforehand, earlier, formerly, heretofore, hitherto, in advance, in anticipation, in days or years gone by, in the past, once, then, until now

prey
- n. [1] game, kill, quarry [2] dupe, fall guy (Inf.), mark, mug (Brit. sl.), target, victim
- v. [3] devour, eat, feed upon, hunt, live off, seize [4] blackmail, bleed (Inf.), bully, exploit, intimidate, take advantage of, terrorize, victimize [5] burden, distress, hang over, haunt, oppress, trouble, weigh down, weigh heavily, worry

price
- n. [1] amount, asking price, assessment, bill, charge, cost, damage (Inf.), estimate, expenditure, expense, face value, fee, figure, outlay, payment, rate, valuation, value, worth [2] consequences, cost, penalty, sacrifice, toll [3] bounty, compensation, premium, recompense, reward [4] at any price anyhow, cost what it may, expense no object, no matter what the cost, regardless, whatever the cost [5] beyond price inestimable, invaluable, of incalculable value, precious, priceless, treasured, without price
- v. [6] assess, cost, estimate, evaluate, put a price on, rate, value

priceless [1] beyond price, cherished, costly, dear, expensive, incalculable, incomparable, inestimable, invaluable, irreplaceable, precious, prized, rare, rich, treasured, worth a king's ransom [2] (Inf.) absurd, amusing, comic, droll, funny, hilarious, killing (Inf.), rib-tickling, ridiculous, riotous, side-splitting

prick
- v. [1] bore, impale, jab, lance, perforate, pierce, pink, punch, puncture, stab [2] bite, itch, prickle, smart, sting, tingle [3] cut, distress, grieve, move, pain, stab, touch, trouble, wound [4] (Usually with up) point, raise, rise, stand erect
- n. [5] cut, gash, hole, perforation, pinhole, puncture, wound [6] gnawing, pang, prickle, smart, spasm, sting, twinge

prickle
- n. [1] barb, needle, point, spike, spine, spur, thorn [2] chill, formication, goose flesh, paraesthesia (Medical), pins and needles (Inf.), smart, tickle, tingle, tingling
- v. [3] itch, smart, sting, tingle, twitch [4] jab, nick, prick, stick

prickly [1] barbed, brambly, briery, bristly, spiny, thorny [2] crawling, itchy, pricking, prickling, scratchy, sharp, smarting, stinging, tingling [3] bad-tempered, cantankerous, edgy, fractious, grumpy, irritable, liverish, peevish, pettish, petulant, ratty (Brit. & N.Z. inf.), shirty (Sl., chiefly Brit.), snappish, stroppy (Brit. sl.), tetchy, touchy, waspish [4] complicated, difficult, intricate, involved, knotty, thorny, ticklish, tricky, troublesome, trying

pride
- n. [1] amour-propre, dignity, honour, self-esteem, self-respect, self-worth [2] arrogance, bigheadedness (Inf.), conceit, egotism, haughtiness, hauteur, hubris, loftiness, morgue, presumption, pretension, pretentiousness, self-importance, self-love, smugness, snobbery, superciliousness, vainglory, vanity [3] boast, gem, jewel, pride and joy, prize, treasure [4] delight, gratification, joy, pleasure, satisfaction [5] best, choice, cream, elite, flower, glory, pick
- v. [6] be proud of, boast, brag, congratulate oneself, crow, exult, flatter oneself, glory in, pique, plume, preen, revel in, take pride, vaunt

priest churchman, clergyman, cleric, curate, divine, ecclesiastic, father, father confessor, holy man, man of God, man of the cloth, minister, padre (Inf.), pastor, vicar

priestly canonical, clerical, ecclesiastic, hieratic, pastoral, priestlike, sacerdotal

prig goody-goody (Inf.), Holy Joe (Inf.), Holy Willie (Inf.), Mrs Grundy, old maid (Inf.), pedant, prude, puritan, stuffed shirt (Inf.)

priggish goody-goody (Inf.), holier-than-thou, narrow-minded, pedantic, prim, prudish, puritanical, self-righteous, self-satisfied, smug, starchy (Inf.), stiff, stuffy

prim demure, fastidious, formal, fussy, old-maidish (Inf.), particular, precise, priggish, prissy (Inf.), proper, prudish, puritanical, schoolmarmish (Brit. inf.), starchy (Inf.), stiff, strait-laced

primaeval → **primeval**

prima donna diva, leading lady, star

primarily [1] above all, basically, chiefly, especially, essentially, for the most part, fundamentally, generally, largely, mainly, mostly, on the whole, principally [2] at first, at or from the start, first and foremost, initially, in the beginning, in the first place, originally

primary [1] best, capital, cardinal, chief, dominant, first, greatest, highest, leading, main, paramount, prime, principal, top [2] aboriginal, earliest, initial, original, primal, primeval, primitive, primordial, pristine [3] basic, beginning, bog-standard (Inf.), elemental, essential, fundamental, radical, ultimate, underlying [4] elementary, introductory, rudimentary, simple

prime
- **adj.** [1] best, capital, choice, excellent, first-class, first-rate, grade A, highest, quality, select, selected, superior, top [2] basic, bog-standard (Inf.), earliest, fundamental, original, primary, underlying [3] chief, leading, main, predominant, pre-eminent, primary, principal, ruling, senior
- **n.** [4] best days, bloom, flower, full flowering, height, heyday, maturity, peak, perfection, zenith [5] beginning, morning, opening, spring, start
- **v.** [6] break in, coach, fit, get ready, groom, make ready, prepare, train [7] brief, clue in (Inf.), clue up (Inf.), fill in (Inf.), gen up (Brit. inf.), give someone the lowdown (Inf.), inform, notify, tell

primeval, primaeval ancient, earliest, early, first, old, original, prehistoric, primal, primitive, primordial, pristine

primitive [1] earliest, early, elementary, first, original, primary, primeval, primordial, pristine [2] barbarian, barbaric, crude, rough, rude, rudimentary, savage, simple, uncivilized, uncultivated, undeveloped, unrefined [3] childlike, naive, simple, undeveloped, unsophisticated, untrained, untutored

prince lord, monarch, potentate, ruler, sovereign

princely [1] bounteous, bountiful, generous, gracious, lavish, liberal, magnanimous, munificent, open-handed, rich [2] august, dignified, grand, high-born, imperial, imposing, lofty, magnificent, majestic, noble, regal, royal, sovereign, stately

principal
- **adj.** [1] capital, cardinal, chief, controlling, dominant, essential, first, foremost, highest, key, leading, main, most important, paramount, pre-eminent, primary, prime, strongest
- **n.** [2] boss (Inf.), chief, director, head, leader, master, ruler, superintendent [3] dean, director, head (Inf.), headmaster, headmistress, head teacher, master, rector [4] assets, capital, capital funds, money [5] first violin, lead, leader, star

principally above all, chiefly, especially, first and foremost, for the most part, in the main, largely, mainly, mostly, particularly, predominantly, primarily

principle [1] assumption, axiom, canon, criterion, dictum, doctrine, dogma, ethic, formula, fundamental, golden rule, law, maxim, moral law, precept, proposition, rule, standard, truth, verity [2] attitude, belief, code, credo, ethic, morality, opinion, tenet [3] conscience, integrity, morals, probity, rectitude, scruples, sense of duty, sense of honour, uprightness [4] in principle ideally, in essence, in theory, theoretically

print
- **v.** [1] engrave, go to press, impress, imprint, issue, mark, publish, put to bed (Inf.), run off, stamp
- **n.** [2] book, magazine, newspaper, newsprint, periodical, printed matter, publication, typescript [3] in print [a] in black and white, on paper, on the streets, out, printed, published [b] available, current, in the shops, obtainable, on the market, on the shelves [4] out of print no longer published, o.p., unavailable, unobtainable [5] copy, engraving, photo (Inf.), photograph, picture, reproduction [6] characters, face, font (Chiefly U.S.), fount, lettering, letters, type, typeface

priority first concern, greater importance, precedence, pre-eminence, preference, prerogative, rank, right of way, seniority, superiority, supremacy, the lead

priory abbey, cloister, convent, monastery, nunnery, religious house

prison can (Sl.), choky (Sl.), clink (Sl.), confinement, cooler (Sl.), dungeon, gaol, glasshouse (Military inf.), jail, jug (Sl.), lockup, nick (Brit. sl.), penal institution, penitentiary (U.S.), poky or pokey (U.S. & Canad. sl.), pound, quod (Sl.), slammer (Sl.), stir (Sl.)

prisoner [1] con (Sl.), convict, jailbird, lag (Sl.) [2] captive, detainee, hostage, internee

privacy [1] isolation, privateness, retirement, retreat, seclusion, separateness, sequestration, solitude [2] clandestineness, concealment, confidentiality, secrecy

private
- **adj.** [1] clandestine, closet, confidential, covert, hush-hush (Inf.), in camera, inside, off the record, privy (Archaic), secret, unofficial [2] exclusive, individual, intimate, own, particular, personal, reserved, special [3] independent, nonpublic [4] concealed, isolated, not overlooked, retired, secluded, secret, separate, sequestered, solitary, withdrawn [5] in private behind closed doors, confidentially, in camera, in secret, personally, privately
- **n.** [6] enlisted man (U.S.), private soldier, squaddie or squaddy (Brit. sl.), tommy (Brit. inf.), Tommy Atkins (Brit. inf.)

privilege advantage, benefit, birthright, claim, concession, due, entitlement, franchise, freedom, immunity, liberty, prerogative, right, sanction

privileged [1] advantaged, elite, entitled, favoured, honoured, indulged, powerful, ruling, special [2] allowed, empowered, exempt, free, granted, licensed, sanctioned, vested [3] (Of information) confidential, exceptional, inside, not for publication, off the record, privy, special

prize
- **n.** [1] accolade, award, honour, premium, reward, trophy [2] haul, jackpot, purse, stakes, windfall, winnings [3] aim, ambition, conquest, desire, gain, goal, hope [4] booty, capture, loot, pickings, pillage, plunder, spoil(s), trophy
- **adj.** [5] award-winning, best, champion, first-rate, outstanding, top, topnotch (Inf.), winning
- **v.** [6] appreciate, cherish, esteem, hold dear, regard highly, set store by, treasure, value

probability chance(s), expectation, liability, likelihood, likeliness, odds, presumption, prospect

probable apparent, credible, feasible, likely, most likely, odds-on, on the cards, ostensible, plausible, possible, presumable, presumed, reasonable, seeming, verisimilar

probably as likely as not, doubtless, in all likelihood, in all probability, likely, maybe, most likely, perchance (Archaic), perhaps, possibly, presumably

probation apprenticeship, examination, initiation, novitiate, test, trial, trial period

probe
- **v.** [1] examine, explore, go into, investigate, look into, query, research, scrutinize, search, sift, sound, test, verify, work over [2] explore, feel around, poke, prod
- **n.** [3] detection, examination, exploration, inquest, inquiry, investigation, research, scrutiny, study

problem
- **n.** [1] can of worms (Inf.), complication, difficulty, dilemma, disagreement, dispute, disputed point, doubt, hard nut to crack (Inf.), point at issue, predicament, quandary, trouble [2] brain-teaser (Inf.), conundrum, enigma, poser, puzzle, question, riddle, teaser
- **adj.** [3] delinquent, difficult, intractable, uncontrollable, unmanageable, unruly

problematic chancy (Inf.), debatable, doubtful, dubious, enigmatic, moot, open to doubt, problematical, puzzling, questionable, tricky, uncertain, unsettled

procedure action, conduct, course, custom, form, formula, method, modus operandi, operation, performance, plan of action, policy, practice, process, routine, scheme, step, strategy, system, transaction

proceed [1] advance, carry on, continue, get going, get on with, get under way with, go ahead, go on, make a start, move on, press on, progress, set in motion [2] arise, come, derive, emanate, ensue, flow, follow, issue, originate, result, spring, stem

proceeding [1] act, action, course of action, deed, measure, move, occurrence, procedure, process, step, undertaking, venture [2] Plural account, affairs, annals, archives, business, dealings, doings, matters, minutes, records, report, transactions

proceeds earnings, gain, income, produce, products, profit, receipts, returns, revenue, takings, yield

process
- **n.** [1] action, course, course of action, manner, means, measure, method, mode, operation, performance, practice, procedure, proceeding, system, transaction [2] advance, course, development, evolution, formation, growth, movement, progress, progression, stage, step, unfolding [3] (Law) action, case, suit, trial
- **v.** [4] deal with, dispose of, fulfil, handle, take care of [5] alter, convert, prepare, refine, transform, treat

procession [1] cavalcade, column, cortège, file, march, motorcade, parade, train [2] course, cycle, run, sequence, series, string, succession, train

proclaim advertise, affirm, announce, blaze (abroad), blazon (abroad), circulate, declare, enunciate, give out, herald, indicate, make known, profess, promulgate, publish, shout from the housetops (Inf.), show, trumpet

proclamation announcement, declaration, decree, edict, manifesto, notice, notification, promulgation, pronouncement, pronunciamento, publication

procrastinate adjourn, be dilatory, dally, defer, delay, drag one's feet (Inf.), gain time, play a waiting game, play for time, postpone, prolong, protract, put off, retard, stall, temporize

procure acquire, appropriate, buy, come by, earn, effect, find, gain, get, get hold of, lay hands on, manage to get, obtain, pick up, purchase, score (Sl.), secure, win

prod
- **v.** [1] dig, drive, elbow, jab, nudge, poke, prick, propel, push, shove [2] egg on, goad, impel, incite, motivate, move, prompt, rouse, spur, stimulate, stir up, urge
- **n.** [3] boost, dig, elbow, jab, nudge, poke, push, shove [4] goad, poker, spur, stick [5] boost, cue, prompt, reminder, signal, stimulus

prodigal
- **adj.** [1] excessive, extravagant, immoderate, improvident, intemperate, profligate, reckless, spendthrift, squandering, wanton, wasteful [2] bounteous, bountiful, copious, exuberant, lavish, luxuriant, profuse, sumptuous, superabundant, teeming
- **n.** [3] big spender, profligate, spendthrift, squanderer, wastrel

prodigality [1] abandon, dissipation, excess, extravagance, immoderation, intemperance, profligacy, recklessness, squandering, wantonness, waste, wastefulness [2] abundance, amplitude, bounteousness, bounty, copiousness, cornucopia, exuberance, horn of plenty, lavishness, luxuriance, plenteousness, plenty, profusion, richness, sumptuousness

prodigious [1] colossal, enormous, giant, gigantic, huge, immeasurable, immense, inordinate, mammoth, massive, monstrous, monumental, stupendous, tremendous, vast [2] abnormal, amazing, astounding, exceptional, extraordinary, fabulous, fantastic (Inf.), flabbergasting (Inf.), impressive, marvellous, miraculous, phenomenal, remarkable, staggering, startling, striking, stupendous, unusual, wonderful

prodigy [1] brainbox, child genius, genius, mastermind, talent, whiz (Inf.), whiz kid (Inf.), wizard, wonder child, wunderkind [2] marvel, miracle, one in a million, phenomenon, rare bird (Inf.), sensation, wonder [3] abnormality, curiosity, freak, grotesque, monster, monstrosity, mutation, spectacle

produce
- **v.** [1] compose, construct, create, develop, fabricate, invent, make, manufacture, originate, put together, turn out [2] afford, bear, beget, breed, bring forth, deliver, engender,

furnish, give, render, supply, yield **3** bring about, cause, effect, generate, give rise to, make for, occasion, provoke, set off **4** advance, bring forward, bring to light, demonstrate, exhibit, offer, present, put forward, set forth, show **5** direct, do, exhibit, mount, present, put before the public, put on, show, stage **6** (Geometry) extend, lengthen, prolong, protract
- n. **7** crop, fruit and vegetables, greengrocery, harvest, product, yield

producer **1** director, impresario, régisseur **2** farmer, grower, maker, manufacturer

product **1** artefact, commodity, concoction, creation, goods, invention, merchandise, produce, production, work **2** consequence, effect, fruit, issue, legacy, offshoot, outcome, result, returns, spin-off, upshot, yield

production **1** assembly, construction, creation, fabrication, formation, making, manufacture, manufacturing, origination, preparation, producing **2** direction, management, presentation, staging

productive **1** creative, dynamic, energetic, fecund, fertile, fruitful, generative, inventive, plentiful, producing, prolific, rich, teeming, vigorous **2** advantageous, beneficial, constructive, effective, fruitful, gainful, gratifying, profitable, rewarding, useful, valuable, worthwhile

productivity abundance, mass production, output, production, productive capacity, productiveness, work rate, yield

profane
- adj. **1** disrespectful, godless, heathen, idolatrous, impious, impure, irreligious, irreverent, pagan, sacrilegious, sinful, ungodly, wicked **2** lay, secular, temporal, unconsecrated, unhallowed, unholy, unsanctified, worldly **3** abusive, blasphemous, coarse, crude, filthy, foul, obscene, vulgar
- v. **4** abuse, commit sacrilege, contaminate, debase, defile, desecrate, misuse, pervert, pollute, prostitute, violate, vitiate

profanity abuse, blasphemy, curse, cursing, execration, foul language, four-letter word, impiety, imprecation, irreverence, malediction, obscenity, profaneness, sacrilege, swearing, swearword

profess **1** acknowledge, admit, affirm, announce, assert, asseverate, aver, avow, certify, confess, confirm, declare, maintain, own, proclaim, state, vouch **2** act as if, allege, call oneself, claim, dissemble, fake, feign, let on, make out, pretend, purport, sham

professed **1** avowed, certified, confirmed, declared, proclaimed, self-acknowledged, self-confessed **2** alleged, apparent, ostensible, pretended, purported, self-styled, so-called, soi-disant, supposed, would-be

professedly **1** allegedly, apparently, by one's own account, falsely, ostensibly, purportedly, supposedly, under the pretext of **2** admittedly, avowedly, by open declaration, confessedly

profession **1** business, calling, career, employment, line, line of work, métier, occupation, office, position, sphere, vocation, walk of life **2** acknowledgement, affirmation, assertion, attestation, avowal, claim, confession, declaration, statement, testimony, vow

professional **1** adj. ace (Inf.), adept, competent, crack (Sl.), efficient, experienced, expert, finished, masterly, polished, practised, proficient, qualified, skilled, slick, trained **2** n. adept, authority, buff (Inf.), dab hand (Brit. inf.), expert, hotshot (Inf.), maestro, master, maven (U.S.), past master, pro (Inf.), specialist, virtuoso, whiz (Inf.), wizard

professor don (Brit.), fellow (Brit.), head of faculty, prof (Inf.)

proficiency ability, accomplishment, aptitude, competence, craft, dexterity, expertise, expertness, facility, knack, know-how (Inf.), mastery, skilfulness, skill, talent

proficient able, accomplished, adept, apt, capable, clever, competent, conversant, efficient, experienced, expert, gifted, masterly, qualified, skilful, skilled, talented, trained, versed

profile n. **1** contour, drawing, figure, form, outline, portrait, shape, side view, silhouette, sketch **2** biography, characterization, character sketch, sketch, thumbnail sketch, vignette **3** analysis, chart, diagram, examination, graph, review, study, survey, table

profit
- n. **1** Often plural bottom line, earnings, emoluments, gain, percentage (Inf.), proceeds, receipts, return, revenue, surplus, takings, winnings, yield **2** advancement, advantage, avail, benefit, gain, good, interest, use, value
- v. **3** aid, avail, benefit, be of advantage to, better, contribute, gain, help, improve, promote, serve, stand in good stead **4** capitalize on, cash in on (Inf.), exploit, learn from, make capital of, make good use of, make the most of, put to good use, rake in (Inf.), reap the benefit of, take advantage of, turn to advantage or account, use, utilize **5** clean up (Inf.), clear, earn, gain, make a good thing of (Inf.), make a killing (Inf.), make money

profitable **1** commercial, cost-effective, fruitful, gainful, lucrative, money-making, paying, remunerative, rewarding, worthwhile **2** advantageous, beneficial, economic, expedient, fruitful, productive, rewarding, serviceable, useful, valuable, worthwhile

profiteer **1** n. exploiter, racketeer **2** v. exploit, fleece, make a quick buck (Sl.), make someone pay through the nose, overcharge, racketeer, skin (Sl.), sting (Inf.)

profligate
- adj. **1** abandoned, corrupt, debauched, degenerate, depraved, dissipated, dissolute, immoral, iniquitous, libertine, licentious, loose, promiscuous, shameless, unprincipled, vicious, vitiated, wanton, wicked, wild **2** extravagant, immoderate, improvident, prodigal, reckless, spendthrift, squandering, wasteful
- n. **3** debauchee, degenerate, dissipater, libertine, rake, reprobate, roué **4** prodigal, spendthrift, squanderer, waster, wastrel

profound **1** abstruse, deep, discerning, erudite, learned, penetrating, philosophical, recondite, sagacious, sage, serious, skilled, subtle, thoughtful, weighty, wise **2** abysmal, bottomless, cavernous, deep, fathomless, yawning **3** abject, acute, deeply felt, extreme, great, heartfelt, heartrending, hearty, intense, keen, sincere **4** absolute, complete, consummate, exhaustive, extensive, extreme, far-reaching, intense, out-and-out, pronounced, thoroughgoing, total, unqualified, utter

profoundly abjectly, acutely, deeply, extremely, from the bottom of one's heart, greatly, heartily, intensely, keenly, seriously, sincerely, thoroughly, very

profuse **1** abundant, ample, bountiful, copious, luxuriant, overflowing, plentiful, prolific, teeming **2** excessive, extravagant, exuberant, fulsome, generous, immoderate, lavish, liberal, open-handed, prodigal, unstinting

profusion abundance, bounty, copiousness, cornucopia, excess, extravagance, exuberance, glut, lavishness, luxuriance, multitude, oversupply, plenitude, plethora, prodigality, quantity, riot, superabundance, superfluity, surplus, wealth

progeny breed, children, descendants, family, issue, lineage, offspring, posterity, race, scions, seed (Chiefly biblical), stock, young

programme
- n. **1** agenda, curriculum, line-up, list, listing, list of players, order of events, order of the day, plan, schedule, syllabus, timetable **2** broadcast, performance, presentation, production, show **3** design, order of the day, plan, plan of action, procedure, project, scheme
- v. **4** arrange, bill, book, design, engage, formulate, itemize, lay on, line up, list, map out, plan, prearrange, schedule, work out

progress
- n. **1** advance, course, movement, onward course, passage, progression, way **2** advance, advancement, amelioration, betterment, breakthrough, development, gain, gaining ground, growth, headway, improvement, increase, progression, promotion, step forward **3** in progress being done, going on, happening, occurring, proceeding, taking place, under way
- v. **4** advance, come on, continue, cover ground, forge ahead, gain ground, gather way, get on, go forward, make headway, make one's way, make strides, move on, proceed, travel **5** advance, ameliorate, better, blossom, develop, gain, grow, improve, increase, mature

progression **1** advance, advancement, furtherance, gain, headway, movement forward, progress **2** chain, course, cycle, order, sequence, series, string, succession

progressive **1** accelerating, advancing, continuing, continuous, developing, escalating, growing, increasing, intensifying, ongoing **2** advanced, avant-garde, dynamic, enlightened, enterprising, forward-looking, go-ahead, liberal, modern, radical, reformist, revolutionary, up-and-coming

prohibit **1** ban, debar, disallow, forbid, interdict, outlaw, proscribe, veto **2** constrain, hamper, hinder, impede, make impossible, obstruct, preclude, prevent, restrict, rule out, stop

prohibition **1** constraint, exclusion, forbiddance, interdiction, negation, obstruction, prevention, restriction **2** ban, bar, boycott, disallowance, embargo, injunction, interdict, proscription, veto

prohibitive **1** forbidding, prohibiting, proscriptive, repressive, restraining, restrictive, suppressive **2** (Esp. of prices) beyond one's means, excessive, exorbitant, extortionate, high-priced, preposterous, sky-high, steep (Inf.)

project
- n. **1** activity, assignment, design, enterprise, job, occupation, plan, programme, proposal, scheme, task, undertaking, venture, work
- v. **2** contemplate, contrive, design, devise, draft, frame, map out, outline, plan, propose, purpose, scheme **3** cast, discharge, fling, hurl, launch, make carry, propel, shoot, throw, transmit **4** beetle, bulge, extend, jut, overhang, protrude, stand out, stick out **5** calculate, estimate, extrapolate, forecast, gauge, predetermine, predict, reckon

projectile bullet, missile, rocket, shell

projection **1** bulge, eaves, jut, ledge, overhang, protrusion, protuberance, ridge, shelf, sill **2** blueprint, diagram, map, outline, plan, representation **3** calculation, computation, estimate, estimation, extrapolation, forecast, prediction, reckoning

proletarian **1** adj. cloth-cap (Inf.), common, plebeian, working-class **2** n. commoner, Joe Bloggs (Brit. inf.), man of the people, plebeian, prole (Derogatory sl., chiefly Brit.), worker

proletariat commonalty, commoners, hoi polloi, labouring classes, lower classes, lower orders, plebs, proles (Derogatory sl., chiefly Brit.), the common people, the great unwashed (Inf. & derogatory), the herd, the masses, the rabble, wage-earners, working class

prolific abundant, bountiful, copious, fecund, fertile, fruitful, generative, luxuriant, productive, profuse, rank, rich, teeming

prologue exordium, foreword, introduction, preamble, preface, preliminary, prelude, proem

prolong carry on, continue, delay, drag out, draw out, extend, lengthen, make longer, perpetuate, protract, spin out, stretch

promenade
- n. **1** boulevard, esplanade, parade, prom, public walk, walkway **2** airing, constitutional, saunter, stroll, turn, walk
- v. **3** perambulate, saunter, stretch one's legs, stroll, take a walk, walk **4** flaunt, parade, strut, swagger

prominence **1** cliff, crag, crest, elevation, headland, height, high point, hummock, mound, pinnacle, projection, promontory, rise, rising ground, spur **2** bulge, jutting, projection, protrusion, protuberance, swelling **3** conspicuousness, markedness, outstandingness, precedence, salience, specialness, top billing, weight **4** celebrity, distinction, eminence, fame, greatness, importance, name, notability, pre-eminence, prestige, rank, reputation, standing

prominent **1** bulging, hanging over, jutting, projecting, protruding, protrusive, protuberant, standing out **2** blatant, conspicuous, easily seen, eye-catching, in the foreground, noticeable, obtrusive, obvious, outstanding, pronounced, remarkable, salient, striking, to the fore, unmistakable **3** big-time (Inf.), celebrated, chief, distinguished, eminent, famous, foremost, important, leading, main, major league (Inf.), notable, noted, outstanding, popular, pre-eminent, renowned, respected, top, well-known, well-thought-of

promiscuous **1** abandoned, debauched, dissipated, dissolute, fast, immoral, lax, libertine, licentious, loose, of easy virtue, profligate, unbridled, unchaste, wanton, wild **2** chaotic, confused, disordered, diverse, heterogeneous, ill-assorted, indiscriminate, intermingled, intermixed, jumbled, mingled, miscellaneous, mixed, motley [3] careless, casual, haphazard, heedless, indifferent, indiscriminate, irregular, irresponsible, random, slovenly, uncontrolled, uncritical, undiscriminating, unfastidious, unselective

promise
- v. [1] assure, contract, cross one's heart, engage, give an undertaking, give one's word, guarantee, pledge, plight, stipulate, swear, take an oath, undertake, vouch, vow, warrant [2] augur, bespeak, betoken, bid fair, denote, give hope of, hint at, hold a probability, hold out hopes of, indicate, lead one to expect, look like, seem likely to, show signs of, suggest
- n. [3] assurance, bond, commitment, compact, covenant, engagement, guarantee, oath, pledge, undertaking, vow, word, word of honour [4] ability, aptitude, capability, capacity, flair, potential, talent

promising [1] auspicious, bright, encouraging, favourable, full of promise, hopeful, likely, propitious, reassuring, rosy [2] able, gifted, likely, rising, talented, up-and-coming

promote [1] advance, aid, assist, back, boost, contribute to, develop, encourage, forward, foster, further, help, nurture, stimulate, support [2] aggrandize, dignify, elevate, exalt, honour, kick upstairs (Inf.), prefer, raise, upgrade [3] advocate, call attention to, champion, endorse, espouse, popularize, prescribe, push for, recommend, speak for, sponsor, support, urge, work for [4] advertise, beat the drum for (Inf.), hype, plug (Inf.), publicize, puff, push, sell

promotion [1] advancement, aggrandizement, elevation, ennoblement, exaltation, honour, move up, preferment, rise, upgrading [2] advancement, advocacy, backing, boosting, cultivation, development, encouragement, espousal, furtherance, progress, support [3] advertising, advertising campaign, ballyhoo (Inf.), hard sell, hype, media hype, plugging (Inf.), propaganda, publicity, puffery (Inf.), pushing

prompt
- adj. [1] early, immediate, instant, instantaneous, on time, pdq (Sl.), punctual, quick, rapid, speedy, swift, timely, unhesitating [2] alert, brisk, eager, efficient, expeditious, quick, ready, responsive, smart, willing
- adv. [3] (Inf.) exactly, on the dot, promptly, punctually, sharp
- v. [4] cause, impel, incite, induce, inspire, instigate, motivate, move, provoke, spur, stimulate, urge [5] assist, cue, help out, jog the memory, prod, refresh the memory, remind [6] call forth, cause, elicit, evoke, give rise to, occasion, provoke
- n. [7] cue, help, hint, jog, jolt, prod, reminder, spur, stimulus

promptness alacrity, alertness, briskness, dispatch, eagerness, haste, promptitude, punctuality, quickness, readiness, speed, swiftness, willingness

prompter [1] autocue, idiot board (Sl.), Teleprompter (Trademark) [2] agitator, catalyst, gadfly, inspirer, instigator, moving spirit, prime mover

prompting assistance, encouragement, hint, incitement, influence, jogging, persuasion, pressing, pressure, prodding, pushing, reminder, reminding, suggestion, urging

promptly at once, by return, directly, hotfoot, immediately, instantly, on the dot, on time, pdq (Sl.), posthaste, pronto (Inf.), punctually, quickly, speedily, swiftly, unhesitatingly

promulgate advertise, announce, broadcast, circulate, communicate, declare, decree, disseminate, issue, make known, make public, notify, proclaim, promote, publish, spread

prone [1] face down, flat, horizontal, lying down, procumbent, prostrate, recumbent, supine [2] apt, bent, disposed, given, inclined, liable, likely, predisposed, subject, susceptible, tending

prong point, projection, spike, tine, tip

pronounce [1] accent, articulate, enunciate, say, sound, speak, stress, utter, vocalize, voice [2] affirm, announce, assert, declare, decree, deliver, judge, proclaim

pronounced broad, clear, conspicuous, decided, definite, distinct, evident, marked, noticeable, obvious, striking, strong, unmistakable

pronouncement announcement, declaration, decree, dictum, edict, judg(e)ment, manifesto, notification, proclamation, promulgation, pronunciamento, statement

pronunciation accent, accentuation, articulation, diction, elocution, enunciation, inflection, intonation, speech, stress

proof
- n. [1] attestation, authentication, certification, confirmation, corroboration, demonstration, evidence, substantiation, testimony, verification [2] Also **put to the proof** assay, examination, experiment, ordeal, scrutiny, test, trial [3] (Printing) galley, galley proof, page proof, pull, slip, trial impression, trial print
- adj. [4] impenetrable, impervious, repellent, resistant, strong, tight, treated [5] **be proof against** hold out against, resist, stand firm against, stand up to, withstand

prop
- v. [1] bolster, brace, buttress, hold up, maintain, shore, stay, support, sustain, truss, uphold [2] lean, rest, set, stand
- n. [3] brace, buttress, mainstay, stanchion, stay, support, truss

propaganda advertising, agitprop, ballyhoo (Inf.), brainwashing, disinformation, hype, information, newspeak, promotion, publicity

propagate [1] beget, breed, engender, generate, increase, multiply, procreate, produce, proliferate, reproduce [2] broadcast, circulate, diffuse, disseminate, make known, proclaim, promote, promulgate, publicize, publish, spread, transmit

propagation [1] breeding, generation, increase, multiplication, procreation, proliferation, reproduction [2] circulation, communication, diffusion, dissemination, distribution, promotion, promulgation, spread, spreading, transmission

propel drive, force, impel, launch, push, send, set in motion, shoot, shove, start, thrust

propensity aptness, bent, bias, disposition, inclination, leaning, liability, penchant, predisposition, proclivity, proneness, susceptibility, tendency, weakness

proper [1] appropriate, apt, becoming, befitting, fit, fitting, legitimate, meet (Archaic), right, suitable, suited [2] comme il faut, decent, decorous, de rigueur, genteel, gentlemanly, ladylike, mannerly, polite, punctilious, refined, respectable, seemly [3] accepted, accurate, conventional, correct, established, exact, formal, kosher (Inf.), orthodox, precise, right [4] characteristic, individual, own, particular, peculiar, personal, respective, special, specific

property [1] assets, belongings, building(s), capital, chattels, effects, estate, goods, holdings, house(s), means, possessions, resources, riches, wealth [2] acres, estate, freehold, holding, land, real estate, real property, realty, title [3] ability, attribute, characteristic, feature, hallmark, idiosyncrasy, mark, peculiarity, quality, trait, virtue

prophecy augury, divination, forecast, foretelling, prediction, prognosis, prognostication, revelation, second sight, soothsaying, sortilege, vaticination (Rare)

prophesy augur, divine, forecast, foresee, foretell, forewarn, predict, presage, prognosticate, soothsay, vaticinate (Rare)

prophet augur, Cassandra, clairvoyant, diviner, forecaster, oracle, prognosticator, prophesier, seer, sibyl, soothsayer

prophetic augural, divinatory, fatidic (Rare), foreshadowing, mantic, oracular, predictive, presaging, prescient, prognostic, sibylline, vatic (Rare)

propitious [1] advantageous, auspicious, bright, encouraging, favourable, fortunate, full of promise, happy, lucky, opportune, promising, prosperous, rosy, timely [2] benevolent, benign, favourably inclined, friendly, gracious, kind, well-disposed

proportion [1] distribution, ratio, relationship, relative amount [2] agreement, balance, congruity, correspondence, harmony, symmetry [3] amount, cut (Inf.), division, fraction, measure, part, percentage, quota, segment, share [4] Plural amplitude, breadth, bulk, capacity, dimensions, expanse, extent, magnitude, measurements, range, scope, size, volume

proportional, proportionate balanced, commensurate, comparable, compatible, consistent, correspondent, corresponding, equitable, equivalent, even, in proportion, just

proposal bid, design, motion, offer, overture, plan, presentation, proffer, programme, project, proposition, recommendation, scheme, suggestion, tender, terms

propose [1] advance, come up with, present, proffer, propound, put forward, submit, suggest, tender [2] introduce, invite, name, nominate, present, put up, recommend [3] aim, design, have every intention, have in mind, intend, mean, plan, purpose, scheme [4] ask for someone's hand (in marriage), offer marriage, pay suit, pop the question (Inf.)

proposition [1] n. motion, plan, programme, project, proposal, recommendation, scheme, suggestion [2] v. accost, make an improper suggestion, make an indecent proposal, solicit

propound advance, advocate, contend, lay down, postulate, present, propose, put forward, set forth, submit, suggest

proprietor, proprietress deed holder, freeholder, landlady, landlord, landowner, owner, possessor, titleholder

propriety [1] appropriateness, aptness, becomingness, correctness, fitness, rightness, seemliness, suitableness [2] breeding, courtesy, decency, decorum, delicacy, etiquette, good form, good manners, manners, modesty, politeness, protocol, punctilio, rectitude, refinement, respectability, seemliness [3] **the proprieties** accepted conduct, amenities, civilities, etiquette, niceties, rules of conduct, social code, social conventions, social graces, the done thing

propulsion drive, impetus, impulse, impulsion, momentum, motive power, power, pressure, propelling force, push, thrust

prosaic banal, boring, commonplace, dry, dull, everyday, flat, hackneyed, humdrum, matter-of-fact, mundane, ordinary, pedestrian, routine, stale, tame, trite, unimaginative, uninspiring, vapid, workaday

proscribe [1] ban, boycott, censure, condemn, damn, denounce, doom, embargo, forbid, interdict, prohibit, reject [2] attaint (Archaic), banish, blackball, deport, exclude, excommunicate, exile, expatriate, expel, ostracize, outlaw

prosecute [1] (Law) arraign, bring action against, bring suit against, bring to trial, do (Sl.), indict, litigate, prefer charges, put in the dock, put on trial, seek redress, sue, summon, take to court, try [2] carry on, conduct, direct, discharge, engage in, manage, perform, practise, work at [3] carry through, continue, follow through, persevere, persist, pursue, see through

prospect
- n. [1] anticipation, calculation, contemplation, expectation, future, hope, odds, opening, outlook, plan, presumption, probability, promise, proposal, thought [2] landscape, outlook, panorama, perspective, scene, sight, spectacle, view, vision, vista [3] **in prospect** in sight, in store, in the offing, in the wind, in view, on the cards, on the horizon, planned, projected [4] Sometimes plural chance, likelihood, possibility
- v. [5] explore, go after, look for, search, seek, survey

prospective about to be, anticipated, approaching, awaited, coming, destined, eventual, expected, forthcoming, future, hoped-for, imminent, intended, likely, looked-for, possible, potential, soon-to-be, -to-be, to come, upcoming

prospectus announcement, catalogue, conspectus, list, outline, plan, programme, scheme, syllabus, synopsis

prosper advance, be fortunate, bloom, do well, fare well, flourish, flower, get on, grow rich, make good, make it (Inf.), progress, succeed, thrive

prosperity affluence, boom, ease, fortune, good fortune, good times, life of luxury, life of Riley (Inf.), luxury, plenty, prosperousness, riches, success, the good life, wealth, well-being

prosperous [1] blooming, booming, doing well, flourishing, fortunate, lucky, on the up and up (Brit.), palmy, prospering, successful, thriving [2] affluent, in clover (Inf.), in the money (Inf.), moneyed, opulent, rich, wealthy, well-heeled (Inf.), well-off, well-to-do [3] advantageous, auspicious, bright, favourable, good, profitable, promising, propitious, timely

prostitute [1] n. bawd (Archaic), brass (Sl.), call girl, camp follower, cocotte, courtesan, fallen woman, fille de joie, harlot, hooker (U.S. sl.), hustler (U.S. & Canad. sl.), loose woman, moll (Sl.), pro (Sl.), scrubber (Brit. & Aust. sl.), streetwalker, strumpet, tart (Inf.), trollop, white slave, whore, working girl (Facetious sl.) [2] v. cheapen, debase, degrade, demean, devalue, misapply, pervert, profane

prostitution harlotry, harlot's trade, Mrs. Warren's profession, streetwalking, the game (Sl.), the oldest profession, vice, whoredom

prostrate

◆ **adj.** [1] abject, bowed low, flat, horizontal, kowtowing, procumbent, prone [2] at a low ebb, dejected, depressed, desolate, drained, exhausted, fagged out (Inf.), fallen, inconsolable, overcome, spent, worn out [3] brought to one's knees, defenceless, disarmed, helpless, impotent, overwhelmed, paralyzed, powerless, reduced

◆ **v.** [4] (Of oneself) abase, bend the knee to, bow before, bow down to, cast oneself before, cringe, fall at (someone's) feet, fall on one's knees before, grovel, kneel, kowtow, submit [5] bring low, crush, depress, disarm, lay low, overcome, overthrow, overturn, overwhelm, paralyze, reduce, ruin [6] drain, exhaust, fag out (Inf.), fatigue, sap, tire, wear out, weary

protagonist [1] central character, hero, heroine, lead, leading character, principal [2] advocate, champion, exponent, leader, mainstay, moving spirit, prime mover, standard-bearer, supporter

protean changeable, ever-changing, many-sided, mercurial, multiform, mutable, polymorphous, temperamental, variable, versatile, volatile

protect care for, chaperon(e), cover, cover up for, defend, foster, give sanctuary, guard, harbour, keep, keep safe, look after, mount or stand guard over, preserve, safeguard, save, screen, secure, shelter, shield, stick up for (Inf.), support, take under one's wing, watch over

protection [1] aegis, care, charge, custody, defence, guardianship, guarding, preservation, protecting, safeguard, safekeeping, safety, security [2] armour, barrier, buffer, bulwark, cover, guard, refuge, safeguard, screen, shelter, shield

protective careful, covering, defensive, fatherly, insulating, jealous, maternal, motherly, paternal, possessive, protecting, safeguarding, sheltering, shielding, vigilant, warm, watchful

protector advocate, benefactor, bodyguard, champion, counsel, defender, guard, guardian, guardian angel, knight in shining armour, patron, safeguard, tower of strength

protégé, protégée charge, dependant, discovery, pupil, student, ward

protest

◆ **n.** [1] complaint, declaration, demur, demurral, disapproval, dissent, formal complaint, objection, outcry, protestation, remonstrance

◆ **v.** [2] complain, cry out, demonstrate, demur, disagree, disapprove, expostulate, express disapproval, kick (against) (Inf.), object, oppose, remonstrate, say no to, take exception [3] affirm, argue, assert, asseverate, attest, avow, contend, declare, insist, maintain, profess, testify, vow

protestation [1] complaint, disagreement, dissent, expostulation, objection, outcry, protest, remonstrance, remonstration [2] affirmation, asseveration, avowal, declaration, oath, pledge, profession, vow

protester agitator, demonstrator, dissenter, dissident, protest marcher, rebel

protocol [1] code of behaviour, conventions, courtesies, customs, decorum, etiquette, formalities, good form, manners, politesse, propriety, rules of conduct [2] agreement, compact, concordat, contract, convention, covenant, pact, treaty

prototype archetype, example, first, mock-up, model, norm, original, paradigm, pattern, precedent, standard, type

protract continue, drag on or out, draw out, extend, keep going, lengthen, prolong, spin out, stretch out

protracted dragged out, drawn-out, extended, interminable, lengthy, long, long-drawn-out, never-ending, overlong, prolonged, spun out, time-consuming

protrude bulge, come through, extend, jut, obtrude, point, pop (of eyes), project, shoot out, stand out, start (from), stick out

protrusion bulge, bump, hump, jut, lump, outgrowth, projection, protuberance, swelling

protuberance bulge, bump, excrescence, hump, knob, lump, outgrowth, process, projection, prominence, protrusion, swelling, tumour

proud [1] appreciative, content, contented, glad, gratified, honoured, pleased, satisfied, self-respecting, well-pleased [2] arrogant, boastful, conceited, disdainful, egotistical, haughty, high and mighty (Inf.), imperious, lordly, narcissistic, orgulous (Archaic), overbearing, presumptuous, self-important, self-satisfied, snobbish, snooty (Inf.), stuck-up (Inf.), supercilious, toffee-nosed (Sl., chiefly Brit.), vain [3] exalted, glorious, gratifying, illustrious, memorable, pleasing, red-letter, rewarding, satisfying [4] august, distinguished, eminent, grand, great, illustrious, imposing, magnificent, majestic, noble, splendid, stately

prove [1] ascertain, attest, authenticate, bear out, confirm, corroborate, demonstrate, determine, establish, evidence, evince, justify, show, show clearly, substantiate, verify [2] analyse, assay, check, examine, experiment, put to the test, put to trial, test, try [3] be found to be, come out, end up, result, turn out

proverb adage, aphorism, apophthegm, byword, dictum, gnome, maxim, saw, saying

proverbial accepted, acknowledged, archetypal, axiomatic, conventional, current, customary, famed, famous, legendary, notorious, self-evident, time-honoured, traditional, typical, unquestioned, well-known

provide [1] accommodate, cater, contribute, equip, furnish, outfit, provision, purvey, stock up, supply [2] add, afford, bring, give, impart, lend, present, produce, render, serve, yield [3] (With **for** or **against**) anticipate, arrange for, forearm, get ready, make arrangements, make plans, plan ahead, plan for, prepare for, take measures, take precautions [4] (With **for**) care for, keep, look after, maintain, support, sustain, take care of [5] determine, lay down, require, specify, state, stipulate

provided → **providing**

providence [1] destiny, divine intervention, fate, fortune, God's will, predestination [2] care, caution, discretion, far-sightedness, foresight, forethought, perspicacity, presence of mind, prudence

provident canny, careful, cautious, discreet, economical, equipped, far-seeing, far-sighted, forearmed, foresighted, frugal, prudent, sagacious, shrewd, thrifty, vigilant, well-prepared, wise

providential fortuitous, fortunate, happy, heaven-sent, lucky, opportune, timely, welcome

provider [1] benefactor, donor, giver, source, supplier [2] breadwinner, earner, mainstay, supporter, wage earner

providing, provided conj. as long as, contingent upon, given, if and only if, in case, in the event, on condition, on the assumption, subject to, upon these terms, with the proviso, with the understanding

province [1] colony, county, department, dependency, district, division, domain, patch, region, section, territory, tract, turf (U.S. sl.), zone [2] (Fig.) area, business, capacity, charge, concern, duty, employment, field, function, line, orbit, part, pigeon (Brit. inf.), post, responsibility, role, sphere, turf (U.S. sl.)

provincial

◆ **adj.** [1] country, hick (Inf., chiefly U.S. & Canad.), home-grown, homespun, local, rural, rustic [2] insular, inward-looking, limited, narrow, narrow-minded, parish-pump, parochial, small-minded, small-town (U.S.), uninformed, unsophisticated, upcountry

◆ **n.** [3] country cousin, hayseed (U.S. & Canad. inf.), hick (Inf., chiefly U.S. & Canad.), rustic, yokel

provision [1] accoutrement, catering, equipping, fitting out, furnishing, providing, supplying, victualling [2] arrangement, plan, prearrangement, precaution, preparation [3] (Fig.) agreement, clause, condition, demand, proviso, requirement, rider, specification, stipulation, term

provisional conditional, contingent, interim, limited, pro tem, provisory, qualified, stopgap, temporary, tentative, transitional

proviso clause, condition, limitation, provision, qualification, requirement, reservation, restriction, rider, stipulation, strings

provocation [1] casus belli, cause, grounds, incitement, inducement, instigation, justification, motivation, reason, stimulus [2] affront, annoyance, challenge, dare, grievance, indignity, injury, insult, offence, red rag, taunt, vexation

provocative [1] aggravating (Inf.), annoying, challenging, disturbing, galling, goading, incensing, insulting, offensive, outrageous, provoking, stimulating [2] alluring, arousing, erotic, exciting, inviting, seductive, sexy (Inf.), stimulating, suggestive, tantalizing, tempting

provoke [1] affront, aggravate (Inf.), anger, annoy, chafe, enrage, exasperate, gall, get in one's hair (Inf.), get on one's nerves (Inf.), hassle (Inf.), incense, infuriate, insult, irk, irritate, madden, make one's blood boil, nark (Brit., Aust., & N.Z. sl.), offend, pique, piss one off (Taboo sl.), put out, rile, try one's patience, vex [2] bring about, bring on or down, call forth, cause, draw forth, elicit, evoke, excite, fire, generate, give rise to, incite, induce, inflame, inspire, instigate, kindle, lead to, motivate, move, occasion, precipitate, produce, promote, prompt, rouse, stimulate, stir

prow bow(s), fore, forepart, front, head, nose, sharp end (Jocular), stem

prowess [1] ability, accomplishment, adeptness, adroitness, aptitude, attainment, command, dexterity, excellence, expertise, expertness, facility, genius, mastery, skill, talent [2] boldness, bravery, courage, daring, dauntlessness, doughtiness, fearlessness, gallantry, hardihood, heroism, intrepidity, mettle, valiance, valour

prowl cruise, hunt, lurk, move stealthily, nose around, patrol, range, roam, rove, scavenge, skulk, slink, sneak, stalk, steal

proximity adjacency, closeness, contiguity, juxtaposition, nearness, neighbourhood, propinquity, vicinity

proxy agent, attorney, delegate, deputy, factor, representative, substitute, surrogate

prude Grundy, old maid (Inf.), prig, puritan, schoolmarm (Brit. inf.)

prudence [1] canniness, care, caution, circumspection, common sense, discretion, good sense, heedfulness, judg(e)ment, judiciousness, sagacity, vigilance, wariness, wisdom [2] careful budgeting, economizing, economy, far-sightedness, foresight, forethought, frugality, good management, husbandry, planning, precaution, preparedness, providence, saving, thrift

prudent [1] canny, careful, cautious, circumspect, discerning, discreet, judicious, politic, sagacious, sage, sensible, shrewd, vigilant, wary, wise [2] canny, careful, economical, far-sighted, frugal, provident, sparing, thrifty

prudery Grundyism, old-maidishness (Inf.), overmodesty, priggishness, primness, prudishness, puritanicalness, squeamishness, starchiness (Inf.), strictness, stuffiness

prudish demure, narrow-minded, old-maidish (Inf.), overmodest, overnice, priggish, prim, prissy (Inf.), proper, puritanical, schoolmarmish (Brit. inf.), squeamish, starchy (Inf.), strait-laced, stuffy, Victorian

prune clip, cut, cut back, dock, lop, pare down, reduce, shape, shorten, snip, trim

pry be a busybody, be inquisitive, be nosy (Inf.), ferret about, interfere, intrude, meddle, nose into, peep, peer, poke, poke one's nose in or into (Inf.), snoop (Inf.)

prying curious, eavesdropping, impertinent, inquisitive, interfering, intrusive, meddlesome, meddling, nosy (Inf.), snooping (Inf.), snoopy (Inf.), spying

psalm chant, hymn, paean, song of praise

pseudo adj. artificial, bogus, counterfeit, ersatz, fake, false, imitation, mock, not genuine, phoney or phony (Inf.), pretended, quasi-, sham, spurious

pseudonym alias, assumed name, false name, incognito, nom de guerre, nom de plume, pen name, professional name, stage name

psyche anima, essential nature, individuality, inner man, innermost self, mind, personality, pneuma (Philos.), self, soul, spirit, subconscious, true being

psychiatrist analyst, headshrinker (Sl.), psychoanalyser, psychoanalyst, psychologist, psychotherapist, shrink (Sl.), therapist

psychic [1] clairvoyant, extrasensory, mystic, occult, preternatural, supernatural, telekinetic, telepathic [2] mental, psychogenic, psychological, spiritual

psychological [1] cerebral, cognitive, intellectual, mental [2] all in the mind, emotional, imaginary, irrational, psychosomatic, subconscious, subjective, unconscious, unreal

psychology 1 behaviourism, science of mind, study of personality 2 (Inf.) attitude, mental make-up, mental processes, thought processes, way of thinking, what makes one tick
psychopath headbanger (Inf.), headcase (Inf.), insane person, lunatic, madman, maniac, mental case (Sl.), nutcase (Sl.), nutter (Brit. sl.), psychotic, sociopath
psychotic adj. certifiable, demented, deranged, insane, lunatic, mad, mental (Sl.), non compos mentis, off one's chump (head (Sl.), rocker (Sl.), trolley (Sl.)) (Sl.), psychopathic, unbalanced
pub or **public house** alehouse (Archaic), bar, boozer (Brit., Aust., & N.Z. inf.), inn, local (Brit. inf.), roadhouse, taproom, tavern, watering hole (Facetious sl.)
puberty adolescence, awkward age, juvenescence, pubescence, teenage, teens, young adulthood
public
◆ adj. 1 civic, civil, common, general, national, popular, social, state, universal, widespread 2 accessible, communal, community, free to all, not private, open, open to the public, unrestricted 3 acknowledged, exposed, in circulation, known, notorious, obvious, open, overt, patent, plain, published, recognized 4 important, prominent, respected, well-known
◆ n. 5 citizens, commonalty, community, country, electorate, everyone, hoi polloi, Joe (and Eileen) Public (Sl.), Joe Six-Pack (U.S. sl.), masses, multitude, nation, people, populace, population, society, voters 6 audience, buyers, clientele, followers, following, patrons, supporters, those interested, trade 7 **in public** coram populo, for all to see, in full view, openly, overtly, publicly
publication 1 advertisement, airing, announcement, appearance, broadcasting, declaration, disclosure, dissemination, notification, proclamation, promulgation, publishing, reporting 2 book, booklet, brochure, handbill, hardback, issue, leaflet, magazine, newspaper, pamphlet, paperback, periodical, title
public house → pub
publicity advertising, attention, ballyhoo (Inf.), boost, build-up, hype, plug (Inf.), press, promotion, public notice, puff, puffery (Inf.)
publicize advertise, beat the drum for (Inf.), bring to public notice, broadcast, give publicity to, hype, make known, play up, plug (Inf.), promote, puff, push, spotlight, spread about, write up
public-spirited altruistic, charitable, community-minded, generous, humanitarian, philanthropic, unselfish
publish 1 bring out, issue, print, produce, put out 2 advertise, announce, blow wide open (Sl.), broadcast, circulate, communicate, declare, disclose, distribute, divulge, impart, leak, proclaim, promulgate, publicize, reveal, spread
pudding afters (Brit. inf.), dessert, last course, pud (Inf.), second course, sweet
puerile babyish, childish, foolish, immature, inane, infantile, irresponsible, jejune, juvenile, naive, petty, ridiculous, silly, trivial, weak
puff
◆ n. 1 blast, breath, draught, emanation, flurry, gust, whiff 2 drag (Sl.), pull, smoke 3 bulge, bunching, swelling 4 advertisement, commendation, favourable mention, good word, plug (Inf.), sales talk
◆ v. 5 blow, breathe, exhale, gasp, gulp, pant, wheeze 6 drag (Sl.), draw, inhale, pull at or on, smoke, suck 7 (Usually with **up**) bloat, dilate, distend, expand, inflate, swell 8 crack up (Inf.), hype, overpraise, plug (Inf.), praise, promote, publicize, push
puffed 1 done in (Inf.), exhausted, gasping, out of breath, panting, short of breath, spent, winded 2 **puffed up** bigheaded (Inf.), full of oneself, high and mighty (Inf.), proud, swollen-headed, too big for one's boots
puffy bloated, distended, enlarged, inflamed, inflated, puffed up, swollen
pugilist boxer, bruiser (Inf.), fighter, prizefighter, pug (Sl.)
pugnacious aggressive, antagonistic, argumentative, bellicose, belligerent, choleric, combative, contentious, disputatious, hot-tempered, irascible, irritable, petulant, quarrelsome
pull
◆ v. 1 drag, draw, haul, jerk, tow, trail, tug, yank 2 cull, draw out, extract, gather, pick, pluck, remove, take out, uproot, weed 3 dislocate, rend, rip, sprain, strain, stretch, tear, wrench 4 (Inf.) attract, draw, entice, lure, magnetize 5 **pull apart** or **to pieces** attack, blast, criticize, find fault, flay, lambast(e), lay into (Inf.), pan (Inf.), pick holes in, put down, run down, slam (Sl.), slate (Inf.), tear into (Inf.) 6 **pull oneself together** (Inf.) buck up (Inf.), get a grip on oneself, get over it, regain composure, snap out of it (Inf.) 7 **pull strings** (Brit. inf.) influence, pull wires (U.S.), use one's influence 8 **pull someone's leg** (Inf.) chaff, have (someone) on, joke, make fun of, poke fun at, rag, rib (Inf.), tease, twit, wind up (Brit. sl.)
◆ n. 9 jerk, tug, twitch, yank 10 attraction, drawing power, effort, exertion, force, forcefulness, influence, lure, magnetism, power 11 (Inf.) advantage, bottom, clout (Inf.), influence, leverage, muscle, weight 12 drag (Sl.), inhalation, puff
pull down bulldoze, demolish, destroy, raze, remove
pull off 1 detach, doff, remove, rip off, tear off, wrench off 2 accomplish, bring off, carry out, crack it (Inf.), cut it (Inf.), manage, score a success, secure one's object, succeed
pull out abandon, depart, evacuate, leave, quit, rat on, retreat, stop participating, withdraw
pull through come through, get better, get over, pull round, rally, recover, survive, weather
pull up 1 dig out, lift, raise, uproot 2 brake, come to a halt, halt, reach a standstill, stop 3 admonish, bawl out (Inf.), carpet (Inf.), castigate, chew out (U.S. & Canad. inf.), dress down (Inf.), give a rocket (Brit. & N.Z. inf.), read the riot act, rebuke, reprimand, reprove, take to task, tear into (Inf.), tear (someone) off a strip (Brit. inf.), tell off (Inf.), tick off (Inf.)
pulp
◆ n. 1 flesh, marrow, soft part 2 mash, mush, pap, paste, pomace, semiliquid, semisolid, triturate
◆ v. 3 crush, mash, pulverize, squash, triturate
◆ adj. 4 cheap, lurid, mushy (Inf.), rubbishy, sensational, trashy
pulse 1 n. beat, beating, oscillation, pulsation, rhythm, stroke, throb, throbbing, vibration 2 v. beat, pulsate, throb, tick, vibrate
pump v. 1 (With **out**) bail out, drain, draw off, drive out, empty, force out, siphon 2 (With **up**) blow up, dilate, inflate 3 drive, force, inject, pour, push, send, supply 4 cross-examine, give (someone) the third degree, grill (Inf.), interrogate, probe, question closely, quiz, worm out of
pun double entendre, equivoque, paronomasia (Rhetoric), play on words, quip, witticism
punch
◆ v. 1 bash (Inf.), belt (Inf.), biff (Sl.), bop (Inf.), box, clout (Inf.), hit, plug (Sl.), pummel, slam, slug, smash, sock (Sl.), strike, wallop (Inf.) 2 bore, cut, drill, perforate, pierce, pink, prick, puncture, stamp
◆ n. 2 bash (Inf.), biff (Sl.), blow, bop (Inf.), clout (Inf.), hit, jab, knock, plug (Sl.), sock (Sl.), thump, wallop (Inf.) 3 (Inf.) bite, drive, effectiveness, force, forcefulness, impact, point, verve, vigour
punch-drunk befuddled, confused, dazed, groggy (Inf.), in a daze, knocked silly, punchy (Inf.), reeling, slaphappy (Inf.), staggering, stupefied, unsteady, woozy (Inf.)
punctilio 1 exactitude, finickiness, meticulousness, particularity, precision, punctiliousness, scrupulousness, strictness 2 convention, delicacy, distinction, fine point, formality, nicety, particular, refinement
punctilious careful, ceremonious, conscientious, exact, finicky, formal, fussy, meticulous, nice, particular, precise, proper, scrupulous, strict
punctual early, exact, in good time, on the dot, on time, precise, prompt, punctilious, seasonable, strict, timely
punctuality promptitude, promptness, readiness, regularity
punctuate 1 break, interject, interrupt, intersperse, pepper, sprinkle 2 accentuate, emphasize, lay stress on, mark, point up, stress, underline
puncture
◆ n. 1 break, cut, damage, hole, leak, nick, opening, perforation, rupture, slit 2 flat, flat tyre
◆ v. 3 bore, cut, impale, nick, penetrate, perforate, pierce, prick, rupture 4 deflate, go down, go flat 5 deflate, discourage, disillusion, flatten, humble, take down a peg (Inf.)
pundit buff (Inf.), maestro, one of the cognoscenti, (self-appointed) authority or expert
pungent 1 acerb, acid, acrid, aromatic, bitter, highly flavoured, hot, peppery, piquant, seasoned, sharp, sour, spicy, stinging, strong, tangy, tart 2 acrimonious, acute, barbed, biting, caustic, cutting, incisive, keen, mordacious, mordant, penetrating, piercing, poignant, pointed, sarcastic, scathing, sharp, stinging, stringent, telling, trenchant, vitriolic
punish 1 beat, castigate, chasten, chastise, correct, discipline, flog, give a lesson to, give (someone) the works (Sl.), lash, penalize, rap someone's knuckles, scourge, sentence, slap someone's wrist, whip 2 abuse, batter, give (someone) a going-over (Inf.), harm, hurt, injure, knock about, maltreat, manhandle, misuse, oppress, rough up
punishable blameworthy, chargeable, convictable, criminal, culpable, indictable
punishing arduous, backbreaking, burdensome, demanding, exhausting, grinding, gruelling, hard, strenuous, taxing, tiring, uphill, wearing
punishment 1 chastening, chastisement, comeuppance (Sl.), correction, discipline, just deserts, penalty, penance, punitive measures, retribution, sanction, what for (Inf.) 2 (Inf.) abuse, beating, hard work, maltreatment, manhandling, pain, rough treatment, slave labour, torture, victimization
punitive in reprisal, in retaliation, punitory, retaliative, retaliatory, revengeful, vindictive
punt v. 1 back, bet, gamble, lay, stake, wager
◆ n. 2 bet, gamble, stake, wager 3 backer, better, gambler, punter
punter n. 1 backer, better, gambler, punt (Chiefly Brit.) 2 (Inf.) bloke (Brit. inf.), fellow, guy (Inf.), man in the street, person 3 (Inf.) client, customer
puny 1 diminutive, dwarfish, feeble, frail, little, pint-sized (Inf.), pygmy or pigmy, sickly, stunted, tiny, underfed, undersized, undeveloped, weak, weakly 2 inconsequential, inferior, insignificant, minor, paltry, petty, piddling (Inf.), trifling, trivial, worthless
pup or **puppy** (Fig.) braggart, cub, jackanapes, popinjay, whelp, whippersnapper, young dog
pupil beginner, catechumen, disciple, learner, neophyte, novice, scholar, schoolboy, schoolgirl, student, trainee, tyro
puppet 1 doll, marionette 2 (Fig.) cat's-paw, creature, dupe, figurehead, gull (Archaic), instrument, mouthpiece, pawn, stooge, tool
purchase
◆ v. 1 acquire, buy, come by, gain, get, get hold of, invest in, make a purchase, obtain, pay for, pick up, procure, score (Sl.), secure, shop for 2 achieve, attain, earn, gain, realize, win
◆ n. 3 acquisition, asset, buy, gain, investment, possession, property 4 advantage, edge, foothold, footing, grasp, grip, hold, influence, lever, leverage, support, toehold
pure 1 authentic, clear, flawless, genuine, natural, neat, perfect, real, simple, straight, true, unalloyed, unmixed 2 clean, disinfected, germ-free, immaculate, pasteurized, sanitary, spotless, squeaky-clean, sterile, sterilized, unadulterated, unblemished, uncontaminated, unpolluted, untainted, wholesome 3 blameless, chaste, guileless, honest, immaculate, impeccable, innocent, maidenly, modest, true, uncorrupted, undefiled, unspotted, unstained, unsullied, upright, virgin, virginal, virtuous 4 absolute, complete, mere, outright, sheer, thorough, unmitigated, unqualified, utter 5 abstract, academic, philosophical, speculative, theoretical
purely absolutely, completely, entirely, exclusively, just, merely, only, plainly, simply, solely, totally, wholly
purge
◆ v. 1 axe (Inf.), clean out, dismiss, do away with, eject, eradicate, expel, exterminate, get rid of, kill, liquidate, oust, remove, rid of, rout out, sweep out, wipe out 2 absolve, cleanse, clear, exonerate, expiate, forgive, pardon, purify, wash
◆ n. 3 cleanup, crushing, ejection, elimination, eradication, expulsion, liquidation, reign of terror, removal, suppression, witch hunt 4 aperient (Medical), cathartic, dose of salts, emetic, enema, laxative, physic (Rare), purgative (Medical)
purify 1 clarify, clean, cleanse, decontaminate, disinfect, filter, fumigate, refine, sanitize, wash

[2] absolve, cleanse, exculpate, exonerate, lustrate, redeem, sanctify, shrive

purist classicist, formalist, pedant, precisian, stickler

puritan [1] n. fanatic, moralist, pietist, prude, rigorist, zealot [2] adj. ascetic, austere, hidebound, intolerant, moralistic, narrow, narrow-minded, prudish, puritanical, severe, strait-laced, strict

puritanical ascetic, austere, bigoted, disapproving, fanatical, forbidding, narrow, narrow-minded, prim, proper, prudish, puritan, rigid, severe, stiff, strait-laced, strict, stuffy

purpose

◆ **n.** [1] aim, design, function, idea, intention, object, point, principle, reason [2] aim, ambition, aspiration, design, desire, end, goal, hope, intention, object, objective, plan, project, scheme, target, view, wish [3] constancy, determination, firmness, persistence, resolution, resolve, single-mindedness, steadfastness, tenacity, will [4] advantage, avail, benefit, effect, gain, good, outcome, profit, result, return, use, utility [5] **on purpose** by design, deliberately, designedly, intentionally, knowingly, purposely, wilfully, wittingly

◆ **v.** [6] aim, aspire, commit oneself, contemplate, decide, design, determine, have a mind to, intend, make up one's mind, mean, meditate, plan, propose, resolve, set one's sights on, think to, work towards

purposeless aimless, empty, goalless, motiveless, needless, pointless, senseless, uncalled-for, unnecessary, useless, vacuous, wanton

purposely by design, calculatedly, consciously, deliberately, designedly, expressly, intentionally, knowingly, on purpose, wilfully, with intent

purse

◆ **n.** [1] money-bag, pouch, wallet [2] coffers, exchequer, funds, means, money, resources, treasury, wealth, wherewithal [3] award, gift, present, prize, reward

◆ **v.** [4] close, contract, knit, pout, press together, pucker, tighten, wrinkle

pursue [1] accompany, attend, chase, dog, follow, give chase to, go after, harass, harry, haunt, hound, hunt, hunt down, plague, run after, shadow, stalk, tail (Inf.), track [2] aim for, aspire to, desire, have as one's goal, purpose, seek, strive for, try for, work towards [3] adhere to, carry on, continue, cultivate, hold to, keep on, maintain, persevere in, persist in, proceed, see through [4] apply oneself, carry on, conduct, engage in, perform, ply, practise, prosecute, tackle, wage, work at [5] chase after, court, make up to (Inf.), pay attention to, pay court to, set one's cap at, woo

pursuit [1] chase, hunt, hunting, inquiry, quest, search, seeking, tracking, trail, trailing [2] activity, hobby, interest, line, occupation, pastime, pleasure, vocation

purview [1] ambit, compass, confine(s), extent, field, limit, orbit, province, range, reach, scope, sphere [2] comprehension, ken, overview, perspective, range of view, understanding

push

◆ **v.** [1] depress, drive, poke, press, propel, ram, shove, thrust [2] elbow, jostle, make or force one's way, move, shoulder, shove, squeeze, thrust [3] egg on, encourage, expedite, hurry, impel, incite, persuade, press, prod, speed (up), spur, urge [4] advertise, boost, cry up, hype, make known, plug (Inf.), promote, propagandize, publicize, puff [5] browbeat, coerce, constrain, dragoon, encourage, exert influence on, influence, oblige

◆ **n.** [6] butt, jolt, nudge, poke, prod, shove, thrust [7] (Inf.) ambition, determination, drive, dynamism, energy, enterprise, get-up-and-go (Inf.), go (Inf.), gumption (Inf.), initiative, pep, vigour, vitality [8] (Inf.) advance, assault, attack, charge, effort, offensive, onset, thrust [9] **the push** (Sl.) discharge, dismissal, kiss-off (Sl., chiefly U.S. & Canad.), marching orders (Inf.), one's books (Inf.), one's cards, the boot (Sl.), the (old) heave-ho (Inf.), the order of the boot (Sl.), the sack (Inf.)

pushing [1] ambitious, determined, driving, dynamic, enterprising, go-ahead, on the go, purposeful, resourceful [2] assertive, bold, brash, bumptious, forward, impertinent, intrusive, presumptuous, pushy (Inf.), self-assertive

pushover [1] breeze (U.S. & Canad. inf.), cakewalk (Inf.), child's play (Inf.), cinch (Sl.), doddle (Brit. sl.), duck soup (U.S. sl.), picnic (Inf.), piece of cake (Brit. inf.), walkover (Inf.) [2] chump (Inf.), easy or soft mark (Inf.), easy game (Inf.), mug (Brit. sl.), soft touch (Sl.), stooge (Sl.), sucker (Sl.), walkover (Inf.)

pussyfoot [1] creep, prowl, slink, steal, tiptoe, tread warily [2] beat about the bush, be noncommittal, equivocate, flannel (Brit. inf.), hedge, hum and haw, prevaricate, sit on the fence, tergiversate

pustule abscess, blister, boil, fester, gathering, pimple, ulcer, zit (Sl.)

put [1] bring, deposit, establish, fix, lay, place, position, rest, set, settle, situate [2] commit, condemn, consign, doom, enjoin, impose, inflict, levy, subject [3] assign, constrain, employ, force, induce, make, oblige, require, set, subject to [4] express, phrase, pose, set, state, utter, word [5] advance, bring forward, forward, offer, posit, present, propose, set before, submit, tender [6] cast, fling, heave, hurl, lob, pitch, throw, toss

put across or **over** communicate, convey, explain, get across, get through, make clear, make oneself understood, spell out

put aside or **by** [1] cache, deposit, keep in reserve, lay by, salt away, save, squirrel away, stockpile, store, stow away [2] bury, discount, disregard, forget, ignore

putative alleged, assumed, commonly believed, imputed, presumed, presumptive, reported, reputed, supposed

put away [1] put back, replace, return to (its) place, tidy away [2] deposit, keep, lay in, put by, save, set aside, store away [3] certify, commit, confine, institutionalize, lock up [4] consume, devour, eat up, gobble, gulp down, wolf down [5] destroy, do away with, put down, put out of its misery, put to sleep

put by → **put aside**

put down [1] enter, inscribe, log, record, set down, take down, transcribe, write down [2] crush, quash, quell, repress, silence, stamp out, suppress [3] (With **to**) ascribe, attribute, impute, set down [4] destroy, do away with, put away, put out of its misery, put to sleep [5] (Sl.) condemn, crush, deflate, dismiss, disparage, humiliate, mortify, reject, shame, slight, snub

put forward advance, introduce, move, nominate, prescribe, present, press, proffer, propose, recommend, submit, suggest, tender

put off [1] defer, delay, hold over, postpone, put back, put on the back burner (Inf.), reschedule, take a rain check on (U.S. & Canad. inf.) [2] abash, confuse, discomfit, disconcert, dismay, distress, faze, nonplus, perturb, rattle (Inf.), throw (Inf.), unsettle [3] discourage, dishearten, dissuade

put on [1] change into, don, dress, get dressed in, slip into [2] affect, assume, fake, feign, make believe, play-act, pretend, sham, simulate [3] do, mount, present, produce, show, stage [4] add, gain, increase by [5] back, bet, lay, place, wager

put out [1] anger, annoy, confound, disturb, exasperate, harass, irk, irritate, nettle, perturb, provoke, vex [2] blow out, douse, extinguish, quench, smother, snuff out, stamp out [3] bother, discomfit, discommode, discompose, disconcert, discountenance, disturb, embarrass, impose upon, incommode, inconvenience, put on the spot, trouble, upset [4] bring out, broadcast, circulate, issue, make known, make public, publish, release

put over → **put across**

putrefy corrupt, decay, decompose, deteriorate, go bad, rot, spoil, stink, taint

putrescent decaying, decomposing, going bad, rotting, stinking

putrid bad, contaminated, corrupt, decayed, decomposed, fetid, foul, off, olid, putrefied, rancid, rank, reeking, rotten, rotting, spoiled, stinking, tainted

put through accomplish, achieve, bring off, carry through, conclude, do, effect, execute, manage, pull off, realize

put up [1] build, construct, erect, fabricate, raise [2] accommodate, board, entertain, give one lodging, house, lodge, take in [3] float, nominate, offer, present, propose, put forward, recommend, submit [4] advance, give, invest, pay, pledge, provide, supply [5] **put up to** egg on, encourage, goad, incite, instigate, prompt, put the idea into one's head, urge [6] **put up with** (Inf.) abide, bear, brook, endure, lump (Inf.), pocket, stand, stand for, stomach, suffer, swallow, take, tolerate

put-upon abused, beset, exploited, harried, imposed upon, inconvenienced, overworked, put-out, saddled, taken advantage of, taken for a fool, taken for granted, troubled

puzzle

◆ **v.** [1] baffle, beat (Sl.), bewilder, confound, confuse, flummox, mystify, nonplus, perplex, stump [2] ask oneself, brood, cudgel or rack one's brains, mull over, muse, ponder, study, think about, think hard, wonder [3] (Usually with **out**) clear up, crack, crack the code, decipher, figure out, find the key, get it, get the answer, resolve, see, solve, sort out, suss (out) (Sl.), think through, unravel, work out

◆ **n.** [4] brain-teaser (Inf.), conundrum, enigma, labyrinth, maze, mystery, paradox, poser, problem, question, question mark, riddle, teaser [5] bafflement, bewilderment, confusion, difficulty, dilemma, perplexity, quandary, uncertainty

puzzled at a loss, at sea, baffled, beaten, bewildered, clueless, confused, doubtful, flummoxed, in a fog, lost, mixed up, mystified, nonplussed, perplexed, stuck, stumped, without a clue

puzzlement bafflement, bewilderment, confusion, disorientation, doubt, doubtfulness, mystification, perplexity, questioning, surprise, uncertainty, wonder

puzzling abstruse, ambiguous, baffling, bewildering, beyond one, enigmatic, full of surprises, hard, incomprehensible, inexplicable, involved, knotty, labyrinthine, misleading, mystifying, oracular, perplexing, unaccountable, unclear, unfathomable

pygmy, pigmy

◆ **n.** [1] dwarf, homunculus, Lilliputian, man(n)ikin, midget, shrimp (Inf.), Tom Thumb [2] cipher, lightweight (Inf.), mediocrity, nobody, nonentity, pipsqueak (Inf.), small fry

◆ **adj.** [3] baby, diminutive, dwarf, dwarfish, elfin, Lilliputian, midget, miniature, minuscule, pocket, pygmean, small, stunted, teensy-weensy, teeny-weeny, tiny, undersized, wee

Q

quack [1] n. charlatan, fake, fraud, humbug, impostor, mountebank, phoney or phony (Inf.), pretender, quacksalver (Archaic) [2] adj. counterfeit, fake, fraudulent, phoney or phony (Inf.), pretended, sham

quagmire [1] bog, fen, marsh, mire, morass, quicksand, slough, swamp [2] difficulty, dilemma, entanglement, fix (Inf.), imbroglio, impasse, jam (Inf.), muddle, pass, pickle (Inf.), pinch, plight, predicament, quandary, scrape (Inf.)

quail blanch, blench, cower, cringe, droop, faint, falter, flinch, have cold feet (Inf.), quake, recoil, shake, shrink, shudder, tremble

quaint [1] bizarre, curious, droll, eccentric, fanciful, fantastic, odd, old-fashioned, original, peculiar, queer, rum (Brit. sl.), singular, strange, unusual, whimsical [2] antiquated, antique, artful, charming, gothic, ingenious, old-fashioned, old-world, picturesque

quake convulse, move, pulsate, quail, quiver, rock, shake, shiver, shudder, throb, totter, tremble, vibrate, waver, wobble

qualification [1] ability, accomplishment, aptitude, attribute, capability, capacity, eligibility, endowment(s), fitness, quality, skill, suitability, suitableness [2] allowance, caveat, condition, criterion, exception, exemption, limitation, modification, objection, prerequisite, proviso, requirement, reservation, restriction, rider, stipulation

qualified [1] able, accomplished, adept, capable, certificated, competent, efficient, equipped, experienced, expert, fit, knowledgeable, licensed, practised, proficient, skilful, talented, trained [2] bounded, circumscribed, conditional, confined, contingent, equivocal, guarded, limited, modified, provisional, reserved, restricted

qualify [1] capacitate, certify, commission, condition, empower, endow, equip, fit, ground, permit, prepare, ready, sanction, train [2] abate, adapt, assuage, circumscribe, diminish, ease, lessen, limit, mitigate, moderate, modify, modulate, reduce, regulate, restrain, restrict, soften, temper, vary 3 characterize, describe, designate, distinguish, modify, name

quality 1 aspect, attribute, characteristic, condition, feature, mark, peculiarity, property, trait 2 character, constitution, description, essence, kind, make, nature, sort 3 calibre, distinction, excellence, grade, merit, position, pre-eminence, rank, standing, status, superiority, value, worth 4 (Obsolete) aristocracy, gentry, nobility, ruling class, upper class

qualm 1 anxiety, apprehension, compunction, disquiet, doubt, hesitation, misgiving, regret, reluctance, remorse, scruple, twinge or pang of conscience, uncertainty, uneasiness 2 agony, attack, nausea, pang, queasiness, sickness, spasm, throe (Rare), twinge

quandary bewilderment, cleft stick, delicate situation, difficulty, dilemma, doubt, embarrassment, impasse, perplexity, plight, predicament, puzzle, strait, uncertainty

quantity 1 aggregate, allotment, amount, lot, number, part, portion, quota, sum, total 2 bulk, capacity, expanse, extent, greatness, length, magnitude, mass, measure, size, volume

quarrel
- n. 1 affray, altercation, argument, bagarre, brawl, breach, broil, commotion, contention, controversy, difference (of opinion), disagreement, discord, disputation, dispute, dissension, dissidence, disturbance, feud, fight, fracas, fray, misunderstanding, row, scrap (Inf.), shindig (Inf.), shindy (Inf.), skirmish, spat, squabble, strife, tiff, tumult, vendetta, wrangle
- v. 2 altercate, argue, bicker, brawl, clash, differ, disagree, dispute, fall out (Inf.), fight, row, spar, squabble, wrangle 3 carp, cavil, complain, decry, disapprove, find fault, object to, take exception to

quarrelsome argumentative, belligerent, cat-and-dog (Inf.), choleric, combative, contentious, cross, disputatious, fractious, ill-tempered, irascible, irritable, peevish, petulant, pugnacious, querulous

quarry aim, game, goal, objective, prey, prize, victim

quarter
- n. 1 area, direction, district, locality, location, neighbourhood, part, place, point, position, province, region, side, spot, station, territory, zone 2 clemency, compassion, favour, forgiveness, leniency, mercy, pity
- v. 3 accommodate, billet, board, house, install, lodge, place, post, put up, station

quarters abode, accommodation, barracks, billet, cantonment (Military), chambers, digs (Brit. inf.), domicile, dwelling, habitation, lodging, lodgings, post, residence, rooms, shelter, station

quash 1 beat, crush, destroy, extinguish, extirpate, overthrow, put down, quell, quench, repress, squash, subdue, suppress 2 annul, cancel, declare null and void, invalidate, nullify, overrule, overthrow, rescind, reverse, revoke, set aside, void

quasi- 1 almost, apparently, partly, seemingly, supposedly 2 apparent, fake, mock, near, nominal, pretended, pseudo-, seeming, semi-, sham, so-called, synthetic, virtual, would-be

quaver 1 v. flicker, flutter, oscillate, pulsate, quake, quiver, shake, shudder, thrill, tremble, trill, twitter, vibrate, waver 2 n. break, quiver, shake, sob, throb, tremble, trembling, tremor, trill, vibration, warble

queen 1 consort, monarch, ruler, sovereign 2 diva, doyenne, ideal, idol, mistress, model, perfection, prima donna, star

queer
- adj. 1 abnormal, anomalous, atypical, curious, disquieting, droll, eerie, erratic, extraordinary, funny, odd, outlandish, outré, peculiar, remarkable, rum (Brit. sl.), singular, strange, uncanny, uncommon, unconventional, unnatural, unorthodox, unusual, weird 2 doubtful, dubious, fishy (Inf.), irregular, mysterious, puzzling, questionable, shady (Inf.), suspicious 3 dizzy, faint, giddy, light-headed, queasy, reeling, uneasy 4 crazy, demented, eccentric, idiosyncratic, irrational, mad, odd, touched, unbalanced, unhinged
- v. 5 bodge (Inf.), botch, endanger, harm, impair, imperil, injure, jeopardize, mar, ruin, spoil, thwart, wreck

quell 1 conquer, crush, defeat, extinguish, overcome, overpower, put down, quash, squelch, stamp out, stifle, subdue, suppress, vanquish 2 allay, alleviate, appease, assuage, calm, compose, deaden, dull, mitigate, moderate, mollify, pacify, quiet, silence, soothe

quench 1 check, crush, destroy, douse, end, extinguish, put out, smother, snuff out, squelch, stifle, suppress 2 allay, appease, cool, sate, satiate, satisfy, slake

querulous cantankerous, captious, carping, censorious, complaining, critical, cross, discontented, dissatisfied, fault-finding, fretful, grouchy (Inf.), grumbling, hard to please, irascible, irritable, murmuring, peevish, petulant, plaintive, ratty (Brit. & N.Z. inf.), sour, testy, tetchy, touchy, waspish, whining

query
- v. 1 ask, enquire, question 2 challenge, disbelieve, dispute, distrust, doubt, mistrust, suspect
- n. 3 demand, doubt, hesitation, inquiry, objection, problem, question, reservation, scepticism, suspicion

quest n. adventure, crusade, enterprise, expedition, exploration, hunt, journey, mission, pilgrimage, pursuit, search, voyage

question
- v. 1 ask, catechize, cross-examine, enquire, examine, grill (Inf.), interrogate, interview, investigate, probe, pump (Inf.), quiz, sound out 2 call into question, cast doubt upon, challenge, controvert, disbelieve, dispute, distrust, doubt, impugn, mistrust, oppose, query, suspect
- n. 3 examination, inquiry, interrogation, investigation 4 argument, confusion, contention, controversy, debate, difficulty, dispute, doubt, dubiety, misgiving, problem, query, uncertainty 5 issue, motion, point, point at issue, proposal, proposition, subject, theme, topic 6 **in question** at issue, in doubt, open to debate, under discussion 7 **out of the question** impossible, inconceivable, not to be thought of, unthinkable

questionable arguable, controversial, controvertible, debatable, disputable, dodgy (Brit., Aust., & N.Z. inf.), doubtful, dubious, dubitable, equivocal, fishy (Inf.), iffy (Inf.), moot, paradoxical, problematical, shady (Inf.), suspect, suspicious, uncertain, unproven, unreliable

queue chain, concatenation, file, line, order, progression, sequence, series, string, succession, train

quibble 1 v. carp, cavil, equivocate, evade, pretend, prevaricate, shift, split hairs 2 n. artifice, cavil, complaint, criticism, duplicity, equivocation, evasion, nicety, niggle, objection, pretence, prevarication, protest, quirk, shift, sophism, subterfuge, subtlety

quick 1 active, brief, brisk, cursory, expeditious, express, fast, fleet, hasty, headlong, hurried, pdq (Sl.), perfunctory, prompt, quickie (Inf.), rapid, speedy, sudden, swift 2 agile, alert, animated, energetic, flying, keen, lively, nimble, spirited, sprightly, spry, vivacious, winged 3 able, acute, adept, adroit, all there (Inf.), apt, astute, bright, clever, deft, dexterous, discerning, intelligent, nimble-witted, perceptive, quick on the uptake (Inf.), quick-witted, receptive, sharp, shrewd, skilful, smart 4 abrupt, curt, excitable, hasty, impatient, irascible, irritable, passionate, petulant, testy, touchy 5 (Archaic) alive, animate, existing, live, living, viable

quicken 1 accelerate, dispatch, expedite, hasten, hurry, impel, precipitate, speed 2 activate, animate, arouse, energize, excite, galvanize, incite, inspire, invigorate, kindle, refresh, reinvigorate, resuscitate, revitalize, revive, rouse, stimulate, strengthen, vitalize, vivify

quickly abruptly, apace, at a rate of knots (Inf.), at or on the double, at speed, briskly, expeditiously, fast, hastily, hell for leather (Inf.), hotfoot, hurriedly, immediately, instantly, pdq (Sl.), posthaste, promptly, pronto (Inf.), quick, rapidly, soon, speedily, swiftly, with all speed

quick-tempered choleric, excitable, fiery, hot-tempered, impatient, impulsive, irascible, irritable, petulant, quarrelsome, ratty (Brit. & N.Z. inf.), shrewish, splenetic, testy, tetchy, waspish

quick-witted alert, astute, clever, keen, perceptive, sharp, shrewd, smart

quiescent calm, dormant, in abeyance, inactive, latent, motionless, peaceful, placid, quiet, resting, serene, silent, smooth, still, tranquil, unagitated, undisturbed, unmoving, unruffled

quiet
- adj. 1 dumb, hushed, inaudible, low, low-pitched, noiseless, peaceful, silent, soft, soundless 2 calm, contented, gentle, mild, motionless, pacific, peaceful, placid, restful, serene, smooth, tranquil, untroubled 3 isolated, private, retired, secluded, secret, sequestered, undisturbed, unfrequented 4 conservative, modest, plain, restrained, simple, sober, subdued, unassuming, unobtrusive, unpretentious 5 collected, docile, even-tempered, gentle, imperturbable, meek, mild, phlegmatic, reserved, retiring, sedate, shy, unexcitable
- n. 6 calmness, ease, peace, quietness, repose, rest, serenity, silence, stillness, tranquillity

quieten v. allay, alleviate, appease, assuage, blunt, calm, compose, deaden, dull, hush, lull, mitigate, mollify, muffle, mute, palliate, quell, quiet, shush (Inf.), silence, soothe, stifle, still, stop, subdue, tranquillize

quietly 1 confidentially, dumbly, in a low voice or whisper, in an undertone, inaudibly, in hushed tones, in silence, mutely, noiselessly, privately, secretly, silently, softly, without talking 2 calmly, contentedly, dispassionately, meekly, mildly, patiently, placidly, serenely, undemonstratively 3 coyly, demurely, diffidently, humbly, modestly, unassumingly, unobtrusively, unostentatiously, unpretentiously

quietness calm, calmness, hush, peace, placidity, quiescence, quiet, quietude, repose, rest, serenity, silence, still, stillness, tranquillity

quilt bedspread, comforter (U.S.), counterpane, coverlet, duvet, eiderdown

quip n. badinage, bon mot, counterattack, gibe, jest, joke, pleasantry, repartee, retort, riposte, sally, wisecrack (Inf.), witticism

quirk aberration, caprice, characteristic, eccentricity, fancy, fetish, foible, habit, idée fixe, idiosyncrasy, kink, mannerism, oddity, peculiarity, singularity, trait, vagary, whim

quisling betrayer, collaborator, fifth columnist, Judas, renegade, traitor, turncoat

quit
- v. 1 abandon, abdicate, decamp, depart, desert, exit, forsake, go, leave, pull out, relinquish, renounce, resign, retire, step down (Inf.), surrender, take off (Inf.), withdraw 2 abandon, cease, conclude, discontinue, drop, end, give up, halt, stop, suspend
- adj. 3 absolved, acquitted, clear, discharged, exculpated, exempt, exonerated, free, released, rid of

quite 1 absolutely, completely, considerably, entirely, fully, in all respects, largely, perfectly, precisely, totally, wholly, without reservation 2 fairly, moderately, rather, reasonably, relatively, somewhat, to a certain extent, to some degree 3 in fact, in reality, in truth, really, truly

quiver 1 v. agitate, convulse, oscillate, palpitate, pulsate, quake, quaver, shake, shiver, shudder, tremble, vibrate 2 n. convulsion, oscillation, palpitation, pulsation, shake, shiver, shudder, spasm, throb, tic, tremble, tremor, vibration

quiz 1 n. examination, investigation, questioning, test 2 v. ask, catechize, examine, grill (Inf.), interrogate, investigate, pump (Inf.), question

quota allocation, allowance, assignment, cut (Inf.), part, portion, proportion, ration, share, slice, whack (Inf.)

quotation 1 citation, cutting, excerpt, extract, passage, quote (Inf.), reference, selection 2 (Commerce) bid price, charge, cost, estimate, figure, price, quote (Inf.), rate, tender

quote adduce, attest, cite, detail, extract, instance, name, paraphrase, proclaim, recall, recite, recollect, refer to, repeat, retell

R

rabble 1 canaille, crowd, herd, horde, mob, swarm, throng 2 (Derogatory) canaille, commonalty, commoners, common people, crowd, dregs, hoi polloi, lower classes, lumpenproletariat, masses, peasantry, populace, proletariat, riffraff, scum, the great unwashed (Inf. & derogatory), trash (Chiefly U.S. & Canad.)

rabid 1 hydrophobic, mad 2 berserk, crazed, frantic, frenzied, furious, infuriated, mad, maniacal, raging, violent, wild 3 bigoted, extreme, fanatical, fervent, intemperate, intolerant, irrational, narrow-minded, zealous

race[1] 1 n. chase, competition, contention, contest, dash, pursuit, rivalry 2 v. barrel (along) (Inf., chiefly U.S. & Canad.), burn rubber (Inf.), career, compete, contest, dart, dash, fly, gallop, hare (Brit. inf.), hasten, hurry, run, run like mad (Inf.), speed, tear, zoom

race[2] blood, breed, clan, ethnic group, family, folk, house, issue, kin, kindred, line, lineage, nation, offspring, people, progeny, seed (Chiefly biblical), stock, tribe, type

racial ethnic, ethnological, folk, genealogical, genetic, national, tribal

rack
- n. 1 frame, framework, stand, structure 2 affliction, agony, anguish, misery, pain, pang, persecution, suffering, torment, torture
- v. 3 afflict, agonize, crucify, distress, excruciate, harass, harrow, oppress, pain, torment, torture 4 force, pull, shake, strain, stress, stretch, tear, wrench

racket 1 babel, ballyhoo (Inf.), clamour, commotion, din, disturbance, fuss, hubbub, hullabaloo, noise, outcry, pandemonium, row, shouting, tumult, uproar 2 criminal activity, fraud, illegal enterprise, scheme 3 (Sl.) business, game (Inf.), line, occupation

racy 1 animated, buoyant, dramatic, energetic, entertaining, exciting, exhilarating, heady, lively, sexy (Inf.), sparkling, spirited, stimulating, vigorous, zestful 2 distinctive, piquant, pungent, rich, sharp, spicy, strong, tangy, tart, tasty 3 bawdy, blue, broad, immodest, indecent, indelicate, naughty, near the knuckle (Inf.), off colour, risqué, smutty, spicy (Inf.), suggestive

radiance 1 brightness, brilliance, effulgence, glare, gleam, glitter, glow, incandescence, light, luminosity, lustre, resplendence, shine 2 delight, gaiety, happiness, joy, pleasure, rapture, warmth

radiant 1 beaming, bright, brilliant, effulgent, gleaming, glittering, glorious, glowing, incandescent, luminous, lustrous, resplendent, shining, sparkling, sunny 2 beaming, beatific, blissful, delighted, ecstatic, gay, glowing, happy, joyful, joyous, rapt, rapturous

radiate 1 diffuse, disseminate, emanate, emit, give off *or* out, gleam, glitter, pour, scatter, send out, shed, shine, spread 2 branch out, diverge, issue, spread out

radiation emanation, emission, rays

radical
- adj. 1 basic, constitutional, deep-seated, essential, fundamental, innate, native, natural, organic, profound, thoroughgoing 2 complete, drastic, entire, excessive, extreme, extremist, fanatical, revolutionary, severe, sweeping, thorough, violent
- n. 3 extremist, fanatic, militant, revolutionary

raffle draw, lottery, sweep, sweepstake

ragbag 1 confusion, hotchpotch, jumble, medley, miscellany, mixture, omnium-gatherum, potpourri 2 (Inf.) frump, scarecrow (Inf.), scruff (Inf.), slattern, sloven, slut, trollop

rage
- n. 1 agitation, anger, frenzy, fury, high dudgeon, ire, madness, mania, obsession, passion, rampage, raving, vehemence, violence, wrath 2 craze, enthusiasm, fad (Inf.), fashion, latest thing, mode, style, vogue
- v. 3 be beside oneself, be furious, blow a fuse (Sl., chiefly U.S.), blow one's top, blow up (Inf.), chafe, crack up (Inf.), fly off the handle (Inf.), foam at the mouth, fret, fume, go off the deep end (Inf.), go up the wall (Sl.), rant and rave, rave, see red (Inf.), seethe, storm, throw a fit (Inf.) 4 be at its height, be uncontrollable, rampage, storm, surge

ragged 1 contemptible, down at heel, frayed, in holes, in rags, in tatters, mean, poor, rent, scraggy, shabby, shaggy, tattered, tatty, threadbare, torn, unkempt, worn-out 2 crude, jagged, notched, poor, rough, rugged, serrated, uneven, unfinished 3 broken, desultory, disorganized, fragmented, irregular, uneven

raging beside oneself, boiling mad (Inf.), doing one's nut (Brit. sl.), enraged, fit to be tied (Sl.), fizzing (Scot.), foaming at the mouth, frenzied, fuming, furious, incensed, infuriated, mad, raving, seething

rags 1 castoffs, old clothes, tattered clothing, tatters 2 **in rags** down at heel, out at elbow, ragged, seedy, shabby, tattered

raid 1 n. attack, break-in, descent, foray, hit-and-run attack, incursion, inroad, invasion, irruption, onset, sally, seizure, sortie, surprise attack 2 v. assault, attack, break into, descend on, fall upon, forage (Military), foray, invade, pillage, plunder, reive (Dialect), rifle, sack, sally forth, swoop down upon

raider attacker, forager (Military), invader, marauder, plunderer, reiver (Dialect), robber, thief

railing balustrade, barrier, fence, paling, rails

rain
- n. 1 cloudburst, deluge, downpour, drizzle, fall, precipitation, raindrops, rainfall, showers 2 deluge, flood, hail, shower, spate, stream, torrent, volley
- v. 3 bucket down (Inf.), come down in buckets (Inf.), drizzle, fall, pelt (down), pour, rain cats and dogs (Inf.), shower, teem 4 deposit, drop, fall, shower, sprinkle 5 bestow, lavish, pour, shower

rainy damp, drizzly, showery, wet

raise 1 build, construct, elevate, erect, exalt, heave, hoist, lift, move up, promote, put up, rear, set upright, uplift 2 advance, aggravate, amplify, augment, boost, enhance, enlarge, escalate, exaggerate, heighten, hike (up) (Inf.), increase, inflate, intensify, jack up, magnify, put up, reinforce, strengthen 3 advance, aggrandize, elevate, exalt, prefer, promote, upgrade 4 activate, arouse, awaken, cause, evoke, excite, foment, foster, incite, instigate, kindle, motivate, provoke, rouse, set on foot, stir up, summon up, whip up 5 bring about, cause, create, engender, give rise to, occasion, originate, produce, provoke, start 6 advance, bring up, broach, introduce, moot, put forward, suggest 7 assemble, collect, form, gather, get, levy, mass, mobilize, muster, obtain, rally, recruit 8 breed, bring up, cultivate, develop, grow, nurture, produce, propagate, rear 9 abandon, end, give up, lift, relieve, relinquish, remove, terminate

rake[1] v. 1 collect, gather, remove, scrape up 2 break up, harrow, hoe, scour, scrape, scratch 3 (With **up** or **together**) assemble, collect, dig up, dredge up, gather, scrape together 4 comb, examine, hunt, ransack, scan, scour, scrutinize, search 5 graze, scrape, scratch 6 enfilade, pepper, sweep

rake[2] n. debauchee, dissolute man, lech *or* letch (Inf.), lecher, libertine, playboy, profligate, rakehell (Archaic), roué, sensualist, voluptuary

rakish breezy, dapper, dashing, debonair, devil-may-care, flashy, jaunty, natty (Inf.), raffish, smart, snazzy (Inf.), sporty

rally
- v. 1 bring *or* come to order, reassemble, re-form, regroup, reorganize, unite
- n. 2 regrouping, reorganization, reunion, stand
- v. 3 assemble, bond together, bring *or* come together, collect, convene, gather, get together, marshal, mobilize, muster, organize, round up, summon, unite
- n. 4 assembly, conference, congregation, congress, convention, convocation, gathering, mass meeting, meeting, muster
- v. 5 come round, get better, get one's second wind, improve, perk up, pick up, pull through, recover, recuperate, regain one's strength, revive, take a turn for the better
- n. 6 comeback (Inf.), improvement, recovery, recuperation, renewal, resurgence, revival, turn for the better

ram v. 1 butt, collide with, crash, dash, drive, force, hit, impact, run into, slam, smash, strike 2 beat, cram, crowd, drum, force, hammer, jam, pack, pound, stuff, tamp, thrust

ramble
- v. 1 amble, drift, perambulate, peregrinate, range, roam, rove, saunter, straggle, stravaig (Scot. & northern English dialect), stray, stroll, traipse (Inf.), walk, wander 2 meander, snake, twist and turn, wind, zigzag 3 babble, chatter, digress, expatiate, maunder, rabbit (on) (Brit. inf.), rattle on, run off at the mouth (Sl.), waffle (Inf., chiefly Brit.), wander, witter on (Inf.)
- n. 4 excursion, hike, perambulation, peregrination, roaming, roving, saunter, stroll, tour, traipse (Inf.), trip, walk

rambler drifter, hiker, roamer, rover, stroller, walker, wanderer, wayfarer

rambling 1 circuitous, desultory, diffuse, digressive, disconnected, discursive, disjointed, incoherent, irregular, long-winded, periphrastic, prolix, wordy 2 irregular, sprawling, spreading, straggling, trailing

ramification 1 branch, development, divarication, division, excrescence, extension, forking, offshoot, outgrowth, subdivision 2 complication, consequence, development, result, sequel, upshot

ramp grade, gradient, incline, inclined plane, rise, slope

rampage
- v. 1 go ape (Sl.), go apeshit (Sl.), go berserk, rage, run amuck, run riot, run wild, storm, tear
- n. 2 destruction, frenzy, fury, rage, storm, tempest, tumult, uproar, violence 3 **on the rampage** amuck, berserk, destructive, out of control, raging, rampant, riotous, violent, wild

rampant 1 aggressive, dominant, excessive, flagrant, on the rampage, out of control, out of hand, outrageous, raging, rampaging, riotous, unbridled, uncontrollable, ungovernable, unrestrained, vehement, violent, wanton, wild 2 epidemic, exuberant, luxuriant, prevalent, profuse, rank, rife, spreading like wildfire, unchecked, uncontrolled, unrestrained, widespread 3 (Heraldry) erect, rearing, standing, upright

rampart barricade, bastion, breastwork, bulwark, defence, earthwork, embankment, fence, fort, fortification, guard, parapet, security, stronghold, wall

ramshackle broken-down, crumbling, decrepit, derelict, dilapidated, flimsy, jerry-built, rickety, shaky, tottering, tumbledown, unsafe, unsteady

rancid bad, fetid, foul, frowsty, fusty, musty, off, putrid, rank, rotten, sour, stale, strongsmelling, tainted

random 1 accidental, adventitious, aimless, arbitrary, casual, chance, desultory, fortuitous, haphazard, hit or miss, incidental, indiscriminate, purposeless, spot, stray, unplanned, unpremeditated 2 **at random** accidentally, adventitiously, aimlessly, arbitrarily, by chance, casually, haphazardly, indiscriminately, irregularly, purposelessly, randomly, unsystematically, willy-nilly

range
- n. 1 ambit, amplitude, area, bounds, compass, confines, distance, domain, extent, field, latitude, limits, orbit, pale, parameters (Inf.), province, purview, radius, reach, scope, span, sphere, sweep 2 chain, file, line, rank, row, sequence, series, string, tier 3 assortment, class, collection, gamut, kind, lot, order, selection, series, sort, variety
- v. 4 align, arrange, array, dispose, draw up, line up, order 5 arrange, bracket, catalogue, categorize, class, classify, file, grade, group, pigeonhole, rank 6 aim, align, direct, level, point, train 7 cruise, explore, ramble, roam, rove, straggle, stray, stroll, sweep, traverse, wander 8 extend, fluctuate, go, reach, run, stretch, vary between

rank[1]
- n. 1 caste, class, classification, degree, dignity, division, echelon, grade, level, nobility, order, position, quality, sort, standing, station, status, stratum, type 2 column, file, formation, group, line, range, row, series, tier
- v. 3 align, arrange, array, class, classify, dispose, grade, line up, locate, marshal, order, position, range, sort

rank[2] 1 abundant, dense, exuberant, flourishing, lush, luxuriant, productive, profuse, strong-growing, vigorous 2 bad, disagreeable, disgusting, fetid, foul, fusty, gamy, mephitic, musty, noisome, noxious, off, offensive, olid, pungent, putrid, rancid, revolting, stale, stinking, strong-smelling, yucky *or* yukky (Sl.) 3 absolute, arrant, blatant, complete, downright, egregious, excessive, extravagant, flagrant, glaring, gross, rampant, sheer, thorough, total, undisguised, unmitigated, utter 4 abusive, atrocious, coarse, crass, filthy, foul, gross, indecent, nasty, obscene, outrageous, scurrilous, shocking, vulgar

rankle anger, annoy, chafe, embitter, fester, gall, get one's goat (Sl.), get on one's nerves (Inf.), irk, irritate, piss one off (Taboo sl.), rile

ransack 1 comb, explore, go through, rake, rummage, scour, search, turn inside out 2 despoil, gut, loot, pillage, plunder, raid, ravage, rifle, sack, strip

ransom
- n. 1 deliverance, liberation, redemption, release, rescue 2 money, payment, payoff, price

v. ③ buy (someone) out (Inf.), buy the freedom of, deliver, liberate, obtain or pay for the release of, redeem, release, rescue, set free

rant ① v. bellow, bluster, cry, declaim, rave, roar, shout, spout (Inf.), vociferate, yell ② n. bluster, bombast, diatribe, fanfaronade (Rare), harangue, philippic, rhetoric, tirade, vociferation

rapacious avaricious, extortionate, grasping, greedy, insatiable, marauding, plundering, predatory, preying, ravenous, usurious, voracious, wolfish

rapacity avarice, avidity, cupidity, graspingness, greed, greediness, insatiableness, predatoriness, rapaciousness, ravenousness, usury, voraciousness, voracity, wolfishness

rape
- **n.** ① outrage, ravishment, sexual assault, violation ② depredation, despoilment, despoliation, pillage, plundering, rapine, sack, spoliation ③ abuse, defilement, desecration, maltreatment, perversion, violation
- **v.** ④ outrage, ravish, sexually assault, violate ⑤ despoil, loot, pillage, plunder, ransack, sack, spoliate

rapid brisk, expeditious, express, fast, fleet, flying, hasty, hurried, pdq (Sl.), precipitate, prompt, quick, quickie (Inf.), speedy, swift

rapidity alacrity, briskness, celerity, dispatch, expedition, fleetness, haste, hurry, precipitateness, promptitude, promptness, quickness, rush, speed, speediness, swiftness, velocity

rapidly apace, at speed, briskly, expeditiously, fast, hastily, hotfoot, hurriedly, in a hurry, in a rush, in haste, like a shot, pdq (Sl.), posthaste, precipitately, promptly, pronto (Inf.), quickly, speedily, swiftly, with dispatch

rapport affinity, bond, empathy, harmony, interrelationship, link, relationship, sympathy, tie, understanding

rapt ① absorbed, carried away, engrossed, enthralled, entranced, fascinated, gripped, held, intent, preoccupied, spellbound ② bewitched, blissful, captivated, charmed, delighted, ecstatic, enchanted, enraptured, rapturous, ravished, transported

rapture beatitude, bliss, cloud nine (Inf.), delectation, delight, ecstasy, enthusiasm, euphoria, exaltation, felicity, happiness, joy, ravishment, rhapsody, seventh heaven, spell, transport

rapturous blissful, delighted, ecstatic, enthusiastic, euphoric, exalted, happy, in seventh heaven, joyful, joyous, on cloud nine (Inf.), overjoyed, over the moon (Inf.), rapt, ravished, rhapsodic, transported

rare ① exceptional, few, infrequent, out of the ordinary, recherché, scarce, singular, sparse, sporadic, strange, thin on the ground, uncommon, unusual ② admirable, choice, excellent, exquisite, extreme, fine, great, incomparable, peerless, superb, superlative ③ invaluable, precious, priceless, rich

rarely ① almost never, hardly, hardly ever, infrequently, little, once in a blue moon, once in a while, only now and then, on rare occasions, scarcely ever, seldom ② exceptionally, extraordinarily, finely, notably, remarkably, singularly, uncommonly, unusually

rarity ① curio, curiosity, find, gem, one-off, pearl, treasure ② infrequency, scarcity, shortage, singularity, sparseness, strangeness, uncommonness, unusualness ③ choiceness, excellence, exquisiteness, fineness, incomparability, incomparableness, peerlessness, quality, superbness ④ invaluableness, preciousness, pricelessness, richness, value, worth

rascal blackguard, caitiff (Archaic), devil, disgrace, good-for-nothing, imp, knave (Archaic), miscreant, ne'er-do-well, pickle (Brit. inf.), rake, rapscallion, reprobate, rogue, scally (Northwest English dialect), scallywag (Inf.), scamp, scoundrel, varmint (Inf.), villain, wastrel, wretch

rash[1] ① eruption, outbreak ② epidemic, flood, outbreak, plague, series, spate, succession, wave

rash[2] adventurous, audacious, brash, careless, foolhardy, harebrained, harum-scarum, hasty, headlong, headstrong, heedless, helterskelter, hot-headed, ill-advised, ill-considered, impetuous, imprudent, impulsive, incautious, indiscreet, injudicious, madcap, precipitate, premature, reckless, thoughtless, unguarded, unthinking, unwary, venturesome

rashness adventurousness, audacity, brashness, carelessness, foolhardiness, hastiness, heedlessness, indiscretion, precipitation, recklessness, temerity, thoughtlessness

rate
- **n.** ① degree, percentage, proportion, ratio, relation, scale, standard ② charge, cost, dues, duty, fee, figure, hire, price, tariff, tax, toll ③ gait, measure, pace, speed, tempo, time, velocity ④ class, classification, degree, grade, position, quality, rank, rating, status, value, worth ⑤ **at any rate** anyhow, anyway, at all events, in any case, nevertheless
- **v.** ⑥ adjudge, appraise, assess, class, classify, consider, count, esteem, estimate, evaluate, grade, measure, rank, reckon, regard, value, weigh ⑦ be entitled to, be worthy of, deserve, merit ⑧ (Sl.) admire, esteem, respect, think highly of, value

rather ① a bit, a little, fairly, kind of (Inf.), moderately, pretty (Inf.), quite, relatively, slightly, somewhat, sort of (Inf.), to some degree, to some extent ② a good bit, noticeably, significantly, very ③ instead, more readily, more willingly, preferably, sooner

ratify affirm, approve, authenticate, authorize, bear out, bind, certify, confirm, consent to, corroborate, endorse, establish, sanction, sign, uphold, validate

rating class, classification, degree, designation, estimate, evaluation, grade, order, placing, position, rank, rate, standing, status

ratio arrangement, correlation, correspondence, equation, fraction, percentage, proportion, rate, relation, relationship

ration
- **n.** ① allotment, allowance, dole, helping, measure, part, portion, provision, quota, share ② Plural commons (Brit.), food, provender, provisions, stores, supplies
- **v.** ③ (With **out**) allocate, allot, apportion, deal, distribute, dole, give out, issue, measure out, mete, parcel out ④ budget, conserve, control, limit, restrict, save

rational ① enlightened, intelligent, judicious, logical, lucid, realistic, reasonable, sagacious, sane, sensible, sound, wise ② cerebral, cognitive, ratiocinative, reasoning, thinking ③ all there (Inf.), balanced, compos mentis, in one's right mind, lucid, normal, of sound mind, sane

rationale exposition, grounds, logic, motivation, philosophy, principle, raison d'être, reasons, theory

rationalize ① account for, excuse, explain away, extenuate, justify, make allowance for, make excuses for, vindicate ② apply logic to, elucidate, reason out, resolve, think through ③ make cuts, make more efficient, streamline, trim

rattle v. ① bang, clatter, jangle ② bounce, jar, jiggle, jolt, jounce, shake, vibrate ③ (With **on**) blether, cackle, chatter, gabble, gibber, jabber, prate, prattle, rabbit (on) (Brit. inf.), run on, witter (Inf.), yak (away) (Sl.) ④ (Inf.) discomfit, discompose, disconcert, discountenance, disturb, faze, frighten, perturb, put (someone) off his stride, put (someone) out of countenance, scare, shake, upset ⑤ (With **off**) list, recite, reel off, rehearse, run through, spiel off (Inf.)

raucous grating, harsh, hoarse, husky, loud, noisy, rasping, rough, strident

ravage ① v. demolish, desolate, despoil, destroy, devastate, gut, lay waste, leave in ruins, loot, pillage, plunder, ransack, raze, ruin, sack, shatter, spoil, wreak havoc on, wreck ② n. Often plural damage, demolition, depredation, desolation, destruction, devastation, havoc, pillage, plunder, rapine, ruin, ruination, spoliation, waste

rave
- **v.** ① babble, be delirious, fume, go mad (Inf.), rage, rant, roar, run amuck, splutter, storm, talk wildly, thunder ② (With **about**) (Inf.) be delighted by, be mad about (Inf.), be wild about (Inf.), cry up, enthuse, gush, praise, rhapsodize
- **n.** ③ (Inf.) acclaim, applause, encomium, praise ④ Also **rave-up** (Brit. sl.) affair, bash (Inf.), beano (Brit. sl.), blow-out (Sl.), celebration, do (Inf.), party ⑤ (Brit. sl.) craze, fad, fashion, vogue
- **adj.** ⑥ (Inf.) ecstatic, enthusiastic, excellent, favourable, laudatory

ravenous ① famished, starved, starving, very hungry ② avaricious, covetous, devouring, ferocious, gluttonous, grasping, greedy, insatiable, insatiate, predatory, rapacious, ravening, voracious, wolfish

ravine canyon, clough (Dialect), defile, flume, gap (U.S.), gorge, gulch (U.S.), gully, linn (Scot.), pass

raving berserk, crazed, crazy, delirious, frantic, frenzied, furious, hysterical, insane, irrational, mad, out of one's mind, rabid, raging, wild

raw ① bloody (of meat), fresh, natural, uncooked, undressed, unprepared ② basic, coarse, crude, green, natural, organic, rough, unfinished, unprocessed, unrefined, unripe, untreated ③ abraded, chafed, grazed, open, scratched, sensitive, skinned, sore, tender ④ callow, green, ignorant, immature, inexperienced, new, undisciplined, unpractised, unseasoned, unskilled, untrained, untried ⑤ bare, blunt, brutal, candid, frank, naked, plain, realistic, unembellished, unvarnished ⑥ biting, bitter, bleak, chill, chilly, cold, damp, freezing, harsh, parky (Brit. inf.), piercing, unpleasant, wet

ray ① bar, beam, flash, gleam, shaft ② flicker, glimmer, hint, indication, scintilla, spark, trace

raze ① bulldoze, demolish, destroy, flatten, knock down, level, pull down, remove, ruin, tear down, throw down ② delete, efface, erase, excise, expunge, extinguish, extirpate, obliterate, rub out, scratch out, strike out, wipe out

reach
- **v.** ① arrive at, attain, get as far as, get to, land at, make ② contact, extend to, get (a) hold of, go as far as, grasp, stretch to, touch ③ amount to, arrive at, attain, climb to, come to, drop, fall, move, rise, sink ④ (Inf.) hand, hold out, pass, stretch ⑤ communicate with, contact, establish contact with, find, get, get hold of, get in touch with, get through to, make contact with
- **n.** ⑥ ambit, capacity, command, compass, distance, extension, extent, grasp, influence, jurisdiction, mastery, power, range, scope, spread, stretch, sweep

react ① acknowledge, answer, reply, respond ② act, behave, conduct oneself, function, operate, proceed, work

reaction ① acknowledgement, answer, feedback, reply, response ② compensation, counteraction, counterbalance, counterpoise, recoil ③ conservatism, counter-revolution, obscurantism, the right

reactionary ① adj. blimpish, conservative, counter-revolutionary, obscurantist, rightist ② n. Colonel Blimp, conservative, counter-revolutionary, die-hard, obscurantist, rightist, right-winger

read ① glance at, look at, peruse, pore over, refer to, run one's eye over, scan, study ② announce, declaim, deliver, recite, speak, utter ③ comprehend, construe, decipher, discover, interpret, perceive the meaning of, see, understand ④ display, indicate, record, register, show

readily ① cheerfully, eagerly, freely, gladly, lief (Rare), promptly, quickly, voluntarily, willingly, with good grace, with pleasure ② at once, easily, effortlessly, hotfoot, in no time, pdq (Sl.), quickly, right away, smoothly, speedily, straight away, unhesitatingly, without delay, without demur, without difficulty, without hesitation

readiness ① fitness, maturity, preparation, preparedness, ripeness ② aptness, eagerness, gameness (Inf.), inclination, keenness, willingness ③ adroitness, dexterity, ease, facility, handiness, promptitude, promptness, quickness, rapidity, skill ④ **in readiness** all set, at or on hand, at the ready, fit, prepared, primed, ready, set, waiting, waiting in the wings

reading ① examination, inspection, perusal, review, scrutiny, study ② homily, lecture, lesson, performance, recital, rendering, rendition, sermon ③ conception, construction, grasp, impression, interpretation, treatment, understanding, version ④ book-learning, edification, education, erudition, knowledge, learning, scholarship

ready
- **adj.** ① all set, arranged, completed, fit, in readiness, organized, prepared, primed, ripe, set ② agreeable, apt, disposed, eager, game (Inf.), glad, happy, have-a-go (Inf.), inclined, keen, minded, predisposed, prone, willing ③ acute, adroit, alert, apt, astute, bright, clever, deft, dexterous, expert, handy, intelligent, keen, perceptive, prompt, quick, quick-witted, rapid, resourceful, sharp, skilful, smart ④ about, close, in danger of, liable, likely, on the brink of, on the point of, on the verge of ⑤ accessible, at or on hand, at one's fingertips,

at the ready, available, close to hand, convenient, handy, near, on call, on tap (Inf.), present
- n. [6] **at the ready** in readiness, poised, prepared, ready for action, waiting
- v. [7] arrange, equip, fit out, get ready, make ready, order, organize, prepare, set

real absolute, actual, authentic, bona fide, certain, essential, existent, factual, genuine, heartfelt, honest, intrinsic, legitimate, positive, right, rightful, sincere, true, unaffected, unfeigned, valid, veritable

realistic [1] businesslike, common-sense, down-to-earth, hard-headed, level-headed, matter-of-fact, practical, pragmatic, rational, real, sensible, sober, unromantic, unsentimental [2] authentic, faithful, genuine, graphic, lifelike, natural, naturalistic, representational, true, true to life, truthful

reality [1] actuality, authenticity, certainty, corporeality, fact, genuineness, materiality, realism, truth, validity, verisimilitude, verity [2] **in reality** actually, as a matter of fact, in actuality, in fact, in point of fact, in truth, really

realization [1] appreciation, apprehension, awareness, cognizance, comprehension, conception, consciousness, grasp, imagination, perception, recognition, understanding [2] accomplishment, achievement, carrying-out, completion, consummation, effectuation, fulfilment

realize [1] appreciate, apprehend, be cognizant of, become aware of, become conscious of, catch on (Inf.), comprehend, conceive, grasp, imagine, recognize, take in, twig (Brit. inf.), understand [2] accomplish, actualize, bring about, bring off, bring to fruition, carry out or through, complete, consummate, do, effect, effectuate, fulfil, incarnate, make concrete, make happen, perform, reify [3] acquire, bring or take in, clear, earn, gain, get, go for, make, net, obtain, produce, sell for

really absolutely, actually, assuredly, categorically, certainly, genuinely, in actuality, indeed, in fact, in reality, positively, surely, truly, undoubtedly, verily, without a doubt

reap acquire, bring in, collect, cut, derive, gain, garner, gather, get, harvest, obtain, win

rear[1] [1] n. back, back end, end, rearguard, stern, tail, tail end [2] adj. aft, after (Nautical), back, following, hind, hindmost, last, trailing

rear[2] v. [1] breed, bring up, care for, cultivate, educate, foster, grow, nurse, nurture, raise, train [2] elevate, hoist, hold up, lift, raise, set upright [3] build, construct, erect, fabricate, put up [4] loom, rise, soar, tower

reason
- n. [1] apprehension, brains, comprehension, intellect, judg(e)ment, logic, mentality, mind, ratiocination, rationality, reasoning, sanity, sense(s), sound mind, soundness, understanding [2] aim, basis, cause, design, end, goal, grounds, impetus, incentive, inducement, intention, motive, object, occasion, purpose, target, warrant, why and wherefore (Inf.) [3] apologia, apology, argument, case, defence, excuse, explanation, exposition, ground, justification, rationale, vindication [4] bounds, limits, moderation, propriety, reasonableness, sense, sensibleness, wisdom [5] **in** or **within reason** in moderation, proper, reasonable, sensible, warrantable, within bounds, within limits
- v. [6] conclude, deduce, draw conclusions, infer, make out, ratiocinate, resolve, solve, syllogize, think, work out [7] (With **with**) argue, bring round (Inf.), debate, dispute, dissuade, expostulate, move, persuade, prevail upon, remonstrate, show (someone) the error of his ways, talk into or out of, urge, win over

reasonable [1] advisable, arguable, believable, credible, intelligent, judicious, justifiable, logical, plausible, practical, rational, reasoned, sane, sensible, sober, sound, tenable, well-advised, well thought-out, wise [2] acceptable, average, equitable, fair, fit, honest, inexpensive, just, moderate, modest, OK or okay (Inf.), proper, right, tolerable, within reason

reasoned clear, judicious, logical, sensible, systematic, well expressed, well presented, well thought-out

reasoning [1] analysis, cogitation, deduction, logic, ratiocination, reason, thinking, thought [2] argument, case, exposition, hypothesis, interpretation, proof, train of thought

reassure bolster, buoy up, cheer up, comfort, encourage, hearten, inspirit, put or set one's mind at rest, relieve (someone) of anxiety, restore confidence to

rebel
- v. [1] man the barricades, mutiny, resist, revolt, rise up, take to the streets, take up arms [2] come out against, defy, disobey, dissent, refuse to obey [3] flinch, recoil, show repugnance, shrink, shy away
- n. [4] insurgent, insurrectionary, mutineer, resistance fighter, revolutionary, revolutionist, secessionist [5] apostate, dissenter, heretic, nonconformist, schismatic
- adj. [6] insubordinate, insurgent, insurrectionary, mutinous, rebellious, revolutionary

rebellion [1] insurgence, insurgency, insurrection, mutiny, resistance, revolt, revolution, rising, uprising [2] apostasy, defiance, disobedience, dissent, heresy, insubordination, nonconformity, schism

rebellious [1] contumacious, defiant, disaffected, disloyal, disobedient, disorderly, insubordinate, insurgent, insurrectionary, intractable, mutinous, rebel, recalcitrant, revolutionary, seditious, turbulent, ungovernable, unruly [2] difficult, incorrigible, obstinate, recalcitrant, refractory, resistant, unmanageable

rebirth new beginning, regeneration, reincarnation, renaissance, renascence, renewal, restoration, resurgence, resurrection, revitalization, revival

rebound
- v. [1] bounce, recoil, resound, return, ricochet, spring back [2] backfire, boomerang, misfire, recoil
- n. [3] bounce, comeback, kickback, repercussion, return, ricochet

rebuff [1] v. brush off (Sl.), check, cold-shoulder, cut, decline, deny, discourage, put off, refuse, reject, repulse, resist, slight, snub, spurn, turn down [2] n. brushoff (Sl.), check, cold shoulder, defeat, denial, discouragement, knock-back (Sl.), opposition, refusal, rejection, repulse, slight, snub, the (old) heave-ho (Inf.), thumbs down

rebuke [1] v. admonish, bawl out (Inf.), berate, blame, carpet (Inf.), castigate, censure, chew out (U.S. & Canad. inf.), chide, dress down (Inf.), give a rocket (Brit. & N.Z. inf.), haul (someone) over the coals (Inf.), lecture, read the riot act, reprehend, reprimand, reproach, reprove, scold, take to task, tear into (Inf.), tear (someone) off a strip (Inf.), tell off (Inf.), tick off (Inf.), upbraid [2] n. admonition, blame, castigation, censure, dressing down (Inf.), lecture, reprimand, reproach, reproof, reproval, row, telling-off (Inf.), ticking-off (Inf.), tongue-lashing, wigging (Brit. sl.)

recalcitrant contrary, contumacious, defiant, disobedient, insubordinate, intractable, obstinate, refractory, stubborn, uncontrollable, ungovernable, unmanageable, unruly, unwilling, wayward, wilful

recall
- v. [1] bring or call to mind, call or summon up, evoke, look or think back to, mind (Dialect), recollect, remember, reminisce about [2] abjure, annul, call back, call in, cancel, countermand, nullify, repeal, rescind, retract, revoke, take back, withdraw
- n. [3] annulment, cancellation, nullification, recision, repeal, rescindment, rescission, retraction, revocation, withdrawal [4] memory, recollection, remembrance

recant abjure, apostatize, deny, disavow, disclaim, disown, forswear, recall, renege, renounce, repudiate, retract, revoke, take back, unsay, withdraw

recapitulate epitomize, go over again, outline, recap (Inf.), recount, reiterate, repeat, restate, review, run over, run through again, summarize, sum up

recede [1] abate, draw back, ebb, fall back, go back, regress, retire, retreat, retrocede, retrogress, return, subside, withdraw [2] decline, diminish, dwindle, fade, lessen, shrink, sink, wane

receipt [1] acknowledgement, counterfoil, proof of purchase, sales slip, stub, voucher [2] acceptance, delivery, receiving, reception, recipience [3] Plural gains, gate, income, proceeds, profits, return, takings

receive [1] accept, accept delivery of, acquire, be given, be in receipt of, collect, derive, get, obtain, pick up, take [2] apprehend, be informed of, be told, gather, hear, perceive [3] bear, be subjected to, encounter, experience, go through, meet with, suffer, sustain, undergo [4] accommodate, admit, be at home to, entertain, greet, meet, take in, welcome

recent contemporary, current, fresh, happening (Inf.), late, latter, latter-day, modern, new, novel, present-day, up-to-date, young

recently currently, freshly, lately, latterly, newly, not long ago, of late

receptacle container, holder, repository

reception [1] acceptance, admission, receipt, receiving, recipience [2] acknowledgement, greeting, reaction, recognition, response, treatment, welcome [3] do (Inf.), entertainment, function, levee, party, soirée

receptive [1] alert, bright, perceptive, quick on the uptake (Inf.), responsive, sensitive [2] accessible, amenable, approachable, favourable, friendly, hospitable, interested, open, open-minded, open to suggestions, susceptible, sympathetic, welcoming

recess [1] alcove, bay, cavity, corner, depression, hollow, indentation, niche, nook, oriel [2] Plural bowels, depths, heart, innards (Inf.), innermost parts, penetralia, reaches, retreats, secret places [3] break, cessation of business, closure, holiday, intermission, interval, respite, rest, vacation

recession decline, depression, downturn, drop, slump

recipe [1] directions, ingredients, instructions, receipt (Obsolete) [2] formula, method, modus operandi, prescription, procedure, process, programme, technique

reciprocal alternate, complementary, correlative, corresponding, equivalent, exchanged, give-and-take, interchangeable, interdependent, mutual, reciprocative, reciprocatory

reciprocate [1] barter, exchange, feel in return, interchange, reply, requite, respond, return, return the compliment, swap, trade [2] be equivalent, correspond, equal, match

recital account, description, detailing, enumeration, narration, narrative, performance, reading, recapitulation, recitation, rehearsal, relation, rendering, repetition, statement, story, tale, telling

recitation lecture, narration, passage, performance, piece, reading, recital, rendering, telling

recite declaim, deliver, describe, detail, do one's party piece (Inf.), enumerate, itemize, narrate, perform, recapitulate, recount, rehearse, relate, repeat, speak, tell

reckless careless, daredevil, devil-may-care, foolhardy, harebrained, harum-scarum, hasty, headlong, heedless, ill-advised, imprudent, inattentive, incautious, indiscreet, irresponsible, madcap, mindless, negligent, overventuresome, precipitate, rash, regardless, thoughtless, wild

reckon [1] add up, calculate, compute, count, enumerate, figure, number, tally, total [2] account, appraise, consider, count, deem, esteem, estimate, evaluate, gauge, hold, judge, look upon, rate, regard, think of [3] assume, believe, be of the opinion, conjecture, expect, fancy, guess (Inf., chiefly U.S. & Canad.), imagine, suppose, surmise, think [4] (With **with**) cope, deal, face, handle, settle accounts, treat [5] (With **with**) anticipate, bargain for, bear in mind, be prepared for, expect, foresee, plan for, take cognizance of, take into account [6] (With **on** or **upon**) bank, calculate, count, depend, hope for, rely, take for granted, trust in [7] **to be reckoned with** consequential, considerable, important, influential, powerful, significant, strong, weighty

reckoning [1] adding, addition, calculation, computation, count, counting, estimate, summation, working [2] account, bill, charge, due, score, settlement [3] doom, judg(e)ment, last judgment, retribution

reclaim get or take back, recapture, recover, redeem, reform, regain, regenerate, reinstate, rescue, restore, retrieve, salvage

recline be recumbent, lay (something) down, lean, lie (down), loll, lounge, repose, rest, sprawl, stretch out

recluse anchoress, anchorite, ascetic, eremite, hermit, monk, solitary

recognition [1] detection, discovery, identification, recall, recollection, remembrance [2] acceptance, acknowledgement, admission, allowance, appreciation, avowal, awareness, cognizance, concession, confession, notice, perception, realization, respect, understand-

recognize / refinement SYNONYMES ANGLAIS 1312

ing 3 acknowledgement, appreciation, approval, gratitude, greeting, honour, salute

recognize 1 identify, know, know again, make out, notice, place, recall, recollect, remember, spot 2 accept, acknowledge, admit, allow, appreciate, avow, be aware of, concede, confess, grant, own, perceive, realize, respect, see, understand 3 acknowledge, appreciate, approve, greet, honour, salute

recoil
- **v.** 1 jerk back, kick, react, rebound, resile, spring back 2 balk at, draw back, falter, flinch, quail, shrink, shy away 3 backfire, boomerang, go wrong, misfire, rebound
- **n.** 4 backlash, kick, reaction, rebound, repercussion

recollect call to mind, mind (Dialect), place, recall, remember, reminisce, summon up

recollection impression, memory, mental image, recall, remembrance, reminiscence

recommend 1 advance, advise, advocate, counsel, enjoin, exhort, prescribe, propose, put forward, suggest, urge 2 approve, commend, endorse, praise, put in a good word for, speak well of, vouch for 3 make attractive (acceptable, appealing, interesting)

recommendation 1 advice, counsel, proposal, suggestion, urging 2 advocacy, approbation, approval, blessing, commendation, endorsement, favourable mention, good word, plug (Inf.), praise, reference, sanction, testimonial

reconcile 1 accept, accommodate, get used, make the best of, put up with (Inf.), resign, submit, yield 2 appease, bring to terms, conciliate, make peace between, pacify, placate, propitiate, re-establish friendly relations between, restore harmony between, reunite 3 adjust, compose, harmonize, patch up, put to rights, rectify, resolve, settle, square

reconciliation 1 appeasement, conciliation, détente, pacification, propitiation, rapprochement, reconcilement, reunion, understanding 2 accommodation, adjustment, compromise, harmony, rectification, settlement

recondite abstruse, arcane, cabbalistic, concealed, dark, deep, difficult, esoteric, hidden, involved, mysterious, mystical, obscure, occult, profound, secret

recondition do up (Inf.), fix up (Inf., chiefly U.S. & Canad.), overhaul, remodel, renew, renovate, repair, restore, revamp

reconnaissance exploration, inspection, investigation, observation, patrol, recce (Sl.), reconnoitring, scan, scouting, scrutiny, survey

reconnoitre case (Sl.), explore, get the lie of the land, inspect, investigate, make a reconnaissance (of), observe, patrol, recce (Sl.), scan, scout, scrutinize, see how the land lies, spy out, survey

reconsider change one's mind, have second thoughts, reassess, re-evaluate, re-examine, rethink, review, revise, take another look at, think again, think better of, think over, think twice

reconstruct 1 reassemble, rebuild, recreate, re-establish, reform, regenerate, remake, remodel, renovate, reorganize, restore 2 build up, build up a picture of, deduce, piece together

record
- **n.** 1 account, annals, archives, chronicle, diary, document, entry, file, journal, log, memoir, memorandum, memorial, minute, register, report 2 documentation, evidence, memorial, remembrance, testimony, trace, witness 3 background, career, curriculum vitae, history, performance, track record (Inf.) 4 album, black disc, disc, EP, forty-five, gramophone record, LP, platter (U.S. sl.), recording, release, seventy-eight, single, vinyl 5 **off the record** confidential, confidentially, in confidence, in private, not for publication, private, sub rosa, under the rose, unofficial, unofficially
- **v.** 6 chalk up (Inf.), chronicle, document, enrol, enter, inscribe, log, minute, note, preserve, put down, put on file, put on record, register, report, set down, take down, transcribe, write down 7 contain, give evidence of, indicate, read, register, say, show 8 cut, lay down (Sl.), make a recording of, put on wax (Inf.), tape, tape-record, video, video-tape, wax (Inf.)

recorder annalist, archivist, chronicler, clerk, diarist, historian, registrar, scorekeeper, scorer, scribe

recording cut (Inf.), disc, gramophone record, record, tape, video

recount delineate, depict, describe, detail, enumerate, give an account of, narrate, portray, recite, rehearse, relate, repeat, report, tell, tell the story of

recourse alternative, appeal, choice, expedient, option, refuge, remedy, resort, resource, way out

recover 1 find again, get back, make good, recapture, reclaim, recoup, redeem, regain, repair, repossess, restore, retake, retrieve, take back, win back 2 bounce back, come round, convalesce, feel oneself again, get back on one's feet, get better, get well, heal, improve, mend, pick up, pull through, rally, recuperate, regain one's health *or* strength, revive, take a turn for the better

recovery 1 convalescence, healing, improvement, mending, rally, recuperation, return to health, revival, turn for the better 2 amelioration, betterment, improvement, rally, rehabilitation, restoration, revival, upturn 3 recapture, reclamation, redemption, repair, repossession, restoration, retrieval

recreation amusement, distraction, diversion, enjoyment, entertainment, exercise, fun, hobby, leisure activity, pastime, play, pleasure, refreshment, relaxation, relief, sport

recrimination bickering, counterattack, countercharge, mutual accusation, name-calling, quarrel, retaliation, retort, squabbling

recruit
- **v.** 1 draft, enlist, enrol, impress, levy, mobilize, muster, raise, strengthen 2 engage, enrol, gather, obtain, procure, proselytize, round up, take on, win (over) 3 augment, build up, refresh, reinforce, renew, replenish, restore, strengthen, supply
- **n.** 4 apprentice, beginner, convert, greenhorn (Inf.), helper, initiate, learner, neophyte, novice, proselyte, rookie (Inf.), trainee, tyro

rectify 1 adjust, amend, correct, emend, fix, improve, make good, mend, put right, redress, reform, remedy, repair, right, square 2 (Chem.) distil, purify, refine, separate

rectitude 1 correctness, decency, equity, goodness, honesty, honour, incorruptibility, integrity, justice, morality, principle, probity, righteousness, scrupulousness, uprightness, virtue 2 accuracy, correctness, exactness, justice, precision, rightness, soundness, verity

recuperate convalesce, get back on one's feet, get better, improve, mend, pick up, recover, regain one's health

recur 1 come again, come and go, come back, happen again, persist, reappear, repeat, return, revert 2 be remembered, come back, haunt one's thoughts, return to mind, run through one's mind

recurrent continued, cyclical, frequent, habitual, periodic, recurring, regular, repeated, repetitive

recycle reclaim, reprocess, reuse, salvage, save

red
- **adj.** 1 cardinal, carmine, cherry, coral, crimson, gules (Heraldry), maroon, pink, rose, ruby, scarlet, vermeil, vermilion, wine 2 bay, carroty, chestnut, flame-coloured, flaming, foxy, reddish, sandy, titian 3 blushing, embarrassed, florid, flushed, rubicund, shamefaced, suffused 4 blooming, glowing, healthy, roseate, rosy, ruddy 5 bloodshot, inflamed, red-rimmed 6 bloodstained, bloody, ensanguined (Literary), gory, sanguine
- **n.** 7 colour, redness 8 **in the red** (Inf.) bankrupt, in arrears, in debit, in debt, in deficit, insolvent, on the rocks, overdrawn, owing money, showing a loss 9 **see red** (Inf.) be *or* get very angry, be beside oneself with rage (Inf.), become enraged, blow a fuse (Sl., chiefly U.S.), blow one's top, boil, crack up (Inf.), fly off the handle (Inf.), go mad (Inf.), go off one's head (Sl.), go off the deep end (Inf.), go up the wall (Sl.), lose one's rag (Sl.), lose one's temper, seethe

redden blush, colour (up), crimson, flush, go red, suffuse

redeem 1 buy back, reclaim, recover, recover possession of, regain, repossess, repurchase, retrieve, win back 2 cash (in), change, exchange, trade in 3 abide by, acquit, adhere to, be faithful to, carry out, discharge, fulfil, hold to, keep, keep faith with, make good, meet, perform, satisfy 4 absolve, rehabilitate, reinstate, restore to favour 5 atone for, compensate for, defray, make amends for, make good, make up for, offset, outweigh, redress, save 6 buy the freedom of, deliver, emancipate, extricate, free, liberate, pay the ransom of, ransom, rescue, save, set free

redemption 1 reclamation, recovery, repossession, repurchase, retrieval 2 discharge, exchange, fulfilment, performance, quid pro quo, trade-in 3 amends, atonement, compensation, expiation, reparation 4 deliverance, emancipation, liberation, ransom, release, rescue, salvation

redress
- **v.** 1 compensate for, make amends (reparation, restitution) for, make up for, pay for, put right, recompense for 2 adjust, amend, balance, correct, ease, even up, mend, put right, rectify, reform, regulate, relieve, remedy, repair, restore the balance, square
- **n.** 3 aid, assistance, correction, cure, ease, help, justice, rectification, relief, remedy, satisfaction 4 amends, atonement, compensation, payment, quittance, recompense, reparation, requital, restitution

reduce 1 abate, abridge, contract, curtail, cut down, debase, decrease, depress, dilute, diminish, impair, lessen, lower, moderate, shorten, slow down, tone down, truncate, turn down, weaken, wind down 2 bankrupt, break, impoverish, pauperize, ruin 3 bring, bring to the point of, conquer, drive, force, master, overpower, subdue, vanquish 4 be *or* go on a diet, diet, lose weight, shed weight, slenderize (Chiefly U.S.), slim, trim 5 bring down the price of, cheapen, cut, discount, lower, mark down, slash 6 break, bring low, degrade, demote, downgrade, humble, humiliate, lower in rank, lower the status of, take down a peg (Inf.)

redundant 1 de trop, excessive, extra, inessential, inordinate, supererogatory, superfluous, supernumerary, surplus, unnecessary, unwanted 2 diffuse, padded, periphrastic, pleonastic, prolix, repetitious, tautological, verbose, wordy

reek
- **v.** 1 hum (Sl.), pong (Brit. inf.), smell, smell to high heaven, stink 2 be characterized by, be permeated by, be redolent of 3 (Dialect) fume, give off smoke *or* fumes, smoke, steam
- **n.** 4 effluvium, fetor, mephitis, niff (Brit. sl.), odour, pong (Brit. inf.), smell, stench, stink 5 (Dialect) exhalation, fumes, smoke, steam, vapour

reel 1 falter, lurch, pitch, rock, roll, stagger, stumble, sway, totter, waver, wobble 2 go round and round, revolve, spin, swim, swirl, twirl, whirl

refer 1 advert, allude, bring up, cite, hint, invoke, make mention of, make reference, mention, speak of, touch on 2 direct, guide, point, recommend, send 3 apply, consult, go, have recourse to, look up, seek information from, turn to 4 apply, be directed to, belong, be relevant to, concern, pertain, relate 5 accredit, ascribe, assign, attribute, credit, impute, put down to 6 commit, consign, deliver, hand over, pass on, submit, transfer, turn over

referee 1 *n.* adjudicator, arbiter, arbitrator, judge, ref (Inf.), umpire 2 *v.* adjudicate, arbitrate, judge, mediate, umpire

reference 1 allusion, citation, mention, note, quotation, remark 2 applicability, bearing, concern, connection, consideration, regard, relation, respect 3 certification, character, credentials, endorsement, good word, recommendation, testimonial

referendum plebiscite, popular vote, public vote

refine 1 clarify, cleanse, distil, filter, process, purify, rarefy 2 civilize, cultivate, elevate, hone, improve, perfect, polish, temper

refined 1 civil, civilized, courtly, cultivated, cultured, elegant, genteel, gentlemanly, gracious, ladylike, polished, polite, sophisticated, urbane, well-bred, well-mannered 2 cultured, delicate, discerning, discriminating, exact, fastidious, fine, nice, precise, punctilious, sensitive, sublime, subtle 3 clarified, clean, distilled, filtered, processed, pure, purified

refinement 1 clarification, cleansing, distillation, filtering, processing, purification, rarefaction, rectification 2 fine point, fine tuning, nicety, nuance, subtlety 3 breeding, civility, civilization, courtesy, courtliness, cultivation, culture, delicacy, discrimination, elegance, fastidiousness, fineness, finesse, finish, gentility, good breeding, good manners, grace, graciousness, polish, politeness, politesse, precision, sophistication, style, taste, urbanity

reflect [1] echo, give back, imitate, mirror, reproduce, return, throw back [2] bear out, bespeak, communicate, demonstrate, display, evince, exhibit, express, indicate, manifest, reveal, show [3] cogitate, consider, contemplate, deliberate, meditate, mull over, muse, ponder, ruminate, think, wonder

reflection [1] counterpart, echo, image, mirror image [2] cerebration, cogitation, consideration, contemplation, deliberation, idea, impression, meditation, musing, observation, opinion, perusal, pondering, rumination, study, thinking, thought, view [3] aspersion, censure, criticism, derogation, imputation, reproach, slur

reform
- v. [1] ameliorate, amend, better, correct, emend, improve, mend, rebuild, reclaim, reconstitute, reconstruct, rectify, regenerate, rehabilitate, remodel, renovate, reorganize, repair, restore, revolutionize [2] clean up one's act (Inf.), get back on the straight and narrow (Inf.), get it together (Inf.), get one's act together (Inf.), go straight (Inf.), mend one's ways, pull one's socks up (Brit. inf.), shape up (Inf.), turn over a new leaf
- n. [3] amelioration, amendment, betterment, correction, improvement, rectification, rehabilitation, renovation

refrain v. abstain, avoid, cease, desist, do without, eschew, forbear, give up, kick (Inf.), leave off, renounce, stop

refresh [1] brace, breathe new life into, cheer, cool, enliven, freshen, inspirit, reanimate, reinvigorate, rejuvenate, revitalize, revive, revivify, stimulate [2] brush up (Inf.), jog, prod, prompt, renew, stimulate [3] renew, renovate, repair, replenish, restore, top up

refreshing bracing, cooling, different, fresh, inspiriting, invigorating, new, novel, original, revivifying, stimulating, thirst-quenching

refreshment [1] enlivenment, freshening, reanimation, renewal, renovation, repair, restoration, revival, stimulation [2] Plural drinks, food and drink, snacks, titbits

refrigerate chill, cool, freeze, keep cold

refuge asylum, bolt hole, harbour, haven, hide-out, protection, resort, retreat, sanctuary, security, shelter

refugee displaced person, émigré, escapee, exile, fugitive, runaway

refund [1] v. give back, make good, pay back, reimburse, repay, restore, return [2] n. reimbursement, repayment, return

refurbish clean up, do up (Inf.), fix up (Inf., chiefly U.S. & Canad.), mend, overhaul, re-equip, refit, remodel, renovate, repair, restore, revamp, set to rights, spruce up

refusal [1] defiance, denial, knockback (Sl.), negation, no, rebuff, rejection, repudiation, thumbs down [2] choice, consideration, opportunity, option

refuse[1] v. abstain, decline, deny, reject, repel, repudiate, say no, spurn, turn down, withhold

refuse[2] n. dreck (Sl., chiefly U.S.), dregs, dross, garbage, junk (Inf.), leavings, lees, litter, off-scourings, rubbish, scum, sediment, sweepings, trash, waste

refute confute, counter, discredit, disprove, give the lie to, negate, overthrow, prove false, rebut, silence

regain [1] get back, recapture, recoup, recover, redeem, repossess, retake, retrieve, take back, win back [2] get back to, reach again, reattain, return to

regard
- v. [1] behold, check, check out (Inf.), clock (Brit. sl.), eye, eyeball (U.S. sl.), gaze at, get a load of (Inf.), look closely at, mark, notice, observe, remark, scrutinize, take a dekko at (Brit. sl.), view, watch [2] account, adjudge, believe, consider, deem, esteem, estimate, hold, imagine, judge, look upon, rate, see, suppose, think, treat, value, view [3] apply to, be relevant to, concern, have a bearing on, have to do with, interest, pertain to, relate to [4] attend, heed, listen to, mind, note, pay attention to, respect, take into consideration, take notice of
- n. [5] attention, heed, interest, mind, notice [6] account, affection, attachment, care, concern, consideration, deference, esteem, honour, love, note, reputation, repute, respect, store, sympathy, thought [7] aspect, detail, feature, item, matter, particular, point, respect [8] gaze, glance, look, scrutiny, stare [9] bearing, concern, connection, reference, relation, relevance [10] Plural best wishes, compliments, devoirs, good wishes, greetings, respects, salutations

regarding about, apropos, as regards, as to, concerning, in or with regard to, in re, in respect of, in the matter of, on the subject of, re, respecting, with reference to

regardless [1] adj. disregarding, heedless, inattentive, inconsiderate, indifferent, neglectful, negligent, rash, reckless, remiss, unconcerned, unmindful [2] adv. anyway, come what may, despite everything, for all that, in any case, in spite of everything, nevertheless, no matter what, nonetheless

regenerate breathe new life into, change, inspirit, invigorate, reawaken, reconstruct, re-establish, reinvigorate, rejuvenate, renew, renovate, reproduce, restore, revive, revivify, uplift

régime administration, establishment, government, leadership, management, reign, rule, system

regiment v. bully, control, discipline, order, organize, regulate, systematize

region [1] area, country, district, division, expanse, land, locality, part, patch, place, province, quarter, section, sector, territory, tract, turf (U.S. sl.), zone [2] domain, field, province, realm, sphere, world [3] area, locality, neighbourhood, range, scope, vicinity

regional district, local, parochial, provincial, sectional, zonal

register
- n. [1] annals, archives, catalogue, chronicle, diary, file, ledger, list, log, memorandum, record, roll, roster, schedule
- v. [2] catalogue, check in, chronicle, enlist, enrol, enter, inscribe, list, note, record, set down, sign on or up, take down [3] be shown, bespeak, betray, display, exhibit, express, indicate, manifest, mark, read, record, reflect, reveal, say, show [4] (Inf.) come home, dawn on, get through, have an effect, impress, make an impression, sink in, tell

regress backslide, degenerate, deteriorate, ebb, fall away or off, fall back, go back, lapse, lose ground, recede, relapse, retreat, retrocede, retrogress, return, revert, wane

regret [1] v. bemoan, be upset, bewail, deplore, feel remorse for, feel sorry for, grieve, lament, miss, mourn, repent, rue, weep over [2] n. bitterness, compunction, contrition, disappointment, grief, lamentation, pang of conscience, penitence, remorse, repentance, ruefulness, self-reproach, sorrow

regrettable deplorable, disappointing, distressing, ill-advised, lamentable, pitiable, sad, shameful, unfortunate, unhappy, woeful, wrong

regular [1] common, commonplace, customary, daily, everyday, habitual, normal, ordinary, routine, typical, unvarying, usual [2] consistent, constant, established, even, fixed, ordered, periodic, rhythmic, set, stated, steady, systematic, uniform [3] dependable, efficient, formal, methodical, orderly, standardized, steady, systematic [4] balanced, even, flat, level, smooth, straight, symmetrical, uniform [5] approved, bona fide, classic, correct, established, formal, official, orthodox, prevailing, proper, sanctioned, standard, time-honoured, traditional

regulate adjust, administer, arrange, balance, conduct, control, direct, fit, govern, guide, handle, manage, moderate, modulate, monitor, order, organize, oversee, rule, run, settle, superintend, supervise, systematize, tune

regulation
- n. [1] adjustment, administration, arrangement, control, direction, governance, government, management, modulation, supervision, tuning [2] commandment, decree, dictate, direction, edict, law, order, ordinance, precept, procedure, requirement, rule, standing order, statute
- adj. [3] customary, mandatory, normal, official, prescribed, required, standard, usual

rehabilitate [1] adjust, redeem, reform, reintegrate, save [2] clear, convert, fix up (Inf., chiefly U.S. & Canad.), make good, mend, rebuild, recondition, reconstitute, reconstruct, re-establish, reinstate, reinvigorate, renew, renovate, restore

rehearsal [1] drill, going-over (Inf.), practice, practice session, preparation, reading, rehearsing, run-through [2] account, catalogue, description, enumeration, list, narration, recital, recounting, relation, telling

rehearse [1] act, drill, go over, practise, prepare, ready, recite, repeat, run through, study, train, try out [2] delineate, depict, describe, detail, enumerate, go over, list, narrate, recite, recount, relate, review, run through, spell out, tell, trot out (Inf.)

reign
- n. [1] ascendancy, command, control, dominion, empire, hegemony, influence, monarchy, power, rule, sovereignty, supremacy, sway
- v. [2] administer, be in power, command, govern, hold sway, influence, occupy or sit on the throne, rule, wear the crown, wield the sceptre [3] be rampant, be rife, be supreme, hold sway, obtain, predominate, prevail

rein
- n. [1] brake, bridle, check, control, curb, harness, hold, restraint, restriction [2] give (a) free rein (to) free, give a blank cheque (to), give a free hand, give carte blanche, give (someone) his head, give way to, indulge, let go, remove restraints
- v. [3] bridle, check, control, curb, halt, hold, hold back, limit, restrain, restrict, slow down

reincarnation metempsychosis, rebirth, transmigration of souls

reinforce augment, bolster, buttress, emphasize, fortify, harden, increase, prop, shore up, stiffen, strengthen, stress, supplement, support, toughen, underline

reinforcement [1] addition, amplification, augmentation, enlargement, fortification, increase, strengthening, supplement [2] brace, buttress, prop, shore, stay, support [3] Plural additional or fresh troops, auxiliaries, reserves, support

reinstate bring back, recall, re-establish, rehabilitate, replace, restore, return

reject [1] v. bin, cast aside, decline, deny, despise, disallow, discard, eliminate, exclude, jettison, jilt, rebuff, refuse, renounce, repel, repudiate, repulse, say no to, scrap, spurn, throw away or out, turn down, veto [2] n. castoff, discard, failure, flotsam, second

rejection brushoff (Sl.), denial, dismissal, elimination, exclusion, knock-back (Sl.), rebuff, refusal, renunciation, repudiation, the (old) heave-ho (Inf.), thumbs down, veto

rejoice be glad (happy, overjoyed), celebrate, delight, exult, glory, joy, jump for joy, make merry, revel, triumph

rejoicing celebration, cheer, delight, elation, exultation, festivity, gaiety, gladness, happiness, joy, jubilation, merrymaking, revelry, triumph

relapse
- v. [1] backslide, degenerate, fail, fall back, lapse, regress, retrogress, revert, slip back, weaken [2] deteriorate, fade, fail, sicken, sink, weaken, worsen
- n. [3] backsliding, fall from grace, lapse, recidivism, regression, retrogression, reversion [4] deterioration, recurrence, setback, turn for the worse, weakening, worsening

relate [1] chronicle, describe, detail, give an account of, impart, narrate, present, recite, recount, rehearse, report, set forth, tell [2] ally, associate, connect, coordinate, correlate, couple, join, link [3] appertain, apply, bear upon, be relevant to, concern, have reference to, have to do with, pertain, refer

related [1] accompanying, affiliated, agnate, akin, allied, associated, cognate, concomitant, connected, correlated, interconnected, joint, linked [2] agnate, akin, cognate, consanguineous, kin, kindred

relation [1] affiliation, affinity, consanguinity, kindred, kinship, propinquity, relationship [2] kin, kinsman, kinswoman, relative [3] application, bearing, bond, comparison, connection, correlation, interdependence, link, pertinence, reference, regard, similarity, tie-in [4] account, description, narration, narrative, recital, recountal, report, story, tale

relations [1] affairs, associations, communications, connections, contact, dealings, interaction, intercourse, liaison, meetings, rapport, relationship, terms [2] clan, family, kin, kindred, kinsfolk, kinsmen, relatives, tribe

relationship affair, affinity, association, bond, communications, conjunction, connection, correlation, exchange, kinship, liaison, link, parallel, proportion, rapport, ratio, similarity, tie-up

relative
- *adj.* [1] allied, associated, comparative, connected, contingent, corresponding, dependent, proportionate, reciprocal, related, respective [2] applicable, apposite, appropriate, appurtenant, apropos, germane, pertinent, relevant [3] (**With to**) corresponding to, in proportion to, proportional to
- *n.* [4] connection, kinsman, kinswoman, member of one's or the family, relation

relatively comparatively, in or by comparison, rather, somewhat, to some extent

relax [1] abate, diminish, ease, ebb, lessen, let up, loosen, lower, mitigate, moderate, reduce, relieve, slacken, weaken [2] be or feel at ease, calm, chill out (*Sl., chiefly U.S.*), laze, let oneself go (*Inf.*), let one's hair down (*Inf.*), lighten up (*Sl.*), loosen up, put one's feet up, rest, soften, take it easy, take one's ease, tranquillize, unbend, unwind

relaxation [1] amusement, enjoyment, entertainment, fun, leisure, pleasure, recreation, refreshment, rest [2] abatement, diminution, easing, lessening, let-up (*Inf.*), moderation, reduction, slackening, weakening

relay
- *n.* [1] relief, shift, turn [2] communication, dispatch, message, transmission
- *v.* [3] broadcast, carry, communicate, hand on, pass on, send, spread, transmit

release
- *v.* [1] deliver, discharge, disengage, drop, emancipate, extricate, free, let go, let out, liberate, loose, manumit, set free, turn loose, unbridle, unchain, undo, unfasten, unfetter, unloose, unshackle, untie [2] absolve, acquit, dispense, excuse, exempt, exonerate, let go, let off [3] break, circulate, disseminate, distribute, issue, launch, make known, make public, present, publish, put out, unveil
- *n.* [4] acquittal, deliverance, delivery, discharge, emancipation, freedom, liberation, liberty, manumission, relief [5] absolution, acquittance, dispensation, exemption, exoneration, let-off (*Inf.*) [6] announcement, issue, offering, proclamation, publication

relent [1] acquiesce, be merciful, capitulate, change one's mind, come round, forbear, give in, give quarter, give way, have pity, melt, show mercy, soften, unbend, yield [2] die down, drop, ease, fall, let up, relax, slacken, slow, weaken

relentless [1] cruel, fierce, grim, hard, harsh, implacable, inexorable, inflexible, merciless, pitiless, remorseless, ruthless, uncompromising, undeviating, unforgiving, unrelenting, unstoppable, unyielding [2] incessant, nonstop, persistent, punishing, sustained, unabated, unbroken, unfaltering, unflagging, unrelenting, unrelieved, unremitting, unstoppable

relevant admissible, ad rem, applicable, apposite, appropriate, appurtenant, apt, fitting, germane, material, pertinent, proper, related, relative, significant, suited, to the point, to the purpose

reliable certain, dependable, faithful, honest, predictable, regular, reputable, responsible, safe, sound, stable, staunch, sure, tried and true, true, trustworthy, trusty, unfailing, upright

relic fragment, keepsake, memento, remembrance, remnant, scrap, souvenir, survival, token, trace, vestige

relief [1] abatement, alleviation, assuagement, balm, comfort, cure, deliverance, ease, easement, mitigation, palliation, release, remedy, solace [2] aid, assistance, help, succour, support, sustenance [3] break, breather (*Inf.*), diversion, let-up (*Inf.*), refreshment, relaxation, remission, respite, rest

relieve [1] abate, allay, alleviate, appease, assuage, calm, comfort, console, cure, diminish, dull, ease, mitigate, mollify, palliate, relax, salve, soften, solace, soothe [2] aid, assist, bring aid to, help, succour, support, sustain [3] give (someone) a break or rest, stand in for, substitute for, take over from, take the place of [4] deliver, discharge, disembarrass, disencumber, exempt, free, release, unburden [5] break, brighten, interrupt, let up on (*Inf.*), lighten, slacken, vary

religious [1] churchgoing, devotional, devout, divine, doctrinal, faithful, god-fearing, godly, holy, pious, pure, reverent, righteous, sacred, scriptural, sectarian, spiritual, theological [2] conscientious, exact, faithful, fastidious, meticulous, punctilious, rigid, rigorous, scrupulous, unerring, unswerving

relish
- *v.* [1] appreciate, delight in, enjoy, fancy, like, look forward to, luxuriate in, prefer, revel in, savour, taste
- *n.* [2] appetite, appreciation, enjoyment, fancy, fondness, gusto, liking, love, partiality, penchant, predilection, stomach, taste, zest [3] appetizer, condiment, sauce, seasoning [4] flavour, piquancy, savour, smack, spice, tang, taste, trace

reluctance aversion, backwardness, disinclination, dislike, disrelish, distaste, hesitancy, indisposition, loathing, repugnance, unwillingness

reluctant averse, backward, disinclined, grudging, hesitant, indisposed, loath, recalcitrant, slow, unenthusiastic, unwilling

rely bank, be confident of, be sure of, bet, count, depend, have confidence in, lean, reckon, repose trust in, swear by, trust

remain abide, be left, cling, continue, delay, dwell, endure, go on, last, linger, persist, prevail, rest, stand, stay, stay behind, stay put (*Inf.*), survive, tarry, wait

remainder balance, butt, dregs, excess, leavings, oddment, relic, remains, remnant, residue, residuum, rest, stub, surplus, tail end, trace, vestige(s)

remaining abiding, extant, lasting, left, lingering, outstanding, persisting, residual, surviving, unfinished

remains [1] balance, crumbs, debris, detritus, dregs, fragments, leavings, leftovers, oddments, odds and ends, pieces, relics, remainder, remnants, residue, rest, scraps, traces, vestiges [2] body, cadaver, carcass, corpse

remark
- *v.* [1] animadvert, comment, declare, mention, observe, pass comment, reflect, say, state [2] espy, heed, make out, mark, note, notice, observe, perceive, regard, see, take note or notice of
- *n.* [3] assertion, comment, declaration, observation, opinion, reflection, statement, thought, utterance, word [4] acknowledgement, attention, comment, consideration, heed, mention, notice, observation, recognition, regard, thought

remarkable conspicuous, distinguished, extraordinary, famous, impressive, miraculous, notable, noteworthy, odd, outstanding, phenomenal, pre-eminent, prominent, rare, signal, singular, strange, striking, surprising, uncommon, unusual, wonderful

remedy
- *n.* [1] antidote, counteractive, cure, medicament, medicine, nostrum, panacea, physic (*Rare*), relief, restorative, specific, therapy, treatment [2] antidote, corrective, countermeasure, panacea, redress, relief, solution
- *v.* [3] alleviate, assuage, control, cure, ease, heal, help, mitigate, palliate, relieve, restore, soothe, treat [4] ameliorate, correct, fix, put right, rectify, redress, reform, relieve, repair, set to rights, solve

remember bear in mind, call to mind, call up, commemorate, keep in mind, look back (on), recall, recognize, recollect, reminisce, retain, summon up, think back

remind awaken memories of, bring back to, bring to mind, call to mind, call up, jog one's memory, make (someone) remember, prompt, put in mind, refresh one's memory

reminiscence anecdote, memoir, memory, recall, recollection, reflection, remembrance, retrospection, review

reminiscent evocative, redolent, remindful, similar, suggestive

remiss careless, culpable, delinquent, derelict, dilatory, forgetful, heedless, inattentive, indifferent, lackadaisical, lax, neglectful, negligent, regardless, slack, slapdash, slipshod, sloppy (*Inf.*), slothful, slow, tardy, thoughtless, unmindful

remission [1] absolution, acquittal, amnesty, discharge, excuse, exemption, exoneration, forgiveness, indulgence, pardon, release, reprieve [2] abatement, abeyance, alleviation, amelioration, decrease, diminution, ebb, lessening, let-up (*Inf.*), lull, moderation, reduction, relaxation, respite, suspension

remit[1] [1] dispatch, forward, mail, post, send, transmit [2] cancel, desist, forbear, halt, repeal, rescind, stop [3] abate, alleviate, decrease, diminish, dwindle, ease up, fall away, mitigate, moderate, reduce, relax, sink, slacken, soften, wane, weaken [4] defer, delay, postpone, put off, put on the back burner (*Inf.*), shelve, suspend, take a rain check on (*U.S. & Canad. inf.*)

remit[2] authorization, brief, guidelines, instructions, orders, terms of reference

remittance allowance, consideration, fee, payment

remnant balance, bit, butt, end, fragment, hangover, leftovers, oddment, piece, remainder, remains, residue, residuum, rest, rump, scrap, shred, stub, survival, tail end, trace, vestige

remonstrate argue, challenge, complain, dispute, dissent, expostulate, object, protest, take exception, take issue

remorse anguish, bad or guilty conscience, compassion, compunction, contrition, grief, guilt, pangs of conscience, penitence, pity, regret, repentance, ruefulness, self-reproach, shame, sorrow

remorseful apologetic, ashamed, chastened, conscience-stricken, contrite, guilt-ridden, guilty, penitent, regretful, repentant, rueful, sad, self-reproachful, sorrowful, sorry

remorseless [1] inexorable, relentless, unrelenting, unremitting, unstoppable [2] callous, cruel, hard, hardhearted, harsh, implacable, inhumane, merciless, pitiless, ruthless, savage, uncompassionate, unforgiving, unmerciful

remote [1] backwoods, distant, far, faraway, far-off, godforsaken, inaccessible, in the middle of nowhere, isolated, lonely, off the beaten track, outlying, out-of-the-way, secluded [2] alien, extraneous, extrinsic, foreign, immaterial, irrelevant, outside, removed, unconnected, unrelated [3] doubtful, dubious, faint, implausible, inconsiderable, meagre, negligible, outside, poor, slender, slight, slim, small, unlikely [4] abstracted, aloof, cold, detached, distant, faraway, indifferent, introspective, introverted, removed, reserved, standoffish, unapproachable, uncommunicative, uninterested, uninvolved, withdrawn

removal [1] abstraction, dislodg(e)ment, dismissal, displacement, dispossession, ejection, elimination, eradication, erasure, expulsion, expunction, extraction, purging, stripping, subtraction, taking off, uprooting, withdrawal [2] departure, flitting (*Scot. & northern English dialect*), move, relocation, transfer

remove [1] abolish, abstract, amputate, carry off or away, delete, depose, detach, dethrone, discharge, dislodge, dismiss, displace, do away with, doff, efface, eject, eliminate, erase, excise, expel, expunge, extract, get rid of, give the bum's rush (*Sl.*), move, oust, purge, relegate, shed, show one the door, strike out, take away, take off, take out, throw out, throw out on one's ear (*Inf.*), transfer, transport, unseat, wipe out, withdraw [2] depart, flit (*Scot. & northern English dialect*), move, move away, quit, relocate, shift, transfer, transport, vacate [3] (*Fig.*) assassinate, bump off (*Sl.*), dispose of, do away with, do in (*Sl.*), eliminate, execute, get rid of, kill, liquidate, murder, take out (*Sl.*)

remuneration compensation, earnings, emolument, fee, income, indemnity, meed (*Archaic*), pay, payment, profit, recompense, reimbursement, reparation, repayment, retainer, return, reward, salary, stipend, wages

remunerative economic, gainful, lucrative, moneymaking, paying, profitable, recompensing, rewarding, rich, worthwhile

renaissance, renascence awakening, new birth, new dawn, reappearance, reawakening, rebirth, re-emergence, regeneration, renewal, restoration, resurgence, resurrection, revival

render [1] contribute, deliver, furnish, give, hand out, make available, pay, present, provide, show, submit, supply, tender, turn over, yield [2] display, evince, exhibit, manifest, show [3] exchange, give, return, swap, trade [4] cause to become, leave, make [5] act, depict, do, give, interpret, perform, play, portray, present, represent [6] construe, explain, interpret, put, reproduce, restate, transcribe, translate [7] cede, deliver, give, give up, hand over, relinquish, surrender, turn over, yield [8] give back, make restitution, pay back, repay, restore, return

renew begin again, breathe new life into, bring up to date, continue, extend, fix up (*Inf., chiefly U.S. & Canad.*), mend, modernize, overhaul, prolong, reaffirm, recommence, recreate, re-establish, refit, refresh, refurbish, regenerate, rejuvenate, renovate, reopen, repair, repeat, replace, replenish, restate, restock, restore, resume, revitalize, transform

renounce abandon, abdicate, abjure, abnegate, abstain from, cast off, decline, deny, discard, disclaim, disown, eschew, forgo, forsake, forswear, give up, leave off, quit, recant, reject, relinquish, renege, repudiate, resign, retract, spurn, swear off, throw off, waive, wash one's hands of

renovate do up (Inf.), fix up (Inf., chiefly U.S. & Canad.), modernize, overhaul, recondition, reconstitute, recreate, refit, reform, refurbish, rehabilitate, remodel, renew, repair, restore, revamp

renowned acclaimed, celebrated, distinguished, eminent, esteemed, famed, famous, illustrious, notable, noted, well-known

rent[1] 1 n. fee, hire, lease, payment, rental, tariff 2 v. charter, hire, lease, let

rent[2] 1 breach, break, chink, crack, flaw, gash, hole, opening, perforation, rip, slash, slit, split, tear 2 breach, break, cleavage, discord, dissension, disunity, division, faction, rift, rupture, schism, split

renunciation abandonment, abdication, abjuration, abnegation, abstention, denial, disavowal, disclaimer, eschewal, forswearing, giving up, rejection, relinquishment, repudiation, resignation, spurning, surrender, waiver

repair[1]
- v. 1 compensate for, fix, heal, make good, make up for, mend, patch, patch up, put back together, put right, recover, rectify, redress, renew, renovate, restore, restore to working order, retrieve, square
- n. 2 adjustment, darn, mend, overhaul, patch, restoration 3 condition, fettle, form, nick (Inf.), shape (Inf.), state

repair[2] 1 betake oneself, go, head for, leave for, move, remove, retire, set off for, withdraw 2 have recourse, resort, turn

reparation amends, atonement, compensation, damages, indemnity, propitiation, recompense, redress, renewal, repair, requital, restitution, satisfaction

repartee badinage, banter, bon mot, persiflage, pleasantry, raillery, riposte, sally, wit, witticism, wittiness, wordplay

repay 1 compensate, make restitution, pay back, recompense, refund, reimburse, remunerate, requite, restore, return, reward, settle up with, square 2 avenge, even *or* settle the score with, get back at, get even with (Inf.), get one's own back on (Inf.), hit back, make reprisal, reciprocate, retaliate, return the compliment, revenge

repeal 1 v. abolish, abrogate, annul, cancel, countermand, declare null and void, invalidate, nullify, obviate, recall, rescind, reverse, revoke, set aside, withdraw 2 n. abolition, abrogation, annulment, cancellation, invalidation, nullification, rescinding, rescindment, rescission, revocation, withdrawal

repeat 1 v. duplicate, echo, iterate, quote, recapitulate, recite, redo, rehearse, reiterate, relate, renew, replay, reproduce, rerun, reshow, restate, retell 2 n. duplicate, echo, recapitulation, reiteration, repetition, replay, reproduction, rerun, reshowing

repeatedly again and again, frequently, many a time and oft (Archaic *or* poetic), many times, often, over and over, time after time, time and (time) again

repel 1 beat off, check, confront, decline, drive off, fight, hold off, keep at arm's length, oppose, parry, put to flight, rebuff, refuse, reject, repulse, resist, ward off 2 disgust, give one the creeps (Inf.), gross out (U.S. sl.), make one shudder, make one sick, nauseate, offend, put one off, revolt, sicken, turn one off (Inf.), turn one's stomach

repellent 1 abhorrent, abominable, cringe-making (Brit. inf.), discouraging, disgusting, distasteful, hateful, horrid, loathsome, nauseating, noxious, obnoxious, obscene, odious, offensive, off-putting (Brit. inf.), repugnant, repulsive, revolting, sickening, yucky *or* yukky (Sl.) 2 impermeable, proof, repelling, resistant

repent atone, be ashamed, be contrite, be sorry, deplore, feel remorse, lament, regret, relent, reproach oneself, rue, see the error of one's ways, show penitence, sorrow

repentance compunction, contrition, grief, guilt, penitence, regret, remorse, sackcloth and ashes, self-reproach, sorriness, sorrow

repentant apologetic, ashamed, chastened, contrite, penitent, regretful, remorseful, rueful, self-reproachful, sorry

repercussion backlash, consequence, echo, rebound, recoil, result, reverberation, sequel, side effect

repetition duplication, echo, iteration, reappearance, recapitulation, recital, recurrence, redundancy, rehearsal, reiteration, relation, renewal, repeat, repetitiousness, replication, restatement, return, tautology

repetitive boring, dull, mechanical, monotonous, recurrent, samey (Inf.), tedious, unchanging, unvaried

repine brood, complain, eat one's heart out, fret, grieve, grumble, lament, languish, moan, mope, murmur, sulk

replace follow, oust, put back, re-establish, reinstate, restore, stand in lieu of, substitute, succeed, supersede, supplant, supply, take over from, take the place of

replacement double, fill-in, proxy, stand-in, substitute, successor, surrogate, understudy

replenish fill, furnish, make up, provide, refill, reload, renew, replace, restock, restore, stock, supply, top up

replete abounding, brimful, brimming, charged, chock-full, crammed, filled, full, full to bursting, full up, glutted, gorged, jammed, jam-packed, sated, satiated, stuffed, teeming, well-provided, well-stocked

reply 1 v. acknowledge, answer, come back, counter, echo, make answer, react, reciprocate, rejoin, respond, retaliate, retort, return, riposte, write back 2 n. acknowledgement, answer, comeback (Inf.), counter, counterattack, echo, reaction, reciprocation, rejoinder, response, retaliation, retort, return, riposte

report
- n. 1 account, announcement, article, communication, communiqué, declaration, description, detail, dispatch, information, message, narrative, news, note, paper, piece, recital, record, relation, statement, story, summary, tale, tidings, version, word, write-up 2 gossip, hearsay, rumour, talk 3 character, eminence, esteem, fame, regard, reputation, repute 4 bang, blast, boom, crack, crash, detonation, discharge, explosion, noise, reverberation, sound
- v. 5 air, announce, bring word, broadcast, circulate, communicate, cover, declare, describe, detail, document, give an account of, inform of, mention, narrate, note, notify, pass on, proclaim, publish, recite, record, recount, relate, relay, state, tell, write up 6 appear, arrive, be present, clock in *or* on, come, present oneself, show up (Inf.), turn up

reporter announcer, correspondent, hack (Derogatory), journalist, journo (Sl.), newscaster, newshound (Inf.), newspaperman, newspaperwoman, pressman, writer

repose
- n. 1 ease, inactivity, peace, quiet, quietness, quietude, relaxation, respite, rest, restfulness, sleep, slumber, stillness, tranquillity 2 aplomb, calmness, composure, dignity, equanimity, peace of mind, poise, self-possession, serenity, tranquillity
- v. 3 drowse, lay down, lie, lie down, lie upon, recline, relax, rest, rest upon, sleep, slumber, take it easy, take one's ease

reprehensible bad, blameworthy, censurable, condemnable, culpable, delinquent, discreditable, disgraceful, errant, erring, ignoble, objectionable, opprobrious, remiss, shameful, unworthy

represent 1 act for, be, betoken, correspond to, equal, equate with, express, mean, serve as, speak for, stand for, substitute for, symbolize 2 embody, epitomize, exemplify, personify, symbolize, typify 3 delineate, denote, depict, describe, designate, evoke, express, illustrate, outline, picture, portray, render, reproduce, show, sketch 4 describe as, make out to be, pass off as, pose as, pretend to be 5 act, appear as, assume the role of, enact, exhibit, perform, play the part of, produce, put on, show, stage

representation 1 account, delineation, depiction, description, illustration, image, likeness, model, narration, narrative, picture, portrait, portrayal, relation, resemblance, sketch 2 body of representatives, committee, delegates, delegation, embassy 3 exhibition, performance, play, production, show, sight, spectacle 4 Often plural account, argument, explanation, exposition, expostulation, remonstrance, statement

representative
- n. 1 agent, commercial traveller, rep, salesman, traveller 2 archetype, embodiment, epitome, exemplar, personification, type, typical example 3 agent, commissioner, councillor, delegate, depute (Scot.), deputy, member, member of parliament, MP, proxy, spokesman, spokeswoman
- adj. 4 archetypal, characteristic, emblematic, evocative, exemplary, illustrative, symbolic, typical 5 chosen, delegated, elected, elective

repress bottle up, chasten, check, control, crush, curb, hold back, hold in, inhibit, keep in check, master, muffle, overcome, overpower, quash, quell, restrain, silence, smother, stifle, subdue, subjugate, suppress, swallow

repression authoritarianism, censorship, coercion, constraint, control, despotism, domination, inhibition, restraint, subjugation, suppression, tyranny

repressive absolute, authoritarian, coercive, despotic, dictatorial, harsh, oppressive, severe, tough, tyrannical

reprieve
- v. 1 grant a stay of execution to, let off the hook (Sl.), pardon, postpone *or* remit the punishment of 2 abate, allay, alleviate, mitigate, palliate, relieve, respite
- n. 3 abeyance, amnesty, deferment, pardon, postponement, remission, stay of execution, suspension 4 abatement, alleviation, let-up (Inf.), mitigation, palliation, relief, respite

reprimand 1 n. admonition, blame, castigation, censure, dressing-down (Inf.), flea in one's ear (Inf.), lecture, rebuke, reprehension, reproach, reproof, row, talking-to (Inf.), telling-off (Inf.), ticking-off (Inf.), tongue-lashing, wigging (Brit. sl.) 2 v. admonish, bawl out (Inf.), blame, carpet (Inf.), castigate, censure, check, chew out (U.S. & Canad. inf.), chide, dress down (Inf.), give a rocket (Brit. & N.Z. inf.), give (someone) a row (Inf.), haul over the coals (Inf.), lecture, rap over the knuckles, read the riot act, rebuke, reprehend, reproach, reprove, scold, send one away with a flea in one's ear (Inf.), take to task, tear into (Inf.), tear (someone) off a strip (Brit. inf.), tell off (Inf.), tick off (Inf.), tongue-lash, upbraid

reprisal an eye for an eye, counterstroke, requital, retaliation, retribution, revenge, vengeance

reproach 1 v. abuse, bawl out (Inf.), blame, blast, carpet (Inf.), censure, chew out (U.S. & Canad. inf.), chide, condemn, criticize, defame, discredit, disparage, find fault with, give a rocket (Brit. & N.Z. inf.), lambast(e), read the riot act, rebuke, reprehend, reprimand, reprove, scold, tear into (Inf.), tear (someone) off a strip (Brit. inf.), take to task, upbraid 2 n. abuse, blame, blemish, censure, condemnation, contempt, disapproval, discredit, disgrace, dishonour, disrepute, ignominy, indignity, obloquy, odium, opprobrium, scorn, shame, slight, slur, stain, stigma

reproachful abusive, admonitory, castigatory, censorious, condemnatory, contemptuous, critical, disappointed, disapproving, fault-finding, reproving, scolding, upbraiding

reproduce 1 copy, duplicate, echo, emulate, imitate, match, mirror, parallel, print, recreate, repeat, replicate, represent, transcribe 2 breed, generate, multiply, procreate, produce young, proliferate, propagate, spawn

reproduction 1 breeding, generation, increase, multiplication, procreation, proliferation, propagation 2 copy, duplicate, facsimile, imitation, picture, print, replica

reproof admonition, blame, castigation, censure, chiding, condemnation, criticism, dressing-down (Inf.), rebuke, reprehension, reprimand, reproach, reproval, scolding, ticking-off (Inf.), tongue-lashing, upbraiding

reprove abuse, admonish, bawl out (Inf.), berate, blame, carpet (Inf.), censure, check, chew out (U.S. & Canad. inf.), chide, condemn, give a rocket (Brit. & N.Z. inf.), read the riot act, rebuke, reprehend, reprimand, scold, take to task, tear into (Inf.), tear (someone) off a strip (Brit. inf.), tell off (Inf.), tick off (Inf.), upbraid

repudiate abandon, abjure, cast off, cut off, deny, desert, disavow, discard, disclaim, disown, forsake, reject, renounce, rescind, retract, reverse, revoke, turn one's back on, wash one's hands of

repugnant 1 abhorrent, abominable, disgusting, distasteful, foul, hateful, horrid, loathsome, nauseating, objectionable, obnoxious, odious, offensive, repellent, revolting, sickening, vile, yucky or yukky (Sl.) 2 adverse, antagonistic, antipathetic, averse, contradictory, hostile, incompatible, inconsistent, inimical, opposed

repulsive abhorrent, abominable, disagreeable, disgusting, distasteful, forbidding, foul, hateful, hideous, horrid, loathsome, nauseating, objectionable, obnoxious, obscene, odious, offensive, repellent, revolting, sickening, ugly, unpleasant, vile

reputable creditable, estimable, excellent, good, honourable, honoured, legitimate, of good repute, reliable, respectable, trustworthy, upright, well-thought-of, worthy

reputation character, credit, distinction, eminence, esteem, estimation, fame, honour, name, opinion, renown, repute, standing, stature

repute celebrity, distinction, eminence, esteem, estimation, fame, name, renown, reputation, standing, stature

reputed accounted, alleged, believed, considered, deemed, estimated, held, ostensible, putative, reckoned, regarded, rumoured, said, seeming, supposed, thought

reputedly allegedly, apparently, ostensibly, seemingly, supposedly

request 1 v. appeal for, apply for, ask (for), beg, beseech, call for, demand, desire, entreat, petition, pray, put in for, requisition, seek, solicit, sue for, supplicate 2 n. appeal, application, asking, begging, call, demand, desire, entreaty, petition, prayer, requisition, solicitation, suit, supplication

require 1 crave, depend upon, desire, have need of, lack, miss, need, stand in need of, want, wish 2 ask, beg, beseech, bid, call upon, command, compel, constrain, demand, direct, enjoin, exact, insist upon, instruct, oblige, order, request 3 call for, demand, entail, involve, necessitate, take

required called for, compulsory, demanded, essential, mandatory, necessary, needed, obligatory, prescribed, recommended, requisite, set, unavoidable, vital

requirement demand, desideratum, essential, lack, must, necessity, need, precondition, prerequisite, qualification, requisite, sine qua non, specification, stipulation, want

requisite 1 adj. called for, essential, indispensable, mandatory, necessary, needed, needful, obligatory, prerequisite, required, vital 2 n. condition, desideratum, essential, must, necessity, need, precondition, prerequisite, requirement, sine qua non

requisition
- **n.** 1 application, call, demand, request, summons 2 appropriation, commandeering, occupation, seizure, takeover
- **v.** 3 apply for, call for, demand, put in for, request 4 appropriate, commandeer, occupy, seize, take over, take possession of

rescue 1 v. deliver, extricate, free, get out, liberate, recover, redeem, release, salvage, save, save the life of, set free 2 n. deliverance, extrication, liberation, recovery, redemption, release, relief, salvage, salvation, saving

research 1 n. analysis, delving, examination, experimentation, exploration, fact-finding, groundwork, inquiry, investigation, probe, scrutiny, study 2 v. analyse, consult the archives, do tests, examine, experiment, explore, investigate, look into, make inquiries, probe, scrutinize, study, work over

resemblance affinity, analogy, closeness, comparability, comparison, conformity, correspondence, counterpart, facsimile, image, kinship, likeness, parallel, parity, sameness, semblance, similarity, similitude

resemble bear a resemblance to, be like, be similar to, duplicate, echo, favour (Inf.), look like, mirror, parallel, put one in mind of, remind one of, take after

resent be angry about, bear a grudge about, begrudge, be in a huff about, be offended by, dislike, feel bitter about, grudge, harbour a grudge against, have hard feelings about, object to, take amiss, take as an insult, take exception to, take offence at, take umbrage at

resentful aggrieved, angry, bitter, embittered, exasperated, grudging, huffish, huffy, hurt, in a huff, incensed, indignant, in high dudgeon, irate, jealous, miffed (Inf.), offended, peeved (Inf.), piqued, put out, revengeful, unforgiving, wounded

resentment anger, animosity, bitterness, displeasure, fury, grudge, huff, hurt, ill feeling, ill will, indignation, ire, irritation, malice, pique, rage, rancour, umbrage, vexation, wrath

reservation 1 condition, demur, doubt, hesitancy, proviso, qualification, rider, scepticism, scruple, stipulation 2 enclave, homeland, preserve, reserve, sanctuary, territory, tract

reserve
- **v.** 1 conserve, hang on to, hoard, hold, husband, keep, keep back, lay up, preserve, put by, retain, save, set aside, stockpile, store, withhold 2 bespeak, book, engage, prearrange, pre-engage, retain, secure 3 defer, delay, keep back, postpone, put off, withhold
- **n.** 4 backlog, cache, capital, fall-back, fund, hoard, reservoir, savings, stock, stockpile, store, supply 5 park, preserve, reservation, sanctuary, tract 6 aloofness, constraint, coolness, formality, modesty, reluctance, reservation, restraint, reticence, secretiveness, shyness, silence, taciturnity
- **adj.** 7 alternate, auxiliary, extra, fall-back, secondary, spare, substitute

reserved 1 booked, engaged, held, kept, restricted, retained, set aside, spoken for, taken 2 aloof, cautious, close-mouthed, cold, cool, demure, formal, modest, prim, restrained, reticent, retiring, secretive, shy, silent, standoffish, taciturn, unapproachable, uncommunicative, undemonstrative, unforthcoming, unresponsive, unsociable 3 bound, destined, fated, intended, meant, predestined

reservoir 1 basin, lake, pond, tank 2 container, holder, receptacle, repository, store, tank 3 accumulation, fund, pool, reserves, source, stock, stockpile, store, supply

reside 1 abide, dwell, hang out (Inf.), have one's home, inhabit, live, lodge, remain, settle, sojourn, stay 2 abide, be intrinsic to, be vested, consist, dwell, exist, inhere, lie, rest with

residence 1 abode, domicile, dwelling, flat, habitation, home, house, household, lodging, pad (Sl.), place, quarters 2 hall, manor, mansion, palace, seat, villa 3 occupancy, occupation, sojourn, stay, tenancy

resident 1 n. citizen, denizen, indweller, inhabitant, local, lodger, occupant, tenant 2 adj. dwelling, inhabiting, living, local, neighbourhood, settled

residue balance, dregs, excess, extra, leftovers, remainder, remains, remnant, residuum, rest, surplus

resign 1 abandon, abdicate, cede, forgo, forsake, give in one's notice, give up, hand over, leave, quit, relinquish, renounce, step down (Inf.), surrender, turn over, vacate, yield 2 **resign oneself** accept, acquiesce, bow, give in, give up, reconcile, submit, succumb, yield

resignation 1 abandonment, abdication, departure, leaving, notice, relinquishment, renunciation, retirement, surrender 2 acceptance, acquiescence, compliance, endurance, forbearing, fortitude, nonresistance, passivity, patience, submission, sufferance

resigned acquiescent, compliant, long-suffering, patient, stoical, subdued, submissive, unprotesting, unresisting

resilient 1 bouncy, elastic, flexible, plastic, pliable, rubbery, springy, supple, whippy 2 bouncy, buoyant, feisty (Inf., chiefly U.S. & Canad.), hardy, irrepressible, quick to recover, strong, tough

resist 1 battle, be proof against, check, combat, confront, contend with, counteract, countervail, curb, defy, dispute, fight back, hinder, hold out against, oppose, put up a fight (against), refuse, repel, stand up to, struggle against, thwart, weather, withstand 2 abstain from, avoid, forbear, forgo, keep from, leave alone, prevent oneself from, refrain from, refuse, turn down

resistance battle, combat, contention, counteraction, defiance, fight, fighting, hindrance, impediment, intransigence, obstruction, opposition, refusal, struggle

resistant 1 hard, impervious, insusceptible, proof against, strong, tough, unaffected by, unyielding 2 antagonistic, combative, defiant, dissident, hostile, intractable, intransigent, opposed, recalcitrant, unwilling

resolute bold, constant, determined, dogged, firm, fixed, immovable, inflexible, obstinate, persevering, purposeful, relentless, set, stalwart, staunch, steadfast, strong-willed, stubborn, tenacious, unbending, undaunted, unflinching, unshak(e)able, unshaken, unwavering

resolution 1 boldness, constancy, courage, dedication, determination, doggedness, earnestness, energy, firmness, fortitude, obstinacy, perseverance, purpose, relentlessness, resoluteness, resolve, sincerity, staunchness, staying power, steadfastness, stubbornness, tenacity, willpower 2 aim, decision, declaration, determination, intent, intention, judg(e)ment, motion, purpose, resolve, verdict 3 answer, end, finding, outcome, settlement, solution, solving, sorting out, unravelling, upshot, working out

resolve
- **v.** 1 agree, conclude, decide, design, determine, fix, intend, make up one's mind, purpose, settle, undertake 2 answer, clear up, crack, elucidate, fathom, find the solution to, suss (out) (Sl.), work out 3 banish, clear up, dispel, explain, remove 4 analyse, anatomize, break down, clear, disentangle, disintegrate, dissect, dissolve, liquefy, melt, reduce, separate, solve, split up, unravel 5 alter, change, convert, metamorphose, transform, transmute
- **n.** 6 conclusion, decision, design, intention, objective, project, purpose, resolution, undertaking 7 boldness, courage, determination, earnestness, firmness, resoluteness, resolution, steadfastness, willpower

resort
- **v.** 1 avail oneself of, bring into play, employ, exercise, fall back on, have recourse to, look to, make use of, turn to, use, utilize 2 frequent, go, haunt, head for, repair, visit
- **n.** 3 haunt, holiday centre, refuge, retreat, spot, tourist centre, watering place (Brit.) 4 alternative, chance, course, expedient, hope, possibility, recourse, reference

resound echo, fill the air, re-echo, resonate, reverberate, ring

resounding booming, echoing, full, powerful, resonant, reverberating, rich, ringing, sonorous, sounding, vibrant

resource 1 ability, capability, cleverness, ingenuity, initiative, inventiveness, quick-wittedness, resourcefulness, talent 2 hoard, reserve, source, stockpile, supply 3 appliance, contrivance, course, device, expedient, means, resort

resourceful able, bright, capable, clever, creative, imaginative, ingenious, inventive, quick-witted, sharp, talented

resources assets, capital, funds, holdings, materials, means, money, property, reserves, riches, supplies, wealth, wherewithal

respect
- **n.** 1 admiration, appreciation, approbation, consideration, deference, esteem, estimation, honour, recognition, regard, reverence, veneration 2 aspect, characteristic, detail, facet, feature, matter, particular, point, sense, way 3 bearing, connection, reference, regard, relation 4 Plural compliments, devoirs, good wishes, greetings, regards, salutations
- **v.** 5 admire, adore, appreciate, defer to, esteem, have a good or high opinion of, honour, look up to, recognize, regard, revere, reverence, set store by, show consideration for, think highly of, value, venerate 6 abide by, adhere to, attend, comply with, follow, heed, honour, notice, obey, observe, pay attention to, regard, show consideration for

respectable 1 admirable, decent, decorous, dignified, estimable, good, honest, honourable, proper, reputable, respected, upright, venerable, worthy 2 ample, appreciable, considerable, decent, fair, fairly good, goodly, presentable, reasonable, sizable, substantial, tidy (Inf.), tolerable

respective corresponding, individual, own, particular, personal, relevant, separate, several, specific, various

respite 1 break, breather (Inf.), breathing space, cessation, halt, hiatus, intermission, interruption, interval, let-up (Inf.), lull, pause, recess, relaxation, relief, rest 2 adjournment, delay, moratorium, postponement, reprieve, stay, suspension

respond acknowledge, act in response, answer, come back, counter, react, reciprocate, rejoin, reply, retort, return

response acknowledgement, answer, comeback (Inf.), counterattack, counterblast, feedback, reaction, rejoinder, reply, retort, return, riposte

responsibility [1] accountability, amenability, answerability, care, charge, duty, liability, obligation, onus, trust [2] authority, importance, power [3] blame, burden, culpability, fault, guilt [4] conscientiousness, dependability, level-headedness, maturity, rationality, reliability, sensibleness, soberness, stability, trustworthiness

responsible [1] at the helm, carrying the can (Inf.), in authority, in charge, in control [2] accountable, amenable, answerable, bound, chargeable, duty-bound, liable, subject, under obligation [3] authoritative, decision-making, executive, high, important [4] at fault, culpable, guilty, to blame [5] adult, conscientious, dependable, level-headed, mature, rational, reliable, sensible, sober, sound, stable, trustworthy

responsive alive, awake, aware, forthcoming, impressionable, open, perceptive, quick to react, reactive, receptive, sensitive, sharp, susceptible, sympathetic

rest[1]
- *n.* [1] calm, doze, forty winks (Inf.), idleness, inactivity, kip (Brit. sl.), leisure, lie-down, motionlessness, nap, refreshment, relaxation, relief, repose, siesta, sleep, slumber, snooze (Inf.), somnolence, standstill, stillness, tranquillity, zizz (Brit. inf.) [2] **at rest** asleep, at a standstill, at peace, calm, dead, motionless, peaceful, resting, sleeping, still, stopped, tranquil, unmoving [3] break, breather (Inf.), breathing space, cessation, halt, holiday, interlude, intermission, interval, lull, pause, respite, stop, time off, vacation [4] haven, lodging, refuge, retreat, shelter [5] base, holder, prop, shelf, stand, support, trestle [6]
- *n.* balance, excess, leftovers, others, remainder, remains, remnants, residue, residuum, rump, surplus
- *v.* [7] be at ease, be calm, doze, drowse, have a snooze (Inf.), have forty winks (Inf.), idle, kip (Brit. sl.), laze, lie down, lie still, nap, put one's feet up, refresh oneself, relax, sit down, sleep, slumber, snooze (Inf.), take a nap, take it easy, take one's ease, zizz (Brit. inf.) [8] be supported, lay, lean, lie, prop, recline, repose, sit, stand, stretch out [9] break off, cease, come to a standstill, desist, discontinue, halt, have a break, knock off (Inf.), stay, stop, take a breather (Inf.) [10] base, be based, be founded, depend, found, hang, hinge, lie, rely, reside, turn [11] be left, continue being, go on being, keep, remain, stay

restful calm, calming, comfortable, languid, pacific, peaceful, placid, quiet, relaxed, relaxing, serene, sleepy, soothing, tranquil, tranquillizing, undisturbed, unhurried

restive agitated, edgy, fidgety, fractious, fretful, ill at ease, impatient, jittery (Inf.), jumpy, nervous, on edge, recalcitrant, refractory, restless, uneasy, unquiet, unruly

restless [1] active, bustling, changeable, footloose, hurried, inconstant, irresolute, moving, nomadic, roving, transient, turbulent, unsettled, unstable, unsteady, wandering [2] agitated, anxious, disturbed, edgy, fidgeting, fidgety, fitful, fretful, ill at ease, jumpy, nervous, on edge, restive, sleepless, tossing and turning, troubled, uneasy, unquiet, unruly, unsettled, worried

restlessness [1] activity, bustle, hurry, hurry-scurry, inconstancy, instability, movement, transience, turbulence, turmoil, unrest, unsettledness [2] agitation, ants in one's pants (Sl.), anxiety, disquiet, disturbance, edginess, fitfulness, fretfulness, heebie-jeebies (Sl.), inquietude, insomnia, jitters (Inf.), jumpiness, nervousness, restiveness, uneasiness, worriedness

restoration [1] reconstruction, recovery, refreshment, refurbishing, rehabilitation, rejuvenation, renewal, renovation, repair, revitalization, revival [2] recovery, re-establishment, reinstallation, reinstatement, replacement, restitution, return

restore [1] fix, mend, rebuild, recondition, reconstruct, recover, refurbish, rehabilitate, renew, renovate, repair, retouch, set to rights, touch up [2] bring back to health, build up, reanimate, refresh, rejuvenate, revitalize, revive, revivify, strengthen [3] bring back, give back, hand back, recover, re-establish, reinstate, replace, retrocede, return, send back [4] reconstitute, re-enforce, reimpose, reinstate, reintroduce

restrain [1] bridle, check, confine, constrain, contain, control, curb, curtail, debar, govern, hamper, handicap, harness, hinder, hold, hold back, inhibit, keep, keep under control, limit, muzzle, prevent, rein, repress, restrict, straiten, subdue, suppress [2] arrest, bind, chain, confine, detain, fetter, hold, imprison, jail, lock up, manacle, pinion, tie up

restrained [1] calm, controlled, mild, moderate, muted, reasonable, reticent, selfcontrolled, soft, steady, temperate, undemonstrative [2] discreet, quiet, subdued, tasteful, unobtrusive

restraint [1] coercion, command, compulsion, confines, constraint, control, curtailment, grip, hindrance, hold, inhibition, limitation, moderation, prevention, restriction, selfcontrol, self-discipline, self-possession, selfrestraint, suppression [2] arrest, bondage, bonds, captivity, chains, confinement, detention, fetters, imprisonment, manacles, pinions, straitjacket [3] ban, boycott, bridle, check, curb, embargo, interdict, limit, limitation, rein, taboo

restrict bound, circumscribe, confine, contain, cramp, demarcate, hamper, handicap, hem in, impede, inhibit, keep within bounds or limits, limit, regulate, restrain, straiten

restriction check, condition, confinement, constraint, containment, control, curb, demarcation, handicap, inhibition, limitation, regulation, restraint, rule, stipulation

result
- *n.* [1] conclusion, consequence, decision, development, effect, end, event, fruit, issue, outcome, product, reaction, sequel, termination, upshot
- *v.* [2] appear, arise, derive, develop, emanate, ensue, eventuate, flow, follow, happen, issue, spring, stem, turn out [3] (With **in**) culminate, end, finish, pan out (Inf.), terminate, wind up

resume [1] begin again, carry on, continue, go on, proceed, recommence, reinstitute, reopen, restart, take up or pick up where one left off [2] assume again, occupy again, reoccupy, take back, take up again

resumption carrying on, continuation, fresh outbreak, new beginning, re-establishment, renewal, reopening, restart, resurgence

resurrect breathe new life into, bring back, raise from the dead, reintroduce, renew, restore to life, revive

resurrection comeback (Inf.), raising or rising from the dead, reappearance, rebirth, renaissance, renascence, renewal, restoration, resurgence, resuscitation, return, return from the dead, revival

resuscitate breathe new life into, bring round, bring to life, give artificial respiration to, give the kiss of life, quicken, reanimate, renew, rescue, restore, resurrect, revitalize, revive, revivify, save

retain [1] absorb, contain, detain, grasp, grip, hang or hold onto, hold, hold back, hold fast, keep, keep possession of, maintain, preserve, reserve, restrain, save [2] bear in mind, impress on the memory, keep in mind, memorize, recall, recollect, remember [3] commission, employ, engage, hire, pay, reserve

retainer [1] attendant, dependant, domestic, flunky, footman, henchman, lackey, servant, supporter, valet, vassal [2] advance, deposit, fee

retaliate even the score, exact retribution, get back at, get even with (Inf.), get one's own back (Inf.), give as good as one gets (Inf.), give one a taste of one's own medicine, give tit for tat, hit back, make reprisal, pay one back in one's own coin, reciprocate, return like for like, strike back, take an eye for an eye, take revenge, wreak vengeance

retaliation an eye for an eye, a taste of one's own medicine, counterblow, counterstroke, reciprocation, repayment, reprisal, requital, retribution, revenge, tit for tat, vengeance

retard arrest, brake, check, clog, decelerate, defer, delay, detain, encumber, handicap, hinder, hold back or up, impede, obstruct, set back, slow down, stall

reticence quietness, reserve, restraint, secretiveness, silence, taciturnity, uncommunicativeness, unforthcomingness

reticent close-mouthed, mum, quiet, reserved, restrained, secretive, silent, taciturn, tight-lipped, uncommunicative, unforthcoming, unspeaking

retire [1] be pensioned off, (be) put out to grass (Inf.), give up work, stop working [2] absent oneself, betake oneself, depart, exit, go away, leave, remove, withdraw [3] go to bed, go to one's room, go to sleep, hit the sack (Sl.), kip down (Brit. sl.), turn in (Inf.) [4] decamp, ebb, fall back, give ground, give way, pull back, pull out, recede, retreat, withdraw

retirement loneliness, obscurity, privacy, retreat, seclusion, solitude, withdrawal

retiring bashful, coy, demure, diffident, humble, meek, modest, quiet, reclusive, reserved, reticent, self-effacing, shrinking, shy, timid, timorous, unassertive, unassuming

retract [1] draw in, pull back, pull in, reel in, sheathe [2] abjure, cancel, deny, disavow, disclaim, disown, recall, recant, renege, renounce, repeal, repudiate, rescind, reverse, revoke, take back, unsay, withdraw [3] back out of, go back on, renege on

retreat
- *v.* [1] back away, depart, draw back, ebb, fall back, give ground, go back, leave, pull back, recede, recoil, retire, shrink, turn tail, withdraw
- *n.* [2] departure, ebb, evacuation, flight, retirement, withdrawal [3] asylum, den, haunt, haven, hideaway, privacy, refuge, resort, retirement, sanctuary, seclusion, shelter

retrench curtail, cut, cut back, decrease, diminish, economize, husband, lessen, limit, make economies, pare, prune, reduce, save, tighten one's belt, trim

retrenchment contraction, cost-cutting, curtailment, cut, cutback, economy, pruning, reduction, rundown, tightening one's belt

retribution an eye for an eye, compensation, justice, Nemesis, punishment, reckoning, recompense, redress, repayment, reprisal, requital, retaliation, revenge, reward, satisfaction, vengeance

retrieve fetch back, get back, recall, recapture, recoup, recover, redeem, regain, repair, repossess, rescue, restore, salvage, save, win back

retrospect afterthought, hindsight, recollection, re-examination, remembrance, reminiscence, review, survey

return
- *v.* [1] come back, come round again, go back, reappear, rebound, recoil, recur, repair, retreat, revert, turn back [2] carry back, convey, give back, put back, re-establish, reinstate, remit, render, replace, restore, retrocede, send, send back, take back, transmit [3] give back, pay back, reciprocate, recompense, refund, reimburse, repay, requite [4] bring in, earn, make, net, repay, yield [5] answer, come back (with), communicate, rejoin, reply, respond, retort [6] choose, elect, pick, vote in [7] announce, arrive at, bring in, come to, deliver, render, report, submit
- *n.* [8] homecoming, reappearance, rebound, recoil, recrudescence, recurrence, retreat, reversion [9] re-establishment, reinstatement, replacement, restoration [10] advantage, benefit, gain, income, interest, proceeds, profit, revenue, takings, yield [11] compensation, meed (Archaic), reciprocation, recompense, reimbursement, reparation, repayment, requital, retaliation, reward [12] account, form, list, report, statement, summary [13] answer, comeback (Inf.), rejoinder, reply, response, retort, riposte

reveal [1] announce, betray, blow wide open (Sl.), broadcast, communicate, disclose, divulge, give away, give out, impart, leak, let on, let out, let slip, make known, make public, proclaim, publish, tell [2] bare, bring to light, display, exhibit, expose to view, lay bare, manifest, open, show, uncover, unearth, unmask, unveil

revel
- *v.* [1] (With **in**) bask, crow, delight, drool, gloat, indulge, joy, lap up, luxuriate, rejoice, relish, savour, take pleasure, thrive on, wallow [2] carouse, celebrate, go on a spree, live it up (Inf.), make merry, paint the town red (Inf.), push the boat out (Brit. inf.), rave (Brit. sl.), roister, whoop it up (Inf.)

◆ n. [3] Often plural bacchanal, beano (Brit. sl.), carousal, carouse, celebration, debauch, festivity, gala, jollification, merrymaking, party, rave (Brit. sl.), rave-up (Brit. sl.), saturnalia, spree
revelation announcement, betrayal, broadcasting, communication, disclosure, discovery, display, exhibition, exposé, exposition, exposure, giveaway, leak, manifestation, news, proclamation, publication, telling, uncovering, unearthing, unveiling
reveller carouser, celebrator, merrymaker, partygoer, pleasure-seeker, roisterer
revelry beano (Brit. sl.), carousal, carouse, celebration, debauch, debauchery, festivity, fun, jollification, jollity, merrymaking, party, rave (Brit. sl.), rave-up (Brit. sl.), roistering, saturnalia, spree
revenge [1] n. an eye for an eye, reprisal, requital, retaliation, retribution, satisfaction, vengeance, vindictiveness [2] v. avenge, even the score for, get one's own back for (Inf.), hit back, make reprisal for, repay, requite, retaliate, take an eye for an eye for, take revenge for, vindicate
revenue gain, income, interest, proceeds, profits, receipts, returns, rewards, takings, yield
reverberate echo, rebound, recoil, re-echo, resound, ring, vibrate
revere adore, be in awe of, defer to, exalt, have a high opinion of, honour, look up to, put on a pedestal, respect, reverence, think highly of, venerate, worship
reverence [1] n. admiration, adoration, awe, deference, devotion, high esteem, homage, honour, respect, veneration, worship [2] v. admire, adore, be in awe of, hold in awe, honour, pay homage to, respect, revere, venerate, worship
reverent adoring, awed, decorous, deferential, devout, humble, loving, meek, pious, respectful, reverential, solemn, submissive
reverse
◆ v. [1] invert, transpose, turn back, turn over, turn round, turn upside down, upend [2] alter, annul, cancel, change, countermand, declare null and void, invalidate, negate, obviate, overrule, overset, overthrow, overturn, quash, repeal, rescind, retract, revoke, set aside, undo, upset [3] back, backtrack, back up, go backwards, move backwards, retreat
◆ n. [4] antithesis, contradiction, contrary, converse, inverse, opposite [5] back, flip side, other side, rear, underside, verso, wrong side [6] adversity, affliction, blow, check, defeat, disappointment, failure, hardship, misadventure, misfortune, mishap, repulse, reversal, setback, trial, vicissitude
◆ adj. [7] back to front, backward, contrary, converse, inverse, inverted, opposite
revert backslide, come back, go back, hark back, lapse, recur, regress, relapse, resume, return, take up where one left off
review
◆ v. [1] go over again, look at again, reassess, recapitulate, reconsider, re-evaluate, re-examine, rethink, revise, run over, take another look at, think over [2] call to mind, look back on, recall, recollect, reflect on, remember, summon up [3] assess, criticize, discuss, evaluate, examine, give one's opinion of, inspect, judge, read through, scrutinize, study, weigh, write a critique of
◆ n. [4] analysis, examination, perusal, report, scrutiny, study, survey [5] commentary, critical assessment, criticism, critique, evaluation, judg(e)ment, notice, study [6] journal, magazine, periodical [7] another look, fresh look, reassessment, recapitulation, reconsideration, re-evaluation, re-examination, rethink, retrospect, revision, second look [8] (Military) display, inspection, march past, parade, procession
reviewer arbiter, commentator, connoisseur, critic, essayist, judge
revise [1] alter, amend, change, correct, edit, emend, modify, reconsider, redo, re-examine, revamp, review, rework, rewrite, update [2] go over, memorize, reread, run through, study, swot up (Brit. inf.)
revision [1] alteration, amendment, change, correction, editing, emendation, modification, re-examination, review, rewriting, updating [2] homework, memorizing, rereading, studying, swotting (Brit. inf.)
revival awakening, quickening, reanimation, reawakening, rebirth, recrudescence, refreshment, renaissance, renascence, renewal, restoration, resurgence, resurrection, resuscitation, revitalization, revivification
revive animate, awaken, breathe new life into, bring back to life, bring round, cheer, come round, comfort, invigorate, quicken, rally, reanimate, recover, refresh, rekindle, renew, renovate, restore, resuscitate, revitalize, rouse, spring up again
revoke abolish, abrogate, annul, call back, cancel, countermand, declare null and void, disclaim, invalidate, negate, nullify, obviate, quash, recall, recant, renege, renounce, repeal, repudiate, rescind, retract, reverse, set aside, take back, withdraw
revolt
◆ n. [1] defection, insurgency, insurrection, mutiny, putsch, rebellion, revolution, rising, sedition, uprising
◆ v. [2] defect, mutiny, rebel, resist, rise, take to the streets, take up arms (against) [3] disgust, give one the creeps (Inf.), gross out (U.S. sl.), make one's flesh creep, nauseate, offend, repel, repulse, shock, sicken, turn off (Inf.), turn one's stomach
revolting abhorrent, abominable, appalling, cringe-making (Brit. inf.), disgusting, distasteful, foul, horrible, horrid, loathsome, nasty, nauseating, nauseous, noisome, obnoxious, obscene, offensive, repellent, repugnant, repulsive, shocking, sickening, yucky or yukky (Sl.)
revolution n. [1] coup, coup d'état, insurgency, mutiny, putsch, rebellion, revolt, rising, uprising [2] drastic or radical change, innovation, metamorphosis, reformation, sea change, shift, transformation, upheaval [3] circle, circuit, cycle, gyration, lap, orbit, rotation, round, spin, turn, wheel, whirl
revolutionary
◆ n. [1] insurgent, insurrectionary, insurrectionist, mutineer, rebel, revolutionist
◆ adj. [2] extremist, insurgent, insurrectionary, mutinous, radical, rebel, seditious, subversive [3] avant-garde, different, drastic, experimental, fundamental, ground-breaking, innovative, new, novel, progressive, radical, thoroughgoing
revolve [1] circle, go round, gyrate, orbit, rotate, spin, turn, twist, wheel, whirl [2] consider, deliberate, meditate, mull over, ponder, reflect, ruminate, study, think about, think over, turn over (in one's mind)
revulsion abhorrence, abomination, aversion, detestation, disgust, distaste, loathing, odium, recoil, repugnance, repulsion
reward
◆ n. [1] benefit, bonus, bounty, compensation, gain, honour, meed (Archaic), merit, payment, premium, prize, profit, recompense, remuneration, repayment, requital, return, wages [2] comeuppance (Sl.), desert, just deserts, punishment, requital, retribution
◆ v. [3] compensate, honour, make it worth one's while, pay, recompense, remunerate, repay, requite
rewarding advantageous, beneficial, economic, edifying, enriching, fruitful, fulfilling, gainful, gratifying, pleasing, productive, profitable, remunerative, satisfying, valuable, worthwhile
rhetoric [1] eloquence, oratory [2] bombast, fustian, grandiloquence, hot air (Inf.), hyperbole, magniloquence, pomposity, rant, verbosity, wordiness
rhetorical [1] bombastic, declamatory, flamboyant, flashy, florid, flowery, grandiloquent, high-flown, high-sounding, hyperbolic, magniloquent, oratorical, pompous, pretentious, showy, silver-tongued, verbose, windy [2] linguistic, oratorical, stylistic, verbal
rhyme
◆ n. [1] ode, poem, poetry, song, verse [2] **rhyme or reason** logic, meaning, method, plan, sense
◆ v. [3] chime, harmonize, sound like
rhythm accent, beat, cadence, flow, lilt, measure (Prosody), metre, movement, pattern, periodicity, pulse, swing, tempo, time
rhythmic, rhythmical cadenced, flowing, harmonious, lilting, melodious, metrical, musical, periodic, pulsating, throbbing
ribald bawdy, blue, broad, coarse, earthy, filthy, gross, indecent, licentious, naughty, near the knuckle (Inf.), obscene, off colour, Rabelaisian, racy, raunchy (Sl.), risqué, rude, scurrilous, smutty, vulgar
rich [1] affluent, filthy rich, flush (Inf.), loaded (Sl.), made of money (Inf.), moneyed, opulent, propertied, prosperous, rolling (Sl.), stinking rich (Inf.), wealthy, well-heeled (Inf.), well-off, well-to-do [2] abounding, full, productive, well-endowed, well-provided, well-stocked, well-supplied [3] abounding, abundant, ample, copious, exuberant, fecund, fertile, fruitful, full, lush, luxurious, plenteous, plentiful, productive, prolific [4] beyond price, costly, elaborate, elegant, expensive, exquisite, fine, gorgeous, lavish, palatial, precious, priceless, splendid, sumptuous, superb, valuable [5] creamy, delicious, fatty, flavoursome, full-bodied, heavy, highly-flavoured, juicy, luscious, savoury, spicy, succulent, sweet, tasty [6] bright, deep, gay, intense, strong, vibrant, vivid, warm [7] deep, dulcet, full, mellifluous, mellow, resonant [8] amusing, comical, funny, hilarious, humorous, laughable, ludicrous, ridiculous, risible, side-splitting
riches abundance, affluence, assets, fortune, gold, money, opulence, plenty, property, resources, richness, substance, treasure, wealth
richly [1] elaborately, elegantly, expensively, exquisitely, gorgeously, lavishly, luxuriously, opulently, palatially, splendidly, sumptuously [2] amply, appropriately, fully, in full measure, properly, suitably, thoroughly, well
rid [1] clear, deliver, disabuse, disburden, disembarrass, disencumber, free, lighten, make free, purge, relieve, unburden [2] **get rid of** dispense with, dispose of, do away with, dump, eject, eliminate, expel, give the bum's rush (Sl.), jettison, remove, shake off, throw away or out, unload, weed out
riddle brain-teaser (Inf.), Chinese puzzle, conundrum, enigma, mystery, poser, problem, puzzle, rebus, teaser
ride
◆ v. [1] control, handle, manage, sit on [2] be borne (carried, supported), float, go, journey, move, progress, sit, travel [3] dominate, enslave, grip, haunt, oppress, tyrannize over
◆ n. [4] drive, jaunt, journey, lift, outing, spin (Inf.), trip, whirl (Inf.)
ridicule [1] n. banter, chaff, derision, gibe, irony, jeer, laughter, mockery, raillery, sarcasm, satire, scorn, sneer, taunting [2] v. banter, caricature, chaff, deride, humiliate, jeer, lampoon, laugh at, laugh out of court, laugh to scorn, make a fool of, make fun of, make one a laughing stock, mock, parody, poke fun at, pooh-pooh, satirize, scoff, send up (Brit. inf.), sneer, take the mickey out of (Inf.), take the piss (out of) (Taboo sl.), taunt
ridiculous absurd, comical, contemptible, derisory, farcical, foolish, funny, hilarious, inane, incredible, laughable, ludicrous, nonsensical, outrageous, preposterous, risible, silly, stupid, unbelievable
rifle v. burgle, despoil, go through, gut, loot, pillage, plunder, ransack, rob, rummage, sack, strip
rift [1] breach, break, chink, cleavage, cleft, crack, cranny, crevice, fault, fissure, flaw, fracture, gap, opening, space, split [2] alienation, breach, difference, disagreement, division, estrangement, falling out (Inf.), quarrel, schism, separation, split
rig
◆ v. [1] accoutre, equip, fit out, furnish, kit out, outfit, provision, supply, turn out [2] arrange, doctor, engineer, fake, falsify, fiddle with (Inf.), fix (Inf.), gerrymander, juggle, manipulate, tamper with, trump up
◆ n. [3] accoutrements, apparatus, equipage, equipment, fitments, fittings, fixtures, gear, machinery, outfit, tackle
right
◆ adj. [1] equitable, ethical, fair, good, honest, honourable, just, lawful, moral, proper, righteous, true, upright, virtuous [2] accurate, admissible, authentic, correct, exact, factual, genuine, precise, satisfactory, sound, spot-on (Brit. inf.), true, unerring, valid, veracious [3] advantageous, appropriate, becoming, comme il faut, convenient, deserved, desirable, done, due, favourable, fit, fitting, ideal, opportune, proper, propitious, rightful, seemly, suitable [4] all there (Inf.), balanced, compos mentis, fine, fit, healthy, in good health, in the pink, lucid, normal, rational, reasonable, sane, sound, unimpaired, up to par, well [5] conservative, reactionary, Tory [6] absolute, complete, out-and-out, outright, pure, real, thorough, thoroughgoing, utter

- **adv.** [7] accurately, aright, correctly, exactly, factually, genuinely, precisely, truly [8] appropriately, aptly, befittingly, fittingly, properly, satisfactorily, suitably [9] directly, immediately, instantly, promptly, quickly, straight, straightaway, without delay [10] bang, exactly, precisely, slap-bang (Inf.), squarely [11] absolutely, all the way, altogether, completely, entirely, perfectly, quite, thoroughly, totally, utterly, wholly [12] ethically, fairly, honestly, honourably, justly, morally, properly, righteously, virtuously [13] advantageously, beneficially, favourably, for the better, fortunately, to advantage, well
- **n.** [14] authority, business, claim, due, freedom, interest, liberty, licence, permission, power, prerogative, privilege, title [15] equity, good, goodness, honour, integrity, justice, lawfulness, legality, morality, propriety, reason, rectitude, righteousness, truth, uprightness, virtue [16] **by rights** equitably, in fairness, justly, properly [17] **to rights** arranged, in order, straight, tidy
- **v.** [18] compensate for, correct, fix, put right, rectify, redress, repair, settle, set upright, sort out, straighten, vindicate

righteous blameless, equitable, ethical, fair, good, honest, honourable, just, law-abiding, moral, pure, squeaky-clean, upright, virtuous

righteousness blamelessness, equity, ethicalness, faithfulness, goodness, honesty, honour, integrity, justice, morality, probity, purity, rectitude, uprightness, virtue

rigid adamant, austere, exact, fixed, harsh, inflexible, intransigent, invariable, rigorous, set, severe, stern, stiff, strict, stringent, unalterable, unbending, uncompromising, undeviating, unrelenting, unyielding

rigorous [1] austere, challenging, demanding, exacting, firm, hard, harsh, inflexible, rigid, severe, stern, strict, stringent, tough [2] accurate, conscientious, exact, meticulous, nice, painstaking, precise, punctilious, scrupulous, thorough [3] bad, bleak, extreme, harsh, inclement, inhospitable, severe

rigour [1] asperity, austerity, firmness, hardness, hardship, harshness, inflexibility, ordeal, privation, rigidity, sternness, strictness, stringency, suffering, trial [2] accuracy, conscientiousness, exactitude, exactness, meticulousness, preciseness, precision, punctiliousness, thoroughness

rig out [1] accoutre, equip, fit, furnish, kit out, outfit, set up [2] array, attire, clothe, costume, dress, kit out

rig up arrange, assemble, build, cobble together, construct, erect, fix up, improvise, put together, put up, set up, throw together

rim border, brim, brink, circumference, edge, flange, lip, margin, verge

rind crust, epicarp, husk, integument, outer layer, peel, skin

ring¹
- **n.** [1] band, circle, circuit, halo, hoop, loop, round [2] arena, circus, enclosure, rink [3] association, band, cabal, cartel, cell, circle, clique, combine, coterie, crew (Inf.), gang, group, junta, knot, mob, organization, syndicate
- **v.** [4] circumscribe, encircle, enclose, encompass, gird, girdle, hem in, seal off, surround

ring²
- **v.** [1] chime, clang, peal, resonate, resound, reverberate, sound, toll [2] buzz (Inf.), call, phone, telephone
- **n.** [3] chime, knell, peal [4] buzz (Inf.), call, phone call

rinse [1] v. bathe, clean, cleanse, dip, splash, wash, wash out, wet [2] n. bath, dip, splash, wash, wetting

riot
- **n.** [1] anarchy, commotion, confusion, disorder, disturbance, donnybrook, fray, lawlessness, mob violence, quarrel, row, street fighting, strife, tumult, turbulence, turmoil, upheaval, uproar [2] boisterousness, carousal, excess, festivity, frolic, high jinks, jollification, merrymaking, revelry, romp [3] display, extravaganza, flourish, show, splash [4] **run riot** [a] be out of control, break or cut loose, go wild, let oneself go, raise hell, rampage, throw off all restraint [b] grow like weeds, grow profusely, luxuriate, spread like wildfire
- **v.** [5] fight in the streets, go on the rampage, raise an uproar, rampage, run riot, take to the streets [6] carouse, cut loose, frolic, go on a binge (Inf.), go on a spree, make merry, paint the town red (Inf.), revel, roister, romp

riotous [1] anarchic, disorderly, insubordinate, lawless, mutinous, rampageous, rebellious, refractory, rowdy, tumultuous, ungovernable, unruly, uproarious, violent [2] boisterous, loud, luxurious, noisy, orgiastic, rambunctious (Inf.), roisterous, rollicking, saturnalian, side-splitting, unrestrained, uproarious, wanton, wild

ripe [1] fully developed, fully grown, mature, mellow, ready, ripened, seasoned [2] accomplished, complete, finished, in readiness, perfect, prepared, ready [3] auspicious, favourable, ideal, opportune, right, suitable, timely

ripen burgeon, come of age, come to fruition, develop, get ready, grow ripe, make ripe, mature, prepare, season

riposte [1] n. answer, comeback (Inf.), counterattack, rejoinder, repartee, reply, response, retort, return, sally [2] v. answer, come back, reciprocate, rejoin, reply, respond, retort, return

rise
- **v.** [1] arise, get out of bed, get to one's feet, get up, rise and shine, stand up, surface [2] arise, ascend, climb, enlarge, go up, grow, improve, increase, intensify, levitate, lift, mount, move up, soar, swell, wax [3] advance, be promoted, climb the ladder, get on, get somewhere, go places (Inf.), progress, prosper, work one's way up [4] appear, become apparent, crop up, emanate, emerge, eventuate, flow, happen, issue, occur, originate, spring, turn up [5] mount the barricades, mutiny, rebel, resist, revolt, take up arms [6] ascend, climb, get steeper, go uphill, mount, slope upwards
- **n.** [7] advance, ascent, climb, improvement, increase, upsurge, upswing, upturn, upward turn [8] advancement, aggrandizement, climb, progress, promotion [9] acclivity, ascent, elevation, hillock, incline, rising ground, upward slope [10] increment, pay increase, raise (U.S.) [11] **give rise to** bring about, bring on, cause, effect, produce, provoke, result in

risk [1] n. chance, danger, gamble, hazard, jeopardy, peril, pitfall, possibility, speculation, uncertainty, venture [2] v. chance, dare, endanger, expose to danger, gamble, hazard, imperil, jeopardize, put in jeopardy, take a chance on, venture

risky chancy (Inf.), dangerous, dicey (Inf., chiefly Brit.), dodgy (Brit., Aust., & N.Z. inf.), fraught with danger, hazardous, perilous, precarious, touch-and-go, tricky, uncertain, unsafe

rite act, ceremonial, ceremony, communion, custom, form, formality, liturgy, mystery, observance, ordinance, practice, procedure, ritual, sacrament, service, solemnity, usage

ritual
- **n.** [1] ceremonial, ceremony, communion, liturgy, mystery, observance, rite, sacrament, service, solemnity [2] convention, custom, form, formality, habit, ordinance, practice, prescription, procedure, protocol, red tape, routine, stereotype, tradition, usage
- **adj.** [3] ceremonial, ceremonious, conventional, customary, formal, habitual, prescribed, procedural, routine, stereotyped

rival
- **n.** [1] adversary, antagonist, challenger, competitor, contender, contestant, emulator, opponent [2] compeer, equal, equivalent, fellow, match, peer
- **adj.** [3] competing, competitive, conflicting, emulating, opposed, opposing
- **v.** [4] be a match for, bear comparison with, come up to, compare with, compete, contend, emulate, equal, match, measure up to, oppose, seek to displace, vie with

rivalry antagonism, competition, competitiveness, conflict, contention, contest, duel, emulation, opposition, struggle, vying

road [1] avenue, course, direction, highway, lane, motorway, path, pathway, roadway, route, street, thoroughfare, track, way [2] (Nautical) anchorage, roadstead

roam drift, meander, peregrinate, prowl, ramble, range, rove, stravaig (Scot. & northern English dialect), stray, stroll, travel, walk, wander

roar
- **v.** [1] bawl, bay, bell, bellow, clamour, crash, cry, howl, rumble, shout, thunder, vociferate, yell [2] bust a gut (Inf.), crack up (Inf.), guffaw, hoot, laugh heartily, split one's sides (Inf.)
- **n.** [3] bellow, clamour, crash, cry, howl, outcry, rumble, shout, thunder, yell [4] belly laugh (Inf.), guffaw, hoot

rob bereave, burgle, cheat, con (Inf.), defraud, deprive, despoil, dispossess, do out of (Inf.), gyp (Sl.), hold up, loot, mug (Inf.), pillage, plunder, raid, ransack, rifle, rip off (Sl.), sack, skin (Sl.), steam (Inf.), stiff (Sl.), strip, swindle

robber bandit, brigand, burglar, cheat, con man (Inf.), fraud, highwayman, looter, mugger (Inf.), pirate, plunderer, raider, stealer, swindler, thief

robbery burglary, depredation, embezzlement, filching, fraud, hold-up, larceny, mugging (Inf.), pillage, plunder, raid, rapine, rip-off (Sl.), spoliation, stealing, steaming (Inf.), stick-up (Sl., chiefly U.S.), swindle, theft, thievery

robe
- **n.** [1] costume, gown, habit, vestment [2] bathrobe, dressing gown, housecoat, negligee, peignoir, wrapper
- **v.** [3] apparel (Archaic), attire, clothe, drape, dress, garb

robot android, automaton, machine, mechanical man

robust [1] able-bodied, athletic, brawny, fit, hale, hardy, healthy, hearty, husky (Inf.), in fine fettle, in good health, lusty, muscular, powerful, Ramboesque, rude, rugged, sinewy, sound, staunch, stout, strapping, strong, sturdy, thickset, tough, vigorous, well [2] boisterous, coarse, earthy, indecorous, raunchy (Sl.), raw, roisterous, rollicking, rough, rude, unsubtle [3] commonsensical, down-to-earth, hard-headed, practical, pragmatic, realistic, sensible, straightforward

rock¹ [1] lurch, pitch, reel, roll, sway, swing, toss, wobble [2] astonish, astound, daze, dumbfound, jar, set one back on one's heels (Inf.), shake, shock, stagger, stun, surprise

rock² [1] boulder, stone [2] anchor, bulwark, cornerstone, foundation, mainstay, protection, support, tower of strength

rocky [1] boulder-strewn, craggy, pebbly, rough, rugged, stony [2] adamant, firm, flinty, hard, rocklike, rugged, solid, steady, tough, unyielding

rod bar, baton, birch, cane, crook, dowel, mace, pole, sceptre, shaft, staff, stick, switch, wand

rogue blackguard, charlatan, cheat, con man (Inf.), crook (Inf.), deceiver, devil, fraud, knave (Archaic), mountebank, ne'er-do-well, rapscallion, rascal, reprobate, scally (Northwest English dialect), scamp, scoundrel, scumbag (Sl.), sharper, swindler, villain

role [1] character, impersonation, part, portrayal, representation [2] capacity, duty, function, job, part, position, post, task

roll
- **v.** [1] elapse, flow, go past, go round, gyrate, pass, pivot, reel, revolve, rock, rotate, run, spin, swivel, trundle, turn, twirl, undulate, wheel, whirl [2] bind, coil, curl, enfold, entwine, envelop, furl, swathe, twist, wind, wrap [3] even, flatten, level, press, smooth, spread [4] boom, drum, echo, grumble, resound, reverberate, roar, rumble, thunder [5] billow, lurch, reel, rock, sway, swing, toss, tumble, wallow, welter [6] lumber, lurch, reel, stagger, swagger, sway, waddle
- **n.** [7] cycle, gyration, reel, revolution, rotation, run, spin, turn, twirl, undulation, wheel, whirl [8] ball, bobbin, cylinder, reel, scroll, spool [9] annals, catalogue, census, chronicle, directory, index, inventory, list, record, register, roster, schedule, scroll, table [10] billowing, lurching, pitching, rocking, rolling, swell, tossing, undulation, wallowing, waves [11] boom, drumming, growl, grumble, resonance, reverberation, roar, rumble, thunder

rollicking adj. boisterous, carefree, cavorting, devil-may-care, exuberant, frisky, frolicsome, hearty, jaunty, jovial, joyous, lively, merry, playful, rip-roaring (Inf.), romping, spirited, sportive, sprightly, swashbuckling

roly-poly buxom, chubby, fat, overweight, plump, podgy, pudgy, rotund, rounded, tubby

romance
- **n.** [1] affair, affaire (du coeur), affair of the heart, amour, attachment, intrigue, liaison, love affair, passion, relationship [2] adventure, charm, colour, excitement, exoticness, fascination, glamour, mystery, nostalgia, sentiment [3] fairy tale, fantasy, fiction, idyll, legend, love story, melodrama, novel, story, tale, tearjerker (Inf.) [4] absurdity, exaggeration, fabrica-

tion, fairy tale, falsehood, fiction, flight of fancy, invention, lie, tall story (Inf.), trumped-up story
- v. 5 be economical with the truth, exaggerate, fantasize, let one's imagination run away with one, lie, make up stories, stretch the truth, tell stories

romantic
- adj. 1 amorous, fond, lovey-dovey, loving, mushy (Inf.), passionate, sentimental, sloppy (Inf.), soppy (Brit. inf.), tender 2 charming, colourful, exciting, exotic, fascinating, glamorous, mysterious, nostalgic, picturesque 3 dreamy, high-flown, idealistic, impractical, quixotic, starry-eyed, unrealistic, utopian, visionary, whimsical 4 chimerical, exaggerated, extravagant, fabulous, fairy-tale, fanciful, fantastic, fictitious, idyllic, imaginary, imaginative, improbable, legendary, made-up, unrealistic, wild
- n. 5 Don Quixote, dreamer, idealist, romancer, sentimentalist, utopian, visionary

rook v. bilk, cheat, cozen, clip (Sl.), defraud, diddle (Inf.), do (Sl.), fleece, gyp (Sl.), mulct, overcharge, rip off (Sl.), skin (Sl.), stiff (Sl.), sting (Inf.), swindle

room 1 allowance, area, capacity, compass, elbowroom, expanse, extent, latitude, leeway, margin, play, range, scope, space, territory, volume 2 apartment, chamber, office 3 chance, occasion, opportunity, scope

roomy ample, broad, capacious, commodious, extensive, generous, large, sizable, spacious, wide

root
- n. 1 radicle, radix, rhizome, stem, tuber 2 base, beginnings, bottom, cause, core, crux, derivation, essence, foundation, fountainhead, fundamental, germ, heart, mainspring, nub, nucleus, occasion, origin, seat, seed, source, starting point 3 Plural birthplace, cradle, family, heritage, home, origins, sense of belonging 4 **root and branch** completely, entirely, finally, radically, thoroughly, totally, to the last man, utterly, wholly, without exception
- v. 5 anchor, become established, become settled, embed, entrench, establish, fasten, fix, ground, implant, moor, set, stick, take root

rooted confirmed, deep, deeply felt, deep-seated, entrenched, established, firm, fixed, ingrained, radical, rigid

root out 1 Also **root up** abolish, cut out, destroy, dig up by the roots, do away with, efface, eliminate, eradicate, erase, exterminate, extirpate, get rid of, remove, tear out by the roots, uproot, weed out 2 bring to light, dig out, discover, dredge up, produce, turn up, unearth

rope
- n. 1 cable, cord, hawser, line, strand 2 **the rope** capital punishment, halter, hanging, lynching, noose 3 **know the ropes** be an old hand, be experienced, be knowledgeable, know all the ins and outs, know one's way around, know the score (Inf.), know what's what, know where it's at (Sl.)
- v. 4 bind, fasten, hitch, lash, lasso, moor, pinion, tether, tie

rope in drag in, engage, enlist, inveigle, involve, persuade, talk into

roster agenda, catalogue, inventory, list, listing, register, roll, rota, schedule, scroll, table

rostrum dais, platform, podium, stage

rosy 1 pink, red, roseate, rose-coloured 2 blooming, blushing, flushed, fresh, glowing, healthy-looking, radiant, reddish, roseate, rubicund, ruddy 3 auspicious, bright, cheerful, encouraging, favourable, hopeful, optimistic, promising, reassuring, roseate, rose-coloured, sunny

rot
- v. 1 corrode, corrupt, crumble, decay, decompose, degenerate, deteriorate, disintegrate, fester, go bad, moulder, perish, putrefy, spoil, taint 2 decline, degenerate, deteriorate, languish, waste away, wither away
- n. 3 blight, canker, corrosion, corruption, decay, decomposition, deterioration, disintegration, mould, putrefaction, putrescence 4 balderdash, balls (Taboo sl.), bilge (Inf.), bosh (Inf.), bull (Sl.), bullshit (Taboo sl.), bunk (Inf.), bunkum or buncombe (Chiefly U.S.), claptrap (Inf.), cobblers (Brit. taboo sl.), codswallop (Brit. sl.), crap (Sl.), drivel, eyewash (Inf.), flapdoodle (Sl.), garbage (Chiefly U.S.), guff (Sl.), hogwash, hokum (Sl., chiefly U.S. & Canad.), horsefeathers (U.S. sl.), hot air (Inf.), moonshine, nonsense, pap, piffle (Inf.), poppycock (Inf.), rubbish, shit (Taboo sl.), stuff and nonsense, tommyrot, tosh (Sl., chiefly Brit.), tripe (Inf.), twaddle

rotary gyratory, revolving, rotating, rotational, rotatory, spinning, turning

rotate 1 go round, gyrate, pirouettepivot, reel, revolve, spin, swivel, turn, wheel 2 alternate, follow in sequence, interchange, switch, take turns

rotation 1 gyration, orbit, pirouette, reel, revolution, spin, spinning, turn, turning, wheel 2 alternation, cycle, interchanging, sequence, succession, switching

rotten 1 bad, corroded, corrupt, crumbling, decayed, decaying, decomposed, decomposing, disintegrating, festering, fetid, foul, mouldering, mouldy, perished, putrescent, putrid, rank, sour, stinking, tainted, unsound 2 bent (Sl.), corrupt, crooked (Inf.), deceitful, degenerate, dishonest, dishonourable, disloyal, faithless, immoral, mercenary, perfidious, treacherous, untrustworthy, venal, vicious 3 (Inf.) base, contemptible, despicable, dirty, disagreeable, filthy, mean, nasty, scurrilous, shitty (Taboo sl.), unpleasant, vile, wicked 4 (Inf.) bad, deplorable, disappointing, regrettable, unfortunate, unlucky 5 (Inf.) chickenshit (U.S. sl.), crummy (Sl.), duff (Brit. inf.), ill-considered, ill-thought-out, inadequate, inferior, lousy (Sl.), low-grade, of a sort or of sorts, poor, poxy (Sl.), punk, ropy or ropey (Brit. inf.), sorry, substandard, unacceptable, unsatisfactory 6 (Inf.) bad, below par, ill, off colour, poorly (Inf.), ropy or ropey (Brit. inf.), rough (Inf.), sick, under the weather (Inf.), unwell

rotter bad lot, blackguard, blighter (Brit. inf.), bounder (Old-fashioned Brit. sl.), cad (Brit. inf.), cocksucker (Taboo sl.), cur, louse (Sl.), rat (Inf.), scumbag (Sl.), stinker (Sl.), swine

rotund 1 bulbous, globular, orbicular, round, rounded, spherical 2 chubby, corpulent, fat, fleshy, heavy, obese, plump, podgy, portly, roly-poly, rounded, stout, tubby 3 full, grandiloquent, magniloquent, orotund, resonant, rich, round, sonorous

rough
- adj. 1 broken, bumpy, craggy, irregular, jagged, rocky, rugged, stony, uneven 2 bristly, bushy, coarse, dishevelled, disordered, fuzzy, hairy, shaggy, tangled, tousled, uncut, unshaven, unshorn 3 agitated, boisterous, choppy, inclement, squally, stormy, tempestuous, turbulent, wild 4 bearish, bluff, blunt, brusque, churlish, coarse, curt, discourteous, ill-bred, ill-mannered, impolite, inconsiderate, indelicate, loutish, rude, unceremonious, uncivil, uncouth, uncultured, ungracious, unmannerly, unpolished, unrefined, untutored 5 boisterous, cruel, curt, drastic, extreme, hard, harsh, nasty, rowdy, severe, sharp, tough, unfeeling, unjust, unpleasant, violent 6 (Inf.) below par, ill, not a hundred per cent (Inf.), off colour, poorly (Inf.), ropy or ropey (Brit. inf.), rotten (Inf.), sick, under the weather (Inf.), unwell, upset 7 cacophonous, discordant, grating, gruff, harsh, husky, inharmonious, jarring, rasping, raucous, unmusical 8 arduous, austere, hard, rugged, spartan, tough, uncomfortable, unpleasant, unrefined 9 basic, crude, cursory, formless, hasty, imperfect, incomplete, quick, raw, rough-and-ready, roughhewn, rudimentary, shapeless, sketchy, unfinished, unpolished, unrefined, untutored 10 crude, raw, rough-hewn, uncut, undressed, unhewn, unpolished, unprocessed, unwrought 11 amorphous, approximate, estimated, foggy, general, hazy, imprecise, inexact, sketchy, vague
- n. 12 draft, mock-up, outline, preliminary sketch, suggestion 13 (Inf.) bruiser, bully boy, casual, lager lout, ned (Sl.), roughneck (Sl.), rowdy, ruffian, thug, tough
- v. 14 **rough out** adumbrate, block out, delineate, draft, outline, plan, sketch, suggest 15 **rough up** bash up (Inf.), batter, beat the living daylights out of (Inf.), beat up, do over (Brit., Aust., & N.Z. sl.), knock about or around, maltreat, manhandle, mistreat, thrash

rough-and-tumble 1 n. affray (Law), brawl, donnybrook, dust-up (Inf.), fight, fracas, melee or mêlée, punch-up (Brit. inf.), roughhouse (Sl.), scrap (Inf.), scrimmage, scuffle, shindig (Inf.), shindy (Inf.), struggle 2 adj. boisterous, disorderly, haphazard, indisciplined, irregular, rough, rowdy, scrambled, scrambling

round
- adj. 1 annular, ball-shaped, bowed, bulbous, circular, curved, curvilinear, cylindrical, discoid, disc-shaped, globular, orbicular, ring-shaped, rotund, rounded, spherical 2 complete, entire, full, solid, unbroken, undivided, whole 3 ample, bounteous, bountiful, considerable, generous, great, large, liberal, substantial 4 ample, fleshy, full, full-fleshed, plump, roly-poly, rotund, rounded 5 full, mellifluous, orotund, resonant, rich, rotund, sonorous 6 blunt, candid, direct, frank, outspoken, plain, straightforward, unmodified
- n. 7 ball, band, circle, disc, globe, orb, ring, sphere 8 bout, cycle, sequence, series, session, succession 9 division, lap, level, period, session, stage, turn 10 ambit, beat, circuit, compass, course, routine, schedule, series, tour, turn 11 bullet, cartridge, discharge, shell, shot
- v. 12 bypass, circle, circumnavigate, encircle, flank, go round, skirt, turn

roundabout adj. circuitous, circumlocutory, devious, discursive, evasive, indirect, meandering, oblique, periphrastic, tortuous

round off bring to a close, cap, close, complete, conclude, crown, finish off, put the finishing touch to, settle

round up assemble, bring together, collect, drive, gather, group, herd, marshal, muster, rally

rouse 1 arouse, awaken, call, get up, rise, wake, wake up 2 agitate, anger, animate, arouse, bestir, disturb, excite, exhilarate, galvanize, get going, incite, inflame, instigate, move, prod, provoke, startle, stimulate, stir, whip up

rousing brisk, electrifying, exciting, exhilarating, inflammatory, inspiring, lively, moving, spirited, stimulating, stirring, vigorous

rout 1 n. beating, debacle, defeat, disorderly retreat, drubbing, headlong flight, hiding (Inf.), licking (Inf.), overthrow, overwhelming defeat, pasting (Sl.), ruin, shambles, thrashing 2 v. beat, chase, clobber (Sl.), conquer, crush, cut to pieces, defeat, destroy, dispel, drive off, drub, lick (Inf.), overpower, overthrow, put to flight, put to rout, scatter, tank (Sl.), thrash, throw back in confusion, wipe the floor with (Inf.), worst

route 1 n. avenue, beat, circuit, course, direction, itinerary, journey, passage, path, road, round, run, way 2 v. convey, direct, dispatch, forward, send, steer

routine
- n. 1 custom, formula, grind (Inf.), groove, method, order, pattern, practice, procedure, programme, usage, way, wont 2 (Inf.) act, bit (Inf.), line, performance, piece, spiel (Inf.)
- adj. 3 conventional, customary, everyday, familiar, habitual, normal, ordinary, standard, typical, usual, wonted, workaday 4 boring, clichéd, dull, hackneyed, humdrum, mind-numbing, predictable, run-of-the-mill, shtick (Sl.), tedious, tiresome, unimaginative, uninspired, unoriginal

row¹ bank, column, file, line, queue, range, rank, sequence, series, string, tier

row²
- n. 1 altercation, bagarre, brawl, commotion, controversy, dispute, disturbance, falling-out (Inf.), fracas, fray, fuss, noise, quarrel, racket, ruckus (Inf.), ruction (Inf.), rumpus, scrap (Inf.), shindig (Inf.), shindy (Inf.), shouting match (Inf.), slanging match (Brit.), squabble, tiff, trouble, tumult, uproar 2 castigation, dressing-down (Inf.), flea in one's ear (Inf.), lecture, reprimand, reproof, rollicking (Brit. inf.), talking-to (Inf.), telling-off (Inf.), ticking-off (Inf.), tongue-lashing
- v. 3 argue, brawl, dispute, fight, scrap (Inf.), spar, squabble, wrangle

rowdy 1 adj. boisterous, disorderly, loud, loutish, noisy, obstreperous, rough, unruly, uproarious, wild 2 n. brawler, casual, hooligan, lager lout, lout, ned (Sl.), rough (Inf.), ruffian, tearaway (Brit.), tough, troublemaker, yahoo, yob or yobbo (Brit. sl.)

royal 1 imperial, kinglike, kingly, monarchical, princely, queenly, regal, sovereign 2 august, grand, impressive, magnificent, majestic, splendid, stately, superb, superior

rub
- v. 1 abrade, caress, chafe, clean, fray, grate, knead, massage, polish, scour, scrape, shine, smooth, stroke, wipe 2 apply, put, smear, spread 3 **rub up the wrong way** aggravate (Inf.), anger, annoy, bug (Inf.), get in one's hair (Inf.),

get one's goat (Sl.), get on one's nerves (Inf.), get under one's skin (Inf.), irk, irritate, nark (Brit., Aust., & N.Z. sl.), peeve (Inf.), piss one off (Taboo sl.), vex

◆ **n.** 4 caress, kneading, massage, polish, shine, stroke, wipe 5 catch, difficulty, drawback, hindrance, hitch, impediment, obstacle, problem, snag, trouble

rubbish 1 crap (Sl.), debris, dreck (Sl., chiefly U.S.), dregs, dross, flotsam and jetsam, garbage (Chiefly U.S.), grot (Sl.), junk (Inf.), litter, lumber, offal, offscourings, refuse, scrap, trash, waste 2 balderdash, balls (Taboo sl.), bilge (Inf.), bosh (Inf.), bull (Sl.), bullshit (Taboo sl.), bunkum or buncombe (Chiefly U.S.), claptrap (Inf.), cobblers (Brit. taboo sl.), codswallop (Brit. sl.), crap (Sl.), drivel, eyewash (Inf.), flapdoodle (Sl.), garbage (Chiefly U.S.), gibberish, guff (Sl.), havers (Scot.), hogwash, hokum (Sl., chiefly U.S. & Canad.), horsefeathers (U.S. sl.), hot air (Inf.), moonshine, nonsense, pap, piffle (Inf.), poppycock (Inf.), rot, shit (Taboo sl.), stuff and nonsense, tommyrot, tosh (Sl., chiefly Brit.), tripe (Inf.), twaddle

rub out 1 cancel, delete, efface, erase, excise, expunge, obliterate, remove, wipe out 2 (U.S. sl.) assassinate, blow away (Sl., chiefly U.S.), bump off (Sl.), butcher, dispatch, do in (Inf.), eliminate (Sl.), hit (Sl.), kill, knock off (Sl.), murder, slaughter, slay, take out (Sl.), waste (Inf.)

ruddy 1 blooming, blushing, florid, flushed, fresh, glowing, healthy, radiant, red, reddish, rosy, rosy-cheeked, rubicund, sanguine, sunburnt 2 crimson, pink, red, reddish, roseate, ruby, scarlet

rude 1 abrupt, abusive, blunt, brusque, cheeky, churlish, curt, discourteous, disrespectful, ill-mannered, impertinent, impolite, impudent, inconsiderate, insolent, insulting, offhand, peremptory, short, uncivil, unmannerly 2 barbarous, boorish, brutish, coarse, crude, graceless, gross, ignorant, illiterate, loutish, low, oafish, obscene, rough, savage, scurrilous, uncivilized, uncouth, uncultured, uneducated, ungracious, unpolished, unrefined, untutored, vulgar 3 artless, crude, inartistic, inelegant, makeshift, primitive, raw, rough, rough-hewn, roughly-made, simple 4 abrupt, harsh, sharp, startling, sudden, unpleasant, violent

rudimentary basic, early, elementary, embryonic, fundamental, immature, initial, introductory, primary, primitive, undeveloped, vestigial

rudiments basics, beginnings, elements, essentials, first principles, foundation, fundamentals

rueful conscience-stricken, contrite, dismal, doleful, grievous, lugubrious, melancholy, mournful, penitent, pitiable, pitiful, plaintive, regretful, remorseful, repentant, sad, self-reproachful, sorrowful, sorry, woebegone, woeful

ruffian bruiser (Inf.), brute, bully, bully boy, casual, heavy (Sl.), hoodlum, hooligan, lager lout, miscreant, ned (Sl.), rascal, rogue, rough (Inf.), roughneck (Sl.), rowdy, scoundrel, thug, tough, villain, wretch, yardie

ruffle 1 derange, disarrange, discompose, dishevel, disorder, mess up, rumple, tousle, wrinkle 2 agitate, annoy, confuse, disconcert, disquiet, disturb, faze, fluster, harass, hassle (Inf.), irritate, nettle, peeve (Inf.), perturb, put out, rattle (Inf.), shake up (Inf.), stir, torment, trouble, unnerve, unsettle, upset, vex, worry

rugged 1 broken, bumpy, craggy, difficult, irregular, jagged, ragged, rocky, rough, stark, uneven 2 furrowed, leathery, lined, rough-hewn, strong-featured, weatherbeaten, weathered, worn, wrinkled 3 austere, crabbed, dour, gruff, hard, harsh, rough, rude, severe, sour, stern, surly 4 barbarous, blunt, churlish, crude, graceless, rude, uncouth, uncultured, unpolished, unrefined 5 arduous, demanding, difficult, exacting, hard, harsh, laborious, rigorous, stern, strenuous, taxing, tough, trying, uncompromising 6 beefy (Inf.), brawny, burly, hale, hardy, husky (Inf.), muscular, Rambo-esque, robust, strong, sturdy, tough, vigorous, well-built

ruin

◆ **n.** 1 bankruptcy, breakdown, collapse, crackup (Inf.), crash, damage, decay, defeat, destitution, destruction, devastation, disintegration, disrepair, dissolution, downfall, failure, fall, havoc, insolvency, nemesis, overthrow, ruination, subversion, the end, undoing, Waterloo, wreck, wreckage

◆ **v.** 2 bankrupt, break, bring down, bring to nothing, bring to ruin, crush, defeat, demolish, destroy, devastate, impoverish, lay in ruins, lay waste, overthrow, overturn, overwhelm, pauperize, raze, shatter, smash, total (Sl.), trash (Sl.), wreak havoc upon, wreck 3 blow (Sl.), bodge (Inf.), botch, cock up (Brit. sl.), damage, disfigure, fuck up (Offens. taboo sl.), injure, make a mess of, mangle, mar, mess up, screw up (Inf.), spoil, undo

ruinous 1 baleful, baneful (Archaic), calamitous, catastrophic, crippling, deadly, deleterious, destructive, devastating, dire, disastrous, extravagant, fatal, immoderate, injurious, murderous, noxious, pernicious, shattering, wasteful, withering 2 broken-down, decrepit, derelict, dilapidated, in ruins, ramshackle, ruined

rule

◆ **n.** 1 axiom, canon, criterion, decree, dictum, direction, guide, guideline, law, maxim, order, ordinance, precept, principle, regulation, ruling, standard, tenet 2 administration, ascendancy, authority, command, control, direction, domination, dominion, empire, government, influence, jurisdiction, leadership, mastery, power, régime, reign, supremacy, sway 3 condition, convention, custom, form, habit, order or way of things, practice, procedure, routine, tradition, wont 4 course, formula, method, policy, procedure, way 5 **as a rule** customarily, for the most part, generally, mainly, normally, on the whole, ordinarily, usually

◆ **v.** 6 administer, be in authority, be in power, be number one (Inf.), command, control, direct, dominate, govern, guide, hold sway, lead, manage, preside over, regulate, reign, wear the crown 7 adjudge, adjudicate, decide, decree, determine, establish, find, judge, lay down, pronounce, resolve, settle 8 be customary (pre-eminent, prevalent, superior), hold sway, obtain, predominate, preponderate, prevail

rule out ban, debar, dismiss, disqualify, eliminate, exclude, forbid, leave out, obviate, preclude, prevent, prohibit, proscribe, reject

ruler 1 commander, controller, crowned head, emperor, empress, governor, head of state, king, leader, lord, monarch, potentate, prince, princess, queen, sovereign 2 measure, rule, straight edge, yardstick

ruling

◆ **n.** 1 adjudication, decision, decree, finding, judg(e)ment, pronouncement, resolution, verdict

◆ **adj.** 2 commanding, controlling, dominant, governing, leading, regnant, reigning, upper 3 chief, current, dominant, main, predominant, pre-eminent, preponderant, prevailing, prevalent, principal, regnant, supreme

ruminate brood, chew over, cogitate, consider, contemplate, deliberate, meditate, mull over, muse, ponder, reflect, revolve, think, turn over in one's mind, weigh

rumour 1 n. bruit (Archaic), buzz, canard, dirt (U.S. sl.), gossip, hearsay, news, report, story, talk, tidings, whisper, word 2 v. bruit, circulate, gossip, noise abroad, pass around, publish, put about, report, say, tell, whisper

run

◆ **v.** 1 barrel (along) (Inf., chiefly U.S. & Canad.), bolt, career, dart, dash, gallop, hare (Brit. inf.), hasten, hie, hotfoot, hurry, jog, leg it (Inf.), lope, race, rush, scamper, scramble, scud, scurry, speed, sprint 2 abscond, beat a retreat, beat it (Sl.), bolt, clear out, cut and run (Inf.), decamp, depart, do a runner (Sl.), escape, flee, fly the coop (U.S. & Canad. inf.), leg it (Inf.), make a run for it, make off, scarper (Brit. sl.), show a clean pair of heels, skedaddle (Inf.), slope off, take a powder (U.S. & Canad. sl.), take flight, take it on the lam (U.S. & Canad. sl.), take off (Inf.), take to one's heels 3 course, glide, go, move, pass, roll, skim, slide 4 bear, carry, convey, drive, give a lift to, manoeuvre, operate, propel, transport 5 go, operate, ply 6 function, go, operate, perform, tick, work 7 administer, be in charge of, boss (Inf.), carry on, conduct, control, coordinate, direct, handle, head, lead, look after, manage, mastermind, operate, oversee, own, regulate, superintend, supervise, take care of 8 continue, extend, go, last, lie, proceed, range, reach, stretch 9 cascade, discharge, flow, go, gush, issue, leak, move, pour, proceed, spill, spout, stream 10 dissolve, fuse, go soft, liquefy, melt, turn to liquid 11 be diffused, bleed, lose colour, mix, spread 12 come apart, come undone, ladder, tear, unravel 13 be current, circulate, climb, creep, go round, spread, trail 14 display, feature, print, publish 15 be a candidate, challenge, compete, contend, put oneself up for, stand, take part 16 bootleg, deal in, ship, smuggle, sneak, traffic in 17 **run for it** abscond, bolt, cut and run (Inf.), decamp, do a bunk (Brit. sl.), do a runner (Sl.), escape, flee, fly, fly the coop (U.S. & Canad. inf.), make a break for it, make off, scarper (Brit. sl.), scram (Inf.), show a clean pair of heels, skedaddle (Inf.), take a powder (U.S. & Canad. sl.), take flight, take it on the lam (U.S. & Canad. sl.), take off

◆ **n.** 18 dash, gallop, jog, race, rush, sprint, spurt 19 drive, excursion, jaunt, journey, joy ride (Inf.), lift, outing, ride, round, spin (Inf.), trip 20 chain, course, cycle, passage, period, round, season, sequence, series, spell, streak, stretch, string 21 category, class, kind, order, sort, type, variety 22 application, demand, pressure, rush 23 ladder, rip, snag, tear 24 course, current, direction, drift, flow, motion, movement, passage, path, progress, stream, tendency, tenor, tide, trend, way 25 coop, enclosure, pen 26 **in the long run** at the end of the day, eventually, in the end, in the final analysis, in time, ultimately, when all is said and done 27 **on the run** a at liberty, escaping, fugitive, in flight, on the lam (U.S. sl.), on the loose b defeated, falling back, fleeing, in flight, in retreat, retreating, running away c at speed, hastily, hurriedly, hurrying, in a hurry, in a rush, in haste

run across bump into, chance upon, come across, come upon, encounter, meet, meet with, run into

runaway

◆ **n.** 1 absconder, deserter, escapee, escaper, fugitive, refugee, truant

◆ **adj.** 2 escaped, fleeing, fugitive, loose, out of control, uncontrolled, wild 3 easily won, easy, effortless

run away 1 abscond, beat it (Sl.), bolt, clear out, cut and run (Inf.), decamp, do a bunk (Brit. sl.), do a runner (Sl.), escape, flee, fly the coop (U.S. & Canad. inf.), hook it (Sl.), make a run for it, run off, scarper (Brit. sl.), scram (Inf.), show a clean pair of heels, skedaddle (Inf.), take a powder (U.S. & Canad. sl.), take flight, take it on the lam (U.S. & Canad. sl.), take off, take to one's heels 2 (With **with**) a abduct, abscond, elope b abscond, make off, pinch (Inf.), run off, snatch, steal c romp home, walk it (Inf.), win by a mile (Inf.), win easily, win hands down

rundown briefing, outline, précis, recap (Inf.), résumé, review, run-through, sketch, summary, synopsis

run down 1 curtail, cut, cut back, decrease, drop, pare down, reduce, trim 2 debilitate, exhaust, sap the strength of, tire, undermine the health of, weaken 3 asperse, bad-mouth (Sl., chiefly U.S. & Canad.), belittle, criticize adversely, decry, defame, denigrate, disparage, knock (Inf.), put down, revile, rubbish (Inf.), slag (off) (Sl.), speak ill of, vilify 4 hit, knock down, knock over, run into, run over, strike

run in 1 break in gently, run gently 2 (Sl.) apprehend, arrest, bust (Inf.), collar (Inf.), feel one's collar (Sl.), jail, lift (Sl.), nab (Inf.), nail (Inf.), pick up, pinch (Inf.), pull in (Brit. sl.), take into custody, take to jail, throw in jail

run into 1 bump into, collide with, crash into, dash against, hit, ram, strike 2 be beset by, be confronted by, bump into, chance upon, come across, come upon, encounter, meet, meet with, run across

runner 1 athlete, harrier, jogger, miler, sprinter 2 courier, dispatch bearer, errand boy, messenger 3 offshoot, shoot, sprig, sprout, stem, stolon (Bot.), tendril

running

◆ **adj.** 1 constant, continuous, incessant, in succession, on the trot (Inf.), perpetual, together, unbroken, unceasing, uninterrupted 2 flowing, moving, streaming

◆ **n.** 3 administration, charge, conduct, control, coordination, direction, leadership, management, organization, regulation, superintendency, supervision 4 functioning, maintenance, operation, performance, working 5 competition, contention, contest

run off ① bolt, clear out, cut and run (Inf.), decamp, do a runner (Sl.), escape, flee, fly the coop (U.S. & Canad. inf.), hook it (Sl.), make off, run away, scarper (Brit. sl.), show a clean pair of heels, skedaddle (Inf.), take a powder (U.S. & Canad. sl.), take flight, take it on the lam (U.S. & Canad. sl.), take to one's heels ② churn out (Inf.), duplicate, print, produce ③ bleed, drain, flow away, siphon, tap ④ (With **with**) **a** lift (Inf.), make off, pinch (Inf.), purloin, run away, steal, swipe (Sl.) **b** abscond, elope, run away

run-of-the-mill average, banal, common, commonplace, fair, mediocre, middling, modest, ordinary, passable, tolerable, undistinguished, unexceptional, unexciting, unimpressive

run out ① be exhausted, cease, close, come to a close, dry up, end, expire, fail, finish, give out, peter out, terminate ② (With **of**) be cleaned out, be out of, exhaust one's supply of, have no more of, have none left, have no remaining ③ (With **on**) (Inf.) abandon, desert, forsake, leave high and dry, leave holding the baby, leave in the lurch, rat (Inf.), run away from

run over ① hit, knock down, knock over, run down, strike ② brim over, overflow, spill, spill over ③ check, examine, go over, go through, rehearse, reiterate, review, run through, survey

run through ① impale, pierce, spit, stab, stick, transfix ② blow (Sl.), dissipate, exhaust, fritter away, spend like water, squander, throw away, waste ③ go over, practise, read, rehearse, run over ④ check, examine, go through, look over, review, run over, survey

rupture
* n. ① breach, break, burst, cleavage, cleft, crack, fissure, fracture, rent, split, tear ② altercation, breach, break, bust-up (Inf.), contention, disagreement, disruption, dissolution, estrangement, falling-out (Inf.), feud, hostility, quarrel, rift, schism, split ③ (Medical) hernia
* v. ④ break, burst, cleave, crack, fracture, puncture, rend, separate, sever, split, tear ⑤ break off, cause a breach, come between, disrupt, dissever, divide, split

rural agrarian, agrestic, agricultural, Arcadian, bucolic, countrified, country, hick (Inf., chiefly U.S. & Canad.), pastoral, rustic, sylvan, upcountry

ruse artifice, blind, deception, device, dodge, hoax, imposture, manoeuvre, ploy, sham, stratagem, subterfuge, trick, wile

rush
* v. ① accelerate, barrel (along) (Inf., chiefly U.S. & Canad.), bolt, burn rubber (Inf.), career, dart, dash, dispatch, expedite, fly, hasten, hotfoot, hurry, hustle, lose no time, make haste, make short work of, press, push, quicken, race, run, scramble, scurry, shoot, speed, speed up, sprint, stampede, tear
* n. ② charge, dash, dispatch, expedition, haste, hurry, race, scramble, speed, stampede, surge, swiftness, urgency
* v. ③ attack, capture, charge, overcome, storm, take by storm
* n. ④ assault, charge, onslaught, push, storm, surge
* adj. ⑤ brisk, cursory, emergency, expeditious, fast, hasty, hurried, prompt, quick, rapid, swift, urgent

rust
* n. ① corrosion, oxidation
* v. ② corrode, oxidize
* n. ③ blight, mildew, mould, must, rot
* v. ④ atrophy, decay, decline, deteriorate, go stale, stagnate, tarnish

rustic
* adj. ① agrestic, Arcadian, bucolic, countrified, country, pastoral, rural, sylvan, upcountry ② artless, homely, homespun, plain, simple, unaffected, unpolished, unrefined, unsophisticated ③ awkward, boorish, churlish, cloddish, clodhopping (Inf.), clownish, coarse, crude, graceless, hick (Inf., chiefly U.S. & Canad.), loutish, lumpish, maladroit, rough, uncouth, uncultured, unmannerly
* n. ④ boor, bumpkin, clod, clodhopper (Inf.), clown, country boy, country cousin, countryman, countrywoman, hayseed (U.S. & Canad. inf.), hick (Inf., chiefly U.S. & Canad.), hillbilly, Hodge, peasant, son of the soil, swain (Archaic), yokel

rustle ① v. crackle, crepitate, crinkle, susurrate (Literary), swish, whish, whisper, whoosh ② n. crackle, crepitation, crinkling, susurration or susurrus (Literary), rustling, whisper

rusty ① corroded, oxidized, rust-covered, rusted ② chestnut, coppery, reddish, reddish-brown, russet, rust-coloured ③ cracked, creaking, croaking, croaky, hoarse ④ ancient, antiquated, antique, dated, old-fashioned, outmoded, out of date, passé ⑤ deficient, impaired, not what it was, out of practice, sluggish, stale, unpractised, weak

rut
* n. ① furrow, gouge, groove, indentation, pothole, score, track, trough, wheelmark ② dead end, groove, habit, humdrum existence, pattern, routine, system
* v. ③ cut, furrow, gouge, groove, hole, indent, mark, score

ruthless adamant, barbarous, brutal, callous, cruel, ferocious, fierce, hard, hard-hearted, harsh, heartless, inexorable, inhuman, merciless, pitiless, relentless, remorseless, savage, severe, stern, unfeeling, unmerciful, unpitying, unrelenting, without pity

S

sabotage ① v. cripple, damage, destroy, disable, disrupt, incapacitate, sap the foundations of, subvert, throw a spanner in the works (Brit. inf.), undermine, vandalize, wreck ② n. damage, destruction, disruption, subversion, treachery, treason, wrecking

sack¹ ① v. axe (Inf.), discharge, dismiss, fire (Inf.), give (someone) his books (Inf.), give (someone) his cards, give (someone) his marching orders, give (someone) the boot (Sl.), give (someone) the elbow, kick out (Inf.), kiss off (Sl., chiefly U.S. & Canad.) ② n. **the sack** discharge, dismissal, termination of employment, the axe (Inf.), the boot (Sl.), the chop (Brit. sl.), the (old) heave-ho (Inf.), the order of the boot (Sl.), the push (Sl.)

sack² ① v. demolish, depredate (Rare), despoil, destroy, devastate, lay waste, loot, maraud, pillage, plunder, raid, ravage, rifle, rob, ruin, spoil, strip ② n. depredation, despoliation, destruction, devastation, looting, pillage, plunder, plundering, rape, rapine, ravage, ruin, waste

sacred ① blessed, consecrated, divine, hallowed, holy, revered, sanctified, venerable ② inviolable, inviolate, invulnerable, protected, sacrosanct, secure ③ ecclesiastical, holy, religious, solemn

sacrifice ① v. forego, forfeit, give up, immolate, let go, lose, offer, offer up, surrender ② n. burnt offering, destruction, hecatomb, holocaust (Rare), immolation, loss, oblation, renunciation, surrender, votive offering

sacrilege blasphemy, desecration, heresy, impiety, irreverence, mockery, profanation, profaneness, profanity, violation

sad ① blue, cheerless, dejected, depressed, disconsolate, dismal, doleful, down, downcast, down in the dumps (Inf.), down in the mouth (Inf.), gloomy, glum, grief-stricken, grieved, heavy-hearted, low, low-spirited, lugubrious, melancholy, mournful, pensive, sick at heart, sombre, triste (Archaic), unhappy, wistful, woebegone ② calamitous, dark, depressing, disastrous, dismal, grievous, harrowing, heart-rending, lachrymose, moving, pathetic, pitiable, pitiful, poignant, sorry, tearful, tragic, upsetting ③ bad, deplorable, dismal, distressing, grave, lamentable, miserable, regrettable, serious, shabby, sorry, to be deplored, unfortunate, unhappy, unsatisfactory, wretched

sadden aggrieve, bring tears to one's eyes, cast a gloom upon, cast down, dash, deject, depress, desolate, dispirit, distress, grieve, make blue, make one's heart bleed, upset

saddle v. burden, charge, encumber, load, lumber (Brit. inf.), task, tax

sadistic barbarous, beastly, brutal, cruel, fiendish, inhuman, perverse, perverted, ruthless, savage, vicious

sadness bleakness, cheerlessness, dejection, depression, despondency, dolefulness, dolour (Poetic), gloominess, grief, heavy heart, melancholy, misery, mournfulness, poignancy, sorrow, sorrowfulness, the blues, the dumps (Inf.), the hump (Brit. inf.), tragedy, unhappiness, wretchedness

safe
* adj. ① all right, free from harm, impregnable, in safety, intact, OK or okay (Inf.), out of danger, out of harm's way, protected, safe and sound, secure, undamaged, unharmed, unhurt, unscathed ② harmless, innocuous, nonpoisonous, nontoxic, pure, tame, unpolluted, wholesome ③ cautious, circumspect, conservative, dependable, discreet, on the safe side, prudent, realistic, reliable, sure, tried and true, trustworthy, unadventurous ④ certain, impregnable, risk-free, riskless, secure, sound
* n. ⑤ coffer, deposit box, repository, safe-deposit box, strongbox, vault

safeguard ① v. defend, guard, look after, preserve, protect, screen, shield, watch over ② n. aegis, armour, bulwark, convoy, defence, escort, guard, protection, security, shield, surety

safely in one piece, in safety, safe and sound, securely, with impunity, without risk, with safety

safety assurance, cover, immunity, impregnability, protection, refuge, sanctuary, security, shelter

sage ① adj. acute, canny, discerning, intelligent, judicious, learned, perspicacious, politic, prudent, sagacious, sapient, sensible, wise ② n. authority, elder, expert, guru, mahatma, man of learning, master, Nestor, philosopher, pundit, savant, Solomon, Solon, wise man

sail v. ① cast or weigh anchor, embark, get under way, hoist the blue peter, put to sea, set sail ② captain, cruise, go by water, navigate, pilot, ride the waves, skipper, steer, voyage ③ drift, float, fly, glide, scud, shoot, skim, skirr, soar, sweep, wing ④ (Inf.) (With **in** or **into**) assault, attack, begin, belabour, fall upon, get going, get to work on, lambast(e), set about, tear into (Inf.)

sailor hearty (Inf.), Jack Tar, lascar, leatherneck (Sl.), marine, mariner, matelot (Sl., chiefly Brit.), navigator, salt, sea dog, seafarer, seafaring man, seaman, tar (Inf.)

saintly angelic, beatific, blameless, blessed, devout, full of good works, god-fearing, godly, holy, pious, religious, righteous, sainted, saintlike, sinless, virtuous, worthy

sake ① account, advantage, behalf, benefit, consideration, gain, good, interest, profit, regard, respect, welfare, wellbeing ② aim, cause, end, motive, objective, principle, purpose, reason

salary earnings, emolument, income, pay, remuneration, stipend, wage, wages

sale ① auction, deal, disposal, marketing, selling, transaction, vending ② buyers, consumers, customers, demand, market, outlet, purchasers ③ **for sale** available, in stock, obtainable, on offer, on sale, on the market

salient arresting, conspicuous, important, jutting, marked, noticeable, outstanding, projecting, prominent, pronounced, protruding, remarkable, signal, striking

sallow anaemic, bilious, jaundiced-looking, pale, pallid, pasty, peely-wally (Scot.), sickly, unhealthy, wan, yellowish

sally
* v. ① erupt, go forth, issue, rush, set out, surge
* n. ② (Military) foray, incursion, offensive, raid, sortie, thrust ③ (Fig.) bon mot, crack (Inf.), jest, joke, quip, retort, riposte, smart remark, wisecrack (Inf.), witticism ④ escapade, excursion, frolic, jaunt, trip

salt
* n. ① flavour, relish, savour, seasoning, taste ② **with a grain** or **pinch of salt** cynically, disbelievingly, doubtfully, sceptically, suspiciously, with reservations ③ (Fig.) Attic wit, bite, dry humour, liveliness, piquancy, punch, pungency, sarcasm, sharpness, wit, zest, zip (Inf.) ④ mariner, sailor, sea dog, seaman, tar (Inf.)
* adj. ⑤ brackish, briny, saline, salted, salty

salty ① brackish, briny, over-salted, saline, salt, salted ② colourful, humorous, lively, piquant, pungent, racy, sharp, snappy (Inf.), spicy, tangy, tart, witty, zestful

salubrious beneficial, good for one, healthful, health-giving, healthy, invigorating, salutary, wholesome

salutary ① advantageous, beneficial, good, good for one, helpful, practical, profitable, timely, useful, valuable ② healthful, healthy, salubrious

salutation address, greeting, obeisance, salute, welcome

salute
- v. [1] accost, acknowledge, address, doff one's cap to, greet, hail, kiss, pay one's respects to, salaam, welcome [2] acknowledge, honour, pay tribute or homage to, present arms, recognize, take one's hat off to (Inf.)
- n. [3] address, greeting, kiss, obeisance, recognition, salaam, salutation, tribute

salvage v. glean, recover, redeem, rescue, restore, retrieve, save

salvation deliverance, escape, lifeline, preservation, redemption, rescue, restoration, saving

same adj. [1] aforementioned, aforesaid, selfsame, very [2] alike, corresponding, duplicate, equal, equivalent, identical, indistinguishable, interchangeable, synonymous, twin [3] changeless, consistent, constant, invariable, unaltered, unchanged, unfailing, uniform, unvarying [4] **all the same a** after all, anyhow, be that as it may, in any event, just the same, nevertheless, nonetheless, still **b** immaterial, not worth mentioning, of no consequence, unimportant

sameness consistency, identicalness, identity, indistinguishability, lack of variety, likeness, monotony, oneness, predictability, repetition, resemblance, similarity, standardization, tedium, uniformity

sample [1] n. cross section, example, exemplification, illustration, indication, instance, model, pattern, representative, sign, specimen [2] v. experience, inspect, partake of, taste, test, try [3] adj. illustrative, pilot, representative, specimen, test, trial

sanctify absolve, anoint, bless, cleanse, consecrate, hallow, purify, set apart

sanctimonious canting, false, goody-goody (Inf.), holier-than-thou, hypocritical, pharisaical, pi (Brit. sl.), pietistic, pious, priggish, self-righteous, self-satisfied, smug, Tartuffian or Tartufian, too good to be true, unctuous

sanction
- n. [1] allowance, approbation, approval, authority, authorization, backing, confirmation, countenance, endorsement, OK or okay (Inf.), ratification, stamp or seal of approval, support [2] Often plural ban, boycott, coercive measures, embargo, penalty
- v. [3] allow, approve, authorize, back, countenance, endorse, entitle, lend one's name to, permit, support, vouch for [4] confirm, ratify, warrant

sanctity [1] devotion, godliness, goodness, grace, holiness, piety, purity, religiousness, righteousness, sanctitude, spirituality [2] inviolability, sacredness, solemnity

sanctuary [1] altar, church, Holy of Holies, sanctum, shrine, temple [2] asylum, haven, protection, refuge, retreat, shelter [3] conservation area, national park, nature reserve, reserve

sane [1] all there (Inf.), compos mentis, in one's right mind, in possession of all one's faculties, lucid, mentally sound, normal, of sound mind, rational [2] balanced, judicious, level-headed, moderate, reasonable, sensible, sober, sound

sanguine [1] animated, assured, buoyant, cheerful, confident, hopeful, in good heart, lively, optimistic, spirited [2] florid, red, rubicund, ruddy

sanitary clean, germ-free, healthy, hygienic, salubrious, unpolluted, wholesome

sanity [1] mental health, normality, rationality, reason, right mind (Inf.), saneness, stability [2] common sense, good sense, judiciousness, level-headedness, rationality, sense, soundness of judgment

sap¹ n. [1] animating force, essence, lifeblood, vital fluid [2] (Inf.) charlie (Brit. inf.), chump (Inf.), drip (Inf.), dweeb (U.S. sl.), fool, gull (Archaic), idiot, jerk (Sl., chiefly U.S. & Canad.), muggins (Brit. sl.), nerd or nurd (Sl.), nincompoop, ninny, nitwit (Inf.), noddy, noodle, numskull or numbskull, oaf, plonker (Sl.), prat (Sl.), Simple Simon, simpleton, twit (Inf.), wally (Sl.), weakling, wet (Brit. inf.)

sap² v. bleed, deplete, devitalize, drain, enervate, erode, exhaust, rob, undermine, weaken, wear down

sarcasm bitterness, causticness, contempt, cynicism, derision, irony, mockery, mordancy, satire, scorn, sneering, venom, vitriol

sarcastic acerb, acerbic, acid, acrimonious, backhanded, bitchy (Inf.), biting, caustic, contemptuous, cutting, cynical, derisive, disparaging, ironical, mocking, mordacious, mordant, sardonic, sarky (Brit. inf.), satirical, sharp, sneering, taunting, vitriolic

sardonic bitter, cynical, derisive, dry, ironical, jeering, malevolent, malicious, malignant, mocking, mordacious, mordant, sarcastic, sneering, wry

Satan Apollyon, Beelzebub, Lord of the Flies, Lucifer, Mephistopheles, Old Nick (Inf.), Old Scratch (Inf.), Prince of Darkness, The Devil, The Evil One

satanic accursed, black, demoniac, demoniacal, demonic, devilish, diabolic, evil, fiendish, hellish, infernal, inhuman, iniquitous, malevolent, malignant, wicked

satellite
- n. [1] communications satellite, moon, sputnik [2] (Fig.) attendant, dependant, follower, hanger-on, lackey, minion, parasite, retainer, sidekick (Sl.), sycophant, vassal
- adj. [3] (Fig.) client, dependent, puppet, subordinate, tributary, vassal

satiate [1] cloy, glut, gorge, jade, nauseate, overfill, stuff [2] sate, satisfy, slake, surfeit

satire burlesque, caricature, irony, lampoon, parody, pasquinade, raillery, ridicule, sarcasm, send-up (Brit. inf.), skit, spoof (Inf.), takeoff (Inf.), travesty, wit

satiric, satirical biting, bitter, burlesque, caustic, censorious, cutting, cynical, incisive, ironical, mocking, mordacious, mordant, pungent, Rabelaisian, sarcastic, sardonic, taunting, vitriolic

satirize abuse, burlesque, censure, criticize, deride, hold up to ridicule, lampoon, lash, parody, pillory, ridicule, send up (Brit. inf.), take off (Inf.), travesty

satisfaction [1] comfort, complacency, content, contentedness, contentment, ease, enjoyment, gratification, happiness, peace of mind, pleasure, pride, repletion, satiety, well-being [2] achievement, appeasing, assuaging, fulfilment, gratification, resolution, settlement [3] amends, atonement, compensation, damages, indemnification, justice, recompense, redress, reimbursement, remuneration, reparation, requital, restitution, settlement, vindication

satisfactory acceptable, adequate, all right, average, competent, fair, good enough, passable, sufficient, suitable, up to standard, up to the mark

satisfied at ease, complacent, content, contented, convinced, easy in one's mind, happy, like the cat that swallowed the canary (Inf.), pacified, positive, smug, sure

satisfy [1] appease, assuage, content, feed, fill, gratify, indulge, mollify, pacify, pander to, please, quench, sate, satiate, slake, surfeit [2] answer, be enough (adequate, sufficient), come up to expectations, do, fill the bill (Inf.), fulfil, meet, qualify, serve, serve the purpose, suffice [3] assure, convince, dispel (someone's) doubts, persuade, put (someone's) mind at rest, quiet, reassure [4] answer, comply with, discharge, fulfil, meet, pay (off), settle, square up [5] atone, compensate, indemnify, make good, make reparation for, recompense, remunerate, requite, reward

satisfying cheering, convincing, filling, gratifying, pleasing, pleasurable, satisfactory

saturate douse, drench, drouk (Scot.), imbue, impregnate, ret (used of flax, etc.), seep, soak, souse, steep, suffuse, waterlog, wet through

sauce n. audacity, backchat (Inf.), brass (Inf.), brass neck (Brit. inf.), cheek (Inf.), cheekiness, disrespectfulness, front, impertinence, impudence, insolence, lip (Sl.), neck (Inf.), nerve (Inf.), rudeness

sauciness backchat (Inf.), brass (Inf.), brazenness, cheek (Inf.), flippancy, impertinence, impudence, insolence, lip (Sl.), pertness, rudeness, sauce (Inf.)

saucy [1] cheeky (Inf.), disrespectful, flip (Inf.), flippant, forward, fresh (Inf.), impertinent, impudent, insolent, lippy (U.S. & Canad. sl.), pert, presumptuous, rude, sassy (U.S. inf.), smart-alecky (Inf.) [2] dashing, gay, jaunty, natty (Inf.), perky, rakish, sporty

saunter [1] v. amble, dally, linger, loiter, meander, mosey (Inf.), ramble, roam, rove, stravaig (Scot. & northern English dialect), stroll, take a stroll, tarry, wander [2] n. airing, amble, breather, constitutional, perambulation, promenade, ramble, stroll, turn, walk

savage
- adj. [1] feral, rough, rugged, uncivilized, uncultivated, undomesticated, untamed, wild [2] barbarous, beastly, bestial, bloodthirsty, bloody, brutal, brutish, cruel, devilish, diabolical, ferocious, fierce, harsh, inhuman, merciless, murderous, pitiless, ravening, ruthless, sadistic, vicious [3] in a state of nature, nonliterate, primitive, rude, unspoilt
- n. [4] autochthon, barbarian, heathen, indigene, native, primitive [5] barbarian, bear, boor, lout, roughneck (Sl.), yahoo, yob (Brit. sl.), yobbo (Brit. sl.) [6] beast, brute, fiend, monster
- v. [7] attack, lacerate, mangle, maul, tear into (Inf.)

savagery barbarity, bestiality, bloodthirstiness, brutality, cruelty, ferocity, fierceness, inhumanity, ruthlessness, sadism, viciousness

save [1] bail (someone) out, come to (someone's) rescue, deliver, free, liberate, recover, redeem, rescue, salvage, set free [2] be frugal, be thrifty, collect, economize, gather, hide away, hoard, hold, husband, keep, keep up one's sleeve (Inf.), lay by, put aside for a rainy day, put by, reserve, retrench, salt away, set aside, store, tighten one's belt (Inf.), treasure up [3] conserve, guard, keep safe, look after, preserve, protect, safeguard, screen, shield, take care of [4] hinder, obviate, prevent, rule out, spare

saving [1] adj. compensatory, extenuating, qualifying, redeeming [2] n. bargain, discount, economy, reduction

savings fall-back, fund, nest egg, provision for a rainy day, reserves, resources, store

Saviour, Our or **The** Christ, Jesus, Messiah, Redeemer

saviour defender, deliverer, friend in need, Good Samaritan, guardian, knight in shining armour, liberator, preserver, protector, redeemer, rescuer, salvation

savoir-faire accomplishment, address, diplomacy, discretion, finesse, poise, social graces, social know-how (Inf.), tact, urbanity

savour
- n. [1] flavour, piquancy, relish, smack, smell, tang, taste, zest [2] distinctive quality, excitement, flavour, interest, salt, spice, zest
- v. [3] (Often with **of**) bear the hallmarks, be indicative, be suggestive, partake, show signs, smack, suggest, verge on [4] appreciate, delight in, drool, enjoy, enjoy to the full, gloat over, like, luxuriate in, partake, relish, revel in, smack one's lips over

savoury [1] agreeable, appetizing, dainty, delectable, delicious, full-flavoured, good, luscious, mouthwatering, palatable, piquant, rich, scrumptious (Inf.), spicy, tangy, tasty, toothsome [2] decent, edifying, honest, reputable, respectable, wholesome

saw adage, aphorism, apophthegm, axiom, byword, dictum, gnome, maxim, proverb, saying

say
- v. [1] add, affirm, announce, assert, asseverate, come out with (Inf.), declare, give voice or utterance to, maintain, mention, pronounce, put into words, remark, speak, state, utter, voice [2] answer, disclose, divulge, give as one's opinion, make known, reply, respond, reveal, tell [3] allege, bruit, claim, noise abroad, put about, report, rumour, suggest [4] deliver, do, orate, perform, read, recite, rehearse, render, repeat [5] assume, conjecture, dare say, estimate, guess, hazard a guess, imagine, judge, presume, suppose, surmise [6] communicate, convey, express, give the impression that, imply [7] **go without saying** be accepted, be a matter of course, be obvious, be self-evident, be taken as read, be taken for granted, be understood [8] **to say the least** at the very least, to put it mildly, without any exaggeration
- n. [9] crack (Inf.), turn (chance, opportunity) to speak, voice, vote [10] authority, clout (Inf.), influence, power, sway, weight

saying adage, aphorism, apophthegm, axiom, byword, dictum, gnome, maxim, proverb, saw, slogan

scale¹
- n. [1] calibration, degrees, gamut, gradation, graduated system, graduation, hierarchy, ladder, pecking order (Inf.), progression, ranking, register, seniority system, sequence, series, spectrum, spread, steps [2] proportion, ratio [3] degree, extent, range, reach, scope, way
- v. [4] ascend, clamber, climb, escalade, mount, surmount [5] adjust, proportion, prorate (Chiefly U.S.), regulate

scale² n. flake, lamina, layer, plate, squama (Biol.)

scaly flaky, furfuraceous (Medical), scabrous, scurfy, squamous or squamose (Biol.), squamulose

scamp devil, imp, knave (Archaic), mischief-maker, monkey, pickle (Brit. inf.), prankster, rascal, rogue, scallywag (Inf.), scapegrace, toerag (Sl.), tyke (Inf.), whippersnapper, wretch

scamper beetle, dart, dash, fly, hasten, hie (Archaic), hurry, romp, run, scoot, scurry, scuttle, sprint

scan check, check out (Inf.), clock (Brit. sl.), con (Archaic), examine, eyeball (U.S. sl.), get a load of (Inf.), glance over, investigate, look one up and down, look through, recce (Sl.), run one's eye over, run over, scour, scrutinize, search, size up (Inf.), skim, survey, sweep, take a dekko at (Brit. sl.), take stock of

scandal [1] crime, crying shame (Inf.), disgrace, embarrassment, offence, sin, wrongdoing [2] calumny, defamation, detraction, discredit, disgrace, dishonour, ignominy, infamy, obloquy, offence, opprobrium, reproach, shame, stigma [3] abuse, aspersion, backbiting, dirt, dirty linen (Inf.), gossip, rumours, skeleton in the cupboard, slander, talk, tattle

scandalize affront, appal, cause a few raised eyebrows (Inf.), disgust, horrify, offend, outrage, shock

scandalous [1] atrocious, disgraceful, disreputable, highly improper, infamous, monstrous, odious, opprobrious, outrageous, shameful, shocking, unseemly [2] defamatory, gossiping, libellous, scurrilous, slanderous, untrue

scant bare, barely sufficient, deficient, inadequate, insufficient, limited, little, minimal, sparse

scanty bare, deficient, exiguous, inadequate, insufficient, meagre, narrow, poor, restricted, scant, short, skimpy, slender, sparing, sparse, thin

scapegoat fall guy (Inf.), whipping boy

scar [1] n. blemish, cicatrix, injury, mark, wound [2] v. brand, damage, disfigure, mark, traumatize

scarce at a premium, deficient, few, few and far between, infrequent, in short supply, insufficient, rare, seldom met with, uncommon, unusual, wanting

scarcely [1] barely, hardly, only just, scarce (Archaic) [2] by no means, definitely not, hardly, not at all, on no account, under no circumstances

scarcity dearth, deficiency, infrequency, insufficiency, lack, paucity, poverty, rareness, shortage, undersupply, want

scare [1] v. affright (Archaic), alarm, daunt, dismay, frighten, give (someone) a fright, give (someone) a turn (Inf.), intimidate, panic, put the wind up (someone) (Inf.), shock, startle, terrify, terrorize [2] n. alarm, alert, fright, panic, shock, start, terror

scared fearful, frightened, panicky, panic-stricken, petrified, scared shitless (Taboo sl.), shaken, shit-scared (Taboo sl.), startled, terrified

scathing belittling, biting, brutal, caustic, critical, cutting, harsh, mordacious, mordant, sarcastic, savage, scornful, searing, trenchant, vitriolic, withering

scatter [1] broadcast, diffuse, disseminate, fling, litter, shower, sow, spread, sprinkle, strew [2] disband, dispel, disperse, dissipate, disunite, put to flight, separate

scatterbrain bird-brain (Inf.), butterfly, featherbrain, flibbertigibbet, grasshopper mind, madcap

scattering few, handful, scatter, smatter, smattering, sprinkling

scenario master plan, outline, résumé, rundown, scheme, sequence of events, sketch, story line, summary, synopsis

scene [1] display, drama, exhibition, pageant, picture, representation, show, sight, spectacle, tableau [2] area, locality, place, position, setting, site, situation, spot, whereabouts [3] backdrop, background, location, mise en scène, set, setting [4] act, division, episode, incident, part, stage [5] carry-on (Inf., chiefly Brit.), commotion, confrontation, display of emotion, drama, exhibition, fuss, performance, row, tantrum, to-do, upset [6] landscape, panorama, prospect, view, vista [7] (Inf.) arena, business, environment, field of interest, milieu, world

scenery [1] landscape, surroundings, terrain, view, vista [2] (Theatre) backdrop, décor, flats, mise en scène, set, setting, stage set

scent
- **n.** [1] aroma, bouquet, fragrance, niff (Brit. sl.), odour, perfume, redolence, smell [2] spoor, track, trail
- **v.** [3] be on the track or trail of, detect, discern, get wind of (Inf.), nose out, recognize, sense, smell, sniff, sniff out

sceptic agnostic, cynic, disbeliever, doubter, doubting Thomas, Pyrrhonist, scoffer, unbeliever

sceptical cynical, disbelieving, doubtful, doubting, dubious, hesitating, incredulous, mistrustful, questioning, quizzical, scoffing, unbelieving, unconvinced

scepticism agnosticism, cynicism, disbelief, doubt, incredulity, Pyrrhonism, suspicion, unbelief

schedule [1] n. agenda, calendar, catalogue, inventory, itinerary, list, list of appointments, plan, programme, timetable [2] v. appoint, arrange, be due, book, organize, plan, programme, slot (Inf.), time

scheme
- **n.** [1] contrivance, course of action, design, device, plan, programme, project, proposal, strategy, system, tactics, theory [2] arrangement, blueprint, chart, codification, diagram, disposition, draft, layout, outline, pattern, schedule, schema, system [3] conspiracy, dodge, game (Inf.), intrigue, machinations, manoeuvre, plot, ploy, ruse, shift, stratagem, subterfuge
- **v.** [4] contrive, design, devise, frame, imagine, lay plans, plan, project, work out [5] collude, conspire, intrigue, machinate, manoeuvre, plot, wheel and deal (Inf.)

scheming artful, calculating, conniving, cunning, deceitful, designing, duplicitous, foxy, Machiavellian, slippery, sly, tricky, underhand, wily

schism breach, break, discord, disunion, division, rift, rupture, separation, splintering, split

scholar [1] academic, bookworm, egghead (Inf.), intellectual, man of letters, savant [2] disciple, learner, pupil, schoolboy, schoolgirl, student

scholarly academic, bookish, erudite, intellectual, learned, lettered, scholastic, studious, well-read

scholarship [1] accomplishments, attainments, book-learning, education, erudition, knowledge, learning, lore [2] bursary, exhibition, fellowship

scholastic [1] academic, bookish, learned, lettered, literary, scholarly [2] pedagogic, pedantic, precise

school
- **n.** [1] academy, alma mater, college, department, discipline, faculty, institute, institution, seminary [2] adherents, circle, class, clique, denomination, devotees, disciples, faction, followers, following, group, pupils, schism, sect, set [3] creed, faith, outlook, persuasion, school of thought, stamp, way of life
- **v.** [4] coach, discipline, drill, educate, indoctrinate, instruct, prepare, prime, train, tutor, verse

schooling [1] book-learning, education, formal education, teaching, tuition [2] coaching, drill, grounding, guidance, instruction, preparation, training

schoolteacher dominie (Scot.), instructor, pedagogue, schoolmarm (Inf.), schoolmaster, schoolmistress

science [1] body of knowledge, branch of knowledge, discipline [2] art, skill, technique

scientific accurate, controlled, exact, mathematical, precise, systematic

scintillate blaze, coruscate, flash, give off sparks, gleam, glint, glisten, glitter, sparkle, twinkle

scintillating animated, bright, brilliant, dazzling, ebullient, exciting, glittering, lively, sparkling, stimulating, witty

scoff belittle, deride, despise, flout, gibe, jeer, knock (Inf.), laugh at, make light of, make sport of, mock, poke fun at, pooh-pooh, revile, ridicule, scorn, scout (Archaic), slag (off) (Sl.), sneer, take the piss (out of) (Taboo sl.), taunt, twit

scold [1] v. bawl out (Inf.), berate, blame, bring (someone) to book, carpet (Inf.), castigate, censure, chew out (U.S. & Canad. inf.), chide, find fault with, give a rocket (Brit. & N.Z. inf.), give (someone) a dressing-down (row, talking-to) (Inf.), go on at, haul (someone) over the coals (Inf.), have (someone) on the carpet (Inf.), lecture, nag, rate, read the riot act, rebuke, remonstrate with, reprimand, reproach, reprove, take (someone) to task, tear into (Inf.), tear (someone) off a strip (Brit. inf.), tell off (Inf.), tick off (Inf.), upbraid, vituperate [2] n. nag, shrew, termagant (Rare), Xanthippe

scolding dressing-down (Inf.), (good) talking-to (Inf.), lecture, piece of one's mind, rebuke, row, telling-off (Inf.), ticking-off (Inf.), tongue-lashing, wigging (Brit. sl.)

scoop
- **n.** [1] dipper, ladle, spoon [2] coup, exclusive, exposé, inside story, revelation, sensation
- **v.** [3] (Often with **up**) clear away, gather up, lift, pick up, remove, sweep up or away, take up [4] bail, dig, dip, empty, excavate, gouge, hollow, ladle, scrape, shovel

scope ambit, area, capacity, compass, confines, elbowroom, extent, field of reference, freedom, latitude, liberty, opportunity, orbit, outlook, purview, range, reach, room, space, span, sphere

scorch blacken, blister, burn, char, parch, roast, sear, shrivel, singe, wither

scorching baking, boiling, broiling, burning, fiery, flaming, red-hot, roasting, searing, sizzling, sweltering, torrid, tropical, unbearably hot

score
- **n.** [1] grade, mark, outcome, points, record, result, total [2] **the score** (Inf.) the facts, the reality, the setup (Inf.), the situation, the truth [3] Plural a flock, a great number, an army, a throng, crowds, droves, hosts, hundreds, legions, lots, masses, millions, multitudes, myriads, swarms, very many [4] account, basis, cause, ground, grounds, reason [5] a bone to pick, grievance, grudge, injury, injustice, wrong [6] **pay off old scores** avenge, get even with (Inf.), get one's own back (Inf.), give an eye for an eye, give like for like or tit for tat, give (someone) a taste of his own medicine, hit back, pay (someone) back (in his own coin), repay, requite, retaliate [7] account, amount due, bill, charge, debt, obligation, reckoning, tab (U.S. inf.), tally, total
- **v.** [8] achieve, amass, chalk up (Inf.), gain, make, notch up (Inf.), win [9] count, keep a tally of, keep count, record, register, tally [10] cross-hatch, cut, deface, gouge, graze, indent, mar, mark, nick, notch, scrape, scratch, slash [11] (With **out** or **through**) cancel, cross out, delete, obliterate, put a line through, strike out [12] (Music) adapt, arrange, orchestrate, set [13] gain an advantage, go down well with (someone), impress, make a hit (Inf.), make an impact or impression, make a point, put oneself across, triumph

score off be one up on (Inf.), get the better of, have the laugh on, humiliate, make a fool of, make (someone) look silly, worst

scorn [1] n. contempt, contemptuousness, contumely, derision, despite, disdain, disparagement, mockery, sarcasm, scornfulness, slight, sneer [2] v. be above, consider beneath one, contemn, curl one's lip at, deride, disdain, flout, hold in contempt, look down on, make fun of, reject, scoff at, scout (Archaic), slight, sneer at, spurn, turn up one's nose at (Inf.)

scornful contemptuous, contumelious, defiant, derisive, disdainful, haughty, insolent, insulting, jeering, mocking, sarcastic, sardonic, scathing, scoffing, slighting, sneering, supercilious, withering

scornfully contemptuously, disdainfully, dismissively, scathingly, slightingly, with a sneer, with contempt, with disdain, witheringly, with lip curled

Scots Caledonian, Scottish

scoundrel asshole (U.S. & Canad. taboo sl.), asswipe (U.S. & Canad. taboo sl.), bad egg (Old-fashioned inf.), bastard (Offensive), blackguard, bugger (Taboo sl.), caitiff (Archaic), cheat, cocksucker (Taboo sl.), dastard (Archaic), good-for-nothing, heel (Sl.), incorrigible, knave (Archaic), miscreant, mother, motherfucker (Taboo sl., chiefly U.S.), ne'er-do-well, rascal, reprobate, rogue, rotter (Sl., chiefly Brit.), scally (Northwest English dialect), scamp, scapegrace, scumbag (Sl.), shit (Taboo sl.), son-of-a-bitch (Sl., chiefly U.S. & Canad.), swine, turd (Taboo sl.), vagabond, villain, wretch

scour [1] abrade, buff, burnish, clean, cleanse, flush, furbish, polish, purge, rub, scrub, wash, whiten [2] beat, comb, forage, go over with a fine-tooth comb, hunt, look high and low, rake, ransack, search

scourge
- n. [1] affliction, bane, curse, infliction, misfortune, penalty, pest, plague, punishment, terror, torment, visitation [2] cat, cat-o'-nine-tails, lash, strap, switch, thong, whip
- v. [3] beat, belt (Inf.), cane, castigate, chastise, discipline, flog, horsewhip, lash, lather (Inf.) leather, punish, take a strap to, tan (someone's) hide (Sl.), thrash, trounce, wallop (Inf.), whale, whip [4] afflict, curse, excoriate, harass, plague, terrorize, torment

scout
- v. [1] case (Sl.), check out, investigate, make a reconnaissance, nark (Brit., Aust., & N.Z. sl.), observe, probe, recce (Sl.), reconnoitre, see how the land lies, spy, spy out, survey, watch [2] (Often with **out, up,** or **around**) cast around for, ferret out, hunt for, look for, rustle up, search for, search out, seek, track down
- n. [3] advance guard, escort, lookout, outrider, precursor, reconnoitrer, vanguard [4] recruiter, talent scout

scowl [1] v. frown, glower, grimace, look daggers at, lour or lower [2] n. black look, dirty look, frown, glower, grimace

scramble
- v. [1] clamber, climb, crawl, move with difficulty, push, scrabble, struggle, swarm [2] contend, hasten, jockey for position, jostle, look lively or snappy (Inf.), make haste, push, run, rush, strive, vie
- n. [3] climb, trek [4] commotion, competition, confusion, free-for-all (Inf.), hassle (Inf.), hustle, melee or mêlée, muddle, race, rat race, rush, struggle, tussle

scrap[1]
- n. [1] atom, bit, bite, crumb, fragment, grain, iota, mite, modicum, morsel, mouthful, part, particle, piece, portion, remnant, sliver, snatch, snippet, trace [2] junk, off cuts, waste [3] **on the scrap heap** discarded, ditched (Sl.), jettisoned, put out to grass (Inf.), redundant, written off [4] Plural bits, leavings, leftovers, remains, residue
- v. [5] abandon, break up, chuck (Inf.), demolish, discard, dispense with, ditch (Sl.), drop, get rid of, jettison, junk (Inf.), shed, throw away or out, throw on the scrapheap, toss out, trash (Sl.), write off

scrap[2] [1] n. argument, bagarre, battle, brawl, disagreement, dispute, dust-up (Inf.), fight, quarrel, row, scrimmage, scuffle, set-to (Inf.), shindig (Inf.), shindy (Inf.), squabble, tiff, wrangle [2] v. argue, barney (Inf.), bicker, come to blows, fall out (Inf.), fight, have a shouting match (Inf.), have words, row, spar, squabble, wrangle

scrape
- v. [1] abrade, bark, graze, rub, scratch, scuff, skin [2] grate, grind, rasp, scratch, screech, set one's teeth on edge, squeak [3] clean, erase, file, remove, rub, scour [4] pinch, save, scrimp, skimp, stint [5] **scrape by, in,** or **through** barely make it, cut it fine (Inf.), get by (Inf.), have a close shave (Inf.), struggle
- n. [6] (Inf.) awkward or embarrassing situation, difficulty, dilemma, distress, fix (Inf.), mess, plight, predicament, pretty pickle (Inf.), spot (Inf.), tight spot, trouble

scrappy bitty, disjointed, fragmentary, incomplete, perfunctory, piecemeal, sketchy, thrown together

scratch
- v. [1] claw, cut, damage, etch, grate, graze, incise, lacerate, make a mark on, mark, rub, score, scrape [2] annul, cancel, delete, eliminate, erase, pull out, stand down, strike off, withdraw
- n. [3] blemish, claw mark, gash, graze, laceration, mark, scrape [4] **up to scratch** acceptable, adequate, capable, competent, satisfactory, sufficient, up to snuff (Inf.), up to standard
- adj. [5] haphazard, hastily prepared, impromptu, improvised, rough, rough-and-ready

scrawl doodle, scrabble, scratch, scribble, squiggle, writing

scream
- v. [1] bawl, cry, holler (Inf.), screech, shriek, shrill, sing out, squeal, yell [2] (Fig.) be conspicuous, clash, jar, shriek
- n. [3] howl, outcry, screech, shriek, wail, yell, yelp [4] (Inf.) card (Inf.), caution (Inf.), character (Inf.), comedian, comic, entertainer, hoot (Inf.), joker, laugh, riot (Sl.), sensation, wag, wit

screen
- v. [1] cloak, conceal, cover, hide, mask, shade, shroud, shut out, veil [2] defend, guard, protect, safeguard, shelter, shield [3] cull, evaluate, examine, filter, gauge, grade, process, riddle, scan, sieve, sift, sort, vet [4] broadcast, present, put on, show
- n. [5] awning, canopy, cloak, concealment, cover, guard, hedge, mantle, shade, shelter, shield, shroud [6] mesh, net, partition, room divider

screw v. [1] tighten, turn, twist, work in [2] contort, contract, crumple, distort, pucker, wrinkle [3] (Inf.) bring pressure to bear on, coerce, constrain, force, hold a knife to (someone's) throat, oppress, pressurize, put the screws on (Inf.), squeeze [4] (Inf.) (Often with **out of**) bleed, extort, extract, wrest, wring

scribble v. dash off, doodle, jot, pen, scratch, scrawl, write

scribe amanuensis, clerk, copyist, notary (Archaic), penman (Rare), scrivener (Archaic), secretary, writer

script [1] calligraphy, hand, handwriting, letters, longhand, penmanship, writing [2] book, copy, dialogue, libretto, lines, manuscript, text, words

Scripture Holy Bible, Holy Scripture, Holy Writ, The Bible, The Book of Books, The Good Book, The Gospels, The Scriptures, The Word, The Word of God

scroll inventory, list, parchment, roll

Scrooge cheapskate (Inf.), meanie or meany (Inf., chiefly Brit.), miser, money-grubber (Inf.), niggard, penny-pincher (Inf.), skinflint, tight-arse (Taboo sl.), tight-ass (U.S. taboo sl.), tightwad (U.S. & Canad.)

scrounge beg, blag (Sl.), bum (Inf.), cadge, forage for, freeload (Sl.), hunt around (for), mooch (Sl.), sorn (Scot.), sponge (Inf.), touch (someone) for (Sl.), wheedle

scrounger bum (Inf.), cadger, freeloader (Sl.), parasite, sorner (Scot.), sponger (Inf.)

scrub v. [1] clean, cleanse, rub, scour [2] (Inf.) abandon, abolish, call off, cancel, delete, discontinue, do away with, drop, forget about, give up

scruffy disreputable, draggletailed (Archaic), frowzy, ill-groomed, mangy, messy, ragged, run-down, scrubby (Brit. inf.), seedy, shabby, slatternly, sloppy (Inf.), slovenly, sluttish, squalid, tattered, tatty, ungroomed, unkempt, untidy

scrupulous careful, conscientious, exact, fastidious, honourable, meticulous, minute, moral, nice, painstaking, precise, principled, punctilious, rigorous, strict, upright

scrutinize analyse, dissect, examine, explore, inquire into, inspect, investigate, peruse, pore over, probe, research, scan, search, sift, study, work over

scrutiny analysis, close study, examination, exploration, inquiry, inspection, investigation, perusal, search, sifting, study

scuffle [1] v. clash, come to blows, contend, exchange blows, fight, grapple, jostle, struggle, tussle [2] n. affray (Law), bagarre, barney (Inf.), brawl, commotion, disturbance, fight, fray, ruck (Sl.), ruckus (Inf.), ruction (Inf.), rumpus, scrap (Inf.), scrimmage, set-to (Inf.), shindig (Inf.), shindy (Inf.), skirmish, tussle

sculpture v. carve, chisel, cut, fashion, form, hew, model, mould, sculp, sculpt, shape

scum [1] algae, crust, dross, film, froth, impurities, offscourings, scruff [2] (Fig.) canaille, dregs of society, dross, lowest of the low, rabble, ragtag and bobtail, riffraff, rubbish, trash (Chiefly U.S. & Canad.)

scurrilous abusive, coarse, defamatory, foul, foul-mouthed, gross, indecent, infamous, insulting, low, obscene, offensive, Rabelaisian, ribald, salacious, scabrous, scandalous, slanderous, vituperative, vulgar

scurry [1] v. beetle, dart, dash, fly, hurry, race, scamper, scoot, scud, scuttle, skim, sprint, whisk [2] n. bustle, flurry, scampering, whirl

scuttle beetle, bustle, hare (Brit. inf.), hasten, hurry, run, rush, scamper, scoot, scramble, scud, scurry, scutter (Brit. inf.)

sea
- n. [1] main, ocean, the briny (Inf.), the deep, the drink (Inf.), the waves [2] (Fig.) abundance, expanse, mass, multitude, plethora, profusion, sheet, vast number [3] **at sea** adrift, astray, at a loss, at sixes and sevens, baffled, bewildered, confused, disorientated, lost, mystified, puzzled, upset
- adj. [4] aquatic, briny, marine, maritime, ocean, ocean-going, oceanic, pelagic, salt, saltwater, seagoing

seafaring marine, maritime, nautical, naval, oceanic

seal
- v. [1] bung, close, cork, enclose, fasten, make airtight, plug, secure, shut, stop, stopper, stop up, waterproof [2] assure, attest, authenticate, confirm, establish, ratify, stamp, validate [3] clinch, conclude, consummate, finalize, settle, shake hands on (Inf.) [4] (With **off**) board up, fence off, isolate, put out of bounds, quarantine, segregate
- n. [5] assurance, attestation, authentication, confirmation, imprimatur, insignia, notification, ratification, stamp

seam n. [1] closure, joint, suture (Surgery) [2] layer, lode, stratum, vein [3] furrow, line, ridge, scar, wrinkle

search
- v. [1] cast around, check, comb, examine, explore, ferret, frisk (Inf.), go over with a fine-tooth comb, inquire, inspect, investigate, leave no stone unturned, look, look high and low, probe, pry, ransack, rifle through, rummage through, scour, scrutinize, seek, sift, turn inside out, turn upside down
- n. [2] examination, exploration, going-over (Inf.), hunt, inquiry, inspection, investigation, pursuit, quest, researches, rummage, scrutiny [3] **in search of** hunting for, in need of, in pursuit of, looking for, making enquiries concerning, on the lookout for, on the track of, seeking

searching adj. close, intent, keen, minute, penetrating, piercing, probing, quizzical, severe, sharp, thorough

seasickness mal de mer

season
- n. [1] division, interval, juncture, occasion, opportunity, period, spell, term, time, time of year
- v. [2] colour, enliven, flavour, lace, leaven, pep up, salt, salt and pepper, spice [3] acclimatize, accustom, anneal, discipline, habituate, harden, inure, mature, prepare, toughen, train [4] mitigate, moderate, qualify, temper

seasonable appropriate, convenient, fit, opportune, providential, suitable, timely, welcome, well-timed

seasoned battle-scarred, experienced, hardened, long-serving, mature, old, practised, time-served, veteran, weathered, well-versed

seasoning condiment, dressing, flavouring, relish, salt and pepper, sauce, spice

seat
- n. [1] bench, chair, pew, settle, stall, stool, throne [2] axis, capital, centre, cradle, headquarters, heart, hub, location, place, site, situation, source, station [3] base, bed, bottom, cause, footing, foundation, ground, groundwork [4] abode, ancestral hall, house, mansion, residence [5] chair, constituency, incumbency, membership, place
- v. [6] accommodate, cater for, contain, have room or capacity for, hold, sit, take [7] deposit, fix, install, locate, place, set, settle, sit

seating accommodation, chairs, places, room, seats

secede apostatize, break with, disaffiliate, leave, pull out, quit, resign, retire, separate, split from, withdraw

secluded cloistered, cut off, isolated, lonely, off the beaten track, out-of-the-way, private, reclusive, remote, retired, sequestered, sheltered, solitary, tucked away, unfrequented

seclusion concealment, hiding, isolation, privacy, purdah, remoteness, retirement, retreat, shelter, solitude

second[1]
- adj. [1] following, next, subsequent, succeeding [2] additional, alternative, extra, further, other, repeated [3] inferior, lesser, lower, secondary, subordinate, supporting [4] double, duplicate, reproduction, twin
- n. [5] assistant, backer, helper, supporter
- v. [6] advance, aid, approve, assist, back, encourage, endorse, forward, further, give moral support to, go along with, help, promote, support

second[2] n. flash, instant, jiffy (Inf.), minute, moment, sec (Inf.), split second, tick (Brit. inf.), trice, twinkling, twinkling of an eye, two shakes of a lamb's tail (Inf.)

secondary [1] derivative, derived, indirect, resultant, resulting, second-hand, consequential, contingent, inferior, lesser, lower, minor, second-rate, subordinate, unimportant 3 alternate, auxiliary, backup, extra, fall-back, relief, reserve, second, subsidiary, supporting

second-class adj. déclassé, indifferent, inferior, mediocre, outclassed, second-best, second-rate, undistinguished, uninspiring

secondhand 1 adj. handed down, hand-me-down (Inf.), nearly new, reach-me-down (Inf.), used 2 adv. at second-hand, indirectly, on the grapevine (Inf.)

second-in-command depute (Scot.), deputy, number two, right-hand man, successor designate

secondly in the second place, next, second

second-rate bush-league (Aust. & N.Z. inf.), cheap, cheap and nasty (Inf.), commonplace, dime-a-dozen (Inf.), inferior, low-grade, low-quality, mediocre, piss-poor (Taboo sl.), poor, rubbishy, shoddy, substandard, tacky (Inf.), tawdry, tinhorn (U.S. sl.), two-bit (U.S. & Canad. sl.)

secrecy 1 concealment, confidentiality, hugger-mugger (Rare), mystery, privacy, retirement, seclusion, silence, solitude, surreptitiousness 2 clandestineness, covertness, furtiveness, secretiveness, stealth

secret
- **adj.** 1 backstairs, camouflaged, cloak-and-dagger, close, closet (Inf.), concealed, conspiratorial, covered, covert, disguised, furtive, hidden, hole-and-corner (Inf.), hush-hush (Inf.), reticent, shrouded, undercover, underground, under wraps, undisclosed, unknown, unpublished, unrevealed, unseen 2 abstruse, arcane, cabbalistic, clandestine, classified, cryptic, esoteric, mysterious, occult, recondite 3 hidden, out-of-the-way, private, retired, secluded, unfrequented, unknown 4 close, deep, discreet, reticent, secretive, sly, stealthy, underhand
- **n.** 5 code, confidence, enigma, formula, key, mystery, recipe, skeleton in the cupboard 6 **in secret** behind closed doors, by stealth, hugger-mugger (Archaic), in camera, incognito, secretly, slyly, surreptitiously

secretive cagey (Inf.), clamlike, close, cryptic, deep, enigmatic, playing one's cards close to one's chest, reserved, reticent, tight-lipped, uncommunicative, unforthcoming, withdrawn

secretly behind closed doors, behind (someone's) back, clandestinely, confidentially, covertly, furtively, in camera, in confidence, in one's heart, in one's inmost thoughts, in secret, on the q.t. (Inf.), on the sly, privately, quietly, stealthily, surreptitiously, unobserved

sect camp, denomination, division, faction, group, party, schism, school, school of thought, splinter group, wing

sectarian 1 adj. bigoted, clannish, cliquish, doctrinaire, dogmatic, exclusive, factional, fanatic, fanatical, hidebound, insular, limited, narrow-minded, parochial, partisan, rigid 2 n. adherent, bigot, disciple, dogmatist, extremist, fanatic, partisan, true believer, zealot

section n. 1 component, cross section, division, fraction, fragment, instalment, part, passage, piece, portion, sample, segment, slice, subdivision 2 (Chiefly U.S.) area, department, district, region, sector, zone

sector area, category, district, division, part, quarter, region, stratum, subdivision, zone

secular civil, earthly, laic, laical, lay, nonspiritual, profane, state, temporal, worldly

secure
- **adj.** 1 immune, impregnable, out of harm's way, protected, safe, sheltered, shielded, unassailable, undamaged, unharmed 2 dependable, fast, fastened, firm, fixed, fortified, immovable, stable, steady, tight 3 assured, certain, confident, easy, reassured, sure 4 absolute, conclusive, definite, in the bag (Inf.), reliable, solid, steadfast, tried and true, well-founded
- **v.** 5 acquire, come by, gain, get, get hold of, land (Inf.), make sure of, obtain, pick up, procure, score (Sl.), win possession of 6 attach, batten down, bolt, chain, fasten, fix, lash, lock, lock up, make fast, moor, padlock, rivet, tie up 7 assure, ensure, guarantee, insure

security 1 asylum, care, cover, custody, immunity, preservation, protection, refuge, retreat, safekeeping, safety, sanctuary 2 defence, guards, precautions, protection, safeguards, safety measures, surveillance 3 assurance, certainty, confidence, conviction, ease of mind, freedom from doubt, positiveness, reliance, sureness 4 collateral, gage, guarantee, hostage, insurance, pawn, pledge, surety

sedate calm, collected, composed, cool, decorous, deliberate, demure, dignified, earnest, grave, imperturbable, middle-aged, placid, proper, quiet, seemly, serene, serious, slow-moving, sober, solemn, staid, tranquil, unflappable (Inf.), unruffled

sedative 1 adj. allaying, anodyne, calmative, calming, lenitive, relaxing, sleep-inducing, soothing, soporific, tranquillizing 2 n. anodyne, calmative, downer or down (Sl.), narcotic, opiate, sleeping pill, tranquillizer

sedentary desk, desk-bound, inactive, motionless, seated, sitting, torpid

sediment deposit, dregs, grounds, lees, precipitate, residuum, settlings

sedition agitation, disloyalty, incitement to riot, rabble-rousing, subversion, treason

seditious disloyal, dissident, insubordinate, mutinous, rebellious, refractory, revolutionary, subversive, treasonable

seduce 1 betray, corrupt, debauch, deflower, deprave, dishonour, ruin (Archaic) 2 allure, attract, beguile, deceive, decoy, ensnare, entice, inveigle, lead astray, lure, mislead, tempt

seduction 1 corruption, defloration, ruin (Archaic) 2 allure, enticement, lure, snare, temptation

seductive alluring, attractive, beguiling, bewitching, captivating, come-hither (Inf.), come-to-bed (Inf.), enticing, flirtatious, inviting, irresistible, provocative, ravishing, sexy (Inf.), siren, specious, tempting

seductress Circe, enchantress, femme fatale, Lorelei, siren, temptress, vamp (Inf.)

see v. 1 behold, catch a glimpse of, catch sight of, check, check out (Inf.), clock (Brit. sl.), descry, discern, distinguish, espy, eyeball (U.S. sl.), get a load of (Sl.), glimpse, heed, identify, lay or clap eyes on (Inf.), look, make out, mark, note, notice, observe, perceive, recognize, regard, sight, spot, take a dekko at (Brit. sl.), view, witness 2 appreciate, catch on (Inf.), comprehend, fathom, feel, follow, get, get the drift of, get the hang of (Inf.), grasp, know, make out, realize, take in, understand 3 ascertain, determine, discover, find out, investigate, learn, make enquiries, refer to 4 ensure, guarantee, make certain, make sure, mind, see to it, take care 5 consider, decide, deliberate, give some thought to, judge, make up one's mind, mull over, reflect, think over 6 confer with, consult, encounter, interview, meet, receive, run into, speak to, visit 7 accompany, attend, escort, lead, show, usher, walk 8 consort or associate with, court, date (Inf., chiefly U.S.), go out with, go steady with (Inf.), keep company with, walk out with (Obsolete) 9 anticipate, divine, envisage, foresee, foretell, imagine, picture, visualize

see about 1 attend to, consider, deal with, give some thought to, look after, see to, take care of 2 investigate, look into, make enquiries, research

seed 1 egg, egg cell, embryo, germ, grain, kernel, ovule, ovum, pip, spore 2 beginning, germ, inkling, nucleus, source, start, suspicion 3 (Fig.) children, descendants, heirs, issue, offspring, progeny, race, scions, spawn, successors 4 **go** or **run to seed** decay, decline, degenerate, deteriorate, go downhill (Inf.), go to pieces, go to pot, go to rack and ruin, go to waste, let oneself go, retrogress

seedy 1 crummy (Sl.), decaying, dilapidated, down at heel, faded, grotty (Sl.), grubby, mangy, manky (Scot. dialect), old, run-down, scruffy, shabby, sleazy, slovenly, squalid, tatty, unkempt, worn 2 (Inf.) ailing, ill, off colour, out of sorts, peely-wally (Scot.), poorly (Inf.), sickly, under the weather (Inf.), unwell

seeing conj. as, inasmuch as, in view of the fact that, since

seek 1 be after, follow, go gunning for, go in pursuit (quest, search) of, hunt, inquire, look for, pursue, search for 2 aim, aspire to, attempt, endeavour, essay, have a go (Inf.), strive, try 3 ask, beg, entreat, inquire, invite, petition, request, solicit

seem appear, assume, give the impression, have the or every appearance of, look, look as if, look like, look to be, pretend, sound like, strike one as being

seemly appropriate, becoming, befitting, comme il faut, decent, decorous, fit, fitting, in good taste, meet (Archaic), nice, proper, suitable, suited, the done thing

see over inspect, look round, see round, tour

seer augur, predictor, prophet, sibyl, soothsayer

seesaw v. alternate, fluctuate, go from one extreme to the other, oscillate, pitch, swing, teeter

seethe 1 boil, bubble, churn, ferment, fizz, foam, froth 2 be in a state (Inf.), be livid (furious, incensed), breathe fire and slaughter, foam at the mouth, fume, get hot under the collar (Inf.), rage, see red (Inf.), simmer, storm 3 be alive with, swarm, teem

see through v. 1 be undeceived by, be wise to (Inf.), fathom, get to the bottom of, have (someone's) number (Inf.), not fall for, penetrate 2 **see (something** or **someone) through** help out, keep at, persevere (with), persist, see out, stay to the bitter end, stick by, stick out (Inf.), support

see to arrange, attend to, be responsible for, do, look after, manage, organize, sort out, take care of, take charge of

segment bit, compartment, division, part, piece, portion, section, slice, wedge

segregate discriminate against, dissociate, isolate, separate, set apart, single out

segregation apartheid (in South Africa), discrimination, isolation, separation

seize 1 catch up, clutch, collar (Inf.), fasten, grab, grasp, grip, lay hands on, snatch, take 2 apprehend, catch, get, grasp, nab (Inf.), nail (Inf.) 3 abduct, annex, appropriate, arrest, capture, commandeer, confiscate, hijack, impound, take by storm, take captive, take possession of

seizure 1 abduction, annexation, apprehension, arrest, capture, commandeering, confiscation, grabbing, taking 2 attack, convulsion, fit, paroxysm, spasm

seldom hardly ever, infrequently, not often, occasionally, once in a blue moon (Inf.), rarely, scarcely ever

select
- **v.** 1 choose, opt for, pick, prefer, single out, sort out
- **adj.** 2 choice, excellent, first-class, first-rate, hand-picked, picked, posh (Inf., chiefly Brit.), preferable, prime, rare, recherché, selected, special, superior, topnotch (Inf.) 3 cliquish, elite, exclusive, limited, privileged

selection 1 choice, choosing, option, pick, preference 2 anthology, assortment, choice, collection, line-up, medley, miscellany, potpourri, range, variety

selective careful, discerning, discriminating, discriminatory, eclectic, particular

self-assurance assertiveness, confidence, positiveness, self-confidence, self-possession

self-centred egotistic, inward looking, narcissistic, self-absorbed, selfish, self-seeking, wrapped up in oneself

self-confidence aplomb, confidence, high morale, nerve, poise, self-assurance, self-reliance, self-respect

self-confident assured, confident, fearless, poised, secure, self-assured, self-reliant, sure of oneself

self-conscious affected, awkward, bashful, diffident, embarrassed, ill at ease, insecure, nervous, out of countenance, shamefaced, sheepish, uncomfortable

self-control calmness, cool, coolness, restraint, self-discipline, self-mastery, self-restraint, strength of mind or will, willpower

self-esteem amour-propre, confidence, faith in oneself, pride, self-assurance, self-regard, self-respect, vanity

self-evident axiomatic, clear, incontrovertible, inescapable, manifestly or patently true, obvious, undeniable, written all over (something)

self-government autonomy, democracy, home rule, independence, self-determination, self-rule, sovereignty

self-important arrogant, big-headed, bumptious, cocky, conceited, overbearing, pompous, presumptuous, pushy (Inf.), strutting, swaggering, swollen-headed

self-indulgence dissipation, excess, extravagance, incontinence, intemperance, self-gratification, sensualism

selfish egoistic, egoistical, egotistic, egotistical, greedy, looking out for number one (Inf.), mean, mercenary, narrow, self-centred, self-interested, self-seeking, ungenerous

selfless altruistic, generous, magnanimous, self-denying, self-sacrificing, ungrudging, unselfish

self-possessed collected, confident, cool, cool as a cucumber (Inf.), poised, self-assured, sure of oneself, together (Sl.), unruffled

self-reliant able to stand on one's own two feet (Inf.), capable, independent, self-sufficient, self-supporting

self-respect amour-propre, dignity, faith in oneself, morale, one's own image, pride, self-esteem

self-righteous complacent, goody-goody (Inf.), holier-than-thou, hypocritical, pharisaic, pi (Brit. sl.), pietistic, pious, priggish, sanctimonious, self-satisfied, smug, superior, too good to be true

self-sacrifice altruism, generosity, self-abnegation, self-denial, selflessness

self-satisfaction complacency, contentment, ease of mind, flush of success, glow of achievement, pride, self-approbation, self-approval, smugness

self-satisfied complacent, flushed with success, like a cat that has swallowed the cream or the canary, pleased with oneself, proud of oneself, puffed up, self-congratulatory, smug, well-pleased

self-seeking adj. acquisitive, calculating, careerist, fortune-hunting, gold-digging, looking out for number one (Inf.), mercenary, on the make (Sl.), opportunistic, out for what one can get, self-interested, selfish, self-serving

sell 1 barter, dispose of, exchange, put up for sale, trade 2 be in the business of, deal in, handle, hawk, market, merchandise, peddle, retail, stock, trade in, traffic in, vend 3 gain acceptance for, promote, put across 4 (Inf.) (With **on**) convert to, convince of, get (someone) hooked on, persuade of, talk (someone) into, win (someone) over to 5 betray, deliver up, give up, sell down the river (Inf.), sell out (Inf.), surrender

seller agent, dealer, merchant, purveyor, rep, representative, retailer, salesman, saleswoman, shopkeeper, supplier, tradesman, traveller, vendor

selling 1 business, commercial transactions, dealing, trading, traffic 2 marketing, merchandizing, promotion, salesmanship

sell out 1 be out of stock of, dispose of, get rid of, run out of, sell up 2 (Inf.) betray, break faith with, double-cross (Inf.), fail, give away, play false, rat on (Inf.), sell down the river (Inf.), stab in the back

send 1 communicate, consign, convey, direct, dispatch, forward, remit, transmit 2 cast, deliver, fire, fling, hurl, let fly, propel, shoot 3 (With **off, out, etc**) broadcast, discharge, emit, exude, give off, radiate 4 (Sl.) charm, delight, electrify, enrapture, enthrall, excite, intoxicate, move, please, ravish, stir, thrill, titillate, turn (someone) on (Sl.) 5 **send (someone) packing** discharge, dismiss, give (someone) the bird (Inf.), give (someone) the brushoff (Sl.), send away, send (someone) about his or her business, send (someone) away with a flea in his or her ear (Inf.)

send for call for, demand, order, request, summon

send-off departure, farewell, going-away party, leave-taking, start, valediction

senile decrepit, doddering, doting, failing, imbecile, in one's dotage, in one's second childhood

senior adj. elder, higher ranking, major (Brit.), older, superior

seniority eldership, longer service, precedence, priority, rank, superiority

sensation 1 awareness, consciousness, feeling, impression, perception, sense, tingle 2 agitation, commotion, crowd puller (Inf.), excitement, furore, hit (Inf.), scandal, stir, surprise, thrill, vibes (Sl.), wow (Sl., chiefly U.S.)

sensational 1 amazing, astounding, breathtaking, dramatic, electrifying, exciting, hair-raising, horrifying, lurid, melodramatic, revealing, scandalous, sensationalistic, shock-horror (Facetious), shocking, spectacular, staggering, startling, thrilling, yellow (of the press) 2 (Inf.) boffo (Sl.), brill (Inf.), brilliant, chillin' (U.S. sl.), cracking (Brit. inf.), crucial (Sl.), def (Sl.), excellent, exceptional, fabulous (Inf.), first class, impressive, jim-dandy (Sl.), marvellous, mean (Sl.), mega (Sl.), mind-blowing (Inf.), out of this world (Inf.), smashing (Inf.), sovereign, superb, topping (Brit. sl.)

sense

◆ **n.** 1 faculty, feeling, sensation, sensibility 2 appreciation, atmosphere, aura, awareness, consciousness, feel, impression, intuition, perception, premonition, presentiment, sentiment 3 definition, denotation, drift, gist, implication, import, interpretation, meaning, message, nuance, purport, significance, signification, substance 4 Sometimes plural brains (Inf.), clear-headedness, cleverness, common sense, discernment, discrimination, gumption (Brit. inf.), intelligence, judg(e)ment, mother wit, nous (Brit. sl.), quickness, reason, sagacity, sanity, sharpness, smarts (Sl., chiefly U.S.), tact, understanding, wisdom, wit(s) 5 advantage, good, logic, point, purpose, reason, use, value, worth

◆ **v.** 6 appreciate, apprehend, be aware of, discern, divine, feel, get the impression, grasp, have a feeling in one's bones (Inf.), have a funny feeling (Inf.), have a hunch, just know, notice, observe, perceive, pick up, realize, suspect, understand

senseless 1 absurd, asinine, crazy, daft (Inf.), fatuous, foolish, goofy (Inf.), halfwitted, idiotic, illogical, imbecilic, inane, incongruous, inconsistent, irrational, ludicrous, mad, meaningless, mindless, moronic, nonsensical, pointless, ridiculous, silly, simple, stupid, unintelligent, unreasonable, unwise 2 anaesthetized, cold, deadened, insensate, insensible, numb, numbed, out, out cold, stunned, unconscious, unfeeling

sensibility 1 responsiveness, sensitiveness, sensitivity, susceptibility 2 Often plural emotions, feelings, moral sense, sentiments, susceptibilities 3 appreciation, awareness, delicacy, discernment, insight, intuition, perceptiveness, taste

sensible 1 canny, discreet, discriminating, down-to-earth, far-sighted, intelligent, judicious, matter-of-fact, practical, prudent, rational, realistic, reasonable, sagacious, sage, sane, shrewd, sober, sound, well-reasoned, well-thought-out, wise 2 (Usually with **of**) acquainted with, alive to, aware, conscious, convinced, mindful, observant, sensitive to, understanding 3 appreciable, considerable, discernable, noticeable, palpable, perceptible, significant, tangible, visible

sensitive 1 acute, delicate, easily affected, fine, impressionable, keen, perceptive, precise, reactive, responsive, sentient, susceptible 2 delicate, easily upset (hurt, offended), irritable, temperamental, tender, thin-skinned, touchy, umbrageous (Rare)

sensitivity delicacy, reactiveness, reactivity, receptiveness, responsiveness, sensitiveness, susceptibility

sensual 1 animal, bodily, carnal, epicurean, fleshly, luxurious, physical, unspiritual, voluptuous 2 erotic, lascivious, lecherous, lewd, libidinous, licentious, lustful, randy (Inf., chiefly Brit.), raunchy (Sl.), sexual, sexy (Inf.), steamy (Inf.), unchaste

sensuality animalism, carnality, eroticism, lasciviousness, lecherousness, lewdness, libidinousness, licentiousness, prurience, salaciousness, sexiness (Inf.), voluptuousness

sensuous epicurean, gratifying, hedonistic, lush, pleasurable, rich, sensory, sumptuous, sybaritic

sentence 1 n. condemnation, decision, decree, doom, judg(e)ment, order, pronouncement, ruling, verdict 2 v. condemn, doom, mete out justice to, pass judgment on, penalize

sententious 1 aphoristic, axiomatic, brief, compact, concise, epigrammatic, gnomic, laconic, pithy, pointed, short, succinct, terse 2 canting, judg(e)mental, moralistic, pompous, ponderous, preachifying (Inf.), sanctimonious

sentiment 1 emotion, sensibility, soft-heartedness, tender feeling, tenderness 2 Often plural attitude, belief, feeling, idea, judg(e)ment, opinion, persuasion, saying, thought, view, way of thinking 3 emotionalism, mawkishness, overemotionalism, romanticism, sentimentality, slush (Inf.)

sentimental corny (Sl.), dewy-eyed, drippy (Inf.), emotional, gushy (Inf.), impressionable, maudlin, mawkish, mushy (Inf.), nostalgic, overemotional, pathetic, romantic, schmaltzy (Sl.), simpering, sloppy (Inf.), slushy (Inf.), soft-hearted, tearful, tear-jerking (Inf.), tender, touching, weepy (Inf.)

sentimentality bathos, corniness (Sl.), emotionalism, gush (Inf.), mawkishness, mush (Inf.), nostalgia, play on the emotions, romanticism, schmaltz (Sl.), sloppiness (Inf.), slush (Inf.), sob stuff (Inf.), tenderness

separable detachable, distinguishable, divisible, scissile, severable

separate

◆ **v.** 1 break off, cleave, come apart, come away, come between, detach, disconnect, disentangle, disjoin, divide, keep apart, remove, sever, split, sunder, uncouple 2 discriminate between, isolate, put on one side, segregate, single out, sort out 3 bifurcate, break up, disunite, diverge, divorce, estrange, go different ways, part, part company, set at variance or at odds, split up

◆ **adj.** 4 detached, disconnected, discrete, disjointed, divided, divorced, isolated, unattached, unconnected 5 alone, apart, autonomous, distinct, independent, individual, particular, single, solitary

separately alone, apart, independently, individually, one at a time, one by one, personally, severally, singly

separation 1 break, detachment, disconnection, disengagement, disjunction, dissociation, disunion, division, gap, segregation, severance 2 break-up, divorce, estrangement, farewell, leave-taking, parting, rift, split, split-up

septic festering, infected, poisoned, pussy, putrefactive, putrefying, putrid, suppurating, toxic

sepulchre burial place, grave, mausoleum, sarcophagus, tomb, vault

sequel conclusion, consequence, continuation, development, end, follow-up, issue, outcome, payoff (Inf.), result, upshot

sequence arrangement, chain, course, cycle, order, procession, progression, series, succession

seraphic angelic, beatific, blissful, celestial, divine, heavenly, holy, pure, sublime

serene 1 calm, composed, imperturbable, peaceful, placid, sedate, tranquil, undisturbed, unruffled, untroubled 2 bright, clear, cloudless, fair, halcyon, unclouded

serenity 1 calm, calmness, composure, peace, peacefulness, peace of mind, placidity, quietness, quietude, stillness, tranquillity 2 brightness, clearness, fairness

series arrangement, chain, course, line, order, progression, run, sequence, set, string, succession, train

serious 1 grave, humourless, long-faced, pensive, sedate, sober, solemn, stern, thoughtful, unsmiling 2 deliberate, determined, earnest, genuine, honest, in earnest, resolute, resolved, sincere 3 crucial, deep, difficult, far-reaching, fateful, grim, important, momentous, no laughing matter, of moment or consequence, pressing, significant, urgent, weighty, worrying 4 acute, alarming, critical, dangerous, grave, severe

seriously 1 all joking aside, earnestly, gravely, in all conscience, in earnest, no joking (Inf.), sincerely, solemnly, thoughtfully, with a straight face 2 acutely, badly, critically, dangerously, distressingly, gravely, grievously, severely, sorely

seriousness 1 earnestness, gravitas, gravity, humourlessness, sedateness, sobriety, solemnity, staidness, sternness 2 danger, gravity, importance, moment, significance, urgency, weight

sermon 1 address, exhortation, homily 2 dressing-down (Inf.), harangue, lecture, talking-to (Inf.)

servant attendant, domestic, drudge, help, helper, lackey, liegeman, maid, menial, retainer, servitor (Archaic), skivvy (Chiefly Brit.), slave, varlet (Archaic), vassal

serve 1 aid, assist, attend to, be in the service of, be of assistance, be of use, help, minister to, oblige, succour, wait on, work for 2 act, attend, complete, discharge, do, fulfil, go through, observe, officiate, pass, perform 3 answer, answer the purpose, be acceptable, be adequate, be good enough, content, do, do duty as, do the work of, fill the bill (Inf.), function as, satisfy, suffice, suit 4 arrange, deal, deliver, dish up, distribute, handle, present, provide, purvey, set out, supply

service

◆ **n.** 1 advantage, assistance, avail, benefit, help, ministrations, supply, use, usefulness, utility 2 check, maintenance, overhaul, servicing 3 business, duty, employ, employment,

serviceable / shameful SYNONYMES ANGLAIS 1328

labour, office, work 4 ceremony, function, observance, rite, worship
◆ v. 5 check, fine tune, go over, maintain, overhaul, recondition, repair, tune (up)

serviceable advantageous, beneficial, convenient, dependable, durable, efficient, functional, hard-wearing, helpful, operative, practical, profitable, usable, useful, utilitarian

session assembly, conference, congress, discussion, get-together (Inf.), hearing, meeting, period, seminar, sitting, term

set
◆ v. 1 aim, apply, deposit, direct, embed, fasten, fix, install, lay, locate, lodge, mount, park (Inf.), place, plant, plonk, plump, position, put, rest, seat, situate, station, stick, turn 2 agree upon, allocate, appoint, arrange, assign, conclude, decide (upon), designate, determine, establish, fix, fix up, name, ordain, regulate, resolve, schedule, settle, specify 3 arrange, lay, make ready, prepare, spread 4 adjust, coordinate, rectify, regulate, synchronize 5 cake, condense, congeal, crystallize, gelatinize, harden, jell, solidify, stiffen, thicken 6 allot, decree, impose, lay down, ordain, prescribe, specify 7 decline, dip, disappear, go down, sink, subside, vanish
◆ n. 8 attitude, bearing, carriage, fit, hang, position, posture, turn 9 mise-en-scène, scene, scenery, setting, stage set, stage setting 10 band, circle, class, clique, company, coterie, crew (Inf.), crowd, faction, gang, group, outfit, posse (Inf.), schism, sect 11 assemblage, assortment, batch, collection, compendium, coordinated group, kit, outfit, series
◆ adj. 12 agreed, appointed, arranged, customary, decided, definite, established, firm, fixed, prearranged, predetermined, prescribed, regular, scheduled, settled, usual 13 artificial, conventional, formal, hackneyed, rehearsed, routine, standard, stereotyped, stock, traditional, unspontaneous 14 entrenched, firm, hard and fast, hardened, hidebound, immovable, inflexible, rigid, strict, stubborn 15 (With **on** or **upon**) bent, determined, intent, resolute

set about 1 address oneself to, attack, begin, get cracking (Inf.), get down to, get to work, get weaving (Inf.), make a start on, put one's shoulder to the wheel (Inf.), roll up one's sleeves, sail into (Inf.), set to, start, tackle, take the first step, wade into 2 assail, assault, attack, belabour, lambast(e), mug (Inf.), sail into (Inf.)

set aside 1 keep, keep back, put on one side, reserve, save, select, separate, set apart, single out 2 abrogate, annul, cancel, discard, dismiss, nullify, overrule, overturn, quash, reject, render null and void, repudiate, reverse

setback bit of trouble, blow, bummer (Sl.), check, defeat, disappointment, hitch, hold-up, misfortune, rebuff, reverse, upset

set off 1 depart, embark, leave, sally forth, set out, start out 2 detonate, explode, ignite, kick-start, light, set in motion, touch off, trigger off 3 bring out the highlights in, enhance, show off, throw into relief

set on assail, assault, attack, fall upon, fly at, go for, incite, instigate, let fly at, pitch into (Inf.), pounce on, sail into (Inf.), set about, sic, spur on, urge

set out 1 arrange, array, describe, detail, display, dispose, elaborate, elucidate, exhibit, explain, expose to view, lay out, present, set forth 2 begin, embark, get under way, hit the road (Sl.), sally forth, set off, start out, take to the road

setting backdrop, background, context, frame, locale, location, mise en scène, mounting, perspective, scene, scenery, set, site, surround, surroundings

settle 1 adjust, dispose, order, put into order, regulate, set to rights, straighten out, work out 2 choose, clear up, complete, conclude, decide, dispose of, put an end to, reconcile, resolve 3 Often with on or upon agree, appoint, arrange, choose, come to an agreement, confirm, decide, determine, establish, fix 4 allay, calm, compose, lull, pacify, quell, quiet, quieten, reassure, relax, relieve, sedate, soothe, tranquillize 5 alight, bed down, come to rest, descend, land, light, make oneself comfortable 6 dwell, inhabit, live, make one's home, move to, put down roots, reside, set up home, take up residence 7 colonize, found, people, pioneer, plant, populate 8 acquit oneself of, clear, discharge, liquidate, pay, quit, square (up) 9 decline, fall, sink, subside

settlement 1 adjustment, agreement, arrangement, completion, conclusion, confirmation, disposition, establishment, resolution, termination, working out 2 clearance, clearing, defrayal, discharge, liquidation, payment, satisfaction 3 colonization, colony, community, encampment, hamlet, outpost, peopling

settler colonist, colonizer, frontiersman, immigrant, pioneer, planter

set-to argument, argy-bargy (Brit. inf.), barney (Inf.), brush, disagreement, dust-up (Inf.), fight, fracas, quarrel, row, scrap (Inf.), slanging match (Brit.), spat, squabble, wrangle

setup arrangement, circumstances, conditions, organization, régime, structure, system

set up 1 arrange, begin, compose, establish, found, initiate, install, institute, make provision for, organize, prearrange, prepare 2 back, build up, establish, finance, promote, put some beef into (Inf.), strengthen, subsidize 3 assemble, build, construct, elevate, erect, put together, put up, raise

set upon ambush, assail, assault, attack, beat up, fall upon, go for, lay into (Inf.), mug (Inf.,) put the boot in (S.I.,) set about turn on

several adj. assorted, different, disparate, distinct, divers (Archaic), diverse, indefinite, individual, manifold, many, particular, respective, single, some, sundry, various

severe 1 austere, cruel, Draconian, drastic, hard, harsh, inexorable, iron-handed, oppressive, pitiless, relentless, rigid, strict, unbending, unrelenting 2 cold, disapproving, dour, flinty, forbidding, grave, grim, serious, sober, stern, strait-laced, tight-lipped, unsmiling 3 acute, bitter, critical, dangerous, distressing, extreme, fierce, grinding, inclement, intense, violent 4 ascetic, austere, chaste, classic, forbidding, functional, plain, restrained, severe, simple, Spartan, unadorned, unembellished, unfussy 5 arduous, demanding, difficult, exacting, fierce, hard, punishing, rigorous, stringent, taxing, tough, unrelenting 6 astringent, biting, caustic, cutting, harsh, mordacious, mordant, satirical, scathing, unsparing, vitriolic

severely 1 harshly, rigorously, sharply, sternly, strictly, with an iron hand, with a rod of iron 2 acutely, badly, critically, dangerously, extremely, gravely, hard, sorely

severity austerity, gravity, hardness, harshness, plainness, rigour, seriousness, severeness, sternness, strictness, stringency, toughness

sex 1 gender 2 (Inf.) coition, coitus, copulation, fornication, going to bed (with someone), intimacy, lovemaking, nookie (Sl.), rumpy-pumpy (Sl.), (sexual) intercourse, sexual relations, the other (Inf.) 3 desire, facts of life, libido, reproduction, sexuality, the birds and the bees (Inf.)

sexual 1 carnal, coital, erotic, intimate, of the flesh, sensual, sexy 2 genital, procreative, reproductive, sex, venereal

sexuality bodily appetites, carnality, desire, eroticism, lust, sensuality, sexiness (Inf.), virility, voluptuousness

sexy arousing, beddable, bedroom, come-hither (Inf.), cuddly, erotic, flirtatious, inviting, kissable, naughty, provocative, provoking, seductive, sensual, sensuous, slinky, suggestive, titillating, voluptuous

shabby 1 dilapidated, down at heel, faded, frayed, having seen better days, mean, neglected, poor, ragged, run-down, scruffy, seedy, tattered, tatty, the worse for wear, threadbare, worn, worn-out 2 cheap, contemptible, despicable, dirty, dishonourable, ignoble, low, low-down (Inf.), mean, rotten (Inf.), scurvy, shameful, shoddy, ungentlemanly, unworthy

shade
◆ n. 1 coolness, dimness, dusk, gloom, gloominess, obscurity, screen, semidarkness, shadiness, shadow, shadows 2 **put into the shade** eclipse, make pale by comparison, outclass, outshine, overshadow 3 blind, canopy, cover, covering, curtain, screen, shield, veil 4 colour, hue, stain, tinge, tint, tone 5 amount, dash, degree, difference, gradation, hint, nuance, semblance, suggestion, suspicion, trace, variety 6 apparition, eidolon, ghost, manes, phantom, shadow, spectre, spirit
◆ v. 7 cast a shadow over, cloud, conceal, cover, darken, dim, hide, mute, obscure, protect, screen, shadow, shield, shut out the light, veil

shadow
◆ n. 1 cover, darkness, dimness, dusk, gathering darkness, gloaming (Scot. or poetic), gloom, obscurity, protection, shade, shelter 2 hint, suggestion, suspicion, trace 3 eidolon, ghost, image, phantom, remnant, representation, spectre, vestige 4 blight, cloud, gloom, sadness
◆ v. 5 cast a shadow over, darken, overhang, screen, shade, shield 6 dog, follow, spy on, stalk, tail (Inf.), trail

shadowy 1 crepuscular, dark, dim, dusky, funereal, gloomy, indistinct, murky, obscure, shaded, shady, tenebrious, tenebrous 2 dim, dreamlike, faint, ghostly, illusory, imaginary, impalpable, intangible, nebulous, obscure, phantom, spectral, undefined, unreal, unsubstantial, vague, wraithlike

shady 1 bosky (Literary), bowery, cool, dim, leafy, shaded, shadowy, umbrageous 2 (Inf.) crooked, disreputable, dodgy (Brit., Aust., & N.Z. inf.), dubious, fishy (Inf.), questionable, shifty, slippery, suspect, suspicious, unethical, unscrupulous, untrustworthy

shaft 1 handle, pole, rod, shank, stem, upright 2 beam, gleam, ray, streak 3 barb, cut, dart, gibe, sting, thrust

shaggy hairy, hirsute, long-haired, rough, tousled, unkempt, unshorn

shake
◆ v. 1 bump, fluctuate, jar, joggle, jolt, jounce, oscillate, quake, quiver, rock, shiver, shudder, sway, totter, tremble, vibrate, waver, wobble 2 brandish, flourish, wave 3 (Often with **up**) agitate, churn, convulse, rouse, stir 4 discompose, distress, disturb, frighten, intimidate, move, rattle (Inf.), shock, unnerve, upset 5 impair, pull the rug out from under (Inf.), undermine, weaken
◆ n. 6 agitation, convulsion, disturbance, jar, jerk, jolt, jounce, pulsation, quaking, shiver, shock, shudder, trembling, tremor, vibration 7 (Inf.) instant, jiffy (Inf.), moment, second, tick (Brit. inf.), trice

shake off dislodge, elude, get away from, get rid of, get shot of (Sl.), give the slip, leave behind, lose, rid oneself of, throw off

shake up agitate, churn (up), disturb, mix, overturn, reorganize, shock, stir (up), turn upside down, unsettle, upset

shaky 1 all of a quiver (Inf.), faltering, insecure, precarious, quivery, rickety, tottering, trembling, tremulous, unstable, unsteady, weak, wobbly 2 dubious, iffy (Inf.), questionable, suspect, uncertain, undependable, unreliable, unsound, unsupported

shallow 1 adj. (Fig.) empty, flimsy, foolish, frivolous, idle, ignorant, meaningless, puerile, simple, skin-deep, slight, superficial, surface, trivial, unintelligent 2 n. Often plural bank, flat, sandbank, sand bar, shelf, shoal

sham 1 n. counterfeit, feint, forgery, fraud, hoax, humbug, imitation, impostor, imposture, phoney or phony (Inf.), pretence, pretender, pseud (Inf.), wolf in sheep's clothing 2 adj. artificial, bogus, counterfeit, ersatz, false, feigned, imitation, mock, phoney or phony (Inf.), pretended, pseud (Inf.), pseudo (Inf.), simulated, spurious, synthetic 3 v. affect, assume, counterfeit, fake, feign, imitate, play possum, pretend, put on, simulate

shame
◆ n. 1 blot, contempt, degradation, derision, discredit, disgrace, dishonour, disrepute, ill repute, infamy, obloquy, odium, opprobrium, reproach, scandal, skeleton in the cupboard, smear 2 abashment, chagrin, compunction, embarrassment, humiliation, ignominy, loss of face, mortification, shamefacedness 3 **put to shame** disgrace, eclipse, outclass, outdo, outstrip, show up, surpass
◆ v. 4 abash, confound, disconcert, disgrace, embarrass, humble, humiliate, mortify, reproach, ridicule, take (someone) down a peg (Inf.) 5 blot, debase, defile, degrade, discredit, dishonour, smear, stain

shameful 1 atrocious, base, dastardly, degrading, disgraceful, dishonourable, ignominious, indecent, infamous, low, mean, outrageous, reprehensible, scandalous, unbecoming, unworthy, vile, wicked 2 blush-making (Inf.), cringe-making (Brit. inf.), degrading, embarrassing, humiliating, mortifying, shaming

shameless abandoned, audacious, barefaced, brash, brazen, corrupt, depraved, dissolute, flagrant, hardened, immodest, improper, impudent, incorrigible, indecent, insolent, profligate, reprobate, unabashed, unashamed, unblushing, unprincipled, wanton

shape
- n. [1] build, configuration, contours, cut, figure, form, lines, make, outline, profile, silhouette [2] frame, model, mould, pattern [3] appearance, aspect, form, guise, likeness, semblance [4] condition, fettle, health, kilter, state, trim
- v. [5] create, fashion, form, make, model, mould, produce [6] accommodate, adapt, convert, define, develop, devise, frame, guide, modify, plan, prepare, regulate, remodel

shapeless amorphous, asymmetrical, battered, embryonic, formless, indeterminate, irregular, misshapen, nebulous, undeveloped, unstructured

share [1] v. apportion, assign, distribute, divide, go Dutch (Inf.), go fifty-fifty (Inf.), go halves, parcel out, partake, participate, receive, split, use in common [2] n. allotment, allowance, contribution, cut (Inf.), division, due, lot, part, portion, proportion, quota, ration, whack (Inf.)

sharp
- adj. [1] acute, cutting, honed, jagged, keen, knife-edged, knifelike, pointed, razor-sharp, serrated, sharpened, spiky [2] abrupt, distinct, extreme, marked, sudden [3] alert, apt, astute, bright, clever, discerning, knowing, long-headed, observant, penetrating, perceptive, quick, quick-witted, ready, subtle [4] artful, crafty, cunning, dishonest, fly (Sl.), shrewd, sly, smart, unscrupulous, wily [5] acute, distressing, excruciating, fierce, intense, painful, piercing, severe, shooting, sore, stabbing, stinging, violent [6] clear, clear-cut, crisp, distinct, well-defined [7] (Inf.) chic, classy (Sl.), dressy, fashionable, natty (Inf.), smart, snappy, stylish, trendy (Inf.) [8] acerb, acrimonious, barbed, biting, bitter, caustic, cutting, harsh, hurtful, mordacious, mordant, sarcastic, sardonic, scathing, severe, trenchant, vitriolic [9] acerb, acerbic, acetic, acid, acrid, burning, hot, piquant, pungent, sour, tart, vinegary
- adv. [10] exactly, on the dot, on time, precisely, promptly, punctually [11] abruptly, suddenly, unexpectedly, without warning

sharpen edge, grind, hone, put an edge on, strop, whet

shatter [1] break, burst, crack, crush, crush to smithereens, demolish, explode, implode, pulverize, shiver, smash, split [2] blast, blight, bring to nought, demolish, destroy, disable, exhaust, impair, overturn, ruin, torpedo, wreck [3] break (someone's) heart, crush, devastate, dumbfound, knock the stuffing out of (someone) (Inf.), upset

shave v. [1] crop, pare, plane, shear, trim [2] brush, graze, touch

shed v. [1] afford, cast, diffuse, drop, emit, give, give forth, pour forth, radiate, scatter, shower, spill, throw [2] cast off, discard, exuviate, moult, slough

sheepish abashed, ashamed, chagrined, embarrassed, foolish, mortified, self-conscious, shamefaced, silly, uncomfortable

sheer [1] abrupt, headlong (Archaic), perpendicular, precipitous, steep [2] absolute, arrant, complete, downright, out-and-out, pure, rank, thoroughgoing, total, unadulterated, unalloyed, unmitigated, unqualified, utter [3] (Of fabrics) diaphanous, fine, gauzy, gossamer, seethrough, thin, transparent

sheet [1] coat, film, folio, lamina, layer, leaf, membrane, overlay, pane, panel, piece, plate, slab, stratum, surface, veneer [2] area, blanket, covering, expanse, stretch, sweep

shell
- n. [1] carapace, case, husk, pod
- v. [2] husk, shuck [3] attack, barrage, blitz, bomb, bombard, strafe, strike
- n. [4] chassis, frame, framework, hull, skeleton, structure

shelter [1] v. cover, defend, guard, harbour, hide, protect, safeguard, seek refuge, shield, take in, take shelter [2] n. asylum, cover, covert, defence, guard, haven, protection, refuge, retreat, roof over one's head, safety, sanctuary, screen, security, shiel (Scot.), umbrella

sheltered cloistered, conventual, ensconced, hermitic, isolated, protected, quiet, reclusive, retired, screened, secluded, shaded, shielded, withdrawn

shelve defer, dismiss, freeze, hold in abeyance, hold over, lay aside, mothball, pigeonhole, postpone, put aside, put off, put on ice, put on the back burner (Inf.), suspend, table (U.S.), take a rain check on (U.S. & Canad. inf.)

shepherd v. conduct, convoy, guide, herd, marshal, steer, usher

shield
- n. [1] buckler, escutcheon (Heraldry), targe (Archaic) [2] aegis, bulwark, cover, defence, guard, protection, rampart, safeguard, screen, shelter, ward (Archaic)
- v. [3] cover, defend, guard, protect, safeguard, screen, shelter, ward off

shift
- v. [1] alter, budge, change, displace, fluctuate, move, move around, rearrange, relocate, remove, reposition, swerve, switch, transfer, transpose, vary, veer [2] Also **shift for oneself** assume responsibility, contrive, devise, fend, get along, look after, make do, manage, plan, scheme, take care of
- n. [3] about-turn, alteration, change, displacement, fluctuation, modification, move, permutation, rearrangement, removal, shifting, switch, transfer, veering [4] artifice, contrivance, craft, device, dodge, equivocation, evasion, expedient, move, resource, ruse, stratagem, subterfuge, trick, wile

shifty contriving, crafty, deceitful, devious, duplicitous, evasive, fly-by-night (Inf.), furtive, scheming, slippery, sly, tricky, underhand, unprincipled, untrustworthy, wily

shimmer [1] v. dance, gleam, glisten, phosphoresce, scintillate, twinkle [2] n. diffused light, gleam, glimmer, glow, incandescence, iridescence, lustre, phosphorescence, unsteady light

shine
- v. [1] beam, emit light, flash, give off light, glare, gleam, glimmer, glisten, glitter, glow, radiate, scintillate, shimmer, sparkle, twinkle [2] be conspicuous (distinguished, outstanding, pre-eminent), excel, stand out, stand out in a crowd, star [3] brush, buff, burnish, polish, rub up
- n. [4] brightness, glare, gleam, lambency, light, luminosity, radiance, shimmer, sparkle [5] glaze, gloss, lustre, patina, polish, sheen

shining [1] beaming, bright, brilliant, effulgent, gleaming, glistening, glittering, luminous, radiant, resplendent, shimmering, sparkling [2] (Fig.) brilliant, celebrated, conspicuous, distinguished, eminent, glorious, illustrious, leading, outstanding, splendid

shiny agleam, bright, burnished, gleaming, glistening, glossy, lustrous, nitid (Poetic), polished, satiny, sheeny

shirk avoid, bob off (Brit. sl.), body-swerve (Scot.), dodge, duck (out of) (Inf.), evade, get out of, scrimshank (Brit. military sl.), shun, sidestep, skive (Brit. sl.), slack

shirker clock-watcher, dodger, gold brick (U.S. sl.), idler, malingerer, quitter, scrimshanker (Brit. military sl.), shirk, skiver (Brit. sl.), slacker

shiver v. break, crack, fragment, shatter, smash, smash to smithereens, splinter

shivery chilled, chilly, cold, quaking, quivery, shaking, shuddery, trembly

shock
- v. [1] agitate, appal, astound, disgust, disquiet, give (someone) a turn (Inf.), gross out (U.S. sl.), horrify, jar, jolt, nauseate, numb, offend, outrage, paralyze, revolt, scandalize, shake, shake out of one's complacency, shake up (Inf.), sicken, stagger, stun, stupefy, traumatize, unsettle
- n. [2] blow, bolt from the blue, bombshell, breakdown, collapse, consternation, distress, disturbance, prostration, state of shock, stupefaction, stupor, trauma, turn (Inf.), upset [3] blow, clash, collision, encounter, impact, jarring, jolt

shocking abominable, appalling, atrocious, detestable, disgraceful, disgusting, disquieting, distressing, dreadful, foul, frightful, ghastly, hellacious (U.S. sl.), hideous, horrible, horrifying, loathsome, monstrous, nauseating, obscene, odious, offensive, outrageous, repulsive, revolting, scandalous, sickening, stupefying, unspeakable

shoddy cheap-jack (Inf.), cheapo (Inf.), inferior, junky (Inf.), poor, rubbishy, second-rate, slipshod, tacky (Inf.), tatty, tawdry, trashy

shoemaker bootmaker, cobbler, souter (Scot.)

shoot
- v. [1] bag, blast (Sl.), blow away (Sl., chiefly U.S.), bring down, hit, kill, open fire, pick off, plug (Sl.), pump full of lead (Sl.), zap (Sl.) [2] discharge, emit, fire, fling, hurl, launch, let fly, project, propel [3] barrel (along) (Inf., chiefly U.S. & Canad.), bolt, burn rubber (Inf.), charge, dart, dash, flash, fly, hurtle, race, rush, scoot, speed, spring, streak, tear, whisk, whiz (Inf.)
- n. [4] branch, bud, offshoot, scion, slip, sprig, sprout, twig [5] v. bud, burgeon, germinate, put forth new growth, sprout

shore [1] n. beach, coast, foreshore, lakeside, sands, seaboard (Chiefly U.S.), seashore, strand (Poetic), waterside [2] adj. littoral

short
- adj. [1] abridged, brief, compendious, compressed, concise, curtailed, laconic, pithy, sententious, succinct, summary, terse [2] diminutive, dumpy, fubsy (Archaic or dialect), little, low, petite, small, squat, wee [3] brief, fleeting, momentary, short-lived, short-term [4] (Often with of) deficient, inadequate, insufficient, lacking, limited, low (on), meagre, poor, scant, scanty, scarce, short-handed, slender, slim, sparse, tight, wanting [5] abrupt, blunt, brusque, crusty, curt, discourteous, gruff, impolite, offhand, sharp, terse, testy, uncivil [6] direct, straight [7] (Of pastry) brittle, crisp, crumbly, friable
- adv. [8] abruptly, by surprise, suddenly, unaware, without warning [9] **cut short** abbreviate, arrest, butt in, curtail, cut in on, dock, halt, interrupt, reduce, stop, terminate [10] **fall short** be inadequate, disappoint, fail, fall down on (Inf.), not come up to expectations or scratch (Inf.) [11] **in short** briefly, in a nutshell, in a word, in essence, to come to the point, to cut a long story short, to put it briefly [12] **short of** **a** apart from, except, other than, unless **b** deficient in, in need of, lacking, low (on), missing, wanting

shortage dearth, deficiency, deficit, failure, inadequacy, insufficiency, lack, leanness, paucity, poverty, scarcity, shortfall, want

shortcoming defect, drawback, failing, fault, flaw, foible, frailty, imperfection, weakness, weak point

shorten abbreviate, abridge, curtail, cut, cut back, cut down, decrease, diminish, dock, lessen, prune, reduce, trim, truncate, turn up

short-sighted [1] myopic, near-sighted [2] careless, ill-advised, ill-considered, impolitic, impractical, improvident, imprudent, injudicious, unthinking

short-staffed below strength, short-handed, undermanned, understaffed

short-tempered choleric, fiery, hot-tempered, impatient, irascible, peppery, quick-tempered, ratty (Brit. & N.Z. inf.), testy, touchy

shot n. [1] discharge, lob, pot shot, throw [2] ball, bullet, lead, pellet, projectile, slug [3] marksman, shooter [4] (Inf.) attempt, chance, conjecture, crack (Inf.), effort, endeavour, essay, go (Inf.), guess, opportunity, stab (Inf.), surmise, try, turn [5] **by a long shot** **a** by far, easily, far and away, indubitably, undoubtedly, without doubt **b** by any means, in any circumstances, on any account [6] **have a shot** (Inf.) attempt, have a go (bash (Inf.), crack (Inf.), stab (Inf.)) (Inf.), tackle, try, try one's luck [7] **like a shot** at once, eagerly, immediately, like a flash, quickly, unhesitatingly [8] **shot in the arm** (Inf.) boost, encouragement, fillip, impetus, lift, stimulus

shoulder
- n. [1] **give (someone) the cold shoulder** cut (Inf.), ignore, ostracize, put down, rebuff, shun, snub [2] **put one's shoulder to the wheel** (Inf.) apply oneself, buckle down to (Inf.), exert oneself, get down to, make every effort, set to work, strive [3] **rub shoulders with** (Inf.) associate with, consort with, fraternize with, hobnob with, mix with, socialize with [4] **shoulder to shoulder** as one, in cooperation, in partnership, in unity, jointly, side by side, together, united [5] **straight from the shoulder** candidly, directly, frankly, man to man, outright, plainly, pulling no punches (Inf.), straight, unequivocally, with no holds barred
- v. [6] accept, assume, bear, be responsible for, carry, take on, take upon oneself [7] elbow, jostle, press, push, shove, thrust

shout [1] n. bellow, call, cry, roar, scream, yell [2] v. bawl, bay, bellow, call (out), cry (out), holler (Inf.), hollo, raise one's voice, roar, scream, yell

ate, decry, defame, detract, disparage, libel, malign, muckrake, slur, smear, traduce, vilify
slanderous abusive, calumnious, damaging, defamatory, libellous, malicious
slang v. abuse, berate, call names, hurl insults at, insult, inveigh against, malign, rail against, revile, vilify, vituperate
slant
- v. ① angle off, bend, bevel, cant, heel, incline, lean, list, shelve, skew, slope, tilt
- n. ② camber, declination, diagonal, gradient, incline, pitch, rake, ramp, slope, tilt
- v. ③ angle, bias, colour, distort, twist, weight
- n. ④ angle, attitude, bias, emphasis, leaning, one-sidedness, point of view, prejudice, viewpoint

slanting angled, aslant, asymmetrical, at an angle, bent, canted, cater-cornered (U.S. inf.), diagonal, inclined, oblique, on the bias, sideways, slanted, slantwise, sloping, tilted, tilting
slap
- n. ① bang, blow, chin (Sl.), clout (Inf.), cuff, deck (Sl.), lay one on (Sl.), smack, spank, wallop (Inf.), whack ② **a slap in the face** affront, blow, humiliation, insult, put-down, rebuff, rebuke, rejection, repulse, snub
- v. ③ bang, clap, clout (Inf.), cuff, hit, spank, strike, whack ④ (Inf.) daub, plaster, plonk, spread
- adv. ⑤ (Inf.) bang, directly, exactly, plumb (Inf.), precisely, slap-bang (Inf.), smack (Inf.)

slapdash careless, clumsy, disorderly, haphazard, hasty, hurried, last-minute, messy, negligent, perfunctory, slipshod, sloppy (Inf.), slovenly, thoughtless, thrown-together, untidy
slap down bring to heel, put (someone) in his place, rebuke, reprimand, restrain, squash
slash
- v. ① cut, gash, hack, lacerate, rend, rip, score, slit
- n. ② cut, gash, incision, laceration, rent, rip, slit
- v. ③ cut, drop, lower, reduce

slashing aggressive, biting, brutal, ferocious, harsh, savage, searing, vicious
slate v. berate, blame, blast, castigate, censure, criticize, excoriate, haul over the coals (Inf.), lambas(t)e, lay into (Inf.), pan (Inf.), pitch into (Inf.), rail against, rap (someone's) knuckles, rebuke, roast (Inf.), scold, slam (Sl.), slang, take to task, tear into (Inf.), tear (someone) off a strip (Inf.)
slaughter
- n. ① blood bath, bloodshed, butchery, carnage, extermination, holocaust, killing, liquidation, massacre, murder, slaying
- v. ② butcher, destroy, do to death, exterminate, kill, liquidate, massacre, murder, put to the sword, slay, take out (Sl.) ③ (Inf.) blow out of the water (Sl.), crush, defeat, hammer (Inf.), lick (Inf.), overwhelm, rout, tank (Sl.), thrash, trounce, undo, vanquish, wipe the floor with (Inf.)

slaughterhouse abattoir, butchery, shambles
slave ① n. bondservant, bondsman, drudge, scullion (Archaic), serf, servant, skivvy (Chiefly Brit.), slavey (Brit. inf.), varlet (Archaic), vassal, villein ② v. drudge, grind (Inf.), skivvy (Brit.), slog, sweat, toil, work one's fingers to the bone
slavery bondage, captivity, enslavement, serfdom, servitude, subjugation, thraldom, thrall, vassalage
slavish ① abject, base, cringing, despicable, fawning, grovelling, low, mean, menial, obsequious, servile, submissive, sycophantic ② conventional, imitative, second-hand, unimaginative, uninspired, unoriginal
slay ① annihilate, assassinate, butcher, destroy, dispatch, do away with, do in (Sl.), eliminate, exterminate, kill, massacre, mow down, murder, rub out (U.S. sl.), slaughter ② (Inf.) amuse, be the death of (Inf.), impress, make a hit with (Inf.), wow (Sl., chiefly U.S.)
sleek glossy, lustrous, shiny, smooth, well-fed, well-groomed
sleep ① v. be in the land of Nod, catnap, doze, drop off (Inf.), drowse, hibernate, kip (Brit. sl.), nod off (Inf.), rest in the arms of Morpheus, slumber, snooze (Inf.), snore, take a nap, take forty winks (Inf.), zizz (Brit. inf.) ② n. beauty sleep (Inf.), dormancy, doze, forty winks (Inf.), hibernation, kip (Brit. sl.), nap, repose, rest, shuteye (Sl.), siesta, slumber(s), snooze (Inf.), zizz (Brit. inf.)
sleepiness doziness, drowsiness, heaviness, lethargy, somnolence, torpor

sleepless ① disturbed, insomniac, restless, unsleeping, wakeful ② alert, unsleeping, vigilant, watchful, wide awake
sleeplessness insomnia, wakefulness
sleepwalker noctambulist, somnambulist
sleepwalking noctambulation, noctambulism, somnambulation, somnambulism
sleepy ① drowsy, dull, heavy, inactive, lethargic, sluggish, slumbersome, somnolent, torpid ② dull, hypnotic, inactive, quiet, sleep-inducing, slow, slumberous, somnolent, soporific
slender ① lean, narrow, slight, slim, svelte, sylphlike, willowy ② inadequate, inconsiderable, insufficient, little, meagre, scant, scanty, small, spare ③ faint, feeble, flimsy, fragile, poor, remote, slight, slim, tenuous, thin, weak
sleuth detective, dick (Sl., chiefly U.S.), gumshoe (U.S. sl.), private eye (Inf.), (private) investigator, sleuthhound (Inf.), tail (Inf.)
slice ① n. cut, helping, piece, portion, segment, share, sliver, wedge ② v. carve, cut, divide, sever
slick
- adj. ① glib, meretricious, plausible, polished, smooth, sophistical, specious ② adroit, deft, dexterous, dextrous, polished, professional, sharp, skilful
- v. ③ make glossy, plaster down, sleek, smarm down (Brit. inf.), smooth

slide v. ① coast, glide, glissade, skim, slip, slither, toboggan, veer ② **let slide** forget, gloss over, ignore, let ride, neglect, pass over, push to the back of one's mind, turn a blind eye to
slight
- adj. ① feeble, inconsiderable, insignificant, insubstantial, meagre, measly, minor, modest, negligible, paltry, scanty, small, superficial, trifling, trivial, unimportant, weak ② delicate, feeble, fragile, lightly-built, slim, small, spare
- v. ③ affront, cold-shoulder, despise, disdain, disparage, give offence or umbrage to, ignore, insult, neglect, put down, scorn, show disrespect for, snub, treat with contempt
- n. ④ affront, contempt, discourtesy, disdain, disregard, disrespect, inattention, indifference, insult, neglect, rebuff, slap in the face (Inf.), snub, (the) cold shoulder

slightly a little, marginally, on a small scale, somewhat, to some extent or degree
slim
- adj. ① lean, narrow, slender, slight, svelte, sylphlike, thin, trim ② faint, poor, remote, slender, slight
- v. ③ diet, lose weight, reduce, slenderize (Chiefly U.S.)

slimy ① clammy, glutinous, miry, mucous, muddy, oozy, viscous ② creeping, grovelling, obsequious, oily, servile, smarmy (Brit. inf.), soapy (Sl.), sycophantic, toadying, unctuous
sling v. ① cast, chuck (Inf.), fling, heave, hurl, lob (Inf.), shy, throw, toss ② dangle, hang, suspend, swing
slink creep, prowl, pussyfoot (Inf.), skulk, slip, sneak, steal
slip
- v. ① glide, skate, slide, slither ② fall, lose one's balance, miss or lose one's footing, skid, trip (over) ③ conceal, creep, hide, insinuate oneself, sneak, steal ④ (Sometimes with **up**) blunder, boob (Brit. sl.), err, go wrong, make a mistake, miscalculate, misjudge, mistake ⑤ break away from, break free from, disappear, escape, get away, get clear of, take French leave ⑥ **let slip** blurt out, come out with (Inf.), disclose, divulge, give away, leak, let out (Inf.), let the cat out of the bag, reveal
- n. ⑦ bloomer (Brit. inf.), blunder, boob (Brit. sl.), error, failure, fault, faux pas, imprudence, indiscretion, mistake, omission, oversight, slip of the tongue, slip-up (Inf.) ⑧ **give (someone) the slip** dodge, elude, escape from, evade, get away from, lose (someone), outwit, shake (someone) off

slippery ① glassy, greasy, icy, lubricious (Rare), perilous, skiddy (Inf.), slippy (Inf. or dialect), smooth, unsafe, unstable, unsteady ② crafty, cunning, devious, dishonest, duplicitous, evasive, false, foxy, shifty, sneaky, treacherous, tricky, two-faced, unpredictable, unreliable, untrustworthy
slipshod careless, casual, loose, slapdash, sloppy (Inf.), slovenly, unsystematic, untidy
slit ① v. cut (open), gash, impale, knife, lance, pierce, rip, slash, split open ② n. cut, fissure, gash, incision, opening, rent, split, tear

slither v. glide, skitter, slide, slink, slip, snake, undulate
slog
- v. ① hit, hit for six, punch, slosh (Brit. sl.), slug, sock (Sl.), strike, thump, wallop (Inf.) ② apply oneself to, labour, peg away at, persevere, plod, plough through, slave, toil, tramp, trek, trudge, work
- n. ③ effort, exertion, hike, labour, struggle, tramp, trek, trudge

slogan catch-phrase, catchword, jingle, motto, rallying cry
slope
- v. ① drop away, fall, incline, lean, pitch, rise, slant, tilt
- n. ② brae (Scot.), declination, declivity, descent, downgrade (Chiefly U.S.), gradient, inclination, incline, ramp, rise, scarp, slant, tilt
- v. ③ (With **off, away**, etc.) creep, make oneself scarce, skulk, slink, slip, steal

sloping bevelled, cant, inclined, inclining, leaning, oblique, slanting
sloppy ① sludgy, slushy, splashy, watery, wet ② (Inf.) amateurish, careless, clumsy, hit-or-miss (Inf.), inattentive, messy, slipshod, slovenly, unkempt, untidy, weak ③ banal, gushing, mawkish, mushy (Inf.), overemotional, sentimental, slushy (Inf.), soppy (Brit. inf.), trite, wet (Brit. inf.)
slot
- n. ① aperture, channel, groove, hole, slit, vent ② (Inf.) niche, opening, place, position, space, time, vacancy
- v. ③ adjust, assign, fit, fit in, insert, pigeonhole

sloth faineance, idleness, inactivity, indolence, inertia, laziness, slackness, slothfulness, sluggishness, torpor
slothful do-nothing (Inf.), fainéant, idle, inactive, indolent, inert, lazy, skiving (Brit. sl.), slack, sluggish, torpid, workshy
slouch v. droop, loll, slump, stoop
slovenly careless, disorderly, heedless, loose, negligent, slack, slapdash, slatternly, slipshod, sloppy (Inf.), unkempt, untidy
slow
- adj. ① creeping, dawdling, deliberate, easy, lackadaisical, laggard, lagging, lazy, leaden, leisurely, loitering, measured, plodding, ponderous, slow-moving, sluggardly, sluggish, tortoise-like, unhurried ② backward, behind, behindhand, delayed, dilatory, late, long-delayed, tardy, unpunctual ③ gradual, lingering, long-drawn-out, prolonged, protracted, time-consuming ④ behind the times, boring, conservative, dead, dead-and-alive (Brit.), dull, inactive, one-horse (Inf.), quiet, slack, sleepy, sluggish, stagnant, tame, tedious, uneventful, uninteresting, unproductive, unprogressive, wearisome ⑤ blockish, bovine, braindead (Inf.), dense, dim, dozy (Brit. inf.), dull, dull-witted, dumb (Inf.), obtuse, retarded, slow on the uptake (Inf.), slow-witted, stupid, thick, unresponsive ⑥ (With **to**) averse, disinclined, hesitant, indisposed, loath, reluctant, unwilling
- v. ⑦ (Often with **up** or **down**) brake, check, curb, decelerate, delay, detain, handicap, hold up, lag, reduce speed, rein in, relax, restrict, retard, slacken (off), spin out

slowly at a snail's pace, at one's leisure, by degrees, gradually, inchmeal, in one's own (good) time, leisurely, ploddingly, steadily, taking one's time, unhurriedly, with leaden steps
sluggish dull, heavy, inactive, indolent, inert, lethargic, lifeless, listless, phlegmatic, slothful, slow, slow-moving, torpid, unresponsive
sluggishness apathy, drowsiness, dullness, heaviness, indolence, inertia, languor, lassitude, lethargy, listlessness, slothfulness, somnolence, stagnation, torpor
slumber v. be inactive, doze, drowse, kip (Brit. sl.), lie dormant, nap, repose, sleep, snooze (Inf.), zizz (Brit. inf.)
slump
- v. ① collapse, crash, decline, deteriorate, fall, fall off, go downhill (Inf.), plummet, plunge, reach a new low, sink, slip
- n. ② collapse, crash, decline, depreciation, depression, downturn, drop, failure, fall, falling-off, low, recession, reverse, stagnation, trough
- v. ③ bend, droop, hunch, loll, sag, slouch

slur n. affront, aspersion, blot, brand, calumny, discredit, disgrace, innuendo, insinuation, insult, reproach, smear, stain, stigma

slut drab (Archaic), scrubber (Brit. & Aust. sl.), slattern, sloven, tart, trollop

sly
◆ **adj.** 1 artful, astute, clever, conniving, covert, crafty, cunning, devious, foxy, furtive, guileful, insidious, scheming, secret, shifty, stealthy, subtle, underhand, wily 2 arch, impish, knowing, mischievous, roguish
◆ **n.** 3 **on the sly** behind (someone's) back, covertly, like a thief in the night, on the q.t. (Inf.), on the quiet, privately, secretly, surreptitiously, underhandedly, under the counter (Inf.)

smack
◆ **v.** 1 box, clap, cuff, hit, pat, slap, sock (Sl.), spank, strike, tap
◆ **n.** 2 blow, crack, slap 3 **smack in the eye** blow, rebuff, repulse, setback, slap in the face, snub
◆ **adv.** 4 (Inf.) directly, exactly, plumb, point-blank, precisely, right, slap (Inf.), squarely, straight

small 1 diminutive, immature, Lilliputian, little, mini, miniature, minute, petite, pint-sized (Inf.), pocket-sized, puny, pygmy or pigmy, slight, teensy-weensy, teeny, teeny-weeny, tiny, undersized, wee, young 2 insignificant, lesser, minor, negligible, paltry, petty, trifling, trivial, unimportant 3 inadequate, inconsiderable, insufficient, limited, meagre, measly, scant, scanty 4 humble, modest, small-scale, unpretentious 5 base, grudging, illiberal, mean, narrow, petty, selfish 6 **make (someone) feel small** chagrin, disconcert, humble, humiliate, make (someone) look foolish, mortify, put down (Sl.), show up (Inf.), take down a peg or two (Inf.)

small-minded bigoted, envious, grudging, hidebound, intolerant, mean, narrow-minded, petty, rigid, ungenerous

smart[1] adj. 1 acute, adept, agile, apt, astute, bright, brisk, canny, clever, ingenious, intelligent, keen, nimble, quick, quick-witted, ready, sharp, shrewd 2 chic, elegant, fashionable, fine, modish, natty (Inf.), neat, snappy, spruce, stylish, trendy (Brit. inf.), trim, well turned-out 3 effective, impertinent, nimble-witted, pointed, ready, saucy, smart-alecky (Inf.), witty 4 brisk, cracking (Inf.), jaunty, lively, quick, spanking, spirited, vigorous

smart[2] ◆ v. burn, hurt, pain, sting, throb, tingle

smash
◆ **v.** 1 break, collide, crash, crush, demolish, disintegrate, pulverize, shatter, shiver
◆ **n.** 2 accident, collision, crash, pile-up (Inf.), smash-up (Inf.)
◆ **v.** 3 defeat, destroy, lay waste, overthrow, ruin, total (Sl.), trash (Sl.), wreck
◆ **n.** 4 collapse, defeat, destruction, disaster, downfall, failure, ruin, shattering

smashing boffo (Sl.), brill (Inf.), brilliant (Inf.), chillin' (U.S. sl.), cracking (Brit. inf.), crucial (Sl.), def (Sl.), excellent, exhilarating, fab (Inf., chiefly Brit.), fabulous (Inf.), fantastic (Inf.), first-class, first-rate, great (Inf.), jim-dandy (Sl.), magnificent, marvellous, mean (Sl.), mega (Sl.), out of this world (Inf.), sensational (Inf.), sovereign, stupendous, super (Inf.), superb, superlative, terrific (Inf.), topping (Brit. sl.), wonderful, world-class

smattering bit, dash, elements, modicum, rudiments, smatter, sprinkling

smear
◆ **v.** 1 bedaub, bedim, besmirch, blur, coat, cover, daub, dirty, patch, plaster, rub on, smirch, smudge, soil, spread over, stain, sully
◆ **n.** 2 blot, blotch, daub, smirch, smudge, splotch, streak
◆ **v.** 3 asperse, besmirch, blacken, calumniate, drag (someone's) name through the mud, malign, sully, tarnish, traduce, vilify
◆ **n.** 4 calumny, defamation, libel, mudslinging, slander, vilification, whispering campaign

smell
◆ **n.** 1 aroma, bouquet, fragrance, niff (Brit. sl.), odour, perfume, redolence, scent, whiff
◆ **v.** 2 get a whiff of, nose, scent, sniff
◆ **n.** 3 fetor, niff (Brit. sl.), pong (Brit. inf.), stench, stink
◆ **v.** 4 be malodorous, hum (Sl.), niff (Brit. sl.), pong (Brit. inf.), reek, stink, stink to high heaven (Inf.), whiff (Brit. sl.)

smirk n. grin, leer, simper, smug look, sneer

smitten 1 afflicted, beset, laid low, plagued, struck 2 beguiled, bewitched, bowled over (Inf.), captivated, charmed, enamoured, infatuated, swept off one's feet

smoky begrimed, black, caliginous (Archaic), grey, grimy, hazy, murky, reeky, smoke-darkened, sooty, thick

smooth
◆ **adj.** 1 even, flat, flush, horizontal, level, plain, plane, unwrinkled 2 glossy, polished, shiny, silky, sleek, soft, velvety 3 calm, equable, glassy, mirror-like, peaceful, serene, tranquil, undisturbed, unruffled 4 agreeable, bland, mellow, mild, pleasant, soothing 5 debonair, facile, glib, ingratiating, persuasive, silky, slick, smarmy (Brit. inf.), suave, unctuous, urbane 6 easy, effortless, flowing, fluent, frictionless, regular, rhythmic, steady, unbroken, uneventful, uniform, uninterrupted, untroubled, well-ordered
◆ **v.** 7 flatten, iron, level, plane, polish, press 8 allay, alleviate, appease, assuage, calm, ease, extenuate, facilitate, iron out the difficulties of, mitigate, mollify, palliate, pave the way, soften

smoothness 1 evenness, flushness, levelness, regularity, unbrokenness 2 silkiness, sleekness, smooth texture, softness, velvetiness 3 calmness, glassiness, placidity, serenity, stillness, unruffled surface 4 glibness, oiliness, smarminess (Brit. inf.), suavity, urbanity 5 ease, efficiency, effortlessness, felicity, finish, flow, fluency, polish, rhythm, slickness, smooth running

smother
◆ **v.** 1 choke, extinguish, snuff, stifle, strangle, suffocate 2 conceal, hide, keep back, muffle, repress, stifle, suppress 3 be swimming in, cocoon, cover, envelop, heap, inundate, overwhelm, shower, shroud, surround
◆ **n.** 4 fug (Chiefly Brit.), smog

smoulder (Fig.) be resentful, boil, burn, fester, fume, rage, seethe, simmer, smart under

smug complacent, conceited, holier-than-thou, priggish, self-opinionated, self-righteous, self-satisfied, superior

smuggler bootlegger, contrabandist, gentleman, moonshiner (U.S.), rum-runner, runner, trafficker, wrecker

snack bite, bite to eat, break, elevenses (Brit. inf.), light meal, nibble, refreshment(s), titbit

snag 1 n. catch, complication, difficulty, disadvantage, downside, drawback, hitch, inconvenience, obstacle, problem, stumbling block, the rub 2 v. catch, hole, rip, tear

snap
◆ **v.** 1 break, come apart, crack, give way, separate 2 bite, bite at, catch, grip, nip, seize, snatch 3 bark, flare out, flash, fly off the handle at (Inf.), growl, jump down (someone's) throat (Inf.), lash out at, retort, snarl, speak sharply 4 click, crackle, pop 5 **snap one's fingers at** cock a snook at (Brit.), defy, flout, pay no attention to, scorn, set at naught, wave two fingers at (Sl.) 6 **snap out of it** cheer up, get a grip on oneself, get over, liven up, perk up, pull oneself together (Inf.), recover
◆ **n.** 7 crackle, fillip, flick, pop 8 bite, grab, nip 9 (Inf.) energy, get-up-and-go (Inf.), go (Inf.), liveliness, pep, pizzazz or pizazz (Inf.), vigour, zip (Inf.)
◆ **adj.** 10 abrupt, immediate, instant, on-the-spot, sudden, unpremeditated

snappy 1 apt to fly off the handle (Inf.), cross, edgy, hasty, impatient, irritable, like a bear with a sore head (Inf.), quick-tempered, ratty (Brit. & N.Z. inf.), snappish, tart, testy, tetchy, touchy, waspish 2 chic, dapper, fashionable, modish, natty (Inf.), smart, stylish, trendy (Brit. inf.), up-to-the-minute, voguish 3 **look snappy** be quick, buck up (Inf.), get a move on (Inf.), get one's skates on, hurry (up), look lively, make haste

snap up avail oneself of, grab, grasp, nab (Inf.), pounce upon, seize, swoop down on, take advantage of

snare 1 v. catch, entrap, net, seize, springe, trap, trepan (Archaic), wire 2 n. catch, gin, net, noose, pitfall, springe, trap, wire

snarl[1] v. complain, growl, grumble, mumble, murmur, show its teeth (of an animal)

snarl[2] v. (Often with **up**) complicate, confuse, embroil, enmesh, entangle, entwine, muddle, ravel, tangle

snarl-up confusion, entanglement, muddle, tangle, (traffic) jam

snatch 1 v. catch up, clutch, gain, grab, grasp, grip, make off with, pluck, pull, rescue, seize, take, win, wrench, wrest 2 n. bit, fragment, part, piece, smattering, snippet, spell

sneak
◆ **v.** 1 cower, lurk, pad, sidle, skulk, slink, slip, smuggle, spirit, steal 2 (Inf.) grass on (Brit. sl.), inform on, peach (Sl.), shop (Sl., chiefly Brit.), sing (Sl., chiefly U.S.), spill one's guts (Sl.), tell on (Inf.), tell tales
◆ **n.** 3 informer, snake in the grass, telltale
◆ **adj.** 4 clandestine, furtive, quick, secret, stealthy, surprise

sneaking 1 hidden, private, secret, suppressed, unavowed, unconfessed, undivulged, unexpressed, unvoiced 2 intuitive, nagging, niggling, persistent, uncomfortable, worrying 3 contemptible, furtive, mean, sly, sneaky, surreptitious, two-faced, underhand

sneer 1 v. curl one's lip, deride, disdain, gibe, hold in contempt, hold up to ridicule, jeer, laugh, look down on, mock, ridicule, scoff, scorn, sniff at, snigger, turn up one's nose (Inf.) 2 n. derision, disdain, gibe, jeer, mockery, ridicule, scorn, snidery, snigger

sniff v. breathe, inhale, smell, snuff, snuffle

snigger giggle, laugh, smirk, sneer, snicker, titter

snip
◆ **v.** 1 clip, crop, cut, dock, nick, nip off, notch, shave, trim
◆ **n.** 2 bit, clipping, fragment, piece, scrap, shred, snippet 3 (Inf.) bargain, giveaway, good buy, steal (Inf.)

snivel blubber, cry, girn (Scot. & northern English dialect), gripe (Inf.), grizzle (Inf., chiefly Brit.), mewl, moan, sniffle, snuffle, weep, whimper, whine, whinge (Inf.)

snobbery airs, arrogance, condescension, pretension, pride, side (Brit. sl.), snobbishness, snootiness (Inf.), uppishness (Brit. inf.)

snobbish arrogant, condescending, high and mighty (Inf.), high-hat (Inf., chiefly U.S.), hoity-toity (Inf.), patronizing, pretentious, snooty (Inf.), stuck-up (Inf.), superior, toffee-nosed (Sl., chiefly Brit.), uppish (Brit. inf.), uppity

snoop interfere, poke one's nose in (Inf.), pry, spy

snooper busybody, meddler, nosy parker (Inf.), Paul Pry, pry, snoop (Inf.), stickybeak (Aust. inf.)

snooze 1 v. catnap, doze, drop off (Inf.), drowse, kip (Brit. sl.), nap, nod off (Inf.), take forty winks (Inf.) 2 n. catnap, doze, forty winks (Inf.), kip (Brit. sl.), nap, siesta

snub 1 v. cold-shoulder, cut (Inf.), cut dead (Inf.), give (someone) the brush-off (Sl.), give (someone) the cold shoulder, humble, humiliate, mortify, put down, rebuff, shame, slight 2 n. affront, brushoff (Sl.), humiliation, insult, put-down, slap in the face

snug 1 comfortable, comfy (Inf.), cosy, homely, intimate, sheltered, warm 2 close, compact, neat, trim

snuggle cuddle, nestle, nuzzle

soak v. 1 bathe, damp, drench, immerse, infuse, marinate (Cookery), moisten, penetrate, permeate, saturate, seep, steep, wet 2 (With **up**) absorb, assimilate, drink in, take up or in

soaking drenched, dripping, droukit or drookit (Scot.), saturated, soaked, soaked to the skin, sodden, sopping, streaming, waterlogged, wet through, wringing wet

soar 1 ascend, fly, mount, rise, tower, wing 2 climb, escalate, rise, rocket, shoot up

sob v. bawl, blubber, boohoo, cry, greet (Scot. or archaic), howl, shed tears, snivel, weep

sober
◆ **adj.** 1 abstemious, abstinent, moderate, on the wagon (Inf.), temperate 2 calm, clear-headed, cold, composed, cool, dispassionate, grave, level-headed, lucid, peaceful, practical, rational, realistic, reasonable, sedate, serene, serious, solemn, sound, staid, steady, unexcited, unruffled 3 dark, drab, plain, quiet, severe, sombre, subdued
◆ **v.** 4 (Usually with **up**) bring (someone) back to earth, calm down, clear one's head, come or bring to one's senses, give (someone) pause for thought, make (someone) stop and think

sobriety 1 abstemiousness, abstinence, moderation, nonindulgence, self-restraint, soberness, temperance 2 calmness, composure, coolness, gravity, level-headedness, reasonableness, restraint, sedateness, seriousness, solemnity, staidness, steadiness

so-called alleged, ostensible, pretended, professed, self-styled, soi-disant, supposed

sociability affability, companionability, congeniality, conviviality, cordiality, friendliness, gregariousness, neighbourliness

sociable accessible, affable, approachable, companionable, conversable, convivial, cordial, familiar, friendly, genial, gregarious, neighbourly, outgoing, social, warm

social
- *adj.* 1 collective, common, communal, community, general, group, organized, public, societal 2 companionable, friendly, gregarious, neighbourly, sociable
- *n.* 3 do (Inf.), gathering, get-together (Inf.), party

socialize be a good mixer, entertain, fraternize, get about or around, get together, go out, mix

society 1 civilization, culture, humanity, mankind, people, population, social order, the community, the general public, the public, the world at large 2 camaraderie, companionship, company, fellowship, friendship 3 association, brotherhood, circle, club, corporation, fellowship, fraternity, group, guild, institute, league, order, organization, sisterhood, union 4 beau monde, elite, gentry, haut monde, high society, polite society, the country set, the nobs (Sl.), the smart set, the swells (Inf.), the toffs (Brit. sl.), the top drawer, upper classes, upper crust (Inf.)

sodden boggy, drenched, droukit or drookit (Scot.), marshy, miry, saturated, soaked, soggy, sopping, waterlogged

soft 1 creamy, cushioned, cushiony, doughy, elastic, gelatinous, pulpy, quaggy, spongy, squashy, swampy, yielding 2 bendable, ductile (of metals), elastic, flexible, impressible, malleable, mouldable, plastic, pliable, supple, tensile 3 downy, feathery, fleecy, flowing, fluid, furry, like a baby's bottom (Inf.), rounded, silky, smooth, velvety 4 balmy, bland, caressing, delicate, diffuse, dim, dimmed, dulcet, faint, gentle, light, low, mellifluous, mellow, melodious, mild, murmured, muted, pale, pastel, pleasing, quiet, restful, shaded, soft-toned, soothing, subdued, sweet, temperate, twilight, understated, whispered 5 compassionate, gentle, kind, pitying, sensitive, sentimental, sympathetic, tender, tenderhearted 6 easy-going, indulgent, lax, lenient, liberal, overindulgent, permissive, spineless, weak 7 (Inf.) comfortable, cushy (Inf.), easy, easy-peasy (Sl.), undemanding 8 effeminate, flabby, flaccid, limp, namby-pamby, out of condition, out of training, overindulged, pampered, podgy, weak 9 (Inf.) a bit lacking (Inf.), daft (Inf.), feeble-minded, foolish, silly, simple, soft in the head (Inf.), soppy (Brit. inf.)

soften abate, allay, alleviate, appease, assuage, calm, cushion, diminish, ease, lessen, lighten, lower, melt, mitigate, moderate, modify, mollify, muffle, palliate, quell, relax, soothe, still, subdue, temper, tone down, turn down

soften up conciliate, disarm, melt, soft-soap (Inf.), weaken, win over, work on

soft-hearted charitable, compassionate, generous, indulgent, kind, sentimental, sympathetic, tender, tenderhearted, warm-hearted

soil[1] *n.* 1 clay, dirt, dust, earth, ground, loam 2 country, land, region, terra firma

soil[2] *v.* bedraggle, befoul, begrime, besmirch, defile, dirty, foul, maculate (Literary), muddy, pollute, smear, smirch, spatter, spot, stain, sully, tarnish

solace 1 *n.* alleviation, assuagement, comfort, consolation, relief 2 *v.* allay, alleviate, comfort, console, mitigate, soften, soothe

soldier enlisted man (U.S.), fighter, GI (U.S. inf.), man-at-arms, military man, redcoat, serviceman, squaddie or squaddy (Brit. sl.), Tommy (Brit. inf.), trooper, warrior

sole alone, exclusive, individual, one, one and only, only, single, singular, solitary

solecism bloomer (Brit. inf.), blunder, boo-boo (Inf.), breach of etiquette, cacology, faux pas, gaffe, gaucherie, impropriety, incongruity, indecorum, lapse, mistake

solely alone, completely, entirely, exclusively, merely, only, single-handedly, singly

solemn 1 earnest, glum, grave, portentous, sedate, serious, sober, staid, thoughtful 2 august, awe-inspiring, ceremonial, ceremonious, dignified, formal, grand, grave, imposing, impressive, majestic, momentous, stately 3 devotional, hallowed, holy, religious, reverential, ritual, sacred, sanctified, venerable

solemnity 1 earnestness, grandeur, gravitas, gravity, impressiveness, momentousness, portentousness, sacredness, sanctity, seriousness 2 *Often plural* celebration, ceremonial, ceremony, formalities, observance, proceedings, rite, ritual

solemnize celebrate, commemorate, honour, keep, observe

solicit ask, beg, beseech, canvass, crave, entreat, implore, importune, petition, plead for, pray, seek, supplicate

solicitous anxious, apprehensive, attentive, careful, caring, concerned, eager, earnest, troubled, uneasy, worried, zealous

solicitude anxiety, attentiveness, care, concern, considerateness, consideration, regard, worry

solid *adj.* 1 compact, concrete, dense, firm, hard, massed, stable, strong, sturdy, substantial, unshak(e)able 2 genuine, good, pure, real, reliable, sound 3 agreed, complete, continuous, unalloyed, unanimous, unbroken, undivided, uninterrupted, united, unmixed 4 constant, decent, dependable, estimable, law-abiding, level-headed, reliable, sensible, serious, sober, trusty, upright, upstanding, worthy

solidarity accord, camaraderie, cohesion, community of interest, concordance, esprit de corps, harmony, like-mindedness, singleness of purpose, soundness, stability, team spirit, unanimity, unification, unity

solidify cake, coagulate, cohere, congeal, harden, jell, set

solitary
- *adj.* 1 desolate, hidden, isolated, lonely, out-of-the-way, remote, retired, secluded, sequestered, unfrequented, unvisited 2 alone, lone, single, sole 3 cloistered, companionless, friendless, hermitical, lonely, lonesome, reclusive, unsociable, unsocial
- *n.* 4 hermit, introvert, loner (Inf.), lone wolf, recluse

solitude 1 isolation, loneliness, privacy, reclusiveness, retirement, seclusion 2 (Poetic) desert, emptiness, waste, wasteland, wilderness

solution 1 answer, clarification, elucidation, explanation, explication, key, resolution, result, solving, unfolding, unravelling 2 blend, compound, emulsion, mix, mixture, solvent, suspension (Chem.) 3 disconnection, dissolution, liquefaction, melting

solve answer, clarify, clear up, crack, decipher, disentangle, elucidate, explain, expound, get to the bottom of, interpret, resolve, suss (out) (Sl.), unfold, unravel, work out

sombre dark, dim, dismal, doleful, drab, dull, dusky, funereal, gloomy, grave, joyless, lugubrious, melancholy, mournful, obscure, sad, sepulchral, shadowy, shady, sober

somebody *n.* big noise (Inf.), big shot (Inf.), big wheel (Sl.), bigwig (Inf.), celeb (Inf.), celebrity, dignitary, heavyweight (Inf.), household name, luminary, megastar (Inf.), name, notable, personage, person of note, public figure, star, superstar, VIP

somehow by fair means or foul, by hook or (by) crook, by some means or other, come hell or high water (Inf.), come what may, one way or another

sometimes at times, every now and then, every so often, from time to time, now and again, now and then, occasionally, off and on, once in a while, on occasion

somnolent comatose, dozy, drowsy, half-awake, heavy-eyed, nodding off (Inf.), sleepy, soporific, torpid

song air, anthem, ballad, canticle, canzonet, carol, chant, chorus, ditty, hymn, lay, lyric, melody, number, pop song, psalm, shanty, strain, tune

soon anon (Archaic), any minute now, before long, betimes (Archaic), erelong (Archaic or poetic), in a little while, in a minute, in a short time, in the near future, shortly

soothe allay, alleviate, appease, assuage, calm, calm down, compose, ease, hush, lull, mitigate, mollify, pacify, quiet, relieve, settle, smooth down, soften, still, tranquillize

soothing balsamic, calming, demulcent, easeful, emollient, lenitive, palliative, relaxing, restful

soothsayer augur, diviner, foreteller, prophet, seer, sibyl

sophisticated 1 blasé, citified, cosmopolitan, cultivated, cultured, jet-set, refined, seasoned, urbane, worldly, worldly-wise, world-weary 2 advanced, complex, complicated, delicate, elaborate, highly-developed, intricate, multifaceted, refined, subtle

sophistication finesse, poise, savoir-faire, savoir-vivre, urbanity, worldliness, worldly wisdom

sophistry casuistry, fallacy, quibble, sophism

soporific 1 *adj.* hypnotic, sedative, sleep-inducing, sleepy, somniferous (Rare), somnolent, tranquillizing 2 *n.* anaesthetic, hypnotic, narcotic, opiate, sedative, tranquillizer

soppy corny (Sl.), daft (Inf.), drippy (Inf.), gushy (Inf.), lovey-dovey, mawkish, overemotional, schmaltzy (Sl.), sentimental, silly, slushy (Inf.), soft (Inf.), weepy (Inf.)

sorcerer enchanter, mage (Archaic), magician, magus, necromancer, sorceress, warlock, witch, wizard

sorcery black art, black magic, charm, divination, enchantment, incantation, magic, necromancy, spell, witchcraft, witchery, wizardry

sordid 1 dirty, filthy, foul, mean, seamy, seedy, sleazy, slovenly, slummy, squalid, unclean, wretched 2 backstreet, base, debauched, degenerate, degraded, despicable, disreputable, low, shabby, shameful, vicious, vile 3 avaricious, corrupt, covetous, grasping, mercenary, miserly, niggardly, selfish, self-seeking, ungenerous, venal

sore
- *adj.* 1 angry, burning, chafed, inflamed, irritated, painful, raw, reddened, sensitive, smarting, tender 2 annoying, distressing, grievous, harrowing, severe, sharp, troublesome 3 acute, critical, desperate, dire, extreme, pressing, urgent 4 afflicted, aggrieved, angry, annoyed, cross, grieved, hurt, irked, irritated, pained, peeved (Inf.), resentful, stung, upset, vexed
- *n.* 5 abscess, boil, chafe, gathering, inflammation, ulcer

sorrow
- *n.* 1 affliction, anguish, distress, grief, heartache, heartbreak, misery, mourning, regret, sadness, unhappiness, woe 2 affliction, blow, bummer (Sl.), hardship, misfortune, trial, tribulation, trouble, woe, worry
- *v.* 3 agonize, bemoan, be sad, bewail, eat one's heart out, grieve, lament, moan, mourn, weep

sorrowful affecting, afflicted, dejected, depressed, disconsolate, dismal, distressing, doleful, grievous, harrowing, heartbroken, heart-rending, heavy-hearted, lamentable, lugubrious, melancholy, miserable, mournful, painful, piteous, rueful, sad, sick at heart, sorry, tearful, unhappy, woebegone, woeful, wretched

sorry 1 apologetic, conscience-stricken, contrite, guilt-ridden, in sackcloth and ashes, penitent, regretful, remorseful, repentant, self-reproachful, shamefaced 2 disconsolate, distressed, grieved, melancholy, mournful, sad, sorrowful, unhappy 3 commiserative, compassionate, full of pity, moved, pitying, sympathetic 4 abject, base, deplorable, dismal, distressing, mean, miserable, paltry, pathetic, piteous, pitiable, pitiful, poor, sad, shabby, vile, wretched

sort
- *n.* 1 brand, breed, category, character, class, denomination, description, family, genus, group, ilk, kind, make, nature, order, quality, race, species, stamp, style, type, variety 2 **out of sorts** crotchety, down in the dumps (Inf.), down in the mouth (Inf.), grouchy (Inf.), in low spirits, mopy, not up to par, not up to snuff (Inf.), off colour, poorly (Inf.), under the weather (Inf.) 3 **sort of** as it were, in part, moderately, rather, reasonably, slightly, somewhat, to some extent
- *v.* 4 arrange, assort, catalogue, categorize, choose, class, classify, distribute, divide, file, grade, group, order, put in order, rank, select, separate, systematize, tabulate

sort out 1 clarify, clear up, organize, put or get straight, resolve, tidy up 2 pick out, put on one side, segregate, select, separate, sift

soul 1 animating principle, essence, intellect, life, mind, psyche, reason, spirit, vital force 2 being, body, creature, individual, man, mortal, person, woman 3 embodiment, epitome, essence, incarnation, personification, quintessence, type 4 animation, ardour, courage, energy, feeling, fervour, force, inspiration, nobility, vitality, vivacity

sound[1]
- *n.* 1 din, noise, report, resonance, reverberation, tone, voice 2 drift, idea, implication(s),

impression, look, tenor 3 earshot, hearing, range
◆ v. 4 echo, resonate, resound, reverberate 5 appear, give the impression of, look, seem, strike one as being 6 announce, articulate, declare, enunciate, express, pronounce, signal, utter

sound[2] adj. 1 complete, entire, firm, fit, hale, hale and hearty, healthy, intact, perfect, robust, solid, sturdy, substantial, undamaged, unhurt, unimpaired, uninjured, vigorous, well-constructed, whole 2 correct, fair, just, level-headed, logical, orthodox, proper, prudent, rational, reasonable, reliable, responsible, right, right-thinking, sensible, true, trustworthy, valid, well-founded, well-grounded, wise 3 established, orthodox, proven, recognized, reliable, reputable, safe, secure, solid, solvent, stable, tried-and-true 4 deep, peaceful, unbroken, undisturbed, untroubled

sound[3] v. 1 fathom, plumb, probe 2 examine, inspect, investigate, test

sour
◆ adj. 1 acerb, acetic, acid, acidulated, bitter, pungent, sharp, tart, unpleasant 2 bad, curdled, fermented, gone off, rancid, turned, unsavoury, unwholesome 3 acrid, acrimonious, churlish, crabbed, cynical, disagreeable, discontented, embittered, grouchy (Inf.), grudging, ill-natured, ill-tempered, jaundiced, peevish, tart, ungenerous, waspish
◆ v. 4 alienate, disenchant, embitter, envenom, exacerbate, exasperate, turn off (Inf.)

source 1 author, begetter, beginning, cause, commencement, derivation, fount, fountainhead, origin, originator, rise, spring, wellspring 2 authority, informant

souse drench, dunk, immerse, marinate (Cookery), pickle, soak, steep

souvenir keepsake, memento, relic, remembrancer (Archaic), reminder, token

sovereign
◆ n. 1 chief, emperor, empress, king, monarch, potentate, prince, queen, ruler, shah, supreme ruler, tsar
◆ adj. 2 absolute, chief, dominant, imperial, kingly, monarchal, paramount, predominant, principal, queenly, regal, royal, ruling, supreme, unlimited 3 effectual, efficacious, efficient, excellent

sovereignty ascendancy, domination, kingship, primacy, supremacy, supreme power, suzerainty, sway

sow broadcast, disseminate, implant, inseminate, lodge, plant, scatter, seed

space 1 amplitude, capacity, elbowroom, expanse, extension, extent, leeway, margin, play, room, scope, spaciousness, volume 2 blank, distance, gap, interval, lacuna, omission 3 duration, interval, period, span, time, while 4 accommodation, berth, place, seat

spaceman or **spacewoman** astronaut, cosmonaut

spacious ample, broad, capacious, comfortable, commodious, expansive, extensive, huge, large, roomy, sizable, uncrowded, vast

spadework donkey-work, groundwork, labour, preparation

span
◆ n. 1 amount, distance, extent, length, reach, spread, stretch 2 duration, period, spell, term
◆ v. 3 arch across, bridge, cover, cross, extend across, link, range over, traverse, vault

spank v. belt (Inf.), cuff, give (someone) a hiding (Inf.), put (someone) over one's knee, slap, slipper (Inf.), smack, tan (Sl.), wallop (Inf.), whack

spar v. argue, bicker, dispute, exchange blows, fall out (Inf.), have a tiff, lead a cat-and-dog life, row, scrap (Inf.), skirmish, spat (U.S.), squabble, wrangle, wrestle

spare
◆ adj. 1 additional, emergency, extra, free, going begging, in excess, in reserve, leftover, odd, over, superfluous, supernumerary, surplus, unoccupied, unused, unwanted 2 gaunt, lank, lean, macilent (Rare), meagre, slender, slight, slim, wiry 3 economical, frugal, meagre, modest, scanty, sparing 4 **go spare** (Brit. sl.) become angry (distracted, distraught, enraged, mad (Inf.), upset), blow one's top (Inf.), do one's nut (Brit. sl.), go mental (Sl.), go up the wall (Sl.), have or throw a fit (Inf.)
◆ v. 5 afford, allow, bestow, dispense with, do without, give, grant, let (someone) have, manage without, part with, relinquish 6 be merciful to, deal leniently with, go easy on (Inf.), have mercy on, leave, let off (Inf.), pardon, refrain from, release, relieve from, save from

sparing careful, chary, cost-conscious, economical, frugal, money-conscious, prudent, saving, thrifty

spark
◆ n. 1 flare, flash, flicker, gleam, glint, scintillation, spit 2 atom, hint, jot, scintilla, scrap, trace, vestige
◆ v. 3 (Often with **off**) animate, excite, inspire, kick-start, kindle, precipitate, prod, provoke, rouse, set in motion, set off, start, stimulate, stir, touch off, trigger (off)

sparkle
◆ v. 1 beam, coruscate, dance, flash, gleam, glint, glisten, glister (Archaic), glitter, glow, scintillate, shimmer, shine, spark, twinkle, wink 2 bubble, effervesce, fizz, fizzle
◆ n. 3 brilliance, coruscation, dazzle, flash, flicker, gleam, glint, radiance, spark, twinkle 4 animation, brio, dash, élan, gaiety, life, panache, spirit, vim (Sl.), vitality, vivacity, zip (Inf.)

Spartan 1 abstemious, ascetic, austere, bleak, disciplined, extreme, frugal, plain, rigorous, self-denying, severe, stern, strict, stringent 2 bold, brave, courageous, daring, dauntless, doughty, fearless, hardy, heroic, intrepid, resolute, unflinching, valorous

spasm 1 contraction, convulsion, paroxysm, throe (Rare), twitch 2 access, burst, eruption, fit, frenzy, outburst, seizure

spasmodic convulsive, erratic, fitful, intermittent, irregular, jerky, sporadic

spate deluge, flood, flow, outpouring, rush, torrent

speak 1 articulate, communicate, converse, discourse, enunciate, express, make known, pronounce, say, state, talk, tell, utter, voice 2 address, argue, declaim, deliver an address, descant, discourse, harangue, hold forth, lecture, plead, speechify, spiel (Inf.), spout 3 (With **of**) advert to, allude to, comment on, deal with, discuss, make reference to, mention, refer to

speaker lecturer, mouthpiece, orator, public speaker, spieler (Inf.), spokesman, spokesperson, spokeswoman, word-spinner

speaking adj. eloquent, expressive, moving, noticeable, striking

speak out or **up** 1 make oneself heard, say it loud and clear, speak loudly 2 have one's say, make one's position plain, sound off, speak one's mind, stand up and be counted

spearhead v. be in the van, blaze the trail, head, initiate, launch, lay the first stone, lead, lead the way, pioneer, set in motion, set off

special 1 distinguished, especial, exceptional, extraordinary, festive, gala, important, memorable, momentous, out of the ordinary, red-letter, significant, uncommon, unique, unusual 2 appropriate, certain, characteristic, distinctive, especial, individual, particular, peculiar, precise, specialized, specific 3 chief, main, major, particular, primary

specialist n. authority, buff (Inf.), connoisseur, consultant, expert, hotshot (Inf.), master, maven (U.S.), professional, whiz (Inf.)

speciality bag, claim to fame, distinctive or distinguishing feature, forte, métier, pièce de résistance, special, specialty

species breed, category, class, collection, description, genus, group, kind, sort, type, variety

specific adj. 1 clear-cut, definite, exact, explicit, express, limited, particular, precise, unambiguous, unequivocal 2 characteristic, distinguishing, especial, peculiar, special

specification condition, detail, item, particular, qualification, requirement, stipulation

specify be specific about, cite, define, designate, detail, enumerate, indicate, individualize, itemize, mention, name, particularize, spell out, stipulate

specimen copy, embodiment, example, exemplar, exemplification, exhibit, individual, instance, model, pattern, proof, representative, sample, type

specious casuistic, deceptive, fallacious, misleading, plausible, sophistic, sophistical, unsound

speck 1 blemish, blot, defect, dot, fault, flaw, fleck, mark, mote, speckle, spot, stain 2 atom, bit, dot, grain, iota, jot, mite, modicum, particle, shred, tittle, whit

speckled brindled, dappled, dotted, flecked, freckled, mottled, speckledy, spotted, spotty, sprinkled, stippled

spectacle 1 display, event, exhibition, extravaganza, pageant, parade, performance, show, sight 2 curiosity, laughing stock, marvel, phenomenon, scene, sight, wonder

spectacular 1 adj. breathtaking, daring, dazzling, dramatic, eye-catching, fantastic (Inf.), grand, impressive, magnificent, marked, remarkable, sensational, splendid, staggering, striking, stunning (Inf.) 2 n. display, extravaganza, show, spectacle

spectator beholder, bystander, eyewitness, looker-on, observer, onlooker, viewer, watcher, witness

speculate 1 cogitate, conjecture, consider, contemplate, deliberate, hypothesize, meditate, muse, scheme, suppose, surmise, theorize, wonder 2 gamble, have a flutter (Inf.), hazard, play the market, risk, take a chance with, venture

speculation 1 conjecture, consideration, contemplation, deliberation, guess, guesswork, hypothesis, opinion, supposition, surmise, theory 2 gamble, gambling, hazard, risk

speculative 1 abstract, academic, conjectural, hypothetical, notional, suppositional, tentative, theoretical 2 chancy (Inf.), dicey (Inf., chiefly Brit.), hazardous, risky, uncertain, unpredictable

speech 1 communication, conversation, dialogue, discussion, intercourse, talk 2 address, discourse, disquisition, harangue, homily, lecture, oration, spiel (Inf.) 3 articulation, dialect, diction, enunciation, idiom, jargon, language, lingo (Inf.), parlance, tongue, utterance, voice

speechless 1 dumb, inarticulate, mum, mute, silent, tongue-tied, unable to get a word out (Inf.), wordless 2 (Fig.) aghast, amazed, astounded, dazed, dumbfounded, dumbstruck, shocked, thunderstruck

speed
◆ n. 1 acceleration, celerity, expedition, fleetness, haste, hurry, momentum, pace, precipitation, quickness, rapidity, rush, swiftness, velocity
◆ v. 2 barrel (along) (Inf., chiefly U.S. & Canad.), belt (along) (Sl.), bomb (along), bowl along, burn rubber (Inf.), career, dispatch, exceed the speed limit, expedite, flash, gallop, get a move on (Inf.), go hell for leather (Inf.), go like a bat out of hell (Sl.), go like the wind, hasten, hurry, lose no time, make haste, press on, put one's foot down (Inf.), quicken, race, rush, sprint, step on it (Inf.), tear, urge, zoom 3 advance, aid, assist, boost, expedite, facilitate, further, help, impel, promote

speed up accelerate, gather momentum, get moving, get under way, increase, increase the tempo, open up the throttle, put one's foot down (Inf.), put on speed

speedy expeditious, express, fast, fleet, fleet of foot, hasty, headlong, hurried, immediate, nimble, pdq (Sl.), precipitate, prompt, quick, quickie (Inf.), rapid, summary, swift, winged

spell[1] n. 1 abracadabra, charm, conjuration, exorcism, incantation, sorcery, witchery 2 allure, bewitchment, enchantment, fascination, glamour, magic, trance

spell[2] n. bout, course, interval, patch, period, season, stint, stretch, term, time, tour of duty, turn

spell[3] v. amount to, augur, herald, imply, indicate, mean, point to, portend, presage, promise, signify, suggest

spellbound bemused, bewitched, captivated, charmed, enthralled, entranced, fascinated, gripped, hooked, mesmerized, possessed, rapt, transfixed, transported, under a spell

spelling orthography

spell out 1 clarify, elucidate, explicate, make clear or plain, make explicit, specify 2 discern, make out, puzzle out

spend 1 disburse, expend, fork out (Sl.), lay out, pay out, shell out (Inf.), splash out (Brit. inf.) 2 blow (Sl.), consume, deplete, dispense, dissipate, drain, empty, exhaust, fritter away, run through, squander, use up, waste 3 apply, bestow, concentrate, devote, employ, exert, invest, lavish, put in, use 4 fill, occupy, pass, while away

spendthrift 1 n. big spender, prodigal, profligate, spender, squanderer, waster, wastrel 2 adj. extravagant, improvident, prodigal, profligate, wasteful

spent adj. [1] all in (Sl.), burnt out, bushed (Inf.), clapped out (Aust. & N.Z. inf.), dead beat (Inf.), debilitated, dog-tired (Inf.), done in or up (Inf.), drained, exhausted, fagged (out) (Inf.), knackered (Sl.), played out (Inf.), prostrate, ready to drop (Inf.), shattered (Inf.), tired out, weakened, wearied, weary, whacked (Brit. inf.), worn out, zonked (Inf.) [2] consumed, expended, finished, gone, used up

sphere [1] ball, circle, globe, globule, orb [2] capacity, compass, department, domain, employment, field, function, pale, patch, province, range, rank, realm, scope, station, stratum, territory, turf (U.S. sl.), walk of life

spherical globe-shaped, globular, orbicular, rotund, round

spice n. [1] relish, savour, seasoning [2] colour, excitement, gusto, kick (Inf.), pep, piquancy, tang, zap (Sl.), zest, zip (Inf.)

spike
- n. [1] barb, point, prong, spine
- v. [2] impale, spear, spit, stick [3] block, foil, frustrate, render ineffective, thwart

spill
- v. [1] discharge, disgorge, overflow, overturn, scatter, shed, slop over, spill or run over, throw off, upset [2] **spill the beans** (Inf.) betray a secret, blab, blow the gaff (Brit. sl.), give the game away, grass (Brit. sl.), inform, let the cat out of the bag, shop (Sl., chiefly Brit.), sing (Sl., chiefly U.S.), spill one's guts (Sl.), split (Sl.), squeal (Sl.), talk out of turn, tattle, tell all
- n. [3] (Inf.) accident, cropper (Inf.), fall, tumble

spin
- v. [1] birl (Scot.), gyrate, pirouette, reel, revolve, rotate, turn, twirl, twist, wheel, whirl [2] concoct, develop, invent, narrate, recount, relate, tell, unfold [3] be giddy, be in a whirl, grow dizzy, reel, swim, whirl
- n. [4] gyration, revolution, roll, twist, whirl [5] **(flat) spin** (Inf.) agitation, commotion, flap (Inf.), panic, state (Inf.), tiz-woz (Inf.), tizzy (Inf.) [6] (Inf.) drive, hurl (Scot.), joy ride (Inf.), ride, turn, whirl

spine [1] backbone, spinal column, vertebrae, vertebral column [2] barb, needle, quill, rachis, ray, spike, spur

spine-chilling bloodcurdling, eerie, frightening, hair-raising, horrifying, scary (Inf.), spooky (Inf.), terrifying

spineless chickenshit (U.S. sl.), cowardly, fainthearted, feeble, gutless (Inf.), inadequate, ineffective, irresolute, lily-livered, soft, spiritless, squeamish, submissive, vacillating, weak, weak-kneed (Inf.), weak-willed, without a will of one's own, yellow (Inf.)

spin out amplify, delay, drag out, draw out, extend, lengthen, pad out, prolong, prolongate, protract

spiral [1] adj. circular, cochlear, cochleate (Biol.), coiled, corkscrew, helical, scrolled, voluted, whorled, winding [2] n. coil, corkscrew, curlicue, gyre (Literary), helix, screw, volute, whorl

spirit
- n. [1] air, breath, life, life force, psyche, soul, vital spark [2] attitude, character, complexion, disposition, essence, humour, outlook, quality, temper, temperament [3] animation, ardour, backbone, balls (Taboo sl.), ballsiness (Taboo sl.), brio, courage, dauntlessness, earnestness, energy, enterprise, enthusiasm, fire, force, gameness, grit, guts (Inf.), life, liveliness, mettle, resolution, sparkle, spunk (Inf.), stoutheartedness, vigour, warmth, zest [4] motivation, resolution, resolve, will, willpower [5] atmosphere, feeling, gist, humour, tenor, tone [6] essence, intent, intention, meaning, purport, purpose, sense, substance [7] Plural feelings, frame of mind, humour, mood, morale [8] apparition, eidolon, ghost, phantom, shade (Literary), shadow, spectre, spook (Inf.), sprite, vision
- v. [9] (With **away** or **off**) abduct, abstract, carry, convey, make away with, purloin, remove, seize, snaffle (Brit. inf.), steal, whisk

spirited active, animated, ardent, bold, courageous, energetic, feisty (Inf., chiefly U.S. & Canad.), game, have-a-go (Inf.), high-spirited, lively, mettlesome, plucky, sparkling, sprightly, spunky (Inf.), vigorous, vivacious

spiritual devotional, divine, ethereal, ghostly, holy, immaterial, incorporeal, nonmaterial, otherworldly, pure, religious, sacred

spit [1] v. discharge, eject, expectorate, hiss, spew, splutter, sputter, throw out [2] n. dribble, drool, saliva, slaver, spittle, sputum

spite
- n. [1] animosity, bitchiness (Sl.), gall, grudge, hate, hatred, ill will, malevolence, malice, malignity, pique, rancour, spitefulness, spleen, venom [2] **in spite of** despite, (even) though, in defiance of, notwithstanding, regardless of
- v. [3] annoy, discomfit, gall, harm, hurt, injure, needle (Inf.), nettle, offend, pique, provoke, put out, put (someone's) nose out of joint (Inf.), vex

spiteful barbed, bitchy (Inf.), catty (Inf.), cruel, ill-disposed, ill-natured, malevolent, malicious, malignant, nasty, rancorous, shrewish, snide, splenetic, venomous, vindictive

splash
- v. [1] bespatter, shower, slop, slosh (Inf.), spatter, splodge, spray, spread, sprinkle, squirt, strew, wet [2] bathe, dabble, paddle, plunge, wade, wallow [3] batter, break, buffet, dash, plash, plop, smack, strike, surge, wash [4] blazon, broadcast, flaunt, headline, plaster, publicize, tout, trumpet
- n. [5] burst, dash, patch, spattering, splodge, touch [6] (Inf.) display, effect, impact, sensation, splurge, stir [7] **make a splash** be ostentatious, cause a stir, cut a dash, go overboard (Inf.), go to town, splurge

splash out be extravagant, lash out (Inf.), push the boat out (Brit. inf.), spare no expense, spend, splurge

spleen acrimony, anger, animosity, animus, bad temper, bile, bitterness, gall, hatred, hostility, ill humour, ill will, malevolence, malice, malignity, peevishness, pique, rancour, resentment, spite, spitefulness, venom, vindictiveness, wrath

splendid [1] admirable, brilliant, exceptional, glorious, grand, heroic, illustrious, magnificent, outstanding, rare, remarkable, renowned, sterling, sublime, superb, supreme [2] costly, dazzling, gorgeous, imposing, impressive, lavish, luxurious, magnificent, ornate, resplendent, rich, splendiferous (Facetious), sumptuous, superb [3] boffo (Sl.), brill (Inf.), chillin' (U.S. sl.), cracking (Brit. inf.), crucial (Sl.), def (Sl.), excellent, fantastic (Inf.), fine, first-class, glorious, great (Inf.), marvellous, mean (Sl.), mega (Sl.), sovereign, topping (Brit. sl.), wonderful [4] beaming, bright, brilliant, glittering, glowing, lustrous, radiant, refulgent

splendour brightness, brilliance, ceremony, dazzle, display, éclat, effulgence, glory, gorgeousness, grandeur, lustre, magnificence, majesty, pomp, radiance, refulgence, renown, resplendence, richness, show, solemnity, spectacle, stateliness, sumptuousness

splice v. braid, entwine, graft, interlace, intertwine, intertwist, interweave, join, knit, marry, mesh, plait, unite, wed, yoke

splinter [1] n. chip, flake, fragment, needle, paring, shaving, sliver [2] v. break into smithereens, disintegrate, fracture, shatter, shiver, split

split
- v. [1] bifurcate, branch, break, break up, burst, cleave, come apart, come undone, crack, disband, disunite, diverge, fork, gape, give way, go separate ways, open, part, pull apart, rend, rip, separate, slash, slit, snap, splinter [2] allocate, allot, apportion, carve up, distribute, divide, divvy up (Inf.), dole out, halve, parcel out, partition, share out, slice up [3] (With **on**) (Sl.) betray, give away, grass (Brit. sl.), inform on, peach (Sl.), shop (Sl., chiefly Brit.), sing (Sl., chiefly U.S.), spill one's guts (Sl.), squeal (Sl.)
- n. [4] breach, crack, damage, division, fissure, gap, rent, rip, separation, slash, slit, tear [5] breach, break, break-up, difference, discord, disruption, dissension, disunion, divergence, division, estrangement, partition, rift, rupture, schism
- adj. [6] ambivalent, bisected, broken, cleft, cracked, divided, dual, fractured, ruptured, twofold

split up break up, disband, divorce, go separate ways, part, part company, separate

spoil v. [1] blemish, blow (Sl.), damage, debase, deface, destroy, disfigure, harm, impair, injure, mar, mess up, ruin, scar, total (Sl.), trash (Sl.), undo, upset, wreck [2] baby, cocker (Rare), coddle, cosset, indulge, kill with kindness, mollycoddle, overindulge, pamper, spoon-feed [3] addle, become tainted, curdle, decay, decompose, go bad, go off (Brit. inf.), mildew, putrefy, rot, turn [4] **spoiling for** bent upon, desirous of, eager for, enthusiastic about, keen to, looking for, out to get (Inf.), raring to

spoilsport damper, dog in the manger, kill-joy, misery (Brit. inf.), party-pooper (U.S. sl.), wet blanket (Inf.)

spoken expressed, oral, phonetic, put into words, said, told, unwritten, uttered, verbal, viva voce, voiced, by word of mouth

spongy absorbent, cushioned, cushiony, elastic, light, porous, springy

sponsor [1] n. angel (Inf.), backer, godparent, guarantor, patron, promoter [2] v. back, finance, fund, guarantee, lend one's name to, patronize, promote, put up the money for, subsidize

spontaneous extempore, free, impromptu, impulsive, instinctive, natural, unbidden, uncompelled, unconstrained, unforced, unpremeditated, unprompted, voluntary, willing

spontaneously extempore, freely, impromptu, impulsively, instinctively, off one's own bat, off the cuff (Inf.), of one's own accord, on impulse, quite unprompted, voluntarily

sporadic infrequent, intermittent, irregular, isolated, occasional, on and off, random, scattered, spasmodic

sport
- n. [1] amusement, diversion, entertainment, exercise, game, pastime, physical activity, play, recreation [2] badinage, banter, frolic, fun, jest, joking, josh (Sl., chiefly U.S. & Canad.), kidding (Inf.), merriment, mirth, raillery, teasing [3] buffoon, butt, derision, fair game, game, laughing stock, mockery, plaything, ridicule
- v. [4] (With **with**) amuse oneself, dally, flirt, fool, play, take advantage of, toy, treat lightly or cavalierly, trifle [5] (Inf.) display, exhibit, show off, wear [6] caper, disport, frolic, gambol, play, romp

sporting fair, game (Inf.), gentlemanly, sportsman-like

spot
- n. [1] blemish, blot, blotch, daub, discoloration, flaw, mark, pimple, plook (Scot.), pustule, scar, smudge, speck, speckle, stain, taint, zit (Sl.) [2] locality, location, place, point, position, scene, site, situation [3] (Inf.) bit, little, morsel, splash [4] (Inf.) difficulty, hot water (Inf.), mess, plight, predicament, quandary, tight spot, trouble
- v. [5] catch sight of, descry, detect, discern, espy, identify, make out, observe, pick out, recognize, see, sight [6] besmirch, blot, dirty, dot, fleck, mark, mottle, scar, smirch, soil, spatter, speckle, splodge, splotch, stain, sully, taint, tarnish

spotless above reproach, blameless, chaste, clean, faultless, flawless, gleaming, immaculate, impeccable, innocent, irreproachable, pure, shining, snowy, unblemished, unimpeachable, unstained, unsullied, untarnished, virgin, virginal, white

spotlight (Fig.) [1] v. accentuate, draw attention to, feature, focus attention on, give prominence to, highlight, illuminate, point up, throw into relief [2] n. attention, fame, interest, limelight, notoriety, public attention, public eye

spotted dappled, dotted, flecked, mottled, pied, polka-dot, specked, speckled

spouse better half (Humorous), companion, consort, helpmate, her indoors (Brit. sl.), husband, mate, partner, significant other (U.S. inf.), wife

spout v. [1] discharge, emit, erupt, gush, jet, shoot, spray, spurt, squirt, stream, surge [2] (Inf.) declaim, expatiate, go on (Inf.), hold forth, orate, pontificate, rabbit (on) (Brit. inf.), ramble (on), rant, speechify, spiel (Inf.), talk

sprawl v. flop, loll, lounge, ramble, slouch, slump, spread, straggle, trail

spray[1]
- v. [1] atomize, diffuse, scatter, shower, sprinkle
- n. [2] drizzle, droplets, fine mist, moisture, spindrift, spoondrift [3] aerosol, atomizer, sprinkler

spray[2] n. bough, branch, corsage, floral arrangement, shoot, sprig

spread
- v. [1] be displayed, bloat, broaden, dilate, expand, extend, fan out, open, open out, sprawl, stretch, swell, unfold, unfurl, unroll, widen [2] escalate, multiply, mushroom, proliferate [3] advertise, blazon, broadcast, bruit, cast, circulate, cover, diffuse, disseminate, distribute, make known, make public, proclaim, promulgate, propagate, publicize, publish, radiate, scatter, shed, strew, transmit [4] arrange, array, cover, furnish, lay, prepare, set

◆ **n.** [5] advance, advancement, development, diffusion, dispersion, dissemination, escalation, expansion, increase, proliferation, spreading, suffusion, transmission [6] compass, extent, period, reach, span, stretch, sweep, term [7] (Inf.) array, banquet, blowout (Sl.), feast, repast

spree bacchanalia, beano (Brit. sl.), bender (Inf.), binge (Inf.), carousal, carouse, debauch, fling, jag (Sl.), junketing, orgy, revel, splurge

sprightly active, agile, airy, alert, animated, blithe, brisk, cheerful, energetic, frolicsome, gay, jaunty, joyous, lively, nimble, perky, playful, spirited, sportive, spry, vivacious

spring
◆ **v.** [1] bounce, bound, hop, jump, leap, rebound, recoil, vault [2] (Often with **from**) arise, be derived, be descended, come, derive, descend, emanate, emerge, grow, issue, originate, proceed, start, stem [3] (With **up**) appear, burgeon, come into existence or being, develop, mushroom, shoot up
◆ **n.** [4] bound, buck, hop, jump, leap, saltation, vault [5] bounce, bounciness, buoyancy, elasticity, flexibility, give (Inf.), recoil, resilience, springiness [6] beginning, cause, fount, fountainhead, origin, root, source, well, wellspring
◆ **adj.** [7] (Of the season) springlike, vernal

sprinkle v. dredge, dust, pepper, powder, scatter, shower, spray, strew

sprinkling admixture, dash, dusting, few, handful, scatter, scattering, smattering, sprinkle

sprint v. barrel (along) (Inf., chiefly U.S. & Canad.), dart, dash, go at top speed, hare (Brit. inf.), hotfoot, put on a burst of speed, race, scamper, shoot, tear, whiz (Inf.)

sprite apparition, brownie, dryad, elf, fairy, goblin, imp, leprechaun, naiad, nymph, Oceanid (Greek myth.), peri, pixie, spirit, sylph

sprout v. bud, develop, germinate, grow, push, shoot, spring, vegetate

spruce as if one had just stepped out of a bandbox, dainty, dapper, elegant, natty (Inf.), neat, smart, soigné or soignée, trig (Archaic or dialect), trim, well-groomed, well turned out

spry active, agile, alert, brisk, nimble, nippy (Brit. inf.), quick, ready, sprightly, supple

spur
◆ **v.** [1] animate, drive, goad, impel, incite, press, prick, prod, prompt, stimulate, urge
◆ **n.** [2] goad, prick, rowel [3] impetus, impulse, incentive, incitement, inducement, motive, stimulus [4] **on the spur of the moment** impetuously, impromptu, impulsively, on impulse, on the spot, unpremeditatedly, unthinkingly, without planning, without thinking

spurious artificial, bogus, contrived, counterfeit, deceitful, ersatz, fake, false, feigned, forged, imitation, mock, phoney or phony (Inf.), pretended, pseudo (Inf.), sham, simulated, specious, unauthentic

spurn cold-shoulder, contemn, despise, disdain, disregard, put down, rebuff, reject, repulse, scorn, slight, snub, turn one's nose up at (Inf.)

spurt [1] v. burst, erupt, gush, jet, shoot, spew, squirt, surge [2] n. access, burst, fit, rush, spate, surge

spy
◆ **n.** [1] double agent, fifth columnist, foreign agent, mole, nark (Brit., Aust., & N.Z. sl.), secret agent, secret service agent, undercover agent
◆ **v.** [2] (Usually with **on**) follow, keep under surveillance, keep watch on, shadow, tail (Inf.), trail, watch [3] catch sight of, descry, espy, glimpse, notice, observe, set eyes on, spot

spying n. espionage, secret service

squabble [1] v. argue, bicker, brawl, clash, dispute, fall out (Inf.), fight, have words, quarrel, row, scrap (Inf.), spar, wrangle [2] n. argument, bagarre, barney (Inf.), difference of opinion, disagreement, dispute, fight, row, scrap (Inf.), set-to (Inf.), spat, tiff

squad band, company, crew, force, gang, group, team, troop

squalid broken-down, decayed, dirty, disgusting, fetid, filthy, foul, low, nasty, poverty-stricken, repulsive, run-down, seedy, sleazy, slovenly, slummy, sordid, unclean, yucky or yukky (Sl.)

squalor decay, filth, foulness, meanness, sleaziness, slumminess, squalidness, wretchedness

squander be prodigal with, blow (Sl.), consume, dissipate, expend, fritter away, frivol away, lavish, misspend, misuse, run through, scatter, spend, spend like water, throw away, waste

square (Fig.)
◆ **v.** [1] (Often with **with**) accord, agree, conform, correspond, fit, harmonize, match, reconcile, tally [2] (Sometimes with **up**) balance, clear (up), discharge, liquidate, make even, pay off, quit, satisfy, settle [3] accommodate, adapt, adjust, align, even up, level, regulate, suit, tailor, true (up) [4] (Sl.) bribe, buy off, corrupt, fix (Inf.), rig, suborn
◆ **adj..** [5] aboveboard, decent, equitable, ethical, fair, fair and square, genuine, honest, just, kosher (Inf.), on the level (Inf.), on the up and up, straight, straightforward, upfront (Inf.), upright [6] (Inf.) behind the times, bourgeois, conservative, conventional, oldfashioned, out of date, straight (Sl.), straitlaced, stuffy
◆ **n.** [7] (Inf.) antediluvian, back number (Inf.), conservative, die-hard, dinosaur, fuddy-duddy (Inf.), old buffer (Brit. inf.), (old) fogy, stick-in-the-mud (Inf.), traditionalist

squash v. [1] compress, crush, distort, flatten, mash, pound, press, pulp, smash, stamp on, trample down [2] annihilate, crush, humiliate, put down (Sl.), put (someone) in his (or her) place, quash, quell, silence, sit on (Inf.), suppress

squawk v. [1] cackle, crow, cry, hoot, screech, yelp [2] (Inf.) complain, kick up a fuss (Inf.), protest, raise Cain (Sl.), squeal (Inf., chiefly Brit.)

squeak v. peep, pipe, shrill, squeal, whine, yelp

squeal
◆ **n.** [1] scream, screech, shriek, wail, yell, yelp, yowl
◆ **v.** [2] scream, screech, shout, shriek, shrill, wail, yelp [3] (Sl.) betray, blab, grass (Brit. sl.), inform on, peach (Sl.), rat on (Inf.), sell (someone) down the river (Inf.), shop (Sl., chiefly Brit.), sing (Sl., chiefly U.S.), snitch (Sl.), spill one's guts (Sl.), tell all [4] (Inf.) complain, kick up a fuss (Inf.), moan, protest, squawk (Inf.)

squeamish [1] delicate, fastidious, finicky, nice (Rare), particular, prissy (Inf.), prudish, punctilious, scrupulous, strait-laced [2] nauseous, qualmish, queasy, queer, sick, sickish

squeeze
◆ **v.** [1] clutch, compress, crush, grip, nip, pinch, press, squash, wring [2] cram, crowd, force, jam, jostle, pack, press, ram, stuff, thrust, wedge [3] clasp, cuddle, embrace, enfold, hold tight, hug [4] bleed (Inf.), bring pressure to bear on, extort, lean on (Inf.), milk, oppress, pressurize, put the screws on (Inf.), put the squeeze on (Inf.), wrest
◆ **n.** [5] clasp, embrace, handclasp, hold, hug [6] congestion, crowd, crush, jam, press, squash

squire v. accompany, attend, companion, escort

squirm agonize, fidget, flounder, shift, twist, wiggle, wriggle, writhe

stab
◆ **v.** [1] bayonet, cut, gore, impale, injure, jab, knife, pierce, puncture, run through, spear, stick, thrust, transfix, wound [2] **stab in the back** betray, break faith with, deceive, do the dirty on (Brit. sl.), double-cross (Inf.), give the Judas kiss to, inform on, let down, play false, sell, sell out (Inf.), slander
◆ **n.** [3] gash, incision, jab, puncture, rent, thrust, wound [4] ache, pang, prick, twinge [5] **make a stab at** attempt, endeavour, essay, give it one's best shot (Inf.), have a go (crack (Inf.), shot (Inf.), stab (Inf.)) (Inf.), try, try one's hand at, venture

stability constancy, durability, firmness, permanence, solidity, soundness, steadfastness, steadiness, strength

stable abiding, constant, deep-rooted, durable, enduring, established, fast, firm, fixed, immovable, immutable, invariable, lasting, permanent, reliable, secure, sound, staunch, steadfast, steady, strong, sturdy, sure, unalterable, unchangeable, unwavering, well-founded

stack [1] n. clamp (Brit. agriculture), cock, heap, hoard, load, mass, mound, mountain, pile [2] v. accumulate, amass, assemble, bank up, heap up, load, pile, stockpile

staff1 employees, lecturers, officers, organization, personnel, teachers, team, workers, work force

staff2 cane, crook, pole, prop, rod, sceptre, stave, wand

stage [1] n. division, juncture, lap, leg, length, level, period, phase, point, step [2] v. arrange, do, engineer, give, lay on, mount, orchestrate, organize, perform, play, present, produce, put on

stagger v. [1] falter, hesitate, lurch, reel, sway, teeter, totter, vacillate, waver, wobble [2] amaze, astonish, astound, bowl over (Inf.), confound, dumbfound, flabbergast, give (someone) a shock, nonplus, overwhelm, shake, shock, strike (someone) dumb, stun, stupefy, surprise, take (someone) aback, take (someone's) breath away, throw off balance [3] alternate, overlap, step, zigzag

stagnant brackish, motionless, quiet, sluggish, stale, standing, still

stagnate decay, decline, deteriorate, fester, go to seed, idle, languish, lie fallow, rot, rust, stand still, vegetate

staid calm, composed, decorous, demure, grave, quiet, sedate, self-restrained, serious, sober, solemn, steady

stain
◆ **v.** [1] blemish, blot, colour, dirty, discolour, dye, mark, smirch, soil, spot, tarnish, tinge [2] besmirch, blacken, contaminate, corrupt, defile, deprave, disgrace, drag through the mud, sully, taint
◆ **n.** [3] blemish, blot, discoloration, dye, smirch, spot, tint [4] blemish, blot on the escutcheon, disgrace, dishonour, infamy, reproach, shame, slur, stigma

stake
◆ **n.** [1] pale, paling, palisade, picket, pole, post, spike, stave, stick [2] ante, bet, chance, hazard, peril, pledge, risk, venture, wager [3] claim, concern, interest, investment, involvement, share
◆ **v.** [4] brace, prop, secure, support, tether, tie up [5] (Often with **out**) define, delimit, demarcate, lay claim to, mark out, outline, reserve [6] bet, chance, gamble, hazard, imperil, jeopardize, pledge, put on, risk, venture, wager

stale [1] decayed, dry, faded, fetid, flat, fusty, hard, insipid, musty, old, sour, stagnant, tasteless [2] antiquated, banal, cliché-ridden, common, commonplace, drab, effete, flat, hackneyed, insipid, old hat, overused, platitudinous, repetitious, stereotyped, threadbare, trite, unoriginal, worn-out

stalk v. [1] creep up on, follow, haunt, hunt, pursue, shadow, tail (Inf.), track [2] flounce, march, pace, stride, strut

stalwart athletic, beefy (Inf.), brawny, daring, dependable, hefty (Inf.), husky (Inf.), indomitable, intrepid, lusty, manly, muscular, redoubtable, robust, rugged, sinewy, staunch, stout, strapping, strong, sturdy, valiant, vigorous

stamina energy, force, grit, indefatigability, lustiness, power, power of endurance, resilience, resistance, staying power, strength, vigour

stammer v. falter, hem and haw, hesitate, pause, splutter, stumble, stutter

stamp
◆ **v.** [1] beat, crush, trample [2] engrave, fix, impress, imprint, inscribe, mark, mould, print [3] betray, brand, categorize, exhibit, identify, label, mark, pronounce, reveal, show to be, typecast
◆ **n.** [4] brand, cast, earmark, hallmark, imprint, mark, mould, signature [5] breed, cast, character, cut, description, fashion, form, kind, sort, type

stampede n. charge, flight, rout, rush, scattering

stamp out crush, destroy, eliminate, eradicate, extinguish, extirpate, put down, put out, quell, quench, scotch, suppress

stance [1] bearing, carriage, deportment, posture [2] attitude, position, stand, standpoint, viewpoint

stand
◆ **v.** [1] be upright, be vertical, erect, mount, place, position, put, rank, rise, set [2] be in force, belong, be situated or located, be valid, continue, exist, halt, hold, obtain, pause, prevail, remain, rest, stay, stop [3] abide, allow, bear, brook, cope with, countenance, endure, experience, handle, put up with (Inf.), stomach, submit to, suffer, support, sustain, take, thole (Dialect), tolerate, undergo, wear (Brit. sl.), weather, withstand
◆ **n.** [4] halt, rest, standstill, stay, stop, stopover [5] attitude, determination, firm stand, opinion, position, stance, standpoint [6] base, booth, bracket, dais, frame, grandstand, place, platform, rack, rank, stage, staging, stall, stance (Chiefly Scot.), support, table

standard
◆ **n.** [1] average, benchmark, canon, criterion, example, gauge, grade, guide, guideline, mea-

sure, model, norm, par, pattern, principle, requirement, rule, sample, specification, touchstone, type, yardstick [2] banner, colours, ensign, flag, pennant, pennon, streamer [3] Often plural code of honour, ethics, ideals, moral principles, morals, principles
- **adj.** [4] accepted, average, basic, customary, normal, orthodox, popular, prevailing, regular, set, staple, stock, typical, usual [5] approved, authoritative, classic, definitive, established, official, recognized

standardize assimilate, bring into line, institutionalize, mass-produce, regiment, stereotype

stand by [1] back, befriend, be loyal to, champion, defend, stick up for (Inf.), support, take (someone's) part, uphold [2] be prepared, wait, wait in the wings

stand for [1] betoken, denote, exemplify, indicate, mean, represent, signify, symbolize [2] (Inf.) bear, brook, endure, lie down under (Inf.), put up with, suffer, tolerate, wear (Brit. inf.)

standing
- **n.** [1] condition, credit, eminence, estimation, footing, position, rank, reputation, repute, station, status [2] continuance, duration, existence, experience
- **adj.** [3] fixed, lasting, permanent, perpetual, regular, repeated [4] erect, perpendicular, rampant (Heraldry), upended, upright, vertical

stand out attract attention, be highlighted, be prominent (conspicuous, distinct, obvious, striking), be thrown into relief, bulk large, catch the eye, leap to the eye, project, stare one in the face (Inf.), stick out a mile (Inf.)

standpoint angle, point of view, position, post, stance, station, vantage point, viewpoint

stand up for champion, come to the defence of, defend, side with, stick up for (Inf.), support, uphold

star [1] n. celeb (Inf.), celebrity, draw, idol, lead, leading man or lady, luminary, main attraction, megastar (Inf.), name [2] adj. brilliant, celebrated, illustrious, leading, major, paramount, principal, prominent, talented, well-known

stare v. gape, gawk, gawp (Brit. sl.), gaze, goggle, look, ogle, rubberneck (Sl.), watch

stark
- **adj.** [1] absolute, arrant, bald, bare, blunt, consummate, downright, entire, flagrant, out-and-out, palpable, patent, pure, sheer, simple, unalloyed, unmitigated, utter [2] austere, bare, barren, bleak, cold, depressing, desolate, drear (Literary), dreary, forsaken, godforsaken, grim, hard, harsh, plain, severe, solitary, unadorned
- **adv.** [3] absolutely, altogether, clean, completely, entirely, quite, utterly, wholly

start
- **v.** [1] appear, arise, begin, come into being, come into existence, commence, depart, first see the light of day, get on the road, get under way, go ahead, hit the road (Inf.), issue, leave, originate, pitch in (Inf.), sally forth, set off, set out [2] activate, embark upon, engender, enter upon, get going, initiate, instigate, kick off (Inf.), kick-start, make a beginning, open, originate, put one's hand to the plough (Inf.), set about, set in motion, start the ball rolling, take the first step, take the plunge (Inf.), trigger, turn on [3] begin, create, establish, father, found, inaugurate, initiate, institute, introduce, launch, lay the foundations of, pioneer, set up [4] blench, flinch, jerk, jump, recoil, shy, twitch
- **n.** [5] beginning, birth, commencement, dawn, first step(s), foundation, inauguration, inception, initiation, kickoff (Inf.), onset, opening, opening move, outset [6] advantage, edge, head start, lead [7] backing, break (Inf.), chance, helping hand, introduction, opening, opportunity, sponsorship [8] convulsion, jar, jump, spasm, twitch

startle agitate, alarm, amaze, astonish, astound, frighten, give (someone) a turn (Inf.), make (someone) jump, scare, shock, surprise, take (someone) aback

startling alarming, astonishing, astounding, extraordinary, shocking, staggering, sudden, surprising, unexpected, unforeseen

starving faint from lack of food, famished, hungering, hungry, ravenous, ready to eat a horse (Inf.), sharp-set, starved

state
- **v.** [1] affirm, articulate, assert, asseverate, aver, declare, enumerate, explain, expound, express, present, propound, put, report, say, specify, utter, voice
- **n.** [2] case, category, circumstances, condition, mode, pass, plight, position, predicament, shape, situation, state of affairs [3] attitude, frame of mind, humour, mood, spirits [4] ceremony, dignity, display, glory, grandeur, majesty, pomp, splendour, style [5] (Inf.) bother, flap (Inf.), panic, pother, tiz-woz (Inf.), tizzy (Inf.) [6] **in a state** (Inf.) agitated, all steamed up (Sl.), anxious, distressed, disturbed, flustered, het up, panic-stricken, ruffled, upset, uptight (Inf.) [7] body politic, commonwealth, country, federation, government, kingdom, land, nation, republic, territory

stately august, ceremonious, deliberate, dignified, elegant, grand, imperial, imposing, impressive, lofty, majestic, measured, noble, pompous, regal, royal, solemn

statement account, announcement, communication, communiqué, declaration, explanation, proclamation, recital, relation, report, testimony, utterance

static changeless, constant, fixed, immobile, inert, motionless, stagnant, stationary, still, unmoving, unvarying

station
- **n.** [1] base, depot, headquarters, location, place, position, post, seat, situation [2] appointment, business, calling, employment, grade, occupation, position, post, rank, situation, sphere, standing, status
- **v.** [3] assign, establish, fix, garrison, install, locate, post, set

stationary at a standstill, fixed, inert, moored, motionless, parked, standing, static, stock-still, unmoving

status condition, consequence, degree, distinction, eminence, grade, position, prestige, rank, standing

stay
- **v.** [1] abide, continue, delay, establish oneself, halt, hang around (Inf.), hover, linger, loiter, pause, put down roots, remain, reside, settle, sojourn, stand, stay put, stop, tarry, wait [2] (Often with **at**) be accommodated at, lodge, put up at, sojourn, visit [3] adjourn, defer, discontinue, hold in abeyance, hold over, prorogue, put off, suspend [4] (Archaic) arrest, check, curb, delay, detain, hinder, hold, impede, obstruct, prevent
- **n.** [5] holiday, sojourn, stop, stopover, visit [6] deferment, delay, halt, pause, postponement, remission, reprieve, stopping, suspension

steadfast constant, dedicated, dependable, established, faithful, fast, firm, fixed, immovable, intent, loyal, persevering, reliable, resolute, single-minded, stable, stalwart, staunch, steady, unfaltering, unflinching, unswerving, unwavering

steady
- **adj.** [1] firm, fixed, immovable, safe, stable, substantial, unchangeable, uniform [2] balanced, calm, dependable, equable, having both feet on the ground, imperturbable, level-headed, reliable, sedate, sensible, serene, serious-minded, settled, sober, staid, staunch, steadfast [3] ceaseless, confirmed, consistent, constant, continuous, even, faithful, habitual, incessant, nonstop, persistent, regular, rhythmic, unbroken, unfaltering, unfluctuating, uninterrupted, unremitting, unvarying, unwavering
- **v.** [4] balance, brace, secure, stabilize, support [5] compose or calm oneself, cool down, sober (up), get a grip on oneself

steal [1] appropriate, be light-fingered, blag (Sl.), cabbage (Brit. sl.), embezzle, filch, half-inch (Old-fashioned sl.), heist (U.S. sl.), lift (Inf.), misappropriate, nick (Sl., chiefly Brit.), peculate, pilfer, pinch (Inf.), pirate, plagiarize, poach, prig (Brit. sl.), purloin, shoplift, snitch (Sl.), swipe (Sl.), take, thieve, walk or make off with [2] creep, flit, insinuate oneself, slink, slip, sneak, tiptoe

stealing embezzlement, larceny, misappropriation, pilferage, pilfering, plagiarism, robbery, shoplifting, theft, thievery, thieving

stealth furtiveness, secrecy, slyness, sneakiness, stealthiness, surreptitiousness, unobtrusiveness

stealthy clandestine, covert, furtive, secret, secretive, skulking, sly, sneaking, sneaky, surreptitious, underhand

steep adj. [1] abrupt, headlong, precipitous, sheer [2] (Inf.) excessive, exorbitant, extortionate, extreme, high, overpriced, stiff, uncalled-for, unreasonable

steer [1] administer, be in the driver's seat, conduct, control, direct, govern, guide, handle, pilot [2] **steer clear of** avoid, body-swerve (Scot.), circumvent, eschew, evade, give a wide berth to, sheer off, shun

stem[1] v. bring to a standstill, check, contain, curb, dam, hold back, oppose, resist, restrain, stanch, staunch, stay (Archaic), stop, withstand

stem[2] [1] n. axis, branch, peduncle, shoot, stalk, stock, trunk [2] v. (Usually with **from**) arise, be caused (bred, brought about, generated) by, derive, develop, emanate, flow, issue, originate

step
- **n.** [1] footfall, footprint, footstep, gait, impression, pace, print, stride, trace, track, walk [2] act, action, deed, expedient, manoeuvre, means, measure, move, procedure, proceeding [3] **take steps** act, intervene, move in, prepare, take action, take measures, take the initiative [4] advance, advancement, move, phase, point, process, progression, stage [5] degree, level, rank, remove [6] doorstep, round, rung, stair, tread [7] **in step** coinciding, conforming, in harmony (agreement, conformity, unison), in line [8] **out of step** erratic, incongruous, in disagreement, out of harmony, out of line, out of phase, pulling different ways [9] **watch one's step** be discreet (canny, careful, cautious), be on one's guard, have one's wits about one, look out, mind how one goes, mind one's p's and q's, take care, take heed, tread carefully
- **v.** [10] move, pace, tread, walk

step in become involved, chip in (Inf.), intercede, intervene, take action, take a hand

step up accelerate, augment, boost, escalate, increase, intensify, raise, speed up, up

stereotype [1] n. formula, mould, pattern, received idea [2] v. categorize, conventionalize, dub, pigeonhole, standardize, take to be, typecast

sterile [1] abortive, bare, barren, dry, empty, fruitless, infecund, unfruitful, unproductive, unprofitable, unprolific [2] antiseptic, aseptic, disinfected, germ-free, sterilized

sterilize autoclave, disinfect, fumigate, purify

sterling authentic, excellent, fine, first-class, genuine, pure, real, sound, standard, substantial, superlative, true

stern austere, authoritarian, bitter, cruel, drastic, flinty, forbidding, frowning, grim, hard, harsh, inflexible, relentless, rigid, rigorous, serious, severe, steely, strict, unrelenting, unsparing, unyielding

stick
- **n.** [1] baton, birch, cane, crook, pole, rod, sceptre, staff, stake, switch, twig, wand [2] (Inf.) dinosaur, fuddy-duddy (Inf.), (old) fogy, pain (Inf.), prig, stick-in-the-mud (Inf.) [3] (Brit. sl.) abuse, blame, criticism, flak (Inf.), hostility, punishment
- **v.** [4] adhere, affix, attach, bind, bond, cement, cleave, cling, fasten, fix, fuse, glue, hold, hold on, join, paste, weld [5] dig, gore, insert, jab, penetrate, pierce, pin, poke, prod, puncture, spear, stab, thrust, transfix [6] (With **out, up**, etc.) bulge, extend, jut, obtrude, poke, project, protrude, show [7] (Inf.) deposit, drop, fix, install, lay, place, plant, plonk, position, put, set, store, stuff [8] be bogged down, become immobilized, be embedded, catch, clog, come to a standstill, jam, lodge, snag, stop [9] linger, persist, remain, stay [10] (Sl.) abide, bear up under, endure, get on with, stand, stomach, take, tolerate [11] **stick it out** (Inf.) bear, endure, grin and bear it (Inf.), last out, put up with (Inf.), see it through, see through to the bitter end, soldier on, take it (Inf.), weather [12] **stick up for** (Inf.) champion, defend, stand up for, support, take the part or side of, uphold

sticky [1] adhesive, claggy (Dialect), clinging, gluey, glutinous, gooey (Inf.), gummy, syrupy, tacky, tenacious, viscid, viscous [2] (Inf.) awkward, delicate, difficult, discomforting, embarrassing, hairy (Sl.), nasty, painful, thorny, tricky, unpleasant [3] clammy, close, humid, muggy, oppressive, sultry, sweltering

stiff [1] brittle, firm, hard, hardened, inelastic, inflexible, rigid, solid, solidified, taut, tense, tight, unbending, unyielding [2] artificial, austere, ceremonious, chilly, cold, constrained, forced, formal, laboured, mannered, pompous, priggish, prim, punctilious, standoffish, starchy (Inf.), stilted, uneasy, unnatural, unrelaxed, wooden [3] arthritic, awkward, clumsy, creaky (Inf.), crude, graceless, inelegant, jerky, rheumaticky (Inf.), ungainly, ungraceful, unsupple [4] arduous, difficult, exacting, fatiguing, formidable, hard, laborious, tough, trying, uphill [5] austere, cruel, drastic, extreme, great, hard, harsh, heavy, inexorable, oppressive, pitiless, rigorous, severe, sharp, strict, stringent [6] brisk, fresh, powerful, strong, vigorous

stiffen brace, coagulate, congeal, crystallize, harden, jell, reinforce, set, solidify, starch, tauten, tense, thicken

stifle [1] asphyxiate, choke, smother, strangle, suffocate [2] check, choke back, cover up, curb, extinguish, hush, muffle, prevent, repress, restrain, silence, smother, stop, suppress

still [1] adj. at rest, calm, hushed, inert, lifeless, motionless, noiseless, pacific, peaceful, placid, quiet, restful, serene, silent, smooth, stationary, stilly (Poetic), tranquil, undisturbed, unruffled, unstirring [2] v. allay, alleviate, appease, calm, hush, lull, pacify, quiet, quieten, settle, silence, smooth, smooth over, soothe, subdue, tranquillize [3] conj. but, for all that, however, nevertheless, notwithstanding, yet [4] n. (Poetic) hush, peace, quiet, silence, stillness, tranquillity

stilted artificial, bombastic, constrained, forced, grandiloquent, high-flown, highsounding, inflated, laboured, pedantic, pompous, pretentious, stiff, unnatural, wooden

stimulant analeptic, bracer (Inf.), energizer, excitant, pep pill (Inf.), pick-me-up (Inf.), restorative, reviver, tonic, upper (Sl.)

stimulate animate, arouse, encourage, fan, fire, foment, goad, impel, incite, inflame, instigate, prod, prompt, provoke, quicken, rouse, spur, turn on (Sl.), urge, whet

stimulating exciting, exhilarating, galvanic, inspiring, intriguing, provocative, provoking, rousing, stirring, thought-provoking

stimulus encouragement, fillip, goad, incentive, incitement, inducement, provocation, shot in the arm (Inf.), spur

sting v. [1] burn, hurt, pain, smart, tingle, wound [2] anger, gall, incense, inflame, infuriate, nettle, pique, provoke, rile [3] (Inf.) cheat, defraud, do (Sl.), fleece, overcharge, rip off (Sl.), skin (Sl.), stiff (Sl.), swindle, take for a ride (Inf.)

stint [1] n. assignment, bit, period, quota, share, shift, spell, stretch, term, time, tour, turn [2] v. begrudge, be sparing (frugal, mean, mingy (Brit. inf.), parsimonious), economize, hold back, save, scrimp, skimp on, spoil the ship for a ha'porth of tar, withhold

stipulate agree, contract, covenant, engage, guarantee, insist upon, lay down, lay down or impose conditions, make a point of, pledge, postulate, promise, require, settle, specify

stipulation agreement, clause, condition, contract, engagement, precondition, prerequisite, provision, proviso, qualification, requirement, restriction, rider, settlement, sine qua non, specification, term

stir
- v. [1] agitate, beat, disturb, flutter, mix, move, quiver, rustle, shake, tremble [2] (Often with **up**) animate, arouse, awaken, excite, incite, inflame, instigate, kindle, prod, prompt, provoke, quicken, raise, rouse, spur, stimulate, urge [3] affect, electrify, excite, fire, inspire, move, thrill, touch [4] bestir, be up and about (Inf.), budge, exert oneself, get a move on (Inf.), get moving, hasten, look lively (Inf.), make an effort, mill about, move, shake a leg (Inf.)
- n. [5] activity, ado, agitation, bustle, commotion, disorder, disturbance, excitement, ferment, flurry, fuss, movement, to-do, tumult, uproar

stirring animating, dramatic, emotive, exciting, exhilarating, heady, impassioned, inspiring, intoxicating, lively, moving, rousing, spirited, stimulating, thrilling

stock
- n. [1] array, assets, assortment, cache, choice, commodities, fund, goods, hoard, inventory, merchandise, range, reserve, reservoir, selection, stockpile, store, supply, variety, wares [2] (Animals) beasts, cattle, domestic animals, flocks, herds, horses, livestock, sheep [3] ancestry, background, breed, descent, extraction, family, forebears, house, line, lineage, line of descent, parentage, pedigree, race, strain, type, variety [4] (Money) capital, funds, investment, property [5] **take stock** appraise, estimate, review the situation, see how the land lies, size up (Inf.), weigh up
- adj. [6] banal, basic, commonplace, conventional, customary, formal, hackneyed, ordinary, overused, regular, routine, run-of-the-mill, set, standard, staple, stereotyped, traditional, trite, usual, worn-out
- v. [7] deal in, handle, keep, sell, supply, trade in [8] (With **up**) accumulate, amass, buy up, gather, hoard, lay in, put away, replenish, save, store (up), supply [9] equip, fill, fit out, furnish, kit out, provide with, provision, supply

stocky chunky, dumpy, mesomorphic, solid, stubby, stumpy, sturdy, thickset

stodgy [1] filling, heavy, leaden, starchy, substantial [2] boring, dull, dull as ditchwater, formal, fuddy-duddy (Inf.), heavy going, ho-hum, laboured, staid, stuffy, tedious, turgid, unexciting, unimaginative, uninspired

stoical calm, cool, dispassionate, impassive, imperturbable, indifferent, long-suffering, philosophic, phlegmatic, resigned, stoic, stolid

stoicism acceptance, calmness, dispassion, fatalism, forbearance, fortitude, impassivity, imperturbability, indifference, long-suffering, patience, resignation, stolidity

stolid apathetic, bovine, doltish, dozy (Brit. inf.), dull, heavy, lumpish, obtuse, slow, stupid, unemotional, wooden

stomach
- n. [1] abdomen, belly, breadbasket (Sl.), gut (Inf.), inside(s) (Inf.), paunch, pot, potbelly, spare tyre (Inf.), tummy (Inf.) [2] appetite, desire, inclination, mind, relish, taste
- v. [3] abide, bear, endure, put up with (Inf.), reconcile or resign oneself to, submit to, suffer, swallow, take, tolerate

stony (Fig.) adamant, blank, callous, chilly, expressionless, frigid, hard, harsh, heartless, hostile, icy, indifferent, inexorable, merciless, obdurate, pitiless, unfeeling, unforgiving, unresponsive

stoop
- v. [1] be bowed or round-shouldered, bend, bow, crouch, descend, duck, hunch, incline, kneel, lean, squat [2] (Often with **to**) condescend, deign, demean oneself, descend, lower oneself, resort, sink, vouchsafe
- n. [3] bad posture, droop, round-shoulderedness, sag, slouch, slump

stop
- v. [1] axe (Inf.), be over, break off, bring or come to a halt, bring or come to a standstill, call it a day (Inf.), cease, come to an end, conclude, cut out (Inf.), cut short, desist, discontinue, draw up, end, finish, halt, leave off, pack in (Brit. inf.), pause, peter out, pull up, put an end to, quit, refrain, run down, run its course, shut down, stall, terminate [2] arrest, bar, block, break, bung, check, close, forestall, frustrate, hinder, hold back, impede, intercept, interrupt, obstruct, plug, prevent, rein in, repress, restrain, seal, silence, staunch, stem, suspend [3] break one's journey, lodge, put up, rest, sojourn, stay, tarry
- n. [4] cessation, conclusion, discontinuation, end, finish, halt, standstill [5] break, rest, sojourn, stay, stopover, visit [6] bar, block, break, check, control, hindrance, impediment, plug, stoppage [7] depot, destination, halt, stage, station, termination, terminus

stopgap [1] n. improvisation, makeshift, resort, shift, substitute, temporary expedient [2] adj. emergency, impromptu, improvised, makeshift, provisional, rough-and-ready, temporary

stoppage [1] abeyance, arrest, close, closure, cutoff, deduction, discontinuance, halt, hindrance, lay-off, shutdown, standstill, stopping [2] blockage, check, curtailment, interruption, obstruction, occlusion, stopping up

store
- v. [1] accumulate, deposit, garner, hoard, husband, keep, keep in reserve, lay by or in, lock away, put aside, put aside for a rainy day, put by, put in storage, reserve, salt away, save, stash (Inf.), stock, stockpile
- n. [2] abundance, accumulation, cache, fund, hoard, lot, mine, plenty, plethora, provision, quantity, reserve, reservoir, stock, stockpile, supply, wealth [3] chain store, department store, emporium, market, mart, outlet, shop, supermarket [4] depository, repository, storehouse, storeroom, warehouse [5] **set store by** appreciate, esteem, hold in high regard, prize, think highly of, value

storm
- n. [1] blast, blizzard, cyclone, gale, gust, hurricane, squall, tempest, tornado, whirlwind [2] (Fig.) agitation, anger, clamour, commotion, disturbance, furore, hubbub, outbreak, outburst, outcry, passion, roar, row, rumpus, stir, strife, tumult, turmoil, violence
- v. [3] assail, assault, beset, charge, rush, take by storm
- n. [4] assault, attack, blitz, blitzkrieg, offensive, onset, onslaught, rush
- v. [5] bluster, complain, fly off the handle (Inf.), fume, rage, rant, rave, scold, thunder [6] flounce, fly, rush, stalk, stamp, stomp (Inf.)

stormy blustering, blustery, boisterous, dirty, foul, gusty, inclement, raging, rough, squally, tempestuous, turbulent, wild, windy

story [1] account, anecdote, chronicle, fictional account, history, legend, narration, narrative, novel, recital, record, relation, romance, tale, urban legend, version, yarn [2] (Inf.) falsehood, fib, fiction, lie, pork pie (Brit. sl.), porky (Brit. sl.), untruth, white lie [3] article, feature, news, news item, report, scoop

stout [1] big, bulky, burly, corpulent, fat, fleshy, heavy, obese, on the large or heavy side, overweight, plump, portly, rotund, substantial, tubby [2] able-bodied, athletic, beefy (Inf.), brawny, hardy, hulking, husky (Inf.), lusty, muscular, robust, stalwart, strapping, strong, sturdy, substantial, thickset, tough, vigorous [3] bold, brave, courageous, dauntless, doughty, fearless, gallant, intrepid, lion-hearted, manly, plucky, resolute, valiant, valorous

straggle drift, lag, loiter, ramble, range, roam, rove, spread, stray, string out, trail, wander

straight
- adj. [1] direct, near, short, undeviating, unswerving [2] aligned, erect, even, horizontal, in line, level, perpendicular, plumb, right, smooth, square, true, upright, vertical [3] blunt, candid, downright, forthright, frank, honest, outright, plain, point-blank, straightforward, unqualified, upfront (Inf.) [4] above board, accurate, authentic, decent, equitable, fair, fair and square, honest, honourable, just, law-abiding, reliable, respectable, trustworthy, upright [5] arranged, in order, neat, orderly, organized, put to rights, shipshape, sorted out, tidy [6] consecutive, continuous, nonstop, running, solid, successive, sustained, through, uninterrupted, unrelieved [7] (Sl.) bourgeois, conservative, conventional, orthodox, square (Inf.), traditional [8] neat, pure, unadulterated, undiluted, unmixed
- adv. [9] as the crow flies, at once, directly, immediately, instantly [10] candidly, frankly, honestly, in plain English, point-blank, pulling no punches (Inf.), with no holds barred

straighten arrange, neaten, order, put in order, set or put to rights, smarten up, spruce up, tidy (up)

straighten out become clear, clear up, correct, disentangle, put right, rectify, regularize, resolve, settle, sort out, unsnarl, work out

straightforward [1] above board, candid, direct, forthright, genuine, guileless, honest, open, sincere, truthful, upfront (Inf.) [2] clear-cut, easy, easy-peasy (Sl.), elementary, routine, simple, uncomplicated, undemanding

strain[1]
- v. [1] distend, draw tight, extend, stretch, tauten, tighten [2] drive, exert, fatigue, injure, overexert, overtax, overwork, pull, push to the limit, sprain, tax, tear, tire, twist, weaken, wrench [3] bend over backwards (Inf.), break one's neck (Inf.), bust a gut (Inf.), do one's damnedest (Inf.), endeavour, give it one's all (Inf.), give it one's best shot (Inf.), go all out for (Inf.), go for broke (Sl.), go for it (Inf.), knock oneself out (Inf.), labour, make an all-out effort (Inf.), make a supreme effort, rupture oneself (Inf.), strive, struggle [4] filter, percolate, purify, riddle, screen, seep, separate, sieve, sift
- n. [5] effort, exertion, force, injury, pull, sprain, struggle, tautness, tension, tensity (Rare), wrench [6] anxiety, burden, pressure, stress, tension [7] Often plural air, lay, measure (Poetic), melody, song, theme, tune

strain[2] n. [1] ancestry, blood, descent, extraction, family, lineage, pedigree, race, stock [2] streak, suggestion, suspicion, tendency, trace, trait [3] humour, manner, spirit, style, temper, tone, vein, way

strained artificial, awkward, constrained, difficult, embarrassed, false, forced, laboured, put on, self-conscious, stiff, tense, uncomfortable, uneasy, unnatural, unrelaxed

strait-laced moralistic, narrow, narrowminded, of the old school, old-maidish (Inf.), overscrupulous, prim, proper, prudish, puritanical, strict, Victorian

straits n. Sometimes singular 1 crisis, difficulty, dilemma, distress, embarrassment, emergency, extremity, hardship, hole (Sl.), mess, panic stations (Inf.), pass, perplexity, plight, predicament, pretty or fine kettle of fish (Inf.) 2 channel, narrows, sound

strand n. fibre, filament, length, lock, rope, string, thread, tress, twist, wisp

strange 1 abnormal, astonishing, bizarre, curious, eccentric, exceptional, extraordinary, fantastic, funny, irregular, marvellous, mystifying, odd, oddball (Inf.), off-the-wall (Sl.), out-of-the-way, outré, peculiar, perplexing, queer, rare, remarkable, rum (Brit. sl.), singular, unaccountable, uncanny, uncommon, unheard of, weird, wonderful 2 alien, exotic, foreign, new, novel, outside one's experience, remote, unexplored, unfamiliar, unknown, untried 3 (Often with **to**) a stranger to, ignorant of, inexperienced, new to, unaccustomed, unpractised, unseasoned, unused, unversed in 4 awkward, bewildered, disoriented, ill at ease, lost, out of place, uncomfortable

stranger alien, foreigner, guest, incomer, new arrival, newcomer, outlander, unknown, visitor

strangle 1 asphyxiate, choke, garrotte, smother, strangulate, suffocate, throttle 2 gag, inhibit, repress, stifle, suppress

strap
- n. 1 belt, leash, thong, tie
- v. 2 bind, buckle, fasten, lash, secure, tie, truss 3 beat, belt (Inf.), flog, lash, scourge, whip

stratagem artifice, device, dodge, feint, intrigue, manoeuvre, plan, plot, ploy, ruse, scheme, subterfuge, trick, wile

strategic 1 cardinal, critical, crucial, decisive, important, key, vital 2 calculated, deliberate, diplomatic, planned, politic, tactical

strategy approach, grand design, manoeuvring, plan, planning, policy, procedure, programme, scheme

stray
- v. 1 deviate, digress, diverge, get off the point, get sidetracked, go off at a tangent, ramble 2 be abandoned or lost, drift, err, go astray, lose one's way, meander, range, roam, rove, straggle, wander
- adj. 3 abandoned, homeless, lost, roaming, vagrant 4 accidental, chance, erratic, freak, odd, random, scattered

streak
- n. 1 band, layer, line, slash, smear, strip, stripe, stroke, vein 2 dash, element, strain, touch, trace, vein
- v. 3 band, daub, fleck, slash, smear, striate, stripe 4 barrel (along) (Inf., chiefly U.S. & Canad.), burn rubber (Inf.), dart, flash, fly, hurtle, move like greased lightning (Inf.), speed, sprint, sweep, tear, whistle, whiz (Inf.), zoom

stream 1 n. bayou, beck, brook, burn, course, creek (U.S.), current, drift, flow, freshet, outpouring, rill, river, rivulet, run, rush, surge, tide, tideway, torrent, tributary, undertow 2 v. cascade, course, emit, flood, flow, glide, gush, issue, pour, run, shed, spill, spout

streamlined efficient, modernized, organized, rationalized, sleek, slick, smooth, smoothrunning, time-saving, well-run

street 1 avenue, boulevard, lane, road, roadway, row, terrace, thoroughfare 2 (**right**) **up one's street** acceptable, compatible, congenial, familiar, one's cup of tea (Inf.), pleasing, suitable, to one's liking, to one's taste

strength 1 backbone, brawn, brawniness, courage, firmness, fortitude, health, lustiness, might, muscle, robustness, sinew, stamina, stoutness, sturdiness, toughness 2 cogency, concentration, effectiveness, efficacy, energy, force, intensity, potency, power, resolution, spirit, vehemence, vigour, virtue (Archaic) 3 advantage, anchor, asset, mainstay, security, strong point, succour, tower of strength

strengthen 1 animate, brace up, consolidate, encourage, fortify, give new energy to, harden, hearten, invigorate, nerve, nourish, rejuvenate, restore, stiffen, toughen 2 augment, bolster, brace, build up, buttress, confirm, corroborate, enhance, establish, give a boost to, harden, heighten, increase, intensify, justify, reinforce, steel, substantiate, support

strenuous 1 arduous, demanding, exhausting, hard, Herculean, laborious, taxing, toilsome, tough, tough going, unrelaxing, uphill 2 active, bold, determined, eager, earnest, energetic, persistent, resolute, spirited, strong, tireless, vigorous, zealous

stress
- n. 1 emphasis, force, importance, significance, urgency, weight 2 anxiety, burden, hassle (Inf.), nervous tension, oppression, pressure, strain, tautness, tension, trauma, worry 3 accent, accentuation, beat, emphasis
- v. 4 accentuate, belabour, dwell on, emphasize, harp on, lay emphasis upon, point up, repeat, rub in, underline, underscore

stretch
- v. 1 cover, extend, put forth, reach, spread, unfold, unroll 2 distend, draw out, elongate, expand, inflate, lengthen, pull, pull out of shape, rack, strain, swell, tighten
- n. 3 area, distance, expanse, extent, spread, sweep, tract 4 bit, period, run, space, spell, stint, term, time

strict 1 austere, authoritarian, firm, harsh, nononsense, rigid, rigorous, severe, stern, stringent 2 accurate, close, exact, faithful, meticulous, particular, precise, religious, scrupulous, true 3 absolute, complete, perfect, total, utter

strident clamorous, clashing, discordant, grating, harsh, jangling, jarring, rasping, raucous, screeching, shrill, stridulant, stridulous, unmusical, vociferous

strife animosity, battle, bickering, clash, clashes, combat, conflict, contention, contest, controversy, discord, dissension, friction, quarrel, rivalry, row, squabbling, struggle, warfare, wrangling

strike v. 1 bang, beat, box, buffet, chastise, chin (Sl.), clobber (Sl.), clout (Inf.), clump (Sl.), cuff, deck (Sl.), hammer, hit, knock, lambast(e), lay a finger on (Inf.), lay one on (Sl.), pound, punch, punish, slap, smack, smite, sock (Sl.), thump, wallop (Inf.) 2 be in collision with, bump into, clash, collide with, come into contact with, dash, hit, knock into, run into, smash into, touch 3 drive, force, hit, impel, thrust 4 affect, come to, come to the mind of, dawn on or upon, hit, impress, make an impact on, occur to, reach, register (Inf.), seem 5 (Sometimes with **upon**) come upon or across, discover, encounter, find, happen or chance upon, hit upon, light upon, reach, stumble upon or across, turn up, uncover, unearth 6 affect, assail, assault, attack, deal a blow to, devastate, fall upon, hit, invade, set upon, smite 7 achieve, arrange, arrive at, attain, effect, reach 8 down tools, mutiny, revolt, walk out

striking astonishing, conspicuous, dazzling, drop-dead (Sl.), extraordinary, forcible, impressive, memorable, noticeable, out of the ordinary, outstanding, stunning (Inf.), wonderful

string
- n. 1 cord, fibre, twine 2 chain, file, line, procession, queue, row, sequence, series, strand, succession
- v. 3 festoon, hang, link, loop, sling, stretch, suspend, thread 4 (With **out**) disperse, extend, fan out, lengthen, protract, space out, spread out, straggle

stringent binding, demanding, exacting, inflexible, rigid, rigorous, severe, strict, tight, tough

strings (Fig.) catches (Inf.), complications, conditions, obligations, prerequisites, provisos, qualifications, requirements, riders, stipulations

strip
- n. 1 band, belt, bit, fillet, piece, ribbon, shred, slip, swathe, tongue
- v. 2 bare, denude, deprive, despoil, dismantle, divest, empty, gut, lay bare, loot, peel, pillage, plunder, ransack, rob, sack, skin, spoil 3 disrobe, unclothe, uncover, undress

stripling adolescent, boy, fledgling, hobbledehoy (Archaic), lad, shaver (Inf.), young fellow, youngster, youth

strive attempt, bend over backwards (Inf.), break one's neck (Inf.), bust a gut (Inf.), compete, contend, do all one can, do one's best, do one's damnedest (Inf.), do one's utmost, endeavour, exert oneself, fight, give it one's all (Inf.), give it one's best shot (Inf.), go all out (Inf.), go for broke (Sl.), go for it (Inf.), knock oneself out (Inf.), labour, leave no stone unturned, make an all-out effort (Inf.), make every effort, rupture oneself (Inf.), strain, struggle, toil, try, try hard

stroke
- n. 1 accomplishment, achievement, blow, feat, flourish, hit, knock, move, movement, pat, rap, thump 2 apoplexy, attack, collapse, fit, seizure, shock
- v. 3 caress, fondle, pat, pet, rub

stroll 1 v. amble, make one's way, mooch (Sl.), mosey (Inf.), promenade, ramble, saunter, stooge (Sl.), stretch one's legs, take a turn, toddle, wander 2 n. airing, breath of air, constitutional, excursion, promenade, ramble, turn, walk

strong 1 athletic, beefy (Inf.), brawny, burly, capable, hale, hardy, healthy, Herculean, lusty, muscular, powerful, robust, sinewy, sound, stalwart, stout, strapping, sturdy, tough, virile 2 aggressive, brave, courageous, determined, feisty (Inf., chiefly U.S. & Canad.), firm in spirit, forceful, hard as nails, hard-nosed (Inf.), high-powered, plucky, resilient, resolute, resourceful, self-assertive, steadfast, stouthearted, tenacious, tough, unyielding 3 acute, dedicated, deep, deep-rooted, eager, fervent, fervid, fierce, firm, intense, keen, severe, staunch, vehement, violent, zealous 4 clear, clear-cut, cogent, compelling, convincing, distinct, effective, formidable, great, marked, overpowering, persuasive, potent, redoubtable, sound, telling, trenchant, unmistakable, urgent, weighty, well-established, well-founded 5 Draconian, drastic, extreme, forceful, severe 6 durable, hard-wearing, heavy-duty, on a firm foundation, reinforced, sturdy, substantial, well-armed, wellbuilt, well-protected 7 bold, bright, brilliant, dazzling, glaring, loud, stark 8 biting, concentrated, heady, highly-flavoured, highlyseasoned, hot, intoxicating, piquant, pungent, pure, sharp, spicy, undiluted

stronghold bastion, bulwark, castle, citadel, fastness, fort, fortress, keep, refuge

strong-minded determined, firm, independent, iron-willed, resolute, strong-willed, unbending, uncompromising

structure
- n. 1 arrangement, configuration, conformation, construction, design, fabric, form, formation, interrelation of parts, make, make-up, organization 2 building, construction, edifice, erection, pile
- v. 3 arrange, assemble, build up, design, organize, put together, shape

struggle
- v. 1 bend over backwards (Inf.), break one's neck (Inf.), bust a gut (Inf.), do one's damnedest (Inf.), exert oneself, give it one's all (Inf.), give it one's best shot (Inf.), go all out (Inf.), go for broke (Sl.), go for it (Inf.), knock oneself out (Inf.), labour, make an all-out effort (Inf.), make every effort, rupture oneself (Inf.), strain, strive, toil, work, work like a Trojan
- n. 2 effort, exertion, grind (Inf.), labour, long haul, pains, scramble, toil, work
- v. 3 battle, compete, contend, fight, grapple, lock horns, scuffle, wrestle
- n. 4 battle, brush, clash, combat, conflict, contest, encounter, hostilities, skirmish, strife, tussle

strut v. parade, peacock, prance, stalk, swagger

stub n. butt, counterfoil, dog-end (Inf.), end, fag end (Inf.), remnant, stump, tail, tail end

stubborn bull-headed, contumacious, cross-grained, dogged, dour, fixed, headstrong, inflexible, intractable, mulish, obdurate, obstinate, opinionated, persistent, pig-headed, recalcitrant, refractory, self-willed, stiff-necked, tenacious, unbending, unmanageable, unshak(e)able, unyielding, wilful

stuck 1 cemented, fast, fastened, firm, fixed, glued, joined 2 (Inf.) at a loss, at a standstill, at one's wits' end, baffled, beaten, bereft of ideas, nonplussed, stumped, up against a brick wall (Inf.) 3 (Sl.) (With **on**) crazy about, for, or over (Inf.), enthusiastic about, hung up on (Sl.), infatuated, keen, mad, obsessed with, wild about (Inf.) 4 **get stuck into** (Inf.) get down to, make a start on, set about, tackle

stud v. bejewel, bespangle, dot, fleck, ornament, spangle, speckle, spot, sprinkle

student apprentice, disciple, learner, observer, pupil, scholar, trainee, undergraduate

studied calculated, conscious, deliberate, intentional, planned, premeditated, purposeful, well-considered, wilful

studio atelier, workshop

studious academic, assiduous, attentive, bookish, careful, diligent, eager, earnest, hard-working, intellectual, meditative, reflective, scholarly, sedulous, serious, thoughtful

study

◆ **v.** 1 apply oneself (to), bone up on (Inf.), burn the midnight oil, cogitate, con (Archaic), consider, contemplate, cram (Inf.), examine, go into, hammer away at, learn, lucubrate (Rare), meditate, mug up (Brit. sl.), ponder, pore over, read, read up, swot (up) (Brit. inf.) 2 analyse, deliberate, examine, investigate, look into, peruse, research, scrutinize, survey, work over

◆ **n.** 3 academic work, application, book work, cramming (Inf.), learning, lessons, reading, research, school work, swotting (Brit. inf.), thought 4 analysis, attention, cogitation, consideration, contemplation, examination, inquiry, inspection, investigation, perusal, review, scrutiny, survey

stuff

◆ **v.** 1 compress, cram, crowd, fill, force, jam, load, pack, pad, push, ram, shove, squeeze, stow, wedge 2 gobble, gorge, gormandize, guzzle, make a pig of oneself (Inf.), overindulge, pig out (Sl.), sate, satiate

◆ **n.** 3 belongings, bits and pieces, clobber (Brit. sl.), effects, equipment, gear, goods and chattels, impedimenta, junk, kit, luggage, materials, objects, paraphernalia, possessions, tackle, things, trappings 4 cloth, fabric, material, raw material, textile 5 essence, matter, pith, quintessence, staple, substance 6 balderdash, baloney (Inf.), bosh (Inf.), bunk (Inf.), bunkum, claptrap (Inf.), foolishness, humbug, nonsense, poppycock (Inf.), rot, rubbish, stuff and nonsense, tommyrot, tripe (Inf.), twaddle, verbiage

stuffing 1 filler, kapok, packing, quilting, wadding 2 farce, farcemeat, forcemeat

stuffy 1 airless, close, fetid, frowsty, fuggy, heavy, muggy, oppressive, stale, stifling, suffocating, sultry, unventilated 2 conventional, deadly, dreary, dull, fusty, humourless, musty, old-fashioned, old-fogyish, pompous, priggish, prim, prim and proper, staid, stilted, stodgy, strait-laced, uninteresting

stumble 1 blunder about, come a cropper (Inf.), fall, falter, flounder, hesitate, lose one's balance, lurch, reel, slip, stagger, trip 2 (With **on** or **upon**) blunder upon, chance upon, come across, discover, encounter, find, happen upon, light upon, run across, turn up 3 falter, fluff (Inf.), stammer, stutter

stump v. 1 baffle, bewilder, bring (someone) up short, confound, confuse, dumbfound, flummox, foil, mystify, nonplus, outwit, perplex, puzzle, stop, stymie 2 clomp, clump, lumber, plod, stamp, stomp (Inf.), trudge

stump up chip in (Inf.), come across with (Inf.), contribute, cough up (Inf.), donate, fork out (Sl.), hand over, pay, shell out (Inf.)

stun (Fig.) amaze, astonish, astound, bewilder, confound, confuse, daze, dumbfound, flabbergast (Inf.), hit (someone) like a ton of bricks (Inf.), knock out, knock (someone) for six (Inf.), overcome, overpower, shock, stagger, strike (someone) dumb, stupefy, take (someone's) breath away

stunned (Fig.) astounded, at a loss for words, bowled over (Inf.), dazed, devastated, dumbfounded, flabbergasted (Inf.), gobsmacked (Brit. sl.), numb, shocked, staggered, struck dumb

stunning beautiful, brilliant, dazzling, devastating (Inf.), drop-dead (Sl.), gorgeous, great (Inf.), heavenly, impressive, lovely, marvellous, out of this world (Inf.), ravishing, remarkable, sensational (Inf.), smashing (Inf.), spectacular, striking, wonderful

stunt n. act, deed, exploit, feat, feature, gest (Archaic), tour de force, trick

stunted diminutive, dwarfed, dwarfish, little, small, tiny, undersized

stupefaction amazement, astonishment, awe, wonder, wonderment

stupefy amaze, astound, bewilder, confound, daze, dumbfound, knock senseless, numb, shock, stagger, stun

stupendous amazing, astounding, breathtaking, brilliant, colossal, enormous, fabulous (Inf.), fantastic (Inf.), gigantic, huge, marvellous, mega (Sl.), mind-blowing (Inf.), mind-boggling (Inf.), out of this world (Inf.), overwhelming, phenomenal, prodigious, sensational (Inf.), staggering, stunning (Inf.), superb, surpassing belief, surprising, tremendous (Inf.), vast, wonderful, wondrous (Archaic or literary)

stupid 1 Boeotian, braindead (Inf.), brainless, cretinous, deficient, dense, dim, doltish, dopey (Inf.), dozy (Brit. inf.), dull, dumb (Inf.), foolish, gullible, half-witted, moronic, naive, obtuse, simple, simple-minded, slow, slow on the uptake (Inf.), slow-witted, sluggish, stolid, thick, thickheaded, unintelligent, witless, woodenheaded (Inf.) 2 asinine, crackbrained, daft (Inf.), futile, half-baked (Inf.), idiotic, ill-advised, imbecilic, inane, indiscreet, irrelevant, irresponsible, laughable, ludicrous, meaningless, mindless, nonsensical, pointless, puerile, rash, senseless, short-sighted, trivial, unintelligent, unthinking 3 dazed, groggy, in a daze, insensate, punch-drunk, semiconscious, senseless, stunned, stupefied

stupidity 1 asininity, brainlessness, denseness, dimness, dopiness (Sl.), doziness (Brit. inf.), dullness, dumbness (Inf.), feeble-mindedness, imbecility, lack of brain, lack of intelligence, naivety, obtuseness, puerility, simplicity, slowness, thickheadedness, thickness 2 absurdity, bêtise (Rare), fatuity, fatuousness, folly, foolhardiness, foolishness, futility, idiocy, impracticality, inanity, indiscretion, ineptitude, irresponsibility, ludicrousness, lunacy, madness, pointlessness, rashness, senselessness, silliness

sturdy athletic, brawny, built to last, determined, durable, firm, flourishing, hardy, hearty, lusty, muscular, powerful, resolute, robust, secure, solid, stalwart, staunch, steadfast, stouthearted, substantial, thickset, vigorous, well-built, well-made

stutter v. falter, hesitate, speak haltingly, splutter, stammer, stumble

style

◆ **n.** 1 cut, design, form, hand, manner, technique 2 fashion, mode, rage, trend, vogue 3 approach, custom, manner, method, mode, way 4 bon ton, chic, cosmopolitanism, dash, dressiness (Inf.), élan, elegance, fashionableness, flair, grace, panache, polish, refinement, savoir-faire, smartness, sophistication, stylishness, taste, urbanity 5 affluence, comfort, ease, elegance, gracious living, grandeur, luxury 6 appearance, category, characteristic, genre, kind, pattern, sort, spirit, strain, tenor, tone, type, variety 7 diction, expression, mode of expression, phraseology, phrasing, treatment, turn of phrase, vein, wording

◆ **v.** 8 adapt, arrange, cut, design, dress, fashion, shape, tailor 9 address, call, christen, denominate, designate, dub, entitle, label, name, term

stylish à la mode, chic, classy (Sl.), dapper, dressy (Inf.), fashionable, in fashion, in vogue, modish, natty (Inf.), polished, smart, snappy, snazzy (Inf.), trendy (Brit. inf.), urbane, voguish, well turned-out

subconscious adj. hidden, inner, innermost, intuitive, latent, repressed, subliminal, suppressed

subdue 1 beat down, break, conquer, control, crush, defeat, discipline, gain ascendancy over, get the better of, get the upper hand over, get under control, humble, master, overcome, overpower, overrun, put down, quell, tame, trample, triumph over, vanquish 2 check, control, mellow, moderate, quieten down, repress, soften, suppress, tone down

subdued 1 chastened, crestfallen, dejected, downcast, down in the mouth, grave, out of spirits, quiet, repentant, repressed, restrained, sad, sadder and wiser, serious, sobered, solemn 2 dim, hushed, low-key, muted, quiet, shaded, sober, soft, subtle, toned down, unobtrusive

subject

◆ **n.** 1 affair, business, field of enquiry or reference, issue, matter, object, point, question, subject matter, substance, theme, topic 2 case, client, guinea pig (Inf.), participant, patient, victim 3 citizen, dependant, liegeman, national, subordinate, vassal

◆ **adj.** 4 at the mercy of, disposed, exposed, in danger of, liable, open, prone, susceptible, vulnerable 5 conditional, contingent, dependent 6 answerable, bound by, captive, dependent, enslaved, inferior, obedient, satellite, subjugated, submissive, subordinate, subservient

◆ **v.** 7 expose, lay open, make liable, put through, submit, treat

subjective biased, emotional, idiosyncratic, instinctive, intuitive, nonobjective, personal, prejudiced

sublime elevated, eminent, exalted, glorious, grand, great, high, imposing, lofty, magnificent, majestic, noble, transcendent

submerge deluge, dip, drown, duck, dunk, engulf, flood, immerse, inundate, overflow, overwhelm, plunge, sink, swamp

submission 1 acquiescence, assent, capitulation, giving in, surrender, yielding 2 compliance, deference, docility, meekness, obedience, passivity, resignation, submissiveness, tractability, unassertiveness 3 argument, contention, proposal 4 entry, handing in, presentation, submitting, tendering

submissive abject, accommodating, acquiescent, amenable, biddable, bootlicking (Inf.), compliant, deferential, docile, dutiful, humble, ingratiating, lowly, malleable, meek, obedient, obeisant, obsequious, passive, patient, pliant, resigned, subdued, tractable, uncomplaining, unresisting, yielding

submit 1 accede, acquiesce, agree, bend, bow, capitulate, comply, defer, endure, give in, hoist the white flag, knuckle under, lay down arms, put up with (Inf.), resign oneself, stoop, succumb, surrender, throw in the sponge, toe the line, tolerate, yield 2 commit, hand in, present, proffer, put forward, refer, table, tender 3 advance, argue, assert, claim, contend, move, propose, propound, put, state, suggest, volunteer

subordinate

◆ **adj.** 1 dependent, inferior, junior, lesser, lower, minor, secondary, subject, subservient 2 ancillary, auxiliary, subsidiary, supplementary

◆ **n.** 3 aide, assistant, attendant, dependant, inferior, junior, second, subaltern, underling

subordination inferior or secondary status, inferiority, servitude, subjection, submission

subscribe 1 chip in (Inf.), contribute, donate, give, offer, pledge, promise 2 acquiesce, advocate, agree, consent, countenance, endorse, support

subscription annual payment, contribution, donation, dues, gift, membership fee, offering

subsequent after, consequent, consequential, ensuing, following, later, succeeding, successive

subsequently afterwards, at a later date, consequently, in the aftermath (of), in the end, later

subside 1 abate, decrease, de-escalate, diminish, dwindle, ease, ebb, lessen, let up, level off, melt away, moderate, peter out, quieten, recede, slacken, wane 2 cave in, collapse, decline, descend, drop, ebb, lower, settle, sink

subsidence 1 decline, descent, ebb, settlement, settling, sinking 2 abatement, decrease, de-escalation, diminution, easing off, lessening, slackening

subsidiary aiding, ancillary, assistant, auxiliary, contributory, cooperative, helpful, lesser, minor, secondary, serviceable, subordinate, subservient, supplemental, supplementary, useful

subsidize finance, fund, promote, put up the money for, sponsor, support, underwrite

subsidy aid, allowance, assistance, contribution, financial aid, grant, help, stipend, subvention, support

subsist be, continue, eke out an existence, endure, exist, keep going, last, live, make ends meet, remain, stay alive, survive, sustain oneself

subsistence aliment, existence, food, keep, livelihood, living, maintenance, provision, rations, support, survival, sustenance, upkeep, victuals

substance 1 body, element, fabric, material, stuff, texture 2 burden, essence, gist, gravamen (Law), import, main point, matter, meaning, pith, significance, subject, sum and substance, theme 3 actuality, concreteness, entity, force, reality 4 affluence, assets, estate, means, property, resources, wealth

substantial 1 ample, big, considerable, generous, goodly, important, large, significant, sizable, tidy (Inf.), worthwhile 2 bulky, durable, firm, hefty, massive, solid, sound, stout, strong, sturdy, well-built 3 actual, existent, material, positive, real, true, valid, weighty

substantially essentially, in essence, in essentials, in substance, in the main, largely, materially, to a large extent

substantiate affirm, attest to, authenticate, bear out, confirm, corroborate, establish, prove, support, validate, verify

substitute
- **v.** 1 change, commute, exchange, interchange, replace, swap (Inf.), switch 2 (With **for**) act for, be in place of, cover for, deputize, double for, fill in for, hold the fort for, relieve, stand in for, take over
- **n.** 3 agent, depute (Scot.), deputy, equivalent, expedient, locum, locum tenens, makeshift, proxy, relief, replacement, representative, reserve, stand-by, stopgap, sub, supply, surrogate, temp (Inf.), temporary
- **adj.** 4 acting, additional, alternative, fallback, proxy, replacement, reserve, second, surrogate, temporary

substitution change, exchange, interchange, replacement, swap (Inf.), switch

subterfuge artifice, deception, deviousness, dodge, duplicity, evasion, excuse, machination, manoeuvre, ploy, pretence, pretext, quibble, ruse, shift, stall, stratagem, trick

subtle 1 deep, delicate, discriminating, ingenious, nice, penetrating, profound, refined, sophisticated 2 delicate, faint, implied, indirect, insinuated, slight, understated 3 artful, astute, crafty, cunning, designing, devious, intriguing, keen, Machiavellian, scheming, shrewd, sly, wily

subtlety 1 acumen, acuteness, cleverness, delicacy, discernment, fine point, intricacy, nicety, refinement, sagacity, skill, sophistication 2 discernment, discrimination, finesse, penetration 3 artfulness, astuteness, craftiness, cunning, deviousness, guile, slyness, wiliness

subtract deduct, detract, diminish, remove, take away, take from, take off, withdraw

suburbs dormitory area (Brit.), environs, faubourgs, neighbourhood, outskirts, precincts, purlieus, residential areas, suburbia

subversive 1 adj. destructive, incendiary, inflammatory, insurrectionary, overthrowing, perversive, riotous, seditious, treasonous, underground, undermining 2 n. deviationist, dissident, fifth columnist, insurrectionary, quisling, saboteur, seditionary, seditionist, terrorist, traitor

subvert 1 demolish, destroy, invalidate, overturn, raze, ruin, sabotage, undermine, upset, wreck 2 confound, contaminate, corrupt, debase, demoralize, deprave, pervert, poison, vitiate

succeed 1 arrive (Inf.), be successful, come off (Inf.), crack it (Inf.), cut it (Inf.), do all right for oneself (Inf.), do the trick (Inf.), flourish, gain one's end, get to the top, make good, make it (Inf.), prosper, thrive, triumph, turn out well, work 2 be subsequent, come next, ensue, follow, result, supervene 3 (Usually with **to**) accede, assume the office of, come into, come into possession of, enter upon, inherit, replace, take over

succeeding ensuing, following, next, subsequent, successive

success 1 ascendancy, eminence, fame, favourable outcome, fortune, happiness, hit (Inf.), luck, prosperity, triumph 2 best seller, big name, celebrity, hit (Inf.), market leader, megastar (Inf.), sensation, smash hit (Inf.), somebody, star, VIP, winner

successful acknowledged, at the top of the tree, best-selling, booming, efficacious, favourable, flourishing, fortunate, fruitful, lucky, lucrative, moneymaking, out in front (Inf.), paying, profitable, prosperous, rewarding, thriving, top, unbeaten, victorious, wealthy

successfully famously (Inf.), favourably, in triumph, swimmingly, victoriously, well, with flying colours

succession 1 chain, continuation, course, cycle, flow, order, procession, progression, run, sequence, series, train 2 **in succession** consecutively, one after the other, one behind the other, on the trot (Inf.), running, successively 3 accession, assumption, elevation, entering upon, inheritance, taking over 4 descendants, descent, line, lineage, race

successive consecutive, following, in a row, in succession, sequent, succeeding

succinct brief, compact, compendious, concise, condensed, gnomic, in a few well-chosen words, laconic, pithy, summary, terse, to the point

succour 1 v. aid, assist, befriend, comfort, encourage, foster, give aid and encouragement to, help, minister to, nurse, relieve, render assistance to, support 2 n. aid, assistance, comfort, help, relief, support

succulent juicy, luscious, lush, mellow, moist, mouthwatering, rich

succumb capitulate, die, fall, fall victim to, give in, give way, go under, knuckle under, submit, surrender, yield

sucker butt, cat's paw, dupe, easy game or mark (Inf.), fool, mug (Brit. sl.), nerd or nurd (Sl.), pushover (Sl.), sap (Sl.), sitting duck (Inf.), victim

sudden abrupt, hasty, hurried, impulsive, quick, rapid, rash, swift, unexpected, unforeseen, unusual

suddenly abruptly, all at once, all of a sudden, on the spur of the moment, out of the blue (Inf.), unexpectedly, without warning

sue 1 (Law) bring an action against (someone), charge, have the law on (someone) (Inf.), indict, institute legal proceedings against (someone), prefer charges against (someone), prosecute, summon, take (someone) to court 2 appeal for, beg, beseech, entreat, petition, plead, solicit, supplicate

suffer 1 ache, agonize, be affected, be in pain, be racked, feel wretched, go through a lot (Inf.), grieve, have a thin or bad time, hurt 2 bear, endure, experience, feel, go through, put up with (Inf.), support, sustain, tolerate, undergo 3 appear in a poor light, be handicapped, be impaired, deteriorate, fall off, show to disadvantage 4 (Archaic) allow, let, permit

suffering n. affliction, agony, anguish, discomfort, distress, hardship, martyrdom, misery, ordeal, pain, torment, torture

suffice answer, be sufficient (adequate, enough), content, do, fill the bill (Inf.), meet requirements, satisfy, serve

sufficient adequate, competent, enough, enow (Archaic), satisfactory

suffocate asphyxiate, choke, smother, stifle, strangle

suffuse bathe, cover, flood, imbue, infuse, mantle, overspread, permeate, pervade, spread over, steep, transfuse

suggest 1 advise, advocate, move, offer a suggestion, prescribe, propose, put forward, recommend 2 bring to mind, connote, evoke, put one in mind of 3 hint, imply, indicate, insinuate, intimate, lead one to believe

suggestion 1 motion, plan, proposal, proposition, recommendation 2 breath, hint, indication, insinuation, intimation, suspicion, trace, whisper

suggestive 1 (With **of**) evocative, expressive, indicative, redolent, reminiscent 2 bawdy, blue, immodest, improper, indecent, indelicate, off colour, provocative, prurient, racy, ribald, risqué, rude, smutty, spicy (Inf.), titillating, unseemly

suit
- **v.** 1 agree, agree with, answer, be acceptable to, become, befit, be seemly, conform to, correspond, do, go with, gratify, harmonize, match, please, satisfy, tally 2 accommodate, adapt, adjust, fashion, fit, modify, proportion, tailor
- **n.** 3 addresses, appeal, attentions, courtship, entreaty, invocation, petition, prayer, request 4 (Law) action, case, cause, industrial tribunal, lawsuit, proceeding, prosecution, trial 5 clothing, costume, dress, ensemble, habit, outfit 6 **follow suit** accord with, copy, emulate, run with the herd, take one's cue from

suitability appropriateness, aptness, fitness, opportuneness, rightness, timeliness

suitable acceptable, applicable, apposite, appropriate, apt, becoming, befitting, convenient, cut out for, due, fit, fitting, in character, in keeping, opportune, pertinent, proper, relevant, right, satisfactory, seemly, suited

suite 1 apartment, collection, furniture, rooms, series, set 2 attendants, entourage, escort, followers, retainers, retinue, train

suitor admirer, beau, follower (Obsolete), swain (Archaic), wooer, young man

sulk be in a huff, be put out, brood, have the hump (Brit. inf.), look sullen, pout

sulky aloof, churlish, cross, disgruntled, huffy, ill-humoured, in the sulks, moody, morose, perverse, petulant, put out, querulous, resentful, sullen, vexed

sullen brooding, cheerless, cross, dismal, dull, gloomy, glowering, heavy, moody, morose, obstinate, out of humour, perverse, silent, sombre, sour, stubborn, surly, unsociable

sultry 1 close, hot, humid, muggy, oppressive, sticky, stifling, stuffy, sweltering 2 amorous, come-hither (Inf.), erotic, passionate, provocative, seductive, sensual, sexy (Inf.), voluptuous

sum aggregate, amount, entirety, quantity, reckoning, score, sum total, tally, total, totality, whole

summarily arbitrarily, at short notice, expeditiously, forthwith, immediately, on the spot, peremptorily, promptly, speedily, swiftly, without delay, without wasting words

summarize abridge, condense, encapsulate, epitomize, give a rundown of, give the main points of, outline, précis, put in a nutshell, review, sum up

summary 1 n. abridgement, abstract, compendium, digest, epitome, essence, extract, outline, précis, recapitulation, résumé, review, rundown, summing-up, synopsis 2 adj. arbitrary, brief, compact, compendious, concise, condensed, cursory, hasty, laconic, perfunctory, pithy, succinct

summit acme, apex, crest, crown, crowning point, culmination, head, height, peak, pinnacle, top, zenith

summon 1 arouse, assemble, bid, call, call together, cite, convene, convoke, invite, rally, rouse, send for 2 (Often with **up**) call into action, draw on, gather, invoke, mobilize, muster

sumptuous costly, dear, de luxe, expensive, extravagant, gorgeous, grand, lavish, luxurious, magnificent, opulent, plush (Inf.), posh (Inf., chiefly Brit.), rich, ritzy (Sl.), splendid, splendiferous (Facetious), superb

sum up 1 close, conclude, put in a nutshell, recapitulate, review, summarize 2 estimate, form an opinion of, get the measure of, size up (Inf.)

sun 1 n. daystar (Poetic), eye of heaven, Helios (Greek myth), Phoebus (Greek myth), Phoebus Apollo (Greek myth), Sol (Roman myth) 2 v. bake, bask, sunbathe, tan

sunburnt bronzed, brown, brown as a berry, burnt, like a lobster, peeling, red, ruddy, scarlet, tanned

sundry assorted, different, divers (Archaic), miscellaneous, several, some, varied, various

sunken 1 concave, drawn, haggard, hollow, hollowed 2 at a lower level, below ground, buried, depressed, immersed, lower, recessed, submerged

sunless bleak, cheerless, cloudy, dark, depressing, gloomy, grey, hazy, overcast, sombre

sunny 1 bright, brilliant, clear, fine, luminous, radiant, summery, sunlit, sunshiny, unclouded, without a cloud in the sky 2 (Fig.) beaming, blithe, buoyant, cheerful, cheery, chirpy (Inf.), genial, happy, joyful, light-hearted, optimistic, pleasant, smiling

sunrise aurora (Poetic), break of day, cockcrow, dawn, daybreak, daylight, dayspring (Poetic), sunup

sunset close of (the) day, dusk, eventide, gloaming (Scot. or poetic), nightfall, sundown

superb admirable, boffo (Sl.), breathtaking, brill (Inf.), chillin' (U.S. sl.), choice, excellent, exquisite, fine, first-rate, gorgeous, grand, magnificent, marvellous, mega (Sl.), of the first water, splendid, splendiferous (Facetious), superior, topping (Brit. sl.), unrivalled, world-class

supercilious arrogant, condescending, contemptuous, disdainful, haughty, high and mighty (Inf.), hoity-toity (Inf.), imperious, insolent, lofty, lordly, overbearing, patronizing, proud, scornful, snooty (Inf.), stuck-up (Inf.), toffee-nosed (Sl., chiefly Brit.), uppish (Brit. inf.), vainglorious

superficial 1 exterior, external, on the surface, peripheral, shallow, skin-deep, slight, surface 2 casual, cosmetic, cursory, desultory, hasty, hurried, inattentive, nodding, passing, perfunctory, sketchy, slapdash 3 empty, empty-headed, frivolous, lightweight, shallow, silly, trivial 4 apparent, evident, ostensible, outward, seeming

superficiality emptiness, lack of depth, lack of substance, shallowness, triviality

superficially apparently, at first glance, externally, on the surface, ostensibly, to the casual eye

superfluous excess, excessive, extra, in excess, left over, needless, on one's hands, pleonastic

(Rhetoric), redundant, remaining, residuary, spare, superabundant, supererogatory, supernumerary, surplus, surplus to requirements, uncalled-for, unnecessary, unneeded, unrequired

superhuman [1] herculean, heroic, phenomenal, prodigious, stupendous, valiant [2] divine, paranormal, preternatural, supernatural

superintend administer, control, direct, handle, inspect, look after, manage, overlook, oversee, run, supervise

superintendence care, charge, control, direction, government, guidance, inspection, management, supervision, surveillance

superintendent administrator, chief, conductor, controller, director, governor, inspector, manager, overseer, supervisor

superior
- *adj.* [1] better, grander, greater, higher, more advanced (expert, extensive, skilful), paramount, predominant, preferred, prevailing, surpassing, unrivalled [2] a cut above (Inf.), admirable, choice, de luxe, distinguished, excellent, exceptional, exclusive, fine, first-class, first-rate, good, good quality, high calibre, high-class, of the first order, world-class [3] airy, condescending, disdainful, haughty, lofty, lordly, patronizing, pretentious, snobbish, stuck-up (Inf.), supercilious
- *n.* [4] boss (Inf.), chief, director, manager, principal, senior, supervisor

superiority advantage, ascendancy, excellence, lead, predominance, pre-eminence, preponderance, prevalence, supremacy

superlative *adj.* consummate, crack (Sl.), excellent, greatest, highest, magnificent, matchless, of the first water, of the highest order, outstanding, peerless, supreme, surpassing, transcendent, unparalleled, unrivalled, unsurpassed

supernatural abnormal, dark, ghostly, hidden, miraculous, mysterious, mystic, occult, paranormal, phantom, preternatural, psychic, spectral, supranatural, uncanny, unearthly, unnatural

supervise administer, be on duty at, be responsible for, conduct, control, direct, handle, have or be in charge of, inspect, keep an eye on, look after, manage, oversee, preside over, run, superintend

supervision administration, auspices, care, charge, control, direction, guidance, instruction, management, oversight, stewardship, superintendence, surveillance

supervisor administrator, boss (Inf.), chief, foreman, gaffer (Inf., chiefly Brit.), inspector, manager, overseer, steward, superintendent

supervisory administrative, executive, managerial, overseeing, superintendent

supplant displace, oust, overthrow, remove, replace, supersede, take over, take the place of, undermine, unseat

supple bending, elastic, flexible, limber, lissom(e), lithe, loose-limbed, plastic, pliable, pliant

supplement [1] *n.* added feature, addendum, addition, add-on, appendix, codicil, complement, extra, insert, postscript, pull-out, sequel [2] *v.* add, augment, complement, extend, fill out, reinforce, supply, top up

supplementary accompanying, additional, add-on, ancillary, auxiliary, complementary, extra, secondary, supplemental

suppliant [1] *adj.* begging, beseeching, craving, entreating, imploring, importunate, on bended knee [2] *n.* applicant, petitioner, suitor, supplicant

supplication appeal, entreaty, invocation, petition, plea, pleading, prayer, request, solicitation, suit

supply
- *v.* [1] afford, cater to or for, come up with, contribute, endow, fill, furnish, give, grant, minister, outfit, produce, provide, purvey, replenish, satisfy, stock, store, victual, yield
- *n.* [2] cache, fund, hoard, quantity, reserve, reservoir, source, stock, stockpile, store [3] Usually plural equipment, food, foodstuff, items, materials, necessities, provender, provisions, rations, stores

support
- *v.* [1] bear, bolster, brace, buttress, carry, hold, hold up, prop, reinforce, shore up, sustain, underpin, uphold [2] be a source of strength to, buoy up, cherish, encourage, finance, foster, fund, keep, look after, maintain, nourish, provide for, strengthen, subsidize, succour, sustain, take care of, underwrite [3] advocate, aid, assist, back, boost (someone's) morale, champion, defend, espouse, forward, go along with, help, promote, second, side with, stand behind, stand up for, stick up for (Inf.), take (someone's) part, take up the cudgels for, uphold [4] attest to, authenticate, bear out, confirm, corroborate, document, endorse, lend credence to, substantiate, verify [5] bear, brook, countenance, endure, put up with (Inf.), stand (for), stomach, submit, suffer, thole (Dialect), tolerate, undergo
- *n.* [6] abutment, back, brace, foundation, lining, pillar, post, prop, shore, stanchion, stay, stiffener, underpinning [7] aid, approval, assistance, backing, blessing, championship, comfort, encouragement, espousal, friendship, furtherance, help, loyalty, moral support, patronage, promotion, protection, relief, succour, sustenance [8] keep, livelihood, maintenance, subsistence, sustenance, upkeep [9] backbone, backer, comforter, mainstay, prop, second, stay, supporter, tower of strength

supporter adherent, advocate, ally, apologist, champion, co-worker, defender, fan, follower, friend, helper, henchman, patron, protagonist, sponsor, upholder, well-wisher

suppose [1] assume, calculate (U.S. dialect), conjecture, dare say, expect, guess (Inf., chiefly U.S. & Canad.), imagine, infer, judge, opine, presume, presuppose, surmise, take as read, take for granted, think [2] believe, conceive, conclude, conjecture, consider, fancy, hypothesize, imagine, postulate, pretend

supposed [1] accepted, alleged, assumed, hypothetical, presumed, presupposed, professed, putative, reputed, rumoured [2] (With to) expected, meant, obliged, ought, required

supposedly allegedly, at a guess, avowedly, by all accounts, hypothetically, ostensibly, presumably, professedly, purportedly, theoretically

supposition conjecture, doubt, guess, guesswork, hypothesis, idea, notion, postulate, presumption, speculation, surmise, theory

suppress [1] beat down, check, clamp down on, conquer, crack down on, crush, drive underground, extinguish, overpower, overthrow, put an end to, quash, quell, quench, snuff out, stamp out, stop, subdue, trample on [2] censor, conceal, contain, cover up, curb, hold in or back, hold in check, keep secret, muffle, muzzle, repress, restrain, silence, smother, stifle, withhold

suppression check, clampdown, crackdown, crushing, dissolution, elimination, extinction, inhibition, prohibition, quashing, smothering, termination

supremacy absolute rule, ascendancy, dominance, domination, dominion, lordship, mastery, paramountcy, predominance, pre-eminence, primacy, sovereignty, supreme authority, sway

supreme cardinal, chief, crowning, culminating, extreme, final, first, foremost, greatest, head, highest, incomparable, leading, matchless, paramount, peerless, predominant, pre-eminent, prevailing, prime, principal, sovereign, superlative, surpassing, top, ultimate, unsurpassed, utmost

sure [1] assured, certain, clear, confident, convinced, decided, definite, free from doubt, persuaded, positive, satisfied [2] accurate, dependable, effective, foolproof, honest, indisputable, infallible, never-failing, precise, reliable, sure-fire (Inf.), tried and true, trustworthy, trusty, undeniable, undoubted, unerring, unfailing, unmistakable, well-proven [3] assured, bound, guaranteed, ineluctable, inescapable, inevitable, irrevocable [4] fast, firm, fixed, safe, secure, solid, stable, staunch, steady

surely assuredly, beyond the shadow of a doubt, certainly, come what may, definitely, doubtlessly, for certain, indubitably, inevitably, inexorably, undoubtedly, unquestionably, without doubt, without fail

surface
- *n.* [1] covering, exterior, façade, face, facet, outside, plane, side, skin, superficies (Rare), top, veneer [2] **on the surface** apparently, at first glance, ostensibly, outwardly, superficially, to all appearances, to the casual eye
- *adj.* [3] apparent, exterior, external, outward, superficial

- *v.* [4] appear, come to light, come up, crop up (Inf.), emerge, materialize, rise, transpire

surfeit [1] *n.* excess, glut, overindulgence, plethora, satiety, superabundance, superfluity [2] *v.* cram, fill, glut, gorge, overfeed, overfill, satiate, stuff

surge [1] *v.* billow, eddy, gush, heave, rise, roll, rush, swell, swirl, tower, undulate, well forth [2] *n.* billow, breaker, efflux, flood, flow, gush, intensification, outpouring, roller, rush, swell, uprush, upsurge, wave

surly bearish, brusque, churlish, crabbed, cross, crusty, curmudgeonly, grouchy (Inf.), gruff, ill-natured, morose, perverse, sulky, sullen, testy, uncivil, ungracious

surmise [1] *v.* come to the conclusion, conclude, conjecture, consider, deduce, fancy, guess, hazard a guess, imagine, infer, opine, presume, speculate, suppose, suspect [2] *n.* assumption, conclusion, conjecture, deduction, guess, hypothesis, idea, inference, notion, possibility, presumption, speculation, supposition, suspicion, thought

surmount conquer, exceed, master, overcome, overpower, overtop, pass, prevail over, surpass, triumph over, vanquish

surpass beat, best, eclipse, exceed, excel, go one better than (Inf.), outdo, outshine, outstrip, override, overshadow, top, tower above, transcend

surpassing exceptional, extraordinary, incomparable, matchless, outstanding, phenomenal, rare, supreme, transcendent, unrivalled

surplus [1] *n.* balance, excess, remainder, residue, superabundance, superfluity, surfeit [2] *adj.* excess, extra, in excess, left over, odd, remaining, spare, superfluous, unused

surprise
- *v.* [1] amaze, astonish, astound, bewilder, bowl over (Inf.), confuse, disconcert, flabbergast (Inf.), leave open-mouthed, nonplus, stagger, stun, take aback [2] burst in on, catch in the act or red-handed, catch napping, catch unawares or off-guard, come down on like a bolt from the blue, discover, spring upon, startle
- *n.* [3] amazement, astonishment, bewilderment, incredulity, stupefaction, wonder [4] bolt from the blue, bombshell, eye-opener (Inf.), jolt, revelation, shock, start (Inf.)

surprised amazed, astonished, at a loss, caught on the hop (Brit. inf.), caught on the wrong foot (Inf.), disconcerted, incredulous, nonplussed, open-mouthed, speechless, startled, taken aback, taken by surprise, thunderstruck, unable to believe one's eyes

surprising amazing, astonishing, astounding, extraordinary, incredible, marvellous, remarkable, staggering, startling, unexpected, unlooked-for, unusual, wonderful

surrender
- *v.* [1] abandon, cede, concede, deliver up, forego, give up, part with, relinquish, renounce, resign, waive, yield [2] capitulate, give in, give oneself up, give way, lay down arms, quit, show the white flag, submit, succumb, throw in the towel, yield
- *n.* [3] capitulation, delivery, relinquishment, renunciation, resignation, submission, yielding

surreptitious clandestine, covert, fraudulent, furtive, secret, sly, sneaking, stealthy, unauthorized, underhand, veiled

surround [1] close in on, encircle, enclose, encompass, envelop, environ, fence in, girdle, hem in, ring [2] (Military) besiege, invest (Rare), lay siege to

surrounding nearby, neighbouring

surroundings background, environment, environs, location, milieu, neighbourhood, setting

surveillance care, control, direction, inspection, observation, scrutiny, superintendence, supervision, vigilance, watch

survey
- *v.* [1] contemplate, examine, eye up, inspect, look over, observe, recce (Sl.), reconnoitre, research, review, scan, scrutinize, study, supervise, view [2] appraise, assess, estimate, eye up, measure, plan, plot, prospect, size up, take stock of, triangulate
- *n.* [3] examination, inquiry, inspection, overview, perusal, random sample, review, scrutiny, study

survive be extant, endure, exist, hold out, keep body and soul together (Inf.), last, live, live on, outlast, outlive, pull through, remain alive, subsist

susceptibility liability, predisposition, proneness, propensity, responsiveness, sensitivity, suggestibility, vulnerability, weakness

susceptible [1] (Usually with **to**) disposed, given, inclined, liable, open, predisposed, prone, subject, vulnerable [2] alive to, easily moved, impressionable, receptive, responsive, sensitive, suggestible, tender

suspect
- v. [1] distrust, doubt, harbour suspicions about, have one's doubts about, mistrust, smell a rat (Inf.) [2] believe, conclude, conjecture, consider, fancy, feel, guess, have a sneaking suspicion, hazard a guess, speculate, suppose, surmise, think probable
- adj. [3] dodgy (Brit., Aust., & N.Z. inf.), doubtful, dubious, fishy (Inf.), iffy (Inf.), open to suspicion, questionable

suspend [1] append, attach, dangle, hang, swing [2] adjourn, arrest, cease, cut short, debar, defer, delay, discontinue, hold off, interrupt, lay aside, pigeonhole, postpone, put off, shelve, stay, withhold

suspense [1] anticipation, anxiety, apprehension, doubt, expectancy, expectation, indecision, insecurity, irresolution, tension, uncertainty, wavering [2] **in suspense** anxious, in an agony of doubt, keyed up, on edge, on tenterhooks

suspension abeyance, adjournment, break, breaking off, deferment, delay, disbarment, discontinuation, interruption, moratorium, postponement, remission, respite, stay

suspicion [1] bad vibes (Sl.), chariness, distrust, doubt, dubiety, funny feeling (Inf.), jealousy, lack of confidence, misgiving, mistrust, qualm, scepticism, wariness [2] **above suspicion** above reproach, blameless, honourable, like Caesar's wife, pure, sinless, unimpeachable, virtuous [3] conjecture, guess, gut feeling (Inf.), hunch, idea, impression, notion, supposition, surmise [4] glimmer, hint, shade, shadow, soupçon, strain, streak, suggestion, tinge, touch, trace

suspicious [1] apprehensive, distrustful, doubtful, jealous, leery (Sl.), mistrustful, sceptical, suspecting, unbelieving, wary [2] dodgy (Brit., Aust., & N.Z. inf.), doubtful, dubious, fishy (Inf.), funny, irregular, of doubtful honesty, open to doubt or misconstruction, queer, questionable, shady (Inf.), suspect

sustain [1] bear, carry, keep from falling, keep up, support, uphold [2] bear, bear up under, endure, experience, feel, suffer, undergo, withstand [3] aid, assist, comfort, foster, help, keep alive, nourish, nurture, provide for, relieve [4] approve, confirm, continue, keep alive, keep going, keep up, maintain, prolong, protract, ratify [5] endorse, uphold, validate, verify

sustenance [1] aliment, comestibles, daily bread, eatables, edibles, food, nourishment, provender, provisions, rations, refection, refreshments, victuals [2] livelihood, maintenance, subsistence, support

swagger [1] v. bluster, boast, brag, bully, gasconade (Rare), hector, hot-dog (Chiefly U.S.), parade, prance, show off (Inf.), strut, swank (Inf.) [2] n. arrogance, bluster, braggadocio, display, gasconade (Rare), ostentation, pomposity, show, showing off (Inf.), swank (Inf.), swashbuckling

swallow v. [1] absorb, consume, devour, down (Inf.), drink, eat, gulp, ingest, swig (Inf.), swill, wash down [2] (Often with **up**) absorb, assimilate, consume, engulf, envelop, overrun, overwhelm, use up, waste [3] choke back, hold in, repress [4] (Inf.) accept, believe, buy (Sl.), fall for

swamp
- n. [1] bog, everglade(s) (U.S.), fen, marsh, mire, morass, moss (Scot. & northern English dialect), quagmire, slough
- v. [2] capsize, drench, engulf, flood, inundate, overwhelm, sink, submerge, swallow up, upset, wash over, waterlog [3] beset, besiege, deluge, flood, inundate, overload, overwhelm, snow under

swampy boggy, fenny, marish (Obsolete), marshy, miry, quaggy, waterlogged, wet

swap, swop v. bandy, barter, exchange, interchange, switch, trade, traffic

swarm
- n. [1] army, bevy, concourse, crowd, drove, flock, herd, horde, host, mass, multitude, myriad, shoal, throng
- v. [2] congregate, crowd, flock, mass, stream, throng [3] (With **with**) abound, be alive (infested, overrun), bristle, crawl, teem

swarthy black, brown, dark, dark-complexioned, dark-skinned, dusky, swart (Archaic), tawny

swashbuckling bold, daredevil, dashing, flamboyant, gallant, mettlesome, roisterous, spirited, swaggering

swastika fylfot

swathe bandage, bind, bundle up, cloak, drape, envelop, enwrap, fold, furl, lap, muffle up, sheathe, shroud, swaddle, wrap

sway
- v. [1] bend, fluctuate, incline, lean, lurch, oscillate, rock, roll, swing, wave [2] affect, control, direct, dominate, govern, guide, induce, influence, persuade, prevail on, win over
- n. [3] ascendency, authority, clout (Inf.), command, control, dominion, government, influence, jurisdiction, power, predominance, rule, sovereignty [4] **hold sway** predominate, prevail, reign, rule, run

swear [1] affirm, assert, asseverate, attest, avow, declare, depose, give one's word, pledge oneself, promise, state under oath, take an oath, testify, vow, warrant [2] be foul-mouthed, blaspheme, curse, cuss (Inf.), imprecate, take the Lord's name in vain, turn the air blue (Inf.), utter profanities [3] (With **by**) depend on, have confidence in, rely on, trust

sweat
- n. [1] diaphoresis (Medical), exudation, perspiration, sudor (Medical) [2] (Inf.) agitation, anxiety, distress, flap (Inf.), panic, strain, worry [3] (Inf.) backbreaking task, chore, drudgery, effort, labour, toil
- v. [4] break out in a sweat, exude moisture, glow, perspire [5] (Inf.) agonize, be on pins and needles (Inf.), be on tenterhooks, chafe, fret, lose sleep over, suffer, torture oneself, worry [6] **sweat it out** (Inf.) endure, see (something) through, stay the course, stick it out (Inf.)

sweaty clammy, drenched (bathed, soaked) in perspiration, glowing, perspiring, sticky, sweating

sweep
- v. [1] brush, clean, clear, remove [2] career, flounce, fly, glance, glide, hurtle, pass, sail, scud, skim, tear, zoom
- n. [3] arc, bend, curve, gesture, move, movement, stroke, swing [4] compass, extent, range, scope, span, stretch, vista [5] draw, lottery, raffle, sweepstake

sweeping [1] all-embracing, all-inclusive, bird's-eye, broad, comprehensive, extensive, global, radical, thoroughgoing, wide, wide-ranging [2] across-the-board, blanket, exaggerated, indiscriminate, overdrawn, overstated, unqualified, wholesale

sweet
- adj. [1] cloying, honeyed, luscious, melting, saccharine, sugary, sweetened, syrupy, toothsome, treacly [2] affectionate, agreeable, amiable, appealing, attractive, beautiful, charming, cute, delightful, engaging, fair, gentle, kind, likable or likeable, lovable, sweet-tempered, taking, tender, unselfish, winning, winsome [3] beloved, cherished, darling, dear, dearest, pet, precious, treasured [4] aromatic, balmy, clean, fragrant, fresh, new, perfumed, pure, redolent, sweet-smelling, wholesome [5] dulcet, euphonic, euphonious, harmonious, mellow, melodious, musical, silver-toned, silvery, soft, sweet-sounding, tuneful [6] **sweet on** enamoured of, gone on (Sl.), head over heels in love with, infatuated by, in love with, keen on, obsessed or bewitched by, taken with, wild or mad about (Inf.)
- n. [7] afters (Brit. inf.), dessert, pudding, sweet course [8] Usually plural bonbon, candy (U.S.), confectionery, sweetie, sweetmeats

sweeten [1] honey, sugar, sugar-coat [2] alleviate, appease, mollify, pacify, soften up, soothe, sugar the pill

sweetheart admirer, beau, beloved, boyfriend, darling, dear, flame (Inf.), follower (Obsolete), girlfriend, inamorata, inamorato, leman (Archaic), love, lover, steady (Inf.), suitor, swain (Archaic), sweetie (Inf.), truelove, valentine

swell
- v. [1] balloon, become bloated or distended, become larger, be inflated, belly, billow, bloat, bulge, dilate, distend, enlarge, expand, extend, fatten, grow, increase, protrude, puff up, rise, round out, tumefy, well up [2] add to, aggravate, augment, enhance, heighten, intensify, mount, surge
- n. [3] billow, rise, surge, undulation, wave [4] (Inf.) beau, blade (Archaic), cockscomb (Inf.), dandy, fashion plate, fop, nob (Sl.), toff (Brit. sl.)
- adj. [5] (Inf.) de luxe, exclusive, fashionable, grand, plush or plushy (Inf.), posh (Inf., chiefly Brit.), ritzy (Sl.), smart, stylish

swelling n. blister, bruise, bulge, bump, dilation, distension, enlargement, inflammation, lump, protuberance, puffiness, tumescence

swerve v. bend, deflect, depart from, deviate, diverge, incline, sheer off, shift, skew, stray, swing, turn, turn aside, veer, wander, wind

swift abrupt, expeditious, express, fast, fleet, fleet-footed, flying, hurried, nimble, nippy (Brit. inf.), pdq (Sl.), prompt, quick, quickie (Inf.), rapid, ready, short, short-lived, spanking, speedy, sudden, winged

swiftly apace, as fast as one's legs can carry one, (at) full tilt, double-quick, fast, hotfoot, hurriedly, in less than no time, nippily (Brit. inf.), posthaste, promptly, pronto (Inf.), rapidly, speedily, without losing time

swiftness alacrity, celerity, dispatch, expedition, fleetness, promptness, quickness, rapidity, speed, speediness, velocity

swill
- v. [1] bend the elbow (Inf.), bevvy (Dialect), consume, drain, drink (down), gulp, guzzle, imbibe, pour down one's gullet, quaff, swallow, swig (Inf.), toss off [2] (Often with **out**) drench, flush, rinse, sluice, wash down, wash out
- n. [3] hogwash, mash, mush, pigswill, scourings, slops, waste

swindle [1] v. bamboozle (Inf.), bilk (of), cheat, con, cozen, deceive, defraud, diddle (Inf.), do (Sl.), dupe, fleece, hornswoggle (Sl.), overcharge, pull a fast one (on someone) (Inf.), put one over on (someone) (Inf.), rip (someone) off (Sl.), rook (Sl.), skin (Sl.), stiff (Sl.), sting (Inf.), take (someone) for a ride (Inf.), take to the cleaners (Inf.), trick [2] n. con trick (Inf.), deceit, deception, double-dealing, fiddle (Brit. inf.), fraud, imposition, knavery, racket, rip-off (Sl.), roguery, scam (Sl.), sharp practice, sting (Inf.), swizz (Brit. inf.), swizzle (Brit. inf.), trickery

swindler charlatan, cheat, chiseller (Inf.), confidence man, con man (Inf.), fraud, impostor, knave (Archaic), mountebank, rascal, rogue, rook (Sl.), shark, sharper, trickster

swing
- v. [1] be pendent, be suspended, dangle, hang, move back and forth, suspend [2] fluctuate, oscillate, rock, sway, vary, veer, vibrate, wave [3] (Usually with **round**) curve, pivot, rotate, swivel, turn, turn on one's heel, wheel
- n. [4] fluctuation, oscillation, stroke, sway, swaying, vibration [5] **in full swing** animated, at its height, lively, on the go (Inf.), under way

swinging dynamic, fashionable, full of go or pep (Inf.), groovy (Dated sl.), happening (Inf.), hip (Sl.), in the swim (Inf.), lively, trendy (Brit. inf.), up-to-date, up to the minute, with it (Inf.)

swirl v. agitate, boil, churn, eddy, spin, surge, twirl, twist, whirl

switch
- v. [1] change, change course, deflect, deviate, divert, exchange, interchange, rearrange, replace by, shift, substitute, swap (Inf.), trade, turn aside
- n. [2] about-turn, alteration, change, change of direction, exchange, reversal, shift, substitution, swap (Inf.)
- v. [3] lash, swish, twitch, wave, whip

swollen bloated, distended, dropsical, edematous, enlarged, inflamed, oedematous, puffed up, puffy, tumescent, tumid

swoop [1] v. descend, dive, pounce, rush, stoop, sweep [2] n. descent, drop, lunge, plunge, pounce, rush, stoop, sweep

swop → **snap**

sword [1] blade, brand (Archaic), trusty steel [2] **cross swords** argue, come to blows, dispute, fight, spar, wrangle [3] **the sword** aggression, arms, butchery, death, massacre, military might, murder, slaying, violence, war

syllabus course of study, curriculum

symbol badge, emblem, figure, image, logo, mark, representation, sign, token, type

symbolic, symbolical allegorical, emblematic, figurative, representative, significant, token, typical

symbolize betoken, body forth, connote, denote, exemplify, mean, personify, represent, signify, stand for, typify

symmetrical balanced, in proportion, proportional, regular, well-proportioned

symmetry agreement, balance, correspondence, evenness, form, harmony, order, proportion, regularity

sympathetic [1] affectionate, caring, commiserating, compassionate, concerned, condoling, feeling, interested, kind, kindly, pitying, responsive, supportive, tender, understanding, warm, warm-hearted [2] (Often with **to**) agreeable, approving, encouraging, favourably disposed, friendly, in sympathy with, pro, well-disposed [3] agreeable, appreciative, companionable, compatible, congenial, friendly, like-minded, responsive, well-intentioned

sympathetically appreciatively, feelingly, kindly, perceptively, responsively, sensitively, understandingly, warm-heartedly, warmly, with compassion, with feeling, with interest

sympathize [1] bleed for, commiserate, condole, empathize, feel for, feel one's heart go out to, grieve with, have compassion, offer consolation, pity, share another's sorrow [2] agree, be in accord, be in sympathy, go along with, identify with, side with, understand

sympathizer condoler, fellow traveller, partisan, protagonist, supporter, well-wisher

sympathy [1] commiseration, compassion, condolence(s), empathy, pity, tenderness, thoughtfulness, understanding [2] affinity, agreement, congeniality, correspondence, fellow feeling, harmony, rapport, union, warmth

symptom expression, indication, mark, note, sign, syndrome, token, warning

symptomatic characteristic, indicative, suggestive

synthesis [1] amalgamation, coalescence, combination, integration, unification, welding [2] amalgam, blend, combination, composite, compound, fusion, meld, union

synthetic artificial, ersatz, fake, man-made, manufactured, mock, pseudo (Inf.), sham, simulated

system [1] arrangement, classification, combination, coordination, organization, scheme, setup (Inf.), structure [2] fixed order, frame of reference, method, methodology, modus operandi, practice, procedure, routine, technique, theory, usage [3] definite plan, logical process, method, methodicalness, orderliness, regularity, systematization

systematic businesslike, efficient, methodical, orderly, organized, precise, standardized, systematized, well-ordered

T

table
- n. [1] bench, board, counter, slab, stand [2] board, diet, fare, food, spread (Inf.), victuals [3] flat, flatland, mesa, plain, plateau, tableland [4] agenda, catalogue, chart, diagram, digest, graph, index, inventory, list, plan, record, register, roll, schedule, synopsis, tabulation
- v. [5] enter, move, propose, put forward, submit, suggest

tableau picture, representation, scene, spectacle

taboo [1] adj. anathema, banned, beyond the pale, disapproved of, forbidden, frowned on, not allowed, not permitted, outlawed, prohibited, proscribed, ruled out, unacceptable, unmentionable, unthinkable [2] n. anathema, ban, disapproval, interdict, prohibition, proscription, restriction

tabulate arrange, catalogue, categorize, chart, classify, codify, index, list, order, range, systematize, tabularize

tacit implicit, implied, inferred, silent, taken for granted, undeclared, understood, unexpressed, unspoken, unstated, wordless

taciturn aloof, antisocial, close-lipped, cold, distant, dumb, mute, quiet, reserved, reticent, silent, tight-lipped, uncommunicative, unforthcoming, withdrawn

tack
- n. [1] drawing pin, nail, pin, staple, thumbtack (U.S.), tintack [2] approach, bearing, course, direction, heading, line, method, path, plan, procedure, tactic, way
- v. [3] affix, attach, fasten, fix, nail, pin, staple [4] baste, stitch [5] add, annex, append, attach, tag

tackle
- n. [1] accoutrements, apparatus, equipment, gear, implements, outfit, paraphernalia, rig, rigging, tools, trappings [2] block, challenge, stop
- v. [3] apply oneself to, attempt, begin, come or get to grips with, deal with, embark upon, engage in, essay, get stuck into (Inf.), have a go at (Inf.), have a stab at (Inf.), set about, take on, try, turn one's hand to, undertake, wade into [4] block, bring down, challenge, clutch, confront, grab, grasp, halt, intercept, seize, stop, take hold of, throw

tact address, adroitness, consideration, delicacy, diplomacy, discretion, finesse, judg(e)ment, perception, savoir-faire, sensitivity, skill, thoughtfulness, understanding

tactful careful, considerate, delicate, diplomatic, discreet, judicious, perceptive, polished, polite, politic, prudent, sensitive, subtle, thoughtful, understanding

tactic [1] approach, course, device, line, manoeuvre, means, method, move, ploy, policy, scheme, stratagem, tack, trick, way [2] Plural campaign, generalship, manoeuvres, plans, strategy

tactical adroit, artful, clever, cunning, diplomatic, foxy, politic, shrewd, skilful, smart, strategic

tactician brain (Inf.), campaigner, coordinator, director, general, mastermind, planner, strategist

tactless blundering, boorish, careless, clumsy, discourteous, gauche, harsh, impolite, impolitic, imprudent, inconsiderate, indelicate, indiscreet, inept, injudicious, insensitive, maladroit, rough, rude, sharp, thoughtless, uncivil, undiplomatic, unfeeling, unkind, unsubtle

tail
- n. [1] appendage, conclusion, empennage, end, extremity, rear end, tailpiece, train [2] file, line, queue, tailback, train [3] (Of hair) braid, pigtail, plait, ponytail, tress [4] (Inf.) arse (Taboo sl.), ass (U.S. & Canad. taboo sl.), backside (Inf.), behind (Inf.), bottom, bum (Brit. sl.), buns (U.S. sl.), butt (U.S. & Canad. inf.), buttocks, croup, derrière (Euphemistic), jacksy (Brit. sl.), posterior, rear (Inf.), rear end, rump [5] **turn tail** cut and run, escape, flee, hook it (Sl.), make off, retreat, run away, run for it (Inf.), run off, scarper (Brit. sl.), show a clean pair of heels, skedaddle (Inf.), take off (Inf.), take to one's heels
- v. [6] (Inf.) dog the footsteps of, follow, keep an eye on, shadow, stalk, track, trail

tail away or **off** decrease, die out, drop, dwindle, fade, fall away, peter out, wane

tailor [1] n. clothier, costumier, couturier, dressmaker, garment maker, outfitter, seamstress [2] v. accommodate, adapt, adjust, alter, convert, cut, fashion, fit, modify, mould, shape, style, suit

taint
- v. [1] adulterate, blight, contaminate, corrupt, dirty, foul, infect, poison, pollute, soil, spoil [2] besmirch, blacken, blemish, blot, brand, damage, defile, disgrace, dishonour, muddy, ruin, shame, smear, smirch, stain, stigmatize, sully, tarnish, vitiate
- n. [3] black mark, blemish, blot, blot on one's escutcheon, defect, demerit, disgrace, dishonour, fault, flaw, shame, smear, smirch, spot, stain, stigma [4] contagion, contamination, infection, pollution

take
- v. [1] abduct, acquire, arrest, capture, carry off, catch, clutch, ensnare, entrap, gain possession of, get, get hold of, grasp, grip, have, help oneself to, lay hold of, obtain, receive, secure, seize, win [2] abstract, appropriate, blag (Sl.), cabbage (Brit. sl.), carry off, filch, misappropriate, nick (Sl., chiefly Brit.), pinch (Inf.), pocket, purloin, run off with, steal, swipe (Sl.), walk off with [3] book, buy, engage, hire, lease, pay for, pick, purchase, rent, reserve, select [4] abide, bear, brave, brook, endure, go through, pocket, put up with (Inf.), stand, stomach, submit to, suffer, swallow, thole (Scot.), tolerate, undergo, weather, withstand [5] consume, drink, eat, imbibe, ingest, inhale, swallow [6] accept, adopt, assume, enter upon, undertake [7] do, effect, execute, have, make, perform [8] assume, believe, consider, deem, hold, interpret as, perceive, presume, receive, regard, see as, think of as, understand [9] be efficacious, do the trick (Inf.), have effect, operate, succeed, work [10] bear, bring, carry, cart, convey, ferry, fetch, haul, tote (Inf.), transport [11] accompany, bring, conduct, convoy, escort, guide, lead, usher [12] attract, become popular, captivate, charm, delight, enchant, fascinate, please, win favour [13] call for, demand, necessitate, need, require [14] deduct, eliminate, remove, subtract [15] accept, accommodate, contain, have room for, hold [16] (Sl.) bilk, cheat, con (Inf.), deceive, defraud, do (Sl.), dupe, fiddle (Inf.), gull (Archaic), pull a fast one on (Inf.), stiff (Sl.), swindle
- n. [17] catch, gate, haul, proceeds, profits, receipts, return, revenue, takings, yield

take back [1] disavow, disclaim, recant, renege, renounce, retract, unsay, withdraw [2] get back, recapture, reclaim, reconquer, regain, repossess, retake [3] accept back, exchange, give one a refund for

take down [1] make a note of, minute, note, put on record, record, set down, transcribe, write down [2] depress, drop, haul down, let down, lower, pull down, remove, take off [3] demolish, disassemble, dismantle, level, raze, take apart, take to pieces, tear down [4] deflate, humble, humiliate, mortify, put down (Sl.)

take in [1] absorb, assimilate, comprehend, digest, grasp, understand [2] comprise, contain, cover, embrace, encompass, include [3] accommodate, admit, let in, receive [4] (Inf.) bilk, cheat, con (Inf.), cozen, deceive, do (Sl.), dupe, fool, gull (Archaic), hoodwink, mislead, pull the wool over (someone's) eyes (Inf.), stiff (Sl.), swindle, trick

take off [1] departure, launch, liftoff [2] (Inf.) caricature, imitation, lampoon, mocking, parody, satire, send-up (Brit. inf.), spoof (Inf.), travesty

take off [1] discard, divest oneself of, doff, drop, peel off, remove, strip off [2] become airborne, leave the ground, lift off, take to the air [3] (Inf.) abscond, beat it (Sl.), decamp, depart, disappear, go, hit the road (Sl.), hook it (Sl.), leave, set out, slope off, split (Sl.), strike out [4] (Inf.) caricature, hit off, imitate, lampoon, mimic, mock, parody, satirize, send up (Brit. inf.), spoof (Inf.), take the piss (out of) (Taboo sl.), travesty

take on [1] employ, engage, enlist, enrol, hire, retain [2] acquire, assume, come to have [3] accept, address oneself to, agree to do, have a go at (Inf.), tackle, undertake [4] compete against, contend with, enter the lists against, face, fight, match oneself against, oppose, pit oneself against, vie with [5] (Inf.) break down, get excited, get upset, give way, make a fuss

take over assume control of, become leader of, come to power, gain control of, succeed to, take command of

take to [1] flee to, head for, make for, man, run for [2] become friendly, be pleased by, be taken with, conceive an affection for, get on with, like, warm to [3] have recourse to, make a habit of, resort to

take up [1] adopt, assume, become involved in, engage in, start [2] begin again, carry on, continue, follow on, go on, pick up, proceed, recommence, restart, resume [3] absorb, consume, cover, extend over, fill, occupy, use up

taking
- adj. [1] attractive, beguiling, captivating, charming, compelling, delightful, enchanting, engaging, fascinating, fetching (Inf.), intriguing, likable or likeable, pleasing, prepossessing, winning [2] (Inf.) catching, contagious, infectious
- n. [3] Plural earnings, gain, gate, income, pickings, proceeds, profits, receipts, returns, revenue, take, yield

tale [1] account, anecdote, conte, fable, fiction, legend, narration, narrative, novel, relation, report, romance, saga, short story, spiel (Inf.), story, urban legend, yarn (Inf.) [2] cock-and-bull story (Inf.), fabrication, falsehood, fib, lie, rigmarole, rumour, spiel (Inf.), tall story (Inf.), untruth

talent ability, aptitude, bent, capacity, endowment, faculty, flair, forte, genius, gift, knack, parts, power

talented able, artistic, brilliant, gifted, well-endowed

talk
- v. [1] articulate, chat, chatter, communicate, converse, crack (Scot.), express oneself, gab (Inf.), give voice to, gossip, natter, prate, prattle,

rap (Sl.), say, speak, spout, utter, verbalize, witter (Inf.) 2 chew the rag or fat (Sl.), confabulate, confer, have a confab (Inf.), hold discussions, negotiate, palaver, parley 3 blab, crack, give the game away, grass (Brit. sl.), inform, reveal information, shop (Sl., chiefly Brit.), sing (Sl., chiefly U.S.), spill one's guts (Sl.), spill the beans (Inf.), squeak (Inf.), squeal (Sl.), tell all
- n. 4 address, discourse, disquisition, dissertation, harangue, lecture, oration, sermon, speech 5 blather, blether, chat, chatter, chitchat, conversation, crack (Scot.), gab (Inf.), gossip, hearsay, jaw (Sl.), natter, rap (Sl.), rumour, tittle-tattle 6 colloquy, conclave, confab (Inf.), confabulation, conference, congress, consultation, dialogue, discussion, meeting, negotiation, palaver, parley, seminar, symposium 7 argot, dialect, jargon, language, lingo (Inf.), patois, slang, speech, words

talkative big-mouthed (Sl.), chatty, effusive, gabby (Inf.), garrulous, gossipy, long-winded, loquacious, mouthy, prolix, verbose, voluble, wordy

talker chatterbox, conversationalist, lecturer, orator, speaker, speechmaker

talking-to criticism, dressing-down (Inf.), lecture, rap on the knuckles, rebuke, reprimand, reproach, reproof, row, scolding, slating (Inf.), telling-off (Inf.), ticking-off (Inf.), wigging (Brit. sl.)

tall 1 big, elevated, giant, high, lanky, lofty, soaring, towering 2 (Inf.) absurd, embellished, exaggerated, far-fetched, implausible, incredible, overblown, preposterous, steep (Brit. inf.), unbelievable 3 (Inf.) demanding, difficult, exorbitant, hard, unreasonable, well-nigh impossible

tally
- v. 1 accord, agree, coincide, concur, conform, correspond, fit, harmonize, jibe (Inf.), match, parallel, square, suit 2 compute, count up, keep score, mark, reckon, record, register, total
- n. 3 count, mark, reckoning, record, running total, score, total 4 counterfoil, counterpart, duplicate, match, mate, stub

tame
- adj. 1 amenable, broken, cultivated, disciplined, docile, domesticated, gentle, obedient, tractable 2 fearless, unafraid, used to human contact 3 compliant, docile, manageable, meek, obedient, spiritless, subdued, submissive, unresisting 4 bland, boring, dull, flat, humdrum, insipid, lifeless, prosaic, tedious, unexciting, uninspiring, uninteresting, vapid, wearisome
- v. 5 break in, domesticate, gentle, house-train, make tame, pacify, train 6 break the spirit of, bridle, bring to heel, conquer, curb, discipline, enslave, humble, master, repress, subdue, subjugate, suppress 7 mitigate, mute, soften, soft-pedal (Inf.), subdue, temper, tone down, water down

tamper 1 alter, damage, fiddle (Inf.), fool about (Inf.), interfere, intrude, meddle, mess about, monkey around, muck about (Brit. sl.), poke one's nose into (Inf.), tinker 2 bribe, corrupt, fix (Inf.), get at, influence, manipulate, rig

tangible actual, concrete, corporeal, definite, discernible, evident, manifest, material, objective, palpable, perceptible, physical, positive, real, solid, substantial, tactile, touchable

tangle
- n. 1 coil, confusion, entanglement, jam, jungle, knot, mass, mat, mesh, ravel, snarl, twist, web 2 complication, entanglement, fix (Inf.), imbroglio, labyrinth, maze, mess, mix-up
- v. 3 coil, confuse, entangle, interlace, interlock, intertwist, interweave, jam, kink, knot, mat, mesh, ravel, snarl, twist 4 (Often with **with**) come into conflict, come up against, contend, contest, cross swords, dispute, lock horns 5 catch, drag into, embroil, enmesh, ensnare, entangle, entrap, implicate, involve

tantalize baffle, balk, disappoint, entice, frustrate, keep (someone) hanging on, lead on, make (someone's) mouth water, provoke, taunt, tease, thwart, titillate, torment, torture

tantamount as good as, commensurate, equal, equivalent, synonymous, the same as

tantrum bate (Brit. sl.), fit, flare-up, hysterics, ill humour, outburst, paddy (Brit. inf.), paroxysm, storm, temper, wax (Inf., chiefly Brit.)

tap¹
- n. 1 faucet (U.S.), spigot, spout, stopcock, valve 2 bung, plug, spile, stopper 3 bug (Inf.), listening device 4 **on tap** a (Inf.) at hand, available, in reserve, on hand, ready b on draught
- v. 5 bleed, broach, drain, draw off, open, pierce, siphon off, unplug 6 draw on, exploit, make use of, milk, mine, put to use, turn to account, use, utilize 7 bug (Inf.), eavesdrop on, listen in on

tap² 1 v. beat, drum, knock, pat, rap, strike, touch 2 n. beat, knock, light blow, pat, rap, touch

tape
- n. 1 band, ribbon, strip
- v. 2 bind, seal, secure, stick, wrap 3 record, tape-record, video

taper 1 come to a point, narrow, thin 2 (With **off**) decrease, die away, die out, dwindle, fade, lessen, reduce, subside, thin out, wane, weaken, wind down

target 1 aim, ambition, bull's-eye, end, goal, intention, mark, object, objective 2 butt, quarry, scapegoat, victim

tariff 1 assessment, duty, excise, impost, levy, rate, tax, toll 2 bill of fare, charges, menu, price list, schedule

tarnish 1 v. befoul, blacken, blemish, blot, darken, dim, discolour, drag through the mud, dull, lose lustre or shine, rust, smirch, soil, spot, stain, sully, taint 2 n. blackening, black mark, blemish, blot, discoloration, rust, smirch, spot, stain, taint

tarry abide, bide, dally, dawdle, delay, dwell, hang around (Inf.), linger, lodge, loiter, lose time, pause, remain, rest, sojourn, stay, take one's time, wait

tart¹ 1 acerb, acid, acidulous, astringent, bitter, piquant, pungent, sharp, sour, tangy, vinegary 2 acrimonious, astringent, barbed, biting, caustic, crusty, cutting, harsh, mordacious, mordant, nasty, scathing, sharp, short, snappish, testy, trenchant, vitriolic, wounding

tart² 1 pastry, pie, tartlet 2 call girl, fallen woman, fille de joie, floozy (Sl.), harlot, hooker (U.S. sl.), loose woman, prostitute, scrubber (Brit. & Aust. sl.), slag (Brit. sl.), slut, street walker, strumpet, trollop, whore, woman of easy virtue, working girl (Facetious sl.)

task
- n. 1 assignment, business, charge, chore, duty, employment, enterprise, exercise, job, labour, mission, occupation, toil, undertaking, work 2 **take to task** bawl out (Inf.), blame, blast, carpet (Inf.), censure, chew out (U.S. & Canad. inf.), criticize, give a rocket (Brit. & N.Z. inf.), lambast(e), lecture, read the riot act, reprimand, reproach, reprove, scold, tear into (Inf.), tear (someone) off a strip (Brit. inf.), tell off (Inf.), upbraid
- v. 3 assign to, charge, entrust 4 burden, exhaust, load, lumber (Brit. inf.), oppress, overload, push, saddle, strain, tax, test, weary

taste
- n. 1 flavour, relish, savour, smack, tang 2 bit, bite, dash, drop, morsel, mouthful, nip, sample, sip, soupçon, spoonful, swallow, titbit, touch 3 appetite, bent, desire, fancy, fondness, inclination, leaning, liking, palate, partiality, penchant, predilection, preference, relish 4 appreciation, cultivation, culture, discernment, discrimination, elegance, grace, judg(e)ment, perception, polish, refinement, sophistication, style 5 correctness, decorum, delicacy, discretion, nicety, politeness, propriety, restraint, tact, tactfulness
- v. 6 differentiate, discern, distinguish, perceive 7 assay, nibble, relish, sample, savour, sip, test, try 8 have a flavour of, savour of, smack 9 come up against, encounter, experience, feel, have knowledge of, know, meet with, partake of, undergo

tasteful aesthetically pleasing, artistic, beautiful, charming, cultivated, cultured, delicate, discriminating, elegant, exquisite, fastidious, graceful, handsome, harmonious, in good taste, polished, refined, restrained, smart, stylish

tasteless 1 bland, boring, dull, flat, flavourless, insipid, mild, stale, tame, thin, uninspired, uninteresting, vapid, watered-down, weak 2 cheap, coarse, crass, crude, flashy, garish, gaudy, graceless, gross, impolite, improper, indecorous, indelicate, indiscreet, inelegant, low, naff (Brit. sl.), rude, tacky (Inf.), tactless, tawdry, uncouth, unseemly, vulgar

tasty appetizing, delectable, delicious, flavourful, flavoursome, full-flavoured, good-tasting, luscious, palatable, sapid, savoury, scrumptious (Inf.), toothsome, yummy (Sl.)

taunt 1 v. deride, flout, gibe, guy (Inf.), insult, jeer, mock, provoke, reproach, revile, ridicule, sneer, take the piss (out of) (Taboo sl.), tease, torment, twit, upbraid 2 n. barb, censure, cut, derision, dig, gibe, insult, jeer, provocation, reproach, ridicule, sarcasm, teasing

taut 1 flexed, rigid, strained, stressed, stretched, tense, tight 2 (Nautical) in good order, neat, orderly, shipshape, spruce, tidy, tight, trim, well-ordered, well-regulated

tavern alehouse (Archaic), bar, boozer (Brit., Aust., & N.Z. inf.), hostelry, inn, pub (Inf., chiefly Brit.), public house, taproom, watering hole (Facetious sl.)

tawdry brummagem, cheap, cheap-jack (Inf.), flashy, gaudy, gimcrack, glittering, meretricious, naff (Brit. sl.), plastic (Sl.), raffish, showy, tacky (Inf.), tasteless, tatty, tinsel, tinselly, vulgar

tax
- n. 1 assessment, charge, contribution, customs, duty, excise, imposition, impost, levy, rate, tariff, tithe, toll, tribute 2 burden, demand, drain, load, pressure, strain, weight
- v. 3 assess, charge, demand, exact, extract, impose, levy a tax on, rate, tithe 4 burden, drain, enervate, exhaust, load, make heavy demands on, overburden, push, put pressure on, sap, strain, stretch, task, try, weaken, wear out, weary, weigh heavily on 5 accuse, arraign, blame, charge, impeach, impugn, incriminate, lay at one's door

taxing burdensome, demanding, enervating, exacting, heavy, onerous, punishing, sapping, stressful, tiring, tough, trying, wearing, wearisome

teach advise, coach, demonstrate, direct, discipline, drill, edify, educate, enlighten, give lessons in, guide, impart, implant, inculcate, inform, instil, instruct, school, show, train, tutor

teacher coach, dominie (Scot.), don, educator, guide, guru, handler, instructor, lecturer, master, mentor, mistress, pedagogue, professor, schoolmaster, schoolmistress, schoolteacher, trainer, tutor

team
- n. 1 band, body, bunch, company, crew, gang, group, line-up, posse (Inf.), set, side, squad, troupe 2 pair, span, yoke
- v. 3 (Often with **up**) band together, cooperate, couple, get together, join, link, unite, work together, yoke

tear
- v. 1 claw, divide, lacerate, mangle, mutilate, pull apart, rend, rip, rive, run, rupture, scratch, sever, shred, split, sunder 2 barrel (along) (Inf., chiefly U.S. & Canad.), belt (Sl.), bolt, burn rubber (Inf.), career, charge, dart, dash, fly, gallop, hurry, race, run, rush, shoot, speed, sprint, zoom 3 grab, pluck, pull, rip, seize, snatch, wrench, wrest, yank
- n. 4 hole, laceration, mutilation, rent, rip, run, rupture, scratch, split

tearful 1 blubbering, crying, in tears, lachrymose, sobbing, weeping, weepy (Inf.), whimpering 2 distressing, dolorous, harrowing, lamentable, mournful, pathetic, pitiable, pitiful, poignant, sad, sorrowful, upsetting, woeful

tears 1 blubbering, crying, distress, lamentation, mourning, pain, regret, sadness, sobbing, sorrow, wailing, weeping, whimpering, woe 2 **in tears** blubbering, crying, distressed, sobbing, visibly moved, weeping, whimpering

tease aggravate (Inf.), annoy, badger, bait, bedevil, bother, chaff, gibe, goad, guy (Inf.), lead on, mock, needle (Inf.), pester, plague (Inf.), provoke, rag, rib (Inf.), ridicule, take the piss (out of) (Taboo sl.), tantalize, taunt, torment, twit, vex, wind up (Brit. sl.), worry

technique 1 approach, course, fashion, manner, means, method, mode, modus operandi, procedure, style, system, way 2 address, adroitness, art, artistry, craft, craftsmanship, delivery, execution, facility, knack, know-how (Inf.), performance, proficiency, skill, touch

tedious annoying, banal, boring, deadly dull, drab, dreary, dreich (Scot.), dull, fatiguing, ho-hum (Inf.), humdrum, irksome, laborious, lifeless, long-drawn-out, mind-numbing, monotonous, prosaic, prosy, soporific, tiring, unexciting, uninteresting, vapid, wearisome

tedium banality, boredom, deadness, drabness, dreariness, dullness, ennui, lifelessness, monotony, routine, sameness, tediousness, the doldrums

teem abound, be abundant, bear, be crawling with, be full of, be prolific, brim, bristle, burst at the seams, overflow, produce, pullulate, swarm

teeming abundant, alive, brimful, brimming, bristling, bursting, chock-a-block, chock-full, crawling, fruitful, full, numerous, overflowing, packed, replete, swarming, thick

teenager adolescent, boy, girl, juvenile, minor, youth

teetotaller abstainer, nondrinker, Rechabite

telegram cable, radiogram, telegraph, telex, wire (Inf.)

telegraph
- **n.** 1 tape machine (Stock Exchange), teleprinter, telex 2 cable, radiogram, telegram, telex, wire (Inf.)
- **v.** 3 cable, send, telex, transmit, wire (Inf.)

telepathy mind-reading, sixth sense, thought transference

telephone 1 n. blower (Inf.), handset, line, phone 2 v. buzz (Inf.), call, call up, dial, get on the blower (Inf.), give (someone) a bell (Brit. sl.), give (someone) a buzz (Inf.), give (someone) a call, give (someone) a ring (Inf., chiefly Brit.), give someone a tinkle (Brit. inf.), phone, put a call through to, ring (Inf., chiefly Brit.)

telescope
- **n.** 1 glass, spyglass
- **v.** 2 concertina, crush, squash 3 abbreviate, abridge, capsulize, compress, condense, consolidate, contract, curtail, cut, shorten, shrink, tighten, trim, truncate

television gogglebox (Brit. sl.), idiot box (Sl.), receiver, small screen (Inf.), telly (Brit. inf.), the box (Brit. inf.), the tube (Sl.), TV, TV set

tell v. 1 acquaint, announce, apprise, communicate, confess, disclose, divulge, express, impart, inform, let know, make known, mention, notify, proclaim, reveal, say, speak, state, utter 2 authorize, bid, call upon, command, direct, enjoin, instruct, order, require, summon 3 chronicle, depict, describe, give an account of, narrate, portray, recount, rehearse, relate, report 4 comprehend, discern, discover, make out, see, understand 5 differentiate, discern, discriminate, distinguish, identify 6 carry weight, count, have or take effect, have force, make its presence felt, register, take its toll, weigh 7 calculate, compute, count, enumerate, number, reckon, tally

telling considerable, decisive, effective, effectual, forceful, forcible, impressive, influential, marked, potent, powerful, significant, solid, striking, trenchant, weighty

temper
- **n.** 1 attitude, character, constitution, disposition, frame of mind, humour, mind, mood, nature, temperament, tenor, vein 2 bad mood, bate (Brit. sl.), fit of pique, fury, gall, paddy (Brit. inf.), passion, rage, tantrum, wax (Inf., chiefly Brit.) 3 anger, annoyance, heat, hot-headedness, ill humour, irascibility, irritability, irritation, passion, peevishness, petulance, resentment, surliness 4 calm, calmness, composure, cool (Sl.), coolness, equanimity, good humour, moderation, self-control, tranquillity
- **v.** 5 abate, admix, allay, assuage, calm, lessen, mitigate, moderate, mollify, palliate, restrain, soften, soft-pedal (Inf.), soothe, tone down 6 anneal, harden, strengthen, toughen

temperament 1 bent, cast of mind, character, complexion, constitution, disposition, frame of mind, humour, make-up, mettle, nature, outlook, personality, quality, soul, spirit, stamp, temper, tendencies, tendency 2 anger, excitability, explosiveness, hot-headedness, impatience, mercurialness, moodiness, moods, petulance, volatility

temperamental 1 capricious, easily upset, emotional, erratic, excitable, explosive, fiery, highly strung, hot-headed, hypersensitive, impatient, irritable, mercurial, moody, neurotic, passionate, petulant, sensitive, touchy, volatile 2 congenital, constitutional, inborn, ingrained, inherent, innate, natural 3 erratic, inconsistent, inconstant, undependable, unpredictable, unreliable

temperance 1 continence, discretion, forbearance, moderation, restraint, self-control, self-discipline, self-restraint 2 abstemiousness, abstinence, prohibition, sobriety, teetotalism

temperate 1 agreeable, balmy, calm, clement, cool, fair, gentle, mild, moderate, pleasant, soft 2 calm, composed, dispassionate, equable, even-tempered, mild, moderate, reasonable, self-controlled, self-restrained, sensible, stable 3 abstemious, abstinent, continent, moderate, sober

tempest 1 cyclone, gale, hurricane, squall, storm, tornado, typhoon 2 commotion, disturbance, ferment, furore, storm, tumult, upheaval, uproar

tempestuous 1 agitated, blustery, boisterous, breezy, gusty, inclement, raging, squally, stormy, turbulent, windy 2 agitated, boisterous, emotional, excited, feverish, flaming, furious, heated, hysterical, impassioned, intense, passionate, stormy, turbulent, uncontrolled, violent, wild

temple church, holy place, place of worship, sanctuary, shrine

temporarily briefly, fleetingly, for a little while, for a moment, for a short time, for a short while, for the moment, for the nonce, for the time being, momentarily, pro tem

temporary brief, ephemeral, evanescent, fleeting, fugacious, fugitive, here today and gone tomorrow, impermanent, interim, momentary, passing, pro tem, pro tempore, provisional, short-lived, transient, transitory

tempt 1 allure, appeal to, attract, coax, decoy, draw, entice, inveigle, invite, lead on, lure, make one's mouth water, seduce, tantalize, whet the appetite of, woo 2 bait, dare, fly in the face of, provoke, risk, test, try

temptation allurement, appeal, attraction, attractiveness, bait, blandishments, coaxing, come-on (Inf.), decoy, draw, enticement, inducement, invitation, lure, pull, seduction, snare, tantalization

tempting alluring, appetizing, attractive, enticing, inviting, mouthwatering, seductive, tantalizing

tenable arguable, believable, defendable, defensible, justifiable, maintainable, plausible, rational, reasonable, sound, viable

tenacious 1 clinging, fast, firm, forceful, immovable, iron, strong, tight, unshak(e)able 2 retentive, unforgetful 3 adamant, determined, dogged, firm, immovable, inflexible, intransigent, obdurate, obstinate, persistent, pertinacious, resolute, staunch, steadfast, stiff-necked, strong-willed, stubborn, sure, unswerving, unyielding 4 coherent, cohesive, solid, strong, tough 5 adhesive, clinging, gluey, glutinous, mucilaginous, sticky

tenacity 1 fastness, firmness, force, forcefulness, power, strength 2 firm grasp, retention, retentiveness 3 application, determination, diligence, doggedness, firmness, inflexibility, intransigence, obduracy, obstinacy, perseverance, persistence, pertinacity, resoluteness, resolution, resolve, staunchness, steadfastness, strength of purpose, strength of will, stubbornness 4 coherence, cohesiveness, solidity, solidness, strength, toughness 5 adhesiveness, clingingness, stickiness

tenancy 1 holding, lease, occupancy, occupation, possession, renting, residence 2 incumbency, period of office, tenure, time in office

tenant holder, inhabitant, leaseholder, lessee, occupant, occupier, renter, resident

tend¹ attend, care for, cater to, control, cultivate, feed, guard, handle, keep, keep an eye on, look after, maintain, manage, minister to, nurse, nurture, protect, see to, serve, take care of, wait on, watch, watch over

tend² 1 be apt, be biased, be disposed, be inclined, be liable, be likely, gravitate, have a leaning, have an inclination, have a tendency, incline, lean, trend 2 aim, bear, be conducive, conduce, contribute, go, head, influence, lead, make for, move, point

tendency 1 bent, disposition, inclination, leaning, liability, partiality, penchant, predilection, predisposition, proclivity, proneness, propensity, readiness, susceptibility 2 bearing, bias, course, direction, drift, drive, heading, movement, purport, tenor, trend, turning

tender¹
- **v.** 1 extend, give, hand in, offer, present, proffer, propose, put forward, submit, suggest, volunteer
- **n.** 2 bid, estimate, offer, proffer, proposal, submission, suggestion 3 currency, medium, money, payment, specie

tender² 1 breakable, delicate, feeble, fragile, frail, soft, weak 2 callow, green, immature, impressionable, inexperienced, new, raw, sensitive, unripe, vulnerable, wet behind the ears (Inf.), young, youthful 3 affectionate, amorous, benevolent, caring, compassionate, considerate, fond, gentle, humane, kind, loving, merciful, pitiful, sentimental, softhearted, sympathetic, tenderhearted, warm, warm-hearted 4 emotional, evocative, moving, poignant, romantic, touching 5 complicated, dangerous, difficult, risky, sensitive, ticklish, touchy, tricky 6 aching, acute, bruised, inflamed, irritated, painful, raw, sensitive, smarting, sore

tenderness 1 delicateness, feebleness, fragility, frailness, sensitiveness, sensitivity, softness, vulnerability, weakness 2 callowness, greenness, immaturity, impressionableness, inexperience, newness, rawness, sensitivity, vulnerability, youth, youthfulness 3 affection, amorousness, attachment, benevolence, care, compassion, consideration, devotion, fondness, gentleness, humaneness, humanity, kindness, liking, love, mercy, pity, sentimentality, softheartedness, sympathy, tenderheartedness, warm-heartedness, warmth 4 ache, aching, bruising, inflammation, irritation, pain, painfulness, rawness, sensitiveness, sensitivity, smart, soreness

tense
- **adj.** 1 rigid, strained, stretched, taut, tight 2 anxious, apprehensive, edgy, fidgety, jittery (Inf.), jumpy, keyed up, nervous, on edge, overwrought, restless, strained, strung up (Inf.), twitchy (Inf.), under pressure, uptight (Inf.), wired (Sl.), wound up (Inf.), wrought up 3 exciting, moving, nerve-racking, stressful, worrying
- **v.** 4 brace, flex, strain, stretch, tauten, tighten

tension 1 pressure, rigidity, stiffness, straining, stress, stretching, tautness, tightness 2 anxiety, apprehension, edginess, hostility, ill feeling, nervousness, pressure, restlessness, strain, stress, suspense, the jitters (Inf.), unease

tentative 1 conjectural, experimental, indefinite, provisional, speculative, unconfirmed, unsettled 2 backward, cautious, diffident, doubtful, faltering, hesitant, timid, uncertain, undecided, unsure

tepid 1 lukewarm, slightly warm, warmish 2 apathetic, cool, half-arsed, half-assed (U.S. & Canad. sl.), half-hearted, indifferent, lukewarm, unenthusiastic

term
- **n.** 1 appellation, denomination, designation, expression, locution, name, phrase, title, word 2 duration, interval, period, season, space, span, spell, time, while 3 course, session 4 bound, boundary, close, conclusion, confine, culmination, end, finish, fruition, limit, terminus
- **v.** 5 call, denominate, designate, dub, entitle, label, name, style

terminal
- **adj.** 1 bounding, concluding, extreme, final, last, limiting, ultimate, utmost 2 deadly, fatal, incurable, killing, lethal, mortal
- **n.** 3 boundary, end, extremity, limit, termination, terminus 4 depot, end of the line, station, terminus

terminate abort, axe (Inf.), bring or come to an end, cease, close, complete, conclude, cut off, discontinue, end, expire, finish, issue, lapse, put an end to, result, run out, stop, wind up

termination abortion, cessation, close, completion, conclusion, consequence, cut-off point, discontinuation, effect, end, ending, expiry, finale, finis, finish, issue, result, wind-up

terminology argot, cant, jargon, language, lingo (Inf.), nomenclature, patois, phraseology, terms, vocabulary

terminus 1 boundary, close, end, extremity, final point, goal, limit, target, termination 2 depot, end of the line, garage, last stop, station

terms 1 language, manner of speaking, phraseology, terminology 2 conditions, particulars, premises (Law), provisions, provisos, qualifications, specifications, stipulations 3 charges, fee, payment, price, rates 4 footing, position, relations, relationship, standing, status 5 **come to terms** be reconciled, come to an agreement, come to an understanding, conclude agreement, learn to live with, reach acceptance, reach agreement

terrible 1 bad, dangerous, desperate, extreme, serious, severe 2 (Inf.) abhorrent, abysmal, awful, bad, beastly (Inf.), dire, dreadful, duff (Brit. inf.), foul, frightful, godawful (Sl.), hateful, hideous, loathsome, obnoxious, obscene, odious, offensive, poor, repulsive, revolting, rotten (Inf.), shitty (Taboo sl.), unpleasant, vile ③ appalling, awful, dread, dreaded, dreadful, fearful, frightful, gruesome, harrowing, hellacious (U.S. sl.), horrendous, horrible, horrid, horrifying, monstrous, shocking, terrifying, unspeakable

terribly awfully (Inf.), decidedly, desperately, exceedingly, extremely, gravely, greatly, much, seriously, thoroughly, very

terrific ① awesome, awful, dreadful, enormous, excessive, extreme, fearful, fierce, gigantic, great, harsh, horrific, huge, intense, monstrous, severe, terrible, tremendous ② (Inf.) ace (Inf.), amazing, boffo (Sl.), breathtaking, brill (Inf.), brilliant, chillin' (U.S. sl.), cracking (Brit. inf.), excellent, fabulous (Inf.), fantastic (Inf.), fine, great (Inf.), jim-dandy (Sl.), magnificent, marvellous, mean (Sl.), outstanding, sensational (Inf.), smashing (Inf.), sovereign, stupendous, super (Inf.), superb, topping (Brit. sl.), very good, wonderful

terrify alarm, appal, awe, dismay, fill with terror, frighten, frighten out of one's wits, horrify, intimidate, make one's blood run cold, make one's flesh creep, make one's hair stand on end, petrify, put the fear of God into, scare, scare to death, shock, terrorize

territory area, bailiwick, country, district, domain, land, patch, province, region, sector, state, terrain, tract, turf (U.S. sl.), zone

terror ① alarm, anxiety, awe, consternation, dismay, dread, fear, fear and trembling, fright, horror, intimidation, panic, shock ② bogeyman, bugbear, devil, fiend, monster, scourge

terrorize ① browbeat, bully, coerce, intimidate, menace, oppress, strong-arm (Inf.), threaten ② alarm, appal, awe, dismay, fill with terror, frighten, frighten out of one's wits, horrify, inspire panic in, intimidate, make one's blood run cold, make one's flesh creep, make one's hair stand on end, petrify, put the fear of God into, scare, scare to death, shock, strike terror into, terrify

terse ① aphoristic, brief, clipped, compact, concise, condensed, crisp, elliptical, epigrammatic, gnomic, incisive, laconic, neat, pithy, sententious, short, succinct, summary, to the point ② abrupt, brusque, curt, short, snappy

test ① v. analyse, assay, assess, check, examine, experiment, investigate, prove, put to the proof, put to the test, research, try, try out, verify, work over ② n. analysis, assessment, attempt, catechism, check, evaluation, examination, investigation, ordeal, probation, proof, research, trial

testament ① last wishes, will ② attestation, demonstration, earnest, evidence, exemplification, proof, testimony, tribute, witness

testify affirm, assert, asseverate, attest, bear witness, certify, corroborate, declare, depone (Scots Law), depose (Law), evince, give testimony, show, state, swear, vouch, witness

testimonial certificate, character, commendation, credential, endorsement, recommendation, reference, tribute

testimony ① affidavit, affirmation, attestation, avowal, confirmation, corroboration, declaration, deposition, evidence, information, profession, statement, submission, witness ② corroboration, demonstration, evidence, indication, manifestation, proof, support, verification

text ① body, contents, main body, matter ② wording, words ③ (Bible) paragraph, passage, sentence, verse ④ argument, matter, motif, subject, theme, topic ⑤ reader, reference book, source, textbook

texture character, composition, consistency, constitution, fabric, feel, grain, make, quality, structure, surface, tissue, weave

thank express gratitude, say thank you, show gratitude, show one's appreciation

thankful appreciative, beholden, grateful, indebted, obliged, pleased, relieved

thankless ① fruitless, unappreciated, unprofitable, unrequited, unrewarding, useless ② inconsiderate, unappreciative, ungracious, ungrateful, unmindful, unthankful

thanks ① acknowledgement, appreciation, Brownie points, credit, gratefulness, gratitude, recognition, thanksgiving ② **thanks to** as a result of, because of, by reason of, due to, owing to, through

thaw defrost, dissolve, liquefy, melt, soften, unfreeze, warm

theatrical ① dramatic, dramaturgic, melodramatic, scenic, Thespian ② actorly, actressy, affected, artificial, camp (Inf.), ceremonious, dramatic, exaggerated, hammy (Inf.), histrionic, mannered, ostentatious, overdone, pompous, showy, stagy, stilted, unreal

theft embezzlement, fraud, larceny, pilfering, purloining, rip-off (Sl.), robbery, stealing, swindling, thievery, thieving

theme ① argument, burden, idea, keynote, matter, subject, subject matter, text, thesis, topic ② leitmotiv, motif, recurrent image, unifying idea ③ composition, dissertation, essay, exercise, paper

theological divine, doctrinal, ecclesiastical, religious

theorem deduction, dictum, formula, hypothesis, principle, proposition, rule, statement

theoretical abstract, academic, conjectural, hypothetical, ideal, impractical, notional, pure, speculative

theory ① assumption, conjecture, guess, hypothesis, presumption, speculation, supposition, surmise, thesis ② philosophy, plan, proposal, scheme, system

therapeutic ameliorative, analeptic, beneficial, corrective, curative, good, healing, remedial, restorative, salubrious, salutary, sanative

therapy cure, healing, remedial treatment, remedy, treatment

therefore accordingly, as a result, consequently, ergo, for that reason, hence, so, then, thence, thus, whence

thesis ① composition, disquisition, dissertation, essay, monograph, paper, treatise ② contention, hypothesis, idea, line of argument, opinion, proposal, proposition, theory, view ③ area, subject, theme, topic ④ assumption, postulate, premise, proposition, statement, supposition, surmise

thick
- **adj.** ① broad, bulky, deep, fat, solid, substantial, wide ② close, clotted, coagulated, compact, concentrated, condensed, crowded, deep, dense, heavy, impenetrable, opaque ③ abundant, brimming, bristling, bursting, chock-a-block, chock-full, covered, crawling, frequent, full, numerous, packed, replete, swarming, teeming ④ blockheaded, brain-dead (Inf.), brainless, dense, dim-witted (Inf.), dopey (Inf.), dozy (Brit. inf.), dull, insensitive, moronic, obtuse, slow, slow-witted, stupid, thickheaded ⑤ dense, heavy, impenetrable, soupy ⑥ distorted, guttural, hoarse, husky, inarticulate, indistinct, throaty ⑦ broad, decided, distinct, marked, pronounced, rich, strong ⑧ (Inf.) buddy-buddy (Sl., chiefly U.S. & Canad.), chummy (Inf.), close, confidential, devoted, familiar, friendly, hand in glove, inseparable, intimate, matey or maty (Brit. inf.), on good terms, pally (Inf.), palsy-walsy (Inf.), well in (Inf.) ⑨ **a bit thick** excessive, over the score (Inf.), too much, unfair, unjust, unreasonable
- **n.** ⑩ centre, heart, middle, midst

thicken cake, clot, coagulate, condense, congeal, deepen, gel, inspissate (Archaic), jell, set

thickset ① beefy (Inf.), brawny, bulky, burly, heavy, muscular, powerfully built, stocky, strong, stubby, sturdy, well-built ② closely packed, dense, densely planted, solid, thick

thick-skinned callous, case-hardened, hard-boiled (Inf.), hardened, impervious, insensitive, stolid, tough, unfeeling, unsusceptible

thief bandit, burglar, cheat, cracksman (Sl.), crook (Inf.), embezzler, housebreaker, larcenist, mugger (Inf.), pickpocket, pilferer, plunderer, purloiner, robber, shoplifter, stealer, swindler

thieve blag (Sl.), cabbage (Brit. sl.), cheat, embezzle, filch, half-inch (Old-fashioned sl.), knock off (Sl.), lift (Inf.), misappropriate, nick (Sl., chiefly Brit.), peculate, pilfer, pinch (Inf.), plunder, poach, purloin, rip off (Sl.), rob, run off with, snitch (Sl.), steal, swindle, swipe (Sl.)

thin
- **adj.** ① attenuate, attenuated, fine, narrow, threadlike ② delicate, diaphanous, filmy, fine, flimsy, gossamer, see-through, sheer, translucent, transparent, unsubstantial ③ bony, emaciated, lank, lanky, lean, light, macilent (Rare), meagre, scraggy, scrawny, skeletal, skinny, slender, slight, slim, spare, spindly, thin as a rake, undernourished, underweight ④ deficient, meagre, scanty, scarce, scattered, skimpy, sparse, wispy ⑤ dilute, diluted, rarefied, runny, watery, weak, wishy-washy (Inf.) ⑥ feeble, flimsy, inadequate, insufficient, lame, poor, scant, scanty, shallow, slight, superficial, unconvincing, unsubstantial, weak
- **v.** ⑦ attenuate, cut back, dilute, diminish, emaciate, prune, rarefy, reduce, refine, trim, water down, weaken, weed out

thing ① affair, article, being, body, circumstance, concept, entity, fact, matter, object, part, portion, something, substance ② act, deed, event, eventuality, feat, happening, incident, occurrence, phenomenon, proceeding ③ apparatus, contrivance, device, gadget, implement, instrument, machine, means, mechanism, tool ④ aspect, detail, facet, factor, feature, item, particular, point, statement, thought ⑤ Plural baggage, belongings, bits and pieces, clobber (Brit. sl.), clothes, effects, equipment, gear, goods, impedimenta, luggage, odds and ends, paraphernalia, possessions, stuff ⑥ (Inf.) attitude, bee in one's bonnet, fetish, fixation, hang-up (Inf.), idée fixe, mania, obsession, phobia, preoccupation, quirk

think
- **v.** ① believe, conceive, conclude, consider, deem, determine, esteem, estimate, guess (Inf., chiefly U.S. & Canad.), hold, imagine, judge, reckon, regard, suppose, surmise ② brood, cerebrate, chew over (Inf.), cogitate, consider, contemplate, deliberate, have in mind, meditate, mull over, muse, ponder, reason, reflect, revolve, ruminate, turn over in one's mind, weigh up ③ call to mind, recall, recollect, remember ④ anticipate, envisage, expect, foresee, imagine, plan for, presume, suppose ⑤ **think better of** change one's mind about, decide against, go back on, have second thoughts about, reconsider, repent, think again, think twice about ⑥ **think much of** admire, attach importance to, esteem, have a high opinion of, hold in high regard, rate (Sl.), respect, set store by, think highly of, value ⑦ **think nothing of** consider unimportant, have no compunction about, have no hesitation about, regard as routine, set no store by, take in one's stride
- **n.** ⑧ assessment, consideration, contemplation, deliberation, look, reflection

thinker brain (Inf.), intellect (Inf.), mahatma, mastermind, philosopher, sage, theorist, wise man

thinking ① n. assessment, conclusions, conjecture, idea, judg(e)ment, opinion, outlook, philosophy, position, reasoning, theory, thoughts, view ② adj. contemplative, cultured, intelligent, meditative, philosophical, ratiocinative, rational, reasoning, reflective, sophisticated, thoughtful

think over chew over (Inf.), consider, consider the pros and cons of, contemplate, give thought to, mull over, ponder, reflect upon, turn over in one's mind, weigh up

think up come up with, concoct, contrive, create, devise, dream up, imagine, improvise, invent, manufacture, trump up, visualize

thin-skinned easily hurt, hypersensitive, quick to take offence, sensitive, soft, susceptible, tender, touchy, vulnerable

third-rate bad, cheap-jack, chickenshit (U.S. sl.), duff (Brit. inf.), indifferent, inferior, low-grade, mediocre, of a sort or of sorts, poor, poor-quality, ropy or ropey (Brit. inf.), shoddy

thirst n. ① craving to drink, drought, dryness, thirstiness ② appetite, craving, desire, eagerness, hankering, hunger, keenness, longing, lust, passion, yearning, yen (Inf.)

thirsty ① arid, dehydrated, dry, parched ② athirst, avid, burning, craving, desirous, dying, eager, greedy, hankering, hungry, itching, longing, lusting, thirsting, yearning

thorn ① barb, prickle, spike, spine ② affliction, annoyance, bane, bother, curse, hassle (Inf.), irritant, irritation, nuisance, pest, plague, scourge, torment, torture, trouble

thorny ① barbed, bristling with thorns, bristly, pointed, prickly, sharp, spiky, spinous, spiny ② awkward, difficult, harassing, hard, irksome, problematic(al), sticky (Inf.), ticklish, tough, troublesome, trying, unpleasant, upsetting, vexatious, worrying

thorough or **thoroughgoing** ① all-embracing, all-inclusive, assiduous, careful, complete, comprehensive, conscientious, efficient, exhaustive, full, in-depth, intensive, leaving no stone unturned, meticulous, painstaking, scrupulous, sweeping 2 absolute, arrant, complete, deep-dyed (Usu. derogatory), downright, entire, out-and-out, outright, perfect, pure, sheer, total, unmitigated, unqualified, utter

thoroughbred adj. blood, full-blooded, of unmixed stock, pedigree, pure-blooded, purebred

thoroughfare access, avenue, highway, passage, passageway, road, roadway, street, way

thoroughgoing → thorough

thoroughly 1 assiduously, carefully, completely, comprehensively, conscientiously, efficiently, exhaustively, from top to bottom, fully, inside out, intensively, leaving no stone unturned, meticulously, painstakingly, scrupulously, sweepingly, through and through, throughout 2 absolutely, completely, downright, entirely, perfectly, quite, totally, to the full, utterly, without reservation

though 1 conj. albeit, allowing, although, despite the fact that, even if, even supposing, even though, granted, notwithstanding, tho' (U.S. or poetic), while 2 adv. all the same, for all that, however, nevertheless, nonetheless, notwithstanding, still, yet

thought 1 brainwork, cerebration, cogitation, consideration, contemplation, deliberation, introspection, meditation, musing, reflection, regard, rumination, thinking 2 assessment, belief, concept, conception, conclusion, conjecture, conviction, estimation, idea, judg(e)ment, notion, opinion, thinking, view 3 attention, consideration, heed, regard, scrutiny, study 4 aim, design, idea, intention, notion, object, plan, purpose 5 anticipation, aspiration, dream, expectation, hope, prospect 6 dash, jot, little, small amount, soupçon, touch, trifle, whisker (Inf.) 7 anxiety, attentiveness, care, compassion, concern, kindness, regard, solicitude, sympathy, thoughtfulness

thoughtful 1 attentive, caring, considerate, helpful, kind, kindly, solicitous, unselfish 2 astute, canny, careful, cautious, circumspect, deliberate, discreet, heedful, mindful, prudent, wary, well thought-out 3 contemplative, deliberative, in a brown study, introspective, lost in thought, meditative, musing, pensive, rapt, reflective, ruminative, serious, studious, thinking, wistful

thoughtless 1 impolite, inconsiderate, indiscreet, insensitive, rude, selfish, tactless, uncaring, undiplomatic, unkind 2 absent-minded, careless, foolish, heedless, ill-considered, imprudent, inadvertent, inattentive, injudicious, mindless, neglectful, negligent, rash, reckless, regardless, remiss, silly, slapdash, slipshod, stupid, unmindful, unobservant, unthinking

thrash 1 beat, belt (Inf.), birch, cane, chastise, clobber (Sl.), drub, flagellate, flog, give (someone) a (good) hiding (Inf.), hide (Inf.), horsewhip, lambast(e), leather, lick (Inf.), paste (Sl.), punish, scourge, spank, take a stick to, tan (Sl.), whip 2 beat, beat (someone) hollow (Brit. inf.), blow out of the water (Sl.), clobber (Sl.), crush, defeat, drub, hammer (Inf.), lick (Inf.), maul, overwhelm, paste (Sl.), rout, run rings around (Inf.), slaughter (Inf.), tank (Sl.), trounce, wipe the floor with (Inf.) 3 flail, heave, jerk, plunge, squirm, thresh, toss, toss and turn, writhe

thrashing 1 beating, belting (Inf.), caning, chastisement, drubbing, flogging, hiding (Inf.), lashing, pasting (Sl.), punishment, tanning (Sl.), whipping 2 beating, defeat, drubbing, hammering (Inf.), hiding (Inf.), mauling, pasting (Sl.), rout, trouncing

thrash out argue out, debate, discuss, have out, resolve, settle, solve, talk over

thread

- n. 1 cotton, fibre, filament, line, strand, string, yarn 2 course, direction, drift, motif, plot, story line, strain, tenor, theme, train of thought
- v. 3 ease, inch, loop, meander, pass, pick (one's way), squeeze through, string, wind

threadbare 1 down at heel, frayed, old, ragged, scruffy, shabby, tattered, tatty, used, worn, worn-out 2 clichéd, cliché-ridden, common, commonplace, conventional, corny (Sl.), familiar, hackneyed, overused, stale, stereotyped, stock, tired, trite, well-worn

threat 1 commination, intimidatory remark, menace, threatening remark, warning 2 foreboding, foreshadowing, omen, portent, presage, warning, writing on the wall 3 danger, hazard, menace, peril, risk

threaten 1 endanger, imperil, jeopardize, put at risk, put in jeopardy 2 be imminent, be in the air, be in the offing, forebode, foreshadow, hang over, impend, loom over, portend, presage, warn 3 browbeat, bully, cow, intimidate, lean on (Sl.), make threats to, menace, pressurize, terrorize, warn

threatening 1 bullying, cautionary, comminatory, intimidatory, menacing, minatory, terrorizing, warning 2 baleful, forbidding, grim, inauspicious, ominous, sinister

threesome triad, trilogy, trine, trinity, trio, triple, triplet, triplex, triptych, triumvirate, triune, troika

threshold 1 door, doorsill, doorstep, doorway, entrance, sill 2 beginning, brink, dawn, inception, opening, outset, start, starting point, verge 3 lower limit, minimum

thrift carefulness, economy, frugality, good husbandry, parsimony, prudence, saving, thriftiness

thrifty careful, economical, frugal, parsimonious, provident, prudent, saving, sparing

thrill

- n. 1 adventure, buzz (Sl.), charge (Sl.), flush of excitement, glow, kick (Inf.), pleasure, sensation, stimulation, tingle, titillation 2 flutter, fluttering, quiver, shudder, throb, tremble, tremor, vibration
- v. 3 arouse, electrify, excite, flush, get a charge (Sl.), get a kick (Inf.), glow, move, send (Sl.), stimulate, stir, tingle, titillate 4 flutter, quake, quiver, shake, shudder, throb, tremble, vibrate

thrilling 1 electrifying, exciting, gripping, hair-raising, rip-roaring (Inf.), riveting, rousing, sensational, sexy (Inf.), stimulating, stirring 2 quaking, shaking, shivering, shuddering, trembling, vibrating

thrive advance, bloom, boom, burgeon, develop, do well, flourish, get on, grow, grow rich, increase, prosper, succeed, wax

thriving blooming, booming, burgeoning, developing, doing well, flourishing, going strong, growing, healthy, prosperous, successful, wealthy, well

throb 1 v. beat, palpitate, pound, pulsate, pulse, thump, vibrate 2 n. beat, palpitation, pounding, pulsating, pulse, thump, thumping, vibration

throng 1 n. assemblage, concourse, congregation, crowd, crush, horde, host, jam, mass, mob, multitude, pack, press, swarm 2 v. bunch, congregate, converge, cram, crowd, fill, flock, hem in, herd, jam, mill around, pack, press, swarm around, troop

throttle v. 1 choke, garrotte, strangle, strangulate 2 control, gag, inhibit, silence, stifle, suppress

through

- prep. 1 between, by, from end to end of, from one side to the other of, in and out of, past 2 as a consequence or result of, because of, by means of, by virtue of, by way of, using, via, with the help of 3 during, in, in the middle of, throughout 4 (With **with**) at the end of, done, finished, having completed, having had enough of
- adj. 5 completed, done, ended, finished, terminated, washed up (Inf.)
- adv. 6 **through and through** altogether, completely, entirely, fully, thoroughly, totally, to the core, unreservedly, utterly, wholly

throughout all over, all the time, all through, during the whole of, everywhere, for the duration of, from beginning to end, from end to end, from start to finish, from the start, over the length and breadth of, right through, the whole time, through the whole of

throw

- v. 1 cast, chuck (Inf.), fling, heave, hurl, launch, lob (Inf.), pitch, project, propel, put, send, shy, sling, toss 2 (Inf.) astonish, baffle, confound, confuse, disconcert, dumbfound, faze, put one off one's stroke, throw off, throw one off one's stride, throw out 3 bring down, dislodge, fell, floor, hurl to the ground, overturn, unseat, upset
- n. 4 cast, fling, heave, lob (Inf.), pitch, projection, put, shy, sling, toss 5 (Inf.) attempt, chance, essay, gamble, hazard, try, venture, wager

throw away 1 axe (Inf.), bin (Inf.), cast off, chuck (Inf.), discard, dispense with, dispose of, ditch (Sl.), dump (Inf.), get rid of, jettison, junk (Inf.), reject, scrap, throw out 2 blow (Sl.), fail to exploit, fritter away, lose, make poor use of, squander, waste

throw off 1 abandon, cast off, discard, drop, free oneself of, rid oneself of, shake off 2 elude, escape from, evade, get away from, give (someone) the slip, leave behind, lose, outdistance, outrun, shake off, show a clean pair of heels to 3 confuse, disconcert, disturb, faze, put one off one's stroke, throw (Inf.), throw one off one's stride, unsettle, upset

throw out 1 bin (Inf.), cast off, chuck (Inf.), discard, dismiss, dispense with, ditch (Sl.), dump (Inf.), eject, evict, expel, get rid of, give the bum's rush (Sl.), jettison, junk (Inf.), kick out (Inf.), kiss off (Sl., chiefly U.S. & Canad.), oust, reject, relegate, scrap, show one the door, throw away, turf out (Brit. inf.), turn down 2 confuse, disconcert, disturb, put one off one's stroke, throw (Inf.), throw one off one's stride, unsettle, upset 3 diffuse, disseminate, emit, give off, put forth, radiate

thrust

- v. 1 butt, drive, elbow or shoulder one's way, force, impel, jam, plunge, poke, press, prod, propel, push, ram, shove, urge 2 jab, lunge, pierce, stab, stick
- n. 3 drive, lunge, poke, prod, push, shove, stab 4 impetus, momentum, motive force, motive power, propulsive force

thud n./v. clonk, clump, clunk, crash, knock, smack, thump, wallop (Inf.)

thug assassin, bandit, bruiser (Inf.), bully boy, cutthroat, gangster, heavy (Sl.), hooligan, killer, mugger (Inf.), murderer, robber, ruffian, tough

thumb

- n. 1 pollex 2 **all thumbs** butterfingered (Inf.), cack-handed (Inf.), clumsy, ham-fisted (Inf.), inept, maladroit 3 **thumbs down** disapproval, negation, no, rebuff, refusal, rejection 4 **thumbs up** acceptance, affirmation, approval, encouragement, go-ahead (Inf.), green light, OK or okay (Inf.), yes
- v. 5 hitch (Inf.), hitchhike 6 (Often with **through**) browse through, flick through, flip through, glance at, leaf through, riffle through, run one's eye over, scan the pages of, skim through, turn over 7 dog-ear, finger, handle, mark 8 **thumb one's nose at** be contemptuous of, cock a snook at, deride, flout, jeer at, laugh at, laugh in the face of, mock, ridicule, show contempt for, show disrespect to

thump 1 n. bang, blow, clout (Inf.), clunk, crash, knock, punch, rap, smack, thud, thwack, wallop (Inf.), whack 2 v. bang, batter, beat, belabour, chin (Sl.), clobber (Sl.), clout (Inf.), crash, deck (Sl.), hit, knock, lambast(e), lay one on (Sl.), pound, punch, rap, smack, strike, thrash, throb, thud, thwack, wallop (Inf.), whack

thumping colossal, elephantine, enormous, excessive, exorbitant, gargantuan, gigantic, great, huge, humongous or humungous (U.S. sl.), impressive, mammoth, massive, monumental, terrific, thundering (Sl.), titanic, tremendous, whopping (Inf.)

thunder

- n. 1 boom, booming, cracking, crash, crashing, detonation, explosion, pealing, rumble, rumbling
- v. 2 blast, boom, clap, crack, crash, detonate, explode, peal, resound, reverberate, roar, rumble 3 bark, bellow, declaim, roar, shout, yell 4 curse, denounce, fulminate, rail, threaten, utter threats

thunderous booming, deafening, ear-splitting, loud, noisy, resounding, roaring, tumultuous

thunderstruck aghast, amazed, astonished, astounded, bowled over (Inf.), dazed, dumbfounded, flabbergasted (Inf.), floored (Inf.), flummoxed, gobsmacked (Brit. sl.), knocked for six (Inf.), left speechless, nonplussed, open-mouthed, paralyzed, petrified, rooted to the spot, shocked, staggered, struck dumb, stunned, taken aback

thus 1 as follows, in this fashion (manner, way), like so, like this, so, to such a degree 2 accordingly, consequently, ergo, for this reason, hence, on that account, so, then, therefore

thwart baffle, balk, check, defeat, foil, frustrate, hinder, impede, obstruct, oppose, outwit, prevent, stop, stymie

tick[1]

- n. 1 clack, click, clicking, tap, tapping, ticktock 2 (Brit. inf.) flash, half a mo (Brit. inf.), instant, jiffy (Inf.), minute, moment, sec (Inf.),

second, shake (Inf.), split second, trice, twinkling, two shakes of a lamb's tail (Inf.) 3 dash, mark, stroke
◆ v. 4 clack, click, tap, ticktock 5 check off, choose, indicate, mark, mark off, select 6 **what makes someone tick** drive, motivation, motive, raison d'être
tick² account, credit, deferred payment, the slate (Brit. inf.)
ticket 1 card, certificate, coupon, pass, slip, token, voucher 2 card, docket, label, marker, slip, sticker, tab, tag
tickle (Fig.) amuse, delight, divert, entertain, excite, gratify, please, thrill, titillate
ticklish awkward, critical, delicate, difficult, nice, risky, sensitive, thorny, touchy, tricky, uncertain, unstable, unsteady
tick off 1 check off, mark off, put a tick at 2 (Inf.) bawl out (Inf.), berate, carpet (Inf.), censure, chew out (U.S. & Canad. inf.), chide, give a rocket (Brit. & N.Z. inf.), haul over the coals (Inf.), lecture, read the riot act, rebuke, reprimand, reproach, reprove, scold, take to task, tear into (Inf.), tear (someone) off a strip (Brit. inf.), tell off (Inf.), upbraid
tide 1 course, current, ebb, flow, stream, tideway, undertow 2 course, current, direction, drift, movement, tendency, trend
tide over aid, assist, bridge the gap, help, keep one going, keep one's head above water, keep the wolf from the door, see one through
tidings advice, bulletin, communication, gen (Brit. inf.), greetings, information, intelligence, latest (Inf.), message, news, report, word
tidy
◆ adj. 1 businesslike, clean, cleanly, methodical, neat, ordered, orderly, shipshape, spick-and-span, spruce, systematic, trig (Archaic or dialect), trim, well-groomed, well-kept, well-ordered 2 (Inf.) ample, considerable, fair, generous, good, goodly, handsome, healthy, large, largish, respectable, sizable, substantial
◆ v. 3 clean, groom, neaten, order, put in order, put in trim, put to rights, spruce up, straighten
tie
◆ v. 1 attach, bind, connect, fasten, interlace, join, knot, lash, link, make fast, moor, rope, secure, tether, truss, unite 2 bind, confine, hamper, hinder, hold, limit, restrain, restrict 3 be even, be neck and neck, draw, equal, match
◆ n. 4 band, bond, connection, cord, fastening, fetter, joint, knot, ligature, link, rope, string 5 affiliation, affinity, allegiance, bond, commitment, connection, duty, kinship, liaison, obligation, relationship 6 encumbrance, hindrance, limitation, restraint, restriction 7 dead heat, deadlock, draw, stalemate 8 (Brit.) contest, fixture, game, match
tier bank, echelon, file, layer, level, line, order, rank, row, series, storey, stratum
tie up 1 attach, bind, pinion, restrain, tether, truss 2 lash, make fast, moor, rope, secure 3 engage, engross, keep busy, occupy 4 bring to a close, conclude, end, finish off, settle, terminate, wind up, wrap up (Inf.)
tight 1 close, close-fitting, compact, constricted, cramped, fast, firm, fixed, narrow, rigid, secure, snug, stiff, stretched, taut, tense 2 hermetic, impervious, proof, sealed, sound, watertight 3 harsh, inflexible, rigid, rigorous, severe, stern, strict, stringent, tough, uncompromising, unyielding 4 close, grasping, mean, miserly, niggardly, parsimonious, penurious, sparing, stingy, tight-arse (Taboo sl.), tight-arsed (Taboo sl.), tight as a duck's arse (Taboo sl.), tight-ass (U.S. taboo sl.), tight-assed (U.S. taboo sl.), tightfisted 5 dangerous, difficult, hazardous, perilous, precarious, problematic, sticky (Inf.), ticklish, tough, tricky, troublesome, worrisome 6 close, even, evenly-balanced, near, well-matched 7 (Inf.) bevvied (Dialect), blitzed (Sl.), blotto (Sl.), bombed (Sl.), drunk, flying (Sl.), half cut (Brit. sl.), half seas over (Brit. inf.), inebriated, in one's cups, intoxicated, legless (Inf.), lit up (Sl.), out of it (Sl.), out to it (Aust. & N.Z. sl.), paralytic (Inf.), pickled (Inf.), pie-eyed (Sl.), pissed (Taboo sl.), plastered (Sl.), smashed (Sl.), sozzled (Inf.), steamboats (Sl.), steaming (Sl.), stewed (Sl.), stoned (Sl.), three sheets in the wind (Sl.), tiddly (Sl., chiefly Brit.), tipsy, under the influence (Inf.), wasted (Sl.), wrecked (Sl.), zonked (Sl.)
tighten close, constrict, cramp, fasten, fix, narrow, rigidify, screw, secure, squeeze, stiffen, stretch, tauten, tense

till¹ cash box, cash drawer, cash register
till² cultivate, dig, plough, turn over, work
tilt
◆ v. 1 cant, heel, incline, lean, list, slant, slope, tip 2 attack, break a lance, clash, contend, cross swords, duel, encounter, fight, joust, overthrow, spar
◆ n. 3 angle, cant, inclination, incline, list, pitch, slant, slope 4 (Medieval history) clash, combat, duel, encounter, fight, joust, lists, set-to (Inf.), tournament, tourney 5 **(at) full tilt** for dear life, full force, full speed, headlong, like a bat out of hell (Sl.), like the clappers (Brit. inf.)
timber beams, boards, forest, logs, planks, trees, wood
time
◆ n. 1 age, chronology, date, duration, epoch, era, generation, hour, interval, period, season, space, span, spell, stretch, term, while 2 instance, juncture, occasion, point, stage 3 allotted span, day, duration, life, life span, lifetime, season 4 heyday, hour, peak 5 (Mus.) beat, measure, metre, rhythm, tempo 6 **all the time** always, at all times, constantly, continually, continuously, ever, for the duration, perpetually, throughout 7 **at one time** a for a while, formerly, hitherto, once, once upon a time, previously b all at once, at the same time, simultaneously, together 8 **at times** every now and then, every so often, from time to time, now and then, occasionally, once in a while, on occasion, sometimes 9 **behind the times** antiquated, dated, obsolete, old-fashioned, old hat, outdated, outmoded, out of date, out of fashion, out of style, passé, square (Inf.) 10 **for the time being** for now, for the moment, for the nonce, for the present, in the meantime, meantime, meanwhile, pro tem, temporarily 11 **from time to time** at times, every now and then, every so often, now and then, occasionally, once in a while, on occasion, sometimes 12 **in good time** a early, on time, with time to spare b quickly, rapidly, speedily, swiftly, with dispatch 13 **in no time** apace, before one knows it, before you can say Jack Robinson, in an instant, in a trice (flash, jiffy (Inf.), moment), in two shakes of a lamb's tail (Inf.), quickly, rapidly, speedily, swiftly 14 **in time** a at the appointed time, early, in good time, on schedule, on time, with time to spare b by and by, eventually, one day, someday, sooner or later, ultimately 15 **on time** in good time, on the dot, punctually 16 **time and again** frequently, many times, often, on many occasions, over and over again, repeatedly, time after time
◆ v. 17 clock, control, count, judge, measure, regulate, schedule, set
timeless abiding, ageless, ceaseless, changeless, deathless, endless, enduring, eternal, everlasting, immortal, immutable, imperishable, indestructible, lasting, permanent, persistent, undying
timely appropriate, at the right time, convenient, judicious, opportune, prompt, propitious, punctual, seasonable, suitable, well-timed
timetable agenda, calendar, curriculum, diary, list, order of the day, programme, schedule
timid afraid, apprehensive, bashful, cowardly, coy, diffident, faint-hearted, fearful, irresolute, modest, mousy, nervous, pusillanimous, retiring, shrinking, shy, timorous
timorous afraid, apprehensive, bashful, cowardly, coy, diffident, faint-hearted, fearful, frightened, irresolute, mousy, nervous, pusillanimous, retiring, shrinking, shy, timid, trembling
tinge
◆ n. 1 cast, colour, dye, shade, stain, tincture, tint, wash 2 bit, dash, drop, pinch, smack, smattering, soupçon, sprinkling, suggestion, touch, trace
◆ v. 3 colour, dye, imbue, shade, stain, suffuse, tinge, tint
tingle 1 v. have goose pimples, itch, prickle, sting, tickle 2 n. goose pimples, itch, itching, pins and needles (Inf.), prickling, quiver, shiver, stinging, thrill, tickle, tickling
tinker v. dabble, fiddle (Inf.), meddle, mess about, monkey, muck about (Brit. sl.), play, potter, toy
tint
◆ n. 1 cast, colour, hue, shade, tone 2 dye, rinse, stain, tincture, tinge, wash 3 hint, shade, suggestion, tinge, touch, trace
◆ v. 4 colour, dye, rinse, stain, tincture, tinge 5 affect, colour, influence, taint, tinge

tiny diminutive, dwarfish, infinitesimal, insignificant, Lilliputian, little, microscopic, mini, miniature, minute, negligible, petite, pint-sized (Inf.), puny, pygmy or pigmy, slight, small, teensy-weensy, teeny-weeny, trifling, wee
tip¹ 1 n. apex, cap, crown, end, extremity, head, peak, point, summit, top 2 v. cap, crown, finish, surmount, top
tip²
◆ n. 1 baksheesh, gift, gratuity, perquisite, pourboire 2 Also **tip-off** clue, forecast, gen (Brit. inf.), hint, information, inside information, pointer, suggestion, warning, word, word of advice
◆ v. 3 remunerate, reward 4 Also **tip off** advise, caution, forewarn, give a clue, give a hint, suggest, tip (someone) the wink (Brit. inf.), warn
tip³
◆ v. 1 cant, capsize, incline, lean, list, overturn, slant, spill, tilt, topple over, upend, upset 2 (Brit.) ditch (Sl.), dump, empty, pour out, unload
◆ n. 3 (Brit.) dump, midden (Dialect), refuse heap, rubbish heap
tipple 1 v. bend the elbow (Inf.), bevvy (Dialect), drink, imbibe, indulge (Inf.), quaff, swig, take a drink, tope 2 n. alcohol, booze (Inf.), drink, John Barleycorn, liquor, poison (Inf.)
tire 1 drain, droop, enervate, exhaust, fag (Inf.), fail, fatigue, flag, jade, knacker (Sl.), sink, take it out of (Inf.), wear down, wear out, weary, whack (Brit. inf.) 2 aggravate (Inf.), annoy, bore, exasperate, get on one's nerves (Inf.), harass, hassle (Inf.), irk, irritate, piss one off (Taboo sl.), weary
tired 1 all in (Sl.), asleep or dead on one's feet (Inf.), clapped out (Aust. & N.Z. inf.), dead beat (Inf.), dog-tired (Inf.), done in (Inf.), drained, drooping, drowsy, enervated, exhausted, fagged (Inf.), fatigued, flagging, jaded, knackered (Sl.), ready to drop, sleepy, spent, weary, whacked (Brit. inf.), worn out, zonked (Sl.) 2 (With **of**) annoyed with, bored with, exasperated by, fed up with, irked by, irritated by, pissed off with (Taboo sl.), sick of, weary of 3 clichéd, conventional, corny (Sl.), familiar, hackneyed, old, outworn, stale, stock, threadbare, trite, well-worn
tireless determined, energetic, indefatigable, industrious, resolute, unflagging, untiring, unwearied, vigorous
tiresome annoying, boring, dull, exasperating, flat, irksome, irritating, laborious, monotonous, tedious, trying, uninteresting, vexatious, wearing, wearisome
tiring arduous, demanding, enervative, exacting, exhausting, fatiguing, laborious, strenuous, tough, wearing, wearying
tissue 1 fabric, gauze, mesh, structure, stuff, texture, web 2 paper, paper handkerchief, wrapping paper 3 accumulation, chain, collection, combination, concatenation, conglomeration, fabrication, mass, network, pack, series, web
titbit bonne bouche, choice item, dainty, delicacy, goody, juicy bit, morsel, scrap, snack, treat
title
◆ n. 1 caption, heading, inscription, label, legend, name, style 2 appellation, denomination, designation, epithet, handle (Sl.), moniker or monicker (Sl.), name, nickname, nom de plume, pseudonym, sobriquet, term 3 championship, crown, laurels 4 claim, entitlement, ownership, prerogative, privilege, right
◆ v. 5 call, designate, label, name, style, term
titter chortle (Inf.), chuckle, giggle, laugh, snigger, te-hee, tee-hee
toady 1 n. apple polisher (U.S. sl.), ass-kisser (U.S. & Canad. taboo sl.), bootlicker (Inf.), brown-noser (Taboo sl.), crawler (Sl.), creep (Sl.), fawner, flatterer, flunkey, groveller, hanger-on, jackal, lackey, lickspittle, minion, parasite, spaniel, sycophant, truckler, yes man 2 v. be obsequious to, bow and scrape, brown-nose (Taboo sl.), butter up, crawl, creep, cringe, curry favour with, fawn on, flatter, grovel, kiss (someone's) ass (U.S. & Canad. taboo sl.), kiss the feet of, kowtow to, lick (someone's) boots, pander to, suck up to (Inf.)
toast
◆ n. 1 compliment, drink, health, pledge, salutation, salute, tribute 2 darling, favourite, heroine
◆ v. 3 drink to, drink (to) the health of, pledge, salute 4 brown, grill, heat, roast, warm

together
◆ **adv.** 1 as a group, as one, cheek by jowl, closely, collectively, hand in glove, hand in hand, in a body, in concert, in cooperation, in unison, jointly, mutually, shoulder to shoulder, side by side 2 all at once, as one, at one fell swoop, at the same time, concurrently, contemporaneously, en masse, in unison, simultaneously, with one accord 3 consecutively, continuously, in a row, in succession, one after the other, on end, successively, without a break, without interruption 4 (Inf.) arranged, fixed, ordered, organized, settled, sorted out, straight, to rights
◆ **adj.** 5 (Sl.) calm, composed, cool, stable, well-adjusted, well-balanced, well-organized

toil 1 n. application, donkey-work, drudgery, effort, elbow grease (Inf.), exertion, graft (Inf.), hard work, industry, labour, pains, slog, sweat, travail 2 v. bend over backwards (Inf.), break one's neck (Inf.), bust a gut (Inf.), do one's damnedest (Inf.), drag oneself, drudge, give it one's all (Inf.), give it one's best shot (Inf.), go for broke (Sl.), go for it (Inf.), graft (Inf.), grind (Inf.), grub, knock oneself out (Inf.), labour, make an all-out effort (Inf.), push oneself, rupture oneself (Inf.), slave, slog, strive, struggle, sweat (Inf.), work, work like a dog, work like a Trojan, work one's fingers to the bone

toilet 1 ablutions (Military inf.), bathroom, bog (Sl.), can (U.S. & Canad. sl.), closet, convenience, crapper (Taboo sl.), gents (Brit. inf.), john (Sl., chiefly U.S. & Canad.), khazi (Sl.), ladies' room, latrine, lavatory, little boy's room (Inf.), little girl's room (Inf.), loo (Brit. inf.), outhouse, pissoir, powder room, privy, urinal, washroom, water closet, W.C. 2 ablutions, bathing, dressing, grooming, toilette

token
◆ **n.** 1 badge, clue, demonstration, earnest, evidence, expression, index, indication, manifestation, mark, note, proof, representation, sign, symbol, warning 2 keepsake, memento, memorial, remembrance, reminder, souvenir
◆ **adj.** 3 hollow, minimal, nominal, perfunctory, superficial, symbolic

tolerable 1 acceptable, allowable, bearable, endurable, sufferable, supportable 2 acceptable, adequate, all right, average, fair, fairly good, fair to middling, good enough, indifferent, mediocre, middling, not bad (Inf.), OK or okay (Inf.), ordinary, passable, run-of-the-mill, so-so (Inf.), unexceptional

tolerance 1 broad-mindedness, charity, forbearance, indulgence, lenity, magnanimity, open-mindedness, patience, permissiveness, sufferance, sympathy 2 endurance, fortitude, hardiness, hardness, resilience, resistance, stamina, staying power, toughness 3 fluctuation, play, swing, variation

tolerant 1 broad-minded, catholic, charitable, fair, forbearing, latitudinarian, liberal, long-suffering, magnanimous, open-minded, patient, sympathetic, unbigoted, understanding, unprejudiced 2 complaisant, easy-going, easy-oasy (Sl.), free and easy, indulgent, kind-hearted, lax, lenient, permissive, soft

tolerate abide, accept, admit, allow, bear, brook, condone, countenance, endure, indulge, permit, pocket, put up with (Inf.), receive, sanction, stand, stomach, submit to, suffer, swallow, take, thole (Scot.), turn a blind eye to, undergo, wink at

toleration 1 acceptance, allowance, condonation, endurance, indulgence, permissiveness, sanction, sufferance 2 freedom of conscience, freedom of worship, religious freedom

toll[1] 1 assessment, charge, customs, demand, duty, fee, impost, levy, payment, rate, tariff, tax, tribute 2 cost, damage, inroad, loss, penalty

toll[2]
◆ **v.** 1 chime, clang, knell, peal, ring, sound, strike 2 announce, call, signal, summon, warn
◆ **n.** 3 chime, clang, knell, peal, ring, ringing, tolling

tomb burial chamber, catacomb, crypt, grave, mausoleum, sarcophagus, sepulchre, vault

tombstone gravestone, headstone, marker, memorial, monument

tome book, title, volume, work

tomfoolery 1 buffoonery, childishness, clowning, fooling around (Inf.), foolishness, horseplay, idiocy, larks (Inf.), messing around (Inf.), shenanigans (Inf.), silliness, skylarking (Inf.), stupidity 2 balderdash, baloney (Inf.), bilge (Inf.), bosh (Inf.), bunk (Inf.), bunkum or buncombe (Chiefly U.S.), claptrap (Inf.), hogwash, hooey (Sl.), inanity, nonsense, poppycock (Inf.), rot, rubbish, stuff and nonsense, tommyrot, tosh (Sl., chiefly Brit.), trash, twaddle

tone
◆ **n.** 1 accent, emphasis, force, inflection, intonation, modulation, pitch, strength, stress, timbre, tonality, volume 2 air, approach, aspect, attitude, character, drift, effect, feel, frame, grain, manner, mood, note, quality, spirit, style, temper, tenor, vein 3 cast, colour, hue, shade, tinge, tint
◆ **v.** 4 blend, go well with, harmonize, match, suit

tone down dampen, dim, mitigate, moderate, modulate, play down, reduce, restrain, soften, soft-pedal (Inf.), subdue, temper

tongue 1 argot, dialect, idiom, language, lingo (Inf.), parlance, patois, speech, talk, vernacular 2 articulation, speech, utterance, verbal expression, voice

tongue-tied at a loss for words, dumb, dumbstruck, inarticulate, mute, speechless, struck dumb

tonic analeptic, boost, bracer (Inf.), cordial, fillip, livener, pick-me-up (Inf.), refresher, restorative, roborant, shot in the arm (Inf.), stimulant

too 1 also, as well, besides, further, in addition, into the bargain, likewise, moreover, to boot 2 excessively, exorbitantly, extremely, immoderately, inordinately, over-, overly, unduly, unreasonably, very

tool
◆ **n.** 1 apparatus, appliance, contraption, contrivance, device, gadget, implement, instrument, machine, utensil 2 agency, agent, intermediary, means, medium, vehicle, wherewithal 3 cat's-paw, creature, dupe, flunkey, hireling, jackal, lackey, minion, pawn, puppet, stooge (Sl.)
◆ **v.** 4 chase, cut, decorate, ornament, shape, work

top
◆ **n.** 1 acme, apex, apogee, crest, crown, culmination, head, height, high point, meridian, peak, pinnacle, summit, vertex, zenith 2 cap, cork, cover, lid, stopper 3 first place, head, highest rank, lead 4 **blow one's top** (Inf.) blow up (Inf.), do one's nut (Brit. sl.), explode, fly into a temper, fly off the handle (Inf.), go spare (Brit. sl.), have a fit (Inf.), lose one's temper, see red (Inf.), throw a tantrum 5 **over the top** a bit much (Inf.), excessive, going too far, immoderate, inordinate, over the limit, too much, uncalled-for
◆ **adj.** 6 best, chief, crack (Inf.), crowning, culminating, dominant, elite, finest, first, foremost, greatest, head, highest, lead, leading, pre-eminent, prime, principal, ruling, sovereign, superior, topmost, upper, uppermost
◆ **v.** 7 cap, cover, crown, finish, garnish, roof, tip 8 ascend, climb, crest, reach the top of, scale, surmount 9 be first, be in charge of, command, head, lead, rule 10 beat, best, better, eclipse, exceed, excel, go beyond, outdo, outshine, outstrip, surpass, transcend

topic issue, matter, point, question, subject, subject matter, text, theme, thesis

topical 1 contemporary, current, newsworthy, popular, up-to-date, up-to-the-minute 2 local, parochial, regional, restricted

topmost dominant, foremost, highest, leading, loftiest, paramount, principal, supreme, top, upper, uppermost

topple 1 capsize, collapse, fall, fall headlong, fall over, keel over, knock down, knock over, overbalance, overturn, tip over, totter, tumble, upset 2 bring down, bring low, oust, overthrow, overturn, unseat

topsy-turvy chaotic, confused, disarranged, disorderly, disorganized, inside-out, jumbled, messy, mixed-up, untidy, upside-down

torment
◆ **v.** 1 afflict, agonize, crucify, distress, excruciate, harrow, pain, rack, torture 2 aggravate (Inf.), annoy, bedevil, bother, chivvy, devil (Inf.), harass, harry, hassle (Inf.), hound, irritate, nag, persecute, pester, plague, provoke, tease, trouble, vex, worry
◆ **n.** 3 agony, anguish, distress, hell, misery, pain, suffering, torture 4 affliction, annoyance, bane, bother, harassment, hassle (Inf.), irritation, nag, nagging, nuisance, pain in the neck (Inf.), persecution, pest, plague, provocation, scourge, thorn in one's flesh, trouble, vexation, worry

torn adj. 1 cut, lacerated, ragged, rent, ripped, slit, split 2 divided, in two minds (Inf.), irresolute, split, uncertain, undecided, unsure, vacillating, wavering

tornado cyclone, gale, hurricane, squall, storm, tempest, twister (U.S. inf.), typhoon, whirlwind, windstorm

torpor accidie, acedia, apathy, dormancy, drowsiness, dullness, inactivity, inanition, indolence, inertia, inertness, languor, laziness, lethargy, listlessness, numbness, passivity, sloth, sluggishness, somnolence, stagnancy, stupor, torpidity

torrent cascade, deluge, downpour, effusion, flood, flow, gush, outburst, rush, spate, stream, tide

tortuous 1 bent, circuitous, convoluted, crooked, curved, indirect, mazy, meandering, serpentine, sinuous, twisted, twisting, winding, zigzag 2 ambiguous, complicated, convoluted, cunning, deceptive, devious, indirect, involved, mazy, misleading, roundabout, tricky

torture 1 v. afflict, agonize, crucify, distress, excruciate, harrow, lacerate, martyr, pain, persecute, put on the rack, rack, torment 2 n. affliction, agony, anguish, distress, hell, laceration, martyrdom, misery, pain, pang(s), persecution, rack, suffering, torment

toss
◆ **v.** 1 cast, chuck (Inf.), fling, flip, hurl, launch, lob (Inf.), pitch, project, propel, shy, sling, throw 2 agitate, disturb, jiggle, joggle, jolt, rock, roll, shake, thrash, tumble, wriggle, writhe 3 heave, labour, lurch, pitch, roll, wallow
◆ **n.** 4 cast, fling, lob (Inf.), pitch, shy, throw

tot[1] n. 1 ankle-biter (Aust. sl.), baby, child, infant, little one, mite, rug rat (Sl.), sprog (Sl.), toddler, wean (Scot.) 2 dram, finger, measure, nip, shot (Inf.), slug, snifter (Inf.), toothful

tot[2] v. add up, calculate, count up, reckon, sum (up), tally, total

total 1 n. aggregate, all, amount, entirety, full amount, mass, sum, totality, whole 2 adj. absolute, all-out, arrant, complete, comprehensive, consummate, deep-dyed (Usu. derogatory), downright, entire, full, gross, integral, out-and-out, outright, perfect, sheer, sweeping, thorough, thoroughgoing, unconditional, undisputed, undivided, unmitigated, unqualified, utter, whole 3 v. add up, amount to, come to, mount up to, reach, reckon, sum up, tot up

totalitarian authoritarian, despotic, dictatorial, monolithic, one-party, oppressive, tyrannous, undemocratic

totally absolutely, completely, comprehensively, consummately, entirely, fully, perfectly, quite, thoroughly, unconditionally, unmitigatedly, utterly, wholeheartedly, wholly

totter falter, lurch, quiver, reel, rock, shake, stagger, stumble, sway, teeter, tremble, walk unsteadily, waver

touch
◆ **n.** 1 feel, feeling, handling, palpation, physical contact, tactility 2 blow, brush, caress, contact, fondling, hit, pat, push, stroke, tap 3 bit, dash, detail, drop, hint, intimation, jot, pinch, smack, small amount, smattering, soupçon, speck, spot, suggestion, suspicion, taste, tincture, tinge, trace, whiff 4 direction, effect, hand, influence 5 approach, characteristic, handiwork, manner, method, style, technique, trademark, way 6 ability, adroitness, art, artistry, command, craft, deftness, facility, flair, knack, mastery, skill, virtuosity 7 acquaintance, awareness, communication, contact, correspondence, familiarity, understanding
◆ **v.** 8 brush, caress, contact, feel, finger, fondle, graze, handle, hit, lay a finger on, palpate, pat, push, strike, stroke, tap 9 abut, adjoin, be in contact, border, brush, come together, contact, converge, graze, impinge upon, meet 10 affect, disturb, get through to, get to (Inf.), have an effect on, impress, influence, inspire, make an impression on, mark, melt, move, soften, stir, strike, upset 11 be a party to, concern oneself with, consume, deal with, drink, eat, get involved in, handle, have to do with, partake of, use, utilize 12 (With **on**) allude to, bring in, cover, deal with, mention, refer to, speak of 13 bear upon, concern, have to do with, interest, pertain to, regard 14 be a match for, be in the same league as, be on a par with, come near, come up to, compare with, equal, hold a candle to (Inf.), match,

touchiness bad temper, crabbedness, fretfulness, grouchiness (Inf.), irascibility, irritability, peevishness, pettishness, petulance, surliness, testiness, tetchiness, ticklishness

touching affecting, emotive, heartbreaking, melting, moving, pathetic, piteous, pitiable, pitiful, poignant, sad, stirring, tender

touchstone criterion, gauge, measure, norm, par, standard, yardstick

touch up [1] finish off, perfect, put the finishing touches to, round off [2] brush up, enhance, fake (up), falsify, give a face-lift to, gloss over, improve, patch up, polish up, renovate, retouch, revamp, titivate, whitewash (Inf.)

touchy bad-tempered, captious, crabbed, cross, easily offended, grouchy (Inf.), grumpy, irascible, irritable, oversensitive, peevish, pettish, petulant, querulous, quick-tempered, ratty (Brit. & N.Z. inf.), splenetic, surly, testy, tetchy, thin-skinned, ticklish

tough
- adj. [1] cohesive, durable, firm, hard, inflexible, leathery, resilient, resistant, rigid, rugged, solid, stiff, strong, sturdy, tenacious [2] brawny, fit, hard as nails, hardened, hardy, resilient, seasoned, stalwart, stout, strapping, strong, sturdy, vigorous [3] hard-bitten, pugnacious, rough, ruffianly, ruthless, vicious, violent [4] adamant, callous, exacting, firm, hard, hard-boiled (Inf.), hard-nosed (Inf.), inflexible, intractable, merciless, obdurate, obstinate, refractory, resolute, severe, stern, strict, stubborn, unbending, unforgiving, unyielding [5] arduous, baffling, difficult, exacting, exhausting, hard, intractable, irksome, knotty, laborious, perplexing, puzzling, strenuous, thorny, troublesome, uphill [6] (Inf.) bad, hard cheese (Brit. sl.), hard lines (Brit. inf.), hard luck, lamentable, regrettable, too bad (Inf.), unfortunate, unlucky
- n. [7] bravo, bruiser (Inf.), brute, bully, bully boy, heavy (Sl.), hooligan, rough (Inf.), roughneck (Sl.), rowdy, ruffian, thug

tour
- n. [1] excursion, expedition, jaunt, journey, outing, peregrination, progress, trip [2] circuit, course, round
- v. [3] explore, go on the road, go round, holiday in, journey, sightsee, travel round, travel through, visit

tourist excursionist, globetrotter, holidaymaker, journeyer, sightseer, traveller, tripper, voyager

tournament [1] competition, contest, event, match, meeting, series [2] (Medieval) joust, the lists, tourney

tow v. drag, draw, haul, lug, pull, trail, trawl, tug

towards [1] en route for, for, in the direction of, in the vicinity of, on the road to, on the way to, to [2] about, concerning, for, regarding, with regard to, with respect to [3] almost, close to, coming up to, getting on for, just before, nearing, nearly, not quite, shortly before

tower
- n. [1] belfry, column, obelisk, pillar, skyscraper, steeple, turret [2] castle, citadel, fort, fortification, fortress, keep, refuge, stronghold
- v. [3] ascend, be head and shoulders above, dominate, exceed, loom, mount, overlook, overtop, rear, rise, soar, surpass, top, transcend

toxic baneful (Archaic), deadly, harmful, lethal, noxious, pernicious, pestilential, poisonous, septic

toy
- n. [1] doll, game, plaything [2] bauble, gewgaw, knick-knack, trifle, trinket
- v. [3] amuse oneself, dally, fiddle (Inf.), flirt, fool (about or around), play, sport, trifle, wanton

trace
- n. [1] evidence, indication, mark, record, relic, remains, remnant, sign, survival, token, vestige [2] bit, dash, drop, hint, iota, jot, shadow, soupçon, suggestion, suspicion, tincture, tinge, touch, trifle, whiff [3] footmark, footprint, footstep, path, slot, spoor, track, trail
- v. [4] ascertain, detect, determine, discover, ferret out, find, follow, hunt down, pursue, search for, seek, shadow, stalk, track, trail, unearth [5] chart, copy, delineate, depict, draw, map, mark out, outline, record, show, sketch

track
- n. [1] footmark, footprint, footstep, mark, path, scent, slipstream, slot, spoor, trace, trail, wake [2] course, flight path, line, orbit, path, pathway, road, track, trajectory, way [3] line, permanent way, rail, rails [4] **keep track of** follow, keep an eye on, keep in sight, keep in touch with, keep up to date with, keep up with, monitor, oversee, watch [5] **lose track of** lose, lose sight of, misplace
- v. [6] chase, dog, follow, follow the trail of, hunt down, pursue, shadow, stalk, tail (Inf.), trace, trail

track down apprehend, bring to light, capture, catch, dig up, discover, expose, ferret out, find, hunt down, run to earth, sniff out, trace, unearth

tracks [1] footprints, impressions, imprints, tyremarks, tyreprints, wheelmarks [2] **make tracks** beat it (Sl.), depart, disappear, get going, get moving, go, head off, hit the road (Sl.), leave, set out, split (Sl.), take off (Inf.) [3] **stop in one's tracks** bring to a standstill, freeze, immobilize, petrify, rivet to the spot, stop dead, transfix

tract[1] area, district, estate, expanse, extent, lot, plot, quarter, region, stretch, territory, zone

tract[2] booklet, brochure, disquisition, dissertation, essay, homily, leaflet, monograph, pamphlet, tractate, treatise

tractable [1] amenable, biddable, compliant, controllable, docile, governable, manageable, obedient, persuadable, submissive, tame, willing, yielding [2] ductile, fictile, malleable, plastic, pliable, pliant, tensile, tractile, workable

traction adhesion, drag, draught, drawing, friction, grip, haulage, pull, pulling, purchase, resistance

trade
- n. [1] barter, business, buying and selling, commerce, dealing, exchange, traffic, transactions, truck [2] avocation, business, calling, craft, employment, job, line, line of work, métier, occupation, profession, pursuit, skill [3] deal, exchange, interchange, swap [4] clientele, custom, customers, market, patrons, public
- v. [5] bargain, barter, buy and sell, deal, do business, exchange, have dealings, peddle, traffic, transact, truck [6] barter, exchange, swap, switch

trader broker, buyer, dealer, marketer, merchandizer, merchant, purveyor, seller, supplier

tradesman [1] dealer, merchant, purveyor, retailer, seller, shopkeeper, supplier, vendor [2] artisan, craftsman, journeyman, skilled worker, workman

tradition convention, custom, customs, established practice, folklore, habit, institution, lore, praxis, ritual, unwritten law, usage

traditional accustomed, ancestral, conventional, customary, established, fixed, folk, historic, long-established, old, oral, time-honoured, transmitted, unwritten, usual

traffic
- n. [1] coming and going, freight, movement, passengers, transport, transportation, vehicles [2] barter, business, buying and selling, commerce, communication, dealing, dealings, doings, exchange, intercourse, peddling, relations, trade, truck
- v. [3] bargain, barter, buy and sell, deal, do business, exchange, have dealings, have transactions, market, peddle, trade, truck

tragedy adversity, affliction, bummer (Sl.), calamity, catastrophe, disaster, grievous blow, misfortune

tragic anguished, appalling, awful, calamitous, catastrophic, deadly, dire, disastrous, dismal, doleful, dreadful, fatal, grievous, heartbreaking, heart-rending, ill-fated, ill-starred, lamentable, miserable, mournful, pathetic, pitiable, ruinous, sad, shocking, sorrowful, unfortunate, woeful, wretched

trail
- v. [1] dangle, drag, draw, hang down, haul, pull, stream, tow [2] chase, follow, hunt, pursue, shadow, stalk, tail (Inf.), trace, track [3] bring up the rear, dawdle, drag oneself, fall behind, follow, hang back, lag, linger, loiter, straggle, traipse (Inf.) [4] dangle, droop, extend, hang, straggle
- n. [5] footprints, footsteps, mark, marks, path, scent, slipstream, spoor, trace, track, wake [6] beaten track, footpath, path, road, route, track, way [7] appendage, stream, tail, train

train
- v. [1] coach, discipline, drill, educate, guide, improve, instruct, prepare, rear, rehearse, school, teach, tutor [2] exercise, improve, prepare, work out [3] aim, bring to bear, direct, focus, level, line up, point
- n. [4] chain, concatenation, course, order, progression, sequence, series, set, string, succession [5] caravan, column, convoy, file, procession [6] appendage, tail, trail [7] attendants, cortège, court, entourage, followers, following, household, retinue, staff, suite

trainer coach, handler

training [1] coaching, discipline, education, grounding, guidance, instruction, schooling, teaching, tuition, tutelage, upbringing [2] body building, exercise, practice, preparation, working-out

trait attribute, characteristic, feature, idiosyncrasy, lineament, mannerism, peculiarity, quality, quirk

traitor apostate, back-stabber, betrayer, deceiver, defector, deserter, double-crosser (Inf.), fifth columnist, informer, Judas, miscreant, quisling, rebel, renegade, snake in the grass (Inf.), turncoat

trajectory course, flight, flight path, line, path, route, track

tramp
- v. [1] footslog, hike, march, ramble, range, roam, rove, slog, trek, walk, yomp [2] march, plod, stamp, stump, toil, traipse (Inf.), trudge, walk heavily [3] crush, stamp, stomp (Inf.), trample, tread, walk over
- n. [4] bag lady (Chiefly U.S.), bum (Inf.), derelict, dosser (Brit. sl.), down-and-out, drifter, hobo (Chiefly U.S.), vagabond, vagrant [5] hike, march, ramble, slog, trek [6] footfall, footstep, stamp, tread

trample [1] crush, flatten, run over, squash, stamp, tread, walk over [2] do violence to, encroach upon, hurt, infringe, ride roughshod over, show no consideration for, violate

trance abstraction, daze, dream, ecstasy, hypnotic state, muse, rapture, reverie, spell, stupor, unconsciousness

tranquil at peace, calm, composed, cool, pacific, peaceful, placid, quiet, restful, sedate, serene, still, undisturbed, unexcited, unperturbed, unruffled, untroubled

tranquillity ataraxia, calm, calmness, composure, coolness, equanimity, hush, imperturbability, peace, peacefulness, placidity, quiet, quietness, quietude, repose, rest, restfulness, sedateness, serenity, stillness

tranquillize calm, compose, lull, pacify, quell, quiet, relax, sedate, settle one's nerves, soothe

tranquillizer barbiturate, bromide, downer (Sl.), opiate, red (Sl.), sedative

transact accomplish, carry on, carry out, conclude, conduct, discharge, do, enact, execute, handle, manage, negotiate, perform, prosecute, see to, settle, take care of

transaction [1] action, affair, bargain, business, coup, deal, deed, enterprise, event, matter, negotiation, occurrence, proceeding, undertaking [2] Plural affairs, annals, doings, goings-on (Inf.), minutes, proceedings, record

transcend eclipse, exceed, excel, go above, go beyond, leave behind, leave in the shade (Inf.), outdo, outrival, outshine, outstrip, outvie, overstep, rise above, surpass

transcendent consummate, exceeding, extraordinary, incomparable, matchless, peerless, pre-eminent, second to none, sublime, superior, transcendental, unequalled, unique, unparalleled, unrivalled

transcribe [1] copy out, engross, note, reproduce, rewrite, set out, take down, transfer, write out [2] interpret, render, translate, transliterate [3] record, tape, tape-record

transcript carbon, carbon copy, copy, duplicate, manuscript, note, notes, record, reproduction, transcription, translation, transliteration, version

transfer
- [1] v. carry, change, consign, convey, displace, hand over, make over, move, pass on, relocate, remove, shift, translate, transmit, transplant, transport, transpose, turn over
- [2] n. change, displacement, handover, move, relocation, removal, shift, transference, translation, transmission, transposition

transfix [1] engross, fascinate, halt or stop in one's tracks, hold, hypnotize, mesmerize, paralyze, petrify, rivet the attention of, root to the spot, spellbind, stop dead, stun [2] fix, impale, pierce, puncture, run through, skewer, spear, spit, transpierce

transform alter, change, convert, make over, metamorphose, reconstruct, remodel, renew, revolutionize, transfigure, translate, transmogrify (Jocular), transmute

transformation alteration, change, conversion, metamorphosis, radical change, renewal, revolution, revolutionary change, sea change, transfiguration, transmogrification (Jocular), transmutation

transgress be out of order, break, break the law, contravene, defy, disobey, do or go wrong, encroach, err, exceed, fall from grace, go astray, go beyond, infringe, lapse, misbehave, offend, overstep, sin, trespass, violate

transgression breach, contravention, crime, encroachment, error, fault, infraction, infringement, iniquity, lapse, misbehaviour, misdeed, misdemeanour, offence, peccadillo, sin, trespass, violation, wrong, wrongdoing

transgressor criminal, culprit, delinquent, evildoer, felon, lawbreaker, malefactor, miscreant, offender, sinner, trespasser, villain, wrongdoer

transient brief, ephemeral, evanescent, fleeting, flying, fugacious, fugitive, here today and gone tomorrow, impermanent, momentary, passing, short, short-lived, short-term, temporary, transitory

transit
- n. [1] carriage, conveyance, crossing, motion, movement, passage, portage, shipment, transfer, transport, transportation, travel, traverse [2] alteration, change, changeover, conversion, shift, transition [3] **in transit** during passage, en route, on the journey, on the move, on the road, on the way, while travelling
- v. [4] cross, journey, move, pass, travel, traverse

transition alteration, change, changeover, conversion, development, evolution, flux, metamorphosis, metastasis, passage, passing, progression, shift, transit, transmutation, upheaval

transitional changing, developmental, fluid, intermediate, passing, provisional, temporary, transitionary, unsettled

transitory brief, ephemeral, evanescent, fleeting, flying, fugacious, here today and gone tomorrow, impermanent, momentary, passing, short, short-lived, short-term, temporary, transient

translate [1] construe, convert, decipher, decode, interpret, paraphrase, render, transcribe, transliterate [2] elucidate, explain, make clear, paraphrase, put in plain English, simplify, spell out, state in layman's language [3] alter, change, convert, metamorphose, transfigure, transform, transmute, turn [4] carry, convey, move, remove, send, transfer, transplant, transport, transpose

translation [1] construction, decoding, gloss, interpretation, paraphrase, rendering, rendition, transcription, transliteration, version [2] elucidation, explanation, paraphrase, rephrasing, rewording, simplification [3] alteration, change, conversion, metamorphosis, transfiguration, transformation, transmutation [4] conveyance, move, removal, transference, transposition

translator interpreter, linguist, metaphrast, paraphrast

transmission [1] carriage, communication, conveyance, diffusion, dispatch, dissemination, remission, sending, shipment, spread, transfer, transference, transport [2] broadcasting, dissemination, putting out, relaying, sending, showing [3] broadcast, programme, show

transmit [1] bear, carry, communicate, convey, diffuse, dispatch, disseminate, forward, hand down, hand on, impart, pass on, remit, send, spread, take, transfer, transport [2] broadcast, disseminate, put on the air, radio, relay, send, send out

transparency [1] clarity, clearness, diaphaneity, diaphanousness, filminess, gauziness, limpidity, limpidness, pellucidity, pellucidness, sheerness, translucence, translucency, transparence [2] apparentness, distinctness, explicitness, obviousness, patentness, perspicuousness, plainness, unambiguousness, visibility [3] candidness, directness, forthrightness, frankness, openness, straightforwardness [4] photograph, slide

transparent [1] clear, crystal clear, crystalline, diaphanous, filmy, gauzy, limpid, lucent, lucid, pellucid, seethrough, sheer, translucent, transpicuous [2] apparent, as plain as the nose on one's face (Inf.), distinct, easy, evident, explicit, manifest, obvious, patent, perspicuous, plain, recognizable, unambiguous, understandable, undisguised, visible [3] candid, direct, forthright, frank, open, plain-spoken, straight, straightforward, unambiguous, unequivocal

transpire [1] (Inf.) arise, befall, chance, come about, come to pass (Archaic) happen, occur, take place, turn up [2] become known, be disclosed, be discovered, be made public, come out, come to light, emerge

transplant displace, relocate, remove, resettle, shift, transfer, uproot

transport
- v. [1] bear, bring, carry, convey, fetch, haul, move, remove, run, ship, take, transfer [2] banish, deport, exile, sentence to transportation [3] captivate, carry away, delight, electrify, enchant, enrapture, entrance, move, ravish, spellbind
- n. [4] conveyance, transportation, vehicle [5] carriage, conveyance, removal, shipment, shipping, transference, transportation [6] cloud nine (Inf.), enchantment, euphoria, heaven, rapture, seventh heaven [7] bliss, delight, ecstasy, happiness, ravishment

transpose alter, change, exchange, interchange, move, rearrange, relocate, reorder, shift, substitute, swap (Inf.), switch, transfer

transverse athwart, crossways, crosswise, diagonal, oblique

trap
- n. [1] ambush, gin, net, noose, pitfall, snare, springe, toils [2] ambush, artifice, deception, device, ruse, stratagem, subterfuge, trick, wile
- v. [3] catch, corner, enmesh, ensnare, entrap, snare, take [4] ambush, beguile, deceive, dupe, ensnare, inveigle, trick

trappings accoutrements, adornments, decorations, dress, equipment, finery, fittings, fixtures, fripperies, furnishings, gear, livery, ornaments, panoply, paraphernalia, raiment (Archaic or poetic), things, trimmings

trash [1] balderdash, balls (Taboo sl.), bilge (Inf.), bosh (Inf.), bull (Sl.), bullshit (Taboo sl.), bunkum or buncombe (Chiefly U.S.), cobblers (Brit. taboo sl.), crap (Sl.), drivel, eyewash (Inf.), foolish talk, garbage (Inf.), guff (Sl.), hogwash, hokum (Sl., chiefly U.S. & Canad.), horsefeathers (U.S. sl.), hot air (Inf.), inanity, moonshine, nonsense, pap, piffle (Inf.), poppycock (Inf.), rot, rubbish, shit (Taboo sl.), tommyrot, tosh (Sl., chiefly Brit.), tripe (Inf.), trumpery, twaddle [2] dreck (Sl., chiefly U.S.), dregs, dross, garbage, junk (Inf.), litter, offscourings, refuse, rubbish, sweepings, waste

trashy brummagem, catchpenny, cheap, cheapjack (Inf.), chickenshit (U.S. sl.), crappy (Sl.), flimsy, inferior, meretricious, of a sort or of sorts, poxy (Sl.), rubbishy, shabby, shoddy, tawdry, thrown together, tinsel, worthless

traumatic agonizing, damaging, disturbing, hurtful, injurious, painful, scarring, shocking, upsetting, wounding

travel
- v. [1] cross, go, journey, make a journey, make one's way, move, proceed, progress, ramble, roam, rove, take a trip, tour, traverse, trek, voyage, walk, wander, wend [2] be transmitted, carry, get through, move
- n. [3] Usually plural excursion, expedition, globe-trotting, journey, movement, passage, peregrination, ramble, tour, touring, trip, voyage, walk, wandering

traveller [1] excursionist, explorer, globetrotter, gypsy, hiker, holiday-maker, journeyer, migrant, nomad, passenger, tourist, tripper, voyager, wanderer, wayfarer [2] agent, commercial traveller, rep, representative, salesman, travelling salesman

travelling adj. itinerant, migrant, migratory, mobile, moving, nomadic, peripatetic, restless, roaming, roving, touring, unsettled, wandering, wayfaring

traverse [1] bridge, cover, cross, cut across, go across, go over, make one's way across, negotiate, pass over, ply, range, roam, span, travel over, wander [2] balk, contravene, counter, counteract, deny, frustrate, go against, hinder, impede, obstruct, oppose, thwart [3] check, consider, examine, eye, inspect, investigate, look into, look over, pore over, range over, review, scan, scrutinize, study

travesty [1] n. burlesque, caricature, distortion, lampoon, mockery, parody, perversion, send-up (Brit. inf.), sham, spoof (Inf.), takeoff (Inf.) [2] v. burlesque, caricature, deride, distort, lampoon, make a mockery of, make fun of, mock, parody, pervert, ridicule, send up (Brit. inf.), sham, spoof (Inf.), take off (Inf.)

treacherous [1] deceitful, disloyal, double-crossing (Inf.), double-dealing, duplicitous, faithless, false, perfidious, recreant (Archaic), traitorous, treasonable, unfaithful, unreliable, untrue, untrustworthy [2] dangerous, deceptive, hazardous, icy, perilous, precarious, risky, slippery, slippy (Inf. or dialect), tricky, unreliable, unsafe, unstable

treachery betrayal, disloyalty, double-cross (Inf.), double-dealing, duplicity, faithlessness, infidelity, perfidiousness, perfidy, stab in the back, treason

tread
- v. [1] hike, march, pace, plod, stamp, step, stride, tramp, trudge, walk [2] crush underfoot, squash, trample [3] bear down, crush, oppress, quell, repress, ride roughshod over, subdue, subjugate, suppress [4] **tread on someone's toes** affront, annoy, bruise, disgruntle, get someone's back up, hurt, hurt someone's feelings, infringe, injure, irk, offend, vex
- n. [5] footfall, footstep, gait, pace, step, stride, walk

treason disaffection, disloyalty, duplicity, lese-majesty, mutiny, perfidy, sedition, subversion, traitorousness, treachery

treasonable disloyal, false, mutinous, perfidious, seditious, subversive, traitorous, treacherous, treasonous

treasure
- n. [1] cash, fortune, funds, gold, jewels, money, riches, valuables, wealth [2] apple of one's eye, darling, gem, jewel, nonpareil, paragon, pearl, precious, pride and joy, prize
- v. [3] adore, cherish, dote upon, esteem, hold dear, idolize, love, prize, revere, value, venerate, worship [4] accumulate, cache, collect, garner, hoard, husband, lay up, salt away, save, stash (away) (Inf.), store up

treasury [1] bank, cache, hoard, repository, store, storehouse, vault [2] assets, capital, coffers, exchequer, finances, funds, money, resources, revenues

treat
- n. [1] banquet, celebration, entertainment, feast, gift, party, refreshment [2] delight, enjoyment, fun, gratification, joy, pleasure, satisfaction, surprise, thrill
- v. [3] act towards, behave towards, consider, deal with, handle, look upon, manage, regard, use [4] apply treatment to, attend to, care for, doctor, medicate, nurse [5] buy for, entertain, feast, foot or pay the bill, give, lay on, pay for, provide, regale, stand (Inf.), take out, wine and dine [6] be concerned with, contain, deal with, discourse upon, discuss, go into, touch upon [7] bargain, come to terms, confer, have talks, make terms, negotiate, parley

treatise disquisition, dissertation, essay, exposition, monograph, pamphlet, paper, study, thesis, tract, work, writing

treatment [1] care, cure, healing, medication, medicine, remedy, surgery, therapy [2] action towards, behaviour towards, conduct, dealing, handling, management, manipulation, reception, usage

treaty agreement, alliance, bargain, bond, compact, concordat, contract, convention, covenant, entente, pact

trek [1] n. expedition, footslog, hike, journey, long haul, march, odyssey, safari, slog, tramp [2] v. footslog, hike, journey, march, plod, range, roam, rove, slog, traipse (Inf.), tramp, trudge, yomp

tremble [1] v. oscillate, quake, quiver, rock, shake, shake in one's shoes, shiver, shudder, teeter, totter, vibrate, wobble [2] n. oscillation, quake, quiver, shake, shiver, shudder, tremor, vibration, wobble

tremendous [1] appalling, awesome, awful, colossal, deafening, dreadful, enormous, fearful, formidable, frightful, gargantuan, gigantic, great, huge, immense, mammoth, monstrous, prodigious, stupendous, terrible, terrific, titanic, towering, vast, whopping (Inf.) [2] (Inf.) ace (Inf.), amazing, boffo (Sl.), brill (Inf.), brilliant, chillin' (U.S. sl.), cracking (Brit. inf.), excellent, exceptional, extraordinary, fabulous (Inf.), fantastic (Inf.), great, incredible, jim-dandy (Sl.), marvellous, mean (Sl.), sensational (Inf.), sovereign, super (Inf.), terrific (Inf.), topping (Brit. sl.), wonderful

tremor [1] agitation, quaking, quaver, quiver, quivering, shake, shaking, shiver, tremble, trembling, trepidation, vibration, wobble [2] earthquake, quake (Inf.), shock

trench channel, cut, ditch, drain, earthwork, entrenchment, excavation, fosse, furrow, gutter, pit, trough, waterway

trenchant [1] acerbic, acid, acidulous, acute, astringent, biting, caustic, cutting, hurtful, incisive, keen, mordacious, mordant, penetrating, piquant, pointed, pungent, sarcastic, scathing, severe, sharp, tart, vitriolic [2] driving, effective, effectual, emphatic, energetic, forceful, potent, powerful, strong, vigorous [3] clear, clear-cut, crisp, distinct, distinctly defined, explicit, salient, unequivocal, well-defined

trend
- n. [1] bias, course, current, direction, drift, flow, inclination, leaning, tendency [2] craze, fad (Inf.), fashion, look, mode, rage, style, thing, vogue
- v. [3] bend, flow, head, incline, lean, run, stretch, swing, tend, turn, veer

trepidation agitation, alarm, anxiety, apprehension, blue funk (Inf.), butterflies (Inf.), cold feet (Inf.), cold sweat (Inf.), consternation, dismay, disquiet, disturbance, dread, emotion, excitement, fear, fright, jitters (Inf.), nervousness, palpitation, perturbation, quivering, shaking, the heebie-jeebies (Sl.), trembling, tremor, uneasiness, worry

trespass
- v. [1] encroach, infringe, intrude, invade, obtrude, poach [2] (Archaic) offend, sin, transgress, violate, wrong
- n. [3] encroachment, infringement, intrusion, invasion, poaching, unlawful entry, wrongful entry [4] breach, crime, delinquency, error, evildoing, fault, infraction, iniquity, injury, misbehaviour, misconduct, misdeed, misdemeanour, offence, sin, transgression, wrongdoing

trespasser [1] infringer, interloper, intruder, invader, poacher, unwelcome visitor [2] (Archaic) criminal, delinquent, evildoer, malefactor, offender, sinner, transgressor, wrongdoer

tress braid, curl, lock, pigtail, plait, ringlet

triad threesome, trilogy, trine, trinity, trio, triple, triplet, triptych, triumvirate, triune

trial
- n. [1] assay, audition, check, dry run (Inf.), examination, experience, experiment, probation, proof, test, testing, test-run [2] contest, hearing, industrial tribunal, judicial examination, litigation, tribunal [3] attempt, crack (Inf.), effort, endeavour, go (Inf.), shot (Inf.), stab (Inf.), try, venture, whack (Inf.) [4] adversity, affliction, burden, cross to bear, distress, grief, hardship, hard times, load, misery, ordeal, pain, suffering, tribulation, trouble, unhappiness, vexation, woe, wretchedness [5] bane, bother, drag (Inf.), hassle (Inf.), irritation, nuisance, pain in the arse (Taboo inf.), pain in the neck (Inf.), pest, plague (Inf.), thorn in one's flesh, vexation
- adj. [6] experimental, exploratory, pilot, probationary, provisional, testing

tribe blood, caste, clan, class, division, dynasty, ethnic group, family, gens, house, people, race, seed (Chiefly biblical), sept, stock

tribulation adversity, affliction, bad luck, blow, bummer (Sl.), burden, care, cross to bear, curse, distress, grief, hardship, hassle (Inf.), heartache, ill fortune, misery, misfortune, ordeal, pain, reverse, sorrow, suffering, trial, trouble, unhappiness, vexation, woe, worry, wretchedness

tribunal bar, bench, court, hearing, industrial tribunal, judgment seat, judicial examination, trial

tribute [1] accolade, acknowledgement, applause, commendation, compliment, encomium, esteem, eulogy, gift, gratitude, honour, laudation, panegyric, praise, recognition, respect, testimonial [2] charge, contribution, customs, duty, excise, homage, impost, offering, payment, ransom, subsidy, tax, toll

trick
- n. [1] artifice, canard, con (Sl.), deceit, deception, device, dodge, feint, fraud, gimmick, hoax, imposition, imposture, manoeuvre, ploy, ruse, scam (Sl.), sting (Inf.), stratagem, subterfuge, swindle, trap, wile [2] antic, cantrip (Scot.), caper, device, feat, frolic, gag (Inf.), gambol, jape, joke, juggle, legerdemain, leg-pull (Brit. inf.), practical joke, prank, put-on (Sl.), sleight of hand, stunt [3] art, command, craft, device, expertise, gift, hang (Inf.), knack, know-how (Inf.), secret, skill, technique [4] characteristic, crotchet, foible, habit, idiosyncrasy, mannerism, peculiarity, practice, quirk, trait [5] do the trick (Inf.) be effective or effectual, have effect, produce the desired result, work
- v. [6] bamboozle (Inf.), cheat, con (Inf.), deceive, defraud, delude, dupe, fool, gull (Archaic) have (someone) on, hoax, hoodwink, impose upon, kid (Inf.), mislead, pull the wool over (someone's) eyes, put one over on (someone) (Inf.), stiff (Sl.), sting (Inf.), swindle, take in (Inf.), trap

trickery cheating, chicanery, con (Inf.), deceit, deception, dishonesty, double-dealing, fraud, funny business, guile, hanky-panky (Inf.), hoax, hokum (Sl., chiefly U.S. & Canad.), imposture, jiggery-pokery (Inf., chiefly Brit.), monkey business (Inf.), pretence, skulduggery (Inf.), swindling

trickle [1] v. crawl, creep, dribble, drip, drop, exude, ooze, percolate, run, seep, stream [2] n. dribble, drip, seepage

tricky [1] complicated, delicate, difficult, knotty, problematic, risky, sticky (Inf.), thorny, ticklish, touch-and-go [2] artful, crafty, cunning, deceitful, deceptive, devious, foxy, scheming, slippery, sly, subtle, wily

trifle
- n. [1] bagatelle, bauble, child's play (Inf.), gewgaw, knick-knack, nothing, plaything, toy, triviality [2] bit, dash, drop, jot, little, pinch, spot, touch, trace
- v. [3] amuse oneself, coquet, dally, dawdle, flirt, fritter, idle, mess about, palter, play, toy, wanton, waste, waste time

trifling empty, footling (Inf.), frivolous, idle, inconsiderable, insignificant, measly, minuscule, negligible, nickel-and-dime (U.S. sl.), paltry, petty, piddling (Inf.), puny, shallow, silly, slight, small, tiny, trivial, unimportant, valueless, worthless

trigger v. activate, bring about, cause, elicit, generate, give rise to, produce, prompt, provoke, set in motion, set off, spark off, start

trim
- adj. [1] compact, dapper, natty (Inf.), neat, nice, orderly, shipshape, smart, soigné or soignée, spick-and-span, spruce, tidy, trig (Archaic or dialect), well-groomed, well-ordered, well turned-out [2] fit, shapely, sleek, slender, slim, streamlined, svelte, willowy
- v. [3] barber, clip, crop, curtail, cut, cut back, dock, even up, lop, pare, prune, shave, shear, tidy [4] adorn, array, beautify, bedeck, deck out, decorate, dress, embellish, embroider, garnish, ornament, trick out [5] adjust, arrange, balance, distribute, order, prepare, settle
- n. [6] adornment, border, decoration, edging, embellishment, frill, fringe, garnish, ornamentation, piping, trimming [7] condition, fettle, fitness, form, health, order, repair, shape (Inf.), situation, state [8] clipping, crop, cut, pruning, shave, shearing, tidying up, trimming [9] array, attire, dress, equipment, gear, trappings

trimming [1] adornment, border, braid, decoration, edging, embellishment, festoon, frill, fringe, garnish, ornamentation, piping [2] Plural accessories, accompaniments, appurtenances, extras, frills, garnish, ornaments, paraphernalia, trappings [3] Plural brash, clippings, cuttings, ends, parings, shavings

trinity threesome, triad, trilogy, trine, trio, triple, triplet, triptych, triumvirate, triune

trinket bagatelle, bauble, bibelot, gewgaw, gimcrack, kickshaw, knick-knack, nothing, ornament, piece of bric-a-brac, toy, trifle

trio threesome, triad, trilogy, trine, trinity, triple, triplet, triptych, triumvirate, triune

trip
- n. [1] errand, excursion, expedition, foray, jaunt, journey, outing, ramble, run, tour, travel, voyage [2] bloomer (Brit. inf.), blunder, boob (Brit. sl.), error, fall, false move, false step, faux pas, indiscretion, lapse, misstep, slip, stumble
- v. [3] blunder, boob (Brit. sl.), err, fall, go wrong, lapse, lose one's balance, lose one's footing, make a false move, make a faux pas, miscalculate, misstep, slip, slip up (Inf.), stumble, tumble [4] catch out, confuse, disconcert, put off one's stride, throw off, trap, unsettle [5] go, ramble, tour, travel, voyage [6] caper, dance, flit, frisk, gambol, hop, skip, spring, tread lightly [7] (Inf.) get high (Inf.), get stoned (Sl.), take drugs, turn on (Sl.) [8] activate, engage, flip, pull, release, set off, switch on, throw, turn on

tripe balderdash, balls (Taboo sl.), bilge (Inf.), bosh (Inf.), bull (Sl.), bullshit (Taboo sl.), bunkum or buncombe (Chiefly U.S.), claptrap (Inf.), cobblers (Brit. taboo sl.), crap (Sl.), drivel, eyewash (Inf.), foolish talk, garbage (Inf.), guff (Sl.), hogwash, hokum (Sl., chiefly U.S. & Canad.), horsefeathers (U.S. sl.), hot air (Inf.), inanity, moonshine, nonsense, pap, piffle (Inf.), poppycock (Inf.), rot, rubbish, shit (Taboo sl.), tommyrot, tosh (Sl., chiefly Brit.), trash, trumpery, twaddle

triple [1] adj. threefold, three times as much, three-way, tripartite [2] n. threesome, triad, trilogy, trine, trinity, trio, triplet, triumvirate, triune [3] v. increase threefold, treble, triplicate

triplet threesome, triad, trilogy, trine, trinity, trio, triple, triumvirate, triune

tripper excursionist, holiday-maker, journeyer, sightseer, tourist, voyager

trite banal, bromidic, clichéd, common, commonplace, corny (Sl.), dull, hack, hackneyed, ordinary, pedestrian, routine, run-of-the-mill, stale, stereotyped, stock, threadbare, tired, uninspired, unoriginal, worn

triumph
- n. [1] elation, exultation, happiness, joy, jubilation, pride, rejoicing [2] accomplishment, achievement, ascendancy, attainment, conquest, coup, feat, hit (Inf.), mastery, sensation, smash (Inf.), smash-hit (Inf.), success, tour de force, victory, walkover (Inf.)
- v. [3] (Often with over) best, carry the day, come out on top (Inf.), dominate, flourish, get the better of, overcome, overwhelm, prevail, prosper, subdue, succeed, take the honours, thrive, vanquish, win [4] celebrate, crow, drool, exult, gloat, glory, jubilate, rejoice, revel, swagger

triumphant boastful, celebratory, cock-a-hoop, conquering, dominant, elated, exultant, glorious, jubilant, proud, rejoicing, successful, swaggering, triumphal, undefeated, victorious, winning

trivia details, minutiae, petty details, trifles, trivialities

trivial chickenshit (U.S. sl.), commonplace, everyday, frivolous, incidental, inconsequential, inconsiderable, insignificant, little, meaningless, minor, negligible, nickel-and-dime (U.S. sl.), paltry, petty, puny, slight, small, trifling, trite, unimportant, valueless, worthless

triviality [1] frivolity, inconsequentiality, insignificance, littleness, meaninglessness, negligibility, paltriness, pettiness, slightness, smallness, triteness, unimportance, valuelessness, worthlessness [2] detail, no big thing, no great matter, nothing, petty detail, technicality, trifle

troop
- n. [1] assemblage, band, bevy, body, bunch (Inf.), company, contingent, crew (Inf.), crowd, drove, flock, gang, gathering, group, herd, horde, multitude, pack, posse (Inf.), squad, swarm, team, throng, unit [2] Plural armed forces, army, fighting men, men, military, servicemen, soldiers, soldiery
- v. [3] crowd, flock, march, parade, stream, swarm, throng, traipse (Inf.)

trophy award, bays, booty, cup, laurels, memento, prize, souvenir, spoils

tropical hot, humid, lush, steamy, stifling, sultry, sweltering, torrid

trot
- v. [1] canter, go briskly, jog, lope, run, scamper
- n. [2] brisk pace, canter, jog, lope, run [3] on the trot (Inf.) consecutively, in a row, in succession, one after the other, without break, without interruption

trot out bring forward, bring up, come out with, drag up, exhibit, recite, rehearse, reiterate, relate, repeat

trouble
- n. [1] agitation, annoyance, anxiety, bummer (Sl.), disquiet, distress, grief, hardship, hassle (Inf.), heartache, irritation, misfortune, pain, sorrow, suffering, torment, tribulation, vexation, woe, worry [2] agitation, bother (Inf.), commotion, discontent, discord, disorder, dissatisfaction, disturbance, hassle (Inf.), row, strife, tumult, unrest [3] ailment, complaint, defect, disability, disease, disorder, failure, illness, malfunction, upset [4] bother, concern, danger, difficulty, dilemma, dire straits, hassle (Inf.), hot water (Inf.), mess, nuisance, pest, pickle (Inf.), predicament, problem, scrape (Inf.), spot (Inf.), tight spot [5] attention, bother,

care, effort, exertion, inconvenience, labour, pains, struggle, thought, work
◆ v. 6 afflict, agitate, annoy, bother, discompose, disconcert, disquiet, distress, disturb, faze, fret, grieve, harass, hassle (Inf.), inconvenience, pain, perplex, perturb, pester, plague, sadden, torment, upset, vex, worry 7 be concerned, bother, burden, discomfort, discommode, disturb, impose upon, incommode, inconvenience, put out 8 exert oneself, go to the effort of, make an effort, take pains, take the time

troublemaker agent provocateur, agitator, firebrand, incendiary, instigator, meddler, mischief-maker, rabble-rouser, stirrer (Inf.), stormy petrel

troublesome 1 annoying, arduous, bothersome, burdensome, demanding, difficult, harassing, hard, importunate, inconvenient, irksome, irritating, laborious, oppressive, pestilential, plaguy (Inf.), taxing, tiresome, tricky, trying, upsetting, vexatious, wearisome, worrisome, worrying 2 disorderly, insubordinate, rebellious, recalcitrant, refractory, rowdy, turbulent, uncooperative, undisciplined, unruly, violent

trough 1 crib, manger, water trough 2 canal, channel, depression, ditch, duct, flume, furrow, gully, gutter, trench, watercourse

trounce beat, blow out of the water (Sl.), clobber (Sl.), crush, defeat heavily or utterly, drub, give a hiding (Inf.), give a pasting (Sl.), hammer (Inf.), lick (Inf.), make mincemeat of, overwhelm, paste (Sl.), rout, run rings around (Inf.), slaughter (Inf.), tank (Sl.), thrash, walk over (Inf.), wipe the floor with (Inf.)

troupe band, cast, company

trouper actor, artiste, entertainer, performer, player, theatrical, thespian

truancy absence, absence without leave, malingering, shirking, skiving (Brit. sl.)

truant
◆ n. 1 absentee, delinquent, deserter, dodger, malingerer, runaway, shirker, skiver (Brit. sl.), straggler
◆ adj. 2 absent, absent without leave, AWOL, missing, skiving (Brit. sl.)
◆ v. 3 absent oneself, bob off (Brit. sl.), desert, dodge, go missing, malinger, play truant, run away, shirk, skive (Brit. sl.), twag (Dialect)

truce armistice, break, ceasefire, cessation, cessation of hostilities, intermission, interval, let-up (Inf.), lull, moratorium, peace, respite, rest, stay, treaty

truck
◆ n. 1 commercial goods, commodities, goods, merchandise, stock, stuff, wares 2 barter, business, buying and selling, commerce, communication, connection, contact, dealings, exchange, relations, trade, traffic
◆ v. 3 bargain, barter, buy and sell, deal, do business, exchange, have dealings, negotiate, swap, trade, traffic, transact business

truculent aggressive, antagonistic, bad-tempered, bellicose, belligerent, combative, contentious, cross, defiant, fierce, hostile, ill-tempered, itching or spoiling for a fight (Inf.), obstreperous, pugnacious, scrappy (Inf.), sullen, violent

trudge 1 v. clump, drag oneself, footslog, hike, lumber, march, plod, slog, stump, traipse (Inf.), tramp, trek, walk heavily, yomp 2 n. footslog, haul, hike, march, slog, traipse (Inf.), tramp, trek, yomp

true
◆ adj. 1 accurate, actual, authentic, bona fide, correct, exact, factual, genuine, legitimate, natural, precise, pure, real, right, truthful, valid, veracious, veritable 2 confirmed, constant, dedicated, devoted, dutiful, faithful, fast, firm, honest, honourable, loyal, pure, reliable, sincere, staunch, steady, true-blue, trustworthy, trusty, unswerving, upright 3 accurate, correct, exact, on target, perfect, precise, proper, spot-on (Brit. inf.), unerring
◆ adv. 4 honestly, rightly, truthfully, veraciously, veritably 5 accurately, correctly, on target, perfectly, precisely, properly, unerringly 6 **come true** become reality, be granted, be realized, come to pass, happen, occur

truism axiom, bromide, cliché, commonplace, platitude, stock phrase, trite saying

truly 1 accurately, authentically, beyond doubt, beyond question, correctly, exactly, factually, genuinely, in actuality, in fact, in reality, in truth, legitimately, precisely, really, rightly, truthfully, veraciously, veritably, without a doubt 2 confirmedly, constantly, devotedly, dutifully, faithfully, firmly, honestly, honourably, loyally, sincerely, staunchly, steadily, with all one's heart, with dedication, with devotion 3 exceptionally, extremely, greatly, indeed, of course, really, to be sure, verily, very

trumpery
◆ n. 1 balderdash, balls (Taboo sl.), bilge (Inf.), bosh (Inf.), bull (Sl.), bullshit (Taboo sl.), bunkum or buncombe (Chiefly U.S.), claptrap (Inf.), cobblers (Brit. taboo sl.), crap (Sl.), drivel, eyewash (Inf.), foolishness, foolish talk, garbage (Inf.), guff (Sl.), hogwash, hokum (Sl., chiefly U.S. & Canad.), horsefeathers (U.S. sl.), hot air (Inf.), idiocy, inanity, moonshine, nonsense, pap, piffle (Inf.), poppycock (Inf.), rot, rubbish, shit (Taboo sl.), stuff, tommyrot, tosh (Sl., chiefly Brit.), trash, tripe (Inf.), twaddle 2 bagatelle, bauble, gewgaw, kickshaw, knick-knack, toy, trifle, trinket
◆ adj. 3 brummagem, cheap, flashy, meretricious, nasty, rubbishy, shabby, shoddy, tawdry, trashy, trifling, useless, valueless, worthless

trumpet
◆ n. 1 bugle, clarion, horn 2 bay, bellow, call, cry, roar 3 **blow one's own trumpet** boast, brag, crow, sing one's own praises, vaunt
◆ v. 4 advertise, announce, broadcast, crack up (Inf.), extol, noise abroad, proclaim, publish, shout from the rooftops, sound loudly, tout (Inf.)

trump up concoct, contrive, cook up (Inf.), create, fabricate, fake, invent, make up, manufacture

truncate abbreviate, clip, crop, curtail, cut, cut short, dock, lop, pare, prune, shorten, trim

truncheon baton, club, cudgel, staff

trunk 1 bole, stalk, stem, stock 2 body, torso 3 proboscis, snout 4 bin, box, case, casket, chest, coffer, crate, kist (Scot. & northern English dialect), locker, portmanteau

truss
◆ v. 1 bind, bundle, fasten, make fast, pack, pinion, secure, strap, tether, tie
◆ n. 2 beam, brace, buttress, joist, prop, shore, stanchion, stay, strut, support 3 (Medical) bandage, support 4 bale, bundle, package, packet

trust
◆ n. 1 assurance, belief, certainty, certitude, confidence, conviction, credence, credit, expectation, faith, hope, reliance 2 duty, obligation, responsibility 3 care, charge, custody, guard, guardianship, protection, safekeeping, trusteeship
◆ v. 4 assume, believe, expect, hope, presume, suppose, surmise, think likely 5 bank on, believe, count on, depend on, have faith in, lean on, pin one's faith on, place confidence in, place one's trust in, place reliance on, rely upon, swear by, take at face value 6 assign, command, commit, confide, consign, delegate, entrust, give, put into the hands of, sign over, turn over

trustful, trusting confiding, credulous, gullible, innocent, naive, optimistic, simple, unguarded, unsuspecting, unsuspicious, unwary

trustworthy dependable, ethical, honest, honourable, level-headed, mature, principled, reliable, reputable, responsible, righteous, sensible, staunch, steadfast, to be trusted, true, trusty, truthful, upright

trusty dependable, faithful, firm, honest, reliable, responsible, solid, staunch, steady, straightforward, strong, true, trustworthy, upright

truth 1 accuracy, actuality, exactness, fact, factuality, factualness, genuineness, legitimacy, precision, reality, truthfulness, validity, veracity, verity 2 candour, constancy, dedication, devotion, dutifulness, faith, faithfulness, fidelity, frankness, honesty, integrity, loyalty, naturalism, realism, uprightness 3 axiom, certainty, fact, law, maxim, proven principle, reality, truism, verity

truthful accurate, candid, correct, exact, faithful, forthright, frank, honest, literal, naturalistic, plain-spoken, precise, realistic, reliable, sincere, straight, straightforward, true, trustworthy, upfront (Inf.), veracious, veritable

try
◆ v. 1 aim, attempt, bend over backwards (Inf.), break one's neck (Inf.), bust a gut (Inf.), do one's best, do one's damnedest (Inf.), endeavour, essay, exert oneself, give it one's all (Inf.), give it one's best shot (Inf.), go for broke (Sl.), go for it (Inf.), have a go (crack (Inf.), shot (Inf.), stab (Inf.), whack (Inf.)) (Inf.), knock oneself out (Inf.), make an all-out effort (Inf.), make an attempt, make an effort, rupture oneself (Inf.), seek, strive, struggle, undertake 2 appraise, check out, evaluate, examine, experiment, inspect, investigate, prove, put to the test, sample, taste, test 3 afflict, annoy, inconvenience, irk, irritate, pain, plague, strain, stress, tax, tire, trouble, upset, vex, weary 4 adjudge, adjudicate, examine, hear
◆ n. 5 attempt, crack (Inf.), effort, endeavour, essay, go (Inf.), shot (Inf.), stab (Inf.), whack (Inf.) 6 appraisal, evaluation, experiment, inspection, sample, taste, test, trial

trying aggravating (Inf.), annoying, arduous, bothersome, difficult, exasperating, fatiguing, hard, irksome, irritating, stressful, taxing, tiresome, tough, troublesome, upsetting, vexing, wearisome

try out appraise, check out, evaluate, experiment with, inspect, put into practice, put to the test, sample, taste, test

tsar, czar autocrat, despot, emperor, head, leader, overlord, ruler, sovereign, tyrant

tuck
◆ v. 1 fold, gather, insert, push
◆ n. 2 fold, gather, pinch, pleat 3 (Inf.) comestibles, eats (Sl.), food, grub (Sl.), nosebag (Sl.), nosh (Sl.), scoff (Sl.), tack (Inf.), victuals, vittles (Obs. or dialect)

tuck in 1 bed down, enfold, fold under, make snug, put to bed, swaddle, wrap up 2 chow down (Sl.), eat heartily, get stuck in (Inf.)

tug 1 v. drag, draw, haul, heave, jerk, lug, pull, tow, wrench, yank 2 n. drag, haul, heave, jerk, pull, tow, traction, wrench, yank

tuition education, instruction, lessons, schooling, teaching, training, tutelage, tutoring

tumble 1 v. drop, fall, fall end over end, fall headlong, fall head over heels, flop, lose one's footing, pitch, plummet, roll, stumble, topple, toss, trip up 2 n. collapse, drop, fall, flop, headlong fall, plunge, roll, spill, stumble, toss, trip

tumbledown crumbling, decrepit, dilapidated, disintegrating, falling to pieces, ramshackle, rickety, ruined, shaky, tottering

tumour cancer, carcinoma (Pathol.), growth, lump, neoplasm (Medical), sarcoma (Medical), swelling

tumult ado, affray (Law), agitation, altercation, bedlam, brawl, brouhaha, clamour, commotion, din, disorder, disturbance, excitement, fracas, hubbub, hullabaloo, outbreak, pandemonium, quarrel, racket, riot, row, ruction (Inf.), stir, stramash (Scot.), strife, turmoil, unrest, upheaval, uproar

tumultuous agitated, boisterous, clamorous, confused, disorderly, disturbed, excited, fierce, hectic, irregular, lawless, noisy, obstreperous, passionate, raging, restless, riotous, rowdy, rumbustious, stormy, turbulent, unrestrained, unruly, uproarious, violent, vociferous, wild

tune
◆ n. 1 air, melody, melody line, motif, song, strain, theme 2 agreement, concert, concord, consonance, euphony, harmony, pitch, sympathy, unison 3 attitude, demeanour, disposition, frame of mind, mood 4 **call the tune** be in charge (command, control), call the shots (Sl.), command, dictate, govern, lead, rule, rule the roost 5 **change one's tune** change one's mind, do an about-face, have a change of heart, reconsider, take a different tack, think again
◆ v. 6 adapt, adjust, attune, bring into harmony, harmonize, pitch, regulate

tuneful catchy, consonant (Music), easy on the ear (Inf.), euphonic, euphonious, harmonious, mellifluous, melodic, melodious, musical, pleasant, symphonic

tuneless atonal, cacophonous, clashing, discordant, dissonant, harsh, unmelodic, unmelodious, unmusical

tunnel 1 n. burrow, channel, hole, passage, passageway, shaft, subway, underpass 2 v. burrow, dig, dig one's way, excavate, mine, penetrate, scoop out, undermine

turbulence agitation, boiling, commotion, confusion, disorder, instability, pandemonium, roughness, storm, tumult, turmoil, unrest, upheaval

turbulent 1 agitated, blustery, boiling, choppy, confused, disordered, foaming, furious, raging, rough, tempestuous, tumultuous, unsettled, unstable 2 agitated, anarchic, boisterous, disorderly, insubordinate, lawless, mutinous, obstreperous, rebellious, refractory, riotous, rowdy, seditious, tumultuous, unbridled, undisciplined, ungovernable, unruly, uproarious, violent, wild

turf 1 clod, divot, grass, green, sod, sward 2 **the turf** horse-racing, racecourse, racetrack, racing, the flat

turmoil agitation, bedlam, brouhaha, bustle, chaos, commotion, confusion, disarray, disorder, disturbance, ferment, flurry, hubbub, noise, pandemonium, row, stir, strife, trouble, tumult, turbulence, upheaval, uproar, violence

turn

- v. 1 circle, go round, gyrate, move in a circle, pivot, revolve, roll, rotate, spin, swivel, twirl, twist, wheel, whirl 2 change course, change position, go back, move, return, reverse, shift, swerve, switch, veer, wheel 3 arc, come round, corner, go round, negotiate, pass, pass around, take a bend 4 adapt, alter, become, change, convert, divert, fashion, fit, form, metamorphose, mould, mutate, remodel, shape, transfigure, transform, transmute 5 become rancid, curdle, go bad, go off (Brit. inf.), go sour, make rancid, sour, spoil, taint 6 appeal, apply, approach, go, have recourse, look, resort 7 nauseate, sicken, upset 8 apostatize, bring round (Inf.), change one's mind, change sides, defect, desert, go over, influence, persuade, prejudice, prevail upon, renege, retract, talk into 9 construct, deliver, execute, fashion, frame, make, mould, perform, shape, write 10 **turn tail** beat a hasty retreat, bolt, cut and run (Inf.), flee, hook it (Sl.), run away, run off, show a clean pair of heels, take off (Inf.), take to one's heels
- n. 11 bend, change, circle, curve, cycle, gyration, pivot, reversal, revolution, rotation, spin, swing, turning, twist, whirl 12 bias, direction, drift, heading, tendency, trend 13 bend, change of course, change of direction, curve, departure, deviation, shift 14 chance, crack (Inf.), fling, go, opportunity, period, round, shift, shot (Inf.), spell, stint, succession, time, try, whack (Inf.) 15 airing, circuit, constitutional, drive, excursion, jaunt, outing, promenade, ride, saunter, spin (Inf.), stroll, walk 16 affinity, aptitude, bent, bias, flair, gift, inclination, knack, leaning, propensity, talent 17 cast, fashion, form, format, guise, make-up, manner, mode, mould, shape, style, way 18 act, action, deed, favour, gesture, service 19 bend, distortion, twist, warp 20 (Inf.) fright, scare, shock, start, surprise 21 **by turns** alternately, in succession, one after another, reciprocally, turn and turn about 22 **to a turn** correctly, exactly, just right, perfectly, precisely

turn down 1 diminish, lessen, lower, muffle, mute, quieten, reduce the volume of, soften 2 abstain from, decline, rebuff, refuse, reject, repudiate, say no to, spurn, throw out

turn in 1 go to bed, go to sleep, hit the sack (Sl.), retire for the night 2 deliver, give back, give up, hand in, hand over, return, submit, surrender, tender

turning bend, crossroads, curve, junction, side road, turn, turn-off

turning point change, climacteric, crisis, critical moment, crossroads, crux, decisive moment, moment of decision, moment of truth

turn off 1 branch off, change direction, depart from, deviate, leave, quit, take another road, take a side road 2 cut out, kill, put out, shut down, stop, switch off, turn out, unplug 3 (Inf.) alienate, bore, disenchant, disgust, displease, gross out (U.S. sl.), irritate, lose one's interest, nauseate, offend, put off, repel, sicken

turn on 1 activate, energize, ignite, kick-start, put on, set in motion, start, start up, switch on 2 balance, be contingent on, be decided by, depend, hang, hinge, pivot, rest 3 assail, assault, attack, fall on, lose one's temper with, round on 4 (Sl.) arouse, arouse one's desire, attract, excite, please, stimulate, thrill, titillate, work up 5 (Sl.) get high (Inf.), get stoned (Sl.), take drugs, trip (Inf.) 6 (Sl.) expose, get one started with, inform, initiate, introduce, show

turn out 1 put out, switch off, turn off, unplug 2 bring out, fabricate, finish, make, manufacture, process, produce, put out 3 axe (Inf.), banish, cashier, cast out, deport, discharge, dismiss, dispossess, drive out, drum out, evict, expel, fire (Inf.), give one the sack (Inf.), give the bum's rush (Sl.), kick out (Inf.), kiss off (Sl., chiefly U.S. & Canad.), oust, put out, relegate, sack (Inf.), show one the door, throw out, turf out (Brit. inf.), unseat 4 clean out, clear, discharge, empty, take out the contents of 5 become, come about, come to be, come to light, crop up (Inf.), develop, emerge, end up, eventuate, evolve, happen, prove to be, result, transpire (Inf.), work out 6 accoutre, apparel (Archaic), attire, clothe, dress, fit, outfit, rig out 7 appear, assemble, attend, be present, come, gather, go, put in an appearance, show up (Inf.), turn up

turnover 1 business, flow, output, outturn (Rare), production, productivity, volume, yield 2 change, coming and going, movement, replacement

turn up 1 appear, arrive, attend, come, put in an appearance, show (Inf.), show one's face, show up (Inf.) 2 appear, become known, be found, bring to light, come to light, come to pass, come up with, crop up (Inf.), dig up, disclose, discover, expose, find, pop up, reveal, transpire, unearth 3 amplify, boost, enhance, increase, increase the volume of, intensify, make louder, raise

tussle 1 v. battle, brawl, contend, fight, grapple, scrap (Inf.), scuffle, struggle, vie, wrestle 2 n. bagarre, battle, bout, brawl, competition, conflict, contention, contest, fight, fracas, fray, punch-up (Brit. inf.), scrap (Inf.), scrimmage, scuffle, set-to (Inf.), shindig (Inf.), shindy (Inf.), struggle

tutor 1 n. coach, educator, governor, guardian, guide, guru, instructor, lecturer, master, mentor, preceptor, schoolmaster, teacher 2 v. coach, direct, discipline, drill, edify, educate, guide, instruct, lecture, school, teach, train

tutorial 1 n. individual instruction, lesson, seminar 2 adj. coaching, guiding, instructional, teaching

tweak v./n. jerk, nip, pinch, pull, squeeze, twist, twitch

twig branch, offshoot, shoot, spray, sprig, stick, withe

twilight

- n. 1 dimness, dusk, evening, gloaming (Scot. or poetic), half-light, sundown, sunset 2 decline, ebb, last phase
- adj. 3 crepuscular, darkening, dim, evening 4 declining, dying, ebbing, final, last

twin 1 n. clone, corollary, counterpart, double, duplicate, fellow, likeness, lookalike, match, mate, ringer (Sl.) 2 adj. corresponding, double, dual, duplicate, geminate, identical, matched, matching, paired, parallel, twofold 3 v. couple, join, link, match, pair, yoke

twine

- n. 1 cord, string, yarn 2 coil, convolution, interlacing, twist, whorl 3 knot, snarl, tangle
- v. 4 braid, entwine, interlace, interweave, knit, plait, splice, twist, twist together, weave 5 bend, coil, curl, encircle, loop, meander, spiral, surround, twist, wind, wrap, wreathe

twinge bite, gripe, pain, pang, pinch, prick, sharp pain, spasm, stab, stitch, throb, throe (Rare), tic, tweak, twist, twitch

twinkling 1 blink, coruscation, flash, flashing, flicker, gleam, glimmer, glistening, glittering, scintillation, shimmer, shining, sparkle, twinkle, wink 2 flash, instant, jiffy (Inf.), moment, second, shake (Inf.), split second, tick (Brit. inf.), trice, twinkle, two shakes of a lamb's tail (Inf.)

twirl

- v. 1 gyrate, pirouette, pivot, revolve, rotate, spin, turn, turn on one's heel, twiddle, twist, wheel, whirl, wind
- n. 2 gyration, pirouette, revolution, rotation, spin, turn, twist, wheel, whirl 3 coil, spiral, twist

twist

- v. 1 coil, corkscrew, curl, encircle, entwine, intertwine, screw, spin, swivel, twine, weave, wind, wrap, wreathe, wring 2 contort, distort, screw up 3 rick, sprain, turn, wrench 4 alter, change, distort, falsify, garble, misquote, misrepresent, pervert, warp 5 squirm, wriggle, writhe 6 **twist someone's arm** bully, coerce, force, persuade, pressurize, talk into
- n. 7 coil, curl, spin, swivel, twine, wind 8 braid, coil, curl, hank, plug, quid, roll 9 change, development, revelation, slant, surprise, turn, variation 10 arc, bend, convolution, curve, meander, turn, undulation, zigzag 11 defect, deformation, distortion, flaw, imperfection, kink, warp 12 jerk, pull, sprain, turn, wrench 13 aberration, bent, characteristic, crotchet, eccentricity, fault, foible, idiosyncrasy, oddity, peculiarity, proclivity, quirk, trait 14 confusion, entanglement, kink, knot, mess, mix-up, ravel, snarl, tangle 15 **round the twist** (Brit. sl.) barmy (Sl.), batty (Sl.), bonkers (Sl., chiefly Brit.), crazy, cuckoo (Inf.), daft (Inf.), insane, loopy (Inf.), mad, not all there, not right in the head, nuts (Sl.), nutty (Sl.), nutty as a fruitcake (Sl.), off one's rocker (Sl.), off one's trolley (Sl.), out to lunch (Inf.), up the pole (Inf.)

twister cheat, chiseller (Inf.), con man (Inf.), crook (Inf.), deceiver, fraud, rogue, swindler, trickster

twit airhead (Sl.), ass, berk (Brit. sl.), blockhead, charlie (Brit. inf.), chump (Inf.), clown, dickhead (Sl.), dipstick (Brit. sl.), divvy (Brit. sl.), dope (Inf.), dork (Sl.), dweeb (U.S. sl.), fool, fuckwit (Taboo sl.), geek (Sl.), gonzo (Sl.), halfwit, idiot, jerk (Sl., chiefly U.S. & Canad.), juggins (Brit. inf.), nerd or nurd (Sl.), nincompoop, ninny, nitwit (Inf.), numskull or numbskull, oaf, pillock (Brit. sl.), plank (Brit. sl.), plonker (Sl.), prat (Sl.), prick (Derogatory sl.), schmuck (U.S. sl.), silly-billy (Inf.), simpleton, twerp or twirp (Inf.), wally (Sl.)

twitch 1 v. blink, flutter, jerk, jump, pluck, pull, snatch, squirm, tug, yank 2 n. blink, flutter, jerk, jump, pull, spasm, tic, tremor, twinge

two-edged ambiguous, ambivalent, backhanded, double-edged, equivocal

two-faced deceitful, deceiving, dissembling, double-dealing, duplicitous, false, hypocritical, insincere, Janus-faced, perfidious, treacherous, untrustworthy

tycoon baron, big cheese (Sl., old-fashioned), big noise (Inf.), capitalist, captain of industry, fat cat (Sl., chiefly U.S.), financier, industrialist, magnate, merchant prince, mogul, plutocrat, potentate, wealthy businessman

type 1 breed, category, class, classification, form, genre, group, ilk, kidney, kind, order, sort, species, stamp, strain, subdivision, variety 2 case, characters, face, fount, print, printing 3 archetype, epitome, essence, example, exemplar, model, norm, original, paradigm, pattern, personification, prototype, quintessence, specimen, standard

typhoon cyclone, squall, storm, tempest, tornado, tropical storm

typical archetypal, average, characteristic, classic, conventional, essential, illustrative, in character, indicative, in keeping, model, normal, orthodox, representative, standard, stock, true to type, usual

typify characterize, embody, epitomize, exemplify, illustrate, incarnate, personify, represent, sum up, symbolize

tyrannical absolute, arbitrary, authoritarian, autocratic, coercive, cruel, despotic, dictatorial, domineering, high-handed, imperious, inhuman, magisterial, oppressive, overbearing, overweening, peremptory, severe, tyrannous, unjust, unreasonable

tyranny absolutism, authoritarianism, autocracy, coercion, cruelty, despotism, dictatorship, harsh discipline, high-handedness, imperiousness, oppression, peremptoriness, reign of terror, unreasonableness, high- handedness

tyrant absolutist, authoritarian, autocrat, bully, despot, dictator, Hitler, martinet, oppressor, slave-driver

tyro apprentice, beginner, catechumen, greenhorn (Inf.), initiate, learner, neophyte, novice, novitiate, pupil, student, trainee

U

ubiquitous all-over, ever-present, everywhere, omnipresent, pervasive, universal

ugly 1 hard-favoured, hard-featured, homely (Chiefly U.S.), ill-favoured, misshapen, no oil painting (Inf.), not much to look at, plain, unattractive, unlovely, unprepossessing, unsightly 2 disagreeable, disgusting, distasteful, frightful, hideous, horrid, monstrous, objectionable, obscene, offensive, repugnant, repulsive, revolting, shocking, terrible, unpleasant, vile 3 baleful, dangerous, forbidding, menacing, ominous, sinister, threatening 4 angry, bad-tempered, dark, evil, malevolent, nasty, spiteful, sullen, surly

ulcer abscess, boil, fester, gathering, gumboil, peptic ulcer, pustule, sore

ulterior concealed, covert, hidden, personal, secondary, secret, selfish, undisclosed, unexpressed

ultimate
- **adj.** [1] conclusive, decisive, end, eventual, extreme, final, furthest, last, terminal [2] extreme, greatest, highest, maximum, most significant, paramount, superlative, supreme, topmost, utmost [3] basic, elemental, fundamental, primary, radical
- **n.** [4] culmination, epitome, extreme, greatest, height, peak, perfection, summit, the last word

ultimately after all, at last, basically, eventually, finally, fundamentally, in due time, in the end, sooner or later

umbrage anger, chagrin, displeasure, grudge, high dudgeon, huff, indignation, offence, pique, resentment, sense of injury

umbrella [1] brolly (Brit. inf.), gamp (Brit. inf.) [2] aegis, agency, cover, patronage, protection

umpire [1] n. adjudicator, arbiter, arbitrator, judge, moderator, ref (Inf.), referee [2] v. adjudicate, arbitrate, call (Sport), judge, mediate, moderate, referee

unabashed blatant, bold, brazen, confident, unawed, unblushing, unconcerned, undaunted, undismayed, unembarrassed

unable impotent, inadequate, incapable, ineffectual, no good, not able, not equal to, not up to, powerless, unfit, unfitted, unqualified

unabridged complete, full-length, uncondensed, uncut, unexpurgated, unshortened, whole

unacceptable disagreeable, displeasing, distasteful, improper, inadmissible, insupportable, objectionable, offensive, undesirable, unpleasant, unsatisfactory, unwelcome

unaccompanied a cappella (Music), alone, by oneself, lone, on one's own, solo, unescorted

unaccountable [1] baffling, incomprehensible, inexplicable, inscrutable, mysterious, odd, peculiar, puzzling, strange, unexplainable, unfathomable, unintelligible [2] astonishing, extraordinary, uncommon, unheard-of, unusual, unwonted [3] clear, exempt, free, not answerable, not responsible, unliable

unaccustomed [1] (With to) a newcomer to, a novice at, green, inexperienced, not given to, not used to, unfamiliar with, unpractised, unused to, unversed in [2] new, out of the ordinary, remarkable, special, strange, surprising, uncommon, unexpected, unfamiliar, unprecedented, unusual, unwonted

unaffected [1] artless, genuine, honest, ingenuous, naive, natural, plain, simple, sincere, straightforward, unassuming, unpretentious, unsophisticated, unspoilt, unstudied, without airs [2] aloof, impervious, not influenced, proof, unaltered, unchanged, unimpressed, unmoved, unresponsive, unstirred, untouched

unafraid confident, daring, dauntless, fearless, intrepid, unfearing, unshak(e)able

unalterable fixed, fixed as the laws of the Medes and the Persians, immovable, immutable, invariable, permanent, steadfast, unchangeable, unchanging

unanimity accord, agreement, assent, chorus, concert, concord, concurrence, consensus, harmony, like-mindedness, one mind, unison, unity

unanimous agreed, agreeing, at one, common, concerted, concordant, harmonious, in agreement, in complete accord, like-minded, of one mind, united

unanimously by common consent, nem. con., unitedly, unopposed, with one accord, without exception, without opposition

unanswerable [1] absolute, conclusive, incontestable, incontrovertible, indisputable, irrefutable, unarguable, undeniable [2] insoluble, insolvable, unascertainable, unexplainable, unresolvable

unanswered disputed, ignored, in doubt, open, undecided, undenied, unnoticed, unrefuted, unresolved, unsettled, up in the air, vexed

unappetizing distasteful, insipid, off-putting (Brit. inf.), tasteless, unappealing, unattractive, uninteresting, uninviting, unpalatable, unpleasant, unsavoury, vapid

unapproachable [1] aloof, chilly, cool, distant, frigid, offish (Inf.), remote, reserved, standoffish, unfriendly, unsociable, withdrawn [2] inaccessible, out of reach, out-of-the-way, remote, un-get-at-able (Inf.), unreachable

unarmed assailable, defenceless, exposed, helpless, open, open to attack, unarmoured, unprotected, weak, weaponless, without arms

unasked [1] gratuitous, spontaneous, unbidden, undemanded, undesired, uninvited, unprompted, unrequested, unsought, unwanted [2] off one's own bat, of one's own accord, voluntarily, without prompting

unassailable [1] impregnable, invincible, invulnerable, secure, well-defended [2] absolute, conclusive, incontestable, incontrovertible, indisputable, irrefutable, positive, proven, sound, undeniable

unassuming diffident, humble, meek, modest, quiet, reserved, retiring, self-effacing, simple, unassertive, unobtrusive, unostentatious, unpretentious

unattached [1] autonomous, free, independent, nonaligned, unaffiliated, uncommitted [2] a free agent, available, by oneself, footloose and fancy-free, not spoken for, on one's own, single, unengaged, unmarried

unattended [1] abandoned, disregarded, ignored, left alone, not cared for, unguarded, unwatched [2] alone, on one's own, unaccompanied, unescorted

unauthorized illegal, unapproved, unconstitutional, under-the-table, unlawful, unofficial, unsanctioned, unwarranted

unavailing abortive, bootless, fruitless, futile, idle, ineffective, ineffectual, of no avail, pointless, to no purpose, unproductive, unsuccessful, useless, vain

unavoidable bound to happen, certain, compulsory, fated, ineluctable, inescapable, inevitable, inexorable, necessary, obligatory, sure

unaware heedless, ignorant, incognizant, oblivious, unconscious, unenlightened, uninformed, unknowing, unmindful, unsuspecting

unawares [1] aback, abruptly, by surprise, off guard, on the hop (Brit. inf.), suddenly, unexpectedly, unprepared, without warning [2] accidentally, by accident, by mistake, inadvertently, mistakenly, unconsciously, unintentionally, unknowingly, unwittingly

unbalanced [1] asymmetrical, irregular, lopsided, not balanced, shaky, unequal, uneven, unstable, unsymmetrical, wobbly [2] barking (Sl.), barking mad (Sl.), crazy, demented, deranged, disturbed, eccentric, erratic, insane, irrational, loopy (Inf.), lunatic, mad, non compos mentis, not all there, not the full shilling (Inf.), off one's trolley (Sl.), out to lunch (Inf.), touched, unhinged, unsound, unstable, up the pole (Inf.) [3] biased, inequitable, one-sided, partial, partisan, prejudiced, unfair, unjust

unbearable insufferable, insupportable, intolerable, oppressive, too much (Inf.), unacceptable, unendurable

unbeatable indomitable, invincible, more than a match for, unconquerable, unstoppable, unsurpassable

unbeaten [1] triumphant, unbowed, undefeated, unsubdued, unsurpassed, unvanquished, victorious, winning [2] new, untouched, untried, untrodden, virgin

unbecoming [1] ill-suited, inappropriate, incongruous, unattractive, unbefitting, unfit, unflattering, unsightly, unsuitable, unsuited [2] discreditable, improper, indecorous, indelicate, offensive, tasteless, unseemly

unbelief atheism, disbelief, distrust, doubt, incredulity, scepticism

unbelievable astonishing, beyond belief, far-fetched, implausible, impossible, improbable, inconceivable, incredible, outlandish, preposterous, questionable, staggering, unconvincing, unimaginable, unthinkable

unbeliever agnostic, atheist, disbeliever, doubting Thomas, infidel, sceptic

unbending [1] aloof, distant, formal, inflexible, reserved, rigid, stiff, uptight (Inf.) [2] firm, hard-line, intractable, resolute, severe, strict, stubborn, tough, uncompromising, unyielding

unbiased disinterested, dispassionate, equitable, even-handed, fair, impartial, just, neutral, objective, open-minded, unprejudiced

unbidden [1] free, spontaneous, unforced, unprompted, voluntary, willing [2] unasked, uninvited, unwanted, unwelcome

unbind free, loosen, release, set free, unbridle, unchain, undo, unfasten, unfetter, unloose, unshackle, untie, unyoke

unblemished flawless, immaculate, impeccable, perfect, pure, spotless, unflawed, unspotted, unstained, unsullied, untarnished

unborn [1] awaited, embryonic, expected, in utero [2] coming, future, hereafter, latter, subsequent, to come

unbounded absolute, boundless, endless, immeasurable, infinite, lavish, limitless, unbridled, unchecked, unconstrained, uncontrolled, unlimited, unrestrained, vast

unbreakable armoured, durable, indestructible, infrangible, lasting, nonbreakable, resistant, rugged, shatterproof, solid, strong, toughened

unbridled excessive, intemperate, licentious, rampant, riotous, unchecked, unconstrained, uncontrolled, uncurbed, ungovernable, ungoverned, unrestrained, unruly, violent, wanton

unbroken [1] complete, entire, intact, solid, total, unimpaired, whole [2] ceaseless, constant, continuous, endless, incessant, progressive, serried, successive, uninterrupted, unremitting [3] deep, fast, profound, sound, undisturbed, unruffled, untroubled [4] unbowed, unsubdued, untamed

unburden [1] disburden, discharge, disencumber, ease the load, empty, lighten, relieve, unload [2] come clean (Inf.), confess, confide, disclose, get (something) off one's chest (Inf.), lay bare, make a clean breast of, reveal, spill one's guts about (Sl.), tell all, unbosom

uncalled-for gratuitous, inappropriate, needless, undeserved, unjust, unjustified, unnecessary, unprovoked, unwarranted, unwelcome

uncanny [1] creepy (Inf.), eerie, eldritch (Poetic), mysterious, preternatural, queer, spooky (Inf.), strange, supernatural, unearthly, unnatural, weird [2] astonishing, astounding, exceptional, extraordinary, fantastic, incredible, inspired, miraculous, prodigious, remarkable, singular, unheard-of, unusual

unceasing ceaseless, constant, continual, continuing, continuous, endless, incessant, never-ending, nonstop, perpetual, persistent, unending, unfailing, unremitting

uncertain [1] ambiguous, chancy, conjectural, doubtful, iffy (Inf.), incalculable, indefinite, indeterminate, indistinct, questionable, risky, speculative, undetermined, unforeseeable, unpredictable [2] ambivalent, doubtful, dubious, hazy, in two minds, irresolute, unclear, unconfirmed, undecided, undetermined, unfixed, unresolved, unsettled, unsure, up in the air, vacillating, vague [3] changeable, erratic, fitful, hesitant, iffy (Inf.), inconstant, insecure, irregular, precarious, unpredictable, unreliable, vacillating, variable, wavering

uncertainty ambiguity, bewilderment, confusion, dilemma, doubt, dubiety, hesitancy, hesitation, inconclusiveness, indecision, irresolution, lack of confidence, misgiving, mystification, perplexity, puzzlement, qualm, quandary, scepticism, state of suspense, unpredictability, vagueness

unchangeable changeless, constant, fixed, immovable, immutable, inevitable, invariable, irreversible, permanent, stable, steadfast, strong, unalterable

unchanging abiding, changeless, constant, continuing, enduring, eternal, immutable, imperishable, lasting, permanent, perpetual, unchanged, unfading, unvarying

uncharitable cruel, hardhearted, insensitive, mean, merciless, stingy, unchristian, unfeeling, unforgiving, unfriendly, ungenerous, unkind, unsympathetic

uncharted not mapped, strange, undiscovered, unexplored, unfamiliar, unknown, unplumbed, virgin

uncivil bad-mannered, bearish, boorish, brusque, churlish, discourteous, disrespectful, gruff, ill-bred, ill-mannered, impolite, rude, surly, uncouth, unmannerly

uncivilized [1] barbarian, barbaric, barbarous, illiterate, primitive, savage, wild [2] beyond the pale, boorish, brutish, churlish, coarse, gross, philistine, uncouth, uncultivated, uncultured, uneducated, unmannered, unpolished, unsophisticated, vulgar

unclean contaminated, corrupt, defiled, dirty, evil, filthy, foul, impure, nasty, polluted, scuzzy (Sl., chiefly U.S.), soiled, spotted, stained, sullied, tainted

uncomfortable [1] awkward, causing discomfort, cramped, disagreeable, hard, ill-fitting, incommodious, irritating, painful, rough, troublesome [2] awkward, confused, discomfited, disquieted, distressed, disturbed, embarrassed, ill at ease, out of place, self-conscious, troubled, uneasy

uncommitted floating, free, free-floating, neutral, nonaligned, nonpartisan, not involved, (sitting) on the fence, unattached, uninvolved

uncommon 1 bizarre, curious, few and far between, infrequent, novel, odd, out of the ordinary, peculiar, queer, rare, scarce, singular, strange, unfamiliar, unusual 2 distinctive, exceptional, extraordinary, incomparable, inimitable, notable, noteworthy, outstanding, rare, remarkable, singular, special, superior, unparalleled, unprecedented

uncommonly 1 hardly ever, infrequently, not often, occasionally, only now and then, rarely, scarcely ever, seldom 2 exceptionally, extremely, particularly, peculiarly, remarkably, strangely, unusually, very

uncommunicative close, curt, guarded, reserved, reticent, retiring, secretive, short, shy, silent, taciturn, tight-lipped, unforthcoming, unresponsive, unsociable, withdrawn

uncompromising decided, die-hard, firm, hardline, inexorable, inflexible, intransigent, obdurate, obstinate, rigid, steadfast, stiff-necked, strict, stubborn, tough, unbending, unyielding

unconcern aloofness, apathy, detachment, indifference, insouciance, lack of interest, nonchalance, remoteness, uninterestedness

unconcerned 1 aloof, apathetic, cool, detached, dispassionate, distant, incurious, indifferent, oblivious, uninterested, uninvolved, unmoved, unsympathetic 2 blithe, callous, carefree, careless, easy, insouciant, nonchalant, not bothered, relaxed, serene, unperturbed, unruffled, untroubled, unworried

unconditional absolute, arrant, categorical, complete, downright, entire, explicit, full, out-and-out, outright, plenary, positive, thoroughgoing, total, unlimited, unqualified, unreserved, unrestricted, utter

uncongenial antagonistic, antipathetic, disagreeable, discordant, displeasing, distasteful, incompatible, not one's cup of tea (Inf.), unharmonious, uninviting, unpleasant, unsuited, unsympathetic

unconnected 1 detached, disconnected, divided, independent, separate 2 disconnected, disjointed, illogical, incoherent, irrelevant, meaningless, nonsensical, not related, unrelated

unconquerable 1 indomitable, invincible, unbeatable, undefeatable, unyielding 2 enduring, ingrained, innate, insurmountable, inveterate, irrepressible, irresistible, overpowering

unconscionable 1 amoral, criminal, unethical, unfair, unjust, unprincipled, unscrupulous 2 excessive, exorbitant, extravagant, extreme, immoderate, inordinate, outrageous, preposterous, unreasonable

unconscious 1 blacked out (Inf.), comatose, dead to the world (Inf.), insensible, knocked out, numb, out, out cold, senseless, stunned 2 blind to, deaf to, heedless, ignorant, in ignorance, lost to, oblivious, unaware, unknowing, unmindful, unsuspecting 3 accidental, inadvertent, unintended, unintentional, unpremeditated, unwitting 4 automatic, gut (Inf.), inherent, innate, instinctive, involuntary, latent, reflex, repressed, subconscious, subliminal, suppressed, unrealized

uncontrollable beside oneself, carried away, frantic, furious, irrepressible, irresistible, like one possessed, mad, strong, ungovernable, unmanageable, unruly, violent, wild

uncontrolled boisterous, furious, lacking self-control, out of control, out of hand, rampant, riotous, running wild, unbridled, unchecked, uncurbed, undisciplined, ungoverned, unrestrained, unruly, unsubmissive, untrammelled, violent

unconventional atypical, bizarre, bohemian, different, eccentric, far-out (Sl.), freakish, idiosyncratic, individual, individualistic, informal, irregular, nonconformist, odd, oddball (Inf.), offbeat, off-the-wall (Sl.), original, out of the ordinary, outré, uncustomary, unorthodox, unusual, wacko (Sl.), way-out (Inf.)

unconvincing dubious, feeble, fishy (Inf.), flimsy, hard to believe, implausible, improbable, inconclusive, lame, questionable, specious, suspect, thin, unlikely, unpersuasive, weak

uncoordinated all thumbs, awkward, bumbling, bungling, butterfingered (Inf.), clodhopping (Inf.), clumsy, graceless, heavy-footed, inept, lumbering, maladroit, ungainly, ungraceful

uncounted countless, infinite, innumerable, legion, multitudinous, myriad, numberless, unnumbered, untold

uncouth awkward, barbaric, boorish, clownish, clumsy, coarse, crude, gawky, graceless, gross, ill-mannered, loutish, lubberly, oafish, rough, rude, rustic, uncivilized, uncultivated, ungainly, unrefined, unseemly, vulgar

uncover 1 bare, lay open, lift the lid, open, show, strip, take the wraps off, unwrap 2 blow wide open (Sl.), bring to light, disclose, discover, divulge, expose, lay bare, make known, reveal, unearth, unmask

uncritical easily pleased, indiscriminate, undiscerning, undiscriminating, unexacting, unfussy, unperceptive, unselective, unthinking

undeceive be honest with, correct, disabuse, disillusion, enlighten, open (someone's) eyes (to), put (someone) right, set (someone) straight, shatter (someone's) illusions

undecided 1 ambivalent, dithering (Chiefly Brit.), doubtful, dubious, hesitant, in two minds, irresolute, swithering (Scot.), torn, uncertain, uncommitted, unsure, wavering 2 debatable, iffy (Inf.), indefinite, in the balance, moot, open, pending, tentative, unconcluded, undetermined, unsettled, up in the air, vague

undefended defenceless, exposed, naked, open to attack, unarmed, unfortified, unguarded, unprotected, vulnerable, wide open

undefiled chaste, clean, clear, flawless, immaculate, impeccable, pure, sinless, spotless, squeaky-clean, unblemished, unsoiled, unspotted, unstained, unsullied, virginal

undefined 1 formless, hazy, indefinite, indistinct, shadowy, tenuous, vague 2 imprecise, indeterminate, inexact, unclear, unexplained, unspecified

undemonstrative aloof, cold, contained, distant, formal, impassive, reserved, restrained, reticent, stiff, stolid, unaffectionate, uncommunicative, unemotional, unresponsive, withdrawn

undeniable beyond (a) doubt, beyond question, certain, clear, evident, incontestable, incontrovertible, indisputable, indubitable, irrefutable, manifest, obvious, patent, proven, sound, sure, unassailable, undoubted, unquestionable

under
- prep. 1 below, beneath, on the bottom of, underneath 2 directed by, governed by, inferior to, junior to, reporting to, secondary to, subject to, subordinate to, subservient to 3 belonging to, comprised in, included in, subsumed under
- adv. 4 below, beneath, down, downward, lower, to the bottom

underclothes lingerie, smalls (Inf.), underclothing, undergarments, underlinen, underthings, underwear, undies (Inf.), unmentionables (Humorous)

undercover clandestine, concealed, confidential, covert, hidden, hush-hush (Inf.), intelligence, private, secret, spy, surreptitious, underground

undercurrent 1 crosscurrent, rip, rip current, riptide, tideway, underflow, undertow 2 atmosphere, aura, drift, feeling, flavour, hidden feeling, hint, murmur, overtone, sense, suggestion, tendency, tenor, tinge, trend, undertone, vibes (Sl.), vibrations

undercut 1 sacrifice, sell at a loss, sell cheaply, undercharge, underprice, undersell 2 cut away, cut out, excavate, gouge out, hollow out, mine, undermine

underdog fall guy (Inf.), little fellow (Inf.), loser, victim, weaker party

underestimate belittle, hold cheap, minimize, miscalculate, misprize, not do justice to, rate too low, sell short (Inf.), set no store by, think too little of, underrate, undervalue

undergo bear, be subjected to, endure, experience, go through, stand, submit to, suffer, sustain, weather, withstand

underground
- adj. 1 below ground, below the surface, buried, covered, subterranean 2 clandestine, concealed, covert, hidden, secret, surreptitious, undercover 3 alternative, avant-garde, experimental, radical, revolutionary, subversive
- n. the underground 4 the metro, the subway, the tube (Brit.) 5 partisans, the Maquis, the Resistance

undergrowth bracken, brambles, briars, brush, brushwood, scrub, underbrush, underbush, underwood

underhand clandestine, crafty, crooked (Inf.), deceitful, deceptive, devious, dishonest, dishonourable, fraudulent, furtive, secret, secretive, sly, sneaky, stealthy, surreptitious, treacherous, underhanded, unethical, unscrupulous

underline 1 italicize, mark, rule a line under, underscore 2 accentuate, bring home, call or draw attention to, emphasize, give emphasis to, highlight, point up, stress

underling flunky, hireling, inferior, lackey, menial, minion, nonentity, retainer, servant, slave, subordinate, understrapper

underlying 1 concealed, hidden, latent, lurking, veiled 2 basal, basic, elementary, essential, fundamental, intrinsic, primary, prime, radical, root

undermine 1 dig out, eat away at, erode, excavate, mine, tunnel, undercut, wear away 2 debilitate, disable, impair, sabotage, sap, subvert, threaten, weaken

underprivileged badly off, deprived, destitute, disadvantaged, impoverished, in need, in want, needy, poor

underrate belittle, discount, disparage, fail to appreciate, misprize, not do justice to, set (too) little store by, underestimate, undervalue

undersized atrophied, dwarfish, miniature, pygmy or pigmy, runtish, runty, small, squat, stunted, teensy-weensy, teeny-weeny, tiny, underdeveloped, underweight

understand 1 appreciate, apprehend, be aware, catch on (Inf.), comprehend, conceive, cotton on (Inf.), discern, fathom, follow, get, get the hang of (Inf.), get to the bottom of, grasp, know, make head or tail of (Inf.), make out, penetrate, perceive, realize, recognize, savvy (Sl.), see, take in, tumble to (Inf.), twig (Brit. inf.) 2 assume, be informed, believe, conclude, gather, hear, learn, presume, suppose, take it, think 3 accept, appreciate, be able to see, commiserate, show compassion for, sympathize with, tolerate

understanding
- n. 1 appreciation, awareness, comprehension, discernment, grasp, insight, intelligence, judg(e)ment, knowledge, penetration, perception, sense 2 belief, conclusion, estimation, idea, interpretation, judg(e)ment, notion, opinion, perception, view, viewpoint 3 accord, agreement, common view, gentlemen's agreement, meeting of minds, pact
- adj. 4 accepting, compassionate, considerate, discerning, forbearing, forgiving, kind, kindly, patient, perceptive, responsive, sensitive, sympathetic, tolerant

understood 1 implicit, implied, inferred, tacit, unspoken, unstated 2 accepted, assumed, axiomatic, presumed, taken for granted

understudy n. double, fill-in, replacement, reserve, stand-in, sub, substitute

undertake 1 agree, bargain, commit oneself, contract, covenant, engage, guarantee, pledge, promise, stipulate, take upon oneself 2 attempt, begin, commence, embark on, endeavour, enter upon, set about, tackle, take on, try

undertaker funeral director, mortician (U.S.)

undertaking 1 affair, attempt, business, effort, endeavour, enterprise, game, operation, project, task, venture 2 assurance, commitment, pledge, promise, solemn word, vow, word, word of honour

undertone 1 low tone, murmur, subdued voice, whisper 2 atmosphere, feeling, flavour, hint, suggestion, tinge, touch, trace, undercurrent, vibes (Sl.)

undervalue depreciate, hold cheap, look down on, make light of, minimize, misjudge, misprize, set no store by, underestimate, underrate

underwater submarine, submerged, sunken, undersea

underwear lingerie, smalls (Inf.), underclothes, underclothing, undergarments, underlinen, underthings, undies (Inf.), unmentionables (Humorous)

underweight emaciated, half-starved, puny, skin and bone (Inf.), skinny, undernourished, undersized

underworld 1 criminal element, criminals, gangland (Inf.), gangsters, organized crime 2 abode of the dead, Hades, hell, infernal region, nether regions, nether world, the inferno

underwrite 1 back, finance, fund, guarantee, insure, provide security, sponsor, subsidize 2 countersign, endorse, initial, sign, subscribe 3 agree to, approve, consent, OK or okay (Inf.), sanction

undesirable disagreeable, disliked, distasteful, dreaded, objectionable, obnoxious, offensive, out of place, repugnant, (to be) avoided, unacceptable, unattractive, unpleasing, unpopular, unsavoury, unsuitable, unwanted, unwelcome, unwished-for

undeveloped embryonic, immature, inchoate, in embryo, latent, potential, primordial (Biol.)

undignified beneath one, beneath one's dignity, improper, inappropriate, indecorous, inelegant, infra dig (Inf.), lacking dignity, unbecoming, ungentlemanly, unladylike, unrefined, unseemly, unsuitable

undisciplined disobedient, erratic, fitful, obstreperous, uncontrolled, unpredictable, unreliable, unrestrained, unruly, unschooled, unsteady, unsystematic, untrained, wayward, wild, wilful

undisguised blatant, complete, evident, explicit, genuine, manifest, obvious, open, out-and-out, overt, patent, thoroughgoing, transparent, unconcealed, unfeigned, unmistakable, utter, wholehearted

undisputed accepted, acknowledged, beyond question, certain, conclusive, freely admitted, incontestable, incontrovertible, indisputable, irrefutable, not disputed, recognized, sure, unchallenged, uncontested, undeniable, undoubted, unquestioned

undistinguished commonplace, everyday, indifferent, mediocre, no great shakes (Inf.), nothing to write home about (Inf.), ordinary, pedestrian, prosaic, run-of-the-mill, so-so (Inf.), unexceptional, unexciting, unimpressive, unremarkable

undisturbed 1 not moved, quiet, uninterrupted, untouched, without interruption 2 calm, collected, composed, equable, even, motionless, placid, sedate, serene, tranquil, unagitated, unbothered, unfazed (Inf.), unperturbed, unruffled, untroubled

undivided combined, complete, concentrated, concerted, entire, exclusive, full, solid, thorough, unanimous, undistracted, united, whole, wholehearted

undo 1 disengage, disentangle, loose, loosen, open, unbutton, unfasten, unlock, untie, unwrap 2 annul, cancel, invalidate, neutralize, nullify, offset, reverse, wipe out 3 bring to naught, defeat, destroy, impoverish, invalidate, mar, overturn, quash, ruin, shatter, subvert, undermine, upset, wreck

undoing 1 collapse, defeat, destruction, disgrace, downfall, humiliation, overthrow, overturn, reversal, ruin, ruination, shame 2 affliction, blight, curse, fatal flaw, misfortune, the last straw, trial, trouble, weakness

undone incomplete, left, neglected, not completed, not done, omitted, outstanding, passed over, unattended to, unfinished, unfulfilled, unperformed

undoubted acknowledged, certain, definite, evident, incontrovertible, indisputable, indubitable, obvious, sure, undisputed, unquestionable, unquestioned

undoubtedly assuredly, beyond a shadow of (a) doubt, beyond question, certainly, definitely, doubtless, of course, surely, undeniably, unmistakably, unquestionably, without doubt

undreamed-of astonishing, inconceivable, incredible, miraculous, undreamt, unexpected, unforeseen, unheard-of, unimagined, unsuspected, unthought-of

undress 1 v. disrobe, divest oneself of, peel off (Sl.), shed, strip, take off one's clothes 2 n. disarray, dishabille, nakedness, nudity

undue disproportionate, excessive, extravagant, extreme, immoderate, improper, inordinate, intemperate, needless, overmuch, too great, too much, uncalled-for, undeserved, unnecessary, unseemly, unwarranted

unduly disproportionately, excessively, extravagantly, immoderately, improperly, inordinately, out of all proportion, overly, overmuch, unjustifiably, unnecessarily, unreasonably

undying constant, continuing, deathless, eternal, everlasting, immortal, imperishable, indestructible, inextinguishable, infinite, perennial, permanent, perpetual, sempiternal (Literary), undiminished, unending, unfading

unearth 1 dig up, disinter, dredge up, excavate, exhume 2 bring to light, discover, expose, ferret out, find, reveal, root up, turn up, uncover

unearthly 1 eerie, eldritch (Poetic), ghostly, haunted, nightmarish, phantom, spectral, spooky (Inf.), strange, uncanny, weird 2 ethereal, heavenly, not of this world, preternatural, sublime, supernatural 3 abnormal, absurd, extraordinary, ridiculous, strange, ungodly (Inf.), unholy (Inf.), unreasonable

uneasiness agitation, alarm, anxiety, apprehension, apprehensiveness, disquiet, doubt, dubiety, misgiving, nervousness, perturbation, qualms, suspicion, trepidation, worry

uneasy 1 agitated, anxious, apprehensive, discomposed, disturbed, edgy, ill at ease, impatient, jittery (Inf.), nervous, on edge, perturbed, restive, restless, troubled, twitchy (Inf.), uncomfortable, unsettled, upset, wired (Sl.), worried 2 awkward, constrained, insecure, precarious, shaky, strained, tense, uncomfortable, unstable 3 bothering, dismaying, disquieting, disturbing, troubling, upsetting, worrying

uneconomic loss-making, nonpaying, nonprofit-making, nonviable, unprofitable

uneducated 1 ignorant, illiterate, unlettered, unread, unschooled, untaught 2 benighted, lowbrow, uncultivated, uncultured

unemotional apathetic, cold, cool, impassive, indifferent, listless, passionless, phlegmatic, reserved, undemonstrative, unexcitable, unfeeling, unimpressionable, unresponsive

unemployed idle, jobless, laid off, on the dole (Brit. inf.), out of a job, out of work, redundant, resting (of an actor), workless

unending ceaseless, constant, continual, endless, eternal, everlasting, incessant, interminable, never-ending, perpetual, unceasing, unremitting

unendurable insufferable, insupportable, intolerable, more than flesh and blood can stand, unbearable

unenthusiastic apathetic, blasé, bored, half-arsed, half-assed (U.S. & Canad. sl.), halfhearted, indifferent, lukewarm, neutral, nonchalant, unimpressed, uninterested, unmoved, unresponsive

unenviable disagreeable, painful, thankless, uncomfortable, undesirable, unpleasant

unequal 1 different, differing, disparate, dissimilar, not uniform, unlike, unmatched, variable, varying 2 (With to) found wanting, inadequate, insufficient, not up to 3 asymmetrical, disproportionate, ill-matched, irregular, unbalanced, uneven

unequalled beyond compare, incomparable, inimitable, matchless, nonpareil, paramount, peerless, pre-eminent, second to none, supreme, transcendent, unmatched, unparalleled, unrivalled, unsurpassed, without equal

unequivocal absolute, certain, clear, clear-cut, decisive, definite, direct, evident, explicit, incontrovertible, indubitable, manifest, plain, positive, straight, unambiguous, uncontestable, unmistakable

unethical dirty, dishonest, dishonourable, disreputable, illegal, immoral, improper, shady (Inf.), underhand, under-the-table, unfair, unprincipled, unprofessional, unscrupulous, wrong

uneven 1 bumpy, not flat, not level, not smooth, rough 2 broken, changeable, fitful, fluctuating, intermittent, irregular, jerky, patchy, spasmodic, unsteady, variable 3 asymmetrical, lopsided, not parallel, odd, out of true, unbalanced 4 disparate, ill-matched, one-sided, unequal, unfair

uneventful boring, commonplace, dull, ho-hum (Inf.), humdrum, monotonous, ordinary, quiet, routine, tedious, unexceptional, unexciting, uninteresting, unmemorable, unremarkable, unvaried

unexceptional common or garden (Inf.), commonplace, conventional, insignificant, mediocre, normal, ordinary, pedestrian, run-of-the-mill, undistinguished, unimpressive, unremarkable, usual

unexpected abrupt, accidental, astonishing, chance, fortuitous, not bargained for, out of the blue, startling, sudden, surprising, unanticipated, unforeseen, unlooked-for, unpredictable

unfailing 1 bottomless, boundless, ceaseless, continual, continuous, endless, inexhaustible, never-failing, persistent, unflagging, unlimited 2 certain, constant, dependable, faithful, infallible, loyal, reliable, staunch, steadfast, sure, tried and true, true

unfair 1 arbitrary, biased, bigoted, discriminatory, inequitable, one-sided, partial, partisan, prejudiced, unjust 2 crooked (Inf.), dishonest, dishonourable, uncalled-for, unethical, unprincipled, unscrupulous, unsporting, unwarranted, wrongful

unfaithful 1 deceitful, disloyal, faithless, false, false-hearted, perfidious, recreant (Archaic), traitorous, treacherous, treasonable, unreliable, untrustworthy 2 adulterous, faithless, fickle, inconstant, two-timing (Inf.), unchaste, untrue 3 distorted, erroneous, imperfect, imprecise, inaccurate, inexact, unreliable, untrustworthy

unfamiliar 1 alien, curious, different, little known, new, novel, out-of-the-way, strange, unaccustomed, uncommon, unknown, unusual 2 (With **with**) a stranger to, inexperienced in, unaccustomed to, unacquainted, unconversant, uninformed about, uninitiated in, unpractised in, unskilled at, unversed in

unfashionable antiquated, behind the times, dated, obsolete, old-fashioned, old hat, out, outmoded, out of date, out of fashion, passé, square (Inf.), unpopular

unfasten detach, disconnect, let go, loosen, open, separate, uncouple, undo, unlace, unlock, untie

unfathomable 1 bottomless, immeasurable, unmeasured, unplumbed, unsounded 2 abstruse, baffling, deep, esoteric, impenetrable, incomprehensible, indecipherable, inexplicable, profound, unknowable

unfavourable 1 adverse, bad, contrary, disadvantageous, hostile, ill-suited, infelicitous, inimical, low, negative, poor, unfortunate, unfriendly, unsuited 2 inauspicious, inopportune, ominous, threatening, unlucky, unpromising, unpropitious, unseasonable, untimely, untoward

unfeeling 1 apathetic, callous, cold, cruel, hardened, hardhearted, heartless, inhuman, insensitive, pitiless, stony, uncaring, unsympathetic 2 insensate, insensible, numb, sensationless

unfinished 1 deficient, half-done, imperfect, incomplete, in the making, lacking, unaccomplished, uncompleted, undone, unfulfilled, wanting 2 bare, crude, natural, raw, rough, sketchy, unpolished, unrefined, unvarnished

unfit 1 ill-equipped, inadequate, incapable, incompetent, ineligible, no good, not cut out for, not equal to, not up to, unprepared, unqualified, untrained, useless 2 ill-adapted, inadequate, inappropriate, ineffective, not designed, not fit, unsuitable, unsuited, useless 3 debilitated, decrepit, feeble, flabby, in poor condition, out of kelter, out of shape, out of trim, unhealthy

unflappable calm, collected, composed, cool, impassive, imperturbable, level-headed, not given to worry, self-possessed, unfazed (Inf.), unruffled

unflattering 1 blunt, candid, critical, honest, uncomplimentary, warts and all 2 not shown in the best light, not shown to advantage, plain, unattractive, unbecoming, unprepossessing

unflinching bold, constant, determined, firm, immovable, resolute, stalwart, staunch, steadfast, steady, unfaltering, unshaken, unshrinking, unswerving, unwavering

unfold 1 disentangle, expand, flatten, open, spread out, straighten, stretch out, undo, unfurl, unravel, unroll, unwrap 2 (Fig.) clarify, describe, disclose, divulge, explain, illustrate, make known, present, reveal, show, uncover 3 bear fruit, blossom, develop, evolve, expand, grow, mature

unforeseen abrupt, accidental, out of the blue, startling, sudden, surprise, surprising, unanticipated, unexpected, unlooked-for, unpredicted

unforgettable exceptional, extraordinary, fixed in the mind, impressive, memorable, never to be forgotten, notable, striking

unforgivable deplorable, disgraceful, indefensible, inexcusable, shameful, unjustifiable, unpardonable, unwarrantable

unfortunate 1 adverse, calamitous, disastrous, ill-fated, ill-starred, inopportune, ruinous, unfavourable, untoward 2 cursed, doomed, hapless, hopeless, luckless, out of luck, poor, star-crossed, unhappy, unlucky, unprosperous, unsuccessful, wretched 3 deplorable, ill-advised, inappropriate, infelicitous, lamentable, regrettable, unbecoming, unsuitable

unfounded baseless, fabricated, false, groundless, idle, spurious, trumped up, unjustified, unproven, unsubstantiated, vain, without basis, without foundation

unfrequented deserted, godforsaken, isolated, lone, lonely, off the beaten track, remote, sequestered, solitary, uninhabited, unvisited

unfriendly [1] aloof, antagonistic, chilly, cold, disagreeable, distant, hostile, ill-disposed, inhospitable, not on speaking terms, quarrelsome, sour, surly, uncongenial, unneighbourly, unsociable [2] alien, hostile, inauspicious, inhospitable, inimical, unfavourable, unpropitious

unfruitful barren, fruitless, infecund, infertile, sterile, unproductive, unprofitable, unprolific, unrewarding

ungainly awkward, clumsy, gangling, gawky, inelegant, loutish, lubberly, lumbering, slouching, uncoordinated, uncouth, ungraceful

ungodly [1] blasphemous, corrupt, depraved, godless, immoral, impious, irreligious, profane, sinful, vile, wicked [2] (Inf.) dreadful, horrendous, intolerable, outrageous, unearthly, unholy (Inf.), unreasonable, unseemly

ungovernable rebellious, refractory, uncontrollable, unmanageable, unrestrainable, unruly, wild

ungracious bad-mannered, churlish, discourteous, ill-bred, impolite, offhand, rude, uncivil, unmannerly

ungrateful heedless, ingrate (Archaic), selfish, thankless, unappreciative, unmindful, unthankful

unguarded [1] careless, foolhardy, heedless, ill-considered, impolitic, imprudent, incautious, indiscreet, rash, thoughtless, uncircumspect, undiplomatic, unthinking, unwary [2] defenceless, open to attack, undefended, unpatrolled, unprotected, vulnerable [3] artless, candid, direct, frank, guileless, open, straightforward

unhappy [1] blue, crestfallen, dejected, depressed, despondent, disconsolate, dispirited, down, downcast, gloomy, long-faced, melancholy, miserable, mournful, sad, sorrowful [2] cursed, hapless, ill-fated, ill-omened, luckless, unfortunate, unlucky, wretched [3] awkward, clumsy, gauche, ill-advised, ill-timed, inappropriate, inept, infelicitous, injudicious, malapropos, tactless, unsuitable, untactful

unharmed in one piece (Inf.), intact, safe, safe and sound, sound, undamaged, unhurt, uninjured, unscarred, unscathed, untouched, whole, without a scratch

unhealthy [1] ailing, delicate, feeble, frail, infirm, in poor health, invalid, poorly (Inf.), sick, sickly, unsound, unwell, weak [2] deleterious, detrimental, harmful, insalubrious, insanitary, noisome, noxious, unwholesome [3] bad, baneful (Archaic), corrupt, corrupting, degrading, demoralizing, morbid, negative, undesirable

unheard-of [1] little known, obscure, undiscovered, unfamiliar, unknown, unregarded, unremarked, unsung [2] inconceivable, never before encountered, new, novel, singular, unbelievable, undreamed of, unexampled, unique, unprecedented, unusual [3] disgraceful, extreme, offensive, outlandish, outrageous, preposterous, shocking, unacceptable, unthinkable

unhesitating [1] implicit, resolute, steadfast, unfaltering, unquestioning, unreserved, unswerving, unwavering, wholehearted [2] immediate, instant, instantaneous, prompt, ready, without delay

unhinge [1] confound, confuse, craze, derange, disorder, distemper (Archaic), drive out of one's mind, madden, unbalance, unsettle [2] detach, disconnect, disjoint, dislodge, remove

unholy [1] base, corrupt, depraved, dishonest, evil, heinous, immoral, iniquitous, irreligious, profane, sinful, ungodly, vile, wicked [2] (Inf.) appalling, awful, dreadful, horrendous, outrageous, shocking, unearthly, ungodly (Inf.), unnatural, unreasonable

unhoped-for beyond one's wildest dreams, incredible, like a dream come true, out of the blue, surprising, unanticipated, unbelievable, undreamed of, unexpected, unimaginable, unlooked-for

unhurried calm, deliberate, easy, easy-going, leisurely, sedate, slow, slow and steady, slow-paced

unidentified anonymous, mysterious, nameless, unclassified, unfamiliar, unknown, unmarked, unnamed, unrecognized, unrevealed

unification alliance, amalgamation, coalescence, coalition, combination, confederation, federation, fusion, merger, union, uniting

uniform
- n. [1] costume, dress, garb, habit, livery, outfit, regalia, regimentals, suit
- adj. [2] consistent, constant, equable, even, regular, smooth, unbroken, unchanging, undeviating, unvarying [3] alike, equal, identical, like, same, selfsame, similar

uniformity [1] constancy, evenness, homogeneity, invariability, regularity, sameness, similarity [2] drabness, dullness, flatness, lack of diversity, monotony, sameness, tedium

unify amalgamate, bind, bring together, combine, confederate, consolidate, federate, fuse, join, merge, unite

unimaginable beyond one's wildest dreams, fantastic, impossible, inconceivable, incredible, indescribable, ineffable, mind-boggling (Inf.), unbelievable, unheard-of, unthinkable

unimaginative banal, barren, commonplace, derivative, dry, dull, hackneyed, lifeless, matter-of-fact, ordinary, pedestrian, predictable, prosaic, routine, tame, uncreative, uninspired, unoriginal, unromantic, usual

unimpeachable above reproach, beyond criticism, beyond question, blameless, faultless, impeccable, irreproachable, perfect, unassailable, unblemished, unchallengeable, unexceptionable, unquestionable

unimportant immaterial, inconsequential, insignificant, irrelevant, low-ranking, minor, nickel-and-dime (U.S. sl.), not worth mentioning, nugatory, of no account, of no consequence, of no moment, paltry, petty, slight, trifling, trivial, worthless

uninhabited abandoned, barren, desert, deserted, desolate, empty, unoccupied, unpopulated, unsettled, untenanted, vacant, waste

uninhibited [1] candid, frank, free, free and easy, informal, instinctive, liberated, natural, open, relaxed, spontaneous, unrepressed, unreserved, unselfconscious [2] free, unbridled, unchecked, unconstrained, uncontrolled, uncurbed, unrestrained, unrestricted

uninspired banal, commonplace, dull, humdrum, indifferent, ordinary, prosaic, stale, stock, unexciting, unimaginative, uninspiring, uninteresting, unoriginal

unintelligent braindead (Inf.), brainless, dense, dozy (Brit. inf.), dull, empty-headed, foolish, gormless (Brit. inf.), obtuse, slow, stupid, thick, unreasoning, unthinking

unintelligible double Dutch (Brit. inf.), illegible, inarticulate, incoherent, incomprehensible, indecipherable, indistinct, jumbled, meaningless, muddled, unfathomable

unintentional accidental, casual, fortuitous, inadvertent, involuntary, unconscious, undesigned, unintended, unpremeditated, unthinking, unwitting

uninterested apathetic, blasé, bored, distant, impassive, incurious, indifferent, listless, unconcerned, uninvolved, unresponsive

uninteresting boring, commonplace, drab, dreary, dry, dull, flat, ho-hum (Inf.), humdrum, mind-numbing, monotonous, tedious, tiresome, unenjoyable, uneventful, unexciting, uninspiring, wearisome

uninterrupted constant, continual, continuous, nonstop, peaceful, steady, sustained, unbroken, undisturbed, unending

uninvited not asked, not invited, unasked, unbidden, unwanted, unwelcome

uninviting disagreeable, offensive, off-putting (Brit. inf.), repellent, repulsive, unappealing, unappetizing, unattractive, undesirable, unpleasant, untempting, unwelcoming

union [1] amalgam, amalgamation, blend, combination, conjunction, fusion, junction, mixture, synthesis, uniting [2] alliance, association, Bund, coalition, confederacy, confederation, federation, league [3] accord, agreement, concord, concurrence, harmony, unanimity, unison, unity [4] coition, coitus, copulation, coupling, intercourse, marriage, matrimony, nookie (Sl.), rumpy-pumpy (Sl.), the other (Inf.), wedlock

unique [1] lone, one and only, only, single, solitary, sui generis [2] incomparable, inimitable, matchless, nonpareil, peerless, unequalled, unexampled, unmatched, unparalleled, unrivalled, without equal

unison accord, accordance, agreement, concert, concord, cooperation, harmony, unanimity, unity

unit [1] assembly, detachment, entity, group, section, system, whole [2] component, constituent, element, item, member, module, part, piece, portion, section, segment [3] measure, measurement, module, quantity

unite [1] amalgamate, blend, coalesce, combine, confederate, consolidate, couple, fuse, incorporate, join, link, marry, meld, merge, unify, wed [2] ally, associate, band, close ranks, club together, cooperate, join forces, join together, league, pool, pull together

united [1] affiliated, allied, banded together, collective, combined, concerted, in partnership, leagued, pooled, unified [2] agreed, in accord, in agreement, like-minded, of like mind, of one mind, of the same opinion, one, unanimous

unity [1] entity, integrity, oneness, singleness, undividedness, unification, union, wholeness [2] accord, agreement, assent, concord, concurrence, consensus, harmony, peace, solidarity, unanimity, unison

universal all-embracing, catholic, common, ecumenical, entire, general, omnipresent, total, unlimited, whole, widespread, worldwide

universality all-inclusiveness, completeness, comprehensiveness, entirety, generality, generalization, totality, ubiquity

universally always, everywhere, in all cases, in every instance, invariably, uniformly, without exception

universe cosmos, creation, everything, macrocosm, nature, the natural world

unjust biased, inequitable, one-sided, partial, partisan, prejudiced, undeserved, unfair, unjustified, unmerited, wrong, wrongful

unjustifiable indefensible, inexcusable, outrageous, unacceptable, unforgivable, unjust, unpardonable, unwarrantable, wrong

unkind cruel, hardhearted, harsh, inconsiderate, inhuman, insensitive, malicious, mean, nasty, spiteful, thoughtless, uncaring, uncharitable, unchristian, unfeeling, unfriendly, unsympathetic

unknown [1] alien, concealed, dark, hidden, mysterious, new, secret, strange, unrecognized, unrevealed, untold [2] anonymous, nameless, uncharted, undiscovered, unexplored, unidentified, unnamed [3] humble, little known, obscure, undistinguished, unfamiliar, unheard-of, unrenowned, unsung

unlamented unbemoaned, unbewailed, undeplored, unmissed, unmourned, unregretted, unwept

unlawful actionable, against the law, banned, criminal, forbidden, illegal, illegitimate, illicit, outlawed, prohibited, unauthorized, under-the-table, unlicensed

unlettered ignorant, illiterate, uneducated, unlearned, unschooled, untaught, untutored

unlike contrasted, different, dissimilar, distinct, divergent, diverse, ill-matched, incompatible, not alike, opposite, unequal, unrelated

unlikely [1] doubtful, faint, improbable, not likely, remote, slight, unimaginable [2] implausible, incredible, questionable, unbelievable, unconvincing

unlimited [1] boundless, countless, endless, extensive, great, illimitable, immeasurable, immense, incalculable, infinite, limitless, unbounded, vast [2] absolute, all-encompassing, complete, full, total, unconditional, unconstrained, unfettered, unqualified, unrestricted

unload disburden, discharge, dump, empty, lighten, off-load, relieve, unburden, unlade, unpack

unlock free, let loose, open, release, unbar, unbolt, undo, unfasten, unlatch

unlooked-for chance, fortuitous, out of the blue, surprise, surprising, unanticipated, undreamed of, unexpected, unforeseen, unhoped-for, unpredicted, unthought-of

unloved disliked, forsaken, loveless, neglected, rejected, spurned, uncared-for, uncherished, unpopular, unwanted

unlucky [1] cursed, disastrous, hapless, luckless, miserable, unfortunate, unhappy, unsuccessful, wretched [2] doomed, ill-fated, ill-omened, ill-starred, inauspicious, ominous, unfavourable, untimely

unmanageable [1] awkward, bulky, cumbersome, difficult to handle, inconvenient, unhandy, unwieldy [2] difficult, fractious, intractable, obstreperous, out of hand, refractory, stroppy (Brit. sl.), uncontrollable, unruly, wild

unmannerly badly behaved, bad-mannered, discourteous, disrespectful, ill-bred, ill-mannered, impolite, misbehaved, rude, uncivil, uncouth

unmarried bachelor, celibate, maiden, single, unattached, unwed, unwedded, virgin

unmask bare, bring to light, disclose, discover, expose, lay bare, reveal, show up, uncloak, uncover, unveil

unmatched beyond compare, consummate, incomparable, matchless, paramount, peerless, second to none, supreme, unequalled, unparalleled, unrivalled, unsurpassed

unmentionable disgraceful, disreputable, forbidden, frowned on, immodest, indecent, obscene, scandalous, shameful, shocking, taboo, unspeakable, unutterable

unmerciful brutal, cruel, hard, heartless, implacable, merciless, pitiless, relentless, remorseless, ruthless, uncaring, unfeeling, unsparing

unmindful careless, forgetful, heedless, inattentive, indifferent, lax, neglectful, negligent, oblivious, remiss, slack, unheeding

unmistakable blatant, certain, clear, conspicuous, decided, distinct, evident, glaring, indisputable, manifest, obvious, palpable, patent, plain, positive, pronounced, sure, unambiguous, unequivocal

unmitigated [1] grim, harsh, intense, oppressive, persistent, relentless, unabated, unalleviated, unbroken, undiminished, unmodified, unqualified, unredeemed, unrelieved [2] absolute, arrant, complete, consummate, deep-dyed (Usu. derogatory), downright, out-and-out, outright, perfect, rank, sheer, thorough, thoroughgoing, utter

unmoved [1] fast, firm, in place, in position, steady, unchanged, untouched [2] cold, dry-eyed, impassive, indifferent, unaffected, unfeeling, unimpressed, unresponsive, unstirred, untouched [3] determined, firm, inflexible, resolute, resolved, steadfast, undeviating, unshaken, unwavering

unnatural [1] aberrant, abnormal, anomalous, irregular, odd, perverse, perverted, unusual [2] bizarre, extraordinary, freakish, outlandish, queer, strange, supernatural, unaccountable, uncanny [3] affected, artificial, assumed, contrived, factitious, false, feigned, forced, insincere, laboured, mannered, phoney or phony (Inf.), self-conscious, stagy, stiff, stilted, strained, studied, theatrical [4] brutal, callous, cold-blooded, evil, fiendish, heartless, inhuman, monstrous, ruthless, savage, unfeeling, wicked

unnecessary dispensable, expendable, inessential, needless, nonessential, redundant, supererogatory, superfluous, surplus to requirements, uncalled-for, unneeded, unrequired, useless

unnerve confound, daunt, demoralize, disarm, disconcert, discourage, dishearten, dismay, dispirit, faze, fluster, frighten, intimidate, psych out (Inf.), rattle (Inf.), shake, throw off balance, unhinge, unman, upset

unnoticed disregarded, ignored, neglected, overlooked, undiscovered, unheeded, unobserved, unperceived, unrecognized, unremarked, unseen

unobtrusive humble, inconspicuous, keeping a low profile, low-key, meek, modest, quiet, restrained, retiring, self-effacing, subdued, unassuming, unnoticeable, unostentatious, unpretentious

unoccupied [1] empty, tenantless, uninhabited, untenanted, vacant [2] at leisure, disengaged, idle, inactive, unemployed

unofficial informal, personal, private, unauthorized, unconfirmed, wildcat

unorthodox abnormal, heterodox, irregular, off-the-wall (Sl.), unconventional, uncustomary, unusual, unwonted

unpaid [1] due, not discharged, outstanding, overdue, owing, payable, unsettled [2] honorary, unsalaried, voluntary

unpalatable bitter, disagreeable, displeasing, distasteful, horrid, offensive, repugnant, unappetizing, unattractive, uneatable, unpleasant, unsavoury

unparalleled beyond compare, consummate, exceptional, incomparable, matchless, peerless, rare, singular, superlative, unequalled, unique, unmatched, unprecedented, unrivalled, unsurpassed, without equal

unpardonable deplorable, disgraceful, indefensible, inexcusable, outrageous, scandalous, shameful, unforgivable, unjustifiable

unperturbed calm, collected, composed, cool, placid, poised, self-possessed, tranquil, undismayed, unfazed (Inf.), unflustered, unruffled, untroubled, unworried

unpleasant abhorrent, bad, disagreeable, displeasing, distasteful, horrid, ill-natured, irksome, nasty, objectionable, obnoxious, repulsive, troublesome, unattractive, unlikable or unlikeable, unlovely, unpalatable

unpopular avoided, detested, disliked, not sought out, out in the cold, out of favour, rejected, shunned, unattractive, undesirable, unloved, unwanted, unwelcome

unprecedented abnormal, exceptional, extraordinary, freakish, new, novel, original, remarkable, singular, unexampled, unheard-of, unparalleled, unrivalled, unusual

unpredictable chance, changeable, doubtful, erratic, fickle, fluky (Inf.), iffy (Inf.), inconstant, random, unforeseeable, unreliable, unstable, variable

unprejudiced balanced, even-handed, fair, fair-minded, impartial, just, nonpartisan, objective, open-minded, unbiased, uninfluenced

unpremeditated extempore, impromptu, impulsive, offhand, off the cuff (Inf.), spontaneous, spur-of-the-moment, unplanned, unprepared

unprepared [1] half-baked (Inf.), ill-considered, incomplete, not thought out, unfinished, unplanned [2] caught napping, caught on the hop (Brit. inf.), surprised, taken aback, taken off guard, unaware, unready, unsuspecting [3] ad-lib, extemporaneous, improvised, off the cuff (Inf.), spontaneous

unpretentious homely, honest, humble, modest, plain, simple, straightforward, unaffected, unassuming, unimposing, unobtrusive, unostentatious, unspoiled

unprincipled amoral, corrupt, crooked, deceitful, devious, dishonest, immoral, tricky, unconscionable, underhand, unethical, unprofessional, unscrupulous

unproductive [1] bootless, fruitless, futile, idle, ineffective, inefficacious, otiose, unavailing, unprofitable, unremunerative, unrewarding, useless, vain, valueless, worthless [2] barren, dry, fruitless, sterile, unprolific

unprofessional [1] improper, lax, negligent, unethical, unfitting, unprincipled, unseemly, unworthy [2] amateur, amateurish, cowboy (Inf.), incompetent, inefficient, inexperienced, inexpert, slapdash, slipshod, untrained

unpromising adverse, discouraging, doubtful, gloomy, inauspicious, infelicitous, ominous, unfavourable, unpropitious

unprotected defenceless, exposed, helpless, naked, open, open to attack, pregnable, unarmed, undefended, unguarded, unsheltered, unshielded, vulnerable

unqualified [1] ill-equipped, incapable, incompetent, ineligible, not equal to, not up to, unfit, unprepared [2] categorical, downright, outright, unconditional, unmitigated, unreserved, unrestricted, without reservation [3] absolute, arrant, complete, consummate, deep-dyed (Usu. derogatory), downright, out-and-out, outright, thorough, thoroughgoing, total, utter

unquestionable absolute, beyond a shadow of doubt, certain, clear, conclusive, definite, faultless, flawless, incontestable, incontrovertible, indisputable, indubitable, irrefutable, manifest, patent, perfect, self-evident, sure, undeniable, unequivocal, unmistakable

unravel [1] disentangle, extricate, free, separate, straighten out, undo, unknot, untangle, unwind [2] clear up, explain, figure out (Inf.), get straight, get to the bottom of, interpret, make out, puzzle out, resolve, solve, suss (out) (Sl.), work out

unreadable [1] crabbed, illegible, undecipherable [2] badly written, dry as dust, heavy going, turgid

unreal [1] chimerical, dreamlike, fabulous, fanciful, fictitious, illusory, imaginary, make-believe, phantasmagoric, storybook, visionary [2] hypothetical, immaterial, impalpable, insubstantial, intangible, mythical, nebulous [3] artificial, fake, false, insincere, mock, ostensible, pretended, seeming, sham

unrealistic [1] half-baked (Inf.), impracticable, impractical, improbable, quixotic, romantic, starry-eyed, theoretical, unworkable [2] non-naturalistic, unauthentic, unlifelike, unreal

unreasonable [1] excessive, exorbitant, extortionate, extravagant, immoderate, steep (Inf.), too great, uncalled-for, undue, unfair, unjust, unwarranted [2] arbitrary, biased, blinkered, capricious, erratic, headstrong, inconsistent, opinionated, quirky [3] absurd, far-fetched, foolish, illogical, irrational, mad, nonsensical, preposterous, senseless, silly, stupid

unrefined [1] crude, raw, unfinished, unpolished, unpurified, untreated [2] boorish, coarse, inelegant, rude, uncultured, unsophisticated, vulgar

unrelated [1] different, dissimilar, not kin, not kindred, not related, unconnected, unlike [2] beside the point, extraneous, inapplicable, inappropriate, irrelevant, not germane, unassociated, unconnected

unreliable [1] disreputable, irresponsible, not conscientious, treacherous, undependable, unstable, untrustworthy [2] deceptive, delusive, erroneous, fake, fallible, false, implausible, inaccurate, mistaken, specious, uncertain, unconvincing, unsound

unrepentant abandoned, callous, hardened, impenitent, incorrigible, not contrite, obdurate, shameless, unregenerate, unremorseful, unrepenting

unreserved [1] demonstrative, extrovert, forthright, frank, free, open, open-hearted, outgoing, outspoken, uninhibited, unrestrained, unreticent [2] absolute, complete, entire, full, total, unconditional, unlimited, unqualified, wholehearted, without reservation

unresolved doubtful, moot, open to question, pending, problematical, unanswered, undecided, undetermined, unsettled, unsolved, up in the air, vague, yet to be decided

unrest [1] agitation, disaffection, discontent, discord, dissatisfaction, dissension, protest, rebellion, sedition, strife, tumult, turmoil, upheaval [2] agitation, anxiety, disquiet, distress, perturbation, restlessness, trepidation, uneasiness, worry

unrestrained abandoned, boisterous, free, immoderate, inordinate, intemperate, natural, unbounded, unbridled, unchecked, unconstrained, uncontrolled, unhindered, uninhibited, unrepressed

unrestricted [1] absolute, free, free-for-all (Inf.), freewheeling (Inf.), open, unbounded, uncircumscribed, unhindered, unlimited, unregulated [2] clear, open, public, unobstructed, unopposed

unrivalled beyond compare, incomparable, matchless, nonpareil, peerless, supreme, unequalled, unexcelled, unmatched, unparalleled, unsurpassed, without equal

unruly disobedient, disorderly, fractious, headstrong, insubordinate, intractable, lawless, mutinous, obstreperous, rebellious, refractory, riotous, rowdy, turbulent, uncontrollable, ungovernable, unmanageable, wayward, wild, wilful

unsafe dangerous, hazardous, insecure, perilous, precarious, risky, threatening, treacherous, uncertain, unreliable, unsound, unstable

unsaid left to the imagination, tacit, undeclared, unexpressed, unspoken, unstated, unuttered, unvoiced

unsatisfactory deficient, disappointing, displeasing, inadequate, insufficient, mediocre, not good enough, not up to par, not up to scratch (Inf.), pathetic, poor, unacceptable, unsuitable, unworthy, weak

unsavoury [1] distasteful, nasty, objectionable, obnoxious, offensive, repellent, repugnant, repulsive, revolting, unpleasant [2] disagreeable, distasteful, nauseating, sickening, unappetizing, unpalatable

unscrupulous conscienceless, corrupt, crooked (Inf.), dishonest, dishonourable, exploitative, immoral, improper, knavish, roguish, ruthless, unconscientious, unconscionable, unethical, unprincipled

unseat [1] throw, unhorse, unsaddle [2] depose, dethrone, discharge, dismiss, displace, oust, overthrow, remove

unseemly discreditable, disreputable, improper, inappropriate, indecorous, indelicate, in poor taste, out of keeping, out of place, unbecoming, unbefitting, undignified, unrefined, unsuitable

unseen concealed, hidden, invisible, lurking, obscure, undetected, unnoticed, unobserved, unobtrusive, unperceived, veiled

unselfish altruistic, charitable, devoted, disinterested, generous, humanitarian, kind, liberal, magnanimous, noble, self-denying, selfless, self-sacrificing

unsettle agitate, bother, confuse, discompose, disconcert, disorder, disturb, faze, fluster, perturb, rattle (Inf.), ruffle, throw (Inf.), throw into confusion (disorder, uproar), throw off balance, trouble, unbalance, unnerve, upset

unsettled [1] disorderly, insecure, shaky, unstable, unsteady [2] changeable, changing, inconstant, uncertain, unpredictable, variable [3] agitated, anxious, confused, disturbed, flustered, on edge, perturbed, restive, restless, shaken, tense, troubled, uneasy, unnerved, wired (Sl.) [4] debatable, doubtful, moot, open, undecided, undetermined, unresolved [5] due, in arrears, outstanding, owing, payable, pending [6] uninhabited, unoccupied, unpeopled, unpopulated

unshak(e)able absolute, constant, firm, fixed, immovable, resolute, staunch, steadfast, sure, unassailable, unswerving, unwavering, well-founded

unshaken calm, collected, composed, impassive, unaffected, unalarmed, undaunted, undismayed, undisturbed, unfazed (Inf.), unmoved, unperturbed, unruffled

unsightly disagreeable, hideous, horrid, repulsive, revolting (Inf.), ugly, unattractive, unpleasant, unprepossessing

unskilled amateurish, cowboy (Inf.), inexperienced, uneducated, unprofessional, unqualified, untalented, untrained

unsociable chilly, cold, distant, hostile, inhospitable, introverted, reclusive, retiring, standoffish, uncongenial, unforthcoming, unfriendly, unneighbourly, unsocial, withdrawn

unsolicited free-will, gratuitous, spontaneous, unasked for, uncalled-for, unforced, uninvited, unrequested, unsought, unwelcome, voluntary, volunteered

unsophisticated [1] artless, childlike, guileless, inexperienced, ingenuous, innocent, naive, natural, unaffected, untutored, unworldly [2] plain, simple, straightforward, uncomplex, uncomplicated, uninvolved, unrefined, unspecialized [3] genuine, not artificial, pure, unadulterated

unsound [1] ailing, defective, delicate, deranged, diseased, frail, ill, in poor health, unbalanced, unhealthy, unhinged, unstable, unwell, weak [2] defective, erroneous, fallacious, false, faulty, flawed, ill-founded, illogical, invalid, shaky, specious, unreliable, weak [3] flimsy, insecure, not solid, rickety, shaky, tottering, unreliable, unsafe, unstable, unsteady, wobbly

unspeakable [1] beyond description, beyond words, inconceivable, indescribable, ineffable, inexpressible, overwhelming, unbelievable, unimaginable, unutterable, wonderful [2] abominable, appalling, awful, bad, dreadful, evil, execrable, frightful, heinous, hellacious (U.S. sl.), horrible, loathsome, monstrous, odious, repellent, shocking, too horrible for words

unspoiled, unspoilt [1] intact, perfect, preserved, unaffected, unblemished, unchanged, undamaged, unharmed, unimpaired, untouched [2] artless, innocent, natural, unaffected, unassuming, unstudied, wholesome

unspoken [1] assumed, implicit, implied, left to the imagination, not put into words, not spelt out, tacit, taken for granted, undeclared, understood, unexpressed, unspoken, unstated [2] mute, silent, unsaid, unuttered, voiceless, wordless

unstable [1] insecure, not fixed, precarious, rickety, risky, shaky, tottering, unsettled, unsteady, wobbly [2] capricious, changeable, erratic, fitful, fluctuating, inconsistent, inconstant, irrational, temperamental, unpredictable, unsteady, untrustworthy, vacillating, variable, volatile

unsteady [1] infirm, insecure, precarious, reeling, rickety, shaky, tottering, treacherous, unsafe, unstable, wobbly [2] changeable, erratic, flickering, flighty, fluctuating, inconstant, irregular, temperamental, unreliable, unsettled, vacillating, variable, volatile, wavering

unsubstantial [1] airy, flimsy, fragile, frail, inadequate, light, slight, thin [2] erroneous, full of holes, ill-founded, superficial, tenuous, unsound, unsupported, weak [3] dreamlike, fanciful, illusory, imaginary, immaterial, impalpable, visionary

unsubstantiated open to question, unattested, unconfirmed, uncorroborated, unestablished, unproven, unsupported

unsuccessful [1] abortive, bootless, failed, fruitless, futile, ineffective, unavailing, unproductive, useless, vain [2] balked, defeated, foiled, frustrated, hapless, ill-starred, losing, luckless, unfortunate, unlucky

unsuitable improper, inapposite, inappropriate, inapt, incompatible, incongruous, ineligible, infelicitous, out of character, out of keeping, out of place, unacceptable, unbecoming, unbefitting, unfitting, unseasonable, unseemly, unsuited

unsure [1] insecure, lacking in confidence, unassured, unconfident [2] distrustful, doubtful, dubious, hesitant, in a quandary, irresolute, mistrustful, sceptical, suspicious, unconvinced, undecided

unsurpassed consummate, exceptional, incomparable, matchless, nonpareil, paramount, peerless, second to none, superlative, supreme, transcendent, unequalled, unexcelled, unparalleled, unrivalled, without an equal

unsuspecting confiding, credulous, gullible, inexperienced, ingenuous, innocent, naive, off guard, trustful, trusting, unconscious, unsuspicious, unwarned, unwary

unswerving constant, dedicated, devoted, direct, firm, resolute, single-minded, staunch, steadfast, steady, true, undeviating, unfaltering, unflagging, untiring, unwavering

unsympathetic apathetic, callous, cold, compassionless (Rare), cruel, hard, harsh, heartless, indifferent, insensitive, soulless, stony-hearted, uncompassionate, unconcerned, unfeeling, unkind, unmoved, unpitying, unresponsive

untamed barbarous, feral, fierce, not broken in, savage, unbroken, uncontrollable, undomesticated, untameable, wild

untangle clear up, disentangle, explain, extricate, solve, straighten out, unravel, unsnarl

untenable fallacious, flawed, groundless, illogical, indefensible, insupportable, shaky, unreasonable, unsound, unsustainable, weak

unthinkable [1] absurd, illogical, impossible, improbable, not on (Inf.), out of the question, preposterous, unlikely, unreasonable [2] beyond belief, beyond the bounds of possibility, implausible, inconceivable, incredible, insupportable, unbelievable, unimaginable

unthinking [1] blundering, inconsiderate, insensitive, rude, selfish, tactless, thoughtless, undiplomatic [2] careless, heedless, impulsive, inadvertent, instinctive, mechanical, negligent, oblivious, rash, senseless, unconscious, unmindful, vacant, witless

untidy bedraggled, chaotic, cluttered, disarrayed, disorderly, higgledy-piggledy (Inf.), jumbled, littered, messy, muddled, muddly, mussy (U.S. inf.), rumpled, shambolic, slatternly, slipshod, sloppy (Inf.), slovenly, topsy-turvy, unkempt

untie free, loosen, release, unbind, unbridle, undo, unfasten, unknot, unlace

untimely awkward, badly timed, early, ill-timed, inappropriate, inauspicious, inconvenient, inopportune, mistimed, premature, unfortunate, unseasonable, unsuitable

untiring constant, dedicated, determined, devoted, dogged, incessant, indefatigable, patient, persevering, persistent, staunch, steady, tireless, unfaltering, unflagging, unremitting, unwearied

untold [1] indescribable, inexpressible, undreamed of, unimaginable, unspeakable, unthinkable, unutterable [2] countless, incalculable, innumerable, measureless, myriad, numberless, uncountable, uncounted, unnumbered [3] hidden, private, secret, undisclosed, unknown, unpublished, unrecounted, unrelated, unrevealed

untouched [1] intact, safe and sound, undamaged, unharmed, unhurt, uninjured, unscathed, without a scratch [2] dry-eyed, indifferent, unaffected, unconcerned, unimpressed, unmoved, unstirred

untoward [1] annoying, awkward, disastrous, ill-timed, inconvenient, inimical, irritating, troublesome, unfortunate, vexatious [2] adverse, contrary, inauspicious, inopportune, unfavourable, unlucky, untimely [3] improper, inappropriate, indecorous, out of place, unbecoming, unfitting, unseemly, unsuitable

untrained amateur, green, inexperienced, raw, uneducated, unpractised, unqualified, unschooled, unskilled, untaught, untutored

untroubled calm, composed, cool, peaceful, placid, sedate, serene, steady, tranquil, unagitated, unconcerned, undisturbed, unfazed (Inf.), unflappable (Inf.), unflustered, unperturbed, unruffled, unstirred, unworried

untrue [1] deceptive, dishonest, erroneous, fallacious, false, inaccurate, incorrect, lying, misleading, mistaken, sham, spurious, untruthful, wrong [2] deceitful, disloyal, faithless, false, forsworn, inconstant, perfidious, traitorous, treacherous, two-faced, unfaithful, untrustworthy [3] deviant, distorted, inaccurate, off, out of line, out of true, wide

untrustworthy capricious, deceitful, devious, dishonest, disloyal, fair-weather, faithless, false, fickle, fly-by-night (Inf.), not to be depended on, slippery, treacherous, tricky, two-faced, undependable, unfaithful, unreliable, untrue, untrusty

untruth [1] deceitfulness, duplicity, falsity, inveracity (Rare), lying, mendacity, perjury, truthlessness, untruthfulness [2] deceit, fabrication, falsehood, falsification, fib, fiction, lie, pork pie (Brit. sl.), porky (Brit. sl.), prevarication, story, tale, trick, whopper (Inf.)

untruthful crooked (Inf.), deceitful, deceptive, dishonest, dissembling, false, fibbing, hypocritical, lying, mendacious

unusual abnormal, atypical, bizarre, curious, different, exceptional, extraordinary, notable, odd, out of the ordinary, phenomenal, queer, rare, remarkable, singular, strange, surprising, uncommon, unconventional, unexpected, unfamiliar, unwonted

unutterable beyond words, extreme, indescribable, ineffable, overwhelming, unimaginable, unspeakable

unvarnished bare, candid, frank, honest, naked, plain, pure, pure and simple, simple, sincere, stark, straightforward, unadorned, unembellished

unveil bare, bring to light, disclose, divulge, expose, lay bare, lay open, make known, make public, reveal, uncover

unwanted de trop, going begging, outcast, rejected, superfluous, surplus to requirements, unasked, undesired, uninvited, unneeded, unsolicited, unwelcome, useless

unwarranted gratuitous, groundless, indefensible, inexcusable, uncalled-for, unjust, unjustified, unprovoked, unreasonable, wrong

unwary careless, hasty, heedless, imprudent, incautious, indiscreet, rash, reckless, thoughtless, uncircumspect, unguarded, unwatchful

unwavering consistent, dedicated, determined, immovable, resolute, single-minded, staunch, steadfast, steady, undeviating, unfaltering, unflagging, unshak(e)able, unshaken, unswerving, untiring

unwelcome [1] excluded, rejected, unacceptable, undesirable, uninvited, unpopular, unwanted, unwished for [2] disagreeable, displeasing, distasteful, thankless, undesirable, unpleasant

unwell ailing, ill, indisposed, in poor health, off colour, out of sorts, poorly (Inf.), sick, sickly, under the weather (Inf.), unhealthy

unwholesome [1] deleterious, harmful, insalubrious, junk (Inf.), noxious, poisonous, tainted, unhealthy, unnourishing [2] bad, corrupting, degrading, demoralizing, depraving, evil, immoral, maleficent, perverting, wicked [3] anaemic, pale, pallid, pasty, sickly, wan

unwieldy [1] awkward, burdensome, cumbersome, inconvenient, unhandy, unmanageable [2] bulky, clumsy, hefty, massive, ponderous, ungainly, weighty

unwilling averse, demurring, disinclined, grudging, indisposed, laggard (Rare), loath, not in the mood, opposed, reluctant, resistant, unenthusiastic

unwind [1] disentangle, slacken, uncoil, undo, unravel, unreel, unroll, untwine, untwist [2] calm down, let oneself go, loosen up, quieten down, relax, sit back, slow down, take a break, take it easy, wind down

unwise asinine, foolhardy, foolish, ill-advised, ill-considered, ill-judged, impolitic, improvident, imprudent, inadvisable, inane, indiscreet, injudicious, irresponsible, rash, reckless, senseless, short-sighted, silly, stupid

unwitting [1] ignorant, innocent, unaware, unconscious, unknowing, unsuspecting [2] accidental, chance, inadvertent, involuntary, undesigned, unintended, unintentional, unmeant, unplanned

unworldly [1] abstract, celestial, metaphysical, nonmaterialistic, religious, spiritual, transcendental [2] green, idealistic, inexperienced, innocent, naive, raw, trusting, unsophisticated [3] ethereal, extraterrestrial, otherworldly, unearthly

unworthy [1] (With **of**) beneath the dignity of, improper, inappropriate, out of character, out of place, unbecoming, unbefitting, unfitting, unseemly, unsuitable [2] base, contemptible, degrading, discreditable, disgraceful, dishonourable, disreputable, ignoble, shameful [3] ineligible, not deserving of, not fit for, not good enough, not worth, undeserving

unwritten [1] oral, unrecorded, vocal, word-of-mouth [2] accepted, conventional, customary, tacit, traditional, understood, unformulated

unyielding adamant, determined, firm, hardline, immovable, inexorable, inflexible, intractable, obdurate, obstinate, relentless, resolute, rigid, staunch, steadfast, stiff-necked, stubborn, tough, unbending, uncompromising, unwavering

upbringing breeding, bringing-up, care, cultivation, education, nurture, raising, rearing, tending, training

upgrade advance, ameliorate, better, elevate, enhance, improve, promote, raise

upheaval cataclysm, disorder, disruption, disturbance, eruption, overthrow, revolution, turmoil, violent change

uphill adj. [1] ascending, climbing, mounting, rising [2] arduous, difficult, exhausting, gruelling, hard, laborious, punishing, Sisyphean, strenuous, taxing, tough, wearisome

uphold advocate, aid, back, champion, defend, encourage, endorse, hold to, justify, maintain, promote, stand by, stick up for (Inf.), support, sustain, vindicate

upkeep [1] conservation, keep, maintenance, preservation, repair, running, subsistence, support, sustenance [2] expenditure, expenses, oncosts (Brit.), operating costs, outlay, overheads, running costs

uplift
- v. [1] elevate, heave, hoist, lift up, raise [2] advance, ameliorate, better, civilize, cultivate, edify, improve, inspire, raise, refine, upgrade
- n. [3] advancement, betterment, cultivation, edification, enhancement, enlightenment, enrichment, improvement, refinement

upper [1] high, higher, loftier, top, topmost [2] elevated, eminent, greater, important, superior

upper-class aristocratic, blue-blooded, highborn, high-class, noble, patrician, top-drawer, well-bred

uppermost [1] highest, loftiest, most elevated, top, topmost, upmost [2] chief, dominant, foremost, greatest, leading, main, paramount, predominant, pre-eminent, primary, principal, supreme

uppish affected, arrogant, cocky, conceited, high and mighty (Inf.), hoity-toity (Inf.), overweening, presumptuous, putting on airs, self-important, snobbish, stuck-up (Inf.), supercilious, toffee-nosed (Sl., chiefly Brit.), uppity (Inf.)

upright [1] erect, on end, perpendicular, straight, vertical [2] (Fig.) above board, conscientious, ethical, faithful, good, high-minded, honest, honourable, incorruptible, just, principled, righteous, straightforward, true, trustworthy, unimpeachable, virtuous

uprising disturbance, insurgence, insurrection, mutiny, outbreak, putsch, rebellion, revolt, revolution, rising, upheaval

uproar bagarre, brawl, brouhaha, clamour, commotion, confusion, din, furore, hubbub, hullabaloo, hurly-burly, mayhem, noise, outcry, pandemonium, racket, riot, ruckus (Inf.), ruction (Inf.), rumpus, turbulence, turmoil

uproarious [1] clamorous, confused, disorderly, loud, noisy, riotous, rowdy, tempestuous, tumultuous, turbulent, wild [2] convulsive (Inf.), hilarious, hysterical, killing (Inf.), rib-tickling, rip-roaring (Inf.), screamingly funny, side-splitting, very funny [3] boisterous, gleeful, loud, rollicking, unrestrained

upset
- v. [1] capsize, knock over, overturn, spill, tip over, topple over [2] change, disorder, disorganize, disturb, mess up, mix up, put out of order, spoil, turn topsy-turvy [3] agitate, bother, discompose, disconcert, dismay, disquiet, distress, disturb, faze, fluster, grieve, hassle (Inf.), perturb, ruffle, throw (someone) off balance, trouble, unnerve [4] be victorious over, conquer, defeat, get the better of, overcome, overthrow, triumph over, win against the odds
- n. [5] defeat, reverse, shake-up (Inf.), sudden change, surprise [6] bug (Inf.), complaint, disorder, disturbance, illness, indisposition, malady, queasiness, sickness [7] agitation, bother, discomposure, disquiet, distress, disturbance, hassle (Inf.), shock, trouble, worry
- adj. [8] capsized, overturned, spilled, tipped over, toppled, tumbled, upside down [9] disordered, disturbed, gippy (Sl.), ill, poorly (Inf.), queasy, sick [10] agitated, bothered, confused, disconcerted, dismayed, disquieted, distressed, disturbed, frantic, grieved, hassled (Inf.), hurt, overwrought, put out, ruffled, troubled, worried [11] at sixes and sevens, chaotic, confused, disarrayed, disordered, in disarray or disorder, messed up, muddled, topsy-turvy [12] beaten, conquered, defeated, overcome, overthrown, vanquished

upshot conclusion, consequence, culmination, end, end result, event, finale, issue, outcome, payoff (Inf.), result, sequel

upside down [1] bottom up, inverted, on its head, overturned, upturned, wrong side up [2] (Inf.) chaotic, confused, disordered, higgledy-piggledy (Inf.), in confusion (chaos, disarray, disorder), jumbled, muddled, topsy-turvy

upstanding [1] ethical, good, honest, honourable, incorruptible, moral, principled, true, trustworthy, upright [2] firm, hale and hearty, hardy, healthy, robust, stalwart, strong, sturdy, upright, vigorous

upstart arriviste, nobody, nouveau riche, parvenu, social climber, status seeker

up-to-date all the rage, current, fashionable, happening (Inf.), in, in vogue, modern, newest, now (Inf.), stylish, trendy (Brit. inf.), up-to-the-minute, with it (Inf.)

urban city, civic, inner-city, metropolitan, municipal, oppidan (Rare), town

urbane civil, civilized, cosmopolitan, courteous, cultivated, cultured, debonair, elegant, mannerly, polished, refined, smooth, sophisticated, suave, well-bred, well-mannered

urbanity charm, civility, courtesy, culture, elegance, grace, mannerliness, polish, refinement, sophistication, suavity, worldliness

urchin brat, gamin, guttersnipe, mudlark (Sl.), ragamuffin, street Arab, waif, young rogue

urge
- v. [1] appeal to, beg, beseech, entreat, exhort, implore, plead, press, solicit [2] advise, advocate, champion, counsel, insist on, push for, recommend, support [3] compel, constrain, drive, egg on, encourage, force, goad, hasten, impel, incite, induce, instigate, press, prompt, propel, push, spur, stimulate
- n. [4] compulsion, desire, drive, fancy, impulse, itch, longing, thirst, wish, yearning, yen (Inf.)

urgency exigency, extremity, gravity, hurry, imperativeness, importance, importunity, necessity, need, pressure, seriousness, stress

urgent [1] compelling, critical, crucial, immediate, imperative, important, instant, not to be delayed, pressing, top-priority [2] clamorous, earnest, importunate, insistent, intense, persistent, persuasive

urinate leak (Sl.), make water, micturate, pass water, pee (Sl.), piddle (Inf.), piss (Taboo sl.), spend a penny (Brit. inf.), tinkle (Brit. inf.), wee (Inf.), wee-wee (Inf.)

usable at one's disposal, available, current, fit for use, functional, in running order, practical, ready for use, serviceable, utilizable, valid, working

usage [1] control, employment, handling, management, operation, regulation, running, treatment, use [2] convention, custom, form, habit, matter of course, method, mode, practice, procedure, régime, routine, rule, tradition, wont

use
- v. [1] apply, avail oneself of, bring into play, employ, exercise, exert, find a use for, make use of, operate, ply, practise, profit by, put to use, turn to account, utilize, wield, work [2] act towards, behave towards, deal with, exploit, handle, manipulate, misuse, take advantage of, treat [3] consume, exhaust, expend, run through, spend, waste
- n. [4] application, employment, exercise, handling, operation, practice, service, treatment, usage, wear and tear [5] advantage, application, avail, benefit, good, help, mileage (Inf.), point, profit, service, usefulness, utility, value, worth [6] custom, habit, practice, usage, way, wont [7] call, cause, end, necessity, need, object, occasion, point, purpose, reason

used cast-off, hand-me-down (Inf.), nearly new, not new, reach-me-down (Inf.), second-hand, shopsoiled, worn

useful advantageous, all-purpose, beneficial, effective, fruitful, general-purpose, helpful, of help, of service, of use, practical, profitable, salutary, serviceable, valuable, worthwhile

useless [1] bootless, disadvantageous, fruitless, futile, hopeless, idle, impractical, ineffective, ineffectual, of no use, pointless, profitless, unavailing, unproductive, unworkable, vain, valueless, worthless [2] (Inf.) hopeless, incompetent, ineffectual, inept, no good, stupid, weak

use up absorb, burn up, consume, deplete, devour, drain, exhaust, finish, fritter away, run through, squander, swallow up, waste

usher
- n. [1] attendant, doorkeeper, escort, guide, usherette
- v. [2] conduct, direct, escort, guide, lead, pilot, show in or out, steer [3] (Usually with **in**) bring in, herald, inaugurate, initiate, introduce, launch, open the door to, pave the way for, precede, ring in

usual accustomed, common, constant, customary, everyday, expected, familiar, fixed, general, habitual, normal, ordinary, regular, routine, standard, stock, typical, wonted

usually as a rule, as is the custom, as is usual, by and large, commonly, for the most part, generally, habitually, in the main, mainly, mostly, most often, normally, on the whole, ordinarily, regularly, routinely

utility advantageousness, avail, benefit, convenience, efficacy, fitness, point, practicality, profit, service, serviceableness, use, usefulness

utilize appropriate, avail oneself of, employ, have recourse to, make the most of, make use of, profit by, put to use, resort to, take advantage of, turn to account, use

utmost
- adj. [1] chief, extreme, greatest, highest, maximum, paramount, pre-eminent, supreme [2] extreme, farthest, final, last, most distant, outermost, remotest, uttermost
- n. [3] best, greatest, hardest, highest, most

utter[1] adj. absolute, arrant, complete, consummate, deep-dyed (Usu. derogatory), downright, entire, out-and-out, outright, perfect, sheer, stark, thorough, thoroughgoing, total, unmitigated, unqualified

utter[2]
- v. [1] articulate, enunciate, express, pronounce, put into words, say, speak, verbalize, vocalize, voice [2] declare, divulge, give expression to, make known, proclaim, promulgate, publish, reveal, state

utterly absolutely, completely, entirely, extremely, fully, perfectly, thoroughly, totally, to the core, wholly

V

vacancy [1] job, opening, opportunity, position, post, room, situation [2] absent-mindedness, abstraction, blankness, inanity, inattentiveness, incomprehension, incuriousness, lack of interest, vacuousness [3] emptiness, gap, space, vacuum, void

vacant [1] available, disengaged, empty, free, idle, not in use, to let, unemployed, unengaged, unfilled, unoccupied, untenanted, void [2] absent-minded, abstracted, blank, dreaming, dreamy, expressionless, idle, inane, incurious, thoughtless, unthinking, vacuous

vacuum emptiness, free space, gap, nothingness, space, vacuity, void

vagabond [1] n. bag lady (Chiefly U.S.), beggar, bum (Inf.), down-and-out, hobo (U.S.), itinerant, knight of the road, migrant, nomad, outcast, rascal, rover, tramp, vagrant, wanderer, wayfarer [2] adj. destitute, down and out, drifting, fly-by-night (Inf.), footloose, homeless, idle, itinerant, journeying, nomadic, rootless, roving, shiftless, vagrant, wandering

vagrant [1] n. bag lady (Chiefly U.S.), beggar, bird of passage, bum (Inf.), hobo (U.S.), itinerant, person of no fixed address, rolling stone, tramp,

wanderer [2] adj. itinerant, nomadic, roaming, rootless, roving, unsettled, vagabond

vague amorphous, blurred, dim, doubtful, fuzzy, generalized, hazy, ill-defined, imprecise, indefinite, indeterminate, indistinct, lax, loose, nebulous, obscure, shadowy, uncertain, unclear, unknown, unspecified, woolly

vaguely absent-mindedly, dimly, evasively, imprecisely, in a general way, obscurely, slightly, through a glass darkly, vacantly

vagueness ambiguity, impreciseness, inexactitude, lack of preciseness, looseness, obscurity, undecidedness, woolliness

vain [1] arrogant, bigheaded (Inf.), cocky, conceited, egotistical, inflated, narcissistic, ostentatious, overweening, peacockish, pleased with oneself, proud, self-important, stuck-up (Inf.), swaggering, swanky (Inf.), swollen-headed (Inf.), vainglorious [2] abortive, empty, fruitless, futile, hollow, idle, nugatory, pointless, senseless, time-wasting, trifling, trivial, unavailing, unimportant, unproductive, unprofitable, useless, worthless [3] **be vain** have a high opinion of oneself, have a swelled head (Inf.), have one's head turned, think a lot of oneself, think oneself it (Inf.), think oneself the cat's whiskers or pyjamas (Sl.) [4] **in vain** bootless, fruitless(ly), ineffectual(ly), to no avail, to no purpose, unsuccessful(ly), useless(ly), vain(ly), wasted, without success

valedictory adj. farewell, final, parting

valiant bold, brave, courageous, dauntless, doughty, fearless, gallant, heroic, indomitable, intrepid, lion-hearted, plucky, redoubtable, stouthearted, valorous, worthy

valid [1] acceptable, binding, cogent, conclusive, convincing, efficacious, efficient, good, just, logical, powerful, sound, substantial, telling, weighty, well-founded, well-grounded [2] authentic, bona fide, genuine, in force, lawful, legal, legally binding, legitimate, official

validity [1] cogency, force, foundation, grounds, point, power, soundness, strength, substance, weight [2] authority, lawfulness, legality, legitimacy, right

valley coomb, cwm (Welsh), dale, dell, depression, dingle, glen, hollow, strath (Scot.), vale

valuable
- adj. [1] costly, dear, expensive, high-priced, precious [2] beneficial, cherished, esteemed, estimable, held dear, helpful, important, prized, profitable, serviceable, treasured, useful, valued, worthwhile, worthy
- n. [3] Usually plural heirloom, treasure(s)

value
- n. [1] cost, equivalent, market price, monetary worth, rate [2] advantage, benefit, desirability, help, importance, merit, profit, serviceableness, significance, use, usefulness, utility, worth [3] Plural code of behaviour, ethics, (moral) standards, principles
- v. [4] account, appraise, assess, compute, estimate, evaluate, price, put a price on, rate, set at, survey [5] appreciate, cherish, esteem, hold dear, hold in high regard or esteem, prize, regard highly, respect, set store by, treasure

valued cherished, dear, esteemed, highly regarded, loved, prized, treasured

valueless miserable, no good, of no earthly use, of no value, unsaleable, useless, worthless

vanguard advance guard, cutting edge, forefront, forerunners, front, front line, front rank, leaders, spearhead, trailblazers, trendsetters, van

vanish become invisible, be lost to sight, die out, disappear, disappear from sight or from the face of the earth, dissolve, evanesce, evaporate, exit, fade (away), melt (away)

vanity [1] affected ways, airs, arrogance, bigheadedness (Inf.), conceit, conceitedness, egotism, narcissism, ostentation, pretension, pride, self-admiration, self-love, showing off (Inf.), swollen-headedness (Inf.), vainglory [2] emptiness, frivolity, fruitlessness, futility, hollowness, inanity, pointlessness, profitlessness, triviality, unproductiveness, unreality, unsubstantiality, uselessness, worthlessness

vanquish beat, blow out of the water (Sl.), clobber (Sl.), conquer, crush, defeat, get the upper hand over, lick (Inf.), master, overcome, overpower, overwhelm, put down, put to flight, put to rout, quell, reduce, repress, rout, run rings around (Inf.), subdue, subjugate, tank (Sl.), triumph over, undo, wipe the floor with (Inf.)

vapour breath, dampness, exhalation, fog, fumes, haze, miasma, mist, smoke, steam

variable capricious, chameleonic, changeable, fickle, fitful, flexible, fluctuating, inconstant, mercurial, mutable, protean, shifting, temperamental, uneven, unstable, unsteady, vacillating, wavering

variance [1] difference, difference of opinion, disagreement, discord, discrepancy, dissension, dissent, divergence, inconsistency, lack of harmony, strife, variation [2] **at variance** at loggerheads, at odds, at sixes and sevens (Inf.), conflicting, in disagreement, in opposition, out of harmony, out of line

variant [1] adj. alternative, derived, different, divergent, exceptional, modified [2] n. alternative, derived form, development, modification, sport (Biol.), variation

variation alteration, break in routine, change, departure, departure from the norm, deviation, difference, discrepancy, diversification, diversity, innovation, modification, novelty, variety

varied assorted, different, diverse, heterogeneous, manifold, miscellaneous, mixed, motley, sundry, various

variety [1] change, difference, discrepancy, diversification, diversity, many-sidedness, multifariousness, variation [2] array, assortment, collection, cross section, intermixture, medley, miscellany, mixture, multiplicity, range [3] brand, breed, category, class, kind, make, order, sort, species, strain, type

various assorted, different, differing, disparate, distinct, divers (Archaic), diverse, diversified, heterogeneous, manifold, many, many-sided, miscellaneous, several, sundry, varied, variegated

varnish v. adorn, decorate, embellish, gild, glaze, gloss, japan, lacquer, polish, shellac

vary alter, alternate, be unlike, change, depart, differ, disagree, diverge, diversify, fluctuate, intermix, modify, permutate, reorder, transform

varying changing, different, distinct, distinguishable, diverse, fluctuating, inconsistent

vast astronomical, boundless, colossal, elephantine, enormous, extensive, gigantic, ginormous (Inf.), great, huge, humongous or humungous (U.S. sl.), illimitable, immeasurable, immense, limitless, mammoth, massive, measureless, mega (Sl.), monstrous, monumental, never-ending, prodigious, sweeping, tremendous, unbounded, unlimited, vasty (Archaic), voluminous, wide

vault¹
- n. [1] arch, ceiling, roof, span [2] catacomb, cellar, crypt, mausoleum, tomb, undercroft [3] depository, repository, strongroom
- v. [4] arch, bend, bow, curve, overarch, span

vault² v. bound, clear, hurdle, jump, leap, spring

vaunt boast about, brag about, crow about, exult in, flaunt, give oneself airs about, make a display of, make much of, parade, prate about, show off, talk big about (Inf.)

veer be deflected, change, change course, change direction, sheer, shift, swerve, tack, turn

vegetate [1] be inert, deteriorate, exist, go to seed, idle, languish, loaf, moulder, stagnate, veg out (Sl., chiefly U.S.) [2] burgeon, germinate, grow, shoot, spring, sprout, swell

vehemence ardour, eagerness, earnestness, emphasis, energy, enthusiasm, fervency, fervour, fire, force, forcefulness, heat, impetuosity, intensity, keenness, passion, verve, vigour, violence, warmth, zeal

vehement ardent, eager, earnest, emphatic, enthusiastic, fervent, fervid, fierce, flaming, forceful, forcible, impassioned, impetuous, intense, passionate, powerful, strong, violent, zealous

vehicle (Fig.) apparatus, channel, means, means of expression, mechanism, medium, organ

veil [1] v. cloak, conceal, cover, dim, disguise, hide, mantle, mask, obscure, screen, shield [2] n. blind, cloak, cover, curtain, disguise, film, mask, screen, shade, shroud

veiled concealed, covert, disguised, hinted at, implied, masked, suppressed

vein [1] blood vessel, course, current, lode, seam, stratum, streak, stripe [2] dash, hint, strain, streak, thread, trait [3] attitude, bent, character, faculty, humour, mode, mood, note, style, temper, tenor, tone, turn

venal bent (Sl.), corrupt, corruptible, crooked (Inf.), dishonourable, grafting (Inf.), mercenary, prostituted, purchasable, rapacious, simoniacal, sordid, unprincipled

vendetta bad blood, blood feud, feud, quarrel

veneer n. (Fig.) appearance, façade, false front, finish, front, gloss, guise, mask, pretence, semblance, show

venerable august, esteemed, grave, honoured, respected, revered, reverenced, sage, sedate, wise, worshipped

venerate adore, esteem, hold in awe, honour, look up to, respect, revere, reverence, worship

veneration adoration, awe, deference, esteem, respect, reverence, worship

vengeance [1] an eye for an eye, avenging, lex talionis, reprisal, requital, retaliation, retribution, revenge, settling of scores [2] **with a vengeance** **a** forcefully, furiously, vehemently, violently **b** and no mistake, extremely, greatly, to the full, to the utmost, with no holds barred

venial allowable, excusable, forgivable, insignificant, minor, pardonable, slight, trivial

venom [1] bane, poison, toxin [2] acidity, acrimony, bitterness, gall, grudge, hate, ill will, malevolence, malice, maliciousness, malignity, rancour, spite, spitefulness, spleen, virulence

venomous [1] baneful (Archaic), envenomed, mephitic, noxious, poison, poisonous, toxic, virulent [2] baleful, hostile, malicious, malignant, rancorous, savage, spiteful, vicious, vindictive, virulent

vent [1] n. aperture, duct, hole, opening, orifice, outlet, split [2] v. air, come out with, discharge, emit, empty, express, give expression to, give vent to, pour out, release, utter, voice

ventilate (Fig.) air, bring out into the open, broadcast, debate, discuss, examine, make known, scrutinize, sift, talk about

venture
- v. [1] chance, endanger, hazard, imperil, jeopardize, put in jeopardy, risk, speculate, stake, wager [2] advance, dare, dare say, hazard, make bold, presume, stick one's neck out (Inf.), take the liberty, volunteer [3] (With **out, forth**, etc) embark on, go, plunge into, set out
- n. [4] adventure, chance, endeavour, enterprise, fling, gamble, hazard, jeopardy, project, risk, speculation, undertaking

verbal literal, oral, spoken, unwritten, verbatim, word-of-mouth

verbally by word of mouth, orally

verbatim exactly, precisely, to the letter, word for word

verbose circumlocutory, diffuse, garrulous, long-winded, periphrastic, pleonastic, prolix, tautological, windy, wordy

verbosity garrulity, logorrhoea, long-windedness, loquaciousness, prolixity, rambling, verbiage, verboseness, windiness, wordiness

verdict adjudication, conclusion, decision, finding, judg(e)ment, opinion, sentence

verge [1] n. border, boundary, brim, brink, edge, extreme, limit, lip, margin, roadside, threshold [2] v. approach, border, come near

verification authentication, confirmation, corroboration, proof, substantiation, validation

verify attest, attest to, authenticate, bear out, check, confirm, corroborate, prove, substantiate, support, validate

vernacular [1] adj. colloquial, common, indigenous, informal, local, mother, native, popular, vulgar [2] n. argot, cant, dialect, idiom, jargon, native language, parlance, patois, speech, vulgar tongue

versatile adaptable, adjustable, all-purpose, all-round, flexible, functional, handy, manysided, multifaceted, protean, resourceful, variable

versed accomplished, acquainted, competent, conversant, experienced, familiar, knowledgeable, practised, proficient, qualified, seasoned, skilled, well informed, well up in (Inf.)

version [1] account, adaptation, exercise, interpretation, portrayal, reading, rendering, side, translation [2] design, form, kind, model, style, type, variant

vertical erect, on end, perpendicular, upright

vertigo dizziness, giddiness, light-headedness, loss of equilibrium, swimming of the head

verve animation, brio, dash, élan, energy, enthusiasm, force, get-up-and-go (Inf.), gusto, life, liveliness, pep, punch (Inf.), sparkle, spirit, vigour, vim (Sl.), vitality, vivacity, zeal, zip (Inf.)

very
- adv. [1] absolutely, acutely, awfully (Inf.), decidedly, deeply, eminently, exceedingly, exces-

sively, extremely, greatly, highly, jolly (Brit.), noticeably, particularly, profoundly, really, remarkably, superlatively, surpassingly, terribly, truly, uncommonly, unusually, wonderfully

◆ **adj.** 2 actual, appropriate, exact, express, identical, perfect, precise, real, same, self-same, unqualified 3 bare, mere, plain, pure, sheer, simple

vessel 1 barque (Poetic), boat, craft, ship 2 container, pot, receptacle, utensil

vest v. 1 (With **in** or **with**) authorize, be devolved upon, bestow, confer, consign, empower, endow, entrust, furnish, invest, lodge, place, put in the hands of, settle 2 apparel, bedeck, clothe, cover, dress, envelop, garb, robe

vestibule anteroom, entrance hall, foyer, hall, lobby, porch, portico

vestige evidence, glimmer, hint, indication, relic, remainder, remains, remnant, residue, scrap, sign, suspicion, token, trace, track

vet v. appraise, check, check out, examine, give (someone or something) the once-over (Inf.), investigate, look over, pass under review, review, scan, scrutinize, size up (Inf.)

veteran 1 n. master, old hand, old stager, old-timer, past master, past mistress, pro (Inf.), trouper, warhorse (Inf.) 2 adj. adept, battle-scarred, expert, long-serving, old, proficient, seasoned

veto 1 v. ban, boycott, disallow, forbid, give the thumbs down to, interdict, kill (Inf.), negative, prohibit, put the kibosh on (Sl.), refuse permission, reject, rule out, turn down 2 n. ban, boycott, embargo, interdict, nonconsent, prohibition

vex afflict, aggravate (Inf.), agitate, annoy, bother, bug (Inf.), displease, distress, disturb, exasperate, fret, gall, get on one's nerves (Inf.), grate on, harass, hassle (Inf.), irritate, molest, nark (Brit., Aust., & N.Z. sl.), needle (Inf.), nettle, offend, peeve (Inf.), perplex, pester, pique, plague, provoke, put out, rile, tease, torment, trouble, upset, worry

vexation 1 aggravation (Inf.), annoyance, displeasure, dissatisfaction, exasperation, frustration, irritation, pique 2 bother, difficulty, hassle (Inf.), headache (Inf.), irritant, misfortune, nuisance, problem, thorn in one's flesh, trouble, upset, worry

vexatious afflicting, aggravating (Inf.), annoying, bothersome, burdensome, disagreeable, disappointing, distressing, exasperating, harassing, irksome, irritating, nagging, plaguy (Archaic), provoking, teasing, tormenting, troublesome, trying, unpleasant, upsetting, worrisome, worrying

vexed 1 afflicted, aggravated (Inf.), agitated, annoyed, bothered, confused, displeased, distressed, disturbed, exasperated, fed up, hacked (off) (U.S. sl.), harassed, irritated, miffed (Inf.), nettled, out of countenance, peeved (Inf.), perplexed, pissed off (Taboo sl.), provoked, put out, riled, ruffled, tormented, troubled, upset, worried 2 contested, controversial, disputed, moot, much debated

viable applicable, feasible, operable, practicable, usable, within the bounds of possibility, workable

vibrant 1 aquiver, oscillating, palpitating, pulsating, quivering, trembling 2 alive, animated, colourful, dynamic, electrifying, full of pep (Inf.), responsive, sensitive, sparkling, spirited, vivacious, vivid

vibrate fluctuate, judder (Inf.), oscillate, pulsate, pulse, quiver, resonate, reverberate, shake, shiver, sway, swing, throb, tremble, undulate

vibration juddering (Inf.), oscillation, pulsation, pulse, quiver, resonance, reverberation, shaking, throb, throbbing, trembling, tremor

vice 1 corruption, degeneracy, depravity, evil, evildoing, immorality, iniquity, profligacy, sin, turpitude, venality, wickedness 2 blemish, defect, failing, fault, imperfection, shortcoming, weakness

vicinity area, district, environs, locality, neck of the woods (Inf.), neighbourhood, precincts, propinquity, proximity, purlieus

vicious 1 abandoned, abhorrent, atrocious, bad, barbarous, corrupt, cruel, dangerous, debased, degenerate, degraded, depraved, diabolical, ferocious, fiendish, foul, heinous, immoral, infamous, monstrous, profligate, savage, sinful, unprincipled, vile, violent, wicked, worthless, wrong 2 backbiting, bitchy (Inf.), cruel, defamatory, malicious, mean, rancorous, slanderous, spiteful, venomous, vindictive

viciousness 1 badness, corruption, cruelty, depravity, ferocity, immorality, profligacy, savagery, wickedness 2 bitchiness (Sl.), malice, rancour, spite, spitefulness, venom

victim 1 casualty, fatality, injured party, martyr, sacrifice, scapegoat, sufferer 2 dupe, easy prey, fall guy (Inf.), gull (Archaic), innocent, patsy (Sl., chiefly U.S. & Canad.), sitting duck (Inf.), sitting target, sucker (Sl.)

victimize 1 discriminate against, have a down on (someone) (Inf.), have it in for (someone) (Inf.), have one's knife into (someone), persecute, pick on 2 cheat, deceive, defraud, dupe, exploit, fool, gull (Archaic), hoodwink, prey on, swindle, take advantage of, use

victor champ (Inf.), champion, conquering hero, conqueror, first, prizewinner, top dog (Inf.), vanquisher, winner

victorious champion, conquering, first, prizewinning, successful, triumphant, vanquishing, winning

victory conquest, laurels, mastery, success, superiority, the palm, the prize, triumph, win

victuals bread, comestibles, eatables, eats (Sl.), edibles, food, grub (Sl.), meat, nosebag (Sl.), nosh (Sl.), provisions, rations, stores, supplies, tack (Inf.), viands, vittles (Obsolete)

view

◆ **n.** 1 aspect, landscape, outlook, panorama, perspective, picture, prospect, scene, spectacle, vista 2 range or field of vision, sight, vision 3 Sometimes plural attitude, belief, conviction, feeling, impression, judg(e)ment, notion, opinion, point of view, sentiment, thought, way of thinking 4 contemplation, display, examination, inspection, look, recce (Sl.), scan, scrutiny, sight, survey, viewing 5 **with a view to** in order to, in the hope of, so as to, with the aim or intention of

◆ **v.** 6 behold, check, check out (Inf.), clock (Brit. sl.), contemplate, examine, explore, eye, eyeball (U.S. sl.), gaze at, get a load of (Inf.), inspect, look at, observe, recce (Sl.), regard, scan, spectate, stare at, survey, take a dekko at (Brit. sl.), watch, witness 7 consider, deem, judge, look on, regard, think about

viewer observer, one of an audience, onlooker, spectator, TV watcher, watcher

viewpoint angle, frame of reference, perspective, point of view, position, slant, stance, standpoint, vantage point, way of thinking

vigilant alert, Argus-eyed, attentive, careful, cautious, circumspect, keeping one's eyes peeled or skinned (Inf.), on one's guard, on one's toes, on the alert, on the lookout, on the qui vive, on the watch, sleepless, unsleeping, wakeful, watchful, wide awake

vigorous active, brisk, dynamic, effective, efficient, energetic, enterprising, flourishing, forceful, forcible, full of energy, hale, hale and hearty, hardy, healthy, intense, lively, lusty, powerful, Ramboesque, red-blooded, robust, sound, spanking, spirited, strenuous, strong, virile, vital, zippy (Inf.)

vigorously all out, eagerly, energetically, forcefully, hammer and tongs, hard, like mad (Sl.), lustily, strenuously, strongly, with a vengeance, with might and main

vigour activity, animation, balls (Taboo sl.), brio, dash, dynamism, energy, force, forcefulness, gusto, health, liveliness, might, oomph (Inf.), pep, power, punch (Inf.), robustness, snap (Inf.), soundness, spirit, strength, verve, vim (Sl.), virility, vitality, zip (Inf.)

vile 1 abandoned, abject, appalling, bad, base, coarse, contemptible, corrupt, debased, degenerate, degrading, depraved, despicable, disgraceful, evil, humiliating, ignoble, impure, loathsome, low, mean, miserable, nefarious, perverted, shocking, sinful, ugly, vicious, vulgar, wicked, worthless, wretched 2 disgusting, foul, horrid, loathsome, nasty, nauseating, noxious, obscene, offensive, repellent, repugnant, repulsive, revolting, sickening, yucky or yukky (Sl.)

vilify abuse, asperse, bad-mouth (Sl., chiefly U.S. & Canad.), berate, calumniate, debase, decry, defame, denigrate, disparage, knock (Inf.), malign, pull to pieces (Inf.), revile, rubbish (Inf.), run down, slag (off) (Sl.), slander, smear, speak ill of, traduce, vilipend (Rare), vituperate

villain 1 blackguard, caitiff (Archaic), criminal, evildoer, knave (Archaic), libertine, malefactor, miscreant, profligate, rapscallion, reprobate, rogue, scoundrel, wretch 2 antihero, baddy (Inf.) 3 devil, monkey, rascal, rogue, scallywag (Inf.), scamp

villainous atrocious, bad, base, blackguardly, criminal, cruel, debased, degenerate, depraved, detestable, diabolical, evil, fiendish, hateful, heinous, ignoble, infamous, inhuman, mean, nefarious, outrageous, ruffianly, scoundrelly, sinful, terrible, thievish, vicious, vile, wicked

villainy atrocity, baseness, crime, criminality, delinquency, depravity, devilry, iniquity, knavery, rascality, sin, turpitude, vice, wickedness

vindicate 1 absolve, acquit, clear, defend, do justice to, exculpate, excuse, exonerate, free from blame, justify, rehabilitate 2 advocate, assert, establish, maintain, support, uphold

vindication apology, assertion, defence, exculpating, exculpation, excuse, exoneration, justification, maintenance, plea, rehabilitation, substantiation, support

vindictive full of spleen, implacable, malicious, malignant, rancorous, relentless, resentful, revengeful, spiteful, unforgiving, unrelenting, vengeful, venomous

vintage 1 n. collection, crop, epoch, era, generation, harvest, origin, year 2 adj. best, choice, classic, mature, prime, rare, ripe, select, superior, venerable

violate 1 break, contravene, disobey, disregard, encroach upon, infract, infringe, transgress 2 abuse, assault, befoul, debauch, defile, desecrate, dishonour, invade, outrage, pollute, profane, rape, ravish

violation 1 abuse, breach, contravention, encroachment, infraction, infringement, transgression, trespass 2 defilement, desecration, profanation, sacrilege, spoliation

violence 1 bestiality, bloodshed, bloodthirstiness, brutality, brute force, cruelty, destructiveness, ferocity, fierceness, fighting, force, frenzy, fury, murderousness, passion, rough handling, savagery, strong-arm tactics (Inf.), terrorism, thuggery, vehemence, wildness 2 boisterousness, power, raging, roughness, storminess, tumult, turbulence, wildness 3 abandon, acuteness, fervour, force, harshness, intensity, severity, sharpness, vehemence

violent 1 berserk, bloodthirsty, brutal, cruel, destructive, fiery, flaming, forcible, furious, headstrong, homicidal, hot-headed, impetuous, intemperate, maddened, maniacal, murderous, passionate, powerful, raging, Ramboesque, riotous, rough, savage, strong, tempestuous, uncontrollable, ungovernable, unrestrained, vehement, vicious, wild 2 blustery, boisterous, devastating, full of force, gale force, powerful, raging, ruinous, strong, tempestuous, tumultuous, turbulent, wild 3 acute, agonizing, biting, excruciating, extreme, harsh, inordinate, intense, outrageous, painful, severe, sharp

virgin 1 n. damsel (Archaic), girl, maid (Archaic), maiden (Archaic), vestal, virgo intacta 2 adj. chaste, fresh, immaculate, maidenly, modest, new, pristine, pure, snowy, uncorrupted, undefiled, unsullied, untouched, unused, vestal, virginal

virile forceful, lusty, macho, male, manlike, manly, masculine, potent, Ramboesque, red-blooded, robust, strong, vigorous

virility machismo, manhood, masculinity, potency, vigour

virtual essential, implicit, implied, in all but name, indirect, potential, practical, tacit, unacknowledged

virtually as good as, effectually, for all practical purposes, in all but name, in effect, in essence, nearly, practically, to all intents and purposes

virtue 1 ethicalness, excellence, goodness, high-mindedness, incorruptibility, integrity, justice, morality, probity, quality, rectitude, righteousness, uprightness, worth, worthiness 2 advantage, asset, attribute, credit, good point, good quality, merit, plus (Inf.), strength 3 chastity, honour, innocence, morality, purity, virginity 4 **by virtue of** as a result of, by dint of, by reason of, in view of, on account of, owing to, thanks to

virtuosity brilliance, craft, éclat, expertise, finish, flair, mastery, panache, polish, skill

virtuoso 1 n. artist, genius, grandmaster, maestro, magician, master, master hand, maven (U.S.) 2 adj. bravura (Music), brilliant, dazzling, masterly

virtuous [1] blameless, ethical, excellent, exemplary, good, high-principled, honest, honourable, incorruptible, moral, praiseworthy, pure, righteous, squeaky-clean, upright, worthy [2] celibate, chaste, clean-living, innocent, pure, spotless, virginal

virulent [1] baneful (Archaic), deadly, infective, injurious, lethal, malignant, pernicious, poisonous, septic, toxic, venomous [2] acrimonious, bitter, envenomed, hostile, malevolent, malicious, rancorous, resentful, spiteful, splenetic, venomous, vicious, vindictive

visible anywhere to be seen, apparent, clear, conspicuous, detectable, discernible, discoverable, distinguishable, evident, in sight, in view, manifest, not hidden, noticeable, observable, obvious, palpable, patent, perceivable, perceptible, plain, to be seen, unconcealed, unmistakable

vision [1] eyes, eyesight, perception, seeing, sight, view [2] breadth of view, discernment, farsightedness, foresight, imagination, insight, intuition, penetration, prescience [3] castle in the air, concept, conception, daydream, dream, fantasy, idea, ideal, image, mental picture, pipe dream [4] apparition, chimera, delusion, eidolon, ghost, hallucination, illusion, mirage, phantasm, phantom, revelation, spectre, wraith [5] dream, feast for the eyes, perfect picture, picture, sight, sight for sore eyes, spectacle

visionary
- adj. [1] dreaming, dreamy, idealistic, quixotic, romantic, starry-eyed, with one's head in the clouds [2] chimerical, delusory, fanciful, fantastic, ideal, idealized, illusory, imaginary, impractical, prophetic, speculative, unreal, unrealistic, unworkable, utopian
- n. [3] daydreamer, Don Quixote, dreamer, enthusiast (Archaic), idealist, mystic, prophet, romantic, seer, theorist, utopian, zealot

visit
- v. [1] be the guest of, call in, call on, drop in on (Inf.), go to see, inspect, look (someone) up, pay a call on, pop in (Inf.), stay at, stay with, stop by, take in (Inf.) [2] afflict, assail, attack, befall, descend upon, haunt, smite, trouble [3] (With **on** or **upon**) bring down upon, execute, impose, inflict, wreak
- n. [4] call, sojourn, stay, stop

visitation [1] examination, inspection, visit [2] bane, blight, calamity, cataclysm, catastrophe, disaster, infliction, ordeal, punishment, scourge, trial

visitor caller, company, guest, visitant

visual [1] ocular, optic, optical [2] discernible, observable, perceptible, visible

visualize conceive of, conjure up a mental picture of, envisage, imagine, picture, see in the mind's eye

vital [1] basic, cardinal, essential, fundamental, imperative, indispensable, necessary, radical, requisite [2] critical, crucial, decisive, important, key, life-or-death, significant, urgent [3] animated, dynamic, energetic, forceful, full of the joy of living, lively, sparky, spirited, vibrant, vigorous, vivacious, zestful [4] alive, animate, generative, invigorative, life-giving, live, living, quickening

vitality animation, brio, energy, exuberance, go (Inf.), life, liveliness, lustiness, pep, robustness, sparkle, stamina, strength, vigour, vim (Sl.), vivaciousness, vivacity

vitriolic (Fig.) acerbic, acid, bitchy (Inf.), bitter, caustic, destructive, dripping with malice, envenomed, sardonic, scathing, venomous, virulent, withering

vituperation abuse, billingsgate, blame, castigation, censure, fault-finding, flak (Inf.), invective, obloquy, rebuke, reprimand, reproach, scurrility, tongue-lashing, vilification

vivacious animated, bubbling, cheerful, chirpy (Inf.), ebullient, effervescent, frolicsome, full of life, gay, high-spirited, jolly, light-hearted, lively, merry, scintillating, sparkling, sparky, spirited, sportive, sprightly, upbeat (Inf.), vital

vivacity animation, brio, ebullience, effervescence, energy, gaiety, high spirits, life, liveliness, pep, quickness, sparkle, spirit, sprightliness

vivid [1] bright, brilliant, clear, colourful, glowing, intense, rich [2] distinct, dramatic, graphic, highly-coloured, lifelike, memorable, powerful, realistic, sharp, sharply-etched, stirring, strong, telling, true to life [3] active, animated, dynamic, energetic, expressive, flamboyant, lively, quick, spirited, striking, strong, vigorous

vixen (Fig.) ballbreaker (Sl.), fury, harpy, harridan, hellcat, scold, shrew, spitfire, termagant (Rare), virago, Xanthippe

vocabulary dictionary, glossary, language, lexicon, wordbook, word hoard, words, word stock

vocal adj. [1] articulate, articulated, oral, put into words, said, spoken, uttered, voiced [2] articulate, blunt, clamorous, eloquent, expressive, forthright, frank, free-spoken, noisy, outspoken, plain-spoken, strident, vociferous

vocation business, calling, career, employment, job, life's work, life work, métier, mission, office, post, profession, pursuit, role, trade

vociferous clamant, clamorous, loud, loud-mouthed (Inf.), noisy, obstreperous, outspoken, ranting, shouting, strident, uproarious, vehement, vocal

vogue
- n. [1] craze, custom, dernier cri, fashion, last word, mode, style, the latest, the rage, the thing (Inf.), trend, way [2] acceptance, currency, fashionableness, favour, popularity, prevalence, usage, use
- adj. [3] fashionable, in, modish, now (Inf.), popular, prevalent, trendy (Brit. inf.), up-to-the-minute, voguish, with it (Inf.)

voice
- n. [1] articulation, language, power of speech, sound, tone, utterance, words [2] decision, expression, part, say, view, vote, will, wish [3] agency, instrument, medium, mouthpiece, organ, spokesman, spokesperson, spokeswoman, vehicle
- v. [4] air, articulate, assert, come out with (Inf.), declare, divulge, enunciate, express, give expression or utterance to, put into words, say, utter, ventilate

void
- adj. [1] bare, clear, drained, emptied, empty, free, tenantless, unfilled, unoccupied, vacant [2] (With **of**) destitute, devoid, lacking, without [3] dead, ineffective, ineffectual, inoperative, invalid, nonviable, nugatory, null and void, unenforceable, useless, vain, worthless
- n. [4] blank, blankness, emptiness, gap, lack, opening, space, vacuity, vacuum, want
- v. [5] discharge, drain, eject, eliminate (Physiol.), emit, empty, evacuate [6] abnegate, cancel, invalidate, nullify, rescind

volatile airy, changeable, erratic, explosive, fickle, flighty, gay, giddy, inconstant, lively, mercurial, sprightly, temperamental, unsettled, unstable, unsteady, up and down (Inf.), variable, whimsical

volition choice, choosing, determination, discretion, election, free will, option, preference, purpose, resolution, will

volley n. barrage, blast, bombardment, burst, cannonade, discharge, explosion, fusillade, hail, salvo, shower

volubility fluency, garrulity, gift of the gab, glibness, loquaciousness, loquacity

voluble articulate, blessed with the gift of the gab, fluent, forthcoming, glib, loquacious, talkative

volume [1] aggregate, amount, body, bulk, capacity, compass, cubic content, dimensions, mass, quantity, total [2] book, publication, title, tome, treatise

voluminous ample, big, billowing, bulky, capacious, cavernous, copious, full, large, massive, prolific, roomy, vast

voluntarily by choice, freely, lief (Rare), of one's own accord, of one's own free will, on one's own initiative, willingly, without being asked, without prompting

voluntary discretional, discretionary, free, gratuitous, honorary, intended, intentional, optional, spontaneous, uncompelled, unconstrained, unforced, unpaid, volunteer, willing

volunteer v. advance, let oneself in for (Inf.), need no invitation, offer, offer one's services, present, proffer, propose, put forward, put oneself at (someone's) disposal, step forward, suggest, tender

voluptuous [1] epicurean, hedonistic, licentious, luxurious, pleasure-loving, self-indulgent, sensual, sybaritic [2] ample, buxom, curvaceous (Inf.), enticing, erotic, full-bosomed, provocative, seductive, shapely, well-stacked (Brit. sl.)

voluptuousness carnality, curvaceousness (Inf.), licentiousness, opulence, seductiveness, sensuality, shapeliness

vomit v. barf (U.S. sl.), belch forth, be sick, bring up, chuck (up) (Sl., chiefly U.S.), chunder (Sl., chiefly Aust.), disgorge, do a technicolour yawn (Sl.), eject, emit, heave, puke (Sl.), regurgitate, retch, sick up (Inf.), spew out or up, throw up (Inf.), toss one's cookies (U.S. sl.), upchuck (U.S. sl.)

voracious avid, devouring, gluttonous, greedy, hungry, insatiable, omnivorous, prodigious, rapacious, ravening, ravenous, uncontrolled, unquenchable

vote
- n. [1] ballot, franchise, plebiscite, poll, referendum, right to vote, show of hands, suffrage
- v. [2] ballot, cast one's vote, elect, go to the polls, opt, return [3] (Inf.) declare, judge, pronounce, propose, recommend, suggest

vouch (Usually with **for**) affirm, answer for, assert, asseverate, attest to, back, certify, confirm, give assurance of, go bail for, guarantee, stand witness, support, swear to, uphold

vouchsafe accord, cede, condescend to give, confer, deign, favour (someone) with, grant, yield

vow [1] v. affirm, consecrate, dedicate, devote, pledge, promise, swear, undertake solemnly [2] n. oath, pledge, promise, troth (Archaic)

voyage n. crossing, cruise, journey, passage, travels, trip

vulgar [1] blue, boorish, cheap and nasty, coarse, common, crude, dirty, flashy, gaudy, gross, ill-bred, impolite, improper, indecent, indecorous, indelicate, low, nasty, naughty, off colour, ribald, risqué, rude, suggestive, tasteless, tawdry, uncouth, unmannerly, unrefined [2] general, native, ordinary, unrefined, vernacular

vulgarity bad taste, coarseness, crudeness, crudity, gaudiness, grossness, indecorum, indelicacy, lack of refinement, ribaldry, rudeness, suggestiveness, tastelessness, tawdriness

vulnerable accessible, assailable, defenceless, exposed, open to attack, sensitive, susceptible, tender, thin-skinned, unprotected, weak, wide open

W

wad ball, block, bundle, chunk, hunk, lump, mass, plug, roll

wadding filler, lining, packing, padding, stuffing

waddle rock, shuffle, sway, toddle, totter, wobble

wade [1] ford, paddle, splash, walk through [2] (With **through**) drudge, labour, peg away, plough through, toil, work one's way [3] (With **in** or **into**) assail, attack, get stuck in (Inf.), go for, launch oneself at, light into (Inf.), set about, tackle, tear into (Inf.)

waffle [1] v. blather, jabber, prate, prattle, rabbit (on) (Brit. inf.), verbalize, witter on (Inf.) [2] n. blather, jabber, padding, prating, prattle, prolixity, verbiage, verbosity, wordiness

waft [1] v. bear, be carried, carry, convey, drift, float, ride, transmit, transport [2] n. breath, breeze, current, draught, puff, whiff

wag [1] v. bob, flutter, nod, oscillate, quiver, rock, shake, stir, vibrate, waggle, wave, wiggle [2] n. bob, flutter, nod, oscillation, quiver, shake, toss, vibration, waggle, wave, wiggle

wage [1] n. Also **wages** allowance, compensation, earnings, emolument, fee, hire, pay, payment, recompense, remuneration, reward, stipend [2] v. carry on, conduct, engage in, practise, proceed with, prosecute, pursue, undertake

wager [1] n. bet, flutter (Brit. inf.), gamble, pledge, punt (Chiefly Brit.), stake, venture [2] v. bet, chance, gamble, hazard, lay, pledge, punt (Chiefly Brit.), put on, risk, speculate, stake, venture

waggle [1] v. flutter, oscillate, shake, wag, wave, wiggle, wobble [2] n. flutter, oscillation, shake, wag, wave, wiggle, wobble

waif foundling, orphan, stray

wail [1] v. bawl, bemoan, bewail, cry, deplore, grieve, howl, keen, lament, ululate, weep, yowl [2] n. complaint, cry, grief, howl, keen, lament, lamentation, moan, ululation, weeping, yowl

wait [1] v. abide, bide one's time, cool one's heels, dally, delay, hang fire, hold back, hold on (Inf.), linger, mark time, pause, remain, rest, stand by, stay, tarry [2] n. delay, entr'acte, halt, hold-up, interval, pause, rest, stay

waiter, waitress attendant, server, steward, stewardess

wait on or **upon** attend, minister to, serve, tend

waive abandon, defer, dispense with, forgo, give up, postpone, put off, refrain from, relinquish, remit, renounce, resign, set aside, surrender

waiver abandonment, abdication, disclaimer, giving up, relinquishment, remission, renunciation, resignation, setting aside, surrender

wake[1] aftermath, backwash, path, slipstream, track, trail, train, wash, waves

wake[2]
- v. [1] arise, awake, awaken, bestir, come to, get up, rouse, rouse from sleep, stir [2] activate, animate, arouse, awaken, enliven, excite, fire, galvanize, kindle, provoke, quicken, rouse, stimulate, stir up
- n. [3] deathwatch, funeral, vigil, watch

wakeful [1] insomniac, restless, sleepless, unsleeping [2] alert, alive, attentive, heedful, observant, on guard, on the alert, on the lookout, on the qui vive, unsleeping, vigilant, wary, watchful

waken activate, animate, arouse, awake, awaken, be roused, come awake, come to, enliven, fire, galvanize, get up, kindle, quicken, rouse, stimulate, stir

walk
- v. [1] advance, amble, foot it, go, go by shanks's pony (Inf.), go on foot, hike, hoof it (Sl.), march, move, pace, perambulate, promenade, saunter, step, stride, stroll, traipse (Inf.), tramp, travel on foot, trek, trudge [2] accompany, convoy, escort, take
- n. [3] constitutional, hike, march, perambulation, promenade, ramble, saunter, stroll, traipse (Inf.), tramp, trek, trudge, turn [4] carriage, gait, manner of walking, pace, step, stride [5] aisle, alley, avenue, esplanade, footpath, lane, path, pathway, pavement, promenade, sidewalk, trail [6] area, arena, calling, career, course, field, line, métier, profession, sphere, trade, vocation

walker footslogger, hiker, pedestrian, rambler, wayfarer

walkout industrial action, protest, stoppage, strike

walk out [1] flounce out, get up and go, leave suddenly, storm out, take off (Inf.) [2] down tools, go on strike, stop work, strike, take industrial action, withdraw one's labour [3] (With **on**) abandon, chuck (Inf.), desert, forsake, jilt, leave, leave in the lurch, pack in (Inf.), run away from, throw over

walkover breeze (U.S. & Canad. inf.), cakewalk (Inf.), child's play (Inf.), cinch (Sl.), doddle (Brit. sl.), duck soup (U.S. sl.), easy victory, picnic (Inf.), piece of cake (Inf.), pushover (Sl.), snap (Inf.)

wall [1] divider, enclosure, panel, partition, screen [2] barricade, breastwork, bulwark, embankment, fortification, palisade, parapet, rampart, stockade [3] barrier, block, fence, hedge, impediment, obstacle, obstruction [4] **go to the wall** (Inf.) be ruined, collapse, fail, fall, go bust (Inf.), go under [5] **drive up the wall** (Sl.) aggravate (Inf.), annoy, dement, derange, drive crazy (Inf.), drive insane, exasperate, get on one's nerves (Inf.), infuriate, irritate, madden, piss one off (Taboo sl.), send off one's head (Sl.), try

wallet case, holder, notecase, pocketbook, pouch, purse

wallow [1] lie, roll about, splash around, tumble, welter [2] flounder, lurch, stagger, stumble, wade [3] bask, delight, glory, indulge oneself, luxuriate, relish, revel, take pleasure

wan [1] anaemic, ashen, bloodless, cadaverous, colourless, discoloured, ghastly, livid, pale, pallid, pasty, sickly, washed out, waxen, whey-faced, white [2] dim, faint, feeble, pale, weak

wand baton, rod, sprig, stick, twig, withe, withy

wander
- v. [1] cruise, drift, knock about or around, meander, mooch around (Sl.), peregrinate, ramble, range, roam, rove, straggle, stravaig (Scot. & northern English dialect), stray, stroll, traipse (Inf.) [2] depart, deviate, digress, divagate (Rare), diverge, err, get lost, go astray, go off at a tangent, go off course, lapse, lose concentration, lose one's train of thought, lose one's way, swerve, veer [3] babble, be delirious, be incoherent, ramble, rave, speak incoherently, talk nonsense
- n. [4] cruise, excursion, meander, peregrination, ramble, traipse (Inf.)

wanderer bird of passage, drifter, gypsy, itinerant, nomad, rambler, ranger, rolling stone, rover, stroller, traveller, vagabond, vagrant, voyager

wandering drifting, homeless, itinerant, migratory, nomadic, peripatetic, rambling, rootless, roving, strolling, travelling, vagabond, vagrant, voyaging, wayfaring

wane
- v. [1] abate, atrophy, decline, decrease, die out, dim, diminish, draw to a close, drop, dwindle, ebb, fade, fade away, fail, lessen, sink, subside, taper off, weaken, wind down, wither
- n. [2] abatement, atrophy, decay, declension, decrease, diminution, drop, dwindling, ebb, fading, failure, fall, falling off, lessening, sinking, subsidence, tapering off, withering [3] **on the wane** at its lowest ebb, declining, dropping, dwindling, dying out, ebbing, fading, lessening, obsolescent, on its last legs, on the decline, on the way out, subsiding, tapering off, weakening, withering

want
- v. [1] covet, crave, desire, eat one's heart out over, feel a need for, hanker after, have a fancy for, have a yen for (Inf.), hope for, hunger for, long for, need, pine for, require, thirst for, wish, yearn for [2] be able to do with, be deficient in, be short of, be without, call for, demand, fall short in, have need of, lack, miss, need, require, stand in need of
- n. [3] appetite, craving, demand, desire, fancy, hankering, hunger, longing, necessity, need, requirement, thirst, wish, yearning, yen (Inf.) [4] absence, dearth, default, deficiency, famine, insufficiency, lack, paucity, scantiness, scarcity, shortage [5] destitution, indigence, need, neediness, pauperism, penury, poverty, privation

wanting [1] absent, incomplete, lacking, less, missing, short, shy [2] defective, deficient, disappointing, faulty, imperfect, inadequate, inferior, leaving much to be desired, not good enough, not up to expectations, not up to par, patchy, poor, sketchy, substandard, unsound

wanton
- adj. [1] abandoned, dissipated, dissolute, fast, immoral, lecherous, lewd, libertine, libidinous, licentious, loose, lustful, of easy virtue, promiscuous, rakish, shameless, unchaste [2] arbitrary, cruel, evil, gratuitous, groundless, malevolent, malicious, motiveless, needless, senseless, spiteful, uncalled-for, unjustifiable, unjustified, unprovoked, vicious, wicked, wilful [3] careless, devil-may-care, extravagant, heedless, immoderate, intemperate, lavish, outrageous, rash, reckless, unrestrained, wild
- n. [4] Casanova, debauchee, Don Juan, gigolo, harlot, lech or letch (Inf.), lecher, libertine, loose woman, profligate, prostitute, rake, roué, scrubber (Brit. & Aust. sl.), slag (Brit. sl.), slut, strumpet, tart (Inf.), trollop, voluptuary, whore, woman of easy virtue
- v. [5] debauch, dissipate, revel, riot, sleep around (Inf.), wench (Archaic), whore [6] fritter away, misspend, squander, throw away, waste

war [1] n. armed conflict, battle, bloodshed, combat, conflict, contention, contest, enmity, fighting, hostilities, hostility, strife, struggle, warfare [2] v. battle, campaign against, carry on hostilities, clash, combat, conduct a war, contend, contest, fight, make war, strive, struggle, take up arms, wage war

war cry battle cry, rallying cry, slogan, war whoop

ward [1] area, district, division, precinct, quarter, zone [2] apartment, cubicle, room [3] charge, dependant, minor, protégé, pupil [4] care, charge, custody, guardianship, keeping, protection, safekeeping

warden administrator, caretaker, curator, custodian, guardian, janitor, keeper, ranger, steward, superintendent, warder, watchman

warder, wardress custodian, gaoler, guard, jailer, keeper, prison officer, screw (Sl.), turnkey (Archaic)

ward off avert, avoid, beat off, block, deflect, fend off, forestall, keep at arm's length, keep at bay, parry, repel, stave off, thwart, turn aside, turn away

wardrobe [1] closet, clothes cupboard, clothes-press [2] apparel, attire, clothes, collection of clothes, outfit

warehouse depository, depot, stockroom, store, storehouse

wares commodities, goods, lines, manufactures, merchandise, produce, products, stock, stuff

warfare armed conflict, armed struggle, arms, battle, blows, campaigning, clash of arms, combat, conflict, contest, discord, fighting, hostilities, passage of arms, strategy, strife, struggle, war

warily cagily (Inf.), carefully, cautiously, charily, circumspectly, distrustfully, gingerly, guardedly, suspiciously, vigilantly, watchfully, with care

wariness alertness, attention, caginess (Inf.), care, carefulness, caution, circumspection, discretion, distrust, foresight, heedfulness, mindfulness, prudence, suspicion, vigilance, watchfulness

warlike aggressive, bellicose, belligerent, bloodthirsty, combative, hawkish, hostile, inimical, jingoistic, martial, militaristic, military, pugnacious, sabre-rattling, unfriendly, warmongering

warm
- adj. [1] balmy, heated, lukewarm, moderately hot, pleasant, sunny, tepid, thermal [2] affable, affectionate, amiable, amorous, cheerful, congenial, cordial, friendly, genial, happy, hearty, hospitable, kindly, likable or likeable, loving, pleasant, tender [3] animated, ardent, cordial, earnest, effusive, emotional, enthusiastic, excited, fervent, glowing, heated, intense, keen, lively, passionate, spirited, stormy, vehement, vigorous, violent, zealous [4] irascible, irritable, passionate, quick, sensitive, short, touchy [5] (Inf.) dangerous, disagreeable, hazardous, perilous, tricky, uncomfortable, unpleasant
- v. [6] heat, heat up, melt, thaw, warm up [7] animate, awaken, excite, get going, interest, make enthusiastic, put some life into, rouse, stimulate, stir, turn on (Sl.)

warm-blooded ardent, earnest, emotional, enthusiastic, excitable, fervent, impetuous, lively, passionate, rash, spirited, vivacious

warm-hearted affectionate, compassionate, cordial, generous, kind-hearted, kindly, loving, sympathetic, tender, tender-hearted

warmonger belligerent, hawk, jingo, militarist, sabre-rattler

warmth [1] heat, hotness, warmness [2] animation, ardour, eagerness, earnestness, effusiveness, enthusiasm, excitement, fervency, fervour, fire, heat, intensity, passion, spirit, transport, vehemence, vigour, violence, zeal, zest [3] affability, affection, amorousness, cheerfulness, cordiality, happiness, heartiness, hospitableness, kindliness, love, tenderness

warn admonish, advise, alert, apprise, caution, forewarn, give fair warning, give notice, inform, make (someone) aware, notify, put one on one's guard, summon, tip off

warning [1] n. admonition, advice, alarm, alert, augury, caution, caveat, foretoken, hint, notice, notification, omen, premonition, presage, sign, signal, threat, tip, tip-off, token, word, word to the wise [2] adj. admonitory, cautionary, monitory, ominous, premonitory, threatening

warrant
- n. [1] assurance, authority, authorization, carte blanche, commission, guarantee, licence, permission, permit, pledge, sanction, security, warranty
- v. [2] affirm, answer for, assure, attest, avouch, certify, declare, guarantee, pledge, secure, stand behind, underwrite, uphold, vouch for [3] approve, authorize, call for, commission, demand, deserve, empower, entail, entitle, excuse, give ground for, justify, license, necessitate, permit, require, sanction

warrantable accountable, allowable, defensible, justifiable, lawful, necessary, permissible, proper, reasonable, right

warrior champion, combatant, fighter, fighting man, gladiator, man-at-arms, soldier

wary alert, attentive, cagey (Inf.), careful, cautious, chary, circumspect, distrustful, guarded, heedful, leery (Sl.), on one's guard, on the lookout, on the qui vive, prudent, suspicious, vigilant, watchful, wide-awake

wash
- v. [1] bath, bathe, clean, cleanse, launder, moisten, rinse, scrub, shampoo, shower, wet [2] (With **away**) bear away, carry off, erode, move, sweep away, wash off [3] (Inf.) bear

scrutiny, be convincing, be plausible, carry weight, hold up, hold water, stand up, stick 4 **wash one's hands of** abandon, accept no responsibility for, give up on, have nothing to do with, leave to one's own devices
- **n.** 5 ablution, bath, bathe, cleaning, cleansing, laundering, rinse, scrub, shampoo, shower, washing 6 ebb and flow, flow, roll, surge, sweep, swell, wave 7 coat, coating, film, layer, overlay, screen, stain, suffusion

wash-out 1 disappointment, disaster, dud (Inf.), failure, fiasco, flop (Inf.), mess 2 failure, incompetent, loser

waspish bad-tempered, cantankerous, captious, crabbed, crabby, cross, crotchety (Inf.), fretful, grumpy, ill-tempered, irascible, irritable, liverish, peevish, peppery, pettish, petulant, ratty (Brit. & N.Z. inf.), snappish, splenetic, testy, tetchy, touchy, waxy (Inf., chiefly Brit.)

waste
- **v.** 1 blow (Sl.), dissipate, fritter away, frivol away (Inf.), lavish, misuse, run through, squander, throw away 2 atrophy, consume, corrode, crumble, debilitate, decay, decline, deplete, disable, drain, dwindle, eat away, ebb, emaciate, enfeeble, exhaust, fade, gnaw, perish, sap the strength of, sink, undermine, wane, wear out, wither 3 despoil, destroy, devastate, lay waste, pillage, rape, ravage, raze, ruin, sack, spoil, total (Sl.), trash (Sl.), undo, wreak havoc upon
- **n.** 4 dissipation, expenditure, extravagance, frittering away, loss, lost opportunity, misapplication, misuse, prodigality, squandering, unthriftiness, wastefulness 5 desolation, destruction, devastation, havoc, ravage, ruin 6 debris, dregs, dross, garbage, leavings, leftovers, litter, offal, offscourings, refuse, rubbish, scrap, sweepings, trash 7 desert, solitude, void, wasteland, wild, wilderness
- **adj.** 8 leftover, superfluous, supernumerary, unused, unwanted, useless, worthless 9 bare, barren, desolate, devastated, dismal, dreary, empty, uncultivated, uninhabited, unproductive, wild 10 **lay waste** depredate (Rare), despoil, destroy, devastate, pillage, rape, ravage, raze, ruin, sack, spoil, wreak havoc upon

wasteful extravagant, improvident, lavish, prodigal, profligate, ruinous, spendthrift, thriftless, uneconomical, unthrifty

wastrel 1 prodigal, profligate, spendthrift, squanderer 2 drone, good-for-nothing, idler, layabout, loafer, loser, malingerer, ne'er-do-well, shirker, skiver (Brit. sl.), waster

watch
- **v.** 1 check, check out (Inf.), clock (Brit. sl.), contemplate, eye, eyeball (U.S. sl.), gaze at, get a load of (Inf.), look, look at, look on, mark, note, observe, pay attention, peer at, regard, see, stare at, take a dekko at (Brit. sl.), view 2 attend, be on the alert, be on the lookout, be vigilant, be wary, be watchful, keep an eye open (Inf.), look out, take heed, wait 3 guard, keep, look after, mind, protect, superintend, take care of, tend
- **n.** 4 chronometer, clock, pocket watch, timepiece, wristwatch 5 alertness, attention, eye, heed, inspection, lookout, notice, observation, supervision, surveillance, vigil, vigilance, watchfulness

watchdog 1 guard dog 2 custodian, guardian, inspector, monitor, protector, scrutineer

watcher looker-on, lookout, observer, onlooker, spectator, spy, viewer, witness

watchful alert, attentive, circumspect, guarded, heedful, observant, on one's guard, on the lookout, on the qui vive, on the watch, suspicious, vigilant, wary, wide awake

watchman caretaker, custodian, guard, security guard, security man

watch out be alert, be careful, be on one's guard, be on the alert, be on (the) watch, be vigilant, be watchful, have a care, keep a sharp lookout, keep a weather eye open, keep one's eyes open, keep one's eyes peeled or skinned (Inf.), look out, mind out, watch oneself

water
- **n.** 1 Adam's ale or wine, aqua, H_2O 2 **hold water** bear examination or scrutiny, be credible (logical, sound), make sense, pass the test, ring true, work 3 **of the first water** excellent, of the best, of the best quality, of the finest quality, of the highest degree, of the highest grade
- **v.** 4 damp, dampen, douse, drench, flood, hose, irrigate, moisten, soak, souse, spray, sprinkle 5 add water to, adulterate, dilute, put water in, thin, water down, weaken

water down 1 add water to, adulterate, dilute, put water in, thin, water, weaken 2 adulterate, mitigate, qualify, soften, tone down, weaken

waterfall cascade, cataract, chute, fall, force (Northern English dialect), linn (Scot.)

watertight 1 sound, waterproof 2 airtight, firm, flawless, foolproof, impregnable, incontrovertible, sound, unassailable

watery 1 aqueous, damp, fluid, humid, liquid, marshy, moist, soggy, squelchy, wet 2 rheumy, tear-filled, tearful, weepy 3 adulterated, dilute, diluted, flavourless, insipid, runny, tasteless, thin, washy, watered-down, waterish, weak, wishy-washy (Inf.)

wave
- **v.** 1 brandish, flap, flourish, flutter, move to and fro, oscillate, quiver, ripple, shake, stir, sway, swing, undulate, wag, waver, wield 2 beckon, direct, gesticulate, gesture, indicate, sign, signal
- **n.** 3 billow, breaker, comber, ridge, ripple, roller, sea surf, swell, undulation, unevenness 4 current, drift, flood, ground swell, movement, outbreak, rash, rush, stream, surge, sweep, tendency, trend, upsurge

waver 1 be indecisive, be irresolute, be unable to decide, be unable to make up one's mind, blow hot and cold (Inf.), dither (Chiefly Brit.), falter, fluctuate, hesitate, hum and haw, seesaw, shillyshally (Inf.), swither (Scot.), vacillate 2 flicker, fluctuate, quiver, reel, shake, sway, totter, tremble, undulate, vary, wave, weave, wobble

wax v. become fuller, become larger, develop, dilate, enlarge, expand, fill out, get bigger, grow, increase, magnify, mount, rise, swell

way 1 approach, course of action, fashion, manner, means, method, mode, plan, practice, procedure, process, scheme, system, technique 2 access, avenue, channel, course, direction, highway, lane, path, pathway, road, route, street, thoroughfare, track, trail 3 elbowroom, opening, room, space 4 distance, journey, length, stretch, trail 5 advance, approach, journey, march, passage, progress 6 characteristic, conduct, custom, habit, idiosyncrasy, manner, nature, personality, practice, style, trait, usage, wont 7 aspect, detail, feature, particular, point, respect, sense 8 aim, ambition, choice, demand, desire, goal, pleasure, will, wish 9 (Inf.) circumstance, condition, fettle, shape (Inf.), situation, state, status 10 forward motion, headway, movement, passage, progress 11 **by the way** by the bye, en passant, incidentally, in parenthesis, in passing 12 **give way** **a** break down, cave in, collapse, crack, crumple, fall, fall to pieces, give, go to pieces, subside **b** accede, acknowledge defeat, acquiesce, back down, concede, make concessions, withdraw, yield 13 **under way** afoot, begun, going, in motion, in progress, moving, on the go (Inf.), on the move, started

wayfarer bird of passage, globetrotter, Gypsy, itinerant, journeyer, nomad, rover, traveller, trekker, voyager, walker, wanderer

wayward capricious, changeable, contrary, contumacious, cross-grained, disobedient, erratic, fickle, flighty, froward, headstrong, inconstant, incorrigible, insubordinate, intractable, mulish, obdurate, obstinate, perverse, rebellious, refractory, self-willed, stubborn, undependable, ungovernable, unmanageable, unpredictable, unruly, wilful

weak 1 anaemic, debilitated, decrepit, delicate, effete, enervated, exhausted, faint, feeble, fragile, frail, infirm, languid, puny, shaky, sickly, spent, tender, unsound, unsteady, wasted, weakly 2 cowardly, impotent, indecisive, ineffectual, infirm, irresolute, namby-pamby, pathetic, powerless, soft, spineless, timorous, weak-kneed (Inf.) 3 distant, dull, faint, imperceptible, low, muffled, poor, quiet, slight, small, soft 4 deficient, faulty, inadequate, lacking, pathetic, poor, substandard, under-strength, wanting 5 feeble, flimsy, hollow, inconclusive, invalid, lame, pathetic, shallow, slight, unconvincing, unsatisfactory 6 defenceless, exposed, helpless, unguarded, unprotected, unsafe, untenable, vulnerable, wide open 7 diluted, insipid, milk-and-water, runny, tasteless, thin, under-strength, waterish, watery, wishy-washy (Inf.)

weaken 1 abate, debilitate, depress, diminish, droop, dwindle, ease up, enervate, fade, fail, flag, give way, impair, invalidate, lessen, lower, mitigate, moderate, reduce, sap, sap the strength of, soften up, temper, tire, undermine, wane 2 adulterate, cut, debase, dilute, thin, thin out, water down

weakling coward, doormat (Sl.), drip (Inf.), jellyfish (Inf.), jessie (Scot. sl.), milksop, mouse, sissy, wet (Brit. inf.), wimp (Inf.)

weakness 1 debility, decrepitude, enervation, faintness, feebleness, fragility, frailty, impotence, infirmity, irresolution, powerlessness, vulnerability 2 Achilles heel, blemish, chink in one's armour, defect, deficiency, failing, fault, flaw, imperfection, lack, shortcoming 3 fondness, inclination, liking, partiality, passion, penchant, predilection, proclivity, proneness, soft spot

wealth 1 affluence, assets, big bucks (Inf., chiefly U.S.), big money, capital, cash, estate, fortune, funds, goods, lucre, means, megabucks (U.S. & Canad. sl.), money, opulence, pelf, possessions, pretty penny (Inf.), property, prosperity, resources, riches, substance, tidy sum (Inf.), wad (U.S. & Canad. sl.) 2 abundance, bounty, copiousness, cornucopia, fullness, plenitude, plenty, profusion, richness, store

wealthy affluent, comfortable, filthy rich, flush (Inf.), in the money (Inf.), loaded (Sl.), made of money (Inf.), moneyed, on Easy Street (Inf.), opulent, prosperous, quids in (Sl.), rich, rolling in it (Sl.), stinking rich (Sl.), well-heeled (Inf.), well-off, well-to-do

wear
- **v.** 1 bear, be clothed in, be dressed in, carry, clothe oneself, don, dress in, have on, put on, sport (Inf.) 2 display, exhibit, fly, show 3 abrade, consume, corrode, deteriorate, erode, fray, grind, impair, rub, use, wash away, waste 4 bear up, be durable, endure, hold up, last, stand up 5 annoy, drain, enervate, exasperate, fatigue, get on one's nerves (Inf.), harass, irk, pester, tax, undermine, vex, weaken, weary 6 (Brit. sl.) accept, allow, brook, countenance, fall for, permit, put up with (Inf.), stand for, stomach, swallow (Inf.), take
- **n.** 7 employment, mileage (Inf.), service, use, usefulness, utility 8 apparel, attire, clothes, costume, dress, garb, garments, gear (Inf.), habit, outfit, things 9 abrasion, attrition, corrosion, damage, depreciation, deterioration, erosion, friction, use, wear and tear

wear down 1 abrade, be consumed, consume, corrode, erode, grind down, rub away 2 chip away at (Inf.), fight a war of attrition against, overcome gradually, reduce, undermine

weariness drowsiness, enervation, exhaustion, fatigue, languor, lassitude, lethargy, listlessness, prostration, tiredness

wearing exasperating, exhausting, fatiguing, irksome, oppressive, taxing, tiresome, tiring, trying, wearisome

wearisome annoying, boring, bothersome, burdensome, dull, exasperating, exhausting, fatiguing, humdrum, irksome, mind-numbing, monotonous, oppressive, pestilential, prosaic, tedious, troublesome, trying, uninteresting, vexatious, wearing

wear off 1 abate, decrease, diminish, disappear, dwindle, ebb, fade, lose effect, lose strength, peter out, subside, wane, weaken 2 abrade, disappear, efface, fade, rub away

wear out 1 become useless, become worn, consume, deteriorate, erode, fray, impair, use up, wear through 2 enervate, exhaust, fag out (Inf.), fatigue, frazzle (Inf.), knacker (Sl.), prostrate, sap, tire, weary

weary
- **adj.** 1 all in (Sl.), asleep or dead on one's feet (Inf.), clapped out (Aust. & N.Z. inf.), dead beat (Inf.), dog-tired (Inf.), done in (Inf.), drained, drooping, drowsy, enervated, exhausted, fagged (Inf.), fatigued, flagging, jaded, knackered (Sl.), ready to drop, sleepy, spent, tired, wearied, whacked (Brit. inf.), worn out, zonked (Sl.) 2 arduous, enervative, irksome, laborious, taxing, tiresome, tiring, wearing, wearisome 3 bored, browned-off (Inf.), discontented, fed up, impatient, indifferent, jaded, sick (Inf.), sick and tired (Inf.)
- **v.** 4 burden, debilitate, drain, droop, enervate, fade, fag (Inf.), fail, fatigue, grow tired, sap, take it out of (Inf.), tax, tire, tire out, wear out

5 annoy, become bored, bore, exasperate, have had enough, irk, jade, make discontented, plague, sicken, try the patience of, vex

weather
◆ n. 1 climate, conditions 2 **under the weather** a ailing, below par, ill, indisposed, nauseous, not well, off-colour, out of sorts, poorly (Inf.), seedy (Inf.), sick b crapulent, crapulous, drunk, flying (Sl.), groggy (Inf.), hung over (Inf.), inebriated, intoxicated, one over the eight (Sl.), the worse for drink, three sheets in the wind (Inf.), under the influence (Inf.)
◆ v. 3 expose, harden, season, toughen 4 bear up against, brave, come through, endure, get through, live through, make it (Inf.), overcome, pull through, resist, ride out, rise above, stand, stick it out (Inf.), suffer, surmount, survive, withstand

weave 1 blend, braid, entwine, fuse, incorporate, interlace, intermingle, intertwine, introduce, knit, mat, merge, plait, twist, unite 2 build, construct, contrive, create, fabricate, make, make up, put together, spin 3 crisscross, move in and out, weave one's way, wind, zigzag 4 **get weaving** (Inf.) get a move on, get going, get one's finger out (Brit. inf.), get under way, hurry, make a start, shake a leg (Sl.), start

web 1 cobweb, spider's web 2 interlacing, lattice, mesh, net, netting, network, screen, tangle, toils, weave, webbing

wed 1 become man and wife, be married to, espouse, get hitched (Sl.), get married, join, make one, marry, splice (Inf.), take as one's husband, take as one's wife, take to wife, tie the knot (Inf.), unite 2 ally, blend, coalesce, combine, commingle, dedicate, fuse, interweave, join, link, marry, merge, unify, unite, yoke

wedding espousals, marriage, marriage ceremony, nuptial rite, nuptials, wedlock

wedge 1 n. block, chock, chunk, lump, wodge (Brit. inf.) 2 v. block, cram, crowd, force, jam, lodge, pack, ram, split, squeeze, stuff, thrust

wedlock marriage, matrimony

weed out dispense with, eliminate, eradicate, extirpate, get rid of, remove, root out, separate out, shed, uproot

weekly by the week, every week, hebdomadal, hebdomadally, hebdomadary, once a week

weep bemoan, bewail, blub (Sl.), blubber, boohoo, complain, cry, greet (Scot. or archaic), keen, lament, moan, mourn, shed tears, snivel, sob, ululate, whimper, whinge (Inf.)

weigh 1 have a weight of, measure the weight of, put on the scales, tip the scales at (Inf.) 2 apportion, deal out, dole out, measure 3 consider, contemplate, deliberate upon, evaluate, examine, eye up, give thought to, meditate upon, mull over, ponder, reflect upon, study, think over 4 be influential, carry weight, count, cut any ice (Inf.), have influence, impress, matter, tell 5 bear down, burden, oppress, prey

weigh down bear down, burden, depress, get down, oppress, overburden, overload, press down, trouble, weigh upon, worry

weight
◆ n. 1 avoirdupois, burden, gravity, heaviness, heft (Inf.), load, mass, poundage, pressure, tonnage 2 ballast, heavy object, load, mass 3 burden, load, millstone, oppression, pressure, strain 4 greatest force, main force, onus, preponderance 5 authority, bottom, clout (Inf.), consequence, consideration, efficacy, emphasis, impact, import, importance, influence, moment, persuasiveness, power, significance, substance, value
◆ v. 6 add weight to, ballast, charge, freight, increase the load on, increase the weight of, load, make heavier 7 burden, encumber, handicap, impede, oppress, overburden, weigh down 8 bias, load, unbalance

weighty 1 burdensome, cumbersome, dense, heavy, hefty (Inf.), massive, ponderous 2 consequential, considerable, critical, crucial, forcible, grave, important, momentous, portentous, serious, significant, solemn, substantial 3 backbreaking, burdensome, crushing, demanding, difficult, exacting, onerous, oppressive, taxing, worrisome, worrying

weird bizarre, creepy (Inf.), eerie, eldritch (Poetic), far-out (Sl.), freakish, ghostly, grotesque, mysterious, odd, outlandish, queer, spooky (Inf.), strange, supernatural, uncanny, unearthly, unnatural

welcome
◆ adj. 1 acceptable, accepted, agreeable, appreciated, delightful, desirable, gladly received, gratifying, pleasant, pleasing, pleasurable, refreshing, wanted 2 at home, free, invited, under no obligation
◆ n. 3 acceptance, entertainment, greeting, hospitality, reception, salutation
◆ v. 4 accept gladly, bid welcome, embrace, greet, hail, meet, offer hospitality to, receive, receive with open arms, roll out the red carpet for, usher in

welfare advantage, benefit, good, happiness, health, interest, profit, prosperity, success, wellbeing

well[1]
◆ n. 1 fount, fountain, pool, source, spring, waterhole 2 bore, hole, pit, shaft 3 fount, mine, repository, source, wellspring
◆ v. 4 exude, flow, gush, jet, ooze, pour, rise, run, seep, spout, spring, spurt, stream, surge, trickle

well[2]
◆ adv. 1 agreeably, capitally, famously (Inf.), happily, in a satisfactory manner, nicely, pleasantly, satisfactorily, smoothly, splendidly, successfully 2 ably, adeptly, adequately, admirably, conscientiously, correctly, effectively, efficiently, expertly, proficiently, properly, skilfully, with skill 3 accurately, attentively, carefully, closely 4 comfortably, flourishingly, prosperously 5 correctly, easily, fairly, fittingly, in all fairness, justly, properly, readily, rightly, suitably 6 closely, completely, deeply, fully, intimately, personally, profoundly, thoroughly 7 approvingly, favourably, glowingly, graciously, highly, kindly, warmly 8 abundantly, amply, completely, considerably, fully, greatly, heartily, highly, substantially, sufficiently, thoroughly, very much 9 **as well** also, besides, in addition, into the bargain, to boot, too 10 **as well as** along with, at the same time as, in addition to, including, over and above
◆ adj. 11 able-bodied, fit, hale, healthy, hearty, in fine fettle, in good health, robust, sound, strong, up to par 12 advisable, agreeable, bright, fine, fitting, flourishing, fortunate, good, happy, lucky, pleasing, profitable, proper, prudent, right, satisfactory, thriving, useful

well-balanced 1 graceful, harmonious, proportional, symmetrical, well-proportioned 2 judicious, level-headed, rational, reasonable, sane, sensible, sober, sound, together (Sl.), well-adjusted

well-bred 1 aristocratic, blue-blooded, gentle, highborn, noble, patrician, well-born 2 civil, courteous, courtly, cultivated, cultured, gallant, genteel, gentlemanly, ladylike, mannerly, polished, polite, refined, sophisticated, urbane, well-brought-up, well-mannered

well-fed 1 healthy, in good condition, well-nourished 2 chubby, fat, fleshy, plump, podgy, portly, rotund, rounded, stout

well-groomed dapper, neat, smart, soigné or soignée, spruce, tidy, trim, well-dressed, well turned out

well-known celebrated, familiar, famous, illustrious, notable, noted, popular, renowned, widely known

well-nigh all but, almost, just about, more or less, nearly, next to, practically, virtually

well-off 1 comfortable, flourishing, fortunate, lucky, successful, thriving 2 affluent, comfortable, flush (Inf.), loaded (Sl.), moneyed, prosperous, rich, wealthy, well-heeled (Inf.), well-to-do

well-to-do affluent, comfortable, flush (Inf.), loaded (Sl.), moneyed, prosperous, rich, wealthy, well-heeled (Inf.), well-off

wet
◆ adj. 1 aqueous, damp, dank, drenched, dripping, humid, moist, moistened, saturated, soaked, soaking, sodden, soggy, sopping, waterlogged, watery, wringing wet 2 clammy, dank, drizzling, humid, misty, pouring, raining, rainy, showery, teeming 3 (Brit. inf.) effete, feeble, foolish, ineffectual, irresolute, namby-pamby, nerdy or nurdy (Sl.), silly, soft, spineless, timorous, weak, weedy (Inf.) 4 **wet behind the ears** (Inf.) born yesterday, callow, green, immature, inexperienced, innocent, naive, new, raw
◆ n. 5 clamminess, condensation, damp, dampness, humidity, liquid, moisture, water, wetness 6 damp weather, drizzle, rain, rains, rainy season, rainy weather 7 (Brit. inf.) drip (Inf.), milksop, weakling, weed (Inf.), wimp (Inf.)
◆ v. 8 damp, dampen, dip, douse, drench, humidify, irrigate, moisten, saturate, soak, splash, spray, sprinkle, steep, water

wharf dock, jetty, landing stage, pier, quay

wheedle butter up, cajole, charm, coax, court, draw, entice, flatter, inveigle, persuade, talk into, worm

wheel
◆ n. 1 circle, gyration, pivot, revolution, roll, rotation, spin, turn, twirl, whirl 2 **at the wheel** at the helm, driving, in charge, in command, in control, in the driving seat, steering
◆ v. 3 circle, gyrate, orbit, pirouette, revolve, roll, rotate, spin, swing, swivel, turn, twirl, whirl

wheeze
◆ v. 1 breathe roughly, catch one's breath, cough, gasp, hiss, rasp, whistle
◆ n. 2 cough, gasp, hiss, rasp, whistle 3 (Brit. sl.) expedient, idea, plan, ploy, ruse, scheme, stunt, trick, wrinkle (Inf.) 4 (Inf.) anecdote, chestnut (Inf.), crack (Sl.), gag (Inf.), joke, old joke, one-liner (Sl.), story

whereabouts location, position, site, situation

wherewithal capital, equipment, essentials, funds, means, money, ready (Inf.), ready money, resources, supplies

whet 1 edge, file, grind, hone, sharpen, strop 2 animate, arouse, awaken, enhance, excite, incite, increase, kindle, pique, provoke, quicken, rouse, stimulate, stir

whiff
◆ n. 1 aroma, blast, breath, draught, gust, hint, niff (Brit. sl.), odour, puff, scent, smell, sniff
◆ v. 2 breathe, inhale, puff, smell, smoke, sniff, waft 3 (Brit. sl.) hum (Sl.), niff (Brit. sl.), pong (Brit. inf.), reek, stink

whim caprice, conceit, craze, crotchet, fad (Inf.), fancy, freak, humour, impulse, notion, passing thought, quirk, sport, sudden notion, urge, vagary, whimsy

whimper 1 v. blub (Sl.), blubber, cry, grizzle (Inf., chiefly Brit.), mewl, moan, pule, snivel, sob, weep, whine, whinge (Inf.) 2 n. moan, snivel, sob, whine

whimsical capricious, chimerical, crotchety, curious, droll, eccentric, fanciful, fantastic, fantastical, freakish, funny, mischievous, odd, peculiar, playful, quaint, queer, singular, unusual, waggish, weird

whine
◆ n. 1 cry, moan, plaintive cry, sob, wail, whimper 2 beef (Sl.), complaint, gripe (Inf.), grouch (Inf.), grouse, grumble, moan
◆ v. 3 beef (Sl.), bellyache (Sl.), bleat, carp, complain, cry, gripe (Inf.), grizzle (Inf., chiefly Brit.), grouch (Inf.), grouse, grumble, kvetch (U.S. sl.), moan, sob, wail, whimper, whinge (Inf.)

whip
◆ v. 1 beat, birch, cane, castigate, flagellate, flog, give a hiding (Inf.), lambast(e), lash, leather, lick (Inf.), punish, scourge, spank, strap, switch, tan (Sl.), thrash 2 exhibit, flash, jerk, produce, pull, remove, seize, show, snatch, whisk 3 (Inf.) dart, dash, dive, flit, flounce, fly, rush, shoot, tear, whisk 4 (Inf.) beat, best, blow out of the water (Sl.), clobber (Sl.), conquer, defeat, drub, hammer (Inf.), lick (Inf.), outdo, overcome, overpower, overwhelm, rout, run rings around (Inf.), take apart (Sl.), thrash, trounce, wipe the floor with (Inf.), worst 5 agitate, compel, drive, foment, goad, hound, incite, instigate, prick, prod, provoke, push, spur, stir, urge, work up 6 beat, whisk
◆ n. 7 birch, bullwhip, cane, cat-o'-nine-tails, crop, horsewhip, knout, lash, rawhide, riding crop, scourge, switch, thong

whipping beating, birching, caning, castigation, flagellation, flogging, hiding (Inf.), lashing, leathering, punishment, spanking, tanning (Sl.), the strap, thrashing

whirl
◆ v. 1 circle, gyrate, pirouette, pivot, reel, revolve, roll, rotate, spin, swirl, turn, twirl, twist, wheel 2 feel dizzy, reel, spin
◆ n. 3 birl (Scot.), circle, gyration, pirouette, reel, revolution, roll, rotation, spin, swirl, turn, twirl, twist, wheel 4 confusion, daze, dither (Chiefly Brit.), flurry, giddiness, spin 5 flurry, merry-go-round, round, series, succession 6 agitation, bustle, commotion, confusion, flurry, hurly-burly, stir, tumult, uproar 7 **give (something) a whirl** (Inf.) attempt, have a bash (crack (Inf.), go (Inf.), shot (Inf.), stab (Inf.), whack (Inf.)) (Inf.), try

whirlwind [1] n. dust devil, tornado, waterspout [2] adj. hasty, headlong, impetuous, impulsive, lightning, quick, quickie (Inf.), rapid, rash, short, speedy, swift

whisk
- v. [1] brush, flick, sweep, whip, wipe [2] barrel (along) (Inf., chiefly U.S. & Canad.), burn rubber (Inf.), dart, dash, fly, hasten, hurry, race, rush, shoot, speed, sweep, tear [3] beat, fluff up, whip
- n. [4] brush, flick, sweep, whip, wipe [5] beater

whisky barley-bree (Scot.), bourbon, John Barleycorn, malt, rye, Scotch, usquebaugh

whisper
- v. [1] breathe, murmur, say softly, speak in hushed tones, utter under the breath [2] gossip, hint, insinuate, intimate, murmur, spread rumours [3] hiss, murmur, rustle, sigh, sough, susurrate (Literary), swish
- n. [4] hushed tone, low voice, murmur, soft voice, undertone [5] hiss, murmur, rustle, sigh, sighing, soughing, susurration or susurrus (Literary), swish [6] breath, fraction, hint, shadow, suggestion, suspicion, tinge, trace, whiff [7] (Inf.) buzz, dirt (U.S. sl.), gossip, innuendo, insinuation, report, rumour, word

white [1] ashen, bloodless, ghastly, grey, pale, pallid, pasty, wan, waxen, wheyfaced [2] grey, grizzled, hoary, silver, snowy [3] clean, immaculate, impeccable, innocent, pure, spotless, squeaky-clean, stainless, unblemished, unsullied

white-collar clerical, executive, nonmanual, office, professional, salaried

whiten blanch, bleach, blench, etiolate, fade, go white, pale, turn pale

whitewash [1] n. camouflage, concealment, cover-up, deception, extenuation [2] v. camouflage, conceal, cover up, extenuate, gloss over, make light of, suppress

whole
- adj. [1] complete, entire, full, in one piece, integral, total, unabridged, uncut, undivided [2] faultless, flawless, good, in one piece, intact, inviolate, mint, perfect, sound, unbroken, undamaged, unharmed, unhurt, unimpaired, uninjured, unmutilated, unscathed, untouched [3] able-bodied, better, cured, fit, hale, healed, healthy, in fine fettle, in good health, recovered, robust, sound, strong, well
- adv. [4] in one, in one piece
- n. [5] aggregate, all, everything, lot, sum total, the entire amount, total [6] ensemble, entirety, entity, fullness, piece, totality, unit, unity [7] **on the whole a** all in all, all things considered, by and large, taking everything into consideration **b** as a rule, for the most part, generally, in the main, in general, mostly, predominantly

wholehearted committed, complete, dedicated, determined, devoted, earnest, emphatic, enthusiastic, genuine, heartfelt, hearty, real, sincere, true, unfeigned, unqualified, unreserved, unstinting, warm, zealous

wholesale [1] adj. all-inclusive, broad, comprehensive, extensive, far-reaching, indiscriminate, mass, sweeping, wide-ranging [2] adv. all at once, comprehensively, extensively, indiscriminately, on a large scale, without exception

wholesome [1] beneficial, good, healthful, health-giving, healthy, helpful, hygienic, invigorating, nourishing, nutritious, salubrious, salutary, sanitary, strengthening [2] clean, decent, edifying, ethical, exemplary, honourable, improving, innocent, moral, nice, pure, respectable, righteous, squeaky-clean, uplifting, virtuous, worthy

wholly [1] all, altogether, completely, comprehensively, entirely, fully, heart and soul, in every respect, one hundred per cent (Inf.), perfectly, thoroughly, totally, utterly [2] exclusively, only, solely, without exception

whore
- n. [1] brass (Sl.), call girl, cocotte, courtesan, demimondaine, demirep (Rare), fallen woman, fille de joie, harlot, hooker (U.S. sl.), hustler (U.S. & Canad. sl.), lady of the night, loose woman, prostitute, scrubber (Brit. & Aust. sl.), slag (Brit. sl.), streetwalker, strumpet, tart (Inf.), trollop, woman of easy virtue, woman of ill repute, working girl (Facetious sl.)
- v. [2] be on the game (Sl.), hustle (U.S. & Canad. sl.), prostitute oneself, sell one's body, sell oneself, solicit, walk the streets [3] fornicate, lech or letch (Inf.), sleep around (Inf.), wanton, wench (Archaic), womanize

wicked [1] abandoned, abominable, amoral, atrocious, bad, black-hearted, corrupt, debased, depraved, devilish, dissolute, egregious, evil, fiendish, flagitious, foul, guilty, heinous, immoral, impious, iniquitous, irreligious, maleficent, nefarious, scandalous, shameful, sinful, unprincipled, unrighteous, vicious, vile, villainous, worthless [2] arch, impish, incorrigible, mischievous, naughty, rascally, roguish [3] acute, agonizing, awful, crashing, destructive, dreadful, fearful, fierce, harmful, injurious, intense, mighty, painful, severe, terrible [4] bothersome, difficult, distressing, galling, offensive, troublesome, trying, unpleasant [5] (Sl.) adept, adroit, deft, expert, masterly, mighty, outstanding, powerful, skilful, strong

wide
- adj. [1] ample, broad, catholic, comprehensive, distended, encyclop(a)edic, expanded, expansive, extensive, far-reaching, general, immense, inclusive, large, sweeping, vast [2] away, distant, off, off course, off target, remote [3] dilated, distended, expanded, fully open, outspread, outstretched [4] ample, baggy, capacious, commodious, full, loose, roomy, spacious
- adv. [5] as far as possible, completely, fully, right out, to the furthest extent [6] astray, nowhere near, off course, off target, off the mark, out

wide-awake [1] conscious, fully awake, roused, wakened [2] alert, aware, heedful, keen, observant, on one's toes, on the alert, on the ball (Inf.), on the qui vive, vigilant, wary, watchful

wide-eyed credulous, green, impressionable, ingenuous, innocent, naive, simple, trusting, unsophisticated, unsuspicious, wet behind the ears (Inf.)

widen broaden, dilate, enlarge, expand, extend, open out or up, open wide, spread, stretch

widespread broad, common, epidemic, extensive, far-flung, far-reaching, general, pervasive, popular, prevalent, rife, sweeping, universal, wholesale

width breadth, compass, diameter, extent, girth, measure, range, reach, scope, span, thickness, wideness

wield [1] brandish, employ, flourish, handle, manage, manipulate, ply, swing, use [2] apply, be possessed of, command, control, exercise, exert, have, have at one's disposal, hold, maintain, make use of, manage, possess, put to use, utilize

wife better half (Humorous), bride, helpmate, helpmeet, her indoors (Brit. sl.), little woman (Inf.), mate, old lady (Inf.), old woman (Inf.), partner, significant other (U.S. inf.), spouse, (the) missis or missus (Inf.), woman (Inf.)

wild
- adj. [1] feral, ferocious, fierce, savage, unbroken, undomesticated, untamed [2] free, indigenous, native, natural, uncultivated [3] desert, deserted, desolate, empty, godforsaken, trackless, uncivilized, uncultivated, uninhabited, unpopulated, virgin [4] barbaric, barbarous, brutish, ferocious, fierce, primitive, rude, savage, uncivilized [5] boisterous, chaotic, disorderly, impetuous, lawless, noisy, riotous, rough, rowdy, self-willed, turbulent, unbridled, uncontrolled, undisciplined, unfettered, ungovernable, unmanageable, unrestrained, unruly, uproarious, violent, wayward [6] blustery, choppy, furious, howling, intense, raging, rough, tempestuous, violent [7] dishevelled, disordered, straggly, tousled, unkempt, untidy, windblown [8] at one's wits' end, berserk, beside oneself, crazed, crazy, delirious, demented, excited, frantic, frenzied, hysterical, irrational, mad, maniacal, rabid, raving [9] extravagant, fantastic, flighty, foolhardy, foolish, giddy, ill-considered, impracticable, imprudent, madcap, outrageous, preposterous, rash, reckless [10] (Inf.) agog, avid, crazy (Inf.), daft (Inf.), eager, enthusiastic, excited, mad (Inf.), nuts (Sl.), potty (Brit. inf.)
- adv. [11] **run wild a** grow unchecked, ramble, spread, straggle **b** abandon all restraint, cut loose, go on the rampage, kick over the traces, rampage, run free, run riot, stray
- n. [12] Often plural back of beyond (Inf.), desert, middle of nowhere (Inf.), uninhabited area, wasteland, wilderness

wilderness [1] desert, jungle, waste, wasteland, wild [2] clutter, confused mass, confusion, congeries, jumble, maze, muddle, tangle, welter

wildlife flora and fauna

wile [1] artfulness, artifice, cheating, chicanery, craft, craftiness, cunning, fraud, guile, slyness, trickery [2] Usually plural artifice, contrivance, device, dodge, imposition, lure, manoeuvre, ploy, ruse, stratagem, subterfuge, trick

wilful [1] adamant, bull-headed, determined, dogged, froward, headstrong, inflexible, intractable, intransigent, mulish, obdurate, obstinate, persistent, perverse, pig-headed, refractory, self-willed, stiff-necked, stubborn, uncompromising, unyielding [2] conscious, deliberate, intended, intentional, purposeful, volitional, voluntary, willed

will
- n. [1] choice, decision, determination, discretion, option, prerogative, volition [2] declaration, last wishes, testament [3] choice, decision, decree, desire, fancy, inclination, mind, pleasure, preference, wish [4] aim, determination, intention, purpose, resolution, resolve, willpower [5] attitude, disposition, feeling [6] **at will** as one pleases, as one thinks fit, as one wishes, at one's desire (discretion, inclination, pleasure, whim, wish)
- v. [7] bid, bring about, cause, command, decree, determine, direct, effect, ordain, order, resolve [8] choose, desire, elect, opt, prefer, see fit, want, wish [9] bequeath, confer, give, leave, pass on, transfer

willing agreeable, amenable, compliant, consenting, content, desirous, disposed, eager, enthusiastic, favourable, game (Inf.), happy, inclined, in favour, in the mood, nothing loath, pleased, prepared, ready, so-minded

willingly by choice, cheerfully, eagerly, freely, gladly, happily, of one's own accord, of one's own free will, readily, voluntarily, with all one's heart, without hesitation, with pleasure

willingness agreeableness, agreement, consent, desire, disposition, enthusiasm, favour, good will, inclination, volition, will, wish

willpower determination, drive, firmness of purpose or will, fixity of purpose, force or strength of will, grit, resolution, resolve, self-control, self-discipline, single-mindedness

wilt [1] become limp or flaccid, droop, sag, shrivel, wither [2] diminish, dwindle, ebb, fade, fail, flag, languish, lose courage, melt away, sag, sink, wane, weaken, wither

wily arch, artful, astute, cagey (Inf.), crafty, crooked, cunning, deceitful, deceptive, designing, fly (Sl.), foxy, guileful, intriguing, scheming, sharp, shifty, shrewd, sly, tricky, underhand

win
- v. [1] achieve first place, achieve mastery, be victorious, carry all before one, carry the day, come first, conquer, finish first, gain victory, overcome, prevail, succeed, take the prize, triumph [2] accomplish, achieve, acquire, attain, bag (Inf.), catch, collect, come away with, earn, gain, get, net, obtain, pick up, procure, receive, secure [3] (Often with **over**) allure, attract, bring or talk round, carry, charm, convert, convince, disarm, induce, influence, persuade, prevail upon, sway
- n. [4] (Inf.) conquest, success, triumph, victory

wince [1] v. blench, cower, cringe, draw back, flinch, quail, recoil, shrink, start [2] n. cringe, flinch, start

wind¹ [1] n. air, air-current, blast, breath, breeze, current of air, draught, gust, zephyr [2] (Inf.) clue, hint, inkling, intimation, notice, report, rumour, suggestion, tidings, warning, whisper [3] babble, blather, bluster, boasting, empty talk, gab (Inf.), hot air, humbug, idle talk, talk, verbalizing [4] breath, puff, respiration [5] (Inf.) flatulence, flatus, gas [6] **get** or **have the wind up** (Inf.) be afraid (alarmed, frightened, scared), fear, take fright [7] **in the wind** about to happen, approaching, close at hand, coming, imminent, impending, in the offing, near, on the cards (Inf.), on the way [8] **put the wind up** (Inf.) alarm, discourage, frighten, frighten off, scare, scare off

wind²
- v. [1] coil, curl, encircle, furl, loop, reel, roll, spiral, turn around, twine, twist, wreathe [2] bend, curve, deviate, meander, ramble, snake, turn, twist, zigzag
- n. [3] bend, curve, meander, turn, twist, zigzag

windfall bonanza, find, godsend, jackpot, manna from heaven, stroke of luck

winding [1] n. bend, convolution, curve, meander, turn, twist, undulation [2] adj. anfractuous, bending, circuitous, convoluted, crooked, curving, flexuous, indirect, meandering, roundabout, serpentine, sinuous, spiral, tortuous, turning, twisting

wind up 1 bring to a close, close, close down, conclude, end, finalize, finish, liquidate, settle, terminate, tie up the loose ends (Inf.), wrap up 2 (Inf.) excite, make nervous, make tense, put on edge, work up 3 (Inf.) be left, end one's days, end up, find oneself, finish up

windy 1 blowy, blustering, blustery, boisterous, breezy, gusty, inclement, squally, stormy, tempestuous, wild, windswept 2 boastful, bombastic, diffuse, empty, garrulous, long-winded, loquacious, meandering, pompous, prolix, rambling, turgid, verbose, wordy 3 (Sl.) afraid, chicken (Sl.), chickenshit (U.S. sl.), cowardly, fearful, frightened, nervous, scared, timid

wing
- n. 1 organ of flight, pennon (Poetic), pinion (Poetic) 2 arm, branch, cabal, circle, clique, coterie, faction, group, grouping, schism, section, segment, set, side 3 adjunct, annexe, ell, extension
- v. 4 fly, glide, soar 5 fleet, fly, hasten, hurry, race, speed, zoom 6 clip, hit, nick, wound

wink
- v. 1 bat, blink, flutter, nictate, nictitate 2 flash, gleam, glimmer, sparkle, twinkle
- n. 3 blink, flutter, nictation 4 flash, gleam, glimmering, sparkle, twinkle 5 instant, jiffy (Inf.), moment, second, split second, twinkling

winner champ (Inf.), champion, conquering hero, conqueror, first, master, vanquisher, victor

winning 1 alluring, amiable, attractive, bewitching, captivating, charming, cute, delectable, delightful, disarming, enchanting, endearing, engaging, fascinating, fetching, likable or likeable, lovely, pleasing, prepossessing, sweet, taking, winsome 2 conquering, successful, triumphant, victorious

winnings booty, gains, prize(s), proceeds, profits, spoils, takings

winnow comb, cull, divide, fan, part, screen, select, separate, separate the wheat from the chaff, sift, sort out

wintry 1 brumal, chilly, cold, freezing, frosty, frozen, harsh, hibernal, hiemal, icy, snowy 2 bleak, cheerless, cold, desolate, dismal

wipe
- v. 1 brush, clean, dry, dust, mop, rub, sponge, swab 2 clean off, erase, get rid of, remove, rub off, take away, take off
- n. 3 brush, lick, rub, swab

wipe out annihilate, blot out, blow away (Sl., chiefly U.S.), destroy, efface, eradicate, erase, expunge, exterminate, extirpate, kill to the last man, massacre, obliterate, take out (Sl.)

wiry 1 lean, sinewy, strong, tough 2 bristly, kinky, stiff

wisdom astuteness, circumspection, comprehension, discernment, enlightenment, erudition, foresight, insight, intelligence, judg(e)ment, judiciousness, knowledge, learning, penetration, prudence, reason, sagacity, sapience, sense, smarts (Sl., chiefly U.S.), sound judgment, understanding

wise 1 aware, clever, clued-up (Inf.), discerning, enlightened, erudite, informed, intelligent, judicious, knowing, perceptive, politic, prudent, rational, reasonable, sagacious, sage, sapient, sensible, shrewd, sound, understanding, well-advised, well-informed 2 **put wise** (Sl.) alert, apprise, clue in or up (Inf.), inform, let (someone) into the secret, notify, tell, tip off, warn

wisecrack 1 n. barb, funny (Inf.), gag (Inf.), jest, jibe, joke, pithy remark, quip, sardonic remark, smart remark, witticism 2 v. be facetious, jest, jibe, joke, quip, tell jokes

wish
- v. 1 aspire, covet, crave, desiderate, desire, hanker, hope, hunger, long, need, set one's heart on, sigh for, thirst, want, yearn 2 bid, greet with 3 ask, bid, command, desire, direct, instruct, order, require
- n. 4 aspiration, desire, hankering, hope, hunger, inclination, intention, liking, longing, thirst, urge, want, whim, will, yearning 5 bidding, command, desire, order, request, will

wistful contemplative, disconsolate, dreaming, dreamy, forlorn, longing, meditative, melancholy, mournful, musing, pensive, reflective, sad, thoughtful, yearning

wit 1 badinage, banter, drollery, facetiousness, fun, humour, jocularity, levity, pleasantry, raillery, repartee, wordplay 2 card (Inf.), comedian, epigrammatist, farceur, humorist, joker, punster, wag 3 acumen, brains, cleverness, common sense, comprehension, discernment, ingenuity, insight, intellect, judg(e)ment, mind, nous (Brit. sl.), perception, practical intelligence, reason, sense, smarts (Sl., chiefly U.S.), understanding, wisdom

witch crone, enchantress, magician, necromancer, occultist, sorceress

witchcraft enchantment, incantation, magic, necromancy, occultism, sorcery, sortilege, spell, the black art, the occult, voodoo, witchery, witching, wizardry

withdraw 1 draw back, draw out, extract, pull out, remove, take away, take off 2 abjure, disavow, disclaim, recall, recant, rescind, retract, revoke, take back, unsay 3 absent oneself, back out, cop out (Sl.), depart, detach oneself, disengage, drop out, fall back, go, leave, make oneself scarce (Inf.), pull back, pull out, retire, retreat, secede

withdrawal 1 extraction, removal 2 abjuration, disavowal, disclaimer, recall, recantation, repudiation, rescission, retraction, revocation 3 departure, disengagement, exit, exodus, retirement, retreat, secession

withdrawn 1 aloof, detached, distant, introverted, quiet, reserved, retiring, shrinking, shy, silent, taciturn, timorous, uncommunicative, unforthcoming 2 hidden, isolated, out-of-the-way, private, remote, secluded, solitary

wither 1 blast, blight, decay, decline, desiccate, disintegrate, droop, dry, fade, languish, perish, shrink, shrivel, wane, waste, wilt 2 abash, blast, humiliate, mortify, put down, shame, snub

withering 1 blasting, blighting, devastating, humiliating, hurtful, mortifying, scornful, snubbing 2 deadly, death-dealing, destructive, devastating, killing, murderous, slaughterous

withhold 1 check, conceal, deduct, hide, hold back, keep, keep back, keep secret, refuse, repress, reserve, resist, restrain, retain, sit on (Inf.), suppress 2 (With **from**) forbear, keep oneself, refrain, stop oneself

withstand 1 bear, brave, combat, confront, cope with, defy, endure, face, grapple with, hold off, hold out against, oppose, put up with (Inf.), resist, stand up to, suffer, take, take on, thwart, tolerate, weather 2 endure, hold or stand one's ground, hold out, remain firm, stand, stand fast, stand firm

witness
- n. 1 beholder, bystander, eyewitness, looker-on, observer, onlooker, spectator, viewer, watcher 2 attestant, corroborator, deponent, testifier 3 **bear witness** a depone, depose, give evidence, give testimony, testify b attest to, bear out, be evidence of, be proof of, betoken, confirm, constitute proof of, corroborate, demonstrate, evince, prove, show, testify to, vouch for
- v. 4 attend, be present at, look on, mark, note, notice, observe, perceive, see, view, watch 5 attest, authenticate, bear out, bear witness, confirm, corroborate, depone, depose, give evidence, give testimony, testify 6 countersign, endorse, sign

witticism bon mot, clever remark, epigram, one-liner (Sl.), play on words, pleasantry, pun, quip, repartee, riposte, sally, witty remark

wits 1 acumen, astuteness, brains (Inf.), cleverness, comprehension, faculties, ingenuity, intelligence, judg(e)ment, nous (Brit. sl.), reason, sense, smarts (Sl., chiefly U.S.), understanding 2 **at one's wits' end** at a loss, at the end of one's tether, baffled, bewildered, in despair, lost, stuck (Inf.), stumped

witty amusing, brilliant, clever, droll, epigrammatic, facetious, fanciful, funny, gay, humorous, ingenious, jocular, lively, original, piquant, sparkling, waggish, whimsical

wizard 1 conjurer, enchanter, mage (Archaic), magician, magus, necromancer, occultist, shaman, sorcerer, thaumaturge (Rare), warlock, witch 2 ace (Inf.), adept, buff (Inf.), expert, genius, hotshot (Inf.), maestro, master, maven (U.S.), prodigy, star, virtuoso, whiz (Inf.), whizz kid (Inf.), wiz (Inf.)

wizened dried up, gnarled, lined, sere (Archaic), shrivelled, shrunken, withered, worn, wrinkled

wobble
- v. 1 quake, rock, seesaw, shake, sway, teeter, totter, tremble, vibrate, waver 2 be unable to make up one's mind, be undecided, dither (Chiefly Brit.), fluctuate, hesitate, shillyshally (Inf.), swither (Scot.), vacillate, waver
- n. 3 quaking, shake, tremble, tremor, unsteadiness, vibration

woe adversity, affliction, agony, anguish, burden, curse, dejection, depression, disaster, distress, gloom, grief, hardship, heartache, heartbreak, melancholy, misery, misfortune, pain, sadness, sorrow, suffering, trial, tribulation, trouble, unhappiness, wretchedness

woeful 1 afflicted, agonized, anguished, calamitous, catastrophic, cruel, deplorable, disastrous, disconsolate, dismal, distressing, doleful, dreadful, gloomy, grieving, grievous, harrowing, heartbreaking, heart-rending, lamentable, miserable, mournful, pathetic, piteous, pitiable, pitiful, plaintive, sad, sorrowful, tragic, unhappy, wretched 2 abysmal, appalling, awful, bad, deplorable, disappointing, disgraceful, dreadful, duff (Brit. inf.), feeble, godawful (Sl.), hopeless, inadequate, lousy (Sl.), mean, miserable, paltry, pathetic, pitiable, pitiful, poor, rotten (Inf.), shitty (Taboo sl.), shocking, sorry, terrible, wretched

wolf
- n. 1 (Fig.) devil, fiend, killer, mercenary, pirate, predator, robber, savage, shark 2 (Inf.) Casanova, Don Juan, lady-killer, lech or letch (Inf.), lecher, Lothario, philanderer, seducer, womanizer
- v. 3 (With **down**) bolt, cram, devour, gobble, gollop, gorge, gulp, pack away (Inf.), pig out (Sl.), scoff (Sl.), stuff

woman 1 bird (Sl.), chick (Sl.), dame (Sl.), female, gal (Sl.), girl, lady, lass, lassie (Inf.), maid (Archaic), maiden (Archaic), miss, she, wench (Facetious) 2 chambermaid, char (Inf.), charwoman, domestic, female servant, handmaiden, housekeeper, lady-in-waiting, maid, maidservant 3 (Inf.) bride, girl, girlfriend, ladylove, mate, mistress, old lady (Inf.), partner, significant other (U.S. inf.), spouse, sweetheart, wife

womanizer Casanova, Don Juan, lady-killer, lech or letch (Inf.), lecher, Lothario, philanderer, seducer, wolf (Inf.)

womanly female, feminine, ladylike, matronly, motherly, tender, warm

wonder
- n. 1 admiration, amazement, astonishment, awe, bewilderment, curiosity, fascination, stupefaction, surprise, wonderment 2 curiosity, marvel, miracle, nonpareil, phenomenon, portent, prodigy, rarity, sight, spectacle, wonderment
- v. 3 ask oneself, be curious, be inquisitive, conjecture, cudgel one's brains (Inf.), doubt, inquire, meditate, ponder, puzzle, query, question, speculate, think 4 be amazed (astonished, awed, dumbstruck), be flabbergasted (Inf.), boggle, gape, gawk, marvel, stand amazed, stare

wonderful 1 amazing, astonishing, astounding, awe-inspiring, awesome, extraordinary, fantastic, incredible, marvellous, miraculous, odd, peculiar, phenomenal, remarkable, staggering, startling, strange, surprising, unheard-of, wondrous (Archaic or literary) 2 ace (Inf.), admirable, boffo (Sl.), brill (Inf.), brilliant, chillin' (U.S. sl.), cracking (Brit. inf.), excellent, fabulous (Inf.), fantastic (Inf.), great (Inf.), jim-dandy (Sl.), magnificent, marvellous, mean (Sl.), outstanding, sensational (Inf.), smashing (Inf.), sovereign, stupendous, super (Inf.), superb, terrific, tiptop, topping (Brit. sl.), tremendous

woo chase, court, cultivate, importune, pay court to, pay one's addresses to, pay suit to, press one's suit with, pursue, seek after, seek the hand of, seek to win, solicit the good will of, spark (Rare)

wood 1 Also **woods** coppice, copse, forest, grove, thicket, trees, woodland 2 **out of the wood(s)** clear, home and dry (Brit. sl.), in the clear, out of danger, safe, safe and sound, secure 3 planks, timber

wooded forested, sylvan (Poetic), timbered, tree-clad, tree-covered, woody

wooden 1 ligneous, made of wood, of wood, timber, woody 2 awkward, clumsy, gauche, gawky, graceless, inelegant, maladroit, rigid, stiff, ungainly 3 blank, colourless, deadpan, dull, emotionless, empty, expressionless, glassy, lifeless, spiritless, unemotional, unresponsive, vacant 4 inflexible, obstinate, rigid, stiff, unbending, unyielding 5 dense, dim, dim-witted (Inf.), dozy (Brit. inf.), dull, dull-witted, obtuse, slow, stupid, thick, witless, wooden-headed (Inf.) 6 dull, muffled

wool 1 fleece, hair, yarn 2 **dyed in the wool** confirmed, diehard, fixed, hardened, inflexible, inveterate, settled, unchangeable, uncompromising, unshak(e)able 3 **pull the wool over someone's eyes** bamboozle (Inf.), con (Sl.), deceive, delude, dupe, fool, hoodwink, kid (Inf.), lead (someone) up the garden path (Inf.), pull a fast one (on someone) (Inf.), put one over on (Sl.), take in (Inf.), trick

woolly adj. 1 fleecy, flocculent, hairy, made of wool, shaggy, woollen 2 blurred, clouded, confused, foggy, fuzzy, hazy, ill-defined, indefinite, indistinct, muddled, nebulous, unclear, vague

word

◆ n. 1 brief conversation, chat, chitchat, colloquy, confab (Inf.), confabulation, consultation, discussion, talk, tête-à-tête 2 brief statement, comment, declaration, expression, remark, utterance 3 expression, locution, name, term, vocable 4 account, advice, bulletin, communication, communiqué, dispatch, gen (Brit. inf.), information, intelligence, intimation, latest (Inf.), message, news, notice, report, tidings 5 command, go-ahead (Inf.), green light, order, signal 6 affirmation, assertion, assurance, guarantee, oath, parole, pledge, promise, solemn oath, solemn word, undertaking, vow, word of honour 7 bidding, command, commandment, decree, edict, mandate, order, ukase (Rare), will 8 countersign, password, slogan, watchword 9 **in a word** briefly, concisely, in a nutshell, in short, succinctly, to put it briefly, to sum up

◆ v. 10 couch, express, phrase, put, say, state, utter

wordplay punning, puns, repartee, wit, witticisms

words 1 lyrics, text 2 altercation, angry exchange, angry speech, argument, barney (Inf.), bickering, disagreement, dispute, falling-out (Inf.), quarrel, row, run-in (Inf.), set-to (Inf.), squabble

wordy diffuse, discursive, garrulous, long-winded, loquacious, pleonastic, prolix, rambling, verbose, windy

work

◆ n. 1 drudgery, effort, elbow grease (Facetious), exertion, grind (Inf.), industry, labour, slog, sweat, toil, travail (Literary) 2 business, calling, craft, duty, employment, job, line, livelihood, métier, occupation, office, profession, pursuit, trade 3 assignment, chore, commission, duty, job, stint, task, undertaking 4 achievement, composition, creation, handiwork, oeuvre, opus, performance, piece, production 5 art, craft, skill, workmanship 6 **out of work** idle, jobless, on the dole (Brit. inf.), on the street, out of a job, unemployed

◆ v. 7 drudge, exert oneself, labour, peg away, slave, slog (away), sweat, toil 8 be employed, be in work, do business, earn a living, have a job 9 act, control, direct, drive, handle, manage, manipulate, move, operate, ply, use, wield 10 function, go, operate, perform, run 11 cultivate, dig, farm, till 12 fashion, form, handle, knead, make, manipulate, mould, process, shape 13 be agitated, convulse, move, twitch, writhe 14 (Often with **up**) arouse, excite, move, prompt, provoke, rouse, stir 15 accomplish, achieve, bring about, carry out, cause, contrive, create, effect, encompass, execute, implement 16 force, make one's way, manoeuvre, move, progress 17 (Inf.) arrange, bring off, contrive, exploit, fiddle (Inf.), fix (Inf.), handle, manipulate, pull off, swing (Inf.)

workable doable, feasible, possible, practicable, practical, viable

workaday common, commonplace, everyday, familiar, humdrum, mundane, ordinary, practical, prosaic, routine, run-of-the-mill

worker artisan, craftsman, employee, hand, labourer, proletarian, tradesman, wage earner, working man, working woman, workman

working

◆ n. 1 action, functioning, manner, method, mode of operation, operation, running 2 Plural diggings, excavations, mine, pit, quarry, shaft

◆ adj. 3 active, employed, in a job, in work, labouring 4 functioning, going, operative, running 5 effective, practical, useful, viable

workman artificer, artisan, craftsman, employee, hand, journeyman, labourer, mechanic, operative, tradesman, worker

workmanlike, workmanly adept, careful, efficient, expert, masterly, painstaking, professional, proficient, satisfactory, skilful, skilled, thorough

workmanship art, artistry, craft, craftsmanship, execution, expertise, handicraft, handiwork, manufacture, skill, technique, work

work out 1 accomplish, achieve, attain, win 2 calculate, clear up, figure out, find out, puzzle out, resolve, solve, suss (out) (Sl.) 3 arrange, construct, contrive, develop, devise, elaborate, evolve, form, formulate, plan, put together 4 be effective, flourish, go as planned, go well, prosper, prove satisfactory, succeed 5 come out, develop, evolve, go, happen, pan out (Inf.), result, turn out 6 do exercises, drill, exercise, practise, train, warm up 7 add up to, amount to, come to, reach, reach a total of

works 1 factory, mill, plant, shop, workshop 2 canon, oeuvre, output, productions, writings 3 actions, acts, deeds, doings 4 action, guts (Inf.), innards (Inf.), insides (Inf.), machinery, mechanism, movement, moving parts, parts, workings

workshop 1 atelier, factory, mill, plant, shop, studio, workroom, works 2 class, discussion group, seminar, study group

work up agitate, animate, arouse, enkindle, excite, foment, generate, get (someone) all steamed up (Sl.), incite, inflame, instigate, move, rouse, spur, stir up, wind up (Inf.)

world 1 earth, earthly sphere, globe 2 everybody, everyone, humanity, humankind, human race, man, mankind, men, the public, the race of man 3 cosmos, creation, existence, life, nature, universe 4 heavenly body, planet, star 5 area, domain, environment, field, kingdom, province, realm, sphere, system 6 age, days, epoch, era, period, times 7 **for all the world** exactly, in every respect, in every way, just as if, just like, precisely, to all intents and purposes 8 **on top of the world** (Inf.) beside oneself with joy, cock-a-hoop, ecstatic, elated, exultant, happy, in raptures, on cloud nine (Inf.), overjoyed, over the moon (Inf.) 9 **out of this world** (Inf.) excellent, fabulous (Inf.), fantastic (Inf.), great (Inf.), incredible, indescribable, marvellous, superb, unbelievable, wonderful

worldly 1 carnal, earthly, fleshly, lay, mundane, physical, profane, secular, sublunary, temporal, terrestrial 2 avaricious, covetous, grasping, greedy, materialistic, selfish, worldly-minded 3 blasé, cosmopolitan, experienced, knowing, politic, sophisticated, urbane, well versed in the ways of the world, worldly-wise

world-wide general, global, international, omnipresent, pandemic, ubiquitous, universal

worn 1 frayed, ragged, shabby, shiny, tattered, tatty, the worse for wear, threadbare 2 careworn, drawn, haggard, lined, pinched, wizened 3 exhausted, fatigued, jaded, played-out (Inf.), spent, tired, tired out, wearied, weary, worn-out

worn-out 1 broken-down, clapped out (Brit., Aust., & N.Z. inf.), decrepit, done, frayed, moth-eaten, on its last legs, ragged, run-down, shabby, tattered, tatty, threadbare, used, used-up, useless, worn 2 all in (Sl.), clapped out (Aust. & N.Z. inf.), dead or out on one's feet (Inf.), dog-tired (Inf.), done in (Inf.), exhausted, fatigued, fit to drop, jiggered (Dialect), knackered (Sl.), played-out, prostrate, spent, tired, tired out, weary, zonked (Sl.)

worried afraid, anxious, apprehensive, bothered, concerned, distracted, distraught, distressed, disturbed, fearful, fretful, frightened, ill at ease, nervous, on edge, overwrought, perturbed, tense, tormented, troubled, uneasy, unquiet, upset, wired (Sl.)

worry

◆ v. 1 agonize, annoy, badger, be anxious, bother, brood, disquiet, distress, disturb, feel uneasy, fret, harass, harry, hassle (Inf.), hector, importune, irritate, make anxious, perturb, pester, plague, tantalize, tease, torment, trouble, unsettle, upset, vex 2 attack, bite, gnaw at, go for, harass, harry, kill, lacerate, savage, tear

◆ n. 3 annoyance, bother, care, hassle (Inf.), irritation, pest, plague, problem, torment, trial, trouble, vexation 4 annoyance, anxiety, apprehension, care, concern, disturbance, fear, irritation, misery, misgiving, perplexity, torment, trepidation, trouble, unease, vexation, woe

worsen aggravate, damage, decay, decline, degenerate, deteriorate, exacerbate, get worse, go downhill (Inf.), go from bad to worse, retrogress, sink, take a turn for the worse

worship 1 v. adore, adulate, deify, exalt, glorify, honour, idolize, laud, love, praise, pray to, put on a pedestal, respect, revere, reverence, venerate 2 n. adoration, adulation, deification, devotion, exaltation, glorification, glory, homage, honour, laudation, love, praise, prayer(s), regard, respect, reverence

worst v. beat, best, blow out of the water (Sl.), clobber (Sl.), conquer, crush, defeat, gain the advantage over, get the better of, lick (Inf.), master, overcome, overpower, overthrow, run rings around (Inf.), subdue, subjugate, undo, vanquish, wipe the floor with (Inf.)

worth 1 aid, assistance, avail, benefit, credit, desert(s), estimation, excellence, goodness, help, importance, merit, quality, usefulness, utility, value, virtue, worthiness 2 cost, price, rate, valuation, value

worthless 1 chickenshit (U.S. sl.), futile, ineffectual, insignificant, inutile, meaningless, measly, miserable, nickel-and-dime (U.S. sl.), no use, nugatory, paltry, pointless, poor, poxy (Sl.), rubbishy, trashy, trifling, trivial, unavailing, unimportant, unusable, useless, valueless, wretched 2 abandoned, abject, base, contemptible, depraved, despicable, good-for-nothing, ignoble, useless, vile

worthwhile beneficial, constructive, expedient, gainful, good, helpful, justifiable, productive, profitable, useful, valuable, worthy

worthy 1 adj. admirable, commendable, creditable, decent, dependable, deserving, estimable, excellent, good, honest, honourable, laudable, meritorious, praiseworthy, reliable, reputable, respectable, righteous, upright, valuable, virtuous, worthwhile 2 n. big shot (Inf.), bigwig (Inf.), dignitary, luminary, notable, personage

wound

◆ n. 1 cut, damage, gash, harm, hurt, injury, laceration, lesion, slash 2 anguish, distress, grief, heartbreak, injury, insult, offence, pain, pang, sense of loss, shock, slight, torment, torture, trauma

◆ v. 3 cut, damage, gash, harm, hit, hurt, injure, irritate, lacerate, pierce, slash, wing 4 annoy, cut (someone) to the quick, distress, grieve, hurt, hurt the feelings of, mortify, offend, pain, shock, sting, traumatize

wrangle 1 v. altercate, argue, bicker, brawl, contend, disagree, dispute, fall out (Inf.), fight, have words, quarrel, row, scrap, spar, squabble 2 n. altercation, angry exchange, argy-bargy (Brit. inf.), bagarre, barney (Inf.), bickering, brawl, clash, contest, controversy, dispute, falling-out (Inf.), quarrel, row, set-to (Inf.), slanging match (Brit.), squabble, tiff

wrap 1 v. absorb, bind, bundle up, cloak, cover, encase, enclose, enfold, envelop, fold, immerse, muffle, pack, package, roll up, sheathe, shroud, surround, swathe, wind 2 n. cape, cloak, mantle, shawl, stole

wrapper case, cover, envelope, jacket, packaging, paper, sheath, sleeve, wrapping

wrap up 1 bundle up, enclose, enwrap, gift-wrap, pack, package 2 dress warmly, muffle up, put warm clothes on, wear something warm 3 (Sl.) be quiet, be silent, button it (Sl.), button one's lip (Sl.), hold one's tongue, put a sock in it (Brit. sl.), shut one's face (Brit. sl.), shut one's mouth (Sl.), shut one's trap (Sl.), shut up 4 (Inf.) bring to a close, conclude, end, finish off, polish off, round off, terminate, tidy up, wind up

wrath anger, choler, displeasure, exasperation, fury, indignation, ire, irritation, passion, rage, resentment, temper

wrathful angry, beside oneself with rage, displeased, enraged, furious, incensed, indignant, infuriated, irate, on the warpath (Inf.), raging, wroth (Archaic)

wreath band, chaplet, coronet, crown, festoon, garland, loop, ring

wreathe adorn, coil, crown, encircle, enfold, entwine, envelop, enwrap, festoon, intertwine, interweave, surround, twine, twist, wind, wrap, writhe

wreck
- v. **1** blow (Sl.), break, cock up (Brit. sl.), dash to pieces, demolish, destroy, devastate, fuck up (Offens. taboo sl.), mar, play havoc with, ravage, ruin, screw up (Inf.), shatter, smash, spoil, total (Sl.), trash (Sl.), undo **2** founder, go or run aground, run onto the rocks, shipwreck, strand
- n. **3** derelict, hulk, shipwreck, sunken vessel **4** desolation, destruction, devastation, disruption, mess, overthrow, ruin, undoing

wreckage debris, fragments, hulk, pieces, remains, rubble, ruin, wrack

wrench
- v. **1** force, jerk, pull, rip, tear, tug, twist, wrest, wring, yank **2** distort, rick, sprain, strain
- n. **3** jerk, pull, rip, tug, twist, yank **4** sprain, strain, twist **5** ache, blow, pain, pang, shock, upheaval, uprooting **6** adjustable spanner, shifting spanner, spanner

wrestle battle, combat, contend, fight, grapple, scuffle, strive, struggle, tussle

wretch **1** asshole (U.S. & Canad. taboo sl.), asswipe (U.S. & Canad. taboo sl.), bad egg (Old-fashioned inf.), bastard (Offensive), blackguard, bugger (Taboo sl.), cocksucker (Taboo sl.), cur, good-for-nothing, miscreant, mother (Taboo sl., chiefly U.S.), motherfucker (Taboo sl., chiefly U.S.), outcast, profligate, rascal, rat (Inf.), rogue, rotter (Sl., chiefly Brit.), ruffian, scoundrel, scumbag (Sl.), shit (Taboo sl.), son-of-a-bitch (Sl., chiefly U.S. & Canad.), swine, turd (Taboo sl.), vagabond, villain, worm **2** poor thing, unfortunate

wretched **1** abject, brokenhearted, cheerless, comfortless, crestfallen, dejected, deplorable, depressed, disconsolate, dismal, distressed, doleful, downcast, forlorn, funereal, gloomy, hapless, hopeless, melancholy, miserable, pathetic, pitiable, pitiful, poor, sorry, unfortunate, unhappy, woebegone, woeful, worthless **2** calamitous, deplorable, inferior, miserable, paltry, pathetic, poor, sorry, worthless **3** base, contemptible, crappy (Sl.), despicable, low, low-down (Inf.), mean, paltry, poxy (Sl.), scurvy, shabby, shameful, vile

wriggle
- v. **1** jerk, jiggle, squirm, turn, twist, wag, waggle, wiggle, writhe **2** crawl, slink, snake, twist and turn, worm, zigzag **3** crawl, dodge, extricate oneself, manoeuvre, sneak, talk one's way out, worm
- n. **4** jerk, jiggle, squirm, turn, twist, wag, waggle, wiggle

wring **1** coerce, extort, extract, force, screw, squeeze, twist, wrench, wrest **2** distress, hurt, lacerate, pain, pierce, rack, rend, stab, tear at, wound

wrinkle
- n. **1** corrugation, crease, crinkle, crow's-foot, crumple, fold, furrow, gather, line, pucker, rumple **2** device, dodge, gimmick, idea, plan, ploy, ruse, scheme, stunt, tip, trick, wheeze (Brit. sl.)
- v. **3** corrugate, crease, crinkle, crumple, fold, furrow, gather, line, pucker, ruck, rumple

writ court order, decree, document, summons

write author (Nonstandard), commit to paper, compose, copy, correspond, create, draft, draw up, indite, inscribe, jot down, pen, put down in black and white, put in writing, record, scribble, set down, take down, tell, transcribe

write off **1** cancel, cross out, disregard, forget about, give up for lost, score out, shelve **2** (Inf.) crash, damage beyond repair, destroy, smash up, total (Sl.), trash (Sl.), wreck

writer author, columnist, essayist, hack, littérateur, man of letters, novelist, penman, penny-a-liner (Rare), penpusher, scribbler, scribe, wordsmith

writhe contort, distort, jerk, squirm, struggle, thrash, thresh, toss, twist, wiggle, wriggle

writing **1** calligraphy, chirography, hand, handwriting, penmanship, print, scrawl, scribble, script **2** book, composition, document, letter, opus, publication, title, work **3** belles-lettres, letters, literature

wrong
- adj. **1** erroneous, fallacious, false, faulty, inaccurate, incorrect, in error, mistaken, off beam (Inf.), off target, out, unsound, untrue, wide of the mark **2** bad, blameworthy, criminal, crooked, dishonest, dishonourable, evil, felonious, illegal, illicit, immoral, iniquitous, reprehensible, sinful, under-the-table, unethical, unfair, unjust, unlawful, wicked, wrongful **3** funny, improper, inappropriate, inapt, incongruous, incorrect, indecorous, infelicitous, malapropos, not done, unacceptable, unbecoming, unconventional, undesirable, unfitting, unhappy, unseemly, unsuitable **4** amiss, askew, awry, defective, faulty, not working, out of commission, out of order **5** inside, inverse, opposite, reverse
- adv. **6** amiss, askew, astray, awry, badly, erroneously, inaccurately, incorrectly, mistakenly, wrongly **7** go wrong **a** come to grief (Inf.), come to nothing, fail, fall through, flop (Inf.), miscarry, misfire **b** boob (Brit. sl.), err, go astray, make a mistake, slip up (Inf.) **c** break down, cease to function, conk out (Inf.), fail, go kaput (Inf.), go on the blink (Sl.), go phut (Inf.), malfunction **d** err, fall from grace, go astray, go off the straight and narrow (Inf.), go to the bad, lapse, sin
- n. **8** abuse, bad or evil deed, crime, error, grievance, immorality, inequity, infraction, infringement, iniquity, injury, injustice, misdeed, offence, sin, sinfulness, transgression, trespass, unfairness, wickedness **9** in the wrong at fault, blameworthy, guilty, in error, mistaken, off beam (Inf.), off course, off target, to be blamed
- v. **10** abuse, cheat, discredit, dishonour, harm, hurt, ill-treat, ill-use, impose upon, injure, malign, maltreat, misrepresent, mistreat, oppress, take advantage of

wrongdoer criminal, culprit, delinquent, evildoer, lawbreaker, malefactor, miscreant, offender, sinner, transgressor, trespasser (Archaic), villain

wrongful blameworthy, criminal, dishonest, dishonourable, evil, felonious, illegal, illegitimate, illicit, immoral, improper, reprehensible, under-the-table, unethical, unfair, unjust, unlawful, wicked

wry **1** askew, aslant, awry, contorted, crooked, deformed, distorted, off the level, skewwhiff (Brit. inf.), twisted, uneven, warped **2** droll, dry, ironic, mocking, mordacious, pawky (Scot.), sarcastic, sardonic

Y

yank v./n. hitch, jerk, pull, snatch, tug, wrench

yardstick benchmark, criterion, gauge, measure, par, standard, touchstone

yarn n. **1** fibre, thread **2** (Inf.) anecdote, cock-and-bull story (Inf.), fable, story, tale, tall story

yawning cavernous, chasmal, gaping, vast, wide, wide-open

yearly annual, annually, every year, once a year, per annum

yearn ache, covet, crave, desire, eat one's heart out over, hanker, have a yen for (Inf.), hunger, itch, languish, long, lust, pant, pine, set one's heart upon

yell **1** v. bawl, holler (Inf.), howl, scream, screech, shout, shriek, squeal **2** n. cry, howl, scream, screech, shriek, whoop

yet **1** as yet, so far, thus far, until now, up to now **2** however, nevertheless, notwithstanding, still **3** additionally, as well, besides, further, in addition, into the bargain, moreover, over and above, still, to boot **4** already, just now, now, right now, so soon

yield
- v. **1** afford, bear, bring forth, bring in, earn, furnish, generate, give, net, pay, produce, provide, return, supply
- n. **2** crop, earnings, harvest, income, output, produce, profit, return, revenue, takings
- v. **3** abandon, abdicate, admit defeat, bow, capitulate, cave in (Inf.), cede, cry quits, give in, give up the struggle, give way, knuckle under, lay down one's arms, part with, raise the white flag, relinquish, resign, resign oneself, submit, succumb, surrender, throw in the towel **4** accede, agree, allow, bow, comply, concede, consent, go along with, grant, permit

yielding **1** accommodating, acquiescent, biddable, compliant, docile, easy, flexible, obedient, pliant, submissive, tractable **2** elastic, pliable, quaggy, resilient, soft, spongy, springy, supple, unresisting

yoke
- n. **1** bond, chain, coupling, ligament, link, tie **2** bondage, burden, enslavement, helotry, oppression, serfdom, service, servility, servitude, slavery, thraldom, vassalage
- v. **3** bracket, connect, couple, harness, hitch, join, link, tie, unite

yokel boor, bucolic, clodhopper (Inf.), (country) bumpkin, country cousin, countryman, hayseed (U.S. & Canad. inf.), hick (Inf., chiefly U.S. & Canad.), hillbilly, hind (Obsolete), peasant (Inf.), rustic

young
- adj. **1** adolescent, callow, green, growing, immature, infant, in the springtime of life, junior, juvenile, little, unfledged, youthful **2** at an early stage, early, fledgling, new, newish, not far advanced, recent, undeveloped
- n. **3** babies, brood, family, issue, litter, little ones, offspring, progeny

youngster boy, cub, girl, juvenile, kid (Inf.), lad, lass, pup (Inf., chiefly Brit.), teenager, teenybopper (Sl.), urchin, young adult, young hopeful, young person, young shaver (Inf.), young'un (Inf.), youth

youth **1** adolescence, boyhood, early life, girlhood, immaturity, juvenescence, salad days, young days **2** adolescent, boy, kid (Inf.), lad, shaveling (Archaic), stripling, teenager, young man, young shaver (Inf.), youngster **3** teenagers, the rising generation, the young, younger generation, young people

youthful **1** boyish, childish, girlish, immature, inexperienced, juvenile, pubescent, puerile, young **2** active, fresh, spry, vigorous, young at heart, young looking

Z

zeal ardour, devotion, eagerness, earnestness, enthusiasm, fanaticism, fervency, fervour, fire, gusto, keenness, militancy, passion, spirit, verve, warmth, zest

zealot bigot, enthusiast, extremist, fanatic, fiend (Inf.), maniac, militant

zealous afire, ardent, burning, devoted, eager, earnest, enthusiastic, fanatical, fervent, fervid, impassioned, keen, militant, passionate, rabid, spirited

zenith acme, apex, apogee, climax, crest, height, high noon, high point, meridian, peak, pinnacle, summit, top, vertex

zero **1** cipher, naught, nil, nothing, nought **2** bottom, lowest point or ebb, nadir, nothing, rock bottom

zero hour appointed hour, crisis, moment of decision, moment of truth, turning point, vital moment

zest **1** appetite, delectation, enjoyment, gusto, keenness, relish, zeal, zing (Inf.) **2** charm, flavour, interest, kick (Inf.), piquancy, pungency, relish, savour, smack, spice, tang, taste

zone area, belt, district, region, section, sector, sphere

LANGUAGE IN USE
GRAMMAIRE ACTIVE

Contents / Sommaire

1 Suggestions	11 Agreement	19 Job Applications
2 Advice	12 Disagreement	20 Commercial Correspondence
3 Offers	13 Approval	21 General Correspondence
4 Requests	14 Disapproval	22 Thanks
5 Comparisons	15 Certainty, Probability, Possibility and Capability	23 Best Wishes
6 Opinion		24 Announcements
7 Likes, Dislikes and Preferences	16 Doubt, Improbability, Impossibility and Incapability	25 Invitations
8 Intentions and Desires		26 Essay Writing
9 Permission	17 Explanations	27 The Telephone
10 Obligation	18 Apologies	

THIS LANGUAGE IN USE supplement is divided into 27 topics, providing thousands of structures to facilitate self-expression and communication in French.

Using a key word in the message you wish to convey as a starting point, **Language in Use** shows you other possible ways of expressing the same message and provides you with a repertoire from which to choose the most appropriate formulation for the situation you are dealing with. The core translation which follows each phrase acts as a point of reference rather than as a direct equivalent and we have also provided guidance as to whether a phrase should be used in a familiar or formal context, whether it expresses the message directly or indirectly, or in a tentative or assertive manner.

Language in Use has been compiled using our vast linguistic databases of contemporary French and English. The examples have been selected from a wide variety of different sources: fiction and non-fiction, magazines and newspapers, business and personal correspondence, and spoken material gathered from real-life conversations and radio and television programmes. This means you can always be sure that the phrases and grammatical structures you choose are idiomatic and up-to-date.

Several hundred dictionary entries are linked to **Language in Use** by means of cross-references which show the topic number and section in **Language in Use** where that dictionary entry occurs. This linking of the main text with **Language in Use** allows you to navigate directly from a single-concept word in the dictionary to further, more diverse means of expression in context.

LA GRAMMAIRE ACTIVE ROBERT & COLLINS est divisée en 27 chapitres qui présentent plusieurs milliers de structures syntaxiques couvrant l'essentiel des besoins de communication entre francophones et anglophones.

Elle permet de s'exprimer directement dans la langue étrangère au lieu de procéder à la traduction à partir du mot ou de la locution, tels qu'ils figurent dans la partie dictionnaire. L'usager part ici d'un thème de réflexion ou du message qu'il cherche à communiquer et trouve dans le chapitre concerné un vaste éventail de possibilités d'expression dans la langue étrangère. De brèves indications dans sa langue maternelle, dont la fonction n'est pas de traduire mais de servir de points de repère, l'informeront sur le registre (familier ou soutenu) ou la nature (hésitante ou assurée, directe ou indirecte) du message.

Les exemples de la **Grammaire active** ont été tirés d'une très vaste base de données informatisée en langue française et en langue anglaise. Ces exemples ont été sélectionnés dans un grand nombre de sources différentes, allant de la littérature à la correspondance personnelle, en passant par les magazines, les journaux, ainsi que la langue parlée telle qu'on l'entend à la télévision et à la radio. Ils garantissent ainsi l'authenticité absolue des structures grammaticales et des expressions idiomatiques qui sont proposées.

Plusieurs centaines de mots-clés du dictionnaire sont suivis d'un renvoi vers la **Grammaire active.** Ces renvois mentionnent les numéros de chapitres concernés et avertissent l'usager qu'il trouvera dans le recueil d'expressions grammaticales des possibilités d'expression supplémentaires qui complètent l'information contenue dans les articles bilingues.

1 SUGGESTIONS

1.1 Making suggestions

Tentatively

- **Si je peux me permettre une suggestion** je crois qu'il faudrait …
  - if I may make a **suggestion**
- **À votre place**, je me renseignerais
  - if I were you
- **Si j'étais vous**, je resterais
  - if I were you
- **À mon avis,** il faudrait les inviter
  - in my **opinion**
- **Personnellement**, j'en parlerais à ses parents
  - **personally** (speaking)

More assertively

- **Vous pourriez** remettre cela à plus tard
  - you **could**
- **Rien ne vous empêche de** profiter des soldes
  - there's nothing to stop you
- **Essayez quand même de** lui en parler
  - still, try to
- **Vous feriez mieux de** prendre vos vacances en septembre
  - you'd do **better** to
- **Vous auriez intérêt à** prendre l'avion à Genève
  - you'd be **well-advised** to
- **Vous feriez bien d'**aller voir sur place
  - you'd do **well** to
- **N'oubliez pas de** répondre à sa lettre
  - don't **forget** to
- **Vous devriez** appeler un médecin
  - you **ought** to
- **Je propose que** nous nous mett**ions** (subj) au travail tout de suite
  - I **suggest** that
- **Voici mes suggestions :** présenter le projet au Conseil, …
  - my **suggestions** are (as follows):
- **Je suggère que vous** commenc**iez** (subj) immédiatement (formal)
  - I **suggest** that you

Using direct questions

- **Est-ce que vous avez songé à** faire appel à un entraîneur ?
  - have you **thought** of
- **Avez-vous pensé à** reprendre vos études ?
  - have you **thought** of
- **Que diriez-vous d'**un bon repas ?
  - what would you **say** to
- **Est-ce que cela ne vous tente pas de** partir en Italie ?
  - doesn't the **idea** of … tempt you?
- **Puis-je faire une suggestion ?** Il me semble que … (formal)
  - can I make a **suggestion**?

In an impersonal way

Tentatively

- **Et si** on se passait un film ? (spoken)
  - how about
- **Peut-être faudrait-il** discuter de ce problème
  - perhaps we **should**
- **Il vaudrait peut-être mieux** en rester là
  - perhaps it would be **better** to
- **Pourquoi ne pas** lui téléphoner ?
  - why not
- **Ce ne serait pas une mauvaise idée de** revendre la maison
  - it wouldn't be a bad **idea** to
- **On pourrait** adopter une autre méthode
  - we **could**

More assertively

- **Il serait souhaitable de** conserver cette procédure de vote
  - it would be **desirable** to
- **Il serait préférable de ne pas** trop attendre
  - it would be **preferable** not to
- **Il serait bon de** réunir le Conseil
  - it would be a good **idea** to
- **Ce serait une excellente idée de** rediffuser ce document
  - it would be an excellent **idea** to
- **Il n'y a qu'à** lui demander son avis
  - all you have to do is
- **Il conviendrait de** contacter l'entreprise dès maintenant (formal)
  - it would be **advisable** to

1.2 Asking for suggestions

- **Qu'est-ce que tu ferais à ma place ?**
  - what would you do if you were me?
- **Comment procéderais-tu** or **t'y prendrais-tu ?**
  - how would you proceed?
- **Qu'est-ce que vous proposez** pour résoudre ce problème ?
  - what do you **suggest**
- **Avez-vous une idée de** ce que l'on pourrait faire ?
  - have you any **ideas** about
- **Que fait-on dans ces cas-là ?**
  - what does one do in such cases?
- **Peut-être avez-vous une meilleure solution ?**
  - **perhaps** you have a **better** solution?

2 ADVICE

2.1 Asking for advice

- **À ma place que feriez-vous ?**
  - if you were me, what would you do?
- **Que fait-on dans ces cas-là ?**
  - what does one do in such cases?
- **Que me conseillez-vous de faire ?**
  - what do you **advise** me to do?
- **Que dois-je faire** dans l'immédiat ?
  - what do I have to do
- **J'aimerais avoir votre opinion sur** ce dossier
  - I'd like your **opinion** on
- **Quel est votre avis sur** le droit d'ingérence humanitaire ?
  - what is your **opinion** on
- **Je voudrais vous demander conseil : pensez-vous que je devrais** offrir des fleurs à notre hôtesse ?
  - I'd like your **advice**: do you think I should
- **Je vous serais très reconnaissant de bien vouloir me conseiller sur** la marche à suivre (formal, written style)
  - I **should** be most **grateful** for your **advice** on

2.2 Giving advice

- Fais comme si de rien n'était, **c'est ce que tu as de mieux à faire** (spoken)
  - it's the **best** thing you can do
- **Moi, je trouve que tu devrais** carrément déménager (spoken)
  - I **think** you **should**
- **Un conseil :** il faut découvrir cet endroit le matin quand la ville s'éveille
  - a word of **advice:**
- **Tu as (tout) intérêt à** t'y prendre aussitôt que possible
  - you'd be well-**advised** to
- Si vous vivez une passion, au moins taisez-la. **Surtout ne** l'écrivez **pas**
  - whatever you do, don't

- **Si j'ai un conseil à vous donner, c'est de** ne pas trop tarder à renvoyer ces papiers
  - if I could give you one piece of **advice**, it would be to
- **Vous auriez tort de ne pas** en profiter
  - you'd be quite **wrong** not to
- **Je trouve que tu devrais** essayer de passer ton permis de conduire
  - I think you **should**
- **À mon avis tu devrais** te montrer plus enthousiaste
  - in my **opinion**, you **should**
- **À votre place, je** me renseigner**ais** auprès de l'association des parents d'élèves
  - if I were you, I'd
- **Si j'étais vous, je** téléphoner**ais** sans plus tarder
  - if I were you, I'd
- **Je ne saurais trop vous recommander d'**être discret à ce sujet
  - I cannot **advise** you strongly enough to

More tentatively

- **Pourquoi ne pas** téléphoner à Martine ? Ça lui ferait plaisir
  - why not
- **Est-ce que tu as pensé à** un cours de recyclage ?
  - have you **thought** of
- **Ce ne serait pas une mauvaise idée de** partir avant l'heure de pointe
  - it wouldn't be a bad **idea** to
- **Vous feriez mieux de** vous adresser à un autre musée
  - you'd do **better** to
- Nous n'avons plus de 45 mais **vous pourriez peut-être** essayer du 44
  - perhaps you **could**
- **Je me demande si vous ne devriez pas** attendre quelques jours
  - I wonder if you **should perhaps**
- **Il est déconseillé de** se promener du côté du port après la tombée de la nuit
  - it is **inadvisable** to
- **Il serait peut-être bon de** changer de ton à défaut de changer de politique
  - perhaps it would be a good **idea** to
- **Il nous semble peu prudent d'**engager des fonds aussi importants dans cette affaire
  - it doesn't seem very **wise** to us
- **Il serait judicieux de** publier ce document avant la fin de l'année
  - it would be **wise** to
- **Puis-je me permettre de suggérer que** vous chang**iez** (subj) d'itinéraire au retour ?
  - may I **suggest** that you

2.3 Giving warnings

- **Méfiez-vous de** ces faux amis
  - **beware** of
- **Si vous ne** réservez **pas** maintenant, **vous courez le risque de** ne pas avoir de billet
  - if you don't ... you run the risk of
- **Tu vas avoir des ennuis** de santé **si** tu continues à fumer autant
  - you're going to have problems if
- **Je vous préviens :** interdiction de stationner entre 13 et 16 heures, sinon gare au PV
  - I am **warning** you:
- **Je vous préviens que** je ne vous accorderai pas un jour de délai
  - I **warn** you that
- **Je vous avertis que** je commence à en avoir assez de vos absences répétées
  - I **warn** you that
- **Ce serait de la folie de** s'engager dans cette direction
  - it would be madness to

- **Si vous** ne voulez pas vous allier, **très bien, mais** ne venez pas vous plaindre de ce qui vous arrivera
  - if you ... (that's) fine, but

3 OFFERS

3.1 Direct offers

- **Je ferais volontiers** ce voyage avec toi
  - I'd **gladly**
- **Je suis prêt à** poursuivre le travail commencé avec lui
  - I'm **prepared** to
- **Je peux** passer vous prendre chez vous, **si vous voulez**
  - I **can** ... if you want
- **Je pourrais** venir étudier la question sur place
  - I **could**
- **N'hésitez pas à** nous poser des questions
  - don't **hesitate** to
- **Laissez-moi au moins** payer les fleurs !
  - at **least let me**

3.2 Indirect offers

- **Je serais (très) heureux de** vous rendre ce service
  - I'd be very **happy** to
- **Cela me ferait très plaisir de** vous emmener
  - it would be a **pleasure** to
- **Je ne demande pas mieux que de** participer à ce projet
  - I'd be only too **happy** to
- **Nous pourrions peut-être** déjeuner ensemble
  - perhaps we **could**

3.3 Using direct questions

- **Cela te dirait de** visiter la Maison Blanche ?
  - how would you **like** to
- **Et si je** pass**ais** l'aspirateur ?
  - what if I
- **Est-ce que je peux** vous renseigner ?
  - can I
- **Est-ce que vous voulez que j'aille** (subj) vous chercher un journal ?
  - do you **want** me to go
- **Voudriez-vous que** nous avanc**ions** (subj) la réunion ?
  - would you **like** us to
- **Puis-je** vous être utile ?
  - can I
- **Souhaitez-vous que nous** poursuiv**ions** (subj) les expériences en cours ?
  - do you **want** us to
- **Aimeriez-vous que je** m'en charge (subj) pour vous ?
  - would you **like** me to

4 REQUESTS

Tentatively

- **Est-ce que cela vous dérangerait beaucoup de** me céder votre place ?
  - would you **mind** awfully
- **Est-ce que cela vous ennuierait beaucoup de** me déposer chez moi ?
  - would you **mind** terribly
- **Cela me rendrait service si vous pouviez** me le prêter
  - it would be of **help** (to me) if you could
- **Cela m'arrangerait si vous pouviez** payer tout de suite
  - it would **suit** me (nicely) if you could

- ◆ **Nous aimerions** connaître vos heures d'ouverture
  - ◆ we would **like** to
- ◆ **Nous souhaiterions** clarifier quelques détails (formal)
  - ◆ we **wish** to
- ◆ **Puis-je vous demander de (bien vouloir)** me fournir quelques renseignements ? (formal)
  - ◆ can I **ask** you, please, to
- ◆ **Je voudrais** connaître les horaires des trains suivants
  - ◆ I'd **like** to

More assertively

- ◆ **Est-ce que vous pourriez** nous donner un mode d'emploi ?
  - ◆ **could** you
- ◆ **Est-ce que vous pouvez** nous donner un exemple de prix ?
  - ◆ **can** you
- ◆ **Je dois vous demander de** procéder à une enquête
  - ◆ I must **ask** you to
- ◆ **Nous comptons sur vous pour** terminer ce travail rapidement
  - ◆ we are **counting** on you to
- ◆ **J'insiste pour que** le rapport **soit** (subj) substantiel et motivé
  - ◆ I **insist** on ... being

In writing

- ◆ **Vous serait-il possible de** me dire où il faut s'adresser ?
  - ◆ **could** you **possibly**
- ◆ **Auriez-vous l'amabilité de** nous transmettre le texte ?
  - ◆ would you be so **kind** as to
- ◆ **Seriez-vous assez aimable pour** m'indiquer la marche à suivre ?
  - ◆ would you be so **kind** as to
- ◆ **Je vous remercie de bien vouloir** me faire parvenir ces renseignements
  - ◆ I would **appreciate** it if you would
- ◆ **Je vous prie de bien vouloir** attendre avant de remettre votre rapport
  - ◆ **please**
- ◆ **Je vous serais reconnaissant de bien vouloir** leur envoyer ce document
  - ◆ I would be **grateful** if you would
- ◆ **Je vous saurais gré de bien vouloir** rectifier cette erreur
  - ◆ I should be **grateful** if you would
- ◆ **Nous vous serions obligés de bien vouloir** nous faire part de vos décisions
  - ◆ we should be **obliged** if you would
- ◆ **Veuillez avoir l'obligeance de** remplir ces formulaires
  - ◆ please be so **kind** as to
- ◆ **Vous êtes prié de bien vouloir** régulariser votre situation
  - ◆ we **request** that you

5 COMPARISONS

5.1 Objective comparisons

- ◆ Cette nouvelle structure offrirait, **par comparaison avec** l'ancienne, souplesse et personnalisation de la gestion
  - ◆ by **comparison** with
- ◆ Quant au poisson, il offre, **en comparaison de** la viande, l'intérêt d'être peu gras
  - ◆ by **comparison** with
- ◆ ... un chiffre non négligeable, **comparé à** l'investissement initial
  - ◆ **compared** with
- ◆ C'est tout de même un pays riche **si on le compare à** l'ensemble du monde
  - ◆ if one **compares** it with
- ◆ Il y a des événements **bien plus** tragiques **que de** perdre une finale de Coupe d'Europe
  - ◆ **much more** ... than
- ◆ La progression, **par rapport à** l'année précédente, est importante
  - ◆ **compared** to
- ◆ Sa nouvelle maison **ressemble à** l'ancienne mais en moins grand
  - ◆ **resembles**
- ◆ **Cela fait penser à** du marbre mais en plus brillant
  - ◆ it **reminds** one of
- ◆ C'est un jardin qui peut, **par constraste avec** l'agitation environnante, évoquer ceux de Kyoto
  - ◆ when **contrasted** with
- ◆ Cet appartement donne sur un joli jardin **tandis que** or **alors que** l'autre donne sur une cour
  - ◆ **whereas**

5.2 Making favourable/unfavourable comparisons

- ◆ Ce vin **est de très loin supérieur à** l'autre
  - ◆ is by far **superior** to
- ◆ Ce fromage **est bien supérieur à** celui que vous venez de goûter
  - ◆ is far **superior** to
- ◆ Je **préfère** le sud de la France **à** la Bretagne pour ce qui est du climat
  - ◆ I **prefer** ... to
- ◆ L'élève **dépasse** le maître
  - ◆ **surpasses**
- ◆ Le film **est loin d'être aussi** intéressant **que** le roman dont on l'a tiré
  - ◆ is far from being as ... as
- ◆ Cette nouvelle adaptation du roman **est loin de valoir** la version en noir et blanc réalisée en 1939
  - ◆ is a long way from **equalling**
- ◆ Les danseurs d'aujourd'hui **n'arrivent pas à la cheville de** ceux des années 30
  - ◆ can't hold a candle to

5.3 Comparing similar things

- ◆ **On a souvent comparé** Eugène Delacroix **à** Victor Hugo
  - ◆ ... has often been **compared** to ...
- ◆ La presse locale n'a pas hésité à **faire un rapprochement entre** le limogeage du ministre de la justice **et** cet assassinat
  - ◆ make the **connection** between ... and
- ◆ Le camp militaire qui se trouve à l'entrée de la ville est **comparativement** peu peuplé
  - ◆ **comparatively**
- ◆ La composition des images **rappelle** très souvent les tableaux des peintres préraphaélites anglais
  - ◆ **recalls**
- ◆ Tous les deux se sont retrouvés sur un banc d'assises, **mais la ressemblance s'arrête là**
  - ◆ but that's where the **similarity** ends
- ◆ Leurs taux de scolarisation **sont comparables à** ceux des pays développés
  - ◆ are **comparable** with
- ◆ Nous avons trouvé un fromage **qui est l'équivalent** grec **de** la mozarella
  - ◆ which is the **equivalent** of
- ◆ Cette somme **correspond à** six mois de salaire
  - ◆ **corresponds** to
- ◆ Ces deux articles **valent pratiquement le même prix**
  - ◆ cost practically the **same**
- ◆ Un peuple qui n'a pas de mémoire n'a pas d'avenir. **Il en est de même des** formations politiques
  - ◆ the **same** is true of
- ◆ C'est plus ou moins la même chose
  - ◆ it's more or less the **same** thing
- ◆ Cela revient au même
  - ◆ it **amounts** to the **same** thing

5.4 Comparing dissimilar things

- **Ce qui distingue** notre langue **des** langues anciennes et modernes, **c'est** l'ordre et la construction de la phrase
  - what **distinguishes** ... from ... is
- **Ce qui différencie** les cafés arabica **des** robusta, **c'est** leur teneur en caféine
  - what **distinguishes** ... from ... is
- **Il n'y a aucune comparaison possible entre** l'équipement des deux armées
  - there is no possible **comparison** to be drawn between
- **On ne peut pas comparer** la situation de quelqu'un qui vit à la campagne **à** celle d'un banlieusard
  - you can't **compare** ... with
- Ces vignerons vivent de productions à faible rendement **qui n'ont rien de comparable avec** celles des Charentes
  - which are in no way **comparable** to
- Leur motivation, leur travail **ne se ressemblent vraiment en rien** mais ils ont en commun le fait d'être anglais
  - have really nothing in **common**

6   OPINION

6.1 Asking for opinions

Tentatively

- **J'aimerais connaître votre avis** or **votre opinion sur** ce problème
  - I'd like (to know) your **opinion** on
- **Je voudrais savoir ce que vous pensez de** son travail
  - I'd like to know what you **think** of
- **J'aimerais connaître votre réaction face à** ce brusque changement
  - I'd like (to know) your **reaction** to
- **Est-ce que vous pourriez me donner votre avis** or **votre opinion sur** cette émission ?
  - could you give me your **opinion** on
- **Pourriez-vous me dire ce que vous pensez de** leur politique ?
  - could you tell me what you **think** of

More directly

- **À votre avis** or **Selon vous**, faut-il donner plus de liberté aux jeunes ?
  - in your **opinion**
- **Est-ce que vous avez une opinion sur** la publicité ?
  - do you have any **opinion** on
- **Quelle est votre opinion sur** la situation internationale ?
  - what's your **opinion** on
- **Que pensez-vous de** sa façon d'agir ?
  - what do you **think** of

6.2 Expressing opinions

- **Il me semble que** vous vous trompez
  - I **think**
- **J'ai l'impression que** ses parents ne la comprennent pas
  - I have a **feeling**
- **Je suppose que** vous n'avez pas besoin de mes conseils
  - I **suppose**
- **J'imagine que** ce n'est pas très facile
  - I **imagine**
- **Si vous voulez mon opinion**, cette décision n'est pas raisonnable
  - if you want my **opinion**
- **Je ne peux pas m'empêcher de penser que** c'est délibéré
  - I can't help **thinking**
- **Sans vouloir vous contredire, il me semble que** nous nous rapprochons d'une solution
  - without wishing to contradict you, it **seems** to me that
- **Je dois dire que** je ne suis pas satisfait
  - I must **say** that

More directly

- **Je crains qu'**il ne soit (subj) trop tard maintenant
  - I **fear** that it is
- **À mon avis** il n'a pas changé
  - in my **opinion**
- **Selon moi** or **D'après moi** or **Pour moi,** il a fait une erreur
  - in my **view**
- **Personnellement**, je ne le soutiendrai pas
  - **personally**
- **En ce qui me concerne** or **Pour ma part** or **Quant à moi**, je suis content de son travail
  - as far as I am **concerned** or for my part
- **Je pense** or **Je crois que** ce sera possible
  - I **think** or believe
- **J'estime qu'**il faut reprendre cette discussion
  - I **think**
- **Je trouve que** le racisme est criminel
  - I **think**
- **Je considère que** cette réforme est une amélioration
  - I **feel**
- Il faut changer radicalement le système. **C'est du moins mon opinion**
  - at least that is my **opinion**

With more conviction

- **Je suis sûr que** nous pouvons trouver une solution
  - I am **sure**
- **Je suis certain qu'**il est tout à fait sincère
  - I am **certain**
- **Je suis persuadé qu'**il y a d'autres solutions
  - I am **convinced**
- **Je suis convaincu que** nous pouvons réussir
  - I am **convinced**

6.3 Avoiding expressing one's opinion

- **Il est difficile de** débattre de ces questions
  - it is **difficult** to
- **Je préférerais ne pas avoir à me prononcer** là-dessus
  - I'd rather not **comment**
- **Il m'est difficile de donner un avis (définitif) sur** ce point
  - I find it **difficult** to express a (definite) **opinion** on
- **Je n'ai pas d'opinion bien précise à** ce sujet
  - I have no definite **opinion** on
- **Je n'ai jamais vraiment réfléchi à** ce problème
  - I have never really thought about
- **Je ne me suis jamais vraiment posé la question**
  - I have never really asked myself that question
- **Je ne me le suis jamais demandé**
  - I have never thought about it
- **Je ne suis pas à même de dire s'**il a eu raison
  - I am not in a **position** to say whether
- **Tout dépend de** ce que vous entendez par là
  - it all **depends** on

7   LIKES, DISLIKES AND PREFERENCES

7.1 Asking what someone likes

- **Qu'est-ce que vous aimez le plus** or **préférez** : la mer ou la montagne ?
  - which do you like **better** or **prefer**
- **Est-ce que vous aimeriez** faire une partie de tennis cet après-midi ?
  - would you **like** to

- **Est-ce que cela vous plaît de** vivre en ville ?
  - do you like
- **Est-ce que cela vous plairait** or **ferait plaisir d'**aller à cette exposition ?
  - would you like to

7.2 Saying what you like

- **Cela ne me déplaît pas d'**être seule, je ne m'ennuie jamais
  - I don't dislike
- **J'aime que** les choses **soient** (subj) à leur place
  - I like ... to be
- **J'éprouve du plaisir à** marcher dans les vagues
  - I take pleasure in
- La visite de la cathédrale **m'a beaucoup plu**
  - I liked ... very much
- **Ce que j'aime par-dessus tout, c'est** une soirée entre amis
  - what I like most of all is
- **Pour moi, rien ne vaut** un grand verre d'eau fraîche pour se désaltérer
  - as far as I'm concerned, there's nothing like
- **Rien de tel qu'**une bonne soirée au théâtre !
  - there's nothing like

7.3 Saying what you dislike

- **Je n'ai aucun plaisir à** travailler dans de telles conditions
  - I don't find it at all pleasant to
- Sa façon d'agir **ne me plaît pas du tout**
  - I don't like ... at all
- **Il m'est pénible de** me trouver à côté de cet homme qui a fait tant de mal à ma famille
  - I find it hard to
- Sa façon de parler **me déplaît au plus haut point**
  - I dislike ... intensely
- **J'ai horreur de** la médiocrité
  - I loathe
- **Je ne peux pas supporter qu'**on me mente (subj)
  - I can't stand
- **Ce que je déteste le plus, c'est d'**attendre le bus sous la pluie
  - what I hate most is

7.4 Saying what you prefer

- **J'aime autant que** nous y all**ions** (subj) ensemble
  - I'd rather
- Les critiques ne m'émeuvent pas mais **je préférerais** les recevoir directement plutôt que de façon anonyme
  - I'd prefer to
- Vendredi **me conviendrait mieux** (formal)
  - would suit me better
- **Cela m'arrangerait que** vous ven**iez** (subj) plutôt vendredi
  - it would suit me better if
- **Je préfère** créer du nouveau **plutôt que de** modifier de l'ancien
  - I prefer to ... than to
- **Ce que je préfère chez** Matisse, **ce sont** ses dessins, les encres, les fusains
  - what I like best about ... are
- La lecture est **une de mes** activités **favorites** or **préférées**
  - one of my favourite

7.5 Expressing indifference

- Cette idée **ne m'emballe pas**
  - I'm not thrilled by
- **Ça m'est égal**
  - it's all the same to me
- **C'est comme vous voudrez**
  - as you wish
- Une beauté classique **me laisse froid**
  - leaves me cold

- **Cela n'a pas la moindre importance**
  - it doesn't matter in the least
- **Je n'ai pas de préférence**
  - I have no preference either way
- **Peu importe**
  - I don't mind

8 INTENTIONS AND DESIRES

8.1 Asking what someone intends to do

- **Qu'est-ce que vous comptez faire** pour mettre un terme à leurs difficultés ?
  - what are you planning to do
- **Qu'est-ce que vous envisagez de faire** pour les aider ?
  - what are you thinking of doing
- **Qu'allez-vous faire** dans les prochains mois ?
  - what are you going to do
- **Quelles sont vos intentions** à son égard ?
  - what do you intend to do
- **Avez-vous l'intention de** faire de nouvelles propositions ?
  - do you intend to
- **Est-ce que vous pensez** retravailler ensemble ?
  - are you thinking of
- **Comptez-vous** faire un reportage ?
  - are you planning to
- **J'aimerais savoir ce que vous comptez** obtenir
  - I would like to know what you intend to

8.2 Saying what someone intends or wants to do

Tentatively

- **Il songe à** poursuivre ses études
  - he is thinking of
- **J'envisage de** simplifier les procédures
  - I am thinking of
- **Il projette de** restaurer un vieux château
  - he is planning to
- **Nous nous proposons de** publier des textes intégraux de romans étrangers
  - we intend to
- **Nous prévoyons de** partir en voyage le mois prochain
  - we are planning to
- **Je voudrais** m'entretenir avec lui le plus rapidement possible
  - I would like to
- **J'ai l'intention de** porter plainte
  - I intend to

More assertively

- **Je désire** faire connaître mes opinions
  - I wish to
- **Je veux** monter mon propre cabinet
  - I want to
- **J'ai décidé de** faire appel de ce jugement
  - I have decided to
- **Nous sommes (bien) décidés à** prendre des décisions radicales
  - we have (definitely) made up our minds to
- **Il est résolu à** apporter son soutien financier
  - he is determined to
- **Elle a pris la résolution de** coopérer davantage
  - she has made up her mind to
- **Nous voulons à tout prix** trouver du travail
  - we want to ... at all costs
- **Je vais** passer quelques semaines en Albanie
  - I am going to

8.3 Saying what someone does not intend or want to do

- **Elle n'envisage pas de** s'arrêter là
  - she is not **thinking** of
- **Nous ne comptons pas** rester ici longtemps
  - we don't **intend** to
- **Il n'est pas dans mes intentions de** démissionner
  - it is not my **intention** to
- **Je n'ai pas l'intention** or **la moindre intention de** faire un effort financier
  - I have no or not the slightest **intention** of
- **Nous ne voulons pas** dormir ici
  - we do not **want** to
- **Je suis (bien) décidé à ne pas** me laisser faire
  - I firmly **intend** not to
- **Je refuse de** mettre le nez dehors par ce froid
  - I **refuse** to
- **Il n'est pas question que** je vende (subj) la voiture
  - there is no **question** of
- **Je m'oppose formellement à ce que nous** y all**ions** (subj)
  - I am totally **opposed** to our

8.4 Saying what someone would like to do

- **J'ai envie d'**aller au cinéma ce soir
  - I **feel** like
- **Nous aurions aimé** pouvoir le féliciter nous-mêmes
  - we would have **liked** to
- **J'aimerais** écrire un livre
  - I would **like** to
- **Je voudrais** réaliser un second film
  - I would **like** to
- **Je voudrais que** l'entrée **soit** (subj) repeinte avant Noël
  - I would **like** ... to be
- **Il souhaiterait** développer les contrats avec les entreprises
  - he would **like** to
- **Il est à souhaiter qu'il** dispose (subj) de moyens suffisants
  - it is to be **hoped** that he
- **Je forme le souhait que** les liens entre nos deux associations se développent (subj) (formal)
  - it is my **desire** that
- **Il faut espérer que** tout se déroulera comme prévu
  - it is to be **hoped** that
- **Elle rêve de** faire du cinéma
  - she **dreams** of

9 PERMISSION

9.1 Asking for permission

- **Est-ce qu'on peut** or **peut-on fumer** dans ce bureau ?
  - is smoking **allowed**?
- **Est-ce que vous accepteriez que** je vous raccompagne (subj) ?
  - would you **allow** me to
- **Est-ce que je pourrais** me faire photographier avec vous ?
  - **could** I
- **Je voulais vous demander si je pourrais** arriver un peu plus tard demain matin
  - I wanted to **ask** you if I could
- **J'espère que cela ne vous ennuiera pas si** je change quelques détails dans ce compte rendu
  - I hope you won't **mind** if I
- **J'aimerais bien** participer au stage, **si cela ne vous dérange pas**
  - I'd like to ... if you don't **mind**
- À ce sujet, **puis-je vous demander de** m'accorder une petite entrevue ?
  - **may** I **ask** you to

- **Voyez-vous un inconvénient à ce que** ces productions **soient** (subj) subventionnées sur fonds publics ?
  - do you have any **objection** to ... being
- **Nous serait-il possible de** vous inviter à ce festival en novembre ?
  - **may** we

9.2 Giving permission

- **Vous pouvez** utiliser la photocopieuse, **si vous voulez**
  - you **can** ... if you want
- **Je n'y vois pas d'inconvénient**
  - I have nothing **against** it
- **Je vous permets de** partir une heure plus tôt
  - I'll **allow** you to
- **Je vous autorise à** partir plus tôt
  - you have my **permission** to
- **Je vous en prie, faites comme vous jugez nécessaire**
  - please do what you feel you need to
- **Je consens à ce que** vous lui en parl**iez** (subj) directement
  - I give you my **permission** to

9.3 Refusing permission

- **Il n'en est pas question**
  - there is no **question** of it
- **Vous ne pouvez pas** voir le directeur sans rendez-vous
  - you **can't**
- **Je ne vous permets pas de** or **ne vous autorise pas à** photographier l'usine
  - I cannot **allow** you to or give you permission to
- **Je préférerais que vous ne** lui en parl**iez** (subj) **pas**
  - I'd prefer you not to
- **Je refuse catégoriquement de vous laisser** partir
  - I absolutely **refuse** to let you
- **Je vous interdis formellement de** communiquer avec nos concurrents
  - I positively **forbid** you to
- **Je regrette de ne pouvoir consentir à** ce projet
  - I regret that I cannot **consent** to
- **Je m'oppose absolument à ce que nous** leur expédi**ions** (subj) cette commande sans garantie
  - I am totally **opposed** to our
- **Je crains d'être dans l'obligation de vous décevoir** (formal)
  - I am afraid I must disappoint you

9.4 Saying that permission has been granted

- **Ils le laissent** boire du café bien qu'il n'**ait** (subj) que trois ans
  - they **let** him
- **On m'a permis de** régler la machine à laver en plusieurs versements
  - they've **allowed** me to
- **Il m'a dit que je pouvais** prendre sa voiture
  - he said I **could**
- **On permet** or **autorise** une marge d'erreur
  - ... is **permissible**

9.5 Saying that permission has been refused

- **Défense d'entrer** or **Entrée interdite**
  - no entry
- **Il m'est interdit** or **défendu de** boire de l'alcool
  - I have been **forbidden** to
- **L'alcool m'est interdit**
  - I am **forbidden** ...
- ... le dimanche, jour où **il est défendu de** s'occuper à rien de sérieux
  - it is **forbidden** to
- Mon médecin **m'interdit de** fumer
  - **forbids** me to

- **Il est formellement interdit de** parler au conducteur
  - ... is strictly **forbidden**
- **Vous ne devez en aucun cas** ouvrir la porte
  - on no account must you

10 OBLIGATION

10.1 Saying what someone must do

- **On demande que** les patients **soient** (subj) à l'heure
  - ... are **requested** to be
- **Il faut que** le travail **soit** (subj) terminé vendredi
  - ... **must** be
- Le financement **doit être** assuré par d'autres ressources
  - ... **must** be
- **Il faut (absolument)** faire quelque chose
  - you (really) **must**
- **Il est obligatoire de** réserver pour prendre le TGV
  - ... is **obligatory**
- **Il est indispensable de** trouver d'urgence une solution
  - it is **essential** to
- **On exige que** les candidats **aient** (subj) de solides connaissances en algèbre
  - ... are **required** to have
- **Cela m'oblige à** or **me force à** venir tous les jours
  - I **have** to ... because of that
- **Vous êtes obligé de** venir
  - you **have** to
- **Je suis forcé de** partir pour Londres
  - I am **forced** to
- **Vous prendrez** deux de ces comprimés chaque matin
  - (you must) take
- **Vous devez (impérativement)** payer vos impôts pour le quinze
  - you (really) **must**
- **Il est indispensable que** vos lecteurs en **soient** (subj) informés
  - it is **essential** that ... are
- **Je ne peux faire autrement que d'**accepter
  - I have no **choice** but to
- **Je n'ai pas le choix**
  - I have no **choice**

More formally

- **Elle s'est trouvée obligée de** rester deux heures de plus
  - she was **obliged** to
- **Il s'est vu contraint de** suivre un traitement médical intensif
  - he was **compelled** to
- **Il me faut** leur donner les mesures de l'appartement
  - I **have** to
- **Je me vois dans l'obligation de** solliciter un nouveau prêt (written)
  - I am **obliged** to
- **J'ai le devoir de** or **Il est de mon devoir de** vous informer que votre demande a été rejetée (written)
  - it is my **duty** to

10.2 Enquiring if one is obliged to do something

- **Est-ce qu'on doit** consulter un spécialiste avant de suivre un régime ?
  - **must** one
- **Est-ce qu'il faut** s'en tenir à ce document ?
  - does one **have** to
- **Est-ce que j'ai vraiment besoin de** prendre un parapluie ?
  - do I really **need** to
- **Est-ce que je suis obligé** or **forcé de** venir avec vous ?
  - do I **have** to
- **Faut-il vraiment que je** choisisse (subj) un nouveau nom ?
  - do I really **have** to
- **Est-il nécessaire de** faire autant de bruit pour si peu ?
  - does one **have** to
- **Est-il obligatoire de** présenter sa carte d'identité ?
  - does one **have** to

10.3 Saying what someone is not obliged to do

- **On n'a pas besoin de** crier pour se faire entendre
  - one doesn't **have** to
- **Il n'est pas obligatoire d'**avoir ses papiers d'identité sur soi
  - it is not **compulsory** to
- **Il n'est pas nécessaire de** téléphoner pour confirmer
  - it is not **necessary** to
- **Il n'est pas indispensable de** suivre la recette traditionnelle
  - it is not **essential** to
- **Ce n'est pas la peine de** traduire tout le premier chapitre
  - it is not **worth**
- **Vous n'êtes pas obligé** or **forcé d'**aller voir un médecin
  - you don't **have** to
- **Je ne vous oblige pas à** y aller
  - I am not **forcing** you to
- **Ne vous sentez pas obligé de** venir la voir
  - do not feel **obliged** to
- **Je ne vous demande pas de** faire des photocopies toute la journée
  - I am not **asking** you to

10.4 Saying what someone must not do

- **On n'a pas le droit de** fumer dans les lieux publics
  - ... is not **allowed**
- **Il est interdit** or **défendu de** conduire sans permis
  - ... is **forbidden**
- **Il ne faut pas** être agressif
  - you **mustn't**
- **Nous ne tolérerons** aucun retard
  - we will not **tolerate**
- **Vous ne pouvez pas** vous absenter plus de trois jours par mois
  - you **cannot**
- **Je ne vous permets pas de** me parler sur ce ton
  - I will not **allow** you to
- **Je t'interdis** or **Je te défends d'**y aller seul
  - I **forbid** you to
- **Surtout ne** lui en parlez **pas**
  - whatever you do, do not

11 AGREEMENT

11.1 Agreeing with a statement

- **Vous avez bien** or **entièrement raison**
  - you are quite or absolutely **right**
- **Je suis entièrement de votre avis**
  - I **agree** with you entirely
- **Je suis entièrement d'accord** (avec vous)
  - I entirely **agree**
- **Dans l'ensemble, nous sommes d'accord avec** l'orientation du projet
  - we **agree** with
- **Nous sommes du même avis que vous sur** ce point
  - we feel the **same** as you on
- **Je partage votre inquiétude sur** les risques d'une guerre commerciale
  - I **share** your concern over
- **Je partage votre enthousiasme pour** les possibilités offertes par les nouvelles technologies de communication
  - I **share** your enthusiasm for
- **Je conviens que** c'est là un discours difficile
  - I **admit** that

12 - disagreement

- **Je comprends très bien que** tu **aies** (subj) pitié de Laura
  - I fully **understand** that
- **Je vous accorde que** les hommes politiques valent beaucoup mieux que leur image électorale
  - I **concede** that
- **Comme vous l'avez fait remarquer, il est vrai** or **exact que** nous n'avons pas toutes les données nécessaires
  - as you **pointed** out, it is **true** that
- **Je ne puis que vous donner raison**
  - I cannot but **agree** with you

11.2 Agreeing to a proposal

- **C'est une bonne idée**
  - it's a good **idea**
- **Je trouve que tu as raison de** prendre tes congés maintenant
  - I think you're **right** to
- **Je suis d'accord pour que vous** y all**iez** (subj) à pied
  - I **agree** that you should
- **J'accepte** la proposition du commissaire
  - I **accept**
- **J'accepte de** consulter un expert, comme vous l'avez suggéré
  - I **agree** to
- Votre proposition **nous plaît beaucoup**
  - we **like** ... very much
- La coopération des deux entreprises, **c'est exactement ce dont nous avons besoin**
  - is **exactly** what we need
- **Nous donnons notre accord à** la réfection des locaux
  - we **agree** to
- **Il est entendu que** la nouvelle taxe sera appliquée de façon dégressive
  - it is **agreed** that
- **Je ne manquerai pas d'**appuyer votre demande
  - I shall not **fail** to
- **Je suis heureux d'apporter mon soutien à** cette proposition
  - I am **happy** to **support**
- **Je souscris à** beaucoup de ces analyses et propositions
  - I **subscribe** to

11.3 Agreeing to a request

- **Je serai enchanté** or **ravi d'**aller chercher votre tante à la gare
  - I shall be **delighted** to
- La date retenue **me convient parfaitement**
  - **suits** me perfectly
- **Je suis prêt à** aller déjeuner en sa compagnie à sa sortie de prison
  - I am **prepared** to
- **Je quitterai donc** l'appartement le 22, **comme vous me l'avez demandé**
  - I shall ..., then, ... as you requested
- **Il est entendu que** les négociations couvriront les questions en suspens
  - it is **agreed** that

[In writing]

- **J'accepte avec grand plaisir** votre aimable invitation
  - I have great **pleasure** in **accepting**
- **C'est avec grand plaisir que j'accepte** votre aimable invitation
  - it is with great **pleasure** that I **accept**
- Nous prenons bonne note de votre commande, **que nous honorerons dans les plus brefs délais**
  - which we will process as quickly as possible
- **Je tiens à vous assurer que je suivrai vos instructions à la lettre**
  - be **assured** that I will follow your instructions to the letter

- **Nous essayerons de nous conformer à vos désirs**
  - we shall endeavour to meet your requirements

12 DISAGREEMENT

12.1 Disagreeing with a statement

- **Je suis désolé** or **Je suis navré de** devoir vous contredire
  - I am **sorry** to
- **Je ne partage pas votre point de vue** là-dessus
  - I do not **share** your point of view
- **Je ne suis pas d'accord avec** cette manière de voir
  - I do not **agree** with
- **Je vois les choses (tout à fait) différemment**
  - I see things (quite) differently

[More assertively]

- **C'est faux**
  - it's **wrong**
- **Vous vous trompez**
  - you are **mistaken**
- **Vous faites erreur**
  - you are **mistaken**
- **Vous avez tort de** refuser
  - you are **wrong** to
- **Je rejette (totalement)** cette idée
  - I (totally) **reject**
- **Je suis contre** la violence sous toutes ses formes
  - I'm **against**
- **Je suis (catégoriquement) opposé à** une idée négative de l'Europe
  - I am (categorically) **opposed** to
- **Je ne peux pas accepter** cette condamnation globale
  - I cannot **accept**
- **Je n'admets pas que** l'on me **dise** (subj) pour qui je dois voter
  - I will not **allow** ... to tell
- **Je nie (catégoriquement)** l'avoir jamais rencontré
  - I (categorically) **deny**

12.2 Disagreeing with a proposal

- **Il n'est plus possible de** travailler comme avant
  - it is no longer **possible** to
- **Il est impossible de** fixer un calendrier précis
  - it is **impossible** to
- **Je ne suis pas d'accord avec** ces changements
  - I do not **agree** with
- **Je ne suis pas d'accord pour que** le problème **soit** (subj) posé en ces termes
  - I do not **agree** that ... should be
- **Je crains fort de ne pouvoir approuver** cette décision (written)
  - I am afraid I cannot **approve**

[More assertively]

- **Je ne peux pas accepter** les actions brutales et précipitées
  - I cannot **accept**
- **Je suis contre** le protectionnisme
  - I am **against**
- **Je suis opposé à** toute censure
  - I am **opposed** to
- **Je refuse** son licenciement
  - I **refuse** to **allow**
- **Je refuse qu'**on diffuse (subj) cette séquence
  - I **refuse** to **allow**
- **Il est hors de question que** je le leur **dise** (subj)
  - it is out of the **question** that ... should tell
- **Je mettrai mon veto à** ce projet
  - I shall **veto**

12.3 Refusing a request

Tentatively

- **Je ne pourrai malheureusement pas** jouer ce soir
  - **unfortunately**, I won't be able to
- **Il m'est difficile de** procéder à une estimation
  - I find it **difficult** to
- **Je ne suis pas en mesure de** prendre de nouveaux engagements
  - I'm not in a **position** to

More assertively

- **Il est hors de question que nous** accept**ions** (subj)
  - it is out of the **question** that we should
- **Je refuse de** les faire travailler pour rien
  - I **refuse** to
- **Je n'accepterai pas d'**assumer cette responsabilité
  - I will not **agree** to

In writing

- **Il m'est (vraiment) impossible de** répondre à votre demande
  - it is (really) **impossible** for me to
- **Je dois malheureusement décliner** votre invitation
  - **unfortunately**, I must **decline**
- **Nous avons le regret de vous informer que vous ne pourrez** assister au procès
  - we regret to inform you that you will be **unable** to
- **Nous regrettons de ne pouvoir** donner suite à votre requête
  - we **regret** that we are **unable** to
- **Je regrette sincèrement de ne pas être en mesure d'**apporter les garanties réclamées
  - I sincerely **regret** that I am not in a **position** to
- **Je suis au regret de ne pouvoir** appuyer votre demande
  - I **regret** that I am **unable** to

13 APPROVAL

- **Quelle excellente idée !**
  - what an **excellent** idea!
- **Vous avez bien fait de** laisser vos bagages à la consigne de la gare
  - you were **right** to
- **J'ai bien aimé** la mise en scène de la pièce
  - I **liked**
- La mise en scène de la pièce **m'a beaucoup plu**
  - I **liked** ... very much
- **J'ai beaucoup apprécié** la gentillesse avec laquelle il a proposé de nous aider
  - I greatly **appreciated**
- **Je pense que cette initiative de l'administration est une très bonne chose**
  - is a very good thing
- **Je trouve que vous avez raison de** souligner cette différence
  - I think you are **right** to
- **Je trouve que vous n'avez pas tort de** chercher à étendre la gamme de vos produits
  - I think you are not **wrong** in
- **Nous sommes favorables à** la création d'emplois et au développement de l'activité portuaire
  - we are **favourable** to
- **Nous sommes en faveur d'**une solution négociée
  - we are in **favour** of

- **Le plus grand mérite de** ce petit livre pratique **est de** donner pour chaque cas des adresses utiles
  - the greatest **merit** of ... is to

More formally

- Tout renfort **est le bienvenu**
  - is welcome
- De nombreuses voix se sont, **à juste titre**, élevées pour protester contre cette scandaleuse manipulation
  - **rightly**
- Mon voisin de table reproche **avec raison** aux meilleures maisons de servir du thé en sachet
  - **rightly**
- **On ne peut qu'admirer** l'art avec lequel Oscar Wilde a mis en scène son destin
  - one cannot but **admire**
- **J'approuve sans réserve** les mesures prises par le ministre de l'Économie
  - I **approve** unreservedly
- **Nous apportons notre soutien aux** mesures prises par le secrétaire général des Nations unies
  - we give our **support** to

14 DISAPPROVAL

- **Tu n'aurais pas dû** lui parler sur ce ton
  - you shouldn't have
- **Vous auriez mieux fait de** partir sans rien dire
  - you would have done better to
- **Je désapprouve** toute discrimination, qu'elle frappe les femmes ou les minorités
  - I **disapprove** of
- **Je trouve qu'il a eu tort d'**emprunter tant d'argent
  - I feel he was **wrong** to
- **Je condamne** quiconque s'y oppose
  - I **condemn**
- **Je ne supporte pas** une telle arrogance
  - I can't **stand**
- **Je ne comprends pas comment on peut** fermer les yeux sur ce problème
  - I don't understand how people can
- **Je déplore** son manque de sérieux
  - I **deplore**
- **Je suis profondément déçu par** son attitude désinvolte
  - I am deeply **disappointed** by
- **Je proteste contre** la façon dont nous avons été traités
  - I **protest** against
- **Je suis farouchement opposé à** ce projet
  - I am fiercely **opposed** to
- **Je suis consterné d'apprendre que** personne n'est allé vous chercher à l'aéroport
  - I am **dismayed** to hear that
- Cette idée **me déplaît profondément**
  - I **dislike** ... intensely
- **On ne peut que regretter** une telle légèreté
  - ... is only to be **regretted**
- **Il est dommage que** nul ne se **soit** (subj) demandé si cet organisme ne pouvait pas continuer à travailler en province
  - it is a **pity** that
- **Il est regrettable que** cet aspect essentiel de la recherche **soit** (subj) à ce point délaissé par l'industrie pharmaceutique
  - it is **regrettable** that
- **De quel droit** la presse s'érige-t-elle en censeur ?
  - what gives ... the **right** to
- La qualité de ce produit **laisse à désirer**
  - leaves a lot to be desired

15 — CERTAINTY, PROBABILITY, POSSIBILITY AND CAPABILITY

15.1 Expressing certainty

In an impersonal way

- **Il est certain que** les discusssions ont été longues et parfois délicates
  - it is **certain** that
- **Il est évident que** la situation est loin d'être simple
  - **evidently**
- **Il ne fait aucun doute que** les gâteaux allégés vont connaître un réel succès
  - there is no **doubt** that
- **Il est indéniable que** nous vivons une période de moindre croissance
  - it is **undeniably** true that
- **Il est incontestable que** le président **a**, en la matière, un rôle important à jouer
  - ... **unquestionably** has
- **Il faut bien reconnaître que** nous utilisons souvent les locutions sans en connaître l'histoire ou le sens exact
  - one must **recognize** that
- **Il faut bien admettre que** le texte, là encore, n'est pas très clair
  - it has to be **admitted** that
- **De toute évidence**, on pourrait dépenser moins pour soigner aussi bien
  - quite **obviously**
- **Le doute n'est plus permis :** la reprise ne se manifestera pas à temps
  - there is no longer any **doubt**:
- **Il n'y a aucun doute** : il a réussi à avoir ce qu'il voulait, mais à quel prix ...
  - there is no **doubt** about it
- **Il va sans dire que** nous vous livrerons dès que possible
  - it goes without saying that

More directly

- **Je suis sûr** or **certain que** le facteur est déjà passé
  - I am **sure** or **certain** that
- **Je suis sûr** or **certain d'**avoir rangé cette facture dans ce tiroir
  - I am **sure** or **certain** that
- **J'ai la certitude qu'**il nous a menti
  - I am **certain** that
- **Je suis persuadé qu'**un changement d'air lui ferait le plus grand bien
  - I am **convinced** that

15.2 Expressing probability

- **Il est probable que** les résultats ne seront pas affichés avant demain matin
  - **probably**
- Les résultats ne seront **probablement** pas affichés avant demain matin
  - **probably**
- **Il a dû** tomber en panne or **Il est sans doute** tombé en panne
  - he **must** have
- **Vous devriez** recevoir ce chèque sous peu
  - you **should**
- Ce chèque **devrait** vous parvenir sous peu
  - **should**
- **On dirait que** le temps va changer
  - it looks as though
- **Je pense** prendre quelques jours de congé la semaine prochaine
  - I am **thinking of**
- **Il est bien possible qu'**il n'**ait** (subj) jamais reçu cette lettre
  - it is quite **possible** that
- **Il se pourrait bien qu'**il y **ait** (subj) des retards à cause de la grève
  - it is quite **possible** that
- **Il me semble que** l'on voit moins de boucheries chevalines à Paris
  - it **strikes** me that
- **Il a changé de voiture, paraît-il** or **à ce qu'il paraît**
  - it **seems**
- **Tout semble indiquer qu'**il s'agit des salariés qui manifestaient hier
  - everything **seems** to indicate that

15.3 Expressing possibility

- **Il s'agit peut-être** d'une erreur
  - **perhaps**
- **Il est peut-être** déjà trop tard pour téléphoner
  - **perhaps** it's
- **Peut-être qu'il est** déjà trop tard pour téléphoner
  - **maybe** it's
- La situation **peut** changer du jour au lendemain
  - **can**
- **Est-il possible qu'**il **ait** (subj) été arrêté sans que personne n'en ait rien su ?
  - is it **possible** that
- **Il n'est pas impossible qu'**il **ait** (subj) changé d'avis
  - it is not **impossible** that
- **Il se peut que nous passions** (subj) par Paris au retour
  - we **might**
- **Il se pourrait très bien qu'il décide** (subj) un jour de tout quitter
  - he **may** well

15.4 Expressing capability

- **Savez-vous** vous servir de la nouvelle machine ?
  - do you **know how** to
- **Il sait** nager
  - he **can**
- **Je comprends** le français
  - I **understand**
- **Je vois** un grand mur blanc
  - I **can see**
- **Je peux** investir jusqu'à mille francs
  - I **can**
- **J'arrive à** aller la voir deux ou trois fois par semaine
  - I **manage** to
- **Je peux tout juste** le comprendre
  - I **can just**
- Les candidats doivent **être capables de** traduire des textes scientifiques
  - be **capable** of
- **Il m'est possible de** me libérer pour 17 heures
  - I **could**
- **Nous sommes à même de** proposer des prix très bas
  - we are in a **position** to

16 — DOUBT, IMPROBABILITY, IMPOSSIBILITY AND INCAPABILITY

16.1 Expressing doubt

In an impersonal way

- **On ne sait pas exactement** ce qui se passe durant ce processus
  - we don't **know exactly**
- Les traductions récentes **ne sont pas forcément** les meilleures
  - are not **necessarily**
- **Il n'est pas sûr qu'**elle or **Il n'est pas certain qu'**elle **soit** (subj) malade
  - we don't **know for sure** that

- **On ne sait pas au juste** qui a inventé cette façon de s'habiller
  - we don't know exactly
- **Le doute subsiste quant au** nombre exact des victimes
  - some doubt remains as to
- **Rien ne permet de penser qu**'il **soit** (subj) un mafieux
  - one has no cause to think that ... is

More directly

- **Je ne suis pas sûr** or **Je ne suis pas certain qu**'il y **ait** (subj) du monde ce soir
  - I am not sure or certain whether
- **Je ne suis pas sûr d**'avoir or **Je ne suis pas certain d**'avoir raison
  - I am not sure or certain if
- **Nous nous demandons si** nous devons accepter leurs propositions
  - we wonder if
- **Je doute fort qu**'ils t'**aient** (subj) cru
  - I very much doubt whether
- **Je doute de** sa sincérité
  - I question
- **Je doute de** l'avoir jamais vu
  - I doubt if
- **Nous sommes encore dans l'incertitude quant à** l'application de cet accord
  - we are still uncertain as to

16.2 Expressing improbability

- **Cela m'étonnerait que** l'on vous répond**e** (subj)
  - it would surprise me if
- **Elles ne risquent pas d**'avoir le prix Nobel d'économie
  - they are not likely to
- Il ne changera **probablement pas** d'avis
  - probably not
- **Il y a peu de chances que** ce programme **soit** (subj) réalisé
  - there is not much chance of
- **Il est peu probable qu**'il **ait** (subj) changé d'avis
  - it is unlikely that
- **Il serait étonnant que** ces déclarations **soient** (subj) entendues
  - it would be surprising if
- **Il ne semble pas que** les médecins lui **aient** (subj) administré des calmants
  - it does not look as if
- **Il n'est guère probable que** les négociations about**issent** (subj)
  - it is hardly likely that
- **Il est douteux que** ma proposition **soit** (subj) retenue
  - it is doubtful whether
- **Je crains fort que** nous n'arriv**ions** (subj) pas à nous entendre
  - I very much fear that

16.3 Expressing impossibility

- **Il n'est pas possible que** or **Il est impossible que** les renseignements **soient** (subj) faux
  - it is not possible that or it is impossible that
- **Il n'y a aucune chance que** nous termin**ions** (subj) cette traduction à temps
  - there is no chance of
- **Nous n'avons aucune chance de** trouver un emploi
  - we have no chance of
- Le trajet **n'est pas faisable** en voiture
  - cannot be done
- **Il ne peut s'agir de** la même personne
  - it cannot be
- **Il m'est impossible de** m'absenter la semaine prochaine
  - it is impossible for me to

- **Il est absolument exclu que** nous équilibr**ions** (subj) nos comptes
  - it is absolutely out of the question that
- **Je suis malheureusement dans l'impossibilité de** tenir mes engagements
  - unfortunately, I am unable to

16.4 Expressing incapability

- **Je ne peux pas** tout contrôler
  - I cannot
- **Il ne sait pas** présenter les plats
  - he does not know how to
- **Je ne sais pas comment** la décrire
  - I do not know how to
- **Je n'arrive pas à** or **Je ne parviens pas à** trouver une explication
  - I cannot (manage to)
- **Il est incapable de** prendre une décision
  - he is incapable of
- **Il n'a pas les aptitudes requises pour** ce travail
  - he does not have the necessary aptitude for
- **Il m'est impossible de** jouer ce rôle
  - it is impossible for me to
- **Je suis dans l'impossibilité de** répondre
  - I am unable to

17 EXPLANATIONS

17.1 Emphasizing the reason for something

- C'est un endroit à la mode **à cause du** marché aux puces qui s'y est installé
  - because of
- Ils ont réussi à s'en sortir **grâce à** leur dynamisme
  - thanks to
- Je n'en ai pas parlé **parce que** le temps me manque
  - because
- Je suis très inquiet **car** nous n'avons pas commencé à discuter des solutions
  - as
- **Comme** il se faisait tard, elle a pris un taxi
  - as
- Le marché des changes est délocalisé, **puisque** les échanges se font par terminaux informatiques
  - since
- **Étant donné qu**'il or **Puisqu**'il n'est pas là, je dois faire son travail à sa place
  - given that or since
- **Vu** or **Étant donné** la situation actuelle, on ne peut pas espérer d'amélioration prochaine
  - given
- J'ai commencé à jouer du rock à seize ans. **Voilà pourquoi** je m'implique dans ce que je joue
  - that's why
- **La raison de son refus** or **La raison pour laquelle il a refusé, c'est qu**'il doit partir ce soir
  - the reason for his refusal or that he refused is that
- **C'est pour cette raison que** j'ai accepté d'y aller
  - it is for this reason that
- C'est la hausse du dollar qui **a provoqué** cette crise
  - has brought about

More formally

- Il était absent **pour raisons de** santé
  - for ... reasons
- Le vol AF232 a été retardé **en raison des** conditions météorologiques
  - owing to

CURRICULUM VITAE

GASTIN Sylvie

29, rue La Quintinie
75015 Paris
01 45 33 09 85 (répondeur)
Nationalité française
26 ans, mariée, 1 enfant

FORMATION[1]

1997 : Diplôme de secrétaire bilingue, délivré par l'École de commerce de Poitiers
1996 : Licence de langues étrangères appliquées (anglais et italien), Université de Poitiers - mention bien
1992 : Baccalauréat (langues) - mention assez bien

EXPÉRIENCE PROFESSIONNELLE

depuis 10/03/99 : Adjointe au Directeur du service Exportation, Agriventes, La Rochelle
08/10/97 - 30/01/99 : Secrétaire de direction, France-Exportations, Cognac

AUTRES RENSEIGNEMENTS

Langues étrangères : anglais (courant), italien (courant), espagnol (notions)
Stage d'informatique dans le cadre de la formation continue, 1999
Nombreux voyages aux États-Unis et en Italie
Permis de conduire

[1] *People with British or American qualifications applying for jobs in a French-speaking country might use some form of wording such as* **équivalence baccalauréat** *(3 A-levels)*, **équivalence licence de lettres** *(B.A. Hons) etc.*

- **Je suis désireux de travailler en France afin de perfectionner** mes connaissances en français **et d'acquérir** une certaine expérience de l'hôtellerie
  - I **wish to work** in France in order to perfect ... and to acquire
- **Un intérêt très vif pour** le domaine des télécommunications **m'incite à poser ma candidature pour** ce poste
  - I have a **keen interest** in ..., which is why I **wish** to apply for
- **Ma formation de** comptable **et mon expérience de** la gestion des stocks **m'incitent à penser que je suis à même de vous assurer une collaboration efficace pour ce poste**
  - I believe that my **training** as ... and my **experience** in ... make me particularly **suited** to this **position**

19.3 Closing the letter

- **Je serai disponible à partir de** la fin du mois d'avril
  - I will be **available** from
- **Je demeure à votre entière disposition pour toute information complémentaire**
  - I would be delighted to supply any further **information** you may require
- **Je serai heureux de vous rencontrer lors d'un entretien** à la date qui vous conviendra
  - I will be happy to **attend** an **interview**
- **Je vous remercie dès à présent de** l'attention que vous voudrez bien porter à ma candidature
  - thank you in **advance** for
- **Dans l'attente de votre réponse**, je vous prie d'agréer, Monsieur le Directeur, l'expression de mes salutations distinguées
  - I look forward to hearing from you

19.4 Asking for and giving references

- Monsieur Jean Legrand sollicite un emploi de réceptionniste dans notre hôtel et il a donné votre nom comme référence. **Nous vous serions reconnaissants de bien vouloir nous faire savoir si vous le recommandez pour ce poste**
  - we should be **grateful** if you could let us know if you would **recommend** him for this **position**
- **Votre réponse sera considérée comme strictement confidentielle**
  - your reply will be treated in the strictest **confidence**

```
        LA MAISON RUSTIQUE
         FABRICATION DE MOBILIER
      ZONE INDUSTRIELLE DE DAMPIERRE
       B.P. 531 – 17015 DAMPIERRE CEDEX
            TÉL: 05 06 28 42 37
```

V/Réf. - HL/SA 50746
N/Réf. - MB/AL 16064
Objet : envoi de documentation

Cuisines d'hier et d'aujourd'hui
3, place du Petit-Marché
16042 Nimeuil

Dampierre, le 3 novembre 2000

Messieurs,

Nous vous remercions de votre lettre du 30 octobre, ainsi que de votre demande de renseignements concernant notre gamme de sièges de cuisine.

Nous vous prions de trouver ci-joint une documentation complète, accompagnée de nos tarifs. Toutefois, nous nous permettons d'attirer votre attention sur nos nouveaux modèles « Saintonge », qui semblent convenir particulièrement à vos besoins. Ces modèles sont actuellement offerts à des prix très avantageux.

Nous nous tenons à votre entière disposition pour toute demande de renseignements supplémentaires et vous prions d'agréer, Messieurs, l'assurance de nos sentiments dévoués.

Le Directeur commercial

Jean Leclerc

Jean Leclerc

PJ : 1 documentation complète

- **C'est avec grand plaisir que je vous recommande** Madame Marion Lebrun pour le poste de responsable du logement
  - I can warmly **recommend**

19.5 Accepting and refusing

- Je vous remercie de votre lettre du 19 mars et **serai très heureux de me rendre à vos bureaux**, avenue Parmentier, **pour un entretien** le 12 mai à 15 heures
  - I will be glad to **attend** for **interview** at your offices

- J'ai le plaisir de vous confirmer que j'accepte le poste d'expert-comptable que vous m'offrez
  - I have pleasure in **confirming** my **acceptance** of the **post**

- Votre offre m'intéresse très vivement mais je souhaiterais **renégocier le salaire** que vous proposez avant de donner une réponse définitive
  - I am very interested in your **offer** but I would like to **renegotiate** the salary

- Après examen très attentif de votre offre, je me vois malheureusement dans l'obligation de la décliner
  - after giving it very careful **consideration**, I **regret** that I must **decline** your **offer**

20 COMMERCIAL CORRESPONDENCE

20.1 Making an enquiry

- **Nous avons remarqué dans votre annonce parue dans** le numéro de février de "Campagnes de France" **que** vous produisez une gamme d'articles de pêche
  - we note from your **advertisement** in ... that

- **Nous vous serions reconnaissants de** nous adresser or faire parvenir une documentation complète sur cette gamme, y compris vos tarifs actuels, les remises consenties et vos délais de livraison
  - we should be **grateful** if you would

20.2 Replying to an enquiry

- **Suite à votre demande, nous avons le plaisir de** vous adresser notre dernier catalogue
  - **further** to your **request**, we have **pleasure** in

- **En réponse à** votre lettre du 10 juin, **veuillez trouver ci-joint** une documentation sur notre gamme de produits ainsi que notre liste de prix qui sont fermes jusqu'au 31 août
  - in **reply** to ..., please find **enclosed**

20 - commercial correspondence

Maison Duquesnois
Porcelaine et Orfèvrerie
14 rue Montpensier–84000 Poitiers

Madame Marianne Legrand
3, chemin des Princesses
16010 Granbourg

Poitiers, le 27 mai 2001

Madame,

Nous vous remercions de votre lettre du 21 mai, qui a retenu notre meilleure attention.

Malheureusement, nous ne suivons plus le modèle qui vous intéresse, et sommes donc au regret de ne pouvoir vous satisfaire.

Nous vous prions d'agréer, Madame, l'assurance de nos sentiments respectueux.

Le Directeur

Gérard Marquet

Gérard Marquet

- **Si vous désirez** des renseignements plus précis, **n'hésitez pas à nous contacter**
    - if you require ..., please do not hesitate to contact us

20.3 Placing an order

- **Je vous remercie de** votre documentation et **vous serais obligé de** m'expédier les articles suivants dans les plus brefs délais
    - **thank** you for ... I should be **grateful** if you would

- **Veuillez trouver ci-joint** un bon de commande pour 500 articles Réf PS788
    - please find **enclosed**

- **Nous espérons que vous voudrez bien** nous consentir la remise de 10 % pour grosses quantités qui figure dans vos tarifs
    - we **trust** you will

- **Cette commande tient compte de** la remise de 10 % que vous consentez sur les commandes en gros
    - this **order** takes into account

20.4 Delivery

- **Nous vous remercions de votre commande** en date du 10 mai **que nous exécuterons dans les plus brefs délais**
    - thank you for your order ..., which will be **dispatched** as soon as possible

- **Nous procéderons à l'expédition de votre commande dès que possible**
    - we shall **deliver** your order as soon as possible

- **Nos délais de livraison sont de** cinq semaines à partir de la date de réception de la commande
    - our **delivery** times are

- **En raison d'**une pénurie de matières premières, **nous regrettons de ne pouvoir vous livrer avant** fin avril
    - owing to ... we **regret** that we are unable to **deliver** your order before

20.5 Complaining

- **Nous n'avons pas encore reçu livraison de** la commande que nous avons passée le 20 mars dernier (voir bon de commande n° 3496)
    - we have not yet had **delivery** of

- **Nous tenons à vous signaler que** les articles que vous nous avez livrés ne sont pas de la qualité habituelle
  - we wish to draw it to your attention that

- **Malheureusement,** les marchandises ont été endommagées en transit
  - unfortunately

- Les dix articles livrés **correspondent à** la référence LS59 de votre catalogue **et non à** la référence LS58 que nous avons commandée
  - correspond to ... and not to ...

20.6 Payment

- **Veuillez trouver ci-joint notre facture** d'un montant de ... relative à cet envoi
  - please find **enclosed** our **invoice**

- **Nous vous serions reconnaissants de nous faire parvenir cette somme dans les meilleurs délais**
  - we should be **grateful** if you would **remit payment** of this **sum** at your earliest convenience

- **Vous trouverez ci-joint un chèque d'un montant de** ... en règlement de votre facture n° HM307
  - please find **enclosed** a cheque for (the **sum of**)

- **Nous vous serions obligés de nous accorder un délai de paiement de 30 jours supplémentaires**
  - we should be **obliged** if you would extend the **payment due** date by 30 days

- **J'ai été très surpris de constater que vous me facturez** chaque article 39F **au lieu des** 35F mentionnés dans votre catalogue
  - I was very surprised to note that you had **invoiced** me ... instead of

- **Nous regrettons de devoir vous signaler une erreur qui s'est glissée dans votre facture**
  - we regret to have to point out that there has been an error in your **invoice**

---

21 GENERAL CORRESPONDENCE

21.1 Starting a letter

To a friend or acquaintance

- **Je te remercie de** ta lettre qui est arrivée ce matin
  - **thanks** for

- **J'ai été très contente d'avoir de tes nouvelles**
  - it was lovely to **hear** from you

- **Je suis désolé de ne pas vous avoir répondu plus vite** : je suis actuellement débordé de travail et n'ai que peu de moments de loisirs
  - (I'm) sorry I didn't **reply** earlier

- **Voilà bien longtemps que je ne vous ai pas donné de nouvelles.** C'est pourquoi je vous envoie un petit mot rapide
  - it's been ages since I was last in touch

In formal correspondence

- **Je vous serais reconnaissant de** me faire savoir si vous avez en librairie un roman intitulé ...
  - I would be **grateful** if you would

- **Je vous prie de** m'envoyer quatre exemplaires de votre numéro 310 et je joins à cette lettre un chèque d'un montant de ...
  - please

- **Suite à** notre conversation téléphonique de ce matin, **je vous écris pour** vous demander de bien vouloir m'expédier ...
  - **further** to ..., I am **writing** to

- **Ayant appris que** vous organisez des stages de voile, **je vous serais reconnaissant de me faire savoir** s'il vous reste des places pour débutants début juillet
  - I believe that ... and I would be **grateful** if you would let me know

21.2 Ending a letter (before the closing formulae)

- **Embrasse** Jérôme et Laure pour moi
  - **love** to

- Paul **vous embrasse** tous les deux
  - sends his **love** to

- **Dis bonjour à** Françoise pour moi
  - say **hello** to

- **Ecris-moi** si tu trouves une petite minute
  - **write** to me

- **N'oublie pas de nous donner de tes nouvelles** de temps en temps
  - don't forget to give us your news

- **N'hésitez pas à m'écrire** si je peux vous être utile
  - do not **hesitate** to **write** to me

- **Transmettez,** s'il vous plaît, **mes amitiés à** votre sœur
  - give my **regards** to

- Hélène **me charge de vous transmettre ses amitiés**
  - asked me to give you her **regards**

- **Veuillez transmettre mon meilleur souvenir à** votre mère
  - please give my best **regards** to

21.3 Enquiring about and booking accommodation

- **Je vous serais reconnaissant de bien vouloir** m'envoyer les tarifs de vos chambres
  - I would be **grateful** if you would

- **Je désirerais** retenir une chambre avec douche
  - I wish to

- **Je voudrais** retenir une chambre pour deux personnes ainsi qu'une chambre à deux lits pour mes enfants
  - I would like to

- **Veuillez me faire savoir**, par retour du courrier si possible, **si** vous avez une chambre pour une personne en demi-pension pour la semaine du 4 au 11 juillet
  - please let me know ... if

- **Veuillez m'indiquer** le montant des arrhes que je dois verser pour la réservation
  - please **advise**

- **Veuillez confirmer** par télécopie la réservation suivante : une chambre à deux lits ...
  - please **confirm**

- **Il est possible que nous** arriv**ions** (subj) à une heure tardive
  - we might

- **Nous devrions normalement** arriver en début de soirée
  - we should

21.4 Confirming and cancelling a booking

- **Je vous confirme par ce courrier** ma réservation
  - this is to **confirm**

- Pour des raisons indépendantes de ma volonté, **je me vois contraint d'annuler** la réservation que j'avais faite au nom de ... pour la semaine du 4 au 11 juillet
  - I am obliged to **cancel**

- **Je vous serais reconnaissant de bien vouloir reporter ma réservation du** 3 septembre **au** 7 septembre
  - I would be **grateful** if you would **change my booking** from ... to

21 - general correspondence

Strasbourg, le 15 mars 2000

Chère Laurence,

Un grand merci pour le livre sur les poissons d'Europe que tu m'as envoyé. C'est exactement le type d'ouvrage qu'il me fallait : il devrait m'aider énormément dans mes recherches de traductions. Je ferai en sorte de te le rendre lors de mon passage à Angers courant juin, si du moins tu n'en as pas besoin d'ici là.

Es-tu toujours d'accord pour louer un bateau cet été ? Je te donnerai bientôt un coup de fil pour discuter de cela.

Grosses bises,

Standard opening and closing formulae

Opening Formulae	Closing Formulae
Used when the person is not personally known to you	
Monsieur, Madame,	Je vous prie de croire, (...) à l'assurance de mes salutations distinguées.
Mademoiselle,	**used by a man only** Veuillez agréer, (...), l'expression de mes sentiments les meilleurs. **man to woman only** Je vous prie d'accepter, (...), l'expression de mes respectueux hommages.
Used when the person is known to you personally	
Cher Monsieur, Chère Madame, Chère Mademoiselle,	Croyez, (...), à l'expression de mes sentiments les meilleurs.

To acquaintances and friends

Opening Formulae	Closing Formulae
Still fairly formal	
Cher Monsieur, Chère Madame, Chère Mademoiselle,	Recevez, je vous prie, mes meilleures amitiés. Je vous envoie mes bien amicales pensées. Je vous adresse à tous deux mon très amical souvenir.
Fairly informal: "tu" or "vous" forms could be used	
Cher Patrick, Chère Sylvie, Chers Chantal et Jean-Claude,	Bien amicalement Cordialement Amitiés

> Orléans, le 23 février 2000
>
> Chers Sophie et Daniel,
>
> Voilà un bon moment que nous ne nous sommes pas vus : comment allez-vous ?
>
> Je vous écris en fait pour vous demander un renseignement. En effet, nous avons l'intention de passer une semaine dans le Vaucluse en août et je me suis rappelé l'enthousiasme avec lequel vous parliez du gîte que vous aviez loué à Carpentras deux années de suite. Pourriez-vous m'en donner les coordonnées pour que je puisse éventuellement faire une réservation ?
>
> J'espère que tout va bien à Brest et que nous nous reverrons bientôt.
>
> Bien amicalement,
>
> Anne-Laure

To close friends and family

Opening Formulae	Closing Formulae
	"tu" or "vous" can be used, though "tu" is more likely in all these expressions.
Cher Franck, Chère tante Jacqueline, Mon cher Jean, Ma très chère Ingrid, Chers grands-parents, Mon cher cousin,	Je t'embrasse bien affectueusement Bien à toi Bien des choses à tous Bons baisers À bientôt Salut !

Writing to a firm or an institution (see also [20])

Opening Formulae	Closing Formulae
Messieurs, *(to a firm)*	Je vous prie d'agréer, (...), l'assurance de mes sentiments distingués.
Monsieur, *(to a man)*	Veuillez accepter, (...), l'expression de mes sentiments distingués.
Madame, *(to a woman)*	

To a person in an important position

Opening Formulae	Closing Formulae
	Very formal
Monsieur le Directeur (*or* le Maire *etc*) Madame le Professeur (*or* le Consul *etc*)	Je vous prie d'agréer, (...) l'assurance de ma considération distinguée *or, used by a man only :* de mes sentiments respectueux *or* de mes sentiments dévoués.
	Used only if the person is well known to you
Cher Monsieur, Chère Madame,	Veuillez croire, (...), à l'assurance de mes sentiments les meilleurs. Je vous prie d'accepter, (...) l'expression de mes salutations distinguées. *or, used by a man only :* de mes sentiments distingués.
Cher collègue, Chère collègue, (*to someone in the same profession*)	*or, used by a man only :* Croyez, (...), à l'assurance de mes sentiments les meilleurs.

22 — THANKS

- **Merci de** m'avoir fait confiance
  - thank you for
- **C'est vraiment très gentil de votre part de** nous avoir invités
  - it is really very kind of you to
- **Je vous remercie de** m'avoir réservé une place
  - thank you for
- **Remercie-le** de ma part **pour** son accueil
  - thank him … for
- **Je ne sais comment vous remercier de** votre aide
  - I don't know how to thank you for
- **Je vous écris pour vous remercier de tout cœur d'**avoir pensé à nous
  - I am writing to express my heartfelt thanks for
- **Transmettez mes remerciements à** vos collègues
  - please thank
- **Nous vous sommes extrêmement reconnaissants d'**être venu
  - we are extremely grateful to you for
- **Je vous adresse mes plus vifs remerciements pour** …
  - my most sincere thanks for …
- **Je tiens à vous exprimer notre gratitude pour** le soutien que vous nous avez apporté
  - I wish to express our gratitude for

23 — BEST WISHES

23.1 General expressions (used on special occasions only)

- **Meilleurs vœux** + such expressions as "de bonheur", "à l'occasion de votre départ en retraite", "de prompt rétablissement", "de réussite", etc
  - best wishes
- **Tous mes vœux** + such expressions as "de bonheur", "à l'occasion de votre départ en retraite", "de prompt rétablissement", "de réussite", etc
  - my best wishes
- **Je vous présente mes meilleurs vœux** à l'occasion de
  - I send you my best wishes
- **Transmettez-lui tous mes vœux de** …
  - give him my best wishes for …
- **Je vous souhaite de passer d'**excellentes vacances
  - I hope you have an excellent holiday
- **J'espère (de tout cœur) que** vous ferez bon voyage
  - I (really) hope you have a good trip

23.2 Season's greetings

NB: in France cards are usually sent for New Year rather than Christmas, and may be sent in the first few weeks of January

- **Joyeux Noël et Bonne Année !**
  - Merry Christmas and (a) Happy New Year!
- **Joyeuses fêtes !**
  - Season's Greetings!
- **Bonne et heureuse année !**
  - Happy New Year!
- Paul et moi **vous adressons tous nos vœux pour la nouvelle année** (used at New Year only)
  - send you our best wishes for the New Year
- **Je vous présente mes meilleurs vœux pour 2002**
  - I wish you all the best for 2002

23.3 Birthday greetings

- **Bon** or **Joyeux anniversaire !**
  - Happy Birthday!
- **Je vous souhaite un bon** or **un (très) joyeux anniversaire**
  - I wish you a (very) happy birthday

23.4 Get well wishes

- J'ai été désolé d'apprendre que vous êtes souffrant et **vous adresse tous mes vœux de prompt rétablissement**
  - I wish you all the best for a speedy recovery
- **Je vous souhaite** de tout cœur **un prompt rétablissement**
  - I wish you a speedy recovery
- **J'espère** de tout cœur **que vous serez très bientôt rétabli**
  - I hope you will be better soon

23.5 Wishing someone luck

- **Je vous adresse tous mes vœux de succès** dans votre nouvelle entreprise
  - I wish you every success
- **Je vous souhaite tout le succès que vous méritez** dans votre nouvelle carrière
  - I wish you all the success you rightly deserve
- **Je te souhaite bonne chance**, de notre part à tous, pour tes examens
  - I wish you good luck

23.6 Congratulations

- **Toutes mes félicitations pour** ton succès au permis de conduire
  - my congratulations on
- **Je vous félicite de tout cœur pour** votre succès
  - warmest congratulations on
- **Je vous adresse mes plus sincères félicitations pour** la réussite de votre projet
  - my most sincere congratulations on
- **Je tiens à te dire combien je suis heureux que** tu aies (subj) obtenu ce poste
  - I want you to know how happy I am that
- Je vous écris pour vous dire que **je me réjouis de votre succès**
  - I am delighted about your success

24 — ANNOUNCEMENTS

24.1 Announcing a birth

- Claude et Anne-Marie Bernard **ont la joie de vous annoncer la naissance de** Maud, le 21 mars 2001 à Toulon
  - are happy to announce the birth of
- **J'ai le plaisir de t'annoncer que** Marie et Jean-Paul ont eu un petit garçon le 4 avril. Ils l'ont appelé Vincent. Tout s'est bien passé et la famille est ravie
  - I am delighted to tell you that

… and responding

- **Nous vous félicitons de l'heureuse arrivée de** Thérèse et souhaitons au bébé santé et prospérité
  - congratulations on the arrival of
- David et moi **sommes heureux d'apprendre la naissance de** Vincent et espérons faire bientôt sa connaissance
  - were delighted to learn of the birth of

24.2 Announcing an engagement

- Monsieur et Madame Simon **sont heureux d'annoncer les fiançailles de** leur fille Élodie avec M. Thomas Corbel
  - are pleased to announce the engagement of

- ◆ Élodie et Thomas **viennent d'annoncer leurs fiançailles**. Ils n'ont pas encore fixé la date du mariage mais nous nous réjouissons tous de leur bonheur
  - ● have just got **engaged**

> ... and responding

- ◆ **Nous nous réjouissons avec vous des fiançailles d'**Élodie et de Thomas. Transmettez tous nos vœux de bonheur aux jeunes fiancés
  - ● we are as delighted as you are about the **engagement** of

- ◆ **C'est avec beaucoup de joie que j'ai appris vos fiançailles avec** Thomas. Je vous adresse à tous deux mes vœux de bonheur les plus sincères
  - ● I was very **happy** to learn of your **engagement** to

24.3 Announcing a marriage

- ◆ Monsieur et Madame André Kervella **ont l'honneur de vous faire part du mariage de** leur fille Isabelle avec M. Christian Minguy
  - ● are **happy** to **announce** the **marriage** of

- ◆ **J'ai la joie de t'annoncer qu'**Isabelle et Christian **se sont mariés** samedi dernier. La cérémonie a eu lieu à l'église de Lanvéoc
  - ● I am pleased to tell you that ... got **married**

> ... and responding

- ◆ Monsieur et Madame Paul Gestin **félicitent** Monsieur et Madame André Kervella **à l'occasion du prochain mariage de** leur fille Isabelle
  - ● would like to **congratulate** ... on the **marriage** of ...

- ◆ **Nous présentons toutes nos félicitations aux jeunes mariés et leur souhaitons beaucoup de bonheur et de prospérité**
  - ● our **congratulations** and best **wishes** for happiness and prosperity to the young couple

- ◆ J'ai été très heureuse d'apprendre par ta lettre le mariage de Laetitia et de Yann. **Je leur souhaite tout le bonheur possible**
  - ● I wish them every possible **happiness**

24.4 Announcing a death

- ◆ M. et Mme Pierre Desmas et leurs enfants **ont la douleur de vous faire part du décès de** Mme Joseph Benard née Marie-Anne Chevalier
  - ● **regret** to **announce** the **death** of

- ◆ **Nous avons la grande tristesse de vous faire part du décès de** notre mère, survenu soudainement le 8 septembre. Le service religieux et l'inhumation ont eu lieu dans la plus stricte intimité
  - ● it is with deep **sorrow** that we **announce** the **death** of

- ◆ **C'est avec beaucoup de peine que je t'écris pour t'annoncer que** mon père est décédé la semaine dernière
  - ● I am very **sad** to have to write and tell you that

> ... and responding

- ◆ **J'ai été bouleversé d'apprendre** la disparition de ta sœur
  - ● I was terribly **upset** to hear about ...

- ◆ **Je tiens à te dire combien je pense à toi en ces moments douloureux**
  - ● I'd like you to know that I am **thinking** of you at this **sad** time

- ◆ Monsieur et Madame Paul Lambert **vous prient d'accepter l'expression de leur plus profonde sympathie et vous adressent leurs plus sincères condoléances à l'occasion du deuil** qui vient de vous frapper (formal)
  - ● send their deepest **sympathy** and offer you their most sincere **condolences** on your **loss**

24.5 Announcing a change of address

- ◆ **Nous vous prions de bien vouloir noter que notre nouvelle adresse sera**, à partir du 10 décembre 2001 : 10 rue Colbert, 29200 Brest
  - ● we wish to **inform** you that our new **address** will be

25 INVITATIONS

25.1 Formal invitations

- ◆ Madame Paul Lambert et Madame Michel Potet **recevront après la cérémonie religieuse** au Relais des Glycines, route de Marleroy, Fontanes. RSVP
  - ● **request** the **pleasure** of your **company** afterwards

- ◆ Les éditions Roget **ont le plaisir de vous inviter à** un cocktail à l'occasion de la sortie du premier livre de la collection Espoir, le lundi 9 août à partir de 18 h 30
  - ● have **pleasure** in **inviting** you to

- ◆ Monsieur et Madame André Bureau **prient Madame Labadie de leur faire le plaisir de venir dîner le** mercredi 27 octobre à 20 heures
  - ● **request** the **pleasure** of the **company** of Mme Labadie at dinner on

- ◆ **Pour les 20 ans de sa fille Joséphine, Madame Gérard Lamarche recevra chez elle**, le 24 novembre à partir de 19 h
  - ● Madame Gérard Lamarche has **pleasure** in **inviting** you to **celebrate** her daughter Josephine's 20th birthday

> ... and responding

- ◆ Monsieur Pierre Quentin **regrette profondément de ne pouvoir assister au** vin d'honneur organisé à l'occasion du mariage de Paul et Nathalie, d'autres obligations ne lui permettant pas de quitter Paris
  - ● very much **regrets** that he cannot **attend**

- ◆ Mademoiselle Charlotte Leblanc **accepte avec grand plaisir de se rendre au** cocktail organisé le 9 août par les éditions Roget
  - ● has great **pleasure** in **accepting** your **invitation** to

- ◆ Madame Jeanne Labadie **remercie** Monsieur et Madame André Bureau **pour leur aimable invitation à** dîner **qu'elle accepte avec le plus grand plaisir/qu'elle regrette vivement de ne pouvoir accepter** en raison d'un autre engagement
  - ● **thanks** ... for their **kind invitation**, which she is **delighted** to **accept**/deeply **regrets** she is unable to **accept**

- ◆ Monsieur Jacques Dalbret **assistera avec plaisir à** la réception organisée à l'occasion des 20 ans de Joséphine
  - ● will be **happy** to **attend**

25.2 Less formal invitations

- ◆ **Est-ce que cela te dirait d'**aller passer la journée à Nantes ? (spoken)
  - ● would you **like** to

- ◆ Pour fêter les fiançailles de Geneviève et de Xavier, nous organisons une réception à l'Hôtel de France, à Saint-Martin le 2 septembre à 20 heures et **serions très heureux si vous pouviez vous joindre à nous**
  - ● would be **delighted** if you could **join** us

- ◆ Michèle et Philippe doivent venir déjeuner dimanche prochain et **nous espérons que vous pourrez être des nôtres**
  - ● we **hope** you can **join** us

- ◆ Lorsque vous passerez à Lyon, **vous nous feriez très plaisir si vous pouviez nous consacrer une soirée** pour que nous dînions ensemble
  - ● we would be **delighted** if you could spend an evening with us

- Nous projetons de passer le mois de juillet à Montpellier et **serions très heureux de vous y accueillir** quelques jours
  - we would be very **happy** to have you

... and responding

Accepting

- **Je vous remercie de** votre aimable invitation **et me fais une joie de venir** à votre réception
  - **thank** you for ... I am looking forward to coming

- **Je viendrai avec plaisir** déjeuner avec vous dimanche prochain
  - I will be **happy** to come

- Nous pensons passer le week-end de la Pentecôte à Lyon et **nous vous téléphonerons pour essayer de vous voir**
  - we will call you to see if we can meet up

- **Votre invitation** à Montpellier **nous a fait très plaisir et nous espérons passer un week-end avec vous** vers le 14 juillet
  - we were **delighted** to receive your **invitation** ... and **hope** to spend a weekend with you

Declining

- **C'est très gentil à vous de m'inviter** pour votre soirée de samedi, **mais je me vois malheureusement obligé de refuser**, car j'ai déjà accepté une invitation pour ce soir-là
  - it was very kind of you to **invite** me ... but I am afraid I have to **decline**

- **J'aimerais beaucoup passer un week-end chez vous, mais malheureusement,** aucune des dates que vous me proposez ne me convient
  - I would love to spend a weekend with you but **unfortunately**

- **Malheureusement, je ne peux pas me libérer** le mois prochain. Peut-être pourrions-nous nous voir en octobre ?
  - **unfortunately**, I can't get away

26 ESSAY WRITING

26.1 The broad outline of the essay

Introductory remarks

- **Tout le monde s'accorde à penser que** le chômage est un des principaux maux de notre société. **Il convient donc d'examiner** les mesures qui pourraient être prises pour le combattre
  - everyone **agrees** that ... So we should **examine**

- Peut-on lire l'œuvre d'un philosophe quand on sait qu'il a été nazi ? **Telle est la question soulevée par** l'article de ...
  - such is the **question raised** by

- **Il est bien connu que** la voiture pollue. **La question est de savoir si** nous pourrions un jour nous passer de ce mode de transport
  - it is a well-known **fact** that ... The **question** is whether

- Les adolescents d'aujourd'hui ne lisent pas beaucoup. **Ceci est interprété tantôt comme** une crise passagère, **tantôt comme** un signe du déclin du message imprimé
  - some **interpret** this as ..., others as ...

- **Nous vivons dans un monde où** la paix est constamment menacée
  - we live in a world in which

- **Un problème souvent évoqué** or **dont il est souvent question est celui de** la corruption des milieux d'affaires
  - a much-discussed **problem** is that of

- **L'histoire nous fournit de nombreux exemples de** génies incompris à leur époque puis reconnus par la postérité
  - history provides us with countless **examples** of

- **Cette question est depuis longtemps au cœur du** débat sur l'éducation
  - this **question** has long been at the **heart** of

Developing the argument

- **La première constatation qui s'impose, c'est que** le roman va au-delà d'une simple enquête policière
  - the first **point** to note is that

- **Prenons comme point de départ** le rôle que le gouvernement a joué dans l'élaboration de ces programmes
  - let us take ... as a **starting point**

- **En premier lieu, examinons** ce qui fait obstacle à la paix
  - **firstly**, let us examine

- **Il serait utile d'examiner** la façon dont l'auteur a abouti à ces conclusions
  - it would be useful to **examine**

- **Il convient tout d'abord de se pencher sur** les circonstances de la parution de ce livre
  - it is worth first of all turning one's **attention** to

- **Selon l'auteur**, la psychanalyse **ne serait pas** un obstacle à la créativité
  - **according** to the author ... isn't

- **Il est significatif que** ce conflit **soit** (subj) le produit d'une politique africaine moderne
  - it is **significant** that ... is

- **Pour illustrer** l'association lucrative des vedettes de sport et des grandes entreprises, **il suffit de prendre un exemple**
  - in order to **illustrate** ... we only need to take an **example**

- Un second exemple **marque l'importance de** ce thème
  - **underlines** the importance of

- Un examen des origines de la laïcité **nous permettra peut-être de mieux comprendre** les bases de ce conflit
  - will perhaps **allow** us better to understand

The other side of the argument

- **Après avoir étudié** la progression de l'action, **considérons maintenant** le style
  - after **studying** ... let us now **consider**

- **Il faut maintenant s'interroger sur** la motivation de l'auteur dans le choix du contexte historique
  - one must now **question**

- **Venons-en maintenant à** l'analyse des retombées politiques
  - now **let** us come to

- **Ce qui vaut pour** le héros **s'applique également aux** personnages secondaires
  - what goes for ... **applies equally to**

- **Il convient maintenant d'analyser** les arguments de ceux qui préconisent une législation plus stricte
  - it is worth now **analyzing**

- Le principe de laïcité de l'enseignement est-il compatible avec le port de certains signes religieux ? **C'est ce que nous allons étudier dans la seconde partie de cette analyse**
  - ... is what we are going to study in the second part of this **analysis**

- **Plus encore que** la pollution, **c'est** le bruit qui provoque la colère de nombreux citadins
  - even more than ... it is

- **On pourrait objecter que** l'œuvre littéraire n'est pas séparable de son contexte
  - one could **object** that

The balanced view

- **Au terme de cette analyse, il faut cependant faire remarquer que** le chômage n'est pas le seul facteur en cause. **Il faudrait également examiner** ...
  - at the end of this **analysis**, it is, **however**, necessary to **point** out that ... It is **equally** necessary to **examine**

- **Mais le meilleur moyen de** limiter la pollution, **c'est encore d'**examiner comment on pourrait réduire les transports routiers
  - but the best way of ... is to

- **Enfin, il faut nous poser cette question** : la famine est-elle vraiment une fatalité ?
  - **finally**, we must ask ourselves whether

In conclusion

- **Quelles conclusions tirer de cette analyse ?**
  - what **conclusions** can be drawn from this **analysis**?

- **Le problème se résume donc à ceci :** dans un monde dominé par l'audiovisuel, le théâtre a-t-il encore une chance de survivre ?
  - the **problem**, then, **boils** down to this:

- L'expérience des dix dernières années **prouve** or **démontre que** le travail des organisations bénévoles n'est pas vain mais qu'il ne suffit pas
  - **proves** or **demonstrates** that

- **En dernière analyse**, c'est l'identité personnelle dans ce qu'elle a de plus secret qui est menacée
  - in the final **analysis**

- **En somme**, c'est la singularité du style qui constitue l'originalité profonde de l'auteur
  - in short

- **En définitive**, les réformateurs devraient mieux prendre en compte les leçons des expériences passées
  - when all is **said** and done

26.2 Constructing a paragraph

Assessing an idea

- **On peut avancer** plusieurs arguments différents
  - one can **put** forward

- **Plusieurs arguments viennent renforcer** cette idée
  - there are several **arguments** in **support** of

- **Examinons** les origines du problème **ainsi que** certaines des solutions suggérées
  - let us **examine** ... as well as

- **On peut noter** or **mentionner en passant que** l'auteur ne fait jamais allusion à ce problème
  - it may be **noted** or **mentioned** in passing that

- **Sans nous appesantir** or **nous attarder sur les détails, notons toutefois que** le rôle du Conseil de l'ordre a été déterminant
  - without dwelling on the details, let us **note, however**, that

- **Comme nous le verrons plus en détail par la suite**, ce sont surtout les personnages secondaires qui font progresser l'action
  - as we shall see in more detail later

- **Nous reviendrons plus loin sur cette question, mais signalons déjà** l'absence totale d'émotion dans ce passage
  - we shall come back to this **question** later, but let us **point** out at this stage

- **Avant d'aborder** la question du style, **mentionnons brièvement** le choix des métaphores
  - before **tackling** ... let us **mention** briefly

Establishing parallels

- **D'une part**, il y a des problèmes financiers et **d'autre part**, il y a des problèmes humains
  - on the one **hand** ... on the other (**hand**)

- Les préjugés anticommunistes **d'un côté**, anticapitalistes **de l'autre** ne sont pas morts
  - on the one **hand** ... on the other (**hand**)

- **Les premiers** disposent du pouvoir. **Les seconds** font la grève
  - the **former** ... the **latter**

- L'Éducation nationale fait l'objet de critiques continuelles et **il en va de même pour** la Sécurité sociale
  - the **same** is true of

- **De même que** les étudiants se demandent à quoi leurs études vont leur servir, **de même**, les professeurs s'interrogent sur leur rôle
  - in the **same** way that ... so, too ...

- **Nous ne pouvons dissocier** ce facteur **de** la décision mentionnée plus haut
  - we cannot **dissociate** ... from

- **Nous reprenons ainsi une idée suggérée antérieurement**
  - thus, we are again taking up an idea suggested earlier

Adding or detailing

- **De plus**, il s'agit là d'un progrès tout à fait remarquable
  - what is **more**

- **En outre**, il faut noter que les employés sont mal payés
  - furthermore

- Il faut **également** dire que le népotisme est parfois encouragé par les entreprises elles-mêmes
  - equally

- **Ajoutons à cela** or **Il faut ajouter à cela** or **À cela s'ajoute** un sens remarquable du détail
  - let us **add** to this or **added** to this

- **À cet égard** or **À ce propos**, il faut noter une détérioration dans la qualité de l'enseignement
  - in this respect or in this connection

- **De même**, on pourrait suggérer que le style de l'auteur manque d'originalité
  - by the **same token**

- **D'ailleurs**, la Russie veut croire que sa contribution permettrait de rendre le système plus efficace
  - moreover

- **Pour ce qui est des** personnages secondaires, ils sont, eux aussi, remarquablement vivants
  - as for the

- **En ce qui concerne** la pollution chimique, il faut reconnaître qu'elle constitue aussi un grave danger
  - as far as ... is **concerned**

- **Quant aux** émissions sportives, elles suivent toujours le même modèle précis
  - as for the

- Plusieurs catégories professionnelles ont été oubliées, **notamment** or **parmi lesquelles** les employés de bureaux et les réceptionnistes
  - **notably** or including

- **Ces enfants** d'origine étrangère **connaissent** parfois **de graves problèmes** de scolarité, **problèmes qui** doivent retenir toute l'attention des enseignants
  - these children ... have serious problems ..., which

Enumerating

- Différentes formules sont offertes au client : voyage à forfait **ou bien** hébergement chez l'habitant, **ou encore** demi-pension, **ou enfin** camping dans un village de vacances
  - or ... or even ... or finally

- Faut-il inclure dans les statistiques les handicapés ? **Ou bien** doit-on exclure les jeunes ? **Ou encore** est-il nécessaire d'analyser le mode de vie en plus des revenus ?
  - or ... or even ...

- **Du** parti communiste **à** l'extrême droite, **tous** sont d'accord pour condamner cet acte de terrorisme
  - from ... to ..., all ...

- **Parmi** ces grands auteurs, on peut citer **(tout) d'abord** Racine, **ensuite** Corneille, **enfin** Molière
  - amongst ... first (of all) ... then ... and finally

- **En premier lieu,** il convient d'examiner attentivement chaque offre, **puis** il faut sélectionner les plus intéressantes **et, en dernier lieu,** entrer en contact avec les différents candidats
  - in the first **instance** ... then ... and **finally**

- Ceci est dû essentiellement à trois facteurs : **premièrement**, l'originalité du projet, **deuxièmement**, la rapidité avec laquelle il a été réalisé, **troisièmement**, la faiblesse des coûts
  - **firstly** ... **secondly** ... **thirdly**

26 - essay writing

Opposing

- Nombreux sont les régimes autoritaires qui ont bénéficié à l'origine du soutien de la majorité de la population. **Néanmoins**, ces régimes ont mal vieilli
  - *nevertheless*
- Ces éléments militent en faveur de l'apparition de plusieurs conventions collectives dans les milieux sportifs. **Cependant**, chacun le pressent : les enjeux ne sont pas que sociaux
  - *however*
- **Malgré** ses airs d'enfant de chœur, cet homme fut un redoutable chef de guerre
  - *despite*
- **Malgré tout**, il est impossible de nier que le système néerlandais est coûteux
  - *despite everything*
- **En dépit de** ces maladresses, le spectacle possède un charme indéniable
  - *despite*

Introducing one's own point of view

- **À mon avis** or **Selon moi** or **D'après moi**, ce chapitre est le meilleur du livre
  - *in my opinion*
- **En ce qui me concerne** or **Pour ma part**, je déplore l'évolution actuelle de la politique sociale
  - *as far as I am concerned*
- **Personnellement**, ce qui me frappe le plus dans cette affaire, c'est que l'origine de ces fonds est encore inexpliquée
  - *personally*
- **Je suis d'avis que** la télévision a un effet néfaste sur l'éducation des enfants
  - *I am of the opinion that*
- **Je soutiens qu'**on n'a jamais répondu clairement aux questions posées
  - *I maintain that*
- **Je pense que** l'auteur fait ici preuve d'ironie
  - *I think*

Introducing someone else's point of view

- **Selon l'auteur** or **D'après l'auteur**, le motif principal du crime est la jalousie
  - *according to the author*
- **Comme le soulignent** les experts, il est nécessaire de réduire les coûts de production de 7 %
  - *as ... stress*
- **Comme le laisse entendre** l'auteur, certains détails n'ont pas été révélés au public
  - *as ... gives us to understand*
- Le budget du ministère est, **dit-il** or **affirme-t-il**, conforme aux prévisions
  - *he says or affirms*
- **Il dit/pense/croit/affirme/déclare que** ce système présente de nombreux avantages
  - *he says/thinks/believes/maintains/declares that*
- L'auteur **attire notre attention sur** l'ampleur de ce changement
  - *draws our attention to*
- **Il nous rappelle** les bouleversements qui ont suivi ce projet de loi
  - *he reminds us of*
- **Il insiste sur le fait que/souligne que/soutient que** ces rivalités internes sont la principale cause de l'échec du mouvement
  - *he insists on the fact that/stresses that/maintains that*
- **Elle prétend que** ce travail ne nécessite aucune recherche
  - *she claims that*
- **Il voudrait nous faire croire que** cette rébellion n'a eu aucune conséquence grave
  - *he would have us believe that*
- **Selon la version officielle**, l'épidémie est maintenant endiguée
  - *according to the official version*

Introducing an example

- **Prenons le cas de** Louis dans "le Nœud de vipères"
  - *(let us) take the case of*
- **Il suffit de prendre pour exemple** le cinéma muet des années vingt
  - *one needs only take as an example*
- Le cas de l'agroalimentaire **en est un exemple frappant**
  - *is a striking example of this*
- L'augmentation de la délinquance **illustre bien** les conséquences de cette crise chez les jeunes
  - *is a good illustration of*

Introducing a quotation or source

- **Selon** or **D'après** les auteurs du rapport, "l'important n'est pas de nourrir l'Afrique mais de la faire reverdir"
  - *according to*
- "La raison du plus fort est toujours la meilleure", **constate/affirme/observe** La Fontaine
  - *notes/asserts/observes*
- **Comme l'a fait remarquer** le président, "la croissance économique dépend du taux d'investissement"
  - *as ... pointed out*
- Chénier **avait écrit :** "l'art ne fait que des vers, le cœur seul est poète" et Musset **reprend la même idée lorsqu'il dit :** "Ah, frappe-toi le cœur, c'est là qu'est le génie"
  - *had written: ... echoes the same idea when he says:*
- **Selon les paroles de** Duhamel, "le romancier est l'historien du présent"
  - *in the words of*
- Dans un article récemment publié dans le journal "Le Temps", **nous trouvons cette remarque de** Gordon Thomas : "..."
  - *we find this remark by*
- Dans son étude sur le folklore vendéen, Jean Dumur **observe** ...
  - *observes*

Concluding

- **De toute façon**, nous sommes au pied du mur
  - *in any case*
- **Bref** or **En un mot**, il refuse de se prononcer
  - *basically or in a word*
- **En somme**, il faut nuancer cette affirmation
  - *in short*
- Il convient de signaler, **pour conclure**, l'exceptionnelle qualité des textes retenus
  - *in conclusion*
- **En définitive**, ce dont le monde a besoin c'est d'un style de vie et de consommation plus sobre
  - *when all is said and done*

26.3 The mechanics of the argument

Stating facts

- **Il est exact que** les trains arrivent en général à l'heure, sauf quand il gèle
  - *it is true that*
- **On constate** chez les cadres une forte motivation
  - *... is noticeable*
- **On observe** un repli sur les valeurs sûres
  - *... can be observed*
- **On peut noter que** l'essentiel des dépenses de santé est financé par des cotisations sociales
  - *we can see that*
- Ce mode de calcul des rémunérations **fait l'objet de** négociations entre patronat et syndicats
  - *is the object of*
- **Il s'agit d'**une mesure de défense prise face à une initiative jugée hostile
  - *it is a*
- **Rappelons les faits**. Victoria l'Américaine débarque à Londres en 1970 et réussit rapidement à s'imposer sur la scène musicale
  - *let's recall the facts*

- Le New York Times **rapporte que** l'islam est la religion qui connaît aujourd'hui la plus forte croissance aux États-Unis
  - **reports** that

Making a supposition

- Si on trouve ces fossiles à l'intérieur des terres, **on peut supposer que** jadis la mer recouvrait cette région
  - one can **assume** that
- **Il est peu probable que** la diminution de l'ensoleillement dans la région **ait** (subj) eu des conséquences sur la croissance des plantes
  - it is **unlikely** that
- **Il pourrait y avoir** une guerre commerciale si nous n'instaurons pas le libre accès aux marchés
  - there **could** be
- Dans les milieux diplomatiques, **on évoque la possibilité d'**un durcissement de l'embargo
  - there is **mention** of the **possibility** of
- L'ampleur des destructions **permet de penser que** d'énormes quantités d'essence ont pris feu
  - **leads** us to **think** that
- Le film **laisse supposer que** tout peut devenir spectacle
  - would have one **suppose** that

Expressing a certainty

- **Il est certain que** le chômage contribue à alimenter l'exclusion
  - it is **certain** that
- **Il est évident que** toutes les régions devront jouer leur rôle sur le plan national
  - it is **obvious** that
- La partie la plus originale de son livre réside **incontestablement** dans son analyse des arts populaires
  - **indisputably**
- Il existe **indéniablement** un art de penser, de vivre, qui est commun à toute l'Europe
  - **undoubtedly**
- **Il est indéniable que** c'est un problème
  - it cannot be **denied** that
- **Tout le monde s'accorde à penser que** le conflit est loin d'être fini
  - everyone **agrees** that
- **Il ne fait aucun doute qu'**il a du talent
  - there is no **doubt** that
- **Il est clair que** cette maison est inhabitée depuis des mois
  - **clearly**

Expressing doubt

- **Il semble que** quelqu'un a essayé d'entrer par la fenêtre
  - it **seems** that
- **Il est possible** or **Il se peut que** je me **sois** (subj) trompé
  - it is **possible** that
- **Peut-être** est-ce or C'est **peut-être** une meilleure idée
  - **perhaps**
- L'auteur s'est **sans doute** inspiré de contes orientaux
  - **probably**
- Les rebelles **se seraient regroupés** près de la ville, **ce qui expliquerait** la psychose de peur qui prévaut encore
  - **allegedly** regrouped ..., which would **explain**
- Chaque témoignage **remet en question** ce qui paraissait établi quelques minutes plus tôt
  - **calls** back into **question**

Conceding a point

- Écrire un texte sans la lettre "e" semble une gageure impossible. **C'est pourtant** la règle qu'il s'impose pour tout un roman
  - and **yet** it is
- Les héritiers ont du mal à se mettre d'accord. Ils sont **toutefois** unanimes sur un point : la propriété restera dans la famille
  - **however**
- **Bien qu'**étudiés or **Quoique** étudiés depuis de nombreuses années, les cyclones tropicaux comportent encore beaucoup d'inconnues
  - **though**

- **Bien que** quelques blindés **aient** (subj) pris position dans la ville, la situation est restée relativement calme
  - **although**
- On ne sait pas grand-chose de son enfance. **Toujours est-il qu'**il entre en apprentissage alors qu'il n'a pas quinze ans
  - the **fact** remains that
- **Quel que soit** (subj) le style retenu pour la mise en scène, l'atmosphère de la pièce est toujours un peu lugubre
  - **whatever**
- **On ne peut nier que** l'intrigue **soit** (subj) quelque peu échevelée
  - it cannot be **denied** that
- **Le moins que l'on puisse** (subj) **dire est qu'**entre les principales organisations professionnelles agricoles, le courant ne passait pas
  - the **least** one can say is that
- Ces faits sont **sans doute** vrais, **mais** restent quand même peu crédibles
  - no **doubt** ... but
- **Certes** un encart publicitaire coûte très cher, **mais** il permet de mieux vendre
  - **certainly** ... but
- **Tout en reconnaissant que** les grands ensembles ont permis de loger des milliers de sans-abri, **il faut néanmoins admettre que** les conditions de vie y sont souvent déplorables
  - while **recognizing** that ... one must, **however**, **admit** that
- La mort de ce coureur automobile, **pour** tragique **qu'**elle **soit** (subj), donne à réfléchir sur ce qui pousse certains à risquer leur vie
  - ... **though** it may be
- Si on supposait depuis longtemps qu'il y avait eu corruption, **ce n'est que récemment que** les archives ont confirmé ces suppositions
  - it is only recently that

Emphasizing particular points

- **Il convient de souligner** l'importance de ces recherches
  - it is **worth stressing**
- **Il faut bien préciser que** ce produit est commercialisé depuis des années
  - it is **important** to **point** out that
- **C'est à ce niveau qu'**il faut chercher des solutions
  - it is at this level that
- **C'est une question de** temps et non pas d'argent
  - it is a **question** of
- Ce dossier délicat **met en lumière** les oppositions entre la nécessaire maîtrise des dépenses de santé et la diffusion souhaitable des progrès thérapeutiques
  - **brings** to **light**
- Peu de gens ont vu cette émission, **d'autant plus qu'**elle est passée tard le soir
  - **especially since**
- Il est important de se faire vacciner contre le tétanos, **à plus forte raison lorsque** l'on manipule régulièrement des objets rouillés
  - and all the **more** so when
- **Bien loin de** renier ses origines, il n'avait jamais rompu ses liens avec sa patrie
  - **far from**
- Quel choc pour les spectateurs ! **Non (pas) que** le film **soit** (subj) sanglant, **mais** son crescendo est redoutable
  - **not** that ... is ... but
- **Non seulement** les objectifs ont été atteints, **mais** ils ont été dépassés
  - not only ... but
- Ce plat délicieux, facile à préparer, économique **qui plus est**, a tout pour nous séduire
  - and **moreover**

26 - essay writing

- **J'irais même jusqu'à dire que** c'est un chef-d'œuvre
  - I would even go **so** far as to say that
- **N'oublions pas que**, sur Terre, la gravité pilote absolument tous les phénomènes
  - let us not **forget** that
- De l'enthousiasme : **voilà précisément ce qui** leur fait défaut
  - that's **precisely** what

Moderating a statement

- **Sans vouloir critiquer** cette façon de procéder, **il semble cependant qu'**une autre méthode pourrait avoir de meilleurs résultats
  - I have no wish to **criticize** ... but it **seems** that
- L'auteur a certainement raison **dans l'ensemble, mais certains détails mériteraient d'être revus**
  - ... on the **whole**, but some details require to be reviewed
- **Une mise au point serait souhaitable**
  - some clarification would be desirable
- **Sans attacher trop d'importance à ces détails, il semble pourtant qu'**une révision du texte serait utile
  - without wishing to attach too much **importance** to these details, I do **think** that
- **Il serait injuste de** reprocher à l'auteur son manque d'expérience
  - it would be unfair to
- "La sévérité de la presse est à la mesure de la démocratie." Certains philosophes **nuancent** ces propos en précisant que ...
  - **qualify**
- **Il faut néanmoins nuancer** l'affirmation selon laquelle l'Europe serait exagérément protectionniste
  - one has, **nevertheless**, to **qualify**

Indicating agreement

- Beaucoup de gens s'inquiètent de l'évolution du chômage, et **effectivement** or **en effet**, la situation est préoccupante
  - **indeed**
- **Il faut reconnaître que** les résultats sont décevants
  - one has to **recognize**
- Sa description de l'événement **est exacte en tous points**
  - is accurate on all **points**
- L'explication qu'il en donne **est tout à fait convaincante**
  - is totally **convincing**
- **Comme le suggère** l'auteur, il semble indispensable d'améliorer la qualité des formations et des diplômes
  - as ... **suggests**
- **Tout semble effectivement indiquer qu'**à trente ans, les surdoués ont été rattrapés par les autres
  - everything **seems** to indicate that
- **Il serait vain de le nier :** nous allons devoir faire face à une concurrence nouvelle
  - it would be pointless to **deny** it
- **Rien n'est plus vrai que** cette description de l'exil
  - there is nothing more accurate than

Indicating disagreement

Tentatively

- Je me sens tenu de **formuler quelques réserves**
  - express some reservations
- **Je formulerais quelques objections**
  - I would **express** some **objections**
- Cette affirmation **me semble contestable**
  - seems **debatable** to me
- **Bien que** son raisonnement **soit** (subj) intéressant, **je ne partage pas** le point de vue de l'auteur
  - although ... is ..., I do not **share**
- **Quand bien même** disposerait-on d'un vaccin efficace, celui-ci ne pourrait, sans grosses difficultés, être administré sur l'ensemble de la planète
  - even if

- À tous ceux qui critiquent la publicité, **on peut répondre** or **répliquer que** c'est un nouveau genre artistique
  - one can **reply** that
- **On voit mal comment** les élèves pourraient bénéficier de cette mesure
  - it is hard to **see** how

More assertively

- Cette explication **ne mérite pas d'être retenue**
  - does not deserve to be **accepted**
- Ces faits **sont en contradiction avec** la version officielle
  - **contradict**
- **Elle réfute l'argument selon lequel** la cause principale des défaillances est la fragilité financière des entreprises
  - she **refutes** the **argument** that
- L'auteur **commet une grave erreur** en laissant entendre qu'un accord avait été conclu
  - makes a serious **mistake**
- Quand on dit que la catastrophe a fait 2 000 victimes, **on est très loin de la vérité**
  - one is very far from the **truth**
- **Je m'inscris en faux** or **Je m'élève** or **Je m'insurge contre** cette version des faits
  - I **protest** against
- **Il ne saurait être question de** procéder à de nouvelles élections
  - there can be no **question** of
- **Il est impossible d'accepter** ce point de vue
  - it is **impossible** to accept
- **On ne saurait approuver** cette idée qui témoigne d'un manque de réflexion
  - one couldn't **approve** of

Indicating approval

- **Heureusement,** l'auteur nous précise plus loin que ce n'est pas le cas
  - fortunately
- **On comprend fort bien que** les jeunes **aient** (subj) réagi ainsi
  - it is perfectly **understandable** that
- **La meilleure solution serait effectivement de** réviser entièrement le projet
  - the best **solution** would, in fact, be to
- Les responsables de l'enquête **ont raison d'**insister sur ce point
  - are **right** to
- L'auteur souligne ce détail **à juste titre** or **avec raison**
  - **rightly**
- **Il était grand temps que** ces règles **soient** (subj) corrigées
  - it was high time that ... were
- **Enfin** un ouvrage qui traite en profondeur le problème du chômage
  - at last
- Ce livre **est le bienvenu** car il traite d'un sujet jamais abordé jusqu'ici
  - is welcome

Indicating disapproval

- **Il est regrettable que** l'auteur **ait** (subj) négligé cet aspect du problème
  - it is **regrettable** that
- **Il serait vraiment dommage qu'**une découverte aussi importante ne **soit** (subj) pas reconnue à sa juste valeur
  - it would be a great **pity** if
- **Malheureusement,** cette étude est très inégale
  - unfortunately
- **On peut s'étonner de** la rapidité avec laquelle la réforme a été appliquée
  - one may well be **surprised** at
- Les habitants **condamnent** or **critiquent** ce projet d'autoroute
  - **condemn** or **criticize**
- **Ils reprochent aux** autorités or **Ils accusent** les autorités de ne pas les avoir consultés
  - they accuse

1403 GRAMMAIRE ACTIVE

27 - the telephone

Making a correction

- **En réalité** or **En fait**, il ne s'agit pas du tout d'une fiction
  - in **reality** or in **actual fact**
- **Il ne s'agit pas à proprement parler de** commerce, mais plutôt de troc
  - it is not, **strictly** speaking, a **question** of
- **Pour rétablir les faits**, je dirai que ...
  - to **re-establish** the **facts**
- Bouderaient-ils leurs pays d'accueil ? **Il semble plutôt qu'**ils les connaissent mal
  - it **seems** more **likely** that
- Dira-t-on qu'il est ambitieux ? **Le mot est faible. Aussi le qualifiera-t-on plus justement d'**arriviste
  - that's too weak a word ... so he would more **properly** be called

Indicating the reason for something

- Cette situation **résulte d'un malentendu**
  - ... is the **result** of
- **Plus qu'à** ses idées politiques, sa popularité **tient à** ses dons d'acteur
  - ... is **due** more to ... than to
- **C'est pour cette raison que** tout retour en arrière est impossible
  - it is for this **reason** that
- Le vieux château sera réparé : **en effet**, il constitue l'un des meilleurs exemples de l'architecture du XVIIe siècle
  - **because**
- On ne peut se fier à ces résultats, **étant donné que** or **attendu que** les chiffres sont approximatifs
  - **seeing** that
- **S'**il a accepté, **c'est** certainement **qu'**on a fait pression sur lui
  - if he ..., it is ... **because**
- **Cela expliquerait** la baisse des ventes en février
  - this would **explain**

Indicating the consequences of something

- Cette décision **a eu d'heureuses conséquences/a eu des conséquences néfastes**
  - had positive/disastrous **consequences**
- Sa nomination **a eu pour conséquence de** créer un mécontentement considérable au sein de l'organisation
  - **resulted** in
- Il était très mécontent de l'évolution de la politique salariale, **aussi a-t-il** donné sa démission
  - and **so** he
- La fermeture de l'usine **entraînera** or **provoquera** or **aura pour résultat** une augmentation du chômage dans la région
  - will **bring** about or **result** in
- Les compagnies aériennes ont augmenté leurs tarifs, **d'où** une diminution du nombre des passagers
  - **hence**
- Le nombre de postes sera réduit à trois, **ce qui implique** or **ce qui signifie** le départ de quatre employés
  - which **means**
- Le héros n'apparaissant pas dans ce chapitre, **il s'ensuit que** les personnages secondaires occupent le premier plan
  - it **follows** that
- **Ainsi**, la personnalité du héros se révèle beaucoup plus complexe qu'elle ne le semblait au premier abord
  - **thus**

Contrasting or comparing

- **Certains** parlent de la faillite de l'école. **À l'inverse, d'autres** proclament les progrès du système éducatif
  - some (people) .... **conversely**, others ...
- **Les uns** se proclament pour la démocratie, **les autres** vantent les bienfaits d'un régime autoritaire
  - some (people) ..., others ...

- **Il dépasse** de loin tous ses concurrents
  - he **outstrips**
- Son deuxième roman **est bien inférieur à** son premier
  - is grossly **inferior** to
- **Il n'arrive pas à la cheville de** son rival
  - ... is head and shoulders above
- **Comparée à** ses concurrents mondiaux de l'ingénierie, l'entreprise affiche désormais l'un des plus jolis bilans de la profession
  - **compared** to
- **Par rapport à** ses concurrents, cette entreprise est défavorisée
  - **compared** with
- **Il n'y a pas de comparaison possible entre** ces deux œuvres
  - there is no **possible comparison** to be drawn between

27 THE TELEPHONE

27.1 Getting a number

- **Je voudrais le 01 843 46 09 37 12, s'il vous plaît,** (zéro un huit cent quarante-trois quarante-six zéro-neuf trente-sept douze)
  - Could you get me 01843 46093712, please? (o-one-eight-four-three four-six-o-nine-three-seven-one-two)
- **Pourriez-vous me passer les renseignements, s'il vous plaît ?**
  - Could you give me **directory** enquiries (Brit) or **directory** assistance (US), please?
- **Je voudrais le numéro de la société Europost, 20 rue de la Marelle, à Pierrefitte**
  - Can you give me the **number** of Europost, 20 rue de la Marelle, Pierrefitte?
- **Quel est l'indicatif pour la Martinique ?**
  - What is the **code** for Martinique?
- **Comment est-ce que je peux téléphoner à l'extérieur ?**
  - How do I make an outside **call** or How do I get an outside **line**?
- **Quel numéro dois-je faire pour l'horloge parlante ?**
  - What do I **dial** to get the speaking clock?
- **Je n'ai pas trouvé le numéro dans l'annuaire**
  - It's not in the book
- **Si vous téléphonez de France en Angleterre, ne faites pas le zéro**
  - You omit the « 0 » when **dialling** England from France

27.2 When your number answers

- **Pourriez-vous me passer le poste 516, s'il vous plaît ?**
  - Could I have or Can you give me **extension** 516?
- **Je suis bien chez M. Lambert ?**
  - Is that Mr Lambert's **phone**?
- **Je voudrais parler à M. Wolff, s'il vous plaît** or **Pourrais-je parler à M. Wolff, s'il vous plaît ?**
  - Could I speak to Mr Wolff, please? or I'd like to speak to Mr Wolff, please or Is Mr Wolff there?
- **Pourriez-vous me passer le docteur Henderson, s'il vous plaît ?**
  - Could you put me through to Dr Henderson, please?
- **Qui est à l'appareil ?**
  - Who's speaking?
- **Je rappellerai dans une demi-heure**
  - I'll **call** back in half an hour
- **Pourrais-je laisser mon numéro pour qu'elle me rappelle ?**
  - Could I leave my **number** for her to call me back?

27 - the telephone

- Je vous appelle d'une cabine téléphonique *or* Je téléphone d'une cabine
  - I'm **ringing** from a callbox (Brit) *or* I'm calling from a pay station (US)
- J'appelle *or* Je téléphone d'Angleterre
  - I'm **phoning** from England
- Pourriez-vous lui demander de me rappeler quand il rentrera ?
  - Would you ask him to **ring** me when he gets back?

27.3 Answering the telephone

- Allô, c'est Anne à l'appareil
  - Hello, this is Anne speaking
- (C'est Anne à l'appareil ?) **Elle-même**
  - (Is that Anne?) Speaking
- Voulez-vous laisser un message ?
  - Would you like to leave a **message**?
- Puis-je lui transmettre un message ?
  - Can I take a **message**?
- Ne quittez pas
  - Hold the **line**, please
- Je vous rappelle
  - I'll **call** you back
- Vous êtes en communication avec un répondeur automatique
  - This is a **recorded** message
- Veuillez laisser votre message après le bip sonore
  - Please speak after the tone *or* after the beep

27.4 The switchboard operator speaks

- Grand Hôtel, bonjour *or* à votre service
  - Grand Hotel, can I help you?
- Qui est à l'appareil ?
  - Who's **calling**, please?
- C'est de la part de qui ?
  - Who shall I say is **calling**?
- Est-ce que vous connaissez le numéro du poste ?
  - Do you know his **extension number**?
- Je vous le passe
  - I am **connecting** you *or* putting you through now
- J'ai quelqu'un en ligne de Tokyo qui demande Mme Thomas
  - I have a **call** from Tokyo for Mrs Thomas
- J'ai Mlle Martin à l'appareil
  - I've got Miss Martin on the **line** for you
- Le docteur Roberts est déjà en ligne
  - Dr Roberts' **line** is busy
- Désolé de vous faire attendre
  - Sorry to keep you waiting
- Ça ne répond pas
  - There's no **reply**
- Vous êtes en ligne avec le service des ventes
  - You're through to our Sales Department

27.5 The operator speaks

- Quel numéro demandez-vous ?
  - What **number** do you want *or* What **number** are you calling?
- D'où appelez-vous ?
  - Where are you **calling** from?
- Pourriez-vous répéter le numéro, s'il vous plaît ?
  - Would you **repeat** the **number**, please?
- Raccrochez et renouvelez votre appel *or* Raccrochez et recomposez le numéro
  - Replace the handset and dial again
- M. Campbell vous appelle en PCV d'Amsterdam. Est-ce que vous acceptez la communication ?
  - There's a Mr Campbell **calling** you from Amsterdam. He wishes you to pay for the call. Will you accept it?
- Vous êtes en ligne
  - Go ahead, **caller**
- (Directory Enquiries) Il n'y a pas d'abonné à ce nom
  - (aux Renseignements) There's no listing under that name
- Désolé, leur numéro est sur la liste rouge
  - They're **ex-directory** (Brit) *or* **unlisted** (US)
- Le 01 45 77 57 84 ne répond pas
  - There's no **reply** from 01 45 77 57 84
- Ne quittez pas
  - Hold the line, please
- Par suite de l'encombrement des lignes, votre appel ne peut aboutir. Veuillez rappeler ultérieurement
  - All **lines** to Bristol are **engaged** - please try later
- J'essaie d'obtenir votre correspondant
  - I'm trying it for you now
- Ça sonne
  - It's **ringing** *or* Ringing for you now
- La ligne est occupée
  - The line is **engaged** (Brit) *or* **busy** (US)
- Il n'y a pas d'abonné au numéro que vous avez demandé (recorded message)
  - The number you have **dialled** has not been recognized (message enregistré)
- Le numéro de votre correspondant n'est plus attribué. Veuillez consulter l'annuaire ou votre centre de renseignements
  - The **number** you have **dialled** no longer exists. Please consult the **directory** (message enregistré)
- Le numéro de votre correspondant a changé. Veuillez composer désormais le 02 33 42 21 70 (recorded message)
  - The **number** you have **dialled** has been changed. Please **dial** 0233422170 (message enregistré)
- Toutes les lignes de votre correspondant sont occupées. Veuillez rappeler ultérieurement (recorded message)
  - The **number** you are **calling** is **engaged** (Brit) ou **busy** (US). Please try again later

27.6 Different types of call

- C'est une communication locale
  - It's a local **call**
- C'est une communication interurbaine
  - This is a long-distance **call**
- Je voudrais appeler l'étranger
  - I want to make an international call
- Je voudrais appeler Londres en PCV (NB : system no longer exists in France)
  - I want to make a **reverse** charge call to a London **number** (Brit) *or* I want to call a London number **collect** (US)
- Je voudrais être réveillé à 7 h 30 demain matin?
  - I'd like an alarm **call** for 7.30 tomorrow morning

27.7 In case of difficulty

- Je n'arrive pas à avoir le numéro
  - I can't get through (at all)
- Leur téléphone est en dérangement
  - Their **phone** is out of **order**

- **On nous a coupés** or **La communication a été coupée**
    - We were cut off
- **J'ai dû faire un faux numéro**
    - I must have **dialled** the wrong **number**
- **Il y a quelqu'un d'autre sur la ligne**
    - We've got a **crossed line**
- **J'ai appelé plusieurs fois, mais ça ne répond pas**
    - I've **called** them several times with no **reply**

- **Vous m'avez donné un faux numéro**
    - You gave me a wrong **number**
- **On ne m'a pas donné le bon poste** or **On s'est trompé de poste**
    - I got the wrong **extension**
- **La ligne est très mauvaise**
    - This is a very bad **line**

APPENDICES
ANNEXES

CONTENTS	SOMMAIRE
THE ENGLISH VERB	LE VERBE ANGLAIS
NUMBERS, TIME AND DATES	NOMBRES, HEURES ET DATES
WEIGHTS, MEASURES AND TEMPERATURES	POIDS, MESURES ET TEMPÉRATURES

THE ENGLISH VERB APPENDICES 1408

L'anglais comprend de nombreux verbes forts ou irréguliers (dont nous donnons la liste ci-dessous, § 7) ainsi que de nombreuses variantes orthographiques (voir au § 8), mais à chacun des temps la conjugaison reste la même pour toutes les personnes sauf pour la troisième personne du singulier au présent de l'indicatif. Les notes qui suivent se proposent de résumer la structure et les formes du verbe anglais.

1 LE MODE INDICATIF

PRÉSENT	FORMATION	Le présent de l'indicatif a la même forme que l'infinitif présent à toutes les personnes sauf à la troisième personne du singulier, à laquelle vient s'ajouter un *s*, ex. : *he sells*.
	verbes se terminant par une sifflante ou une chuintante	Dans les cas où l'infinitif se termine par une sifflante ou une chuintante on intercale un *e*, ex. : *he kisses, he buzzes, he rushes, he touches*.
	verbes se terminant par consonne + y	Les verbes qui se terminent en consonne + *y* changent cet *y* en *ies* à la troisième personne du singulier, ex. : *he tries, he pities, he satisfies*. REMARQUE. Là où le *y* est précédé d'une voyelle, on applique la règle générale, ex. : *pray — he prays, annoy — she annoys*.
	formes irrégulières	• Le verbe *to be* a des formes irrégulières pour toutes les personnes : *I am, you are, he is, we are, you are, they are*. • Trois autres verbes ont une forme irrégulière à la troisième personne du singulier : *do he does* *have he has* *go he goes*
IMPARFAIT PASSÉ SIMPLE PARTICIPE PASSÉ	FORMATION	L'imparfait, le passé simple et le participe passé ont, en anglais, la même forme. On les construit en ajoutant *ed* au radical de l'infinitif, ex. : *paint — I painted — painted*.
	verbes se terminant par un *e* muet	On ajoute *d* à l'infinitif des verbes qui se terminent par un *e* muet, ex. : *bare — I bared — bared, move — I moved — moved, revise — I revised — revised*.
	verbes irréguliers	Pour les verbes irréguliers, voir la liste ci-dessous, § 7.
TEMPS COMPOSÉS ou PASSÉS	FORMATION	Les temps composés du passé se forment à l'aide de l'auxiliaire *to have* suivi du participe passé.
	PASSÉ COMPOSÉ	Présent de *to have* + participe passé. ex. : *I have painted*.
	PLUS-QUE-PARFAIT	Passé de *to have* + participe passé, ex. : *I had painted*.
FUTUR	FUTUR SIMPLE	Le futur se forme à l'aide de *will* suivi de l'infinitif, ex. : *I will do it*. Dans la langue soignée, on utilise *shall* à la première personne du singulier et du pluriel, ex. : *we shall see to it*.
	FUTUR ANTÉRIEUR	L'auxiliaire *to have* accompagné de *will* (ou de *shall* dans la langue soignée) et du participe passé du verbe conjugué s'emploie pour le futur antérieur, ex. : *I will have finished*.
FORME PROGRESSIVE		Il existe également en anglais, au mode indicatif, une forme progressive qui se forme avec l'auxiliaire *to be*, conjugué au temps approprié et suivi du participe présent, ex. : *I am waiting, we were hoping, they will be leaving, they would still have been waiting, I had been painting all day*. Ce système diffère dans une certaine mesure du système français, qui a parfois comme équivalent la formule « être en train de » suivie de l'infinitif.

2 LE CONDITIONNEL

PRÉSENT	Le conditionnel se forme à l'aide de *would* suivi de l'infinitif, ex. : *I would go*. Dans la langue soignée, ou utilise *should* à la première personne du singulier et du pluriel, ex. : *we should see it*.
PASSÉ	L'auxiliaire *to have* accompagné de *would* (ou de *should* dans la langue soignée) et du participe passé du verbe conjugué s'emploie pour le conditionnel passé, ex. : *I would have paid*.

3 LE MODE SUBJONCTIF

PRÉSENT	Au présent et à toutes les personnes, le subjonctif a la même forme que l'infinitif, ex. : *(that) I go, (that) she go* etc.
IMPARFAIT	À l'imparfait, *to be* est l'unique verbe qui ait une forme irrégulière. Cette forme est *were* pour toutes les personnes : ex. : *(that) I were, (that) we were* etc.
Emploi	Le subjonctif est peu utilisé en anglais. Il faut cependant noter que le subjonctif s'emploie obligatoirement en anglais dans : *if I were you, were I to attempt it* (l'emploi de *was* étant considéré comme incorrect dans ces expressions, ainsi que dans d'autres expressions analogues). Le subjonctif se rencontre aussi dans l'expression figée *so be it* et dans le langage juridique ou officiel, ex. : *it is agreed that nothing be done, it was resolved that the pier be painted* (quoique *should be done* et *should be painted* soient également corrects).

4 LE MODE IMPÉRATIF

FORMATION	Il n'y a qu'une forme de l'impératif, qui est en fait celle de l'infinitif, ex. : *tell me, come here, don't do that*.

5 LE GÉRONDIF ET LE PARTICIPE PRÉSENT

FORMATION	Le gérondif et le participe présent ont la même forme en anglais. Ils s'obtiennent en ajoutant la désinence *-ing* au radical de l'infinitif, ex. : *washing, sending, passing*. Pour les variantes orthographiques voir paragraphe 8.

6 LA VOIX PASSIVE

FORMATION	La voix passive se forme exactement comme en français avec le temps approprié du verbe *to be* et le participe passé : ex. : *we are forced to, he was killed, they had been injured,* *the company will be taken over,* *it ought to have been rebuilt, were it to be agreed*.

THE ENGLISH VERB

7 VERBES FORTS OU IRRÉGULIERS

INFINITIF	PRÉTÉRIT	PARTICIPE PASSÉ	INFINITIF	PRÉTÉRIT	PARTICIPE PASSÉ
abide	abode or abided	abode or abided	fall	fell	fallen
arise	arose	arisen	feed	fed	fed
awake	awoke or awaked	awoken or awaked	feel	felt	felt
be	was, were	been	fight	fought	fought
bear[1]	bore	borne	find	found	found
beat	beat	beaten	flee	fled	fled
become	became	become	fling	flung	flung
beget	begot, begat††	begotten	fly	flew	flown
begin	began	begun	forbid	forbad(e)	forbidden
bend	bent	bent	forget	forgot	forgotten
beseech	besought	besought	forsake	forsook	forsaken
bet	bet or betted	bet or betted	freeze	froze	frozen
bid	bade or bid	bid or bidden	get	got	got, (US) gotten
bind	bound	bound	gild	gilded	gilded or gilt
bite	bit	bitten	gird	girded or girt	girded or girt
bleed	bled	bled	give	gave	given
blow[1]	blew	blown	go	went	gone
break	broke	broken	grind	ground	ground
breed	bred	bred	grow	grew	grown
bring	brought	brought	hang	hung, (Jur) hanged	hung, (Jur) hanged
build	built	built	have	had	had
burn	burned or burnt	burned or burnt	hear	heard	heard
burst	burst	burst	heave	heaved, (Naut) hove	heaved, (Naut) hove
buy	bought	bought	hew	hewed	hewed or hewn
can[1]	could	–	hide	hid	hidden
cast	cast	cast	hit	hit	hit
catch	caught	caught	hold	held	held
chide	chid	chidden or chid	hurt	hurt	hurt
choose	chose	chosen	keep	kept	kept
cleave[1] (fendre)	clove or cleft	cloven or cleft	kneel	knelt	knelt
cleave[2] (s'attacher)	cleaved	cleaved	know	knew	known
cling	clung	clung	lade	laded	laden
come	came	come	lay	laid	laid
cost	cost or costed	cost or costed	lead	led	led
creep	crept	crept	lean	leaned or leant	leaned or leant
cut	cut	cut	leap	leaped or leapt	leaped or leapt
deal	dealt	dealt	learn	learned or learnt	learned or learnt
dig	dug	dug	leave	left	left
dive	dived, (US) dove	dived	lend	lent	lent
do	did	done	let	let	let
draw	drew	drawn	lie[1]	lay	lain
dream	dreamed or dreamt	dreamed or dreamt	light[1+3]	lit or lighted	lit or lighted
drink	drank	drunk	lose	lost	lost
drive	drove	driven	make	made	made
dwell	dwelled or dwelt	dwelled or dwelt	may	might	–
eat	ate	eaten	mean	meant	meant

INFINITIF	PRÉTÉRIT	PARTICIPE PASSÉ	INFINITIF	PRÉTÉRIT	PARTICIPE PASSÉ
meet	met	met	speed	speeded or sped	speeded or sped
mow	mowed	mown or mowed	spell[3]	spelled or spelt	spelled or spelt
pay	paid	paid	spend	spent	spent
put	put	put	spill	spilled or spilt	spilled or spilt
quit	quit or quitted	quit or quitted	spin	spun or span††	spun
read [ri:d]	read [red]	read [red]	spit	spat	spat
rend	rent	rent	split	split	split
rid	rid	rid	spoil	spoiled or spoilt	spoiled or spoilt
ride	rode	ridden	spread	spread	spread
ring[2]	rang	rung	spring	sprang	sprung
rise	rose	risen	stand	stood	stood
run	ran	run	stave	stove or staved	stove or staved
saw	sawed	sawed or sawn	steal	stole	stolen
say	said	said	stick	stuck	stuck
see	saw	seen	sting	stung	stung
seek	sought	sought	stink	stank	stunk
sell	sold	sold	strew	strewed	strewed or strewn
send	sent	sent	stride	strode	stridden
set	set	set	strike	struck	struck
sew	sewed	sewed or sewn	string	strung	strung
shake	shook	shaken	strive	strove	striven
shave	shaved	shaved or shaven	swear	swore	sworn
shear	sheared	sheared or shorn	sweep	swept	swept
shed	shed	shed	swell	swelled	swollen
shine	shone	shone	swim	swam	swum
shoe	shod	shod	swing	swung	swung
shoot	shot	shot	take	took	taken
show	showed	shown or showed	teach	taught	taught
shrink	shrank	shrunk	tear	tore	torn
shut	shut	shut	tell	told	told
sing	sang	sung	think	thought	thought
sink	sank	sunk	thrive	throve or thrived	thriven or thrived
sit	sat	sat	throw	threw	thrown
slay	slew	slain	thrust	thrust	thrust
sleep	slept	slept	tread	trod	trodden
slide	slid	slid	wake	woke or waked	woken or waked
sling	slung	slung	wear	wore	worn
slink	slunk	slunk	weave	wove or weaved	woven or weaved
slit	slit	slit	weep	wept	wept
smell	smelled or smelt	smelled or smelt	win	won	won
smite	smote	smitten	wind [2+3]	wound	wound
sow	sowed	sowed or sown	wring	wrung	wrung
speak	spoke	spoken	write	wrote	written

REMARQUE. Ne sont pas compris dans cette liste les verbes formés avec un préfixe. Pour leur conjugaison, se référer au verbe de base, ex. : pour *forbear* voir **bear**, pour *understand* voir **stand**.

THE ENGLISH VERB

8 VERBES FAIBLES PRÉSENTANT DES VARIANTES ORTHOGRAPHIQUES

TERMINAISON DES VERBES À L'INFINITIF	VARIANTE ORTHOGRAPHIQUE AU PARTICIPE PASSÉ ET AU GÉRONDIF	EXEMPLE
Les verbes se terminant par une seule consonne précédée d'une seule voyelle accentuée	redoublent la consonne devant la désinence *ed* ou *ing*	INFINITIF / PARTICIPE PASSÉ / GÉRONDIF sob / sobbed / sobbing wed / wedded / wedding lag / lagged / lagging control / controlled / controlling dim / dimmed / dimming tan / tanned / tanning tap / tapped / tapping prefer / preferred / preferring pat / patted / patting (En revanche *to cook* devient *cooked – cooking* parce qu'il comporte une voyelle longue, et *fear* qui comporte une diphtongue donne *feared – fearing*.)
Les verbes qui se terminent en *c*	changent le *c* en *ck* devant les désinences *ed* et *ing*.	frolic / frolicked / frolicking traffic / trafficked / trafficking
Les verbes terminés par la consonne *l* ou *p* précédée d'une voyelle non accentuée	redoublent la consonne au participe passé et au gérondif en anglais britannique, mais restent inchangés en anglais américain.	grovel / (Brit) grovelled / (Brit) grovelling / (US) groveled / (US) groveling travel / (Brit) travelled / (Brit) travelling / (US) traveled / (US) traveling worship / (Brit) worshipped / (Brit) worshipping / (US) worshiped / (US) worshiping N.B. La même différence existe entre les formes substantivées de ces verbes : (Brit) traveller, worshipper (US) traveler, worshiper
Lorsque le verbe se termine par un *e* muet,	le *e* muet disparaît en faveur de la désinence *ed* ou *ing*.	invite / invited / inviting rake / raked / raking smile / smiled / smiling move / moved / moving (Le *e* muet se conserve toutefois dans les verbes *dye*, *singe*, etc. et dans une série peu nombreuse de verbes se terminant en *oe* : *dyeing, singeing, hoeing*.)
Si le verbe se termine en *y*,	le *y* devient *ied* pour former le prétérit et le participe passé.	worry / worried – worried pity / pitied – pitied falsify / falsified – falsified try / tried – tried Le gérondif de ces verbes est parfaitement régulier, ex. : *worrying, trying*, etc.
Gérondif des verbes monosyllabiques *die, lie, vie*		dying, lying, vying.

9 VERBES ANGLAIS À PARTICULE

vi	verbe intransitif. ex. : ▶ **blow off** dans *his hat blew off*.
vt sep	verbe transitif séparable. ex. : ▶ **blow off** dans *the wind blew off his hat* ou *the wind blew his hat off*. Le complément d'objet du verbe peut se mettre soit après la particule, soit entre les deux éléments du verbe en les séparant. Cette dernière structure est d'ailleurs obligatoire lorsque le complément d'objet est un pronom : *the wind blew it off*.
vt fus	verbe transitif fusionné. ex. : ▶ **admit to** dans *he admitted to the theft*. Le complément d'objet ne peut jamais s'intercaler entre les deux éléments du verbe, même lorsqu'il s'agit d'un pronom : *he admitted to it*.

REMARQUE. Pour beaucoup de verbes qui indiquent un mouvement ou une direction, les verbes à particule correspondants n'ont pas été dissociés de l'article principal, car ils peuvent être déduits des illustrations fournies. Ainsi, à partir de

crawl [krɔːl] → SYN ... **2** vi **a** [animals] ramper, se glisser ; [person] se traîner, ramper ◆ **to crawl in/out** etc entrer/sortir etc en rampant or à quatre pattes

vous pouvez construire : *to crawl across* (traverser en rampant), *to crawl down* (descendre en rampant), etc.

NUMBERS, TIME AND DATES

1 CARDINAL AND ORDINAL NUMBERS
NOMBRES CARDINAUX ET ORDINAUX

Cardinal numbers		Les nombres cardinaux	Ordinal numbers	Les nombres ordinaux
nought	0	zéro		
one	1	(m) un, (f) une	first	(m) premier, (f) -ière
two	2	deux	second	deuxième
three	3	trois	third	troisième
four	4	quatre	fourth	quatrième
five	5	cinq	fifth	cinquième
six	6	six	sixth	sixième
seven	7	sept	seventh	septième
eight	8	huit	eighth	huitième
nine	9	neuf	ninth	neuvième
ten	10	dix	tenth	dixième
eleven	11	onze	eleventh	onzième
twelve	12	douze	twelfth	douzième
thirteen	13	treize	thirteenth	treizième
fourteen	14	quatorze	fourteenth	quatorzième
fifteen	15	quinze	fifteenth	quinzième
sixteen	16	seize	sixteenth	seizième
seventeen	17	dix-sept	seventeenth	dix-septième
eighteen	18	dix-huit	eighteenth	dix-huitième
nineteen	19	dix-neuf	nineteenth	dix-neuvième
twenty	20	vingt	twentieth	vingtième
twenty-one	21	vingt et un	twenty-first	vingt et unième
twenty-two	22	vingt-deux	twenty-second	vingt-deuxième
twenty-three	23	vingt-trois		
thirty	30	trente	thirtieth	trentième
thirty-one	31	trente et un	thirty-first	trente et unième
thirty-two	32	trente-deux		
forty	40	quarante	fortieth	quarantième
fifty	50	cinquante	fiftieth	cinquantième
sixty	60	soixante	sixtieth	soixantième
seventy	70	soixante-dix	seventieth	soixante-dixième
eighty	80	quatre-vingt(s)	eightieth	quatre-vingtième
ninety	90	quatre-vingt-dix	ninetieth	quatre-vingt-dixième
ninety-nine	99	quatre-vingt-dix-neuf		
a (or one) hundred	100	cent	hundredth	centième
a hundred and one	101	cent un	hundred and first	cent unième
a hundred and two	102	cent deux		cent dixième
a hundred and ten	110	cent dix	hundred and tenth	
a hundred and eighty-two	182	cent quatre-vingt-deux		

Cardinal numbers		Les nombres cardinaux	Ordinal numbers	Les nombres ordinaux
two hundred	200	deux cents	two hundredth	deux centième
two hundred and one	201	deux cent un		
two hundred and two	202	deux cent deux		
three hundred	300	trois cents	three hundredth	trois centième
four hundred	400	quatre cents	four hundredth	quatre centième
five hundred	500	cinq cents	five hundredth	cinq centième
six hundred	600	six cents	six hundredth	six centième
seven hundred	700	sept cents	seven hundredth	sept centième
eight hundred	800	huit cents	eight hundredth	huit centième
nine hundred	900	neuf cents	nine hundredth	neuf centième
a (or one) thousand	1,000 French 1 000	mille	thousandth	millième
a thousand and one	1,001 French 1 001	mille un		
a thousand and two	1,002 French 1 002	mille deux		
two thousand	2,000 French 2 000	deux mille	two thousandth	deux millième
ten thousand	10,000 French 10 000	dix mille		
a (or one) hundred thousand	100,000 French 100 000	cent mille		
a (or one million) (see note b)	1,000,000 French 1 000 000	un million (voir note b)	millionth	millionième
two million	2,000,000 French 2 000 000	deux millions	two millionth	deux millionième

NOTES ON USAGE OF THE CARDINAL NUMBERS

[a] To divide the larger numbers clearly, a space is used in French where English places a comma:
English 1,000   French 1 000
English 2,304,770   French 2 304 770
(This does not apply to dates: see below.)

[b] 1 000 000: In French, the word *million* is a noun, so the numeral takes *de* when there is a following noun:
un million de fiches
trois millions de maisons détruites

[c] **One**, and the other numbers ending in *one*, agree in French with the noun (stated or implied):
une maison, un employé, il y a cent une personnes.

REMARQUES SUR LES NOMBRES CARDINAUX

[a] Alors qu'un espace est utilisé en français pour séparer les centaines des milliers, l'anglais utilise la virgule à cet effet :
français 1 000   anglais 1,000
français 2 304 770   anglais 2,304,770
(Cette règle ne s'applique pas aux dates. Voir ci-après.)

[b] En anglais, le mot *million* (ainsi que *mille* et *cent*) n'est pas suivi de *of* lorsqu'il accompagne un nom :
a million people,
a hundred houses,
a thousand people.

NOTES ON USAGE OF THE ORDINAL NUMBERS
REMARQUES SUR LES NOMBRES ORDINAUX

[a] **Abbreviations** : English 1st, 2nd, 3rd, 4th, 5th, etc. French (m) 1er, (f) 1re, 2e, 3e, 4e, 5e and so on.

[b] **First**, and the other numbers ending in *first*, agree in French with the noun (stated or implied):
La première maison, le premier employé, la cent unième personne

[c] See also the notes on dates, below.
Voir aussi ci-après le paragraphe concernant les dates.

NUMBERS, TIME AND DATES APPENDICES 1416

2 FRACTIONS — LES FRACTIONS

one half, a half	$\frac{1}{2}$	(m) un demi, (f) une demie
one and a half helpings	$1\frac{1}{2}$	une portion et demie
two and a half kilos	$2\frac{1}{2}$	deux kilos et demi
one third, a third	$\frac{1}{3}$	un tiers
two thirds	$\frac{2}{3}$	deux tiers
one quarter, a quarter	$\frac{1}{4}$	un quart
three quarters	$\frac{3}{4}$	trois quarts
one sixth, a sixth	$\frac{1}{6}$	un sixième
five and five sixths	$5\frac{5}{6}$	cinq et cinq sixièmes
one twelfth, a twelfth	$\frac{1}{12}$	un douzième
seven twelfths	$\frac{7}{12}$	sept douzièmes
one hundredth, a hundredth	$\frac{1}{100}$	un centième
one thousandth, a thousandth	$\frac{1}{1\,000}$	un millième

3 DECIMALS — LES DÉCIMALES

In French, a comma is written where English uses a point:

Alors que le français utilise la virgule pour séparer les entiers des décimales, le point est utilisé en anglais à cet effet :

English/anglais — French/français
3.56 (three point five six) = 3,56 (trois virgule cinquante-six)
.07 (point nought seven) = 0,07 (zéro virgule zéro sept)

4 NOMENCLATURE — NUMÉRATION

3,684 is a four-digit number
It contains 4 units, 8 tens, 6 hundreds and 3 thousands
The decimal .234 contains 2 tenths, 3 hundredths and 4 thousandths

3 684 est un nombre à quatre chiffres.
4 est le chiffre des unités, 8 celui des dizaines, 6 celui des centaines et 3 celui des milliers
le nombre décimal 0,234 contient 2 dixièmes, 3 centièmes et 4 millièmes

5 PERCENTAGES — LES POURCENTAGES

$2\frac{1}{2}$ % two and a half per cent
18% of the people here are over 65
Production has risen by 8 %
(See also the main text of the dictionary.)

Deux et demi pour cent
Ici dix-huit pour cent des gens ont plus de soixante-cinq ans.
La production s'est accrue de huit pour cent
(Voir aussi dans le corps du dictionnaire.)

6 SIGNS — LES SIGNES

addition sign	+	signe plus, signe de l'addition
plus sign (e.g. + 7 = plus seven)	+	signe plus (ex. : + 7 = plus sept)
subtraction sign	−	signe moins, signe de la soustraction
minus sign (e.g. − 3 = minus three)	−	signe moins (ex. : − 3 = moins trois)
multiplication sign	×	signe de la multiplication
division sign	÷	signe de la division
square root sign	$\sqrt{\ }$ (or French $\sqrt[2]{\ }$)	signe de la racine carrée
infinity	∞	symbole de l'infini
sign of identity, is equal to	≡	signe d'identité
sign of equality, equals	=	signe d'égalité
is approximately equal to	≈	signe d'équivalence
sign of inequality, is not equal to	≠	signe de non-égalité
is greater than	>	est plus grand que
is less than	<	est plus petit que

7 CALCULATION — LE CALCUL

$8 + 6 = 14$ eight and (or plus) six are (or make) fourteen
— huit et (ou plus) six font (ou égalent) quatorze

$15 - 3 = 12$ fifteen take away (or fifteen minus) three equals twelve, three from fifteen leaves twelve
— trois ôté de quinze égalent douze, quinze moins trois égalent douze

$3 \times 3 = 9$ three threes are nine, three times three is nine
— trois fois trois égalent neuf, trois multiplié par trois égalent neuf

$32 \div 8 = 4$ thirty-two divided by eight is (or equals) four
— trente-deux divisé par huit égalent quatre

$3^2 = 9$ three squared is nine
— trois au carré égale neuf

$2^5 = 32$ two to the power of five (or to the fifth) is (or equals) thirty-two
— deux à la puissance cinq égale trente-deux

$\sqrt{16} = 4$ the square root of sixteen is four
— la racine carré de seize ($\sqrt{16}$) est quatre

8 TIME — L'HEURE

2 hours 33 minutes and 14 seconds	deux heures trente-trois minutes et quatorze secondes
half an hour	une demi-heure
a quarter of an hour	un quart d'heure
three quarters of an hour	trois quarts d'heure
what's the time?	quelle heure est-il ?
what time do you make it?	quelle heure avez-vous ?
have you the right time?	avez-vous l'heure exacte ?
I make it 2.20	d'après ma montre il est 2 h 20
my watch says 3.37	il est 3 h 37 à ma montre
it's 1 o'clock	il est une heure
it's 2 o'clock	il est deux heures
it's 5 past 4	il est quatre heures cinq
it's 10 to 6	il est six heures moins dix
it's half past 8	il est huit heures et demie
it's a quarter past 9	il est neuf heures et quart
it's a quarter to 2	ils est deux heures moins le quart
at 10 a.m.	à dix heures du matin
at 4 p.m.	à quatre heures de l'après-midi
at 11 p.m.	à onze heures du soir
at exactly 3 o'clock, at 3 sharp, at 3 on the dot	à trois heures exactement, à trois heures précises
the train leaves at 19.32	le train part à dix-neuf heures trente-deux
(at) what time does it start?	à quelle heure est-ce que cela commence ?
it is just after 3	il est trois heures passées
it is nearly 9	il est presque neuf heures
about 8 o'clock	aux environs de huit heures
at (or by) 6 o'clock at the latest	à six heures au plus tard
have it ready for 5 o'clock	tiens-le prêt pour 5 heures
it is full each night from 7 to 9	c'est plein chaque soir de 7 à 9
"closed from 1.30 to 4.30"	« fermé de 13 h 30 à 16 h 30 »
until 8 o'clock	jusqu'à huit heures
it would be about 11	il était environ 11 heures, il devait être environ 11 heures
it would have been about 10	il devait être environ dix heures
at midnight	à minuit
before midday, before noon	avant midi

9 DATES — LES DATES

NB The days of the week and the months start with a small letter in French: lundi, mardi, février, mars.

N.B. Contrairement au français, les jours de la semaine et les mois prennent une majuscule en anglais : Monday, Tuesday, February, March.

the 1st of July, July 1st	le 1ᵉʳ juillet
the 2nd of May, May 2nd	le 2 mai
on June 21st, on the 21st (of) June	le 21 juin
on Monday	lundi
he comes on Mondays	il vient le lundi
"closed on Fridays"	« fermé le vendredi »
he lends it to me from Monday to Friday	il me le prête du lundi au vendredi
from the 14th to the 18th	du 14 au 18
what's the date?, what date is it today?	quelle est la date d'aujourd'hui ?, quel jour sommes-nous aujourd'hui ?
today's the 12th	aujourd'hui nous sommes le 12
one Thursday in October	un jeudi en octobre
about the 4th of July	aux environs du 4 juillet
1978 nineteen (hundred and) seventy-eight	mille neuf cent soixante-dix-huit, dix-neuf cent soixante-dix-huit
4 B.C., B.C. 4	4 av. J.-C.
70 A.D., A.D. 70	70 apr. J.-C.
in the 13th century	au XIIIᵉ siècle
in (or during) the 1930s	dans (ou pendant) les années 30
in 1940 something	en 1940 et quelques

HEADING OF LETTERS:
19th May 1993
(See also the main text of the dictionary.)

EN-TÊTE DE LETTRES :
le 19 mai 1993
(Voir aussi dans le corps du dictionnaire.)

WEIGHTS, MEASURES AND TEMPERATURES

POIDS, MESURES ET TEMPÉRATURES

NOTES
1. Metric system
Measures formed with the following prefixes are mostly omitted :

REMARQUES
1. Le système métrique
La plupart des mesures formées à partir des préfixes suivants ont été omises :

deca-	10 times	10 fois	*déca-*
hecto-	100 times	100 fois	*hecto-*
kilo-	1,000 times	1 000 fois	*kilo-*
deci-	one tenth	un dixième	*déci-*
centi-	one hundredth	un centième	*centi-*
mil(l)i-	one thousandth	un millième	*mil(l)i-*

2. US measures
In the US, the same system as that which applies in Great Britain is used for the most part ; the main differences are mentioned below.

2. Mesures US
Les mesures britanniques sont valables pour les USA dans la majeure partie des cas. Les principales différences sont énumérées ci-après.

3. The numerical notations of measures
Numerical equivalents are shown in standard English notation when they are translations of French measures and in standard French notation when they are translations of English measures ;
e.g. 1 millimetre (millimètre) = 0.03937 inch
should be read in French as 0,03937 pouce.
e.g. 1 inch (pouce) = 2,54 centimètres
should be read in English as 2.54 centimetres.

3. Notation graphique des équivalences de mesures
Les équivalences sont notées en anglais lorsqu'elles traduisent des mesures françaises et en français lorsqu'elles se rapportent à des mesures anglaises :
ex. 1 millimetre (millimètre) = 0.03937 inch
doit se lire en français 0,03937 pouce.
ex. 1 inch (pouce) = 2,54 centimètres
doit se lire en anglais 2.54 centimetres.

1 LINEAR MEASURES – MESURES DE LONGUEUR

metric system / système métrique

1 millimetre US millimeter	(millimètre)	**mm**	0.03937 inch	
1 centimetre US centimeter	(centimètre)	**cm**	0.3937 inch	
1 metre US meter	(mètre)	**m**	39.37 inches = 1.094 yards	
1 kilometre US kilometer	(kilomètre)	**km**	0.6214 mile (5/8 mile)	

French non-metric measures / mesures françaises non métriques

1 nautical mile	1 mille marin	= 1 852 mètres
1 knot	1 nœud	= 1 mille/heure

British system / système britannique

1 inch	(pouce)		**in**	2,54 centimètres
1 foot	(pied)	= 12 inches	**ft**	30,48 centimètres
1 yard	(yard)	= 3 feet	**yd**	91,44 centimètres
1 furlong		= 220 yards		201,17 mètres
1 mile	(mile)	= 1,760 yards	**m** ou **ml**	1,609 kilomètre

surveyors' measures / mesures d'arpentage

1 link	= 7.92 inches	=	20,12 centimètres
1 rod (or pole, perch)	= 25 links	=	5,029 mètres
1 chain	= 22 yards = 4 rods	=	20,12 mètres

2 SQUARE MEASURES – MESURES DE SUPERFICIE

metric system / système métrique

1 square centimetre US square centimeter	(centimètre carré)		**cm²**	0.155 square inch
1 square metre US square meter	(mètre carré)		**m²**	10.764 square feet = 1.196 square yards
1 square kilometre US square kilometer	(kilomètre carré)		**km²**	0.3861 square mile = 247.1 acres
1 are	(are)	= 100 square metres	**a**	119.6 square yards
1 hectare	(hectare)	= 100 ares	**ha**	2.471 acres

British system / système britannique

1 square inch	(pouce carré)		**in²**	6,45 cm²
1 square foot	(pied carré)	= 144 square inches	**ft²**	929,03 cm²
1 square yard	(yard carré)	= 9 square feet	**yd²**	0,836 m²
1 square rod		= 30.25 square yards		25,29 m²
1 acre		= 4,840 square yards	**a**	40,47 ares
1 square mile	(mile carré)	= 640 acres	**m²** ou **ml²**	2,59 km²

3 CUBIC MEASURES — MESURES DE VOLUME

metric system / **système métrique**	1 cubic centimetre US cubic centimeter 1 cubic metre US cubic meter	(centimètre cube) (mètre cube)		cm^3 m^3	0.061 cubic inch 35.315 cubic feet 1.308 cubic yards
British system / **système britannique**	1 cubic inch 1 cubic foot 1 cubic yard 1 register ton	 (pied cube) (yard cube) (tonne)	 = 1,728 cubic inches = 27 cubic feet = 100 cubic feet	in^3 ft^3 yd^3	16,387 cm^3 0,028 m^3 0,765 m^3 2,832 m^3

4 MEASURES OF CAPACITY — MESURES DE CAPACITÉ

					Brit	US
metric system / **système métrique**	1 litre 1 stere	(litre) (stère)	= 1,000 cubic centimetres = 1 cubic metre	l st =	1.76 pints 1,308 cubic yards 0.22 gallon	2,12 pints 0,26 gallon

	British system / système britannique				US measures / mesures US		
(a) liquid / **pour liquides**	1 gill 1 pint 1 quart 1 gallon	 (pinte) (gallon)	 = 4 gills = 2 pints = 4 quarts	= pt qt g ou gal ou gall	0,142 litre 0,57 litre 1,136 litres 4,546 litres	1 US liquid gill 1 US liquid pint 1 US liquid quart 1 US gallon	 = 4 gills = 2 pints = 4 quarts	= 0,118 litre = 0,473 litre = 0,946 litre = 3,785 litres
(b) dry / **pour matières sèches**	1 peck 1 bushel 1 quarter	= 2 gallons = 4 pecks = 8 bushels	= = =		9,087 litres 36,36 litres 290,94 litres	1 US dry pint 1 US dry quart 1 US peck 1 US bushel	 = 2 dry pints = 8 dry quarts = 4 pecks	= 0,550 litre = 1,1 litre = 8,81 litres = 35,24 litres

POIDS, MESURES, TEMPÉRATURES

5 WEIGHTS — POIDS

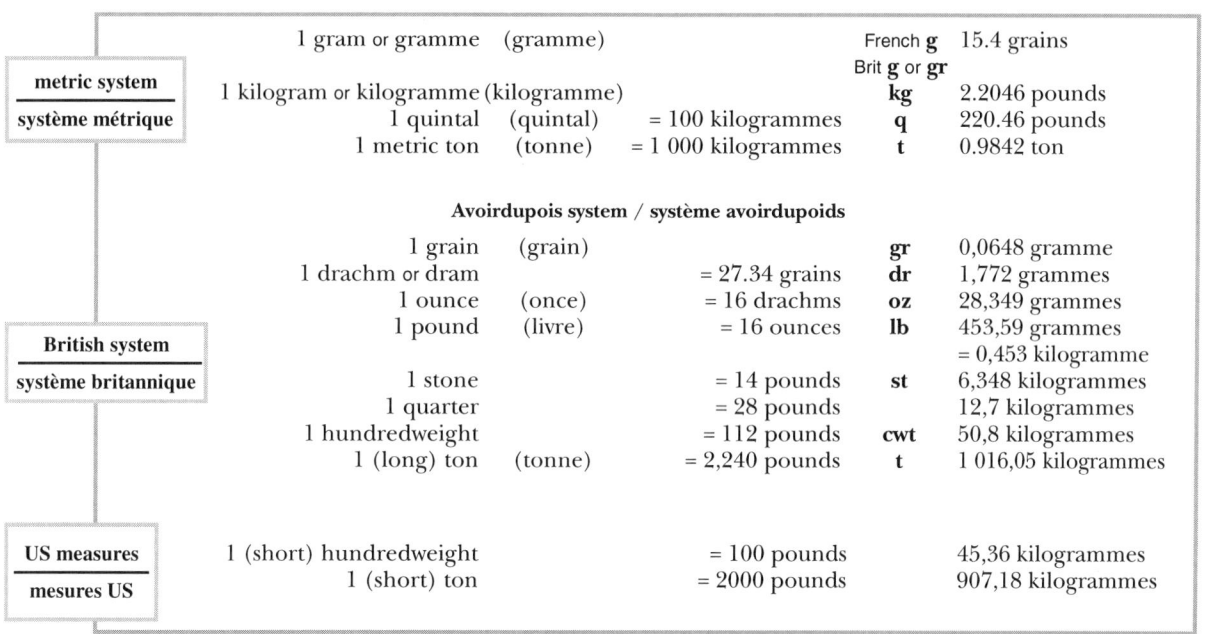

6 TEMPERATURES — TEMPÉRATURES

$59\ °F = (59 - 32) \times \dfrac{5}{9} = 15\ °C$	$20\ °C = (20 \times \dfrac{9}{5}) + 32 = 68\ °F$
A rough-and-ready way of converting centigrade to Fahrenheit and vice versa: start from the fact that	Une manière rapide de convertir les centigrades en Fahrenheit et vice versa : en prenant pour base
10 °C = 50 °F	**10 °C = 50 °F**
thereafter for every 5 °C add 9 °F.	5 °C équivalent à 9 °F.
Thus :	Ainsi :

15 °C = (10 + 5) = (50 + 9) = 59 °F
68 °F = (50 + 9 + 9)
       = (10 + 5 + 5) = 20 °C
	15 °C = (10 + 5) = (50 + 9) = 59 °F
	68 °F = (50 + 9 + 9)
	       = (10 + 5 + 5) = 20 °C

CONTENTS / TABLE DES MATIÈRES

Introduction	VIII-IX	Introduction
Using the Dictionary	X-XXVII	Guide d'utilisation
Abbreviations	XXVIII-XXIX	Abréviations
Pronunciation	XXX-XXXII	Prononciation
ENGLISH-FRENCH DICTIONARY	1-1138	DICTIONNAIRE ANGLAIS-FRANÇAIS
ENGLISH THESAURUS	1143-1373	SYNONYMES ANGLAIS
Language in use: a grammar of communication in French and English	1375-1405	Grammaire active de l'anglais et du français
APPENDICES		ANNEXES
The English verb	1408	Le verbe anglais
Numbers, time and dates	1414	Nombres, heures et dates
Weights, measures and temperatures	1420	Poids, mesures et températures

Achevé d'imprimer sur les presses de JOUVE, Paris - N° 295875V
N° d'éditeur 10087313 - (II) - (22,05) - Terro 55 - Dépôt légal Juin 2001